Loewenheim/Meessen/Riesenkampff
Kartellrecht

Kartellrecht

Kommentar

Herausgegeben von

Prof. Dr. Ulrich Loewenheim
Frankfurt am Main

Prof. Dr. Karl M. Meessen
Rechtsanwalt in Düsseldorf

Prof. Dr. Alexander Riesenkampff
Rechtsanwalt in Frankfurt am Main

Bearbeitet von:

MMag. Dr. *Ablasser-Neuhuber*, Wien, RA Dr. *Jochen Anweiler*, Brüssel, RA *Oliver Axster* †, Düsseldorf, MinR *Michael Baron*, Berlin, RA Dr. *Stephan Barthelmeß*, Brüssel, RA Dr. *Michael Bauer*, Brüssel, Dr. *Carsten Becker*, Bonn, RA Dr. *Helmut Bergmann*, Berlin, Dr. *Marc Bungenberg*, LL.M., Jena, *Birgit Buth*, Bonn, Prof. Dr. *Peter Cramer*, Le Cannet, Vors. RiOLG *Heinz-Peter Dicks*, Düsseldorf, RA *Werner Dorß*, Bad Homburg, Prof. Dr. *Ulrich Ehricke*, Köln, Dr. *Geraldine Emberger*, Brüssel, RA Dr. *Andreas v. Falck*, Düsseldorf, *Eric Gippini-Fournier*, Luxembourg, Prof. Dr. *Horst-Peter Götting*, LL.M., Dresden, RA *Enrique Gonzalez Diaz*, Brüssel, Dr. *Horst Greiffenberg*, Bonn, RA Dr. *Wolfgang Heckenberger*, München, Priv.-Doz. Dr. *Jan Hecker*, LL.M., Berlin, RA Dr. *Klaus Heuvels*, Frankfurt am Main, RA *Michael Hörst*, Berlin, RA Dr. *Michael Holzhäuser*, Frankfurt am Main, RegDir. *Silke Hossenfelder*, Bonn, Vors. RiOLG a.D. *Wolfgang Jaeger*, Düsseldorf, Vors. RiKG a.D. *Dieter Jalowietzky*, Berlin, RA Dr. *Harald Kahlenberg*, Stuttgart, RA *Helmut W.R. Kreis*, Brüssel, Vors. RiOLG Dr. *Jürgen Kühnen*, Tönisvorst, RA *Stefan Lehr*, Frankfurt am Main, RA *Jürgen Lindemann*, München, Prof. Dr. *Ulrich Loewenheim*, Frankfurt am Main, RA Dr. *Thomas Lübbig*, Berlin, RA Prof. Dr. *Karl M. Meessen*, Düsseldorf, Dr. *Karolina Mojzesowicz*, LL.M., Brüssel, RA Prof. Dr. *Jan-Bernd Nordemann*, LL.M., Berlin, Dr. *Carsten Nowak*, Hamburg, Dr. *Konrad Ost*, Bonn, RA Dr. *Panos Pananis*, Berlin, RA Dr. *Christoph Peter*, LL.M., Frankfurt am Main, RA Dr. *Tim Reher*, Hamburg, Prof. Dr. *Eckard Rehbinder*, Frankfurt am Main, RA Prof. Dr. *Alexander Riesenkampff*, Frankfurt am Main, RA *Lars-Peter Rudolf*, Brüssel, Prof. Dr. *Rolf Sack*, Mannheim, RA Dr. *Joachim Schütze*, Düsseldorf, Dr. *Stephan Simon*, Brüssel, Vizepräs. BKartA a.D. Dr. *Kurt Stockmann*, Bonn, Prof. Dr. *Stefan Storr*, Graz, *Detlef-Holger Sturhahn*, Bonn, Prof. *Louis Vogel*, Paris, RA *Bertrand Wägenbaur*, LL.M., Brüssel, RA *Dieter Wallenfels*, Wiesbaden, Prof. Dr. *Wolfgang Weiß*, Speyer, RA Dr. *Kathrin Westermann*, Berlin, Dr. *Andreas Zuber*, Berlin

Verlag C. H. Beck München 2009

Zitiervorschlag (Beispiel):
Baron in: Loewenheim/Meessen/Riesenkampff, Kartellrecht, 2. Aufl. 2009, S. 688

Verlag C. H. Beck im Internet:
beck.de

ISBN 3 406 57649 2

© 2009 Verlag C. H. Beck oHG
Wilhelmstraße 9, 80801 München

Satz und Druck: Druckerei C. H. Beck Nördlingen
Adresse wie Verlag

Gedruckt auf säurefreiem, alterungsbeständigem Papier
(hergestellt aus chlorfrei gebleichtem Zellstoff)

Vorwort zur 2. Auflage

Die seit einiger Zeit vergriffene 1. Auflage umfasste, aufgeteilt auf zwei Bände, insgesamt 3024 Seiten. Diesmal sind es – nach erheblichen Umschichtungen – in einem Band 3032 Seiten. Mit der Aufteilung auf einen europarechtlichen und einen deutschrechtlichen Band waren Herausgeber und Verlag notgedrungen dem Inkrafttreten umfassender Neuregelungen in der Europäischen Union im Jahre 2004 und in Deutschland im Jahre 2005 mit einem Abstand von jeweils einem Jahr gefolgt.

Die Zusammenfassung in einem Band, die diesmal problemlos gelingen konnte, drängt sich auf. Deutsche Behörden und Gerichte wenden nach dem hauptsächlich im GWB enthaltenen Verwaltungsverfahrens- und Gerichtsverfahrensrecht weitgehend europäisches materielles Recht an, und zwar bei zweiseitigem Verhalten im Ergebnis in der Regel ausschließlich, im Rahmen der Missbrauchsaufsicht zusätzlich zum deutschen Recht oder als Vorfrage zur fusionskontrollrechtlichen Zuständigkeit nach deutschem Recht. Wie schon in der 1. Auflage bemühen sich die über 60 Autoren, die Praxis zum europäischen und deutschen Kartellrecht übersichtlich und dennoch umfassend, kritisch, aber ohne Weitschweifigkeit darzustellen.

Dem Termin der Auslieferung entsprechend wurden das europäische und deutsche Recht einschließlich der durch das Dritte Mittelstandsentlastungsgesetz am 25. März 2009 vorgenommenen kleinen, aber wichtigen Änderung der Inlandsumsatzschwellen in der deutschen Fusionskontrolle berücksichtigt. Das in den §§ 97–129 GWB enthaltene Vergaberecht wird nach der bis zum 23. April 2009 gültigen, aber weit über diesen Zeitpunkt hinaus relevanten Rechtslage kommentiert. Die geänderten Vorschriften sind einschließlich der Regierungsbegründung jeweils am Ende der Kommentierung der geänderten Bestimmung abgedruckt. Soweit das neue Vergaberecht bereits anwendbar ist, kann man sich auf diese Weise vergewissern, ob und gegebenenfalls inwieweit Änderungen zu beachten sind.

Ulrich Loewenheim   Karl M. Meessen   Alexander Riesenkampff

Inhaltsübersicht

	Seite
Einführung in das deutsche und europäische Kartellrecht	1

Europäisches Recht

1. Teil. Internationales Kartellrecht der Europäischen Union	41
2. Teil. Gemeinschaftsunternehmen	83
3. Teil. Gewerblicher Rechtsschutz und Urheberrecht	97
4. Teil. Verkehr	143
5. Teil. Landwirtschaft	187
6. Teil. EG-Vertrag	215
7. Teil. Gruppenfreistellungsverordnungen	607
8. Teil. Kartellverfahrensverordnung	889
9. Teil. Fusionskontrollverordnung	1249

Deutsches Recht

10. Teil. Gesetz gegen Wettbewerbsbeschränkungen (GWB)	1537

Inhaltsverzeichnis

	Seite
Bearbeiterverzeichnis	XVII
Abkürzungsverzeichnis	XIX

Einführung in das deutsche und europäische Kartellrecht

A. Kartellrecht als Wirtschaftsordnungsrecht	3
B. Normstruktur	7
C. Rechtsquellen	18
D. Ineinanderwirken europäischen und deutschen Kartellrechts	23
E. Rechtsschutz	28
F. Angrenzende Rechtsgebiete	34

Europäisches Recht

1. Teil. Internationales Kartellrecht der Europäischen Union

A. Terminologie	42
B. Quellen des internationalen Kartellrechts der Europäischen Union	43
C. Geltungsbereich	45
D. Anwendungsbereich	60
E. Rücksichtnahme auf Drittstaaten	68
F. Europarechtlicher Grundrechtsschutz in drittstaatsbezogenen Sachverhalten	75
G. Internationalprivatrechtliche Anwendbarkeit	76

2. Teil. Gemeinschaftsunternehmen

I. Begriff und Bedeutung des Gemeinschaftsunternehmens	83
II. Auswirkungen von Gemeinschaftsunternehmen auf den Wettbewerb	84
III. Rechtslage im EG-Kartellrecht	84
IV. Beurteilung der kooperativen Gemeinschaftsunternehmen nach Art. 81	86

3. Teil. Gewerblicher Rechtsschutz und Urheberrecht

I. Geistiges Eigentum	98
II. Das geistige Eigentum im Gemeinschaftsrecht	109
III. Wettbewerbsbegriff und gewerbliche Schutzrechte	122
IV. Anwendung des Art. 81 EG auf gewerbliche Schutzrechte und deren Ausübung	124
V. Ausübung gewerblicher Schutzrechte als Missbrauch einer marktbeherrschenden Stellung im Sinne von Art. 82 EG	134

4. Teil. Verkehr

A. Einführung	144
B. Landverkehr und Binnenschifffahrt	149
C. Seeverkehr	156
D. Luftverkehr	177

Inhaltsverzeichnis

Seite

5. Teil. Landwirtschaft

A. Einführung	187
B. Grundsätzliche Geltung des Europäischen Kartellrechts	188
C. Ausnahmen gemäß Art. 176 Abs. 1 VO 1234/07 bzw. Art. 2 Abs. 1 VO 1184/06	194
D. Verfahren	211
E. Anwendbarkeit von Art. 88 Abs. 1 und 3 EG	214

6. Teil. EG-Vertrag

Art. 81 Abs. 1. Verbotstatbestände	215
Art. 81 Abs. 2. Nichtigkeitsfolge	343
Art. 81 Abs. 3. Ausnahmevorschrift	371
Anhang zu Art. 81 EG. Horizontale Kooperationen	389
Art. 82. Missbrauch einer marktbeherrschenden Stellung	398
Art. 83. Verordnungen und Richtlinien	496
Art. 84. Entscheidung über wettbewerbsrechtliche Vereinbarungen	510
Art. 85. Verfahren bei Zuwiderhandlungen	515
Art. 86. Öffentliche und monopolartige Unternehmen	522

7. Teil. Gruppenfreistellungsverordnungen

A. Allgemeines	607
B. Vertikalvereinbarungen	627
C. Technologietransfer	717
D. Spezialisierungsvereinbarungen	744
E. Forschung und Entwicklung	779
F. Automobilvertrieb	803
G. Versicherungswirtschaft	845

8. Teil. Kartellverfahrensverordnung

Einführung	889
Art. 1. Anwendung der Art. 81 und 82 EG	907
Art. 2. Beweislast	914
Art. 3. Verhältnis zwischen den Art. 81 und 82 EG und dem einzelstaatlichen Wettbewerbsrecht	919
Art. 4. Zuständigkeit der Kommission	926
Art. 5. Zuständigkeit der Wettbewerbsbehörden der Mitgliedstaaten	934
Art. 6. Zuständigkeit der Gerichte der Mitgliedstaaten	939
Art. 7. Feststellung und Abstellung von Zuwiderhandlungen	943
Art. 8. Einstweilige Maßnahmen	962
Art. 9. Verpflichtungszusagen	971
Art. 10. Feststellung der Nichtanwendbarkeit	984
Art. 11. Zusammenarbeit zwischen der Kommission und den Wettbewerbsbehörden der Mitgliedstaaten	993
Art. 12. Informationsaustausch	1004
Art. 13. Aussetzung und Einstellung des Verfahrens	1011
Art. 14. Beratender Ausschuss	1015
Art. 15. Zusammenarbeit mit Gerichten der Mitgliedstaaten	1020
Art. 16. Einheitliche Anwendung des gemeinschaftlichen Wettbewerbsrechts	1031

Inhaltsverzeichnis

	Seite
Art. 17. Untersuchung einzelner Wirtschaftszweige und einzelner Arten von Vereinbarungen	1037
Art. 18. Auskunftsverlangen	1044
Art. 19. Befugnis zur Befragung	1067
Art. 20. Nachprüfungsbefugnisse der Kommission	1072
Art. 21. Nachprüfungen in anderen Räumlichkeiten	1126
Art. 22. Ermittlungen durch Wettbewerbsbehörden der Mitgliedstaaten	1137
Art. 23. Geldbußen	1150
Art. 24. Zwangsgelder	1189
Art. 25. Verfolgungsverjährung	1195
Art. 26. Vollstreckungsverjährung	1200
Art. 27. Anhörung der Parteien, der Beschwerdeführer und sonstiger Dritter	1204
Art. 28. Berufsgeheimnis	1216
Art. 29. Entzug der Rechtsvorteile in Einzelfällen	1232
Art. 30. Veröffentlichung von Entscheidungen	1235
Art. 31. Nachprüfung durch den EuGH	1237
Art. 32. *(aufgehoben)*	1239
Art. 33. Erlass von Durchführungsvorschriften	1240
Art. 34. Übergangsbestimmungen	1242
Art. 35. Bestimmung der Wettbewerbsbehörden der Mitgliedstaaten	1243
Art. 36. bis 42. *(Änderungen und Aufhebungen anderer Verordnungen)*	1247
Art. 43. Aufhebung der Verordnungen Nrn. 17 und 141	1247
Art. 44. Berichterstattung über die Anwendung der vorliegenden Verordnung	1247
Art. 45. Inkrafttreten	1248

9. Teil. Fusionskontrollverordnung

Einführung	1249
Art. 1. Anwendungsbereich	1276
Art. 2. Beurteilung von Zusammenschlüssen	1283
Art. 3. Definition des Zusammenschlusses	1346
Art. 4. Vorherige Anmeldung von Zusammenschlüssen und Verweisung vor der Anmeldung auf Antrag der Anmelder	1374
Art. 5. Berechnung des Umsatzes	1393
Art. 6. Prüfung der Anmeldung und Einleitung des Verfahrens	1410
Art. 7. Aufschub des Vollzugs von Zusammenschlüssen	1435
Art. 8. Entscheidungsbefugnisse der Kommission	1442
Art. 9. Verweisung an die zuständigen Behörden der Mitgliedstaaten	1458
Art. 10. Fristen für die Einleitung des Verfahrens und für Entscheidungen	1473
Art. 11. Auskunftsverlangen	1480
Art. 12. Nachprüfungen durch Behörden der Mitgliedstaaten	1484
Art. 13. Nachprüfungsbefugnisse der Kommission	1485
Art. 14. Geldbußen	1490
Art. 15. Zwangsgelder	1494
Art. 16. Kontrolle durch den Gerichtshof	1496
Art. 17. Berufsgeheimnis	1497
Art. 18. Anhörung Beteiligter und Dritter	1498
Art. 19. Verbindung mit den Behörden der Mitgliedstaaten	1511
Art. 20. Veröffentlichung von Entscheidungen	1517
Art. 21. Anwendung dieser Verordnung und Zuständigkeit	1519
Art. 22. Verweisung an die Kommission	1527

Inhaltsverzeichnis

	Seite
Art. 23. Durchführungsbestimmungen	1532
Art. 24. Beziehungen zu Drittländern	1534
Art. 25. Aufhebung	1535
Art. 26. Inkrafttreten und Übergangsbestimmungen	1535

Deutsches Recht

10. Teil. Gesetz gegen Wettbewerbsbeschränkungen (GWB)

Erster Teil. Wettbewerbsbeschränkungen

Erster Abschnitt. Wettbewerbsbeschränkende Vereinbarungen, Beschlüsse und abgestimmte Verhaltensweisen

Vorbemerkung §§ 1–3	1537
§ 1. Verbot wettbewerbsbeschränkender Vereinbarungen	1542
Anhang zu § 1. Gemeinschaftsunternehmen	1707
§ 2. Freigestellte Vereinbarungen	1716
§ 3. Mittelstandskartelle	1807
§ 4–18. (weggefallen)	1844

Zweiter Abschnitt. Marktbeherrschung, wettbewerbsbeschränkendes Verhalten

§ 19. Missbrauch einer marktbeherrschenden Stellung	1844
§ 20. Diskriminierungsverbot, Verbot unbilliger Behinderung	1891
§ 21. Boykottverbot, Verbot sonstigen wettbewerbsbeschränkenden Verhaltens	1993

Dritter Abschnitt. Anwendung des europäischen Wettbewerbsrechts

§ 22. Verhältnis dieses Gesetzes zu den Artikeln 81 und 82 des Vertrages zur Gründung der Europäischen Gemeinschaft	2012
§ 23. (weggefallen)	2018

Vierter Abschnitt. Wettbewerbregeln

§ 24. Begriff, Antrag auf Anerkennung	2018
§ 25. Stellungnahme Dritter	2050
§ 26. Anerkennung	2052
§ 27. Veröffentlichung von Wettbewerbsregeln, Bekanntmachungen	2060

Fünfter Abschnitt. Sonderregeln für bestimmte Wirtschaftsbereiche

§ 28. Landwirtschaft	2062
§ 29. Energiewirtschaft	2076
§ 30. Preisbindung bei Zeitungen und Zeitschriften	2095
Anhang zu § 30. Buchpreisbindung	2140
§ 31. (weggefallen)	2152

Sechster Abschnitt. Befugnisse der Kartellbehörden, Sanktionen

§ 32. Abstellung und nachträgliche Feststellung von Zuwiderhandlungen	2152
§ 32 a. Einstweilige Maßnahmen	2160
§ 32 b. Verpflichtungszusagen	2164
§ 32 c. Kein Anlass zum Tätigwerden	2172
§ 32 d. Entzug der Freistellung	2176

Inhaltsverzeichnis

Seite

§ 32 e.	Untersuchungen einzelner Wirtschaftszweige und einzelner Arten von Vereinbarungen	2180
§ 33.	Unterlassungsanspruch, Schadensersatzpflicht	2182
§ 34.	Vorteilsabschöpfung durch die Kartellbehörde	2204
§ 34 a.	Vorteilsabschöpfung durch Verbände und Einrichtungen	2208

Siebenter Abschnitt. Zusammenschlusskontrolle

§ 35.	Geltungsbereich der Zusammenschlusskontrolle	2211
§ 36.	Grundsätze für die Beurteilung von Zusammenschlüssen	2221
§ 37.	Zusammenschluss	2274
§ 38.	Berechnung der Umsatzerlöse und der Marktanteile	2294
§ 39.	Anmelde- und Anzeigepflicht	2300
§ 40.	Verfahren der Zusammenschlusskontrolle	2310
§ 41.	Vollzugsverbot, Entflechtung	2325
§ 42.	Ministererlaubnis	2333
§ 43.	Bekanntmachungen	2341

Achter Abschnitt. Monopolkommission

§ 44.	Aufgaben	2344
§ 45.	Mitglieder	2344
§ 46.	Beschlüsse, Organisation, Rechte und Pflichten der Mitglieder	2344
§ 47.	Übermittlung statistischer Daten	2345

Zweiter Teil. Kartellbehörden

Erster Abschnitt. Allgemeine Vorschriften

§ 48.	Zuständigkeit	2357
§ 49.	Bundeskartellamt und oberste Landesbehörde	2360
§ 50.	Vollzug des europäischen Rechts	2362
§ 50 a.	Zusammenarbeit im Netzwerk der europäischen Wettbewerbsbehörden	2364
§ 50 b.	Sonstige Zusammenarbeit mit ausländischen Wettbewerbsbehörden	2366
§ 50 c.	Behördenzusammenarbeit	2367

Zweiter Abschnitt. Bundeskartellamt

§ 51.	Sitz, Organisation	2368
§ 52.	Veröffentlichung allgemeiner Weisungen	2370
§ 53.	Tätigkeitsbericht	2372

Dritter Teil. Verfahren

Erster Abschnitt. Verwaltungssachen

I. Verfahren vor den Kartellbehörden

§ 54.	Einleitung des Verfahrens, Beteiligte	2375
§ 55.	Vorabentscheidung über Zuständigkeit	2384
§ 56.	Anhörung, mündliche Verhandlung	2385
§ 57.	Ermittlungen, Beweiserhebung	2392
§ 58.	Beschlagnahme	2394
§ 59.	Auskunftsverlangen	2394
§ 60.	Einstweilige Anordnungen	2400
§ 61.	Verfahrensabschluss, Begründung der Verfügung, Zustellung	2403
§ 62.	Bekanntmachung von Verfügungen	2407

Inhaltsverzeichnis

Seite

II. Beschwerde

§ 63.	Zulässigkeit, Zuständigkeit	2408
§ 64.	Aufschiebende Wirkung	2423
§ 65.	Anordnung der sofortigen Vollziehung	2429
§ 66.	Frist und Form	2438
§ 67.	Beteiligte am Beschwerdeverfahren	2442
§ 68.	Anwaltszwang	2444
§ 69.	Mündliche Verhandlung	2444
§ 70.	Untersuchungsgrundsatz	2446
§ 71.	Beschwerdeentscheidung	2453
§ 71 a.	Abhilfe bei Verletzung des Anspruchs auf rechtliches Gehör	2471
§ 72.	Akteneinsicht	2478
§ 73.	Geltung von Vorschriften des GVG und der ZPO	2484

III. Rechtsbeschwerde

§ 74.	Zulassung, absolute Rechtsbeschwerdegründe	2485
§ 75.	Nichtzulassungsbeschwerde	2493
§ 76.	Beschwerdeberechtigte, Form und Frist	2496

IV. Gemeinsame Bestimmungen

§ 77.	Beteiligtenfähigkeit	2502
§ 78.	Kostentragung und -festsetzung	2503
§ 78 a.	Elektronische Datenübermittlung	2508
§ 79.	Rechtsverordnungen	2509
§ 80.	Gebührenpflichtige Handlungen	2509

Zweiter Abschnitt. Bußgeldverfahren

§ 81.	Bußgeldvorschriften	2515
§ 82.	Zuständigkeit für Verfahren wegen der Festsetzung einer Geldbuße gegen eine juristische Person oder Personenvereinigung	2550
§ 82 a.	Befugnisse und Zuständigkeiten im gerichtlichen Bußgeldverfahren	2553
§ 83.	Zuständigkeit des OLG im gerichtlichen Verfahren	2555
§ 84.	Rechtsbeschwerde zum BGH	2560
§ 85.	Wiederaufnahmeverfahren gegen Bußgeldbescheid	2562
§ 86.	Gerichtliche Entscheidungen bei der Vollstreckung	2564

Dritter Abschnitt. Vollstreckung

§ 86 a.	Vollstreckung	2566

Vierter Abschnitt. Bürgerliche Rechtsstreitigkeiten

§ 87.	Ausschließliche Zuständigkeit der Landgerichte	2567
§ 88.	Klageverbindung	2583
§ 89.	Zuständigkeit eines Landgerichts für mehrere Gerichtsbezirke	2586
§ 89 a.	Streitwertanpassung	2589

Fünfter Abschnitt. Gemeinsame Bestimmungen

§ 90.	Benachrichtigung und Beteiligung der Kartellbehörden	2596
§ 90 a.	Zusammenarbeit der Gerichte mit der Kommission der Europäischen Gemeinschaft und den Kartellbehörden	2600
§ 91.	Kartellsenat beim OLG	2603
§ 92.	Zuständigkeit eines OLG oder des ObLG für mehrere Gerichtsbezirke in Verwaltungs- und Bußgeldsachen	2611

Inhaltsverzeichnis

		Seite
§ 93.	Zuständigkeit für Berufung und Beschwerde	2612
§ 94.	Kartellsenat beim BGH	2614
§ 95.	Ausschließliche Zuständigkeit	2616
§ 96.	(weggefallen)	2616

Vierter Teil. Vergabe öffentlicher Aufträge
Erster Abschnitt. Vergabeverfahren

Vorbemerkung §§ 97 ff.		2617
§ 97.	Allgemeine Grundsätze	2659
§ 98.	Auftraggeber	2694
§ 99.	Öffentliche Aufträge	2715
§ 100.	Anwendungsbereich	2738
§ 101.	Arten der Vergabe	2754

Zweiter Abschnitt. Nachprüfungsverfahren
I. Nachprüfungsbehörden

§ 102.	Grundsatz	2769
§ 103.	Vergabeprüfstellen	2781
§ 104.	Vergabekammern	2785
§ 105.	Besetzung, Unabhängigkeit	2789
§ 106.	Einrichtung, Organisation	2793

II. Verfahren vor der Vergabekammer

§ 107.	Einleitung, Antrag	2796
§ 108.	Form	2815
§ 109.	Verfahrensbeteiligte, Beiladung	2820
§ 110.	Untersuchungsgrundsatz	2825
§ 111.	Akteneinsicht	2834
§ 112.	Mündliche Verhandlung	2840
§ 113.	Beschleunigung	2845
§ 114.	Entscheidung der Vergabekammer	2851
§ 115.	Aussetzung des Vergabeverfahrens	2862

III. Sofortige Beschwerde

§ 116.	Zulässigkeit, Zuständigkeit	2873
§ 117.	Frist, Form	2880
§ 118.	Wirkung	2886
§ 119.	Beteiligte am Beschwerdeverfahren	2893
§ 120.	Verfahrensvorschriften	2894
§ 121.	Vorabentscheidung über den Zuschlag	2899
§ 122.	Ende des Vergabeverfahrens nach Entscheidung des Beschwerdegerichts	2905
§ 123.	Beschwerdeentscheidung	2907
§ 124.	Bindungswirkung und Vorlagepflicht	2909

Dritter Abschnitt. Sonstige Regelungen

§ 125.	Schadensersatz bei Rechtsmissbrauch	2915
§ 126.	Anspruch auf Ersatz des Vertrauensschadens	2919
§ 127.	Ermächtigungen	2927
§ 128.	Kosten des Verfahrens vor der Vergabekammer	2931
§ 129.	Kosten der Vergabeprüfstelle	2943

Inhaltsverzeichnis

Seite

Fünfter Teil. Anwendungsbereich des Gesetzes

§ 130. Unternehmen der öffentlichen Hand, Geltungsbereich 2947

Sechster Teil. Übergangs- und Schlussbestimmungen

§ 131. Übergangsbestimmungen 2989

Sachregister 2997

Bearbeiterverzeichnis

MMag. Dr. Astrid Ablasser Neuhuber	FKVO Art. 4, 5, 7, 10, 18, 23–26
Dr. Jochen Anweiler	VerfVO Art. 7–10
Oliver Axster	GRUR (mit Schütze)
MinR Michael Baron	GVO B
Dr. Stephan Barthelmeß	VerfVO Art. 17–19, 22 und 28 (mit Rudolf)
Dr. Michael Bauer	§§ 35, 36 GWB Rn. 182–201, § 38 GWB
Dr. Carsten Becker	§§ 48–62, 82a, 86a GWB
Dr. Helmut Bergmann	Art. 82 EG Rn. 25–143
Dr. Marc Bungenberg	Vor §§ 97ff. GWB, §§ 97–101, 124–129 GWB
Birgit Buth	Landwirtschaft; § 28 GWB
Prof. Dr. Peter Cramer	§ 81 GWB (mit Pananis)
Vors. RiOLG Heinz-Peter Dicks	§§ 87–95 GWB (ohne § 90a)
Werner Dorß	§§ 20 GWB Rn. 167–217, 29
Prof. Dr. Ulrich Ehricke	Art. 86 EG
Dr. Geraldine Emberger	FKVO Art. 6, 8 (mit Peter)
Dr. Andreas v. Falck	GVO C (mit Schmaltz)
Eric Gippini-Fournier	Art. 81 Abs. 1 EG Rn. 1-103, 178–196 (mit Mojzesowicz)
Prof. Dr. Horst-Peter Götting	§§ 19, 130 Abs. 1 GWB
Enrique Gonzales Diaz	Art. 81 Abs. 1 EG Rn. 104-177
Dr. Horst Greiffenberg	§§ 44–47 GWB
Dr. Wolfgang Heckenberger	Anh. Art. 81 EG
Priv.-Doz. Dr. Jan Hecker	FKVO Art. 11–17
Dr. Klaus Heuvels	§§ 102–114 GWB
Michael Hörst	GVO G
Dr. Michael Holzhäuser	GVO D (mit Reher)
RegDir Silke Hossenfelder	VerfVO Art. 5, 11–13
Vors. RiOLG a.D. Wolfgang Jaeger	Art. 81 Abs. 2 EG
Vors. RiKG a.D. Dieter Jalowietzki	§§ 82–86 GWB
Dr. Harald Kahlenberg	§ 36 GWB Rn. 1–181 (mit Peter)
Helmut W.R. Kreis	Verkehr
Vors. RiKG Dr. Jürgen Kühnen	§§ 63–80 GWB
Stefan Lehr	FKVO Art. 2 Rn. 1–185, 3 Rn. 1–39, 62–72; §§ 37 Rn. 1–45, 39–43 GWB (mit Riesenkampff)
Jürgen Lindemann	GU, FKVO Art. 2 Rn. 186–196, 3 Rn. 40–61; § 1 GWB Anhang, § 37 GWB Rn. 46–51
Prof. Dr. Ulrich Loewenheim	§§ 20 GWB Rn. 1–166, 21, 22 GWB
Dr. Thomas Lübbig	Art. 82 EG Rn. 1–24, 144–237
Prof. Dr. Karl M. Meessen	Einführung, IntKartR, Art. 81 Abs. 3 EG
Dr. Karolina Mojzesowicz	Art. 81 Abs. 1 EG Rn. 1–103, 178–196 (mit Gippini-Fournier)
Prof. Dr. Jan Bernd Nordemann	§§ 1–3, 30 GWB
Dr. Carsten Nowak	VerfVO Art. 20, 21, 23, 25, 26
Dr. Konrad Ost	VerfVO Einf., Art. 29, 43–45

Bearbeiterverzeichnis

Dr. Panos Pananis	§ 81 GWB (mit Cramer)
Dr. Christoph Peter	FKVO Art. 6 und 8 (mit Emberger); § 36 GWB Rn. 1–181 (mit Kahlenberg)
Prof. Dr. Eckard Rehbinder	§§ 32–34a GWB
Dr. Tim Reher	GVO D (mit Holzhäuser)
Prof. Dr. Alexander Riesenkampff	FKVO Art. 2 Rn. 1–185, 3 Rn. 1–39, 62–72; §§ 37 Rn. 1–45, 39–43 GWB (mit Lehr)
Lars-Peter Rudolf	VerfVO Art. 17–19, 22 und 28 (mit Barthelmeß)
Prof. Dr. Rolf Sack	§§ 24–27 GWB
Christiane Schmaltz	GVO C (mit v. Falck)
Dr. Joachim Schütze	GRUR (mit Axster), GVO E
Dr. Stephan Simon Vizepräs. BKartA a. D.	FKVO Einf., Art. 1
Dr. Kurt Stockmann	§ 130 Abs. 2 GWB
Prof. Dr. Stefan Storr	§§ 115–123 GWB
Detlef-Holger Sturhahn	Art. 83–85 EG
Prof. Louis Vogel	GVO A, F
Bertrand Wägenbaur	Art. 81 Abs. 1 EG Rn. 197–324
Dieter Wallenfels	§ 30 GWB Anhang
Prof. Dr. Wolfgang Weiß	VerfVO Art. 1, 4, 14, 24, 27, 30, 31, 33–35
Dr. Kathrin Westermann	FKVO Art. 9, 19–22
Dr. Andreas Zuber	VerfVO Art. 2, 3, 6, 15, 16, 32; §§ 90a, 131 GWB

Abkürzungsverzeichnis

a. A.	anderer Ansicht
a. a. O.	am angegebenen Ort
abgedr.	abgedruckt
abl.	ablehnend
ABl.EG	Amtsblatt der Europäischen Gemeinschaften (Buchstabe, Nummer und Seite)
Abs.	Absatz
Abschn.	Abschnitt
abw.	abweichend
ACI	Allied Continental Intermodal Services Ltd.
AcP	Archiv für die civilistische Praxis (Band, Jahr und Seite)
a. E.	am Ende
a. F.	alte Fassung
AFDI	Annuaire Français de droit international (Band, Jahr und Seite)
AfP	Archiv für Presserecht (Jahr und Seite)
AG	Die Aktiengesellschaft (Jahr und Seite)
AGB	Allgemeine Geschäftsbedingungen
AJDA	s. Actual.jur.dr.admin.
AJIL	s. Am.J.Int.L.
AJP	Aktuelle juristische Praxis (Jahr und Seite)
AKP	Partnerschaftsabkommen zwischen den Staaten Afrikas, dem Karibischen Raum, dem Pazifischen Ozean und der EG
AktG	Aktiengesetz
All E. R.	The All England Law Reports (z. B.: [1982] 3 ... 93)
allg.	allgemein
Alt.	Alternative
Am. Econ. Rev.	The American Economic Review (Band, Jahr und Seite)
Am. J. Comp. L.	The American Journal of Comparative Law (Band, Jahr und Seite)
Am. J. Int. L.	American Journal of International Law (Band, Jahr und Seite)
AMK	Antimonopolkomitee
AMO	Polnisches Kartellamt
amtl.	amtlich
Amtl.Begr.	Amtliche Begründung
Anh.	Anhang
Anl.	Anlage
Anm.	Anmerkung
ANTIB	Franz. Verband der Binnenschiffer (Association Nationale des Travailleurs Indépendants de la Batellerie)
Antitrust Bull.	The Antitrust Bulletin (Band, Jahr und Seite)
Antitrust L. J.	Antitrust Law Journal (Band, Jahr und Seite)
AöR	Archiv des öffentlichen Rechts (Band, Jahr und Seite)
APEC	Asia-Pacific Economic Cooperation Conference
AR	Assoziationsratsbeschluss
ArchivPF	Archiv für das Post- und Fernmeldewesen (Jahr und Seite)
ArchivPT	Archiv für Post und Telekommunikation (Jahr und Seite)
Art., Artt.	Artikel
art.	article(s)
ASEM	The Asia-Europe Meeting
AT	Allgemeiner Teil/Arbeitstag
Aufl.	Auflage
AWD	Außenwirtschaftsdienst des Betriebs-Beraters (Jahr und Seite)

Abkürzungsverzeichnis

AWG	Außenwirtschaftsgesetz
Az.	Aktenzeichen
BA	British Airways (Fluggesellschaft)
BAnz	Bundesanzeiger
BayObLG	Bayerisches Oberstes Landesgericht
BB	Der Betriebs-Berater (Jahr und Seite)
Bd.	Band
BDI	Bundesverband der Deutschen Industrie
Bearb.	Bearbeiter
Begr.	Begründung
begr.	begründet
Bek.	Bekanntmachung
BekG	Bekanntmachungsgesetz
ber.	berichtigt
bes.	besonders
Beschl.	Beschluss
betr.	betreffend
Betrieb	s. DB
Bez.	Bezeichnung
BFE	Buyer Furnished Equipment
BFH	Bundesfinanzhof
BGB	Bürgerliches Gesetzbuch
BGBl.	Bundesgesetzblatt
BGH	Bundesgerichtshof
BGHSt	Entscheidungen des Bundesgerichtshofes in Strafsachen (Band und Seite)
BGHZ	Entscheidungen des Bundesgerichtshofes in Zivilsachen (Band und Seite)
BGW	Bundesverband der deutschen Gas- und Wasserwirtschaft e. V.
BHO	Bundeshaushaltsordnung
BKartA	Bundeskartellamt
BMI	Bundesminister des Innern
BMJ	Bundesminister der Justiz
BMPT	Bundesminister für Post und Telekommunikation
BMWF	Bundesminister für Wirtschaft und Finanzen
BMWi	Bundesminister für Wirtschaft
BPatG	Bundespatentgericht
BPatGE	Entscheidungen des Bundespatentgerichts
BPG s. BPatG	
BR	Bundesrat/British Rail
BRAGO	Bundesrechtsanwaltsgebührenordnung
BRAO	Bundesrechtsanwaltsordnung
BSchVG	Gesetz über den gewerblichen Binnenschifffahrtsverkehr
BStBl.	Bundessteuerblatt
BT	Bundestag
BT-Drucks.	Bundestagsdrucksache (Wahlperiode und Nummer)
Buchst.	Buchstabe
BV	Budapester Vertrag über die Internationale Anerkennung der Hinterlegung von Mikroorganismen für die Zwecke von Patentverfahren
BVerfG	Bundesverfassungsgericht
BVerfGE	Entscheidungen des Bundesverfassungsgerichts (Band und Seite)
BVerwG	Bundesverwaltungsgericht
BVerwGE	Entscheidungen des Bundesverwaltungsgerichts (Band und Seite)
Bull.Civ.	Bulletin des arrêts de la Cour decassation. Chambres civiles (Jahr, röm. Ziff., Seite und Nr.; z. B.: 1978.IV.69 Nr. 108)
Bull.EC	Bulletin of the European Communities (multilingual)
Bull.EG	Bulletin der Europäischen Gemeinschaften

Abkürzungsverzeichnis

Bull.EU	Bulletin der Europäischen Union
Bus. L. Brief	Business Law Brief (Monat, Jahr und Seite)
Bus. Lawyer	The Business Lawyer (Band, Jahr und Seite)
C.A.	Court of Appeal (GB); Court of Appeals (USA)
Cah. dr. eur.	Cahiers de droit européen (Band, Jahr und Seite)
Cartou	Cartou, Communautés européennes, 10me éd. 1991
CCH	Commerce Clearing House
C. com.	Code de commerce
CDE	s. Cah.dr.eur.
CD-ROM	Compact Disc Read only Memory
CDG	Flughafen Paris „Charles de Gaulle"
CEEP	Europäischer Zentralverband der öffentlichen Wirtschaft
CEIS	Center for International Studies on Economic Growth
CEWAL	Associated Central West African Lines
CFO	Committee Francais d'Organisation du Coup du Monde de Football
chap.	chapter
Chr.; Chron.	Chronique
CIA	Vereinbarung von Eisenbahnunternehmen zur Gründung der „Interessengemeinschaft Automobil" (Communauté d'intérét automobiles)
Clunet	Journal du droit international (Band, Jahr und Seite)
C.M.L.R.	Common Market Law Reports (z. B.: [1974] 2 C.M.L.R. 108)
C.M.L.Rep.	s. C.M.L.R.
C.M.L.Rev.	Common Market Law Review (Jahr und Seite)
CO	Formblatt CO „Concentration"
COCC	Wettbewerbsamt bzw. Wettbewerbsrat (Rumänien)
COM	Bericht der Kommission an den Rat
Comp. Lawyer	The Computer Lawyer
CPO	Slowenisches Amt für Wettbewerbsschutz
C. Prop. int.	Code de la proprieté intellectuelle
CR	Computer und Recht (Jahr und Seite)
CRS	Computergesteuerte Buchungssysteme durch Luftverkehrsunternehmen (Computerized Reservation Systems)
DB	Der Betrieb (Jahr und Seite)/Deutsche Bahn
DBP	Deutsche Bundespost; Deutsches Bundespatent
DDR	Deutsche Demokratische Republik
ders.	derselbe
d. h.	das heißt
dies.	dieselbe(n)
DIN-Normen	Normen des Deutschen Instituts für Normung e. V.
DIHT	Deutscher Industrie- und Handelstag
Diss.	Dissertation
DJ	Deutsche Justiz (Jahr und Seite)
DJZ	Deutsche Juristenzeitung (Jahr und Seite)
DM	Deutsche Mark (Währungseinheit)
Doc., doc.	Document
DöV	Die öffentliche Verwaltung (Jahr und Seite)
Dok.	Dokument
DPatA	Deutsches Patentamt, München
DPCI	Droit et pratique du commerce international/International Trade Law and Practice (Band, Jahr und Seite)
DPMA	Deutsches Patent- und Markenamt
Drucks.	Drucksache
DStR	Deutsches Steuerrecht (Jahr und Seite)

Abkürzungsverzeichnis

DVBl.	Deutsches Verwaltungsblatt (Jahr und Seite)
DVO	Durchführungsverordnung
DWiR	Deutsche Zeitschrift für Wirtschaftsrecht (Jahr und Seite)
E.	Entscheidung
EA	Europa-Abkommen
EAG	Europäische Atomgemeinschaft (Euratom)
EATE	Enterprise Artisanale de Transport par Eau (franz. Particuliergenossenschaft)
ebd.	ebenda
EBOR	European Business Organization Law Review
EBU	European Broadcasting Union
EC	European Community
ECA	European Competition Authenties
E.C.C.	European Commercial Cases
ECN	Europäisches Netz der Wettbewerbsbehörden (European Competition Network)
ECU	European Currency Unit (Währungseinheit)
ECJ	European Court of Justice
ECLR	s. Eur.Compet. L.Rev.
E.C.R.	European Court Reports
ECSC	European Coal and Steel Community
ed.	edited; edition; editor; edizione
éd.	éditeur; édition
EDICOM	Electronic Data Interchange on Commerce
E.D.N.Y	United States Attorney's Office. Eastern District of New York
eds.	editors
éds.	éditeurs
EEC	European Economic Community/Council Regulation No. 139/04 on the control of concentrations between undertakings („EC Mergen Regulation")
EFTA	European Free Trade Association
EFTA-ESA	EFTA-Überwachungsbehörde (EFTA-Surveillance Authority)
EFTA-GH	EFTA-Gerichtshof
EG	Europäische Gemeinschaft/Vertrag zur Gründung der Europäischen Gemeinschaft
EGBGB	Einführungsgesetz zum Bürgerlichen Gesetzbuche
EG-Komm.	s. KOMM.
EGKS	Europäische Gemeinschaft für Kohle und Stahl
EGKSV	Vertrag über die Gründung der Europäischen Gemeinschaft für Kohle und Stahl vom 18. 4. 1951 (Montanunion)
Einf.	Einführung
Einl.	Einleitung
einstw.	einstweilig
E.I.P.R.	s. Eur. Int. Prop. Rev.
E.L.R.	s. Eur. L. Rev.
EltBiRL	EG-Richtlinie betreffend gemeinsamer Vorschriften für den Elektrizitätsbinnenmarkt
EMGR	Entscheidungen des Europäischen Gerichtshofs für Menschenrechte
EMRK	Europäische Konvention zum Schutze der Menschenrechte und Grundfreiheiten
EnBW	Energie Baden-Württemberg
ENS	Gemeinschaftsunternehmen von Eisenbahnunternehmen (European Night Services)
Entsch.	Entscheidung
entspr.	entsprechend
Entw.	Entwurf

Abkürzungsverzeichnis

EnWG	Energiewirtschaftsgesetz
EPI	Institut der beim Europäischen Patentamt zugelassenen Vertreter
EPÜ	Übereinkommen über die Erteilung Europäischer Patente (Europäisches Patentübereinkommen)
Erg. Bd.	Ergänzungsband
Erl.	Erläuterung
ESA	EFTA-Surveillance Authority
ETSI	Europäisches Institut für Telekommunikationsstandards
EU	Europäische Union
EuG	Gericht erster Instanz der Europäischen Gemeinschaften
EuGH	Gerichtshof der Europäischen Gemeinschaften
EuR	Europarecht (Jahr und Seite)
EUR	Euro (Währungseinheit)
Eur. Bus. L. Rev.	European Business Law Review (Jahr und Seite)
Eur. Compet. L. Rev.	European Competition Law Review (Jahr und Seite)
Eur. Econ. Rev.	European Economic Review (Band, Jahr und Seite)
Eur. Int. Prop. Rev.	European Intellectual Property Review
Eur. L. J.	European Law Journal (Band, Jahr und Seite)
Eur. L. Rev.	European Law Review (Band, Jahr und Seite)
EuroMed	Europa-Mittelmeer-Abkommen
Eur. T. S.	European Treaty Series
EuV	Vertrag über die Europäische Union (Maastricht-Vertrag)
EuZW	Europäische Zeitschrift für Wirtschaftsrecht (Jahr und Seite)
EVU	Energieversorgungsunternehmen
e. V.	eingetragener Verein
EV	Europäische Verwaltung
EWG	Europäische Wirtschaftsgemeinschaft
EWGV	Vertrag zur Gründung der Europäischen Wirtschaftsgemeinschaft
EWIV	Europäische Wirtschaftliche Interessenvereinigung
EWR	Europäischer Wirtschaftsraum
EWRA	Europäischer Wirtschaftsraum
EWS	Europäisches Wirtschafts- und Steuerrecht (Jahr und Seite)
f., ff.	folgend(e)
FAG	Flughafen Frankfurt/Main AG
FFP	Zusammenlegung von Vielfliegerprogrammen (Frequent Flyer Program)
FHA	Freihandelsabkommen
FIA	Fédération Internationale de l'Automobile
FIDE	International Federation of European Law
FIFA	Fédération Internationale de football assocation
FIW-Schriftenreihe	Schriftenreihe des Forschungsinstituts für Wirtschaftsverfassung und Wettbewerb e. V., Köln
FK	Frankfurter Kommentar, Glasser, Hahn, Kersten, Kolvenbach, Lehmann, Kommentar zum GWB, 2. Aufl. 1986 ff.
FKVO	Fusionskontrollverordnung, Verordnung (EG) Nr. 139/2004 des Rates vom 20. Januar 2004 über die Kontrolle von Unternehmenszusammenschlüssen
Fn.	Fußnote
Fordham Corp. L. Inst.	Annual Proceedings of the Fordham Corporate Law Institute (Hawk ed.)
Fordham Int. L. J.	Fordham International Law Journal (Band, Jahr und Seite)
Fordham L. Rev.	Fordham Law Review (Band, Jahr und Seite)
Formblatt RS	Short Formblatt CO „Concentration"
FrankfK	s. FK
FS	Festschrift
FTC	Federal Trade Commission

Abkürzungsverzeichnis

FuE-GVO	Verordnung (EG) Nr. 2659/2000 der Kommission vom 29. November 2000 über die Anwendung von Artikel 81 Absatz 3 des Vertrages auf Gruppen von Vereinbarungen über Forschung und Entwicklung, ABl. 2000 L 304/7, gültig bis 31. Dezember 2010
G; Ges.	Gesetz
GA	Generalanwalt
GasBiRL	EG-Richtlinie betreffend gemeinsamer Vorschriften für den Erdgasbinnenmarkt
GATS	General Agreement on Trade in Services
GATT	General Agreement on Tariffs and Trade
GD	Generaldirektion
gem.	gemäß
GEMA	Gesellschaft für musikalische Aufführungs- und mechanische Vervielfältigungsrechte
GemKomm.(-Bearb)	s. GK(-Bearb.)
GenG	Gesetz betreffend die Erwerbs- und Wirtschaftsgenossenschaften
GeschmG	Geschmacksmustergesetz
GG	Grundgesetz für die Bundesrepublik Deutschland
ggf.	gegebenenfalls
GK(-Bearb.)	Gemeinschaftskommentar, Müller-Henneberg/Schwartz, Gesetz gegen Wettbewerbsbeschränkungen und Europäisches Kartellrecht, 3. Aufl. 1978; 4. Aufl. 1981
GmbH	Gesellschaft mit beschränkter Haftung
GmbHG	Gesetz betreffend die Gesellschaften mit beschränkter Haftung
GPÜ	Übereinkommen über Europäische Patente für den Gemeinsamen Markt (Gemeinschaftspatentabkommen)
GebrMG	Gebrauchsmustergesetz
GRC	Charta der Grundrechte der Europäischen Union
grds.	grundsätzlich
GRUR	Gewerblicher Rechtsschutz und Urheberrecht, Inlandsteil
GRUR Int.	Gewerblicher Rechtsschutz und Urheberrecht, Auslands- und Internationaler Teil (Jahr und Seite)
GSM	Global System for Mobile Communication (volldigitales Mobilfunk-Netz)
GU	Gemeinschaftsunternehmen
GVBl.	Gesetz- und Verordnungsblatt
GUH	Amt für wirtschaftlichen Wettbewerb (Ungarn)
GVL	Deutsche Gesellschaft zur Verwertung von Leistungsschutzrechten ausübender Künstler
GVO	Gruppenfreistellungsverordnung
GWB	Gesetz gegen Wettbewerbsbeschränkungen (Kartellgesetz)
H.	Heft
Halbs.	Halbsatz
HGB	Handelsgesetzbuch
h. L.	herrschende Lehre
HHI	Herfindahl-Hirschmann-Index
h. M., H. M.	herrschende Meinung
HMA	Haager Abkommen über die Internationale Hinterlegung gewerblicher Muster oder Modelle
HOV-SVZ	Havenondernehmen Vereniging Rotterdam
Hrsg.	Herausgeber
hrsg.	herausgegeben
IATA	Internationaler Luftverkehrsverband (International Air Transport Association)
IBA	Eastern European Forum

Abkürzungsverzeichnis

i. d. Bek.	in der Bekanntmachung
i. d. F.	in der Fassung
i. d. R.	in der Regel
IIC	International Review of Industrial Property and Copyright Law (Band, Jahr und Seite)
insbes.	insbesondere
Int.	International
Int. Bus. Lawyer	International Business Lawyer (Jahr und Seite)
Int. Comp. L. Q.	International and Comparative Law Quarterly (Band, Jahr und Seite)
Int. Enc. Comp. L.	International Encyclopedia for Comparative Law
Int. Fin. L. Rev.	International Financial Law Review (Jahr, Heft-Nr. oder Monat und Seite)
Int. Lawyer	The International Lawyer (Band, Jahr und Seite)
IP	Adressen zur Identifizierung von Computern u. a. Geräten in Netzwerken (z. B. Internet)
Int. Leg. Mat.	International Legal Materials (Band, Jahr und Seite)
i. S. d.	im Sinne der (des)
IStR	Internationales Steuerrecht (Jahr und Seite)
i. S. v.	im Sinne von
i. V. m.	in Verbindung mit
IWB	Internationale Wirtschaftsbriefe (Jahr und Seite)
i. Zw.	im Zweifel
J. C. M. Stud.	Journal of Common Market Studies (Jahr und Seite)
J. C. P.	La Semaine Juridique (Jahr, Edition, röm. Ziff. und Nr.; z. B. 1996, ed.G, I.3963)
J. Econ. Lit.	Journal of Economic Literature (Band, Jahr und Seite)
J. Econ. Persp.	Journal of Economic Perspective (Jahr und Seite)
JIBL	Journal of International Banking Law (Jahr und Seite)
JITE	Journal of Institutional and Theoretical Economics (Band, Jahr und Seite)
JURA	Juristische Ausbildung (Zeitschrift)
JuS	Juristische Schulung (Jahr und Seite)
JZ	Juristenzeitung (Jahr und Seite)
KartR	Kartellrecht
KartVO	Kartellverordnung vom 2. 11. 1923
Kfz-GVO	Verordnung (EG) Nr. 1400/2002 der Kommission über die Anwendung von Artikel 81 Absatz 3 des Vertrags auf Gruppen von vertikalen Vereinbarungen und aufeinander abgestimmten Verhaltensweisen im Kraftfahrzeugsektor, ABl. L 203/30
KG	Kammergericht (Berlin)
KGJ	Jahrbuch der Entscheidungen des Kammergerichts (Jahr und Seite)
KMU	kleine und mittlere Unternehmen
Komm.	Kommission
KOMM.	EG-Kommission; Europäische Kommission; Kommission der EG
– Gesamtbericht	Gesamtbericht über die Tätigkeit der Europäischen Gemeinschaften (Nr. und Berichtsjahr, Rn.)
– Wettbewerbsbericht	Bericht über die Wettbewerbspolitik (Nr. und Berichtsjahr, Rn.)
krit.	kritisch
KSW	Bulgarische Kommission zum Schutz des Wettbewerbs
KWK	Kraft-Wärme-Kopplung
LG	Landgericht
lit., litt.	litera, literae (Buchstabe)
LKartB	Landeskartellbehörde
LNG	Flüssig-Erdgas-Anlagen

Abkürzungsverzeichnis

Loseblatt	Loseblattsammlung
LPG	Landespressegesetz
Ltd.	Limited
LUA	Lissabonner Abkommen über den Schutz der Ursprungsbezeichnungen und ihre Internationale Registrierung
LUG	Gesetz betreffend das Urheberrecht an Werken der Literatur und der Tonkunst
MA	Der Markenartikel (Jahr und Seite)
MarkenG	Markengesetz
MB	Mega Byte
MBl.	Ministerialblatt
MEC	Tschechisches Ministerium für wirtschaftlichen Wettbewerb
MHA	Madrider Abkommen über die Unterdrückung falscher oder irreführender Herkunftsangaben
Mio.	Million(en)
Mitt.	Mitteilung
M.J.	Maastricht Journal of European and Comparative Law (Band, Jahr und Seite)
MMA	Madrider Abkommen über die Internationale Registrierung von Marken
m. Nachw.	mit Nachweisen
MOEL	Mittel- und osteuropäische Länder
Mrd.	Milliarde(n)
m. w. N.	mit weiteren Nachweisen
NAAT-Regel	No appreciable affectation of trade-Regel
Nachw.	Nachweise
NCA	Network of Competition Authorities
NERA Economic Consulting	Internationale Wirtschaftsfirma (National Economic Research Associates Inc.)
NEVO-E	Entwurf einer Netzentgeltverordnung Strom
N. F.	Neue Folge
n. F.	neue Fassung
NJW	Neue Juristische Wochenschrift (Jahr und Seite)
NJW-RR	Neue Juristische Wochenschrift – Rechtsprechungsreport (Zeitschrift)
NKA	Abkommen von Nizza über die Internationale Klassifikation von Waren und Dienstleistungen für die Eintragung von Marken
No.	Number
Nr., Nrn.	Nummer(n)
NVwZ	Neue Zeitschrift für Verwaltungsrecht
NZG	Neue Zeitschrift für Gesellschaftsrecht (Jahr uns Seite)
NZV	Neue Zeitschrift für Verkehrsrecht (Jahr und Seite)
NZVO-E	Entwurf einer Netzzugangsverordnung Strom
OAM	Slowakisches Kartellamt
OECD/OCDE	Organisation für wirtschaftliche Zusammenarbeit und Entwicklung (Organisation für Economic Cooperation and Development)
OHG	offene Handelsgesellschaft
O. J. EC	Official Journal of the European Communities
OLG	Oberlandesgericht
OVG	Oberverwaltungsgericht
OWiG	Gesetz über Ordnungswidrigkeiten
p.	page
PA	Patentamt
PAngV	Verordnung über Preisangaben

Abkürzungsverzeichnis

PatG	Patentgesetz
PCT	Vertrag über die Internationale Zusammenarbeit auf dem Gebiet des Patentwesens
PflVG	Pflichtversicherungsgesetz
PDF	Portable Data Format (Systemunabhängigkeit typographischer Informationen)
P & I-Versicherungen	Protection and Indemnity-Versicherungen
PVÜ	Pariser Verbandsübereinkunft zum Schutz des gewerblichen Eigentums
PZA	Partnerschafts- und Zusammenarbeitsabkommen
RabelsZ	Rabels Zeitschrift für ausländisches und internationales Privatrecht (Band, Jahr und Seite)
RBÜ	Berner Übereinkunft zum Schutz von Werken der Literatur und Kunst
RDAI/IBLJ	Revue de droit des affaires internationales/International Business Law Journal (Jahr und Seite)
RdE	Recht der Energiewirtschaft (Jahr und Seite)
RefE	Referentenentwurf
REGTP	Regulierungsbehörde für Elektrizität, Gas, Telekommunikation und Post
Rev. aff. eur.	Revue des Affaires Européennes (Jahr, Heft-Nr. und Seite; ab 1996 Jahr und Seite)
Rev. dr. com. belge	Revue de droit commercial belge (Jahr und Seite)
Rev. fr. dr. administr.	Revue française de droit administratif (Jahr und Seite)
Rev. int. de. d'auteur	Revue internationale de droit d'auteur
Rev. int. dr. comp.	Revue internationale de droit comparé (Jahr und Seite)
Rev. int. dr. écon.	Revue internationale de droit économique (Jahr und Seite)
Rev. M. C.	Revue du Marché Commun (seit 1991 mit dem Zusatz: ... et de l'Union européenne) (Jahr und Seite)
Rev. M. unique eur.	Revue du Marché Unique Européen (Jahr, Heft-Nr. und Seite)
Rev. prat. société	Revue pratique des sociétés (Band, Jahr und Seite)
Rev. soc.	Revue des sociétés (Jahr und Seite)
Rev. suisse dr. int. concurr.	Revue suisse du droit international de la concurrence/Swiss Review of International Competetion Law (Jahr, Heft-Nr. und Seite)
Rev. trim. dr. com.	Revue trimestrielle de droit commercial et de droit économique (Band, Jahr und Seite)
Rev. trim. dr. comp.	Revue trimestrielle de droit comparé (Band, Jahr und Seite)
Rev. trim. dr. eur.	Revue trimestrielle de droit européen (Jahr und Seite)
RG	Reichsgericht
RGSt	Entscheidungen des Reichsgerichts in Strafsachen (Band und Seite)
RGZ	Entscheidungen des Reichsgerichts in Zivilsachen (Band und Seite)
RIDA	s. Rev.int.dr.d'auteur
RIDC	s. Rev.int.dr.comp.
RiLi	Richtlinie
RIW	Recht der Internationalen Wirtschaft/Außenwirtschaftsdienst des Betriebs-Beraters (Jahr und Seite)
RL	Richtlinie
RMC	s. Rev. M. C.
Rn.	Randnummer
Rom-Abkommen	Internationales Abkommen über den Schutz der Ausübenden Künstler, der Hersteller von Tonträgern und der Sendeunternehmen
Ro-Ro-Schiffe	„Roll on-roll of"-Schiffe
Rs., Rsn.	Rechtssache(n)
Rspr.	Rechtsprechung
RTDE	Revue trimestrielle de droit européen
S.	Seite
s.	siehe
SA	société anonyme

Abkürzungsverzeichnis

SEW	Social-Economische Wetgeving
SFE	Supplier Furnished Equipment
SIEC	Significant Impediment of Effective Competition
SJZ	Schweizerische Juristen-Zeitung
SLC	Substantial Lessening of Competition
Slg.	Sammlung der Rechtsprechung des Gerichtshofes der Europäischen Gemeinschaften
SNCF	Société Nationale des Chemins de Fer Francais
s. o.	siehe oben
sog.	so genannt
SortSchG	Sortenschutzgesetz
Sp.	Spalte
Spez-GVO	Verordnung (EG) Nr. 2658/2000 der Kommission vom 29. November 2000 über die Anwendung von Artikel 81 Absatz 3 des Vertrages auf Gruppen von Spezialisierungsvereinbarungen ABl. 2000 L 304/3, gültig bis 31. Dezember 2010
SSNIP-Test	Small but Significant Non-transitory Increase in Price-Test
StGB	Strafgesetzbuch
StPO	Strafprozessordnung
stPrax	ständige Praxis
stRspr.	ständige Rechtsprechung
s. u.	siehe unten
Suppl.	Supplement
TACA	Trans-Atlantic Agreement
TKG	Telekommunikationsgesetz
Transp. L. J.	Transportation Law Journal (Band, Jahr und Seite)
TranspR	Transportrecht (Jahr und Seite)
TRIPS	Übereinkommen über handelsbezogene Aspekte der Rechte des Geistigen Eigentums (Agreement of Trade Related Aspects of Intellectual Property Rights)
TT-GVO	Verordnung (EG) Nr. 772/2004 der Kommission über die Anwendung von Artikel 81 Absatz 3 EG-Vertrag auf Gruppen von Technologietransfer-Vereinbarungen, ABl. EG L 123/11, am 1. 5. 2009 in Kraft getreten
TÜV	Technischer Überwachungs-Verein
TVG	Tarifvertragsgesetz
U.	Urteil
u. a.	unter anderem; und andere
UDSSR	Union der Sozialistischen Sowjetrepubliken
UEFA	Union der Europäischen Fußballverbände
UFITA	Archiv für Urheber-, Film-, Funk- und Theaterrecht (Band, Jahr und Seite)
ÜGA	Abkommen zwischen den EFTA-Staaten zur Errichtung einer Überwachungsbehörde und eines Gerichtshofes
unstr.	unstreitig
Unterabs.	Unterabs.
UPOV	Internationales Übereinkommen zum Schutz von Pflanzenzüchtungen
UrhG	Gesetz über Urheberschutz und verwandte Schutzrechte
U. S.	United States
usw.	und so weiter
u. U.	unter Umständen
UWG	Gesetz gegen den unlauteren Wettbewerb
v.	vom/versus (gegen)
VAG	Versicherungsaufsichtsgesetz
VDEW	Vereinigung Deutscher Elektrizitätswerke

Abkürzungsverzeichnis

verb. Rs.	verbundene Rechtssachen
VerfVO	Verordnung (EG) Nr. 1/2003 des Rates vom 16. Dezember 2002 zur Durchführung der in den Artikeln 81 und 82 des Vertrags niedergelegten Wettbewerbsregeln, ABl. Nr. L 1 vom 4. Januar 2003, S. 1
Vert-GVO	Verordnung (EG) Nr. 2790/1999 der Kommission vom 22. Dezember 1999 über die Anwendung von Artikel 81 Abs. 3 des Vertrages auf Gruppen von vertikalen Vereinbarungen und aufeinander abgestimmten Verhaltensweisen, ABl. 1999 L 336/21, gültig bis 31. Mai 2010
VersW-GVO	Verordnung (EG) Nr. 358/2003 der Kommission vom 27. Februar 2003 über die Anwendung von Artikel 81 Absatz 3 EG-Vertrag auf Gruppen von Vereinbarungen, Beschlüssen und aufeinander abgestimmte Verhaltensweisen im Versicherungssektor
VerwWissStud	Versicherungswissenschaftliche Studien (hrsg. v. Basedow/Meyer/Schwintowski)
VerwArch.	Verwaltungsarchiv (Jahr und Seite)
VG	Verwaltungsgericht
VGH	Verwaltungsgerichtshof
vgl.	vgl.
VgV	Vergabeverordnung
VIK	Verband der Industriellen Kraftwirtschaft e. V.
VKU	Verband kommunaler Unternehmen e. V.
VO	Verordnung
Vol.	Volume
VO 17	Erste Durchführungsverordnung zu den Artikeln 85 und 86 des EWG-Vertrages (Kartellverordnung)
VR	Verwaltungsrundschau (Jahr und Seite)
VVG	Versicherungsvertragsgesetz
VW	Versicherungswirtschaft (Jahr und Seite)
VwGO	Verwaltungsgerichtsordnung
VwvfG	Verwaltungsverfahrensgesetz
WB	Wettbewerbsberichte
WBl	Wirtschaftsrechtliche Blätter
WbR	Wettbewerbsrecht
WCT	WIPO Copyright Treaty
WIPO	Übereinkommen zur Errichtung der Weltorganisation für Geistiges Eigentum (World Intellectual Property Organisation)
WiRO	Wirtschaft und Recht in Osteuropa (Jahr und Seite)
WiStG	Wirtschaftsstrafgesetz
WM	Wertpapier-Mitteilungen (Jahr und Seite)
WPPT	Phonograms and Performances Treaty
WRP	Wettbewerb in Recht und Praxis (Jahr und Seite)
WTO	Übereinkommen zur Errichtung der Welthandelsorganisation World Trade Organization
WUA	Welturheberrechtsabkommen
WuW	Wirtschaft und Wettbewerb (Jahr und Seite)
WuW/E	WuW-Entscheidungssammlung zum Kartellrecht
WuW/E DE	WuW-Entscheidungssammlung zum deutschen Kartellrecht
WuW/E EU	WuW-Entscheidungssammlung zum europäischen Kartellrecht
WZB	Wissenschaftszentrum Berlin für Sozialforschung & GmbH
ZGR	Zeitschrift für Unternehmens- und Gesellschaftsrecht (Band, Jahr und Seite)
ZgS	Zeitschrift für die gesamte Staatswissenschaft (Band, Jahr und Seite)
ZHR	Zeitschrift für das gesamte Handels- und Wirtschaftsrecht (Band, Jahr und Seite)

Abkürzungsverzeichnis

Ziff.	Ziffer
ZIP	Zeitschrift für Wirtschaftsrecht (Jahr und Seite)
ZögU	Zeitschrift für öffentliche und gemeinwirtschaftliche Unternehmen (Band, Jahr und Seite)
ZNER	Zeitschrift für neues Energierecht (Jahr und Seite)
ZPO	Zivilprozessordnung
ZRP	Zeitschrift für Rechtspolitik (Jahr und Seite)
zust.	zuständig; zustimmend
ZUM	Zeitschrift für Urheber- und Medienrecht (Jahr und Seite)
ZVglRWiss.	Zeitschrift für vergleichende Rechtswissenschaft (Band, Jahr und Seite)
ZwV	Zwangsvollstreckung
ZZP	Zeitschrift für Zivilprozess (Jahr und Seite)

Einführung in das europäische und deutsche Kartellrecht

Übersicht

	Rn.
Vorbemerkung	1
A. Kartellrecht als Wirtschaftsordnungsrecht	3
I. Abgrenzung des Rechtsgebiets	3
II. Schutz des Wettbewerbs	6
1. Wettbewerb als Entdeckungsverfahren	7
2. Marktabgrenzung	12
3. Unternehmen als Adressaten	16
III. Integrationspolitische Zusatzfunktion	18
B. Normstruktur	20
I. Verbotsnormen im Mittelpunkt	20
1. Zwei- und mehrseitiges Verhalten	21
2. Einseitiges Verhalten eines oder mehrerer Unternehmen	26
3. Zusammenschlusskontrolle	28
4. Verhaltensgebote	30
II. Verwaltungsvollzug	32
1. Abstellungsverfügungen	34
2. Finanzielle Sanktionen	36
3. Fusionskontrollverfahren	38
4. Verfahrensleitende Entscheidungen	42
III. Zivilrechtliche Rechtsfolgen	44
1. Nichtigkeit	45
2. Unterlassungs- und Schadensersatzansprüche	47
IV. Methoden der Kartellrechtsanwendung	51
C. Rechtsquellen	63
I. Europäisches Kartellrecht	63
1. Geschichtliche Entwicklung	63
2. Primäres Gemeinschaftsrecht	64
3. Sekundäres Gemeinschaftsrecht	67
4. Allgemeine Rechtsgrundsätze des Gemeinschaftsrechts	68
5. Bekanntmachungen und Mitteilungen	69
II. Deutsches Kartellrecht	71
1. Geschichtliche Entwicklung	71
2. Einfaches Gesetzesrecht	76
3. Höherrangiges Recht	77
III. Völkerrecht	79
1. Völkerrecht vor europäischen Gerichten	80
2. Völkerrecht vor deutschen Gerichten	81
D. Ineinanderwirken europäischen und deutschen Kartellrechts	82
I. Materiellrechtliche Vorschriften	83
1. Zwei- und mehrseitiges Verhalten	84
2. Einseitiges Verhalten	86
3. Fusionskontrolle	88
4. Vergaberecht	89
II. Zivilrechtliche Folgen von Kartellrechtsverletzungen	92
III. Verwaltungsverfahrensrecht	94
1. Zuständigkeitsverteilung im Europäischen Wettbewerbsnetz	95
2. Mitgliedstaatliche Zuarbeit im Ermittlungsverfahren	96
3. Bindung deutscher Gerichte	97
E. Rechtsschutz	98
I. Europäische Gerichte	101
1. Nichtigkeitsklagen	102
2. Untätigkeitsklagen	106
3. Schadensersatzklagen	107
4. Vorabentscheidungsverfahren	108
II. Deutsche Gerichte	109
1. Kartellverwaltungsakte	110
2. Kartellrecht im Zivilprozess	112
3. Vergabeverfahren	113
III. Einstweiliger Rechtsschutz	114
IV. Schiedsgerichte	117
F. Angrenzende Rechtsgebiete	120
I. Sektorielle Sonderregelungen	121
1. Energiewirtschaftsrecht	122
2. Landwirtschaftsrecht	124
3. Verkehrsrecht	126
4. Presse- und Rundfunkrecht	128
II. Recht des unlauteren Wettbewerbs	131
III. Gewerblicher Rechtsschutz und Urheberrecht	135
IV. Subventionsrecht	139
V. Welthandelsrecht	141

Schrifttum: *Arrowsmith,* Government Procurement in the WTO, 2003; *Bain,* Barriers to New Competition, 1956; *Bartling,* Leitbilder der Wettbewerbspolitik, 1980; *Bartmann,* Grenzen der Monopolisierung durch Urheberrechte am Beispiel von Datenbanken und Computerprogrammen, 2005; *Basedow,* Konsumentenwohlfahrt und Effizienz, WuW 2007, 712; *Böge,* Der „more economic approach" und die deutsche Wettbewerbspolitik, WuW 2004, 726; *Baumol/Panzard/Willig,* Contestable Markets and the Theory of Industry Structure, 1982; *Bungenberg,* Vergaberecht im Wettbewerb der Systeme, 2007; *Clark,* Competition as a Dynamic Process, 1961; *Hayek,* Der Wettbewerb als Entdeckungsverfahren, 1968; *Herdzina*, Wettbewerbspolitik, 5. Aufl. 1999; *Immenga*, Leitlinien als Instrument europäischer Wettbewerbspolitik, Vorträge und Berichte, Nr. 169, Zentrum für Europäisches Wirtschaftsrecht (Bonn), 2008; *Jüntgen*, Die prozessuale Durchsetzung privater Ansprüche im Kartellrecht, 2007; *Kantzenbach*, Die Funktionsfähigkeit des Wettbewerbs, 2. Aufl. 1967; *Kartte*, Ein neues Leitbild für die Wettbewerbspolitik, 1969; *Kronstein*, Das Recht der internationalen Kartelle, 1967; *Lindsay*, EC Merger Regulation: Substantive Issues, 2003; *Lowe*, Antitrust Reform in Europe, Closing Remarks v. 11. 3. 2005, S. 9, IBA, European Commission Conference; *Meessen*, The Application of Rules of Public International Law Within Community Law, Com. Mkt L. Rev. 1976, 485; *Meessen*, Economic Law in Globalizing Markets, 2004; *Meessen*, Wirtschaftsrecht im Wettbewerb des Systeme, 2005; *Meessen*, Ultra vires Making of Competition Law by the Commission, in: Pasquinucci/Preda (Hrsg.), The Road Europe Travelled Along, The Evolution of the EEC/EU Institutions and Policies, 2009; *Meessen*, Überdehnung des europarechtlichen Effektivitäts-Grundsatzes in Courage und Manfredi, in: FS Loewenheim, 2009, S. 418; *Möschel*, Behördliche oder private Durchsetzung des Kartellrechts?, WuW 2007, 483; *Peeperkorn/Verouden*, The Economics of Competition, in: Faull/Nikpay (Hrsg.), The EC Law of Competition, 2. Aufl. 2007, S. 3–85; *Puissochet*, La place du droit international dans la jurisprudence de la Cour de Justice des Communautés Européennes, in: FS Mancini, Bd. 2, 1998, S. 779; *Roesen*, Mehrfache Sanktionen im internationalen und europäischen Recht, 2009; I. *Schmidt*, Wettbewerbspolitik und Kartellrecht, 8. Aufl. 2005; *Schumpeter*, Theorie der wirtschaftlichen Entwicklung, 1912; *Schwalbe/Zimmer*, Kartellrecht und Ökonomie, 2006; *Schweizer* (Hrsg.) The Generation and Distribution of Knowledge, 21st International Seminar on the New Institutional Economics, JITE 160 (2004) I-186; *Smith*, An Enquiry into the Nature and Causes of the Wealth of Nations, 5. Aufl. 1789; *v. Weizsäcker*, Marktzutrittsschranken, in: Oberender (Hrsg.), Effizienz und Wettbewerb, 2005, S. 43; *v. Weizsäcker*, Konsumentenwohlfahrt und Wettbewerbsfreiheit, WuW 2007, 1078.

Vorbemerkung

1 **Europäisches und deutsches Kartellrecht hängen enger denn je zusammen.** Sie werden in diesem Kommentar in einem Band behandelt. In **Deutschland** sind die Vorschriften des europäischen und deutschen Kartellrechts in der Regel nebeneinander zu prüfen, auch wenn sie im Ergebnis nicht immer gleichzeitig zur Anwendung gelangen. Im EU-Mitgliedstaat **Österreich** ist das europäische Recht ebenso verbindlich wie in Deutschland. Das deutsche Recht wird in Österreich aufgrund des Wirkungsprinzips häufig angesichts der engen Verflechtung der Wirtschaft der beiden Länder zusätzlich zum österreichischen Recht zu beachten sein. Der Anwendungsbereich sowohl des europäischen als auch des deutschen Rechts wird sich aus demselben Grunde oft auch auf die **Schweiz**, derzeit weder EU- noch EWR-Mitglied, erstrecken und dort zusätzlich zum schweizerischen Recht Beachtung verlangen.

2 Diese **Einführung in das europäische und deutsche Kartellrecht** soll eine Orientierungshilfe bieten. Es geht darum, **Zusammenhänge** zwischen den einzelnen kartellrechtlichen Regeln sowie **Gemeinsamkeiten und Unterschiede** im europäischen und im deutschen Recht aufzuzeigen. Etwas ausführlicher soll in Abschnitt D das „**Ineinanderwirken**" europäischen und deutschen Rechts, das bei der Anwendung von Kartellrecht besondere Schwierigkeiten hervorruft, dargestellt werden. In dieser Hinsicht haben die am 1. Mai 2004 in Kraft getretene EG-Kartellverfahrensverordnung (VerfVO)[1] und das deutsche Gesetz gegen Wettbewerbsbeschränkungen (GWB) aufgrund der am 1. Juli 2005 in Kraft getretenen 7. GWB-Novelle eine grundlegende Änderung, nicht aber eine Vereinfachung der Rechtslage bewirkt. Außerdem wird in Abschnitt E ein Überblick über den **Rechtsschutz vor den europäischen Gerichten** gegeben, während der Rechtsschutz vor deutschen Gerichten hauptsächlich der Kommentierung der entsprechenden Vorschriften des GWB überlassen bleibt.

---

[1] Verordnung (EG) Nr. 1/2003 des Rates vom 16. Dezember 2002 zur Durchführung der in den Artikeln 81 und 82 des Vertrags niedergelegten Wettbewerbsregeln, ABl. 2003 L 1/1.

A. Kartellrecht als Wirtschaftsordnungsrecht

I. Abgrenzung des Rechtsgebiets

Kartelle sind horizontale zwischen Unternehmen derselben Marktstufe, also Wettbe- 3
werbern, abgeschlossene wettbewerbsbeschränkende Vereinbarungen. Noch in der Zeit
zwischen den beiden Weltkriegen konnte man von einem **Recht der Kartelle** sprechen
und meinte damit das Vertrags- und Gesellschaftsrecht derartiger Vereinbarungen.[2] Seit
dem Ende des Zweiten Weltkrieges sind Kartelle in Deutschland zunächst nach Besat-
zungsrecht und seit dem 1. Januar 1958 nach § 1 GWB in allen seitherigen Fassungen
grundsätzlich verboten. Gleiches gilt seit demselben Tage in den zunächst sechs, heute sie-
benundzwanzig Mitgliedstaaten der Europäischen (Wirtschafts-)Gemeinschaft. Der Begriff
Recht der Kartelle ist damit außer Gebrauch geraten. Verblieben ist der Begriff **Kartellrecht.** Unter Kartellrecht ist das „gegen" Kartelle gerichtete Recht zu verstehen, wie dies
in der Bezeichnung des deutschen Gesetzes gegen Wettbewerbsbeschränkungen und in
dem US-amerikanischen Begriff Antitrustrecht zum Ausdruck kommt.

Traditionell umfasst der Begriff **Kartellrecht** jedoch nicht nur das gegen horizontale 4
wettbewerbsbeschränkende Vereinbarungen, sondern auch das gegen sonstige wettbewerbsbeschränkende Vereinbarungen gerichtete Recht. Zu den sonstigen wettbewerbsbeschränkenden Vereinbarungen gehören u. a. vertikale, d. h. zwischen Unternehmen unterschiedlicher Marktstufe getroffene Vereinbarungen. Der Begriff Kartellrecht umfasst ferner
die einseitiges wettbewerbsbeschränkendes Verhalten betreffenden Regeln sowie das Recht
der Zusammenschlusskontrolle. Unter **Zusammenschlusskontrollrecht** oder – im Kartellrecht gleichbedeutend – **Fusionskontrollrecht** sind wiederum nur die Regeln zu verstehen, die der Verhinderung oder notfalls Auflösung wettbewerbsbeschränkender Unternehmenszusammenschlüsse, nicht aber ihrem – meist gesellschaftsrechtlichen – Vollzug
dienen. Seit der Einbeziehung vergaberechtlicher Vorschriften in die am 1. Januar 1999 in
Kraft getretene 6. Novelle zum GWB wird in Deutschland auch das **Vergaberecht** als Teil
des Kartellrechts angesehen. Das europäische Vergaberecht, das weitgehend aus Rechtsangleichungsrichtlinien besteht, enthält wesentliche Vorgaben zum Vergaberecht der Mitgliedstaaten und wird im Rahmen der Kommentierung des GWB mit behandelt. Es wird
aber trotz des engen sachlichen Zusammenhangs nicht als Teil des europäischen Kartellrechts angesehen und daher in dem dem Europarecht gewidmeten Teil des Kommentars
nicht dargestellt.

Gemeinsames Ziel aller Vorschriften des Kartellrechts einschließlich des Vergaberechts ist 5
der Schutz des Wettbewerbs. Im Gemeinschaftsrecht wird als Überschrift des die Regeln
des Kartellrechts enthaltenden Kapitels der auch das Beihilferecht umfassende Begriff
„Wettbewerbsregeln" verwandt. Auf den Schutzzweck abstellend und den Sprachgebrauch
des EG-Vertrags aufnehmend wird Kartellrecht daher auch als **Wettbewerbsrecht** (competition law, droit de la concurrence) bezeichnet. Gegen diesen Sprachgebrauch ist prinzipiell nichts einzuwenden. Entsprechend dem überwiegenden Sprachgebrauch wurde in
diesem Kommentar jedoch der Bezeichnung Kartellrecht auch in Bezug auf das europäische Recht der Vorzug gegeben. Das Beihilferecht ist damit nicht erfasst. Zugleich wird
eine Verwechslung mit dem Wettbewerbsrecht im engeren Sinne, d. h. dem **Recht des
unlauteren Wettbewerbs** oder Lauterkeitsrecht vermieden.[3]

---

[2] Darstellung und Kritik grenzüberschreitender Vereinbarungen dieser Art: *Kronstein,* Das Recht
der internationalen Kartelle, 1967.
[3] Unten Rn. 131–134.

II. Schutz des Wettbewerbs

6 Der Begriff Wettbewerb ist einer umfassenden und zugleich aussagekräftigen Definition nicht zugänglich. Die wirtschaftswissenschaftliche **Wettbewerbstheorie** hat jeweils Teilinhalte unter ceteris paribus-Annahmen herausgearbeitet, während die **Wettbewerbspolitik** Leitbilder für die Rechtsetzung und den Vollzug entwickelt hat.[4] Im europäischen und deutschen Recht ist jedoch keine verbindliche Festlegung auf derartige Leitbilder oder gar auf wettbewerbstheoretische Modelle erfolgt. Rechtsauslegung und Rechtsanwendung sind damit darauf verwiesen, die im jeweiligen rechtlichen Zusammenhang maßgeblichen Aspekte herauszuarbeiten. Verallgemeinernd lassen sich für das europäische und das deutsche Kartellrecht jedoch folgende Elemente des Begriffs Wettbewerb hervorheben:

1. Wettbewerb als Entdeckungsverfahren

7 Anders als die Schutzgüter Leben, Gesundheit und Eigentum bezeichnet Wettbewerb keinen Besitzstand, und anders als Freiheit besteht Wettbewerb nicht lediglich aus Verhaltensmöglichkeiten eines Einzelnen. Wettbewerb ist vielmehr ein **prozesshaftes Geschehen** unter Beteiligung einer Mehrzahl von voneinander unabhängigen – aktuellen und/oder potenziellen – Akteuren. Über Angebot und Nachfrage wird im Markt dezentral aufgrund von Informationen entschieden, die nur hinsichtlich der eigenen Möglichkeiten und Bedürfnisse sehr genau sind, ansonsten aber auf vagen Beobachtungen und Vermutungen beruhen. Anhand von Kriterien, wie Preis, Qualität, Liefertermin, entscheidet jeder Akteur selbst über das Zustandekommen von Transaktionen und trägt damit auch die Chancen und Risiken selbst. Aufgrund des hieraus resultierenden Eigeninteresses ist die Wahrscheinlichkeit rationaler Entscheidungen (homo oeconomicus) relativ hoch. Dies sorgt auf beiden Seiten jeder Transaktion und in gesamtwirtschaftlicher Summierung für eine Optimierung im Sinne allokativer Effizienz. Das Ergebnis der wettbewerblichen Entscheidungsprozesse ist offen. Es ergibt sich von Fall zu Fall aus einem „**Entdeckungsverfahren**".[5] Dank der „unsichtbaren Hand des Marktes"[6] werden tendenziell höhere Wohlfahrtsgewinne als in planwirtschaftlichen Wirtschaftsordnungen erzielt – mit der weiteren Folge einer in der Regel größeren gesamtwirtschaftlich zur Umverteilung verfügbaren Masse.

8 Die Sicherung eines prozesshaften Geschehens mit **rechtsstaatlichen Mitteln** bereitet besondere Schwierigkeiten. Störungen des Wettbewerbs lassen sich mit Sicherheit nur ex post feststellen. Auch dann bleibt die Zuordnung von Ursache und Wirkung schwierig. Um das Eintreten von Schäden zu vermeiden, ist ein frühzeitiges Einschreiten aufgrund von Prognosen unverzichtbar. Prognosen können sich nicht allein auf Momentaufnahmen stützen, sondern müssen zurückliegende Entwicklungen in die Zukunft fortschreiben. Um ein derartig komplexes Geschehen realitätsnah zu erfassen, hat sich als Argumentationsraster, nicht aber als stringentes Modell kausaler Beziehungen die Unterscheidung zwischen **Marktstruktur, Marktverhalten** und **Marktergebnis** eingebürgert.[7]

9 In einer ersten Annäherung kann die **Marktstruktur** je nach Zahl der Marktteilnehmer als **Monopol, Oligopol** oder **Polypol** gekennzeichnet werden. Soweit mehrere Marktteilnehmer vorhanden sind, sind die Marktanteile einzelner Unternehmen oder Unternehmensgruppen und die Unterschiede zwischen diesen Marktanteilen und denjenigen der

---

[4] *Schumpeter,* Theorie der wirtschaftlichen Entwicklung, 1912; *Bain,* Barriers to New Competition, 1956; *Clark,* Competition as a Dynamic Process, 1961; *Kantzenbach,* Die Funktionsfähigkeit des Wettbewerbs, 2. Aufl. 1967; *Kartte,* Ein neues Leitbild für die Wettbewerbspolitik, 1969; *Bartling,* Leitbilder der Wettbewerbspolitik, 1980.

[5] *Hayek,* Der Wettbewerb als Entdeckungsverfahren, 1968.

[6] *Smith,* An Enquiry into the Nature and Causes of the Wealth of Nations, 5. Aufl. 1789.

[7] *Herdzina,* Wettbewerbspolitik, 5. Aufl. 1999, S. 47 f.; *Schmidt,* Wettbewerbspolitik und Kartellrecht, 8. Aufl. 2005, S. 5 f., 58 f.

übrigen Marktteilnehmer von Bedeutung. Für den **aktuellen Wettbewerb** relevant können auch Angebote von Marktteilnehmern sein, die bei nur selten georderten Großobjekten nicht zum Zuge gekommen sind und sich daher nicht in Marktanteilen niedergeschlagen haben. Darüber hinaus kann auch auf den **potenziellen Wettbewerb** derjenigen abgestellt werden, die bisher keine Angebote unterbreitet haben, mit deren Markteintritt jedoch insbesondere aufgrund eines Vergleichs der zu erwartenden Gewinne mit den durch den Markteintritt entstehenden Kosten gerechnet werden kann. Entscheidendes Strukturmerkmal ist damit die **„Bestreitbarkeit von Märkten".**[8] Sie hängt insbesondere von den Markteintrittsschwellen ab, die sich aus technischen, wirtschaftlichen und auch rechtlichen (z. B. Zollgrenzen) Faktoren ergeben können. Die Marktstruktur wird ferner charakterisiert durch sekundäre Faktoren wie Kapazitätsauslastung, Dynamik der Produktentwicklung und Markttransparenz.

Wichtigster, aber keineswegs alleiniger Parameter des **Marktverhaltens** ist die Festsetzung von **Preisen.** Anders als in vielen ökonomischen Modellen der Preistheorie sind aber die im Markt gehandelten Produkte nicht in statischer Betrachtung als unabänderliche Gegebenheiten anzusehen. Vielmehr kann sich im Verlauf des wettbewerblichen Entdeckungsverfahrens **dynamischer Wettbewerb** darin zeigen, dass Produkte fortentwickelt und verändert werden, wobei unter Produkten nicht nur die Waren und Dienstleistungen selbst, sondern auch mit ihnen verbundene Beratungs-, Wartungs- und durch die Werbung vermittelte Informationsleistungen zu verstehen sind.[9]

Unter den **Marktergebnissen** gilt das Hauptaugenmerk dem im Markt durchgesetzten Preis. Nach Kunden und Zeitablauf variierende Preise sprechen für das Vorliegen von Wettbewerb, Einheitspreise sowie stabile oder ausschließlich steigende Preise eher dagegen. Weit über den Herstellungskosten liegende Preise lassen in einer ersten Annäherung auf die Erzielung von **Monopolrenten** durch eines oder mehrere marktbeherrschende Unternehmen und damit auf ein Fehlen von Wettbewerb schließen. Gleiches gilt, wenn die Produktentwicklung trotz gegebener technischer und wirtschaftlicher Möglichkeiten stagniert oder gar die Qualität von Waren und Dienstleistungsprodukten nachlässt. Umgekehrt können die Entwicklung neuer Produkte und die Einsparung von Kosten der Produkterzeugung und -verteilung zu **Effizienzgewinnen** führen. Für die wettbewerbliche Beurteilung entscheidend ist in diesem Fall die Aufteilung der Gewinne zwischen Anbietern und Nachfragern und vor allem, ob nachstoßender – imitativer und/oder innovativer – Wettbewerb möglich bleibt.

2. Marktabgrenzung

Wettbewerb findet in sachlich und räumlich abgegrenzten Märkten statt. Entsprechend setzt die Feststellung von Wettbewerbsbeschränkungen in der Regel voraus, dass Klarheit über die **sachliche und räumliche Marktabgrenzung** gewonnen wird. Unverzichtbar ist eine genaue Marktabgrenzung, wenn die Feststellung der Marktmacht des oder der beteiligten Unternehmen Teil des Tatbestands der kartellrechtlichen Verbotsnorm ist. Auch bei der Feststellung von Art und Bedeutung vereinbarter Wettbewerbsbeschränkungen kann es darauf ankommen, ob sich die beteiligten Unternehmen als Wettbewerber gegenüberstehen und über welche Marktanteile sie verfügen. Die Abgrenzung des sachlich und räumlich relevanten Markts ist jedoch stets nur eine Hilfsüberlegung zur Feststellung des Vorliegens anderer Tatbestandsmerkmale.

Allgemein gilt, dass die **Sichtweise der jeweiligen Marktgegenseite,** also bei Angebotsmärkten der Abnehmer- und bei Nachfragemärkten der Anbieterseite, maßgeblich ist. Bei der Untersuchung von Angebotsmärkten lautet die übliche Testfrage, ob sich

---

[8] *Baumol/Panzard/Willig,* Contestable Markets and the Theory of Industry Structure, 1982.
[9] *v. Weizsäcker,* Marktzutrittsschranken, in: *Oberender* (Hrsg.), Effizienz und Wettbewerb, 2005, S. 43.

Nachfrager bei einer hypothetischen Erhöhung der Preise der angebotenen Produkte um 5–10% Alternativangeboten zuwenden würden.[10]

14 Bei der **sachlichen Marktabgrenzung** oder Produktmarktabgrenzung geht es um die Identifizierung der relevanten Waren- oder Dienstleistungsprodukte. Vor allem in Fusionskontrollfällen versuchen sich die beteiligten Unternehmen durch die Annahme weiter Produktmärkte gegen die Zuschreibung hoher Marktanteile zu wehren. Umgekehrt neigen die Kartellbehörden zur Annahme enger Produktmärkte mit der Folge höherer Marktanteile der beteiligten Unternehmen. Die Annahme benachbarter enger Produktmärkte schließt wettbewerbliche Wirkungen jedoch nicht aus. So können die Unternehmen, die an einem Zusammenschluss auf einem engen Produktmarkt beteiligt sind, auf den Wettbewerbsdruck der Hersteller von durch den Zusammenschluss nicht betroffenen **Ausweichprodukten** (Substituten) hinweisen, und die Kartellbehörden können bei einem Zusammenschluss von auf benachbarten Märkten tätigen Unternehmen wettbewerbliche Bedenken aus den von einer **Erweiterung der Produktpalette** zu erwartenden Verstärkungseffekten ableiten. Im Übrigen sind Produktmarktabgrenzungen nie endgültig. Die Einstellung der Abnehmer kann sich, oft ausgelöst durch technische Entwicklungen, ändern.

15 Der **räumlich relevante Markt** (oder geographisch relevante Markt) wird im Gemeinschaftsrecht ausschließlich aus wirtschaftlicher Sicht nach den auch für die Abgrenzung des sachlich relevanten Markts angewandten Methoden festgestellt. Soweit nicht aus technisch-physikalischen Gründen, z. B. bei Transportbeton, eng begrenzte lokale Märkte anzunehmen sind, hat die Beseitigung innergemeinschaftlicher Handelsschranken zunehmend zur Annahme europaweiter räumlich relevanter Märkte geführt. Auf Grund der weltweiten Handelsliberalisierung im GATT und seit 1995 in der WTO geht die Europäisierung der Märkte in eine Globalisierung der Märkte über. Nach einer vom Bundesgerichtshof im Jahre 1995 bestätigten Praxis des Bundeskartellamts war aus juristischer Sicht äußerstenfalls der **deutsche Inlandsmarkt** als räumlich relevanter Markt zu Grunde zu legen.[11] Der Bundesgerichtshof hat diesen Standpunkt jedoch inzwischen aufgegeben und sich der von der Kommission und den europäischen Gerichten seit jeher zu Grunde gelegten **wirtschaftlichen Marktabgrenzung** angeschlossen.[12] Diese Auslegung wurde durch den in § 19 Abs. 2 GWB mit Wirkung vom 1. Juli 2005 neu eingefügten Satz 3 gesetzlich festgeschrieben.

3. Unternehmen als Adressaten

16 Die kartellrechtlichen Regeln („Wettbewerbsregeln") befinden sich in Kapitel 1 des Titels VI des EG-Vertrages in einem mit **Vorschriften für Unternehmen** überschriebenen Abschnitt 1. Sie sind damit von dem mit „Staatliche Beihilfen" überschriebenen Abschnitt 2 abgegrenzt. Allerdings enthält Art. 86 EG in Verbindung mit Art. 10 EG eine an die Mitgliedstaaten gerichtete Pflicht zur Deregulierung und ermächtigt in Art. 86 Abs. 3 EG die Kommission zum Erlass von Maßnahmen gegenüber den Mitgliedstaaten. Auch das deutsche Kartellrecht wendet sich, wie sich aus den einzelnen Verbotstatbeständen ergibt, primär an Unternehmen, fügt aber im Vergaberecht Vorschriften hinzu, die von der öffentlichen Hand zu beachten sind.

17 Sowohl das deutsche Recht als auch das europäische Recht gehen von einem **funktionalen Unternehmensbegriff** aus. Die kartellrechtlichen Vorschriften sind daher auch auf diejenigen von der öffentlichen Hand gehaltenen Unternehmen, die sich unbeschadet ihrer öffentlichrechtlichen oder privatrechtlichen Rechtsform am wirtschaftlichen Wettbewerb beteiligen, anwendbar. Für das deutsche Recht ist dies in § 130 Abs. 1 GWB ausdrücklich angeordnet. Für das europäische Recht ergibt sich dies mittelbar aus Art. 86 Abs. 1 EG.

---

[10] Hierzu und zum Folgenden *Lindsay*, EC Merger Regulation: Substantive Issues, 2003, S. 73 f.
[11] BGH B. v. 24. 10. 1995, KVR 17/94 – *Backofenmarkt*, WuW/E BGH 3026.
[12] BGH B. v. 5. 10. 2004, KVR 14/03 – *Staubsaugerbeutelmarkt*, WuW/E DE-R 1355.

B. Normstruktur

Sowohl nach europäischem als auch nach deutschem Recht sind **private Verbraucher** kartellrechtlichen Vorschriften nicht unterworfen. Sie sind jedoch häufig Begünstigte und können in dieser Eigenschaft auf das Kartellrecht gestützte Ansprüche oder Einwendungen im Zivilprozess geltend machen sowie als Beigeladene, Beschwerdeführer oder Streithelfer an kartellrechtlichen Verwaltungsverfahren und/oder ihrer gerichtlichen Überprüfung beteiligt sein.

III. Integrationspolitische Zusatzfunktion

Die Märkte in den europäischen Staaten, die die Europäischen Gemeinschaften ursprünglich errichteten oder ihnen später beitraten, waren meist durch tarifäre und nichttarifäre staatliche Handelsschranken voneinander getrennt. Es war zu befürchten, dass die **Aufteilung in nationale Märkte** auch nach Beseitigung der staatlichen Handelsschranken für eine mehr oder weniger lange Zeit beibehalten worden wäre, wenn es den Unternehmen gestattet gewesen wäre, die bisherigen Vertriebsstrukturen durch alte oder neue wettbewerbsbeschränkende Praktiken aufrechtzuerhalten. Aufgabe des europäischen Kartellrechts war und ist es, dieser Gefahr entgegen zu wirken und die Integration der nationalen Märkte zu einem europäischen Binnenmarkt zu beschleunigen.

Die europarechtliche Zusatzfunktion der Marktintegration durch Kartellrecht kommt in den Art. 3 Abs. 1 g, 81 Abs. 1 und 82 EG sowie in den Art. 1 und 2 FKVO zum Ausdruck: Nach Art. 3 Abs. 1 g EG umfasst die Tätigkeit der Gemeinschaft die Errichtung „ein(es) System(s), das den **Wettbewerb im Binnenmarkt** vor Verfälschungen schützt." Art. 81 Abs. 1 und 82 EG sowie Art. 2 Abs. 3 FKVO sehen als Rechtsfolge die Unvereinbarkeit mit dem Gemeinsamen Markt vor. Außerdem sind die Art. 81 und 82 sowie die FKVO nur dann anwendbar, wenn das wettbewerbsbeschränkende Verhalten geeignet ist, den **zwischenstaatlichen Handel** zu beeinträchtigen (Art. 81 und 82 EG), oder wenn das Zusammenschlussvorhaben **gemeinschaftsweite Bedeutung** aufweist (Art. 1 Abs. 1 FKVO). Inzwischen, d. h. seit dem In-Kraft-Treten des Maastrichter Vertrags im Jahre 1993, erstreckt sich der „Grundsatz einer offenen Marktwirtschaft mit freiem Wettbewerb" (Art. 4 Abs. 1 EG) auch auf nicht grenzüberschreitende Geschäftsbeziehungen innerhalb der Mitgliedstaaten. In dieser Hinsicht ist aber bisher keine Ergänzung der operativen Vorschriften des EG-Kartellrechts erfolgt. Auch das deutsche Recht enthält in § 48 Abs. 2 GWB eine Art Zwischenstaatlichkeitsklausel, indem die Zuständigkeit des Bundeskartellamts an über das Gebiet eines (Bundes-)Landes hinausreichende Wirkungen anknüpft, wohingegen das materielle deutsche Kartellrecht einheitlich für alle sich in Deutschland auswirkenden Wettbewerbsbeschränkungen gilt (§ 130 Abs. 2 GWB).

B. Normstruktur

I. Verbotsnormen im Mittelpunkt

Um das prozesshafte Wettbewerbsgeschehen in Gang zu halten, schützt das Kartellrecht auch die Entscheidungsfreiheit der Unternehmen, und zwar selbst gegen den Willen von Unternehmen derselben Marktstufe. Miteinander im Wettbewerb stehende Unternehmen haben in der Tat oft ein gemeinsames Interesse, untereinander den Wettbewerb einzuschränken, um überwettbewerbliche Preise bei ihren Abnehmern durchsetzen zu können. Um die **unternehmerische Freiheit** insgesamt zu erhalten, muss die Gestaltungsfreiheit des einzelnen Unternehmens eingeschränkt werden. Dies geschieht dadurch, dass bestimmte, die Entscheidungsfreiheit **einschränkende Verhaltensweisen und Strukturveränderungen** verboten werden. Es würde dem Wettbewerbsprinzip zuwiderlaufen, ein bestimmtes unternehmerisches Handeln positiv vorzuschreiben. Dies geschieht nur ausnahmsweise, und zwar nur hinsichtlich von den Wettbewerb vorbereitendem Handeln, z. B.

bei Verpflichtungen zur Gewährung von Netzzugang. An die Verletzung der Verbote und vereinzelter Gebote schließen sich jeweils unterschiedliche verwaltungsrechtliche (einschließlich ordnungswidrigkeitenrechtliche) und zivilrechtliche Rechtsfolgen an. Zunächst sind in den Unterabschnitten 1–3 drei Verbotstatbestände zu unterscheiden. Anschließend wird in Unterabschnitt 4 auf Handlungsgebote eingegangen:

1. Zwei- und mehrseitiges Verhalten

21 Grundtatbestand ist das Verbot der Bildung von **Kartellen**, d.h. des Abschlusses horizontaler wettbewerbsbeschränkender Vereinbarungen. Kartelle wurden bis zum 30. Juni 2005 im deutschen Recht noch gesondert behandelt, indem § 1 GWB u.a. bestimmte Vereinbarungen „zwischen miteinander im Wettbewerb stehenden" Unternehmen verboten hat. Die in Anführungszeichen gesetzten Worte fehlen seit jeher in Art. 81 Abs. 1 EG. Sie fehlen seit dem 1. Juli 2005 auch in der Neufassung von § 1 GWB nach der 7. Novelle. Sowohl im europäischen als auch im deutschen Recht wird damit das Verbot über den Tatbestand der Bildung horizontaler Kartelle hinaus auf **vertikale Vereinbarungen** zwischen Unternehmen und ihren Abnehmern (nachgelagerter Markt) sowie ihren Lieferanten (vorgelagerter Markt) und sonstige Vereinbarungen zwischen Unternehmen erstreckt.

22 Trotz grundsätzlicher Anwendbarkeit des Verbotstatbestands sind die wettbewerbsbeschränkenden Wirkungen vertikaler und sonstiger nicht horizontaler Vereinbarungen in der Regel erheblich weniger schwerwiegend. Unternehmen verschiedener Marktstufen stehen anders als Unternehmen derselben Marktstufe in einem **natürlichen Interessengegensatz** zueinander. Im europäischen Recht wird dem durch Gruppenfreistellungsverordnungen und die Legalausnahme des Art. 81 Abs. 3 EG Rechnung getragen. Im deutschen Recht wiederholt § 2 Abs. 1 GWB den Wortlaut von Art. 81 Abs. 3 EG, und § 2 Abs. 2 GWB erklärt die Gruppenfreistellungsverordnungen für entsprechend anwendbar. Außerdem enthält das deutsche Recht für vertikale Vereinbarungen noch zwei Sonderregelungen (§§ 28 Abs. 2, 30 GWB).

23 Mit Vereinbarungen gleich behandelt werden sowohl im europäischen als auch im deutschen Recht **Beschlüsse von Unternehmensvereinigungen.** Anderenfalls hätte die Herbeiführung einer vereins- oder gesellschaftsrechtlichen Bindung einen allzu einfachen Weg zur Umgehung des Verbots von Vereinbarungen geboten. Ebenfalls nach beiden Rechtsordnungen wird nicht auf die rechtliche, sondern die **faktische Verbindlichkeit** von Vereinbarungen und Beschlüssen abgestellt. Auf diese Weise wird vermieden, den subjektiven Tatbestand eines rechtlichen Bindungswillens nachweisen zu müssen.

24 Schließlich werden in beiden Rechtsordnungen **aufeinander abgestimmte Verhaltensweisen** mit Vereinbarungen und Beschlüssen gleich behandelt. Hierunter ist ein auf vorheriger Abstimmung beruhendes gleichförmiges Verhalten zu verstehen. Von dem Verbot nicht erfasst ist damit jedoch ein nicht abgestimmtes gleichförmiges Verhalten oder reines Parallelverhalten, das sich auch ohne Abstimmung aus ökonomischen Notwendigkeiten, z.B. einer alle Hersteller betreffenden Veränderung der Preise für ein Vorprodukt, ergeben kann.

25 Selbstverständlich sind Vereinbarungen, Beschlüsse und abgestimmte Verhaltensweisen nur dann verboten, wenn sie eine **Beschränkung des Wettbewerbs** bezwecken oder bewirken und – im europäischen Recht – zusätzlich geeignet sind, den **zwischenstaatlichen Handel** zu beeinträchtigen. Die Feststellung dieser Voraussetzungen stellt die Kartellrechtsanwendung vor außerordentliche Probleme. Diese Probleme werden dadurch noch vergrößert, dass Art. 81 Abs. 3 EG und – in enger Anlehnung an diese Vorschrift – die seit dem 1. Juli 2005 geltende Neufassung von § 2 GWB eine Ausnahme für solche Vereinbarungen, Beschlüsse und abgestimmte Verhaltensweisen vorsehen, die bestimmte an die Verbraucher zumindestens teilweise weitergegebene, nicht anders erreichbare Effizienzsteigerungen, wie Produktverbesserungen und Kosteneinsparungen, erwarten lassen.

2. Einseitiges Verhalten eines oder mehrerer Unternehmen

Einseitiges Verhalten, mit dem Chancen wahrgenommen und Risiken in Kauf genommen werden, hält den Wettbewerb in Bewegung und ist daher eigentlich erwünscht. Dies gilt jedoch dann nicht, wenn das einseitig handelnde Unternehmen eine bereits früher erlangte Marktstellung missbräuchlich ausnutzt. Gleich behandelt wird der Fall des Missbrauchs einer marktbeherrschenden Stellung mehrerer Unternehmen. Sowohl das europäische als auch das deutsche Recht sehen daher ein **Missbrauchsverbot als Sonderrecht** für marktbeherrschende Unternehmen in Art. 82 EG und §§ 19 Abs. 1 und 4, 20 Abs. 1 und 3 GWB vor. Das deutsche Recht enthält in § 20 Abs. 2, 4 und 5 GWB ein derartiges Missbrauchsverbot auch für lediglich marktstarke Unternehmen.

Die Feststellung der die **Anwendung des Sonderrechts** auslösenden Schwellenwerte von Marktstärke bereitet erhebliche Schwierigkeiten, wobei sich das deutsche Recht mit widerlichen Marktbeherrschungsvermutungen behilft (§ 19 Abs. 3 GWB). Noch schwieriger ist die Abgrenzung zwischen verbotener missbräuchlicher Ausnutzung dieser Stellung einerseits und der legitimen Wahrnehmung der durch frühere Leistung erlangten Vorteile andererseits. Eine gewisse Hilfe bieten in beiden Rechtsordnungen nicht erschöpfende Kataloge von Anwendungsbeispielen (Art. 82 a.E. EG, § 19 Abs. 4 GWB). Das „missbräuchliche Verhalten" marktbeherrschender und marktstarker Unternehmen wird in § 20 GWB in den Tatbeständen eines **Diskriminierungsverbots** und eines **Verbots unbilliger Behinderung** etwas genauer definiert. Zusätzlich enthält das deutsche Kartellrecht in § 21 GWB durch den Tatbestand des **Boykottverbots** eine sich an alle Unternehmen richtende, lauterkeitsrechtlich begründete Verbotsnorm. Eine Änderung der §§ 20, 21 GWB ist durch die 7. Novelle nicht erfolgt.

3. Zusammenschlusskontrolle

Erst nachträglich wurde in beiden Rechtsordnungen – 1973 in Deutschland, 1990 in der EG – eine inzwischen auch nach deutschem Recht stets mit einem Vollzugsverbot verbundene **vorbeugende Kontrolle von Zusammenschlüssen** von Unternehmen eingeführt. Grundgedanke ist, dass eine zu einer generellen Verschlechterung der Wettbewerbsverhältnisse führende Veränderung der Marktstruktur zu vermeiden ist, wenn sie durch äußeres Wachstum in der Form eines Zusammenschlusses erfolgt. Zusammenschlüsse sind auf die Beteiligung an einem Unternehmen oder auf Vermögenswerte eines Unternehmens bezogene Rechtsgeschäfte, durch die die **wettbewerbliche Kontrolle** oder – zusätzlich im deutschen Recht – ein **wettbewerblich erheblicher Einfluss** über eines oder mehrere andere Unternehmen erworben wird (Art. 3 FKVO, § 37 GWB). Gleich behandelt wird der Fall, dass zwei oder mehr Unternehmen ein anderes Unternehmen als **Gemeinschaftsunternehmen** errichten oder erwerben.

Zusammenschlüsse sind nach deutschem Recht zu untersagen, wenn die **Entstehung oder Verstärkung einer marktbeherrschenden Stellung** von einem oder mehreren Unternehmen zu erwarten ist (§§ 36 Abs. 1, 41 Abs. 1 GWB). Bis zum 30. April 2004 folgte auch das europäische Kartellrecht dem Marktbeherrschungskriterium. Seit dem 1. Mai 2004 ist die Marktbeherrschung im europäischen Recht nur noch Indiz für das Vorliegen des neuen Tatbestandsmerkmals einer **erheblichen Behinderung wirksamen Wettbewerbs** (Art. 2 Abs. 2 und 3 FKVO). Sowohl nach EG-Kartellrecht als auch nach deutschem Kartellrecht ist der Vollzug eines anmeldepflichtigen, aber nicht freigegebenen Zusammenschlusses verboten (Art. 7 FKVO, § 41 GWB). Mit hohen Bußgeldern kann außerdem in beiden Rechtsordnungen die Nichtbeachtung der Untersagung ordnungsgemäß angemeldeter Zusammenschlussvorhaben geahndet werden (Art. 14 FKVO, § 81 GWB).

4. Verhaltensgebote

30 Ausnahmsweise ergeben sich Verhaltensgebote, wenn die Verletzung eines Verbotes nach den gegebenen Umständen nur durch ein bestimmtes Verhalten vermieden werden kann. Dies ist z. B. bei kartellrechtswidrigen **Lieferverweigerungen** der Fall oder auch dann, wenn sich ein marktbeherrschendes Unternehmen durch Verweigerung des **Zugangs zu wesentlichen Einrichtungen** („essential facilities") ein missbräuchliches Verhalten nach § 19 Abs. 4 Nr. 4 zu Schulden kommen lässt. Rechtstechnisch können sich Verhaltensgebote auch aus Bedingungen oder Auflagen ergeben, die in ähnlichen Fallkonstellationen an die Freigabe von Zusammenschlüssen geknüpft werden. Schließlich stellen u. a. die Anmeldepflicht im europäischen und deutschen Fusionskontrollrecht und die Ausschreibungspflicht im deutschen Vergaberecht Verhaltensgebote dar.

31 Die Beachtung der kartellrechtlichen Verbote und Gebote wird durch **Verwaltungsvollzug** einschließlich der Verhängung von Zwangsgeldern und Bußgeldern und durch **zivilrechtliche Rechtsfolgen** sichergestellt. Während das deutsche und europäische Kartellrecht traditionell den Verwaltungsvollzug (unten unter II.) in den Vordergrund gestellt haben, folgen beide Rechtsordnungen inzwischen insofern dem US-amerikanischen Vorbild, als sie die zivilrechtliche Durchsetzung (unten unter III.) zu stärken versuchen.

II. Verwaltungsvollzug

32 Kartelle sind **Gewinnsummenspiele** zu Lasten der Marktgegenseite. Sofern die Marktgegenseite von der Existenz eines Kartells nichts erfährt oder die geschäftlichen oder prozessualen Risiken zivilrechtlicher Interventionen scheut, liegt es im Interesse der Beteiligten, Kartelle über Jahrzehnte hinweg funktionsfähig zu erhalten. Selbst Außenseiter erwirtschaften höhere Margen im Schatten der Hochpreispolitik eines Kartells, und die Abnehmer geben – durchaus auch im Wettbewerb untereinander – ihre Kosten an ihre Abnehmer bis zum Endverbraucher weiter. Die Wettbewerbfähigkeit industrieller Abnehmer im Inland wird verschlechtert, und der Lebenshaltungsindex erhöht sich. Dies sind **öffentliche Interessen,** die es nahelegen, den Vollzug der gegen private Wettbewerbsbeschränkungen gerichteten Gesetze zumindest auch Verwaltungsbehörden anzuvertrauen.

33 Vollzugsentscheidungen greifen in die Wettbewerbsfreiheit des Unternehmens ein, an das sie gerichtet sind. Nach dem Rechtsstaatsprinzip bedürfen derartige Entscheidungen sowohl im europäischen, als auch im deutschen Kartellrecht einer **Ermächtigungsgrundlage,** die an die Verletzung einer kartellrechtlichen Verbotsnorm anknüpft und Inhalt und Ausmaß der Vollzugsmaßnahme festlegt und ihre Begründung vorschreibt. Die rechtsstaatlichen Anforderungen sind im deutschen Recht tendenziell strenger als im europäischen Recht. Rechtsform verbindlicher Maßnahmen sind in der Regel im europäischen Recht der Erlass von Entscheidungen im Sinne von Art. 249 Abs. 4 EG und im deutschen Recht der Erlass von Verwaltungsakten im Sinne von § 35 VwVfG.

1. Abstellungsverfügungen

34 Nach Art. 7 VerfVO kann die Kommission Unternehmen verpflichten, Verletzungshandlungen abzustellen. Eine Abstellungsverfügung beinhaltet in der Regel die Untersagung des verbotenen Verhaltens. Insoweit als die Verbotsnorm durch Unterlassen verletzt wurde, kann als Abstellung auch ein positives Handeln (Belieferung, Gewährung von Netzzugang usw.) angeordnet werden. Bei der Auswahl der Mittel ist der **Grundsatz der Verhältnismäßigkeit** zu wahren. Die vorgenannten Verfügungen können als einstweilige Maßnahmen erlassen werden. Bei beendeten Zuwiderhandlungen kommt auch der Erlass rein feststellender Entscheidungen in Betracht. Schließlich können die Parteien **Verpflichtungszusagen** anbieten und auf diese Weise die Einstellung von Verfahren unter Verbindlicherklärung der Zusagen erreichen (Art. 9 Abs. 1 VerfVO).[13] Außerdem steht der Kommission nach Art. 29 VerfVO das Recht zu, den Rechtsvorteil einer Gruppenfreistellungsverordnung zu entziehen.

Dieselben Befugnisse werden nunmehr nach §§ 32 f. GWB aufgrund von Verletzungen sowohl des europäischen als auch des deutschen Kartellrechts den **deutschen Kartellbehörden** eingeräumt. Aufgrund des völkergewohnheitsrechtlichen Grundsatzes der Territorialität des Geltungsbereichs staatlicher Hoheitsakte[14] ist die Wirkung deutscher Vollzugsakte auch bei Anwendung von europäischem Kartellrecht **auf Deutschland beschränkt,** es sei denn, das Recht eines anderen Mitgliedstaats der Europäischen Union ordnet eine Erstreckung der Wirkung auf sein Staatsgebiet an. Letzteres ist in Deutschland hinsichtlich der Bindungswirkung von Vollzugsakten anderer Mitgliedstaaten im Rahmen der Geltendmachung schadensersatzrechtlicher Folgeansprüche vor deutschen Gerichten geschehen (§ 33 Abs. 4 Satz 1 GWB).

2. Finanzielle Sanktionen

Nach **europäischem Recht** (Art. 23 Abs. 2 VerfVO) kann die Kommission bei vorsätzlicher oder fahrlässiger Verletzung kartellrechtlicher Verbotsnormen oder Anordnungen **Geldbußen** in einer Höhe von bis zu 10% des gesamten Umsatzes des betroffenen Unternehmens während des vorangehenden Geschäftsjahres – also nicht nur des Umsatzes in dem jeweiligen kartellrechtlich relevanten Produktmarkt – verhängen. Geldbußen in Höhe von bis zu 1% des Vorjahresumsatzes sind nach Art. 23 Abs. 1 VerfVO für bestimmte Formen der Behinderung von Ermittlungen vorgesehen. Außerdem können zur Erzwingung einzelner Maßnahmen nach Art. 24 VerfVO Zwangsgelder festgesetzt werden.

Nach **deutschem Recht** können seit Inkrafttreten der 7. GWB-Novelle am 1. Juli 2005 wegen vorsätzlicher oder fahrlässiger Nichtbeachtung von Verboten und Einzelentscheidungen des europäischen und des deutschen Rechts nach § 81 Abs. 4 GWB **Bußgeldsanktionen** in gleicher Höhe verhängt werden. Im Unterschied zum europäischen Kartellrecht umfasst der Kreis der Verbotsadressaten nach deutschem Ordnungswidrigkeitenrecht nicht nur das betroffene Unternehmen, sondern auch **natürliche Personen** wie Vertreter, Beauftragte, Organmitglieder usw. Außerdem sieht das deutsche Recht als zusätzliche Verwaltungssanktion in § 34 GWB wegen Verletzung europäischen und deutschen Kartellrechts eine **Abschöpfung des wirtschaftlichen Vorteils** durch die Kartellbehörde vor. Die Fülle der Sanktionsmöglichkeiten und die konkurrierende Zuständigkeit europäischer und mitgliedstaatlicher Kartellbehörden können zu einer Kumulation von Sanktionen führen, deren Zulässigkeit nach speziellen Rechtsnormen und nach den Grundsätzen **ne bis in idem** und rechtsstaatlicher **Anrechnungspflichten** zu bestimmen ist.[15]

3. Fusionskontrollverfahren

Zum **Vollzug des europäischen und deutschen Fusionskontrollrechts** sind – bei etwas abweichender Terminologie – gleichartige verwaltungsrechtliche Instrumente wie beim Vollzug von Verletzungen der kartellrechtlichen Verbote zwei- und mehrseitiger sowie einseitiger Wettbewerbsbeschränkungen vorgesehen. Ermächtigungsgrundlage sind jedoch in beiden Rechtsordnungen andere Vorschriften: im europäischen Recht sind es insbesondere die Art. 7, 8 und 14 FKVO sowie im deutschen Fusionskontrollrecht die §§ 41, 42 GWB und – allerdings mit dem allgemeinen Kartellverfahrensrecht übereinstimmend – die Bußgeldvorschrift des § 81 GWB. Zu beachten ist ferner, dass nicht nur

---

[13] Komm. E. v. 19. 1. 2005 DG COMP/C-2/37 214 – *Gemeinsame Vermarktung der Medienrechte an der deutschen Bundesliga,* WuW/E EU-V 1035.
[14] S. unten *Meessen,* IntKartR Rn. 11, 15, 46.
[15] *Roesen,* Mehrfache Sanktionen im internationalen und europäischen Recht, 2009.

die Europäische Union, sondern auch Deutschland und die übrigen Mitgliedstaaten ausschließlich zum Vollzug des jeweiligen eigenen Fusionskontrollrechts zuständig sind. Mit anderen Worten, das anwendbare Fusionskontrollrecht kann sich auch aus einer durch Verweisung begründeten Zuständigkeit zum Vollzug ergeben.

39 In beiden Rechtsordnungen gilt – in Deutschland ausschließlich erst seit dem 1. Januar 1999 – ein System **präventiver Fusionskontrolle,** d. h. alle anmeldepflichtigen Zusammenschlussvorhaben dürfen nur unter der Voraussetzung vorheriger Anmeldung und Freigabe vollzogen werden. Bei Nichtbeachtung der Anmeldepflicht und/oder des Vollzugsverbots kann es zu Entflechtungsanordnungen, die bei Verschulden mit der Verhängung von Geldbußen verbunden werden, kommen. In aller Regel werden Zusammenschlussvorhaben freigegeben, allerdings nicht selten unter **Auflagen** und/oder **Bedingungen.** Nur wenige Zusammenschlussvorhaben werden untersagt. Als Besonderheit des deutschen Rechts ist zu vermerken, dass der **Bundesminister für Wirtschaft** ermächtigt ist, aus nicht wettbewerblichen überwiegenden Gründen des gemeinen Wohls eine Erlaubnis zu einem vom Bundeskartellamt untersagten Zusammenschlussvorhaben zu erteilen (§ 42 Abs. 1 GWB).

40 Der Schwerpunkt des Fusionskontrollverfahrens liegt auf dem **Anmeldeverfahren.** Zunächst ist die **Anmeldepflichtigkeit** nach europäischem und deutschem Recht vor allem anhand von auf verschiedene geographische Räume bezogenen **Umsatzkriterien** festzustellen. Die Zuständigkeit zur Prüfung angemeldeter Zusammenschlussvorhaben kann gemäß Art. 4, 9 und 22 FKVO auch durch **Verweisung** an die Kommission oder eine mitgliedstaatliche Kartellbehörde begründet werden. Anmeldungen, die den detaillierten Vorgaben des Formblatts CO im europäischen Recht[16] oder den allgemein gehaltenen Anforderungen des § 39 Abs. 3 GWB (kaum geändert durch die 7. Novelle) im deutschen Recht genügen, setzen **knappe Fristen** in Lauf, innerhalb derer das Zusammenschlussvorhaben entweder freigegeben oder aber mit gerichtsfester Begründung untersagt werden muss. In beiden Rechtsordnungen wird zwischen **zwei Phasen** – in der Regel einer ersten Phase von einem Monat (25/35 Arbeitstage nach EG-Recht) und einer zweiten Phase von weiteren drei Monaten (90 Arbeitstage nach EG-Recht) – unterschieden. Die meisten Vorhaben werden in der ersten Phase freigegeben. Die zweite Phase einer vertieften Überprüfung wird nur dann eingeleitet, wenn innerhalb der ersten Phase die Kommission „Anlass zu ernsthaften Bedenken" feststellt (Art. 6 Abs. 1 c FKVO) oder – im deutschen Recht – das Bundeskartellamt mitteilt, dass es in das „Hauptprüfverfahren" eingetreten ist (§ 40 Abs. 1 GWB). **Unrichtige Angaben** in der Anmeldung können nicht nur zur Verhängung von Geldbußen, sondern auch zum Widerruf einer Freigabe in der ersten oder zweiten Phase führen (Art. 8 Abs. 6 FKVO, § 40 Abs. 3 a GWB).

41 Freigabeentscheidungen können im europäischen und deutschen Kartellrecht unter **Bedingungen** und **Auflagen** gestellt werden, woraus sich, wie bereits erwähnt, Verhaltensgebote ergeben können. Zur Wahrung der Wettbewerbsfreiheit sieht das deutsche Kartellrecht anders als das europäische Recht ausdrücklich vor, dass die Freigabe von Zusammenschlussvorhaben nicht unter der Bedingung oder Auflage einer laufenden **Verhaltenskontrolle** gestellt werden darf (§ 40 Abs. 3 GWB). In Deutschland sind also nur strukturelle Bedingungen und Auflagen, wie Pflichten zur Veräußerung von Unternehmen oder Unternehmensteilen, zulässig. Diese Regelung schränkt die Möglichkeiten zur vertraglichen Gestaltung freigabefähiger Zusammenschlüsse ohne überzeugenden Grund ein.

4. Verfahrensleitende Entscheidungen

42 Positive und negative Endentscheidungen sind für die beteiligten Unternehmen von großer Tragweite. Sie bedürfen sorgfältiger Vorbereitung. Spätere Korrekturen sind insbeson-

---

[16] Konsolidierte Fassung (nach dem derzeitigen Stand zuletzt geändert durch VO (EG) Nr. 1033/2008 der Kommission) über das Internet abrufbar.

B. Normstruktur 43–46 **Einführung**

dere im Fusionskontrollrecht kaum noch möglich. Entflechtungen vollzogener Zusammenschlüsse werden mit einem „unscrambling" von „scrambled eggs" gleichgesetzt. Entsprechend sind die Kommission und die deutschen Kartellbehörden mit umfassenden **Ermittlungsmöglichkeiten** ausgestattet.

Nach Art. 18 der VerfVO und Art. 11 der FKVO kann die Kommission **Auskunftsverlangen** 43 nicht nur an die Regierungen und Kartellbehörden der Mitgliedstaaten, sondern auch an Unternehmen und Unternehmensvereinigungen richten. Auskünfte, die von Unternehmen und Unternehmensvereinigungen nicht oder nicht vollständig erteilt werden, können durch Entscheidung angefordert werden. In ähnlicher Abstufung können nach Art. 19f. VerfVO und nach Art. 13 der FKVO **Nachprüfungen** vorgenommen und notfalls unter Zwangsgeldandrohung angeordnet werden. Nach § 57 GWB stehen den deutschen Kartellbehörden im Verwaltungsverfahren die meisten Beweismittel des Zivilprozessrechts zur Verfügung. Darüber hinaus können sie nach § 59 GWB durch Beschluss Auskunftsverlangen an Unternehmen und Unternehmensvereinigungen richten, sowie aufgrund gerichtlicher Anordnung Durchsuchungen durchführen. Die Gewährung rechtlichen Gehörs ist im europäischen und deutschen Kartellverfahren durch eine eingehende Regelung von **Anhörungsrechten** gewährleistet. Die Durchführung von Ermittlungen in **Ordnungswidrigkeitenverfahren** richtet sich nach dem weitgehend auf die Strafprozessordnung verweisenden Ordnungswidrigkeitengesetz.

III. Zivilrechtliche Rechtsfolgen

Die **Privatisierung des Gesetzesvollzugs** dient dem Abbau unmittelbarer staatlicher 44 Aufgabenerfüllung. Sie funktioniert jedoch nur, wenn die Verteilung von Chancen und Risiken der zivilrechtlichen Geltendmachung von Kartellrechtsverletzungen ausreichende Anreize schaffen, sich auf Kartellrechtsverletzungen zu berufen. Im **US-amerikanischen Recht** ist dies der Fall. Kläger haben bei Kartellrechtsverletzungen häufig den Anreiz eines dreifachen Schadensersatzanspruchs. Im Unterliegensfall sind sie in der Regel nicht verpflichtet, dem obsiegenden Beklagten außergerichtliche Kosten zu erstatten. Vor allem verfügt der Kläger auf Grund der Regelungen zur pre-trial discovery über Ermittlungsbefugnisse, die kartellbehördlichen Auskunftsrechten vergleichbar sind und sich wegen ihrer nicht abwälzbaren Kosten zur Erzwingung gerichtlicher und außergerichtlicher Vergleiche nutzen lassen. Keine dieser Voraussetzungen ist nach europäischem und deutschem Kartellrecht erfüllt. Auch die Möglichkeit zur Erhebung von Sammelklagen (class actions) ist geringer als im US-amerikanischen Recht. Unter den zivilrechtlichen Rechtsfolgen steht zumindest in Deutschland derzeit daher noch das Recht im Vordergrund, sich gegenüber Vertragsklagen auf die Nichtigkeit des Vertrages wegen Verletzung kartellrechtlicher Verbotsnormen zu berufen.

1. Nichtigkeit

Die Nichtigkeit wettbewerbsbeschränkender Vereinbarungen und Beschlüsse von Un- 45 ternehmensvereinigungen ist in **Art. 81 Abs. 2 EG** angeordnet. Die Anordnung erfasst nur die verbotenen Teile einer Vereinbarung. Welche Folgen dies auf die Wirksamkeit der Vereinbarung im Übrigen hat, ist dem internationalprivatrechtlich anwendbaren Vertragsrecht zu entnehmen. Nach deutschem Recht ist nach **§ 139 BGB** von einer Vermutung für die Nichtigkeit des gesamten Vertrages auszugehen. Allerdings ist eine Widerlegung der Vermutung auf Grund einer in der Vertragspraxis üblichen salvatorischen Klausel häufig möglich. Bei einer Verletzung von Verboten des deutschen Kartellrechts wäre, sofern der Vertrag deutschem Recht unterliegt, die Nichtigkeitsfolge **§ 134 BGB** zu entnehmen.

Zur Durchsetzung von Kartellrecht gegenüber **hard-core Kartellen** dürfte die Nich- 46 tigkeitsfolge wenig beitragen. Derartige Verträge werden anders als Verträge mit Unternehmen einer anderen Marktstufe auch dann eingehalten, wenn sie rechtlich unwirksam sind. Immerhin wird eine Disziplinierung der Mitglieder eines Kartells durch gerichtliche oder – was früher häufig der Fall war – schiedsgerichtliche Durchsetzung verhindert. Ob und inwieweit die Parteien durch Wahl des Vertragsrechts eines Drittstaates oder eines anationalen Rechts in Verfahren vor staatlichen Gerichten oder Schiedsgerichten der Anwendung europäischen oder deutschen Kartellrechts entgehen können, ist eine nach dem Vertragskollisionsrecht des Gerichtsstaats oder der lex arbitri zu klärende Frage. Der Trend dürfte dahin gehen, die Anwendbarkeit kartellrechtlichen Eingriffsrechts zu bejahen, soweit die Anwendungsvoraussetzungen dieses Rechts im Rahmen des kartellrechtlichen Wirkungsprinzips erfüllt sind.[17]

2. Unterlassungs- und Schadensersatzansprüche

47 Sofern Ansprüche aus Schadensersatz oder Unterlassung auf unerlaubte Handlung gestützt werden, ist zunächst nach dem internationalen Privatrecht des Gerichtsstaats das anwendbare nationale Recht der unerlaubten Handlung festzustellen. Wenn das deutsche Recht der unerlaubten Handlung anwendbar ist, können Schadensersatz- und Unterlassungsansprüche auf die in **§ 33 GWB** enthaltene Spezialregelung zu § 823 Abs. 2 BGB gestützt werden.

48 In der seit dem 1. Juli 2005 geltenden Fassung setzt § 33 GWB erstens eine Verletzung von einer Vorschrift des GWB, von Art. 81 oder 82 EG oder von einer Verfügung der Kartellbehörde voraus. Als zweite Voraussetzung wird nicht mehr verlangt, dass die jeweilige Vorschrift oder kartellbehördliche Verfügung den Schutz des Klägers bezweckt. Vielmehr genügt die **Betroffenheit** des Klägers. Betroffen ist nach § 33 Abs. 1 Satz 3 GWB, „wer als Mitbewerber oder sonstiger Marktbeteiligter durch den Verstoß beeinträchtigt ist." Schadensersatz kann außerdem nur dann verlangt werden, wenn dem Beklagten Vorsatz oder Fahrlässigkeit zur Last fällt.

49 Die Ausgestaltung des Schadensersatzanspruchs ist zur Zeit (Herbst 2008) noch sehr umstritten.[18] Unklar ist insbesondere, inwieweit Schadensersatzklagen unmittelbarer Abnehmer nach dem Gedanken der Vorteilsausgleichung entgegen gehalten werden kann, dass sie Kartellpreise ohne Schmälerung der eigenen Gewinnmarge an die nächste Marktstufe weitergegeben haben **(passing-on defense)** und mit welchen prozessualen Mitteln, soweit die passing-on defense zugelassen wird, Schadensersatzklagen weiterer nachgelagerter Marktstufen oder letztlich der Endverbraucher trotz Aufteilung der auf den Einzelnen entfallenden Schadenssumme wirksam durchgesetzt werden können.

50 Bei der Beantwortung dieser Fragen bemüht sich die Kommission intensiv um die Wahrung eines hohen europaweiten **Mindeststandards wirksamer Durchsetzung** privater Schadensersatzansprüche.[19] Sie kann sich hierbei weitgehend auf zwei Entscheidungen des Gerichtshofs stützen.[20] Problematisch ist an dieser Entwicklung vor allem, dass die **abschreckende Wirkung** privater, sich eines Tages routinemäßig an die Aufdeckung von hard-core Kartellen anschließender (follow-on) Schadensersatzklagen so weit gehen könnte, dass die in den letzten Jahren sehr erfolgreichen Kronzeugenregelungen des Bundeskartellamts und leniency Programme der Kommission seltener wahrgenommen werden.[21] Als

---

[17] S. auch unten *Meessen*, IntKartR Rn. 138–146.

[18] *Jüntgen*, Die prozessuale Durchsetzung privater Ansprüche im Kartellrecht, 2007; *Möschel*, Behördliche oder private Durchsetzung des Kartellrechts?, WuW 2007, 483.

[19] Commission, Damages actions for breach of EC antitrust rules, Green Paper, 19. 12. 2005, COM (2005) 672 final; White Paper, 2. 4. 2008, COM (2008) 165 final.

[20] EuGH, U. v. 20. 9. 2001, C-453/99, *Courage/Crehan*, WuW/E EU-R 479; U. v. 13. 7. 2006, C-295/04 bis C-298/04, *Manfredi/Lloyd Adriatico Assecurazioni*, WuW/E EU-R 1107.

[21] *Meessen*, Überdehnung des europarechtlichen Effektivitätsgrundsatzes in *Courage* und *Manfredi*, FS Loewenheim, 2009, S. 418.

Folge wäre mit einer erneuten Erhöhung der Dunkelziffer zu rechnen, es sei denn, es gelänge, in rechtsstaatlich vertretbarer Weise die Geltendmachung von Schadensersatzansprüchen (und Ausgleichsansprüchen im Innenverhältnis der Kartellmitglieder) gegen den „Kronzeugen" einzuschränken.

IV. Methoden der Kartellrechtsanwendung

Selbstverständlich gilt die **allgemeine juristische Methodenlehre** auch für das Kartellrecht. Als Wirtschaftsordnungsrecht ist das Kartellrecht jedoch in besonderem Maße mit wirtschaftswissenschaftlichen Begriffen durchsetzt und auf wirtschaftliche Sachverhalte bezogen. Zum Verständnis dieser Begriffe und zur Feststellung und Würdigung dieser Sachverhalte muss bei der Anwendung von Kartellrecht auf **wirtschaftswissenschaftliche** und **sonstige sozialwissenschaftliche Methoden** stärker als in anderen Gebieten des Wirtschaftsrechts zurückgegriffen werden. Dies soll am **Beispiel des Fusionskontrollrechts** verdeutlicht werden:[22]

Die besondere Schwierigkeit der Anwendung von Fusionskontrollrecht liegt darin, dass aus einer **Veränderung der Marktstruktur** auf eine Beschränkung des Wettbewerbs als **prozesshaftes Geschehen** geschlossen werden muss. Zunächst gilt es, die Schwelle zu definieren, deren Überschreitung eine Strukturveränderung bewirkt, von der man erwarten kann, dass sie künftig eine ein Eingreifen rechtfertigende Beschränkung des Wettbewerbs zur Folge hat. Im deutschen Recht ist Eingriffsvoraussetzung die Erwartung der Entstehung oder Verstärkung einer marktbeherrschenden Stellung. Im europäischen Recht kommt dem Marktbeherrschungskriterium nur Indizwirkung für das Vorliegen einer erheblichen Behinderung des wirksamen Wettbewerbs zu. Beide Kriterien sind durch wirtschaftswissenschaftliche Begriffe oder Begriffsgruppen ausgedrückt. Das neue europarechtliche Kriterium hat den Vorzug, das eigene wettbewerbspolitische Ziel genau wiederzugeben. Es ist aber mit dem Nachteil eines noch höheren Abstraktionsgrades verbunden.

In der Praxis besteht nach beiden Rechtsordnungen die erste Aufgabe darin, den **sachlich und räumlich relevanten Markt** zu bestimmen. Die Wirtschaftswissenschaft bietet hierzu insofern eine Hilfe, als sie die Anreizstrukturen für ein Ausweichen von Teilen der Marktgegenseite auf andere Produkte zu analysieren vermag. Für das Wettbewerbsverhalten entscheidend sind letztlich jedoch nicht das objektive Interesse des homo oeconomicus, sondern die tatsächliche Bewusstseinshaltung der jeweiligen Marktteilnehmer. Zu ihrer Feststellung können sozialwissenschaftliche Befragungsmethoden, die irrationale Faktoren, wie eine Begünstigungs- oder Benachteiligungsabsicht der Befragten, einbeziehen, am ehesten einen Beitrag leisten.

Die zweite und noch weit schwierigere Aufgabe besteht darin, die **Wirkungen des Vollzugs des geplanten Zusammenschlusses** für einen angemessenen Zeitraum zu prognostizieren. In diesem Zusammenhang ist nach der Struktur des Zusammenschlusses (horizontal, vertikal oder konglomerat) und nach der Zahl der verbleibenden Marktteilnehmer und ihrer Neigung, sich zu koordinieren oder untereinander in einen Wettbewerb zu treten, zu unterscheiden. Zugleich ist in **dynamischer Betrachtung** nach der Weiterentwicklung der Produkte, sei es in technischer Hinsicht, sei es hinsichtlich ihrer Verteilung (durch neue Vertriebswege, Aufbau von Marken zur Erleichterung ihrer Wiedererkennung usw.) zu fragen.

Die erste Hilfsüberlegung besteht meist darin, die **Marktanteile** der an dem Zusammenschluss beteiligten Unternehmen festzustellen und mit den Marktanteilen der verbleibenden Wettbewerber oder auch von Gegenmacht ausübenden Unternehmen auf vor-

---

[22] *Schwalbe/Zimmer*, Kartellrecht und Ökonomie, 2006; *Peeperkorn/Verouden*, The Economics of Competition, in: Faull/Nikpay (Hrsg.), The EC Law of Competition, 2. Aufl. 2007, S. 3–85.

oder nachgelagerten Märkten zu vergleichen. Die Anteilsberechnung erfolgt im Rahmen öffentlich zugänglicher **Statistiken** auf Grund interner Daten und informierter Annahmen des Vertriebspersonals der beteiligten Unternehmen. Zu den wettbewerblich bedenklichen Schwellenwerten liegen wirtschaftswissenschaftliche Erfahrungswerte in Verbindung mit besonderen Berechnungsmethoden (Herfindahl-Hirschman Index – HHI) vor. Sie sind jedoch auf Grund besonderer Marktstrukturen (potenzieller Wettbewerb, Ausschreibungsmärkte usw.) widerleglich, und zwar unabhängig davon, ob es sich juristisch um Indizien wie im europäischen Recht oder um gesetzliche Vermutungen wie im deutschen Recht handelt. Nach Addition der Marktanteile der beteiligten Unternehmen sind u. U. Abschmelzungserwartungen zu berücksichtigen. Vor allem muss die Bewertung von Marktanteilszuwächsen zu den von dem Zusammenschluss zu erwartenden Effizienzgewinnen in Beziehung gesetzt werden.

56   Zur **Kategorisierung und Berechnung von Effizienzgewinnen** stellen die Wirtschaftswissenschaften Methoden zur Verfügung, weniger allerdings zu der fusionskontrollrechtlich entscheidenden Frage, ob die Gewinne von den beteiligten Unternehmen an die Marktgegenseite ganz oder teilweise weitergegeben werden. **Spieltheorie** und **Simulationsmodelle** bieten in dieser Hinsicht eine gewisse Hilfe. Dynamische Effizienzgewinne verstärken auch Marktmacht, können aber zugleich wettbewerbspolitisch erwünschte Anreize zu Innovationen darstellen, soweit die hierdurch erlangte Stellung bestreitbar (contestable) bleibt. Ob das neue abstraktere Kriterium des europäischen Rechts eine Kompensation (**trade-off**) der Wettbewerbsbehinderung durch Effizienzgewinne erlaubt, ist unter Wirtschaftswissenschaftlern und Juristen umstritten. Ohne weiteres möglich ist eine Kompensation durch Effizienzgewinne, die den Wettbewerb intensivieren. Ausdrücklich gestattet wird eine Kompensation durch die **Abwägungsklausel** des deutschen Rechts (§ 36 Abs. 1 2. Halbsatz GWB) für den besonderen Fall des Entstehens oder der Verstärkung einer marktbeherrschenden Stellung, die mit einer Verbesserung der Wettbewerbsverhältnisse in einem anderen Markt einhergeht.

57   Die **wettbewerbspolitische Gestaltung** kartellrechtlicher Normen bedarf einer **Zusammenarbeit zwischen Juristen und Ökonomen.** Wirtschaftswissenschaftler definieren wettbewerbspolitische Aufgaben. Juristen tragen zur Operationalisierung bei. Aufgrund rechtsstaatlicher Bestimmtheitsanforderungen kann hiermit eine **Typisierung** verbunden sein, die in komplexen Sachverhalten keine punktgenaue Erreichung der ökonomischen Ziele erlaubt. Weitere Ungenauigkeiten ergeben sich daraus, dass die Rechtssätze, die schließlich erlassen werden, in aller Regel von Partei- und Interessenpolitik geprägte Kompromissentscheidungen darstellen.

58   Bei der **Auslegung** kartellrechtlicher Normen sind Konzeption und Entstehungsgeschichte aus der Sicht beider Disziplinen zu beachten. Die normative Vorgabe gilt jedoch so, wie sie beschlossen wurde. Gutgemeinte „Nachbesserungen" von positivem Recht sind, wenn die Grenzen teleologischer Auslegung überschritten werden, unzulässig. Insofern können die Wirtschaftswissenschaften nur Hilfen anbieten. Die umfassende Bewertung des einzelnen Falls, die stets mit einer Berücksichtigung der sich auch aus dem konkreten Sachverhalt ergebenden Umstände verbunden ist, liegt ebenso wie bei Fragen, die im Umweltrecht nach dem Stand der Technik zu entscheiden sind, in juristischer Verantwortung.

59   Zumindest seit 1998 verfolgt die Kommission zur Anwendung bestehenden und zur Schaffung neuen EG-Kartellrechts einen **„more economic approach".** Mit diesem Ziel kündigte Karel *Van Miert* als für Wettbewerb zuständiges Mitglied der Kommission eine Änderung der Vollzugspraxis an, die schließlich zum Erlass der neuen Verfahrensverordnung und auch zur bereits erwähnten Propagierung privater Schadensersatzklagen führte.[23] Van Mierts Nachfolger Mario *Monti* machte den „more economic approach" geradezu zum

---

[23] Presseerklärung vom 30. 9. 1998, 18/98/853.

B. Normstruktur 60–62 **Einführung**

Kennzeichen seiner Amtszeit[24], und auch Montis Nachfolgerin Neelie *Kroes* bekennt sich zu diesem Ansatz.[25]

Soweit der „more economic approach" seinen Niederschlag in EG-Verordnungen, wie 60 der Gruppenfreistellungsverordnung Vertikalvereinbarungen von 1999 sowie der bereits erwähnten Verfahrensverordnung von 2003 und der Fusionskontrollverordnung von 2004, gefunden hat, ist das **geänderte Recht** nach Wortlaut und Sinn – durchaus unter Berücksichtigung dieser Zielvorstellung der beim Erlass von EG-Verordnungen mit dem alleinigen Vorschlagsrecht ausgestatteten Kommission – auszulegen und anzuwenden. Soweit aber der „more economic approach" zur Durchsetzung einer **geänderten Auslegung bestehenden Rechts** genutzt wird, muss man in der Tat an die „rechtlichen Grenzen einer Ökonomisierung europäischen Wettbewerbsrechts" erinnern.[26]

Dies ist zunächst eine Frage der Rechtsform. Leitlinien bewirken lediglich eine Selbst- 61 bindung der Kommission. Die Kommission ist jedoch nicht ermächtigt, im Wege des Erlasses von Leitlinien die Tatbestandsmerkmale „Beitrag zur Verbesserung der Warenerzeugung oder -verteilung oder zur Förderung des technischen oder wirtschaftlichen Fortschritts" in Art. 81 Abs. 3 EG durch das ökonomische Konzept **„Effizienzgewinne"** zu ersetzen.[27] Sie ist auch nicht ermächtigt, durch ein Diskussionspapier die **Konsumentenwohlfahrt** zunächst als Ziel und gleich anschließend als zusätzliches Tatbestandsmerkmal von Art. 82 EG auszuweisen.[28] Letzteres ist inzwischen vom EuGH eindeutig abgelehnt worden.[29] Hieran ist auch dann festzuhalten, wenn von wirtschaftswissenschaftlicher Seite Konsumentenwohlfahrt als geeignetes Sekundärkriterium zur Wahl zwischen verschiedenen Wegen zur Verwirklichung von Wettbewerbsfreiheit bezeichnet wird.[30] Im übrigen entbehrt das Schlagwort „more economic" auch der Bestimmtheit, die für **materiellrechtliche Tatbestandsmerkmale** von Ermächtigungsnormen für Eingriffe in die unternehmerische Freiheit vorausgesetzt werden muss.[31] Die Spannweite zwischen Effizienzgewinnen und Konsumentenwohlfahrt deutet auf eine rechtlich nicht tragbare Beliebigkeit wirtschaftswissenschaftlicher Deutungen des „more economic approach" hin.

Trotz dieser bislang kaum erörterten Bedenken hat der „more economic approach" der- 62 zeit erheblichen **Einfluss auf die Anwendungspraxis** der Kommission. Zwar hat sich im Jahre 2004 der damalige Präsident des Bundeskartellamts gegen eine stärkere Ökonomisierung der deutschen Anwendungspraxis ausgesprochen[32], dennoch beginnt die auch durch die Einrichtung der Position eines Chief Economist und seiner regelmäßigen Befassung mit laufenden Verfahren geschaffene „wirtschaftswissenschaftlicher" geprägte **Kultur der Kartellrechtsanwendung** auch die deutsche Praxis zu erfassen.

---

[24] S. z. B. *Monti*, Rede zur Einführung des neuen Präsidenten des Bundeskartellamts, 13. 1. 2000, SPEECH/00/6.

[25] S. z. B. *Kroes*, Assessment of and perspectives for competition policy in Europe, Rede zur 50-Jahr-Feier der Verträge von Rom, 19. 11. 2007, SPEECH/07/722.

[26] *Immenga*, Leitlinien als Instrument europäischer Wettbewerbspolitik, Vorträge und Berichte, Nr. 169, Zentrum für Europäisches Wirtschaftsrecht (Bonn), 2008.

[27] So aber Ziffer 50, 51 der Leitlinien zur Anwendung von Art. 81 Abs. 3 EG-Vertrag, ABl 2004 C 101/97; s. auch unten *Meessen*, Rn. 32 zu Art. 81 Abs. 3 EG.

[28] So aber Kommission, DG Competition discussion paper on the application of Article 82 of the Treaty to exclusionary abuses, December 2005, Rn. 54, 55.

[29] EuGH, U. v. 15. 3. 2007, C-95/04 P, *British Airways/Kommission*, WuW/E EU-R 1259; so auch *Basedow*, Konsumentenwohlfahrt und Effizienz, WuW 2007, 712.

[30] In diesem Sinne *v. Weizsäcker*, Konsumentenwohlfahrt und Wettbewerbsfreiheit, WuW 2007, 1078.

[31] Näheres *Meessen*, Ultra vires Making of Competition Law by the Commission, in: Pasquinucci/Preda (Hrsg.), 2009.

[32] *Böge*, Der „more economic approach" und die deutsche Wettbewerbspolitik, WuW 2004, 726.

C. Rechtsquellen

I. Europäisches Recht

1. Geschichtliche Entwicklung

63 Bereits der Vertrag über die Gründung der Europäischen Gemeinschaft für Kohle und Stahl vom 18. April 1951 enthielt preisrechtliche Vorschriften sowie ein Verbot wettbewerbsbeschränkender Vereinbarungen und Vorschriften über eine vorbeugende Fusionskontrolle (Art. 60 f., 65 und 66 EGKS). Der **EGKS-Vertrag** ist am 22. Juli 2002 durch Zeitablauf außer Kraft getreten. Seither gilt auch für Unternehmen der Kohle- und Stahlindustrie (Art. 80 EGKS) ausschließlich das Kartellrecht des Vertrages zur Gründung der Europäischen Wirtschaftsgemeinschaft vom 25. März 1957 in der derzeitigen insoweit weitgehend wortgleichen und nur durch den Änderungsvertrag von Amsterdam vom 2. Oktober 1997 neu nummerierten Fassung, auf die in diesem Kommentar unter der vom EuGH empfohlenen Bezeichnung **EG** Bezug genommen wird.

2. Primäres Gemeinschaftsrecht

64 Aus gemeinschaftsrechtlicher Sicht steht das Recht des EG-Vertrages und seiner Abänderungs- und Ergänzungsverträge an der Spitze der gemeinschaftsrechtlichen Normenhierarchie. **Art. 2 EG** sieht die Errichtung eines Gemeinsamen Marktes vor. Aus dem operativen Inhalt des Vertrages ergibt sich, dass zur Errichtung des Gemeinsamen Marktes einerseits die Beseitigung aller staatlichen Beschränkungen des Handels unter den Mitgliedstaaten und andererseits, wie bereits erwähnt, die an Unternehmen und – im Rahmen der Beihilfenaufsicht – an die Mitgliedstaaten gerichteten Verbote wettbewerbsbeschränkenden Verhaltens gehören. Über die Beseitigung staatlicher und privater Handelshemmnisse hinausgehend sieht **Art. 3 Abs. 1 g EG** ein „System, das den Wettbewerb innerhalb des Binnenmarktes vor Verfälschungen schützt", vor, und **Art. 4 Abs. 1 EG** enthält sowohl für die Gemeinschaft selbst als auch für ihre Mitgliedstaaten eine wirtschaftsverfassungsrechtliche Festlegung auf den „Grundsatz einer offenen Marktwirtschaft mit freiem Wettbewerb".

65 Das materielle europäische Kartellrecht ist in den **Art. 81 und 82 EG** enthalten. Nach Art. 81 EG sind wettbewerbsbeschränkende Vereinbarungen und abgestimmte Verhaltensweisen, die geeignet sind, den zwischenstaatlichen Handel zu beeinträchtigen, verboten. Nach Art. 82 EG ist die missbräuchliche Ausnutzung einer marktbeherrschenden Stellung durch ein oder mehrere Unternehmen verboten. Das materielle EG-Kartellrecht wurde 1990 durch **Art. 2 Abs. 3 FKVO** um eine Ermächtigung, gemeinschaftsweite Zusammenschlüsse, die eine marktbeherrschende Stellung begründen oder verstärken, zu untersagen, ergänzt. Seit 2004 knüpft die Untersagungsbefugnis an eine erhebliche Behinderung wirksamen Wettbewerbs an. Grundlage für diese Erweiterung des materiellen Kartellrechts ist die heute in **Art. 308 EG** enthaltene subsidiäre Ermächtigung zum Erlass von zur Verwirklichung der Ziele des Gemeinsamen Marktes geeigneten Vorschriften.

66 Die erwähnten materiellrechtlichen Vorschriften werden im primären Vertragsrecht nur durch wenige, ausschließlich auf das Kartellrecht bezogene Vorschriften ergänzt oder auch beschränkt **(Art. 83 bis 86 EG)**. Zu den wichtigsten Beschränkungen gehört die notwendige Wahrnehmung bestimmter staatlich übertragener Aufgaben im „allgemeinen wirtschaftlichen Interesse" **(Art. 86 Abs. 2 EG)**. Aus dem sonstigen Inhalt des EG-Vertrages ergeben sich jedoch weitere Ergänzungen und auch Beschränkungen der kartellrechtlichen Vorschriften. Zu den wichtigsten Ergänzungen gehören die in **Art. 10 EG** enthaltene Verpflichtung der Mitgliedstaaten zur Erfüllung der sich aus dem Primärrecht und Sekundärrecht des Vertrages ergebenden Verpflichtungen sowie Vorschriften über das Verwaltungsverfahren, wie die sich aus **Art. 253 EG** ergebende Begründungspflicht und die Vorschrif-

C. Rechtsquellen **67, 68 Einführung**

ten über die gerichtliche Kontrolle nach **Art. 220 f. EG**. Zu den wichtigsten sich aus anderen Teilen des EG-Vertrags ergebenden Beschränkungen gehören die von planwirtschaftlichen Vorstellungen getragenen Vorschriften des Titels Landwirtschaft (**Art. 32–38 EG**) und die inzwischen allerdings weitgehend abgebauten Einschränkungen der Anwendbarkeit europäischen Kartellrechts auf dem Verkehrssektor (**Art. 70–80 EG**).

3. Sekundäres Gemeinschaftsrecht

Die Übersichtlichkeit der kartellrechtlichen Vorschriften des primären EG-Vertragsrechts wird durch einen Wildwuchs sekundärrechtlichen Verordnungsrechts und in bestimmten Industriesektoren auch Richtlinienrechts von Rat und Kommission überlagert. Die Feststellung des jeweils anwendbaren sekundären Rechts wird durch die bisherige Zurückhaltung von Rat und Kommission, konsolidierte Neufassungen des weit verzweigten Verordnungsrechts zu erlassen, zusätzlich erschwert. Das durchweg unmittelbar oder mittelbar aufgrund von Art. 83 EG erlassene sekundäre Vertragsrecht umfasst eine Anzahl **verfahrensrechtlicher Verordnungen** von Rat und Kommission, an ihrer Spitze die zur Ablösung der Verordnung (EWG) Nr. 17/62 des Rates vom 6. Februar 1962 neu erlassene Verordnung (EG) Nr. 1/2003 des Rates vom 16. Dezember 2002 (VerfVO). Die das materielle Recht ergänzende und ein eigenes Verfahrensrecht enthaltende **Fusionskontrollverordnung** vom 21. Dezember 1989, die zur Zeit in der Fassung der Verordnung (EG) Nr. 139/2004 des Rates (FKVO) gilt, wurde bereits erwähnt. Von großer Bedeutung sind ferner die zur generalisierenden Anwendung von Art. 81 Abs. 3 EG erlassenen **Gruppenfreistellungsverordnungen** für bestimmte Kategorien wettbewerbsbeschränkender Vereinbarungen. Eine wichtige Gerichtsentscheidung[33] und ihr folgende eine große Anzahl sektorenbezogener EG-Verordnungen haben die stufenweise Deregulierung der verschiedenen Sektoren des **Verkehrs** bewirkt. Die formelle Verbindlichkeit und unmittelbare Anwendbarkeit sämtlicher Verordnungen ergeben sich aus Art. 249 Abs. 2 EG. Richtlinien hingegen sind nach Art. 249 Abs. 3 EG – unter erheblichen Erweiterungen durch die Rechtsprechung – nur hinsichtlich des zu erreichenden Ziels verbindlich. Vom Erlass von Richtlinien wurde zur Deregulierung von Bereichen der Energiewirtschaft und der Telekommunikation Gebrauch gemacht. Das deutsche Vergaberecht schließlich ist maßgeblich durch EG-Vergaberichtlinien geprägt.[34]

4. Allgemeine Rechtsgrundsätze des Gemeinschaftsrechts

Das sekundäre Gemeinschaftsrecht und alle von Gemeinschaftsorganen erlassenen Einzelentscheidungen unterliegen der Gültigkeitskontrolle am Maßstab der allgemeinen Rechtsgrundsätze des Gemeinschaftsrechts. Im Kartellrecht einschlägig sind insbesondere im Verwaltungsverfahren zu beachtende Grundsätze wie der **Verhältnismäßigkeitsgrundsatz,** der Anspruch auf **rechtliches Gehör** und der **Schutz von Geschäftsräumen.** Häufig sind derartige Grundsätze allerdings in sekundärrechtlichen Normen ausreichend konkretisiert. Zur inhaltlichen Ausfüllung kann nach Art. 6 Abs. 2 des Vertrages über die Europäische Union auch auf die Europäische Menschenrechtskonvention, aber nach derzeitigem Primärrecht noch nicht auf die bisher lediglich vom Europäischen Rat feierlich proklamierte Charta der Grundrechte vom 7. Dezember 2000 Bezug genommen werden.[35] Die Rechtsprechung ist uneinheitlich. Das EuG hat unter Bezugnahme auf die Grundrechtscharta eine Klage gegen die Ablehnung der Kommission, gegenüber einem Mitgliedstaat eine Entscheidung nach Art. 86 Abs. 3 EG zu treffen, für zulässig, jedoch

---

[33] EuGH, U. v. 30. 4. 1986, Rs. 209–213/84 – *Ministère public/Asjes* („Nouvelles Frontières"), Slg. 1986, 1425, WuW/E EWG/MUV 730.
[34] S. unten Erläuterungen zu §§ 97 f. GWB.
[35] Charta der Grundrechte der Europäischen Union v. 7. 12. 2000, ABl 2000 C 364/1.

unbegründet gehalten.³⁶ Nach Einlegung eines Rechtsmittels hat der EuGH allerdings die Zulässigkeit, ohne auf die Grundrechtscharta einzugehen, verneint.³⁷

5. Bekanntmachungen und Mitteilungen

69 Bekanntmachungen und Mitteilungen der Kommission werden im Teil C (communicatio) und nicht im Teil L (legislatio) des Amtsblatts der EG veröffentlicht. Sie sind nicht formell rechtsverbindlich. Gerade im Bereich des Kartellrechts, das sich von den meisten anderen Rechtsgebieten dadurch unterscheidet, dass die Kommission als Verwaltungsbehörde Rechtsakte mit Wirkung für und gegen den Einzelnen erlässt, sind diese Texte von großer, auch **rechtlicher Bedeutung**. Zwar ist auf diese Weise keine Änderung geltenden Rechts möglich, die Kommission bindet sich aber in gewissem Umfang selbst. Sachlich nicht begründbare Abweichungen sind als Verletzung des Gleichheitssatzes angreifbar.³⁸ Dies gilt nur für punktuelle Abweichungen. Eine generelle – auch rückwirkende – Änderung von Leitlinien wird im Rahmen der anwendbaren primär- und sekundärrechtlichen Vorgaben als zulässig angesehen.³⁹

70 In jedem Falle haben Bekanntmachungen und Mitteilungen einen hohen **Informationswert**. Sie geben den Standpunkt der Kommission zu materiellrechtlichen Fragen und zum eigenen Verfahren in sorgfältiger, authentischer Formulierung wieder. Sehr oft enthalten sie kommentarartige Nachweise der Rechtsprechung. Die Heranziehung der einschlägigen Bekanntmachungen und Mitteilungen empfiehlt sich für die kartellrechtliche Praxis. Als besonders wichtig hervorzuheben sind die Leitlinien über die Festsetzung von Geldbußen, die Mitteilung über den Erlass und die Ermäßigung von Geldbußen, die Bekanntmachungen über Vereinbarungen von geringer Bedeutung und über die Definition des relevanten Marktes, die Leitlinien zur horizontalen Zusammenarbeit und zu Technologie-Vereinbarungen sowie Mitteilungen und Bekanntmachungen zu diversen Fragen der Fusionskontrolle (Zusammenschlussbegriff, Vollfunktionsgemeinschaftsunternehmen, Nebenabreden usw.). Diese Texte sind unter www.ec.europa.eu/comm/competition abrufbar.

II. Deutsches Kartellrecht

1. Geschichtliche Entwicklung

71 Die großen Konzerne der Zwischenkriegszeit galten als Stütze nationalsozialistischer Kriegspolitik. Verständlicherweise bestanden die drei westlichen Siegermächte nach dem Ende des Zweiten Weltkrieges auf ihrer Auflösung und Entflechtung. Zugleich erließen sie in den drei Westzonen an das amerikanische Antitrustrecht angelehnte allgemeine **Dekartellierungsvorschriften**. Vom Anwendungsbereich dieser Vorschriften wurden 1952 die Unternehmen der Montanindustrie ausgeklammert und der Kartellaufsicht der Hohen Behörde des **EGKS-Vertrages** unterstellt. Vollständig abgelöst wurde das besatzungsrechtliche Kartellrecht erst 1958 und zwar einerseits durch das Kartellrecht des EWG-Vertrages vom 25. März 1957 und andererseits durch das gleichzeitig in Kraft tretende Gesetz gegen Wettbewerbsbeschränkungen vom 27. Juli 1957.

72 Das **GWB** stellte, und stellt nach sieben größeren Novellierungen noch heute, eine vom amerikanischen Recht in wichtigen Punkten abweichende eigenständige ordnungspoli-

---

³⁶ EuG U. v. 30. 1. 2002 Rs. T-54/99 – *max. mobil/Komm.* Slg. 2002, II-313, 333, 337 Rn. 48, 57, WuW/E EU-R 521.
³⁷ EuGH U. v. 22. 2. 2005 Rs. C-141/02 P – *Komm./T-Mobile Austria (früher: max.mobil)*, WuW/E EU-R 891.
³⁸ Vgl. z. B. EuG U. v. 20. 3. 2002 Rs. T-31/99 – *ABB Asea Brown Boveri/Komm.* Slg. 2002, II-1881, 1912 Rn. 244.
³⁹ EuG U. v. 9. 7. 2003 Rs. T-220/00 – *Cheil Jedang/Komm.* Slg. 2002, II-2473, 2493 f. Rn. 33.

C. Rechtsquellen

tische Regelung dar. Ausgangspunkt waren die Thesen der **Freiburger ordoliberalen Schule** von Walter *Eucken,* Franz *Böhm* und Leonhard *Miksch.* Die Gestalt, in der das Gesetz schließlich nach langem Ringen in Kraft trat, spiegelte allerdings Kompromisse wieder, die mit dem damals noch nicht so wettbewerbsfreundlichen Bundesverband der Deutschen Industrie hatten abgestimmt werden müssen. Dennoch galt das GWB in dem damaligen europäischen Umfeld als großer Wurf.

1973 führte die **2. GWB-Novelle** die **Fusionskontrolle** in Deutschland ungefähr zeitgleich mit einem Vorschlag der Kommission, der vom Rat aber erst nach vielfacher Änderung im Jahre 1989 verabschiedet wurde, ein. 1990 wurde der Geltungsbereich des GWB bereits durch den Staatsvertrag vom 18. Mai 1990 auf das Gebiet der neuen Länder erstreckt. Von besonderer Bedeutung war ferner die **6. GWB-Novelle,** die am 1. Januar 1999 in Kraft trat. Sie vollendete die durch die vorangehende Novelle begonnene Abschaffung der Ausnahmebereiche insbesondere für Banken, Versicherungen, Telekommunikationsdienstleistungen und für die Versorgungsindustrie vor, verlagerte das Vergaberecht vom Haushaltsrecht in das GWB und bewirkte insgesamt eine Annäherung an das europäische Kartellrecht.

Die am 1. Juli 2005 in Kraft getretene **7. GWB-Novelle** erkennt die durch die neue EG-Verfahrensverordnung kraft Vorrangs herbeigeführten Änderungen an und sucht nur wenige Besonderheiten des deutschen Rechts aufrecht zu erhalten. Inzwischen ist mit **Wirkung vom 1. Januar 2008** eine weitere Novellierung erfolgt, von der man aber noch nicht sagen kann, ob sie im Rang einer „8. GWB-Novelle" geführt werden wird, und zwar wurde die Missbrauchsaufsicht im Elektrizitäts- und Gasmarkt durch Einfügung eines neuen § 29 GWB, der durch die 7. Novelle aufgehoben worden war, verschärft und der Wettbewerb im Lebensmitteleinzelhandel durch ein Verbot von Angeboten unter Einstandspreis in § 20 GWB geschwächt.

Durch das **Dritte Mittelstandsentlastungsgesetz** soll durch Einführung einer zweiten Inlandsumsatzschwelle in § 35 Abs. 2 Nr. 2 GWB die Zahl der anmeldepflichtigen Zusammenschlussvorhaben herabgesetzt werden.[40] Weitergehende Änderungen der §§ 97f. GWB sieht der Entwurf eines **Gesetzes zur Modernisierung des Vergaberechts** vom 13. August 2008 vor.[41] Im Rahmen der Kommentierung der vergaberechtlichen Vorschriften wird auf die einzelnen geplanten Änderungen hingewiesen.

2. Einfaches Gesetzesrecht

Das deutsche Kartellrecht ist auf Grund einer konkurrierenden Gesetzgebungszuständigkeit des Bundes nach Art. 74 Abs. 1 Nr. 16 GG umfassend geregelt. Nur beim Vollzug durch die Landeskartellbehörde und im Vergaberecht lässt es Raum für ergänzende landesrechtliche Regelungen. Auf der Ebene des Bundesrechts sind zur Ergänzung der im GWB enthaltenen Verfahrensvorschriften insbesondere das **Verwaltungsverfahrensgesetz,** das **Ordnungswidrigkeitengesetz** und die **Zivilprozessordnung** heranzuziehen. Ferner sind Überschneidungen mit dem **Energiewirtschaftsgesetz** und dem **Telekommunikationsgesetz** zu beachten. Im Vergaberecht sind für wesentliche Regelungsbereiche **Rechtsverordnungen** zu beachten, die insbesondere aufgrund der in den §§ 97 Abs. 6 und 127 GWB enthaltenen Ermächtigungen erlassen wurden.

3. Höherrangiges Recht

Wie vom EuGH in grundlegenden Entscheidungen von 1964 und 1970 festgestellt wurde, nimmt das **europäische Recht** sowohl für primäres als auch sekundäres Gemein-

---

[40] Art. 8 Drittes Gesetz zum Abbau bürokratischer Hemmnisse insbesondere in der mittelständischen Wirtschaft, Entwurf der Bundesregierung vom 8. August 2008, BR Drs 558/08.

[41] Entwurf (der Bundesregierung) eines Gesetzes zur Modernisierung des Vergaberechts vom 13. 8. 2008, BT Drs 16/10 117.

schaftsrecht einen Vorrang vor jeglichem mitgliedstaatlichen Recht in Anspruch.[42] Von Deutschland ist dieser Vorranganspruch sogar für deutsches Verfassungsrecht in der Solange II-Entscheidung des Bundesverfassungsgerichts anerkannt und in der Maastricht-Entscheidung desselben Gerichts lediglich für ultra vires-Akte von Gemeinschaftsorganen eingeschränkt worden.[43] Trotz Vorrangs ist bei Anwendbarkeit von Gemeinschaftsrecht nicht automatisch auf die Nichtanwendbarkeit von mitgliedstaatlichem Recht zu schließen. Vielmehr ist ausdrücklichen oder konkludenten Regelungen des Gemeinschaftsrechts jeweils zu entnehmen, ob und inwieweit mitgliedstaatliches Recht zusätzlich angewandt werden darf. Zum Verhältnis des europäischen zum mitgliedstaatlichen Kartellrecht sind diese Regelungen recht kompliziert. In Abschnitt D „Ineinanderwirken europäischen und deutschen Kartellrechts" wird ein Überblick gegeben.

78 **Deutsches Verfassungsrecht** ist immer dann mit Vorrang vor einfachem Gesetzesrecht anwendbar, wenn Organe der Bundesrepublik Deutschland, sei es im Vollzug von deutschem, sei es im Vollzug von europäischem Recht, tätig werden. Insoweit kommt eine Berufung auf sämtliche Grundrechte sowie auf rechtsstaatliche Grundsätze insbesondere der Verhältnismäßigkeit und Bestimmtheit in Betracht. Mit der Verfassung nicht übereinstimmendes „nachkonstitutionelles" Gesetzesrecht kann nur vom Bundesverfassungsgericht im Wege abstrakter oder konkreter Normenkontrolle oder auf Grund einer Verfassungsbeschwerde gegen die letztinstanzliche Entscheidung für nichtig erklärt werden. Oft genügt jedoch eine verfassungskonforme Auslegung, die durch jedes Gericht erfolgen kann. Die Rolle von Völkerrecht als höherrangiges Recht wird im folgenden Abschnitt behandelt.

III. Völkerrecht

79 Völkerrechtliche Normen werden jeweils von zwei und mehr Staaten unmittelbar oder vermittelt durch internationale und/oder supranationale Organisationen erzeugt. Sie schaffen Rechte und Pflichten für Staaten, internationale und supranationale Organisationen sowie zusätzlich oft auch für Privatpersonen einschließlich Unternehmen. Als Rechtsquellen kommen im Kartellrecht **völkerrechtliche Verträge** und **Völkergewohnheitsrecht** in Betracht. Aus völkerrechtlicher Sicht sind derartige Normen stets vorrangig zu beachten. Für die Praxis entscheidend ist, ob und gegebenenfalls inwieweit sie auch von europäischen und deutschen Gerichten zu beachten sind. Diese Frage ist nach dem die Anwendung des Völkerrechts betreffenden Normen des europäischen und deutschen Rechts getrennt zu beantworten.

1. Völkerrecht vor europäischen Gerichten

80 Durch Errichtung der Europäischen Gemeinschaften konnten sich die Mitgliedstaaten nicht ihrer völkerrechtlichen Verpflichtungen gegenüber Drittstaaten entziehen oder diese auch nur modifizieren.[44] Schon im Farbstoffe-Fall haben sich Unternehmen aus nicht den Europäischen Gemeinschaften angehörenden Drittstaaten (Schweiz und damals auch Großbritannien) auf **völkergewohnheitsrechtliche Zustellungs- und Jurisdiktionsregeln** berufen.[45] Der Gerichtshof hat die Bindungswirkung und Anwendbarkeit der völkergewohnheitsrechtlichen Regeln weder im Farbstoffe-Fall noch in späteren Fällen verneint und zu den jeweils vorgetragenen Inhalten sachbezogen, wenn auch nicht immer über-

---

[42] EuGH U. v. 15. 7. 1964 Rs. 6/64 – *Costa/ENEL* Slg. 1964, 1251; U. v. 17. 12. 1970 Rs. 11/70 – *Internationale Handelsgesellschaft* Slg. 1970, 1125.
[43] BVerfG B. v. 22. 10. 1986 – *Solange II*, E 73, 339; U. v. 12. 10. 1993 – *Maastricht*, E 89, 155.
[44] *Meessen*, Com. Mkt L. Rev. 1976, 485.
[45] EuGH U. v. 14. 7. 1972 Rs. 48/69 – *ICI/Komm.* Slg. 1972, 619; Rs. 52/69 – *Geigy/Komm.* Slg. 1972, 787, WuW/E EWG/MUV 287; Rs. 53/69 – *Sandoz/Komm.* Slg. 1972, 845.

zeugend, Stellung genommen.[46] Der Gerichtshof geht nach Meinung eines seiner Mitglieder davon aus, dass den die EG bindenden **völkerrechtlichen Verträgen** ein Rang nach dem Primärrecht des EG-Vertrages aber vor dem auf Grund des Vertrages erlassenen sekundären Gemeinschaftsrecht zukommt.[47] Die Anwendbarkeit völkervertragsrechtlicher Normen ist im Einklang mit der Praxis vieler Staaten als abhängig davon angesehen worden, ob und inwieweit die jeweilige Norm aus völkerrechtlicher Sicht unmittelbar anwendbar ist. Völkerrechtlich zutreffend verneinen EuGH und EuG die unmittelbare Anwendbarkeit der in die Vertragsabschlusskompetenz der EG fallenden WTO-Abkommen.[48] Die bisher abgeschlossenen kartellrechtlichen Abkommen sind wohl durchweg nicht unmittelbar anwendbar, also – abgesehen von der Möglichkeit völkerrechtskonformer Auslegung europäischen Rechts – nur auf völkerrechtlicher Ebene durchsetzbar.[49]

2. Völkerrecht vor deutschen Gerichten

81 Nach Art. 25 GG hat das **allgemeine Völkerrecht** Vorrang vor dem einfachen Gesetzesrecht und ist, soweit strukturell möglich, unmittelbar anwendbar. **Völkerrechtliche Verträge,** die nach Art. 59 Abs. 2 Satz 1 GG der Zustimmung in der Form eines Bundesgesetzes bedürfen, werden Bestandteil des einfachen Bundesrechts mit dem zeitlichen Rang des Inkrafttretens des Zustimmungsgesetzes. Für den Fall, dass es zu einer Ergänzung der WTO-Abkommen durch eine kartellrechtliche Regelung kommt, mag dies praktische Bedeutung erlangen. Bislang hat Deutschland völkerrechtliche Verträge lediglich in der Form von **Verwaltungsabkommen** nach Art. 59 Abs. 2 Satz 2 GG abgeschlossen. Derartige Verträge sind gegenüber dem deutschen Gesetzesrecht nachrangig. Dies bedeutet für die Kartellrechtspraxis insbesondere, dass sie den durch Verfassungsrecht und/oder einfaches Gesetzesrecht gewährleisteten Schutz von Geschäfts- und Betriebsgeheimnissen nicht einschränken können.

D. Ineinanderwirken europäischen und deutschen Kartellrechts

82 Übermäßige Klarheit kann dem Verhältnis zwischen europäischem und deutschem Kartellrecht nicht nachgesagt werden. Dies liegt einerseits am Europarecht, das in Anerkennung der Eigenständigkeit der Mitgliedstaaten seinen Alleingeltungsanspruch auf das integrationspolitisch Notwendige beschränkt. Andererseits verweist das deutsche Recht nicht einfach auf europäisches Recht, sondern macht von dem verbliebenen Spielraum für autonome Regelungen nach Maßgabe der am 1. Juli 2005 in Kraft getretenen 7. GWB-Novelle durchaus Gebrauch. Insgesamt kann daher nur von einem **Ineinanderwirken** beider Rechtsordnungen – beide jeweils unter Einbeziehung des Völkerrechts in der im vorangehenden Abschnitt dargestellten Weise – gesprochen werden. Im Einzelnen ist nach den jeweils anwendbaren materiellrechtlichen Vorschriften (I.), nach den zivilrechtlichen Folgen einer Rechtsverletzung (II.) und nach der verwaltungsverfahrensrechtlichen Durchsetzung (III.) zu unterscheiden.

I. Materiellrechtliche Vorschriften

83 Europäisches Recht kann Vorrang vor dem Recht der Mitgliedstaaten beanspruchen. In Deutschland wird ein derartiger **Anspruch auf Vorrang** unter den in der Praxis bisher

---

[46] EuGH U.v. 27. 9. 1988 Verb. Rs. 89/85 u.a. – *Åhlström/Komm.* Slg. 1988, 5193, WuW/E EWG/MUV 829.
[47] *Puissochet,* in: FS Mancini, Bd. 2, 1998, S. 779, 801 f., 804 f.
[48] St. Rspr. seit EuGH U.v. 23. 11. 1999 Rs. C-149/96 – *Portugal/Rat* Slg. 1999, I-8395 Rn. 42–46.
[49] S. unten *Meessen,* IntKartR, Rn. 30–35.

nicht relevant gewordenen Ausnahmen, die das Bundesverfassungsgericht insbesondere im Solange II-Beschluss und im Maastricht-Urteil genannt hat,[50] anerkannt. Für das europäische Kartellrecht ist somit zu klären, ob und inwieweit ein Anspruch auf Vorrang erhoben wird. Anschließend ist zu klären, ob und inwieweit deutsches Kartellrecht den den Mitgliedstaaten verbleibenden Regelungsspielraum nutzt. Auf diese Fragen ist eine nach Normbereichen differenzierende Antwort zu geben.

1. Zwei- und mehrseitiges Verhalten

84 Art. 81 EG ist nach seinem Absatz 1 auf zwei- und mehrseitige wettbewerbsbeschränkende Verhaltensweisen nur anwendbar, wenn diese Verhaltensweisen geeignet sind, den zwischenstaatlichen Handel zu beeinträchtigen (**Zwischenstaatlichkeitsklausel**).[51] In diesem Falle sind die mitgliedstaatlichen Behörden und Gerichte nach Art. 3 Abs. 1 VerfVO verpflichtet, Art. 81 EG zumindest auch anzuwenden. Hieraus ergibt sich, dass mitgliedstaatliches Kartellrecht zwar anwendbar, seine Anwendbarkeit aber unberücksichtigt bleibt, wenn ein Verhalten, das nach europäischem Kartellrecht verboten ist, nach mitgliedstaatlichem Kartellrecht erlaubt sein sollte. Art. 3 Abs. 2 Satz 1 VerfVO fügt hinzu, dass mitgliedstaatliches Kartellrecht zwei- und mehrseitiges Verhalten, das nach Art. 81 EG erlaubt ist, nicht verbieten darf. Mit anderen Worten darf mitgliedstaatliches Kartellrecht oberhalb der Zwischenstaatlichkeitsschwelle zwei- und mehrseitiges Verhalten unter der Bedingung nach Belieben regeln, dass das Ergebnis seiner Anwendung mit dem Ergebnis der Anwendung von Art. 81 EG übereinstimmt. Unterhalb der Zwischenstaatlichkeitsschwelle ist die kartellrechtliche Regelung von zwei- und mehrseitigem Verhalten keinen konkreten europarechtlichen Bindungen unterworfen.

85 Im deutschen Recht wird nach der am 1. Juli 2005 in Kraft getretenen 7. GWB-Novelle einerseits der Wortlaut von Art. 81 Abs. 1 und 3 EG in **§§ 1 und 2 GWB** wiederholt, andererseits werden Sonderregelungen für Mittelstandskartelle, für landwirtschaftliche Erzeugnisse und für Zeitungen und Zeitschriften (**§§ 3, 28 und 30 GWB**) getroffen. Den Geltungsanspruch des deutschen Rechts einschränkend fügt § 22 Abs. 2 Satz 1 GWB in Einklang mit Art. 3 Abs. 2 Satz 1 VerfVO hinzu, dass bei Erfüllung der Voraussetzungen der Zwischenstaatlichkeitsklausel ein Verhalten, das nach Art. 81 Abs. 3 EG oder nach einer zu Art. 81 Abs. 2 EG erlassenen Gruppenfreistellungsverordnung erlaubt ist, auch nicht aufgrund der Anwendung deutscher Sonderregeln verboten wird. Für den umgekehrten Fall eines nach deutschem Recht erlaubten Verhaltens setzte sich bei Erfüllung der Zwischenstaatlichkeitsklausel eine europarechtliche Verbotsnorm schon nach dem bisherigen Recht durch. Dies wird in **§ 22 Abs. 2 Satz 3 GWB** anerkannt. Auch nach deutschem Recht gilt daher im Ergebnis bei Erfüllung der Zwischenstaatlichkeitsklausel ein **Grundsatz der ausschließlichen Beachtung** von Art. 81 EG. Abweichendes deutsches Sonderrecht gilt letztlich nur unterhalb der Zwischenstaatlichkeitsschwelle.

2. Einseitiges Verhalten

86 Ebenso wie Art. 81 EG ist auch das in **Art. 82 EG** enthaltene Verbot der missbräuchlichen Ausnutzung einer marktbeherrschenden Stellung nur bei Erfüllung der Voraussetzungen der Zwischenstaatlichkeitsklausel anwendbar. Ebenfalls übereinstimmend mit der zu Art. 81 EG getroffenen Regelung sind mitgliedstaatliche Behörden und Gerichte nach Art. 3 Abs. 1 Satz 2 VerfVO verpflichtet, bei Erfüllung der Zwischenstaatlichkeitsklausel zumindest auch Art. 82 EG anzuwenden. Anders als bei Anwendbarkeit von Art. 81 EG

---

[50] S. oben Fn. 43.
[51] Vgl. hierzu Bekanntmachung der Kommission vom 27. April 2004, Leitlinien über den Begriff der Beeinträchtigung des zwischenstaatlichen Handels in den Artikeln 81 und 82 des Vertrags, ABl. 2004 C 101/81.

D. Ineinanderwirken europäischen und deutschen Kartellrechts **87–89 Einführung**

bleiben die Mitgliedstaaten nach Art. 3 Abs. 2 Satz 2 VerfVO aber nach der bisher auch für Art. 81 EG geltenden Rechtsprechung[52] in der Regel berechtigt, strengere Vorschriften zur Kontrolle einseitigen Verhaltens zu erlassen und anzuwenden. Art. 82 EG sichert insoweit nur einen **europaweiten Mindeststandard** an Missbrauchskontrolle über marktbeherrschende Unternehmen.

Die 7. GWB-Novelle sieht zur Kontrolle einseitigen Verhaltens keine wesentlichen Änderungen vor. Vielmehr wird bewusst an der ähnlichen, aber durch deutsche Rechtsprechung konkretisierten Missbrauchsaufsicht über marktbeherrschende Unternehmen in **§ 19 Abs. 1 und 4 GWB** und an den in den **§§ 20, 21 GWB** enthaltenen strengeren Regelungen des deutschen Rechts festgehalten. Inzwischen sind am 1. Januar 2008 allerdings Änderungen des deutschen Rechts durch Einfügung von § 29 GWB und Novellierung von § 20 GWB in Kraft getreten.[53] Soweit europäisches Kartellrecht aufgrund der Zwischenstaatlichkeitsklausel und deutsches Recht nach dem Wirkungsprinzip (§ 130 Abs. 2 GWB) gleichzeitig anwendbar sind, läuft die Parallelität von deutschem und europäischem Kartellrecht auf einen Doppelstandard nach der **Zwei-Schranken-Theorie** hinaus. Unterhalb der Zwischenstaatlichkeitsschwelle ist deutsches Kartellrecht ausschließlich anwendbar. **87**

3. Fusionskontrolle

Im Recht der Zusammenschlusskontrolle gilt ein **Grundsatz der alternativen Anwendbarkeit** von europäischem und deutschem Kartellrecht. Nach Art. 21 Abs. 3 FKVO ist den Mitgliedstaaten die Anwendung ihres Kartellrechts auf Zusammenschlüsse von gemeinschaftsweiter Bedeutung verboten. Entsprechend sieht § 35 Abs. 3 GWB die Anwendbarkeit des deutschen Rechts der Zusammenschlusskontrolle nur dann vor, wenn die Kommission keine ausschließliche Zuständigkeit nach der FKVO in ihrer jeweiligen Fassung besitzt. Praktisch bedeutet dies, dass als Voraussetzung zur Anwendbarkeit des deutschen Rechts der Zusammenschlusskontrolle jeweils auch das Nichtvorliegen eines gemeinschaftsweiten Zusammenschlusses anhand der Umsatzkriterien von Art. 1 Abs. 2 und 3 FKVO festgestellt werden muss. Eine die Anwendung deutschen Zusammenschlusskontrollrechts ausschließende Zuständigkeit der Kommission kann auch dadurch begründet werden, dass ein Zusammenschlussvorhaben von nicht gemeinschaftsweiter Bedeutung unter den Voraussetzungen von Art. 4 Abs. 5 FKVO oder von Art. 22 FKVO an die Kommission zur Entscheidung nach europäischem Fusionskontrollrecht verwiesen wird. Umgekehrt kann die Kommission unter den Voraussetzungen von Art. 4 Abs. 4 oder 9 Abs. 3 FKVO Zusammenschlussfälle an einen Mitgliedstaat zur alleinigen oder teilweisen Entscheidung nach dem Recht des betreffenden Mitgliedstaats verweisen. Bezogen auf den jeweiligen Teil eines Falles wird auch insoweit der Grundsatz der alternativen Anwendbarkeit von europäischem und mitgliedstaatlichem Fusionskontrollrecht gewahrt. **88**

4. Vergaberecht

Die Verpflichtung der öffentlichen Hand zur Ausschreibung größerer Aufträge war in Deutschland lange Zeit als Gegenstand des Haushaltsrechts angesehen worden. Seit Inkrafttreten der 6. GWB-Novelle am 1. Januar 1999 ist öffentliches Vergaberecht Teil des GWB (§§ 97 f.) und damit inhaltlich auch **Teil des deutschen Kartellrechts.** Aus europarechtlicher Sicht geht es um die Errichtung des Binnenmarkts. Daher ist Vergaberecht Gegenstand von Rechtsangleichungsrichtlinien, nicht aber Gegenstand unmittelbar anwendbarer Vorschriften des Kartellrechts. Defizite, die sich bei der Umsetzung von Vergaberichtlinien ergeben, können von der Kommission oder anderen Mitgliedstaaten in Vertragsverlet- **89**

---

[52] EuGH U. v. 13. 2. 1969 Rs. 14/68 – *Walt Wilhelm* Slg. 1969, WuW/E EWG/MUV 201; U. v. 28. 2. 1991 Rs. C-234/89 – *Delimitis* Slg. 1991, I-935, WuW/E EWG/MUV 911.

[53] S. oben Rn. 74.

zungsverfahren geltend gemacht werden. Wie immer kommt nach Ablauf der Umsetzungsfrist eine unmittelbare Berufung auf einzelne dazu geeignete Regeln einer Richtlinie nach den Grundsätzen der Rechtsprechung des EuGH in Betracht. Eine konkurrierende Anwendung von europarechtlichen Normen und Normen des deutschen Rechts scheidet jedoch aus.

90 Durch die Neuregelung in § 97 Abs. 7 GWB („Die Unternehmen haben Anspruch darauf, dass der Auftraggeber die Bestimmungen über das Vergabeverfahren einhält.") ist es zu einer umfassenden **Einräumung subjektiver Rechte** auf Grund der Umsetzungsverpflichtungen der EG-Vergaberichtlinien und damit zu einem Paradigmenwechsel in diesem Rechtsgebiet gekommen. Die Vorschriften zum Begriff des öffentlichen Auftraggebers, zum öffentlichen Auftrag, zu den Verfahrensarten und zu den Rechtsmittel- und Schadenersatzvorschriften bei der Vergabe entsprechen weitgehend den Vorgaben der EG-Richtlinien. Das deutsche Vergaberecht ist mit den Kernregelungen im GWB, der Vergabeverordnung und den Verdingungsordnungen dreistufig aufgebaut **(Kaskadenprinzip)**. In seinem 4. Teil enthält das GWB lediglich die vergaberechtlichen „Grundvorschriften" sowie umfassende Rechtsschutzgarantien. Die Details des eigentlichen Vergabeverfahrens sind in der Vergabeverordnung und den Verdingungsordnungen geregelt, auf die für die Auftragsvergabe oberhalb der Schwellenwerte durch die Vergabeverordnung[54] statisch verwiesen wird. Unterhalb der Schwellenwerte gelten die „nationalen Vergabebestimmungen", d.h. in erster Linie Bundes- und Landeshaushaltsordnungen. Unabhängig davon, ob die Auftragsvergabe oberhalb oder unterhalb der Schwellenwerte erfolgt, sind das allgemeine Diskriminierungsverbot (Art. 12 EG), die europäischen Grundfreiheiten[55] sowie die Wettbewerbs- und Beihilfevorschriften des Gemeinschaftsrechts zu beachten.

91 Auf die **bevorstehenden weiteren Änderungen** der vergaberechtlichen Vorschriften des GWB wird in der Kommentierung der §§ 97f. im Einzelnen hingewiesen. Sie sind veranlasst durch die Pflicht zur Umsetzung der 2004 verabschiedeten EG-Richtlinien 2004/17/EG und 2004/18/EG[56] in deutsches Recht. Außerdem soll das deutsche Vergaberecht durch Vereinfachung eine transparentere und mittelstandsfreundlichere Ausgestaltung erhalten.

II. Zivilrechtliche Folgen von Kartellrechtsverletzungen

92 Die Sanktionierung von Verletzungen mitgliedstaatlichen, also auch deutschen Kartellrechts ist ausschließliche Angelegenheit des jeweiligen Mitgliedstaats. Europarecht befasst sich nur mit der Sanktionierung von **Verletzungen europäischen Kartellrechts** und dies bisher nur punktuell. So schreibt **Art. 81 Abs. 2 EG** vor, dass nach Art. 81 Abs. 1 und 3 EG verbotene Vereinbarungen und Beschlüsse von Unternehmensvereinigungen nichtig sind. Dies gilt nur für die jeweilige wettbewerbsbeschränkende Klausel einer Vereinbarung oder eines Beschlusses. Welche Folgen dies für die Gültigkeit der Vereinbarung oder des Beschlusses im Übrigen hat, ist eine nach dem jeweils anwendbaren – mitgliedstaatlichen, drittstaatlichen oder (vor Schiedsgerichten bei entsprechender Rechtswahl) sogar anationalem – Vertrags- oder Gesellschaftsrecht zu beantwortende Frage.

93 Das europäische Kartellrecht enthält anders als das deutsche Kartellrecht (§ 33 GWB) keine Vorschrift, auf die zivilrechtliche Ansprüche auf Unterlassung, Beseitigung und/oder Schadensersatz gestützt werden könnten. Aus dem europarechtlichen **Effektivitätsgrundsatz** werden von Gerichtshof und Kommission ins Einzelne gehende Verpflichtungen der Mitgliedstaaten zur Ausgestaltung ihres der Durchsetzung des europäischen Kartellrechts

---

[54] Verordnung über die Vergabe öffentlicher Aufträge (Vergabeverordnung – VgV) v. 9. 1. 2001, BGBl. 2001 I 110.
[55] S. oben Rn. 68.
[56] ABl 2004 L 134/1.

D. Ineinanderwirken europäischen und deutschen Kartellrechts 94–96 **Einführung**

dienenden Schadensersatzrechts abgeleitet.[57] Inwieweit dieser Standpunkt rechtlich vertretbar und angesichts der aufgrund von Selbstanzeigen erzielten Ermittlungserfolge tatsächlich begründbar ist[58], mag hier dahinstehen. Denkbar ist, dass die von der Kommission derzeit noch verfolgte Regelung von Seiten mitgliedstaatlicher Regierungen als schwerwiegender Eingriff in mitgliedstaatliches Schadensersatz- und Zivilprozessrecht bewertet und daher abgelehnt oder abgeschwächt wird. Für Deutschland unproblematisch ist die ebenfalls vom Gerichtshof befürwortete Anwendung des europarechtlichen **Äquivalenzgrundsatzes**[59], denn § 33 GWB sieht schon jetzt eine vollständige Gleichbehandlung der schadensersatzrechtlichen Durchsetzung europarechtlicher Kartellrechtsnormen mit deutschen Kartellrechtsnormen vor.

III. Verwaltungsverfahrensrecht

Grundsätzlich ist der Vollzug von Gemeinschaftsrecht Sache der Mitgliedstaaten, die insoweit ihr eigenes Verwaltungsverfahrensrecht anwenden. Für den Bereich des EG-Kartellrechts wurde dieser Grundsatz mit Inkrafttreten der Verordnung 17/62 am 1. Januar 1963 insofern durchbrochen, als die Kommission ermächtigt wurde, mit unmittelbarer Wirkung Einzelfallentscheidungen für und gegen Unternehmen zu erlassen. Außerdem wurde bis zum 30. April 2004 Art. 81 Abs. 3 EG als ausschließliche Ermächtigung der Kommission zur Dispensierung vom Verbot zwei- und mehrseitiger wettbewerbsbeschränkender Verhaltensweisen verstanden. Auf diese Weise wurde die Zuständigkeit zur Anwendung der Art. 81 und 82 EG bei der Kommission zentralisiert. Diese Regelung ist seit dem 1. Mai 2004 durch ein **dezentrales Zuständigkeitssystem** ersetzt worden. Es wurden Vorkehrungen getroffen, die Einheitlichkeit und Wirksamkeit des Kartellrechtsvollzugs dennoch zu wahren. 94

1. Zuständigkeitsverteilung im Europäischen Wettbewerbsnetz

Nach Art. 5 VerfVO sind die Kartellbehörden der Mitgliedstaaten für die Anwendung der Art. 81 und 82 EG zuständig. Die Kommission bleibt jedoch nach einer Reihe von Einzelvorschriften der VerfVO (Art. 7–10, 18–21, 23 und 24) ermächtigt, alle denkbaren verfahrensleitenden und -beendenden Entscheidungen selbst zu treffen. Die Streuung der Zuständigkeiten wird dadurch handhabbar, dass sich Kommission und mitgliedstaatliche Kartellbehörden nach § 50a GWB im „Europäischen Wettbewerbsnetz" gegenseitig informieren und nach Art. 11 Abs. 4 VerfVO von Fall zu Fall entscheiden, welche mitgliedstaatliche Behörde oder Behörden tätig werden oder ob die Kommission selbst tätig wird. Während die Zuständigkeitsverteilung unmittelbar nach den ersten Ermittlungsschritten erfolgen soll, hat die Kommission ein zeitlich nicht befristetes **Selbsteintrittsrecht** nach Art. 11 Abs. 6 VerfVO. Die Kriterien, nach denen über die Zuständigkeitsverteilung entschieden werden soll, sind in einer Bekanntmachung der Kommission vom 27. April 2004[60] niedergelegt. 95

2. Mitgliedstaatliche Zuarbeit im Ermittlungsverfahren

Nach Art. 11 VerfVO stehen die Kommission und die mitgliedstaatlichen Kartellbehörden von den ersten Verfahrensschritten an in einem engen Informationsaustausch. Letztere 96

---

[57] S. oben Rn. 47–50.
[58] Hierzu s. *Meessen*, Überdehnung des europarechtlichen Effektivitätsgrundsatzes in *Courage* und *Manfredi*, FS Loewenheim, S. 418.
[59] EuGH, U.v. 13. 7. 2006, C-295/04 bis C-298/04 – *Manfredi/Lloyd Adriatico Assecurazioni*, WuW/E EU-R 1107, Rn. 62.
[60] Bekanntmachung der Kommission über die Zusammenarbeit innerhalb des Netzes der Wettbewerbsbehörden v. 27. 4. 2004, ABl. 2004 C 101/43, insbes. Rn. 5–15.

dürfen die Kommission auch zu jedem Fall, in dem es um die Anwendung europäischen Kartellrechts geht, konsultieren. Für den Fall allerdings, dass die Kommission die Ermittlungen führt, ist das kollegiale Miteinander wie schon nach dem Recht der VO 17/62 durch **hierarchische Strukturen** überlagert. Wenn die Kommission einfache oder verbindliche Auskunftsverlangen an Unternehmen richtet und die mitgliedstaatlichen Kartellbehörden durch Übersendung von Kopien informiert, kann sie gleichzeitig nach Art. 18 Abs. 5 VerfVO von Regierungen und Kartellbehörden alle sachdienlichen Auskünfte verlangen und auf diese Weise Ergänzungen, Bestätigungen oder auch Korrekturen der Unternehmensangaben erhalten. Bei Befragungen erhalten die mitgliedstaatlichen Behörden des Orts der Befragung hierüber Mitteilung und können verlangen, die Bediensteten der Kommission bei der Befragung unterstützen zu dürfen (Art. 19 Abs. 2 VerfVO). Ebenso ist bei Nachprüfungen zu verfahren, wobei in diesem Falle die Kommission von der örtlich zuständigen mitgliedstaatlichen Kartellbehörde Unterstützung verlangen kann (Art. 20 Abs. 5 VerfVO). Soweit nach mitgliedstaatlichem Recht wie in Deutschland für eine Durchsuchung ein Gerichtsbeschluss erforderlich ist, ist ein entsprechender Antrag zu stellen (Art. 20 Abs. 7 und 8 VerfVO). Gleiches gilt für Nachprüfungen „in anderen Räumlichkeiten" nach Art. 21 VerfVO.

3. Bindung deutscher Gerichte

97   Entscheidungen, geplante Entscheidungen und Stellungnahmen der Kommission entfalten in Verfahren vor mitgliedstaatlichen d. h. auch deutschen Gerichten eine **teils rechtliche, teils faktische Bindungswirkung.** So wird im Einklang mit der Rechtsprechung des EuGH[61] von mitgliedstaatlichen Gerichten durch Art. 20 Abs. 8 und 21 Abs. 3 VerfVO verboten, die Rechtmäßigkeit der Nachprüfungsentscheidungen der Kommission zu überprüfen. Als europäische Rechtsakte unterliegen diese Entscheidungen ausschließlich der Kontrolle durch die europäischen Gerichte. Fraglich ist, ob diese Kontrolle rechtzeitig zu erlangen ist. Mangels Suspensiveffekts von Nichtigkeitsklagen bedarf es einer gerichtlichen Entscheidung, die Durchführung der angefochtenen Entscheidung nach Art. 242 EG auszusetzen oder nach Art. 243 EG eine einstweilige Anordnung zu erlassen. Mitgliedstaatliche Gerichte dürfen keine Entscheidungen erlassen, die Entscheidungen der Kommission, soweit sie nicht durch EuG oder EuGH aufgehoben sind, zuwiderlaufen (Art. 16 VerfVO). Sie dürfen noch nicht einmal Entscheidungen erlassen, „die einer Entscheidung zuwiderlaufen, die die Kommission in einem von ihr eingeleiteten Verfahren zu erlassen beabsichtigt" (Art. 16 Abs. 1 Satz 2 VerfVO). Schriftliche und mündliche Stellungnahmen, die die Kommission oder mitgliedstaatliche Kartellbehörden nach Art. 15 VerfVO vor mitgliedstaatlichen Gerichten abgeben, sind zwar nicht rechtlich verbindlich, faktisch wird die Neigung jedoch groß sein, einer kartellrechtlichen Bewertung insbesondere der mit einem Informationsvorsprung ausgestatteten Kommission zu folgen. Der Aufwand für eine Begründung von Abweichungen wäre hoch.

E. Rechtsschutz

98   Die Zuständigkeit zur Gewährung von Rechtsschutz im **Verwaltungsvollzug** hängt von der Zuordnung des zu überprüfenden Hoheitsaktes ab: Verordnungen, Richtlinien und vor allem Einzelentscheidungen der Gemeinschaftsorgane sind ausschließlich von den beiden **europäischen Gerichten,** dem Gericht Erster Instanz der Europäischen Gemeinschaften (EuG) und dem Gerichtshof der Europäischen Gemeinschaften (EuGH), zu überprüfen. Rechtssätze der Mitgliedstaaten und Verwaltungsakte ihrer Kartellbehörden unterliegen ausschließlich der Überprüfung durch die **Gerichte der Mitgliedstaaten.** Aller-

---

[61] EuGH U. v. 22. 10. 2002 Rs. C-94/00 – *Roquette Frères* Slg. 2002, I-9011, WuW/E EU-R 611.

E. Rechtsschutz

dings sind die mitgliedstaatlichen Gerichte, wenn die Gültigkeit oder Auslegung von Rechtsakten von Gemeinschaftsorganen noch ungeklärt und zugleich entscheidungserheblich ist, berechtigt und als letztinstanzliche Gerichte verpflichtet, die Überprüfung im Wege eines Vorabentscheidungsverfahrens nach Art. 234 EG dem EuGH zu überlassen. Dem Rechtsschutz vor europäischen und mitgliedstaatlichen Gerichten geht jeweils ein mit Anhörungsrechten verbundenes Verwaltungsverfahren voraus.

Die Entscheidung über die **zivilrechtlichen Rechtsfolgen** der Verletzung von Kartellrecht obliegt den im Einzelfall zuständigen Gerichten der Mitgliedstaaten oder auch von Drittstaaten. Nur die Gerichte der Mitgliedstaaten können allerdings berechtigt oder verpflichtet sein, Vorlagefragen nach Art. 234 EG dem EuGH zu unterbreiten. Die Zuständigkeit zur Entscheidung über zivilrechtliche Rechtsfolgen kann auf Grund von Schiedsklauseln auch Schiedsgerichten und in Vereinbarungen mit der EG gemäß Art. 238 EG theoretisch sogar dem EuGH übertragen werden. 99

Im Folgenden wird ein Überblick über den Rechtsschutz vor europäischen und deutschen Gerichten und zur Schiedsgerichtsbarkeit gewährt und durch einige Hinweise zum einstweiligen Rechtsschutz abgeschlossen. Die Darstellung beschränkt sich auf den **Rechtsschutz von Unternehmen.** Selbstverständlich können auch in Kartellrechtssachen Mitgliedstaaten oder Gemeinschaftsorgane Nichtigkeitsklagen gegen europarechtliche Normen erheben oder es können Vertragsverletzungsverfahren zwischen der Kommission und Mitgliedstaaten der Europäischen Union eingeleitet werden. 100

I. Europäische Gerichte

Seit Inkrafttreten des Beschlusses von 1988, dem Gerichtshof der Europäischen Gemeinschaften (EuGH) das Gericht erster Instanz (EuG) beizuordnen, gibt es zwei europäische Gerichte, die ihren Sitz im selben Gebäudekomplex in Luxemburg haben. Das EuG war errichtet worden, um den EuGH bei Individualklagen von der Verantwortung für die **Tatsachenermittlung** zu entlasten und insoweit auf die Aufgaben eines Rechtsmittelgerichts zu reduzieren. Bis vor einigen Jahren hatte sich das EuG freilich in Kartellsachen auf eine eher formale Überprüfung der Tatsachenermittlungen durch die Kommission beschränkt und der Kommission insbesondere eine Prärogative zur Bewertung der wirtschaftlichen Zusammenhänge überlassen. In der Airtours-Entscheidung vom 6. Juni 2002 hat das EuG erstmalig die wettbewerbliche Analyse der Kommission auf breiter Front durch eine eigene abweichende Beurteilung ersetzt.[62] Der folgende Überblick beschränkt sich auf die in Kartellsachen bedeutsamen Aspekte der wichtigsten Verfahrensarten. 101

1. Nichtigkeitsklagen

Nach **Art. 230 Abs. 2 und 4 EG** können natürliche und juristische Personen wegen „Unzuständigkeit, Verletzung wesentlicher Formvorschriften, Verletzung dieses Vertrags oder einer bei seiner Durchführung anzuwendenden Rechtsnorm oder wegen Ermessensmissbrauchs" auf Nichtigerklärung der an sie ergangenen Entscheidungen klagen. Im Wege der Nichtigkeitsklage anfechtbar sind auch die Entscheidungen, „die, obwohl sie als Verordnung oder als eine an eine andere Person gerichtete Entscheidung ergangen sind, (den Kläger) unmittelbar und individuell betreffen". 102

Nichtigkeitsklagen müssen stets auf mindestens eine der vier genannten **Klagerügen** gestützt werden. Die Reihenfolge in Art. 230 Abs. 2 bestimmt zugleich die Reihenfolge der gerichtlichen Prüfung. Zur Zuständigkeit gehören sowohl die Organzuständigkeit als auch die Zuständigkeit der Gemeinschaft als juristische Person im Verhältnis zu Mitgliedstaaten und auch zu Drittstaaten. Die **Verletzung wesentlicher Formvorschriften** spielt bei der gerichtlichen Kontrolle im Kartellrecht eine große Rolle. Dies gilt insbesondere für die 103

---

[62] EuG U. v. 6. 6. 2002 Rs. T-342/99 – *Airtours/Komm.* Slg. 2002, II-2585, WuW/E EU-R 559.

Gewährung des rechtlichen Gehörs und für die Beachtung der Begründungspflicht für Rechtsakte aller Art nach Art. 253 EG. Nach Abschichtung von Zuständigkeits- und Formfragen betrifft die Rüge einer Verletzung primären und sekundären Vertragsrechts im Sinne eines Auffangtatbestands alle übrigen Rechtsverletzungen mit einem Schwerpunkt auf den materiellrechtlichen Entscheidungsvoraussetzungen. Die Rüge wegen „**Ermessensmissbrauchs**" erfasst Ermessensfehlgebrauch, nicht aber Ermessensüberschreitungen, die jedoch als Verletzung der im primären oder sekundären Gemeinschaftsrecht enthaltenen Ermächtigungsnorm rügefähig sind.

104 Bei Adressatenklagen genügt zur Feststellung der **Klagebefugnis** das Vorliegen einer Entscheidung. Abzustellen ist nach Art. 249 Abs. 4 EG auf das Vorliegen rechtsverbindlicher Wirkungen der Handlungen eines Organs. Bei verfahrensleitenden Handlungen geht das Interesse an einer zusammenfassenden Prüfung nach Abschluss des Verfahrens vor. So wurde die Einleitung des Verfahrens durch die Kommission einschließlich der Mitteilung der Beschwerdepunkte nicht als Entscheidung angesehen, obwohl sie zur Beendigung der Vollzugszuständigkeit der Mitgliedstaaten im konkreten Fall nach Art. 9 Abs. 3 der damaligen Verfahrensverordnung 17/62 führte.[63]

105 **Drittunternehmen** sind klagebefugt, wenn sie insbesondere als Wettbewerber „unmittelbar und individuell" betroffen sind. Zulässig waren Klagen eines Selbstbedienungsgroßhandels gegen die mit einem teilweisen Negativattest verbundene Freistellung des selektiven Vertriebssystems eines Fernsehherstellers und von zwei Zigarettenherstellern gegen die Zurückweisung ihrer bei der Kommission eingelegten Beschwerde, weil diese nicht gegen eine kapitalmäßige Verflechtung zweier anderer Zigarettenhersteller vorgehe.[64] Das EuG erklärte zwei Klagen wegen Freistellung der Zusammenarbeit vor allem öffentlichrechtlicher Fernsehanstalten im Rahmen der Europäischen Rundfunkunion für zulässig und begründet.[65] Auch im **Fusionskontrollrecht** wurden Konkurrentenklagen für zulässig gehalten.[66] Inzwischen hat das EuG einer Konkurrentenklage stattgegeben.[67] Der EuGH hat dieses Urteil jedoch auf ein Rechtsmittel der Streithelferin hin aufgehoben und das Verfahren an das EuG zurückverwiesen.[68]

2. Untätigkeitsklagen

106 Gemeinschaftsrechtliche Untätigkeitsklagen bleiben hinter Verpflichtungsklagen in der Form der Untätigkeitsklage nach deutschem Verwaltungsprozessrecht zurück. Zwar sind sie ebenso wie diese darauf gerichtet, eine Untätigkeit zu beseitigen, die im EG-Recht darin besteht, „dass ein Organ der Gemeinschaft es unterlassen hat, einen anderen Akt als eine Empfehlung oder eine Stellungnahme an (den Kläger) zu richten". Der Unterschied besteht jedoch darin, dass das Gemeinschaftsorgan die Klagebefugnis dadurch beseitigen kann, dass es innerhalb von zwei Monaten nach einer entsprechenden Aufforderung gemäß Art. 232 Abs. 2 EG „Stellung (nimmt)". **Ablehnende Stellungnahmen** stellen nicht in jedem Fall eine Entscheidung dar und sind dann auch nicht im Wege einer Nichtigkeitsklage nach Art. 230 EG anfechtbar.[69]

---

[63] EuGH U. v. 11. 11. 1981 Rs. 60/81 – *IBM* Slg. 1981, 2639, WuW/E EWG/MUV 545.
[64] EuGH U. v. 25. 10. 1977 Rs. 26/76 – *Metro* Slg. 1977, 1875, WuW/E EWG/MUV 400; U. v. 17. 11. 1987 Rs. 142 und 156/84 – *BAT/Reynolds* Slg. 1987, 4487, WuW/E EWG/MUV 840.
[65] EuG U. v. 11. 7. 1996 Verb. Rs. T-528/93 u. a. – *Métropole télévision* Slg. 1996, II-649; U. v. 21. 3. 2001 Rs. T-206/99 – *Métropole télévision* Slg. 2001, II-1057, WuW/E EU-R 413.
[66] EuG U. v. 24. 3. 1994 Rs. T-3/93 – *Air France* Slg. 1994, II-121; U. v. 19. 5. 1994 Rs. T-2/93 – *Air France* Slg. 1994, II-323; U. v. 4. 7. 2006 Rs. T-177/04 – *easy Jet/Kommission*, WuW/E EU-R 1079.
[67] EuG, U. v. 13,7.2006 Rs. T-464/04 – *Impala/Kommission*, WuW/E EU-R 1091.
[68] EuGH, U. v. 10. 7. 2008 Rs. C-413/06 P – *Bertelsmann,* WuW/E EU-R 1498.
[69] Zu einer zulässigen Klage gegen eine ablehnende Stellungnahme s. oben EuGH U. v. 17. 11. 1987 (Fn. 64).

3. Schadensersatzklagen

Nach Art. 235 EG in Verbindung mit Art. 225 Abs. 1 EG ist das EuG für Klagen auf Schadensersatz wegen außervertraglicher Haftung der Gemeinschaft nach Art. 288 Abs. 2 EG zuständig. Derartige Klagen, die auf die rechtswidrige Verursachung eines Schadens zu stützen sind, sind **subsidiär** zulässig und setzen die Erhebung einer Nichtigkeitsklage gegen den rechtswidrigen Rechtsakt voraus. Eine selbstständige Erhebung kommt in Betracht, wenn die Schadensverursachung durch einen nicht rechtsmittelfähigen Realakt erfolgt war. So hat ein „whistle-blower" einen Schadensersatzanspruch wegen versehentlicher Preisgabe seiner Identität durch die Kommission mit Erfolg geltend gemacht.[70] In *Schneider/Legrand* wurde vor dem EuG nach Aufhebung der Untersagung eines Zusammenschlusses ein Schadensersatzanspruch wegen eines schwerwiegenden Verfahrensfehlers im Untersagungsverfahren mit Erfolg gegen die Kommission geltend gemacht.[71] Inzwischen verneinte das EuG in einem ähnlichen Fall das Vorliegen einer „hinreichend qualifizierten Rechtsverletzung" als Voraussetzung außervertraglicher Haftung der Gemeinschaft.[72]

4. Vorabentscheidungsverfahren

Vorabentscheidungsverfahren können nur durch Gerichte der Mitgliedstaaten auch in Verfahren, an denen Unternehmen als Kläger und/oder Beklagte beteiligt sind, in Gang gesetzt werden. Es ist denkbar, dass die Dezentralisierung des Kartellrechtsvollzugs und der geplante Ausbau privatrechtlicher (schadensersatzrechtlicher) Rechtsfolgen zu einer Zunahme EG-kartellrechtlicher Streitigkeiten vor den Gerichten der Mitgliedstaaten und damit auch zu einer Zunahme der Vorabentscheidungsverfahren führen. Zu den **vorlageberechtigten Gerichten** gehören nach der Rechtsprechung des EuGH auch Vergabekammern, nicht aber Schiedsgerichte.[73] Vorlagefragen sind zulässig, wenn sie die Auslegung des Vertrages oder die Gültigkeit oder Auslegung von Handlungen der Gemeinschaft zum Gegenstand haben. Weitere Voraussetzungen sind, dass die vorgelegte Rechtsfrage nach nachvollziehbarer Auffassung des vorlegenden Gerichts für das anhängige Verfahren **entscheidungserheblich** und dass sie nicht bereits im Sinne eines **acte clair** geklärt ist. Letztinstanzliche Gerichte sind zur Vorlage verpflichtet. Wenn ein deutsches Gericht dieser Verpflichtung nicht nachkommt, kommt die Erhebung einer Verfassungsbeschwerde beim Bundesverfassungsgericht auf Grund einer Verletzung von Art. 101 Abs. 1 Satz 2 GG in Betracht.[74]

II. Deutsche Gerichte

Europäisches Kartellrecht ist im Gebiet der Europäischen Union **unmittelbar anwendbares Recht**. Kläger und Beklagte vor deutschen Gerichten können sich daher nicht nur auf deutsches Kartellrecht, sondern in allen Verfahren auch auf europäisches Kartellrecht berufen. Die Berufung auf europäisches Kartellrecht wird bei zwei- und mehrseitigen wettbewerbsbeschränkenden Verhaltensweisen erheblich zunehmen, weil erstens oberhalb der Zwischenstaatlichkeitsschwelle im Ergebnis ausschließlich Europarecht zu beachten ist und weil zweitens die Anwendbarkeit von Art. 81 Abs. 3 EG keine Anmeldung bei der Kommission mehr voraussetzt. An der Struktur des Rechtsschutzes ändert sich jedoch

---

[70] EuGH U. v. 7. 11. 1985 Rs. 145/83 – *Adams/Komm.* Slg. 1985, 3539.
[71] EuG, U. v. 11. 7. 2007, Rs. T-351/03 – *Schneider/Legrand*, WuW/E EU-R 1397, Rechtsmittel eingelegt ABl 2008 C-22/9.
[72] EuG U. v. 9. 9. 2008, T-212/03 – *My Travel/Komm.* WuW/E EU-R 1484.
[73] EuGH, U. v. 17. 9. 1997 Rs. C-54/96 – *Dorsch Consult* Slg. 1997, I-4961; U. v. 23. 3. 1982 Rs. 102/81 – *Nordsee* Slg. 1982, 1095.
[74] Vgl. z. B. BVerfG B. v. 29. 7. 2004, 2 BvR 2248/03, WuW/E Verg 983, 987.

nichts. Sie ist allein dem GWB und ergänzend anwendbaren verfahrensrechtlichen Regeln, insbesondere des Zivilprozessrechts, zu entnehmen.

1. Kartellverwaltungsakte

110 Erlassende Behörde ist in der Regel das Bundeskartellamt, an dessen Spitze ein Präsident steht. Die ausschließliche Entscheidungskompetenz liegt jedoch nach § 51 Abs. 2 Satz 1 GWB bei den durch drei Mitglieder quasi-justiziell entscheidenden **Beschlussabteilungen**. Der Präsident kann mit Argumenten, nicht aber mit Weisungen auf den Inhalt der Entscheidungen einwirken. Auch das Bundesministerium für Wirtschaft, zu dessen Geschäftsbereich das Bundeskartellamt gehört, ist nicht befugt, Weisungen zu einzelnen anhängigen Verfahren zu erteilen.

111 Das Verfahren vor dem Bundeskartellamt weist ein höheres Maß an institutioneller Sicherung von Rechtsstaatlichkeit auf als das Verfahren vor der in der Generaldirektion Wettbewerb monokratisch organisierten, aber letztlich als politisch besetztes Kollegialorgan entscheidenden Kommission. Dennoch stellen die Entscheidungen des Bundeskartellamts Verwaltungsakte dar, die selbstverständlich vor Gericht angefochten werden können. Hierfür ist ein besonderer zweizügiger Rechtsweg der Beschwerde zum **Oberlandesgericht Düsseldorf** und der Rechtsbeschwerde zum **Bundesgerichtshof** eröffnet. Beim Oberlandesgericht Düsseldorf sind mittlerweile drei Kartellsenate, darunter einer zugleich für Vergabesachen, eingerichtet. Auch beim Bundesgerichtshof gibt es einen besonderen Kartellsenat. Vorsitzender ist traditionell der Präsident des Bundesgerichtshofs. Die Mitglieder nehmen ihre Aufgabe in Personalunion mit ihrer Mitgliedschaft in verschiedenen anderen Senaten wahr. Über Beschwerden gegen Verfügungen des Bundesministers für Wirtschaft entscheidet ebenfalls das Oberlandesgericht Düsseldorf. Über Beschwerden gegen Verfügungen von Landeskartellbehörden entscheidet das jeweils örtlich zuständige Oberlandesgericht. **Landeskartellbehörden** sind die für die Wirtschaft zuständigen obersten Landesbehörden (Minister oder Senatoren). Die Landeskartellbehörden entscheiden ebenso wie der Bundesminister für Wirtschaft in der üblichen Weise als monokratisch gesteuerte Behörden.

2. Kartellrecht im Zivilprozess

112 Wie bereits erwähnt, sind die Vorschriften des deutschen und europäischen Kartellrechts als Teil der Grundlage von Schadensersatzansprüchen oder als Einwendung gegen vertragliche Ansprüche in **zivilgerichtlichen Verfahren** anwendbar. Besonderheiten ergeben sich nur insofern, als auf der Ebene der Oberlandesgerichte die Kartellsenate der für Kartellsachen zuständigen Oberlandesgerichte anzurufen sind. Erstinstanzlich sind die Landgerichte unabhängig vom Streitwert zuständig. Auch auf Landgerichtsebene ist landesrechtlich eine Bündelung bei bestimmten Landgerichten vorgenommen worden. Darüber hinaus können kartellrechtliche Fragen auch bei weiteren Gerichten, z.B. in Durchsuchungssachen bei Amtsgerichten und in Telekommunikationssachen bei Verwaltungsgerichten, entscheidungserheblich sein. Verfahrensrechtliche Besonderheiten sind hierfür nicht vorgesehen.

3. Vergabeverfahren

113 Das GWB schützt die subjektiven Bieterrechte durch ein eigenständiges **zweistufiges Nachprüfungsverfahren**. Die Erlangung von **Primärrechtsschutz** ist grundsätzlich. nur bis zum Zeitpunkt der Zuschlagserteilung möglich. Nach § 104 GWB obliegt die Überprüfung der Vergabe öffentlicher Aufträge vor der Zuschlagserteilung den **Vergabekammern** des Bundes und der Länder. Die für Vergaben des Bundes beim Bundeskartellamt eingerichteten Vergabekammern sind ähnlich organisiert wie Beschlussabteilungen. Der

E. Rechtsschutz   114–119 **Einführung**

EuGH hat den früheren Vergabeüberwachungsausschüssen und heutigen Vergabekammern sogar Gerichtsqualität im Rahmen des Vorabentscheidungsverfahrens nach Art. 234 EG zuerkannt.[75] Als Beschwerdeinstanz ist der – mit dem zweiten Kartellsenat gleichbesetzte – Vergabesenat des OLG Düsseldorf zuständig. Auf Landesebene wurden ebenfalls Vergabekammern eingerichtet. Hier sind die jeweiligen Kartellsenate der – abhängig vom Sitz der Vergabekammer – zuständigen Oberlandesgerichte mit der Gewährleistung effektiven Rechtsschutzes betraut. Die Zuständigkeit des Bundesgerichtshofs ist jedoch gemäß § 124 GWB auf Divergenzfälle beschränkt. Für den **Sekundärrechtsschutz** sind die Zivilgerichte zuständig.

III. Einstweiliger Rechtsschutz

Wirtschaftliches Handeln im globalen Wettbewerb steht unter Zeitdruck. Die Fristenregelungen im Fusionskontroll- und Vergabeverfahren versuchen dem Rechnung zu tragen. Dennoch besteht gerade in diesen Verfahren, insbesondere bei dem Versuch, in durch „bottlenecks" geschützte Märkte einzudringen, ein **Bedürfnis für einstweiligen Rechtsschutz.** Die verfahrensrechtlichen Voraussetzungen hierfür sind sowohl vor europäischen Gerichten als auch vor deutschen Gerichten gegeben. 114

Nach **Art. 242 EG** haben Klagen keine aufschiebende Wirkung. Der Gerichtshof kann jedoch die Durchführung der angefochtenen Handlung aussetzen. Auch der Vollzug einstweiliger Verpflichtungen, die von der Kommission angeordnet worden waren, kann gerichtlich ausgesetzt werden. Nach **Art. 243 EG** ist der Gerichtshof ermächtigt, einstweilige Anordnungen zu erlassen. 115

Im deutschen Recht steht ebenfalls eine Fülle von Möglichkeiten zu einer einstweiligen Regelung im Verwaltungsprozess zur Verfügung. Von besonderer Bedeutung sind die zivilprozessualen Möglichkeiten. So sind die bereits erwähnten Zugangsrechte durch einstweilige Verfügung durchsetzbar, wobei sich oftmals der Erlass temporärer **Erfüllungsverfügungen** nicht vermeiden lässt. 116

IV. Schiedsgerichte

Innerhalb von Kartellen diente früher die schiedsgerichtliche Erledigung dazu, das Licht der Öffentlichkeit von kartellinternen Auseinandersetzungen fernzuhalten. Auf Grund der erheblichen finanziellen Sanktionen, in den USA sogar Haftstrafen, sind die Praktizierung von Kartellen und ihre Disziplinierung durch Schiedsgerichte äußerst risikoreich geworden. Damit ist der Weg frei für eine unbelastete Beurteilung von Kartellrechtsfragen durch Schiedsgerichte. Über die USA hinaus von Bedeutung war die Bejahung der **Schiedsfähigkeit** nach US-amerikanischem Recht im *Mitsubishi*-Fall zunächst für transnationale Sachverhalte und in der Rechtsprechung erstinstanzlicher Bundesgerichte später auch für inneramerikanische Sachverhalte.[76] 117

Aus heutiger Sicht sind Schiedsgerichte ebenso wie die Zivilgerichte von Mitgliedstaaten und Drittstaaten in der Lage, europäisches und deutsches Kartellrecht anzuwenden. Durch die **Abschaffung der Freistellungserklärung** nach Art. 81 Abs. 3 EG ist für das europäische Recht die Notwendigkeit, kartellbehördliche Entscheidungen abzuwarten, entfallen. Das deutsche Recht ist dabei, dem weitgehend auch für Sachverhalte unterhalb der Zwischenstaatlichkeitsschwelle zu folgen. Lediglich das Fusionskontrollverfahren bleibt – in Europa und Deutschland – von behördlichen Entscheidungen abhängig. 118

Im *Mitsubishi*-Fall hatte der amerikanische Supreme Court die Änderung seiner Rechtsprechung zur Schiedsfähigkeit ausdrücklich mit der Erwartung verbunden, dass Schiedsge- 119

---

[75] EuGH U. v. 17. 9. 1997 Rs. 54/96 – *Dorsch Consult* Slg. 1997, I-4961.
[76] *Mitsubishi Motors Corp. v. Soler Chrysler-Plymouth Inc.*, 105 S. Ct. 3346 (1985); vgl. z.B. *Acquaire v. Canada Dry Bottling*, 906 F. Supp. 812 (E. D. N. Y. 1995).

richte amerikanisches Kartellrecht immer dann anwenden, wenn dieses Kartellrecht nach seinen eigenen auf dem **Wirkungsprinzip** aufgebauten Vorschriften anwendbar ist. Dieselbe Erwartung hat der EuGH in *Eco-Swiss* zum Ausdruck gebracht.[77] Man darf annehmen, dass die Schiedsgerichte diesen höchstrichterlichen Erwartungen gerecht werden. Bei Schiedssprüchen, in denen dies nicht geschieht, muss wegen Verletzung des ordre public mit Aufhebungsverfahren und Verweigerung der Anerkennung und Vollstreckung gerechnet werden.[78]

F. Angrenzende Rechtsgebiete

120 Das Kartellrecht kann als **Kern des Wirtschaftsordnungsrechts** angesehen werden. Dieser Kern ist von einer Vielzahl anderer wirtschaftsrechtlicher Regelungen umgeben. Zum Teil dienen derartige Regelungen ebenfalls dem Schutz des Wettbewerbs, zum Teil dienen sie anderen wirtschafts- und/oder sozialpolitischen Zielen und schränken den sachlichen Anwendungsbereich des Kartellrechts ein. In welcher Weise das Konkurrenzverhältnis geregelt ist, kann nur von Normbereich zu Normbereich bestimmt werden.

I. Sektorielle Sonderregelungen

121 Die Ausnahmebereiche des europäischen deutschen Kartellrechts stehen durchweg unter **Deregulierungsdruck.** Politikökonomisch ist der Druck eine Folge des sich im Zeichen der Globalisierung verschärfenden Systemwettbewerbs.[79] Die Europäische Union und Deutschland folgen dem Beispiel der Vereinigten Staaten (Reagan) und Großbritanniens (Thatcher), um Standortnachteile wettzumachen. Art. 86 EG bietet in Verbindung mit Art. 10 EG eine Handhabe, Mitgliedstaaten zu Deregulierungsschritten zu veranlassen. Nach einer Grundsatzentscheidung des EuGH sind die Mitgliedstaaten verpflichtet, keine Regulierungsmaßnahmen aufrecht zu erhalten oder gar neue zu treffen, die die praktische Wirksamkeit des europäischen Kartellrechts beeinträchtigen.[80] Die Kommission ist nach Art. 86 Abs. 3 EG ermächtigt, diese Verpflichtung durch Einzelentscheidungen gegenüber den Mitgliedstaaten zu konkretisieren. Sie hat von dieser Ermächtigung u. a. im Bereich der Postdienste gelegentlich Gebrauch gemacht.[81] Zu den wichtigsten Sektoren, die kartellrechtlichen Sonderregelungen unterliegen, gehören die Folgenden:

1. Energiewirtschaftsrecht

122 Die **Sicherheit der Energieversorgung** ist für industrielle und private Verbraucher existenznotwendig. Ausschließlich private Versorgungsstrukturen haben sich nicht nur in Krisenzeiten als anfällig erwiesen, vielmehr zeigen Stromausfälle in Nordrhein-Westfalen und vor allem in Kalifornien, dass auch hoch entwickelten Volkswirtschaften im Zuge der Deregulierung Fehler unterlaufen können. Dennoch stehen die Zeichen auf Privatisierung und Deregulierung. Das europäische Kartellrecht sieht keine energiewirtschaftsrechtlichen Sonderregelungen vor. Wegen der traditionellen gebietsweisen Aufteilung der Lieferbeziehungen gelangt nach der Zwischenstaatlichkeitsklausel häufig noch mitgliedstaatliches Kartellrecht zur Anwendung. Da die Mitgliedstaaten zur einseitigen Öffnung ihrer Märkte

---

[77] EuGH U. v. 1. 6. 1999 Rs. C-126/97 – *Eco Swiss/Benetton* Slg. 1999, I-3033, WuW/E EU-R 203.
[78] *Meessen*, Economic Law in Globalizing Markets, 2004, S. 316f.
[79] *Meessen*, Wirtschaftsrecht im Wettbewerb der Systeme, 2005.
[80] EuGH U. v. 16. 11. 1977 Rs. 13/77 – *INNO/ATAB* Slg. 1977, 2115, 2145 Rn. 30/35, WuW/E EWG/MUV 465.
[81] Komm. E. v. 23. 10. 2001 – *La Poste*, WuW/E EU-V 733; E. v. 20. 10. 2004 Rs. COMP/38.745 – *Postgesetz*, WuW/E EU-V 1035.

F. Angrenzende Rechtsgebiete 123–125 **Einführung**

wenig Bereitschaft zeigten, fiel es der EG zu, durch **Richtlinienrecht** Wettbewerbsverzerrungen zu vermeiden, wobei sich die ihre Liberalisierung vorantreibenden Mitgliedstaaten durch Reziprozitätsvorbehalte gegenüber Importen aus anderen Mitgliedstaaten schützen durften.

Inzwischen sind in **Deutschland** die kartellrechtlichen Ausnahmebereiche abgeschafft. Unternehmen, die in neue geographische Märkte eintreten wollen, können Abnehmer weitgehend durch kartellrechtliche und/oder energiewirtschaftsrechtliche Rechte auf Netzzugang und Durchleitung erreichen. Weitere Verbesserungen der Wettbewerbsverhältnisse sind nötig und auch möglich, wie die am 16. Juni 2005 vom Bundestag beschlossene und am 1. Juli 2005 in Kraft getretene Novellierung des **Energiewirtschaftsgesetzes** und die seit dem 1. 1. 2008 verschärfte Missbrauchsaufsicht aufgrund des neu eingefügten § 29 GWB zeigen.[82] Kartellrechtliche Hindernisse stellen zur Zeit nicht nur öffentlichrechtliche Regelungen, sondern auch langfristige privatvertragliche Bindungen dar, die den flächenbezogenen Bedarf so vollständig abdecken, dass neu in den Markt eintretende Unternehmen keinen Bedarf vorfinden, der ihre aufgrund geringeren Volumens höheren Betriebskosten zu konkurrenzfähigen Preisen decken könnte. Als Alternative zu vertraglichen Bindungen wird neuerdings in Deutschland versucht, die bisherigen Absatzstrukturen durch vertikale Zusammenschlüsse aufrecht zu erhalten. Dem ist das Bundeskartellamt durch Untersagungsverfügungen entgegengetreten. In einem Musterverfahren wurde die Untersagung des Zusammenschlusses des Versorgungsunternehmens E. ON mit den Stadtwerken Eschwege durch den Bundesgerichtshof aufrechterhalten.[83]

2. Landwirtschaftsrecht

Kartellrecht findet nach Art. 36 EG insoweit Anwendung, als der Rat dies unter Berücksichtigung der Ziele des Art. 33 EG bestimmt. Zu diesen Zielen gehören nicht nur Produktivität und Versorgungssicherheit, sondern vor allem auch die „Erhöhung der Pro-Kopf-Einkommen der in der Landwirtschaft tätigen Personen". Entsprechend hat der Rat zwar in Art. 1 VO 26/62[84] die Anwendbarkeit der Art. 81–86 EG vorgeschrieben, jedoch in Art. 2 derselben Verordnung die zur Verwirklichung der Ziele des Art. 33 EG notwendigen Vereinbarungen, Beschlüsse und Verhaltensweisen von der Anwendung von Art. 81 Abs. 1 EG freistellt. Im Ergebnis wird für die Produkte der ersten Verarbeitungsstufe die Anwendung des Kartellrechts durch **planwirtschaftliches Marktordnungsrecht** und ein **genossenschaftlich organisiertes „Recht der Kartelle"**[85] verdrängt.

Die europarechtliche Freistellung des Ausnahmebereichs ist auch bei der Anwendung mitgliedstaatlichen Kartellrechts zu beachten. **Deutschland** schreibt in § 28 GWB in der Fassung von 1999 – nur leicht abgeändert im Regierungsentwurf zur 7. GWB-Novelle – die weitgehende Nichtanwendbarkeit des Verbots wettbewerbsbeschränkender Vereinbarungen vor. Dieses Verbot und seine Einschränkung betreffen im Ergebnis aber ohnehin nur noch Vereinbarungen unterhalb der Zwischenstaatlichkeitsschwelle. Sowohl das europäische als auch das deutsche Recht zu marktbeherrschenden und marktstarken Unternehmen und zur Fusionskontrolle bleiben grundsätzlich anwendbar. Bei der Anwendung sind jedoch die eingeschränkten Wettbewerbsbedingungen zu beachten. So können gelegentlich selbst Zusammenschlüsse die durch Kooperationen geprägten Marktverhältnisse nicht weiter verschlechtern und sollten daher trotz Anwendbarkeit der Marktbeherr-

---

[82] Zweites Gesetz zur Neuregelung des Energiewirtschaftsrechts vom 7. Juli 2005, BGBl. 2005 I S. 1954; zu § 29 GWB s. oben Rn. 74.
[83] BGH, B. v. 11. 11. 2008, KVR 60/07 – *E.ON/Stadtwerke Eschwege*, WuW/E DE-R 2451.
[84] Verordnung (EWG) Nr. 26/62 des Rates zur Anwendung bestimmter Wettbewerbsregeln auf die Produktion landwirtschaftlicher Erzeugnisse und der Handel mit diesen Erzeugnissen v. 4. 4. 1962, ABl. 1962, 993, 1571.
[85] S. oben Rn. 3.

schungsvermutungen fusionskontrollrechtlich genehmigt werden.[86] Es ist zu hoffen, dass ein Abschluss der derzeitigen WTO-Verhandlungen der Doha-Runde zu mehr Wettbewerb auch im europäischen Agrarmarkt führen wird.[87]

3. Verkehrsrecht

126 Die Dichte und Leistungsfähigkeit des Personenbeförderung und Gütertransport dienenden Verkehrsnetzes sind maßgeblicher Bestandteil EU-weiter, nationaler und regionaler **Infrastruktur**. Aufbau und Unterhaltung dienen nicht nur der Abdeckung vorhandenen Bedarfs, sondern der Erschließung neuer Räume und der Herstellung von Verteilungsgerechtigkeit. Insbesondere letztere Ziele werden von den Renditeüberlegungen privater Investoren nicht erfasst. Ein gewisses Maß an staatlicher Infrastruktur vorzuhalten, ist aber auch aus Gründen der Versorgungssicherheit geboten. Im Verkehrssektor hat die Aufteilung zwischen staatlichen und privaten Aufgaben in den letzten 200 Jahren immer wieder geschwankt und auch immer wieder zu Land zu Land abweichenden Entwicklungen geführt. Der heutige Trend geht eindeutig dahin, die Staatsquote abzubauen und dem Wettbewerb insbesondere auch durch eine funktionale Aufteilung von Märkten, z.B. der Trennung von Netzeigentum und Netznutzung größeres Gewicht beizulegen.

127 Im **europäischen Recht** sind die für die die verschiedenen Verkehrssektoren geltenden materiellrechtlichen und verfahrensrechtlichen Sonderregeln aufgehoben oder der vom EuGH im *Nouvelles Frontières* Urteil[88] festgestellten grundsätzlichen Geltung der Art. 81 f. EG angepasst worden. Im **deutschen Recht** sind die Ausnahmebereiche mit der 5. und 6. GWB-Novelle ebenfalls aufgelöst. Zum Teil sind allerdings Sonderregeln in die Fachgesetze wie das Allgemeine Eisenbahngesetz verdrängt worden, und zum Teil ergeben sich Unterschiede bei der Kartellrechtsanwendung wie die Ersetzung des Wettbewerbs „im" Markt durch einen Wettbewerb „um" den Markt, z.B. durch periodische Neuvergabe von Konzessionen für bestimmte Nahverkehrsgebiete, zeigt.[89]

4. Presse- und Rundfunkrecht

128 Das Rundfunkrecht diente ursprünglich zwei Zielen, die sich gut miteinander verknüpfen ließen, und zwar der Zuteilung knapper Frequenzen und der bildungspolitischen Versorgung. Das erste Ziel ist auf Grund des geringeren Knappheitsgrads der über Kabel und Satellit erreichbaren Sender entfallen, und das zweite Ziel hat sich aufgefächert in einen nach wie vor erforderlichen Kern strafrechtlicher Kontrolle vor allem im Bereich des Jugendschutzes und ein diffuses Mandat zur Grundversorgung unter Sicherung von Freiheit durch Institutionalisierung **pluralistischer Strukturen.**

129 **Europäisches Kartellrecht** ist auf den Rundfunk grundsätzlich uneingeschränkt anwendbar. Gewisse Besonderheiten ergeben sich jedoch aus der Anwendungspraxis. So versucht offenbar die Kommission die in der Europäischen Rundfunkunion zusammengeschlossenen Sender durch Gestattung der Quersubventionierung mit Hilfe von der Grundversorgung zugerechneten Sport- und Eurovisionsprogrammen zu fördern.[90]

130 Im **deutschen Recht** wird einerseits der Anwendungsbereich des Kartellrechts durch Absenkung der fusionskontrollrechtlich relevanten Umsätze in § 38 Abs. 3 GWB auf 5% der Normalwerte zur oft unter Hinweis auf Art. 5 Abs. 1 Satz 2 GG begründeten Erhaltung der Meinungsvielfalt erweitert, andererseits wurde aber der Anwendungsbereich von

---

[86] Vgl. z.B. BKartA E. v. 24. 6. 2002, B2–31/02 – *Nordzucker/Union-Zucker.*
[87] *Wurzbacher*, Welthandelsrecht als Wettbewerbsordnung des Systemwettbewerbs, Exemplifiziert am Zulässigkeitsregime interner Agrarbeihilfen, 2008.
[88] EuGH, (Fn. 33).
[89] OLG Düsseldorf B. v. 22. 12. 2004 – *ÖPNV Hannover*, WuW/E DE-R 1397, 1401 f.
[90] Vgl. die vom EuG aufgehobenen Freistellungsentscheidungen der Kommission (Fn. 44).

F. Angrenzende Rechtsgebiete 131–134 **Einführung**

§ 1 GWB für die Vermarktung von Sportrechten nach der seit dem 1. Juli 2005 wieder aufgehobenen Vorschrift des § 31 GWB in der Fassung der 6. GWB-Novelle eingeschränkt. Aus weitergehenden Einschränkungsvorhaben der 7. GWB-Novelle hat nur § 30 GWB Gesetzeskraft erlangt. Danach ist die Preisbindung bei Zeitungen und Zeitschriften erleichtert. Dies gilt aber nur, soweit nicht Art. 81 EG infolge Erfüllung der Voraussetzungen der Zwischenstaatlichkeitsklausel das Ergebnis der Rechtsanwendung vorgibt.

II. Recht des unlauteren Wettbewerbs

Das Recht des unlauteren Wettbewerbs, das auch als Wettbewerbsrecht im engeren Sinne bezeichnet wird, ist nicht Teil des Kartellrechts, denn es dient nicht unmittelbar dem Schutz des Wettbewerbs, sondern nach § 3 UWG[91] dem Schutz der **„Mitwettbewerber"**, **„Verbraucher"** und **„sonstigen Marktteilnehmer"** gegen eine Benachteiligung durch „unlautere geschäftliche Handlungen". Den Wettbewerb schützt es als mögliche, aber nicht zwingende Folge. Die Lebhaftigkeit des Wettbewerbs dürfte durch die zur Angleichung an das Recht anderer EU-Mitgliedstaaten erfolgte Aufgabe einiger Verbotstatbestände des deutschen Rechts im Jahre 2004 keine Einbuße erlitten haben, zumal der Abbau von Behinderungen des grenzüberschreitenden Waren- und Dienstleistungsverkehrs zu einer Vergrößerung des räumlich relevanten Marktes – mit zusätzlichen ausländischen Wettbewerbern – beigetragen haben kann. Eine Beschränkung des Wettbewerbs als „prozesshaftes Geschehen"[92] braucht im Recht des unlauteren Wettbewerbs daher auch nicht nachgewiesen zu werden. 131

Wie im Kartellrecht stehen auch im Mittelpunkt des UWG einige **generell gefasste Verbotsnormen.** Das bereits erwähnte Verbot unlauterer Wettbewerbshandlungen wird in § 4 UWG durch eine nicht erschöpfende Aufzählung von Unlauterkeitstatbeständen konkretisiert. Nach § 5 UWG werden irreführende Werbung, nach § 6 UWG bestimmte Formen vergleichender Werbung und nach § 7 UWB unzumutbar belästigende Werbung als unlauter im Sinne von § 3 verboten. Die Rechtsfolgen sind privatrechtlicher und – bei bestimmten Tatbeständen – nebenstrafrechtlicher Natur. Dem primär individualschützenden Charakter des Gesetzes entsprechend ist ein Verwaltungsvollzug nicht vorgesehen. 132

Tatbestandliche Überschneidungen zum Kartellrecht ergeben sich insbesondere im Bereich der Missbrauchsaufsicht über marktbeherrschende und marktstarke Unternehmen (Art. 82 EG, §§ 19, 20 GWB). Auch Verletzungen des kartellrechtlichen Boykottverbots (§ 21 Abs. 1 GWB) stellen in der Regel unlautere Wettbewerbshandlungen im Sinne des UWG dar. Im Zivilprozess sind die kartellrechtlichen und die lauterkeitsrechtlichen Anspruchsgrundlagen kumulativ heranzuziehen. Kartellrecht verdrängt Lauterkeitsrecht jedoch insofern, als eine Benachteiligung durch Rechtsbruch im Sinne von § 4 Nr. 11 UWG duch Verletzung kartellrechtlicher Normen, die dazu bestimmt sind, im Interesse der Marktteilnehmer das Marktverhalten zu regeln, erfolgt ist, nicht zu kartellrechtlich nicht vorgesehenen lauterkeitsrechtlichen Ansprüchen führt.[93] Andernfalls würde die gezielte kartellrechtliche Beschränkung der zivilrechtlichen Folgen bestimmter Kartellrechtsverletzungen lauterkeitsrechtlich unterlaufen. 133

Am 30. Dezember 2008 ist eine weitere „grundlegende" Änderung des Gesetzes gegen den unlauteren Wettbewerb inkraft getreten.[94] Veranlasst wurde die Neuregelung durch die 134

---

[91] Gesetz gegen den unlauteren Wettbewerb, grundlegend geänderte Fassung v. 3. 7. 2004, BGBl. 2004 I 1414, erneut geändert durch Gesetz v. 22. 12. 2008, BGBl. 2008 I 2949.
[92] S. oben Rn. 7.
[93] BGH U. v. 7. 2. 2006, KZR 33/04 – *Probeabonnement*, WuW/E DE-R 1779.
[94] Erstes Gesetz zur Änderung des Gesetzes gegen den unlauteren Wettbewerb v. 22. 12. 2008, BGBl. I 2849, Entwurf der Bundesregierung v. 23. 5. 2008, BR Drs 345/08.

Einführung 135–138

EG-Richtlinie 2005/29/EG über unlautere Geschäftspraktiken vom 11. Mai 2005[95], deren Erlass am 3. Juli 2004 bei der Beschlussfassung über die vorangehende grundlegende Änderung auch für den deutschen Gesetzgeber erkennbar bevorstand. Der damit gebotenen EU-weiten Harmonisierung des Lauterkeitsrechts konnte sich Deutschland nicht entziehen, auch wenn die immer wieder beschworenen Gefahren einer lauterkeitsrechtlichen Vielfalt für den Handel zwischen den Mitgliedsstaaten, wenn man etwa den intensiven Handel mit der Schweiz zum Vergleich heranzieht, nicht sehr plausibel erscheinen.

III. Gewerblicher Rechtsschutz und Urheberrecht

135   Geistiges Eigentum schafft Besitzstände. Nationale Regeln verleihen unter anderem Patent- und Markeninhabern und Urhebern **absolute Rechte,** deren Geltungsbereich jedoch zunächst auf das Gebiet des verleihenden Staates beschränkt ist. Völkerrechtliche Verträge erstrecken den Schutz auf andere Staaten. Im Markenrecht ist die EG durch das Angebot, im Gebiet ihrer 27 Mitgliedstaaten eine Gemeinschaftsmarke zu verleihen, wie ein einzelner Staat tätig geworden.[96]

136   Die Wirkungen des Schutzes geistigen Eigentums auf den Wettbewerb sind **ambivalent.** Einerseits werden unangreifbare Machtpositionen geschaffen, die imitativen Wettbewerb und – bei zu weitgehendem Schutz an Weichenstellungen der technischen Entwicklung – sogar innovativen Wettbewerb behindern können. Andererseits ginge im Rahmen eines dynamischen Wettbewerbsverständnisses[97] der Anreiz zur Schaffung geistigen Eigentums verloren, wenn der Inhaber nicht hoffen könnte, für neue Produkte, Marken oder Werke nicht nur die Entwicklungskosten wiederzuerlangen, sondern über sie hinaus einen das Entwicklungs- und Vermarktungsrisiko rechtfertigenden Gewinn zu erzielen. Aus europarechtlicher Sicht ist außerdem zu beachten, dass die territoriale Gewährung von Rechten auf geistiges Eigentum nicht zu einer unverhältnismäßigen Behinderung des grenzüberschreitenden Waren- und Dienstleistungsverkehrs unter den Mitgliedstaaten führen darf, auch wenn Europarecht nach Art. 295 EG die auch geistiges Eigentum umfassende **Eigentumsordnung in den Mitgliedstaaten** unberührt lässt.

137   Nicht zuletzt die Garantie der mitgliedstaatlichen Eigentumsordnung hat im Europarecht zu einer Unterscheidung zwischen Gewährleistung von Bestand und Ausübung von Rechten auf geistiges Eigentum geführt, und zwar nicht nur im Hinblick auf die Grenzziehung nach Art. 28, 30 EG, sondern auch im Hinblick auf die Frage, ob der Tatbestand einer Wettbewerbsbeschränkung im Sinne von Art. 81 Abs. 1 EG vorliegt. Der Übergang von der Freistellungsmöglichkeit zur Legalausnahme würde inzwischen erlauben, die Abgrenzung stärker an den Effizienzkriterien von Art. 81 Abs. 3 EG, insbesondere an dem Umfang der Verbraucherbeteiligung an den Effizienzgewinnen, zu orientieren. Man wird hierzu die weitere Anwendungspraxis abwarten müssen. Allerdings dürfte im juristischen Alltag das Hauptaugenmerk auch in der Zeit nach dem 1. Mai 2004 auf der Anwendung der einschlägigen **Gruppenfreistellungsverordnungen** liegen.

138   Von besonderer Bedeutung ist die Schnittstelle zwischen Kartellrecht und geistigem Eigentum bei der Anwendung von **Art. 82 EG** auf die Frage, ob die durch geistiges Eigentum gesicherte Monopolstellung in einem vorgelagerten Markt dazu berechtigt, den **Zugang zu einem nachgelagerten Markt** zu monopolisieren.[98] Zur Förderung und

---

[95] Richtlinie 2005/29/EG v. 11. 5. 2005, ABl. 2005 L 149/22.
[96] Verordnung (EG) Nr. 40/94 des Rates vom 20. 12. 1993 über die Gemeinschaftsmarke, ABl. 1994 L 11/1.
[97] S. oben Rn. 10.
[98] EuGH U. v. 6. 4. 1995 Verb. Rs. C-241/91 P und C-242/91 P – *RTE/Komm. (Magill)* Slg. 1995, I-743; U. v. 29. 4. 2004 Rs. C-418/01 – *IMS Health/NDC Health,* WuW/E EU-R 804; U. v. 17. 9. 2007, Rs. T-201/04 – *Microsoft/Kommission,* WuW/E EU-R 1307; *Bartmann,* Grenzen der Monopolisierung durch Urheberrechte am Beispiel von Datenbanken und Computerprogrammen, 2005.

Erhaltung dynamischen Wettbewerbs bedürfen die notwendigen Anreize zur Innovation ständiger wirtschaftswissenschaftlicher Überprüfung.[99]

IV. Subventionsrecht

Subventionen oder Beihilfen sind aus öffentlichen Mitteln an Unternehmen ohne Gegenleistung gewährte Zuwendungen. Unternehmen, die Zuwendungen erhalten, können ihre Produkte auf dem Markt billiger anbieten als Unternehmen, die keine Zuwendungen erhalten. Ungleichmäßig vergebene Subventionen wirken daher **wettbewerbsverzerrend**. Wenn ein EU-Mitgliedsstaat Subventionen gewährt, kann nicht erwartet werden, dass diese Subventionen auch an Wettbewerber aus anderen Mitgliedstaaten oder aus Drittstaaten gewährt werden. In diesen Fällen treten in aller Regel Wettbewerbsverzerrungen und Beeinträchtigungen des zwischenstaatlichen Handels auf. Innerhalb der Europäischen Union unterliegen diese Subventionen einer strengen Kontrolle anhand materiellrechtlicher Standards, die in Art. 87 EG niedergelegt sind, nach Maßgabe eines Anmeldeverfahrens, dessen Grundzüge in Art. 88 EG geregelt sind. Darüber hinaus können Regeln des völkerrechtlichen Vertragsrechts, insbesondere im Rahmen der WTO-Abkommen, verletzt sein. Schließlich können in Deutschland wettbewerbsverzerrende Subventionen die grundrechtlich geschützte Wettbewerbsfreiheit verletzen.

Weitgehend ergänzen Subventionsrecht und Kartellrecht einander.[100] Zu Überschneidungen und Konflikten kann es kommen, wenn Entscheidungen über Subventionen mit **kartellrechtsrelevanten Auflagen,** z.B. Privatisierungsauflagen, verbunden werden. Die subventionsrechtlichen und die kartellrechtlichen Aspekte sind getrennt zu würdigen. So darf die Errichtung eines Gemeinschaftsunternehmens nicht etwa deswegen genehmigt werden, weil eine zulässige Subventionszusage vorliegt. In der Kommission ist die Generaldirektion Wettbewerb sowohl für den Vollzug von Kartellrecht als auch für die Aufsicht über die Vergabe von Subventionen durch die Mitgliedstaaten zuständig. Eine Vermischung von Beurteilungskriterien ist nicht auszuschließen.

V. Welthandelsrecht

Die Liberalisierung des Welthandels dient der Öffnung nationaler Märkte und im Falle der EG der Öffnung des europäischen Binnenmarkts. Die hierdurch bewirkte **Erweiterung des räumlich relevanten Marktes** erleichtert Unternehmen aus Drittstaaten den Marktzugang und trägt damit zur Verschärfung des Wettbewerbs innerhalb der Europäischen Union bei.

Nach Art. 131 f. EG haben die EU-Mitgliedstaaten die Zuständigkeit zur Regelung des Welthandels mit Drittstaaten der Europäischen Gemeinschaft zur ausschließlichen Wahrnehmung übertragen. Die EG und ihre Mitgliedstaaten, deren Zustimmung wegen einiger nicht der Aushandelskompetenz unterfallender Gegenstände erforderlich war, sind Mitgliedstaaten der **WTO** (Welthandelsorganisation) und zugleich der im Rahmen der WTO abgeschlossenen multilateralen und auch plurilateralen, d.h. nicht von allen WTO-Mitgliedern akzeptierten, Abkommen wie dem Government Procurement Agreement.[101]

Das Recht der multilateralen und plurilateralen WTO-Abkommen bindet die EG völkerrechtlich. Soweit Auslegungsspielräume bestehen, sind Europarecht und deutsches

---

[99] *Schweizer* (Hrsg.), The Generation and Distribution of Knowledge, JITE 160 (2004) I-186; *Obender* (Hrsg.), Wettbewerb und geistiges Eigentum, 2007.
[100] *Mestmäcker/Schweitzer*, Europäisches Wettbewerbsrecht, 2004, S. 1049 f.
[101] ABl. 1994 L 336/273; *Arrowsmith,* Government Procurement in the WTO, 2003; zu einer „rechtsebenen übergreifenden Analyse des Vergaberechts" s. *Bungenberg*, Vergaberecht im Wettbewerb der Systeme, 2007.

Recht zwar WTO-konform auszulegen, die WTO-Abkommen sind jedoch nach zutreffender Auffassung des EuGH **nicht unmittelbar anwendbar.**[102] Verletzungen des WTO-Rechts können daher nicht von Unternehmen in Verfahren vor den europäischen Gerichten oder den Gerichten der Mitgliedstaaten geltend gemacht werden. Die Geltendmachung von Rechtsverletzungen ist der EG und den übrigen Mitgliedstaaten der WTO in einem völkerrechtlichen Streitbeilegungsverfahren, das einen erheblichen Effektivitätsgrad aufweist, überlassen.

144 Das WTO-Recht umfasst auch das **Antidumpingrecht.** Fälle von Dumping können nach der Antidumping-Grundverordnung nicht im Rahmen der WTO-Abkommen verfolgt werden. Sie können zugleich Fälle von Kampfpreisunterbietung darstellen, die als Missbrauch von marktbeherrschenden Stellungen dem Missbrauchsverbot von Art. 82 EG und/oder § 19 GWB unterliegen.[103]

---

[102] *Bungenberg* (Fn. 100), S. 108–116.
[103] *Meessen,* Economic Law in Globalizing Markets, 2004, S. 103 f.

Europäisches Recht

1. Teil. Internationales Kartellrecht der Europäischen Union

Übersicht

	Rn.		Rn.
A. Terminologie	1	III. Kartellbehördliche Zusammenarbeit	56
B. Quellen des internationalen Kartellrechts der Europäischen Union	4	1. Inländischer Ermittlungszweck	60
I. Europarecht	5	2. Geschäfts- und Betriebsgeheimnis	61
II. Völkerrecht	9	D. Anwendungsbereich	62
C. Geltungsbereich	15	I. Art. 81 Abs. 1 EG	68
I. Gebiet der Geltung kartellrechtlicher Hoheitsakte	17	1. Export in die Europäische Union	73
1. Unmittelbare Geltung in der EU 27	18	2. Export in Drittstaaten	74
2. Parallelrecht mit koordiniertem Vollzug im EWR	20	II. Art. 82 EG	75
a) Überblick	20	III. Fusionskontrolle	78
b) Praktische Bedeutung	21	1. Untersagung	80
c) Hintergrund	22	2. Anmeldepflicht	86
d) Materielles Kartellrecht	23	E. Rücksichtnahme auf Drittstaaten	92
e) Materielles Fusionskontrollrecht	24	I. Staatenpraxis	94
f) Zuständigkeitsabgrenzung	25	II. Einmischungsverbot oder Rücksichtnahmegebot	97
g) Verfahren	26	III. Grad der Anerkennung	100
3. Kartellrechtliche Verpflichtungen von Drittstaaten	27	1. US-amerikanische Rechtsprechung	105
a) Kartellrechtliche Staatenverpflichtungen	30	2. Deutsche Rechtsprechung	106
b) Bilaterale Verträge der EU	36	3. Europäische Rechtsprechung	107
c) Multilaterale Verträge mit EU-Beteiligung	40	IV. Kommissionspraxis	108
II. Ort der Vornahme kartellverfahrensrechtlicher Hoheitsakte	46	1. Verfahrensrecht	109
1. Zustellung	47	2. Verhaltenskontrolle	111
2. Ermittlungen	51	3. Fusionskontrolle	113
a) Völkerrechtswidrig	52	V. Verhältnis zu anderen Rechtsgrundsätzen	115
b) Völkerrechtlich zulässig	53	F. Europarechtlicher Grundrechtsschutz in drittstaatsbezogenen Sachverhalten	117
c) Einzelfallentscheidung	54	G. Internationalprivatrechtliche Anwendbarkeit	122
3. Vollstreckungsakte	55	I. Europäisches Kartellrecht als zwingendes Recht	128
		II. Internationales Privatrecht der Europäischen Union	132
		III. Gerichte der EU und ihrer Mitgliedstaaten	138
		IV. Gerichte von Drittstaaten	140
		V. Schiedsgerichte	143

Schrifttum: *Bleckmann,* Self-Executing Treaty Provisions, in: Bernhardt (Hrsg.), Encyclopedia of Public International Law, Bd. 4, 2000, S. 374 f.; *Bremer,* Treuhandverwaltung und Jurisdiktionsbefugnis, 1998; *Deville,* Die Konkretisierung des Abwägungsgebots im internationalen Kartellrecht, 1990; *Friess,* Die internationale Zusammenarbeit der EU und der USA – Austausch von Informationen, in: Konvergenz der Wettbewerbsrechte, 2002, S. 69; *Gerber,* The Extraterritorial Application of the German Antitrust Laws, AJIL 77 (1983) 756; *Griffin,* Foreign Governmental Reactions to U.S. Assertions of Extraterritorial Jurisdiction, George Mason L. Rev. 6 (1988) 505; *Immenga,* Zur extraterritorialen Anwendung der europäischen Fusionskontrolle, in: FS Zäch, 1999, S. 347; *Immenga,* Kodifizierung des internationalen Wettbewerbsrechts im Gemeinschaftsrecht, WuW 2008, 1043; *Juenger,* The „Extraterritorial" Application of American Antitrust Law and the New Foreign Relations Law Restatement, WuW 1990, 602; *Kaffanke,* Nationales Wirtschaftsrecht und internationale Wirtschaftsordnung, 1990; *Kather,* Der Kodex der Vereinten Nationen über wettbewerbsbeschränkende Geschäftspraktiken, 1986; *Kramp,* Die Begründung und Ausübung staatlicher Zuständigkeit für das Verbot länderübergreifender Fusionen nach geltendem Völkerrecht, 1993; *Laufkötter,* Parteiautonomie im Internationalen Wettbewerbs- und Kartellrecht, 2001; *Mann,* Staatliche Aufklärungsansprüche und Völkerrecht, 1983; *Martinek,* Das internationale Kartellprivatrecht, 1987; *Meessen,* Der räumliche Anwendungsbereich des EWG-Kartellrechts und das allgemeine Völkerrecht, EuR 8 (1973) 18; *Meessen,* Völkerrechtliche Grundsätze des internationalen Kartellrechts, 1975; *Meessen,* The Application of Rules of Public International Law Within Community Law, Common Market Law Review 13 (1976) 485; *Meessen,* Kollisionsrecht der Zusammenschlußkontrolle, 1984; *Meessen,* Antitrust Jurisdiction Under Customary International Law, AJIL 78 (1984) 783; *Meessen, Competition of Competition Laws, Nw. J Int'l L. & Business 10 (1989) 17; Meessen,* Das Für und Wider eines Weltkartellrechts, WuW 50 (2000) 5; *Meessen,* Völkerrechtliche Pflicht zur Beachtung ausländischen Kartellrechts bei der gerichtlichen Durchsetzung privatvertraglicher Ansprüche, FS Folz, 2003, S. 231; *Meessen,* Economic Law in Globalizing Markets, 2004; *Meessen,* Wirtschaftsrecht im Wettbewerb der Systeme, *2005; Meessen,* Streitigkeiten über Auslandsinvestitionen vor völkervertraglichen Schiedsgerichten, Liber amicorum Riesenkampff, 2006, 93; *Meessen,* ICN Accompanied Convergence, Instead of WTO Imposed Harmonization of Competition Laws, in: Hohmann, Agreeing and Implementing the Doha Round of the WTO, 2008, S. 485; *Meng,* Extraterritoriale Jurisdiktion im öffentlichen Wirtschaftsrecht, 1993; *Meng,* Extraterritoriale Anwendung des EU-Rechts, in: v. d. Groeben/Thiesing/Ehlermann, Kommentar zum EU/EG-Vertrag, 5. Aufl., 1997, Bd. 5, S. 1207; *Möschel,* Wettbewerb der Wettbewerbsordnungen, WuW 55 (2005) 599; *Mozet,* Internationale Zusammenarbeit der Kartellbehörden, 1991; *Nerep,* Extraterritorial Control of Competition under International Law,1983, Bd. 2; *Pearce,* The Comity Doctrine as a Barrier to Judicial Jurisdiction, Stanford Journal of International Law 30 (1994) 525; *Rehbinder,* Kommentierung zu § 130 GWB, in: Immenga/Mestmäcker, Kommentar zum Deutschen Kartellrecht, 4. Aufl., 2007; *Romano,* La fusion Boeing/MDD et l'accord conclu entre L'UE et les USA sur l'application de leur lois antitrust, Revue de droit des affaires internationales 1998, 347; *Schäfer,* Internationaler Anwendungsbereich der präventiven Fusionskontrolle im deutschen und europäischen Recht, 1996; *Schnyder,* Wirtschaftskollisionsrecht, Zürich 1990; *Turner,* Die Lösung von Zuständigkeitskonflikten bei der Anwendung nationaler Wettbewerbsvorschriften, WuW 32 (1982) 5; *Veelken,* Interessenabwägung im Wirtschaftskollisionsrecht, 1988; *Weitbrecht,* Völkerrecht und Kollisionsrecht in der deutschen Fusionskontrolle, in: FS Birk, 2008, 977; *Wiedemann,* Drittstaaten-Zusammenschlüsse und EG-Fusionskontrollverordnung, in: FS Lieberknecht, 1999, S. 625; *Wiedemann,* Extraterritoriale Anwendung der Wettbewerbsregeln, in: Wiedemann (Hrsg.), Handbuch des Kartellrechts, 1999, S. 61.

A. Terminologie

1   Im europarechtlichen Teil dieses Kommentars wird das **internationale Kartellrecht der Europäischen Union** behandelt. Hierunter ist das europarechtlich anwendbare internationale Kartellrecht zu verstehen. Das nach deutschem Recht anwendbare internationale Kartellrecht ist in § 130 Abs. 2 GWB niedergelegt und wird daher auch dort kommentiert. Unter europarechtlich anwendbarem internationalem Kartellrecht werden diejenigen Regeln des internationalen Kartellrechts verstanden, die sich entweder aus primärem oder sekundärem Europarecht ergeben oder deren Anwendung europarechtlich vorgeschrieben ist. Letzteres gilt für alle Regeln des **allgemeinen Völkerrechts,** also insbesondere für das Völkergewohnheitsrecht, sowie für die die Europäische Gemeinschaft bindenden **völkerrechtlichen Verträge** und Verwaltungsabkommen.

2   Das internationale Kartellrecht der Europäischen Union umfasst nicht nur die für die Anwendung des Kartellrechts relevanten Normen, die sich aus völkerrechtlichen Rechtsquellen (insbesondere **Völkergewohnheitsrecht** und **Völkervertragsrecht**) ergeben, sondern auch die europarechtlichen Normen, die die Anwendung europäischen Kartellrechts in **drittstaatsbezogenen Sachverhalten** regeln. Drittstaatsbezogene Sachverhalte sind die nach europäischem Kartellrecht relevanten Sachverhalte, in denen die Staatsangehörigkeit oder Staatszugehörigkeit beteiligter Unternehmen, der Ort oder die Wirkung kartellrechtlich vorwerfbaren Verhaltens oder die zivil- oder verwaltungsrechtliche Durchsetzung von Kartellrecht einen Bezug zu Drittstaaten, also Staaten, die nicht Mitgliedstaaten der Europäischen Union sind, aufweisen. Außerdem kann sich ein Drittstaatsbezug aus

dem Recht ergeben, das nach dem am Ort des Gerichtsverfahrens anwendbaren internationalen Privatrecht (IPR der lex fori) oder aus dem in einem schiedsgerichtlichen Verfahren anwendbaren internationalen Privatrecht (IPR der lex arbitri) anwendbar ist.

Mit dieser weiten Definition seines Gegenstandes tritt der Abschnitt Internationales Kartellrecht der Europäischen Union an die Stelle des 8. Teils **(Drittstaatsverträge),** der von *Carl Baudenbacher* bearbeitet worden war, und an die Stelle des 9. Teils **(Drittstaatsbezogene Sachverhalte),** den der Verfasser bearbeitet hat, von Band 1 (Europäisches Recht) der ersten Auflage dieses Kommentars (S. 1387 ff., 1471 ff.). Nachdem die zahlreichen sogenannten Europaabkommen durch den Beitritt mittel- und osteuropäischer Staaten zur Europäischen Union ausgelaufen waren, schien die Weiterführung eines getrennten Abschnitts „Drittstaatsverträge" wenig sinnvoll. Die Bearbeitung dieses Abschnitts in der Vorauflage durch den Präsidenten des EFTA-Gerichtshofs wird allerdings wegen der ausführlichen Kommentierung des mit Island, Liechtenstein und Norwegen abgeschlossenen EWR-Abkommens in Fällen, die enge Bezüge zu diesen drei Staaten aufweisen, eine eigenständige Bedeutung behalten.

B. Quellen des internationalen Kartellrechts der Europäischen Union

Im internationalen Kartellrecht sind wie auch sonst im Wirtschaftsrecht und vermutlich darüber hinaus nach einem **Mehrebenenansatz** Normen aller Rechtsquellenebenen anzuwenden, die eine Aussage zu dem jeweiligen Problem enthalten.[1] Es wäre demgemäß verfehlt, die nachfolgend erörterten Rechtsquellen – geschriebenes primäres und sekundäres Europarecht, europäische Grundrechte und geschriebenes und ungeschriebenes Völkerrecht – getrennt von einander auszulegen und anzuwenden.

I. Europarecht

Anders als im deutschen Recht sind die internationalkartellrechtlichen Aussagen des europäischen Rechts nicht in einer gesonderten Kollisionsnorm wie § 130 Abs. 2 GWB, sondern in einzelnen **Tatbestandsmerkmalen der kartellrechtlichen Normen** des materiellen Rechts mitenthalten, wie folgender Überblick zeigt:[2]

Art. 81 EG ist internationalkartellrechtlich bereits anwendbar, wenn eine Wettbewerbsbeschränkung „innerhalb des Gemeinsamen Marktes" bezweckt oder bewirkt wird.[3] Die Anwendbarkeit von Art. 81 EG ist nicht nach dem Ort des wettbewerbsbeschränkenden Handelns und auch nicht nach der Staatsangehörigkeit oder Staatszugehörigkeit der handelnden Person eingeschränkt. In gleicher Weise ist die Anwendbarkeit von **Art. 82 EG** an das Bestehen einer „beherrschenden Stellung auf dem Gemeinsamen Markt oder auf einen wesentlichen Teil desselben" geknüpft. Unerheblich ist, von welchem Staat aus die beherrschende Stellung, die ja auch durch bloßen Export von Waren oder Dienstleistungen in den Gemeinsamen Markt erlangt werden kann, ausgeübt wird. Ebenso wenig relevant ist, an welchem Ort die missbräuchliche Ausnutzung einer derartigen Stellung stattfindet. Daneben kommt dem Merkmal der Beeinträchtigung des zwischenstaatlichen Handels sowohl in Art. 81 Abs. 1 als auch in Art. 82 EG nicht nur eine die Anwendbarkeit des europäischen Kartellrechts gegenüber dem Kartellrecht der Mitgliedstaaten abgrenzende Funktion zu. Vielmehr schließt das Fehlen einer Beeinträchtigung des zwischenstaatlichen Handels zugleich die Anwendbarkeit des europäischen Rechts in Drittstaatssachverhalten aus.

---

[1] Zum Mehrebenenansatz *Meessen,* Wirtschaftsrecht im Wettbewerb der Systeme, 2005, S. 15 f.
[2] Näheres unten Rn. 68–91.
[3] Näheres hierzu und zum Folgenden bei der Darstellung des Wirkungsprinzips unten Rn. 72 f., 81, 86.

7 Die Anwendbarkeit der **Fusionskontrollverordnung** schließlich knüpft nach ihrem Art. 1 Abs. 1 an das Vorliegen eines „Zusammenschlusses von gemeinschaftsweiter Bedeutung" an. Dieser Begriff wird unter anderem durch innerhalb der Gemeinschaft erzielte Umsätze nach Art. 1 Abs. 2 und 3 FKVO ausgefüllt. Die Anwendbarkeit des europäischen Fusionskontrollrechts kann auch durch Verweisung durch einen oder mehrere von dem Zusammenschluss betroffene Mitgliedstaaten begründet werden (Art. 4 Abs. 4 und 5, 22 Abs. 1 FKVO).

8 Selbstverständlich sind jeweils sämtliche Normen des europäischen Rechts, also auch die **europäischen Grundrechte,** die als allgemeine Rechtsgrundsätze im Sinne von Art. 288 Abs 2 EG von der Rechtsprechung vor allem in Anlehnung an die von den Mitgliedstaaten ratifizierten Menschenrechtskonventionen entwickelt wurden, anzuwenden. In drittstaatsbezogenen Sachverhalten sind die Justizgewährleistungen vor allem von Art. 6 der Europäischen Menschenrechtskonvention und die in Art. 1 des (ersten) Zusatzprotokolls enthaltene Eigentumsgarantie von besonderer Bedeutung. Bei der Anwendung der materiellrechtlichen Grundrechte kommt im europäischen Recht wie auch im deutschen Recht dem **Grundsatz der Verhältnismäßigkeit** eine besondere Bedeutung zu.

II. Völkerrecht

9 Wie bereits erwähnt, ist Völkerrecht im Rahmen des internationalen Kartellrechts der Europäischen Union anwendbar. Die **Anwendbarkeit des allgemeinen Völkerrechts** ist in der Praxis europäischer Behörden und Gerichte anerkannt. Zum **Rangverhältnis** zwischen den allgemeinen Regeln des Völkerrechts und primärem und sekundärem Europarecht wird im folgenden von einem Vorrang des allgemeinen Völkerrechts ausgegangen.[4] Den Vertragsstaaten der europäischen Verträge kann nicht unterstellt werden, gegen allgemeines Völkerrecht verstoßende Regeln vereinbart zu haben. Auch haben sie die Organe der Europäischen Union nicht zur Verletzung des allgemeinen Völkerrechts durch den Erlass von sekundärem Europarecht ermächtigt. Die völkerrechtliche Verbindlichkeit von **Abkommen der Europäischen Gemeinschaft mit Drittstaaten** ergibt sich aus Art. 300 Abs. 7 EG. Inwieweit Normen derartiger Verträge lediglich die Europäische Gemeinschaft als Völkerrechtssubjekt binden oder vor den Behörden und Gerichten der Europäischen Gemeinschaft unmittelbar anwendbar sind, ist durch Auslegung der jeweiligen Regelung zu ermitteln.[5]

10 Demgemäß können **völkerrechtliche Verträge,** die Geltung und Anwendung europarechtlicher Kartellrechtsnormen beschränken oder erweitern. Von spezifischer Bedeutung für das Kartellrecht sind die völkergewohnheitsrechtlichen Grundsätze der **Territorialität des Geltungsbereichs** staatlicher Hoheitsakte, der Grundsatz der **sinnvollen Anknüpfung** für die Anwendbarkeit staatlicher Hoheitsakte und schließlich das im bilateralen Verhältnis dem Schutz souveräner Gleichheit dienende **Einmischungsverbot** oder Abwägungsgebot. Die folgende Darstellung konzentriert sich auf Hinweise auf kartellrechtlich relevante Normen, die in völkerrechtlichen Verträgen der Gemeinschaft enthalten sind, sowie auf die Auslegung und Anwendung der drei genannten völkergewohnheitsrechtlichen Grundsätze, deren Gegenstand sich wie folgt umreißen lässt:

11 (1) **Geltungsbereich** ist der Bereich formaler Geltung. Das ist der Bereich, innerhalb dessen Behörden und Gerichte Hoheitsakte eines bestimmten Staates oder einer supranationalen Organisation (Rechtssätze, Vollzugsakte und Gerichtsentscheidungen) zu be-

---

[4] So bereits *Meessen,* Der räumliche Anwendungsbereich des EWG-Kartellrechts und das allgemeine Völkerrecht, EuR 8 (1973) 18, 34 f.

[5] *Meessen,* The Application of Rules of Public International Law Within Community Law, Common Market Law Review 13 (1976) 485; grundsätzlich *Bleckmann,* Self-Executing Treaty Provisions, in: Bernhardt (Hrsg.), Encyclopedia of Public International Law, Bd. 4, 2000, S. 374 f.

achten haben. Nach allgemeinem Völkerrecht ist der Geltungsbereich von Hoheitsakten streng territorial begrenzt. Dies bedeutet, dass die Vornahme von Hoheitsakten im Ausland oder – aus der Sicht des europäischen Rechts – in Drittstaaten außer bei Einwilligung des jeweils betroffenen Staats verboten ist (unten unter C.).

(2) Unter **Anwendungsbereich** ist der Bereich der Sachverhalte zu verstehen, auf den sich staatliche Hoheitsakte beziehen können. Die völkerrechtlichen Grenzen des Anwendungsbereichs kartellrechtlicher Hoheitsakte sind nach dem Wirkungsprinzip weit gezogen und werden daher selten relevant. Relevant werden in der Regel nur diejenigen kollisionsrechtlichen Grenzen, die sich das europäische Kartellrecht „autonom" gesetzt hat (unten unter D.). 12

(3) Das **Einmischungsverbot** oder Gebot der Rücksichtnahme auf andere Staaten zielt auf den Einzelfall. Es ist beim Erlass kartellrechtlicher Hoheitsakte auch oder gerade dann zu beachten, wenn die durch die Territorialität des Geltungsbereichs und die nach dem Wirkungsprinzip zu bestimmenden weiten Grenzen des Anwendungsbereichs gewahrt sind (unten unter E.). 13

Über die **internationalprivatrechtliche Anwendbarkeit** des europäischen Kartellrechts ist nach dem internationalen Privatrecht, das jeweils als Recht des Gerichts oder Schiedsgerichts anwendbar ist, zu entscheiden. Die unter (1) bis (3) erwähnten völkerrechtlichen Grundsätze sind in diesem Zusammenhang allenfalls am Rande von Bedeutung. Von Bedeutung ist allerdings der Standpunkt der Europäischen Union, die auf einer Beachtung des nach EG-Recht anwendbaren europäischen Kartellrechts besteht (unten unter G.). Vorgeschaltet ist noch ein Abschnitt über Ansätze zur Herausbildung eines **europäischen Grundrechtsschutzes in drittstaatsbezogenen Sachverhalten** (unten unter F.). 14

C. Geltungsbereich

Der völkerrechtliche Grundsatz der **Territorialität des Geltungsbereichs** staatlicher Hoheitsakte war in einem obiter dictum des Ständigen Internationalen Gerichtshofs im Urteil zum Lotus-Fall aus dem Jahre 1927 anerkannt worden.[6] Der Grundsatz entspricht der Realität der tatsächlichen Machtverhältnisse.[7] Staatliche Behörden und Gerichte werden im Ausland nur mit Zustimmung des jeweiligen Staates tätig. Die gelegentliche Verletzung des Grundsatzes in Spionagefällen wird als solche sanktioniert (z.B. durch Ausweisung der Spione) oder geheilt durch nachträgliche – stillschweigende oder ausdrückliche – Genehmigung des Staates, dessen Territorialhoheit verletzt wurde. In beiden Varianten bestätigt diese Staatenpraxis die völkergewohnheitsrechtliche Geltung des Grundsatzes. 15

Im internationalen Kartellrecht der Europäischen Union gilt es, 16
– das **Gebiet der Geltung** des europäischen Kartellrechts und die Bemühungen der Europäischen Union um die Rezeption europäischen Kartellrechts in Drittstaaten zu umschreiben (unten unter I.),
– die **Anwendung** des Grundsatzes der Territorialität des Geltungsbereichs **auf kartellrechtliche Verfahrensakte** darzustellen (unten unter II.) und
– einen Überblick über die von der EG mit Drittstaaten – in Anerkennung des Territorialitätsprinzips – vereinbarte **Zusammenarbeit in Kartellsachen** zu geben (unten unter III.).

---

[6] The Case of the „S.S. Lotus", France v. Turkey, Permanent Court of International Justice, U. v. 7. 9. 1927, P.C.I.J. Rep., Series A, No. 10, S. 18.
[7] *Meessen*, Völkerrechtliche Grundsätze des internationalen Kartellrechts, 1975, S. 15 f.

I. Gebiet der Geltung kartellrechtlicher Hoheitsakte

17 Im Sinne des völkerrechtlichen Grundsatzes der Territorialität des Geltungsbereichs ist die Geltung kartellrechtlicher Hoheitsakte der Europäischen Union auf das **Gebiet der Europäischen Union** beschränkt, d. h. nur innerhalb dieses Gebietes können Organe der Europäischen Union rechtsetzende, vollziehende und rechtsprechende Hoheitsakte mit unmittelbarer Wirkung erlassen (unten unter 1.). In den Zusammenhang des Grundsatzes der Territorialität des Geltungsbereichs gehört jedoch auch, dass die Europäische Union im Abkommen über den **Europäischen Wirtschaftsraum** vom 17. März 1993 mit drei der vier verbliebenen Mitgliedstaaten der EFTA (Island, Liechtenstein und Norwegen) den Erlass von inhaltlich identischem Parallelrecht einschließlich seines koordinierten Vollzugs vereinbart hat (unten unter 2.). Ferner ist zu beachten, dass die Europäische Union teils zur Vorbereitung engerer institutioneller Beziehungen, teils zur Verbreitung ihrer wettbewerbspolitischen Grundeinstellung völkervertragliche Vereinbarungen mit **Drittstaaten** über den Erlass und Vollzug kartellrechtlicher Normen getroffen hat (unten unter 3.).

1. Unmittelbare Geltung in der EU 27

18 Das **Gebiet der Europäischen Union** umfasst seit dem 1. Januar 2007 27 Mitgliedstaaten **(EU 27)**. Dies ergibt sich aus Art. 299 EG in der durch den Beitrittsvertrag mit Bulgarien und Rumänien geänderten Fassung. In Art. 299 EG sind nicht nur die derzeitigen Mitgliedstaaten aufgezählt, vielmehr ist zusätzlich festgelegt, inwieweit die Umschreibung des Staatsgebiets in der Verfassung des jeweiligen Mitgliedstaats hinsichtlich überseeischer Gebiete und Territorien mit Sonderstatus zugleich für die Abgrenzung des Geltungsbereichs des EG-Vertrags maßgeblich ist. Zu diesem Zweck verweist Art. 299 EG an einigen Stellen auf die Beitrittsverträge der jeweiligen Mitgliedstaaten. Künftige Beitrittsverträge werden weitere kartellrechtsrelevante Änderungen von Art. 299 EG oder von entsprechenden Vorschriften des Lissabonner Vertrags vorsehen.

19 Die stufenweise Erweiterung der nach dem Pariser Vertrag vom 18. April 1951 und nach den Römischen Verträgen vom 25. März 1957 zunächst nur sechs Mitgliedstaaten (Deutschland, Frankreich, Italien und die Beneluxstaaten) umfassenden Europäischen Gemeinschaften zur heutigen EU 27, hat **rechtstechnisch** eine erhebliche Vergrößerung des territorialen Geltungsbereichs der – inhaltlich unverändert fortgeltenden – Vorschriften des materiellen Kartellrechts in den heutigen Art. 81 und 82 EG mit sich gebracht. **Wettbewerbspolitisch** war insbesondere die Erstreckung der Geltung des europäischen Kartellrechts auf das Gebiet der bis zum Beginn der 90er Jahre der sozialistischen Staatengruppe zugehörenden Staaten Mittel- und Osteuropas einschließlich der ehemaligen Deutschen Demokratischen Republik von Bedeutung. **Internationalkartellrechtlich** sind zugleich zahlreiche Konfliktmöglichkeiten dadurch entfallen, dass bei grenzüberschreitenden Sachverhalten in aller Regel europäisches Kartellrecht ausschließlich oder zumindest vorrangig zur Anwendung kommt. Aufgrund der eigenen positiven Erfahrungen ist verständlich, dass die Europäische Union die weitere Ausbreitung ihrer kartellrechtlichen Vorstellungen auf Drittstaaten teils in Vorbereitung institutioneller Annäherung, teils als flankierende Maßnahme zur Liberalisierung des grenzüberschreitenden Handels mit den jeweiligen Drittstaaten aktiv betreibt (unten unter 2. und 3.).

2. Parallelrecht mit koordiniertem Vollzug im EWR

20 **a) Überblick.** Das Abkommen zwischen der Europäischen Gemeinschaft und ihren inzwischen 27 Mitgliedstaaten einerseits, mit Island, Liechtenstein und Norwegen andererseits über den Europäischen Wirtschaftsraum **(EWR)** vom 17. März 1993 einschließlich seiner Protokolle und Anhänge sowie das Abkommen zwischen Island, Liechtenstein und Norwegen über die Errichtung einer Überwachungsbehörde und einen Gerichtshof vom

C. Geltungsbereich 21–24 **IntKartR**

31. Januar 1994 enthalten Vorschriften, die mit Art. 81 und 82 EG sowie mit Art. 2 FKVO inhaltlich übereinstimmen. Ihre Durchsetzung ist an das Verfahrensrecht des Europäischen Kartellrechts angelehnt. Außerdem sind zusätzliche Normen zur Zuständigkeitsabgrenzung und Koordinierung zwischen den Überwachungsorganen beider Seiten enthalten. Texte des Rechts des EWR werden nur beispielhaft wiedergegeben. Ihr aktueller Stand ist über das Internet (www.EFTA.int) jeweils neu abzurufen.

b) Praktische Bedeutung. Soweit wettbewerbsbeschränkendes Verhalten oder Zu- 21 sammenschlussvorhaben sowohl das Gebiet der Europäischen Union oder Teile des Gebiets der Europäischen Union als auch die Gebiete von Island, Liechtenstein und/oder Norwegen betreffen, kann sich ergeben, dass die EFTA-Überwachungsbehörde anstelle (aber in Zusammenarbeit mit) der Europäischen Kommission zuständig ist. Häufiger wird in derartigen Fällen allerdings die Europäische Union überwiegend betroffen sein und daher in alleiniger Zuständigkeit über die Aufrechterhaltung und Wiederherstellung von Wettbewerb nicht nur in ihrem Gebiet, sondern auch in dem der drei nicht der Europäischen Union angehörenden Mitgliedstaaten des EWR entscheiden können. Die für die Zuständigkeitsabgrenzung relevanten Daten werden von beiden Seiten erhoben. In der europäischen Fusionskontrolle z. B. ist dies in dem Formblatt CO[8] vorgeschrieben.

c) Hintergrund. Als Antwort auf die Gründung der Europäischen Wirtschaftsgemein- 22 schaft als Zollunion und gemeinsamer Markt hatte Großbritannien im Jahre 1960 eine Europäische Freihandelszone (European Free Trade Association – EFTA) gemeinsam mit Dänemark, Norwegen, Österreich, Portugal, Schweden und der Schweiz (auch handelnd für Liechtenstein) errichtet. Finnland wurde 1961 assoziiertes Mitglied, und Island 1970 Vollmitglied der EFTA. Großbritannien und Dänemark schlossen sich jedoch bereits 1973 den Europäischen Gemeinschaften an. Anfang der 90er Jahre zeichnete sich ab, dass sich – nach Portugal im Jahre 1985 – auch Österreich, Schweden und Finnland der Europäischen Union anschließen würden, so dass die **Rest-EFTA** nur noch aus Island, Liechtenstein, Norwegen und der Schweiz bestehen würde. Diese vier Staaten schlossen das EWR-Abkommen vom 17. März 1993 **(EWRA)** ab. Allerdings konnte das Abkommen von der Schweiz aufgrund einer Volksabstimmung mit negativem Ergebnis nicht ratifiziert werden. Heute sind daher nur drei der vier verbliebenen EFTA-Mitglieder Vertragsstaaten des EWR-Abkommens. Die zur Überwachung und rechtlichen Kontrolle von den drei dem EWR angehörenden Staaten der EFTA durch Vertrag vom 31. Januar 1994 gebildeten Organe tragen jedoch auf die EFTA bezogene Bezeichnungen: EFTA-Überwachungsbehörde und EFTA-Gerichtshof.

d) Materielles Kartellrecht. Art. 53 **EWRA** stimmt nahezu wörtlich mit Art. 81 EG 23 überein. Statt auf den „Gemeinsamen Markt" ist im ersten Absatz auf den „räumlichen Geltungsbereich dieses Abkommens" Bezug genommen. In Absatz 3 wird eine Bezugnahme auf die Kommission durch eine passive Konstruktion vermieden („können für nicht anwendbar erklärt werden"). **Art. 54 EWRA** stimmt mit Art. 82 EG überein. Wiederum sind die Worte „Gemeinsamer Markt" durch die Worte „räumlicher Geltungsbereich dieses Abkommens" ersetzt. **Art. 59 EWRA** stimmt weitgehend mit Art. 86 EG überein. Die Bezugnahme auf die Mitgliedstaaten ist durch eine Bezugnahme auf die Vertragsparteien ersetzt. Die Aufgabe der Überwachung ist nach Abs. 3 der „EG-Kommission und (der) EFTA-Überwachungsbehörde ... im Rahmen ihrer jeweiligen Zuständigkeit" übertragen. Zu beachten ist weiterhin, dass **Art. 8 Abs. 3 EWRA** gewisse produktspezifische, vor allem die Landwirtschaft betreffende Einschränkungen seines Anwendungsbereichs des EWR-Abkommens enthält.

e) Materielles Fusionskontrollrecht. Das materielle Fusionskontrollrecht des EWR- 24 Abkommens folgt noch dem **Marktbeherrschungstest**, der wie folgt formuliert ist:

---

[8] ABl EG 2004 L 133/9.

Artikel 57 EWRA

(1) Zusammenschlüsse, deren Kontrolle in Abs. 2 vorgesehen ist, und die eine beherrschende Stellung begründen oder verstärken durch die wirksamer Wettbewerb im räumlichen Geltungsbereich dieses Abkommens oder in einem wesentlichen Teil desselben erheblich behindert wird, werden für mit diesem Abkommen unvereinbar erklärt.

Allerdings sieht der Anhang XIV zum EWR-Abkommen in Abschnitt A 1 eine gegenüber Art. 57 Abs. 1 EWRA offenbar vorrangige Übernahme der seit dem 1. Mai 2004 geltenden Fassung von Art. 2 Abs. 2 und 3 FKVO mit dem **SIEC-Test** vor.

25 f) **Zuständigkeitsabgrenzung.** Zur Abgrenzung der Zuständigkeit von Kommission und **EFTA-Überwachungsbehörde** enthalten vor allem die Artikel 56 und 57 Abs. 2 EWRA folgende Regeln:

Artikel 56 EWRA

(1) Einzelfälle, die in den Anwendungsbereich des Artikels 53 fallen, werden von den Überwachungsorganen wie folgt entschieden:
a) Einzelfälle, die nur den Handel zwischen EFTA-Staaten beeinträchtigen, werden von der EFTA-Überwachungsbehörde entschieden.
b) Unbeschadet des Buchstabens c entscheidet die EFTA-Überwachungsbehörde nach Maßgabe des Artikels 58, des Protokolls 21 und der diesbezüglichen Durchführungsbestimmungen, des Protokolls 23 und des Anhangs XIV in Fällen, in denen der Umsatz der betreffenden Unternehmen im Hoheitsgebiet der EFTA-Staaten 33% oder mehr ihres Umsatzes im räumlichen Geltungsbereich dieses Abkommens ausmacht.
c) In allen sonstigen Fällen sowie in Fällen gemäß Buchstabe b, die den Handel zwischen EG-Mitgliedstaaten beeinträchtigen, entscheidet die EG-Kommission unter Berücksichtigung der Bestimmungen des Artikels 58, des Protokolls 21, des Protokolls 23 und des Anhangs XIV.

(2) Einzelfälle, die in den Anwendungsbereich des Artikels 54 fallen, werden von dem Überwachungsorgan entschieden, in dessen Zuständigkeitsbereich die beherrschende Stellung festgestellt wird. Besteht die beherrschende Stellung in den Zuständigkeitsbereichen beider Überwachungsorgane, so gilt Absatz 1 Buchstaben b und c.

(3) Einzelfälle, die in den Anwendungsbereich des Absatzes 1 Buchstabe c fallen und die keine spürbaren Auswirkungen auf den Handel zwischen EG-Mitgliedstaaten oder auf den Wettbewerb innerhalb der Gemeinschaft haben, werden von der EFTA-Überwachungsbehörde entschieden.

(4) Die Begriffe „Unternehmen" und „Umsatz" im Sinne dieses Artikels werden im Protokoll 22 bestimmt.

Artikel 57 EWRA

(2) Die Kontrolle der Zusammenschlüsse im Sinne des Absatzes 1 wird durchgeführt von:
a) der EG-Kommission in den unter die Verordnung (EWG) Nr. 4064/89 fallenden Fällen im Einklang mit jener Verordnung und den Protokollen 21 und 24 sowie dem Anhang XIV dieses Abkommens. Vorbehaltlich einer Überprüfung durch den Gerichtshof der Europäischen Gemeinschaften hat die EG-Kommission in diesen Fällen die alleinige Entscheidungsbefugnis;
b) der EFTA-Überwachungsbehörde in den nicht unter Buchstabe a genannten Fällen, sofern die einschlägigen Schwellen des Anhangs XIV im Hoheitsgebiet der

EFTA-Staaten erreicht werden, im Einklang mit den Protokollen 21 und 24 sowie dem Anhang XIV und unbeschadet der Zuständigkeiten der EG-Mitgliedstaaten.

Aus der Bezugnahme auf das Protokoll 24 ergibt sich, dass eine Zusammenarbeit bei der Kooperationskontrolle nur bei Erreichen der in Art. 2 Abs. 1 des Protokolls 24 vorgesehenen Schwellenwerte stattfindet:
– Entweder muss der Umsatz der beteiligten Unternehmen im Gebiet der EFTA-Staaten mindestens 25% des Umsatzes im gesamten EWR erreicht haben
– oder je zwei der beteiligten Unternehmen müssen einen Umsatz von mehr als 250 Millionen Euro im Gebiet der EFTA-Staaten erzielt haben
– oder der Zusammenschluss führt in den Gebieten der EFTA-Staaten oder in einem Teil dieser Gebiete zu einer erheblichen Behinderung wirksamen Wettbewerbs.

Bei der letzten Voraussetzung ist noch hinzugefügt, dass diese Behinderung als Folge des Entstehens oder der Verstärkung einer **marktbeherrschenden Stellung** aufzutreten hat. Konsequent wäre es, diese Voraussetzung als durch die Übernahme der FKVO in der Fassung vom 1. Mai 2004 abbedungen anzusehen.[9]

g) **Verfahren**. Die vor allem in den Art. 55 und 58 EWRA sowie in den Protokollen 21, 23 und 24 und im Anhang XIV enthaltenen Verfahrensregeln zur Zusammenarbeit richten sich an die zuständigen Behörden. Für die betroffenen oder beteiligten Unternehmen ist von Interesse, dass die EFTA-Überwachungsbehörde nach Art. 55 Abs. 2 EWRA nur zur verbindlichen **Feststellung von Zuwiderhandlungen** befugt ist. Die Anordnung und Durchsetzung von Abhilfemaßnahmen ist Aufgabe der einzelstaatlichen Behörden, die hierzu von den zuständigen Überwachungsorganen ermächtigt werden können. In derselben Bestimmung ist darüber hinaus vorgesehen, dass die EFTA-Überwachungsbehörde die Kommission (oder umgekehrt die Kommission die EFTA-Überwachungsbehörde) ersuchen kann, „die Staaten in dem jeweiligen Zuständigkeitsbereich zu ermächtigen, solche Maßnahmen zu treffen." Nach dem EWR-Abkommen ist die Ermächtigung der EFTA-Überwachungsbehörde auf den Erlass feststellender Verwaltungsakte beschränkt. Diese Verwaltungsakte sind zwar vor dem EFTA-Gerichtshof anfechtbar, zu ihrer Vollziehung bedürfen sie aber noch der Umsetzung durch die Vertragsstaaten, soweit diese hierzu ermächtigt werden.

3. Kartellrechtliche Verpflichtungen von Drittstaaten

Die Liberalisierung des grenzüberschreitenden Waren- und Dienstleistungsverkehrs kann dadurch erheblich gefördert werden, dass die beteiligten Staaten auch private Wettbewerbsbeschränkungen durch den Erlass und den Vollzug von kartellrechtlichen Normen unterbinden. Der Zusammenhang zwischen dem Abbau staatlicher Handelsschranken und dem Verbot privater Wettbewerbsbeschränkungen ist offensichtlich.[10] Schon die Verfasser der **Havanna Charta** vom 24. März 1948, die vom vorläufigen Inkrafttreten des Allgemeinen Zoll- und Handelsabkommens (GATT) am 1. Januar 1948 bis zum Abschluss des Abkommens von Marrakesch am 15. April 1994 eine epochale Liberalisierung des Welthandels auslöste, sahen folgerichtig die Bekämpfung wettbeschränkender Praktiken privater und öffentlicher Unternehmen vor.[11] Kartellrechtliche Verpflichtungen, die diesem Teil der Havanna Charta entsprechen, sind auf universeller Ebene bis heute nicht in Kraft getreten. In Kraft getreten und außerordentlich erfolgreich war jedoch die im Vertrag über die Errichtung der Europäischen Wirtschaftsgemeinschaft auf regionaler Ebene vorgenommene Ergänzung der stufenweisen Liberalisierung des zwischenstaatlichen Handels durch kartellrechtliche Vorschriften.

---

[9] Vgl. oben Rn. 24.
[10] *Meessen*, Economic Law in Globalizing Markets, 2004, S. 131 f.
[11] *Meessen* (Fn. 7), S. 37 f.

28 Angesichts der eigenen positiven Erfahrungen versteht es sich, dass sich die **Europäische Union** seit jeher für den Erlass und die wirksame Vollziehung kartellrechtlicher Normen in den Staaten, mit denen sie Vereinbarungen über den Abbau staatlicher Handelsschranken getroffen hat oder treffen will, eingesetzt hat und weiterhin einsetzt. In vielen Fällen sind die wettbewerbspolitischen Motive dieser Politik mit integrationspolitischen Motiven verknüpft, nämlich einer Annäherung der jeweiligen Partnerstaaten an die Europäische Union mit oder ohne Perspektive eines späteren Beitritts. Schließlich hatte diese **doppelte Motivation,** die heute noch an der Formulierung von Art. 81 Abs. 1 EG („mit dem Gemeinsamen Markt unvereinbar und verboten sind ...") erkennbar ist, auch die Entwicklung des europäischen Kartellrechts vorangetrieben.

29 Im Folgenden wird ein Überblick über die von Drittstaaten in **bilateralen Verträgen** mit der Europäischen Union übernommenen kartellrechtlichen Verpflichtungen gegeben (unten unter b.). Danach folgen Hinweise auf derartige Verpflichtungen in bestehenden und geplanten unter Beteiligung der Europäischen Union abgeschlossenen oder abzuschließenden **multilateralen Verträgen** (unten unter c.). Vorab werden **Inhalt, Wirkung und praktische Bedeutung** derartiger Verpflichtungen anhand des Freihandelsabkommens der Europäischen Wirtschaftsgemeinschaft mit der Schweiz **(FHA EG-Schweiz)** erörtert (unten unter a.). Nicht angestrebt wird, derartige Vertragsklauseln vollständig aufzuzählen. Insoweit wird auf die ständig aktualisierte Dokumentation derartiger Vertragsinstrumente durch die Europäische Union im Internet[12] verwiesen.

30 **a) Kartellrechtliche Staatenverpflichtungen.** In aller Regel sind die von der EU in bilateralen und multilateralen Verträgen mit Drittstaaten eingegangenen kartellrechtlichen Verpflichtungen **nicht unmittelbar anwendbar.** Dies wird im folgenden anhand von Art. 23 FHA EG-Schweiz nachgewiesen. Es handelt sich demnach um bloße Staatenverpflichtungen, deren Verletzung allein auf völkerrechtlicher Ebene festgestellt und sanktioniert werden kann. Die Vereinbarung unmittelbar anwendbarer kartellrechtlicher Normen in völkerrechtlichen Verträgen ist allerdings keineswegs ausgeschlossen. Sie wird bisher nur nicht praktiziert.

31 Das **Fehlen unmittelbarer Anwendbarkeit** (oder unmittelbarer Wirksamkeit) bedeutet, dass die EU-Mitgliedstaaten, soweit sie Vertragspartner sind, und vor allem das Völkerrechtssubjekt Europäische Gemeinschaft von dem jeweiligen Partnerstaat oder Partnerstaaten die Erfüllung der übernommenen Staatenverpflichtungen durch Erlass und Vollzug kartellrechtlicher Normen verlangen können. In völkerrechtlichen Verträgen übernommene Staatenverpflichtungen bedürfen **gesetzgeberischer Umsetzung.** Diese kann auch pauschal erfolgen, indem der verpflichtete Staat durch innerstaatlichen Rechtsakt – alle oder bestimmte – durch einen völkerrechtlichen Vertrag übernommene Staatenverpflichtungen für unmittelbar anwendbar erklärt. In diesem Falle beruht die unmittelbare Anwendbarkeit auf dem Recht des verpflichteten Staates und kann von diesem jederzeit durch einen weiteren innerstaatlichen Rechtsakt widerrufen werden. Solange die unmittelbare Anwendbarkeit weder durch Völkerrecht noch durch innerstaatliches Recht in dieser Weise vorgeschrieben ist, ist eine völkerrechtliche Staatenverpflichtung nach dem Recht des jeweiligen Staates von seinen Behörden und Gerichten höchstens im Rahmen **völkerrechtskonformer Auslegung** anderer Normen des innerstaatlichen Rechts zu beachten.

32 Auf völkerrechtlicher Ebene erfolgt die **Durchsetzung kartellrechtlicher Staatenverpflichtungen** nach den in dem jeweiligen Vertrag oder in einem allgemeinen zwischen denselben Vertragspartnern abgeschlossenen Vertrag vorgesehenen Verfahren. Außerdem kann auf die – in derartigen Fällen schwachen – Sanktionen des Völkergewohnheitsrechts zurückgegriffen werden. Darüber hinaus könnte die Europäische Union Drittstaaten, die sich unter Bezugnahme auf das völkerrechtliche **Einmischungsverbot** gegen kartellrechtliche Vollzugsakte der Europäischen Union zur Wehr setzen, die von diesen Staaten über-

---

[12] S. unten Rn. 39.

C. Geltungsbereich   33 IntKartR

nommenen kartellrechtlichen Verpflichtungen entgegenhalten. Dies wäre im Rahmen der nach dem Einmischungsverbot gebotenen Interessenabwägung als einer unter mehreren Faktoren zu berücksichtigen.

Die **Kartellrechtsklausel** des **Freihandesabkommens** zwischen der Europäischen 33 Gemeinschaft und der Schweiz **(FHA EG-Schweiz)** vom 22. Juli 1972[13] hat auch wegen der Konflikte, die auf die von der Schweiz bis in die 90er Jahre gewahrten Zurückhaltung gegenüber der Durchsetzung kartellrechtlicher Normen zurückzuführen waren, eine Reihe von Stellungnahmen in Praxis und Literatur ausgelöst.[14] Die beiden für die Feststellung einer unmittelbaren Wirkung relevanten Vorschriften des Abkommens lauten wie folgt:

Artikel 23 FHA EG-Schweiz

(1) Mit dem guten Funktionieren dieses Abkommens sind unvereinbar, soweit sie geeignet sind, den Warenverkehr zwischen der Gemeinschaft und der Schweiz zu beeinträchtigen,

i) alle Vereinbarungen zwischen Unternehmen, Beschlüsse von Unternehmensvereinigungen und aufeinander abgestimmte Verhaltensweisen zwischen Unternehmen, welche eine Verhinderung, Einschränkung oder Verfälschung des Wettbewerbs bezüglich der Produktion und des Warenverkehrs bezwecken oder bewirken;

ii) die mißbräuchliche Ausnutzung einer beherrschenden Stellung auf dem gesamten Gebiet der Vertragsparteien oder auf einem wesentlichen Teil desselben durch ein oder mehrere Unternehmen;

iii) jede staatliche Beihilfe, die den Wettbewerb durch Begünstigung bestimmter Unternehmen oder Produktionszweige verfälscht oder zu verfälschen droht.

(2) Ist eine Vertragspartei der Auffassung, daß eine Praktik mit diesem Artikel unvereinbar ist, so kann sie gemäß den in Artikel 27 festgelegten Voraussetzungen und Verfahren geeignete Maßnahmen treffen.

Artikel 27 FHA EG-Schweiz (Auszug)

(2) Die betroffene Vertragspartei stellt in den Fällen der Artikel 22 bis 26 vor Ergreifen der darin vorgesehenen Maßnahmen, in den Fällen des Absatzes 3 Buchstabe d) so schnell wie möglich dem Gemischten Ausschuß alle zweckdienlichen Angaben zur Verfügung, um eine gründliche Prüfung der Lage im Hinblick auf eine für die Vertragsparteien annehmbare Lösung zu ermöglichen.

Mit Vorrang sind die Maßnahmen zu treffen, die das Funktionieren dieses Abkommens am wenigsten beeinträchtigen.

Die Schutzmaßnahmen werden dem Gemischten Ausschuß unverzüglich notifiziert und sind dort, insbesondere im Hinblick auf ihre möglichst baldige Aufhebung, Gegenstand regelmäßiger Konsultationen.

(3) Zur Durchführung des Absatzes 2 gilt folgendes:

a) Bezüglich des Artikels 23 kann jede Vertragspartei den Gemischten Ausschuß befassen, wenn ihrer Ansicht nach eine bestimmte Praktik mit dem guten Funktionieren dieses Abkommens im Sinne des Artikels 23 Absatz 1 unvereinbar ist.

Zur Prüfung des Falles und gegebenenfalls zur Beseitigung der beanstandeten Praktik erteilen die Vertragsparteien dem Gemischten Ausschuß alle zweckdienlichen Auskünfte und leisten die erforderliche Hilfe.

---

[13] ABl EG 1972 L 300/189.
[14] *Baudenbacher*, Rn. 21–51 zu Drittstaatsverträge, in: Loewenheim/Meessen/Riesenkampff, Kartellrecht Bd. 1, 1. Aufl. 2005.

Hat die betreffende Vertragspartei innerhalb der im Gemischten Ausschuß festgesetzten Frist den beanstandeten Praktiken nicht ein Ende gesetzt oder kommt innerhalb von drei Monaten nach Befassung des Gemischten Ausschusses in diesem keine Einigung zustande, so kann die betroffene Vertragspartei die von ihr für erforderlich erachteten Schutzmaßnahmen treffen, um die aus den genannten Praktiken entstehenden ernsten Schwierigkeiten zu beheben; sie kann insbesondere Zollzugeständnisse zurückziehen.

34 **Für die Annahme unmittelbarer Anwendbarkeit** spricht, dass Art. 23 (1) ii) FHA EG-Schweiz an Klarheit nicht hinter Art. 82 EG zurückbleibt. Auch Art. 23 (1) i) FHA EG-Schweiz ist ebenso klar formuliert wie Art. 81 Abs. 1 EG; allerdings fehlt im FHA EG-Schweiz die in Art. 81 Abs. 3 EG vorgesehene Einschränkung, und zwar unabhängig davon, ob man diese als Ermächtigung der Kommission zur Freistellung oder als Legalausnahme, wie dies seit Inkrafttreten der VerfVO am 1. Mai 2004 der Fall ist, versteht. **Entscheidend gegen unmittelbare Anwendbarkeit** spricht jedoch, dass die Rechtsfolge nicht etwa in einem Verbot der beschriebenen Verhaltensweisen, sondern hauptsächlich in ihrer Unvereinbarkeit „mit dem guten Funktionieren dieses Abkommens" besteht. Zudem ist Folge der Unvereinbarkeit gemäß Art. 23 (2) FHA EG-Schweiz lediglich, dass das in Art. 27 (2) und (3) a) FHA EG-Schweiz vorgesehene Verfahren eingeleitet werden kann. Für ein derartiges Verfahren bestünde kein Anlass, wenn die Vertragspartner die Kartellrechtsklausel als unmittelbar anwendbar hätten ausgestalten wollen.[15]

35 Zu Recht hat sich das **schweizerische Bundesgericht** gegen die unmittelbare Anwendbarkeit von Art. 23 FHA EG-Schweiz ausgesprochen.[16] Hingegen liege der Schluss nahe, so meint *Baudenbacher* in der Vorauflage, dass der **EuGH** davon ausgehe, der einzelne könne sich direkt auf den inhaltsgleichen Art. 23 des inzwischen außer Kraft getretenen Freihandelsabkommens zwischen der EG und Österreich berufen, obwohl dies „nicht ganz eindeutig" sei.[17] Diese Annahme kann jedoch, wenn man die Schlussanträge des Generalanwalts Lenz zur Auslegung des von *Baudenbacher* erörterten Bonapharma-Urteil hinzuzieht, als widerlegt angesehen werden. Zwar heißt es in dem Bonapharma-Urteil vom 23. 2. 1995: „In diesem Zusammenhang geht aus den vom vorlegenden Gericht beschriebenen Umständen hervor, dass sich die Unmöglichkeit, die Bescheinungen EUR.1 zu erhalten, aus einem wettbewerbswidrigen Verhalten anderer Beteiligten ergibt, das sowohl gegen den Zweck als auch gegen den Wortlaut des Abkommens verstößt."[18] Generalanwalt Lenz hatte zu derselben Entscheidung ausgeführt: „Angesichts dieser Regel (Art. 23 (2) des Freihandelsabkommens EG-Österreich) erscheint es … ausgeschlossen, dass ein Wirtschaftsteilnehmer sich vor den Gerichten unmittelbar auf einen Verstoß gegen Art. 23 des Abkommens berufen könnte."[19] Wenn der EuGH von einem derart entschieden in den Schlussanträgen vorgetragenen Standpunkt hätte abweichen wollen, so hätte er dies deutlich zum Ausdruck gebracht. Vor allem hätte er es nicht versäumt, seinen abweichenden Standpunkt zu begründen. Auch der EuGH kann daher nicht als Befürworter der unmittelbaren Anwendbarkeit angesehen werden.

36 **b) Bilaterale Verträge der EU.** Dem bereits erörterten FHA EG-Schweiz vom 22. Juli 1972 war das **Assoziierungsabkommen mit der Türkei** vom 12. September 1963[20] vorangegangen. Dieses noch heute gültige Abkommen sieht in seinem Art. 28 für den Fall seines Funktionierens die Verpflichtung der Vertragsparteien vor, „die Möglichkeit

---

[15] *Meessen*, The Application of Rules of Public International Law Within Community Law, Common Market Law Review, 13 (1976) 485, 492f.
[16] (Schweiz.) Bundesgericht, U. v. 3. 5. 1978, BGE 104 IV 17, S. 179 (1978) – Adams.
[17] *Baudenbacher* (Fn. 14), Rn. 42 zu Drittstaatsverträgen.
[18] EuGH U. v. 23. 2. 1995, C-334/93 – Bonapharma, Slg. 1995, I-319, 339.
[19] EuGH (Fn. 18), I-325.
[20] ABl EG, Nr. 217 vom 29. 12. 1964, S. 3687.

C. Geltungsbereich

eines Beitritts der Türkei zur Gemeinschaft (zu) prüfen". Diese oft überinterpretierte Prüfverpflichtung lässt offen, ob die – nach Jahrzehnten in Gang gekommenen und derzeit (Herbst 2008) stattfindenden – Beitrittsverhandlungen tatsächlich zu einem Beitritt der Türkei führen, so wie dies mit dem Assoziierungsabkommen, das Malta und Zypern abgeschlossen hatten, der Fall war. Das Abkommen mit der Türkei enthält eine Kartellrechtsklausel mit folgendem Wortlaut:

Artikel 16 Assoziierungsabkommen EG-Türkei

Die Vertragsparteien erkennen an, dass die Grundsätze der Bestimmungen des Dritten Teils Titel I des Vertrages zur Gründung der Gemeinschaft über den Wettbewerb, die Steuern und die Angleichung der Rechtsvorschriften auch im Rahmen ihres Assoziationsverhältnisses anwendbar zu machen sind.

Auch wenn der in Bezug genommene „Titel" eindeutig die heutigen Art. 81–86 EG umfasst, so ist die von der Türkei übernommene Verpflichtung doch sehr vage formuliert. Sie ist zur unmittelbaren Anwendbarkeit **nicht einmal geeignet,** denn es bleibt unklar, in welchem Umfang und zu welchem Zeitpunkt die „Grundsätze" anwendbar zu machen sind. Verständlich ist dies insofern, als auch die Europäische Wirtschaftsgemeinschaft erst fünf Jahre nach Inkrafttreten der Art. 81 f. EG durch Erlass der Grundig-Consten-Entscheidung[21] nach einigen kurz vorher erteilten Negativattesten mit der Umsetzung der Regeln des europäischen Kartellrechts begonnen hatte.

Die 33 Jahre später in dem **Assoziierungsabkommen der EG mit Marokko** vom 26. Februar 1996[22] vereinbarte Kartellrechtsklausel hat folgenden Wortlaut: 37

Artikel 36 Assoziierungsabkommen EG-Marokko

(1) Soweit sie geeignet sind, den Handel zwischen der Gemeinschaft und Marokko zu beeinträchtigen, sind mit dem ordnungsgemäßen Funktionieren dieses Abkommens unvereinbar
a) alle Vereinbarungen zwischen Unternehmen, Beschlüsse von Unternehmensvereinigungen und aufeinander abgestimmte Verhaltensweisen, die eine Verhinderung, Einschränkung oder Verfälschung des Wettbewerbs bezwecken oder bewirken;
b) die mißbräuchliche Ausnutzung einer beherrschenden Stellung im Gebiet der Gemeinschaft oder Marokkos oder auf einem wesentlichen Teil desselben durch ein oder mehrere Unternehmen;
...

(2) Alle Verhaltensweisen, die im Gegensatz zu diesem Artikel stehen, werden nach den Kriterien beurteilt, die sich aus den Artikeln 85, 86 und 92 des Vertrags zur Gründung der Europäischen Gemeinschaft (1) beziehungsweise im Falle der EGKS-Erzeugnisse aus den Artikeln 65 und 66 des Vertrags über die Gründung der Europäischen Gemeinschaft für Kohle und Stahl sowie den Regeln über staatliche Beihilfen einschließlich des Sekundärrechts ergeben.
(3) Der Assoziationsrat erläßt binnen fünf Jahren nach Inkrafttreten dieses Abkommens die erforderlichen Durchführungsbestimmungen zu den Absätzen 1 und 2.
Bis zum Erlaß dieser Bestimmungen werden die Bestimmungen des Übereinkommens zur Auslegung und Anwendung der Artikel VI, XVI und XXIII des Allgemeinen Zoll- und Handelsabkommens als Durchführungsbestimmungen zu Absatz 1 Buchstabe c) und den einschlägigen Teilen von Absatz 2 angewandt.
...

---

[21] Kommission, Entsch. v. 23. 9. 1964 – Grundig-Cousten, ABl EG 1964, S. 2545, WuW/E EV 95.
[22] ABl EG 2000 L70/2.

(6) **Wenn die Gemeinschaft oder Marokko der Auffassung ist, daß eine bestimmte Verhaltensweise mit Absatz 1 unvereinbar ist, und**

– in den in Absatz 3 genannten Durchführungsbestimmungen nicht in angemessener Weise geregelt ist, und

– wenn bei Fehlen derartiger Regeln diese Verhaltensweise den Interessen der anderen Vertragspartei eine bedeutende Schädigung oder einem inländischen Wirtschaftszweig einschließlich des Dienstleistungsgewerbes eine Schädigung verursacht oder zu verursachen droht,

kann die betreffende Vertragspartei nach Konsultationen im Assoziationsausschuß oder dreißig Arbeitstage nach dem Ersuchen um derartige Konsultationen geeignete Maßnahmen treffen.

...

(7) **Unbeschadet aller anderslautenden Bestimmungen, die gemäß Absatz 3 erlassen werden, tauschen die Vertragsparteien Informationen unter Berücksichtigung der erforderlichen Beschränkungen zur Wahrung des Berufs- und Geschäftsgeheimnisses aus.**

38 Der erste Teil der in dem Assoziierungsabkommen mit Marokko enthaltenen Kartellrechtsklausel nimmt die Formulierung von Art. 23 des Freihandelsabkommens mit der Schweiz wieder auf. Die weiteren Teile gehen jedoch über die mit der Schweiz getroffene Vereinbarung insofern hinaus, als nach Art. 36 (3) des Assoziationsabkommens ein **Assoziationsrat** zum Erlass von Durchführungsbestimmungen **ermächtigt** wird. Außerdem konkretisiert Art. 36 (6) des Assoziierungsabkommens mit Marokko die nach dem völkerrechtlichen **Einmischungsverbot** gebotene Interessenabwägung. Art. 36 (7) schließlich sieht einen sonst auch in Verwaltungsabkommen vorgesehenen Informationsaustausch vor.

39 Die Europäische Union hat zahlreiche **weitere bilaterale Verträge,** die Kartellrechtsklauseln enthalten, abgeschlossen. Obige Erörterung der Kartellrechtsklauseln der Abkommen mit der Schweiz, der Türkei und Marokko kann nur das Spektrum inhaltlicher Gestaltungsmöglichkeiten aufzeigen. Ob und inwieweit Klauseln dieser Art aus Verträgen mit anderen Staaten in Betracht gezogen werden müssen, ist nach Feststellung eines territorialen Bezugs und Aufsuchen der „Internationalen Übereinkünften", die die EG mit dem jeweiligen Staat abgeschlossen hat, im Internet (http://eur-lex.europa.eu/de/index.htm) zu prüfen.

40 **c) Multilaterale Verträge mit EU-Beteiligung.** Seit 1964 steht die Europäische Union in einer im Fünf-Jahres-Rhythmus erneuerten vertraglichen Beziehung zunächst mit aus den ehemaligen französischen Kolonien hervorgegangenen Staaten Afrikas, dann aber auch mit anderen afrikanischen, karibischen und pazifischen Staaten. Diese auf einander folgenden multilateralen **AKP-Abkommen** tragen jeweils den Namen ihres Abschlussorts (Yaoundé, Lomé und – heute – Cotonou). Das jetzt Partnerschaftsabkommen genannte AKP-Abkommen zwischen den Mitgliedern der afrikanischen, karibischen und pazifischen Staatengruppe einerseits und der Europäischen Gemeinschaft und ihren Mitgliedstaaten andererseits vom 23. Juni 2000 enthält in Art. 45 eine Kartellrechtsklausel. In dieser Klausel erklären sich die Vertragspartner darin einig, dass die Einführung und Entwicklung einer wirksamen und vernünftigen Wettbewerbspolitik von besonderer Bedeutung sei, um (1) ein investitionsfreundliches Umfeld aufzubauen, (2) den Industrialisierungsprozess nachhaltig zu fördern und (3) zur Transparenz beim Marktzugang beizutragen. Der Inhalt dieser schon sehr zurückhaltend formulierten Klausel wird weiter dadurch abgeschwächt, dass sich die Europäische Gemeinschaft und ihre Mitgliedstaaten verpflichtet haben, auf den unterschiedlichen Entwicklungsstand des jeweiligen AKP-Staats Rücksicht zu nehmen.

41 Über ihre Mitgliedstaaten ist die Europäische Union auch an der **UNCTAD** – mit Beobachterstatus und Rederecht – beteiligt. Nach Vorarbeiten des Wirtschafts- und Sozialrats

C. Geltungsbereich　　　　　　　　　　　　　　　　　　　42–44　**IntKartR**

der Vereinten Nationen in den 50er Jahren wandte sich die UNCTAD der Ausarbeitung eines **„Kodex multilateral gebilligter Grundsätze** und Regeln zur Kontrolle wettbewerbsbeschränkender Geschäftspraktiken" zu, der von der Generalversammlung der Vereinten Nationen durch Resolution vom 5. 12. 1980 im Konsenswege ohne Gegenstimmen angenommen wurde.[23]

Der Kodex und ein später erarbeitetes Modellgesetz sind jedoch kaum beachtet worden. **42** Kartellrechtsgesetzgebungen haben sich nicht unter dem Druck des UNCTAD-Kodex, sondern infolge des wirtschaftlichen Erfolgs marktwirtschaftlich organisierter Staaten ausgebreitet. Unterstützt worden ist die Ausbreitung durch das seit 2001 aktive **International Competition Network,** in dem die Kartellbehörden von nahezu 100 Staaten zusammenarbeiten.[24] Völlig unbeachtet blieb das Hauptanliegen des Kodex. Es ging dahin, dass die Industriestaaten ihr Kartellrecht nicht wegen Inlandswirkungen, sondern wegen der in Entwicklungsländer auftretenden Auslandswirkungen inländischer wettbewerbsbeschränkender Praktiken anwenden sollten.[25]

Die Vorstellung, dass die Einführung von Kartellrecht ein nach dem jeweiligen Entwick- **43** lungsstand und – so muss man hinzufügen – nach den von dem jeweiligen Staat gesetzten politischen Prioritäten differenzierendes Vorgehen erfordert, hat bisher die Einführung einer umfassenden Kartellrechtsklausel in die **WTO-Vereinbarungen** verhindert.[26] Zwar hatte man nicht zuletzt auf Initiative der Europäischen Kommission die Wettbewerbspolitik zu einem der vier neuen Themen auf der Konferenz von Singapur im Jahre 1996, also nur zwei Jahre nach Unterzeichnung des Abkommens von Marrakesch erklärt, gerade diese Bemühungen des für den Außenhandel zuständigen Mitglieds der Europäischen Kommission Pascal Lamy hatten jedoch zu dem Zusammenbruch der in der Doha-Runde anberaumten Ministerkonferenz in Cancún im Jahre 2003 beigetragen. Seither wird das Thema Wettbewerbspolitik von der Agenda der immer wieder unterbrochenen, aber (nach dem Stand vom Herbst 2008) nicht endgültig abgebrochenen Verhandlungen der Doha-Runde ausgeklammert, zumal schon nach geltendem Recht staatliche Maßnahmen, die zur Unterstützung von Marktzugangsbeschränkungen durch private wettbewerbsbeschränkende Praktiken eingesetzt werden, die Pflicht zur Gleichbehandlung mit Inländern verletzen können. Im **Kodak-Fall** war ein dahingehender Antrag der Vereinigten Staaten gegen Japan nur aus tatsächlichen Gründen abgelehnt worden.[27] Im **Telmex-Fall** glaubte ein WTO-Panel, unter Bezugnahme auf die nie in Kraft getretene Kartellrechtsklausel der Havana-Charta[28] und gestützt auf ein von einer Reihe von Regierungen anerkanntes Papier über Telekommunikationsdienstleistungen eine Übernahme von wettbewerbsrechtlichen Verpflichtungen durch Mexiko annehmen zu können.[29]

Nachdem sich über 100 Staaten, ohne hierzu völkerrechtlich verpflichtet gewesen zu **44** sein, zum Erlass von Kartellgesetzen entschlossen haben, besteht für die Vereinbarung einer

---

[23] Int'l Leg. Mat. 19 (1980) 813; englischer Text und deutsche Übersetzung, in: WuW 1982, 32.

[24] *Meessen,* ICN Accompanied Convergence, Instead of WTO Imposed Harmonization, of Competition Laws, in: Hohmann (Hrsg.), Agreeing and Implementing the Doha Round of the WTO, 2008, S. 485.

[25] *Kather,* Der Kodex der Vereinten Nationen über wettbewerbsbeschränkende Geschäftspraktiken, 1986, S. 151 f., 215; zur zeitweisen (1980–1998) Ausweitung des Wirkungsprinzips im deutschen Recht: *Rehbinder,* Rn. 122 zu § 130 GWB, in: Immenga/Mestmäcker, Kommentar zum Deutschen Kartellrecht, 4. Aufl. 2007.

[26] *Meessen,* Competition in the Doha Round of WTO Negotiations, in: Schrijver/Weiss (Hrsg.), International Law and Sustainable Development, 2004, S. 217 f.

[27] Japan – Measures Affecting Consumer Photographic Film and Pater, WTO Panel Report vom 31. März 1998, WT/DS 44/R; zu einer Stellungnahme vgl. *Meessen* (Fn. 10), S. 134 f.

[28] S. oben Rn. 27.

[29] Mexico – Measures Affecting Telecommunications Services, WTO-Panel Report vom 2. April 2004, WT/DS 204/R.

Kartellrechtsklausel im Namen der mehr als 150 Staaten umfassenden Welthandelsorganisation **kein Bedarf**. Eine derartige Klausel würde kaum präziser ausfallen als die Klausel des Cotonou-Abkommens. Das früher festgestellte Problem fehlenden gesetzgeberischen Know-hows in manchen Entwicklungsländern kann, soweit ein Transfer von Know-how überhaupt gewünscht wird, inzwischen wegen der Möglichkeit der Zusammenarbeit im Rahmen des International Competition Network (ICN) als gelöst angesehen werden. Die Untersagung von auf Märkte in Entwicklungsländer ausgerichteten Exportkartellen ist nach den mit dem UNCTAD-Kodex gemachten Erfahrungen nicht durchsetzbar und entspricht auch nicht den Interessen dieser Länder, soweit das Verbot von Exportkartellen zum Unterlassen der Exporte führt.

45 Allmählich dringt auch in der Wissenschaft die Auffassung vor, dass ein offener **Wettbewerb der Wettbewerbsgesetze** einem durch Ergänzung der WTO-Abkommen vereinbarten und im Wege von WTO-Panelverfahren durchgesetzten Weltkartellrecht vorzuziehen ist.[30] Wettbewerb fördert die Qualität der Kartellrechtsgesetzgebung und erlaubt die jederzeitige Anpassung an neue Umstände sowie die ständige Erprobung neuer Erkenntnisse und zwar nicht weltweit, sondern innerhalb begrenzter Jurisdiktionsbereiche wie der EU oder der USA. Um wirksam vollzogen werden zu können, muss Kartellrecht außerdem den jeweiligen wirtschaftlichen Verhältnissen und den wirtschafts- und sozialpolitischen Zielen entsprechen. Die über 150 Mitgliedstaaten der WTO werden nie die erforderliche Homogenität aufweisen können.

II. Ort der Vornahme kartellverfahrensrechtlicher Hoheitsakte

46 Der Geltungsbereich kartellrechtlicher Hoheitsakte ist auf das Gebiet des Staats oder der supranationalen Organisation begrenzt, die dem Hoheitsakt (Rechtsakt, Verwaltungsakt oder gerichtliche Entscheidung) erlassen hat. Hinsichtlich der rechtlichen Wirkungen von Rechtssätzen, Verwaltungsakten und Gerichtsentscheidungen ist damit eine **klare territoriale Grenze** gezogen. Schwierigkeiten treten auf, wenn sich der Erlass des Hoheitsaktes über eine Gebietsgrenze hinweg erstreckt. Dann gilt es, den nach dem völkerrechtlichen Grundsatz der Territorialität des Geltungsbereichs staatlicher Hoheitsakte zulässigen Ort der Vornahme kartellverfahrensrechtlicher Hoheitsakte zu bestimmen.

Kartellverfahrensrechtliche Hoheitsakte können **faktisch eine Gebietsgrenze überschreiten,**
– wenn Ermittlungen im Inland veranlasst und im Ausland durchgeführt werden (unten unter 2.)
– oder wenn ein Vollstreckungsakt im Inland angeordnet und im Ausland vollzogen wird (unten unter 3.).

1. Zustellungen

47 Ähnlich wie im internationalen Deliktsrecht stellt sich bei der Anwendung des völkerrechtlichen Verbots der Vornahme von Hoheitskaten im Ausland die Frage, ob Hoheitsakte am **Handlungsort,** also dem Ort der Beschlussfassung oder Unterzeichnung, und/oder am **Erfolgsort,** also dem Ort der Zustellung an den Adressaten, zu lokalisieren sind. Die Rechtsprechung ist uneinheitlich:

48 Im **Farbstoffe-Fall** hat der EuGH sowohl die Zustellung der Mitteilung der Beschwerdepunkte per eingeschriebenen Brief an die im Drittstaat Schweiz ansässige JR Geigy AG als auch die Zustellung der Geldbußenentscheidung per Einschreiben an die JR Geigy AG zu Händen ihrer in Deutschland ansässigen Tochtergesellschaft in der – im Verfahrensverlauf

---

[30] *Meessen,* Competition of Competition Laws, Nw. J. Int'l L. Business 10 (1989) 17; *derselbe,* Das Für und Wider eines Weltkartellrechts, WuW 50 (2000) 5; *Möschel,* Wettbewerb der Wettbewerbsordnungen, WuW 55 (2005) 599.

bestätigten – Erwartung der Kenntnisnahme durch die Muttergesellschaft als rechtmäßig und wirksam angesehen.[31] Acht Jahre später hat ein amerikanisches Bundesberufungsgericht die Zustellung eines kartellrechtlichen Hoheitsaktes an die in Paris ansässige Muttergesellschaft der **Saint Gobain** Gruppe durch Aufgabe zur Post in den USA als völkerrechtswidrig und daher nichtig angesehen.[32] Wiederum acht Jahre darauf hat sich der US Supreme Court in einer Entscheidung über die Zustellung einer Produkthaftpflichtklage gegen die **Volkswagen AG** zu Händen ihrer in Illinois ansässigen Tochtergesellschaft dem Standpunkt des EuGH angeschlossen.[33]

In einem Beschluss vom 22. 3. 1983 hatte das **Bundesverfassungsgericht** die Frage der Völkerrechtsmäßigkeit der Zustellung eines ausländischen Hoheitsaktes in Deutschland durch einen im Ausland aufgegebenen eingeschriebenen Brief offen gelassen.[34] Spätere Entscheidungen des Bundesverfassungsgerichts zur völkerrechtlichen Zulässigkeit der inländischen Zustellung ausländischer Hoheitsakte betrafen nicht den Grundsatz der Territorialität des Geltungsbereichs, sondern die Frage, inwieweit deutsche Gerichte verfassungsrechtlich berechtigt sind, derartige Zustellungen – im Einklang mit der Territorialität des Geltungsbereichs – auf Ersuchen des ausländischen Staates im Inland vorzunehmen.[35]

Die bloße **grenzüberschreitende Übermittlung von Nachrichten**, die also nicht mit einer Grenzüberschreitung durch einen inländischen Hoheitsträger verbunden ist, wird man heute als völkerrechtlich zulässig ansehen müssen.[36] Zum einen stellt sie die Gewährung rechtlichen Gehörs sicher. Zum anderen dient der Grundsatz der Territorialität staatlicher Hoheitsakte hauptsächlich der Wahrung der **physischen Integrität** der Gebietsgrenzen. Daher wäre eine durch einen Gerichtsvollzieher im Ausland bewirkte Zustellung als völkerrechtswidrig anzusehen, nicht jedoch die Ersatzform einer im Inland bewirkten Zustellung, bei der die Kenntnisnahme durch den im Ausland ansässigen Empfänger durch Postbrief, Fax, E-Mail oder auch öffentliche Bekanntmachung bewirkt wird.

2. Ermittlungen

Die nach US-amerikanischem Prozessrecht zu betreibende pre-trial-discovery hat zu einer umfangreichen Praxis und noch umfangreicheren wissenschaftlichen Diskussion Anlass gegeben. Der auch für die EG maßgebliche derzeitige Stand des Völkergewohnheitsrechts zu drittstaatsbezogenen Ermittlungen lässt sich etwa wie folgt beschreiben:[37]

a) Völkerrechtswidrig wäre es, wenn Bedienstete der Kommission in einen Drittstaat ohne dessen Zustimmung reisen und dort Ermittlungen (Augenscheineinnahme, Zeugenvernehmung, Urkundenbeschaffung) selbst vornehmen. Gleiches gilt für eine Vornahme der Ermittlungen durch einen von der Kommission beauftragten privaten Wirtschaftsprüfer, wie anhand eines deutsch-schweizerisches Falls, der sich kurz vor Ausbruch des Zweiten Weltkrieges zugetragen hat, belegt werden kann.[38] Schon aus diesem Grund war

---

[31] EuGH U. v. 14. 7. 1972 Rs. 52/69 – *Geigy/Kommission* Slg 1972, 787, 826, 827/828, WuW/E EWG/MUV 287.
[32] Federal Trade Commission v. Compagnie de Saint-Gobain-Pont-à-Mousson, 636 F. 2 d 1300, 1306 (D. C. Cir. 1980).
[33] Volkswagenwerk Aktiengesellschaft v. Schlunk, 108 S. Ct. 2104 (1988).
[34] BVerfG, B. v. 22. 3. 1983, E 63, 343, 372.
[35] BVerfG, B. v. 7. 12. 1994, E 91, 335; B. v. 17. 7. 2003, E 108, 186; B. v. 24. 1. 2007, 2 BvR 1133/04; B. v. 14. 6. 2007, 2 BvR 2247–2249/06.
[36] *Meessen* (Fn. 10), S. 271.
[37] *Meessen* (Fn. 10), S. 272 f.
[38] Schweizerisches Bundesgericht, U. v. 6. 3. 1939, BGE 65 I 39.

das Vorgehen der Kommission im Fall Adams völkerrechtswidrig.[39] Adams war, wie sich später auf Grund einer wegen Verletzung der Verschwiegenheitspflicht erfolgreich gegen die Kommission erhobenen Schadensersatzklage herausstellte, als Mitarbeiter von Hoffmann-La Roche (Basel) ermuntert worden, in der Schweiz unter Verstoß gegen schweizerisches Recht Kopien von Unterlagen eines kartellrechtswidrig praktizierten Treuerabattsystems anzufertigen und der Kommission zu übermitteln.[40]

53 b) Als **völkerrechtlich zulässig** wird man es ansehen, wenn Unternehmen innerhalb der EU veranlasst werden, freiwillig, meist freilich unter Androhung von Sachverhaltsannahmen zu ihren Lasten, Unterlagen aus Drittstaaten zu beschaffen oder Zeugen zur Vernehmung durch die Kommission oder das EuG zu stellen. Im C.S.V-Fall wies die Kommission darauf hin, dass die verlangte Information nicht nur in der Schweiz, wo die Herausgabe strafrechtlich verboten war, sondern auch innerhalb der EG verfügbar war.[41]

54 c) **Von Fall zu Fall** unterschiedlich ist die völkerrechtliche Zulässigkeit in den Fällen zu beurteilen, in denen Ermittlungen in Drittstaaten durch Ausübung von Druck innerhalb der Europäischen Union betrieben werden, wenn völkerrechtlich unbedenkliche Ermittlungen innerhalb der EU möglich gewesen wären oder wenn die Ermittlungen in besonders schwerwiegender Weise in die Rechts- und/oder Wirtschaftsordnung des betreffenden Drittstaates eingreifen. Maßgeblicher völkerrechtlicher Gesichtspunkt ist insoweit das völkerrechtliche **Einmischungsverbot** (Gebot der Rücksichtnahme).[42]

3. Vollstreckungsakte

55 Die Beschlagnahme von Sachvermögen, Pfändung von Konten und andere Vollstreckungsakte in Drittstaaten sind völkerrechtlich unzulässig. Die Vollstreckung kartellrechtlicher Entscheidungen innerhalb der EU bereitet jedoch in der Regel keine Schwierigkeiten. Entscheidungen der Kommission über die Verhängung von Geldbußen oder Zwangsgeldern stellen gemäß Art. 256 Abs. 1 EG **innerhalb der EU vollstreckbare Titel** dar. Sie sind nach dem Prozessrecht der Mitgliedstaaten in Sacheigentum, gewerbliche Schutzrechte und vor allem in gegenwärtige und künftige Forderungen gegen in der EU ansässige Kunden vollstreckbar. Entscheidungen, die auf Handlungen oder Unterlassungen lauten, können bei Nichterfüllung durch die Verhängung von Geldbußen oder Zwangsgeldern jederzeit um vollstreckbare Zahlungstitel ergänzt werden. In Drittstaaten ansässige Unternehmen, die die Erfüllung einer auf Zahlung gerichteten Entscheidung verweigern, können Vollstreckungsakte dieser Art nur vermeiden, wenn sie bereit sind, sich praktisch vom weiteren Handel mit der Europäischen Union auszuschließen.

III. Kartellbehördliche Zusammenarbeit

56 Das ursprüngliche Ziel kartellbehördlicher Zusammenarbeit bestand darin, bei Ermittlungen in auslandsbezogenen Sachverhalten die für den jeweiligen ausländischen Staat zuständige Behörde frühzeitig zu **konsultieren,** um kartellrechtliche Gegenmaßnahmen nach dem Grundsatz der comity so zu begrenzen, dass ausländische Interessen nicht unnötig oder übermäßig verletzt werden.[43] Diese erstmals im Jahre 1959 bilateral zwischen den USA und Kanada entwickelte Zusammenarbeit wurde im multilateralen Rahmen der

---

[39] Zum Sachverhalt: EuGH U. v. 7. 11. 1985 Rs. 145/83 – *Adams/Kommission,* Slg 1985, 3539; zu einem weiteren völkerrechtlichen Gesichtspunkt vgl. unten Rn. 110.

[40] EuGH (Fn. 39), 3578, 3585 f.; vgl. auch EuGH U. v. 13. 2. 1979 Rs. 85/76 – *Hoffmann-La Roche/Kommission,* Slg 1979, 461, 471 f., WuW/E EWG/MUV 447.

[41] Komm. E. v. 25. 6. 1976 Rs. IV/26 186 – *C. S. V.,* ABl. 1976 L 192/27.

[42] Vgl. unten Rn. 92 f.

[43] *Meessen,* Völkerrechtliche Grundsätze des internationalen Kartellrechts, 1975, S. 48 f.; zur neueren Entwicklung s. *Griffin,* George Mason L. Rev. 6 (1998) 505.

C. Geltungsbereich   57–60 IntKartR

OECD unter allen Industriestaaten fortgeführt und auf einen **Austausch von Informationen** ausgedehnt.[44] Ein derartiger Informationsaustausch kann die Vornahme von Ermittlungen im Ausland oder ihre indirekte Erzwingung durch inländische Maßnahmen erübrigen.

Nach einem 1991 vereinbarten, 1995 und 1998 modifizierten Abkommen zwischen der 57
Europäischen Kommission und der US-Regierung erhielt die Zusammenarbeit eine neue Komponente.[45] Zusätzlich zu Konsultationen und Informationsaustausch haben sich Kommission und US-Regierung verpflichtet, auf Ersuchen der jeweils anderen Seite die Aufnahme kartellrechtlicher Ermittlungen und Einleitung kartellrechtlicher Verfahren wohlwollend zu prüfen, soweit die ersuchte Seite, z.B. als Heimatstaat der beteiligten Unternehmen, über einen leichteren Zugriff verfügt als die ersuchende Seite. Diese nicht bindende Verpflichtung wird in dem Abkommen **positive comity** bezeichnet. Aufgrund der Anknüpfung des europäischen Kartellrechts an Inlandswirkungen[46] kann allerdings positive comity nur gewährt werden, wenn und soweit zugleich Wirkungen im Gebiet der EU 27 auftreten. Das Abkommen selbst ermächtigt nicht zu Eingriffen.

Zu einer **Anwendung** der Vorschriften über positive comity ist es bislang offenbar erst 58
in einem Fall, in dem die Kommission von US-amerikanischer Seite veranlasste Ermittlungen gegen europäische Fluglinien wegen des Amadeus-Reservierungssystems aufnahm, gekommen.[47] Jedenfalls werden zwar die Vorschriften des Abkommens über positive comity in den Wettbewerbsberichten 2001–2007 häufiger erwähnt, nie aber wird von einem weiteren Anwendungsfall berichtet. Zur begrifflichen Unterscheidung spricht man inzwischen von **traditional comity,** wenn man wie ursprünglich die – immer wieder relevant gewordene – Bereitschaft zur Rücksichtnahme auf ausländische Interessen durch einschränkende Anwendung des eigenen Rechts meint.

Weder sind die OECD-Empfehlungen verbindlich, noch kann das EG-US-Abkommen 59
als **Regierungsabkommen** primäres oder sekundäres Gemeinschaftsrecht oder mitgliedstaatliches Recht abändern. Anderenfalls hätte es in der Form ratifizierungsbedürftiger völkerrechtlicher Verträge abgeschlossen werden müssen. Das dem EG-US-Abkommen vergleichbare Abkommen zwischen der EG und der Regierung von Kanada enthält in Abschnitt XI einen ausdrücklichen Vorbehalt zugunsten des Rechts beider Vertragsparteien.[48] Die sich aus der gewählten Rechtsform ergebende Aufrechterhaltung der Rechtslage in der Gemeinschaft und in den Mitgliedstaaten ist in zweierlei Hinsicht von Bedeutung:

1. Inländischer Ermittlungszweck

Die Weitergabe von Informationen darf nur den Zwecken dienen, denen die ursprüng- 60
liche Erlangung der Informationen zu dienen bestimmt war. Wenn also die Kommission Ermittlungen angestellt hat, um einem Anfangsverdacht wegen Verletzung von Verbots-

---

[44] OECD, Recommendation of the Council Concerning Cooperation Between Member Countries on Anticompetitive Practices Affecting International Trade, 27. 7. 1995, OECD Doc. C (95) 130 final; Zusammenstellung älterer Texte: *Lowe,* Extraterritorial Jurisdiction, An Annotated Collection of Legal Materials, 1983.
[45] Abkommen zwischen der Regierung der Vereinigten Staaten von Amerika und der Kommission der Europäischen Gemeinschaften über die Anwendung ihrer Wettbewerbsregeln v. 23. 9. 1991, ABl. 1995 L 95/47; Interpretativer Briefwechsel v. 31. 5./31. 7. 1995, ABl. 1995 L 95/51; Abkommen zwischen den Europäischen Gemeinschaften und der Regierung der Vereinigten Staaten von Amerika über die Anwendung der „Positive Comity"-Grundsätze bei der Durchsetzung ihrer Wettbewerbsregeln v. 3./4. 6. 1998, ABl. 1998 L 173/28.
[46] S. unten Rn. 66 f.
[47] Kommission, Bericht über die Wettbewerbspolitik 2000, S. 336 f.; *Friess* in: Konvergenz der Wettbewerbsrechte, 2002, S. 69, 70.
[48] Abkommen zwischen den Europäischen Gemeinschaften und der Regierung von Kanada über die Anwendung ihres Wettbewerbsrechts v. 17. 6. 1999, ABl. 1999 L 175/50.

normen des europäischen Kartellrechts nachzugehen, dann bedeutet die Begrenzung auf einen inländischen, hier also **innereuropäischen Ermittlungszweck,** dass diese Informationen nicht an die US-Regierung weitergegeben werden dürfen, um dort die Einleitung eines Verfahrens wegen Verletzung US-amerikanischen Kartellrechts vorzubereiten. Die Kartellbehörden begrenzen das Risiko der Rechtswidrigkeit ihres Informationsaustauschs routinemäßig dadurch, dass von den betroffenen Unternehmen eine Verzichtserklärung (waiver) eingeholt wird. In der Regel werden derartige Verzichtserklärungen bereitwillig abgegeben, weil die Unternehmen befürchten, anderenfalls der Verdeckung weiterer Kartellrechtsverletzungen verdächtigt zu werden.

2. Geschäfts- und Betriebsgeheimnis

61 Die Weiterleitung von Informationen, die insbesondere von Unternehmen im anhängigen Verfahren als Wettbewerber oder Marktgegenseite gegeben wurden, kann **Geschäfts- und Betriebsgeheimnisse** dieser Unternehmen verletzen. Bei der Weitergabe sind die Normen zum Schutz von Geschäfts- und Betriebsgeheimnissen sowohl nach dem Recht des Staates, aus dem die Informationen stammen, als auch nach dem Recht des Staates, an den die Informationen weitergeleitet werden, zu beachten.[49] Problematisch erscheint daher das Auftauchen von Informationen über die US-amerikanischen Ermittlungen im Oracle/PeopleSoft-Fall im Internet, über das die Kommission berichtet hat.[50]

D. Anwendungsbereich

62 Kartellrechtsrelevante Sachverhalte, wie wettbewerbsbeschränkende Vereinbarungen, missbräuchliches Verhalten und Unternehmenszusammenschlüsse weisen in aller Regel Berührungspunkte zu mehr als einem Staat auf. Die früher gelegentlich geforderte **Erstreckung des Grundsatzes strikter Territorialität** des Geltungsbereichs kartellrechtlicher Hoheitsakte auf ihren Anwendungsbereich würde bedeuten, dass entweder nur reine Inlandssachverhalte kartellrechtlich verfolgt werden dürften oder dass der inländische Teil eines grenzüberschreitenden Sachverhalts inländischem Kartellrecht und der oder die ausländischen Teile den Kartellrechtsordnungen der jeweils betroffenen Staaten unterlägen. Die Nichtanwendbarkeit von Kartellrecht auf grenzüberschreitende Sachverhalte ist **wettbewerbspolitisch untragbar,** und die Mosaiklösung einer Anwendung verschiedener nationaler Rechte auf Teile eines einheitlichen Sachverhalts ist jedenfalls dann **rechtsstaatlich undurchführbar,** wenn der Ort des kartellrechtlich relevanten Verhaltens, die für das Verhalten verantwortliche natürliche oder juristische Person und die Wirkung des Verhaltens zwei oder mehr verschiedenen Staaten zuzuordnen sind. Unter den Bedingungen grenzüberschreitender wirtschaftlicher Beziehungen würde eine territoriale Begrenzung des Anwendungsbereichs die Durchsetzung nationalen oder supranationalen Kartellrechts unmöglich machen. Das Inland kann in der Regel nicht darauf verlassen, dass ausländische Staaten ihr Kartellrecht auf die jeweiligen grenzüberschreitenden Sachverhalte anwenden. Ein derartiges **kartellrechtliches free riding** kann sich nur ein Staat leisten, der sich selbst, wie früher die Schweiz, mit einem milden Kartellrechtsvollzug zufrieden gibt und dessen Wirtschaft zugleich mit anderen Staaten, die sich einem strengen Kartellrechtsvollzug verschrieben haben, eng verflochten ist.[51]

---

[49] *Meessen* (Fn. 10), S. 251 ff.; vgl. auch US-EU Merger Working Group, Best Practices on Cooperation in Merger Investigations, no. 15.

[50] Kommission, Entsch. v. 26. 10. 2004, COMP/M. 3216 – Oracle/PeopleSoft, WuW/E EU-V 1068, Rn. 9.

[51] *Meessen,* Das Für und Wider eines Weltkartellrechts, WuW 50 (2000), 5, 12.

D. Anwendungsbereich   63–66 **IntKartR**

Die Nichtanwendbarkeit des Grundsatzes der Territorialität führt freilich in grenzüber- 63
schreitenden Sachverhalten häufig zu einer **konkurrierenden Zuständigkeit** von zwei
und – sehr oft im Zeitalter der Globalisierung – mehr Staaten. Die Häufung von Zuständigkeiten ist nur dann problematisch, wenn sie gegenläufige Reaktionen auslöst oder durch eine Kumulation gleichlaufender Reaktionen die gegenüber den verantwortlichen Personen zu wahrenden rechtsstaatlichen Grenzen überschreitet. Weder das eine noch das andere kommt häufig vor.

In aller Regel wird die **extraterritoriale Anwendung inländischen Kartellrechts** 64
von den jeweils betroffenen ausländischen Staaten, wenn sie überhaupt bemerkt wird, in der Regel hingenommen oder im Falle des free riding sogar begrüßt. Protestiert wird jedoch, wenn Art und Umfang der Kartellrechtsdurchsetzung im konkreten Einzelfall gegenläufige Interessen eines ausländischen Staates verletzen und damit einen Mangel an Rücksichtnahme erkennen lassen. Derartige durch diplomatische Noten oder auch gesetzgeberische Akte dokumentierte **Proteste** sind als Staatenpraxis unter dem Gesichtspunkt des Einmischungsverbots völkerrechtlich relevant.[52] Die Kumulation kartellrechtlicher Maßnahmen hingegen kann als unverhältnismäßige Belastung der für das wettbewerbsbeschränkende Verhalten verantwortlichen Unternehmen grundrechtlich – nach europäischem oder nationalem Verfassungsrecht – relevant werden.[53]

Die meist unproblematische Häufung oder Überlappung von Zuständigkeiten kenn- 65
zeichnet die für die völkergewohnheitsrechtliche Begrenzung des Anwendungsbereichs kartellrechtlicher Hoheitsakte maßgebliche Staatenpraxis. Dies bedeutet, dass jeder Staat bei der Abgrenzung des Anwendungsbereichs kartellrechtlicher (und auch sonstiger) Hoheitsakte seinem **aufgeklärten Eigeninteresse** („enlightened self-interest") folgt.[54] Zum aufgeklärten Eigeninteresse gehört, dass wettbewerbsbeschränkendes Verhalten, das zum Inland keinen oder nur einen schwachen Bezug aufweist, inländischem Kartellrecht nicht unterworfen wird. Auch gehört hierzu, dass Regelungen nur insoweit getroffen werden, als sie unter rechtsstaatlichen Bedingungen zurechenbar sind.

Für den Anwendungsbereich staatlicher Hoheitsakte gilt ein **Prinzip der sinnvollen** 66
Anknüpfung.[55] Sinnvoll heißt nicht beliebig. Vielmehr ist der einen kartellrechtlichen Hoheitsakte erlassende Staat in auslands- oder drittstaatsbezogenen Sachverhalten an die Logik seiner eigenen Kartellrechtsordnung gebunden. Strenge Kartellrechtsordnungen wie das europäische und auch das US-amerikanische Recht haben eine Selbstbindung an das **Wirkungsprinzip** vorgenommen.[56] Danach ist die Anwendung kartellrechtlicher Hoheitsakte auf die Sachverhalte zulässig, die sich innerhalb des jeweiligen Gebiets in unmittelbarer, vorhersehbarer und erheblicher Weise auswirken.[57] Zum Beispiel bleiben nicht spürbare Wirkungen im Gemeinsamen Markt nicht nur hinter den tatbestandlichen Anforderungen von Art. 81 und 82 EG[58], sondern auch hinter den völkergewohnheitsrechtlichen Anforderungen zurück.[59] An Wirkungen unterhalb der Spürbarkeitsschwelle anzuknüpfen, ist nicht „sinnvoll".

---

[52] Vgl. hierzu unten Rn. 92 f.
[53] Zur Konkurrenz zwischen Einmischungsverbot und Verhältnismäßigkeitsprinzip s. unten Rn. 116.
[54] Zu dem Gesichtspunkt des „enlightened self-interest" s. *Meessen*, Antitrust Jurisdiction Under Customary International Law, Am.J. Int'l L. 78 (1984) 783, 798 f.
[55] *Meessen* (Fn. 7), S. 101 f.
[56] *Meessen* (Fn. 7), S. 121 f.; *Juenger* WuW 1990, 602.
[57] *Meessen* (Fn. 7), S. 171; *ders.* AJIL 78 (1984) 783, 799 f.; heute h. M. statt vieler: *Rehbinder*, Einleitung, E. Geltungs- und Anwendungsbereich, Rn. 63, in: Immenga/Mestmäcker, EG-WbR Bd. II; *Wiedemann*, in: Wiedemann, Handbuch des Kartellrechts, 5/1236.
[58] Zutreffend zu Art. 81 EG OLG Düsseldorf, U. v. 23. 6. 2004 – Tschechisches Bier, WuW/E DE-R 1410, 1412.
[59] A. A. unten *Stockmann*, Rn. 12–13 zu § 130 GWB.

IntKartR 67–71   1. Teil. Internationales Kartellrecht der EU

67 Im Folgenden ist die **Anwendung des europäischen Kartellrechts auf drittstaatsbezogene Sachverhalte** einschließlich der sich aus Völkergewohnheitsrecht ergebenden zusätzlichen Einschränkungen darzustellen. Die Darstellung folgt der Reihenfolge der kartellrechtlichen Verbotsnormen.

I. Art. 81 Abs. 1 EG

68 Das Wirkungsprinzip ergibt sich aus dem materiellrechtlichen Tatbestand der Verbotsnorm: Nur die Vereinbarungen, Verbandsbeschlüsse und aufeinander abgestimmte Verhaltensweisen sind verboten, die zum einen geeignet sind, den zwischenstaatlichen Handel zu beeinflussen, und zum anderen eine Wettbewerbsbeschränkung innerhalb des gemeinsamen Marktes bezwecken oder bewirken. Ein **„bezwecken"** genügt. Auch aus völkerrechtlicher Sicht ist es sinnvoll, präventiv gegen beabsichtigte, aber noch nicht eingetretene Wirkungen vorzugehen.

69 Negativ folgt aus dieser Regelung, dass die **Staatsangehörigkeit** oder bei juristischen Personen die durch Sitz oder Gründungsrecht bestimmte **Staatszugehörigkeit** der Unternehmen ohne Bedeutung ist. Die Anwendbarkeit von Art. 81 Abs. 1 EG auf Unternehmen mit Staatsangehörigkeit oder Staatszugehörigkeit in Drittstaaten ist nicht beschränkt. Heute ist dies unstreitig. Im Farbstoffe-Fall hatte der EuGH noch geglaubt, dem Problem mit der Annahme einer grenzüberschreitenden Unternehmenseinheit ausweichen zu müssen.[60] Im Zellstoff-Fall stellte auch aus der Sicht des EuGH das Fehlen von Tochtergesellschaften bei einigen beteiligten Drittstaatenunternehmen innerhalb der EG kein Anwendungshindernis dar.[61]

70 Negativ bedeutet die Verankerung des Wirkungsprinzips ferner, dass weder der beliebig wählbare **Abschlussort** von Vereinbarungen oder Ort der Abstimmung bei abgestimmten Verhaltensweisen, noch der ebenso frei wählbare Ort der Beschlussfassung von Unternehmensvereinigungen für die Anwendbarkeit von Art. 81 Abs. 1 EG relevant sind. Dasselbe gilt für den **Ort der Durchführung** von Vereinbarungen und Beschlüssen sowie für den Ort des Verhaltens in der abgestimmten Weise.

71 Während die mangelnde Relevanz des Abschlussorts unstreitig ist,[62] lässt sich in der Rechtsprechung des **EuGH** immer noch **kein ausdrückliches Bekenntnis zum reinen Wirkungsprinzip** nachweisen. Der Sache nach bedeutete aber schon die Anwendung der Theorie der Unternehmenseinheit im Farbstoffe-Fall, dass von den Muttergesellschaften außerhalb der EG an ihre Tochtergesellschaften innerhalb der EG gerichtete Anweisungen zu Preisfestsetzungen, die dann von den Tochtergesellschaften befolgt worden waren, mit der Verhängung von Geldbußen gegenüber den Muttergesellschaften geahndet wurden.[63] Mangels Tochtergesellschaften innerhalb der EG wurde im Zellstoffe-Fall vom EuGH nicht auf die außerhalb der EG aufgestellten und versandten Preislisten, sondern auf das Bekanntwerden der Preisquotierungen innerhalb der EG als eines EG-internen Durchführungsakts unter Strapazierung des kartellrechtlichen Tatbestands abgestellt.[64] Ausdrücklich anerkannt wurde das Wirkungsprinzip bereits von Generalanwalt Mayras im Farbstoffe-Fall[65] und von Generalanwalt Darmon im Zellstoff-Fall[66] sowie inzwischen vom **EuG** in dem allerdings die Fusionskontrolle betreffenden Fall Gencor.[67]

---

[60] EuGH (Fn. 31), 838.
[61] EuGH U. v. 27. 9. 1988 Verb. Rs. 89, 104, 114, 116, 117 und 125 bis 129/85 – *Ahlström/Kommission* Slg 1988, 5193, 5243, WuW/E EWG/MUV 829.
[62] EuGH (Fn. 61), 5243.
[63] EuGH (Fn. 31), 838; *Meessen* EuR 8 (1973) 18, 38.
[64] EuGH (Fn. 61), 5243; *Puttler* AJIL 83 (1989) 357, 360.
[65] EuGH (Fn. 31), 700.
[66] EuGH (Fn. 61), 5227.
[67] EuG U. v. 25. 3. 1999 Rs. T-102/96 – *Gencor/Kommission* Slg 1999, II-753, 785, WuW/E EU-R 213.

D. Anwendungsbereich   72–75 **IntKartR**

Das Wirkungsprinzip ist positivrechtlich in den beiden Merkmalen der Eignung zur **Be- 72 einträchtigung des zwischenstaatlichen Handels** und des Bezweckens oder Bewirkens einer **Wettbewerbsbeschränkung** im Gemeinsamen Markt verankert. Die materiellrechtlich gebotene Auslegung überschreitet nicht die durch das Wirkungsprinzip gesetzten völkerrechtlichen Grenzen. Dies ist insbesondere darauf zurückzuführen, dass mit dem für beide Tatbestandsmerkmale geltenden Kriterium der **Spürbarkeit** eine quantitative Grenze gesetzt wird, die dem völkerrechtlichen Erfordernis beträchtlicher Inlandswirkungen entspricht.[68] Grundsätzlich kann daher auf die Kommentierung zu Art. 81 Abs. 1 EG verwiesen werden. Dennoch erscheint es angebracht, die Anwendung des Wirkungsprinzips anhand einiger Gerichtsentscheidungen mit Drittstaatsbezug zu verdeutlichen:

1. Export in die Europäische Union

Nach der bereits erwähnten Zellstoff-Entscheidung ist Art. 81 Abs. 1 EG verletzt, wenn 73 außerhalb der EG ansässige Hersteller außerhalb der EG die in der EG zu berechnenden Preise abstimmen und direkt oder indirekt Waren zu den koordinierten Preisen an Abnehmer in der EG verkaufen.[69] Auch Verträge über den Vertrieb von Waren aus Drittstaaten in die EG verletzen Art. 81 Abs. 1 EG, wenn der Reexport in andere Mitgliedstaaten in wettbewerbsbeschränkender Weise eingeschränkt wird.[70] Vertriebsverträge dieser Art, die lediglich den Handel zwischen einem Drittstaat und einem EU-Mitgliedstaat beeinträchtigen, beeinträchtigen nicht den Handel zwischen den Mitgliedstaaten und unterfallen daher nicht Art. 81 Abs. 1 EG.[71]

2. Export in Drittstaaten

Die Vereinbarung eines Verbots, die zu liefernden Waren in einen bestimmten Drittstaat 74 zu reexportieren, verletzt Art. 81 Abs. 1 EG nicht.[72] Die Vereinbarung einer Verpflichtung, zu liefernde Waren nur in einen bestimmten Drittstaat weiter zu exportieren, enthält mittelbar ein auf alle EU-Mitgliedstaaten bezogenes Reexportverbot und unterfällt daher der Verbotsnorm des Art. 81 Abs. 1 EG.[73] Eine Abstimmung über Exporte nach Drittstaaten kann Art. 81 Abs. 1 EG unterfallen, wenn sich die Beteiligten anderenfalls veranlasst sähen, einen größeren Teil ihrer Produktion innerhalb der EG abzusetzen und damit den Wettbewerb innerhalb der EG zu intensivieren.[74]

II. Art. 82 EG

Auch in Art. 82 EG kommt das Wirkungsprinzip in zwei Merkmalen des materiellrecht- 75 lichen Tatbestands zum Ausdruck: Zum einen richtet sich die Vorschrift nur an Unternehmen, die allein oder gemeinsam eine „beherrschende Stellung auf dem Gemeinsamen Markt oder auf einem wesentlichen Teil desselben" innehaben. Zum anderen muss die missbräuchliche Ausnutzung der marktbeherrschenden Stellung zu einer Beeinträchtigung des „Handels zwischen Mitgliedstaaten" führen können.

---

[68] S. oben Rn. 66.
[69] EuGH (Fn. 61), 5243; ähnlich Komm. Entsch, WuW/E EU-V 684 v. 7. 6. 2000 Rs. COMP/36 545/F3 – *Aminosäuren*, ABl. 2001 L 152/24 Rn. 182, WuW/E EU-V 684.
[70] EuGH U. v. 25. 11. 1971 Rs. 22/71 – *Béguelin Import Co./S. A. G. L. Import Export* Slg 1971, 949, 959/960.
[71] EuGH U. v. 20. 6. 1978 Rs. 28/77 – *Tepea/Kommission* Slg 1978, 1391, 1415/1416.
[72] EuGH U. v. 18. 2. 1986 Rs. 174/84 – *Bulk Oil/Sun Oil* Slg 1986, 559, 589.
[73] EuGH U. v. 28. 3. 1984 verb. Rs. 29 und 30/83 – *CRAM und Rheinzink/Kommission* Slg 1984, 1679, 1704, WuW/E EWG/MUV 624.
[74] EuGH U. v. 16. 12. 1975 verb. Rs. 40 bis 48, 50, 54 bis 56, 111, 113 und 114/73 – *Suiker Unie/Kommission* Slg 1975, 1663, 2038.

76 Eine **beherrschende Stellung auf dem Gemeinsamen Markt** können auch Unternehmen innehaben, die in der EG nicht ansässig sind. Im Continental Can-Fall wurde dies in Bezug auf ein US-amerikanisches Unternehmen, das allerdings durch Tochtergesellschaften in der EG präsent war, für möglich gehalten, wie der Gerichtshof in dieser kurz nach der Farbstoffe-Entscheidung ergangenen Entscheidung feststellte.[75] Ebenso wie in dem zu Art. 81 Abs. 1 EG erlassenen Zellstoff-Urteil[76] dürfte der EuGH eine ausschließlich aus Direktverkäufen herrührende marktbeherrschende Stellung als ausreichend ansehen. Auch die Argumentation der Kommission in der Freigabe-Entscheidung Boeing/McDonnell-Douglas beruht auf dieser Annahme.[77]

77 Das Merkmal der **missbräuchlichen Ausnutzung** ist durch die mögliche Folge einer Beeinträchtigung des zwischenstaatlichen Handels mit den Wettbewerbsverhältnissen im Gemeinsamen Markt verknüpft. Erforderlich ist nicht, dass sich die missbräuchliche Ausnutzung ausschließlich auf den zwischenstaatlichen Handel auswirkt. Vielmehr ist durchaus denkbar, dass die Hauptwirkung auf Drittstaaten gerichtet ist.[78] Erforderlich ist aber eine spürbare Auswirkung auf den Handel zwischen den Mitgliedstaaten.[79]

III. Fusionskontrolle

78 Nach der Neufassung der FKVO ist Überprüfungsmaßstab die insbesondere aus Begründung oder Verstärkung einer marktbeherrschenden Stellung resultierende erhebliche Behinderung wirksamen Wettbewerbs. Bei der Subsumtion ist eine Prognose anzustellen, die nur indirekt durch bereits vorliegende Tatsachen belegt werden kann. Dennoch haben die an Zusammenschlüssen beteiligten Unternehmen einen legitimen Anspruch auf **Rechtssicherheit.** Anderenfalls würde das Fusionskontrollrecht zu willkürlichen Verhinderungen von Fusionen ermächtigen und den Wettbewerb auf dem Markt für Unternehmenskontrolle beschränken.

79 Im europäischen Fusionskontrollrecht wird das Regelungsdilemma durch formale Aufgriffskriterien und durch die Ermächtigung, unter knappen Fristen kartellbehördliche Entscheidungen zu treffen, aufgelöst. Ob die unter dem Begriff „gemeinschaftsweite Bedeutung" in Art. 1 FKVO zusammen gefassten formalen Kriterien den wettbewerbspolitischen Anliegen der Fusionskontrolle und zugleich einer angemessenen Aufgabenteilung zwischen der Gemeinschaft und den Mitgliedstaaten gerecht werden, mag hier dahinstehen.[80] Für die Umgrenzung des Anwendungsbereichs in drittstaatsbezogenen Sachverhalten ergibt sich jedenfalls – anders als bei der Verhaltenskontrolle nach Art. 81 und 82 EG – eine **Divergenz** zwischen den materiellrechtlichen und verfahrensrechtlichen Regelungen der europäischen Fusionskontrolle und dem durch das völkerrechtliche Wirkungsprinzip gesetzten Regelungsrahmen. Bei der Feststellung der Divergenz ist zwischen den Voraussetzungen einer Untersagungsentscheidung oder Freigabe unter Bedingung oder Auflagen einerseits und den Voraussetzungen der Anmeldepflicht andererseits zu unterscheiden:

---

[75] EuGH U. v. 21. 2. 1973 Rs. 6/72 – *Europemballage und Continental Can/Kommission* Slg 1973, 215, 242/243, WuW/E EWG/MUV 296.

[76] Siehe oben Fn. 61 und zugehöriger Text.

[77] Komm. E. v. 30. 7. 1997 Rs. IV/M.877 – *Boeing/McDonnell-Douglas*, ABl. 1997 L 336/16, WuW/E EU-V 7; vgl. auch unten Rn. 114.

[78] EuGH U. v. 22. 1. 1974 verb. Rs. 6 u. 7/73 – *Commercial Solvents/Kommission* Slg 1974, 223, 253/254.

[79] EuGH U. v. 14. 2. 1978 Rs. 27/76 – *United Brands/Kommission* Slg 1978, 207, 299, WuW/E EWG/MUV 425; ähnlich EuGH U. v. 25. 10. 1979 Rs. 22/79 – *Greenwich Film Production/SACEM* Slg 1979, 3275, 3288/3289.

[80] Kommission, Grünbuch v. 11. 12. 2001 über die Revision der Verordnung (EWG) Nr. 4064/89 des Rates, KOM (2001) 745/6 endg.

D. Anwendungsbereich

1. Untersagung

Zusammenschlüsse von gemeinschaftsweiter Bedeutung, die zu einer erheblichen Behinderung wirksamen Wettbewerbs im Gemeinsamen Markt führen, werden nach Art. 2 Abs. 3 FKVO für mit dem Gemeinsamen Markt unvereinbar erklärt und damit untersagt.

Unter den **Zusammenschlussbegriff**, der in Art. 3 FKVO näher definiert ist, fallen auch Zusammenschlüsse von Unternehmen, die in Drittstaaten ansässig und nur in Drittstaaten tätig sind. Eine Inlandsbeziehung wird durch das die Anwendung des europäischen Fusionskontrollrechts auslösende Merkmal **gemeinschaftsweiter Bedeutung** hergestellt. Nur solche Zusammenschlüsse haben eine gemeinschaftsweite Bedeutung, bei denen entweder nach Art. 1 Abs. 2 FKVO zwei beteiligte Unternehmen einen gemeinschaftsweiten Gesamtumsatz von jeweils mehr als 250 Millionen Euro aufweisen oder nach Art. 1 Abs. 3 FKVO zwei beteiligte Unternehmen in drei Mitgliedstaaten einen Umsatz von jeweils mehr als 25 Millionen Euro und zusätzlich gemeinsam in mindestens drei Mitgliedstaaten einen Umsatz von 100 Millionen Euro erzielen.

In drittstaatsbezogenen Sachverhalten kann den **Aufgreifkriterien** des Art. 1 FKVO jegliche wettbewerbliche Relevanz fehlen. Dies ist z.B. dann der Fall, wenn zwei in Drittstaaten ansässige Unternehmen, die die Umsatzkriterien von Art. 1 Abs. 2 FKVO oder Art. 1 Abs. 3 FKVO erfüllen, in einem Drittstaat ein Gemeinschaftsunternehmen errichten, das innerhalb des Prognosezeitraums keinerlei Tätigkeit in der Gemeinschaft entfalten wird. Zusammenschlussvorhaben dieser Art dürfen von der Kommission nicht untersagt werden, denn die Gründung des Gemeinschaftsunternehmens würde die Stellung, die die beteiligten Unternehmen im Gemeinsamen Markt innehaben, nicht verändern.[81] Dies gilt auch dann, wenn die Muttergesellschaften des GU, oder eine von ihnen, in der EU ansässig sind.[82] Wenn allerdings ein Zusammenschluss zwischen Unternehmen, die in Drittstaaten ansässig sind und die Aufgreifkriterien von Art. 1 Abs. 2 oder Abs. 3 FKVO erfüllen, zu einer erheblichen Behinderung wirksamen Wettbewerbs insbesondere durch Begründung oder Verstärkung einer marktbeherrschenden Stellung im Gemeinsamen Markt führt, dann ist ein solcher Zusammenschluss zu untersagen:

Die **Untersagungsentscheidungen** Aerospatiale-Alenia/de Havilland und Gencor/Lonrho betreffen schwerpunktmäßig auf Drittstaaten bezogene Zusammenschlüsse, an denen jedoch auf der Erwerberseite auch in der EU ansässige Unternehmen beteiligt waren.[83] Das EuG bestätigte die Gencor-Entscheidung der Kommission mit der Begründung, dass der geplante Zusammenschluss in der Gemeinschaft eine unmittelbare und wesentliche Auswirkung haben werde und seine Untersagung damit „völkerrechtlich gerechtfertigt" sei.[84] Hinsichtlich des Zusammenschlusses der US-amerikanischen Unternehmen General Electric und Honeywell wurde erstmalig ein Zusammenschluss, an dem ausschließlich in einem Drittstaat ansässige Unternehmen beteiligt waren, gerichtlich überprüft, wobei die Parteien – mit Recht – noch nicht einmal ein Fehlen ausreichender Inlandswirkungen gerügt hatten.[85]

Die Erfüllung der Voraussetzungen von Art. 2 Abs. 3 FKVO indiziert in drittstaatsbezogenen Sachverhalten jedoch nur dann die Erfüllung der völkerrechtlichen Voraussetzungen des Wirkungsprinzips, wenn keine auf die Vermeidung einer erheblichen Behinderung

---

[81] Vgl. z.B. Komm. E. v. 30. 6. 1993 IV/M.346 – *JCSAT/SAJAC*.

[82] Vgl. z.B. Komm. E. v. 26. 8. 1991 IV/M.124 – *BNP/Dresdner Bank – Czechoslovakia*; E. v. 14. 2. 1997 IV/M.878 – *RTL 7*.

[83] Komm. E. v. 2. 10. 1991 IV/M.053 – *Aerospatiale-Alenia/de Havilland*; E. v. 24. 4. 1996 IV/M.619 – *Gencor/Lonrho*.

[84] EuG (Fn. 67), II-785.

[85] EuG, U. v. 14. 12. 2005, Rs T-210/01 – General Electric/Kommission, Slg. 2005, II-5575, WuW/E EU-R 977; Komm. E. v. 3. 7. 2001 COMP/M.2220 – *General Electric/Honeywell*, WuW/E EU-V 631.

wirksamen Wettbewerbs innerhalb der EG beschränkte **Teiluntersagung** nach den Umständen des Falles in Betracht kommt. Es liegt in der Logik des Wirkungsprinzips, dass lediglich ein Vorgehen gegen den inländischen Teil breiter gestreuter Wirkungen gerechtfertigt wird. Im Zigaretten-Fall hat das Bundeskartellamt im Einklang mit dem völkerrechtlichen Wirkungsprinzip die Folgen der Untersagung des Zusammenschlusses zwischen dem südafrikanischen Unternehmen Rembrandt und dem britischen Unternehmen Rothmans von vorne herein auf die jeweiligen deutschen Tochtergesellschaften beider Unternehmen beschränkt,[86] und das Kammergericht hat den Beschlusstenor im Sinne einer Teiluntersagung präzisiert.[87] Denkbar ist es auch, die Untersagung auf einen von einem Auslandszusammenschluss juristisch abgetrennten Inlandszusammenschluss zu beschränken.[88]

85   Bei drittstaatsbezogenen Zusammenschlüssen hat die Kommission bisher noch nie eine Teiluntersagung verfügt. Dieses Ergebnis wurde jedoch praktisch dadurch erreicht, dass derartige Zusammenschlüsse unter **Bedingungen** und/oder **Auflagen,** die die nach Ansicht der Kommission die EU betreffenden wettbewerblichen Bedenken ausräumten, freigegeben wurden.[89]

2. Anmeldepflicht

86   Nach dem Wortlaut des Art. 4 Abs. 1 FKVO sind Zusammenschlussvorhaben von gemeinschaftsweiter Bedeutung, ohne Rücksicht darauf, ob eine erhebliche Behinderung wirksamen Wettbewerbs in Betracht kommt, anzumelden. Die Anmeldepflicht ist nach Art. 7 Abs. 1 FKVO mit einem **Vollzugsverbot** verbunden. Eine mit unrichtigen oder irreführenden Angaben verbundene Anmeldung kann bei Vorsatz oder Fahrlässigkeit nach Art. 14 Abs. 1a FKVO mit einer Geldbuße in Höhe von bis zu 50 000 Euro geahndet werden. Der Vollzug eines nicht angemeldeten oder zwar angemeldeten aber noch nicht genehmigten oder untersagten Zusammenschlusses kann bei Vorsatz oder Fahrlässigkeit nach Art. 14 Abs. 2 FKVO mit einer Geldbuße in Höhe von bis zu 10% des Gesamtumsatzes der beteiligten Unternehmen im letzten Geschäftsjahr geahndet werden. Außerdem kann der Vollzug eines Zusammenschlusses je nach dem im Einzelfall international privatrechtlich anwendbaren Recht wegen Verletzung des Vollzugsverbots des europäischen Kartellrechts zivilrechtlich unwirksam sein.[90]

87   Die Anmeldepflicht stellt zwar lediglich eine Formalität dar, und die Freigabe eines Zusammenschlusses durch die Kommission ist nicht kostenpflichtig. Dennoch entstehen den beteiligten Unternehmen durch die Erfüllung der Anmeldepflicht **erhebliche Kosten.** Zu diesen Kosten gehören zum einen die unternehmensinterne Zusammenstellung eines umfangreichen nach Produktgruppen und geographischen Märkten aufgefächerten Datenmaterials und zum anderen die durch eigene Rechtsabteilungen und/oder von Anwaltskanzleien zu erbringende rechtliche Beratung hinsichtlich der gesellschaftsrechtlichen und wettbewerbsrechtlichen Darstellung des Zusammenschlussvorhabens in einer dem Formblatt CO entsprechenden Weise.

88   Die bloße Tatsache, dass die beteiligten Unternehmen die Mindestumsatzkriterien des Art. 1 Abs. 2 oder Abs. 3 FKVO erfüllen, vermag einen derartigen, rasch sechs- bis siebenstellige Euro-Beträge erreichenden Aufwand nach dem völkerrechtlichen Wirkungsprinzip

---

[86] BKartA, B. v. 24. 2. 1982, WuW/E BKartA 1943 – *Morris-Rothmans.*
[87] KG, B. v. 1. 7. 1983, WuW/E OLG 3051 – *Morris-Rothmans.*
[88] BKartA, B. v. 3. 3. 1989, WuW/E BKartA 2363 – *Linde-Lansing;* BGH, B. v. 10. 12. 1991, WuW/E BGH 2731 – *Inlandstochter.*
[89] Vgl. z. B. Komm. E. v. 16. 1. 1996 Rs. IV/M.623 – *Kimberly-Clark/Scott,* ABl. 1996 L 183/1; E. v. 17. 6. 1996 IV/M.737 – *Ciba-Geigy/Sandoz,* ABl. 1997 L 201/1; E. v. 30. 7. 1997 (Fn. 77) – *Boeing/McDonnell-Douglas;* E. v. 11. 7. 2003, COMP/M. 3091 – *Konica/Minolta;* E. v. 20. 2. 2007, COMP/M.4494 – *Evraz/Highveld,* WuW/E EU-V 1213.
[90] Vgl. unten Rn. 122 f.

D. Anwendungsbereich

nicht zu rechtfertigen. Eine **Beschränkung der Anmeldepflicht** ist völkerrechtlich geboten. Diesem Gebot kann europarechtlich dadurch nachgekommen werden, dass Ausnahmen von der Anmeldepflicht trotz Erfüllung der Kriterien von Art. 1 Abs. 2 oder 3 der FKVO oder Beschränkungen des Umfangs der Anmeldepflicht vorgesehen werden. Ausnahmen von der Anmeldepflicht sind allerdings auch in dem seit dem 1. Mai 2004 geltenden Recht nicht enthalten.

Dagegen ergeben sich erhebliche Einschränkungen des Umfangs der Anmeldepflicht aus der Möglichkeit, ein **„vereinfachtes Formblatt"** zu verwenden, und aus der Ermächtigung der Kommission, auf Antrag von der Pflicht zur Vorlage bestimmter Angaben einschließlich der zugehörigen Unterlagen zu befreien.[91] Ob damit den völkerrechtlichen Anforderungen Genüge getan wird, hängt von der Dispenspraxis im Einzelfall ab. Gegen die grundsätzliche Festlegung einer Anmeldepflicht wird man angesichts der sich aus der Erfüllung der Voraussetzungen von Art. 1 Abs. 2 oder 3 FKVO ergebenden Inlandswirkungen auf Grund des völkerrechtlichen Wirkungsprinzips keine Einwendungen erheben können.

Allerdings würde sich zur Einsparung von Transaktionskosten die Bekanntmachung einer **de minimis Regelung** empfehlen. So ließe sich argumentieren, dass Zusammenschlussvorhaben zwischen in Drittstaaten ansässigen Unternehmen nicht der Anmeldepflicht unterliegen, wenn diese Unternehmen ein Gemeinschaftsunternehmen errichten, das nicht in den Märkten tätig ist, in denen die Muttergesellschaften im Gemeinsamen Markt tätig sind.[92] Unnötig erscheint es auch, in Drittstaaten ansässige Unternehmen, die auch gemeinsam in keinem Mitgliedstaat der EU die von der Kommission in Abschnitt 6 Absatz III des Formblatts CO aufgestellten Kriterien für die Annahme eines „betroffenen Markts" erfüllen, der mit einem Vollzugsverbot verbundenen Anmeldepflicht zu unterwerfen.

Bei der Anmeldung drittstaatsbezogener Zusammenschlüsse, die die Kriterien von Art. 1 Abs. 2 oder 3 FKVO erfüllen, wird man immerhin von folgenden **europarechtlichen Beschränkungsmöglichkeiten** Gebrauch machen können: Art. 3 Abs. 1 der Durchführungsverordnung zur FKVO[93] erlaubt, Anmeldungen „unter den in Anhang II aufgeführten Voraussetzungen" nach dem vereinfachten Formblatt vorzunehmen. Die Verwendung des vereinfachten Formblatts ist danach u. a. zulässig, wenn ein Gemeinschaftsunternehmen errichtet werden soll, dessen EWR-Umsatz und dessen im EWR belegene Vermögenswerte jeweils weniger als 100 Mio. EUR betragen. Im Hinblick auf die zu erwartende wettbewerbsrechtliche Unbedenklichkeit kann das vereinfachte Formblatt auch bei Fehlen horizontaler Überschneidungen und vertikaler Beziehungen oder bei Vorhandensein derartiger Beziehungen mit Marktanteilen unterhalb bestimmter Prozentsätze verwandt werden. Trotz Vorliegens dieser oder weiterer Voraussetzungen kann die Kommission eine Vervollständigung der Angaben nach Maßgabe des Standard(CO)-Formblatts verlangen und damit den für den Beginn der Bearbeitungsfristen wichtigen Zeitpunkt der Wirksamkeit der Anmeldung hinausschieben, wenn dies „für eine angemessene Untersuchung möglicher Wettbewerbsprobleme" erforderlich ist. Bei Verwendung des vereinfachten oder auch des CO-Formblatts kann die Kommission auf Antrag gemäß Art. 4 Abs. 2 der Durchführungsverordnung zur FKVO-Befreiung „von der Pflicht zur Vorlage einzelner verlangter Angaben einschließlich aller Unterlagen oder von anderen in den (Formblättern) festgelegten Anforderungen" gewähren. Wenn man eine Verzögerung des Beginns der Bearbeitungsfristen vermeiden will, lässt sich Rechtssicherheit nur in informellen Vorgesprächen, zu deren frühzeitiger Abhaltung sowohl in dem allgemeinen „Best Practices"-Code der Generaldi-

---

[91] S. unten Rn. 91.
[92] Zu einem Beispiel s. oben Rn. 82.
[93] Verordnung (EG) Nr. 802/2005 der Kommission vom 7. April 2004 zur Durchführung der Verordnung (EG) Nr. 139/2004 des Rates über die Kontrolle von Unternehmenszusammenschlüssen, ABl. 2004 L 133/1.

rektion Wettbewerb als auch in dem „Best Practices"-Code der US-EU Merger Working Group ermuntert wird.

E. Rücksichtnahme auf Drittstaaten

92 Kartellrechtliche Normen, Verwaltungsakte und Gerichtsentscheidungen beziehen sich oft auf grenzüberschreitend vernetzte Sachverhalte und steuern damit unternehmerisches Verhalten, das sich seinerseits im Ausland oder – aus der Sicht der EU – in Drittstaaten auswirkt. Der extraterritorialen Wirkung von Wettbewerbsbeschränkungen steht also eine **extraterritoriale Wirkung kartellrechtlicher Hoheitsakte** gegenüber. Die sich hieraus entwickelnden zwischenstaatlichen Auseinandersetzungen haben eine gewisse Regelmäßigkeit angenommen, die zur Herausbildung einer weiteren Regel des Völkergewohnheitsrechts geführt hat. Diese nicht die Begründung, sondern die Ausübung der völkerrechtlichen Zuständigkeit betreffende Regel setzt dem Erlass kartellrechtlicher Hoheitsakte – zusätzlich zur Territorialität des Geltungsbereichs und zum Erfordernis unmittelbarer, vorhersehbarer und erheblicher Inlandswirkungen – eine im Einzelfall zu beachtende völkerrechtliche Grenze.

93 Der **Nachweis neuen Völkergewohnheitsrechts,** der sich an der Rechtsfindungsmethode des Internationalen Gerichtshofs orientiert,[94] setzt die Feststellung und Bewertung einer variantenreichen, von unterschiedlichen Interessenlagen bestimmten Staatenpraxis voraus. Im Folgenden kann nur ein Überblick gegeben werden:

I. Staatenpraxis

94 Die extraterritoriale Wirkung kartellrechtlicher Hoheitsakte besteht darin, im Ausland Verhalten zu veranlassen, das inländischem Kartellrecht entspricht. Dies ist in vielen Drittstaaten zunehmend erwünscht. Die weltweite Konvergenz marktwirtschaftlicher Politiken und kartellrechtlicher Regelungen hat auch die Staaten erfasst, die man früher der Zweiten Welt sozialistischer Staaten und der Dritten Welt oft planwirtschaftlich orientierter Entwicklungsländer zurechnete. Daher hat sich die Akzeptanz kartellrechtlicher Regelungen erhöht. Dennoch kann es im Einzelfall zu **Regelungskonflikten** kommen, insbesondere wenn kartellrechtliche Hoheitsakte des einen Staates im anderen Staat industriepolitische Förderungsmaßnahmen, justitielle Rechtsschutzgarantien oder Maßnahmen der nationalen Sicherheit berühren.

95 Seit Beginn der Anwendung des kartellrechtlichen Wirkungsprinzips im Alcoa-Fall von 1945 sind Konflikte dieser Art immer wieder aufgetreten.[95] Sie haben zu diplomatischen **Protesten** und zum Erlass von Gegengesetzen (blocking statutes, claw-back statutes) geführt und gelegentlich sogar gegenläufige gerichtliche Anordnungen (antisuit injunctions) ausgelöst. Teils wegen der bereits erwähnten Konvergenz der Kartellgesetze, teils wegen der durch bilaterale Vereinbarungen und OECD-Empfehlungen gestützten Praxis frühzeitiger Konsultationen sind Konflikte dieser Art in den letzten 20 Jahren jedoch seltener geworden. Aus jüngster Vergangenheit ist allerdings die Kritik der amerikanischen Regierung an der Untersagung des Zusammenschlusses zwischen General Electric und Honeywell durch die Kommission (und auch an dem Missbrauchsverfahren der Kommission gegen Microsoft) zu erwähnen.[96]

---

[94] *Meessen* (Fn. 7), S. 65 f.
[95] United States v. Aluminum Co. of America, 148 F. 2d 416 (2d Cir. 1945); *Meessen* (Fn. 7), S. 27 f.; *ders.* AJIL 78 (1984) 783, 791 f.
[96] *Briggs/Rosenblatt,* Antitrust 16 (Fall 2001) 26, 27 f.

E. Rücksichtnahme auf Drittstaaten

Insgesamt gesehen sind Proteste ausländischer Staaten oft nicht sofort, aber doch meist im weiteren Verlauf durch eine **Praxis der Rücksichtnahme** beantwortet worden.[97] Rücksichtnahme ist in vielen Formen praktiziert worden. So wurden an Stelle von Strafsanktionen nur verwaltungsrechtliche Sanktionen erlassen. Die verwaltungsrechtlichen Sanktionen wurden von vorne herein auf die Beseitigung der wesentlichen wettbewerbsbeschränkenden Inlandswirkungen beschränkt oder mit Vorbehalten zu Gunsten anderweitiger ausländischer Regelungen versehen. US-amerikanische Gerichte sind schließlich dazu übergegangen, in die unter dem Gesichtspunkt der comity durchzuführende Interessenabwägung nicht nur inländische öffentliche und private Interessen, sondern auch Gegeninteressen ausländischer Staaten einzustellen.[98]

II. Einmischungsverbot oder Rücksichtnahmegebot

Die Abfolge in der Staatenpraxis, die von der These extraterritorialer Hoheitsakte über die Antithese ausländischer Proteste zur Synthese von Kompromisslösungen geführt hat, ist von einer aus allgemeinen Prinzipien abgeleiteten Rechtsüberzeugung getragen und hat daher zur Entstehung einer **völkergewohnheitsrechtlichen Norm** geführt, die man wie folgt formulieren kann:[99]

„Bei der Ausübung der Zuständigkeit zum Erlass kartellrechtlicher Hoheitsakte ist die Souveränität ausländischer Staaten nach Maßgabe des völkerrechtlichen **Grundsatzes der Nichteinmischung** zu beachten. Wenn kartellrechtliche Hoheitsakte, zu denen nicht nur Einzelfallentscheidungen, sondern auch Gesetze zählen, die Ausübung der Funktionen eines ausländischen Staates erheblich stören, liegt eine Einmischung im völkerrechtlichen Sinne vor. Die Einmischung ist verboten, wenn die Interessen des ausländischen Staates an dem Ausbleiben der Störung die Interessen des Inlands an dem Erlass des kartellrechtlichen Hoheitsakts überwiegen."

Das völkerrechtliche Verbot der Einmischung, dem positiv ein Gebot der Rücksichtnahme entspricht, beruht auf dem völkerrechtlichen Grundsatz der **Gleichheit der Staaten** und verpflichtet den einen kartellrechtlichen Hoheitsakt erlassenden Staat seine Regelungsinteressen auf die grundsätzlich als gleichwertig anzusehenden Regelungsinteressen anderer Staaten abzustimmen. Gewiss stellt die Abwägung inländischer und ausländischer Interessen nationale Kartellbehörden und -gerichte vor eine schwierige Aufgabe. Nicht miteinander kompatible Interessen abzuwägen ist jedoch eine Aufgabe, die Behörden stets und Gerichten zumindest gelegentlich, z.B. bei der gerichtlichen Überprüfung einer Ministererlaubnis nach deutschem Kartellrecht oder im einstweiligen Kartellrechtsschutz zugemutet wird. Allerdings findet die Anwendung des kartellrechtlichen Gebots der Rücksichtnahme auf ausländische oder dritte Staaten bereits im Vorfeld behördlicher und auch diplomatischer Zusammenarbeit sowie bei der Vereinbarung von Zusagen zwischen der Behörde und den beteiligten Unternehmen statt. Die gerichtliche Anwendung hat insofern lediglich subsidiäre Bedeutung.

III. Grad der Anerkennung

In der Literatur ist die These einer völkergewohnheitsrechtlichen Pflicht zur Rücksichtnahme oder eines Verbots einer Einmischung nach der Interessenabwägungsformel teils akzeptiert, teils abgelehnt worden.[100] Vielfach beruhen die kritischen Stimmen auf einer

---

[97] *Meessen* (Fn. 7), S. 208 f.; *ders.* AJIL 78 (1984) 783, 795 f.
[98] Nachweise s. unten Rn. 105.
[99] *Meessen* (Fn. 7), S. 231/232.
[100] Insgesamt zustimmend u. a.: *Turner* WuW 32 (1982) 5; *Wildhaber,* Schweizerisches Jahrbuch für Internationales Recht 41 (1985) 99, 104 f.; *Kaffanke,* Nationales Wirtschaftsrecht und internationale Wirtschaftsordnung, 1990, S. 273 f.; *Rehbinder* (Fn. 57), Rn. 72; *Pearce,* Stanford Journal of Internatio-

Verkennung der Breite der zum Nachweis von Völkergewohnheitsrecht **maßgeblichen Staatenpraxis**. Diese Praxis umfasst nicht nur (und nicht einmal in erster Linie) Gerichtsentscheidungen, sondern jede Form kartellbehördlichen Einlenkens angefangen vom Nichtaufgreifen drittstaatsbezogener Sachverhalte bis zur schonenden Vermeidung drittstaatsbezogener Abhilfemaßnahmen. Verkannt wird auch die **völkerrechtliche Qualität** des Einmischungsverbots, wenn etwa eingewandt wird, nach deutschem Recht dürfe die Kartellbehörde nur wettbewerbliche Gesichtspunkte, nicht aber außerwettbewerbliche Interessen (noch dazu eines ausländischen Staates) berücksichtigen.[101] Auch nach deutschem Recht ist die Kartellbehörde von der Beachtung von Rechtsnormen, die die Berücksichtigung ausländischer Interessen vorschreiben, nicht freigestellt. Soweit es sich hierbei um völkergewohnheitsrechtliche Normen handelt, schreibt Art. 25 GG sogar eine Beachtung mit Vorrang vor einfachem Gesetzesrecht vor – ganz abgesehen davon, dass deutsches Recht das Bestehen von Völkergewohnheitsrecht, auch wenn es dies wollte, nicht ausschließen kann. Im übrigen ist das Einmischungsverbot inzwischen auch in der Praxis des Bundeskartellamts anerkannt und sein Eingreifen jeweils anhand zutreffender Kriterien geprüft worden.[102]

101 Von besonderer Bedeutung für den Spiegel der Meinungen in der Literatur ist das vom American Law Institute, einer Vereinigung von 2000 ad personam ausgewählten amerikanischen Juristen, in Abstimmung mit der amerikanischen Regierung innerhalb eines Jahrzehnts erarbeitete **Völkerrechtsrestatement**. In § 403 (3) des Restatements wurde das Einmischungsverbot im Zusammenhang mit der Interessenabwägungsformel im Jahre 1986 wie folgt formuliert:[103]

102 „When it would not be unreasonable for each of two states to exercise jurisdiction over a person or activity, but the prescriptions by the two states are in conflict, each state has an obligation to evaluate its own as well as the other state's interest in exercising jurisdiction, in light of all the relevant factors, *(an dieser Stelle folgt ein Hinweis auf § 403 (2), der eine nicht erschöpfende Liste von acht zu berücksichtigenden Faktoren enthält);* a state should defer to the other state if that state's interest is clearly greater."

103 Nach diesem Text wurde die verfahrensrechtliche Pflicht als bindende Verpflichtung formuliert, während die materiellrechtliche Pflicht nicht zuletzt unter dem Eindruck von Vorbehalten der amerikanischen Regierung in der schwachen Form eines „should" zum Ausdruck gebracht wurde.[104]

---

nal Law 30 (1994) 525; *Bremer,* Treuhandverwaltung und Jurisdiktionsbefugnis, Baden-Baden 1998, S. 137 f.; *Wiedemann* (Fn. 57), S. 65; unter Absenkung des Standards: *Veelken,* Interessenabwägung im Wirtschaftskollisionsrecht, Baden-Baden 1988, S. 151; unter Verlagerung des Geltungsanspruchs von Völkerrecht auf das Kollisionsrecht: *Schnyder,* Wirtschaftskollisionsrecht, 1990, S. 109 f., 160 f.; ähnlich *Deville,* Die Konkretisierung des Abwägungsgebots im internationalen Kartellrecht, 1990, S. 62, 71 f.; unter Beschränkung auf eine verfahrensrechtliche Pflicht zur Interessenabwägung verbunden mit einem materiellrechtlichen Rechtsmissbrauchsverbot: *Meng,* Extraterritoriale Jurisdiktion im öffentlichen Wirtschaftsrecht, 1993, S. 647; ähnlich, aber verbunden mit der Anerkennung materiellrechtlicher Pflichten als „Vorstadien völkerrechtlicher Normen": *Kramp,* Die Begründung und Ausübung staatlicher Zuständigkeit für das Verbot länderübergreifender Fusionen nach geltendem Völkerrecht, Berlin 1993, S. 221 f.; insbesondere auf Grund abweichender rechtstheoretischer Prämissen grundsätzlich ablehnend u. a.: *Mann* in: FS Mosler 1983, S. 529, 542 f.; *Nerep,* Extraterritorial Control of Competition under International Law, Stockholm 1983, Bd. 2, S. 391 f., 526 f., 556 f.; zu weiteren Nachweisen: *Meessen,* Kollisionsrecht der Zusammenschlusskontrolle, 1984, S. 32 f.

[101] S. unten *Stockmann,* Rn. 10 zu § 130 GWB.
[102] BKartA, B. v. 14. 2. 2007, B 5–10/07 – *Sulzer/Kelmix,* WuW/E DE-V 1340, 1342/3 (Rn. 25–26); B. v. 11. 4. 2007, B 3–578/06 – *Phonak/Resound,* WuW/E DE-V 1365, 1367/8 (Rn. 27, 30).
[103] Restatement (Third) of the Foreign Relations Law of the United States as adopted and promulgated by the American Law Institute at Washington, D. C. May 14, 1986, St. Paul, MN 1987.
[104] American Law Institute, Proceedings 1985, 374 f.

E. Rücksichtnahme auf Drittstaaten 104–106 IntKartR

Als Stütze für die Anerkennung einer völkergewohnheitsrechtlichen Norm darf schließ- 104
lich neben einer umfangreichen, aber schwer nachweisbaren administrativen Praxis die
Rechtsprechung US-amerikanischer, deutscher und mittelbar auch europäischer Gerichte
angeführt werden. Das Bestehen der Norm ausdrücklich ablehnende Entscheidungen liegen nicht vor. Ein gewichtiger, von Judge Wilkey im Laker-Fall vorgetragener Einwand, Gerichte seien nicht in der Lage, inländische und ausländische Interessen gegeneinander abzuwägen,[105] wurde noch im weiteren Verlauf desselben Falles – und in einer Reihe anderer Fälle – widerlegt, indem die britische Seite die für die amerikanische Seite nicht akzeptable Überreaktion einer antisuit injunction zurücknahm und damit das Rücksichtnahmegebot im Ergebnis beachtete.[106] Im Einklang mit dem – ohnehin nur in Ausnahmefällen in Betracht kommenden – völkerrechtlichen Einmischungsverbot stehen insbesondere folgende nach 1975 erlassene Entscheidungen:

1. US-amerikanische Rechtsprechung

In zwei Entscheidungen **amerikanischer Bundesberufungsgerichte** aus den Jahren 105
1976 und 1979 wurde der Anwendungsbereich des amerikanischen Kartellrechts unter
anderem unter Berücksichtigung ausländischer Interessen einschränkend interpretiert.[107] In
den 80er Jahren wurden auch außerhalb des Kartellrechts ausländische Gegeninteressen
insbesondere bei der inneramerikanischen Erzwingung auslandsbezogener Verfahrensakte
beachtet, allerdings nicht immer in ausreichendem Maße.[108] Im Ergebnis zutreffend, aber
mit unglücklich formulierter Begründung gab der **US Supreme Court** in einer Entscheidung aus dem Jahre 1994 der Anwendung amerikanischen Kartellrechts vor britischen Gegeninteressen den Vorzug.[109] Bemerkenswert ist, dass der US Systeme Court zehn Jahre
später im **Vitamin-Fall** eine (völkerrechtliche oder kollisionsrechtliche) Pflicht angenommen hat, (amerikanische) Gesetze seien so auszulegen, dass sie keine unvernünftige Einmischung in die souveränen Hoheitsrechte anderer Staaten zur Folge haben.[110]

2. Deutsche Rechtsprechung

Aus der **deutschen Rechtsprechung** ist insbesondere der Bayer/Firestone-Fall zu er- 106
wähnen, in dem das Kammergericht eine Untersagungsverfügung des Bundeskartellamts
unter Bezugnahme auf das Einmischungsverbot wegen französischer beschäftigungspolitischer Gegeninteressen aufhob, obwohl die Untersagungsvoraussetzungen nach der bisherigen Praxis zum deutschen Fusionskontrollrecht gegeben waren.[111] Vor kurzem bestätigte
das Oberlandesgericht Düsseldorf eine Entscheidung des Bundeskartellamts, den Erwerb
eines dänischen Unternehmens durch ein schweizerisches Unternehmen zu untersagen.[112]
Die schweizerische Regierung hatte darauf hingewiesen, dass sich der Schwerpunkt der

---

[105] *Laker Airways Ltd. v. Sabena,* 731 F. 2d 909, 950 (D.C. Cir. 1984).
[106] *British Airways Board v. Laker Airways Ltd.* [1985] 1 A.C. 58 (H.L.(E.)); zur Interpretation: *Meessen* (Fn. 10), S. 281.
[107] *Timberlane Lumber Co. v. Bank of America,* 549 F. 2d 597 (9th Cir. 1976); *Mannington Mills, Inc., v. Congoleum Corp.,* 595 F. 2d 1287 (3d Cir. 1979).
[108] Vgl. insbesondere Société Nationale Industrielle Aerospatiale v. United States District Court for the Southern District of Iowa, 107 S. Ct. 2542 (1987), die zu dem Verfahren abgegebenen Stellungnahmen (amicus briefs) ausländischer Regierungen sind wiedergegeben in: ILM 25 (1986) 1519, 1539, 1549 und 1557.
[109] *Hartford Fire Insurance Co. v. California,* 113 S. Ct. 2891 (1993).
[110] *Hoffmann-La Roche v. Empagran,* 124 S. Ct. 2359 (2004), WuW/E KRInt 37, 38.
[111] KG, B. v. 26. 11. 1980, WuW/E OLG 2419 – *Synthetischer Kautschuk;* zur Bewertung s. *Gerber* AJIL 77 (1983) 756, 773 f.
[112] OLG Düsseldorf, B. v. 26. 11. 2008 – *Phonak/Resound,* WuW/E DE-R 2477; zur Entscheidung des BKartA s. oben Fn. 102.

Wirkungen in den beiden Sitzstaaten und nicht in Deutschland, auf das weniger als 10% des Weltumsatzes der beiden Unternehmen entfiel, befand. Im Rahmen der nach dem „völkerrechtlichen Grundsatz der Nichteinmischung" gebotenen Interessenabwägung lehnte das Gericht aber die Anwendung einer Schwerpunkttheorie ab und hielt ein **deutliches Überwiegen** der entgegenstehenden ausländischen Interessen für erforderlich. Mangels konkreten Sachvortrags vermochte das Gericht ein derartiges Überwiegen nicht festzustellen. Als nicht ausreichend für eine derartige Feststellung wurde der Umstand angesehen, dass sich die Wirkungen der deutschen Untersagungsentscheidung nicht auf die in Deutschland zu erwartenden Wirkungen des nach schweizerischem und dänischem Fusionskontrollrecht zulässigen Zusammenschlusses beschränken ließen.

3. Europäische Rechtsprechung

107 Im Zellstoff-Fall nahm der **EuGH** zur Berufung der Klägerin auf das Einmischungsverbot Bezug, ließ aber den völkerrechtlichen Nachweis offen und begnügte sich mit der sowohl zutreffenden als auch – nach den Kriterien des Einmischungsverbots – relevanten Feststellung, dass die betroffenen Staaten im vorliegenden Falle „keine Einwände auf Grund eines eventuellen Kompetenzkonflikt erhoben (hätten)".[113] In Gencor ließ auch das **EuG** die völkerrechtliche Frage nach der Geltung des Einmischungsverbots unbeantwortet, prüfte aber (und verneinte) das Vorliegen einer Verletzung mit der zutreffenden Begründung, die Südafrikanische Republik habe kein der Untersagung des Zusammenschlusses durch die Kommission entgegenstehendes „berechtigtes Anliegen" geltend gemacht.[114]

IV. Kommissionspraxis

108 In der Kommissionspraxis lässt sich die Anwendung des völkerrechtlichen Einmischungsverbots nur schwer nachweisen. Die gebotene Rücksichtnahme findet im **administrativem Vorfeld** statt. So wurden die Ermittlungen gegen das Verkaufssyndikat GFU norwegischer Gasproduzenten nach einer Intervention der norwegischen Regierung von der Kommission eingestellt, nachdem sich Statoil und Norsk Hydro verpflichteten, 5% des Jahresabsatzes von Gas an neue Kunden anzubieten; Wettbewerbskommissar Monti sah hierdurch „die Interessen der Parteien unter Wahrung des europäischen Kartellrechts berücksichtigt."[115] Wie jede gute Verwaltungsbehörde legt die Kommission Wert darauf, keine Präzedenzfälle zu schaffen. Die wenigen förmlichen Entscheidungen, in denen sich Elemente einer Rücksichtnahme nachweisen lassen, könnten daher so verstanden werden, dass sie eine stillschweigende Praxis widerspiegeln:

1. Verfahrensrecht

109 Im **Farbstoffe-Fall** war die durch eingeschriebenen Brief in der Schweiz zugestellte Mitteilung der Beschwerdepunkte der Kommission unter Bezugnahme auf eine kritische Stellungnahme der schweizerischen Regierung zurück gesandt worden.[116] Immerhin nahm die Kommission anschließend auf Empfindlichkeiten der Schweiz dadurch Rücksicht, dass die Geldbußenentscheidung der schweizerischen Adressatin zu Händen ihrer innerhalb der Gemeinschaft ansässigen Tochtergesellschaft zugestellt wurde.[117]

110 Die im **Vitamin-Fall** an einen Mitarbeiter von Hoffmann-La Roche gerichtete Aufforderung, unter Verletzung schweizerischen Strafrechts Unterlagen des in der Schweiz ansäs-

---

[113] EuGH (Fn. 61), 5244.
[114] EuG (Fn. 67), II-788/789.
[115] Presseerklärung vom 17. 7. 2002, IP/02/1084.
[116] EuGH (Fn. 31), 792, l. Sp.
[117] EuGH (Fn. 31), 792, r. Sp.

E. Rücksichtnahme auf Drittstaaten

sigen Unternehmens zu beschaffen, stellte einen völkerrechtswidrigen Eingriff in den schweizerischen Schutz von Geschäftsgeheimnissen dar.[118] Nachdem ein Anfangsverdacht begründet war, hätte die Kommission ihre Ermittlungen auf rechtsstaatlichem Wege betreiben und damit einen Eingriff in die schweizerische Souveränität vermeiden können. In dem sich anschließenden Kartellverfahren hatte Hoffmann-La Roche das unter Berufung auf Völkerrecht geltend gemachte Verwertungsverbot fallen gelassen und sich damit möglicherweise für die Verhängung einer milden Geldbuße (300 000 RE = ca. 500 000 EUR; vom Gerichtshof auf 200 000 RE herabgesetzt) qualifiziert.[119]

2. Verhaltenskontrolle

Auf Grund einer Anmeldung zur Erlangung einer Einzelfallfreistellung aus dem Jahre 1970 nahm die Kommission Ermittlungen wegen der Praktizierung einer Exportselbstbeschränkungsvereinbarung von innerhalb und außerhalb der EU ansässigen **Aluminiumherstellern** auf und gelangte im Jahre 1984 zu dem Ergebnis, dass die Vereinbarung den heutigen **Art. 81 Abs. 1 EG** verletze und nicht nach Art. 81 Abs. 3 EG freigestellt werden könne.[120] Angesichts der „besonderen Umstände" des Falles beschloss die Kommission, von ihrem Rechtsfolgeermessen Gebrauch zu machen und keine Geldbußen zu verhängen.[121] Die besonderen Umstände bestanden u. a. darin, dass Partner der Vereinbarung nicht nur staatliche Außenhandelsorganisationen sozialistischer Staaten Osteuropas waren, sondern dass die Regierung des Vereinigten Königreichs, das zu dem maßgeblichen Zeitpunkt noch nicht EU-Mitglied, sondern Drittstaat war, die Vereinbarung und ihre Praktizierung aktiv unterstützte.[122] Nachdem die beteiligten Unternehmen die völkerrechtliche Zuständigkeit bestritten hatten, berief sich die Kommission zunächst auf das Wirkungsprinzip und fügte hinzu, dass die „Ausübung der Zuständigkeit ... weder seitens der betreffenden Unternehmen eine Zuwiderhandlung gegen die Vorschriften ihres nationalen Rechts (dritter Staaten) erfordere, noch ... wichtige Interessen eines dritten Staates berühre".[123]

Die amerikanische Kartellbehörde führte gegen **IBM** in den 70er Jahren umfangreiche Ermittlungen u. a. mit dem Vorwurf, den Nachahmungswettbewerb durch Ankündigung von Produktverbesserungen ohne Angabe der von Konkurrenten für die Herstellung von peripheren Geräten benötigten technischen Daten zu behindern. Auf Grund eines Verdachts einer Verletzung des heutigen **Art. 82 EG** durch dieselben Verhaltensweisen nahm die Kommission Ende der 70er Jahre ebenfalls Ermittlungen auf, die sie jedoch auch nach Einstellung des amerikanischen Verfahrens fortführte.[124] IBM sah die Fortsetzung des europäischen Verfahrens als völkerrechtswidrigen Eingriff in die US-amerikanische Einstellung eines schwerpunktmäßig auf die USA bezogenen Verfahrens an, zumal der verspäteten Bekanntgabe der technischen Details nur durch eine der US-amerikanischen Entscheidung zuwiderlaufende weltweite Veröffentlichung hätte begegnet werden können.[125] Eine gegen die Einleitung des förmlichen Verfahrens erhobene Nichtigkeitsklage wurde als unzulässig abgewiesen.[126] Erst nach weiteren Protesten der amerikanischen Regierung wurde das Ver-

---

[118] EuGH (Fn. 39).
[119] EuGH (Fn. 40), 472, 510.
[120] Kommission, E. v. 19. 12. 1984 Rs. IV/26 870 – *Aluminiumeinfuhren aus Osteuropa*, ABl. 1985 L 92/1.
[121] Kommission (Fn. 119), 53.
[122] Kommission (Fn. 119), 38 f.
[123] Kommission (Fn. 119), 48.
[124] Zum Sachverhalt: EuGH, U. v. 11. 11. 1981 Rs. 60/81 – *IBM/Kommission* Slg 1981, 2639, WuW/E EWG/MUV 545.
[125] EuGH (Fn. 123), 2648, 2650.
[126] EuGH (Fn. 123), 2654.

fahren drei Jahre später mit einer Kompromissentscheidung, die IBM nach eigener Aussage keine wesentliche Änderung ihrer Praktiken abverlangte, eingestellt.[127]

3. Fusionskontrolle

113   In mehreren Fusionskontrollfällen sind Zusagen ausgehandelt worden, die die Untersagungsfolgen auf das Gebiet der EU beschränkt haben.[128] Hierbei handelt es sich jedoch in der Regel nicht um Anwendungsfälle des Einmischungsverbots oder Rücksichtnahmegebots, sondern um die nach dem Wirkungsprinzip gebotene Anpassung an das Regelungsinteresse der EU.

114   **Rücksichtnahme** auf gegenläufige US-amerikanische Interessen war ausnahmsweise im **Boeing/McDonnell-Douglas-Fall** angezeigt.[129] In diesem Fall aus dem Jahre 1997 bereitete die Kommission die Untersagung des Zusammenschlusses zweier US-amerikanischer Hersteller großer Verkehrsflugzeuge vor und glaubte, hierfür sogar eine insgeheime Zustimmung bei Vertretern der amerikanischen Kartelladministration vorzufinden.[130] McDonnell-Douglas drohte die Insolvenz. Daher war die amerikanische Regierung daran interessiert, die Herstellung von Militärflugzeugen an Boeing, das bisher nur Zivilflugzeuge hergestellt hatte, zu überführen. Gegen das Vorhaben der Kommission, den Zusammenschluss zu untersagen, hat sich die amerikanische Seite offenbar nicht durch eine diplomatische Note, dafür aber durch öffentliche Erklärungen des Präsidenten, Vizepräsidenten, der Außenministerin und vieler anderer gewandt.[131] Die Kommission entschied sich schließlich zur Rücksichtnahme, klammerte den Militärbereich von ihren Ermittlungen aus und gab schließlich den Zusammenschluss unter offenbar nicht allzu belastenden Auflagen frei.[132]

V. Verhältnis zu anderen Rechtsgrundsätzen

115   Das Einmischungsverbot wird auch in der Praxis[133] gelegentlich in einem Atemzug mit dem **Rechtsmissbrauchsverbot** genannt. Ein derartiger Zusammenhang besteht jedoch nicht. Das Rechtsmissbrauchsverbot ist Teil jeder Rechtsordnung und daher als allgemeiner Rechtsgrundsatz im Sinne von Art. 38 Abs. 1 c des Statuts des Internationalen Gerichtshofs auch Teil des Völkerrechts. Es verbietet im Einzelfall die Ausübung eines eigentlich bestehenden Rechts. Nicht präzisiert sind aber die Kriterien des Einzelfalls, der die Ausübung des Rechts als missbräuchlich erscheinen lässt. Zurückzugreifen ist letztlich auf das – naturrechtlich abgestützte – Judiz des zur Überprüfung angerufenen Gerichts. Das **Einmischungsverbot** hingegen ist Teil des Völkergewohnheitsrechts, das gemäß Art. 38 Abs. 1 b IGH-Statut auf einer von einer Rechtsüberzeugung getragenen ständigen Staatenpraxis beruht. Es hat einen durch die Interessenabwägungsformel präzisierten Inhalt und dient ausschließlich dem Schutz der Souveränität eines oder mehrerer ausländischer Staaten, also Drittstaaten in der Terminologie des Europarechts.

116   In der Literatur zum deutschen internationalen Kartellrecht (oder deutschen Kartellkollisionsrecht) ist der Standpunkt vertreten worden, der **Grundsatz der Verhältnismäßigkeit**[134] erübrige die Anwendung des völkerrechtlichen **Einmischungsverbots** oder Rück-

---

[127] Wall Street Journal (European Edition), 3. 8. 1984, S. 1; EG Bull. 1984/10, 105.
[128] S. oben Rn. 85; vgl. auch *Wiedemann* (Fn. 57), S. 70.
[129] Kommission (Fn. 77).
[130] *Van Miert,* Markt Macht Wettbewerb, Meine Erfahrungen als Kommissar in Brüssel, 2000, S. 298.
[131] Ausführlicher Bericht bei *van Miert* (Fn. 130), S. 292–318.
[132] Kommission, E. v. 30. 7. 1997 (Fn. 77), 18, 39; zur Würdigung des Einlenkens der Kommission: *Romano,* Revue de droit des affaires internationales 1998, 509, 513 f.
[133] Z. B. BKartA s. oben Fn. 102.
[134] Zur Anwendung im europäischen Kartellrecht s. unten Rn. 120.

sichtnahmegebots.[135] In Wirklichkeit verhalten sich die Anwendungsbereiche beider Grundsätze wie **sich überschneidende Kreise**. Es gibt Sachverhalte, bei denen sowohl der allen Behörden und Gerichten geläufige Verhältnismäßigkeitsgrundsatz als auch das in der Praxis schwerer handhabbare Einmischungsverbot zur Anwendung kommt. Darüber hinaus gibt es zahlreiche Fälle, die nur einen schwachen Drittstaatsbezug aufweisen, so dass nur der an Grundrechtsverletzungen anknüpfende Verhältnismäßigkeitsgrundsatz zur Anwendung kommt, wie überhaupt die ständige Überprüfung der Erforderlichkeit von Eingriffen anhand des Verhältnismäßigkeitsgrundsatzes den gesamten Verwaltungsvollzug von Kartellrecht begleiten sollte.[136] Während die Anwendung des Verhältnismäßigkeitsgrundsatzes sich stets an die Anwendung von Grundrechten zum Schutz individueller Rechte von Einzelpersonen anschließt, ist Schutzgut des Einmischungsverbots die ausländische Souveränität. Das Einmischungsverbot hat daher in den politisch brisanten Anwendungskonflikten einen eigenständigen, vom Verhältnismäßigkeitsgrundsatz nicht erfassten Anwendungsbereich.

F. Europarechtlicher Grundrechtsschutz in drittstaatsbezogenen Sachverhalten

Der europarechtliche Grundrechtsschutz ist dem **völkerrechtlichen Menschenrechtsschutz** sowohl hinsichtlich seiner inhaltlichen Gewährleistungen als auch hinsichtlich seiner Durchsetzbarkeit überlegen. Auch wenn dies nicht ohne weiteres zugleich für den durch bilaterale mit Schiedsklauseln versehene Investitionsschutzverträge gewährleisteten Ausländerschutz gilt,[137] beschränken sich die folgenden Ausführungen auf das Aufzeigen einiger Ansatzpunkte für den europarechtlichen Grundrechtsschutz in drittstaatsbezogenen Sachverhalten.

Der durch die Rechtsprechung von EuGH und EuG entwickelte **europarechtliche Grundrechtsschutz** ist durch Art. 6 Abs. 2 des Vertrages über die Gründung der Europäischen Union in der Fassung des Vertrags von Nizza vom 26. 2. 2001 kodifiziert worden. Nach dieser Vorschrift „achtet (die EU) die Grundrechte, wie sie in der am 4. November 1950 in Rom unterzeichneten Europäischen Konvention zum Schutze der Menschenrechte und Grundfreiheiten gewährleistet sind und wie sie sich aus den gemeinsamen Verfassungsüberlieferungen der Mitgliedstaaten als allgemeine Grundsätze des Gemeinschaftsrechts ergeben".

Anwendbar ist der europarechtliche Grundrechtsschutz sowohl in ausschließlich auf das Gebiet der EU bezogenen Sachverhalten als auch in **drittstaatsbezogenen Sachverhalten.** Die folgende Darstellung beschränkt sich auf letztere. Wie bereits erwähnt handelt es sich um Ansatzpunkte, deren Reichweite gerichtlich noch kaum ausgelotet ist.

Der **Grundsatz der Verhältnismäßigkeit** ist im Europarecht im selben Maße anerkannt wie im deutschen Recht.[138] Im Rahmen der **Verhaltenskontrolle** ist er vor allem bei der Auswahl von Abhilfemaßnahmen und insbesondere bei der Bemessung von Geldbußen heranzuziehen. Unternehmen, deren Verhalten in der EU als wettbewerbsbeschränkend verboten, in einem Drittstaat aber erlaubt, erwünscht oder sogar geboten ist, können

---

[135] So zuletzt *Weitbrecht*, Völkerrecht und Kollisionsrecht in der deutschen Fusionskontrolle, in: FS Birk, 2008, S. 977, 987/988.
[136] *Meessen*, Kollisionsrecht der Zusammenschlusskontrolle, 1984, S. 38 f.
[137] *Meessen*, Streitigkeiten über Auslandsinvestitionen vor völkervertraglichen Schiedsgerichten, Liber amicorum Riesenkampff, 2006, S. 93.
[138] Zur Anwendung des Verhältnismäßigkeitsgrundsatzes im europäischen Kartellrecht: EuG, U. v. 27. 9. 2006, Rs. T-43/02 – *Jungbunzlauer/Kommission*, Slg. 2006, II-3435 – Rn. 226, WuW/E EU-R 1192 mit weiteren Nachweisen.

auf diese Pflichtenkollision hinweisen und die Anordnung solcher Abhilfemaßnahmen verlangen, die einerseits den Mindestanforderungen der Durchsetzung des europäischen Kartellrechts genügen und andererseits der dem Unternehmen durch die Pflichtenkollision entstehenden besonderen Härte Rechnung tragen. Bei der Verhängung und Bemessung von Geldbußen kann eine Verneinung oder zumindest Verminderung der Schuld der Verantwortlichen in Betracht kommen. Für die **Fusionskontrolle** stehen in drittstaatsbezogenen Sachverhalten Bedingungen und Auflagen nach Art. 6 Abs. 2 und 8 Abs. 2 FKVO als flexibel einsetzbares Instrumentarium zur Wahrung der Verhältnismäßigkeit zur Verfügung.

121 Der **Grundsatz ne bis in idem** besagt, dass eine nochmalige Verfolgung desselben Verhaltens unzulässig ist. Nach einer Entscheidung des EuG ist dieser Grundsatz jedoch nicht anwendbar, wenn die vorangehende Ahndung in einem Drittstaat erfolgte.[139] In Wirklichkeit wird man jedoch nicht von einer grundsätzlichen Unanwendbarkeit, sondern nur von der regelmäßigen Nichterfüllung der tatbestandlichen Voraussetzungen des Grundsatzes ne bis in idem ausgehen können. Im Rechtsmittelverfahren zum Graphitelektroden-Fall bezeichnete der EuGH den Grundsatz ne bis in idem zwar als einen „fundamentalen Grundsatz des Gemeinschaftsrechts", hielt aber den Grundsatz wegen fehlender Identität der Tat jedenfalls dann für unanwendbar, wenn die Behörden oder Drittstaaten ein grenzübergreifendes Kartell ausschließlich wegen der sich in ihrem Gebiet ergebenden Wirkungen verfolgt haben.[140] Aufgrund der auch in Drittstaaten allgemein geübten Anknüpfung an Inlandswirkungen dürfte es in der Tat zu Teilsanktionierungen kommen, die eine Ergänzung durch die Verhängung von Sanktionen des europäischen Kartellrechts nicht ausschließen. Allerdings sind in diesem Fall frühere Sanktionierungen, wie der EuGH weiter ausgeführt hat, bei der Bemessung der wegen der Wirkungen im Gebiet der EU verhängten Geldbuße im Sinne einer **Anrechnungspflicht** zu „berücksichtigen".[141]

G. Internationalprivatrechtliche Anwendbarkeit

122 Die Anwendung von europäischem Kartellrecht im Rahmen privatrechtlicher Ansprüche kommt insbesondere in den folgenden **drei Fallgruppen** in Betracht:

123 (1) Der aus einem privatrechtlichen Vertrag in Anspruch genommene Beklagte kann einwenden, der **Vertrag** sei infolge der Verletzung von Verbotsnormen des europäischen Kartellrechts unwirksam.

124 (2) Ein Kläger, der als Abnehmer, Lieferant oder Wettbewerber infolge der Verletzung von Verbotsnormen des europäischen Kartellrechts einen Schaden erlitten hat, kann **deliktische Ansprüche** auf Beseitigung, Unterlassung und/oder Schadensersatz in Geld geltend machen.

125 (3) Die Unwirksamkeit des **gesellschaftsrechtlichen Vollzugs** eines Zusammenschlusses kann infolge einer Verletzung des Vollzugsverbots des europäischen Fusionskontrollrechts von verschiedener Seite in unterschiedlichen prozessualen Situationen geltend gemacht werden.

126 Über die Anwendbarkeit von europäischem Kartellrecht ist in allen genannten Fällen nach dem **jeweils anwendbaren internationalen Privatrecht** zu entscheiden. Im gerichtlichen Verfahren ist nach der lex fori-Regel stets das internationale Privatrecht des Staates, der das Gericht errichtet und seinen Rechtsprechungsauftrag umschrieben hat, an-

---

[139] EuG, U. v. 29. 4. 2004, Verb. Rs. T-236/01, T-239/01, T-244/01 – T-246/01, T-251/01 und T 252/01 – *Graphitelektroden*, Slg. 2004, II-1181, Rn. 133, WuW/E EU-R 847.

[140] EuGH, U. v. 29. 6. 2006, C-308/04 P – *SGL Carbon/Kommission*, Slg. 2006, I-5915, Rn. 29, WuW/E EU-R 1069.

[141] EuGH (Fn. 140), Rn. 139.

zuwenden.¹⁴² Bei Schiedsgerichten wählen die Schiedsparteien das vom Schiedsgericht anzuwendende materielle Recht selbst aus oder beauftragen das Schiedsgericht, das anzuwendende materielle Recht – mit oder ohne Bindung an ein staatliches internationales Privatrecht – auszuwählen.¹⁴³

Im Folgenden kann es nicht darum gehen, die Kriterien der internationalprivatrechtlichen Anwendbarkeit von europäischem Kartellrecht aus der Sicht von Schiedsgerichten oder auch nur staatlichen Gerichten im Einzelnen darzustellen. Daher beschränkt sich die Darstellung auf die Wiedergabe der **europarechtlichen Vorgaben** und der Form ihrer Beachtung in Verfahren vor Gerichten von Mitgliedstaaten, Gerichten von Drittstaaten und Schiedsgerichten.

I. Europäisches Kartellrecht als zwingendes Recht

Europäisches Kartellrecht ist **international zwingendes Recht**. Diese Feststellung, die auf Grund europäischen Rechts allerdings nur im eigenen Geltungsbereich, also innerhalb der Europäischen Union und ihrer Mitgliedstaaten, zu beachten ist, lässt sich durch folgende Entscheidungen des EuGH belegen:

Im **Nordsee-Fall** hat der EuGH festgestellt, dass die ordentlichen Gerichte bei der Unterstützung oder Überprüfung schiedsgerichtlicher Verfahren verpflichtet sind, Gemeinschaftsrecht anzuwenden und gegebenenfalls im Wege von Vorabentscheidungsverfahren den EuGH mit der Auslegung oder Prüfung der Gültigkeit zu befassen.¹⁴⁴

Im **Van Schijndel-Fall** anerkannte der EuGH zwar den zwingenden Charakter der heutigen Art. 3 Abs. 2g, 81, 82 und 86 EG, schränkte die Pflicht zur Beachtung durch nationale Gerichte aber für den Fall ein, dass den nationalen Gerichten die Berücksichtigung europäischen Kartellrechts aus prozessualen Gründen (Beschränkung auf Streitgegenstand oder vor Gericht vorgetragene Tatsachen) verwehrt sei.¹⁴⁵

Im **Eco Swiss-Fall** verschärfte der EuGH seine im Van Schijndel-Fall abgegebene Stellungnahme dahingehend, dass der heutige Art. 81 EG der öffentlichen Ordnung (ordre public) im Sinne von Art. 5 Abs. 2 der New Yorker Konvention über die Anerkennung und Vollstreckung ausländischer Schiedssprüche¹⁴⁶ zuzurechnen sei.¹⁴⁷ Hieraus folgerte der EuGH, dass staatliche Gerichte trotz der Beschränkung der gerichtlichen Überprüfung von Schiedssprüchen im Aufhebungs- und Anerkennungsverfahren auf „außergewöhnliche Fälle" verpflichtet seien, eine Überprüfung am Maßstab des heutigen Art. 81 EG vorzunehmen.¹⁴⁸ Von Schiedssprüchen, die europäisches Kartellrecht verletzen, kann demnach innerhalb der Europäischen Union Aufhebung oder Verweigerung der – als Voraussetzung der Zwangsvollstreckung erforderlichen – Anerkennung verlangt werden.

II. Internationales Privatrecht der Europäischen Union

Zur Anwendung von Kartellrecht enthält die **Rom II** genannte EG-Verordnung vom 11. 7. 2007 in Art. 6 Abs. 3 eine **allseitige Kollisionsnorm** folgenden Inhalts:¹⁴⁹

---

¹⁴² *Meessen* (Fn. 10), S. 145 f.
¹⁴³ *Meessen* (Fn. 10), S. 159 f.
¹⁴⁴ EuGH U. v. 23. 3. 1982 Rs. 102/81 – *Nordsee/Reederei Mond* Slg 1982, 1095, 1111.
¹⁴⁵ EuGH U. v. 14. 12. 1995 verb. Rs. C-430/93 u. C-431/93 – *Van Schijndel/Stichting Pensioenfonds* Slg 1995, I-4705, 4736, 4738.
¹⁴⁶ Übereinkommen über die Anerkennung und Vollstreckung ausländischer Schiedssprüche v. 10. 6. 1958, BGBl 1965 II 102.
¹⁴⁷ EuGH U. v. 1. 6. 1999 Rs. C-126/97 – *Eco Swiss/Benetton* Slg 1999, I-3055, 3093, WuW/E EU-R 203.
¹⁴⁸ EuGH (Fn. 147), I-3092/3093.
¹⁴⁹ Verordnung (EG) Nr. 864/2007 vom 11. 7. 2007 über das auf außervertragliche Schuldverhältnisse anzuwendende Recht („Rom II"), ABl EG 2007/L/199/40.

Artikel 6 Rom II-Verordnung

Unlauterer Wettbewerb und den freien Wettbewerb einschränkendes Verhalten

...

(3) a) Auf außervertragliche Schuldverhältnisse aus einem den Wettbewerb einschränkenden Verhalten ist das Recht des Staates anzuwenden, dessen Markt beeinträchtigt ist oder wahrscheinlich beeinträchtigt wird.

b) Wird der Markt in mehr als einem Staat beeinträchtigt oder wahrscheinlich beeinträchtigt, so kann ein Geschädigter, der vor einem Gericht im Mitgliedstaat des Wohnsitzes des Beklagten klagt, seinen Anspruch auf das Recht des Mitgliedstaats des angerufenen Gerichts stützen, sofern der Markt in diesem Mitgliedstaat zu den Märkten gehört, die unmittelbar und wesentlich durch das den Wettbewerb einschränkende Verhalten beeinträchtigt sind, das das außervertragliche Schuldverhältnis begründet, auf welches sich der Anspruch stützt; klagt der Kläger gemäß den geltenden Regeln über die gerichtliche Zuständigkeit vor diesem Gericht gegen mehr als einen Beklagten, so kann er seinen Anspruch nur dann auf das Recht dieses Gerichts stützen, wenn das den Wettbewerb einschränkende Verhalten, auf das sich der Anspruch gegen jeden dieser Beklagten stützt, auch den Markt im Mitgliedstaat dieses Gerichts unmittelbar und wesentlich beeinträchtigt.

(4) Von dem nach diesem Artikel anzuwendenden Recht kann nicht durch eine Vereinbarung gemäß Artikel 14 abgewichen werden.

133 Die Rom II-Verordnung ist nach Art. 1 nur auf **außervertragliche Schuldverhältnisse** in Zivil- und Handelssachen in den Mitgliedstaaten der Europäischen Union mit Ausnahme von Dänemark anwendbar. Sie tritt nach Art. 32 am 11. 1. 2009 inkraft. Bei der Anwendung von Art. 6 Abs. 3 ist zu beachten, dass Eingriffsnormen des Gerichtsstaats nach Art. 16 Rom II-Verordnung Vorrang zukommt. In den Mitgliedstaaten der Europäischen Union gilt europäisches Kartellrecht als international zwingendes Recht und enthält somit ausschließlich Eingriffsnormen im Sinne von Art. 16 der Rom II-Verordnung.

134 Die **Verweisung** auf das Kartellrecht eines anderen Mitgliedstaats oder eines Drittstaats ist nach Art. 6 Abs. 3 (a) Rom II-Verordnung in zweierlei Hinsicht eingeschränkt:

135 (1) Nach Art. 6 Abs. 3 (b) Rom II-Verordnung kann der Geschädigte seinen Anspruch auf das Recht des Gerichtsstaats stützen, wenn der dortige Markt „zu den Märkten gehört, die unmittelbar und wesentlich durch das den Wettbewerb einschränkende Verhalten beeinträchtigt sind".

136 (2) Nach Art. 16 Rom II-Verordnung geht das Eingriffsrecht des Gerichtsstaats – zu dem Kartellrecht wegen Inlandswirkungen vor den Gerichten der EU-Mitgliedsstaaten stets gehört[150] – den Verweisungsnormen der Rom II-Verordnung vor.

137 Die **Anwendung des Kartellrechts eines anderen Mitgliedstaats oder eines Drittstaats** auf Ansprüche aus außervertraglichen Schuldverhältnissen kommt nur dann in Betracht, wenn im Gerichtsstaat keine Inlandswirkungen auftreten und wenn europäisches Kartellrecht auch nicht aufgrund von Wirkungen in einem anderen Mitgliedstaat – z.B. mangels Beeinträchtigung des zwischenstaatlichen Handels – anwendbar ist. Ob Art. 6 Abs. 3 der – im Übrigen auf einer zweifelhaften Ermächtigungsgrundlage beruhenden – Rom II-Verordnung praktische Bedeutung zukommen wird, ist zweifelhaft.[151]

---

[150] Zum europäischen Kartellrecht s. oben Rn. 66 f.

[151] Aus anderen Gründen kritisch: *Immenga*, Kodifizierung des internationalen Wettbewerbsrechts im Gemeinschaftsrecht, WuW 2008, 1043.

III. Gerichte der EU und ihrer Mitgliedstaaten

Der EuGH hat das europäische Kartellrecht, falls vor ihm auf Grund einer Schiedsklausel **138** gemäß Art. 238 EG ein privatvertraglicher Anspruch geltend gemacht wird, selbst und auch dann zu beachten, wenn die Vertragsparteien ausdrücklich das Recht eines Drittstaats als anwendbares Recht gewählt haben. Von größerer praktischer Bedeutung ist, dass die Feststellungen des EuGH zum zwingenden Charakter des europäischen Kartellrechts von allen Gerichten der EU-Mitgliedstaaten kraft **Vorrangs** des Europarechts und kraft **unmittelbarer Anwendbarkeit** seiner kartellrechtlichen Vorschriften zu beachten ist.[152] Europäisches Kartellrecht ist damit sowohl vor europäischen als auch mitgliedstaatlichen Gerichten international zwingendes Recht des Gerichtsstaats im Sinne von Art. 7 Abs. 2 der Römischen Konvention über das auf vertragliche Schuldverhältnisse anwendbare Recht von 1980 (Rom I).[153]

Hieraus folgt, dass die Vertragsparteien zwar das Recht eines Drittstaates als anwendbares **139** Vertragsrecht bestimmen können, dass jedoch diese Rechtswahl nichts an der **Anwendbarkeit des europäischen Kartellrechts** im Hinblick auf die Überprüfung von Wirksamkeit und Inhalt des Vertrages ändert. Auch eine für deliktische oder gesellschaftsrechtliche Verfahren getroffene Rechtswahl wäre, soweit sie überhaupt nach dem anwendbaren internationalen Privatrecht zulässig ist, aus der Sicht der Gerichte der EU und ihrer Mitgliedstaaten insoweit unwirksam, als sie die Anwendbarkeit des europäischen Kartellrechts ausschließt.

IV. Gerichte von Drittstaaten

Gerichte von Drittstaaten unterliegen nicht dem Geltungsbereich des europäischen Kartellrechts.[154] Ob und inwieweit europäisches Kartellrecht, das aus der Sicht des Drittstaats **ausländisches Eingriffsrecht** darstellt, zur Anwendung kommt, bestimmt sich nach dem internationalen Privatrecht des jeweiligen Drittstaats. **140**

In der Regel wird europäisches Kartellrecht jedenfalls dann zur Anwendung kommen, **141** wenn nach dem internationalen Privatrecht des Drittstaats das Recht eines EU-Mitgliedstaats anwendbares materielles Recht ist, sofern zusätzlich die nach dem Wirkungsprinzip zu bestimmenden Voraussetzungen der Anwendbarkeit europäischen Kartellrechts gegeben sind.[155] Wenn diese Voraussetzungen gegeben sind, kann nach **Art. 19 des schweizerischen IPR-Gesetzes** europäisches Kartellrecht vor den Gerichten der Schweiz auch dann anwendbar sein, wenn die Parteien – aus welchem Grund auch immer – das Recht eines Drittstaates als auf den Vertrag anwendbares Recht gewählt haben.[156] Eine derartige Anwendung ausländischen Eingriffsrechts ist jedoch keineswegs üblich. Möglicherweise ist sie aber auf Grund des völkerrechtlichen Einmischungsverbots oder Gebots der Rücksichtnahme beispielsweise dann geboten, wenn ein Drittstaat sein Recht den Vertragsparteien zur Umgehung ausländischen Kartellrechts zur Verfügung stellt (cartel haven).[157]

---

[152] Zum Vorrang von Europarecht: EuGH U. v. 15. 7. 1964 Rs. 6/64 – *Costa/ENEL* Slg 1964, 1251, 1269 f.; zur unmittelbaren Anwendbarkeit von europäischem Kartellrecht: EuGH U. v. 6. 4. 1962 Rs. 13/61 – *De Geus/Bosch* Slg 1962, 97, 111 f.

[153] Übereinkommen über das auf vertragliche Schuldverhältnisse anwendbare Recht v. 19. 6. 1980, ABl. 1980 L 266/1.

[154] Zum Geltungsbereich s. oben Rn. 11, 17 f.

[155] *Martinek,* Das internationale Kartellprivatrecht, 1987, S. 38 f.; *Schnyder* (Fn. 100), S. 29 f.

[156] Bundesgesetz über das Internationale Privatrecht v. 18. 12. 1987, Bundesblatt 1988 II 5; aus der schweizerischen Rechtsprechung: Handelsgericht Zürich, E. v. 19. 12. 1996, S IC 1998, 97; Obergericht Thurgau, E. v. 20. 1. 2000, S IC 2001, 669; bestätigt durch Bundesgericht, E. v. 7. 5. 2001, S IC 2001, 675; vgl auch BGE 118 II 193.

[157] *Meessen* in: FS Folz, 2003, S. 231, 240.

142 Innerhalb der Europäischen Union muss auf Grund der Feststellungen des EuGH im Eco Swiss-Fall[158] die **Anerkennung** und **Vollstreckung** von Urteilen drittstaatlicher Gerichte, die anwendbares europäisches Kartellrecht verletzen, wegen Verstoß gegen die europäische öffentliche Ordnung verweigert werden.

V. Schiedsgerichte

143 Die Eco Swiss-Entscheidung des EuGH[159] stellt klar, dass unter Verletzung anwendbaren europäischen Kartellrechts zustande gekommene Schiedssprüche **innerhalb der Europäischen Union** nicht anerkannt und vollstreckt werden dürfen. Im Fruchtsäfte-Fall war der BGH bereits 30 Jahre vor der Eco Swiss-Entscheidung so verfahren.[160] Aus demselben Grunde haben mitgliedstaatliche Gerichte Klagen auf **Aufhebung** von Schiedssprüchen, soweit eine Zuständigkeit gegeben ist, stattzugeben.[161]

144 Gegenüber **Drittstaaten** ist das europäische Kartellrecht auf Grund der Beschränkung seines Geltungsbereichs auf das Gebiet der Europäischen Union nicht verbindlich. Ob Drittstaaten daher unter Verletzung von europäischem Kartellrecht ergangene Schiedssprüche anerkennen und vollstrecken, ist offen. Offen ist ferner, ob in Drittstaaten Aufhebungsklagen stattgegeben wird.

145 Schiedsgerichte sind an europäisches Kartellrecht nur dann **förmlich gebunden,** wenn die Parteien ihnen dies im Schiedsvertrag unmittelbar oder durch Wahl des Rechts eines EU-Mitgliedstaats mittelbar vorschreiben. Problematisch sind die Fälle, in denen die Parteien die Anwendbarkeit von europäischen Kartellrecht im Schiedsvertrag keine Festlegung getroffen haben oder die Anwendbarkeit ausdrücklich ausgeschlossen haben.

146 Bei fehlender Aussage im Schiedsvertrag kann das Schiedsgericht europäisches Kartellrecht ohne Verletzung des Schiedsvertrags mit der Begründung anwenden, dass den Parteien die Unsicherheiten, die aus der Verletzung von europäischem Kartellrecht herrühren, bei Anerkennung und Vollstreckung des Schiedsspruchs erspart würden. Wenn die Schiedsparteien das Schiedsgericht jedoch angewiesen haben, ohne Berücksichtigung des eigentlich anwendbaren europäischen Kartellrechts zu entscheiden, steht das Schiedsgericht vor dem **Dilemma,** entweder den Schiedsvertrag zu verletzen oder selbst zum Instrument einer Kartellrechtsverletzung zu werden. Die Akzeptanz privater Schiedsgerichtsbarkeit beruht darauf, sich nicht zur Umgehung und Verletzung staatlichen Rechts missbrauchen zu lassen. Es ist daher zu hoffen und zunehmend zu erwarten, dass Schiedsgerichte entweder ihre Zuständigkeit verneinen oder die ihnen unterbreitete Streitigkeit unter Beachtung des europäischen Kartellrechts entscheiden.[162]

147 Obwohl Schiedsgerichte demgemäß als verpflichtet anzusehen sind, europäisches Kartellrecht als zwingendes Recht anzuwenden, sind sie nach der Rechtsprechung des EuGH nicht **„Gericht eines Mitgliedstaats"** im Sinne von Art. 234 Abs. 2 EG. Sie sind daher weder verpflichtet noch auch nur berechtigt, Gültigkeits- und Auslegungsfragen im Wege des Vorabentscheidungsverfahrens an den Gerichtshof zu richten.[163] Dies kann zur Folge haben, dass ein gerichtliches Verfahren an ein schiedsgerichtliches Verfahren nur deswegen angeschlossen wird, um eine Auslegungsfrage durch ein Vorabentscheidungsverfahren klären zu lassen. Im Bulk Oil-Fall war dies so geschehen.[164] Man kann darüber streiten, ob aus funktionaler Sicht Schiedsgerichte nicht doch mit Gerichten im Vorabentscheidungsverfah-

---

[158] S. oben Rn. 131.
[159] S. oben Rn. 131.
[160] BGH U. v. 27. 2. 1969, WuW/E BGH 1000, 1001 – *Fruchtsäfte*.
[161] Zutreffend OLG Düsseldorf, B. v. 21. 7. 2004 – *Regenerative Wärmeaustauscher,* WuW/E DE-R 1647; a. A. OLG Jena, B. v. 8. 8. 2007 – *Schott,* WuW/E DE-R 2219.
[162] *Meessen* (Fn. 10), S. 167, 316 f.
[163] EuGH (Fn. 144), 1110/1111; EuGH (Fn. 147); I-3093.
[164] GA Slynn Rs. 174/84 – *Bulk Oil/Sun International* (Fn. 72), Slg 1986, 559, 562.

G. Internationalprivatrechtliche Anwendbarkeit **148 IntKartR**

ren gleich zu behandeln sind. Jedoch lassen sich Schiedsgerichte keinem bestimmten Mitgliedstaat zuordnen, so dass man nach dem derzeitigen Wortlaut von Art. 234 EG keine Änderung der Rechtsprechung erwarten kann.

Nicht selten werden in der **europäischen Fusionskontrolle** Verhaltenszusagen (Zugang zu wesentlichen Einrichtungen, Lizenzverträge, Belieferungspflichten usw.) mit Schiedsgerichtsklauseln verbunden.[165] Auf diese Weise entlastet sich die Kommission von der dauernden Überwachung der Einhaltung derartiger Zusagen, behält sich aber in der Ausgestaltung der Schiedsgerichtsklauseln eine in der Schiedsgerichtsbarkeit ungewöhnliche einseitige **Steuerungsfunktion** vor. Bei der Erhebung von Schiedsgerichtseinreden von staatlichen Gerichten und bei der Vollstreckung derartiger Schiedssprüche kann dies zu Problemen führen. Bisher sind allerdings noch keine aufgrund dieser Klauseln durchgeführte Schiedsgerichtsverfahren bekannt geworden. **148**

---

[165] *Blanke,* The Use and the Utility of International Arbitration in EC Commission Merger Remedies, 2006.

2. Teil. Gemeinschaftsunternehmen

Übersicht

	Rn.		Rn.
I. Begriff und Bedeutung des Gemeinschaftsunternehmens	1	2. Beurteilung nach Art. 81 im Einzelnen	7
II. Auswirkungen von Gemeinschaftsunternehmen auf den Wettbewerb	2	a) Allgemeine Regeln	7
III. Rechtslage im EG-Kartellrecht	3	b) Teilfunktions-Gemeinschaftsunternehmen in marktfernen Bereichen	9
1. Trennungsprinzip	3	c) Teilfunktions-Gemeinschaftsunternehmen zwischen Nichtwettbewerbern	10
2. Unterschiede in der Behandlung konzentrativer und kooperativer Gemeinschaftsunternehmen	4	d) Teilfunktions-Gemeinschaftsunternehmen zwischen Wettbewerbern	11
3. Strukturelle kooperative Gemeinschaftsunternehmen	5	e) Gruppeneffekt („Spill-over-effect")	16
IV. Beurteilung der kooperativen Gemeinschaftsunternehmen	6	f) Wettbewerbsbeschränkende Wirkungen gegenüber Dritten	21
1. Begriff des kooperativen Gemeinschaftsunternehmens	6	g) Nebenabreden	22

Schrifttum: *Axster,* Gemeinschaftsunternehmen als Kooperations- oder Konzentrationstatbestand im EG-Recht in: FS Gaeddertz, 1992, S. 1 ff.; *Börner,* Gemeinschaftsunternehmen im Wettbewerbsrecht von EWGV und EGKS, FIW-Schriftenreihe Heft 80 (1978), 179 ff.; *Fischer,* Gruppeneffekt und Fusionskontrolle über Gemeinschaftsunternehmen, FIW-Schriftenreihe Heft 122 (1987), 57 ff.; *Gerwing,* Kooperative Gemeinschaftsunternehmen im EWG-Kartellrecht unter besonderer Berücksichtigung der Abgrenzungsfrage, 1994; *Illiopoulos,* Gemeinschaftsunternehmen im EGKS- und EWG-Kartellrecht, 1986; *Köhler,* „Gemeinsame Kontrolle" von Unternehmen aufgrund von Minderheitsbeteiligungen, EuZW 1992, 634 ff.; *Kurz/Rall,* Zur wettbewerbspolitischen Beurteilung von Gemeinschaftsunternehmen, WuW 1986, 765; *Lohse,* Kartellfreie Gemeinschaftsunternehmen im europäischen Wettbewerbsrecht, 1992; *dies.,* Gemeinschaftsunternehmen nach Inkrafttreten der Fusionskontrollverordnung, ZHR 159 (1995), 164 ff.; *Meessen,* Gemeinschaftsunternehmen im EWG-Wettbewerbsrecht, WuW 1993, 901 ff.; *Montag,* Strukturelle kooperative Gemeinschaftsunternehmen, RIW 1994, 918 ff.; *Pohlmann,* Doppelkontrolle von Gemeinschaftsunternehmen im europäischen Kartellrecht, WuW 2003, 473 ff.; *Scherf,* Kooperative Gemeinschaftsunternehmen in europäischen Wettbewerbsrecht, RIW 1993, 297 ff.; *Schröder,* Schnittstellen der Kooperations- und Oligopolanalyse im Fusionskartellrecht, WuW 2004, 893 ff.; *Schröter,* Gemeinschaftsunternehmen im EWG-Kartellrecht, FIW-Schriftenreihe Heft 122 (1987), 67 ff.; *Ulmer,* Gemeinschaftsunternehmen im EG-Kartellrecht, WuW 1979, 433; *Wissel,* Gemeinschaftsunternehmen im EG-Kartellrecht – Eine Erwiderung, FIW-Schriftenreihe Heft 122 (1987), 85 ff.

I. Begriff und Bedeutung des Gemeinschaftsunternehmens

Als Gemeinschaftsunternehmen (GU) wird im EG-Kartellrecht ein Unternehmen bezeichnet, das unter der **gemeinsamen Kontrolle** (Beherrschung) durch mehrere andere Unternehmen steht.[1] Wesensmerkmal ist also die gemeinsame (nicht: alleinige) Kontrolle[2] durch mindestens zwei andere Unternehmen sowie die Unternehmenseigenschaft[3] sowohl der herrschenden Unternehmen als auch des gemeinsamen Unternehmens (anders der Begriff „Joint Venture", der nicht notwendig die Existenz eines gemeinsamen Unternehmens zum Inhalt hat). Gemeinschaftsunternehmen haben eine immer größere Bedeutung im Wirtschaftsleben, da sich viele komplexe Aufgaben in der Entwicklung, Fertigung und

---

[1] Zur Definition des Gemeinschaftsunternehmens vgl. Art. 3 Abs. 1 lit. b) und Abs. 4 der FKVO.
[2] Zum Begriff der (gemeinsamen) Beherrschung siehe unten FKVO Art. 3 Rn. 33.
[3] *Rating* in: Schröter/Jakob/Mederer, Kommentar zum Europäischen Wettbewerbsrecht, Art. 81 – Fallgruppen, Änderung der Unternehmensstruktur, Rn. 39.

im Vertrieb oft nur von mehreren Unternehmen gemeinsam lösen lassen. Dafür fassen dann die beteiligten Unternehmen ihre jeweiligen Spezialkenntnisse und Erfahrungen, oft aber auch Entwicklungs- und Fertigungseinrichtungen sowie Personal in einem Gemeinschaftsunternehmen zusammen. Solche Gemeinschaftsunternehmen können sämtliche Funktionen eines Unternehmens von der Entwicklung über die Fertigung bis zum Vertrieb erfüllen; sie können aber auch auf einzelne Funktionen, insbesondere Hilfsfunktionen für die Muttergesellschaften, beschränkt sein (z. B. bloße Entwicklungsaufgaben oder die Fertigung von Vorprodukten für die Muttergesellschaften).

II. Auswirkungen von Gemeinschaftsunternehmen auf den Wettbewerb

2   Gemeinschaftsunternehmen können sehr vielfältige und unterschiedliche Auswirkungen auf den Wettbewerb haben. So können sie – ähnlich wie eine Fusion – eine dauerhafte Strukturänderung herbeiführen, insbesondere wenn ein Gemeinschaftsunternehmen alle Funktionen eines selbstständigen Unternehmens erfüllt und die Muttergesellschaften sich aus seinem Tätigkeitsgebiet zurückziehen. Gemeinschaftsunternehmen können aber auch zu einer Beschränkung des Wettbewerbs der Muttergesellschaften bei bestimmten Teilfunktionen führen, z. B. bei der Entwicklung, dem Einkauf, der Fertigung oder dem Vertrieb. Schließlich können von Gemeinschaftsunternehmen auch Auswirkungen auf den Wettbewerb der Muttergesellschaften untereinander auf den Märkten des Gemeinschaftsunternehmens, auf vor- oder nachgelagerten Märkten oder sogar völlig anderen Märkten ausgehen („Gruppeneffekte" bzw. „spill-over-effects"). Die wettbewerbspolitische Behandlung von Gemeinschaftsunternehmen muss daher den verschiedenen Erscheinungsformen von Gemeinschaftsunternehmen Rechnung tragen. Bewirkt ein Gemeinschaftsunternehmen eine dauerhafte Strukturveränderung, so kommt in erster Linie die Anwendung der Fusionskontrollvorschriften in Betracht. Dient das Gemeinschaftsunternehmen dagegen vor allem der Koordinierung von Teilfunktionen der Muttergesellschaften, so liegt es näher, die Vorschriften über vertragliche Wettbewerbsbeschränkungen („Kartelle") anzuwenden. Dabei wäre es denkbar, entweder nur die Vorschriften über Fusionen oder nur die über Kartelle anzuwenden, je nachdem ob das Gemeinschaftsunternehmen überwiegend eine Strukturveränderung oder eine Koordinierung des Wettbewerbsverhaltens der Muttergesellschaft bewirkt (**„Trennungsprinzip"**). Es könnten aber auch sowohl die Vorschriften über die Fusionskontrolle als auch die über Kartelle nebeneinander auf Gemeinschaftsunternehmen angewendet werden (**„Zweischrankenprinzip"**).[4]

III. Rechtslage im EG-Kartellrecht

1. Trennungsprinzip

3   Während im deutschen Kartellrecht – jedenfalls für die „kooperativen" Gemeinschaftsunternehmen – das Zweischrankenprinzip Anwendung findet,[5] hat sich der Gesetzgeber im EG-Kartellrecht im Wesentlichen für das Trennungsprinzip entschieden.[6] Danach fallen Gemeinschaftsunternehmen in der Regel entweder nur unter die Vorschriften des Art. 81 oder nur unter die der FKVO.[7] Allerdings gilt diese deutliche Trennung erst seit dem Inkrafttreten der FKVO am 21. September 1990. Deren Art. 3 Abs. 1 lit. b unterstellt auch den Erwerb der gemeinsamen Kontrolle über ein anderes Unternehmen der Fusionskon-

---

[4] Vgl. dazu *Zimmer* in: Immenga/Mestmäcker, EG-Wettbewerbsrecht, Teil 1, EGV Art. 81 Abs. 1 Rn. 378 f.
[5] Siehe dazu oben Anhang 1 zu § 1 GWB Rn. 3 ff.
[6] *Zimmer* in: Immenga/Mestmäcker, EG-Wettbewerbsrecht, Teil 1, EGV Art. 81 Abs. 1 Rn. 379.
[7] Verordnung (EG) Nr. 139/2004 über die Kontrolle von Unternehmenszusammenschlüssen, ABl. L 24 vom 29. 1. 2004, 1 ff.

III. Rechtslage im EG-Kartellrecht   **4 GU**

trolle. Voraussetzung ist, dass das Gemeinschaftsunternehmen auf Dauer alle wesentlichen Funktionen einer selbstständigen wirtschaftlichen Einheit erfüllt (Art. 3 Abs. 4 FKVO).[8] Weitere Voraussetzung war zunächst auch, dass die Gründung des Gemeinschaftsunternehmens oder der Erwerb der gemeinsamen Kontrolle über das Gemeinschaftsunternehmen nicht die Koordinierung des Wettbewerbsverhaltens der (voneinander unabhängigen) Muttergesellschaften bezweckte oder bewirkte. Dementsprechend wurde unterschieden zwischen **„konzentrativen"** Gemeinschaftsunternehmen, die ausschließlich unter die Fusionskontrolle fielen, und **„kooperativen"** Gemeinschaftsunternehmen, die nur nach Art. 81 zu beurteilen waren.[9] Als kooperative Gemeinschaftsunternehmen waren insbesondere solche Unternehmen anzusehen, die sich auf bestimmte Teilfunktionen (insbesondere Hilfsfunktionen für die Muttergesellschaften) beschränkten oder die nicht auf Dauer angelegt waren. Dazu gehörten aber auch diejenigen Gemeinschaftsunternehmen, bei denen mindestens zwei Muttergesellschaften auf dem Tätigkeitsgebiet des Gemeinschaftsunternehmens oder auf benachbarten bzw. vor- oder nachgelagerten Märkten Wettbewerber blieben; hier wurde angenommen, dass es zu einer Verhaltenskoordinierung zwischen den Muttergesellschaften kommt und dass deshalb die Prüfung nach Art. 81 zu erfolgen hat. Diese Trennung zwischen konzentrativen und kooperativen Gemeinschaftsunternehmen wurde dann allerdings durch die Neufassung des Art. 3 Abs. 2 FKVO im Jahre 1997 teilweise aufgegeben: Durch diese Änderung wurde die Fusionskontrolle auch auf Gemeinschaftsunternehmen erstreckt, die zwar zu einer Verhaltenskoordinierung der Muttergesellschaften führen können, bei denen es sich aber um Vollfunktionsunternehmen handelt („Kooperative Vollfunktionsunternehmen"); bei diesen wird allerdings der Koordinierungseffekt weiterhin nach Art. 81 EG beurteilt[10] (vgl. Art. 2 Abs. 4 und 5 FKVO).

2. Unterschiede in der Behandlung konzentrativer und kooperativer Gemeinschaftsunternehmen

Durch die ausschließliche Anwendung der FKVO haben **konzentrative** Gemeinschafts-   4
unternehmen gegenüber kooperativen Gemeinschaftsunternehmen einen Vorteil: sie genießen das sogenannte **Konzentrationsprivileg**. Dieses Konzentrationsprivileg besteht sowohl in einer milderen materiellen Beurteilung als auch in einem vorteilhafteren Verfahren.[11] Während bei der Fusionskontrolle für einen Zusammenschluss nur dann ein Verbot in Betracht kommt, wenn durch den Zusammenschluss wirksamer Wettbewerb im Gemeinsamen Markt oder einem wesentlichen Teil desselben erheblich behindert wird, gilt nach Art. 81 Abs. 1 EG grundsätzlich ein Verbot für alle spürbaren Wettbewerbsbeschränkungen, das nur bei Vorliegen der Voraussetzungen des Art. 81 Abs. 3 EG eine Ausnahme erfährt. Eine Freistellung vom Verbot nach Art. 81 Abs. 3 EG setzt nicht nur voraus, dass keine Möglichkeiten eröffnet werden, für einen wesentlichen Teil der betreffenden Waren den Wettbewerb auszuschalten, sondern zusätzlich sind drei weitere Voraussetzungen zu erfüllen, nämlich eine Verbesserung der Warenerzeugung oder -verteilung bzw. Förderung des technischen Fortschritts, eine angemessene Beteiligung der Verbraucher an den entstehenden Vorteilen und die Unerlässlichkeit der Wettbewerbsbeschränkungen für das Erreichen dieser Ziele. Aber nicht nur durch diese strengeren materiellen Anforderungen, sondern auch vom Verfahren her sind die **kooperativen** Gemeinschaftsunternehmen benach-

---

[8] Siehe dazu im Einzelnen unten die Erläuterungen zur FKVO Art. 3 Rn. 40 ff.

[9] Siehe die – nicht mehr gültige – Bekanntmachung der Kommission über die Unterscheidung zwischen konzentrativen und kooperativen Gemeinschaftsunternehmen, ABl. C 385 v. 31. 12. 1994, 1 ff.

[10] allerdings im Verfahren der Fusionskontrolle, siehe dazu im Einzelnen unten die Erläuterungen zu FKVO Art. 2 Rn. 186 ff.

[11] Vgl. dazu auch *Zimmer* in: Immenga/Mestmäcker, EG-Wettbewerbsrecht, Teil 1, EGV Art. 81 Abs. 1 Rn. 384.

teiligt. Bis zum 30. April 2004 bedurfte es für die Anwendung des Art. 81 Abs. 3 einer formellen Freistellungsentscheidung der Kommission; für diese Entscheidung der Kommission über einen Freistellungsantrag galt keinerlei Frist. In der Mehrzahl der angemeldeten Fälle kam es entweder überhaupt nicht zu einem Verfahrensabschluss oder allenfalls zu einem „comfort letter". Damit blieb es aber bei der schwebenden Unwirksamkeit nach Art. 81 Abs. 2, die gerade für Gemeinschaftsunternehmen oft ein erhebliches Risiko darstellte. Seit 1. Mai 2004 entfällt zwar die Notwendigkeit einer Freistellungsentscheidung: Eine wettbewerbsbeschränkende Vereinbarung, die die Voraussetzungen des Art. 81 Abs. 3 erfüllt, ist ohne weiteres vom Verbot des Art. 81 Abs. 1 EG befreit und wirksam. Es gibt aber auch praktisch keine Möglichkeit mehr, das Vorliegen der Voraussetzungen des Art. 81 Abs. 3 im Voraus verbindlich klären zu lassen. Diese Feststellung der Voraussetzungen bleibt zunächst einer Selbsteinschätzung überlassen. Damit geht aber insbesondere auch für kooperative (Nicht-Vollfunktions-)Gemeinschaftsunternehmen ein erhebliches Risiko einer Fehleinschätzung einher, die insbesondere die Unwirksamkeit nach Art. 81 Abs. 2 zur Folge hätte. Über die Wirksamkeit wird u. U. erst nach langer Zeit durch ein nationales Gericht oder eine nationale Kartellbehörde – schlimmstenfalls sogar divergierend durch mehrere nationale Gerichte oder Kartellbehörden – entschieden. Für Gemeinschaftsunternehmen, die mit erheblichen Investitionen verbunden sind, ist das ein gravierender Nachteil beim Verfahren gegenüber Vollfunktionsunternehmen, die unter die Fusionskontrolle fallen und nach Abschluss des Fusionskontrollverfahrens Rechtssicherheit genießen.

3. Strukturelle kooperative Gemeinschaftsunternehmen

5   Gerade diese Benachteiligung beim Verfahren hat sich bei den so genannten **strukturellen** kooperativen Gemeinschaftsunternehmen als sehr hinderlich erwiesen. Unter strukturellen Gemeinschaftsunternehmen versteht man solche Unternehmen, die mit erheblichen Investitionen verbunden sind und daher zu einer gewissen Strukturveränderung führen, wie es z. B. bei einer gemeinsame Produktionsgesellschaft der Fall ist. Ein Schritt, diese Benachteiligung bei einem Teil der strukturellen Gemeinschaftsunternehmen zu verringern, war die Einbeziehung der „kooperativen" Vollfunktions-Gemeinschaftsunternehmen in die Fusionskontrolle durch die Neufassung des Art. 3 Abs. 2 (jetzt Art. 3 Abs. 4) FKVO im Jahre 1997. Damit wurde zwar für diese Unternehmen das Trennungsprinzip aufgegeben: Sie werden hinsichtlich ihrer strukturellen Elemente nach den Kriterien der Fusionskontrolle, hinsichtlich ihrer Koordinierungseffekte nach Art. 81 beurteilt. Das geschieht aber nunmehr in einem einheitlichen Verfahren und innerhalb der Fristen, die für die Fusionskontrolle gelten (vgl. Art. 2 Abs. 4 FKVO). Allerdings gelten diese Vorteile nur für einen Teil der strukturellen kooperativen Gemeinschaftsunternehmen, nämlich die Vollfunktionsunternehmen. Alle anderen kooperativen Gemeinschaftsunternehmen (z. B. ein gemeinsames Produktionsunternehmen) werden weiterhin insgesamt nach Art. 81 beurteilt[12] und fallen unter die Verfahrensvorschriften der VO 1/2003.[13]

IV. Beurteilung der kooperativen Gemeinschaftsunternehmen nach Art. 81

1. Begriff des kooperativen Gemeinschaftsunternehmen

6   Die Kommission hatte zunächst am 31. Dezember 1994 eine Bekanntmachung über die Unterscheidung zwischen konzentrativen und kooperativen Gemeinschaftsunternehmen

---

[12] Allerdings ist die Haltung der Kommission gegenüber Vereinbarungen über gemeinsame Produktion deutlich großzügiger geworden, siehe dazu Leitlinien zur Anwendung von Art. 81 EG-Vertrag auf Vereinbarungen über horizontale Zusammenarbeit, ABl. C 3 v. 6. 1. 2001, 2 ff. Rn. 86 ff.

[13] Verordnung (EG) Nr. 1/2003 des Rates zur Durchführung der in den Artikeln 81 und 82 des Vertrages niedergelegten Wettbewerbsregeln, ABl. L 1 v. 4. 1. 2003, 1 ff.

IV. Beurteilung der kooperativen Gemeinschaftsunternehmen nach Art. 81   **7, 8 GU**

veröffentlicht.[14] Diese Bekanntmachung wurde zum Teil durch die Änderung des Art. 3 Abs. 2 FKVO überholt, da seit 1998 auch kooperative Gemeinschaftsunternehmen von der Fusionskontrolle erfasst werden, sofern es sich um Vollfunktionsunternehmen handelt. Dementsprechend hatte die Kommission am 2. März 1998 eine neue Mitteilung über den Begriff des Vollfunktionsgemeinschaftsunternehmens bekannt gemacht.[15] Diese ist wiederum 2007 durch die „Konsolidierte Mitteilung der Kommission zu Zuständigkeitsfragen"[16] ersetzt worden. Darin befasst sich die Kommission in den Ziffer 91–105 mit der Abgrenzung der Gemeinschaftsunternehmen, die nach Art. 3 Abs. 4 (früher Abs. 2) FKVO unter die Fusionskontrolle fallen, von denjenigen, die nicht von Art. 3 Abs. 4 FKVO erfasst werden und damit ausschließlich nach Art. 81 zu beurteilen sind.[17]

2. Beurteilung nach Art. 81 im Einzelnen

a) Allgemeine Regeln. Die EU-Kommission hatte 1993 Leitlinien zur Beurteilung   **7**
kooperativer Gemeinschaftsunternehmen nach Art. 81 veröffentlicht;[18] diese wurden aber zum Teil dadurch überholt, dass ab 1998 die kooperativen Vollfunktionsunternehmen gemäß Art. 3 Abs. 2 (jetzt Abs. 4) FKVO in die Fusionskontrolle einbezogen wurden. Die Kommission hat dann 2001 neue generelle Leitlinien zur Anwendbarkeit von Art. 81 auf Vereinbarungen über die horizontale Zusammenarbeit erlassen[19] und damit zugleich die frühere Bekanntmachung über die Beurteilung kooperativer Gemeinschaftsunternehmen ersetzt. Kooperative Teilfunktions-Gemeinschaftsunternehmen werden damit im Wesentlichen nach den gleichen Kriterien beurteilt wie andere Formen der horizontalen Kooperation. Allerdings enthielt die frühere Bekanntmachung spezielle Kriterien für die Beurteilung von Gemeinschaftsunternehmen, die auch jetzt noch von Bedeutung sind; die neue Bekanntmachung befasst sich dagegen mehr mit dem Gegenstand der Zusammenarbeit, ohne auf die Form näher einzugehen.

Grundsätzlich fallen kooperative Gemeinschaftsunternehmen[20] unter Art. 81, wenn sie   **8**
einen spürbare Beschränkung des Wettbewerbs im innergemeinschaftlichen Handel bezwecken oder bewirken. Sie fallen insbesondere dann nicht unter das Verbot des Art. 81, wenn die Voraussetzungen der **Bagatellbekanntmachung**[21] oder einer **Gruppenfreistellung** vorliegen. Bei **horizontalen** Wettbewerbsbeschränkungen kommen als Gruppenfreistellungen insbesondere die VO Nr. 2658/2000 über Spezialisierung[22] und die VO Nr. 2659/2000 über (gemeinsame) Forschung und Entwicklung[23] in Betracht. Daneben können sich

---

[14] ABl. C 385 v. 31. 12. 1994, 1 ff.
[15] ABl. C 66 v. 2. 3. 1998, 1 ff.
[16] Konsolidierte Mitteilung der Kommission zu Zuständigkeitsfragen gemäß der Verordnung (EG) des Rates über die Kontrolle von Unternehmenszusammenschlüssen, ABl. C 95/1 vom 16. 4. 2008.
[17] Siehe dazu im Einzelnen unten FKVO Art. 3 Rn. 40 ff.
[18] Vgl. Bekanntmachung der Kommission über die Bewertung kooperativer Gemeinschaftsunternehmen nach Art. 81 (früher 85) des EG-Vertrags, ABl. C 43 v. 16. 2. 1993, 2 ff.; diese Bekanntmachung verweist auch auf die Kooperationsbekanntmachung von 1968, ABl. C 75 v. 29. 7. 1968, 3 ff.
[19] Bekanntmachung der Kommission über Leitlinien zur Anwendung von Art. 81 EG-Vertrag auf Vereinbarungen über horizontale Zusammenarbeit, ABl. C 3 v. 6. 1. 2001, 2 ff.
[20] Der Begriff „Joint Venture" ist meist weiter gefasst als der Begriff „Gemeinschaftsunternehmen" da ein „Joint Venture" auch auf rein vertraglicher Basis ohne Gründung eines Unternehmen vorliegen kann.
[21] Bekanntmachung der Kommission über Vereinbarungen von geringer Bedeutung, die den Wettbewerb gemäß Art. 81 Abs. 1 des Vertrages zur Gründung der Europäischen Gemeinschaft nicht spürbar beschränken (de minimis), ABl. C 368 v. 22. 12. 2001, 13 ff.
[22] VO (EG) Nr. 2658/2000 v. 29. 11. 2000, ABl. Nr. L 304 v. 5. 12. 2000, 3 ff.; siehe dazu Erläut. zur GVO-Spez.
[23] VO (EG) Nr. 2659/2000 v. 29. 11. 2000, ABl. L 304 v. 5. 12. 2000, 7 ff.; siehe dazu Erläut. zur GVO-FuE.

Freistellungen aus der VO Nr. 772/2004 über Technologietransfer[24] ergeben. Für vertikale Wettbewerbsbeschränkungen bei Gemeinschaftsunternehmen kann sich eine Freistellung aus der VO Nr. 2790/1999[25] ergeben. Soweit die Voraussetzungen der Bagatellbekanntmachung oder einer Gruppenfreistellungsverordnung vorliegen, bedarf es keiner Prüfung mehr, ob ein Gemeinschaftsunternehmen von Art. 81 Abs. 1 erfasst wird. Ebenfalls nicht unter das Verbot des Art. 81 Abs. 1 fallen Gemeinschaftsunternehmen zwischen Unternehmen, die demselben **Konzern** angehören.

9   **b) Teilfunktions-Gemeinschaftsunternehmen in marktfernen Bereichen.** Art. 81 ist nicht anwendbar, wenn ein Gemeinschaftsunternehmen Aufgaben dient, die **marktfern** und deshalb **wettbewerbsneutral** sind.[26] Dazu gehören insbesondere solche Gemeinschaftsunternehmen, deren einzige Aufgabe die Beschaffung und Weitergabe nicht vertraulicher Informationen zur Vorbereitung autonomer Entscheidungen der beteiligten Unternehmen ist oder die als einzige Aufgabe die Kooperation bei Hilfstätigkeiten organisatorisch-technischer Art haben; auch die Zusammenarbeit auf anderen Gebieten, die marktfern sind und die relevanten Wettbewerbsparameter nicht beeinflussen, fällt nicht unter Art. 81 Abs. 1 EG.[27] Erforderlich ist jeweils eine Gesamtwürdigung unter Berücksichtigung der jeweiligen Tätigkeitsfelder der Muttergesellschaften und des Gemeinschaftsunternehmens und der Auswirkungen auf den Wettbewerb bei Innovation, Produktion und Vertrieb.[28]

10 **c) Teilfunktions-Gemeinschaftsunternehmen zwischen Nichtwettbewerbern.** Teilfunktions-Gemeinschaftsunternehmen zwischen Unternehmen, die weder aktuelle noch potentielle Wettbewerber sind,[29] fallen in der Regel nicht unter Art. 81 Abs. 1 EG. Das gilt selbst dann, wenn die Tätigkeit des Gemeinschaftsunternehmens einen Marktbezug hat, sofern nicht der Marktzugang für Dritte spürbar beeinträchtigt wird.[30] So wird ein Gemeinschaftsunternehmen von Nicht-Wettbewerbern für den Vertrieb oder den Kunden- und Reparaturdienst in der Regel nicht unter Art. 81 Abs. 1 EG fallen.[31] Das gilt auch für **Arbeitsgemeinschaften** in Form von Gemeinschaftsunternehmen, wenn sie sich auf ein konkretes Projekt beschränken und die beteiligten Unternehmen bei den zu erbringenden Leistungen keine Wettbewerber sind oder allein nicht in der Lage wären, die Leistungen zu erbringen.[32] Gemeinschaftsunternehmen zwischen Nichtwettbewerbern für den **Einkauf** können dann unter Art. 81 EG fallen, wenn die Muttergesellschaften gleiche oder ähnliche Produkte einkaufen; sie beschränken dann den Nachfragewettbewerb. Allerdings ist die

---

[24] VO (EG) Nr. 772/2004 v. 27. 4. 2004, ABl. L 123, 11 ff.; siehe dazu Erläut. zur GVO-Technologie.

[25] VO (EG) Nr. 2790/1999 v. 22. 12. 1999, ABl. L 336 v. 29. 12. 1999, 21 ff.; siehe dazu Erläut. zur GVO-Vertikal.

[26] *Rating* in: Schröter/Jakob/Mederer, Kommentar zum Europäischen Wettbewerbsrecht, Art. 81 – Fallgruppen, Änderung der Unternehmensstruktur, Rn. 64; *Zimmer* in: Immenga/Mestmäcker, EG-Wettbewerbsrecht, Teil 1, EGV Art. 81 Abs. 1 Rn. 409.

[27] Siehe dazu Leitlinien zur Anwendung von Art. 81 EG-Vertrag auf Vereinbarungen über horizontale Zusammenarbeit, ABl. C 3 v. 6. 1. 2001, 2 Rn. 24 („Horizontal-Leitlinien"), und Bekanntmachung der Kommission über die Bewertung kooperativer Gemeinschaftsunternehmen nach Art. 81 (früher 85) des EG-Vertrags, ABl. C 43 v. 16. 2. 1993, 2 ff.

[28] *Rating* in: Schröter/Jakob/Mederer, Kommentar zum Europäischen Wettbewerbsrecht, Art. 81 – Fallgruppen, Änderung der Unternehmensstruktur, Rn. 64; Komm. E. v. 15. 12. 1994 – *IPSP*, ABl. L 354 v. 31. 12. 1994, 75.

[29] Siehe dazu unten Rn. 12; *Zimmer* in: Immenga/Mestmäcker, EG-Wettbewerbsrecht, Teil 1, EGV Art. 81 Abs. 1 Rn. 406 f.

[30] Komm. E. v. 15. 12. 1994 – *IPSP*, ABl. L 354 v. 31. 12. 1994, 75 ff.

[31] *Rating* (Fn. 26) Art. 81 – Fallgruppen, Änderung der Unternehmensstruktur, Rn. 66; Komm. E. v. 23. 2. 1972 – *Wild/Leitz*, ABl. L 61 vom 13. 3. 1973, 27 ff.

[32] Rn. 24 der Horizontal-Leitlinien (Fn. 27).

IV. Beurteilung der kooperativen Gemeinschaftsunternehmen nach Art. 81

Kommission verhältnismäßig großzügig gegenüber Einkaufsgemeinschaften; sie sieht im Normalfall die Möglichkeit einer spürbaren Beschränkung erst ab 15% Gesamtanteil der beteiligten Unternehmen am Nachfrage- und Absatzmarkt.[33] Gemeinschaftsunternehmen für die **Forschung und Entwicklung** zwischen Nichtwettbewerbern sind im Allgemeinen unbedenklich,[34] insbesondere wenn die Muttergesellschaften frei bleiben, eigene F&E-Tätigkeiten durchzuführen und die Ergebnisse der F&E den Muttergesellschaften für die individuelle Verwertung zur Verfügung stehen. Auch Gemeinschaftsunternehmen für die **Produktion** zwischen Nichtwettbewerbern beschränken meist nicht den Wettbewerb.[35] Allerdings können Abschottungswirkungen gegenüber Dritten eintreten, wenn die Muttergesellschaften bisher die Produkte von Dritten bezogen haben. Werden die Absatzmöglichkeiten der bisherigen Lieferanten durch das Gemeinschaftsunternehmen erheblich eingeschränkt, so kommt eine Anwendung von Art. 81 Abs. 1 in Betracht.[36]

d) Teilfunktions-Gemeinschaftsunternehmen zwischen Wettbewerbern. Bei einem Gemeinschaftsunternehmen zwischen Wettbewerbern, dass nicht lediglich marktferne Tätigkeiten zum Gegenstand hat, muss jeweils im Einzelfall geprüft werden, ob und inwieweit die Voraussetzungen des Art. 81 Abs. 1 EG erfüllt sind. Dabei spielen bei Gemeinschaftsunternehmen folgende Besonderheiten meist eine Rolle:

aa) Gründung des Gemeinschaftsunternehmens. Unter strukturellen Gesichtspunkten kann die bloße Gründung eines Gemeinschaftsunternehmens eine Wettbewerbsbeschränkung i. S. d. Art. 81 Abs. 1 sein, wenn die beteiligten Unternehmen vorher **aktuelle** oder zumindest **potentielle** Wettbewerber waren. Für die Prüfung, ob die beteiligten Unternehmen potentielle Wettbewerber sind, hatte die Kommission in ihrer Bekanntmachung über die Beurteilung kooperativer Gemeinschaftsunternehmen nach Art. 81 (damals Art. 85) vom 16. Februar 1993[37] eine Reihe von Fragen entwickelt:
– Hätte jede Muttergesellschaft genügend finanzielle Ressourcen, um die nötigen Investitionen allein zu tätigen, und genügend Managementqualifikation, um die Aufgaben des JV allein zu lösen?
– Hat jede Muttergesellschaft Kenntnis der erforderlichen Produktionstechnologie? Verfügt jede Muttergesellschaft selbst über die Vorprodukte oder nachgelagerten Produkte und hat sie Zugang zu den notwendigen Produktionseinrichtungen?
– Besteht entsprechender aktueller oder potentieller Bedarf, um jede Muttergesellschaft in die Lage zu versetzen, die Produkte selbst herzustellen? Hätte jede Muttergesellschaft Zugang zu den Vertriebskanälen, die benötigt werden, um die hergestellten Produkte zu vertreiben?
– Könnte jede Muttergesellschaft die technischen und finanziellen Risiken, die mit der Tätigkeit des Gemeinschaftsunternehmens verbunden sind, allein tragen?
– Hinsichtlich des Zutritts zum relevanten Markt: Welches ist der relevante räumliche und sachliche Markt? Welches sind die Marktzutrittsschranken für diese Märkte? Wäre jede Muttergesellschaft in der Lage, selbstständig in diesen Markt einzutreten? Könnte jede Muttergesellschaft bestehende Zutrittsschranken innerhalb eines vernünftigen Zeitraums und ohne unverhältnismäßige Anstrengungen oder Kosten überwinden?

Diese Fragestellungen können weiterhin hilfreich sein, um im Einzelfall festzustellen, ob die Muttergesellschaften eines Gemeinschaftsunternehmens als aktuelle oder potentielle

---

[33] Rn. 126 ff., 130 f. der Horizontal-Leitlinien (Fn. 27).
[34] Rn. 56 der Horizontal-Leitlinien (Fn. 27).
[35] Rn. 86 der Horizontal-Leitlinien (Fn. 27).
[36] *Rating* (Fn. 26) Art. 81 – Fallgruppen, Änderung der Unternehmensstruktur, Rn. 68; einschränkend *Zimmer* in: Immenga/Mestmäcker, EG-Wettbewerbsrecht, Teil 1, EGV Art. 81 Abs. 1 Rn. 411.
[37] ABl. C 43 vom 16. 2. 1993, 2 ff.; vgl. auch *Zimmer* in: Immenga/Mestmäcker, EG-Wettbewerbsrecht, Teil 1, EGV Art. 81 Abs. 1 Rn. 407.

Wettbewerber anzusehen sind, so dass eine Wettbewerbsbeschränkung nach Art. 81 in Betracht kommt. Die Kommission hat dabei zunehmend eine pragmatische Sicht entwickelt: Selbst wenn die Muttergesellschaft theoretisch in der Lage wäre, eigenständig als Wettbewerber aufzutreten, berücksichtigt sie doch, ob dieses unter wirtschaftlichen oder technischen Gesichtspunkten eine realistische Alternative wäre. Nur wenn das der Fall ist, betrachtet sie die Muttergesellschaften als potentielle Wettbewerber und damit das Gemeinschaftsunternehmen als mögliche Wettbewerbsbeschränkung. Dabei prüft die Kommission die Koordinierungswirkung für die verschiedenen Stufen der Tätigkeit eines Gemeinschaftsunternehmens getrennt: So kann die gemeinsame Forschung und Entwicklung gerechtfertigt sein, weil keines der beteiligten Unternehmen allein dazu in der Lage gewesen wäre; daraus folgt jedoch noch nicht, dass auch die gemeinsame Produktion oder gar der gemeinsame Vertrieb gerechtfertigt ist. Ebenso kann es sein, dass zwar die gemeinsame Fertigung verschiedener Unternehmen wirtschaftlich unvermeidbar erscheint; damit ist jedoch keineswegs impliziert, dass dieses auch für den gemeinsamen Vertrieb gilt.

13 **bb) Tätigkeiten des Gemeinschaftsunternehmens in marktnahen Bereichen.** Je mehr die Funktionen eines Gemeinschaftsunternehmens zwischen Wettbewerbern sich auf den Markt beziehen und je umfassender sie sind, umso eher können sie von Art. 81 erfasst werden. Ein auf die **FuE-Tätigkeit** beschränktes Gemeinschaftsunternehmen, das nicht auch die gemeinsame Nutzung der Ergebnisse zum Gegenstand hat, wird meist nicht unter Art. 81 EG fallen.[38] Soweit auch die Verwertung, insbesondere in Form einer gemeinsamen Produktion einbezogen wird, kommt eine Anwendung von Art. 81 vielfach in Betracht. Wenn der Marktanteil der beteiligten Unternehmen nicht höher als 25% ist, wird meist die FuE-Gruppenfreistellungs-Verordnung helfen.[39] Aber auch bei höheren Marktanteilen kommt eine Freistellung nach Art. 81 Abs. 3 EG in Betracht, insbesondere wenn der Vertrieb durch die Muttergesellschaften getrennt erfolgt.[40] Die **gemeinsame Produktion** von Wettbewerbern in einem Gemeinschaftsunternehmen führt allerdings zu einer Vereinheitlichung der Produkte und der Produktionskosten und damit zu einer Einschränkung des Spielraums für Produkt- und Preiswettbewerb zwischen den Muttergesellschaften. Sofern der gemeinsame Marktanteil nicht mehr als 20% beträgt, kommt eine Freistellung durch die Gruppenfreistellungsverordnung für Spezialisierungsvereinbarungen in Betracht.[41] Die gemeinsame Produktion kann verschiedene Intensitätsgrade haben: Bei einem **Zuliefer**-Gemeinschaftsunternehmen werden nur bestimmte Teile des Endprodukts von dem Gemeinschaftsunternehmen hergestellt. Je höher der Anteil der Kosten an den Gesamtkosten des Endprodukts ist, desto größer sind die Auswirkungen auf den Wettbewerb der Muttergesellschaften; wenn nur ein kleinerer Teil der Gesamtkosten auf das gemeinsam gefertigte Produkt entfällt, werden die Auswirkungen auf das Wettbewerbsverhalten der Muttergesellschaften gering und Art. 81 EG nicht anwendbar sein[42] oder zumindest unter die Gruppenfreistellung für gemeinsame Forschung und Entwicklung[43] oder Spezialisierung[44] fallen. Denkbar ist auch, dass das Gemeinschaftsunternehmen aus den Zulieferungen

---

[38] Vgl. *Rating* in: Schröter/Jakob/Mederer, Kommentar zum Europäischen Wettbewerbsrecht, Art. 81 – Fallgruppen, Änderung der Unternehmensstruktur, Rn. 65; *Zimmer* in: Immenga-Mestmäcker, EG-Wettbewerbsrecht, WbR EG Teil 1, EGV Art. 81 Abs. 1 Rn. 409.
[39] VO (EG) Nr. 2659/2000 vom 29. 11. 2000, ABl. L 304 vom 5. 12. 2000, 7 ff.
[40] Vgl. Komm. E. v. 23. 12. 1992 – *Ford/Volkswagen*, ABl. L 20 v. 28. 1. 1993, 14; E. v. 11. 10. 1988 – *Continental/Michelin*, ABl. L 305 v. 10. 11. 1988, 33; E. v. 22. 12. 1987 – *Olivetti/Canon*, ABl. L 52, v. 26. 2. 1988, 51; E. v. 17. 1. 1979 – *Beecham/Parke Davis*, ABl. L 70 vom 21. 3. 1979, 11.
[41] VO (EG) Nr. 2658/2000 vom 29. 11. 2000, ABl. Nr. L 304 vom 5. 12. 2000, 3 ff.
[42] Rn. 88 der Horizontal-Leitlinien (Fn. 27); vgl. Kommission E. v. 21. 12. 1994 – *Philips/Osram*, ABl. L 378 vom 31. 12. 1994, 37 ff.
[43] VO (EG) Nr. 2659/2000 v. 29. 11. 2000, ABl. L 304 v. 5. 12. 2000, 7 ff.
[44] VO (EG) Nr. 2658/2000 vom 29. 11. 2000, ABl. Nr. L 304 vom 5. 12. 2000, 3 ff.

IV. Beurteilung der kooperativen Gemeinschaftsunternehmen nach Art. 81   14–16   **GU**

der Muttergesellschaften ein Endprodukt herstellt. Hier kommt es ebenfalls auf den Anteil der Wertschöpfung des Gemeinschaftsunternehmens an den Gesamtkosten an; allerdings ist es hier wahrscheinlicher als bei einem Zulieferer-Gemeinschaftsunternehmen, dass sich die Transferpreise und damit auch die Endpreise der Muttergesellschaften angleichen. Dabei spielt die Marktstellung der Muttergesellschaften bei den Endprodukten für die Beurteilung nach Art. 81 EG ebenfalls eine erhebliche Rolle; je höher die Marktanteile sind oder je mehr es sich um einen oligopolistischen Markt handelt, umso wahrscheinlicher sind die wettbewerbsbeschränkenden Wirkungen.[45] Auch die Abschottungswirkungen von Gemeinschaftsunternehmen für die Produktion von Vorprodukten sind in die Betrachtung einzubeziehen; so können insbesondere Zulieferer-Gemeinschaftsunternehmen die Wettbewerbsmöglichkeiten anderer Zulieferunternehmen spürbar beschränken.[46]

Ein Gemeinschaftsunternehmen von Wettbewerbern für den **Vertrieb (Verkaufsgemeinschaft)** wird in der Regel unter Art. 81 EG fallen, da es weitgehend den Preiswettbewerb der Muttergesellschaften ausschließt;[47] allerdings können auch hier die Bagatellbekanntmachung oder Gruppenfreistellungen anwendbar sein, soweit sie ausnahmsweise auch den gemeinsamen Vertrieb zulassen.   14

Gemeinschaftsunternehmen von Wettbewerbern für den **Einkauf** (Einkaufsgemeinschaften) können in zweifacher Hinsicht wettbewerbsbeschränkende Wirkungen haben: zum einen beschränken sie den Nachfragewettbewerb der Muttergesellschaften und damit die Wahlmöglichkeiten der Anbieter; zum anderen haben sie durch die Vereinheitlichung der Einkaufskosten Auswirkungen auf den Wettbewerb der Muttergesellschaften beim Endprodukt.[48] Die Kommission behandelt auch Einkaufsgemeinschaften von Wettbewerbern in ihren Leitlinien recht großzügig; bei einem Marktanteil von nicht mehr als 15% sowohl auf den Einkaufsmärkten als auch auf den Verkaufsmärkten hält sie diese in der Regel für unbedenklich.[49] Bei hohen Marktanteilen im Einkauf und Bezugszwang ist dagegen Art. 81 als verletzt anzusehen, und auch die Erfüllung der Freistellungsvoraussetzungen des Art. 81 Abs. 3 ist möglicherweise ausgeschlossen.[50]   15

e) **Gruppeneffekt („Spill-over-effect")**. Die Beteiligung an einem Gemeinschaftsunternehmen kann auch Auswirkungen auf das Wettbewerbsverhalten zwischen den Muttergesellschaften auf dem Tätigkeitsgebiet des Gemeinschaftsunternehmens oder auf Drittmärkten, insbesondere auf vor- oder nachgelagerten Märkten haben. Dieser Koordinierungseffekt wird nicht nur bei Teilfunktions-Gemeinschaftsunternehmen nach Art. 81 geprüft, sondern auch bei Vollfunktions-Gemeinschaftsunternehmen, die im Übrigen nach Art. 3 Abs. 4 FKVO unter die Fusionskontrolle fallen; allerdings sieht Art. 2 Abs. 4 FKVO vor, dass diese Prüfung nach Art. 81 in dem Verfahren und innerhalb der Fristen der FKVO zu erfolgen hat.[51] Generell kann die Beteiligung an einem Gemeinschaftsunternehmen für die Muttergesellschaft einen Anreiz darstellen, ihr Wettbewerbsverhalten dort zu koordinieren, wo diese Koordinierung gewinnbringend und damit wirtschaftlich vernünftig erscheint. Das gilt insbesondere dann, wenn die Muttergesellschaften durch die gemein-   16

---

[45] Rn. 27 ff. der Horizontal-Leitlinien (Fn. 27); vgl. auch *Zimmer* in: Immenga/Mestmäcker, WbR EG Teil 1, EGV Art. 81 Abs. 1 Rn. 410.
[46] Rn. 85 der Horizontal-Leitlinien (Fn. 27).
[47] Rn. 139 ff. der Horizontal-Leitlinien (Fn. 27); siehe auch Komm. E. v. 19. 12. 1990 – *ANSAC*, ABl. L 152 v. 15. 6. 1991, 54; E. v. 23. 12. 1992 – *Astra*, ABl. L 20 v. 28. 1. 1993, 23; E. v. 28. 10. 1988 – *Hudson Bay – Dansk Pelsdyravlerforening*, ABl. L 316 v. 23. 11. 1988, 43; Komm. E. v. 12. 7. 1989 – *UIP*, ABl. L 226 vom 3. 8. 1989, 25; Komm. E. v. 28. 11. 1979 – *Floral*, ABl. L 39 v. 15. 2. 1980, 51.
[48] Siehe dazu Komm. E. v. 9. 7. 1980 – *National Sulphuric Acid Association*, ABl. L 260 v. 3. 10. 1980, 24.
[49] Rn. 130 der Horizontal-Leitlinien (Fn. 27).
[50] Komm. E. v. 5. 12. 1979 – *Rennet*, ABl. L 51 vom 25. 2. 1980, 19.
[51] Siehe dazu im Folgenden FKVO Art. 2 Rn. 186 ff.

same Beteiligung an dem Gemeinschaftsunternehmen in die Lage versetzt werden, die Preise über den Wettbewerbspreis hinaus anzuheben oder Dritte als Wettbewerber auszuschließen. Dieses wird vor allem zutreffen, wenn durch die Gründung des Gemeinschaftsunternehmens eine marktbeherrschende Stellung entsteht oder verstärkt wird.

Insbesondere auf Märkten für homogene Produkte besteht ein Anreiz zu parallelem Verhalten, der durch die Beteiligung an einem Gemeinschaftsunternehmen verstärkt werden kann. Auch auf Märkten für heterogene Produkte kann die Koordinierung auf den Märkten eine nahe liegende Konsequenz sein, insbesondere wenn die beteiligten Unternehmen über entsprechende Marktmacht verfügen. Daneben können auch andere Faktoren als Marktmacht eine Rolle bei der Beurteilung spielen, inwieweit die Beteiligung an dem Gemeinschaftsunternehmen Auswirkungen auf das Wettbewerbsverhalten der Muttergesellschaften haben wird. Dazu gehören insbesondere die Größe des Gemeinschaftsunternehmens und seine Bedeutung für die Muttergesellschaften, daneben auch die Größe des Gemeinschaftsunternehmens im Verhältnis zu den unabhängig bleibenden Aktivitäten der Muttergesellschaften, ferner die Beteiligungs- und Beherrschungsstruktur bei dem Gemeinschaftsunternehmen, die Dauer der Vereinbarungen und der Umfang des Austauschens kommerziell bedeutsamer Informationen.[52]

17   **aa) Gruppeneffekte auf dem Markt des Gemeinschaftsunternehmens.** Bleiben die Muttergesellschaften auf den zum Tätigkeitsgebiet des Gemeinschaftsunternehmens gehörenden Märkten weiterhin selbst tätig, so sind Auswirkungen auf das Wettbewerbsverhalten der Muttergesellschaften sehr wahrscheinlich. Deren Umfang und Bedeutung hängt sowohl von der Struktur der betroffenen Märkte als auch von der wirtschaftlichen Bedeutung des Gemeinschaftsunternehmens für die Muttergesellschaften ab. Insbesondere wenn das Gemeinschaftsunternehmen einen erheblichen Anteil an der Gesamtproduktion der Muttergesellschaften hat, kommt ein erheblicher Gruppeneffekt in Betracht.[53] Insgesamt geht die Kommission davon aus, dass es nötig ist, jeweils im Einzelnen eine wirtschaftliche Analyse der Anreize für die Muttergesellschaften und der Wirkungen eines solchen Verhaltens vorzunehmen, um festzustellen, ob das Gemeinschaftsunternehmen zu einer spürbaren Beschränkung des Wettbewerbs führen wird.[54]

18   **bb) Gruppeneffekte auf anderen Märkten.** Die Beteiligung an einem Gemeinschaftsunternehmen kann auch zu einer Koordinierung des Wettbewerbsverhaltens der Muttergesellschaft auf **anderen** Produktmärkten (oder geographischen Märkten) führen. Meist handelt es sich dabei um Märkte, die dem Tätigkeitsgebiet des Gemeinschaftsunternehmens vor- oder nachgelagert sind. Insbesondere die gemeinsame Produktion von Teilen, die einen erheblichen Anteil an den Kosten des Endprodukts haben, kann den Spielraum für den Wettbewerb auf dem nachgelagerten Produktmarkt erheblich einschränken. Ist der Anteil nur gering, so ist ein spürbarer Einfluss auf das Wettbewerbsverhalten eher unwahrscheinlich.[55]

19   Wenn die Muttergesellschaften des Gemeinschaftsunternehmens auf **anderen,** nicht benachbarten Produktmärkten zueinander in Wettbewerb stehen, kann die gemeinsame Beteiligung an dem Gemeinschaftsunternehmen auch auf das Wettbewerbsverhalten der Muttergesellschaften auf diesen Märkten Auswirkungen haben. Das erscheint allerdings dann weniger wahrscheinlich, wenn es sich nicht um benachbarte Märkte handelt.[56] Die Kommission sieht diese Gefahr nur dann, wenn zwischen den beiden Märkten eine enge Verbindung besteht, insbesondere wenn die Produkte des Gemeinschaftsunternehmens die der

---

[52] Vgl. *Faull/Nickpay*, Rn. 6.88 ff.; *Zimmer* in: Immenga/Mestmäcker, EG-Wettbewerbsrecht, Teil 1, EGV Art. 81 Abs. 1 Rn. 414 ff.
[53] Vgl. dazu Komm. E. v. 21. 9. 1994 – *Night Services*, ABl. L 259 vom 7. 10. 1994, 20 ff.
[54] Vgl. dazu Rn. 27 ff. der Horizontal-Leitlinien (Fn. 27).
[55] Vgl. Komm. E. v. 21. 12. 1994 – *Philips/Osram*, ABl. L 378 vom 31. 12. 1994, 37 ff.
[56] Vgl. Komm. E. v. 13. 6. 2007 – *Wärtsilä/Hyundai/JV*, WuW/E EU-V 1230 ff.

IV. Beurteilung der kooperativen Gemeinschaftsunternehmen nach Art. 81 **20, 21 GU**

Muttergesellschaft ergänzen.[57] Gruppeneffekte können durch das Gemeinschaftsunternehmen auch auf benachbarten **geographischen** Märkten ausgelöst werden. So hatte die Kommission bei einem Gemeinschaftsunternehmen zwischen der deutschen Telekom und der France Telekom, das internationale Telekommunikationsdienste für gewerbliche Abnehmer anbieten sollte, die Befürchtung, dass die Muttergesellschaften sich nach der Liberalisierung der Telekommunikationsdienste auf ihren jeweiligen Heimatmärkten keine Konkurrenz machen würden.[58]

cc) Netzwerk-Effekt. Einen weiteren wettbewerbsbeschränkenden Effekt hat die Kommission angenommen, wenn mehrere Gemeinschaftsunternehmen mit unterschiedlichen Standorten innerhalb der EG auf dem gleichen sachlichen Markt tätig sind und entweder eine oder mehrere Muttergesellschaft an allen diesen Gemeinschaftsunternehmen beteiligt sind.[59] Die Kommission unterstellt, dass diese Muttergesellschaften auf Grund ihrer Einflussmöglichkeiten einen Wettbewerb zwischen den Gemeinschaftsunternehmen auf ihren jeweiligen Heimatmärkten ausschließen werden. Außerdem kann der Wettbewerb zwischen den Muttergesellschaften untereinander durch die Beteiligung an mehreren Gemeinschaftsunternehmen beeinträchtigt werden. Diesen sogenannten „Netzwerk-Effekt" hat die Kommission erstmals in dem Fall „Lichtwellenleiter" behandelt.[60] In der Entscheidung European Night Services[61] hat das EuG allerdings die Argumentation der Kommission zurückgewiesen, dass durch die gemeinsame Beteiligung von Muttergesellschaften an anderen Gemeinschaftsunternehmen ein solcher Netzwerk-Effekt eintrete; die betreffenden Gemeinschaftsunternehmen waren nicht auf dem gleichen Markt, sondern allenfalls auf benachbarten Märkten tätig. Insgesamt dürfte dieser Netzwerk-Effekt in der Praxis eher eine untergeordnete Rolle spielen. **20**

f) Wettbewerbsbeschränkende Wirkungen gegenüber Dritten. Von der Beteiligung der Muttergesellschaften an dem Gemeinschaftsunternehmen können insbesondere auch wettbewerbsbeschränkende Wirkungen gegenüber Dritten ausgehen. So beschränken Gemeinschaftsunternehmen, die den **gemeinsamen Ein- oder Verkauf** für die Muttergesellschaften zum Gegenstand haben, die Wahlmöglichkeiten der Marktgegenseite.[62] Ähn- **21**

---

[57] Bekanntmachung der Kommission über die Beurteilung kooperativer Gemeinschaftsunternehmen, ABl. Nr. C 43 vom 16. 2. 1993, 2 ff.; dazu auch Komm. E. v. 23. 12. 1992 – *Ford/Volkswagen*, ABl. L 20 vom 28. 1. 1993, 14.
[58] Komm. E. v. 17. 7. 1996 – *Atlas*, ABl. L 239 vom 19. 9. 1996, 23 ff.
[59] Vgl. dazu Rn. 98 der Horizontal-Leitlinien (Fn. 27).
[60] Komm. E. v. 14. 7. 1986 – *Lichtwellenleiter*, ABl. L 236 vom 22. 8. 1986, 30 ff. Die Firma Corning hatte seinerzeit Glasfasern für die Übertragung von Nachrichten in der Telekommunikation entwickelt und für deren Herstellung und Vertrieb mit Kabelherstellern in drei verschiedenen Mitgliedsländern der EG Gemeinschaftsunternehmen gegründet. Darin sah die Kommission die Möglichkeit, dass Corning mit ihrem Einfluss auf eine Abschottung des jeweiligen Heimatmarktes eines Gemeinschaftsunternehmens gegen Wettbewerb der anderen Gemeinschaftsunternehmen hinwirke. In Wirklichkeit war wohl weniger die Absicht einer geographischen Aufteilung der Märkte Anlass für die parallelen Gemeinschaftsunternehmen, sondern vielmehr die Tatsache, dass damals die Telekommunikationsmärkte noch nicht liberalisiert waren und die nationalen staatlichen Betreiber von Telekommunikationsdiensten ihren Bedarf jeweils bei nationalen Anbietern deckten; deshalb schien es aus der Sicht von Corning erforderlich, sich jeweils mit einem nationalen Partner in einem Gemeinschaftsunternehmen zusammenzuschließen. Allerdings war es denkbar, dass nach einer Liberalisierung der Märkte eine gewisse Koordinierung der verschiedenen Gemeinschaftsunternehmen durch die gemeinsame Muttergesellschaft stattfinden würde. Die Kommission hat damals die Gemeinschaftsunternehmen nach Art. 81 Abs. 3 EG erst freigestellt, nachdem Corning ihren Einfluss bei den einzelnen Gemeinschaftsunternehmen so reduziert hatte, dass eine Koordinierung nicht mehr möglich erschien.
[61] EuG v. 15. 9. 1998 – *European Night Services*, Slg. II, 3141; vgl. dazu auch *Zimmer* in: Immenga/Mestmäcker, WbR EG Teil 1, EGV Art. 81 Abs. 1 Rn. 413.
[62] S. oben Erläut. zu Art. 81.

liches gilt für ein Gemeinschaftsunternehmen, in dem die Muttergesellschaften ihre Patente poolen, und das dann allein Lizenzen vergibt. Ebenso können Ausschließlichkeitsbindungen zwischen den Muttergesellschaften und dem Gemeinschaftsunternehmen den Marktzutritt Dritter ausschließen oder erschweren. Alle diese Beschränkungen sind im Rahmen einer Gesamtbewertung zu berücksichtigen und können dazu führen, dass eine spürbare Beschränkung nach Art. 81 Abs. 1 anzunehmen ist.

22   g) Nebenabreden. Bei Nebenabreden handelt es sich meist um zusätzliche Vereinbarungen, die inhaltlich über die bloße Gründung des Gemeinschaftsunternehmens hinausgehen. Beispiele sind Wettbewerbsverbote für die Muttergesellschaften oder Belieferungs- und Bezugsverpflichtungen für das Gemeinschaftsunternehmen oder die Muttergesellschaften. Die Kommission unterscheidet hierbei zwischen den notwendigen Beschränkungen („ancillary restrictions") einerseits und den nicht-notwendigen (zusätzlichen) Nebenabreden.

Soweit es sich um notwendige Beschränkungen („ancillary restrictions") handelt, werden sie durch die Entscheidung im Rahmen der Fusionskontrolle mit abgedeckt.[63] Allerdings prüft die Kommission im Fusionskontrollverfahren grundsätzlich nicht mehr, welche Beschränkungen notwendig sind; diese Frage ist möglicherweise Gegenstand eines späteren Verfahrens vor den Kartellbehörden oder Zivilgerichten.[64] Nicht notwendige Beschränkungen fallen grundsätzlich unter Art. 81. Allerdings erfolgt bei Gemeinschaftsunternehmen, die unter Art. 3 Abs. 4 FKVO fallen, eine Prüfung nach Art. 2 Abs. 4 und 8 Abs. 3 FKVO im Verfahren der Fusionskontrolle, soweit es sich um die aus der Gründung des Gemeinschaftsunternehmens resultierenden Koordinierungseffekte handelt; für andere Nebenabreden gelten die Verfahrensvorschriften der VO 1/2003.[65]

Auch bei den Gemeinschaftsunternehmen, die **keine Vollfunktionsunternehmen** sind, erfolgt eine Sonderbehandlung der notwendigen Nebenabreden: Sie werden nicht getrennt geprüft, sondern in die Prüfung des Gemeinschaftsunternehmens nach Art. 81 einbezogen und teilen das rechtliche Schicksal des Gemeinschaftsunternehmens.[66]

Für die Beurteilung von Nebenabreden ist es dementsprechend erforderlich festzustellen, welche Beschränkungen des Gemeinschaftsunternehmens und der Gründer mit der Gründung und Tätigkeit des Gemeinschaftsunternehmens **notwendig verbunden** sind. Die Kommission hat in ihrer Bekanntmachung über Einschränkungen des Wettbewerbs, die mit der Durchführung von Unternehmenszusammenschlüssen unmittelbar verbunden und für diese notwendig sind, („Bekanntmachung Nebenabreden")[67] gewisse Grundsätze für die Beurteilung aufgestellt. Allerdings wird von der Kommission in dieser Bekanntmachung für die Beurteilung jeweils auf den Einzelfall abgestellt; die Kriterien geben daher nur generelle Hinweise für die Beurteilung. Es lassen sich dabei bestimmte Arten von Beschränkungen unterscheiden:

23   aa) Beschränkungen der Gründer. Hier kommt vor allem ein Wettbewerbsverbot zugunsten des Gemeinschaftsunternehmens in Betracht. Gegen ein solches Wettbewerbsverbot hat die Kommission keine Bedenken, soweit es sich auf das sachliche und räumliche

---

[63] Siehe dazu Rn. 57f. zu Art. 3 FKVO.

[64] Vgl. *Mestmäcker/Schweitzer,* Europäisches Wettbewerbsrecht, § 24 Rn. 90ff.; *Pohlmann* in: Münchner Kommentar, Europäisches Wettbewerbsrecht, Art. 81 EG Rn. 333.

[65] Vgl. dazu unten: FKVO Art. 2 Rn. 186ff.; *Immenga/Körber* in: Immenga/Mestmäcker, EG-Wettbewerbsrecht, Teil 2, FKVO Art. 2 Rn. 539; *Henschen* in: Schulte, Handbuch Fusionskontrolle Rn. 1691.

[66] Vgl. *Zimmer* in: Immenga/Mestmäcker, EG-Wettbewerbsrecht, Teil 1, EGV Art. 81 Abs. 1 Rn. 420; Komm. E. v. 21. 12. 1994 – *Philips/Osram,* ABl. L 378 vom 31. 12. 1994, 37ff.; Komm. v. 27. 7. 1994, IV/34.857 – *BT/MCI,* ABl. L 223/36 v. 27. 8. 1994; Komm. E. v. 13. 7. 1990 – *Elopak/Metal Box – Odin,* ABl. L 209 v. 8. 8. 1990, 15ff.

[67] S. dazu Bekanntmachung der Kommission über Einschränkungen des Wettbewerbs, die mit der Durchführung von Unternehmenszusammenschlüssen unmittelbar verbunden und für diese notwendig sind, ABl. C 56 v. 5. 3. 2005, 24ff. **(„Bekanntmachung Nebenabreden").**

Tätigkeitsgebiet und die Dauer der Beteiligung an dem Gemeinschaftsunternehmen beschränkt.[68] Anderes gilt, wenn das Wettbewerbsverbot über den Gegenstand des Gemeinschaftsunternehmens oder über die Dauer der Beteiligung an dem Gemeinschaftsunternehmen hinausgeht oder ein Gründerunternehmen ohne Mitkontrolle[69] betrifft; eine solche Beschränkung wird meist unter Art. 81 fallen. Auch exklusive Lizenzen für das Gemeinschaftsunternehmen und Beschränkungen hinsichtlich der Verwertung der Schutzrechte des Gemeinschaftsunternehmens sowie Bezugspflichten der Muttergesellschaften können gerechtfertigt sein, allerdings u. U. nur für eine bestimmte Zeitspanne.

Dagegen sind Beschränkungen der Muttergesellschaften hinsichtlich der Mengen und Preise oder Gebiete meist nach Art. 81 problematisch.

bb) Beschränkungen des Gemeinschaftsunternehmens. Beschränkungen, die die Muttergesellschaften dem Gemeinschaftsunternehmen auferlegen, sind weniger problematisch als die für die Gründer selbst. Das gilt insbesondere für Beschränkungen das Tätigkeitsgebietes sowie der Fertigungs-Standorte. Auch ein Wettbewerbsverbot zugunsten der Muttergesellschaften sowie Beschränkungen des Gemeinschaftsunternehmens hinsichtlich der Verwertung ihm überlassener Schutzrechte sind als unbedenklich anzusehen.[70]

Dagegen hält die Kommission Beschränkungen des Gemeinschaftsunternehmens hinsichtlich der Mengen, Preise und Kunden sowie Ausfuhrverbote für bedenklich. Das erscheint nicht gerechtfertigt, da es den Muttergesellschaften als Gesellschafter überlassen bleiben muss, die Geschäftspolitik des Gemeinschaftsunternehmens zu bestimmen. Nur wenn daraus auch Rückwirkungen auf das Wettbewerbsverhalten der Gründer untereinander resultieren, erscheint eine Beurteilung nach Art. 81 gerechtfertigt.[71]

---

[68] S. dazu Bekanntmachung Nebenabreden Rn. 36 ff.
[69] S. dazu Bekanntmachung Nebenabreden Rn. 37, 38.
[70] S. dazu Bekanntmachung Nebenabreden Rn. 42 ff.; *Rating* in: Schröter/Jakob/Mederer, Kommentar zum Europäischen Wettbewerbsrecht, Art. 81 – Fallgruppen, Änderung der Unternehmensstruktur, Rn. 96 ff.; Komm. E. v. 13. 7. 1990 – *Elopak/Metal Box – Odin*, ABl. L 209 v. 8. 8. 1990, 15 ff.
[71] Ebenso *Emmerich* in: Immenga/Mestmäcker, EG-Wettbewerbsrecht, 3. Aufl., Bd. I, S. 280 f.

3. Teil. Gewerblicher Rechtsschutz und Urheberrecht

Übersicht

	Rn.
I. Geistiges Eigentum	1
1. Definition	1
2. Arten des geistigen Eigentums	2
3. Historischer Abriss zur Bedeutung des geistigen Eigentums	15
4. Gemeinsame Wesensmerkmale der gewerblichen Schutzrechte	21
5. Internationale Übereinkünfte	24
6. Rechtsangleichung auf EU-Ebene	26
II. Das geistige Eigentum im Gemeinschaftsrecht	38
1. Spannungsverhältnis zum Schutz des freien Waren- und Dienstleistungsverkehrs	38
a) Normative Grundlagen	39
b) Bestand und Ausübung von Schutzrechten	52
c) Erschöpfung der Schutzrechte	61
d) Willkürliche Diskriminierung und verschleierte Handelsbeschränkung	69
2. Verhältnis der Vorschriften der Art. 28 ff. EG zu den Wettbewerbsregeln (Art. 81 ff. EG)	73
III. Wettbewerbsbegriff und gewerbliche Schutzrechte	78
1. Vollkommener Wettbewerb	78
2. Unvollkommener Wettbewerb	79
IV. Anwendung des Art. 81 EG auf gewerbliche Schutzrechte und deren Ausübung	81
1. Anwendungsgrundsätze in der Rechtsprechung der europäischen Gerichte	81
a) Schutzrechtsrelevantes Verhalten als Gegenstand, Mittel oder Folge einer Kartellabsprache	81
b) Relevanz der Unterscheidung Bestand/Ausübung	85
2. Besondere Fallgruppen	86
a) Abgrenzungsvereinbarungen	87
b) Schutzrechtsübertragungen	90
c) Lizenzverträge	94
d) Nebenabreden	98
e) Zulieferkonstellationen	102
3. Freistellung nach Art. 81 Abs. 3 EG	106
a) Verfahrenstechnisch	107
b) Materiell-rechtlich	108
V. Ausübung gewerblicher Schutzrechte als Missbrauch einer marktbeherrschenden Stellung im Sinne von Art. 82 EG	112
1. Marktbeherrschung	113
2. Missbrauch der marktbeherrschenden Stellung	115
a) Ausbeutungsmissbrauch	119
b) Behinderungsmissbrauch	120
c) Marktstrukturmissbrauch	131

Schrifttum: *Berkenfeld,* Das älteste Patentgesetz der Welt, GRUR 1949, 139; *Brinker,* Art. 81 EGV, in: Schwarze, EU-Kommentar, 2000; *Busse,* Patentgesetz – Kommentar, 2003; *Dannecker,* Rechtsschutz nach der Datenbank-Richtlinie: Einführung geeigneter Sanktionen, K&R 1999, 529; *Deller,* Deller's Walker on Patents, 1964; *Dirksen,* Artikel 82, in: Langen/Bunte, Kommentar zum deutschen und europäischen Kartellrecht, Band 1, 2001; *Epiney,* Die Entwicklung der Rechtsprechung des EuGH im Jahr 2005, NVwZ 2006, 1244; *Fezer,* Markenrecht, 2001; *Gaster,* Zwei Jahre Sui-generis-Recht: Europäischer Datenbankschutz in der Praxis der EG-Mitgliedstaaten, CR 2000, 38; *Geiger,* Patents, Trade Marks, Copyrights – a Mission for Article 82 EC?, E.C.L.R. 2004, 311; *Gleiss/Hirsch,* Kommentar zum EG-Kartellrecht, Band 1, 1993; *Jewkes/Sawers/Stillermann,* The Sources of Invention, 1958, 240; *Kitz,* Rechtsdurchsetzung im geistigen Eigentum – die neuen Regeln, NJW 2008, 2374; *Kluth,* Dienstleistungen, in: Calliess/Ruffert (Hrsg.), Das Verfassungsrecht der Europäischen Union mit Europäischer Grundrechtscharta, 2007; *Loewenheim,* Gemeinschaftliches Diskriminierungsverbot und nationales Urheberrecht, NJW 1994, 1046; *ders.,* Warenzeichen und Wettbewerbsbeschränkung, 1970; *Lorz,* Internetwerbung für verschreibungspflichtige Arzneimittel aus gemeinschaftsrechtlicher Perspektive, GRUR Int. 2005, 894; *Lutz,* ORDO. Jahrbuch für die Ordnung von Wirtschaft und Gesellschaft, 1956; *Machlup,* Die wirtschaftlichen Grundlagen des Patentrechts, GRUR Int. 1961, 373, 473, 524; *Mestmäcker/Schweitzer,* Europäisches Wettbewerbsrecht, 2004; *Milbradt,* Urheberrechtsschutz von Datenbanken: Im Spannungsverhältnis zwischen Informationsfreiheit und Schutz des Datenbankherstellers, CR 2002, 710; *Möschl,* Artikel 86 EGV, in: Immenga/Mestmäcker (Hrsg.), EG-Wettbewerbsrecht – Kommentar, Band I, 2007; *Müller-Graff,* Vorbemerkungen zu den Artikeln 28–31 EG, in: Groeben/Schwarze (Hrsg.), Kommentar zum Vertrag über die Europäische Union und zur Gründung der Europäischen Gemeinschaft, Band 1, 2003; *Müller-Graff,* Artikel 85, in: Handkommentar zum Vertrag über die Europäische Union (EUV/EGV), 1998; *Neu-*

mayer, Die Historischen Grundlagen der ersten Patentgesetze in den USA und in Frankreich, GRUR Int. 1956, 242; *Sandrock*, Grundbegriffe des Gesetzes gegen Wettbewerbsbeschränkungen, 1968; *Schaefer*, Die unmittelbare Wirkung des Verbots der nichttarifären Handelshemmnisse (Artikel 30 EWG-Vertrag) in den Rechtsbeziehungen zwischen Privaten, 1987; *Schumpeter*, Capitalism, Socialism and Democracy, 1950, 140; *Schwarze/Weitbrecht*, Grundzüge des europäischen Kartellverfahrensrechts, 2004; *Troberg/Tiedje*, Artikel 49, in: Groeben/Schwarze (Hrsg.), Kommentar zum Vertrag über die Europäische Union und zur Gründung der Europäischen Gemeinschaft, Band 1, 2003; *Troller*, Immaterialgüterrecht, Band I, 1959, 9; *Ullrich*, Gewerblicher Rechtsschutz und Urheberrecht; Gemeinsame Forschung und Entwicklung, in: Immenga/Mestmäcker (Hrsg.), EG-Wettbewerbsrecht – Kommentar, Band 1, 1997; *Ullrich*, Lizenzkartellrecht auf dem Weg zur Mitte, GRUR Int. 1996, 555; *Vogel*, Geschichte des Urheberrechts, in: Schricker (Hrsg.), Urheberrecht – Kommentar, 1999; *Wissel/Eickhoff*, Die neue EU-Gruppenfreistellungsverordnung für Technologietransfer-Vereinbarungen, WuW 2004, 1244; *Würfel*, Die Richtlinie über die Durchsetzung der Rechte am geistigen Eigentum, European Law Reporter 2004, 206.

I. Geistiges Eigentum

1. Definition

1   Unter geistigem Eigentum versteht man den zeitlich begrenzten Schutz der Ergebnisse innovativen gewerblich-geistigen Schaffens vor deren Nutzung durch Andere. Hintergrund dieses Schutzes durch die Gewährung staatlicher Ausschließlichkeitsrechte war die schon vor der Industriellen Revolution gewonnene Überzeugung, dass die geistige Leistung des Menschen staatlichen Schutzes bedarf, um Fortschritt und Schöpfungskraft der Gesellschaft zu sichern. Diese staatlichen, dem Immaterialgüterschutz dienenden Rechte werden gemeinhin als gewerbliche Schutzrechte bezeichnet. Die vertragliche Einräumung von Nutzungsrechten am geistigen Eigentum durch deren Eigentümer ist die Lizenz.

2. Arten des geistigen Eigentums

2   Derzeit bestehen (in Deutschland) hinsichtlich des geistigen Eigentums folgende Rechte:
3   – Der **Patentschutz** für technische Erfindungen, „die neu sind, auf einer erfinderischen Tätigkeit beruhen und gewerblich anwendbar sind."[1] Die Anmeldung eines Patents setzt dessen Patentfähigkeit und damit seine Schutzfähigkeit voraus. Patente können nur für technische Herstellungs- oder Anwendungsverfahren (sog. Verfahrenspatente) oder Erzeugnisse und deren Einrichtungen (sog. Sachpatente) erteilt werden. Sollte eine Erfindung nicht als Patent angemeldet werden können, kommt gegebenenfalls eine Anmeldung als Gebrauchsmuster in Betracht.
Der Patentschutz währt im Allgemeinen 20 Jahre, kann jedoch im Bereich von Arznei- und Pflanzenschutzmitteln um bis zu fünf Jahre verlängert werden. Diese Sonderregelung wurde durch die EG-Verordnungen 1768/92 und 1610/96[2] ermöglicht, mit denen Patentinhabern von Arznei- bzw. Pflanzenschutzmitteln die Möglichkeit eingeräumt wurde, sog. ergänzende Schutzzertifikate zu beantragen. Der Hintergrund für diese Sonderregelung ist der Umstand, dass gerade im Arznei- und Pflanzenschutzmittelbereich oft viel Zeit vergeht, bis eine Produktzulassung durch die nationalen Zulassungsbehörden erteilt wird. Während der Zeit zwischen der Antragstellung für die Zulassung und der Produktzulassung läuft im Allgemeinen schon die Patentzeit; das Patent kann aber noch nicht wirtschaftlich genutzt werden. Mit Hilfe der ergänzenden Schutzzertifikate wird hierfür ein Ausgleich geschaffen.[3]

---

[1] § 1 PatG.
[2] Verordnung (EWG) Nr. 1768/92 des Rates v. 18. Juni 1992 über die Schaffung eines ergänzenden Schutzzertifikats für Arzneimittel, ABl. L 182/1 v. 2. 7. 1992 und Verordnung (EG) 1610/96 des Europäischen Parlaments und des Rates v. 23. Juli 1996 über die Schaffung eines ergänzenden Schutzzertifikats für Pflanzenschutzmittel, ABl. L 198 v. 8. 8. 1996, S. 30.
[3] Vgl. VO 1768/92, Präambel.

– Der **Gebrauchsmusterschutz** für technische Erfindungen der „kleinen Münze". 4
Auch Gebrauchsmuster sind Erfindungen, die neu und gewerblich anwendbar[4] sein müssen. Zudem ist erforderlich, dass sie einen technischen Charakter aufweisen.[5] Darin unterscheiden sich Gebrauchs- von Geschmacksmustern. Im Vergleich zum Patent werden an Gebrauchsmuster niedrigere Anforderungen an den technischen Fortschritt (erfinderischer Schritt) gestellt. Gebrauchsmuster werden darüber hinaus ohne vorherige Prüfung registriert, sodass das bei Patenten vorgeschaltete Prüfungsverfahren entfällt. Deshalb werden Gebrauchsmuster in der Regel deutlich schneller als Patente in die Geschmacksmusterrolle eingetragen und im Patentblatt bekannt gegeben. Gemäß § 2 Nr. 3 GebrMG können jedoch im Unterschied zu Patenten keine Verfahren geschützt werden.
Die Anmeldung von Gebrauchsmustern parallel zur Patentanmeldung dient vielfach der zeitlichen Überbrückung des schutzrechtslosen Zustandes während der doch häufig langen Dauer der Prüfung der Patente durch das Patent- und Markenamt. Die Schutzfrist bei Gebrauchsmustern beträgt bis zu 10 Jahre. Um die volle Schutzdauer auszuschöpfen, ist jedoch die periodische Zahlung einer Aufrechterhaltungsgebühr notwendig.[6]

– Der Schutz des geheimen **technischen Know-how.** 5
Gegenstand des technischen Know-how ist das gesamte technische Wissen eines Unternehmens oder einer Person, einschließlich aller technischen Erfahrungen, Herstellungsverfahren, Produkt- und Materialeigenschaften, Verfahrensabläufen, Dimensionierungen, zeit- und kostensparender Herstellungskniffe, etc. Solange technisches Wissen geheim ist, kann es zu einem wesentlichen Wettbewerbsvorsprung des Inhabers gegenüber seinen Konkurrenten führen. Dessen Marktposition entspricht dann der, die sich aus der Patentierung der Technologie ergeben würde – allerdings mit der Maßgabe, dass sie ohne zeitliche Begrenzung so lange bestehen bleibt, wie sie geheim ist. Einen gewissen Schutz genießt das geheime Know-how insoweit, als der Verrat von technischen Betriebsgeheimnissen nach §§ 17, 18 UWG strafbar ist.
Auch eine nicht geheime Technologie, die dem Stand der Technik entspricht und somit 6 zu keinem Wettbewerbsvorsprung seines Inhabers vor seinen Konkurrenten führt, kann neben ihrer Nutzung im eigenen Betrieb zu einem beachtlichen wirtschaftlichen Wert führen, wenn ihr Inhaber sie im Rahmen eines sog. Nachbauvertrages anderen entgeltlich zur Verfügung stellt, um ihnen einen Markteintritt zu ermöglichen. Angesichts der typischen Komplexität von Herstellungstechnologien ist es einem Newcomer nahezu unmöglich, eine solche Technologie nach dem Stand der Technik selbst zu erarbeiten, ohne das meist untragbare Risiko einzugehen, dass diese nach ihrer Fertigstellung durch die weiteren Entwicklungen im Markt etablierter Unternehmen bereits obsolet ist. Der Eintritt von Newcomern in einen für sie neuen Markt, dem eine komplexe Technologie zugrunde liegt, wird daher ganz überwiegend im Wege der Übernahme bereits erfahrener Unternehmen, sei es durch einen Zusammenschluss mit solchen oder durch einen Technologiekauf, durchgeführt.
Das geheime Know-how vermittelt aber kein Ausschließungsrecht und stellt daher 7 kein geistiges Eigentum im engeren Sinne dar. Angesichts seiner großen wirtschaftlichen Bedeutung ist es im Europäischen Recht gleichwohl als ein solches allgemein anerkannt.[7]

---

[4] Eine Legaldefinition des Begriffs „gewerblich anwendbar" findet sich in § 3 Abs. 2 GebrMG. Danach gilt der Gegenstand eines Gebrauchsmusters dann als „gewerblich anwendbar", wenn er auf irgendeinem gewerblichen Gebiet, einschließlich der Landwirtschaft, hergestellt oder benutzt werden kann.
[5] *Busse,* PatG, § 1 GebrMG, Rn. 5.
[6] § 23 Abs. 2 GebrMG.
[7] Vgl. hierzu nur die Verordnung (EG) 772/2004 der Kommission v. 27. April 2004 über die Anwendung von Artikel 81 Abs. 3 EG – Vertrag auf Gruppen von Technologietransfer-Vereinbarungen, die sich ausführlich auch mit dem geheimen Know-how befasst.

8 – Der **Sortenschutz**[8] für neue Pflanzensorten, die unterscheidungskräftig, homogen, beständig und durch eine eintragbare Sortenbezeichnung gekennzeichnet sind.

Der gesetzlich verankerte Sortenschutz verleiht ein dem Patent vergleichbares Ausschließlichkeitsrecht, durch das das geistige Eigentum an Pflanzenzüchtungen geschützt wird. Wer eine neue Sorte entdeckt oder gezüchtet hat, kann hierfür auf der Grundlage des Sortenschutzgesetzes (SortSchG) beim Bundessortenamt Sortenschutz beantragen. Der Sortenschutz berechtigt den Sortenschutzinhaber unter anderem, die geschützte Sorte zu erzeugen, zu vermehren und in den Verkehr zu bringen.[9] Das Bundessortenamt überprüft das Vorliegen der Schutzvoraussetzungen durch eigenen Anbau im Freiland oder im Gewächshaus sowie durch ergänzende Untersuchungen im Labor. Sind die Voraussetzungen des Sortenschutzes erfüllt, so wird der Sortenschutz im Allgemeinen für eine Dauer von 25 Jahren erteilt und die Erteilung in die Sortenschutzrolle eingetragen.[10] Bei Hopfen, Kartoffel, Rebe und Baumarten beträgt der Sortenschutz 30 Jahre.[11]

9 – Der **Markenschutz** für Herkunftshinweise zur Kennzeichnung der Waren und Dienstleistungen ihres Inhabers.

Als Marken können sämtliche Formen von Zeichen (Wörter, Namen, Buchstaben, Abkürzungen, Zahlen, Symbole) und selbst Hörzeichen (in Medien) und dreidimensionale Gestaltungen sowie Aufmachungen, Formen und Verpackungen einer Ware geschützt werden,[12] wenn sie unterscheidungskräftig sind.

Der Markenschutz entsteht mit seiner Registrierung nach Anmeldung beim Patent- und Markenamt oder – ohne Anmeldung – dann, wenn die Marke durch ihre Nutzung als Herkunftshinweis auf ihren Inhaber innerhalb der „beteiligten Verkehrskreise" anerkannt ist. Die Marke unterliegt der Möglichkeit ihres Verfalls, wenn ihr Inhaber sie für einen ununterbrochenen Zeitraum von fünf Jahren nicht genutzt hat.[13] Die 10-jährige Registrierung kann beliebig verlängert werden.[14]

10 – Der **Urheberschutz** für neue Werke der Literatur, der Wissenschaft und der Kunst in mannigfacher Form, d.h. Schriftwerke, Sprachwerke und Reden, Musikwerke, Filmwerke, pantomimische Werke der Tanzkunst, Werke der bildenden Kunst einschließlich der Baukunst und der angewendeten Kunst, Darstellungen wissenschaftlicher oder technischer Art, Programme für die Datenverarbeitung, etc. – sofern das jeweilige Werk das Ergebnis „individuellen geistigen Schaffens" darstellt und eine gewisse Originalität aufweist.[15]

Eine Anmeldung urheberrechtlich geschützter Werke ist (in Deutschland) nicht vorgesehen. Der Urheberrechtsschutz erstreckt sich auch auf eine Anzahl sogenannter Leistungsschutzrechte, so etwa die Veranlassung bestimmter wissenschaftlicher Ausgaben und nachgelassener Werke, Lichtbilder, Darbietungen ausübender Künstler, Herstellung von Tonträgern und Videokassetten von Filmwerken und die Tätigkeit der Fernsehsendeunternehmen.

11 – Der **Geschmacksmusterschutz** für „neue, gewerblich nutzbare Muster und Modelle die eine gewisse Eigenart aufweisen", sofern diese beim Patent- und Markenamt angemeldet sind.

Der Geschmacksmusterschutz ist darauf gerichtet, demjenigen, der die betreffenden Muster oder Modelle durch seine persönliche Leistung geschaffen hat, die ausschließliche

---

[8] § 1 SortSchG.
[9] § 10 SortSchG.
[10] § 28 SortSchG.
[11] § 13 SortSchG.
[12] § 3 Abs. 1 MarkenG.
[13] § 49 MarkenG.
[14] §§ 47, 49 MarkenG.
[15] §§ 2 ff. UrhG.

Befugnis zu gewähren, das Geschmacksmuster nachzubilden und zu verbreiten. Die Schutzdauer beträgt fünf Jahre ab Eintragung im Musterregister beim Patent- und Markenamt.[16] Der Schutz kann auf maximal 25 Jahre ausgedehnt werden.
– Der **Halbleitertopografienschutz** für neue dreidimensionale Strukturen mikroelektronischer Halbleitererzeugnisse, sofern diese eine Eigenart aufweisen und beim Patent- und Markenamt angemeldet sind. Der Schutzumfang ähnelt dem des Patents.
– Der Schutz von **Datenbankwerken und Datenbanken.**

Der Schutz von Datenbankwerken und Datenbanken ist in Deutschland in § 4 UrhG sowie §§ 87a ff. UrhG geregelt. Gemäß § 4 Abs. 2 UrhG ist ein Datenbankwerk definiert als ein Sammelwerk, dessen Elemente systematisch oder methodisch angeordnet und einzeln mit Hilfe elektronischer Mittel oder auf andere Weise zugänglich sind. Soweit eine Datenbank als Werk im Sinne von § 2 Abs. 1 Nr. 1 bzw. § 4 Abs. 2 UrhG zu qualifizieren ist, ihr also eine persönliche geistige Schöpfung zugrunde liegt, führt dies zu vollem Urheberrechtsschutz für den Datenbankurheber.[17]

Der Schutz für den Datenbankhersteller stellt eine Ergänzung des bisherigen Schutzes für Datenbankurheber dar. Der Schutz für Datenbankhersteller wurde in der EU auf Grund der Richtlinie 96/9/EG vom 11. März 1996[18] eingeführt und in Deutschland in den §§ 87a ff. UrhG umgesetzt. Mit der Richtlinie wurde der Zweck verfolgt, die Datenbankhandhabung durch die Mitgliedstaaten zu vereinheitlichen sowie einen Anreiz zur Erstellung künftiger Datenbanken zu schaffen, die nach Ablauf der Schutzfrist zum Allgemeingut gehören. Die Richtlinie wurde in Deutschland durch Art. 7 des Gesetzes zur Regelung der Rahmenbedingungen für Informations- und Kommunikationsdienste (Informations- und Kommunikationsdienstegesetz – IuKDG)[19] umgesetzt, mit dem u. a. der Abschnitt zum Schutz des Datenbankherstellers (§§ 87a–e) in das UrhG eingefügt wurde. Auch wenn die §§ 87a ff. UrhG entsprechend den Vorgaben der Datenbankrichtlinie im UrhG verortet sind, handelt es sich systematisch um ein dem Wettbewerbsrecht entwachsendes Schutzrecht, da nicht der Urheber, sondern der Hersteller einer Datenbank geschützt wird.[20]

Mit dem rechtlichen Schutz von Datenbanken werden vor allem zwei Ziele verfolgt: Zum einen geht es darum, das auf Datenbanken anwendbare Urheberrecht einzelner Mitgliedstaaten der Gemeinschaft zu harmonisieren. Zum anderen geht es um einen speziellen Rechtsschutz für die Hersteller von Datenbanken und Datenbankwerken, womit dem besonderen Aufwand der Hersteller bei der Zusammenstellung von Datenbanken Rechnung getragen werden soll.[21] Zweck dieses neu eingeführten Schutzrechtes ist es nämlich, der Gefahr vorzubeugen, dass mit Hilfe neuer Techniken die Inhalte einer Datenbank kopiert und damit identische neue Datenbanken erstellt werden. Mit den §§ 87a ff. UrhG soll daher im Wesentlichen der Schutz von Investitionen gewährleistet werden, die notwendig sind, um eine Datenbank zu erstellen. Entsprechend bedarf auch die Bearbeitung oder Umgestaltung eines Datenbankwerkes der Einwilligung des Urhebers.[22]

Gemäß der im UrhG niedergelegten Bestimmungen hat ein Datenbankhersteller das ausschließliche Recht, die Datenbank insgesamt oder einen wesentlichen Teil davon zu vervielfältigen, zu verbreiten und öffentlich wiederzugeben.[23] Voraussetzung für das Ein-

---

[16] §§ 27, 28 GeschmG.
[17] *Milbradt* CR 2002, 710 (711).
[18] Richtlinie 96/9/EG des Europäischen Parlaments und des Rates v. 11. März 1996 über den rechtlichen Schutz von Datenbanken, ABl. L 77/20 v. 27. 3. 1996.
[19] BGBl. I 1997, 1870, 1877.
[20] Vgl. *Dannecker* K&R 1999, 529 (535).
[21] Vgl. hierzu *Gaster* CR 2000, 38 (38 f.).
[22] § 23 UrhG. Zur Benutzung von Datenbankwerken vgl. §§ 53, 55a UrhG.
[23] § 87b UrhG.

greifen dieses Schutzes ist jedoch, dass es sich bei der Datenbank um „eine Sammlung unabhängiger Elemente" handelt, die „systematisch oder methodisch angeordnet" und „einzeln zugänglich" sind und für die eine „wesentliche Investition" getätigt wurde.[24] Datenbankhersteller ist dabei derjenige, der die Investitionen für die Erstellung der Datenbank vorgenommen hat.[25] Die Rechte eines Datenbankherstellers erlöschen 15 Jahre nach der Veröffentlichung der Datenbank. Die Frist von 15 Jahren gilt auch dann, wenn die Datenbank nach Herstellung nicht veröffentlicht wurde.[26]

3. Historischer Abriss zur Bedeutung des geistigen Eigentums[27]

15 Ein gewisser punktueller Schutz des geistigen Eigentums durch hoheitliche Privilegien geht bis in die Antike zurück.

Mit dem Beginn des merkantilistischen Zeitalters sowie der Entstehung der Zünfte des städtischen Handwerks wurden für **technische Neuerungen** in zunehmendem Maße königliche Privilegien – häufig entgeltlich – erteilt.[28] In Abkehr von diesem System punktueller Monopolprivilegien wurde das erste Patentgesetz der Welt 1474 in Venedig erlassen, das in seinen Grundzügen in erstaunlichem Umfang den späteren Patentgesetzen entsprach, aber alsbald in Vergessenheit geriet.[29]

16 Im England des 17. Jahrhunderts hatte die Krone zur Aufbesserung der königlichen Finanzen entgeltliche Monopolprivilegien in einem Ausmaß erteilt, der einen Freihandel weitgehend zum Erliegen brachte. Gegen diesen Missbrauch schritt das Parlament mit dem Erlass des legendären Statute of Monopolies im Jahre 1624 ein. Mit ihm wurden und blieben sämtliche Monopolprivilegien grundsätzlich verboten. Als einzige Ausnahme von diesem Verbot statuierte das Gesetz dessen Unanwendbarkeit „to any letters patent ... hereafter to be made of the sole working or making of any manner of new manufacture ...". Damit stellte das Statute of Monopolies nicht nur das erste Kartellgesetz der Welt dar, sondern zugleich das erste bleibende Patentgesetz.[30] Über das Verbot der königlichen Monopolprivilegien hinaus entfaltete das Statute of Monopolies aber keine wesentliche kartellrechtliche Bedeutung im englischen Common Law.

17 In den amerikanischen Kolonien Englands wurde das britische Patentrecht übernommen und mit der Gründung der Vereinigten Staaten als Grundrecht in deren Verfassung aufgenommen. Das erste französische Patentgesetz wurde nach der Französischen Revolution erlassen. Als ein Ergebnis der Napoleonischen Kriege wurden Patentgesetze in einer Reihe deutscher und anderer europäischer Staaten übernommen.[31]

Ein einheitliches deutsches Patentgesetz wurde nach der Reichsgründung erlassen.[32]

18 Im Vordergrund des Schutzes technischer Erfindungen in den jeweiligen Patentgesetzen stand zunächst der Einzelerfinder, ein der Sache verschriebener Bastler, dem ein „Flash of Genius" seine Erfindung eingab. Für diese Leistung und deren Veröffentlichung in seiner Patentschrift sollte er mit der zeitlich begrenzten Ausschließlichkeit der Verwertung ihrer Ergebnisse belohnt werden. Mit der stetig zunehmenden Komplexität und Verfeinerung der Technik und der Forschungsmethoden hat der geniale Einzelerfinder seine Bedeutung weitgehend verloren. Die allermeisten bedeutenden technischen Innovationen werden heute auf der Grundlage langfristiger Planung durch Teams institutionalisierter Forschungsabteilungen

---

[24] Zur Auslegung dieser Tatbestandsmerkmale vgl. *Milbradt* CR 2002, 710 (711 ff.).
[25] § 87 a UrhG.
[26] § 87 d UrhG.
[27] Vgl. Kapitel I. 1. Rn. 1.
[28] *Troller*, Immaterialgüterrecht, 1959, Bd. I, S. 9 ff.
[29] *Berkenfeld* GRUR 1949, 139 (139 f.).
[30] Dellers' Walker on Patents, S. 2 ff.
[31] *Neumayer* GRUR Int. 1956, 241 (242).
[32] *Troller*, Immaterialgüterrecht, Bd. I, S. 85.

der Industrie und der Forschungsinstitute durchgeführt.[33] Die erforderliche Forschung und Entwicklung (FuE) setzt typischerweise sehr hohe Investitionen voraus. In all den mannigfachen Fällen, in denen solche Vorhaben nicht zu dem angestrebten Erfolg führen, sind diese Investitionen als „sunk costs" auszubuchen. Müssten forschende Unternehmen damit rechnen, dass ihre Innovationen alsbald nach deren Markteintritt dem Wettbewerb der Imitatoren ausgesetzt würden, die keine FuE-Kosten zu tragen hatten, könnten sie die Möglichkeit der Amortisierung ihrer FuE-Kosten in ihre Planung nicht mit einbeziehen.[34] Ohne den Patentschutz hätte die Entwicklung der Technologie daher nicht annähernd den heutigen Stand erreicht. Zudem hätte sie ohne den mit der Patentschrift bewirkten öffentlichen Zugang zu ihr nach Patentablauf keineswegs die erwünschte Verbreitung gehabt.

Einen ähnlichen Verlauf nahm die Entwicklung des **Urheberrechts**.[35] Zunächst und ebenfalls bereits seit der Antike wurde einzelnen literarischen Werken durch die Erteilung entsprechender hoheitlicher Privilegien punktuell ein gewisser Schutz gewährt. Eine wesentliche Bedeutung erhielt der Schutz literarischer Werke vor Plagiatoren („Plagarii" = „Menschenräuber") aber erst nach der Erfindung des Buchdrucks. Mit dessen zunehmender Verbreitung wurden die unterschiedlichen Privilegien der Urheber, Drucker und Verleger weitgehend systematisiert, mit der Folge, dass der Schutz literarischer Werke als „Nutzrecht" anerkannt wurde. Der Erlass systematischer und (mehr oder weniger) einheitlicher Urheberrechtsgesetze blieb dem Ende des 19. und dem 20. Jahrhundert vorbehalten.[36] **19**

Als Namensrecht war schließlich auch die **Marke**[37] bereits in der Antike bekannt und wurde zur Kennzeichnung der Waren ihres Inhabers genutzt. Im Zeitalter des Merkantilismus diente die Marke im Wesentlichen der staatlichen Kontrolle des Zunftzwangs und dem Schutz der Allgemeinheit vor Irreführungen hinsichtlich des Ursprungs und der Qualität der gehandelten Waren. Die Marke stellte daher kein Recht ihrer Inhaber dar. Ihre Führung entsprach vielmehr einem staatlichen Zwang. Mit der Liberalisierung der Wirtschaft (in Deutschland schließlich mit der Gewerbeordnung von 1869) verlor die Marke ihre Bedeutung als Mittel zünftiger Fesseln und der Kontrolle des Gewerbes und Handels durch den Staat. Dies führte zu einem neuen Verständnis der Marke als ein Ausschließungsrecht seiner Inhaber zur Wahrung der Integrität ihrer Produkte und als ein Mittel ihrer Werbung.[38] **20**

Beginnend mit dem Reichsgesetz über den Markenschutz von 1874 entwickelte sich das deutsche Markenrecht zu seinem heutigen robusten Schutz der Marke.

4. Gemeinsame Wesensmerkmale der gewerblichen Schutzrechte

Der Schutz des geistigen Eigentums vor seiner Nutzung durch Andere besteht nur insoweit, als dies gesetzlich vorgesehen ist.[39] Dementsprechend besteht ein **numerus clausus** für die Rechte des geistigen Eigentums. **21**

Der Schutz des geistigen Eigentums ist in den anwendbaren Bestimmungen – in unterschiedlichem Umfang – **zeitlich begrenzt**,[40] mit Ausnahme der Verlängerungsmöglichkeit der Markenregistrierungen.[41]

Da der Schutz des geistigen Eigentums für Neuerungen besteht, gilt im Kollisionsfall ein striktes **Prioritätsprinzip**, d. h. bei kollidierenden Rechten hat das mit dem früheren Zeit- **22**

---

[33] *Jewkes/Sawers/Stillermann,* The Sources of Invention, 1958, S. 240 ff.
[34] *Schumpeter,* Capitalism, Socialism and Democracy, 3. Aufl., 1950, S. 140 ff.
[35] Vgl. Kapitel I. 2. Rn. 10.
[36] *Vogel* in: Schricker, Urheberrecht, Einl., Rn. 50 ff.
[37] Vgl. Kapitel I. 2. Rn. 9.
[38] *Fezer,* Markenrecht, Einl. MarkenG, Rn. 1 ff.
[39] Vgl. Kapitel I. 1. Rn. 1.
[40] Vgl. Kapitel I. 1. Rn. 1.
[41] Vgl. Kapitel I. 2. Rn. 9.

rang den Vorrang. Hierbei ist der Prioritätszeitpunkt gesetzlich definiert, z. B. als das Datum der erforderlichen Anmeldung oder Hinterlegung.

23 Für alle Rechte des geistigen Eigentums gilt der **Erschöpfungsgrundsatz**. Gemäß diesem Grundsatz ist, sobald die geschützten Produkte (Waren oder Dienstleistungen) von ihrem Inhaber oder mit seiner Zustimmung in dem Geltungsbereich der gesetzlichen Regelung des Schutzrechtes oder innerhalb des durch diese Regelung festgelegten territorialen Raumes in den Verkehr gebracht worden sind, das diesen Produkten anhaftende Ausschließlichkeitsrecht „erschöpft". Grundsätzlich können Weiterveräußerungen der betreffenden Produkte oder deren Nutzung durch Dritte dann nicht mehr behindert werden.[42]

5. Internationale Übereinkünfte

24 Die Territorialität der nationalen Rechtsordnungen führt zwangsläufig dazu, dass das geistige Eigentum nur innerhalb des jeweiligen Staates geschützt ist. Mit der Entwicklung des internationalen Handels war es daher geboten, Möglichkeiten zu schaffen, das geistige Eigentum des Ursprungsstaates auch in anderen Staaten zu erwerben. Beginnend mit der Pariser Verbandsübereinkunft von 1883[43] wurde diese Möglichkeit im Wege einer erheblichen Anzahl entsprechender Staatsverträge[44] geschaffen.

25 In unterschiedlicher Weise sind u. a. die folgenden grundsätzlichen Bestimmungen Gegenstand dieser Übereinkommen:
– Die Verpflichtung der jeweiligen Vertragsstaaten, die ihren Staatsangehörigen bereitgestellten Rechte des geistigen Eigentums den Staatsangehörigen der anderen Vertragsstaaten auf Antrag ebenfalls zur Verfügung zu stellen. Hierzu gehört auch das Gebot aller Vertragsstaaten zur **Inländerbehandlung** der Staatsangehörigen anderer Vertragsstaaten.[45]
– Sofern sich der Zeitrang anzumeldender oder zu hinterlegender Schutzrechte nach dem Anmelde- oder Hinterlegungsdatum bemisst (wie im Patentrecht),[46] wird dem ausländi-

---

[42] Vgl. hierzu beispielsweise § 24 MarkenG.
[43] Pariser Verbandsübereinkunft zum Schutz des gewerblichen Eigentums (PVÜ), 20. 3. 1883.
[44] Hierzu gehören die Berner Übereinkunft zum Schutz von Werken der Literatur und Kunst (RBÜ) v. 9. 9. 1886, das Madrider Abkommen über die Internationale Registrierung von Marken (MMA) v. 14. 4. 1891, das Madrider Abkommen über die Unterdrückung falscher oder irreführender Herkunftsangaben (MHA) v. 14. 4. 1891, das Haager Abkommen über die Internationale Hinterlegung gewerblicher Muster oder Modelle (HMA) v. 6. 11. 1925, das Welturheberrechtsabkommen (WUA) v. 6. 9. 1952, das Abkommen von Nizza über die Internationale Klassifikation von Waren und Dienstleistungen für die Eintragung von Marken (NKA) v. 15. 6. 1957, das Lissabonner Abkommen über den Schutz der Ursprungsbezeichnungen und ihre Internationale Registrierung (LUA) v. 31. 10. 1958, das Internationale Übereinkommen zum Schutz von Pflanzenzüchtungen (UPOV) v. 2. 12. 1961, das Internationale Abkommen über den Schutz der Ausübenden Künstler, der Hersteller von Tonträgern und der Sendeunternehmen (Rom-Abkommen) v. 26. 10. 1961, das Übereinkommen zur Errichtung der Weltorganisation für Geistiges Eigentum (WIPO) v. 14. 7. 1967, der Vertrag über die Internationale Zusammenarbeit auf dem Gebiet des Patentwesens (PCT) v. 19. 6. 1970, das Übereinkommen über die Erteilung Europäischer Patente (Europäisches Patentübereinkommen, EPÜ) v. 5. 10. 1973, das Übereinkommen über das Europäische Patent für den Gemeinsamen Markt (Gemeinschaftspatentübereinkommen, GPÜ) v. 15. 12. 1975, der Budapester Vertrag über die Internationale Anerkennung der Hinterlegung von Mikroorganismen für die Zwecke von Patentverfahren (BV) v. 28. 4. 1977, das Agreement on Trade Related Aspects of Intellectual Property Rights (TRIPS) v. 15. 4. 1994, das Trademark Law Treaty (TLT) v. 27. 10. 1994, das Patent Law Treaty (PLT) v. 2. 6. 2000, das World Intellectual Property Organisation (WIPO) Phonograms and Performances Treaty (WPPT), das am 20. 5. 2002 in Kraft getreten ist, das WIPO Copyright Treaty (WCT), das am 6. 3. 2002 in Kraft getreten ist, sowie das Londoner Übereinkommen, das am 1. 5. 2008 in Kraft getreten ist. Hinzu kommen vielfältige zweiseitige internationale Vereinbarungen.
[45] Dieser Grundsatz der Inländerbehandlung wurde bereits in der Pariser Verbandsübereinkunft 1883 festgelegt.
[46] Vgl. Kapitel I. 4. Rn. 22.

schen Anmelder zur Wahrung dieses Zeitranges seiner Ursprungsanmeldung eine einjährige **„Period of Grace"** gewährt, innerhalb der er diesen für die Zweitanmeldungen in Vertragsstaaten beanspruchen kann.[47]
– Gewisse Angleichungen der materiell-rechtlichen Voraussetzungen für die Anerkennung des Schutzrechts.[48]

6. Rechtsangleichung auf EU-Ebene

Gewerbliche Schutzrechte unterliegen grundsätzlich der Eigentumsordnung der Mitgliedstaaten der Gemeinschaft. Dies ergibt sich daraus, dass der EG-Vertrag die Eigentumsordnung der Mitgliedstaaten unberührt lässt (Art. 295 EG). Die Kommission sieht deshalb die Notwendigkeit, die in der Gemeinschaft parallel existierenden unterschiedlichen nationalen Regelungen zu gewerblichen Schutzrechten zu harmonisieren, um dadurch Konflikte zwischen einzelnen Regelungen zu vermeiden und – vor dem Hintergrund des übergeordneten Integrationsgedankens – durch die Art. 28 ff. EG nicht verhinderbare Beschränkungen des freien Warenverkehrs in der Gemeinschaft zu beheben. Die diesbezüglichen Bemühungen der Kommission sind auf eine Angleichung der nationalen Rechtsvorschriften vor allem mit Hilfe von Richtlinien gerichtet, um so einen EU-weit einheitlichen Schutzstandard zu verwirklichen.

So soll die **Richtlinie zur Durchsetzung der Rechte des geistigen Eigentums**[49] einen einheitlichen Mindeststandard für die Durchsetzbarkeit der verschiedenen gewerblichen Schutzrechte in den Mitgliedstaaten bewirken, der über den des TRIPS-Übereinkommens hinausgeht. Die Richtlinie ist am 20. Mai 2004 in Kraft getreten und in Deutschland durch das Gesetz zur Verbesserung der Durchsetzung von Rechten des geistigen Eigentums vom 7. Juli 2008 umgesetzt worden.[50] Hintergrund für den Erlass der Richtlinie waren die von den Inhabern gewerblicher Schutzrechte erlittenen Schäden aufgrund der zunehmenden Produktpiraterie.

Artikel 4 der Richtlinie sieht vor, dass neben Inhabern und Lizenznehmern gewerblicher Schutzrechte auch Verwertungsgesellschaften sowie Berufsorganisationen mit anerkannter Befugnis zur Vertretung von Inhabern von Rechten des geistigen Eigentums Schutz vor Verletzungen beantragen können, soweit dies nach den Bestimmungen des anwendbaren Rechts zulässig ist und mit ihnen im Einklang steht. Nach Artikel 9 der Richtlinie haben die Mitgliedstaaten den Gerichten die Möglichkeit einzuräumen, einstweilige Maßnahmen anzuordnen, um drohende Verletzungen zu verhindern, sowie die Beschlagnahme oder Herausgabe von Waren anzuordnen, bei denen der Verdacht auf Verletzung des geistigen Eigentums besteht. Für die Festsetzung von Schadensersatzansprüchen gegen den Verletzer finden sich in Artikel 13 der Richtlinie Vorgaben.[51] Danach haben die Gerichte in Fällen, in denen der Verletzer wusste oder vernünftigerweise hätte wissen müssen, dass er eine Verletzungshandlung vornahm, alle in Frage kommenden Aspekte, wie die negativen wirtschaftlichen Auswirkungen einschließlich der Gewinneinbußen für die geschädigte Partei und des zu Unrecht erzielten Gewinns des Verletzers sowie in bestimmten Fällen auch den

---

[47] In Deutschland wurde dieser Grundsatz beispielsweise in § 41 PatG niedergelegt.

[48] Aus neuester Zeit sind hier insbesondere die beiden WIPO-Verträge (WPPT und WCT) zu nennen, die neue Standards im Urheberrechtsschutz und dem Schutz darstellender Künstler setzen. Deutschland und die EU gehören zu den Unterzeichnern dieser Verträge. Das Gesetz zu den WIPO-Verträgen ist in Deutschland am 19. 8. 2003 in Kraft getreten.

[49] Richtlinie 2004/48/EG v. 29. April 2004, ABl. L 157/45 v. 30. 4. 2004.

[50] Gesetz zur Verbesserung der Durchsetzung von Rechten des geistigen Eigentums (GEigDuVeG) v. 7. 7. 2008, BGBl. I 2008, S. 1191 (in Deutschland ist es zum 1. 9. 2008 in Kraft getreten); vgl. dazu auch *Kitz* NJW 2008, 2374 (2374 f.).

[51] Vgl. hierzu und zur Entstehungsgeschichte der Richtlinie *Würfel* European Law Reporter 2004, 206 (209 f.).

immateriellen Schaden für den Rechtsinhaber zu berücksichtigen. Alternativ können die Gerichte den Schadensersatz pauschal festsetzen in mindestens der Höhe der Vergütung oder Gebühr, die der Verletzer hätte entrichten müssen, wenn er die Erlaubnis zur Nutzung des betreffenden Rechts des geistigen Eigentums eingeholt hätte. Auf die Festsetzung strafrechtlicher Sanktionen wurde in der Richtlinie verzichtet.

In Bezug auf bestimmte gewerbliche Schutzrechte (Markenrecht, Patentrecht) konnte auch in anderen Bereichen mit Hilfe von Verordnungen und europaweiten Übereinkommen weitestgehend ein einheitlicher Standard erzielt werden.

27   Die EU-weite Situation in Bezug auf **Patente** wird vor allem durch das **Europäische Patentübereinkommen von 1973**[52] bestimmt. Außerdem gibt es das 1975 in Luxemburg unterzeichnete **Gemeinschaftspatentübereinkommen,** das zwar fester Bestandteil der 1989 unterzeichneten Vereinbarung über Gemeinschaftspatente ist,[53] allerdings nach wie vor noch nicht in Kraft getreten ist.[54] Das Europäische Patentübereinkommen (EPÜ) legt ein einheitliches Verfahren für die Patenterteilung fest. Hiernach erteilt das Europäische Patent- und Markenamt das Patent, welches danach in seiner Geltungswirkung in einzelne nationale Patente zerfällt und dementsprechend dem innerstaatlichen Recht unterliegt. Dadurch schafft das EPÜ zwar ein einheitliches System für die Patenterteilung, jedoch kein Gemeinschaftspatent, welches der gemeinschaftlichen (und damit einer einheitlichen) Rechtsordnung unterliegt.[55] Um das Problem auch weiterhin konfliktierender nationaler Normen im Patentrecht zu lösen, wird auf EU-Ebene intensiv über eine Verordnung des Rates über das **Gemeinschaftspatent** beraten. Das vorgeschlagene System soll dabei die bestehenden nationalen Patentschutzsysteme und das europäische Patentsystem nicht ersetzen, sondern parallel zu ihnen bestehen. Davon ausgehend könnten Erfinder diejenige Form des Patentschutzes wählen, die ihren Erfordernissen am besten gerecht wird.[56]

28   Im **Markenrecht** wurde schon 1988 eine EG-Richtlinie zur Angleichung der Rechtsvorschriften der Mitgliedstaaten über die Marken erlassen.[57] Diese Richtlinie zielte vor allem auf eine Angleichung der materiell-rechtlichen Vorschriften der Mitgliedstaaten ab. Den Mitgliedstaaten wurde es dabei ausdrücklich freigestellt, individuelle Verfahrensvorschriften zu erlassen.[58] Außerdem verabschiedete der Rat eine Verordnung zur Schaffung der **Gemeinschaftsmarke.**[59] Parallel dazu wurde ein **Europäisches Markenamt** (Harmonisierungsamt) in Alicante, Spanien, eingerichtet. Mit der Gemeinschaftsmarke wurde verwirklicht, was beim Gemeinschaftspatent angestrebt wird: Ein Schutzrecht, das für den

---

[52] Übereinkommen über die Erteilung Europäischer Patente (Europäisches Patentübereinkommen, EPÜ), im Jahr 2007 überarbeitet vgl. BGBl. 2007 Teil II Nr. 25, 31. 8. 2007.

[53] Vgl. Grünbuch über das Gemeinschaftspatent und das Patentschutzsystem in Europa v. 5. 8. 2002.

[54] Ziel des Luxemburger Übereinkommens war es, die nationalen Verfahrensstufen bei der Teilung europäischer Patente in einer für alle Mitgliedstaaten einheitlichen Stufe zusammenzufassen. Da nur Dänemark, Deutschland, Frankreich, Griechenland, die Niederlande und das Vereinigte Königreich, also nicht alle Mitgliedstaaten der Gemeinschaft das Übereinkommen ratifiziert haben, ist es nie in Kraft getreten. Vgl. Vorschlag für eine Verordnung des Rates über das Gemeinschaftspatent, 1. 8. 2000, KOM (2000) 412 endg., 2000/0177 (CNS), Tz. 1.1; zuletzt 2006 europäische Konsultation und 2007 Mitteilung der Kommission an das europäische Parlament und den Rat v. 3. 4. 2007 – Vertiefung des Patentsystems in Europa (KOM (2007) 165 endg., nicht im Amtsblatt veröffentlicht).

[55] Vgl. Vorschlag für eine Verordnung des Rates über das Gemeinschaftspatent, 8. 3. 2004, – Dok. Nr. 7119/04.

[56] Vgl. Vorschlag für eine Verordnung des Rates über das Gemeinschaftspatent, 8. 3. 2004, – Dok. Nr. 7119/04.

[57] Erste Richtlinie 89/104/EWG des Rates v. 21. 12. 1988 zur Angleichung der Rechtsvorschriften der Mitgliedstaaten über die Marken, ABl. L 40/1 v. 11. 2. 1989.

[58] Vgl. Präambel der Richtlinie 89/104/EWG.

[59] Verordnung (EG) Nr. 40/94 des Rates v. 20. Dezember 1993 über die Gemeinschaftsmarke, ABl. L 11/1 v. 14. 1. 1994 zuletzt geändert durch Verordnung (EG) Nr. 422/2004 (ABl. L 70 v. 9. 3. 2004).

gesamten EU-Raum angemeldet und erteilt werden kann und auch nur für diesen gesamten Raum übertragen oder für unwirksam erklärt werden kann.[60]

Im Zusammenhang mit dem Markenrecht wurde auch die sogenannte **„Pirateieverordnung"** verabschiedet.[61] Ziel der Piraterieverordnung ist es, Inhabern von Markenrechten, Urheberrechten, Patenten oder Ergänzenden Schutzzertifikaten Schutz vor Waren zu bieten, die „nachgeahmt sind oder unerlaubt vervielfältigt wurden".[62] **29**

Beim **Urheberrecht** wurde ein anderer Weg eingeschlagen. Dies ist nicht zuletzt darauf zurückzuführen, dass das Urheberrecht auf Grund seiner vielfältigen und verschiedenen Anwendungsbereiche eine Vielzahl schwer zu harmonisierender Einzelbereiche umfasst. Einzelne Unterbereiche des Urheberrechts wurden mit spezifischen Richtlinien harmonisiert. Hierher gehört z. B. die Richtlinie über den Rechtsschutz von **Computerprogrammen**.[63] Mit dieser Richtlinie soll sichergestellt werden, dass in allen Mitgliedstaaten der Union ein vergleichbarer Mindestschutz für Computerprogramme gewährleistet ist. Mit der Richtlinie über den rechtlichen Schutz von **Datenbanken**[64] wurde ein spezielles Schutzrecht für die Hersteller von Datenbanken eingeführt. **30**

Auch die **Laufzeit von Urheberrechten** wurde gemeinschaftsrechtlich harmonisiert. Mit der **Richtlinie zur Harmonisierung der Laufzeit des Urheberrechts**[65] wird die Laufzeit von Urheberrechten auf bis zu 70 Jahre nach dem Tod des ursprünglichen Urhebers festgelegt. Als weiterer Unterfall des Urheberrechts wurde die EG-Richtlinie zum **Vermiet- und Verleihrecht**[66] verabschiedet. Diese Richtlinie zielt darauf ab, Vermiet- und Verleihrechte eines Urhebers nicht allein durch Ausübung des Vertriebsrechts zu erschöpfen, da dies bedeuten würde, dass der Urheber nach erstmaligem Verleih, z. B. eines Videofilms, nicht mehr vor nicht autorisierter Vervielfältigung geschützt wäre. Außerdem will die Richtlinie durch einen angemessenen Rechtsschutz für Urheber sicherstellen, dass diese weiterhin in der Lage sind, in die Herstellung von Filmen, Tonträgern und in andere Werke zu investieren.[67] **31**

Im Bereich des Satellitenrundfunks und der Kabelweiterverbreitung wurde die **Richtlinie zur Koordinierung bestimmter urheber- und leistungsschutz-rechtlicher Vorschriften betreffend Satellitenrundfunk und Kabelweiterverbreitung** verabschiedet.[68] Die Verabschiedung dieser Richtlinie wurde notwendig, da auf Grund unterschiedlicher nationaler Urheberrechtsvorschriften Rechtsinhaber der Gefahr ausgesetzt waren, dass ihre Werke ohne entsprechende Vergütung verwertet wurden oder dass einzelne Inhaber **32**

---

[60] Verordnung (EG) 40/94, Art. 1 Abs. 2.

[61] Verordnung (EG) Nr. 1383/2003 des Rates v. 22. Juli 2003 über das Vorgehen der Zollbehörden gegen Waren, die im Verdacht stehen, bestimmte Rechte geistigen Eigentums zu verletzen, und die Maßnahmen gegenüber Waren, die erkanntermaßen derartige Rechte verletzen, ABl. Nr. L 196 v. 2. 8. 2003, S. 7.

[62] Piraterieverordnung, Präambel.

[63] Richtlinie 91/250/EWG des Rates v. 14. Mai 1991 über den Rechtsschutz von Computerprogrammen, ABl. Nr. L 122 v. 17. 5. 1991, S. 42.

[64] Richtlinie 96/9/EG des Europäischen Parlaments und des Rates v. 11. März 1996 über den rechtlichen Schutz von Datenbanken, ABl. L 77/20 v. 27. 3. 1996.

[65] Richtlinie 2006/116/EG des Europäischen Parlaments und des Rates v. 12. Dezember 2006 über die Schutzdauer des Urheberrechts und bestimmter verwandter Schutzrechte, ABl. Nr. L 372 v. 27. 12. 2006, S. 12.

[66] Richtlinie 92/100/EWG des Rates v. 19. November 1992 zum Vermietrecht und Verleihrecht sowie zu bestimmten dem Urheberrecht verwandten Schutzrechten im Bereich des geistigen Eigentums, ABl. L 346/61 v. 27. 11. 1992.

[67] Richtlinie 92/100/EWG, Art. 2 Abs. 7; Art. 4 Abs. 1, Abs. 2, Abs. 3, Abs. 4; Art. 5 Abs. 1, Abs. 2, Abs. 3; Art. 8 Abs. 2; Art. 10 Abs. 3; Art. 13 Abs. 3, Abs. 8, Abs. 9.

[68] Richtlinie 2006/116/EG des Europäischen Parlaments und des Rates v. 12. Dezember 2006 über die Schutzdauer des Urheberrechts und bestimmter verwandter Schutzrechte, ABl. Nr. L 372 v. 27. 12. 2006, S. 12.

ausschließlicher Rechte in verschiedenen Mitgliedstaaten die Verwertung ihrer Werke blockieren.[69] Als aus urheberrechtlicher Sicht problematisch erwiesen sich hier vor allem die unterschiedliche Behandlung der Wiedergabe von Sendungen durch Direkt- und Fernmeldesatelliten sowie Normenkonflikte bei der grenzüberschreitenden Einspeisung von Programmen in Kabelnetze. Um die in diesen Bereichen herrschende Rechtsunsicherheit zu beseitigen, folgt die Richtlinie im Wesentlichen dem Ursprungslandgrundsatz. Die Richtlinie strebt insgesamt ein hohes Schutzniveau für Urheber an, was sich letztlich in einer angemessenen Vergütung und Rechtssicherheit für Urheber niederschlagen soll.

33 Mit der **Richtlinie über das Folgerecht des Urhebers des Originals eines Kunstwerks**[70] werden EU-weit einheitliche Regelungen zum Schutz des Urhebers eines Kunstwerks angestrebt. In dieser Richtlinie geht es insbesondere darum, dass der Urheber während der gesamten Laufzeit des Urheberrechts an weiteren Veräußerungen seines Kunstwerks finanziell beteiligt werden soll. Die Richtlinie regelt im Einzelnen die Art der Weiterveräußerung und die Höhe der Vergütungen, für die dieser Anspruch gilt. Bisher wurde diese Richtlinie noch nicht in nationales Recht der Mitgliedstaaten umgesetzt, die Frist hierfür endete am 1. Januar 2006.[71]

34 Schließlich ist noch auf die **Richtlinie zur Harmonisierung bestimmter Aspekte des Urheberrechts und der verwandten Schutzrechte in der Informationsgesellschaft**[72] hinzuweisen. Diese Richtlinie regelt die Rechte von Urhebern hinsichtlich der Verwertung ihrer Werke in den Medien, insbesondere im Internet. Damit wird das bisher vor allem für Papierwerke geltende Urheberrecht dem digitalen Zeitalter angepasst. Die Richtlinie legt zum einen fest, dass Urheber auch im digitalen Zeitalter ein Recht auf eine angemessene Vergütung für die Nutzung ihrer Werke haben.[73] Zum anderen regelt die Richtlinie, unter welchen Umständen ansonsten urheberrechtlich geschützte Arbeiten ohne Zustimmung der Urheber genutzt werden dürfen.[74]

35 Im Bereich des **Geschmacksmusterschutzes** hat die Gemeinschaft inzwischen eine Richtlinie und eine Verordnung verabschiedet. 1998 erließ die Gemeinschaft die sogenannte „Harmonisierungsrichtlinie".[75] Ziel dieser Richtlinie war die Angleichung der einzelstaatlichen Vorschriften zum Schutz von Mustern und Modellen. Dieses Ziel soll verwirklicht werden, indem man den Mitgliedstaaten Mindeststandards vorgibt, denen ein Muster entsprechen soll, um nach dem Musterrecht gesetzlichen Schutz zu gewähren.

36 Im Dezember 2001 hat die Gemeinschaft eine **Verordnung über das Gemeinschaftsgeschmacksmuster verabschiedet.**[76] Mit dieser Verordnung wird in der Gemeinschaft ein einheitliches System für den Schutz von Geschmacksmustern eingeführt. Die Verordnung ist am 5. März 2002 in Kraft getreten. Sie sieht vor, dass Geschmacksmuster beim Harmonisierungsamt für den Binnenmarkt (Marken, Muster und Modelle) einge-

---

[69] Präambel der Richtlinie, Ziffer 5.
[70] Richtlinie 2001/84/EG des Europäischen Parlaments und des Rates v. 27. September 2001 über das Folgerecht des Urhebers des Originals eines Kunstwerks, ABl. L 272/32 v. 13. 10. 2001.
[71] Art. 12 Abs. 1 der Richtlinie, diese ist bis heute nicht ins nationale Recht umgesetzt worden, Klage gegen die Bundesrepublik eingereicht am 9. Februar 2007 – Kommission der Europäischen Gemeinschaften/Bundesrepublik Deutschland, ABl. Nr. C 69/14 v. 24. 3. 2007.
[72] Richtlinie 2001/29/EG des Europäischen Parlaments und des Rates v. 22. 5. 2001 zur Harmonisierung bestimmter Aspekte des Urheberrechts und der verwandten Schutzrechte in der Informationsgesellschaft, ABl. L 167/10 v. 22. 6. 2001.
[73] Ibid, Präambel Tz. 10.
[74] Ibid, Art. 5.
[75] Richtlinie 98/71/EG des Europäischen Parlaments und des Rates v. 13. Oktober 1998 über den rechtlichen Schutz von Mustern und Modellen, ABl. L 289/28 v. 28. 10. 1998, Änderungsvorschlag 2005 ABl. Nr. C 56/24 v. 5. 3. 2005.
[76] Verordnung (EG) Nr. 6/2002 des Rates v. 12. Dezember 2001 über das Gemeinschaftsgeschmacksmuster, ABl. L 3/1 v. 5. 1. 2002.

tragen werden können.[77] Auch nicht eingetragene Geschmacksmuster werden nach der Verordnung geschützt. Hierzu sieht die VO zwei Schutzformen vor; eine für ein kurzfristiges, nicht eingetragenes Geschmacksmuster, eine andere für längerfristig eingetragene Geschmacksmuster.[78] Gleichzeitig können Unternehmen ihre Geschmacksmuster auch nach nationalem Recht eintragen lassen.[79] Die Anmeldung eines Gemeinschaftsgeschmacksmusters beim Harmonisierungsamt hat in den Mitgliedstaaten die Wirkung einer vorschriftsmäßigen nationalen Anmeldung.[80]

Schließlich hat die Gemeinschaft eine Richtlinie zum Rechtsschutz von **Topografien von Halbleitererzeugnissen** verabschiedet.[81] Anders als die bisher besprochenen Richtlinien zielt diese Richtlinie nicht darauf ab, bestehende Rechtsvorschriften der Mitgliedstaaten zur harmonisieren, da solche Rechtsvorschriften zum Zeitpunkt des Erlasses der Richtlinie in den meisten Mitgliedstaaten noch nicht bestanden. Statt dessen werden die Mitgliedstaaten durch die Richtlinie erstmalig grundsätzlich dazu verpflichtet, Topografien von Halbleitererzeugnissen unter bestimmten Voraussetzungen durch den Erlass von Rechtsvorschriften zu schützen. Die Richtlinie beschreibt, für wen der Schutzanspruch gilt, unter welchen Voraussetzungen der Schutz auch auf andere natürliche oder juristische Personen ausgedehnt werden kann, welche Rechte sich mit dem Schutz verbinden und wie lange dieser gilt.[82]

II. Das Geistige Eigentum im Gemeinschaftsrecht

1. Spannungsverhältnis zum Schutz des freien Waren- und Dienstleistungsverkehrs.

Ziel des Gemeinschaftsrechts und seiner diesbezüglichen Verträge ist seit jeher die Sicherstellung eines freien Waren- und Dienstleistungsverkehrs im Binnenmarkt. Diese Zielsetzung, die gewissermaßen als dauerhafter Auftrag an die Gemeinschaftsorgane und insbesondere das Gemeinschaftsrecht anzusehen ist, hat in der Rechtsprechung des Gerichtshofs sowie in der Behandlung des Europarechts in Theorie und Anwendungspraxis durch die Kommission einen überragenden Stellenwert eingenommen. Dieser Stellenwert wird einerseits durch die Anzahl der Gerichtsentscheidungen des Gerichtshofs sowie andererseits durch die von der Kommission wegen Verletzung dieses Grundsatzes eingeleiteten Vertragsverletzungsverfahren belegt.[83]

Ausgehend von der überragenden Bedeutung der Waren- und Dienstleistungsfreiheit im Binnenmarkt überrascht es nicht, dass sich sehr rasch nach Inkrafttreten des EWG-Vertrages herausstellte, dass zwischen dem geistigen Eigentum in seiner Ausprägung der gewerblichen Schutzrechte als Ausschlussrechte und den Grundfreiheiten des EG-Vertrages ein Spannungsverhältnis besteht. Dieses Spannungsverhältnis hat die Kommission und den Gerichtshof nachhaltig beschäftigt und zu einer mittlerweile konstanten, wenn auch nicht immer widerspruchsfreien Rechtsentwicklung geführt.

a) Normative Grundlagen. In Bezug auf den freien Warenverkehr im Binnenmarkt stellen **Art. 28 und 30 EG** (früher Art. 30 und 36 EGV) die maßgeblichen Vorschriften dar. Zwischen den beiden Normen besteht ein Regel-Ausnahme-Verhältnis: Art. 28 EG

---

[77] VO 6/2002, Art. 2.
[78] VO 6/2002, Tz. 16, 17, Art. 11, 12.
[79] VO 6/2002, Art. 96.
[80] VO 6/2002, Art. 39.
[81] Richtlinie 87/54/EWG des Rates v. 16. Dezember 1986 über den Rechtsschutz der Topografien von Halbleitererzeugnissen, ABl. L 24/36 v. 27. 1. 1987.
[82] Richtlinie 87/54/EWG, Art. 2, 3, 5, 7.
[83] *Müller-Graff* in: Groeben/Schwarze, Kommentar zum Vertrag über die Europäische Union und zur Gründung der Europäischen Gemeinschaft, Vorbem. zu den Artikeln 28 bis 31 EG, Rn. 9.

stellt den Grundsatz auf, dass jegliche Maßnahmen, die in ihrer Wirkung mengenmäßigen Einfuhrbeschränkungen gleichkommen, unzulässig sind. Selbst wenn tatbestandlich eine derartige Maßnahme auf Seiten der Mitgliedstaaten vorliegt, kann sie gleichwohl nach Art. 30 EG gerechtfertigt sein. Danach sind derartige Maßnahmen der Mitgliedstaaten ausnahmsweise zulässig, wenn sie aus Gründen der öffentlichen Sittlichkeit, Ordnung und Sicherheit, zum Schutz der Gesundheit und des Lebens von Menschen, Tieren oder Pflanzen, des nationalen Kulturgutes von künstlerischem, geschichtlichem oder archäologischem Wert oder des gewerblichen oder kommerziellen Eigentums gerechtfertigt sind. Bestätigt durch die Rechtsprechung des Gerichtshofs ist die Ausnahmevorschrift des Art. 30 EG mit ihren auslegungsfähigen Schutzgründen, insbesondere der öffentlichen Sicherheit und Ordnung, eng auszulegen. Die Rechtfertigungsmöglichkeiten nach Art. 30 Satz 1 EG stehen ohnehin unter dem allgemeinen Vorbehalt des Art. 30 Satz 2 EG, wonach eine Rechtfertigung ausscheidet, wenn die im Sinne von Art. 28 EG tatbestandlichen Maßnahmen der Mitgliedstaaten ein Mittel zur willkürlichen Diskriminierung oder eine verschleierte Beschränkung des Handels zwischen den Mitgliedstaaten darstellen.

40 Für den **Bereich der Dienstleistung** enthält **Art. 49 EG** (früher Art. 59 EGV) eine Norm, die zwar im Verhältnis zu Art. 28 EG nicht wortgleich und systematisch parallel ist, jedoch durch die Rechtsprechung des Gerichtshofs eine ähnliche Ausprägung hinsichtlich ihres Schutzumfanges erfahren hat.[84]

In der Rechtsanwendung ist die Dienstleistungsfreiheit allerdings gegenüber der Warenverkehrsfreiheit stets zweitrangig geblieben. Dies hat seinen Grund insbesondere darin, dass nach Art. 58 Abs. 1 EG (früher Art. 60 Abs. 1 EGV) die Regelungen über den Warenverkehr in Art. 28 ff. EG vorrangig sind.

41 Hintergrund der Anwendung von Art. 28 EG auf das geistige Eigentum und die aus ihm abgeleiteten gewerblichen Schutzrechte ist die durch den Gerichtshof geprägte Auslegung dieser Norm in Hinblick darauf, was eine Maßnahme gleicher Wirkung wie eine Einfuhrbeschränkung ist und wann dieser ein staatlicher Charakter zukommt.

Ausgangspunkt für die richterliche Rechtsentwicklung hinsichtlich des Tatbestandsmerkmals **„Maßnahme gleicher Wirkung"** war die sog. **Dassonville-Formel** des Gerichtshofs. In der gleichnamigen Entscheidung[85] definierte der Gerichtshof als Maßnahme gleicher Wirkung grundsätzlich „jede Handelsregelung der Mitgliedstaaten, die geeignet ist, den innergemeinschaftlichen Handel unmittelbar oder mittelbar, tatsächlich oder potenziell zu behindern". Hinsichtlich der einzelnen Bestandteile dieser Formel ist Folgendes zu berücksichtigen: Eine mitgliedstaatliche Handelsregelung in diesem Sinne verlangt nicht, dass die Maßnahme bewusst so konzipiert wird, dass sie einen derartigen Bezug zum Handel aufweist. Der Gerichtshof hat denn auch in späteren Urteilen auf den Begriff der Handelsregelung verzichtet und statt dessen allgemeinere Begriffe wie einzel- oder innerstaatliche Regelung oder Maßnahme verwendet.[86]

42 Die für die Einordnung als Maßnahme gleicher Wirkung notwendige **Handelsbehinderung** liegt nach der Rechtsprechung des Gerichtshofs grundsätzlich immer dann vor, wenn Einfuhren in irgendeiner Form negativ beeinflusst werden. Dies ist jedoch nicht mit einer materiellen Diskriminierung ausländischer Waren gleichzusetzen. Schon die Veränderung von Handelsströmen oder eine Kanalisierung von Einfuhren durch Beeinträchtigung der Handelsfreiheiten bestimmter Marktteilnehmer reicht auf der Grundlage der Dassonville-

---

[84] Vgl. *Troberg/Tiedje* in: Groeben/Schwarze, Kommentar zum Vertrag über die Europäische Union und zur Gründung der Europäischen Gemeinschaft, Vorbem. zu den Art. 49 bis 55 EG, Rn. 15 ff.

[85] EuGH U. v. 11. 7. 1974 Rs. 8/74 – *Dassonville* Slg 1974, 837.

[86] EuGH U. v. 30. 10. 1974 Rs. 190/73 – *Van Haaster* Slg 1976, 1279, 1314 (einzelstaatliche Regelung); U. v. 23. Januar 1975 Rs. 31/74 – *Galli* Slg 1975, 47, 62; (innerstaatliche Regelung) U. v. 8. 7. 1975 Rs. 4/75 – *Rewe Zentralfinanz/Landwirtschaftskammer Bonn* Slg 1975, 843, 858; U. v. 26. Februar 1976 Rs. 65/75 – *Tasca* Slg 1976, 291, 308 (Maßnahme).

Formel insoweit aus.[87] Demzufolge werden von der Dassonville-Formel auch Behinderungen durch unterschiedslos anwendbare Maßnahmen erfasst, ohne dass es darauf ankommt, ob die Regelung eine bestimmte Wirkweise aufweist oder die Behinderung eine bestimmte Intensität oder einen bestimmten Umfang erreicht. Gleichwohl ist Voraussetzung, dass die betreffende innerstaatliche Maßnahme die **Eignung zur Behinderung** aufweist und diese Eignung hinreichend substantiierbar ist.[88] Demzufolge reichen rein hypothetische oder nur behauptete Auswirkungen auf den innergemeinschaftlichen Handel nicht aus.[89]

Keine Rolle für die Annahme einer Eignung zur Behinderung des innergemeinschaftlichen Handels spielt, ob es sich um eine unmittelbare oder nur mittelbare Behinderung handelt.[90] Des Weiteren ist im Zusammenhang mit der Dassonville-Formel vertreten worden, dass für die Anwendung von Art. 28 EG ebenfalls unerheblich sein soll, ob eine Ware betroffen ist, die in einem Mitgliedstaat rechtmäßig hergestellt und dort auch in den Verkehr gebracht worden ist.[91]

Die **Behinderungsarten** sind vielfältig: Nicht nur solche Regelungen, die den Grenzübertritt oder die Grenzabfertigung betreffen, sondern auch jegliche anderen Formen von Absatzbehinderungen durch Absatzverbote, Verwendungsbeschränkungen und -gebote sowie Bezeichnungsvorbehalte und -verbote fallen unter diesen Begriff.[92] Dazu gehören auch Vorbehalte hinsichtlich Ursprungsbezeichnungen, Herkunftsangaben sowie Qualitätsbezeichnungen und Kennzeichnungspflichten.[93] Gleiches gilt für Regelungen, die Vertriebsbeschränkungen nach sich ziehen oder Zulassungserfordernisse aufstellen.[94] Auch jegliche Form von staatlichen Preisregelungen fallen hierunter. Dies gilt nach der Rechtsprechung auch für die Ausgestaltung einzelstaatlicher gewerblicher Schutzrechte und damit einhergehender Rechtsschutzmöglichkeiten des Inhabers.[95] Hierzu zählt zudem jegliche Art von Zwangslizenzen und staatlichen Festsetzungen von Lizenzbedingungen. Dieses extrem weite Verständnis staatlicher Regelungen umfasst auch die Verleihung oder sonstige Formen der Zuerkennung ausschließlicher Rechte, soweit diese im konkreten Fall geeignet sind, den innergemeinschaftlichen Handel zu behindern.[96] Auch Regelungen hinsichtlich der Vergabe von öffentlichen Aufträgen sowie Arbeits- und Verkaufszeitregelungen können nach diesem Verständnis der Dassonvillle-Formel als Maßnahmen gleicher Wirkung erfasst werden.[97]

Angesichts dieser Weite des Begriffs der Maßnahme gleicher Wirkung auf der Grundlage der Dassonville-Formel erfolgte mit der **Cassis-de-Dijon-Entscheidung** des Gerichtshofs[98] eine Einschränkung der Dassonville-Formel insoweit, als es um unterschiedslos auf Einfuhren und inländische Waren anwendbare Regelungen ging. Soweit diese aus **zwin-**

---

[87] EuGH U. v. 20. 5. 1976 Rs. 104/75 – *de Peijper* Slg 1976, 613, 635.
[88] EuGH U. v. 18. 5. 1993 Rs. C-126/91 – *Schutzverband gegen Unwesen in der Wirtschaft/Rocher* Slg 1993, I-2361, Tz. 21.
[89] EuGH U. v. 18. 5. 1993 Rs. C-126/91 – *Schutzverband gegen Unwesen in der Wirtschaft/Rocher* Slg 1993, I-2361, 2390; U. v. 14. 7. 1994 Rs. C-379/92 – *Peralta* Slg 1994, I-3453, 3497, Tz. 24.
[90] *Müller-Graff* in: Groeben/Schwarze, Kommentar zum Vertrag über die Europäische Union und zur Gründung der Europäischen Gemeinschaft, Artikel 28 EG, Rn. 64.
[91] *Müller-Graff* in: Groeben/Schwarze, Kommentar zum Vertrag über die Europäische Union und zur Gründung der Europäischen Gemeinschaft, Artikel 28 EG, Rn. 67.
[92] Vgl. hierzu *Müller-Graff* in: Groeben/Schwarze, Kommentar zum Vertrag über die Europäische Union und zur Gründung der Europäischen Gemeinschaft, Artikel 28 EG, Rn. 71 ff.
[93] Ibid., Art. 28 EG, Rn. 106 ff.
[94] Ibid., Art. 28 EG, Rn. 129 ff.
[95] Ibid., Art. 28 EG, Rn. 148.
[96] Ibid., Art. 28 EG, Rn. 150 ff.
[97] Ibid., Art. 28 EG, Rn. 155 ff.
[98] EuGH U. v. 20. 2. 1979 Rs. 120/78 – *Rewe/Bundesmonopolverwaltung für Brandwein* Slg 1979, 649.

genden Erfordernissen gerechtfertigt sind und **keine Gemeinschaftsregelung** besteht, soll die Einordnung als Maßnahme gleicher Wirkung entfallen.[99] Damit nahm der Gerichtshof eine tatbestandliche Verengung des Art. 28 EG vor. Nach der sog. Cassis-de-Dijon-Rechtsprechung sind mitgliedstaatliche Regelungen über die Vermarktung von Waren, die eine Beeinträchtigung des innergemeinschaftlichen Warenverkehrs zur Folge haben können, hinzunehmen, soweit diese Bestimmungen notwendig sind, um zwingenden Erfordernissen gerecht zu werden, insbesondere in Hinblick auf eine wirksame steuerliche Kontrolle, den Schutz der öffentlichen Gesundheit, die Lauterkeit des Handelsverkehrs und den Verbraucherschutz.[100]

46 Wie schon bei der Dassonville-Formel erfuhren die einzelnen Merkmale dieses Grundprinzips eine Fortentwicklung durch die weitere Rechtsprechung des Gerichtshofs. Hinsichtlich des Merkmals der unterschiedslos anwendbaren Regelung erfolgte die Klarstellung, dass eine Rechtfertigung aus Gründen der Cassis-de-Dijon-Rechtsprechung nicht in Betracht kommt, wenn sich die betreffende unterschiedslos anwendbare Maßnahme materiell diskriminierend auswirkt.[101] Das weitere Tatbestandsmerkmal der Cassis-de-Dijon-Rechtsprechung, wonach keine abschließende Gemeinschaftsregelung in dem betroffenen Bereich bestehen darf, hat im Einzelfall zu Zweifelsfragen geführt. Insbesondere die Feststellung, ob eine Gemeinschaftsregelung abschließend ist, bereitet häufig Schwierigkeiten, da Rechtsetzungsmaßnahmen der Gemeinschaft einerseits auf eine abschließende Harmonisierung gerichtet sein können, sich andererseits mitunter aber nur auf eine Rechtsangleichung der Vorschriften der Mitgliedstaaten beschränken, die den Mitgliedstaaten gleichwohl die Möglichkeit lassen, darüber hinaus weitere Regelungen zu treffen.[102]

47 Die von dem Gerichtshof ursprünglich aufgezählten zwingenden Erfordernisse sind nicht als abschließende Aufzählung zu verstehen.[103] Notwendig ist jedoch, dass es sich um **Erfordernisse nicht wirtschaftlicher Art** handelt. Neben den in der Cassis-de-Dijon-Entscheidung ausdrücklich genannten zwingenden Erfordernissen der wirksamen steuerlichen Kontrolle, der öffentlichen Gesundheit, der Lauterkeit des Handelsverkehrs sowie des Verbraucherschutzes wurden in der Rechtsprechung des Gerichtshofs zudem auch Bedürfnisse des Umweltschutzes[104] sowie die Lebens- und Arbeitsbedingungen von Arbeitskräften,[105] der Kulturpolitik,[106] des Schutzes landesweiter oder regional sozialer und kultureller

---

[99] *Müller-Graff* in: Groeben/Schwarze, Kommentar zum Vertrag über die Europäische Union und zur Gründung der Europäischen Gemeinschaft, Art. 28 EG, Rn. 186.

[100] EuGH U. v. 20. 2. 1979 Rs. 120/78 – *Rewe/Bundesmonopolverwaltung für Branntwein* Slg 1979, 649, 662; EuGH U. v. 14. 2. 2008 Rs. C-244/06 – *Dynamic Medien Vertriebs/Avides Media AG*, Rn. 27; EuGH U. v. 26. 6. 1997 Rs. C-368/95 – *Familiapress* Slg 1997, I-3689, Rn. 8; EuGH U. v. 11. 12. 2003 Rs C-322/01 – *Deutscher Apothekerverband* Slg 2003, I-14887, Rn. 67.

[101] EuGH U. v. 6. 11. 1984 Rs. 177/83 – *Kohl/Ringelhan* Slg 1984, 3651, 3663, Tz. 15, 19; U. v. 10. 1. 1985 Rs. 229/83 – *Leclerc/Au blé vert* Slg 1985, 1, 35, Tz. 26, 29; U. v. 29. 1. 1985 Rs. 231/83 – *Cullet/Leclerc* Slg 1985, 305, 322 ff., Tz. 25, 31.

[102] *Müller-Graff* in: Groeben/Schwarze, Kommentar zum Vertrag über die Europäische Union und zur Gründung der Europäischen Gemeinschaft, Artikel 28 EG, Rn. 198.

[103] *Müller-Graff* in: Groeben/Schwarze, Kommentar zum Vertrag über die Europäische Union und zur Gründung der Europäischen Gemeinschaft, Artikel 28 EG, Rn. 203 ff.

[104] EuGH U. v. 14. 7. 1976 Rs. 3, 4, 6/76 – *Cornelis Kramer u. a.* Slg 1976, 1279; U. v. 9. 7. 1992 Rs. C-2/90 – *Kommission/Belgien* Slg 1992, I-4431; v. 20. 9. 1988 Rs. 302/86 – *Kommission/Dänemark* Slg 1988, 4607, 4630, Tz. 8 ff.

[105] EuGH U. v. 28. 2. 1991 Rs. C-312/89 – *Union départementale des Syndicats CGT de l'Aisne/Conforama u. a,* Slg 1991, I-997; U. v. 28. 2. 1991 Rs. C-332/89 – *Strafverfahren gegen Marchandise u. a,* Slg 1991, I-1027.

[106] Ähnlich EuGH U. v. 11. 7. 1985 Rs. 60, 61/84 – *Cinéthèque/Federation Nationale des Cinemas Francais* Slg 1985, 2605.

Besonderheiten,[107] des Schutzes und des ordnungsgemäßen Betriebs der öffentlichen Fernmeldenetze,[108] des Schutzes Minderjähriger[109] und der Erhaltung des finanziellen Gleichgewichts und der Sozialsysteme[110] vom Gerichtshof anerkannt. Die Einordnung als zwingendes Erfordernis im Sinne der Cassis-de-Dijon-Rechtsprechung wurde hingegen beispielsweise für die Agrarpolitik[111] ebenso abgelehnt wie für den in einer mitgliedstaatlichen Rechtsordnung vorgesehenen Grundsatz der freien Preisgestaltung durch den Einzelhandel[112] oder Regelungen zur innerstaatlichen Vereinheitlichung von Verfallsdaten.[113]

Bei der Notwendigkeit der betreffenden Regelungen ist ausgehend von der Rechtsprechung des Gerichtshofs letztlich eine Prüfung der **Verhältnismäßigkeit** im Sinne des deutschen Verfassungs- und Verwaltungsrechts vorzunehmen.[114] Die betreffende mitgliedstaatliche Regelung ist deshalb nur dann notwendig im Sinne der Cassis-de-Dijon-Rechtsprechung, wenn sie für den Schutz der zwingenden Erfordernisse erforderlich, zur Erreichung dieses Ziels geeignet und im Vergleich zu anderen verfügbaren Maßnahmen das in Bezug auf den freien Warenverkehr am wenigsten einschränkende Mittel darstellt. Zudem hat der Gerichtshof gefordert, dass die mitgliedstaatliche Regelung insgesamt in einem angemessenen Verhältnis zu dem von ihr verfolgten Zweck stehen muss.[115]

Eine weitere Einschränkung der Dassonville-Formel wurde vom Gerichtshof mit der **Keck-Entscheidung**[116] begründet. Hintergrund der Entscheidung war das generelle Problem, dass die Dassonville-Formel unterschiedslos auf In- und Ausländer anwendbare Regelungen über den Verkauf von Waren erfasst, die unmittelbar oder mittelbar, tatsächlich oder potenziell zu einer Behinderung des innergemeinschaftlichen Handels führen können, sodass auch allgemeine rechtliche Rahmenbedingungen, die den Absatz von Waren in den Mitgliedstaaten betreffen, eine tatbestandliche Maßnahme gleicher Wirkung darstellen würden. In der Keck-Entscheidung hat der Gerichtshof dahingehend die tatbestandliche Klarstellung vorgenommen, dass bei allgemein geltenden „bestimmten Verkaufsmodalitäten" die Dassonville-Formel unter bestimmten Voraussetzungen ausgeschlossen ist.[117] Konkret enthält die Keck-Entscheidung die Aussage, dass entgegen der Dassonville-Rechtsprechung die Anwendung nationaler Bestimmungen, die bestimmte Verkaufsmodalitäten beschränken oder verbieten, auf Erzeugnisse aus anderen Mitgliedstaaten nicht geeignet ist, den Handel zwischen den Mitgliedstaaten im Sinne der Dassonville-Formel unmittelbar oder mittelbar, tatsächlich oder potenziell zu behindern, sofern diese Bestimmungen für alle betroffenen Wirtschaftsteilnehmer gelten, die ihre Tätigkeit im Inland ausüben und

---

[107] EuGH U. v. 23. 11. 1989 Rs. 145/88 – *Toorfaen Borough Counsel/B&Q plc* Slg 1989, 3851, 3889, Tz. 13; U. v. 16. 12. 1992 Rs. C-169/91 – *Counsel of the City of Stoke on Trend and Norwich City Counsel/B&Q plc* Slg 1992, I-6635, 6658 ff., Tz. 11, 17; vgl. auch die Entscheidungen *Conforama*, I-997, 1025, Tz. 11; *Marchandise u.a.* Slg 1991, I-1027, 1040 ff., Tz. 12.

[108] EuGH U. v. 13. 12. 1991 Rs. 18/88 – *RTT/GB-Inno-BM* Slg 1991, I-5941, 5983, Tz. 32.

[109] EuGH U. v. 14. 2. 2008 Rs. C-244/06 – *Dynamic Medien Vertrieb/Avides Media AG*, Rn. 27.

[110] Insbesondere für die Krankenversicherungssysteme vgl. EuGH U. v. 7. 2. 1984 Rs. 238/82 – *Duphar* Slg 1984, 523 ff., 540 ff., Tz. 16 ff.

[111] EuGH U. v. 14. 7. 1988 Rs. 90/86 – *Strafverfahren gegen Zoni* Slg 1988, 4285, 4307, Tz. 26.

[112] EuGH U. v. 6. 7. 1995 Rs. C-470/93 – *Mars* Slg 1995, I-1923, 1943, Tz. 20.

[113] EuGH U. v. 1. 7. 1994 Rs. C-317/92 – *Kommission/Deutschland* Slg 1994, I-2039, 2061, Tz. 20.

[114] EuGH U. v. 20. 2. 1979 Rs. 120/78 – *Rewe-Zentral-AG/Bundesmonopolverwaltung für Brandwein* Slg 1979, 649, 662 ff., Tz. 8 und 13; U. v. 6. 7. 1995 Rs. C-470/93 – *Mars* Slg 1995, I-1923, 1941 ff., Tz. 15; EuGH U. v. 18. 12. 2007 Rs. C-281/06 – *Jundt und Jundt/Finanzamt Offenburg*, Slg 2007, Rn. 58; EuGH U. v. 4. 3. 2004 Rs. C-334/02 – *Kommission/Frankreich*, Slg 2004, I-02229, Rn. 28.

[115] EuGH U. v. 6. 7. 1995 Rs. C-470/93 – *Mars* Slg 1995, I-1923, 1941 ff., Tz. 15; EuGH U. v. 26. 6. 1997 Rs. C-368/95 – *Familiapress* Slg 1997, I-3689, Rn. 8.

[116] EuGH U. v. 24. 11. 1993 Rs. C-267/91 und C-268/91 – *Keck und Mithouard* Slg 1993, I-6097, 6131.

[117] EuGH U. v. 24. 11. 1993 Rs. C-267/91 und C-268/91 – *Keck und Mithouard* Slg 1993, I-6097, 6131.

sofern sie den Absatz der inländischen Erzeugnisse und Erzeugnisse aus anderen Mitgliedstaaten rechtlich wie tatsächlich in der gleichen Weise berühren.[118]

50 Diese Rechtsprechung hat heftige **Kritik** erfahren.[119] Es ist ihr insbesondere vorgeworfen worden, dass sich aus ihr erhebliche Probleme für die Rechtsanwendung und hinsichtlich der Rechtssicherheit und Begründungsklarheit ergeben würden.[120] Insbesondere sei nicht klar, was mit dem vom Gerichtshof nicht definierten Begriff der „bestimmten Verkaufsmodalitäten" gemeint sei. Feststehen dürfte hingegen, dass jedenfalls solche mitgliedstaatlichen Regelungen dazu nicht zählen, die bestimmte Anforderungen an Waren stellen, die rechtmäßig in anderen Mitgliedstaaten in Verkehr gebracht worden sind.[121] Vom Gerichtshof sind insoweit das Verbot des Weiterverkaufs unter Einstandspreis sowie das Verbot des Verkaufs zu äußerst geringen Gewinnspannen,[122] spezifische Verbote für bestimmte Sektoren oder Berufsgruppen[123] u. ä. angesehen worden. Abgelehnt hat der Gerichtshof die Eigenschaft als Verkaufsmodalität hinsichtlich eines Verbots der telefonischen Kontaktaufnahme mit Privatpersonen ohne deren vorherige schriftliche Zustimmung[124] sowie des auf §§ 1, 3 UWG a. F. gestützten Verbots, in einem anderen Mitgliedstaat rechtmäßig hergestellte und dort in Verkehr gebrachte Produkte mit dem Aufdruck „+10 %" in Deutschland im Rahmen einer begrenzten Werbekampagne zu vertreiben oder unter einer bestimmten Bezeichnung in den Verkehr zu bringen.[125]

51 Bereits vor der Keck-Entscheidung hatte der Gerichtshof darüber hinaus in einigen Entscheidungen[126] versucht, die Dassonville-Formel auf der Grundlage anderer Begründungsansätze einzuschränken. Hierzu zählen Fälle, in denen der Gerichtshof trotz angenommener Beschränkungswirkung hinsichtlich des zwischengemeinschaftlichen Handels eine tatbestandliche Maßnahme im Sinne von Art. 28 EG verneinte, wenn die betreffende mitgliedstaatliche Regelung nicht die Steuerung der Handelsströme zum Gegenstand hatte oder damit in keinem Zusammenhang stand.[127] Diese Bestrebungen des Gerichtshofs, aus der Natur der mitgliedstaatlichen Regelung oder ihrer Zielsetzung eine **tatbestandliche Verengung des Art. 28 EG** vorzunehmen, sind zu Recht kritisiert worden, da nicht klar wurde, in welchem Verhältnis die Einordnung der betreffenden Regelung als Maßnahme mit einfuhrbeschränkender Wirkung zu dieser tatbestandlichen Einschränkung stehen soll.[128]

---

[118] EuGH U. v. 24. 11. 1993 Rs. C-267/91 und C-268/91 – *Keck und Mithouard* Slg 1993, I-6097, 6131; EuGH U. v. 28. 9. 2006 Rs C-434/04 – *Ahokainen und Leppik* Slg 2006, I-9171, Rn. 19.

[119] *Müller-Graff* in: Groeben/Schwarze, Kommentar zum Vertrag über die Europäische Union und zur Gründung der Europäischen Gemeinschaft, Artikel 28 EG, Rn. 247 ff.

[120] *Ibid.*

[121] *Lorz* GRUR Int 2005, 894 (906).

[122] EuGH U. v. 23. 11. 1993 Rs. C-267/91 und C-268/91 – *Keck und Mithouard* Slg 1993, I-6097; U. v. 11. 8. 1995 Rs. C-63/94 – *Belgapom (Kartoffelhandel)*, Slg 1995, I-2467.

[123] EuGH U. v. 29. 6. 1995 Rs. C-391/92 – *Kommission/Griechenland* Slg 1995, I-1621 (Vertrieb von verarbeiteten Milchprodukten für Säuglinge aus Apotheken); U. v. 14. 12. 1995 Rs. C-387/93 – *Banchero* Slg 1995, I-4663, 4694 ff., Tz. 35 ff. (Beschränkung des Einzelhandels mit Tabakwaren zu Gunsten zugelassener Vertriebshändler); U. v. 9. 2. 1995 Rs. C-412/93 – *Leclerc-Siplec* Slg 1995, I-179 (Verbot der Ausstrahlung von Werbemitteilungen zu Gunsten eines Wirtschaftssektors); U. v. 15. 12. 1993 Rs. C-292/92 – *Hünermund* Slg 1993, I-6787 (Standesregel, die Apothekern die Werbung für apothekenübliche Waren außerhalb der Apotheke verbietet).

[124] EuGH U. v. 10. 5. 1995 Rs. C-384/83 – *Alpine* Slg 1995, I-1141, 1177.

[125] EuGH U. v. 6. 7. 1995 Rs. C-470/93 – *Mars* Slg 1995, I-1923, 1944, Tz. 25.

[126] EuGH U. v. 7. 3. 1990 Rs. C-69/88 – *Krantz* Slg 1990, I-583, 597, Tz. 11; U. v. 13. 10. 1993 Rs. C-93/92 – *CMC Motorradcenter* Slg 1993, I-5009, 5021, Tz. 12; U. v. 31. 3. 1982 Rs. 75/81 – *Blesgen* Slg 1982, 1211, 1229.

[127] EuGH U. v. 14. 7. 1981 Rs. 155/80 – *Oebel* Slg 1981, 1993, 2009; U. v. 11. 7. 1985 verb. Rs. 60, 61/84 – *Cinéthèque* Slg 1985, 2605, 2606; vgl. auch U. v. 7. 3. 1990 Rs. C-69/88 – *Krantz* Slg 1990, I-583, 597, Tz. 10.

[128] Siehe *Müller-Graff* in: Groeben/Schwarze, Kommentar zum Vertrag über die Europäische Union

b) Bestand und Ausübung von Schutzrechten. Angesichts der somit gegebenen 52 tatbestandlichen Weite des Begriffs der Maßnahme gleicher Wirkung im Sinne von Art. 28 EG und vor dem Hintergrund, dass nach dieser Rechtsprechung des Gerichtshofs das Merkmal der Staatlichkeit auch für die Ausübung gewerblicher Schutzrechte durch Private mit der Begründung bejaht wird, das gewerbliche Schutzrecht sei aus dem mitgliedstaatlichen Rechtsschutz abgeleitet und damit den Mitgliedstaaten jeweils zuzurechnen,[129] stellte sich schon früh für den Gerichtshof die Frage, wie das Spannungsverhältnis zwischen gewerblichen Schutzrechten und dem Prinzip des freien Warenverkehrs im Binnenmarkt aufzulösen ist.

Bedingt durch den breiten Anwendungsbereich des Art. 28 EG selbst unter Berücksich- 53 tigung der Einschränkungen im Sinne von Cassis-de-Dijon oder Keck und auf der Grundlage der dargestellten Annahme, dass die Schutzrechtsausübung durch den Schutzrechtsinhaber allein durch die Tatsache, dass diese Schutzrechte durch die Mitgliedstaaten gesetzlich verankert werden, deshalb eine **staatliche Maßnahme** darstellen,[130] verlagert sich die Behandlung gewerblicher Schutzrechte und ihrer Ausübung zwangsläufig auf die Ebene der **Ausnahmeregelung des Art. 30 EG,** namentlich somit auf die Problemstellung, ob die betreffende Schutzrechtsausübung zum Schutz des gewerblichen und kommerziellen Eigentums gerechtfertigt ist. Dabei ist nach der Rechtsprechung des Gerichtshofs anerkannt, dass das Patent, das Urheberrecht, das Geschmacksmusterrecht, das Markenrecht, das Sortenschutzrecht sowie das Firmenrecht gewerbliches oder kommerzielles Eigentum im Sinne von Art. 30 EG darstellen.[131]

Unter Hinweis auf die **eng zu fassende Ausnahmefunktion des Art. 30 EG** lei- 54 tete der Gerichtshof das generelle Prinzip ab, dass mit der Ausübung gewerblicher Schutzrechte verbundene Beschränkungen des freien Warenverkehrs durch Schutzrechtsinhaber nur hingenommen werden können, „soweit sie zur Wahrung der Rechte berechtigt sind, die den spezifischen Gegenstand dieses Eigentums ausmachen".[132] Davon aus-

---

und zur Gründung der Europäischen Gemeinschaft, Artikel 28 EG, Rn. 247 ff. m.w.N; *Epiney* NVwZ 2006, 1244 (1248).

[129] EuGH U. v. 3. 3. 1988 Rs. 434/85 – *Ellen and Hanburys/Generics (UK)* Slg 1988, 1245, Rn. 54; U. v. 18. 2. 1992 Rs. C-3090 – *Kommission/Vereinigtes Königreich* Slg 1992, I-829; U. v. 27. 10. 1992 Rs. C-191/90 – *Generics (UK)/Smith Kline and French Laboratories* Slg 1992, I-5335, Rn. 20, 24 ff.

[130] Vgl. Kapitel II. 1. b) Rn. 52.

[131] EuGH U. v. 31. 10. 1974 Rs. 15/74 – *Centrafarm/Sterling Drug* Slg 1974, 1147, 1163; U. v. 14. 9. 1981 Rs. 187/80 – *Merck/Stephar* Slg 1981, 2063; U. v. 9. 7. 1985 Rs. 19/84 – *Pharmon/Hoechst* Slg 1985, 2281; U. v. 3. 3. 1988 Rs. 434/85 – *Ellen and Hanburys/Generics (UK)* Slg 1988, 1268; U. v. 30. 6. 1988 Rs. 35/87 – *Thetford/Fiamma* Slg 1988, 3585 (zum Patent); U. v. 20. 1. 1981 verb. Rs. 55, 57/80 – *Musikvertrieb/Membran GmbH/GEMA* Slg 1981, 147, 162; U. v. 6. 10. 1982 Rs. 262/81 – *Coditel/Ciné-Vog Film (Coditel II)* Slg 1982, 3381, 3400; U. v. 9. 4. 1987 Rs. 402/85 – *Basset/SACEM* Slg 1987, 1747 (zum Urheberrecht an Musikwerken); U. v. 14. 9. 1982 Rs. 144/81 – *Keurkoop/Nancy Kean Gifts* Slg 1982, 2853, 2870; U. v. 5. 10. 1988 Rs. 53/87 – *CICRA u. a./Renault* Slg 1988, 6039; U. v. 5. 10. 1988 Rs. 238/87 – *Volvo/Veng* Slg 1988, 6211 (zum Geschmacksmusterrecht); U. v. 3. 7. 1974 Rs. 192/73 – *Van Zuylen/Haag* Slg 1974, 731, 744; U. v. 31. 10. 1974 Rs. 16/74 – *Centrafarm/Winthorp* Slg 1974, 1183, 1194 f.; U. v. 15. 6. 1976 Rs. 51/75 – *EMI/CBS UK* Slg 1976, 81, 848; U. v. 15. 6. 1976 Rs. 86/75 – *EMI/CBS Grammophon A/S* Slg 1976, 871, 906 f.; U. v. 15. 6. 1976 Rs. 96/75 – *EMI/CBS Schallplatten GmbH* Slg 1976, 913, 949; U. v. 23. 5. 1978 Rs. 102/77 – *Hoffmann LaRoche/Centrafarm* Slg 1978, 1139, 1164 f.; U. v. 10. 10. 1978 Rs. 3/78 – *Centrafarm/AHPC* Slg 1978, 1823, 1840 f.; U. v. 3. 12. 1981 Rs. 1/81 – *Pfizer/Eurim Pharm* Slg 1981, 2931 (zum Markenrecht); U. v. 8. 6. 1982 Rs. 258/78 – *Nungesser/Kommission* Slg 1982, 2015, 2061 ff. (zum Sortenschutzrecht); U. v. 22. 6. 1976 Rs. 119/75 – *Terrapin/Terranova* Slg 1976, 1039, 1062 f. (zum Firmenrecht).

[132] EuGH U. v. 31. 10. 1974 Rs. 15/74 – *Centrafarm/Sterling Drug* Slg 1974, 1147, 1163; U. v. 8. 6. 1971 Rs. 78/70 – *Deutsche Grammophon/Metro-SB-Großmärkte* Slg 1971, 487, Rn. 11; U. v. 31. 10. 1974 Rs. 16/74 – *Centrafarm/Winthorp* Slg 1974, 1183.

gehend stellte der Gerichtshof den Grundsatz auf, dass zwar der Bestand der mitgliedstaatlich verankerten Schutzrechte von der Anwendung des Art. 28 EG ausgenommen sei, nicht hingegen die Ausübung der Schutzrechte, die im Einzelfall als Maßnahme gleicher Wirkung angesehen werden könne.[133] Diese nicht ohne Kritik[134] gebliebene Differenzierung ist vom Gerichtshof zu ständiger Rechtsprechung erhoben worden.[135] Für den Bereich der gewerblichen Schutzrechte hat dies zu der Notwendigkeit geführt, den spezifischen Gegenstand derartiger Schutzrechte jeweils bezogen auf das einzelne Schutzrecht zu ermitteln.

55   Beim **Patent** ist vom Gerichtshof der spezifische Gegenstand in der Weise definiert worden, dass der Inhaber des Patents zum Ausgleich für seine schöpferische Erfindertätigkeit das ausschließliche Recht erlangt, gewerbliche Erzeugnisse herzustellen, in den Verkehr zu bringen, mithin die Erfindung entweder selbst oder im Wege der Lizenzvergabe an Dritte zu verwerten, und dass er berechtigt ist, sich gegen jede Zuwiderhandlung zur Wehr zu setzen.[136]

56   Für die **Marke** hat der Gerichtshof deren spezifischen Gegenstand darin gesehen, dass der Schutzrechtsinhaber das ausschließliche Recht habe, ein Erzeugnis in den Verkehr zu bringen und dabei die Marke zu benutzen, um Schutz vor Konkurrenten zu erlangen, die unter Missbrauch der auf Grund der Marke erworbenen Stellung und Kreditwürdigkeit widerrechtlich mit diesem Zeichen versehene Erzeugnisse veräußern.[137] Damit ist für den Gerichtshof erkennbar die Herkunftsfunktion der Marke deren entscheidende Schutzwirkung, um dem Verbraucher oder Endabnehmer die Ursprungsidentität des gekennzeichneten Erzeugnisses zu garantieren, indem ihm ermöglicht wird, dieses Erzeugnis ohne Verwechslungsgefahr von Erzeugnissen anderer Herkunft zu unterscheiden.[138]

57   Der Gerichtshof hält hinsichtlich des **Geschmacksmusterrechts** die Berechtigung des Inhabers für maßgeblich, die Herstellung von Erzeugnissen, die das Geschmacksmuster verkörpern, durch Dritte zwecks Verkaufs auf dem Binnenmarkt oder zwecks Ausfuhr zu untersagen oder die Einfuhr derartiger Erzeugnisse zu verhindern, soweit diese ohne Zustimmung des Schutzrechtsinhabers in einem anderen Mitgliedstaat hergestellt wurden.[139]

58   Ungeachtet der unterschiedlichen Ausgestaltung des **Urheberrechts** ist für den Gerichtshof kennzeichnend, dass es das Recht des Inhabers auf Verwertung in körperlicher

---

[133] EuGH U. v. 31. 10. 1974 Rs. 15/74 – *Centrafarm/Sterling Drug* Slg 1974, 1147, 1163.

[134] Vgl. *Müller-Graff* in: Groeben/Schwarze, Kommentar zum Vertrag über die Europäische Union und zur Gründung der Europäischen Gemeinschaft, Artikel 30 EG, Rn. 77 m. w. N.

[135] Beispielsweise EuGH U. v. 23. 5. 1978 Rs. 102/77 – *Hoffmann LaRoche/Centrafarm* Slg 1978, 1139, Rn. 6; U. v. 10. 10. 1978 Rs. 3/78 – *Centrafarm/American Products* Slg 1978, 1832, Rn. 9; U. v. 22. 1. 1981 Rs. 58/80 – *Dansk Supermarked/Imerco* Slg 1981, 81, Rn. 11; U. v. 3. 12. 1981 Rs. 1/81 – *Pfizer/Eurim Pharm* Slg 1981, 2913, Rn. 6; U. v. 24. 1. 1989 Rs. 341/87 – *EMI Electrola/Patricia Im- und Export* Slg 1989, 79, Rn. 12.

[136] EuGH U. v. 31. 10. 1974 Rs. 15/74 – *Centrafarm/Sterling Drug* Slg 1974, 1147, 1163; U. v. 14. 9. 1981 Rs. 187/80 – *Merck/Stephar* Slg 1981, 2063, 2080; U. v. 9. 7. 1985 Rs. 19/84 – *Pharmon/Hoechst* Slg 1985, 2281, 2298.

[137] EuGH U. v. 31. 10. 1974 Rs. 16/74 – *Centrafarm/Winthorp* Slg 1974, 1183, 1195; U. v. 22. 6. 1976 Rs. 119/75 – *Terrapin/Terranova* Slg 1976, 1039, 1053; U. v. 23. 5. 1978 Rs. 102/77 – *Hoffmann LaRoche/Centrafarm* Slg 1978, 1139, 1165; U. v. 10. 10. 1978 Rs. 3/78 – *Centrafarm/AHPC* Slg 1978, 1823, 1840; U. v. 17. 10. 1990 Rs. C-10/89 – *SA CNL-SUCAL/HAG* Slg 1990, I-3711, 3758; U. v. 22. 6. 1994 Rs. C-9/93 – *Ideal-Standard* Slg 1994, I-2789, 2846; vgl. auch U. v. 30. 11. 1993 Rs. C-317/91 – *Renault/Audi* Slg 1993, I-6227.

[138] EuGH U. v. 23. 5. 1978 Rs. 102/77 – *Hoffmann LaRoche/Centrafarm* Slg 1978, 1139, 1165; U. v. 3. 12. 1981 Rs. 1/81 – *Pfizer/Eurim Pharm* Slg 1981, 2913, 2926; U. v. 17. 10. 1990 Rs. C-10/89 – *SA CNL-SUCAL/HAG* Slg 1990, I-3711, 3758.

[139] EuGH U. v. 14. 9. 1982 Rs. 144/81 – *Keurkoop/Nancy Kean Gifts* Slg 1982, 2853; U. v. 5. 10. 1988 Rs. 53/87 – *CICRA u. a./Renault* Slg 1988, 6039; U. v. 5. 10. 1988 Rs. 238/87 – *Volvo/Veng* Slg 1988, 6211, 6235.

und nicht körperlicher Form manifestiert. Bedingt durch die Vielfalt der nationalen Ausgestaltungen des Urheberrechts fehlt es insoweit an einer weitergehenden klarstellenden Definition des aus Sicht des Gerichtshofs bestehenden spezifischen Gegenstandes des Urheberrechts.[140]

Hinsichtlich des **Pflanzensortenschutzes** zieht der Gerichtshof eine Parallele zum Patent, was den spezifischen Gegenstand dieses Schutzrechts angeht.[141]

Gerechtfertigt im Sinne von Art. 30 EG ist nach der Rechtsprechung des Gerichtshofs die Schutzrechtsausübung aber nur, wenn sie notwendig ist, um eine Gefährdung des betreffenden Schutzrechts zu verhindern.[142] Auch hier gilt nach Auffassung des Gerichtshofs wiederum das **Prinzip der Verhältnismäßigkeit**, d. h. die betreffende mitgliedstaatliche Maßnahme (d. h. die Ermächtigung zur Schutzrechtsausübung) muss zur Abwehr der Gefährdung erforderlich sowie insoweit geeignet sein und das den freien Warenverkehr am wenigsten einschränkende Mittel darstellen.[143]

c) Erschöpfung der Schutzrechte. Eine Rechtfertigung im Sinne von Art. 30 EG ist auf der Grundlage des vom Gerichtshof entwickelten Prinzips der **Schutzrechtserschöpfung** immer dann ausgeschlossen, wenn das betreffende Produkt vom Schutzrechtsinhaber selbst oder mit seiner Zustimmung rechtmäßig in einem Mitgliedstaat in Verkehr gebracht worden ist. Hintergrund ist dabei die Erwägung, dass es mit dem in Art. 28 ff. EG niedergelegten Grundsatz des freien Warenverkehrs unvereinbar wäre, wenn es der Schutzrechtsinhaber in der Hand hätte, durch die Ausübung seines Schutzrechts einzelne nationale Märkte abzuschotten. Dieses Erschöpfungsprinzip hat der Gerichtshof einheitlich für sämtliche Schutzrechte entwickelt.[144] Damit hat der Gerichtshof zugleich hinsichtlich der gewerblichen Schutzrechte die Entscheidung getroffen, dass die mit ihnen verbundene Territorialität im Sinne eines Gebietsschutzes nicht zu dem spezifischen Gegenstand des jeweiligen Schutzrechts gehört.[145]

In diesem Zusammenhang hat der Gerichtshof eine Reihe weiterer Grundsätze entwickelt, von denen sich die meisten ungeachtet der unterschiedlichen spezifischen Gegenstände der betreffenden Schutzrechte verallgemeinern lassen. Einen Schwerpunkt der diesbezüglichen Rechtsprechung des Gerichtshofs bildet die Behandlung der Frage, ob und inwieweit die Schutzrechtssituation im Ausfuhrstaat oder die Art des Inverkehrbringens für die Anwendung des Erschöpfungsprinzips eine Rolle spielt. Der Gerichtshof hat hierbei festgestellt, dass das Erschöpfungsprinzip unabhängig davon gilt, ob in dem Ausfuhrstaat überhaupt ein dem inländischen Schutzrecht entsprechender Schutz tatsächlich gegeben war.[146] Ebenso wenig soll es nach Auffassung des Gerichtshofs darauf ankommen, ob in dem Ausfuhrstaat ein derartiger Schutz überhaupt hätte erreicht werden können oder vom inländischen Schutzrechtsinhaber versäumt wurde.[147] Ebenfalls als nicht relevant sah der

---

[140] Vgl. beispielsweise EuGH U. v. 9. 4. 1987 Rs. 402/85 – *Basset/SACEM* Slg 1987, 1747, 1768; U. v. 17. 5. 1988 Rs. 158/86 – *Warner Brothers/Christiansen* Slg 1988, 2605, 2625; U. v. 18. 3. 1980 Rs. 62/79 – *Coditel/Ciné-Vog Films* Slg 1980, 881, Rn. 14; U. v. 13. 7. 1989 Rs. 395/87 – *Tournier* Slg 1989, 2521, Rn. 13.

[141] EuGH U. v. 18. 2. 1992 Rs. C-235/89 – *Kommission/Italien* Slg 1992, I-777, 824, Tz. 17.

[142] Vgl. Kapitel II. 1. b) Rn. 54.

[143] Beispielsweise EuGH U. v. 14. 7. 1994 Rs. C-17/93 – *Van der Veldt* Slg 1994, I-3537, 3560; EuGH U. v. 18. 12. 2007 Rs. C-281/06 – *Jundt und Jundt/Finanzamt Offenburg*, Slg 2007, Rn. 58.

[144] Vgl. Kapitel II. 1. b) Rn. 52–60.

[145] Vgl. Schlussanträge des Generalanwalts *Mayras* in Sachen Hag I, Slg 1974, 731, 755.

[146] EuGH U. v. 8. 6. 1971 Rs. 78/70 – *Deutsche Grammophon/Metro-SB-Großmärkte* Slg 1971, 487; U. v. 14. 7. 1981 Rs. 187/80 – *Merck/Stephar* Slg 1981, 2063, Rn. 6 ff.; U. v. 20. 1. 1981 Rs. 55/80 und 57/80 – *Musik-Vertrieb Membran/GEMA* Slg 1981, 147, Rn. 16 ff.; U. v. 5. 12. 1996 Rs. C-267/95 und C-268/95 – *Merck/Primecrown* Slg 1996, I 6285. Vgl. hierzu auch *Gleiss/Hirsch*, Kommentar zum EG-Kartellrecht, Bd. 1, Art. 85 Abs. 1, Rn. 710.

[147] Vgl. EuGH U. v. 8. 6. 1971 Rs. 78/70 – *Deutsche Grammophon/Metro-SB-Großmärkte* Slg 1971,

Gerichtshof in diesem Zusammenhang unterschiedliche Vermarktungsbedingungen im Ein- und Ausfuhrstaat an.[148]

63 Für den Gerichtshof kommt es vielmehr darauf an, ob die betreffenden Produkte **mit Willen des Schutzrechtsinhabers** innerhalb der Gemeinschaft in den Verkehr gebracht worden sind. Damit kann keine Erschöpfung eintreten, wenn die betreffenden Produkte im Ausfuhrstaat durch nicht mit dem Schutzrechtsinhaber verbundene unabhängige Dritte in nicht autorisierter Weise in den Verkehr gebracht worden sind, und zwar unabhängig davon, ob die betroffenen Produkte im Ausfuhrstaat schutzrechtsfrei waren[149] oder in Ausübung eines eigenen Schutzrechts des Dritten produziert und vertrieben wurden.[150] Durch den Gerichtshof bislang nicht geklärt ist die Konstellation, in der der Schutzrechtsinhaber die betreffenden Produkte direkt in den betreffenden Mitgliedstaat exportiert, ohne sie zuvor im „Ausfuhrstaat" in den Verkehr gebracht zu haben. Hier wird mehrheitlich die Auffassung vertreten, dass in einem derartigen Fall der Schutzrechtsinhaber im „Einfuhrstaat" berechtigt sein muss, sein Schutzrecht auszuüben, da die jeweiligen Schutzrechte wegen der ihnen innewohnenden Territorialität selbstständig sind und man dem Schutzrechtsinhaber ein Bestimmungsrecht über den Ort des ersten Inverkehrbringens innerhalb der Gemeinschaft zuzustehen habe.[151]

64 Der Gerichtshof hat weitere Klarstellungen hinsichtlich der Frage getroffen, wann das betreffende Erzeugnis innerhalb der Gemeinschaft mit Zustimmung des Inhabers in Verkehr gebracht worden ist. Danach muss das Inverkehrbringen durch mit dem Schutzrechtsinhaber gesellschaftsrechtlich verbundenen Unternehmen diesem zugerechnet werden.[152] Ferner bestehen auch keine Form- und sonstigen Anforderungen hinsichtlich der Ausdrücklichkeit der Zustimmung. Ist im Ausfuhrstaat auf Grund gesetzlicher oder behördlicher Anordnungen eine Zwangslizenz für das Schutzrecht erteilt worden, tritt andererseits keine Erschöpfung ein, da es in einem solchen Fall an einer Zustimmung des Schutzrechtsinhabers zum erstmaligen Inverkehrbringen fehlt.[153]

65 Eine Schutzrechtserschöpfung hat der Gerichtshof für den Fall der Marke zudem verneint, wenn die Marke durch Enteignung aufgespalten wurde.[154] In diesem Fall hielt es der Gerichtshof für zulässig, dass sich der Markeninhaber gegen die Einfuhr gleichartiger, mit der identischen Marke gekennzeichneter Produkte aus dem Ausfuhrland zur Wehr setzte, da der Schutzrechtsinhaber ursprünglich Inhaber der Marken gewesen war, sie jedoch durch Enteignung verloren hatte.[155] Obwohl somit hinsichtlich der Marke **Ursprungsgleichheit** bestand, was nach der älteren Rechtsprechung des Gerichtshofs noch zur Folge gehabt hätte, dass sich der Markeninhaber nicht gegen Importe von Produkten wehren konnte, die im Ausfuhrstaat von einem Dritten rechtmäßig mit identischer Marke versehen wurden,[156] billigte der Gerichtshof dem Markeninhaber hier einen Abwehranspruch zu.

487; U. v. 14. 6. 1981 Rs. 187/80 – *Merck/Stephar* Slg 1981, 2063, Rn. 6 ff.; U. v. 20. 1. 1981 Rs. 55 und 57/80 – *Musik-Vertrieb Membran/GEMA* Slg 1981, 147, Rn. 16 ff.

[148] EuGH U. v. 31. 10. 1974 Rs. 16/74 – *Centrafarm/Winthorp* Slg 1974, 1183; U. v. 20. 1. 1981 Rs. 55 und 57/80 – *Musik-Vertrieb Membran/GEMA* Slg 1981, 147, Rn. 20 ff.

[149] EuGH U. v. 29. 2. 1968 RS 24/67 – *Parke, Davis/Proebel* Slg 1968, 85; U. v. 23. 5. 1978 Rs. 102/77 – *Hoffman La Roche/Centrafarm* Slg 1978, 1174; U. v. 24. 1. 1989 Rs. 341/87 – *EMI Electrola/Patricia Im- und Export* Slg 1989.

[150] EuGH U. v. 31. 10. 1974 Rs. 15/74 – *Centrafarm/Sterling Drug* Slg 1974, 1174, Rn. 10–12; U. v. 22. 6. 1976 Rs. 119/75 – *Terranova/Terrapin* Slg 1976, 1039, Rn. 7.

[151] *Ullrich* in: Immenga/Mestmäcker, EG-Wettbewerbsrecht, Bd. 1, GRUR A., Rn. 78; vgl. auch Kommentierung zu § 1, Rn. 220.

[152] EuGH U. v. 9. 7. 1985 Rs. 19/84 – *Pharmon/Höchst* Slg 1995, 2297.

[153] EuGH, ibid.

[154] EuGH U. v. 17. 10. 1990 Rs. C-10/89 – *CNL-SUCAL/HAG (Hag II)* Slg 1990, I-3711.

[155] EuGH, ibid, I-3752 ff.

[156] EuGH U. v. 3. 7. 1974 Rs. 197/73 – *Vanzuylen/Hag AG, (Hag I)* Slg 1974, 731.

Maßgebliche Begründung war dabei die Überlegung, dass der Inhaber einer Marke in der Lage sein müsse, die Qualität der mit der Marke gekennzeichneten Ware zu kontrollieren, da ihm etwaige Qualitätsmängel von den Verbrauchern zugerechnet würden.[157] Daraus folgerte der Gerichtshof in dem entschiedenen Fall, dass beide Inhaber der identischen Marke das Recht hätten, sich gegen die Einfuhr in „ihrem" Mitgliedstaat durch den jeweils anderen Markeninhaber zur Wehr zu setzen.

66 Unklar ist dabei geblieben, ob diese Grundsätze des Gerichtshofs auch für den **Fall der rechtsgeschäftlichen Übertragung von Marken** gelten. Der Verlust der Möglichkeit zur Qualitätskontrolle besteht auch in diesem Fall, sodass einiges für eine parallele Behandlung spricht.[158]

67 Eine weitere Fallgruppe im Zusammenhang mit dem Erschöpfungsprinzip bilden die **Fälle des Umpackens,** die vor allem im Arzneimittelbereich vorkommen: Vom inländischen Markeninhaber im Ausfuhrstaat mit der eigenen Marke gekennzeichnete Produkte werden dort von ihm selbst oder mit seiner Zustimmung vertrieben. Ein Dritter importiert diese Produkte in den Einfuhrstaat, packt sie in eine neue Verpackung um, auf der die Marke des inländischen Markeninhabers wieder aufgebracht wird, oder versieht die Originalverpackung mit einer weiteren äußeren Verpackung, die keine verwechslungsfähige Marke aufweist, sondern den Blick auf die Originalmarke zulässt. Nach der Rechtsprechung des Gerichtshofs kann sich in der ersten Alternative der inländische Markeninhaber aus seinem Markenrecht gegen den Import und das Umpacken der betreffenden Produkte zur Wehr setzen.[159] In der zweiten Alternative war nach der ursprünglichen Rechtsprechung des Gerichtshofs zunächst eine Markenverletzung verneint worden, da die Ursprungsverpackung unberührt bleibe.

68 Später stellte der Gerichtshof jedoch klar, dass auch in den Fällen der Neuverpackung in Form von Sichtfensterumverpackungen, die den Blick auf die ursprüngliche Verpackung und die dortige Marke zulassen, eine Markenverletzung gegebenen sein kann.[160] Allerdings hat der Gerichtshof angesichts der offensichtlichen Gefahr einer Abschottung der nationalen Märkte durch mitgliedstaatsspezifische Verpackungsgestaltungen die Möglichkeiten des Markeninhabers begrenzt, sich auf seine Marke gegenüber umverpackenden Importeuren zu berufen: Nach Auffassung des Gerichtshofs ist die **Berufung auf das bestehende Markenrecht** zur Abwehr von umverpackten Produkten **unzulässig,** wenn dies dazu beitragen kann, dass die nationalen Märkte gegeneinander künstlich abgeschottet werden, was insbesondere dann in Betracht zu ziehen ist, wenn der Markeninhaber die betreffenden Produkte in verschiedenen Mitgliedstaaten in jeweils unterschiedlichen Verpackungsarten in Verkehr bringt, ohne dafür in irgendeiner Form einen marken- oder kennzeichnungsrechtlichen Grund zu haben.[161] Weitere Voraussetzungen für eine Aberkennung der Berechtigung des Markeninhabers, sich auf sein Markenrecht zu berufen, bestehen darin, dass der Schutzrechtsinhaber von dem Umpack- und Kennzeichnungsvorgang vorher informiert wurde und der Importeur als Umpacker auf der Verpackung ausgewiesen ist. Als letzte Voraussetzung muss insoweit hinzukommen, dass der Umpackvorgang keinen Einfluss auf den Originalzustand, insbesondere Qualität und Reputation, des Produktes hat.[162]

69 **d) Willkürliche Diskriminierung und verschleierte Handelsbeschränkung.** Im Rahmen des Art. 30 EG ist schließlich für eine Rechtfertigung der betreffenden Maßnahme – gewissermaßen als Kontrollüberlegung – nach Satz 2 Voraussetzung, dass die betref-

---

[157] EuGH U. v. 17. 10. 1990 Rs. C-10/89 – *CNL-SUCAL/Hag (Hag II)* Slg 1990, I-3711, 3758f.
[158] So auch *Gleiss/Hirsch*, EG-Kartellrecht, Bd. 1, Art. 85 Abs. 1, Rn. 730.
[159] EuGH U. v. 23. 5. 1978 Rs. 102/77 – *Hoffman La Roche/Centrafarm* Slg 1978, 1139.
[160] EuGH U. v. 11. 7. 1996 Rs. C-71 bis 73/94 – *Eurim Pharm* Slg 1996, I-3603; U. v. 11. 7. 1996 Rs. C-232/94 – *MPA Pharma* Slg 1996, I-3671.
[161] Vgl. EuGH U. v. 11. 7. 1996 Rs. C-71 bis 73/94 – *Eurim Pharm* Slg 1996, I-3603, 3621 ff.
[162] EuGH, ibid.

fenden Verbote und Beschränkungen weder ein Mittel zur willkürlichen Diskriminierung noch eine verschleierte Beschränkung des Handels zwischen den Mitgliedstaaten darstellen. Für die Schutzrechtsausübung ist deshalb im Rahmen der Art. 28 ff. EG zu prüfen, ob die gesetzliche Regelung in Bezug auf das Schutzrecht, das ausgeübt wird, schon als solches diskriminierend ist oder sich gegen Einfuhren richtet.

70 Der **Fall der offenen Diskriminierung** wird mittlerweile wohl kaum noch vorkommen. Dies gilt insbesondere hinsichtlich mitgliedstaatlicher Regelungen von Schutzrechten, da die Mitgliedstaaten weitgehend entsprechende internationale Schutzrechtsübereinkünfte ratifiziert haben, sodass gesetzliche Schutzrechtsregelungen, die Ausländer oder Gebietsfremde gegenüber inländischen Rechtspersonen schlechter stellen, nicht bestehen sollten.[163] In seiner Rechtsprechung hat sich der Gerichtshof in diesem Zusammenhang beispielsweise mit urheberrechtlichen Schutzfristen und Leistungsschutzrechten[164] sowie mit Rechten in Bezug auf Werke der bildenden Kunst beschäftigen müssen.[165]

71 In zwei weiteren Entscheidungen musste sich der Gerichtshof mit mitgliedstaatlichen Regelungen befassen, die die Erteilung von Zwangslizenzen betrafen. In dem einen Fall[166] sah die nationale Regelung vor, dass einem Lizenznehmer bei bestehender Lizenzbereitschaft die Einfuhr des patentierten Erzeugnisses aus Drittländern untersagt werden durfte, wenn der Patentinhaber das Erzeugnis im Inland herstellt, die Einfuhr jedoch nicht angegriffen werden konnte, wenn der Patentinhaber sein Patent durch Einfuhr aus anderen Mitgliedstaaten der Gemeinschaft nutzt. In dem anderen Fall[167] sah die nationale Regelung vor, dass durch die Patentbehörde eine Zwangslizenz erteilt werden konnte, wenn der Patentinhaber der gesetzlichen Verpflichtung nicht nachkommt, das Patent auszuüben und die im Inland bestehende Nachfrage nach dem Patenterzeugnis zu befriedigen. Während der Patentinhaber der Erteilung einer Zwangslizenz dadurch entgehen konnte, dass er im Inland das betreffende patentgeschützte Erzeugnis herstellt, bestand diese Möglichkeit nicht, wenn er anstelle der Produktion im Inland die Produkte im Ausland herstellen ließ und dann in das Inland einführte. Der Gerichtshof stellte in beiden Fällen klar, dass eine derartige Schlechterstellung der Einfuhren aus anderen Mitgliedstaaten gegenüber der inländischen Herstellung mit dem in Art. 30 EG niedergelegten Verbot der willkürlichen Diskriminierung und der verschleierten Beschränkung des Handels zwischen den Mitgliedstaaten nicht in Einklang steht, sodass die unterschiedliche Behandlung inländischer Produktion einerseits und Einfuhr aus anderen Mitgliedstaaten andererseits nicht gerechtfertigt sei.[168]

72 Bei nationalen Regelungen, die **unterschiedslos** für In- und Ausländer Geltung beanspruchen, ist eine **Schutzrechtsregelung** aus Sicht des Gerichtshofs nicht schon deshalb willkürlich oder stellt eine verschleierte Handelsbeeinträchtigung im Sinne von Art. 30 Satz 2 EG dar, weil es an einer vergleichbaren Regelung im Ausfuhrstaat fehlt. Der Gerichtshof hat insoweit klargestellt, dass unterschiedliche mitgliedstaatliche Regelungen in Bezug auf Schutzrechte hinzunehmen sind, soweit und solange eine einheitliche gemeinschaftsweite Regelung fehlt.[169] Für die Schutzrechtsausübung durch den Schutzrechtsinha-

---

[163] Vgl. I. 5. und 6.
[164] EuGH U. v. 20. 10. 1993 Rs. C-92/92 und 326/92 – *Phil Collins/Imtrat* Slg 1993, I-5145; vgl. dazu auch *Loewenheim* NJW 1994, 1046.
[165] EuGH U. v. 18. 2. 1992 Rs. C-30/90 – *Kommission/Vereinigtes Königreich* Slg 1992, I-829, Rn. 30.
[166] EuGH U. v. 27. 10. 1992 Rs. C-191/90 – *Generics (UK)/Smith Kline and French Laboratories* Slg 1992, I-5335, Rn. 25.
[167] EuGH U. v. 18. 2. 1992 Rs. C-30/90 – *Kommission/Vereinigtes Köngreich* Slg 1992, I-829.
[168] EuGH U. v. 27. 10. 1992 Rs. C-191/90 – *Generics (UK)/Smith Kline and French Laboratories* Slg 1992, I-5335, Rn. 28 ff.; U. v. 18. 2. 1992 Rs. C-30/90 – *Kommission/Vereinigtes Königreich* Slg 1992, I-829, Rn. 24 ff.
[169] EuGH U. v. 30. 6. 1988 Rs. 35/87 – *Thetford/Fiamma* Slg 1988, 3585; U. v. 22. 9. 1998 Rs. C-61/97 – *Warner Brothers/Christiansen* Slg 1998, 2605.

ber bedeutet dies, dass er die Einfuhr des betreffenden Produkts abwehren kann, selbst wenn für das Produkt im Ausfuhrstaat kein Schutz besteht.[170] Soweit daraus verallgemeinernd der Schluss gezogen worden ist, dass es damit den Mitgliedstaaten freistehe, Art und Umfang des Schutzes geistigen Eigentums ungeachtet der Wirkungen für den innergemeinschaftlichen Handel regeln zu können, hat dies unter Hinweis auf Art. 3, 10 EG sowie Art. 14 EG heftige Kritik erfahren.[171]

2. Verhältnis der Vorschriften der Art. 28 ff. EG zu den Wettbewerbsregeln (Art. 81 ff. EG)

Schließlich wirft die Anwendung der Art. 28 ff. EG in Bezug auf die Gestaltung von Nutzung und Ausübung gewerblicher Schutzrechte die rechtssystematische Frage auf, in welchem Verhältnis die Regelungen der Art. 28 ff. EG und Art. 81 ff. EG zueinander stehen.

Auf den ersten Blick unterscheiden sich die Regelungen schon dadurch, dass sie sich an **unterschiedliche Adressaten** richten: Während das Verbot in Art. 28 EG die Mitgliedstaaten anspricht, sind diese gerade nicht Adressaten der in den Art. 81 und 82 EG niedergelegten Regelungen, die nur für Unternehmen und Unternehmensvereinigungen Geltung beanspruchen. Dieser Unterschied hinsichtlich des Adressatenkreises löst sich jedoch im Zusammenhang mit der Ausübung gewerblicher Schutzrechte zum Schutz geistigen Eigentums dadurch weitgehend, jedenfalls aber für den Fall auf, dass der Schutzrechtsinhaber aus seinem nationalen Schutzrecht vorgeht und dieses Vorgehen dadurch zu einer mitgliedstaatlichen Maßnahme wird, dass entweder durch die schutzrechtsspezifische Regelung als solche oder durch ein staatliches Gericht auf Initiative des Schutzrechtsinhabers eine (Verbots-) Entscheidung ausgesprochen wird. Demzufolge wäre in beiden Fällen die für die Anwendung von Art. 28 ff. EG notwendige Staatlichkeit der Maßnahme gegeben. Es lässt sich somit trotz des unterschiedlichen Adressatenkreises durchaus eine gewisse **Parallelität der beiden Normkomplexe** im Zusammenhang mit der Ausübung gewerblicher Schutzrechte feststellen.

Ähnlich stellt sich die Situation hinsichtlich des jeweiligen Regelungsanliegens dar: Zwar dienen die normativen Grundlagen der Art. 28 ff. EG erklärtermaßen dem Schutz des freien Warenverkehrs innerhalb der Gemeinschaft, während die Vorschriften der Art. 81 ff. EG den Wettbewerb unter den Unternehmen schützen wollen. Da Wettbewerb jedoch im Gemeinschaftsrecht nicht Selbstzweck sein kann und Art. 81 Abs. 1 EG als Tatbestandsvoraussetzung ausdrücklich auf die Eignung zur Beeinträchtigung des innergemeinschaftlichen Handels abstellt, besteht auch in dieser Hinsicht eine Form der Gleichrichtung der jeweiligen Regelungsbereiche. Gleichwohl darf nicht übersehen werden, dass die Unterschiedlichkeit der Regelungsziele auch zu unterschiedlichen Bewertungen führen kann. Hält sich beispielsweise die Ausübung gewerblicher Schutzrechte in dem durch Art. 28 ff. EG vorgegebenen zulässigen Rahmen, kann ungeachtet dessen das betreffende Verhalten des Schutzrechtsinhabers gleichwohl kartellrechtswidrig sein, weil es beispielsweise durch Absprachen zwischen Unternehmen dem Gebot der autonomen Entscheidungsfindung des einzelnen Unternehmens widerspricht oder weil das konkrete Verhalten als missbräuchliche Ausnutzung einer bestehenden marktbeherrschenden Stellung i. S. v. Art. 82 EG angesehen werden muss.[172] Umgekehrt kann die wettbewerbskonforme, autonome und missbrauchsfreie Ausübung des Schutzrechts durch den Schutzrechtsinhaber dem Verbot des Art. 28 EG unterfallen, wenn die mitgliedstaatliche Regelung, auf der die Ausübung des Schutzrechts

---

[170] EuGH U. v. 14. 9. 1982 Rs. 144/81 – *Keurkoop/Nancy Kean Gifts* Slg 1982, 2853; U. v. 14. 9. 1981 Rs. 187/80 – *Merck/Stephar and Exler* Slg 1981, 2063; U. v. 31. 10. 1974 Rs. 15/74 – *Centrapharm/Sterling Drug* Slg 1974, 1147.

[171] Vgl. *Ullrich* in: Immenga/Mestmäcker, EG-Wettbewerbsrecht, Bd. 1, GRUR A., Rn. 90.

[172] Vgl. *Ullrich* in: Immenga/Mestmäcker, EG-Wettbewerbsrecht, Bd. 1, GRUR A., Rn. 91 a. E.

fußt, mit dem Grundsatz des freien Warenverkehrs in der Ausprägung der dargestellten Rechtsprechung des Gerichtshofs nicht in Einklang steht. Demzufolge lässt sich aus der Zulässigkeit/Unzulässigkeit der Schutzrechtsausübung nach dem einen oder anderen Regelungskomplex (Art. 28 ff. EG oder Art. 81 ff. EG) keine Indikation für die Zulässigkeit nach dem jeweils anderen Regelungsmechanismus ableiten.

76 **Unterschiede** ergeben sich auch **im Hinblick auf die Rechtsdurchsetzung.** Während die Art. 81 ff. EG unmittelbare Wirkung beanspruchen, d. h. im Rahmen eines etwaigen nationalen Gerichtsverfahrens in Privatrechtsverhältnissen zu berücksichtigen sind, besteht eine derartige unmittelbare Wirkung der Art. 28 ff. EG nicht. Die teilweise vertretene mittelbare Anwendung dieser Vorschriften des EG-Rechts über den freien Warenverkehr im Rahmen der Generalklauseln des nationalen Zivilrechts[173] hat sich nicht durchsetzen können. Die Rechtspraxis belegt zudem nachhaltig, dass den Wettbewerbsregeln ein deutlich höherer Stellenwert in der Rechtsanwendung der mitgliedstaatlichen Gerichte und Behörden zukommt.

Auf der Rechtsfolgenseite setzen sich die Unterschiede zwischen den beiden Regelungsbereichen fort. Während ein Verstoß gegen die den freien Warenverkehr schützenden Art. 28 ff. EG für die nationale Regelung, die die Grundlage der Schutzrechtsausübung darstellt, zu deren allgemeiner Nichtanwendbarkeit führt, ansonsten jedoch im Privatrechtsverhältnis keine Auswirkungen hat, knüpfen die Wettbewerbsregeln ihre Rechtsfolgen direkt an das Verhalten der beteiligten Privatrechtsobjekte, indem sie entweder zur Unwirksamkeit entsprechender Abreden (Art. 81 Abs. 2 EG) oder zur Unzulässigkeit des betreffenden konkreten Verhaltens führen.

77 Ungeachtet dessen ist gerade im Bereich der Ausübung gewerblicher Schutzrechte nicht zu verkennen, dass sich in der Rechtsprechung des Gerichtshofs durchaus **Wechselwirkungen** finden.[174] So hat der Gerichtshof die dargestellte Unterscheidung zwischen Bestand und Ausübung von Schutzrechten sowohl in dem einen wie in dem anderem Fall zur Abgrenzung des zulässigen vom unzulässigen Verhalten benutzt, namentlich zur Identifizierung des Bereichs, der sowohl von der Anwendung der Art. 28 ff. EG als auch der Art. 81 ff. EG suspendiert ist.

III. Wettbewerbsbegriff und gewerbliche Schutzrechte

1. Vollkommener Wettbewerb

78 Zum Zeitpunkt der Gründung der EWG im Jahre 1958 (gleichzeitig mit dem Erlass des deutschen GWB – seinerzeit neben dem amerikanischen Antitrust Law das einzige Kartellgesetz der Welt) bestand ein erhebliches Spannungsverhältnis zwischen dem Kartellrecht und den gewerblichen Schutzrechten, insbesondere dem Patent. Dem lag das damals in der Wirtschaftswissenschaft vorherrschende Leitbild „des vollkommenen Wettbewerbs" zu Grunde, gekennzeichnet u. a. durch eine so große Anzahl gleich starker (besser: gleich schwacher) Marktteilnehmer, dass der Marktpreis für jeden von ihnen ein vom Markt vorgegebenes Datum ist, auf das er mit seinem eigenen Verhalten keine Einflussmöglichkeiten hat. Dementsprechend hieß es in der Begründung zum Regierungsentwurf des deutschen Kartellgesetzes: „Es darf als sichere wissenschaftliche Erkenntnis angesehen werden, dass die Marktverfassung des freien Wettbewerbs das Vorhandensein der Marktform des vollkommenen Wettbewerbs als wirtschaftliche Gegebenheit zur Voraussetzung hat, d. h. die Zahl der Marktteilnehmer auf beiden Seiten muss so groß sein, dass der Marktpreis für den Un-

---

[173] *Schaefer,* Die unmittelbare Wirkung des Verbots der nichttarifären Handelshemmnisse (Artikel 30 EWG-Vertrag) in den Rechtsbeziehungen zwischen Privaten, 1987.

[174] EuGH U. v. 13. 7. 1966 verb. Rs. 56, 58/64 – *Consten und Grundig/Kommission* Slg 1966, 321, 394; U. v. 15. 6. 1976 Rs. 51/75 – *EMI Records/CBS* Slg 1976, 811, 820 ff.; siehe auch *Ullrich* in: Immenga/Mestmäcker, EG-Wettbewerbsrecht, Bd. 1, GRUR A., Rn. 94 ff. m. w. N.

ternehmer eine von seinem Verhalten im Wesentlichen unabhängige Größe ist."[175] Auf der Grundlage eines solchen Verständnisses der Wettbewerbsordnung war es unvermeidbar, dass zwischen ihr und Schutzrechten ein Spannungsverhältnis entstand – führt doch das Schutzrecht bezüglich seines Gegenstandes zu einem zeitlich begrenzten Wettbewerbsausschluss, und zwar mit dem ausdrücklichen Ziel, seinem Inhaber (als Lohn für seine Erfindung) die Möglichkeit eines Wettbewerbsvorsprungs gegenüber seinen Wettbewerbern zu gewähren.[176] Die seinerzeit geltende Wettbewerbstheorie ging von einem ungelösten Zielkonflikt mit dem Schutzrecht aus, das im Interesse des technischen Fortschritts allenfalls zu dulden war.

Um die Wirkungen dieses „Fremdkörpers" in der Wettbewerbsordnung so gering wie möglich zu halten, waren (im amerikanischen Kartellgesetz und nach den Grundsätzen im Entwurf des deutschen GWB) im Rahmen der vertraglichen Nutzung des Schutzrechts jegliche Beschränkungen des Lizenznehmers verboten, die über den Rahmen des Schutzumfangs des Schutzrechts hinausgingen.[177]

2. Unvollkommener Wettbewerb

Dieses Leitbild des „vollkommenen Wettbewerbs" gilt inzwischen längst nicht mehr. Während der zehn Jahre währenden deutschen „Kartelldebatte" und danach setzte sich die Erkenntnis durch, dass die noch im Regierungsentwurf des GWB enthaltene Forderung weitgehend atomisierter (oder, auf dem Weg dorthin, staatlich gelenkter) Märkte bestenfalls zur „Schlafmützenkonkurrenz" führen würde,[178] zu statischen Märkten ohne Zukunftsperspektive. An die Stelle des vollkommenen Wettbewerbs trat als Spiegel der wirtschaftlichen Wirklichkeit und als Leitbild der Wettbewerbspolitik das Konzept des dynamischen, unvollkommenen Wettbewerbs, gekennzeichnet durch Vorsprung und Verfolgung, durch partielle Monopolsituationen, die wie Blasen in einem Sektglas aufsteigen und, als Ergebnis der einsetzenden Verfolgung, alsbald zerplatzen. Im Rahmen dieser Entwicklung kommt der technologischen Innovation als Wettbewerbsmittel eine zentrale Bedeutung zu, sodass das geistige Eigentum keinen Fremdkörper in der Wettbewerbsordnung darstellt, sondern vielmehr als ein zentraler Bestandteil in ihr inzwischen allgemein anerkannt ist. Dem liegt die Erkenntnis zu Grunde, dass die Dynamik des FuE-Wettbewerbs nicht nur den Entwicklungsstand der Volkswirtschaft fördert, sondern durch den Kampf um Innovationen den Wettbewerb auf dem Markt ganz allgemein nachhaltig inspiriert.[179]

Inwieweit den EG-Wettbewerbsregeln eine Auseinandersetzung mit diesen unterschiedlichen Leitbildern des „vollkommenen" oder des „dynamischen unvollkommenen" Wettbewerbs zu Grunde lagen, ist nicht bekannt, da die Materialien zum EWG-Vertrag nicht veröffentlicht sind. Von Beginn der Anwendung der EG-Wettbewerbsregeln an haben die Kommission und der Gerichtshof aber das geistige Eigentum als einen wesentlichen Teil der Wettbewerbswirtschaft angesehen.

---

[175] Abgedruckt in *Müller/Henneberg/Schwartz*, Kommentar zum Gesetz gegen Wettbewerbsbeschränkungen, 1958, 1075 ff.
[176] Vgl. Kapitel I. 1. Rn. 1; I. 3. Rn. 18.
[177] *Machlup* GRUR Int. 1961, 473 (473 f.); *Sandrock*, Grundbegriffe des Gesetzes gegen Wettbewerbsbeschränkungen, 1968, 441 ff.
[178] *Lutz*, Ordo-Jahrbuch, 1956, S. 31.
[179] Vgl. Kapitel I. 3. Rn. 18.

IV. Anwendung des Art. 81 EG auf gewerbliche Schutzrechte und deren Ausübung
1. Anwendungsgrundsätze in der Rechtsprechung der europäischen Gerichte.

81 **a) Schutzrechtsrelevantes Verhalten als Gegenstand, Mittel oder Folge einer Kartellabsprache.** Die tatbestandliche Ausgestaltung von Art. 81 Abs. 1 EG, wonach für die Anwendung dieses Kartellverbots das Vorhandensein einer Absprache oder einer abgestimmten Verhaltensweise Voraussetzung ist, bedingt, dass die zentrale Frage bei der Anwendung von Art. 81 Abs. 1 EG auf schutzrechtsbezogenes Verhalten von Unternehmen darin besteht, unter welchen Voraussetzungen die Ausübung eines Schutzrechts durch den Schutzrechtsinhaber überhaupt unter dieses Verbot fallen kann. Der Gerichtshof hat hierzu in ständiger Rechtsprechung den Grundsatz aufgestellt, dass die Schutzrechtsausübung immer dann unzulässig ist, wenn sie den Gegenstand, das Mittel oder die Folge einer Kartellabsprache darstellt.[180] Damit ist für die Anwendung von Art. 81 Abs. 1 EG zwischen autonomer Schutzrechtsausübung einerseits und einverständlich/abgestimmter und nichtautonomer Geltendmachung andererseits zu unterscheiden. Die **Wettbewerbskonformität der Schutzrechtsausübung** wird mit anderen Worten nicht selbstständig geprüft, sondern anhand der Existenz und des Inhalts einer damit im Zusammenhang stehenden Absprache/Abstimmung beurteilt. Besteht keine Absprache/Abstimmung oder erweist sich die Absprache als nicht wettbewerbsbeschränkend i. S. v. Art. 81 Abs. 1 EG, ergeben sich auch für die Ausübung des Schutzrechts keine kartellrechtlichen Bedenken, soweit nicht ein Fall des Missbrauchs einer marktbeherrschenden Stellung vorliegt (dazu später unter V.).

82 Wettbewerbsbeschränkende Absprachen im Sinne einer kartellrechtswidrig veranlassten Schutzrechtsausübung haben den Gerichtshof in einer Reihe von Fällen beschäftigt. Dazu zählt beispielsweise die Konstellation, dass der Hersteller seinem für ein bestimmtes (nationales) Gebiet eingesetzten **Alleinvertriebshändler** eine **Zweitmarke** für dieses Gebiet einräumt, die diesen in die Lage versetzt, Parallelimporteure von einem Vertrieb der Produkte in seinem Gebiet abhalten zu können, ohne sich eine Erschöpfung des Markenrechts vorhalten lassen zu müssen.[181] Es überrascht nicht, dass der Gerichtshof die dahingehend getroffene Absprache zwischen den Vertragsparteien als einen Verstoß gegen Art. 81 Abs. 1 EG wertete. Des Weiteren hatte der Gerichtshof Fälle zu entscheiden, in denen der Schutzrechtsinhaber das Schutzrecht oder das Recht zu seiner Benutzung von einem Dritten erworben hatte und aus seinem Schutzrecht gegen Importe aus dem Ausfuhrland vorging, die im Ausfuhrland rechtmäßig mit identischer Marke gekennzeichnet worden waren. Sowohl der Schutzrechtsinhaber im Ausfuhrstaat als auch der Schutzrechtsinhaber im Einfuhrstaat hatten die betreffende Marke von einem dritten Unternehmen zu Eigentum erworben oder daran eine Lizenz erhalten. Die betreffenden Vereinbarungen erhielten unstrittig keine expliziten Wettbewerbsbeschränkungen. Nachdem der Gerichtshof im Fall Sirena[182] einen Verstoß gegen Art. 81 Abs. 1 EG – fälschlicherweise – bejahte, setzte sich in seiner weiteren Rechtsprechung die zutreffende Erkenntnis durch, dass in derartigen Fallkonstellationen für eine Anwendung von Art. 81 Abs. 1 EG auf die Ausübung von Schutzrechten kein Raum bestehen kann, wenn zwischen den betreffenden Inhabern der nationalen Schutzrechte keinerlei rechtliche, finanzielle, technische oder wirtschaftliche Verbindung besteht.[183]

---

[180] EuGH U. v. 8. 6. 1982 Rs. 258/78 – *Nungesser/Kommission* Slg 1982, 2015, 2061; U. v. 6. 10. 1982 Rs. 262/81 – *Coditel/Ciné-Vog Films (Coditel II)* Slg 1982, 3381, 3410; U. v. 14. 9. 1982 Rs. 144/81 – *Keurkoop/Nancy Kean Gifts* Slg 1982, 2853, 2873; vgl. auch *Ullrich* in: Immenga/Mestmäcker, EG-Wettbewerbsrecht, Bd. 1, GRUR A., Rn. 12.

[181] EuGH U. v. 13. 7. 1966 Rs. 56/64 – *Consten und Grundig/Kommission* Slg 1966, 321.

[182] EuGH U. v. 11. 2. 1971 Rs. 40/70 – *Sirena* Slg 1971, 69, 83.

[183] EuGH U. v. 3. 7. 1974 Rs. 192/73 – *Hag I* Slg 1974, 731; U. v. 17. 10. 1990 Rs. C-10/89 – *Hag II* Slg 1990, I-3711, 3757 ff.

Des Weiteren hatte sich der Gerichtshof mit der Frage zu befassen, ob jede **ausschließ-** 83
liche Lizenz an einem gewerblichen Schutzrecht als eine i. S. v. Art. 81 Abs. 1 EG tatbestandliche Wettbewerbsbeschränkung anzusehen ist.[184] Der Gerichtshof kam in dem konkreten Einzelfall zu dem Ergebnis, dass angesichts der Besonderheit des fraglichen Erzeugnisses, d. h. neu entwickeltes Hybridmaissaatgut, die Vergabe einer offenen ausschließlichen Lizenz, bei der sich die Ausschließlichkeit der Lizenz nur auf das Vertragsverhältnis zwischen dem Rechtsinhaber und dem Lizenznehmer bezieht, indem sich der Schutzrechtsinhaber verpflichtet, keine weiteren Lizenzen für dasselbe Gebiet zu erteilen und dem Lizenznehmer in diesem Gebiet nicht selbst Konkurrenz zu machen, keine Absprache darstellt, die die tatbestandlichen Voraussetzungen des Art. 81 Abs. 1 EG erfüllt.[185] Auch in weiteren Entscheidungen hat der Gerichtshof in dieser Hinsicht darauf abgestellt, ob die betreffende Vereinbarung auf einen **absoluten Gebietschutz** zu Gunsten des Lizenznehmers gerichtet ist.[186]

Der Gerichtshof hat des Weiteren in seiner Rechtsprechung den Grundsatz aufgestellt, 84
dass in dem Fall, dass das gewerbliche Schutzrecht mittels einer wettbewerbsbeschränkenden Vereinbarung erworben oder lizenziert worden ist, nicht nur die jeweilige Absprache, sondern auch die Ausübung des Schutzrechts einen Verstoß gegen Art. 81 Abs. 1 EG darstellt.[187]

b) Relevanz der Unterscheidung Bestand/Ausübung. Die bereits im Rahmen der 85
Behandlung von Art. 28 ff. EG, namentlich der Ausnahmevorschrift des Art. 30 EG dargestellte, vom Gerichtshof in diesem Zusammenhang entwickelte Unterscheidung zwischen dem Bestand des Schutzrechts und seiner Ausübung ist anfangs vom Gerichtshof auch im Zusammenhang mit der Anwendung von Art. 81 Abs. 1 EG auf die Ausübung von Schutzrechten herangezogen worden.[188] Zu Recht hat man darauf hingewiesen, dass diese Unterscheidung im Zusammenhang mit der kartellrechtlichen Beurteilung der Schutzrechtsausübung wenig hilfreich ist.[189] Selbst wenn man den Bestand oder spezifischen Gegenstand eines Schutzrechts ermittelt hat und diesen von der Anwendung der Wettbewerbsregeln zutreffenderweise ausnimmt, stellt sich im Weiteren die in ihrer Beantwortung wesentlich schwierigere Frage, ob es sich um eine zulässige, weil **autonome Geltendmachung des Schutzrechts** handelt oder um eine solche, die auf der Grundlage einer kartellrechtswidrigen Absprache erfolgt. Es tritt hinzu, dass es im Einzelfall ohnehin äußerst schwierig ist, zwischen Bestand und Ausübung im Zusammenhang mit Schutzrechten zu unterscheiden, insbesondere vor dem Hintergrund, dass eine Reihe von Ausübungshandlungen, wie z. B. die Lizenzvergabe, zu dem gehört, was den eigentlichen wirtschaftlichen Wert des Schutzrechts ausmacht.[190]

2. Besondere Fallgruppen

Hinsichtlich der vertraglichen Absprache, die bei der Anwendung von Art. 81 Abs. 1 86
EG auf die Ausübung gewerblicher Schutzrechte die zentrale Anwendungsvoraussetzung darstellt, lassen sich verschiedene Fallgruppen bilden, die sich durch den Gegenstand und das Umfeld der getroffenen Vereinbarung unterscheiden:

---

[184] Ibid.
[185] EuGH U. v. 8. 6. 1982 Rs. 258/78 – *Nungesser/Kommission* Slg 1982, 2015, 2069.
[186] EuGH U. v. 20. 6. 1978 Rs. 28/77 – *Tepea/Kommission* Slg 1978, 1391; vgl. auch Kommentierung zu § 1, Rn. 219.
[187] EuGH U. v. 14. 9. 1982 RS 144/81 – *Keurkoop/Nancy Kean Gifts* Slg 1982, 2853.
[188] EuGH U. v. 13. 7. 1966 Rs. 56/64 – *Consten and Grundig/Kommission* Slg 1966, 321; U. v. 29. 2. 1968 Rs. 24/67 – *Parke, Davis/Proebel* Slg 1968, 85, 111 ff.
[189] So etwa *Ullrich* in: Immenga/Mestmäcker, EG-Wettbewerbsrecht, Bd. 1, GRUR B., Rn. 15.
[190] Zutreffend insoweit, *Ullrich*, a. a. O., Rn. 25 unter Hinweis auf EuGH U. v. 9. 7. 1985 Rs. 19/84 – *Pharmon/Hoechst* Slg 1985, 2281, Rn. 25.

87 **a) Abgrenzungsvereinbarungen.** Derartige Abgrenzungsvereinbarungen werden in der Praxis meist zwischen zwei Schutzrechtsinhabern mit dem Ziel abgeschlossen, hinsichtlich der Benutzung der beiderseitigen Schutzrechte zukünftig Konflikte zu vermeiden. Es liegt in der Natur der Sache, dass derartige Vereinbarungen, insbesondere bei parallelen Marken, praxisrelevant sind, wenn die Gefahr einer Verwechselung der Marken nicht ausgeschlossen werden kann. Abgrenzungsvereinbarungen gibt es aber auch für andere Schutzrechte wie Gebrauchsmuster und Patente.

88 Abgrenzungsvereinbarungen genießen nach der Rechtsprechung des Gerichtshofs **keinerlei grundsätzliche Privilegien.** Auf sie kann Art. 81 Abs. 1 EG Anwendung finden.[191] Allerdings können sie nur dann im Sinne des Gerichtshofs als zulässig angesehen werden, wenn sie allein dem Zweck dienen, Konflikte zwischen den Schutzrechtsinhabern zu vermeiden.[192] Dies gilt sowohl für gerichtliche als auch für außergerichtliche Abgrenzungsvereinbarungen.

89 Der Gerichtshof hat in seiner Rechtsprechung[193] klargestellt, dass weder die Bezeichnung als Abgrenzungsvereinbarung noch ein tatsächlich bestehender Konflikt im Einzelfall es rechtfertigen, hinsichtlich des jeweiligen Benutzungsumfangs des Schutzrechts Vereinbarungen zu treffen, die über das hinausgehen, was zur Konfliktbewältigung im konkreten Einzelfall absolut notwendig ist.[194] Daraus folgt nach Auffassung der Kommission, dass es regelmäßig keine Rechtfertigung dafür gibt, dass einer der Schutzrechtsinhaber im Rahmen einer derartigen Vereinbarung völlig auf den Gebrauch seines Schutzrechts verzichtet. Nach Auffassung der Kommission haben sich die Parteien vielmehr auf die vertragliche Begrenzung des Benutzungsumfangs zu beschränken, die den geringsten Eingriff in die ansonsten bestehende Befugnis der Schutzrechtsinhaber darstellt.[195] Regelungen in Abgrenzungsvereinbarungen, die den gegenseitigen Nichtangriff der Schutzrechte zum Gegenstand haben, sind nach Auffassung der Kommission grundsätzlich nicht zulässig, es sei denn, sie sind zeitlich begrenzt und auf das konkrete Schutzrecht bezogen, dessen Benutzung beiderseitig im Streit steht. Entfällt die Konfliktlage beispielsweise durch ein rechtskräftiges Urteil und stellt sich heraus, dass die von den Schutzrechtsinhabern vereinbarten Beschränkungen angesichts dessen nicht mehr notwendig sind, werden sie zu wettbewerbsbeschränkenden Abreden i. S. v. Art. 81 Abs. 1 EG.[196]

90 **b) Schutzrechtsübertragungen.** Verträge über die Übertragung von Schutzrechten dürften **in der Regel kartellrechtsneutral** sein und keinen Bedenken hinsichtlich Art. 81 Abs. 1 EG ausgesetzt sein. Diese Beurteilung kann sich jedoch unter Berücksichtigung des Gesamtzusammenhangs, in dem die Schutzrechtsübertragung steht, ändern. Je nachdem, ob sich in Bezug auf Zweck oder Wirkung der Schutzrechtsübertragung wettbewerbliche Bedenken ergeben, kann die grundsätzliche Neutralität der Schutzrechtsübertragung entfallen und die Anwendung von Art. 81 Abs. 1 EG eröffnet sein.

Ein Beispiel für einen wettbewerbswidrigen Zusammenhang stellt der Fall dar, der der Entscheidung des Gerichtshofs Grundig/Consten[197] zu Grunde lag. Die Übertragung einer zweiten Marke an einen nationalen Alleinvertriebshändler für den Vertrieb der Produkte ist zwar als solches nicht wettbewerbsbeschränkend. In dem zitierten Fall stellte der Gerichts-

---

[191] *Gleiss/Hirsch,* EG-Kartellrecht, Bd. 1, Art. 85 Abs. 1, Rn. 692 unter Hinweis auf die einschlägige Rechtsprechung des Gerichtshofs.
[192] EuGH U. v. 30. 1. 1985 Rs. 35/83 – *BAT* Slg 1985, 363, 385.
[193] EuGH U. v. 30. 1. 1985 Rs. 35/83 – *BAT* Slg 1985, 363, 385; U. v. 27. 9. 1988 Rs. 65/86 – *Bayer u. a./Süllhöfer* Slg 1988, 5281 ff.; U. v. 18. 5. 1982 Rs. 258/78 – *Nungesser/Kommission* Slg 1982, 2015, 2076; vgl. auch Kommission v. 10. 1. 1979, *Vessen/Moris,* ABl. L 19/32.
[194] EuGH U. v. 30. 1. 1985 Rs. 35/83 – *BAT* Slg 1985, 363, 385.
[195] Kommission, Entsch. v. 16. 5. 1975 – *Sirdar/Phildar* ABl. L 125/27, 29; Entsch. v. 16. 12. 1982 – *Toltecs-Dorcet* ABl. L 379/19, 26.
[196] *Gleiss/Hirsch,* EG-Kartellrecht, Bd. 1, Art. 85 Abs. 1, Rn. 699.
[197] EuGH U. v. 13. 7. 1966 Rs. 56/64 – *Consten und Grundig/Kommission* Slg 1966, 321.

hof jedoch fest, dass diese Übertragung der Zweitmarke allein zu dem Zweck erfolgte, den nationalen Alleinvertriebshändler in die Lage zu versetzen, Parallelimporte mittels der Zweitmarke abzuwehren. Folgerichtig erfüllte deshalb nach Auffassung des Gerichtshofs die Vereinbarung den Tatbestand des Art. 81 Abs. 1 EG.[198]

Schutzrechtsübertragungen können des Weiteren kartellrechtlichen Bedenken in Hinblick auf Art. 81 Abs. 1 EG ausgesetzt sein, wenn sie im Rahmen von Kooperationen zwischen Unternehmen oder bei der Gründung von Gemeinschaftsunternehmen erfolgen. Letztlich lässt sich insoweit zusammenfassend feststellen, dass auch hinsichtlich der Schutzrechtsübertragung der Gerichtshof seine in Bezug auf die Anwendung von Art. 81 Abs. 1 EG im Zusammenhang mit Schutzrechtsausübungen entwickelte **Grundformel** anwendet. Dies bedeutet, dass Schutzrechtsübertragungen immer dann Art. 81 Abs. 1 EG unterfallen, wenn sie Gegenstand, Mittel oder Folge einer wettbewerbsbeschränkenden Absprache oder Abstimmung sind.[199]

Schließlich ist darauf hinzuweisen, dass nach Auffassung der Kommission Schutzrechtsübertragungen im Bereich der Patente und des Know-how sowie diesen gleichgestellten Schutzrechten jedenfalls dann wie Lizenzvereinbarungen zu behandeln sind, die der Technologietransfer-Gruppenfreistellungsverordnung (TT-GVO)[200] unterfallen, wenn das Risiko der Verwertung beim Veräußerer verbleibt, insbesondere wenn die Gegenleistung für die Übertragung vom Umsatz der mit dem Übertragungsgegenstand hergestellten Erzeugnisse oder von der hergestellten Menge oder Zahl der lizenzpflichtigen Handlungen abhängt.

Beispiele für Inhalte von Schutzrechtsübertragungen, die **kartellrechtlichen Bedenken** begegnen können, sind Wettbewerbsverbote, Rückübertragungspflichten u.ä. Auch hier gilt wiederum, dass es unerheblich ist, ob eine bestimmte Vereinbarung als Schutzrechtsübertragung bezeichnet wird. Entscheidend ist, welche wettbewerblichen Wirkungen von der betreffenden vertraglichen Bestimmung im Rahmen eines Schutzrechtsübertragungsvertrages ausgehen.[201]

c) Lizenzverträge. Es bedarf keiner Vertiefung, dass die einfache Lizenzerteilung, die den Lizenzgeber in keiner Weise darin beschränkt, Lizenzen an Dritte überhaupt nicht oder nicht für das betreffende Vertragsgebiet zu vergeben und auch keinerlei Einschränkung des Lizenzgebers hinsichtlich seiner eigenen wirtschaftlichen Tätigkeit im vertragsgegenständlichen Bereich vorsieht, keinen Bedenken in Hinblick auf Art. 81 Abs. 1 EG unterliegen kann, es sei denn, sie enthält über die eigentliche Lizenzerteilung hinausgehende Beschränkungen.[202]

Demgegenüber schwieriger zu beantworten ist die Frage, ob alleinige oder ausschließliche Lizenzgewährungen der Anwendung von Art. 81 Abs. 1 EG unterfallen. Bei der alleinigen Lizenz verpflichtet sich der Lizenzgeber, in dem betreffenden Vertragsgebiet lediglich dem Lizenznehmer, jedoch keinem weiteren im Wege der Lizenz die Nutzung des Schutzrechtsgegenstandes zu gestatten. Der Lizenzgeber wird somit zukunftsgerichtet in seiner Entscheidungsfreiheit beschränkt, anderen eine Lizenz für das Schutzrecht zu gewähren. Noch weitergehend ist die ausschließliche oder exklusive Lizenz. Hier verpflichtet sich der Lizenzgeber, nicht nur keinem Dritten eine Lizenz generell oder für das bestimmte Ver-

---

[198] Ibid., 391 f.
[199] EuGH U. v. 8. 6. 1982 Rs. 258/78 – *Nungesser/Kommission* Slg 1982, 2015, 2061; U. v. 14. 9. 1982 Rs. 144/81 – *Keurkoop/Nancy Kean Gifts* Slg 1982, 2853, 2873; U. v. 6. 10. 1982 Rs. 262/81 – *Coditel/Ciné-Vog Films (Coditel II)* Slg 1982, 3381, 3401; vgl. ebenso Kapitel IV. 1. a) Rn. 81.
[200] Art. 1b TT-GVO; vgl. auch *Wissel/Eickhoff* WuW 2004, 1244 (1244 f.).
[201] Vgl. *Ullrich* in: Immenga/Mestmäcker, EG-Wettbewerbsrecht, Bd. 1, GRUR B., Rn. 11.
[202] *Ullrich* in: Immenga/Mestmäcker, EG-Wettbewerbsrecht, Bd. 1, GRUR B., Rn. 17; siehe zu Lizenzverträgen, die zu Wettbewerbsbeschränkungen führen können, *Ullrich*, a. a. O., Rn. 29 m. w. N.; vgl. auch Kommentierung zu § 1, Rn. 220.

tragsgebiet einzuräumen, sondern darüber hinaus sich auch selbst jeglicher Nutzung des Schutzgegenstandes im Vertragsgebiet zu enthalten. Die Beschränkungswirkung hinsichtlich der wirtschaftlichen Betätigungsfreiheit ist demnach größer als im Fall der alleinigen Lizenz.

96 Aus der Rechtsprechung des Gerichtshofs ist zu erkennen, dass dieser selbst die **ausschließliche Lizenzerteilung** jedenfalls dann nicht als tatbestandsmäßige Beschränkung im Sinne von Art. 81 Abs. 1 EG ansieht, wenn ohne die Ausschließlichkeit der Lizenz durch neue Erzeugnisse innerhalb der Gemeinschaft entstehender Wettbewerb im Keim erstickt würde[203] oder besondere Merkmale und Absatzbedingungen in einer bestimmten Industrie zu dem Schluss führen, dass die Ausschließlichkeit der Lizenzgewährung nicht geeignet ist, den Wettbewerb zu beeinträchtigen.[204] Zusammenfassend kann damit festgehalten werden, dass der Gerichtshof im Zusammenhang mit der Gewährung alleiniger und ausschließlicher Lizenzen nicht formalistisch bei der Beurteilung vorgeht, ob eine wettbewerbliche Beschränkung von Handlungsfreiheiten im Sinne von Art. 81 Abs. 1 EG vorliegt. Vielmehr berücksichtigt der Gerichtshof bei der Feststellung einer wettbewerbsbeschränkenden Wirkung die konkreten Wettbewerbs- und Vermarktungsbedingungen in dem betroffenen Industriebereich bereits auf Tatbestandsebene des Art. 81 Abs. 1 EG. Diese Vorgehensweise ähnelt dem amerikanischen Modell der **Rule of Reason** hinsichtlich der Anwendung von Sec. 1 Sherman Act.

97 Eine weitere **Orientierung** im Zusammenhang mit der rechtlichen Beurteilung hinsichtlich der Gestaltung von alleinigen oder ausschließlichen Lizenzgewährungen bietet die zum 1. 5. 2004 in Kraft getretene Neufassung der **Technologietransfer-GVO (TT-GVO)**.[205] Diese ersetzt das eher formalistische Regime der alten TT-GVO[206] mit weißen und schwarzen Listen erlaubter bzw. verbotener Vereinbarungen durch ein eher ökonomisch ausgerichtetes Modell, bei dem sich die Freistellung nach den Marktanteilen der beteiligten Unternehmen richtet sowie danach, ob diese in einem Konkurrenzverhältnis zueinander stehen.[207] Allerdings gibt es nach wie vor Vereinbarungen, die aufgrund ihrer besonderen Wettbewerbsschädlichkeit stets verboten sind („hard core restrictions").[208] Hierzu zählen beispielsweise Preisfestsetzungen für die Verkäufe von Produkten an Dritte und Vereinbarungen, die ausschließliche Rücklizenz-Verpflichtungen für abtrennbare Verbesserungen beinhalten.[209]

Vereinbarungen, die nicht unter die TT-GVO fallen, etwa weil die genannten Marktanteilsschwellen überschritten oder mehr als zwei Unternehmen beteiligt sind, sind einer Einzelprüfung zu unterziehen. Die dabei zu berücksichtigenden Kriterien hat die Kommission in ihren parallel zur TT-GVO erlassenen Leitlinien veröffentlicht.[210] Dabei spielt insbesondere die Anzahl der von Dritten kontrollierten Technologien, die zu für den Nutzer vergleichbaren Kosten anstelle der lizenzierten Technologie eingesetzt werden können, eine wichtige Rolle. Die Kommission steht auf dem Standpunkt, dass eine Verletzung des Art. 81 EG außerhalb der Kernbeschränkungen des Art. 4 TT-GVO unwahrscheinlich ist, wenn es vier oder mehr solcher den Wettbewerbsdruck aufrecht erhaltender Technologien gibt.

---

[203] EuGH U. v. 8. 6. 1982 Rs. 258/78 – *Nungesser/Kommission* Slg 1982, 2015, 2069.
[204] EuGH U. v. 6. 10. 1982 Rs. 262/81 – *Coditel/Ciné-Vog Films (Coditel II)* Slg 1982, 3381.
[205] Verordnung Nr. 772/2004 der Kommission v. 27. 4. 2004 über die Anwendung von Artikel 81 Absatz 3 EG-Vertrag auf Gruppen von Technologietransfer-Vereinbarungen, ABl. L 123/11 v. 27. 4. 2004.
[206] Verordnung Nr. 240/96 der Kommission v. 31. 1. 1996 zur Anwendung von Artikel 85 Absatz 3 des Vertrages auf Gruppen von Technologietransfer-Vereinbarungen, ABl. L 31/2 v. 9. 2. 1996.
[207] Art. 3, 4 TT-GVO.
[208] Vgl. Art. 4 und 5 TT-GVO.
[209] Siehe hierzu im Einzelnen: Kapitel zur TT-GVO.
[210] Bekanntmachung der Kommission, Leitlinien zur Anwendung von Artikel 81 Absatz 3 EG-Vertrag auf Technologietransfer-Vereinbarungen, ABl. C 101/2 v. 27. 4. 2004, Rn. 130 ff.

d) Nebenabreden. Verträge über die Nutzung von Schutzrechten werden häufig im Zusammenhang mit der Veräußerung von Unternehmen oder Unternehmensteilen oder im Rahmen der Gründung eines Gemeinschaftsunternehmens abgeschlossen. Kommission und Gerichtshof erkennen an, dass unter bestimmten Voraussetzungen Nebenabreden im Verhältnis zu **konzentrativen Vorgängen** damit unmittelbar verbunden und hierzu notwendig sein können, mit der Folge, dass insoweit das sog. Konzentrationsprivileg gilt und derartige schutzrechtsrelevante Vereinbarungen als sog. Ancillary Restraints der Anwendung der allgemeinen Vorschriften der Art. 81 ff. EG entzogen sind.[211] Zur Beantwortung der Frage, ob und unter welchen Voraussetzungen Vereinbarungen über die Schutzrechtsnutzung dieses Konzentrationsprivilegs genießen, hat die Kommission versucht, im Rahmen ihrer diesbezüglichen **Bekanntmachung über Einschränkung des Wettbewerbs, die mit der Durchführung von Unternehmenszusammenschlüssen unmittelbar verbunden und für diese notwendig sind,**[212] Klarstellungen vorzunehmen.

Dabei wird zwischen der Veräußerung eines Unternehmens oder von Unternehmensteilen einerseits und der Gründung eines Gemeinschaftsunternehmens andererseits unterschieden. Für den Fall, dass ausschließliche Lizenzen im Rahmen von **Unternehmensveräußerungen** (in Gänze oder von Teilen) abgeschlossen werden, sind derartige Lizenzverträge als Bestandteile des Zusammenschlusses anzusehen. Dies gilt auch dann, wenn sich die ausschließliche Lizenz auf bestimmte Anwendungsbereiche beschränkt, vorausgesetzt, diese Anwendungsbereiche entsprechen dem Tätigkeitsbereich des übertragenden Unternehmens/Unternehmensteils.[213] Dagegen sollen Lizenzvereinbarungen über Schutzrechte nicht am Konzentrationsprivileg teilnehmen, wenn im Rahmen des Lizenzvertrages für den Erwerber eine räumliche Beschränkung auf das Gebiet vorgesehen ist, in dem die übertragende Geschäftstätigkeit ausgeübt wird.[214] Die Kommission sieht dies regelmäßig als nicht für die Durchführung des Zusammenschlusses notwendig an.[215] Dies gilt nach Auffassung der Kommission darüber hinaus für sämtliche Bestandteile einer Lizenzvereinbarung, die eher den Lizenzgeber schützen als den Lizenznehmer. Demgegenüber sollen Beschränkungen zu Lasten des Veräußerers im Rahmen einer Lizenzvereinbarung unter denselben Voraussetzungen wie bei einem Wettbewerbsverbot im Falle der Veräußerung eines Geschäfts[216] als Ancillary Restraints anzusehen sein. Hintergrund ist die Überlegung, dass auch insoweit die Schutzwürdigkeit des Erwerbers die Einschränkung zu Lasten des Veräußerers rechtfertigt.

Für den Fall der **Gründung eines Gemeinschaftsunternehmens** wird das Konzentrationsprivileg ebenfalls für ausschließliche Lizenzen begründet, und zwar unabhängig davon, ob die Lizenz befristet oder unbefristet ist.[217] Auch gilt wiederum, dass im Rahmen derartiger Lizenzvereinbarungen hinsichtlich der Nutzung Einschränkungen vorgenommen werden können, vorausgesetzt, diese Einschränkungen stimmen mit der Geschäftstätigkeit des Gemeinschaftsunternehmens überein. Für die Gewährung von Lizenzen, die das Gemeinschaftsunternehmen einem oder mehreren seiner Gründer gewährt, oder für den Fall von Überkreuzlizenzen, die sich das Gemeinschaftsunternehmen und seine Gründer ge-

---

[211] Art. 8 Abs. 2 EG-FKVO.
[212] Bekanntmachung der Kommission über Einschränkungen des Wettbewerbs, die mit der Durchführung von Unternehmenszusammenschlüssen unmittelbar verbunden und für diese notwendig sind, ABl. C 56/24 v. 5. 3. 2005.
[213] Bekanntmachung der Kommission über Einschränkungen des Wettbewerbs, die mit der Durchführung von Unternehmenszusammenschlüssen unmittelbar verbunden und für diese notwendig sind, ABl. C 56/24 v. 5. 3. 2005.
[214] Vgl. auch Kommentierung zu § 1, Rn. 219.
[215] Ibid.
[216] Ibid.
[217] Bekanntmachung der Kommission über Einschränkungen des Wettbewerbs, die mit der Durchführung von Unternehmenszusammenschlüssen unmittelbar verbunden und für diese notwendig sind, ABl. C 56/24 v. 5. 3. 2005.

genseitig erteilen, gilt nach Auffassung der Kommission, dass sie in demselben Rahmen wie bei Unternehmensveräußerungen als Ancillary Restraints anzusehen sind. Insoweit trifft die Kommission aber die Klarstellung, dass dies nicht für Lizenzverträge gilt, die die Gründungsunternehmen untereinander abschließen. Diese werden nicht als Ancillary Restraints angesehen.[218]

101 Zu berücksichtigen ist allerdings stets, dass eine **Verneinung** der Einordnung als **Ancillary Restraint** als solche noch keine Aussage dazu trifft, ob die betreffende Beschränkung in Verträgen über die Nutzung von Schutzrechten, die im Zusammenhang mit Unternehmensveräußerungen oder mit der Gründung von Gemeinschaftsunternehmen abgeschlossen werden, tatbestandliche Wettbewerbsbeschränkungen im Sinne von Art. 81 Abs. 1 EG enthalten. Mit der Feststellung, dass auf der Grundlage der Bekanntmachung der Kommission eine bestimmte Vereinbarung nicht die Voraussetzungen für die Einordnung als Ancillary Restraint erfüllt, ist lediglich geklärt, dass die Anwendung der Art. 81 ff. EG eröffnet ist. Ob die diesbezüglichen tatbestandlichen Voraussetzungen im Einzelfall gegeben sind (z. B. Spürbarkeit der Wettbewerbsbeschränkung, Eignung zur Beeinträchtigung des innergemeinschaftlichen Handels), steht damit nicht fest und ist davon gesondert nach den dargestellten Grundsätzen zu beurteilen.[219]

102 e) **Zulieferkonstellationen.** Eine weitere Konstellation, die sich häufig als schutzrechtsrelevant erweist und eine gesonderte Behandlung durch die Kommission in Hinblick auf die Anwendung von Art. 81 Abs. 1 EG erfahren hat, ist die Situation eines Zulieferverträges. Die **Kommission** hat hierzu bereits im Jahre 1978 eine **Bekanntmachung** veröffentlicht.[220] Was genau als Zuliefervertrag in diesem Sinne anzusehen ist, hat die Kommission dabei allerdings nicht exakt definiert. Die dortige Beschreibung von Zulieferverträgen erfasst sämtliche Vereinbarungen, durch die ein Unternehmen ein anderes als seinen Zulieferer beauftragt, nach seinen Weisungen Erzeugnisse herzustellen, Dienstleistungen zu erbringen oder Arbeiten zu verrichten, die für das auftraggebende Unternehmen bestimmt sind oder für seine Rechnung ausgeführt werden.[221] Des Weiteren sieht die Kommission als Wesensmerkmal für Zulieferverträge an, dass der Auftraggeber dem Zulieferer besondere Kenntnisse oder Betriebsmittel zur Verfügung stellt, um zu gewährleisten, dass seine Weisungen durch den Zulieferer entsprechend ausgeführt werden. Für die Kommission ist für den Zuliefervertrag zudem charakteristisch, dass der Zulieferer gewerbliche Tätigkeiten ausübt, ohne als selbstständiger Anbieter auf dem Markt in Erscheinung zu treten.[222] Davon ist nach Auffassung der Kommission auszugehen, wenn der Zulieferer auf die Nutzung gewerblicher Schutzrechte oder technischen Know-hows des Auftraggebers angewiesen ist.[223] Dies wiederum führt aus Sicht des Auftraggebers zu der Notwendigkeit, den wirtschaftlichen Wert derartiger Kenntnisse und Betriebsmittel zu erhalten. Vor diesem Hintergrund erklärt die Kommission in der Zuliefer-Bekanntmachung eine Reihe beschränkender Bestimmungen für von der Anwendung des Art. 81 Abs. 1 EG ausgenommen.

---

[218] Bekanntmachung der Kommission über Einschränkungen des Wettbewerbs, die mit der Durchführung von Unternehmenszusammenschlüssen unmittelbar verbunden und für diese notwendig sind, ABl. C 56/24 v. 5. 3. 2005.

[219] Bekanntmachung der Kommission über Einschränkungen des Wettbewerbs, die mit der Durchführung von Unternehmenszusammenschlüssen unmittelbar verbunden und für diese notwendig sind, ABl. C 56/24 v. 5. 3. 2005; vgl. auch Kommentierung zu § 1, Rn. 125.

[220] Bekanntmachung der Kommission v. 18. 12. 1978 über die Beurteilung von Zulieferverträgen nach Art. 85 Abs. 1 des Vertrages zur Gründung der Europäischen Wirtschaftsgemeinschaft, ABl. C/1 v. 3. 1. 1979.

[221] Bekanntmachung über die Beurteilung von Zulieferverträgen, a. a. O., Tz. 1.

[222] Bekanntmachung über die Beurteilung von Zulieferverträgen, a. a. O., Tz. 2.

[223] Gleiches gilt für die Zurverfügungstellung von durch den Auftraggeber oder in dessen Rechnung erstellte Entwürfe, Pläne oder sonstige Anlagen oder Stanzen, Formen, Werkzeuge und deren Zubehör, selbst wenn dafür keine gewerblichen Schutzrechte bestehen.

103 **Keine Zulieferverträge** im Sinne der Bekanntmachung der Kommission sind Verträge, nach denen Unternehmen fremde Produkte (z. B. Ersatzteile oder Komponenten) bei einem Unternehmen zukaufen, ohne dem Lieferanten dieser Produkte für deren Fertigung technische Kenntnisse oder Betriebsmittel zur Verfügung zu stellen.[224] Dies gilt auch dann, wenn im Rahmen derartiger Zukäufe bestimmte Spezifizierungen nach den Anforderungen des Bestellers vertraglich festgelegt werden.[225] Ebenfalls nicht als Zulieferverträge im Sinne der Bekanntmachung der Kommission können Lizenzverträge über gewerbliche Schutzrechte angesehen werden. Dies gilt selbst dann, wenn der Zulieferer schutzrechtlich geschütztes technisches Wissen von dem Auftraggeber in schriftlicher oder sonstiger Form für die Fertigung der betreffenden Produkte erhält. Maßgebliches Unterscheidungskriterium ist insofern, dass der Zulieferer das schutzgegenständliche technische Wissen nur zur Erfüllung des Zulieferauftrages erhält, jedoch nicht in die Lage versetzt werden soll, selbständig den Schutzrechtsgegenstand generell nutzen zu dürfen.[226] Wenn jedoch – ausnahmsweise – zwischen dem Auftraggeber und dem Zulieferer ein Lizenzvertrag abgeschlossen wird, der die Nutzung des schutzgegenständlichen technischen Wissens auf die Erfüllung des Zulieferauftrages beschränkt, unterfällt dieser Lizenzvertrag ebenfalls der Zuliefer-Bekanntmachung.[227]

104 Nach Auffassung der Kommission sind solche Vertragsbestimmungen in Zulieferverträgen **keine tatbestandlichen Beschränkungen im Sinne von Art. 81 Abs. 1 EG,** die dem Zulieferer die Verpflichtung auferlegen, die vom Auftraggeber stammenden Kenntnisse oder Betriebsmittel nur zum Zwecke der Vertragserfüllung zu benutzen und Dritten nicht zur Verfügung zu stellen oder mit ihrer Hilfe hergestellte Erzeugnisse, erbrachte Dienstleistungen oder verrichtete Arbeiten allein für den Auftraggeber oder nur für dessen Rechnung ausführen zu lassen.[228] Dies gilt allerdings nur, wenn die vom Auftraggeber zur Verfügung gestellten Kenntnisse oder Betriebsmittel tatsächlich erforderlich sind, um den Zulieferer in die Lage zu versetzen, unter angemessenen Bedingungen die den Weisungen des Auftraggebers entsprechenden Erzeugnisse herzustellen oder etwaige Dienstleistungen zu erbringen oder die betreffenden Arbeiten zu verrichten. Weitere Voraussetzung für die Nichtanwendbarkeit des Art. 81 Abs. 1 EG ist nach Auffassung der Kommission, dass der Zulieferer nicht bereits über die erforderlichen Kenntnisse und Betriebsmittel zur Ausführung des Auftrages verfügte.[229]

105 Sind diese Voraussetzungen gegeben, nimmt die Kommission auch noch weitere, vertraglich vorgesehene Verpflichtungen der Vertragspartner von der Anwendung des Art. 81 Abs. 1 EG aus, so etwa die Verpflichtung jedes Vertragspartners, geheimes Know-how während der Durchführung des Vertrages nicht zu offenbaren, sowie die Verpflichtung des Zulieferers, derartiges Know-how auch nach Vertragserfüllung nicht selbst zu verwerten, soweit es noch geheim ist, sowie technische Verbesserungen, die der Zulieferer während der Laufzeit des Vertrages entwickelt hat, dem Auftraggeber auf nicht ausschließlicher Basis bekannt zu geben oder bei patentfähigen Erfindungen des Zulieferers dem Auftraggeber für die Laufzeit seines Grundpatents eine nicht ausschließliche Lizenz auf das Verbesserungs- oder Anwendungspatent zu erteilen.[230] Diese Verpflichtung kann sogar mit Ausschließlichkeit versehen werden, wenn die vom Zulieferer gemachten Erfindungen ohne die Nutzung des Grundpatentes des Auftraggebers nicht verwertbar sind.[231] Besteht hinge-

---

[224] *Gleiss/Hirsch*, EG-Kartellrecht, Bd. 1, Art. 85 Abs. 1, Rn. 647.
[225] Bekanntmachung über die Beurteilung von Zulieferverträgen, a. a. O., Tz. 2.
[226] Ibid.
[227] *Gleiss/Hirsch*, EG-Kartellrecht, Bd. 1, Art. 85 Abs. 1, Rn. 650.
[228] Bekanntmachung über die Beurteilung von Zulieferverträgen, a. a. O., Tz. 2.
[229] Ibid., Tz. 2.
[230] Ibid., Tz. 3.
[231] Ibid., Tz. 3.

gen eine selbstständige Verwertbarkeit für derartige Erfindungen und Weiterentwicklungen des Zulieferers, darf er vertraglich nicht daran gehindert werden, sie zu verwerten.

Darüber hinaus trifft die Zuliefer-Bekanntmachung in Bezug auf die Nutzung von Marken, Handelsnamen oder bestimmten Aufmachungen die Klarstellung, dass dem Zulieferer durch den Auftraggeber vertraglich untersagt werden kann, diese für Erzeugnisse, Dienstleistungen oder Arbeiten zu verwenden, die nicht für den Auftraggeber bestimmt sind.[232]

3. Freistellung nach Art. 81 Abs. 3 EG

106 Verträge hinsichtlich der **Übertragung oder Nutzung von Schutzrechten** haben auch auf der Ebene des Art. 81 Abs. 3 EG hinsichtlich der Freistellung vom Kartellverbot des Art. 81 Abs. 1 EG in vielfacher Hinsicht eine besondere Behandlung durch das europäische Kartellrecht erfahren. Dies verdeutlicht, dass die Besonderheiten der Schutzrechtsgestaltung und -ausübung auf der tatbestandlichen Ebene des Art. 81 Abs. 1 EG häufig nur schwer sachgerecht behandelt werden können.

107 a) **Verfahrenstechnisch.** Bei der verfahrenstechnischen Behandlung von Verträgen über die Übertragung und Nutzung von Schutzrechten in Hinblick auf die Freistellung nach Art. 81 Abs. 3 EG ist zunächst festzustellen, dass Schutzrechte in vielfacher Hinsicht durch die von der Kommission erlassenen Gruppenfreistellungsverordnungen erfasst werden. Dies gilt insbesondere für die früheren gesonderten Patent- und Know-How-Gruppenfreistellungsverordnungen,[233] die durch die TT-GVO[234] ersetzt wurden. Aber auch in der Gruppenfreistellung über Forschung und Entwicklung[235] spielen Schutzrechte eine Rolle. Auf der anderen Seite darf nicht übersehen werden, dass in der Rechtspraxis die Anwendbarkeit der **Gruppenfreistellungsverordnungen** daran leidet, dass diese sich wegen der ihnen innewohnenden Typisierung häufig als starres Korsett erweisen und den Bedürfnissen der Vertragspraxis teilweise nur schwer entsprechen.[236] Vor diesem Hintergrund stellte sich oft die Frage, ob für einen Vertrag, der die Nutzung von Schutzrechten betrifft, eine Einzelfreistellung auf der Basis der VO 17[237] von der Kommission gewährt wird. Nach Inkrafttreten der **Verordnung 1/2003**[238] und der damit einhergehenden Umwandlung von Art. 81 Abs. 3 EG von einem Freistellungstatbestand in eine Legalausnahme entfällt nunmehr die Möglichkeit der Anmeldung einer Vereinbarung bei der Kommission zwecks

---

[232] Ibid., Tz. 4.
[233] Verordnung Nr. 2349/84 der Kommission v. 23. 7. 1984 über die Anwendung von Art. 85 Abs. 3 des Vertrages auf Gruppen von Patentlizenzvereinbarungen, ABl. EG L 219, 15 v. 16. 8. 1984, berichtigt in ABl. 1985 L 280/32; Verordnung Nr. 556/89 der Kommission v. 30. 11. 1988 für die Anwendung von Art. 85 Abs. 3 des Vertrages auf Gruppen von Know-how-Vereinbarungen, ABl. EG L 61, 1 v. 4. 3. 1989.
[234] Verordnung Nr. 240/1996 der Kommission v. 31. 1. 1996 zur Anwendung von Art. 85 Abs. 3 des Vertrages auf Gruppen von Technologietransfer-Vereinbarungen, ABl. EG L 31, 2 v. 9. 2. 1996; ihrerseits ersetzt durch Verordnung Nr. 772/2004 der Kommission v. 27. 4. 2004 über die Anwendung von Art. 81 Absatz 3 EG-Vertrag auf Gruppen von Technologietransfer-Vereinbarungen, ABl. EG L 123, 11 v. 27. 4. 2004.
[235] Verordnung Nr. 2659/2000 der Kommission v. 29. 11. 2000 über die Anwendung von Art. 81 Abs. 3 des Vertrages auf Gruppen von Vereinbarungen über Forschung und Entwicklung, ABl. EG L 304, 7 v. 5. 12. 2000; siehe hierzu auch *Schütze*, Kommentar zur FuE-GVO im gleichen Band.
[236] Vgl. *Brinker* in: Schwarze, EU-Kommentar, Art. 81, Rn. 68; *Müller-Graff* in: Handkommentar zum Vertrag über die Europäische Union (EUV/EGV), Art. 85, Rn. 188; Kommentierung zu § 1, Rn. 216.
[237] Verordnung Nr. 17/1962, Erste Durchführungsverordnung zu den Art. 85 und 86 des Vertrages, ABl. EG P 13 v. 21. 2. 1962, S. 204.
[238] Verordnung Nr. 1/2003 der Kommission v. 16. 12. 2002 zur Durchführung der in den Art. 81 und 82 des Vertrags niedergelegten Wettbewerbsregeln, ABl. L 1/1 v. 4. 1. 2003.

Erlangung einer – förmlichen oder formlosen (comfort letter) – Freistellung.[239] Nach Art. 4 Abs. 2 VO 17 waren zwar auch unter der alten Rechtslage bestimmte Verträge im Zusammenhang mit der Übertragung und Lizenzierung von Schutzrechten vom Anmeldeerfordernis bei der Erteilung von Freistellungsentscheidungen ausgenommen. Allerdings blieb diese Ausnahmevorschrift wenig praxisrelevant. Infolge des Systemwechsels bleibt es künftig ganz überwiegend nationalen Gerichten sowie Wettbewerbsbehörden überlassen, sich mit der Anwendbarkeit von Art. 81 Abs. 3 EG im Zusammenhang mit schutzrechtsbezogenen Vereinbarungen zu befassen.

b) Materiell-rechtlich. Ungeachtet der Tatsache, dass im Rahmen von Art. 81 Abs. 3 EG stets die **konkreten Umstände,** insbesondere die Marktbedingungen, die Marktposition der Beteiligten sowie die Wettbewerbssituation insgesamt zu würdigen sind, lassen sich gleichwohl einige generelle Aussagen in Bezug auf die materiell-rechtliche Bewertung von schutzrechtsrelevanten Vertragsgestaltungen auf der Grundlage von Art. 81 Abs. 3 EG treffen, die auch nach dem Wegfall des Freistellungsmonopols der Kommission in der Rechtsanwendung durch nationale Gerichte und Behörden Bedeutung haben werden. Insoweit ist zunächst festzustellen, dass es gerade im Bereich der technischen Schutzrechte nahe liegt, dass der betreffende Vertrag zur **Verbesserung der Warenerzeugung oder zur Förderung des technischen Fortschritts** im Sinne von Art. 81 Abs. 3 EG beiträgt. Maßgeblich ist in diesem Zusammenhang, inwieweit die betreffende Vereinbarung zur Verbreitung neuer oder verbesserter Erzeugnisse oder Produktionsmethoden führt. Dabei werden ein etwaiger Innovationsschub und Technologieweiterentwicklungen zu berücksichtigen sein.[240]

Die in diesem Zusammenhang von Art. 81 Abs. 3 EG geforderte **angemessene Beteiligung der Verbraucher** wird man regelmäßig schon wegen der durch die Nutzung der Schutzrechte erzielbaren technischen Verbesserungen von Produkten und Dienstleistungen begründen können.[241] Führt das schutzgegenständliche geistige Eigentum zu höherer Fertigungs- oder Produkteffizienz, kann zudem auf die Erwartung günstigerer Produktpreise zu Gunsten des Verbrauchers abgestellt werden.[242]

Für die Anwendung von Art. 81 Abs. 3 EG kommt es somit in Bezug auf die Übertragung und Ausübung von Schutzrechten und die Freistellung etwaiger wettbewerbsbeschränkender Vereinbarungen primär darauf an, ob und inwieweit die den beteiligten Unternehmen auferlegten Beschränkungen **unerlässlich für die Erreichung der Verbesserung der Warenerzeugung oder -verteilung sowie die Förderung des technischen Fortschritts sind.** Relevante Erwägungen sind in diesem Zusammenhang insbesondere, ob die Beschränkung die im Einzelfall notwendige rechtliche Absicherung darstellt oder schon durch den spezifischen Gegenstand des Schutzrechts bedingt ist.[243] Weitere Gesichtspunkte sind in diesem Zusammenhang der Aspekt der Markteröffnung oder des Überlebens eines Wettbewerbers auf dem Markt sowie sonstige positive Wirkungen für die Marktstruktur.[244] Darüber hinaus werden Erwägungen in Bezug auf Investitionsschutz und -amortisierung eine nachhaltige Rolle spielen.

Da Schutzrechte häufig jedoch eine nachhaltige Marktposition vermitteln, ist die in Art. 81 Abs. 3 lit. b) EG vorgesehene Negativvoraussetzung, dass für die beteiligten Unter-

---

[239] Vgl. hierzu *Schwarze/Weitbrecht,* Grundzüge des europäischen Kartellverfahrensrechts, § 2, Rn. 8 ff.

[240] Vgl. die Bekanntmachung der Kommission mit den Leitlinien zur Anwendung von Art. 81 Abs. 3 EG-Vertrag, ABl. C 101/97 v. 27. 4. 2004, Rn. 64; *Ullrich* in: Immenga/Mestmäcker, EG-Wettbewerbsrecht, Bd. 1, GRUR B., Rn. 34 m. w. N.

[241] Vgl. die Leitlinien zur Anwendung von Art. 81 Abs. 3 EG-Vertrag, ABl. C 101/97 v. 27. 4. 2004, Rn. 102.

[242] Kommission, Entscheidung v. 23. 12. 1977 – *Campari* ABl. EG 1978 L 70, 69, Tz. III.

[243] Vgl. *Ullrich* in: Immenga/Mästmecker, EG-Wettbewerbsrecht, Bd. 1, GRUR B., Rn. 37.

[244] Vgl. *Müller-Graff* in: Handkommentar zum Vertrag über die Europäische Union (EUV/EGV), Art. 85, Rn. 165 ff.

nehmen nicht die **Möglichkeit** eröffnet wird, **für einen wesentlichen Teil der betreffenden Waren den Wettbewerb auszuschalten,** regelmäßig von besonderer Bedeutung bei der Bewertung, ob die Voraussetzungen des Art. 81 Abs. 3 EG vorliegen. In diesem Zusammenhang wird häufig eine Rolle spielen, ob und inwieweit zu erwarten ist, dass trotz eher hoher Marktanteile nachstoßender Wettbewerb diese für einen gewissen Markteinführungszeitraum bestehende starke Marktposition wirksam und in überschaubarer Zeit relativieren wird. Dies kann zum Beispiel im Fall der Gründung eines Gemeinschaftsunternehmens zwischen einem etablierten marktstarken Unternehmen und einem innovativen kleineren Wettbewerber derselben Branche zu bejahen sein, wenn zeitgleich ein internationales Großunternehmen durch die Übernahme eines weiteren kleineren Unternehmens den Zutritt zu dem betroffenen Markt sucht.[245] Auch sind in dieser Hinsicht die Begründung oder Verstärkung des sog. Interbrand-Wettbewerbs relevant.

V. Ausübung gewerblicher Schutzrechte als Missbrauch einer marktbeherrschenden Stellung im Sinne von Art. 82 EG

112 Bedingt durch die Ausschlusswirkung gewerblicher Schutzrechte kann zwischen ihnen und ihrer Ausübung durch den Schutzrechtsinhaber und dem in Art. 82 EG verankerten Verbot des Missbrauchs einer marktbeherrschenden Stellung ein Spannungsverhältnis bestehen. Da – wie gesehen – Schutzrechte **keine wettbewerbsfreien Enklaven** sein können, sondern jegliches Verhalten im Zusammenhang mit dem Erwerb, der Übertragung und Nutzungseinräumung sowie der Ausübung von Schutzrechten grundsätzlich ebenso wie sonstiges Verhalten im Wettbewerb an den Regeln des europäischen Kartellrechts zu messen ist,[246] kann die Ausübung von Schutzrechten einen Missbrauch einer marktbeherrschenden Stellung darstellen. Gleichwohl verbietet sich auch hier eine generalisierende Betrachtung: Weder begründen Schutzrechte stets eine marktbeherrschende Stellung, noch stellt der durch die Schutzrechtsausübung bewirkte Ausschluss Dritter (Wettbewerber oder Abnehmer) immer einen Missbrauch einer ansonsten gegebenen marktbeherrschenden Stellung dar. Es bedarf somit einer Einzelfallbetrachtung, bei der letztlich die Beurteilung, ob tatsächlich ein Missbrauch einer ansonsten gegebenen marktbeherrschenden Stellung vorliegt, anhand der konkreten Umständen des Einzelfalls im Rahmen einer vorzunehmenden Interessenabwägung festzustellen ist.[247]

1. Marktbeherrschung

113 Dass die mit einem gewerblichen Schutzrecht verbundene Rechtsposition nicht unmittelbar zur Annahme einer üblicherweise durch den Marktanteil indizierten, marktbeherrschenden Stellung des Schutzrechtsinhabers führt, beruht auf der Systematik der Wettbewerbsregeln. Bestehen trotz der schutzrechtsbedingten Auswirkung aus Sicht der nachfragenden Marktgegenseite ausreichend viele Substitutionsmöglichkeiten, weil beispielsweise zwar das notwendige Herstellungsverfahren ohne Schutzrechtsverletzung nicht nachahmbar ist, jedoch auf andere Art und Weise Produkte hergestellt werden können, die dem gleichen Verwendungszweck dienen, stellt sich nur noch die Frage, ob genug Substitutionsmöglichkeiten im betreffenden Markt tatsächlich vorhanden und von den Nachfragern angenommen werden. Umgekehrt ist insbesondere bei gewerblichen Schutzrechten der Spielraum für andere Hersteller tendenziell gering, ohne Schutzrechtsverletzung an dem Schutzrecht vorbei ein Produkt herzustellen, das dem spezifischen technischen

---

[245] Vgl. das von der Kommission gebildete Beispiel in der Bekanntmachung zur Anwendung von Art. 81 Abs. 3 EG-Vertrag, ABl. C 101/97 v. 27. 4. 2004, Rn. 116 a. E.
[246] Siehe die vorangegangenen Abschnitte III. und IV.
[247] Vgl. zur Anwendbarkeit des allgemeinen Missbrauchsverbots des Art. 82 *Ullrich* in: Immenga/Mestmäcker, EG-Wettbewerbsrecht, Bd. 1, GRUR B., Rn. 41 ff.

Verwendungszweck aus Nachfragersicht in gleicher Weise gerecht wird. In einem derartigen Fall kann die Schutzrechtsinhaberschaft unmittelbar eine marktbeherrschende Stellung begründen. Häufiger werden jedoch die Fälle sein, in denen die **Schutzrechtsinhaberschaft allein** dem Schutzrechtsinhaber **noch nicht** die Möglichkeit gibt, sich gegenüber Wettbewerbern und Nachfragern weitgehend autonom zu verhalten, sondern dieser erst in Verbindung mit anderen Leistungsmerkmalen, wie etwa Finanzkraft, Forschungs- und Entwicklungskapazität und Vertriebsorganisation, eine Marktposition erreicht, die – ablesbar am Marktanteil und den sonstigen Marktbedingungen – eine **marktbeherrschende Stellung im Sinne von Art. 82 EG** begründet.

Im Ergebnis enthebt die Existenz eines bedeutsamen Schutzrechts den Rechtsanwender nicht von der Verpflichtung, bei der Feststellung einer marktbeherrschenden Stellung sämtliche relevanten Marktbedingungen in ihren Wirkungen im Einzelnen zu würdigen, um eine ausreichend fundierte Feststellung hinsichtlich der Fähigkeit des Schutzrechtsinhabers, sich weitgehend unabhängig von Wettbewerbern und Nachfragern im betroffenen Markt zu verhalten, treffen zu können. Die Bedeutung eines Schutzrechts hängt somit vom Markt ab und nicht von der Existenz des Schutzrechts als solcher.[248]

2. Missbrauch der marktbeherrschenden Stellung

Die Erlangung einer marktbeherrschenden Stellung ist – soweit sie autonom erreicht wird – als solche von den Wettbewerbsregeln des europäischen Kartellrechts hinzunehmen.[249] Infolgedessen kann die Erwirkung eines gewerblichen Schutzrechts noch keinen Missbrauch einer marktbeherrschenden Stellung im Sinne von Art. 82 EG darstellen, selbst wenn dieses Schutzrecht eine außerordentliche Ausschlusswirkung haben sollte.[250] Ansatzpunkt für die Frage, ob ein Missbrauch vorliegt, ist vielmehr das Verhalten im Zusammenhang mit dem Schutzrecht, wobei die Ausübung des Schutzrechts im Vordergrund steht.[251]

Missbräuchlich im Sinne von Art. 82 EG verhält sich der Marktbeherrscher immer dann, wenn durch sein Verhalten auf einem Markt, der durch seine marktbeherrschende Stellung hinsichtlich des Wettbewerbs ohnehin schon geschwächt ist, die **Marktstruktur negativ beeinflusst** wird.[252] Von diesem Verständnis bei der Untersuchung der Frage, ob das Verhalten eines marktbeherrschenden Inhabers von Schutzrechten einen Missbrauch darstellt, abzugehen, besteht keine Veranlassung: Das Schutzrecht mit dem ihm zukommenden Ausschlusscharakter darf insoweit rechtlich dem Schutzrechtsinhaber keinen weitergehenden Spielraum eröffnen. Vielmehr sind hinsichtlich der Schutzrechtsausübung und dem sonstigen Verhalten des Schutzrechtsinhabers die gleichen Maßstäbe im Rahmen der Missbrauchsfeststellung anzulegen, die auch sonst im Rahmen von Art. 82 EG gelten. Ein danach als missbräuchlich einzustufendes Verhalten des Marktbeherrschers kann nicht als wettbewerbskonform eingestuft werden, nur weil es im Zusammenhang mit einem Schutzrecht erfolgte.

Für die Rechtsanwendung des Art. 82 EG auf das Verhalten von Unternehmen in Bezug auf Schutzrechte kommt es demnach maßgeblich darauf an, die einzelnen Schritte (Feststellung der marktbeherrschenden Stellung, Ermittlung der wettbewerblichen Bedeutung der

---

[248] *Ullrich* GRUR Int. 1996, 555 (566) m. w. N.
[249] Vgl. für den Fall der Verweigerung einer Lizenz EuGH U. v. 29. 4. 2004 Rs. C-418/01 – *IMS Health* n. n. veröffentlicht, Rn. 34 m. w. N.; *Möschel* in: Immenga/Mestmäcker, EG-Wettbewerbsrecht, Bd. 1, Art. 86, Rn. 1, 122.
[250] EuGH U. v. 5. 10. 1988 Rs. 238/87 – *Volvo/Veng* Slg 1988, 6211, 6235 f.; U. v. 5. 10. 1988 Rs. 53/87 – *CICRA u. a./Renault* Slg 1988, 6039, 6072.
[251] EuGH U. v. 6. 4. 1995 verb. Rs. C-241/91 P und C-242/91 P – *RTE und ITV/Kommission* Slg 1995, I-743, 824 f.
[252] *Ullrich* in: Immenga/Mestmäcker, EG-Wettbewerbsrecht, Bd. 1, GRUR A., Rn. 41.

Schutzrechte und wettbewerbsrechtliche Würdigung des Verhaltens des Schutzrechtsinhabers) voneinander zu trennen und diese Tatbestandselemente nicht zu vermengen.

118 Ungeachtet der in Art. 82 Satz 2 lit. a) bis d) EG aufgeführten Fallgruppen hinsichtlich des Missbrauchs einer marktbeherrschenden Stellung lassen sich die **mannigfaltigen Missbrauchskonstellationen** in die Hauptfallgruppen Ausbeutungs- und Behinderungsmissbrauch unterteilen. Daneben besteht die Fallgruppe des Marktstrukturmissbrauchs, die in ihrer Bedeutung im Zusammenhang mit Schutzrechten eher zurücktreten dürfte.

119 **a) Ausbeutungsmissbrauch.** Die Rechtsprechung des Gerichtshofs zu dieser Fallgruppe hat vergleichsweise wenig Klarheit gebracht. Bereits in der in den Sechziger Jahren ergangenen Entscheidung *Parke Davis/Proebel*[253] hat der Gerichtshof den Grundsatz aufgestellt, dass ein Missbrauch einer marktbeherrschenden Stellung im Sinne von Art. 82 EG nicht notwendigerweise schon deshalb vorliegt, weil der Verkaufspreis des patentierten Erzeugnisses höher ist als der des aus einem anderen Mitgliedstaat stammenden, nicht patentgeschützten Erzeugnisses.

Im Zusammenhang mit der Bestätigung dieses Grundsatzes hat der Gerichtshof jedoch wiederholt[254] die Aussage getroffen, dass ein höherer Preis für geschützte Erzeugnisse ein entscheidendes Indiz für die Annahme eines Missbrauchs einer marktbeherrschenden Stellung sein kann, wenn er besonders hoch und sachlich nicht gerechtfertigt ist. Konkret ergab sich für den Gerichtshof in den entschiedenen Fällen daraus jedoch keine weitere Konsequenz.[255] Insbesondere ist bis heute unklar geblieben, wie weit diese Indizwirkung reichen soll und nach welchen Maßstäben eine Rechtfertigung des höheren Preises anzunehmen ist.[256] Es tritt hinzu, dass der Gerichtshof an anderer Stelle zudem die Aussage getroffen hat, dass der Inhaber eines Schutzrechtes berechtigterweise einen Ausgleich für die Kosten beanspruchen kann, die ihm aus Anlass der Entwicklung des Schutzgegenstandes entstanden sind.[257] Dahinter steckt offenbar die auch von der deutschen Rechtsprechung[258] durchaus anerkannte Überlegung, dem Schutzrechtsinhaber mittels einer entsprechenden Preisgestaltung einen (als angemessen empfundenen) Lohn für den von ihm herbeigeführten erfinderischen Fortschritt zuzubilligen.[259] Da ein auf dieser Grundüberlegung wettbewerblich akzeptierter „Aufschlag" für den **Erfinderlohn** einerseits durch drastische Zuschläge in kürzerer Zeit oder andererseits über kleinere Zuschläge über einen längeren Zeitraum realisiert werden kann, besteht für den marktbeherrschenden Schutzrechtsinhaber naturgemäß ein recht großer Spielraum, der nur schwer durch Kartellbehörden und Gerichte in Hinblick auf eine missbräuchliche Überhöhung des Preises überprüft werden kann.[260]

120 **b) Behinderungsmissbrauch.** Dass der Behinderungsmissbrauch im Zusammenhang mit Schutzrechten und ihrer Ausübung die in der Praxis häufigste Fallgruppe darstellt, ist angesichts der Ausschlusswirkung von Schutzrechten gegenüber Dritten nicht überraschend. Im Mittelpunkt stehen dabei sämtliche Versuche des Marktbeherrschers, durch die mit Schutzrechten verbundene Ausschlusswirkung Substitutionskonkurrenz gar nicht erst

---

[253] EuGH U. v. 29. 2. 1968 Rs. 24/67 – *Parke, Davis/Proebel* Slg 1968, 85, 113.
[254] EuGH U. v. 29. 2. 1968 Rs. 24/67 – *Parke, Davis/Proebel* Slg 1968, 85; U. v. 5. 10. 1988 Rs. 53/87 – *CICRA u. a./Renault* Slg 1988, 6039; U. v. 5. 10. 1988 Rs. 238/87 – *Volvo/Veng* Slg 1988, 6211.
[255] EuGH U. v. 5. 10. 1988 Rs. 53/87 – *CICRA u. a./Renault* Slg 1988, 6039, 6073.
[256] EuGH U. v. 5. 10. 1988 Rs. 238/87 – *Volvo/Veng* Slg 1988, 6211, 6235 ff.
[257] EuGH U. v. 5. 10. 1988 Rs. 53/87 – *CICRA u. a./Renault* Slg 1988, 6039, 6073.
[258] BGHZ 68, 23, 34.
[259] Vgl. Kapitel I. 1. Rn. 1.
[260] Siehe zum Behinderungsmissbrauch allgemein *Dirksen* in: Langen/Bunte, Kommentar zum deutschen und europäischen Kartellrecht, Bd. 1, Art. 82, Rn. 78 ff.; siehe zum Behinderungsmissbrauch in Hinblick auf die Geltendmachung von Schutzrechten *Ullrich* in: Immenga/Mestmäcker, EG-Wettbewerbsrecht, Bd. 1, GRUR B., Rn. 43.

aufkommen zu lassen oder dieser ihre wettbewerblichen Bemühungen zu erschweren. In diesem Zusammenhang sind sämtliche Fallkonstellationen zu sehen, in denen der marktbeherrschende Schutzrechtsinhaber sich weigert, Dritten **Zugang zu dem Schutzgegenstand** zu geben, mit der Folge, dass diese daran gehindert sind, auf einem nachgelagerten Markt Produkte anbieten zu können, die mit denen des Marktbeherrschers konkurrieren.

Zu dieser Fallgruppe gehört die Entscheidung des Gerichtshofs in Sachen RTE und ITV/Kommission.[261] In diesem Fall ging es darum, dass in Irland Fernsehprogramme, die dort urheberrechtlich geschützt sind, allein durch die einzelnen Veranstalter und in den Tageszeitungen veröffentlicht wurden. Als ein irischer Verlag (**Magill**) begann, eine Wochenzeitschrift mit Informationen über die zukünftigen Fernsehprogramme zu veröffentlichen, gingen die Fernsehveranstalter hiergegen aus ihrem nach irischem Recht bestehenden Urheberrecht vor. Der Gerichtshof bestätigte zunächst den allgemein anerkannten Grundsatz,[262] dass die Inhaberschaft des Urheberrechts als Immaterialgüterrecht allein noch keine marktbeherrschende Stellung begründen könne. Gleichwohl bejahte der Gerichtshof in dem entschiedenen Fall eine marktbeherrschende Stellung der Fernsehveranstalter mit der Begründung, diese hätten zwangsläufig ein faktisches Monopol an den Informationen über ihre Programme, die zur Zusammenstellung der Vorschau der Fernsehprogramme dienten, die von den meisten Haushalten in Irland und – zu einem bestimmten Prozentsatz – auch in Nordirland empfangen werden konnten. Damit hätten die Fernsehveranstalter die Möglichkeit, einen wirksamen Wettbewerb auf dem Markt für Fernsehwochenzeitschriften zu verhindern.[263]

Hinsichtlich des Missbrauchs in Form des Behinderungsmissbrauchs akzeptierte der Gerichtshof zwar, dass das ausschließliche Recht der Vervielfältigung zu den Vorrechten des Urhebers gehöre, sodass die **Verweigerung einer Lizenz** als solche keinen Missbrauch einer beherrschenden Stellung darstellen könne, selbst wenn sie von einem Unternehmen in beherrschender Stellung ausgehen sollte.[264] Der Gerichtshof bekräftigte jedoch, dass die Ausübung des ausschließlichen Rechts durch den Inhaber unter besonderen Umständen ein missbräuchliches Verhalten begründen könne. Im Ergebnis stützte der Gerichtshof die Annahme eines missbräuchlichen Verhaltens in Form des Behinderungsmissbrauchs auf drei Erwägungen: Zum einen stelle die auf den nationalen urheberrechtlichen Vorschriften basierende Weigerung der Fernsehanstalten, die für die Herstellung der Programmzeitschriften notwendigen Grundinformationen zur Verfügung zu stellen, einen Missbrauch im Sinne von Art. 86 Abs. 2 lit. b) EGV (jetzt Art. 82 Abs. 2 lit. b) EG) dar, da die Fernsehveranstalter das Herstellen eines neuen Erzeugnisses, das sie selbst nicht anbieten und nach dem eine potenzielle Nachfrage des Verbrauchers bestehe, verhinderten. Zudem sei die Weigerung weder durch die Tätigkeit der Ausstrahlung von Fernsehsendungen noch durch das Herausgeben von Fernsehzeitschriften gerechtfertigt. Schließlich behielten sich die Fernsehveranstalter durch ihr Verhalten einen abgeleiteten Markt vor, indem sie jeden Wettbewerb auf diesem Markt dadurch ausschließen, dass sie den Zugang zu der Grundinformation verweigerten.[265]

---

[261] EuGH U. v. 6. 4. 1995 verb. Rs. C-241/91 P und C-242/91 P – *RTE und ITV/Kommission* Slg 1995; I-743; *Ullrich* in Immenga/Mestmäcker, EG-Wettbewerbsrecht, Bd. 1, GRUR B., Rn. 43.

[262] EuGH U. v. 6. 4. 1995 verb. Rs. C-241/91 und C-242/91 – *RTE und ITV/Kommission* Slg 1995, I-743, 822.

[263] Diese Begründung einer marktbeherrschenden Stellung mit der Möglichkeit des Missbrauchs erscheint dogmatisch unsauber und ist zu Recht kritisiert worden, vgl. *Ullrich* in: Immenga/Mestmäcker, EG-Wettbewerbsrecht, Bd. 1, GRUR B., Rn. 39, Fn. 312.

[264] EuGH U. v. 6. 4. 1995 verb. Rs. C-241/91 P und C-242/91 P – *RTE und ITV/Kommission* Slg 1995, I-743, I-823.

[265] EuGH U. v. 6. 4. 1995 verb. Rs. C-241/91 P und C-242/91 P – *RTE und ITV/Kommission* Slg 1995, I-743, I-823.

123 Weiter präzisiert hat der Gerichtshof die Anforderungen für die Annahme eines Marktmachtmissbrauchs durch die Verweigerung einer Lizenz in der Entscheidung **IMS Health**.[266] Dem Urteil lag die Vorlage verschiedener Fragen zur Auslegung von Art. 82 EG durch das Landgericht Frankfurt zugrunde. In dem von dem LG Frankfurt zu entscheidenden Rechtsstreit ging es um die Untersagung der Benutzung von Bausteinstrukturen, die von der Klägerin zur Formatierung von Berichten über den regionalen Absatz von Arzneimitteln in Deutschland geschaffen worden waren und. Dabei entsprach jeder der Bausteine einem bestimmten Gebiet der Bundesrepublik Deutschland. Da die Klägerin diese Bausteine auch unentgeltlich an Apotheken und Arztpraxen verteilte, wurden sie zu einem gebräuchlichen Standard für die Abnehmer von Berichten über den regionalen Absatz von Arzneimitteln in Deutschland. Die Beklagte hatte, nachdem sie zunächst erfolglos versucht hatte, über eine eigene Bausteinstruktur in Konkurrenz zur Klägerin zu treten, Strukturen verwendet, die denen der Klägerin sehr ähnlich waren, wogegen diese unter Berufung auf § 4 Urheberrechtsgesetz vorging.

124 Auf die Vorlagefragen des LG Frankfurt hin stellte der Gerichtshof drei Bedingungen auf, bei deren Erfüllung die Verweigerung einer Lizenz einen Missbrauch im Sinne von Art. 82 EG darstellt.[267] Zunächst muss das Unternehmen, das die Lizenz begehrt, beabsichtigen, neue Erzeugnisse oder Dienstleistungen anzubieten, die der Inhaber des betreffenden Rechts nicht anbietet und für die eine potenzielle Nachfrage der Verbraucher besteht. Sodann darf die Weigerung nicht aus sachlichen Gründen gerechtfertigt sein. Schließlich muss die Weigerung geeignet sein, dem Unternehmen, das über das Recht des geistigen Eigentums verfügt, den betreffenden Markt vorzubehalten, indem jeglicher Wettbewerb auf diesem Markt ausgeschlossen wird.

Was das erste Merkmal betrifft, so schafft das Urteil des Gerichtshofs Klarheit – missbräuchlich kann eine Verweigerung einer Lizenz danach nur dann sein, „wenn sich das Unternehmen, das um die Lizenz ersucht hat, nicht im Wesentlichen darauf beschränken will, Erzeugnisse oder Dienstleistungen anzubieten, die vom Inhaber des Rechts des geistigen Eigentums bereits auf dem abgeleiteten Markt angeboten werden, sondern beabsichtigt, neue Erzeugnisse oder Dienstleistungen anzubieten, die der Inhaber nicht anbietet und für die eine potenzielle Nachfrage der Verbraucher besteht."[268] Diese Bedingung ist für den Gerichtshof das Ergebnis einer Abwägung zwischen dem Interesse am Schutz des geistigen Eigentums und der wirtschaftlichen Handlungsfreiheit seines Inhabers auf der einen und dem Interesse am Schutz des freien Wettbewerbs auf der anderen Seite.[269] Das Ergebnis dieser Abwägung erkennt das Interesse des Schutzrechtinhabers an der Verwertung seines Schutzrechts an; gleichzeitig wird aber gewährleistet, dass interessierte Dritte auf dem Inhalt des Schutzrechts aufbauend neue Erzeugnisse oder Dienstleistungen entwickeln können.[270]

Mit Blick auf das dritte Merkmal stellte der Gerichtshof unter Verweis auf das frühere Urteil im Fall Bronner[271] fest, dass zwei verschiedene Produktionsstufen vorliegen müssen, „die dadurch verbunden sind, dass das vorgelagerte Erzeugnis ein für die Lieferung des nachgelagerten Erzeugnisses unerlässliches Element ist."[272] Ob für die vorgelagerten Erzeugnisse oder Dienstleistungen tatsächlich ein getrennter Markt existiert, oder ob ein solcher lediglich potentiell besteht oder hypothetisch bestimmt werden kann, soll dabei nicht

---

[266] EuGH U. v. 29. 4. 2004 Rs. C-418/01 – *IMS Health* n. n. veröffentlicht. Vgl. zur Vorgeschichte der Entscheidung auch *Mestmäcker/Schweitzer*, Europäisches Wettbewerbsrecht, § 28 Rn. 129 ff.
[267] Ibid., Rn. 38 ff.
[268] Ibid., Rn. 49.
[269] Ibid., Rn. 48.
[270] Vgl. dazu *Geiger* E. C. L. R. 2004, 311.
[271] EuGH, U. v. 26. 11. 1998 Rs. C-7/97 – *Bronner/Mediaprint*, Slg I-1998, 7791.
[272] EuGH U. v. 29. 4. 2004 Rs. C-418/01 – *IMS Health*, Slg I-2004, 05 039.

entscheidend sein. Auf den Fall übertragen lautete die entscheidende Frage, ob die Verwendung der Bausteinstruktur der Klägerin ein unerlässliches Element für die nachgelagerte Lieferung von Daten über den regionalen Absatz von Arzneimitteln in Deutschland darstellte. Die Beantwortung dieser Frage überließ der Gerichtshof dem vorlegenden Gericht.

Offengelassen, weil von den Parteien sowie in den Vorlagefragen nicht näher thematisiert, hat der Gerichtshof die Frage, unter welchen Umständen eine Rechtfertigung einer entsprechenden Weigerung in Betracht kommt.

In zwei weiteren, nahezu identischen Fällen ging es um Kraftfahrzeughersteller, die über ein Geschmacksmuster hinsichtlich eines bestimmten Ersatzteils verfügten. Die Produktion des betreffenden Modells und damit auch der diesbezüglichen, durch Geschmacksmuster geschützten Ersatzteile war eingestellt worden, sodass in dem betreffenden Land diese Ersatzteile nicht erhältlich waren. Die bestehenden Geschmacksmuster wurden dazu benutzt, einen freien Ersatzteilhersteller daran zu hindern, die betreffenden Ersatzteile aus dem Ausland einzuführen.[273]

In diesen Fällen stellte der Gerichtshof zwei Grundsätze auf: Der bloße **Erwerb von Geschmacksmusterrechten** an Teilen der Karosserie von Kraftfahrzeugen stelle **keinen Missbrauch** einer marktbeherrschenden Stellung im Sinne von Art. 82 EG dar. Die Ausübung des mit diesen Schutzrechten verbundenen ausschließlichen Rechts könne im Sinne von Art. 82 EG jedoch verboten sein, wenn diese Ausübung bei einem Unternehmen, das ansonsten eine marktbeherrschende Stellung einnimmt, zu missbräuchlichen Verhaltensweisen führt, etwa der willkürlichen Weigerung, unabhängige Reparaturwerkstätten mit Ersatzteilen zu beliefern, oder der Festsetzung unangemessener Ersatzteilpreise oder der Entscheidung, für ein bestimmtes Modell keine Ersatzteile mehr herzustellen, obwohl noch viele Fahrzeuge dieses Modells im Verkehr sind, sofern diese Verhaltensweisen geeignet sind, den Handel zwischen den Mitgliedstaaten zu beeinträchtigen.[274] Mit diesen Entscheidungen folgte der Gerichtshof seiner bereits dargestellten generellen Logik, bei der Anwendung von Art. 82 EG zwischen dem mit dem Schutzrecht einhergehenden und diesem immanenten spezifischen Ausschließlichkeitsbestand einerseits und der Ausübung der Rechte andererseits zu unterscheiden.[275]

Hinzuweisen ist zudem auf das seinerzeit von der Kommission angestrengte Verfahren gegen IBM. Hintergrund des zu Beginn der Achtziger Jahre initiierten Missbrauchsverfahrens war der gegen IBM erhobene Vorwurf, IBM missbrauche seine marktbeherrschende Stellung dadurch, dass andere Hersteller von Hard- und Software nicht rechtzeitig mit den notwendigen technischen Informationen von IBM versorgt würden, die es ihnen erlaubten, wettbewerbsfähige Produkte im Zusammenhang mit dem von IBM entwickelten System/370 herzustellen. Des Weiteren wurde IBM vorgeworfen, dieses System nicht allein, sondern nur im Zusammenhang mit weiteren zusätzlichen Funktionalitäten und entsprechender Software zu liefern, sodass Wettbewerber keine Chance hätten, diese Zusatzfunktionalitäten und Softwarebestandteile selbst zu entwickeln und zu vermarkten. Schließlich wurde IBM vorgeworfen, dass bestimmten Nutzern von IBM-Software bestimmte Installationsdienste verweigert würden. Die Vorgehensweise der Kommission wurde von IBM beim Gerichtshof angegriffen, allerdings ohne Erfolg.[276] IBM akzeptierte daraufhin, eine Verpflichtungszusage abzugeben, wonach die Schnittstelleninformation für das IBM System/370 und die IBM Systems Network Architecture gegenüber Wettbewerbern auf ent-

---

[273] Vgl. hierzu EuGH U. v. 5. 10. 1988 Rs. 53/87 – *CICRA u. a./Renault* Slg 1988, 6039; U. v. 5. 10. 1988 Rs. 238/87 – *Volvo/Veng* Slg 1988, 6211.
[274] Vgl. hierzu EuGH U. v. 5. 10. 1988 Rs. 53/87 – *CICRA u. a./Renault* Slg 1988, 6039, 6072f.; U. v. 5. 10. 1988 Rs. 238/87 – *Volvo/Veng* Slg 1988, 6211, 6235.
[275] Vgl. Kapitel II. 1. Rn. 54.
[276] EuGH U. v. 11. 11. 1981 verb. Rs. 60/81 und 190/81 R – *IBM/Kommission* Slg 1981, 2639.

sprechende Anfrage hin offenzulegen waren. Die Verpflichtungserklärung blieb zehn Jahre in Kraft. Wettbewerber machten davon nachhaltig Gebrauch.[277]

Dieser Fall ist insbesondere deshalb rechtlich bemerkenswert, weil IBM das System und die dazugehörige Software selbst entwickelt hatte. Gleichwohl ging die Kommission auf der Basis von Art. 82 EG gegen IBM mit dem Ziel vor, die Schnittstellen offenzulegen. Einen derart weitgehenden **Eingriff in das geistige Eigentum** durch die Kommission unter dem Gesichtspunkt der Missbrauchsaufsicht über marktbeherrschende Unternehmen hatte es bis dahin nicht gegeben.

127 Diese Thematik war auch Bestandteil des in den USA vom Department of Justice gegen Microsoft eingeleiteten Verfahrens. Auch hier stellte sich die Frage, inwieweit trotz autonom erworbenen Wissens und diesbezüglicher Schutzrechte aus der bestehenden marktbeherrschenden Stellung für das betreffende Unternehmen die Verpflichtung resultiert, sein geistiges Eigentum nicht in einer Weise zu verwenden, dass andere im Wettbewerb behindert werden. Der Fall wurde im November 2002 vorerst durch ein Urteil des US District Court abgeschlossen,[278] das im Wesentlichen den Inhalt eines zwischen Microsoft und einem Teil der klagenden Bundesstaaten im November 2001 geschlossenen Vergleichs festschreibt. Darin wird Microsoft unter anderem dazu verpflichtet, PC-Herstellern größere Freiheiten bei der Installation konkurrierender Software zu geben. Die zu diesem Zweck notwendigen technischen Informationen wie Software-Schnittstellen für Middleware-Produkte und Server-Protokolle sind von Microsoft gegenüber den jeweiligen Wettbewerbern offenzulegen. Hierdurch soll auch erreicht werden, dass Server, die nicht auf dem Microsoft-Betriebssystem basieren, mit PCs kommunizieren können, die das Microsoft-Betriebssystem benutzen.[279]

128 Im europäischen Verfahren gegen Microsoft ist im März 2004 die Entscheidung der Kommission ergangen.[280] In der Entscheidung wirft die Kommission Microsoft vor, seine beherrschende Stellung auf dem Markt für Betriebssysteme für PCs durch die Einschränkung der Dialogfähigkeit zwischen dem Windows Betriebssystem für PCs und nicht von Windows stammenden Arbeitsgruppen sowie durch die Koppelung des Windows Media Player an das Windows-Betriebssystem zu missbrauchen. Neben einer Rekordgeldbuße in Höhe von EUR 497,2 Mio. hat die Kommission dem Unternehmen auferlegt, die Schnittstellenspezifikationen offenzulegen, mit denen nicht von Microsoft stammende Arbeitsgruppenserver uneingeschränkt mit Windows-PCs und Servern kommunizieren können, sowie eine Version des PC-Betriebssystems Windows ohne den Windows Media Player anzubieten. Gegen diese Entscheidung hat Microsoft Klage zum Europäischen Gericht erster Instanz eingelegt.

129 In dem vom Gerichtshof entschiedenen Fall Hilti[281] ging es darum, dass Hilti als größter europäischer Hersteller von Bolzenschussgeräten und dafür bestimmter Treibladungen schon auf Grund gesetzlicher Vorschriften zur Erteilung einer Patentlizenz im Sinne einer **Zwangslizenz** an Wettbewerber verpflichtet war. Der Gerichtshof stellte in seiner Entscheidung unter anderem fest, dass ein marktbeherrschendes Unternehmen, das mit einer

---

[277] Vgl. Kommission, XXIV. Bericht über die Wettbewerbspolitik, S. 398 sowie XIV. Bericht über die Wettbewerbspolitik, Tz. 94 f.

[278] Vgl. District Court of Columbia, Final Judgement v. 12. 11. 2002 – *United States of America/Microsoft Corporation*, Civil Action No. 98-1232 Sec. I 1-4. Der Inhalt des Vergleichs sowie aktuelle Informationen und Berichte über die Erfüllung der eingegangenen Verpflichtungen Microsofts können im Internet auf der Seite des Department of Justice unter http://www.usdoj.gov/atr/cases/ms_index.htm eingesehen werden.

[279] Vgl. hierzu im Einzelnen NERA Economic Consulting, Competition Policy Insights November/December 2002, m. w. N.; *Mestmäcker/Schweitzer*, Europäisches Wettbewerbsrecht, § 28 Rn. 53 ff.

[280] Kommission, Entscheidung v. 24. 3. 2004 – Microsoft (Case COMP/C-3/37.792). Vgl. dazu *Vinje/Morfey* Competition Law Insight 2004, 18; *Moritz* CR 2004, 321 (321 f.).

[281] EuGH U. v. 12. 12. 1991 Rs. T-30/89 – *Hilti/Kommission* Slg 1991, II-1439.

offensichtlich **überhöhten Forderung von Lizenzgebühren,** die ihm grundsätzlich zustehen, unnötig das Verfahren für die Erteilung der Zwangslizenz an einem ihm zustehenden Patent an einen Wettbewerber verzögere, seine marktbeherrschende Stellung missbrauche.[282]

In den beiden Kfz-Fällen[283] hat der Gerichtshof zugleich auch eine weitere Untergruppe des Behinderungsmissbrauchs behandelt. Diese besteht in der Einstellung der Produktion von Schutzrechtsgegenständen trotz fortbestehender Nachfrage. Richtigerweise kann insoweit ein Missbrauch im Sinne von Art. 82 EG nur in Betracht kommen, wenn der marktbeherrschende Hersteller durch das ihm zustehende Schutzrecht Dritte daran hindert, die Produktion aufzunehmen oder diesen den Zugang zur Produktion durch Ausübung seines Schutzrechts unmöglich macht.[284] In derartigen Fällen kann beispielsweise das Interesse des Herstellers an der Erhaltung bestimmter Modellwechselzyklen dem Interesse von Reparaturwerkstätten entgegenstehen, für die von ihnen zu erbringende Reparaturdienstleistung ausreichend mit Ersatzteilen beliefert zu werden.[285]

c) Marktstrukturmissbrauch. Als weitere Form des Missbrauchs im Sinne von Art. 82 EG im Zusammenhang mit gewerblichen Schutzrechten sind die Fälle des Marktstrukturmissbrauchs anzusehen. Hierzu zählen Konstellationen, in denen der Marktbeherrscher Schutzrechte erwirbt oder sich deren Nutzung ausschließlich einräumen lässt. So untersagte beispielsweise das Gericht Erster Instanz einem Unternehmen mit einem Marktanteil von ca. 80 %, das – vor Erlass der Fusionskontrollverordnung – seinen einzigen Wettbewerber erworben hatte, auch dessen ausschließliche Lizenz bezüglich der von diesem Wettbewerber verwendeten Technologie zu übernehmen.[286] Dass mit diesem Erwerb erzielte absolute Monopol dürfe mit der Übernahme der ausschließlichen Lizenz nicht für die Zukunft abgesichert werden.[287]

Gleichwohl wird man aus dieser Entscheidung nicht generell den Schluss ziehen können, dass es dem marktbeherrschenden Unternehmen stets verwehrt ist, sich marktrelevante Technologie durch Übertragungs- oder Lizenzverträge exklusiv zu sichern. Insoweit ist danach zu unterscheiden, worauf sich die betreffende Technologie bezieht: Handelt es sich um Technologie, die der Weiterentwicklung der eigenen Produkte dienen soll und gewissermaßen auf eine Weiterentwicklung der eigenen vorhandenen Technologie gerichtet ist, dürfte im Rahmen der anzustellenden Interessenabwägung das Interesse des marktbeherrschenden Unternehmens überwiegen. Bezieht sich die Technologie, die erworben oder hineinlizenziert worden ist, hingegen allein auf die aktuell produzierten und vertriebenen Produkte, wird man hinsichtlich der Ausschließlichkeit besonders hohe Anforderungen an die Rechtfertigung für den Marktbeherrscher stellen müssen.[288]

Gleiches gilt, wenn der **Marktbeherrscher** sich **ausschließliche Nutzungsrechte** in Bezug auf Schutzgegenstände einräumen lässt, ohne sie direkt selbst zu benötigen. Hier liegt eine finale Behinderung der Wettbewerber durch den Marktbeherrscher nahe, sodass im Rahmen einer Interessenabwägung eine Rechtfertigung im Zweifel schwer fallen dürfte.[289]

---

[282] EuG U. v. 12. 12. 1991 Rs. T-30/89 – *Hilti/Kommission* Slg 1991, II-1439, 1483.

[283] Vgl. hierzu EuGH U. v. 5. 10. 1988 Rs. 53/87 – *CICRA u. a./Renault* Slg 1988, 6039; U. v. 5. 10. 1988 Rs. 238/87 – *Volvo/Veng* Slg 1988, 6211.

[284] *Ullrich* in: Immenga/Mestmäcker, EG-Wettbewerbsrecht, Bd. 1, GRUR B., Rn. 44.

[285] Vgl. hierzu EuGH U. v. 5. 10. 1988 Rs. 53/87 – *CICRA u. a./Renault* Slg 1988, 6039, 6073; U. v. 5. 10. 1988 Rs. 238/87 – *Volvo/Veng* Slg 1988, 6211, 6235; vgl. auch *Ullrich* in: Immenga/Mestmäcker, EG-Wettbewerbsrecht, Bd. 1, GRUR B., Rn. 44.

[286] EuGH U. v. 10. 7. 1990 T-51/89 – *Tetra Pak Ransing/Kommission* Slg 1990, II-309.

[287] EuGH U. v. 10. 7. 1990 T-51/89 – *Tetra Pak Ransing/Kommission* Slg 1990, II-309.

[288] Ähnlich *Ullrich* in: Immenga/Mestmäcker, EG-Wettbewerbsrecht, Bd. 1, GRUR B., Rn. 42.

[289] *Ullrich* in Immenga/Mestmäcker, EG-Wettbewerbsrecht, Bd. 1, GRUR B., Rn. 42.

4. Teil. Verkehr*

Übersicht

	Rn.		Rn.
A. Einführung	1	d) Absprachen über Kapazitäten/Regulierung von Transportkapazitäten	98
I. Entstehungsgeschichte (Hintergrund)	1	e) Servicekontrakte	99
II. Gemeinsame Merkmale	8	f) Informationsaustauschsysteme im Seeverkehr	101
B. Landverkehr und Binnenschifffahrt	13	g) Poolvereinbarungen bei Trampdiensten	108
I. Vorbemerkungen	13	6. Verfahren, Kartellaufsicht	114
II. VO 1017/68	20	7. Verhältnis zu Drittstaaten	116
1. Rechtsgrundlage/Einordnung	20	8. Fälle von Art. 82 EG	119
2. Anwendungsbereich	21	III. VO 823/00	122
3. Materiellrechtliche Bestimmungen	24	1. Vorbemerkungen	122
4. Verfahrensrecht	43	2. Anwendungsbereich	127
C. Seeverkehr	44	3. Definition von Konsortien	128
I. Vorbemerkungen	44	4. Freigestellte Vereinbarungen	132
II. Anwendbarkeit der Verordnung 1/2003 auf den Seeverkehr	52	5. Voraussetzungen für die Freistellung	135
1. Einleitung	52	6. Auflagen	140
2. Anwendungsbereich	58	7. Entzug der Gruppenfreistellung	142
3. Beeinträchtigung des Handels zwischen Mitgliedstaaten	60	D. Luftverkehr	144
4. Bestimmung des relevanten Marktes	63	I. Vorbemerkungen	144
a) Linienfrachtverkehr	65	II. Anwendung der VO 1/2003 auf den Luftverkehr	147
b) Trampdienste	68	1. Einordnung	147
c) Kabotage	78	2. Anwendungsbereich	148
d) Spezialtransporte	79	3. Vereinbarungen, die nicht unter Art. 81 Abs. 1 EG fallen	152
e) Marktanteile	81	4. Marktdefinition, einzelne Verfahren	153
5. Einzelne Vereinbarungstypen und Anwendbarkeit von Art. 81 Abs. 3 EG	84	5. Allianzen	161
a) Technische Vereinbarungen	87	6. Verfahrensrechtliche Bestimmungen	167
b) Linienkonferenzen	89	III. VO 3976/87	168
c) Multimodaler Transport	94		

Schrifttum: *Alexis,* Transports ferroviaires et concurrence – Les principaux apports de la Directive N° 91/440 in: Droit Européen des Transports Vol. XXVIII N° 41993 S. 499 ff.; *Basedow* (Hrsg.), Europäische Verkehrspolitik, 1987; *ders.,* Wettbewerb auf den Verkehrsmärkten, 1989; *Clough/Randolph,* Shipping and EC Competition Law, Butterworths 1991; *Emmerich,* Kartellrecht 9. Aufl. 2001; *Erdmenger,* EG unterwegs-Wege zur Gemeinsamen Verkehrspolitik, 1981; *Hootz,* Seeschiffahrt im deutschen und im EWG-Kartellrecht, in: Schriften des Deutschen Vereins für Internationales Seerecht, Heft 67, 1998; *Ipsen,* Europäisches Gemeinschaftsrecht, 1972; *Kreis,* Maritime Transport and EC Competition Rules, in: European Transport Law Vol. XXIII N° 51988 S. 562 ff.; *ders.,* European Competition Policy and International Shipping, in: Fordham International Law Journal Vol. 13 1989–1990 N° 4 S. 411 ff.; *ders.,* European Competition Rules and Air Transport related to non-EU Countries, in: European Transport Law Vol. XXXIV N° 2–1999 S. 147 ff.; *ders.,* Strategische Allianzen im Luftverkehr aus der Sicht des EU-Wettbewerbsrechts, in: Schriftenreihe der Deutschen Verkehrswissenschaftlichen Gesellschaft e. V. (DVWG) Reihe B 215, 1999, S. 106 ff.; *Lenz,* Die Verkehrspolitik der Europäischen Gemeinschaften im Lichte der Rechtsprechung des Gerichtshofes, in: EUR 1988 S. 158 ff.; *Malanik,* Strategische Allianz statt Fusion: Die „sanfte" Variante des Strukturveränderungsprozesses oder einfach das bessere Konzept?, in: Schriftenreihe DVWG B 215, 1999, S. 1 ff.; *Mestmäcker,* Europäisches Wettbewerbsrecht 1974; *Munari,* Das Europäische Wettbewerbsrecht des Seeverkehrs, RabelsZ 1990, 628 ff.; *Ortiz-Blanco/Van Houtte,* EC Competition Law in the Transport Sectors, 1996; *Pernice,* Offene Märkte und Wettbewerbsordnung der EG im Bereich der Seeschiffahrt,

---

* Der Autor dankt Frau Rechtsanwältin *Kim-Simone Janutta* für tatkräftige Unterstützung und wissenschaftliche Mitarbeit.

Verkehr 1

in: Europarecht, Kartellrecht, Wirtschaftsrecht, FS Deringer, 1993; *Pons/Fitzgerald,* Competition in the Maritime Transport Sector: A new Era, in: Competition Policy Newsletter 2002 Nr. 1; *Rabe/ Schütte,* Die erste Verordnung des Rates zur Anwendung des EWG-Kartellrechts auf den Seeverkehr, in: Recht der Internationalen Wirtschaft (RIW) 1988 S. 701 ff.; *Stehmann,* Varianten und Grenzen globaler Allianzen aus der Sicht der europäischen Wettbewerbspolitik, in: Schriftenreihe DVWG B 246, 2001, S. 112 ff.; *ders.,* Liberalisation and Competition in the European Rail Transport Sector, in: Center for International Studies on Economic Growth (CEIS), Universitá di Roma, 2001; *Stragier,* Recent Developments in EU Competition Policy in the Maritime Sector, in: The Shipping Forecast Conference, London, 2002; *Van Ginderachter/Durande,* EC Regulation 870/95: The Consortia Block Exemption, in: European Transport Law Vol. XXXI N° 2–1996 – S. 241 ff.; *Williams,* Adoption of Regulation 823/2000 renewing the Block Exemption for Liner Shipping Consortia, in: Competition Policy Newsletter 2000 Nr. 3.

A. Einführung

I. Entstehungsgeschichte

1   Die Wettbewerbsregeln der Gemeinschaft gelten auch für die Verkehrsmärkte. Zweifel daran gründeten sich anfangs auf das Argument, dass die Art. 70 ff. EG eine abschließende Sonderregelung der Verkehrspolitik enthielten und dass eine uneingeschränkte Anwendung der Wettbewerbsregeln mit den Besonderheiten des Verkehrs unvereinbar sei. Der so begründete Versuch, für den Verkehr eine ungeschriebene **Bereichsausnahme im Wettbewerbsrecht** der Gemeinschaft zu schaffen, ist sowohl an der Universalität des Vertrages[1] als auch daran gescheitert, dass im Vertrag der Verkehr – im Gegensatz zur Landwirtschaft in Art. 36 – gerade nicht ausdrücklich freigestellt ist.[2] Klarheit in dieser Frage hat dann schließlich der Gerichtshof in seinem **„Nouvelles Frontières"-Urteil** geschaffen, indem er feststellte, dass das Wettbewerbsrecht der Gemeinschaft auf den Luftverkehr ebenso wie auf die übrigen Verkehrsarten anzuwenden sei.[3] Trotzdem galten für den Verkehr Sonderregelungen. Mit dem Erlass der VO 141/62[4] hatte der Rat sämtliche Verkehrsmärkte aus dem an sich universellen Geltungsbereich der VO 17/62[5] rückwirkend[6] wieder ausgeschlos-

---

[1] *Ipsen,* Europäisches Gemeinschaftsrecht, S. 867 f.
[2] *Basedow,* Wettbewerb auf den Verkehrsmärkten, S. 163.
[3] EuGH U. v. 30. 4. 1986 Rs. 209–213/84 – *Ministère public/Lucas Asjes u. a.* Slg. 1986, 1425 Rn. 45.
[4] VO (EWG) Nr. 141/62 d. Rates v. 26. 11. 1962 über die Nichtanwendung der Verordnung Nr. 17 d. Rates auf den Verkehr ABl. 1962 B 124/2751; geändert durch: VO (EWG) Nr. 1002/67 d. Rates vom 14. 12. 1967 zur Verlängerung des Zeitraums, in dem die VO 17 auf den Eisenbahn-, Strassen- und Binnenschiffsverkehr keine Anwendung findet ABl. 1967 B 306/1; aufgehoben durch: VO (EG) 1/2003 d. Rates v. 16. 12. 2002 zur Durchführung der in den Art. 81 und 82 EG niedergelegten Wettbewerbsregeln ABl. 2003 L 1/1.
[5] VO (EWG) Nr. 17/62 d. Rates v. 6. 2. 1962 Erste Durchführungsverordnung zu den Artikeln 85 und 86 des EWG-Vertrags ABl. 1962 P 13/204, geändert durch: VO (EWG) Nr. 59 d. Rates betreffend die Änderung der Verordnung Nr. 17 ABl. 1962 P 58/1655; VO Nr. (EWG) 118/63 d. Rates v. 5. 11. 1963 betreffend die Änderung der Verordnung Nr. 17 ABl. 1963 P 162/2696; Dokumente betreffend den Beitritt zu den Europäischen Gemeinschaften des Königreichs Dänemark, Irlands, des Königreichs Norwegen und des Vereinigten Königreichs Großbritannien und Nordirland, Akte über die Beitrittsbedingungen und die Anpassungen der Verträge, 2. Anhänge, Anhang I Liste zu Artikel 29 der Beitrittsakte, V. Wettbewerb ABl. 1972 L 73/92; Dokumente betreffend den Beitritt der Republik Griechenland zu den Europäischen Gemeinschaften, Akte über die Bedingungen des Beitritts der Republik Griechenland und die Anpassungen der Verträge, Anhang I Liste zu Artikel 21 der Beitrittsakte, V. Wettbewerb, EWG – Rechtsakte ABl. 1979 L 291/93; Dokumente betreffend den Beitritt des Königreichs Spanien und der Portugiesischen Republik zu den Europäischen Gemeinschaften, Akte über die Bedingungen des Beitritts des Königreichs Spanien und der Portugiesischen Republik und

A. Einführung   2–4 **Verkehr**

sen. Dieser Ausschluss galt für See- und Luftverkehr auf unbegrenzte Dauer.[7] Für den
Landverkehr galt er bis zum 30. 6. 1968,[8] da der Rat anders als beim See- und Luftverkehr
hier mit einer Wettbewerbsregelung in absehbarer Zeit rechnete. An die Stelle der VO 17
traten spezifische Durchführungsverordnungen zu den Art. 81 ff. EG für Land- See- und
Luftverkehr, die sich deutlich von den Regelungen der VO 17 unterschieden. **Unternehmenszusammenschlüsse** fallen in allen drei Verkehrsbereichen unter die allgemeinen
Bestimmungen der Fusionskontrolle. Die VO 17 sowie die drei Verkehrsverordnungen
fanden insoweit keine Anwendung.[9]

Die **VO 1017/68** war auf die Art. 71 und 83 EG gestützt. Sie gewährt verschiedene Arten der Befreiungen vom Kartellverbot für den **Landverkehr** einschließlich der Freistellung sog. Krisenkartelle, die der Verringerung von Störungen dienen, die sich aus mangelnder Stabilität der einzelnen Bereiche des Verkehrsmarktes ergeben. 2

Die **VO 4056/86** für den **Seeverkehr** knüpfte unmittelbar an die Wettbewerbsartikel 3
des Vertrages an und verzichtete auf eine Schaffung selbstständiger Verbotsnormen. Sie
enthielt vor allem eine weitreichende **Gruppenfreistellung der Linienkonferenzen**[10]
sowie von Absprachen der Linienkonferenzen mit Verkehrsnutzern. Ergänzend zur VO
4056/86 ist eine Ermächtigung der Kommission zur Gruppenfreistellung von sog. **Konsortien**[11] in der Containerschifffahrt hinzu getreten, die die Verbesserung des Leistungsangebots von Seeverkehrsdiensten mittels gemeinsamer technischer, betrieblicher oder kommerzieller Maßnahmen bezwecken sollen.

Mit der Einführung der Verfahrensverordnung 1/2003 zum 1. Mai 2004 begann auch 4
die Restrukturierung der Wettbewerbsvorschriften für den Verkehr. Zunächst wurden die
Verfahrensvorschriften der Verordnungen 1017/68[12] für den Landverkehr, 4056/86[13] für

---

die Anpassungen der Verträge, Anhang I: Liste zu Artikel 26 der Beitrittsakte ABl. 1985 L 302/165;
Akte über die Bedingungen des Beitritts des Königreichs Norwegen, der Republik Österreich, der
Republik Finnland und des Königreichs Schweden und die Anpassungen der die Europäische Union
begründenden Verträge, Anhang I – Liste nach Artikel 29 der Beitrittsakte – III. Wettbewerb –
B. Verfahrensverordnungen ABl. 1994 C 241/57; VO (EG) Nr. 1216/1999 d. Rates v. 10. 6. 1999 zur
Änderung der Verordnung Nr. 17: Erste Durchführungsverordnung zu den Artikeln 81 und 82 des
Vertrages ABl. 1999 L 148/5; VO (EG) 1/2003 d. Rates v. 16. 12. 2002 zur Durchführung der in den
Art. 81 und 82 EG niedergelegten Wettbewerbsregeln ABl. 2003 L 1/1.

[6] Art. 4 VO 141/62.
[7] Vgl. 2. Begründungserwägung der VO 141/62.
[8] Art. 3 VO 141/62.
[9] Art. 22 Abs. 2 der VO (EWG) Nr. 4064/89 d. Rates v. 21. 12. 1989 über die Kontrolle von Unternehmenszusammenschlüssen ABl. 1989 L 395/1, geändert durch: Akte über die Bedingungen des
Beitritts des Königreichs Norwegen, der Republik Österreich, der Republik Finnland und des Königreichs Schweden und die Anpassungen der die Europäische Union begründenden Verträge, Anhang I
– Liste nach Artikel 29 der Beitrittsakte – III. Wettbewerb – B. Verfahrensverordnungen ABl. 1994 C
241/57; VO (EG) Nr. 1310/97 d. Rates v. 30. 6. 1997 zur Änderung der Verordnung (EWG)
Nr. 4064/89 des Rates über die Kontrolle von Unternehmenszusammenschlüssen ABl. 1997 L 180/1;
aufgehoben und ersetzt durch VO (EG) Nr. 139/04 d. Rates v. 20. 1. 2004 über die Kontrolle von
Unternehmenszusammenschlüssen („EG-Fusionskontrollverordnung") ABl. 2004 L 24/1.
[10] Vgl. Rn. 45.
[11] Vgl. Rn. 122.
[12] VO (EWG) Nr. 1017/68 d. Rates v. 19. 7. 1968 über die Anwendung der Wettbewerbsregeln auf
dem Gebiet des Eisenbahn-, Strassen- und Binnenschiffverkehrs ABl. 1968 L175/1, geändert durch:
Dokumente betreffend den Beitritt der Republik Griechenland zu den Europäischen Gemeinschaften,
Akte über die Bedingungen des Beitritts der Republik Griechenland und die Anpassungen der Verträge, Anhang I Liste zu Artikel 21 der Beitrittsakte, IV. Verkehr ABl. 1979 L 291/92; Akte über die
Bedingungen des Beitritts des Königreichs Norwegen, der Republik Österreich, der Republik Finnland und des Königreichs Schweden und die Anpassungen der die Europäische Union begründenden
Verträge, Anhang I – Liste nach Artikel 29 der Beitrittsakte – III. Wettbewerb – B. Verfahrensverordnungen ABl. 1994 C 241/57; Akte über die Bedingungen des Beitritts der Tschechischen Republik,

Verkehr 4

den Seeverkehr und 3975/87[14] für den Luftverkehr aufgehoben und der Verkehr den allgemeinen Verfahrensvorschriften der VO 1/2003 unterstellt.[15] Durch die Einführung des Systems der Legalausnahme kam den weit reichenden Gruppenfreistellungen im Verkehrs-

---

der Republik Estland, der Republik Zypern, der Republik Lettland, der Republik Litauen, der Republik Ungarn, der Republik Malta, der Republik Polen, der Republik Slowenien und der Slowakischen Republik und die Anpassungen der die Europäischen Union begründenden Verträge – Anhang II: Liste nach Artikel 20 der Beitrittsakte – 5. Wettbewerbspolitik ABl. 2003 L 236/344; VO (EG) Nr. 1/03 d. Rates v. 16. 12. 2002 zur Durchführung der in den Art. 81 und 82 EG niedergelegten Wettbewerbsregeln ABl. 2003 L 1/1.

[13] VO (EWG) Nr. 4056/86 d. Rates v. 22. 12. 1986 über die Einzelheiten der Anwendung der Art. 85 und 86 des Vertrages auf den Seeverkehr ABl. 1986 L378/4, geändert durch: Akte über die Bedingungen des Beitritts des Königreichs Norwegen, der Republik Österreich, der Republik Finnland und des Königreichs Schweden und die Anpassungen der die Europäische Union begründenden Verträge, Anhang I – Liste nach Artikel 29 der Beitrittsakte – III. Wettbewerb – B. Verfahrensverordnungen ABl. 1994 C 241/57; Akte über die Bedingungen des Beitritts der Tschechischen Republik, der Republik Estland, der Republik Zypern, der Republik Lettland, der Republik Litauen, der Republik Ungarn, der Republik Malta, der Republik Polen, der Republik Slowenien und der Slowakischen Republik und die Anpassungen der die Europäische Union begründenden Verträge – Anhand II: Liste nach Art. 20 der Beitrittsakte – 5. Wettbewerbspolitik ABl. 2003 L 236/344; VO (EG) Nr. 1/03 d. Rates v. 16. 12. 2002 zur Durchführung der in den Art. 81 und 82 EG niedergelegten Wettbewerbsregeln ABl. 2003 L 1/1; aufgehoben durch: VO (EG) Nr. 1419/06 d. Rates v. 25. 9. 2006 zur Aufhebung der VO (EWG) Nr. 4056/86 über die Einzelheiten der Anwendung der Art. 85 und 86 EGV auf den Seeverkehr und zur Ausweitung des Anwendungsbereichs der VO (EG) Nr. 1/03 auf Kabotage und internationale Trampdienste ABl. 2006 L 269/1.

[14] VO Nr. 3975/87 (EWG) d. Rates v. 14. 12. 1987 über die Einzelheiten der Anwendung der Wettbewerbsregeln auf Luftfahrtunternehmen ABl. 1987 L374/1; geändert durch: VO (EWG) Nr. 1284/91 d. Rates v. 14. 5. 1991 zur Änderung der Verordnung (EWG) Nr. 3975/87 über die Einzelheiten der Anwendung der Wettbewerbsregeln auf Luftfahrtunternehmen ABl. 1991 L 122/2; VO (EWG) Nr. 2410/92 d. Rates v. 23. 7. 1992 zur Änderung der Verordnung (EWG) Nr. 3975/87 über die Einzelheiten der Anwendung der Wettbewerbsregeln auf Luftfahrtunternehmen ABl. 1992 L 240/18; VO (EG) Nr. 1/03 d. Rates v. 16. 12. 2002 zur Durchführung der in den Art. 81 und 82 EG niedergelegten Wettbewerbsregeln ABl. 2003 L 1/1; teilweise aufgehoben durch: VO (EG) Nr. 411/04 d. Rates v. 26. 2. 2004 zur Aufhebung der Verordnung (EWG) Nr. 3975/87 und zur Änderung der Verordnung (EWG) Nr. 3976/87 sowie der Verordnung (EG) Nr. 1/03 hinsichtlich des Luftverkehrs zwischen der Gemeinschaft und Drittländern ABl. 2004 L 68/1.

VO (EWG) Nr. 3976/87 d. Rates v. 14. 12. 1987 zur Anwendung von Art. 85 Abs. 3 des Vertrages auf bestimmte Gruppen von Vereinbarungen und aufeinander abgestimmten Verhaltensweisen im Luftverkehr ABl. 1987 L374/9, geändert durch: VO (EWG) Nr. 2411/92 d. Rates v. 23. 7. 1992 zur Änderung der Verordnung (EWG) Nr. 3976/87 zur Anwendung von Artikel 85 Absatz 3 des Vertrages auf bestimmte Gruppen von Vereinbarungen und aufeinander abgestimmten Verhaltensweisen im Luftverkehr ABl. 1992 L 240/19; Akte über die Bedingungen des Beitritts des Königreichs Norwegen, der Republik Österreich, der Republik Finnland und des Königreichs Schweden und die Anpassungen der die Europäische Union begründenden Verträge, Anhang I – Liste nach Artikel 29 der Beitrittsakte – III. Wettbewerb – A. Ermächtigungsverordnungen ABl. 1994 C 241/56; VO (EG) Nr. 1/03 d. Rates v. 16. 12. 2002 zur Durchführung der in den Art. 81 und 82 EG niedergelegten Wettbewerbsregeln ABl. 2003 L 1/1; VO (EG) Nr. 411/04 d. Rates v. 26. 2. 2004 zur Aufhebung der Verordnung (EWG) Nr. 3975/87 und zur Änderung der Verordnung (EWG) Nr. 3976/87 sowie der Verordnung (EG) Nr. 1/03 hinsichtlich des Luftverkehrs zwischen der Gemeinschaft und Drittländern ABl. 2004 L 68/1.

Die anderen Maßnahmen des Liberalisierungspaketes waren die RL Nr. 87/601 (EWG) d. Rates v. 14. 12. 1987 über Tarife im Linienflugverkehr zwischen Mitgliedstaaten ABl. 1987 L 374/12, und die Entscheidung Nr. 87/602 d. Rates v. 14. 12. 1987 über die Aufteilung der Kapazitäten für die Personenbeförderung zwischen Luftfahrtunternehmen im Fluglinienverkehr zwischen Mitgliedstaaten und über den Zugang von Luftfahrtunternehmen zu Strecken des Fluglinienverkehrs zwischen Mitgliedstaaten ABl. 1987 L 374/19.

[15] Vgl. Art. 36, 38, 39 VO 1/03.

A. Einführung 5–7 **Verkehr**

sektor nur noch deklaratorische Bedeutung zu. Die Rechtfertigung der Freistellung von Linienkonferenzen war stets umstritten. Nach einem umfangreichen Konsultationsverfahren[16] ist die Kommission zu der Auffassung gelangt, dass die Voraussetzungen des Art. 81 Abs. 3 EG nicht mehr erfüllt sind. Infolgedessen wurde die Gruppenfreistellung für Linienkonferenzen durch die VO 1419/06 aufgehoben mit einer Übergangsfrist bis zum 17. Oktober 2008. Die Freistellung von Konsortien blieb dagegen unangetastet.

Die **VOen 3975/87** und **3976/87** regeln das auf den **Luftverkehr** anzuwendende 5 Wettbewerbsrecht. Beide gingen von der direkten Anwendbarkeit der Art. 81 und 82 EG aus. Während die VO 3975/87 sich im Wesentlichen auf die Regelung des Verfahrens in Einzelfällen beschränkte, ermächtigt die VO 3976/87 die Kommission zum Erlass von Gruppenfreistellungen, von der sie während der verschiedenen Phasen der Liberalisierung des Luftverkehrs in der Gemeinschaft umfassend Gebrauch gemacht hat.

Die VO 3976/87 wurde im Gegensatz zur VO 3975/87 im Zuge der Reform des Wettbewerbsrechts nicht aufgehoben. Die Kommission hat nach wie vor die Möglichkeit, Gruppenfreistellungen im Bereich Luftverkehr zu erlassen.

Nachdem Durchführungsverordnungen erlassen worden waren, kam der **VO 141/62** 6 Bedeutung nur noch für die von den VOen 4056/86 und 3975/87 nicht erfassten Verkehre zu, d.h. den Trampdiensten (nicht regelmäßige Transporte von Massengütern mit frei ausgehandelter Frachtrate)[17] und Kabotage (nicht grenzüberschreitender Transport) im Seeverkehr sowie Luftverkehr zwischen der Gemeinschaft und Drittstaaten. In diesen Bereichen galten – wegen des Ausschlusses der VO 17 – die Art. 84 und 85 EG zunächst weiter. Das Kartellverbot und die mit ihm verbundene Nichtigkeitsfolge der davon betroffenen Vereinbarungen fanden nur eingeschränkte Anwendung. Das Verbot des Missbrauchs einer marktbeherrschenden Stellung des Art. 82 EG galt dagegen unmittelbar.[18] Die VO 141/62 wurde durch die neue Wettbewerbsverordnung 1/2003[19] aufgehoben,[20] die anfangs auch weder für die Trampdienste und Kabotage im Seeverkehr noch den Luftverkehr zwischen Flughäfen der Gemeinschaft und Drittstaaten galt.[21] Durch die VO 1419/04 und die VO 411/04 wurde der Anwendungsbereich der VO 1/03 schließlich um diese Bereiche erweitert.

Art. 1 der VO 141 beschränkte ihre **Anwendbarkeit** auf Vereinbarungen, Beschlüsse 7 und aufeinander abgestimmte Verhaltensweisen, die unmittelbar die Erbringung von Verkehrsleistungen betreffen.[22] Gleichwohl wurde diese Trennungslinie später modifiziert. Denn der sachliche Geltungsbereich der Verordnungen für den Land-, See- und Luftverkehr ist über die unmittelbare Erbringung von Beförderungsdienstleistungen hinaus ausgedehnt worden. So fallen Absprachen des **Verkehrshilfsgewerbes**[23] unter die VO 1017/68.[24] Im Luftverkehr wurde z.B. die Gruppenfreistellung von Vereinbarungen über **com-**

---

[16] Übersicht: http://ec.europa.eu/comm/competition/antitrust/legislation/maritime/.
[17] Rn. 68.
[18] GA *Lenz*, Rs. 66/68 – *Ahmed Saeed Flugreisen u. a./Zentrale zur Bekämpfung unlauteren Wettbewerbs e. V.* Slg. 1989, 803.
[19] VO (EG) 1/03 d. Rates v. 16. 12. 2002 zur Durchführung der in den Artikeln 81 und 82 niedergelegten Wettbewerbsregeln ABl. 2003 L 1/1; geändert durch: VO (EG) Nr. 411/04 d. Rates v. 26. 2. 2004 zur Aufhebung der Verordnung (EWG) Nr. 3975/87 und zur Änderung der Verordnung (EWG) Nr. 3976/87 sowie der Verordnung (EG) Nr. 1/03 hinsichtlich des Luftverkehrs zwischen der Gemeinschaft und Drittländern ABl. 2004 L 68/1; VO (EG) Nr. 1419/06 d. Rates v. 25. 9. 2006 zur Aufhebung der VO (EWG) Nr. 4056/86 über die Einzelheiten der Anwendung der Art. 85 und 86 EGV auf den Seeverkehr und zur Ausweitung des Anwendungsbereichs der VO (EG) Nr. 1/03 auf Kabotage und internationale Trampdienste ABl. 2006 L 269/1.
[20] Vgl. Art. 43 Abs. 2 VO 1/03.
[21] Vgl. Art. 32 VO 1/03 in der Fassung im ABl. 2003 L 1/1.
[22] 3. Begründungserwägung der VO 141/62.
[23] Rn. 23.
[24] Art. 1 S. 2 VO 1017/68.

putergestützte Buchungssysteme in der Ermächtigungsverordnung 3976/87 des Rates und in der dazu ergangenen Gruppenfreistellungsverordnung der Kommission[25] geregelt, obwohl solche Tätigkeiten nicht unmittelbar zu den Flugdiensten zählen.[26]

II. Gemeinsame Merkmale

8   Allen Verordnungen sind bestimmte rechtliche Merkmale gemeinsam. Dies gilt zunächst für das Prinzip der **Selbstregulierung,** wonach es in erster Linie Sache der Unternehmen selbst ist, zu beurteilen, ob bei ihren Vereinbarungen, Beschlüssen oder aufeinander abgestimmten Verhaltensweisen die Wettbewerbsbeschränkungen oder die ihre Freistellung vom Kartellverbot rechtfertigenden Umstände überwiegen. Die Unternehmen sollen in eigener Verantwortung feststellen, ob sie zulässig sind oder nicht. Den Unternehmen muss deshalb gestattet werden, Vereinbarungen zu schließen und anzuwenden, ohne sie bekannt geben zu müssen.[27]

9   Den Mangel an Information zu Lasten der Kommission als der mit der Sorge um die Einhaltung der EU-Wettbewerbsregeln betrauten Kartellbehörde hat der Gemeinschaftsgesetzgeber in Kauf genommen. Die Erwartung, eine „wirksame Überwachung" im Sinne von Art. 83 Abs. 2 EG werde etwa durch Beschwerden gewährleistet, hat sich, jedenfalls in Bezug auf den Landverkehr, bislang als zu optimistisch erwiesen. Das Prinzip der Selbstregulierung findet nach der Einführung des Prinzips der Legalausnahme, das an die Stelle des Freistellungsverfahrens getreten ist, nunmehr im gesamten EU Wettbewerbsrecht Anwendung.

10   Die VO 1017/68 enthält sog. **Legalausnahmen** für **technische Vereinbarungen.** Dabei handelt es sich um Vereinbarungen, Beschlüsse oder aufeinander abgestimmte Verhaltensweisen, die ausschließlich technische Verbesserungen oder technische Zusammenarbeit bezwecken und/oder bewirken und für die deshalb das Kartellverbot des Art. 81 Abs. 1 EG nicht gilt. Die betroffenen Vereinbarungen sind jeweils in einer Liste aufgeführt, die vom Rat geändert werden kann.[28]

11   Ob es sich bei den aufgeführten technischen Vereinbarungen tatsächlich um Legalausnahmen oder um allgemeine, auf Gruppen bezogene Negativatteste[29] handelt, war bislang nicht eindeutig bestimmt.[30] Die Parallelverordnungen für den Luft- und den Seeverkehr enthielten vergleichbare Legalausnahmen für technische Vereinbarungen, die – weil ihnen nur noch deklaratorische Bedeutung zukam nach Einführung der VO 1/03 – aufgehoben wurden. Der Begriff der technischen Vereinbarung ist grundsätzlich eng auszulegen, weil er nur für Vereinbarungen gilt, die „ausschließlich" technische Verbesserungen oder die technische Zusammenarbeit bezwecken und/oder[31] bewirken. Das Kartellverbot greift ein, sobald kommerzielle Zwecke oder Wirkungen festzustellen sind.[32] Danach sind die Vor-

---

[25] VO 3652/93 (EG) d. Komm. v. 22. 12. 1993 zur Anwendung von Artikel 85 Absatz 3 des Vertrages auf bestimmte Gruppen von Vereinbarungen zwischen Unternehmen über computergesteuerte Buchungssysteme fuer den Luftverkehr, ABl. 1993 L 333/37 (nicht mehr rechtskräftig).

[26] Komm. E. v. 4. 11. 1988 – *London European/Sabena,* ABl. 1988 L 317/47.

[27] 14. und 15. Begründungserwägung der VO 1017/68; 19. Begründungserwägung der VO 3975/87.

[28] Vgl. Art. 3 VO 1017/68.

[29] *Basedow* in: Immenga/Mestmäcker, EG-WbR Bd. II, S. 2015, 2046, 2107; *Ortiz-Blanco/Van Houtte,* EC Competition Law in the Transport Sector, S. 73, 107, 174; a. A. *Mestmäcker,* Europäisches Wettbewerbsrecht, S. 687 ff.

[30] Art. 3 VO 1017/68 „Gesetzliche Ausnahme für technische Vereinbarungen"; Art. 2 VO 4056/86: „Technische Vereinbarungen"; Art. 2 VO 3975/87: „Freistellung für technische Vereinbarungen".

[31] In Art. 3 VO 1017/68 heißt es „... und ..." im Gegensatz zu den inzwischen aufgehobenen Parallelvorschriften der VO 4056/86 und 3975/87.

[32] So auch *Pernice* in: FS Deringer; *Everling/Narjes/Sedemund,* Europarecht, Kartellrecht, Wirtschaftsrecht, S. 135, 153; *Munari* RabelsZ 1990, 641; *Rabe/Schütte* R. I. W. 1988, 70 f.

schriften für technische Vereinbarungen weder als Legalausnahmen, Gruppenfreistellungen noch als Negativatteste zu bewerten, weil die in den jeweiligen Listen beschriebenen Vereinbarungen neben technischen Verbesserungen gerade keine kommerziellen Zwecke verfolgen oder solche Wirkungen entfalten dürfen. Sie geben lediglich Vereinbarungen wieder, die ohnehin nicht dem Kartellverbot unterliegen.[33]

Die Verkehrsverordnungen enthielten gleich lautende **Regelungen des Kartellverfahrens,** die im Wesentlichen den Bestimmungen der VO 17 nachgebildet, aber nun durch die Art. 36, 38 und 39 der VO 1/03 aufgehoben worden sind.[34]   **12**

B. Landverkehr und Binnenschifffahrt

I. Vorbemerkungen

Dem Eisenbahn-, Straßen- und Binnenschiffsverkehr kommt in dem wachsenden Binnenmarkt der Europäischen Union große wirtschaftliche und integrationspolitische Bedeutung zu. Dennoch haben die Wettbewerbsregeln ihre marktordnende Kraft noch nicht überzeugend unter Beweis stellen können, obwohl die auf den Landverkehr anzuwendende **VO 1017/68** des Rates seit mehr als 30 Jahren in Kraft ist.   **13**

Ein Kernproblem hierbei sind die unterschiedlichen verkehrs- und wettbewerbspolitischen Positionen bei der Auseinandersetzung über die Rolle der nationalen Eisenbahnen, hinter denen verkehrsgeographische Besonderheiten der Mitgliedstaaten der Gemeinschaft stehen, die vor allem für die sechs kontinentalen Gründerstaaten der Gemeinschaft gelten.[35] Als eine Folge der Aufsplitterung des europäischen Eisenbahnmarktes sowie der den nationalen Eisenbahnen von ihren jeweiligen Regierungen gewährten Ausschließlichkeitsrechte existierte bis 1990 faktisch kein Wettbewerb auf dem Eisenbahnmarkt. Im Übrigen verfügen Eisenbahnen als Netzbetreiber über ein „natürliches" Monopol, mit dem Wettbewerber ferngehalten werden können. Ein solches Monopol gibt es weder im Straßenverkehr noch in der Binnenschifffahrt. Zur Schaffung eines gemeinsamen Eisenbahnmarktes hat die Gemeinschaft Anfang der 90er Jahre verschiedene Richtlinien angenommen, um den Wettbewerb zu fördern und die von den Mitgliedstaaten ihren Eisenbahnen gewährten ausschließlichen Rechte zu begrenzen. Die **Richtlinie 91/440**[36] war der erste wichtige Schritt hierzu. Sie stützte sich auf vier Grundsätze: Unabhängigkeit des Bahn-Managements, Trennung zwischen Infrastruktur- und Transport-Management, gewisse Zugangs- und Transitrechte sowie Verpflichtung der Mitgliedstaaten zur Verbesserung der Finanzlage ihrer Bahnen. Der Marktöffnungseffekt der Richtlinie blieb jedoch gering.[37] Ein spezifisches Problem ergab sich daraus, dass nicht sichergestellt werden konnte, dass vertikal integrierte Eisenbahnunternehmen Wettbewerbern Zugang zum Schienenmarkt einräumen. Zudem entsteht ein zwangsläufiger Interessenkonflikt, wenn ein Eisenbahnunternehmen gleichzeitig als Aufsichtsbehörde tätig wird.   **14**

---

[33] So auch Komm. E. v. 16. 5. 2000 – *FETTCSA,* ABl. 2000 L 268/1 Rn. 146.
[34] Vgl. Rn. 20.
[35] *Erdmenger,* EG unterwegs – Wege zur Gemeinsamen Verkehrspolitik, S. 18–20.
[36] RL 91/440/EWG d. Rates v. 29. 7. 1991 zur Entwicklung der Eisenbahnunternehmen der Gemeinschaft ABl. 1991 L 237/25; geändert durch: RL 07/58/EG d. Europäischen Parlaments u. d. Rates v. 23. 10. 2007 zur Änderung der RL 91/440/EWG d. Rates zur Entwicklung der Eisenbahnunternehmen der Gemeinschaft sowie der RL 2001/14/EG über die Zuweisung von Fahrwegkapazität der Eisenbahn und die Erhebung von Entgelten für die Nutzung von Eisenbahninfrastruktur ABl. 2007 L 315/44.
[37] Vgl. hierzu auch *Alexis,* Droit Européen des Transports Vol. XXVIII N° 4, 1993 S. 499; *Stehmann,* Liberalisation and Competition in the European Rail Transport Sector, Center for International Studies on Economic Growth (CEIS), 2001.

15 In den vergangenen Jahren hat die Europäische Kommission ihre Bemühungen zur Öffnung der Eisenbahnmärkte in der Europäischen Union intensiviert. Sie erließ drei Maßnahmepakete.

16 Das erste Eisenbahnpaket wurde im Jahre 2001 auf den Weg gebracht. Es soll einen diskriminierungsfreien Zugang zur Schieneninfrastruktur gewährleisten. Um dieses Ziel zu erreichen, verabschiedete die Europäische Kommission drei Richtlinien: **Richtlinie 2001/12,**[38] **2001/13,**[39] **2001/14.**

17 Bereits die Richtlinie 91/440 machte deutlich, dass der europäische Gesetzgeber eine Trennung von Netz und Betrieb für die Öffnung der Eisenbahnmärkte als vorteilhaft erachtete.[40] Die Mitgliedsstaaten waren in der Umsetzung dieser Zielvorgabe allerdings sehr frei. Mit der Richtlinie 2001/12 wurden die Gestaltungsrechte der Mitgliedsstaaten erheblich reduziert. Der deutsche Gesetzgeber setzte die Regelungen der Richtlinien 2001/12 und 2001/14 durch Änderungen im Allgemeinen Eisenbahngesetz um. Über die Frage, ob der deutsche Gesetzgeber die Richtlinien 2001/12 und 2001/14 ordnungsgemäß umgesetzt hat, gab es unterschiedliche Auffassungen. Ihren vorläufigen Höhepunkt fand diese Auseinandersetzung im Mai 2006. Das Netzwerk Privatbahnen, Vereinigung Europäischer Eisenbahngüterunternehmen e. V. legte wegen der nicht ordnungsgemäßen Umsetzung der Richtlinien 2001/12, 2001/14 durch die Bundesrepublik Deutschland Beschwerde bei der Europäischen Kommission ein. Eine Entscheidung der Kommission über die Beschwerde ist bisher nicht bekannt.

18 Im Januar 2002 verabschiedete die Europäische Kommission das zweite Eisenbahnpaket. Das Paket enthält Maßnahmen, die die Sicherheit, die Interoperabilität und den Marktzugang im Bereich des Schienenverkehrs verbessern sollen. Die Ziele des zweiten Eisenbahnpaketes fanden in der **Richtlinie 2004/51/EG**[41] ihre Umsetzung.

19 Das dritte Eisenbahnpaket wurde am 3. März 2004 verabschiedet. Nach umfangreichen Beratungen wurden der rechtliche Rahmen zur Umsetzung der Ziele des dritten Eisenbahnpaketes – wie beispielsweise die Öffnung des grenzüberschreitenden Personenverkehrs- in der **VO 1370/2007**[42] niedergelegt. Es bleibt abzuwarten, ob die Maßnahmepakete die gewünschten Marktöffnungseffekte haben oder ob die spezifische Marktsituation des Eisenbahnverkehrs weitere Schritte notwendig macht.

II. Verordnung (EWG) Nr. 1017/68 des Rates vom 19. Juli 1969 über die Anwendung von Wettbewerbsregeln auf dem Gebiet des Eisenbahn-, Straßen- und Binnenschiffsverkehrs

1. Rechtsgrundlage/Einordnung

20 Die VO 1017/68 stützt sich auf **Art. 83** und **Art. 71 EG,** weil nach Auffassung der Mitgliedstaaten damals die Festlegung von Wettbewerbsregeln für den Landverkehr eine Maßnahme sowohl der gemeinsamen Verkehrspolitik als auch der allgemeinen Wirtschafts-

---

[38] RL 2001/12/EG d. Rates v. 26. 2. 2001 zur Änderung der RL 91/440/EWG des Rates zur Entwicklung der Eisenbahnunternehmen der Gemeinschaft ABl. 2001 L 75/1.

[39] RL 2001/13/EG d. Rates v. 26. 2. 2001 zur Änderung der Richtlinie 95/18/EG des Rates über die Erteilung von Genehmigungen an Eisenbahnunternehmen ABl. 2001 L 75/26.

[40] Erwägungsgründe RL 92/440.

[41] RL 2004/51/EG d. Europäischen Parlaments u. d. Rates v. 29. 4. 2004 zur Änderung der RL 91/440/EWG d. Rates zur Entwicklung der Eisenbahnunternehmen der Gemeinschaft ABl. 2004 L 164/164.

[42] VO Nr. 1370/07 (EG) d. Europäischen Parlaments u. d. Rates v. 23. 10. 2007 über öffentliche Personenverkehrsdienste auf Schiene und Straße und zur Aufhebung der VO Nr. 1191/69 (EWG) und Nr. 1107/70 (EWG) d. Rates ABl. 2007 L 315/1.

politik war.⁴³ Die VO 1017/68 hat für den Landverkehr ein von den Artikeln 81 und 82 EG formal abgetrenntes eigenes Wettbewerbsrecht geschaffen, das sowohl die erforderlichen materiellrechtlichen Bestimmungen in den Art. 1 bis 9 als auch verfahrensrechtliche Normen in den Art. 10 bis 29 enthält. Dabei wurden die Art. 81 und 82 EG in die Sprache des Verkehrs übertragen und als selbstständige Wettbewerbsregeln für den Landverkehr in die Verordnung aufgenommen. Grund hierfür war der Streit über die unmittelbare Anwendbarkeit der Wettbewerbsregeln des Vertrages auf den Verkehr, der erst mit dem „Nouvelles Frontières"-Urteil des Gerichtshofes vom 30. 4. 1986⁴⁴ beendet wurde.

2. Anwendungsbereich

Gemäß **Art. 1** gilt die Verordnung für Vereinbarungen, Beschlüsse und aufeinander abgestimmte Verhaltensweisen zur Festsetzung von Beförderungsentgelten und -bedingungen, die Beschränkung oder Überwachung des Angebots von Verkehrsleistungen, die Aufteilung der Verkehrsmärkte sowie für marktbeherrschende Stellungen.

Der **Begriff der Verkehrsleistung** in Art. 1 war umstritten. Die Kommission vertrat die Auffassung, dass darunter nur die Erbringung von Verkehrsleistungen als solche zu verstehen sei, während andere Leistungen wie z. B. Infrastruktur zur Verfügung zu stellen, unter die VO 17 fielen. Der Gerichtshof hat jedoch klargestellt, dass der Begriff der Verkehrsleistung auch Aktivitäten umfasst, die für die Erbringung der Verkehrsleistung unverzichtbar sind.⁴⁵

Die VO gilt aber auch für Absprachen über die Anwendung **technischer Verbesserungen** oder die technische Zusammenarbeit sowie für solche über die gemeinsame Finanzierung oder den gemeinsamen Erwerb von Verkehrsmaterial oder -zubehör, die unmittelbar mit der Verkehrsleistung verknüpft sind, soweit dies für den gemeinsamen Betrieb einer **Unternehmungsgemeinschaft** des Straßen- und Binnenschiffsverkehrs gemäß **Art. 4** erforderlich ist. Letzteres geht über Art. 1 der Verordnung Nr. 141 hinaus und entzieht somit einen weiteren Teilbereich der Anwendung der VO 17/62. Das Gleiche gilt für die Einbeziehung von Tätigkeiten des **Verkehrshilfsgewerbes** gemäß Art. 1 S. 2, die den im Satz 1 genannten Zweck oder Auswirkungen haben. Zum Verkehrshilfsgewerbe zählen die Gewerbezweige, die spezifische, die Wirksamkeit des Verkehrssystems mitbedingende Leistungen erbringen, insbesondere Spediteure, Lagerhalter, Makler oder Umschlagbetriebe.⁴⁶ Die Einbeziehung einiger Teile des Verkehrshilfsgewerbes erklärt sich aus dessen Verbindung mit den entsprechenden Verkehrsleistungen.⁴⁷ Die Einbeziehung der Absprachen über technische Zusammenarbeit sowie über die Finanzierung und Anschaffung von Transportmaterial bezweckte allerdings wohl nur, diese vom Kartellverbot ausnehmen zu können.⁴⁸ Dabei ist jedoch zweifelhaft, ob die damals gegebenen Begründungen heute noch berechtigt sind.

3. Materiellrechtliche Bestimmungen

Art. 2 der Verordnung entspricht inhaltsgleich dem **Kartellverbot** des Art. 81 Abs. 1 EG. In der ab dem 1. 5. 2004 geltenden Neufassung der VO 1017/68 durch die VO 1/2003⁴⁹ wurde daher der Art. 2 aufgehoben und im Folgenden direkt auf Art. 81 Abs. 1

---

⁴³ 3. Begründungserwägung.
⁴⁴ EuGH U. v. 30. 4. 1986 Rs. 209–213/84 – *Ministère public/Lucas Asjes u. a. „Nouvelles Frontières"* Slg. 1986, 1425 Rn. 45.
⁴⁵ EuG U. v. 6. 6. 1995 Rs. T-14/93 – *UIC/Kommission* Slg. 1995, II-1503.
⁴⁶ Vgl. *GTE – Erdmenger*, Art. 74 Rn. 5.
⁴⁷ 6. Begründungserwägung.
⁴⁸ 8. und 9. Begründungserwägung.
⁴⁹ VO (EG) 1/2003 d. Rates v. 16. 12. 2002 zur Durchführung der in den Artikeln 81 und 82 des Vertrags niedergelegten Wettbewerbsregeln ABl. 2003 L 1/1; geändert durch: VO Nr. (EG) 411/04 d.

Verkehr 25–28

EG verwiesen. Ebenso entfiel Art. 7. **Art. 7** wiederholte die Nichtigkeitsregel des Art. 81 Abs. 2 EG. Das Fehlen des Tatbestandes „Aufteilung der Versorgungsquellen" in Art. 81 Abs. 1 EG folgte aus dem beschränkten sachlichen Anwendungsbereich der Verordnung, die nur für den Verkehrsmarkt, nicht aber für vorgelagerte Märkte gilt. Die Kommission hat zwei Verbotsentscheidungen wegen Verstoßes gegen Art. 2 erlassen, und zwar eine im Bereich Binnenschifffahrt[50] und die andere im Bereich Eisenbahnen.[51]

25 Der Fall **EATE** betraf eine Vereinbarung zwischen dem französischen Verband der Binnenschiffer (Association Nationale des Travailleurs Indépendants de la Batellerie – ANTIB) und dem Verband der Frachtagenten in der Binnenschifffahrt. Danach waren die Frachtagenten verpflichtet, eine Abgabe auf alle Entgelte im Binnenschiffsverkehr aus Frankreich zu erheben, gleichgültig ob es sich um französische oder ausländische Binnenschiffer handelte. Die Gelder flossen der französischen Particuliergenossenschaft Entreprise Artisanale de Transport par Eau – EATE – zu und wurden nur EATE-Mitgliedern erstattet. Ausländische Particuliere erhielten nichts und wurden auch nicht zur EATE zugelassen. Die Kommission verbot die Vereinbarung als Verstoß gegen Art. 2. Die von ANTIB dagegen erhobene Klage wurde vom Gerichtshof abgewiesen.[52] Die andere Verbotsentscheidung betraf den Fall **Deutsche Bundesbahn,** bei dem es auch um einen Verstoß gegen das Verbot des Missbrauchs von Marktmacht gemäß Art. 8 ging.[53]

26 Die in den **Art. 3 bis 6** normierten **Ausnahmen vom Kartellverbot** sind nur teilweise den Bestimmungen des Art. 81 Abs. 3 EG nachgebildet. **Art. 5** enthielt **Freistellungsvoraussetzungen,** die im Wesentlichen **Art. 81 Abs. 3 EG** entsprechen. Danach mussten die Absprachen zu Verbesserungen der Qualität der Verkehrsleistungen oder zur Förderung von Kontinuität und Stabilität oder zur Steigerung der Produktivität oder zur Förderung des technischen oder wirtschaftlichen Fortschritts beitragen. Dabei mussten die Interessen der Verkehrsnutzer berücksichtigt und es durften keine Beschränkungen auferlegt werden, die nicht unerlässlich waren oder die Möglichkeit eröffneten, für einen wesentlichen Teil des betreffenden Verkehrsmarktes den Wettbewerb auszuschalten. Seit dem 1. 5. 2004 ist Art. 5 aufgehoben. Die Voraussetzungen des Art. 81 Abs. 3 EG gelten auch hier direkt.

27 Die Kommission hat von der Freistellungsbefugnis des Art. 5 in einigen Fällen auf dem Gebiet des Eisenbahnverkehrs Gebrauch gemacht, indem sie 1994 **vier Freistellungsentscheidungen** betreffend internationale Eisenbahndienste erließ, mit denen neue, mit See- und Luftverkehr konkurrierende Transportformen geschaffen werden sollten.[54]

28 Die Entscheidung **Eurotunnel** betraf eine Vereinbarung zwischen Eurotunnel, British Rail (BR) und Société Nationale des Chemins de Fer Français (SNCF), wonach BR und SNCF 50% der gesamten Tunnelkapazität ausschließlich, auch gegenüber Eurotunnel, zur Nutzung vorbehalten waren. Das bedeutete nach Auffassung der Kommission Ausschluss

---

Rates v. 26. 2. 2004 zur Aufhebung der VO (EWG) Nr. 3975/87 und zur Änderung der VO (EWG) Nr. 3976/87 sowie der VO (EG) Nr. 1/03 hinsichtlich des Luftverkehrs zwischen der Gemeinschaft und Drittländern ABl. 2004 L 68/1; VO (EG) Nr. 1419/06 d. Rates v. 25. 9. 2006 zur Aufhebung der VO (EWG) Nr. 4056/86 über die Einzelheiten der Anwendung der Art. 85 u. 86 EGV auf den Seeverkehr und zur Ausweitung des Anwendungsbereichs der VO (EG) Nr. 1/03 auf Kabotage und internationale Trampdienste ABl. 2006 L 269/1.

[50] Komm. E. v. 10. 7. 1985 – *Frachtenregelung in der französischen Binnenschifffahrt – EATE,* ABl. 1985 L 219/35.
[51] Komm. E. v. 29. 3. 1994 – *HOV-SVZ/MCN,* ABl. 1994 L 104/34.
[52] EuGH U. v. 20. 5. 1987 Rs. 272/1995 – *ANTIB* Slg. 1987, 2201.
[53] Komm. E. 29. 3. 1994 – *HOV-SVZ/MCN,* ABl. 1994 L 104/34.
[54] Komm. E. v. 24. 2. 1993 – *Tarifstrukturen im kombinierten Güterverkehr,* ABl. 1993 L 73/38; Komm. E. v. 21. 9. 1994 – *European Night Services,* ABl. 1994 L 259/20; Komm. E. v. 13. 12. 1994 – *Eurotunnel,* ABl. 1994 L 354/66; Komm. E. v. 27. 7. 1994 – *ACI,* ABl. 1994 L 224/28.

B. Landverkehr und Binnenschifffahrt   29–32 **Verkehr**

des Wettbewerbs zwischen den Parteien und den Ausschluss von Dritten. Angesichts der Einmaligkeit und hohen Risiken des Kanaltunnelprojekts gewährte die Kommission dennoch eine Freistellung für 30 Jahre, allerdings unter der Bedingung, dass BR und SNCF konkurrierenden Eisenbahnunternehmen 25% ihrer Kapazität zur Verfügung stellen müssen. Auf die **Nichtigkeitsklage** von SNCF und BR hob das Gericht Erster Instanz durch Urteil vom 22. 10. 1996[55] die Kommissionsentscheidung auf, weil BR und SNCF nicht marktbeherrschend seien und Eurotunnel 50% der Kapazität selbst kontrolliere, was neuen Mitbewerbern ausreichende Marktzutrittschancen verschaffe.

In der Entscheidung **European Night Services (ENS)** ging es um eine Vereinbarung zwischen fünf Eisenbahnunternehmen (BR, SNCF, DB, NS und SNCB) über die gemeinsame Vermarktung von Nachtpersonenzügen durch den Kanaltunnel. Die Freistellung wurde mit der Auflage verknüpft, dass die beteiligten Bahnunternehmen allen internationalen Gruppierungen von Bahn- und Verkehrsunternehmen, die Nachtzüge durch den Tunnel betreiben wollen, die gleichen Bahnleistungen (Fahrplantrassen, Lokomotiven, Personal) erbringen müssen wie gegenüber ihrem Gemeinschaftsunternehmen ENS. 29

Auf die **Klage** der beteiligten Bahnunternehmen, mit der sie u. a. die Verhältnismäßigkeit der Auflage sowie die unzureichende Dauer der Freistellung rügten, hob das Gericht Erster Instanz durch Urteil vom 15. 9. 1998 auf Grund der letzteren Rüge die Kommissionsentscheidung auf, ohne über die anderen Rügen zu entscheiden.[56] Dieses Urteil zeigt, dass der Gerichtshof **Art. 81 Abs. 1 EG** auf Vereinbarungen zwischen Eisenbahnunternehmen **restriktiv** anwendet, da auf diesem Markt unter Berücksichtigung des wirtschaftlichen und rechtlichen Kontextes Wettbewerb nur bis zu einem gewissen Grad möglich sei. Zwar seien die auf nationalen Märkten tätigen Eisenbahnunternehmen potenzielle Konkurrenten beim internationalen Reiseverkehr, doch wird dieser Wettbewerb durch die RL 91/440 bereits wieder eingeschränkt. Die RL 91/440 schreibt das Eisenbahnunternehmen jedes von der fraglichen Strecke berührten Staates als notwendigen Partner vor und hindert so die anderen Eisenbahnunternehmen, einer internationalen Gruppierung auf bestimmten grenzüberschreitenden Verbindungen Konkurrenz zu machen. Art. 81 Abs. 1 EG kann daher auf diesem Markt seine Funktion ohnehin nur eingeschränkt erfüllen. Danach liegt keine verbotene Wettbewerbsbeschränkung vor, wenn eine internationale Gruppierung von Eisenbahnunternehmen gemäß Art. 3 RL 91/440 ein Gemeinschaftsunternehmen zur Vermarktung von Passagierverkehrsdiensten durch den Kanaltunnel gründet. 30

In der Entscheidung **ACI** ging es um eine Vereinbarung zwischen BR, SNCF und Intercontainer über die gemeinsame Tochtergesellschaft Allied Continental Intermodal Services Ltd. ACI sollte den **kombinierten** Eisenbahnverkehr von Straßenfahrzeugen, Containern und Sattelaufliegern von Terminal zu Terminal zwischen dem Vereinigten Königreich und Destinationen in Italien, Spanien, Schweiz, Österreich, Frankreich und Deutschland via Ärmelkanaltunnel gewährleisten. Trotz erheblicher Wettbewerbseinschränkungen stellte die Kommission die Vereinbarung frei, jedoch unter der Auflage, dass vergleichend zum Fall ENS die beteiligten Unternehmen anderen Verkehrsunternehmen die gleichen Eisenbahntraktionsdienste ohne Diskriminierung anbieten. Die Entscheidung wurde mangels Anfechtung **rechtskräftig**. 31

Im Fall **CIA** hat die Kommission eine Vereinbarung zwischen dreizehn europäischen Eisenbahnunternehmen zur Gründung einer „**Interessengemeinschaft Automobil**" („Communauté d'intérêt automobiles") im Nichtwiderspruchsverfahren gemäß Art. 12 ohne Auflagen freigestellt. Gegenstand der Vereinbarung ist die Kooperation bei der grenz- 32

---

[55] EuG U. v. 22. 10. 1996 Rs. T-79–80/95 – *Société nationale des chemins de fer u. British Railways Board/Kommission „SNCF"* Slg. 1996, II-1491.
[56] EuG U. v. 15. 9. 1998 Rs. T-374–375/94, 384, 388/94 – *European Night Services Ltd. u. a./ Kommission „ENS"* Slg. 1998, II-3141.

Kreis   153

Verkehr 33–37

überschreitenden Beförderung fabrikneuer Automobile zwischen den Montagewerken und den Vertriebszentren.

33 Nach dem gleichen Verfahren wurde eine Kooperationsvereinbarung zwischen zwei **privaten** Unternehmen **(Ducros/DHL)** auf dem Markt für internationale Eilkurierdienste freigestellt.[57]

34 Zur Freistellbarkeit **multimodaler** Vereinbarungen zwischen **See-** und **Landverkehrsunternehmen** über die Beförderungsentgelte für das Landsegment der sog. door-to-door-Transporte von Containern per Schiffs- und Landverkehr liegt bisher keine Entscheidung der Kommission vor. Im **TACA**-Fall[58] hat die Kommission nur entschieden, dass Absprachen der Linienkonferenzen über Landtransportpreise von der Gruppenfreistellung des Art. 3 der VO 4056/86 nicht gedeckt sind.[59] Die Kommission scheint hieraus jedoch **kein generelles Verbot von multimodalen Preisabsprachen** zwischen See- und Landverkehrsunternehmen abzuleiten, sondern bereit zu sein, derartige Vereinbarungen freizustellen, wenn sie die Voraussetzungen von Art. 5 erfüllten.[60] Im Ergebnis müsste dies für Kooperationen/Vereinbarungen zwischen Luft- und Landverkehrsunternehmen ebenso gelten. Auch diese könnten somit in den Genuss der Freistellung gemäß Art. 5 bzw. Art. 81 Abs. 3 EG gelangen.

35 Die in den **Art. 3** und **4** geregelten weiteren Befreiungen vom Kartellverbot sind in ihrer Rechtsnatur unterschiedlich und stellen sich als spezifische Anwendungsfälle der in Art. 5 enthaltenen und Art. 81 Abs. 3 EG nachgebildeten Freistellungsmöglichkeit dar.

36 **Art. 3** gilt für Vereinbarungen, Beschlüsse und aufeinander abgestimmte Verhaltensweisen, die ausschließlich die Anwendung **technischer Verbesserungen** oder die **technische Zusammenarbeit** bezwecken und bewirken.[61] Der insoweit zulässige Inhalt der Vereinbarungen ist in der erschöpfenden Liste des Art. 3 a) bis g) festgelegt:

a) die einheitliche Anwendung von Normen und Typen für Material, Betriebsmittel für den Verkehr, Fahrzeuge und feste Einrichtungen;
b) der Austausch oder die gemeinsame Verwendung von Personal, Material, Fahrzeugen, oder festen Einrichtungen zur Durchführung von Beförderungen;
c) die Regelung und Durchführung von Anschlussbeförderungen, ergänzenden Beförderungen, Ersatzbeförderungen oder kombinierten Beförderungen sowie die Aufstellung und Anwendung von Gesamtpreisen und Gesamtbedingungen einschließlich Wettbewerbspreisen auf diese Beförderungen;
d) die Leitung des Verkehrs innerhalb desselben Verkehrsträgers über den betrieblich zweckmäßigsten Verkehrsweg;
e) die Abstimmung der Fahrpläne für aufeinander folgende Strecken;
f) die Zusammenfassung von Einzelladungen;
g) die Aufstellung einheitlicher Regeln für die Struktur der Beförderungstarife und die Bedingungen für deren Anwendung; soweit dadurch nicht die Preise und Beförderungsbedingungen festgelegt werden.

Absprachen über Preise und Beförderungsbedingungen sind ausgeschlossen.

37 Anders verhält es sich mit der **Gruppenfreistellung** für Gemeinschaften **kleiner und mittlerer Unternehmen** des Straßen- und Binnenschiffsverkehrs in **Art. 4**. Sie erleich-

---

[57] 24. WB 1994, 124 Rn. 191 f. (*DUCROS/DHL,* Freistellung IV/34.938).
[58] Vgl. Erläuterungen zum Seeverkehr Rn. 97.
[59] EuG U. v. 30. 9. 2003 Rs. T-191, 212–214/98 – *Atlantic Container Line u. a./Kommission,* Rn. 568.
[60] *Pons/Fitzgerald,* Competition Policy Newsletter 2002 Nr. 1 S. 10, Fn. 8; *Stragier,* „Recent developments in EU competition policy in the maritime sector", The Shipping Forecast Conference, London, April 2002 Fn. 5.
[61] Vgl. Einführung, Rn. 10 f.

B. Landverkehr und Binnenschifffahrt

tert die Zusammenführung kleinerer Einzelbetriebe zu größeren und wettbewerbsfähigeren Einheiten, wobei die Einzelunternehmen ihre wirtschaftliche Selbstständigkeit behalten. Die Freistellung deckt auch gemeinsame Finanzierung und Erwerb des erforderlichen Verkehrsmaterials. Die beteiligten Unternehmen treten damit sowohl als Angebots- wie als Nachfragekooperationen am Markt auf. Die freigestellten Absprachen unterliegen gemäß Art. 4 Abs. 2 der **Missbrauchsaufsicht,** soweit sie Wirkungen entfalten, die mit den Freistellungsvoraussetzungen des Art. 5 bzw. Art. 81 Abs. 3 EG unvereinbar sind. Die Kommission kann dann die beteiligten Unternehmen zur Abstellung dieser Wirkungen verpflichten. Eine zwangsweise Auflösung der Unternehmensgemeinschaft ist aber nicht zulässig.[62]

Art. 6 regelt die Freistellung von **Strukturkrisenkartellen.**[63] Dabei handelt es sich um Vereinbarungen zur Verringerung von Störungen, die sich aus der mangelnden Stabilität der einzelnen Bereiche des Verkehrsmarktes ergeben. Solange der Gemeinschaftsgesetzgeber keine geeigneten verkehrspolitischen Maßnahmen getroffen hat, soll dieses Ziel mit Hilfe privater Wettbewerbsbeschränkungen angestrebt werden. Die Freistellbarkeit ist gemäß Art. 6 allerdings nur an die **negativen** Voraussetzungen der Unerlässlichkeit und des fehlenden Wettbewerbsausschlusses i. S. von Art. 81 Abs. 3 (a) und (b) EG geknüpft. Die Erfüllung **positiver** Voraussetzungen, dh. Leistungsverbesserungen sowie Beteiligung der Verkehrsnutzer am entstehenden Nutzen, wird hingegen nicht verlangt. Die Vermutung des Gesetzgebers, dass Strukturkrisenkartelle per se gesamtwirtschaftliche Vorteile zum Ausgleich der wettbewerblichen Nachteile mit sich bringen und die Interessen der Verkehrsnutzer angemessen berücksichtigen, überschreitet die Grenzen des Art. 81 Abs. 3 EG und wird durch die Erfahrungen mit Strukturkrisenkartellen in anderen Industrien nicht gestützt. Mit der Neufassung durch die VO 1/03 wird die Freistellung von Krisenkartellen auch nicht mehr weiter verfolgt, Art. 6 entfällt.

Art. 8 verbietet die **missbräuchliche Ausnutzung von Marktmacht** und gibt das Verbot des Art. 82 EG einschließlich seiner Beispieltatbestände vollständig wieder.

1994 verhängte die Kommission gegen die **Deutsche Bahn (DB)** eine Geldbuße, weil sie ihre marktbeherrschende Stellung auf dem Bahnverkehrsmarkt in Deutschland dazu benutzt hatte, **diskriminierende Bahntarife** auf dem Markt der Landtransporte von Übersee-Containern von und nach Deutschland über einen deutschen, belgischen oder niederländischen Hafen durchzusetzen.[64] Dem Fall lag eine Beschwerde der Havenondernehmers Vereniging Rotterdam (HOV-SVZ) gegen Deutsche Bahn, Maritime Container Network (MCN) und Transfracht Deutsche Transportgesellschaft zu Grunde. Die Beschwerdeführerin hielt die Bahntarife der DB für den Transport von Übersee-Containern zwischen Deutschland und belgischen/niederländischen Häfen für missbräuchlich überhöht. Außerdem sah sie in der Vereinbarung über ein „**Maritime Container Network**" (MCN) zwischen DB, NS, SNCB, Intercontainer und Transfracht einen Verstoß gegen **Art. 81 EG.** Die Kommission bejahte beides.

Die von DB dagegen erhobene Nichtigkeitsklage wurde vom Gericht Erster Instanz zurückgewiesen.[65] Das Gericht stellte fest, dass eine Vereinbarung zwischen den nationalen Eisenbahnunternehmen dreier Mitgliedstaaten, die die Einrichtung eines gemeinsamen Preisfestsetzungssystems für die **Beförderung von Übersee-Containern** auf der Schiene nach und von einem dieser Staaten über Häfen dieser Staaten zum Inhalt hat, gegen Art. 81 Abs. 1 (a) EG und Art. 2 (a) verstößt und nicht unter die gesetzliche Ausnahme des Art. 3 fällt. Hinsichtlich des Verstoßes gegen Art. 82 EG und Art. 8 traf das Gericht folgende wichtige Feststellungen: **der Markt der Eisenbahnleistungen** bildet einen geson-

---

[62] So auch *Ortiz Blanco/Van Houtte*, EC Competition Law in the Transport Sector, S. 79.
[63] 11. Begründungserwägung.
[64] Komm. E. v. 29. 3. 1994 – *HOV-SVZ/MCN*, ABl. 1994 L 104/34.
[65] EuG U. v. 21. 10. 1997 Rs. T-229/94 – *Deutsche Bahn AG/Kommission* Slg. 1997, II-1689.

Verkehr 42–45

derten Teilmarkt des Bahnverkehrsmarktes im Allgemeinen. Auf diesem Teilmarkt wird eine spezifische Gesamtheit von Leistungen angeboten, insbesondere die Gestellung von Lokomotiven, die Traktionsleistung und der Zugang zum Schienennetz. Ein Missbrauch wird nicht dadurch ausgeschlossen, dass das marktbeherrschende Unternehmen Partei einer Vereinbarung ist, die die gemeinsame Festsetzung von Tarifen zum Gegenstand hat und somit unter das Kartellverbot fällt. Denn das Bestehen einer solchen Vereinbarung schließt nicht aus, dass eines der durch die Vereinbarung gebundenen Unternehmen einseitig diskriminierende Tarife erzwingen kann.[66]

42 Art. 9 hat in die Verordnung eine Regelung in Bezug auf **öffentliche Unternehmen** auf dem Gebiet des Verkehrs eingeführt, die den Inhalt von Art. 86 EG praktisch wörtlich wiedergibt.[67] Sie ist ebenso wie die Art. 2 und 8 aus der damaligen Annahme der Mitgliedstaaten zu erklären, die Wettbewerbsregeln des Vertrages im Bereich Verkehr gleichsam neu erfinden zu müssen. Ihr kommt daher im Wesentlichen nur deklaratorische Bedeutung zu. Mit Streichung der Art. 5–29 durch die VO 1/03 werden die Regelungen in der VO 1017/68 die aus dem EG-Vertrag wörtlich übernommen wurden, aufgehoben und die Art. 81 ff. EG sind direkt anwendbar.

4. Verfahrensrecht

43 Das Verfahren richtet sich nunmehr nach den Bestimmungen der VO 1/03. Bis auf Art. 13 Abs. 3, der für bereits angenommene Entscheidungen nach Art. 5 weiterhin gilt, werden mit der VO 1/03 die Art. 5–29 gestrichen. Die Unterschiede zur VO 17/62 werden aufgehoben und durch ein einheitliches Verfahren nach der VO 1/03 ersetzt.

C. Seeverkehr

I. Vorbemerkungen

44 Auf die Europäische Union entfallen zwar nur etwa 7,5% der Weltbevölkerung, aber ca. 20% der Welthandelstonnage im Seeverkehr. Mehr als 71% des Handelsvolumens der EU mit Drittstaaten und ca. 18% des innergemeinschaftlichen Handels werden über See transportiert.[68] Die Gemeinschaft ist daher auf Freiheit der Seewege für fairen und wirksamen Wettbewerb ihrer Handelsflotten untereinander sowie mit dem Rest der Welt angewiesen.

45 Die Liniendienste in der internationalen Seeschifffahrt sind seit dem 19. Jahrhundert von der Kooperation der Reeder in sog. **Linienkonferenzen**[69] geprägt gewesen. Dies sind Kartelle, deren Mitglieder Frachtraten (Beförderungspreis pro Fracht-/Transporteinheit), Fahrpläne, Transportkapazitäten sowie andere Beförderungsbedingungen untereinander vereinbaren, um die Erbringung regelmäßiger und effizienter Transportdienste nicht nur auf lukrativen Schifffahrtsrouten, sondern auch in anderen möglicherweise verlustbringenden Fahrtgebieten der Welt zu gewährleisten. Vor allem Entwicklungsländer haben ein

---

[66] EuG U. v. 21. 10. 1997 Rs. T-229/94 – *Deutsche Bahn AG/Kommission* Slg. 1997, II-1689, Ls. 9 f., 13.

[67] Vgl. auch 12. Begründungserwägung.

[68] Im Jahr 2004, vgl. *Großmann/Otto/Stiller/Wedemeier,* Maritime Wirtschaft und Transportlogistik, Bd. A, 2006, S. 27 f.

[69] Nach der Legaldefinition des aufgehobenen Art. 1 Abs. 3 (b) VO 4056/86 ist eine Linienkonferenz eine Gruppe von zwei oder mehr Unternehmen der Seeschifffahrt, die internationale Liniendienste für die Beförderung von Ladung in einem bestimmten Fahrtgebiet oder in bestimmten Fahrtgebieten innerhalb fester geographischer Grenzen zur Verfügung stellt und die eine Vereinbarung oder Abmachung gleich welcher Art getroffen hat, in deren Rahmen sie auf der Grundlage einheitlicher oder gemeinsamer Frachtraten und etwaiger sonstiger vereinbarter Bedingungen hinsichtlich der Bereitstellung von Liniendiensten arbeitet.

dringendes Interesse an angemessener Beteiligung am Seeverkehr zwischen ihren Staaten und der Gemeinschaft. Dies führte 1974 zu dem „Übereinkommen der Vereinten Nationen über einen Verhaltenskodex für Linienkonferenzen" (**UN Liner Code**),[70] dessen Regeln mit den Wettbewerbsartikeln des Vertrages in Einklang gebracht werden mussten. Der Liner Code fand in den Entwicklungsländern Zustimmung; in den Industriestaaten stieß er jedoch auf zwiespältige Reaktionen; so ist er z.B. von den Vereinigten Staaten bis heute nicht akzeptiert worden.

Durch die VO 954/79 des Rates, das sog. **„Brussels Package"**, wurde schließlich der Beitritt der EU-Mitgliedstaaten zum UN Liner Code ermöglicht.[71] Das „Brussels Package" war eine Kompromisslösung zwischen UN Liner Code und EG- Vertrag, wonach z. B. der Liner Code im Verkehr der Mitgliedstaaten untereinander oder mit OECD-Staaten keine Anwendung findet. Unabhängig davon erkennen „Brussels Package" und Liner Code die Existenz und stabilisierende Funktion von Linienkonferenzen an. Gleichzeitig sah das „Brussels Package" den Erlass einer Verordnung zur Anwendung der Wettbewerbsregeln auf die Seeschifffahrt vor, die im Hinblick auf die Linienkonferenzen den Liner Code ergänzen und verdeutlichen sollte und so die Basis für die spätere **Gruppenfreistellung der Linienkonferenzen** schuf. Sie bildete das Kernstück der Wettbewerbsverordnung für den Seeverkehr, begegnete aber zunehmender Kritik.[72]

Die VO 4056/86 war Teil eines Paketes von vier Ratsverordnungen im Rahmen der EU-Seeverkehrspolitik,[73] deren gemeinsames Ziel im möglichst freien Zugang zu den internationalen Seeschifffahrtsmärkten sowie eines fairen und unverfälschten Wettbewerbs besteht. Sie erfüllte ursprünglich zwei Aufgaben: zum einen enthielt sie Verfahrensvorschriften für die Durchsetzung der Wettbewerbsvorschriften der Gemeinschaft auf dem Gebiet des Seeverkehrs. Zum anderen enthielt sie bestimmte spezifische materiellrechtliche Wettbewerbsvorschriften für den Seeverkehr. Die VO 4056/86 galt nicht für Seeverkehrsdienstleistungen, die ausschließlich zwischen Häfen desselben Mitgliedstaates oder zu diesem erbracht werden (Kabotage) und auch nicht für internationale Trampdienste.

Mit der **Aufhebung der VO 4056/86** durch die VO 1419/06[74] wurde auch die Freistellung der Linienkonferenzen vom Verbot des Art. 81 Abs. 1 EG mit Wirkung vom 18. Oktober 2008 abgeschafft. Nach Ablauf dieses in Art. 1 Abs. 2 VO 1419/06 vorgesehenen Übergangszeitraums gilt das Verbot des Art. 81 Abs. 1 EG für die Liniendienste im Seefrachtverkehr, so dass Linienkonferenzen nicht länger im Handel von oder nach den Häfen der Mitgliedstaaten tätig sein dürfen. Die Mitgliedstaaten werden daher nicht mehr ihren Verpflichtungen im Rahmen des UN Liner Code nachkommen können. Mitglied-

---

[70] BGBl. II 1983, S. 64; UN Treaty Series 1985/86, 422, No. 22380, Convention on a Code of Conduct for Liner Conferences, concluded at Geneva on 6 April 1974.

[71] 3. Begründungserwägung VO 4056/86.

[72] Vgl. OECD, Competition Policy in Liner Shipping, Final Report DSTI/DOT (2002)2, 16. 4. 2002.

[73] VO (EWG) Nr. 4055/86 d. Rates v. 22. 12. 1986 zur Anwendung des Grundsatzes des freien Dienstleistungsverkehrs auf die Seeschifffahrt zwischen Mitgliedstaaten sowie zwischen Mitgliedstaaten und Drittländern ABl. 1986 L 378/1, geändert durch: VO (EWG) Nr. 3573/90 d. Rates v. 4. 12. 1990 zur Änderung der VO (EWG) Nr. 4055/86 zur Anwendung des Grundsatzes des freien Dienstleistungsverkehrs auf die Seeschifffahrt zwischen Mitgliedstaaten sowie zwischen Mitgliedstaaten und Drittländern auf Grund der Herstellung der deutschen Einheit ABl. 1990 L 353/16; VO (EWG) Nr. 4057/86 d. Rates v. 22. 12. 1986 über unlautere Preisbildungspraktiken in der Seeschifffahrt ABl. 1986 L 378/14; VO (EWG) Nr. 4058/86 d. Rates v. 22. 12. 1986 für ein koordiniertes Vorgehen zum Schutz des freien Zugangs zu Ladungen in der Seeschifffahrt ABl. 1986 L 378/21.

[74] VO (EG) Nr. 1419/06 d. Rates v. 25. 9. 2006 zur Aufhebung der VO (EWG) Nr. 4056/86 über die Einzelheiten der Anwendung der Art. 85 und 86 EGV auf den Seeverkehr und zur Ausweitung des Anwendungsbereichs der VO (EG) Nr. 1/03 auf Kabotage und internationale Trampdienste ABl. 2006 L 269/1.

Kreis

Verkehr 49–53

staaten werden ab dem 18. Oktober 2008 nicht mehr dem Liner Code beitreten, ihn annehmen oder ratifizieren können. Dementsprechend wird die VO 954/79 unanwendbar und zum 18. Oktober 2008 durch die VO 1490/07[75] aufgehoben werden. Die übrigen Verordnungen des „Brussels Package" bleiben hiervon unberührt.

49 Ursprünglich wurde der Erlass der Gruppenfreistellungsverordnung 4056/86 damit begründet, dass Linienkonferenzen eine stabilisierende Rolle spielen, indem sie den Verladern zuverlässige Dienste zur Verfügung stellen, die durch weniger restriktive Maßnahmen nicht gewährleistet werden könnten. Jedoch hat sich bei einer gründlichen Prüfung durch die Kommission gezeigt, dass der Linienseeverkehr nicht außergewöhnlich ist, denn seine Kostenstruktur weicht nicht wesentlich von der anderer Industrien ab.[76]

50 Die Konferenzen legten unter der VO 4056/86 noch immer Gebühren und Zuschläge fest, die einen Teil des Beförderungspreises ausmachten, aber es gelang ihnen nicht mehr, einen einheitlichen Konferenzpreis durchzusetzen. Durch diese Entwicklung ist die Stabilisierungswirkung der Konferenzen entfallen. Konferenzmitglieder boten ihre Dienste immer öfter in Form individueller Dienstleistungsvereinbarungen mit einzelnen Verladern an. Zudem nutzten die Konferenzen nicht sämtliche verfügbaren Beförderungskapazitäten, da jedes Seeverkehrsunternehmen hierüber individuell entschied. Preisstabilität und Dienstleistungszuverlässigkeit wurden infolgedessen durch individuelle Dienstleistungsvereinbarungen bewirkt.[77]

51 Weiterhin erfüllten die Linienkonferenzen nicht mehr die Bedingungen des Art. 81 Abs. 3 EG, da sie den Verbrauchern für die negativen Auswirkungen, die durch die Wettbewerbsbeschränkung entstehen, keinen Ausgleich zukommen ließen, sondern nur den am wenigsten effizienten Konferenzmitgliedern zum Vorteil gereichten.[78] Die Wettbewerbsbeschränkung durch die Linienkonferenzen ist zudem nicht unerlässlich, da Konsortien als Kooperationsvereinbarungen keine Preisfestlegung einschließen und daher weniger restriktiv sind als Konferenzen.[79] Ferner kann aufgrund der Verflechtung von Konferenz- und Konsortialmitgliedern und des damit verbundenen vielschichtigen Informationsaustauschs nur noch auf Einzelfallbasis festgestellt werden, inwieweit Konferenzen in einem wirksamen internen und externen Wettbewerb miteinander stehen.[80]

II. Anwendbarkeit der Verordnung 1/2003 auf den Seeverkehr

1. Einleitung

52 Die Verordnung 4056/86 galt zunächst nur für den internationalen Seeverkehr von oder nach einem oder mehreren Häfen der Gemeinschaft mit Ausnahme der **Trampdienste.** Daraus ergibt sich, dass die Verordnung auf Fracht, Passagiere und andere Dienste, aber auch, dass sie weder auf Seetransporte zwischen Häfen ein und desselben Mitgliedstaates (**„Kabotage"**) noch auf Seeverkehr zwischen Häfen außerhalb der Gemeinschaft (**sog. „cross trades"**) anwendbar war. In diesen Fällen konnte den Wettbewerbsregeln der Artikel 81 und 82 nur nach Maßgabe der Art. 84 und 85 EG Geltung verschafft werden.

53 Die Ausnahme der Trampdienste war eine politische Entscheidung. Sie gründete sich bei Vorlage des Verordnungsvorschlages 1981 auf die Annahme der Kommission, dass die

---

[75] VO (EG) Nr. 1490/07 d. Europäischen Parlaments u. d. Rates v. 11. 12. 2007 zur Aufhebung der VO (EWG) Nr. 954/79 d. Rates über die Ratifikation des Übereinkommens der Vereinten Nationen über einen Verhaltenskodex für Linienkonferenzen durch die Mitgliedstaaten oder über den Beitritt der Mitgliedstaaten zu diesem Übereinkommen ABl. 2007 L 332/1.
[76] 3. Begründungserwägung VO 1419/06.
[77] 4. Begründungserwägung VO 1419/06.
[78] 5. Begründungserwägung VO 1419/06.
[79] 6. Begründungserwägung VO 1419/06.
[80] 7. Begründungserwägung VO 1419/06.

Trampschifffahrt ein weitgehend liberalisierter Markt sei. 1985 ergänzte die Kommission ihren Vorschlag allerdings mit dem wesentlichen Zusatz, dass die Frachtraten nach Maßgabe von Angebot und Nachfrage von Fall zu Fall frei ausgehandelt würden.[81] In der Erklärung Nr. 1 für das Ratsprotokoll zur Annahme der Verordnung forderte der Rat die Kommission jedoch auf, die Wettbewerbssituation unter anderem im Bereich Trampdienste zu prüfen und, soweit erforderlich, neue Vorschläge zu unterbreiten.[82]

Durch die VO 1/2003 wurden zunächst die verfahrensrelevanten Vorschriften der VO 4056/86 aufgehoben, so dass die materiellrechtlichen Vorschriften in Kraft blieben.[83] Von der Anwendbarkeit der VO 1/2003 waren nach wie vor Trampschifffahrt und Kabotage ausgenommen.[84]

Durch die **VO 1419/04** wurde schließlich die gesamte Gruppenfreistellungsverordnung 4056/86 aufgehoben und Trampdienste sowie Kabotage in den Geltungsbereich der VO 1/2003 einbezogen, so dass nunmehr sämtliche Seeverkehrsdienstleistungen unter die allgemeine Verfahrenverordnung fallen. Die VO 1419/04 sieht eine Übergangsfrist bis zum 18. Oktober 2008 vor, um eine Anpassung der nationalen Rechtsordnungen zu ermöglichen.[85]

Die Rechtmäßigkeit von Vereinbarungen, Beschlüssen und abgestimmten Verhaltensweisen, die in den Anwendungsbereich von Art. 81 EG fallen, richtet sich ab dem 18. Oktober 2008 nur noch nach der VO 823/00 für Konsortien und nach den allgemeinen Vorschriften des Art. 81 Abs. 3 EG und der VO 1/2003.

Um die Anwendung von Art. 81 EG auf Seeverkehrsdienstleistungen zu erleichtern, hat die Kommission am 1. Juli 2008 Leitlinien erlassen **(Leitlinien Seeverkehr),**[86] die zunächst über einen Zeitraum von fünf Jahren[87] angewendet werden sollen.

2. Anwendungsbereich

Durch die VO 1419/04 wurde die gesamte Gruppenfreistellungsverordnung 4056/86 aufgehoben und Trampdienste sowie Kabotage in den Geltungsbereich der VO 1/2003 einbezogen, so dass nunmehr alle Seeverkehrsdienstleistungen unter die allgemeinen Verfahrensvorschriften fallen. Die Leitlinien Seeverkehr gelten dagegen nur für Liniendienste, Kabotage und Trampdienste.[88]

Der **geographische** Anwendungsbereich der Verordnung 1/2003 umfasst alle Seewege zwischen der EU und dritten Staaten sowie den Seeverkehr innerhalb der EU. Es gelten die allgemeinen Regeln.

3. Beeinträchtigung des Handels zwischen Mitgliedstaaten

Frachtdienste von Linien- oder Trampreedereien sind in der Regel internationaler Art, da sie Häfen in der Gemeinschaft mit Häfen in Drittländern verbinden und/oder für Aus- und Einfuhren zwischen zwei oder mehreren Mitgliedstaaten genutzt werden (z.B. innergemeinschaftlicher Handel). Die Tatsache, dass bei dem Frachtdienst ein Hafen außerhalb der EU Bestimmungs- oder Herkunftshafen ist, schließt an sich nicht aus, dass der Handel zwischen den Mitgliedstaaten beeinträchtigt wird. Um entscheiden zu können, ob die be-

---

[81] Vgl. 4. Begründungserwägung VO 4056/86.
[82] Protokoll d. Rates Ref. 11.584/86 v. 19. 12. 1986 Annex III Nr. 1.
[83] Art. 38 VO 1/03.
[84] Art. 32 VO 1/03 in der bis zum 17. 10. 06 geltenden Fassung.
[85] 16. Begründungserwägung VO 1419/06.
[86] Leitlinien für die Anwendung von Art. 81 EG auf Seeverkehrsdienstleistungen d. Komm. v. 1. 7. 2008, SEK(2008) 2151 endg.
[87] Leitlinien Seeverkehr, Rn. 8.
[88] Vgl. Leitlinien Seeverkehr, Rn. 12.

Verkehr 61–66

treffenden Leistungen unter das Gemeinschaftsrechts fallen, müssen die Auswirkungen auf Abnehmer und andere Marktteilnehmer in der Gemeinschaft, die diese Frachtdienste in Anspruch nehmen, untersucht werden.[89]

61 In den meisten Fällen ist in Anbetracht der möglichen Auswirkungen auf die Märkte für Beförderungs- und Vermittlerdienstleistungen mit einer Beeinträchtigung des zwischenstaatlichen Handels zu rechnen.[90]

62 Im Falle der **Seekabotage** ist im Einzelfall zu prüfen, inwieweit der zwischenstaatliche Handel durch solche Dienstleistungen beeinträchtigt wird, um eine Abgrenzung zwischen dem einzelstaatlichen Wettbewerbsrecht nach Art. 3 VO 1/2003 und dem Anwendungsbereich des Art. 81 EG zu ermöglichen.[91]

4. Bestimmung des relevanten Marktes

63 Um die Auswirkungen von Vereinbarungen, Beschlüssen und abgestimmten Verhaltensweisen auf den Wettbewerb im Sinne des Art. 81 EG zu prüfen, ist der sachlich und räumlich relevante Markt des Produkts oder der Dienstleistung abzugrenzen. Die Grundsätze zur Marktdefinition, die die Kommission in der Bekanntmachung über die Definition des relevanten Marktes im Sinne des Wettbewerbsrechts der Gemeinschaft[92] niedergelegt hat, sind auch auf den Seeverkehr anwendbar. Für den Linienseeverkehr und Trampdienste hat die Kommission darüber hinaus die Marktdefinition in den Leitlinien Seeverkehr erörtert.

64 Für den Linienverkehr definiert die Kommission den **räumlich relevanten Markt** als das Gebiet, auf dem die betreffenden Dienstleistungen vermarktet werden, d. h. in der Regel eine Reihe von Häfen an beiden Enden der Fahrtroute, die durch die sich überschneidenden Einzugsgebiete der einzelnen Häfen bestimmt sind.[93] Es spricht nichts dagegen, diese Definition auch auf die Trampschifffahrt zu übertragen mit der Einschränkung, dass es sich dabei um Bedarfsverkehr mit wechselnden Herkunfts- und Bestimmungshäfen handelt. In Bezug auf die europäischen Endpunkte wurde der räumliche Markt in Fällen, die den Linienverkehr betreffen, bisher als eine Gruppe von Häfen in Nordeuropa oder im Mittelmeerraum bestimmt. Da Liniendienste von Mittelmeerhäfen aus kaum durch solche von nordeuropäischen Häfen aus substituierbar sind, wurden sie als gesonderte Märkte eingestuft.[94]

65 a) **Linienfrachtverkehr.** Als Linienverkehr gilt die regelmäßige Beförderung von Gütern, vor allem in Containern, zwischen Häfen auf einer bestimmten Seestrecke (Route). Im Linienverkehr werden Fahrpläne und Daten vorab bekanntgegeben und die Leistungen stehen jedem Verkehrsnutzer offen.[95]

66 Der **Container-Linienverkehr** wurde in mehreren Entscheidungen der Kommission und der Gemeinschaftsgerichte als sachlich relevanter Markt im Linienseeverkehr auf Hochseerouten identifiziert.[96] Andere Verkehrsträger wurden nicht demselben Dienstleistungsmarkt zugerechnet – obwohl diese Dienstleistungen in einigen Fällen in marginalem

---

[89] Leitlinien Seeverkehr, Rn. 14.
[90] Vgl. z. B. EuG U. v. 8. 10. 1996 Rs. T-24–26/93, T-28/93 – *Compagnie Maritime Belge Transports S. A. und Compagnie Maritime Belge S. A., Dafra-Lines A/S, Deutsche Afrika-Linien GmbH & Co. und Nedlloyd Lijnen BV/Kommission* Slg. 1996, II-1201 Rn. 201 ff., EuG U. v. 28. 2. 2002 Rs. T-395/94 – *Atlantic Container Line AB/Kommission „TAA"* Slg. 2002, II-875 Rn. 74; Komm. E. v. 14. 11. 2002 – *TACA Neufassung*, ABl. 2003 L 26/53 Rn. 73 f.
[91] Leitlinien Seeverkehr, Rn. 15.
[92] ABl. 1997 L 372/5.
[93] Leitlinien Seeverkehr, Rn. 20.
[94] Leitlinien Seeverkehr, Rn. 20 m. w. N.
[95] Leitlinien Seeverkehr, Rn. 10.
[96] EuG U. v. 30. 9. 2003 Rs. T-191/98, T-212–214/98 – *Atlantic Container Line AB u. a./Kommission „TACA"* Slg. 2003, II-3275 Rn. 781 ff.

Umfang untereinander austauschbar sein können – da nur wenige der in Schiffscontainern beförderten Güter ohne weiteres von anderen Verkehrsträgern (z. B. im Luftverkehr) befördert werden können.[97]

Unter bestimmten Umständen kann der sachlich relevante Markt anhand der jeweiligen Güter, die zur See befördert werden, auch enger definiert werden.[98] Es kann zwar in Ausnahmefällen zu einer Substitution zwischen herkömmlichen Stückguttransporten und Containern kommen, aber ein dauerhaftes Umsteigen von der Containerbeförderung auf den Stückguttransport scheint nach den Untersuchungen der Kommission nicht vorzukommen. Für die überwiegende Mehrheit von Gütern und von Transportkunden bietet der Stückguttransport keine sinnvolle Alternative zum Container-Linienverkehr. Sobald ein Frachtgut regelmäßig in Containern befördert wird, ist eine Rückkehr zu einer anderen Beförderungsmethode unwahrscheinlich. Die Substituierbarkeit geht beim Container-Linienverkehr daher bislang vornehmlich in eine Richtung.[99] 67

b) Trampdienste. Art. 1 Abs. 3 lit. a VO 4056/86 definierte „Trampdienste" als Massenguttransporte oder Transporte von Stückgut (break-bulk) in einem Schiff, das von einem oder mehreren Verladern auf der Grundlage eines Reise- oder Zeitchartervertrags oder eines anderen Vertrages für nicht regelmäßige oder nicht angekündigte Fahrten ganz oder teilweise gechartert wird, wenn die Frachtraten nach Maßgabe von Angebot und Nachfrage von Fall zu Fall frei ausgehandelt werden. Es handelt sich dabei hauptsächlich um unregelmäßige Massenguttransporte, bei denen das gesamte Schiff mit einem einzigen Gut beladen wird. 68

Ausgangspunkt für die Abgrenzung der relevanten Dienstleistungsmärkte bei Trampdiensten sind die sog. **„Hauptkonditionen" für eine Frachtanfrage**, z. B. die zu befördernde Fracht, Frachtvolumen, Be- und Entladehafen, Liegetage, Frachtschiffe. Je nach dem individuellen Bedarf des Nutzers enthalten die Hauptkonditionen verhandelbare und nicht verhandelbare Bestandteile. Ein verhandelbarer Bestandteil kann darauf hindeuten, dass der relevante Markt in Bezug auf diesen Bestandteil letztlich umfassender ist als bei der ursprünglichen Frachtanfrage.[100] 69

Aufgrund der vielschichtigen Arten von Beförderungsverträgen ist auf der Nachfrageseite auch zu klären, ob Zeitcharter-, Reisecharter- und Frachtverträge untereinander austauschbar sind und somit zum gleichen relevanten Markt gehören.[101] 70

Grundsätzlich werden in der Trampschifffahrt die **Schiffstypen** nach Standardgrößen unterteilt. Die Substituierbarkeit von einzelnen Schiffsgrößen muss ebenfalls geprüft werden, da bei einem Missverhältnis zwischen Frachtaufkommen und Schiffsgröße kaum eine wettbewerbsfähige Frachtrate angeboten werden kann.[102] 71

Auf Angebotsseite ist zu prüfen, ob einzelne Schiffstypen austauschbar sind und zu demselben relevanten Markt gehören. Die Abgrenzung kann anhand von physischen und technischen Merkmalen von Schiffstyp und Fracht vorgenommen werden, wie z. B. Schüttgutfrachter, Autotransporter, Öltanker etc. Wenn Schiffe kurzfristig und zu geringen Kosten auf den Transport einer bestimmten Fracht umgestellt werden können, z. B. durch einfache Reinigung, dann können verschiedene Anbieter von Trampdiensten um die Beförderung dieser Fracht konkurrieren und der relevante Markt umfasst mehr als einen Schiffstyp.[103] 72

---

[97] Leitlinien Seeverkehr, Rn. 18; EuG U. v. 30. 9. 2003 Rs. T-191/98, T-212–214/98 – *TACA* Slg. 2003, II-3275 Rn. 783–789.
[98] Bei der Beförderung verderblicher Waren könnte der Markt beispielsweise auf Kühlcontainer oder auf den Transport in herkömmlichen Kühlschiffen eingegrenzt werden.
[99] Leitlinien Seeverkehr, Rn. 19 m. w. N.
[100] Leitlinien Seeverkehr, Rn. 22.
[101] Leitlinien Seeverkehr, Rn. 23.
[102] Leitlinien Seeverkehr, Rn. 24.
[103] Leitlinien Seeverkehr, Rn. 25.

Verkehr 73–79

73 Daneben ist zu berücksichtigen, dass in der Trampschifffahrt Häfen auf individuelle Anfrage angelaufen werden. Die **Schiffsmobilität** kann jedoch durch Terminalengpässe, Tiefgangbeschränkungen oder Umweltnormen für bestimmte Schiffstypen in bestimmten Häfen oder Gebieten eingeschränkt sein.[104]

74 Die Frage etwaiger **Substitutionsketten** zwischen den verschiedenen Größen von Trampschiffen kann ebenfalls eine Rolle spielen. Auf einigen Märkten sind Trampschiffe an beiden Enden der Größenskala nicht direkt durch andere Schiffstypen ersetzbar. Dennoch können Substitutionsketteneffekte auch eine eindämmende Wirkung auf die Preise an diesen Enden ausüben und dazu führen, dass sie einem größeren Markt zugerechnet werden.[105]

75 Bei manchen Märkten für Trampdienste muss geprüft werden, ob die betreffenden Schiffe als unternehmenseigene Kapazitäten des Verladers zu betrachten sind und deshalb bei der Abgrenzung des relevanten Marktes im Einzelfall nicht berücksichtigt werden sollen.[106]

76 Zusätzliche Faktoren wie die Verlässlichkeit des Dienstleistungsanbieters sowie Sicherheits- und andere Normen können die Substituierbarkeit auf der Angebots- und Nachfrageseite beeinflussen (z. B. die Vorschrift, dass in Gewässern der Gemeinschaft nur Doppelhüllentanker verkehren dürfen).[107]

77 Im Bereich der Trampdienste hat die Kommission im Februar 2003 unangekündigte Nachprüfungen bei mehreren Betreibern von Hochseetankerdiensten in der EU durchgeführt.[108] Infolgedessen hat die Kommission im April 2007 mehreren Unternehmen im Bereich der Flüssig-Massengutfrachter Beschwerdepunkte zugesandt. Den Unternehmen wurden Preisabsprachen, Kundenaufteilung, Angebotsabsprachen und der Austausch vertraulicher Marktinformationen vorgeworfen.[109] Es ist daher davon auszugehen, dass Trampschifffahrt in der künftigen Entscheidungspraxis der Kommission eine Rolle spielen wird.

78 **c) Kabotage.** Unter Kabotage versteht man Seeverkehrsdienstleistungen (einschließlich Linien- und Trampverkehr) zwischen Häfen ein- und desselben Mitgliedstaats, Art. 1 VO 3577/92.[110] Die Grundsätze zur Abgrenzung der sachlich relevanten Märkte für Linien- und Trampdienste können daher auch hier angewendet werden.

79 **d) Spezialtransporte.** Spezialtransporte beinhalten regelmäßige Beförderungsdienste für einen einzelnen Frachttyp und unterscheiden sich insoweit von Linien- und Trampdiensten. Grundlage für Spezialtransporte sind vor allem Frachtverträge, die von Seeschifffahrtsunternehmen mit einem Verlader oder einer kleinen Gruppe von Verladern langfristig geschlossen werden. Die auf einer spezifischen Nachfrage beruhende Regelmäßigkeit der Dienste wird unmittelbar zwischen Transporteur und Verlader ausgehandelt

---

[104] Leitlinien Seeverkehr, Rn. 27.
[105] Leitlinien Seeverkehr, Rn. 28.
[106] Leitlinien Seeverkehr, Rn. 29.
[107] VO (EG) Nr. 417/02 d. Europäischen Parlaments u. d. Rates v. 18. 2. 2002 zur beschleunigten Einführung von Doppelhüllen oder gleichwertigen Konstruktionsanforderungen für Einhüllen-Öltankschiffe und zur Aufhebung der VO (EG) Nr. 2978/94 d. Rates ABl. 2002 L 64/1, zuletzt geändert durch: VO (EG) Nr. 457/07 d. Europäischen Parlaments u. d. Rates v. 25. 4. 2007 zur Änderung der VO (EG) Nr. 417/02 zur beschleunigten Einführung von Doppelhüllen oder gleichwertigen Konstruktionsanforderungen für Einhüllen-Öltankschiffe ABl. 2007 L 113/1; Leitlinien Seeverkehr, Rn. 30.
[108] Vgl. KOM Pressemitt. MEMO(03)38 – *Inspections in deep-sea maritime transport services.*
[109] Vgl. KOM Pressemitt. MEMO(07)131 – *Statement of Objections in cartel for transport of bulk liquids by sea.*
[110] VO (EWG) Nr. 3577/92 d. Rates v. 7. 12. 1992 zur Anwendung des Grundsatzes des freien Dienstleistungsverkehrs auf den Seeverkehr in den Mitgliedstaaten (Seekabotage) ABl. 1992 L 364/7.

C. Seeverkehr

und ist in ihrem Wesen von den Liniendiensten, bei denen regelmäßige Dienste unabhängig von einer spezifischen Nachfrage allen potenziellen Verladern unterschiedslos angeboten werden, verschieden.[111] Dies gilt insbesondere für den Seetransport von Automobilen.[112]

Verwendet werden Spezialschiffe, die in baulicher und/oder technischer Hinsicht den Besonderheiten der zu befördernden Fracht angepasst sind.[113] Spezialschiffe können zwar auch andere Frachtarten befördern; dies kann jedoch mit Wettbewerbsnachteilen verbunden sein. Die Fähigkeit der Betreiber von Spezialtransporten, um die Beförderung anderer Fracht zu konkurrieren, ist begrenzt.[114] Sie bilden daher in der Regel keinen gemeinsamen sachlich relevanten Markt mit Trampdiensten oder Liniendiensten. **80**

e) Marktanteile. Marktanteile bieten erste nützliche Hinweise auf die Marktstruktur und auf die wettbewerbsbezogene Bedeutung der beteiligten Unternehmen und ihrer Wettbewerber.[115] Daneben können bei weltweiten Kartellen Diskrepanzen zwischen dem weltweiten Marktanteil und dem EWR-weiten Marktanteil zu erheblichen Reduktionen der Geldbußen führen.[116] **81**

Im **Linienverkehr** bilden Mengen- und/oder Kapazitätsangaben die Grundlage für die Berechnung von Marktanteilen.[117] **82**

Auf den Märkten für **Trampdienste** konkurrieren die Dienstleistungsanbieter um die Vergabe von Beförderungsverträgen, d. h. sie verkaufen Transportfahrten oder Transportkapazität. Je nach Besonderheit der betreffenden Beförderungsleistung werden von der Kommission die folgenden Daten für die Ermittlung des jährlichen Marktanteils herangezogen: **83**
– Anzahl der Fahrten
– Mengen- oder wertmäßiger Anteil der beteiligten Unternehmen am gesamten Beförderungsaufkommen bei der jeweiligen Frachtart (zwischen zwei oder mehreren Häfen)
– Marktanteil der beteiligten Unternehmen bei Zeitcharterverträgen
– der Anteil der beteiligten Unternehmen an den Flottenkapazitäten (nach Schiffstyp und -größe).

Je nach den spezifischen Gegebenheiten des relevanten Trampschifffahrtsmarktes können auch kürzere Zeiträume zugrunde gelegt werden, insbesondere bei Märkten, auf denen Frachtverträge für Zeiträume unter einem Jahr vergeben werden.[118]

5. Einzelne Vereinbarungstypen und Anwendbarkeit von Art. 81 Abs. 3 EG

Auf Dienstleistungsmärkten wie dem Seeverkehr müssen die Vereinbarungen vor allem unter folgenden Aspekten auf mögliche Auswirkungen auf den betreffenden Markt geprüft werden: Preise, Kosten, Qualität, Häufigkeit der Dienstleistung und Differenzierung des Dienstleistungsangebots, Innovation, Marketing und Kommerzialisierung der Dienstleistung.[119] **84**

Soweit sich die bisherige Entscheidungspraxis der Kommission und die Rechtsprechung der Gemeinschaftsgerichte nicht auf die ehemalige Gruppenfreistellungsverordnung 4056/86 stützt, finden die bisherigen Grundsätze zu Art. 81 Abs. 3 EG weiterhin Anwendung auf den Seeverkehr. Zur Orientierung hat die Kommission in den Leitlinien Seeverkehr die **85**

---

[111] Komm. E. v. 19. 10. 1994 – *TAA*, ABl. 1994 L 376/1 Rn. 49.
[112] Komm. E. v. 29. 11. 2002 – *Zusammenschluss WWL/HMM*, SG(2002)D/232.876.
[113] Komm. E. v. 19. 10. 1994 – *TAA*, ABl. 1994 L 376/1 Rn. 47–49.
[114] Leitlinien Seeverkehr, Rn. 26.
[115] Leitlinien Seeverkehr, Rn. 33.
[116] Leitlinien für das Verfahren zur Festsetzung von Geldbußen gem. Art. 23 Abs. 2 (a) der VO 1/03 (EG) ABl. 2006 C 210/2 Rn. 18.
[117] Leitlinien Seeverkehr, Rn. 33 m. w. N.
[118] Leitlinien Seeverkehr, Rn. 34.
[119] Leitlinien Seeverkehr, Rn. 35.

Vereinbarkeit von technischen Vereinbarungen, Informationsaustausch und Pools mit Art. 81 Abs. 3 EG erläutert.

86 Daneben finden die allgemeinen Leitlinien zur Anwendung von Art. 81 Abs. 3 EG[120] und die Leitlinien zur Anwendbarkeit von Art. 81 EG auf Vereinbarungen über horizontale Zusammenarbeit[121] Anwendung, sofern keine sektorspezifischen Regeln vorrangig sind.[122]

87 **a) Technische Vereinbarungen.** Gemäß der abschließenden Liste des ehemaligen Art. 2 VO 4056/86 fielen Vereinbarungen, Beschlüsse oder aufeinander abgestimmte Verhaltensweisen grundsätzlich nicht unter Art. 81 Abs. 1 EG, wenn sie ausschließlich die Anwendung technischer Verbesserungen oder die technische Zusammenarbeit bezwecken oder bewirken, und zwar durch
– die Einführung und einheitliche Anwendung von Normen und Typen für Schiffe und sonstige Beförderungsmittel, Material, Betriebsmittel für den Verkehr oder feste Einrichtungen;
– den Austausch oder die gemeinsame Verwendung von Schiffen, Schiffsraum oder Slots, dh. Containerstellplätze auf einem Schiff, sowie sonstigen Beförderungsmitteln, Personal, Material oder festen Einrichtungen zur Durchführung von Beförderungen;
– die Organisation und Durchführung von Anschluss- oder Zusatzbeförderungen zur See sowie die Festlegung oder Anwendung von Gesamtpreisen und -bedingungen für diese Beförderung;
– die Abstimmung der Fahrpläne für aufeinander folgende Strecken;
– die Zusammenfassung von Einzelladungen;
– die Aufstellung oder Anwendung einheitlicher Regeln für die Struktur der Beförderungstarife und die Bedingungen für deren Anwendung.

88 Die Kommission sieht diese Vorschrift nunmehr als **entbehrlich** an[123] und behält in den Leitlinien Seeverkehr den Grundsatz bei, dass bestimmte technische Vereinbarungen nicht unter die Verbotvorschrift des Art. 81 EG fallen, weil sie den Wettbewerb nicht beschränken, beispielsweise horizontale Vereinbarungen, deren einziger Zweck – und einzige Wirkung – in der Einführung technischer Verbesserungen oder einer technischen Zusammenarbeit besteht. Insbesondere Vereinbarungen zur Umsetzung von Umweltnormen können in diese Kategorie fallen. Ausgenommen sind allerdings Absprachen von Wettbewerbern über Gebühren, Kapazitäten oder andere Wettbewerbsparameter.[124]

89 **b) Linienkonferenzen.** Eine „**Linienkonferenz**" ist eine Gruppe von zwei oder mehr Unternehmen der Seeschifffahrt, die internationale Liniendienste für die Beförderung von Ladung in einem bestimmten Fahrtgebiet oder in bestimmten Fahrtgebieten innerhalb fester geographischer Grenzen zur Verfügung stellt und die eine Vereinbarung oder Abmachung gleich welcher Art getroffen hat, in deren Rahmen sie auf der Grundlage einheitlicher oder gemeinsamer Frachtraten und etwaiger sonstiger vereinbarter Bedingungen hinsichtlich der Bereitstellung von Liniendiensten arbeitet.

90 Mit der VO 1419/06 wurde die VO 4056/86 und damit die Gruppenfreistellung für Linienkonferenzen von Frachtreedereien zur Festsetzung von Frachtraten und sonstigen Beförderungsbedingungen aufgehoben, da das Konferenzsystem die Kriterien von Art. 81 Abs. 3 EG nicht mehr erfüllt. Die **Aufhebung der Gruppenfreistellung** wird zum 18. Oktober 2008 wirksam. Ab diesem Datum müssen Linienschifffahrtsunternehmen, die Frachtverkehrsleistungen von und/oder nach einem oder mehreren Häfen der Europäischen Union anbieten, sämtliche Tätigkeiten innerhalb von Linienkonferenzen einstellen,

---

[120] ABl. 2004 C 101/97.
[121] ABl. 2001 C 3/2.
[122] Leitlinien zur Anwendbarkeit von Art. 81 EG auf Vereinbarungen über horizontale Zusammenarbeit ABl. 2001 C 3/2 Rn. 13.
[123] 9. Begründungserwägung VO 1419/06.
[124] Leitlinien Seeverkehr, Rn. 37 m. w. N.

die gegen Art. 81 EG verstoßen, selbst wenn andere Rechtsordnungen die Festsetzung von Frachtraten durch Linienkonferenzen oder Rahmenvereinbarungen („discussion agreements") ausdrücklich oder stillschweigend zulassen. Die Konferenzmitglieder müssen außerdem sicherstellen, dass ab dem 18. Oktober 2008 alle nach dem Konferenzsystem getroffenen Vereinbarungen mit Art. 81 EG in Einklang stehen.[125] Es ist allerdings rechtlich unbefriedigend, dass es keine Mechanismen zur Konfliktlösung bei Widersprüchen zwischen EU-Recht und den nationalen Rechten von Drittstaaten gibt, wie sie in der VO 4056/86 vorgesehen waren.

Dies gilt auch für Vereinbarungen über die Beförderung von Passagieren im Liniendienst, die bereits unter der VO 4056/86 nicht freigestellt waren.[126] **91**

Horizontale Kooperationsvereinbarungen im Linienverkehr über die Bereitstellung gemeinsamer Dienste, sog. **Konsortien,** fallen unter die VO 823/00.[127] **92**

Als unvereinbar mit Art. 81 Abs. 3 EG wurden z. B. Absprachen über einzelne Bestandteile von Beförderungsentgelten, wie Währungsaufschläge für Roll-on/Roll-off-Frachtbeförderung durch Fährdienste eingestuft.[128] **93**

c) Multimodaler Transport. Multimodale Beförderung erfolgt in fünf Stufen: Landtransport zum Verladehafen (Hafenvorlauf); Umschlag im Verladehafen vom Landtransportmittel auf das Seeschiff; Seetransport (per Schiff von einem Hafen zu einem anderen Hafen); Umschlag im Bestimmungshafen (Entladung vom Schiff auf das Landtransportmittel); Landtransport vom Bestimmungshafen zum Endbestimmungsort (Hafennachlauf). **94**

Nachdem die VO 4056/86 außer Kraft getreten ist, muss eine Absprache im Bereich des multimodalen Verkehrs den Voraussetzungen des Art. 81 Abs. 3 EG genügen, um vom Kartellverbot des Art. 81 Abs. 1 EG ausgenommen zu sein. **95**

Ausgangspunkt der Diskussion war die Praxis von Linienkonferenzen, die Preise nicht nur für den Seetransport, sondern auch für den **Hafenvor-** und **Hafennachlauf** sowie für den **Hafenumschlag** abzusprechen. **96**

1994 berief die Kommission eine Expertengruppe ein, um sie in dieser Frage zu beraten. Die sog. „**Multimodal Group**" erstattete ihren Schlussbericht im Dezember 1997[129] mit der Feststellung, dass es keinen Grund gebe, Inland-Preisabsprachen von Linienkonferenzen freizustellen. In der **TACA**-Entscheidung 1998[130] bestätigte die Kommission ihre bisherige Auffassung,[131] dass Inland-Preisabsprachen weder unter die (ehemalige) Gruppenfreistellung 4056/86 fielen noch durch individuelle Entscheidung freistellbar seien. Diese Auffassung hat das EuG nunmehr bestätigt.[132] **97**

d) Absprachen über Kapazitäten/Regulierung von Transportkapazitäten. Die Regulierung der von den einzelnen Mitgliedern einer Linienkonferenz angebotenen Transportkapazität war durch die VO 4056/86 freigestellt und beurteilt sich heute nach den Voraussetzungen des Art. 81 Abs. 3 EG. Eine Absprache zur **Nichtnutzung vorhandener Kapazitäten,** die lediglich eine Anhebung der Frachtraten bezweckt, war dagegen auch nicht unter der VO 4056/86 freigestellt[133] und erfüllte ebensowenig die Vorausset- **98**

---

[125] Leitlinien Seeverkehr, Rn. 4.
[126] Komm. E. v. 9. 12. 1998 – *Griechische Fährschiffe,* ABl. 1999 L 109/24.
[127] Leitlinien Seeverkehr, Rn. 6; vgl. Kommentierung zu VO 823/00.
[128] Vgl. Komm. E. v. 30. 10. 1996 – *Währungsaufschläge,* ABl. 1997 L 26/23.
[129] Amt für amtl. Veröffentlichungen der Europäischen Gemeinschaften 1998 (ISBN 92-828-29.340).
[130] Komm. E. v. 16. 9. 1998 – *TACA,* ABl. 1999 L 95/1 Rn. 400 ff.
[131] Komm. E. v. 21. 12. 1994 – *FEFC,* ABl. 1994 L 378/17 Rn. 56 ff., 75, 88.
[132] EuG 28. 2. 2002 Rs. T-86/95 – *FEFC* Slg. 2002, II-1011 Rn. 231 ff., 267.
[133] 1994 verbot die Kommission ein TAA Capacity Management Programme im Westbound Transatlantic-Verkehr, vgl. Komm. E. 19. 10. 1994 – *TAA,* ABl. 1994 L 376/1 Rn. 365 ff.; 1999 untersagte die Kommission ein EATA Capacity Management Programme im eastbound Europe/Far East-Verkehr, vgl. Komm. E. v. 30. 4. 1999 – *EATA,* ABl. 1999 L 193/23 Rn. 148 ff.

zungen des Art. 81 Abs. 3 EG. Vereinbarungen über zeitlich befristete Stilllegungen von Transportkapazität, die, unabhängig von saisonalen oder zyklischen Anpassungen, auf Grund der spezifischen Investitionserfordernisse im Seeverkehr erfolgen, ohne damit lediglich eine Anhebung der Frachtraten zu bezwecken, können individuell und ggfs. unter bestimmten Verpflichtungszusagen der Parteien gemäß Art. 81 Abs. 3 EG freigestellt werden.

99 **e) Servicekontrakte.** Servicekontrakte sind Verträge zwischen Verlader und Reeder, in denen sich der Verlader verpflichtet, für eine bestimmte Zeit eine Mindestmenge Fracht zu verladen und der Reeder sich zur Anwendung einer bestimmten Frachtrate verpflichtet. Im Gegensatz zu Treueabmachungen ist ein Servicekontrakt ein **individueller** Vertrag, der dem Reeder die Möglichkeit einräumt, auch als Konferenzmitglied **unabhängig** zu operieren. Dies trifft inzwischen auf die Mehrheit aller Verträge zu, so dass es den Linienkonferenzen nicht mehr möglich war einen einheitlichen Linientarif durchzusetzen.[134] Absprachen, Beschlüsse und abgestimmte Verhaltensweisen über den Inhalt und die Ausgestaltung von Servicekontrakten oder über das Verbot individuellen Handelns bei gemeinsamen Servicekontrakten waren bereits von der Freistellung der VO 4056/86 nicht gedeckt[135] und sind auch heute nicht individuell freistellbar.

100 Das Gleiche gilt in Ansehung der Vergütungen für **Spediteure.**

101 **f) Informationsaustauschsysteme im Seeverkehr.** Unter einem Informationsaustausch versteht man eine Abmachung, auf deren Grundlage Unternehmen Informationen untereinander austauschen oder an eine gemeinsam eingerichtete Stelle weitergeben, die für die zentrale Sammlung, Erfassung und Verarbeitung sowie die Rückgabe an die Beteiligten in der vereinbarten Form und Häufigkeit zuständig ist.[136] Informationsaustausch kann grundsätzlich zu einer Verbesserung der **Markttransparenz** und zur Information der Abnehmer beitragen und somit zu Effizienzgewinnen führen. Der Austausch geschäftlich sensibler, unternehmensspezifischer Marktdaten kann jedoch gegen Art. 81 EG verstoßen. Grundsätzlich verstößt ein Informationsaustausch gegen Art. 81 EG, wenn er die Ungewissheit über das relevante Marktgeschehen verringert oder beseitigt und dadurch zu einer Beschränkung des Wettbewerbs zwischen den Unternehmen führt.[137] Ein Informationsaustausch, der im Zusammenhang mit einer anderen wettbewerbswidrigen Verhaltensweise steht, ist zusammen mit ihr zu beurteilen.[138]

102 Ein Spezialfall des Informationsaustauschs zwischen Konsortialpartnern, soweit er mit der gemeinsamen Wahrnehmung von Liniendiensten im Seeverkehr zusammenhängt, ist in der VO 823/00 geregelt.[139]

103 Grundsätzlich sind folgende Aspekte bei der Beurteilung eines Informationsaustauschsystems zu beachten:
— Beeinflussung des Marktverhaltens von Wettbewerbern,
— der betroffene Markt ist von Wettbewerb geprägt, welcher durch zunehmende Transparenz im Rahmen eines Informationsaustausches verstärkt wird,
— Häufigkeit/Frequenz des Austauschs von Informationen lässt keine Schlüsse auf Marktpositionen und Strategien von Wettbewerbern zu — dieses Risiko besteht allerdings insbesondere bei oligopolistisch strukturierten Märkten,
— Marktstruktur: Konzentrationsgrad und Struktur von Angebot und Nachfrage,

---

[134] Vgl. 4. Begründungserwägung VO 1419/06.
[135] Komm. E. 16. 9. 1998 – *TACA*, ABl. 1999 L 95/1 Rn. 397 f.
[136] Leitlinien Seeverkehr, Rn. 38.
[137] EuGH U. v. 28. 5. 1998 Rs. C-7/95 – *John Deere Ltd./Kommission* Slg. 1998, I-3111 Rn. 90; U. v. 2. 10. 2003 Rs. C-194/99 P – *Thyssen Stahl AG /Kommission* Slg. 2003, I-10821 Rn. 81.
[138] EuGH U. v. 8. 7. 1999 Rs. C-49/92 P – *Kommission/Anic Partecipazioni* SpA. Slg. 1999, I-4125 Rn. 121–126.
[139] Vgl. Kommentierung zu VO 823/00.

C. Seeverkehr

– Art der ausgetauschten Information: Preise, Kapazitäten, Kosten fallen eher unter Art. 81 Abs. 1 EG als andere Informationen,
– öffentlich zugängliche Informationen, Austausch in aggregierter oder individueller Form
– Alter der Daten, Zeitraum, auf den sie sich beziehen.[140]

104 Im Linienseeverkehr ist hingegen Vorsicht beim Austausch von **Kapazitätsprognosen** selbst in Aggregatform geboten, vor allem wenn er auf Märkten mit hohem Konzentrationsgrad erfolgt. Auf den Linienverkehrsmärkten sind Kapazitätsangaben für die Koordinierung des Wettbewerbsverhaltens der Hauptparameter, der sich auch unmittelbar auf die Preise auswirkt. Zusammengefasste Kapazitätsprognosen, die einen Hinweis auf die Kapazitätsaufteilung auf einzelne Routen geben, können wettbewerbswidrig sein, da sie mehrere oder gar alle Seeverkehrsunternehmen zu einer einheitlichen Geschäftspolitik veranlassen und somit dazu führen könnten, dass die Preise der Leistungen über dem Wettbewerbsniveau liegen. Außerdem besteht das Risiko einer Aufschlüsselung der Daten nach einzelnen Unternehmen, da sie mit individuellen Ankündigungen einzelner Linienreedereien verknüpft werden könnten. Dies gäbe den Unternehmen Aufschluss über die Marktstellung und Strategie ihrer Konkurrenten.[141]

105 Im Linienverkehr gibt es **Preisindices**, denen die durchschnittlichen Preisbewegungen für die Beförderung eines Containers zu entnehmen sind. Ein Preisindex, der auf ordnungsgemäß **aggregierten Preisangaben** beruht, dürfte nicht gegen Art. 81 Abs. 1 EG verstoßen, solange die Daten so weit aggregiert sind, dass sie nicht mehr aufgeschlüsselt werden können und folglich den Unternehmen keine direkten oder indirekten Rückschlüsse auf die Geschäftsstrategien ihrer Wettbewerber ermögliche. Verringert oder beseitigt ein Preisindex allerdings die Ungewissheit über das Marktgeschehen und bewirkt dadurch eine Beschränkung des Wettbewerbs zwischen den Unternehmen, wäre dies ein Verstoß gegen Art. 81 Abs. 1 EG. Bei der Prüfung der wahrscheinlichen Auswirkungen eines solchen Preisindexes auf einen bestimmten relevanten Markt sind der Grad der Datenaggregation, der historische bzw. aktuelle Charakter der Daten und die Erscheinungshäufigkeit des Preisindexes zu berücksichtigen. Generell sollten alle einzelnen Aspekte des Informationsaustauschs in ihrer Gesamtheit untersucht werden, um potentielle Wechselwirkungen (z. B. zwischen dem Austausch von Mengen- und Kapazitätsangaben einerseits und dem Preisindex andererseits) zu erfassen.[142]

106 Ein Informationsaustausch zwischen Seeverkehrsunternehmen, der den Wettbewerb einschränkt, könnte aber auch zu **Effizienzgewinnen** führen (z. B. bessere Investitionsplanung und bessere Kapazitätsauslastung). Derartige Effizienzgewinne müssen substantiiert sein, an die Kunden weitergegeben werden und gegenüber den wettbewerbswidrigen Wirkungen des Informationsaustausches im Rahmen von Art. 81 Abs. 3 EG abgewogen werden. In diesem Zusammenhang sei darauf hingewiesen, dass laut Art. 81 Abs. 3 EG der Verbraucher an dem durch die wettbewerbsbeschränkende Vereinbarung entstehenden Gewinn angemessen zu beteiligen ist. Wenn alle vier Voraussetzungen des Art. 81 Abs. 3 EG erfüllt sind, ist das Verbot von Art. 81 Abs. 1 EG nicht anwendbar.[143]

107 Wie in anderen Wirtschaftszweigen können im Linienverkehr Gespräche und Informationsaustausch im Rahmen von **Verbänden** stattfinden, sofern der Verband nicht in folgender Weise genutzt wird:
a) als Forum für Kartelltreffen, b) als Gremium, das wettbewerbswidrige Entscheidungen oder Empfehlungen an seine Mitglieder ausgibt, c) als Mittel zum Informationsaustausch, das die Ungewissheit über das Marktgeschehen verringert oder beseitigt und dadurch eine

---

[140] Leitlinien Seeverkehr, Rn. 44 ff.
[141] Leitlinien Seeverkehr, Rn. 53.
[142] Leitlinien Seeverkehr, Rn. 57.
[143] Leitlinien Seeverkehr, Rn. 58, vgl. auch Leitlinien zur Anwendung von Art. 81 Abs. 3 EG, ABl. 2004 C 101/97.

Beschränkung des Wettbewerbs zwischen den Unternehmen bewirkt, wobei gleichzeitig die Voraussetzungen des Art. 81 Abs. 3 EG nicht erfüllt sind. Anders zu beurteilen sind legitime Gespräche innerhalb eines Branchenverbandes über Fragen wie technische Standards oder Umweltnormen.[144]

108 **g) Poolvereinbarungen bei Trampdiensten.** Die häufigste Form der horizontalen Zusammenarbeit bei Trampdiensten sind sog. Frachtpools.[145] In einem **Frachtpool** werden eine größere Zahl ähnlicher Schiffe die unterschiedlichen Eigentümern gehören, einer gemeinsamen Verwaltung unterstellt. In der Regel ist ein Poolmanager für die wirtschaftliche Verwaltung, Aushandlung von Frachtraten und Zentralisierung und Verteilung von Einnahmen und Fahrtkosten nach einem bestimmten Schlüssel sowie die organisatorischen Aspekte wie Routenplanung, Anweisung der Schiffe, Benennung von Agenten in den Häfen, Information der Kunden, Fakturierung, Bunkernbestellung, Einziehung der Einnahmen usw. verantwortlich. In den meisten Fällen untersteht der Poolmanager einem Aufsichtsgremium, in dem die Schiffseigner vertreten sind. Der technische Betrieb der Schiffe liegt meist in der Verantwortung der Reedereien (Sicherheit, Besatzung, Instandsetzung, Wartung usw.). Die Mitglieder vermarkten ihre Leistungen zwar gemeinsam, erbringen sie jedoch häufig getrennt.[146]

109 Ob ein Pool unter Art. 81 Abs. 1 EG fällt und die Voraussetzungen des Art. 81 Abs. 3 EG erfüllt, ist im Einzelfall zu prüfen. Pools, die unter die **Fusionsverordnung 139/04** fallen, sind davon nicht betroffen.[147]

110 Poolvereinbarungen, deren Mitglieder keine tatsächlichen oder potentiellen Wettbewerber sind, fallen nicht unter Art. 81 Abs. 1 EG. Dies gilt z.B. für Frachtpools zwischen Reedereien, die gegründet werden, um gemeinsam Angebote für Frachtverträge zu unterbreiten und Letztere gemeinsam ausführen zu können, weil sie als Einzelbewerber mit ihren Angeboten nicht erfolgreich wären oder die Aufträge allein nicht ausführen können. Dies gilt auch, wenn solche Pools gelegentlich andere Ladungen befördern, die nur einen kleinen Teil des Gesamtvolumens ausmachen.[148]

111 Poolvereinbarungen zwischen Wettbewerbern, die auf den **gemeinsamen Verkauf** beschränkt sind, bezwecken und bewirken in der Regel eine Abstimmung des Preisverhaltens der Wettbewerber. Die Tätigkeiten eines unabhängigen Schiffsmaklers beim Vertragsabschluss für eine Transportleistung fallen nicht in diese Kategorie.[149]

112 Manche Pools umfassen zwar nicht den gemeinsamen Verkauf, wohl aber einen gewissen Grad an Abstimmung in Bezug auf die Wettbewerbsparameter wie **gemeinsame Fahrplangestaltung** oder **gemeinsamer Einkauf.** In solchen Fällen ist Art. 81 Abs. 1 EG nur anwendbar, wenn die Beteiligten über eine gewisse Marktmacht verfügen.[150]

113 Grds. fällt ein Pool unter Art. 81 Abs. 1, wenn er geeignet ist, spürbare negative Auswirkungen auf die Wettbewerbsparameter im Markt wie Preise, Kosten, Differenzierung des Leistungsangebots, Qualität der Dienstleistungen und Innovation zu haben. Die Leitlinien über horizontale Zusammenarbeit und Anwendung von Art. 81 Abs. 3 EG finden Anwendung.[151] Fällt ein Pool unter Art. 81 Abs. 1 EG, müssen die betreffenden Unternehmen ihrerseits sicherstellen, dass sämtliche vier Freistellungsvoraussetzungen des Art. 81 Abs. 3 EG erfüllt sind.

---

[144] Leitlinien Seeverkehr, Rn. 59.
[145] Leitlinien Seeverkehr, Rn. 60.
[146] Leitlinien Seeverkehr, Rn. 61.
[147] Leitlinien Seeverkehr, Rn. 63.
[148] Leitlinien Seeverkehr, Rn. 64.
[149] Leitlinien Seeverkehr, Rn. 65 f.
[150] Leitlinien Seeverkehr, Rn. 68.
[151] ABl. 2001 C 3/2; Leitlinien Seeverkehr, Rn. 67.

C. Seeverkehr

6. Verfahren, Kartellaufsicht

Die Verfahrensvorschriften im Verkehrssektor wurden durch die **VO 773/04** den allgemeinen für alle Wirtschaftszweige geltenden Verfahrensvorschriften zum 1. Mai 2004 angepasst,[152] mit der Folge, dass das Verfahren sich nunmehr ausschließlich nach der VO 1/03 bestimmt. 114

Der Erlass von **Gruppenfreistellungen** gemäß Art. 81 Abs. 3 EG ist geregelt in der VO (EWG) Nr. 2821/71 d. Rates v. 20. 12. 1971 über die Anwendung von Artikel 85 Absatz 3 des Vertrages auf Gruppen von Vereinbarungen, Beschlüssen und aufeinander abgestimmten Verhaltensweisen,[153] zuletzt geändert durch VO 1/2003. Aufgrund dieser VO kann die Kommission neue Gruppenfreistellungsverordnungen erlassen. Die VO 2821/71 wurde nicht aufgehoben, obwohl seit dem Inkrafttreten der VO 1/2003 den Gruppenfreistellungsverordnungen nur noch **deklaratorische Bedeutung** zukommt. Der Erlass von Gruppenfreistellungen im Seeverkehr bleibt daher möglich. 115

7. Verhältnis zu Drittstaaten

Das Verfahren zur Behandlung etwaiger internationaler Rechtsstreitigkeiten welches noch in der VO 4056/86 vorgesehen war, ist nach Auffassung des Gemeinschaftsgesetzgebers redundant und wurde daher gestrichen.[154] 116

Die Kommission hat von diesen Befugnissen der VO 4056/86 praktisch keinen Gebrauch gemacht. 1987 erhielt die Kommission **Beschwerden** wegen Frachtreservierungen und Einschränkungen des Zuganges von Nicht-Konferenzlinien zum Schifffahrtsverkehr zwischen **Europa** und **West- und Zentralafrika**.[155] Im Anschluss an diese Beschwerden wurden koordinierte Maßnahmen gemäß der Verordnung (EWG) Nr. 4058/86 zum Schutz des Zuganges zu Ladungen in der Seeschifffahrt[156] ergriffen, in deren Rahmen es zu Verhandlungen mit Vertretern der betroffenen afrikanischen Staaten auch unter Bezug auf die Vorschriften des Art. 7 kam.[157] Zu einer Anwendung des Art. 7 VO 4056/86 gegenüber Reedereien im CEWAL-Fall kam es jedoch nicht, weil die Kommission hätte bewei- 117

---

[152] 17. Begründungserwägung VO (EG) Nr. 773/04 d. Komm. v. 7. 4. 2004 über die Durchführung von Verfahren auf der Grundlage der Art. 81 und 82 EG durch die Kommission ABl. 2004 L 123/18, geändert durch: VO (EG) Nr. 622/08 d. Komm. v. 30. 6. 2008 zur Änderung der VO (EG) Nr. 773/04 hinsichtlich der Durchführung von Vergleichsverfahren in Kartellfällen ABl. 2008 L 171/3; VO (EG) Nr. 1792/06 d. Komm v. 23. 10. 2006 zur Anpassung einiger Verordnungen, Beschlüsse und Entscheidungen in den Bereichen freier Warenverkehr, Freizügigkeit, Wettbewerbspolitik, Landwirtschaft (Veterinär- und Pflanzenschutzrecht), Fischerei, Verkehrspolitik, Steuerwesen, Statistik, Sozialpolitik und Beschäftigung, Umwelt, Zollunion und Außenbeziehungen anlässlich des Beitritts Bulgariens und Rumäniens ABl. 2006 L 362/1.

[153] ABl. 1971 L 285/46, geändert durch: VO (EWG) Nr. 2743/72 d. Rates v. 19. 12. 1972 zur Änderung der VO (EWG) Nr. 2821/71 über die Anwendung von Art. 85 Abs. 3 EGV auf Gruppen von Vereinbarungen, Beschlüssen und aufeinander abgestimmten Verhaltensweisen ABl. 1972 L 291/144; Dokumente betreffend den Beitritt des Königreichs Spanien und der Portugiesischen Republik zu den Europäischen Gemeinschaften, Akte über die Bedingungen des Beitritts des Königreichs Spanien und der Portugiesischen Republik und die Anpassungen der Verträge, Anhang I: Liste zu Art. 26 der Beitrittsakte ABl. 1985 L 302/165; Akte über die Bedingungen des Beitritts des Königreichs Norwegen, der Republik Österreich, der Republik Finnland und des Königreichs Schweden und die Anpassungen der die Europäischen Union begründenden Verträge, Anhang I – Liste nach Art. 29 der Beitrittsakte – III. Wettbewerb – A. Ermächtigungsverordnungen ABl. 1994 C 241/56; VO (EG) 1/03 d. Rates v. 16. 12. 2002 zur Durchführung der in den Art. 81 und 82 EG niedergelegten Wettbewerbsregeln ABl. 2003 L 1/1.

[154] 9. Begründungserwägung VO 1419/06.
[155] 17. WB 1988, 50 Rn. 47.
[156] ABl. 1986 L 378/21.
[157] 18. WB 1989, 43 Rn. 32.

sen müssen, dass ein Ausschluss faktischen oder potentiellen Wettbewerbs vorlag und Wettbewerb nur durch den Widerruf der Gruppenfreistellung hätte wieder hergestellt werden können. Zudem wäre angesichts der Tatsache, dass die Mobilität der Handelsflotten für dauernden potentiellen Wettbewerb sorgt, dieser Beweis nur schwer oder gar nicht zu führen gewesen.

118 Die Abschaffung der VO 4056/86 birgt ein gewisses Konfliktpotential mit drittstaatlichen Rechtsordnungen. Linienkonferenzen werden in mehreren Gerichtsbarkeiten toleriert. In diesem wie auch in anderen Sektoren wird das Wettbewerbsrecht weltweit nicht auf die gleiche Weise angewandt wie in der EU. Angesichts des globalen Charakters der Linienseeschifffahrt sollen nach der Begründung der VO 1419/06 alle zweckdienlichen Maßnahmen ergriffen werden, um die Aufhebung der Freistellungen für Preisabsprachen in Linienkonferenzen, die anderswo existieren, voranzubringen. Dies ist ein Prozess, der nicht zu Rechtsunsicherheit und vermeidbaren Konflikten in der globalen Linienschifffahrt führen darf. Die Anwendung des EU-Kartellrechts sollte das berücksichtigen. Gleichzeitig soll die Freistellung für betriebliche Zusammenarbeit zwischen Schifffahrtslinien in Konsortien und Allianzen beibehalten werden, wie von dem OECD-Sekretariat 2002 empfohlen wurde.[158]

8. Fälle von Art. 82 EG

119 Gemäß Art. 82 EG ist der **Missbrauch einer marktbeherrschenden Stellung** verboten, ohne dass es einer vorherigen Entscheidung der Kommission bedarf. Der bislang bedeutsamste Fall für die Anwendung von Art. 82 EG war die **CEWAL**-Entscheidung der Kommission.[159] CEWAL (Associated Central West African Lines) operierte als Linienkonferenz in Verkehren zwischen Europa und West- und Zentralafrika. Nach Beschwerden der dänischen Regierung und mehrerer Reedereien leitete die Kommission Verfahren gegen elf sog. **Reederausschüsse** und vier Linienkonferenzen[160] ein. Gegen die Reederausschüsse verhängte die Kommission eine hohe Geldbuße wegen Verstößen gegen Art. 81 und 82 EG im Seeverkehr zwischen Frankreich und Westafrika.[161] Gegen die CEWAL-Mitgliedsreedereien wurden ebenfalls hohe Geldbußen wegen drei Verstößen gegen Art. 82 EG verhängt und zwar wegen

– Reservierung aller Fracht im Europa-Zaire-Verkehr für die Konferenzmitglieder auf Grund einer Vereinbarung zwischen CEWAL und der zairischen Regierung;
– Einsatz sog. „**Kampfschiffe**" (Fighting Ships) gegen Nicht-Konferenzlinien, der bereits durch Art. 18 UN Liner Code untersagt ist. Mit einem „Kampfschiff" wird auf Kosten der Konferenzmitglieder die Frachtrate einer Nicht-Konferenzlinie unterboten;
– Auferlegung von **hundertprozentigen Treueabmachungen,** nach denen die Verlader ihr gesamtes Frachtvolumen durch die Konferenz transportieren mussten, auch bezüglich fob-Ladung (free on board-Ladung). Verlader, die sich nicht daran hielten, wurden in „**Schwarzen Listen**" geführt,[162] und mit entsprechend höheren Tarifen bzw. Rabattkürzungen in den Bereichen belegt, in denen sie die Dienste eines Konferenzmitgliedes in Anspruch nahmen.

---

[158] 11. Begründungserwägung VO 1419/06.
[159] Komm. E. v. 23. 12. 1992 – *CEWAL*, ABl. 1993 L 34/20, neugefasst in Komm. E. v. 30. 4. 2004 – *Compagnie Maritime Belge*, COMP/D/32.448 und 32/450.
[160] Neben CEWAL waren COWAC-Continent West Africa Conference, UKWAL-United Kingdom West Africa Lines Joint Service, und MEWAC-Mediterranean West Africa Conference betroffen.
[161] Komm. E. v. 1. 4. 1992 – *Reederausschüsse in der Frankreich-Westafrika-Fahrt*, ABl. L 134/1 Rn. 147.
[162] Komm. E. v. 23. 12. 1992 – *CEWAL*, ABl. 1993 L 34/20 Rn. 26, 28 f., 32; insoweit bestätigt durch EuG U. v. 8. 10. 1996 Rs. T-24–26/93, T-28/93 – *Compagnie maritime belge transports SA/Kommission „CEWAL"* Slg. 1996, II-1201; vgl. auch Komm. E. v. 30. 4. 2004 – *Compagnie Maritime Belge*, COMP/D/32.448 und 32/450 Rn. 21 ff., 35 ff.

Das Gericht Erster Instanz setzte die verhängten Geldbußen herab, wies jedoch die Klagen auf Nichtigerklärung der Kommissionsentscheidung ab.¹⁶³ Der Gerichtshof hob das Urteil des EuG auf, soweit es die individuell verhängten Geldbußen bestätigte, weil die Mitteilung der Beschwerdepunkte durch die Kommission an die Konferenz als Urheber der Zuwiderhandlung gerichtet worden war, ohne den Mitgliedern der Konferenz individuelle Sanktionen, wie sie später verhängt worden waren, angedroht zu haben.¹⁶⁴ Der Gerichtshof bestätigte dabei Kommission und EuG in mehreren wichtigen Punkten. Zum einen kann eine Linienkonferenz nach ihrem Wesen und in Anbetracht ihrer Ziele als kollektive Einheit betrachtet werden, die sich auf dem Markt sowohl den Verkehrsnutzern als auch den Konkurrenten als solche darstellt. Somit war das Verhalten der CEWAL-Mitglieder kollektiv zu beurteilen.¹⁶⁵

Im **TACA-Fall** hat die Kommission ebenfalls Sanktionen wegen missbräuchlicher Ausnutzung einer kollektiv marktbeherrschenden Stellung im direkten Linienverkehr zwischen Nordeuropa und den Vereinigten Staaten im Sinne von Art. 82 EG verhängt. Zum einen handelte es sich dabei um die Verweigerung von Beförderungsleistungen, wenn Verlader bestimmte kollektiv festgelegte Bedingungen in Servicekontrakten nicht akzeptierten sowie um das Verbot zum Abschluss individueller Servicekontrakte. Zum anderen handelte es sich um Maßnahmen, um Nicht-Konferenzreeder zum Beitritt zu der Konferenz zu veranlassen und dadurch die Wettbewerbsstruktur des Marktes zu verändern.¹⁶⁶

III. Verordnung Nr. 823/2000 zur Gruppenfreistellung von Konsortien¹⁶⁷

1. Vorbemerkungen

Bei Annahme der Verordnung Nr. 4056/86 beauftragte der Rat die Kommission, die Wettbewerbssituation auch im Bereich Konsortien zu prüfen und ggfs. Vorschläge zu unterbreiten.¹⁶⁸

Linienschifffahrtskonsortien entstanden unter dem Einfluss der Entwicklung des **Containerverkehrs** seit dem Ende der sechziger Jahre. Sie stellen Gemeinschaftsunternehmen zweier oder mehrerer Seeschifffahrtsunternehmen dar und zielen darauf ab, durch Kooperation Leistung und Qualität der Liniendienste zu verbessern und gleichzeitig eine höhere Auslastung der Container sowie wirtschaftlichere Nutzung der Schiffskapazitäten zu för-

---

¹⁶³ EuG U. v. 8. 10. 1996 Rs. T-24–26/93, 28/93 – *Compagnie maritime belge transports SA/Kommission „CEWAL"* Slg. 1996, II-1201.
¹⁶⁴ EuGH U. v. 16. 3. 2000, Rs. C-395–396/96 P – *Compagnie maritime belge transports u. a./ Kommission „CEWAL"* Slg. 2000, I-1365 Rn. 142 ff., 146.
¹⁶⁵ EuGH U. v. 16. 3. 2000 Rs. C-395–396/96 P – *CEWAL* Slg. 2000, I-1365 Rn. 37.
¹⁶⁶ Komm. E. v. 16. 9. 1998 – *TACA,* ABl. 1999 L 95/1 Rn. 551 ff., 559 ff.
¹⁶⁷ VO (EG) Nr. 823/00 d. Komm. v. 19. 4. 2000 zur Anwendung von Art. 81 Abs. 3 EG auf bestimmte Gruppen von Vereinbarungen, Beschlüssen und aufeinander abgestimmten Verhaltensweisen zwischen Seeschifffahrtsunternehmen (Konsortien) ABl. 2000 L 100/24; geändert durch: Akte über die Bedingungen des Beitritts der Tschechischen Republik, der Republik Estland, der Republik Zypern, der Republik Lettland, der Republik Litauen, der Republik Ungarn, der Republik Malta, der Republik Polen, der Republik Slowenien und der Slowakischen Republik und die Anpassungen der die Europäische Union begründenden Verträge – Anhang II: Liste nach Art. 20 der Beitrittsakte – 5. Wettbewerbspolitik ABl. 2003 L 236/344; VO (EG) Nr. 463/04 d. Komm. v. 12. 3. 2004 zur Änderung der VO Nr. 823/00 (EG) zur Anwendung von Art. 81 Abs. 3 EG auf bestimmte Gruppen von Vereinbarungen, Beschlüssen und aufeinander abgestimmten Verhaltensweisen zwischen Seeschifffahrtsunternehmen (Konsortien) ABl. 2004 L 77/23; VO (EG) Nr. 611/05 d. Komm. v. 20. 4. 2005 zur Änderung der VO (EG) Nr. 823/00 d. Rates zur Anwendung von Art. 81 Abs. 3 EG auf bestimmte Gruppen von Vereinbarungen, Beschlüssen und aufeinander abgestimmten Verhaltensweisen zwischen Seeschifffahrtsunternehmen (Konsortien) ABl. 2005 L 101/10.
¹⁶⁸ Protokoll d. Rates Ref. 11.584/86 v. 19. 12. 1986 Annex III Nr. 1.

Verkehr 124, 125

dern. Die Kommission erkannte, dass zwar die meisten Konsortialverträge den Wettbewerb beschränken, dass aber die Vorteile von Konsortien ihre Nachteile überwiegen. Nach eingehenden Untersuchungen legte die Kommission 1989 dem Rat schließlich einen Bericht über „Maßnahmen zur Verbesserung der Betriebsbedingungen des Seeverkehrs der Gemeinschaft" vor.[169] Nach weiteren Informationen und Anhörungen der betroffenen Industrien schlug die Kommission 1990 vor, eine Gruppenfreistellung für Konsortien zu schaffen.[170]

124 **Konsortien** sind mehr als rein technische Vereinbarungen i. S. von Art. 2 VO 4056/86. Sie sind auch keine Zusammenschlüsse i. S. der Fusionskontrolle. Die VO 139/04[171] ist insofern nicht auf sie anwendbar.[172] Konsortien können jedoch den Wettbewerb z. B. bei Kapazitäten, Vermarktung und Binnenverkehr beschränken und gehen damit über die Freistellung von Linienkonferenzen hinaus. Konsortien dienen nicht der Absprache von Beförderungspreisen, weil sie meistens im Rahmen von Konferenzen tätig sind, ohne selbst Konferenzen zu sein; im Übrigen sind ihnen **Preisabsprachen** nicht erlaubt. Der Rat folgte im Wesentlichen den Vorschlägen der Kommission und ermächtigte sie 1992, eine Gruppenfreistellung zu erlassen.[173] Die Ermächtigung entspricht nicht dem Modell einer „Schwarzen Liste" verbotener und einer „Weißen Liste" freigestellter Tätigkeiten, sondern ermöglicht eine Gruppenfreistellung sämtlicher näher definierter Liniendienste, sofern sie bestimmten Bedingungen und Auflagen genügen. Damit sollten Rahmenbedingungen gesetzt werden, die den Reedern wirtschaftliche Flexibilität verschaffen, um eine große Bandbreite unterschiedlich gestalteter Konsortialverträge abzudecken und um der Tatsache Rechnung zu tragen, dass die Vertragsklauseln häufig geändert werden, etwa, um neue Mitglieder aufzunehmen oder neue Rationalisierungsmaßnahmen einzuführen. Auf dieser Basis erließ die Kommission die VO 870/95 als erste Gruppenfreistellung für Konsortien in der Linienschifffahrt.[174]

125 Gemäß Art. 2 der Ermächtigungsverordnung 479/92 war ihre **Geltungsdauer** auf 5 Jahre begrenzt. Am 26. 4. 2000 trat die neue Gruppenfreistellungsverordnung 823/2000 in Kraft. Sie unterscheidet sich in einigen Punkten von der VO 870/95, auf die bei der Erläuterung der einzelnen Bestimmungen eingegangen wird.[175] Die VO 870/95 hat sich nach Auffassung der Kommission in der Praxis bewährt.[176] Während ihrer Geltungsdauer

---

[169] KOM (89) endg. v. 3. 8. 1989.
[170] KOM (90) endg. v. 18. 6. 1990.
[171] VO (EG) Nr. 139/04 d. Rates v. 20. 1. 2004 über die Kontrolle von Unternehmenszusammenschlüssen („EG-Fusionskontrollverordnung") ABl. 2004 L 24/1.
[172] Zur Vorgängerverordnung VO 4064/89 siehe Ratsprotokoll Ref. 9296/97 ADD1 v. 20. 6. 97, wiedergegeben in Recht der Kontrolle von Unternehmenszusammenschlüssen in der Europäischen Union, Stand März 1998, S. 66.
[173] VO (EWG) Nr. 479/92 d. Rates v. 25. 2. 1992 über die Anwendung des Art. 85 Abs. 3 EGV auf bestimmte Gruppen von Vereinbarungen, Beschlüssen und aufeinander abgestimmten Verhaltensweisen zwischen Seeschifffahrtsunternehmen (Konsortien) ABl. 1992 L 55/3, geändert durch: Akte über die Bedingungen des Beitritts des Königreichs Norwegen, der Republik Österreich, der Republik Finnland und des Königreichs Schweden und die Anpassungen der die Europäische Union begründenden Verträge, Anhang I – Liste nach Artikel 29 der Beitrittsakte – III. Wettbewerb – A. Ermächtigungsverordnungen ABl. 1994 C 241/56; VO (EG) Nr. 1/03 d. Rates v. 16. 12. 2002 zur Durchführung der in den Art. 81 und 82 EG niedergelegten Wettbewerbsregeln ABl. 2003 L 1/1.
[174] VO (EG) Nr. 870/95 d. Komm. v. 20. 4. 1995 zur Anwendung von Art. 85 Abs. 3 EGV auf bestimmte Gruppen von Vereinbarungen, Beschlüssen und aufeinander abgestimmten Verhaltensweisen zwischen Seeschifffahrtsunternehmen (Konsortien) auf Grund der Verordnung (EWG) Nr. 479/92 d. Rates ABl. 1995 L 89/7 (nicht mehr rechtskräftig).
[175] Vgl. im Übrigen *Van Ginderachter/Durande,* European Transport Law 1996 Vol. XXXVI Nr. 2.
[176] Vgl. Arbeitsdokument der GD COMP: Bericht über die Verordnung Nr. 870/95 der Kommission vom 28. 1. 1999, S. 25, http://europa.eu.int/comm/dg04/entente/other.htm.

hat die Kommission 11 **Freistellungsentscheidungen** im Wege des Nichtwiderspruchs gemäß Art. 7 der VO 870/95 erlassen.[177] Dabei handelte es sich im Wesentlichen um Fälle, in denen das Konsortium einen höheren Verkehrsanteil hält als in der Verordnung vorgesehen (30 bzw. 35%). In einigen Fällen bestätigte die Kommission die Vereinbarkeit der angemeldeten Verträge mit der Gruppenfreistellung durch Verwaltungsschreiben („comfort letters").

Am 27. 11. 2007 hat die Kommission die Kodifizierung der VO 479/92 vorgeschlagen.[178] Mit der VO 611/05[179] wurde die Geltungsdauer der VO 823/00 um weitere fünf Jahre bis zum 25. April 2010 verlängert und weitere Anpassungen an die Praxis im Schifffahrtsgewerbe vorgenommen.[180] Die VO 823/00 wird gegenwärtig überarbeitet wie in der VO 611/05 angekündigt, um den mit der VO 1419/06 vorgenommenen Änderungen Rechnung zu tragen.[181]

2. Anwendungsbereich

Gemäß Art. 1 VO 823/00 und den Erwägungsgründen 1 bis 5 betrifft die Verordnung nur Seeverkehrsliniendienste von oder nach einem oder mehreren Häfen der Gemeinschaft. **Kabotage**-Dienste sind davon nicht erfasst,[182] obwohl der Wortlaut der deutschen Fassung der Verordnung insoweit irreführend ist. In der deutschen Fassung fehlt der Zusatz „internationale" Seeverkehrsdienste. Da er aber in den anderen Sprachversionen – z.B. „international liner transport services" oder „services de transports maritimes internationaux de ligne" – enthalten ist und auch im deutschen Entwurf vom 1. 3. 1994[183] vorhanden war, enthielt die deutsche Fassung der VO 870/95 einen redaktionellen Fehler, der auch in die neue VO 823/00 übernommen worden ist.

3. Definition von Konsortien

Gemäß Art. 2 Abs. 1 VO 823/00 ist ein **Konsortium** eine Vereinbarung zwischen mindestens zwei Seeschifffahrtsunternehmen, die internationale Liniendienste zur ausschließlichen Beförderung von Gütern überwiegend mit **Containern** in einem oder mehreren Verkehrsgebieten wahrnehmen, deren Ziel die Zusammenarbeit bei der gemeinsamen Wahrnehmung eines Seeverkehrsdienstes zur Verbesserung des Leistungsangebotes ist, das die einzelnen Mitglieder bei Fehlen eines Konsortiums getrennt erbringen würden, um mit Hilfe technischer, betrieblicher und/oder kommerzieller Vorkehrungen, ausgenommen die Preisfestsetzung, ihre Beförderungsleistungen zu rationalisieren.

Aus dieser umfangreichen Definition ergibt sich, dass die Gruppenfreistellung
– nur für **internationale Liniendienste** zur Beförderung von **Fracht**, aber nicht von Passagieren gilt,
– dass die Beförderung überwiegend mit **Containern** erfolgt, was aber nicht z.B. den Gebrauch von Ro-Ro-Schiffen (sog. „Roll on-roll off"-Schiffe) ausschließt;

---

[177] Vgl. Arbeitsdokument der GD COMP: Bericht über die VO 870/95 der Kommission vom 28. 1. 1999 Annex 2.
[178] Vorschlag für eine VO d. Rates über die Anwendung des Art. 81 Abs. 3 EG auf bestimmte Gruppen von Vereinbarungen, Beschlüssen und aufeinander abgestimmten Verhaltensweisen zwischen Seeschifffahrtsunternehmen (Konsortien) (kodifizierte Fassung), KOM (2006) 753 endg.
[179] VO (EG) Nr. 611/05 d. Komm. v. 20. 4. 2005 zur Änderung der Verordnung (EG) Nr. 823/00 d. Rates zur Anwendung von Art. 81 Abs. 3 EG auf bestimmte Gruppen von Vereinbarungen, Beschlüssen und aufeinander abgestimmten Verhaltensweisen zwischen Seeschifffahrtsunternehmen (Konsortien) ABl. 2005 L 101/10.
[180] Vgl. 3. Begründungserwägung VO 611/05.
[181] Leitlinien Seeverkehr, Rn. 6.
[182] So auch *Williams*, Competition Policy Newsletter 2000 Nr. 3, S. 45.
[183] ABl. 1994 C 63/8 ff., 12.

Verkehr 130–134

- dass das Konsortium in **mehreren Verkehrsgebieten** tätig sein darf;
- dass Ziel die gemeinsame **Verbesserung des Leistungsangebotes** durch Rationalisierung mittels technischer, betrieblicher oder kommerzieller Maßnahmen ist;
- jedoch **Preisabsprachen nicht erlaubt.**

130 Schließlich ist die Verordnung nur auf die zwischen den Mitgliedern eines Konsortiums geschlossene Vereinbarung anwendbar. Daraus folgt, dass sich die Gruppenfreistellung nicht auf Vereinbarungen zwischen Konsortien und/oder ihren Mitgliedern einerseits und anderen Seeverkehrsunternehmen andererseits erstreckt.[184] Diese Klarstellung wurde eingefügt, um Absprachen mit Außenseitern, die nicht Mitglied des Konsortiums sind (sog. **Tolerated Outsider Agreements**), zu verhindern, da sie sich bei Anwendung der VO 4056/86 bereits als problematisch erwiesen hatten.[185]

131 In Art. 2 wurden durch die VO 611/05 die Abs. 6 und 7 neu hinzugefügt, die eine Definition für die „Aufnahme des Dienstes" und eine „Umfangreiche neue Investition" enthalten.

4. Freigestellte Vereinbarungen

132 Art. 3 Abs. 2 VO 823/00 enthält eine erschöpfende Aufzählung von freigestellten Vereinbarungen über folgende Tätigkeiten:
- gemeinsame Wahrnehmung von Liniendiensten, die nur bestimmte, im Art. 3 Abs. 2 (i) bis (vi) VO 823/00 beschriebene Tätigkeiten umfassen darf;
- befristete Kapazitätsanpassungen;
- gemeinsamer Betrieb oder gemeinsame Nutzung von Hafenanlagen;
- Fracht-, Einnahmen- oder Ergebnispools;
- gemeinsame Stimmrechtsausübung in Konferenzen;
- gemeinsame Vermarktungsstruktur und/oder gemeinsamer Frachtbrief;
- sonstige Tätigkeiten, wie insbesondere die Verpflichtung der Mitglieder eines Konsortiums, in dem oder den fraglichen Verkehrsgebieten dem Konsortium zugeschlagene Schiffe einzusetzen und keinen Schiffsraum von Außenstehenden zu chartern sowie die Verpflichtung der Konsortiumsmitglieder, ohne vorherige Zustimmung der übrigen Mitglieder keinen Schiffsraum anderen in dem oder den fraglichen Verkehrsgebieten tätigen Schiffstransportunternehmen zu überlassen oder zur Charterung anzubieten.

133 Vereinbarungen gemäß Art. 3 Abs. 2 (a) bis (d) entsprechen teils den technischen Vereinbarungen, teils den freigestellten Absprachen in Linienkonferenzen gemäß Art 2 und 3 VO 4056/86 und sind nicht ausschließlich konsortium-spezifisch. Letzteres gilt jedoch für die in Art. 3 Abs. 2 (e) und (f) sowie die unter Art. 3 Abs. 3 VO 823/00 genannten Vereinbarungen.

134 Hinsichtlich **Kapazitätsregulierung** schließt **Art. 4** VO 823/00 eine Freistellung von Nichtnutzung eines bestimmten Prozentsatzes der Konsortiumskapazität ausdrücklich aus. Hier ist die Kommission ihrer bereits im TAA-Fall[186] vertretenen Auffassung gefolgt, wonach ein Kapazitätsbewirtschaftungsprogramm, wie es von den Mitgliedern des TAA errichtet worden war, die Freistellungsvoraussetzungen für Linienkonferenzen gemäß Art. 3 (d) VO 4056/86 nicht erfüllt. Die Kommission nahm an, dass ohne das Verbot der Freistellung durch Art. 4 VO 823/00 Konsortien, die innerhalb einer Konferenz tätig sind, eine Rechtslücke ausnützen könnten.[187]

---

[184] Vgl. 21. Erwägungsgrund.
[185] Vgl. z.B. *Eurocorde Agreements,* ABl. 1990 C 162/13, aber auch Arbeitsdokument GD COMP: Bericht über die VO 870/95 d. Komm. v. 28. 1. 1999 S. 10 Rn. 53.
[186] Komm. E. v. 19. 10. 1994 – *TAA,* ABl. 1994 L 376/1.
[187] Vgl. Arbeitsdokument GD COMP: Bericht über die VO 870/95 d. Komm. v. 28. 1. 1999 S. 11 Rn. 57.

5. Voraussetzungen für die Freistellung

Kapitel III regelt in den Art. 5, 6 und 8 VO 823/00 die Voraussetzungen für die Gruppenfreistellung.

Art. 5 VO 823/00 nennt als Grundvoraussetzung das Vorliegen von Wettbewerb, und zwar entweder

– wirksamen **Preiswettbewerb zwischen Mitgliedern einer Konferenz,** in der das Konsortium tätig ist, weil die Mitglieder durch die Konferenzvereinbarung ausdrücklich ermächtigt sind, aufgrund einer gesetzlichen oder sonstigen Verpflichtung alle im Konferenztarif vorgesehen Frachtraten unabhängig festzusetzen und/oder vertrauliche Einzelvereinbarungen zu schließen oder

– hinreichenden **Leistungswettbewerb innerhalb der Konferenz** zwischen den Mitgliedern eines Konsortiums und den übrigen Konferenzlinien, oder

– **wirksamen tatsächlichen** oder **potenziellen Wettbewerb** zwischen dem Konsortium und Außenseitern, unabhängig davon, ob in dem betreffenden Fahrtgebiet eine Konferenz tätig ist oder nicht.

Die Verordnung unterscheidet sich hier wesentlich von der ehemaligen Gruppenfreistellung für Linienkonferenzen gemäß Art. 3 VO 4056/86, weil dort das Vorliegen von internem oder externem Wettbewerb als Freistellungsvoraussetzung keinen gesetzlichen Niederschlag gefunden hat.

Art. 5 lit. a wurde geändert durch die VO 611/05 und lautet nun wie folgt:
Zwischen den Mitgliedern einer Konferenz, in deren Rahmen das Konsortium tätig ist, herrscht ein wirksamer Preiswettbewerb, weil die Mitglieder durch die Konferenzvereinbarung ausdrücklich ermächtigt sind, aufgrund einer gesetzlichen oder sonstigen Verpflichtung alle im Konferenztarif vorgesehen Frachtraten unabhängig festzusetzen und/oder vertrauliche Einzelvereinbarungen zu schließen.

Das gilt auch für die Frage der **Marktanteilsbegrenzung.** Die Freistellung einer Linienkonferenz gemäß Art. 3 VO 4056/86 wurde zunächst auch dann gewährt, wenn die Konferenz marktbeherrschend war, obwohl dies mit Art. 81 Abs. 3 EG grundsätzlich unvereinbar ist. Sie konnte in einem solchen Fall erst im Rahmen **des Widerrufsverfahrens** nach Art. 7 Abs. 2 VO 4056/86 zurückgezogen werden. Bei Konsortien hat die Kommission einen strengeren Maßstab angewandt. Gemäß Art. 6 VO 823/00 wird die Freistellung nur gewährt, wenn der **Marktanteil** eines Konsortiums auf jedem einzelnen der Märkte, auf denen es tätig ist, weniger als 30% der beförderten Gütermenge beträgt bzw. 35%, wenn das Konsortium keiner Konferenz angehört. Diese Unterscheidung liegt darin begründet, dass bislang „konferenzabhängige" Konsortien Mitglieder einer bereits bestehenden, den Wettbewerb in dem betroffenen Verkehrsgebiet beschränkenden Konferenzvereinbarung waren.[188] Laut Kommission gibt es Konsortien, die mehrere Verkehrsgebiete abdecken, was der Definition des Art. 2 entspricht. Die Kommission ist allerdings der Auffassung, dass jedes Verkehrsgebiet, in dem das Konsortium tätig ist, gesondert bewertet werden muss.[189]

Konsortien, deren Marktanteil die Höchstwerte nach Art. 6 Abs. 1 und 2 VO 823/00 überschreitet, gelangen in den Genuss der Freistellung unter den Voraussetzungen des Art. 6 Abs. 3 VO 823/00. Danach bleibt die Freistellung nach Art. 3 VO 823/00 noch während eines Zeitraums von sechs Monaten, beginnend mit dem Ende des Kalenderjahres der Überschreitung gültig. Dieser Zeitraum verlängert sich auf zwölf Monate, wenn die Überschreitung darauf zurückzuführen ist, dass ein Seeschifffahrtsunternehmen, das nicht Mitglied des Konsortiums ist, sich aus dem betreffenden Markt zurückgezogen hat. Das

---

[188] Vgl. 18. Erwägungsgrund.
[189] Vgl. Arbeitsdokument GD COMP: Bericht über die VO 870/95 d. Komm. v. 28. 1. 1999 S. 14 Rn. 76.

Widerspruchsverfahren des Art. 7 VO 823/00 ist durch die VO 463/04[190] aufgehoben worden. Besitzt ein Konsortium von vornherein einen Marktanteil, der die Höchstwerte von Art. 6 VO 823/00 überschreitet, beurteilt sich die Rechtmäßigkeit der Vereinbarung direkt nach Art. 81 Abs. 3 EG.

138 Art. 8 VO 823/00 enthält **zusätzliche Voraussetzungen** für die Gruppenfreistellung, wonach die Mitglieder des Konsortiums das Recht haben müssen, den Verladern eigene individuelle Dienstleistungskontrakte anzubieten sowie bei Einhaltung bestimmter Kündigungsfristen das Konsortium ohne Sanktionen zu verlassen. Die Vereinbarung muss den Konsortiumsmitgliedern das Recht gewähren, bei Einhaltung einer Kündigungsfrist von höchstens sechs Monaten nach einer Anlaufzeit von 18 Monaten nach Inkrafttreten der Vereinbarung aus dem Konsortium ausscheiden zu können, ohne sich einer finanziellen oder sonstigen Sanktion auszusetzen.[191] Da Konsortien neue **Investitionen in einen bestehenden Dienst** absichern wollen, wurde diese Vorschrift auch auf Vereinbarungen, eine umfangreiche neue Investition in den gemeinsamen Seeverkehrsdienst zu tätigen, ausgedehnt und gilt entsprechend.[192] Da bislang in der Praxis nicht klar war, wie diese Bestimmung in dem Fall auszulegen ist, wenn die Konsortialvereinbarung vor dem Zeitpunkt in Kraft tritt, an dem der Dienst auch tatsächlich aufgenommen wird, wenn beispielsweise keine Schiffe verfügbar oder Schiffe noch im Bau befindlich sind, wurde die Vorschrift des Art. 8 VO 823/00 durch die VO 611/05 ergänzt.[193] Wenn die Vereinbarung vor dem Zeitpunkt in Kraft tritt, an dem der Dienst aufgenommen wird, darf die Anlaufzeit 24 Monate ab Inkrafttreten der Konsortialvereinbarung bzw. der Vereinbarung, eine umfangreiche neue Investition in den gemeinsamen Seeverkehrsdienst zu tätigen, nicht überschreiten. Für hoch integrierte Konsortien mit Ergebnispool und/oder sehr hohem Investitionsgrad, der sich aus dem Kauf oder dem Chartern von Schiffen im Hinblick auf dessen Schaffung durch seine Mitglieder ergibt, beginnt die **Kündigungsfrist** von höchstens sechs Monaten nach Ablauf einer Anlaufzeit von 30 Monaten nach Inkrafttreten der Konsortialvereinbarung oder Vereinbarung, eine umfangreiche Neue Investition in den gemeinsamen Seeverkehrsdienst zu tätigen. Unterhält das Konsortium eine gemeinsame Vermarktungsstruktur, so muss jedes Mitglied berechtigt sein, bei einer Kündigungsfrist von höchstens sechs Monaten, zu seiner selbstständigen Vermarktung überzugehen, ohne einer Sanktion ausgesetzt zu werden. Wenn die Vereinbarung vor dem Zeitpunkt in Kraft tritt, an dem der Dienst aufgenommen wird, dann darf die Anlaufzeit 36 Monate ab Inkrafttreten der Vereinbarung nicht überschreiten.

139 Schließlich enthält Art. 8 VO 823/00 ein **Diskriminierungsverbot** gegenüber Häfen, Verkehrsnutzern oder Verkehrsunternehmen bezüglich Herkunfts- und Bestimmungsland.

6. Auflagen

140 Art. 9 Abs. 2 VO 823/00 verpflichtet Konsortien zu „tatsächlichen und echten" **Konsultationen** mit den Verladern oder anderen Verkehrsnutzern. Art und Tragweite dieser Konsultationen sind in Art. 9 VO 823/00 näher geregelt. Sie müssen sich auf das Dienstleistungsangebot des Konsortiums beschränken. Art. 10 VO 823/00 gewährt eine **Freistellung für Vereinbarungen zwischen Konsortien und Verkehrsnutzern,** die sich als eine notwendige Ergänzung zu den Konsultationspflichten des Art. 9 VO 823/00 ergibt.

---

[190] VO (EG) Nr. 463/04 d. Komm. v. 12. 3. 2004 zur Änderung der VO (EG) Nr. 823/00 zur Anwendung von Art. 81 Abs. 3 EG auf bestimmte Gruppen von Vereinbarungen, Beschlüssen und aufeinander abgestimmten Verhaltensweisen zwischen Seeschifffahrtsunternehmen (Konsortien) ABl. 2004 L 77/23.
[191] Vgl. 4. Begründungserwägung VO 611/05.
[192] 5. Begründungserwägung VO 611/05.
[193] 4. Begründungserwägung VO 611/05.

141–145 Verkehr

Art. 9 Abs. 4 u. 5 wurden durch die VO 463/04 gestrichen und haben einer zusätzlichen **141** Kontrolle durch die Wettbewerbsbehörden Platz gemacht. Abs. 5 erhielt folgende Fassung:
Ein Konsortium, das diese VO in Anspruch nehmen möchte, muss nach Aufforderung durch die Kommission oder die Wettbewerbsbehörden der Mitgliedstaaten imstande sein, innerhalb einer Frist, die wenigstens einen Monat beträgt und von der Kommission oder den Wettbewerbsbehörden der Mitgliedstaaten nach Maßgabe der Umstände des Falls festgelegt wird, nachweisen, dass die Voraussetzungen und Auflagen nach den Art. 5 bis 8 und den Abs. 2 und 3 dieses Artikels erfüllt sind. Es muss der Kommission oder der jeweiligen zuständigen nationalen Wettbewerbsbehörde innerhalb dieser Frist die betreffende Konsortialvereinbarung vorlegen.

7. Entzug der Gruppenfreistellung

Art. 6 der Ermächtigungsverordnung Nr. 479/92 des Rates sieht vor, dass die Kommission den Vorteil der Gruppenfreistellung insbesondere dann entziehen kann, wenn das Konsortium Wirkungen entfaltet, die mit **Art. 81 Abs. 3 EG unvereinbar** sind oder wenn es Verhaltensweisen annimmt, die gemäß **Art. 82 EG missbräuchlich** sind. **142**

Art. 12 VO Abs. 1 823/00 benennt Fallbeispiele für den Entzug des Rechtsvorteils der **143** Gruppenfreistellung gemäß Art. 29 VO 1/03. Ferner regelt Art. 12 Abs. 2 VO 823/00 den Entzug der Gruppenfreistellung durch die mitgliedstaatlichen Wettbewerbsbehörden für den Fall, dass die Vereinbarungen, Beschlüsse oder abgestimmten Verhaltensweisen Wirkungen haben, die mit Art. 81. Abs. 3 EG unvereinbar sind und im Gebiet eines Mitgliedstaats oder in einem Teilgebiet dieses Mitgliedstaats, das alle Merkmale eines gesonderten räumlichen Marktes aufweist, auftreten.

D. Luftverkehr

I. Vorbemerkungen

Der Luftverkehr in der Gemeinschaft war durch ein System internationaler bilateraler **144** oder multilateraler Luftverkehrsabkommen zwischen den Mitgliedstaaten geprägt, mit dem der Wettbewerb zwischen den überwiegend staatlichen Fluggesellschaften weitgehend ausgeschlossen wurde. Dies änderte sich erst mit der Annahme des ersten Liberalisierungspaketes für den Luftverkehr 1987, in dessen Rahmen auch zwei Verordnungen zur Anwendung der Wettbewerbsregeln des Vertrages auf den Luftverkehr erlassen wurden.[194] Der entscheidende Impuls für die Anwendung der Wettbewerbsregeln auf den Luftverkehr kam wiederum vom Europäischen Gerichtshof, und zwar durch seine Urteile in den Fällen „Nouvelles Frontières" und „Ahmed Saeed".[195]

Die **VO 3975/87** regelte die verfahrensmäßigen Voraussetzungen für die Anwendung **145** der Art. 81 und 82 EG auf den Luftverkehr. Die VO 3976/87 hat die Möglichkeit zu Gruppenfreistellungen für Preis-, Quoten- und Marktaufteilungsabsprachen geschaffen, um den Luftverkehrsunternehmen die schrittweise Anpassung an den Übergang vom bisherigen System der Marktordnung zur wettbewerbsorientierten Marktwirtschaft zu erleich-

---

[194] VO 3975/87 und VO 3976/87. Die anderen Maßnahmen des Liberalisierungspaketes waren die RL Nr. 87/601/EWG d. Rates v. 14. 12. 1987 über Tarife im Linienflugverkehr zwischen Mitgliedstaaten ABl. 1987 L 374/12, und die Entscheidung Nr. 87/602 d. Rates v. 14. 12. 1987 über die Aufteilung der Kapazitäten für die Personenbeförderung zwischen Luftfahrtunternehmen im Fluglinienverkehr zwischen Mitgliedstaaten und über den Zugang von Luftfahrtunternehmen zu Strecken des Fluglinienverkehrs zwischen Mitgliedstaaten ABl. 1987 L 374/19.
[195] EuGH U. v. 30. 4. 1986 Rs. 209–213/84 – *Ministère public/Lucas Asjes u. a. „Nouvelles Frontières"* Slg. 1986, 1425 Rn. 45; EuGH U. v. 11. 4. 1989 Rs. 66/86 – *Ahmed Saeed Flugreisen u. a./Zentrale zur Bekämpfung unlauteren Wettbewerbs e. V.* Slg. 1989, 838.

tern.[196] Die Kommission hat von dieser Ermächtigung vollen Gebrauch gemacht. Die von ihr erlassenen Gruppenfreistellungsverordnungen des ersten[197] und des zweiten[198] Liberalisierungspaketes sind mit Ablauf des 31. 1. 1991 bzw. des 30. 6. 1993 außer Kraft getreten. Der abschließende Schritt des dritten Liberalisierungspaketes war die Einbeziehung des innerstaatlichen Luftverkehrs („Kabotage") in den Anwendungsbereich der VO 3975/87. Inzwischen wurde die VO 3975/87 durch die VO 411/04 aufgehoben mit Ausnahme des Art. 6 Abs. 3 VO 3975/87.

146 Der Luftverkehr zwischen EU-Mitgliedstaaten und Drittländern war bislang trotz wiederholter Vorschläge der Kommission nicht von der Verordnung erfasst und unterlag damit den Bestimmungen der Art. 84 und 85 EG.[199] Das hat sich durch die Streichung von Art. 32 (c) VO 1/2003 geändert. Seitdem fällt auch der Luftverkehr mit Drittstaaten unter die neue Wettbewerbsverordnung.[200]

II. Anwendung der VO 1/2003 auf den Luftverkehr

1. Einordnung

147 Die VO 3975/87 enthielt außer der Regelung des Anwendungsbereichs in Art. 1 und der „Legalausnahme" des Art. 2 für bestimmte technische Vereinbarungen nur Verfahrensvorschriften, die denen der Verordnungen 1017/68 und 4056/86 im Wesentlichen glichen. Die VO 3975/87 ist durch Art. 1 VO 411/04 aufgehoben worden. Art. 6 Abs. 3 VO 3975/87 bleibt weiterhin anwendbar auf Entscheidungen, die vor dem Inkrafttreten der VO 1/03 gemäß Art. 81 Abs. 3 EG getroffen wurden.

2. Anwendungsbereich

148 Der Anwendungsbereich der VO 1/03 erstreckt sich **geographisch** auf den Luftverkehr zwischen Flughäfen der Gemeinschaft einschließlich des Luftverkehrs zwischen Flughäfen desselben Mitgliedstaats (sog. Kabotage) sowie auf den Luftverkehr zwischen Flughäfen der Gemeinschaft und Drittstaaten.[201] Das den Binnenmarkt betreffende Gemeinschaftsrecht im Bereich der Zivilluftfahrt wurde durch das Abkommen über den Europäischen Wirtschaftsraum auf das Gebiet erweitert, das die Gemeinschaft, Norwegen, Island und Liechtenstein umfasst. Die Rechtsvorschriften der Gemeinschaft wurden auf das EWR-Gebiet ausgedehnt.[202] Genauso werden aufgrund des Abkommens zwischen der Europäischen Gemeinschaft und der Schweizerischen Eidgenossenschaft über den Luftverkehr[203]

---

[196] Vgl. 4., 5. und 7. Begründungserwägung der VO 3976/87.
[197] VOen (EWG) Nr. 2671 bis 2673/88 d. Komm. v. 26. 7. 1988, ABl. 1988 L 239/9/13/17.
[198] VOen (EWG) Nr. 82 bis 84/91 d. Komm. v. 5. 12. 1990, ABl. 1991 L 10/7/9/14.
[199] Vgl. im Einzelnen, auch zu den Verfahren der Kommission gegen *British Airways/American Airlines* und *Lufthansa/SAS/United Airlines: Kreis,* European Transport Law Vol. XXXIV No. 2, 1999, 147/151 f.
[200] Art. 3 VO (EG) Nr. 411/04 des Rates v. 26. 2. 2004 zur Aufhebung der VO (EWG) Nr. 3975/87 und zur Änderung der VO (EWG) Nr. 3976/87 sowie der VO (EG) Nr. 1/03 hinsichtlich des Luftverkehrs zwischen der Gemeinschaft und Drittländern ABl. 2004 L 68/1.
[201] Vgl. Art. 3 VO 411/04.
[202] Vgl. z. B. 20. Begründungserwägung VO (EG) Nr. 1459/06 d. Komm. v. 28. 9. 2006 über die Anwendung von Art. 81 Abs. 3 EG auf bestimmte Gruppen von Vereinbarungen und aufeinander abgestimmten Verhaltensweisen betreffend Konsultationen über Tarife für die Beförderung von Passagieren im Personenlinienverkehr und die Zuweisung von Zeitnischen auf Flughäfen ABl. 2006 L 272/3 (Art. 1 VO 1459/06 nicht mehr in Kraft).
[203] Abkommen zwischen der Europäischen Gemeinschaft und der Schweizerischen Eidgenossenschaft über den Luftverkehr ABl. 2002 L 114/73; geändert durch: die Beschlüsse 2004/404/EG Nr. 1/04 v. 6. 4. 2004 (ABl. 2004 L 151/1), 2004/406/EG Nr. 3/04 v. 22. 4. 2004 (ABl. 2004 L 151/9), 2005/612/EG Nr. 1/05 v. 12. 7. 2005 (ABl. 2005 L 210/46), 2006/727/EG Nr. 1/06 v.

Flüge zwischen der Gemeinschaft und der Schweiz wie innergemeinschaftliche Flüge behandelt.[204]

Luftverkehrsdienste zwischen Mitgliedstaaten und **Drittländern** sind häufig durch bilaterale Luftverkehrsabkommen geregelt.[205] Diese Vereinbarungen unterscheiden sich erheblich hinsichtlich ihrer Art und der Einzelheiten der darin festgelegten aufsichtsrechtlichen Anforderungen. In Luftverkehrsabkommen wird häufig der Marktzugang und/oder die Preisgestaltung beschränkt und/oder reguliert, was den Wettbewerb zwischen Luftfahrtunternehmen auf Strecken zwischen der Gemeinschaft und Drittländern behindern könnte. Außerdem wird mit diesen Abkommen häufig die Fähigkeit der Luftfahrtunternehmen eingeschränkt, bilaterale Kooperationsabkommen einzugehen, mit denen den Verbrauchern Alternativen zum Interlining-System der IATA geboten werden.

Zu beachten ist, dass Luftverkehrsabkommen zwischen Staaten in der Regel nicht unmittelbar anwendbar sind, sondern, soweit sie Regelungen enthalten, die Tarifkonsultationen zwischen Luftverkehrsunternehmen fordern, lediglich die Staaten als Vertragsparteien binden. Solange ein Drittstaat das Abkommen nicht in zwingendes unmittelbar anwendbares nationales Recht umgesetzt hat, das die Luftverkehrsunternehmen ggf. sogar unter Sanktionsandrohung verpflichtet, Tarife abzusprechen, können die bilateralen Luftverkehrsabkommen grundsätzlich nicht als Rechtfertigungsgrund für eine Verletzung des europäischen Wettbewerbsrechts herangezogen werden. Dabei wird allerdings auch die Verwaltungspraxis der Luftverkehrsbehörden in Drittstaaten bei der Anwendung und Auslegung von Luftverkehrsabkommen mit EU-Mitgliedstaaten zu berücksichtigen sein. Sofern sie dazu führt, dass Fluggesellschaften zwecks Erteilung von Tarifgenehmigungen zu vorherigen Tarifkonsultationen veranlasst werden, ohne dass eine solche Verpflichtung in zwingendes nationales Recht umgesetzt wurde, muss geprüft werden, ob die Freiheit der betroffenen Unternehmen zu wettbewerblich autonomen Handlungen noch gewährleistet ist. Andernfalls fehlt es an einer wesentlichen Voraussetzung für die Anwendbarkeit von Art. 81 EG.

Demgegenüber umfasst der **sachliche** Anwendungsbereich insbesondere jegliche kommerzielle Beförderung von Passagieren, Post und Fracht durch Luftfahrtunternehmen im Wege des Linien- oder Charterflugverkehrs. In zahlreichen bilateralen Luftverkehrsabkommen haben sich die EU-Mitgliedstaaten sowohl im Luftverkehr innerhalb der Gemeinschaft als auch im Verkehr mit Drittstaaten gegenseitig die drei kommerziellen Freiheiten der Luft gewährt (3., 4. und 5. Freiheit; 3. Freiheit: Hinbeförderung von Passagieren, Post und Fracht; 4. Freiheit: Rückbeförderung von Passagieren, Post und Fracht; 5. Freiheit: Weiterbeförderung von Passagieren-, Post und Fracht in ein Drittland).[206]

3. Vereinbarungen, die nicht unter Art. 81 Abs. 1 EG fallen

Die „Legalausnahme" des Art. 2 VO 3975/87 wurde von der Kommission als rein deklaratorisch angesehen.[207] Demnach sind gemäß der im Anhang zu der Verordnung enthaltenen Liste rein technische (wie z.B. Normen, Material) wie kommerzielle Vereinbarungen

---

18. 10. 2006 (ABl. 2006 L 298/23), 2006/728/EG Nr. 2/06 v. 18. 10. 2006 (ABl. 2006 L 298/25) des Luftverkehrsausschusses Gemeinschaft/Schweiz zur Änderung des Abkommens bzw. des Anhangs zum Abkommen zwischen der EG und der Schweizerischen Eidgenossenschaft über den Luftverkehr.

[204] 21. Begründungserwägung VO 1459/06.

[205] Z. B. Agreement between the Federal Republic of Germany and Japan for air services, signed at Bonn on 18 January 1961, registered by the International Civil Aviation Organization on 15 May 1963, UN Treaty Series 1963, 185.

[206] Siehe auch Chicago Convention on International Civil Aviation 7. 12. 1944, UN Treaty Series Bd. 15, 295.

[207] 4. Begründungserwägung VO 411/04.

Verkehr 153–157

(z.B. Struktur der Beförderungstarife, Interlining,[208] Abrechnungs- und Ausgleichsysteme) nach wie vor mit Art. 81 EG vereinbar.[209]

4. Marktdefinition, einzelne Verfahren

153 Ausgangspunkt für die jeweils zu Grunde zu legende Marktdefinition sind im Luftverkehr stets eine oder mehrere **Flugrouten.** Um festzustellen, ob eine bestimmte Linienflugroute ein gesonderter Markt ist, kommt es entscheidend darauf an, ob die besonderen Merkmale des Linienflugs auf einer bestimmten Linie im Vergleich zu alternativen Transportmöglichkeiten so kennzeichnend sind, dass er mit ihnen nur in geringem Maße austauschbar und ihrem Wettbewerb nur in wenig spürbarer Form ausgesetzt ist.[210] Beim Frachtverkehr ist dabei zu berücksichtigen, dass Frachtgut über Straße oder Schiene auch über größere Strecken zu Flughäfen transportiert werden kann.

154 Sachlich wird im **Passagierlinienverkehr** zwischen „time-sensitive" und „non time-sensitive" Passagieren unterschieden. Für die erste Gruppe ist die Reiseflexibilität entscheidend. Sie orientieren sich in erster Linie an der Zahl der angebotenen Flüge pro Tag, der günstigsten Abflugs- und Ankunftszeiten, der Lage der Flughäfen und der Möglichkeit einer kurzfristigen Umbuchung. Dafür sind sie bereit, auch einen Aufpreis hinzunehmen. Für „non time-sensitive" Passagiere ist der Preis entscheidend. Für einen niedrigeren Preis sind sie bereit, auch Umwege oder längere Flugzeiten hinzunehmen.[211]

156 Im **Frachtverkehr** wird ggf. zwischen „nur"-Cargo-Flügen und Transport von Fracht im sog. „belly space" eines Passagierflugzeuges zu unterscheiden sein. Hier liegt nur eine einseitige Substituierbarkeit vor. Güter, die im „belly space" eines Passagierflugzeugs transportiert werden können, können auch von Cargofreightern übernommen werden. Der Transport von Gütern mit speziellen Anforderungen z.B. hinsichtlich ihrer Größe (Maschinenteile, Helikopter), ihrer geringen Haltbarkeit (schnell verderbliche Lebensmittel) oder lebende Tiere (z.B. Pferde) kann dagegen nicht von einer Passagiermaschine durchgeführt werden.

157 In den meisten Verfahren geht es um die Frage des Missbrauchs von Marktmacht im Sinne von Art. 82 EG größerer Fluggesellschaften gegenüber kleineren Mitbewerbern. So wurde eine Fluggesellschaft zu einer Geldbuße verurteilt, weil sie einem kleineren Konkurrenten den Zugang zu ihrem computergestützten Buchungssystem verweigert hatte, um ihn am Marktzutritt zu hindern.[212] Missbrauchstatbestände können sich auch im Zusammenhang mit **Interlining**[213] ergeben, wenn eine auf einer Flugstrecke beherrschende Fluggesellschaft eine Interlining-Vereinbarung mit einem Konkurrenten kündigt, weil dieser mit ihr auf der Strecke in Wettbewerb treten will.[214] Interlining ermöglicht Passagieren, ihre Flugscheine auch bei einer anderen Fluggesellschaft benutzen zu können. **Reisebüro-Provisionen** können missbräuchlich sein, wenn sie von einer marktbeherrschenden Fluggesellschaft wie ein Treuerabatt angeboten werden, um Reisebüros am Verkauf der Flugscheine konkurrierender Gesellschaften zu hindern.[215]

---

[208] Vgl. Rn. 157.
[209] Vgl. Einführung, Rn. 10 f.
[210] Vgl. EuGH U. v. 11. 4. 1989 Rs. 66/86 – *Ahmed Saeed Flugreisen* Slg. 1989, 838 Rn. 40.
[211] Vgl. Komm. E. v. 10. 12. 2003 – *BA/Iberia/GB Airways* (COMP/D2/38.479), Rn. 14 f.; Komm. E. v. 7. 4. 2004 – *Air France/Alitalia*, (COMP/38.284/D2) C(2004)1307 endg., Rn. 41, 44 ff.
[212] Komm. E. v. 4. 11. 1988 – *London European – Sabena*, ABl. 1988 L 317/47.
[213] 20. WB 1990, 69 ff., 96 Rn. 107 – *Lufthansa/Air Europe*.
[214] Komm. E. v. 26. 2. 1992 – *British Midland/Aer Lingus*, ABl. 1992 L 96/34.
[215] Komm. E. v. 14. 7. 1999 – *Virgin/British Airways*, ABl. 2000 L 30/1, bestätigt durch: EuG U. v. 17. 12. 2003 Rs. T-219/99 – *British Airways/Kommission* Slg. 2003, II-5917 und EuGH U. v. 15. 3. 2007 Rs. C-95/04 P – *British Airways/Kommission*.

D. Luftverkehr

Ein Verstoß gegen **Art. 81 Abs. 1 EG** kann vorliegen, wenn zwei Fluggesellschaften 158 eine Kooperationsvereinbarung schließen, mit der eine feste Struktur für einen regelmäßigen **Austausch von Informationen** über die Lage der beteiligten Unternehmen sowie den **Austausch von Führungskräften** mit kommerziellen Zuständigkeiten verbunden ist.[216]

Absprachen über **Marktaufteilung,** bei denen bestimmte nationale Flugstrecken jeweils 159 dem anderen Partner vorbehalten bleiben, sowie der Verzicht eines Partners darauf, bestimmte Strecken zu bedienen, der dafür von dem anderen Partner eine Kompensation erhält, verstoßen gegen Art. 81 Abs. 1 EG und können auch nicht gemäß Art. 81 Abs. 3 EG vom Kartellverbot freigestellt werden.[217]

Gegenwärtig ermittelt die Kommission gegen Frachtflugunternehmen wegen Absprachen über Kerosinzuschläge und anderen abgestimmten Verhaltensweisen.[218] 160

5. Allianzen

Strategische Allianzen im Luftverkehr haben eine überragende Bedeutung im globalen 161 Wettbewerb erlangt. Für ihre rechtliche Wirksamkeit müssen sie die Voraussetzungen des Art. 81 Abs. 1 und 3 EG erfüllen. Eine strategische Allianz kann definiert werden als eine auf Dauer angelegte Zusammenarbeit von zwei oder mehreren Fluggesellschaften, die in erster Linie eine Kombination der Flugstreckennetze der Partner anstrebt, im Prinzip aber auf eine umfassende, auf alle Unternehmensbereiche erstreckte Zusammenarbeit ausgerichtet ist, mit dem Zweck, durch Synergieeffekte und Kostenreduktionen einerseits und Produktverbesserungen andererseits langfristige Wettbewerbsvorteile für alle beteiligten Fluggesellschaften zu schaffen.[219] Das bedeutet allerdings nicht, dass Allianzen immer zu einer derartigen Zusammenarbeit aller Partner untereinander führen. In der Gemeinschaft operieren gegenwärtig u. a. die drei größten strategische Allianzen im Passagierverkehr.[220] Daneben gibt es auch reine Cargo Allianzen.[221] Jede der genannten Allianzen im Passagierverkehr hat wegen des Transatlantikverkehrs in die Vereinigten Staaten auch einen US-Partner. Die europäischen Fluggesellschaften reagieren damit auf die Liberalisierung des Luftverkehrs in der Gemeinschaft und den zunehmenden globalen Wettbewerb. Zugleich stellen sie eine Alternative zu Fusionen dar, die durch die „Nationalitätsklauseln"[222] in bilateralen Luftverkehrsabkommen, wonach die designierten Fluggesellschaften mehrheitlich im Eigentum von Staatsangehörigen der beiden Vertragspartner stehen und kontrolliert werden müssen, weitgehend blockiert sind.[223] Die Kommission hat Allianzen als Mittel der Umstrukturierung im Luftverkehr begrüßt, zugleich aber betont, dass damit keine nicht unerlässlichen Wettbewerbsbeschränkungen verbunden sein und die Möglichkeit des Marktzutritts für neue Wettbewerber auf den wichtigsten Strecken nicht ausgeschlossen werden dürften.[224]

---

[216] 20.WB 1990, 96 Rn. 106 – *Air France/Lufthansa*.
[217] Komm. E. v. 18. 7. 2001 – *Sun-Air – SAS/Maersk Air*, ABl. 2001 L 265/15.
[218] Vgl. KOM Pressemitt. MEMO(07)622 – *Commission confirms sending Statement of Objections to alleged participants in an air freight cartel*.
[219] *Malanik*, Schriftenreihe B215 DVWG 1999, 1 ff.
[220] *Star Alliance* mit *Lufthansa, SAS, bmi, Austrian Airlines, LOT Polish Airlines, Spanair, TAP Portugal* sowie 15 außereuropäischen Partnern; *One World* mit *British Airways, Finnair, Iberia,* sowie 7 außereuropäischen Partnern; *Skyteam* mit *Air France, KLM, Alitalia, CSA Czech Airlines* sowie 7 außereuropäischen Partnern; *Worldwide Reliability* und *Qualiflyer* sind inzwischen aufgelöst.
[221] Z. B. *WOW Alliance* mit *Lufthansa Cargo, SAS Cargo* sowie 2 außereuropäischen Partnern, *Sky Team Cargo* mit *Air France Cargo, Alitalia Cargo, CSA Cargo, KLM Cargo* und 4 außereuropäischen Partnern.
[222] Vgl. hierzu Art. 1 Chicago Convention on International Civil Aviation 1944.
[223] Vgl. hierzu *Stehmann*, Schriftenreihe B246 DVWG 2001, 112 ff.
[224] 25. WB 1995, 40 Rn. 76.

Verkehr 162–164

162 Gegenstand der Kooperationsvereinbarungen im Rahmen von Allianzen sind in der Regel **Code Sharing-Abkommen** (d. h. Flüge unter gemeinsamer Flugnummer der Kooperationspartner) verbunden mit Absprachen über Blockbuchungen von Sitzen (d. h. Kauf von Sitzen für die Beförderung eigener Passagiere in Flugzeugen einer anderen Fluggesellschaft), Zusammenlegung von **Vielfliegerprogrammen** (Frequent Flyer Program/FFP, dh. Gutschrift von Bonusmeilen), Marketing und Verkauf, Koordinierung von Flugplänen, Streckenführungen, Tarifkonsultationen, Interlining usw. Um wettbewerbsrechtlich relevante Allianzen handelt es sich somit erst dann, wenn die beteiligten Fluggesellschaften Kooperationen eingehen, mit denen sie ihr wettbewerbliches Handeln auf einer Vielzahl von Geschäftsfeldern wirtschaftlich und technisch koordinieren zu dem Zweck, ihre internationale Wettbewerbsfähigkeit zu stärken und den Verkehrsnutzern bestmögliche Dienstleistungen anzubieten.[225] Die Kommission leitete 1996 mehrere Verfahren gemäß Art. 85 EG über die Vereinbarkeit von **Luftverkehrsallianzen** mit Art. 81 Abs. 3 EG ein, von denen allerdings keines mit einer Entscheidung abgeschlossen wurde.[226]

163 In einer Anzahl von **Fusionen** zwischen Luftverkehrsunternehmen hat die Kommission entschieden, gemäß Art. 6 Abs. 1 (b) der ehemaligen Fusionskontrollverordnung Nr. 4064/89 keine Einwände gegen den Zusammenschluss zu erheben;[227] in drei Fällen wurde die Genehmigung des Zusammenschlusses jedoch mit Verpflichtungszusagen der beteiligten Unternehmen in Form von Auflagen gemäß Art. 8 Abs. 2 VO 4064/89 verknüpft, die sie in vergleichbarer Form auch bei Freistellungen gemäß Art. 5 der ehemaligen VO 3975/87 angewendet hat und nun bei Verpflichtungszusagen gemäß Art. 9 VO 1/03 anwendet. Die bis 1996 entschiedenen Fusionsfälle waren mit vergleichsweise leicht zu erfüllenden Auflagen verbunden. Im Fall Air France/Sabena sicherte die französische Regierung zu, einem Wettbewerber die Errichtung eines Drehkreuzes in Nordfrankreich zu gestatten. Air France und Sabena versprachen, Mitbewerbern den Zugang zu einigen Strecken zu erleichtern und die Zahl der von ihnen am Flughafen Brüssel gehaltenen Slots[228] zu senken. Im Fall Swissair/Sabena erklärten die Regierungen Belgiens und der Schweiz, rechtliche Hindernisse für den Streckenzugang von Mitbewerbern senken zu wollen, um ausreichenden Wettbewerb Dritter mit Swissair und Sabena zu ermöglichen. Die beiden Fluggesellschaften sagten zu, soviele Slots aufzugeben, wie für die Aufrechterhaltung einer Hauptverbindung zwischen Belgien und der Schweiz erforderlich sind und Dritten die Möglichkeit zum Interlining sowie der Teilnahme an ihren Vielfliegerprogrammen einzuräumen. Swissair stimmte außerdem zu, ihre Kooperation mit SAS zu beenden, um Wettbewerb zwischen den Netzwerken von Lufthansa/SAS und Swissair/Sabena zu gewährleisten. Im Fall BA/TAT gaben die beteiligten Unternehmen vergleichbare Zusagen betreffend Slots sowie FFP (Vielfliegerprogrammen) auf zwei Strecken zwischen London und Paris bzw. Lyon ab.

164 Seitdem hat die Kommission die Anforderungen in ihren Entscheidungen gemäß Art. 81 Abs. 3 EG[229] sowie unter der Geltung der ehemaligen VO 3975/87[230] und in Fusionsfällen

---

[225] Vgl. *Kreis*, Schriftenreihe B 215 DVWG 1999, 106/108.

[226] Verfahren gegen *British Airways/American Airlines; Lufthansa/United/SAS (Star Alliance)* und *Swissair/Sabena/Austrian Airlines/Delta (North-Atlantic Excellence/Qualiflyer Group)*, vgl. 26. WB 1996, 48 Rn. 99; *BA/AA* erklärten 1998 ihre Pläne für gescheitert; die *Qualiflyer Group* wurde infolge der *Swissair*-Insolvenz aufgelöst; der Fall *LH/United/SAS* wurde nach Verpflichtungszusagen eingestellt, vgl. KOM Pressemitt. IP(02)1569 – *EU-Kommission stellt Verfahren wegen der transatlantischen Luftverkehrsallianzen von KLM/NorthWest und Lufthansa/SAS/United Airlines ein* und Mitteilung d. Komm zur Allianz von Lufthansa, SAS und United Airlines (Sachen COMP/D-2/36.201, 36.076, 36.078 – Verfahren nach Art. 85 EG), ABl. 2002 C 264/5.

[227] *Delta Airlines/Pan Am* (IV/M1130); *BA/DanAir* (IV/M278) (1993); *BA/Air Liberté* (IV/M857) (1997); *Lufthansa/Cityline/Bombardier/EBJS* (IV/M968); *Sair Group/LTU* (IV/M1354) (1998).

[228] Vgl. Rn. 164.

[229] Komm. E. v. 16. 1. 1996 – *Lufthansa/SAS*, ABl. 1996 L 54/28; Komm. E. gem. Art. 5 Abs. 3 – *Lufthansa/British Midland/SAS*, KOM Pressemitt. IP(01)831; KOM Pressemitt. IP(02)1008 – *Luft-*

gemäß Art. 8 Abs. 2 der ehemaligen FKVO 4064/89[231] ständig erhöht, um neuen Wettbewerbern den Marktzutritt zu erleichtern. Dabei ging es zunächst vor allem um die Verpflichtung, auf bestimmten Routen die Anzahl der von den Kooperationspartnern angebotenen **Flugfrequenzen** „einzufrieren" und Mitbewerbern auf Antrag eine Mindestanzahl von **Zeitnischen** für Starts und Landungen („**slots**") zur Verfügung zu stellen, wenn sie diese im normalen IATA-Zuteilungsverfahren nicht erhalten konnten.[232] Die Kommission erweiterte diese Auflagen durch Verpflichtungszusagen betreffend **Frequenzkürzungen**, Abschluss von sog. **Blocked Space/Seats Agreements**,[233] Vereinbarungen über **Interlining**, Teilnahme an den **Vielfliegerprogrammen** der Kooperationspartner sowie Reduzierung der Display-Größe ihrer Flüge auf den **computergestützten Buchungssystemen** zu Gunsten des Erscheinungsbildes von Neubewerbern.[234] Es liegt nahe, dass nach Abschaffung der VO 3975/87 diese Praxis über **Verpflichtungszusagen** nach Art. 9 VO 1/03 fortgesetzt wird.[235]

Ergänzend hat die Kommission verlangt, dass die Kooperationspartner auf Strecken, auf denen sie keinem Wettbewerb ausgesetzt sind, ihre **Tarife** ggfs. im selben Umfang prozentual **senken** wie auf Strecken, wo sie mit neuen Wettbewerbern konkurrieren, auf Antrag spezielle Abkommen über **Prorating**, d.h. die Aufteilung eines Durchgangstarifs auf die beteiligten Fluggesellschaften, anbieten und mit **Eisenbahnen** Vereinbarungen über **kombinierten Verkehr** schließen, um den Verkehrsnutzern eine größere Auswahl an Reisemöglichkeiten zu verschaffen.[236] Die verschärften Auflagen, unter denen Kooperationsvereinbarungen frei gestellt werden, zeigen das Bestreben der Kommission, Duopole auf bestimmten Strecken aufzubrechen und nicht nur potentiellen, sondern aktuellen Wettbewerb zu schaffen.

Gleichwohl sind insbesondere die Verpflichtungen, Frequenzen einzufrieren oder zu reduzieren sowie Neubewerbern bis zu 40% der von den Kooperationspartnern gehaltenen Slots zu übertragen, rechtlich problematisch. Beide Auflagen bedeuten eine Verringerung des Angebots von Dienstleistungen durch die Kooperationspartner, vergleichbar einer erzwungenen Produktionseinschränkung in anderen Industrien. Würden die Kooperationspartner dies von sich aus vereinbaren, wäre es vermutlich als Verstoß gegen Art. 81 Abs. 1 lit. b EG[237] verboten und müsste von der Kommission geahndet werden; hier aber ordnet es die Kommission selbst an. Im Übrigen bleibt die Wirksamkeit solcher Auflagen zweifelhaft, weil es eben nicht möglich ist, durch behördliche Entscheidung neue Wettbewerber herbei zu zwingen. Die Praxis der Kommission wurde bislang auch nicht durch die Rechtsprechung eingeschränkt. Der EuGH stellte lediglich fest, dass Zusagen von der Kommission unter Berücksichtigung der Wettbewerbsprobleme beschlossen werden, die auf den betroffenen Märkten aufgetreten sind; dabei ist es nach dem Grundsatz der Verhältnismäßigkeit nicht erforderlich, wenn der Wettbewerb auf diesen Märkten aufrechterhalten

---

hansa/Austrian Airlines; Komm. E. v. 7. 4. 2004 – Société Air France/Alitalia, (COMP/38.284/D2) C(2004)1307 endg.

[230] BA/Iberia/GB Airways, (COMP/D2/38.479) (2003).

[231] Komm. E. v. 11. 8. 1999 – KLM/Alitalia, ABl. 2000 C 96/5; vgl. auch Komm. E. v. 11. 2. 2004 – Air France/KLM ABl. 2004 C 60/5, bestätigt durch EuG U. v. 4. 7. 2006 Rs. T-177/04 – easyJet Airline Co.Ltd/Kommission.

[232] Komm. E. v. 16. 1. 1996 – Lufthansa/SAS, ABl. 1996 L 54/28.

[233] Vgl. Rn. 162.

[234] Komm. E. v. 11. 8. 1999 – KLM/Alitalia, ABl. 2000 C 96/5; vgl. auch KOM Pressemitt. IP(01)831 – Lufthansa/British Midland/SAS.

[235] Vgl. z.B. Komm. Mitt. gemäß Art. 27 Abs. 4d. VO (EG) Nr. 1/03 d. Rates in der Sache COMP/37.749 Austrian Airlines/SAS – Kooperationsvereinbarung, ABl. 2005 C 233/18.

[236] KOM Pressemitt. IP(02)1008 – Lufthansa/Austrian Airlines.

[237] „Einschränkung oder Kontrolle der Erzeugung, des Absatzes, des technischen Entwicklung oder der Investitionen."

Verkehr 167–169

werden kann, den Geltungsbereich der Zusagen auf nicht betroffene Märkte zu erstrecken.[238] Zusagen dürfen auch nicht als Mittel verstanden werden, das dazu dient, ohne wettbewerblichen Grund einen potentiellen Wettbewerber zu begünstigen, der in einen bestimmten Markt eintreten möchte.[239]

6. Verfahrensrechtliche Bestimmungen

167 Ebenso wie in den VOen für Land- und Seeverkehr wurden die Verfahrensvorschriften der VO 3975/87 aufgehoben und die **VO 1/03** findet ab dem 1. 5. 2004 Anwendung. Allein Art. 6 Abs. 3 behält seine Wirkung für bereits angenommene Entscheidungen.[240]

III. Verordnung (EWG) Nr. 3976/87 des Rates

168 Die VO 3976/87 ermächtigt die Kommission, Art. 81 Abs. 3 EG durch Verordnung auf bestimmte Gruppen von Vereinbarungen, Beschlüssen oder abgestimmten Verhaltensweisen anzuwenden, die sich unmittelbar oder mittelbar auf die Erbringung von Luftverkehrsdienstleistungen auf Strecken zwischen Flughäfen der Gemeinschaft und auf Strecken zwischen Flughäfen der Gemeinschaft und Drittländern beziehen.[241] Die Verordnung ermöglicht gemäß Art. 2 die Gruppenfreistellung für Vereinbarungen zwischen Unternehmen, Beschlüsse von Unternehmensvereinigungen und aufeinander abgestimmte Verhaltensweisen betreffend
– die gemeinsame Planung und Koordinierung der Flugpläne;
– Konsultationen über Tarife für die Beförderung von Fluggästen, Gepäck und Fracht[242] im Linienverkehr;
– den gemeinsamen Betrieb neuer Fluglinienbdienste auf Strecken mit geringem Verkehrsaufkommen;
– die Zuweisung von Zeitnischen („slots") und die Planung der Flugzeiten;
– gemeinsamen Erwerb, Entwicklung und Betrieb computergesteuerter Buchungssysteme durch Luftverkehrsunternehmen („Computerized Reservation Systems" – CRS).

169 Die Kommission hatte Gruppenfreistellungen im Rahmen der Liberalisierungspakete erlassen. Bezüglich der CRS wurde eine Gruppenfreistellung durch die Verordnung Nr. 3652/93[243] gewährt, deren Geltungsdauer am 30. 6. 1988 abgelaufen war und nicht erneuert worden ist. Hierzu bestand auch kein Anlass, weil die Zwecke der Gruppenfreistellung durch den vom Rat gemäß Art. 80 Abs. 2 EG erlassenen CRS-Verhaltenskodex[244] ebenso gut erreicht werden. Der CRS-Kodex soll vor allem Missbräuche großer Luftverkehrsunternehmen gegenüber kleineren Mitbewerbern verhindern, damit sie diskriminierungsfreien Zugang zu den großen Buchungssystemen erhalten.[245]

---

[238] EuG U. v. 4. 7. 2006 – *easy Jet Airline Co. Ltd/Kommission* Rn. 134.
[239] EuG U. v. 4. 7. 2006 – *easy Jet Airline Co. Ltd/Kommission* Rn. 137.
[240] Vgl. Art. 39 VO 1/03, Art. 1 VO 411/04.
[241] 3. Begründungserwägung VO 1459/06, Art. 2 VO 411/04.
[242] Konsultationen über Frachttarife wurden erst durch die VO Nr. 2344/90 (EWG) d. Rates v. 24. 7. 1990 zur Änderung der Verordnung (EWG) Nr. 3976/87 ABl. 1990 L 217/15 erlaubt.
[243] VO Nr. 3652/93 (EG) d. Komm. v. 22. 12. 1993 zur Anwendung von Art. 85 Abs. 3 des Vertrages auf bestimmte Gruppen von Vereinbarungen zwischen Unternehmen über computergesteuerte Buchungssysteme für den Luftverkehr, ABl. 1993 L 333/37.
[244] VO Nr. 2299/89 (EWG) d. Rates v. 24. 7. 1989 über einen Verhaltenskodex im Zusammenhang mit computergesteuerten Buchungssystemen, ABl. 1989 L 220/1, geändert durch: VO Nr. 3089/93 (EWG) d. Rates v. 29. 10. 1993, ABl. 1993 L 278/1; VO (EG) Nr. 323/99 d. Rates v. 8. 2. 1999 zur Änderung der VO (EWG) Nr. 2299/89 über einen Verhaltenskodex im Zusammenhang mit computergesteuerten Buchungssystemen (CRS) ABl. 1999 L 40/1.
[245] Vgl. hierzu auch Komm. E. v. 4. 11. 1988 – *London European/Sabena*, ABl. 1988 L 317/47 Rn. 76.

D. Luftverkehr

170–172 Verkehr

Die VO 1459/06 regelte die Anwendung von Art. 81 Abs. 3 EG auf Tarifkonsultationen für die Beförderung von Passagieren im Personenlinienverkehr und die Zuweisung von Zeitnischen auf Flughäfen. Bislang waren fielen derartige Vereinbarungen unter die VO 1617/93,[246] die am 30. Juni 2005 auslief. Die VO 1459/06 wurde geschaffen, um der Luftfahrtindustrie den Übergang von der Gruppenfreistellung zum System der Legalausnahme zu erleichtern. Am 31. Oktober 2007 liefen die letzten Gruppenfreistellungen der VO 1459/06 aus. Seitdem müssen Carrier selbst ermitteln, ob ihre Vereinbarungen und Vorgehensweisen mit Art. 81 EG vereinbar sind oder nicht. Dabei können die Grundsätze der VO 1459/06 nach wie vor herangezogen werden. 170

Grundsätzlich geht die Kommission davon aus, dass Vereinbarungen über die Zuweisung von Zeitnischen auf Flughäfen und die Planung von Flugzeiten die effiziente Nutzung der Flughafenkapazität und des Luftraums verbessern, die Luftverkehrskontrolle erleichtern und dazu beitragen können, dass die Erbringung von Luftverkehrsdienstleistungen vom Flughafen verteilt wird. Auf der anderen Seite muss der Zugang zu überlasteten Flughäfen möglich bleiben, wenn der Wettbewerb nicht ausgeschaltet werden soll. Für die Wirksamkeit einer derartigen Vereinbarung ist erforderlich, dass alle betroffenen Luftfahrtunternehmen an den Verhandlungen teilnehmen können und die Zuweisung auf nichtdiskriminierender und transparenter Grundlage erfolgt.[247] 171

Konsultationen über Passagiertarife können zur Verbreitung von Interlining-Passagiertarifen zum Vorteil der Luftfahrtunternehmen und der Luftverkehrsnutzer beitragen. Hier müssen die Unternehmen sicherstellen, dass die Vereinbarungen allein dem Zweck der Erleichterung des Interlinings dienen.[248] Da auf den Strecken zwischen der Gemeinschaft und Drittländern der Anteil von Passagierflugreisen mit Anschlussflug höher ist als auf internationalen innergemeinschaftlichen Flügen, müssen die durch Tarifkonsultationen gewonnenen Vorteile des Interlining für die Verbraucher auf Strecken zwischen der Gemeinschaft und Drittländern größer sein.[249] 172

---

[246] VO Nr. 1617/93 (EWG) d. Komm. v. 25. 6. 1993 zur Anwendung von Art. 85 Abs. 3 EWG-Vertrag auf Gruppen von Vereinbarungen, Beschlüssen und aufeinander abgestimmten Verhaltensweisen betreffend die gemeinsame Planung und Koordinierung von Flugplänen, den gemeinsamen Betrieb von Flugdiensten, Tarifkonsultationen im Personen- und Frachtlinienverkehr sowie die Zuweisung von Zeitnischen auf Flughäfen, ABl. 1993 L 155/18.
[247] 8. Begründungserwägung VO 1459/06.
[248] 10. Begründungserwägung VO 1459/06.
[249] 15. Begründungserwägung VO 1459/06.

Kreis

5. Teil. Landwirtschaft

Übersicht

	Rn.		Rn.
A. Einführung	1	IV. Sog. Genossenschaftsprivileg	46
B. Grundsätzliche Geltung des Europäischen Kartellrechts	3	V. Preisbindung	63
		VI. Ausschluss des Wettbewerbs	67
I. Art 175–176 VO 1234/07 bzw. VO 1184/06	3	VII. Gefährdung der Ziele nach Art. 33 EG	69
II. Die Anwendbarkeit der Art. 81 und 82 EG (Art. 175 VO 1234/07 bzw. Art 1a VO 1184/06)	7	VIII. Bedeutung von Art. 81 Abs. 3 und Art. 82 EG	72
		D. Verfahren	76
C. Ausnahmen gemäß Art. 176 Abs. 1 VO 1234/07 bzw. Art 2 Abs. 1 VO 1184/06	22	I. Das Verfahren nach Art. 176 Abs. 2 und Abs. 3 VO 1234/2007 bzw. Art 2 Abs. 2 und 3 VO 1184/06	76
I. Grundsatz	22	II. Das Verhältnis zu nationalen Verfahren	85
II. Bestandteil von Marktordnungen	33	E. Anwendbarkeit von Art. 88 Abs. 1 und 3 EG	87
III. Agrarpolitische Ziele nach Art. 33 EG	37		

Schrifttum: *Ackermann/Roth,* Anwendung der europäischen Wettbewerbsregeln auf Genossenschaftssatzungen, ZfgG Heft 47, 287; *Baron,* Das neue Kartellgesetz – Einführung in die 6. Kartellnovelle 1999; *Büttner,* Wettbewerbsrecht für die Landwirtschaft im gemeinsamen Markt, Rd L 1965, 1; *de Cockborne,* Les regles communautaires de concurrence applicables aux entreprises dans la domaine agricole in Revue trimestrielle de droit européen (RTDE) 1988 S. 293; *DGAR,* Die kartellrechtliche Sonderregelung für die Landwirtschaft im EWG-Recht Schlussbericht des Ausschusses für Agrarkartellrecht in DGAR (Schriften) 1970; *Eberle,* Das erlaubte Erzeugerkartell nach § 100 Abs. 1 GWB, Diss. Münster 1965; *Gleiss/Kleinmann,* Anpassung der Begriffe „landwirtschaftliche Erzeugnisse" und „Erzeugerbetriebe" im deutschen Kartellgesetz (§ 100 GWB) an das europäische Recht (VO 26 des Rates), NJW 1970, 1485; *Gleiss/Wolff,* Kartellrechtliche Aspekte des neuen Verordnungsvorschlages über landwirtschaftliche Erzeugergemeinschaften – zugleich ein Beitrag zur Auslegung von Art 2 VO 26/62, WuW 1971, 311; *Henjes,* Zur Freistellung vom Kartellverbot des Art 85 EWG-Vertrag für Vereinigungen landwirtschaftlicher Erzeugerbetriebe und ihre Vereinigungen in: Götz, Agrarrecht im Wandel, FS Büttner, 1986; *Liebing,* Die für Unternehmen des Agrarsektors geltenden Wettbewerbsregelungen innerhalb der EWG, Diss. Köln 1965; *Petry,* Die Wettbewerbsbeschränkung in der Landwirtschaft nach nationalem und europäischem Wettbewerbsrecht, Diss Hohenheim 1974; *Schulze-Hagen,* Die landwirtschaftlichen Zusammenschlüsse nach deutschem und europäischem Wettbewerbsrecht 1977.

A. Einführung

Die europäischen Regeln der **Art. 81 und 82 EG** legen den Grundstein für die kartellrechtliche Betrachtung des landwirtschaftlichen Sektors. Maßgebend sind sie für das Kartellverbot, d. h. für Vereinbarungen, aufeinander abgestimmte Verhaltensweisen sowie Beschlüsse von landwirtschaftlichen Erzeugern, deren Vereinigungen und Vereinigungen dieser Vereinigungen, soweit die Produktion und der Handel landwirtschaftlicher Erzeugnisse betroffen sind. Das europäische Kartellverbot steht den europäischen Marktordnungen sowie den nationalen Regelungen, also dem deutschen Kartellrecht, gegenüber. Während die europäischen Marktordnungen als spezielle Regelungen auf der Grundlage des EG den Regelungen von Art. 81 und 82 EG vorgehen, hat das europäische Recht insgesamt wiederum Vorrang vor den nationalen Regelungen. 1

Die Marktordnungen sowie andere Verordnungen stehen also vorrangig vor Art. 81 und 82 EG, so dass die dort getroffenen Regelungen zunächst Anwendung finden. Viele Bereiche sind zwischenzeitlich durch **gemeinsame Marktorganisationen** geregelt, die kartell- 2 rechtliche Sonderregelungen vorsehen. Bis 2007 fanden sich diese Marktordnungen in produktspezifischen Einzelverordnungen. In 2007 wurden die Marktordnungen weitestgehend in einer einheitlichen gemeinsamen Marktordnung festgelegt. Die VO 1234/07 vom 22. 10. 2007 (ABl. 2007 L 299, S. 1 ff.), in der Fassung der VO 361/08 (Abl. 2008 L 121 S. 1 ff.) über eine gemeinsame Organisation der Agrarmärkte und mit Sondervorschriften für bestimmte landwirtschaftliche Erzeugnisse umfasst heute nahezu alle in einer Marktorganisation geregelten Produkte.[1] Ausnahmen gab es bis 2008 noch für die Sektoren Obst und Gemüse und Wein, die eigenständig geregelt sind bzw. waren.[2] Die Marktorganisation für Obst und Gemüse wurde mit der VO 361/08 in die Gemeinsame Marktordnung nach VO 1234/07 überführt. Die im Agrarsektor vorrangig anzuwendenden Sonderregelungen auf europäischer Ebene schränken die Anwendbarkeit der allgemeinen europäischen Kartellregelungen der Art. 81 und 82 EG bereits stark ein.[3] Die nationalen, deutschen Einschränkungen bzw. Verbote gehen im Gegensatz hierzu den europäischen Kartellregelungen nicht vor. D. h., wenn europäisches Recht anzuwenden ist und ein europäisches Kartellverbot gegeben ist, dann gilt dies ohne jegliche Einschränkungen durch nationale Regelungen. Gleichwohl können nach deutschem Recht vorliegende Kartellverbote neben den europäischen stehen, sie können die europäischen Schranken jedoch nicht aushebeln.

B. Grundsätzliche Geltung des Europäischen Kartellrechts

I. Art 175–176 VO 1234/07[4] bzw. VO 1184/06

3   Die grundsätzliche Geltung der europäischen Kartellnormen hat ihre rechtliche Grundlage in Art. 36 EG.[5] Danach finden die Wettbewerbsregeln auf die Produktion landwirtschaftlicher Erzeugnisse und den Handel mit diesen, grundsätzlich Anwendung. Dies gilt jedoch nur insoweit, als die in Art. 33 EG festgelegten Ziele der gemeinsamen Agrarpolitik keine Einschränkungen erfordern. **Ziele der gemeinsamen Agrarpolitik** nach Art. 33 EG sind die Steigerung der Produktivität der Landwirtschaft durch Förderung des technischen Fortschritts, Rationalisierung der landwirtschaftlichen Erzeugung und den bestmöglichen Einsatz der Produktionsfaktoren, die Gewährleistung einer angemessenen Lebenshaltung der landwirtschaftlichen Bevölkerung, die Stabilisierung der Märkte, die Sicherstellung der Versorgung und die Belieferung der Verbraucher zu angemessenen Preisen.

4   Zur **Sicherung dieser Ziele** auch im Rahmen der europäischen Kartellnormen wird der Rat ermächtigt, den entsprechenden Rahmen zu stecken. Diese Ermächtigungsgrundlage in Art. 36 EG wird als negative Komponente der Anwendbarkeit des europäischen

---

[1] U. a. lebende Pflanzen und Blumen, Anhang II-Erzeugnisse, Schweinefleisch, Geflügelfleisch, Rindfleisch, Schaf- und Ziegenfleisch, Eier, Rohtabak, Bananen, Milch- und Milcherzeugnisse, Faserflachs und -hanf, Getreide, Reis, Trockenfutter, Olivenöl und Tafeloliven, Saatgut, Hopfen und Zucker.
[2] Obst und Gemüse in VO 1182/07 vom 26. 9. 2007, ABl. 2007 L 273, S. 1 ff., Wein in VO 1493/99, ABl. 1999 L 179, S. 1 ff. befindet sich in Überarbeitung und soll 2008 in novellierter Fassung veröffentlicht werden.
[3] *Schweizer* in: Immenga/Mestmäcker WbR 4. Auflage 2007, EG Teil II, VIII. Abschnitt Landwirtschaft, C. Art. 1 VO 16/62 Rn. 10, *Schweizer* kommentiert die Vorschriften der Ausnahmen der Landwirtschaft noch auf Basis der 2006 aufgehobenen VO 26/62; Nachfolgeregelungen sind die genannten Art. 175–176 VO 1234/06 bzw. die VO 1184/06.
[4] Art. 175–176 der VO 1234/07 in der Fassung der VO 361/08.
[5] Art. 36 Absatz 1 EG:
„Das Kapitel über Wettbewerbsregeln findet auf die Produktion landwirtschaftlicher Erzeugnisse und den Handel mit diesen nur insoweit Anwendung, als der Rat dies unter Berücksichtigung der Ziele des Art. 33 im Rahmen des Artikels 37 Absätze 2 und 3 und gemäß dem dort vorgesehenen Verfahren bestimmt."

B. Grundsätzliche Geltung des Europäischen Kartellrechts   5, 6   **Landwirtschaft**

Kartellrechts auf die Landwirtschaft gesehen, da der Rat berechtigt ist die Einschränkung dieser Anwendbarkeit festzulegen.[6] Ergänzt wird dies durch eine positive Komponente, die Ermächtigung zu Einschränkungen auch der kartellrechtlichen Normen über Marktordnungen oder sonstigen Beihilferegelungen, die ihre Grundlage in Art. 34 Absatz 1 und 37 Absatz 3 EG hat. Gerade die Marktordnungen haben starken Einfluss auf das Verhalten der Beteiligten in den Märkten mit kartellrechtlichem Charakter, angefangen von Quotenregelungen, wie z. B. in der Zucker- oder der Milchmarktordnung oder von Qualitätsnormen etc.[7] Märkte mit kartellrechtlichem Charakter sind solche, in denen der Wettbewerb für die Marktbeteiligten, z. B. durch Marktordnungen bereits stark reglementiert werden.

Grund für die Einschränkung der allgemeinen europäischen Kartellnormen sind die durch die Gesetze der Natur bedingten **strukturellen, räumlich und geographischen Produktionsvoraussetzungen** für die landwirtschaftliche Urproduktion. Die unveränderbaren natürlichen Voraussetzungen erfordern mehr Flexibilität für die Erzeuger als in anderen Wirtschaftszweigen, die wesentlich mehr Einfluss auf die Produktion nehmen können. Den Zielen der Agrarpolitik ist aus diesem Grund Vorrang vor den allgemeinen Kartellnormen des EG eingeräumt worden, verbunden mit einem weiten Ermessensspielraum für den Rat der EU zur Beurteilung des Verhältnisses zwischen den Wettbewerbsnormen und der Verwirklichung der agrarpolitischen Ziele.[8]   5

Nicht nur mit Blick auf die verschiedenen Marktordnungen, sondern insgesamt bezogen auf die gemeinsamen agrarpolitischen Ziele hat der Rat der EU den Besonderheiten der Landwirtschaft bereits 1962 Rechnung getragen. In Ergänzung zu den allgemeinen Wettbewerbsregeln der Art. 81 und 82 EG hat er in Erfüllung der o. g. negativen Komponente die VO 26/62 zur Anwendung bestimmter Wettbewerbsregeln auf die Produktion landwirtschaftlicher Erzeugnisse und den Handel mit diesen Erzeugnissen am 4. 4. 1962[9] erlassen. Der Rat der EU sah diese Ergänzung mit Blick auf die oben genannten Ziele des Art. 33 EG als zwingend erforderlich an.[10] Aufgrund der Fortentwicklung der rechtlichen Bestimmungen ging die VO 26/62 im Jahr 2006 in der kodifizierten Fassung der VO 1184/06,[11] geändert durch Art 200 der VO 1234/07,[12] ohne materielle Änderungen auf. Seit 2007 finden sich diese Regelungen inhaltlich weitestgehend unverändert in der VO 1234/07 über die einheitliche Gemeinsame Marktordnung wieder, zunächst mit Ausnahme der Produktbereiche Obst und Gemüse und Wein. Der Produktbereich Obst und Gemüse wurde durch die VO 361/08 in die Gemeinsame Marktordnung gemäß VO 1234/07 überführt. Mit der VO 361/08 sind auch die Kartellvorschriften der VO 1234/07, also die Art 175 ff. erneut geändert worden. Für den Produktbereich Wein und für nicht in der Gemeinsamen Marktordnung geregelten Produktbereiche gelten nach wie vor die Vorschriften der VO 1184/06, wobei sie materiell identisch mit den kartellrechtlichen Regelungen in Art 175 ff. der VO 1234/07 sind. Die Ziele der Agrarpolitik sind somit auch heute noch **Kernbestandteil der kartellrechtlichen Ausnahmeregelung** auf europäi-   6

---

[6] So *Schweizer* in: Immenga/Mestmäcker WbR EG Teil II, VIII. Abschnitt Landwirtschaft, B. Art. 36 Rn. 1; *Thiele* in: Calliess/Ruffert, Kommentar zu EU-Vertrag und EG-Vertrag, 3. Auflage 2007, Teil II EG Art. 36 Rn. 2.

[7] *Schweizer* in: Immenga/Mestmäcker WbR EG Teil II, VIII. Abschnitt Landwirtschaft, A. Einleitung Rn. 2; *van Rijn* in: Groeben/Schwarze, Kommentar zum EG-/EU-Vertrag, 6. Auflage 2003, Bd. 1 Art. 36 Rn. 4 und 5, *Thiele* in: Calliess/Ruffert, Kommentar zu EU-Vertrag und EG-Vertrag, 3. Auflage 2007, Teil II EG Art. 36 Rn. 2.

[8] EuGH U. v. 29. 10. 1980 Rs. C-139/78 – *Maizena/Rat;* Slg. 1980 S. 3393, 3421, *Schweizer* in: Immenga/Mestmäcker WbR EG Teil II, VIII. Abschnitt Landwirtschaft, B. Art. 36 Rn. 2 m. w. N.

[9] ABl. 1962 S. 993, geändert durch VO vom 29. 6. 1962, ABl. 1962 S. 1571.

[10] Präambel der VO 26/62, 1. Absatz, ABl. 1962 S. 993, geändert durch VO vom 29. 6. 1962, ABl. 1962 S. 1571.

[11] VO 1184/06 vom 24. 7. 2006, ABl. 2006 L 214, S. 7 ff.

[12] VO 1234/07 vom 22. 10. 2007 ABl. 2007 L 299, S. 1 ff.

scher Ebene. Umfasst werden hierbei die Produktion landwirtschaftlicher Erzeugnisse sowie der Handel mit landwirtschaftlichen Erzeugnissen.

II. Die Anwendbarkeit Art. 81 und 82 EG

7   Art. 175 der VO 1234/07 bzw. Art. 1a der VO 1184/06 regeln, dass die Wettbewerbsvorschriften der Art. 81 bis 86 EG, sowie alle zu ihrer Anwendung ergangenen Bestimmungen, jedoch unter dem Vorbehalt von Art 176 VO 1234/07 bzw. Art. 2 der VO 1184/06, auf alle in Art. 81 und 82 EG genannten Vereinbarungen, Beschlüsse und Verhaltensweisen Anwendung finden. Vorraussetzung ist, dass die Produktion der in Anhang I aufgeführten Erzeugnisse und der Handel mit diesen Erzeugnissen betroffen sind. Durch die **Trennung der kartellrechtlichen Vorschriften** in Art 175 ff. VO 1234/07 und VO 1184/06 wird auch der Bezug auf Anhang I differenziert. Art 175 VO 1234/07 nimmt Bezug auf die konkret in Art 1 der VO 1234/07 genannten Erzeugnisse während Art 1 der VO 1184/06 alle Anhang I Erzeugnisse mit Ausnahme der in Art. 175 der VO 1234/07 genannten umfasst. Im Ergebnis sind somit wieder alle Anhang I Erzeugnisse jedoch über zwei unterschiedliche Rechtsgrundlagen in die kartellrechtlichen Sondervorschriften eingebunden. Die Rechtsnormverweisung in Art. 175 der VO 1234/07 bzw. Art. 1a der VO 1184/06 beinhaltet zunächst eine volle Anwendbarkeit aller europäischen Kartellnormen, es sei denn, es greift einer der in Art 176 VO 1234/07 bzw. Art. 2 der VO 1184/06 genannten Ausnahmetatbestände. Damit bestätigen Art. 175 bzw. Art 1a die grundsätzliche Anwendbarkeit und die unmittelbare Geltung der europäischen Kartellnormen.

8   Die Verbote der Art. 81 und 82 EG gelten somit ebenso unmittelbar, wie die über Art. 83 EG erfassten Durchführungsverordnungen zu den Kartellregeln des EG. Hierzu zählen damit auch die im EG vorgesehenen **Kartellverfahrensregelungen** sowie die gesamte **Missbrauchskontrolle.** Da auch die Durchführungsbestimmungen in die unmittelbare Anwendung einbezogen werden, galt insbesondere die VO 17/62 vom 6.2.1962 (Amtsblatt S. 204), die als erste Durchführungsverordnung zu den Artikeln 81 und 82 Grundlegendes, wie z.B. das Negativattest regelte und 2003 durch die VO 1/2003 vom 16.12.2002 (Amtsblatt 2003 L 1 S. 1) abgelöst wurde.

9   Neben sämtlichen übrigen Durchführungsverordnungen gilt unter anderem auch grundsätzlich die VO 139/2004 vom 20.1.2004 (Amtsblatt 2004 L 24 S. 1), die die Fusionskontrolle der Unternehmenszusammenschlüsse betrifft.[13] Gerade mit Blick auf die Besonderheiten der Landwirtschaft und der hierauf beruhenden Ausnahmen des Art 176 VO 1234/07 bzw. Art. 2 der VO 1184/06, existieren im Hinblick auf eine uneingeschränkte **Anwendbarkeit der Fusionskontrollverordnung** m.E. jedoch Durchbrechungen. Soweit Vereinbarungen, Beschlüsse und Verhaltensweisen von landwirtschaftlichen Erzeugerbetrieben, Vereinigungen von Erzeugerbetrieben oder Vereinigungen solcher Erzeugervereinigungen über Art 176 VO 1234/07 bzw. Art. 2 der VO 1184/06 von der Anwendbarkeit des Art. 81 EG ausgenommen sind, kann zwingend der Geltungsbereich solcher Kooperationen zwischen Landwirten nicht begrenzt sein. Ansonsten würden die Ausnahmen für die Landwirtschaft ihr Ziel verfehlen. Demzufolge ist ebenso zwingend der Rückschluss, dass Vereinbarungen, Beschlüsse und Verhaltensweisen von landwirtschaftlichen Erzeugerbetrieben, Vereinigungen von Erzeugerbetrieben oder Vereinigungen solcher Erzeugervereinigungen, bezogen auf den Geltungsbereich der oben genannten Kooperationen in der Landwirtschaft, nicht von der Fusionskontrolle im Sinne der VO 139/2004 erfasst werden. Hierin liegt eine Durchbrechung der grundsätzlich gegebenen Anwendbarkeit der Fusionskontrollverordnung.

---

[13] *Schröter* in: Groeben/Schwarze, Kommentar zum EG-/EU-Vertrag, 6. Auflage 2003, Bd. 2 Art. 83 Anhang, Teil III. Landwirtschaft Rn. 3, *Schweizer* in: Immenga/Mestmäcker WbR EG Teil II, VIII. Abschnitt Landwirtschaft, C. Art. 2 VO 26/62 Rn. 6.

B. Grundsätzliche Geltung des Europäischen Kartellrechts 10–14 **Landwirtschaft**

Im Übrigen gelten die sonstigen Durchführungsbestimmungen unmittelbar, wobei die VO 1/2003 und die VO 139/2004 wohl zu den für den landwirtschaftlichen Sektor wichtigeren zusätzlich anwendbaren **Durchführungsvorschriften** zählen. Gleichwohl müssen auch hier zunächst die entsprechenden Tatbestandsvoraussetzungen der einzelnen Verordnungen erfüllt sein, um eine Anwendbarkeit im Einzelfall zu begründen.[14]   10

Art 176 VO 1234/07 bzw. Art. 2 der VO 1184/06 setzen die **Grenze für die grundsätzliche Anwendbarkeit** der europäischen Kartellnormen und regeln Ausnahmetatbestände. Dennoch handelt es sich bei den in Art 176 VO 1234/07 bzw. Art. 2 der VO 1184/06 genannten Ausnahmetatbeständen nicht um eine abschließende Aufzählung. Ergänzend zu den genannten Ausnahmen gelten die ergänzenden Bestimmungen der einheitlichen Gemeinsamen Marktorganisation sowie der darüber hinaus geltenden weiteren Marktorganisationen.   11

Ergänzend gilt zudem, dass die Wettbewerbsregeln, bezogen auf die in Art. 81 EG genannten Vereinbarungen, Beschlüsse und Verhaltensweisen sowie die missbräuchliche Ausnutzung einer beherrschenden Stellung auf die Produktion landwirtschaftlicher Erzeugnisse und den Handel mit diesen, anzuwenden sind, soweit sie einzelstaatliche landwirtschaftliche Marktordnungen nicht beeinträchtigen und die Verwirklichung der Ziele der gemeinsamen Agrarpolitik nicht gefährden.[15] Diese allgemeinen Auslegungskriterien sind daher immer zusätzlich bei der Prüfung der Anwendbarkeit von Art. 81 EG heranzuziehen.   12

Grundsätzliche Voraussetzung für die Anwendbarkeit der Art. 175–176 VO 1234/07 bzw. VO 1184/06 ist die **Produktion oder der Handel mit landwirtschaftlichen Erzeugnissen.** Landwirtschaftliche Erzeugnisse sind solche, die in Anhang I des EG ausdrücklich genannt sind.[16] Eine Entsprechung der im deutschen Recht gefundenen Erweiterung für bestimmte Produkte der ersten Verarbeitungsstufe gibt es im europäischen Recht nicht, so dass davon auszugehen ist, dass die in Anhang I genannten Produkte eine abschließende Aufzählung der landwirtschaftlichen Urprodukte darstellen. Die Art. 175–176 VO 1234/07 bzw. VO 1184/06 gelten mithin ausschließlich für in Anhang I aufgezählten Erzeugnisse.   13

Die ausschließliche Anwendung ist insofern nicht konsequent, als Anhang I auch nichtlandwirtschaftliche Produkte enthält, während landwirtschaftliche Urprodukte der ersten Verarbeitungsstufe, wie z. B. Fruchtjoghurt, nicht enthalten sind. Insoweit spricht vieles für eine **analoge Anwendung** der Art. 175–176 VO 1234/07 bzw. VO 1184/06 auf solche Erzeugnisse, die durch Be- oder Verarbeitung der in Anhang I genannten gewonnen werden, wenn deren Be- oder Verarbeitung durch landwirtschaftliche Erzeugerbetriebe oder ihre Vereinigungen durchgeführt zu werden pflegt. Dies käme auch der fortschreitenden Produktentwicklung entgegen, Produktinnovationen wären dann ebenfalls umfasst, und es entspräche der aus diesen Gründen im deutschen Kartellgesetz gefundenen Regelung.[17] Der **EuGH** ist jedoch in seiner **Auslegung** bislang sehr restriktiv gewesen. Er hat die ausschließliche Anwendbarkeit der alten VO 26/62 und somit der heutigen Regelungen von Art. 175–176 VO 1234/07 bzw. VO 1184/06 für Anhang I Produkte betont[18] und sie bezogen auf Hilfsstoffe, wie Labfermente zur Käseproduktion oder Hilfsstoffe zur Produktion von Anhang I Produkten, z. B. Dünge- und Pflanzenschutzmittel oder Nebenprodukte, wie Tierhäute und Tierfelle für nicht anwendbar erklärt.[19] Aus der oben genannten Syste-   14

---

[14] *Liebing*, Die für Unternehmen des Agrarsektors geltenden Wettbewerbsregelungen innerhalb der EWG, Diss. Köln 1965, S. 26 ff.
[15] Erwägungsgrund 3 der Präambel der VO 1184/06, ABl. 2006 L 214, S. 7 ff., geändert durch Art 200 der VO 1237/07, ABl. 2007 L 299, S. 1 ff.
[16] Siehe Abdruck im Anschluss an die VO 1234/07 und VO 1184/06.
[17] Zu den Einzelheiten siehe Teil 2 § 28 Rn. 34 und 35.
[18] EuGH U. v. 30. 1. 1985 Rs. C-123/83 – *BNIC/Clair*, Slg. 1985, 391, 422.
[19] EuGH U. v. 25. 3. 1981 Rs. C-61/80 – *Coöperatve Stremselen Kleurselfabrik/Kommission*, Slg. 1981, 851; 896–897, U. v. 15. 12. 1994, Rs. C-250/92 – *Gottrup-Klim u. a./Dansk Landbrugs Grovvareselskab*

matik heraus ist diese restriktive Auslegung jedoch nicht nachzuvollziehen. Auch Drittlandsprodukte können unter die Art. 175–176 VO 1234/07 bzw. VO 1184/06 fallen,[20] wobei dies in der Praxis keine Bedeutung haben dürfte, mangels Erfüllung der Tatbestandsvoraussetzungen der Art. 175–176 VO 1234/07 bzw. VO 1184/06.

15 Die **Produktion landwirtschaftlicher Erzeugnisse** ist die reine Erzeugung sowie die Be- und Verarbeitung, zumindest in der ersten Be- und Verarbeitungsstufe, soweit die in Anhang I genannten Produkte betroffen sind. Handel ist der An- und Verkauf dieser Erzeugnisse. Hierbei spielt keine Rolle, ob eigene oder fremde Erzeugnisse gehandelt werden.[21] Darüber hinaus sind von Art. 175 VO 1234/07 bzw. Art. 1a VO 1184/06 nicht nur landwirtschaftliche Erzeugerbetriebe und ihre Vereinigungen, vorwiegend in der Rechtsform der Genossenschaft, sondern auch alle anderen gewerblichen Unternehmen, seien es solche des Landhandels oder solche des Lebensmittelhandels, umfasst,[22] wenn Produkte von Anhang I betroffen sind. Allerdings gilt diese Ausweitung nicht mehr für die Ausnahmen des Art 176 VO 1234/07 bzw. Art. 2 der VO 1184/06, da dort ausschließlich Erzeugerbetriebe und ihre Vereinigungen genannt sind.

16 Zusätzlich müssen, wenn die Voraussetzungen des Art. 175 VO 1234/07 bzw. Art. 1a VO 1184/06 gegeben sind auch die Tatbestandsvoraussetzungen von Art. 81 EG erfüllt sein. Nach Prüfung des Vorliegens der Voraussetzungen des Art. 175 VO 1234/07 bzw. Art. 1a VO 1184/06 sind somit notwendigerweise die Tatbestandsmerkmale des Art. 81 EG zu prüfen.[23]

17 Die unmittelbare Anwendung von Art. 81 Abs. 1 EG über Art. 175 der VO 1234/07 bzw. Art. 1a der VO 1184/06 hat auf Grund der Abgrenzungsfragen auch zu den Ausnahmetatbeständen des Art 176 VO 1234/07 bzw. Art. 2 der VO 1184/06 und der Frage der Anwendbarkeit der Art. 175–176 VO 1234/07 bzw. VO 1184/06 im Laufe der Jahre eine **umfangreiche Rechtsprechung,** allerdings noch zu den alten Regelungen der VO 26/62 nach sich gezogen,[24] die auch mit den Neuregelungen weiterhin Gültigkeit haben dürfte, da die Vorschriften materiell unverändert weiter bestehen. Insbesondere Erzeugervereinigungen, vor allem in der Rechtsform der **Genossenschaften,** sowie **Branchenorganisationen** und **ihre Satzungsbestimmungen** standen hierbei vorrangig auf dem Prüfstand. Die in der Satzung der Genossenschaften verankerte Mitgliederbeziehung spielte bei dieser Überprüfung eine besondere Rolle. So wurde festgelegt, dass Beschränkungen, die den Mitgliedern durch die Satzung ihrer Genossenschaft auferlegt werden grundsätzlich möglich sind, wenn sie erforderlich sind, um das ordnungsgemäße Funktionieren der Genossenschaft inklusive der Sicherung der vertraglichen Gestaltungsmöglichkeiten mit den Mitgliedserzeugern sicherzustellen oder aber um eine hinreichende wirtschaftliche Grundlage zu gewährleisten sowie um eine Stabilität des Mitgliederbestandes zu ermöglichen.[25]

(*DLG*), Slg. 1994 I, 5641, 5685; EuG U. v. 2. 7. 1992 Rs. T-61/89 – *Dansk Pelsdyravlerforening/Kommission,* Slg. 1992 II, 1931; 1946–1947.

[20] EuGH U. v. 15. 5. 1975 Rs. C-71/74 – *Frubo/Kommission* Slg. 1975, 563 ff., 583.

[21] *de Bronett* in: Wiedemann, Handbuch des Kartellrechts, § 32 Rn. 2.

[22] EuGH U. v. 16. 12. 1975 verb. Rs. C-40–48, 50, 54–56/73 – *Suiker Unie u. a./Kommission,* Slg. 1975, 1663 ff., 2080 für Zuckerfabriken und Raffinerien, *Schweizer* in: Immenga/Mestmäcker WbR EG Teil II, VIII. Abschnitt Landwirtschaft, C. Art. 1 VO 26/62 Rn 5 m. w. N.

[23] Zu den einzelnen Tatbestandsmerkmalen vgl. Art. 81.

[24] Hier seien nur beispielhaft genannt EuGH U. v. 12. 12. 1995; verb. Rs. C-319/93, 40/94, 224/94 – *Dijkstra/Friesland,* Slg. 1995 I, 4471, U. v. 12. 12. 1995, Rs. C-399/93 – *Luttikhuis/Coberco,* Slg. I, 4515, beide auch in ZfgG 47 S. 287 mit Anmerkungen von *Ackermann und Roth* und zuletzt U. v. 30. 3. 2000 – *Bloemenveilingen Aalsmeer/Florimex* Slg. I, 02061, Rs. C-265/97 siehe hierzu auch *de Bronett* in: Wiedemann, Handbuch des Kartellrechts, § 32 Rn. 5 mit umfangreichen Nachweisen zur Rechtsprechung und zur Verwaltungspraxis der EU.

[25] EuGH U. v. 15. 12. 1994, Rs. C-250/92 – *Goettrup-Klim/DLG,* Slg 1994 I, 5641; U. v. 12. 12. 1995, Rs. C-399/93 – *Luttikhuis/Coberco* Slg. 1995 I, 4515.

B. Grundsätzliche Geltung des Europäischen Kartellrechts 18–21 **Landwirtschaft**

Ein Beispiel ist das satzungsgemäße Verbot andere Formen der organisierten Zusammenarbeit neben der Mitgliedschaft bei der Genossenschaft zu verwirklichen.

Betroffen sind alle **horizontalen und vertikalen Vereinbarungen** und abgestimmte **18** Verhaltensweisen im Sinne von Art. 81 Abs. 1 EG, die geeignet sind den Wettbewerb zwischen den Mitgliedstaaten zu beeinträchtigen. Hinsichtlich der Anwendung von Art. 82 EG, also im Hinblick auf die Missbrauchskontrolle, ist eine uneingeschränkte Geltung, zunächst unabhängig von Art. 175–176 VO 1234/07 bzw. VO 1184/06 ohnehin gegeben. Unternehmen, die eine marktbeherrschende Stellung gegenüber ihren Mitwettbewerbern innehaben, unterliegen damit uneingeschränkt auch der europäischen Missbrauchskontrolle des Art. 82 EG, unabhängig davon, ob sie der Landwirtschaft zuzurechnen sind oder nicht.[26]

Die in der Regel durch die Europäische Kommission zu treffende Entscheidung, ob **19** Art. 81 Abs. 1 EG in Anwendung über Art. 175 VO 1234/07 bzw. Art. 1a VO 1184/06 erfüllt ist, setzt zunächst voraus, dass eine **Negativabgrenzung** im Hinblick auf Art 176 VO 1234/07 bzw. Art. 2 der VO 1184/06 vorgenommen wird. Hierbei müssen vorab die dort enthaltenen Tatbestandsvoraussetzungen geprüft und ihr Bestehen abgelehnt werden. Die ablehnende Entscheidung bedarf einer Begründung und führt zu einer vollen Anwendung von Art. 81 Abs. 1 EG, sowie der Prüfung der dort vorausgesetzten Tatbestandsmerkmale.

Grundsätzlich haben die Entscheidungen zu Art. 81 Abs. 1 EG nur **deklaratorische** **20** **Bedeutung**, d.h., unabhängig von dem Vorliegen einer Europäische Kommissions- oder Gerichtsentscheidung über einen Verstoß gegen Art. 81 Abs. 1 EG, sind die Vereinbarungen und abgestimmten Verhaltensweisen, die gegen Art. 81 Abs. 1 EG verstoßen, im Zeitpunkt ihrer Entstehung bereits verboten. Auf der Grundlage von Art. 36 EG hat der Rat jedoch durch Art. 17 der VO 952/97 vom 20. 5. 1997 (Amtsblatt 1997 L 142/30) festgelegt, dass mit Blick auf die Produktion und den Handel mit landwirtschaftlichen Erzeugnissen, wie in Art. 175 der VO 1234/07 bzw. Art. 1a der VO 1184/06 geregelt, die Entscheidung über einen Verstoß gegen Art. 81 Abs. 1 EG lediglich **konstitutive Wirkung** entfaltet. Damit wird, soweit der in Art. 175 VO 1234/07 bzw. Art. 1a VO 1184/06 genannte landwirtschaftliche Bereich betroffen ist, das Verbot erst mit der Entscheidung über die Erfüllung eines Verbotstatbestandes wirksam.[27]

Ebenso grundsätzlich trifft die Entscheidung über die unmittelbare Anwendung von **21** Art. 81 Abs. 1 EG sowie ihre Auswirkungen die Europäische Kommission. Auf Grund der unmittelbaren Anwendung, die sich aus der Rechtsverweisung des Art. 175 der VO 1234/07 bzw. Art. 1a der VO 1184/06 ergibt gilt jedoch, dass Europäische Kommission, deutsche Kartellbehörde sowie nationale Gerichte gleichermaßen das Recht der Anwendung von Art. 81 Abs. 1 EG haben. Die **parallele Zuständigkeit des Prüfungsrechtes** kann zu Kollisionen führen, wenn unterschiedliche Rechtsauffassungen bestehen.[28] Der Europäische Gerichtshof[29] hat um Rechtsunsicherheiten zu vermeiden, hier bestimmte Voraussetzungen festgelegt. Danach soll bei Zweifeln über die Zuständigkeit das Verfahren vor einem nationalen Gericht zunächst ausgesetzt werden und den Parteien Gelegenheit gegeben werden, eine Entscheidung der Europäischen Kommission herbeizuführen.[30] Im Übrigen hindert die Frage der Zuständigkeit nicht die Notwendigkeit der Prüfung der Tatbestandsvoraussetzungen. Somit ist unabhängig von der Frage, wer zuständig ist, die o. g.

---

[26] *Schweizer* in: Immenga/Mestmäcker WbR EG Teil II, VIII. Abschnitt Landwirtschaft, C. Art. 1 VO 26/62 Rn. 9.
[27] *de Bronett* in: Wiedemann, Handbuch des Kartellrechts, § 32 Rn. 7.
[28] *de Bronett* a. a. O. § 32 Rn. 6 bis 9, mit ausführlicher Darstellung des Verfahrens.
[29] EuGH U. v. 12. 12. 1995 verb. Rs. C-319/93, 40/94, 224/94 – *Dijkstra/Friesland* Slg. 1995 I, 4471.
[30] Zu den weiteren Einzelheiten der Zuständigkeitsabgrenzung vgl. Art. 81.

Negativabgrenzung im Hinblick auf Art 176 VO 1234/07 bzw. Art. 2 der VO 1184/06 durchzuführen.

C. Ausnahmen gemäß Art. 176 Abs. 1 VO 1234/07 bzw. Art. 2 Abs. 1 VO 1184/06

I. Grundsatz

22 Nach Art. 176 Abs. 1 Unterabsatz 1 der VO 1234/07 bzw. Art. 2 Abs. 1 Unterabsatz 1 der VO 1184/06 gilt Art. 81 Abs. 1 EG zunächst nicht für die in Art. 1 genannten Vereinbarungen, Beschlüsse und Verhaltensweisen, die wesentlicher Bestandteil einer einzelstaatlichen Marktordnung sind oder zur Verwirklichung der Ziele des Art. 33 des EG notwendig sind. Die europäischen Gesetzgeber haben ausdrücklich Wert darauf gelegt, dass die Wettbewerbsregeln betreffend die in Art. 81 EG genannten Vereinbarungen, Beschlüsse und Verhaltensweisen sowie die missbräuchliche Ausnutzung einer beherrschenden Stellung auf die Produktion landwirtschaftlicher Erzeugnisse und den Handel mit diesen anzuwenden sind, soweit sie einzelstaatliche landwirtschaftliche Marktordnungen nicht beeinträchtigen und die Verwirklichung der Ziele der gemeinsamen Agrarpolitik nicht gefährden.[31] Mit den Ausnahmetatbeständen von Art 176 VO 1234/07 bzw. Art. 2 der VO 1184/06 wird den Besonderheiten der Landwirtschaft im Europäischen Kartellrecht somit in besonderem Maße Rechnung getragen.

23 Art. 176 Abs. 1 Unterabsatz 1 VO 1234/07 bzw. Art. 2 Abs. 1 Unterabsatz 1 VO 1184/06 regelt zur Erfüllung der Erwägungsgründe der europäischen Gesetzgeber daher **die beiden positiven Ausnahmetatbestände,** die eine Anwendung von Art. 81 Abs. 1 EG grundsätzlich ausschließen. Für den Ausschluss von Art. 81 EG muss eine Zuordnung des wettbewerbsrelevanten Verhaltens zu einer einzelstaatlichen landwirtschaftlichen Marktordnung gegeben sein. Ein weiterer Ausschlusstatbestand liegt in der positiven Verwirklichung der Ziele der gemeinsamen Agrarpolitik nach Art. 33 EG. Bei den Ausnahmen handelt es sich, wie auch im deutschen Recht seit der sechsten Kartellnovelle, um Sonderregelungen für den landwirtschaftlichen Sektor.[32] So wird gewährleistet, dass bei der Auslegung der Vorschriften der Art. 175–176 VO 1234/07 bzw. VO 1184/06 die Besonderheiten der Landwirtschaft berücksichtigt werden können. Erst durch die Möglichkeit bestimmter wettbewerbsrelevanter abgestimmter Vereinbarungen und Verhaltensweisen wird die Landwirtschaft in die Lage versetzt auch grenzüberschreitend erfolgreich am Wettbewerb teilzunehmen.

24 Neben diesen beiden in Art. 176 Abs. 1 Unterabsatz 1 VO 1234/07 bzw. Art. 2 Abs. 1 Unterabsatz 1 VO 1184/06 genannten Ausnahmen gilt ein **weiterer Ausschlusstatbestand** für Art. 81 EG. Die Anwendung von Art. 81 Abs. 1 EG gilt insbesondere nicht für Vereinbarungen, Beschlüsse und Verhaltensweisen von landwirtschaftlichen Erzeugerbetrieben, Vereinigungen von landwirtschaftlichen Erzeugerbetrieben oder Vereinigungen von solchen Erzeugervereinigungen aus einem Mitgliedstaat, soweit sie ohne Preisbindung die Erzeugung oder den Absatz landwirtschaftlicher Erzeugnisse oder die Benutzung gemeinschaftlicher Einrichtungen für die Lagerung, Be- oder Verarbeitung landwirtschaftlicher Erzeugnisse betreffen, es sei denn, der Wettbewerb wird ausgeschlossen und die Ziele der

---

[31] Erwägungsgrund 3 der Präambel der VO 1184/06 (ABl. L 214, S. 7 ff.), geändert durch Art. 200 der VO 1237/07 (ABl. L 299, S. 1 ff.).
[32] So auch *Schweizer* in: Immenga/Mestmäcker WbR EG Teil II, VIII. Abschnitt Landwirtschaft, C. Art. 2 VO 26/62 Rn 13; *Schulze-Hagen* Die landwirtschaftlichen Zusammenschlüsse nach deutschem und europäischem Wettbewerbsrecht 1977, S. 140; *Büttner*, Wettbewerbsrecht für die Landwirtschaft im gemeinsamen Markt, Rd L 1965, S. 1–10, 5.

C. Ausnahmen 25–27 **Landwirtschaft**

gemeinsamen Agrarpolitik werden gefährdet. Von diesem in Art 176 Abs. 1 Unterabsatz 2 VO 1234/07 bzw. Art. 2 Abs. 1 Unterabsatz 2 der VO 1184/06 geregelten Ausschlusstatbestand ist das so genannte Genossenschaftsprivileg umfasst.

Das **Genossenschaftsprivileg** von Art 176 Abs. 1 Unterabsatz 2 VO 1234/07 bzw. **25** Art. 2 Abs. 1 Unterabsatz 2 der VO 1184/06 beinhaltet m. E. neben Art. 176 Abs. 1 Unterabsatz 1 VO 1234/07 bzw. Art. 2 Abs. 1 Unterabsatz 1 VO 1184/06 nicht etwa einen Untertatbestand zu diesen, worauf das Wort insbesondere schließen lassen könnte, sondern einen **selbstständigen dritten Ausnahmetatbestand.** Alle drei Ausschlusstatbestände gelten selbstständig nebeneinander. Die detaillierte Ausgestaltung der Tatbestandsvoraussetzungen der Ausnahme nach dem jeweiligem Unterabsatz 2, und hier insbesondere der Rückbezug zu den Grenzen des Art. 33 EG lassen m. E. trotz der missverständlichen sprachlichen Regelung nur den Rückschluss auf einen eigenständigen Ausnahmetatbestand für landwirtschaftliche Kooperationen zu.[33]

Weder der Auffassung, es handele sich wegen des Wortlautes nur um eine reine Ausle- **26** gungsregelung von Art. 176 Abs. 1 Unterabsatz 1 VO 1234/07 bzw. Art. 2 Abs. 1 Unterabsatz 1 VO 1184/06[34] noch die vermittelnde Ansicht, es liege kein dritter Tatbestand aber eine von der Europäische Kommission zu widerlegende Vermutung für eine Notwendigkeit der kartellrelevanten Absprachen vor, während die Notwendigkeit zur Tatbestandserfüllung nach Unterabsatz 1 erst nachgewiesen werden muss,[35] kann nicht gefolgt werden. Der reine Wortlaut ist und kann nicht allein ausschlaggebend sein. Vielmehr sind auch die mit Art. 175–176 VO 1234/07 bzw. VO 1184/06 verfolgten Ziele zu berücksichtigen. So hat bereits der europäische Gesetzgeber festgelegt, dass die Vereinigungen von landwirtschaftlichen Erzeugerbetrieben besondere Aufmerksamkeit verdienen, es sei denn, ihr gemeinschaftliches Handeln schließt den Wettbewerb aus oder gefährdet die Verwirklichung der gemeinsamen Ziele der Agrarpolitik im Sinne von Art. 33 EG.[36] Bereits diese Erwägungen zeigen m. E. deutlich, dass es sich bei Art 176 Abs. 1 Unterabsatz 2 VO 1234/07 bzw. Art. 2 Abs. 1 Unterabsatz 2 der VO 1184/06 nur um einen eigenständigen Tatbestand handeln kann. Die von der Europäischen Kommission geforderte zusätzliche Erfüllung eines der beiden Tatbestände von Art. 176 Abs. 1 Unterabsatz 1 VO 1234/07 bzw. Art. 2 Abs. 1 Unterabsatz 1 VO 1184/06 geht daher zu weit und höhlt den eigentlichen Zweck von Unterabsatz 2 aus.

Während **Adressatenkreis** für die ersten beiden Ausnahmetatbestände ausnahmslos alle **27** in der Landwirtschaft Tätigen sind, ist Adressat des dritten Ausnahmetatbestandes lediglich der Kreis der landwirtschaftlichen Erzeugerbetriebe und ihrer Vereinigungen in jeglicher Form, die vorzugsweise in der Rechtsform der eingetragenen Genossenschaft auftreten, daher auch so genanntes Genossenschaftsprivileg. In den Ausnahmetatbeständen der Art. 175–176 VO 1234/07 bzw. VO 1184/06 ist keine Diskriminierung anderer Wirtschaftsbereiche zu sehen, auch nicht mit Blick auf Art 176 Abs. 1 Unterabsatz 2 VO 1234/07 bzw. Art. 2 Abs. 1 Unterabsatz 2 der VO 1184/06, der nur bestimmte Unternehmen

---

[33] So auch EuGH U. v. 12. 12. 1995 verb. Rs. C-319/93, 40/94, 224/94 – *Dijkstra/Friesland* Slg. 1995 I, 4471, früher auch die Komm. E. vom 25. 7. 1974 – *Frubo*, ABl. 1974 L 237 S. 16, 20, vom 2. 12. 1977 – *Blumenkohl*, ABl. 1978 L 21 S. 23, 30; eine ausführliche Darstellung auch bei *Henjes*, Zur Freistellung vom Kartellverbot des Art. 85 EWG-Vertrag für Vereinigungen landwirtschaftlicher Erzeugerbetriebe und ihre Vereinigungen in: FS Büttner, 1986 S. 49–64, 58.

[34] So heute die Komm. E. vom 7. 12. 1984 – *Milchförderungsfonds*, ABl. 1985 L 35 S. 35, 39, vom 26. 11. 1986 – *Meldoc*, ABl. 1986 L 348, 50, 60; *Liebing*, Die für Unternehmen des Agrarsektors geltenden Wettbewerbsregelungen innerhalb der EWG, Diss. Köln 1965, S. 54.

[35] *Schweizer* in: Immenga/Mestmäcker WbR EG Teil II, VIII. Abschnitt Landwirtschaft, C. Art. 2 VO 26/62 Rn. 14 m. w. N. und ausführlicher Darstellung des Rechtsstreits, *Schulze-Hagen*, Die landwirtschaftlichen Zusammenschlüsse nach deutschem und europäischem Wettbewerbsrecht 1977, S. 141.

[36] Erwägungsgrund 4 der Präambel der VO 1184/06, ABl. 2006 L 214, S. 7 ff.

Landwirtschaft 28–30

des Agrarsektors begünstigt.[37] Die vermeintliche Besserstellung dient lediglich als Ausgleich, um den landwirtschaftlichen Unternehmen ein Überleben am Markt und im Wettbewerb auf Grund der besonderen Strukturen in der Landwirtschaft zu ermöglichen.

28 Neben den positiven Ausnahmetatbeständen enthält der jeweilige Abs. 1 zusätzlich **negative Abgrenzungsmerkmale,** die zur Prüfung der Tatbestandsvoraussetzungen der Ausschlüsse von Art. 81 EG heranzuziehen sind. Als ein zusätzliches negatives Abgrenzungsmerkmal wird in Art 176 Abs. 1 Unterabsatz 2 VO 1234/07 bzw. Art. 2 Abs. 1 Unterabsatz 2 der VO 1184/06 das **Verbot des Wettbewerbsausschlusses** genannt. Umstritten ist, ob das Abgrenzungskriterium Ausschluss des Wettbewerbes für alle drei in Art. 176 bzw. Art. 2 genannten Ausnahmetatbestände gilt oder sich lediglich auf das Genossenschaftsprivileg, in dessen Zusammenhang es ausdrücklich erwähnt wird, bezieht. Die Europäische Kommission bezieht in ihren Entscheidungen die Frage des Ausschlusses des Wettbewerbes als negative Tatbestandsvoraussetzung auf alle Ausnahmetatbestände.[38] Insofern ist sie zwar konsequent, soweit sie Abs. 1 Unterbsatz 2 als Auslegungsregel auf beide Ausnahmetatbestände bezieht. In der Argumentation ihrer Auslegung der Art. 175–176 VO 1234/07 bzw. VO 1184/06 ist sie jedoch inkonsequent, da sie, anders als bei der Frage der Abgrenzung Ausnahmetatbestand/Auslegungsregelung nicht mehr vom reinen Wortlaut der Vorschrift ausgeht, sondern mit dem Sinn und Zweck der Anwendung der negativen Abgrenzungsmerkmale argumentiert. Bei zutreffender Berücksichtigung von Sinn und Zweck hätte sie m. E. bereits zu dem Ergebnis kommen müssen, dass drei Ausnahmetatbestände vorliegen.

29 Nicht nur der Wortlaut weist m. E. eindeutig darauf hin, dass die Zusatzvoraussetzung, dass der Wettbewerb nicht ausgeschlossen werden darf, nur zum Genossenschaftsprivileg zu zählen ist. Im Rahmen der agrarpolitischen Fragen, sei es bei Marktordnungen, sei es bei der Erfüllung der agrarpolitischen Ziele des Art. 33 EG spielt bereits immanent das Verhältnis der Agrarpolitik zur Wettbewerbspolitik eine wesentliche Rolle. So kann es im Rahmen einer Marktordnung auch zur Erfüllung der agrarpolitischen Ziele geboten sein, in engen Grenzen den Wettbewerb bis hin zum Ausschluss zu beschränken. Es entsteht ein Vorrang der Agrarpolitik vor der Wettbewerbspolitik, der dazu führt, dass das genannte Negativmerkmal sich nur auf den dritten Ausnahmetatbestand bezieht.[39] Im Übrigen ist davon auszugehen, dass bei den beiden erstgenannten Ausnahmetatbeständen des Art 176 der VO 1234/07 bzw. Art. 2 der VO 1184/06 ohnehin, entweder im Rahmen der Verabschiedung der Marktordnung oder aber bei Berücksichtigung der Ziele der Agrarpolitik eine Abwägung im Hinblick auf die Wettbewerbspolitik und somit auch einen Wettbewerbsausschluss stattfinden wird.

30 Gleiches gilt für das weitere Negativabgrenzungsmerkmal, das **Verbot die Ziele von Art. 33 des Vertrages zu verletzen.** Damit wird ein Vorrang der Agrarpolitik über die Zielsetzung der Wettbewerbspolitik ausdrücklich eingeräumt, der vom Europäischen Gerichtshof bestätigt wurde.[40] Die Verknüpfung der beiden negativen Abgrenzungsmerkmale, Ausschluss des Wettbewerbes und Verletzung der agrarpolitischen Ziele, mit dem dritten Ausnahmetatbestand des Art 176 Abs. 1 Unterabsatz 2 VO 1234/07 bzw. Art. 2 Abs. 1 Unterabsatz 2 der VO 1184/06 führt jedoch im Umkehrschluss nicht dazu, dass beides, d. h. jeder Ausschluss des Wettbewerbes bzw. Verletzung der agrarpolitischen Ziele, bei den ersten beiden Ausnahmetatbeständen von Art. 176 Abs. 1 Unterabsatz 1 der VO 1234/07

---

[37] EuGH U. v. 14. 12. 1962 Rs. C-19–22/62 – *Fédération nationale de la boucherie en gros et du commerce en gros des viandes u. a./Rat* Slg. 1962, 1003, 1021–1022.

[38] Komm. E. vom 18. 12. 1987 – *Frühkartoffeln*, ABl. 1988 L 59 S. 25; de Bronett in: Wiedemann, Handbuch des Kartellrechts, § 32 Rn. 12.

[39] So auch EuGH U. v. 29. 10. 1980 Rs. C-139/78 – *Maizena/Rat* Slg. 1980, 3393, 3421–3422; de Bronett (Fn. 43) § 32 Rn. 12 mit weiteren Literaturhinweisen in Fn. 41.

[40] EuGH U. v. 29. 10. 1980 Rs. C-138/78 – *Maizena/Rat* Slg. 1980, 3393, 3421–3422.

C. Ausnahmen 31–34 **Landwirtschaft**

bzw. Art. 2 Abs. 1 Unterabsatz 1 der VO 1184/06 uneingeschränkt zugelassen wäre. Dies ginge an der Zielsetzung der Wettbewerbsregelungen vorbei, so dass, wie bereits oben dargelegt, bei den ersten beiden Ausnahmetatbeständen wohl die Grenzen des Ausschlusses des Wettbewerbes sowie die Einhaltung der agrarpolitischen Ziele nach Art. 33 EG im Vorfeld Berücksichtigung finden.

Selbst wenn keiner der Ausnahmetatbestände des Art 176 der VO 1234/07 bzw. Art. 2 der VO 1184/06 Anwendung findet, besteht die **Möglichkeit einer Freistellung vom Kartellverbot nach Art. 81 Abs. 3 EG** durch die Europäische Kommission bzw. die Feststellung der Nichtanwendbarkeit im Sinne der VO 1/2003. Auch die Überprüfung im Hinblick auf eine Freistellung über eine Gruppenfreistellungs-Verordnung ist möglich.[41] 31

In der Praxis hat die Europäische Kommission bislang zu dem Bereich der Ausnahmen im Agrarsektor eher durch Ablehnung geglänzt, denn durch positive Entscheidungen.[42] Dies liegt nicht zuletzt daran, dass sie neben Art 176 Abs. 1 Unterabsatz 2 VO 1234/07 bzw. Art. 2 Abs. 1 Unterabsatz 2 der VO 1184/06 auch immer Unterabsatz 1 erfüllt wissen will. Zudem steckt sie äußerst strenge Grenzen, so dass sie praktisch eher zu einer Ablehnung der Voraussetzungen der Art. 175–176 VO 1234/07 bzw. VO 1184/06 kommt. Hier muss man sich fragen, ob die Entscheidungspraxis der Europäischen Kommission nicht die durch den europäischen Gesetzgeber bewusst eingeräumten Schutz des Agrarsektors in unzumutbarer Weise aushöhlt. 32

II. Bestandteil von Marktordnungen

Die genannten Vereinbarungen, Beschlüsse und Verhaltensweisen dürfen im Rahmen des ersten Ausnahmetatbestandes von Art. 176 Abs. 1 Unterabsatz 1 der VO 1234/07 bzw. Art. 2 Abs. 1 Unterabsatz 1 der VO 1184/06 nicht wesentlicher Bestandteil einer einzelstaatlichen Marktordnung sein. Der Europäische Gerichtshof hat die einzelstaatliche Marktordnung als **Bündel rechtlicher Mittel** definiert, das die Regulierung des Marktes der betreffenden Erzeugnisse hoheitlicher Aufsicht unterstellt, um die Verwirklichung der Ziele der gemeinsamen Agrarpolitik nach Art. 33 EG zu verwirklichen.[43] Zu diesen Zielen zählen die Steigerung der Produktivität, die Sicherung einer angemessenen Lebenshaltung für die Erzeuger durch den bestmöglichen Einsatz der Produktionsfaktoren, insbesondere der Arbeitskräfte sowie die Stabilisierung der Märkte, die Sicherstellung der Versorgung und die Gewährleistung angemessener Verbraucherpreise. 33

Umfasst sind somit **alle nationalen Regulierungen der Märkte im Agrarsektor** durch Hoheitsträger, d.h., beispielsweise Vollablieferungsverpflichtungen der Erzeuger gegenüber ihren Erzeugergemeinschaften, Kontingentierungen von Erntemengen, Anbau bestimmter Sorten, Reglementierung von Qualitätsanforderungen etc. Allerdings können sie nur dann unter den Ausnahmetatbestand Art 176 Abs. 1 Unterabsatz 1 VO 1234/07 bzw. Art. 2 Abs. 1 Unterabsatz 1 der VO 1184/06, jeweils 1. Alternative fallen, wenn sie auch in einer Marktordnung geregelt sind. Damit ist die Ausnahmeregelung für privatrechtliche kartellrelevante Vereinbarungen und Verhaltensweisen nicht einschlägig. Für sie gilt jedoch gegebenenfalls die dritte Ausnahmeregelung nach Art 176 Abs. 1 Unterabsatz 2 VO 1234/07 bzw. Art. 2 Abs. 1 Unterabsatz 2 der VO 1184/06. Es muss sich bei den nationalen Marktregulierungen um hoheitliche Maßnahmen handeln, wobei diese auch 34

---

[41] Herrschende Meinung vgl. *Schweizer* in: Immenga/Mestmäcker WbR EG Teil II, VIII. Abschnitt Landwirtschaft, C. Art. 2 VO 26/62 Rn. 53 m. w. N. und *de Bronett* (Fn. 43) § 32 Rn. 10.

[42] *Schröter* in: Groeben/Schwarze, Kommentar zum EG-/EU-Vertrag, 6. Auflage 2003, Bd. 2 Art. 83 Anhang, Teil III. Landwirtschaft Rn. 15; *Schweizer* in: Immenga/Mestmäcker WbR EG Teil II, VIII. Abschnitt Landwirtschaft, C. Art. 2 VO 26/62 Rn. 18.

[43] EuGH U. v. 10. 12. 1974 Rs. C-48/74 – *Charmasson/Minister für Wirtschaft und Finanzen* Slg. 1974, 1383, 1396.

delegiert werden können auf berufständische Organisationen, sofern dies unter staatlicher Kontrolle stattfindet.[44]

35 Mit Einführung der ursprünglichen VO 26/62, die sich heute in Art. 175–176 VO 1234/07 bzw. VO 1184/06 wiederfindet, gab es zunächst für nationale Marktordnungen eine Übergangszeit bis Ende 1969, bis zu der nationale Marktordnungen auch bei einem Verstoß gegen das europäische Wettbewerbsrecht Bestand hatten. Dies geschah im Hinblick darauf, dass der freie Warenverkehr mit landwirtschaftlichen Erzeugnissen während der Übergangszeit noch nicht realisiert war. Angesichts der Tatsache, dass im Rahmen der Weiterentwicklung der Europäischen Union die Agrarmärkte zum heutigen Zeitpunkt beinahe ausschließlich über europäische Rechtsetzung reglementiert sind, hat der Tatbestand der einzelstaatlichen Marktordnung kaum bzw. keine Bedeutung mehr. **Nationale Marktordnungen sind heute weitgehend durch Europäische Marktordnungen ersetzt.** Diese Europäische Marktordnungen, beispielsweise die Gemeinsame Marktorganisation Obst und Gemüse, wie viele andere geregelt in der VO 1234/07 haben eigenständige Regelungen mit kartellrechtlicher Relevanz, z.B. Vollablieferungsverpflichtungen der Erzeuger gegenüber ihren Erzeugergemeinschaften. Diese Europäischen Marktordnungen gehen als lex specialis den Kartellregelungen der Art. 81 ff. EG ohnehin vor.[45] Somit kann davon ausgegangen werden, dass die Besonderheiten der Landwirtschaft hinreichend in den einzelnen Marktordnungen der Warensektoren berücksichtigt sind.

36 Der erste Ausnahmebestand nach Art. 176 Abs. 1 Unterabsatz 1 VO 1234/07 bzw. Art. 2 Abs. 1 Unterabsatz 1 VO 1184/06 hat somit nur sehr **geringe praktische Bedeutung.** Der Bereich der **Kartoffeln** ist heute nahezu der einzige Bereich, der noch nicht durch eine Marktordnung geregelt ist. Daher hat die Europäische Kommission bisher auch nur in einem einzigen Fall, zu Frühkartoffeln, eine Entscheidung zu Art. 2 Abs. 1 Satz 1, 1. Alternative VO 26/62, heute Art 176 Abs. 1 Unterabsatz 1 VO 1234/07 bzw. Art. 2 Abs. 1 Unterabsatz 1 der VO 1184/06, getroffen.[46] Hierbei handelte es sich um Marktregelungen auf der Grundlage der französischen Frühkartoffel-Marktordnung. Geregelt wurden die Vollablieferungsverpflichtung der Erzeuger gegenüber der Erzeugergemeinschaft sowie die Kontingentierungen der Erntemengen je nach Marktlage und die Festlegung von Mindest- und Rücknahmepreisen.

III. Agrarpolitische Ziele nach Art. 33 EG

37 Der zweite Ausnahmetatbestand des Art 176 Abs. 1 VO 1234/07 bzw. Art. 2 Abs. 1 der VO 1184/06 nimmt Vereinbarungen, Beschlüsse und Verhaltensweisen, die zur Verwirklichung der agrarpolitischen Ziele des Art. 33 EG notwendig sind von dem in Art. 81 Abs. 1 EG enthaltenen Kartellverbot aus. Zu den Zielen des Art. 33 EG zählen, 1. die Steigerung der Produktivität der Landwirtschaft, 2. die Gewährleistung einer angemessenen Lebenshaltung der landwirtschaftlichen Bevölkerung, 3. die Stabilisierung der Märkte, 4. die Sicherstellung der Versorgung und 5. die Belieferung der Verbraucher zu angemessenen Preisen.

38 Grundsätzlich liegt damit ein sehr **weit gefasster Ausnahmetatbestand** vor, da sämtliche unter die Verwirklichung der Ziele der Agrarpolitik fallenden Verhaltensweisen im weitesten Sinne zu einer Ausnahme von Art. 81 Abs. 1 EG führen können, zumal den Organen der Europäischen Union ein weiter Ermessensspielraum bei der Auslegung dieser Ziele eingeräumt wurde.[47] Im Wege der **richterlichen Rechtsfortbildung** hat der Euro-

---

[44] EuGH U. v. 10. 12. 1974 Rs. C-48/74 – *Charmasson/Minister für Wirtschaft und Finanzen* Slg. 1974, 1383, 1395; Komm. E. vom 8. 1. 1975 – *Pilzkonserven,* ABl. 1975 L 29, 26, 28.
[45] So auch EuGH U. v. 9. 9. 2003 Rs. C-137/00 – *Milk Marque.*
[46] Komm. E. vom 18. 12. 1987 – *Frühkartoffeln,* ABl. 1988 L 59 S. 25.
[47] *van Rijn* in: Groeben/Schwarze, Kommentar zum EG-/EU-Vertrag, 6. Auflage 2003, Bd. 1 Art. 33 Rn. 4 und *Schröter* in: Groeben/Schwarze, Kommentar zum EG-/EU-Vertrag, 6. Auflage 2003, Bd. 2 Art. 83 Anhang, Teil III. Landwirtschaft Rn. 16.

C. Ausnahmen   **39–41** **Landwirtschaft**

päische Gerichtshof jedoch **strenge Voraussetzungen** an diesen Ausnahmetatbestand geknüpft.[48] Danach fordert der Europäische Gerichtshof, dass nicht nur die Verwirklichung einzelner agrarpolitischen Ziele eine Rolle spielen soll, sondern möglichst die Gesamtheit der agrarpolitischen Ziele in die getroffene wettbewerbsrelevante Maßnahme einfließen. Auch die Europäische Kommission hat nur in zwei Entscheidungen[49] Art. 2 Abs. 1 Satz 1 2. Alternative VO 26/62, heute Art 176 Abs. 1 Unterabsatz 1 VO 1234/07 bzw. Art. 2 Abs. 1 Unterabsatz 1 der VO 1184/06, jeweils 2. Alternative für anwendbar erklärt, unter Bezug darauf, dass eine Verwirklichung aller in Art. 33 EG genannten Ziele gegeben sein muss. Somit müssen alle fünf in Art. 33 EG genannten Ziele wenn nicht erfüllt, so doch hinreichend berücksichtigt werden.

Dies dürfte in der Praxis nicht einfach sein, da die Schutzrichtung der fünf Ziele unterschiedlich ist und ihre Erfüllung so zu **widersprüchlichen Ergebnissen** führen kann. Dies gilt insbesondere, da die ersten drei der oben genannten Ziele an die Landwirtschaft adressiert sind während die beiden letztgenannten die Verbraucher betreffen. Auch wenn der Europäische Gerichtshof zusätzlich zwischen Hauptzielen, Produktivitätssteigerung und angemessene Lebenshaltung, und Nebenzielen unterscheidet, ist doch die Förderung aller in Art. 33 EG genannten Ziele anzustreben und die möglichen Widersprüche sind weitestgehend auszuräumen.[50]   **39**

Die **Steigerung der Produktivität der Landwirtschaft** erfolgt durch Förderung des technischen Fortschrittes, Rationalisierung der landwirtschaftlichen Erzeugung und den bestmöglichen Einsatz der Produktionsfaktoren, insbesondere der Arbeitskräfte. Der landwirtschaftlichen Bevölkerung muss durch Verwirklichung des erstgenannten Zieles der Produktivitätssteigerung eine angemessene Lebenshaltung gewährleistet werden. Dies gilt insbesondere als erfüllt, wenn eine Erhöhung des Pro-Kopf-Einkommens der in der Landwirtschaft tätigen Personen gegeben ist. Die Märkte müssen stabilisiert werden und die Versorgung muss sichergestellt werden. Als letztes Ziel soll für die Belieferung der Verbraucher zu angemessenen Preisen Sorge getragen werden.   **40**

Meines Erachtens führt die sehr enge Auslegung des zweiten Ausnahmetatbestandes von Art. 176 Abs. 1 Unterabsatz 1 VO 1234/07 bzw. Art. 2 Abs. 1 Unterabsatz 1 VO 1184/06 durch die europäischen Organe dazu, dass die **agrarpolitischen Ziele** aus heutiger Sicht keine hinreichende Berücksichtigung finden, vor allem, da das letzte Ziel in deutlichem Widerspruch zur Steigerung des Pro-Kopf-Einkommens der in der Landwirtschaft tätigen Personen stehen kann. Die Präambel der VO 1184/06[51] sieht vor, dass die Verwirklichung der Ziele die gemeinsame Agrarpolitik nicht gefährdet werden dürfen. Dies bedingt meines Erachtens, dass bereits die Gefährdung eines der in Art. 33 EG genannten Ziele dazu führt, dass der Ausnahmetatbestand des Art. 176 Abs. 1 Unterabsatz 1 VO 1234/07 bzw. Art. 2 Abs. 1 Unterabsatz 1 VO 1184/06, jeweils 2. Alternative erfüllt sein kann. Dies gilt insbesondere dann, wenn eines der beiden vom Europäischen Gerichtshof so definierten Hauptziele gefährdet ist. Selbstverständlich finden wettbewerbsrelevante Verhaltensweisen da ihre Grenzen, wo durch sie ein nennenswerter Wettbewerb entfällt oder der freie Warenverkehr nicht mehr gewährleistet ist.[52]   **41**

---

[48] EuGH U. v. 12. 12. 1995 Rs. C-399/93 – *Luttikhuis/Coberco* Slg. I, 4515.

[49] Komm. E. v. 7. 12. 1997 – *Vereinbarungen über Rohrzuckerlieferungen* ABl. 1980 L 39 S. 64, EuG U. v. 14. 5. 1997 – *Florimex u. a./Kommission* Slg. 1997 II, 693 (Rechtsmittel EuGH C-265/97), siehe zur Auffassung der Europäischen Kommission auch *de Bronett* in: Wiedemann, Handbuch des Kartellrechts, § 32 Rn. 14 und 15.

[50] *Schröter* in: Groeben/Schwarze, Kommentar zum EG-/EU-Vertrag, 6. Auflage 2003, Bd. 2 Art. 83 Anhang, Teil III. Landwirtschaft Rn. 16, *Schweizer* in: Immenga/Mestmäcker WbR EG Teil II, VIII. Abschnitt Landwirtschaft, C. Art. 2 VO 26/62 Rn. 29.

[51] Erwägungsgrund 3 und 4 der Präambel der VO 1184/06, ABl. 2006 L 214, S. 7ff.

[52] So im Ergebnis auch *Schweizer* in: Immenga/Mestmäcker WbR EG Teil II, VIII. Abschnitt Landwirtschaft, C. Art. 2 VO 26/62 Rn. 51.

Landwirtschaft 42–44

42 Sowohl die Auslegung der Europäischen Europäische Kommission als auch des Europäischen Gerichtshofs haben bedauerlicherweise in der Praxis dazu geführt, dass der **zweite Ausnahmetatbestand** weitgehend ausgehebelt wurde. Dies wird zusätzlich dadurch unterstützt, dass auch die weitere Voraussetzung zur Erfüllung der 2. Alternative, die Notwendigkeit der wettbewerbsrelevanten Maßnahme für die Verwirklichung der Ziele der gemeinsamen Agrarpolitik, ebenfalls sehr restriktiv ausgelegt wird. Notwendigkeit bedeutet aus Sicht der Europäischen Kommission das einzige bzw. beste Mittel zur Verwirklichung aller Ziele des Art. 33 EG.[53]

43 Für die restriktive Auslegung gibt es zwei Argumente. Einerseits wird auf die Widersprüche innerhalb der agrarpolitischen Ziele auf Grund der beiden Adressatenkreise Landwirte und Verbraucher hingewiesen. Meines Erachtens werden diese Widersprüche jedoch zu Unrecht in den Fordergrund gestellt, da die Verwirklichung einzelner Ziele der Agrarpolitik auch ohne Widerspruch zu anderen ebenfalls in Art. 33 EG enthaltenen Zielen möglich ist. So stehen beispielsweise die Fragen der Marktstabilisierung nicht grundsätzlich im Widerspruch zu Schutzvorschriften des Verbrauchers. Gegebenenfalls kann hier eine Abwägung der Verhältnismäßigkeit der Mittel erfolgen. Weiterhin betont die Europäische Kommission, dass die Ziele der Agrarpolitik hinreichend durch Marktordnungen oder andere Rechtsakte abgedeckt sind.[54] Teilweise hat die Europäische Kommission sogar eine Gefährdung der agrarpolitischen Ziele gesehen.[55] Grundsätzlich ist zwar richtig, dass in vielen Bereichen, z. B. Milch, Wein oder Obst und Gemüse die im Laufe der Zeit geschaffenen gemeinsamen Marktorganisationen auf die Zielverwirklichung der in Art. 33 EG genannten fünf Ziele hinwirken. Je stärker der Markt durch Marktordnungen reglementiert ist, desto geringer wird die Frage der weiteren Zielverwirklichung durch zusätzliche Regelungen. Allerdings kann neben den durch hoheitliche Marktordnungen getroffenen Reglementierungen durchaus Bedarf für privatrechtliche Vereinbarungen bestehen, die ebenfalls zur Verwirklichung der agrarpolitischen Ziele notwendig sein können.[56] Zusätzliche Erschwernisse werden den Betroffenen zudem dadurch aufgebürdet, dass sie die Nachweispflicht für diese Notwendigkeit führen müssen.

44 Die Auffassung der Europäischen Kommission und des Europäischen Gerichtshofs ist m. E. insgesamt zu restriktiv. Es muss reichen, wenn das wettbewerbsrelevante Verhalten die Ziele der Agrarpolitik fördert oder einen wesentlichen Beitrag zu ihrer Verwirklichung leistet,[57] insbesondere wenn die Hauptziele der Agrarpolitik betroffen sind und eine ekla-

---

[53] Komm. E. vom 25. 7. 1974 – *Frubo* ABl. 1974 L 237 S. 16 ff., 20.
[54] Komm. E. vom 2. 1. 1973 – *Europäische Zuckerindustrie*, ABl. 1973 L 140, 17 ff., 43; vom 8. 1. 1975 – *Pilzkonserven*, ABl. 1975 L 29, 26 ff., 29; vom 2. 12. 1977 – *Blumenkohl*, ABl. 1978 L 23 ff., 30; vom 21. 9. 1978 – *Maissaatgut*, ABl. 1978 L 286, 23 ff., 33; vom 7. 12. 1984 – *Milchförderungsfonds*, ABl. 1985 L 35, 35 ff., 38; vom 26. 11. 1986 – *Meldoc*, ABl. 1986 L 348, 50 ff., 59; vom 26. 7. 1988 – *Bloemenveilingen Aalsmeer*, ABl. 1988 L 262, 27 ff., 41; vom 19. 12. 1989 – *Zuckerrüben*, ABl. 1990 L 31, 32 ff., 42.
[55] Komm. E. vom 2. 1. 1973 – *Europäische Zuckerindustrie*, ABl. 1973 L 140, 17 ff., 43; vom 21. 9. 1978 – *Maissaatgut*, ABl. 1978 L 286, 23 ff., 33; vom 7. 12. 1984 – *Milchförderungsfonds*, ABl. 1985 L 35, 35 ff., 38; vom 26. 7. 1988 – *Bloemenveilingen Aalsmeer*, ABl. 1988 L 262, 27 ff., 41.
[56] *Schweizer* in: Immenga/Mestmäcker WbR EG Teil II, VIII. Abschnitt Landwirtschaft, C. Art. 2 VO 26/62 Rn. 33; *Schulze-Hagen* Die landwirtschaftlichen Zusammenschlüsse nach deutschem und europäischem Wettbewerbsrecht 1977, S. 158, *de Bronett* in: Wiedemann, Handbuch des Kartellrechts, § 32 Rn. 16, der allerdings den über die Marktordnung hinausgehenden Vereinbarungen nur untergeordnete Bedeutung beimisst.
[57] *Schweizer* in: Immenga/Mestmäcker WbR EG Teil II, VIII. Abschnitt Landwirtschaft, C. Art. 2 VO 26/62 Rn. 30; *Schröter* in: Groeben/Schwarze, Kommentar zum EG-/EU-Vertrag, 6. Auflage 2003, Bd. 2 Art. 83 Anhang, Teil III. Landwirtschaft Rn. 14 und 15; *Schulze-Hagen* Die landwirtschaftlichen Zusammenschlüsse nach deutschem und europäischem Wettbewerbsrecht 1977, S. 157.

C. Ausnahmen 45, 46 **Landwirtschaft**

tante Verletzung anderer Ziele, seien es die Nebenziele der Agrarpolitik oder aber auch andere Ziele des EG, nicht ersichtlich ist. Darüber hinaus ist in jedem Fall die oben genannte **Abwägung des wettbewerbsrelevanten Verhaltens** mit Blick auf das angestrebte Ziel möglich, so dass im Rahmen einer Ermessensausübung alle Ziele eine hinreichende Berücksichtigung finden.[58] Zu Recht wird hierbei davon ausgegangen, dass bei Waren aus Drittstaaten strengere Maßstäbe anzulegen sind, als bei Waren aus den Staaten der Europäischen Union, da die agrarpolitischen Ziele der Förderung des europäischen Marktes dienen sollen.[59]

Im Fall der Anwendung von Art. 176 Abs. 1 Unterabsatz 1 VO 1234/07 bzw. Art. 2 Abs. 1 Unterabsatz 1 VO 1184/06, jeweils 2. Alternative sind sowohl **horizontale als auch vertikale Vereinbarungen umfasst,** wobei Beteiligte nicht nur die Erzeugerstufe und die ihr vor- und nachgelagerten Vereinigungen und Unternehmen sein können, sondern alle mit landwirtschaftlichen Urprodukten im Sinne von Anhang I EG handelnden Unternehmen aller Wirtschaftsbereiche. Praktische Bedeutung dürfte die Ausnahmeregelung jedoch weniger für reine Verarbeitungs- und Handelsunternehmen haben, zumal diese wesentlich strengeren Prüfungsmaßstäben unterworfen werden und in der Regel auch die wettbewerbsrelevanten Vereinbarungen nicht für die Verwirklichung der agrarpolitischen Ziele notwendig sein dürften.[60] Allerdings könnte sich eine praktische Relevanz bei horizontalen Vereinbarungen zwischen Erzeugern und ihren Vereinigungen und weiteren Verarbeitungs- und Handelsunternehmen ergeben.[61] Entsprechendes gilt für vertikale Vereinbarungen zwischen Landwirten und aufnehmender Hand, wobei hier anders als bei Art. 176 Abs. 1 Unterabsatz 2 VO 1234/07 bzw. Art. 2 Abs. 1 Unterabsatz 2 VO 1184/06 sogar Preisbindungen vereinbart werden können, wenn damit die Ziele des Art. 33 EG erfüllt werden.[62] Größere Bedeutung kann die jeweils 2. Alternative von Satz 1 auch dann erhalten, wenn Marktordnungen eines Tages ihre bisherige Bedeutung wieder verlieren, wie dies beispielsweise bei der Milch in einigen Jahren angedacht ist.

IV. Sog. Genossenschaftsprivileg

Als weiteren Ausnahmetatbestand enthalten Art. 176 Abs. 1 Unterabsatz 2 VO 1234/07 bzw. Art. 2 Abs. 1 Unterabsatz 2 VO 1184/06 das sog. Genossenschaftsprivileg. Danach gilt Art. 81 Abs. 1 EG insbesondere nicht für Vereinbarungen, Beschlüsse und Verhaltensweisen von landwirtschaftlichen Erzeugerbetrieben, Vereinigungen von landwirtschaftlichen Erzeugerbetrieben oder Vereinigungen von solchen Vereinigungen aus einem

---

[58] So im Ergebnis auch EuGH U. v. 15. 5. 1975 Rs. C-71/74 – *Frubo/Kommission* Slg. 1975, 563 ff., 583, der die einzelnen Ziele im Falle von Zitrusfrüchten gegeneinander abwägt und nur verlangt, dass zumindest die beiden Hauptziele erfüllt sind.

[59] Komm. E. vom 2. 1. 1973 – *Europäische Zuckerindustrie,* ABl. 1973 L 140, 17 ff., 43; vom 2. 12. 1977 – *Blumenkohl,* ABl. 1978 L 21, 23 ff., 30; vom 21. 9. 1978 – *Maissaatgut,* ABl. 1978 L 286, 23 ff., 33; vom 7. 12. 1984 – *Milchförderungsfonds,* ABl. 1985 L 35, 35 ff., 38; vom 26. 11. 1986 – *Meldoc,* ABl. 1986 L 348, 50 ff., 59; vom 19. 12. 1989 – *Zuckerrüben,* ABl. 1990 L 31, 32 ff., 42.

[60] *Schweizer* in: Immenga/Mestmäcker WbR EG Teil II, VIII. Abschnitt Landwirtschaft, C. Art. 2 VO 26/62 Rn. 35 m. w. N.

[61] *Schweizer* in: Immenga/Mestmäcker WbR EG Teil II, VIII. Abschnitt Landwirtschaft, C. Art. 2 VO 26/62 Rn. 35 mit dem Beispiel der Vereinbarung zwischen nichtgenossenschaftlicher und genossenschaftlicher Molkerei, letztere als Erzeugerzusammenschluss, *Petry,* Die Wettbewerbsbeschränkung in: der Landwirtschaft nach nationalem und europäischem Wettbewerbsrecht, Diss Hohenheim 1974, S. 164.

[62] So auch *Schweizer* in: Immenga/Mestmäcker WbR EG Teil II, VIII. Abschnitt Landwirtschaft, C. Art. 2 VO 26/62 Rn. 36; *Gleiss/Hirsch,* EWG Kartellrecht Kommentar, 3. Auflage Art. 2 VO 26/62 Rn. 17; *Gleiss/Wolff* WuW 1971, 311, 317; *Schulze-Hagen* Die landwirtschaftlichen Zusammenschlüsse nach deutschem und europäischem Wettbewerbsrecht 1977, S. 168 f.

Mitgliedstaat, soweit sie ohne Preisbindung die Erzeugung oder den Absatz landwirtschaftlicher Erzeugnisse oder die Benutzung gemeinschaftlicher Einrichtungen für die Lagerung, Be- oder Verarbeitung landwirtschaftlicher Erzeugnisse betreffen, es sei denn, es wird festgestellt, dass der Wettbewerb ausgeschlossen ist oder dass die agrarpolitischen Ziele des Art. 33 EG gefährdet werden.

47 Bei dem in Art. 176 Abs. 1 Unterabsatz 2 VO 1234/07 bzw. Art. 2 Abs. 1 Unterabsatz 2 VO 1184/06 normierten Ausnahmetatbestand handelt es sich um einen **eigenständigen Tatbestand** und nicht etwa um einen Untertatbestand der beiden erstgenannten Ausnahmen vom Kartellverbot.[63] Sofern die Tatbestandsvoraussetzungen des dritten Ausnahmetatbestandes vorliegen, findet das Kartellverbot von Art. 81 Abs. 1 EG keine Anwendung.[64] In der Praxis hat sich herausgestellt, dass das Genossenschaftsprivileg der Ausnahmetatbestand mit der häufigsten Relevanz ist.

48 Der dritte Ausnahmetatbestand hat seine Wurzeln im deutschen Kartellrecht[65] und entspricht spätestens seit der sechsten deutschen Kartellnovelle fast wortgleich der Vorschrift in § 28 GWB. **Adressaten des Ausnahmetatbestandes** sind landwirtschaftliche Erzeugerbetriebe, ebenso wie ihre Vereinigungen und Vereinigungen dieser Vereinigungen. Anders als bei den beiden Ausnahmetatbeständen von Art. 176 Abs. 1 Unterabsatz 1 VO 1234/07 bzw. Art. 2 Abs. 1 Unterabsatz 1 VO 1184/06 sind damit reine Handelsunternehmen oder Unternehmen der Lebensmittelindustrie, also Unternehmen einer weitergehenden Wirtschaftsstufe, z. B. eine nichtgenossenschaftliche Molkerei, die ausschließlich verarbeitet, ausgeschlossen.[66] Der Kreis der Adressaten wird wesentlich eingegrenzt, da Produkte im Sinne von Anhang I EG selbst produziert oder aus diesen selbst produzierten Produkten im Wege der ersten Be- oder Verarbeitung wiederum Produkte nach Anhang I EG entstehen müssen. Diese Voraussetzung schließt reine Absatzorganisationen der landwirtschaftlichen Erzeuger ein, nimmt jedoch gleichzeitig alle unabhängig von den landwirtschaftlichen Erzeugerbetrieben agierenden Verarbeitungs- oder Handelsunternehmen aus.

49 Die Ausnahme des Satzes 2 ist grundsätzlich an der Rechtsform der eingetragenen Genossenschaft – daher **Genossenschaftsprivileg**[67] – ausgerichtet, da die Genossenschaft als oberstes Ziel die Förderung ihrer Mitglieder hat und daher besonders geeignet ist, die Strukturprobleme in der Landwirtschaft zu beheben und so die agrarpolitischen Ziele zu verwirklichen. Vereinigungen der Erzeugerbetriebe sind hierbei Genossenschaften der Primärstufe und Vereinigungen der Erzeugervereinigungen Zentralgenossenschaften. Der europäische Gesetzgeber hat hierzu ausgeführt, dass die Vereinigungen von landwirtschaftlichen Erzeugerbetrieben besondere Aufmerksamkeit verdienen, soweit sie insbesondere die gemeinschaftliche Produktion landwirtschaftlicher Erzeugnisse den gemeinschaftlichen Handel mit diesen oder die Benutzung gemeinschaftlicher Einrichtungen zum Gegenstand haben. Ausgenommen werden ausdrücklich die Fälle, in denen dieses gemeinschaftliche Handeln entweder den Wettbewerb ausschließt oder die Verwirklichung der agrarpolitischen Ziele des Art. 33 EG gefährden.[68]

---

[63] Zu dem bestehenden Meinungsstreit siehe Rn. 25 und 26.
[64] EuGH U. v. 12. 12. 1995 verb. Rs. C-319/93, 40/94, 224/94 – *Dijkstra/Friesland* Slg. 1995 I, 4471.
[65] Zur Entstehung des sog. Genossenschaftsprivilegs nach Vorlage des deutschen, aber auch des französischen Rechts siehe *Winkler* in: Vorauflage des Immenga/Mestmäcker, EG-WbR Bd. II, S. 2177f., mit zahlreichen weiteren Literaturnachweisen in Fn. 92.
[66] *Schweizer* in: Immenga/Mestmäcker WbR EG Teil II, VIII. Abschnitt Landwirtschaft, C. Art. 2 VO 26/62 R. 38.
[67] Zur Bezeichnung des Ausnahmetatbestandes als Genossenschaftsprivileg durch das Europäische Parlament und die Europäische Kommission siehe *de Bronett* in: Wiedemann, Handbuch des Kartellrechts, § 32 Rn. 17 und 22, der den Begriff maßgeblich mit geprägt hat.
[68] Erwägungsgrund 4 der Präambel der VO 1184/06, ABl. 2006 L 214, S. 7ff., geändert durch Art. 200 der VO 1237/07, ABl. 2007 L 299, S. 1ff.

C. Ausnahmen   50–54   **Landwirtschaft**

Dennoch werden auch **weitere Rechtsformen** wie z. B. Vereine, Personengesellschaften oder auch Kapitalgesellschaften den Ausnahmetatbestand von Art. 176 Abs. 1 Unterabsatz 2 VO 1234/07 bzw. Art. 2 Abs. 1 Unterabsatz 2 VO 1184/06 dann in Anspruch nehmen können, wenn sie ebenso wie die Genossenschaften die Voraussetzungen der Förderung ihrer Mitglieder erfüllen und somit zur Unterstützung der kleinstrukturierten Landwirtschaft auf dem Gesamtmarkt beitragen.[69] Das gilt sowohl für jede Form der Vereinigung von Erzeugerbetrieben als auch für den Erzeugerbetrieb selbst. **50**

Eine ausdrückliche **Definition des landwirtschaftlichen Betriebes** hat der Europäische Gerichtshof den Gemeinschaftsorganen im Wege der Auslegung der anzuwendenden Rechtsnormen überlassen.[70] Landwirtschaftliche Erzeugerbetriebe im Sinne der Art. 175–176 VO 1234/07 bzw. VO 1184/06 sind Betriebe, die sich der Urproduktion widmen, d. h., die in Anhang I EG genannten Erzeugnisse produzieren bzw. gewinnen. Neben den klassischen Bodenerzeugnissen, Getreide, Kartoffeln, nachwachsende Rohstoffe und Sonderkulturen, wie Obst und Gemüse zählen hierzu unter anderem auch die bodenunabhängige Veredelung, die Tierhaltung, sei es Milchvieh- oder Schlachtviehhaltung, Fischerei etc.[71] **51**

Neben der **landwirtschaftlichen Urproduktion ist des Weiteren die erste Verarbeitungsstufe** umfasst, d. h., die Herstellung neuer landwirtschaftlicher Erzeugnisse, wie z. B. Butter, Käse, Wein etc., soweit sie in Anhang I EG ausdrücklich genannt sind. Diese erste Be- oder Verarbeitungsstufe fällt vor allem in den Bereich der Erzeugervereinigungen und der Vereinigungen solcher Erzeugervereinigungen, also in der Regel die Primärgenossenschaft, soweit eine Erzeugervereinigungen entsprechende Vereinbarungen, Beschlüsse oder Verhaltensweisen über die Be- und Verarbeitung trifft oder die Zentralgenossenschaft. Die Grenze ist wie im nationalen Recht dort zu ziehen, wo kein landwirtschaftliches Erzeugnis mehr produziert wird, sondern eine industrielle Verarbeitung stattfindet. Das Erzeugnis muss zwingend in Anhang I EG genannt sein. Die abschließende Aufzählung führt in den Fällen zu einer Schieflage, in denen durch Beifügung geringfügiger Zusätze ebenfalls landwirtschaftliche Produkte entstehen, z. B. Fruchtjoghurt, diese jedoch nicht in Anhang I enthalten sind. **52**

Die Ausnahmeregelung für den landwirtschaftlichen Bereich der Erzeugerbetriebe und insbesondere ihrer Vereinigungen auf Primär- und Zentralstufe hat ihre Grundlage in den **strukturellen Besonderheiten in der Landwirtschaft.** Die Bündelung durch gemeinsame Produktion, Absatz der Erzeugnisse usw. gibt die Möglichkeit am Markt auch bei relativ kleiner Strukturierung erfolgreich zu agieren. Maßgebend ist hierbei die Bündelung der Urproduktion sowie der ersten Be- und Verarbeitungsstufen, nicht jedoch die Fragen des Mitgliederbestandes auf der Ebene der Erzeugerbetriebe bzw. der Vereinigungen.[72] **53**

Zusätzliche Voraussetzung für die Beteiligten ist, dass sie **aus einem Mitgliedstaat** sind. Die Auslegung der Frage „aus einem Mitgliedstaat" hat in der Praxis zu Problemen geführt. M. E. rein akademisch ist der Streit, ob sich die Voraussetzung „aus einem Mit- **54**

---

[69] *Schweizer* in: Immenga/Mestmäcker WbR EG Teil II, VIII. Abschnitt Landwirtschaft, C. Art. 2 VO 26/62 R. 41/42 und m. E. ohne unterschiedliches Ergebnis *de Bronett* a. a. O. § 32 Rn. 22; beide kommen mehr oder weniger zu dem Ergebnis, dass eine Förderung der landwirtschaftlichen Erzeugerbetriebe auch deren Vereinigungen zu Grunde liegen muss. Dies kann unabhängig von der Rechtsform erfolgen, dürfte aber bei der Kapitalgesellschaft, anders als bei der Genossenschaft oder dem Verein schwerer realisierbar sein.

[70] EuGH U. v. 28. 2. 1978 Rs. C-85/77 – *Azienda Avicola Sant'Anna/INPS* Slg. 1978, 527, 541 U. v. 13. 6. 1978 Rs. C-139/77 – *Denkavit/Finanzamt Warendorf* Slg. 1978, 1317, 1332.

[71] Für die bodenunabhängige Landwirtschaft war dies zunächst umstritten, siehe auch *Schweizer* in: Immenga/Mestmäcker WbR EG Teil II, VIII. Abschnitt Landwirtschaft, C. Art. 2 VO 26/62 R. 40 und *de Bronett* (Fn. 65) § 32 Rn. 19.

[72] *de Bronett* (Fn. 65) § 32 Rn. 20; a. A. *Hootz* in: Gemeinschaftskommentar § 100 Rn. 7.

gliedstaat" auf alle Erzeugerbetriebe und ihre Vereinigungen[73] oder nur auf die Vereinigungen von Erzeugervereinigungen[74] bezieht. Da es sich im Gesetzestext um eine klare Aufzählung handelt, muss man davon ausgehen, dass alle genannten Erzeugerbetriebe und ihre Vereinigungen im Hinblick auf die Tatbestandsvoraussetzung „aus einem Mitgliedstaat" umfasst werden sollen. Für die Frage der Erzeugerbetriebe ist dieser Streit zudem von untergeordneter Bedeutung, da sich der Ausnahmetatbestand des jeweiligen Unterabsatzes 2 ohnehin in erster Linie an Erzeugervereinigungen und ihre Vereinigungen richtet.

55 Darüber hinaus ist die Auslegung der Voraussetzung „aus einem Mitgliedstaat" strittig. Hierbei ist m. E. zu berücksichtigen, dass die ursprüngliche VO 26/62 bereits im Jahre 1962 erlassen wurde, also zu einem Zeitpunkt, wo der freie Warenverkehr von landwirtschaftlichen Erzeugnissen noch lange nicht realisiert war. Bei Verabschiedung der VO 26/62 erfolgte auf Wunsch der Europäischen Kommission die Aufnahme des Zusatzes „aus einem Mitgliedstaat", da sie die Tatbestände der Sätze 1 und 2 als eng miteinander verknüpft ansah. Aufgrund der seinerzeit gedachten Verbindung mit den einzelstaatlichen Marktordnungen auf Grund des mangelnden freien Warenverkehrs machte der Bezug „aus einem Mitgliedstaat" auch Sinn, da der Agrarbereich weitestgehend einzelstaatlich geregelt war.

56 Im Zuge der Entwicklung der Europäischen Union zu einem einheitlichen Binnenmarkt mit landwirtschaftlichen Produkten sowie im Hinblick auf die damit verbundene mehr oder weniger vorhandene Bedeutungslosigkeit der einzelstaatlichen Grenzen für den Warenverkehr, würde es keinen Sinn machen, die **geographischen Grenzen** bei jedem Mitgliedstaates zu ziehen. Darüber hinaus sind heute die beiden in Art. 176 Abs. 1 VO 1234/07 bzw. Art. 2 Abs. 1 VO 1184/06 enthaltenen Unterabsätze 1 und 2 eigenständig und enthalten dementsprechend auch selbstständige Tatbestände.[75] Somit ist heute davon auszugehen, dass sämtliche Vereinbarungen, Beschlüsse und Verhaltensweisen zwischen Erzeugervereinigungen jeglicher Stufe dem Anwendungsbereich des Ausnahmetatbestandes von Art. 176 Abs. 1 Unterabsatz 2 VO 1234/07 bzw. Art. 2 Abs. 1 Unterabsatz 2 VO 1184/06 nicht entzogen werden darf und somit die Grenzen mit Blick auf den Binnenmarktes zu ziehen sind. Nur bei transnational grenzüberschreitend ausgerichteten Kooperationen der Erzeuger und ihrer Vereinigungen erfüllt der Ausnahmetatbestand auch heute noch den von den Gesetzgebern seinerzeit angestrebten Sinn und Zweck. Ausgeschlossen sind damit lediglich Vereinbarungen, Beschlüsse und Verhaltensweisen von Erzeugerbetrieben und ihren Erzeugervereinigungen aus der Europäischen Union mit ebensolchen aus Drittstaaten. Das dies möglich ist hat der Europäische Gerichtshof bereits im Jahr 1975 festgestellt.[76] Nur über diese Auslegung wird sichergestellt, dass Art. 175 ff. VO 1234/07 bzw. die VO 1184/06 den praktischen Bedürfnissen im Hinblick auf den Anwendungsbereich angepasst ist.[77]

57 Die Anpassung an die heutigen Gegebenheiten resultiert mittelbar auch aus der Rechtsprechung des Europäischen Gerichtshofes, wonach eine **Liberalisierung der Mitglied-**

---

[73] *de Cockborne* RTDE 1988, 306 f., bzw. *Liebing,* Die für Unternehmen des Agrarsektors geltenden Wettbewerbsregelungen innerhalb der EWG, Diss. Köln 1965, S. 57, *Büttner* Wettbewerbsrecht für die Landwirtschaft im gemeinsamen Markt, RdL 1965, 1–10, 3, die jedoch die Erzeugerbetriebe selbst ausnehmen.

[74] *Gleiss/Hirsch,* EWG Kartellrecht Kommentar, Art. 2 VO 26/62 Rn. 21; *Gleiss/Wolff* WuW 1971, 311, 316.

[75] Siehe hierzu oben Rn. 25.

[76] EuGH U. v. 15. 5. 1975 Rs. C-71/74 – *Frubo/Kommission* Slg. 1975, 563 ff., 583.

[77] Komm. E. vom 30. 7. 1992 – *Scottish Salmon Board,* ABl. 1992 L 246, 37 ff., 44, ein Beteiligter stammte aus Norwegen, ebenso siehe *Schweizer* in: Immenga/Mestmäcker WbR EG Teil II, VIII. Abschnitt Landwirtschaft, C. Art. 2 VO 26/62 R. 44 und im Ergebnis auch *de Bronett* in: Wiedemann, Handbuch des Kartellrechts, § 32 Rn. 24.

C. Ausnahmen   58–60 **Landwirtschaft**

schaftsbedingungen von Genossenschaften zur Zielsetzung der Vollendung des einheitlichen Binnenmarktes notwendig sind.[78] Hierzu muss auch die Privilegierung von Erzeugervereinigungen über den Ausnahmetatbestand des Art. 176 Abs. 1 Unterabsatz 2 VO 1234/07 bzw. Art. 2 Abs. 1 Unterabsatz 2 VO 1184/06 zählen, wenn z. B. durch Kooperationen zwischen Erzeugervereinigungen innerhalb des Binnenmarktes nationale Grenzen überschritten werden, beispielsweise durch Aufnahme eines Erzeugermitgliedes aus einem anderen Mitgliedstaat in die Genossenschaft.

Inhaltlich werden von dem Ausnahmetatbestand in Art. 176 Abs. 1 Unterabsatz 2 VO 1234/07 bzw. Art. 2 Abs. 1 Unterabsatz 2 VO 1184/06 alle **Vereinbarungen, Beschlüsse sowie Verhaltensweisen** bezüglich der Produktion der in Anhang I EG genannten Produkte bzw. im Hinblick auf den Handel mit diesen Produkten umfasst. Während das deutsche Recht nur auf Vereinbarungen und Beschlüsse abstellt, umfasst die europäische Regelung auch jegliche Verhaltensweisen. Durch diese sehr weit gefasste Voraussetzung werden jegliche Handlungen der in Art. 176 Abs. 1 Unterabsatz 2 VO 1234/07 bzw. Art. 2 Abs. 1 Unterabsatz 2 VO 1184/06 genannten Beteiligten in den Ausnahmetatbestand einbezogen, soweit sie im Hinblick auf Produktion und Handel mit landwirtschaftlichen Erzeugnissen wettbewerbsbeeinflussenden Charakter haben. Neben vertraglichen oder statutarischen Regelungen fällt damit auch jedes abgestimmte Verhalten der o. g. Beteiligten unter die Ausnahmeregelung.   58

Sämtliche in der Art. 175–176 VO 1234/07 bzw. VO 1184/06 umfassten **Verhaltensweisen im weiteren Sinne,** müssen die Erzeugung oder den Absatz landwirtschaftlicher Erzeugnisse oder aber die Benutzung gemeinschaftlicher Einrichtungen für die Lagerung oder Be- oder Verarbeitung landwirtschaftlicher Erzeugnisse betreffen. Mit landwirtschaftlichen Erzeugnissen sind grundsätzlich die in Anhang I EG aufgeführten Erzeugnisse gemeint, wobei es sich hier um eine abschließende Aufzählung handelt.[79] Da auf Grund der 6. Kartellnovelle das nationale deutsche Recht nahezu mit der europäischen Formulierung übereinstimmt, gelten hier die gleichen Grundsätze für die Definition von Produktion und Absatz bzw. Benutzung gemeinschaftlicher Einrichtungen. Zur Produktion zählen damit alle die Urproduktion unmittelbar betreffenden Vorgänge. Der Absatz ist die Weitergabe der Urprodukte, also sämtlicher in Anhang I EG genannten Produkte, an die nächsten Absatzstufen. Die Benutzung gemeinschaftlicher Einrichtungen für die Lagerung oder Be- oder Verarbeitung landwirtschaftlicher Erzeugnisse betrifft neben der gemeinsamen Lagerung von landwirtschaftlichen Erzeugnissen wie z. B. Getreide oder Ölsaaten, die gemeinsame Trocknung, die Kühlhauslagerung etc.[80]   59

Gleichzeitig wird davon auszugehen sein, dass die **Verarbeitung und Bearbeitung landwirtschaftlicher Erzeugnisse** aus den eigenen Urprodukten der Mitglieder umfasst werden soll, soweit wiederum ein landwirtschaftliches Erzeugnis entsteht. Nicht umfasst ist damit die Verarbeitung fremder Erzeugnisse, wie beispielsweise die Verarbeitung unter Berücksichtigung von industriellen Zusätzen. Sofern eine gemischte Tätigkeit vorliegt, d. h., eine Erzeugervereinigung bzw. eine Vereinigung einer solchen Erzeugervereinigungen neben der Be- und Verarbeitung der Urprodukte ihrer Erzeugerbetriebe weitere Tätigkeiten ausübt, wie Verarbeitung und Vermarktung von fremden Produkten, so wird sich die Erzeugervereinigung nur im Hinblick auf die Verarbeitung eigener Produkte ihrer Mitglieder auf den Ausnahmetatbestand des Satzes 2 beziehen können.[81]   60

---

[78] EuGH U. v. 12. 12. 1995 verb. Rs. C-319/93, 40/94, 224/94 – *Dijkstra/Friesland* Slg. 1995 I, 4471.

[79] Zu den aus diesen Gründen m. E. in der Praxis auftretenden Problemen und den erheblichen Zweifeln, ob diese abschließende Aufzählung auf Grund der heutigen Praxis noch zeitgemäß ist siehe Rn. 14.

[80] Weitere Einzelheiten siehe auch 2. Teil § 28 Rn. 16–21.

[81] So auch *de Bronett* (Fn. 81) § 32 Rn. 20.

Landwirtschaft 61–64

61 Die **wettbewerbsrelevanten Kooperationen und Verhaltensweisen** können in Beschränkungen oder Ausweitungen der Produktion, in Anlieferbedingungen, insbesondere Vollablieferungsverpflichtungen landwirtschaftlicher Urprodukte an die Genossenschaft oder Erzeugervereinigung sowie in Vorschriften über Anbau- und Verarbeitungsmethoden oder aber in Ausübung eines Benutzungszwangs gemeinsamer Einrichtungen, wie z. B. Kühl- und Lagerhäuser oder Trocknungsanlagen etc. bestehen.[82] Darüber hinaus müssen Erzeugung, Absatz, Be- und Verarbeitung und Lagerung landwirtschaftlicher Erzeugnisse unmittelbar und nicht nur mittelbar betroffen sein.[83] Vereinbarungen über den Einsatz bestimmter Betriebsmittel, Düngemittel, Saatgut oder bestimmte gemeinschaftliche Einrichtungen ist somit möglich, nicht jedoch die generelle Vereinbarung zum Bezug von Produktionsmitteln.

62 Die Ausrichtung der Ausnahmeregelung von Art. 176 Abs. 1 Unterabsatz 2 VO 1234/07 bzw. Art. 2 Abs. 1 Unterabsatz 2 VO 1184/06 führt insgesamt dazu, dass in erster Linie nicht die Erzeugerbetriebe sondern ihre Vereinigungen und damit vorrangig die Genossenschaften der Primär- und Zentralstufe im Mittelpunkt stehen. Dies bedingt, dass lediglich horizontale Vereinbarungen und Beschlüsse sowie Verhaltensweisen betroffen sind, da die Beteiligten eng eingegrenzt sind. Vereinbarungen und Beschlüsse mit Unternehmen auf anderen Stufen als den in Art. 176 VO 1234/07 bzw. Art. 2 VO 1184/06 genannten, sind nicht umfasst. Daher fallen vertikale Vereinbarungen, Beschlüsse oder Verhaltensweisen nicht unter den Ausnahmetatbestand von Art. 176 Abs. 1 VO 1234/07 bzw. Art. 2 Abs. 1 VO 1184/06.

V. Preisbindung

63 Eine Grenze für die Ausnahme vom Kartellverbot des Art. 81 Abs. 1 EG durch Art. 176 Abs. 1 Unterabsatz 2 VO 1234/07 bzw. Art. 2 Abs. 1 Unterabsatz 2 VO 1184/06 bildet die Preisbindung. Mit den genannten Vereinbarungen, Beschlüssen und Verhaltensweisen zwischen landwirtschaftlichen Erzeugerbetrieben, Vereinigungen dieser Erzeugerbetriebe sowie Vereinigungen der Erzeugervereinigungen darf grundsätzlich eine **Preisabsprache nicht verbunden** sein. Etwas anderes gilt für die Ausnahmetatbestände von Art. 176 Abs. 1 Unterabsatz 1 VO 1234/07 bzw. Art. 2 Abs. 1 Unterabsatz 1 VO 1184/06, bei denen zur Verwirklichung der agrarpolitischen Ziele auch eine Preisbindung im Rahmen der betroffenen horizontalen und vertikalen Vereinbarungen möglich ist.[84] Dies kommt in den einzelnen Marktorganisationen zum Ausdruck, mit denen auch die Europäische Kommission Preisbindungen akzeptiert.

64 Das Verbot der Preisbindung bedeutet gemäß Art. 81 Abs. 1 Buchst. a EG, dass **keine unmittelbare oder mittelbare Festsetzung von An- und Verkaufspreisen** vorliegen darf. Umfasst werden hierbei sowohl Preise als auch Preisbestandteile. Neben der unmittelbaren Absprache kommen auch Handlungen in Betracht, die mittelbar zu Preisbindungen führen, wie z. B.: gemeinsame Preis- und Kostenkalkulation, Bildung von Ausgleichskassen oder sonstige gemeinsame Preisgestaltungsmaßnahmen. Dieses generelle Preisbindungsverbot hat zur Folge, dass entsprechend dem deutschen Kartellrecht jegliche horizontale Preisabsprache zwischen Erzeugern und ihren Vereinigungen verboten ist. Preisempfehlungen können dann unter das Preisbindungsverbot fallen, wenn sie von einem wesentlichen Teil der Beteiligten eingehalten werden.[85]

---

[82] Weitere Einzelheiten auch bei *Schweizer* in: Immenga/Mestmäcker WbR EG Teil II, VIII. Abschnitt Landwirtschaft, C. Art. 2 VO 26/62 R. 49.

[83] *de Bronett* (Fn. 81) § 32 Rn. 25, *Schweizer* in: Immenga/Mestmäcker WbR EG Teil II, VIII. Abschnitt Landwirtschaft, C. Art. 2 VO 26/62 R. 50, Letzterer mit weiteren Nachweisen, auch zum Streit um die Zulässigkeit von Bezugskartellen in Fn. 116.

[84] Siehe auch oben Rn. 45 mit Fn. 61.

[85] *Schweizer* in: Immenga/Mestmäcker WbR EG Teil II, VIII. Abschnitt Landwirtschaft, C. Art 2 VO 26/62 R. 46.

C. Ausnahmen 65–67 **Landwirtschaft**

Zwei Tatbestände der Preisfestsetzung fallen ihrer Rechtsnatur nach jedoch bereits nicht **65** unter die Preisbindung. Auf der Bezugsseite ist dem gemeinsamen Absatz bzw. der gemeinsamen Be- oder Verarbeitung immanent, dass im Zuge der **Mitgliederbindung** grundsätzlich die **Preise festgeschrieben** werden können, die die Mitglieder für Lieferungen an ihre Genossenschaft bzw. Erzeugergemeinschaft erhalten.[86] Diese Ausnahme vom Kartellverbot entspricht auch der deutschen Regelung. Auf der Absatzseite gilt eine entsprechende **Ausnahme für die Festsetzung der Preise der Genossenschaft** bzw. Erzeugervereinigung im Angebot gegenüber den nächstfolgenden Absatzstufen. Die Festsetzung der Preise für Bezug bzw. Absatz durch die Erzeugervereinigung kann durch die satzungsgemäß bestimmten Gremien, z. B. durch gemeinsame Entscheidung von Vorstand und Aufsichtsrat bei einer Genossenschaft, erfolgen. Ein unabhängiges Gremium ist nicht notwendig, da ansonsten die für das Handeln im Markt notwendige Flexibilität verloren ginge. Nur wenn die zuständigen Gremien der Erzeugervereinigung entscheiden ist gewährleistet, dass die struktur- und produktionsbedingte schwache Stellung der Erzeuger durch ihre Vereinigung gestärkt werden kann.[87] Preisfestsetzungen im Rahmen von Zusammenschlüssen oder Ausgliederungen durch das neue Unternehmen fallen nicht unter das Preisbindungsverbot.

Da die Ausnahme des Art. 176 Abs. 1 Unterabsatz 2 VO 1234/07 bzw. Art. 2 Abs. 1 **66** Unterabsatz 2 VO 1184/06 vom Kartellverbot **lediglich den horizontalen Bereich** im Hinblick auf die Vereinbarungen, Beschlüsse und Verhaltensweisen treffen, fallen vertikale Preisabsprachen grundsätzlich nicht unter diese Regelung. Vertikale Absprachen gleich über Vereinbarungen und Beschlüsse oder über Verhaltensweisen, die nicht durch Erzeugerbetriebe und ihre Vereinigungen getroffen werden, können deshalb nicht unter Art. 176 Abs. 1 Unterabsatz 2 der VO 1234/07 bzw. Art. 2 Abs. 1 Unterabsatz 2 der VO 1184/06 fallen und so von der Anwendung des Art. 81 EG ausgenommen werden, weil sie nicht zwischen den Normadressaten getroffen werden. Darüber hinaus können jedoch horizontale Preisabsprachen auch über Gemeinsame Marktorganisationen möglich sein, z. B. bei Festsetzung von Rücknahmepreisen oder Festsetzung der Voraussetzungen für die Rücknahme von Produkten aus dem Markt.

VI. Ausschluss des Wettbewerbs

Die europäische Ausnahmeregelung nach Art. 176 Abs. 1 Unterabsatz 2 VO 1234/07 **67** bzw. Art. 2 Abs. 1 Unterabsatz 2 VO 1184/06 für wettbewerbsrelevante Vereinbarungen und Verhaltensweisen von Erzeugern und ihren Vereinigungen enthält neben dem Verbot der Preisbindung zwei weitere, **negative Abgrenzungstatbestände.** Eines dieser negativen Abgrenzungskriterien ist der Ausschluss des Wettbewerbs. Durch die genannten Vereinbarungen, Beschlüsse und Verhaltensweisen darf der Wettbewerb grundsätzlich nicht ausgeschlossen werden. Aus den o. g. Gründen[88] ist davon auszugehen, dass sich diese negative Abgrenzung ausschließlich auf den Ausnahmetatbestand von Art. 176 Abs. 1 Unterabsatz 2 VO 1234/07 bzw. Art. 2 Abs. 1 Unterabsatz 2 VO 1184/06 bezieht. Da in der Praxis die ersten beiden Ausnahmetatbestände ohnehin nur von untergeordneter Bedeutung sind, spielte diese Streitfrage bislang ebenfalls nur eine untergeordnete Rolle.

---

[86] *de Bronett* in: Wiedemann, Handbuch des Kartellrechts, § 32 Rn. 26.
[87] *Schweizer* in: Immenga/Mestmäcker WbR EG Teil II, VIII. Abschnitt Landwirtschaft, C. Art. 2 VO 26/62 R. 47; *Büttner*, Wettbewerbsrecht für die Landwirtschaft im Gemeinsamen Markt, RdL 1965, 1–10, 7; a. A. *Petry* Die Wettbewerbsbeschränkungen in der Landwirtschaft nach nationalem und europäischen Wettbewerbsrecht, Diss. Hohenheim 1974 S. 172 f.; DGAR, Die kartellrechtliche Sonderregelung für die Landwirtschaft im EWG-Recht Schlussbericht des Ausschusses für Agrarkartellrecht der DGAR (Schriften) 1970 S. 41.
[88] Siehe Rn. 28 und 29.

68 Zur Abgrenzung, ob ein Ausschluss des Wettbewerbs gegeben ist, ist zunächst zu prüfen, ob noch ein nennenswerter **Restwettbewerb** vorhanden ist. Eine entsprechende Regelung findet sich in Art. 81 Abs. 3 Buchst. b EG, wonach der Wettbewerb nicht für einen wesentlichen Teil der betreffenden Waren ausgeschaltet werden darf. Ausgangslage für die Beurteilung, ob ein nennenswerter Restwettbewerb vorliegt, dürfte der relevante Markt sein. Dieser beurteilt sich nach dem jeweiligen Einzelfall. Auch im Rahmen der europäischen Kartellregulierung reicht m. E. aus, wenn **auf dem relevanten Markt noch Wettbewerber verblieben** sind. Hierbei spielt keine Rolle, ob nur einzelne Wettbewerber oder gegebenenfalls auch Außenseiter oder aber Importeure auf dem relevanten Markt vorhanden sind, solange dem Marktbeteiligten noch ein **Nachfragespielraum** verbleibt. Punktuelle Wettbewerbsbeeinträchtigungen dürften dabei hinzunehmen sein, solange der Wettbewerb nicht ganz bzw. nahezu ganz ausgeschlossen ist.[89] Eine absolute Grenze kann hier sicherlich nicht gezogen werden, da sich nur anhand des Einzelfalles beurteilen lässt, ob dem Nachfrager im Markt noch ein nennenswerter Nachfragespielraum verblieben ist. Bei ca. 10% vorhandenem Restwettbewerb kann m. E. in jedem Fall von einem hinreichenden Wettbewerb ausgegangen werden.

VII. Gefährdung der Ziele nach Art. 33 EG

69 Ein weiteres negatives Abgrenzungsmerkmal liefern die agrarpolitischen Ziele im Sinne von Art. 33 EG. Durch die genannten Vereinbarungen, Beschlüsse und Verhaltensweisen dürfen die agrarpolitischen Ziele des Art. 33 EG nicht gefährdet werden. Beide negativen Abgrenzungsmerkmale können miteinander verknüpft sein. Neben dem eigenständigen Ausnahmetatbestand, wonach eine Ausnahme vom Kartellverbot gegeben ist, wenn dies zur Verwirklichung der agrarpolitischen Ziele des Art. 33 EG notwendig ist, sind mit Blick auf die negative Abgrenzung bei dem Ausnahmetatbestand nach Art. 176 Abs. 1 Unterabsatz 2 VO 1234/07 bzw. Art. 2 Abs. 1 Unterabsatz 2 VO 1184/06 die agrarpolitischen Ziele ebenfalls heranzuziehen. Einerseits, wenn dies zu ihrer Erfüllung notwendig ist, resultiert aus ihnen also eine Ausnahme vom Kartellverbot des Art. 81 EG, andererseits wird die gewährte dritte Ausnahme wieder zurückgenommen, wenn eine **Gefährdung der genannten Ziele** droht.

70 Anders als bei dem Ausnahmetatbestand der Notwendigkeit der Erfüllung der agrarpolitischen Ziele im Sinne des jeweiligen Unterabsatzes 1, 2. Alternative, ist für die Negativabgrenzung des dritten Ausnahmetatbestandes nach jeweiligem Unterabsatz 2 unbestritten bereits die **Gefährdung nur eines der in Art. 33 EG genannten fünf Ziele ausreichend,** um die Ausnahme vom Kartellverbot wieder zurückzunehmen.[90] Insbesondere bezogen auf die Genossenschaften hat der Europäische Gerichtshof in diesem Zusammenhang ausgeführt, dass durch eine Vielzahl von Satzungsbestimmungen, die eine langfristige Bindung der Genossenschaften zur Folge haben und ihnen damit die Möglichkeit nehmen, sich an konkurrierende Wirtschaftsteilnehmer zu wenden, eines der Ziele der gemeinsamen Agrarpolitik nach Art. 33 EG gefährdet sein kann und diese Gefährdung ausreichend ist. Eine Gefährdung wird hierbei angenommen, wenn die Erhöhung des Pro-Kopf-Einkommens der in der Landwirtschaft tätigen Personen gefährdet ist, soweit diese auf Grund dieser Satzungsregelungen den Wettbewerb zwischen verschiedenen Verar-

---

[89] *Schweizer* in: Immenga/Mestmäcker WbR EG Teil II, VIII. Abschnitt Landwirtschaft, C. Art. 2 VO 26/62 R. 51; *de Bronett* (Fn. 90) § 32 Rn. 28, der in Fn. 85 auch auf die Rechtsprechung des EuGH zu Art. 81 Abs. 3 EG verweist, *Schulze-Hagen,* Die landwirtschaftlichen Zusammenschlüsse nach deutschem und europäischem Wettbewerbsrecht 1977, S. 170, der von echten Wahlmöglichkeiten im Wettbewerb spricht.

[90] *Schweizer* in: Immenga/Mestmäcker WbR EG Teil II, VIII. Abschnitt Landwirtschaft, C. Art. 2 VO 26/62 R. 51; *Schulze-Hagen,* Die landwirtschaftlichen Zusammenschlüsse nach deutschem und europäischem Wettbewerbsrecht 1977, S. 160.

C. Ausnahmen 71–73 **Landwirtschaft**

beitungsunternehmen im Hinblick auf die Einkaufspreise für das Urprodukt nicht nutzen können.[91]

Der Ausnahmetatbestand des jeweiligen Unterabsatzes 2 ist auf den ersten Blick betrachtet wie eine Vermutung ausgestaltet. So könnte durch die Europäische Kommission oder den Europäischen Gerichtshof die Vermutung des erlaubten Verhaltens durch Nachweis des Vorliegens eines negativen Abgrenzungstatbestandes widerlegt werden. Der Europäische Gerichtshof hat jedoch im Zusammenhang mit der Negativabgrenzung festgehalten, dass mit Art. 176 der VO 1234/07 bzw. Art. 2 der VO 1184/06 **keine gesetzliche Vermutung** eingeführt wurde, die dazu führt, dass abgestimmtes Verhalten der Erzeugerbetriebe und ihrer Vereinigungen grundsätzlich bis zur anders lautenden Entscheidung gültig sind. Grund hierfür ist, dass sie grundsätzlich zur Verwirklichung der agrarpolitischen Ziele des Art. 33 EG notwendig sind.[92] Somit wird der Grundsatz der unmittelbaren Geltung von Art. 81 Abs. 1 EG nicht durchbrochen und bis zu einer anders lautenden Entscheidung liegt keine vorläufige Gültigkeit des betroffenen abgestimmten Verhaltens vor. Dies hat zur Folge, dass auch nationale Gerichte und Behörden bis zu einer abschließenden Entscheidung der Europäischen Kommission auf der Grundlage von Art. 176 Abs. 1 VO 1234/07 bzw. Art. 2 Abs. 1 VO 1184/06 die genannten Verhaltensweisen im weitesten Sinne im Rahmen des Kartellverbotes in Art. 81 Abs. 1 EG überprüfen können.[93] 71

VIII. Bedeutung von Art. 81 Abs. 3 und Art. 82 EG

Unabhängig vom Vorliegen der Voraussetzungen des Art. 176 Abs. 1 VO 1234/07 bzw. Art. 2 Abs. 1 VO 1184/06 oder einer Entscheidung der Europäische Kommission hierüber, sei es positiv, sei es negativ, **ist Art. 81 Abs. 3 EG anwendbar.** Dies hat zur Folge, dass gleichgültig, ob ein Verfahren in Sinne der Art. 175–176 VO 1234/07 bzw. VO 1184/06 angestrebt wird, eine Freistellung gemäß Art. 81 Abs. 3 EG beantragt und auch erteilt werden kann. Art. 81 Abs. 3 EG wird nicht durch Art. 176 VO 1234/07 bzw. Art. 2 VO 1184/06 ersetzt. Auch hindert die Anwendung von Art. 176 VO 1234/07 bzw. Art. 2 VO 1184/06 nicht eine parallele Anwendung von Art. 81 Abs. 3 EG. 72

Vergleicht man jedoch die Voraussetzungen von Art. 176 Abs. 1 VO 1234/07 bzw. Art. 2 Abs. 1 VO 1184/06 und von Art. 81 Abs. 3 EG fällt auf, dass **mehrere Tatbestandsmerkmale identisch** sind. Art. 81 Abs. 3 Buchst. a EG hat seine Parallele in der Voraussetzung der Verwirklichung auch der agrarpolitischen Ziele nach Art. 33 EG entsprechend Art. 176 Abs. 1 VO 1234/07 bzw. Art. 2 Abs. 1 VO 1184/06. Art. 81 Abs. 3 Buchst. b EG setzt voraus, dass in beiden Fällen, sowohl der Freistellung nach Art. 81 Abs. 3 EG als auch der Ausnahme von Art. 176 VO 1234/07 bzw. Art. 2 VO 1184/06 der Wettbewerb nicht ausgeschlossen sein darf. Hinzu kommen im Rahmen von Art. 81 Abs. 3 EG, dass unter angemessener Beteiligung der Verbraucher an dem entstehenden Gewinn zur Verbesserung der Warenerzeugung oder Verteilung oder zur Förderung des technischen oder wirtschaftlichen Fortschrittes beigetragen werden muss. Die grundlegende Identität der Tatbestandsvoraussetzungen beider Normen zeigt bereits, dass in der Praxis eine parallele Anwendung eher unwahrscheinlich ist. Bislang hat es daher noch keinen entsprechenden Praxisfall gegeben, auch wenn der Europäische Gerichtshof grundsätzlich bejaht hat, dass bei fehlenden Voraussetzungen des Art. 176 Abs. 1 VO 1234/07 bzw. 73

---

[91] EuGH U. v. 12. 12. 1995 Rs. C-399/93 – *Luttikhuis/Coberco* Slg. I, 4515.
[92] EuGH U. v. 12. 12. 1995 verb. Rs. C-319/93, 40/94, 224/94 – *Dijkstra/Friesland* Slg. 1995 I, 4471; a. A. *Schweizer* in: Immenga/Mestmäcker WbR EG Teil II, VIII. Abschnitt Landwirtschaft, C. Art. 2 VO 26/62 R. 52, der eine Legalausnahme annimmt und die unter Art. 176 Abs. 1 VO 1234/07 bzw. Art. 2 Abs. 1 VO 1184/06 fallenden Verhaltensweisen als grundsätzlich voll wirksam ansieht, bis zu einer anderslautenden Entscheidung der Europäischen Europäische Kommission.
[93] So auch EuGH U. v. 9. 9. 2003, Rs. C-137/00 – *Milk Marque*; *de Bronett* in: Wiedemann, Handbuch des Kartellrechts § 32 Rn. 30 und 8.

Landwirtschaft 74, 75

Art. 2 Abs. 1 VO 1184/06 grundsätzlich eine Freistellung gemäß Art. 81 Abs. 3 EG denkbar ist.[94]

74 Auch Art. 82 EG, der den **Missbrauch einer marktbeherrschenden Stellung** regelt bleibt uneingeschränkt anwendbar, da Art. 176 VO 1234/07 bzw. Art. 2 VO 1184/06 nur eine Ausnahme von Art. 81 Abs. 1 EG beinhaltet. Eine Anwendung in der Praxis dürfte jedoch eher selten sein. So hat auch der Europäische Gerichtshof festgehalten, dass eine in der Satzung geregelte Ausschließlichkeitsbindung der Mitglieder an ihre Genossenschaft, selbst bei Bestehen einer marktbeherrschenden Stellung auf einem speziellen Markt, keinen Missbrauch darstellt, wenn diese Regelung für das ordnungsgemäße Funktionieren der Genossenschaft und für die Aufrechterhaltung ihrer vertraglichen Gestaltungsmöglichkeiten gegenüber den Erzeugern notwendig ist.[95] Die Europäische Kommission hat bisher in **drei Entscheidungen im Agrarbereich** den Missbrauch einer marktbeherrschenden Stellung angenommen. Einen solchen Missbrauch hat sie in der Beschränkung der Exportmöglichkeiten durch wirtschaftlichen Druck auf die Abnehmer bei marktbeherrschender Stellung auf einem Teilmarkt ebenso gesehen, wie in der Bindung durch Treueprämien, wenn Marktwettbewerber damit vom Markt ausgeschlossen werden.[96] Gleiches gilt, wenn die marktbeherrschende Stellung ausgenutzt wird, um diskriminierende Preise durchzusetzen, die Absatzmöglichkeiten zum Verbrauchernachteil durch Einschränkung des Weiterverkaufs unter bestimmten Voraussetzungen zu behindern sowie langjährige Kunden grundlos nicht mehr zu beliefern.[97] Im dritten Fall bestand der Missbrauch in Lieferverweigerungen, Preissenkungen unter die Kostendeckung und Gruppenrabatte im Zuckersektor.[98]

75 Zahlreiche Ausnahmen von den Kartellregelungen ergeben sich auch bei **Erzeugergemeinschaften bzw. Erzeugerorganisationen.** Diese Ausnahmen sind in der einheitlichen Gemeinsamen Marktordnung, also der VO 1234/07 oder den heute noch vorhandenen zusätzlichen Marktordnungen geregelt, u. a. für den Sektor Wein, der allerdings mittelfristig ebenfalls in der einheitlichen Gemeinsamen Marktordnung aufgehen sollen. Mit der Übernahme des Produktbereichs Obst und Gemüse in die Gemeinsame Marktordnung wurde Art 176a VO 1234/07 in der Fassung der VO 361/08 neu eingeführt. Danach gilt Art 81 Abs. 1 EG für **anerkannte Branchenverbände im Sektor Obst und Gemüse** unter den sehr strengen Voraussetzungen von Art 176a Abs. 2–4 VO 1234/07 nicht. Gleichzeitig regelt Art 176a VO 1234/07 das Anmeldeverfahren gegenüber der Europäischen Kommission. Branchenverbände haben allerdings derzeit in Deutschland keine Bedeutung. Kartellrechtliche Sondervorschriften für den Tabaksektor finden sich darüber hinaus in Art 177–179 der VO 1234/07 in der Fassung der VO 361/08.

---

[94] EuGH U. v. 12. 12. 1995 verb. Rs. C-319/93, 40/94, 224/94 – *Dijkstra/Friesland* Slg. 1995 I, 4471.

[95] EuGH U. v. 15. 12. 1994 Rs. C-250/92 – *Gottrup-Klim u. a./Dansk Landbrugs Grovvareselskab (DLG)* Slg. 1994 I, 5641, 5691.

[96] Komm. E. vom 2. 1. 1973 – *Europäische Zuckerindustrie*, ABl. 1973 L 140, 17 ff., bestätigt durch EuGH U. v. 16. 12. 1975 verb. Rs. C-40–48, 50, 54–56/73 – *Suiker Unie u. a./Kommission* Slg. 1975, 1663 ff.

[97] Komm. E. vom 17. 12. 1975 – *Chiquita*, ABl. 1976 L 95, S. 1 ff., bestätigt durch EuGH U. v. 14. 2. 1978 – *United Brands/Kommission* Slg. 1978, 207 ff.

[98] Komm. E. vom 18. 7. 1988 – *Napier Brown/British Sugar*, ABl. 1988 L 284, 41 ff., bestätigt durch EuGH U. v. 16. 12. 1975 verb. Rs. C-40–48, 50, 54–56/73 – *Suiker Unie u. a./Kommission* Slg. 1975, 1663, 2018 f., siehe zu den Einzelheiten auch *Schweizer* in: Immenga/Mestmäcker WbR EG Teil II, VIII. Abschnitt Landwirtschaft, C. Art. 2 VO 26/62 R. 55.

D. Verfahren

I. Das Verfahren nach Art. 176 Abs. 2 und 3 VO 1234/07 und Art 2 Abs. 2 und 3 VO 1184/06

Das Verfahren zur Überprüfung von Art. 176 VO 1234/07 bzw. Art. 2 VO 1184/06 ist **76** in Art 176 Abs. 2 und 3 VO 1234/07 bzw. Art. 2 Abs. 2 und 3 VO 1184/06 geregelt. Nach Art 176 Abs. 2 Unterabsatz 1 VO 1234/07 und Art. 2 Abs. 2 Unterabsatz 1 VO 1184/06 ist die **Europäische Kommission** für Entscheidungen über die Anwendbarkeit von Art 176 Abs. 1 VO1234/07 bzw. Art. 2 Abs. 1 VO 1184/06 **ausschließlich zuständig.** Ihre Entscheidung steht unter dem Vorbehalt einer Überprüfung durch den Europäischen Gerichtshof und kann gemäß Art 176 Abs. 2 Unterabsatz 2 VO 1234/07 bzw. Art. 2 Abs. 2 Unterabsatz 2 VO 1184/06 auf zweierlei Weise herbeigeführt werden, entweder **von Amts wegen oder auf Antrag.** Hier besteht die Möglichkeit der Europäischen Kommission von Amts wegen tätig zu werden. Dies zeigt, dass in der Anwendung der Art. 175–176 VO 1234/07 bzw. VO 1184/06, nicht zuletzt mit Blick auf die Verwirklichung der gemeinsamen Ziele der Agrarpolitik, ein öffentliches Interesse liegen kann. Die alleinige Zuständigkeit der Europäischen Kommission dient der Verhinderung von Fehlentwicklungen der gemeinsamen Agrarpolitik, der Rechtssicherheit und schließt Diskriminierungen der Beteiligten aus.[99]

Zu dem **Personenkreis,** die einen Antrag auf Feststellung einer Entscheidung über die **77** Anwendung der Art. 175–176 VO 1234/07 bzw. VO 1184/06 durch die Europäische Kommission stellen können, zählen nach Art 176 Abs. 2 Unterabsatz 2 VO 1234/07 bzw. Art. 2 Abs. 2 Unterabsatz 2 VO 1184/06 die zuständigen Behörden der Mitgliedstaaten, die beteiligten Unternehmen oder die beteiligten Unternehmensvereinigungen. Jeder von ihnen kann einen entsprechenden Antrag stellen. Die Frage, welche Behörde im jeweiligen Mitgliedstaat zuständig ist, richtet sich nach dem Recht des betroffenen Mitgliedstaates. Nicht beteiligte Unternehmen und Personen haben ein solches **Antragrecht** nicht. Sie können durch einen Antrag jedoch ein Verfahren von Amts wegen oder aber eine Missbrauchüberprüfung erreichen.[100]

Zu den **Formerfordernissen** eines entsprechenden Antrages treffen Art. 175–176 VO **78** 1234/07 bzw. VO 1184/06 keine Entscheidungen. In Form, Inhalt und weiteren Einzelheiten ist der Antragsteller also frei, d.h. mit dem Antrag muss weder eine Begründung noch ein Interesse an der beantragten Entscheidung dargelegt werden. Soweit der Antrag nach Art 176 1234/07 bzw. Art. 2 VO 1184/06 mit einem weiteren Antrag verbunden wird, der eine Form und einen bestimmten Inhalt erfordert, ist die Form des letztgenannten Antrages maßgebend. Selbstverständlich kann die Europäische Kommission in den Fällen, in denen Einzelheiten aus ihrer Sicht fehlen, entsprechende Angaben vom Antragsteller jederzeit nachfordern. Zur Aufklärung des Sachverhaltes sowie zur Ermittlung der materiellen Grundlagen, kann die Europäische Kommission die im Rahmen der VO 1/2003 **üblichen Ermittlungshandlungen** durchführen. Zu diesen Ermittlungshandlungen zählen Auskunftsverlangen und Nachprüfungen etc. Die Anwendung der Grundsätze der VO 17/62 und damit heute der VO 1/2003 liegt nach herrschender Meinung vor.[101]

---

[99] Erwägungsgrund 5 der Präambel der VO 1184/06, ABl. 2006 L 214, S. 7 ff., geändert durch Art. 200 der VO 1237/07, ABl. 2007 L 299, S. 1 ff., ist aber bei Ablehnung der Voraussetzungen umstritten, hierzu *Schweizer* in: Immenga/Mestmäcker WbR EG Teil II, VIII. Abschnitt Landwirtschaft, C. Art. 2 VO 26/62 R. 58 und 59.

[100] Weitere Einzelheiten siehe *Schweizer* in: Immenga/Mestmäcker WbR EG Teil II, VIII. Abschnitt Landwirtschaft, C. Art 2 VO 26/62 R. 62.

[101] *Gleiss/Hirsch,* EWG Kartellrecht, Kommentar, Art. 2 VO 26/62 Rn. 28 m.w.N.; a. A. *de Bronett* in: Wiedemann, Handbuch des Kartellrechts, § 32 Rn. 32.

Landwirtschaft 79–81

79 Voraussetzung für eine Entscheidung in der Sache ist nach Art 176 Abs. 2 VO 1234/07 bzw. Art. 2 Abs. 2 VO 1184/06 die **Anhörung der Mitgliedstaaten,** der beteiligten Unternehmen oder Unternehmensvereinigungen, gleichgültig ob das Verfahren auf Antrag oder von Amts wegen aufgenommen wurde. Angehört werden müssen neben den Beteiligten alle Mitgliedstaaten der Europäischen Union, wobei allen ausreichend Zeit zur Stellungnahme bleiben muss. Dritte, die nicht beteiligt sind kann die Europäische Kommission anhören, soweit sie dieses für erforderlich hält. Sie hat also über die Anhörungsmöglichkeit eine **umfassende Ermächtigung,** sich über Details des Einzelsachverhaltes **zu informieren** und so das **öffentliche Interesse an der Aufklärung** der agrarpolitisch relevanten Ziele zu berücksichtigen. Gemäß Art. 5 EG sind die Mitgliedstaaten hierbei ohnehin verpflichtet, der Europäischen Kommission zur Erfüllung ihrer Aufgaben die notwendige Unterstützung zu leisten. Das **Anhörungsverfahren,** dessen Einzelheiten ebenfalls in der Art. 175–176 VO 1234/07 bzw. VO 1184/06 nicht näher geregelt ist, findet in der Regel im Rahmen eines **schriftlichen** Verfahrens statt. Hierbei werden die wichtigsten Grundzüge des betreffenden Verfahrens den Beteiligten im Rahmen der Anhörung zur Kenntnis gebracht.[102] Von der Anhörung kann nur abgesehen werden, wenn die Voraussetzungen von Art. 176 Abs. 1 VO 1234/07 bzw. Art. 2 Abs. 1 VO 1184/06 offensichtlich nicht gegeben sind.[103] Bei Untersuchung von Amts wegen trifft die Europäische Kommission die volle Aufklärungspflicht, beim Antragsverfahren trifft die Beteiligten die Darlegungslast mit Ausnahme der negativen Abgrenzungsmerkmale, die durch die Europäische Kommission zu belegen sind.

80 Die Beteiligten haben einen **Anspruch auf Entscheidung** durch die Europäische Kommission, der gegebenenfalls im Wege der Untätigkeitsklage geltend gemacht werden kann. Da Fragen der Fristsetzung in der Art. 175–176 VO 1234/07 bzw. VO 1184/06 nicht geregelt sind, gilt grundsätzlich zwar keine Fristbindung. Allerdings dürfte entsprechend der Entscheidung des Europäischen Gerichts eine angemessene Frist als Maßstab dienen.[104] Im Übrigen entscheidet die Europäische Kommission nach pflichtgemäßem Ermessen, wobei sie die Entscheidungsgründe anders als im Rahmen der VO 1/2003 den Beteiligten nicht mehr vor der endgültigen Feststellung mitteilen muss.

81 Da Art. 176 VO 1234/07 bzw. Art. 2 VO 1184/06 einen Gesetzesvorbehalt beinhaltet, haben die Entscheidungen der Europäischen Kommission lediglich **deklaratorische Wirkung** und wirken ex tunc.[105] Dies führt dazu, dass die Entscheidungen der Europäischen Kommission weder zeitlichen Beschränkungen unterliegen, noch mit Bedingungen oder Auflagen verbunden werden können. Die Europäische Kommission **entscheidet durch Feststellung,** ob und welche der Vereinbarungen, Beschlüsse oder Verhaltensweisen der beteiligten Unternehmen und Unternehmensvereinigungen unter die Voraussetzungen des Art. 176 Abs. 1 VO 1234/07 bzw. Art. 2 Abs. 1 VO 1184/06 fallen. Hierbei wird sie von der Reihenfolge zunächst über das Vorliegen der Voraussetzungen von Art. 176 Abs. 1 VO 1234/07 bzw. Art. 2 Abs. 1 VO 1184/06 und im Fall der Verneinung über die Voraussetzungen von Art. 81 Abs. 1 EG entscheiden. Bejaht sie die Voraussetzungen von Art. 81 Abs. 1 EG, so muss sie noch Art. 81 Abs. 3 prüfen.[106]

---

[102] Vgl. Komm. E. ABl. 1987 C159/2 – *Frühkartoffeln*, ABl. 1987 C 203/4 – *Bloemenveilingen Aalsmeer* und ABl. 1989 C 83/3 – *Bloemenveilingen Aalsmeer II*.

[103] *Schweizer* in: Immenga/Mestmäcker WbR EG Teil II, VIII. Abschnitt Landwirtschaft, C. Art. 2 VO 26/62 R. 66 mit Hinweisen zu den Problemen der Abgrenzung, wann die Offensichtlichkeit gegeben ist.

[104] EuG U. v. 22. 10. 1997 Rs. T-18/96 – *SCK und andere/Europäische Kommission* Slg. 1997 II, 1739.

[105] So die herrschende Meinung *Schweizer* in: Immenga/Mestmäcker WbR EG Teil II, VIII. Abschnitt Landwirtschaft, C. Art. 2 VO 26/62 R. 70; *de Bronett* (Fn. 100) § 32 Rn. 34.

[106] Zum Verfahren siehe auch *Schweizer* in: Immenga/Mestmäcker WbR EG Teil II, VIII. Abschnitt Landwirtschaft, C. Art. 2 VO 26/62 R. 71.

D. Verfahren 82–86 **Landwirtschaft**

Die Entscheidung muss veröffentlicht werden. Im Rahmen der **Veröffentlichung** ist 82 die Europäische Kommission nach Art. 176 Abs. 3 VO 1234/07 bzw. Art. 2 Abs. 3 der VO 1184/06 gehalten, die Beteiligten und die wesentlichen Inhalte der Entscheidung bekannt zu geben. Hierbei muss sie in der Abfassung darauf achten, dass den berechtigten Interessen der beteiligten Unternehmen in Bezug auf die **Wahrung ihrer Geschäftsgeheimnisse** Rechnung getragen wird. Dies erfordert in bestimmtem Umfang in jedem Falle eine Neutralisierung der Entscheidung.

Es besteht für die Europäische Kommission die Möglichkeit, die Entscheidung zu widerrufen. 83 Allerdings muss sie in diesem Fall die allgemeinen Verfahrensgrundsätze und hierbei insbesondere Fragen des Vertrauensschutzes beachten. Ein **Widerruf** kommt in Betracht, wenn sich herausstellt, dass die Voraussetzungen des Art. 176 Abs. 1 VO 1234/07 bzw. Art. 2 Abs. 1 VO 1184/06 nicht vorgelegen haben oder wenn sie nachträglich weggefallen sind.

Die Entscheidung der Europäischen Kommission steht insgesamt unter dem **Vorbehalt** 84 **der gerichtlichen Nachprüfung,** d. h., sie kann jederzeit gemäß Art. 176 Abs. 2 VO 1234/07 bzw. Art. 2 Abs. 2 VO 1184/06 durch den Europäischen Gerichtshof überprüft werden. Hierzu zählt auch, dass Antragsteller Untätigkeitsklagen im Sinne von Art. 232 Abs. 3 EG gegen die Europäische Kommission richten können, und dass Dritte, die unmittelbar und individuell getroffen sind, gemäß Art. 230 Abs. 4 EG sich gegen die Rechtswidrigkeit einer solchen Entscheidung wenden können.

II. Das Verhältnis zu nationalen Verfahren

Da Art. 176 VO Abs. 2 1234/07 bzw. Art. 2 Abs. 2 VO 1184/06 ausschließlich der Europäischen 85 Kommission das Recht einräumt, Tatbestandsvoraussetzungen zu prüfen und eine entsprechende Entscheidung über die Anwendbarkeit einer der drei Ausnahmetatbestände des Art. 176 Abs. 1 VO 1234/07 bzw. Art. 2 Abs. 1 VO 1184/06 zu fällen, können nationale Behörden und Gerichte die Voraussetzungen der Art. 176 VO 1234/07 bzw. Art. 2 VO 1184/06 nicht prüfen. Die **Entscheidung der Europäischen Kommission ist für nationale Behörden und Gerichte verbindlich.** Im Rahmen der Überprüfung landwirtschaftlicher Tatbestände gemäß Art. 81 Abs. 1 EG hat die Europäische Kommission aber im Wege einer Vorprüfung zu kontrollieren, ob die Voraussetzung von Art. 176 Abs. 1 VO 1234/07 bzw. Art. 2 Abs. 1 VO 1184/06 vorliegen und hierbei sicherzustellen, dass keiner der drei Ausnahmetatbestände greift. Zwar ist ein eigenständiges Verfahren hierfür nicht vorgesehen,[107] dennoch ist die Negativentscheidung der Europäischen Kommission zu begründen.

Bis zu einer solchen Entscheidung über die Anwendung von Art. 176 Abs. 1 86 VO 1234/07 bzw. Art. 2 Abs. 1 VO 1184/06 im Rahmen der Überprüfung von Art. 81 Abs. 1 EG durch die Europäische Kommission können nationale Behörden und nationale Gerichte den jeweils vorliegenden Sachverhalt hinsichtlich der Voraussetzungen von Art. 81 Abs. 1 EG prüfen. Bei **Kollisionsgefahr,** d. h. nationale Gerichte prüfen Art. 81 Abs. 1 EG und kommen ggf. zu einem Verstoß, es liegt jedoch die Vermutung nahe, dass eine der drei in Art. 176 Abs. 1 VO 1234/07 bzw. Art. 2 Abs. 1 VO 1184/06 enthaltenen Ausnahmen gegeben ist, haben die nationalen Gerichte die Pflicht, das Verfahren auszusetzen und den Beteiligten die Möglichkeit zu geben, eine entsprechende Entscheidung der Europäischen Kommission herbeizuführen.[108] Gegenüber nationalen Behörden hat die Europäische Kommission darüber hinaus das **Recht, die Prüfungsbefugnis** zu entziehen, so dass Konflikte hinsichtlich unterschiedlicher Beurteilungen weniger zu befürchten sind.

---

[107] EuGH U. v. 15. 5. 1975, Rs. C-71/74 – *Frubo/Europäische Kommission* Slg. 1975, 563.
[108] EuGH U. v. 12. 12. 1995 verb. Rs. C-319/93, 40/94, 224/94 – *Dijkstra/Friesland* Slg. 1995 I, 4471.

Landwirtschaft

E. Anwendbarkeit von Art. 88 Abs. 1 und 3 EG

87 Nach Art. 3 der VO 1184/06 und in ähnlicher Formulierung auch nach Art. 180 VO 1234/07 in der Fassung der VO 361/2008 ist Art. 88 Abs. 1 und Abs. 3 Satz 1 EG auf alle **Beihilfen** anzuwenden, die für die Produktion der landwirtschaftlichen Erzeugnisse im Sinne von Anhang I EG oder den Handel mit diesen gewährt werden. Beihilfen sind hierbei alle **Zuwendungen und Subventionen,** die die Beteiligten, bezogen auf die Produktion und den Handel mit landwirtschaftlichen Produkten, erhalten. Umfasst ist der gesamte Zuschussbereich der Mitgliedstaaten. Die Beihilfen müssen sich auf die Produktion oder den Handel mit landwirtschaftlichen Erzeugnissen im Sinne von Anhang I EG beziehen.

88 Art. 88 Abs. 1 EG legt fest, dass die Europäische Kommission in **Zusammenarbeit mit den Mitgliedstaaten** die in diesen bestehenden Beihilferegelungen **fortlaufend überprüft.** Darüber hinaus schlägt sie gem. Art. 88 Abs. 1 Satz 2 EG zweckdienliche Maßnahmen vor, die erforderlich sind, um die fortschreitende Entwicklung und das Funktionieren des Binnenmarktes zu realisieren und zu sichern. Mit dieser Vorschrift ist die Überwachung der nationalen Beihilfen und Subventionen im landwirtschaftlichen Bereich umfasst, die somit uneingeschränkt, auch bezogen auf Produktion und Handel landwirtschaftlicher Erzeugnisse, möglich ist.

89 Da auch Art. 88 Abs. 3 uneingeschränkt gilt, muss die Einführung oder Umgestaltung solcher Beihilfen der Europäischen Kommission gemeldet werden. Gleichzeitig ist ihr Zeit zur **Gegenäußerung** einzuräumen. Eine Durchführung der Maßnahme darf nicht vor der abschließenden Entscheidung durch die Europäische Kommission erfolgen. Bei Verstößen gegen den Markt im Sinne von Art. 87 EG kann die Europäische Kommission das Verfahren nach Art. 88 Abs. 2 EG durchführen. Daher ist durch den Verweis prinzipiell der gesamte Art. 88 EG anwendbar. Auch hierbei sind die Besonderheiten der Landwirtschaft zu berücksichtigen. Da jedoch landwirtschaftliche Beihilfen heute überwiegend im Rahmen von Marktordnungen geregelt sind, hat Art. 3 der VO 1184/06 und in ähnlicher Formulierung auch nach Art 180 VO 1234/07 nur noch für die Bereiche Bedeutung, für die keine gemeinsame Marktorganisation besteht. Er kann gegebenenfalls an Bedeutung gewinnen, wenn es wieder zu **Deregulierungen** kommt.

6. Teil. EG-Vertrag

Art. 81 Abs. 1

Art. 81 [Verbot wettbewerbsbeschränkender Vereinbarungen und Verhaltensweisen]

(1) Mit dem Gemeinsamen Markt unvereinbar und verboten sind alle Vereinbarungen zwischen Unternehmen, Beschlüsse von Unternehmensvereinigungen und aufeinander abgestimmte Verhaltensweisen, welche den Handel zwischen Mitgliedstaaten zu beeinträchtigen geeignet sind und eine Verhinderung, Einschränkung oder Verfälschung des Wettbewerbs innerhalb des Gemeinsamen Marktes bezwecken oder bewirken, insbesondere

a) die unmittelbare oder mittelbare Festsetzung der An- oder Verkaufspreise oder sonstiger Geschäftsbedingungen;
b) die Einschränkung oder Kontrolle der Erzeugung, des Absatzes, der technischen Entwicklung oder der Investitionen;
c) die Aufteilung der Märkte oder Versorgungsquellen;
d) die Anwendung unterschiedlicher Bedingungen bei gleichwertigen Leistungen gegenüber Handelspartnern, wodurch diese im Wettbewerb benachteiligt werden;
e) die an den Abschluß von Verträgen geknüpfte Bedingung, daß die Vertragspartner zusätzliche Leistungen annehmen, die weder sachlich noch nach Handelsbrauch in Beziehung zum Vertragsgegenstand stehen.

(2) Die nach diesem Artikel verbotenen Vereinbarungen oder Beschlüsse sind nichtig.

(3) Die Bestimmungen des Absatzes 1 können für nicht anwendbar erklärt werden auf

– Vereinbarungen oder Gruppen von Vereinbarungen zwischen Unternehmen,
– Beschlüsse oder Gruppen von Beschlüssen von Unternehmensvereinigungen,
– aufeinander abgestimmte Verhaltensweisen oder Gruppen von solchen,

die unter angemessener Beteiligung der Verbraucher an dem entstehenden Gewinn zur Verbesserung der Warenerzeugung oder -verteilung oder zur Förderung des technischen oder wirtschaftlichen Fortschritts beitragen, ohne daß den beteiligten Unternehmen

a) Beschränkungen auferlegt werden, die für die Verwirklichung dieser Ziele nicht unerläßlich sind, oder
b) Möglichkeiten eröffnet werden, für einen wesentlichen Teil der betreffenden Waren den Wettbewerb auszuschalten.

Übersicht

	Rn.
I. Allgemeines	1
1. Ziele und Funktionen	1
2. Systematische Aspekte	21
II. Tatbestandsmerkmale	33
1. Übersicht	33
2. Adressaten der Vorschrift	35
a) Unternehmen	36
b) Unternehmensvereinigungen	62
3. Formen der Konzertierung	75
a) Vereinbarungen	78
b) Abgestimmte Verhaltensweisen	94
c) Beschlüsse von Unternehmensvereinigungen	103
4. Beschränkung des Wettbewerbs	104
a) Das Konzept der Beschränkung des Wettbewerbs	104
b) Die verschiedenen Formen der Wettbewerbsbeschränkungen	108
c) Gibt es im europäischen Kartellrecht eine Rule of Reason?	135
d) Die Nebenabreden-Doktrin	140
e) Wettbewerbsbeschränkungen als Zweck oder Wirkung	161
f) Der relevante Markt	164
g) Territorialer Anwendungsbereich des Art. 81 Abs. 1	169

Art. 81 Abs. 1 EG

6. Teil. EG-Vertrag

	Rn.		Rn.
5. Beeinträchtigung des zwischenstaatlichen Handels	178	4. Buchstabe c): Aufteilung der Märkte oder Versorgungsquellen	288
III. Beispielskatalog	197	a) Überblick	288
1. Allgemeines	197	b) Marktaufteilung nach Gebieten	290
a) Funktion des Beispielskatalogs	197	c) Marktaufteilung nach Produkten bzw. Kunden	306
b) Beispielskatalog in der Praxis	198	d) Aufteilung der Versorgungsquellen	308
2. Buchstabe a): Festsetzung von Preisen und sonstigen Geschäftsbedingungen	204	5. Buchstabe d): Anwendung unterschiedlicher Bedingungen bei gleichwertigen Leistungen	313
a) Preise	204	a) Allgemeines	313
b) Sonstige Geschäftsbedingungen	238	b) Voraussetzungen	314
c) Informationsaustausch	243	c) Fälle	317
3. Buchstabe b): Kontrolle bzw. Einschränkung der Erzeugung, des Absatzes, der technische Entwicklung oder der Investitionen	250	6. Buchstabe e): Verpflichtung zur Annahme zusätzlicher Leistungen	321
a) Überblick	250	a) Allgemeines	321
b) Erzeugung	252	b) Voraussetzungen	322
c) Absatz	263		
d) Technische Entwicklung	282		
e) Investitionen	286		

Schrifttum: *Ahlborn/Seeliger*, EG-kartellrechtliche Probleme bei Unternehmenskooperationen im Internet, EuZW 2001, 552–558; *Bellamy* & *G. Child*, European Community Law of Competition, Sweet & Maxwell (5. Aufl. 2001, herausgegeben von Roth); *Bunte* in: FS Everling, 1995, Bd. I S. 163 f.; *Darázs*, EG-Vertriebsrecht und assoziiertes nationales Kartellrecht, EuZW 2003, 138–146; *Emmerich*, Das Gesetz zur Regelung der Preisbindung bei Verlagserzeugnissen und die Verbraucher, WuW 3003, 225; *Ensthaler*, Die neue Gruppenfreistellungsverordnung für den Kfz-Vertrieb, WuW 2002, 1042 f.; *Faull* & *Nipkay*, The EC Law of Competition, 2007, S. 84; *Gieseke*, Parallelimporte und EU-Wettbewerbspolitik, WuW 1995, 284 f.; *Gimeno/Verdejo*, Commentaire article par article des traités UE et CE, 2000, Art. 81 Rn. 38–79; *González Díaz*, Some reflections on the Notion of Ancillary Restraints under EC Competition Law, Fordham Corporate Law Institute 1995, 325, 328; *González Díaz*, Recent Developments in EC Merger Control Law – The Gencor Judgment, in World Competition Vol. 22 No. 3, 1999, 12; *Goyder*, EC Competition Law, Clarendon Press, Oxford (3. Aufl. 1999), S. 76 ff.; *Kallfass*, Vertikale Verträge in der Wettbewerbspolitik der EU, WuW 1999, 225 f.; *Kessler*, Einkaufskooperation im Lichte des Deutschen und Europäischen Kartellrechts, WuW 2002, 1162–1173; *Kirchner*, Internetmarktplätze, Markttransparenz und Marktinformationssysteme, WuW 2001, 1030–1041; *Koch* in: Kommentar zum EWG-Vertrag, 1983, Art. 85 Anm. 76–79; *Köhler*, Zulässigkeit von Wettbewerbsbeschränkungen beim Energievertrieb, WuW 1999, 445–459; *Körner*, Die EG-rechtliche Durchsetzbarkeit der Preisbindung beim Export von Verlagserzeugnissen, WuW 1988, 194 f.; *Korah*, An Introductory Guide to EC Competition Law and Practice, 7. Aufl., Hart Pub. (2000); *Lange*, Die kartellrechtliche Kontrolle der Gewährung von Rabatten, WuW 2002, 22; *Markert*, Langfristige Bezugsbindungen für Strom und Gas nach deutschem und europäischem Kartellrecht, EuZW 2000, 427 f.; *Mälzer*, Die Stellung von Gemeinschaftsunternehmen im europäischen Wettbewerbsrecht, WuW 1992, 705 f.; *Marenco*, La notion de Restriction de Concurrence dans le cadre de l'interdiction des ententes, S. 1218: in: *Dony*, Mélanges en Hommage à Michel Waelbroeck, 1999; *Meyer*, Forschungs- und Entwicklungskooperation – zur Entscheidungspraxis nationaler und europäischer Kartellbehörden, WuW 1993, 193 f.; *Pfeffer*, Die neue Gruppenfreistellungsverordnung (EG) Nr. 1400/2002 für die Automobilbranche NJW 2002, 2910 f.; *Ritter, Braun, Rawlinson*, European Competition Law: A Practitioner's Guide, Kluwer Law International, 2. Aufl. (2000); *Schulte*, Die Rechtspraxis der Kommission der Europäischen Gemeinschaften bei Marktinformationsverfahren, WuW 1978, 566 f.; *Schulte/Geiger*, Das Schicksal der Verbundgruppen unter der neuen Gruppenfreistellungsverordnung (EG) Nr. 2790/99 für Vertikalvereinbarungen, EuZW 2000, 396–404; *Stopper*, Leitlinien für Horizontalvereinbarungen: Ende des Regel-Ausnahme-Prinzips des Art. 81 EG?, EuZW 2001, 426 f.; *Seeliger*, EG-kartellrechtliche Probleme in Vertikalverhältnissen beim Vertrieb über das Internet, WuW 2000, 1174–1186; *Van Bael/Bellis*, Competition law of the European Community, 3. Aufl. 1994; *Waldenberger*, Preisbindung bei Zeitungen und Zeitschriften: Der neue § 15 GWB NJW 2002, 2914; *Waelbroeck/Frignani*, Concurrence, 1997, S. 555–625; *Waelbroeck/Frignani*, Commentaire J. Mégret: Le droit de la CE; vol. 4, Concurrence, éd. de l'Université de Bruxelles (2. Aufl. 1997); *Wish*, Competition Law, 5. Aufl. 2003.

I. Allgemeines

1. Ziele und Funktionen[1]

Art. 81 EG enthält ein allgemeines **Verbot des Zusammenwirkens von Unternehmen** zur Beschränkung von Wettbewerb. Dieses Verbot ist einer der Pfeiler jeder modernen Regelung zum Schutz des Wettbewerbs. Sein Hauptziel ist die Erhaltung eines funktionierenden Marktes, mit einem gesunden Grad an wettbewerblichem Druck auf die Marktteilnehmer, und zwar zum Zwecke der wirtschaftlichen Effizienz und letztlich zum Nutzen der Verbraucher und der Gesellschaft insgesamt. Als Hauptziel der Wettbewerbspolitik wurde formuliert: „das Wohl der Verbraucher durch Aufrechterhaltung eines hohen Maßes an Wettbewerb im gemeinsamen Markt zu schützen. Wettbewerb soll zu niedrigeren Preisen, einer größeren Auswahl an Waren und technologischer Innovation führen und dies alles im Interesse des Verbrauchers".[2]

Obwohl **ökonomische Effizienz** oder der **Schutz des Wohls der Verbraucher** üblicherweise weltweit als Ziele der Wettbewerbspolitik angegeben werden, wäre es wahrscheinlich präziser zu sagen, dass ökonomische Effizienz in einem allgemeinen Sinn (Allokationseffizienz, technische Effizienz und generell Maximierung gesellschaftlicher Wohlfahrt) als Ergebnis kartellrechtlich gewährleisteten freien Wettbewerbs in einer Marktwirtschaft erwartet wird. Das Wettbewerbsrecht erzwingt nicht selbst den Eintritt dieser nur erwarteten Wirkungen. Vielmehr beruht es auf der Prämisse, dass Marktmechanismen, soweit ihr Funktionieren gesichert ist, diesen Nutzen herbeiführen. Ziel des Wettbewerbsrechts ist daher der Schutz des **Wettbewerbs***prozesses.* Im Zusammenhang mit Art. 81 EG ist es daher wichtig, die nur scheinbar offensichtliche Tatsache hervorzuheben, dass Art. 81 EG eine *Verbots*norm ist. Diese befasst sich nicht damit vorzuschreiben, was Unternehmen tun sollten, um ökonomische Effizienz oder die gesellschaftliche Wohlfahrt zu maximieren. Sie enthält keinen *Auftrag* an das Unternehmen, in einer bestimmten Weise in Wettbewerb zu treten, sondern verbietet lediglich die Vereinbarung oder Abstimmung von Beschränkungen des Wettbewerbs. Daher sind das Ziel der ökonomischen Effizienz und ihres Nutzens nicht Teil des direkten Auftrags von Art. 81 EG. Es wird vielmehr erwartet, dass sie sich aus normalem Wettbewerb und dem Fehlen verbotenen Zusammenwirkens ergeben.

Die Vorstellung von normalem Wettbewerb ist offenbar eng mit dem Konzept **autonomer unternehmerischer Entscheidungen** verbunden:[3] die Entscheidungspraxis des Gerichtshofes scheint von der Vorstellung geprägt, dass unter normalen Umständen Unternehmen ihr Verhalten auf dem Markt autonom, d.h. ohne Zusammenwirken mit ihren

---

[1] Für interessante Einblicke in die Ziele der europäischen Wettbewerbspolitik, siehe die Reihe von Aufsätzen in: *Ehlermann/Laudati* (Hrsg.), European Competition Annual 1997, Objectives of Competition Policy, 1998. Siehe auch *Frazer,* Competition Policy after 1992: The Next Step, S. 53; The Modern Law Review, S. 609; *Bodoff,* Competition Policies of the US and the EEC: an Overview, European Competition Law Review (1984) 51; *Fox,* The Modernization of Antitrust: A New Equilibrium, S. 66 Cornell Law Review 1140 (1981); Schlussanträge der GA *Kokott* v. 23. 2. 2006 in der Rs. C-95/04 P *British Airways/Kommission,* Slg. 2007, I-2331, Rn. 86 f.; *Schröter* in von der Groeben/Schwarze (Hrsg.), Kommentar, Vorbem. Art. 81–89, Rn. 14 und zu Art. 81, Rn. 3 f.; *Schröter* in Schröter/Jakob/Mederer, Kommentar, Vorbem Art. 81–89, Rn. 14; *Dreher,* Die Zukunft der Missbrauchsaufsicht in einem ökonomisierten Kartellrecht, WuW 2008, 23 ff. (24–25), *Faull&Nikpay,* Rn. 3.129 ff.; *Basedow,* Konsumentenwohlfahrt und Effizienz – neue Leitbilder der Wettbewerbspolitik, WuW 2007, 712 ff.; *Hellwig,* Effizienz oder Wettbewerbsfreiheit?, in FS Mestmäcker, 2006, S. 231 ff.; *Möschel,* Wettbewerb zwischen Handlungsfreiheit und Effizienzzielen, in FS Mestmäcker, 2006, S. 355 ff.

[2] *Monti,* The Future for Competition Policy in the European Union, Address at Merchant Taylor's Hall, London (July 9, 2001).

[3] Rs. 48/69, *ICI/Kommission,* Slg. 1972, 619, Rn. 115–119, Rs. 52/69, *Geigy AG/Kommission,* Slg. 1972, 787, Rn. 11, Rs. 53/69, *Sandoz AG/Kommission,* Slg. 1972, 845, Rn. 11.

Art. 81 Abs. 1 EG 4–7

Wettbewerbern, bestimmen müssen.[4] „[Der Grundgedanke] der Wettbewerbsvorschriften des Vertrages," ist nach Ansicht des Gerichtshofes, dass „jeder Unternehmer selbstständig zu bestimmen hat, welche Politik er auf dem Gemeinsamen Markt betreiben und welche Bedingungen er seiner Kundschaft gewähren will."[5] Dies ist das Hauptmerkmal des Wettbewerbsprozesses, dessen Schutz Art. 81 EG dient.

4 Vor diesem Hintergrund besteht das Hauptziel von Art. 81 darin, eine Abfolge autonomer unternehmerischer Entscheidungen zu erlauben, die als Wesen des Wettbewerbsprozesses zur Erzielung ökonomischer Effizienz anzusehen sind. **Ökonomische Effizienz** findet wiederum ihren Ausdruck in niedrigen Preisen und einer kontinuierlichen Verfügbarkeit von Waren und Dienstleistungen, wo diese benötigt und daher in ihrem Wert erkannt werden. Wettbewerb, d. h. die durch Marktmechanismen bestimmte effiziente Verteilung von Ressourcen, und der mit ihm verbundene Nutzen stellen daher letztlich das Ziel der Wettbewerbsvorschriften des EG-Vertrages dar.

5 Besonders **Preiswettbewerb** ist von größter Bedeutung. Der Gerichtshof erklärte im *Farbstoffe*-Fall, „der Preiswettbewerb soll die Preise auf einem möglichst niedrigen Niveau halten und den Warenverkehr zwischen den Mitgliedstaaten erleichtern, umso eine optimale, an der Produktivität und dem Anpassungsvermögen der Unternehmen ausgerichtete Arbeitsteilung zu ermöglichen."[6] Preiswettbewerb ist jedoch nicht die einzige Wettbewerbsform, die in dem unter Art. 81 EG eingerichteten System schutzwürdig ist. In der Formulierung des Gerichtshofes: „so wichtig der Preiswettbewerb sein mag, weshalb er niemals ganz beseitigt werden darf, so ist er doch nicht die einzige wirksame Form des Wettbewerbs und auch nicht diejenige Form, die unter allen Umständen Vorrang erhalten müsste."[7] Folglich sind bestimmte vertikale Beschränkungen von Verhaltensweisen, die sich in Vertriebsvereinbarungen finden, oft als wettbewerbsfördernd anzusehen. Obwohl diese Beschränkungen einen steigenden Druck auf Verkaufspreise ausüben, haben sie für andere Faktoren als den Preis wünschenswerte Auswirkungen auf den Wettbewerb und fördern den auf Produktmerkmale und verbundene Leistungen gestützten Wettbewerb zwischen Marken. Sie können zum Beispiel dazu beitragen sicherzustellen, dass die betreffenden Produkte von gleich bleibender Qualität sind, dass der Händler vor dem Verkauf Beratung oder danach Serviceleistungen anbietet.

6 Der Erhalt der wettbewerblichen Marktdynamik im wirtschaftlichen Sinne, so wichtig er auch ist, ist nicht das einzige Anliegen von Art. 81 EG. Diese Vorschrift wurde vom Gerichtshof dahingehend ausgelegt, dass sie als parallele Funktion der **Marktintegration** dient.[8] Entsprechend der klassischen Formulierung der *Metro I*-Entscheidung ist das zentrale Ziel von Art. 81 folgendes: „der in den Art. 3 und 85 EWG-Vertrag geforderte unverfälschte Wettbewerb setzt das Vorhandensein eines wirksamen Wettbewerbs *(workable competition)* auf dem Markt voraus; es muss also soviel Wettbewerb vorhanden sein, dass die grundlegenden Forderungen des Vertrages erfüllt und seine Ziele, insbesondere die Bildung eines einzigen Marktes mit binnenmarktähnlichen Verhältnissen erreicht werden."[9]

7 Der vorstehend wiedergegebene Satz zeigt, dass Art. 81 innerhalb des europäischen Rechtssystems nicht nur als ein Instrument der ökonomischen Effizienz im engeren Sinne

---

[4] *Schröter* in: von der Groeben/Schwarze (Hrsg.), Kommentar, Art. 81, Rn. 6.
[5] EuGH U. v. 28. 5. 1998 Rs. C-7/95 – *John Deere Ltd./Komm.* Slg. 1998, I-3111 Rn. 86; EuG U. v. 11. 3. 1999 Rs. T-141/94 – *Thyssen Stahl AG/Komm.* Slg. 1999, II-347 Rn. 264–265 (betreffend den EGKS-Vertrag).
[6] EuGH U. v. 14. 7. 1972 Rs. 48/69 – *ICI/Komm.* Slg. 1972, 619 Rn. 115.
[7] EuGH U. v. 25. 10. 1977 Rs. 26/76 – *Metro SB-Großmärkte GmbH & Co. KG/Komm.* Slg. 1977, 1875 *(Metro I)* Rn. 21.
[8] *Schröter* in: von der Groeben/Schwarze (Hrsg.), Kommentar, Vorbem Art. 81–89, Rn. 10 und 13; *Schröter* in: Schröter/Jakob/Mederer, Kommentar, Vorbem Art. 81–89, Rn. 10 und 13.
[9] *Metro SB-Großmärkte GmbH & Co. KG/Komm.* (Metro I) Fn. 5 Rn. 20 (Hervorhebungen hinzugefügt).

Art. 81 Abs. 1 EG: Verbotsnorm   8, 9   **Art. 81 Abs. 1 EG**

ausgelegt wurde. Die Funktion der Vorschrift, welche die Koordination von Wettbewerbsverhalten in einem Gemeinsamen Markt verbietet, erstreckt sich weiter als die bloße Kontrolle unmittelbarer wettbewerbswidriger Konsequenzen des Zusammenwirkens (Verlust von Wohlfahrt). Sie verfolgt auch das Ziel der Marktintegration, die im nationalen Markt ohne Bedeutung ist.[10] In der Sache *Consten und Grundig* hat der Gerichtshof die Dualität der von Art. 81 verfolgten Ziele postuliert, indem er ausführte, dass „eine [...] Vereinbarung, die darauf abzielt, die nationalen Schranken im Handel zwischen Mitgliedstaaten wieder aufzurichten, [...] den Zielen der Gemeinschaft zuwiderlaufen [könnte]. Der EWG-Vertrag, der nach seiner Präambel und seinem Inhalt darauf gerichtet ist, die Schranken zwischen den Staaten zu beseitigen, und der der Wiedererrichtung dieser Schranken mit einer Reihe strenger Bestimmungen entgegentritt, kann **nicht zulassen, dass die Unternehmen neue Hindernisse dieser Art schaffen.** Art. 85 I [jetzt Art. 81 Abs. 1] verfolgt dieses Ziel, auch wenn es sich um Vereinbarungen zwischen Unternehmen verschiedener Wirtschaftsstufen handelt."[11]

Sowohl der Gerichtshof als auch die Kommission haben Art. 81 als wichtiges Instrument zur Errichtung einer integrierten Wirtschaft ausgelegt, und die Vorstellung eines „**wirksamen Wettbewerbs** *(workable competition)*"[12] ist selbst fast immer mit dem vorrangigen Ziel eines europäischen Binnenmarktes verbunden worden. Dies erklärt die besonders strenge Haltung der beiden Gemeinschaftsorgane Kommission und Gerichtshof gegenüber solchem Verhalten, das eine Aufteilung der Märkte entlang nationaler Grenzen nahe legen oder ein übergreifendes Eindringen in nationale Märkte erschweren würde. Der Gerichtshof hat darauf bestanden, „jedes Vorgehen zu verhindern, das die Möglichkeiten der gegenseitigen Durchdringung der einzelnen nationalen Märkte auf der Verbraucherebene künstlich verringern könnte".[13] Das Wettbewerbsrecht, insbesondere Art. 81, erscheint daher neben anderen Vorschriften des Vertrages als Mittel für eine „Europäisierung" von Angebot und Nachfrage.   8

Im Bewusstsein dieser Aufgabe haben Gerichtshof und Kommission stets jede Form von Vereinbarung verurteilt, welche als Ziel oder Folge die Verhinderung von grenzüberschreitender Arbitrage oder **Parallelimporten** haben.[14] In den Worten des Gerichtshofes „widersprechen [solche Vereinbarungen] ihrem Wesen nach Art. 85 Abs. 1 EWG-Vertrag"[15] und stellen eine Behinderung des Wettbewerbs dar.[16] Sobald eine Qualifikation der Schwere solcher Verstöße erforderlich wird (Anfechtung von Bußgeldentscheidungen der Kommission), hat der Gerichtshof bestätigt, dass Vereinbarungen, die beabsichtigen, Parallel-   9

---

[10] *Weatherill & Beaumont,* EC Law, 2. Aufl. 1995, 667.

[11] EuGH U. v. 13. 7. 1966 verb. Rs. 56 und 58/64 – *Consten S. à. R. L. und Grundig-Verkaufs-GmbH/Komm.* Slg. 1966, 429, Deutsche Sonderausgabe 1966, 322, 388.

[12] *Schröter* in von der Groeben/Schwarze (Hrsg.), Kommentar, Art. 81, Rn. 5, 84.

[13] *ICI/Komm.* Fn. 4 Rn. 117.

[14] Siehe, unter vielen anderen, EuGH U. v. 21. 2. 1984 Rs. 86/82 – *Hasselblad/Komm.* Slg. 1984, I-883; EuG U. v. 19. 5. 1999 Rs. T-176/95 – *Accinauto SA/Komm.* Slg. 1999, II-1635; EuGH U. v. 19. 5. 1999 Rs. T-175/95 – *BASF Lacke + Farben AG/Komm.* Slg. 1999, II-1581; EuGH U. v. 10. 12. 1985 Rs. 31/85 – *ETA Fabriques d'Ebauches/SA DK Investment u. a.* Slg. 1985, 3933; EuGH U. v. 1. 2. 1978 Rs. 19/77 – *Miller/Komm.* Slg. 1978, 131; Komm. E. v. 20. 12. 1977 – *The Distillers Company Limited,* ABl. 1978 L 50/16; Komm. E. v. 27. 11. 1981 *Moët et Chandon (London) Ltd.,* ABl. 1982 L 94/7; Komm. E. v. 13. 12. 1989 – *Bayo-n-ox,* ABl. 1990 L 21/71; Komm. E. v. 15. 5. 191 – *Gosme/Martell – DMP,* ABl. 1991 L 185/23; Komm. E. v. 20. 9. 2000 – *Opel,* ABl. 2001 L 59/1 Rn. 15, 57, 58.

[15] EuG U. v. 7. 2. 1994 Rs. T-43/92 – *Dunlop Slazenger International Ltd/Komm.* Slg. 1994, II-441 Rn. 52, 143.

[16] EuGH U. v. 28. 4. 1998 Rs. C-306/96 – *Javico/Yves Saint Laurent* Slg. 1998, I-1983 Rn. 13; *Miller/Komm.* Fn. 10 Rn. 7. Siehe aber EuG U. v. 27. 9. 2006 Rs. T-168/01 *GlaxoSmithKline/Kommission,* Slg. 2006, 2969, Rn. 114 ff., 119; zurzeit in Berufung, C-513/06 P, *Kommission/GlaxoSmithKline.*

importe innerhalb der Gemeinschaft abzuwehren, „angesichts des Wesens besonders schwerwiegend" sind.[17] Solche Vereinbarungen, die nationale Märkte abschotten, indem sie Parallelimporte verhindern, sind eine der wenigen Kategorien von Abmachungen, welche *per se* **Verstöße** im Sinne von Art. 81 EG darstellen. Obwohl es grundsätzlich keine Behinderung gibt, die nicht nach Art. 81 Abs. 3 EG freigestellt werden könnte,[18] findet sich kein Beispiel für die Ausnahme einer Vereinbarung, die auf die Verhinderung von Parallelimporten zwischen Mitgliedstaaten abzielt Obwohl die Kommission den bisher einzigen Antrag auf Freistellung einer solchen Vereinbarung abgelehnt hat,[19] hat das Gericht diese Entscheidung der Kommission aufgehoben.[20]

10   Die Kommission hat diese **Dualität der Ziele** anerkannt, indem sie feststellte, dass Art. 81 und generell die Wettbewerbspolitik der EG, zwei grundlegende Ziele verfolgen: zunächst müssen sie dem Wettbewerb ermöglichen, seiner *„natürlichen Funktion"* entsprechend *„zu einer günstigen Verteilung der Ressourcen, zu erhöhter Anpassungsfähigkeit der Wirtschaftsträger sowie zu einer besseren Befriedigung des Verbraucherbedarfs"* beizutragen; zweitens müssen sie *„Hindernisse im Handel zwischen Mitgliedstaaten beseitigen und dadurch die Einheit des Gemeinschaftsmarktes stärken."*[21]

11   In einem ihrer frühen **Berichte über die Wettbewerbspolitik** hat die Kommission die Ziele der Wettbewerbspolitik *in extenso* diskutiert. Indem sie von *„mehreren Zielen"* sprach, vertrat die Kommission zu der Zeit die Ansicht, dass nicht nur ökonomische Effizienz und Marktintegration, sondern auch eine ganze Reihe anderer Überlegungen zu den Zielen der Wettbewerbspolitik zu zählen sind: *„[i]hr erstes grundlegendes Ziel besteht darin, die Einheit eines nach außen hin offenen Gemeinsamen Marktes zu bewahren [...] [d]ie Anwendung eines Systems des unverfälschten Wettbewerbs erschöpft sich jedoch nicht darin, den fortschreitenden Prozess der Vereinheitlichung des Gemeinsamen Marktes zu unterstützen [...] [e]in zweites grundlegendes Ziel [...] ist es daher, in jeder Entwicklungsphase des Gemeinsamen Marktes soviel an Wettbewerb zu gewährleisten, wie [...] erforderlich ist [...] Zum Wettbewerbssystem des Vertrages gehört schließlich, dass die Wettbewerbsbedingungen vom allgemeinen Grundsatz der wirtschaftlichen Gerechtigkeit geprägt sind. [...] [Darauf hat sie] in dreifacher Weise [...] hinzuwirken. Sie hat erstens dafür zu sorgen, dass im Gemeinsamen Markt die Chancengleichheit der am Wirtschaftsleben beteiligten Personen und Unternehmen aufrechterhalten wird. [Zweitens bedeutet dies], dass kleine und mittlere Unternehmen mit Rücksicht auf ihre schwache Marktstellung durch eine differenzierende Anwendung der wettbewerbsrechtlichen Vorschriften zu fördern sind. Um dem Erfordernis wirtschaftlicher Gerechtigkeit zu genügen, muss die Wettbewerbspolitik der Gemeinschaft schließlich die legitimen Interessen der Arbeitnehmer und der Verbraucher beachten. Diese sind in angemessenem Umfang an dem Gewinn zu beteiligen, den die Unternehmen dadurch erzielen, dass sie den zwischen ihnen bestehenden Wettbewerb durch Vertrag einschränken."*[22]

12   Die **Pluralität der Ziele,** die von der Kommission 1980 aufgezeigt wurde, ist nicht wörtlich zu nehmen und sei es nur deshalb, weil kein Rechtsgebiet vorgeben kann, solch weitgefächerte – und manchmal widersprüchliche – Ziele in gleichem Maße zu verfolgen und gleichzeitig Geschlossenheit zu bewahren. Solch eine Mischung von Strategiezielen würde verglichen mit anderen Wettbewerbsrechten, wie dem der USA, welche im Laufe

---

[17] *BASF Lacke + Farben AG/Komm.* Fn. 10 Rn. 155.
[18] EuG U. v. 15. 7. 1994 Rs. T-17/93 – *Matra Hachette/Komm.* Slg. 1994, II-595 Rn. 85.
[19] Komm. E. v. 8. 5. 2001 – *Glaxo Wellcome,* ABl. 2001 L 302/1.
[20] EuG U. v. 27. 9. 2006 Rs. T-168/01 *GlaxoSmithKline/Kommission,* Slg. 2006, 2969, Rn. 114 ff, 119; zurzeit in Berufung, C-513/06 P, *Kommission/GlaxoSmithKline.* Vgl. auch *Junod,* An end to parallel imports for medicines? Comments on the judgment of the Court of First Instance in Glaxo-Wellcome, World Competition 2007, 291 ff.. Das Gericht hat in seiner Entscheidung auf die „Besonderheiten des Arzneimittelsektors" mehrmals hingewiesen (Rn. 184, 272 und 273).
[21] Zwölfter Bericht über die Wettbewerbspolitik 1983, 12.
[22] Neunter Bericht über die Wettbewerbspolitik 1980, 9–11.

der Zeit eine Entwicklung in Richtung nahezu ausschließlich die ökonomische Effizienz betreffender Überlegungen erlebt haben, eine auffällige Besonderheit des EG-Wettbewerbsrechts darstellen. Statt dessen sollte man die vielen Elemente, die die Kommission 1980 nannte, als **Überlegungen** verstehen, welche die Kommission bei der Anwendung der Wettbewerbsvorschriften des Vertrages zu berücksichtigen gedenkt, wie auch Umwelt- oder kulturelle Aspekte bei der Ausführung der Grundsätze der Gemeinschaft gemäß Art. 6 und 151 EG berücksichtigt werden müssen.[23] Während Art. 81 EG hauptsächlich der Erhaltung des Wettbewerbsprozesses dient, können auch diese Aspekte zu berücksichtigen sein.

Allerdings hat die Struktur von Art. 81 EG mit ihrer ordentlichen Trennung zwischen allgemeinem **Grundsatz des Verbots** (Abs. 1) und der **Möglichkeit, von dem Verbot freizustellen,** sofern bestimmte Voraussetzungen erfüllt sind (Abs. 3), manchmal dazu geführt, dass Abs. 3 so gelesen wurde, als stelle er den natürlichen Rahmen für die Berücksichtigung anderer als rein wettbewerblicher Aspekte dar. Der Gerichtshof bezeichnet die erste Voraussetzung des Art. 81 Abs. 3 EG als „objektive Vorteile".[24] Tatsächlich erweckt der Gerichtshof gelegentlich den Eindruck, als betreffe Abs. 3 *hauptsächlich* nicht-wettbewerbliche Aspekte. In der ersten *Metro*-Entscheidung führte er aus, dass „die der Kommission in Art. 85 Abs. 3 eingeräumten Zuständigkeiten zeigen, dass die Erfordernisse der Aufrechterhaltung eines wirksamen Wettbewerbs mit der Wahrung andersartiger Ziele in Einklang gebracht werden können und dass zu diesem Zweck bestimmte Beschränkungen des Wettbewerbs zulässig sind, wenn sie für die Verwirklichung dieser Ziele unerlässlich sind und nicht zu einer Ausschaltung des Wettbewerbs für einen wesentlichen Teil des Gemeinsamen Marktes führen."[25]

Tatsächlich scheint die Rechtsprechung eine Auslegung des Art. 81 Abs. 3 EG zu stützen, nach der Überlegungen, die mit dem öffentlichen Interesse, nicht jedoch (oder nur ansatzweise) mit Effizienzgewinnen zusammenhängen, eine Rolle spielen. Es ist nicht schwer, hierfür in Rechtsprechung und Kommissionspraxis Beispiele zu finden. Das Gericht Erster Instanz hat z.B. festgestellt, dass „sich die Kommission, wenn sie eine Freistellung nach Artikel 85 Absatz 3 [jetzt Art. 81 Abs. 3] des Vertrages gewähren will, im Rahmen einer Gesamtwürdigung auf **Erwägungen im Zusammenhang mit der Verfolgung eines öffentlichen Interesses** berufen [kann]."[26] Die **Erhaltung der Arbeitsplätze,**[27] die „harmonische Entwicklung des Wirtschaftslebens in der Gemeinschaft" und der **Abbau regionaler Unterschiede**[28] sowie die **„Stabilität" eines Wirtschaftszweiges**[29] oder die Notwendigkeit, eine Übergangsphase unter angemessenen Bedingungen zu

---

[23] Art. 6 EG besagt: „Die Erfordernisse des Umweltschutzes müssen bei der Festlegung und Durchführung der in Art. 3 genannten Gemeinschaftspolitiken und -maßnahmen insbesondere zur Förderung einer nachhaltigen Entwicklung einbezogen werden." Art. 151 EG besagt in seinem relevanten Teil: „Die Gemeinschaft trägt bei ihrer Tätigkeit auf Grund anderer Bestimmungen dieses Vertrages den kulturellen Aspekten Rechnung, insbesondere zur Wahrung der Vielfalt ihrer Kulturen."

[24] *Consten & Grundig/Komm.* Fn. 8, Rn. 396 f., EuG vom 8. 6. 1995 Rs. T-7/93, *Langnese-Iglo/Kommission,* Slg. 1995, II-1533, Rn. 180, und EuG vom 23. 10. 2003 Rs. T-65/98, *Van den Bergh Foods/Kommission,* Slg. 2003, II-4653, Rn. 139; siehe auch *Glaxo,* Rn. 247 ff.

[25] *Metro SB-Großmärkte GmbH & Co. KG/Komm. (Metro I)* Fn. 5 Rn. 21.

[26] EuGH U. v. 11. 7. 1996 verb. Rs. T-528/93, T-542/93, T-543/93 und T-546/93 – *Métropole télévision SA und Reti Televisive Italiane SpA und Gestevisión Telecinco SA und Antena 3 de Televisión/Komm.* Slg. 1996, II-649 Rn. 118.

[27] *Metro oder SB-Großmärkte GmbH & Co. KG/Komm. (Metro I)* Fn. 5 Rn. 44. Siehe auch EuGH U. v. 11. 7. 1985 Rs. 42/84 – *Remia BV u. a./Komm.* Slg. 1985, S. 2545 Rn. 31 und 42.

[28] Komm. E. v. 23. 12. 1992 – *Ford/Volkswagen,* ABl. 1993 L 20/14.

[29] EuG U. v. 28. 2. 2002 Rs. T-395/94 – *Atlantic Container Line u. a./Komm.* Slg. 2002, S. II-875 Rn. 261–262; EuG U. v. 28. 2. 2002 Rs. T-86/95 – *Compagnie générale maritime u. a./Komm.* Slg. 2002, S. II-1011 Rn. 360.

Art. 81 Abs. 1 EG 15, 16

gewährleisten[30] sind als relevant für die erste Voraussetzung des Art. 81 Abs. 3 EG angesehen worden. **Strategische Faktoren** wie die Notwendigkeit einer kontinuierlichen Energieversorgung sind ebenfalls berücksichtigt worden.[31] Mit einem Wort zeigt ein kurzer Blick auf die Kommissionspraxis bei der Anwendung von Art. 81 Abs. 3 EG, dass sie sich zwar oft auf die ökonomische Analyse konzentriert und Effizienzgewinne betont hat, hin und wieder aber auch auf andere Überlegungen zurückgegriffen hat. Fraglich ist, ob diese Überlegungen auch von Unternehmen aufgegriffen werden können, die nunmehr selbst einschätzen, ob die Voraussetzungen für die Anwendung von Art. 81(3) EG erfüllt sind.

15   Es wäre jedoch falsch, Art. 81 als eine gänzlich offene Politikverweisung zu charakterisieren, die eine Einbeziehung völlig **wettbewerbsfremder Ziele** ermöglicht. In jüngeren Entscheidungen haben die Gemeinschaftsgerichte bestätigt, dass Art. 81 Abs. 3 EG weit davon entfernt ist, eine gänzlich offene, dem absoluten Ermessen des Anwenders unterliegende Ausnahme vom Verbot wettbewerbswidriger Vereinbarungen zu sein. Statt dessen stellt er den zweiten Schritt in der Analyse der Auswirkungen einer Vereinbarung auf den Wettbewerb gemäß Art. 81 Abs. 1 EG dar. Während in anderen Rechtsordnungen die gesamte Analyse in einem Schritt stattfindet, in dem wettbewerbsfördernde und -widrige Auswirkungen einer Vereinbarung abgewogen werden, um die Anwendbarkeit des Verbotes zu ermitteln (z. B. die unter § 1 des US-amerikanischen Sherman Act angewendete „rule of reason"), wägt die Kommission im Europarecht nur unter Art. 81 Abs. 3 EG die wettbewerbsfördernden und -widrigen Aspekte einer Beschränkung gegeneinander ab.[32]

16   Nach der gegenwärtigen Praxis und Rechtsprechung bei der Anwendung von Art. 81 Abs. 3 EG erscheint der Einfluss von nicht direkt der Erhaltung des Wettbewerbsprozesses im Markt dienenden Faktoren bestenfalls gering. Wann auch immer Argumente, die nicht mit dem Endziel der Erhaltung der ökonomischen Effizienz zusammenhängen, vorgetragen wurden, hatten sie kein großes Gewicht. Wenn man beispielsweise das Konzept von **„Krisenkartellen"** betrachtet, das sich leicht mit beschäftigungspolitischen Zielen verbinden lässt, so sieht man, dass Rechtsprechung und Kommissionspraxis besonders vorsichtig mit der Möglichkeit umgehen, für solche Vereinbarungen eine Ausnahme anzunehmen.[33] Tatsächlich geht der Trend der Kommissionsentscheidungen ganz klar in Richtung einer Konzentration auf ökonomische Effizienz. Wenn nicht-wettbewerbliche Überlegungen ausdrücklich als Faktoren bei der Anwendung von Art. 81 Abs. 3 EG auftreten, werden oft die Aspekte besonders betont, die diese Überlegungen mit einer erhöhten ökonomischen Effizienz in Verbindung bringen. Daher wurden z. B. **Umweltschutzüberlegungen**[34] zusammen mit anderen Verbesserungen des Vertriebs oder Beiträgen zum technischen und wirtschaftlichen Fortschritt oder als besondere Form der Effizienz (*CECED,*[35] *Philips/*

---

[30] Komm. E. v. 7. 4. 1999 – *Richtlinien für die Berufsausübung des Instituts der beim Europäischen Patentamt zugelassenen Vertreter,* ABl. 1999 L 106/14.

[31] Komm. E. v. 21. 2. 1994 – *Internationale Energieagentur,* ABl. 1994 L 68/35.

[32] EuG U. v. 18. 9. 2001 Rs. T-112/99 – *Metropole Télévision (M6), Suez-Lyonnaise des eaux, France Télécom und Télévision française 1 SA (TF1)/Komm. („TPS")* Slg. 2001, II-2459 Rn. 74.

[33] Siehe z. B. EuGH U. v. 15. 7. 1970 Rs. 41/69 – *ACF Chemiefarma NV/Komm.* Slg. 1970, 661 Rn. 127. Der 12. Wettbewerbsbericht von 1982 (Rn. 38–41) zeigt bis heute die Position der Kommission in Bezug auf „Krisenkartelle": in Situationen, die durch strukturelle Langzeit-Überkapazität charakterisiert sind, können koordinierte Anstrengungen, die auf endgültige Reduzierung der Kapazitäten abzielen oder Spezialisierungsabreden eine Ausnahme rechtfertigen. Für Beispiele für Ausnahmeentscheidungen siehe z. B. Komm. E. v. 4. 7. 1984 – *Synthetische Fasern,* ABl. 1984 L 207/17; Komm. E. v. 29. April 1994 *Stichting Baksteen,* ABl. 1994 L 131/15. Siehe auch EuG B. v. 4. 11. 1992 Rs. T-14/89 – *Montedipe SpA/Komm.* Slg. 1992, II-1155 Rn. 287.

[34] *Schröter* in: von der Groeben/Schwarze (Hrsg.), Kommentar, Vorbem. Art. 81–89, Rn. 43 und *Schröter* in: Schröter/Jakob/Mederer, Kommentar, Vorbem Art. 81–89, Rn. 43.

[35] Komm. E. v. 24. 1. 1999 – *CECED,* ABl. 2000 L 187/47 Rn. 47–57.

Osram,[36] *Assurpol*,[37] *KSB/Goulds/Lowara/ITT)*[38] als Faktoren untersucht, die die Anwendung von Art. 81 Abs. 3 rechtfertigen.

Die Kommission hat diesen Trend in Richtung eines Vorrangs rein ökonomischer Effizienz bei der Anwendung des Art. 81 Abs. 3 EG in ihrer Bekanntmachung über **„Leitlinien zur Anwendung von Artikel 81 Absatz 3 EG-Vertrag"**[39] bestätigt. Darin legt sie fest, dass „[m]it den Wettbewerbsregeln der Gemeinschaft durch den Schutz des Wettbewerbs der Wohlstand der Verbraucher gefördert und eine effiziente Ressourcenallokation gewährleistet werden [soll]. Vereinbarungen, die den Wettbewerb beschränken, können durch ihre Effizienzgewinne gleichwohl wettbewerbsfördernde Wirkungen haben. Diese Gewinne können einen Mehrwert schaffen, indem die Produktionskosten gesenkt werden, die Produktqualität verbessert oder ein neues Produkt entwickelt wird. Wenn die wettbewerbsfördernden Wirkungen einer Vereinbarung schwerer wiegen als ihre wettbewerbswidrigen Auswirkungen, ist sie für den Wettbewerb insgesamt förderlich und mit den Zielen der Wettbewerbsregeln der Gemeinschaft zu vereinbaren. Die Nettowirkung solcher Vereinbarungen dient der Förderung des Wettbewerbsprozesses, nämlich Kunden durch bessere Produkte und niedrigere Preise im Vergleich zu den Wettbewerbern hinzu zu gewinnen. Dieses analytische Gerüst findet sich auf Artikel 81 Absätze 1 und 3. In Absatz 3 von Artikel 81 wird ausdrücklich anerkannt, dass beschränkende Vereinbarungen wirtschaftliche Vorteile erzeugen können, die die negativen Auswirkungen der Wettbewerbsbeschränkungen aufwiegen."[40] 17

Die Bekanntmachung verdeutlicht auch die gegenwärtige Position der Kommission über die Ziele der Wettbewerbsregeln des Vertrages. Manchmal führen die Ziele **ökonomischer Effizienz** und **wettbewerblicher Rivalität** zu unterschiedlichen Ergebnissen. Die Kommission erläutert ihre Auslegung bei der Analyse der letzten Voraussetzung des Art. 81 Abs. 3 EG: „Letzten Endes wird dem Schutz des Wettstreits und dem Wettbewerbsprozess Vorrang eingeräumt vor potenziellen wettbewerbsfördernden Effizienzgewinnen, die sich aus wettbewerbsbeschränkenden Vereinbarungen ergeben könnten. In der letzten Voraussetzung des Artikels 81 Absatz 3 wird die Tatsache anerkannt, dass die Rivalität zwischen Unternehmen eine wesentliche Antriebskraft für die wirtschaftliche Effizienz, einschließlich langfristiger dynamischer Effizienzsteigerungen in Form von Innovationen, ist. Mit anderen Worten, der Schutz des Wettbewerbsprozesses bleibt das eigentliche Ziel von Artikel 81 und zwar nicht nur auf kurze, sondern auch auf lange Sicht."[41] 18

Die Leitlinien über die Anwendung von Art. 81 Abs. 3 sind dahingehend kritisiert worden, dass sie eine radikale Abkehr von der bisherigen Kommissionspraxis bedeuten, dass sie nicht ganz mit der Rechtsprechung in Einklang stehen und dass sie den Anwendungsbereich von Art. 81 Abs. 3 EG einschränken.[42] Allerdings hat ihre Einordnung in einen einheitlichen ökonomischen Rahmen den Vorteil, dass sie eine dringend erforderliche Diskussion über die Ziele und Funktionen des Art. 81 EG anstößt. Möglicherweise wollte die Kommission zur gleichen Zeit, zu der die Verordnung 1/2003 die Möglichkeit, Art. 81 anzuwenden, voll auf nationale Gerichte und Kartellbehörden übertragen hat, eine enge Auslegung von Art. 81 Abs. 3 EG erreichen, um den weiten Ermessensspielraum und sogar 19

---

[36] Komm. E. v. 21. 12. 1994 – *Philips-Osram*, ABl. 1994 L 378/37.
[37] Komm. E. v. 14. 1. 1992 – *Assurpol*, ABl. 1992 L 37/16 Rn. 38–39.
[38] Komm. E. v. 12. 12. 1990 – *KSB/Goulds/Lowara/ITT*, ABl. 1990 L 19/25 Rn. 27.
[39] Komm. Bekanntmachung: „Leitlinien zur Anwendung von Art. 81 Absatz 3 EG-Vertrag", ABl. 2004, C 101/97.
[40] Rn. 33.
[41] Rn. 105.
[42] Siehe z. B. *Lugard/Hancher*, Honey, I Shrunk the Article! A critical Assessment of the Commission's Notice on Article 81(3) of the EC Treaty, European Competition Law Review 2004, S. 410; *Faull & Nikpay*, Rn. 3.136 f.

die Möglichkeit der Gestaltung der Wettbewerbspolitik einzugrenzen, den die Vorschrift hatte, als die Kommission das Anwendungsmonopol besaß.

20 Ein letztes verwandtes Thema, welches für sich mehr Platz verdient als ihm hier gewidmet werden kann, ist das Ausmaß, in welchem die Analyse nach Art. 81 gegen außerhalb der zu schützenden Interessen begründete Einwände abgesichert werden muss. Mit anderen Worten, ob Faktoren, die nichts mit den durch das System der Wettbewerbsregeln geschützten Interessen zu tun haben, dennoch die Analyse eines bestimmten Verhaltens nach Art. 81 EG beeinflussen dürfen. Dieses Thema betrifft eher den **Vollzug** – ob und wie Art. 81 EG unter bestimmten Umständen angewendet werden sollte – und nicht die Ziele der Vorschrift. In der Sache *Montecatini*, einem Rechtsmittelverfahren gegen ein Urteil des Gerichts Erster Instanz, hat der Gerichtshof nicht ausgeschlossen, „dass der Notstand ein notfalls auch gegen Art. 85 Abs. 1 des Vertrages [jetzt Art. 81 Abs. 1 EG] verstoßendes Verhalten gestattet." Er führt allerdings aus, dass „sich ein Notstand aber keinesfalls aus dem bloßen Erfordernis ergeben kann, einen wirtschaftlichen Verlust zu vermeiden".[43] Interessanterweise hat das Urteil des Gerichts Erster Instanz die Möglichkeit einer Berücksichtigung außergewöhnlicher Umstände bei der Beurteilung der Rechtmäßigkeit von Verhalten gemäß Art. 81 Abs. 1 energisch zurück gewiesen. Das Gericht führte aus, dass „das Prinzip der Aufteilung der Opfer auf mehrere Unternehmen im gegenseitigen Einvernehmen im Widerspruch zum Wettbewerb steht, den Art. 85 EWG-Vertrag [jetzt Art. 81 EG] schützen soll. Deshalb sind nicht die Unternehmen, sondern nur die Gemeinschaftsbehörden befugt, zwischen diesen beiden – gegebenenfalls auf Antrag der Unternehmen – in außergewöhnlichen Fällen nach den einschlägigen Verfahren des EWG-Vertrags [jetzt EG-Vertrages] einen Ausgleich zu schaffen. Somit sind die Unternehmen nicht befugt, diesen Grundsatz anzuwenden, ohne den Fall der zuständigen Behörde zu unterbreiten und die einschlägigen Verfahren einzuhalten."[44]

2. Systematische Aspekte

21 Art. 81 EG besteht aus drei separaten Absätzen. Art. 81 Abs. 1 EG enthält ein grundsätzliches Verbot. Art. 81 Abs. 3 EG lässt dieses Verbot unter bestimmten Umständen unangewendet („können für nicht anwendbar erklärt werden"). Art. 81 Abs. 2 sieht als zivilrechtliche Konsequenz eines Verstoßes gegen das Verbot in Art. 81 Abs. 1 vor, dass die Vereinbarung oder der Beschluss „nichtig" ist.[45] Jede dieser drei Bestimmungen wird im Folgenden detailliert betrachtet werden. Es ist jedoch notwendig, kurz allgemein das Zusammenspiel dieser drei Bestimmungen und ihrer Hauptmerkmale (die *inneren systematischen Aspekte der Vorschrift*) zu betrachten. Es ist auch notwendig, auf die Stellung von Art. 81 EG innerhalb des EG-Vertrags einzugehen und das Zusammenspiel mit anderen Vertragsvorschriften aufzuzeigen, die möglicherweise seinen Rahmen und seine Anwendbarkeit beeinflussen *(äußere systematische Aspekte der Vorschrift)*.

22 Der erste zu kommentierende Aspekt betrifft das **Verhältnis zwischen den Absätzen 1 und 3** des Art. 81.[46] Mindestens drei Methoden sind denkbar, um eine Verbotsnorm und ihre Ausnahmen zu handhaben:

---

[43] EuGH U. v. 8. 7. 1999 Rs. C-235/92 P – *Montecatini/Komm.* Slg. 1999, I 4539 Rn. 143. Siehe auch EuGH U. v. 7. 6. 1983 verb. Rs. 100 bis 103/80 – *Musique Diffusion Française* Slg. 1983, 1825 Rn. 89–90 (diskutiert Argumente in Bezug auf „rechtmäßige Notwehr" und „Notwendigkeit").

[44] *Montedipe SpA/Komm.* Fn. 28 Rn. 286–287.

[45] In der Rs. 10/69 – *S. A. Portelange/S. A. Smith Corona Marchant International u. a.*, U. v. 9. 7. 1969 Slg. 1969, 309 Rn. 9, führte der Gerichtshof aus: „Art. 81 ist aufgebaut in Form einer Verbotsnorm (Abs. 1), mit einer Beschreibung ihrer Auswirkungen (Abs. 2), abgemildert durch die Ausübung einer Macht, Ausnahmen zu genehmigen (Abs. 3)." Beachte, dass der Gerichtshof Abs. 3 als System der Verwaltungsermächtigung aufzufassen scheint.

[46] Unsere Anmerkungen zu diesem Aspekt stützen sich weitgehend auf *Marencos* Arbeitspapier, Does a Legal Exception System Require an Amendment of the Treaty?, in: *Ehlermann/Antanasiu*

– eine indirekt normative Wirkung, nach der die Verbotsnorm nur durch Einzelverbotsentscheidungen (durch Verwaltung oder Rechtsprechung) wirkt. Dieses System wird gewöhnlich „Missbrauchskontrolle" genannt.
– eine direkt normative Wirkung des Verbots, mit der Möglichkeit der Freistellung durch Verwaltungs- oder Gerichtsentscheidung (Verbot mit Erlaubnisvorbehalt).
– ein System der „Legalausnahme", in dem sowohl die Verbotsnorm wie die Freistellung mit unmittelbarer normativer Wirkung ausgestattet sind, ohne dass eine Einzelanwendung erforderlich ist. Regel und Ausnahme müssen gemeinsam betrachtet werden, um zu entscheiden, ob ein Verhalten verboten oder erlaubt ist.

Es ist unklar, ob die Verfasser des Vertrages wollten, dass Art. 81 EG eines dieser Systeme verkörpert.[47] Das System der „Missbrauchskontrolle" scheint jedoch nicht zum Wortlaut zu passen: Art. 81 Abs. 1 besagt, dass Vereinbarungen, die mit dem Gemeinsamen Markt unvereinbar sind, verboten sind („sont ... interdits") und damit auf eine automatische Verbotswirkung, ohne dass es einer Einzelfallentscheidung bedarf, hinweist.[48] Es ist weniger deutlich, wie nach dem Vertrag die Ausnahmeregelung – Art. 81 Abs. 3 – zum Tragen kommen soll. Art. 81 Abs. 3 EG besagt, dass das Verbot „für nicht anwendbar erklärt werden" kann. Art. 83 Abs. 2b) EG sieht „Einzelheiten der Anwendung des Art. 81 Abs. 3" vor, wobei „dem Erfordernis einer wirksamen Überwachung bei möglichst einfacher Verwaltungskontrolle Rechnung zu tragen" ist. Obwohl der Wortlaut eher an ein System administrativer oder justizieller Ermächtigung denken lässt, schließt er doch eine direkt anwendbare Ausnahme (**„Legalausnahme"**) nicht aus. Sicher ist, dass die Verfasser des Vertrages keine endgültige Einigung erzielt haben über die angemessene Vorgehensweise bei der Handhabung der Ausnahme. In ihrer „Modernisierungsinitiative" vertrat die Kommission den Standpunkt, dass ein System der „Legalausnahme" keine Änderung des Vertrages erfordere und schlug ein solches System vor.[49] Der Ministerrat hat den Vorschlag angenommen und Verordnung 1/2003 verabschiedet.[50] Diese Verordnung, die seit dem 1. 5. 2004 in Kraft ist, hat ein System der Legalausnahme eingeführt, nach dem sowohl Absatz 1 als auch Absatz 3 des Art. 81 direkt durch nationale Kartellbehörden oder nationale Gerichte anwendbar sind, ohne dass es einer vorherigen Entscheidung bedarf.[51] Dies steht in diametralem Gegensatz zu der vorherigen Situation (vor VO 1/2003), in der die Kommission das Anwendungsmonopol von Art. 81 Abs. 3 EG hatte.

Eine zweite Überlegung betrifft die **Art der materiell-rechtlichen Analyse,** die von Abs. 1 bzw. 3 erfordert wird sowie die Absteckung der jeweiligen Grenzen. Art. 81 ist

---

(Hrsg.), European Competition Law Annual 2000, The Modernisation of EC Antitrust Policy 2001, S. 145–195. Siehe auch *Marencos* kürzeren Artikel, Le régime de l'exception légale et sa compatibilité avec le Traité, Cahiers de droit européen 2001, 135.

[47] Siehe die Schlussanträge von GA Lagrange in der Rs. 13/61 – *Kledingverkoopbedrijf de Geus en Uitdenbogerd/Robert Bosch GmbH und Maatschappij tot voortzetting van de zaken der Firma Willem van Rijn* Slg. 1962 Deutsche Ausgabe, 99.

[48] Die englische Version („shall be prohibited") ist weniger eindeutig als die ursprünglichen Sprachen. Marenco benutzt die Vorbereitungsdokumente, um überzeugend darzulegen, dass ein System der Missbrauchskontrolle nicht im Einklang mit dem Vertrag wäre (*Marenco,* Le régime de l'exception légale et sa compatibilité avec le Traité, Cahiers de droit européen 2001, 135, 136–137).

[49] Siehe Art. 1 des Vorschlags der Kommission für eine Verordnung des Rates zur Durchführung der in den Artikeln 81 und 82 EG-Vertrag niedergelegten Wettbewerbsregeln und zur Änderung der Verordnungen (EWG) Nr. 1017/68, (EWG) Nr. 2988/74, (EWG) Nr. 4056/86 und (EWG) Nr. 3975/87 („Durchführungsverordnung zu den Artikeln 81 und 82 EG-Vertrag") (KOM (2000) 582 endg.), ABl. 2000 C 365E/284. Siehe auch Weißbuch über die Modernisierung der Vorschriften zur Anwendung der Art. 85 und 86 EG-Vertrag, ABl. 1999 C 132/1.

[50] VO (EG) Nr. 1/2003 des Rates v. 16. 12. 2002 zur Durchführung der in den Artikeln 81 und 82 des Vertrags niedergelegten Wettbewerbsregeln, ABl. 2003 L 1/1.

[51] Siehe Art. 1, 4, 5 und 6 der VO 1/2003.

Art. 81 Abs. 1 EG 25, 26

eine materiell-rechtliche Regel, die in zwei Vorschriften aufgeteilt ist und früher von unterschiedlichen Organen angewendet wurde. Abs. 1 präsentiert sich als absolutes Verbot, abgemildert nur durch die von Abs. 3 eröffneten Möglichkeiten der Freistellung. Die durch die Verordnung Nr. 17 geschaffene ausschließliche Zuständigkeit der Kommission für die Anwendung von Abs. 3 hat ein Maß an Starre geschaffen, das Ursache und Erklärung einiger der charakteristischsten Merkmale des EG-Kartellrechts ist (Gruppenfreistellungsverordnungen und die Erledigung von Fällen durch einfache Verwaltungsschreiben, sog. „comfort letters"). Dies steht im Gegensatz zu der Flexibilität des **„rule of reason"**-Ansatzes, der in den Vereinigten Staaten gemäß § 1 des Sherman Act angewendet wird und nach dem die Anwendung der Verbotsnorm eine Abwägung der wettbewerbsfördernden und wettbewerbswidrigen Aspekte des untersuchten Verhaltens voraussetzt. Die Unterschiede sind jedoch weniger stark, als sie möglicherweise erscheinen. Das Gericht hat immer deutlich gemacht, dass „bei der Prüfung, ob diese Bestimmung auf eine Vereinbarung anwendbar ist, der konkrete Rahmen zu berücksichtigen, in dem diese ihre Wirkungen entfaltet, insbesondere der wirtschaftliche und rechtliche Kontext, in dem die betroffenen Unternehmen tätig sind, die Art der Waren und/oder Dienstleistungen, auf die sich die Vereinbarung bezieht, sowie die tatsächlichen Bedingungen der Funktion und der Struktur des relevanten Marktes [sind]".[52] Das in Art. 81 Abs. 1 EG formulierte Verbot ist daher nicht absolut und abstrakt, sondern erfordert in jedem Fall eine Auslegung im Zusammenhang.

25 Einige Urteile des Gerichtshofes sind bei dem Ausschluss bestimmter Vereinbarungen aus dem Anwendungsbereich des Verbotes sehr weit gegangen; ein Schritt, der oft als die **Einführung einer eingeschränkten „rule of reason"** in Art. 81 Abs. 1 EG angesehen wurde,[53] obwohl es die Gemeinschaftsgerichte bisher ablehnten, ausdrücklich die Existenz einer solchen Regel anzuerkennen. Ganz im Gegenteil haben sich der Gerichtshof und das Gericht Erster Instanz in verschiedenen Urteilen große Mühe gegeben zu zeigen, dass die Existenz einer solchen „rule of reason" im Gemeinschaftswettbewerbsrecht fraglich ist.[54]

26 Lässt man Fragen der Terminologie beiseite, so besteht kein Zweifel, dass Urteile wie *Pronuptia*, *Metro* und *Nungesser* die Betrachtung bestimmter wettbewerbsfördernder Elemente der Beschränkung in die Prüfung von Art. 81 Abs. 1 eingebracht haben. Die entscheidende Frage betrifft die **Grenzen dieses Ansatzes:** die Einführung einer umfassen-

---

[52] *Metropole Télévision (M6), Suez-Lyonnaise des eaux, France Télécom und Télévision française 1 SA (TF1)/Komm. („TPS")* Fn. 27 Rn. 76, zitiert unter anderem EuG U. v. 15. 9. 1998 verb. Rs. T-374/94, T-375/94, T-384/94 und T-388/94 – *European Night Services u. a./Komm.* Slg. 1998, II-3141 Rn. 136; EuGH U. v. 12. 12. 1995 Rs. C-399/93 – *Oude Luttikhuis u. a./Vereinigde Coöperatieve Melkindustrie* Slg. 1995, I-4515 Rn. 10; EuGH U. v. 28. 2. 1991 Rs. C-234/89 – *Delimitis/Henniger Bräu AG* Slg. 1991, I-935 Rn. 31. EuG U. v. 2. 5. 2006 Rs T-328/03 *O2/Komm.* Slg. 2006, II-1231 Rn. 66–67.

[53] *Metro SB-Großmärkte & Co. KG/Komm., (Metro I)* Fn. 5; EuGH U. v. 8. 6. 1982 Rs. 258/78 – *Nungesser (LC) KG und Eisele/Komm.* Slg. 1982, 2015; EuGH U. v. 6. 10. 1982 Rs. 262/81 – *Coditel SA/Ciné-Vog Films* Slg. 1982, 3381; EuGH U. v. 28. 1. 1986 Rs. 161/84 – *Pronuptia de Paris GmbH/Pronuptia de Paris Irmgard Schillgallis* Slg. 1986, 353. Siehe *Ackermann*, Art. 85 Abs. 1 EGV and the rule of reason: Zur Konzeption der Verhinderung, Einschränkung oder Verfälschung des Wettbewerbs, 1997; *Kovar*, Le droit communautaire de la concurrence et la „règle de la raison", Revue Trimestrielle de Droit Européen 1987, 237; *Wils* „Rule of reason": une règle raisonnable en droit communautaire?, Cahiers de droit européen 1990, 19.

[54] *Metropole Télévision (M6), Suez-Lyonnaise des eaux, France Télécom und Télévision française 1 SA (TF1)/Komm. („TPS")* Fn. 27 Rn. 72. Das Gericht bezieht sich hier auf *Montecatini/Komm.* Fn. 37 Rn. 133 („[...] selbst wenn sie einen Platz im Rahmen von Art. 85 Abs. 1 des Vertrages haben sollte"), *Montedipe/Komm.* Fn. 28 Rn. 265 und EuG U. v. 6. 4. 1995 Rs. T-148/89 – *Tréfilunion/Komm.* Slg. 1995, II-1063 Rn. 109.

den „rule of reason" in Art. 81 Abs. 1 EG würde Art. 81 Abs. 3 EG jede Bedeutung nehmen. Ohne so weit zu gehen, besteht die eigentliche Schwierigkeit darin zu beurteilen, „wie viel" der materiellen Wettbewerbsbewertung in Abs. 1 und wie viel in Abs. 3 des Art. 81 erfolgen soll. In der Sache *TPS* hat das Gericht Erster Instanz diese Schwierigkeit angesprochen, indem es versucht hat, eine Linie zu ziehen zwischen der Ausübung, welche von Art. 81 Abs. 1 gedeckt ist – unter Berücksichtigung des „konkrete[n] Rahmen[s] ..., in dem diese [Vereinbarung] ihre Wirkungen entfaltet, insbesondere der wirtschaftliche und rechtliche Kontext, in dem die betroffenen Unternehmen tätig sind, die Art der Waren und/oder Dienstleistungen, auf die sich die Vereinbarung bezieht, sowie die tatsächlichen Bedingungen der Funktion und der Struktur des relevanten Marktes" – und der Vornahme einer „Abwägung der wettbewerbsfördernden und -widrigen Aspekte einer Beschränkung", welche nur in dem vorgegebenen Rahmen des Art. 81 Abs. 3 stattfinden darf.[55] Dieser Klarstellungsversuch ist lobenswert, obwohl er letztlich keine praktische Orientierungshilfe bietet. In jedem Fall wurde die praktische Relevanz der Unterscheidung der jeweiligen Rolle der Absätze 1 und 3 des Art. 81 noch durch ein Fehlen an unmittelbarer Wirkung der letzteren Vorschrift gesteigert, welche aus der Zuweisung der ausschließlichen Zuständigkeit der Kommission zu ihrer Anwendung resultierte. Der Unterschied hat in dem durch Verordnung 1/2003 eingeführten System der „Legalausnahme" einen Großteil seiner praktischen Relevanz verloren.

Als dritter Aspekt der Struktur des Art. 81 sind die für die Durchsetzung der drei Absätze **zuständigen Organe** zu erwähnen. In dem durch die Verordnung Nr. 17 eingeführten System war die Europäische Kommission ausschließlich zuständig für die Anwendung des Art. 81 Abs. 3, d. h. um die Regelungen des Art. 81 Abs. 1 in einem gegebenen Fall für nicht anwendbar zu erklären.[56] Diese Vorschrift hatte daher keine „direkte Wirkung", d. h. sie konnte von nationalen Gerichten nicht unmittelbar angewendet werden. Die Rolle der nationalen Gerichte und Verwaltungsbehörden war darauf beschränkt, die Verbotsnorm anzuwenden und die sich daraus ergebenden Konsequenzen zu ziehen. Dieser entscheidende Unterschied zwischen Art. 81 Abs. 1 und 81 Abs. 3 EG ist nun entfallen. Die Verordnung 1/2003 hat die seit langem bestehende ausschließliche Zuständigkeit der Kommission für die Freistellung abgeschafft und Art. 81 Abs. 3 EG zur **„Legalausnahme"** gemacht, die unmittelbar durch die nationalen Gerichte anzuwenden ist.[57]

Art. 81 Abs. 2 ist seinem Wesen nach eine Regelung, die von den nationalen Gerichten anzuwenden ist, welche die zivilrechtlichen Konsequenzen eines gegen Art. 81 Abs. 1 EG verstoßenden Vertrages zu beurteilen haben. Auf die **automatische Nichtigkeit** kann

---

[55] *Metropole Télévision (M6), Suez-Lyonnaise des eaux, France Télécom und Télévision française 1 SA (TF1)/Komm. („TPS")* Fn. 27 Rn. 74. Das Gericht zitiert hier aus *Pronuptia de Paris GmbH/Pronuptia de Paris Irmgard Schillgallis* Fn. 47 Rn. 24; *Matra Hachette/Komm.* Fn. 14 Rn. 48 und *European Night Services u. a./Komm.* Fn. 46 Rn. 136. Vgl. auch EuG U. v. 2. 5. 2006 Rs T-328/03 *O2/Komm.* Slg. 2006, II-1231 Rn. 69, 71 EuG U. v. 23. 10. 2002 Rs. T-65/98, *Van den Bergh Foods/Komm.,* Slg. 2002, II-4653, Rn. 106 und 107.
[56] Art. 9 I der Verordnung Nr. 17.
[57] Bezüglich Modernisierung und Verordnung 1/2003 siehe unten den 3. Teil dieses Bandes. Siehe auch *Cahill* (Hrsg.), The Modernisation of EU Competition Law Enforcement in the EU, FIDE 2004 National Reports, 2004; *Ehlermann/Atanasiu* (Hrsg.), European Competition Law Annual 2000, The Modernisation of EC Antitrust Policy, 2001; *Wils,* the Modernization of the Enforcement of Articles 81 and 82 EC: a Legal and Economic Analysis of the Commission's Proposal for a New Council Regulation Replacing Regulation No. 17, 24 Fordham International Law Journal (2001), S. 1655, *Gippini-Fournier,* The Modernisation of European Competition Law: First Experiences with Regulation 1/2003 Community report to the FIDE Congress 2008, in Koeck/Karollus, The modernisation of the European competition law, Wien 2008; *Schröter* in: von den Groeben/Schwarze (Hrsg.) Vorbem Art. 81–89, Rn. 67, zu Art. 81, Rn. 18 ff. ausführlich zu den Änderungen des EU Wettbewerbsrechts im Hinblick auf Art. 81 Rn. 26 ff.

Art. 81 Abs. 1 EG 29–31

sich jedermann berufen und die Gerichte sind daran gebunden, sobald die Voraussetzungen für die Anwendbarkeit des Art. 81 Abs. 1 EG erfüllt sind und solange die betroffene Vereinbarung die Voraussetzungen des Art. 81 Abs. 3 EG des Vertrages nicht erfüllt.[58] Da die in Art. 81 Abs. 2 EG genannte Nichtigkeit absolut ist, hat eine nach dieser Vorschrift nichtige Vereinbarung keinerlei Rechtswirkung zwischen den Parteien und kann auch Dritten nicht entgegengehalten werden.[59] Darüber hinaus kann sie für alle vergangenen oder künftigen Auswirkungen der betroffenen Vereinbarung oder des betroffenen Beschlusses relevant sein.[60] Allerdings ist diese automatische Nichtigkeit nur auf die Teile der Vereinbarung anwendbar, die nicht mit Art. 81 EG vereinbar sind, vorausgesetzt dass solche Teile von der Vereinbarung als ganze abtrennbar sind. Wenn nur ein Teil einer Vereinbarung nichtig ist, so bestimmen sich die Konsequenzen für die restliche Vereinbarung, für alle Bestellungen und Lieferungen, die auf Grundlage der Vereinbarung gemacht wurden und die daraus resultierenden finanziellen Obliegenheiten nach dem anwendbaren nationalen Recht. Dies ist keine Sache des Gemeinschaftsrechts; sie muss von den nationalen Gerichten entsprechend ihrem eigenen Recht beurteilt werden.[61]

29 Ein Überblick über die systematischen Aspekte von Art. 81 wäre unvollständig ohne einen kurzen Verweis auf seinen **Standort innerhalb des EG-Vertrages** und seine **Beziehung zu anderen Vorschriften des Gemeinschaftsrechts**. Art. 81 und 82 gehören zu den Vorschriften, die unmittelbar dazu dienen, eines der fundamentalen Ziele des EG-Vertrags umzusetzen, nämlich das in Art. 3g) festgelegte „System, das den Wettbewerb innerhalb des Binnenmarktes vor Verfälschungen schützt". Fraglich ist, wie sich die Tatsache, dass der Vertrag von Lissabon vom 13. Dezember 2007, der diesen Artikel nicht aufnimmt, auswirken wird.[62] Die Art. 81 und 82 sind in Abschnitt 1 des Titel VI, Kapitel 1 des EG-Vertrages („Vorschriften für Unternehmen") niedergelegt und nicht in Abschnitt 2, welcher besondere Vorschriften für die Mitgliedstaaten enthält. Wie unten ausführlich diskutiert werden wird, sind daher die Hauptadressaten des in Art. 81 enthaltenen Verbotes Unternehmen und nicht die Regierungen der Mitgliedstaaten bei der Ausübung ihrer öffentlichen Gewalt. Dies bedeutet jedoch nicht, dass Art. 81 irrelevant ist oder keine Rolle spielt in Bezug auf das Handeln der Mitgliedstaaten.

30 Einerseits beziehen sich einige Vorschriften des Vertrages, welche bestimmte staatliche Maßnahmen verbieten, wie **Art. 86,** oder Voraussetzungen für ihre Wirksamkeit im Gemeinschaftsrecht aufstellen (z.B. Art. 296), allgemein auf verschiedene Regelungen des Vertrages. Diese Vorschriften sind nicht völlig in sich geschlossen, sondern haben eine Vielzahl rechtlicher Gehalte mit verschiedenen Anwendungsgebieten. Um eine bestimmte Verpflichtung der Mitgliedstaaten zu begründen, müssen solche Vorschriften immer „in Verbindung mit" – oder wenigstens in Beziehung zu – einer anderen Regelung des EG-Vertrages angewendet werden.[63]

31 Andererseits hat der Gerichtshof festgestellt, dass unter bestimmten Umständen Mitgliedstaaten gegen **Art. 10** in Verbindung mit Art. 3g) und 81 verstoßen können, wenn sie Maßnahmen erlassen, die ein wettbewerbswidriges Zusammenwirken von Unternehmen

---

[58] Siehe unter anderem *S. A. Portelange/S. A. Smith Corona Marchant International u. a.* Fn. 39 Rn. 10.
[59] Siehe EuGH U. v. 25. 11. 1971 Rs. 22/71 – *Béguelin Import Co./SA GL* Slg. 1971, 949 Rn. 29.
[60] Siehe EuGH U. v. 6. 2. 1973 Rs. 48/72 SA – *Brasserie de Haecht/Wilkin-Janssen („Brasserie de Haecht II")* Slg. 1973, 77 Rn. 26.
[61] EuGH U. v. 14. 12. 1983, Rs. 319/82 – *Société de Vente de Ciments et Bétons de l'Est SA/Kerpen & Kerpen GmbH und Co. KG* Slg. 1983, S. 4173 Rn. 11 und 12.
[62] Vgl. Brief v. 27. 6. 2007 in Financial Times von *Michel Petite,* dem damaligen Direktor des Juristischen Dienstes der Kommission, und *Riley:* The EU Reform Treaty & the Competition Protocol: Undermining EC Competition Law, CEPS Policy Brief Nr. 142, September 2007; *Behrens,* Der Wettbewerb im Vertrag von Lissabon, EuZW 2008, 193.
[63] *Buendía Sierra,* Article 86 – Exclusive Rights and other Anticompetitive State Measures, in: Faull/Nikpay, The EC Law of Competition 2000, S. 273, 277.

gebieten oder bewirken oder die Auswirkungen solchen Zusammenwirkens verstärken oder wenn sie Aufsichts- und Kontrollbefugnisse an private Unternehmen delegieren.[64] Art. 10 lautet:

„Die Mitgliedstaaten treffen alle geeigneten Maßnahmen allgemeiner oder besonderer Art zur Erfüllung der Verpflichtungen, die sich aus diesem Vertrag oder aus Handlungen der Organe der Gemeinschaft ergeben. Sie erleichtern dieser die Erfüllung ihrer Aufgaben. Sie unterlassen alle Maßnahmen, welche die Verwirklichung der Ziele dieses Vertrages gefährden könnten."

Schließlich unterliegt die Beziehung zwischen Art. 81 EG und Vorschriften des **sekundären Gemeinschaftsrechts** selbstverständlich dem Grundsatz der Normenhierarchie: im Falle eines Konflikts setzt sich Art. 81 EG als Vorschrift des Vertrags und damit als *lex superior* durch. Das Gericht Erster Instanz hat dies ausdrücklich im *EPI*-Urteil bestätigt.[65] Der Umgang mit dieser Normenhierarchie ist nicht immer einfach: in manchen Fällen tritt der Konflikt nicht offen zu Tage. Es ist nicht auszuschließen, dass in einigen Fällen bestehendes Sekundärrecht zur Auslegung von Art. 81 herangezogen werden kann. **32**

II. Tatbestandsmerkmale

1. Übersicht

Art. 81 Abs. 1 verbietet allgemein alle Vereinbarungen zwischen Unternehmen, Beschlüsse von Unternehmensvereinigungen und aufeinander abgestimmte Verhaltensweisen, welche eine Verhinderung, Einschränkung oder Verfälschung des Wettbewerbs innerhalb des Gemeinsamen Marktes bezwecken oder bewirken. Als zusätzliche Voraussetzung von Art. 81 Abs. 1 muss die Beschränkung geeignet sein, „den Handel zwischen Mitgliedstaaten zu beeinträchtigen". Zu Beginn sollte festgestellt werden, dass Begriffe wie „Vereinbarung", „Unternehmen" oder „Vereinigung" bestenfalls keine Hilfe bei der Auslegung von Art. 81 EG darstellen. Die traditionelle Bedeutung dieser Begriffe mag in einigen Sprachen sogar irreführend sein, insbesondere wenn diese Begriffe in dem jeweiligen Mitgliedstaat mit Bedeutungen aus anderen Rechtsgebieten besetzt sind. Dies kann zum Beispiel der Fall sein bei dem Begriff der „Vereinigung", welcher im Privatrecht einiger Mitgliedstaaten eine besondere Bedeutung hat, oder bei dem Wort „Vereinbarung", das den Interpreten dazu verleiten könnte, ganze Rechtskonstrukte und Fallgruppen aus dem Vertragsrecht zu übernehmen. Die unreflektierte Übernahme von Auslegungen aus anderen Rechtsgebieten kann sich als *faux ami* herausstellen. Art. 81 hat eine **besondere Bedeutung** erlangt, welche sich allmählich durch die Rechtsprechung des Gerichtshofes und durch eine Vielzahl an Entscheidungen der Kommission herausgebildet hat. **33**

In diesem II. Abschnitt soll gezeigt werden, wie Rechtsprechung und Verwaltungspraxis die Tatbestandsmerkmale des von Art. 81 Abs. 1 EG verbotenen Verhaltens konkretisiert haben. **34**

---

[64] Siehe u. a. EuGH U. v. 17. 11. 1993 Rs. C-2/91 – *Meng* Slg. 1993, I-5797; EuGH U. v. 17. 11. 1993 Rs. C-245/91 – *Ohra Schadeverzekeringen NV* Slg. 1993, I-5878; EuGH U. v. 17. 11. 1993 Rs. C-185/91 – *Bundesanstalt für den Güterfernverkehr/Gebrüder Reiff GmbH & Co. KG* Slg. 1993, I-5847; EuGH U. v. 29. 11. 2001 Rs. C-221/99 – *Conte/Rossi* Slg. 2001, I-9359; EuGH U. v. 19. 2. 2002 Rs. C-309/99 – *Wouters u. a./Algemene Raad van de Nederlandse Orde van Advocaten* Slg. 2002, I-1577; EuGH U. v. 19. 2. 2002, Rs. C-35/99 – *Arduino* Slg. 2002, I-1529; EuGH U. v. 9. 9. 2003, Rs. C-198/01 *Consorzio Industrie Fiammiferi (CIF)/Autontà Garante della Concorrenza e del Mercato* Slg. 2003, I-8055; EuGH U. v. 5. 12. 2006, Rs. C-94/04 und C-202/04 *Cipolla u. a.,* Slg. 2006, I-11 421, Rn. 46 f. EuGH U. v. 13. 3. 2008, Rs. C-446/05, *Doulamis,* Rn. 19 f. Siehe auch Mitteilung der Kommission – Bericht über den Wettbewerb bei freiberuflichen Dienstleistungen KOM (2004) 83 endg., 9. 2. 2004, insbesondere Rn. 84–89.

[65] EuG U. v. 10. 5. 2001 Rs. T-144/99 – *Institut der beim Europäischen Patentamt zugelassenen Vertreter/Komm.* Slg. 2001, II-1087 Rn. 50–51.

2. Adressaten der Vorschrift

35 Abschnitt 1 von Titel VI, Kapitel 1 EG-Vertrag, welcher die wichtigsten Wettbewerbsvorschriften enthält, trägt die Überschrift „Vorschriften für *Unternehmen*"; dieselbe Bezeichnung findet sich in den Art. 81, 82 und 86 EG. Die Fusionskontrollverordnung definiert einen „Zusammenschluss" ebenfalls als einen Zusammenschluss „zwischen Unternehmen" oder die Erlangung von entscheidender Kontrolle über „Unternehmen".[66] Wenn man die Vorschriften über staatliche Beihilfen beiseite lässt,[67] ist das EU-Wettbewerbsrecht daher in seiner Anwendung beschränkt auf das **Verhalten von Unternehmen und ihrer Vereinigungen.**[68] Der Begriff hat mehr wirtschaftliche denn rechtliche Bedeutung. Dies zeigt die Absicht der Verfasser, ihm einen möglichst weiten Anwendungsbereich zu geben. Im Folgenden findet sich ein kurzer Überblick darüber, wie die Begriffe „Unternehmen" und „Unternehmensvereinigung" in der Praxis angewendet werden.

36 **a) Unternehmen.** Der Begriff „Unternehmen" wird **nirgends** im Vertrag oder an anderer Stelle des Sekundärrechts **definiert.** Die Bedeutung muss der Rechtsprechung der Gemeinschaftsgerichte entnommen werden. In einem ersten Versuch einer Definition des persönlichen Anwendungsbereiches des Wettbewerbsrechts – im Zusammenhang mit dem EGKS-Vertrag – hat der Gerichtshof folgende Auslegung vorgeschlagen: „Das Unternehmen stellt sich als eine einheitliche, einem selbstständigen Rechtssubjekt zugeordnete Zusammenfassung personeller, materieller und immaterieller Faktoren dar, mit welcher auf die Dauer ein bestimmter wirtschaftlicher Zweck verfolgt wird."[69]

37 Obwohl der Gerichtshof keine weiteren Versuche einer formellen Definition unternommen hat, ist es interessant zu sehen, dass der eben zitierte Absatz bereits auf die beiden zentralen Probleme hinweist, die sich aus dem Begriff des „Unternehmens" nach der Auslegung der Gemeinschaftsgerichte in späteren Jahren ergeben haben: einerseits den Rahmen der umfassten Verhaltensweisen; andererseits die Grenzen zwischen Unternehmen. Die Rechtsprechung des Gerichtshofes über die Auslegung von Unternehmen dreht sich um diese beiden Themen. Dies hat zu der Charakterisierung des Begriffs „Unternehmen" als **unabhängige Ausübung einer wirtschaftlichen Tätigkeit** beigetragen.

38 **aa) Wirtschaftliche Betätigung als inhaltlicher Rahmen der erfassten Verhaltensweisen.** Wie bereits dargelegt, hat die Rechtsprechung des Gerichtshofes zunehmend eine **gemeinschaftsrechtliche Konzeption** eines „Unternehmens" im kartellrechtlichen Sinne entwickelt. Diese Ansicht beruht nicht auf Auslegungen der nationalen Gesetze, sondern ergibt sich aus einer Auslegung des Vertrages aus rein gemeinschaftsrechtlicher Sicht. Es ist eine **autonome Konzeption,** die von Besonderheiten der Rechtssysteme der einzelnen Mitgliedstaaten frei und daher zugleich **einheitlich** ist.

39 Die Konzeption eines „Unternehmens" im kartellrechtlichen Sinne ist eher wirtschaftlich als rechtlich und eher funktional als formal zu verstehen.[70] Der **rechtliche Status**

---

[66] Siehe Art. 3 und 1 der Verordnung (EG) Nr. 139/2004 des Rates, v. 20. 1. 2004, über die Kontrolle von Unternehmenszusammenschlüssen (die „EG-Fusionskontrollverordnung") ABl. 2004 L 24/1.

[67] Abschnitt 3 des gleichen Kapitels. Art. 87 bezieht sich mit seinem „Grundsatz der Spezialität" staatlicher Beihilfen ebenfalls auf „Unternehmen": für die Anwendbarkeit der EG-Vorschriften müssen die Beihilfen „bestimmte Unternehmen" begünstigt werden.

[68] Streng genommen lässt der Text von Art. 81 das Wort „Unternehmen" bei den abgestimmten Verhaltensweisen weg. Wir sehen jedoch keinen Grund für einen differenzierten persönlichen Anwendungsbereich für das Verbot abgestimmter Verhaltensweisen gegenüber den Vereinbarungen oder Beschlüssen von Unternehmensvereinigungen.

[69] EuGH U. v. 13. 7. 1962 Rs. 19/61 – *Mannesmann/Haute Autorité* Slg. 1962, 675, 705. Die gleiche Formulierung wurde oft gebraucht. Siehe z. B. EuG U. v. 10. 3. 1992 Rs. T-11/89 – *Shell/Komm.* Slg. 1992, II-757 Rn. 311.

[70] *Emmerich* in: Immenga/Mestmäcker, Wettbewerbsrecht, Art. 81 I, Rn. 12 f.; *Schröter* in: von der Groeben/Schwarze (Hrsg.), Kommentar, Art. 81, Rn. 61; vgl. auch Faull&Nikpay, Rn. 3.27 ff.

eines handelnden Subjekts ist irrelevant für die Beurteilung, ob es als Unternehmen anzusehen ist.[71] Ein Subjekt braucht nicht rechtsfähig zu sein, um zu einem Art. 81 verletzenden Verhalten fähig zu sein. Unternehmen in Gründung, die noch nicht eingetragen sind und daher noch nicht rechtsfähig sind, können Partei einer Vereinbarung sein.[72] Natürliche Personen, ob Erfinder, Künstler oder Einzelhandelskaufleute,[73] sowie Gesellschaften und Vereinigungen werden von Art. 81 erfasst. Die Tatsache, dass ein Subjekt nach nationalem Recht genossenschaftlich organisiert ist, ändert nichts an der wirtschaftlichen Natur seiner Tätigkeiten.[74]

Der Gerichtshof hat sich nicht bemüht, eine formelle, abstrakte Definition der Bedeutung des „Unternehmens" zu geben. Die neuere Rechtsprechung hat sich auf einen funktionalen Ansatz konzentriert, bei dem die **Ausübung wirtschaftlicher Betätigung** das Hauptmerkmal des Vorliegens eines Unternehmens im Sinne des Wettbewerbsrechtes ist.[75] In der Sache *Höfner* hat der Gerichtshof zum Beispiel festgelegt, dass „der Begriff des Unternehmens jede eine wirtschaftliche Tätigkeit ausübende Einheit, unabhängig von ihrer Rechtsform und der Art ihrer Finanzierung" umfasst.[76] Die Kommission hat den Ausdruck bereits in der Vergangenheit benutzt und hat später den Begriff der „wirtschaftlichen Betätigung" als den Bezugspunkt für die Definition der Konzeption eines „Unternehmens" bestätigt.[77] Das hilft allerdings nicht bei der Definition des Anwendungsbereichs der Vorschriften. Die Frage „Was ist ein *Unternehmen?*" wird lediglich durch die Frage „Was stellt eine *wirtschaftliche Betätigung* dar?" ersetzt. Nach Ansicht der Kommission hat als „wirtschaftliche Betätigung" „jede – auch nicht auf Gewinn ausgerichtete – Tätigkeit zu gelten, die auf den Austausch von Wirtschaftsgütern gerichtet ist".[78] Der Gerichtshof geht in die-

---

[71] EuGH U. v. 17. 2. 1993, verb. Rs. C-159/91 und C-160/91, *Poucet und Pistre*, Slg. 1993, I-637, Rn. 17; EuGH U. v. 18. 6. 1998 Rs. C-35/96 *Komm./Italien* („CNSD"), Slg. 1998, I-3851, Rn. 36 bis 38.
[72] Komm. E. v. 16. 12. 1985 – *P &, I-Clubs,* ABl. 1985 L 376/2.
[73] EuGH U. v. 12. 7. 1984 Rs. 170/83 – *Hydrotherm/Compact* Slg. 1984, 2999 Rn. 10–12 (Herr Andreoli und die Unternehmen unter seiner persönlichen Kontrolle wurden als ein Unternehmen angesehen.); Komm. E. v. 26. 7. 1976 – *Reuter/BASF,* ABl. 1976 L 254/40, 45 (Punkt II.1) (Dr. Reuter wurde als Unternehmen angesehen, da er durch Unternehmen unter seiner Kontrolle wirtschaftlich tätig wird, „durch die Verwertung eigener Forschungsergebnisse und als Berater dritter Unternehmen"); Komm. E. v. 26. 5. 1978 – *RAI/UNITEL,* ABl. 1978 L 157/39, Punkt IV.1(a) (Künstler – in diesem Fall Opernsänger – sind Unternehmen, „wenn sie ihre künstlerischen Leistungen gewerblich verwerten"); Komm. E. v. 2. 12. 1975 – *AOIP/Beyrard,* ABl. 1976 L 6/8, 12 (Punkt II.1) (Herr Beyrard, ein Erfinder, ist ein Unternehmen, „da er durch Vergabe einer Lizenz für seine Patente seine Erfindung gewerblich nutzt").
[74] EuG U. v. 2. 7. 1992 Rs. T-61/89 – *Dansk Pelsdyravlerforening/Komm.* Slg. 1992, II-1931 Rn. 50. Siehe auch EuGH U. v. 15. 12. 1994 Rs. C-250/92 – *Gøttrup-Klim e. a. Grovvareforeninger/Dansk Landbrugs Grovvareselskab AmbA* Slg. 1994, I-5641.
[75] EuGH U. v. 11. 12. 1997 Rs. C-55/96, *Job Centre,* Slg. 1997, I-7119, Rn. 21; EuG U. v. 13. 12. 2006 Rs. T-217/03 und T-245/03 *FNCBV/Komm.* Slg. 2006, II-4987, Rn. 52. Vgl. *Emmerich* in Immenga/Mestmäcker, Wettbewerbsrecht, Art. 81 I, Rn. 21 f.
[76] EuGH U. v. 25. 2. 1992 Rs. C-41/90 – *Höfner und Elser/Macrotron GmbH* Slg. 1991, I-1979 Rn. 21, I-2016; EuGH U. v. 17. 2. 1993 verb. Rs. C-159/91 und C-160/91 – *Poucet et Pistre* Slg. 1993, I-637 Rn. 17; EuGH U. v. 19. 1. 1994 Rs. C-364/92 – *SAT Fluggesellschaft mbH/Eurocontrol* Slg. 1994, I-43 Rn. 18; EuGH U. v. 11. 12. 1997 Rs. C-55/96 – *Job Centre coop. Arl* Slg. 1997, I-7119 Rn. 21; EuGH U. v. 21. 9. 1999 Rs. C-67/96 – *Albany International BV/Stichting Bedrijfspensioenfonds Textielindustrie* Slg. 1999, I-5751 Rn. 77; EuGH U. v. 21. 9. 1999 Rs. C-219/97 – *Maatschappij Drijvende Bokken BV/Stichting Pensioenfonds voor de Vervoer- en Havenbedrijven* Slg. 1999, I-6121 Rn. 67; EuG U. v. 12. 12. 2006 T-155/04 *SELEX/Komm.,* Slg. 2006, II-4797 Rn. 61.
[77] Siehe Komm. E. v. 27. 10. 1992 – *Vertrieb der Pauschalarrangements anlässlich der Fußballweltmeisterschaft 1990,* ABl. 1992 L 326/31 Rn. 43.
[78] *Pauschalarrangements anlässlich der Fußballweltmeisterschaft 1990* Fn. 67 Rn. 43; Komm. E. v. 20. 7. 1999 – *Fußballweltmeisterschaft 1998,* ABl. 2000 L 5/55 Rn. 65. Vgl. EuGH U. v. 20. 3. 1985 Rs. 41/

Art. 81 Abs. 1 EG 41, 42

sem Punkt eher negativ als positiv vor: er hat zunehmend Ausnahmen aufgezeigt, die Hinweise auf solche Kriterien geben, die *nicht* für das Konzept des Unternehmens ausschlaggebend sind. Im Gegensatz dazu haben die Gerichte spärliche Voraussetzungen für eine positive Definition dessen gegeben, was eine „wirtschaftliche Betätigung" darstellt. Die Rechtsprechung hat immer wieder festgehalten, dass „eine wirtschaftliche Tätigkeit jede Tätigkeit [ist], die darin besteht, *Güter oder Dienstleistungen auf einem bestimmten Markt anzubieten.*"[79]

41 Während Gewinnerzielung oder selbst das Vorliegen einer tatsächlichen Vergütung nicht in jedem konkreten Fall erforderlich zu sein scheint,[80] wird vorgetragen, dass für den Gerichtshof bei der Beurteilung der wirtschaftlichen Betätigung von zentraler Bedeutung ist, ob eine Tätigkeit „normalerweise" oder jedenfalls **„denkbarerweise" gegen Entgelt erbracht** wird. Obwohl der Gerichtshof diesen Punkt in *Höfner und Elser* trotz entsprechenden Vortrags der Beklagten und der deutschen Regierung nicht ansprach, hat er unterstrichen, dass „die Arbeitsvermittlung ... nicht immer von Einrichtungen betrieben worden [ist] und ... nicht notwendig von solchen Einrichtungen betrieben werden [muss]."[81] Die Generalanwälte Tesauro und Léger haben „wirtschaftliche Betätigung" als solche, „die *zumindest grundsätzlich* auch von einem privaten Unternehmen zum Zweck der Gewinnerzielung ausgeübt werden könnte," eingestuft.[82] Die Kommission hat dieselbe Formel benutzt.[83] Daher scheint die Tatsache, dass eine Betätigung **potentiell gegen Entgelt durch ein privates Unternehmen erbracht** werden kann, selbst wenn dies im konkreten Fall nicht geschehen ist, der Test dessen zu sein, was eine wirtschaftliche Betätigung darstellt.

42 Das Konzept der „wirtschaftlichen Betätigung" wird ausdrücklich in **Art. 2 EG** genannt und ist in der Rechtsprechung als das den Anwendungsbereich der Vorschriften über die Freizügigkeit (Kapital, Arbeitnehmer, Niederlassungen und Dienstleistungen) definierende Kriterium angesehen worden.[84] Obwohl der Gerichtshof in kartellrechtlichen Fällen von Verweisungen auf die Grundfreiheiten meist absieht,[85] ist es offensichtlich, dass Ansätze, die zum Beispiel im Zusammenhang mit Art. 50 EG (Dienstleistungsfreiheit) entwickelt wurden, das vom Gerichtshof entwickelte Konzept der „wirtschaftlichen Betätigung" beein-

---

83 – *Italien/Komm. (British Telecommunications)* Rn. 18–19, von diesen Kommissionsentscheidungen zitiert.

79 EuGH U. v. 18. 6. 1998 Rs. C-35/96 – *Komm./Italien* Slg. 1998, I-3886 Rn. 36; Hervorhebungen hinzugefügt; EuGH U. v. 18. 3. 1997 Rs. C-343/95 – *Diego Calì & Figli Srl/Servizi ecologici porto di Genova SpA (SEPG)* Slg. 1997, I-1547 Rn. 16; EuGH U. v. 16. 6. 1987 Rs. 118/85 – *Komm./Italien* Slg. 1987, 2599 Rn. 3 und 7; *SAT Fluggesellschaft mbH/Eurocontrol* Fn. 66 (Schlussanträge von GA Tesauro v. 10. 11. 1993 Rn. 13 und 14).

80 Komm. E. v. 29. 10. 1981 – *GVL*, ABl. 1981 L 370/49 Rn. 44 („die mangelnde Gewinnerzielungsabsicht ist für den Unternehmensbegriff [...] unerheblich, auch „gemeinnützige" Unternehmen unterliegen dem Missbrauchsverbot ...").

81 *Höfner und Elser/Macrotron GmbH* Fn. 66 Rn. 22.

82 Schlussanträge von GA Tesauro in den verb. Rs. C-159 und C-160/91 – *Poucet/Assurances Générales de France und Caisse Mutuelle Régionale du Languedoc-Roussillon* Slg. 1993, I-637 Rn. 8. Schlussanträge von GA Léger in der Rs. C-309/99 – *Wouters u. a./Algemene Raad van de Nederlandse Orde van Advocaten,* gehalten am 10. 7. 2001 Slg. 2002, I-1577 Rn. 49–51, 80.

83 Komm. E. v. 28. 6. 1995 – *Régie des Voies Aériennes/Regie der Luchtwegen,* ABl. 1995 L 216/8 Rn. 2 (Hervorhebungen hinzu gefügt). Die zur Debatte stehenden Aktivitäten waren solche einer belgischen öffentlich-rechtlichen Einrichtung, welche v. Staat damit betraut war, „öffentlich[e] Dienstleistungen von allgemeinen Interesse [...] nach wirtschaftlichen Grundsätzen zu erbringen", u. a. „Bau, Einrichtung, Unterhalt und Betrieb des Flughafens Brüssel-National und der damit verbundenen Infrastruktur" (ebenda).

84 Siehe z. B. EuGH U. v. 5. 10. 1988 Rs. 196/87 – *Udo Steymann/Staatssecretaris van Justitie* Slg. 1988, 6159 Rn. 10. Siehe auch *Komm./Italien* Fn. 69 Rn. 3 und 7.

85 Siehe z. B. EuG U. v. 26. 1. 2005 Rs. T-193/02 – *Piau/Komm.,* WuW/E EU-R 881 Rn. 70 f.

flusst haben. Nach Art. 50 EG werden Dienstleistungen „in der Regel gegen Entgelt erbracht". In der Sache *Steymann* scheint der Gerichtshof seine Aufmerksamkeit auf das tatsächliche oder potenzielle Vorhandensein von Entgelt oder Bezahlung für die in Rede stehenden Aktivitäten zu richten.[86] Wie wir soeben gesehen haben, sind diese Voraussetzungen denen, die der Gerichtshof zur Definition des „Unternehmens" im Sinne des Wettbewerbsrechts heranzieht, ähnlich. Ein Test der Grenzen dieser Analogie steht jedoch noch aus. Wenn man die verschiedenen Ziele und Funktionen dieser beiden Gruppen von Vorschriften bedenkt, erscheint es möglich zu argumentieren, der Anwendungsbereich der Art. 81 und 82 sei verschieden und stimme nicht völlig mit dem allgemeinen Konzept der „wirtschaftlichen Betätigung" überein, welches den Anwendungsbereich der durch den EG-Vertrag garantierten Grundfreiheiten umgrenzt.

Staatliche Einrichtungen[87] oder sogar **internationale Organisationen**[88] entgehen dem Anwendungsbereich des Art. 81 EG nicht *ipso facto:* ihre Unterwerfung unter Art. 81 EG kann nur durch die Analyse des Wesens der betreffenden Tätigkeit geklärt werden. Staatliche oder kommunale Behörden, welche nicht hoheitlich sondern in anderer Funktion wirtschaftlich tätig werden, können Unternehmen darstellen. Der Gerichtshof hat dies zum Beispiel in Fällen angenommen, in denen kommunale Behörden Bestattungsdienste angeboten haben,[89] sowie bei nationalen Telekommunikationsbehörden[90] oder der Post.[91] Daher hat der Gerichtshof in der Sache *Höfner* entschieden, dass die staatliche Arbeitsvermittlung in der Tat eine wirtschaftliche Betätigung und die Bundesanstalt für Arbeit daher ein Unternehmen ist, obwohl nach deutschem Recht diese öffentliche Einrichtung ihre Dienste kostenfrei anzubieten hatte und ein Eingreifen des privaten Sektors ausgeschlossen war. Die Tatsache, dass eine private Arbeitsvermittlung *denkbar* ist (und tatsächlich in vielen Mitgliedstaaten existiert), scheint Grundlage dieser Entscheidung zu sein.[92] **43**

In der Sache *Poucet* wurde entschieden, dass Einrichtungen, welche Träger nationaler **Sozialversicherungssysteme** waren, *keine* „Unternehmen" sind, da die Sozialversicherung dem Grundsatz nationaler Solidarität und nicht wirtschaftlichen Anforderungen entspricht.[93] In der *INAIL*-Entscheidung hat der Gerichtshof diese Rechtsprechung durch seine Entscheidung, dass das Konzept des „Unternehmens" im Sinne der Art. 81 und 82 EG sich nicht auf solche Einrichtungen erstreckt, die durch nationales Recht damit betraut sind, Berufsunfall- und -krankheitsversicherungen zu gewähren, bestätigt. Der Gerichtshof berücksichtigte dabei das *soziale Ziel* dieses Versicherungssystems, die Tatsache, dass es den *Solidaritätsgrundsatz*[94] anwende (Beiträge sind nicht stets proportional zum versicherten Ri- **44**

---

[86] *Udo Steymann/Staatssecretaris van Justitie* Fn. 74 Rn. 10–12 und 14.
[87] Siehe Komm. E. v. 19. 12. 1984 – *Aluminiumeinfuhren aus Osteuropa,* ABl. 1985 L 92/1, Punkt 9.2.
[88] Siehe z. B. Pressemitteilung IP/98/923, v. 22. 10. 1998, Kommission gibt grünes Licht für Inmarsat Restrukturierung; Pressemitteilung IP/00/1360, v. 27. 11. 2000, Kommission gibt grünes Licht für Eutelsat Restrukturierung. Sowohl Inmarsat als auch Eutelsat waren zwischenstaatliche Vertragsorganisationen, welche ihre Restrukturierungsvereinbarungen der Kommission gemeldet haben.
[89] EuGH U. v. 4. 5. 1988 Rs. 30/87 – *Bodson/Pompes funèbres* Slg. 1988, 2479 Rn. 21.
[90] Komm./Italien („*British Telecommunications*") Fn. 68 Rn. 16–20.
[91] Siehe u. a. Komm. E. v. 1. 8. 1990 – *Erbringung internationaler Eilkurierdienstleistungen in Spanien,* ABl. 1990 L 233/19.
[92] Siehe auch *Job Centre coop. Arl* Fn. 66 Rn. 21–22, und EuGH Rs. C-258/98 – *Carra u. a.* Slg. 2000, I-4217.
[93] *Poucet/Assurances Générales de France und Caisse Mutuelle Régionale du Languedoc-Roussillon* Fn. 66 Rn. 18.
[94] Siehe Diskussion dazu bei *Boeger,* Solidarity and EC competition law, ELR 2007, 319 ff., Goodman in Siragusa/Rizza (Hrsg.), EU Competition law, Rn. 1.60–1.61; *Posser,* The Limits of Compititon Law – Markets and Public Services (2005), *Baquero Cruz* Beyond Competition: Services of General Economic Interest and Community law in EU Law and the Welfare State – In Search of Solidarity, de Búrca (Hrsg.), S. 169 ff.

siko und werden nicht nur auf der Grundlage des Risikos, sondern einkommensabhängig berechnet; ausgezahlte Leistung nicht zwingend proportional zum Einkommen des Versicherten; kein direkter Zusammenhang zwischen Beitragszahlungen und gewährten Leistungen) sowie die *Überwachung durch den Staat,* welcher die Höhe der Leistungen und Beiträge festlegt (Höhe der Leistungen gesetzlich festgelegt; Auszahlung der Leistungen unabhängig von der Beitragszahlung und den Erträgen aus Investitionen der Einrichtung).[95] In der Sache *AOK Bundesverband*[96] hat der Gerichtshof entschieden, dass Krankenversicherungen im Rahmen der deutschen gesetzlichen Krankenversicherung eine ausschließlich soziale Funktion auf der Grundlage des Prinzips nationaler Solidarität erfüllen.[97] Dabei wurde das nicht auf Gewinnerzielung angelegte Wesen ihrer Aktivitäten berücksichtigt, sowie die Tatsache, dass die Versicherungen „weder miteinander noch mit den privaten Einrichtungen hinsichtlich der Erbringung der im Bereich der Behandlung oder der Arzneimittel gesetzlich vorgeschriebenen Leistungen, die ihre Hauptaufgabe darstellt, konkurrieren" (Rn. 54). Aus diesen Charakteristika hat der Gerichtshof geschlossen, dass ihre Aktivitäten ihrer Natur nach nicht-wirtschaftlich anzusehen sind. Der Gerichtshof stellte fest, dass diese Analyse nicht durch die Freiheit, die den Versicherungen bei der Festlegung der Beitragssätze oder durch die Freiheit, in gewissem Wettbewerb zueinander zu stehen, um Mitglieder zu gewinnen, in Zweifel gezogen wird. Der Zweck dieses Wettbewerbselements war es, die Krankenversicherer zu ermutigen, „im Interesse des ordnungsgemäßen Funktionierens des deutschen Systems der sozialen Sicherheit ihre Tätigkeit nach den Grundsätzen der Wirtschaftlichkeit auszuüben, d. h., so effizient und kostengünstig wie möglich" zu handeln. Nach Ansicht des Gerichtshofes ändert das aber nichts am Wesen der Aktivitäten, das weiterhin nicht-wirtschaftlich bleibt; aus diesem Grund konnten die Krankenversicherer nicht als „Unternehmen" angesehen werden.[98]

45   Im Gegensatz dazu wurde in *Fédération française des sociétés d'assurance,* einer gemeinnützigen Organisation, die Träger eines die staatliche Rente ergänzenden Zusatzrentensystems ist, durch Gesetz als **freiwillige Zusatzversicherung** errichtet wurde und nach einem System der Kapitalisierung arbeitet, als Unternehmen im Sinne des Art. 81 des Vertrages angesehen. Freiwillige Mitgliedschaft, Anwendung des Grundsatzes der Kapitalisierung und die Tatsache, dass die Leistungen einzig von der Höhe der Beitragszahlungen und den Erträgen aus Investitionen der verwaltenden Organisation abhingen, deuten daraufhin, dass die Organisation eine wirtschaftliche Betätigung im Wettbewerb mit Lebensversicherungsgesellschaften ausübte. Weder der verfolgte soziale Zweck noch die Gemeinnützigkeit, noch das Erfordernis der Solidarität, noch die anderen Vorschriften, welchen die Trägerorganisation insbesondere im Hinblick auf die Investitionen unterlag, änderten etwas an der Tatsache, dass die Trägerorganisation einer wirtschaftlichen Beschäftigung nachgehe.[99]

---

[95] EuGH U. v. 22. 1. 2002 Rs. C-218/00 – *Cisal di Battistello Venanzio & C. Sas/Istituto nazionale per l'assicurazione contro gli infortuni sul lavoro (INAIL)* Slg. 2002, I-691 Rn. 34–46.

[96] EuGH U. v. 16. 3. 2004 verb. Rs. C-264/01, C-306/01, C-354/01 und C-355/01 – *AOK Bundesverband, Bundesverband der Betriebskrankenkassen (BKK), Bundesverband der Innungskrankenkassen, Bundesverband der landwirtschaftlichen Krankenkassen, Verband der Angestelltenkrankenkassen eV, Verband der Arbeiter-Ersatzkassen, Bundesknappschaft und See-Krankenkasse/Ichthyol-Gesellschaft Cordes, Hermani & Co. (C-264/01), Mundipharma GmbH (C-306/01), Gödecke GmbH (C-354/01) und Intersan, Institut für pharmazeutische und klinische Forschung GmbH (C-355/01)* (AOK Bundesverband), Slg. 2004, I-2493.

[97] Vgl. a. M. hierzu *Slot,* Applying the competition rules in the healthcare sector, ECLR 2003, 580 ff. auch *Lasok,* When is an Undertaking not an Undertaking, ECLR 2004, 383 ff., *Krajewski/Farley,* Limited competition in National Health Systems and Application of Competition Law: The AOK Bundesverband Case", ELR 2004, 842 ff.

[98] Rn. 54–57.

[99] EuGH U. v. 16. 11. 1995 Rs. C-244/94 – *Fédération Française des Sociétés d'Assurance u. a. / Ministère de l'Agriculture et de la Pêche* Slg. 1995, I-4013.

Ähnlich wurde ein niederländischer für eine Branche eingerichteter **Rentenfonds,** der 46
mit der Verwaltung eines durch gemeinsame Vereinbarung errichteten Zusatzrentensystems betraut ist, das vom Staat zur Pflichtversicherung für alle Arbeiter und Angestellten in dieser Branche gemacht wurde, als Unternehmen im Sinne der Art. 81 ff. des Vertrages angesehen. Die Gemeinnützigkeit und mehrere Bekundungen der Solidarität konnten nicht darüber hinwegtäuschen, dass der Fonds selbst die Höhe der Beitragszahlungen und Leistungen bestimmte, dass er nach dem Grundsatz der Kapitalisierung arbeitete und dass die Höhe der Leistungen von den Erträgen der getätigten Investitionen, in Bezug auf welche der Fonds wie jede Versicherungsgesellschaft der Aufsicht der Versicherungsaufsichtsbehörde unterlag, abhängig war.[100]

Eine Einrichtung ist kein „Unternehmen", wenn ihre Aktivitäten für eine **öffentlich-** 47
rechtliche Einrichtung typisch sind, d. h. wenn es sich um die Ausübung von hoheitlichen Befugnissen handelt, die typischerweise einer Behörde aus Gründen des Allgemeinwohls übertragen sind. Der Gerichtshof hat festgestellt, dass Eurocontrol (die Europäische Organisation zur Sicherung der Luftfahrt),[101] eine internationale Organisation, die mit der Überwachung des Luftverkehrs betraut ist, bezüglich der Festsetzung und Einziehung der für die Benutzung der Luftverkehrsdienste erhobenen Gebühren nicht als Unternehmen angesehen werden kann. Nach Ansicht des Gerichtshofs nimmt Eurocontrol im Auftrag der Mitgliedstaaten Aufgaben im öffentlichen Interesse wahr, welche der Wahrung und Verbesserung der Luftverkehrssicherheit dienen. Die Aktivitäten von Eurocontrol sind nach ihrer Natur, ihren Zielen und den Vorschriften, denen sie unterliegen, verbunden mit der Ausübung von Befugnissen der Kontrolle und Überwachung des Luftraums, welche für eine Behörde typisch sind. Der Gerichtshof hat weiterhin festgestellt, dass die Erhebung von Streckengebühren nicht von den anderen Aktivitäten der Organisation getrennt und daher nicht isoliert betrachtet werden kann.[102] Die Regel, wonach typische Behördenaktivitäten vom Konzept der „wirtschaftlichen Betätigung," zu unterscheiden sind, ist selbst dann anwendbar, wenn diese Aktivitäten von einer privaten Einrichtung ausgeführt werden. In der Sache *Cali*[103] wurde entschieden, dass eine vom Staat mit der Überwachung der Umweltschutzregeln betraute Gesellschaft mit beschränkter Haftung bezüglich dieser Aktivitäten nicht in den persönlichen Anwendungsbereich der Wettbewerbsvorschriften fiel.

Wie oben erwähnt, ist nach der Rechtsprechung des Gerichtshofes jede Betätigung, die 48
darin besteht, Waren oder Dienstleistungen auf einem bestimmten Markt *anzubieten,* eine wirtschaftliche Betätigung. Dies führt zu der Frage, ob Körperschaften, die nicht als *Anbieter* von Waren oder Dienstleistungen auf irgendeinem Markt tätig sind, sondern ausschließlich auf der **Abnehmerseite eines Marktes** als Abnehmer von Waren und Dienstleistungen, als Unternehmen anzusehen sind.[104] Dieses Problem erhält besondere Relevanz für das Kaufverhalten von öffentlich-rechtlichen Einrichtungen, wie den Trägern von Sozialversicherungssystemen, welche – wie oben dargestellt – nach der *Poucet*-Rechtsprechung in ihrer Eigenschaft als „Anbieter" grundsätzlich nicht vom Konzept des Unternehmens erfasst sind. Einerseits besteht kein Zweifel, dass die EG-Wettbewerbsvorschriften auf das Kaufverhalten anwendbar sind: eine Vereinbarung zur Festlegung des Preises, zu welchem

---

[100] *Albany International BV/Stichting Bedrijfspensioenfonds Textielindustrie* Fn. 66 Rn. 80–87; EuGH U. v. 21. 9. 1999 verb. Rs. C-115/97 bis C-117/97 – *Brentjens' Handelsonderneming BV/Stichting Bedrijfspensioenfonds voor de Handel in Bouwmaterialen* Slg. 1999, I-6025 Rn. 80–87; *Maatschappij Drijvende Bokken BV/Stichting Pensioenfonds voor de Vervoer- en Havenbedrijven* Fn. 66 Rn. 71–75.
[101] Errichtet durch die Konvention, welche am 13. Dezember 1960 in Brüssel unterzeichnet wurde, geändert durch das Protokoll v. 12. 2. 1981 in Brüssel.
[102] *SAT Fluggesellschaft mbH/Eurocontrol* Fn. 66.
[103] *Diego Calì & Figli Srl/Servizi ecologici porto di Genova SpA (SEPG)* Fn. 69.
[104] Vgl. hierzu *Goodman* in Siragusa/Rizza (Hrsg.), EU Competition Law, Vol III, Rn. 1.55 ff., *Bellamy & Child,* EC law of Competition, VI Edition, Rn. 2.005 ff.

Art. 81 Abs. 1 EG 49

Unternehmen ihre Einkäufe bei ihren Lieferanten tätigen, wäre ebenso von Art. 81 EG erfasst wie eine Vereinbarung zwischen ihnen zur Festlegung ihrer Verkaufspreise; jede Vertriebsvereinbarung umfasst zwei Unternehmen, davon jeweils eines als Käufer.[105] Andererseits wäre es paradox, wenn Einrichtungen, die bezüglich ihrer Hauptbetätigung nicht als „Unternehmen" anzusehen sind, auf Grund ihres Auftretens am Markt als Käufer automatisch zu Unternehmen würden. Das Kartellrecht, das der Interessen der Endabnehmer und Verbraucher zu dienen bestimmt ist, würde umgekehrt zu einem Schutzinstrument der Anbieter gegen ihre Kunden werden. In der Tat treten alle Personen und Körperschaften, die in der modernen Gesellschaft eine Rolle spielen, auf einigen Märkten als Käufer von Waren oder Dienstleistungen auf; dies betrifft sowohl Staaten als auch internationale Organisationen und Endverbraucher. Wenn Art. 81 EG auf das Kaufverhalten, ohne ein Auftreten am Markt als Lieferant zu fordern, ausgeweitet würde, hätte dies zur Folge, dass sich Anbieter gegen nicht-kommerzielle Kunden auf das Wettbewerbsrecht berufen können. Verbraucherboykotte oder Verbrauchereinkaufsgruppen sowie die öffentliche Auftragsvergabe würden potenziell in den Anwendungsbereich der Art. 81 und 82 fallen. Es ist schwer zu verstehen, welche Art von „Wettbewerb" zwischen Käufern durch solche Vereinbarungen beschränkt worden sein sollte.

49 Die Anwendung von Art. 82 EG auf nicht-kommerzielle Käufer, wie den Staat beim Kauf von Waffen oder beim Bau öffentlicher Straßen, hätte eigene unerwartete Konsequenzen, nicht zuletzt die gleichzeitige Anwendung von Wettbewerbs- und **Vergabevorschriften,** so dass die Konflikte dieser beiden Rechtsgebiete bei gleichzeitiger Anwendung auf denselben Sachverhalt vorauszusehen wären. Es erscheint daher sinnvoll, dass solche Körperschaften, die keine Waren oder Dienstleistungen auf dem Markt anbieten, nicht allein wegen ihrer Kaufaktivität in den Anwendungsbereich der Art. 81 und 82 EG fallen. Kaufaktivität fällt in den Anwendungsbereich der Wettbewerbsvorschriften, wenn es eine Verbindung zu Aktivitäten auf der Anbieterseite gibt, die in dem Anbieten von Waren oder Dienstleistungen auf einem bestimmten Markt bestehen, die ihrerseits in sich eine „wirtschaftliche Betätigung" darstellen.[106] Das Gericht Erster Instanz hat diese Diskussion im Jahre 2003 mit seiner Entscheidung im *FENIN*-Fall beendet, die inzwischen vom EuGH bestätigt worden ist,[107] indem es ausführte, dass „[was] dabei den Begriff der wirtschaftlichen Tätigkeit kennzeichnet, ist [...] das Anbieten von Gütern oder Dienstleistungen auf einem bestimmten Markt [...] Kauft eine Einrichtung ein Erzeugnis – auch in großen

---

[105] Für ein Art. 82 EG betreffendes Beispiel, siehe z.B. Komm. E. v. 14. 7. 1999 – *British Airways*, ABl. 2000 L 30/1.

[106] *Waelbroeck/Frignani,* Commentaire J. Megret, Bd. 4, Concurrence, 2. Aufl. 1997, 40; *Krajewski/Farley,* Non-economic activities in upstream and downstream markets and the scope of competition law after „FENIN", ELR 2007, 111 ff. Dagegen *Deringer,* Equal Treatment of Public and Private Enterprises, General Report presented at the VIII FIDE Congress, Kopenhagen 1978, Bd. 2, 1.6–1.10; *Winterstein,* Nailing the Jellyfish: Social Security and Competition Law, European Competition Law Review 1999, 324; *Roth,* Anmerkung zu C-205/03 P, CMLR 2007, 1131 ff.; *Roth,* Zum Unternehmensbegriff im europäischen Kartellrecht, in Recht und Wettbewerb, FS Bechtold (2006), S. 393 ff.; Vgl. auch; *Boeger,* Solidarity and EC competition law, ELR 2007, 319 ff., *Louri,* The FENIN Judgment: The Notion of Undertaking and Purchasing Activity, LIEI 2005, 87 ff., *Slot,* Applying the competition Rules in the Healthcare Sector, ECLR 2003, 580 ff. (587): *van de Gronden,* Purchasing Case: Economic Activity or Service of General (Economic) Interest, ECLR 2004, 87 ff.; *Skilbeck,* Just When is a Public Body an „Undertaking"? FENIN and Bettercare compared, PPLR 2003, 75–77; *Jaeger,* die gesetzlichen Krankenkassen als Nachfrager im Wettbewerb, ZWR 205, 31 ff. Der BGH vertritt eine andere Auffassung, vgl. BGHZ, 152, 347 = GRUR 2003, 633. Das Bundeskartellamt bemerkt in seinem Tätigkeitsbericht v. 2003/2004 (BT-Drs. 15/5790, 22. 6. 2005, S. 40 und 71), dass die Definition des Begriffes „Unternehmen" im nationalen und im europäischen Wettbewerbsrecht unterschiedlich sind.

[107] EuGH U. v. 11 07.2006, Rs. C-205/03 P, *FENIN/Komm.,* Slg. 2006, I-6295.

Art. 81 Abs. 1 EG: Verbotsnorm 50 **Art. 81 Abs. 1 EG**

Mengen – nicht ein, um Güter oder Dienstleistungen im Rahmen einer wirtschaftlichen Tätigkeit anzubieten, sondern um es im Rahmen einer anderen, z.B. einer rein sozialen, Tätigkeit zu verwenden, so wird sie demnach nicht schon allein deshalb als Unternehmen tätig, weil sie als Käufer auf einem Markt agiert. Zwar trifft es zu, dass eine solche Einrichtung eine erhebliche Wirtschaftsmacht auszuüben vermag, die gegebenenfalls zu einem Nachfragemonopol führen kann. Das ändert jedoch nichts daran, dass sie, soweit die Tätigkeit, zu deren Ausübung sie Erzeugnisse kauft, nichtwirtschaftlicher Natur ist, nicht als Unternehmen im Sinne der Wettbewerbsregeln der Gemeinschaft handelt und daher nicht unter die in Artikel 81 Absatz 1 EG und 82 EG vorgesehenen Verbote fällt."[108]

Nach frühem Zögern, ob bestimmte **spezifische Sektoren** von der Anwendbarkeit des Art. 81 aus verschiedenen Gründen ausgenommen werden können, geht die Entwicklung klar zu einem umfassenden Konzept der „wirtschaftlichen Betätigung" hin. Das Bankgewerbe, Versicherungen und ganz allgemein Finanzdienstleistungen unterliegen Art. 81 EG.[109] Trotz der vergangenen Zurückhaltung, die volle Anwendbarkeit der Wettbewerbsregeln auf dem Transportsektor anzuerkennen, gilt das auch für Transportdienstleistungen.[110] Sektorale Besonderheiten können zur Einführung spezifischer Verfahrensregeln[111] oder Gruppenfreistellungen führen.[112] Darüber hinaus unterliegen weitere wirtschaftliche Aktivitäten sektor-spezifischen Regelwerken auf Grund von Richtlinien, die nach Art. 86 EG erlassen werden, um einen Prozess der zunehmenden Liberalisierung in Gang zu setzen. Das charakteristischste Beispiel ist die Telekommunikation.[113] Diese legislativen Be- 50

---

[108] EuG U. v. 4. 3. 2003 Rs. T-319/99 *Federación nacional de empresas, Instrumentación Científica, Médica, Técnica y Dental (FENIN)/Komm.* Slg. 2003, S. II-357 Rn. 36–37 bestätigt in EuGH U. v. 11. 7. 2006, Rs. C-205/03 P, *FENIN/Komm.*, Slg. 2006, I-6295.

[109] EuGH U. v. 14. 7. 1981 Rs. 172/80 – *Züchner/Bayerische Vereinsbank AG* Slg. 1981, 2021; EuGH U. v. 26. 3. 1987 Rs. 45/86 – *Verband der Sachversicherer* Slg. 1987, 405. Siehe *Biancarelli*, L'application du droit communautaire de la concurrence au secteur financier (banque et assurance), Gazette du Palais n° 158–159, 7.–8. Juni 1991, 4.

[110] Siehe Verordnung Nr. 141 des Rates über die Nichtanwendung der Verordnung Nr. 17 des Rates auf den Verkehr, ABl. 1962 B 124/2751. Dies erklärt die Existenz einer dualen rechtlichen Grundlage und die Übernahme der bedeutenden Regeln aus Art. 81 und 82 in die erste Verfahrensverordnung für Inlandstransport, Verordnung Nr. 1017/68 des Rates, v. 19. Juli 1968, über die Anwendung von Wettbewerbsregeln auf dem Gebiet des Eisenbahn-, Straßen- und Binnenschiffsverkehrs, ABl. 1968 L 175/1. Die Anwendbarkeit der allgemeinen Vorschriften des Vertrages (einschließlich der Wettbewerbsvorschriften) wurde vom Gerichtshof in Rs. 167/73 – *Komm./Frankreich*, U. v. 4. 4. 1974 Slg. 1974, 359 Rn. 32 bestätigt; siehe auch EuGH U. v. 30. 4. 1986 verb. Rs. 209–213/84 – *Ministère public/Asjes u. a.* Slg. 1986, 425 und EuGH U. v. 11. 4. 1989 Rs. 66/86 – *Ahmed Saeed Flugreisen und Silver Line Reisebüro GmbH/Zentrale zur Bekämpfung unlauteren Wettbewerbs E. v.* Slg. 1989, 803.

[111] Abgesehen vom Transportsektor gilt dies auch für den Agrarsektor. Siehe Verordnung Nr. 26 (EWG) des Rates, zur Anwendung bestimmter Wettbewerbsregeln auf die Produktion landwirtschaftlicher Erzeugnisse und den Handel mit diesen Erzeugnissen, ABl. 1962 B 30/993.

[112] Siehe z. B. für den *Versicherungs*sektor Verordnung (EWG) Nr. 3932/92 der Komm., v. 21. 12. 1992, ABl. 1992 L 398/7; für den *Lufttransport*sektor: Verordnung (EWG) Nr. 1617/93 der Komm., v. 25. 6. 1993, ABl. 1993 L 155/18, geändert durch Verordnung (EG) Nr. 1083/1999 der Komm., v. 26. 5. 1999, ABl. 1999 L 131/27, und durch Verordnung (EG) Nr. 1324/2001 der Komm., ABl. 2001 L 177/56.

[113] Siehe, als Beispiel, Richtlinie der Komm. 90/388/EWG v. 28. 6. 1990 über den Wettbewerb auf dem Markt für Telekommunikationsdienste, ABl. 1990 L 192/10. Diese Richtlinie wurde nachträglich geändert durch Richtlinien 94/46/EG, 95/51/EG, 96/2/EG, 96/19/EG und 1999/64/EG. All diese Richtlinien wurden durch Richtlinie 2002/77/EG der Komm. v. 16. 9. 2002 über den Wettbewerb auf den Märkten für elektronische Kommunikationsnetze und -dienste, ABl. 2002 L 249/21, außer Kraft gesetzt. Den neuen Rechtsrahmen für die Regulierung der elektronischen Kommunikationsdienste bilden die Richtlinie 2002/21/EG des Europäischen Parlaments und des Rates v. 7. 3. 2002 über einen gemeinsamen Rechtsrahmen für elektronische Kommunikationsnetze

sonderheiten sollten nicht die Tatsache verschleiern, dass es keine Freistellung von den Wettbewerbsvorschriften *„ratione materiae"* gibt und daher keine Körperschaften von der Anwendbarkeit dieser Vorschriften ausgenommen sind, nur weil sie in einer bestimmten Branche tätig sind.

51 Die Kommission hat eine Reihe von Entscheidungen zu Vereinbarungen zwischen Mitgliedern der **freien Berufe** oder zu Beschlüssen ihrer Berufsverbände getroffen.[114] Die von den betroffenen Freiberuflern vorgetragenen Argumente gegen die Anwendbarkeit von Art. 81 auf ihre Vereinbarungen oder auf Beschlüsse ihrer Berufsverbände haben zunehmend an Gewicht verloren, nachdem die Kommission und der Gerichtshof sie in einer Reihe von Entscheidungen zurückgewiesen haben. Daher hat die Kommission in ihrer *EPI*-Entscheidung[115] festgestellt, dass berufsmäßig vor dem Europäischen Patentamt auftretende Vertreter „Unternehmen im Sinne des Art. 85 Abs. 1 [jetzt Art. 81 Abs. 1] [sind], wenn sie ihren Beruf selbstständig ausüben, also ihre Dienstleistungen auf Dauer und gegen Entgelt erbringen, indem sie die mit der Ausübung dieser Tätigkeit verbundenen finanziellen Risiken auf sich nehmen. Die Tatsache, dass sie einem reglementierten freien Beruf nachgehen und dass es sich um intellektuelle, technische oder besondere Dienstleistungen handelt, die persönlich und unmittelbar erbracht werden, ändert nichts an der Art der Wirtschaftstätigkeit." Generalanwalt Léger hat zusammen gefasst, wie ein freier Beruf, in dem Fall selbstständige Rechtsanwälte, alle Merkmale, die die selbstständige Ausübung einer wirtschaftlichen Betätigung ausmacht, enthält: „[er bietet] Dienste auf einem bestimmten Markt, nämlich dem für juristische Dienstleistungen, an. Als Gegenleistung für diese Dienste verlangt und erhält er von seinem Mandanten ein Entgelt. Er trägt zudem die mit der Ausübung dieser Tätigkeit verbundenen finanziellen Risiken, da er im Falle eines Ungleichgewichts zwischen seinen Ausgaben und seinen Einnahmen die Verluste selbst trägt."[116] In seinem *Wouters*-Urteil wiederholte der Gerichtshof zu diesem Punkt fast Wort für Wort die Schlussanträge des Generalanwaltes.[117] Die Anwendung von Art. 81 auf die freien Berufe wird unten unter der Überschrift „Unternehmensvereinigungen" weiter untersucht.[118]

52 Die Anwendung der Wettbewerbsvorschriften des Vertrages (Art. 81 EG, aber auch Art. 82 EG) auf bestimmte Aktivitäten von **Sportorganisationen** hat in den letzten Jah-

---

und -dienste (Rahmenrichtlinie), ABl. 2002 L 108/33, sowie vier Einzelrichtlinien: die Richtlinie 2002/20/EG des Europäischen Parlaments und des Rates v. 7. 3. 2002 über die Genehmigung elektronischer Kommunikationsnetze und -dienste (Genehmigungsrichtlinie), ABl. 2002 L 108/21, die Richtlinie 2002/19/EG des Europäischen Parlaments und des Rates v. 7. 3. 2002 über den Zugang zu elektronischen Kommunikationsnetzen und zugehörigen Einrichtungen sowie deren Zusammenschaltung (Zugangsrichtlinie), ABl. 2002 L 108/7, die Richtlinie 2002/22/EG des Europäischen Parlaments und des Rates v. 7. 3. 2002 über den Universaldienst und Nutzerrechte bei elektronischen Kommunikationsnetzen und -diensten (Universaldienstrichtlinie), ABl. 2002 L 108/51, und die Richtlinie 2002/58/EG des Europäischen Parlaments und des Rates v. 12. 7. 2002 über die Verarbeitung personenbezogener Daten und den Schutz der Privatsphäre in der elektronischen Kommunikation (Datenschutzrichtlinie für elektronische Kommunikation), ABl. 2002 L 201/37.

[114] Vgl. hierzu *Nyssens*, Concurrence et orders professionnels: les trompettes de Jericho sonnent-elles? Revue de droit commercial Belge, 1999, 475 ff.; *Vossestein*, Anmerkung zu C-35/99 Arduino and C-309/99 Wouters, CMLR, 2002, 841 ff.; *Ehlermann*, Concurrence et professions libérales: Antagonisme ou compatibilité, Revue du Marché commun, 1993, 136 ff.; *Idot*, Quelques réflexions sur l'application du droit communautaire de la concurrence aux ordres professionnels, Journal des tribunaux – droit européen, 1997, 73 ff.

[115] Komm. E. v. 7. 4. 1999 – *Richtlinien für die Berufsausübung des Instituts der beim Europäischen Patentamt zugelassenen Vertreter*, ABl. 1999 L 106/14 Rn. 23.

[116] Schlussanträge des GA Léger in der *Wouters u. a./Algemeen Raad van de Nederlandse Orde van Advocaten*, vorgetragen am 10. 7. 2001, Fn. 72 Rn. 49–51.

[117] *Wouters u. a./Algemeen Raad van de Nederlandse Orde van Advocaten*, Fn. 57 Rn. 48–49.

[118] Siehe unten Rn. 62.

ren zugenommen. Die Kommission hat in den letzten Jahren rund 60 Verfahren über die Anwendbarkeit der Art. 81 und 82 EG auf den Sektor des Profi-Sports und auf Aktivitäten, die damit unmittelbar verbunden sind, wie den Eintrittskartenverkauf für Sportveranstaltungen oder den Verkauf der Übertragungsrechte eröffnet.[119] Die Kommission hat Entscheidungen über den Italienischen Fußballverband,[120] den Schottischen Fußballverband,[121] das Organisationskomitee der Endrunde der Fußballweltmeisterschaft 1998 in Frankreich[122] und die Union der Europäischen Fußballverbände (UEFA) sowie die nationalen Verbände, die Mitglieder der Fédération internatonale de football association (FIFA) sind,[123] getroffen. In all diesen Verfahren hat die Kommission angenommen, dass Sportvereine und -verbände eine Reihe wirtschaftlicher Betätigungen betreiben und daher bezüglich dieser Betätigungen als *Unternehmen* behandelt werden können. Die Kommission hat als solche wirtschaftliche Betätigung unter anderem bezeichnet: den Verkauf von Eintrittskarten für Spiele, den Abschluss von Verträgen für Bandenwerbung, die kommerzielle Vermarktung von Emblemen und Maskottchen und den Abschluss von Fernsehübertragungsverträgen. Ähnlich hat die Kommission in einem weithin bekannten Fall ein förmliches Verfahren gegen die Fédération Internationale de l'Automobile (FIA), eine Organisation, die den Motorsport regelt, eingeleitet, nachdem sie nach erster Überprüfung zu dem Schluss kam, die FIA hätte Art. 81 und 82 EG verletzt.[124] Eine Verletzung von Art. 82 durch FIA setzte voraus, dass diese Einrichtung selbst ein Unternehmen mit eigenen wirtschaftlichen Aktivitäten sei.[125] In der Entscheidung in der Rs. T-193/02 *Piau/Komm.* hat das Gericht die Auffassung, die die Kommission in den oben genannten Fällen vertreten hat, bestätigt (Rn. 68–72).

Eindeutig fällt die Ausübung des Sports insoweit unter das Gemeinschaftsrecht, als sie zum Wirtschaftsleben im Sinne von Artikel 2 EG gehört.[126] Der EuGH schließt die Gemeinschaftsbestimmungen über die Freizügigkeit und den freien Dienstleistungsverkehr jedoch für die Fragen aus, die ausschließlich von sportlichem Interesse sind und als solche

---

[119] *Pons,* Sports and European Competition Policy, in: Hawk (Hrsg.), Annual proceedings of the Fordham Corporate Law Institute 1999 (2000), p. 75–91; *Pons,* La politique européenne de concurrence et le sport (1995–2002), Revue du droit de l'Union européenne 2002, 241–259.

[120] Komm. E. v. 27. 10. 1992 – *Vertrieb der Pauschalarrangements anlässlich der Fußballweltmeisterschaft 1990,* ABl. 1992 L 326/31. Die Adressaten der Entscheidung waren u. a. das örtliche Organisationskomitee, der Italienische Fußballverband und FIFA.

[121] Eine Anfrage für Informationen im Wege einer Entscheidung gem. Art. 11 V wurde vom Schottischen Fußballverband vor dem Gericht Erster Instanz angegriffen; EuG U. v. 9. 11. 1994 Rs. T-46/92 – *Scottish Football Association/Komm.* Slg. 1994, II-1039. Verordnung Nr. 17 gibt der Kommission das Recht, solche Entscheidungen nur gegen Unternehmen oder Unternehmensverbände zu richten.

[122] Komm. E. v. 20. 7. 1999 – *Fußballweltmeisterschaft 1998,* ABl. 2000 L 5/55. Der Fall betraf die Anwendung von Art. 82 EG.

[123] Komm. E. v. 19. 4. 2001 – *Übertragungsregeln der UEFA,* ABl. 2001 L 171/12; *Piau/Komm.* (Fn. 75), Rn. 71 f.

[124] „Kommission eröffnet formelles Verfahren über die Formel Eins und andere internationale Motorsportveranstaltungen", Pressemitteilung der Komm. (IP/99/434) v. 30. 6. 1999. Die FIA hat ihren Widerspruch vollständig auf ihrer Webseite veröffentlicht (www.fia.com).

[125] Zu diesem Fall siehe *Gippini Fournier,* Droit communautaire de la concurrence et sport automobile. Epilogue des affaires FIA/Formula One, Revue des Affaires européennes/Law & European Affairs 2001–2002, 361.

[126] Urteile vom 12. Dezember 1974 in der Rechtssache 36/74, *Walrave und Koch,* Slg. 1974, 1405, Randnr. 4, vom 14. Juli 1976 in der Rechtssache 13/76, *Donà,* Slg. 1976, 1333, Rn. 12, vom 15. Dezember 1995 in der Rechtssache C-415/93, *Bosman,* Slg. 1995, I-4921, Rn. 73, vom 11. April 2000 in den Rechtssachen C-51/96 und C-191/97, *Deliège,* Slg. 2000, I-2549, Rn. 41, und vom 13. April 2000 in der Rechtssache C-176/96, *Lehtonen und Castors Braine,* Slg. 2000, I-2681, Randnr. 32; EuGH U. v. 18. 7. 06 Rs. C-519/04 *Meca-Medina und Majcen/Komm.,* Rn. 22, EuGH U. v. 8. 5. 2003 Rs C-438/00 – *Deutscher Handballbund,* „Kolpak", Slg. 2003, I-413 Rn. 56 bis 58.

Art. 81 Abs. 1 EG 53

nichts mit wirtschaftlicher Betätigung zu tun haben.[127] Nach dem EuGH kann aus dem Umstand, dass eine Regelung rein sportlichen Charakters ist, aber nicht abgeleitet werden, dass derjenige, der die dieser Regelung unterliegende sportliche Tätigkeit ausübt, oder die Institution, die diese Regelung erlassen hat, nicht in den Geltungsbereich des EG-Vertrags fällt.[128] In der Entscheidung in der Rs. *Meca-Medina*[129] hat der EuGH den Umfang der Ausnahme „ausschließlich von sportlichem Interesse" teilweise geklärt. Fällt eine sportliche Tätigkeit in den Geltungsbereich des EG-Vertrages, so unterliegen die Bedingungen ihrer Ausübung den einzelnen Vorschriften des EG-Vertrags, auch den Wettbewerbsvorschriften. Der Tatsache selbst, dass die Regeln für eine sportliche Tätigkeit den freien Verkehr nicht beschränken, weil sie Fragen betreffen, die allein von sportlichem Interesse sind und als solche nichts mit wirtschaftlicher Betätigung zu tun haben, kann nach dem EuGH nicht abgewonnen werden, dass die entsprechende sportliche Tätigkeit zwangsläufig nicht in den Geltungsbereich der Artikel 81 EG und 82 EG fällt, noch, dass die genannten Regeln den Tatbestand dieser Artikel nicht erfüllen.[130]

53   Andererseits ist nicht völlig klar, ob **Berufssportlern** der Status von Unternehmen zukommt[131] obwohl der Gerichtshof im Zusammenhang mit Art. 49 EG entschieden hat, dass ein professioneller Judoka sich als Individuum wirtschaftlich als Anbieter von Dienstleistungen gegenüber Sponsoren und Auftraggebern von Werbung betätigt.[132] Ob dieselben Individuen auch „Unternehmen" im Sinne des Art. 81 sind, wurde noch nicht entschieden. Unserer Ansicht nach sollten selbstständige professionelle Sportlerinnen und Sportler „Unternehmen" darstellen. Es scheint jedoch sehr unwahrscheinlich, dass professionelle Sportler, die in Arbeitsverträgen stehen und damit als Arbeitnehmer im Sinne des Art. 39 EG gelten, *gleichzeitig* als „Unternehmen" im Sinne des Art. 81 gelten können. In solchen Situationen stellen die Spieler die von einem Unternehmen eingestellte Belegschaft für die Produktion einer Sportveranstaltung dar. Bezüglich der Aktivität, für die sie engagiert wurden, sind unter Vertrag stehende Spieler innerhalb eines Teams Arbeitnehmer. Abhängige Arbeit ist das genaue Gegenteil der unabhängigen Ausübung einer wirtschaftlichen Betätigung. Das führt zu dem Paradox, dass Profispieler in Teamsportarten wie Fußball oder Basketball keine Unternehmen darstellen, Athleten in Einzelsportarten wie Skifahren, Tennis oder Kampfsport, die normalerweise nicht unter Vertrag in Teams agieren, Art. 81

---

[127] Urteile v. 12. 12. 1974 in der Rs. 36/74 – *Walrave und Koch,* Slg. 1974, 1405, Rn. 8; EuGH U. v. 18. 7. 06 Rs. C-519/04 P – *Meca-Medina und Majcen/Komm.,* Slg. 2006, I-6991, Rn. 25.

[128] EuGH U. v. 18. 7. 2006 Rs. C-519/04 P *Meca-Medina und Majcen/Komm.,* Slg. 2006, I-6991, Rn. 27.

[129] Vgl. *Weatherill,* Anti-doping rules and EC law, ECLR 2005, 416 ff.; *Weatherill,* Anti-doping revisited: the demise of the rule of „purely sporting interest"? ECLR 2006, 645 ff.; *Latty,* L'arrêt, le livre blanc et le traité : La „lex sportiva" dans l'ordre juridique communautaire développements récents, Revue du Marché commun et de l'Union européenne 2008, 43 ff.; *Zylberstein,* Collision entre idéaux sportifs et contingences économiques dans l'arrêt Meca-Medina, Cahiers de droit européen 2007, [213]-237; *Szyszczak,* Competition and sport, ELR 2007, 95 ff.; *Choquet,* La lutte contre le dopage au regard du droit communautaire de la concurrence: à propos de l'arrêt „Meca-Medina et Majcen" du Tribunal de première instance des Communautés européennes (30 septembre 2004) Revue du Marché commun et de l'Union européenne 2006, 29 ff.

[130] EuGH U. v. 18. 7. 2006, Rs. C-519/04 P – *Meca-Medina und Majcen/Komm.,* Slg. 2006, I-6991, Rn. 31.

[131] Siehe Schlussanträge des GA Jacobs in der Rs. C-67/96 – *Albany International BV/Stichting Bedrijfspensioenfonds Textielindustrie* Slg. 1999, I-5751 Rn. 217. GA Lenz in seinen Schlussanträgen in der Rs. C-415/93 – *URBSF/Bosman* Slg. 1995, I-4921, hat diesen Aspekt nicht untersucht, da er nicht zwingend notwendig war für seine Analyse der Vorschriften des Belgischen Fußballverbandes über Ablösesummen und Beschränkungen auf Grund der Staatsangehörigkeit von Spielern. *Emmerich* in Immenga/Mestmäcker (Hrsg.), Wettbewerbsrecht, Art. 81(1), Rn. 33.

[132] EuGH U. v. 10. 5. 2001 verb. Rs. C-51/96 und C-191/97 – *Deliège u. a./Ligue francophone de judo u. a.* Slg. 2000, I-2549 Rn. 49–60.

unterliegen. Dieses Paradox ist allerdings eher scheinbar als real, da auch Sportler, die in einem Team spielen, ein Unternehmen darstellen können und zwar für die Aktivitäten außerhalb der Reichweite der Arbeitgeber-Arbeitnehmer-Beziehung, zum Beispiel Werbeauftritte, Sponsorenverträge, eben jene wirtschaftlichen Aktivitäten, die von Sportlern in Einzelsportarten überwiegend getätigt werden.

bb) Unternehmen als unabhängige Zentren geschäftlicher Entscheidungen. 54
Abgesehen vom materiellen Bereich einer von Art. 81 EG erfassten Aktivität, ist das Konzept des „Unternehmens" ebenso relevant in Bezug auf eine ganz andere Reihe von Fragen in der Rechtsprechung des Gerichtshofes und des Gerichtes Erster Instanz. Diese Fragen beziehen sich alle auf die „Grenzen" des Unternehmens in Fällen, in denen eine Gruppe verbundener Personen im wirtschaftlichen Bereich interagiert. Dies gilt zum Beispiel für **Unternehmensgruppen,** die miteinander verbunden sind. Der wirtschaftliche Ansatz für das Konzept des Unternehmens führt zu einer Behandlung von Unternehmen unter gemeinsamer Kontrolle als einer **wirtschaftlichen Einheit** im Sinne des Kartellrechts.[133] Der Gerichtshof stellt dabei darauf ab, ob sich die Gesellschaften auf dem Markt einheitlich verhalten.[134] Die Gruppe ist dann das relevante „Unternehmen" im Sinne des Art. 81. Dies scheint auch für Unternehmen ohne eine klare gesellschaftsrechtliche Beziehung zu gelten, wenn sie *de facto* als eine Gruppe zum Zwecke der Beschränkung operieren und Beweise vorliegen, dass sie unter gemeinsamer Kontrolle agieren und ein gemeinsames Ziel verfolgen.[135] Dies hat weitreichende materiellrechtliche Auswirkungen. Ein einzelnes Rechtssubjekt kann nicht mit sich selbst Vereinbarungen zur Zusammenarbeit eingehen, weshalb „intra-Unternehmens- oder ‚Badewannen'-Verschwörungen", wie sie im U.S.-amerikanischen Kartellrecht genannt werden, weitgehend außerhalb der Anwendbarkeit des Wettbewerbsrechts bleiben. Der Gerichtshof hat früh anerkannt, dass „Art. 81 Abs. 1 die innere Organisation des Unternehmens nicht [...] antasten [will]."[136] Infolgedessen wurden Muttergesellschaften und ihre Tochtergesellschaften als einheitliche Unternehmen angesehen, denen es unter bestimmten Umständen unmöglich ist, mit sich selbst wettbewerbswidrige Vereinbarungen abzuschließen. In der Sache *Centrafarm/Winthrop* hat der Gerichtshof festgestellt, dass Art. 81 „nicht einschlägig [ist] bei Vereinbarungen und aufeinander abgestimmten Verhaltensweisen, von Unternehmen, die als Mutter- bzw. Tochtergesellschaft ein und demselben Konzern angehören, vorausgesetzt, dass die Unternehmen eine wirtschaftliche Einheit bilden, in deren Rahmen die Tochtergesellschaft ihr Vorgehen auf dem Markt nicht wirklich selbstständig bestimmen kann, und ferner, dass diese Vereinbarungen oder Verhaltensweisen dem Zweck dienen, die interne Aufgabenverteilung zwischen den Unternehmen zu regeln".[137] In seinem Urteil in der Rechtssache *Viho*, bestätigte der Gerichtshof ein Urteil des Gerichtes Erster Instanz und gab offenbar die rätselhafte Bedingung bezüglich der „internen Aufgabenverteilung" auf. Er stellte fest, dass eine von der Muttergesellschaft eingeführte Strategie der Aufteilung verschiedener nationalen Märkte unter den Tochtergesellschaften keine Vereinbarung im Sinne von Art. 81 ist. Der Gerichtshof führte aus, dass Art. 81 nicht auf Vereinbarungen innerhalb einer Unterneh-

---

[133] *ICI/Komm.* Fn. 4 Rn. 140; EuGH Rs. 170/83 *Hydrotherm*, Slg. 1984, 2999, Rn. 11; EuGH Rs. C-189/02 P, C-202/02 P, C-205/02 P bis C-208/02 P, *Dansk Rorindustri A/S u. a./Kommission*, Slg. 2005, I-5425, Rn. 104 ff. EuG U. v. 29. 6. 2000 Rs. T-234/95, DSG/Kommission, Slg. 2000, II-2603, Rn. 124; EuG Rs. T-66/99 *Minoan Lines/Komm.*, Rn. 121–123.
[134] EuGH Rs. 48/69, *ICI/Komm.* Rn. 140 und EuGH Rs. C-217/05 *CEPSA*, Rn. 41.
[135] EuG U. v. 20. 3. 2002 Rs. T-9/99 – *HFB Holding/Komm.* Slg. 2002, S. II-1487 Rn. 54–67, besonders 61 und 66.
[136] *Consten und Grundig/Komm.* Fn. 8, S. 340.
[137] EuGH U. v. 31. 10. 1974 Rs. 15/74 – *Centrafarm und De Peijper/Winthrop* Slg. 1974, 1147 Rn. 41. Siehe auch *Béguelin Import Co./S. A. G. L. Import Export* Fn. 53 Rn. 5–9; Komm. E. v. 18. 6. 1969 – *Christiani & Nielsen*, ABl. 1969 L 165/12; und Komm. E. v. 30. 6. 1970 – *Kodak*, ABl. 1970 L 147/24 Rn. 11–13.

mensgruppe anwendbar ist, in der die Tochtergesellschaft ihr Marktverhalten nicht selbst bestimmen kann, sondern stattdessen direkt oder indirekt von der Muttergesellschaft erteilte Anweisungen befolgt. Die Tatsache, dass solche Vereinbarungen die Wettbewerbsposition Dritter beeinträchtigende Auswirkungen außerhalb des Bereichs der Gruppe haben können, führt nicht zur Anwendbarkeit von Art. 81 Abs. 1 EG des Vertrages.[138]

55   Dies trifft auch auf die Beziehungen zwischen natürlichen und juristischen Personen zu: in der Sache *Hydrotherm* wurden zwei von einer Person beherrschte Unternehmen als ein **einziges Unternehmen** angesehen.[139] Der Gerichtshof führte aus, dass „[i]m Rahmen des Wettbewerbsrechts ... unter dem Begriff des Unternehmens eine im Hinblick auf den jeweiligen Vertragsgegenstand bestehende wirtschaftliche Einheit zu verstehen [ist], selbst wenn diese wirtschaftliche Einheit rechtlich aus mehreren, natürlichen oder juristischen, Personen gebildet wird. Die diesbezügliche Voraussetzung des Art. 1 Abs. 1 der Verordnung Nr. 67/67 ist daher erfüllt, wenn auf einer Seite der Vereinbarung Firmen beteiligt sind, zwischen denen Interessengleichheit besteht und die von ein und derselben – ebenfalls an der Vereinbarung beteiligten – natürlichen Person kontrolliert werden. Denn unter diesen Umständen ist ein Wettbewerb zwischen den Personen, die zusammen als eine einzige Partei an der fraglichen Vereinbarung beteiligt sind, unmöglich." Die Unfähigkeit einer abhängigen Körperschaft, selbst über ihre Marktstrategie zu entscheiden, erklärt die Irrelevanz der eigenen Rechtspersönlichkeit.

56   Die Frage wurde gestellt, ob einzelne **Abteilungen ein und desselben Unternehmens** unterschiedliche Unternehmen im Sinne des EG-Wettbewerbsrechts darstellen können. Die gleiche wirtschaftliche Logik muss zu einer negativen Antwort führen.[140] Eine Abteilung bleibt bei der Entscheidung über ihre Marktstrategie abhängig von Entscheidungen auf höherer Ebene, welche sie respektieren muss. Sie kann unabhängig vom tatsächlichen Grad an Freiheit, den sie möglicherweise genießt, niemals *selbstständig* eine wirtschaftliche Aktivität durchführen, da diese Freiheit durch die mit Entscheidungsmacht ausgestattete Person entzogen werden kann.[141] Untergeordnete **Betriebe oder Abteilungen des Staates** oder anderer öffentlich-rechtlicher Einrichtungen, welche sich wirtschaftlich betätigen, sind Spezialfälle und sollten nicht mit gesellschaftsrechtlich unselbstständigen Abteilungen eines einzelnen Unternehmens gleichgesetzt werden. Ihre wirtschaftliche Unabhängigkeit muss auf der Grundlage spezifischer Faktoren beurteilt werden, ohne die Existenz höherer Ebenen bürokratischer oder politischer – im Gegensatz zu *wirtschaftlicher* – Entscheidungsmacht zu berücksichtigen.[142]

---

[138] EuGH U. v. 24. 10. 1996 Rs. C-73/95 P – *Viho/Komm.* Slg. 1996, I-5457 Rn. 15–17.

[139] *Hydrotherm Gerätebau GmbH/Compact del Dott. Ing. Mario Andreoli & C. Sas.* Fn. 64 Rn. 10–12 (Herr Andreoli und die beiden von ihm voll beherrschten Unternehmen stellen ein einzelnes Unternehmen dar; Vereinbarung mit Hydrotherm, von Gruppenfreistellung erfasst, auf Vereinbarungen zwischen zwei Unternehmen beschränkt).

[140] Siehe *Wils*, The undertaking as subject of E. C. competition law and the imputation of infringements to natural or legal persons, E. L. Rev. 2000, 99–116, auf 101–102, und *Waelbroeck/Frignani*, Commentaire J. Megret, Bd. 4, Concurrence, 2. Aufl. 1997, 51; vgl. auch *Goodman* in Siragusa/Rizza (Hrsg.) EU Competition law, Rn. 1.65 ff.; *Paschke* in Hirsch/Montag/Säcker, Münchener Kommentar zum Europäischen und Deutschen Wettbewerbsrecht (2007), Art. 81, Rn. 21 ff.; Faull & Nikpay, Rn. 3.87 ff.; Bellamy & Child (2008), Rn. 2.017 ff.; *Schröter* in Schröter/Jakob/Mederer (Hrsg.), Kommentar, Art. 81(1) Rn. 123 ff. Dagegen *Hamann*, Das Unternehmen als Täter im Europäischen Wettbewerbsrecht, 1992, S. 211.

[141] Dies wurde von der Kommission – zugegebenermaßen in einem anderen Zusammenhang – in ihrem Zehnten Bericht über die Wettbewerbspolitik 1980, in Bezug auf die Michelin/Kléber-Colombes Restrukturierung anerkannt (Rn. 150–156).

[142] Siehe Komm. E. v. 1. 8. 1990 – *Erbringung internationaler Eilkurierdienstleistungen in Spanien*, ABl. 1990 L 233 (Die spanische Post ist, obwohl sie keine Rechtspersönlichkeit besitzt, wegen ihrer finanziellen Unabhängigkeit ein v. Staat verschiedenes Unternehmen). Der Text dieses Erwägungsgrunds

57 Wie unselbstständigen Abteilungen fehlt **Beschäftigten** eines Unternehmen die Autonomie, welche für ein isoliertes Unternehmen erforderlich ist. Wenn Beschäftigte und Manager innerhalb des Bereichs ihrer Beschäftigung tätig werden, tun sie dies zur Förderung der wirtschaftlichen Betätigung des Unternehmens. Sie werden nicht im hier gebrauchten Sinn selbst wirtschaftlich tätig. Wie der Gerichtshof in der Sache *Becu* erklärt hat, verrichten die Beschäftigten in einem Arbeitsverhältnis die fraglichen Arbeiten „für das betreffende Unternehmen und unter seiner Leitung", so dass sie als „Arbeitnehmer" im Sinne des Art. 39 EG anzusehen sind. Da sie für die Dauer dieses Verhältnisses in die betroffenen Unternehmen eingegliedert sind, und daher eine wirtschaftliche Einheit mit jedem von ihnen bilden, können Arbeitnehmer nicht selbst „Unternehmen" im Sinne des Wettbewerbsrechts der Gemeinschaft darstellen.[143] Grenzfälle ergeben sich aus der Qualifikation von Verträgen zwischen einem Beschäftigten und seinem Unternehmen nach Ende des Beschäftigungsverhältnisses, wie Wettbewerbsverbote, unabhängig davon, ob sie während oder nach Ende des Beschäftigungsverhältnisses geschlossen wurden. In solchen Fällen kann der ehemalige Beschäftigte abhängig vom Inhalt des Vertrages wohl als potenzielles Unternehmen auftreten.

58 Der Gerichtshof hat ebenso entschieden, dass Vereinbarungen, die im Zusammenhang mit **Tarifverhandlungen zwischen Management und Arbeitnehmerschaft** zur Verbesserung der Arbeitsbedingungen abgeschlossen werden, auf Grund ihres Wesens und ihres Zweckes aus dem Anwendungsbereich des Art. 81 Abs. 1 des Vertrages herausfallen, ohne Gründe für diese Entscheidung zu nennen.[144] Obwohl es verlockend ist anzunehmen, dass diese Folgerung aus dem Ausschluss der Arbeitnehmer von dem Konzept des „Unternehmens" zu ziehen ist, trifft es ebenso zu, dass auf Arbeitgeberseite mehrere Unternehmen Partei von Tarifverträgen sind. Der Gerichtshof hatte dies möglicherweise im Sinn, als er „Wesen und Zweck" der Tarifverträge als Grund für den Ausschluss aus dem Anwendungsbereich des Art. 81 nannte. Im Gegensatz dazu hat der Gerichtshof in der Sache *Pavlov*, einem Verfahren über eine Vereinbarung zwischen Freiberuflern (selbstständige medizinische Spezialisten) zur Errichtung eines Rentenfonds, der für die Verwaltung eines Zusatzrentensystems zuständig sein sollte, die Reichweite der Ausnahme vom Anwendungsbereich des Art. 81 Abs. 1 EG beschränkt, indem er sagte, dass sie nicht auf eine Vereinbarung angewendet werden kann, die *nicht* im Zusammenhang mit Tarifverhandlungen zwischen Arbeitnehmern und Arbeitgebern steht.[145]

59 Handelsvertreter und Kommissionäre sind Unternehmen, wenn sie als unabhängige Vermittler auftreten. Umgekehrt handeln sie nicht als selbstständige Unternehmen, wenn sie „im Namen oder im Auftrage" eines Prinzipals handeln und nicht selbst die wirtschaftlichen Risiken des Geschäftes tragen, das sie für ihren Prinzipal ausführen; in einer solchen Situation ist der Handelsvertreter schlicht ein Instrument oder ein Hilfsorgan des Prinzipals. Die Position des Handelsvertreters ist ähnlich der eines Arbeitnehmers, da die wirtschaft-

---

wurde in Abs. 22 der Präambel der revidierten FKVO übernommen: Verordnung des Rates (EG) Nr. 139/2004 v. 20. 1. 2004 über die Kontrolle von Unternehmenszusammenschlüssen, ABl. 2004 L 24/1.

[143] EuGH U. v. 16. 9. 2002 Rs. C-22/98 – *Becu u. a.* Slg. 1999, I-5665 Rn. 26. Siehe auch Schlussanträge des GA Léger in der Rs. C-309/99 – *Wouters u. a./Algemene Raad van de Nederlandse Orde van Advocaten* (anhängig), vorgetragen am 10. 7. 2001 Rn. 49–51.

[144] *Albany International/Stichting Bedrijfspensioenfonds Textielindustrie* Fn. 66 Rn. 60. Das Urteil folgt in dieser Hinsicht in der Schlussfolgerung – wenn auch nicht ausdrücklich in der Begründung – dem Vorschlag des GA Jacobs in seinen gut recherchierten und wohl überlegten Schlussanträgen. Siehe auch *Brentjens' Handelsonderneming/Stichting Bedrijfspensioenfonds voor de Handel in Bouwmaterialen* Fn. 89 und *Maatschappij Drijvende Bokken/Stichting Pensioenfonds voor de Vervoer- en Havenbedrijven* Fn. 66 und EuGH U. v. 16. 9. 2002 Rs. C-222/98 – *Van der Woude/Stichting Beatrixoord* Slg. 2000, I-7111 Rn. 22–27.

[145] *Pavlov u. a./Stichting Pensioenfonds Medische Specialisten* Fn. 93 Rn. 68.

Art. 81 Abs. 1 EG 59

liche Betätigung nicht für sich selbst ausgeübt wird. Wie ein Arbeitnehmer ist der Handelsvertreter an die Bedingungen und Anweisungen des Prinzipals gebunden. Diese Analyse, die sich bereits in der 1962 veröffentlichten „Weihnachtsbekanntmachung" der Kommission über Alleinvertriebsverträge mit Handelsvertretern fand,[146] wurde weiterentwickelt und bestätigt in den *Leitlinien für vertikale Beschränkungen* der Kommission, welche die derzeitige Position der Kommission über Handelsvertreterverträge enthalten.[147] Die Kommission unterschied den Fall „echter" Handelsvertreterverträge, in denen Verpflichtungen über das Aushandeln und/oder den Abschluss von Verträgen für den Prinzipal dem Handelsvertreter aufgegeben werden und die nicht in den Anwendungsbereich des Art. 81 Abs. 1 EG fallen, von dem Fall der „unechten" Handelsvertreterverträge, welche Art. 81 Abs. 1 EG unterfallen können.[148] Die Vereinbarung wird als „echter" Handelsvertretervertrag angesehen, wenn der Handelsvertreter keine oder nur unwesentliche Risiken in Bezug auf die für den Prinzipal ausgehandelten und/oder abgeschlossenen Verträge und in Bezug auf die marktspezifischen Investitionen für das Tätigkeitsfeld trägt. Die Leitlinien erkennen zwar an, dass wenn „der Auftraggeber sämtliche damit verbundenen finanziellen und geschäftlichen Risiken [trägt], der Vertreter keine unabhängige Wirtschaftstätigkeit in Bezug auf die Aufgaben aus[übt], deren Wahrnehmung ihm vom Auftraggeber übertragen wurde" und dass, „[i]n einem solchen Fall die Verkaufs- und die Kauffunktion Bestandteil der Tätigkeiten des Auftraggebers [sind], obwohl es sich bei dem Vertreter um ein eigenständiges Unternehmen handelt". Dennoch legen die Richtlinien fest, dass der Handelsvertreter ein „separates Unternehmen" bleibt. Dies muss verstanden werden als ein Verweis auf die Stellung des Handelsvertreters in Bezug auf die *Handelsvertreterverträge* selbst, nicht in Bezug auf die entsprechend dem Handelsvertretervertrag für den Prinzipal getätigten Geschäfte. Daher können Klauseln in dem Handelsvertretervertrag, die nicht in Zusammenhang mit der Weise, in welcher der Handelsvertreter Geschäfte für seinen Prinzipal tätigt, stehen (wie ein Wettbewerbsverbot des Handelsvertreters), Art. 81 unterfallen.[149] In der entgegengesetzten Situation, in der der Handelsvertreter diese Risiken trägt, wird er als unabhängiger Kaufmann behandelt, der frei seine Marktstrategie bestimmen können muss, um seine vertrags- und marktspezifischen Investitionen decken zu können. Die Klauseln solcher „unechten" Handelsvertreterverträge können den Wettbewerb nach Art. 81 Abs. 1 beschränken. Der EuGH gab in der Entscheidung in der Rs. *CEPSA*[150] vor, welche Risiken in Betracht gezogen werden sollen. Zur Art der Risiken wird in der Entscheidung T-325/01 *DaimlerChrysler/Komm.* Stellung genommen. Das Gericht war hier der Meinung, die Kommission habe in ihrer Analyse *„spürbar die Bedeutung der Risiken"*[151] über-

---

[146] ABl. 1962 L 139/2921. Siehe auch *Consten & Grundig/Komm.* Fn. 8 S. 340.

[147] Rn. 12 bis 20 der Mitteilung der Komm. 2000/C 291/01, Leitlinien für vertikale Beschränkungen, ABl. 2000 C 291/1. Sie müssen im Zusammenhang mit Richtlinie des Rates 86/653/EWG, ABl. 1986 L 382/17 gelesen werden.

[148] Vgl. COMP/37.980 Souris-Topps, 26 May 2004. In den Begründungserwägungen Nr. 103f setzt sich die Kommission mit dem Vorbringen, es handele sich um einen Fall eines „echten" Handelsvertreters, auseinander und lehnt dies ab.

[149] EuGH U. v. 16. 12. 1975 verb. Rs. 40/73 bis 48/73, 50/73, 54/73 bis 56/73, 111/73, 113/73 und 114/73 – *Suiker Unie u. a./Komm.* Slg. 1975, 1663; EuGH U. v. 14. 12. 2006 Rs. C-217/05 *Confederación Española de Empresarios de Estaciones de Servicio* („CEPSA"), Slg. 2006, I-11987, Rn. 62 und die Schlussanträge der GA *Kokott;* Vgl. auch *Bellamy & Child* (2008), Rn. 2.020; *Waelbroeck/Frignani*, Commentaire Mégret, Vol VI – Concurrence, 1997, S. 629–642.

[150] EuGH U. v. 14. 12. 2006 Rs. C-217/05 *Confederación Española de Empresarios de Estaciones de Servicio* („CEPSA"), Slg. 2006, I-11987, Rn. 51 ff.; vgl. auch EuGH Rs. C-266/93 *Bundeskartellamt/Volkswagen*, Slg. 1995, I-3477, Rn. 4 und 19; EuG Rs. T-66/99 *Minoan Lines/Komm.*, Slg. 2003, II-5515, Rn. 121 ff. bestätigt in EuGH Rs. C-121/04 P *Minoan Lines/Komm.* Beschluß vom 17. 11. 2005, see also *Bellamy & Child* (2008) Rn. 6.030.

[151] EuG Rs. T-325/01 – *DaimlerChrysler/Komm.* Slg. 2005, II-3319, Rn. 109 ff.

trieben.[152] In *CEPSA* wurde unterstrichen, dass Art. 81 EG immer dann Anwendung findet, wenn der Handelsvertreter „*in einem nicht unerheblichen Umfang eines oder mehrerer finanzieller und kommerzieller Risiken des Absatzes an Dritte*" trägt.[153]

Die allgemeine Anwendbarkeit dieses Ansatzes zum Konzept des „Unternehmens" sollte nicht die Tatsache verschleiern, dass zu **Vollzugszwecken** die Verletzungen der EG-Wettbewerbsvorschriften letztlich einer natürlichen oder juristischen Person zugerechnet werden müssen. Obwohl Unternehmen die Adressaten der materiellen Regeln des Art. 81 sind, müssen Entscheidungen und Verfahrensakte an Adressaten mit Rechtspersönlichkeit gerichtet werden. Die Kommission rechnet daher die Verletzungen natürlichen oder juristischen Personen zu und erlegt diesen Bußgelder auf. Während die Frage, wem die Verletzung zugerechnet wird, einfach ist in Fällen, in denen das Unternehmen mit einer einzelnen natürlichen oder juristischen Person übereinstimmt, präsentieren andere Situationen deutlich schwierigere Szenarien, die noch weiter verkompliziert werden durch die Möglichkeit, dass sich die beteiligten natürlichen oder juristischen Personen in der Zwischenzeit geändert haben können.[154] Die Kommission hat mit Zustimmung des Gerichtshofes die Doktrin der „wirtschaftlichen Einheit" angewendet, um die Haftung für Handlungen von Tochtergesellschaften auf die Muttergesellschaft zu übertragen, Bußgelder der Muttergesellschaft aufzuerlegen und ausländische Unternehmen auf Grund von Handlungen ihrer EG-Tochtergesellschaften zu erreichen.[155] Das Gericht Erster Instanz hat schon in den *Fernwärmetechnik*-Verfahren bestätigt, dass mehrere verbundene Unternehmen, die zum Zwecke der Verletzung als *de facto*-Gruppe auftraten, für die Zahlung der Strafe gemeinsam und getrennt herangezogen werden können, selbst wenn es keine Holdinggesellschaft gibt.[156] Auf diese Rechtsprechung gestützt geht die Kommission davon aus, dass aus der 100%igen Anteilseignerschaft die Möglichkeit zur Ausübung eines bestimmenden Einflusses der Muttergesellschaft folgt.[157] Ein „Indiz" für die tatsächliche Ausübung dieses Einflusses z. B. in der Form von Alleineigentum wird weder von dem EuGH[158] noch von dem EuG[159] gefordert. Nach dem Urteil *Akzo Nobel*[160] kommt es für die Haftung einer Muttergesellschaft darauf an, (i) ob sie mit der Tochtergesellschaft ein „Unternehmen" – im Sinne einer einheitlichen Organisation personeller und sachlicher Mittel, die ein einheitliches wirtschaftliches Ziel verfolgt – bildet, nicht hingegen auf eine Teilnahme an bzw. eine Anstiftung zu der Zuwiderhandlung (Rn. 57, 58, 80 des Urteils Akzo Nobel), (ii) gilt bei 100%iger Anteilseignerschaft entsprechend der ständigen Rechtsprechung seit den Urteilen *AEG* und *Stora* eine „*simple presumption*" für die Ausübung eines bestimmenden Einflusses auf das Marktverhalten der Tochtergesellschaft (Rn. 60, 61 des Urteils Akzo Nobel), und (iii) obliegt es der Muttergesellschaft zu beweisen, dass die Tochtergesellschaft gleichwohl ihr Geschäftsverhal-

---

[152] Komm E *Mercedes-Benz* ABl. 2002 L 257/1.

[153] EuGH U. v. 14. 12. 2006 Rs. C-217/05 *Confederación Española de Empresarios de Estaciones de Servicio* („CEPSA"), Slg. 2006, I-11987, Rn 65.

[154] Siehe allgemein *Wils,* The undertaking as subject of E. C. competition law and the imputation of infringements to natural or legal persons, Economic Law Rev. 2000, Rn. 99.

[155] *ICI/Komm*. Fn. 4 Rn. 132–141.

[156] *HFB Holding/Komm*. Fn. 115 Rn. 66.

[157] Vgl. *Montesa/Givaja,* When parents pay for their children's wrongs: attribution of liability for EC Antitrus infringments in Parent Subsidiary scenarios, World Competition, 2006, 555 ff.; *Zimmer/Paul,* Kartellbußgeldrechtliche Haftung und Haftungsbefreiung im Konzern, WuW 2007, 907 ff.

[158] EuGH U. v. 25. 10. 1983 Rs. 107/82, *AEG-Telefunken/Komm.*, Slg. 1983, 3151, Rn. 50, und EuGH U. v. 16. 11. 2000 Rs. C-286/98 P, *Stora Kopparbergs Bergslags/Komm.*, Slg. 2000, I-9925, Rn. 26 ff.

[159] Z. B. EuG Rs. T-30/05 *Prym/Komm.*, noch nicht in der amtlichen Sammlung veröffentlicht, Rn. 146 f.

[160] EuG Rs. T-112/05 *Akzo Nobel u. a./Komm.*, noch nicht in der amtlichen Sammlung veröffentlicht, Rn. 57 ff.

ten völlig autonom bestimmt hat[161] (Rz. 62, 65 des Urteils Akzo Nobel), wobei (iv) der Begriff des Geschäftsverhaltens sehr weit zu verstehen ist und sich nicht allein auf die Festlegung von Preisen und generell das operative Geschäft beschränkt, sondern auch strategische Vorgaben umfasst (Rz. 63–65, 82, 83 des Urteils Akzo Nobel); dementsprechend ist auch die Vermutung nur dann als widerlegt anzusehen, wenn von der Muttergesellschaft ein fehlender Einfluss auf die generelle Geschäftsstrategie der Tochtergesellschaft nachgewiesen wird. Die Entscheidung in der Sache *Aristrain* lässt somit die Gültigkeit der obigen Aussage nicht als zweifelhaft erscheinen,. In diesem Fall hat der Gerichtshof offenbar den Nachweis verlangt, dass eine der beiden Gesellschaften die andere kontrolliert.[162]

61 Wenn es aus unserer Übersicht über die Auslegung des Begriffs des „Unternehmens" in der Rechtsprechung eine zusammenfassende Schlussfolgerung gezogen werden kann, dann lautet sie, dass die Interpretation auf einer eher wirtschaftlichen als rechtlichen Betrachtungsweise beruht. Der Begriff entspricht dem der **selbstständigen wirtschaftlichen Betätigung,** unabhängig von der Finanzierung oder der Rechtsform. „Wirtschaftliche Betätigungen" sind Betätigungen, für die es sich lohnt, in Wettbewerb zu treten, weil sie sich zumindest potenziell dazu eignen, dauerhaft gegen Entgelt erbracht zu werden.

62 b) Unternehmensvereinigungen. Unternehmensvereinigungen fallen ebenfalls unter Art. 81 Abs. 1, der ausdrücklich die von ihnen gefassten „Beschlüsse" verbietet, wenn diese den Wettbewerb beschränken.[163] Das Verbot ist insofern nicht unwichtig, als es den Gerichten und Wettbewerbsbehörden erlaubt, Vereinigungen für das ihren Mitgliedern aufgegebene Verhalten haftbar zu machen. Die Kommission darf diesen Vereinigungen direkt Strafen auferlegen. Es erlaubt auch die Umgehung des schwer zu erbringenden Nachweises einer abgestimmten Verhaltensweise der Mitglieder der Vereinigung, wenn ein Beschluss der Vereinigung selbst nachgewiesen werden kann.[164] Allgemein gesagt soll das Konzept der Unternehmensvereinigung verhindern, dass Unternehmen die Wettbewerbsvorschriften einfach durch die Form, in welcher sie ihr Verhalten auf dem Markt koordinieren, umgehen.[165] Um sicherzustellen, dass dieses Prinzip wirksam ist, umfasst Art. 81 Abs. 1 nicht nur die Koordinierung von Verhalten zwischen Unternehmen unmittelbar (Vereinbarungen und abgestimmte Verhaltensweisen), sondern auch institutionalisierte Formen der Kooperation, d. h. Situationen, in denen wirtschaftliche Unternehmen auf Grund einer kollektiven Struktur oder eines gemeinsamen Organs handeln.[166]

63 Es gibt **keine genaue rechtliche Definition** dessen, was eine Unternehmensvereinigung im Sinne des Art. 81 darstellt. Dieser Begriff kann eine Vielfalt von Einrichtungen umfassen und zwar unabhängig davon, ob sie mehrere Unternehmen durch rechtliche Strukturen verknüpfen. Die Kommission hat festgehalten, dass „tout groupement volontaire d'entreprises, doté d'organes habilités à exprimer une volonté collective est une association d'entreprises, même s'il ne possède pas la personnalité juridique".[167] Dazu gehören Vereini-

---

[161] EuG U. v. 27. 9. 2006 Rs. T-314/01, *Avebe/Komm.*, Slg. 2006, II-3085, Rn. 136, siehe auch in diesem Sinne, EuGH U. v 16. 11. 2000 Rs. C-286/98 P, *Stora Kopparbergs Bergslags/Komm.*, Slg. 2000, I-9925, Rn. 29.

[162] EuGH U. v. 2. 10. 2003, Rs. C-196/99 P – *Siderúrgica Aristrain Madrid S L/Komm.* Slg. 2003, S. I-11005 Rn. 96–101. Die *ratio decidendi* des Gerichtshofes für die Aufhebung des Urteils des Gerichts Erster Instanz ist jedoch das Fehlen einer ausreichenden Begründung.

[163] EuGH U. v. 29. 10. 1980 verb Rs. 209/78 bis 215/78 und 218/78, *Van Ladewyck u. a./Kommission*, Slg. 1980, 3125, Rn. 88; EuG U. v. 13. 12. 2006 verb. Rs. T-217/03 und T-245/03, *FNCBV,* Slg. 2006, II-4987 Rn. 49.

[164] Siehe z. B. EuGH U. v. 15. 5. 1975 Rs. 71/74 – *FRUBO/Komm.* Slg. 1975, 563.

[165] Vgl. auch EuGH U. v. 26. 11. 2006 Rs. C-238/05, *Asnef-Equifax,* Slg. 2006, I-11 125 Rn. 32.

[166] Schlussanträge des GA Léger in der Rs. C-309/99 – *Wouters u. a./Algemene Raad van de Nederlandse Orde van Advocaten* (anhängig), vorgetragen am 10. 7. 2001 Rn. 62.

[167] Komm. E. v. 13. 3. 1969 – *Europäische Werkzeugmaschinen-Ausstellungen,* ABl. 1969 L 69/13 (auf Deutsch nicht erhältlich. Unsere Übersetzung: „jede auf freiwilliger Basis entstandene Gruppe von

gungen im eigentlichen Sinn, wie Handelskammern und Industrieverbände. Typischerweise werden solche Vereinigungen zum Schutz der Interessen der Mitglieder gegenüber Behörden oder zur Förderung gemeinsamer Ziele, die direkt oder indirekt mit der deren Tätigkeit zusammenhängen, errichtet. Die Vereinigungen können, müssen aber nicht, als Organisationen ohne Gewinnzweck strukturiert sein.[168] Agrargenossenschaften,[169] Handelskammern, Sportverbände,[170] Industrieausschüsse,[171] Industrienormverbände[172] und selbst vorübergehende Organe, die für einen bestimmten Zweck eingerichtet wurden,[173] sind Beispiele für Arten von Einrichtungen, die in der Rechtsprechung des Gerichtshofes und der Praxis der Kommission als Unternehmensvereinigungen behandelt wurden. Unter Berücksichtigung von Sinn und Zweck des Art. 81 EG wurde entschieden, dass auch Vereinigungen, deren Mitglieder selbst Unternehmensvereinigungen sind, unter Art. 81 EG fallen können.[174]

Ein grundlegendes Merkmal einer Unternehmensvereinigung ist, dass die Vereinigung **zur Beschlussfassung fähig** ist, d. h. fähig ist, einen Willen kund tun, der als gemeinsame Position der Mitglieder der Vereinigung angesehen werden kann, und das geschäftliche Verhalten ihrer Mitglieder bestimmen oder lenken kann. Mit anderen Worten, es muss ein Organ existieren, das als Koordinationszentrum handeln kann.[175] Das bloße Übereinstimmen der Aktivitäten einer Vielzahl von Unternehmen wird nicht ausreichen, um eine „Vereinigung" darzustellen, wenn kein Koordinationsorgan vorhanden ist.[176] Das Erfordernis eines Koordinierungsorgans", d. h. einer Person, eines Gremiums oder eines institutionellen Einrichtung, die die Position der Vereinigung wiedergeben kann, bedeutet nicht zwingend, dass der Beschluss in allen Einzelheiten nach Maßgabe der internen Regeln zur Beschlussfassung der Vereinigung gültig sein muss. Angelegenheiten, wie zum Beispiel die Zuständigkeit der Personen oder Vertreter, welche den Beschluss fassen, oder ob der gefasste Beschluss über ihre Vertretungsmacht oder das Betätigungsfeld der Vereinigung hinausgeht, sind in diesem Zusammenhang irrelevant.[177] Das Gericht Erster Instanz hat gelegent-

---

Unternehmen, welche Organe hat, die fähig sind, einen gemeinsamen Willen kundzutun, ist eine Unternehmensvereinigung, selbst wenn sie nicht selbst rechtsfähig ist).

[168] Vgl. EuGH U. v. 29. 10. 1980 Rs. 209 bis 215 und 218/78 – *Van Landewyck SARL u. a./Komm.* Slg. 1980, 3125 Rn. 86; EuGH U. v. 8. 11. 1983 verb. Rs. 96/82 bis 102/82, 104/82, 105/82, 108/82 und 110/82 – *IAZ u. a./Komm.* Slg. 1983, 2269 Rn. 19 f.; Komm. E. v. 2. 4. 2003 – *Viandes bovines francaises,* ABl. 2003 L 209/12 Rn. 111.

[169] *FRUBO/Komm.* Fn. 134; EuG U. v. 14. 5. 1997 verb. Rs. T-70/92 und T-71/92 – *Florimex und VGB/Komm.* Slg. 1997, II-693.

[170] Siehe oben Fn. 106–112 und dazu gehörigen Text.

[171] EuGH U. v. 30. 1. 1985 Rs. 123/83 – *BNIC/Clair* Slg. 1985, 391; EuGH U. v. 3. 12. 1987 Rs. 136/86 – *BNIC/Aubert* Slg. 1987, 4789.

[172] Siehe unter anderem das Verfahren des Europäischen Instituts für Telekommunikationsstandards (ETS I), XXV. Bericht über die Wettbewerbspolitik 1995, 131; MPEG+9, XXIX. Bericht über die Wettbewerbspolitik 1999, 174.

[173] Komm. E. v. 13. 3. 1969 – *Europäische Werkzeugmaschinen-Ausstellungen,* ABl. 1969 L 69/13.

[174] EuG 26. 1. 2005 Rs. T-193/02, *Piau/Komm.,* Slg. 2005, II-209, Rn. 69; EuG 11. 3. 1999 Rs. T-136/94, *Eurofer/Komm.,* Slg. 1999, II-263, Rn. 9 und EuG U. v. 13. 12. 2006 verb. Rs. T-217/03 und T-245/03, *FNCBV,* Slg. 2006, II-4987 Rn. 49.

[175] Siehe *Waelbroeck/Frignani,* Commentaire J. Megret, Bd. 4, Concurrence, 2. Aufl. 1997, 133 und Komm. E. v. 13. 3. 1969 – *Europäische Werkzeugmaschinen-Ausstellungen,* ABl. 1969 L 69/13 (eine Unternehmensvereinigung muss Organe haben, die fähig sind, den gemeinsamen Willen der Mitglieder auszudrücken).

[176] *Waelbroeck/Frignani,* Commentaire J. Megret, Bd. 4, Concurrence, 2. Aufl. 1997, 133 Fn. 48.

[177] EuG U. v. 15. 3. 2000 Rs. T-25/95 u. a. – *SA Cimenteries CBR u. a./Komm.* Slg. 2000, II-491 Rn. 927–928, 1313 („Das Argument, Cembureau oder die Cembureau-Delegationsleiter seien satzungsmäßig nicht zum Abschluss der Cembureau-Vereinbarung befugt gewesen, ist […] zurückzuweisen. […] braucht nur geprüft zu werden, ob die Delegationsleiter tatsächlich […] eine gegen Art. 85 Abs. 1 EG-Vertrag verstoßende Vereinbarung geschlossen haben […] Würde man dem Vorbringen der

lich untersucht, ob die Organe einer Vereinigung „im Namen und für Rechnung" ihrer Mitglieder gehandelt haben.[178] Dies scheint eher auf die Zurechnung der Haftung hinzuweisen als auf die Existenz eines Beschlusses einer Unternehmensvereinigung. Zum Zwecke der Zurechnung scheint es in der Tat angebracht zu sein sicherzustellen, dass die Mitglieder der Vereinigung von der Beschlussfassung wissen konnten oder mussten, wenn sie für die Verletzung haften sollen. Dies kann unserer Ansicht nach angenommen werden, wenn der Beschluss in dem üblichen Rahmen von Beschlussfassungen der Vereinigung gefasst wurde, zu welchem die fraglichen Mitglieder Zugang hatten. Ein ausdrückliches Festhalten der Mitglieder der Vereinigung an dem Beschluss ist jedoch nicht erforderlich.[179]

65   Es ist offensichtlich, dass die Existenz einer Unternehmensvereinigung voraussetzt, dass die **Mitglieder der Vereinigung** selbst als Unternehmen angesehen werden können.[180] Es gibt jedoch keinen Grund zu verlangen, dass *alle* Mitglieder der Vereinigung selbst Unternehmen sein müssen. Der *EPI*-Fall, in dem es um eine Berufsvereinigung von Patentvertretern ging, ist so ein Fall. Die Vereinigung bestand nicht nur aus selbstständigen Vertretern (welche als Unternehmen anzusehen sind), sondern auch aus angestellten Syndici. Die Kommission hat festgestellt, dass „[a]uch wenn zugelassene Vertreter in abhängiger Stellung Mitglieder des EPI sind und sich zu Richtlinien für die Berufsausübung äußern, obwohl diese sie nicht betreffen, die besagten Richtlinien dennoch Ausdruck des gemeinsamen Willens der Mitglieder, die den Beruf selbstständig ausüben[, sind]".[181]

66   Es ist offenbar irrelevant, ob mehr als eine hierarchische Ebene zwischen den Unternehmen und den Beschlüssen der Vereinigung besteht: die Kommission hat gelegentlich Verletzungen von Art. 81 Abs. 1 durch **Vereinigungen von Unternehmensvereinigungen** festgestellt.[182] Eine Unternehmensvereinigung kann Art. 81 EG unabhängig davon unterliegen, ob sie sich selbst gewerblich oder wirtschaftlich betätigt.[183] Genaugenommen würde die Vereinigung, wenn sie sich selbst wirtschaftlich betätigt, in Bezug auf diese Betätigung als Unternehmen angesehen werden.[184] Dies ist dann der Fall, wenn die Vereinigung selbst unabhängig von ihren Mitgliedern Waren oder Dienstleistungen auf dem Markt anbietet.

67   Obwohl Art. 81 EG auf Unternehmensvereinigungen nur im Zusammenhang mit „Beschlüssen" verweist, scheint der Grundsatz fest anerkannt zu sein, dass sie auch selbst in beschränkende *Vereinbarungen* oder sogar abgestimmte Verhaltensweisen verwickelt sein können,[185] selbst wenn sie sich nicht wirtschaftlich betätigen. **Vereinbarungen zwischen**

---

genannten Kläger folgen, so würde Art. 85 Abs. 1 EG-Vertrag jede praktische Wirksamkeit genommen, da die Satzung eines Unternehmens oder einer Unternehmensvereinigung nie den Abschluss rechtswidriger Vereinbarungen zulässt.").

[178] *S. A Cimenteries CBR u. a./Komm.* Fn. 45 Rn. 1313.
[179] Vgl. EuGH U. v. 29. 10. 1980 Rs. 209 bis 215 und 218/78 – *Van Landewyck SARL u. a./Komm.* Fn. 136 Rn. 90–91.
[180] EuG Rs. T-193/02 *Piau/Komm.*, Rn. 70–71.
[181] Komm. E. v. 7. 4. 1999 – *Richtlinien für die Berufsausübung des Instituts der beim Europäischen Patentamt zugelassenen Vertreter,* ABl. 1999 L 106/14 Rn. 24.
[182] *S. A Cimenteries CBR u. a./Komm.* Fn. 145 Rn. 1324–1329; *FRUBO/Komm.* Fn. 134 Rn. 28–32; Komm. E. v. 14. 12. 1989 – *APB,* ABl. 1990 L 18/35 Rn. 33; Komm. E. v. 19. 4. 2001 – *UEFA-Übertragungsregelung,* ABl. 2001 L 171/12. Siehe auch Schlussanträge des GAes Lenz in der Rs. C-415/93 – *URBSF/Bosman* Slg. 1995, I-4921 Rn. 256.
[183] Siehe *S. A Cimenteries CBR u. a./Komm.* Fn. 145 Rn. 1320.
[184] EuGH U. v. 25. 3. 1981 Rs. 61/80 – *Coöperatieve Stremsel- en Kleurselfabriek/Komm.* Slg. 1981, 851; EuG U. v. 22. 10. 1997 verb. Rs. T-213/95 und T-18/96 – *Stichting Certificatie Kraanverhuurbedrijf (SCK) und Federatie van Nederlandse Kraanbedrijven (FNK)/Komm.* Slg. 1997, II-1739 Rn. 121–122; *Dansk Pelsdyravlerforening/Komm.* Fn. 65 Rn. 50. Siehe die Schlussanträge des GA Lenz in der Rs. *URBSF/Bosman* Fn. 148 Rn. 256, zitiert bei *Schröter* in: *Groeben/Thiesing/Ehlermann,* Vorüberlegungen zu Art. 85–89 Rn. 17, Kommentar zum EWG-Vertrag, 4. Aufl. 1991.
[185] EuGH U. v. 19. 3. 1964 Rs. 67/63 – *SOREMA/High Authority* Slg. 1964, 151 (betreffend Art. 65 EGKS-Vertrag); *FRUBO/Komm.* Fn. 134 Rn. 28–32. Siehe auch Komm. E. v. 17. 12. 1981 –

Vereinigungen oder zwischen Unternehmen und Unternehmensvereinigungen können daher von dem Verbot erfasst sein. Um eine *gemeinsame* Teilnahme einer Vereinigung *und* ihrer Mitglieder an der gleichen Verletzung festzustellen, muss festgestellt werden, dass die Vereinigung sich unabhängig von ihren Mitgliedern betätigt, d. h. eine „gesonderte" Rolle bei der Verletzung gespielt hat.[186] In dem *Zellstoff*-Fall konnten Preisempfehlungen der Vereinigung nicht von den Preisvereinbarungen einiger ihrer Mitglieder unterschieden werden, so dass die Entscheidung der Kommission in Bezug auf die Vereinigung aufgehoben wurde. Allerdings lag dem Fall ein außergewöhnlicher Sachverhalt zugrunde, und die Aufhebung hätte auch auf der Grundlage fehlender Zuständigkeit erfolgen können.[187]

Ein besonderes Problem ergibt sich im Hinblick auf Körperschaften, welche zwei Ausprägungen haben: Unternehmensvereinigungen einerseits oder Instrumente zur Ausübung besonderer Befugnisse, die ihnen von Behörden übertragen wurden. Im Recht einiger Mitgliedstaaten sind **Berufsverbände** wie die französischen *Ordres* (Organisationen von Mitgliedern einiger akademischer Berufe wie Rechtsanwälte, Ärzte, Psychologen und viele andere) durch Gesetz oder Tradition mit bestimmten Aufgaben zur Regelung der Berufsausübung betraut. Sie können Disziplinargewalt haben und ihre Mitglieder für Verletzungen der von der Organisation gesetzten Regeln mit Sanktionen bis zum Berufsverbot bestrafen. Die Vereinigung oder ihre Organe können quasi-hoheitliche Funktionen auf einer Reihe von Gebieten haben. Wie oben ausgeführt, ist es zunehmend deutlich geworden, dass die Mitglieder dieser Berufsgruppen Unternehmen im Sinne der Anwendbarkeit von Art. 81 EG sein können. Daraus scheint zu folgen, dass diese Berufsverbände zumindest in einigen Fällen Unternehmensvereinigungen sein können und dass Art. 81 auf ihre Beschlüsse anwendbar sein kann. *CNSD* ist der erste Fall, in welchem der Gerichtshof das Konzept der Unternehmensvereinigung auf Berufsverbände angewandt hat.[188] In der Sache *Pavlov* hat der Gerichtshof einen Berufsverband von Fachärzten in den Niederlanden als Unternehmensvereinigung eingestuft, obwohl dieser Einrichtung durch Gesetz berufsregelnde Befugnisse übertragen waren.[189]

Allerdings stellen Berufsverbände nicht in allen Fällen Unternehmensvereinigungen dar. Es kann den Entscheidungen des Gerichtshofes unter anderem in den Sachen *Reiff*,[190] *Delta Schifffahrt*[191] und *CNSD*[192] entnommen werden, dass ein Berufsverband oder -organisation nicht als Unternehmensvereinigung im Sinne des Art. 81 EG angesehen wird, wenn die für die Beschlussfassung zuständigen Personen innerhalb der Organisation als **unabhängige Experten** tätig werden und rechtlich verpflichtet sind, das Allgemeininteresse bei der Be-

---

Navewa-Anseau, ABl. 1982 L 167/39 Rn. 37–38; Komm. E. v. 14. 12. 1989 – *APB,* ABl. 1990 L 18/35 Rn. 33; Komm. E. v. 10. 7. 1985 – *Frachtenregelung in der französischen Binnenschifffahrt: EATE-Beitrag,* ABl. 1985 L 219/35 Rn. 40; und Komm. E. v. 26. 10. 1999 – *Nederlandse Federatieve Vereniging voor de Groothandel op Elektronisch Gebied und Technische Uni (FEG und TU),* ABl. 2000 L 39/1 Rn. 98–102 (Berufungen anhängig: Rs. T-05 und T-06/00).

[186] Siehe *S. A Cimenteries CBR u. a./Komm.* Fn. 145 Rn. 1325–1329, insbesondere 1325 („[u]m davon ausgehen zu können, dass eine Vereinigung wie auch deren Mitglieder an derselben Zuwiderhandlung teilnahmen, muss die Kommission nachweisen, dass die Vereinigung ein von ihren Mitgliedern gesondertes Verhalten zeigte"). Siehe auch EuGH U. v. 27. 9. 1988 verb. Rs. 89/85, 104/85, 114/85, 116/85, 117/85 und 125/85 bis 129/85 – *Ahlström Osakeyhtiö u. a./Komm. (Zellstoff I)* Slg. 1988, 5193 Rn. 24–27.

[187] *Ahlström Osakeyhtiö u. a./Komm.* Fn. 152 Rn. 27.

[188] *Komm./Italien,* Fn. 69.

[189] *Pavlov u. a.,* Fn. 93.

[190] *Reiff,* Fn. 57.

[191] EuGH U. v. 9. 6. 1994 Rs. C-153/93 – *Delta Schifffahrts- und Speditionsgesellschaft* Slg. 1994, I-2517.

[192] Oben zitiert. Siehe auch EuGH U. v. 5. 10. 1995 Rs. C-96/94 – *Centro Servizi Spediporto* Slg. 1995, I-2883 und U. v. 17. 10. 1995 verb. Rs. C-140/94, C-141/94 und C-142/94 – *DIP u. a.* Slg. 1995, I-3257.

schlussfassung zu berücksichtigen (im Gegensatz zum ausschließlichen Interesse der betroffenen Berufsgruppe). Insofern hat der Gerichtshof offenbar zwei grundlegende Voraussetzungen aufgestellt, eine bezüglich der *Zusammensetzung* und eine bezüglich des *rechtlichen Rahmens* der Aktivitäten der Organisation.

70 Bezüglich der **Zusammensetzung eines Berufsverbands** hat der Gerichtshof festgestellt, dass Berufsverbände mit berufsregelnden Befugnissen sich dann nicht der Anwendung von Art. 81 entziehen können, wenn die leitenden Organe sich aus von Mitgliedern der Berufsgruppe gewählten Mitgliedern zusammensetzen und die Behörden keinen Einfluss auf die Zusammensetzung haben.[193] Bezüglich des auf die berufsregelnden Beschlüsse anwendbaren *rechtlichen Rahmens* hat der Gerichtshof festgestellt, dass ein Berufsverband, der nicht gesetzlich verpflichtet ist, genau definierte Allgemeinwohlinteressen zu verfolgen und mit Bezug darauf bestimmten Grundsätzen zu folgen, als Unternehmensvereinigung im Sinne der Wettbewerbsregeln des EG-Vertrages selbst dann anzusehen ist, wenn er durch Behörden mit berufsregelnden Befugnissen ausgestattet wurde. In der Sache *Wouters* hat der Gerichtshof zwei Fälle unterschieden. Einerseits die Annahme, dass „ein Mitgliedstaat bei der Übertragung von Rechtsetzungsbefugnissen an einen Berufsverband *Kriterien des Allgemeininteresses und wesentliche Grundsätze fest[legt]*, die bei der Satzungsgebung zu beachten sind, und *die Letztentscheidungsbefugnis [behält]*". In diesem Fall bleiben die von dem Berufsverband aufgestellten Regeln staatliche Maßnahmen und werden nicht von den Vertragsvorschriften für Unternehmen erfasst. Auf der anderen Seite die Feststellung, dass Regeln, die von einem Berufsverband aufgestellt werden, nur „allein diesem zuzurechnen" sind. In diesem Fall fallen die Maßnahmen in den Anwendungsbereich von Art. 81 EG.[194] Ansatz des Gerichtshofes scheint zu sein, dass Maßnahmen eines Berufsverbandes, der vom Staat mit berufsregelnden Befugnissen ausgestattet wurde, aus dem Anwendungsbereich des Art. 81 EG herausfallen, wenn der Staat Verfahrensmöglichkeiten oder materielle Bestimmungen aufgestellt hat, „durch die mit hinreichender Wahrscheinlichkeit sichergestellt werden könnte, dass [der Berufsverband] bei der Ausarbeitung der [Regelungsmaßnahme] als eine im Allgemeininteresse tätige Ausprägung der öffentlichen Gewalt handelte".[195]

71 Selbst wenn im Hinblick auf diese Kriterien ein Berufsverband als Unternehmensvereinigung im Sinne von Art. 81 angesehen wird, bedeutet das nicht automatisch, dass seine Beschlüsse von Natur aus verdächtig sind. Die Kommission hat jede Situation der Sache nach überprüft und dabei ihre Absicht zum Ausdruck gebracht, bei der Entscheidung, ob eine bestimmte Maßnahme eines Berufsverbands dem Verbot von Art. 81 Abs. 1 EG unterfällt, auf die **Besonderheiten des jeweiligen Berufs** abzustellen. Die Kommission hat bisher drei Entscheidungen über die Anwendung von Art. 81 des Vertrags auf das Verhalten eines Berufsverbands veröffentlicht. In den ersten beiden Entscheidungen, betreffend Zollvertreter in Italien[196] und Patentvertreter in Spanien,[197] hat die Kommission festgestellt, dass kollektive Preisabreden unabhängig vom nationalen Regelungswerk mit dem Gemeinsa-

---

[193] *Wouters u. a./Algemene Raad van de Nederlandse Orde van Advocaten* Fn. 57 Rn. 60–61. Siehe auch *Komm./Italien* Fn. 69 Rn. 42 und *Pavlov u. a./Stichting Pensioenfonds Medische Specialisten* Fn. 93 Rn. 88.

[194] *Wouters u. a./Algemene Raad van de Nederlandse Orde van Advocaten* Fn. 57 Rn. 68–69 *(Hervorhebungen hinzugefügt)*.

[195] *Arduino,* Fn. 57 Rn. 39.

[196] Komm. E. v. 30. 6. 1993 – *CNSD,* ABl. 1993 L 203/27. Diese Entscheidung wurde in der Berufung zum Gericht Erster Instanz bestätigt durch Rs. T-513/93 – *Consiglio Nazionale degli Spedizionieri Doganali/Komm.* Slg. 2000, II-1807. Das Urteil des Gerichts Erster Instanz war die vorhersehbare Folgeentscheidung zu einer früheren Entscheidung des Gerichtshofes in der Rs. *CNSD* (von der Kommission gegen Italien eingeleitetes Vertragsverletzungsverfahren betreffend die italienische Rechtslage zu Zollvertretern, *Komm./Italien* Fn. 69).

[197] Komm. E. v. 30. 1. 1995 – *COAPI,* ABl. 1995 L 122/37.

men Markt unvereinbar sind. Die dritte Entscheidung betraf die Richtlinien für die Berufsausübung des Instituts der beim Europäischen Patentamt zugelassenen Vertreter (EPI) und insbesondere Beschränkungen der vergleichenden Werbung und unangeforderte Angebote von Dienstleistungen.[198]

In ihrem *XXIX. Bericht über die Wettbewerbspolitik*[199] hat die Kommission ihre Ansicht zu den Hauptprinzipien, welche sich aus ihren Entscheidungen und der Rechtsprechung des Gerichtshofes über die Anwendbarkeit der Wettbewerbsregeln, inklusive Art. 81, auf **Berufsverbände** ergeben, dargelegt: **72**

– Angehörige dieser Berufe sind grundsätzlich Unternehmen im Sinne des Art. 81 des Vertrages, wenn sie ihre Arbeit als selbstständige Personen ausführen, und ihre Berufsverbände oder Vereinigungen, denen alle Mitglieder einer bestimmten Berufsgruppe angehören, können je nach den Umständen als Unternehmensvereinigung angesehen werden.
– Kollektive Preisabreden und das Verbot bestimmter Formen der Werbung durch einen Berufsverband können Beschränkungen des Wettbewerbs im Sinne des Art. 81 sein.
– Regeln, die im Rahmen eines bestimmten Berufes erforderlich sind, um Unparteilichkeit, Kompetenz, Integrität und Verantwortung der Mitglieder dieser Berufsgruppe zu sichern oder um Interessenkonflikte und irreführende Werbung zu verhindern, werden nicht als Beschränkungen des Wettbewerbs im Sinne des Art. 81 Abs. 1 des Vertrages angesehen.
– Das rechtliche Regelungswerk, in dem Vereinbarungen geschlossen werden, und dessen Einordnung in den verschiedenen nationalen Rechtsordnungen sind irrelevant, soweit die Anwendbarkeit der Wettbewerbsregeln der Gemeinschaft betroffen sind.
– Selbst wenn der Mitgliedstaat durch die Übertragung des Rechts, die Preise für die Leistungen der Mitglieder festzulegen, auf den Berufsverband den Vertrag verletzt, entgeht die Ausübung dieses Rechts durch den Berufsverband nicht der Anwendung von Art. 81 des Vertrags.

In seinem Urteil aus dem Jahre 2002 in der Rechtssache *Wouters* hat der Gerichtshof zur weiteren Klärung des rechtlichen **Status der berufsregelnden Tätigkeiten** von Berufsverbänden beigetragen. Der Gerichtshof hat die Weigerung der niederländischen Anwaltskammer, Partnerschaften zwischen Mitgliedern der Anwaltskammer und Wirtschaftsprüfern (oft als „multi-disziplinäre Kanzleien" bezeichnet) zu genehmigen, nicht als eine Verletzung von Art. 81 angesehen, obwohl es eine Entscheidung einer Unternehmensvereinigung war, da die Anwaltskammer „bei vernünftiger Betrachtung annehmen konnte, dass die Regelung trotz der notwendig mit ihr verbundenen wettbewerbsbeschränkenden Wirkungen für die ordnungsgemäße Ausübung des Rechtsanwaltsberufs, wie er in dem betreffenden Staat geordnet ist, erforderlich ist."[200] **73**

Die Kommission hat im Jahre 2004 einen Bericht über **Wettbewerb in den freien Berufen** erstellt, in dem sie näher darlegt, wie sie vorhat, die Wettbewerbsregeln auf diese Berufe anzuwenden.[201] Daher ist es heute nicht länger strittig, dass Mitglieder der freien **74**

---

[198] Komm. E. v. 7. 4. 1999 – *EPI-Richtlinien für die Berufsausübung*, ABl. 1999 L 106/14. Diese letzte Entscheidung wurde aus für unsere Diskussion nicht relevanten Gründen durch Urt. des Gerichts Erster Instanz v. 28. 3. 2001 in der Rs. T-144/99 – *Institut der beim Europäischen Patentamt zugelassenen Vertreter/Komm.* Slg. 2001, II-1087 zum Teil aufgehoben.

[199] 2000, 42–43.

[200] *Wouters u. a./Algemene Raad van de Nederlandse Orde van Advocaten* Fn. 57 Rn. 110.

[201] Mitteilung der Kommission – Bericht über den Wettbewerb bei freiberuflichen Dienstleistungen KOM (2004) 83 endg., 9. 2. 2004, insbesondere Rn. 65 ff. und Mitteilung der Kommission an den Rat, das Europäische Parlament, den Europäischen Wirtschafts- und Sozialausschuss und den Ausschuss der Regionen – Freiberufliche Dienstleistungen – Raum für weitere Reformen – Follow-up zum Bericht über den Wettbewerb bei freiberuflichen Dienstleistungen, KOM(2004) 83 vom 9. Februar 2004 (SEK(2005) 1064) /* KOM/2005/0405 endg. */.

Berufe und ihre Berufsverbände Art. 81 unterliegen können; allerdings können die Besonderheiten ihrer Tätigkeiten eine differenziertere Analyse der betroffenen Interessen erfordern, bevor eine Vereinbarung oder ein Beschluss als Verstoß gegen Art. 81 Abs. 1 EG einzuordnen ist. Darüber hinaus kann die geografische Reichweite der Tätigkeit eine Anwendbarkeit von Art. 81 EG ausschließen.²⁰²

3. Formen der Konzertierung

75 Art. 81 EG bezieht sich auf „Vereinbarungen" (zwischen Unternehmen), „Beschlüsse" (von Unternehmensvereinigungen) und „abgestimmte Verhaltensweisen". Alle drei Konzepte haben eine Konsenskomponente oder einen „gemeinsamen Willen", und doch sind es etwas unterschiedliche Konzepte. In komplexen Fällen mag es schwer sein zu entscheiden, welche der drei Kategorien anwendbar ist, und in der Tat können Elemente von allen dreien gleichzeitig oder nacheinander bei der Ausführung eines Verstoßes vorliegen. Der Gerichtshof hat in frühen Fällen entschieden, dass die drei Konzepte **mit einander im Zusammenhang stehen** und nicht separat geprüft werden müssten, wenn die Umstände eines Falles schwer von einander zu lösen sind. Entsprechend hat der Gerichtshof in der Entscheidung *Brasserie de Haecht I* festgestellt, dass „die Gesamtheit aller Umstände berücksichtigt werden kann, aus denen sich diese Vereinbarungen, Beschlüsse und Verhaltensweisen ergeben".²⁰³

76 Die Kommission hat diesen Standpunkt in Bezug auf Kartellverfahren zu einem Konzept einer **„einzigen und andauernden Verletzung"** weiter entwickelt, indem sie davon absieht, jedes einzelne Verhalten der Beteiligten einer Begehungsform zuzuordnen. Die in der *Fernwärmetechnik*-Entscheidung verwendete Formulierung ist eine hervorragende Illustration dieses Trends in den Kartellentscheidungen. In einem komplexen Kartell von langer Dauer, bei dem die verschiedenen abgestimmten Verhaltensweisen und geschlossenen Vereinbarungen Teil einer Reihe von Bestrebungen der Unternehmen in der Verfolgung eines gemeinsamen Ziels der Verhinderung oder Behinderung des Wettbewerbs waren, hat die Kommission festgestellt, dass sie eine einzige andauernde Verletzung darstellen, welche sich zunehmend sowohl in rechtswidrigen Vereinbarungen als auch in rechtswidrigen abgestimmten Verhaltensweisen manifestierte. Für die Kommission ist es in solch einem Fall nicht erforderlich, die Verletzung ausschließlich der einen oder anderen dieser Begehungsformen zuzuordnen: „*[d]ie Konzepte sind nicht fest umrissen und gehen ineinander über. Eine Zuwiderhandlung kann zu Beginn eine Form und im Zuge ihrer weiteren Entwicklung schrittweise einige oder alle Merkmale einer anderen Form annehmen. […] Es ist unter Umständen sogar realistisch nicht möglich, eine solche Unterscheidung zu treffen, da eine Zuwiderhandlung möglicherweise gleichzeitig Merkmale beider Formen des verbotenen Verhaltens aufweisen kann, während einige Merkmale für sich betrachtet eher der einen als der anderen Erscheinungsform zugeordnet werden können. Ein Kartell kann daher gleichzeitig eine Vereinbarung und eine aufeinander abgestimmte Verhaltensweise darstellen.*"²⁰⁴ Im Tenor der Entscheidung ist festgehalten, dass die Unternehmen an „*miteinander verbundenen Vereinbarungen und aufeinander abgestimmten Verhaltensweisen*" teilnahmen.

77 Das Gericht Erster Instanz hat diese Argumentationslinie im *Polypropylen*-Fall,²⁰⁵ in dem die Kommission die Verletzung als „*Vereinbarung und aufeinander abgestimmt[e] Verhaltens-*

---

²⁰² Siehe unten unter „Auswirkung auf den Handel zwischen Mitgliedstaaten" Rn. 178 f.
²⁰³ *S.A. Brasserie de Haecht/Consorts Wilkin-Janssen* Fn. 54.
²⁰⁴ Komm. E. v. 21. 10. 1998 – *Fernwärmetechnik-Kartell*, ABl. 1999 L 24/1 Rn. 131, 132.
²⁰⁵ EuG U. v. 17. 12. 1991 Rs. T-7/89 – *Hercules Chemicals NV/Komm.* Slg. 1991, II-1711 Rn. 254–264 („[d]ie Kommission hat diese einheitliche Zuwiderhandlung zu recht als eine „eine Vereinbarung und aufeinander abgestimmte Verhaltensweise" qualifiziert, da diese Zuwiderhandlung sowohl Einzelakte aufwies, die als „Vereinbarungen" anzusehen sind, als auch Einzelakte, die „abgestimmte Verhaltensweisen" dargestellt haben. Angesichts einer komplexen Zuwiderhandlung ist

weise" ansah, übernommen.²⁰⁶ Die Rechtsprechung zeigt daher einen deutlichen Trend zu einer **Relativierung der Unterscheidung** zwischen Vereinbarungen und abgestimmten Verhaltensweisen unter Betonung der Tatsache, dass es keine erheblichen materiellen Unterschiede in der rechtlichen Behandlung gibt. Der Gerichtshof hat festgestellt, dass vom subjektiven Standpunkt aus die Konzepte der Vereinbarung und der abgestimmten Verhaltensweisen gedacht sind, Formen des Zusammenwirkens zu erfassen, die vom Wesen her gleich sind und nur durch ihre Intensität und der Form, in der sie sich manifestieren, zu unterscheiden sind. Das Fehlen von relevanten materiellen Unterschieden bei der rechtlichen Behandlung, sowohl vom materiellen als auch vom verfahrensrechtlichen Standpunkt, rechtfertigt die Toleranz des Gerichtshofes in Bezug auf die präzise Einordnung eines bestimmten Verhaltens als Vereinbarung oder abgestimmte Verhaltensweise.²⁰⁷ Das Gericht Erster Instanz hat diesen Trend in *Volkswagen* offenbar zu seiner logischen Konsequenz geführt, indem es feststellte, dass „bei einer Zuwiderhandlung, die aus mehreren miteinander verbundenen Verhaltensweisen besteht, von der Kommission nicht verlangt werden [kann], dass sie die verschiedenen Bestandteile der Zuwiderhandlung entweder als Vereinbarung oder als abgestimmte Verhaltensweise qualifiziert. Denn in jedem Fall werden beide Formen der Zuwiderhandlung von Art. 85 EG-Vertrag erfasst".²⁰⁸

a) Vereinbarungen. Eine Vereinbarung liegt vor, wenn die Parteien einen Konsens über einen gemeinsamen Plan²⁰⁹ erzielt haben. Um für das Wettbewerbsrecht relevant zu sein, muss die Vereinbarung durch ihren Inhalt das individuelle geschäftliche Verhalten der Parteien (oder einer der Parteien) beschränken oder wahrscheinlich beschränken, indem sie die Richtung des gemeinsamen Handelns oder Unterlassens im Markt bestimmt. Nach Ansicht des Gerichtshofes reicht es für eine Vereinbarung, die unter Art. 81 Abs. 1 des Vertrags fällt, aus, dass die betroffenen Unternehmen ihre gemeinsame Absicht, sich in einer bestimmten Weise auf dem Markt zu verhalten, kund getan haben.²¹⁰ Während es einer gemeinsamen Entscheidungsfindung und Verpflichtung zu einem gemeinsamen Plan bedarf, muss eine Vereinbarung nicht schriftlich erfolgen; es gibt **keine Formerfordernisse**, und es sind keine vertraglichen Sanktionen oder Vollstreckungsmaßnahmen erforderlich. Art. 81 wurde auf schriftliche, aber undatierte und nicht unterschriebene Vereinbarungen angewandt;²¹¹ auf Standardvereinbarungen, die nicht individuell ausgehan-

---

die von der Kommission in Art. 1 der Entscheidung vorgenommene doppelte Subsumtion nicht so zu verstehen, dass für jeden Einzelakt gleichzeitig und kumulativ der Nachweis erforderlich ist, dass er sowohl die Tatbestandsmerkmale einer Vereinbarung als auch die einer abgestimmten Verhaltensweise erfüllt. Sie bezieht sich vielmehr auf einen Komplex von Einzelakten, von denen einige als Vereinbarungen u. a. als abgestimmte Verhaltensweisen im Sinne von Art. 85 Abs. EWG-Vertrag anzusehen sind, der ja für diesen Typ einer komplexen Zuwiderhandlung keine spezifische Subsumtion vorschreibt."); EuG U. v. 20. 3. 2002 Rs. T-9/99 *HFB/Komm.*, Slg. 2002, II-1487, Rn. 186 f.

²⁰⁶ Komm. E. v. 23. 4. 1986 – *Polypropylen*, ABl. 1986 L 230/1 (siehe Art. 1 der Entscheidung).

²⁰⁷ EuGH U. v. 8. 7. 1999 Rs. C-49/92 P – *Komm./Anic Partecipazioni* Slg. 1999, I-4125 Rn. 131–136. Siehe allgemein *Antunes*, Agreements and concerted practices under EEC competition law: is the distinction relevant?, 11 Yearbook of European Law (1991) 57; EuGH U. v. 26. 11. 2006 Rs. C-238/05, *Asnef-Equifax*, Slg. 2006, I-11125 Rn. 32; *Schröter* in: Schröter/Jakob/Mederer (Hrsg.), Kommentar, Art. 81(1), Rn. 65 ff.

²⁰⁸ EuG U. v. 6. 7. 2000 Rs. T-62/98 – *Volkswagen AG/Komm.* Slg. 2000, II-2707 Rn. 237; vgl. auch EuG U. v. 20. 3. 2002 Rs. T-9/99 *HFB/Komm.*, Slg. 2002, II-1487, Rn. 188 f.

²⁰⁹ Vgl. *Paschke* in: Hirsch/Montag/Säcker (Hrsg.), Münchner Kommentar zum Europäischen und Deutschen Wettbewerbsrecht, Art. 81, 16 ff.

²¹⁰ *Chemiefarma/Komm.* Fn. 28 Rn. 112; *Van Landewyck SARL u. a./Komm.* Fn. 136 Rn. 86; *Hercules Chemicals/Komm.* Fn. 171 Rn. 256; EuG U. v. 27. 9. 2006 Rs. 168/01, *Glaxo/Komm.*, Slg. 2006, II-2969, Rn. 76; EuG U. v. 9. 7. 2003 Rs. T-224/00, *ADM/Komm.*, Slg. 2003, II-2597, Rn. 228; EuG U. 11. 12. 2003 Rs. T-56/99, *Marlines/Komm.*, Slg. 2003, II-5225 Rn. 20.

²¹¹ Komm. E. v. 5. 9. 1979 – *BP Kemi-DDSF*, ABl. 1979 L 286/32 Rn. 27.

Art. 81 Abs. 1 EG 79, 80

delt waren;[212] auf „Gentlemen's Agreements";[213] auf ausschließlich mündliche Abreden.[214]

79 Eine Vereinbarung kann ausdrücklich oder durch Verhalten der Parteien konkludent erfolgen. Das heißt aber nicht, dass eine abgestimmte Verhaltensweise stets zugleich eine Vereinbarung darstellt. Dies hat auch nichts damit zu tun, dass eine restriktive Vereinbarung eine „Auswirkung" auf den Markt gehabt hat, sondern bedeutet lediglich, dass im Zweifelsfall das tatsächliche Verhalten der Parteien ein **Beleg** sein kann für die Existenz einer Vereinbarung oder ihren genauen Inhalt.[215] Förmlich oder durch Zeitablauf beendete Vereinbarungen können dennoch von dem Verbot erfasst werden, wenn ihre Auswirkungen andauern, nachdem sie ihrem Inhalt nach außer Kraft getreten sind.[216] Eine Vereinbarung wird nur dann als weiterhin wirksam angesehen, wenn aus dem Verhalten der betreffenden Personen auf die Existenz von Elementen einer abgestimmten Verhaltensweise und einer der Vereinbarung eigenen und die gleichen Auswirkungen erzielenden Koordination geschlossen werden kann.[217] Wenn Zweifel hinsichtlich der Fortsetzung der Vereinbarung bestehen, sollte die Kommission (oder allgemein die Partei, die die Existenz der Vereinbarung behauptet) wenigstens Beweise solcher Tatsachen vorlegen, die in ausreichender zeitlicher Nähe liegen, um vernünftigerweise annehmen zu können, dass die Verletzung ununterbrochen zwischen zwei bestimmten Zeitpunkten fortgedauert hat.[218] Im Falle von Kartellvereinbarungen deuten vorübergehende Unterbrechungen oder Zeiten der „Aussetzung" nicht zwingend auf zwei separate Vereinbarungen hin: im *Fernwärmetechnik*-Fall hat das Gericht Erster Instanz die Ansicht der Kommission bestätigt, dass ein „Zeitraum der Aussetzung" von einigen Monaten, in denen sich die Kartellvereinbarungen in einer Krise befanden und drohten zusammenzubrechen drohten, die Kommission nicht daran hindert, eine solche Kontinuität zwischen den beiden Phasen festzustellen, dass diese dennoch als eine einzige andauernde Verletzung anzusehen sind.[219]

80 Der **rechtliche Status** einer Vereinbarung ist irrelevant für die Anwendbarkeit von Art. 81. Für eine Vereinbarung ist es ausreichend, wenn eine Klausel die Absicht der Par-

---

[212] Komm. E. v. 30. 6. 1970 – *Kodak*, ABl. 1970 L 147/24 Rn. 14; Komm. E. v. 22. 12. 1976 – *GERO-fabriek*, ABl. 1977 L 16/8, Punkt II. a.2. Standardisierte Verträge dieser Art, insbesondere Vertriebsvereinbarungen, werden der Kommission regelmäßig angezeigt.

[213] Siehe z. B. das Quinine-Kartell-Verfahren – *Chemiefarma/Komm*. Fn. 28; EuG U. v. 6. 4. 1995 Rs. T-141/89 – *Tréfileurope Sales SARL/Komm*. Slg. 1995, II-791 Rn. 96; Komm. E. v. 26. 10. 1999 – *Nederlandse Federatieve Vereniging voor de Groothandel op Elektrotechnisch Gebied und Technische Unie (FEG und TU)*, ABl. 2000 L 39/1 Rn. 100; EuG U. v. 11. 12. 2003 Rs. T-66/99 Minoan Lines/Komm., Slg. 2003, II-5515, Rn. 207. Vgl. *Schröter* in: Schröter/Jakob/Mederer (Hrsg.), Kommentar, Art. 81(1), Rn. 67.

[214] Siehe Komm. E. v. 21. 12. 1976 – *Theal/Watts*, ABl. 1977 L 39/19 und EuGH U. v. 20. 6. 1978 Rs. 28/77 – *Tepea BV/Komm*. Slg. 1978, 1391 Rn. 11, 17.

[215] Siehe z. B. Komm. E. v. 12. 7. 1995 – *BASF Lacke+Farben AG und Accinauto SA*, ABl. 1995 L 272/16 Rn. 71, bestätigt v. Gericht Erster Instanz, *Accinauto SA/Komm*. Fn. 10 Rn. 63 64 ff., 83–93.

[216] EuGH U. v. 3. 7. 1985 Rs. 243/83 – *SA Binon & Cie/SA Agence et messageries de la presse* Slg. 1985, 2015 Rn. 17.

[217] EuGH U. v. 15. 6. 1976 Rs. 51, 86 und 96/75 – *EMI Records Ltd./CBS United Kingdom Ltd. bzw. CBS Grammafon A/S und CBS Schallplatten GmbH* Slg. 1976, 811 Rn. 30–31.

[218] *Dunlop Slazenger/Komm*. Fn. 11 Rn. 79; EuG U. v. 20. 3. 2002 Rs. T-21/99 – *Dansk Rørindustri A/S* Slg. 2002, II-1681.

[219] EuG U. v. 20. 3. 2002 Rs. T-23/99 – *LR af 1998 A/S/Komm*. Slg. 2002, II-1705 Rn. 102–109; *Dansk Rørindustri A/S* Fn. 183 Rn. 64–69; EuG T-62/02, *Union Pigments/Kommission*, Slg. 2005, 36 ff., II-5057, Rn. 36 ff.; EuG Rs. T-220/00 *Cheil Jedang Corp./Kommission*, Slg. 2003, II-2473, Rn. 140–142; EuG Rs. T-279/02, *Degussa/Kommission*, Slg. 2006, II-897, Rn. 111 ff. und 177–178. EuG Rs. T-322/01 *Roquette Frères SA/Komm*., Rn. 189 ff.; Rs. T-329/01 *Archer Daniels Midland Co./Kommission*, Slg. 2006, II-3255, Rn. 246 ff.

teien zum Ausdruck bringt,[220] ohne dass sie einen nach nationalem Recht gültigen und verbindlichen Vertrag darstellen muss.[221] Dies gilt nicht nur für das Vertragsrecht, sondern auch für Bestimmungen des nationalen Rechts über die Gültigkeit und Vollstreckbarkeit der Vereinbarung.[222] Wenn eine Vereinbarung gegen Art. 81 Abs. 1 verstößt und nicht der Ausnahme von Art. 81 Abs. 3 unterfällt, ist der rechtliche Status tatsächlich immer – wie in Art. 81 Abs. 2 vorgesehen – automatische Nichtigkeit.

Die **durch die Abmachung verfolgten Ziele** sind ebenfalls irrelevant für die Einordnung als Vereinbarung. In der Sache *IAZ* hat Anseau (ein Industrieverband) mit verschiedenen Herstellern und Importeuren von Waschmaschinen eine Vereinbarung zur Überwachung der Übereinstimmung der Maschinen mit den Voraussetzungen des belgischen Rechts zum Trinkwasserschutz abgeschlossen. Die Vereinbarung war allerdings so konzipiert, dass sie Parallelimporte nach Belgien behinderte. Der Gerichtshof entschied, dass „das Übereinkommen [bezweckt], den Wettbewerb innerhalb des Gemeinsamen Marktes spürbar einzuschränken, *obwohl es auch den Zweck verfolgt, die öffentliche Gesundheit zu schützen*".[223] Selbst Vereinbarungen zur Streitbeilegung können von dem Verbot des Art. 81 Abs. 1 erfasst sein. Vergleiche sind nicht zwingend vor Überprüfung nach Art. 81 geschützt. Wie der Gerichtshof in der Sache *Bayer/Sülhöffer* festgestellt hat, *„[differenziert] Art. 85 Abs. 1 EWG-Vertrag [jetzt Art. 81 Abs. 1] [...] bei der Unterscheidung bestimmter „Vereinbarungen" zwischen Unternehmen nicht zwischen Vereinbarungen, die zur Beendigung eines Rechtsstreits geschlossen werden, und Vereinbarungen, mit denen and Zwecke verfolgt werden".*[224] Dies kann ebenso für Vergleiche gelten, die von einem nationalen Gericht zu Vollstreckungszwecken bestätigt wurden, – ein in einigen Mitgliedstaaten bekanntes System.[225] Die verfolgten Ziele können jedoch gelegentlich relevant sein für die Beurteilung der Frage, ob eine Vereinbarung den Wettbewerb beschränkt.[226] Der Umfang, in dem die Vereinbarung angewendet wird, oder ob sie überhaupt angewendet wird, schließt nicht die Einordnung als Vereinbarung aus.[227] Dass eine Vereinbarung nicht angewendet wurde, kann natürlich

---

[220] EuG U. v. 27. 7. 2005 verb.Rs. T-49/02 und T-51/02, *Brasserie nationale/Komm.*, Slg. 2005, II-3033, Rn. 119, EuGH U. v. 13. 7. 2006 Rs. C-74/04 P, *Volkswagen/Komm.*, Slg. 2006, I-6595; EuG U. v. 11. 12. 2003, EuG T-59/99 *Ventouris*, Rn. 52.

[221] EuGH U. v. 11. 1. 1990 Rs. C-277/87 – *Sandoz prodotti farmaceutici SpA/Komm.* Slg. 1990, I-45 Rn. 13; *Van Landewyck/Komm.* Fn. 147; EuGH U. v. 26. 10. 2000 Rs. T-41/96, *Bayer/Komm.*, Slg. 200, II-3383, Rn. 68.

[222] Siehe EuGH U. v. 13. 1. 1994 Rs. C-376/92 – *Cartier* Slg. 1994, I-15 Rn. 24; EuGH U. v. 5. 6. 1997 Rs. C-41/96 – *VAG-Händlerbeirat eV/SYD-Consult* Slg. 1997, I-3123 Rn. 11–15, und die Schlussanträge des GA Tesauro sowohl in Cartier Rn. 11–23 als auch in VAG Rn. 11. Diese Rechtssachen betrafen die Frage, ob die „Lückenlosigkeit" eines Vertriebssystems als Voraussetzung für seine Vollstreckbarkeit gegen Dritte in der deutschen Rechtsprechung irgendeinen Belang hat für die Anwendbarkeit des Art. 81. Siehe *Kovar*, „Le dernier métro – L'étanchéité des réseaux de distribution: un réseau peut être ouvert ou fermé", in La Semaine Juridique – Édition Entreprise, 1994, Suppl. No 4, 2 ff., dagegen *Bechtold*, Ende des Erfordernisses der Lückenlosigkeit, NJW 1994, 3211 ff.

[223] *IAZ u. a./Komm.* Rn. 136 Rn. 25 (Hervorhebungen hinzu gefügt).

[224] EuGH U. v. 27. 9. 1988 Rs. 65/86 – *Bayer/Sülhöffer* Slg. 1988, 5249 Rn. 15.

[225] Siehe *Nungesser*, Fn. 47 Rn. 80–89.

[226] Dies scheint der Kern der Ansicht der Kommission in Hinsicht auf bestimmte „sporting rules" zu sein, die die Organisation eines Sportwettbewerbs mit sich bringt, und in Bezug auf bestimmte Vorschriften über Verhaltensweisen der freien Berufe. Siehe XXIX. Bericht über die Wettbewerbspolitik 1999, 2000 Rn. 138 und 139–142.

[227] Komm. E. v. 16. 5. 2000 – *Far East Trade Tariff Charges and Surcharges Agreement (FETTCSA)*, ABl. 2000 L 268/1 Rn. 135., vgl. EuG U. v. 18. 7. 2005 Rs. T-241/01, *SAS/Komm.*, Slg. 2005, II-2917, Rn. 186; EuG U. v. 11. 12. 2003 Rs. T-66/99, *Minoan Lines/Komm.*, Slg. 2003, II-5515, Rn. 208 and EuG U. v. 15. 6. 2005 verb. Rs. T-71/03, T-74/03, T/87/03 and T-91/03 *Tokai Carbon Co. Ltd, Intech EDM BV, Intech EDM AG, AGL Carbon AG/Kommission*, Slg. 2005, II-10, Rn. 74.

Art. 81 Abs. 1 EG 82, 83

bei der Beurteilung von Auswirkungen und Einfluss auf den Markt relevant werden und insbesondere im Hinblick auf Bußgelder eine Reihe von Konsequenzen ergeben.

82   Nach der Rechtsprechung ist Art. 81 nur auf wettbewerbswidriges Verhalten von Unternehmen anwendbar, an dem diese sich **auf Grund eigener Entscheidung** beteiligen.[228] Art. 81 EG kann jedoch auch Anwendung finden, wenn das nationale Recht Unternehmen nicht von einem solchen autonomen Verhalten abhält, das den Wettbewerb verhindert, beschränkt oder verzerrt.[229] Dies schafft eine interessante Verknüpfung mit der Annahme einer Verletzung von Art. 10 EG in Verbindung mit Art. 81 EG durch einen Mitgliedstaat. Wie bereits erwähnt hat die Rechtsprechung klargestellt, dass Art. 81 EG, obwohl er nur auf Unternehmen anwendbar ist, in Verbindung mit Art. 10 EG die Mitgliedstaaten verpflichtet, keine Maßnahmen, auch nicht Gesetze oder Verwaltungsvorschriften, zu erlassen oder in Kraft zu belassen, welche die auf Unternehmen anwendbaren Wettbewerbsvorschriften wirkungslos werden lassen. Der Gerichtshof hat entschieden, dass Art. 10 und 81 des Vertrags verletzt sind, wenn ein Mitgliedstaat das Eingehen von Vereinbarungen, Beschlüssen oder abgestimmten Verhaltensweisen entgegen Art. 81 EG vorschreibt oder begünstigt oder die Auswirkungen verstärkt, oder wenn er sich seiner gesetzlichen Vorschriften entledigt, indem er privaten Wirtschaftsträgern die Verantwortung für die Entscheidungsfindung in der Wirtschaftssphäre überträgt.[230] Umgekehrt scheint es klar zu sein, dass ein Mitgliedstaat Art. 10 und 81 EG nicht verletzt, wenn er das Verhalten von Unternehmen vollständig geregelt oder Verfahrensvorschriften erlassen und/oder materielle Anforderungen aufgestellt hat, die sicherstellen können, dass das Verhalten des Unternehmens dem einer „im Allgemeininteresse tätigen Ausprägung der öffentlichen Gewalt"[231] entspricht. In solchen Situationen verletzt das Verhalten von Unternehmen Art. 81 EG offenbar nicht, entweder weil die Regulierung so weitreichend ist, dass sie keinen Raum für autonomes Verhalten lässt oder weil die Unternehmen nicht als „Unternehmen" im kartellrechtlichen Sinne handeln, sondern als Vertreter des Staates unter staatlicher Kontrolle. Damit der nationale Rechtsrahmen bewirkt, dass die Art. 81 EG und 82 EG auf wettbewerbswidrige Verhaltensweisen von Unternehmen keine Anwendung finden, müssen die Wettbewerbsbeschränkungen ihre Ursache ausschließlich in den nationalen Rechtsvorschriften haben.[232]

83   Umgekehrt setzt eine Verletzung der Art. 10 und 81 EG durch einen Mitgliedstaat gerade selbstständiges Handeln der Unternehmen unter Verletzung von Art. 81 voraus. Daher geht eine Verletzung von Art. 10 und 81 EG theoretisch immer einher mit einer entspre-

---

[228] Siehe, was Art. 86 des Vertrags betrifft, *Italien/Komm.* Fn. 68 Rn. 18 bis 20; EuGH U. v. 19. 3. 1991 Rs. C-202/88 – *Frankreich/Komm.* – das so genannte „Telekommunikationsendgeräte"-Urteil – Slg. 1991, I-1223 Rn. 55; und EuGH U. v. 13. 12. 1991 Rs. C-18/88 – *GB-Inno-BM* Slg. 1991, I-5941 Rn. 20); siehe auch *Suiker Unie u. a./Komm.* Fn. 128 Rn. 36 bis 72, und insbesondere Rn. 65, 66, 71 und 72.
[229] *Van Landewyck u. a./Komm.* Fn. 136; EuGH U. v. 10. 12. 1985 verb. Rs. 240/82 bis 242/82, 261/82, 262/82, 268/82 und 269/82 – *Stichting Sigarettenindustrie u. a./Komm.* Slg. 1985, 3831, EuGH U. v. 9. 9. 2003 in Rs. C-198/01, *CIF*, Slg. 2003, I-8055, Rn. 67; EuGH U. v. 20. März 1985 Rs. 41/83, *Italien/Komm.*, Slg. 1985, 873, Rn. 19.
[230] EuGH U. v. 21. 9. 1988 Rs. 267/86 – *Van Eycke* Slg. 1988, 4769 Rn. 16; *Reiff*, Fn. 57 Rn. 14; *Delta Schifffahrts- und Speditionsgesellschaft* Fn. 157 Rn. 14; *Centro Servizi Spediporto* Fn. 158 Rn. 20; und *Komm./Italien,* oben zitiert Rn. 53; bezüglich Art. 86 des EG-Vertrags (jetzt Art. 82 EG), siehe auch *GB-Inno-BM* Fn. 192 Rn. 31. EuGH verb. Rs. C-94/04 und C-202/04 – *Cippola*, Slg. 2006, I-11421, Rn. 46 f.; Beschluss v. 17. 2. 2005, Rs. C-250/03 – *Mauri*, Slg. 2005, I-1267, Rn. 29 und zitierte Rechtsprechung; EuGH C-466/05 – *Doulamis*, Rn. 18 f.
[231] *Arduino*, Fn. 57 Rn. 39.
[232] EuGH U.v 30. 3. 2000 Rs. T-513/93, *Consiglio nazionale degli spedizionieri doganali/Komm.*, Slg. 2000, II-1807, Rn. 61 und EuG U. v. 10. 4. 2008 Rs. T-271/03, *Deutsche Telekom/Komm.*, noch nicht in der amtlichen Sammlung veröffentlicht, Rn. 87.

chenden **Verletzung von Art. 81 durch Unternehmen,** da sonst die Wettbewerbsbeschränkung nicht direkt aus der nationalen Gesetzgebung sondern aus einer Handlung seitens der Unternehmen fließt. Dieser Zusammenhang ist jedoch durch das *Ladbroke*-Urteil des Gerichts Erster Instanz in Frage gestellt worden[233] und in dem Urteil des Gerichtshofes in der Revision nur zum Teil wieder bestätigt worden.[234] In Letzterem hat der Gerichtshof festgestellt, dass, wenn *„den Unternehmen ein wettbewerbswidriges Verhalten durch nationale Rechtsvorschriften vorgeschrieben [wird]* oder […] *diese einen rechtlichen Rahmen [bilden], der selbst jede Möglichkeit für ein Wettbewerbsverhalten ihrerseits ausschließt,* so sind die Art. 85 und 86 [jetzt 81 und 82] nicht anwendbar."[235] Der erste Teil des Satzes könnte so gelesen werden, als deute er an, dass es Situationen gibt, in denen ein Mitgliedstaat die Art. 10 und 81 EG verletzt, aber Art. 81 selbst nicht auf das Verhalten der Unternehmen anwendbar ist. Die Kommission hat in dem Fall vorgetragen, dass wenn ein Mitgliedstaat Art. 10 und 81 EG dadurch verletzt, dass er von Unternehmen verlangt, wettbewerbswidrige Vereinbarungen zu treffen, diese Unternehmen gleichzeitig Art. 81 verletzen. Das genaue Argument der Kommission war, dass sich ein Unternehmen weigern kann und wegen des Vorrangs des Gemeinschaftsrechts und der unmittelbaren Wirkung der Art. 81 Abs. 1 und 82 des Vertrags auch muss, eine staatliche Maßnahme zu befolgen, die ein diesen Vorschriften widersprechendes Verhalten erfordert. Bis heute ist diese – zugegebenermaßen sehr wichtige – Frage nicht geklärt.[236]

Es wird häufig unterschieden zwischen **horizontalen** und **vertikalen** Vereinbarungen, je nachdem ob eine unmittelbare Wettbewerbsbeziehung zwischen den an der Vereinbarung beteiligten Unternehmen besteht. Horizontal sind Vereinbarungen zwischen Wettbewerbern, die auf der gleichen Stufe der Produktions- oder Vertriebskette von Waren oder Dienstleistungen stehen. Das typische Beispiel ist das Preiskartell von Produzenten. Eine vertikale Vereinbarung bringt dagegen Unternehmen zusammen, die auf verschiedenen Stufen derselben Produktions-, Vertriebs- oder Dienstleistungskette stehen, zum Beispiel vertragliche Vereinbarungen zwischen einem Hersteller und seinen Großhändlern. Art. 81 ist auf horizontale und vertikale Vereinbarungen gleichermaßen anwendbar. Etwas anderes ergibt sich bei der materiellen Beurteilung der Kategorien: allgemein werden horizontale Beschränkungen als schwerwiegender angesehen als vertikale.

Im Zusammenhang mit vertikalen Beziehungen wie **Vertriebsvereinbarungen** hat der Gerichtshof entschieden, dass allgemeine Verkaufsbedingungen, die standardisiert auf der Rückseite von Rechnungen, Bestellungen und Preislisten abgedruckt sind, eine „Vereinbarung zwischen Unternehmen" im Sinne des Art. 81 EG darstellen.[237] In vielen Fällen wird es jedoch schwierig sein zu beweisen, dass ein „meeting of the minds" zwischen den Großhändlern und dem Hersteller stattgefunden hat, um den Verkauf außerhalb des Vertriebsnetzes oder außerhalb eines bestimmten Gebietes zu beschränken, denn diese Bestimmungen werden selten schriftlich in der Vertriebsvereinbarung erscheinen. Die wesentliche Beweisschwierigkeit wird dadurch verstärkt, dass tatsächliches Verhalten der Großhändler auf dem Markt nicht immer ein verlässlicher Indikator ist: da solche Beschränkungen pri-

---

[233] EuG U. v. 18. 9. 1995 Rs. T-548/93 – *Ladbroke/Komm.* Slg. 1995, II-2565.
[234] EuGH U. v. 11. 11. 1997 verb. Rs. C-359/95 P und C-379/95 P Slg. 1997, I-6265.
[235] Hervorhebungen hinzugefügt.
[236] Siehe *González Díaz,* Algunas reflexiones sobre las recientes sentencias del Tribunal de Justicia en los asuntos Ladbroke y Comisión contra Italia, Gaceta Jurídica de la Unión Europea y de la Competencia 200 (1999), 81; vgl. auch *Castillo de la Torre* in Beneyto Pérez/Gonzáles-Orús (Hrsg.), Tratado de derecho de la competencia, Band II, Reglamentaciones públicas anticompetitivas; *Castillo de la Torre,* State Action defence in EC Compeition Law, World Competition 2005, 407 ff.; *Martinez Lage/Brokelmann* in FS Michel Waelbroeck (Bruylant) (1999), The applicaion of Articles 85 and 86 EC to the conduct of undertakings that are complying with national legislation, S. 1247 ff.; *Blomme,* State Action as defence against articles 81 and 82 EC, World Competition 2007, 243 ff.
[237] *Sandoz/Komm.* Fn. 185.

Art. 81 Abs. 1 EG 86–88

mär im Interesse des Lieferanten sind, versuchen die Großhändler oft, sich nicht an die Vereinbarung zu halten.

86 Unter bestimmten Umständen wurden auch offensichtlich **einseitige Maßnahmen** des Herstellers in Bezug auf seine dauernden Beziehungen zu seinen Großhändlern als Vereinbarung im Sinne des Art. 81 Abs. 1 des Vertrags angesehen.[238] Die Kommission und der Gerichtshof haben es als ausreichend dafür angesehen, dass eine Vereinbarung zwischen Lieferant und Verkäufer unter das Verbot des Art. 81 Abs. 1 fällt, wenn der Verkäufer jedenfalls stillschweigend das durch den Lieferanten auferlegte wettbewerbswidrige Verbot akzeptiert. Es wurde in solch einem Zusammenhang gesagt, dass eine Vereinbarung existiert, wenn eine Partei (normalerweise der Lieferant) den anderen Parteien hinreichend deutlich ihre Erwartungen an ein bestimmtes Verhalten mitteilt und die anderen Parteien die Konsequenzen einer Nichtbeachtung dieser Vereinbarung aus eigener Erfahrung, den Erfahrungen anderer oder auf Grund einer ausdrücklichen Drohung erkennen.[239]

87 Daher wurde in der Sache *Sandoz* das systematische Verschicken von Rechnungen vom Lieferanten an seine Kunden mit den Worten „Export verboten" als Vereinbarung und nicht als einseitiges Verhalten angesehen. Die **stillschweigende Zustimmung** des Kunden zum Verhalten des Lieferanten wurde durch erneute Bestellungen unter den gleichen Bedingungen ohne Widerspruch nachgewiesen.[240] Ähnlich haben in der Sache *Dunlop Slazenger* einseitige Erklärungen des Lieferanten und nachfolgende erneute Bestellungen der Kunden zu den gleichen Bedingungen auf die Existenz einer Vereinbarung hingewiesen.[241] In diesen und vielen anderen Fällen kann selbst in Abwesenheit einer ausdrücklichen Vereinbarung eine stillschweigende Vereinbarung aus einseitigem Verhalten im Zusammenhang mit andauernden vertraglichen Beziehungen abgeleitet werden. Rechnungen, Empfehlungen, Rundschreiben oder Anweisungen und andere geschäftliche Korrespondenz zwischen dem Lieferanten und seinen Kunden kann die Existenz einer stillschweigenden Vereinbarung aufzeigen. In dem *Volkswagen*-Fall hat das Gericht Erster Instanz dies in einer Weise dargestellt, die auf eine noch niedrigere Schwelle hinweist. Nach Ansicht des Gerichts stellt „nach ständiger Rechtsprechung [...] eine Aufforderung eines Kraftfahrzeugherstellers an seine Vertragshändler keine einseitige Handlung dar, die sich dem Anwendungsbereich des Art. 85 Abs. 1 EG-Vertrag entzieht, sondern eine Vereinbarung im Sinne dieser Bestimmung, wenn sie im Rahmen laufender Geschäftsbeziehungen erfolgt, die einer im Voraus getroffenen allgemeinen Vereinbarung unterliegen".[242] Das Gericht hat sodann diese Rechtsprechung auf den konkreten Fall angewendet und die Existenz einer Vereinbarung deswegen angenommen, weil die einseitigen Maßnahmen des Lieferanten auf eine Beeinflussung der Großhändler bei der Erfüllung ihrer Verträge abzielten.

88 Das Urteil des Gerichtshofs in der Sache *Ford* mag dies weniger eindeutig aussprechen, es enthält jedoch eine ähnlich weite Interpretation des Begriffs „Vereinbarung" im Zusammenhang mit vertikalen Beziehungen. Der typische Vertrag sah vor, dass Ford „alle seine Produkte" an die Händler verkauft, welche diese wiederum frei an Endkunden in der gesamten Gemeinschaft verkaufen konnten. Später hat Ford die Lieferungen von Fahrzeugen für den Linksverkehr an seine deutschen Händler eingestellt. Der Gerichtshof hat fest-

---

[238] EuGH U. v. 12. 7. 1979 verb. Rs. 32/78, 36/78 bis 82/78 – *BMW Belgien u. a./Komm.* Slg. 1979, 2435 Rn. 28–30; EuGH U. v. 17. 9. 1985 verb. Rs. 25 und 26/84 – *Ford und Ford Europe/Komm.* Slg. 1985, 2725 Rn. 21; EuGH U. v. 22. 10. 1986 Rs. 75/84 – *Metro/Komm.* („Metro II') Slg. 1986, 3021 Rn. 72–73; *Sandoz* Fn. 185 Rn. 7–12; EuGH U. v. 24. 10. 1995 Rs. C-70/93 – *BMW/ALD* Slg. 1995, I-3439 Rn. 16–17.

[239] *Ritter/Braun/Rawlinson,* European Competition Law. A Practitioner's Guide, 2. Aufl. 2000, 85.

[240] Komm. E. v. 13. 7. 1987 – *Sandoz,* ABl. 1987 L 222/28 Rn. 25–28; in diesem Punkt bestätigt durch den Gerichtshof in der Rs. *Sandoz/Komm.* Fn. 185. Siehe auch EuGH U. v. 8. 2. 1990 Rs. C-279/87 – *Tipp-Ex/Komm.* Slg. 1990, I-261.

[241] *Dunlop Slazenger International Ltd/Komm.* Fn. 11 Rn. 54–55, 60–61.

[242] *Volkswagen AG/Komm.* Fn. 174 Rn. 236.

gestellt, dass „eine derartige Entscheidung des Hersteller [...] keine einseitige Handlung des Unternehmens dar[stellt], die sich [...] dem Verbot des Art. 85 Abs. 1 EWG-Vertrag [jetzt Art. 81 Abs. 1 EG] entzieht. Sie stellt vielmehr einen Teil der vertraglichen Beziehungen dar, die das Unternehmen mit seinen Wiederverkäufern unterhält."[243]

Das Urteil des Gerichts Erster Instanz in der Rechtssache *Bayer AG (Adalat)*[244] betraf hauptsächlich diese Frage. In ihrer *Adalat*-Entscheidung[245] hat die Kommission festgestellt, dass Bayer seine Lieferpolitik geändert und die immer größer werdenden Bestellungen von Großhändlern in Niedrigpreis-Ländern (Spanien und Frankreich) offensichtlich nicht mehr erfüllt hat, um den Umfang der Parallelimporte seiner Produkte zu beschränken. Obwohl von den Großhändlern nicht ausdrücklich verlangt wurde, den Export der erworbenen Waren zu unterlassen, erschwerte ihnen die Lieferbeschränkung von Bayer den Parallelhandel durch die **Beschränkung der Menge,** die nach Belieferung des Heimatmarktes verfügbar war. Einige der Großhändler verlangten zusätzliche Mengen und einige mögen versucht haben, Bayer dahingehend zu täuschen, dass diese Mengen nicht für den Parallelhandel gedacht waren. Die Kommission schloss auf die Existenz einer Vereinbarung auf Grund der andauernden geschäftlichen Beziehungen zwischen dem Hersteller und den Großhändlern. Das Gericht Erster Instanz hat die Entscheidung mit der Begründung aufgehoben, dass die Kommission nicht nachgewiesen habe, dass Bayer die Übernahme einer bestimmten Verhaltensweise bezüglich der Bestimmung der gelieferten Packungen Adalat für den Export von den Großhändlern verlangt oder ausgehandelt habe und dass Bayer die exportierenden Großhändler bestraft oder ihnen Strafe angedroht habe. Das Gericht führte aus: „Der Beweis für eine Vereinbarung zwischen Unternehmen im Sinne von Art. 85 Abs. 1 des Vertrages muss auf der direkten oder indirekten Feststellung des subjektiven Elements beruhen, das den Begriff der Vereinbarung kennzeichnet, d. h. einer Willensübereinstimmung zwischen Wirtschaftsteilnehmern in Bezug auf die Umsetzung einer Politik, die Verfolgung eines Zieles oder ein bestimmtes Marktverhalten, unabhängig davon, wie der Wille der Parteien, sich auf dem Markt gemäß dieser Vereinbarung zu verhalten, zum Ausdruck kommt. [...] Die Kommission verkennt den Begriff der Willensübereinstimmung, wenn sie die Ansicht vertritt, dass die Fortsetzung von Geschäftsbeziehungen zu einem Hersteller, wenn dieser einseitig eine neue Politik einführe, einer Zustimmung der Großhändler zu dieser Politik gleichkomme, auch wenn ihr tatsächliches Verhalten dieser Politik eindeutig widerspreche. [...] Entgegen der offenbar von der Kommission [...] vertretenen Auffassung hängt demzufolge das Recht eines [...] mit einem seinen Interessen abträglichen Ereignis konfrontierten Herstellers, die ihm am besten erscheinende Lösung zu wählen, nach den Wettbewerbsvorschriften des Vertrages nur von der Beachtung der Verbote in Art. 85 und 86 ab. Sofern er keine beherrschende Stellung missbraucht und keine Willensübereinstimmung mit seinen Großhändlern besteht, kann ein Hersteller somit die Lieferpolitik verfolgen, die er für erforderlich hält, selbst wenn die Umsetzung dieser Politik auf Grund ihrer natürlichen Zielsetzung – wie insbesondere Parallelimporte zu erschweren – zu Wettbewerbsbeschränkungen führen und den Handel zwischen Mitgliedstaaten beeinträchtigen kann."[246]

Das Gericht Erster Instanz nimmt offenbar an, dass bei Fehlen von unmittelbaren Beweisen wie einer Vertragsklausel das zentrale Problem der Beurteilung, ob eine „Vereinbarung" zwischen einem Hersteller und seinen Großhändlern vorliegt, darin besteht, ob die letzteren *de facto* der Politik des Herstellers **zuwider handeln.** Dies ist aber offenbar kein stichhaltiger Test. Typischerweise haben Großhändler ein weit weniger großes Interesse an vertikalen Beschränkungen als der sie auferlegende Hersteller und sie haben einen großen

---

[243] *Ford-Werke AG und Ford of Europe Inc./Komm.* Fn. 201 Rn. 21.
[244] EuG U. v. 26. 10. 2000 Rs. T-41/96 – *Bayer AG/Komm.* Slg. 2000, II-3383.
[245] Komm. E. v. 10. 1. 1996 – *Adalat*, ABl. 1996 L 201/1.
[246] *Bayer AG/Komm.* Fn. 207 Rn. 173, 176.

Anreiz zum „Schummeln". Dies zeigt sich besonders im Fall von Exportverboten für Großhändler in Niedrigpreis-Ländern: ihre Interessen sind denen des Herstellers genau entgegengesetzt, da Exportverkäufe ihr Geschäft ohne negative Nebenwirkungen erhöhen: Waren aus Ländern mit hohen Preisen werden nicht in Niedrigpreis-Länder importiert. Daher ist es nur natürlich, dass Großhändler oft versuchen werden, Exportverbote entweder offen oder verdeckt zu umgehen. Obwohl es klar ist, dass nicht jede Beschränkung, die ein Hersteller seinen Großhändlern aufzuerlegen versucht, als Vereinbarung anzusehen ist, reichte offenbar nach der Rechtsprechung vor *Bayer* die *scheinbare* Einwilligung der Großhändler in eine vom Hersteller neu eingeführte Bedingung für eine Vereinbarung aus. Die *nach außen* gerichtete Reaktion der Großhändler auf die ihnen auferlegte Beschränkung sollte wichtiger sein als ihre verdeckten Versuche, die Absicht des Hersteller zu vereiteln.

91　In der Rechtsmittelinstanz hat der Gerichtshof jedoch in großem Umfang **die Ansicht des Gerichts Erster Instanz** in seiner *Bundesverband der Arzneimittel-Importeure*-Entscheidung **bestätigt**.[247] Die Entscheidung des Gerichtshofs erlaubt jedoch offenbar keine klare Abgrenzung zwischen einseitigem Verhalten und einer „Vereinbarung" im Zusammenhang mit vertikalen Beziehungen darzustellen. Der Gerichtshof führt aus, dass „die Annahme, dass eine nach Art. 85 Abs. 1 des Vertrages verbotene Vereinbarung allein auf Grund des Ausdrucks einer auf die Verhinderung von Paralleleinfuhren gerichteten einseitigen Politik zustande kommen könne, [...] zu einer Vermengung des Anwendungsbereichs dieser Bestimmung mit dem des Art. 86 des Vertrages führen [würde]. Für die Annahme, dass eine Vereinbarung im Sinne von Art. 85 Abs. 1 des Vertrages durch stillschweigende Zustimmung zustande gekommen ist, ist es erforderlich, dass die auf ein wettbewerbswidriges Ziel gerichtete Willensbekundung einer der Vertragsparteien eine stillschweigende oder konkludente Aufforderung an die andere Seite darstellt, dieses Ziel gemeinsam zu verwirklichen, zumal wenn eine solche Vereinbarung, wie hier der Fall, auf den ersten Blick nicht im Interesse der anderen Seite, nämlich der Großhändler, liegt."[248] ... „Der bloße Umstand, dass eine an sich neutrale Vereinbarung und eine einseitig auferlegte wettbewerbsbeschränkende Maßnahme nebeneinander vorliegen, steht einer nach dieser Bestimmung verbotenen Vereinbarung nicht gleich. Daher kann der bloße Umstand, dass sich eine von einem Hersteller getroffene Maßnahme, die eine Wettbewerbsbeschränkung bezweckt und bewirkt, in fortlaufende Geschäftsbeziehungen zwischen diesem Hersteller und seinen Großhändlern einfügt, nicht genügen, um auf das Vorliegen einer solchen Vereinbarung zu schließen."[249] Diese Entscheidung hat eine Welle von Entscheidung, die diese Fragen behandelt haben, ausgelöst.[250]

92　Die **Reichweite** und praktische Auswirkung dieser allgemeinen Aussagen bleibt jedoch **ungewiss**. Obwohl sie früheren Entscheidungen wie *Ford*, *AEG* oder *Sandoz* zu widersprechen scheinen, hat der Gerichtshof in Wirklichkeit die fortdauernde Gültigkeit dieser Entscheidungen bestätigt und den Bayer-Fall aus tatsächlichen Gründen anders entschieden.[251] Immer noch im Zusammenhang mit vertikalen Beziehungen wird die Weigerung eines Herstellers, Großhändler in sein selektives Vertriebssystem aufzunehmen, nicht als einseitiges

---

[247] EuGH U. v. 6. 1. 2004, Verb. Rs. C-2/01 P und C-3/01 P – *Bundesverband der Arzneimittel-Importeure*, WuW/E EU-R 769.
[248] *Bundesverband der Arzneimittel-Importeure* Fn. 210 Rn. 101–103.
[249] *Bundesverband der Arzneimittel-Importeure* Fn. 210 Rn. 141.
[250] EuG verb. Rs T-44/02 OP, T-54/02 OP, T-56/02 OP, T-60/02 OP und T-61/02 OP, *Dresdner Bank AG u. a./Kommission*, Slg. 2006, II-3567; EuG T-368/00 *Opel Nederland*, Slg. 2003, II-4491 das EuG eine Vereinbarung bestätig in EuG Rs. C-551/03 P, *Opel Nederland*, Slg. 2006, I-3173, siehe auch EuG T-67/01, *JCB Services*, Slg. 2004, II-49; EuG T-208/01 *Volkswagen/Komm.*, Slg. 2003, II-5141 und EuGH Rs. C-74/04 P, *Komm./Volkswagen*, Slg. 2006, I-6585.
[251] *Bundesverband der Arzneimittel-Importeure* Fn. 210, insbesondere Rn. 104, 106–109, 144.

Verhalten angesehen, sondern fällt als „Vereinbarung" in den Bereich von Art. 81. Wenn der Hersteller seine Waren durch ein Allein- oder selektives Vertriebsnetz vertreibt, stellen Abreden über die Anerkennung eines Großhändlers eine „Vereinbarung zwischen Unternehmensvereinigungen" im Sinne des Art. 81 dar.[252] Die Parteien dieser Vereinbarung sind der Lieferant und die bisherigen Großhändler. Die Weigerung, zusätzliche Großhändler zu beliefern oder anzuerkennen, ist Teil der Vertragsbeziehungen zwischen dem Lieferant und den Großhändlern.

Ein weiteres Beweisproblem betrifft die **Beendigung einer Vereinbarung**. In einigen Entscheidungen[253] scheint die Kommission davon auszugehen, dass sie, sobald sie Beweise für eine anfängliche Abrede hat, annehmen darf, dass die Vereinbarung solange besteht, wie das Verhalten der Parteien mit dem Inhalt der Vereinbarung übereinstimmt. Die Kommission nahm an, dass die Beweislast über das Ende der Vereinbarung bei den Unternehmen lag. In anderen Entscheidungen hat die Kommission jedoch eine Vereinbarung als beendet angesehen, bevor die Parteien diese formell beendet hatten; die Kommission scheint in diesen Fällen anzuerkennen, dass sie nicht vom Tatbestand einer Vereinbarung ausgehen kann, wenn nicht genügend Beweise für einen solchen Schluss vorliegen.[254] Das Gericht nimmt an, dass die Vereinbarung so lange dauert, so lange ihre Auswirkungen auf dem Markt fortbestehen.[255] 93

b) Abgestimmte Verhaltensweisen. Das Verbot abgestimmter Verhaltensweisen spiegelt wie das Verbot von Vereinbarungen den zentralen Glauben daran wider, dass in einem Markt mit Wettbewerb die Produktions- und Preisentscheidungen von jedem Unternehmen autonom getroffen werden sollten und dass die Bestrebungen von Wettbewerbern, ihre Entscheidungen zu koordinieren, mit Argwohn zu betrachten sind, da sie höchstwahrscheinlich wettbewerbswidrig sind. Die **Autonomie des geschäftlichen Verhaltens** eines Unternehmens erscheint häufig als Angelpunkt des Wettbewerbsbegriffs in der Auslegung des Gerichtshofes. Speziell auf abgestimmte Verhaltensweisen bezogen nimmt der Gerichtshof von den Kriterien der Koordination und Kooperation, die für die Bestimmung der Existenz einer abgestimmten Verhaltensweise notwendig sind, an: sie „verlangen nicht die Ausarbeitung eines eigentlichen „Plans"; sie sind vielmehr im Sinne des Grundgedankens der Wettbewerbsvorschriften des Vertrages zu verstehen, wonach jeder Unternehmer selbständig zu bestimmen hat, welche Politik er auf dem Gemeinsamen Markt zu betreiben gedenkt, eingeschlossen der Wahl der Personen, denen er Angebote unterbreitet und verkauft".[256] 94

Der Begriff der abgestimmten Verhaltensweise umfasst praktisch jede Art von kooperativer Aktivität von Unternehmen, die nicht als Vereinbarung anzusehen ist. Der Gerichtshof hat eine abgestimmte Verhaltensweise als „eine Form der Koordinierung zwischen Unternehmen" **definiert,** „die zwar noch nicht bis zum Abschluss eines Vertrages im eigentlichen Sinne gediehen ist, jedoch bewusst eine praktische Zusammenarbeit an die Stelle des mit Risiken verbundenen Wettbewerbs treten lässt [...] [und daher] schon ihrem Wesen 95

---

[252] *Consten & Grundig/Komm.* Fn. 8.

[253] Komm. E. v. 5. 9. 1979 – *BP Kemi – DDSF,* ABl. 1979 L 286/32 (formelle Beendigung durch die Parteien als Datum der Beendung der Vereinbarung angesehen); Komm. E. v. 19. 12. 1990 – *Soda – Solvay und CFK,* ABl. 1991 L 152/16 (die Kommission hat den Fall als „Vereinbarung" angesehen und hat die Dauer bis zum Zeitpunkt ihrer Entscheidung berücksichtigt).

[254] Komm. E. v. 16. 5. 2000 – *Far East Trade Tariff Charges and Surcharges Agreement (FETTCSA),* ABl. 2000 L 268/1 Rn. 180 (Vereinbarung wurde als im September 1992 beendet angesehen, obwohl die Parteien sie formell erst im Mai 1994 beendet hatten).

[255] EuG U. v. 11. 12. 2003 Rs. T-59/99 – *Venturis/Komm.,* Slg. 2003, II-5257, Rn. 180, EuGH U. v. 3. 7. 1985 Rs. 243/83 – *Binon,* Slg. 1985, 2015, Rn. 17, und EuG U. v. 14. 5. 1998 Rs. T-327/94, *SCA Holding/Komm.,* Slg. 1998, II-1373, Rn. 95.

[256] *Suiker Unie/Komm.* Fn. 128 Rn. 173 und *Züchner/Bayerische Vereinsbank* Fn. 96 Rn. 13; *John Deere Ltd/Komm.* Fn. 3 Rn. 86.

nach nicht alle Tatbestandsmerkmale einer Vereinbarung [erfüllt], sondern [...] sich insbesondere auch aus einer im Verhalten der Beteiligten zutage tretenden Koordinierung ergeben"[257] kann. Der Gerichtshof hat die Art der Kooperation, die vom Begriff der abgestimmten Verhaltensweise erfasst ist, als „praktische Zusammenarbeit" zwischen den Unternehmen beschrieben, „die zu Wettbewerbsbedingungen führt, die im Hinblick auf die Art der Waren, die Bedeutung und Anzahl der beteiligten Unternehmen sowie den Umfang und die Eigentümlichkeiten des in Betracht kommenden Marktes nicht den normalen Marktbedingungen entsprechen".[258]

96   Die Unterscheidung von abgestimmter Verhaltensweise und Vereinbarung ist verschwommen. Dennoch ergibt sich die eigentliche Bedeutung des Begriffs der abgestimmten Verhaltensweise nicht aus seinem Gegensatz zum Begriff der Vereinbarung – dies ist eine Unterscheidung von theoretischem Interesse und geringer praktischer Bedeutung – sondern aus der Unterscheidung zwischen lediglich parallelem Verhalten ohne Element der Abstimmung und einer echten abgestimmten Verhaltensweise gemäß Art. 81. **Parallelverhalten** als solches wird durch das Verbot der abgestimmten Verhaltensweisen nach Art. 81 nicht verurteilt. Schließlich zeigt einfache Preistheorie, dass einzelne Wettbewerber im theoretischen Modell des unverfälschten Wettbewerbs Preisnehmer sind. Ihr Preis und ihre Verkaufsbedingungen sind vom Markt diktiert, wenn sie zu diesen Bedingungen profitabel liefern können. Paralleles Verhalten ist dem theoretischen Modell des unverfälschten Wettbewerbs inhärent, da Preissenkungen automatisch zu einem entsprechenden Verhalten von Wettbewerbern führen und Preiserhöhungen durch ein Unternehmen einen Verlust an Kunden nach sich ziehen. Diese Art des „parallelen" Verhaltens ist wettbewerbsfördernd, genau genommen das Wesen des Wettbewerbs an sich. Eine weniger wünschenswerte Form des Parallelverhaltens kann jedoch ohne Abstimmung in oligopolistischen Märkten auftreten, wo die Waren homogen sind und Preistransparenz besteht. Unter diesen Umständen kann ein Unternehmen zu Preiserhöhungen in koordinierter Weise ohne Abstimmung fähig sein. Dieses Phänomen wird oft als „bewusste Parallelität", „stillschweigendes Zusammenwirken" oder „oligopolistische Interdependenz" bezeichnet. Während dies vom Standpunkt des Wettbewerbs sicherlich keine wünschenswerte Situation ist, wird sie ohne irgendeinen – direkten oder indirekten – Beweis einer Koordination dennoch nicht vom Verbot des Art. 81 EG erfasst. Solches Verhalten ist das Ergebnis einer bestimmten Marktstruktur, und Unternehmen können nicht dafür verantwortlich gemacht werden, dass sie ihr Verhalten den äußeren Umständen anpassen. Der Gerichtshof hat in seine Standardauslegung der „abgestimmten Verhaltensweise" längst die Einschränkung eingearbeitet, dass das Erfordernis des selbstständigen wirtschaftlichen Verhaltens *„den Unternehmen nicht das Recht nimmt, sich dem festgestellten oder erwarteten Verhalten ihrer Mitbewerber mit wachen Sinnen anzupassen".*[259]

97   Die Schwierigkeit liegt in der **Beweisfrage.**[260] Die gleichen Marktbedingungen, die zu spontanem wettbewerbswidrigem Parallelverhalten führen, sind solche, in denen das Zusammenwirken am verlockendsten ist. In oligopolistischen Märkten bietet jeder Kontakt zwischen Wettbewerbern die Möglichkeit zur Koordination und gibt daher zu Verdacht Anlass. Abgesehen von der Gründung eines offensichtlichen Kartells können Unternehmen Maßnahmen finden, um die Koordination zu vereinfachen. Die Grenze zwischen zulässi-

---

[257] *ICI/Komm.* Fn. 4 Rn. 64–65.
[258] *Suiker Unie/Komm.* Fn. 128 Rn. 26; 8. 7. 1999, *Hüls/Komm.*, Rn. 158; EuG Rs. T-9/99 *HFB*, Rn. 211.
[259] *John Deere Ltd/Komm.* Fn. 3 Rn. 87; *Suiker Unie/Komm.* Fn. 128 Rn. 174 und *Züchner/Bayerische Vereinsbank* Fn. 96 Rn. 14; EuG Rs. T-9/99 *HFB*, Rn. 212.
[260] Siehe allgemein *Joshua*, Proof in contested EEC competition cases: A comparison with the rules of evidence in Common Law, Eur. L. Rev. 12 (1987), 315; siehe auch *Emmerich* in: *Immenga/Mestmäcker*, EG-WbR Bd. I, S. 157 ff.

gen Kontakten zwischen Unternehmen in derselben Branche und verbotenem Verhalten mit der gemeinsamen Absicht, den Wettbewerb zu verzerren, ist schwer zu ziehen. Institutionalisierte Foren zur Diskussion von Themen von gemeinsamem Interesse oder andere Arten scheinbar harmloser Geschäftsbeziehungen können zu Instrumenten einer abgestimmten Verhaltensweise werden. „**Erleichterungsmaßnahmen**" dieser Art umfassen unter anderem den Austausch vertraulicher Geschäftsinformationen,[261] aus denen Wettbewerber Preisveränderungen vorhersehen und das Verhalten anderer Unternehmen in einer Weise beobachten können, die die Anreize für Parallelverhalten erhöht. Diese zugrunde liegende gemeinsame Absicht der Koordination des Marktverhaltens steht im Mittelpunkt des Konzepts. Die – oft ausdrückliche – Vereinbarung einer Vereinfachungsmaßnahme, wie der Austausch von Informationen, wird nicht „per se" von dem Verbot erfasst,[262] es sei denn sie dient als Instrument zur Koordination von Verhalten.[263] **Informationsaustauschsysteme**[264] wurden als von Art. 81 erfasst angesehen, wenn wegen der Struktur des Marktes und der Art der ausgetauschten Informationen der Informationsaustausch die Unsicherheit über die Marktoperation so reduzierte, dass er die Autonomie der Entscheidungsfindung von Unternehmen einschränkte.[265] Die Behandlung von Informationsaustauschsystemen nach Art. 81 Abs. 1 EG hängt vom Wesen der ausgetauschten Informationen, der Häufigkeit oder Regelmäßigkeit ihrer Verbreitung und der Identität der Personen, denen sie bekannt gegeben werden, ab.[266]

In Entscheidungen von Kommission und Gerichtshof wird dies dahingehend zum Ausdruck gebracht, dass es „zwar ... jedem Hersteller frei [steht], seine Preise nach Belieben zu ändern und hierbei dem gegenwärtigen oder vorhersehbaren zukünftigen Verhalten seiner Konkurrenten Rechnung zu tragen, doch verstößt es gegen die Wettbewerbsregeln des Vertrages, wenn ein Hersteller mit seinen Konkurrenten – in welcher Art auch immer – zusammenwirkt, um für eine Preiserhöhung ein koordiniertes Vorgehen festzulegen und den Erfolg dieser Preiserhöhung dadurch zu sichern, dass im Voraus hinsichtlich der wesentlichen Faktoren dieses Vorgehens – wie Steigerungssätze, Gegenstand, Zeitpunkt und Ort der Preiserhöhungen – jede Unsicherheit über das wechselseitige Verhalten beseitigt wird".[267] Der Gerichtshof hat daher festgestellt, dass Art. 81 EG „streng jeder unmittelbaren oder mittelbaren Fühlungnahme zwischen Unternehmen entgegen[steht], die bezweckt oder bewirkt, entweder das Marktverhalten eines gegenwärtigen oder potenziellen Mitbewerbers zu beeinflussen oder einen solchen Mitbewerber über das Marktverhalten ins Bild zu setzen, das man selbst an den Tag zu legen entschlossen ist oder in Erwägung zieht".[268] Die Eigenart des Markts, vor allem seine Struktur und die vorherrschenden Wettbewerbsbedingungen sind daher für die Beurteilung des Vorliegens einer abgestimmten Verhaltensweise von zentraler Bedeutung.[269] **98**

Die **Beweislast** für eine abgestimmte Verhaltensweise trägt die Partei, die deren Vorliegen behauptet, d.h. die Kommission oder die nationale Behörde, die Art. 81 Abs. 1 in **99**

---

[261] EuG Rs. T-9/99 *HFB*, Rn. 215 f.
[262] Siehe z.B. *Ahlström Osakeyhtiö u.a./Komm.* Fn. 152 Rn. 64; *Thyssen Stahl AG/Komm.* Fn. 3 Rn. 262.
[263] *John Deere Ltd/Komm.* Fn. 3 Rn. 85–91; EuG U.v. 27. 10. 1994 Rs. T-34/92 – *Fiatagri UK Ltd und New Holland Ford Ltd/Komm.* Slg. 1994, II-905 Rn. 91–93.
[264] *Goodman* in Siragusa/Rizza (Hrsg.) EU Competition law, Vol III. Rn. 1.120 ff.; EuG Rs. T-9/99 *HFB*, Rn. 215 f.; EuG Rs. T-61/99 *Adriatica di Navigazione SpA/Komm.*, Rn. 101 f.
[265] *John Deere Ltd/Komm.* Fn. 3 Rn. 87.
[266] *John Deere Ltd/Komm.* Fn. 3 Rn. 89; EuG U.v. 27. 10. 1994 Rs. T-35/92 – *John Deere/Komm.* Slg. 1994, II-957 Rn. 51–53; EuGH Rs. C-238/05, *Asnef-Equifax*, Rn 46–62; EuGH Rs. C-194/99 P, *Thyssen Stahl/Kommission*, Slg. 2003, I-10821, Rn. 81.
[267] *ICI/Komm.* Fn. 4 Rn. 118.
[268] *Suiker Unie u.a./Komm.* Fn. 128 Rn. 174, *Züchner/Bayerische Vereinsbank* Fn. 96 Rn. 14.
[269] *ICI/Komm.* Fn. 4 Rn. 68, 69 ff., 119; *Züchner/Bayerische Vereinsbank AG* Fn. 96 Rn. 79.

Art. 81 Abs. 1 EG 100

einem Verwaltungsverfahren anwendet.[270] Es wird oft gesagt, dass zwei Merkmale vorliegen müssen, um eine abgestimmte Verhaltensweise zu beweisen: das Merkmal der *Abstimmung* und tatsächliche Handlungen der *Durchführung,* auch **Koordination** oder **Kooperation,** wie sie der Gerichtshofes in der Definition einer abgestimmten Verhaltensweise bezeichnet. Eine solch saubere Unterscheidung kann jedoch irreführend sein. Begrifflich ist das Merkmal der Koordination (Abstimmung) schwer fassbar, da normalerweise nicht alle Merkmale einer Vereinbarung vorliegen. Es sind oft die tatsächlichen Schritte der Unternehmen, die das Vorliegen einer zu Grunde liegenden Abstimmung ergeben. Beide Merkmale scheinen daher manchmal untrennbar miteinander verbunden zu sein, wobei die Ausführungsakte Indizien einer Abstimmung sind. Wenn die tatsächlichen Durchführungshandlungen stark genug sind, ermöglichen sie es der Kommission gegebenenfalls sogar, von der Erhebung selbstständiger Beweise einer Abstimmung abzusehen. Dies ist der Fall, wenn die Abstimmung die einzig plausible Erklärung für das betreffende Verhalten ist. In der Sache *Suiker Unie* hat der Gerichtshof untersucht, ob sich das vorgeworfene Verhalten als Tatbestandsmerkmal einer Zuwiderhandlung „vernünftigerweise nur durch das Vorliegen einer Abstimmung erklären lässt".[271] Aus demselben Grund akzeptiert der Gerichtshof, dass die Kommission ohne unmittelbaren Beweis bei Fehlen einer anderweitigen vernünftigen Erklärung aus Parallelverhalten auf eine vorausgehende Abstimmung schließt.[272] Der Gerichtshof hat diese Möglichkeit eng ausgelegt: in dem *Woodpulp II*-Fall hat er ein System quartalsweiser Preisankündigungen einschließlich ihrer Gleichzeitigkeit oder annähernden Gleichzeitigkeit und Parallelität über einen Zeitraum von einigen Jahren mit der besonderen Marktstruktur und den vorherrschenden Wettbewerbsbedingungen für erklärbar gehalten. Der Gerichtshof führte aus, dass Parallelverhalten allein nicht als Beweis für eine Abstimmung angesehen werden kann, es sei denn eine Abstimmung stellt die einzig mögliche Erklärung für ein derartiges Verhalten dar.[273]

100 Als spiegelbildliches Problem stellt sich die Frage, ob das Merkmal der Koordination (Abstimmung) allein ausreicht, um eine abgestimmte Verhaltensweise **ohne den Nachweis tatsächlicher Ausführungsakte** zu beweisen. Obwohl dieses Thema von verschiedenen Autoren diskutiert wurde,[274] erscheint die **praktische Relevanz** begrenzt, da der Gerichtshof es offenbar implizit anerkennt, dass, sobald das Merkmal der Abstimmung eindeutig nachgewiesen ist, unter normalen Umständen eine Anpassung des Marktverhaltens der Unternehmen in der einen oder anderen Weise angenommen werden kann. In seinem Urteil in der Rechtssache *Polypropylen* hat das Gericht Erster Instanz die Einordnung einer Reihe von Treffen zwischen Herstellern ohne konkreten Beweis eines Preisverhaltens als „abgestimmte Verhaltensweise" anerkannt. Nach Ansicht der Gerichte konnten die Beteiligten bei der Entscheidung über ihre auf dem Markt zu verfolgende Unternehmenspolitik nicht umhin, unmittelbar oder mittelbar die ihnen im Laufe dieser Treffen von den anderen Teilnehmern bekannt gewordenen Informationen über das beschlossene oder in Aussicht genommene Verhalten auf dem Markt zu berücksichti-

---

[270] Es gibt kein bestimmtes Hindernis, das eine private Partei daran hindert, die Existenz einer nach Art. 81 Abs. 1 verbotenen abgestimmten Verhaltensweise in einem Verfahren vor einem nationalen Gericht zu behaupten. Die Beweislast trägt auch hier die die Existenz einer abgestimmten Verhaltensweise behauptende Partei.

[271] *Suiker Unie u. a./Komm.* Fn. 128 Rn. 300.

[272] Neben *Suiker Unie,* siehe *Zinkbleche,* EuGH U. v. 28. 3. 1984 verb. Rs. 29/83 und 30/83, *Compagnie Royale Asturienne des Mines SA und Rheinzink GmbH/Komm.* Slg. 1984, 1679 Rn. 16–20, besonders 18 und 28; *Zellstoff II, Ahlström Osakeyhtiö u. a./Komm.* Fn. 152 Rn. 70–72, 126–127. Siehe auch *Musique Diffusion française u. a./Komm.* Fn. 37, z. B. Rn. 51, 52, 56, 57.

[273] Siehe auch EuG U. v. 29. 6. 1995 Rs. T-30/91 – *Solvay SA/Komm.* Slg. 1995, II-1775 Rn. 75–76.

[274] Siehe allgemein *Waelbroeck/Frignani,* Commentaire J. Megret, vol. 4, Concurrence, 2. Aufl. 1997, 142–43.

gen.²⁷⁵ Eine weitere Klärung dieser Fragen kann in dem Vorabentscheidungsverfahren in der Rs. C-8/08 erwartet werden.

Eine letzte Überlegung zur Erhebung von Beweisen betrifft die **Beweislast für die** **101** **Fortsetzung** einer abgestimmten Verhaltensweise, wenn Beweise für das Merkmal der Abstimmung (Treffen, Austausch geheimer Informationen) über eine anfängliche Zeitspanne hinaus nicht vorhanden sind. In den *Soda*-Verfahren war das Gericht Erster Instanz der Ansicht, dass die Annahme der Fortsetzung einer abgestimmten Verhaltensweise in so einem Fall gegen die Unschuldsvermutung verstoße, und folgerte hieraus, dass die Kommission während der gesamten Dauer der Zuwiderhandlung an denselben Beweisstandard gebunden sei. Praktisch hieß dies, dass die Kommission zum Beweis der Fortsetzung der Zuwiderhandlung über einen bestimmten Zeitraum, in dem das Parallelverhalten zwar andauerte, ohne dass die Abstimmung dokumentierbar war, eine umfassende und detaillierte wirtschaftliche Beurteilung des relevanten Marktes und der Größe und des Verhaltens der in diesem Markt tätigen Unternehmen hätte machen müssen, um herauszufinden, ob das Parallelverhalten auf andere Weise als durch Abstimmung zu erklären wäre.²⁷⁶

Während abgestimmte Verhaltensweisen meist horizontal unter Konkurrentenbeteiligung **102** stattfinden, umfasst der Begriff auch **vertikale Beziehungen.** Im *Pioneer*-Fall wurde ein Hersteller, der eine Versammlung seiner Großhändler einberufen und den Vorsitz geführt hatte, bei der die Letzteren ihre zukünftige Vorgehensweise hinsichtlich der Verhinderung von Parallelimporten diskutierten, als Teilnehmer an einer abgestimmten Verhaltensweise mit seinen Großhändlern angesehen. Der Gerichtshof stellte fest, dass, obwohl die Position von Pioneer dem Unternehmen keinen entscheidenden Einfluss auf das Vorgehen der einzelnen Großhändler verlieh, „sie doch wegen ihrer zentralen Stellung ihr besonderes Augenmerk darauf richten [musste] zu verhindern, dass derartige Verständigungen Praktiken Vorschub leisteten, die ihm Widerspruch zu den Wettbewerbsregelungen standen".²⁷⁷

c) Beschlüsse von Unternehmensvereinigungen. Ähnlich wie Vereinbarungen **103** **brauchen** Beschlüsse von Unternehmensvereinigungen **nicht rechtlich verbindlich zu sein.**²⁷⁸ Es reicht aus, dass sie „als satzungsgemäß vorgesehene und ordnungsgemäß zustande gekommene Willensäußerung der Unternehmensvereinigung deren Mitgliedern zur Kenntnis gebracht worden seien".²⁷⁹ Trotz der scheinbar eindeutigen Bedeutung des Wortes „Beschluss" hat die Kommission die Ansicht vertreten, dass es auf die Rechtsnatur eines Beschlusses der Vereinigung (ob er sich als verbindlich oder als reine Empfehlung darstellt) nicht ankommt, solange er dazu dient, das wettbewerbliche Verhalten der Mitglieder der Vereinigung, wenn auch nur tendenziell, zu bestimmen oder zu beeinflussen. Es ist unerheblich, ob die Beschlüsse entsprechend dem üblichen Entscheidungsfindungsprozess der Vereinigung gefasst wurden oder ob sie den Aufgaben und Zuständigkeiten, die der Vereinigung durch ihre Satzungen zugestanden werden, unterfallen, solange der Beschluss den Willen der Vereinigung zum Ausdruck bringt, das Verhalten der Mitglieder zu koordinieren.²⁸⁰ Selbst ein „Memorandum", das aufgesetzt wurde, um die „Gegebenheiten" ohne verbindlichen Status oder negative Konsequenzen bei Nichteinhaltung auszudrücken, wurde als ein Beschluss angesehen, weil nur so erklärt werden konnte, dass „die Vereini-

---

²⁷⁵ EuG U. v. 24. 10. 1991 Rs. T-1/89 – *Rhône-Poulenc SA/Komm*. Slg. 1991, II-867 Rn. 123. Siehe auch Rn. 170.
²⁷⁶ *Solvay SA/Komm.* Fn. 232 Rn. 75–76.
²⁷⁷ *Musique Diffusion Française* Fn. 37 Rn. 72–80.
²⁷⁸ EuG verb. Rs. T-217/03 und T-245/03 *FNCBV/Komm.*, Rn. 89 f.
²⁷⁹ Siehe insbesondere *Verband der Sachversicherer/Komm.* Fn. 96 Rn. 26–32; *Van Landewyck SARL u. a./Komm. (FEDETAB)* Fn. 136 Rn. 86.
²⁸⁰ Siehe *Waelbroeck/Frignani*, Commentaire J. Megret, Bd. 4, Concurrence, 2. Aufl. 1997, 133 Fn. 44. Siehe auch Komm. E. v. 5. 6. 1996 – *FENEX*, ABl. 1996 L 181/28 (Rn. 32–42); vgl. auch *Emmerich* in: *Immenga/Mestmäcker*, EG-WbR Bd. I S. 148 ff.

gung wünschte, diese Situation aufrecht zu erhalten und durch Veröffentlichung [des Memorandums] in wesentlicher Weise hierzu beizutragen".[281]

4. Beschränkung des Wettbewerbs[*282]

a) Das Konzept der Beschränkung des Wettbewerbs. Da für die Anwendbarkeit von Art. 81 Abs. 1 EG eine einfache Beschränkung des Wettbewerbs ausreicht, sind die Begriffe „Verhinderung, Einschränkung oder Verfälschung" des Wettbewerbs aus praktischer Sicht austauschbar. Generell soll der Ausdruck „Beschränkung des Wettbewerbs" alle möglichen Beschränkungen des Wettbewerbs im Sinne des Art. 81 Abs. 1 erfassen.[283]

aa) Tatsächlicher und potenzieller Wettbewerb. Nicht nur die Beschränkung tatsächlichen Wettbewerbs zwischen vorhandenen Wettbewerbern, sondern auch die Beschränkung **potenziellen Wettbewerbs** zwischen tatsächlichen und/oder potenziellen Wettbewerbern kann unter Art. 81 Abs. 1 fallen. So wurde zum Beispiel eine Vereinbarung über Gemeinschaftsunternehmen zwischen zwei Automobilherstellern zur Entwicklung und Produktion eines Mehrzweckfahrzeugs in Europa als von Art. 81 Abs. 1 erfasst angesehen, obwohl bisher keine der Parteien Mehrzweckfahrzeuge in Europa herstellte, da die Kommission befand, dass vor Errichtung des Gemeinschaftsunternehmens grundsätzlich jede der Parteien solche Fahrzeuge selbstständig hätte herstellen können. Nach Errichtung des Gemeinschaftsunternehmens habe hieran jedoch keine der Parteien mehr ein wirtschaftliches Interesse.[284] Ebenso fällt eine Vereinbarung von zwei oder mehr Parteien, Dritten keine Lizenz für ein Recht an geistigem Eigentum zu geben, in den Anwendungsbereich des Art. 81 Abs. 1 EG, weil sie den potenziellen Wettbewerb zwischen den Parteien der Vereinbarung und anderen potenziellen Lizenznehmern einschränkt.[285]

bb) Interbrand- und Intrabrand-Wettbewerb. Auch die Beschränkung tatsächlichen oder potenziellen Wettbewerbs **zwischen einer der Parteien der Vereinbarung und einem Dritten** kann unter Art. 81 Abs. 1 fallen.[286] So kann eine Vereinbarung zwischen dem Hersteller eines Markenartikels und seinem Großhändler oder Lizenznehmer, die die Wettbewerbsmöglichkeiten des letzteren gegenüber anderen Großhändlern oder Lizenznehmern des gleichen Markenprodukts einschränkt (**Intrabrand-** oder markeninterner **Wettbewerb,** d. h. Wettbewerb zwischen Anbietern derselben Marke, im Gegensatz zu **Interbrand-** oder Marken**wettbewerb,** d. h. Wettbewerb zwischen Anbietern unterschiedlicher Marken), unter Art. 81 Abs. 1 EG fallen. Der Gerichtshof hat in *Consten & Grundig* erläutert, dass „der Wettbewerb zwischen Herstellern [...] zwar im Allgemeinen augenfälliger in Erscheinung treten [mag] als der zwischen Vertriebshändlern von Erzeug-

---

[281] Komm. E. v. 12. 12. 1988 – *Publishers Association – „Netto-Bücher"-Vereinbarungen,* ABl. 1989 L 22/12 Rn. 46–49. Das fragliche Memorandum hat Gepflogenheiten aufgelistet, die allgemein als fair im Hinblick auf die Umstände in der Buchbranche angesehen werde. Die Kommission hat die Auswirkungen berücksichtigt, die eine schriftliche Publikation einer Vereinigung, die als Hauptautorität in der Branche gilt, hat und den Umstand, dass die Vereinigung selbst anerkannte, dass diese Gepflogenheiten höchstwahrscheinlich von den meisten ihrer Mitglieder befolgt würden.
* Bei der Bearbeitung dieses Unterabschnitts hat *Dr. Mayr* unterstützend mitgewirkt.
[282] Für interessante Einblicke in die Ziele der europäischen Wettbewerbspolitik, siehe die Reihe von Aufsätzen in: *Ehlermann/Laudati* (Hrsg.), European Competition Annual 1997, Objectives of Competition Policy, 1998. Siehe auch *Frazer,* Competition Policy after 1992: The Next Step, S. 53; The Modern Law Review, S. 609; *Bodoff,* Competition Policies of the US and the EEC: an Overview, European Competition Law Review (1984) 51; *Fox,* The Modernization of Antitrust: A New Equilibrium, S. 66 Cornell Law Review 1140 (1981).
[283] Siehe u. a. *G. Marenco,* La notion de Restriction de Concurrence dans le cadre de l'interdiction des ententes, S. 1218 in: *Dony,* Mélanges en Hommage à Michel Waelbroeck, 1999.
[284] Komm. E./23. 12. 1992 – *Ford/Volkswagen,* ABl. 1993 L 20/14.
[285] EuG U. v. 12. 6. 1997 Rs. T-504/93 – *Tiercé Ladbroke/Komm.* Slg. 1997, II-923 Rn. 156–159.
[286] EuGH U. v. 13. 7. 1966 Rs. 32/65 – *Italien/Komm.* Slg. 1966, 563.

nissen einer und derselben Marke. Dies bedeutet aber nicht, dass eine Vereinbarung, die den Wettbewerb zwischen solchen Vertriebshändlern beschränkt, schon deswegen nicht unter das Verbot des Artikels 85 Absatz 1 [jetzt Art. 81 I] fiele, weil sie den Wettbewerb zwischen Herstellern möglicherweise verstärkt."[287]

cc) Preiswettbewerb und nichtpreisbezogener Wettbewerb. Die Rechtsprechung **107** hat erkannt, dass „so wichtig der Preiswettbewerb auch sein mag – weshalb er niemals ganz beseitigt werden darf –, so ist er doch nicht die einzige wirksame Form des Wettbewerbs und auch nicht diejenige Form, die unter allen Umständen absoluten Vorrang erhalten müsste."[288] Unternehmen konkurrieren genau genommen nicht nur dadurch, dass sie Produkte oder Dienstleistungen zu einem niedrigeren Preis anbieten als ihre Wettbewerber für Produkte oder Dienstleistungen der gleichen Qualität. Wettbewerb findet auch statt, indem sie qualitätsvollere oder attraktivere Produkte oder Dienstleistungen anbieten. Daher können entsprechende Beschränkungen unter Art. 81 Abs. 1 EG fallen.

b) Die verschiedenen Formen der Wettbewerbsbeschränkungen. Wettbewerb **108** kann im Sinne von Art. 81 Abs. 1 nicht nur durch Vereinbarungen (oder abgestimmte Verhaltensweisen) eingeschränkt werden, die **ausdrücklich die wirtschaftliche Freiheit des Wettbewerbs** in dem Markt eines oder mehrerer Unternehmen **einschränkten** (wie eine Vereinbarung, in der die Preise festgelegt werden oder Abnehmer zugeteilt werden). Eine Beschränkung ist auch durch Vereinbarungen möglich, die, obwohl sie keine Beschränkung der wirtschaftlichen Handlungsfreiheit der beteiligten Unternehmen am Wettbewerb teilzunehmen, ausdrücklich beinhalten, unter bestimmten Umständen **zu einer Beschränkung des Wettbewerbs führen** (wie eine Vereinbarung über die Errichtung eines Produktions-Gemeinschaftsunternehmens).[289] Aus diesem Grund kann eine erhebliche Anzahl von geschäftlichen Vereinbarungen potenziell in den Anwendungsbereich von Art. 81 Abs. 1 fallen.

Für Zwecke der Rechtsanwendung lassen sich anhand der Rechtsprechung der europäi- **109** schen Gerichte sowie anhand der Praxis der Kommission alle Vereinbarungen, die in den Anwendungsbereich des Art. 81 Abs. 1 EG fallen können, in **fünf Kategorien** einordnen. Im Hinblick auf Vereinbarungen, die Beschränkungen der Wettbewerbsfreiheit eines oder mehrerer Unternehmen beinhalten, kann man zwischen (i) Vereinbarungen zwischen Wettbewerbern, die immer von Art. 81 Abs. 1 erfasst sind, weil sie den Wettbewerb beschränken und keine gegenläufigen Auswirkungen aufweisen (wie zum Beispiel Kostensenkungen, technischer Fortschritt, den Eintritt in neue Märkte oder das Vermarkten neuer Produkte), die solche Beschränkungen rechtfertigen würden **(horizontale Kernbeschränkungen** oder, um eine im US-amerikanischen Antitrust-Recht geläufige Bezeichnung zu wählen, *per se* **Wettbewerbsbeschränkungen),** (ii) vertikale Vereinbarungen zwischen Nicht-Wettbewerbern, die höchstwahrscheinlich unter Art. 81 Abs. 1 fallen und wahrscheinlich nicht nach Art. 81 Abs. 3 EG freigestellt werden (vertikale Kernbeschränkungen), (iii) Vereinbarungen, die gegenläufige Auswirkungen aufweisen und fast nie von Art. 81 Abs. 1 erfasst sind, da davon ausgegangen wird, dass sie keine spürbaren Auswirkungen auf den Wettbewerb haben **(de minimis-Doktrin)** und (iv) Vereinbarungen, die normalerweise gegenläufige Auswirkungen aufweisen und Art. 81 Abs. 1 nur unterfallen, wenn eine wirtschaftliche Analyse des sachlich und räumlich relevanten Markts zeigt, dass die Vereinbarung zu einer spürbaren Wettbewerbsbeschränkung auf diesem Markt führen wird. Eine fünfte Kategorie umfasst (v) Vereinbarungen, die keine ausdrückliche Beschränkung der wirtschaftlichen Betätigungsfreiheit enthalten, die aber dennoch **unter bestimmten Umständen unter Art. 81 Abs. 1 EG fallen können,** wenn sie den Wett-

---

[287] *Consten und Grundig/Komm.* Fn. 8, 321, 390.
[288] *Metro/Komm.* Fn. 5 Rn. 21.
[289] Anderer Ansicht *Marenco* Fn. 1, S. 1241 und *Koch* in: Kommentar zum EWG-Vertrag, Art. 85 Rn. 76–79.

Art. 81 Abs. 1 EG 110–114

bewerb spürbar beschränken.[290] Wie auch bei der vierten Kategorie erfordert die Feststellung, ob Art. 81 Abs. 1 EG anwendbar ist, eine wirtschaftliche Analyse des sachlich und räumlich relevanten Markts und des Einflusses der Vereinbarung auf diesen Markt, um festzustellen, ob Art. 81 Abs. 1 EG anwendbar ist.

110 Schließlich fallen nach ständiger Rechtsprechung und nach der Praxis der Kommission eine Reihe von Beschränkungen der wirtschaftlichen Handlungsfreiheit von Unternehmen nie unter Art. 81 Abs. 1 EG, wenn sie zur Durchführung von Vereinbarungen notwendig sind, die keine Wettbewerbsbeschränkungen enthalten (**Nebenabreden-Doktrin**). Die fünf Kategorien von Vereinbarungen sowie die Nebenabreden-Doktrin werden im Folgenden nacheinander untersucht.

111 **aa) Erste Kategorie: horizontale Kernbeschränkungen.** Bestimmte Vereinbarungen zwischen aktuellen oder potenziellen Wettbewerbern (**horizontale Vereinbarungen**) werden immer von Art. 81 Abs. 1 erfasst. Ihre Freistellung nach Art. 81 Abs. 3 EG ist unwahrscheinlich.

112 Eine traditionelle und offensichtliche Verletzung des Wettbewerbsrechts, die die Kommission als **Kernbeschränkung** (hard core) ansieht, stellen horizontale Vereinbarungen wie **Preiskartelle, Gebiets- oder Kundenaufteilungsvereinbarungen** und **Produktions- oder Absatzbeschränkungsvereinbarungen dar.**[291] Bei Vorliegen einer dieser Vereinbarungen ist die Kommission, eine nationale Kartellbehörde oder eine Privatperson, die solche Vereinbarungen vor einem nationalen Gericht prüfen lassen möchte, von der schwierigen Aufgabe der Untersuchung der Struktur des Marktes und des Nachweises der wettbewerbswidrigen Auswirkungen der Vereinbarung auf diese Märkte entbunden, um zu einer Anwendbarkeit des Art. 81 Abs. 1 zu kommen. Diese *per se* Anwendung von Art. 81 Abs. 1 EG auf horizontale Kernbeschränkungen basiert auf umfangreicher Rechtsprechung. Der Gerichtshof hat zum Beispiel in der Sache *VdS/Kommission* entschieden, dass es nicht erforderlich ist, die tatsächlichen Auswirkungen einer Vereinbarung zu betrachten, wenn es offensichtlich ist, dass die Vereinbarung das Ziel hat, den Wettbewerb zu verhindern, zu beschränken oder zu verfälschen, wie z. B. eine Vereinbarung einer Vereinigung von Feuerversicherungen, ihre Versicherungsprämien festzulegen.[292]

113 Einzige **Ausnahme** zu dieser Rechtsprechung ist offenbar die Entscheidung des Gerichts Erster Instanz im *Italienischen Flachglas*-Fall,[293] in dem das Gericht entschied, dass „die angemessene Festlegung des relevanten Marktes notwendig jeder Beurteilung eines angeblich wettbewerbswidrigen Verhaltens vorauszugehen hat",[294] selbst wenn in diesem Fall das vorgeworfene Verhalten in Vereinbarungen und abgestimmten Verhaltensweisen zur Preisbindung und Produktionsbeschränkung zwischen Wettbewerbern bestand. Einigen Kommentatoren zufolge lässt diese Entscheidung die *per se*-Anwendbarkeit des Art. 81 Abs. 1 EG auf horizontale Kernbeschränkungen zweifelhaft erscheinen, wenn sie selbst bei deren Vorliegen von der Kommission zum Nachweis ihrer wettbewerbsbeschränkenden Wirkungen eine Untersuchung der Struktur des relevanten Marktes verlangen.[295]

114 Die Stellungnahme des Gerichts in der Sache *Italienisches Flachglas* sollte jedoch auf die **besonderen Umstände** dieses Falls beschränkt bleiben. In dem Fall hatte die Kommission

---

[290] Anderer Ansicht *Marenco* Fn. 1 und *Koch* Fn. 7.
[291] Bekanntmachung der Kommission über Vereinbarungen von geringer Bedeutung, die den Wettbewerb gemäß Art. 81 Abs. 1 des Vertrags zur Gründung der Europäischen Gemeinschaft nicht spürbar beschränken (de minimis) (zit. „*de minimis*-Bekanntmachung") ABl. 2001 C 368/13 Rn. 11.
[292] *Verband der Sachversicherer/Komm.* Fn. 96 Rn. 39. Siehe auch *Montecatini/Komm.* Fn. 37 Rn. 133 und *Montedipe/Komm.* Fn. 28 Rn. 265.
[293] EuG U. v. 10. 3. 1992 verb. Rs. T-68/89, T-77/89 und T-78/89 – *Società Italiana Vetro u. a./Komm.* Slg. 1992, II-1403.
[294] *Società Italiana Vetro u. a./Komm.* Fn. 250 Rn. 159.
[295] *Faull/Nipkay*, The EC Law of Competition, 1999, S. 84.

Art. 81 Abs. 1 EG: Verbotsnorm 115–117 **Art. 81 Abs. 1 EG**

gleichzeitig die Art. 81 und 82 EG auf dieselben Verhaltensweisen angewendet. Aus diesem Grund hat sich das Gericht Erster Instanz, als es die Bedeutung einer angemessenen Marktabgrenzung unterstrich, hauptsächlich auf Art. 82 statt auf Art. 81 EG bezogen.[296] Diese Auslegung von *Italienisches Flachglas* erscheint durch die Entscheidung im *Volkswagen*-Fall klar bestätigt, in der das Gericht Erster Instanz entschied, dass zwar für Art. 82 EG „die angemessene Definition des relevanten Marktes notwendig jeder Beurteilung eines angeblich wettbewerbswidrigen Verhaltens vorauszugehen" hat, im Fall von Art. 81 Abs. 1 EG jedoch „ist die Kommission verpflichtet, … eine Marktabgrenzung vorzunehmen, wenn ohne eine solche Abgrenzung nicht bestimmt werden kann, ob die Vereinbarung, der Beschluss der Unternehmensvereinigung oder die abgestimmte Verhaltensweise, um die es geht, den Handel zwischen Mitgliedstaaten zu beeinträchtigen geeignet ist und eine Verhinderung, Einschränkung oder Verfälschung des Wettbewerbs innerhalb des Gemeinsamen Marktes bezweckt oder bewirkt".[297]

Darüber hinaus haben sowohl der Gerichtshof als auch das Gericht Erster Instanz in allen 115 auf *Italienisches Flachglas* folgenden Entscheidungen bestätigt, dass bestimmte horizontale Beschränkungen immer *per se* verboten sind, d. h. dass sie in den Anwendungsbereich von Art. 81 fallen, ohne dass eine Analyse der Struktur des relevanten Markts erforderlich wäre.[298] In der Sache *European Night Services* z. B. hat das Gericht Erster Instanz festgestellt, dass offensichtliche Beschränkungen des Wettbewerbs wie **Preisbindung, Gebietsaufteilung oder die Absatzkontrolle eindeutig in den Anwendungsbereich von Art. 81 Abs. 1 fallen,** ohne dass eine Marktanalyse erforderlich sei.[299]

bb) Zweite Kategorie: vertikale Kernbeschränkungen. Der Rechtsprechung der 116 europäischen Gerichte und der Praxis der Kommission zufolge fallen eine Reihe von vertikalen Beschränkungen (d. h. Beschränkungen, die zwischen Unternehmen, die auf unterschiedlicher Produktions- oder Vertriebsstufe stehen, z. B. zwischen einem Hersteller und einem Händler vereinbart wurden), die die Kommission als Kernbeschränkungen ansieht, höchstwahrscheinlich unter Art. 81 Abs. 1 und sind nicht nach Art. 81 Abs. 3 freistellungsfähig.[300] Derartige Beschränkungen sind: (i) die Verpflichtung eines Wiederverkäufers auf einen **Festpreis** oder das Verbot, unter einem **Mindestpreis** zu verkaufen, (ii) das Verbot aktiver oder passiver (d. h. unangeforderter) Verkäufe in bestimmte Gebiete oder an bestimmte Kunden, um Händlern **absoluten Gebietsschutz** zu gewähren, es sei denn, bestimmte rechtfertigende Umstände lägen vor (wie Amortisation der von einem Händler bei der Einführung eines neuen Produkts in einem bestimmten Gebiet oder in Bezug auf eine bestimmte Kundengruppe getätigten Investitionen oder Aufrechterhaltung eines selektiven Vertriebssystems),[301] (iii) die Beschränkung von **Händlern eines selektiven Vertriebssystems hinsichtlich des Verkaufs an Endverbraucher,** (iv) die **Beschränkungen von Querlieferungen** zwischen Mitgliedern eines selektiven Vertriebssystems und (v) die Beschränkung von Zulieferern, Komponenten **an unabhängige Werkstätten oder Dienstleister zu verkaufen.**

Im Gegensatz zu horizontalen Kernbeschränkungen kann man aber nicht generell sagen, 117 dass vertikale Kernbeschränkungen immer *per se,* d. h. ohne Berücksichtigung ihrer Auswir-

---

[296] Siehe hierzu *Società Italiana Vetro u. a./Komm.* Fn. 250 Rn. 360–366.
[297] *Volkswagen AG/Komm.* Fn. 174 Rn. 230–231.
[298] Siehe u. a. *Montecatini/Komm.* Fn. 37 Rn. 133; EuG U. v. 21. 2. 1995 Rs. T-29/92 – *SPO u. a./Komm.* Slg. 1995, II-289 Rn. 74; U. v. 14. 5. 1998 Rs. T-348/94 – *Enso Española/Komm.* Slg. 1998, II-1875 Rn. 232; *European Night Services u. a./Komm.* Fn. 46 Rn. 136 und *Volkswagen AG/Komm.* Fn. 174 Rn. 178.
[299] *European Night Services u. a./Komm.* Fn. 46 Rn. 136.
[300] Siehe Art. 4 der VO 2790/1999, ABl. 1999 L 336/21, und Rn. 11 (2) der *de minimis*-Bekanntmachung.
[301] Siehe unten Rn. 122, 159.

kungen auf den relevanten Markt, in den Anwendungsbereich von Art. 81 Abs. 1 EG fallen. Obwohl der Gerichtshof in einer Reihe von Entscheidungen angenommen hat, dass bestimmte vertikale Gebietsbeschränkungen *per se* wettbewerbswidrig sind, hat er in anderen Entscheidungen offenbar angedeutet, dass die gleichen Beschränkungen möglicherweise nicht unter Art. 81 Abs. 1 EG fallen, wenn ihre Auswirkungen auf den Wettbewerb nicht spürbar sind. So hat der Gerichtshof zum Beispiel entschieden, dass Vereinbarungen, die einem Händler verbieten, die vertragliche Ware außerhalb des vertraglich vereinbarten Gebiets zu veräußern, den Ausschluss von Parallelimporten innerhalb der Gemeinschaft zum Ziel haben und **ihrer Natur nach** eine so offensichtliche Beschränkung des Wettbewerbs darstellen, dass eine Analyse ihrer Auswirkungen auf den relevanten Märkten für die Anwendbarkeit des Art. 81 Abs. 1 nicht erforderlich ist.[302] In anderen Entscheidungen hat das Gericht jedoch festgestellt, dass selbst Vereinbarungen, die einen **absoluten Gebietsschutz** festlegen (wie Vereinbarungen, mit denen ein Produzent einem Händler ein Alleinvertriebsrecht an seinen Produkten für ein bestimmtes Gebiet gibt und den Händler gegen Verkäufe Dritter in diesem Gebiet schützt), **dem Verbot des Art. 81 Abs. 1 EG nicht unterfallen**, „wenn sie den Markt angesichts der schwachen Stellung der Beteiligten auf dem Markt der fraglichen Erzeugnisse nur geringfügig beeinträchtigen."[303] Im Lichte des oben Gesagten kann daher geschlossen werden, dass es zwar möglich ist, eine allgemeine Regel aufzustellen, dass eine Kategorie von horizontalen Beschränkungen immer Art. 81 Abs. 1 EG unterfällt, ohne dass eine Untersuchung der Struktur der betroffenen Märkte erforderlich wäre (speziell: Preiskartelle, Vereinbarungen über die Aufteilung des Marktes oder der Kunden und Produktions- oder Absatzbeschränkungsvereinbarungen). Es ist jedoch nicht klar, ob eine ähnliche vertikale Beschränkungen betreffende Kategorie existiert.

118 cc) **Dritte Kategorie: Vereinbarungen, die fast nie spürbar den Wettbewerb beschränken (*de minimis*-Doktrin).** Art. 81 Abs. 1 EG sagt nichts aus über den Grad der Wettbewerbsbeschränkung, der aus einer Vereinbarung resultieren muss, damit diese in seinen Anwendungsbereich fällt. Der Gerichtshof hat allerdings seit seinen frühen Entscheidungen klargestellt, dass Art. 81 Abs. 1 EG nicht auf solche Vereinbarungen anwendbar ist, die lediglich eine **unbedeutende Auswirkung auf den Wettbewerb** haben.[304] Wie oben erwähnt unterfallen nach der Rechtsprechung selbst vertikale Kernbeschränkungen nicht dem Verbot des Art. 81 Abs. 1 EG, wenn ihre Auswirkungen auf den Wettbewerb nicht spürbar sind.[305] Die erste Entscheidung des Gerichtshofs dieser Art erging in der Sache *Völck/Vervaecke*,[306] der ein Antrag auf Vorabentscheidung über die Auslegung von Art. 81 Abs. 1 zugrunde lag. In diesem Fall hatte Völck, ein deutscher Waschmaschinenhersteller, Vervaecke das Alleinvertriebsrecht für seine Produkte in Belgien und Luxemburg gegeben und hatte sich verpflichtet, Vervaecke gegen Lieferungen durch Dritte in diesen Ländern zu schützen. Völck hat weniger als 1% aller Waschmaschinen in Deutschland hergestellt und weniger als 1% der gesamten Verkäufe an Waschmaschinen in Belgien und Luxemburg, dem Alleinvertriebsgebiet von Vervaecke getätigt. Das vorgelegte Auslegungsproblem war, ob ein nationaler Richter bei der Anwendung von Art. 81 Abs. 1 EG auf solch eine Vereinbarung die tatsächliche Stellung von Völck auf dem Markt berücksichtigen muss. In ihrer Stellungnahme an das Gericht hat die Kommission eingeräumt, dass die Vereinbarung bei Berücksichtigung der vorliegenden Marktanteile nicht von Art. 81 Abs. 1

---

[302] *Tipp-Ex/Komm.* Fn. 203 Rn. 22; *Miller/Komm.* Fn. 10 Rn. 7. Siehe auch *Consten und Grundig/Komm.* Fn. 8 Rn. 342–343 und *Sandoz/Komm.* Fn. 185.
[303] Siehe *Javico /Yves Saint Laurent* Fn. 12 Rn. 17; *Musique Diffusion Française u. a./Komm.* Fn. 37 Rn. 85 und U.v. 9. 7. 1969 Rs. 5/69 – *Völck/Vervaecke* Slg. 1969, 295.
[304] *Völck/Vervaecke* Fn. 260 Rn. 5–7; EuGH U. v. 6. 5. 1971 Rs. 1/71 – *Cadillon/Höss* Slg. 1971, 351 Rn. 9 und *Miller/Komm.* Fn. 10 Rn. 9–10.
[305] *Javico /Yves Saint Laurent* Fn. 12 Rn. 17.
[306] *Völck/Vervaecke* Fn. 260.

EG erfasst sei, weil sie den Wettbewerb nicht spürbar einschränkt. Das Gericht stellte fest, dass selbst eine Alleinvertriebsvereinbarung mit absolutem Gebietsschutz „mit Rücksicht auf die schwache Stellung, welche die Beteiligten auf dem Markt der fraglichen Erzeugnisse in dem Gebiet haben, für das der absolute Gebietsschutz besteht, nicht unter die Verbotsvorschrift des Artikel 85 Absatz 1 [jetzt Art. 81 Abs. 1] fällt."[307]

In der Sache *Miller/Kommission*[308] entschied der Gerichtshof jedoch, dass ein **Exportverbot,** das Miller seinen Händlern von Tonaufnahmen in Frankreich auferlegte, von Art. 81 Abs. 1 EG erfasst sei, weil Miller ungefähr 5% der Gesamtverkäufe im Markt für Tonaufnahmen in Deutschland tätigte und seine Position daher „keineswegs mit [der von Völck] vergleichbar ist".[309]

Auf Grundlage dieser Entscheidungen hat die Kommission Bekanntmachungen , die zur Anwendung von Art. 81 Abs. 1 EG auf Vereinbarungen geben, die den Wettbewerb nicht spürbar beeinträchtigen, veröffentlicht **(de minimis-Bekanntmachungen).** Die neueste *de minimis*-Bekanntmachung stammt aus 2001.[310] In dieser Bekanntmachung erläutert die Kommission, dass Art. 81 Abs. 1 EG normalerweise nicht auf Vereinbarungen anwendbar ist, die **weder eine horizontale noch eine vertikale Kernbeschränkung enthalten,**[311] und wenn (i) der **Gesamtmarktanteil** der Parteien einer Vereinbarung **zwischen tatsächlichen oder potenziellen Wettbewerbern 10%** auf den relevanten Märkten **nicht übersteigt,** oder (ii) die **einzelnen Marktanteile** der Parteien einer Vereinbarung **zwischen Nichtwettbewerbern 15%** auf den relevanten Märkten **nicht übersteigt.** In Fällen, in denen eine Klassifizierung der Vereinbarung als entweder zwischen Wettbewerbern oder zwischen Nichtwettbewerbern schwierig ist, hält die Kommission die 10%-Schwelle für anwendbar.

Entsprechend der Bekanntmachung sind in den Fällen, in denen in einem relevanten Markt der Wettbewerb durch den **kumulativen Effekt** von Verkaufsvereinbarungen für Waren oder Dienstleistungen durch verschiedene Anbieter oder Händler beschränkt wird (kumulativer Präklusionseffekt von parallelen Netzwerken von Vereinbarungen mit ähnlichen Auswirkungen auf den Markt), die Marktanteilsschwellen auf 5% abgesenkt. Dies gilt sowohl für Vereinbarungen zwischen Wettbewerbern als auch zwischen Nichtwettbewerbern. Bei einzelnen Händlern, deren Marktanteil 5% nicht übersteigt, wird im Allgemeinen nicht angenommen, dass sie zu einem kumulativen Präklusionseffekt spürbar beitragen. Ferner ist ein kumulativer Präklusionseffekt unwahrscheinlich, wenn sich die parallelen (Netzwerke von) Vereinbarungen mit ähnlichen Auswirkungen auf weniger als 30% des Marktes erstrecken. Schließlich bestimmt die Bekanntmachung, dass Vereinbarungen nicht wettbewerbswidrig sind, wenn die Marktanteile die oben genannten Schwellen von 10%, 15% bzw. 5% in zwei aufeinander folgenden Kalenderjahren nicht um mehr als 2 Prozentpunkte überschreiten.

Im Lichte des neuen Ansatzes der Kommission zur Beurteilung vertikaler Vereinbarungen[312] sieht die *de minimis*-Bekanntmachung ausdrücklich vor, dass folgende vertikale Beschränkungen dem Anwendungsbereich von Art. 81 Abs. 1 EG nicht unterfallen, wenn sie die Marktanteilsschwellen der Bekanntmachung nicht übersteigen:[313] (i) die einem Käufer auferlegte **Beschränkung des aktiven Verkaufs** in Gebiete oder an Gruppen von Kun-

---

[307] *Völck/Vervaecke* Fn. 260 Rn. 7.
[308] *Miller/Komm.* Fn. 10.
[309] *Miller/Komm.* Fn. 10 Rn. 9–10.
[310] Die *de minimis*-Bekanntmachung aus 2001 (ABl. 2001 C 368/13) ersetzte die vorangegangene *de minimis*-Bekanntmachung aus 1997 (ABl. 1997 C 372/13), welche wiederum die erste *de minimis*-Bekanntmachung aus 1986 (ABl. 1986 C 231/2) ersetzte.
[311] Siehe oben Rn. 111 und 116.
[312] Siehe Art. 4 der VO 2790/1999 Fn. 18.
[313] *De minimis*-Bekanntmachung, Rn. 11 (2) (b).

den, die der Lieferant sich selbst vorbehalten oder ausschließlich einem anderen Käufer zugewiesen hat, sofern dadurch Verkäufe seitens des Käufers nicht begrenzt werden,[314] (ii) Beschränkungen des Verkaufs an Endverbraucher durch Käufer, die auf der Großhandelsstufe tätig sind, (iii) Beschränkungen des Verkaufs an nicht zugelassene Händler, die Mitgliedern eines selektiven Vertriebssystems auferlegt werden, und (iv) Beschränkungen der Möglichkeiten des Käufers, Bestandteile, die zwecks Einfügung in andere Erzeugnisse geliefert werden, an Kunden zu verkaufen, welche diese Bestandteile für die Herstellung derselben Art von Erzeugnissen verwenden würden, wie sie der Lieferant herstellt. Dies ist eine bedeutende Änderung im Vergleich zu der vorangehenden Bekanntmachung, nach der die Anwendbarkeit des Art. 81 Abs. 1 EG auf vertikale Vereinbarungen, deren Zweck es war, den beteiligten oder dritten Unternehmen Gebietsschutz zu gewähren, nicht einmal dann ausgeschlossen war, wenn die Gesamtmarktanteile aller beteiligten Unternehmen unterhalb der in der Bekanntmachung festgesetzten Schwelle verblieben.

123 Wie bei allen Bekanntmachungen der Kommission stellt die *de minimis*-Bekanntmachung lediglich die Auffassung der Kommission zur Auslegung des Gemeinschaftsrechts dar. Sie kann daher **mögliche unterschiedliche Auslegungen** von Art. 81 Abs. 1 durch nationale Behörden oder Gerichte oder den Gerichtshof oder das Gericht Erster Instanz nicht vorwegnehmen. Das bedeutet vor allem, wie das Gericht Erster Instanz in der Sache *European Night Services* bestätigt hat, dass Vereinbarungen zwischen Unternehmen, auch wenn sie die Marktanteilsschwellen der Bekanntmachung übersteigen, keine spürbare Auswirkungen auf den Wettbewerb haben und daher aus dem Anwendungsbereich des Art. 81 Abs. 1 EG herausfallen können.[315] Das bedeutet jedoch auch, dass grundsätzlich von der Bekanntmachung erfasste Vereinbarungen dennoch dem Anwendungsbereich des Art. 81 Abs. 1 unterfallen können. Zum Beispiel wurden in diesem Zusammenhang die Marktanteilsschwellen im Vergleich zu der vorangegangenen *de minimis*-Bekanntmachung um fünf Prozentpunkte für beide Vereinbarungen sowohl zwischen Wettbewerbern (deren Schwelle vorher 5% war) als auch für Nichtwettbewerber (deren Schwelle vorher 10% war) angehoben, obwohl eine solche Erhöhung nicht durch die Rechtsprechung gestützt wird.[316]

124 Obwohl die *de minimis*-Bekanntmachung den Unternehmen keine volle juristische Sicherheit bezüglich der Anwendung von Art. 81 Abs. 1 EG auf ihre Vereinbarungen gibt, so hat sie doch zwei wichtige praktische Vorteile. Zunächst hat sich die Kommission verpflichtet, auf Antrag oder von Amts wegen **kein Verfahren einzuleiten,** wenn eine Vereinbarung unter die Bekanntmachung fällt.[317] Zweitens hat sich die Kommission verpflichtet, solchen Parteien, die gutgläubig davon ausgingen, ihre Vereinbarung sei von der Bekanntmachung erfasst, und bei denen sich später herausstellt, dass sie nicht erfasst ist und gegen Art. 81 Abs. 1 verstößt, **keine Geldbußen aufzuerlegen.**[318] Dies schließt jedoch nicht aus, dass eine Vereinbarung von nationalen Kartellbehörden oder Privatpersonen vor nationalen Gerichten für unvereinbar mit Art. 81 Abs. 1 EG gehalten wird und sich daraus Geldbußen, Schadensersatzforderungen und die vollständige oder teilweise Nichtigkeit der Vereinbarung ergeben.

125 **dd) Vierte Kategorie: Vereinbarungen, die die wirtschaftliche Handlungsfreiheit von Unternehmen beschränken, aber nur unter Art. 81 Abs. 1 EG fallen, wenn sie den Wettbewerb spürbar beeinträchtigen.** Vereinbarungen, die keine Bagatellfälle sind und die Beschränkungen der wirtschaftlichen Betätigung von Unternehmen

---

[314] Zur Bedeutung von „aktiver Verkauf", und „ausschließlich zugeordnet" siehe Mitteilung über Leitlinien für vertikale Beschränkungen, ABl. 2000 C 291/1 Rn. 50.
[315] *European Night Services u. a./Komm.* Fn. 46 Rn. 102.
[316] *European Night Services u. a./Komm.* Fn. 46 Rn. 89.
[317] *De minimis*-Bekanntmachung Rn. 4.
[318] *De minimis*-Bekanntmachung Rn. 4.

enthalten, die keine Kernbeschränkungen sind, fallen in eine Kategorie von Vereinbarungen, die gemäß Art. 81 Abs. 1 EG je nach ihren konkreten Auswirkungen auf den Markt für wettbewerbswidrig oder für nicht wettbewerbswidrig gehalten werden können. Typischerweise fallen in diese Kategorie vertikale Vereinbarungen, die Unternehmen auf nachgelagerten Märkten (wie Lizenznehmern, Franchisenehmern oder Vertriebshändlern) Exklusivität in Form von **eingeschränktem Gebietsschutz**[319] im Hinblick auf die Risiken bieten, die diese Unternehmen bei der Einführung eines neuen Produkts in einem bestimmten Gebiet eingehen. Darüber hinaus fallen **Alleinbezugsvereinbarungen,** d. h. Vereinbarungen, die einem Käufer die Pflicht auferlegen, alle oder den Großteil seiner Einkäufe an Vertragswaren oder -dienstleistungen bei demselben Anbieter zu tätigen, in diese Kategorie. In einer Reihe von Entscheidungen, die Alleinvertriebs- und Exklusivlizenzvereinbarungen betrafen, haben der Gerichtshof und das Gericht Erster Instanz entschieden, dass diese Vereinbarungen nicht immer Wettbewerbsbeschränkungen darstellen, sondern dass eine Analyse der rechtlichen und wirtschaftlichen Umstände erforderlich ist, um die Anwendbarkeit des Art. 81 Abs. 1 zu ermitteln.

Der erste Fall, der in diese Kategorie fiel, war *Société Technique Minière/Maschinenbau Ulm*[320] und wurde 1966 vom Gerichtshof entschieden. In diesem Fall entschied der Gerichtshof, dass eine Vereinbarung, die einem Händler durch Gewährung eines **Alleinvertriebsrechts** für ein bestimmtes Gebiet ohne gleichzeitige Untersagung des eigenen Vertriebs und des Vertriebs von Händlern eingeschränkten Gebietsschutz gab, durch das Erfordernis gerechtfertigt schien, dem Händler einen Anreiz zum Eintritt in einen neuen Markt zu geben, und nicht den Zweck hatte, Art. 81 Abs. 1 zu verletzen. Das Gericht kam daher zu dem Schluss, dass es, um festzustellen, ob eine solche Vereinbarung unter Art. 81 Abs. 1 fällt, „insbesondere Art und Menge der den Gegenstand der Vereinbarung bildenden Erzeugnisse in Betracht zu ziehen [und] ferner ... zu prüfen [hat]; welche Stellung und Bedeutung der Lieferant und der Vertriebsberechtigte auf dem Markt dieser Erzeugnisse innehaben, ob die Vereinbarung für sich allein steht oder Bestandteil einer Gesamtheit von Vereinbarungen ist, ob die zum Schutz des Alleinvertriebsrechts dienenden Klauseln besonders entscheidend sind oder ob sie im Gegenteil Wiederausfuhr und parallele Einfuhr der fraglichen Erzeugnisse zulassen und diesen somit andere Absatzwege offen halten."

Ähnlich hat der Gerichtshof in der Sache *Nungesser/Kommission*[321] entschieden, dass eine **offene Exklusivlizenz** (d.h. eine Lizenz, bei der der Lizenzgeber sich verpflichtet, keine weiteren Lizenzen zu vergeben und selbst die lizenzierten Produkte nicht in dem dem Lizenznehmer zugeteilten Gebiet zu verkaufen) nicht an sich mit Art. 81 Abs. 1 unvereinbar ist, da sie die Position von Dritten, wie Parallelimporteuren und Lizenznehmern für andere Gebiete nicht beeinträchtigt und weil in diesem Fall der Lizenznehmer ohne jeden Schutz gegen Intrabrand-Wettbewerb nicht in die Herstellung des lizenzierten Produkts investiert hätte. In der Sache *Coditel/Ciné Vog Films*[322] hat der Gerichtshof eine exklusive Lizenz an geistigen Eigentumsrechten als an sich Art. 81 Abs. 1 nicht verletzend angesehen. Der Gerichtshof ging dabei auf die Besonderheiten der Filmindustrie und die Filmmärkte in der Gemeinschaft, insbesondere die Märkte für Synchronisation und Untertitelung für verschiedensprachige Zuschauergruppen, auf die Sendemöglichkeiten im Fernsehen und auf das Finanzierungssystem der Filmproduktion in Europa ein. Der Gerichtshof hat jedoch hinzugefügt, dass „wenn somit das Urheberrecht an einem Film und das daraus fließende Vorführungsrecht an sich nicht unter die Verbotsvorschriften des Artikels 85 fallen, ... den-

---

[319] Wenn der Gebietsschutz absolut ist, d.h. wenn eine Vereinbarung den Händlern Exportverbote zur Verhinderung von Parallelimporten auferlegt, ist die Vereinbarung fast ausnahmslos von Art. 81 Abs. 1 EG erfasst. (Siehe oben Rn. 18).
[320] EuGH U. v. 30. 6. 1966 Rs. 65/65 – *Société Technique Minière/Maschinenbau Ulm* Slg. 1966, 337.
[321] *Nungesser/Komm.* Fn. 47 Rn. 58.
[322] *Coditel/Ciné Vog Films* Fn. 47 Rn. 16–17.

noch die Ausübung dieser Rechte auf Grund wirtschaftlicher oder rechtlicher Begleitumstände, die eine spürbare Einschränkung des Filmvertriebs oder eine Verfälschung des Wettbewerbs auf dem Markt für Filme im Hinblick auf die Besonderheiten dieses Marktes bewirken würden, die Tatbestandsmerkmale der genannten Verbotsvorschriften erfüllen [kann]."

128 In der Sache *Delimitis/Henninger Bräu*,[323] hat der Gerichtshof entschieden, dass eine **Alleinbezugsvereinbarung** nicht automatisch von Art. 81 Abs. 1 erfasst wird. Der Gerichtshof betonte stattdessen, dass diese Art von Vereinbarung nur dann von Art. 81 Abs. 1 erfasst wird, wenn nach der Analyse der Vereinbarung in ihrem rechtlichen und wirtschaftlichen Kontext feststeht, dass sie eine beachtliche Markteintrittsbeschränkung für Wettbewerber bewirkt oder eine Erhöhung des Marktanteils von Wettbewerbern erheblich vermindert.

129 In der Sache *Javico/Yves Saint Laurent*[324] hat der Gerichtshof bezüglich einer Vereinbarung, welche dem Händler die Verpflichtung auferlegte, die Vertragsware nur auf einem **Markt außerhalb der Gemeinschaft** zu verkaufen, festgestellt, dass die tatsächliche Struktur des betroffenen Marktes und die Position der Parteien auf diesem Markt untersucht werden muss, bevor festgestellt werden kann, ob die Vereinbarung von Art. 81 Abs. 1 erfasst ist.

130 Schließlich fallen in den Leitlinien über horizontale Vereinbarungen[325] nach der festgehaltenen Praxis der Kommission Vereinbarungen zwischen Wettbewerbern wie **Spezialisierungs- und/oder Produktionsvereinbarungen,**[326] **FuE-Vereinbarungen,**[327] **Einkaufsvereinbarungen,**[328] **Vermarktungsvereinbarungen, die den gemeinsamen Verkauf nicht enthalten,**[329] **Vereinbarungen über Normen**[330] und **Umweltschutzvereinbarungen**[331] ebenfalls in diese Kategorie. Diese Vereinbarungen beinhalten fast immer Beschränkungen der wirtschaftlichen Handlungsfreiheit der Parteien der Vereinbarung. Diese Beschränkungen können jedoch durch die Effektivitätsgewinne, die die Vereinbarung normalerweise mit sich bringt, gerechtfertigt werden.[332] Daher hängt es nach Ansicht der Kommission bei der Beurteilung, ob diese Vereinbarungen den Wettbewerb beschränken können, „von dem jeweiligen wirtschaftlichen Umfeld ab, wobei sowohl auf die Art der Vereinbarung als auch auf die gemeinsame Marktmacht der Vertragspartner abzustellen ist, die zusammen mit anderen strukturellen Faktoren darüber entscheiden, ob und inwieweit eine Zusammenarbeit den Wettbewerb insgesamt in einem erheblichen Maße beeinträchtigen kann."[333] Es ist jedoch zu beachten, dass die Kommission unter besonderen Umständen die Anwendung von Art. 81 Abs. 1 auf diese Vereinbarungen von vorneherein ausschließt.[334]

131 ee) **Fünfte Kategorie: Vereinbarungen, die die wirtschaftliche Handlungsfreiheit von Unternehmen nicht ausdrücklich beschränken, die aber unter Art. 81 Abs. 1 EG fallen können, wenn sie den Wettbewerb spürbar beschränken.** Unter

---

[323] *Delimitis/Henninger Bräu* Fn. 46 Rn. 27.
[324] Fn. 12 Rn. 20–24.
[325] Bekanntmachung der Kommission über Leitlinien zur Anwendbarkeit von Art. 81 EG-Vertrag auf Vereinbarungen über horizontale Zusammenarbeit (zit. „Leitlinien über horizontale Vereinbarungen"), ABl. 2001 C 3/2.
[326] Leitlinien über horizontale Vereinbarungen, Rn. 91.
[327] Leitlinien über horizontale Vereinbarungen, Rn. 60.
[328] Leitlinien über horizontale Vereinbarungen, Rn. 125.
[329] Leitlinien über horizontale Vereinbarungen, Rn. 146–147.
[330] Leitlinien über horizontale Vereinbarungen, Rn. 166–167.
[331] Leitlinien über horizontale Vereinbarungen, Rn. 189–191.
[332] Leitlinien über horizontale Vereinbarungen, Rn. 10.
[333] Leitlinien über horizontale Vereinbarungen, Rn. 20.
[334] Siehe Leitlinien über horizontale Vereinbarungen, Rn. 55–58 (bezüglich FuE-Vereinbarungen), 86–89 (bezüglich Produktionsvereinbarungen), 123 (bezüglich Einkaufsvereinbarungen), 163–164 (bezüglich Standardisierungsvereinbarungen) und 184–187 (bezüglich Umweltschutzvereinbarungen).

bestimmten Umständen können Vereinbarungen, die keine ausdrückliche Beschränkung der wirtschaftlichen Handlungsfreiheit der Parteien enthalten, dennoch den Wettbewerb im Sinne des Art. 81 Abs. 1 EG beschränken. Solche Vereinbarungen betreffen typischerweise **Gemeinschaftsunternehmen,**[335] **Informationsaustauschsysteme** und den **Erwerb von Minderheitsbeteiligungen an Konkurrenzunternehmen.**[336] So wie bei der oben untersuchten vierten Kategorie von Vereinbarungen fallen diese Vereinbarungen nur dann unter Art. 81 Abs. 1, wenn sie durch die Besonderheiten der Vereinbarung, die Marktstruktur und die Position der Parteien auf diesen Märkten den Wettbewerb spürbar einschränken, indem sie die Anreize der Parteien, am Wettbewerb teilzunehmen, einschränken oder abgestimmtes Verhalten erleichtern.

In der Sache *European Night Services/Kommission*[337] hat das Gericht Erster Instanz festgestellt, dass es für die Frage, ob eine Vereinbarung über ein **Gemeinschaftsunternehmen** unter Art. 81 Abs. 1 EG fällt, „den konkreten Rahmen zu berücksichtigen hat, in dem diese ihre Wirkungen entfaltet, insbesondere den wirtschaftlichen und rechtlichen Kontext, in dem die betroffenen Unternehmen tätig sind, die Art der Dienstleistungen, auf die sich diese Vereinbarung bezieht, sowie die tatsächlichen Bedingungen der Funktion und der Struktur des relevanten Marktes." **132**

Das Gericht Erster Instanz hat in der Sache *Fiatagri und New Holland Ford/Kommission*[338] bezüglich einer Vereinbarung über die Einrichtung eines **Informationsaustauschsystems** zwischen Wettbewerbern festgestellt, dass diese Vereinbarungen, die auf einem vom Wettbewerb geprägten Markt weder die Preise betreffen noch zur Unterstützung eines anderen wettbewerbswidrigen Mechanismus dienen, den Wettbewerb zwischen Anbietern noch intensivieren können. Bei einer solchen Fallgestaltung ist der Umstand, dass ein Wirtschaftsteilnehmer ihm zur Verfügung stehende Informationen über das Funktionieren des Marktes berücksichtigt, um sein Verhalten auf diesem Markt anzupassen, angesichts der Zersplitterung des Angebots nicht geeignet, bei den anderen Wirtschaftsteilnehmern die Unsicherheit hinsichtlich des künftigen Verhaltens der Wettbewerber zu verringern oder ganz zu beseitigen. Dennoch führt regelmäßiger Austausch von präzisen Informationen in kurzen Abständen, wie der zwischen wichtigen Anbietern, **auf einem hoch konzentrierten oligopolistischen Markt,** in dem der Wettbewerb bereits sehr reduziert und der Informationsaustausch erleichtert ist, wahrscheinlich zu einer empfindlichen Wettbewerbsbehinderung zwischen den Händlern. Unter diesen Umständen hat der häufige und regelmäßige Informationsaustausch über den Marktablauf die Wirkung, dass in regelmäßigen Abständen die Marktpositionen und Strategien der verschiedenen Wettbewerber allen Wettbewerbern offen gelegt werden. **133**

Bezüglich der Vereinbarung zum **Erwerb von Minderheitsbeteiligungen an Konkurrenzunternehmen** hat der Gerichtshof in der Sache *Philip Morris*[339] entschieden, dass hier, obwohl sie an sich keine wettbewerbsbeschränkende Verhaltensweise darstellt, „ein **134**

---

[335] Für Gemeinschaftsunternehmen, die aus dem Anwendungsbereich der Verordnung (EG) Nr. 139/2004 des Rates v. 20. 1. 2004 über die Kontrolle von Unternehmenszusammenschlüssen, ABl. 2004 L 24/1 (zit. „Fusionskontrollverordnung") herausfallen, siehe Art. 2 Abs. 4 dieser Verordnung.

[336] Für Anteilskäufe, die ein Zusammenschluss mit gemeinschaftsweiter Bedeutung darstellen, siehe Art. 21 Abs. 1 der Fusionskontrollverordnung.

[337] *European Night Services u. a./Komm.* Fn. 46 Rn. 136. Siehe auch EuGH U. v. 17. 11. 1985 verb. Rs. 142 und 156/84 – *BAT und Reynolds/Komm.* („Philip Morris") Slg. 1987, 4487 Rn. 38 und Kommission, XVII. Bericht über die Wettbewerbspolitik, 1988, S. 96.

[338] *Fiatagri und New Holland Ford/Komm.* Fn. 223 Rn. 91; siehe auch EuG U. v. 27. 10. 1994 Rs. T-35/92 – *Deere/Komm.* Slg. 1994, II-957 Rn. 91. Beide Urteile sind vom EuGH mit U. v. 28. 5. 1998 Rs. C-7/95 P – *Deere/Komm.* Slg. 1998, I-3111 und Rs. C-8/95 P – *New Holland Ford/Komm.* Slg. 1998, I-3175 bestätigt worden.

[339] *BAT und Reynolds/Komm.* Fn. 294.

solcher Erwerb ... jedoch als Mittel eingesetzt werden [kann], **das geschäftliche Verhalten der betreffenden Unternehmen so zu beeinflussen,** dass der Wettbewerb auf dem Markt, auf dem sie ihre Geschäftstätigkeit entfalten, eingeschränkt oder verfälscht wird."[340] Der Gerichtshof fügte hinzu, dass dafür die Vereinbarungen **in ihrem wirtschaftlichen Kontext** untersucht werden sollten, insbesondere im Lichte der tatsächlichen Marktsituation.[341] Der Gerichtshof kam jedoch zu dem Ergebnis, dass unter Berücksichtigung der Besonderheiten der vertraglichen Vereinbarungen und der Tatsache, dass die zu erwerbenden Minderheitsanteile unter 25% lagen, die Entscheidung der Kommission richtig war und der Erwerb nicht unter Art. 81 Abs. 1 fiel.[342]

135   c) **Gibt es im europäischen Kartellrecht eine Rule of Reason?**[343] Die Urteile zu den oben beschriebenen vierten und fünften Kategorien von Vereinbarungen haben manche Kommentatoren dazu verleitet zu glauben, dass europäisches Kartellrecht sich zu einer Anwendung des Art. 81 Abs. 1 EG auf Grundlage der U.S.-amerikanischen Antitrust-Doktrin der **Rule of Reason** hin entwickelt oder dies zumindest tun sollte. Nach dieser Doktrin sollen in der Praxis alle wettbewerbsfördernden und -widrigen Auswirkungen einer Vereinbarung auf den Markt sorgfältig gegeneinander abgewogen werden, um festzustellen, ob eine Vereinbarung den Wettbewerb beschränkt. Nur wenn nach einer solchen Analyse die wettbewerbswidrigen Auswirkungen die wettbewerbsfördernden überwiegen, beschränkt eine Vereinbarung den Wettbewerb. Solch eine tiefgreifende wirtschaftliche Analyse erübrige sich nur in Fällen von Kernbeschränkungen (wie z. B. Preiskartellen), die wegen ihrer hohen Wahrscheinlichkeit von wettbewerbswidrigen Auswirkungen auf den Markt und dem Fehlen von ausgleichenden Vorteilen als *per se* wettbewerbsbeschränkend angesehen werden.

136   In den Sachen *Métropole Télévision*[344] und *Van den Bergh Foods*[345] hat das Gericht Erster Instanz **klar ausgeschlossen,** dass die o. g. Entscheidungen so ausgelegt werden können, als begründeten sie die Existenz einer Rule of Reason im europäischen Kartellrecht. Nach Ansicht des Gerichts wäre ein Rule of Reason-Ansatz bei Art. 81 Abs. 3 schwerlich mit der Struktur des Art. 81 EG in Einklang zu bringen. Da Art. 81 Abs. 3 EG ausdrücklich die Möglichkeit bietet, wettbewerbsbeschränkende Vereinbarungen freizustellen, wenn sie eine Reihe von Voraussetzungen erfüllen, „[kann] nur im Rahmen dieser Bestimmung ... eine Abwägung der wettbewerbsfördernden und der wettbewerbsbeschränkenden Gesichtspunkte einer Beschränkung stattfinden." Wenn eine solche Untersuchung bereits unter Art. 81 Abs. 1 EG stattfinden müsste, würde „Artikel 85 Absatz 3 EG-Vertrag [jetzt Art. 81 Abs. 3] ... seine praktische Wirksamkeit weitgehend verlieren."

137   Besonders in der Sache *Métropole Télévision* hat das Gericht Erster Instanz klargestellt, dass die o. g. Entscheidungen lediglich Teil eines breiteren Trends der Rechtsprechung sind, nach dem **nicht** völlig abstrakt und ohne Differenzierung gesagt werden kann, dass jede Vereinbarung, die die wirtschaftliche Freiheit beschränkt, **automatisch** von Art. 81 Abs. 1 erfasst ist. Das Gericht Erster Instanz bestätigte seine frühere Entscheidung in *European Night Services,* wonach für die Anwendbarkeit des Art. 81 Abs. 1 auf eine Vereinbarung „der konkrete Rahmen zu berücksichtigen [ist], in dem diese ihre Wirkungen entfaltet, insbesondere der wirtschaftliche und rechtliche Kontext, in dem die betroffenen Unternehmen tätig sind, die Art der Waren und/oder Dienstleistungen, auf die sich die Verein-

---

[340] *BAT und Reynolds/Komm.* Fn. 294 Rn. 37.
[341] *BAT und Reynolds/Komm.* Fn. 294 Rn. 40.
[342] Siehe auch Komm. E. v. 10. 11. 1992 – *Warner-Lambert/Gillette* und *BIC/Gillette,* ABl. 1993 L 116/21.
[343] Zum gleichen Thema siehe auch oben *Gippini-Fournier,* Rn. 24 f.
[344] *Métropole Télévision (M6) u. a./Komm.* Fn. 27 Rn. 73–74.
[345] EuG U. v. 23. 10. 2003 Rs. T-65/98 – *Van den Bergh Foods/Komm.* Slg. 2003, II-4643 Rn. 106 und 107.

barung bezieht, sowie die tatsächlichen Bedingungen der Funktion und der Struktur des relevanten Marktes."[346] Dies bedeutet jedoch nicht, dass es erforderlich sei, die wettbewerbsfördernden und -widrigen Auswirkungen einer Vereinbarung abzuwägen, um festzustellen, ob die Verbotsvorschrift des Art. 81 Abs. 1 EG anwendbar ist.[347]

Nach Ansicht des Gerichts Erster Instanz existiert **keine Rule of Reason** im europäischen Kartellrecht, da es das System des Art. 81 EG nicht zulässt, die wettbewerbsfördernden und -widrigen Auswirkungen einer Vereinbarung abzuwägen, um die Anwendbarkeit des Art. 81 Abs. 1 festzustellen.[348] Vereinbarungen die keine offensichtlichen Wettbewerbsbeschränkungen beinhalten, werden jedoch nur von Art. 81 Abs. 1 erfasst, wenn nachgewiesen wird, dass sie tatsächlich eine wettbewerbsbeschränkende Auswirkung haben. Sobald solche Auswirkungen nachgewiesen sind, fallen diese Vereinbarungen unweigerlich unter Art. 81 Abs. 1 EG und können dem Verbot nur bei Vorliegen einer Ausnahme nach Art. 81 Abs. 3 EG entgehen. **138**

Der Gerichtshof hat die Sicht des Gerichts Erster Instanz bezüglich der Rule of Reason nie offen gebilligt. Im Gegenteil kann man vertreten, dass der Gerichtshof in *Wouters*[349] die **Rule of Reason angewendet** hat. In dieser Entscheidung hat der Gerichtshof zunächst festgestellt, dass eine Entscheidung der niederländischen Anwaltskammer, die fachübergreifende Partnerschaften von Mitgliedern der Anwaltskammer und Wirtschaftsprüfern verbot, nachteilige Auswirkungen auf den Wettbewerb hat und geeignet ist, gem. Art. 81 Abs. 1 EG den Handel zwischen Mitgliedstaaten zu beeinträchtigen.[350] Er führte weiter aus, dass „bei der Anwendung dieser Vorschrift im Einzelfall … nämlich der Gesamtzusammenhang, in dem der fragliche Beschluss zustande gekommen ist oder seine Wirkungen entfaltet, und insbesondere dessen Zielsetzung zu würdigen [sind], die hier mit der Notwendigkeit der Schaffung von Vorschriften über Organisation, Befähigung, Standespflichten, Kontrolle und Verantwortlichkeit zusammenhängt, die den Empfängern juristischer Dienstleistungen und der Rechtspflege die erforderliche Gewähr für Integrität und Erfahrung bieten … Es ist weiter zu prüfen, ob die mit dem Beschluss verbundenen wettbewerbsbeschränkenden Wirkungen notwendig mit der Verfolgung der genannten Ziele zusammenhängen." **139**

d) Die Nebenabreden-Doktrin. Nebenabreden sind alle Beschränkungen der wirtschaftlichen Freiheit, die **direkt** mit der Hauptvereinbarung (sei es ein Zusammenschluss, ein Gemeinschaftsunternehmen oder eine sonstige Vereinbarung) **in Zusammenhang stehen** und für deren Umsetzung **erforderlich** und **angemessen** sind.[351] Wenn die Hauptvereinbarung nicht von Art. 81 Abs. 1 EG erfasst wird, so gilt dies auch für alle Nebenabreden.[352] In diesen Fällen ist die Kommission von der wirtschaftlichen Analyse der Marktstruktur entbunden, um festzustellen, ob die Nebenabreden eine Auswirkung auf den Wettbewerb haben können. Mit anderen Worten ist eine Beschränkung, die eine echte Nebenabrede zur Umsetzung einer nicht wettbewerbswidrigen Vereinbarung darstellt, als **Nebenabrede** *per se* **legal**. **140**

Obwohl die Kommission das Konzept der Nebenabreden schon in einer Reihe von Entscheidungen angewendet hatte,[353] ist es vom Gerichtshof erst in der Sache *Remia/Kommission* anerkannt worden, in der der Gerichtshof entschied, dass eine **Wettbewerbsverbots-** **141**

---

[346] *Métropole Télévision/Komm.* Fn. 27 Rn. 76.
[347] *Métropole Télévision/Komm.* Fn. 27 Rn. 77.
[348] Siehe ebenso Bekanntmachung der Kommission über Leitlinien zur Anwendung von Art. 81 Abs. 3 EG-Vertrag, ABl. 2004 C 101/8 Rn. 11.
[349] *Wouters u. a./Algemene Raad van de Nederlandse Orde van Advocaten* Fn. 57.
[350] *Wouters u. a./Algemene Raad van de Nederlandse Orde van Advocaten* Fn. 57 Rn. 86–96.
[351] Siehe dazu Bekanntmachung der Kommission über Leitlinien zur Anwendung von Art. 81 Abs. 3 EG-Vertrag, ABl. 2004 C 101/97 Rn. 28–31.
[352] EuGH U. v. 12. 12. 1995 Rs. C-399/93 – *Luttikhuis* Slg. 1995, I-4515 Rn. 12–14.
[353] Siehe Komm. E. v. 26. 7. 1976 – *Reuters/BASF*, ABl. 1976 L 254/40, und E. v. 12. 12. 1983 – *Nutricia*, ABl. 1984 L 376/22.

klausel objektiv erforderlich für die erfolgreiche Übertragung von Unternehmen ist, da für den Fall, dass Käufer und Veräußerer auch nach der Übertragung Wettbewerber blieben, ohne eine solche Klausel die Vereinbarung zur Übertragung des Unternehmens nicht wirksam würde.[354] Der Veräußerer sei mit seinem detaillierten Wissen über das übertragene Unternehmen immer noch in der Lage, die früheren Kunden sofort nach der Übertragung zurück zu gewinnen und damit das Unternehmen aus dem Markt zu drängen.

142 In der Sache *Métropole Télévision/Kommission* hat das Gericht Erster Instanz die beiden Voraussetzungen verdeutlicht, die erforderlich sind, um eine Nebenabrede als solche einzuordnen: die Beschränkung muss objektiv erforderlich sein zur Umsetzung der Hauptvereinbarung und sie muss zu ihr in einem angemessenen Verhältnis stehen.[355] Das Gericht Erster Instanz hat ausdrücklich ausgeschlossen, dass das Kriterium der **objektiven Erforderlichkeit** eine Abwägung der wettbewerbsfördernden und -widrigen Auswirkungen einer Vereinbarung erfordert, da eine solche Abwägung unter Art. 81 Abs. 3 EG erfolgen kann. Nach Ansicht des Gerichtshofes muss „die Untersuchung der objektiven Notwendigkeit einer Beschränkung im Vergleich zur Hauptmaßnahme verhältnismäßig abstrakt erfolgen. Es geht nicht darum, zu prüfen, ob angesichts der Wettbewerbssituation auf dem relevanten Markt die Beschränkung für den geschäftlichen Erfolg der Hauptmaßnahme unerlässlich ist, sondern um die Bestimmung, ob die Beschränkung im besonderen Rahmen der Hauptmaßnahme für die Verwirklichung dieser Maßnahme notwendig ist. Wäre die Hauptmaßnahme ohne die Beschränkung nur schwer oder gar nicht zu verwirklichen, so kann die Beschränkung als objektiv notwendig zu ihrer Verwirklichung betrachtet werden."[356]

143 Die Voraussetzung der **Verhältnismäßigkeit** bedeutet, dass bei einer Beschränkung, auch wenn sie zur Durchführung der Hauptvereinbarung objektiv erforderlich sein mag, „weiter zu prüfen [ist], ob ihre Dauer und ihr sachlicher und örtlicher Anwendungsbereich nicht über das für die Verwirklichung dieser Maßnahme Notwendige hinausgehen. Gehen die Dauer oder der Anwendungsbereich der Beschränkung über das für die Verwirklichung der Maßnahme Notwendige hinaus, so ist sie getrennt im Rahmen von Artikel 85 Absatz 3 [jetzt Art. 81 Abs. 3] EG-Vertrag zu prüfen."[357] In Bezug auf die Folgen der Qualifizierung einer Nebenabrede als solcher hat das Gericht in der Sache *Métropole Télévision/Kommission* bestätigt, dass, „wenn die Hauptmaßnahme nicht vom Verbot des Artikels 85 Absatz 1 [jetzt Art. 81 Abs. 1] EG-Vertrag erfasst wird, das Gleiche für die mit dieser Maßnahme in unmittelbarem Zusammenhang stehenden und für sie notwendigen Beschränkungen [gilt]. Stellt hingegen die Hauptmaßnahme eine Beschränkung im Sinne dieser Bestimmung dar, genießt sie aber eine Freistellung gemäß Artikel 85 Absatz 3 [jetzt Art. 81 Abs. 3] EG-Vertrag, so deckt diese Freistellung auch die Nebenabreden ab."[358]

144 Es scheint einen roten Faden zu geben, der, wenn nicht alle, so doch die meisten dieser unterschiedlichen Beschränkungen, die als Nebenabreden bezeichnet werden, verbindet.[359] Konkret scheint die Nebenabreden-Doktrin im EU-Wettbewerbsrecht dazu eingesetzt zu werden, um Beschränkungen zu rechtfertigen, die für die volle Erhaltung eines Rechts an geistigem Eigentum oder für die volle Übertragung von Werten in bestimmten Transaktionen erforderlich sind.

145 Nach diesem Ansatz muss die Nebenabreden-Doktrin von der Rechtsprechung der Gemeinschaftsgerichte und der Kommissionspraxis zu den **„wirtschaftliches Risiko"**-

---

[354] *Remia/Komm.* Fn. 22 Rn. 19.
[355] *Métropole Télévision/Komm.* Fn. 27.
[356] *Métropole Télévision/Komm.* Fn. 27 Rn. 107 und 109.
[357] *Métropole Télévision/Komm.* Fn. 27 Rn. 113.
[358] *Métropole Télévision/Komm.* Fn. 27 Rn. 116.
[359] *González Díaz*, Some reflections on the Notion of Ancillary Restraints under EC Competition Law, Fordham Corporate Law Institute 1995, S. 325, 328.

Fällen unterschieden werden. Die letzteren beziehen sich auf Vereinbarungen, die nachgelagert Handelnden (Lizenznehmern, Franchisenehmern, Vertriebshändlern) Exklusivität im Hinblick auf das wirtschaftliche Risiko, das diese durch den Markteintritt oder die Investition eingehen, übertragen. Die Unterscheidung von Fällen der Nebenabreden von denen des „wirtschaftlichen Risikos" ist von großer praktischer Bedeutung. Während die Beurteilung von Nebenabreden in einer relativ abstrakten Beurteilung der objektiven Notwendigkeit und Verhältnismäßigkeit einer Beschränkung im Zusammenhang mit der Hauptvereinbarung, besteht und keine Analyse der Wettbewerbssituation auf dem relevanten Markt erfordert, erfordern die Fälle „wirtschaftlichen Risikos" eine kompliziertere wirtschaftliche Beurteilung des relevanten Marktes, bevor festgestellt werden kann, ob eine wettbewerbswidrige Klausel unter Art. 81 Abs. 1 fällt oder nicht.[360]

Auf Grundlage der Rechtsprechung und der Kommissionspraxis kann man eine Reihe von Beschränkungen festhalten, die normalerweise mit Art. 81 Abs. 1 EG vereinbar sind, weil sie erforderlich für die **Durchführung der folgenden Vereinbarungen** sind (vorausgesetzt, die Vereinbarung ist nicht wettbewerbswidrig): (i) Vereinbarungen zur Übertragung von Unternehmen oder zur Errichtung von Gemeinschaftsunternehmen, (ii) Know how- und/oder Patentlizenzvereinbarungen, (iii) Markenlizenzvereinbarungen, (iv) Franchisevereinbarungen, (v) selektive Vertriebsvereinbarungen und (vi) Spezialisierungs- und FuE-Vereinbarungen. Jede dieser Gruppen von Nebenabreden wird im Folgenden ausführlich behandelt.

aa) Nebenabreden zu Unternehmensübertragungen oder Vereinbarungen über die Errichtung von Gemeinschaftsunternehmen. Entsprechend den Art. 6 Abs. 1 lit. b und 8 Abs. 1, zweiter Unterabsatz, sowie Abs. 2 ‚dritter Unterabsatz der EG-Fusionskontrollverordnung gelten durch eine Entscheidung, mit der ein Zusammenschluss für vereinbar erklärt wird, „auch die mit seiner Durchführung unmittelbar verbundenen und für sie notwendigen Einschränkungen als genehmigt". Um Unternehmen, die Zusammenschlussvereinbarungen oder Vereinbarungen über Gemeinschaftsunternehmen abschließen, eine Übersicht zu geben, welche Vereinbarungen in den Anwendungsbereich der Fusionskontrollverordnung fallen, hat die Kommission eine Bekanntmachung veröffentlicht, die auflistet, welche besonderen Abreden unter welchen Voraussetzungen nach Ansicht der Kommission automatisch von einer **Freigabeentscheidung** erfasst sind.[361]

Entsprechend der Bekanntmachung über Nebenabreden sind **Wettbewerbsverbots-, Abwerbeverbots- und Vertraulichkeitsklauseln,** die dem Veräußerer eines Unternehmens auferlegt wurden, Nebenabreden zu einem Zusammenschluss, wenn sie einen Zeitraum von drei Jahren (bei einer Unternehmensübertragung mit Übertragung von Kundenbindung in Form von Goodwill und Know-how) oder zwei Jahren (bei Übertragung nur von Goodwill) nicht überschreiten, sie auf das Gebiet beschränkt sind, in dem der Veräußerer seine Waren und Dienstleistungen vor der Übertragung angeboten hat oder konkret vorhatte, sie anzubieten, und sie auf die Waren und Dienstleistungen aus dem Geschäftsbereich des übertragenen Unternehmens beschränkt sind. Ebenso sind Beschränkungen des Veräußerers, Anteile an Wettbewerbern zu erwerben oder zu halten, mit Ausnahme von reinen Finanzinvestitionen, unter denselben Voraussetzungen Nebenabreden zu dem Zusammenschluss.[362]

Ebenso sind **Patent-, Know how-, Markenrechtslizenzen, Lizenzen über Firmennamen, Musterrechts-, Lizenzen über geistige Eigentumsrechte und Lizen-

---

[360] *González Díaz* Fn. 75, S. 329.
[361] Bekanntmachung der Kommission über Einschränkungen des Wettbewerbs, die mit der Durchführung von Unternehmenszusammenschlüssen unmittelbar verbunden und für diese notwendig sind, ABl. 2005 C 56/24 (zit. „Bekanntmachung über Nebenabreden"), welche die vorhergehenden Bekanntmachungen über Nebenabreden ABl. 2001 C 188/5 und ABl. 1990 C 203/5 ersetzt.
[362] Siehe Bekanntmachung über Nebenabreden, Rn. 18–26.

zen über ähnliche Rechte, die der Veräußerer eines Unternehmens dem Erwerber gewährt, Nebenabreden zu dem Zusammenschluss, denn sie stellen sicher, dass der Erwerber in den Fällen, in denen der Veräußerer das Eigentum weiter innehalten möchte, voll über die übertragenen Vermögensrechte verfügen kann. Nach der Bekanntmachung brauchen diese Lizenzen nicht zeitlich beschränkt zu sein. Um aber als Nebenabreden zu gelten, sollten sie weder dem Lizenznehmer Gebietsbeschränkungen auferlegen, noch Vorschriften enthalten, die zum Schutze des Lizenzgebers statt des Lizenznehmers bestimmt sind.[363]

150   **Liefer- oder Bezugsverpflichtungen** des Veräußerers und/oder des Erwerbers eines Unternehmens können ebenfalls als erforderlich eingestuft werden, um die Kontinuität der Versorgung einer der beiden Parteien mit den Produkten zu gewährleisten, die für die vom Veräußerer beibehaltenen oder vom Erwerber übernommenen Aktivitäten erforderlich sind. Diese Verpflichtungen sollten jedoch nur auf einen Übergangszeitraum von nicht mehr als fünf Jahren beschränkt sein und weder ausschließlichen Charakter haben noch einen bevorzugten Lieferanten- oder Käuferstatus vorsehen.[364] Für **Dienstleistungs- und Vertriebsvereinbarungen** gelten dieselben Grundsätze.[365]

151   Im Falle von gemeinsamen Geboten für den Erwerb eines Unternehmens sieht die Bekanntmachung die **Vereinbarung der gemeinsamen Erwerber,** von **gesonderten Konkurrenzgeboten** und anderweitigem Kontrollerwerb abzusehen, als Nebenabrede zur Durchführung des Zusammenschlusses an. Vereinbarungen, die der Erleichterung des gemeinsamen Kontrollerwerbs an einem Unternehmen dienen oder die auf die Aufteilung der Vermögenswerte des gemeinsam erworbenen Unternehmens zwischen den Erwerbern zielen, werden ebenfalls als Nebenabreden zu dem Zusammenschluss angesehen.[366]

152   Schließlich sieht die Bekanntmachung über Nebenabreden Wettbewerbsverbots-, Abwerbeverbots- und Vertraulichkeitsklauseln zwischen **Vollfunktionsgemeinschaftsunternehmen**[367] und den sie beherrschenden Mutterunternehmen[368] **als Nebenabreden** zu der Vereinbarung über das Gemeinschaftsunternehmen an, wenn deren Dauer die Laufzeit des Gemeinschaftsunternehmens nicht überschreitet und wenn der Anwendungsbereich auf das Gebiet, auf dem die Muttergesellschaften vor der Errichtung des Gemeinschaftsunternehmens tätig waren (oder konkret planten, tätig zu werden) und auf die Produkte und/oder Dienstleistungen, mit denen das Gemeinschaftsunternehmen tätig ist, beschränkt ist.[369] Grundsätze ähnlich denen, die auf die Übertragung von Unternehmen anwendbar sind, gelten auch für Vereinbarungen über Lizenzierung, Kauf, Belieferung und Vertrieb zwischen Vollfunktionsgemeinschaftsunternehmen und ihren Muttergesellschaften.[370] Die Kommission hat nur allgemeine Grundsätze für Gemeinschaftsunternehmen, die nicht in den Anwendungsbereich der Fusionskontrollverordnung fallen, aufgestellt.[371] Dennoch ist davon auszugehen, dass sie auch in Bezug auf diese Arten von Gemeinschaftsunternehmen der Bekanntmachung über Nebenabreden folgen wird.

---

[363] Bekanntmachung über Nebenabreden, Rn. 27–31.
[364] Bekanntmachung über Nebenabreden, Rn. 32–34.
[365] Bekanntmachung über Nebenabreden, Rn. 35.
[366] A. a. O., Rn. 14 und 15.
[367] Zum Begriff des Vollfunktionsgemeinschaftsunternehmens siehe die Konsolidierte Mitteilung der Kommission zu Zuständigkeitsfragen gemäß der Verordnung (EG) Nr. 139/2004 des Rates über die Kontrolle von Unternehmenszusammenschlüssen, ABl. 2008 C 95/1, Rn. 91–109.
[368] Zum Begriff der Beherrschung (Kontrolle) über ein Unternehmen siehe die Konsolidierte Mitteilung der Kommission zu Zuständigkeitsfragen gemäß der Verordnung (EG) Nr. 139/2004 des Rates über die Kontrolle von Unternehmenszusammenschlüssen, ABl. 2008 C 95/1, insbes. Rn. 16–23 und Rn. 54–82.
[369] Bekanntmachung über Nebenabreden, Rn. 36–41.
[370] Bekanntmachung über Nebenabreden, Rn. 42–44.
[371] Siehe Mitteilung der Kommission über die Beurteilung kooperativer Gemeinschaftsunternehmen gemäß Art. 85 [jetzt Art. 81] des EWG-Vertrags, ABl. 1993 C 43/2.

bb) Nebenabreden zu Patent- und/oder Know-how-Lizenzvereinbarungen. 153
Die Kommission hat die Nebenabreden-Doktrin auch auf eine Reihe von Beschränkungen der wirtschaftlichen Handlungsfreiheit von Unternehmen angewendet, die sich normalerweise in Patent- und Know how-Vereinbarungen finden. Wie im Fall von Unternehmensverkäufen und Vereinbarungen über Gemeinschaftsunternehmen ist die zugrunde liegende *Ratio* zur Anwendung der Nebenabreden-Doktrin auf dem Gebiet der Patent- und Know how-Vereinbarungen der **erforderliche Schutz der Übertragung der Werte,** die den Hauptgegenstand der Transaktion darstellen.

Diese Entscheidungspraxis wurde praktisch durch Art. 2 der **Gruppenfreistellungsver-** 154 **ordnung 240/96** über Technologietransfer-Vereinbarungen[372] kodifiziert. Diese Verordnung wurde durch Verordnung 773/2004[373] abgelöst, die auf Grund ihres ökonomischen Ansatzes im Vergleich zu den alten Gruppenfreistellungsverordnungen keine detaillierte Liste der Beschränkungen, die normalerweise als mit Art. 81 Abs. 1 vereinbar angesehen werden müssen, mehr enthält (entweder weil sie außerhalb des Anwendungsbereichs des Art. 81 Abs. 1 liegen oder weil sie die Kriterien des Art. 81 Abs. 3 erfüllen).

Art. 2 der Verordnung 240/96 bietet, obwohl er aufgehoben wurde, immer noch eine 155 hilfreiche (wenn auch nicht abschließende) Liste mit Verpflichtungen, die üblicherweise in Know how- und Patentlizenzvereinbarungen zu finden sind und die aus Sicht der Kommission als zugehörige Nebenabreden nicht grundsätzlich als wettbewerbswidrig angesehen werden sollten. Einige typische Beispiele sind: (i) die Verpflichtung des Lizenznehmers, das **vom Lizenzgeber übermittelte Know how weder vor noch nach Ablauf der Vereinbarung offen zu legen,** (ii) die Verpflichtung des Lizenznehmers, **keine Unterlizenzen zu vergeben oder die Lizenz abzutreten,** (iii) die Verpflichtung des Lizenznehmers, **Mindestanforderungen an die Qualität des Produkts,** inklusive technischer Mindestanforderungen **einzuhalten** oder vom Lizenzgeber oder einem von diesem angegebenen Unternehmen Waren oder Dienstleistungen zu beziehen, insoweit als diese Qualitätsanforderungen, Produkte oder Dienstleistungen für eine technisch einwandfreie Verwertung der lizenzierten Technologie erforderlich sind oder um sicherzustellen, dass das Produkt des Lizenznehmers den Mindestanforderungen, die sowohl für den Lizenzgeber als auch für andere Lizenznehmer gelten, genügt, (iv) eine Verpflichtung des Lizenznehmers, das lizenzierte Produkt mit einem **Hinweis auf den Namen des Lizenzgebers oder auf das lizenzierte Patent** zu versehen.

Bezüglich der **Lizenzierung von Sortenschutzrechten** hat der Gerichtshof in *Erauw-* 156 *Jacquery/La Hesbignonne* anerkannt, dass Beschränkungen von Exporten und Verkäufen von Saatgut durch Lizenznehmer von Sortenschutzrechten aus dem Anwendungsfall des Art. 81 Abs. 1 EG herausfallen.[374] Eine Person, die einen erheblichen Aufwand unternommen hat, um Varianten zu einem Saatgut zu entwickeln, das Gegenstand von Sortenschutzrechten ist, muss die Möglichkeit haben, sich gegen unsachgemäße Behandlung dieser Saatgutvarianten zu schützen, und muss daher auch das Recht haben, die Weitergabe auf diejenigen zu beschränken, die sie als Lizenznehmer ausgesucht hat.[375]

cc) Nebenabreden zu Markenlizenzvereinbarungen. Wie bei Technologielizenz- 157 vereinbarungen hat die Kommission die Nebenabreden-Doktrin auch auf eine Reihe von **Verbotsklauseln** in Markenlizenzvereinbarungen angewendet, **die darauf abzielen, die Qualitätskontrolle und die Vertraulichkeit der Übertragung von Know how si-**

---

[372] Verordnung Nr. 240/96 vom 31. 1. 1996 zur Anwendung von Art. 85 Abs. 3 des Vertrages auf Gruppen von Technologietransfer-Vereinbarungen, ABl. 1996 L 31/2.
[373] Verordnung (EG) Nr. 772/2004 der Kommission vom 27. 4. 2004 über die Anwendung von Art. 81 Abs. 3 EG-Vertrag auf Gruppen von Technologietransfer-Vereinbarungen, ABl. 2004 L 123/11.
[374] EuGH U. v. 19. 4. 1988 Rs. 27/87 – *Erauw-Jacquery/La Hesbignonne* Slg. 1987, 1245.
[375] *Erauw-Jacquery/La Hesbignonne* Fn. 329 Rn. 10.

cherzustellen. Die Erhaltung des lizenzierten geistigen Eigentumsrechts ist der tiefere Grund, warum die Kommission, die Nebenabreden-Doktrin auf das Gebiet der Markenlizenzen anwendet. Die Kommission hat die folgenden Verpflichtungen des Lizenznehmers in Markenlizenzvereinbarungen als Nebenabreden angesehen: (i) Anlagen so zu errichten, dass die Qualität des Produkts gewährleistet wird, (ii) den Anweisungen des Lizenzgebers bezüglich Herstellung und Inhaltsstoffen zu folgen, (iii) bestimmte Rohstoffe vom Lizenzgeber direkt zu kaufen, (iv) das übertragene Know how nur für die Herstellung der Vertragsware zu nutzen und (v) alles zur Verfügung gestellte Know how vertraulich zu behandeln.[376]

158 dd) **Nebenabreden zu Franchising-Vereinbarungen.** Im Zusammenhang mit Franchising-Vereinbarungen haben der Gerichtshof und im Großen und Ganzen auch die Kommission eine Reihe von Klauseln auf Grund der Nebenabreden-Doktrin als nach Art. 81 Abs. 1 EG gerechtfertigt angesehen. In der Sache *Pronuptia/Schillgallis*[377] hat der Gerichtshof entschieden, dass **die folgenden Klauseln nicht unter die Verbotsvorschrift** des Art. 81 Abs. 1 EG fallen: (i) Klauseln, die dem Franchisenehmer auferlegen, die gleichen Handelsmethoden zu übernehmen wie der Franchisegeber, die Waren des Franchisegebers nur in Geschäften zu verkaufen, die den Vorgaben des Franchisegebers entsprechen, alle Werbemaßnahmen vom Franchisegeber genehmigen zu lassen, das Geschäft in einer bestimmten Lage zu eröffnen und diese nicht ohne vorherige Zustimmung des Franchisegebers zu verändern und die Franchisinglizenz nicht ohne vorherige Zustimmung abzutreten, (ii) die Verpflichtung, Waren ausschließlich vom Franchisegeber zu beziehen, vorausgesetzt die Franchisenehmer könnten die Produkte auch unter einander beziehen und dass die Festlegung von Qualitätsstandards nicht praktikabel ist oder, wenn sie praktikabel wäre, ihre Einhaltung auf Grund der großen Anzahl von Franchisenehmern nicht effektiv durchsetzbar ist, (iii) die Verpflichtung, während der Laufzeit der Vereinbarung und während eines angemessenen Zeitraums nach ihrer Beendigung kein Geschäft mit konkurrierenden Waren zu eröffnen. Diese Beschränkungen der Handlungsfreiheit des Franchisenehmers wurden als notwendig zur Erhaltung des Rufs und der Identität des Franchisegebers, seiner Marke, seines Namens und seines Know how angesehen.

159 ee) **Nebenabreden zu selektiven Vertriebsvereinbarungen.** Selektive Vertriebsvereinbarungen können als Vertriebssystem definiert werden, wonach vom Lieferanten anerkannte Großhändler oder Händler die Vertragswaren nur an solche Großhändler und Händler weiterverkaufen, die bestimmte berufliche oder technische Voraussetzungen erfüllen **(qualitative Voraussetzungen)**. Nach den von der Kommission und den Gemeinschaftsgerichten entwickelten Grundsätzen fallen selektive Vertriebsvereinbarungen dann nicht unter Art. 81 Abs. 1 EG, wenn die Komplexität oder Exklusivität der bereitgestellten Produkte oder Marken ein an die Mitglieder des Vertriebssystems gerichtetes Verbot rechtfertigen, nicht and Vertriebshändler zu verkaufen, die die qualitativen Voraussetzungen des Herstellers nicht erfüllen, vorausgesetzt diese Voraussetzungen sind nicht unverhältnismäßig und werden diskriminierungsfrei angewendet.[378] Diese qualitativen Voraussetzungen (wie z.B. die Verpflichtung, die Vertragswaren in attraktiver Weise auszustellen und sie von anderen Marken, die das Markenimage des Herstellers schädigen könnten, getrennt zu zeigen, oder die Verpflichtung, technischen Service vor und nach dem Verkauf anzubieten) fallen in die Kategorie der Nebenabreden.

160 ff) **Nebenabreden zu Spezialisierungs- und FuE-Vereinbarungen.** Die Behandlung von Nebenabreden auf diesem Gebiet durch die Kommission ist in den **beiden Gruppenfreistellungsverordnungen,** die diese Arten von Vereinbarungen betreffen,

---

[376] Siehe Komm. E. v. 23. 12. 1977 – *Campari*, ABl. 1978 L 70/69, und E. v. 23. 3. 1990– *Moosehead/Whitbread*, ABl. 1990 L 100/32.
[377] Fn. 47.
[378] Siehe z. B. *Metro/Komm*. Fn. 5.

zusammengefasst.[379] In Art. 1 Abs. 2 dieser Gruppenfreistellungsverordnungen stellt die Kommission lediglich fest, dass die Freistellung auch auf Nebenabreden anwendbar ist, „die nicht den eigentlichen Gegenstand solcher Vereinbarungen bilden, die aber mit deren Durchführung unmittelbar verbunden und für diese notwendig sind, wie zum Beispiel Bestimmungen über die Abtretung oder die Nutzung von Rechten an geistigem Eigentum" in Spezialisierungsvereinbarungen oder die Verpflichtung, während der Laufzeit der FuE-Vereinbarung keine Forschung und Entwicklung einzeln oder zusammen mit anderen Parteien auf dem Gebiet, auf das sich die Vereinbarung bezieht oder in einem nah verwandten Gebiet durchzuführen.

e) Wettbewerbsbeschränkungen als Zweck oder Wirkung. aa) Alternativer Charakter der beiden Konzepte. Um in den Anwendungsbereich des Art. 81 Abs. 1 zu fallen, muss eine Vereinbarung als Zweck oder Wirkung eine Wettbewerbsbeschränkung haben. Diese beiden Voraussetzungen sind insofern alternativ, als es für die Anwendbarkeit des Art. 81 Abs. 1 genügt, wenn eine von ihnen vorliegt. Der Gerichtshof hat entschieden, dass „bei der Anwendung von Art. 85 Abs. 1 [jetzt Art. 81 Abs. 1] die tatsächlichen Auswirkungen einer Vereinbarung nicht berücksichtigt ... werden, wenn sich ergibt, dass diese eine Verhinderung, Einschränkung oder Verfälschung des Wettbewerbs bezweckt."[380] Daher ist es praktisch sinnvoll, zunächst festzustellen, ob der Zweck einer Vereinbarung eine Wettbewerbsbeschränkung ist, um herauszufinden, ob Art. 81 Abs. 1 EG auf sie anwendbar ist. Wenn eine Vereinbarung einen solchen Zweck hat, fällt die Vereinbarung unter Art. 81 Abs. 1 EG. Ist dies nicht der Fall, so ist eine wirtschaftliche Analyse der Marktstruktur und der Auswirkungen der Vereinbarung auf den Wettbewerb durchzuführen, bevor festgestellt werden kann, ob Art. 81 Abs. 1 EG auf eine solche Vereinbarung anzuwenden ist.

bb) Wettbewerbsbeschränkungen als Zweck der Vereinbarung. Für die Beurteilung, ob eine Vereinbarung eine Wettbewerbsbeschränkung zum Zweck hat, sind „sowohl der Inhalt des Übereinkommens als auch seine Entstehungsgeschichte und die Umstände seiner Ausführung"[381] zu berücksichtigen. Aus der Rechtsprechung des Gerichtshofes und des Gerichts Erster Instanz geht offenbar hervor, dass Vereinbarungen, deren Zweck eine Wettbewerbsbeschränkung ist, solche sind, die *prima facie* **keine positiven Auswirkungen** haben und nur zum Zweck der Wettbewerbsbeschränkung eingegangen wurden. Die Rechtsprechung ist allerdings nicht ganz stimmig bei der Abgrenzung der Vereinbarungen, die in diese Kategorie fallen. Wie oben beschrieben bezwecken horizontale Kernbeschränkungen wie Preiskartelle, Markt- und Kundenaufteilungsvereinbarungen und Vereinbarungen zur Produktions- und Absatzkontrolle unstrittig immer eine Wettbewerbsbeschränkung, während vertikale Kernbeschränkungen wie Alleinvertriebsvereinbarungen mit absolutem Gebietsschutz manchmal als eine Wettbewerbsbeschränkung bezweckend und manchmal als eine Wettbewerbsbeschränkung bewirkend angesehen wurden.[382]

cc) Wettbewerbsbeschränkungen als Wirkung der Vereinbarung. Vereinbarungen, die keine horizontalen oder vertikalen Kernbeschränkungen des Wirtschaftshandelns von Unternehmen enthalten, können nur auf Grund ihrer Wirkung als wettbewerbsbeschränkend angesehen werden. Jedoch können, wie oben erwähnt, manchmal sogar Vereinbarungen, die vertikale Kernbeschränkungen beinhalten, in diese Kategorie fallen. Wenn eine Vereinbarung keine Wettbewerbsbeschränkung zum Gegenstand hat, ist Art. 81

---

[379] Verordnung (EG) Nr. 2658/2000 der Kommission vom 29. 11. 2000 über die Anwendung von Art. 81 Abs. 3 des Vertrages auf Gruppen von Spezialisierungsvereinbarungen, ABl. 2000 L 304/3 und Verordnung (EG) Nr. 2659/2000 der Kommission vom 29. 11. 2000 über die Anwendung von Art. 81 Abs. 3 des Vertrages auf Gruppen von Vereinbarungen über Forschung und Entwicklung, ABl. 2000 L 304/7.
[380] *Consten und Grunding/Komm.* Fn. 8 Rn. 32.
[381] *NV IAZ International Belgium u. a./Komm.* Fn. 136 Rn. 23–25.
[382] Siehe oben Rn. 116.

Abs. 1 nur anzuwenden, wenn eine wirtschaftliche Analyse der sachlich und räumlich relevanten Märkte, die durch die Vereinbarung berührt werden, zeigt, dass die Vereinbarung geeignet ist, den aktuellen oder potenziellen Wettbewerb auf diesen Märkten spürbar zu beschränken.

164 **f) Der relevante Markt.** Wie oben beschrieben nehmen Kommission und Rechtsprechung an, dass Art. 81 Abs. 1 EG *per se* (d. h. ohne dass die relevanten Märkte, die durch die Vereinbarung berührt würden, definiert werden müssten und ohne dass eine komplette wirtschaftliche Beurteilung ihrer Auswirkung auf diese Märkte durchgeführt würde) auf bestimmte Kernbeschränkungsvereinbarungen, wie Preiskartelle oder Absatzbeschränkungsvereinbarungen zwischen Wettbewerbern, anzuwenden ist. Umgekehrt fällt eine Vereinbarung, die keine Kernbeschränkung enthält, nur unter Art. 81 Abs. 1 EG, wenn ihre Auswirkungen nachweislich den Wettbewerb beschränken. Dafür müssen zunächst die von dieser Vereinbarung betroffenen relevanten Märkte abgegrenzt werden.

165 Die **Notwendigkeit, die relevanten Märkte abzugrenzen,** um die Anwendbarkeit des Art. 81 Abs. 1 festzustellen, wurde zunächst von der Rechtsprechung festgelegt. In der Sache *Delimitis/Henninger Bräu,* hat der Gerichtshof klar dargelegt, dass für die Feststellung, ob eine Alleinbezugsvereinbarung unter Art. 81 Abs. 1 EG fällt, zunächst der relevante Markt bestimmt werden muss.[383] Ähnlich hat das Gericht Erster Instanz in *European Night Services* festgestellt, dass das Fehlen eines Hinweises auf die Marktanteile der beteiligten Unternehmen in einer Kommissionsentscheidung über die Anwendbarkeit des Art. 81 Abs. 1 EG auf eine Vereinbarung, die keine Kernbeschränkungen enthielt, eine schwerwiegende Unterlassung darstellt, die eine solche Entscheidung wegen fehlender Begründung nach Art. 253 des Vertrags aufhebbar macht.[384] Darüber hinaus ist die Definition der relevanten Märkte im Hinblick auf die Verpflichtung der Kommission, kein Verfahren zu eröffnen, wenn die Marktanteile der Parteien einer Vereinbarung unterhalb der Schwellen der de minimis-Bekanntmachung liegen, von Bedeutung.

166 Bei der **Definition des relevanten Markts** sollte auf die Bekanntmachung der Kommission über die Definition des relevanten Marktes im Sinne des Wettbewerbsrechts der Gemeinschaft hingewiesen werden, die praktisch die Rechtsprechung und die Kommissionspraxis zur Marktabgrenzung kodifiziert.[385] Ein relevanter Markt ergibt sich aus der Kombination der sachlich und räumlich relevanten Märkte.

167 Entsprechend der Rechtsprechung des Gerichtshof und des Gerichts Erster Instanz stellt die Bekanntmachung fest, dass der „**relevante Produktmarkt** ... sämtliche Erzeugnisse und/oder Dienstleistungen, die von den Verbrauchern hinsichtlich ihrer Eigenschaften, Preise und ihres vorgesehenen Verwendungszwecks als austauschbar oder substituierbar angesehen werden, [umfasst]." Entsprechend der gleichen Rechtsprechung umfasst „der **geographisch relevante Markt** ... das Gebiet, in dem die beteiligten Unternehmen die relevanten Produkte oder Dienstleistungen anbieten, in dem die Wettbewerbsbedingungen hinreichend homogen sind und das sich von benachbarten Gebieten durch spürbar unterschiedliche Wettbewerbsbedingungen unterscheidet."[386]

168 Die Bekanntmachung beschreibt die grundlegenden Mittel der Analyse, die benutzt werden sollen, um den relevanten Produkt- und geografischen Markt zu definieren. Dies beinhaltet die Analyse der **Nachfragesubstitutierbarkeit** (d. h. eine Beurteilung der Produktsortimente, die vom Konsumenten als Ersatz angesehen werden: eine vorgeschlagene Möglichkeit, dies herauszufinden, ist die Evaluierung der wahrscheinlichen Reaktionen der

---

[383] *Delimitis/Henninger Bräu* Fn. 46 Rn. 16.
[384] *European Night Services u. a./Kommission* Fn. 46 Rn. 96.
[385] Bekanntmachung der Kommission über die Definition des relevanten Marktes im Sinne des Wettbewerbsrechts der Gemeinschaft (zit. „Bekanntmachung zur Marktdefinition") ABl. 1997 C 372/5.
[386] Bekanntmachung zur Marktdefinition Fn. 101 Rn. 7–8.

Konsumenten auf angenommene kleine bleibende Preisänderungen) und **Angebotssubstituierbarkeit** (d. h. die Fähigkeit der Anbieter, als Antwort auf kleine bleibende Änderungen der relativen Preise die Produktion auf die relevanten Produkte umzustellen und sie kurzfristig ohne signifikante zusätzliche Kosten oder Risiken zu vermarkten). Gemäß der Bekanntmachung wird eine Berücksichtigung **potenziellen Wettbewerbs nicht bei der Marktdefinition**, sondern „in einer späteren Stufe vorgenommen, wenn die Stellung der beteiligten Unternehmen auf dem relevanten Markt bestimmt worden ist und diese Stellung zu Wettbewerbsbedenken Anlass gibt." Schließlich beschreibt die Bekanntmachung auch die Kriterien, auf die die Marktdefinition gestützt werden sollte.

g) Territorialer Anwendungsbereich des Art. 81 Abs. 1 EG. Art. 81 Abs. 1 EG ist auf Vereinbarungen, Beschlüsse und abgestimmte Verhaltensweisen anwendbar, welche eine Beschränkung des Wettbewerbs **„innerhalb des Gemeinsamen Marktes"** bezwecken oder bewirken. **169**

In Bezug auf **vertikale Vereinbarungen** hatte der Gerichtshof in der Sache *Béguelin*,[387] einem Vorabentscheidungsverfahren zur Auslegung des Art. 81 Abs. 1 EG, die Frage zu beantworten, ob diese Vorschrift auf eine Alleinvertriebsvereinbarung anwendbar ist, durch die ein Hersteller in einem Drittstaat einem in der Gemeinschaft ansässigen Händler absoluten Gebietsschutz für zwei Mitgliedstaaten einräumt. Der Gerichtshof entschied, „dass einer der Vertragspartner in einem dritten Land ansässig ist, ... der Anwendung dieser Vorschrift nicht entgegen [steht], wenn die Wirkungen der Vereinbarung sich auf das Hoheitsgebiet des Gemeinsamen Marktes erstrecken."[388] Der Gerichtshof fügte jedoch hinzu, dass die Vereinbarung, um unter die Verbotsvorschrift des Art. 81 Abs. 1 zu fallen, das freie Spiel des Wettbewerbs **spürbar** beeinträchtigen muss, und dass, um zu diesem Schluss zu kommen, „vor allem berücksichtigt werden [muss], welcher Art die von der Vereinbarung erfassten Waren sind, ob es sich um beschränkte Mengen handelt oder nicht, welche Stellung der Konzedent und der Konzessionär auf dem Markt der fraglichen Waren einnehmen, ob die Vereinbarung allein steht oder sich im Gegenteil in ein System von Vereinbarungen einfügt, ob die Ausschließlichkeit durch strenge Klauseln gesichert ist oder ob im Gegenteil Wiederausfuhren und Paralleleinfuhren erlaubt und damit Möglichkeiten offengelassen sind, die gleichen Waren auf anderen Absatzwegen zu vertreiben."[389] **170**

Bezüglich **horizontaler Vereinbarungen** hat der Gerichtshof im *Wood Pulp*-Fall[390] festgestellt, dass es in diesem Fall für die Anwendbarkeit des Art. 81 Abs. 1 EG ausreicht, dass die wettbewerbsbeschränkenden Vereinbarungen, Beschlüsse oder abgestimmten Verhaltensweisen in der Gemeinschaft **vollzogen** wurden, unabhängig davon, wo sie tatsächlich zustande kamen. Wenn die Anwendbarkeit des Art. 81 Abs. 1 EG auf den Ort des Abschlusses bezogen wäre, könnten Unternehmen dieses Verbot ganz einfach umgehen. In diesem Fall hat der Gerichtshof entschieden, dass die Produzenten von Zellstoff, da sie sich über die Preise, die in der Gemeinschaft erhoben werden, abgestimmt und diese Abstimmung auch umgesetzt haben, indem sie zu tatsächlich abgestimmten Preisen verkauften, eine Preisvereinbarung umgesetzt haben, die eine Wettbewerbsbeschränkung in der Gemeinschaft im Sinne des Art. 81 Abs. 1 EG bezweckt und bewirkt hat. **171**

Im *Gencor*-Fall[391] hat das Gericht Erster Instanz im Hinblick auf das **Völkerrecht** einen neuen Test für die Beurteilung der Anwendbarkeit des Gemeinschaftswettbewerbsrechts auf außerhalb der Gemeinschaft ansässige Unternehmen aufgestellt. In dem Fall war das Gericht mit der Frage konfrontiert, ob die EG-Fusionskontrollverordnung auf eine Vereinbarung über ein Gemeinschaftsunternehmen zwischen Unternehmen anwendbar ist, die **172**

---

[387] *Béguelin Import/G. L. Import Export* Fn. 53.
[388] *Béguelin* Fn. 53 Rn. 11.
[389] *Béguelin* Fn. 53 Rn. 18.
[390] *Ahlström u. a./Komm.* Fn. 152 Rn. 12–18.
[391] EuG U. v. 25. 3. 1999 Rs. T-102/96 – *Gencor/Komm.* Slg. 1999, II-753 Rn. 89–102.

Art. 81 Abs. 1 EG 173–178

außerhalb der Gemeinschaft tätig geworden waren. Die Regeln, die in *Gencor* aufgestellt wurden, können auch für die Beurteilung des territorialen Anwendungsbereichs des Art. 81 Abs. 1 EG und wahrscheinlich auch des Art. 82 EG heran gezogen werden. Es genügt in diesem Zusammenhang zu sagen, dass die vom Gericht in *Gencor* aufgestellten Grundsätze bereits deutlich von den Generalanwälten *Darmon* and *Mayras* in zwei Fällen (*Wood pulp* bzw. *Farbstoffe*) bezüglich des territorialen Anwendungsbereichs von Art. 81 Abs. 1 aufgestellt worden waren.

173   Im *Gencor*-Fall hat das Gericht Erster Instanz das **Auswirkungsprinzip** übernommen. Gemäß diesem Prinzip ist Gemeinschaftswettbewerbsrecht anwendbar, wenn es **vorhersehbar** ist, dass wettbewerbswidriges Verhalten **unmittelbare** und **beträchtliche Auswirkungen** auf den Wettbewerb in der Gemeinschaft hat.

174   Die Auswirkungen sind **unmittelbar,** wenn sie nicht nur spekulativ sind und wenn eine direkte (und nicht nur entfernte) Verbindung zwischen der Auswirkung auf den Wettbewerb in der Gemeinschaft und der streitigen Vereinbarung besteht. So kann z. B. argumentiert werden, dass Art. 81 Abs. 1 nicht auf eine Vereinbarung zwischen einer Reihe von in einem Drittstaat ansässigen Produzenten zur Preisbindung in dem Staat anwendbar ist, wenn nicht vernünftigerweise vorhersehbar ist, dass ihre Produkte größtenteils von einem dritten unabhängigen Unternehmen in die Gemeinschaft weiterverkauft werden.

175   Die Auswirkung ist **beträchtlich,** wenn die außerhalb der Gemeinschaft ansässigen Unternehmen, die an der streitigen Vereinbarung beteiligt sind, einen wesentlichen Marktanteil des betroffenen Produktmarkts in der Gemeinschaft halten. Im *Wood Pulp*-Fall hat die Kommission z. B. festgestellt, dass die abgestimmte Verhaltensweise auf den Großteil der Verkäufe der beteiligten Unternehmen in die und in der Gemeinschaft angewendet wurde und dass zwei Drittel der gesamten Lieferungen und 60% des Konsums des Produkts in der Gemeinschaft von dieser abgestimmten Verhaltensweise betroffen waren.[392]

176   Die Auswirkung wäre auch dann beträchtlich, wenn die Beteiligung an der Vereinbarung von außerhalb der Gemeinschaft ansässigen Unternehmen, die keinen wesentlichen Marktanteil in der Gemeinschaft haben, die Wettbewerbsstruktur des betroffenen Marktes wesentlich verändern würde. So würde Art. 81 Abs. 1 sicher auf außerhalb der Gemeinschaft ansässige Unternehmen angewendet werden, die an einer Marktaufteilungsvereinbarung beteiligt wären, nach der sie keine Verkäufe in die Gemeinschaft tätigen, da diese Vereinbarung, obwohl die Unternehmen keine Marktanteile in der Gemeinschaft hätten, wesentliche wettbewerbswidrige Auswirkungen auf das Funktionieren des relevanten Marktes in der Gemeinschaft hätten. Mit anderen Worten sind für diesen Test nicht tatsächliche beträchtliche Verkäufe in der Gemeinschaft erforderlich; vielmehr genügt die konkrete Möglichkeit solcher Verkäufe.[393]

177   Was das Kriterium der **vorhersehbaren Auswirkungen** anbelangt, so wird dies angenommen, wenn festgestellt ist, dass die Auswirkungen unmittelbar und beträchtlich sind.[394]

5. Beeinträchtigung des zwischenstaatlichen Handels

178   Das letzte Tatbestandsmerkmal von Art. 81 Abs. 1 ist das Erfordernis, dass die Vereinbarung, der Beschluss oder die abgestimmte Verhaltensweise geeignet sein muss, „den Handel zwischen den Mitgliedstaaten zu beeinträchtigen". Wie üblich beziehen wir uns hier auf die „**Auswirkungen auf den zwischenstaatlichen Handel**" oder kurz die „Auswirkungen auf den Handel". Im Jahre 2004 hat die Kommission eine erläuternde Bekanntma-

---

[392] *Wood Pulp* Fn. 106 Rn. 3.
[393] *González Díaz,* Recent Developments in EC Merger Control Law – The Gencor Judgment, World Competition Vol. 22 Nr. 3, 1999, S. 12.
[394] *Gencor* Fn. 346 Rn. 100.

chung („Leitlinien") zum Konzept der Auswirkung auf den Wettbewerb als Teil des „Modernisierungspakets" veröffentlicht.[395] Während diese Leitlinien ein nützliches Dokument darstellen, sind sie keine Rechtsquelle und für nationale Gerichte und Behörden nicht verbindlich, außer insoweit als sie die von den Gemeinschaftsgerichten entwickelten Grundsätze darlegen. Auch wenn auf die Leitlinien eingegangen wird, so liegt den nachfolgenden Ausführungen die Rechtsprechung der Gemeinschaftsgerichte zu Grunde.

Auswirkungen auf den zwischenstaatlichen Handel ist seinem Wesen nach ein **in der** **179** **Entwicklung befindliches Konzept,** das in der Gemeinschaft noch nicht die gleiche Bedeutung erlangt hat, wie das parallele Konzept des „interstate commerce" im US-amerikanischen Recht. Im EG-Recht bleibt die Auswirkung auf den Handel zwischen Mitgliedstaaten eine nicht einfach zu erfüllende Schwellenvoraussetzung für die Anwendbarkeit der Wettbewerbsregeln des Vertrags. Damit eine Vereinbarung zwischen Unternehmen sich auf den Handel zwischen Mitgliedstaaten auswirken kann, muss es mit hinreichender Wahrscheinlichkeit auf der Grundlage einer Reihe objektiver rechtlicher oder tatsächlicher Faktoren vorhersehbar sein, dass sie einen unmittelbaren oder mittelbaren, tatsächlichen oder potenziellen Einfluss auf das Muster des Handels zwischen Mitgliedstaaten in einer Weise haben kann, die die Realisierung des Ziels des Gemeinsamen Marktes in allen Mitgliedstaaten gefährden könnte.[396] Das Vorliegen einer Beeinträchtigung des innergemeinschaftlichen Handels ist nach dem EuGH anzunehmen, „wenn mehrere Voraussetzungen erfüllt sind, die für sich allein genommen nicht unbedingt entscheidend sind".[397]

Eine derartige Auswirkung liegt vor, wenn das zu überprüfende Verhalten tendenziell **180** die **innergemeinschaftlichen Handelsströme verändert,** die geografische Aufteilung von Märkten erlaubt[398] oder den Eintritt in einen Binnenmarkt für Wettbewerber, die in einem anderen Mitgliedstaat angesiedelt sind oder von dort operieren, erschwert.[399] Der Gerichtshof hat in der Sache *Grundig* festgestellt, dass der Begriff einer Vereinbarung, die sich auf den Handel zwischen Mitgliedstaaten auswirkt, eine Grenze zwischen den Gebieten ziehen soll, die von Gemeinschaftsrecht bzw. nationalem Recht erfasst werden.[400] Nur in dem Ausmaß, wie die Vereinbarung den Handel zwischen Mitgliedstaaten betrifft, fällt die durch diese Vereinbarung bedingte Verschlechterung des Wettbewerbs unter das in Art. 81 EG enthaltene Verbot des Gemeinschaftsrechts; anderenfalls entgeht sie dem Ver-

---

[395] Bekanntmachung der Kommission – Leitlinien über den Begriff der Beeinträchtigung des zwischenstaatlichen Handels in den Artikeln 81 und 82 des Vertrags, ABl. 2004 C 101/81.

[396] *Remia u. a./Komm.* Fn. 22 Rn. 22. Diese Formulierung (oder leichte Umformulierungen) erscheinen ständig in der Rechtsprechung der Gemeinschaftsgerichte. Siehe zum Beispiel EuG U. v. 14. 7. 1994 Rs. T-77/92 – *Parker Pen/Komm.* Slg. 1994, II-549 Rn. 39; EuG *Florimex/Komm.* Fn. 137 Rn. 132; EuGH C-475/99, *Ambulanz Glöckner,* Slg. 2001, I-8089, Rn. 48; EuGH U. v. 29. 4. 2004 Rs. C-359/01 P, *British Sugar plc/Komm.*, Slg. 2004, I-4933, Rn. 27; EuGH verb. Rs. C-295/04 bis 298/04, *Manfredi,* Slg. 2006, I-6619, Rn. 42 und EuGH Rs. C-238/05 *Asnef-Equifax,* Slg. 2006, I-11 125, Rn. 34; EuG verb. Rs. T-217/03 und 245/03, *FNCBV,* Rn. 63.

[397] EuGH verb. Rs. C-215/96 und C-216/96, Bagnasco u. a., Slg. 1999, I-135, Rn. 47; EuGH U. v. 15. 12. 1994 Rs. C-250/92, DLG, Slg. 1994, I-5641, Rn. 54; EuGH verb. Rs. C-295/04 bis 298/04, *Manfredi,* Slg. 2006, I-6619, Rn. 43; EuGH U. v. 29. 4. 2004 Rs. C-359/01 P, *British Sugar plc/Komm.*, Slg. 2004, I-4933, Rn. 27; EuGH Rs. C-238/05 *Asnef-Equifax,* Slg. 2006, I-11 125, Rn. 35.

[398] EuGH U. v. 13. 2. 1979 Rs. 85/76 – *Hoffmann-La Roche/Komm. (Vitamine)* Slg. 1979, 461; *ICI/Komm.* Fn. 4; EuGH U. v. 13. 5. 1979 Rs. 22/78 – *Hugin/Komm.* Slg. 1979, 1869; Bellamy&Child (2008), Rn. 1.120.

[399] *Verband der Sachversicherer/Komm.* Fn. 96 Rn. 50; EuGH Rs. C-238/05 *Asnef-Equifax,* Slg. 2006, I-11 125, Rn. 39 und 42; Bellamy&Child (2008), Rn. 1.121.

[400] *Consten & Grunding,* Slg 1966, 299, 341; EuG T-395/94 *Atlantic Container/Komm.*, Slg. 2002, II-875, Rn. 80; EuGH verb. Rs. C-295/04 bis 298/04, *Manfredi,* Slg. 2006, I-6619, Rn. 41 und EuGH Rs. C-238/05 *Asnef-Equifax,* Slg. 2006, I-11 125, Rn. 33, EuG T-168/01 *GlaxoSmithKline/Komm.*, Slg. 2006, II-2969, Rn. 201 f.

181 bot. Dadurch wird dem Subsidiaritätsprinzip Rechung getragen.[401] Sie kann allerdings gegen entsprechende Vorschriften des Kartellrechts von Mitgliedstaaten verstoßen.

181 Das Wort „Handel" bezieht sich in diesem Zusammenhang nicht nur auf den Austausch von Waren. „Handel" im Sinne von Art. 81 EG bezieht sich auf **alle Arten von Wirtschaftsströmen,** ob sie nun Waren, Dienstleistungen[402] oder Kapitalströme, wie Zahlungen,[403] betreffen. So kann der Handel zwischen Mitgliedstaaten auch durch eine Maßnahme beeinträchtigt sein, die es einem Unternehmen verbietet, sich in einem anderen Mitgliedstaat niederzulassen, um in dem fraglichen Markt Dienstleistungen zu erbringen.[404] Die Reichweite des Begriffs „Handel" scheint in diesem Zusammenhang mit dem Inhalt der durch den Vertrag garantierten Grundfreiheiten überein zu stimmen. Es gibt keinen Grund, die Arbeitnehmerfreizügigkeit nicht in den „Handel" mit einzuschließen, der durch eine beschränkende Vereinbarung betroffen sein kann. Allerdings sind solche Fälle eher die Ausnahme, nicht nur, weil Vereinbarungen zwischen Unternehmen, die die Arbeitnehmerfreizügigkeit einer großen Anzahl von Arbeitnehmern beträchtlich einschränken, zwar denkbar aber wohl selten sein werden, sondern auch, weil das Aushandeln kollektiver Vereinbarungen und die Existenz anderer rechtlicher Mechanismen es unwahrscheinlich machen, dass solch eine Annahme in einer kartellrechtlichen Auseinandersetzung enden würde. Die Ablöseregeln einiger Sportverbände mögen solch eine Ausnahme darstellen.[405]

182 Die Voraussetzung der Auswirkung auf den Handel ist daher eine **Zuständigkeitsvoraussetzung,** die den Anwendungsbereich von Art. 81 EG durch Verweisung auf ein territoriales Element abgrenzen soll. Die Natur dieser Voraussetzung als neutrale Zuständigkeitsvoraussetzung ohne materiellen Einfluss ist allerdings umstritten. Wo der englische Text des Vertrags das Verb „to affect" benutzt, benutzen einige andere Fassungen, unter anderem die deutsche, ein Verb, das eine eindeutig negative Bedeutung hat und so eine Auslegung unterstützt, nach der die Auswirkungen auf den Handel zwischen Mitgliedstaaten nicht nur ein Kriterium für die Zuweisung von Zuständigkeiten ist, sondern auch Teil des Inhalts des Verbotes. Bei solch einer Auslegung muss der Handel zwischen Mitgliedstaaten *negativ* betroffen sein, damit die Analyse fortgeführt werden kann. Ein positiver Einfluss auf den Handel würde das wichtige Ziel der Marktintegration fördern, welches zumindest zum Teil in der Voraussetzung der Auswirkung auf den Handel zwischen Mitgliedstaaten niedergelegt ist. Die Voraussetzung der Auswirkung auf den Handel muss also Teil des materiellen Tests der Wettbewerbswidrigkeit in Art. 81 sein und nicht nur eine reine Zuständigkeitsvorschrift. Einige Entscheidungen des Gerichtshofes stützen diese Theorie.[406]

---

[401] EuG T-168/01 *GlaxoSmithKline/Komm.,* Slg. 2006, II-2969, Rn. 201 f.; EuG verb. Rs. T-259/02 bis T-264/02 und T-271/02, *Raiffeisen Zentralbank Österreich AG/Kommission,* Slg. 2006, II-5169, Rn. 165.

[402] *Bodson* Fn. 79 Rn. 24; EuGH U. v. 25. 10. 2001 Rs. C-475/99 – *Firma Ambulanz Glöckner/Landkreis Südwestpfalz* Slg. 2001, S., I-8085 Rn. 49.

[403] *Züchner/Bayerische Vereinsbank AG* Fn. 96 Rn. 18 („der in [Art. 81] enthaltenen Begriff „Handel" [hat] einen **weiten Umfang** …, der auch den Geldverkehr einbezieht."). Siehe Komm. E. v. 10. 8. 2001 – *VISA*, ABl. 2001 L 293/24 Rn. 70–72; Komm. E. v. 25. 3. 1992 – *Eurocheque: Helsinki-Vereinbarung,* ABl. 1992 L 95/50 Rn. 56. Für einen Anwendungsfall des Art. 82, betreffend internationale Zahlungsdienste, siehe z. B. die Rs. SWIFT, XXVII. Bericht über die Wettbewerbspolitik 1997, Brüssel, 1998 Rn. 68, 39; siehe auch ABl. 1997 C 335/3.

[404] *Pronuptia* Fn. 47 Rn. 26; *Firma Ambulanz Glöckner/Landkreis Südwestpfalz* Fn. 245 Rn. 49; EuGH U. v. 21. 1. 1999 verb. Rs. C-215/96 und C-216/96 – *Bagnasco u. a./Banca Popolare di Novara soc. coop. arl. (BNP)* Slg. 1999, I-135. EuGH Rs. C-238/05 *Asnef-Equifax,* Slg. 2006, I-11 125, Rn. 39 und 42.

[405] Siehe z. B. die Schlussanträge des GA Lenz in der Rs. *URBSF/Bosman* Fn. 148. Siehe auch Pressemittelung der Komm. (IP/00/1417) v. 6. 12. 2000, „Fußballtransfer: Kommission unterstreicht die Aussicht auf weiteren Fortschritt".

[406] *Consten & Grundig/Komm.* Fn. 8; EuGH U. v. 30. 6. 1966 Rs. 56/65 – *La Technique Minière/Maschinenbau Ulm* Slg. 1966, 337, EuGH U. v. 9. 7. 1969 Rs. 5/69 – *Völk/Vervaecke* Slg. 1969, 295.

Dieser Streit ist heute offenbar nicht mehr von Interesse. Art. 3 der Verordnung 1/2003 **183**
hat mehr denn je die Funktion der Voraussetzung einer Auswirkung auf den zwischenstaatlichen Handel unterstrichen. Diese Voraussetzung dient der **Abgrenzung zwischen Gemeinschaftsrecht und nationalem Recht** der Mitgliedstaaten. „Unter den Geltungsbereich des Gemeinschaftsrechts fallen so alle Kartelle und Übungen, die geeignet sind, die Freiheit des Handels zwischen Mitgliedstaaten in einer Weise zu gefährden, die der Verwirklichung der Ziele eines einheitlichen Marktes zwischen den Mitgliedstaaten nachteilig sein kann, indem insbesondere die nationalen Märkte abgeschottet werden oder die Wettbewerbsstruktur im Gemeinsamen Markt verändert wird".[407] In diesem Zusammenhang ist es besonders wichtig, ob die Vereinbarung eine Bedrohung, unmittelbar oder mittelbar, für die Freiheit des Handels zwischen Mitgliedstaaten in einer Weise darstellen kann, die das Erreichen des Ziels eines Binnenmarktes mit Handelsströmen, die soweit wie möglich von Marktmächten und nicht durch künstliches Zusammenwirken von Unternehmen bestimmt sind, vereiteln kann. Daher ist die Tatsache, dass eine Vereinbarung selbst eine große Zunahme des Handelsvolumens zwischen Mitgliedstaaten unterstützt, nicht ausreichend, um die Möglichkeit auszuschließen, dass die Vereinbarung diesen Handel „beeinträchtigen" könnte.[408] Tatsächlich betrifft eine Vereinbarung, die die Handelsströme zwischen den Mitgliedstaaten künstlich erhöht, die ohne die Vereinbarung nicht stattfänden, sicher den Handel. Die Testfrage lautet daher, ob der Handel „von seinen üblichen Wegen abgedrängt wird".[409]

Die „gemischte" Ratio der Voraussetzung der Auswirkung auf den zwischenstaatlichen **184**
Handel wurde sehr deutlich in den Entscheidungen der Kommission und des Gerichtshofs, die „Vereinbarungen von geringer Wichtigkeit" betreffen. Diese **Bagatellverträge** werden nicht von EG-Organen überprüft: *de minimis non curat praetor.* Es wurde in der Vergangenheit oft überlegt, dass die Grundlage der Bagatellregel sowohl der geringe Einfluss auf zwischenstaatlichen Handel wie die geringe Bedeutung der Wettbewerbsbeschränkung ist. Der Hauptfall, der diesen Grundsatz festlegte, bezog sich *sowohl* auf das Erfordernis der Auswirkung auf den zwischenstaatlichen Handel *als auch* auf die Wettbewerbswidrigkeit als Grundlage der Entscheidung.[410] Dasselbe traf auf die in der Vergangenheit regelmäßig von der Kommission herausgegebenen Bagatellverträge betreffende Stellungnahmen zur Politik zu (*de minimis*-Bekanntmachungen) zu.[411] Seit allerdings Ende 2001 die neueste Version veröffentlicht wurde, sind die *de minimis*-Bekanntmachungen nicht mehr der Ort, um nach einem Hinweis der Kommission darüber zu suchen, welche Vereinbarungen sich wahrscheinlich nicht auf den Handel zwischen Mitgliedstaaten auswirken. In der Bekanntmachung von 2001 hat die Kommission festgestellt, dass „Ferner … Vereinbarungen außerhalb des Anwendungsbereichs des Art. 81 Abs. 1 EG liegen [können], wenn sie nicht geeignet sind, den Handel zwischen Mitgliedstaaten spürbar zu beeinträchtigen. *Diese Frage wird von der vorliegenden Bekanntmachung nicht behandelt. Die Bekanntmachung macht somit keine Angaben dazu, wann keine spürbaren Auswirkungen auf den Handel vorliegen.* Allerdings ist zu berücksichtigen, dass Vereinbarungen zwischen kleinen und mittleren Unternehmen, wie sie im Anhang zur Empfehlung 96/280/EG der Kommission(3) defi-

---

[407] Dass dies die Funktion der Voraussetzung der Auswirkung auf den Handel ist, wird ständig in der Rechtsprechung der Gerichte wiederholt. Siehe z. B. *Hugin Kassaregister AB und Hugin Cash Registers Ltd/Komm.* Fn. 243 Rn. 17; *Firma Ambulanz Glöckner/Landkreis Südwestpfalz* Fn. 245 Rn. 47.

[408] *Consten & Grundig/Komm.* Fn. 8, S. 341; EuGH Rs. C-238/05 *Asnef-Equifax,* Slg. 2006, I-11125, Rn. 38.

[409] *Hawk,* United States, Common Market, and International Antitrust: A Comparative Guide, 2. Aufl., 1990 Supplement, 52, auch Bellamy&Child (2008), Rn. 1.119.

[410] Siehe *Völk/Vervaecke* Fn. 249, S. 302. Siehe auch EuGH U. v. 16. 6. 1981 Rs. 126/80 – *Salonia/Poidomani & Baglieri* Slg. 1981, 1563.

[411] Siehe die – jetzt ersetzte – Bekanntmachung der Komm. 97/C 372/04, ABl. 1997 C 372.

niert sind, selten geeignet sind, den Handel zwischen Mitgliedstaaten spürbar zu beeinträchtigen."[412]

185 Die Empfehlung der Kommission vom 6. Mai 2003[413] definiert derzeit **kleine und mittlere Unternehmen** als Unternehmen mit weniger als 250 Angestellten und einem Jahresumsatz von nicht mehr als EUR 50 Millionen oder einer Gesamtjahresbilanz von nicht mehr als EUR 43 Millionen. Die Erhöhung der Finanzplafonds im Vergleich zur Empfehlung von 1996[414] berücksichtigt die Preis- und Produktivitätszunahme in den vergangenen Jahren.

186 In ihren „Leitlinien über den Begriff der Beeinträchtigung des zwischenstaatlichen Handels" von 2004 hat die Kommission in ähnlicher Weise versucht, die Voraussetzung der „**Spürbarkeit**" zu quantifizieren. In dieser Bekanntmachung vertritt die Kommission die Auffassung, dass Vereinbarungen grundsätzlich nicht geeignet sind, den Handel zwischen Mitgliedstaaten spürbar zu beeinträchtigen, wenn die folgenden kumulativen Voraussetzungen erfüllt sind:

187 (a) Der gemeinsame Marktanteil der Parteien auf irgendeinem relevanten Markt innerhalb der Gemeinschaft, der von der Vereinbarung betroffen ist, übersteigt nicht 5% und

(b) im Fall von horizontalen Vereinbarungen übersteigt der gemeinsame Jahresumsatz der beteiligten Unternehmen an den betroffenen Produkten in der Gemeinschaft nicht 40 Millionen Euro.

188 Bei einer Vereinbarung, die *auf Grund ihres Wesens* geeignet ist, sich auf den Handel zwischen Mitgliedstaaten auszuwirken, weil sie z. B. Importe und Exporte betrifft oder mehrere Mitgliedstaaten umfasst, gibt es nach Ansicht der Kommission eine widerlegbare **positive Vermutung** dahingehend, dass solche Auswirkungen auf den Wettbewerb spürbar sind, wenn der Umsatz der Parteien an den von der Vereinbarung erfassten Produkten 40 Millionen Euro übersteigt oder wenn der Marktanteil der Parteien die 5%-Schwelle übersteigt.[415] Trotzdem wäre es falsch, daraus zu schließen, dass Vereinbarungen zwischen kleinen und mittleren Unternehmen von der Anwendung des Art. 81 völlig ausgenommen sind.

189 Einerseits haben die Gemeinschaftsgerichte den Bekanntmachungen der Kommission, obwohl sie sie zur Kenntnis genommen haben, keinen besonderen rechtlichen Status eingeräumt. Vereinbarungen, die die Schwellenwerte nicht erreichen, können durchaus als geeignet angesehen werden, sich auf den Handel auszuwirken. Andererseits erfüllen Vereinbarungen jenseits der Schwellenwerte nicht zwingend diese Voraussetzung.[416] So kann das verbreitete Auftreten bestimmter Arten von Vereinbarungen in einer Branche wegen der kumulativen Präklusionswirkung dieser Vereinbarungen zur Verurteilung eines ansonsten harmlosen Verhaltens führen. Mit dieser Doktrin der **kumulativen Auswirkung** haben Vollstreckungsbehörden und Gerichte *sowohl* eine Auswirkung auf den Handel zwischen Mitgliedstaaten *als auch* eine Beschränkung des Wettbewerbs im Gemeinsamen Markt in einigen Alleinvertriebsvereinbarungen gefunden, die einzelne Händler an einen

---

[412] Bekanntmachung der Kommission über Vereinbarungen von geringer Bedeutung, die den Wettbewerb gemäß Art. 81 Abs. 1 des Vertrags zur Gründung der Europäischen Gemeinschaft nicht spürbar beschränken (de minimis), ABl. 2001 C 368/13 Rn. 3 *(Hervorhebungen hinzugefügt)*.

[413] Komm. Empfehlung v. 6 Mai 2006 betreffend die Definition der kleinen und mittleren Unternehmen, ABl. 2003 L 124/36.

[414] Komm. Empfehlung v. 3. 4. 1996 betreffend die Definition der kleinen und mittleren Unternehmen, ABl. 1996 L 107/4.

[415] Bekanntmachung der Kommission – Leitlinien über den Begriff der Beeinträchtigung des zwischenstaatlichen Handels in den Artikeln 81 und 82 des Vertrags, ABl. 2004 C 101/81, insb. Rn. 50–57. Die Bekanntmachung enthält auch Erläuterungen zu der Kalkulation des Umsatzes und detailliertere Erläuterungen, die hier nicht untersucht werden können.

[416] Siehe z. B. *Florimex/Komm.* Fn. 137 Rn. 139.

Lieferanten binden.⁴¹⁷ Art. 81 Abs. 1 EG ist allerdings nur auf solche Vereinbarungen anwendbar, die „erheblich" an einer Sperrung des Marktzugangs beteiligt sind.⁴¹⁸ Vereinbarungen zwischen in dem gleichen Mitgliedstaat niedergelassenen Parteien können sich selbstverständlich auch auf den Handel zwischen Mitgliedstaaten auswirken.⁴¹⁹

Die Rechtsprechung deutet daraufhin, dass **einzelne Klauseln** oder Vereinbarungen, die Teil einer größeren Abstimmung bilden, sich nicht als einzelne nachweislich auf den Handel zwischen Mitgliedstaaten auszuwirken brauchen, wenn die Vereinbarung oder die Reihe von Vereinbarungen, zu denen sie gehören, als Ganzes betrachtet, diese Voraussetzung erfüllen.⁴²⁰ Dies trifft offenbar jedoch nur dann zu, wenn die Vereinbarung „wesentlicher" oder „essentieller" Bestandteil der Reihe von Vereinbarungen als Ganzes ist oder zumindest eine direkte Verbindung mit den anderen Aspekten der Abstimmung darstellt, die als Ganzes geeignet sind, sich auf den Handel zwischen Mitgliedstaaten auszuwirken.⁴²¹ Ansonsten wird die Vereinbarung nur von Art. 81 EG erfasst, wenn sie, für sich genommen, geeignet ist, sich auf den Handel zwischen Mitgliedstaaten auszuwirken. **190**

Art. 81 Abs. 1 EG verbietet sowohl **tatsächliche** Auswirkungen als auch rein **potenzielle** Auswirkungen vorausgesetzt, dass sie hinreichend beachtlich sind.⁴²² Dass die Auswirkung auch „potenziell" sein kann, hat der Gerichtshof wiederholt bestätigt: es ist ständige Rechtsprechung, dass Art. 81 Abs. 1 zwar nicht erfordert, dass die in der Vorschrift erwähnten Vereinbarungen eine tatsächliche Auswirkung auf den Handel zwischen Mitgliedstaaten haben, dass aber nachgewiesen werden muss, dass sie *geeignet* sind, eine solche Auswirkung zu haben.⁴²³ Dieses Erfordernis ist erfüllt, wenn die beschränkende Vereinbarung „die Handelsströme zwischen den Mitgliedstaaten spürbar in einer Weise beeinflusst, die der Verwirklichung der Ziele des Gemeinsamen Marktes abträglich sein kann".⁴²⁴ Nach der Rechtsprechung des Gerichtshofes⁴²⁵ ist damit der vorhersehbaren Entwicklung der **191**

---

⁴¹⁷ *Brasserie de Haecht/Wilkin* Fn. 54; *Delimitis/Henninger Bräu* Fn. 46. Siehe auch *Metro/Komm. (II)* Fn. 202; EuGH U. v. 18. 3. 1970 Rs. 43/69 – *Bilger/Jehle* Slg. 1970, 127 und EuG U. v. 12. 12. 1996 Rs. T-19/92 – *Groupement d'achat Edouard Leclerc/Komm.* Slg. 1996, II-1851; *Florimex/Komm.* Fn. 137 Rn. 140; *Delimitis/Henninger Bräu* Fn. 46 Rn. 14–24; EuG U.v. 24. 3. 1994 Rs. T-9/93 – *Schöller Lebensmittel GmbH & Co. KG/Komm.* Slg. 1995, II-1611 Rn. 76–78 und 95–96.

⁴¹⁸ *Delimitis/Henninger Bräu* Fn. 46 Rn. 23 und 24; *Schöller Lebensmittel GmbH & Co. KG/Komm.* Fn. 369 Rn. 76; *Florimex/Komm.* Fn. 137 Rn. 140–141; EuGH 28. 4. 1998 Rs. C-306/96, *Javico*, Slg. 1998, I-1983, Rn. 16 EuGH verb. Rs. C-295/04 bis 298/04, *Manfredi*, Slg. 2006, I-6619, Rn. 42 und 47 und EuGH Rs. C-238/05 *Asnef-Equifax*, Slg. 2006, I-11125, Rn. 35, EuG T-168/01 *Glaxo SmithKline/Komm.*, Slg. 2006, II-2969, Rn. 201 f. Vgl. auch EuG verb. Rs. T-217/03 und 245/03, *FNCBV*, Rn. 68.

⁴¹⁹ *Bayer AG und Maschinenfabrik Hennecke GmbH/Heinz Sülhöffer* Fn. 188 Rn. 20.

⁴²⁰ EuGH U. v. 25. 2. 1986 Rs. 193/83 – *Windsurfing International/Komm.* Slg. 1986, 611 Rn. 95–97; EuG T-177/94, *VGB/Komm.*, Slg. 1997, I-759, Rn. 126; EuGH C-234/89 *Delimitis*, Slg. 1991, I-935.

⁴²¹ *Florimex/Komm.* Fn. 137, vgl. Rn. 126 und 142, 143 des Urteils.

⁴²² *John Deere Ltd./Komm.* Fn. 3 Rn. 73–78; *Salonia/Poidomani u. a.* Fn. 362; EuG U. v. 24. 10. 1991 Rs. T-2/89 – *Petrofina/Komm.* Slg. 1991, II-1087, vgl. EuG verb. Rs. T-217/03 und 245/03, *FNCBV*, Rn. 68; EuGH U.v.1. 2. 1978 Rs. 19/77, *Miller/Komm.*, Slg. 1978, 131, Rn. 15; EuGH U. v. 17. 7. 1997 Rs. C-219/95 P, *Ferriere Nord/Komm.*, Slg. 1997, I-4411, Rn. 19; EuGH Rs. C-238/05 *Asnef-Equifax*, Slg. 2006, I-11125, Rn. 34 und 43; Bellamy&Child (2008), Rn. 1.122.

⁴²³ *Javico International und Javico AG/Yves Saint Laurent Parfums SA* Fn. 12 Rn. 48; EuGH Rs. C-219/95 P – *Ferriere Nord/Komm.* Slg. 1997, I-4411 Rn. 19; EuGH U. v. 29. 4. 2004 Rs. C-359/01 P, *British Sugar plc/Komm.*, Slg. 2004, I-4933, Rn. 31; EuG verb. Rs. T-217/03 und 245/03, *FNCBV*, Rn. 68; EuGH U.v.1. 2. 1978 Rs. 19/77, *Miller/Komm.*, Slg. 1978, 131, Rn. 15; EuGH Rs. C-238/05 *Asnef-Equifax*, Slg. 2006, I-11125, Rn. 34 und 43.

⁴²⁴ *Javico International und Javico AG/Yves Saint Laurent Parfums SA* Fn. 12 Punkt 1 des Tenors der Entscheidung.

⁴²⁵ EuGH Rs. C-238/05 – *Asnef-Equifax*, Slg. 2006, I-11125, Rn. 44.

Wettbewerbsbedingungen und der Handelsströme zwischen den Mitgliedstaaten Rechnung zu tragen. Dabei sollen die etwaige Entwicklung grenzüberschreitender Tätigkeiten und die vorhersehbaren Auswirkungen etwaiger politischer oder gesetzgeberischer Initiativen zur Verringerung rechtlicher oder technischer Handelshemmnisse berücksichtigt werden. Auf der Grundlage dieser und anderer Formulierungen in der Rechtsprechung definiert die Kommission die Auswirkung auf den Wettbewerb in ihren „Leitlinien" und unterscheidet dabei drei Elemente. Als erstes definiert sie die Bedeutung von „Handel zwischen den Mitgliedstaaten". Als zweites definiert sie die „Eignung zur Beeinträchtigung", die erfordert, dass die Vereinbarung „mit hinreichender Wahrscheinlichkeit voraussehen lässt, dass die Vereinbarung oder Verhaltensweise den Warenverkehr zwischen Mitgliedstaaten unmittelbar oder mittelbar, tatsächlich oder potenziell beeinflussen kann". Das dritte Element ist die Beurteilung der „Spürbarkeit".

192 Die Beurteilung der „Spürbarkeit" der Auswirkung auf den Handel zwischen Mitgliedstaaten unter Art. 81 EG erfordert nicht in jedem Fall eine genaue Abgrenzung des von der Beschränkung betroffenen Marktes. Im Rahmen von Art. 81 EG ist eine **Marktabgrenzung** nur erforderlich, wenn es ohne sie nicht möglich ist nachzuweisen, ob eine Verinbarung, abgestimmte Verhaltensweise oder Beschluss einer Unternehmensvereinigung geeignet ist, den Wettbewerb zu behindern oder sich auf den Handel zwischen Mitgliedstaaten auszuwirken.[426] Die Leitlinien der Kommission von 2004 lassen allerdings auf eine andere Haltung schließen. Die Kommission führt aus, dass Spürbarkeit „insbesondere unter Bezugnahme auf die Stellung und Bedeutung der betreffenden Unternehmen auf dem fraglichen Produktmarkt ermittelt werden" kann und fährt fort, präzise Umsatz- und Marktanteilsschwellen vorzuschlagen, unterhalb derer die Voraussetzung der „Beeinträchtigung des Handels" nicht erfüllt wäre.[427] Die Anwendung dieser Schwellen würde die Marktdefinition praktisch obligatorisch für die Beurteilung der Voraussetzung der „Beeinträchtigung des Handels" machen. Man kann jedoch den Standpunkt vertre,ten, dass die Rechtsprechung, auf die sich die Kommission stützt, die Spürbarkeit sowohl von Wettbewerbsbeschränkungen wie auch von Beeinträchtigungen des Handels betraf. Die Position der Kommission rührt auch daher, dass sie klare Anleitungen geben möchte, um die Anwendung des Art. 81 EG zu vereinfachen. Trotz der lobenswerten Anstrengung der Leitlinien hinsichtlich der Beeinträchtigung des Handels ist es offenbar nicht möglich, sinnvolle quantitative Leitlinien zu schaffen, die mit Sicherheit abschätzen ließen, ob die tatsächlichen oder potenziellen Beeinträchtigungen des Handels zwischen Mitgliedstaaten den Spürbarkeitstest erfüllen. Die Auswirkung auf den innergemeinschaftlichen Handel ist normalerweise das Ergebnis einer Kombination von verschiedenen Faktoren, die, für sich betrachtet, nicht notwendig entscheidend sind.[428]

193 Obwohl der Fortschritt bei der Vollendung eines einheitlichen EG-Marktes dazu geführt hat, dass einige die Abschaffung dieser Voraussetzung befürworten, besteht der Gerichtshof weiterhin darauf, dass die Kommission eine tatsächliche oder potenzielle Auswirkung auf den Handel zwischen Mitgliedstaaten in ihren Entscheidungen nachweisen muss.[429] Es

---

[426] *Volkswagen AG/Komm.* Fn. 174 Rn. 230.
[427] Diese Schwellen wurden oben in Rn. 186 f. erläutert.
[428] *Gottrup-Klim/Dansk Landbrugs Grovvareselskab* Fn. 65 Rn. 54; *Javico International und Javico AG/ Yves Saint Laurent Parfums SA* Fn. 12 Rn. 47.
[429] EuGH U. v. 26. 11. 1975 Rs. 73/74 – *Fabricants de Papiers Peints de Belgique/Komm.* Slg. 1975, 1491, wo der Gerichtshof die Entscheidung teilweise aufgehoben hat, wegen unzureichender Begründung der Kommission über die Auswirkung auf den zwischenstaatlichen Handel einer Vereinbarung über die Marktbedingungen für Tapeten in Belgien. GA Trabucchi hatte vorgeschlagen, die Voraussetzung zu vernachlässigen. In *Hugin* hat der Gerichtshof die Kommissionsentscheidung aufgehoben und entschieden, dass der Handel zwischen Mitgliedstaaten nicht betroffen war. *Hugin Kassaregister AB und Hugin Cash Registers Ltd/Komm.* Fn. 243 Rn. 19–26.

kann unterstellt werden, dass das tatsächliche[430] Vorhandensein „normaler" Handelsströme zwischen Mitgliedstaaten eine Voraussetzung für die Anwendung von Art. 81 und 82 EG ist. Um geeignet zu sein, sich auf den Handel zwischen Mitgliedstaaten auszuwirken, braucht eine Vereinbarung nicht unmittelbar derartigen Handel zu betreffen. Wettbewerbswidriges Verhalten, das sich **auf das Gebiet eines einzelnen Mitgliedstaats beschränkt,** kann Rückwirkungen auf die Handelsströme und den Wettbewerb im Gemeinsamen Markt haben.[431] Dies muss je nach den Umständen eines Falles nachgewiesen werden. In der Sache *Cementhandelaren*[432] schien der Gerichtshof jedoch bereit, das Vorliegen einer Auswirkung auf den Handel zwischen Mitgliedstaaten in bestimmten Fällen zu vermuten. Der Gerichtshof musste ein nationales, auf das Gebiet der Niederlande beschränktes Kartell beurteilen, das sich nicht auf Importe und Exporte erstreckte. Er stellte fest, dass die Vereinbarung dennoch geeignet war, sich auf den Handel zwischen Mitgliedstaaten auszuwirken, indem er sagte, dass „ein sich auf das gesamte Gebiet eines Mitgliedstaates erstreckende Kartell ... schon seinem Wesen nach die Wirkung [hat], die Abschottung der Märkte auf nationaler Ebene zu verfestigen; es verhindert somit die vom Vertrag gewollte gegenseitige wirtschaftliche Durchdringung und schützt die inländische Produktion."[433]

Diese weite Feststellung impliziert nicht, dass jede **das gesamte Gebiet eines Mitgliedstaats** betreffende Vereinbarung automatisch die Voraussetzung erfüllt, sich auf den Handel zwischen Mitgliedstaaten auszuwirken. Das Gebiet eines ganzen Mitgliedstaates betreffende, von der gesamten heimischen Branche abgeschlossene Vereinbarungen sind dann als nicht geeignet, sich auf den Handel zwischen Mitgliedstaaten auszuwirken, angesehen worden, wenn die fragliche Dienstleistung wirtschaftliche Betätigung mit begrenztem Einfluss auf den Handel zwischen Mitgliedstaaten betraf und die Anwendung der Vereinbarung kein Faktor von entscheidender Wichtigkeit war bei der Wahl ausländischer Unternehmen in Bezug darauf, ob sie sich in dem betroffenen Land niederlassen oder nicht.[434]

Vereinbarungen oder Verhaltensweisen, die sich nur auf einen Teil des Gebiets eines Mitgliedstaats beziehen, können ebenfalls den Handel zwischen Mitgliedstaaten beeinträch-

---

[430] Potenzielle zwischenstaatliche Ströme sind, wenn sie wahrscheinlich und nicht nur rein hypothetisch sind, wahrscheinlich ausreichend. Siehe z.B. Komm. E. v. 20. 1. 1977 – *Vacuum Interrupters I*, ABl. 1977 L 48/32 Rn. 17. Siehe auch die Magill-Verfahren, zunächst vor dem Gericht Erster Instanz, U. v. 10. 7. 1991 Rs. T-69/89 – *Radio Telefis Eireann u.a./Komm.* Slg. 1991, II-0485, und in der Revision, EuGH U. v. 6. 4. 1995 Rs. C-241/91 P und C-242/91 P – *Radio Telefis Eireann u.a./Komm.* Slg. 1995, I-743.

[431] EuG U. v. 9. 7. 1992 Rs. T-66/89 – *Publishers Association/Komm.* Slg. 1992, II-1995 Rn. 57; EuGH U. v. 9. 11. 1983 Rs. 322/81 – *Michelin/Komm.* Slg. 1983, 3461, 3522; EuGH U. v. 11. 7. 1989 Rs. 246/86 – *Belasco u.a./Komm.* Slg. 1989, 2117, 2191; und EuGH U. v. 29. 4. 2004 Rs. C-359/01 P, *British Sugar plc/Komm.*, Slg. 2004, I-4933, Rn. 28; EuGH Rs. C-238/05 *Asnef-Equifax*, Slg. 2006, I-11125, Rn. 37; EuGH verb. Rs. C-295/04 bis 298/04, *Manfredi*, Slg. 2006, I-6619, Rn. 45., EuGH C-35/99 *Arduino*, Slg. 2002, I-1529, Rn. 33; EuGH 18. 6. 1998 Rs. C-35/96, *Komm./Italien*, Slg. 1998, I-3851, Rn. 48.

[432] EuGH U. v. 17. 10. 1972 Rs. 8/72 – *Vereeniging van Cementhandelaren/Komm.* Slg. 1972, 977.

[433] Rn. 29 des Urteils; EuGH U. v. 19. 2. 2002 Rs. C-309/99, *Wouters*, Slg. 2002, I-1577, Rn. 95; EuGH U. v. 29. 4. 2004 Rs. C-359/01 P, *British Sugar plc/Komm.*, Slg. 2004, I-4933, Rn. 28; EuGH Rs. C-238/05 *Asnef-Equifax*, Slg. 2006, I-11125, Rn. 37; EuGH verb. Rs. C-295/04 bis 298/04, *Manfredi*, Slg. 2006, I-6619, Rn. 45, EuG T-325/01, *Daimler-Chrysler/Komm.*, Rn. 212; EuGH 18. 6. 1998 Rs. C-35/96, *Komm./Italien*, Slg. 1998, I-3851, Rn. 48; EuGH C-35/99 *Arduino*, Slg. 2002, I-1529, Rn. 33; vgl. auch Siragusa/Rizza, EU Competition Law, Vol III (2007), Rn. 1.157.

[434] *Bagnasco u.a./Banca Popolare di Novara* Fn. 247 (Vereinbarung zwischen italienischen Banken betreffend einheitliche Bankbedingungen für die Gewährung eines Kontokorrentkredit und zur Generalbürgschaft). Siehe Rn. 48–53 des Urteils.

tigen.[435] Die Kommission scheint manchmal diese Voraussetzung **strenger zu beurteilen.** Sie hat zum Beispiel festgestellt, dass bei einigen freien Berufen die Voraussetzung, dass der Handel zwischen Mitgliedstaaten spürbar betroffen sein muss, damit die Wettbewerbsregeln anwendbar sind, in den meisten Fällen nicht erfüllt ist, da die angebotenen Dienstleistungen national oder lokal begrenzt sind.[436] Die Kommission hat bereits vorher eine Beschwerde über Beschlüsse einiger Anwaltskammern in Belgien, die angeblich den Berufseinstieg behindern, unter anderem mit der Begründung zurück gewiesen, dass in erster Linie nur ein einzelner Mitgliedstaat betroffen war.[437] Im Nachhinein scheint die Richtigkeit dieser Aussage überprüfungsbedürftig zu sein: in Fällen von Beschlüssen der niederländischen Anwaltskammer hat der Gerichtshof entschieden, dass die Voraussetzung der Auswirkung auf den Handel zwischen Mitgliedstaaten erfüllt war. Obwohl der Gerichtshof einige spezifische Merkmale des Falls betonte (unter anderem die Tatsache, dass die Regel unterschiedslos auf Gastanwälte anwendbar war, die Mitglied einer Anwaltskammer eines anderen Mitgliedstaates waren), ist beachtenswert, dass der Gerichtshof seine Entscheidung auf die *Cementhandelaren*-Formel stützte.[438] Andererseits hat der Gerichtshof in der Rs. *Doulamis* die Auswirkung auf den Handel zwischen den Mitgliedstaaten als für nicht gegeben befunden, obwohl die fragliche nationale Regelung das gesamte Gebiet eines Mitgliedstaates betraf.[439]

196 Vereinbarungen, die hauptsächlich den Handel mit **Drittstaaten** betreffen, sind nicht notwendig ausgenommen: Die Isolierung des gesamten EG-Marktes von Außenmärkten kann in bestimmten Fällen „den Handel zwischen Mitgliedstaaten beeinträchtigen".[440] Eine Verpflichtung in einem Vertriebsvertrag, in einen Nichtmitgliedstaat zu exportieren, und ein entsprechendes Verbot des Re-Imports in die Gemeinschaft und der Vermarktung in ihr können den Handel zwischen den Mitgliedstaaten – je nach der bestehenden Marktstruktur und je nach Position, Produktion und Verkauf des Lieferanten im Gemeinschaftsmarkt und vorausgesetzt, dass Preisunterschiede den Re-Import realistisch erscheinen lassen – beeinträchtigen. Innergemeinschaftlicher Handel kann nicht spürbar beeinträchtigt werden, wenn die Waren, die für Drittstaatsmärkte bestimmt sind, nur einen kleinen Prozentsatz des gesamten Marktes für diese Waren im Gebiet des Gemeinsamen Marktes ausmachen.[441] Die Kommission hat in einer frühen Entscheidung akzeptiert, dass sogar ein Exportverbot in einem Exklusivpatentlizenzvertrag für das Gebiet eines Drittstaats nicht geeignet wäre, den Handel zwischen Mitgliedstaaten, falls die Waren wahrscheinlich niemals in die Gemeinschaft exportiert würden, spürbar zu beeinträchtigen.[442]

---

[435] Bekanntmachung der Kommission – Leitlinien über den Begriff der Beeinträchtigung des zwischenstaatlichen Handels in den Artikeln 81 und 82 des Vertrags, ABl. 2004 C 101/81, Rn. 89–92; EuGH 107/82, *AEG/Komm.*, Slg. 1983, 3151, Rn. 65 und EuG T-141/89, *Tréfileurope/Komm.*, Slg. 1995, II-791, Rn. 35–38.

[436] Siehe XXIX. Bericht über die Wettbewerbspolitik 1999, 2000, 42. Zu freiberuflichen Dienstleistungen und freiberuflichen Organen siehe oben Rn. 51.

[437] XXVIII. Bericht über die Wettbewerbspolitik 1998, 1999, 184 (betreffend das Tambue-Verfahren).

[438] *Wouters u. a./Algemene Raad van de Nederlandse Orde van Advocaten* Fn. 57 Rn. 95–96. In einem Parallelverfahren hat der Gerichtshof dieselbe Formulierung wiederholt, als er eine Entscheidung des italienischen Rats der Rechtsanwälte und deren Genehmigung durch die italienische Republik kommentierte: *Arduino* Fn. 57 Rn. 33.

[439] EuGH U.v. 13. 3. 2008, C-446/05 *Doulamis*, Rn. 23.

[440] *EMI/CBS* Fn. 182; vgl. Siragusa/Rizza, EU Competition law (2007), Rn. 1.159 ff.

[441] *Javico International und Javico AG/Yves Saint Laurent Parfums SA* Fn. 12 Rn. 25–26 des Urteils.

[442] Komm. E. v. 9. 6. 1972 – *Raymond-Nagoya*, ABl. 1972 L 143/39. Die Kommission kam zu einem ähnlichen Ergebnis betreffend der Klausel in der Vereinbarung, die den Lizenznehmer verpflichtet, die Gültigkeit des Patents nicht in Frage zu stellen („no-challenge"-Klausel).

III. Beispielskatalog[442]

1. Allgemeines

a) Funktion des Beispielskatalogs. Die „Verhinderung, Einschränkung oder Verfälschung des Wettbewerbs"[443] ist wohl das wichtigste Tatbestandsmerkmal des Art. 81 Abs. 1 EG, liegt doch hierin der Verstoß gegen die Grundkonzeption der Wettbewerbsregeln,[444] wonach „jeder Wirtschaftsbeteiligte seine Marktpolitik selbstständig bestimmen muss".[445] Diesen hohen Stellenwert illustriert der – seit seiner Schaffung unverändert gebliebene – Katalog des Artikels 81 Abs. 1 Buchstaben a) bis e) EG, der sich in dieser Form auch im künftigen „Vertrag über die Arbeitsweise der Europäischen Union",[446] aber auch anderen Gesetzeswerken, wie z.B. dem EWR-Abkommen,[447] sowie nahezu deckungsgleich in Art. 82 Abs. 1 EG findet, jedoch längst keinen globalen Maßstab[448] bildet.[449] Weil es sich um einen Beispielskatalog handelt („insbesondere") enthält er keinen *numerus clausus*, da Vereinbarungen, Beschlüsse oder aufeinander abgestimmte Verhaltensweisen auch dann ein verbotenes Kartell darstellen können, wenn sie keinen der im Katalog genannten Tatbestände erfüllen. Es handelt sich auch nicht um ein per se-Verbot. Gegen Art. 81 EG verstößt vielmehr nur, wer außerdem alle übrigen Tatbestandsvoraussetzungen dieser Vorschrift erfüllt.[450] Allerdings ist dies bei Vorliegen eines oder gar mehrerer Beispiele regelmäßig der Fall,[451] weshalb man die Buchstaben a) bis e) des Artikels 81 Abs. 1 EG auch als **„Regelbeispiele"** bezeichnet. Indes sind Freistellungen gemäß Art. 81 Abs. 3 EG nicht ipso jure ausgeschlossen,[452] auch wenn bestimmte Fallgruppen, wie z.B. Preisabsprachen oder Marktaufteilungen, nur sehr selten alle Voraussetzungen einer solchen erfüllen.[453]

b) Der Beispielskatalog in der Praxis. aa) Konstellationen. Alle Varianten und Untervarianten der Regelbeispiele[454] sind, ob nun direkt oder indirekt, wettbewerbswidrige Mittel der Gewinnmaximierung. Freilich hängt ihr individueller Wirkungsgrad von einer Fülle von tatsächlichen Faktoren ab. So kommen in der Praxis vor allem die in den Buchstaben a)–c) genannten Varianten vor und zwar sowohl in **horizontalen Verhältnissen**, d.h. in Vereinbarungen, Beschlüssen bzw. aufeinander abgestimmten Verhaltensweisen

---

[442] Herzlicher Dank gebührt Frau stud. jur. *Marrie Lauder* für das Verfassen der Entscheidungs- und Stichwortverzeichnisse, sowie Herrn stud. jur. *André Winsel* für die Durchsicht der Druckfahne und Frau Dipl.-Juristin Susanne Wende für die Mithilfe bei der Aktualisierung der Rechtsprechungsnachweise.

[443] Vgl. hierzu z.B. *Langen/Bunte,* Kommentar zum deutschen und europäischen Kartellrecht S. 1831 Rn. 59.

[444] Vgl. zur Wettbewerbskonzeption des EuGH *Everling* WuW 1990, 993 f.

[445] Vgl. EuGH U.v. 16.12.1975 verb. Rs. 40–48, 50, 54–56, 111, 113 und 114/73 – *Suiker Unie/Komm.* Slg. 1975, 1663.

[446] Vgl. dort Art. 101.

[447] So z.B. in Art. 53 des EWR-Abkommens.

[448] Vgl. zum Für und Wider eines Weltkartellrechts *Meessen* WuW 2000, 5–16, sowie *v. Meibom/Geiger* EuZW 2002, 261–266.

[449] Hiervon zeugt z.B. das durch die Organisation erdölexportierender Länder seit über 30 Jahren betriebene Produktions- und Preiskartell.

[450] Vgl. hierzu z.B. die Bekanntmachung der Kommission über die Definition des relevanten Marktes im Sinne des Wettbewerbsrechts der Gemeinschaft, ABl. 1997 C 372/5.

[451] Vgl. jedoch die Bekanntmachung der Kommission über Vereinbarungen von geringer Bedeutung (de minimis), ABl. 2001 C 368/13; vgl. ferner die entsprechende Bekanntmachung der EFTA-Behörde, ABl. 2003 C 67/20.

[452] Vgl. zu der Freistellung einer Beschränkung der Erzeugung Komm. E.v. 27.6.1967 – *Transocean Marine Paint Association,* ABl. 1967 Nr. 163/13.

[453] Vgl. hierzu EuG U.v. 15.7.1994, Rs. T-17/93 – *Matra Hachette* Slg. 1994, II-595 Rn. 85.

[454] Vgl. den Überblick bei *Waelbroeck/Frignani,* Concurrence, 1997, S. 555–625.

Art. 81 Abs. 1 EG 198

konkurrierender Unternehmen bzw. Unternehmensvereinigungen derselben Wirtschaftsstufe, wie in **vertikalen Verhältnissen**,[455] d. h. im Verhältnis zwischen Wirtschaftsteilnehmern, die auf verschiedenen Wirtschaftsstufen tätig sind.[456] Die Fallgruppen d) und e) hingegen sind vergleichsweise marginal.[457] Häufig erfüllen Vereinbarungen, Beschlüsse bzw. aufeinander abgestimmte Verhaltensweisen (nachfolgend: Absprachen) mehrere Regelbeispiele zugleich.[458] Bei den in den letzten beiden Jahrzehnten häufiger gewordenen großen Kartellen[459] mit entsprechender Dauer und Teilnehmerzahl[460] sind mosaikartige Konstellationen bzw. Geflechte aus Rahmenvereinbarungen und individuellen Umsetzungsmaßnahmen verbreitet,[461] wobei die Komplexität vieler Kartelle sowie die Fülle variabler Faktoren, wie z. B. die Entwicklung der Märkte und der Individualinteressen für eine Dynamik sorgen, die nicht unbedingt stabilisierend wirkt. Auch Kombinationen aus horizontalen und vertikalen Absprachen kommen, wenn auch selten, vor. Gerade im Falle solcher integrierter Kartelle sind die jeweils erfüllten Regelbeispiele nicht isoliert zu betrachten, sondern in der Regel Teil eines einzigen fortlaufenden Verstoßes.[462] So dienen z. B. Absprachen über den Austausch von Preisinformationen entweder der praktischen Durchsetzung einer Preisabsprache im Sinne des Art. 81 Abs. 1 Buchstabe a) EG, oder als Instrument für andere Wettbewerbsverstöße, wie z. B. der Verwirklichung bzw. Absicherung einer Marktaufteilung im Sinne des Art. 81 Abs. 1 Buchstabe c) EG.[463] Ebenso verhält es

---

[455] Vgl. hierzu *Kallfass* WuW 1999, 225 f.

[456] Grundlegend EuGH U. v. 13. 7. 1966 verb. Rs. 56/64 u. 58/64 – *Grundig/Komm.* Slg. 1966, 429.

[457] Ebenso z. B. *Stockmann* in: *Wiedemann*, Handbuch des Kartellrechts, S. 117.

[458] Vgl. z. B. Komm. E. v. 19. 12. 1984, *Zellstoff* – ABl. 1985 L 85/1 (im Wesentlichen aufgehoben durch EuGH U. v. 31. 3. 1993 verb. Rs. C-89/85, C-104/85, C-114/85, C-116/85, C-117/85 und C-125/85 – C-129/85 – *Ahlströhm U. A./Komm.* Slg. 1993, I-1307).

[459] Dazu zählen z. B. Komm. E. v. 30. 11. 1994 – *Zement*, ABl. 1994 L 343/1 (im Wesentlichen bestätigt, vgl. EuG U. v. 15. 3. 2000 verb. Rs. T-25/95 usw. – *Cimenteries CBR u. a./Komm.* Slg. 2000, II-491 f. sowie EuGH U. v. 7. 1. 2004 verb. Rs. C-204/00 P usw. – *Aalborg Portland* u. a., vgl. ferner Komm. E. v. 27. 7. 1994 – *PVC II*, ABl. 1994 L 239/25 (im Wesentlichen durch das EuG bestätigt, vgl. z. B. U. v. 20. 4. 1999 verb. Rs. T-305/94 bis T-335/94 – *Limburgse Vinyl Maatschappij* Slg. 1999, II-931; im Wesentlichen bestätigt durch EuGH U. v. 15. 10. 2002 Rs. C-238/99 P – *Limburgse Vinyl Maatschappij* u. a./Komm. Slg. 2002, I-8375); Komm. E. v. 19. 12. 1984 – *Zellstoff*, ABl. 1985 L 85/26 (im Wesentlichen aufgehoben durch EuGH U. v. 31. 3. 1993 verb. Rs. C-89/85, C-104/85, C-114/85, C-116/85, C-117/85 und C-125/85–C-129/85 – *Ahlström U. A./Komm.* Slg. 1993, I-1307); Komm. E. v. 2. 8. 1989, – *Betonstahlmatten*, ABl. 1989 L 260/43–44 (in 5 Fällen bestätigt, vgl. z. B. EuG U. v. 6. 4. 1995 – Rs. T-147/89 – *Société Métallurgique de Normandie* Slg. 1995, II-1057; in 6 Fällen teilweise aufgehoben, vgl. z. B. EuG U. v. 6. 4. 1995 Rs. T-145/89 – *Baustahlgewebe* Slg. 1995, II-987).

[460] Vgl. hierzu *Gimeno-Verdejo*, Commentaire TCE, Art. 81, Rn 44.

[461] Vgl. z. B. Komm. E. v. 23. 4. 1986 – *Polypropylen*, ABl. 1986 L 230/29 (in 6 Fällen Buße reduziert, vgl. z. B. EuG U. v. 17. 12. 1991 Rs. T-6/89 – *Enichem* Slg. 1991, II-1623; in 8 Fällen bestätigt, vgl. z. B. EuG U. v. 24. 10. 1991 Rs. T-1/89 – *Rhone-Poulenc* Slg. 1991, II-867, im Rechtsmittel in einem Fall teilweise aufgehoben, vgl. z. B. EuGH U. v. 8. 7. 1999 Rs. C-49/92 P – *Komm./Anic* Slg. 1999, I-4125 und in 8 Fällen bestätigt, vgl. z. B. EuGH U. v. 8. 7. 1999 Rs. C-199/92 P – *Hüls/Komm.* Slg. 1999, I-4287); Komm. E. v. 30. 11. 1994 – *Zement*, ABl. 1994 L 343/1 ff. (im Wesentlichen bestätigt durch EuG U. v. 15. 3. 2000 verb. Rs. T-25/95 usw. – *Cimenteries CBR u. a./Komm.* Slg. 2000, II-491 f.; sowie EuGH U. v. 7. 1. 2004 verb. Rs. C-204/00 P usw. – *Aalborg Portland* u. a.

[462] Vgl. z. B. Komm. E. v. 21. 10. 1998 – *Fernwärmetechnik-Kartell*, ABl. 1998 L 24/55 (bestätigt in 4 Fällen, vgl. z. B. EuG U. v. 20. 3. 2002 Rs. T-15/99 – *Brugg Rohrsystem GmbH* Slg. 2002, II-1613; teilweise aufgehoben in 4 Fällen, vgl. z. B. EuG U. v. 20. 3. 2002 Rs. T-9/99 – *HBF Holding für Fernwärmetechnik* Slg. 2002, II-1613; bestätigt durch EuGH U. v. 28. 6. 2005 verb. Rs. C-189/02 P, C-202/02 P, C-205/02 P bis C-208/02 P und C-213/02 P – *Dansk Rørindustri A/S u. a./Komm.* Slg. 2005, I-5425); Komm. E. v. 3. 5. 2006 – *Wasserstoffperoxid und Perborat*, ABl. L 353/53, 55.

[463] Vgl. Komm. E. v. 10. 10. 2001 – *Mercedes-Benz*, ABl. 2001 L 257/37 (teilweise aufgehoben, vgl. EuG U. v. 15. 9. 2005 Rs. T-325/01 – *Mercedes Benz*, Slg. 2005, II-3319); Komm. E. v. 21. 2. 2007 – *Aufzüge und Fahrtreppen*, ABl. 2008, C 75/19, 20 (Zusammenfassung).

sich z. B. bei einer Beschränkung der Produktionsmengen im Sinne der ersten Variante des Art. 81 Abs. 1 Buchstabe b) EG. Absatzbeschränkungen im Sinne der zweiten Variante des Art. 81 Abs. 1 Buchstabe b) EG sind oftmals kein Selbstzweck, sondern letztlich Mittel zum Zweck, z. B. zur Unterstützung einer Preisabsprache.[464]

bb) Rechtlicher Rahmen. In ihren jüngsten „Leitlinien zur Anwendbarkeit von Artikel 81 EG-Vertrag auf Vereinbarungen über horizontale Zusammenarbeit"[465] bewertet die Kommission nicht nur etliche Varianten horizontaler Vereinbarungen, die zu Effizienzgewinnen führen können, sondern zeigt auch auf, welche Konstellationen in der Regel unter Art. 81 Abs. 1 EG fallen.[466] Im Mittelpunkt der relevanten neueren Sekundärgesetzgebung steht die Verordnung 1/2003,[467] wohingegen die zahlreichen **Gruppenfreistellungsverordnungen** (GVO; vgl. nachfolgend Kapitel C) im Falle der Regelbeispiele naturgemäß kaum zur Anwendung kommen, selbst wenn eine Freistellung auch insoweit nicht ipso jure ausgeschlossen ist, und zwar am ehesten im Bereich einer Einschränkung bzw. Kontrolle der technischen Entwicklung im Sinne des Art. 81 Abs. 1 Buchstabe b) EG. Zu den neueren sektorenübergreifenden GVOen[468] zählt die bestimmte Kategorien von Vertikalvereinbarungen betreffende GVO Nr. 2790/1999.[469] Sie ersetzt die bisherigen GVOen für Alleinvertriebs-[470] und Alleinbezugsvereinbarungen[471] sowie Franchise-Vereinbarungen[472] und wird in den Kommissions-Leitlinien für vertikale Beschränkungen"[473] näher erläutert.[474] Ebenfalls jüngeren Datums sind die GVOen für Technologietransfer-Vereinbarungen,[475] Spezialisierungsvereinbarungen[476] und Vereinbarungen über Forschung und Entwicklung.[477] Ferner existieren eine Vielzahl sektorenspezifischer GVOen, z. B. hinsichtlich des Kraftfahrzeugs-,[478] Versiche-

---

[464] Vgl. Komm. E. v. 13. 7. 1994 – *Karton*, ABl. 1994 L 243/42 (in 5 Fällen bestätigt, vgl. z. B. EuG U. v. 14. 5. 1998 Rs. T-295/94 – *Buchmann* Slg. 1998, II-813; in 11 Fällen teilweise aufgehoben, vgl. z. B. EuG U. v. 14. 5. 1998 Rs. T-304/94 – *Europa Carton* Slg. 1998, II-869 und in einem Fall aufgehoben, EuG U. v. 14. 5. 1998 Rs. T-337/94 – *Enso-Gutzeit* Slg. 1998, II-1571; in 5 Fällen bestätigt, vgl. z. B. EuGH U. v. 16. 11. 2000 Rs. C-283/98 P – *Mo och Domsjö* Slg. 2000, I-9855; in 5 Fällen teilweise aufgehoben, vgl. z. B. EuGH U. v. 16. 11. 2000 Rs. C-291/98 P – *Sarrió* Slg. 2000, I-9991) vgl. ferner Komm. E. v. 2. 8. 1989 – *Betonstahlmatten*, ABl. 1989 L 260/34 (in 5 Fällen bestätigt, vgl. z. B. EuG U. v. 6. 4. 1995 Rs. T-147/89 – *Société Métallurgique de Normandie* Slg. 1995, II-1057; in 6 Fällen teilweise aufgehoben, vgl. z. B. EuG U. v. 6. 4. 1995 Rs. T-145/89 – *Baustahlgewebe* Slg. 1995, II-987).

[465] Vgl. ABl. 2001 C 3/2 f. Sie tritt an die Stelle der bisherigen Bekanntmachung über die von Art. 81 EGV nicht erfassten Arten von Kooperationsvereinbarungen (vgl. ABl. 1968 C 75/3), sowie die Leitlinien für die Bewertung kooperativer Gemeinschaftsunternehmen (vgl. ABl. 1993 C 43/2).

[466] Die EFTA-Überwachungsbehörde hat für Art. 53 EWR-Abkommen ebenfalls Leitlinien erlassen, vgl. ABl. 2002 C 266/1 f.

[467] Verordnung 1/2003 des Rates vom 16. 12. 2002 zur Durchführung der in den Artikeln 81 und 82 des Vertrages niedergelegten Wettbewerbsregeln, ABl. 2003 L1/1 f., die ab 1. Mai 2004 an die Stelle der Verordnung Nr. 17 vom 6. 2. 1962 tritt; vgl. hierzu *Weitbrecht* EuZW 2003, 69–73.

[468] Vgl. *Weitbrecht* EuZW 2002, 581 f.

[469] Vgl. ABl. 1999 L 336/21; vgl. hierzu *Darázs* EuZW 2003, 138 f.

[470] Vgl. Verordnung (EWG) Nr. 1983/83 v. 22. 6. 1983, ABl. L 173/1.

[471] Vgl. Verordnung (EWG) Nr. 1984/83 v. 22. 6. 1983, ABl. L 173/5.

[472] Vgl. Verordnung (EWG) Nr. 4087/88 v. 30. 11. 1988, ABl. L 359/46.

[473] Vgl. hierzu *Stopper* EuZW 2001, 426 f.

[474] Vgl. hierzu *Schulte/Geiger* EuZW 2000, 396–404.

[475] Vgl. Verordnung (EG) Nr. 772/2004 der Kommission, ABl. 2004 L 123/11 sowie die Kommissions-"Leitlinien zur Anwendung von Art. 81 EG-Vertrag auf Technologietransfer-Vereinbarungen", ABl. 2004 C 101/2.

[476] Vgl. Verordnung (EG) Nr. 2658/2000 der Kommission, ABl. 2000 L 304/3.

[477] Vgl. Verordnung (EG) Nr. 2659/2000 der Kommission, ABl. 2000 L 304/7.

[478] Vgl. Verordnung (EG) Nr. 1400/2002 der Kommission, ABl. 2002 L 203/30; vgl. hierzu *Pfeffer* NJW 2002, 2910 f., sowie *Ensthaler* WuW 2002, 1042 f.

rungs-,[479] Seeverkehrs-,[480] und Luftverkehrssektors,[481] sowie sektorenspezifische Kommissions-Leitlinien, z. B. im Bereich der Telekommunikation.[482]

200 Befindet sich die übergeordnete Wirtschaftsstufe in einer marktbeherrschenden Stellung, so verstößt ein Missbrauch derselben ggf. gegen **Art. 82 EG,** der im Gegensatz zu Art. 81 EG entsprechende autonome Praktiken sanktioniert (vgl. hierzu unten zu Art. 82 EG), wobei Unternehmen in manchen Fällen gegen beide Vorschriften zugleich verstoßen.[483]

201 cc) **Praxis von Kommission und Gerichten.** Auch im Falle der Regelbeispiele liegen die eigentlichen Herausforderungen regelmäßig im Bereich der **Tatsachen- bzw. Beweislage.** Ob die zunehmend an die Stelle des Austauschs von schriftlichen Unterlagen tretende Kommunikation per Internet der Kommission bzw. jeweiligen nationalen Wettbewerbsbehörde[484] die Beweisführung in Zukunft erschweren wird, bleibt abzuwarten, ist jedoch keineswegs ausgeschlossen. Bis dato jedenfalls illustrieren viele Kartelle, dass ihre Teilnehmer nach wie vor dazu neigen, brisante Dinge schriftlich festzuhalten und sodann zu archivieren Jüngst bewertete die Kommission allerdings die Verwendung privater Email-Adressen und verschlüsselter Nachrichten als „besonders große Verdeckungsanstrengung" der beteiligten Unternehmen[485].

202 Es ist ebenso erfreulich wie rechtlich opportun, dass die Kommission ihre Kartellentscheidungen[486] insgesamt ausführlicher begründet als früher, auch wenn sie dabei nicht immer angibt, ob und ggf. welche Regelbeispiele im einzelnen Fall erfüllt sind. Hier wäre ein systematischere Praxis wünschenswert.

203 In rechtlicher Hinsicht erstreckt die Kommission ihre an der Finalität der Wettbewerbsvorschriften ausgerichtete **weite Auslegung** der Tatbestandsmerkmale des Art. 81 Abs. 1 EG auch und vor allem auf die Regelbeispiele, die auch die Sichtweise der Gemeinschaftsgerichte[487] widerspiegelt. Die **rechtlichen Probleme** liegen ggf. eher im Bereich der übrigen Tatbestandsvoraussetzungen des Artikels 81 Abs. 1 EG bzw. dem Ablauf des Verwaltungsverfahrens,[488] der Wahrung bestimmter Verfahrensgarantien,[489] wie z. B. dem

---

[479] Vgl. Verordnung Nr. 1534/91 des Rates, ABl. 1991 L 143/1 sowie Verordnung Nr. 358/2003 der Kommission, ABl. 2003 L 53/8–16.

[480] Vgl. z. B. die Verordnung der Kommission Nr. 823/2000, ABl. 2000 L 100/24; geändert durch Verordnung der Kommission Nr. 463/2004, ABl. 2004 L 77/23; vgl. ferner die Verordnung des Rates Nr. 479/92, ABl. 1992 L 55/3.

[481] Vgl. die Verordnungen des Rates Nr. 3975/87, ABl. 1987 L 374/1; Nr. 3976/87, ABl. 1987 L 374/9, sowie die Verordnung der Kommission Nr. 1617/93, ABl. L 155/18, jeweils mehrfach geändert.

[482] Vgl. ABl. 1991 C 233/2; vgl. zu Wettbewerbsbeschränkungen beim Energievertrieb *Köhler* WuW 1999, 445–459.

[483] Vgl. z. B. Komm. E. v. 16. 9. 1998 – *Trans-Atlantic Conference Agreement (TACA),* ABl. 1999 L 95/69 (teilweise aufgehoben durch EuG U. v. 30. 9. 2003 Rs. T-191/98 und T-212/98 bis T-214/98 – *Atlantic Container Line AB u. a./Komm.* Slg. 2003, II-3275).

[484] Vgl. hierzu die neue Kartellverfahrensverordnung Nr. 1/2003, ABl. 2003 L 1/1–25.

[485] Komm. E. v. 24. 1. 2007 – Gasisolierte Schaltanlagen, ABl. 2007 C 5/7, 8.

[486] Die Webseite der Generaldirektion Wettbewerb enthält auch eine Liste der aktuellen, im Amtsblatt veröffentlichten wettbewerbsrechtlichen Entscheidungen, Rechtsakte usw. (http://www.europa.eu.int/comm/competition/index_de.html).

[487] Die Webseite der Gemeinschaftsgerichte ermöglicht den Zugriff auf alle in den letzten Jahren verkündeten Wettbewerbsurteile (http://www.curia.eu.int), wohingegen die amtliche Sammlung nicht auf dem neuesten Stand ist.

[488] Vgl. z. B. Komm. E. v. 21. 12. 1988 – *PVC I,* ABl. 1989 L 74/1 (aufgehoben durch EuG U. v. 27. 2. 1992 Rs. T-79/89 u. a. – *PVC I* Slg. 1992, II-315; sowie EuGH U. v. 15. 7. 1994 Rs. C-137/92 P – *PVC I* Slg. 1994, I-255).

[489] Vgl. z. B. EuG U. v. 29. 6. 1995 Rs. T-30/91 – *Solvay/Komm.* Slg. 1995, II-1775; EuG U. v. 29. 6. 1995 Rs. T-31/91 – *Solvay/Komm.* Slg. 1995, II-1821, sowie EuG U. v. 29. 6. 1995, T-36/91

Art. 81 Abs. 1 EG: Verbotsnorm 204 **Art. 81 Abs. 1 EG**

rechtlichen Gehör, sowie in zunehmendem Maße auch der Grundlage bzw. Höhe der verhängten Bußen.[490] Hinsichtlich der für die Bemessung der Buße relevanten Schwere der Verstöße unterscheidet die Kommission zwischen minder schweren, schweren und besonders schweren Verstößen.[491] So gelten *alle* in a) bis c) genannten Regelbeispiele grundsätzlich als schwere[492] bzw. besonders schwere Zuwiderhandlungen[493] (sog. „Hardcore"-Kartelle[494]), weil sie „gegen die Grundlagen der Gemeinschaft"[495] gerichtet sind. Dies schlägt sich nicht zuletzt in einer strenger gewordenen Bußgeldpraxis[496] der Kommission[497] nieder.[498]

2. Buchstabe a): Festsetzung von Preisen und sonstigen Geschäftsbedingungen

a) Preise. aa) Allgemeines. Art. 81 Abs. 1 Buchstabe a) EG schützt die **Preisbil-** 204 **dungsfreiheit,** d. h. das Recht eines jeden Herstellers, Großhändlers, Weiterverkäufers usw. An- bzw. Verkaufspreise und sonstige Geschäftsbedingungen gegenüber seinen Handelspartnern nach eigenem Gutdünken zu bestimmen. Nicht umsonst steht diese Fallgruppe an erster Stelle, denn spätestens seit dem Ende der Tauschwirtschaft (Absprachen über die Bedingungen in Tauschverträgen dürften ggf. unter „sonstige Geschäftsbedingungen" fallen) enthalten nahezu alle synallagmatischen Schuldverhältnisse, allen voran die Kauf- und Lieferungsverträge, eine als Geldbetrag ausgedrückte Leistungspflicht, einerlei ob sie als „Preis", „Tarif", „Entgelt", „Gebühr", „Kosten", usw. bezeichnet wird. Dementsprechend gilt der Preiswettbewerb als das „wesentlichste Wettbewerbsmittel"[499] bzw. das „Hauptwettbewerbsinstrument"[500] – was nicht zuletzt angesichts der Preisunterschiede in der Ge-

---

und T-37/91 – *Imperial/Komm.* Slg. 1995, II-1847. Zwischenzeitlich hat die Kommission diese Entscheidungen neu erlassen.

[490] Vgl. z. B. EuG U. v. 14. 7. 1994 Rs. T-77/92, *Parker Pen/Komm.* Slg. 1994, II-583.

[491] Vgl. die Definition in den Leitlinien der Kommission für das Verfahren zur Festsetzung von Geldbußen, ABl. 1998 C 9/3; vgl. hierzu *Hellmann* WuW 2002, 944–953.

[492] Vgl. z. B. Komm. E. v. 5. 7. 2000, *Nathan-Bricolux,* ABl. 2001 L 54/17.

[493] Vgl. z. B. Komm. E. v. 7. 6. 2000 – *Aminosäuren,* ABl. 2000 L 152/49 (bestätigt in einem Fall, vgl. EuG U. v. 9. 7. 2003 Rs. T-223/00 – *Kyowa Hakko Kogyo/Komm.,* Buße reduziert in 3 Fällen, vgl. z. B. EuG U. v. 9. 7. 2003, T-220/00 – *Cheil Jedang/Komm.* Slg. 2003, II-2473; Komm. E. v. 9. 12. 1998 – *Griechische Fährschiffe,* ABl. 1999 L 109/45 (bestätigt in 3 Fällen, vgl. z. B. EuG U. v. 11. 12. 2003 Rs. T-66/99 – *Minoan Lines/Komm.,* Buße reduziert in 2 Fällen, vgl. z. B. EuG U. v. 11. 12. 2003 Rs. T-59/99 – *Ventouris/Komm.* Slg. 2003, II-5257).

[494] Vgl. hierzu die Empfehlung des Rates der OECD vom März 1998 über effektive Maßnahmen zur Bekämpfung von „Hardcore"-Kartellen.

[495] Vgl. z. B. Komm. E. v. 6. 8. 1984, *Zinc Producer Group,* ABl. 1984 L 220/43.

[496] Vgl. hierzu *Hellmann* WuW 1999, 333 f., *ders.* WuW 2002, 944 f., sowie *Weitbrecht* EuZW 2002, 587.

[497] Vgl. die neuen Leitlinien für das Verfahren zur Festsetzung von Geldbußen ABl. 1998 C 9/3; vgl. ferner hierzu *Arhold* EuZW, 1999, 165 f.

[498] Für den EWR-Raum gelten die Leitlinien für die Festsetzung von Geldbußen nach Maßgabe der EWR-Wettbewerbsregeln, ABl. 2003 C 10/16 f., sowie die Mitteilung über den Erlass und die Ermäßigung von Geldbußen in Kartellsachen, ABl. 2003 C 10/13 f.

[499] Vgl. z. B. Komm. E. v. 22. 12. 1972 – *Cimbel,* ABl. 1972 L 303/32.

[500] Vgl. Komm. E. v. 21. 10. 1998 – *Fernwärmetechnik-Kartell,* ABl. 1999 L 24/54 (bestätigt in 4 Fällen, vgl. z. B. EuG U. v. 20. 3. 2002 Rs. T-15/99 – *Brugg Rohrsystem GmbH* Slg. 2002, II-1613; teilweise aufgehoben in 4 Fällen, vgl. z. B. EuG U. v. 20. 3. 2002 Rs. T-9/99 – *HBF Holding für Fernwärmetechnik* Slg. 2002, II-1613; bestätigt durch EuGH U. v. 28. 6. 2005 verb. Rs. C-189/02 P, C-202/02 P, C-205/02 P bis C-208/02 P und C-213/02 P – *Dansk Rørindustri A/S u. a./Komm.* Slg. 2005, I-5425); Komm. E. v. 22. 11. 2001 – *Vitamine,* ABl. 2003 L 6/1 (aufgehoben in zwei Fällen, vgl. EuG U. v. 6. 10. 2001, Rs. T-22/02 und T-23/02 – *Sumitomo u. Sumika/Komm.* Slg. 2005, II-4065; Buße reduziert in zwei Fällen, vgl. z. B. EuG U. v. 15. 3. 2006, Rs. T 15/02 – *BASF/Komm.* Slg. 2006, II-497).

meinschaft[501] bis auf weiteres so bleiben dürfte. Der Gerichtshof bringt dies wie folgt auf den Punkt: „Der Preiswettbewerb soll die Preise auf einem möglichst niedrigen Niveau halten und den Warenverkehr zwischen den Mitgliedstaaten erleichtern, um so eine optimale, an der Produktivität und dem Anpassungsvermögen der Unternehmen ausgerichtete Arbeitsteilung zu ermöglichen."[502]

205 Dies schließt nicht aus, dass das individuelle Gewicht des Preiswettbewerbs in der Praxis von den Umständen des jeweiligen Einzelfalles abhängt, z. B. der jeweiligen Marktstruktur und der Existenz anderer Wettbewerbsfaktoren, wie die Homogenität[503] bzw. Qualität des jeweiligen Produkts bzw. der Dienstleistung, der Absatzbedingungen, des Kundendienstes,[504] usw. Zudem unterliegen Preisabsprachen in ganz besonderem Maße dem latenten Spannungsverhältnis zwischen Kartellkonsens und den sich ggf. wandelnden Individualinteressen der teilnehmenden Unternehmen, weshalb in der Praxis ein dynamischer Verlauf die Regel, starre Schemata hingegen die Ausnahme sind.

206 Vereinbarungen über Preisfestsetzungen sind regelmäßig ein Selbstzweck und fallen dann eindeutig unter Art. 81 Abs. 1 Buchstabe a) EG. Sie zielen oftmals darauf ab, einen z. B. durch Überkapazitäten verursachten Rückgang der Preise auszugleichen[505] oder schlicht eine Erhöhung derselben durchzusetzen, um die Gewinnspanne zu steigern oder zumindest zu wahren. Preisabsprachen können aber auch der Durchführung bzw. Absicherung anderer Formen der Wettbewerbsbeschränkung dienen, wie z. B. Marktaufteilungen im Sinne des Art. 81 Abs. 1 Buchstabe c) EG,[506] und sind dann in erster Linie auf die Wahrung bzw. Steigerung des Umsatzes ausgerichtet.

Art. 81 Abs. 1 Buchstabe a) EG erfasst hingegen nicht die *Angemessenheit* der Preise. Sie wird durch **Art. 82 Abs. 1 Buchstabe a) EG** vor bestimmten autonomen Praktiken geschützt.

207 In der Praxis spielen vor allem die **Verkaufspreise**[507] bzw. die im Rahmen eines Verkaufs definierten sonstigen Geschäftsbedingungen eine Rolle. Demgegenüber sind Vereinbarungen, Beschlüsse bzw. abgestimmte Verhaltensweisen über die in Art. 81 Buchstabe a) EG – wohl nur aus sprachlichen Gründen – an erster Stelle genannten **Ankaufspreise** eher selten. In vertikalen Verhältnissen kommen sie so gut wie nie vor. Für die Kommission sowie die Gemeinschaftsgerichte sind Festsetzungen von Preisen *per se* Einschränkungen des Wettbewerbs im Sinne des Artikels 81 Abs. 1 EG[508] und zwar auch dann, wenn sie nur Teile des jeweiligen Preises betreffen.[509] Preisabsprachen bilden in aller Regel einen schweren Wettbewerbsverstoß, insbesondere wenn sie den gesamten jeweiligen Sektor erfassen. Daher kommen insoweit praktisch keine Freistellungen vor, und zwar insbesondere nicht

---

[501] Vgl. 6. WB, Kapitel I, Abschnitt 4; vgl. ferner *Ritter/Rawlinson/Braun*, S. 142.
[502] Vgl. EuGH U. v. 14. 7. 1972 Rs. 48/69 – *ICI/Komm*. Slg. 1972, 663.
[503] Vgl. z. B. Komm. E. v. 11. 12. 2001 – *Zinkphosphat*, ABl. 2003 L 153/22 (bestätigt in zwei Fällen, vgl. z. B. EuG U. v. 29. 11. 2005 Rs. T-33/02 – *Britannia Alloys/Komm*. Slg. 2005, II-4973; bestätigt durch EuGH U. v. 7. 6. 2007 Rs. C-76/06P – *Britannia Alloys/Komm*. Slg. 2007, I-4405).
[504] Vgl. hierzu EuGH U. v. 25. 10. 1977 – *Metro I* Slg. 1977, 1875, 1905 Rn. 20–21; vgl. ferner EuGH U. v. 22. 10. 1986 Rs. 75/84 – *Metro II/Komm*. Slg. 1986, 3021; vgl. ferner EuGH U. v. 13. 1. 1994 Rs. C-376/92 – *Metro/Cartier* Slg. 1994, I-15.
[505] Vgl. z. B. Komm. E. v. 30. 6. 1992 – *Scottish Salmon Board* ABl. 1992 L 246/43.
[506] Vgl. z. B. Komm. E. v. 10. 10. 2001 – *Mercedes-Benz*, ABl. 2001 L 257/29, 37 (teilweise aufgehoben, vgl. EuG U. v. 15. 9. 2005 Rs. T-325/01 – *Mercedes Benz*, Slg. 2005, II-3319).
[507] Vgl. z. B. Komm. E. v. 15. 9. 1999 – *Reims II*, ABl. 1999 L 275/25; vgl. hierzu ferner die Bekanntmachung „Reims II" in ABl. 2004 C 94/3.
[508] Vgl. z. B. Komm. E. v. 18. 7. 2001 – *Graphitelektroden*, ABl. 2002 L 100/27 (im Wesentlichen bestätigt in 7 Fällen, vgl. z. B. EuG U. v. 29. 4. 2004 Rs. T-236/01 – *Tokai Carbon u. a./Komm*. Slg. 2004, II-1181).
[509] Vgl. Komm. 22. WB 1992, Rn. 177–186 – *VOTOB* (Umweltabgabe); sowie Komm. E. v. 30. 10. 1996, *Fährdienstbetreiber – Währungsaufschläge*, ABl. 1997 L 26/23f.

bei entsprechenden horizontalen Vereinbarungen, Beschlüssen bzw. abgestimmten Verhaltensweisen.[510] Bisher sind nur einige wenige, in spezifischen Sektoren, wie z. B. den Banken[511] (vgl. unten Rn. 210) oder dem Postsektor[512] getroffene Preisabsprachen freigestellt worden.

bb) Horizontale Preisabsprachen. (1) Begriff. Hierunter versteht man jede unmittelbare bzw. mittelbare Einschränkung der autonomen Preisbestimmung zwischen Konkurrenten der gleichen Wirtschaftsstufe, die dazu führt, dass die Beteiligten beim Kauf bzw. Absatz ihrer Waren oder Dienstleistungen, inklusive Nebenprodukte[513] bzw. -leistungen, ihre Preise nicht frei bestimmen können. In der Praxis unterscheidet man die unmittelbare (vgl. (2) und die mittelbare Festsetzung von Preisen (vgl. (3), die jeweils in den verschiedensten Varianten vorkommen. Für die Gemeinschaftsgerichte sind derartige horizontale Vereinbarungen, Beschlüsse bzw. aufeinander abgestimmte Verhaltensweisen „ihrer Natur nach" Wettbewerbsbeschränkungen.[514] Sie lassen sich daher weder durch Hinweise auf „Dumping"-Praktiken anderer Unternehmen,[515] bzw. angeblich „ruinösen Wettbewerb",[516] stark angestiegene Rohstoffpreise,[517] noch durch „unlautere Handelspraktiken" anderer Unternehmen[518] oder Überkapazitäten[519] rechtfertigen. 208

(2) Unmittelbare Festsetzung von Preisen. (a) Feste Preise. Die vielleicht genuinste, wenn auch gewiss seltene Variante besteht in der Einigung, eine bis dato *kostenlose* Dienstleistung (bei Waren kommt dieser Fall praktisch nicht vor) künftig nur noch gegen ein abgesprochenes Entgelt anzubieten.[520] Eine ungleich häufigere Form der Preisabsprache ist die Festsetzung einheitlicher **Verkaufspreise** durch die Hersteller von **Waren**,[521] sei es hinsichtlich der **Brutto-** bzw. **Listenpreise,**[522] oder der **Nettopreise.** Ab- 209

---

[510] Vgl. 24. WB, Teil 2, I B, 2 Rn. 143.
[511] Vgl. Komm. E. v. 10. 12. 1984 – *einheitliche Eurocheques*, ABl. 1985 L 35/43, 49; Komm. E. v. 11. 12. 1986 – *Belgische Banken*, ABl. 1987 L 7/32; Komm. E. v. 12. 12. 1986 – *ABI*, ABl. 1987 L 43/57.
[512] Vgl. Komm. E. v. 15. 9. 1999 – *Reims II*, ABl. 1999 L 275/30.
[513] Vgl. Komm. E. v. 10. 7. 1986 – *Dach- und Dichtungsbahnen*, ABl. 1986 L 232/23 (bestätigt durch EuGH U. v. 11. 7. 1989 – *Belasco u. a./Komm.* Slg. 1989, 2117, 2188 Rn. 26).
[514] Vgl. EuGH U. v. 30. 1. 1985 Rs. 123/83 – *BNIC/Clair* Slg. 1985, 391, 423.
[515] Vgl. z. B. Komm. E. v. 26. 11. 1986 – *MELDOC*, ABl. 1986 L 348/61–62; Komm. E. v. 19. 12. 1984 – *Aluminiumeinfuhren aus Osteuropa*, ABl. 1985 L 92/44).
[516] Vgl. z. B. Komm. E. v. 5. 2. 1992 – *Niederländische Bauwirtschaft*, ABl. 1992 L 92/20 (bestätigt durch EuG U. v. 21. 2. 1995 Rs. T-29/92 – *SPO u. a./Komm.* Slg. 1995, II-289, 341 Rn. 146).
[517] Vgl. Komm. E. v. 27. 7. 1994 – *PVC II*, ABl. 1994 L 239/26 (im Wesentlichen durch das EuG bestätigt, vgl. z. B. U. v. 20. 4. 1999 verb. Rs. T-305/94 bis T-335/94 – *Limburgse Vinyl Maatschappij* Slg. 1999, II-931; im Wesentlichen bestätigt durch EuGH U. v. 15. 10. 2002 Rs. C-238/99 P – *Limburgse Vinyl Maatschappij* u. a./Komm. Slg. 2002, I-8375).
[518] Vgl. EuGH U. v. 17. 1. 1984 Rs. 4, 63/82 – *VBVB und VBBB/Komm.* Slg. 1984, 19, 63.
[519] Vgl. Komm. E. v. 23. 4. 1986 – *Polypropylen*, ABl. 1986 L 230/29 (bestätigt in 8 Fällen, vgl. z. B. EuG U. v. 24. 10. 1991 Rs. T-3/89 – *Atochem SA/Komm.* Slg. 1991, II-1177); Buße reduziert in 6 Fällen, vgl. z. B. EuG U. v. 24. 10. 1991 Rs. T-2/89 – *Petrofina/Komm.* Slg. 1991, II-1097; im Rechtsmittel in einem Fall teilweise aufgehoben, vgl. z. B. EuGH U. v. 8. 7. 1999 Rs. C-49/92 P – *Kommission/Anic* Slg. 1999, I-4125 und in 8 Fällen bestätigt, vgl. z. B. EuGH U. v. 8. 7. 1999 Rs. C-199/92 P – *Hüls/Komm.* Slg. 1999, I-4287).
[520] Vgl. z. B. Komm. E. v. 25. 3. 1992 – *Eurocheque: Helsinki-Vereinbarung*, ABl. 1992 L 95/59 (in diesem Punkt bestätigt durch EuG U. v. 23. 2. 1994 verb. Rs. T-39/92, und T-40/92 – *CB und Europay/Komm.* Slg. 1994, II-83).
[521] Vgl. z. B. Komm. E. v. 26. 1. 1972 – *Nederlandse Cement-Handelsmaatschappij*, ABl. 1972 L 22/22; Komm. E. v. 22. 12. 1972 – *Cimbel*, ABl. 1972 L 303/32; Komm. E. v. 22. 12. 1972 – *G. I. S. A.*, ABl. 1972 L 303/48; Komm. E. v. 29. 11. 1974 – *Französisch-japanische Absprache über Kugellager*, ABl. 1974 L 343/24 (vgl. hierzu die Bekanntmachung der Kommission über Einfuhren aus Japan in die EU, ABl. C 111/13 v. 21. 10. 1972); Komm. E. v. 28. 9. 1981 – *italienisches Flachglas*, ABl. 1981 L 326/39; Komm. E. v. 19. 12. 1984 – *Zellstoff*, ABl. 1985 L 85/14 (im Wesentlichen aufgehoben

Art. 81 Abs. 1 EG 210

sprachen über feste Preise sind besonders wettbewerbswidrig, wenn sie innerhalb eines Oligopols erfolgen und/oder im jeweiligen Sektor praktisch kaum Wettbewerb unter anderen Gesichtspunkten, z. B. der Qualität der Erzeugnisse oder der Dienstleistungen, besteht.[523] Ein Verstoß gegen Art. 81 Abs. 1 Buchstabe a) EG liegt auch dann vor, wenn nur ein Teil des jeweiligen Verkaufspreises festgesetzt wird, z. B. in Gestalt pauschaler bzw. einheitlicher Preiszuschläge, die die individuelle Situation jedes Teilnehmers nicht berücksichtigen.[524]

210   Absprachen über feste Preise kommen ferner in den verschiedensten **Dienstleistungsbereichen** vor, so z. B. im **Banksektor,** über Konditionen und Gebühren,[525] in Gestalt von einheitlichen Bestimmungen im Zusammenhang mit internationalen Zahlungskarten,[526] von Provisionen für Schecks,[527] oder Bankgebühren für Devisenumtausch,[528] wo jedoch auch, ggf. unter Auflagen,[529] Freistellungen möglich sind,[530] sowie in der **Versicherungsbranche** (vgl. hierzu nachfolgend (d). Bestimmte Dienstleistungssektoren haben sich in den letzten Jahren als besonders gefährdet erwiesen, wie z. B. der **Seeverkehr,**[531] mit Preisabsprachen bei den Fährdienstleistungen,[532] den Tarifen und Frachtraten für den See-

---

durch EuGH U. v. 31. 3. 1993 verb. Rs. C-89/85, C-104/85, C-114/85, C-116/85, C-117/85 und C-125/85–C-129/85 – *Ahlströhm U. A./Komm.* Slg. 1993, I-1307); Komm. E. v. 10. 7. 1986 – *Dach- und Dichtungsbahnen,* ABl. 1986 L 232/23 (bestätigt durch EuGH U. v. 11. 7. 1989, C-246/86 – *Belasco u. a./Komm.* Slg. 1989, 2117ff.); Komm. E. v. 2. 8. 1989 – *Betonstahlmatten,* ABl. 1989 L 260/34 (in 5 Fällen bestätigt, vgl. z. B. EuG U. v. 6. 4. 1995 Rs. T-147/89– *Société Métallurgique de Normandie* Slg. 1995, II-1057; in 6 Fällen teilweise aufgehoben, vgl. z. B. EuG U. v. 6. 4. 1995 Rs. T-145/89 – *Baustahlgewebe* Slg. 1995, II-987).
[522] Vgl. Komm. E. v. 5. 9. 1979 – *BP Kemi – DDSF,* ABl. 1979 L 286/45.
[523] Vgl. z. B. Komm. E. v. 16. 7. 1969 – *Internationales Chininkartell,* ABl. 1969 L 192/14 (Buße reduziert durch EuGH U. v. 15. 7. 1970 Rs. 41/69 – *ACF Chemiefarma/Komm.* Slg. 1970, 661; EuGH U. v. 15. 7. 1970 Rs. 44/69 – *Buchler/Komm.* Slg. 1970, 689f. sowie EuGH U. v. 15. 7. 1970 Rs. 45/69 – *Boehringer/Komm.* Slg. 1970, S. 769f.); Komm. E. v. 7. 12. 1988 – *Flachglas,* ABl. 1989 L 33/62 (Buße reduziert durch EuG U. v. 10. 3. 1992 verb. Rs. T-68, 77, 78/89 – *Flachglas* Slg. 1992, II-415).
[524] Vgl. z. B. Komm. E. v. 5. 2. 1992 – *Niederländische Bauwirtschaft,* ABl. 1992 L 92/18 (bestätigt durch EuG U. v. 21. 2. 1995 Rs. T-29/92 – *SPO u. a./Komm.* Slg. 1995, II-289, 341 Rn. 146).
[525] Vgl. z. B. Komm. E. v. 11. 6. 2002 – *Österreichische Banken,* ABl. 2004 L 56/55 f (Buße verringert in einem Fall, vgl. EuG U. v. 14. 12. 2006 verbundene Rs. T-259/02–264/02 u. T-271/02 – *Raiffeisen Zentralbank Österreich u. a./Komm.* Slg. 2006, II-5169).
[526] Vgl. hierzu die Mitteilung der Komm. gemäß Art. 19 Abs. 3 VO 17 in Sachen *Maestro und Europay,* ABl. 2002 C 89/7.
[527] Vgl. z. B. Komm. E. v. 25. 3. 1992 – *Eurocheque: Helsinki-Vereinbarung,* ABl. 1992 L 95/59 (teilweise aufgehoben durch EuG U. v. 23. 2. 1994 verb. Rs. T-39/92 und T-40/92 – *Groupement des Cartes Bancaires „CB" U. A./Komm.* Slg. 1994, II-49; vgl. ferner EuG U. v. 14. 7. 1995, T-275/94 – *Groupement des Cartes bancaires „CB"/Komm.* Slg. 1995, II-2169f.).
[528] Vgl. z. B. Komm. E. v. 11. 12. 2001 – *Bankgebühren,* ABl. 2003 L 15/24f. per Versäumnisurteil aufgehoben, EuG U. v. 14. 10. 2004 Rs. T-44/02 – *Dresdner Bank/Komm.;* EuG U. v. 14. 10. 2004, Rs. T-54/02 – *Vereins- und Westbank/Komm.;* EuG U. v. 14. 10. 2004 Rs. T-56/02 – *Bayrische Hypo- und Vereinbank/Komm.;* EuG U. v. 14. 10. 2004 Rs. T-60/02 – *Deutsche Verkehrsbank/Komm.;* EuG U. v. 14. 10. 2004 Rs. T-61/02 – *Commerzbank/Komm.* Slg. 2006, II-3567.
[529] Vgl. z. B. Komm. E. v. 24. 7. 2002 – *Visa International,* ABl. 2002 L 318/17.
[530] Vgl. z. B. Komm. E. v. 11. 12. 1986 – *Association Belge des Banques,* ABl. 1987 L 7/35; Komm. E. v. 12. 12. 1986 – *ABI,* ABl. 1987 L 43/61.
[531] Vgl. hierzu auch die VO Nr. 4056/96 des Rates v. 22. 12. 1986 über die Einzelheiten der Anwendung der Art. 85 und 86 des Vertrages auf den Seeverkehr; ABl. 1986 L 378/4.
[532] Vgl. Komm. E. v. 9. 12. 1998 – *Griechische Fährschiffe,* ABl. 1999 L 109/45 (bestätigt in 3 Fällen, vgl. z. B. EuG U. v. 11. 12. 2003 Rs. T-66/99 – *Minoan Lines/Komm.* Slg. 2003, II-5515, Buße reduziert in 2 Fällen, vgl. z. B. EuG U. v. 11. 12. 2003 Rs. T-59/99 – *Ventouris/Komm.* Slg. 2003, II-5257).

transport,⁵³³ den Preisen für den Landtransportdienst,⁵³⁴ usw.⁵³⁵ Insbesondere die Absprachen über Frachtraten zählen für die Kommission zu den besonders schwerwiegenden Wettbewerbsbeschränkungen.⁵³⁶

Ob und ggf. inwieweit vergleichsweise „junge" Sektoren, wie z. B. Telekommunikation, Energie⁵³⁷ und Flughäfen kartellanfällig sind, wird sich zeigen.

Vereinbarungen, Beschlüsse bzw. abgestimmte Verhaltensweisen über Preise sind oft auf längere Zeit angelegt, mehrere Monate sind die Ausnahme,⁵³⁸ mehrere Jahre die Regel,⁵³⁹ über ein Jahrzehnt nicht selten.⁵⁴⁰ Dementsprechend müssen die Kartellbeteiligten auch Umfang und Zeitpunkt der jeweiligen **Preisänderungen** untereinander abstimmen.⁵⁴¹ Preisänderungen bestehen in aller Regel aus Preis*erhöhungen*,⁵⁴² ggf. nebst Abstimmung des

211

---

⁵³³ Vgl. Komm. E. v. 19. 10. 1994 – *Trans Atlantic Agreement*, ABl. 1994 L 376/1, 29 (teilweise aufgehoben durch EuG U. v. 28. 2. 2002 Rs. T-395/94 – *Atlantic Container/Komm.* Slg. 2002, II-875); Komm. E. v. 16. 9. 1998 – *Trans-Atlantic Conference Agreement (TACA)*, ABl. 1999 L 95/69 (teilweise aufgehoben durch EuG U. v. 30. 9. 2003 Rs. T-191/98 und T-212/98 bis T-214/98 – *Atlantic Container Line AB u. a./Komm.* Slg. 2003, II-3275), vgl. hierzu auch die Freistellungs-Entscheidung Komm. E. v. 14. 11. 2002 – *TACA-Neufassung*, ABl. 2003 L 26/71.

⁵³⁴ Vgl. Komm. E. v. 21. 12. 1994 – *Far Eastern Freight Conference*, ABl. 1994 L 378/22 (Buße aufgehoben durch EuG U. v. 28. 2. 2002 Rs. T-86/95 – *Compagnie générale maritime/Komm.* Slg. 2002, II-1011).

⁵³⁵ Vgl. hierzu *Zinsmeister/Lienemeyer* EuZW 2002, 649 ff.

⁵³⁶ Vgl. 26. WB, Teil 1, Ziffer I, E, 3.2.

⁵³⁷ Im Unterschied zur Telekommunikation, bei der es sich um Dienstleistungen handelt, ist Elektrizität eine Ware im Sinne der Art. 28 ff. EG (vgl. EuGH U. v. 23. 10. 1997 – *Komm./Italien* Slg. 1997, I-5789).

⁵³⁸ Vgl. z. B. Komm. E. v. 5. 12. 2001 – *Interbrew und Alken-Maes*, ABl. 2003 L 200/55 (Buße herabgesetzt in einem Fall, vgl. EuG U. v. 25. 10. 2005 Rs. T-38/02 – *Groupe Danone/Komm.* Slg. 2005, II-4407, bestätigt durch EuGH U. v. 8. 2. 2007 Rs. C.3/06P – *Groupe Danone/Komm.* Slg. 2007, I-1331).

⁵³⁹ Komm. E. v. 30. 11. 1994 – *Zement*, ABl. 1994 L 343/1 (im Wesentlichen bestätigt durch EuG U. v. 15. 3. 2000 verb. Rs. T-25/95 usw. – *Cimenteries CBR u. a./Komm.* Slg. 2000, II-491 f., sowie EuGH U. v. 7. 1. 2004 verb. Rs. C-204/00 P usw. – *Aalborg Portland* u. a.

⁵⁴⁰ Vgl. z. B. Komm. E. v. 2. 7. 2002 – *Methionin*, ABl. 2003 L 255/25 (Buße reduziert durch. EuG U. v. 5. 4. 2006 Rs. T-279/02 – *Degussa/Komm.* Slg. 2006, II-897; Rechtsmittel anhängig C-266/06P).

⁵⁴¹ Vgl. z. B. Komm. E. v. 16. 7. 1969 – *Internationales Chininkartell*, ABl. 1969 L 192/14 (bestätigt durch EuGH U. v. 15. 7. 1970 Rs. 41/69 – *ACF Chemiefarma/Komm.* Slg. 1970, 661; EuGH U. v. 15. 7. 1970 Rs. 44/69 – *Buchler/Komm.* Slg. 1970, 689 f. sowie EuGH U. v. 15. 7. 1970 Rs. 45/69 – *Boehringer/Komm.* Slg. 1970, S. 769 f.); Komm. E. v. 24. 7. 1969 – *Farbstoffe*, ABl. 1969 L 195/14 (bestätigt in 8 Fällen, vgl. z. B. EuGH U. v. 14. 7. 1972 Rs. 48/69 – Rs. 56/69 – *ICI u. a./Komm.* Slg. 1972, 619 f.–959; Buße reduziert in einem Fall, vgl. EuGH U. v. 14. 7. 1972 57/69 – *ACNA/Komm.* Slg. 1972, 933 f.); Komm. E. v. 23. 12. 1977 – *Pergamentpapier*, ABl. 1978 L 70/63; Komm. E. v. 17. 10. 1983 – *Gußeisen- und Gußstahlwalzen*, ABl. 1983 L 317/12; Komm. E. v. 13. 7. 1994 – *Karton*, ABl. 1994 L 243/41 (bestätigt in 5 Fällen, vgl. z. B. EuG U. v. 14. 5. 1998 Rs. T-295/94 – *Buchmann* Slg. 1998, II-813; teilweise aufgehoben in 11 Fällen, vgl. z. B. EuG U. v. 14. 5. 1998 Rs. T-304/94 – *Europa Carton* Slg. 1998, II-869 und aufgehoben in einem Fall, vgl. EuG U. v. 14. 5. 1998 Rs. 337/94 – *Enso-Gutzeit* Slg. 1998, II-1571); Komm. E. v. 21. 10. 1998 – *Fernwärmetechnik-Kartell*, ABl. 1999 L 24/50 (bestätigt in 4 Fällen, vgl. z. B. EuG U. v. 20. 3. 2002 Rs. T-15/99 – *Brugg Rohrsystem GmbH* Slg. 2002, II-1613; teilweise aufgehoben in 4 Fällen, vgl. z. B. EuG U. v. 20. 3. 2002 Rs. T-9/99 – *HBF Holding für Fernwärmetechnik* Slg. 2002, II-1613; bestätigt durch EuGH U. v. 28. 6. 2005 verb. Rs. C-189/02 P, C-202/02 P, C-205/02 P bis C-208/02 P und C-213/02 P – *Dansk Rørindustri A/S u. a./Komm.* Slg. 2005, I-5425); Komm. E. v. 14. 10. 1998 – *British Sugar Plc u. a.*, ABl. 1999 L 76/25.

⁵⁴² Vgl. z. B. Komm. E. v. 27. 7. 1994 – *PVC II*, ABl. 1994 L 239/26 (im Wesentlichen bestätigt, vgl. z. B. EuG U. v. 20. 4. 1999 verb. Rs. T-305/94 bis T-335/94 – *Limburgse Vinyl Maatschappij* Slg. 1999, II-931; im Wesentlichen bestätigt durch EuGH U. v. 15. 10. 2002 Rs. C-238/99 P – *Limburgse Vinyl Maatschappij u. a./Komm.* Slg. 2002, I-8375).

Vorgehens bei der Durchsetzung auf den unterschiedlichen Märkten,[543] z. B. in Gestalt von Moratorien, um sich hinsichtlich der bestehenden Kundschaft bis zum In-Kraft-Treten der neuen Preise nicht in die Quere zu kommen,[544] können aber auch die Form konzertierter Prei*senkungen* annehmen, um z. B. „Neuankömmlinge" daran zu hindern, auf einem bestimmten Markt Fuß zu fassen.[545] Beides lässt, insbesondere bei größeren Kartellen, einheitliche Preisfestsetzungssysteme entstehen,[546] was indes nicht ausschließt, dass Hauptabnehmern, die ggf. über das wirtschaftliche Potenzial verfügen, eine Preissenkung durchzusetzen, ein Sonderstatus eingeräumt wird.[547]

212 In einigen Fällen werden die Preisänderungen, wie übrigens die zu Grunde liegende Preisabsprache, zentral durch eine Unternehmensvereinigung bestimmt bzw. koordiniert. Derartige Beschlüsse, die ggf. mit Absprachen über Reduzierungen des Angebots einhergehen,[548] sind per se wettbewerbsbeschränkend, da sie den betroffenen Unternehmen die Möglichkeit nehmen, ihren Konkurrenten durch „scharf kalkulierte Preise" Kunden abzuwerben.[549]

213 **(b) Zielpreise.** Bei größeren Kartellen werden – in der Erkenntnis, dass die Kartelldisziplin mit der Zahl der Teilnehmer und der Vielfalt deren Individualinteressen tendenziell eher abnimmt – an Stelle fester Preise bzw. genau bestimmter Preiserhöhungen nicht selten einheitliche Zielpreise vereinbart, d. h. eine ggf. periodisch revidierte Preisgröße, um deren Erreichung bzw. Einhaltung sich jedes Kartellmitglied bemühen muss.[550] Das Gleiche gilt für ein System von **Richtpreisen**. „Schon die Festsetzung eines Preises, sei es nur eines Richtpreises, beeinträchtigt den Wettbewerb dadurch, dass er sämtlichen Teilnehmern die Möglichkeit gibt, mit hinreichender Sicherheit vorauszusehen, welche Preispolitik ihre Konkurrenten verfolgen werden."[551] Dadurch sollen zugleich die „Risiken einer einseitig versuchten Preiserhöhung" ausgeschaltet werden.[552] Die auf diesem Wege erreichten tat-

---

[543] Vgl. z. B. Komm. E. v. 22. 11. 2001 – *Vitamine*, ABl. 2003 L 6/58 (aufgehoben in zwei Fällen, vgl. EuG U. v. 6. 10. 2001, Rs. T-22/02 und T-23/02 – *Sumitomo u. Sumika/Komm.* Slg. 2005, II-4065; Buße reduziert in zwei Fällen, vgl. z. B. EuG U. v. 15. 3. 2006, Rs. T 15/02 – *BASF/Komm.* Slg 2006, II-497).

[544] Vgl. z. B. Komm. E. v. 24. 7. 2002 – *Industriegase und medizinische Gase,* ABl. 2003 L 84/42 (bestätigt in zwei Fällen, vgl. z. B. EuG U. v. 5. 12. 2006 Rs. T-303/02 – *Westfalen Gassen/Komm.* Slg. 2006, II-4567).

[545] Vgl. z. B. Komm. E. v. 26. 11. 1986 – *Meldoc,* ABl. 1987 L 348/61.

[546] Vgl. z. B. Komm. E. v. 13. 7. 1994 – *Karton,* ABl. 1994 L 243/42 (bestätigt in 5 Fällen, vgl. z. B. EuG U. v. 14. 5. 1998 Rs. T-295/94 – *Buchmann* Slg. 1998, II-813; teilweise aufgehoben in 11 Fällen, vgl. z. B. EuG U. v. 14. 5. 1998 Rs. T-304/94 – *Europa Carton* Slg. 1998, II-869 und aufgehoben in einem Fall, EuG U. v. 14. 5. 1998 Rs. 337/94 – *Enso-Gutzeit* Slg. 1998, II-1571).

[547] Vgl. z. B. Komm. E. v. 22. 11. 2001 – *Vitamine,* ABl. 2003 L 6/39–41 (aufgehoben in zwei Fällen, vgl. EuG U. v. 6. 10. 2001, Rs. T-22/02 und T-23/02 – *Sumitomo u. Sumika/Komm.* Slg. 2005, II-4065; Buße reduziert in zwei Fällen, vgl. z. B. EuG U. v. 15. 3. 2006, Rs. T 15/02 – *BASF/Komm.* Slg. 2006, II-497).

[548] Vgl. z. B. Komm. E. v. 13. 7. 1994 – *Karton,* ABl. 1994 L 243/42 (bestätigt in 5 Fällen, vgl. z. B. EuG U. v. 14. 5. 1998 Rs. T-295/94 – *Buchmann* Slg. 1998, II-813; teilweise aufgehoben in 11 Fällen, vgl. z. B. EuG U. v. 14. 5. 1998 Rs. T-304/94 – *Europa Carton* Slg. 1998, II-869 und aufgehoben in einem Fall, EuG U. v. 14. 5. 1998 Rs. 337/94 – *Enso-Gutzeit* Slg. 1998, II-1571).

[549] Vgl. z. B. Komm. E. v. 26. 11. 1999 – *FEG und TU,* ABl. 2000 L 39/18.

[550] Vgl. z. B. Komm. E. v. 16. 12. 2003 – *Industrierohre,* ABl. 2004 L 125/50 f. (Zusammenfassung); Komm. E. v. 31. 5. 2006 – *Methacrylat,* ABl. 2006, L 322/20 (Zusammenfassung).

[551] Vgl. z. B. EuGH U. v. 17. 10. 1972 Rs. 8/72 – *Vereeniging von Cementhandelaren* Slg. 1972, 990 Rn. 18/22.

[552] Vgl. Komm. E. v. 23. 4. 1986 – *Polypropylen,* ABl. 1986 L 230/29 (Buße reduziert in 6 Fällen, vgl. z. B. EuG U. v. 17. 12. 1991 Rs. T-6/89 – *Enichem* Slg. 1991, II-1623; bestätigt in 8 Fällen, vgl. z. B. EuG U. v. 24. 10. 1991 Rs. T-1/89 – *Rhone-Poulenc* Slg. 1991, II-867; im Rechtsmittel in einem Fall teilweise aufgehoben, vgl. z. B. EuGH U. v. 8. 7. 1999 Rs. C-49/92 P – *Kommission/Anic* Slg.

sächlichen Preise liegen zwar oftmals unterhalb der angestrebten Zielpreise. Für die Kommission ist jedoch entscheidend, dass die erreichten Preise in der Regel über denjenigen Preisen liegen, die unter normalen Wettbewerbsbedingungen auf dem jeweiligen Markt zu erreichen gewesen wären.[553] Dies schließt abgestimmte Initiativen zur Anhebung des Preisniveaus nicht aus.[554] Im Übrigen lassen sich die Risiken eines Zielpreises durch die gleichzeitige Vereinbarung eines Mindestpreises (vgl. nachfolgend Rn. 214) reduzieren.[555]

(c) **Preisrahmen.** Eine im Verhältnis zu festen Preisen (vgl. oben Rn. 209) ebenfalls weniger starre, die Preisfestsetzungsautonomie gleichwohl beschränkende Maßnahme liegt im Festsetzen einer preislichen Unter- bzw. Obergrenze. *Mindestpreise,* in der Praxis z. B. auch als „Grund-",[556] „Boden-" oder „Tiefstpreise" bezeichnet, sind insofern wettbewerbswidrig als sie die Unternehmen daran hindern sollen, ihre Waren[557] bzw. Dienstleistungen,[558] sei es im Verhältnis zu bestehenden Kunden oder auch nur im Verhältnis zu Neuabnehmern,[559] unterhalb des jeweils vereinbarten Mindestpreises bzw. -tarifs, bzw. zu Selbstkosten- oder gar zu Dumping-Preisen anzubieten.[560] Absprachen über Mindestpreise sind in der Regel kein Selbstzweck, sondern dienen der flankierenden Absicherung vereinbarter Zielpreise und/oder abgestimmter Preiserhöhungen.[561]

1999, I-4125 und in 8 Fällen bestätigt, vgl. z.B. EuGH U.v. 8.7. 1999 Rs. C-199/92 P – *Hüls/Komm.* Slg. 1999, I-4287); Komm. E.v. 21. 12. 1988 – *LDPE,* ABl. 1989 L 74/32–33 (aufgehoben durch EuG U.v. 6. 4. 1995 verb. Rs. T-80–83/89 usw. – *BASF AG U.A./Komm.* Slg. 1995, II-729f.).

[553] Vgl. Komm. E.v. 23. 4. 1986 – *Polypropylen,* ABl. 1986 L 230/29 (Buße reduziert in 6 Fällen, vgl. z.B. EuG U.v. 17. 12. 1991 Rs. T-6/89 – *Enichem* Slg. 1991, II-1623; bestätigt in 8 Fällen, vgl. z.B. EuG U.v. 24. 10. 1991 Rs. T-1/89 – *Rhone-Poulenc* Slg. 1991, II-867, im Rechtsmittel in einem Fall teilweise aufgehoben, vgl. z.B. EuGH U.v. 8. 7. 1999 Rs. C-49/92 P – *Kommission/Anic* Slg. 1999, I-4125 und in 8 Fällen bestätigt, vgl. z.B. EuGH U.v. 8. 7. 1999 Rs. C-199/92 P – *Hüls/Komm.* Slg. 1999, I-4287); Komm. E.v. 2. 8. 1989 – *Betonstahlmatten,* ABl. 1989 L 260/36 (bestätigt in 5 Fällen, vgl. z.B. EuG U.v. 6. 4. 1995 Rs. T-147/89 – *Société Métallurgique de Normandie* Slg. 1995, II-1057; teilweise aufgehoben in 6 Fällen, vgl. z.B. EuG U.v. 6. 4. 1995 Rs. T-145/89 – *Baustahlgewebe* Slg. 1995, II-987).

[554] Vgl. z.B. Komm. E.v. 27. 7. 1994 – *PVC II,* ABl. 1994 L 239/26 (im Wesentlichen bestätigt, vgl. EuG U.v. 20. 4. 1999 verb. Rs. T-305/94 bis T-335/94 – *Limburgse Vinyl Maatschappij* Slg. 1999, II-931; im Wesentlichen bestätigt durch EuGH U.v. 15. 10. 2002 Rs. C-238/99 P – *Limburgse Vinyl Maatschappij u.a./Komm.* Slg. 2002, I-8375).

[555] Vgl. z.B. Komm. E.v. 5. 12. 2001 – *Zitronensäure,* ABl. 2002 L 239/29 (teilweise aufgehoben in einem Fall, vgl. EuG U.v. 27. 9. 2006 Rs. T-59/02 – *Archer Daniels Midland/Komm.* Slg.2006, II-3627, bestätigt in einem Fall, vgl. EuG U.v. 27. 9. 2006 Rs. T-43/02 – *Jungbunzlauer/Komm.* Slg. 2006, II-3435).

[556] Vgl. Komm. E.v. 16. 10. 1980 – *Industrieverband Solnhofener Natursteinplatten E.v.,* ABl. 1980 L 318/35.

[557] Vgl. z.B. Komm. E.v. 16. 12. 1971 – *Vereeniging von Cementhandelaren,* ABl. 1972 L 13/40; Komm. E.v. 15. 12. 1982 – *UGEL/BNIC,* ABl. 1982 L 379/11; Komm. E.v. 17. 10. 1983 – *Gußeisen- und Gußstahlwalzen,* ABl. 1983 L 317/12; Komm. E.v. 30. 6. 1992 – *Scottish Salmon Board,* ABl. 1992 L 246/42; Komm. E.v. 22. 11. 2001 – *Vitamine,* ABl. 2003 L 6/58 (aufgehoben in zwei Fällen, vgl. EuG U.v. 6. 10. 2001, Rs. T-22/02 und T-23/02 – *Sumitomo u. Sumika/Komm.* Slg. 2005, II-4065; Buße reduziert in zwei Fällen, vgl. z.B. EuG U.v. 15. 3. 2006, Rs. T 15/02 – *BASF/Komm.* Slg 2006, II-497).

[558] Vgl. Komm. E.v. 30. 1. 1995 – *COAPI,* ABl. 1995 L 122/47.

[559] Vgl. Komm. E.v. 24. 7. 2002 – *Industriegase und medizinische Gase,* ABl. 2003 L 84/14 (bestätigt in zwei Fällen, vgl. z.B. EuG U.v. 5. 12. 2006 Rs. T-303/02 – *Westfalen Gassen/Komm.* Slg. 2006, II-4567).

[560] Vgl. z.B. Komm. E.v. 15. 5. 1974 – *IFTRA-Verpackungsglas,* ABl. 1974 L 160/12; Komm. E.v. 15. 7. 1975 – *IFTRA-Aluminium,* ABl. 1975 L 228/9.

[561] Vgl. z.B. Komm. E.v. 2. 7. 2002 – *Methionin,* ABl. 2003 L 255/17 (Buße reduziert durch. EuG

Art. 81 Abs. 1 EG 215–217

215 Absprachen über *Höchstpreise* sind demgegenüber in der Praxis seltener. Am ehesten kommen sie im Rahmen einer preislichen Bandbreite vor, mittels derer ein bestimmter Mindesttarif mit einem Höchsttarif kombiniert wird.[562] Solche kumulativen Konstellationen sind vor allem dann eine schwere Beschränkung des Wettbewerbs, wenn sie für einen gesamten Berufsstand[563] bzw. für sämtliche Gewerbetreibende auf dem betreffenden Markt verbindlich sind.[564]

216 **(d) Preisempfehlungen.** Hinter dieser – typisch euphemistischen – Bezeichnung verbirgt sich die Weitergabe empfohlener Tarife bzw. Preise durch eine Unternehmensvereinigung, die dadurch ihren Mitgliedsfirmen die Möglichkeit verschafft, mit hinreichender Sicherheit vorauszusehen, welche Preispolitik ihre jeweiligen Konkurrenten verfolgen werden und ihre Preise dementsprechend auszurichten.[565] Angesichts dieser Beschränkung der individuellen Preisautonomie kommt es nicht darauf an, ob die Empfehlungen in der Praxis ganz bzw. zumindest teilweise befolgt wurden. Die Wettbewerbsbeschränkung entfällt auch nicht deshalb, weil die vorgeschriebenen Preise als „annehmbare Preise" bezeichnet werden, die mittels verbindlicher Richtpreise und Verrechnungstarifen ausgedrückt werden,[566] oder als „unverbindliche Preisempfehlung".

217 Preisempfehlungen[567] im **Versicherungsgewerbe** sind wettbewerbswidrig, wenn Verbandsmitglieder ein gemeinsames Interesse an einer Marktsanierung durch Erhöhung der Prämien haben und die Formulierung der Empfehlung zwingend eine kollektive Anhebung der Bruttoprämien vorschreibt.[568] Das Gleiche gilt für eine mittelbare Festsetzung der Bruttoprämie durch Festlegung der Nettoprämiensätze.[569] Schließlich ist eine unverbindliche Empfehlung der Anwendung des Art. 81 Abs. 1 EG nicht entzogen, wenn die Annahme der Empfehlung durch die Unternehmen, an die sie gerichtet ist, einen spürbaren Einfluss auf den Wettbewerb auf dem betreffenden Markt ausübt.[570] Allerdings sind Freistellungen gerade im Versicherungssektor nicht ausgeschlossen.[571]

U. v. 5. 4. 2006 Rs. T-279/02 – *Degussa/Komm*. Slg. 2006, II-897; Rechtsmittel anhängig C-266/06P).

[562] Vgl. Komm. E. v. 30. 6. 1993 – *CNSD*, ABl. 1993 L 203/32 (vgl. hierzu auch EuGH U. v. 18. 6. 1998 Rs. C-35/96 – *Komm./Italienische Republik* Slg. 1998, I-3851).

[563] Vgl. Komm. E. v. 30. 1. 1995 – *COAPI*, ABl. 1995 L 122/47; vgl. ferner EuGH U. v. 30. 1. 1985 – *BNIC/Clair* Slg. 1985, 391.

[564] Vgl. EuGH U. v. 30. 1. 1985 Rs. 123/83 – *BNIC/Clair* Slg. 1985, 391 Rn. 22.

[565] Vgl. z. B. Komm. E v. 16. 12. 1971 – *Vereeniging von Cementhandelaren*, ABl. 1972 L 13/40 (bestätigt durch EuGH U. v. 17. 10. 1972 Rs. 8/72 – *Cementhandelaren/Komm*. Slg. 1972, 997, 990 Rn. 15–22); Komm. E. v. 23. 7. 1974 – *Papiers peints de Belgique*, ABl. 1974 L 237/8 (teilweise aufgehoben durch EuGH U. v. 26. 11. 1975 – *Papiers peints de Belgique* Rs. 73/74 Slg. 1975, 1491); Komm. E. v. 5. 6. 1996 – *Fenex*, ABl. 1996 L 181/34.

[566] Vgl. hierzu Komm. E. v. 29. 11. 1995 – *SCK/FNK*, ABl. 1995 L 312/84 (bestätigt durch EuG U. v. 22. 10. 1997 verb. Rs. T-213/95 und T-18/96 – *SCK u. FNK/Komm*. Slg. 1997, II-1739, 1800 Rn. 164), sowie Komm. E. v. 18. 7. 2001 – *Graphitelektroden*, ABl. 2002 L 100/14 (im Wesentlichen bestätigt in 7 Fällen, vgl. z. B. EuG U. v. 29. 4. 2004 Rs. T-236/01 – *Tokai Carbon u. a./Komm*. Slg. 2004, II-1181.

[567] Vgl. hierzu eingehend *Bunte* in: FS Everling, 1995, Bd. I., S. 163 f.

[568] Vgl. Komm. E. v. 5. 12. 1984 – *Feuerversicherung*, ABl. 1985 L 35/24 (bestätigt durch EuGH U. v. 27. 1. 1987 Rs. 45/85 – *Verband der Sachversicherer/Komm*. Slg. 1987, 405 f.).

[569] Vgl. Komm. E. v. 20. 12. 1989 – *Concordato Incendio*, ABl. 1990 L 15/27.

[570] Vgl. z. B. EuGH U. v. 29. 10. 1980 verb. Rs. 209 bis 215 und 218/78 – *van Landewyck* Slg. 1980, 3125, sowie EuGH U. v. 8. 11. 1983 verb. Rs. 96 bis 102, 104, 105, 108 und 110/82 – *IAZ/Komm*. Slg. 1982, 3369, 3410 Rn. 20; vgl. ferner Komm. E. v. 24. 6. 2004 – *Belgische Architektenkammer*, ABl. 2005 L 4/10 f.

[571] Vgl. z.B Komm. E. v. 20. 12. 1989 – *TEKO*, ABl. 1990 L 13/37 f. sowie Komm. E. v. 30. 3. 1984 – *NUOVO GECAM*, ABl. 1984 L 99/34.

(e) Nicht wettbewerbswidrig ist hingegen z. B. die Weitergabe von Hinweisen, mit **218** denen Unternehmen die Ermittlung ihrer Selbstkostenstrukturen erleichtert wird, so dass sie ihre Verkaufspreise eigenständig festlegen können.[572] Wenn ein Verband seinen Mitgliedern Mindestpreise vorgibt, so verstößt dies nicht automatisch gegen Art. 81 EG, sofern die Mindestpreise im Vergleich zu den tatsächlich angewandten Preisen so niedrig liegen, dass ein Preiswettbewerb sowohl zwischen den Mitgliedern als auch gegenüber Dritten möglich bleibt.[573]

(3) Mittelbare Festsetzung von Preisen. (a) Preisbestandteile. Art. 81 Abs. 1 **219** Buchstabe a) EG verbietet ferner ausdrücklich jede mittelbare, d. h. indirekte, Festsetzung von Preisen. An erster Stelle zählen hierzu Vereinbarungen, Beschlüsse bzw. aufeinander abgestimmte Verhaltensweisen über **Rabatte,** die jedoch wegen ihrer herausragenden Bedeutung für horizontale wie vertikale Verhältnisse nachfolgend gesondert (vgl. Rn. 233 ff.) behandelt werden. Ferner zählen hierzu Vereinbarungen über **Preiskalkulationsschemata,** sofern sie keine bestimmten Kalkulationssätze enthalten. Das Gleiche gilt wenn Kartellbeteiligte ihre Verkaufspreise mittels eines gemeinsamen **Kostenkalkulationsschemas** festlegen,[574] da sich die Preispolitik auf diese Weise zumindest einschätzen lässt, sowie für die in der Praxis verbreiteten **Frachtkostenschemata.** In diesem Bereich spricht man von einem sog. Franko-Preis-System, wenn innerhalb eines bestimmten Gebietes unter Einschluss pauschaler Durchschnittskosten für die Fracht einheitliche Lieferpreise berechnet werden, so dass die im Einzelfall tatsächlich anfallenden Frachtkosten vom Herkunftsort der Erzeugnisse bis zum Bestimmungsort nicht in Ansatz kommen, wodurch der entfernte Abnehmer zum Nachteil des nahen Abnehmers begünstigt wird.[575] Wettbewerbsbeschränkend ist auch die Einführung bestimmter **Nebenkostenschemata,** wenn z. B. für Eisenbahnunternehmen die Nebenkosten pauschal auf 1% des Gesamtpreises festgesetzt werden, was sich zumindest indirekt auf die Höhe der Tarife auswirkt.[576]

(b) Kollektive Preisbindung. Vereinbaren mehrere Hersteller gemeinsam eine Preis- **220** bindung, z. B. in Gestalt verbindlicher Wiederverkaufspreise für die Händlerebene, so beeinflusst dies mittelbar die durch die Hersteller praktizierten Verkaufspreise. Indem die Hersteller daran gehindert werden, ihren Weiterverkäufern einen größeren Preisspielraum einzuräumen, werden Letztere in ihrer persönlichen Preisnachlasspolitik beschränkt.[577] Einer verbotenen kollektiven Preisbindung entspricht eine Regelung, die Listenpreise in Verbindung mit dem Verbot, Rabatte auf diese Preise anzukündigen, vorsieht.[578]

Eine ggf. noch wettbewerbsfeindlichere Variante bildet die kollektive vertikale Preisbin- **221** dung (vgl. zur individuellen vertikalen Preisbindung nachfolgend Rn. 224). Derartige, z. B. im Bereich der Verlagserzeugnisse[579] vorkommende Praktiken sollen verhindern, dass in einem Mitgliedstaat herausgegebene Bücher im anderen Mitgliedstaat zu einem Einzelhandelspreis verkauft werden oder zum Verkauf angeboten werden, der von dem vom Verleger im ursprünglichen Land festgelegten Preis abweicht. Hierdurch werden Initiativen zu einem Preiswettbewerb zwischen Händlern ausgeschlossen und die Handlungsfreiheit der

---

[572] Vgl. z. B. Komm. E. v. 29. 11. 1995 – *SCK/FNK,* ABl. 1995 L 312/84; Komm. E. v. 5. 6. 1996 – *Fenex,* ABl. 1996 L 181/33.
[573] Vgl. z. B. Komm. E. v. 25. 6. 1969 – *VVVF,* ABl. 1969 L 168/24.
[574] Vgl. z. B. Komm. E. v. 15. 5. 1974 – *IFTRA-Verpackungsglas,* ABl. 1974 L 160/13; Komm. E. v. 15. 7. 1975 – *IFTRA-Hüttenaluminium,* ABl. 1975 L 228/12.
[575] Vgl. z. B. Komm. E. v. 15. 5. 1974 – *IFTRA-Verpackungsglas,* ABl. 1974 L 160/14.
[576] Vgl. Komm. E. v. 24. 2. 1993 – *Tarifstrukturen im kombinierten Güterverkehr,* ABl. 1993 L 73/40.
[577] Vgl. Komm. E. v. 16. 12. 1971 – *Vereeniging von Cementhandelaren,* ABl. 1972 L 13/40; Komm. E. v. 3. 6. 1975 – *Haarden- en Kachelhandel* ABl. 1975 L 159/22, 26; Komm. E. v. 22. 12. 1976 – *Gerofabriek,* ABl. 1977 L 16/11.
[578] Vgl. Komm. E. v. 23. 7. 1974 – *Papiers Peints de Belgique,* ABl. 1974 L 237/8 (teilweise aufgehoben EuGH U. v. 26. 11. 1975 Rs. 73/74 – *Papiers Peints/Komm.* Slg. 1975, 1491, 1513 Rn. 10/12).
[579] Vgl. zur vertikalen Preisbindung im Falle von Verlagserzeugnissen *Körner* WuW 1988, 194 f.

Art. 81 Abs. 1 EG 222–225

Verleger und Importeure eingeengt.[580] In Deutschland ist das bisherige vom Börsenverein des deutschen Buchhandels auch grenzüberschreitend praktizierte System der Buchpreisbindung durch eine an der Rechtsprechung des EuGH[581] orientierte Änderung des § 15 GWB gemeinschaftskonformer gestaltet worden.[582] Hat der Sektor eine überschaubare Größe, so kann es auch zu einer Vereinbarung, z. B. über Mindestpreise, zwischen mehreren Herstellerverbänden und Absatzorganisationen des jeweiligen Sektors kommen.[583]

222 **(c) Ausgleichskassen.** Schließlich wirkt sich auch die Vereinbarung eines Erlösausgleichs – die in der Praxis recht selten vorkommt – mittelbar auf die von den Teilnehmern praktizierten Preise aus.[584]

223 **cc) Vertikale Preisabsprachen. (1) Begriff.** Vertikale, d.h. zwischen zwei nicht miteinander konkurrierenden Handelsstufen getroffene Preisabsprachen sind vergleichsweise seltener. Sie kommen vor allem im Rahmen von bestehenden Vertriebsvereinbarungen vor, wozu insbesondere Alleinvertriebsvereinbarungen und selektiver Vertrieb[585] zählen. Dabei nutzt die übergeordnete Handelsstufe, in der Regel also die Herstellerebene, ihre Marktmacht bzw. das Abhängigkeitsverhältnis der nachgeordneten Handelsstufe, um deren Preisautonomie mehr oder weniger weitreichend zum eigenen Vorteil einzuschränken.

224 **(2) Fälle.** Zu den verbreiteten Konstellationen zählt die **individuelle vertikale Preisbindung** (im Unterschied zur *kollektiven* vertikalen Preisbindung, vgl. hierzu Rn. 220), bei der ein einzelner Preisbinder die Preisbildungsfreiheit der nächsten Wirtschaftsstufe vollständig ausschaltet, indem er ihr z.B. verbindliche **Wiederverkaufspreise** vorschreibt[586] bzw. bestimmt, dass jene Preise gemeinsam festgesetzt werden, oder **Einzelhandelspreise** festlegt.[587] Derartige Praktiken, die ggf. durch die Kommunikation per elektronischer Post erleichtert und beschleunigt werden,[588] sind ein „deutlicher" Verstoß gegen Art. 81 EG.[589] Dies gilt erst recht für eine Ausdehnung der Preisbindung auf Verkäufe in den anderen Mitgliedstaaten bzw. eine zusätzlich vorgeschriebene **Reimportpreisbindung,** die den Händler verpflichtet, reimportierte Ware in die inländische Preisbindung einzubeziehen und ihn somit daran hindert, mit anderen Einzelhändlern in Wettbewerb zu treten.[590]

225 Das Gleiche gilt in umgekehrter Richtung, wenn sich nämlich der Abnehmer gegenüber seinem Lieferanten zur Einhaltung bestimmter Wiederverkaufspreise verpflichtet,[591]

---

[580] Vgl. hierzu EuGH U.v. 16. 7. 1981 – *Salonia/Poidomani und Giglio* Slg. 1981, 1563f.; Komm. E. v. 25. 11. 1981 – *VBBB/VBVB,* ABl. 1982 L 54/45 (bestätigt durch EuGH U.v. 17. 1. 1984 verb. Rs. 43 und 63/82 – *VBVB u. VBBB/Komm.* Slg. 1984, 19, 66 Rn. 45); EuGH U.v. 3. 7. 1985 Rs. 243/83 – *Binon* Slg. 1985, 2045f.; Komm. E. v. 12. 12. 1988 – *Publisher's Association – Netto-Bücher-Vereinbarungen,* ABl. 1989 L 22/12 (vgl. hierzu EuG U.v. 9. 7. 1992 Rs. T-66/89 – *Publishers' Association/Komm.* Slg. 1992, II-1995; aufgehoben durch EuGH U.v. 17. 1. 1995 Rs. C-360/92 P – *Publishers' Association/Komm.* Slg. 1995, I-23).

[581] Vgl. EuGH U. v. 3. 10. 2000 – *Échirolles* Slg. 2000, I-8207, 8236.

[582] Vgl. *Waldenberger* NJW 2002, 2914; kritisch *Emmerich* WuW 2003, 225.

[583] Vgl. z.B. Komm. E. v. 30. 7. 1992 – *Scottish Salmon Board,* ABl. 1992 L 246/38.

[584] Vgl. z.B. Komm. E. v. 26. 7. 1972 – *Feinpapier,* ABl. 1972 L 182/25–26; Komm. E. v. 22. 12. 1972 – *Cimbel,* ABl. 1972 L 303/33.

[585] Vgl. z.B. Komm. E. v. 6. 1. 1982 – *AEG-Telefunken,* ABl. 1982 L 117/15f. (bestätigt durch EuGH U.v. 25. 10. 1983 Rs. 107/82 – *AEG/Komm.* Slg. 1983, 3151, 3212f., 3217f.).

[586] Vgl. z.B. Komm. E. v. 22. 12. 1976 – *Gerofabriek,* ABl. 1977 L 16/8, 11; Komm. E. v. 11. 12. 1980 – *Hennessy-Henkell,* ABl. L 1980 L 383/11; Komm. E. v. 5. 7. 2000 – *Nathan-Bricolux,* ABl. 2001 L 54/12.

[587] Vgl. z.B. Komm. E. v. 21. 12. 2000 – *JCB,* ABl. 2002 L 69/31, 48 (im Wesentlichen bestätigt durch EuG U.v. 13. 1. 2004 Rs. T-67/01 – *JCB Service/Komm* Slg. 2004, II-49, bestätigt durch EuGH U.v. 21. 9. 2006 Rs. C-167/04P – *JCB Service/Komm.* Slg 2006, I-8935).

[588] Vgl. hierzu *Seeliger* WuW 2000, 1174–1186.

[589] Vgl. Komm. E. v. 4. 12. 1998 – *Novallianze/Systemform,* ABl. 1999 L 47/18.

[590] Vgl. Komm. E. v. 5. 10. 1973 – *Deutsche Philips GmbH,* ABl. 1973 L 293/41.

[591] Vgl. EuGH U. v. 3. 7. 1985 – *Binon/AMP* Slg. 1985, 2034, 2046.

oder z. B. ein Versicherungsunternehmen gegenüber dem Rückversicherer darauf verzichtet, die Nettoprämie eigenständig festzusetzen.[592]

Einen vertikalen Eingriff in die Preisfestsetzungsfreiheit der nächsten Handelsstufe begeht ferner jener Hersteller, der einen Verkäufer zur Einhaltung bestimmter **Listenpreise** verpflichtet[593] bzw. seine Großhändler verpflichtet, gegenüber ihren Einzelhändlern unverbindliche Endverbraucherpreise zu empfehlen,[594] oder ihnen eine bestimmte **einheitliche Gewinnspanne** vorschreibt,[595] was die Preisfreiheit zumindest mittelbar beschränkt. Ebenso ist es unzulässig, wenn ein Hersteller im Rahmen eines selektiven Vertriebssystems[596] Händler zu Preisabsprachen und zum Unterlassen des Preiswettbewerbs auffordert, Händlern Vorteile für das Unterlassen von Preiswettbewerb gewährt bzw. mit dem Abbruch der Zusammenarbeit droht, falls sie weiterhin Preiswettbewerb treiben.[597] 226

Ergänzt bzw. verstärkt wird eine Absprache über Wiederverkaufspreise, wenn sie mit einem Verbot jeder Art von Werbeangeboten, Rabatten, Preisnachlässen oder Ausverkäufen, die dem Hersteller schaden können,[598] einhergeht. 227

Demgegenüber sind im vertikalen Verhältnis empfohlene Preise (im Gegensatz zu Preisempfehlungen im horizontalen Verhältnis, vgl. oben Rn. 216–217) nicht prinzipiell wettbewerbsbeschränkend, soweit die nachgelagerte Wirtschaftsstufe in ihrer Preisgestaltung frei bleibt.[599] Es ist ferner zulässig, Höchstverkaufspreise festzusetzen oder Preisempfehlungen auszusprechen, sofern sich diese nicht infolge der Ausübung von Druck oder der Gewährung von Anreizen durch eine der Vertragsparteien tatsächlich wie Fest- oder Mindestverkaufspreise auswirken,[600] wofür angesichts des Kräfteverhältnisses zwischen Herstellerebene und nachgeordneter Handelsstufe eine gewisse, wenn auch widerlegbare Vermutung spricht. 228

dd) Staatliche Preismaßnahmen. Art. 81 EG betrifft an sich nur das Verhalten von Unternehmen und damit nicht eventuelle per Gesetz oder Verordnung getroffene Maßnahmen der Mitgliedstaaten,[601] da in einem solchen Fall die Wettbewerbsbeschränkung ihre Ursache nicht in selbständigen Verhaltensweisen der Unternehmen findet.[602] Daher kommen die Bestimmungen des Art. 81 EG z. B. für die Beurteilung der Vereinbarkeit von nationalen Rechtsvorschriften, die für den Verkauf von Tabakerzeugnissen einen vom Hersteller oder Importeur festgesetzten Preis vorschreiben, nicht in Betracht.[603] 229

---

[592] Vgl. Komm. E. v. 14. 1. 1992 – *Assurpol,* ABl. 1992 L 37/20.
[593] Vgl. Komm. E. v. 5. 9. 1979 – *BP Kemi – DDSF,* ABl. 1979 L 286/45; Komm. E. v. 29. 6. 2001 – *Volkswagen,* ABl. 2001 L 262/28 (aufgehoben durch EuG U. v. 3. 12. 2003, T-208/01 – *Volkswagen,* bestätigt durch. EuGH U. v. 13. 7. 2006 Rs. C-74/04P – *Komm./Volkswagen* Slg. 2006, I-6585).
[594] Vgl. z. B. Komm. E. v. 22. 12. 1987 – *ARG/Unipart,* ABl. 1988 L 45/38.
[595] Vgl. Komm. E. v. 2. 12. 1977 – *Centraal Bureau voor de Rijwielhandel,* ABl. 1978 L 20/24.
[596] Vgl. hierzu Komm. E. v. 24. 7. 1992 – *Givenchy,* ABl. 1992 L 236/11 f.
[597] Vgl. Komm. E. v. 6. 1. 1982 – *AEG-Telefunken,* ABl. 1982 L 117/26 (bestätigt durch EuGH U. v. 25. 10. 1983 – *AEG/Komm.* Slg. 1983, 3151, 3212 f. 3217 f.).
[598] Vgl. z. B. Komm. E. v. 17. 12. 1986 – *Pronuptia,* ABl. 1987 L 13/41; Komm. E. v. 5. 7. 1999 – *Nathan-Bricolux,* ABl. 2000 L 54/12.
[599] Vgl. z. B. Komm. E. v. 14. 12. 1988 – *Service Master,* ABl. 1988 L 332/41.
[600] Vgl. VO Nr. 2790/1999 der Kommission vom 22. 12. 1999 über die Anwendung von Art. 81 Abs. 3 des Vertrages auf Gruppen von vertikalen Vereinbarungen und aufeinander abgestimmten Verhaltensweisen, ABl. 1999 L 336/23.
[601] Vgl. z. B. EuGH U. v. 5. 10. 1995 Rs. C-96/94 – *Centro Servizi Spediporto* Slg. 1995, 2909 Rn. 20.
[602] Siehe z. B. EuGH U. v. 11. 11. 1997 verb. Rs. C-359/95 P und C-379/95 P – *Ladbroke Racing* Slg. 1997, I-6265 Rn. 33.
[603] Vgl. z. B. EuGH U. v. 5. 4. 1984 verb. Rs. 177 und 178/82 – *van de Haar und Kaveka de Meern* Slg. 1984, 1816.

Art. 81 Abs. 1 EG 230–232

230 Indes verstößt ein Mitgliedstaat gegen **Art. 10 und 81 EG**,[604] wenn er mit dieser Vorschrift nicht zu vereinbarende Kartellabsprachen vorschreibt, erleichtert, an ihnen mitwirkt,[605] bzw. die Auswirkungen solcher Absprachen verstärkt oder wenn er seiner eigenen Regelung dadurch ihren staatlichen Charakter nimmt, dass er die Verantwortung für die in die Wirtschaft eingreifende Entscheidungen privaten Wirtschaftsteilnehmern überträgt.[606]

231 Auch eine **Rechtfertigung** von Preisabsprachen durch staatliche Preismaßnahmen ist praktisch ausgeschlossen. Denn das nationale Recht darf in keinem Fall das gemeinschaftliche Wettbewerbsrecht beugen oder gar dessen Anwendung be- oder verhindern.[607] Mithin schließt der Umstand, dass eine innerstaatliche Gesetzesbestimmung eine Einschränkung des Wettbewerbs begünstigt, einen Verstoß gegen Art. 81 Abs. 1 EG nicht aus.[608] Die Tatsache, dass die Preise behördlich, z. B. durch Festsetzung von nationalen **Höchstpreisen** kontrolliert werden,[609] rechtfertigt keine Beschränkungen des Handels zwischen den Mitgliedstaaten.[610] Das Gleiche gilt im Falle behördlich genehmigter **Durchschnittspreise**.[611] Der Umstand, dass eine vertikale Preisbindung in einem Mitgliedstaat erlaubt ist, ist für sich genommen kein Grund, die der Aufrechterhaltung dieser Preisbindungen dienenden Maßnahmen von dem Anwendungsbereich des Art. 81 Abs. 1 EG auszunehmen.[612]

232 Schließlich schützt auch eine eventuelle **Kenntnis der Kommission** über die Existenz der Preisabsprachen bzw. absichernden Maßnahmen derartige Vereinbarungen nicht vor der Anwendbarkeit der Wettbewerbsregeln des EG,[613] die weder zur Disposition der Kartellparteien, noch der europäischen bzw. nationalen Wettbewerbsbehörden stehen. Allerdings kann eine staatliche Preis- bzw. Tarifregelung u. U. einen mildernden Umstand darstellen.[614]

---

[604] Vgl. zur Anwendbarkeit der Art. 81 und 82 EGV auf staatliche Maßnahmen, *Niemeyer* WuW 1994, 721 f.

[605] Vgl. z. B. Komm. E. v. 2. 4. 2003 – *Viandes bovines françaises*, ABl. 2003 L 209/36 (Buße reduziert in zwei Fällen, vgl. EuG U. v. 13. 12. 2006 verb. Rs. T-217/03 u. T-245/03 – *FNCBV/Komm.* Slg. 2006, II-4987).

[606] Vgl. EuGH U. v. 9. 6. 1994 Rs. C-153/93 – *Delta Schiffahrts- und Speditionsgesellschaft mbH* Slg. 1994, I-2524, 2530 Rn. 14; EuGH U. v. 1. 10. 1998 Rs. C-38/97 – *Librandi* Slg. 1998, I-5972, 5982 Rn. 26 m. w. N., sowie EuGH U. v. 10. 2. 2002 Rs. C-35/99 – *Arduino* Slg. 2002, I-1531 LS 2.

[607] Vgl. Komm. E. v. 30. 6. 1993 – *CNSD*, ABl. 1993 L 203/32 (bestätigt durch EuG U. v. 30. 3. 2000, T-513/93 – *CNSD* Slg. 2000, II-1807 f.); vgl. ferner EuGH U. v. 17. 1. 1984 Rs. 43/82 und 63/82 – *VBVB und VBBB/Komm.* Slg. 1984, S. 19; EuGH U. v. 30. 1. 1985 Rs. 123/83 – *BNIC/Clair* Slg. 1985, S. 402; und EuGH U. v. 27. 1. 1987 Rs. 45/85 – *Verband der Sachversicherer* Slg. 1987, 405, sowie Komm. E. v. 30. 1. 1995 – *COAPI*, ABl. 1995 L 122/49.

[608] Vgl. Komm. E. v. 20. 7. 1978 – *FEDETAB*, ABl. 1987 L 224/38 (bestätigt durch EuGH U. v. 29. 10. 1980 Rs. 209–215, 218/78 – *Heintz van Landewyck U. A./Komm.* Slg. 1980, 3125 ff.); Komm. E. v. 15. 7. 1982 – *Stichting Sigarettenindustrie (SS I)*, ABl. 1982 L 232/26, (bestätigt durch EuGH U. v. 10. 12. 1985 verb. Rs. 240 bis 242, 261, 262, 268 und 269/92 – *SS I/Komm.* Slg. 1985, 3863, 3871 Rn. 38 f.).

[609] Vgl. Komm. E. v. 22. 12. 1972 – *Cimbel*, ABl. 1972 L 303/32.

[610] Vgl. Komm. E. v. 25. 11. 1980 – *Johnson & Johnson*, ABl. 1980 L 377/24; vgl. auch EuGH U. v. 30. 10. 1974 Rs. 16/74 – *Centrafarm/Sterling Drug* Slg. 1974, 1183.

[611] Vgl. Komm. E. v. 23. 7. 1984 – *Flachglassektor in den BENELUX-Ländern*, ABl. 1984 L 212/18.

[612] Vgl. Komm. E. v. 5. 10. 1973 – *Deutsche Philips GmbH*, ABl. 1973 L 293/42.

[613] Vgl. Komm. E. v. 6. 8. 1984 – *Zinc Producer Group*, ABl. 1984 L 220/39.

[614] So z. B. in Komm. E. v. 9. 12. 1998 – *Griechische Fährschiffe*, ABl. 1999 L 109/45 (bestätigt in 3 Fällen, vgl. z. B. EuG U. v. 11. 12. 2003 Rs. T-66/99 – *Minoan Lines/Komm.* Slg. 2003, II-5515, Buße reduziert in 2 Fällen, vgl. z. B. EuG U. v. 11. 12. 2003 Rs. T-59/99 – *Ventouris/Komm.* Slg. 2003, II-5257; nicht hingegen z. B. in Komm. E. v. 5. 12. 2001 – *Interbrew und Alken-Maes*, ABl. 2003 L 200/52 (Buße reduziert in einem Fall, vgl. EuG U. v. 25. 10. 2005 Rs. T-38/02 – *Groupe Danone/Komm.* Slg. 2005, II-4407, bestätigt durch EuGH U. v. 8. 2. 2007 Rs. C.3/06P – *Groupe Danone/Komm.* Slg. 2007, I-1331).

ee) Rabatte. In systematischer Hinsicht zählen Vereinbarungen, Beschlüsse bzw. aufei- 233
nander abgestimmte Verhaltensweisen über Rabatte an sich zu den **mittelbaren Preisfestsetzungen** (vgl. oben Rn. 219f.). Angesichts ihrer großen praktischen Relevanz für horizontale wie vertikale Verhältnisse ist es jedoch angezeigt, ihnen ein eigenes Kapitel zu widmen.

(1) Begriff. Ein Rabatt (ital. „Abschlag") ist ein **Preisnachlass,** den ein Hersteller als 234
Vergütung für schnelle Zahlung, für Barzahlung („Skonto") oder in Folge der Abnahme von größeren Mengen an die nächste Handelsstufe, meist die Wiederverkäufer, weitergibt.[615] Mithin sind Rabatte, die je nach Branche auch als Provision, Umsatzprämie, Ermäßigung,[616] Zugabe, Garantie, usw. bezeichnet und gewöhnlich in Prozenten ausgedrückt werden, eine besonders sichtbare und dementsprechend wichtige Form des Preiswettbewerbs[617] im Bereich des Warenverkehrs, seltener hinsichtlich von Dienstleistungen. Sie sind oftmals als Mengenrabatt ausgestaltet,[618] kommen aber z.B. auch in Gestalt von Jahresumsatz-, Treue-, oder Sonderrabatten vor. Vereinbarungen, Beschlüsse bzw. abgestimmte Verhaltensweisen über Rabatte sind oftmals kein Selbstzweck, sondern erfolgen im Kontext bzw. zur Erleichterung weiterer wettbewerbswidriger Praktiken. So ergänzt eine Absprache über Rabatte oftmals eine Preisabsprache, um zu verhindern, dass Letztere durch eine individuelle Rabattpolitik geschwächt oder gar umgangen wird.[619] Rabattabsprachen können aber auch der Durchführung anderer Wettbewerbsverstöße dienen, wozu z.B. die Drohung zählt, der nächsten Handelsstufe im Falle einer Ausfuhr keinen Rabatt mehr zu gewähren, um auf diese Weise Parallelausfuhren zu unterbinden und dementsprechend den Markt aufzuteilen.[620]

(2) Fälle. Die extremste Form ist das totale **Rabattverbot,**[621] das indes in der Praxis 235
nicht besonders häufig ist, schon weil es entsprechend hohe Anforderungen an die Kartelldisziplin stellt. Zu den klassischeren Formen zählt das **gemeinsame Festsetzen** von Rabatten durch Wettbewerber, da den beteiligten Unternehmen aufgrund der gleichgeschalteten Rabattsätze[622] die Möglichkeit genommen wird, individuelle, d.h. von den kollektiv festgelegten abweichende Preisnachlässe zu gewähren.[623] Dies kann dazu führen, dass derjenige, der von einem Lieferanten große Mengen abnimmt, die gleichen Rabatte erhält, wie derjenige, der nur geringe Mengen bezieht, was die Kommission nicht als normale Handelspraktik ansieht, weil damit das Prinzip des Mengenrabatts außer Kraft gesetzt wird.[624] Den Preiswettbewerb schränkt ferner zumindest mittelbar ein, wer bestimmten Abnehmern, z.B. öffentlichen Unternehmen, einheitliche **Sonderrabatte** einräumt, indem der Rabattsatz *ohne* Rücksicht auf die individuell bezogene Menge festge-

---

[615] Vgl. zu Rabatten im Rahmen des GWB *Lange* WuW 2002, 220f.
[616] Vgl. Komm. E. v. 3. 7. 1973 – *Badeöfen,* ABl. 1973 L 217/36.
[617] In der Praxis kommt es nicht darauf an, ob ein Rabatt als Teil des Preises gilt (so wohl *Gimeno-Verdejo,* Commentaire TCE, Art. 81 Rn. 46), oder eine sonstige Geschäftsbedingung im Sinne des Art. 81 Abs. 1 Buchstabe a) EG darstellt.
[618] Vgl. Komm. E. v. 29. 12. 1970 – *Wand- und Bodenfliesenwerke,* ABl. 1971 L 10/21.
[619] Vgl. z.B. Komm. E. v. 16. 12. 1971 – *Vereeniging von Cementhandelaren,* ABl. 1972 L 13/41.
[620] Vgl. Komm. E. v. 15. 5. 1991 – *GOSME-Martell – DMP,* ABl. 1991 L 185/28.
[621] Vgl. Komm. E. v. 23. 7. 1974 – *Papiers peints de Belgique,* ABl. 1974 L 237/7 (teilweise aufgehoben durch EuGH U. v. 26. 11. 1975 – *belgische Tapetenhersteller* Slg. 1975, 1491, 1513).
[622] Vgl. z.B. Komm. E. v. 15. 5. 1974 – *IFTRA-Verpackungsglas,* ABl. 1974 L 160/13; Komm. E. v. 15. 7. 1975 – *IFTRA-Hüttenaluminium,* ABl. 1975 L 228/9.
[623] Vgl. z.B. Komm. E. v. 16. 7. 1969 – *Internationales Chininkartell,* ABl. 1969 L 192/14 (Buße reduziert durch EuGH U. v. 15. 7. 1970 Rs. 41/69 – *ACF Chemiefarma/Komm.* Slg. 1970, 661f., sowie EuGH U. v. 15. 7. 1970 Rs. 44/69 – *Buchler/Komm.* Slg. 1970, 733f. und EuGH U. v. 15. 7. 1970 Rs. 45/69 – *Boehringer/Komm.* Slg. 1970, 769f.).
[624] Vgl. Komm. E. v. 7. 12. 1988 – *Flachglas,* ABl. 1989 L 33/48 (Buße reduziert durch EuG U. v. 10. 3. 1992 verb. Rs. T-68, 77, 78/89 – *Flachglas* Slg. 1992, II-415).

Art. 81 Abs. 1 EG 236, 237

legt wird und damit unverhältnismäßig hoch ausfällt.[625] Dies führt, wie bei einem Gesamtumsatzrabattkartell (vgl. nachfolgend Rn. 236), zu einer Auftragskonzentration bei den Kartellbeteiligten, auf Kosten anderer Hersteller.[626] Zumindest bei größeren Verträgen mit der öffentlichen Hand dürften derartige Praktiken jedoch auf Grund des zwischenzeitlich sehr entwickelten öffentlichen Auftragswesen rückläufig sein. Eine weitere – im Vergleich zu einem Totalverbot weniger weitreichende – Einschränkung der Preisautonomie bewirkt eine Vereinbarung von **Höchstrabatten**, d. h. die absolute Begrenzung aller Preisnachlässe nach oben.[627] Die oftmals geringe Homogenität der Abnehmer führt auch zu Kombinationen aus Rabattverboten für „normale" Kunden und Höchstrabatten für Großabnehmer.[628] Die Ausschaltung des Rabatt-Wettbewerbs wiegt naturgemäß besonders schwer, wenn der betreffende Markt eine oligopolistische Struktur aufweist, die den Wettbewerb ohnehin strukturell beschränkt.[629] Wie im Fall einer Preisabsprache (vgl. oben Rn. 207) können auch Rabattverbote auf einzelne Bestandteile eines Preises beschränkt sein, wie z.B. im Preis enthaltene Gebühren und Zuschläge.[630]

236 **(3)** Weit über den abgesprochenen individuellen Preisnachlass hinausgehend und dementsprechend wettbewerbswidrig sind sog. **Gesamtumsatzrabattkartelle.** Dabei handelt es sich um ein oftmals durch eine gesamte, in einem Mitgliedstaat ansässige Branche vereinbartes System, bei dem der Rabattsatz nicht von der individuellen Warenmenge abhängt, die ein Abnehmer von einem bestimmten Hersteller dieses Mitgliedstaats bezieht, sondern nach der von *sämtlichen* Herstellern dieses Mitgliedstaates bezogenen Gesamtmenge.[631] Ein solches auf eine Treuebindung ausgerichtetes System schließt individuelle Rabatte aus, schafft einen von den tatsächlichen individuellen Geschäftsbeziehungen zwischen Abnehmer und Hersteller unabhängigen Rabattsatz und bewirkt eine Konzentration der Aufträge auf eine Reihe von Herstellern eines bestimmten Mitgliedstaates, zu Lasten der in anderen Mitgliedstaaten ansässigen Hersteller.[632] Das Gleiche gilt im Falle eines **Gesamtumsatzbonus.**[633]

237 **(4)** In **vertikalen Verhältnissen** handeln vor allem diejenigen Hersteller wettbewerbswidrig, die ihre jeweiligen Wiederverkäufer bzw. Einzelhändler dazu verpflichten, Barzahlungs-, Saison, bzw. Mengenrabatte nur bis zu einer bestimmten Höhe zu gewähren, was ihre Preisfreiheit entsprechend einschränkt.[634]

---

[625] Vgl. z.B. Komm. E. v. 16. 12. 1971 – *Vereeniging von Cementhandelaren*, ABl. 1972 L 13/40; Komm. E. v. 15. 7. 1982 – *S. S. I.*, ABl. 1982 L 232/22.

[626] Vgl. Komm. E. v. 22. 12. 1972 – *G. I. S. A.*, ABl. 1972 L 303/34.

[627] Vgl. z.B. Komm. E. v. 13. 7. 1983 – *VIMPOLTU*, ABl. 1983 L 200/48; Komm. E. v. 10. 7. 1986 – *Dach- und Dichtungsbahnen*, ABl. 1986 L 232/25 (bestätigt durch EuGH U. v. 11. 7. 1989 – *Belasco u. a. /Komm.* Slg. 1989, 2117, 2188 Rn. 26).

[628] Vgl. z.B. Komm. E. v. 5. 12. 2001 – *Zitronensäure*, ABl. 2002 L 239/29 (teilweise aufgehoben in einem Fall, vgl. EuG U. v. 27. 9. 2006 Rs. T-59/02 – *Archer Daniels Midland/Komm.* Slg. 2006, II-3627, bestätigt in einem Fall, vgl. EuG U. v. 27. 9. 2006 Rs. T-43/02 – *Jungbunzlauer/Komm.* Slg. 2006, II-3435).

[629] Vgl. Komm. E. v. 29. 12. 1970 – *keramische Wand- und Bodenfließenwerke*, ABl. 1971 L 10/19.

[630] Vgl. Komm. E. v. 16. 5. 2000 – *FETTCSA*, ABl. 2000 L 268/19 (Buße aufgehoben durch EuG U. v. 19. 3. 2003 T-213/00 – *CMA CGM U. A./Komm.* Slg. 2003, II-913.

[631] Vgl. z.B. Komm. E. v. 3. 7. 1973 – *Badeöfen*, ABl. 1973 L 217/36; Komm. E. v. 23. 7. 1974 – *Papiers peints de Belgique*, ABl. 1974 L 237/8 (teilweise aufgehoben durch EuGH U. v. 26. 11. 1975 Rs. 73/74 – *Papiers peints de Belgique/Komm.* Slg. 1975, 1491).

[632] Vgl. z.B. Komm. E. v. 29. 12. 1970 – *keramische Wand- und Bodenfliesenwerke*, ABl. 1971 L 10/18–19.

[633] Vgl. Komm. E. v. 16. 10. 1980 – *Industrieverband Solnhofener Natursteinplatten E. v.*, ABl. 1980 L 318/35 (vgl. auch EuGH U. v. 10. 12. 1985 Rs. 260/82 – *NSO* Slg. 1985, 3801, 3821 f.).

[634] Vgl. Komm. E. v. 2. 12. 1977 – *Centraal Bureau voor de Rijwielhandel*, ABl. 1978 L 20/24; Komm. E. v. 21. 12. 2000 – *JCB*, ABl. 2002 L 69/31, 48 (im Wesentlichen bestätigt durch EuG U. v.

b) Sonstige Geschäftsbedingungen. aa) Allgemeines. Unter „sonstigen Geschäfts- 238
bedingungen" versteht man alle übrigen, in einem bi- oder multilateralen Vertrag enthaltenen Handlungs-, Leistungs-, und Unterlassungspflichten, kurz **„Konditionen"**. In der Praxis haben zahlreiche „sonstige Geschäftsbedingungen" eine mehr oder weniger mittelbare Auswirkung auf den Preis.[635] Jedenfalls behandelt die Kommission Konditionenkartelle wie Preiskartelle, einerlei ob sie unmittelbar oder nur mittelbar preiswirksam sind, zumal sie sehr oft mit Preisabsprachen einhergehen[636] und damit in erster Linie eine ergänzende Funktion haben.

bb) Fälle. Absprachen über sonstige Geschäftsbedingungen sind in der Praxis weniger 239 häufig als Preiskartelle, umfassen dafür aber ggf. mehr Varianten, entsprechend der Vielfalt möglicher Konditionen. Das extremste Szenario liegt in der Vereinheitlichung **sämtlicher Verkaufs-**[637] bzw. **Wiederverkaufskonditionen.**[638] Häufiger, aber nicht notwendigerweise minder wettbewerbsbeschränkend ist die mehr oder weniger umfängliche Festsetzung **einzelner Geschäftsbedingungen,** wie z.B. der Lieferbedingungen,[639] der Liefer- bzw. Zahlungsfristen,[640] des Zinssatzes für die Finanzierungen der Abnehmer, der Daten, Preise und der Bedingungen für die Ausverkäufe[641] usw. Hierzu zählen auch scheinbar ungewöhnliche Klauseln, wie z.B. das Verbot, Kunden Geschenke zu machen oder Verlustgeschäfte mit ihnen abzuschließen,[642] – die man ebenso gut als Maßnahme gleicher Wirkung wie ein Rabattverbot einstufen könnte. Zu den mehr sektorenspezifischen Konditionenkartellen zählen z.B. die Festsetzung von Provisionshöchstsätzen und Beförderungsbedingungen[643] oder die Einführung eines Währungsaufschlages im Bereich der Seefrachtbeförderung.[644] Die gemeinsame Bestimmung von Mindestbedingungen zählt ebenfalls zu den wettbewerbswidrigen Varianten.[645]

Keinen Wettbewerbsverstoß begeht hingegen eine Muttergesellschaft, die ihren 240 Tochterunternehmen allgemeine Geschäftsbedingungen vorschreibt,[646] was jedoch bei einem Verband im Verhältnis zu seinen Mitgliedern anders zu beurteilen ist.[647] Ferner war – jedenfalls zu Zeiten der inzwischen durch die Bekanntmachung der Kommission über horizontale Zusammenarbeit (vgl. oben Rn. 199) aufgehobenen Bekanntmachung über zwischenbetriebliche Zusammenarbeit[648] – eine Verwendung einheitlicher Vordrucke nicht

---

13. 1. 2004 Rs. T-67/01 – *JCB Service/Komm* Slg. 2004, II-49, bestätigt durch EuGH U. v. 21. 9. 2006 Rs. C-167/04P – *JCB Service/Komm.* Slg 2006, I-8635).

[635] A. A. offenbar *Emmerich* in: Immenga/Mestmäcker, EG-WbR Bd. I, S. 130.
[636] Vgl. z. B. Komm. E. v. 22. 12. 1972 – *Cimbel*, ABl. 1972 L 303/32.
[637] Vgl. z. B. Komm. E. v. 26. 1. 1972 – *Nederlandse Cement-Handelsmaatschappij*, ABl. 1972 L 22/22; Komm. E. v. 22. 12. 1972 – *Cimbel*, ABl. 1972 L 303/32; Komm. E. v. 7. 12. 1988 – *Flachglas*, ABl. 1989 L 33/63 (Buße reduziert durch EuG U. v. 10. 3. 1992 verb. Rs. T-68, 77, 78/89 – *Flachglas* Slg. 1992, II-415).
[638] Vgl. z. B. Komm. E. v. 16. 12. 1971 – *Vereeniging von Cementhandelaren*, ABl. 1972 L 13/40 f.
[639] Vgl. z. B. Komm. E. v. 21. 11. 1975 – *Bomee-Stichting*, ABl. 1975 L 329/32.
[640] Vgl. Komm. E. v. 20. 7. 1978 – *FEDETAB*, ABl. 1978 L 224/38 (bestätigt durch EuGH U. v. 29. 10. 1980 Rs. 209–215, 218/78 – *Heintz van Landewyck U. A./Komm.* Slg. 1980, 3125 ff.).
[641] Vgl. z. B. Komm. E. v. 23. 7. 1974 – *Papiers Peints de Belgique*, ABl. 1974 L 237/7 (teilweise aufgehoben durch EuGH U. v. 26. 11. 1975 Rs. 73/74 Slg. 1975, 1491).
[642] Vgl. Komm. E. v. 10. 7. 1986 – *Dach- und Dichtungsbahnen*, ABl. 1986 L 232/23 (bestätigt durch EuGH U. v. 11. 7. 1989 – *Belasco u. a. /Komm.* Slg. 1989, 2117, 2188 Rn. 26).
[643] Vgl. Komm. E. v. 16. 9. 1998 – *Trans-Atlantic Conference Agreement*, ABl. 1999 L 95/69.
[644] Vgl. Komm. E. v. 30. 10. 1996 – *Fährdienstbetreiber-Währungsaufschläge*, ABl. 1997 L 26/31.
[645] Komm. E. v. 10. 7. 1986 – *Dach- und Dichtungsbahnen*, ABl. 1986 L 232/23 (bestätigt durch EuGH U. v. 11. 7. 1989 – *Belasco u. a./Komm.* Slg. 1989, 2117, 2188 Rn. 26).
[646] Vgl. Komm. E. v. 30. 6. 1970 – *Kodak*, ABl. 1970 L 147/25.
[647] Vgl. Komm. E. v. 30. 6. 1970 – *ASPA*, ABl. 1970 L 148/11.
[648] Vgl. Nr. II 2 Abs. 3 Satz „Bekanntmachung über Vereinbarungen, Beschlüsse und aufeinander

Art. 81 Abs. 1 EG 241–243

wettbewerbswidrig, solange sie nicht mit einer Vereinbarung oder stillschweigenden Abstimmung einheitlicher Preise, Skonti oder Geschäftsbedingungen verbunden war. Einheitliche Bankbedingungen für die Gewährung von Krediten bzw. Bürgschaften verstoßen ebenfalls nicht ipso jure gegen Art. 81 Abs. 1 EG,[649] ebenso wie bestimmte Geschäftsbedingungen.[650] Absprachen über Öffnungszeiten sind zwar ein Konditionenkartell, das aber nicht unbedingt spürbar ist.[651]

241 cc) **Besondere Sektoren. (1)** Zu den sonstigen Geschäftsbedingungen im Sinne des Art. 81 Abs. 1 Buchstabe a) EGV zählen auch die Konditionen für die – in der Praxis sehr wichtige – Teilnahme der Industrieunternehmen bzw. des Dienstleistungsgewerbes an **Messen** und **Ausstellungen**. Die auf diesem Gebiet regelmäßig vereinbarten vertraglichen „Sperrfristen", d. h. Verbote, innerhalb einer bestimmten Frist vor bzw. nach der jeweiligen Messe oder Ausstellung auf konkurrierenden Veranstaltungen auszustellen, sind wettbewerbsbeschränkend. Allerdings besteht bei diesen, wie bei anderen Konditionen die sehr reelle Möglichkeit einer Freistellung.[652]

242 **(2)** Im Bereich der Rohstoff-**Börsen**[653] gelten Satzungen bzw. Börsenordnungen als nicht wettbewerbsbeschränkend, solange z. B. die Mitgliedschaft jedem zugänglich ist, und die Beurteilung der Mitgliedsanträge aufgrund objektiver Kriterien erfolgt.[654] Demgegenüber betrachtet die Kommission ein System fester Mindestgebührensätze, das von den Mitgliedern erhoben wurde und ein freies Aushandeln der Gebührensätze ausschließt, als eine Art der Preisfestsetzung.[655]

243 c) **Informationsaustausch. aa) Allgemeines.** Der sog. Informationsaustausch über Preise bzw. Geschäftsbedingungen ist keine in Art. 81 Abs. 1 Buchstabe a) EG ausdrücklich genannte Praktik. Gleichwohl handelt es sich gewissermaßen um eine **Maßnahme gleicher Wirkung** wie eine Preis- bzw. Konditionenabsprache, da auch der Austausch von preisrelevanten Informationen die **Preisautonomie** – zumindest mittelbar[656] – beschränkt.

---

abgestimmte Verhaltensweisen, die eine zwischenbetriebliche Zusammenarbeit betreffen", ABl. C 75 v. 29. 7. 1968, S. 3 f.

[649] Vgl. EuGH U. v. 21. 1. 1999 – *Carlo Begnasco u. a.* Slg. 1999, I-183.

[650] Vgl. z. B. Komm. E. v. 19. 7. 1989 – *Niederländische Banken,* ABl. 1989 L 253/8 f.

[651] Vgl. z. B. Komm. E. v. 30. 9. 1986 – *Irish Bank's Standing Commitee,* ABl. 1986 L 295/29.

[652] Vgl. z. B. Komm. E. v. 7. 11. 1977 – *B. P. I. C. A.,* ABl. 1977 L 299/23; Komm. E. v. 5. 12. 1983 – *SMM & T,* ABl. 1983 L 376/1 f. *(Automobilsektor);* Komm. E. v. 13. 3. 1969 – *Europäische Werkzeugmaschinen-Ausstellungen,* ABl. 1969 L 69/13 f. und Komm. E. v. 7. 12. 1978 – *EMO,* ABl. 1979 L 11/20 sowie Komm. E. v. 20. 12. 1988 – *EMO,* ABl. 1989 L 37/14 *(Werkzeugmaschinen-Hersteller);* Komm. E. v. 24. 9. 1971 – *CEMATEX,* ABl. 1971 L 227/28 *(Textilindustrie);* Komm. E. v. 17. 7. 1975 – *UNIDI,* ABl. 1975 L 228/19 (bestätigt durch EuGH U. v. 9. 7. 1987 Rs. 43/85 – *Ancides/Komm.* Slg. 1987, 3131); Komm. E. v. 23. 11. 1984 – *UNIDI,* ABl. 1984 L 322/10, Komm. E. v. 11. 7. 1988 – *British Dental Trade Association,* ABl. 1988 L 233/21, Fn. 1; sowie Komm. E. v. 18. 9. 1987 – *Internationale Dentalschau,* ABl. 1987 L 293/60 *(zahnärztliche Geräte);* Komm. E. v. 15. 2. 1991 – *SIPPA,* ABl. 1991 L 60/21 *(Büro- und Papierartikel);* Komm. E. v. 30. 9. 1986 – *VIFKA,* ABl. 1986 L 291/46, 47 *(Büromaschinen-Hersteller).*

[653] Vgl. zum Bereich der Banken *Gleiss/Hirsch,* Kommentar zum EG-Kartellrecht, S. 149 Rn. 308–311.

[654] Vgl. Komm. E. v. 13. 12. 1985 – *Zucker,* ABl. 1985 L 369/25; Komm. E. v. 13. 12. 1985 – *Kakao,* ABl. 1985 L 369/28; Komm. E. v. 13. 12. 1985 – *Kaffee,* ABl. 1985 L 369/31; Komm. E. v. 13. 12. 1985 – *Kautschuk,* ABl. 1985 L 369/34; Komm. E. v. 4. 12. 1986 – *International Petroleum Exchange of London,* ABl. 1987 L 3/29 sowie Komm. E. v. 13. 7. 1987 – *BIFFEX,* ABl. 1987 L 222/24 f.

[655] Vgl. Komm. E. v. 10. 12. 1986 – *The London Grain Futures Market,* ABl. 1987 L 19/24; Komm. E. v. 10. 12. 1986 – *The London Potato Futures Association Limited,* ABl. 1987 L 19/28; Komm. E. v. 10. 12. 1986 – *The London Meat Futures Exchange Limited,* ABl. 1987 L 19/31; Komm. E. v. 10. 12. 1986 – *GAFTA Soya Bean Meal Futures Association,* ABl. 1987 L 19/20.

[656] Komm. E. v. 13. 7. 1994 – *Karton,* ABl. 1994 L 243/43 (bestätigt in 5 Fällen, vgl. z. B. EuG U. v. 14. 5. 1998 Rs. T-295/94 – *Buchmann* Slg. 1998, II-813; teilweise aufgehoben in 11 Fällen, vgl.

bb) Begriff. Unter einem Informationsaustausch versteht man ein gegenseitiges, mehr 244
oder weniger regelmäßiges und umfängliches Unterrichten über jeweils praktizierte Preise,
Preisbestandteile bzw. andere Geschäftsbedingungen. Dieses Instruments bedienen sich
Unternehmen – meist in horizontaler Beziehung – entweder um eine Preis- oder Konditionenabsprache zu ermöglichen bzw. abzusichern (vgl. nachfolgend Rn. 245), oder an
Stelle einer solchen (vgl. Rn. 247). Absprachen über den Austausch von Informationen
kommen ferner im Rahmen von Produktions- bzw. Absatzbeschränkungen im Sinne des
Art. 81 Abs. 1 Buchstabe b) EG (vgl. hierzu nachfolgend Rn. 278f.),[657] sowie Marktaufteilungen im Sinne des Art. 81 Abs. 1 Buchstabe c) EG (vgl. hierzu Rn. 304) vor.

cc) Informationsaustausch als Nebenabrede. In der Praxis dient eine Vereinbarung 245
über einen gegenseitigen Informationsaustausch oftmals der **Durchführung, Verstärkung, Ergänzung oder Absicherung von Absprachen** über Preise bzw. sonstige Geschäftsbedingungen im Sinne des Art. 81 Abs. 1 Buchstabe a). In der Anlaufphase versetzt
die mehr oder weniger umfängliche Bestandsaufnahme über die bisher praktizierten Preise
die Kartellteilnehmer oftmals erst in die Lage, Preisabsprachen, z.B. in Gestalt von einheitlichen Preisen oder Zielpreisen,[658] zu treffen. In der Folgezeit dient der periodische gegenseitige Informationsaustausch zum einen der – insbesondere bei umfangreichen Kartellen
mit vielen Teilnehmern wichtigen aber entsprechend schwierigeren – Kontrolle, z.B. ob
das tatsächlich praktizierte Preisniveau den zuvor vereinbarten Mindestpreisen[659] entspricht,
und ermöglicht zum anderen die ggf. erforderlichen Anpassungen an sich ändernde wirtschaftliche Gegebenheiten. Somit soll der Informationsaustausch letztlich den „effet utile"
der jeweiligen Preis- bzw. Konditionenabsprache sichern.

Ein einvernehmlicher Austausch von Preisinformationen kann freilich auch dazu dienen, 246
andere, d.h. nicht, bzw. nicht unmittelbar preisbezogene Wettbewerbsverstöße abzusichern,
wie z.B. eine Marktaufteilung im Sinne des Art. 81 Abs. 1 Buchstabe c) EGV.[660]

Von einem derartigen Informationsaustausch zu unterscheiden sind sonstige, ebenfalls 247
der Absicherung von Preis- bzw. Konditionenabsprachen dienende Maßnahmen, wie z.B.
Geldstrafen oder andere **Sanktionen** im Falle unzureichender Kartelldisziplin[661] (vgl.
hierzu auch Rn. 255). Solche Maßnahmen verstärken den wettbewerbsbeschränkenden
Charakter der Hauptabrede. Aus dem Fehlen derartiger Sanktionen lässt sich freilich nicht
schließen, dass eine den Wettbewerb beschränkende Preisfestsetzungsvereinbarung nicht
vorlag.[662]

dd) Informationsaustausch als Hauptabrede. Die Bekanntmachung der Kommis- 248
sion über horizontale Zusammenarbeit (vgl. Rn. 199) schließt, ebenso wie bereits die zeitgleich aufgehobene „Bekanntmachung über zwischenbetriebliche Zusammenarbeit",[663]
einen Austausch von Meinungen und Erfahrungen, die gemeinsame Marktforschung und

---

z.B. EuG U. v. 14. 5. 1998 Rs. T-304/94 – *Europa Carton* Slg. 1998, II-869 und aufgehoben in einem
Fall, EuG U. v. 14. 5. 1998 Rs. 337/94 – *Enso-Gutzeit* Slg. 1998, II-1571).

[657] Ein Überblick über die frühe Kommissionspraxis findet sich bei *Schulte* WuW 1978, 566f.

[658] Vgl. z.B. Komm. E. v. 2. 7. 2002 – *Methionin*, ABl. 2003 L 255/5 (Buße reduziert durch. EuG
U. v. 5. 4. 2006 Rs. T-279/02 – *Degussa/Komm.* Slg. 2006, II-897; Rechtsmittel anhängig C-266/
06P).

[659] Vgl. z.B. Komm. E. v. 30. 6. 1992 – *Scottish Salmon Board*, ABl. 1992 L 246/43; Komm. E. v.
14. 9. 2005 – Po/Thread, ABl. C 21/10, 12 (Zusammenfassung).

[660] Vgl. hierzu z.B. Komm. E. v. 30. 11. 1994 – *Zement*, ABl. 1994 L 343/103 (im Wesentlichen
bestätigt durch EuG U. v. 15. 3. 2000 Rs. T-25/95 usw. – *Cimenteries CBR SA UA/Komm.* –
Rn. 1458f., vgl. hierzu die Pressemitteilung WuW 2000, 425f.; sowie EuGH U. v. 7. 1. 2004 verb.
Rs. C-204/00 P usw. – *Aalborg Portland u. a.* Slg. 2004, I-123.

[661] Vgl. z.B. Komm. E. v. 22. 12. 1972 – *G.I.S.A.*, ABl. 1972 L 303/48; Komm. E. v. 13. 7.
1983 – *VIMPOLTU*, ABl. 1983 L 200/44, 48.

[662] Vgl. z.B. Komm. E. v. 4. 12. 1992 – *Lloyd's/Institute of London*, ABl. 1993 L 4/26, 30.

[663] Vgl. ABl. 1968 C 75/3.

Art. 81 Abs. 1 EG 249, 250

die gemeinsame Vornahme von Betriebs- und Branchenvergleichen, nicht von vornherein aus. Davon zu unterscheiden ist allerdings ein Informationsaustausch über **Preise,** wenn er z.B. darauf gerichtet ist, bestehende Preisunterschiede nach und nach zu verringern.[664] Denn nach ständiger Kommissionspraxis verstößt es gegen Art. 81 Abs. 1 EG, wenn ein Hersteller seinen Wettbewerbern die wesentlichen Faktoren seiner Preispolitik, wie seine Preislisten, die von ihm angewandten Rabatte, Steigerungssätze, Zeitpunkte der Preisänderungen, Preisaufschläge und -abschläge, Gutschriften und/oder andere individualisierte Unternehmensdaten, wie z.B. Umsätze,[665] mitteilt.[666] Das Gleiche gilt, wenn sich Konkurrenten verpflichten, Informationen über ihre jeweils angewandten **sonstigen Geschäftsbedingungen,** wie z.B. Verkaufs-, Lieferungs-, und Zahlungsbedingungen,[667] auszutauschen.[668] Während Informationsaustausche bisher vor allem durch das entsprechende Verteilen schriftlicher Unterlagen, sei es auf dem Postwege oder im Rahmen periodischer Treffen stattfanden, spielt die elektronische Post bzw. Datenübertragung[669] und die damit für die Wettbewerbsbehörden einhergehende Herausforderung hinsichtlich der Beweisführung eine zunehmende Rolle.

249 Das unter wettbewerbsrechtlichen Gesichtspunkten verwerfliche Element besteht darin, dass der Informationsaustausch die „notwendige Atmosphäre gegenseitiger Gewissheit" hinsichtlich der zukünftigen Preisstellung schafft.[670] Mit anderen Worten, es handelt sich um eine Maßnahme gleicher, zumindest aber ähnlicher Wirkung wie eine Preis- bzw. Konditionenvereinbarung im Sinne des Art. 81 Abs. 1 Buchstabe a) EG, – deren Nachweis die Kommission indes nicht selten vor eine geringere Hürde stellt, als manche Preisabsprache. Im Gegensatz zu einer Preis- bzw. Konditionenabsprache im Sinne des Art. 81 Abs. 1 Buchstabe a) EG ist eine Freistellung jedoch nicht ausgeschlossen, so z.B. im Falle bestimmter Konsultationen über Fluggast- und Frachttarife,[671] was freilich nicht generell für bi- oder multilaterale Tarifvereinbarungen zwischen Fluggesellschaften gilt.[672]

3. Buchstabe b): Einschränkung oder Kontrolle der Erzeugung, des Absatzes, der technischen Entwicklung oder der Investitionen

250 a) **Überblick.** Art. 81 Abs. 1 Buchstabe b) EG erfasst gleich **vier Varianten** von Wettbewerbsbeschränkungen, nämlich die Einschränkung bzw. Kontrolle der Erzeugung (vgl.

---

[664] Vgl. 7. WB, Kapitel I, § 2.
[665] Vgl. z.B. Komm. E. v. 8. 9. 1977 – *COBELPA/VNP,* ABl. 1977 L 242/15; Komm. E. v. 23. 12. 1977 – *Pergamentpapier,* ABl. 1978 L 70/62; Komm. E. v. 17. 12. 1980 – *italienisches Gussglas,* ABl. 1980 L 383/25; Komm. E. v. 13. 7. 1983 – *VIMPOLTU,* ABl. 1983 L 200/44, 48–49; Komm. E. v. 26. 11. 1986 – *MELDOC,* ABl. 1986 L 348/50, 61; Komm. E. v. 5. 2. 1992 – *Niederländische Bauwirtschaft,* ABl. 1992 L 92/25 (bestätigt durch EuG U. v. 21. 2. 1995 Rs. T-29/92 – *SPO u. a./Komm.* Slg. 1995, II-289, 341 Rn. 146); Komm. E. v. 13. 7. 1994 – *Karton,* ABl. 1994 L 243/43 (bestätigt in 5 Fällen, vgl. z.B. EuG U. v. 14. 5. 1998 Rs. T-295/94 – *Buchmann* Slg. 1998, II-813; teilweise aufgehoben in 11 Fällen, vgl. z.B. EuG U. v. 14. 5. 1998 Rs. T-304/94 – *Europa Carton* Slg. 1998, II-869 und in einem Fall aufgehoben, EuG U.v. 14. 5. 1998 Rs. 337/94 – *Enso-Gutzeit* Slg. 1998, II-1571); Komm. E. v. 30. 11. 1994 – *Zement,* ABl. 1994 L 343/103 (im Wesentlichen bestätigt durch EuG U. v. 15. 3. 2000 verb. Rs. T-25/95 usw. – *Cimenteries CBR u.a./Komm.* Slg. 2000, II-491 f.; sowie EuGH U. v. 7. 1. 2004 verb. Rs. C-204/00 P usw. – *Aalborg Portland u. a.* Slg. 2004, I-123.
[666] Vgl. Komm. E. v. 23. 12. 1977 – *Pergamentpapier,* ABl. 1971 L 70/54.
[667] Vgl. Komm. E. v. 8. 9. 1977 – *COBELPA/VNP,* ABl. 1977 L 242/15.
[668] Vgl. z.B. Komm. E. v. 15. 5. 1974 – *IFTRA-Verpackungsglas,* ABl. 1974 L 160/13; Komm. E. v. 15. 7. 1975 – *IFTRA-Hüttenaluminium,* ABl. 1975 L 228/11.
[669] Vgl. hierzu z.B. *Ahlborn/Seeliger* EuZW 2001, 552 f.; *Kirchner* WuW 2001, 1030 f.
[670] Vgl. Komm. E. v. 14. 10. 1998 – *British Sugar u. a.,* ABl. 1999 L 76/25.
[671] Vgl. Komm. E. v. 26. 2. 1992 – *British Midland/Aer Lingus,* ABl. 1992 L 96/34, 42.
[672] Vgl. hierzu EuGH U. v. 11. 4. 1989 Rs. 66/86 – *Ahmed Saeed Flugreisen* Slg. 1989, 803 f.

Rn. 252 ff.), des Absatzes, (vgl. Rn. 263 ff.) der technischen Entwicklung (vgl. Rn. 282 ff.) und der Investitionen (vgl. Rn. 286 ff.) und damit, kurz gesagt, zentrale Etappen der Existenz, Erneuerung und Vermarktung von Waren und Dienstleistungen. „Einschränkung" ist ein denkbar weiter Begriff, der praktisch jede spürbare Form der Behinderung erfasst. Indes gilt auch hier, wie bei allen übrigen Regelbeispielen, dass ein Verstoß gegen Art. 81 Abs. 1 EG nur dann vorliegt, wenn alle anderen Tatbestandsmerkmale dieser Vorschrift erfüllt sind. Demgegenüber spielt die in Art. 81 Abs. 1 Buchstabe b) EG ebenfalls genannte „Kontrolle", die eine Steigerungsform der „Einschränkung" darstellt und seltener vorkommt, keine eigenständige Rolle, wirkt sich aber ggf. auf die Bußgeldbemessung aus.

In der Praxis betreffen Beschränkungen bzw. Kontrollen in erster Linie die **Erzeugung** und/oder den **Absatz;** sehr viel seltener die technische Entwicklung bzw. die Investitionen. Alle vier Varianten dienen letztlich, wenn auch ggf. nicht so unmittelbar wie Preis- oder Konditionenkartelle im Sinne des Art. 81 Abs. 1 Buchstabe a) EG, der Beeinflussung der Preise und damit der Gewinnspanne. Während Preiskartelle aber in aller Regel ausschließlich dem Individualinteresse dienen, besteht zumindest in den Bereichen von Erzeugung und technischer Entwicklung potentiell auch ein ständiges kollektives, d. h. öffentliches Interesse, weshalb gerade insoweit Freistellungen möglich sind, sofern z. B. die Voraussetzungen der GVOen über Spezialisierungsvereinbarungen[673] bzw. Forschung und Entwicklung[674] erfüllt sind.

b) Erzeugung. aa) Allgemeines. Seinem Wortlaut nach bezieht sich der Begriff „Erzeugung" (vgl. hierzu die praktisch gleichlautende Vorschrift des Art. 82 Abs. 2 Buchstabe b) EG) nur auf Waren. Dies dürfte darauf zurückzuführen sein, dass im Gründungsjahr 1957 Waren in den Volkswirtschaften der sechs Gründungsstaaten noch eine zentralere Rolle spielten, die jedoch durch die zwischenzeitliche Entwicklung des Dienstleistungssektors relativiert wurde. Nach heutigem Verständnis erfasst diese Fallgruppe daher jede **Einschränkung bzw. Kontrolle des Angebots** von Waren und Dienstleistungen.[675] Art und wirtschaftliche Bedeutung der jeweiligen Waren bzw. Dienstleistungen spielen für das Vorliegen des Tatbestandsmerkmals keinerlei Rolle, wohl aber ggf. für die Bemessung des Bußgeldes.

In der Praxis dienen diese auf eine Verknappung des Angebots gerichteten Praktiken der unmittelbaren Einflussnahme auf die Preise und kommen auch in Verbindung mit anderen Wettbewerbsbeschränkungen, z. B. Preisabsprachen[676] und Marktaufteilungen vor.

bb) Fälle. Den Paradefall einer Einschränkung bzw. Kontrolle der Erzeugung bildet das **Produktionsverbot.** Es betrifft meist bereits existierende Produktionskapazitäten,[677] kann aber auch die Form eines Verbots neuer Kapazitäten[678] bzw. neuer Produktionstätigkeiten[679] annehmen. Hierdurch wird das bisherige Angebot beseitigt bzw. dafür gesorgt, dass

---

[673] Vgl. Verordnung Nr. 2658/2000 der Kommission vom 29. November 2000 über die Anwendung von Art. 81 Abs. 3 des Vertrages auf Gruppen von Spezialisierungsabkommen, ABl. 2000 L 304/3 f.

[674] Vgl. Verordnung Nr. 2659/2000 der Kommission vom 29. November 2000 über die Anwendung von Art. 81 Abs. 3 des Vertrages auf Gruppen von Vereinbarungen über Forschung und Entwicklung, ABl. 2000 L 304/7 f.

[675] Vgl. z. B. Komm. E. v. 23. 12. 1992 – *CEMBAL,* ABl. 1993 L 34/29.

[676] Vgl. *Waelbroeck/Frignani,* Le droit de la CE, Band 4, 2. Auflage, 1997, S. 573 Rn. 549.

[677] Vgl. z. B. Komm. E. v. 16. 7. 1969 – *Internationales Chininkartell,* ABl. 1969 L 192/17 (Buße ermäßigt durch EuGH U. v. 15. 7. 1970 Rs. 41/69 – *ACF Chemiefarma/Komm.* Slg. 1970, 661 f., sowie EuGH U. v. 15. 7. 1970 Rs. 44/69 – *Buchler/Komm.* Slg. 1970, 733 f. und EuGH U. v. 15. 7. 1970 Rs. 45/69 – *Boehringer/Komm.* Slg. 1970, 769 f.).

[678] Vgl. z. B. Komm. E. v. 5. 5. 1969 – *Convention Chaufourniers,* ABl. 1969 L 122/10.

[679] Vgl. hierzu z. B. Komm. E. v. 27. 6. 1967 – *Transocean Marine Paint Association,* ABl. 1967, 163/13; siehe ferner Komm. E. v. 29. 4. 1994 – *Stichting Baksteen,* ABl. 1994 L 131/19.

ein solches erst gar nicht entsteht; Letzteres ist allerdings eher selten. Da sich kein Unternehmen einen generellen Produktionsstillstand leisten kann, jedenfalls nicht über einen längeren Zeitraum, sind Produktionsverbote in aller Regel auf *bestimmte* Arten von Waren bzw. Dienstleistungen beschränkt und ggf. zeitlich befristet. Nicht desto weniger handelt es sich grundsätzlich um einen besonders schweren Wettbewerbsverstoß, zumal wenn das Verbot einen oligopolistischen Markt trifft.[680] Eine Maßnahme gleicher Wirkung wie ein Produktionsverbot ist die unter Wettbewerbern eingegangene Verpflichtung, neue Produktionsanlagen nur mit Zustimmung aller Beteiligten zu errichten.[681] Hierin liegt zugleich eine Beschränkung der Investitionen im Sinne des Art. 81 Abs. 1 Buchstabe b) (vgl. hierzu nachfolgend Rn. 286 ff.) Freilich bewirkt nicht jedes Produktionsverbot eine spürbare Einschränkung des Wettbewerbs.[682] Eine Verpflichtung, nicht außerhalb eines bestimmten Mitgliedstaats herzustellen, ist freistellbar, wenn sie z.B. im Zusammenhang mit Patentrechten steht.[683]

254 Eine weitere, in der Praxis ungleich häufigere Beschränkung des Angebots bewirken Vereinbarungen, Beschlüsse bzw. aufeinander abgestimmte Verhaltensweisen über **Produktionsquoten.** Sie dienen dazu, das oder die Produktionsvolumen eines Unternehmens im Voraus für einen gegebenen Zeitraum festzulegen, um durch diese Verknappung des Angebots die Preise dem Einfluss der Verbrauchernachfrage so weit wie möglich zu entziehen.[684] Nicht selten wird das jedem Kartellbeteiligten zugestandene Produktionskontingent auf der Grundlage seiner bisherigen Markanteile ermittelt, um das bestehende Kräfteverhältnis „einzufrieren" und nicht zuletzt die Beschränkung der Produktion akzeptabler zu machen.[685] Doch auch Absprachen über Produktionsquoten sind, wie wohl die meisten anderen Regelbeispiele, nicht statisch, sondern dynamisch, weil sie dem Wandel der wirtschaftlichen Gegebenheiten bzw. der Interessen der Kartellmitglieder und anderer variablen Faktoren unterworfen sind. Derartige Praktiken sind auch im Falle einer konjunkturellen bzw. strukturellen Krisensituation (vgl. zum Strukturkrisenkartell nachfolgend Rn. 259 ff.) wettbewerbswidrig und selten freistellbar.

255 Vereinbarungen über Produktions-, wie übrigens auch Lieferquoten (vgl. hierzu unten Rn. 265 ff.) werden oft von weiteren Vereinbarungen, Beschlüssen bzw. aufeinander abgestimmten Verhaltensweisen begleitet, die eine **Absicherung** bzw. mehr oder weniger ständige gegenseitige **Kontrolle** der Kartellteilnehmer bezwecken – also gewissermaßen den „effet utile" der Absprache gewährleisten sollen. Der Gewährleistung der Kartelldisziplin dient z.B. auch die Vereinbarung, im Falle eines Überschreitens der jeweiligen Quote eine Ausgleichszahlung bzw. Strafe zahlen zu müssen[686] (vgl. hierzu auch Rn. 247). Derartige

---

[680] Vgl. z.B. Komm. E. v. 14. 12. 1982 – *Zinkbleche*, ABl. 1982 L 362/48 (teilweise aufgehoben durch EuGH U. v. 28. 3. 1984 verb. Rs. 29/83 und 30/83 – *Compagnie Asturienne des Mines SA und Rheinzink GmbH/Komm.* Slg. 1984, 1679).

[681] Vgl. z.B. Komm. E. v. 22. 12. 1972 – *Cimbel*, ABl. 1972 L 303/24, 33–34.

[682] Vgl. z.B. Komm. E. v. 5. 5. 1969 – *Convention Chaufourniers*, ABl. 1969/10.

[683] Vgl. z.B. Komm. E. v. 15. 12. 1986 – *Boussois/Interpane*, ABl. 1987 L 50/34.

[684] Vgl. Komm. E. v. 17. 12. 1980 – *Gußglas in Italien*, ABl. 1980 L 383/24.

[685] Vgl. Komm. E. v. 6. 8. 1984 – *Zinc Producer Group*, ABl. 1984 L 220/27, 38; Komm. E. v. 26. 11. 1986 – *MELDOC*, ABl. 1986 L 348/60; Komm. E. v. 13. 7. 1994 – *Karton*, ABl. 1994 L 243/41 (in 5 Fällen bestätigt, vgl. z.B. EuG U. v. 14. 5. 1998 Rs. T-295/94 – *Buchmann* Slg. 1998, II-813; in 11 Fällen teilweise aufgehoben, vgl. z.B. EuG U. v. 14. 5. 1998 Rs. T-304/94 – *Europa Carton* Slg. 1998, II-869 und in einem Fall aufgehoben, EuG U. v. 14. 5. 1998 Rs. 337/94 – *Enso-Gutzeit* Slg. 1998, II-1571).

[686] Vgl. Komm. E. v. 22. 12. 1972 – *Cimbel*, ABl. 1972 L 303, 32; Komm. E. v. 27. 7. 1994 – *PVC II*, ABl. 1994 L 239/14; Komm. E. v. 2. 8. 1989 – *Betonstahlmatten*, ABl. 1989 L 260/1 (in 5 Fällen bestätigt, vgl. z.B. EuG U. v. 6. 4. 1995 Rs. T-147/89 – *Société Métallurgique de Normandie* Slg. 1995, II-1057; in 6 Fällen teilweise aufgehoben, vgl. z.B. EuG U. v. 6. 4. 1995 Rs. T-145/89 – *Baustahlgewebe* Slg. 1995, II-987).

zusätzliche Ausgleichssysteme sind wettbewerbswidrig, haben aber im Verhältnis zur Vereinbarung über Produktions- bzw. Lieferquoten keine selbständige Bedeutung.

Beschränkungen des Angebots kommen außerdem im **Dienstleistungsbereich** vor, 256 wobei auch hier bestimmte Sektoren anfälliger sind als andere. So war die Kommission in den letzten Jahren z. B. wiederholt mit Angebotsbeschränkungen im Bereich der Schiffsbeförderungsdienstleistungen[687] befasst, die von wettbewerbswidrigen Beschränkungen des Angebots an Beförderungsleistungen[688] bis zu Vereinbarungen über die Nichtnutzung von Schiffstransportkapazitäten[689] reichen, wobei Freistellungen allerdings nicht ausgeschlossen sind.[690]

cc) **Besondere Fälle.** (1) Zu den besonderen, die Angebotsseite beschränkenden 257 Wettbewerbsbehinderungen zählt das sog. **Spezialisierungskartell.**[691] Hierunter versteht man eine in der Regel zwischen zwei, seltener zwischen mehreren Konkurrenten getroffene vertragliche Vereinbarung, mit der jeder Kontrahent einen Teil seiner Warenproduktion arbeitsteilig zugunsten des anderen Partners aufgibt, um sich auf bestimmte Produkte bzw. Erzeugnisse zu spezialisieren.[692] Manche Spezialisierungsvereinbarungen zielen zugleich auf einen Abbau von Kapazitäten.[693] Eine Spezialisierung[694] setzt mithin eine entsprechende Produktpalette voraus (im Dienstleistungsbereich kommen Spezialisierungen praktisch nicht vor), wobei sie entweder ein Fertigprodukt betrifft, was die Regel ist, oder Halbfertigprodukte bzw. bestimmte Produktionstechniken. Eine Spezialisierung schränkt, je nach Konstellation, nicht nur den Angebots-, sondern auch den Innovations- bzw. den Nachfragewettbewerb ein. Da ein Spezialisierungsabkommen jedoch eine Verbesserung der Warenerzeugung und/oder eine Förderung des technischen bzw. wirtschaftlichen Fortschritts im Sinne des Art. 81 Abs. 3 EG bewirken kann, sind Freistellungen[695] vergleichsweise häufig.[696] Dies gilt auch für sog. de facto-Spezialisierungen.[697]

Ein verbreitetes Instrument der Spezialisierung bzw. gemeinsamen Herstellung bestimm- 258 ter Waren ist das **Gemeinschaftsunternehmen,**[698] wobei zwischen der kooperativen[699] und der, nach der europäischen Fusionskontrollverordnung zu beurteilenden konzentrativen Form zu unterscheiden ist.[700] In der Praxis besteht auch hier die Möglichkeit einer

---

[687] Vgl. hierzu die VO Nr. 4056 des Rates v. 22. 12. 1986 über die Einzelheiten der Anwendung der Art. 85 und 86 des Vertrages auf den Seeverkehr; ABl. 1986 L 378/4.

[688] Vgl. Komm. E. v. 1. 4. 1992 – *Frankreich-Westafrika-Fahrt,* ABl. 1992 L 134/14 (bestätigt durch EuG U. v. 8. 10. 1996 verb. Rs. T-24–26 und T-28/93 – *Compagnie maritime belge transports SA U. A./Komm.* Slg. 1996, II-1201), sowie Komm. E. v. 23. 12. 1992 – *CEMBAL,* ABl. 1993 L 34/28.

[689] Vgl. Komm. E. v. 30. 4. 1999 – *EATA,* ABl. 1999 L 193/44.

[690] Vgl. z. B. Komm. E. v. 19. 10. 1994 – *Trans Atlantic Agreement,* ABl. 1994 L 376/30 (teilweise aufgehoben durch EuG U. v. 28. 2. 2002 Rs. T-395/94 – *Atlantic Container/Komm.* Slg. 2002, II-875).

[691] Einen Überblick über die verschiedenen Arten von Spezialisierungsvereinbarungen gibt *Ritter/ Rawlinson/Braun,* S. 158–161.

[692] Vgl. Komm. E. v. 17. 12. 1980 – *Gussglas in Italien,* ABl. 1980 L 383/24; Komm. E. v. 5. 12. 1983 – *VW-MAN,* ABl. 1983 L 376/13.

[693] Vgl. z. B. Komm. E. v. 4. 12. 1986 – *ENI/Montedison,* ABl. 1987 L 5/16.

[694] Vgl. allgemein zu Forschungs- und Entwicklungskooperationen, *Meyer* WuW 1993, 193 f.

[695] Vgl. die GVO Nr. 2658/2000 der Kommission vom 29. 11. 2000 über die Anwendung von Art. 81 Abs. 3 des Vertrages auf Gruppen von Spezialisierungsvereinbarungen, ABl. 2000 L 304/3.

[696] Vgl. z. B. Komm. E. v. 19. 7. 1984 – *BPCL/ICI,* ABl. 1984 L 212/8; Komm. E. v. 12. 1. 1990 – *Alcatel/Espace/ANT Nachrichtentechnik,* ABl. 1990 L 32/19, 24 f.

[697] Vgl. z. B. Komm. E. v. 5. 5. 1988 – *Bayer/BP Chemicals,* ABl. 1988 L 150/35, 38.

[698] Vgl. zur Stellung von Gemeinschaftsunternehmen im europäischen Wettbewerbsrecht, *Mälzer* WuW 1992, 705 f.; vgl. ferner z. B. Komm. E. v. 21. 12. 1992 – *Fiat/Hitachi,* ABl. 1992 L 20/12; Komm. E. v. 23. 12. 1992 – *Ford/Volkswagen,* ABl. 1992 L 20/16.

[699] Vgl. die GVO Nr. 2658/2000 der Kommission vom 29. 11. 2000 über die Anwendung von Art. 81 Abs. 3 des Vertrages auf Gruppen von Spezialisierungsvereinbarungen, ABl. 2000 L 304/3.

[700] Vgl. z. B. Komm. E. v. 18. 5. 1994 – *Exxon/Shell,* ABl. 1994 L 144/27.

Freistellung, deren Voraussetzungen dank einer entsprechend langen Kommissionspraxis[701] recht klar definiert sind.[702]

259 (2) Besonders nachhaltig wird das jeweilige Angebot durch **Strukturkrisenkartelle** beeinträchtigt. Darunter versteht man eine auf die – möglichst rasche – Verringerung von Produktionskapazitäten gerichtete Vereinbarung bzw. aufeinander abgestimmte Verhaltensweise, die im Wesentlichen durch die Schließung von Produktionsstätten, und/oder Begrenzung bestimmter bzw. aller Produktionskapazitäten gekennzeichnet ist. Überkapazitäten können strukturelle bzw. konjunkturelle Gründe haben, was in der Regel bedeutet, dass sie – im Gegensatz zu Spezialisierungsabkommen – (vgl. hierzu vorstehend Rn. 257 ff.). einen ganzen Sektor treffen und zwar über einen längeren Zeitraum. Nach ständiger Kommissionspraxis berechtigen derartige Überkapazitäten die Unternehmen der betroffenen Sektoren jedoch nicht, zwecks Abhilfe gegen die gemeinschaftsrechtlichen Wettbewerbsregeln zu verstoßen,[703] einerlei ob durch Beschränkung der Produktion, oder durch andere Wettbewerbsbeschränkungen, wie z.B. Absprachen über Mindestpreise.[704] Denn das Gemeinschaftsrecht geht davon aus, dass auch Krisensituationen, die jeder Marktwirtschaft nicht nur inhärent sind, sondern in freiheitlich geprägten Volkswirtschaften eben nicht von Staats wegen „wegverordnet" werden, grundsätzlich mit marktwirtschaftlichen Mitteln gelöst werden sollten. Dieses wettbewerbspolitische Konzept mutet allerdings, zumal im Zeitalter fortschreitender Globalisierung, ein wenig idealistisch an, da der Wirkungsgrad marktwirtschaftlicher Mittel sehr von den jeweiligen Umständen, wie Anzahl und Gewicht der betroffenen Sektoren, Schwere der Krise(n), usw. abhängen. Dem trägt die Kommission Rechnung, indem sie Strukturkrisenkartelle freistellt, sofern folgende Bedingungen erfüllt sind:[705] Die Vereinbarung muss zur Verbesserung der Warenerzeugung beitragen. Die Verbraucher müssen an den Vorteilen der Vereinbarung angemessen beteiligt werden. Die in der Vereinbarung enthaltenen Wettbewerbsbeschränkungen müssen für die angestrebte Sanierung unabdingbar sein. Eine Ausschaltung des Wettbewerbs zwischen den Beteiligten ist nicht zu befürchten.

260 Ansonsten trägt die Kommission den strukturellen Schwierigkeiten der betroffenen Unternehmen Rechnung, indem sie entweder keine,[706] oder eine verhältnismäßig geringe Buße verhängt,[707] wofür eine lediglich stagnierende oder rückläufige Marktentwicklung allerdings nicht genügt.[708] Schließlich ist eine Freistellung[709] auch im Falle von Strukturkrisenkartellen[710] nicht ausgeschlossen.[711]

---

[701] Vgl. 23. WB, Teil 2, Kapitel I, A, § 1 Rn. 210.

[702] Vgl. Komm. E. v. 22. 7. 1969 – *Buderus,* ABl. 1969 L 195/1; Komm. E. v. 22. 7. 1969 – *Jaz-Peter,* ABl. 1969 L 195/5; Komm. E. v. 20. 6. 1971 – *FN,* ABl. 1971 L 134/6; Komm. E. v. 20. 12. 1971 – *Sopelem,* ABl. 1972 L 13/47; Komm. E. v. 17. 1. 1972 – *MAN/SAVIEM,* ABl. 1972 L 31/32; Komm. E. v. 26. 7. 1972 – *Feinpapier,* ABl. 1972 L 182/26; Komm. E. v. 15. 12. 1975 – *Bayer/Gist-Brocades,* ABl. 1975 L 301/18; Komm. E. v. 14. 9. 1999 – *GEAE/P & W,* ABl. 2000 L 58/16 f.

[703] Vgl. z.B. Komm. E. v. 22. 12. 1972 – *Cimbel,* ABl. 1972 L 303/24, 37; Komm. E. v. 6. 8. 1984 – *Zinc Producer Group,* ABl. 1984 L 220/39.

[704] Vgl. Komm. E. v. 30. 7. 1992 – *Scottish Salmon Board,* ABl. 1992 L 246/37, 43.

[705] Vgl. 12. WB, 1982 Rn. 39.

[706] Vgl. Komm. E. v. 17. 12. 1980 – *Gußglas in Italien,* ABl. 1980 L 383/19, 26.

[707] Vgl. z.B. Komm. E. v. 8. 12. 1999 – *Nahtlose Stahlrohre,* ABl. 2003 L 140/22 (im Wesentlichen bestätigt durch EuG U. v. 8. 7. 2004 Rs. T-44/00 – *Mannesmannröhren-Werke/Komm.* Slg. 2004, II-2325; EuG U v. 8. 7. 2004 Rs. T-48/00 – *Corus UK/Komm.* Slg. 2004, II-2325; EuG U. v. 8. 7. 2004 Rs. T-50/00 – *Dalmine SpA/Komm.* Slg. 2004, II-2395; EuG U. v. 8. 7. 2004 Rs. T-67/00 – *JFE Engineering Corp. u. a./Komm.* Slg. 2004, II-2501; bestätigt durch EuGH U. v. 25. 1. 2007 Rs. C-411/04P – *Salzgitter Mannesmann/Komm.* Slg. 2007, I-959; Rs. C-407/04P – *Dalmine Spa/Komm.* Slg. 2007, I-829; verb. Rs. C-403/04P u. C-405/04P – *Sumitomo Metal Industries/Komm.* Slg. 2007, I-729).

[708] Vgl. z.B. Komm. E. v. 27. 11. 2002 – *Methylglukamin,* ABl. 2004 L 38/43.

[709] Vgl. hierzu den 12. WB, Erster Teil, Kapitel I, Abschnitt 8.

[710] Vgl. den 12. und 23. WB, Kapitel I, § 5, Rn. 82–89.

[711] Vgl. z.B. Komm. E. v. 4. 7. 1984 – *Kunstfasern,* ABl. 1984 L 207/17, 22; Komm. E. v. 19. 7.

(3) Den umgekehrten und mit Abstand selteneren Fall stellt das **Zuteilungskartell**[712] 261
dar, wenn Unternehmen in Gestalt einer entsprechenden Vereinbarung bzw. Beschlusses
oder abgestimmten Verhaltensweise bestimmte Waren bzw. Erzeugnisse unter sich aufteilen,
weil das Angebot nicht ausreicht, um die Nachfrage zu befriedigen.[713]

(4) Zu den Beschränkungen des Angebotes im weiteren Sinne zählen schließlich auch 262
die **Vereinbarungen über Normen und Typen**, z. B. die Verpflichtung, bei der Herstellung und dem Vertrieb die durch ein drittes Unternehmen geschaffenen technischen Normen einzuhalten[714] oder die Vereinbarung, Geräte nach einem bestimmten zuvor vereinbarten Energieeffizienzstandard herzustellen, was in diesem Fall eine Freistellung nicht ausschließt.[715]

c) Absatz. aa) Allgemeines. Die Einschränkung bzw. Kontrolle des Absatzes zielt auf 263
die Begrenzung bzw. Ausschaltung der **individuellen Absatzpolitik** und bildet in der Praxis einen wenn nicht sogar *den* Mittelpunkt der vier in Art. 81 Abs. 1 Buchstabe b) EG erfassten Varianten. Diese – trotz ihres Wortlauts gleichermaßen für Waren und Dienstleistungen geltende – Vorschrift soll verhindern, dass Unternehmen durch eine mehr oder weniger umfängliche Beschränkung ihres Absatzes die Beseitigung von staatlichen Handelsschranken – und sei es nur vorübergehend – konterkarieren.[716] Leitmotiv der Kommission ist der „redliche und unverfälschte Wettbewerb", da er die Belieferung der Märkte eines Mitgliedstaats mit den dort gefragten Erzeugnissen durch Unternehmen anderer Mitgliedstaaten am besten gewährleistet.[717] Eine Beschränkung des Absatzes wirkt letztlich wie ein Produktionsverbot (vgl. hierzu oben Rn. 253 ff.), falls das jeweilige Unternehmen die betroffenen Waren nicht anderweitig verkaufen kann.

bb) Horizontales Verhältnis. (1) Verkaufsverbote. Ein vollständiges Absatzverbot, 264
in Gestalt eines Verkaufs- oder Lieferverbots, ist in aller Regel ein Wettbewerbsverstoß. In der Praxis betreffen Absatzverbote, ebenso wie Produktionsverbote (vgl. hierzu Rn. 253 ff.), mindestens ein, häufiger auch mehrere Produkte, jedoch nur in seltenen Fällen das gesamte Sortiment an Waren bzw. Dienstleistungen. Außerdem sind sie meistens zeitlich befristet, da jedes Unternehmen auf einen gewissen Mindestabsatz angewiesen ist. Daher sind Verkaufsverbote nahezu immer punktuell, wie z. B. ein Exportverbot (vgl. hierzu Rn. 295 ff.), ein Lieferverbot für bestimmte Waren[718] oder die Verpflichtung, aus Drittstaaten gekaufte Waren nicht in ihrer ursprünglichen Form an Dritte weiterzuverkaufen.[719]

(2) Quotenabsprachen. Eine verbreitete, ggf. mit einer Marktaufteilung einhergehen- 265
de[720] Variante ist die Quotenabsprache, d. h. die in Prozent, Stück, Tonnen usw. ausge-

---

1984 – *BPCL/ICI,* ABl. 1984 L 212/1 f.; Komm. E. v. 5. 5. 1999 – *Bayer/PB Chemicals,* ABl. 1988 L 150/1983; Komm. E. v. 29. 4. 1994 – *Stichting Baksteen,* ABl. 1994 L 131/19; vgl. auch Komm. v. 22. 12. 1987 – *Enichem/ICI,* ABl. 1988 L 50/22.

[712] Vgl. *Gleiss/Hirsch,* Kommentar zum EG-Kartellrecht, Art. 85 (1) 2. Kap. C, Rn. 325.
[713] Vgl. Komm. E. v. 12. 12. 1983 – *Internationale Energieagentur,* ABl. 1983 L 376/30, 34.
[714] Vgl. Komm. E. v. 20. 12. 1977 – *Video-Cassetterecorders,* ABl. 1978 L 47/45.
[715] Vgl. z. B. Komm. E. v. 24. 1. 1999 – *CECED,* ABl. 1999 L 187/51–52.
[716] Vgl. Komm. E. v. 23. 4. 1986 – *Polypropylen,* ABl. 1986 L 230/1, 36 (Buße reduziert in 6 Fällen, vgl. z. B. EuG U. v. 17. 12. 1991 Rs. T-6/89 – *Enichem* Slg. 1991, II-1623; in 8 Fällen bestätigt, vgl. z. B. EuG U. v. 24. 10. 1991 Rs. T-1/89 – *Rhone-Poulenc* Slg. 1991, II-867, im Rechtsmittel in einem Fall teilweise aufgehoben, vgl. z. B. EuGH U. v. 8. 7. 1999 Rs. C-49/92 P – *Kommission/Anic* Slg. 1999, I-4125 und in 8 Fällen bestätigt, vgl. z. B. EuGH U. v. 8. 7. 1999 Rs. C-199/92 P – *Hüls/Komm.* Slg. 1999, I-4287).
[717] Vgl. z. B. Komm. E. v. 18. 12. 1972 – *Cementregeling voor Nederland,* ABl. 1972 L 303/16.
[718] Vgl. z. B. Komm. E. v. 26. 7. 1976 – *Pabst & Richarz/BNIA,* ABl. 1976 L 231/27–28.
[719] Vgl. Komm. E. v. 19. 12. 1984 – *Aluminiumeinfuhren aus Osteuropa,* ABl. 1985 L 92/42.
[720] Vgl. z. B. Komm. E. v. 20. 12. 2001 – *Selbstdurchschreibepapier,* ABl. 2004 L 115/44 (in zwei Fällen Buße reduziert, vgl. EuG U. v. 26. April 2007 verb. Rs. T-109/02, T-118/02, T-122/02, T-125/

Art. 81 Abs. 1 EG 265

drückte mengenmäßige Beschränkung des Absatzes.[721] Als Referenz dient oftmals, ähnlich wie im Falle einer Marktaufteilung, der aktuelle oder durchschnittliche Umsatz der Beteiligten in den letzten Jahren vor der Absprache.[722] Eine derartige Praktik kann verschiedenen Zielen dienen, z. B. der Vermeidung eines sog. „ruinösen Wettbewerbs", der Senkung von Kosten, einer Vergrößerung von Marktanteilen,[723] und/oder als zusätzliche Garantie für eine Aufteilung der „Heimatmärkte"[724] (vgl. hierzu unten Rn. 290 ff.) bzw. das Zustandekommen einer Preisabsprache.[725] **Lieferquoten** legen die Angebots- und Absatzmöglichkeiten der beteiligten Unternehmen zugleich nach oben wie nach unten fest,[726] was auch dann wettbewerbswidrig bleibt, wenn sie in der Praxis nicht oder nicht genau eingehalten werden.[727] Sie werden oft im Verhältnis zum individuellen Gesamtabsatz definiert und spiegeln somit das Kräfteverhältnis der Kartellmitglieder wieder[728] bzw. zumindest die Marktanteile der größeren Hersteller.[729] Die wettbewerbsbeschränkende Wirkung einer Quotenvereinbarung wird verstärkt, wenn die Lieferquote nicht nur als Lieferrecht, sondern zugleich als Lieferpflicht ausgestaltet ist.[730] Das Gleiche gilt, wenn eine Lieferquote mit Sanktionen für den Fall ihrer Nichteinhaltung verbunden ist, z. B. einer Verpflichtung zum **Mengenausgleich** im Falle der Über- oder Unterschreitung der Quoten.[731]

02, T-126/02, T-128/02, T-129/02, T-132/02 und T-136/02 – *Bolloré SA u.a./Komm.* Slg. 2007, II-947.

[721] Vgl. z. B. Komm. E. v. 7. Juni 2000 – *Aminosäuren,* ABl. 2000 L 152/44 (in einem Fall bestätigt, vgl. EuG U. v. 9. 7. 2003 T-223/00 – *Kyowa Hakko Kogyo/Komm.*, in 3 Fällen Buße reduziert, vgl. z. B. EuG U. v. 9. 7. 2003 T-220/00 – *Cheil Jedang/Komm.* Slg. 2003, II-2473.

[722] Vgl. z. B. Komm. E. v. 5. 12. 2001 – *Zitronensäure,* ABl. 2002 L 239/29 (teilweise aufgehoben in einem Fall, vgl. EuG U. v. 27. 9. 2006 Rs. T-59/02 – *Archer Daniels Midland/Komm.* Slg.2006, II-3627, bestätigt in einem Fall, vgl. EuG U. v. 27. 9. 2006 Rs. T-43/02 – *Jungbunzlauer/Komm.* Slg. 2006, II-3435); Komm. E. v. 22. 11. 2001 – *Vitamine,* ABl. 2003 L 6/23, 58 (aufgehoben in zwei Fällen, vgl. EuG U. v. 6. 10. 2001, Rs. T-22/02 und T-23/02 – *Sumitomo u. Sumika/Komm.* Slg. 2005, II-4065; Bußgeld reduziert in zwei Fällen, vgl. z. B. EuG U. v. 15. 3. 2006, Rs. T 15/02 – *BASF/Komm.* Slg 2006, II-497).

[723] Vgl. hierzu Komm. E. v. 22. 12. 1972 – *Cimbel,* ABl. 1972 L 303/32.

[724] Vgl. EuGH, EuGH U. v. 15. 7. 1970 Rs. 41/69 – *ACF Chemiefarma/Komm.* Slg. 1970, 661 f. Rn. 145.

[725] Vgl. Komm. E. v. 2. 8. 1989 – *Betonstahlmatten,* ABl. 1989 L 260/34 (in 5 Fällen bestätigt, vgl. z. B. EuG U. v. 6. 4. 1995 Rs. T-147/89 – *Société Métallurgique de Normandie* Slg. 1995, II-1057; in 6 Fällen teilweise aufgehoben, vgl. z. B. EuG U. v. 6. 4. 1995 Rs. T-145/89 – *Baustahlgewebe* Slg. 1995, II-987).

[726] Vgl. Komm. E. v. 23. 12. 1971 – *Nederlandse Cement-Handelmaatschappij N. V.,* ABl. 1972 L 22/23.

[727] Vgl. z. B. Komm. E. v. 12. 12. 1978 – *Bleiweiß,* ABl. 1979 L 21/21.

[728] Vgl. Komm. E. v. 16. 7. 1969 – *Internationales Chininkartell,* ABl. 1969 L 196/16 (Buße ermäßigt vgl. EuGH U. v. 15. 7. 1970 Rs. 41/69 – *ACF Chemiefarma/Komm.* Slg. 1970, 661 f.; EuGH U. v. 15. 7. 1970 Rs. 44/69 – *Buchler/Komm.* Slg. 1970, 733 f. und EuGH U. v. 15. 7. 1970 Rs. 45/69 – *Boehringer/Komm.* Slg. 1970, 769 f.).

[729] Vgl. z. B. Komm. E. v. 13. 7. 1994 – *Karton,* ABl. 1994 L 243/41.

[730] Vgl. Komm. E. v. 18. 12. 1972 – *Cementregeling voor Nederland,* ABl. 1972 L 303/14; Komm. E. v. 22. 12. 1972 – *Cimbel,* ABl. 1972 L 303/24, 32.

[731] Vgl. z. B. Komm. E. v. 16. 7. 1969 – *Internationales Chininkartell,* ABl. 1969 L 192/16 (Buße ermäßigt durch EuGH U. v. 15. 7. 1970 Rs. 41/69 – *ACF Chemiefarma/Komm.* Slg. 1970, 661 f., sowie EuGH U. v. 15. 7. 1970 Rs. 44/69 – *Buchler/Komm.* Slg. 1970, 733 f. und EuGH U. v. 15. 7. 1970 Rs. 45/69 – *Boehringer/Komm.* Slg. 1970, 769 f.); Komm. E. v. 5. 12. 2001 – *Zitronensäure,* ABl. 2002 L 239/30 (teilweise aufgehoben in einem Fall, vgl. EuG U. v. 27. 9. 2006 Rs. T-59/02 – *Archer Daniels Midland/Komm.* Slg. 2006, II-3627, bestätigt in einem Fall, vgl. EuG U. v. 27. 9. 2006 Rs. T-43/02 – *Jungbunzlauer/Komm.* Slg. 2006, II-3435); Komm. E. v. 22. 11. 2001 – *Vitamine,* ABl. 2003 L 6/58 (aufgehoben in zwei Fällen, vgl. EuG U. v. 6. 10. 2001, Rs. T-22/02 und T-23/02 – *Sumitomo u. Sumika/Komm.* Slg. 2005, II-4065; Bußgeld reduziert in zwei Fällen, vgl. z. B. EuG U. v. 15. 3. 2006, Rs. T 15/02 – *BASF/Komm.* Slg. 2006, II-497).

(3) Gemeinsamer Verkauf. Einigen sich mehrere Unternehmen darauf, ihre Produkte 266
oder Dienstleistungen gemeinsam zu vermarkten, so liegt hierin kein Wettbewerbsverstoß,
solange die Beteiligten keine Wettbewerber sind. Demgegenüber ist eine individuelle Absatzpolitik ausgeschlossen, wenn mehrere Konkurrenten miteinander den **gemeinsamen
Verkauf oder Vertrieb** ihrer Produkte bzw. Dienstleistungen vereinbaren.[732] Eine Vereinbarung im Bereich des Vertriebs kann auch der gemeinsamen Bestimmung der von jedem
Erzeuger auszuführenden Mengen und -qualitäten dienen, sowie der Koordinierung des Vertriebs durch Bestellung desselben Alleinvertriebshändlers.[733] Als Instrument des gemeinsamen
Verkaufs bzw. Vertriebs dienen bisweilen auch gemeinsame **Verkaufsorganisationen,** wie
z. B. gemeinsame Vertriebsgesellschaften und Verkaufskontore bzw. -syndikate. Wenn ein
durch mehrere im selben Mitgliedstaat ansässige Hersteller gegründetes und gemeinsam geleitetes Vertriebsunternehmen die Produkte beim Export zu einheitlichen Preisen und Bedingungen anbietet, so sehen sich die Abnehmer einem vereinheitlichten Angebot gegenüber, das jeden individuellen Bezug und dementsprechenden Absatz ausschließt.[734] Die
gleichen Wettbewerbsbeschränkungen bewirkt z. B. eine gemeinsame Verkaufsagentur für
Soda (d. h. Natriumkarbonat), die individuelle Verkäufe zu selbstbestimmten Bedingungen
ausschließt[735] oder eine gemeinsame Verkaufsstelle für Bahntransportdienstleistungen, die zu
einem einheitlichen Angebot auf der Grundlage von abgesprochenen Tarifen führt.[736] Derartige Praktiken sind in der Regel besonders wettbewerbsbeschränkend, wenn sie sich auf die
gesamte Produktions- und Absatzpolitik des jeweiligen Sektors auswirken[737] bzw. der betreffende Markt oligopolistisch ist.[738]

Im Unterschied hierzu beeinträchtigt eine von mehreren Unternehmen zwecks 267
Erschließung des Marktes gegründete gemeinsame Ausfuhrorganisation **nicht** den Wettbewerb, wenn die Organisation nicht die Stellung eines Zwischenhändlers im Vertrieb einnimmt.[739] Ein unter Fluggesellschaften vereinbartes gemeinsames Vertriebs- und Verkaufssystem führt zwar zu einer, eine individuelle Verkaufspolitik ausschließenden starren
Absatzstruktur, behindert jedoch nicht unbedingt den Wettbewerb,[740] bzw. ist freistellbar.[741]

(4) Gemeinsamer Einkauf. Die typische Erscheinungsform des gemeinsamen Einkaufs[742] bildet die **Einkaufszentrale.** Sie ermöglicht den betreffenden Unternehmen, z. B. 268
den Mitgliedern einer Lebensmittelkette, Waren in großen Mengen und damit unter günstigeren Bedingungen (z. B. Mengenrabatte) einzuführen, als im Falle individueller Käufe.
Diesbezüglich differenziert die Kommission bisher wie folgt: Ein gemeinsamer Einkauf ist
nicht wettbewerbswidrig, solange die beteiligten Unternehmen frei bleiben, eine Einkaufszentrale nicht in Anspruch zu nehmen und ihre Preise bzw. Wiederverkaufsbedingungen
autonom zu bestimmen.[743] Dies ist indes anders, wenn die Teilnehmer einer Bezugspflicht
unterliegen (vgl. hierzu auch die Aufteilung der Versorgungsquellen unter Rn. 309 ff.). In

---

[732] Vgl. Komm. E. v. 5. 12. 1983 – *VW-MAN*, ABl. 1983 L 376/13.
[733] Vgl. Komm. E. v. 11. 5. 1973 – *Kali und Salz*, ABl. 1973 L 217/4 (aufgehoben durch EuGH
U. v. 14. 5. 1975 verb. Rs. 19 und 20/74 – *Kali und Salz* Slg. 1975, 499).
[734] Vgl. Komm. E. v. 26. 1. 1972 – *Nederlandse Cement-Handelsmaatschappij*, ABl. 1972 L 22/16, 22.
[735] Vgl. Komm. E. v. 19. 12. 1990 – *ANSAC*, ABl. 1990 L 152/58.
[736] Vgl. Komm. E. v. 29. 3. 1994 – *HOV-SVZ/MCN*, ABl. 1994 L 104/41.
[737] Vgl. Komm. E. v. 20. 7. 1987 – *Centraal Stikstof Verkoopskantoor*, ABl. 1987 L 242/27.
[738] Vgl. Komm. E. v. 28. 11. 1979 – *Floral*, ABl. 1979 L 39/55.
[739] Vgl. Komm. E. v. 17. 7. 1968 – *Alliance de constructeurs français de machines-outils*, ABl. 1968
L 201/2.
[740] Vgl. z. B. Komm. E. v. 6. 11. 1968 – *Cobelaz-Kokereien*, ABl. 1968 L 276/22.
[741] Vgl. Komm. E. v. 30. 7. 1991 – *IATA Passenger Agency Programme*, ABl. 1991 L 258/23; Komm.
E. v. 30. 7. 1991 – *IATA Cargo Agency Programme*, ABl. 1991 L 258/35.
[742] Vgl. hierzu *Kessler* WuW 2002, 1162–1173.
[743] Vgl. Komm. E. v. 15. 7. 1975 – *Intergroup*, ABl. 1975 L 212/25.

bestimmten Fällen, z. B. bei der Koordinierung des Einkaufs von Ersatzteilen, besteht allerdings die Möglichkeit einer Freistellung.[744]

269 **(5) Kollegenlieferungen.** Eine Absatzbeschränkung begehen ferner diejenigen Hersteller, die vereinbaren, sich langfristig und unter bestimmen Umständen gegenseitig zu beliefern. Denn hierdurch verzichtet jeder beteiligte Hersteller darauf, etwaige Produktionseinstellungen oder -kürzungen einer anderen Kartellpartei für eine Erhöhung seiner Direktverkäufe an seine Kundschaft zu nutzen.[745] Vereinbarungen, Beschlüsse bzw. aufeinander abgestimmte Verhaltensweisen dieses Inhalts sind auch dann wettbewerbswidrig, wenn die gegenseitigen Lieferungen nur in „Notfällen" erfolgen sollen.[746]

270 Demgegenüber hat die Kommission in der Regel nichts einzuwenden gegen gelegentliche Lieferungen zwischen Konkurrenten zu kurzfristig festgesetzten Zeitpunkten,[747] zwecks Überbrückung von Engpässen.[748] Schließlich ist eine Kollegenlieferung auch dann nicht wettbewerbswidrig, wenn Hersteller erst durch die gegenseitige Ergänzung ihres Sortiments die Möglichkeit erhalten, mit vollständigen Angeboten miteinander in Wettbewerb zu treten.[749]

271 **(6) Sonstige Absatzbeschränkungen. (a) Verwendungsbeschränkungen.** Eine einem Unternehmen auferlegte Verpflichtung bestimmte Waren nur für den Eigengebrauch zu verwenden schränkt dessen Handlungsfreiheit hinsichtlich des Verkaufs, Wiederverkaufs, der Ausfuhr usw. stark ein und stärkt dementsprechend die Stellung der übrigen tatsächlichen bzw. potenziellen Anbieter.[750]

272 **(b) Vertriebswege.** Der Absatz wird auch und oftmals sogar wesentlich durch die Struktur der Vertriebswege bestimmt. Den Absatz schränkt somit ein, wer es einem Unternehmen untersagt, an bestimmte Vertreiber zu liefern,[751] oder, umgekehrt, nur an bestimmte Abnehmer zu liefern,[752] z. B. nur an Endabnehmer und nur zu deren eigenen Verbrauch zu verkaufen[753] oder gar nur in Drittländer zu exportieren.[754]

273 **(c) Zulassungs- und Zertifizierungssystem.** Die Absatzmöglichkeiten „ausländischer", d. h. in einem anderen Mitgliedstaat ansässiger Hersteller, sind ebenfalls eingeschränkt, wenn einheimische Hersteller einen Status des „anerkannten Händlers" sowie ein entsprechendes Zulassungssystem schaffen, um ihre Konkurrenten davon abzuhalten, an nicht anerkannte Händler zu liefern.[755] Hingegen bewirkt ein Zertifizierungssystem, das

---

[744] Vgl. Komm. E. v. 22. 12. 1987 – *ARG/Unipart*, ABl. 1988 L 45/38.

[745] Vgl. z. B. Komm. E. v. 16. 12. 1971 – *Vereeniging von Cementhandelaren*, ABl. 1972 L 13/40; Komm. E. v. 7. 12. 1988 – *Flachglas*, ABl. 1989 L 33/63 (Buße reduziert durch EuG U. v. 10. 3. 1992 verb. Rs. T-68, 77, 78/89 – *Flachglas* Slg. 1992, II-415).

[746] Vgl. Komm. E. v. 14. 12. 1982 – *Zinkbleche*, ABl. 1982 L 362/47 (teilweise aufgehoben durch EuGH U. v. 28. 3. 1984 verb. Rs. 29/83 und 30/83 – *Compagnie Asturienne des Mines SA und Rheinzink GmbH/Komm.* Slg. 1984, 1679).

[747] Vgl. z. B. Komm. E. v. 14. 12. 1982 – *Zinkbleche*, ABl. 1982 L 362/48 (teilweise aufgehoben durch EuGH U. v. 28. 3. 1984 verb. Rs. 29/83 und 30/83 – *Compagnie Asturienne des Mines SA und Rheinzink GmbH/Komm.* Slg. 1984, 1679).

[748] Vgl. 18. WB, Kapitel II, A § 1 Rn. 48.

[749] Vgl. Komm. E. v. 16. 10. 1980 – *Industrieverband Solnhofener Natursteinplatten E. v.*, ABl. 1980 L 318/37.

[750] Vgl. Komm. E. v. 13. 12. 1989 – *Bayo-n-ox*, ABl. 1990 L 21/76.

[751] Vgl. Komm. E. v. 3. 7. 1973 – *Badeöfen*, ABl. 1973 L 217/36.

[752] Vgl. Komm. E. v. 30. 4. 1991 – *Scottish Nuclear, Kernenergievereinbarung*, ABl. 1991 L 178/34.

[753] Vgl. Komm. E. v. 3. 6. 1975 – *Haarden- en Kachelhandel*, ABl. 1975 L 159/22, 26; Komm. E. v. 6. 8. 1984 – *Zinc Producer Group*, ABl. 1984 L 220/38.

[754] Vgl. Komm. E. v. 14. 12. 1982 – *Zinkbleche*, ABl. 1982 L 362/40, 46 (teilweise aufgehoben durch EuGH U. v. 28. 3. 1984 verb. Rs. 29/83 und 30/83 – *Compagnie Asturienne des Mines SA und Rheinzink GmbH/Komm.* Slg. 1984, 1679).

[755] Vgl. Komm. E. v. 8. 9. 1977 – *COBELPA/VNP*, ABl. 1977 L 242/16; Komm. E. v. 2. 12. 1977

darauf ausgerichtet ist, die Qualität der zertifizierten Gegenstände oder Dienstleistungen zu gewährleisten, keine Wettbewerbsbeschränkungen, wenn es allen offen steht, unabhängig und transparent ist, sowie die Anerkennung gleichwertiger Garantien anderer Systeme beinhaltet.[756]

(d) Selbstbeschränkungsabkommen. Hierbei handelt es sich um privatrechtliche Vereinbarungen von Unternehmen, die nicht dem wirtschaftlichen Vorteil der Beteiligten dienen, sondern dritte, d. h. nicht beteiligte Unternehmen, vor bestimmten wirtschaftlichen Nachteilen schützen sollen. Die Kommission hat in ihrer „Bekanntmachung betreffend die Einfuhr japanischer Erzeugnisse in die Gemeinschaft"[757] klargestellt, dass derartige Selbstbeschränkungsabkommen in den Anwendungsbereich des Art. 81 Abs. 1 EG fallen können. Dies gilt jedoch nicht, wenn es sich um Beschränkungsmaßnahmen handelt, die im Rahmen eines zwischen der Gemeinschaft und einem Drittland getroffenen Handelsabkommens vereinbart, oder von den Behörden eines Drittlandes den dort ansässigen Unternehmen auferlegt wurden.[758] 274

(cc) Vertikales Verhältnis. (1) Quoten. Wenn Hersteller Großhändlern **Bezugsquoten** auferlegen, so beschränkt dies nicht nur die Versorgungsmöglichkeiten dieser Großhändler (vgl. zur Aufteilung der Versorgungsquellen Rn. 308 ff.), sondern auch die Absatzmöglichkeiten anderer Hersteller anderer Mitgliedstaaten.[759] 275

(2) Weiterverkauf. Ebenfalls im vertikalen Verhältnis absatzbeschränkend wirkt das einem Wiederverkäufer auferlegte **Verbot,** an andere Wiederverkäufer weiter zu verkaufen, die auf derselben Handelsstufe tätig sind, das mit der Verpflichtung einhergeht, an den Einzelhandel zu verkaufen.[760] Eine **Beschränkung** des Weiterverkaufs führt ebenfalls zu einer Verringerung der Absatzmärkte.[761] 276

(3) Sonstige Beschränkungen. Ein Hersteller von Speiseeis, der Wiederverkäufern Kühltruhen unter der Bedingung zur Verfügung stellt, dass sie kein von einer dritten Partei hergestelltes oder geliefertes Speiseeis aus solchen Kühltruhen verkaufen oder zum Kauf anbieten, schränkt hierdurch die Absatzmöglichkeiten dieser Wiederverkäufer ein, sofern letztere aus tatsächlichen oder wirtschaftlichen Gründen keine weiteren bzw. eigenen Kühltruhen aufstellen können.[762] Ferner ist eine Absatzbeschränkung dann gegeben, wenn ein Patentinhaber den Lizenznehmer verpflichtet, die unter das lizenzierte Patent fallenden Geräte nur in Verbindung mit vom Lizenzgeber genehmigten Gerätetypen des Lizenznehmers anzubieten.[763] 277

dd) Informationsaustausch. (1) Allgemeines. Vergleichbar einem Informationsaustauschsystem über Preise oder sonstige Geschäftsbedingungen (vgl. hierzu oben Rn. 243 ff.) bzw. über Informationen im Rahmen von Marktaufteilungen (vgl. hierzu nachfolgend Rn. 304) kommt es auch hinsichtlich der **Erzeugung** bzw. des **Absatzes** zu Vereinbarun- 278

– *Centraal Bureau voor de Rijwielhandel,* ABl. 1978 L 20/23; vgl. auch Komm. E. v. 20. 10. 1972 – *Zentralheizung,* ABl. 1972 L 264/28.

[756] Vgl. Komm. E. v. 29. 11. 1995 – *SCK/FNK,* ABl. 1995 L 312/84 (bestätigt durch EuG U. v. 22. 10. 1997 verb. Rs. T-213/95 und T-18/96 – *SCK u. FNK/Komm.* Slg. 1997, II-1737, 1788 Rn. 133, 1794 Rn. 149).

[757] Vgl. ABl. 1972 C 111/13.

[758] Vgl. Komm. E. v. 29. 11. 1974 – *Französisch-japanische Absprache über Kugellager,* ABl. 1974 L 343/115.

[759] Vgl. Komm. E. v. 22. 12. 1972 – *G. I. S. A.,* ABl. 1972 L 303/48; Komm. E. v. 28. 9. 1981 – *italienisches Flachglas,* ABl. 1981 L 326/40.

[760] Vgl. Komm. E. v. 22. 12. 1976 – *Gerofabriek,* ABl. 1977 L 16/11.

[761] Vgl. Komm. E. v. 10. 12. 1982 – *Cafeteros de Colombia,* ABl. 1982 L 360/35.

[762] Vgl. Komm. E. v. 11. 3. 1998 – *Van den Bergh Foods Limited,* ABl. 1998 L 246/1, 23 (bestätigt durch EuG U. v. 23. 10. 2003 Rs. T-65/98 – *Van den Bergh/Komm.* Slg. 2003, II-4653.

[763] Vgl. Komm. E. v. 11. 7. 1983 – *Windsurfing International,* ABl. 1983 L 229/11 (teilweise aufgehoben durch EuGH U. v. 25. 2. 1986 Rs. 193/83 – *Windsurfing International Inc./Komm.* Slg. 1986, 611).

Art. 81 Abs. 1 EG

gen über den Austausch entsprechender wirtschaftlicher Daten, und zwar in der Regel in horizontalen Verhältnissen. Derartige Praktiken sind zwar nicht in Art. 81 Abs. 1 Buchstabe b) genannt, zielen jedoch entweder auf eine wettbewerbswidrige Kontrolle der Erzeugung bzw. des Absatzes[764] oder zumindest die Überwachung der Einhaltung entsprechender Abreden.[765]

279 (2) **Fälle.** Nach ständiger Kommissionspraxis verstoßen der regelmäßige Austausch von streng vertraulichen Unternehmensinformationen bzw. Geschäftsgeheimnissen, wie z. B. Produktions- und Absatzzahlen, gegen Art. 81 Abs. 1 EG, da die beteiligten Unternehmen auf diesem Wege ein System der Solidarität und gegenseitigen Beeinflussung schaffen, das darauf gerichtet ist, ihre wirtschaftliche Betätigung bzw. ihr Marktverhalten zu koordinieren.[766] Denn „im Unterschied zu Preisen oder sonstigen Geschäftsbedingungen, die über telefonische Nachfragen oder Kundengespräche in Erfahrung gebracht werden können, zählen genaue Angaben über abgesetzte Mengen und Marktanteile als Kennziffern für die Marktstruktur und deren Veränderungen zu den am schwierigsten in Erfahrung zu bringenden Marktangaben".[767] Der Wettbewerbsverstoß ist nicht deshalb ausgeschlossen, weil der Austausch der Informationen über Produktions- und Absatzpolitik nicht direkt zwischen den Kartellparteien erfolgt, sondern über einen Dritten.[768] Keine selbstständige Wettbewerbsbeschränkung, weil Teil eines anderen Verstoßes, sind hingegen z. B. die Verpflichtungen zum Informationsaustausch über gelieferte Mengen, um auf Grund der ausgetauschten Statistiken die Abweichungen von einer Lieferquote zu errechnen.[769]

280 Hinsichtlich des Austausches allgemeiner bzw. „anonymer" Informationen, die keinem bestimmten Beteiligten zuzuordnen sind, hat sich die **Kommissionspraxis** gewandelt. In ihrem 7. WB[770] erklärte die Kommission noch unter Bezugnahme auf das Urteil in der Rs. *Suiker Unie U. A./Kommission*,[771] sie habe gegen den Austausch statistischer Informationen

---

[764] So zu Recht *Emmerich/Dauses*, Handbuch des EU-Wirtschaftsrechts, 1999, Bd. 2, S. 38 a Rn. 96 a.

[765] Vgl. Komm. E. v. 5. 12. 2001 – *Zitronensäure*, ABl. 2002 L 239/29–30 (teilweise aufgehoben in einem Fall, vgl. EuG U. v. 27. 9. 2006 Rs. T-59/02 – *Archer Daniels Midland/Komm.* Slg. 2006, II-3627, bestätigt in einem Fall, vgl. EuG U. v. 27. 9. 2006 Rs. T-43/02 – *Jungbunzlauer/Komm.* Slg. 2006, II-3435).

[766] Vgl. z. B. Komm. E. v. 5. 9. 1979 – *BP Kemi – DDSF*, ABl. 1979 L 286/44–45; Komm. E. v. 6. 8. 1984 – *Zinc Producer Group*, ABl. 1984 L 220/27, 38; Komm. E. v. 23. 4. 1986 – *Polypropylen*, ABl. 1986 L 230/26 (Buße reduziert in 6 Fällen, vgl. z. B. EuG U. v. 17. 12. 1991 Rs. T-6/89 – *Enichem* Slg. 1991, II-1623; in 8 Fällen bestätigt, vgl. z. B. EuG U. v. 24. 10. 1991 Rs. T-1/89 – *Rhone-Poulenc* Slg. 1991, II-867, im Rechtsmittel in einem Fall teilweise aufgehoben, vgl. z. B. EuGH U. v. 8. 7. 1999 Rs. C-49/92 P – *Kommission/Anic* Slg. 1999, I-4125 und in 8 Fällen bestätigt, vgl. z. B. EuGH U. v. 8. 7. 1999 Rs. C-199/92 P – *Hüls/Komm.* Slg. 1999, I-4287); Komm. E. v. 2. 8. 1989 – *Betonstahlmatten*, ABl. 1989 L 260/35 (in 5 Fällen bestätigt, vgl. z. B. EuG U. v. 6. 4. 1995 Rs. T-147/89 – *Société Métallurgique de Normandie* Slg. 1995, II-1057; in 6 Fällen teilweise aufgehoben, vgl. z. B. EuG U. v. 6. 4. 1995 Rs. T-145/89 – *Baustahlgewebe* Slg. 1995, II-987); Komm. E. v. 30. 4. 1999, *EATA*, ABl. 1999 L 193/23, 45; Komm. E. v. 7. 6. 2000 – *Aminosäuren*, ABl. 2000 L 152/46 (in einem Fall bestätigt, vgl. EuG U. v. 9. 7. 2003, T-223/00 – *Kyowa Hakko Kogyo/Komm.*, in 3 Fällen Buße reduziert, vgl. z. B. EuG U. v. 9. 7. 2003, T-220/00 – *Cheil Jedang/Komm.* Slg. 2003, II-2473.

[767] Vgl. Komm. E. v. 17. 2. 1992 – *Agricultural Tractor Registration Exchange*, ABl. 1992 L 68/28 (bestätigt durch EuG U. v. 27. 10. 1994 Rs. T-34/92 – *Fiatagri und New Holland Ford/Komm.* Slg. 1994, II-905, 949 Rn. 91; EuGH U. v. 28. 5. 1998 Rs. C-8/95 P – *New Holland Ford Ltd./Komm.* Slg. 1998, I-3175 f., sowie EuG U. v. 27. 10. 1994 Rs. T-35/92 – *John Deere Ltd./Komm.* Slg. 1994, II-957 und EuGH U. v. 28. 5. 1998 Rs. C-7/95 P – *John Deere* Slg. 1998, I-3111).

[768] Vgl. Komm. E. v. 17. 12. 1980 – *Gußglas in Italien*, ABl. 1980 L 383/25.

[769] Vgl. Komm. E. v. 18. 12. 1972 – *Cementregeling voor Nederland*, ABl. 1972 L 303/14; Komm. E. v. 12. 12. 1978 – *Bleiweiß*, ABl. 1978 L 21/22.

[770] Vgl. dort Kapitel I, Paragraph 2, Ziffern 5–8.

[771] Vgl. EuGH U. v. 16. 12. 1975 Rs. 40–48/73 usw. – *Suiker Unie* Slg. 1975, 1663, Ziffern 173 und 174.

durch Wirtschaftsverbände oder Meldestellen, auch wenn diese eine Aufgliederung der Angaben etwa nach Ländern oder Produkten vornehmen, so lange keine grundsätzlichen Einwendungen, wie die ausgetauschten Informationen es nicht ermöglichen, einzelne Unternehmensangaben zu identifizieren. Seitdem ist die Kommission deutlich strenger geworden. So stellt sie z. B. in ihrer Entscheidung *Fettsäuren*[772] hinsichtlich eines Austausches von „Informationen allgemeiner Art" fest, dass dieser die Kenntnis der Beteiligten über die Marktbedingungen auf eine Weise verbessere, „die die Verbindung zwischen den Beteiligten festigte, so dass sie in die Lage versetzt wurden, auf die Handlungen der anderen jeweils rascher und wirksamer zu reagieren". In ihrer Karton-Entscheidung[773] bestätigt dies die Kommission ausdrücklich wie folgt: „Jedes Informationssystem, das von den Teilnehmern für Kartellzwecke eingesetzt wird, fällt unabhängig davon, ob individuelle Positionen offen gelegt werden, als solches unter Artikel 85". Mithin kommt es entscheidend auf die Finalität eines Informationsaustausches an und weniger auf Inhalt und Natur der ausgetauschten Informationen.

Dies bedeutet jedoch nicht, dass die Kommission *jeden* Informationsaustausch – und seien die Informationen auch noch so allgemein – als Wettbewerbsverstoß einstuft. So hat sie z. B. das FIDES-Informationsaustauschsystem in ihrer „Karton-Entscheidung" als wettbewerbswidrig beanstandet,[774] später aber das durch die Unternehmen gründlich abgewandelte Informationssystem per „comfort letter"[775] für unbedenklich erklärt.[776] Schließlich ist in Ausnahmefällen selbst der Austausch von unternehmensinternen bzw. vertraulichen Informationen freistellbar, was indes nicht ohne weiteres für den Austausch von Preisinformationen gilt.[777]

d) Technische Entwicklung. aa) Begriff. Diese in Art. 81 Abs. 1 Buchstabe b) EG an dritter Stelle genannte Fallgruppe illustriert Stellenwert und Schutzbedürfnis des Forschungs- bzw. Innovationswettbewerbs. Ausdrücklich bezeichnete die Kommission z. B. den Wettbewerb bei Forschung und Entwicklung im Pharmabereich als „Motor" der pharmazeutischen Industrie.[778] Dementsprechend stellen Behinderungen technischer Entwicklungen „naturgemäß" Wettbewerbsbeschränkungen im Sinne des Art. 81 Abs. 1 EG dar.[779] Häufig erfolgt eine Einschränkung oder Kontrolle der technischen Entwicklung nicht als isolierte Maßnahme, sondern im Kontext anderer Wettbewerbsverstöße, so z. B. eines Spezialisierungskartells.[780]

Unterhalb der Schwelle der Wettbewerbsverletzung bleiben hingegen Absprachen, die lediglich den Erfahrungs- und Ergebnisaustausch und die gemeinsame Durchführung von

---

[772] Vgl. Komm. E. v. 2. 12. 1986 – *Fettsäuren,* ABl. 1987 L 3/22.

[773] Vgl. Komm. E. v. 13. 7. 1994 – *Karton,* ABl. 1994 L 243/41 (in 5 Fällen bestätigt, vgl. z. B. EuG U. v. 14. 5. 1998 Rs. T-295/94 – *Buchmann* Slg. 1998, II-813; in 11 Fällen teilweise aufgehoben, vgl. z. B. EuG U. v. 14. 5. 1998 Rs. T-304/94 – *Europa Carton* Slg. 1998, II-869 und in einem Fall aufgehoben, EuG U. v. 14. 5. 1998 Rs. 337/94 – *Enso-Gutzeit* Slg. 1998, II-1571).

[774] Vgl. Komm. E. v. 19. 9. 1994 – *Karton,* ABl. 1994 L 243/43 (in 5 Fällen bestätigt, vgl. z. B. EuG U. v. 14. 5. 1998 Rs. T-295/94 – *Buchmann* Slg. 1998, II-813; in 11 Fällen teilweise aufgehoben, vgl. z. B. EuG U. v. 14. 5. 1998 Rs. T-304/94 – *Europa Carton* Slg. 1998, II-869 und in einem Fall aufgehoben, EuG U. v. 14. 5. 1998 Rs. 337/94 – *Enso-Gutzeit* Slg. 1998, II-1571).

[775] Die in der Kartellverfahrensverordnung Nr. 1/2003 nicht mehr vorgesehen ist.

[776] Vgl. 26. WB, Teil 2, A, 2.1 d).

[777] Vgl. z. B. Komm. E. v. 12. 12. 1983 – *Internationale Energieagentur,* ABl. 1983 L 376/37.

[778] Vgl. Komm. E. v. 17. 1. 1979 – *Beecham/Parke, Davis,* ABl. 1979 L 70/15.

[779] Vgl. Komm. E. v. 21. 10. 1998 – *Fernwärmetechnik-Kartell,* ABl. 1999 L 24/54 (bestätigt in 4 Fällen, vgl. z. B. EuG U. v. 20. 3. 2002 Rs. T-15/99 – *Brugg Rohrsystem GmbH* Slg. 2002, II-1613; teilweise aufgehoben in 4 Fällen, vgl. z. B. EuG U. v. 20. 3. 2002 Rs. T-9/99 – *HBF Holding für Fernwärmetechnik* Slg. 2002, II-1613; bestätigt durch EuGH U. v. 28. 6. 2005 verb. Rs. C-189/02 P, C-202/02 P, C-205/02 P bis C-208/02 P und C-213/02 P – *Dansk Rørindustri A/S u. a./Komm.* Slg. 2005, I-5425).

[780] Vgl. Komm. E. v. 5. 12. 1983 – *VW-MAN,* ABl. 1983 L 376/13.

Art. 81 Abs. 1 EG 284, 285

Forschungsarbeiten oder die gemeinsame Weiterentwicklung der Forschungsergebnisse betreffen.[781] Ein solcher Informationsaustausch ist – hinsichtlich seiner Auswirkungen auf die Wettbewerbssituation der Beteiligten – nur zulässig, wenn er auf das Stadium bis zur Produktionsreife der Ergebnisse der gemeinsamen Forschung begrenzt ist und die Beteiligten frei bleiben, außerhalb des gemeinschaftlichen Vorhabens individuell zu forschen und zu entwickeln.

284 **bb) Fälle.** Die technische Entwicklung ist eingeschränkt, wenn z. B. keines der beteiligten Unternehmen aufgrund eines Lizenzvertrages einen Wettbewerbsvorsprung vor dem anderen auf dem Gebiet der Forschung und der individuellen Nutzung der Forschungsergebnisse erringen kann.[782] Unvereinbar mit dem freien Innovationswettbewerb ist ferner z. B. die Einschränkung der technischen Entwicklung von Video-Kassettensystemen[783] oder von Nutzfahrzeugen einer bestimmten Gewichtsklasse.[784] Das Gleiche gilt für die Nutzung von Normen und Standards, um die Einführung einer neuen Technik, die eine Verringerung der Preise zur Folge hätte, zu verhindern oder zu verzögern.[785] Die Beurteilung eines dem Verkäufer eines Unternehmens auferlegten Wettbewerbsverbots, das u. a. ein Verbot der Forschung, und Entwicklung umfasst, hängt grundsätzlich davon ab, ob und inwieweit es zur Sicherung der übertragenen Unternehmenswerte unbedingt erforderlich ist und ob es die Grenzen der für diese Sicherung erforderlichen Beschränkungen überschreitet.[786]

285 **cc) Freistellung.** Obwohl Beschränkungen des Innovationswettbewerbs auf den ersten Blick der von Art. 81 Abs. 3 EG verlangten „Förderung des technischen oder wirtschaftlichen Fortschritts" entgegen zu laufen scheinen, sind sie durchaus freistellbar, unter den in der GVO über Forschung und Entwicklung[787] näher dargelegten Voraussetzungen. Wenn zwei potentielle Wettbewerber ihre Tätigkeiten u. a. auf dem Gebiet der Forschung, oder der Entwicklung dadurch zusammenlegen, dass sie ein **Gemeinschaftsunternehmen** gründen, so nehmen sie sich die Möglichkeit, dieses Erzeugnis unabhängig voneinander im gegenseitigen Wettbewerb zu entwickeln. Gleichwohl besteht die Möglichkeit einer Freistellung.[788] Das Gleiche gilt z. B. für ein gemeinsames Forschungs- und Entwicklungsprogramm im Arzneimittelbereich,[789] bzw. für gemeinschaftliche Forschungsunternehmen im Fahrzeugbereich,[790] im Bereich von Textilreinigern,[791] Turbinen und Kompressoren,[792] sowie im Glas-Sektor.[793]

---

[781] Vgl. GVO Nr. 2659/2000 der Kommission vom 29. 11. 2000 über die Anwendung von Art. 81 Abs. 3 des Vertrages auf Gruppen von Vereinbarungen über Forschung und Entwicklung, ABl. 2000 L 304/7.

[782] Vgl. Komm. E. v. 15. 12. 1975 – *Bayer/Gist-Brocades*, ABl. 1975 L 301/17.

[783] Vgl. Komm. E. v. 20. 12. 1977 – *Video-Cassetterecorders*, ABl. 1978 L 47/45.

[784] Vgl. Komm. E. v. 5. 12. 1983 – *VW-MAN*, ABl. 1983 L 376/13.

[785] Vgl. Komm. E. v. 21. 10. 1998 – *Fernwärmetechnik-Kartell*, ABl. 1998 L 24/55 (bestätigt in 4 Fällen, vgl. z. B. EuG U. v. 20. 3. 2002 Rs. T-15/99 – *Brugg Rohrsystem GmbH* Slg. 2002, II-1613; teilweise aufgehoben in 4 Fällen, vgl. z. B. EuG U. v. 20. 3. 2002 Rs. T-9/99 – *HBF Holding für Fernwärmetechnik* Slg. 2002, II-1613; bestätigt durch EuGH U. v. 28. 6. 2005 verb. Rs. C-189/02 P, C-202/02 P, C-205/02 P bis C-208/02 P und C-213/02 P – *Dansk Rørindustri A/S u. a./Komm.* Slg. 2005, I-5425).

[786] Vgl. Komm. E. v. 26. 7. 1976 – *Reuter/BASF*, ABl. 1976 L 254/46.

[787] Vgl. hierzu die Verordnung (EG) 2659/2000 der Kommission vom 29. 11. 2000, ABl. L 304/7.

[788] Vgl. Komm. E. v. 20. 1. 1977 – *Vaccum Interrupters Ltd.*, ABl. 1977 L 48/36; Komm. E. v. 21. 12. 1977 – *SOPELEM-Vickers*, ABl. 1978 L 70/49.

[789] Vgl. Komm. E. v. 17. 1. 1979 – *Beecham/Parke, Davis*, ABl. 1979 L 70/15.

[790] Vgl. Komm. E. v. 17. 7. 1968 – *ACEC-Berliet*, ABl. 1968 L 201/7; Komm. E. v. 17. 1. 1972 – *MAN/SAVIEM*, ABl. 1972 L 31/29.

[791] Vgl. Komm. E. v. 23. 12. 1971 – *Henkel/Colgate*, ABl. 1972 L 14/14.

[792] Vgl. Komm. E. v. 22. 12. 1987 – *De Laval-Stork II*, ABl. 1988 L 59/32, 33.

[793] Vgl. Komm. E. v. 16. 12. 1994 – *Asahi/Saint Gobain*, ABl. 1994 L 354/87, 92f.

e) **Investitionen. aa) Begriff.** Investitionen, d. h. die langfristige Anlage von Kapital in Produktionsmittel mit dem Ziel größtmöglicher Rentabilität, sind eine der Grundvoraussetzungen des Beginns bzw. der Fortentwicklung jeder wirtschaftlichen Tätigkeit. Allerdings muss ein Unternehmen nicht nur in der Lage sein, Waren herzustellen bzw. Dienstleistungen anzubieten, sondern sein Angebot auch an so variable Faktoren wie die jeweilige Nachfrage, den technischen Fortschritt, usw. anzupassen. Dementsprechend wichtig ist auch die vierte in Art. 81 Abs. 1 Buchstabe b) EG genannte Fallgruppe, selbst wenn sie in der Praxis eher selten bleibt und am ehesten in **speziellen Kontexten** wie dem eines Strukturkrisenkartells (vgl. Rn. 259 ff.) bzw. der wettbewerbswidrigen Beschränkung der Erzeugung (vgl. Rn. 252 ff.) vorkommt.[794] Investitionsbeschränkungen sind letztlich eine Beschränkung der Produktion oder des Angebots bzw. haben zumindest eine ähnliche Wirkung. 286

bb) Fälle. Die Handlungsfreiheit hinsichtlich des ob und wie von Investitionen wird regelrecht negiert, wenn die Errichtung neuer Produktionsstätten von der Zustimmung der Konkurrenten abhängt.[795] Das Gleiche gilt für ein Verbot, Produktionsanlagen an Dritte zu verkaufen oder zu vermieten.[796] Eine Investitionsmeldepflicht mit anschließender Erörterung durch die Wettbewerber ist ebenfalls wettbewerbswidrig, falls sie weit über einen hinnehmbaren Investitionsinformationsaustausch hinausgeht, bei dem nur die voraussichtliche Entwicklung der Märkte und der Produktionskapazitäten erörtert wird.[797] Ebenso wird der Erwerber eines Unternehmens an einer autonomen Investitionspolitik gehindert, wenn er verpflichtet wird, in bereits bestehende Kartellverpflichtungen einzutreten.[798] 287

4. Buchstabe c): Aufteilung der Märkte oder Versorgungsquellen

a) Überblick. Der Abbau staatlicher Handelsschranken durch die Kommission bzw. den Gemeinschaftsgesetzgeber ist seit jeher ein wesentliches Instrument der Verwirklichung des Binnenmarktes,[799] d. h. eines Raumes ohne Binnengrenzen, in dem u. a. der freie Verkehr von Waren und Dienstleistungen gewährleistet ist. Dieser Prozess würde offensichtlich gehemmt bzw. sogar vereitelt, wenn an die Stelle der staatlichen Handelshemmnisse sukzessive **privatrechtliche Handelsschranken** treten würden.[800] Hierzu zählt vor allem die in Art. 81 Abs. 1 Buchstabe c) EG an erster Stelle genannte Aufteilung der Märkte – übrigens das einzige Regelbeispiel, das nicht auch in Art. 82 Abs. 1 EG enthalten ist. Eine Marktaufteilung versetzt das jeweilige Unternehmen in die Lage, auf „seinem", mehr oder weniger vor jedem Wettbewerb abgeschirmten Markt eine nach eigenen Vorstellungen ausgestaltete Verkaufs- und Preispolitik zu betreiben. In ihrer reinsten Form verleiht eine Marktaufteilung de facto ein ausschließliches, in manchen Fällen sogar monopolartiges Absatzrecht. Dementsprechend bewertet die Kommission Marktaufteilungen, die im Übrigen oft im Zusammenhang mit der Preispolitik stehen,[801] als besonders schweren Verstoß 288

---

[794] Vgl. hierzu Komm. E. v. 4. 7. 1984 – *Kunstfasern*, ABl. 1984 L 207/22.
[795] Vgl. z. B. Komm. E. v. 22. 12. 1972 – *Cimbel*, ABl. 1972 L 303/34; Komm. E. v. 14. 12. 1982 – *Zinkbleche*, ABl. 1982 L 362/48 (teilweise aufgehoben durch EuGH U. v. 28. 3. 1984 verb. Rs. 29/83 und 30/83 – *Compagnie Asturienne des Mines SA und Rheinzink GmbH/Komm.* Slg. 1984, 1679).
[796] Vgl. Komm. E. v. 22. 12. 1972 – *Cimbel*, ABl. 1972 L 303/34–35; Komm. E. v. 10. 7. 1986 – *Dach- und Dichtungsbahnen*, ABl. 1986 L 232/15, 24 (bestätigt durch EuGH U. v. 11. 7. 1989 – *Belasco u. a./Komm.* Slg. 1989, 2117, 2188 Rn. 26).
[797] Vgl. Komm. E. v. 6. 8. 1984 – *Zinc Producer Group*, ABl. 1984 L 220/38.
[798] Vgl. Komm. E. v. 22. 12. 1972 – *Cimbel*, ABl. 1972 L 303/34.
[799] Vgl. zu Marktaufteilungen außerhalb der EU *Gleiss/Hirsch*, Kommentar zum EG-Kartellrecht, 1993, S. 166, Rn. 356.
[800] Vgl. 23. WB, Teil 2, A § 2 Rn. 212.
[801] Vgl. z. B. Komm. E. v. 16. 7. 1969 – *Internationales Chininkartell*, ABl. 1969 L 192/15 (Buße reduziert durch EuGH U. v. 15. 7. 1970 Rs. 41/69 – *ACF Chemiefarma/Komm.* Slg. 1970, 661 f.,

gegen Art. 81 Abs. 1 EG.[802] Marktaufteilungen erfolgen in den meisten Fällen nach geographischen Gesichtspunkten (vgl. nachfolgend Rn. 290 ff.) und dann ggf. in den verschiedensten Varianten, als Aufteilung in Produktionsgebiete, in Absatzgebiete, nach technischen Kriterien usw. Ferner können Marktaufteilungen auch nach Erzeugnissen bzw. Kunden erfolgen (vgl. nachfolgend Rn. 306 f.).

289 In der Praxis ist eine Marktaufteilung im Sinne des Art. 81 Abs. 1 Buchstabe c) EG nicht immer als solche erkennbar, da wettbewerbswidrige Handlungen nicht selten zugleich andere Fallgruppen erfüllen, wie z. B. eine Produktionsbegrenzung[803] bzw. Absatzbeschränkung im Sinne des Art. 81 Abs. 1 Buchstabe b) EG. Es kommt also darauf an, welches Verhalten letztlich zu welchem Zweck eingesetzt wird. Überdies sind Marktaufteilungen, wie übrigens auch die in Buchstaben a) und b) genannten Fallgruppen, oftmals Teil eines mehr oder weniger komplexen Geflechts von wettbewerbswidrigen Vereinbarungen, Beschlüssen bzw. aufeinander abgestimmten Verhaltensweisen, mit ihren charakteristischen Hauptvereinbarungen und flankierenden Nebenabreden. Dementsprechend verstoßen manche Absprachen, gerade bei größeren Kartellen, zugleich gegen eine oder gar mehrere der in den Buchstaben a), b) und c) des Art. 81 Abs. 1 EG genannten Varianten, und damit sozusagen gegen den harten Kern dieser Vorschrift.[804]

290 **b) Marktaufteilung nach Gebieten. aa) Horizontale Ebene. (1) „Schutz der Heimatmärkte".** Die wohl reinste Form der Marktaufteilung besteht im **uneingeschränkten Verbot,** unmittelbar oder mittelbar auf dem Markt zu verkaufen, auf dem ein oder mehrere Wettbewerber bereits verkaufen.[805] Dabei handelt es sich um eine besonders schwere Wettbewerbsbeschränkung, denn durch den Schutz der Heimatmärkte können die beteiligten Hersteller auf „ihrem" jeweiligen Markt eine vom Wettbewerb aus anderen Mitgliedstaaten im Prinzip weitestgehend unabhängige Preis- und Absatzpolitik verfolgen.[806] Folgt die Aufteilung der Märkte streng den jeweiligen Staatsgrenzen,[807] was nicht unbedingt die Regel ist,[808]

---

sowie EuGH U. v. 15. 7. 1970 Rs. 44/69 – *Buchler/Komm.* Slg. 1970, 733 f. und EuGH U. v. 15. 7. 1970 Rs. 45/69 – *Boehringer/Komm.* Slg. 1970, 769 f.).

[802] Vgl. z. B. Komm. E. v. 2. 1. 1973 – *Europäische Zuckerindustrie,* ABl. 1973 L 140/30 f. (Buße reduziert durch EuGH U. v. 16. 12. 1975 Rs. 40–48, 50, 54–56, 11, 113–114/73 – *Suiker Unie/Komm.* Slg. 1975, 1663); Komm. E. v. 12. 6. 1978 – *SNPE-LEL,* ABl. 1978 L 191/43; Komm. E. v. 21. 10. 1998 – *Fernwärmetechnik-Kartell,* ABl. 1999 L 24/61 (bestätigt in 4 Fällen, vgl. z. B. EuG U. v. 20. 3. 2002 Rs. T-15/99 – *Brugg Rohrsystem GmbH* Slg. 2002, II-1613; teilweise aufgehoben in 4 Fällen, vgl. z. B. EuG U. v. 20. 3. 2002 Rs. T-9/99 – *HBF Holding für Fernwärmetechnik* Slg. 2002, II-1613; bestätigt durch EuGH U. v. 28. 6. 2005 verb. Rs. C-189/02 P, C-202/02 P, C-205/02 P bis C-208/02 P und C-213/02 P – *Dansk Rørindustri A/S u. a./Komm.* Slg. 2005, I-5425); Komm. E. v. 18. 7. 2001 – *SAS/Maersk Air,* ABl. 2001 L 265/34.

[803] Vgl. z. B. Komm. E. v. 26. 11. 1986 – *Meldoc,* ABl. 1986 L 348/60.

[804] Vgl. z. B. Komm. E. v. 20. 12. 2001 – *Selbstdurchschreibepapier,* ABl. 2004 L 115/56 (s. a. Fn 670); Komm. E. v. 2. 7. 2002 – *Methionin,* ABl. L 255/16 (Buße reduziert durch. EuG U. v. 5. 4. 2006 Rs. T-279/02 – *Degussa/Komm.* Slg. 2006, II-897; Rechtsmittel anhängig C-266/06P); Komm. E. v. 24. 1. 2007 – *Gasiolierte Schaltanlagen,* ABl. 2007 C 5/7.

[805] Vgl. z. B. Komm. E. v. 28. 10. 1970 – *Julien/Van Katwijk,* ABl. 1970 L 242/19; Komm. E. v. 23. 11. 1984 – *Peroxyd-Produkte,* ABl. 1985 L 35/13; Komm. E. v. 24. 1. 2007 – *Gasiolierte Schaltanlagen,* ABl. 2007 C 5/7.

[806] Vgl. z. B. Komm. E. v. 19. 12. 1990 – *Soda – Solvay, ICI,* ABl. 1991 L 152/13 (aufgehoben, vgl. hierzu EuG U. v. 29. 6. 1995 Rs. T-30/91 – *Solvay/Komm.* Slg. 1995, II-1775; EuG U. v. 29. 6. 1995 Rs. T-31/91 – *Solvay/Komm.* Slg. 1995, II-1821, sowie EuG U. v. 29. 6. 1995 – *Imperial/Komm.* Slg. 1995, II-1847).

[807] Vgl. z. B. Komm. E. v. 23. 11. 1984 – *Peroxyd-Produkte,* ABl. 1985 L 35/13.

[808] Vgl. aber z. B. Komm. E. v. 8. 12. 1999 – *Nahtlose Stahlrohre,* ABl. 2003 L 140/13 (in 7 Fällen im Wesentlichen bestätigt, vgl. z. B. EuG U. v. 8. 7. 2004 Rs. T-44/00 – *Mannesmannröhren-Werke/Komm.* Slg. 2004, II-2223; EuGH U. v. 25. 1. 2007 Rs. C-411/04 P – *Salzgitter Mannesmann/Komm.* Slg. 2007, I-959).

so ist dies eine Wiederherstellung des status quo ante, wobei erschwerend hinzukommt, dass sie mit offensichtlich wettbewerbswidrigen Mitteln betrieben wird. Zu den häufigeren Formen der Marktaufteilung[809] zählen Absprachen über den Schutz der „Heimatmärkte", d. h. die von jedem Hersteller zu beachtende Beschränkung von Verkäufen auf solche Gebiete, in denen er Produktionseinrichtungen besitzt, um andere Mitglieder von Exporten in diese Gebiete abzuhalten.[810] Derartige Marktaufteilungskartelle sind bei großen Kartellen mit zahlreichen Teilnehmern meist als Regelverbot ausgestaltet und mit der Verpflichtung verbunden, dass jede dennoch, d. h. am Kartell vorbei, vorgenommene Warenausfuhr nur zu den gleichen Preisen wie der jeweilige örtliche Marktführer verkauft werden darf.[811] Auf diese Weise stellen die Kartellbeteiligten zum einen sicher, dass der Schutz der „Heimatmärkte" nicht umgangen wird, und schaffen zum anderen nach außen hin eine Fassade der „Normalität", die die wettbewerbswidrigen Praktiken tarnen soll. Ähnliche Wirkung hat die Abgabe fingierter Angebote bei der Aufteilung von durch Ausschreibungen geprägten Märkten.[812]

Derartige allgemeine Marktaufteilungsvereinbarungen werden ggf. begleitet von Einzelvereinbarungen für besondere geographische Gebiete,[813] in denen aufgrund spezifischer Marktaufteilungsvereinbarungen mehrere Hersteller anwesend sind,[814] die sich untereinander hinsichtlich ihres gemeinsamen Heimatmarktes auf einen Nichtangriffspakt einigen.[815] In der Praxis sind solche Kartelle außerdem oft mit anderen Wettbewerbsverstößen wie z. B. Preisabsprachen, Produktionsbeschränkungen, Import- bzw. Exportverboten und Marktinformationsvereinbarungen verknüpft und verdichten sich auf diese Weise ggf. zu nationalen bzw. internationalen **„Marktordnungen"**.

(2) Marktquoten. Eine Festsetzung von Quoten für Lieferungen auf einen bestimmten Markt ist im Vergleich zu einer Absprache über den „Schutz der Heimatmärkte" (vgl. oben Rn. 290) ggf. weniger starr, schränkt jedoch ebenfalls die Freiheit eines Unternehmens ein, Produktionskürzungen oder -erhöhungen autonom zu beschließen, und bewirkt zugleich eine geographische Marktaufteilung.[816] Als Maßstab für eine solche Marktaufteilung dienen

---

[809] Vgl. *Emmerich/Dauses,* Handbuch des EU-Wirtschaftsrechts, S. 39, Rn. 97 a.

[810] Vgl. Komm. E. v. 16. 7. 1969 – *Internationales Chininkartell,* ABl. 1969 L 192/15 (Buße reduziert, vgl. EuGH U. v. 15. 7. 1970 Rs. 41/69 – *ACF Chemiefarma/Komm.* Slg. 1970, 661 f., sowie EuGH U. v. 15. 7. 1970 Rs. 44/69 – *Buchler/Komm.* Slg. 1970, 733 f. und EuGH U. v. 15. 7. 1970 Rs. 45/69 – *Boehringer/Komm.* Slg. 1970, 769 f.); Komm. E. v. 30. 11. 1994 – *Zement,* ABl. 1994 L 343/99 (im Wesentlichen bestätigt durch EuG U. v. 15. 3. 2000 verb. Rs. T-25/95 usw. – *Cimenteries CBR u. a./Komm.* Slg. 2000, II-491 f.; sowie EuGH U. v. 7. 1. 2004 verb. Rs. C-204/00 P usw. – *Aalborg Portland u. a./Komm.* Slg. 2004, I-123).

[811] Vgl. z. B. Komm. E. v. 16. 7. 1969 – *Internationales Chininkartell,* ABl. 1969 L 192/15 (Buße ermäßigt durch EuGH U. v. 15. 7. 1970 Rs. 41/69 – *ACF Chemiefarma/Komm.* Slg. 1970, 661 f., sowie EuGH U. v. 15. 7. 1970 Rs. 44/69 – *Buchler/Komm.* Slg. 1970, 733 f. und EuGH U. v. 15. 7. 1970 Rs. 45/69 – *Boehringer/Komm.* Slg. 1970, 769 f.); Komm. E. v. 30. 11. 1994 – *Zement,* ABl. 1994 L 343/99 ff. (im Wesentlichen bestätigt durch EuG U. v. 15. 3. 2000 verb. Rs. T-25/95 usw. – *Cimenteries CBR u. a./Komm.* Slg. 2000, II-491 f.; sowie EuGH U. v. 7. 1. 2004 verb. Rs. C-204/00 P u. a. – *Aalborg Portland u. a./Komm.* Slg. 2004, I-123).

[812] Komm. E. v. 24. 1. 2007 – *Gasisolierte Schaltanlagen,* ABl. 2008 C 5/7, 8 (Zusammenfassung).

[813] Vgl. z. B. Komm. E. v. 18. 7. 2001 – *SAS/Maersk Air,* ABl. 2001 L 265/15 (bestätigt in einem Fall, vgl. EuG U. v. 18. 7. 2005 Rs. T-241/01 – *Scandinavian Airlines/Komm.* Slg. 2005, II-2917).

[814] Vgl. Komm. E. v. 23. 11. 1984 – *Peroxyd-Produkte,* ABl. 1984 L 35/15.

[815] Vgl. Komm. E. v. 5. 12. 2001 – *Interbrew und Alken-Maes,* ABl. 2003 L 200/42, 45 (Buße herabgesetzt in einem Fall, vgl. EuG U. v. 25. 10. 2005 Rs. T-38/02 – *Groupe Danone/Komm.* Slg. 2005, II-4407, bestätigt durch EuGH U. v. 8. 2. 2007 Rs. C.3/06P – *Groupe Danone/Komm.* Slg. 2007, I-1331).

[816] Vgl. Komm. E. v. 8. 1. 1975 – *Pilzkonserven,* ABl. 1975 L 29/28; Komm. E. v. 6. 8. 1984 – *Zinc Producer Group,* ABl. 1984 L 220/40; Komm. E. v. 10. 7. 1986 – *Dach- und Dichtungsbahnen,* ABl. 1986

Art. 81 Abs. 1 EG 293

regelmäßig die jeweiligen bisherigen **Marktanteile** der beteiligten Unternehmen auf dem betreffenden Markt,[817] die in (vermeintliche) Besitzstände verwandelt werden sollen. Eine Marktquote kann auch die Gestalt eines Mindestanteils an einem bestimmten geographischen Markt annehmen.[818] Für das Vorliegen einer Marktaufteilung kommt es freilich nicht darauf an, ob die Verpflichtung, die sich die Beteiligten gegenseitig auferlegen, als Marktquote ausgedrückt wird,[819] oder z. B. als **Absatzziele** oder **Zielmengen**.[820] Aus Sicht der Kommission stellt auch eine solche Aufteilung des Marktes durch vorherige Festlegung der jeweiligen Marktstellung eine „außerordentlich schwerwiegende Wettbewerbsbeschränkung" dar, wenn der betreffende Markt von einem Duopol beherrscht wird.[821] Zeitweilige Maßnahmen zur Kontrolle oder Überwachung von Absatzmengen in Zeiten, in denen keine endgültigen Quoten angewandt werden, fallen nicht etwa unter Art. 81 Abs. 1 Buchstabe b) EG, sondern flankieren die Aufteilung eines Marktes.[822]

293 **(3) Kollektive Ausschließlichkeitsbindungen.** Eine kollektive Ausschließlichkeitsbindung[823] (vgl. zur vertikalen Ausschließlichkeitsbindung nachfolgend Rn. 302) liegt vor, wenn sich in einem Mitgliedstaat Hersteller, Importeure, sowie Groß- und Einzelhändler eines gegebenen Sektors auf einen kollektiv anerkannten und genau festgelegten Vertriebsweg einigen, um Unternehmen aus anderen Mitgliedstaaten daran zu hindern, sich einen Anteil an diesem Markt zu erobern.[824] Eine solche kollektive Ausschließlichkeitsbindung bewirkt daher letztlich eine Marktaufteilung, wobei die Beschränkung der Absatzmöglichkeiten der in anderen Mitgliedstaaten ansässigen Unternehmen keine eigenständige Rolle im Rahmen des Art. 81 Abs. 1 Buchstabe b) EG spielt, sondern ein Mittel zum Zweck für eine Aufteilung des Marktes im Sinne des Artikels 81 Abs. 1 Buchstabe c) EG ist.

L 232/24 (bestätigt durch EuGH U. v. 11. 7. 1989 – *Belasco u. a. / Komm.* Slg. 1989, 2117, 2188 Rn. 26); Komm. E. v. 26. 11. 1986 – *MELDOC*, ABl. 1986 L 348/60.

[817] Vgl. z. B. Komm. E. v. 21. 10. 1998 – *Fernwärmetechnik-Kartell*, ABl. 1999 L 24/54 (bestätigt in 4 Fällen, vgl. z. B. EuG U. v. 20. 3. 2002 Rs. T-15/99 – *Brugg Rohrsystem GmbH* Slg. 2002, II-1613; teilweise aufgehoben in 4 Fällen, vgl. z. B. EuG U. v. 20. 3. 2002 Rs. T-9/99 – *HBF Holding für Fernwärmetechnik* Slg. 2002, II-1613; bestätigt durch EuGH U. v. 28. 6. 2005 verb. Rs. C-189/02 P, C-202/02 P, C-205/02 P bis C-208/02 P und C-213/02 P – *Dansk Rørindustri A/S u. a. / Komm.* Slg. 2005, I-5425).

[818] Vgl. z. B. Komm. E. v. 19. 12. 1990 – *Soda- Solvay und CFK*, ABl. 1990 L 152/19.

[819] Vgl. Komm. E. v. 18. 7. 2001 – *Graphitelektroden*, ABl. 2002 L 100/17 (in 7 Fällen im Wesentlichen bestätigt, vgl. z. B. EuG U. v. 29. 4. 2004 Rs. T-236/01 – *Tokai Carbon u. a. / Komm.* Slg. 2004, II-1181.

[820] Vgl. z. B. Komm. E. v. 23. 4. 1986 – *Polypropylen*, ABl. 1986 L 230/16–19, 26 (Buße reduziert in 6 Fällen, vgl. z. B. EuG U. v. 17. 12. 1991 Rs. T-6/89 – *Enichem* Slg. 1991, II-1623; in 8 Fällen bestätigt, vgl. z. B. EuG U. v. 24. 10. 1991 Rs. T-1/89 – *Rhone-Poulenc* Slg. 1991, II-867, im Rechtsmittel in einem Fall teilweise aufgehoben, vgl. z. B. EuGH U. v. 8. 7. 1999 Rs. C-49/92 P – *Kommission / Anic* Slg. 1999, I-4125 und in 8 Fällen bestätigt, vgl. z. B. EuGH U. v. 8. 7. 1999 Rs. C-199/92 P – *Hüls / Komm.* Slg. 1999, I-4287).

[821] Vgl. Komm. E. v. 23. 7. 1984 – *Flachglassektor in den BENELUX-Ländern*, ABl. 1984 L 212/19.

[822] Vgl. z. B. Komm. E. v. 23. 4. 1986 – *Polypropylen*, ABl. 1986 L 230/26 (Buße reduziert in 6 Fällen, vgl. z. B. durch EuG U. v. 17. 12. 1991 Rs. T-6/89 – *Enichem* Slg. 1991, II-1623; in 8 Fällen bestätigt, vgl. z. B. EuG U. v. 24. 10. 1991 Rs. T-1/89 – *Rhone-Poulenc* Slg. 1991, II-867, im Rechtsmittel in einem Fall teilweise aufgehoben, vgl. z. B. EuGH U. v. 8. 7. 1999 Rs. C-49/92 P – *Kommission / Anic* Slg. 1999, I-4125 und in 8 Fällen bestätigt, vgl. z. B. EuGH U. v. 8. 7. 1999 Rs. C-199/92 P – *Hüls / Komm.* Slg. 1999, I-4287).

[823] Vgl. den 1. WB, Kapitel I § 1, Rn. 19 f.

[824] Vgl. z. B. Komm. E. v. 21. 11. 1975 – *Bomee-Stichting*, ABl. 1975 L 329/32; Komm. E. v. 25. 11. 1981 – *VBBB/VBVB*, ABl. 1982 L 54/44 (bestätigt durch EuGH U. v. 17. 1. 1984 verb. Rs. 43 und 63/82 – *VBVB u. VBBB/Komm.* Slg. 1984, 19, 66 Rn. 45.); Komm. E. v. 26. 11. 1999 – *FEG und TU*, ABl. 2000 L 39/17.

(4) Sonstige Fälle. Eine Marktaufteilungsvereinbarung kann auch darin bestehen, dass 294
die traditionellen Lieferanten sich die Aufträge durch bewusstes Überbieten der nicht traditionellen Lieferanten sichern.[825] Seltener ist hingegen die Aufteilung des Marktes eines bestimmten Mitgliedstaates.[826] Geographische Marktaufteilungen kommen z. B. im Bereich des Seetransports vor, z. B. in Gestalt einer Aufteilung der europäischen Atlantikküste in mehrere, voneinander getrennte Verkehrsgebiete.[827] Schließlich werden Marktaufteilungen nicht selten durch eine Fülle von mehr oder weniger flankierenden **Nebenabreden** begleitet, z. B. die Vereinbarung, keine Werbung zu treiben[828] und nicht an Verkaufsausstellungen teilzunehmen.[829]

bb) Vertikale Ebene. In der Praxis kommt es vor allem in vertikalen Beziehungen 295
zu Marktabschottungen, mittels von Exportverboten bzw. analogen Maßnahmen zur Verhinderung des Parallelhandels bis hin zum Missbrauch von gewerblichen Schutzrechten.

(1) Exportverbote. Exportverbote sind eine besonders verbreitete wettbewerbswidrige 296
Praktik, die in aller Regel Waren betrifft und in sehr viel geringerem Maße Dienstleistungen. Nach ständiger Kommissionspraxis gilt: „Exportverbote sind immer Wettbewerbsbeschränkungen".[830] Denn jeder Hersteller, der einen Händler bzw. anderen Abnehmer seiner Waren am Verkauf dieser Waren in andere Mitgliedstaaten, d. h. am „Export", hindert, und ihm damit ein bestimmtes **ausschließliches Absatzgebiet** zuweist, begeht einen schweren Verstoß gegen Art. 81 Abs. 1 EG.[831] Solche in der Regel auf die Wahrung der Preisunterschiede in der Gemeinschaft abzielenden Exportverbote verhindern Paralleleinfuhren[832] und damit die Entstehung eines einheitlichen Marktes und schaffen statt dessen getrennte nationale Märkte.

Es kommt weder darauf an, ob das Exportverbot ausdrücklich vertraglich verankert ist,[833] 297
noch ob es als Export- oder Ausfuhrverbot bezeichnet wird, oder der Hersteller die Mög-

---

[825] Vgl. Komm. E. v. 17. 10. 1983 – *Gußeisen- und Gußstahlwalzen*, ABl. 1983 L 317/12.

[826] Vgl. Komm. E. v. 8. 1. 1975 – *Pilzkonserven*, ABl. 1975 L 29/28.

[827] Vgl. Komm. E. v. 1. 4. 1992 – *Reederausschüsse in der Frankreich-Westafrika-Fahrt*, ABl. 1992 L 134/14; Komm. E. v. 23. 12. 1992 – *CEWAL, COWAC, UKWAL*, ABl. 1993 L 34/28 (Buße reduziert durch EuG U. v. 8. 10. 1996 verb. Rs. T-24–26/93, T-28/93 – *Compagnie maritime belge transports SA, U. A./Komm.* Slg. 1996, II-1201).

[828] Vgl. Komm. E. v. 5. 12. 2001 – *Interbrew und Alken-Maes*, ABl. 2003 L 200/45 (Buße herabgesetzt in einem Fall, vgl. EuG U. v. 25. 10. 2005 Rs. T-38/02 – *Groupe Danone/Komm.* Slg. 2005, II-4407, bestätigt durch EuGH U. v. 8. 2. 2007 Rs. C.3/06P – *Groupe Danone/Komm.* Slg. 2007, I-1331).

[829] Vgl. z. B. Komm. E. v. 3. 12. 2003 – *Elektrotechnische und mechanische Kohlenstoff- und Graphitprodukte*, ABl. 2004 L 125/45 f. (abgekürzte Fassung).

[830] Vgl. z. B. Komm. E. v. 15. 7. 1992 – *VIHO/Parker Pen*, ABl. 1992 L 233/31 (bestätigt durch EuG U. v. 12. 1. 1995 Rs. T-102/92 – *VIHO Europe/Komm.* Slg. 1995, II-17 f., sowie EuGH U. v. 24. 10. 1996 Rs. C-73/95 P – *VIHO Europe/Komm.* Slg. 1996, I-5457 f.).

[831] Vgl. z. B. Komm. E. v. 22. 12. 1972 – *WEA-Filipacchi Music S. A.*, ABl. 1972 L 303/54; Komm. E. v. 5. 10. 1973 – *Deutsche Philips GmbH*, ABl. 1973 L 293/41; Komm. E. v. 28. 7. 1978 – *Arthur Bell and Sons Ltd.*, ABl. 1978 L 235/17; Komm. E. v. 28. 7. 1978 – *Teacher and Sons Ltd.*, ABl. 1978 L 235/29; Komm. E. v. 12. 12. 1978 – *Kawasaki*, ABl. 1978 L 16/14; Komm. E. v. 25. 11. 1980 – *Johnson & Johnson*, ABl. 1980 L 377/23 f.; Komm. E. v. 7. 12. 1982 – *National Panasonic*, ABl. 1982 L 354/32; Komm. E. v. 14. 12. 1984 – *John Deere*, ABl. 1985 L 35/63; vgl. ferner EuG U. v. 14. 7. 1994 Rs. T-77/92 – *Parker Pen/Komm.* Slg. 1994, II-549, 564 Rn. 37 m. w. N.; vgl. schließlich auch Komm. E. v. 19. 12. 1984 – *Zellstoff*, ABl. 1985 L 85/23 (im Wesentlichen aufgehoben durch EuGH U. v. 31. 3. 1993 verb. Rs. C-89/85, C-104/85, C-114/85, C-116/85, C-117/85 und C-125/85 – C-129/85 – *Ahlström U. A./Komm.* Slg. 1993, I-1307), sowie Komm. E. v. 18. 12. 1987, *Konica*, ABl. 1988 L 78/34, 41.

[832] Vgl. zu Parallelimporte und EU-Wettbewerbspolitik *Gieseke* WuW 1995, 284 f.

[833] Vgl. Komm. E. v. 15. 7. 1992 – *VIHO/Parker Pen*, ABl. 1992 L 233/30.

Art. 81 Abs. 1 EG 298, 299

lichkeit von Ausnahmen vorgesehen hat.[834] Dass eine Exportklausel vom Lieferer nicht angewandt wird, erbringt keinen Beweis dafür, dass sie wirkungslos geblieben ist, da bereits ihre Existenz ein „optisches und psychologisches Klima schaffen kann, das zu einer Aufteilung der Märkte beiträgt."[835]

298 Schließlich sind auch **mittelbare Exportverbote** wettbewerbswidrig. Hierzu zählt z. B. ein den Verkäufern auferlegtes Verbot des Weiterverkaufs von für den heimischen Markt bestimmten Waren auf ausländischen Märkten.[836] Eine einem Ausfuhrverbot gleichkommende Maßnahme ist das einem Wiederverkäufer auferlegte Verbot, die ihm gelieferten Erzeugnisse ohne Genehmigung in andere Mitgliedstaaten zu verbringen.[837] Das Gleiche gilt im Falle einer fortwährenden Verwendung von Rechnungen mit der Klausel „Ausfuhr verboten."[838] Eine Differenzierung des Herstellerpreises, je nachdem ob die jeweilige Ware exportiert werden soll oder nicht, stellt ebenfalls ein indirektes Exportverbot dar.[839]

299 **(2) Exportverbote in Vertriebsvereinbarungen.** In der Praxis sind vor allem Alleinvertriebsvereinbarungen (vgl. hierzu eingehend Kapitel C) für Exportverbote und damit Marktaufteilungen anfällig. Solche Vertriebsvereinbarungen sind nicht freistellbar, wenn die Vertragspartner mittelbar oder unmittelbar einen **Schutz des Vertragsgebiets** herbeizuführen oder auf andere Weise Einfuhren oder Ausfuhren zu verhindern suchen.[840] Dies ist der Fall, wenn sich Hersteller und Alleinvertreter auf einen absoluten Gebietsschutz einigen, der auf die Verhinderung der Einfuhr von Vertragserzeugnissen durch Parallelimporteure gerichtet ist, um auf diese Weise im Vertragsgebiet jede Wettbewerbsmöglichkeit auf der Großhandelsstufe zu beseitigen.[841] Exportverbote beschränken oder verbieten oft nicht

---

[834] Vgl. Komm. E. v. 25. 11. 1980 – *Johnson & Johnson*, ABl. 1980 L 377/23.

[835] Vgl. z. B. EuG U. v. 14. 7. 1994 Rs. T-77/92 – *Parker Pen/Komm.* Slg. 1994, II-549, 568 Rn. 55 m. w. N.; ebenso EuG U. v. 14. 7. 1994 Rs. T-66/92 – *Herlitz/Komm.* Slg. 1994, II-531, 546 Rn. 40 m. w. N.

[836] Vgl. z. B. Komm. E. v. 20. 12. 1977 – *Distillers Company Limited*, ABl. 1978 L 50/24–25 (bestätigt durch EuGH U. v. 10. 7. 1980 Rs. 30/78 – *Distillers/Komm.* Slg. 1980, 2229 f.); Komm. E. v. 27. 11. 1981 – *Moet et Chandon*, ABl. 1982 L 94/9; Komm. E. v. 10. 12. 1982 – *Cafeteros de Colombia*, ABl. 1982 L 360/34; Komm. E. v. 19. 12. 1984 – *Zellstoff*, ABl. 1985 L 85/24 (im Wesentlichen aufgehoben durch EuGH U. v. 31. 3. 1993 verb. Rs. C-89/85, C-104/85, C-114/85, C-116/85, C-117/85 und C-125/85–C-129/85 – *Ahlströhm U. A./Komm.* Slg. 1993, I-1307).

[837] Vgl. Komm. E. v. 22. 12. 1976 – *Gerofabriek*, ABl. 1977 L 16/11.

[838] Vgl. Komm. E. v. 13. 7. 1987 – *Sandoz*, ABl. 1987 L 222/32 (Buße reduziert durch EuGH U. v. 11. 1. 1990 Rs. C-277/87 – *Sandoz/Komm.* Slg. 1990, 45); Komm. E. v. 15. 5. 1991 – *GOSME-Martell-DMP*, ABl. 1991 L 185/29.

[839] Vgl. Komm. E. v. 20. 12. 1977 – *The Distillers Company*, ABl. 1978 L 50/25 (bestätigt durch EuGH U. v. 10. 7. 1980 Rs. 30/78 – *Distillers/Komm.* Slg. 1980, 2229 f.); Komm. E. v. 8. 5. 2001 – *Glaxo Wellcome u. a.*, ABl. 2001 L 302/25 (teilweise aufgehoben, vgl. EuG U. v. 27. 9. 2006 Rs. T-168/01 – *GlaxoSmithKline/Komm.* Slg. 2006, II. – 2969).

[840] Vgl. EuGH U. v. 1. 10. 1975, 1103 – *Van Vliet/Dalle Crode* Slg. 1975, 1103; Komm. E. v. 18. 3. 1992 – *Newitt/Dunlop*, ABl. 1992 L 131/40 (Buße reduziert durch EuG U. v. 7. 7. 1994 Rs. T-43/92 – *Dunlop Slazenger International Ltd./Komm.* Slg. 1994, II-441 sowie EuG U. v. 28. 4. 1994 Rs. T-38/92 – *All Weather Sports/Komm.* Slg. 1994, II-211) Komm. E. v. 5. 7. 2000 – *Nathan-Bricolux*, ABl. 2001 L 54/14; Komm. E. v. 10. 10. 2001 – *Mercedes-Benz*, ABl. 2001 L 257/27 (teilweise aufgehoben, vgl. EuG U. v. 15. 9. 2005 Rs. T-325/01 – *Mercedes Benz*, Slg. 2005, II-3319).

[841] Siehe Komm. E. v. 23. 9. 1964 – *Grundig-Consten*, ABl. 2546/64 (im Kern bestätigt durch EuGH U. v. 13. 7. 1966 verb. Rs. 56 u. 58/64 – *Consten u. Grundig/Komm.* Slg. 1966, 383 f.); Komm. E. v. 1. 12. 1976 – *Miller International Schallplatten GmbH*, ABl. 1976 L 357/40 (bestätigt durch EuGH U. v. 1. 2. 1978 Rs. 19/77 – *Miller/Komm.* Slg. 1978, 131 f.); Komm. E. v. 23. 12. 1977 – *BMW*, ABl. 1978 L 46/40 (bestätigt durch EuGH U. v. 12. 7. 1979 – *BMW Belgium N. V./Komm.* Slg. 1979, 2435 f.; vgl. ferner EuGH U. v. 24. 10. 1995 Rs. C-70/93 – *BMW/ALD Autoleasing* Slg. 1995, I-3467 f.); Komm. E. v. 14. 12. 1979 – *Pioneer*, ABl. 1980 L 80/31 (teilweise aufgehoben durch EuGH U. v. 7. 6. 1983 Rs. 100–103/80 – *SA Musique Diffusion française U. A./Komm.* Slg. 1983, 1825); Komm. E. v. 11. 12. 1980 – *Hennessy-Henkell*, ABl 1980 L 383/14; Komm. E. v. 2. 12. 1981 – *Hassel*-

Art. 81 Abs. 1 EG: Verbotsnorm   300, 301   **Art. 81 Abs. 1 EG**

nur Verkäufe an Händler aus anderen Mitgliedstaaten, sondern auch an dortige Endverbraucher,[842] die entweder selbst oder über einen Vermittler handeln.[843] Der Gerichtshof hat in ständiger Rechtsprechung bestätigt, dass ein in einer Alleinvertriebsvereinbarung vorgesehener absoluter Gebietsschutz für den Händler, der die Kontrolle und die Behinderung der Parallelimporte ermöglichen soll, zu einer vertragswidrigen künstlichen Aufrechterhaltung getrennter nationaler Märkte führt.[844] Die marktabschottende Praktik muss nicht die Intensität eines Exportverbots erreichen, sie kann auch in einer mehr oder weniger umfänglichen Export*beschränkung* bestehen.[845]

Ein **Melde- und Nachforschungssystem** zur Ermittlung von Parallelimporteuren mit dem Ziel, Lieferungen an diese zu verhindern, um Vertriebshändler zu schützen, verstößt ebenfalls gegen Art. 81 EG,[846] ebenso wie ein auf eine Marktabschottung gerichtetes System der Artikelkennzeichnung[847] oder des Aufspürens exportierender Großhändler. Ebenso ist es unzulässig, einen Vertriebshändler dazu zu verpflichten, nur an Kunden zu liefern, von denen er annimmt, dass diese die Waren nicht aus dem jeweiligen Gebiet ausführen.[848] Exportverbote bzw. -beschränkungen gehen schließlich oftmals mit einem Arsenal an Druckmaßnahmen, wie z.B. Ermahnungen, Verwarnungen, Kündigungen bzw. Strafmaßnahmen einher, wie z.B. dem Entzug von Bonuszahlungen,[849] dem Erheben von „Servicegebühren",[850] der Lieferreduzierung[851] und sonstiger Strafen für den Fall der Ausfuhr.[852]   **300**

Neben unmittelbaren und mittelbaren Exportverboten, ggf. von entsprechenden Melde-, Nachforschungs- bzw. Strafsystemen begleitet (vgl. oben Rn. 300), kommen im Rahmen von Alleinvertriebsvereinbarungen noch etliche andere Arten von Verboten bzw. Unterlas-   **301**

---

blad, ABl. 1982 L 161/26 (teilweise aufgehoben durch EuGH U. v. 21. 2. 1984 Rs. 86/82 – *Hasselblad/Komm.* Slg. 1984, 883 ff.); vgl. ferner EuGH U. v. 28. 4. 1998 Rs. C-306/96 – *Javico* Slg. 1998, I-2002 Rn. 13 f.); Komm. E. v. 11. 7. 1983 – *Windsurfing International,* ABl. 1983 L 229/16 f. (teilweise aufgehoben durch EuGH U. v. 25. 2. 1986 Rs. 193/83 – *Windsurfing International Inc./Komm.* Slg. 1986, 611); Komm. E. v. 16. 11. 1983 – *Ford,* ABl. 1983 L 327/35 (bestätigt durch EuGH U. v. 17. 9. 1985 verb. Rs. 23 und 28/84 – *Ford/Komm.* Slg. 1985, 2725 f.); Komm. E. v. 16. 5. 1984 – *Polistil/Arbois,* ABl. 1984 L 136/12; Komm. E. v. 5. 6. 1991 – *Viho/Toshiba,* ABl. 1991 L 287/39, 42.

[842] Vgl. z.B. Komm. E. v. 21. 12. 2000 – *JCB,* ABl. 2002 L 69/30, 48 (im Wesentlichen bestätigt durch EuG U. v. 13. 1. 2004 Rs. T-67/01 – *JCB Service/Komm* Slg. 2004, II-49, bestätigt durch EuGH U. v. 21. 9. 2006 Rs. C-167/04P – *JCB Service/Komm.* Slg 2006, I-8935).

[843] Vgl. z.B. Komm. E. v. 20. 9. 2000 – *Opel,* ABl. 2000 L 59/21 (im Wesentlichen bestätigt durch EuG U. v. 21. 10. 2003 – *General Motors Nederland u. a./Komm.* Slg. 2003, II-4491 und EuGH U. v. 6. 4. 2006 Rs. C 551/03 P – *General Motors BV/Komm.* Slg. 2006, I-3173).

[844] Vgl. EuGH U. v. 8. 2. 1990 Rs. C-279/87 – *Tipp-Ex/Komm.* Slg. 1990, I-261.

[845] Vgl. Komm. E. v. 28. 1. 1998 – *VW,* ABl. 1998 L 124/76 (teilweise aufgehoben durch EuG U. v. 6. 7. 2000 Rs. T-62/98 – *VW/Komm.* Slg. 2000, II-2707); Komm. E. v. 5. 9. 2005 – *SEP u.s./Automobiles Peugeot SA,* ABl. 2006 L 173/20, 23.

[846] Vgl. Komm. E. v. 21. 12. 1994 – *Tretorn,* ABl. 1994 L 378/49 (bestätigt durch EuG U. v. 11. 12. 1996 Rs. T-49/95 Rs. T-49/95 – *Van Megen Sports* Slg. 1996, II-1801).

[847] Vgl. Komm. E. v. 21. 12. 1994 – *Tretorn,* ABl. 1994 L 378/49 (bestätigt durch EuG U. v. 11. 12. 1996 Rs. T-49/95 Rs. T-49/95 – *Van Megen Sports* Slg. 1996, II-1801).

[848] Vgl. Komm. E. v. 4. 12. 1996 – *Novalliance/Systemform,* ABl. 1997 L 47/17.

[849] Vgl. Komm. E. v. 28. 1. 1998 – *VW,* ABl. 1998 L 124/76 (teilweise aufgehoben durch EuG U. v. 6. 7. 2000 Rs. T-62/98 – *VW/Komm.* Slg. 2000, II-2707).

[850] Vgl. z.B. Komm. E. v. 21. 12. 2000 – *JCB,* ABl. 2002 L 69/30, 48 (im Wesentlichen bestätigt durch EuG U. v. 13. 1. 2004 Rs. T-67/01 – *JCB Service/Komm* Slg. 2004, II-49, bestätigt durch EuGH U. v. 21. 9. 2006 Rs. C-167/04P – *JCB Service/Komm.* Slg 2006, I-8935).

[851] Vgl. Komm. E. v. 10. 1. 1996 – *ADALAT;* ABl. 1996 L 201/51 (aufgehoben durch EuG U. v. 26. 10. 2000 Rs. T-41/96 – *Bayer* Slg. 2000, II-3383; bestätigt durch EuGH U. v. 6. 1. 2004 verb. Rs. C-2/01 P und C-3/01 P – *Bundesverband der Arzneimittelimporteure* Slg. 2004, I-23); Komm. E. v. 5. 9. 2005 – *SEP u.s./Automobiles Peugeot SA,* ABl. 2006 L 173/20, 21.

[852] Vgl. z.B. Komm. E. v. 15. 12. 1992 – *Ford Agricultural,* ABl. 1993 L 20/3, sowie Komm. E. v. 16. 12. 1985 – *Sperry New Holland,* ABl. 1985 L 376/26.

sungspflichten vor, die ebenfalls wettbewerbswidrig sein können. Hierzu zählen **Querlieferungsverbote,** d. h. das Verbot von Lieferungen innerhalb des Vertriebsnetzes[853] bzw. das Verbot des Weiterverkaufs auf der gleichen Verteilungsstufe, z. B. Großhändler oder Einzelhändler.[854] Querlieferungsverbote können für den grenzüberschreitenden Verkehr die gleiche Wirkung haben wie Exportverbote.[855] Dies gilt auch dann, wenn die Querlieferung zwar nicht verboten, jedoch nur ausnahmsweise möglich ist.[856] Ebenfalls wettbewerbswidrig ist die **Reimportpreisbindung,** d. h. die Verpflichtung, im Falle von Wiedereinfuhren die vom Hersteller eingeführte Preisbindung einzuhalten.[857] Das Gleiche gilt für ein **Sprunglieferungsverbot,** womit Großhändlern untersagt wird, direkt an Endverbraucher zu verkaufen, d. h. eine Vertriebsstufe zu überspringen[858] bzw. **Rücklieferungsverbote,** die es Einzelhändlern verbieten an Großhändler zu liefern.[859]

302 **(3) Vertikale Ausschließlichkeitsbindungen.** Ausschließlichkeitsbindungen kommen auch in vertikalen Verhältnissen vor, insbesondere in Vertriebsverträgen zwischen Herstellern und Abnehmern.[860]

303 **(4) Sonstige Fälle.** Die Aufteilung der geographischen Märkte zwischen einem Drittland und der Gemeinschaft beeinträchtigt den Handel zwischen den Mitgliedstaaten, wenn sie auf die Verhinderung der Einfuhr von Erzeugnissen gerichtet ist, die sonst in mehreren Mitgliedstaaten vertrieben worden wären. Sie stellt einen schweren Verstoß gegen Art. 81 EG dar, wenn sie auf einem bestimmten Markt bewirkt, die Gemeinschaft von einem Drittstaat zu isolieren.[861] Nach einem Unternehmensverkauf kann ein Gebietsschutz für eine bestimmte Zeitspanne, die nach den besonderen Umständen des Einzelfalles zu beurteilen ist und zwischen zwei und fünf Jahren betragen kann, gerechtfertigt sein.[862] Denn dadurch wird vermieden, dass der Verkäufer, der das veräußerte Unternehmen in allen Einzelheiten besonders gut kennt, seine frühere Kundschaft unmittelbar nach der Veräußerung wieder zurückgewinnt und so in die Lage versetzt wird dem veräußerten Unternehmen die Existenzgrundlage zu entziehen. Schließlich verstoßen auch Bestimmungen, die die Märkte zwischen Franchisegeber und Franchisenehmer oder unter den Franchisenehmern aufteilen gegen Art. 81 EG.[863]

304 **(cc) Informationsaustausch.** Vereinbarungen, Beschlüsse bzw. aufeinander abgestimmte Verhaltensweisen über eine Marktaufteilung gehen oftmals mit dem periodischen Austausch von mehr oder weniger detaillierten marktbezogenen Informationen einher, vor allem bei horizontalen Absprachen. Wie im Falle eines Informationsaustausches bei Preisabsprachen (vgl. Rn. 243 ff.) bzw. Absatzkontrollen (Rn. 278 ff.) erleichtert dieser gegenseitige Einblick in Geschäftsgeheimnisse die Koordinierung der auf eine Marktaufteilung

---

[853] Vgl. Komm. E. v. 5. 10. 1973 – *Deutsche Philips GmbH,* ABl. 1973 L 293/42; Komm. E. v. 28. 1. 1998 – *VW,* ABl. 1998 L 124/77.
[854] Vgl. z. B. Komm. E. v. 14. 6. 1973 – *Du Pont de Nemours,* ABl. 1973 L 194/28.
[855] Vgl. Komm. E. v. 5. 10. 1973 – *Deutsche Philips GmbH,* ABl. 1973 L 293/42.
[856] Vgl. Komm. E. v. 2. 12. 1977 – *Centraal Bureau voor de Rijwielhandel,* ABl. 1978 L 20/23.
[857] Vgl. Komm. E. v. 14. 6. 1973 – *Du Pont de Nemours,* ABl. 1973 L 194/28; Komm. E. v. 5. 10. 1973 – *Deutsche Philips GmbH,* ABl. 1973 L 293/41.
[858] Vgl. Komm. E. v. 5. 10. 1973 – *Deutsche Philips GmbH,* ABl. 1973 L 293/41; Komm. E. v. 2. 12. 1977 – *Centraal Bureau voor de Rijwielhandel,* ABl. 1978 L 20/23.
[859] Vgl. Komm. E. v. 5. 10. 1973 – *Deutsche Philips GmbH,* ABl. 1973 L 293/41.
[860] Vgl. Komm. E. v. 5. 12. 1979 – *Lab,* ABl. 1980 L 51/23 (bestätigt durch EuGH U. v. 25. 3. 1981 Rs. 61/80 – *Cooperatieve Stremsel- en Kleurselfabriek/Komm.* Slg. 1981, 851 f.).
[861] Vgl. Komm. E. v. 27. 7. 1992 – *Continuum/Quantel SA,* ABl. 1992 L 235/14; siehe auch EuGH U. v. 15. 6. 1976 Rs. 51/75 – *EMI-Records* Slg. 1976, 811.
[862] Vgl. hierzu EuGH U. v. 11. 7. 1985 Rs. 42/84 – *Remia/Komm.* Slg. 1985, 2545.
[863] Vgl. Komm. E. v. 17. 12. 1986 – *Pronuptia,* ABl. 1987 L 13/39, 45; Komm. E. v. 13. 7. 1987 – *Computerland,* ABl. 1987 L 222/12, 16 f., sowie Komm. E. v. 14. 11. 1987 – *ServiceMaster,* ABl. 1987 L 332/38 f.

gerichteten Verhaltensweisen, insbesondere bei größeren Kartellen.[864] Ein Austausch statistischer Daten und sonstiger betrieblicher Informationen dient aber nicht nur der ständigen Kontrolle einer Aufteilung des Marktes,[865] sondern ist mitunter Voraussetzung für die Schaffung einer solchen, z. B. in Gestalt von Quotenabsprachen.[866]

dd) Missbrauch gewerblicher Schutzrechte zwecks Marktaufteilung. Den für Marktaufteilungen eingesetzten Mitteln sind praktisch keine Grenzen gesetzt und so werden auch gewerbliche Schutzrechte für diese Zwecke missbraucht, wie z. B. Markenrechte,[867] Patente,[868] Sortenschutzrechte,[869] bzw. Warenzeichen.[870] Hierzu zählen schließlich auch der Missbrauch von Normen bzw. technischen Zertifikaten[871] zwecks künstlicher Marktaufteilung.

c) Marktaufteilung nach Produkten bzw. Kunden. aa) Eine **Marktaufteilung nach Produkten** ist eher selten, und kommt im Wesentlichen in zwei Varianten vor. Klassisch ist eine Vereinbarung, die sich darin erschöpft, dass jeder Hersteller ein oder mehrere bestimmte Produkte herstellt, die sich jeweils von den anderen Produkten des jeweiligen Marktes unterscheiden. Hierzu zählt z. B. eine Aufteilung zwischen den Märkten für kommerzielle Empfangsgeräte und für Freizeitboot-Empfangsgeräte[872] oder hinsichtlich bestimmter chemischer Erzeugnisse.[873] Zu der anderen Variante zählen Marktaufteilungen nach Produkten im Rahmen von Spezialisierungsvereinbarungen (vgl. hierzu oben Rn. 257).

bb) Eine **Aufteilung von Kunden** beseitigt den Wettbewerb hinsichtlich der jeweils ausgeschlossenen Kundenkategorie, wodurch in der Regel auch der technische und wirtschaftliche Fortschritt erheblich eingeschränkt wird. Die Aufteilung erfasst nicht unbedingt sämtliche Kunden der Kartellteilnehmer, sondern ist ggf. auf spezielle Abnehmer[874] be-

---

[864] Vgl. z. B. Komm. E. v. 23. 4. 1986 – *Polypropylen,* ABl. L 230/26 (Buße reduziert in 6 Fällen, vgl. z. B. durch EuG U. v. 17. 12. 1991 Rs. T-6/89 – *Enichem* Slg. 1991, II-1623; in 8 Fällen bestätigt, vgl. z. B. EuG. U. v. 24. 10. 1991 Rs. T-1/89 – *Rhone-Poulenc* Slg. 1991, II-867, im Rechtsmittel in einem Fall teilweise aufgehoben, vgl. z. B. EuGH U. v. 8. 7. 1999 Rs. C-49/92 P – *Kommission/Anic* Slg. 1999, I-4125 und in 8 Fällen bestätigt, vgl. z. B. EuGH U. v. 8. 7. 1999 Rs. C-199/92 P – *Hüls/Komm.* Slg. 1999, I-4287).

[865] Vgl. z. B. Komm. E. v. 30. 11. 1994 – *Zement,* ABl. 1994 L 343/94 (im Wesentlichen bestätigt durch EuG U. v. 15. 3. 2000 verb. Rs. T-25/95 usw. – *Cimenteries CBR u. a./Komm.* Slg. 2000, II-491 f.; sowie EuGH. U. v. 7. 1. 2004 verb. Rs. C-204/00 P usw. – *Aalborg Portland u. a.*

[866] Vgl. z. B. Komm. E. v. 21. 10. 1998 – *Fernwärmetechnik-Kartell,* ABl. 1998 L 24/51 (bestätigt durch EuGH U. v. 28. 6. 2005 verb. Rs. C-189/02 P, C-202/02 P, C-205/02 P bis C-208/02 P und C-213/02 P – *Dansk Rørindustri A/S u. a./Komm.* Slg. 2005, I-5425); Komm. E. v. 30. 11. 2005 – *Industriesäcke,* ABl. L 282/41, 43; Komm. E. v. 21. 2. 2007 – *Aufzüge und Fahrtreppen,* ABl. 2008, C- 75/19, 20 (Zusammenfassung).

[867] Vgl. Komm. E. v. 24. 7. 1974 – *Advocaat Zwarte Kip,* ABl. 1974 L 237/13 f.; Komm. E. v. 16. 12. 1982 – *Toltecs-Dorcet,* ABl. L 1982, 379/19 (Buße aufgehoben durch EuGH U. v. 30. 1. 1985 Rs. 35/83 – *BAT/Komm.* Slg. 1985, 363).

[868] Vgl. Komm. E. v. 10. 1. 1979 – *Vaessen/Moris,* ABl. 1979 L 19/35; Komm. E. v. 11. 7. 1983 – *Windsurfing International,* ABl. 1983 L 229/1 f. (teilweise aufgehoben durch EuGH U. v. 25. 2. 1986 Rs. 193/83 – *Windsurfing International Inc./Komm.* Slg. 1986, 611).

[869] Vgl. Komm. E. v. 21. 9. 1978 – *Maissaatgut,* ABl. 1978 L 286/31 (teilweise aufgehoben durch EuGH U. v. 8. 6. 1982, 258/78 – *Nungesser u. Eisele/Komm.* Slg. 1982, 2051).

[870] Vgl. Komm. E. v. 23. 9. 1964 – *Grundig-Consten,* ABl. 2547/64 (im Kern bestätigt durch EuGH U. v. 13. 7. 1966 verb. Rs. 56 u. 58/64 – *Consten u. Grundig/Komm.* Slg. 1966, 383 f.); Komm. E. v. 22. 12. 1972 – *W. E. A.-Fillipacchi Music S. A.,* ABl. 1972 L 303/52; Komm. E. v. 5. 3. 1975 – *Sirdar-Phildar,* ABl. 1975 L 125/29.

[871] Vgl. Komm. E. v. 20. 10. 1972 – *Zentralheizung,* ABl. 1972 L 264/30; Komm. E. v. 29. 11. 1995 – *SCK/FNK,* ABl. 1995 L 312/84.

[872] Vgl. Komm. E. v. 21. 12. 1988 – *Decca Navigator System,* ABl. 1989 L 43/27.

[873] Vgl. Komm. E. v. 23. 11. 1984 – *Peroxyd-Produkte,* ABl. 1985 L 35/15.

[874] Vgl. z. B. Komm. E. v. 11. 12. 2001 – *Zinkphosphat,* ABl. 2003 L 153/22 (s. a. Fn. 453).

Art. 81 Abs. 1 EG 308, 309

schränkt oder auf große Kunden konzentriert,[875] was nicht hindert, dass sie ggf. den gesamten Handel weltweit betrifft.[876] Zu den klassischen Fällen zählt die Aufteilung von Abnehmern in **Gruppen, Kategorien**[877] bzw. **Sektoren,**[878] sowie die Einigung unter Teilnehmern eines Kartells, welches Unternehmen welche(n) Abnehmer beliefert,[879] wobei letztere ggf. nach Verbrauch, d. h. Abnahmemenge, unterschieden werden.[880] Ebenfalls wettbewerbswidrig ist das Prinzip der **„Kristallisierung der Kundschaft",** d. h. der Grundsatz, dass jedes Unternehmen nur mit seiner Kundschaft arbeiten darf.[881] Zu den Schutzmechanismen zur Sicherung einer Aufteilung der Kunden zählt z. B. die Pflicht der Wettbewerber, einem Kunden, der einem anderen Wettbewerber zugeteilt ist, überhöhte Preisangebote zu machen.[882]

308 **d) Aufteilung der Versorgungsquellen. aa) Begriff.** Während die Aufteilung der Märkte (vgl. vorstehend b) und c)) gewissermaßen die „Absatzquellen" betrifft, bezieht sich die zweite Alternative des Art. 81 Abs. 1 Buchstabe c) EG auf die Versorgungsquellen und ist in der Praxis vergleichsweise seltener. Geschützt wird die Versorgungs- bzw. Bezugsfreiheit und damit der **Nachfragewettbewerb,** und zwar gegen entsprechend beschränkende horizontale wie vertikale Vereinbarungen, Beschlüsse bzw. aufeinander abgestimmte Verhaltensweisen. Ein Bezugskartell hindert nämlich jeden Teilnehmer daran, sich im Wettbewerb mit anderen Kartellteilnehmern darum zu bemühen, von den Lieferanten günstigere Bedingungen zu bemühen, als die kollektiv ausgehandelten.[883] Geschützt wird implizit auch die Absatzfreiheit dritter Unternehmen.

309 **bb) Beschränkung der Bezugsfreiheit.** In der Praxis kommen **vielfältige Arten** von Beschränkungen vor. Wenn mehrere Unternehmen einen gemeinsamen Einkauf vereinbaren, z. B. in Gestalt einer Absprache über den gemeinsamen Einkauf eines Rohstoffs, so kann dies ihre individuelle Bezugs- bzw. Versorgungsfreiheit beschränken.[884] Das Gleiche gilt für eine Vereinbarung, durch die in einem Mitgliedstaat niedergelassene Hersteller ihre Großhändler verpflichten, bei ihren Bezügen zugunsten der Händler bestimmte Bezugsquoten zu beachten,[885] oder bestimmte Daten nur aus einer Quelle heranzuziehen.[886] Das Gleiche gilt umgekehrt, wenn sich Großhändler gegenüber Herstellern zu jährlichen Mindestabnahmequoten verpflichten, da dies die Versorgungsmöglichkeiten der Großhändler

---

[875] Vgl. z. B. Komm. E. v. 27. 11. 2002 – *Methylglukamin,* ABl. 2004 L 38/37.

[876] Vgl. z. B. Komm. E. v. 17. 12. 2002 – *Geschmacksverstärker,* ABl. 2004 L 75/20.

[877] Vgl. Komm. E. v. 23. 7. 1984 – *Flachglassektor in den BENELUX-Ländern,* ABl. 1984 L 212/18; Komm. E. v. 7. 12. 1988 – *Flachglas,* ABl. 1989 L 33/48, 61 (Buße reduziert durch EuG U. v. 10. 3. 1992 verb. Rs. T-68, 77, 78/89 – *Flachglas* Slg. 1992, II-415).

[878] Vgl. z. B. Komm. E. v. 5. 12. 2001 – *Interbrew und Alken-Maes,* ABl. 2003 L 200/45, 46 (Buße herabgesetzt in einem Fall, vgl. EuG U. v. 25. 10. 2005 Rs. T-38/02 – *Groupe Danone/Komm.* Slg. 2005, II-4407, bestätigt durch EuGH U. v. 8. 2. 2007 Rs. C-3/06P – *Groupe Danone/Komm.* Slg. 2007, I-1331).

[879] Vgl. Komm. E. v. 2. 1. 1973 – *Europäische Zuckerindustrie,* ABl. 1973 L 140/30 f. (Buße reduziert durch EuGH U. v. 16. 12. 1975 Rs. 40–48, 50, 54–56, 11, 113–114/73 – *Suiker Unie/Komm.* Slg. 1975, 1663).

[880] Vgl. Komm. E. v. 5. 9. 1979 – *BP Kemi – DDSF,* ABl. 1979 L 286/45.

[881] Vgl. Komm. E. v. 10. 7. 1986 – *Dach- und Dichtungsbahnen,* ABl. 1986 L 232/21 (bestätigt durch EuGH U. v. 11. 7. 1989 – *Belasco u. a./Komm.* Slg. 1989, 2117, 2188 Rn. 26).

[882] Vgl. Komm. E. v. 16. 12. 2003 – *Industrierohre,* ABl. 2004 L 125/50 f. (Zusammenfassung).

[883] Vgl. Komm. E. v. 9. 7. 1980 – *National Sulphuric Acid Association I,* ABl. 1980 L 260/28; sowie Komm. E. v. 9. 6. 1989 – *National Sulphuric Acid Association II,* ABl. 1989 L 190, 22 ff.

[884] Vgl. Komm. E. v. 16. 7. 1969 – *Internationales Chininkartell,* ABl. 1969 L 192/18 (Buße reduziert durch EuGH U. v. 15. 7. 1970 Rs. 41/69 – *ACF Chemiefarma/Komm.* Slg. 1970, 661 f. sowie EuGH U. v. 15. 7. 1970 Rs. 44/69 – *Buchler/Komm.* Slg. 1970, 733 f. und EuGH U. v. 15. 7. 1970 Rs. 45/69 – *Boehringer/Komm.* Slg. 1970, 769 f.).

[885] Vgl. Komm. E. v. 28. 9. 1981 – *italienisches Flachglas,* ABl. 1981 L 326/40.

[886] Vgl. Komm. E. v. 24. 11. 1993 – *Auditel,* ABl. 1993 L 306/52.

und damit zugleich Absatzmöglichkeiten anderer Hersteller einschränkt.[887] Eine Beschränkung der Versorgungsfreiheit bzw. des Nachfragewettbewerbs liegt auch in der Einschränkung des Zugangs von neuen Zwischenhändlern zu Gemüseversteigerungen.[888] Die Verpflichtung zweier Energieversorgungsunternehmen, die gesamte Stromerzeugung eines Herstellers abzunehmen, schränkt ebenfalls die freie Wahl der Versorgungsquellen ein.[889] Das Gleiche gilt, wenn Abnehmer keine Möglichkeit haben, die Mengen zu bestimmen, die sie kaufen wollen.[890] Werden Eintrittskarten für Fußballspiele nur im Rahmen von Pauschalarrangements abgegeben, so macht dies die Beschaffung von einfachen Eintrittskarten unmöglich.[891] Der freie Zugriff auf Versorgungsquellen wird erschwert, wenn Installateure von Zentralheizungen nur bei Herstellern und nur zugelassene Geräte kaufen dürfen.[892] Allgemein kann jede Bezugsverpflichtung wettbewerbsbeschränkend wirken, die ein konkurrierendes Unternehmen daran hindert, die bezogenen Waren selbst herzustellen oder bei anderen Herstellern zu kaufen, ggf. sogar zu günstigeren Bedingungen, zumal wenn eine solche Vereinbarung mit einer Konventionalstrafe für Nichtabnahme der vereinbarten Menge verbunden ist; es besteht aber die Möglichkeit der Freistellung.[893]

cc) **Alleinbezugsverpflichtung.** Wenn sich ein Käufer verpflichtet, während eines bestimmten Zeitraumes seinen gesamten Bedarf für die Herstellung eines bestimmten Erzeugnisses nur von einem Lieferanten zu beziehen, so werden andere Hersteller des betreffenden Erzeugnisses daran gehindert, den Käufer während dieses Zeitraumes mit dem fraglichen Erzeugnis zu beliefern.[894] Ob eine derartige Bezugsverpflichtung als Wettbewerbsbeschränkung im Sinne von Art. 81 Abs. 1 EG zu betrachten ist, hängt unter anderem von der Dauer dieser Verpflichtung[895] und von den wirtschaftlichen Umständen – einschließlich des Marktanteils und der Marktstellung des Käufers und Verkäufers – ab. Zu den sektorenspezifischen Varianten zählen **Bierlieferungsvereinbarungen,**[896] wobei Freistellungen nicht ausgeschlossen sind.[897] Die Wettbewerbsbeschränkung besteht darin, dass die Lieferbeziehungen eingefroren und die Funktion von Angebot und Nachfrage ausgeschaltet werden. So kann eine auf 6 Jahre festgelegte Alleinbezugsverpflichtung einen Wettbewerbsverstoß darstellen.[898] Ein den Großhändlern auferlegtes Verbot, Erzeugnisse aus anderen Bezugsquellen als einer bestimmten landwirtschaftlichen Erzeugergemeinschaft zu beziehen, schränkt die Bezugsfreiheit dieser Großhändler ein.[899] Erheblich wettbewerbs-

310

---

[887] Vgl. Komm. E. v. 22. 12. 1972 – *G. I. S. A.*, ABl. 1972 L 303/48.
[888] Vgl. Komm. E. v. 2. 12. 1977 – *Blumenkohl*, ABl. 1977 L 21/28–29.
[889] Vgl. Komm. E. v. 30. 4. 1991 – *Scottish Nuclear, Kernenergievereinbarung*, ABl. 1991 L 178/34; vgl. hierzu auch EuGH U. v. 27. 4. 1994 Rs. C-393/92 – *Almelo* Slg. 1994, I-1477.
[890] Vgl. Komm. E. v. 19. 12. 1984 – *Aluminiumeinfuhren aus Osteuropa*, ABl. 1984 L 92/40.
[891] Vgl. Komm. E. v. 27. 10. 1992 – *Fußballweltmeisterschaft*, ABl. 1992 L 326/39, 41.
[892] Vgl. Komm. E. v. 20. 10. 1972 – *Zentralheizung*, ABl. 1972 L 264/27 f.
[893] So z. B. Komm. E. v. 12. 7. 1984 – *Carlsberg*, ABl. 1984 L 207/33.
[894] Vgl. Komm. E. v. 14. 12. 1982 – *Zinkbleche*, ABl. 1982 L 362/40, 48 (teilweise aufgehoben durch EuGH U. v. 28. 3. 1984 verb. Rs. 29/83 und 30/83 – *Compagnie Asturienne des Mines SA und Rheinzink GmbH/Komm.* Slg. 1984, 1679); Komm. E. v. 19. 12. 1989 – *Zuckerrüben*, ABl. 1989 L 31/41.
[895] Vgl. zu den langfristigen Bezugsbindungen für Strom und Gas *Markert* EuZW 2000, 427, 435.
[896] Vgl. EuGH U. v. 12. 12. 1967 Rs. 23/67 – *Brasserie de Haecht* Slg. 1967, 545 f.; grundlegend EuGH U. v. 28. 2. 1991 Rs. C-234/89 – *Delimitis/Henninger Bräu* Slg. 1991, I-935; vgl. ferner EuG U. v. 5. 7. 2001 Rs. T-25/99 – *Colin Arthur Roberts* Slg. 2001, II-1881.
[897] Vgl. z. B. Komm. E. v. 24. 2. 1999 – *Whitbread*, ABl. 1999 L 88/56; Komm. v. 16. 6. 1999 – *Scottish and Newcastle*, ABl. 1999 L 186/52; Komm. E. v. 16. 6. 1999 – *Bass*, ABl. 1999 L 186/27 (bestätigt durch EuG U. v. 21. 3. 2002 Rs. T-231/99 – *Joyson/Komm.* Slg. 2002, II-2085); Komm. E. v. 29. 6. 2000 – *Inntrepreneur und Spring*, ABl. 2000 L 195/55.
[898] Vgl. Komm. E. v. 5. 9. 1979 – *BP Kemi – DDSF*, ABl. 1979 L 286/41.
[899] Vgl. Komm. E. v. 25. 7. 1975 – *FRUBO*, ABl. 1975 L 237/18 (bestätigt durch EuGH U. v. 15. 5. 1975 Rs. 71/74 – *FRUBO* Slg. 1975, S. 563 ff.); Komm. E. v. 26. 7. 1988 – *Bloemenveilingen Aalsmeer*, ABl. 1988 L 262/37.

beschränkend ist eine ausschließliche Bezugverpflichtung, wenn jede Verletzung Sanktionen wie Entschädigungszahlungen, Ausschluss usw. nach sich zieht.[900] Alleinbezugsvereinbarungen, die ggf. mit einem Wettbewerbsverbot gekoppelt sind, wirken sich indirekt auf den Wettbewerb zwischen Anbietern von Waren des gesamten relevanten Marktes aus.[901] Sie erschweren oder verhindern die Bildung von unabhängigen Vertriebsstrukturen, die für den Zutritt von neuen Wettbewerbern in den betreffenden Markt oder den Ausbau einer bereits erreichten Marktstellung erforderlich sind.[902] Daneben kommen auch **Quasi-Alleinbezugsverpflichtung** vor, bei der die Verpflichtung darin besteht, einen großen Teil der Waren abzunehmen.[903]

311   Keine wettbewerbswidrige Bezugsbindung besteht hingegen, wenn kraft eines Franchisevertrages Waren nur von bestimmten Lieferanten weiter verkauft werden dürfen.[904] Das Gleiche gilt bei bestimmten Tankstellenverträgen.[905]

312   **dd) Englische Klausel.** Eine sog. „englische Klausel" dient dazu, eine bestehende Bezugsbindung „aufzulockern", indem sich der Käufer verpflichtet, den jeweiligen Lieferanten über Preisangebote anderer Lieferanten zu unterrichten, sofern sie günstiger sind. Dem Käufer verbleibt dann das Recht, von diesem Lieferanten zu beziehen, sofern sich der bisherige Lieferant des Käufers nicht entschließt, in die Preise des Wettbewerbers einzutreten. Aus Sicht der Kommission schränkt eine englische Klausel den Wettbewerb jedenfalls dann ein, wenn der Lieferant Informationen über die Preise seiner Wettbewerber erhält, die er sonst nicht erhalten hätte.[906] Denn Konkurrenten werden bei Kenntnis der englischen Klausel davon abgehalten, ihren Preis weiter herabzusetzen, wodurch die Absatzmöglichkeiten dieser Wettbewerber eingeschränkt werden.[907]

5. Buchstabe d): Anwendung unterschiedlicher Bedingungen bei gleichwertigen Leistungen

313   **a) Allgemeines.** Die in Art. 81 Abs. 1 Buchstabe d) EG erfasste Anwendung unterschiedlicher Bedingungen bei gleichwertigen Leistungen gegenüber Handelspartnern ist eines der **speziellen Diskriminierungsverbote** des EG-Vertrages (vgl. z. B. Art. 13 und 141 EG), der kein allgemeines Diskriminierungsverbot[908] enthält. Diese Fallgruppe muss sich aus einer auf horizontaler oder vertikaler Ebene getroffenen Vereinbarung, einem Beschluss oder einer abgestimmten Verhaltensweise wirtschaftlich unabhängiger und autonomer Einheiten ergeben. Mithin darf sie nicht auf einem einseitigen Verhalten eines einzelnen Unternehmens beruhen,[909] das im Gemeinschaftsrecht zulässig bleibt, sofern es nicht die Voraussetzungen eines Missbrauchs einer marktbeherrschenden Stellung im Sinne des Art. 82 Abs. 2 Buchstabe c) EG erfüllt. In der Praxis fristet die Vorschrift des Art. 81 Abs. 1

---

[900] Vgl. Komm. E. v. 5. 12. 1979 – *Lab,* ABl. 1980 L 51/23 (bestätigt durch EuGH U. v. 25. 3. 1981 – *Cooperatieve Stremsel- en Kleurselfabriek/Komm.* Slg. 1981, 851 f.).
[901] Vgl. Komm. E. v. 23. 12. 1992 – *Schöller Lebensmittel Gmbh & Co. KG,* ABl. 1993 L 183/8 (vgl. EuG U. v. 8. 6. 1995 Rs. T-7/93 – *Langnese-Iglo/Komm.* Slg. 1995, II-1533, 1571 Rn. 94; EuGH U. v. 1. 10. 1998 Rs. C-279/95 P – *Langnese-Iglo GmbH/Komm.* Slg. 1998, I-5609; vgl. ferner EuG U. v. 8. 6. 1995 Rs. T-9/93 – *Schöller Lebensmittel Gmbh/Komm.* Slg. 1995, II-1611).
[902] Vgl. Komm. E. v. 23. 12. 1992 – *Langnese-Iglo Gmbh,* ABl. 1992 L 183/26.
[903] Vgl. Komm. E. v. 19. 7. 1984 – *BPCL/ICI,* ABl. 1984 L 212/1, 7.
[904] Vgl. EuGH U. v. 28. 1. 1986 Rs. 161/84 – *Pronuptia* Slg. 1986, 353 Rn. 21.
[905] Vgl. EuGH U. v. 7. 12. 2000 Rs. C-214/99 – *Neste* Slg. 2000, I-11 121 f.
[906] Vgl. Komm. E. v. 5. 9. 1979 – *BP Kemi – DDSF,* ABl. 1979 L 286/41.
[907] Vgl. hierzu auch Komm. E. v. 9. 6. 1976 – *Vitamine,* ABl. 1976 L 223/32 (aufgehoben in zwei Fällen, vgl. EuG U. v. 6. 10. 2001, Rs. T-22/02 und T-23/02 – *Sumitomo u. Sumika/Komm.* Slg. 2005, II-4065; Bußgeld reduziert in zwei Fällen, vgl. z. B. EuG U. v. 15. 3. 2006, Rs. T 15/02 – *BASF/Komm.* Slg 2006, II-497).
[908] Vgl. jedoch Art. 4 lit. b EGKS V.
[909] Vgl. EuGH U. v. 12. 1. 1995 Rs. T-102/92 – *VIHO/Komm.* Slg. 1995, II-17, 39 Rn. 61.

Buchstabe d) EGV – im Gegensatz zu ihrer Schwestervorschrift in Art. 82 Abs. 2 Buchstabe c) EG – eher ein Randdasein.

b) Voraussetzungen. Gemäß Art. 81 Abs. 1 Buchstabe d) EG kommt es darauf an, ob 314 die Kartellbeteiligten auf Grund einer Vereinbarung, eines Beschlusses bzw. einer abgestimmten Verhaltensweise ihre Handelspartner in ungerechtfertigter Weise unterschiedlich behandeln, obwohl Letztere gleichwertige Leistungen erbringen.

aa) Gleichwertige Leistungen. Der Ausgangspunkt der Prüfung, ob Art. 81 Abs. 1 315 Buchstabe d) EG verletzt ist, liegt in der Frage, ob die Handelspartner der Kartellbeteiligten „gleichwertige" Leistungen erbringen. Dies setzt erstens voraus, dass die Handelspartner Konkurrenten sind. Zweitens muss es sich um nach objektiven Kriterien, d. h. hinsichtlich Art, Qualität und Umfang der Waren bzw. Dienstleistungen, vergleichbare Geschäfte handeln.

bb) Unterschiedliche Bedingungen. Weiter kommt es darauf an, ob die Kartellbeteiligten 316 ihre Handelspartner ohne Rechtfertigung unterschiedlich behandeln. Hier sind zwei Gesichtspunkte wesentlich: Erstens gilt es festzustellen, ob im Rahmen der rechtlichen bzw. wirtschaftlichen Beziehungen auf horizontaler bzw. vertikaler Ebene, so z. B. im Rahmen selektiver Vertriebssysteme, unterschiedliche Bedingungen angewandt werden. In der Praxis ist die Feststellung indes nicht immer leicht, z. B. im Falle bestimmter Tarif- bzw. Preiskalkulationen. Zweitens kommt es darauf an, ob die unterschiedlichen Bedingungen sachlich gerechtfertigt sind.

c) Fälle. aa) Preisdiskriminierung. In der Praxis erfolgt die Diskriminierung häufig 317 durch Anwendung unterschiedlicher Preise und/oder Konditionen. Hierzu zählen diskriminierende Vereinbarungen zwischen einem Hersteller und seinen Abnehmern[910] sowie zwischen einem Hersteller und seinen Vertriebshändlern abgestimmte Verhaltensweisen über die Anwendung diskriminierender Preise, je nach dem Bestimmungsland der Ware, zwecks Unterbindung von Paralleleinfuhren, um den derart abgeschirmten nationalen Markt ungehindert für sich nutzen zu können.[911] In einem solchen Fall ist die Furcht vor der Kündigung des Vertragshändlervertrages kein Rechtfertigungsgrund für wettbewerbswidriges Handeln. Andernfalls läge darin ein Verzicht der Anwendung des Art. 81 EG auf nahezu sämtliche Verkaufsbedingungen, die den Vertragshändlern auferlegt werden. Grundlos diskriminierend ist auch, wenn nach bestimmten Kriterien ausgesuchten heimischen Abnehmern ein günstigerer Preis gewährt wird als anderen Käufern.[912] Erklären sich die Preisunterschiede durch objektive Kostendifferenzen, so liegt keine Diskriminierung vor.[913]

bb) Ein **Gesamtumsatzrabattsystem** kann bei gleichen Leistungen eine unterschied- 318 liche Behandlung von Handelspartnern zur Folge haben.[914] Eine ungerechtfertigte Ungleichbehandlung ist auch dann gegeben, wenn Hersteller bzw. Großhändler Fachgeschäften, die bestimmten Kriterien entsprechen, eine absatzabhängige Sondervergütung gewähren, während andere Abnehmer, die einen Großteil des Absatzes ausmachen, davon ausgeschlossen sind.[915] Das Gleiche gilt für die Festlegung diskriminierender Bedingungen für die Zulassung der durch nicht-alleinvertriebsberechtigte Importeure eingeführten Geräte.[916]

---

[910] Vgl. z. B. Komm. E. v. 30. 6. 1970 – *Kodak*, ABl. 1970 L 147/24–25; vgl. ferner Komm. E. v. 20. 12. 1977 – *Distillers*, ABl. 1978 L 50/24; Komm. E. v. 13. 9. 2006 – *Bitumen – NL*, ABl. 2007 L 196/40 (Zusammenfassung).

[911] Vgl. Komm. E. v. 23. 11. 1972 – *Pittsburgh Corning Europe*, ABl. 1972 L 264/36; Komm. E. v. 15. 5. 1974 – *IFTRA-Verpackungsglas*, ABl. 1974 L 160/12.

[912] Vgl. Komm. E. v. 22. 12. 1972 – *Cimbel*, ABl. 1972 L 303/24, 34.

[913] Vgl. Komm. E. v. 19. 7. 1989 – *Niederländische Banken*, ABl. 1989 L 253/1, 5.

[914] Vgl. Komm. E. v. 29. 12. 1970 – *Wand- und Bodenfliesenwerke*, ABl. 1971 L 10/19.

[915] Vgl. Komm. E. v. 15. 7. 1982 – *Stichting Sigarettenindustrie (SS I)*, ABl. 1982 L 232/22 (offengelassen in EuGH U. v. 10. 12. 1985 Rs. 260/82 – *NSO/Komm*. Slg. 1985, 3801, 3824 Rn. 42).

[916] Vgl. Komm. E. v. 17. 12. 1981 – *NAVEWA-ANSEAU*, ABl. 1981 L 167/47 (bestätigt durch EuGH U. v. 8. 11. 1983 verb. Rs. 96–102, 104, 105, 108 und 110/82 – *NV IAZ International Belgium U. A./Komm*. Slg. 1983, 3369).

319 **cc) Eine Lieferverweigerung** stellt eine verbotene Diskriminierung dar, wenn ein Hersteller die Auswahl seiner Abnehmer mit seinen Konkurrenten festlegt.[917]

320 **dd) Selektive Vertriebssysteme,** d. h. Absatzorganisationen, bei denen sich der Hersteller in einem bestimmten Gebiet auf einzelne ausgewählte Abnehmer beschränkt, sind für Diskriminierungen besonders „anfällig". Ihre Vereinbarkeit mit Art. 81 Abs. 1 EG setzt unter anderem voraus, dass die Auswahl der Händler, die zum Vertriebssystem zugelassen werden, aufgrund objektiver Gesichtspunkte qualitativer Art erfolgt. Mithin müssen die Auswahlkriterien ohne Diskriminierung angewendet werden. Eine *quantitative* Auswahl der Händler räumt den anerkannten Händlern einen Gebietsschutz ein.[918]

6. Buchstabe e): Verpflichtung zur Annahme zusätzlicher Leistungen

321 **a) Allgemeines.** Die in Art. 81 Abs. 1 Buchstabe e) EG enthaltene Fallgruppe erfasst Verträge, deren Abschluss an die Bedingung geknüpft ist, dass der Vertragspartner zusätzliche Leistungen annimmt. Hierdurch wird der Vertragspartner in seiner wirtschaftlichen Autonomie eingeschränkt. Dies ist besonders dann der Fall, wenn der Vertragspartner zur Abnahme von Waren bzw. Dienstleistungen gezwungen ist, die er sonst nicht gekauft hätte. Hatte der Vertragspartner hingegen eine Kaufabsicht hinsichtlich der zusätzlichen Leistungen, so ist seine wirtschaftliche Entscheidungsfreiheit jedenfalls insoweit eingeschränkt, dass er es sich nicht aussuchen kann, mit wem er diesbezüglich kontrahieren will. Gleichzeitig werden Dritte daran gehindert, mit dem Vertragspartner in vertragliche Beziehungen zu treten. In Gestalt einer kollektiven Praktik ist ein solches sog. „Koppelungsgeschäft" eher selten, im Gegensatz zu der in Art. 82 Abs. 1 Buchstabe d) EG enthaltenen gleichlautenden Vorschrift. Der Schwerpunkt liegt nicht bei der Koppelung völlig unterschiedlicher Leistungen, sondern eher von Waren und Dienstleistungen, die nicht notwendig verbunden sein müssen.

322 **b) Voraussetzungen. aa) Bedingung.** Der Vertrag wird unter der Bedingung geschlossen, dass der Vertragspartner bestimmte zusätzliche Leistungen annimmt. Es kommt nicht darauf an, ob diese Bedingung ausdrücklich, z.B. schriftlich bzw. mündlich, oder stillschweigend vereinbart wird. Entscheidend ist, dass letztlich die eine – vertragsgemäße – Leistung nicht ohne die zusätzliche Leistung zu haben ist. Kein Koppelungsgeschäft im Sinne des Art. 81 Abs. 1 Buchstabe e) EG sind hingegen bloße ökonomische Anreize für die Abnahme zusätzlicher Leistungen, z.B. mittels von Rabatten,[919] sofern sie keinerlei Zwang beinhalten.

323 **bb) Zusätzliche Leistungen.** Waren bzw. Dienstleistungen stellen eine zusätzliche Leistung im Sinne des Artikels 81 Abs. 1 Buchstabe e) EG dar, wenn sie weder sachlich noch nach Handelsbrauch in Beziehung zum Vertragsgegenstand stehen. Dies ist jedoch nicht der Fall bei Waren bzw. Dienstleistungen, die als Einheit mit dem Gegenstand des Vertrages angesehen werden.

324 **cc) Fälle.** Hierzu zählen z.B. die Koppelung des Verkaufs von Verpackungsglas und eines Preises frei Bestimmungsort, bei dem der entferntere Abnehmer zum Nachteil des nahen Abnehmers begünstigt wird.[920]

---

[917] Vgl. z.B. Komm. E. v. 23. 7. 1974 – *Belgische Tapeten*, ABl. 1974 L 237/7.
[918] Vgl. Komm. E. v. 6. 1. 1982 – *AEG-Telefunken*, ABl. 1982 L 117/25–26 (bestätigt durch EuGH U. v. 25. 10. 1983, 107/82 – *AEG/Telefunken* Slg. 1983, 3151 Rn. 33).
[919] Vgl. *Immenga*, Art. 81 Abs. 1, B, Rn. 136.
[920] Vgl. Komm. E. v. 15. 5. 1974 – *IFTRA-Verpackungsglas*, ABl. 1974 L.

Art. 81 Abs. 2

Art. 81 [Verbot wettbewerbsbeschränkender Vereinbarungen und Verhaltensweisen]

(1) Mit dem Gemeinsamen Markt unvereinbar und verboten sind alle Vereinbarungen zwischen Unternehmen, Beschlüsse von Unternehmensvereinigungen und aufeinander abgestimmte Verhaltensweisen, welche den Handel zwischen Mitgliedstaaten zu beeinträchtigen geeignet sind und eine Verhinderung, Einschränkung oder Verfälschung des Wettbewerbs innerhalb des Gemeinsamen Marktes bezwecken oder bewirken, insbesondere

a) die unmittelbare oder mittelbare Festsetzung der An- oder Verkaufspreise oder sonstiger Geschäftsbedingungen;
b) die Einschränkung oder Kontrolle der Erzeugung, des Absatzes, der technischen Entwicklung oder der Investitionen;
c) die Aufteilung der Märkte oder Versorgungsquellen;
d) die Anwendung unterschiedlicher Bedingungen bei gleichwertigen Leistungen gegenüber Handelspartnern, wodurch diese im Wettbewerb benachteiligt werden;
e) die an den Abschluß von Verträgen geknüpfte Bedingung, daß die Vertragspartner zusätzliche Leistungen annehmen, die weder sachlich noch nach Handelsbrauch in Beziehung zum Vertragsgegenstand stehen.

(2) **Die nach diesem Artikel verbotenen Vereinbarungen oder Beschlüsse sind nichtig.**

(3) Die Bestimmungen des Absatzes 1 können für nicht anwendbar erklärt werden auf
– Vereinbarungen oder Gruppen von Vereinbarungen zwischen Unternehmen,
– Beschlüsse oder Gruppen von Beschlüssen von Unternehmensvereinigungen,
– aufeinander abgestimmte Verhaltensweisen oder Gruppen von solchen

die unter angemessener Beteiligung der Verbraucher an dem entstehenden Gewinn zur Verbesserung der Warenerzeugung oder -verteilung oder zur Förderung des technischen oder wirtschaftlichen Fortschritts beitragen, ohne daß den beteiligten Unternehmen

a) Beschränkungen auferlegt werden, die für die Verwirklichung dieser Ziele nicht unerläßlich sind, oder
b) Möglichkeiten eröffnet werden, für einen wesentlichen Teil der betreffenden Waren den Wettbewerb auszuschalten.

Übersicht

	Rn.		Rn.
I. Sinn und Zweck der Vorschrift	1	3. Auswirkungen der aus Art. 81 Abs. 2 resultierenden Teilnichtigkeit nach deutschem Recht	26
II. Auslegung und Inhalt der Nichtigkeit	2		
1. Auslegungsgrundsätze	2		
2. Inhalt der Nichtigkeit gemäß Art. 81 Abs. 2	3	4. Weitere Einzelfragen	31
		IV. Zivilrechtliche Ansprüche	34
III. Gegenstand der Nichtigkeit	18	1. Gemeinschaftsrechtliche Grundsätze	34
1. Nur Vereinbarungen und Beschlüsse von Unternehmensvereinigungen	18	2. Grundlagen der zivilrechtlichen Ansprüche nach deutschem Recht	41
2. Reichweite der Nichtigkeit gemäß Art. 81 Abs. 2	19	3. Umstrittene Schadensersatzfälle	48

I. Sinn und Zweck der Vorschrift

Art. 81 Abs. 2 EG ist die einzige Vorschrift des EG-Primärrechts, die ausdrücklich eine **zivilrechtliche Rechtsfolge** des Verstoßes gegen das Verbot wettbewerbsbeschränkender Vereinbarungen und Beschlüsse (Art. 81) anordnet: Der Verstoß führt zur Nichtigkeit derartiger Vereinbarungen (zwischen Unternehmen oder Unternehmensvereinigungen) und Beschlüsse (von Unternehmensvereinigungen). Dass diese Rechtsfolge überhaupt im EG-

Art. 81 Abs. 2 EG 2

Vertrag normiert worden ist, zeigt, wie wichtig den Vätern des EG-Vertrags die Festlegung der Nichtigkeit als Konsequenz der Verletzung des Art. 81 war. Das hängt mit der hohen Bedeutung zusammen, die sie der Norm des Art. 81 (Abs. 1 und 3) EG selbst beigemessen haben. Wie sich aus Art. 3 Abs. 1 lit. g ergibt, wonach ein den Wettbewerb innerhalb des Binnenmarkts vor Verfälschungen schützendes System zu den konkreten Funktionen des EG-Vertrags gehört, stellt Art. 81 eine grundlegende Bestimmung dar, die für die Erfüllung der Aufgaben der Gemeinschaft und insbesondere für das Funktionieren des Binnenmarkts unerlässlich ist. Diese Bedeutung der Norm hat die Verfasser des EG-Vertrags dazu bewogen, in Abs. 2 ausdrücklich die Nichtigkeit der nach Art. 81 EG verbotenen Vereinbarungen und Beschlüsse anzuordnen.[1] Art. 81 Abs. 2 EG soll die **Einhaltung des Vertrages gewährleisten**[2] und mit aller Strenge ein gewichtiges Verbot durchsetzen.[3] Durch die gemeinschaftsrechtliche Anordnung wird zugleich erreicht, dass die als besonders wichtig erachtete Nichtigkeitsfolge nach Inhalt und Reichweite **in allen Mitgliedstaaten gleich beurteilt** werden muss.[4] Demzufolge besteht die primäre Bedeutung der Nichtigkeitssanktion darin, dass – einem hauptsächlichen Normzweck des Art. 81 Abs. 1 EG entsprechend[5] – die **wirtschaftliche Handlungsfreiheit der Beteiligten,** die an die nichtige Vereinbarung oder den nichtigen Beschluss rechtlich in keiner Weise gebunden sind, im gesamten Binnenmarkt gesichert bleibt.[6]

II. Auslegung und Inhalt der Nichtigkeit

1. Auslegungsgrundsätze

2 Da Art. 81 Abs. 2 EG die Einhaltung der Wettbewerbsregeln des EG-Vertrags gewährleisten soll, kann die Norm nur von dieser **gemeinschaftsrechtlichen Zielsetzung** her ausgelegt werden; das bedeutet zugleich, dass der Anwendungsbereich der Norm auch auf diesen Rahmen beschränkt ist.[7] Demzufolge handelt es sich – entgegen einer vereinzelten Ansicht[8] – um einen **gemeinschaftsrechtlichen Nichtigkeitsbegriff**.[9] Besondere einzelstaatliche Auffassungen über die Nichtigkeit von Rechtsgeschäften und Verträgen dürfen im Anwendungsbereich des Art. 81 Abs. 2 EG nicht berücksichtigt werden. Das folgt auch aus dem Gebot der Gemeinschaftsrechtsordnung, dass Art. 81 EG – wie jede Bestimmung des Gemeinschaftsrechts – unabhängig davon, von wem und unter welchen Voraussetzungen die Vorschrift angewandt werden soll, eine einheitliche Auslegung erhalten muss.[10]

---

[1] EuGH U. v. 1. 6. 1999 Rs. C-126/97 – *Eco Swiss* Slg 1999, I-3055, Rn. 36 = EuZW 1999, 565, 567 = WuW/E EU-R 203, 205; EuGH U. v. 20. 9. 2001 Rs. C-453/99 – *Courage/Crehan* Slg 2001, I-6297, Rn. 20, 21 = EuZW 2001, 715 = WuW/E EU-R 479, 480.

[2] So ausdrücklich EuGH U. v. 30. 6. 1966 Rs. 56/65 – *Maschinenbau Ulm* Slg 1966, 281 = WuW/E EWG/MUV 117, 123.

[3] So ausdrücklich EuGH U. v. 6. 2. 1973 Rs. 48/72 – *Brasserie de Haecht* Slg 1973, 77 Rn. 5 = WuW/E EWG/MUV 303.

[4] Vgl. *Karsten Schmidt* in: *Immenga/Mestmäcker*, EG-WbR, Art. 81 Abs. 2 Rn. 1; *Schröter* in: *Schröter/Jakob/Mederer*, Kommentar zum Europäischen Wettbewerbsrecht, Art. 81 Abs. 2 Rn. 234.

[5] Vgl. u. a. EuGH U. v. 25. 10. 1977 Rs. 26/76 – *Metro I* Slg 1977, 1875, Rn. 20 = WuW/E EWG/MUV 400, 404.

[6] Vgl. *Schröter* (Fn. 4), Art. 81 Abs. 2 Rn. 235; *Eilmansberger* in *Streinz* EUV/EGV, Art. 81 Rn. 81.

[7] EuGH U. v. 30. 6. 1966 Rs. 56/65 – *Maschinenbau Ulm* Slg 1966, 281 = WuW/E EWG/MUV 117, 123 f.

[8] *Karsten Schmidt* in: *Immenga/Mestmäcker*, EG-WbR, Art. 81 Abs. 2 Rn. 6.

[9] *Schröter* (Fn. 4), Art. 81 Abs. 2 Rn. 233 („Institut des Gemeinschaftsrechts"); *Eilmansberger* (Fn. 6), Art. 81 Rn. 82; *Bechtold/Bosch/Brinker/Hirsbrunner*, EG-Kartellrecht, Art. 81 Rn. 130; *Säcker/Jaecks* in: MünchKomm/EU WettbR, Art. 81 Rn. 772; *Emmerich*, Kartellrecht, § 7 Rn. 6; *Mestmäcker/Schweitzer*, Europäisches Wettbewerbsrecht, § 22 Rn. 6.

[10] EuGH U. v. 1. 6. 1999 Rs. C-126/97 – *Eco Swiss* Slg 1999, I-3055, Rn. 40 = EuZW 1999, 565, 567 = WuW/E EU-R 203, 206.

Art. 81 Abs. 2 EG: Nichtigkeitsfolge   3, 4   **Art. 81 Abs. 2 EG**

Einzelstaatliche Rechtsgrundsätze über die Nichtigkeit oder Teilnichtigkeit von Rechtsgeschäften können nur für diejenigen Teile der Verträge oder Beschlüsse (einer Unternehmensvereinigung) beachtet werden, die vom Verbot des Art. 81 Abs. 1 EG und damit von der Nichtigkeitsanordnung des Art. 81 Abs. 2 EG nicht erfasst werden (s. unten Rn. 21, 24 bis 28).

2. Inhalt der Nichtigkeit

a) Grundsatz der Absolutheit. Die Nichtigkeit gemäß Art. 81 Abs. 2 EG ist – wie   3
der EuGH nach dem Inkrafttreten der Ersten Durchführungsverordnung Nr. 17/62 des Rates zu den Art. 85 und 86 (jetzt Art. 81 und 82) des Vertrages vom 6. 2. 1962 (VO 17/62) für die sogenannten Neukartelle[11] immer betont hat – **absolut**.[12]

b) Konsequenzen aus dem Absolutheitsgrundsatz. Aus der Absolutheit der Nich-   4
tigkeit folgt vor allem, dass die nichtige Vereinbarung in den Rechtsbeziehungen zwischen den Vertragspartnern keine Wirkungen, insbesondere **keine Wirkungen irgendeiner Bindung,** hervorbringt und daher auch Dritten – etwa als Faktum eines Vertragsschlusses oder eines vertraglichen Gebundenseins – nicht entgegengehalten werden kann.[13] Andererseits kann die Nichtigkeit der Vereinbarung von jedem in jeder nur denkbaren Rechtslage geltend gemacht werden, auch von einem Vertragspartner gegenüber den anderen Vertragsbeteiligten.[14] Das gilt nicht nur für die Zukunft, bei einem Vertragspartner im Sinne eines Sich-Lösens von der Vereinbarung, sondern **auch für die Vergangenheit.** Denn die Nichtigkeit erfasst die von ihr betroffenen Vereinbarungen in allen ihren vergangenen und zukünftigen Wirkungen.[15] Die Geltendmachung der Nichtigkeit gemäß Art. 81 Abs. 2 EG kann auch nicht durch einzelstaatliche Ausnahmerechtsbehelfe wie den Grundsatz von Treu und Glauben (§ 242 BGB) eingeschränkt werden,[16] zumal da die durch Art. 81 Abs. 2 EG zu fördernde Durchsetzung des Kartellverbots (Art. 81 Abs. 1 EG) nicht nur privatwirtschaftlichen Interessen dient, sondern gerade auch im öffentlichen Interesse der EG

---

[11] Den Gegensatz dazu bilden die sog. „Altkartelle", die am 13. 3. 1962 (bei Inkrafttreten der VO 17/62) schon bestanden hatten, und im Falle des Beitritts neuer Mitgliedstaaten die dort schon bestehenden Kartelle (sog. Beitrittskartelle). Die Rechtslage zu den Altkartellen und Beitrittskartellen hat heute keine praktische Bedeutung mehr; vgl. 1. Aufl., Art. 81 Abs. 2 Rn. 3, Fn. 11 m. w. N.

[12] EuGH U. v. 25. 11. 1971 Rs. 22/71 – *Béguelin* Slg 1971, 949, Rn. 29 = NJW 1972, 1640 (L) = WuW/E EWG/MUV 277, 279; EuGH U. v. 14. 12. 1983 Rs. 319/82 – *Soc. De Vente de Ciments et Bétons/Kerpen & Kerpen* Slg 1983, 4173 = NJW 1984, 555, 556 = WuW/E EWG/MUV 629, 630; EuGH U. v. 20. 9. 2001 Rs. C-453/99 – *Courage/Crehan* Slg 2001, I-6297, Rn. 22 = EuZW 2001, 715 = WuW/E EU-R 479, 481; EuGH U. v. 13. 7. 2006 Rs. C-295/04 bis 298/04 – *Manfredi* Slg. 2006, I-6619 Rn. 57 = EuZW 2006, 529, 533 = WuW/E EU-R 1107, 1115.

[13] EuGH U. v. 25. 11. 1971 Rs. 22/71 – *Béguelin* Slg 1971, 949, Rn. 29 = WuW/E EWG/MUV 227, 279 f.; EuGH U. v. 14. 12. 1983 Rs. 319/82 – *Soc. De Vente de Ciments et Bétons/Kerpen & Kerpen* Slg 1983, 4173 = NJW 1984, 555, 556 = WuW/E EWG/MUV 629, 630; EuGH U. v. 20. 9. 2001 Rs. C-453/99 – *Courage/Crehan* Slg 2001, I-6297, Rn. 22 = EuZW 2001, 715 = WuW/E EU-R 479, 481; EuGH U. v. 13. 7. 2006 Rs. C- 295/04 bis 298/04 – *Manfredi* Slg. 2006, I-6619 Rn. 57 = EuZW 2006, 529, 533 = WuW/E EU-R 1107, 1115.

[14] EuGH U. v. 20. 9. 2001 Rs. C-453/99 – *Courage/Crehan* Slg 2001, I-6297, Rn. 22, 24 = EuZW 2001, 715 = WuW/E EU-R 479, 480 f.

[15] EuGH U. v. 6. 2. 1973 Rs. 48/72 – *Brasserie de Haecht* Slg 1973, 77, Rn. 26, 27 = WuW/E EWG/MUV 303, 305; EuGH U. v. 20. 9. 2001 Rs. C-453/99 – *Courage/Crehan* Slg 2001, I-6297, Rn. 22 = EuZW 2001, 715 = WuW/E EU-R 479, 481; EuGH U. v. 13. 7. 2006 Rs. C-295/04 bis 298/04 – *Manfredi* Slg. 2006, I-6619 Rn. 57 = EuZW 2006, 529, 533 = WuW/E EU-R 1107, 1115.

[16] Vgl. BGH U. v. 21. 2. 1989 KZR 18/84 – *Schaumstoffplatten* WuW/E BGH 2565, 2567; allg. M. in der Literatur, vgl. *Karsten Schmidt* in: *Immenga/Mestmäcker*, EG-WbR, Art. 81 Abs. 2 Rn. 19, mit der zutreffenden Hervorhebung, dass die Anwendung des § 242 BGB nur gegenüber der Nichtigkeit selbst, nicht aber bei der Bestimmung etwaiger aus Art. 81 Abs. 2 resultierender Anpassungsfolgen ausgeschlossen ist.

liegt.[17] Die vorstehenden Ausführungen gelten entsprechend für die gemäß Art. 81 Abs. 2 EG nichtigen Beschlüsse von Unternehmensvereinigungen.

5   **c) Keine schwebende Unwirksamkeit.** Für die Rechtslage bis zum 30. 4. 2004, also für die Geltungszeit des auf der VO 17/62 beruhenden Systems der Anmeldung und Genehmigung (Freistellung) von Kartellen gemäß Art. 81 Abs. 3 EG durch die EG-Kommission wurde im Schrifttum überwiegend folgende Ansicht vertreten: Wenn die beteiligten Unternehmen (oder die Unternehmensvereinigung) ihren nach Art. 81 Abs. 1 EG verbotenen Vertrag (oder Beschluss) durch Freistellung gemäß Art. 81 Abs. 3 EG legalisieren wollen und die Erlangung der Einzelfreistellung nicht objektiv aussichtslos sei, trete (für die Zeit bis zur Kommissionsentscheidung) nicht Nichtigkeit, sondern schwebende Unwirksamkeit i. S. d. deutschen Zivilrechts ein, mit der Folge, dass die Parteien grds. einander verpflichtet seien, die Wirksamkeit des Vertrags nach Möglichkeit herbeizuführen.[18]

6   Auch eine solche nur **partielle Bindung** an einen Vertrag oder Beschluss, der die Tatbestandsvoraussetzungen des Art. 81 Abs. 1 EG erfüllte und (während der Geltungsdauer der VO 17/62) von der EG-Kommission noch nicht durch konstitutiv wirkende Entscheidung gemäß Art. 81 Abs. 3 EG freigestellt war, war freilich – für die allein noch interessierenden Neukartelle[19] – mit dem materiellrechtlich nicht einschränkbaren Begriff der Nichtigkeit **gemäß Art. 81 Abs. 2 EG nicht zu vereinbaren.** Das EG-Recht kennt – für Neukartelle – keinen zweistufigen Begriff der Nichtigkeit, also nicht eine endgültige und eine (z. B. für die Dauer des früher möglichen Freistellungsverfahrens) nur partielle, mit Verhaltenspflichten der Beteiligten und möglichen Schadensersatzsanktionen verknüpfte Nichtigkeit einer Vereinbarung, die unter den Verbotstatbestand des Art. 81 Abs. 1 EG fällt. Wenn eine Vereinbarung oder ein Beschluss die Voraussetzungen des Art. 81 Abs. 1 EG erfüllte und insoweit (während der Geltung der VO 17/62 noch) keine Freistellung vorlag, war die Vereinbarung oder der Beschluss auch nach der bisherigen Rechtslage gemäß Art. 81 Abs. 2 EG – von Anfang an – **materiellrechtlich nichtig,**[20] erzeugte also keinerlei Pflichten oder Bindungen der Beteiligten.[21] Diese vom EuGH herausgearbeitete Eigenschaft der Nichtigkeit gemäß Art. 81 Abs. 2 EG ist auch jetzt noch von Bedeutung, z. B. für die Beurteilung der Übergangsfälle sowie der Rechtsfrage, ob eine nachträgliche Heilung anfänglich nichtiger Absprachen möglich ist.[22]

7   **d) Nichtigkeit nach Inkrafttreten der VO 1/2003.** Nachdem die VO 17/62 zum 1. 5. 2004 durch die VO 1/2003[23] ersetzt und dadurch der Wechsel vom Anmeldungs- und Genehmigungssystem zum System der Legalausnahme bei der Anwendung des Art. 81 Abs. 3 EG bewirkt worden ist, ist der verfahrensrechtliche Schwebezustand[24] während eines Freistellungsverfahrens weggefallen. Gemäß **Art. 1 Abs. 1 VO 1/2003** sind Vereinbarungen und Beschlüsse im Sinne von Art. 81 Abs. 1 EG, die nicht die Voraussetzungen des Art. 81 Abs. 3 EG erfüllen, verboten und daher nichtig gemäß Art. 81 Abs. 2 EG, ohne dass es einer vorherigen Entscheidung (insbesondere der EG-Kommission) dazu bedarf, dass die Vereinbarung oder der Beschluss nicht gemäß Art. 81 Abs. 3 EG vom Kartellverbot freigestellt ist. Ob Art. 1 Abs. 1 VO 1/2003 die Rechtslage gegenüber derjenigen unter der Gel-

---

[17] Vgl. EuGH U. v. 1. 6. 1999 Rs. C-126/97 – *Eco Swiss* Slg 1999, I-3055, Rn. 37, 39, 40 = EuZW 1999, 565, 567 = WuW/E EU-R 203, 206.
[18] Vgl. des Näheren 1. Aufl., Art. 81 Abs. 2 Rn. 5 m. w. N.
[19] S. oben Rn. 3 und Fußn. 11.
[20] EuGH U. v. 12. 12. 1995 verb. Rs. C-319/93, C-40/94 u. C-224/94 – *Dijkstra* Slg 1995, I-4471, Rn. 22 = EuZW 1996, 285, 286.
[21] S. dazu ausführlicher 1. Aufl., Art. 81 Abs. 2 Rn. 6 m. w. N.
[22] S. unten Rn. 8 und Rn. 8a.
[23] Verordnung (EG) Nr. 1/2003 des Rates vom 16. 12. 2002 zur Durchführung der in den Art. 81 und 82 EG niedergelegten Wettbewerbsregeln, veröffentlicht in AblEG Nr. L 1 v. 4. 1. 2003, S. 1.
[24] S. dazu ausführlicher 1. Aufl., Art. 81 Abs. 2 Rn. 6 m. w. N. in Fn. 22.

tung der VO 17/62 geändert hat oder nicht,[25] kann hier offen bleiben. Jedenfalls ist mit dem Freistellungsverfahren gemäß der VO 17/62 sogar der bisherige Anlass weggefallen, von Schwebezustand und lediglich schwebender Unwirksamkeit einer unter Art. 81 Abs. 1 fallenden Vereinbarung zu sprechen. **Spätestens seit dem 1. 5. 2004** tritt die **Nichtigkeit** einer gegen Art. 81 Abs. 1 EG verstoßenden und nicht gemäß Art. 81 Abs. 3 EG vom Kartellverbot dispensierten Vereinbarung (und eines entsprechenden Beschlusses) **sofort und absolut** ein. Die Gegenansicht, trotz des Wegfalls des Anmeldungssystems der VO 17/62 entstehe ein „Schwebezustand" auch in einem System der Legalausnahme, weil bis zu einer behördlichen oder einer gerichtlichen Entscheidung ungewiss sei, ob die gegen Art. 81 EG verstoßende Vereinbarung von Anfang an nichtig oder von Anfang an wirksam sei[26], ist wegen Unvereinbarkeit mit Art. 81 Abs. 2 EG und Art. 1 Abs. 1 VO 1/2003 abzulehnen, wenn mit dem Ausdruck mehr als ein Zeitraum tatsächlicher Rechtsunsicherheit gemeint sein soll.

Nach den vorstehenden Ausführungen gilt für die **Übergangsfälle**, also für die unter Art. 81 Abs. 1 fallenden Kartelle, deren Freistellung vor dem 1. 5. 2004 bei der EG-Kommission beantragt, von dieser aber nicht mehr erklärt worden ist,[27] folgendes: Wenn die Voraussetzungen der Legalausnahme des Art. 81 Abs. 3 EG nicht erfüllt sind, bleibt es dabei, dass die wettbewerbsbeschränkende Vereinbarung (oder der dementsprechende Beschluss) – von Anfang an – nichtig ist.[28] Sind dagegen die Voraussetzungen des Art. 81 Abs. 3 EG erfüllt, ist die unter Art. 81 Abs. 1 EG fallende Vereinbarung (oder der dementsprechende Beschluss) mit dem Systemwechsel zum 1. 5. 2004 wirksam geworden, jedoch nicht früher, weil es an der zuvor notwendigen konstitutiven Freistellungserklärung seitens der Kommission gefehlt hat und die Vereinbarung (oder der Beschluss) daher vor dem 1. 5. 2004 nichtig war.[29] Freilich bleiben die nach der VO 17/62 noch erteilten Einzelfreistellungen bis zum Ablauf des in der Kommissionsentscheidung jeweils angegebenen Zeitraums gültig, wie sich aus Art. 43 Abs. 1 VO 1/2003 ergibt.

e) Keine Heilung nichtiger Absprachen ex nunc. Aus der Absolutheit der Nichtigkeit gemäß Art. 81 Abs. 2 EG mit der Folge, dass die nichtige Absprache keinerlei Bindungswirkungen zwischen den Vertragspartnern erzeugen kann,[30] ergibt sich zugleich, dass eine solche Absprache bei nachträglicher Änderung der tatsächlichen Umstände, z.B. beim späteren Eintritt der eine Freistellung gemäß Art. 81 Abs. 3 EG oder gemäß einer GVO erlaubenden Voraussetzungen, nicht von selbst rechtlich wirksam wird. Das gegenteilige Ergebnis – automatische Heilung der vormals nichtigen Absprache ex nunc[31] – würde vor-

---

[25] Vgl. dazu oben Rn. 6 bei Fußn. 20 und das dort zitierte EuGH-Urteil *Dijkstra*.

[26] *Mestmäcker/Schweitzer*, Europäisches Wettbewerbsrecht, § 22 Rn. 8 u. 20; nach den dortigen Ausführungen bleibt allerdings unklar, welcher Art der Schwebezustand (schwebende Unwirksamkeit i. S. d. der Ausführungen im obigen Text unter Rn. 5?) nach Ansicht der *Verfasser* ist, insbesondere ob die Vertragsbeteiligten in dem Schwebezustand irgendwelchen Bindungen an die gegen Art. 81 verstoßende Vereinbarung unterliegen sollen.

[27] Ab dem 1. 5. 2004 kann die EG-Kommission weder einem zuvor gestellten Freistellungsantrag stattgeben noch ihn ablehnen, weil er gemäß Art. 34 Abs. 1 VO 1/2003 am 1. 5. 2004 unwirksam geworden ist.

[28] Vgl. für den Zeitraum bis zum 1. 5. 2004 oben Rn. 6 bei Fußn. 20 und das dort zitierte EuGH-Urteil *Dijkstra*.

[29] Der vorstehende Hinweis in Fußn. 28 gilt auch hier. Vgl. auch BGH U. v. 13. 7. 2004, KZR 10/03 – *Citroën* WuW/E DE-R 1335, 1348. Demgegenüber meinen Säcker/Jaecks (Fn. 9), Art. 81 Rn. 778, es solle an die der EG-Kommission seinerzeit gemäß Art. 6 VO 17/62 eingeräumte Möglichkeit rückwirkender Freistellung angeknüpft und eine rückwirkende Legalisierung im selben Umfang bejaht werden, also bei früher anmeldebedürftigen Absprachen bis zum Zeitpunkt der Anmeldung und bei nicht anmeldebedürftigen Absprachen bis zum Zeitpunkt des Vertragsschlusses.

[30] S. oben Rn. 4 und Rn. 6.

[31] So *Bechtold/Bosch/Brinker/Hirsbrunner* (Fn. 9), Art. 81 Rn. 136; *Karsten Schmidt* in: *Immenga/Mestmäcker*, EG-WbR, Art. 81 Abs. 2 Rn. 17.

aussetzen, dass die Vertragspartner trotz anfänglicher Nichtigkeit an ihre Absprache von vornherein für den Fall einer i. S. d. Freistellung günstigen Änderung der Tatsachenlage gebunden werden und bleiben. Auch eine solche partielle Bindung verstößt aber gegen die dem Art. 81 Abs. 2 EG eigene Absolutheit der Nichtigkeit.[32] Es bedarf vielmehr zur Heilung einer anfänglich nichtigen Absprache nach Eintritt der die Freistellung vom Kartellverbot erlaubenden Tatsachen – auch nach Art. 81 Abs. 2 EG – einer rechtsgeschäftlichen Bestätigung der früheren Vereinbarung durch die Vertragspartner.[33]

10 **f) Nachträglicher Eintritt der Nichtigkeit ursprünglich wirksamer Absprachen.** Umgekehrt kann es vorkommen, dass Absprachen, die anfänglich nicht gegen das Verbot des Art. 81 Abs. 1 EG verstoßen, ihre kartellrechtliche Unbedenklichkeit infolge späterer Änderung der tatsächlichen Umstände verlieren. Als Beispiele seien genannt: Bei vertikalen Vertriebsbindungen übersteigt der Marktanteil des bindenden Lieferanten im Verlauf der Vertragsdurchführung die in Art. 3 Abs. 1 VO 2790/1999 (Gruppenfreistellung für Vertikalvereinbarungen) vorgesehene Marktanteilsschwelle von 30%. Oder: Während der Praktizierung einer wettbewerbsbeschränkenden, anfänglich aber gemäß Art. 81 Abs. 3 EG erlaubten Vereinbarung fällt eine der nach Art. 81 Abs. 3 EG notwendigen Freistellungsvoraussetzungen weg, sei es, dass eine angemessene Beteiligung der Verbraucher an dem durch Verbesserung der Warenerzeugung oder -verteilung entstandenen Gewinn nicht mehr feststellbar und auch nicht mehr zu erwarten ist, oder sei es, dass die vorgenommenen Wettbewerbsbeschränkungen für die Verwirklichung der ursprünglich anvisierten positiven Ziele der Vereinbarung nicht mehr unerlässlich sind, oder sei es aus anderem Grund. In solchen Fällen führt der Absolutheitscharakter der Nichtigkeit gemäß Art. 81 Abs. 2 EG dazu, dass die Absprache nach dem Wegfall der Rechtfertigungsvoraussetzungen (gemäß Art. 81 Abs. 3 EG oder einer GVO) von Rechts wegen ex nunc nichtig wird, ohne dass es für den Eintritt dieser Rechtsfolge der Entscheidung irgendeiner Instanz bedarf.[34]

11 **g) Eigenes Risiko der Beteiligten.** Die Absolutheit der Nichtigkeit gemäß Art. 81 Abs. 2 EG hat eine weitere Konsequenz: **Während der Geltungsdauer der VO 17/62** konnten die an einem Neukartell[35] beteiligten Unternehmen in dem Zeitraum, bis die EG-Kommission darüber entschieden hatte, ob die Vereinbarung (oder der Beschluss) unter Art. 81 Abs. 1 EG fiel und – bejahendenfalls – gemäß Art. 81 Abs. 3 EG freigestellt wird oder nicht, die Kartellabsprache nur auf eigene Gefahr befolgen und durchführen.[36] Eine Anmeldung des Neukartells nach Art. 4 Abs. 1 VO 17/62 (verbunden mit einem Freistellungsantrag) verschaffte den Beteiligten nicht etwa die einstweilige Befugnis, die Kartellabsprache zu verwirklichen; denn die Anmeldung hatte keine aufschiebende Wirkung und die (verfahrensrechtlichen) Vorschriften der VO 17/62 hatten nicht die Funktion, die (materiell-rechtlichen) Auswirkungen des Art. 81 Abs. 2 EG in irgendeiner Weise abzuschwächen.[37] Die einzige privilegierende Rechtsfolge, die aus der ordnungsgemäßen Anmeldung eines Neukartells resultierte, bestand für die beteiligten Unternehmen gemäß

---

[32] Demgegenüber vermag das von *Karsten Schmidt* (Fn. 31) für seine Ansicht verwendete, inhaltlich nicht näher erläuterte Argument des „spezifisch wettbewerbsrechtlichen Charakters der in Art. 81 Abs. 2 EG angeordneten Nichtigkeit" nicht zu überzeugen.

[33] Im Erg. ebenso unter Anwendung deutschen Zivilrechts (§ 141 BGB): BGH U. v. 5. 7. 2005, X ZR 14/03 – *Abgasreinigungsvorrichtung* WuW/E DE-R 1537, 1540; *Säcker/Jaecks* (Fn. 9), Art. 81 Rn. 800.

[34] *Bechtold/Bosch/Brinker/Hirsbrunner* (Fn. 9), Art. 81 Rn. 135; *Karsten Schmidt* (Fn. 31), Art. 81 Abs. 2 Rn. 17; *Säcker/Jaecks* (Fn. 9), Art. 81 Rn. 801.

[35] S. oben Rn. 3 und Fußn. 11.

[36] EuGH U. v. 6. 2. 1973 Rs. 48/72 – *Brasserie de Haecht* Slg 1973, 77, Rn. 10 = WuW/E EWG/MUV 303, 304.

[37] EuGH U. v. 6. 2. 1973 Rs. 48/72 – *Brasserie de Haecht* Slg 1973, 77, Rn. 10 u. 6 = WuW/E EWG/MUV 303 f. Vgl. auch EuGH U. v. 28. 2. 1991 Rs. C-234/89 – *Delimitis* Slg 1991, I-935, Rn. 49 = WuW/E EWG/MUV 911, 920 (angemeldeter Vertrag ist „nicht vorläufig gültig").

Art. 15 Abs. 5 lit. a VO 17/62 darin, dass gegen sie für Handlungen, die sie in Ausführung der Kartellabsprache in der Zeit zwischen der Anmeldung und der Kommissionsentscheidung begingen und die die Grenzen der in der Anmeldung dargelegten Tätigkeit nicht überschritten, keine Bußgeldentscheidung gemäß Art. 15 Abs. 2 lit. a VO 17/62 erlassen werden durfte, selbst wenn der Freistellungsantrag zurückgewiesen wurde. Aus dieser Befreiung vom Bußgeldrisiko folgte nicht zugleich ein zivilrechtliches „Praktizieren-Dürfen", das dann auch regelmäßig – konsequent – mit einem zivilrechtlich relevanten Schutz des Vertrauens auf die Haftungsfreiheit bezüglich der vor der Kommissionsentscheidung vorgenommenen Ausführungshandlungen verbunden gewesen wäre, abgesehen von den Fällen, in denen eine Freistellung gemäß Art. 81 Abs. 3 EG von der Sache her offensichtlich nicht in Betracht kam. Es bestand vielmehr **unter keinen Umständen** ein **Vertrauensschutz** des Inhalts, das angemeldete (Neu-)Kartell werde überhaupt und sodann auch rückwirkend zum Zeitpunkt der Anmeldung freigestellt und damit legalisiert werden.[38] Diese Erkenntnis war vor allem bedeutsam für die Beurteilung weiterer Zivilrechtsfolgen, insbesondere der verschuldensabhängigen Schadensersatzansprüche in den Fällen der gänzlichen Versagung, der Versagung (nur) der rückwirkenden Freistellung und der Gewährung der nur aufschiebend bedingten Freistellung.[39]

Die vorstehenden Ausführungen gelten grundsätzlich ebenso für die **Rechtslage nach** **12** **der VO 1/2003.** Für die Richtigkeit der **Selbsteinschätzung der Unternehmen,**[40] ihre das Verhalten am Markt koordinierende Absprache erfülle nicht die Voraussetzungen des Art. 81 Abs. 1 EG oder sei jedenfalls gemäß Art. 81 Abs. 3 EG erlaubt, gibt es **keinen Vertrauensschutz**. Für den Fall, dass sich ihre Selbsteinschätzung später als objektiv unrichtig erweist, handeln sie bei der Praktizierung ihrer Absprache **auf eigene Gefahr**.[41] Ein gewichtiger Unterschied zur Rechtslage unter der VO 17/62 besteht freilich darin, dass die Unternehmen von der EG-Kommission jetzt nicht mehr durch eine Anmeldung eine klärende Entscheidung über die Freistellung gemäß Art. 81 Abs. 3 EG beanspruchen können. Zwar verleiht die VO 1/2003 in Art. 10 der EG-Kommission die Kompetenz, festzustellen, dass Art. 81 EG auf eine Vereinbarung, einen Beschluss einer Unternehmensvereinigung oder eine abgestimmte Verhaltensweise keine Anwendung findet, weil entweder die Voraussetzungen des Art. 81 Abs. 1 EG nicht vorliegen oder die Voraussetzungen des Art. 81 Abs. 3 EG erfüllt sind. Die beteiligten Unternehmen haben jedoch keinesfalls einen Anspruch auf eine solche Positiventscheidung, die vielmehr nur – ausnahmsweise – aus Gründen des öffentlichen Interesses der Gemeinschaft von Amts wegen erlassen werden kann.

Es stellt sich daher seit dem 1. 5. 2004 sehr viel schärfer das **Problem, wie lange** die **13** die beteiligten Unternehmen belastende **unsichere Situation andauert,** dass sie ihre Absprache auch auf das Risiko verschuldensabhängiger Schadensersatzansprüche hin nur auf eigene Gefahr befolgen und durchführen. Wenn die EG-Kommission über die konkrete Absprache von Amtswegen eine **Positiventscheidung gemäß Art. 10 VO 1/2003** erlässt, kann auch dadurch die Rechtsfolge der Nichtigkeit gemäß Art. 81 Abs. 2 EG nicht – auch nicht für einen bestimmten Zeitraum – aufgehoben werden, sofern sich die Kommissionsentscheidung später, in welchem Verfahren auch immer, als objektiv unrichtig erweist. Denn in dem neuen System der Legalausnahme (der VO 1/2003) gibt es keine konstituti-

---

[38] OLG Düsseldorf U. v. 16. 6. 1998 U (Kart) 15/97 – *Global One* WuW/E DE-R 143, 147; *Karsten Schmidt* in: *Immenga/Mestmäcker*, EG-WbR, 1. Aufl., Bd. I, S. 304.

[39] Vgl. OLG Düsseldorf U. v. 16. 6. 1998 U (Kart) 15/97 – *Global One* WuW/E DE-R 143 ff.

[40] Vgl. dazu *Bechtold* WuW 2003, 343; *Bechtold/Bosch/Brinker/Hirsbrunner* (Fn. 9), Art. 1 VO 1/2003 Rn. 35, 36 u. 38 ff.; *Jaeger* in: Frankfurter Kommentar zum Kartellrecht, Art. 1 VO 1/2003 Rn. 34–36.

[41] Ebenso *Mestmäcker/Schweitzer*, Europäisches Wettbewerbsrecht, § 22 Rn. 19; *Karsten Schmidt* in: *Immenga/Mestmäcker*, EG-WbR, Art. 81 Abs. 2 Rn. 15.

ven Freistellungsentscheidungen mehr; die Kompetenz der EG-Kommission gemäß Art. 10 Abs. 1 VO 1/2003 beschränkt sich darauf, eine die Nichtanwendung des in Art. 81 EG normierten Verbots feststellende Entscheidung rein deklaratorischer Art zu erlassen.[42] Schon deshalb ist es ausgeschlossen, dass eine solche im Sekundärrecht vorgesehene Entscheidung die im Primärrecht normierte Rechtsfolge (Art. 81 Abs. 2 EG) materiellrechtlich außer Kraft setzen kann. Andererseits ist es gerade der Zweck der der EG-Kommission in Art. 10 VO 1/2003 verliehenen Kompetenz, in Ausnahmefällen, insbesondere in Bezug auf neue Formen von Vereinbarungen, die Rechtslage zu klären und eine einheitliche Rechtsanwendung in der Gemeinschaft sicherzustellen.[43] Daher ist es sachgerecht, die beteiligten Unternehmen ab dem Zeitpunkt der Positiventscheidung (bis zu einer späteren, zu beachtenden gegenteiligen Entscheidung) von demjenigen Teil des Handlungsrisikos als **befreit** anzusehen, der aus der **Gefahr verschuldensabhängiger Folgeansprüche** (Schadensersatz) resultiert, indem ihnen nunmehr schuldausschließender Schutz des Vertrauens in die Richtigkeit der Positiventscheidung zuteil wird. Sollte es sich bei der Positiventscheidung um eine Kommissionsentscheidung im Sinne des Art. 16 Abs. 1 VO 1/2003 handeln (was unklar ist),[44] wird durch sie ohnehin eine verfahrensrechtliche Sperre gegen die Durchsetzung der Rechtsfolge der Nichtigkeit gemäß Art. 81 Abs. 2 EG (falls die Positiventscheidung objektiv unrichtig ist) errichtet, weil dann die einzelstaatlichen Gerichte aus eigener Kompetenz heraus keine zuwiderlaufende Entscheidung[45] erlassen dürfen und ihre von der EG-Kommission abweichende Ansicht über die Anwendung des Art. 81 allenfalls über eine Vorlage an den EuGH gemäß Art. 234 EG zur Geltung bringen können (vgl. Art. 16 Abs. 1 S. 4 VO 1/2003).

14 Da die Anwendung des Art. 81 EG in die parallele Zuständigkeit[46] der EG-Kommission und der einzelstaatlichen Gerichte fällt, ist es auf Grund der demgemäß gebotenen Gleichbehandlung ferner sachgerecht, dass die Befreiung von der mit der Praktizierung der Kartellabsprache verbundenen Gefahr verschuldensabhängiger Folgeansprüche – also der darauf beschränkte **Vertrauensschutz** (s. oben Rn. 11, somit über die Rechtskraftwirkung inter partes hinaus) – nicht nur an eine Positiventscheidung der EG-Kommission gemäß Art. 10 VO 1/2003 angeknüpft wird, sondern auch an eine **rechtskräftige Entscheidung eines einzelstaatlichen Gerichts,** das die Anwendung des Art. 81 EG auf die konkrete Absprache aus einem der in Art. 10 VO 1/2003 genannten Gründen ablehnt, wenn und solange keine gegenteilige Entscheidung eines anderen einzelstaatlichen Gerichts ergangen ist.

15 **h) Feststellungsbefugnis der einzelstaatlichen Gerichte.** Die Absolutheit der Nichtigkeit wird in ihrer Durchsetzung dadurch verstärkt, dass auch die einzelstaatlichen Gerichte – wegen der unmittelbaren Geltung des Art. 81 Abs. 2 EG in allen Mitgliedstaaten – befugt sind, die Nichtigkeit der gemäß Art. 81 EG verbotenen Vereinbarungen und Beschlüsse festzustellen.[47] Sie sind dazu nicht nur befugt, sondern auf Grund eines entsprechenden Rechtsschutzbegehrens, selbst wenn sich die betreffende Partei nicht auf Art. 81 Abs. 2 EG berufen und dessen Anwendung geltend gemacht hat, **auch verpflichtet,** so-

---

[42] Vgl. Erwägungsgrund 14 der VO 1/2003; *Jaeger* (Fn. 40), Art. 10 VO 1/2003 Rn. 10 f., m. w. N.
[43] So ausdrücklich Erwägungsgrund 14 der VO 1/2003.
[44] Vgl. *Bornkamm/Becker,* ZWeR 2005, 213, 221 f., m. w. N.; *Jaeger* (Fn. 40), Art. 10 VO 1/2003 Rn. 12, m. w. N.
[45] Dazu gehören selbstverständlich auch die die Anwendbarkeit des Art. 81 Abs. 1 und 2 nur inzidenter feststellenden Verurteilungen zur Unterlassung und zum Schadensersatz.
[46] Vgl. EuGH U. v. 28. 2. 1991 Rs. C-234/89 – *Delimitis* Slg 1991, I-935, Rn. 45 = WuW/E EWG/MUV 911, 920; EuGH U. v. 14. 12. 2000 Rs. C-344/98 – *Masterfoods* Slg 2000, I-11369, Rn. 47 = EuZW 2001, 113, 115 = WuW/E EU-R 389, 391; vgl. ferner *Jaeger* (Fn. 40), Art. 4 VO 1/2003 Rn. 1 und Art. 6 VO 1/2003 Rn. 1.
[47] EuGH U. v. 6. 2. 1973 Rs. 48/72 – *Brasserie de Haecht* Slg 1973, 77, Rn. 4 = WuW/E EWG/MUV 303.

fern das Zivilgericht nach seinem nationalen Recht – wie in Deutschland – auch die innerstaatlichen Vorschriften zwingenden Charakters in die Prüfung und Würdigung des vorgetragenen Sachverhalts von Amts wegen einzubeziehen hat. Denn die Wettbewerbsregeln der Gemeinschaft (Art. 81 f. EG) einschließlich des Art. 81 Abs. 2 EG sind **zwingende,** in der nationalen Rechtsordnung **unmittelbar anwendbare Vorschriften.**[48]

Die von einem Teil des Schrifttums vertretene Ansicht, zur Feststellung der Nichtigkeit nach Art. 81 Abs. 2 EG seien die nationalen Gerichte sogar ausschließlich zuständig,[49] traf schon unter der Geltung der VO 17/62 mit Blick auf die parallele Zuständigkeit der EG-Kommission und der nationalen Gerichte bei der Anwendung des Art. 81 Abs. 1 EG[50] und damit des Abs. 2 des Art. 81 EG nicht zu. Jene Ansicht ist jetzt durch die in der VO 1/2003 enthaltene ausdrückliche Regelung der parallelen Zuständigkeiten der EG-Kommission (Art. 4, 7 Abs. 1), der nationalen Wettbewerbsbehörden (Art. 5 S. 1) und der nationalen Gerichte (Art. 6) als widerlegt anzusehen. Auch wenn von ausschließlicher Zuständigkeit keine Rede sein kann, sind die **Befugnis** und die **Pflicht der nationalen Gerichte,** die **Nichtigkeit** der nach Art. 81 EG verbotenen Vereinbarungen und Beschlüsse **festzustellen, nach** Inkrafttreten der **VO 1/2003** und der Ermächtigung sowie Verpflichtung der Gerichte, auch Art. 81 Abs. 3 EG anzuwenden, **noch bedeutsamer als zuvor** geworden. 16

Die Befugnis zur Feststellung der Nichtigkeit gemäß Art. 81 Abs. 2 EG muss im Zusammenhang mit der **Rechtsschutzaufgabe der einzelstaatlichen Gerichte** gesehen werden: Das Verbot des Art. 81 Abs. 1 EG einschließlich der Nichtigkeitsfolge gemäß Abs. 2 des Art. 81 (sowie das Verbot des Art. 82) EG erzeugt in den Beziehungen zwischen einzelnen Personen unmittelbare Wirkungen und lässt unmittelbar in deren Person Rechte entstehen, die die einzelstaatlichen Gerichte zu wahren haben.[51] Das bedeutet, dass die einzelstaatlichen Gerichte auf Grund ihrer Mitwirkungspflicht aus Art. 10 EG denjenigen Rechtsschutz gewährleisten müssen, der sich für die einzelnen Personen aus der unmittelbaren Wirkung von Vorschriften des Gemeinschaftsrechts, hier vor allem des Art. 81 Abs. 2 EG, ergibt.[52] Dabei haben sie hinsichtlich des Ausmaßes ihrer Rechtsschutzpflicht das Gebot zu beachten, dass sie die volle Wirkung der jeweils anzuwendenden Schutzbestimmungen des Gemeinschaftsrechts gewährleisten müssen.[53] Inwieweit die einzelstaatlichen Gerichte dieser ihrer Rechtsschutzaufgabe in einem Konfliktfall noch gerecht werden können, in dem die EG-Kommission eine Positiventscheidung gemäß Art. 10 VO 1/2003[54] erlassen 17

---

[48] EuGH U. v. 14. 12. 1995 verb. Rs. C-430/93 u. C-431/93 – *Van Schijndel und van Veen* Slg 1995, I-4705, Rn. 13 = EuZW 1996, 542, 543.

[49] *Schröter* in *Schröter/Jakob/Mederer,* Kommentar zum europäischen Wettbewerbsrecht, Art. 81 Abs. 2 Rn. 236; a.A. *Eilmansberger* in *Streinz* EUV/EGV, Art. 81 Rn. 81: Auch nationale Behörden sind zuständig.

[50] EuGH *Delimitis* und *Masterfoods,* s. oben Fn. 46.

[51] EuGH U. v. 30. 1. 1974 Rs. 127/73 – *BRT I* Slg 1974, 51 Rn. 16 = WuW/E EWG/MUV 309, 310; EuGH U. v. 28. 2. 1991 Rs. C-234/89 – *Delimitis* Slg 1991, I-935, Rn. 45 = WuW/E EWG/MUV 911, 920; EuGH U. v. 14. 12. 2000 Rs. C-344/98 – *Masterfoods* Slg 2000, I-11369, Rn. 47 = EuZW 2001, 113, 115 = WuW/E EU-R 389, 391; EuGH U. v. 20. 9. 2001 Rs. C-453/99 – *Courage/Crehan* Slg 2001, I-6297, Rn. 19 u. 23 = EuZW 2001, 715 = WuW/ E EU-R 479, 480 f.; EuGH U. v. 13. 7. 2006 Rs. C-295/04 bis 298/04 – *Manfredi* Slg. 2006, I-6619 Rn. 39, 58 = EuZW 2006, 529, 531, 533 = WuW/E EU-R 1107, 1113, 1115.

[52] EuGH U. v. 19. 6. 1990 Rs. C-213/89 – *Factortame* Slg 1990, I-2433, Rn. 19 = NJW 1991, 2271, 2272; EuGH U. v. 14. 12. 1995 verb. Rs. C-430/93 u. C-431/93 – *Van Schijndel und van Veen* Slg 1995, I-4705, Rn. 14 f. = EuZW 1996, 542, 543; EuGH U. v. 20. 9. 2001 Rs. C-453/ 99 – *Courage/Crehan* Slg 2001, I-6297, Rn. 25 = EuZW 2001, 715 = WuW/E EU-R 479, 481.

[53] EuGH U. v. 20. 9. 2001 Rs. C-453/99 – *Courage/Crehan* Slg 2001, I-6297, Rn. 25 f. = EuZW 2001, 715 = WuW/E EU-R479, 481.

[54] S. oben Rn. 10 u. 11 bei Fn. 42.

hat oder im Sinne des Art. 16 Abs. 1 VO 1/2003 zu erlassen beabsichtigt, die das im Einzelfall zuständige Gericht als objektiv unrichtig erachtet, werden die notwendige Klärung der Auslegung des Art. 16 Abs. 1 VO 1/2003 und die künftige Rechtspraxis zu dieser Vorschrift zeigen.

III. Gegenstand der Nichtigkeit

1. Nur Vereinbarungen und Beschlüsse von Unternehmensvereinigungen

18 Anders als die Absätze 1 und 3 erfasst Abs. 2 des Art. 81 EG von den Mitteln der Wettbewerbsbeschränkung nur Vereinbarungen zwischen Unternehmen und Beschlüsse von Unternehmensvereinigungen, nicht aber aufeinander abgestimmte Verhaltensweisen. Das findet seine einfache Erklärung darin, dass abgestimmte Verhaltensweisen schon nach dem Willen der beteiligten Unternehmen nicht auf einer rechtlichen Bindung[55] beruhen und auch nicht eine solche erzeugen sollen, so dass es weder sinnvoll noch erforderlich ist, eine verbotene abgestimmte Verhaltensweise mit der zivilrechtlichen Sanktion der Nichtigkeit zu belegen. Für die Durchsetzung des Art. 81 Abs. 1 EG reicht es hier aus, dass die abgestimmte Verhaltensweise, die die Voraussetzungen des Art. 81 Abs. 1 EG, nicht aber diejenigen des Art. 81 Abs. 3 EG erfüllt, gemäß Art. 81 Abs. 1 EG verboten ist. Weitere Sanktionen des Zivilrechts wie z.B. Unterlassungs- und Schadensersatzansprüche der von der abgestimmten Verhaltensweise betroffenen Drittunternehmen kommen jedoch im konkreten Einzelfall ebenso in Betracht wie bei verbotenen Vereinbarungen.

2. Reichweite der Nichtigkeit gemäß Art. 81 Abs. 2 EG

19 **a) Grundsatz.** Entsprechend dem Grundsatz der Verhältnismäßigkeit werden von der Nichtigkeit nur diejenigen Einzelbestimmungen eines Vertrages oder eines Beschlusses erfasst, die gegen Art. 81 Abs. 1 EG verstoßen, ohne gemäß Art. 81 Abs. 3 EG erlaubt zu sein.[56]

20 **b) Nichtigkeit des gesamten Vertrages oder Beschlusses.** Ausgehend von dem vorstehenden Grundsatz ist der gesamte (aus mehreren Einzelbestimmungen bestehende) Vertrag oder Beschluss nur dann nichtig, wenn sich die gegen Art. 81 Abs. 1 EG verstoßenden Teile nicht von den übrigen Teilen des Vertrages oder Beschlusses trennen lassen.[57] Bei dieser gemeinschaftsrechtlichen Prüfung auf Grund des Art. 81 Abs. 2 EG kommt es nicht auf die ökonomische Sinnhaftigkeit der Aufrechterhaltung des vom Verbot des Art. 81 Abs. 1 EG nicht direkt erfassten Restes des Vertrages oder Beschlusses oder auf die Vorstellungen der beteiligten Unternehmen an; diese Aspekte können erst bei der Untersuchung relevant werden, ob ein nach Anwendung des Art. 81 Abs. 2 EG nur teilnichtiger Vertrag oder Beschluss bei der anschließend notwendigen Würdigung[58] nach nationalem Recht als gesamtnichtig anzusehen ist oder nicht. Bei der gemäß Art. 81 Abs. 2 EG vorzunehmenden Prüfung der übrigen (Vertrags- oder Beschluss-)Bestimmungen kommt es vielmehr darauf an, ob sie nach ihrem Zweck oder ihren Wirkun-

---

[55] Vgl. zu diesem Argument oben Rn. 4.
[56] EuGH U. v. 30. 6. 1966 Rs. 56/65 – *Maschinenbau Ulm* Slg 1966, 281 = WuW/E EWG/MUV 117, 124; EuGH U. v. 14. 12. 1983 Rs. 319/82 – *Soc. De Vente de Ciments et Bétons/Kerpen & Kerpen* Slg 1983, 4173 = NJW 1984, 555, 556 = WuW/E EWG/MUV 629, 630; EuGH U. v. 28. 2. 1991 Rs. C-234/89 – *Delimitis* Slg 1991, I-935, Rn. 40 = WuW/E EWG/MUV 911, 919.
[57] EuGH U. v. 30. 6. 1966 Rs. 56/65 – *Maschinenbau Ulm* Slg 1966, 281 = WuW/E EWG/MUV 117, 124; EuGH U. v. 13. 7. 1966 verb. Rs. 56/64 u. 58/64 – *Grundig-Consten* Slg 1966, 321 = WuW/E EWG/MUV 125, 132; EuGH U. v. 28. 2. 1991 Rs. C-234/89 – *Delimitis* Slg 1991, I-935, Rn. 40 = WuW/E EWG/MUV 911, 919.
[58] S. unten Rn. 21, 24 bis 28.

gen ebenfalls mit dem in Art. 81 Abs. 1 EG normierten Verbot unvereinbar sind,[59] etwa deshalb, weil sie die – im Vertrag oder Beschluss angelegte – Funktion haben, die Wirkungen der direkt gegen das Verbot verstoßenden Bestimmungen zu fördern, zu verstärken oder zu deren Durchsetzung beizutragen. Die übrigen Bestimmungen sind daher nicht isoliert, sondern in ihrem **Funktionszusammenhang zu den wettbewerbsbeschränkenden Teilen** der Vereinbarung oder des Beschlusses zu prüfen und zu würdigen.

Die auf den vorstehenden Gründen beruhende **Erstreckung der** in Art. 81 Abs. 2 EG **21** normierten (gemeinschaftsrechtlichen) **Nichtigkeit** auf weitere, eine Wettbewerbsbeschränkung selbst nicht bezweckende oder bewirkende, aber ihre Verwirklichung fördernde Bestimmungen muss im übrigen **nicht notwendig** den **gesamten Rest des Vertrages** oder Beschlusses erfassen, sondern nur die insoweit relevanten weiteren Klauseln. Als Beispiel sei genannt die in einem Alleinvertriebsvertrag vereinbarte Einräumung eines gewerblichen Schutzrechts (z.B. Warenzeichen bzw. Marke) für ein Mitgliedsland, wobei die Vertragsparteien, die mit einigen unmittelbar unter Art. 81 Abs. 1 EG fallenden Klauseln Paralleleinfuhren von Vertragswaren in das Mitgliedsland verhindern und dadurch dem Alleinvertriebshändler einen absoluten Gebietsschutz gewährleisten wollten, mit jener Rechtseinräumung (vom Warenhersteller an den Alleinvertriebshändler) bezweckten, der Alleinvertriebshändler solle das ihm übertragene Schutzrecht zur Abwehr von Parallelimporten einsetzen.[60]

c) **Ausführungsverträge.** Die vorstehenden Grundsätze über die Erstreckung der aus **22** Art. 81 Abs. 2 EG unmittelbar folgenden Nichtigkeit auf die mit den verbotenen wettbewerbsbeschränkenden Klauseln im Funktionszusammenhang stehenden weiteren Teile ein und desselben Vertrages oder Beschlusses gelten auch für **getrennte, zusätzliche Vereinbarungen** (oder auch Beschlüsse) zwischen den beteiligten Unternehmen, die der **Durchführung oder Absicherung** der schon getroffenen Kartellabsprachen dienen sollen. Solche Ausführungsverträge sind also ohne Ansehung des jeweiligen nationalen Rechts schon nach Art. 81 Abs. 2 EG nichtig.[61]

d) **Grundsatz der ergänzenden rechtlichen Beurteilung nach nationalem 23 Recht.** Soweit nicht die vorstehend (Rn. 18, 19 und 20) behandelten Regeln bei „Untrennbarkeit" von Bestimmungen oder bei Ausführungsverträgen zwischen den beteiligten Unternehmen eingreifen, gilt der weitere gemeinschaftsrechtliche Grundsatz, dass die Auswirkungen der gemäß Art. 81 Abs. 2 EG nur Teile eines Vertrages oder Beschlusses erfassenden Nichtigkeit (s. oben Rn. 17) auf die übrigen Teile nicht nach Gemeinschaftsrecht, sondern nach dem jeweils anwendbaren nationalen Recht zu beurteilen sind.[62] Das ist dasjenige einzelstaatliche Recht, das nach den Regeln des Internationalen Privatrechts zur Anwendung berufen ist.[63] In Deutschland sind insoweit in erster Linie Art. 34 EGBGB

---

[59] EuGH U. v. 25. 11. 1971 Rs. 22/71 – *Béguelin* Slg 1971, 949 = WuW/E EWG/MUV 277, 279.

[60] EuGH U. v. 13. 7. 1966 verb. Rs. 56/64 u. 58/64 – *Grundig-Consten* Slg 1966, 321 = WuW/E EWG/MUV 125, 132 f.

[61] *Baur/Weyer* in Frankfurter Kommentar zum Kartellrecht, Zivilrechtsfolgen Art. 81 EG-Vertrag, Rn. 88; *Langen/Bunte*, Kommentar zum deutschen und europäischen Kartellrecht, Art. 81 Generelle Prinzipien, Rn. 213; *Säcker/Jaecks* in: MünchKomm/EU WettbR, Art. 81 Rn. 814; *Karsten Schmidt* in *Immenga/Mestmäcker* EG-WbR, Art. 81 Abs. 2 Rn. 35; *Schröter* in *Schröter/Jakob/Mederer*, Kommentar zum Europäischen Wettbewerbsrecht, Art. 81 Abs. 2 Rn. 241.

[62] EuGH U. v. 30. 6. 1966 Rs. 56/65 – *Maschinenbau Ulm* Slg 1966, 281 = WuW/E EWG/MUV 117, 124; EuGH U. v. 18. 12. 1986 Rs. 10/86 – *VAG France/Magne* Slg 1986, 4071, Rn. 14 u. 15 = NJW 1988, 620 = WuW/E EWG/MUV 798, 800; EuGH U. v. 30. 4. 1998 Rs. C-230/96 – *Cabour* Slg 1998, I-2055 = WuW/E EU-R 80, 84.

[63] *Gleiss/Hirsch*, Kommentar zum EG-Kartellrecht, Art. 85 Abs. 2 Rn. 1714; *Eilmansberger* in *Streinz* EUV/EGV, Art. 81 Rn. 92.

i. V. m. § 130 Abs. 2 GWB und (sodann) nachrangig Art. 27, 28, 31, 32 Abs. 1 Nr. 5 EGBGB maßgebend.[64]

24   **e) Folgeverträge.** Einer besonderen Betrachtung bedürfen die als „Folgeverträge" benannten Verträge, die die Kartellmitglieder in Be- und Verfolgung ihrer Kartellabsprachen mit unbeteiligten Dritten schließen,[65] z. B. Lieferverträge zu Kartellpreisen oder Kartellkonditionen. Von einem Teil des Schrifttums wird das zivilrechtliche Schicksal der Folgeverträge als noch nicht vollständig geklärt bezeichnet.[66] Es wird – einleuchtend – argumentiert, dass das (angezweifelte) Ergebnis einer vollen Wirksamkeit der zwischen Kartellmitgliedern und unbeteiligten Dritten zustande gekommenen Folgeverträge zweifellos eine Schwächung der Durchschlagskraft des Kartellverbots bedeute, und es wird beklagt, dass insoweit der Wettbewerbsordnung der Gemeinschaft nicht zu einem Höchstmaß an praktischer Wirksamkeit verholfen werde.[67] Das sind allerdings gemeinschaftsrechtlich anmutende Erwägungen. Der EuGH hat es (bisher) aber gerade abgelehnt, solche – durchweg schädlichen – Auswirkungen von Kartellabsprachen auf die vertraglichen Rechtsbeziehungen der Kartellmitglieder mit Dritten der Nichtigkeitsfolge des Art. 81 Abs. 2 EG zu unterwerfen. Auf Grund einer nach Art. 81 Abs. 1 EG verbotenen Vereinbarung etwa erteilte Aufträge und durchgeführte Lieferungen sowie die daraus folgenden Zahlungsverpflichtungen seien nicht nach Gemeinschaftsrecht zu beurteilen.[68] Bei dieser bisher vom EuGH nicht aufgegebenen und daher verbindlichen Auslegung des Art. 81 Abs. 2 EG bleibt nichts anderes übrig, als die Frage der Rechtswirksamkeit der Folgeverträge **ausschließlich nach nationalem Recht zu beurteilen.**[69]

25   Soweit hierfür deutsches Recht zur Anwendung berufen ist, ist es – entsprechend der Beurteilung der Folgeverträge der Mitglieder von nur unter § 1 GWB fallenden Kartellen mit Dritten – ganz h. M., dass die Folgeverträge **rechtlich wirksam** sind.[70] Zwar ist die nur von wenigen überhaupt gegebene) Begründung für diese Ansicht, die Folgeverträge berührten häufig auch schützenswerte Interessen anderer Marktteilnehmer und die Nichtigkeitsfolge des Art. 81 Abs. 2 EG würde insbesondere die Rechtssicherheit beeinträchtigen[71], nicht überzeugend, weil – im Falle der Nichtigkeit der Folgeverträge – die

---

[64] Für den Fall, dass nach IPR deutsches Zivilrecht zur Anwendung berufen ist, sind die Auswirkungen der aus Art. 81 Abs. 2 folgenden Teilnichtigkeit auf das rechtliche Schicksal des Vertrages oder Beschlusses im übrigen nach deutschem Recht unter Rn. 24 bis 28 dargestellt.

[65] *Karsten Schmidt* (Fn. 61) bezeichnet allerdings auch die oben im Text unter Rn. 20 behandelten Ausführungsverträge als „Folgeverträge" und gibt den oben mit der h. M. so genannten Folgeverträgen den Namen „Folgeverträge mit Dritten" (a. a. O. Rn. 36).

[66] *Schröter* (Fn. 61), Art. 81 Abs. 2 Rn. 241; vgl. auch *Baur/Weyer* in Frankfurter Kommentar zum Kartellrecht, Zivilrechtsfolgen Art. 81 EG-Vertrag, Rn. 143.

[67] *Schröter* (Fn. 61), Art. 81 Abs. 2 Rn. 241, der darauf hinweist, dass andere Rechtsordnungen, insbesondere das belgische und französische Recht, eine strengere Haltung zu den Folgeverträgen erkennen lassen; *Langen/Bunte,* Kommentar zum deutschen und europäischen Kartellrecht, Art. 81 Generelle Prinzipien, Rn. 213 a.

[68] EuGH U. v. 14. 12. 1983 Rs. 319/82 – *Soc. De Vente de Ciments et Bétons/Kerpen & Kerpen* Slg 1983, 4173 = NJW 1984, 555, 556 = WuW/E EWG/MUV 629, 630.

[69] Im Schrifttum allg. M., vgl. die in Fn. 70 Genannten.

[70] *Gleiss/Hirsch,* Kommentar zum EG-Kartellrecht, Art. 85 Abs. 2 Rn. 1721; *Karsten Schmidt* in *Immenga/Mestmäcker* EG-WbR, Art. 81 Abs. 2 Rn. 36, m. w. N. zur Rechtslage nach § 1 GWB; *Langen/Bunte,* Kommentar zum deutschen und europäischen Kartellrecht, Art. 81 Generelle Prinzipien, Rn. 213; *Säcker/Jaecks* in: MünchKomm/EU WettbR, Art. 81 Rn. 814. Vgl. auch *Baur/Weyer* in Frankfurter Kommentar zum Kartellrecht, Zivilrechtsfolgen Art. 81 EG-Vertrag, Rn. 142: Wirksamkeit im Grundsatz; unklar die dort hinzugesetzte Ausnahme: Denkbar sei Nichtigkeit gemäß Art. 81 Abs. 2 ausnahmsweise im Falle sog. Ausführungsverträge mit Dritten, die dem Zustandekommen und der Durchsetzung der nach Art. 81 Abs. 1 verbotenen Vereinbarung dienten.

[71] *Baur/Weyer* in Frankfurter Kommentar zum Kartellrecht, Zivilrechtsfolgen Art. 81 EG-Vertrag, Rn. 89; ebenso „zum Schutz der Dritten" *Gleiss/Hirsch* (Fn. 70), Art. 85 Abs. 2 Rn. 1721.

schutzwürdigen Interessen der Dritten durch ihre Ansprüche auf (deliktischen) Schadensersatz gegen alle Kartellmitglieder sowie auf Herausgabe einer ungerechtfertigen Bereicherung gegen das Kartellmitglied, das mit ihnen den Folgevertrag abgeschlossen hatte, in der Regel hinreichend gewahrt würden. Vor einem Anstoß für eine Rechtsänderung von Seiten der EU-Instanzen[72] ist aber realistisch nicht mit einer Änderung der h. M. in Deutschland zur Beurteilung der Folgeverträge zu rechnen, so dass sich der Rechtsschutz der am Kartell nicht beteiligten Partner dieser Folgeverträge auf (deliktische) Unterlassungs-, Beseitigungs- und Schadensersatzansprüche beschränkt.[73]

3. Auswirkungen der aus Art. 81 Abs. 2 EG resultierenden Teilnichtigkeit nach deutschem Recht

a) Rechtslage gemäß § 139 BGB. Die Frage, welche Wirkungen die sich aus einer Anwendung des Art. 81 Abs. 2 EG ergebende Teilnichtigkeit für die übrigen Bestimmungen des Vertrages (oder Beschlusses) hat (s. oben Rn. 21), beurteilt sich im Ausgangspunkt nach § 139 BGB. Danach ist der Vertrag (oder Beschluss) **in der Regel insgesamt nichtig.** § 139 BGB normiert es als Ausnahme, dass das von der Teilnichtigkeit nicht betroffene Restgeschäft wirksam bleibt, dies nur dann, wenn das Restgeschäft so, wie es sich ohne den nichtigen Teil im übrigen unverändert darstellt, nach dem mutmaßlichen Parteiwillen auch ohne den nichtigen Teil abgeschlossen worden wäre. Der Wille der beteiligten Unternehmen wird sich oft nicht hinreichend sicher feststellen lassen (was de facto die Tendenz zur Gesamtnichtigkeit verstärkt). Es ist dann der hypothetische Wille der Beteiligten aus der objektiven Bedeutung der nichtigen Teile für den Gesamtvertrag (oder Beschluss) zu erschließen, wobei vor allem der Zweck, den die Beteiligten mit den jeweiligen Teilen des Geschäfts erreichen wollten, zu berücksichtigen ist. Je wichtiger ihnen die – in der Regel erst später als nichtig erkannten – Teile des Vertrags (oder Beschlusses) waren, desto unwahrscheinlicher ist das Ergebnis, dass sie das restliche Geschäft auch ohne den nichtigen Teil abgeschlossen hätten.[74] Das wird bei in einem Gesamtvertrag enthaltenen wettbewerbsbeschränkenden Absprachen, denen die Beteiligten oft eine wichtige Bedeutung beimessen, eher anzunehmen sein als das Gegenteil. In dieser Hinsicht nicht behebbare Zweifel gehen zu Lasten der Partei, die die Aufrechterhaltung der restlichen Vertragsbestimmungen geltend macht. Entsprechendes gilt für Beschlüsse von Unternehmensvereinigungen.

b) Salvatorische Klauseln. Verträge der für die Anwendung des Art. 81 Abs. 1 und 2 EG in Betracht kommenden Art enthalten in aller Regel eine salvatorische Klausel, die oft nicht nur aus einer Erhaltensklausel, sondern zusätzlich noch aus einer Ersetzungsklausel besteht. Beide Klauseln werden im Grundsatz vom europäischen Recht toleriert.[75] Bis zum Jahre 2002 folgerte die Rechtsprechung aus einer vereinbarten salvatorischen Klausel, die nicht ihrerseits ausnahmsweise von der Nichtigkeit erfasst worden war, und zwar schon aus der Erhaltensklausel, dass sie der Fragestellung, ob die Parteien nach ihrem mutmaßlichen Willen den Vertrag ohne die nichtigen Bestimmungen überhaupt abgeschlossen hätten oder nicht, die Grundlage entziehe, weil die Parteien diese Frage mit der Vereinbarung der salvatorischen Klausel bereits verbindlich bejaht hätten.[76] Diese Rechtsprechung hat der

---

[72] So ist wohl auch *Schröter* zu verstehen, vgl. *Schröter/Jakob/Mederer,* Kommentar zum Europäischen Wettbewerbsrecht, Art. 81 Abs. 2 Rn. 241 a. E.

[73] S. unten Rn. 36 bis 38a, 41 bis 42a.

[74] Im Erg. ebenso *Gleiss/Hirsch,* Kommentar zum EG-Kartellrecht, Art. 85 Abs. 2 Rn. 1715, 1716; *Langen/Bunte,* Kommentar zum deutschen und europäischen Kartellrecht, Art. 81 Generelle Prinzipien, Rn. 210; zumindest sehr ähnlich *Karsten Schmidt* in: *Immenga/Mestmäcker* EG-WbR, Art. 81 Abs. 2 Rn. 24, 26.

[75] Vgl. EuGH U. v. 18. 12. 1986 Rs. 10/86 – *VAG France/Magne* Slg 1986, 4071 Rn. 15 = NJW 1988, 620 = WuW/E EWG/MUV 798, 800.

[76] BGH U. v. 8. 2. 1994 KZR 2/93 – *Pronuptia II* NJW 1994, 1651, 1652f. = WuW/E BGH 2909, 2913.

BGH in einem Fall, in dem die Parteien eine aus Erhaltens- und Ersetzungsklausel bestehende salvatorische Klausel vereinbart hatten, im Jahre 2002 aufgegeben. Er ist nunmehr der Ansicht, dass Erhaltens- und Ersetzungsklauseln **nur** eine **Bestimmung über die Verteilung der Darlegungs- und Beweislast** im Rahmen der bei § 139 BGB stets vorzunehmenden Prüfung seien, ob die Parteien das teilnichtige Geschäft als Ganzes verworfen hätten oder aber den Rest hätten gelten lassen.[77] Nach diesem BGH-Urteil wird die Vereinbarung einer salvatorischen Klausel in der Regel im Ergebnis keine andere Entscheidung zur Folge haben als die Entscheidung, die beim Fehlen einer salvatorischen Klausel § 139 BGB unmittelbar anzuwenden hat. Denn wettbewerbsbeschränkende Absprachen haben nach dem von den Parteien mit ihnen verfolgten Zweck oft eine zu gewichtige Bedeutung, als dass angenommen werden könnte, dass sie den Gesamtvertrag auch ohne sie geschlossen hätten.

28 Ob der BGH in absehbarer Zeit einer **Ersetzungsklausel,** der er neben der Erhaltensklausel in der *Tennishallenpacht*-Entscheidung keine eigene Argumentation bezüglich ihrer Funktion für den Gesamtvertrag gewidmet hat,[78] doch noch eine eigene Bedeutung im Hinblick auf § 139 BGB zuweisen wird, lässt sich nicht vorhersagen. Ohnehin sind die Möglichkeiten, eine Ersetzungsklausel (selbst wenn man von ihrer Herabstufung auf eine bloße Bestimmung über die Verteilung der Darlegungs- und Beweislast absieht) in einem Kartellrechtsstreit zur Rettung eines Vertrages zu instrumentalisieren, recht begrenzt. Der typische Inhalt einer Ersetzungsklausel besteht in der Verpflichtung der Vertragsparteien, nichtige Teile ihres Vertrags durch wirtschaftlich sowie im Leistungsaustauschverhältnis gleichwertige Regelungen zu ersetzen.[79] Bei dieser Anpassung des Altvertrags müssen die Parteien und das einzelstaatliche Gericht daher die durchaus nicht fernliegende Gefahr vermeiden, dass die Ersatzregelung ihrerseits gegen das Verbot des Art. 81 Abs. 1 EG verstößt.[80] Außerdem muss das einzelstaatliche Gericht, das von den Parteien nach dem Scheitern ihrer Anpassungsverhandlungen angerufen worden ist, auf folgendes achten: Das Gericht darf die volle Wirksamkeit des Gemeinschaftsrechts nicht durch die ihm an sich obliegende Art der Anwendung nationaler Vorschriften abschwächen.[81] Das gleiche muss gelten für eine zu starke und umfassende Vertragsanpassung – also Vertragshilfe auf Grund der Ersetzungsklausel – seitens des Gerichts, die im Effekt geeignet ist, die Wirkungskraft des Art. 81 EG, insbesondere die Vorfeldwirkung der drohenden Nichtigkeitssanktion gemäß Art. 81 Abs. 2 EG, zu schmälern.

29 Gegen den vorstehend umschriebenen Grundsatz des effet utile verstößt es z.B., wenn das Gericht bei einem langfristigen Gaslieferervertrag, der vor allem infolge seiner langen Laufzeit und der Gesamtbedarfsdeckungspflicht gegen Art. 81 EG verstößt, auf Grund der Ersetzungsklausel die vereinbarte Bindungsdauer und den vereinbarten Bindungsgrad durch eine richterliche Anpassungsentscheidung soeben unter die jeweilige Schwelle der EG-kartellrechtlichen Verbotsschranke pressen und damit möglichst viel von dem an sich kartellrechtswidrigen Vertrag aufrecht erhalten würde. Eine solche Anpassungsmethode, die dem Gaslieferanten so weit entgegenkommt, dass sie ihm durch richterliche Vertragsanpassung das verschafft, was gerade noch EG-kartellrechtlich vertretbar ist, und ihn insoweit von dem unternehmerischen Risiko der Vertragsnichtigkeit (Art. 81 Abs. 2 EG) weitge-

---

[77] BGH U. v. 24. 9. 2002 KZR 10/01 – *Tennishallenpacht* GRUR 2004, 353.

[78] Das kritisiert *Bunte,* GRUR 2004, 301, 303, zu Recht.

[79] Vgl. den Fall des OLG Düsseldorf, U. v. 7. 11. 2001 U (Kart) 31/00, WuW/E DE-R 854, 855 = RdE 2002, 44.

[80] Vgl. *Schröter* in *Schröter/Jakob/Mederer,* Kommentar zum Europäischen Wettbewerbsrecht, Art. 81 Abs. 2 Rn. 240; vgl. auch OLG Düsseldorf, U. v. 7. 11. 2001 U (Kart) 31/00, RdE 2002, 44, 48 f. (insoweit in WuW/E DE-R 854 ff. nicht abgedruckt).

[81] Vgl. EuGH U. v. 19. 6. 1990 Rs. C-213/89 – *Factortame* Slg 1990, I-2433 Rn. 18–21 = NJW 1991, 2271, 2272.

hend entbindet, steht im Widerspruch zu dem **Grundsatz der vollen Wirkung** der Bestimmungen **des Gemeinschaftsrechts** und damit zum Zweck des Art. 81 EG.[82]

Schließlich sind der **Eignung einer Ersetzungsklausel,** einen teilweise kartellnichtigen **Vertrag** in veränderter Gestalt aufrechtzuerhalten und **zu retten,** noch aus einem anderen Grund, sofern sich die Parteien nicht verständigen, **enge Grenzen** gesetzt. In den meisten Fällen dieser Art geht es nicht nur um die Anpassung oder Ersetzung eines Vertragselements (wie z. B. der überlangen Dauer eines Wettbewerbsverbots), sondern mehrerer Elemente, z. B. bei einem langfristigen Energieliefervertrag: die für den Abnehmer zu lange Bindungsdauer, gekoppelt mit einer zu hohen Bindungsquote des eigenen Bedarfs (z. B. 100%) und auf diese Vertragselemente austariert die Höhe des Abgabepreises und die Art sonstiger Vertragskonditionen.[83] Das Gericht müsste daher, um gemäß der Ersetzungsklausel eine kartellrechtsneutrale und wirtschaftlich möglichst gleichwertige Gesamtlösung zu finden, mehrere (im Beispiel drei bis vier) wesentliche Vertragselemente ändern. Dabei wären bei verschieden starker Änderung der einzelnen Vertragselemente die unterschiedlichsten Regelungen denkbar, die je für sich einen gleichwertigen Interessenausgleich erbringen könnten, und das Gericht müsste sich für eine der gleichwertigen Gesamtregelungen entscheiden. Eine so weitgehende rechtsgestaltende Einwirkung auf einen zivilrechtlichen Vertrag überschreitet aber den den Gerichten überantworteten Gestaltungsspielraum; die Anpassung (in der Regel in Form einer Reduktion) von mehr als einem quantitativen Vertragselement ist den Gerichten versagt.[84] Im Ergebnis gilt nichts anderes, wenn eine Vertragspartei auf Grund der Ersetzungsklausel auf Abschluss eines Ersetzungsvertrags klagt und hierzu ein komplettes Vertragsangebot in den Klageantrag aufnimmt, der Beklagte aber eine von ihm bevorzugte, in den Einzelelementen anderslautende und insgesamt gleichwertige Ersatzlösung dagegenhält. Wenn die Parteien sich nicht verständigen, steht es dem Gericht nicht zu, zwischen den beiden gleichwertigen Ersatzlösungen eine auszuwählen und diese durch Urteil einer der Vertragsparteien gegen ihren Willen aufzuoktroyieren.

4. Weitere Einzelfragen

a) Nichtigkeit eines Prozessvergleichs. Auch auf einen Prozessvergleich sind die zwingenden, in allen Mitgliedstaaten unmittelbar geltenden Vorschriften des Art. 81 EG[85] anzuwenden. Daher ist ein Prozessvergleich als zivilrechtlicher Vertrag, dessen Inhalt gegen Art. 81 Abs. 1 EG verstößt (ohne gemäß Art. 81 Abs. 3 EG erlaubt zu sein), insoweit verboten und gemäß Art. 81 Abs. 2 EG nichtig.[86] Ein Wirkungsprivileg des (Prozess-)Vergleichs, der auf Grund „vertretbarer" Erwägungen nicht gegen Art. 81 EG verstößt, die aber von der letztendlich entscheidenden Instanz nicht geteilt werden, besteht mit Blick auf die zwingende Rechtsnatur des Art. 81 EG und den Vorrang des Gemeinschaftsrechts nicht.[87]

---

[82] Vgl. OLG Düsseldorf U. v. 7. 11. 2001 U (Kart) 31/00, RdE 2002, 44, 48 f. (insoweit in WuW/E DE-R 494 ff. nicht abgedruckt).

[83] Vgl. den Fall des OLG Düsseldorf, U. v. 7. 11. 2001 U (Kart) 31/00, RdE 2002, 44 ff. = WuW/E DE-R 494 ff.

[84] Vgl. zur insoweit gleichen Rechtslage beim methodischen Mittel der geltungserhaltenden Reduktion: BGH U. v. 14. 7. 1997 II ZR 238/96, NJW 1997, 3089, 3090 m. w. N.; a. A. *Säcker/Jaecks* in: MünchKomm/EU WettbR, Art. 81 Rn. 854–856.

[85] EuGH U. v. 14. 12. 1995 verb. Rs. C-430/93 u. C-431/93 – *Van Schijndel und van Veen* Slg 1995, I-4705 Rn. 13 = EuZW 1996, 542.

[86] EuGH U. v. 8. 6. 1982 Rs. 258/78 – *Nungesser* Slg 1982, 2015 = WuW/E EWG/MUV 551, 563 = NJW 1982, 1929.

[87] *Karsten Schmidt* in: *Immenga/Mestmäcker,* EG-WbR, Art. 81 Abs. 2 Rn. 38; *Säcker/Jaecks* in: MünchKomm/EU WettbR, Art. 81 Rn. 807.

32 b) Nichtigkeit eines Schiedsspruchs. Als eine grundlegende Bestimmung, die für das Funktionieren des Binnenmarkts unerlässlich ist und in allen Mitgliedstaaten unmittelbar gilt, ist Art. 81 EG auch in einem Schiedsgerichtsverfahren zu beachten. Unterlässt das Schiedsgericht (aus welchen Gründen auch immer) die im Einzelfall gebotene Anwendung des Art. 81 EG oder wendet es den Art. 81 Abs. 1 EG in einer Weise unzutreffend an, dass sich das an sich begründete Verbot aus Art. 81 Abs 1 EG nicht durchsetzt, ist der Schiedsspruch insoweit nichtig. In einem solchen Fall muss das staatliche Gericht dem Antrag auf Aufhebung des Schiedsspruchs (gemäß § 1059 Abs. 2 Nr. 2 lit. b ZPO) wegen Verletzung des Verbots aus Art. 81 Abs. 1 EG als einer Bestimmung, die zur „öffentlichen Ordnung" gehört, stattgeben.[88] Aus den vorstehend (Rn. 29) genannten Gründen kann ein Wirkungsprivileg auch für auf vertretbaren Erwägungen gründende Schiedssprüche nicht anerkannt werden.[89]

33 c) Nichtigkeit eines Gesellschaftsvertrags. Es ist im Schrifttum umstritten und zu Art. 81 Abs. 2 EG noch nicht höchstrichterlich geklärt, ob ein in Ausführung[90] der Kartellabsprache abgeschlossener Gesellschaftsvertrag (vor allem über die Gründung eines Gemeinschaftsunternehmens oder einer Genossenschaft) der Nichtigkeit ex tunc unterliegt[91] oder nur die in die Zukunft gerichtete Auflösung der schon errichteten Gesellschaft gemäß den Grundsätzen über die fehlerhafte Gesellschaft möglich ist.[92] Bei zutreffender Auslegung des Art. 81 Abs. 2 EG muss der erstgenannten Ansicht der Vorzug gegeben werden. Nach der ständigen Rechtsprechung des BGH findet die „Anerkennung der fehlerhaften Gesellschaft" dort ihre Grenze, wo wichtige Interessen der Allgemeinheit entgegenstehen.[93] Das ist nach der Rechtsprechung regelmäßig der Fall, wenn die Nichtigkeit des Gesellschaftsvertrags auf § 1 GWB beruht.[94] Es gibt keinen rechtfertigenden Grund, bei einer aus Art. 81 Abs. 2 EG resultierenden Nichtigkeit des Gesellschaftsvertrags anders zu entscheiden; denn die durch Art. 81 Abs. 2 EG zu fördernde Durchsetzung des Kartellverbots (Art. 81 Abs. 1 EG) liegt wesentlich auch im öffentlichen Interesse (Allgemeininteresse) der EG.[95] Die Ansicht, die die Grundsätze über die fehlerhafte Gesellschaft für anwendbar hält, kommt nicht ohne das Erfordernis des Bestehens gewisser Pflichten der Kartellbeteiligten

---

[88] EuGH U. v. 1. 6. 1999 Rs. C-126/97 – *Eco Swiss* Slg 1999, I-3055, Rn. 36–40 = EuZW 1999, 565, 567 = WuW/E EU-R 203, 205 f.

[89] EuGH (Fn. 88); OLG Düsseldorf B. v. 21. 7. 2004, VI-Sch (Kart) 1 /02 – *Regenerative Wärmeaustauscher*, WuW/E DE-R 1647, 1648 f.; *Karsten Schmidt* in: *Immenga/Mestmäcker*, EG-WbR, Art. 81 Abs. 2 Rn. 39; *Karsten Schmidt* ZWeR 2007, 394, 417. Demgegenüber halten *Säcker/Jaecks* (Fn. 87), Rn. 805, ein eingeschränktes Wirkungsprivileg unter der Voraussetzung, dass das Schiedsgericht einen möglichen Verstoß gegen Art. 81 erkannt sowie erörtert hat und sich der Schiedsspruch im Rahmen vertretbarer Erwägungen hält, für vertretbar; so im Erg. auch Thüringer OLG B. v. 8. 8. 2007, 4 Sch 3/06 – *Schott*, WuW/E DE-R 2219.

[90] S. dazu oben Rn. 20.

[91] So *Langen/Bunte*, Kommentar zum deutschen und europäischen Kartellrecht, Art. 81 Generelle Prinzipien, Rn. 208; *Dieckmann* in: *Wiedemann*, Handbuch des Kartellrechts, § 40 Rn. 4; *Emmerich*, Kartellrecht, § 7 Rn. 8; differenzierend *Mestmäcker/Schweitzer*, Europäisches Wettbewerbsrecht, § 22 Rn. 18.

[92] So *Karsten Schmidt* in: *Immenga/Mestmäcker* EG-WbR, Art. 81 Abs. 2 Rn. 45; *Säcker/Jaecks* in: MünchKomm/EU WettbR, Art. 81 Rn. 811; *Rittner/Kulka*, Wettbewerbs- und Kartellrecht, § 7 Rn. 130; im Grundsatz auch *Gleiss/Hirsch*, Kommentar zum EG-Kartellrecht, Art. 85 Abs. 2 Rn. 1718; kritisch, aber ohne sich festzulegen: *Baur/Weyer*, Frankfurter Kommentar zum Kartellrecht, Zivilrechtsfolgen Art. 81 EG-Vertrag, Rn. 128.

[93] BGHZ 62, 234, 241; 75, 214, 217 f.; 97, 243, 250.

[94] BGH WuW/E BGH 2675, 2678 – *Nassauische Landeszeitung*; OLG Düsseldorf U. v. 17. 11. 1998 U (Kart) 33/96 – *Rhein-Sieg-Verkehrsverbund* WuW/E DE-R 344, 348 (rechtskräftig nach Nichtannahme der Revision).

[95] Vgl. EuGH U. v. 1. 6. 1999 Rs. C-126/97 – *Eco Swiss* Slg 1999, I-3055, Rn. 37, 39, 40 = EuZW 1999, 565, 567 = WuW/E EU-R 203, 206.

und Gesellschafter untereinander aus.[96] Dass solche Pflichten aber überhaupt bestehen können, ist nach Art. 81 Abs. 2 nicht begründbar; denn diese Vorschrift vernichtet alle Bindungen rechtlicher Art.[97]

IV. Zivilrechtliche Ansprüche

1. Gemeinschaftsrechtliche Grundsätze

Da der EG-Vertrag außer der Nichtigkeitsfolge des Art. 81 Abs. 2 EG keine weiteren Rechtsfolgen eines Verstoßes gegen das Verbot des Art. 81 EG normiert, versteht es sich im Grundsatz von selbst, dass die Regelung weiterer Rechtsfolgen, insbesondere etwaiger zivilrechtlicher Ansprüche gegen das Kartell oder seine Mitglieder, die Aufgabe des jeweils anwendbaren nationalen Rechts ist.[98] **34**

Nach der Auslegung des EG-Vertrags durch den EuGH überlässt es der Vertrag aber nicht allein dem jeweiligen Mitgliedstaat, dessen Anspruchsfolgenrecht im Einzelfall – eventuell nach den Regeln des IPR[99] – zur Anwendung berufen ist, ob und welche zivilrechtlichen Regelungen er bereithält oder noch schafft. In einer langen Reihe von Entscheidungen hat der **EuGH** herausgearbeitet, welche **Grundanforderungen** ein **nationales Sanktionensystem,** das auf gemeinschaftsrechtlich begründeten Rechten und Pflichten beruht, erfüllen muss. Dabei müssen im Kartellrecht auch die Grundsätze beachtet werden, die der EuGH in anderen Rechtsgebieten zu funktionsähnlichen Sanktionen entwickelt hat. Methodisch ist der einzelstaatliche Richter verpflichtet, die vom EuGH in Auslegung des EG-Vertrags aufgestellten Grundanforderungen so weit wie rechtlich möglich in **europarechtskonformer Auslegung** des eigenen **nationalen Rechts** zu beachten und umzusetzen. **35**

Die einzelstaatlichen Gerichte haben – wie schon ausgeführt worden ist[100] – die gemeinschaftsrechtliche Pflicht, diejenigen Rechte Einzelner zu wahren, die in deren Person unmittelbar durch das Verbot des Art. 81 Abs. 1 EG einschließlich der Nichtigkeitsfolge gemäß Art. 81 Abs. 2 EG entstehen. Die **wichtigsten weiteren gemeinschaftsrechtlichen Grundprinzipien,** die vor allem die Ausgestaltung und Behandlung von Schadensersatzansprüchen betreffen, sind folgende: **36**

Die **Sanktion,** mit der auf eine Verletzung gemeinschaftsrechtlich begründeter Rechte reagiert wird, muss **geeignet** sein, einen tatsächlichen und **wirksamen Rechtsschutz** zu gewährleisten.[101] Das bedeutet, dass der Ersatz der Schäden, die dem Einzelnen durch Verstöße gegen das Gemeinschaftsrecht entstehen, jedenfalls **angemessen** sein muss,[102] d. h. in einem angemessenen Verhältnis zum erlittenen Schaden stehen muss.[103] Daraus folgt als **37**

---

[96] Vgl. *Karsten Schmidt* (Fn. 92), Art. 81 Abs. 2, Rn. 45 und 46, jeweils a. E.
[97] S. oben Rn. 1 und 4.
[98] EuG U. v. 18. 9. 1992 Rs. T-24/90 – *Automec II* Slg 1992, II-2223 = EuZW 1993, 103; vgl. auch EuGH U. v. 30. 4. 1998 Rs. C-230/96 – *Cabour* Slg 1998, I-2055, Rn. 51 a. E. = WuW/E EU-R 81, 84.
[99] S. schon oben Rn. 21; nach dem dort vorrangig genannten Art. 34 EGBGB i. V. m. § 130 Abs. 2 GWB sind für die deliktsrechtlichen Sanktionen noch (nachrangig) Art. 40 bis 42 EGBGB zu erwähnen.
[100] S. oben Rn. 15.
[101] EuGH U. v. 8. 11. 1990 Rs. C-177/88 – *Dekker* Slg 1990, I-3941, Rn. 23 = EuZW 1991, 89, 90; vgl. auch EuGH U. v. 20. 9. 2001 Rs. C-453/99 – *Courage/Crehan* Slg 2001, I-6297, Rn. 25 f. = EuZW 2001, 715 = WuW/E EU-R 479, 481.
[102] EuGH U. v. 10. 7. 1997 Rs. C-261/95 – *Palmisani* Slg 1997, I-4025, Rn. 26 = EuZW 1997, 538, 539 (dieses Urteil betrifft zwar keinen Kartellrechtsfall, sondern eine Staatshaftung wegen verspäteter Umsetzung einer arbeitsrechtlichen Richtlinie; im Kartellrechtsfall *Courage/Crehan* – s. Fußn. 101 – zitiert der EuGH in Rn. 29 aber ausdrücklich dieses Urteil).
[103] So die Formulierung in EuGH U. v. 22. 4. 1997 Rs. C-180/95 – *Draehmpaehl* Slg 1997, I-2195 Rn. 25 u. 39 = EuZW 1997, 340, 342 u. 343.

gemeinschaftsrechtliche, vor allem aus dem Effektivitätsgrundsatz resultierende Regel, dass jeder Geschädigte vollen **Ersatz des Vermögensschadens,** der ihm durch den Verstoß gegen Art. 81 EG entstanden ist, ferner Ersatz des infolge des Verstoßes **entgangenen Gewinns** sowie die Zahlung von **Zinsen** beanspruchen kann.[104] Durch die Zuerkennung eines für den individuellen Rechtsschutz geeigneten, angemessenen Schadensersatzes muss zugleich die volle Wirkung der Bestimmungen des Gemeinschaftsrechts – hinsichtlich des Verbots wettbewerbsbeschränkender Vereinbarungen und Beschlüsse – gewährleistet werden.[105] Auch die Frage, wer zur Erhebung eines Schadensersatzanspruchs berechtigt ist, muß mit Blick auf die angestrebte volle Wirksamkeit des Art. 81 EG und insbesondere die praktische Wirksamkeit des in Art. 81 Abs. 1 EG ausgesprochenen Verbots beantwortet werden; die Wirksamkeit des Art. 81 EG darf **nicht** durch eine **zu enge Bestimmung** des Kreises **der Anspruchsberechtigten** beeinträchtigt werden.[106] Bei dieser Frage ist ferner eine wichtige Funktion der von Einzelnen erhobenen Schadensersatzansprüche zu beachten: Sie erhöhen die Durchsetzungskraft der EG-Wettbewerbsregeln und sind geeignet, von Vereinbarungen und Verhaltensweisen abzuhalten, die den Wettbewerb beschränken oder verfälschen können; so können Schadensersatzklagen vor den nationalen Gerichten wesentlich zur Aufrechterhaltung eines wirksamen Wettbewerbs in der Gemeinschaft beitragen.[107]

38 Mangels einer einschlägigen Gemeinschaftsregelung ist es Sache des innerstaatlichen Rechts der einzelnen Mitgliedstaaten, die zuständigen Gerichte zu bestimmen, die Verfahrensmodalitäten für Klagen zu regeln, die den Schutz der dem Bürger aus der unmittelbaren Wirkung des Gemeinschaftsrechts erwachsenden Rechte gewährleisten sollen, und die materiellen Voraussetzungen im Schadensersatzrecht festzulegen, sofern alle diese Modalitäten nicht weniger günstig ausgestaltet sind als die entsprechender innerstaatlicher Klagen **(Äquivalenzgrundsatz)** und die Ausübung der durch die Gemeinschaftsrechtsordnung verliehenen Rechte nicht praktisch unmöglich machen oder übermäßig erschweren **(Effektivitätsgrundsatz).**[108] Aus diesen Grundsätzen, vor allem aus dem Effektivitätsgrundsatz, ergibt sich u. a. die gemeinschaftsrechtliche Pflicht der nationalen Gerichte, zu prüfen, ob die **Verjährungsfrist,** die die im konkreten Fall zur Anwendung berufene einzelstaatliche Vorschrift vorsieht, (z. B.) durch frühen Beginn und/oder kurze Dauer die Geltendmachung des Schadensersatzanspruchs praktisch unmöglich macht oder übermäßig erschwert.[109] Sofern das nationale Gericht bei seiner Prüfung zu diesem Ergebnis gelangt, muss es die betreffende einzelstaatliche Vorschrift wegen des Vorrangs des Gemeinschafts-

---

[104] EuGH U. v. 13. 7. 2006 Rs. C-295/04 bis 298/04 – *Manfredi* Slg. 2006, I-6619 Rn. 95–97 = EuZW 2006, 529, 535 = WuW/E EU-R 1107, 1119.

[105] EuGH U. v. 20. 9. 2001 Rs. C-453/99 – *Courage/Crehan* Slg 2001, I-6297, Rn. 25 = EuZW 2001, 715 = WuW/E EU-R 479, 481; EuGH U. v. 13. 7. 2006 Rs. C-295/04 bis 298/04 – *Manfredi* Slg. 2006, I-6619 Rn. 89 u. 90 = EuZW 2006, 529, 535 = WuW/E EU-R 1107, 1118.

[106] EuGH U. v. 20. 9. 2001 Rs. C-453/99 – *Courage/Crehan* Slg 2001, I-6297, Rn. 26 = EuZW 2001, 715 = WuW/E EU-R 479, 481; EuGH U. v. 13. 7. 2006 Rs. C-295/04 bis 298/04 – *Manfredi* Slg. 2006, I-6619 Rn. 60 f. u. 90 = EuZW 2006, 529, 533 u. 535 = WuW/E EU-R 1107, 1115 u. 1118.

[107] EuGH U. v. 20. 9. 2001 Rs. C-453/99 – *Courage/Crehan* Slg 2001, I-6297, Rn. 27 = EuZW 2001, 715 = WuW/E EU-R 479, 481; EuGH U. v. 13. 7. 2006 Rs. C-295/04 bis 298/04 – *Manfredi* Slg. 2006, I-6619 Rn. 91 = EuZW 2006, 529, 535 = WuW/E EU-R 1107, 1118.

[108] EuGH U. v. 20. 9. 2001 Rs. C-453/99 – *Courage/Crehan* Slg 2001, I-6297, Rn. 29 = EuZW 2001, 715 = WuW/E EU-R 479, 481; EuGH U. v. 13. 7. 2006 Rs. C-295/04 bis 298/04 – *Manfredi* Slg. 2006, I-6619 Rn. 62 u. 92 = EuZW 2006, 529, 533 u. 535 = WuW/E EU-R 1107, 1116 u. 1118; EuGH U. v. 10. 7. 1997 Rs. C-261/95 – *Palmisani* Slg 1997, I-4025 Rn. 27 = EuZW 1997, 538, 539 (s. zu diesem Urteil oben Fußn. 102).

[109] EuGH U. v. 13. 7. 2006 Rs. C-295/04 bis 298/04 – *Manfredi* Slg. 2006, I-6619 Rn. 78–82 = EuZW 2006, 529, 534 = WuW/E EU-R 1107, 1117.

rechts unangewendet lassen.[110] Zum Sanktionsmittel des **Strafschadensersatzes** verhält sich das Gemeinschaftsrecht neutral: Der mit den zivilrechtlichen Sanktionen verbundene Abschreckungszweck gebietet – über den vollen Ersatz des Vermögensschadens und des entgangenen Gewinns des Geschädigten und die Zuerkennung von Zinsen[111] hinaus – nicht die Einführung eines zusätzlichen Strafschadensersatzes, lässt ihn aber zu. Nur dann, wenn Strafschadensersatz auf vergleichbare Klagen, die auf innerstaatliches Recht gegründet sind, zugesprochen werden kann, muss das Gleiche nach dem Äquivalenzgrundsatz auch für die auf Art. 81 (und 82) EG gestützten Klagen gelten.[112]

Es ist damit zu rechnen, dass die **gemeinschaftsrechtlichen Regeln** (oder der vom Gemeinschaftsrecht geforderte Mindeststandard an Regeln) über die Ausgestaltung und Behandlung von Schadensersatzansprüchen in absehbarer Zeit **erweitert werden**. Nach langjähriger Vorarbeit hat die **EG-Kommission** im April 2008 ihr **Weißbuch** „Schadenersatzklagen wegen Verletzung des EG-Wettbewerbsrechts" veröffentlicht.[113] Grund für die Vorlage des Weißbuchs ist die Beobachtung (nicht nur) der Kommission, dass Schadenersatzansprüche auf Grund von Verstößen gegen das EG-Wettbewerbsrecht in der derzeitigen Praxis nach wie vor nur selten geltend gemacht und sehr selten zugesprochen werden.[114] Diese Ineffektivität der gemäß Art. 81 und 82 EG möglichen oder erhobenen Schadenersatzklagen seien vor allem auf ihre besonderen Merkmale zurückzuführen, denen das bisherige Haftungs- und Verfahrensrecht der Mitgliedstaaten nur unzureichend Rechnung trage. Dazu zählten die oft sehr komplexe Feststellung und Analyse der zugrunde liegenden Tatsachen und ökonomischen Zusammenhänge, die Unzugänglichkeit von entscheidungserheblichen Beweismitteln, die sich in der Sphäre der Kartellanten (oder sonstigen Beklagten) befänden und oft geheim gehalten würden, sowie das häufige Missverhältnis zwischen dem Prozessrisiko des Klägers und der möglichen Entschädigung.

Zur **Verbesserung des individuellen Rechtsschutzes** und zugleich zur **Erhöhung der Abschreckungswirkung** schlägt die Kommission im Weißbuch vor allem vor: (1) Die Einführung eines kollektiven Rechtsschutzes (Verbandsklagen und Opt-in-Gruppenklagen) zur Bündelung der einzelnen Schadensersatzansprüche der Opfer von Verstößen gegen das EG-Wettbewerbsrecht, insbesondere der Schadensersatzansprüche indirekter Abnehmer der Kartellanten oder sonstigen Rechtsverletzer; (2) die Einräumung einer Befugnis an die nationalen Gerichte, unter bestimmten Voraussetzungen Prozessparteien und Dritte anweisen zu können, genau bezeichnete Kategorien von relevanten Beweismitteln offenzulegen;[115] (3) die Einführung einer Bindungswirkung von bestandskräftigen Entscheidungen nationaler Wettbewerbsbehörden und der im Rechtsmittelverfahren ergangenen rechtskräftigen Urteile, sofern diese Entscheidungen oder Urteile Verstöße gegen EG-Wettbewerbsrecht festgestellt haben;[116] (4) die Beschränkung des Verschuldenserfordernisses mit dem Ergebnis, dass der objektive Verstoß gegen das EG-Wettbewerbsrecht bereits die Haftung begründet, es sei denn, dass der Rechtsverletzer nachweist, der Verstoß beruhe trotz Anwendung eines hohen Maßes an Sorgfalt auf einem (dann entschuldbaren) Irrtum. Um die Durchsetzung der EG-Wettbewerbsregeln in

---

[110] EuGH U. v. 13. 7. 2006 Rs. C-295/04 bis 298/04 – *Manfredi* Slg. 2006, I-6619 Rn. 39 = EuZW 2006, 529, 531 = WuW/E EU-R 1107, 1113.

[111] S. oben Rn. 35.

[112] EuGH U. v. 13. 7. 2006 Rs. C-295/04 bis 298/04 – *Manfredi* Slg. 2006, I-6619 Rn. 92–99 = EuZW 2006, 529, 535 = WuW/E EU-R 1107, 1118 f.

[113] Weißbuch v. 2. 4. 2008, KOM (2008) 165 endgültig.

[114] Die Kommission schätzt, dass sich der nicht geltend gemachte und nicht zugesprochene Schadensersatz zusammen auf mehrere Milliarden Euro pro Jahr beläuft; Weißbuch (Fn. 113) S. 2.

[115] Zu den Einzelheiten s. Weißbuch (Fn. 113) S. 5 f.

[116] Zu dem insoweit seit 1. 7. 2005 geltenden deutschen Recht s. § 33 Abs. 4 GWB.

der zivilprozessualen Praxis – endlich – zu verbessern, sollte den Kommissionsvorschlägen, insbesondere dem Vorschlag zu (2), ein weitgehender Erfolg beschieden sein.[117]

2. Grundlagen der zivilrechtlichen Ansprüche nach deutschem Recht

41 **a) Die Vorschriften.** Erst seit dem 1. 7. 2005 gibt es mit dem durch die 7. GWB-Novelle neu gestalteten **§ 33 GWB** eine speziell auf einen Verstoß gegen Art. 81 EG zugeschnittene „Transformationsvorschrift" als Grundlage für Abwehr-(Unterlassungs-), Beseitigungs- und Schadensersatzansprüche der durch Art. 81 EG geschützten Personen. Rechtsgrundlage dieser Ansprüche war vor der 7. GWB-Novelle die generelle Norm des § 823 Abs. 2 BGB, die als Normenbasis für Unterlassungs- und Beseitigungsansprüche nach allgemeiner Übung um § 1004 BGB (analog) ergänzt wurde. Dass Art. 81 Abs. 1 EG überhaupt ein Schutzgesetz i. S. d. § 823 Abs. 2 BGB war, war seit langem unproblematisch. Uneinigkeit und Rechtsunsicherheit bestanden jedoch darin, welche Personen im jeweiligen konkreten kartellrechtlichen Einzelfall in den Schutzzweck des Art. 81 EG einbezogen waren. Ein erheblicher Teil der Rechtsprechung grenzte den anspruchsberechtigten Personenkreis auf Grund eines engen Verständnisses des Schutzgesetzerfordernisses (zu) sehr ein.[118] Der Gesetzgeber der 7. GWB-Novelle ließ das Schutzgesetzerfordernis fallen, um diejenigen Beschränkungen der Anspruchsberechtigung zu beseitigen, die er als unrichtig ansah und die mit dem *Courage*-Urteil des EuGH[119] nicht zu vereinbaren waren.[120] Statt dessen wird der Anspruchsberechtigte nunmehr durch den Begriff des „Betroffenen" definiert.[121] § 33 GWB verdrängt jedenfalls als lex specialis den bisher angewendeten § 823 Abs. 2 BGB.[122] Als ergänzende Vorschrift räumt **§ 34 a GWB** den in § 33 Abs. 2 GWB genannten Verbänden das Recht ein, Unternehmen, die vorsätzlich gegen GWB-Vorschriften oder gegen Art. 81 oder 82 EG verstoßen haben, auf Herausgabe des durch den Verstoß zu Lasten einer Vielzahl von Abnehmern oder Anbietern erlangten wirtschaftlichen Vorteils in Anspruch zu nehmen. Die §§ 33, 34 a GWB sind als abschließende Regelung für die zivilrechtliche Durchsetzung kartellrechtlicher Vorschriften bestimmt.[123] Außer den §§ 33, 34 a GWB sind allerdings noch die **§§ 812 ff. BGB** für Ansprüche wegen Rückabwicklung der gemäß Art. 81 Abs. 2 EG nichtigen Vereinbarungen (oder Beschlüsse) zu nennen.[124]

42 **b) Der Betroffene als Anspruchsberechtigter.** Außer für die Bereicherungsansprüche ist gemeinsame Voraussetzung für die vorgenannten Unterlassungs-, Beseitigungs- und Schadensersatzansprüche, dass der Anspruchsteller ein durch den Kartellrechtsverstoß Betroffener i. S. d. § 33 Abs. 1 Satz 1 und 3 GWB ist.[125] Damit gehört die **Klärung des Be-**

---

[117] Zu den Vorschlägen kann hier nicht im Einzelnen Stellung genommen werden. Zum oben noch nicht erwähnten Vorschlag der Kommission zum Thema „Schadensabwälzung" (Weißbuch S. 9) s. unten Rn. 41b u. 42. Kritisch zum Weißbuch insgesamt: *Niemeier* WuW 2008, 927; *Ritter* WuW 2008, 762.
[118] Zu den Einzelheiten vgl. 1. Aufl., Art. 81 Abs. 2 Rn. 37 m. w. N.
[119] EuGH U. v. 20. 9. 2001 Rs. C-453/99 – Slg. 2001, I-6297 Rn. 26 = EuZW 2001, 715, 716 = WuW/E EU-R 479, 481.
[120] Vgl. den Bericht des BT-Ausschusses für Wirtschaft und Arbeit, BT-Drs. 15/5049, abgedr. in WuW-Sonderheft 2005, S. 243, 271.
[121] S. unten Rn. 37.
[122] Allg. M.; vgl. statt aller *Rehbinder* in: L/M/R, Kartellrecht, Bd. 2 – GWB, § 33 Rn. 62.
[123] Vgl. BGH U. v. 7. 2. 2006 KZR 33/04 – *Probeabonnement*, WuW/E DE-R 1779, 1781.
[124] Mit Blick auf die *Courage*-Rechtsprechung des EuGH (Fn. 101) ist der Rückforderungsausschluss gemäß § 817 Satz 2 BGB restriktiv anzuwenden; vgl. *Karsten Schmidt* in: Immenga/Mestmäcker, EG-WbR, Anh. 2 VO 1/2003 Rn. 11; *Säcker/Jaecks* in: MünchKomm/EU WettbR, Art. 81 Rn. 867; *Wurmnest*, RIW 2003, 896, 899 f.
[125] Aus § 33 Abs. 3 Satz 1 GWB muss geschlossen werden, dass auch Schadensersatzansprüche nur den i. S. d. § 33 Abs. 1 Satz 3 GWB „Betroffenen" zustehen sollen; vgl. *Emmerich* in: Immenga/

griffs des Betroffenen zu den maßgebenden Grundlagen des deutschen Rechts für die zivilrechtliche Durchsetzung (auch) der EG-Wettbewerbsregeln und soll daher näher erörtert werden. Scheinbar eindeutig definiert § 33 Abs. 1 Satz 3 GWB, betroffen sei, wer als Mitbewerber oder sonstiger Marktbeteiligter durch den Verstoß beeinträchtigt sei. Damit ist immerhin geklärt, dass jedenfalls alle (aktuellen und potentiellen) Wettbewerber der Kartellanten auf demselben relevanten Markt sowie die Marktgegenseite, bestehend aus den unmittelbaren Abnehmern und Lieferanten der Kartellanten, sofern sie durch den Rechtsverstoß beeinträchtigt sind, zu den Betroffenen gehören. Dazu zählen auch Endverbraucher zumindest dann, wenn sie die unmittelbare Marktgegenseite (die unmittelbaren Abnehmer) des oder der gegen Kartellrecht verstoßenden Unternehmen sind.[126] Unklar ist indessen, ob zur Auslegung des (Hilfs-)Begriffs des „sonstigen Marktbeteiligten" das Erfordernis der Unmittelbarkeit der Marktbeziehung (zwischen den Kartellmitgliedern und dem Betroffenen) überhaupt maßgebend ist oder nicht. In § 33 GWB fehlt eine eindeutige Aussage, ob auch mittelbare Lieferanten und vor allem (weil rechtstatsächlich wichtiger) mittelbare Abnehmer der Kartellmitglieder in einer Absatzkette Ansprüche, insbesondere Schadensersatzansprüche, geltend machen können.[127] Es gehört zu den Hauptstreitfragen in der Auslegung des neuen § 33 GWB, ob nur unmittelbare Abnehmer[128] oder auch mittelbare Abnehmer[129] der Kartellanten (Entsprechendes gilt für unmittelbare und mittelbare Lieferanten) Betroffene i. S. d. § 33 GWB sein können. Von vielen Autoren wird die Streitfrage direkt mit der weiteren Streitfrage verknüpft, ob im Falle der sog. Schadensabwälzung durch den unmittelbaren Abnehmer eines Kartellanten auf den nachfolgenden Abnehmer in der Absatzkette der Einwand des Beklagten, der klagende unmittelbare Abnehmer sei (jedenfalls) im Ergebnis nicht geschädigt („passing-on-defence"), zugelassen wird (dann könnten mittelbare Abnehmer „Betroffene", also Anspruchsberechtigte, sein) oder abgeschnitten wird (dann würden jene Autoren nur unmittelbare Abnehmer als „Betroffene" akzeptieren).[130]

Stellungnahme: In dieser Kommentierung soll die Streitfrage, ob auch mittelbare Abnehmer der Kartellanten zu den „Betroffenen" gehören können, nur in Bezug auf Kartellabsprachen, die gegen Art. 81 EG verstoßen, behandelt werden.[131] Die Beurteilung der Streitfrage ist von derjenigen der passing-on-defence[132] abzukoppeln und zu verselbständigen, aus folgenden Gründen: Bei dem auf einen Verstoß gegen Art. 81 EG gründenden **Schadensersatzanspruch** kann die Auslegung des Begriffs des „Betroffenen" und damit die Bestimmung des Anspruchsberechtigten nicht autonom nach deutschem Recht vorge-

43

Mestmäcker, GWB-WbR, § 33 Rn. 10; Säcker/Jaecks in: MünchKomm/EU WettbR, Art. 81 Rn. 887.

[126] So schon die Regierungsbegr. zur 7. GWB-Novelle, WuW-Sonderheft 2005, S. 168; allg. M., vgl. statt aller Rehbinder in: L/M/R, Kartellrecht, Bd. 2 – GWB, § 33 Rn. 14.

[127] Drexl in: FS für Canaris, München 2007, Bd. I S. 1339, 1351.

[128] So Bornkamm in: Langen/Bunte (Fn. 67), § 33 GWB, Rn. 36–41, 49; Rehbinder in: L/M/R, Kartellrecht, Bd. 2 – GWB, § 33 Rn. 16f., 40; Rittner/Kulka, Wettbewerbs- und Kartellrecht, § 14 Rn. 137; Koch WuW 2005, 1210, 1219ff.; nur in Bezug auf Schadensersatzansprüche: Bechtold, GWB, § 33 Rn. 10 u. 18.

[129] So Emmerich in: Immenga/Mestmäcker, GWB-WbR, § 33 Rn. 29; Säcker/Jaecks in: MünchKomm/EU WettbR, Art. 81 Rn. 891; Basedow ZWeR 2006, 294, 302; Drexl (Fn. 127) S. 1339ff., 1354; Keßler WRP 2006, 1061, 1067–1069; W.-H. Roth in: FS für H. P. Westermann, Köln 2008, S. 1355, 1369; Schütt WuW 2004, 1124, 1129.

[130] Bornkamm in: Langen/Bunte (Fn. 67), § 33 GWB, Rn. 100; Rehbinder in: L/M/R, Kartellrecht, Bd. 2 – GWB, § 33 Rn. 15f., 40; Bechtold, GWB, § 33 Rn. 10; Kahlenberg/Haellmigk BB 2005, 1509, 1514; Lutz WuW 2005, 718, 728; Kathrin Westermann in: FS für H. P. Westermann, Köln 2008, S. 1605, 1615.

[131] Es dürfte allerdings zweifelsfrei sein, dass die Antwort auf die Streitfrage auch in Bezug auf gegen § 1 GWB verstoßende Kartellabsprachen nicht anders ausfallen kann.

[132] S. oben Rn. 37 u. unten Rn. 41 bis 42a.

nommen werden, weil es (auch) um die Durchsetzung der EG-Wettbewerbsregeln, hier insbesondere des Art. 81 EG geht.[133] Während es für die Beurteilung des Problems der passing-on-defence keine (jedenfalls keine eindeutigen) Vorgaben von Seiten der EG-Wettbewerbsregeln gibt,[134] sind solche Vorgaben für den Kreis der anspruchsberechtigten „Betroffenen" in der Rechtsprechung des EuGH zu den EG-Wettbewerbsregeln bereits entwickelt worden.[135] Die richtige Reihenfolge besteht daher darin, zunächst mit Blick auf die Vorgaben des EuGH die Frage zu beantworten, ob und ggf. unter welchen Voraussetzungen auch mittelbare Abnehmer anspruchsberechtigt sein können. Von diesem Ergebnis ist dann bei dem zweiten Schritt, der Beurteilung der passing-on-defence, auszugehen. Nach den beiden (für Schadensersatzansprüche) **maßgebenden EuGH-Urteilen** *Courage/Crehan* und *Manfredi* hat eine (i. d. R. vertraglich geprägte) Nähebeziehung zwischen dem gegen Art. 81 EG verstoßenden Unternehmen und dem Geschädigten bzw. Anspruchsteller, also der Unterschied von Unmittelbarkeit oder Mittelbarkeit des Leistungsbezugs der Abnehmer von den Kartellmitgliedern bei mehrstufigem Absatz, keine rechtliche Bedeutung für die Schadensersatzberechtigung (dem Grunde nach). Vielmehr gehört (bezogen auf Schadensersatz) zu dem Kreis der Anspruchsberechtigten „jedermann", dem ein Schaden „durch" einen wettbewerbsbeschränkenden Vertrag oder durch ein entsprechendes Verhalten entstanden ist.[136]

44   Damit verlagert sich die Bestimmung des Anspruchsberechtigten auf die Feststellung eines (adäquaten) Kausalzusammenhangs zwischen der Kartellabsprache und dem geltend gemachten Schaden. Außer diesem Kausalzusammenhang bedarf es zur Begründung der Haftung nicht auch noch zusätzlich einer direkten Leistungsbeziehung zwischen dem oder den Kartellmitgliedern einerseits und dem als Abnehmer geschädigten Anspruchsteller andererseits. Dass die Schadensersatzberechtigung, die das *Courage*-Urteil des EuGH „jedermann" zuerkennt, dem durch einen Kartellvertrag ein Schaden entstanden ist, nur von ursächlichen Zusammenhang zwischen verbotenen Kartell und geltend gemachtem Schaden abhängt, hat das *Manfredi*-Urteil des EuGH ausdrücklich bestätigt.[137] Erläuternd hat der EuGH hinzugefügt, dass es keine Gemeinschaftsregel für den Begriff des „ursächlichen Zusammenhangs" gibt und daher die Bestimmung der Einzelheiten für die Anwendung dieses Begriffs Aufgabe des innerstaatlichen Rechts des einzelnen Mitgliedstaats ist, wobei der Äquivalenz- und der Effektivitätsgrundsatz zu beachten sind.[138] Diese Rechtsprechung

---

[133] Vgl. oben Rn. 33–35.
[134] S. unten Rn. 42 Fn. 165.
[135] S. oben Rn. 35 bei Fn. 106.
[136] EuGH U. v. .20. 9. 2001 Rs. C-453/99 – *Courage/Crehan* Slg 2001, I-6297 Rn. 26 = EuZW 2001, 715, 716 = WuW/E EU-R 479, 481; EuGH U. v. 13. 7. 2006 Rs.-C-295/04 bis 298/04 – *Manfredi* Slg. 2006, I-6619 Rn. 60 u. 90 = EuZW 2006, 529, 533 u. 535 = WuW/E EU-R 1107, 1115 u. 1118.
[137] EuGH U. v. 13. 7. 2006 *Manfredi* (Fn. 136) Rn. 61, 63: Jedermann „kann Ersatz des ihm entstandenen Schadens verlangen, wenn zwischen dem Schaden und einem nach Art. 81 EG verbotenen Kartell oder Verhalten ein ursächlicher Zusammenhang besteht". Demnach ist die Ansicht, das „Betroffensein" verlange mehr als bloß ursächliche Beeinträchtigung und enthalte ein wertendes Merkmal, der Begriff der Betroffenheit sei nicht individualschutzbezogen, sondern institutionell abzugrenzen (*Karsten Schmidt* in: *Immenga/Mestmäcker*, EG-WbR, Anh. 2 VO 1/2003 Teil A Rn. 18; ähnlich *Rehbinder* in: L/M/R, Kartellrecht, Bd. 2 – GWB, § 33 Rn. 9 f.), mit der EuGH-Rechtsprechung nicht zu vereinbaren. Freilich können Wertungsfragen, auch i. V. m. dem Schutzzweck der verletzten Norm, hier des Art. 81, bei der Beurteilung der adäquaten Kausalität, auftreten (s. dazu Fn. 138).
[138] EuGH U. v. 13. 7. 2006 *Manfredi* (Fn. 136) Rn. 64. Insoweit sind daher die im deutschen Deliktsrecht entwickelten Grundsätze über den rechtlich relevanten Kausalzusammenhang heranzuziehen, insbesondere die – grds. anwendbaren – Regeln über die adäquate Kausalität, ergänzt durch eine wertende Kontrolle nach dem Schutzzweck der verletzten Norm (hier: Art. 81, nicht etwa § 33 GWB); vgl. die Rechtsprechungsnachw. bei *Palandt/Heinrichs*, BGB vor § 249 Rn. 54–64.

des EuGH als verbindliche Auslegung des Art. 81 EG und seiner Wirkungen ist bei der Anwendung der deutschen Anspruchsgrundlage des § 33 Abs. 1 und 3 GWB deshalb uneingeschränkt zu beachten, weil die Frage, welche Personen in ihren Rechten und in ihrem Vermögen im Falle eines Verstoßes gegen Art. 81 EG geschützt sind, eine **gemeinschaftsrechtliche Vorfrage** zur Auslegung des Art. 81 EG selbst und eben keine Frage des deutschen Rechts ist. Das ergibt sich aus dem Rechtsprechungsgrundsatz, dass Art. 81 Abs. 1 (und auch Art. 82) EG unmittelbare Wirkungen in den Rechtsbeziehungen zwischen Einzelnen und unmittelbar in deren Person Rechte entstehen lassen, und aus dem ergänzenden Rechtssatz, dass die volle Wirksamkeit des Art. 81 EG und insbesondere die praktische Wirksamkeit des in Art. 81 Abs. 1 EG ausgesprochenen Verbots beeinträchtigt wären, wenn nicht jedermann Ersatz des Schadens verlangen könnte, der ihm durch ein nach Art. 81 EG verbotenes Kartell oder Verhalten entstanden ist.[139] Daher ist nach den beiden EuGH-Urteilen als Anspruchsberechtigter in einer Kette von Abnehmern eines Hersteller-(oder Lieferanten-)Kartells auch der Kunde des Erstabnehmers und sogar der Endverbraucher bei einem ursächlich durch das Kartell erlittenen Schaden, z.B. bei in der Absatzkette konsequent weitergegebenen Preisaufschlägen ohne zumutbare Ausweichmöglichkeiten, anzuerkennen.[140] Es versteht sich jedoch von selbst, dass die Darlegung eines Schadens und eines Kausalzusammenhangs mit der Kartellabsprache umso schwieriger und problematischer wird, je weiter der Anspruchsteller in der Abnehmerkette vom Kartell entfernt positioniert ist. Voraussichtlich werden daher in der Rechtspraxis als betroffene Anspruchsteller auch nach den Urteilen *Courage/Crehan* und *Manfredi* hauptsächlich nur die unmittelbaren Abnehmer und Lieferanten sowie die Wettbewerber des Kartells auftreten.

Die vorstehend speziell den Schadensersatzansprüchen mittelbarer Abnehmer gewidmeten Ausführungen gelten entsprechend für deren **Unterlassungs- und Beseitigungsansprüche** gegen das Kartell oder einzelne Kartellmitglieder. An die Stelle des Ursachenzusammenhangs zwischen dem nach Art. 81 EG verbotenen Kartell und einem schon eingetretenen Schaden tritt die „Beeinträchtigung" (§ 33 Abs. 1 Satz 3 GWB) i. S. eines Ursachenzusammenhangs zwischen dem verbotenen Kartell und einem drohenden Schaden.[141]

Hinsichtlich der **Partner des wettbewerbsbeschränkenden Vertrages** wird im deutschen Schrifttum zu § 33 GWB jedenfalls für horizontale Kartellabsprachen die Ansicht vertreten, sie könnten grds. nicht „Betroffene" i. S. d. § 33 Abs. 1 Satz 3 GWB sein,[142] es sei denn, dass ein Beteiligter durch wirtschaftlichen Druck zum Abschluss des Kartellvertrags veranlasst worden sei.[143] Diese Ansicht trifft im Ergebnis für Schadensersatzansprüche i. d. R. zu; das lässt sich indes überzeugender über die Anwendung des § 254 BGB (s. unten) als durch die grds. Negierung des „Betroffenseins" der Kartellbeteiligten begründen.[144]

---

[139] EuGH U. v. 20. 9. 2001 Rs. C-453/99 – *Courage/Crehan* Slg. 2001, I-6297, Rn. 23 u. 26 = EuZW 2001, 715, 716 = WuW/E EU-R 479, 481; EuGH U. v. 13. 7. 2006 Rs. C-295/04 bis 298/04 – *Manfredi* Slg. 2006, I-6619 Rn. 39, 58 u. 60 f. = EuZW 2006, 529, 531 u. 533 = WuW/E EU-R 1107, 1113 u. 1115.
[140] Ebenso das Weißbuch der Kommission (Fn. 113), S. 4.
[141] *Rittner/Kulka*, Wettbewerbs- und Kartellrecht, § 14 Rn. 135 m. w. N.; *Bechtold*, GWB, § 33 Rn. 9 m. w. N.; im Erg. ebenso für den Beseitigungsanspruch: *W.-H. Roth* (Fn. 129), S. 1372 f. (Beeinträchtigung = der durch das kartellrechtswidrige Verhalten verursachte Zustand fortdauernder, noch gegenwärtiger Störung der Rechte des Anspruchstellers). Die Ermittlung des „drohenden Schadens" ist notwendigerweise in die Zukunft gerichtet, schließt aber selbstverständlich nicht aus, dass dem Anspruchsteller durch das Kartell schon Schäden entstanden sind.
[142] *Karsten Schmidt* in: *Immenga/Mestmäcker*, EG-WbR, Anh. 2 VO 1/2003 Teil A Rn. 20; *Rehbinder* in: L/M/R, Kartellrecht, Bd. 2 – GWB, § 33 Rn. 14.
[143] *Rehbinder* (Fn. 142).
[144] Unter dem Aspekt der kartellbedingten Beschränkung der eigenen Handlungsfreiheit der Kartellmitglieder auf dem relevanten Markt sind auch die Kartellmitglieder selbst „beeinträchtigt", also betroffen.

Bedenklich ist diese Negierung jedenfalls in ihrer Folgewirkung auf **Unterlassungsansprüche**. Die vorgenannte Schrifttumsansicht versagt den Partnern des Kartellvertrags, dass sie einander auf Unterlassung des abgestimmten Verhaltens in Anspruch nehmen können.[145] Das ist in dem einzig realistischen Fall, dass ein Kartellmitglied ausschert und die übrigen Kartellmitglieder auf Unterlassung der weiteren, den Kläger beeinträchtigenden Praktizierung der Kartellabsprache verklagt, mit der EuGH-Rechtsprechung nicht zu vereinbaren. Nach dem *Courage*-Urteil des EuGH kann sich jede Partei eines Vertrags, der den Wettbewerb i. S. d. Art. 81 Abs. 1 EG beschränken oder verfälschen kann, gegenüber den anderen Vertragsparteien auf den Verstoß gegen Art. 81 Abs. 1 EG berufen.[146] Die Gerichte der Mitgliedstaaten haben auch dieses Recht der Kartellvertragspartei, das unmittelbar aus Art. 81 Abs. 1 EG entsteht, zu wahren.[147] Lediglich für Schadensersatzansprüche macht der EuGH Einschränkungen (s. sogleich). Daraus folgt, dass der Unterlassungsklage im vorgenannten Fall stattgegeben werden muss. All dies gilt uneingeschränkt auch bei vertikalen Absprachen, die gegen Art. 81 EG verstoßen.

47 Ein **Schadensersatzanspruch** unterliegt dagegen je nach den Umständen des Einzelfalls erheblichen Einschränkungen. Die Bestimmung der Anspruchsvoraussetzungen und der Einschränkungen ist auch hier primär eine Aufgabe des nationalen Rechts. Der EuGH macht aber aus der Sicht der ihm obliegenden Auslegung des Art. 81 EG zu beachtende Vorgaben: Die Vertragspartei, die eine erhebliche Verantwortung für die Wettbewerbsverzerrung trägt, wird im allgemeinen das Recht zu verwehren sein, von ihrem Vertragspartner Schadensersatz zu verlangen. Der Schwerpunkt der dem nationalen Gericht vom EuGH auferlegten Prüfung besteht daher darin, ob die anspruchstellende Partei der anderen Partei beim Abschluss des wettbewerbsbeschränkenden Vertrags eindeutig unterlegen war und keine erhebliche Verantwortung für den Wettbewerbsverstoß trug; dann kommt ein Schadensersatzanspruch ernstlich in Betracht.[148] Nach deutschem Recht ist § 254 BGB maßgebend.[149] Nach den Vorgaben des EuGH wird man voraussagen können, dass diese Kategorie von Schadensersatzberechtigten (Partner des wettbewerbsbeschränkenden Vertrags) sich auch in Zukunft beschränken wird auf verhandlungsschwache Vertragspartner des Inhabers eines Netzes von gleichartigen vertikalen Verträgen, z. B. von Bierlieferungsverträgen wie im Ausgangsfall des EuGH-Urteils.

3. Umstrittene Schadensersatzfälle

48 Zwei Fallgruppen von Schadensersatzansprüchen (in der Fallgruppe zu b) kommt auch ein Beseitigungsanspruch in Betracht, was aber den Kern des Problems nicht berührt) stehen im Vordergrund der Diskussion:

49 a) Fallgruppe „**Weitergabe von Kartellpreisen**" oder „**Schadensabwälzung**". Mit diesen Schlagworten wird die Fallkonstellation erfasst, dass der Erstabnehmer des einem Preiskartell angehörenden Herstellers oder Lieferanten seine infolge des Kartells erhöhten Einkaufspreise beim Weiterverkauf durch entsprechend erhöhte Verkaufspreise voll eingerechnet und diesen Weiterverkauf ohne Absatzeinbußen auch voll durchgeführt hat. In der Rechtsprechung vor der 7. GWB-Novelle wurde in einem solchen

---

[145] *Karsten Schmidt* (Fn. 142), mit der Ausnahme des unter Druck erzielten Kartellvertragsschlusses; im Erg. ebenso *Bornkamm* in: *Langen/Bunte* (Fn. 67), § 33 GWB Rn. 32 f.
[146] EuGH U. v. 20. 9. 2001 Rs. C-453/99 – *Courage/Crehan* Slg. 2001, I-6297 Rn. 24 = EuZW 2001, 715, 716 = WuW/E EU-R 479, 481.
[147] EuGH U. v. 20. 9. 2001 *Courage/Crehan* (Fn. 146) Rn. 23 i. V. m. Rn. 24.
[148] EuGH U. v. 20. 9. 2001 Rs. C-453/99 – *Courage/Crehan* Slg 2001, I-6297, Rn. 31–35 = EuZW 2001, 715, 716 f. = WuW/E EU-R 479, 482: „Insbesondere hat dieses Gericht zu prüfen ...", Rn. 33.
[149] Ebenso: Begr. RegE. der 7. GWB-Novelle, WuW-Sonderheft 2005, S. 169; *Säcker/Jaecks* in: MünchKomm/EU WettbR, Art. 81 Rn. 879 m. w. N.

Fall ein Schadensersatzanspruch des Erstabnehmers (gemäß § 823 Abs. 2 BGB i. V. m. Art. 81 EG sowie §§ 1, 33 GWB) z. T. abgelehnt, weil der Erstabnehmer nicht geschädigt worden sei. Sein Vermögensschaden könne nicht ausschließlich an dem rechtswidrigen Kartellpreis und der Differenz zum hypothetischen wettbewerbsgeprägten Einkaufspreis bemessen werden. Vielmehr komme es maßgeblich auf die nachfolgende wirtschaftliche Entwicklung, insbesondere die tatsächlich erzielte Gewinnspanne an. Dabei müsse auch berücksichtigt werden, dass die durch den überhöhten Kartellpreis verursachte Preiserhöhung mit Regelmäßigkeit und ökonomischer Wahrscheinlichkeit auf den Markt abgewälzt werde.[150] Vereinzelt wurde auch gegenteilig entschieden: Ob der aus der oben genannten Differenz bestehende zuviel bezahlte Einkaufspreis vom Erstabnehmer durch Schadensabwälzung auf Dritte verringert oder beseitigt werden könne, sei keine Frage der Schadensentstehung, sondern der Schadenskompensation nach den Grundsätzen der Vorteilsanrechnung. Von einer solchen Kompensation könne nicht ohne weiteres als Erfahrungsregel ausgegangen werden; vielmehr sei der Schädiger für die konkreten zur Kompensation führenden Umstände darlegungs- und beweispflichtig.[151]

Der Gesetzgeber der **7. GWB-Novelle** hat versucht, das Problem der „Schadensabwälzung", üblicherweise jetzt **„passing-on-defence"** genannt und als „schwierigste Frage" des Kartellschadensersatzrechts bezeichnet,[152] durch die neue Vorschrift des § 33 Abs. 3 Satz 2 GWB zumindest teilweise zu regeln. Nach dem Verständnis vieler Autoren schneidet § 33 Abs. 3 Satz 2 GWB die passing-on-defence nunmehr völlig ab.[153] Andere sehen in § 33 Abs. 3 Satz 2 GWB eine Teilregelung des Problems dergestalt, dass die passing-on-defence die Schadensentstehung überhaupt nicht in Zweifel ziehen könne, vielmehr nur unter dem Aspekt der Vorteilsausgleichung zu beurteilen sei.[154] Nach dem Wortlaut des § 33 Abs. 3 Satz 2 GWB ist freilich nicht einmal diese beabsichtigte[155] Teillösung wirklich gesetzlich normiert; denn dass die bloße, in der Vorschrift nicht näher charakterisierte Weiterveräußerung der zu einem überteuerten Preis bezogenen Ware oder Dienstleistung einen Schaden im Rechtssinne (noch) nicht ausschließt (mehr gibt zumindest der Wortlaut nicht her), versteht sich ohnehin von selbst und besagt zum Problem der Schadensabwälzung noch nichts.[156] Uneinigkeit herrscht auch in der Frage, ob die Vorteilsausgleichung – mit Darlegungs- und Beweislast des Schädigers – in der Regel[157] oder nur unter

---

[150] OLG Karlsruhe U. v. 28. 1. 2004, 6 U 183/03 – *Vitaminpreise* WuW/E DE-R 1229 ff.; zustimmend *Beninca* WuW 2004, 604 ff.; a. A. *Köhler* GRUR 2004, 99 ff.

[151] LG Dortmund U. v. 1. 4. 2004, 13 O 55/02 Kart – *Vitaminpreise Dortmund*, WuW/E DE-R 1352, 1354 (die Berufung der Beklagten gegen das Urteil wurde kurz vor der Entscheidung des OLG Düsseldorf zurückgenommen).

[152] *Karsten Schmidt* AcP 206 (2006), 169, 199.

[153] *Karsten Schmidt* (Fn. 142), Rn. 30; *Karsten Schmidt* AcP 206 (2006), 169, 202 u. 204; *Bechtold*, GWB, § 33 Rn. 2, 10, 26 f.; *Bunte* in: *Langen/Bunte* (Fn. 67), Art. 81 Generelle Prinzipien Rn. 226; *Fuchs* WRP 2005, 1384, 1394; *Kahlenberg/Haellmigk* BB 2005, 1509, 1514.

[154] *Bornkamm* in: *Langen/Bunte* (Fn. 67), § 33 GWB Rn. 104; *Emmerich* in: *Immenga/Mestmäcker*, GWB-WbR, § 33 Rn. 8 u. 53 f.; *Rehbinder* in: L/M/R, Kartellrecht, Bd. 2 – GWB, § 33 Rn. 39 f.; *Säcker/Jaecks* in: MünchKomm/EU WettbR, Art. 81 Rn. 901; *Drexl* (Fn. 127) S. 1350; *Hartog/Noack* WRP 2005, 1396, 1403; *Lutz* WuW 2005, 718, 728.

[155] Vgl. den Bericht des BT-Ausschusses für Wirtschaft und Arbeit zur 7. GWB-Novelle, WuW-Sonderheft 2005, S. 272.

[156] So zutreffend *Berrisch/Burianski* WuW 2005, 878, 885.

[157] *Schütt* WuW 2004, 1124, 1129; *Kathrin Westermann* (Fn. 130) S. 1626 (unter der im Einzelfall schwer feststellbaren Voraussetzung, dass die unmittelbaren Abnehmer die kartellbedingt überhöhten Preise „ohne nennenswerte eigene Anstrengungen und insbesondere ohne eigenes Risiko" an ihre Kunden weitergegeben haben); *Lutz* WuW 2005, 718, 728 (nur im Falle der Anspruchsberechtigung mittelbar Geschädigter).

engen Voraussetzungen[158] zugelassen, in der Regel nicht[159] oder überhaupt nicht[160] zugelassen werden soll. Wer die Vorteilsausgleichung ablehnt, zugleich aber Schadensersatzansprüche der mittelbaren Abnehmer rechtlich nicht ausschließt, sondern zulässt,[161] muss die dann mögliche Konsequenz vermeiden, dass die Kartellanten wegen des gleichen Schadens mehrfach Ersatz leisten müssen. Daher wird für den Fall doppelter Inanspruchnahme durch unmittelbare und mittelbare Abnehmer die Ansicht vertreten, den Kartellmitgliedern müsse gestattet werden, bereits erbrachte Schadensersatzleistungen auf spätere Schadensersatzforderungen anzurechnen, und der Ausgleich zwischen den verschiedenen Abnehmern müsse dann ihrem Innenverhältnis überlassen werden.[162]

51 Die **EG-Kommission** schlägt in ihrem **Weißbuch**[163] zwecks Vermeidung einer ungerechtfertigten Bereicherung der direkten Abnehmer der Kartellanten und einer unbilligen Mehrfachentschädigung vor, im Falle einer Schadensersatzklage wegen Preisaufschlägen den Einwand der Schadensabwälzung uneingeschränkt zu gestatten und den indirekten Abnehmern zur notwendigen Beweiserleichterung hinsichtlich des ihnen entstandenen Schadens die widerlegliche Vermutung einzuräumen, dass der rechtswidrige Preisaufschlag in vollem Umgang auf sie abgewälzt wurde.

52 **Stellungnahme:** Bei der vorstehend behandelten, für ein Preiskartell wohl typischen Fallgestaltung ist der **Schadensersatzanspruch des Erstabnehmers** in Höhe der Differenz zwischen überhöhtem Einkaufspreis und hypothetischem Wettbewerbspreis **begründet.** Das ergibt sich bei einem gegen Art. 81 EG verstoßenden Preiskartell jedenfalls aus einer europarechtskonformen Auslegung des deutschen Rechts (§ 33 Abs. 1 und 3 GWB, § 249 Abs. 1 BGB). Es ist rechtlich ein unpassendes, schiefes Bild, der Erstabnehmer habe seinen Schaden oder die kartellbedingte Preiserhöhung an den Zweitabnehmer/den Markt „abgewälzt". Der Schaden war beim Erstabnehmer eingetreten, als er zu einem über dem Wettbewerbspreis liegenden überhöhten Preis eingekauft hatte. Die Früchte seiner anschließenden Bemühungen, beim Weiterverkauf doch einen und möglicherweise gleich hohen Gewinn wie sonst zu erzielen, gebühren rechtlich und wirtschaftlich – im Verhältnis zu den Kartellanten – nur ihm für seine erfolgreiche Tätigkeit am Markt. Es ist durch nichts gerechtfertigt, an diesen Früchten ausgerechnet den Täter des Kartelldelikts partizipieren zu lassen und ihm die sogenannte Kartellrendite zu belassen. Das gegenteilige Ergebnis wird nicht durch die Grundsätze über die Vorteilsanrechnung determiniert. Diese hat nicht nur den adäquaten Kausalzusammenhang zwischen schädigendem Ereignis und Vorteil sowie die Zumutbarkeit der Anrechnung gegenüber dem Geschädigten zur Voraussetzung, sondern außerdem, dass die Anrechnung dem Zweck des Schadensersatzes entsprechen muss und den Schädiger nicht unbillig entlasten

---

[158] *Bechtold*, GWB, § 33 Rn. 27 (unter weiterer Verschärfung der von *Kathrin Westermann* (Fn. 157) formulierten Voraussetzung).

[159] *Bornkamm* in: *Langen/Bunte* (Fn. 67), § 33 GWB Rn. 107; *Lettl* ZHR 167 (2003), 473, 487 f. (unklar, welche Ausnahmen bestehen).

[160] *Emmerich* in: *Immenga/Mestmäcker*, GWB-WbR, § 33 Rn. 58; *Rehbinder* in: L/M/R, Kartellrecht, Bd. 2 – GWB, § 33 Rn. 40; *Säcker/Jaecks* in: MünchKomm/EU WettbR, Art. 81 Rn. 903; *Berrisch/Burianski* WuW 2005, 878, 886 („grundsätzlich"); *Drexl* (Fn. 127) S. 1364 („regelmäßig", was nach dem Kontext aber als generell zu verstehen ist); *Köhler* GRUR 2004, 99, 103; im Erg. ebenso: *Rittner/Kulka*, Wettbewerbs- und Kartellrecht, § 14 Rn. 137; *Basedow* ZWeR 2006, 294, 304. Im Ergebnis rechnen hierzu auch die Autoren (Fn. 153), die die passing-on-defence durch § 33 Abs. 3 Satz 2 GWB von Gesetzes wegen als abgeschnitten ansehen.

[161] S. oben Rn. 37 u. 38.

[162] *Emmerich* (Fn. 160) Rn. 59; im Erg. ebenso: *Säcker/Jaecks* (Fn. 160) Rn. 904; *Basedow* ZWeR 2006, 294, 304; *Fuchs* WRP 2005, 1384, 1395; *Bechtold*, GWB, § 33 Rn. 24; ablehnend: *Karsten Schmidt* AcP 206 (2006), 169, 202; *Berrisch/Burianski* WuW 2005, 878, 886 („wenig praktikabel"); *Drexl* (Fn. 127) S. 1357 („keine geltende gesetzliche Grundlage").

[163] Weißbuch (Fn. 113) S. 9.

darf.[164] Bei dieser Wertung müssen die gemeinschaftsrechtlichen Grundprinzipien zur Ausgestaltung der zivilrechtlichen Sanktionen eines Verstoßes gegen Art. 81 EG beachtet und auch durchgesetzt werden.[165] Danach muss durch die Anwendung des Schadensersatzrechts die volle Wirkung der Bestimmungen des Gemeinschaftsrechts, hier des Art. 81 EG, gewährleistet werden. Außerdem ist zu berücksichtigen, dass die Gewährung eines Schadensersatzanspruchs die Durchsetzungskraft der gemeinschaftsrechtlichen Wettbewerbsregeln erhöht. Beide Zweckgedanken führen zu der Erkenntnis, dass die Vorteilsausgleichung hier dem Zweck des Schadensersatzes widerspricht und den Schädiger unbillig entlastet. Daher ist die **Vorteilsausgleichung abzulehnen** und dem Schadensersatzbegehren stattzugeben. Dass der Erstabnehmer auf diese Weise einen höheren „Gewinn" aus dem Geschäft zieht, als wenn es kein Preiskartell gegeben hätte, beruht zum einen auf seiner Tüchtigkeit am Markt und ist außerdem mit Blick auf die vorstehenden Zweckgedanken zu Art. 81 EG hinzunehmen, die die Wertung gestatten, dass der Erstabnehmer dadurch nicht unbillig bereichert wird.[166]

Das alles gilt so lange uneingeschränkt, wie die mittelbaren Abnehmer die Kartellanten wegen der ihnen durch dieselbe Preisabsprache entstandenen Schäden tatsächlich nicht in Anspruch nehmen. Erst bei einer **tatsächlichen „Doppelinanspruchnahme"** durch Erstabnehmer und deren Abnehmer in der Absatzkette muss den Kartellmitgliedern der **Einwand** gestattet werden, dass sie **zu einer Mehrfacherstattung derselben Schadenskomponenten,** deren (kalkulatorische) Identität als weitergewälzter Preisaufschlag freilich festgestellt werden muss,[167] **nicht verpflichtet** sind. Sollte der Schadensersatzanspruch der indirekten Abnehmer zuerst festgestellt und zuerkannt worden sein, kann das doppelt in Anspruch genommene Kartellmitglied den tatsächlich weitergegebenen Preisaufschlag und damit nur einmal zu erstattenden Schadensbestandteil gegenüber dem vollen Schadensersatzanspruch des Erstabnehmers durch Abzug anrechnen lassen.[168] Ist dagegen der volle Schadensersatzanspruch des Erstabnehmers zuerst zuerkannt worden, erscheint es sachgerecht, den nachfolgend geltend gemachten Schadensersatzanspruch des mittelbaren Abnehmers nicht um die Schadenskomponente des tatsächlich weitergewälzten Preisaufschlags zu kürzen und nicht dem mittelbaren Abnehmer die Geltendmachung des Ausgleichsanspruchs gegenüber dem Erstabnehmer aufzubürden, sondern das in Anspruch genommene Kartellmitglied damit zu belasten, sich den betreffenden Betrag vom Erstabnehmer erstatten zu lassen.[169] Dass sich der Erstabnehmer bei derartigen Doppelinanspruchnahmen, die in der Praxis auch in Zukunft wahrscheinlich nur selten vorkommen werden, überhaupt eine Kürzung seines vollen Schadensersatzanspruchs gefallen lassen muss, beruht darauf, dass die diesen Schadensersatzanspruch im Verhältnis zu den Kartellmitgliedern tragenden Gründe (s. oben Rn. 42) nicht in gleicher Weise für die Rechtsbeziehungen zwischen dem Erstabnehmer und den in der Absatzkette nachfolgenden Abnehmern gelten.[170] Im Verhältnis zu demjenigen Abnehmer, bei dem der durch den

---

[164] BGHZ 136, 52, 54; BGH NJW 2006, 499; *Palandt/Heinrichs* BGB vor § 249 Rn. 120 m.w.N.

[165] S. oben Rn. 33 bis 35 a. Das verkennt die EG-Kommission bei ihrem Vorschlag im Weißbuch (s. oben Rn. 41 b). Das Gemeinschaftsrecht enthält i. Ü. keine spezielle Vorgabe zur Vorteilsausgleichung; vgl. *Drexl* (Fn. 127) S. 1353; *Berrisch/Burianski* WuW 2005, 878, 887.

[166] Es handelt sich hier bei wertender Betrachtung (s. oben im Text) nicht um den Fall einer „ungerechtfertigten" Bereicherung, die zu vermeiden die einzelstaatlichen Gerichte gemäß einer sehr allgemeinen Bemerkung des EuGH „nicht gehindert" sind: EuGH U. v. 20. 9. 2001 Rs. C-453/99 – *Courage/Crehan* Slg 2001, I-6297, Rn. 30 = EuZW 2001, 715, 716 = WuW/E EU-R 479, 482.

[167] Insoweit tragen die in Anspruch genommenen Kartellmitglieder die Darlegungs- und Beweislast.

[168] Diese Anrechnung bedarf wegen des Zwecks der Vermeidung einer doppelten Schadensersatzleistung keiner zusätzlichen gesetzlichen Grundlage. Zu erwägen ist aber auch eine Analogie zu § 34a Abs. 2 Satz 1 GWB.

[169] Diese Lösung beruht auf einer Analogie zu § 34 Abs. 2 Satz 2 GWB.

[170] *Drexl* (Fn. 127) S. 1359.

Preisaufschlag verursachte Schaden letztlich hängen geblieben ist und der daher schutzwürdiger ist, muss der Schadensersatzanspruch des Erstabnehmers zurückstehen.

54 **b) Fallgruppe „Belieferungsanspruch nach Ausschluss aus selektivem Vertriebssystem".** Der BGH versagt einem Wiederverkäufer, dem der Warenhersteller die (Wieder-)Aufnahme in ein auf qualitativen Auswahlkriterien aufgebautes selektives Vertriebssystem verweigert, obwohl der Wiederverkäufer die – nach europäischem Kartellrecht zulässigen – qualitativen Aufnahmevoraussetzungen erfüllt, einen aus § 823 Abs. 2 BGB (statt dessen jetzt § 33 Abs. 3 GWB) i. V. m. Art. 81 Abs. 1 EG geltendgemachten unmittelbar auf Kontrahierung oder Belieferung gerichteten Anspruch. Dem abgelehnten Wiederverkäufer könne nur ein Ersatzanspruch in Geld zustehen. Dagegen werde ein Anspruch auf Belieferung vom Schutzzweck des Art. 81 EG nicht erfasst. Die Norm verbiete einem Hersteller, seine Waren unter unzulässiger Beschränkung des Wettbewerbs in einem einzelne Händler diskriminierenden Vertriebssystem abzusetzen, gebiete ihm aber nicht, sämtliche Wiederverkäufer, die für den Absatz seiner Produkte fachlich geeignet seien, zu beliefern. Für die Anspruchsablehnung ist dem BGH vor allem folgende Überlegung wichtig: Dem Hersteller stehe es frei, den Verstoß gegen Art. 81 Abs. 1 EG, der in der Verweigerung der Aufnahme des geeigneten Wiederverkäufers in das selektive Vertriebssystem liege, entweder durch eine diskriminierungsfreie Belieferung von Außenseitern oder durch eine Aufgabe oder Änderung seines Vertriebssystems zu beenden.[171] Die Entscheidung ist belobigt,[172] aber auch getadelt worden.[173]

55 **Stellungnahme:** Dem BGH kann nicht zugestimmt werden; der Belieferungsanspruch ist bei dem gegebenen Sachverhalt begründet, ohne dass es darauf ankommt, ob man ihn dogmatisch als Anspruch auf Beseitigung einer kartellrechtswidrigen Störung (Art. 81 EG i. V. m. nunmehr § 33 Abs. 1 GWB) oder als schadensersatzrechtlichen Anspruch auf Naturalrestitution (Art. 81 EG i. V. m. § 33 Abs. 3 Satz 1 GWB, § 249 Abs. 1 BGB) auffasst. Der BGH hat bei seiner Anspruchsablehnung insbesondere den gemeinschaftsrechtlichen Grundanforderungen[174] an eine sachgerechte Sanktion des (auch vom BGH erkannten) Verstoßes gegen Art. 81 Abs. 1 EG nicht genügt. Für das Unternehmen des zurückgewiesenen Wiederverkäufers ist wirtschaftlich allein der Belieferungsanspruch wichtig; der vom BGH in Aussicht gestellte Geldanspruch ist nicht geeignet, einen „tatsächlichen und wirksamen Rechtsschutz" für den Wiederverkäufer zu gewährleisten. Geeignet ist insoweit nur der Belieferungsanspruch; dann ist er auch vom Schutzzweck des Art. 81 Abs. 1 EG mit umfasst. Dafür spricht auch, dass der Hersteller ein auf qualitativen Auswahlkriterien aufgebautes selektives Vertriebssystem in rechtlichem Einklang mit Art. 81 Abs. 1 EG nur aufrechterhalten und weiter betreiben darf, wenn er keine Diskriminierungen begeht; folglich wird die Belieferung des die Auswahlkriterien erfüllenden Wiederverkäufers vom Schutzzweck des Art. 81 EG gerade gefordert. Die Überlegung des BGH, dass der Hersteller mehrere Möglichkeiten hat, den Verstoß gegen Art. 81 EG abzustellen, darunter auch diejenige, sein derzeitiges Vertriebssystem aufzugeben oder zu ändern, kann so lange nicht überzeugen, wie der Hersteller in der Gegenwart nichts geändert hat. Dann muss er auch

---

[171] BGH U. v. 12. 5. 1998 KZR 23/96 – *Depotkosmetik* EuZW 1998, 766, 767 f. = WuW/E DE-R 206 ff.

[172] *Weyer* GRUR 2000, 848 ff.; *Bunte* in: *Langen/Bunte,* Kommentar zum deutschen und europäischen Kartellrecht, Art. 81 Generelle Prinzipien, Rn. 226; *Bornkamm* in: *Langen/Bunte,* § 33 GWB Rn. 91; *Eilmansberger* in *Streinz* EUV/EGV, Art. 81 Rn. 118; *Säcker/Jaecks* in: MünchKomm/EU WettbR, Art. 81 Rn. 912; *Bergmann* ZWeR 2004, 28, 41; im Ergebnis ebenso schon *Traugott* WuW 1997, 486 ff.

[173] *Haslinger* WRP 1999, 164 ff.; *Mäsch* ZIP 1999, 1507 ff.; *Mäsch* EuR 2003, 825, 836 f.; *Rehbinder* LM EG-Vertrag Nr. 15; *Rehbinder* in: L/M/R, Kartellrecht, Bd. 2 – GWB, § 33 Rn. 46; *Weiß* in *Calliess/Ruffert* EUV/EGV, Art. 81 Rn. 149; *Emmerich* in: *Immenga/Mestmäcker,* GWB-WbR, § 33 Rn. 46; *Emmerich* Kartellrecht, § 7 Rn. 13 Fn. 22; *Karsten Schmidt* AcP 206 (2006) 169, 192.

[174] S. oben Rn. 33 bis 35.

Art. 81 Abs. 3 EG: Ausnahmevorschrift

entsprechend seinem Marktverhalten (nach wie vor Betreiben des qualitativen selektiven Vertriebssystems) den geeigneten Wiederverkäufer behandeln und beliefern, sonst verstößt er – auf der Basis des BGH-Urteils sanktionslos – permanent weiter gegen Art. 81 Abs. 1 EG. Sollte der Hersteller in der Zukunft nach Verurteilung zur Belieferung sein Vertriebssystem doch ändern, ist er durch die Möglichkeit der Vollstreckungsabwehrklage gemäß § 767 ZPO hinreichend geschützt.[175]

Art. 81 Abs. 3

(1) Mit dem Gemeinsamen Markt unvereinbar und verboten sind alle Vereinbarungen zwischen Unternehmen, Beschlüsse von Unternehmensvereinigungen und aufeinander abgestimmte Verhaltensweisen, welche den Handel zwischen Mitgliedstaaten zu beeinträchtigen geeignet sind und eine Verhinderung, Einschränkung oder Verfälschung des Wettbewerbs innerhalb des Gemeinsamen Marktes bezwecken oder bewirken, insbesondere

a) die unmittelbare oder mittelbare Festsetzung der An- oder Verkaufspreise oder sonstiger Geschäftsbedingungen;
b) die Einschränkung oder Kontrolle der Erzeugung, des Absatzes, der technischen Entwicklung oder der Investitionen;
c) die Aufteilung der Märkte oder Versorgungsquellen;
d) die Anwendung unterschiedlicher Bedingungen bei gleichwertigen Leistungen gegenüber Handelspartnern, wodurch diese im Wettbewerb benachteiligt werden;
e) die an den Abschluß von Verträgen geknüpfte Bedingung, daß die Vertragspartner zusätzliche Leistungen annehmen, die weder sachlich noch nach Handelsbrauch in Beziehung zum Vertragsgegenstand stehen.

(2) Die nach diesem Artikel verbotenen Vereinbarungen oder Beschlüsse sind nichtig.

(3) **Die Bestimmungen des Absatzes 1 können für nicht anwendbar erklärt werden auf**
– **Vereinbarungen oder Gruppen von Vereinbarungen zwischen Unternehmen,**
– **Beschlüsse oder Gruppen von Beschlüssen von Unternehmensvereinigungen,**
– **aufeinander abgestimmte Verhaltensweisen oder Gruppen von solchen**

die unter angemessener Beteiligung der Verbraucher an dem entstehenden Gewinn zur Verbesserung der Warenerzeugung oder -verteilung oder zur Förderung des technischen oder wirtschaftlichen Fortschritts beitragen, ohne daß den beteiligten Unternehmen

a) Beschränkungen auferlegt werden, die für die Verwirklichung dieser Ziele nicht unerläßlich sind, oder
b) Möglichkeiten eröffnet werden, für einen wesentlichen Teil der betreffenden Waren den Wettbewerb auszuschalten.

Übersicht

	Rn.		Rn.
I. Vorbemerkung	1	c) Förderung des technischen Fortschritts	35
II. Unmittelbare Anwendbarkeit	2	d) Förderung des wirtschaftlichen Fortschritts	36
III. Umfang gerichtlicher Kontrolle	7		
IV. Struktur des Tatbestands	15	2. Unerlässlichkeit der wettbewerbsbeschränkenden Verhaltensweisen	37
V. Tatbestand im Einzelnen	27		
1. Effizienzkriterien	27	3. Gewinnbeteiligung der Verbraucher	39
a) Verbesserung der Warenerzeugung	33	4. Vermeidung einer Ausschaltung von Wettbewerb	43
b) Verbesserung der Warenverteilung	34		

Schrifttum: *Behrens,* Staatliche „Wohlstandsvorsorge" unter den Bedingungen des Gemeinschaftsrechts, EuR 2002 (Beiheft 3), 81; *Dreher/Thomas,* Rechts- und Tatsachenirrtümer unter der neuen

---

[175] So überzeugend *Rehbinder* LM EG-Vertrag Nr. 15.

Art. 81 Abs. 3 EG 1, 2

VO 1/2003, WuW 2004, 8; *Dresel,* Die Verbraucherbeteiligung am Gewinn als Freistellungsvoraussetzung nach Art. 85 Abs. 3 EWGV, 1993; *Ehle,* Die Einbeziehung des Umweltschutzes in das Europäische Kartellrecht, 1996; *Kämmerer,* Daseinsvorsorge als Gemeinschaftsziel oder: Europas „soziales Gewissen", NVwZ 2002, 1041; *Krämer,* Die Integrierung umweltpolitischer Erfordernisse in die gemeinschaftliche Wettbewerbspolitik, in: *Rengeling* (Hrsg.), Umweltschutz und andere Politiken der Europäischen Gemeinschaft, 1993, 47; *Kirchhoff,* Sachverhaltsaufklärung und Beweislage bei der Anwendung des Art. 81 EG-Vertrag, WuW 2004, 745; *Meessen,* The Application of the Antitrust Rules of the EEC Treaty by the Commission of the European Communities, in: *Davis* (Hrsg.), Discretionary Justice in Europe and in America, 1976, 75; *G. Monti,* Article 81 EC and Public Policy, CMLRev 2002, 1057; *Rabus,* Die Behandlung von Effizienzvorteilen in der europäischen Fusionskontrolle und in Art. 81 Abs. 3 EG, 2008; *Röhling,* Die Zukunft des Kartellverbots in Deutschland nach In-Kraft-Treten der neuen EU-Verfahrensrechtsordnung, GRUR 2003, 1019; *Schaub/Dohms,* Das Weißbuch der Europäischen Kommission über die Modernisierung der Vorschriften zur Anwendung der Artikel 81 und 82 EG-Vertrag, WuW 1999, 1055; *Teichmann,* Die Verbesserung der Warenerzeugung oder -verteilung und die Förderung des technischen und wirtschaftlichen Fortschritts, 1994; *Wagner,* Der Systemwechsel im EG-Kartellrecht: Gruppenfreistellungen und Übergangsproblematik, WRP 2003, 1369.

I. Vorbemerkung

1   Art. 81 Abs. 3 EG enthält eine weitgehende **Einschränkung** des in Art. 81 Abs. 1 EG enthaltenen Verbots zwei- und mehrseitiger wettbewerbsbeschränkender Verhaltensweisen. Als **Ausnahmevorschrift** zu Art. 81 Abs. 1 EG ist Art. 81 Abs. 3 EG zu prüfen, nachdem festgestellt ist, dass die Voraussetzungen von Art. 81 Abs. 1 EG vorliegen. Regelmäßig wiederkehrende Anwendungsfälle von Art. 81 Abs. 3 EG sind seit langem allerdings Gegenstand von **Gruppenfreistellungsverordnungen (GVOs),** die auf Grund von Art. 81 Abs. 3 EG in Verbindung mit der in Art. 83 EG enthaltenen Ermächtigungsnorm erlassen wurden. Die GVOs werden in einem gesonderten Abschnitt dieses Kommentars dargestellt.[1] Als spezielles Sekundärrecht zu Art. 81 Abs. 3 EG ist ihre Anwendbarkeit noch vor Art. 81 Abs. 3 EG und seiner einzelnen Tatbestandsmerkmale zu prüfen, d. h. Art. 81 Abs. 3 EG ist erst dann zu prüfen, wenn keine GVO sachlich anwendbar ist oder wenn zwar eine GVO sachlich anwendbar ist, aber wegen Nichtvorliegens der einen oder anderen Voraussetzung die Anwendung von Art. 81 Abs. 1 EG nicht ausschließt. Insofern hat Art. 81 Abs. 3 EG die Funktion eines **Auffangtatbestands.**

II. Unmittelbare Anwendbarkeit

2   Art. 81 Abs. 3 EG (früher: Art. 85 Abs. 3 EWG-Vertrag) gilt mit unverändertem Wortlaut seit In-Kraft-Treten des EWG-Vertrages am 1. 1. 1958. Nach ihrem Wortlaut hätte man diese Vorschrift als Ermächtigung der Kommission, nach freien Ermessen von der Anwendung des in Art. 81 Abs. 1 EG enthaltenen Verbotes zu dispensieren, verstehen können. Bis zum 30. 4. 2004 wurde Art. 81 Abs. 3 EG jedoch als **Pflicht zur Freistellung** von der Verbotsnorm des Art. 81 Abs. 1 bei Vorliegen der vier in Art. 81 Abs. 3 aufgeführten – positiven und negativen – Voraussetzungen verstanden und angewandt. Die Freistellung erfolgte als Einzelfreistellung nach Anmeldung gemäß Art. 6 Abs. 1 VO 17/62,[2] und zwar entweder mit konstitutiver Wirkung durch förmliche Entscheidung gemäß Art. 249 Satz 4 EG oder durch formlosen, lediglich nach den Grundsätzen des Vertrauensschutzes verbindlichen „comfort-letter".[3] Außer im Wege der Einzelfreistellung wurden bestimmte Typen von Unternehmensvereinbarungen und Beschlüssen von Unter-

---

[1] 7. Teil Gruppenfreistellungsverordnungen.
[2] Verordnung (EWG) Nr. 17/62 des Rates, Erste Durchführungsverordnung zu den Art. 85 und 86 des Vertrages, ABl. 1962, 204.
[3] S. auch unten Art. 1 VerfVO Rn. 11; Art. 7 VerfVO Rn. 4; Art. 10 VerfVO Rn. 1, 5.

nehmensverbänden aufgrund von GVOs – zum Teil ohne Anmeldung, zum Teil aufgrund widerspruchslosen Ablaufs einer der Anmeldung folgenden Frist – freigestellt.[4]

Mit Wirkung vom 1. 5. 2004 trat die neue Kartellverfahrensverordnung 1/03 (fortan: **VerfVO**)[5] an die Stelle der alten Kartellverfahrensverordnung VO 17/62. Nach Art. 1 Abs. 2 VerfVO sind Vereinbarungen, Beschlüsse und abgestimmte Verhaltensweisen, die die Voraussetzungen sowohl von Art. 81 Abs. 1 EG als auch von Art. 81 Abs. 3 erfüllen, kraft sekundärrechtlicher Anordnung nicht mehr verboten, und zwar ohne dass es einer vorherigen Anmeldung und Entscheidung durch die Kommission bedarf. Art. 81 Abs. 3 EG ist damit in vollem Umfang **unmittelbar anwendbar**. 3

Ohne dass es einer vorherigen Anmeldung bedarf, können sich Unternehmen, denen von der Kommission, von einer mitgliedstaatlichen Kartellbehörde oder von anderen Unternehmen eine Verletzung von Art. 81 Abs. 1 EG vorgeworfen wird, auf Art. 81 Abs. 3 EG berufen. Sie können einwenden, dass das ihnen vorgeworfene wettbewerbsbeschränkende Verhalten wegen Vorliegens der Voraussetzungen von Art. 81 Abs. 3 EG nicht verboten sei und daher weder zivilrechtliche, verwaltungsrechtliche, noch bußgeldrechtliche Rechtsfolgen auslöse. Die Nichtanwendbarkeit der Verbotsnorm des Art. 81 Abs. 1 EG kann von der Kommission unter den Voraussetzungen des Art. 10 VerfVO durch Entscheidung und von Kartellbehörden der Mitgliedstaaten je nach mitgliedstaatlichem Ausführungsrecht ebenfalls förmlich oder auch formlos festgestellt werden. 4

Die – zum großen Teil neu gefassten – **GVOs** bleiben weiterhin anwendbar. Eine in ihnen vorgesehene Freistellung kann jedoch nach Art. 29 Abs. 1 VerfVO von der Kommission und nach Art. 29 Abs. 2 VerfVO von der Kartellbehörde eines Mitgliedstaats durch Einzelentscheidung entzogen werden, wenn nicht zugleich die Voraussetzungen von Art. 81 Abs. 3 EG gegeben sind. Gerichte von Mitgliedstaaten und Drittstaaten sowie private Schiedsgerichte[6] sind jedoch auch dann befugt, Art. 81 Abs. 3 EG anzuwenden, wenn es zu keiner kartellbehördlichen Stellungnahme kommt. Zur Wahrung der Einheitlichkeit der Anwendung ist die Kommission ermächtigt, nach Maßgabe der Art. 11–16 VerfVO auch noch nach Beginn eines gerichtlichen (nicht aber schiedsgerichtlichen) Verfahrens Stellungnahmen abzugeben, von deren Ergebnis in der gerichtlichen Praxis aufgrund des damit verbundenen Begründungsaufwands nur in Ausnahmefällen abgewichen werden kann. Das neue Verständnis von Art. 81 Abs. 3 EG als **Ausnahmevorschrift** mag rechtlichen und rechtspolitischen Bedenken begegnen.[7] Wie in der ersten Auflage dieses Kommentars vermutet, sind rechtliche Angriffe gegen die sekundärrechtliche Neuinterpretation von Art. 81 Abs. 3 EG bisher nicht oder jedenfalls nicht mit Erfolg unternommen worden. 5

Zu **Übergangsfällen** enthält Art. 34 VerfVO nur eine Teilregelung. Nach Abs. 1 werden vor dem 1. Mai 2004 gestellte Anträge und Anmeldungen unwirksam. Nach Abs. 2 bleiben nach bisherigem Recht vorgenommene „Verfahrensschritte" unberührt. Danach bleibt offen, wie vor dem 1. Mai 2004 abgeschlossene Verträge, gefasste Beschlüsse und begonnene abgestimmte Verhaltensweisen, die **mit Art. 81 Abs. 3 EG in Einklang** stehen, jedoch **nicht angemeldet** wurden, zu behandeln sind. In der Literatur hat sich *Wagner* dafür ausgesprochen, nach bisherigem Recht anmeldepflichtige, jedoch nicht angemeldete Verhaltensweisen als nichtig anzusehen[8] an, während *Röhling* dem neuen „Paradigma" einer Legalausnahme entsprechend allen nicht angemeldeten, aber mit Art. 81 Abs. 3 EG in Einklang stehenden Verhaltensweisen Rechtmäßigkeit und – bei Rechtsgeschäften – Wirksamkeit mit **Rückwirkung** auf den vor dem 1. Mai 2004 liegenden Zeitpunkt des Ab- 6

---

[4] S. unten 7. Teil Gruppenfreistellungsverordnungen.
[5] S. unten 8. Teil Kartellverfahrensverordnung.
[6] Zur Anwendung von EG-Kartellrecht durch Schiedsgerichte s. oben *Meessen*, IntKartR, Rn. 143 f.
[7] *Mestmäcker/Schweitzer*, Europäisches Wettbewerbsrecht, 2. Aufl. 2004, § 13 I 2.
[8] *Wagner* WRP 2003, 1369, 1385 f.

schlusses einer Vereinbarung, des Erlasses eines Beschlusses oder des Beginns einer abgestimmten Verhaltensweise zuspricht.[9] Letzterer Standpunkt entspricht den Vereinfachungs- und Rechtssicherheitszielen der Neuregelung.[10] Seit dem 1. Mai 2004 besteht kein Grund mehr, nach Art. 81 Abs. 3 EG materiell rechtmäßigen Verhaltensweisen wegen Nichtbeachtung einer inzwischen entfallenen formalrechtlichen Voraussetzung als materiell rechtswidrig zu behandeln. Aufgrund des bisherigen Rechts vor dem 1. Mai 2004 eingeleitete Gerichtsverfahren sind nach den üblichen bei Änderung der Rechtslage geltenden Regeln zu Ende zu führen. So kann bei einer **Unterlassungsklage,** über die letztinstanzlich nach dem 1. Mai 2004 entschieden wird, ein Vertriebsvertrag, der nicht den Voraussetzungen der einschlägigen GVO, jedoch den Voraussetzungen von Art. 81 Abs. 3 EG entspricht, als wirksam zu behandeln sein.[11]

III. Umfang gerichtlicher Kontrolle

7   Nach dem bis zum 30. 4. 2004 geltenden Recht konnten EuG und EuGH „die komplexen wirtschaftlichen Bewertungen, die die Kommission bei der Ausübung ihres Ermessens nach Art. 81 Abs. 3 ... vornimmt, nur darauf überprüfen ..., ob die Verfahrens- und Begründungsregeln beachtet wurden, ob der Tatbestand richtig festgestellt wurde und ob kein offenkundiger Beurteilungsfehler und kein Ermessensfehlgebrauch vorliegen."[12] Folge dieser **Einschätzungsprärogative** der Kommission war, dass ihre Entscheidungen nur in seltenen Fällen, nämlich in der Regel nur bei unvollständiger Prüfung der Tatbestandsmerkmale von Art. 81 Abs. 3 EG[13] oder bei unvollständiger Aufnahme der relevanten Tatsachen,[14] aufgehoben wurden. Da sowohl Ablehnungsentscheidungen der Kommission als auch mit Nichtigkeitsklagen von Wettbewerbern angefochtene Freistellungsentscheidungen meist Bestand hatten, ergab sich für die Anwendung von Art. 81 Abs. 3 EG ein weiter gerichtlich tolerierter Anwendungsrahmen.

8   Zu der in der Literatur aufgeworfenen Frage, ob der bisher der Kommission zustehende **Beurteilungsspielraum** nunmehr entfallen oder dem sich selbst veranlagenden Unternehmen zuzuordnen sei,[15] ist festzuhalten, dass die Kontrolle wettbewerbsbeschränkenden Verhaltens auch seit dem 1. Mai 2004 in erster Linie der Kommission und den mitgliedstaatlichen Kartellbehörden obliegt. Mit dem Inkrafttreten von Art. 1 VerfO haben sich nur der Zeitpunkt der behördlichen Kontrolle und der materiellrechtliche Anlass zur Prüfung der Voraussetzungen von Art. 81 Abs. 3 EG geändert. An die Stelle der ex ante Kontrolle der Kommission nach Anmeldung einer nach Art. 81 Abs. 1 EG wettbewerbsbeschränkenden Verhaltensweise zum Erhalt einer Freistellungsentscheidung ist eine **ex post Kontrolle** in den Fällen getreten, in denen die Kommission oder eine mitgliedstaatliche Kartellbehörde glaubt, Ermittlungen aufnehmen zu müssen, um eine Untersagungs- und/oder Bußgeldentscheidung zu erlassen.

9   Bei der **gerichtlichen Überprüfung** wird die Kommission wie bisher für sich eine Entschätzungsprärogative in Anspruch nehmen. Soweit bei Kommissionsentscheidungen EuG und EuGH zur Überprüfung zuständig sind, ist eine Änderung der bisherigen Rechtsprechung nicht zu erwarten. Soweit allerdings die Entscheidungen mitgliedstaatlicher Kar-

---

[9] *Röhling* GRUR 2003, 1019, 1024f.
[10] *Schaub/Dohms* WuW 1999, 1055, 1070.
[11] BGH U. v. 13. 7. 2004 – *Citroën,* WuW/E DE-R 1335, 1338/1339.
[12] St. Rspr. EuG U. v. 28. 2. 2002 Rs. T-86/95 – *Compagnie générale maritime/Komm.* Slg. 2002, II-1011, 1076 Rn. 339.
[13] EuG U. v. 21. 3. 2001 Rs. T-206/99 – *Métropole télévision/Komm.* Slg. 2001, II-1057, 1080, WuW/E EU-R 413, Rn. 51–55.
[14] EuG U. v. 11. 7. 1996 verb. Rs. T-528/93 u. a. – *Métropole télévision/Komm.* Slg. 1996, II-649, 683f. Rn. 93, 99–102, 119–121.
[15] *Ellger,* Rn. 74f. zu Art. 81 Abs. 3 EG, in: Immenga/Mestmäcker (Hrsg.), 4. Aufl. 2007 m. w. Nw.

tellbehörden durch mitgliedstaatliche Gerichte zu überprüfen sind, ergibt sich die Kontrolldichte aus den dem jeweiligen mitgliedstaatlichen Verwaltungs- und Verfassungsrecht zu entnehmenden Überprüfungsstandards. Soweit deutsche Gerichte die Anwendung von Art. 81 Abs. 3 EG durch deutsche Kartellbehörden überprüfen, müssen sie sich an deutsches Verwaltungsprozessrecht halten. Danach sind unbestimmte Rechtsbegriffe grundsätzlich, d. h. mit gemäß Art. 19 Abs. 4 Satz 1 GG eng zu beurteilenden Ausnahmen gerichtlich voll überprüfbar.[16]

Ebenfalls wie bisher können in **zivilrechtlichen Streitigkeiten** mitgliedstaatliche Gerichte vor der Notwendigkeit stehen, ohne behördliche Vorentscheidung Art. 81 Abs. 3 EG anwenden zu müssen. In einem Zivilprozess wäre es rechtsstaatlich unzulässig, der Partei, die der Gegenseite eine Verletzung von Art. 81 Abs. 1 EG vorwirft, eine Einschätzungsprärogative zuzugestehen. Die Gerichte, die Art. 81 Abs. 3 EG anzuwenden haben, werden sich – möglicherweise mit Hilfe von Sachverständigengutachten – um eine eigene wirtschaftliche Bewertung bemühen müssen.[17] Soweit mitgliedstaatliche Kartellbehörden tätig werden, werden sie die jedenfalls in Deutschland strengeren Vorgaben des mitgliedstaatlichen Verfassungsrechts beachten müssen und dürfen sich nicht auf die Feststellung „offenkundiger Beurteilungsfehler" zurückziehen. 10

Nach Art. 2 Satz 2 VerfVO obliegt die **Beweislast** für das Vorliegen der tatsächlichen Voraussetzungen von Art. 81 Abs. 3 EG „den Unternehmen oder Unternehmensvereinigungen, die sich auf diese Bestimmung berufen". Mit dieser Regelung wird die bisherige Rechtslage, die dem Verhältnis von grundsätzlichem Verbot nach Art. 81 Abs. 1 und ausnahmsweiser Freistellung nach Art. 81 Abs. 3 entnommen wurde, ausdrücklich festgeschrieben. Nach ständiger Rechsprechung ist es „Sache des Unternehmens, das den Antrag (auf Freistellung) gestellt hat, Beweismaterial für die wirtschaftliche Rechtfertigung einer Freistellung vorzulegen und zu beweisen, dass es alle vier in Art. 81 Abs. 3 aufgestellten kumulativen Voraussetzungen erfüllt."[18] Sowohl die richterrechtliche Regelung des bisherigen Rechts als auch die in der Kartellverfahrensverordnung enthaltene Regelung sind Teil des materiellen EG-Kartellrechts. Sie sind hinsichtlich des prozessualen Beweisrechts durch das für das jeweilige Verfahren geltende – mitgliedstaatliche, drittstaatliche oder auch schiedsgerichtliche – Verfahrensrecht zu ergänzen. 11

Im einzelnen Fall lässt sich **Streit über die Verteilung der Beweislast** keineswegs ausschließen. Zwar weist Art. 2 Satz 2 VerfO im Einklang mit der bisherigen Rechtsprechung die Beweislast für das Vorliegen der Voraussetzungen von Art. 81 Abs. 1 EG der Behörde oder – in einem Zivilprozess – der Partei zu, die eine Verletzung von Art. 81 Abs. 1 EG geltend macht. Jedoch lassen sich die Tatbestandsmerkmale von Art. 81 Abs. 3 EG weniger klar von den Tatbestandsmerkmalen von Art. 81 Abs. 1 EG trennen, als Art. 2 VerfO dies voraussetzen mag. So kann technischer und wirtschaftlicher Fortschritt im Sinne einer dynamischen Wettbewerbstheorie die Beschränkung einzelner Wettbewerbsparameter ausgleichen. Vor allem stellen die beiden negativen Tatbestandsmerkmale von Art. 81 Abs. 3 EG (Unerlässlichkeit der Wettbewerbsbeschränkung und Vermeidung einer Ausschaltung von Wettbewerb) nur die Kehrseite des nach Art. 81 Abs. 1 EG nachzuweisenden Vorliegens eines wettbewerbsbeschränkenden Zwecks oder einer derartigen Wirkung dar. 12

Die Anwendbarkeit von Art. 2 Satz 2 VerfVO auf **Bußgeldverfahren** ist wegen Fehlens einer ausreichenden Ermächtigungsgrundlage in Art. 83 EG bereits bei der Verabschiedung der VerfVO in einer Erklärung der Bundesrepublik Deutschland zum Protokoll des Rats bestritten worden.[19] Zum Teil ist hieraus gefolgert worden, die **Unschuldsvermutung** 13

---

[16] Zum Problem s. z. B. *Wolff,* Rn. 286f. zu § 114 VwGO, in: Sodan/Ziekow, Verwaltungsgerichtsordnung, Großkommentar, 2. Aufl. 2006.
[17] *Kirchhoff* WuW 2004, 745, 751.
[18] EuG U. v. 13. 1. 2004 Rs. T-67/01 – *JCB Service/Komm.* Rn. 162, WuW/E EU-R 827, 836.
[19] S. unten *Zuber,* Rn. 5 zu Art. 2 VerfVO mit Auszügen aus der Protokollerklärung.

habe bei der Anwendung von Art. 81 Abs. 3 EG im Bußgeldverfahren Vorrang vor Art. 2 Satz 2 VerfVO.[20] Prozessual durchsetzbar wäre dieser durchaus plausible Standpunkt allerdings nur über eine Inzidentkontrolle im Rahmen einer Nichtigkeitsklage vor dem EuG oder aufgrund der Vorlage eines mitgliedstaatlichen Gerichts in einem Vorabentscheidungsverfahren an den EuGH. Bisher ist es nicht dazu gekommen, obwohl die Kommission bei der Prüfung der Tatbestandsmerkmale von Art. 81 Abs. 3 EG nicht danach unterscheidet, ob an eine Verletzung von Art. 81 Abs. 1 EG wegen Nichtvorliegens der Voraussetzungen von Art. 81 Abs. 3 EG verwaltungsrechtliche oder bußgeldrechtliche Sanktionen angeknüpft werden.[21] Wie bisher können Unsicherheiten in der Beweislage allenfalls bei der im Bußgeldverfahren zusätzlich erforderlichen **Feststellung eines Verschuldens** gemäß Art. 23 Abs. 2 VerfVO berücksichtigt werden.[22]

14 Insgesamt erscheint das **Risiko nachträglicher Verhaltenskontrolle** aus rechtsstaatlicher Sicht heute tragbar. Das System vorheriger Kontrolle wurde durch Art. 1 VerfVO erst aufgegeben, nachdem **40 Jahre Entscheidungspraxis** vorlagen. Zu dieser Entscheidungspraxis gehören nicht nur die seit 1964 förmlich getroffenen Entscheidungen über Ablehnung[23] oder Gewährung[24] einer Freistellung, sondern vor allem auch die den Inhalt von Art. 81 Abs. 3 EG konkretisierenden GVOs.[25] Einen zusätzlichen Beitrag zur Rechtssicherheit leistete die Kommission dadurch, dass sie wenige Tage vor Inkrafttreten der VerfVO **Leitlinien zur Anwendung von Artikel 81 Absatz 3 EG-Vertrag** bekannt gab.[26] Diese anhand der vorangehenden Verwaltungs- und Gerichtspraxis gut dokumentierten Leitlinien enthalten im Rahmen des allgemeinen Gleichheitssatzes eine Selbstbindung der Kommission, aber keine rechtliche Bindung europäischer oder mitgliedstaatlicher Gerichte.[27] Eine Bindung mitgliedstaatlicher Behörden kann in Anwendung des allgemeinen Gleichheitssatzes in Betracht kommen. Die Leitlinien, aus denen nur Auszüge wörtlich zitiert werden, sind in diese Kommentierung ebenso eingearbeitet wie die veröffentlichte Einzelfallpraxis, während hinsichtlich der GVOs auf die unten im 7. Teil wiedergegebene ausführliche Kommentierung verwiesen wird.

IV. Struktur des Tatbestands

15 Einleitend nimmt Art. 81 Abs. 3 EG auf die Erfüllung der **Voraussetzungen von Art. 81 Abs. 1 EG** Bezug. Nur wenn die Voraussetzungen von Art. 81 Abs. 1 EG gegeben sind, kommt eine Anwendung von Art. 81 Abs. 3 EG in Betracht. Dies schließt nicht aus, dass in der Praxis die Frage einer Verletzung des Verbots von Art. 81 Abs. 1 EG wegen Vorliegens der Voraussetzungen von Art. 81 Abs. 3 EG offen gelassen wird.[28] Die anschließend genannte Rechtsfolge von Art. 81 Abs. 3 EG („Die Bestimmungen ... können für nicht anwendbar erklärt werden") ist seit dem 1. Mai 2004 als Ausnahmevorschrift im Sinne von „... sind ausnahmsweise nicht anwendbar" zu verstehen. Anschließend wird in

---

[20] *Bunte*, Rn. 147 zu Art. 81 Abs. 3 EG, in: Langen/Bunte, Kommentar zum deutschen und europäischen Kartellrecht, 10. Aufl., Bd. 2, 2006 m. w. Nw.

[21] Komm. E. v. 3. 10. 2007, Rn. 310, COMP/37.860 – *Morgan Stanley/Visa*, WuW/E EU-V 1307.

[22] *Dreher/Thomas*, WuW 2004, 8, 15 f.

[23] Komm. Entsch. v. 23. 9. 1964, IV/A-0004-03344 – *Grundig-Consten*, ABl. 1964, 2545, 2549 f., WuW/E EWG/MUV 125.

[24] Komm. Entsch. v. 8. 7. 1965, IV/A-030336 – *DRU-Blondel*, ABl. 1965, 2194, 2195 f., WuW/E EV 117.

[25] S. unten 7. Teil.

[26] Komm. Bekanntmachung vom 27. 4. 2004, Leitlinien zur Anwendung von Artikel 81 Absatz 3 EG-Vertrag, ABl 2004 C 101/97.

[27] Rn. 4 der Leitlinien (Fn. 26).

[28] Vgl. z. B. Komm. E. v. 14. 11. 2002 Rs. COMP/37.392/D2 – *TACA-Neufassung*, ABl. 2003 L 36/53, 70 Rn. 97.

den drei Spiegelstrichabschnitten klargestellt, dass sich Art. 81 Abs. 3 auf alle Formen des in Art. 81 Abs. 1 EG aufgeführten wettbewerbsbeschränkenden Verhaltens – Vereinbarungen, Beschlüsse und aufeinander abgestimmte Verhaltensweisen – beziehen. Nach den Spiegelstrichen werden die vier Voraussetzungen der **ausnahmsweisen Nichtanwendbarkeit** von Art. 81 Abs. 1 EG in folgender Reihenfolge aufgeführt:
– angemessene Beteiligung der Verbraucher an dem entstehenden Gewinn,
– Verbesserung der Warenerzeugung, Verbesserung der Warenverteilung, Förderung des technischen Fortschritts oder Förderung des wirtschaftlichen Fortschritts,
– Nichtauferlegung einer für die Verwirklichung der genannten vier Ziele unerlässlichen Beschränkung,
– Fehlen der Möglichkeit, für einen wesentlichen Teil der betreffenden Waren den Wettbewerb auszuschalten.

Bisher konnte sich die Kommission in Entscheidungen über die Ablehnung der Freistellung einer angemeldeten Verhaltensweise darauf beschränken, das Nichtvorliegen einer der vier Alternativen darzutun.[29] Seit dem 1. Mai 2004 liegt die **Verantwortung bei den Unternehmen.** Bereits bei der Vertragsgestaltung haben sie zu beachten, dass bei der nachträglichen behördlichen und/oder gerichtlichen Überprüfung das Nichtvorliegen auch nur eines der vier – zwei positiven und zwei negativen – Tatbestandsmerkmale sämtliche zivilrechtlichen, verwaltungsrechtlichen und bußgeldrechtlichen Folgen einer Verletzung von Art. 81 Abs. 1 EG auslösen kann.

Schon in der bisherigen Praxis war die **Reihenfolge der Prüfung** in der Weise geändert worden, dass zunächst die Eignung der jeweiligen Verhaltensweisen zur Erreichung eines oder mehrerer der vier alternativ genannten Effizienzkriterien geprüft wurde. Erst anschließend wurde untersucht, ob an dem entstehenden Gewinn an Effizienz die Verbraucher jeweils angemessen beteiligt werden. Den Leitlinien der Kommission zur Anwendung von Art. 81 Abs. 3 EG ist zu entnehmen, dass künftig die angemessene Beteiligung der Verbraucher an dem entstehenden Gewinn erst im Anschluss an die Überprüfung der Unerlässlichkeit der Beschränkungen geprüft werden soll.[30] Auf diese Weise wird vermieden, dass bei der schwierigen Prognose einer angemessenen Verbraucherbeteiligung Verbesserungs- und/oder Fortschrittsaspekte berücksichtigt werden, die als „nicht unerlässlich" letztlich nicht berücksichtigt werden dürfen. Mit Recht weist die Kommission allerdings darauf hin, dass im Einzelfall auch eine andere Prüfungsreihenfolge geboten sein kann.[31]

Während Art. 81 Abs. 1 EG inhaltlich auf den Vollzug von Wettbewerbs- und Integrationspolitik beschränkt ist, reichen die **Ziele von Art. 81 Abs. 3 EG** über Wettbewerbs- und Integrationspolitik hinaus, zumindest zum Teil wird damit eine Abwägung (trade-off) zwischen unterschiedlichen Zielvorstellungen veranlasst.[32] Rein wettbewerbspolitisch sind die negativen Voraussetzungen der Unerlässlichkeit und der Vermeidung einer Ausschaltung von Wettbewerb zu verstehen. Die vier neben der Verbraucherbeteiligung alternativ genannten positiven Ziele sind nicht primär wettbewerblich ausgerichtet. Dies schließt jedoch nicht aus, dass gerade eine Verbesserung von Warenerzeugung oder -verteilung und/oder eine Förderung des technischen oder wirtschaftlichen Fortschritts als innovativer Vorstoß bereits das wettbewerbliche Geschehen im Sinne **dynamischen Wettbewerbs** im Ergebnis positiv beeinflussen kann.[33] Es kommt in solchen Fällen zu einer teilweisen Deckung der

---

[29] Vgl. z. B. Komm. E. v. 23. 12. 1992 Rs. IV/32.745 – *Astra*, ABl. 1993 L 20/23, 37 Rn. 31.
[30] Bekanntmachung der Komm. vom 27. 4. 2004, Leitlinien zur Anwendung von Art. 81 Abs. 3 EG-Vertrag, ABl. 2004 C 101/97 Rn. 38 (künftig: „Leitlinien").
[31] Ibid., Rn. 39.
[32] Zum grundsätzlichen Problem: *Rabus*, Die Behandlung von Effizienzvorteilen in der europäischen Fusionskontrolle und in Art. 81 Abs. 3 EG, 2008, passim.
[33] Zu dem parallelen Problem im Rahmen der Auslegung von Art. 2 Abs. 2 FKVO vgl. *Meessen* in: FS Gaedertz, 1992, S. 417.

Art. 81 Abs. 3 EG 19–21

Inhalte der Absätze 1 und 3 von Art. 81 EG. In der Praxis ist die Feststellung dynamischer Effizienzen offenbar der Anwendung von Art. 81 Abs. 3 EG vorbehalten geblieben.

19 In den **GVOs** hat die Kommission bestimmte, häufig vorkommende Typen von Vereinbarungen teils als nicht wettbewerbsbeschränkend nach Art. 81 Abs. 1 EG, teils als freistellungsfähig nach Art. 81 Abs. 3 EG anerkannt oder aber auch durch Aufnahme in eine „schwarze Liste" als nicht freistellungsfähig bewertet. Derartige in den GVOs enthaltene Bewertungen können zur Auslegung der Tatbestandsmerkmale von Art. 81 Abs. 3 EG ergänzend herangezogen werden. Zwar ist Art. 81 Abs. 3 EG als Primärrecht vorrangig zu beachten, jedoch ermächtigt Art. 83 EG zur Konkretisierung durch Rechtsetzung. Nach Inkrafttreten der VO 17/62[34] waren Tausende von Anmeldungen eingegangen. Die Kommission sichtete diese Anmeldungen, teilte sie in Gruppen ein und wählte Pilotfälle zu Einzelfallentscheidungen aus. Nach gerichtlicher Überprüfung wurden derartige Einzelfallentscheidungen durch den Erlass von GVOs rechtssatzförmig verallgemeinert und tatbestandlich weiter konkretisiert.[35] Insofern erschließt sich die inhaltliche Spannweite von Art. 81 Abs. 3 EG eher durch die unten ausführlich kommentierten GVOs als durch die auch vor Inkrafttreten der VerfVO am 1. Mai 2004 nur noch vereinzelt förmlich entschiedenen Gewährungen oder Ablehnungen einer Einzelfreistellung. Die neuere Rechtsprechung zur Berücksichtigung der GVOs bei der Anwendung von Art. 81 Abs. 3 EG schwankt zwischen positivistischer Enge[36] und sachgerechter Problemerörterung.[37] Belastet mit dieser Unsicherheit ist im praktischen Fall die Anwendbarkeit einer GVO stets vor dem Vorliegen der Voraussetzungen von Art. 81 Abs. 3 EG zu prüfen.

20 Der Tatbestand von Art. 81 Abs. 3 EG enthält Öffnungen gegenüber **außerwettbewerblichen Zielen** der Unionspolitik, deren Verfolgung an anderen Stellen des EG-Vertrags vorgeschrieben oder zumindest zugelassen wird. Der Umfang dieser Öffnungen lässt sich nicht einheitlich bestimmen. Vielmehr ist nach Inhalt und Rang des jeweiligen Vertragsziels zu unterscheiden. Über mögliche Zielkonflikte ist unter Berücksichtigung genereller politischer Vorgaben durch **Abwägung unbestimmter Rechtsbegriffe** rechtlich zu entscheiden. Auch die Kommission ist nicht ermächtigt, im Einzelfall kartellrechtliche Gesichtspunkte durch ad hoc Festlegungen zu außerwettbewerblichen Vertragszielen zu verdrängen. Insofern darf es in der Anwendungspraxis keinen Unterschied machen, ob die Beurteilung des Einzelfalls durch die Kommission oder eine mitgliedstaatliche Kartellbehörde erfolgt.[38] Insgesamt lässt jedoch die Politiknähe derartiger Abwägungen eine eher zurückhaltendere Berücksichtigung der im Folgenden zu erörternden Ziele erwarten.

21 Nach der – nach Vorläufern in der Einheitsakte und dem Maastrichter Vertrag – durch den Amsterdamer Vertrag eingeführten Querschnittsklausel des Art. 6 EG „(müssen) die **Erfordernisse des Umweltschutzes** … bei der Festlegung und Durchführung der in Art. 3 EG genannten Gemeinschaftspolitik und -maßnahmen … einbezogen werden." Dies gilt auch für die Anwendung von Art. 81 Abs. 3 EG, dürfte aber in diesem Zusammenhang zu keinen Zielkonflikten führen.[39] Die beiden positiven Voraussetzungen von Art. 81 Abs. 3 EG lassen umweltfreundliche Wertungen zu. So ist insbesondere unter „Gewinn" für Verbraucher nicht nur ein finanzieller Gewinn, sondern auch eine Steigerung des Umweltschutzes zu verstehen. Nach Ansicht der Kommission lassen „gesamtge-

---

[34] S. oben Fn. 2.
[35] *Meessen*, The Application of the Antitrust Rules of the EEC Treaty by the Commission, in: Davis (Hrsg.), 1976, S. 75.
[36] EuG U. v. 13. 1. 2004 Fn. 17 Rn. 164 f.; U. v. 8. 7. 2004, Rs. T-44/00 – *Mannesmannröhren-Werke/Komm.* Rn. 172.
[37] EuG U. v. 21. 3. 2002, T-131/99 – *Shaw und Falla/Komm.* Slg. 2002, II-2026, 2040 Rn. 49 f.
[38] So aber *Rabus* (Fn. 32), S. 160.
[39] *Krämer* in: Rengeling, 1993, S. 47, 82; vgl. auch *Ehle*, Die Einbeziehung des Umweltschutzes in das europäische Kartellrecht, 1996, passim.

sellschaftliche Ergebnisse für die Umwelt ... den Verbrauchern eine angemessene Beteiligung am Gewinn zuteil werden, selbst sofern keine Vorteile für die einzelnen Käufer bestehen sollten."[40]

Im Rahmen der Industriepolitik gehört auch die Förderung der **Wettbewerbsfähigkeit** 22 der Unternehmen zu den Zielen der Union. Diese Politik kann jedoch bekanntlich mit der Förderung von Wettbewerb in ein Spannungsverhältnis treten.[41] Der im Maastrichter Vertrag eingeführte Titel „Industrie" (ursprünglich: Art. 130, jetzt: Art. 157 EG) bietet jedoch gemäß Absatz 3 „keine Grundlage dafür, dass die Gemeinschaft irgendeine Maßnahme einführt, die zu Wettbewerbsverzerrungen führen könnte". Auch wenn diese Einschränkung die Gewährung von Beihilfen und nicht so sehr – keineswegs immer „verzerrend" wirkende – Wettbewerbsbeschränkungen betrifft, so ist dennoch bei der Anwendung von Art. 81 Abs. 3 EG auf wettbewerbsbeschränkende Verhaltensweisen, die der Steigerung der Wettbewerbsfähigkeit der Beteiligten dienen, eine besondere – von der Kommission nicht durchweg gewahrte[42] – Zurückhaltung geboten.

Aufgaben der **Daseinsvorsorge,** sind als „Dienste von allgemeinem wirtschaftlichen Interesse" in der durch den Amsterdamer Vertrag eingefügten Vorschrift des Art. 16 EG als Ziel der Unionspolitik besonders hervorgehoben und inzwischen als Art. 36 in die in Nizza proklamierte Charta der Grundrechte der EU aufgenommen worden.[43] Schon Teil des Vertrages zur Gründung der EWG war der heutige Art. 86 Abs. 2 EG, wonach die Wettbewerbsregeln des Vertrags gelten, soweit ihre Anwendung nicht die Erfüllung der besonderen Aufgabe, die den mit „Dienstleistungen von allgemeinen wirtschaftlichem Interesse" betrauten Unternehmen übertragen ist, „rechtlich oder tatsächlich verhindert". Im Bereich derartiger Dienstleistungen ist der Gesichtspunkt der Daseinsvorsorge auch bei der Auslegung der Tatbestandsmerkmale von Art. 81 Abs. 3 EG zu berücksichtigen. So konnte die im öffentlichen Interesse liegende Aufgabe, die ganze Bevölkerung mit einem differenzierten Fernsehprogramm zu versorgen, grundsätzlich anerkannt werden, auch wenn die Kommission es versäumt hatte, das erforderliche Tatsachenmaterial aufzubereiten.[44] Die Vermeidung eines „Quotenkriegs zwischen den führenden (Fernseh-)-Programmveranstaltern" durch Bindung an eine bestimmte quotenorientierte Verteilung von Werbemitteln wurde hingegen als „nicht unerlässliche" Wettbewerbsbeschränkung mit der Folge einer Ablehnung einer zwecks Freistellung erfolgten Anmeldung gewertet.[45]

Das EuG hat sich eindeutig gegen die im US-amerikanischen Recht entwickelte 24 Rechtsfigur von **per se Verletzungen** des Kartellrechts gewandt und betont, dass bei Verletzungen von Art. 81 Abs. 1 der Weg zu einer Prüfung der Voraussetzungen von Art. 81 Abs. 3 stets – mit welchen Erfolgsaussichten auch immer – offen stehe.[46] Auch das korrespondierende Konzept einer richterrechtlich zu bestimmenden Einschränkung von Kartellrechtsverletzungen nach einer **rule of reason** haben EuG und EuGH nicht übernommen.[47] Dies schließt nicht aus, den Umfang regelungsimmanenter Beschränkungen „bei vernünftiger Betrachtung" zu bestimmen.[48] Die Besonderheit des EG-Kartellrechts wird

---

[40] Komm. E. v. 24. 1. 1999, IV/F 1/36.718 – *CECED,* ABl. 2000 L 187/47, 52, WuW/E EU-V 505, Rn. 56.
[41] Vgl. z. B. *Krugman,* Competitiveness: A Dangerous Obsession, Foreign Affairs 1994 (März/April-Heft), 28.
[42] Vgl. z. B. unten Fn. 73, 83–86 und zugehörigen Text.
[43] *Behrens* EuR 2002 (Beiheft 3), 81; *Kämmerer* NVwZ 2002, 1041.
[44] EuG U. v. 11. 7. 1996, Fn. 15, II-690 Rn. 116–123.
[45] Komm. E. v. 24. 11. 1993 Rs. IV/32031 – *Auditel,* ABl. 1993 L 306/50, 53 f. Rn. 28 u. 30.
[46] EuG U. v. 15. 7. 1994 Rs. T-17/93 – *Matra Hachette/Komm.* Slg. 1994, II-595, 625 Rn. 85.
[47] EuG U. v. 18. 9. 2001 T-112/99 – *Métropole télévision/Komm.* Slg. 2001, II-2459, 2488 Rn. 72, WuW/E EU-R 469, 472.
[48] EuGH U. v. 19. 2. 2002 Rs. C-309/99 – *Wouters/NOvA* Slg. 2002, I-1577, 1691 Rn. 110, WuW/E EU-R 533, 542.

gerade darin gesehen, die erforderlichen Einschränkungen rechtssatzförmig ausformuliert zu haben.[49] Dennoch findet bei der Subsumtion unter Art. 81 Abs. 3 EG vielfach eine **Abwägung** statt, deren Zuordnung zu den einzelnen Tatbestandsmerkmalen nicht von vorne herein festliegt. So läuft die Anwendung des Kriteriums der Unerlässlichkeit, das der Struktur des Verhältnismäßigkeitsgrundsatzes entspricht, ohnehin auf eine Abwägung zwischen verschiedenen Größen hinaus. Darüber hinaus können auch Verbesserungen der Warenverteilung und Vorteilen für die Verbraucher wettbewerbliche Nachteile gegenübergestellt werden.[50] Umgekehrt kann eine Ausschaltung von Wettbewerb aufgrund verbesserten Marktzugangs entfallen.[51]

25 Bei Anwendung von Art. 81 Abs. 3 EG bestand die **Rechtsfolge** bisher darin, entweder eine Freistellung zu gewähren oder abzulehnen. Die Gewährung musste gemäß Art. 8 Abs. 1 VO 17/62 stets befristet werden. Ablehnungsentscheidungen gingen in der Regel Verhandlungen über die Ausgestaltung von Vereinbarungen und Verbandsbeschlüssen voraus.[52] Sofern beteiligte Unternehmen Änderungsvorschläge unterbreiteten, die von der Kommission nicht akzeptiert wurden, konnten sie diese bei einer gerichtlichen Überprüfung der Ablehnungsentscheidung nicht mehr als mildere Alternative zu einer Ablehnung vortragen; vielmehr stand nur der Weg einer weiteren Anmeldung, in die diese Vorschläge eingearbeitet waren, zur Verfügung.[53] Bisher genügte zur gerichtlichen Bestätigung einer Ablehnungsentscheidung, dass ein wettbewerbsbeschränkendes Verhalten nur teilweise – wegen zu langer **Laufzeit** der Vereinbarung, zu hoher Preise oder aus einem anderen Grunde – nicht unerlässlich war und daher nicht alle vier Voraussetzungen von Art. 81 Abs. 3 EG erfüllte.[54] Seit dem 1. 5. 2004 liegt es in der Verantwortung der Unternehmen, die Laufzeit wettbewerbsbeschränkender Verhaltensweisen so zu gestalten, dass diese stets alle vier Voraussetzungen von Art. 81 Abs. 3 EG erfüllen und insbesondere nicht mangels Unerlässlichkeit eine Verletzung von Art. 81 Abs. 1 EG mit ihren schwer wiegenden Rechtsfolgen auslösen. Dabei kann die Laufzeit u. a. an dem Zeitpunkt orientiert werden, zu dem sich die aufgrund der Verhaltensweisen erforderlichen Investitionen voraussichtlich amortisiert haben.[55]

26 Das erhöhte **Gültigkeitsrisiko** dürfte in seiner Tragweite künftig dadurch beschränkt sein, dass zumindest in vertragsrechtlichen Streitigkeiten vor Zivilgerichten zu prüfen sein wird, inwieweit sich wettbewerbsbeschränkende Vereinbarungen und Beschlüsse durch kartellrechtskonforme Auslegung als gültig oder nur teilweise nichtig aufrecht erhalten lassen. Insbesondere sollte ein späterer Wegfall von Gültigkeitsvoraussetzungen nicht ohne

---

[49] EuG U. v. 23. 10. 2003 Rs. T-65/98 – *Van den Bergh Foods/Komm.*, Slg. 2003, II-4653, WuW/E EU-R 765, Rn. 107.
[50] EuGH U. v. 20. 5. 1987 Rs. 272/85 – *ANTIB/Komm.* Slg. 1985, 2201, 2226 Rn. 30, WuW/E EWG/MUV 808, 811; EuG U. v. 21. 2. 1995 Rs. T-29/92 – *SPO/Komm.* Slg. 1995, 89, 384 Rn. 295; vgl. auch Komm. E. v. 19. 2. 1991 Rs. IV/32.524 – *Screensport/EBU-Mitglieder*, ABl. 1991 L 63/32, 43 Rn. 71; E. v. 18. 7. 2001 Rs. COMP.D.2 37.444 – *SAS/Maersk Air*, ABl. 2001 L 265/15, 32 Rn. 77, WuW/E EU-V 831, unter a), WuW/E EU-V 661, 665.
[51] EuG U. v. 8. 10. 2002 verb. Rs. T-185/00 u. a. – *Métropole télévision/Komm.* Slg. 2002, II-3805, 3834 Rn. 68, WuW/E EU-R 579, 581.
[52] Vgl. z.B. Komm. E. v. 8. 10. 2002 Rs. COMP/C2/38.14 – *IFPI „Simulcasting"*, ABl. 2003 L 107/58, 77, WuW/E EU-V 831, Rn. 103.
[53] EuG U. v. 21. 2. 1995, Fn. 38, II-391 Rn. 318.
[54] EuGH U. v. 11. 7. 1985 Rs. 42/84 – *Remia/Komm.* Slg. 1985, 2545, 2578 Rn. 46, WuW/E EWG/MUV 690, 692; U. v. 27. 1. 1987 Rs. 45/85 – *Verband der Sachversicherer/Komm.* Slg. 1987, 405, 462 Rn. 60, WuW/E EWG/MUV 739, 743; EuG U. v. 23. 2. 1994 verb. Rs. T-39 u. 40/92 – *CB und Europay/Komm.* Slg. 1994, II-49, 91 Rn. 113.
[55] Zu diesem Gesichtspunkt vgl. z.B. Komm. E. v. 15. 12. 1975 Rs. IV/27 073 – *Bayer/Gist-Brocades*, ABl. 1976 L 30/13, 21, WuW/E EV 639, 646; EuG U. v. 15. 9. 1998 verb. Rs. T-374/94 u. a. – *European Night Services/Komm.* Slg. 1998, II-3141, 3231, WuW/E EU-R 237, Rn. 230.

weiteres zur Annahme von **Verschulden** mit der Folge der Verhängung von Geldbußen führen können.[56]

V. Tatbestand im Einzelnen

1. Effizienzkriterien

Das durch die Zwischenüberschrift zusammengefasste Tatbestandsmerkmal besteht aus vier **Effizienzkriterien,** von denen zumindest eines gegeben sein muss. Natürlich können auch mehrere Alternativen gleichzeitig vorliegen. So wurde die Einführung eines neuen interaktiven Kommunikationssystems als Beitrag sowohl zur Verbesserung des Warenvertriebs als auch zur Förderung des technischen und wirtschaftlichen Fortschritts gewertet.[57] 27

Allen Effizienzkriterien ist gemeinsam, dass sie durch die wettbewerbsbeschränkenden Teile des jeweiligen Verhaltens (Vereinbarung, Beschluss, abgestimmte Verhaltensweise) herbeigeführt sein müssen. Insofern ist jeweils der **Kausalzusammenhang** zu prüfen. Anderenfalls wird kein positiver „Beitrag" geleistet. So konnten positive Wirkungen zwar dem Ford-Hauptändler-Vertrag insgesamt, nicht aber der Klausel über das Verbot von Lieferungen von Fahrzeugen mit Rechtslenkung nach Deutschland, deren Weiterlieferung nach Großbritannien wegen des höheren Preisniveaus damals nahe lag, zugesprochen werden.[58] Ebenso wurde einerseits anerkannt, dass Kreditkartensysteme Effizienzgewinne zur Folge haben, während andererseits der Beschränkung der Mitgliedschaft in einer bestimmten Kreditkartenorganisation jeglicher Beitrag zu diesen Effizienzgewinnen abgesprochen wurde.[59] 28

Es genügt, wenn die Vorteile auf einen – unmittelbar oder mittelbar – **nachgelagerten Markt** auftreten.[60] Insofern erscheint es missverständlich, wenn es in den Leitlinien heißt:[61] „Negative Auswirkungen für die Verbraucher auf einen räumlich oder sachlich relevanten Markt können normalerweise nicht von positiven Auswirkungen auf einen anderen, gesonderten räumlich oder sachlich relevanten Markt aufgewogen und kompensiert werden." Gerade das Merkmal „Gewinnbeteiligung der Verbraucher" macht deutlich, dass sich die Tatbestandsmerkmale „Wettbewerbsbeschränkung" und „Vorteil" nicht notwendig und wohl noch nicht einmal typischerweise auf ein und denselben räumlich oder sachlich relevanten Markt beziehen. 29

Gemeinsam ist den vier alternativen Tatbestandsmerkmalen ferner, dass es sich um **„spürbare objektive Vorteile"** handeln muss.[62] Schließlich sind hinsichtlich aller Merkmale Vor- und Nachteile auch insoweit gegeneinander abzuwägen, als sie in einem anderem Mitgliedstaat als in dem Mitgliedstaat, in dem die an dem wettbewerbsbeschränkenden Verhalten beteiligten Unternehmen ihren Sitz haben, auftreten. Die beiden Merkmale „technischer und wirtschaftlicher Fortschritt" greifen über den für die Bestimmung der Wettbewerbsverhältnisse relevanten Produktmarkt hinaus und beziehen sich auf Externalitäten, wie technischer Erkenntnisgewinn und gesamtwirtschaftliche Leistung.[63] 30

---

[56] Vgl. hierzu *Dreher/Thomas* (Fn. 22).

[57] Komm. E. v. 15. 9. 1999 Rs. IV/36.539 – *British Interactive Broadcasting,* ABl. 1999 L 312/1, 23, WuW/E EU-V 446, Rn. 159.

[58] EuGH U. v. 17. 9. 1985 verb. Rs. 25 u. 26/84 – *Ford/Komm.* Slg. 1985, 2725, 2746 Rn. 33, WuW/EWG/MUV 709, 711.

[59] Komm. Entsch. v. 3. 10. 2007, COMP/37.860 – *Morgan Stanley/Visa,* WuW/E EU-V 1307, Rn. 311 f. = WuW 2008, 1135.

[60] EuG U. v. 28. 2. 2002, T-86/95 – *Compagnie générale maritime/Komm.*, Slg. 2002, II-1011, Rn. 343.

[61] Leitlinien (Fn. 26), Rn. 43.

[62] Ständ. Rspr. EuGH U. v. 13. 7. 1966 verb. Rs. 56 u. 58/64 – *Consten und Grundig/Komm.* Slg. 1966, 321, 397, WuW/E EWG/MUV 125, 135; EuG U. v. 23. 10. 2003 Fn. 37 Rn. 139.

[63] Vgl. auch *Teichmann,* Die Verbesserung der Warenerzeugung oder -verteilung und die Förderung des technischen und wirtschaftlichen Fortschritts, 1994, passim.

Art. 81 Abs. 3 EG 31–33

31 Zu den beiden ersten auf Erzeugung und Vertrieb bezogenen Merkmalen ist festzuhalten, dass die im Wortlaut von Art. 81 Abs. 3 EG vorhandene Beschränkung auf „Waren" als redaktionelles Versehen behandelt wird. Unstreitig werden alle Produkte einschließlich **Dienstleistungen** erfasst.[64] Wenn die Dienstleistung in einer Kommunikationsleistung besteht, stimmen Erzeugung und Verteilung überein.[65]

32 Hinsichtlich der in Art. 81 Abs. 3 EG genannten vier Alternativen betont die Kommission neuerdings das Erfordernis von **Effizienzgewinnen**.[66] Erwartet werden substantiierte Angaben hinsichtlich Art, Ursache, Wahrscheinlichkeit, Ausmaß und Zeitpunkt des Eintretens von Effizienzgewinnen.[67] Eindeutige Unterscheidungen zwischen den in Art. 81 Abs. 3 EG aufgeführten Kategorien hält die Kommission nicht für „zweckdienlich".[68] Im Allgemeinen werden nach Auffassung der Kommission Effizienzgewinne durch eine „Integration der wirtschaftlichen Tätigkeiten" erzielt, indem entweder „Unternehmen ihre Vermögenswerte zusammenlegen, um zu erreichen, was sie alleine nicht ebenso effizient verwirklichen könnten, oder indem sie einem anderen Unternehmen Aufgaben übertragen, die von diesem effizienter erbracht werden (können)."[69] In „nicht erschöpfender Aufzählung" werden „Kosteneinsparungen" (Synergieeffekte, Skalen- und Verbundvorteile sowie Optimierung von Herstellungsverfahren) und „qualitative Effizienzgewinne" in Produktion und Vertrieb genannt.[70] Die neue Terminologie wird mit dem „ökonomischen Ansatz" gerechtfertigt.[71] Sie weicht aber vom Wortlaut des Art. 81 Abs. 3 EG ab. Rechtsstaatlich korrekt wäre es gewesen, wenn man, wie dies auch vorgeschlagen worden war, den Wortlaut von Art. 81 Abs. 3 EG anlässlich einer der letzten Vertragsänderungen dem neuen ökonomischen Ansatz angepasst hätte.[72] Jedoch bestehen keine Bedenken dagegen, Effizienz als **Auslegungsgesichtspunkt** im Rahmen eines dynamischen Wettbewerbsverständnisses zu berücksichtigen. Inwieweit die in den Leitlinien erfolgte Verallgemeinerung von der Rechtsprechung anerkannt wird, wird sich zeigen. Fürs erste wird man doppelgleisig – nach Art. 81 Abs. 3 EG und nach den Leitlinien – argumentieren müssen. Über die bisherige Praxis kann im Folgenden nur anhand des Wortlauts von Art. 81 Abs. 3 EG ein Überblick gegeben werden.

33 **a) Verbesserung der Warenerzeugung.** Der Begriff der Erzeugung von Waren, denen Dienstleistungen hinzuzufügen sind, wurde in der bisherigen Praxis nicht nur der GVOs, sondern auch der Einzelfreistellungen weit verstanden. So wurde die Freistellung eines selektiven Vertriebssystems mit der Begründung, dass es ein „stabilisierendes Element für die **Erhaltung von Arbeitsplätzen** ... als Verbesserung der allgemeinen Bedingungen der Warenerzeugung gerade unter den Voraussetzungen einer ungünstigen Wirtschaftskonjunktur" vom EuGH aufrecht erhalten.[73] Auch in einem mit einem Markenlizenzvertrag verbundenen Wettbewerbsverbot sah die Kommission nicht nur eine Verbesserung der Warenverteilung, sondern auch der Warenerzeugung.[74] In der Bereitstellung multimodaler Landtransportdienste durch Reedereien werteten Kommission und EuG als Verbesserung

---

[64] So auch Leitlinien (Fn. 26), Rn. 48.
[65] Vgl. z.B. Komm. E. v. 23. 7. 2003 Rs. COMP/C.2–37.398 – *UEFA Champions League*, ABl. 2003 L 291/25, 51 Rn. 168, WuW/E EU-V 889, 899.
[66] Leitlinien (Fn. 26), Rn. 48–72.
[67] Leitlinien (Fn. 26), Rn. 50.
[68] Leitlinien (Fn. 26), Rn. 59.
[69] Leitlinien (Fn. 26), Rn. 60.
[70] Leitlinien (Fn. 26), Rn. 63–68.
[71] Leitlinien (Fn. 26), Rn. 5.
[72] *G. Monti* CMLRev 2002, 1057, 1096 f.
[73] EuGH U. v. 25. 10. 1977 Rs. 26/76 – *Metro/Komm.* Slg. 1977, 1875, 1915 Rn. 43, WuW/E EWG/MUV 400, 411.
[74] Komm. E. v. 23. 12. 1977 Rs. IV/171, 856, 172, 117, 28.173 – *Campari,* ABl. 1978 L 70/69, 75, WuW/E EV 759, 762 f.

der Produkterzeugung und zugleich als technischen Fortschritt, ohne jedoch diese Wirkungen auf die Verabredung einheitlicher Preise zurückführen zu können.[75]

b) Verbesserung der Warenverteilung. Soweit die Warenverteilung Gegenstand **vertikaler Vereinbarungen** ist, kann sie zur Verschärfung des Wettbewerbs mit anderen Herstellern (Intra-brand-Wettbewerb) beitragen. Soweit derartige Verträge nach Art. 81 Abs. 1 EG den Intra-brand-Wettbewerb beschränken, stellt sich die Frage, inwieweit das Merkmal der Verbesserung der Warenverteilung erfüllt sein kann. **Ausschließlichkeitsverpflichtungen** erscheinen grundsätzlich möglich.[76] Der EuGH hat die Frage, ob der Erhaltung vieler (Zigaretten-)marken oder der Vermehrung der Vertriebswege (über Warenhäuser) der Vorzug zu geben ist, offen gelassen.[77] In einer späteren Entscheidung hat der EuGH in der Erhaltung des Fachhandelsvertriebs für beratungsintensive Produkte (Farbfernseher) einen objektiven Vorteil gesehen.[78] Auch die Beständigkeit der Lieferbeziehungen durch Verträge mit halbjährlicher Laufzeit war hinsichtlich desselben Produkts in einer vorangehenden Entscheidung anerkannt worden.[79] Der Vertrieb von Impuls-Eis durch herstellereigene Kühltruhen wurde hingegen als „absolute Ausnahme" im Vertrieb innerhalb der Gemeinschaft und als marktstarke Hersteller begünstigendes „Hindernis für den Zutritt zum Markt" abgelehnt.[80] Auch horizontale Vereinbarungen können zur Verbesserung der „Waren"verteilung, die wie bereits erwähnt auch Dienstleistungen umfasst, beitragen. So wurde eine Vereinbarung zwischen Industrieversicherern mit einem Marktanteil von ca. 20% auf Grund der zu erwartenden Kostenersparnis als Verbesserung der Warenverteilung gewertet.[81]

c) Förderung des technischen Fortschritts. Auch wenn vertikale Beziehungen oft Anlass geben, Produkte im Interesse der Abnehmer zu verbessern, so wird die technische Entwicklung meist durch **horizontale Kooperation** zwischen verschiedenen Herstellern oder Anbietern von Dienstleistungen vorangetrieben. Je produktionsnäher die Kooperation stattfindet, umso weniger wahrscheinlich ist eine Freistellung durch GVO oder unmittelbar nach Art. 81 Abs. 3 EG. Die von der Kommission im Zusammenhang mit regionalpolitischen Subventionen geförderte Gründung eines Gemeinschaftsunternehmens von Ford und Volkswagen ging über die üblichen Forschungskooperationen hinaus.[82] Sie wurde nach einer Konkurrentenklage vom EuG als erste europäische Anwendung einer vom Massachussetts Institute of Technology empfohlenen Optimierung der Automobilherstellung und damit als technischer Fortschritt anerkannt und aufrecht erhalten.[83] Industriepolitische Elemente der Kommissionsbegründung wurden vom EuG als überflüssige Ergänzung abgetan.[84] Eine Einzelfreistellung wurde auch niederländischen Baustoffherstellern, die sich über den Abbau von Überkapazitäten einigten, mit der Begründung gewährt, eine derartige kollektive Maßnahme fördere den „technischen und wirtschaftlichen Fortschritt".[85] Die

---

[75] EuGH U. v. 28. 2. 2002, Fn. 13, II-352f. Rn. 352 u. 355; Komm. E. v. 21. 12. 1994 Rs. IV/33.218 – *Far Eastern Freight Conference*, ABl. 1994 L 378/17, 29 Rn. 109 u. 32, 141.
[76] Komm. E. v. 23. 12. 1977 (Fn. 74).
[77] EuGH U. v. 29. 10. 1980 verb. Rs. 209–215, 218/78 – *Van Landewyck/Komm*. Slg. 1980, 3125, 3279 Rn. 185, WuW/E EWG/MUV 494, 509.
[78] EuGH U. v. 22. 10. 1986 Rs. 75/84 – *Metro/Komm*. Slg. 1986, 3074, 3088 Rn. 54, WuW/E EWG/MUV 777, 784.
[79] EuGH U. v. 25. 10. 1977, Fn. 57.
[80] EuG U. v. 8. 6. 1995 Rs. T-9/93 – *Schöller/Komm*. Slg. 1995, II-1611, 1665 Rn. 146; U. v. 23. 10. 2003, Fn. 37 Rn. 140.
[81] Komm. E. v. 20. 12. 1989 Rs. IV/32.408 – *TEKO*, ABl. 1990 L 13/34, 35, 37 Rn. 3, 26, WuW/E EV 1494, 1497.
[82] Komm. E. v. 23. 12. 1992 Rs. IV/33.814 – *Ford/Volkswagen*, ABl. 1993 L 20/14, 15 Rn. 7.
[83] EuG U. v. 15. 7. 1994, Fn. 34, II-633 Rn. 109.
[84] Ibid., II-651 Rn. 163.
[85] Komm. E. v. 29. 4. 1994 Rs. IV/34.456 – *Stichting Baksteen* ABl. 1994 L 131/15, 20 Rn. 28. Die

Kommission stellte Mitte der 70er Jahre eine Vereinbarung zwischen Chemieunternehmen und Herstellern von Wiederaufbereitungsanlagen u. a. mit der Begründung frei, dass die Beteiligten zur „Verwirklichung von Wiederaufbereitungsanlagen mit großer Kapazität die optimale Marktlage abwarten" und die Anlagen dann nach dem neuesten Stand der Technik bauen könnten.[86] Zwei Jahrzehnte später betonte die Kommission, dass der zu erwartende technische und wirtschaftliche Fortschritt mit positiven Wirkungen auf die Umwelt verbunden sein werde.[87]

36 d) **Förderung des wirtschaftlichen Fortschritts.** Eine Vereinbarung über die **Beschränkung von Kapazitäten** wurde nicht zugleich als technischer Fortschritt,[88] sondern ausschließlich als wirtschaftlicher Fortschritt, und zwar als „Rentabilitätssteigerung und somit Rückkehr zu einer normalen Wettbewerbsfähigkeit" eingestuft.[89] Die von einem Verband der niederländischen Bauindustrie beschlossene Vergütung der Angebotskosten nicht zum Zuge gekommener Anbieter wurde vom EuG im Ergebnis als unangemessene Beschränkung des Bieterwettbewerbs verworfen.[90] Als gesamtwirtschaftlicher Aspekt wurde vom EuG die Sicherheit der Versorgung als möglicher Beitrag zum wirtschaftlichen Fortschritt anerkannt, im konkreten Fall allerdings nicht angenommen.[91] Die Kommission sah die Entwicklung des neuen Produkts „Mehrgebiets-/Mehrprogramm-Simultanübertragungslizenz" als wirtschaftlichen Fortschritt an.[92]

2. Unerlässlichkeit der wettbewerbsbeschränkenden Verhaltensweisen

37 Nach den Leitlinien der Kommission ist an zweiter Stelle zu prüfen, ob die jeweilige wettbewerbsbeschränkende Verhaltensweise „unerlässlich" ist, um die als „spürbare objektive Vorteile" festgestellten Ziele zu verwirklichen.[93] Anmeldungen zur Erlangung einer Einzelfreistellung scheiterten relativ häufig an dieser den Grundsatz der **Verhältnismäßigkeit** konkretisierenden Voraussetzung, zumal die Kommission mit Billigung der Rechtsprechung an den von den anmeldenden Unternehmen zu erbringenden Beweis des Fehlens wettbewerblich weniger bedenklicher Alternativen zur Erreichung derselben Ziele **strenge Anforderungen** gestellt hat.[94] Insbesondere ist es „unwahrscheinlich, dass Beschränkungen, die auf der **schwarzen Liste** in GVOs erscheinen oder als **Kernbeschränkungen** in Leitlinien oder Bekanntmachungen der Kommission eingestuft sind, als unerlässlich angesehen werden".[95]

38 So wurde die Unerlässlichkeit des Umfangs von **Marktinformationssystemen** kritisch überprüft.[96] Zur Verteidigung einer von der Kommission gewährten Freistellung ließ es das EuG genügen, „dass dies (d. h. die Verwirklichung einer Alternativlösung) aber angesichts der besonders hohen Rentabilitätsschwelle des Unternehmens und nach den verfügbaren Angaben über die voraussichtlichen Verkäufe und Marktanteile nur unter Verlusten hätte

---

[86] Komm. E. v. 23. 12. 1975 Rs. IV/26.940/a – *United Reprocessors,* ABl. 1976 L 51/7, 11, WuW/E EV 664, 666.
[87] Komm. E. v. 18. 5. 1994 Rs. IV/33.640 – *Exxon/Shell,* ABl. 1994 L 144/20, 31 Rn. 67.
[88] Vgl. oben Rn. 35.
[89] Komm. E. v. 4. 7. 1984 Rs. IV/30.810 – *Kunstfasern,* ABl. 1984 L 207/17, 22 Rn. 36, WuW/E 1053, 1055.
[90] EuG U. v. 21. 2. 1995, Fn. 50, II-385 Rn. 298; Komm. E. v. 5. 2. 1992 Rs. IV/31.572 u. 32.571 – *Niederländische Bauwirtschaft,* ABl. 1992 L 92/1, 24 Rn. 119.
[91] EuG U. v. 27. 2. 1992 Rs. T-19/91 – *Vichy/Komm.,* Slg. 1992, II-415, II-452/3 Rn. 92–93.
[92] Komm. E. v. 8. 10. 2002, Fn. 52, 74 Rn. 84–87.
[93] Oben Rn. 14, 19.
[94] Vgl. z.B. EuG U. v. 27. 2. 1992 Fn. 91 Slg. 1992, II-415, 455 Rn. 98; U. v. 28. 2. 2002 Fn. 12 II-1090 Rn. 384, II-1092 Rn. 395.
[95] Leitlinien (Fn. 26), Rn. 79.
[96] EuG U. v. 27. 10. 1994 Rs. T-34/92 – *Fiatagri/Komm.* Slg. 1994, II-905, 954 Rn. 99.

geschehen können."⁹⁷ Wenig später erklärte das EuG jedoch eine Freistellungsentscheidung für nichtig, weil die Kommission es versäumt hatte, die den beteiligten Unternehmen zugebilligte Ausschließlichkeit mit einem „Mindestmaß konkreter wirtschaftlicher Daten" zu untermauern.⁹⁸ Gerade diese Entscheidung könnte sich als Modell für künftige mitgliedstaatliche Rechtsprechung zu dem Merkmal der Unerlässlichkeit erweisen. Bei der Gestaltung wettbewerbsbeschränkender Vereinbarungen und Beschlüsse ist auf die **Laufzeit** zu achten. Sie darf das Maß, das zur Erreichung der jeweiligen „spürbaren objektiven Vorteile" unerlässlich ist, nicht überschreiten.⁹⁹

3. Gewinnbeteiligung der Verbraucher

Die Versorgung der **Verbraucher** mit einem breiten Angebot qualitätsvoller Produkte zu günstigen Preisen gehört zu den Zielen des Wettbewerbsrechts.¹⁰⁰ Unter Verbrauchern sind abweichend vom üblichen Sprachgebrauch alle unmittelbaren und mittelbaren Abnehmer bis hin zu den Endverbrauchern zu verstehen.¹⁰¹ Verbraucher im Sinne von Art. 81 Abs. 3 EG sind zudem „Verbraucher in der gesamten Gemeinschaft, nicht nur in einem Mitgliedstaat".¹⁰² Der „entstehende Gewinn", an dem Verbraucher „angemessen" zu beteiligen sind, kann aus Kostenersparnissen oder aus Verbesserungen der Leistung bei gleich bleibenden Kosten herrühren. Auch eine Leistungsverbesserung bei nur mäßiger Preiserhöhung kann als Gewinn für die Verbraucher gewertet werden.¹⁰³ 39

Es kommt auf eine Gewinnbeteiligung der **Gesamtheit der Verbraucher** an.¹⁰⁴ Die günstigen Auswirkungen brauchen also nicht bei jedem einzelnen Verbraucher einzutreten. Vor- und Nachteile müssen auf der jeweiligen Marktstufe miteinander verrechnet werden.¹⁰⁵ Bei der Entwicklung neuer verbraucherfreundlicher Produkte kann es nach Auffassung der Kommission erforderlich sein, den wirtschaftlichen Erfolg durch Wettbewerbsverbote zu ermöglichen, die „den Anreiz der Parteien, die ... entwickelten Ideen oder Strategien einem Wettbewerber zukommen zu lassen, (eliminieren)."¹⁰⁶ 40

In marktwirtschaftlichen Systemen liegt es nahe, dass sich die beteiligten Unternehmen die Vorteile wettbewerbsbeschränkender Verhaltensweisen selbst sichern wollen, aber unter dem **Druck des Wettbewerbs** nicht oder jedenfalls nicht vollständig sichern können. Für die Anwendung des Tatbestandsmerkmals „Gewinnbeteiligung der Verbraucher" ist daher entscheidend, dass ein ausreichender Wettbewerbsdruck unter den an den wettbewerbsbeschränkenden Verhaltensweisen beteiligten Unternehmen erhalten bleibt.¹⁰⁷ Der Wettbewerbsdruck muss in der Regel von Mitwettbewerbern ausgehen.¹⁰⁸ Seine Aufrechterhal- 41

---

⁹⁷ EuG U. v. 15. 7. 1994 Fn. 46, II-643 Rn. 138.
⁹⁸ EuG U. v. 11. 7. 1996 Fn. 14, II-690/1 Rn. 118–120.
⁹⁹ Zur zeitlichen Begrenzung vgl. z. B. Komm. E. v. 2. 7. 1984 Rs. IV/30.615 – *BL,* ABl. 1984 L 207/11, 23 f., WuW/E EV 1051 Rn. 43–47.
¹⁰⁰ *Dresel,* S. 7 f.
¹⁰¹ Leitlinien (Fn. 26), Rn. 84.
¹⁰² Komm. E. v. 16. 11. 1983 Rs. IV/30.696 – *Vertriebssystem der Ford Werke AG,* ABl. 1983 L 327/31, 37 Rn. 36, WuW/E EV 1010, 1012; bestätigt durch EuGH U. v. 17. 9. 1985, Fn. 58, 2746 Rn. 70.
¹⁰³ Vgl. z. B. Komm. E. v. 15. 9. 1999 Rs. IV/36.748 – *Reims II,* ABl. 1999 L 275/17, 27 Rn. 78.
¹⁰⁴ EuGH U. v. 23. 11. 2006, C-238/05 – *ASNEF/EQUIFAX,* Slg. 2006, I-1125, WuW/E EU-R 1236, Rn. 70.
¹⁰⁵ Ähnlich offenbar Leitlinien (Fn. 26), Endnote 81.
¹⁰⁶ Komm. E. v. 15. 9. 1999 Fn. 103 Rn. 160, 164.
¹⁰⁷ EuGH U. v. 25. 10. 1977 Fn. 73, 1916 Rn. 47.
¹⁰⁸ Komm. E. v. 22. 7. 1969 Rs. IV/26.625 – *Clima Chappée-Buderus,* ABl. 1969 L 195/1, 4, WuW/E EV 276, 280; E. v. 12. 1. 1990 Rs. IV/32.006 – *Alcatel-Espace/ANT,* ABl. 1990 L 32/19, 24 Rn. 18, WuW/E EV 1499, 1501.

tung kann aber auch auf Grund einer starken Verhandlungsposition der Marktgegenseite zu erwarten sein.[109]

42 Bisher konnte die Einhaltung dieser Voraussetzung häufig dadurch sichergestellt werden, dass die Freistellungsentscheidung unter **Auflagen** erteilt wurde.[110] Seit dem 1. Mai 2004 bieten für Regelungen dieser Art Art. 9 Abs. 1 VerfVO und seit dem 1. Juli 2005 § 32b GWB das Instrument von **Verpflichtungszusagen** an. Die Kommission empfiehlt, die Weitergabe von Kosteneinsparungen anhand folgender recht allgemeiner Faktoren zu prüfen:[111] (a) Merkmale und Struktur des Markts, (b) Art und Ausmaß der Effizienzgewinne, (c) Elastizität der Nachfrage und Ausmaß des Wettbewerbs und (d) Ausmaß der Wettbewerbsbeschränkung. Während bisher bei der Prüfung von Anmeldungen eine schwierige Prognose über den trotz wettbewerbsbeschränkender Verhaltensweisen zu erwartenden Wettbewerbsdruck anzustellen war, dürfte seit Wegfall der Anmeldepflicht der Zeitpunkt der Überprüfung häufig erst nach Praktizierung wettbewerbsbeschränkender Verhaltensweisen liegen und kann daher anhand der tatsächlichen Ergebnisse erfolgen. Bei der Prüfung der Gewinnbeteiligung der Verbraucher kann Beschwerden Indizwert zukommen.[112]

4. Vermeidung einer Ausschaltung von Wettbewerb

43 Es obliegt den Beteiligten nachzuweisen, dass keine Möglichkeit eröffnet wird, für einen wesentlichen Teil der betreffenden Waren oder, wie zu ergänzen ist, Dienstleistungen den Wettbewerb auszuschalten. Zu diesem Zweck ist eine **Strukturanalyse** anzustellen.[113] Nach Bestimmung des sachlich und räumlich relevanten Markts sind die Folgen derjenigen wettbewerbsbeschränkenden Verhaltensweisen zu prognostizieren, die die positiven Voraussetzungen von Art. 81 Abs. 3 erfüllen und nicht nach Art. 81 Abs. 3 (a) als „nicht unerlässlich" verworfen wurden. Anders als Zusammenschlussvorhaben betreffen wettbewerbsbeschränkende Verhaltensweisen nie sämtliche und keineswegs immer die wichtigsten Wettbewerbsparameter. Zu prüfen ist jedenfalls, ob die verbleibenden Wettbewerbsparameter unter den Beteiligten einen ausreichenden Binnenwettbewerb erwarten lassen. Fehlender Binnenwettbewerb kann durch Außenwettbewerb nichtbeteiligter aktueller oder potentieller Wettbewerber kompensiert werden. In Märkten mit einem oder mehreren **marktbeherrschenden Unternehmen** braucht der Wettbewerb nicht „ausgeschaltet" zu sein. Die Prognose einer Ausschaltung von Wettbewerb ist daher nicht gleichbedeutend mit der Erwartung des Entstehens oder der Verstärkung einer marktbeherrschenden Stellung. Vielmehr ist „das bloße Innehaben einer marktbeherrschenden Stellung ... insoweit ohne Relevanz".[114]

44 Die Vereinbarung einer ausschließlichen Bezugsverpflichtung der Mitglieder einer landwirtschaftlichen Genossenschaft wurde als Ausschaltung jeglichen **(Binnen-)Wettbewerbs** hinsichtlich der zu bezeichnenden Ware (Käsefarbstoff) angesehen.[115] Als Ausschaltung von

---

[109] Komm. E. v. 23. 11. 1977 Rs. IV/29.428 – *GEC-Weir*, ABl. 1977 L 327/26, 34; E. v. 11. 12. 1980 Rs. IV/27.442 – *Vacuum Interrupters*, ABl. 1980 L 383/1, WuW/E EV 701.
[110] Vgl. z. B. Komm. E. v. 5. 7. 2002 Rs. COMP/37.730 – *LH/AUA*, ABl. 2002 L 242/25, 35, 37 f. Rn. 93, 105–116, WuW/E EU-V 745, 752, 754 ff.
[111] Leitlinien (Fn. 26), Rn. 96.
[112] EuG U. v. 28. 2. 2002, Fn. 12, II-1086 Rn. 370.
[113] *Nikpay/Faull* in: Faull/Nikpay, The EC Law of Competition, 2. Aufl., 2007, Art. 81 Rn. 3, 455 f.
[114] EuG U. v. 30. 9. 2003, T-191/98, T-212/98, T-214/98 – *Atlantic Container Line/Komm.*, Slg. 2003, II-3275, Rn. 939.
[115] Komm. E. v. 5. 12. 1979 Rs. IV/29011 – *Lab*, ABl. 1980 L 51/19, 25 Rn. 33, WuW/E EV 827, 830; bestätigt durch EuGH U. v. 25. 3. 1981 Rs. T-61/80 – *Coöperatieve Stremsel- en Kleuselfabriek/Komm.* Slg. 1981, 851, 868 Rn. 18, WuW/E EWG/MUV 518, 520.

(Außen-)Wettbewerb wurde angesehen, wenn eine branchenweite Regelung nur den zehn größten Markenprodukten zugute kommt.[116] Eine Vereinbarung, durch die mehr als die Hälfte der italienischen Gussglaserzeugung dem Wettbewerb entzogen wird, führt zu einer Ausschaltung des Wettbewerbs im Sinne von Art. 81 Abs. 3.[117] Ein kombinierter Marktanteil der an einer wettbewerbsbeschränkenden Vereinbarung beteiligten Hersteller in Höhe von 22% lässt noch genügend (Außen-)Wettbewerb zu.[118] Auf Vertriebsebene ist es nicht als Ausschaltung von Wettbewerb anzusehen, wenn Händler eine ausreichende Möglichkeit haben, Produkte anderer Hersteller zu vertreiben.[119] Eine Vereinbarung zur Beschränkung von Remailing, um länderweise unterschiedliche Postentgelte auszunutzen, wurde hingegen nicht als Ausschaltung von Wettbewerb gewertet, weil „die Einführung eines kostenorientierten Vergütungssystem letztlich zur Wiederherstellung normaler Wettbewerbsbedingungen führ(e)."[120]

Eine Ausschaltung von Wettbewerb kann durch Gewährung von **Zugangsrechten** **45** vermieden werden, soweit sich diese als wirksam erweisen. In einer der Eurovisionsentscheidungen wurde dies vom EuG entgegen der Auffassung der Kommission verneint und die Freistellungsentscheidung der Kommission für nichtig erklärt.[121] Ebenso wie die Gewinnbeteiligung der Verbraucher kann die Gewährung von Zugangsrechten durch Auferlegung von Auflagen und/oder Bedingungen sichergestellt werden.[122] Nicht sachgerecht psychologisierend und rechtsstaatlich problematisch ist die Annahme der Kommission, dass „vergangene(s) Wettbewerbsverhalten ... Anhaltspunkte ... für die Auswirkungen ... auf das künftige Wettbewerbsverhalten liefer(e)" und dass die Einbindung eines im Wettbewerb aktiven Einzelgängers daher besonders bedenklich sei.[123]

Zur Beurteilung von Zutrittschranken schlägt die Kommission in den Leitlinien folgen- **46** des **Prüfungsschema** vor:[124]

i) Der Rechtsrahmen und seine Auswirkungen auf den Eintritt eines neuen Wettbewerbers.

ii) Die Marktzutrittskosten einschließlich nicht rückholbarer Kosten (sunk cost), die nicht herein geholt werden können, wenn der neue Anbieter wieder aus dem Markt ausscheidet. Mit der Höhe dieser Kosten nimmt das Geschäftsrisiko für potenzielle Neuzugänge zu.

iii) Die effiziente Mindestgröße in der Branche, d. h. das Produktionsvolumen, bei dem die Durchschnittskosten minimiert werden. Wenn diese Größe im Vergleich zur Marktgröße erheblich ist, wird ein wirksamer Markteintritt wahrscheinlich kostspieliger und risikoreicher.

iv) Die Wettbewerbsstärke potenzieller Neuzugänger. Ein effektiver Markteintritt ist insbesondere dann wahrscheinlich, wenn potenzielle neue Anbieter Zugang zu mindestens ebenso kosteneffizienten Technologien haben wie die im Markt etablierten Unternehmen oder wenn sie über andere Wettbewerbsvorteile verfügen, die ihnen einen wirksamen Wettbewerb ermöglichen. Wenn potenzielle Neuzugänger über dieselbe oder über eine geringerwertige technologische Ausstattung wie die im Markt etablierten Unternehmen und über keine weiteren signifikanten Wettbewerbsvorteile verfügen, ist ein Markteintritt mit einem größeren Risiko behaftet und weniger effizient.

v) Die Stellung der Käufer und ihr Fähigkeit, neuen Wettbewerbsquellen im Markt Raum zu schaffen. Es ist unerheblich, wenn bestimmte Käufer mit einer starken Stellung unter Umständen in der Lage sind, mit den Vertragsparteien günstigere Bedingungen auszuhandeln als schwächere Wettbewerber. Das Vorhandensein mächtiger Abnehmer kann nur dann als Argument gegen die Vermu-

---

[116] EuGH U. v. 29. 10. 1980 Fn. 77, 3279/80 Rn. 188.
[117] Komm. E. v. 17. 12. 1980 Rs. IV/29 869 – *Gussglass in Italien,* ABl. 1980 L 383/19, 25.
[118] Komm. E. v. 18. 5. 1994 Fn. 87, 34 Rn. 81.
[119] EuGH U. v. 22. 10. 1986, Fn. 73, 3089 Rn. 64.
[120] Komm. E. v. 15. 9. 1999 Fn. 103, 29 Rn. 90.
[121] EuG U. v. 8. 10. 2002 Fn. 51, II-3834 f. Rn. 68–79.
[122] Vgl. oben Rn. 42.
[123] Leitlinien (Fn. 26), Rn. 112.
[124] Leitlinien (Fn. 26), Rn. 115.

tung einer Ausschaltung des Wettbewerbs dienen, wenn es wahrscheinlich ist, dass die Käufer den Weg für den Eintritt neuer Wettbewerber ebnen werden.

vi) Die wahrscheinliche Reaktion der im Markt etablierten Unternehmen auf versuchte Markteintritte. Wenn diese z. B. aufgrund ihres bisherigen Marktverhaltens einen aggressiven Ruf haben, kann sich dies auf zukünftige Marktzugänge auswirken.

vii) Die wirtschaftlichen Aussichten einer Branche können ein Indikator für ihre langfristige Attraktivität sein. Stagnierende oder rückläufige Wirtschaftszweige sind für Markteintritte weniger interessant als Wachstumsbranchen.

viii) Umfangreiche Markteintritte in der Vergangenheit oder deren Fehlen.

Anhang zu Art. 81 EG.
Horizontale Kooperationen

Übersicht

	Rn.		Rn.
I. Rechtstatsächlicher Hintergrund	1	III. Leitlinien über horizontale Zusammenarbeit	22
II. Rechtlicher Prüfungsrahmen horizontaler Kooperationen	11	1. Anwendungsbereich der Leitlinien	22
1. Anwendungsbereich des Art. 81 Abs. 1 EG	12	2. Rechtsnatur der Leitlinien	25
2. Bagatellbekanntmachung	13	3. Systematik der Leitlinien	27
3. Gruppenfreistellungsverordnungen	19	4. Praktische Umsetzung der Leitlinien	37
4. Legalisierung nach Art. 81 Abs. 3 EG	21		

Schrifttum: *Bellamy & Child*, European Community Law of Competition, 6. Auflage 2008, S. 303 ff.; *Burrichter*, Kartellrechtlich zulässige Unternehmenskooperationen, in: Schwerpunkte des Kartellrechts 1999, Heft 181, 2000, S. 1 ff.; *Ritter/Braun/Rawlinson*, European Competition Law: A Practitioner's Guide, 3. Auflage 2004, S. 165 ff.

I. Rechtstatsächlicher Hintergrund

Art. 81 Abs. 1 EG verbietet Vereinbarungen zwischen Unternehmen, Beschlüsse von **1** Unternehmensvereinigungen und aufeinander abgestimmte Verhaltensweisen, die geeignet sind, den Handel zwischen Mitgliedstaaten zu beeinträchtigen, und die eine Verhinderung, Einschränkung oder Verfälschung des Wettbewerbs innerhalb des gemeinsamen Marktes bezwecken oder bewirken.

Art. 81 Abs. 1 EG als Grundnorm für die Beurteilung wettbewerbsbeschränkender Vereinbarungen wird dabei weit ausgelegt und gilt dem Wortlaut nach zunächst unterschiedslos[1] für **horizontale wie auch für vertikale Vereinbarungen.**[2] Unabhängig von der betroffenen Wirtschaftsstufe umfasst das Kartellverbot grundsätzlich alle Kooperationen gleichermaßen von der Forschung und Entwicklung über die Produktion und den Einkauf bis hin zu Marketing und Vertrieb. **2**

Gleichwohl wurden seit jeher die horizontalen Wettbewerbsbeschränkungen aufgrund **3** ihrer potentiell weiterreichenden Auswirkungen auf die Wettbewerbsverhältnisse von der Kommission strenger beurteilt als entsprechende vertikale Vereinbarungen. Das beruht insbesondere darauf, dass Beschränkungen im horizontalen Bereich typischerweise den Interbrand-Wettbewerb beeinträchtigen, was in seinen wettbewerblichen Wirkungen erheblich kritischer beurteilt wird als Beschränkungen vertikaler Natur, welche primär nur den Intrabrand-Wettbewerb betreffen.[3]

---

[1] Die bis vor einiger Zeit noch im deutschen Recht de lege ferenda bestehende Differenzierung zwischen vertikalen und horizontalen Wettbewerbsbeschränkungen wurde durch den Gesetzgeber mit der 7. GWB-Novelle (Siebtes Gesetz zur Änderung des Gesetzes gegen Wettbewerbsbeschränkungen v. 7. 7. 2005, BGBl. I v. 12. 7. 2005, S. 1954) mit Wirkung zum 1. 7. 2005 aufgehoben und die Rechtslage weitgehend an das Europäische Recht angeglichen.

[2] Ständige Rechtsprechung, vgl. EuGH U. v. 30. 6. 1966 Rs. 56/65 – *Technique Minière/Maschinenbau Ulm* Slg. 1966, 282, 302 f. = WuW/E 105, 745, 750; EuGH U. v. 13. 7. 1966 verb. Rs. 56/64 und 58/64 – *Grundig/Consten* Slg. 1966, 322, 387 = WuW/E 106, 823, 827; EuGH U. v. 24. 10. 1995 Rs. C-70/93 – *BMW/ALD* Slg. 1995 I-3439 Rn. 15 = WuW 1996, 31, 32.

[3] EuGH U. v. 13. 7. 1966 verb. Rs. 56/64 und 58/64 – *Grundig/Consten* Slg. 1966, 322, 390, WuW/E 106, 823, 829.

4 Allerdings ist auch im Rahmen horizontaler Vereinbarungen zwischen unterschiedlich weitreichenden wettbewerbsbeschränkenden Wirkungen zu differenzieren, die sich einer einheitlichen Bewertung entziehen. Deshalb hat sich hierzu schon früh eine im Grundsatz **zweigleisige Verwaltungspraxis** zur Beurteilung horizontaler Vereinbarungen entwickelt.[4]

5 Auf der einen Seite stehen die ihrer Natur nach **schwerwiegenden Verstöße** gegen das Kartellverbot wie beispielsweise Preis- oder Quotenabsprachen sowie Kunden- und Marktaufteilungen. Diese werden von der Kommission mit aller Strenge und unter Ausnutzung des zur Verfügung stehenden Bußgeldrahmens sowie mit Hilfe einer Kronzeugenregelung, die sich zwischenzeitlich als äußerst erfolgreich herausgestellt hat, verfolgt.[5] Die hierfür erforderliche Konzentrierung der personellen Ressourcen auf die Verfolgung schwerwiegender Kartellverstöße war auch einer der wesentlichen Beweggründe für die grundlegende Reform der damaligen Kartellverordnung VO 17/62.

6 Auf der anderen Seite hat sich im Laufe der Zeit ein steigendes Bedürfnis entwickelt, **unproblematische horizontale Kooperationen** aus dem Anwendungsbereich von Art. 81 Abs. 1 EG herauszunehmen. Dies ist auf sowohl in der Natur der Sache liegende als auch auf administrative Gründe zurückzuführen. In der Sache dürfte inzwischen im Grundsatz jedenfalls darüber Einigkeit bestehen, dass die heutigen Wirtschaftsverhältnisse durchaus eine noch stärker differenzierende Betrachtung erfordern. Die stark gewandelten wirtschaftlichen Rahmenbedingungen auf europäischer wie auf internationaler Ebene und die unterschiedlichen Erscheinungsformen der Globalisierung zwingen die Unternehmen in zunehmendem Maße zu Kooperationen.[6] Dies gilt insbesondere in technologie- und innovationsgetriebenen Märkten, in denen der wirtschaftliche und technologische Fortschritt häufig von der Zulässigkeit bestimmter Kooperationsformen in erheblichem Maße mitbestimmt wird. Zu denken ist hier beispielsweise an Kooperationen bei Forschung und Entwicklung oder an einseitige bzw. wechselseitige Patentlizenzverträge. Die Praxis zeigt, dass derartige Kooperationen auch in einem solchen Umfeld, und selbst bei bereits fortgeschrittener Marktkonzentration, nicht typischerweise zu Einschränkungen der Wettbewerbsintensität führen müssen. Vielmehr können sie sogar zu einer Belebung der Wettbewerbsverhältnisse und neuen Impulsen im Marktgeschehen einschließlich Effizienzgewinnen auch zugunsten der Abnehmer führen.

7 Hinzu kommt, dass eine allzu restriktive und vor allem undifferenzierte sowie nicht hinreichend an ökonomischen Begebenheiten orientierte Verwaltungspraxis hier letztlich nicht nur zu einer Schwächung der Unternehmen im internationalen Wettbewerb, sondern auch zu einer Schwächung der Wettbewerbsfähigkeit Europas sowie Gefährdung der Lissabon-Ziele[7] führen würde.

---

[4] Vgl. *Bellamy & Child,* S. 304; siehe auch schon die Bekanntmachung der Kommission über Vereinbarungen, Beschlüsse und aufeinander abgestimmte Verhaltensweisen, die eine zwischenbetriebliche Zusammenarbeit betreffen (Kooperationsbekanntmachung), ABl. C 75/3 vom 29. 7. 1968.

[5] Siehe hierzu auch die „Leitlinien für das Verfahren zur Festsetzung von Geldbußen, die gemäß Art. 23 Abs. 2 Buchstabe a) der Verordnung (EG) Nr. 1/2003 festgesetzt werden", ABl. C 210/2 vom 1. 9. 2006, sowie die „Mitteilung der Kommission über den Erlass und die Ermäßigung von Geldbußen in Kartellsachen", ABl. C 298/17 vom 8. 12. 2006; in ihren Leitlinien zur Festsetzung von Geldbußen hat die Kommission in Rd. 23 ausdrücklich festgehalten, dass im Falle schwerwiegender Kartellverstöße der Grundbetrag der Geldbuße am oberen Ende der Bandbreite anzusetzen ist; *Hellmann,* Vereinbarkeit der Leitlinien der Kommission zur Berechnung von Bußgeldern mit höherrangigem Gemeinschaftsrecht, WUW 2002, 944 ff.; *Sünner,* Das Verfahren zur Festsetzung von Geldbußen nach Art. 23 II lit. a) der Kartellverfahrensordnung (VerfVO), EuZW 2007, 8 ff.

[6] Vgl. hierzu ausführlich auch das Diskussionspapier des Bundeskartellamtes: „Kooperationen zwischen Wettbewerbern – Ist eine Neubewertung erforderlich?", www.bundeskartellamt.de/wDeutsch/download/pdf/AKK_00.pdf.

[7] Vgl. die Erklärung von Lissabon der damals noch 15 Staats- und Regierungschefs vom März 2000 zu den zukünftigen strategischen Zielen der EU, wonach Europa bis 2010 zum weltweit wettbewerbs-

Anhang zu Art. 81: Horizontale Kooperationen 8–11 **Anh. Art. 81 EG**

Aus administrativer Sicht wiederum hatte das ursprüngliche System der Anmeldung **8**
wettbewerbsbeschränkender Vereinbarungen in Verbindung mit dem Freistellungsmonopol der Kommission zu einer steigenden und auch im Ergebnis völlig unverhältnismäßigen Beschäftigung der Kommission mit häufig un- bzw. wenig problematischen Vorgängen geführt und dadurch Ressourcen gebunden, die für die Verfolgung schwerwiegender Kartellverstöße dann nicht genutzt werden konnten.

Vor diesem Hintergrund hat die Kommission im Rahmen des **Reform- und Moder-** **9**
nisierungsprozesses zum europäischen Wettbewerbsrechts auch die Beurteilung der horizontalen Kooperationen einer Revision unterzogen. Mit der anschließenden Neujustierung verfolgt die Kommission nunmehr einen stärker wirtschaftlich geprägten Ansatz (**„more economic approach"**), welcher den Unternehmen einen flexibleren und vor allem stärker ausdifferenzierten Spielraum bei der Gestaltung vertraglicher Kooperationsformen auf horizontaler Ebene einräumt. Ein im Grundsatz an Marktanteilen orientiertes Konzept in Verbindung mit einer wirtschaftlichen Einzelfallbetrachtung unter Berücksichtigung individueller Besonderheiten und Bedingungen soll dabei die bis dahin häufig zu schematische Beurteilung nach juristischen Kriterien ersetzen.

Vorläufiger Endpunkt dieser Entwicklung ist die Erneuerung der VO 17/62 durch Er- **10**
lass der seit dem 1. Mai 2004 geltenden VO 1/2003,[8] die einen Regimewechsel von dem bisherigen Anmelde- und Genehmigungserfordernis für wettbewerbsbeschränkende Vereinbarungen hin zu einem **System der Legalausnahme** mit sich brachte. Mit diesen Paradigmenwechsel wurde die bisher bestehende Möglichkeit beseitigt, für wettbewerbsbeschränkende Vereinbarungen eine Einzelfreistellung bei der Kommission im Rahmen einer Form A/B-Anmeldung zu beantragen. Die Unternehmen haben seither in eigener Verantwortlichkeit unter Berücksichtigung entsprechender Leitlinien der Kommission die rechtliche Beurteilung von Kooperationen auch mit Wettbewerbern vorzunehmen.

II. Rechtlicher Prüfungsrahmen horizontaler Kooperationen

Der für horizontale Kooperationen zunächst sehr weitgehend erscheinende Anwendungs- **11**
bereich des Kartellverbots nach Art. 81 Abs. 1 EG wird in der praktischen Umsetzung durch eine Vielzahl von **Ausnahmetatbeständen** erheblich eingeschränkt. Zu nennen sind hier insbesondere die Bagatellbekanntmachung,[9] die zwischenzeitlich reformierten Gruppenfreistellungsverordnungen für Forschungs- und Entwicklungs-,[10] für Spezialisierungs-[11] und für Technologietransfervereinbarungen,[12] sowie die Leitlinien für horizontale

---

fähigsten und dynamischsten wissensbasierten Wirtschaftsraum werden soll, sowie die Bekräftigung im Frühjahr 2004, diesen Prozess nachhaltig voranzutreiben.

[8] Verordnung (EG) Nr. 1/2003 des Rates vom 16. Dezember 2002 zur Durchführung der in den Artikeln 81 und 82 des Vertrags niedergelegten Wettbewerbsregeln, ABl. 2003 L 1/1 vom 4. 1. 2003.

[9] Bekanntmachung der Kommission über Vereinbarungen von geringer Bedeutung, die den Wettbewerb gemäß Art. 81 Abs. 1 des Vertrags zur Gründung der Europäischen Gemeinschaft nicht spürbar beschränken (de minimis), ABl. 2001 C 368/13 vom 22. 12. 2001.

[10] Verordnung (EG) Nr. 2659/2000 der Kommission vom 29. November 2000 über die Anwendung von Art. 81 Abs. 3 des Vertrages auf Gruppen von Vereinbarungen über Forschung und Entwicklung, ABl. 2000 L 304/7 vom 5. 12. 2000.

[11] Verordnung (EG) Nr. 2658/2000 der Kommission vom 29. November 2000 über die Anwendung von Art. 81 Abs. 3 des Vertrages auf Gruppen von Spezialisierungsvereinbarungen, ABl. 2000 L 304/3 vom 5. 12. 2000.

[12] Verordnung (EG) Nr. 772/2004 der Kommission vom 27. April 2004 über die Anwendung von Art. 81 Abs. 3 EG-Vertrag auf Gruppen von Technologietransfervereinbarungen, ABl. 2004 L 123/11 vom 27. 4. 2004.

Kooperationen.[13] Die rechtliche Beurteilung horizontaler Kooperationen orientiert sich dabei vor allem an den folgenden Prüfungsschritten:

1. Anwendungsbereich des Art. 81 Abs. 1 EG

12   Ausgangspunkt ist zunächst die Frage, inwieweit die betreffende Vereinbarung überhaupt wettbewerbsbeschränkender Natur ist und damit dem Anwendungsbereich des Art. 81 Abs. 1 EG unterfällt. Abgesehen von den sonstigen allgemeinen Voraussetzungen des Art. 81 Abs. 1 EG wie beispielsweise der Beeinträchtigung des zwischenstaatlichen Handels[14] ist dabei zu unterscheiden zwischen **kartellfreien Kooperationen,** die von Art. 81 EG überhaupt nicht erfasst werden, und den Kooperationen, die zwar wettbewerbsbeschränkende Wirkungen im Sinne des Art. 81 Abs. 1 entfalten, gleichwohl aber aus anderen Gründen, z.B. im Rahmen einer Gruppenfreistellungsverordnung, zulässig sein können.

2. Bagatellbekanntmachung

13   Unter die Kategorie der kartellfreien Kooperationen fallen jene Vereinbarungen, die entweder schon ihrer Natur nach keine Wettbewerbsbeschränkung entfalten oder deren wettbewerbsbeschränkende Wirkung auf den zwischenstaatlichen Handel die Schwelle der relevanten **Spürbarkeit** nicht überschreitet.[15] Die im Einzelfall schwierige Abgrenzung ist jedenfalls in der europäischen Entscheidungspraxis wenig relevant, da im Ergebnis jeweils Art. 81 Abs. 1 EG nicht eröffnet ist.[16]

14   Für die Quantifizierung der Spürbarkeit als ungeschriebenem Tatbestandsmerkmal[17] von Art. 81 Abs. 1 EG kann auf die de-minimis-/**Bagatellbekanntmachung**[18] der Kommission zurückgegriffen werden. Mit dieser Bekanntmachung, in der zwischen vertikalen und horizontalen Vereinbarungen differenziert wird, konkretisiert die Kommission anhand von **Marktanteilsschwellen** in Verbindung mit bestimmten generell unzulässigen **Kernbeschränkungen** die Grenze, bis zu der Vereinbarungen typischerweise von so geringer Bedeutung sind, dass sie den Wettbewerb nicht wesentlich und spürbar beschränken und damit bereits aus dem Anwendungsbereich des Art. 81 Abs. 1 EG herausfallen.

15   Mit der Ende 2001 veröffentlichten Neufassung hat die Kommission auch die Bagatellbekanntmachung im Rahmen des Modernisierungsprozesses an einen stärker wirtschaftsorientierten Ansatz angepasst. Wesentliche Änderungen[19] gegenüber der bis dahin geltenden Fassung betreffen insbesondere die Anhebung der Marktanteilsschwellen sowie im vertikalen Bereich die Anpassung der verbotenen Kernbeschränkungen an die entsprechende Systematik in der Gruppenfreistellungsverordnung für vertikale Vereinbarungen.

---

[13] Bekanntmachung der Kommission über Leitlinien zur Anwendbarkeit von Art. 81 EG-Vertrag auf Vereinbarungen über horizontale Zusammenarbeit, ABl. 2001 C 3/02 vom 6. 1. 2001.

[14] Vgl. hierzu oben Art. 81 Abs. 1 Rn. 178 ff.

[15] Vgl. *Burrichter,* Kartellrechtlich zulässige Unternehmenskooperationen, S. 1 ff.

[16] Bisher mögliche unterschiedliche Beurteilungen für rein nationale Vorgänge, bei denen keine Bindungswirkung des Bundeskartellamtes an die Bagatellbekanntmachung der Kommission bestand, sind mit der Angleichung des GWB an das europäische Kartellrecht im Rahmen der 7. GWB-Novelle im Ergebnis jedenfalls im Wesentlichen beseitigt, zumal sich die Bagatellbekanntmachung des Bundeskartellamtes (Bekanntmachung Nr. 18/2007 des Bundeskartellamtes über die Nichtverfolgung von Kooperationsabreden mit geringer wettbewerbsbeschränkender Bedeutung vom 13. 3. 2007) weitestgehend an der Kommissionsbekanntmachung orientiert.

[17] Als ungeschriebenes Tatbestandsmerkmal anerkannt seit EuGH U. v. 30. 6. 1966 Rs. 56/65 – *Technique Minière/Maschinenbau Ulm* Slg. 1966, 282, 303 f.; WuW/E 105, 745, 751.

[18] Siehe oben Rn. 9, s. a. Art. 81 Abs. 1 Rn. 109, 118 ff.

[19] Vgl. hierzu im Einzelnen Art. 81 Abs. 1 Rn. 120 ff.

Für horizontale Vereinbarungen gilt nunmehr auf dem relevanten Markt eine gemeinsame **Marktanteilsschwelle** der Wettbewerber von 10% statt bisher 5%. Eine Überschreitung der Schwellenwerte um nicht mehr als 2% während höchstens zwei aufeinanderfolgenden Kalenderjahren ist dabei unschädlich.[20] Dieser Schwellenwert ist ausdrücklich nicht als absolute oder Obergrenze zu verstehen, bei deren Überschreitung für jede relevante horizontale Vereinbarung eine Spürbarkeit der Wettbewerbsbeschränkung anzunehmen sei.[21] Umgekehrt wird aber bei kumulativer Wirkung innerhalb eines Netzes gleichartiger Vereinbarungen einschränkend die Schwelle bei horizontalen wie auch bei vertikalen Vereinbarungen bereits bei 5% gesehen. 16

Generell ausgenommen von der Privilegierung durch die Bagatellbekanntmachung bleiben wie bisher schon horizontale Vereinbarungen, die eine der schwerwiegenden **Kernbeschränkungen** bezwecken, nämlich die Festsetzung der Preise beim Verkauf von Erzeugnissen an Dritte, die Beschränkung der Produktion oder des Absatzes, und die Aufteilung von Märkten oder Kunden.[22] 17

Zur Prüfung der Frage, inwieweit der Anwendungsbereich des Art. 81 Abs. 1 EG eröffnet ist, sind schließlich neben der Bagatellbekanntmachung auch die weiter unten näher erläuterten **Leitlinien** der Kommission zur Beurteilung horizontaler Kooperationen heranzuziehen.[23] 18

3. Gruppenfreistellungsverordnungen

Liegt eine wettbewerbsbeschränkende Vereinbarung auf horizontaler Ebene im Sinne von Art. 81 Abs. 1 EG vor, ohne dass diese unter die Bagatellbekanntmachung subsumiert werden kann, kommt eine Ausnahme vom Kartellverbot aufgrund einer der **Gruppenfreistellungsverordnungen** wie beispielsweise für Forschungs- und Entwicklungs-, Spezialisierungs- oder Technologietransfervereinbarungen in Betracht.[24] Daneben ist auch auf die **Vertikal-GVO** hinzuweisen. Trotz ihres grundsätzlichen Anwendungsbereiches auf vertikale Vertragsbeziehungen kann diese unter bestimmten Voraussetzungen auch auf horizontal angelegte Verhältnissen anwendbar sein. Dies gilt nach Art. 2 Abs. 4 der Vertikal-GVO bei nicht wechselseitigen vertikalen Vereinbarungen zwischen Wettbewerbern, wenn zusätzlich entweder der Käufer insgesamt weniger als EUR 100 Mio. Jahresumsatz erzielt oder sich die Vertragspartner nur auf Vertriebsebene, nicht dagegen auf Herstellerebene gegenüber stehen **(Dualvertrieb)**. 19

Das gesamte System der Gruppenfreistellungsverordnungen[25] wie auch die Bagatellbekanntmachung wurden in den vergangenen Jahren modernisiert.[26] Mit dem neuen Konzept und der Maßgabe eines verstärkt ökonomischen Ansatzes wurde die bisherige Auflistung der konkreten vom Kartellverbot freigestellten („weißen") und der „grauen" Klauseln aufgegeben. Mit Ausnahme gravierender Wettbewerbsverstöße, der sog. Kernbeschränkungen, sind nunmehr alle Vertragsbedingungen grundsätzlich freigestellt, sofern alle sonstigen 20

---

[20] Bagatellbekanntmachung, Rn. 7 ff.
[21] Bagatellbekanntmachung, Rn. 2.
[22] Bagatellbekanntmachung, Rn. 11.
[23] Vgl. hierzu im Einzelnen unten Rn. 22 ff.
[24] Dabei ist zu beachten, dass nicht jede Vereinbarung zwischen Wettbewerbern per se unter Art. 81 Abs. 1 EG fällt. So sind beispielsweise auch FuE-Vereinbarungen horizontaler Art denkbar, die keine wettbewerbsbeschränkenden Klauseln enthalten und damit schon nicht unter Art. 81 Abs. 1 EG fallen.
[25] Vgl. zu den Gruppenfreistellungsverordnungen im Einzelnen unten 7. Teil.
[26] Die für die Gruppenfreistellungsverordnungen für FuE-, Spezialisierungs- sowie Technologietransfervereinbarungen geltenden Übergangsfristen sind zwischenzeitlich alle abgelaufen, so dass nunmehr alle Verträge, selbst wenn sie noch vor Inkrafttreten der jeweiligen GVO vereinbart worden sein sollten, ausschließlich an den aktuellen Fassungen der GVOen zu messen sind.

Voraussetzungen für die Anwendbarkeit der Verordnung, insbesondere die Marktanteilsschwellen, erfüllt sind.

4. Legalisierung nach Art. 81 Abs. 3 EG

21 Häufig lassen sich allerdings horizontale Kooperationen nicht unter eine der Gruppenfreistellungsverordnungen subsumieren, weil beispielsweise die maßgebliche Marktanteilsschwelle überschritten ist. In diesen Fällen sind die Vereinbarungen nicht automatisch unzulässig, sondern müssen nach dem neuen Regime der VO 1/2003 zunächst von den Unternehmen individuell und in Eigenverantwortung auf ihre Freistellungsfähigkeit nach Art. 81 Abs. 3 EG geprüft werden, der seit dem 1. Mai 2004 unmittelbar gilt.[27] Hierfür sollen die nachfolgend dargestellten Leitlinien der Kommission für horizontale Kooperationen zusätzliche Orientierungshilfe geben.

III. Leitlinien über horizontale Zusammenarbeit

1. Anwendungsbereich der Leitlinien

22 Im Rahmen der Reform der horizontalen Kooperationen hat die Kommission neben der Neufassung der verschiedenen Gruppenfreistellungsverordnungen auch Leitlinien zur Anwendung von Art. 81 EG auf Vereinbarungen über horizontale Zusammenarbeit verabschiedet.[28] Sie bewegt sich damit im Einklang mit den U.S.-Kartellbehörden Federal Trade Commission (FTC) und Department of Justice (DOJ), die ebenfalls kurz vorher entsprechende Guidelines veröffentlicht haben.[29]

23 Diese Leitlinien ersetzen zum einen die bisherige sog. Kooperationsbekanntmachung und die Bekanntmachung für die Bewertung kooperativer Gemeinschaftsunternehmen[30] und sollen den Unternehmen wesentliche Anwendungs- und Auslegungsgrundsätze für die Beurteilung horizontaler Kooperationen nach Art. 81 Abs. 1 EG und deren Freistellungsfähigkeit nach Art. 81 Abs. 3 EG bieten. Zum anderen dienen sie als ergänzende Beurteilungsgrundlage für Kooperationen, die ihrer Art nach unter die Gruppenfreistellungsverordnungen für FuE- bzw. Spezialisierungsvereinbarungen fallen.[31]

24 Die Leitlinien beziehen sich nur auf Vereinbarungen zwischen aktuellen oder potentiellen **Wettbewerbern**. Sie beschränken sich dabei auf die Beurteilung solcher horizontalen Vereinbarungen, die ihrer Art nach zu **Effizienzgewinnen** führen können wie beispielsweise Produktions-, Einkaufs- oder Vermarktungskooperationen. Ausdrücklich aus dem Anwendungsbereich der Leitlinien ausgenommen bleiben dagegen Vorgänge wie beispielsweise Vereinbarungen über den Informationsaustausch oder über Minderheitsbeteiligungen, aber auch komplexere Sachverhalte wie beispielsweise **strategische Allianzen.** Hinter diesem Begriff können vielfältige Erscheinungsformen der Zusammenarbeit stehen, deren Zulässigkeitsrahmen sich einer generellen Darstellung entzieht und deshalb einer auf

---

[27] Siehe hierzu auch *Schwintowski/Klaue,* Kartellrechtliche und gesellschaftsrechtliche Konsequenzen des Systems der Legalausnahme für die Kooperationspraxis der Unternehmen, WuW 2005, 370 ff.

[28] Siehe oben Fn. 13 sowie Art. 81 Abs. 1 Rn. 84 ff., 111 ff. Allgemein zu den Leitlinien Stopper EuZW 2001, 426 ff.

[29] Antitrust Guidelines for Collaborations among Competitors, issued by the Federal Trade Commission and the U.S. Department of Justice, April 2000 (www.ftc.gov); *F. Immenga/Stopper,* Die europäischen und US-amerikanischen Leitlinien zur horizontalen Kooperation, RIW 2001, 241 ff.

[30] Siehe oben Rn. 4 zur Kooperationsbekanntmachung Rn. 4. sowie die Bekanntmachung der Kommission über die Beurteilung kooperativer Gemeinschaftsunternehmen nach Art. 85 des EWG-Vertrags, ABl. 1993 C 43/02 vom 16. 12. 1993.

[31] Horizontale Leitlinien, Rn. 8.

den jeweiligen Einzelfall abgestellten Gesamtbetrachtung bedarf. Dasselbe gilt für horizontale Vereinbarungen, soweit diese entweder unter die europäische Fusionskontrollverordnung oder unter eine sektorspezifische Regelung wie in den Bereichen Landwirtschaft, Verkehr oder Versicherungen fallen.[32]

2. Rechtsnatur der Leitlinien

25 Die Leitlinien sind als Orientierungshilfe für den Anwender zu verstehen, indem sie einen analytischen Rahmen und Bewertungsparameter für die Beurteilung der geläufigsten Formen horizontaler Zusammenarbeit zur Verfügung stellen. Die darin zum Ausdruck gebrachten Grundsätze können darüber hinaus mit der gebotenen Vorsicht auch für die Beurteilung anderer, nicht explizit genannter Kooperationsformen herangezogen werden.

26 Allerdings ist zu berücksichtigen, dass die Leitlinien lediglich die Grundsätze und Auffassung der Kommission zur Bewertung horizontaler Kooperationen widerspiegeln und keine konstitutive Wirkung haben. Insbesondere kommt ihnen **keine Bindungswirkung** gegenüber **Gerichten** oder **nationalen Kartellbehörden** zu.[33] Gleichwohl verbleibt in der Praxis die mit der Bekanntmachung verbundene Selbstbindung der Kommission sowie der damit verbundene relative Schutz vor Bußgeldsanktionen für in Einklang mit den Leitlinien stehende Vereinbarungen. Diesem Umstand kommt vor allem seit der Einführung der VO 1/2003 noch größere Bedeutung zu, mit der das Anmeldesystem und Freistellungsmonopols der Kommission aufgehoben und ein Wechsel von dem bisherigen Verbotssystem mit Erlaubnisvorbehalt hin zu einem System der Legalausnahme vollzogen wurde. Für außergewöhnliche Vereinbarungen mit z. B. hohem Investitionsrisiko verbleibt außerdem noch die grundsätzliche Möglichkeit der vorherigen Konsultation mit einer Kartellbehörde.

Außerdem darf die faktische Wirkung dieser Leitlinien trotz fehlender Bindungswirkung auch auf Entscheidungen von nationalen Kartellbehörden oder Gerichten nicht unterschätzt werden. Dies dürfte gerade im Bereich **zivilrechtlicher Schadensersatzklagen** auf Grund von Kartellabsprachen im Anschluss an entsprechende Entscheidungen der Kartellbehörden zukünftig eine nicht geringe Rolle spielen. In besonderem Maße würde das gelten gelten, wenn die Kommission den Vorschlag in ihrem Weißbuch zur Erleichterung von Schadensersatzklagen bei Kartellverstößen umsetzen sollte, wonach u. a. den bestandskräftigen Entscheidungen nationaler Kartellbehörden eine **Bindungswirkung** in nachfolgenden Schadensersatzprozessen zukommen solle.[34]

3. Systematik der Leitlinien

27 Die Leitlinien bieten eine Auslegungshilfe, inwiefern bestimmte Arten von Vereinbarungen überhaupt in den Anwendungsbereich des Art. 81 Abs. 1 EG fallen, und anhand welcher Kriterien die Freistellungsfähigkeit relevanter Vereinbarungen anhand von Art. 81 Abs. 3 EG geprüft werden kann.

28 a) **Anwendungsbereich des Art. 81 Abs. 1 EG.** Die Leitlinien differenzieren dabei entsprechend der wettbewerblichen Relevanz der Vereinbarungen zwischen drei Kategorien, nämlich Vereinbarungen,
– die regelmäßig nicht von Art. 81 Abs. 1 EG erfasst werden,

---

[32] Horizontale Leitlinien, Rn. 10–13.
[33] Siehe hierzu *Geiger* EuZW 2000, 325 m. w. N.; *Pohlmann*, Keine Bindungswirkung von Bekanntmachungen und Mitteilungen der Europäischen Kommission, WuW 2005, 1005 ff.
[34] Vgl. Weißbuch der Kommission zu Schadensersatzklagen wegen Verletzung des EG-Wettbewerbsrechts vom 3. 4. 2008, S. 6 f.

Anh. Art. 81 EG 29–34 6. Teil. EG-Vertrag

– die nicht zweifelsfrei als unbedenklich bewertet werden und deshalb möglicherweise von Art. 81 Abs. 1 EG erfasst werden können,
– und solchen, die fast immer von Art. 81 Abs. 1 EG erfasst werden.

29 Vereinbarungen, die danach regelmäßig von Art. 81 Abs. 1 EG erfasst werden, sind solche, die **Kernbeschränkungen** in Form von Absprachen über Preise, Produktion oder die Aufteilung von Märkten bzw. Kunden zum Gegenstand haben. Diese sind typischerweise verboten und können in der Regel nicht gerechtfertigt werden.[35]

30 Davon abgesehen erkennt die Kommission zwar an, dass eine Vielzahl horizontaler Kooperationen keine Wettbewerbsbeschränkung bezwecken. Gleichwohl ist jedoch für die Bewertung nach Art. 81 Abs. 1 EG auch die bloße **Bewirkung einer Wettbewerbsbeschränkung** relevant. Als maßgebliche Kriterien für diese Prüfung stellt die Kommission dabei auf die Art der Vereinbarung, auf die Marktmacht der Beteiligten sowie auf sonstige marktstrukturelle Begebenheiten ab.[36]

31 Aus der **Art der Vereinbarung,** d.h. dem konkreten Gebiet und Zweck der Zusammenarbeit, lässt sich häufig schon eine Wettbewerbsbeschränkung ausschließen. Je weiter der Kern einer Zusammenarbeit von Fragen der Produktion, der Preisgestaltung, der Innovation oder der Produktvielfalt entfernt ist, desto naheliegender ist, dass eine solche Vereinbarung keine hinreichend wettbewerblich nachteiligen Wirkungen entfaltet. Dies gilt typischerweise für reine FuE-Vereinbarungen ohne zusätzliche Beschränkungen oder die Kooperation bei der Festlegung von Normen oder der Verbesserung von Umweltbedingungen.

32 Darüber hinaus nennen die Leitlinien typische Gruppen von Vereinbarungen, die mangels Koordinierung des Wettbewerbsverhaltens regelmäßig nicht unter Art. 81 Abs. 1 EG fallen, nämlich
– die Zusammenarbeit zwischen Nichtwettbewerbern,
– die Zusammenarbeit zwischen Wettbewerbern, sofern diese alleine nicht zur Durchführung der Tätigkeit in der Lage wären (Arbeitsgemeinschaftsgedanke),
– und sonstige Formen der Zusammenarbeit, bei denen die relevanten Wettbewerbsparameter wie Preise, Produktion, Innovation oder Produktvielfalt nicht beeinflusst werden.
Eingeschränkt wird dies nur für Fälle, in denen die Beteiligten erhebliche Marktmacht haben oder Abschottungseffekte drohen.

33 Lässt sich die Anwendbarkeit von Art. 81 Abs. 1 EG nicht schon wegen der Art der Vereinbarung ausschließen, sind weiterhin die **Marktmacht** der Beteiligten und die betroffenen **Marktstrukturen** zu prüfen. Die Frage, ob die Beteiligten aufgrund der Kooperation genug Marktmacht haben, um damit die Marktverhältnisse im Hinblick auf die genannten Wettbewerbsparameter negativ beeinflussen zu können, hängt von deren Marktstellung ab. Diese wird im Wesentlichen durch die gemeinsamen Marktanteile bestimmt, wobei die Leitlinien keine allgemeine Marktanteilsschwelle festlegen. Als Orientierungshilfe wird man hier vorsichtig auf die Wertungsentscheidungen hinter den Marktanteilsschwellen zurückgreifen können, die in den Gruppenfreistellungsverordnungen für FuE- (25%), für Spezialisierungs- (20%) oder für Technologietransfervereinbarungen (20% im horizontalen Verhältnis) vorgegeben sind.

34 Zur Beurteilung der **Marktstrukturen** und konkret der Konzentration auf dem betroffenen Markt verweisen die Leitlinien schließlich auf den aus dem US-Kartellrecht stammenden Herfindahl-Hirschman-Index als Messgröße.[37] Daneben sind aber auch zusätzliche Faktoren wie Stabilität der Marktanteile, Innovationsgrad, Marktzutrittsmöglichkeiten und Nachfragemacht der Marktgegenseite zu berücksichtigen.

---

[35] Eine Ausnahme hiervon gilt für Produktions-Gemeinschaftsunternehmen, bei denen typischerweise auch gemeinsame Entscheidungen über die Produktion und bei zusätzlicher Vermarktung durch das GU auch eine Abstimmung über die Preise möglich sein müssen.
[36] Horizontale Leitlinien, Rn. 21 ff.
[37] Horizontale Leitlinien, Rn. 29.

b) Freistellung nach Art. 81 Abs. 3 EG. Führt eine wettbewerbliche Beurteilung 35 schließlich zum Ergebnis, dass die horizontale Vereinbarung unter Art. 81 Abs. 1 EG fällt, ohne dass eine Freistellung nach einer Gruppenfreistellung möglich ist, schließt sich die Prüfung der **Freistellungsfähigkeit** unter den allgemeinen Voraussetzungen des Art. 81 Abs. 3 EG an. Eine solche Freistellung setzt voraus, dass die wettbewerbsbeschränkende Vereinbarung einen hinreichenden wirtschaftlichen Nutzen aufweist, die Verbraucher daran angemessen beteiligt werden, die Wettbewerbsbeschränkung für die Realisierung dieses wirtschaftlichen Nutzens unerlässlich ist, und schließlich nicht der Wettbewerb für einen wesentlichen Teil der betroffenen Produkte ausgeschaltet wird.[38]

c) Fallbeispiele. Diesem Aufbau entsprechend konkretisieren die Leitlinien im zweiten 36 Teil das Instrumentarium der typischen ökonomischen Bewertungskriterien im Hinblick auf die folgenden sechs Arten von Vereinbarungen: (i) Vereinbarungen über FuE,[39] (ii) Produktionsvereinbarungen (inklusive Spezialisierungsvereinbarungen),[40] (iii) Einkaufsvereinbarungen,[41] (iv) Vermarktungsvereinbarungen,[42] (v) Vereinbarungen über Normen,[43] und (vi) Umweltschutzvereinbarungen.[44]

4. Praktische Umsetzung der Leitlinien

Im Gegensatz zu dem zuvor noch geltenden Beurteilungsrahmen für horizontale Ver- 37 einbarungen sind nunmehr auch die Leitlinien durch den von der Kommission zu Recht in den Vordergrund gerückten stärker **wirtschaftsorientierten Ansatz** geprägt. In der praktischen Umsetzung bedeutet dies für die betroffenen Unternehmen zunächst tendenziell einen höheren Aufwand bei der Prüfung einschlägiger Vereinbarungen. Hinzukommen dürfte im Einzelfall auch ein mit dem Wegfall der Anmeldemöglichkeit und dem Freistellungsmonopol der Kommission verbundenes höheres Maß an **Rechtsunsicherheit,** worauf im Rahmen der Reformdiskussionen häufig hingewiesen wurde.[45] Dies gilt insbesondere für Kooperationen, die hohe finanzielle und sonstige Investitionen erfordern. In diesen Fällen jedenfalls muss versucht werden, das verbleibende Restrisiko der zivilrechtlichen Unwirksamkeit durch mögliche Konsultationen mit der Kommission bzw. einer nationalen Kartellbehörde und evtl. flankierende Rechtsgutachten zu minimieren. Für einen Großteil der Fälle dürfte allerdings im Ergebnis mit diesem Systemwechsel auch ein **größerer Gestaltungsspielraum** für die Unternehmen einhergehen, weil im Rahmen der anzustellenden Gesamtbetrachtung ökonomische Kriterien eine stärkere Berücksichtigung erfahren und damit eine stärker an den wettbewerblichen Gegebenheiten orientierte Beurteilung möglich ist.[46]

Hinzu kommt, dass ein Teil der Vorgänge, die nach herkömmlicher Betrachtungsweise 38 in den Anwendungsbereich von Art. 81 Abs. 1 EG fielen und folglich entweder unter eine

---

[38] Vgl. hierzu im Einzelnen auch unten Art. 81 Abs. 3 Rn. 7 ff.
[39] Horizontale Leitlinien, Rn. 39 ff.
[40] Horizontale Leitlinien, Rn. 78 ff.
[41] Horizontale Leitlinien, Rn. 115 ff.
[42] Horizontale Leitlinien, Rn. 139 ff.
[43] Horizontale Leitlinien, Rn. 159 ff.
[44] Horizontale Leitlinien, Rn. 179 ff.
[45] So z. B. *Bartosch*, Von der Freistellung zur Legalausnahme – was geschieht mit der Rechtssicherheit?, WuW 2000, 462 ff.; *Deringer*, Reform der Durchführungsverordnung zu den Art. 81 und 82 des EG-Vertrages, EuR 2001, 306, 307 ff.; *Koenigs*, Die VO Nr. 1/203: Wende im EG-Kartellrecht, DB 2003, 755, 759; siehe auch *Fikentscher*, Das Unrecht einer Wettbewerbsbeschränkung: Kritik am Weißbuch und VO-Entwurf zu Art. 81, 82 EG-Vertrag, WuW 2001, 446 ff.
[46] Vgl. zu den in Betracht kommenden Haftungsfragen, *Schwintowski/Klaue*, Kartellrechtliche und gesellschaftsrechtliche Konsquenzen des Systems der Legalausnahme für die Kooperationspraxis der Unternehmen, WuW 2005, 370 ff.

Art. 82 EG

Gruppenfreistellungsverordnung subsumiert oder bei der Kommission angemeldet werden mussten, nunmehr im Einzelfall unter Berufung auf die Leitlinien schon aus dem Anwendungsbereich des Art. 81 Abs. 1 EG fallen können.

Art. 82 [Mißbrauch einer marktbeherrschenden Stellung]

Mit dem Gemeinsamen Markt unvereinbar und verboten ist die mißbräuchliche Ausnutzung einer beherrschenden Stellung auf dem Gemeinsamen Markt oder auf einem wesentlichen Teil desselben durch ein oder mehrere Unternehmen, soweit dies dazu führen kann, den Handel zwischen Mitgliedstaaten zu beeinträchtigen.

Dieser Mißbrauch kann insbesondere in folgendem bestehen:

a) der unmittelbaren oder mittelbaren Erzwingung von unangemessenen Einkaufs- oder Verkaufspreisen oder sonstigen Geschäftsbedingungen;

b) der Einschränkung der Erzeugung, des Absatzes oder der technischen Entwicklung zum Schaden der Verbraucher;

c) der Anwendung unterschiedlicher Bedingungen bei gleichwertigen Leistungen gegenüber Handelspartnern, wodurch diese im Wettbewerb benachteiligt werden;

d) der an den Abschluß von Verträgen geknüpften Bedingung, daß die Vertragspartner zusätzliche Leistungen annehmen, die weder sachlich noch nach Handelsbrauch in Beziehung zum Vertragsgegenstand stehen.

Übersicht

	Rn.
I. Allgemeines	1
1. Zweck und Bedeutung der Norm	1
a) Gegenstand des Missbrauchsverbots	1
b) Praktische Relevanz	2
2. Systematik der Norm	3
a) Marktbeherrschung	4
b) Missbräuchliches Verhalten	5
3. Verhältnis zu anderen Normen	8
a) Verhältnis zu nationalem Recht	8
b) Verhältnis zu Art. 81 EG	9
c) Verhältnis zu Art. 86 Abs. 2 EG	10
d) Verhältnis zur EG-Fusionskontrolle	11
II. Unternehmen	12
1. Unternehmensbegriff im Sinne des Kartellrechts	12
a) Definition	12
b) Private Unternehmen	13
c) Öffentliche Unternehmen	14
d) Zurechnung im Unternehmensverbund	16
2. Abgrenzung zu hoheitlichem Verhalten des Staates	19
a) Hoheitliche Tätigkeit	20
b) Aufgaben der Sozialversicherung und des Sozialstaates	21
c) Abgrenzung zwischen hoheitlicher und unternehmerischer Tätigkeit	23
III. Marktbeherrschende Stellung	25
1. Marktabgrenzung	25
a) Allgemeines	25
b) Sachlich relevanter Markt	28
c) Räumlich relevanter Markt	83
d) Zeitlich relevanter Markt	88
e) Besonderheiten bei Nachfragemärkten	90
2. Beherrschende Stellung	91
a) Einzelmarktbeherrschung	91
b) Kollektive Marktbeherrschung	121
c) Marktbeherrschung auf Nachfragemärkten	126
3. Beherrschung des Gemeinsamen Marktes oder eines wesentlichen Teils desselben	142
IV. Missbräuchliche Ausnutzung	144
1. Hauptformen des Missbrauchs	144
a) Preis- und Konditionenmissbrauch (Ausbeutungsmissbrauch)	144
b) Kopplungsverbot	157
c) Diskriminierung	164
d) Behinderungsmissbrauch	174
e) Marktstrukturmissbrauch	194
f) Schaffung und Beibehaltung von Marktzutrittsschranken	201
g) Zugang zu wesentlichen Einrichtungen („Essential Facilities")	210
2. Sonstige Missbrauchstatbestände	221
a) Behinderung des zwischenstaatlichen Handels im Binnenmarkt	221
b) Missbräuchliche (schikanöse) Ausnutzung von Eintragungs- bzw. Klagerechten betreffend gewerbliche Schutzrechte	225
3. Rechtfertigung	228
V. Rechtsfolgen	230
1. Kartellbehördliche Maßnahmen	230
a) Abgrenzung zur nationalen Missbrauchskontrolle	231
b) Untersagungsverfahren	232
c) Bußgeldverfahren	233

Art. 82 EG: Mißbrauch einer marktbeherrschenden Stellung

Schrifttum: *Abbamonte,* Cross-subsidisation and Community Competition Rules: Efficient Pricing Versus Equity, E.L.Rev. 1998, 414; *Albors-Llorens,* The „Essential Facilities" Doctrine in EC Competition Law, Cambridge Law Journal 1999, 490; *dies.,* The role of objective justification and efficiencies in the application of Article 82 EC, C.M.L.Rev. 2007, 44(6), 1727; *Arhold,* Das Geldbußenregime nach der Kartell-Verordnung EuZW 1999, 165; *Berg,* Neue Entscheidungen des EuGH zur Anwendung des EG-Kartellrechts im Bereich der sozialen Sicherheit, EuZW 2000, 170; *Bergman,*The Bronner Case – A Turning Point for the Essential Facilities Doctrine?, ECLR 2000, 59; *Bergmann,* Nachfragemacht in der Fusionskontrolle, 1989; *Charbit,* Le droit de la concurrence et le secteur public, Paris 2002; *Conde Gallego,* Die Anwendung des kartellrechtlichen Missbrauchsverbots auf unerlässliche Immaterialgüterrechte im Lichte der IMS Health- und Standard-Spundfass-Urteile, GRUR Int 2006, 1628; *Deselaers,* Die „Essential Facilities"-Doktrin im Lichte des Magill-Urteils des EuGH, EuZW 1995, 63; *Dobson/Waterson/Chu,* The Welfare Consequences of the Exercise of Buyer Power, Studie für das Office of Fair Trading, September 1998, 13 f.; *Eilmansberger,* Abschlusszwang und Essential Facility Doktrin nach Art. 82 EG, EWS 2003, 12; *Ewald,* Predatory Pricing als Problem der Missbrauchsaufsicht, WuW 2004, 1165; *Faull/Nikpay* (Hrsg.),The EC Law of Competition, Oxford 1999; *Fine,* NDC/IMS: A Logical Application of Essential Facilities Doctrine, ECLR 2002, 457; *Fleischer/Weyer,* Neues zur „Essential Facilities"-Doktrin im Europäischen Wettbewerbsrecht, WuW 1999, 350; *Frenz,* Grenzen der Quersubventionierung durch Gemeinschaftsrecht, EWS 2007, 211; *Glynn,* Article 82 and Price Discrimination in Patented Pharmaceuticals: the Economics, ECLR 2005, 135; *Grave,* Art. 86 II EG: Weder Verbot noch Gebot zur Quersubventionierung von Dienstleistungen im allgemeinen wirtschaftlichen Interesse, EuZW 2001, 709; *Hancher/Buendia Sierra,* Cross-Subsidisation and EC Law, CMLR 1998, 901; *Hancher/Lugard,* De essential facilities doctrine: Het Bronner arrest en vragen van mededingingsbeleid, SEW 1999, 323; *Hartmann-Rüppel/Engelhoven,* Kartellrecht und Eigentum – Die Soda-Club II-Entscheidung des BGH, ZWeR 2008, 290; *Haupt,* Collective Dominance Under Article 82 E.C. and E.C. Merger Control in the light of the Airtours Judgment, ECLR 2002, 434; *Hirsbrunner,* Marktbeherrschung durch Flughäfen, WuW 2007, 32; *Höppner,* Die Pflicht, interne Produktionsmittel zu vermarkten – zugleich Anmerkung zum EuGH-Urteil IMS, EuZW 2004, 748; *Kessen,* Nachfragemacht der Automobilindustrie, 1996; *Jenny,* Pharmaceuticals, Competition and Free Movement of Goods in: *Hellenic Competition Commission,* EU Competition Law and Policy – Developments and Priorities, Athen 2002, 77 ff.; *Kallaugher/Sher,* Rebates Revisited: Anti-Competitive Effects and Exclusionary Abuse Under Article 82, ECLR 2004, 263; *Kirchhoff,* Die Beurteilung von Bezugsverträgen nach europäischem Kartellrecht WuW 1995, 361; *Klaue,* Zur Rezeption der amerikanischen „Essential Facility-Doctrine" in das europäische und deutsche Kartellrecht, RdE 1996, 51; *Klees/Hauser,* Oligopolistische Reaktionsverbundenheit im Anwendungsbereich des Art. 82 EG, EWS 2008, 7; *Kleinmann,* Rabattgestaltung durch marktbeherrschende Unternehmen, EWS 2002, 449; *Klimisch/Lange,* Zugang zu Netzen und anderen wesentlichen Einrichtungen als Bestandteil der kartellrechtlichen Missbrauchsaufsicht, WuW 1998, 15; *Klotz/Zurkinden,* Die Anwendung des Kartellrechts auf kleine und mittlere Unternehmen, WuW 1999, 120; *Kon/Turnbull,* Pricing and the Dominant Firm: Implications of the Competition Appeal Tribunal's Judgment in the Napp Case, ECLR 2003, 70; *Korthals/Bangard,* Die neuen Leitlinien der Kommission zur Bußgeldbemessung in Kartellverfahren, BB 1998, 1013; *Knöpfle,* Ist die marktbeherrschende Gruppen betreffende Regelung des GWB sinnvoll und berechtigt?, BB 1983, 1421; *Körber,* Wettbewerb in dynamischen Märkten zwischen Innovationsschutz und Machtmissbrauch – Zum Microsoft-Urteil des EuG vom 17. 9. 2007, WuW 2007, 1209; *Kühnert/Xeniadis,* Missbrauchskontrolle auf Sekundärmärkten, WuW 2008, 1054; *Lampert,* Der EuGH und die Essential-Facilities-Lehre, NJW 1999, 2235; *Lange,* Kampfpreisstrategien (predatory pricing) im europäischen Kartellrecht, ZHR 169 (2005), 495; *Lange/Pries,* Möglichkeiten und Grenzen der Missbrauchskontrolle von Koppelungsgeschäften: Der Fall Microsoft, EWS 2008, 1; *Lober,* Die IMS-Health-Entscheidung der Europäischen Kommission: Copyright K.O.?, GRUR Int 2002, 7; *Lorenz/Lübbig/Russell,* Price Discrimination – A Tender Story, ECLR 2005, 355; *Thomas Lübbig,* Änderungen des Europäischen Kartellrechts nach Auslaufen des EGKS-Vertrages, Stahl und Eisen 2002, 59; *ders.,* Parallelhandel mit Arzneimitteln: Lehrstück der Kartellrechtsanwendung auf unvollkommene Märkte oder Kampf gegen ordnungspolitische Windmühlen, Festschrift für *Ulf Doepner,* München 2008, 83; *Malaurie-Vignal,* L'abus de position dominante, Paris 2002; *Markert,* Die Verweigerung des Zugangs zu „wesentlichen Einrichtungen" als Problem der kartellrechtlichen Missbrauchsaufsicht, WuW 1995, 560; *ders.,* Langfristige Bezugsbindungen für Strom und Gas nach deutschem und europäischem Kartellrecht EuZW 2000, 427; *McGregor* The Future for the Control of Oligopolies Following Compagnie Maritime Belge, ECLR 2001, 434; *Graf von Merveldt,* Ausschluss kartellrechtlicher Einwendungen im Patentverletzungsverfahren, WuW 2004, 19; *Mestmäcker/Bremer,* Die koordinierte Sperre im deutschen und europäischen Recht der öffentlichen Aufträge, BB 1995, Beil. Nr. 19, 1; *Montag,* Gewerbliche Schutzrecht, wesentliche Einrichtungen und Normung im Spannungsfeld zu Art. 86 EGV, EuZW 1997, 71; *Montag/Leibenath,* Aktuelle Entwicklungen im Bereich von Art. 82 EG, EWS 1999, 281; *Giorgio Monti,* The scope of collective dominance under Article 82 EC, CMLR 2001, 131; *Neu,* Marktöffnung im nationalen und internationalen Postwesen, München 1999; *Pautke/Leupold,* Rabatte: Haben marktbeherrschende Unternehmen nach dem British Airways-Urteil des EuGH endlich mehr Klarheit? (Zugleich Anmerkung zu EuG, U. v. 15. 3. 2007 – Rs. T-219/99), EWS 2007, 241; *Pohlmann,* Der Unternehmensverbund im Europäischen Kartellrecht, Berlin 1999; *Richardson,* Guidance without Guidance – A European Revolution in Fining Policy? The Commission's New Guidelines on Fines, ECLR 1999, 360; *Richardson/Gordon,* Collective Dominance: The Third Way?, ECLR 2001, 416; *Ridyard,* Exclusionary Pricing and Price Discrimination Abuses under Article 82 – An Economic Analysis, ECLR 2002, 286; *Scherer,* Das Bronner-Urteil des EuGH und die „Essential Facilities"-Doktrin im TK-Sektor, MMR 1999, 315; *Scheufele,* Behandlung der „beherrschenden Stellung" von Nachfragern im EWG-Kartellrecht, BB 1973, Beil. Nr. 4, 1; *Schmidt,* Relevanter Markt, Marktbeherrschung und Missbrauch in § 22 GWB und Art. 86 EWGV, WuW 1965, 453; *Schmidt,* Article 82's „Exceptional Circumstances" That Restrict Intellectual Property Rights, ECLR 2002, 210; *Schmidt/Voigt,* Der „more economic approach" in der Missbrauchsaufsicht, WuW 2006, 1097; *Schnelle,* Verwendung von Monopoleinkünften zur Übernahme der gemeinschaftlichen Kontrolle an einem nicht auf den vorbehaltenen Markt tätigen Unternehmen, EWS 2002, 271; *Schnelle/Bartosch,* Umfang und Grenzen des EG-wettbewerbsrechtlichen Verbots der Quersubventionierung, EWS 2001, 411; *Schnichels,* Marktabschottung durch langfristige Gaslieferverträge, EuZW 2003, 171; *Schödermeier,* Collective Dominance Revisited: an analysis of the EC Commission's new concepts of oligopoly control, ECLR 1990, 28; *Schwarze,* Der Staat als Adressat des europäischen Wettbewerbsrechts EuZW 2000, 613; *Schwarze,* Der Schutz des geistigen Eigentums im Europäischen Wettbewerbsrecht, EuZW 2002, 75; *Schwintowski,* Der Zugang zu wesentlichen Einrichtungen – Einige kritische Bemerkungen zu § 19 Abs. 4 Nr. 4 GWB unter Berücksichtigung der amerikanischen und europäischen Kartellrechtspraxis, WuW 1999, 842; *Sher,* Price Discounts and Michelin 2: What Goes Around, Comes Around, ECLR 2002, 482; *ders.,* The Last of the Steam-Powered Trains: Modernising Article 82, ECLR 2004, 243; Soames, An analysis of the principles of concerted practice and collective dominance, ECLR 1996, 24, 34; *Temple Lang,* Some Current Problems of Applying Article 82 EC, in: Baudenbacher (Hrsg.), Neuste Entwicklungen im europäischen und internationalen Kartellrecht, Basel Genf München 2000, 57; *Thyri,* Immaterialgüterrechte und Zugang zur wesentlichen Einrichtung: Der Fall Microsoft im Licht von IMS-Health, WuW 2005, 388; *Weatherill,* Fining the Organisers of the 1998 Football World Cup, ECLR 2000, 275; *Weiß,* Transfersysteme und Ausländerklauseln unter dem Licht des EG-Kartellrechts, SpuRt 1998, 97; *Weitbrecht,* Die Entwicklung des Europäischen Kartellrechts in den Jahren 1998 und 1999, EuZW 2000, 496; *Weitbrecht,* Europäisches Kartellrecht 2002, EuZW 2003, 357; *Wirtz/Möller,* Das Diskussionspapier der Kommission zur Anwendung von Art 82 EG auf Behinderungsmissbräuche, WuW 2006, 226; *Wissel,* Der Unternehmensbegriff in deutschem und europäischem Kartellrecht – Auswirkungen des FENIN-Urteils des EuGH auf das deutsche Recht, Festschrift für *Ulf Doepner,* München 2008, 99.

I. Allgemeines

1. Zweck und Bedeutung der Norm

a) Gegenstand des Missbrauchsverbots. Die Missbrauchsaufsicht nach Art. 82 EG stellt neben der Kartellaufsicht (Art. 81 EG) und der EG-Fusionskontrolle nach der Verordnung (EG) Nr. 139/2004 die dritte Säule der gemeinschaftsrechtlichen Kontrolle des wettbewerbsrelevanten Verhaltens von Unternehmen im Binnenmarkt dar. Auf diese Weise dient Art. 82 dem in Art. 3 Buchst. g EG formulierten Ziel, ein System einzuführen, „das den Wettbewerb innerhalb des Binnenmarkts vor Verfälschungen schützt." Aus Art. 82 EG ergibt sich nicht nur ein unmittelbar gegen alle in der Gemeinschaft tätigen Unternehmen der privaten und der öffentlichen Wirtschaft geltendes Verbot, sondern i. V. m. Art. 3 Buchst. g, 10 und 86 Abs. 1 EG eine Verpflichtung des **mitgliedstaatlichen Gesetzgebers**, keine Maßnahmen zu ergreifen, die dem Missbrauch einer marktbeherrschenden

Stellung Vorschub leisten oder diesen erleichtern.[1] Während die Kartellaufsicht nach Art. 81 EG das wettbewerbskoordinierende Verhalten von mindestens zwei Unternehmen sanktioniert und die EG-Fusionskontrolle Marktstrukturveränderungen reguliert, die ebenfalls auf dem Einvernehmen mindestens zweier Unternehmen beruhen, liegt der Schwerpunkt der Missbrauchskontrolle nach Art. 82 EG in dem autonomen und **unilateralen Verhalten** eines einzelnen Unternehmens. Verboten ist nicht der Erwerb oder die Beibehaltung einer marktbeherrschenden Stellung mit wettbewerbskonformen Mitteln. Art. 82 EG ist allein ein Instrument der Verhaltenskontrolle, das den Behörden keine Handhabe gibt, die marktbeherrschende Stellung eines Unternehmens durch strukturelle Veränderungen zu reduzieren. Daher liegt das besondere Schutzgut des Art. 82 EG in dem noch verbliebenen Restwettbewerb. Art. 82 EG soll sicherstellen, dass die Abnehmer des beherrschenden Anbieters vor einer strukturbedingten Verschlechterung des Preis-Leistungs-Verhältnisses geschützt werden **(Ausbeutungsmissbrauch)** und dass den Wettbewerbern des dominanten Anbieters hinreichender Verhaltensspielraum bleibt, um die beherrschende Position mit Mitteln des Leistungswettbewerbs anzugreifen (Verbot des **Behinderungsmissbrauchs**).[2] Neben dem **Diskriminierungsverbot** stellen daher diese Tatbestandsgruppen (Ausbeutungs- und Behinderungsmissbrauch) die wichtigsten Tatbestandsobergruppen der Missbrauchsaufsicht dar.

b) Praktische Relevanz. Gemessen an der Zahl förmlicher Kommissionsentscheidungen ist die **praktische Bedeutung** von Art. 82 EG **gering**. Im Jahre 1998 schloss die Kommission insgesamt 6 Verfahren mit einer förmlichen Entscheidung ab.[3] Im Jahre 1999 erließ die Kommission 4 Verbotsentscheidungen nach Art. 82 EG.[4] Ein klarer Schwerpunkt lag in beiden Berichtsjahren in der Anwendung des Missbrauchsverbots auf Flughafenbetreibergesellschaften, hinzu kamen Musterverfahren im Bereich des Zucker- und des Eiskremvertriebs in Irland.[5] Prominent im Jahre 1999 waren ein Verfahren gegen *British Airways* (Treuerabatte im Vertrieb von Flugtickets) und ein symbolisches Verfahren gegen das Organisationskomitee der Fußballweltmeisterschaft in Frankreich 1998.[6] Im Jahre 2000 lagen die Schwerpunkte der Kommissionspolitik im Bereich von Art. 82 EG im Postwesen und im Luftverkehr,[7] abgeschlossen wurde jedoch nur ein Verfahren.[8] Im Jahre 2001 wurde unter anderem eine Reihe von Verfahren im Postsektor abgeschlossen.[9] Die Kommission verhängte Geldbußen in vier nach Art. 82 EG untersuchten Fällen.[10] Im Jahr 2002 ist die Anwendungsintensität der Vorschrift weiter zurückgegangen (keine förmliche Entschei-

---

[1] EuGH U. v. 23. 4. 1991 Rs. C-41/90 – *Höfner und Elser* Slg. 1991, I-1979 Rn. 27; EuGH U. v. 12. 2. 1998 Rs. C-163/96 – *Silvano Raso* Slg. 1998, I-533 Rn. 27; Schlussanträge des Generalanwaltes *Jacobs* vom 27. 2. 1997 zu den verb. Rs. C-90/94, C-114/95, C-115/95 und C-242/95 – *Haahr Petroleum* und *GT-Link* Slg. 1997, I-4124 Rn. 127.

[2] *Möschel* in: *Immenga/Mestmäcker*, EG – WbR Bd. I, Art. 82 Rn. 118 ff.

[3] 28. Wettbewerbsbericht 1998, Rn. 71.

[4] 29. Wettbewerbsbericht 1999, Rn. 57.

[5] Fall *Irish Sugar*: 27. Wettbewerbsbericht 1997 Rn. 65; Fall *Van den Bergh Foods (Eiskrem)*: 28. Wettbewerbsbericht, Rn. 74.

[6] Fall *Virgin/British Airways*: 29. Wettbewerbsbericht Rn. 60; Fall *Fussballweltmeisterschaften 1998*: 29. Wettbewerbsbericht 1999, Rn. 61.

[7] 30. Wettbewerbsbericht 2000, Rn. 100.

[8] Komm. E. v. 20. 12. 2000 – *Postalische Dienste mit vertraglich zugesicherter termingenauer Zustellung in Italien* ABl. 2001 L 63/59.

[9] Komm. E. v. 20. 3. 2001 Rs. COMP/M 35.141 – *Deutsche Post AG*, ABl. 2001 L 125/27; Komm. E. v. 25. 7. 2001 Rs. COMP/C-1/36.915 – *Deutsche Post AG – Aufhalten grenzüberschreitender Postsendungen* ABl. 2001 L 331/40; Komm. E. v. 23. 10. 2001 Rs. COMP/C-1/37.133 – *La Post/SNELDP* ABl. 2002 L 120/19; Komm. E. v. 5. 12. 2001 Rs. COMP/C-1/37.859 – *De Post/La Poste (Belgien)*, ABl. 2002 L 61/32.

[10] 31. Wettbewerbsbericht 2001, Rn. 76.

dung).[11] Im Jahre 2003 überraschte die Kommission die Öffentlichkeit mit einer Geldbußenentscheidung gegen die *Deutsche Telekom*.[12] Hinzu kamen weitere Entscheidungen aus dem Internet-[13] und Eisenbahnsektor.[14] Von besonderer Bedeutung im Jahre 2004 ist zweifellos die Entscheidung der Kommission gegen *Microsoft*.[15] 2005, 2006, 2007 hat die Kommission nur je ein Verfahren nach Art. 82 EG durch Untersagungsentscheidungen abgeschlossen.[16] Die Missbrauchsaufsicht nach dem früheren Art. 66 § 7 **EGKS-Vertrag** hat in der Praxis kaum eine Rolle gespielt.[17] Es wäre jedoch nicht sachgerecht, die Bedeutung des Missbrauchsverbots nur an der Zahl der förmlich abgeschlossenen Verfahren zu messen. Eine erhebliche Zahl von Verfahren wird durch Zusagen beendet, die die betroffenen Unternehmen nach der Mitteilung der Beschwerdepunkte bei der Kommission einreichen.[18] Im Jahre 2005 hat die Kommission erstmals von der durch Art. 9 Abs. 1 Verordnung Nr. 1/2003 eingeräumten Möglichkeit Gebrauch gemacht, von Unternehmen angebotene Zusagen durch Entscheidung für verbindlich zu erklären.[19] Diese Art des Verfahrensabschlusses wurde auch in den Fällen *De Beers*[20] und *Distrigaz*[21] gewählt. Die andere wesentliche Bedeutung des Art. 82 EG liegt in seiner **generalpräventiven Wirkung,** die nicht nur von der Bestimmung selbst ausgeht, sondern auch von den vielen parallelen Missbrauchsverbotsvorschriften im **nationalen Kartellrecht**. In der nationalen Kartellrechtspraxis spielt Art. 82 EG eine zunehmend wichtige Rolle, bisher vor allem in der Konstellation, dass Art. 82 neben dem jeweils bestehenden nationalen Missbrauchsverbot zur Begründung der Entscheidung herangezogen wird.[22]

2. Systematik der Norm

3 Der Aufbau des Missbrauchsverbots in Art. 82 EG ist bestimmt durch das statische Tatbestandselement der Marktbeherrschung und das verhaltensbeschreibende Tatbestandselement der Missbrauchshandlungen, die in Satz 2 Buchst. a bis d beispielhaft beschrieben werden. Nach der Rechtsprechung des Gerichtshofes setzt die Annahme eines Missbrauches nicht zwingend voraus, dass zwischen marktbeherrschender Stellung und Missbrauchsverhalten ein Zusammenhang in dem Sinne besteht, dass die „durch eine beherrschende Stellung erlangte Wirtschaftskraft als Mittel für die Verwirklichung des Missbrauchs eingesetzt wird." Nach ständiger Rechtsprechung ist der „Begriff der missbräuchlichen Ausnutzung vielmehr ein **objektiver Begriff,** der die Verhaltensweisen eines Unternehmens in beherrschender Stellung erfasst, die die Struktur eines Marktes beeinflussen können, auf dem der Wettbewerb gerade wegen der Anwesenheit des fraglichen Un-

---

[11] *Weitbrecht*, Europäisches Kartellrecht 2002, EuZW 2003, 357, 360.
[12] Komm. E. v. 21. 5. 2003 Rs. COMP/C-1/37.451, 37.578, 37.579 – *Deutsche Telekom AG*, ABl. 2003 L 263/9.
[13] Komm. E. v. 16. 7. 2003 Rs. COMP/38.233 – *Wanadoo* (nicht im ABl. veröffentlicht).
[14] Komm. E. v. 27. 8. 2003 Rs. COMP/37.685 – *GVG/Ferrovie dello Stato*, ABl. 2004 L 11/17.
[15] Komm. E. v. 24. 3. 2004 Rs. COMP/37.792 – *Microsoft*, ABl. 2007 L 32/23 (Zusammenfassung).
[16] S. u. Fn. 78-80.
[17] *Lübbig*, Änderungen des Europäischen Kartellrechts nach Auslaufen des EGKS-Vertrages, Stahl und Eisen 2002, 59, 60.
[18] 27. Wettbewerbsbericht 1997, Rn. 64.
[19] S. *Coca-Cola*, Komm. E. v. 22. 6. 2005 Rs. COMP/A. 39.116/B2, ABl. 2005 L 253/21.
[20] Komm. E. v. 22. 2. 2006 Rs. COMP/B-2/38.381, ABl. 2006 L 205/24; zwischenzeitlich für nichtig erklärt durch EuG U. v. 11. 7. 2007 Rs. T-170/06 – *Alrosa/Kommission* Slg. 2007, I-2601. Das Rechtsmittel der Kommission ist unter dem Az. C-441/07 P beim Gerichtshof anhängig.
[21] Komm. E. v. 11. 10. 2007 Rs. COMP/B-1/37.966 (noch nicht im ABl.).
[22] Vgl. den Beschluss des BKartA vom 21. 12. 1999 über die Mitbenutzung von Hafenanlagen in Puttgarden WuW/E DE-V 253 sowie die Entscheidung der italienischen Kartellbehörde vom 12. 7. 1999 betreffend Rabattpraktiken von *Coca Cola* in Italien, veröffentlicht im Bolletino Nr. 49/1999.

ternehmens bereits geschwächt ist, und die die Aufrechterhaltung des auf dem Markt noch bestehenden Wettbewerbs oder dessen Entwicklung durch die Verwendung von Mitteln behindern, welche von den Mitteln eines normalen Produkt- oder Dienstleistungswettbewerbs auf der Grundlage der Leistungen der Marktbürger abweichen".[23] Beide Tatbestandsmerkmale sind somit unabhängig voneinander festzustellen. Es besteht weder eine Vermutung dafür, dass ein Unternehmen in beherrschender Stellung typischerweise zu missbräuchlichem Verhalten neige, noch dafür, dass ein der äußeren Form nach missbräuchliches Verhalten im Sinne von Art. 82 Satz 2 Buchst. a bis d EG nur deshalb habe durchgesetzt werden können, weil das Unternehmen in einer beherrschenden Stellung gewesen sein müsse.

a) **Marktbeherrschung.** Anders als das deutsche Recht in § 19 Abs. 2 und Abs. 3 GWB enthält der EG keine Definition der Marktbeherrschung oder gar eine aus Marktanteilswerten abzuleitende **Marktbeherrschungsvermutung.** Lediglich der EGKS-Vertrag ging in Art. 65 § 2 Buchst. c und Art. 66 § 2 1. Tiret davon aus, dass in der **Preisbestimmungsmacht** eines Unternehmens das wesentliche Merkmal der Marktbeherrschung liege. Der Gerichtshof definiert den Tatbestand der Marktbeherrschung in Art. 82 EG in ständiger Rechtsprechung als die „wirtschaftliche Marktstellung eines Unternehmens, die dieses in die Lage versetzt, die Aufrechterhaltung eines wirksamen Wettbewerbs auf dem relevanten Markt zu verhindern, indem sie ihm die Möglichkeit verschafft, sich seinen Wettbewerbern, seinen Abnehmern und letztlich den Verbrauchern gegenüber in einem nennenswerten Umfang unabhängig zu verhalten."[24] Marktbeherrscher nach dieser Definition ist somit dasjenige Unternehmen, das es sich **trotz des Bestehens gewissen Restwettbewerbes** erlauben kann, in seinem Verhalten weitgehend keine Rücksicht auf dieses Wettbewerbspotential nehmen zu müssen, ohne dass ihm dies zum Schaden gereichte. Diese Stellung der Marktbeherrschung reduziert die wirtschaftliche Handlungsfreiheit des Unternehmens in nennenswertem Maße; der Gerichtshof leitet aus der marktbeherrschenden Stelle nämlich eine „besondere Verantwortung" für die Aufrechterhaltung des durch die Anwesenheit des Marktbeherrschers ohnehin „geschwächten Wettbewerbs" ab.[25] Außerhalb des Bereichs der Marktbeherrschung als üblich angesehene Geschäftspraktiken können somit einen Missbrauch im Sinne von Art. 82 darstellen, wenn sie von Unternehmen mit marktbeherrschender Stellung ausgehen.[26]

b) **Missbräuchliches Verhalten.** Da die missbräuchliche Ausnutzung der marktbeherrschenden Stellung als „objektiver Begriff" angesehen wird, sind für die Beurteilung dieses Verhaltens die Absichten oder Beweggründe der Unternehmensleitung unerheblich;[27] ein **Verschulden** im Sinne persönlich oder individuell vorwerfbaren Verhaltens ist nicht Tatbestandsvoraussetzung,[28] wenngleich Art. 15 Abs. 2 der alten Verordnung Nr. 17/1962 (nunmehr Art. 23 Abs. 2 der Verordnung Nr. 1/2003) davon ausgeht, dass Geldbußen nur bei **vorsätzlichem oder fahrlässigem** Handeln verhängt werden können. Der Begriff des Vorsatzes im Sinne dieser Bestimmung setzt nach der Rechtsprechung jedoch nicht voraus, dass sich das Unternehmen des Kartellverstoßes bewusst war. Das Gericht erster Instanz hat vielmehr entschieden, es genüge für die Annahme von Vorsatz, dass das Unternehmen

---

[23] EuGH U. v. 13. 2. 1979 Rs. 85/76 – *Hoffmann-La Roche/Kommission* Slg. 1979, 461 Rn. 91; Schlussanträge des Generalanwaltes *Cosmas* vom 16. 5. 2000 Rs. C-344/98 – *Masterfoods/HB Ice Cream* Slg. 2000, I-11.371 Rn. 92.
[24] EuGH Rs. 85/76 a. a. O. Leitsatz 4.
[25] EuGH U. v. 14. 11. 1996 Rs. C-333/94 P – *Tetra Pak/Kommission* Slg. 1996, I-5951 Rn. 24.
[26] Komm. E. v. 26. 7. 2000 K (2000) 2267, ABl. 2000 L 208/36 Rn. 50.
[27] *Schröter* in: *Schröter/Jakob/Mederer,* Kommentar zum Europäischen Wettbewerbsrecht, Art. 82, Rn. 162.
[28] EuGH U. v. 21. 2. 1973 Rs. 6/72 – *Europemballage und Continental Can/Kommission* Slg. 1973, 215 Rn. 29; Schlussanträge des Generalanwaltes *Jacobs* vom 27. 2. 1997 zu den verb. Rs. C-90/94, C-114/95, C-115/95 und C-242/95 – *Haahr Petroleum* und *GT-Link* Slg. 1997, I-4123 Rn. 126.

Art. 82 EG 6–9

wissen musste, „dass das ihm zur Last gelegte Verhalten eine Einschränkung des Wettbewerbs auf dem Gemeinsamen Markt bezweckte oder bewirkte.[29] Überdies hat der Gerichtshof festgestellt, fahrlässig begangene Zuwiderhandlungen seien unter dem Gesichtspunkt des Wettbewerbs nicht weniger schwerwiegend als die vorsätzlich begangenen.[30]

6   Im Hinblick auf den Missbrauchstatbestand ist Art. 82 Satz 1 EG als **Generalklausel** zu verstehen, die durch die **Katalogtatbestände** in Satz 2 Buchst. a bis d in **nicht erschöpfender** Weise beispielhaft erläutert wird. Die meisten Tatbestandsgruppen lassen sich der zum deutschen Kartellrecht entwickelten Aufteilung in Ausbeutungsmissbrauch, Behinderungsmissbrauch und diskriminierendes Verhalten zuordnen. Die Grenzen sind fließend, so dass der Gerichtshof nicht immer deutlich macht, von welcher Tatbestandsalternative oder welchem Katalogbeispiel er ausgeht. Zum Teil definiert der Gerichtshof das missbräuchliche Verhalten sogar ganz allgemein als einen Verstoß gegen Art. 82 EG und das in Art. 3 Buchst. g EG niedergelegte Binnenmarktziel.[31]

7   Nach der Rechtsprechung setzt die Anwendung von Art. 82 EG nicht voraus, dass sich das missbräuchliche Verhalten zwingend auf denjenigen Markt auswirkt, der von dem Unternehmen beherrscht wird; vielmehr finden sich eine Reihe von Beispielen, in denen sich **die beanstandeten Verhaltensweisen auf anderen als auf den beherrschten Märkten ausgewirkt** haben.[32] Jedoch wird man einen gewissen Zusammenhang zwischen der Tätigkeit auf dem beherrschten Markt und auf demjenigen nicht-beherrschten Markt verlangen müssen, auf dem sich das missbräuchliche Verhalten auswirkt (wie z. B. bei **benachbarten Märkten oder bei vertikaler Integration** zwischen den beiden Märkten). Anderenfalls wären Vielproduktunternehmen in ihrem Wettbewerbsverhalten unangemessen behindert; m. a. W. die Tatsache, dass z. B. ein Chemikalien- und Arzneimittelhersteller eine beherrschende Position in der Herstellung und im Vertrieb eines patentierten Arzneimittels hat, hindert das Unternehmen noch nicht daran, auf einem nicht beherrschten Markt im Bereich der Petrochemie Treuerabatte zu gewähren.

3. Verhältnis zu anderen Normen

8   **a) Verhältnis zu nationalem Recht.** Gegenüber Vorschriften des mitgliedstaatlichen Rechts nimmt Art. 82 EG grundsätzlich **Anwendungsvorrang** ein. Das bedeutet, dass eine nach Art. 82 missbräuchliche Verhaltensweise nicht durch eine Erlaubnisvorschrift des nationalen Rechts gerechtfertigt sein kann,[33] es sei denn die Voraussetzungen des Art. 86 Abs. 2 des Vertrages lägen vor oder dem betroffenen Unternehmen wäre die beanstandete Verhaltensweise durch nationale Rechtsvorschriften in der Weise vorgeschrieben worden, dass ihm keine Verhaltensalternative blieb.[34]

9   **b) Verhältnis zu Art. 81 EG.** Zu Art. 81 EG (Kartellverbot) besteht ein Verhältnis der **Idealkonkurrenz**, d. h. ein bestimmtes Verhalten kann eine Zuwiderhandlung gegen beide Bestimmungen darstellen.[35] Die gleichzeitige Anwendung beider Bestimmungen ist

---

[29] EuG U. v. 14. 5. 1998 Rs. T-348/94 – *Enso Española/Kommission* Slg. 1998, II-1875 Rn. 29.

[30] EuGH B. v. 14. 12. 1995 Rs. C-173/95 P – *VSPOB/Kommission* Slg. 1996, I-1611 Rn. 55.

[31] EuGH U. v. 10. 2. 2000 verb. Rs. C-147/97 und C-148/97 – *Deutsche Post/GZS Gesellschaft für Zahlungssysteme* Slg. 2000, I-825 Rn. 60.

[32] EuGH U. v. 6. 3. 1974 verb. Rs. 6/73 und 7/73 – *Commercial Solvents/Kommission* Slg. 1974, 233; Rs. 311/84 – *CBEM* Slg. 1985, 3261; Rs. C-62/68 – *Akzo/Kommission* Slg. 1991, I-3359; U. v. 14. 11. 1996 Rs. C-333/94 P – *Tetra Pak/Kommission* Slg. 1996, I-5951 Rn. 25.

[33] EuG U. v. 7. 10. 1999 Rs. T-228/97 – *Irish Sugar* Slg. 1999, II-2969 Rn. 211.

[34] EuGH verb. Rs. C-359/95 P und C-379/95 P – *Kommission/Ladbroke Racing* Slg. 1997, I-6265 Rn. 33; EuGH U. v. 9. 9. 2003 Rs. C-198/01 – *Consorzio Industrie Fiammiferi/AGCM*, EuZW 2003, 728 Rn. 51 mit Anm. *Clarich/Lübbig* EuZW 2003, 733.

[35] EuGH U. v. 16. 3. 2000 verb. Rs. C-395/96 P und C-396/96 – *Compagnie Maritime Belge/Kommission* Slg. 2000, I-1365 Rn. 33; EuG U. v. 26. 1. 2005 Rs. T-193/02 – *Piau*, Slg. 2005, II-209.

zum einen dann relevant, wenn sich das marktbeherrschende Unternehmen zugleich an einem Kartell beteiligt und die vereinbarten wettbewerbsbeschränkenden Maßnahmen auch bei autonomer Entscheidung des Marktbeherrschers als missbräuchlich anzusehen wären, oder aber bei Kartellverstößen in einem **kollektiv marktbeherrschenden Oligopol**.[36] In der Rechtsprechung ist inzwischen geklärt, dass **Freistellungen** einer bestimmten Verhaltensweise oder Vertragsstruktur nach **Art. 81 Abs. 3 EG** – gleichgültig, ob es sich um eine Einzel- oder um eine Gruppenfreistellung handelt – der Anwendbarkeit von Art. 82 EG nicht entgegenstehen.[37]

c) Verhältnis zu Art. 86 Abs. 2 EG. Art. 86 Abs. 2 EG schließt als Bereichsausnahme zu Titel VI (Kapitel 1) des Vertrages (Wettbewerbsregeln) die Anwendung von Art. 82 EG auf ein bestimmtes missbräuchliches Verhalten aus. Voraussetzung der Norm ist die **Verpflichtung** des marktbeherrschenden Unternehmens, eine bestimmte Dienstleistung von allgemeinem wirtschaftlichen Interesse zu verrichten und die **Erforderlichkeit** der Wettbewerbsbeeinträchtigung, die mit dieser Sonderlast einhergeht, um diese besondere Verpflichtung zu erfüllen. Die Definition, Reichweite, Ausgestaltung und Abwicklung (Effizienz) der im öffentlichen Interesse stehenden Sonderaufgabe (z. B. Universaldienst)[38] liegt grundsätzlich im Ermessen der Mitgliedstaaten.[39] Die Mitgliedstaaten können, wenn sie festlegen, welche Dienstleistungen sie bestimmten Unternehmen übertragen, nicht daran gehindert sein, nationale politische Zielsetzungen zu berücksichtigen.[40] Die praktische Schwierigkeit in der Anwendung von Art. 86 Abs. 2 EG liegt in der **Beweislastverteilung**. In Kartellverfahren muss das betroffene Unternehmen, das sich auf diese Bereichsausnahmevorschrift beruft, dessen Voraussetzungen beweisen,[41] im Vertragsverletzungsverfahren nach Art. 226 EG dagegen liegt die Beweislast bei der Kommission.[42]

d) Verhältnis zur EG-Fusionskontrolle. Das Verhältnis von Art. 82 EG zur EG-Fusionskontrollverordnung (EG) Nr. 139/2004 ist unten Rn. 197 dargestellt.

II. Unternehmen

1. Unternehmensbegriff im Sinne des Kartellrechts

a) Definition. Abschnitt 1 des den Wettbewerbsregeln des Vertrages gewidmeten Kapitels ist mit dem Titel „Vorschriften für Unternehmen" überschrieben. Auf diese Weise grenzt der Vertrag die Regeln des EG-Kartellrechts zum einen von den primär staatsgerichteten Regeln der Artt. 87 ff. EG (staatliche Beihilfen) ab und zum anderen von den Vorschriften des Gemeinschaftsrechts, die die privaten Belange der Unionsbürger regeln. Es entspricht allgemeiner Auffassung, dass der **Unternehmensbegriff** der Artt. 81 und 82 EG identisch ist. Der Binnenmarktzielsetzung des Art. 3 Buchst. g EG entsprechend wird der Unternehmensbegriff des EG-Kartellrechts autonom von den Unternehmensdefinitionen der mitgliedstaatlichen Rechtsordnungen definiert. Kommission und Gemeinschaftsgerichtsbarkeit vertreten daher seit langem eine sehr weite Unternehmensdefinition, der zufolge „der Begriff des Unternehmens jede eine wirtschaftliche Tätigkeit ausübende Einheit

---

[36] EuGH verb. Rs. C-395/96 P und C-396/96 P – *Compagnie Maritime Belge/Kommission* a. a. O., Rn. 36 ff.

[37] EuG Rs. T-51/89 – *Tetra Pak/Kommission* Slg. 1990, II-309 Rn. 25 ff.; EuGH verb. Rs. C-395/96 P und C-396/96 P a. a. O. Rn. 49 ff.

[38] Vgl. z. B. Art. 3 der EG-Postdienstrichtlinie 97/67/EG vom 15. 12. 1997 ABl. 1998 L 15/14.

[39] EuG Rs. T-106/95 – *FFSA* Slg. 1997, II-233 Rn. 108 und 192; kritisch dazu *Faull/Nikpay* The EC Law of Competition, Rn. 6.146 Fn. 190; siehe auch die Kommissionsbekanntmachung vom 20. 9. 2000 „Services of General Interest in Europe", Rn. 9.

[40] Schlussanträge des Generalanwaltes *Jacobs* vom 17. 5. 2001 zu der Rs. C-475/99 – *Ambulanz Glöckner* Slg. 2001, I-8089 Rn. 185.

[41] *Faull/Nikpay*, The EC Law of Competition, Rn. 6.207 f.

[42] EuGH Rs. C-159/94 – *Kommission/Frankreich* Slg. 1997, I-5815 Rn. 90 ff.

Art. 82 EG 13

unabhängig von ihrer Rechtsform und der Art ihrer Finanzierung umfasst".[43] Erfasst werden auch Unternehmen aus **Drittstaaten,** sofern sich ihre marktbeherrschende Stellung auch auf zumindest einen wesentlichen Teil des Gemeinsamen Marktes erstreckt und sich ihr Verhalten somit auf den Märkten der EG auswirkt.[44] **Bagatellausnahmen** für kleine und mittlere Unternehmen bestehen nicht.[45]

13   **b) Private Unternehmen.** In der Kommissionspraxis hat diese Definition kaum Schwierigkeiten in der Anwendung von Art. 82 auf rein privatwirtschaftlich tätige Unternehmen mit sich gebracht. Insgesamt hat die Kommission seit Inkrafttreten des EG es allerdings vergleichsweise wenige Entscheidungen nach Art. 82 EG gegen rein privatwirtschaftlich tätige Unternehmen erlassen: *Continental Can Company;*[46] *Commercial Solvents;*[47] *Europäische Zuckerindustrie;*[48] *General Motors Continental;*[49] *United Brands (Chiquita);*[50] *Vitamine*,[51] *A. B. G. gegen in den Niederlanden tätige Mineralölgesellschaften;*[52] *Hugin/Liptons;*[53] *Michelin;*[54] *British Leyland;*[55] *ECS/Akzo;*[56] *BBI/Boosey & Hawkes;*[57] *Eurofix-Bauco/Hilti:;*[58] *Napier Brown/British Sugar;*[59] *Tetra Pak I;*[60] *BPB Industries;*[61] *Flachglas;*[62] *Decca Navigator System;*[63] *Soda-ICI;*[64] *Soda-Solvay;*[65] *Tetra Pak II;*[66] *British Midland/Aerlingus;*[67] *Reedereiausschüsse in der*

---

[43] EuGH U. v. 23. 4. 1991 Rs. C-41/90 – *Höfner und Elser* Slg. 1991, I-1979 Rn. 21; verb. Rs. C-195/91 und C-160/91 – *Poucet und Pistre* Slg. 1993, I-637 Rn. 17; Rs. C-244/94 – *FFSA* Slg. 1995, I-4013 Rn. 14; sowie EuGH U. v. 21. 9. 1999 Rs. C-67/96 – *Albany International* Slg. 1999, I-5751 Rn. 77; EuGH, U. v. 19. 2. 2002 Rs. C-309/99 – *Wouters* Slg. 2002, I-1577 Rn. 112 (Niederländische Rechtsanwaltskammer kein Unternehmen), mit Anm. *Eichele* EuZW 2002, 182; Komm. E. v. 20. 7. 1999 – *Fußball-Weltmeisterschaft 1998* Rs. IV/36.888, ABl. 2000 L 5/55 Rn. 65; in der Literatur vgl. die erschöpfende Darstellung von *Pohlmann,* Der Unternehmensverbund im Europäischen Kartellrecht, S. 35 ff.

[44] *Dirksen* in: *Langen/Bunte* – Kommentar zum deutschen und europäischen Kartellrecht, Art. 82, Rn. 5.

[45] Siehe die Kommissionsbekanntmachung über Vereinbarungen von geringer Bedeutung, die nicht unter Art. 81 Abs. 1 EG fallen ABl. 2001 C 368/19; *Klotz/Zurkinden,* Die Anwendung des Kartellrechts auf kleine und mittlere Unternehmen, WuW 1999, 120, 126 f.

[46] Komm. E. v. 9. 12. 1971 Rs. IV/26.811, ABl. 1972 L 7/25.

[47] Komm. E. v. 14. 12. 1972 Rs. IV/26.911, ABl. 1972 L 299/51.

[48] Komm. E. v. 2. 1. 1973 Rs. IV/26.918, ABl. 1973 L 140/17.

[49] Komm. E. v. 19. 12. 1974 Rs. IV/28.851, ABl. 1975 L 29/14.

[50] Komm. E. v. 17. 12. 1975 Rs. IV/26.699, ABl. 1976 L 95/1.

[51] Komm. E. v. 9. 6. 1976 Rs. IV/29.020, ABl. 1976 L 223/27.

[52] Komm. E. v. 19. 4. 1977 Rs. IV/28.841, ABl. 1977 L 117/1.

[53] Komm. E. v. 8. 12. 1977 Rs. IV/29.132, ABl. 1978 L 22/23.

[54] Komm. E. v. 7. 10. 1981 Rs. IV/29.491, ABl. 1981 L 353/33; Komm. E. v. 20. 6. 2001 COMP/E-2/36.041/PO, ABl. 2002 L 143/1.

[55] Komm. E. v. 2. 7. 1984 Rs. IV/30.615, ABl. 1984 L 207/11.

[56] Komm. E. v. 29. 7. 1983 Rs. IV/30.698, ABl. 1983 L 252/13 (einstweilige Anordnungen) und Komm. E. v. 14. 12. 1985 Rs. IV/30.698, ABl. 1985 L 374/1.

[57] Komm. E. v. 29. 7. 1987 Rs. IV/32.279, ABl. 1987 L 286/36 (einstweilige Maßnahmen).

[58] Komm. E. v. 22. 12. 1987 Rs. IV/30.787 und 31.488, ABl. 1988 L 65/19.

[59] Komm. E. v. 18. 7. 1988 Rs. IV/30.178, ABl. 1988 L 284/41.

[60] Komm. E. v. 26. 7. 1988 Rs. IV/31.043, ABl. 1988 L 242/27.

[61] Komm. E. v. 5. 12. 1988 Rs. IV/31.900, ABl. 1989 L 10/50.

[62] Komm. E. v. 7. 12. 1998 Rs. IV/31.906, ABl. 1989 L 33/44.

[63] Komm. E. v. 21. 12. 1988 Rs. IV/30.979 und 31.394, ABl. 1989 L 43/27.

[64] Komm. E. v. 19. 12. 1990 Rs. IV/33.133, ABl. 1991 L 152/40; bestätigt durch Komm. E. v. 13. 12. 2000, ABl. 2003 L 10/10.

[65] Komm. E. v. 19. 12. 1990 Rs. IV/33.133, ABl. 1991 L 152/21; bestätigt durch Komm. E. v. 13. 12. 2000, ABl. 2003 L 10/33.

[66] Komm. E. v. 24. 7. 1991 Rs. IV/31.043, ABl. 1992 L 72/1.

[67] Komm. E. v. 26. 2. 1992 Rs. IV/33.544, ABl. 1992 L 96/34.

Art. 82 EG: Mißbrauch einer marktbeherrschenden Stellung   **14 Art. 82 EG**

Frankreich-Westafrika-Fahrt;[68] *Warner-Lambert/Gillette* und *BIC/Gillette;*[69] *Cewal;*[70] *Irish Sugar;*[71] *Van den Bergh Foods Limited*[72] *Trans-Atlantic Conference Agreement*[73] und *Virgin/British Airways,*[74] *DSD,*[75] *NDC Health/IMS Health,*[76] *Microsoft,*[77] *AstraZeneca,*[78] *Prokent/Tomra,*[79] *Soda-Club*[80]*, Wanadoo España/Telefónica.*[81]

c) **Öffentliche Unternehmen.** Demgegenüber widmet sich eine vergleichsweise große **14** Zahl von Kommissionsentscheidung dem Marktverhalten öffentlicher oder mit besonderen **öffentlichen Aufgaben betrauter Unternehmen** im Sinne von Art. 86 EG bzw. dem Marktverhalten korporativ verfasster Wirtschaftseinheiten (vor allem im Bereich der Verwertung **gewerblicher Schutzrechte**). Es handelt sich hierbei u. a. um folgende Kommissionsentscheidungen *GEMA I;*[82] *GEMA II;*[83] *Gesellschaft zur Verwertung von Leistungsschutzrechten (GVL);*[84] *GEMA-Satzung;*[85] *British Telecommunications;*[86] *London European-SABENA;*[87] *Magill TV-Guide;*[88] *Sea Containers/Stena Sealink;*[89] *Deutsche Bundesbahn (HOV SVZ MCM);*[90] *FAG-Flughafen Frankfurt/Main AG;*[91] *Alfa Flight Services/Aéroports de Paris;*[92] *Italienische Tabakmonopolverwaltung (AAMS);*[93] *Ilmailulaitos/Luftfartsverket (Finnisches Luftverkehrsamt);*[94] *Portugiesische Flughäfen;*[95] *Fußball-Weltmeisterschaft 1998;*[96] *Aeropuertos Espanoles y Navegación Aérea,*[97] *Deutsche Post,*[98] *Belgische Post,*[99] *Französische Post,*[100] *Deutsche Telekom,*[101] *Italienische Staatsbahnen*[102]; *Griechischer Automobil- und Reiseclub*[103]*.*

---

[68] Komm. E. v. 1. 4. 1992 Rs. IV/32.450, ABl. 1992 L 134/1.
[69] Komm. E. v. 10. 11. 1992 Rs. IV/33.440 und 33.486, ABl. 1993 L 116/21.
[70] Komm. E. v. 23. 12. 1992 Rs. IV/32.448 und 32.450, ABl. 1993 L 34/20.
[71] Komm. E. v. 14. 5. 1997 Rs. IV/34.621 und 35.059/F-3, ABl. 1997 L 258/1.
[72] Komm. E. v. 11. 3. 1998 Rs. IV/34.073, 34.395 und 35.436, ABl. 1998 L 246/1.
[73] Komm. E. v. 16. 9. 1998 Rs. IV/35.134, ABl. 1999 L 95/1.
[74] Komm. E. v. 14. 7. 1999 Rs. IV/D-2/34.780, ABl. 2000 L 30/1.
[75] Komm. E. v. 20. 4. 2001 Rs. COMP D3/34.493, ABl. 2001 L 166/1.
[76] Komm. E. v. 3. 7. 2001 Rs. COMP D3/38.044, ABl. 2002 L59/18.
[77] Komm. E. v. 24. 3. 2004 Rs. COMP/37.792 – *Microsoft,* ABl. 2007 L 32/23 (Zusammenfassung).
[78] Komm. E. v. 15. 6. 2005 Rs. COMP/A. 37.507/F3, ABl. 2006 L 332/24.
[79] Komm. E. v. 29. 3. 2006 Rs. COMP/E-1/38.113, ABl. 2008 C 219/11 (Zusammenfassung).
[80] BGH Beschluss v. 4. 3. 2008 KVR 21/07 – *Soda-Club II*; WUW DE-R 2268.
[81] Komm. E. v. 2. 7. 2007 Rs. COMP/38.784, ABl. 2008 C 83/6 (Zusammenfassung).
[82] Komm. E. v. 2. 6. 1971 Rs. IV/26.760, ABl. 1971 L 134/15.
[83] Komm. E. v. 6. 7. 1972 Rs. IV/26.760, ABl. 1972 L 166/22.
[84] Komm. E. v. 29. 10. 1981 Rs. IV/26.839, ABl. 1981 L 370/49.
[85] Komm. E. v. 4. 12. 1981 Rs. IV/29.971, ABl. 1982 L 94/11.
[86] Komm. E. v. 10. 12. 1982 Rs. IV/29.877, ABl. 1982 L 360/36.
[87] Komm. E. v. 4. 11. 1988 Rs. IV/32.318, ABl. 1988 L 317/47.
[88] Komm. E. v. 21. 12. 1988 Rs. IV/31.851, ABl. 1989 L 78/43.
[89] Komm. E. v. 21. 12. 1993 Rs. IV/34.689, ABl. 1994 L 15/8.
[90] Komm. E. v. 29. 3. 1994 Rs. IV/33.941, ABl. 1994 L 104/34.
[91] Komm. E. v. 14. 1. 1998 Rs. IV/34.801, ABl. 1998 L 72/30.
[92] Komm. E. v. 11. 6. 1998 Rs. IV/35.613, ABl. 1998 L 230/10.
[93] Komm. E. v. 17. 6. 1998 Rs. IV/36.010-F 3, ABl. 1998 L 252/47.
[94] Komm. E. v. 10. 2. 1999 Rs. IV/35.767, ABl. 1999 L 69/24.
[95] Komm. E. v. 10. 2. 1999 Rs. IV/35.703, ABl. 1999 L 69/31.
[96] Komm. E. v. 20. 7. 1999 Rs. IV/36.888, ABl. 2000 L 5/55.
[97] Komm. E. v. 26. 7. 2000 K (2000) 2267, ABl. 2000 L 208/36.
[98] Komm. E. v. 20. 3. 2001 Rs. COMP/35.141, ABl. 2001 L 125/27; Komm. E. v. 25. 7. 2001 Rs. COMP/C-1/36.915, ABl. Nr. L 331/40; Komm. E. v. 20. 10. 2004 Rs. COMP/38.745 (noch nicht im ABl. veröffentlicht), BKartA Beschluss v. 11. 2. 2005 B9 55/03, WuW DE-V 1025; OLG Düsseldorf Beschluss v. 13. 4. 2005 VI-Kart 3/05 (V), WuW De-R 1473.
[99] Komm. E. v. 5. 12. 2001 Rs. COMP/C-1/37.859 – *De Post/La Poste* (Belgien) ABl. 2002 L 61/32.

(Fortsetzung der Fußnoten 100–103 nächste Seite)

Art. 82 EG 15, 16

15 Zudem befasst sich eine erhebliche Zahl von Entscheidungen der Gemeinschaftsgerichtsbarkeit (vor allen Dingen im **Vorabentscheidungsverfahren** nach Art. 234 EG) mit der Anwendung von Art. 82 EG auf Einrichtungen oder hoheitlich vorgeprägte Strukturen der öffentlichen Wirtschaft: nämlich staatliche **Arbeitsvermittlungsstellen;**[104] Gebührenordnung der italienischen Zollspediteure;[105] staatliche **Postunternehmen;**[106] staatliche **Hafenbetreibergesellschaften;**[107] staatlich reglementierte Besamungsstationen für die Rinderzucht,[108] kommunal tätige **Abfallentsorgungsunternehmen**[109] sowie neuerdings auf betriebliche **Rentenversicherungsfonds.**[110] Als Unternehmen im Sinne von Art. 82 EG sind somit alle privatrechtlich oder öffentlich-rechtlich verfassten Anbieter von Waren oder Dienstleistungen anzusehen, deren Angebot auf eine **messbare Verbrauchernachfrage** stößt.[111] Dabei ist über das klassische Bild unternehmerischer Tätigkeit hinaus auch die **nicht auf Gewinn ausgerichtete Tätigkeit** erfasst.[112] Steht eine nicht auf Gewinn ausgerichtete Tätigkeit im Wettbewerb mit dem Angebot von Wirtschaftsteilnehmern, die einen Erwerbszweck verfolgen. handelt es sich um eine unternehmerische Tätigkeit[113]. Da der Unternehmensbegriff des Gemeinschaftskartellrechts nicht davon abhängig ist, ob eine bestimmte wirtschaftliche Tätigkeit privatrechtlich oder öffentlich-rechtlich organisiert ist, kann Art. 82 EG das von der öffentlichen Hand organisierte Angebot von Waren und Dienstleistungen selbst dann erfassen, wenn der Verbraucher dieses Angebot nicht freiwillig nachfragt, sondern auf Grund eines **gesetzlichen** oder behördlichen **Benutzungszwangs.**[114]

16 **d) Zurechnung im Unternehmensverbund.** Relevant für die Adressateneigenschaft eines bestimmten Unternehmens ist die Zurechnung des wettbewerbsrelevanten Verhaltens

---

(Fortsetzung der Fußnoten 100–103 von vorheriger Seite)

[100] Komm. E. v. 23. 10. 2001 – *La Poste/Postvorbereiter* ABl. 2002 L 120/19.

[101] Komm. E. v. 21. 5. 2003 Rs. COMP/C-1/37.451, 37.578, 37.579 – *Deutsche Telekom AG*, ABl. 2003 L 262/9.

[102] Komm. E. v. 27. 8. 2003 Rs. COMP/37.685 – *GVG/Ferrovie dello Stato*, ABl. 2004 L 11/17.

[103] EuGH U. v. 1. 7. 2008 Rs. C-49/07 – *MOTOE/Elliniko Dimosio*, noch nicht in der amtl. Slg.

[104] EuGH U. v. 23. 4. 1991 Rs. C-41/90 – *Höfner und Elser* Slg. 1991, I-1979; Rs. C-55/96 *Job Centre* Slg. 1997, I-7109.

[105] EuGH Rs. C-35/96 – *Kommission/Italien* Slg. 1998, I-3851.

[106] EuGH Rs. C-320/91 – *Corbeau* Slg. 1993, I-2533; EuG verb. Rs. T-133/95 und T-204/95 – *IECC/Kommission* Slg. 1998, II-3645; EuGH U. v. 10. 2. 2000 verb. Rs. C-147 und 148/97; *Deutsche Post/GZS Gesellschaft für Zahlungssysteme* Slg. 2000, I-825; EuGH U. v. 17. 5. 2001 Rs. C-340/99 – *TNT Traco/Poste Italiane* Slg. 2001, I-4109; vgl. dazu *Grave* EuZW 2001, 709.

[107] EuGH Rs. C-179/90 – *Merci Convenzionali Porto di Genova* Slg. 1991, I-5889; Rs. C-18/93 – *Corsica Ferries/Corpo dei Piloti del Porto di Genova* Slg. 1994, I-1783; Rs. C-242/95 – *GT-Link/DSB* Slg. 1997, I-4449; Rs. C-343/95 – *Diego Cali/SEPG* Slg. 1997, I-1547; Rs. C-266/96 – *Corsica Ferries Gruppo Antichi Ormeggiatori del Porto di Genova* Slg. 1998 I-3949.

[108] EuGH Rs. C-323/93 – *Crespelle* Slg. 1994, I-5077.

[109] EuGH U. v. 23. 5. 2000 Rs. C-209/98 – *FFAD/Kobenhavns Kommune* Slg. 2000, I-3743.

[110] EuGH U. v. 21. 9. 1999 Rs. C-67/96 – *Albany International* Slg. 1999, I-5751; EuGH U. v. 12. 9. 2000 verb. Rs. C-180/98 bis C-184/98 – *Pavlov* Slg. 2000, I-6451; verneint für eine öffentliche Sozialversicherungskasse in verb. Rs. C-195/91 und C-160/91 – *Poucet und Pistre* Slg. 1993, I-637; Rs. C-244/94 *FFSA* Slg. 1995, I-4013.

[111] EuGH U. v. 25. 10. 2001 Rs. C-475/99 – *Ambulanz Glöckner* Slg. 2001, I-8089 Rn. 20 (betr. Krankentransporte).

[112] Komm. E. v. 20. 7. 1999 Rs. IV 36.888 – *Fußball-Weltmeisterschaft 1998*, ABl. 2000 L 5/55 Rn. 65.

[113] EuGH U. v. 1. 7. 2008 Rs. C-49/07 – *MOTOE/Elliniko Dimosio*, noch nicht in der amtl. Slg.

[114] EuGH Rs. C-323/93 – *Crespelle* Slg. 1994, I-5077 Rn. 25; Rs. C-55/96 – *Job Centre* Slg. 1997, I-7119 Rn. 25; Rs. C-163/96 – *Silvano Raso* Slg. 1998, I-533 Rn. 23; Komm. E. v. 10. 2. 1999 Rs. IV/35.767 – *Ilmailulaitos/Luftfartsverket*, ABl. 1999 L 69/24 Rn. 21 bis 23; Komm. E. v. 10. 2. 1999 Rs. IV/35.703 – *Portugiesische Flughäfen*, ABl. 1999 L 96/31 Rn. 12.

innerhalb eines Konzerns. Die Kommission ist in dieser Frage in der Regel pragmatisch vorgegangen und hat in den Fällen, in denen die operative **Obergesellschaft eines Konzerns** für das wettbewerbsrelevante Verhalten verantwortlich war, in der Regel diese Gesellschaft als **Entscheidungsadressatin** ausgewählt.[115] Daneben gibt es jedoch auch eine Reihe von Entscheidungen, in denen die Kommissionsentscheidung sowohl an die Konzernobergesellschaft als auch die für den Wettbewerbsverstoß maßgeblich mitverantwortliche Tochtergesellschaft gerichtet war.[116] Sofern die **unternehmerische Verantwortung** für das missbräuchliche Verhalten bei der Tochtergesellschaft eines Konzerns lag, waren die Kommissionsentscheidungen in der Regel nur an diese Tochtergesellschaft gerichtet.[117] Schließlich hat die Kommission nach Art. 82 EG erlassene Entscheidungen gegen **staatliche Unternehmen** in der Regel nicht an den Mitgliedstaat selbst, sondern an das entsprechende Unternehmen direkt gerichtet, auch dann, wenn es sich bei diesen Unternehmen um Teile der öffentlichen Verwaltung handelte.[118] Eine Ausnahme hierzu bilden jedoch Entscheidungen nach Art. 86 Abs. 3 EG, die immer an den jeweiligen Mitgliedstaat adressiert werden.[119]

In der Sache ist diese Praxis zutreffend. Da ein **Konzern** selbst in der Regel kein Unternehmen mit einer nach außen einheitlichen Führung wirtschaftlicher Aktivitäten darstellt,[120] muss die Kommissionsentscheidung dasjenige Unternehmen innerhalb eines Konzerns individualisieren, das im Markt am ehesten als Träger des jeweiligen wettbewerbsrelevanten Marktverhaltens identifiziert wird. Dies trägt vor allem auch der **Öffentlichkeitsfunktion des gemeinschaftlichen Kartellverfahrens** am besten Rechnung; denn sowohl in der Fach- als auch in der allgemeinen Wirtschaftsöffentlichkeit wird ein Kartellverfahren in der Regel mit demjenigen Unternehmen in Verbindung gebracht, das nach außen als Adressat des Verfahrens bzw. der abschließenden Kommissionsentscheidung in Erscheinung tritt. In der Praxis ist diese Frage vor allem von Bedeutung in der Behandlung von **konglomeraten Unternehmen,** die über eine Konzernholding Unternehmensaktivitäten aus den unterschiedlichsten Märkten zu einer wirtschaftlichen Einheit bündeln, oder bei Unternehmen, die von **Finanzinvestoren** (Pensionsfonds etc.) kontrolliert werden. In all diesen Fällen ist zutreffender Adressat eines Verfahrens nach Art. 82 diejenige abhängige Konzerngesellschaft, die für das jeweils marktwirksame Missbrauchsverhalten der

---

[115] Komm. E. v. 9. 12. 1971 Rs. IV/26.811 – *Continental Can Company*, ABl. 1972 L 7/25; Komm. E. v. 17. 12. 1975 Rs. IV/26.699 – *United Brands (Chiquita)*, ABl. 1976 L 95/1; Komm. E. v. 9. 6. 1976 Rs. IV/29.020 – *Vitamine* ABl. 1976 L 223/27; Komm. E. v. 14. 12. 1985 Rs. IV/30.698 – *ECS/AKZO*, ABl. 1985 L 374/1; Komm. E. v. 19. 12. 1990 Rs. IV/33.133 – *Soda-Solvay* ABl. 1991 L 152/21, bestätigt durch Komm. E. v. 13. 12. 2000, ABl. 2003 L 10/10; Komm. E. v. 24. 7. 1991 Rs. IV/31.043 – *Tetra Pak II*, ABl. 1992 L 72/1; Komm. E. v. 29. 3. 1994 Rs. IV/33.941 – *Deutsche Bundesbahn (HOV SVZ/MCN)*, ABl. 1994 L 104/34.
[116] Komm. E. v. 14. 12. 1972 Rs. IV/26.911 – *Zoja/CS C-ICI*, ABl. 1972 L 299/51; Komm. E. v. 8. 12. 1977 Rs. IV/29.132 – *Hugin/Lipton*, ABl. 1978 L 22/23.
[117] Komm. E. v. 19. 12. 1974 Rs. IV/28.851 – *General Motors Continental*, ABl. 1975 L 29/14; Komm. E. v. 18. 7. 1988 Rs. IV/30.178 – *Napier Brown/British Sugar*, ABl. 1988 L 284/41; Komm. E. v. 7. 12. 1988 Rs. IV/31.906 – *Flachglas*, ABl. 1989 L 33/44; Komm. E. v. 11. 3. 1998 Rs. IV/34.073, 34.395 und 35.436 – *Van den Bergh Foods Limited* ABl. 1998 L 246/1.
[118] Komm. E. v. 17. 6. 1998 Rs. IV/36.010-F3 – *Italienische Tabakmonopolverwaltung (AAMS)*, ABl. 1998 L 252/47; Komm. E. v. 10. 2. 1999 Rs. IV/35.767 – *Ilmailulaitos/Luftfartsverket* ABl. 1999 L 69/24.
[119] Komm. E. v. 10. 2. 1999 Rs. IV/35.703 – *Portugiesische Flughäfen*, ABl. 1999 L 69/31; Komm. E. v. 26. 7. 2000 K (2000), ABl. 2000 L 208/36 Rn. 50; Komm. E. v. 20. 12. 2000 – *Postalische Dienste mit vertraglich zugesicherter termingenauer Zustellung in Italien*, ABl. 2001 L 63/59; Komm. E. v. 23. 10. 2001 Rs. COMP/C-1/37.133 – *La Poste/SNELDP* (Frankreich), ABl. 2002 L 120/19; Komm. E. v. 20. 10. 2004 Rs. COMP/38.745 – *Postvorbereiter*, (noch nicht im ABl. veröffentlicht).
[120] Siehe zum Streitstand: *Schröter* in: Schröter/Jakob/Mederer, Kommentar zum Europäischen Wettbewerbsrecht, Vorbem. zu den Artt. 81–85, Rn. 32.

betroffenen Unternehmen die **operative unternehmerische Kontrolle** innehat. Bei einem konglomeraten Unternehmen ist dies deshalb in der Regel nicht die Konzernholding, sondern diejenige konzernabhängige Obergesellschaft, über die der jeweilige Unternehmens- oder Geschäftsbereich geführt wird.

18 Der auf diese Weise ermittelten Adressatin wiederum werden alle marktwirksamen Verhaltensweisen derjenigen Gesellschaften zugerechnet, die von diesem Unternehmen im kartellrechtlichen Sinne kontrolliert werden, typischerweise die in den einzelnen EU-Mitgliedstaaten ansässigen Vertriebsgesellschaften. Im Allgemeinen kann davon ausgegangen werden, dass Mehrheitsbeteiligungen ein solches **Kontrollverhältnis** vermitteln.[121] Bei geringeren Beteiligungen kommt es zusätzlich darauf an, ob die Muttergesellschaft die Kontrolle über die Tochtergesellschaft tatsächlich innehat und von dieser Möglichkeit auch Gebrauch macht.[122] Nach der Rechtsprechung vermittelt auch eine Beteiligung von **25,001%** in der Regel keine unternehmerische Kontrolle über das Beteiligungsobjekt.[123] Abgesehen von den Beteiligungsverhältnissen sind bei der Feststellung eines Kontrollverhältnisses selbstverständlich auch vertraglich eingeräumte Einflussmöglichkeiten zu berücksichtigen, wie etwa **Vetorechte** des Minderheitsgesellschafters im Hinblick auf strategische Entscheidungen der Geschäftsführung etc. Als Maßstab für die praktische Handhabung darf die in Art. 11 Abs. 2 der Gruppenfreistellungsverordnung (EG) Nr. 2790/1999 vom 22. 12. 1999[124] enthaltene Definition des „verbundenen Unternehmens" **(Verbundklausel)** gelten.[125] Einem Konzernverbund zuzurechnen sind deshalb Tochterunternehmen, wenn die Muttergesellschaft über mehr als die Hälfte der Stimmrechte verfügt, mehr als die Hälfte der Mitglieder der Unternehmensleitung bestellen kann oder das Recht genießt, die Geschäfte des Tochterunternehmens zu führen.

2. Abgrenzung zu hoheitlichem Verhalten des Staates

19 Ausgehend von der weiten Definition des Begriffes der „wirtschaftlichen Betätigung" im Sinne von Art. 82 verbleiben wenige Bereiche der öffentlichen oder **staatlich regulierten Wirtschaftstätigkeit,** die wegen ihres hoheitlichen Charakters vom Anwendungsbereich der Missbrauchsaufsicht ausgenommen wären.[126] Für diejenigen Bereiche der öffentlichen Wirtschaft, die nach Maßgabe von Art. 86 EG den Artt. 81 und 82 des Vertrages unterworfen sind, hat der Gerichtshof in ständiger Rechtsprechung entschieden, dass die bloße Schaffung einer beherrschenden Stellung durch die Gewährung ausschließlicher Rechte im Sinne von Art. 86 Abs. 1 EG **(staatlicher Monopolschutz)** als solche noch nicht mit Art. 82 EG unvereinbar sei.[127] Allerdings verstößt der betroffene Mitgliedstaat gegen die Verbote der Art. 86 Abs. 1 und 82 EG, „wenn das betreffende Unternehmen durch die bloße Ausübung der ihm übertragenen ausschließlichen Rechte seine beherrschende Stellung missbräuchlich ausnutzt, oder wenn durch diese Rechte eine Lage geschaffen werden könnte, in der dieses Unternehmen einen solchen Missbrauch begeht."[128]

---

[121] *Grill* in: *Lenz,* EG-Vertrag. Kommentar Vorbem. Art. 81 bis Art. 86, Rn. 38.
[122] EuGH U. v. 6. 3. 1974 verb. Rs. 6 und 7/73 – *Commercial Solvents* Slg. 1974, 223 Rn. 36 bis 38; *Grill* a. a. O.
[123] EuG Rs. T-141/89 – *Tréfileurope* Slg. 1995, II-791 Rn. 129.
[124] ABl. 1999 L 336/21.
[125] Vgl. zu den Verbundklauseln der einzelnen Gruppenfreistellungsverordnungen *Pohlmann,* Der Unternehmensverbund im Europäischen Kartellrecht, 66 ff.
[126] Grundlegend dazu *Schwarze,* Der Staat als Adressat des europäischen Wettbewerbsrechts, EuZW 2000, 613.
[127] EuGH U. v. 23. 5. 2000 Rs. C-209/98 – *FFAD* Slg. 2000, I-3743 Rn. 66; EuGH U. v. 17. 5. 2001 Rs. C-340/99 – *TNT Traco/Poste Italiane* Slg. 2001, I-4109 Rn. 44; vgl. dazu *Grave* EuZW 2001, 709.
[128] EuGH U. v. 23. 4. 1991 Rs. C-41/90 – *Höfner und Elser* Slg. 1991, I-1979 Rn. 29; Rs. C-260/89 *ERT* Slg. 1991, I-2925 Rn. 37; Rs. C-323/93 – *Crespelle* Slg. 1994, I-5077 Rn. 18; Rs. C-163/96 – *Silvano Raso* Slg. 1998, I-533 Rn. 27; EuGH U. v. 10. 2. 2000 verb. Rs. C-147 und

a) **Hoheitliche Tätigkeit.** Vom Unternehmensbegriff des Art. 82 EG ausgenommen ist 20 nach der Rechtsprechung nur die im klassischen Sinne **hoheitlich regulierende Wirtschaftsverwaltungstätigkeit** des Staates.[129] So hat der Gerichtshof etwa entschieden, dass die Tätigkeit der italienischen **Tabakmonopolverwaltung** insoweit nicht als unternehmerisch im Sinne von Art. 82 EG anzusehen sei, als diese Verwaltung dafür zuständig sei, im Interesse des Verbraucherschutzes die Zulassung von Einzelhandelsunternehmen im Tabaksektor zu regeln.[130] Der Gerichtshof hat ferner entschieden, dass die Tätigkeit der zwischenstaatlichen Einrichtung *Eurocontrol* **(Europäische Organisation für Flugsicherung)**, nämlich die Kontrolle und die Überwachung des Luftraums, typischerweise hoheitlichen Charakter habe und daher nicht als unternehmerisch im Sinne von Art. 82 EG anzusehen sei.[131] Außerdem hat der Gerichtshof festgestellt, dass eine privatrechtlich organisierte Gesellschaft, die von der öffentlichen Hand mit der Aufgabe betraut worden war, im Hafen von Genua im öffentlichen Interesse Umweltverschmutzungen zu verhindern, wegen des typischerweise öffentlichen Charakters dieser Aufgabe nicht unternehmerisch im Sinne von Art. 82 EG tätig sei. Die Tatsache, dass die Gesellschaft für ihre **Überwachungstätigkeit eine staatlich genehmigte Gebühr** erhebe, ändere nichts an dieser Qualifikation.[132] Vergibt die öffentliche Hand für eine bestimmte wirtschaftliche Tätigkeit eine Konzession, so stellt die Vergabe der **Konzession** nach der Rechtsprechung selbst keine unternehmerische Tätigkeit der öffentlichen Hand dar, wohl aber unterliegt die Konzessionsvergabe der Wettbewerbsaufsicht nach Art. 86 Abs. 1 des Vertrages. Ebenso ist das Marktverhalten des konzessionierten Unternehmens direkt an Art. 82 zu messen.[133]

b) **Aufgaben der Sozialversicherung und des Sozialstaates.** Mehrere Urteile des 21 Gerichtshofes befassen sich mit der kartellrechtlichen Einordnung von Einrichtungen der Sozialversicherung.[134] Im Urteil *Poucet und Pistre*[135] entschied der EuGH, dass Einrichtungen, die obligatorische, auf dem **Grundsatz der Solidarität** beruhende Systeme der sozialen Sicherheit verwalten, wegen des ausschließlich sozialen Charakters ihrer Aufgabe nicht unter den kartellrechtlichen Unternehmensbegriff fallen. Dieses Urteil betraf eine französische, auf dem Prinzip der gesetzlich festgelegten **Pflichtversicherung** beruhende Einrichtung der Kranken-, Mutterschafts- und Rentenversicherung. Diese Rechtsprechung hat der Gerichtshof für eine italienische Invaliditätsversicherung im Fall *INAIL*[136] sowie kürzlich im Fall *AOK Bundesverband*[137] für die Festbetragsfestsetzung durch Zusammenschlüsse der gesetzlichen Krankenkassen in Deutschland bestätigt. Demgegenüber beurteilte der EuGH im Urteil *FFSA*[138] eine ohne **Gewinnerzielungsabsicht** arbeitende Einrich-

---

148/97 – *Deutsche Post/GZS Gesellschaft für Zahlungssysteme* Slg. 2000, I-825 Rn. 39; EuGH U. v. 25. 10. 2001 Rs. C-475/99 – *Ambulanz Glöckner* Slg. 2001, I-8089 Rn. 39; EuGH, U. v. 17. 2. 2005, Rs. C-134/03 – *Viacom/Giotto*, Rn. 26; EuGH U. v. 17. 2. 2005 – *Mauri*, Rn. 29.

[129] Komm. E. v. 15. 6. 2001 Rs. COMP/34.950 – *Eco-Emballages* ABl. 2001 L 233/37 Rn. 70 zu Art. 81 EGV.

[130] EuGH Rs. C-387/93 – *Banchero* Slg. 1995, I-4663 Rn. 54.

[131] Rs. C-364/92 – *SAT/Eurocontrol* Slg. 1994, I-43 Rn. 31.

[132] EuGH Rs. C-343/95 – *Diego Calì* Slg. 1997, I-1547 Rn. 22–24; kritisch *Grill* a. a. O. Rn. 34.

[133] EuGH Rs. 30/87 – *Bodson* Slg. 1988, 2479 Rn. 18.

[134] Vgl. hierzu generell – *Charbit*, Le droit de la concurrence et le secteur public, Paris 2002, Rn. 67 ff.

[135] EuGH verb. Rs. C-159 und C-160/91, Slg. 1993, I-637 Rn. 19, mit Anm. – *Eichenhofer* NJW 1993, 2598.

[136] EuGH U. v. 22. 1. 2002 Rs. C-218/00 – *Cisal di Battistello/INAIL* Slg. 2002, I-691 Rn. 44, mit Anm. – *Lübbig* EuZW 2002, 149.

[137] EuGH U. v. 16. 3. 2004 verb. Rs. C-264/01 u. a. – *AOK Bundesverband/Ichthyol u. a.*, EuZW 2004, 241, mit Anm. – *Riedel* EuZW 2004, 245.

[138] EuGH U. v. 16. 11. 1995 Rs. C-244/94 – *Fédération française des sociétés d'assurance u. a.* Slg. 1995, I-4013.

tung, die ein zur Ergänzung einer Grundpflichtversicherung durch Gesetz geschaffenes, auf Freiwilligkeit beruhendes Rentenversicherungssystem nach dem Kapitalisierungsprinzip verwaltet, als Unternehmen im Sinne des EG-Kartellrechts.

22 Die Freiwilligkeit der Mitgliedschaft, die Geltung des **Kapitalisierungsprinzips** und die zwischen der betroffenen Einrichtung und den **privaten Lebensversicherungsgesellschaften bestehende Wettbewerbsbeziehung** stellte der Gerichtshof als Abgrenzungsmerkmale gegenüber den klassischen Sozialversicherungsträgern im Sinne des Urteils *Poucet und Pistre* besonders heraus.[139] Diese Rechtsprechung hat der Gerichtshof durch seine Urteile *Albany International*,[140] *Brentjens' Handelsonderneming*[141] und *Maatschappij Drijvende Bokken*[142] vom 21. 9. 1999 sowie *Pavlov*[143] vom 12. 9. 2000 konsequent fortgesetzt. Nach diesen Urteilen ist ein **Betriebsrentenfonds,** der mit der Verwaltung eines Zusatzrentensystems betraut ist, das durch einen durch die Sozialpartner abgeschlossenen Tarifvertrag begründet worden ist, auch dann ein Unternehmen im Sinne des EG-Kartellrechts, wenn der Fondsbetreiber keine Gewinnerzielungsabsicht verfolgt und die Mitgliedschaft in dem Fonds für alle Arbeitnehmer des betroffenen Wirtschaftszweiges durch den Staat verbindlich vorgeschrieben ist. Auch in diesen Urteilen bildet die Tatsache, dass der Betriebsrentenfonds eine Tätigkeit ausübt, die im Wettbewerb zu privaten Versicherungsgesellschaften steht, das maßgebliche Abgrenzungsmerkmal zur nicht-unternehmerischen Tätigkeit der klassischen Sozialversicherungsträger.[144] Ist eine Einrichtung nach diesen Grundsätzen im Hinblick auf ihr angebotsseitiges Verhalten nicht als Unternehmen anzusehen, so unterliegt auch das Beschaffungs- und Nachfrageverhalten dieser Einrichtung nach der Rechtsprechung des EuG nicht der Missbrauchsaufsicht nach Art. 82 EG. Danach gilt der folgende Rechtssatz: „Kauft eine Einrichtung ein Erzeugnis – auch in großen Mengen – nicht ein, um Güter oder Dienstleistungen im Rahmen einer wirtschaftlichen Tätigkeit anzubieten, sondern um es im Rahmen einer anderen, z. B. einer rein sozialen, Tätigkeit zu verwenden, so wird sie demnach nicht schon allein deshalb als Unternehmen tätig, weil sie als Käufer auf einem Markt agiert. Zwar trifft es zu, dass eine solche Einrichtung eine erhebliche Wirtschaftsmacht auszuüben vermag, die gegebenenfalls zu einem Nachfragemonopol führen kann. Das ändert jedoch nichts daran, dass sie, soweit die Tätigkeit, zu deren Ausübung sie Erzeugnisse kauft, nichtwirtschaftlicher Natur ist, nicht als Unternehmen im Sinne der Wettbewerbsregeln der Gemeinschaft handelt und daher nicht unter die in Artikel 81 Abs. 1 EG und 82 EG vorgesehenen Verbote fällt."[145]

23 **c) Abgrenzung zwischen hoheitlicher und unternehmerischer Tätigkeit.** Die Abgrenzungspraxis des Gerichtshofes zur unternehmerischen im Gegensatz zur typischerweise hoheitlichen Tätigkeit der öffentlichen Hand bleibt notwendig **einzelfallorientiert** und ist in der Gesamtschau nicht immer konsequent. Es erschließt sich nicht, warum der Gerichtshof die **Bundesanstalt für Arbeit** im Urteil *Höfner und Elser*[146] als Unternehmen ansieht, die mit der **Umweltaufsicht im Hafen** von Genua betraute privatrechtliche Gesellschaft wegen des „typischerweise" öffentlichen Charakters ihrer Tätigkeit dagegen nicht

---

[139] EuGH a. a. O, Rn. 17–19.
[140] Rs. C-67/96 Slg. 1999, I-5751.
[141] Verb. Rs. C-115/97 und C-117/97 Slg. 1999, I-6025.
[142] Rs. C-219/97 Slg. 1999, I-6121.
[143] Verb. Rs. C-180/98 bis C-184/98 Slg. 2000, I-6451.
[144] Rs. C-67/96 a. a. O., Rn. 84; verb. Rs. C-115/97 und C-117/97 a. a. O., Rn. 84; Rs. C-219/97 a. a. O., Rn. 74; s. dazu *Berg*, Neue Entscheidungen des EuGH zur Anwendung des EG-Kartellrechts im Bereich der sozialen Sicherheit, EuZW 2000, 170, 172.
[145] EuG U. v. 4. 3. 2003 Rs. T-319/99 – *FENIN/Kommission* EuZW 2003, 283 Rn. 37, mit Anm. *Helios* EuZW 2003, 288; bestätigt durch EuGH U. v. 11. 7. 2006 Rs. C-205/03 P, Slg. 2006, I-6295.
[146] EuGH Rs. C-41/90 Slg. 1991, I-1979.

(Urteil *Diego Calì*).[147] Angesichts der unterschiedlichen Wirtschaftsrechtsordnungen der Mitgliedstaaten kann der **„typischerweise" öffentliche Charakter** einer Tätigkeit nicht als taugliches Abgrenzungsmerkmal dienen. Gerade mit **fortschreitendem Grad der Privatisierung** öffentlicher Aufgaben in vielen Mitgliedstaaten lässt sich nur schwer feststellen, ob eine bestimmte Tätigkeit noch als typischerweise öffentlich zu bezeichnen ist. Ist z. B. in einem Mitgliedstaat die Kontrolle der Verkehrstauglichkeit von Kraftfahrzeugen einer privatrechtlichen Organisation anvertraut, während diese Aufgabe in einem anderen Mitgliedstaat von der öffentlichen Verwaltung wahrgenommen wird, erweist sich dieses Abgrenzungsmerkmal als ungeeignet für die gemeinschaftsweite Anwendung von Art. 82 EGV. Maßgeblich muss sein, ob die fragliche Einheit eine Tätigkeit ausübt, die zumindest im Grundsatz von einem Privaten mit der Absicht der Gewinnerzielung ausgeübt werden könnte.[148]

Auch das Kriterium der **Wettbewerbsöffnung** des jeweiligen (auch) von der öffentlichen Hand bedienten Wirtschaftsbereiches verschafft keinen sicheren Aufschluss über die Anwendung von Art. 82 auf einen bestimmten Tätigkeitsbereich der öffentlichen Wirtschaft, weil die Unternehmenseigenschaft des jeweiligen Betreibers dann im Wesentlichen davon abhängig wäre, ob die jeweilige wirtschaftliche Betätigung der öffentlichen Hand wettbewerbsgeschützt **(monopolisiert)** ist oder nicht. Als nicht-unternehmerische Tätigkeit der öffentlichen Hand sollte daher auch in Anlehnung an die sehr restriktive Rechtsprechung zu Artt. 39 Abs. 4 und 45 Abs. 1 EG nur diejenige **gemeinnützige Aufgabenerfüllung** durch den Staat angesehen werden, die aus Sicht der Bürger durch das allgemeine Entrichten von Steuern abgegolten ist und die sich für eine Erbringung durch private Anbieter oder Konzessionäre unter keinen Umständen eignet. Der Unternehmensbegriff wird auf diese Weise zwar sehr weit gefasst; jedoch trägt nur diese Auslegung dem Umstand Rechnung, dass gerade auch die wirtschaftliche Tätigkeit des Staates den Wettbewerb empfindlich beeinträchtigen kann. Die Berücksichtigung von **Allgemeinwohlzielen** bei der Anwendung des EG-Kartellrechts auf die öffentliche Wirtschaft ist aber nach der Systematik der Art. 81 ff. EG nicht die Aufgabe einer einschränkenden Auslegung des Unternehmensbegriffs, sondern der Anwendung von Art. 86 EG, insbesondere von Art. 86 Abs. 2 EG.

III. Marktbeherrschende Stellung

1. Marktabgrenzung

a) **Allgemeines.** Das Missbrauchsverbot des Art. 82 gilt für alle Unternehmen, die auf dem Gemeinsamen Markt oder einem wesentlichen Teil desselben eine beherrschende Stellung einnehmen. Die mit dem Begriff „beherrschende Stellung" beschriebene wirtschaftlich Machtposition eines Unternehmens besteht nicht etwa schlechthin, sondern kann sich immer nur auf genau abgegrenzten Märkten, dem sog. relevanten Markt bilden. Die Feststellung einer marktbeherrschenden Stellung erfordert daher eine zweistufige Prüfung, wobei der erste Schritt in der Abgrenzung des relevanten Marktes und der zweite in der Ermittlung der Wettbewerbsverhältnisse und Messung des Monopolgrades auf diesem Markt besteht.[149] Nach der Vorgehensweise von Kommission und Rechtsprechung bemisst sich die Marktposition eines Unternehmens nach der Art und Weise, in der dessen Produkte bzw. Dienstleistungen in Konkurrenz zu denjenigen anderer Unternehmen stehen.

---

[147] EuGH Rs. C-343/95 Slg. 1997, I-1547.
[148] Schlussanträge des Generalanwaltes *Jacobs* vom 17. 5. 2001 zu der Rs. C-475/99 – *Ambulanz Glöckner* Slg. 2001, I-8089 Rn. 67.
[149] Vgl. EuGH U. v. 14. 2. 1978 Rs. 27/76 – *United Brands* Slg. 1978, 207 Rn. 10/11; v. 13. 2. 1979 Rs. 85/76 – *Hoffmann-La Roche* Slg. 1979, 461 Rn. 21 und 36; v. 17. 7. 1997 Rs. C-242/95 – *GT-Link* Slg. 1997, I-4449 Rn. 36.

So liegt der Bekanntmachung der Kommission über die Definition des relevanten Marktes die Auffassung zugrunde, dass die Marktposition eines Unternehmens in einer umfassenden Sichtweise anhand der Marktstruktur und des Marktverhaltens zu beurteilen ist.[150] Zum relevanten Markt gehören nur diejenigen Produkte und Dienstleistungen, zwischen denen ein wirksamer Wettbewerb möglich ist.[151] Die Abgrenzung des relevanten Marktes erfolgt dabei nach allgemeiner Ansicht nach sachlichen, räumlichen und auch zeitlichen Kriterien.[152] Der Frage der sachlichen Marktabgrenzung kommt in der Entscheidungspraxis der Kommission und der Gerichte eine zentrale Bedeutung zu. Neben der sachlichen Marktabgrenzung dient das Kriterium der räumlichen Marktabgrenzung der Ermittlung des geographischen Gebiets, innerhalb dessen das betreffende Unternehmen im Wettbewerb mit anderen Unternehmen seine Produkte und Dienstleistungen anbietet und Verbraucher auf alternative Erzeugnisse zugreifen können. Demgegenüber kommt der zeitlichen Marktabgrenzung nur in Ausnahmesituationen eine eigenständige Bedeutung zu, in denen ein Unternehmen auf Grund vorübergehender Umstände eine ebenso vorübergehende Machtposition erlangt.

26   Im Rahmen der Marktabgrenzung tendieren die Gemeinschaftsorgane erkennbar zu einer verhältnismäßig **engen Marktabgrenzung**. Dies hat zur Folge, dass der Marktanteil des betreffenden Unternehmens umso höher bewertet wird und eine Marktbeherrschung umso eher vorliegen kann, je enger der relevante Markt abgegrenzt wird. Zudem zeigt sich hierbei häufig, dass die betreffenden Unternehmen nicht nur auf einem, sondern auf mehreren unterschiedlichen relevanten Märkten tätig sind.[153] Besonders enge Marktabgrenzungen erfolgten etwa im Fall *Magill*,[154] in dem der Gerichtshof einen Markt für die wochenweise Programmvorschau aller zu empfangender Fernsehsender in Nordirland annahm, sowie im Fall *Hilti*,[155] in dem ein separater Markt für Nägel zur Verwendung in Hilti-Nagelmaschinen unterschieden wurde.

27   Die Feststellung der Marktbeherrschung und die Definition des relevanten Marktes im Rahmen von Art. 82 einerseits und Art. 2 Abs. 2 und 3 VO (EG) Nr. 139/2004 (FKVO) andererseits können zu unterschiedlichen Ergebnissen führen. Grund hierfür ist, dass Missbrauchsaufsicht einerseits und Fusionskontrolle andererseits unterschiedliche Zielsetzungen verfolgen. Während Art. 82 EG **vergangenheitsorientiert** ist und der rückwirkenden Verhaltenskontrolle der Marktteilnehmer dient, steht bei der Fusionskontrolle eine Analyse der **zukünftigen Marktstruktur** im Vordergrund.[156] Im Unterschied zur Missbrauchs-

---

[150] Komm., Bekanntmachung über die Definition des relevanten Marktes im Sinne des Wettbewerbsrechts der Gemeinschaft, ABl. 1997 C 372/5 Rn. 12.
[151] Vgl. EuGH U. v. 21. 2. 1973 Rs. 6/72 – *Continental Can* Slg. 1973, 215 ff.; v. 14. 2. 1978 Rs. 27/76 – *United Brands* Slg. 1978, 207 Rn. 12, 22; v. 13. 2. 1979 Rs. 85/76 – *Hoffmann-La Roche* Slg. 1979, 461 Rn. 28; bestätigt durch EuGH U. v. 11. 12. 1980 Rs. 31/80 – *L'Oréal* Slg. 1980, 3775 Rn. 25 ff.; v. 9. 11. 1983 Rs. 322/81 – *Michelin* Slg. 1983, 3461 Rn. 37; EuG U. v. 12. 12. 1991 Rs. T-30/89 – *Hilti* Slg. 1991, II-1439 Rn. 64.
[152] EuGH U. v. 14. 2. 1978 Rs. 27/76 – *United Brands* Slg. 1978, 207 Rn. 10/11; v. 13. 2. 1979 Rs. 85/76 – *Hoffmann-La Roche* Slg. 1979, 461 Rn. 21; v. 9. 11. 1983 Rs. 322/81 – *Michelin* Slg. 1983, 3461 Rn. 37; v. 5. 10. 1988 Rs. 247/86 – *Alsatel/Novasam* Slg. 1988, 5987 Rn. 13; v. 26. 11. 1998 Rs. C-7/97 – *Bronner/Mediaprint* Slg. 1998, I-7791 Rn. 32 ff.; zum zeitlichen Faktor EuGH v. 16. 12. 1975 verb. Rs. 40 bis 48, 50 bis 56, 111, 113 und 114/73 – *Suiker Unie* Slg. 1975, 1663 Rn. 450.
[153] Siehe zur Marktabgrenzung in der Fusionskontrolle *Montag* in: *Picot*, Handbuch zum Wirtschaftsrecht, 738 ff.
[154] EuGH U. v. 6. 4. 1995 Rs. C-241/91 P und C-242/91 P – *RTE und ITP* Slg. 1995, I-808 Rn. 46 ff.
[155] Komm. E. v. 22. 12. 1987 Rs. IV/30.787 und Rs. IV/31.488 – *Eurifix/Bauko/Hilti* ABl. 1988 L 65/19, 31 Rn. 55; bestätigt durch EuG U. v. 12. 12. 1991 Rs. T-30/89 – *Hilti* Slg. 1991, II-1439 Rn. 66.
[156] *Immenga/Körber* in: *Immenga/Mestmäcker*, EG-WbR Bd. II, Einl. z. FKVO Rn. 9 ff. und Art. 2 FKVO Rn. 20 f.; *de Bronett* in: Wiedemann, Handbuch des Kartellrechts, § 22 Rn. 11.

kontrolle, die stets nur den Ist-Zustand berücksichtigt und an objektiv feststellbare Fakten anknüpfen kann, erfordert die Marktabgrenzung im Rahmen der Fusionskontrolle stets eine Prognose der zukünftigen Marktverhältnisse nach dem Zusammenschluss.[157] Dies verlangt eine Berücksichtigung der **Dynamik des Marktgeschehens,** der zu erwartenden technischen Entwicklungen und der zukünftigen Rahmenbedingungen.[158] Die in fusionskontrollrechtlichen Entscheidungen definierten Märkte können daher nicht ohne weiteres für die Feststellung einer marktbeherrschenden Stellung nach Art. 82 herangezogen werden.[159]

b) Sachlich relevanter Markt. Der sachlich relevante Markt umfasst sämtliche Erzeugnisse bzw. Dienstleistungen, die von den Verbrauchern hinsichtlich ihrer Eigenschaften, Preise und ihres vorgesehenen Verwendungszwecks als austauschbar oder substituierbar angesehen werden.[160] Zentrales Kriterium, dem die Kommission wie auch die Gerichte folgen, ist demnach die **Austauschbarkeit der Produkte** aus Sicht des Verbrauchers. Zur Feststellung der konkreten Austauschbarkeit grenzt die Kommission zunächst den relevanten Produktmarkt anhand der Produktmerkmale und des Verwendungszwecks ein.[161] Als Produktmerkmale kommen dabei insbesondere technische, physikalische oder chemische Eigenschaften in Betracht. Die objektiven Produkteigenschaften sind aber nicht allein ausschlaggebend, da selbst gleichartige Produkte nicht als substituierbar angesehen werden können, wenn sie aus Sicht der Verbraucher unterschiedliche Verwendung finden. Produkte sind dann austauschbar, wenn sie von den Verbrauchern in gleicher Weise verwendet werden können. Die Abgrenzung nach dem **Verwendungszweck** entspricht dem vom Gerichtshof[162] aufgestellten Kriterium, wonach all diejenigen Produkte einem einheitlichen Markt zugeordnet werden können, die sich auf Grund ihrer Merkmale zur Befriedigung eines gleich bleibenden Bedarfs eignen.[163] Die Gleichartigkeit der Produktmerkmale und des Verwendungszwecks allein genügt aber nicht, um festzustellen, ob zwei Produkte Nachfragesubstitute darstellen oder nicht.[164] Die Kommission berücksichtigt insoweit weitere Kriterien wie die Preise, die Standorte von Kunden und Wettbewerbern, die Kreuz-Preis-Elastizität der Nachfrage, die Verbraucherpräferenzen oder die Struktur von Angebot und Nachfrage.

Erzeugnisse, die zwar als Bestandteil einer Produktgruppe aus objektiven Gründen substituierbar wären, können nicht als Teil eines einheitlichen Marktes angesehen werden, wenn sie unterschiedlichen Wettbewerbs- und Nachfragestrukturen unterliegen. In der Rechtssache *Michelin*[165] hat der Gerichtshof auf Grund **unterschiedlicher Nachfragstrukturen** jeweils getrennte Märkte für neue Ersatzreifen für schwere Fahrzeuge (Lkw und Busse), für neue Ersatzreifen für leichte Fahrzeuge (Pkw und Kleinbusse) sowie für runderneuerte Reifen angenommen. In gleicher Weise hat die Kommission im *Tetra-*

---

[157] *Jung* in: *Grabitz/Hilf,* Das Recht der Europäischen Union, Art. 82, Rn. 27.
[158] *Immenga/Körber* (Fn. 156), Art. 2 FKVO Rn. 21. Zu den Kriterien der Feststellung von Marktbeherrschung in der Fusionskontrolle vgl. auch den Entwurf einer Kommissionsmitteilung über die Kontrolle horizontaler Zusammenschlüsse v. 11. 12. 2002 KOM(2002) 1926(01).
[159] Vgl. zur unterschiedlichen Marktabgrenzung in der Missbrauchsaufsicht und in der Fusionskontrolle *Sedemund/von Danwitz* in: *Badura/von Danwitz/Herdegen/Sedemund/Stern,* Beck'scher PostG Kommentar, § 19, Rn. 32.
[160] Komm., Bekanntmachung über die Definition des relevanten Marktes im Sinne des Wettbewerbsrechts der Gemeinschaft, ABl. 1997 C 372/5 Rn. 7.
[161] Vgl. Komm., Bekanntmachung a. a. O. Rn. 36.
[162] EuGH U. v. 13. 2. 1979 Rs. 85/76 – *Hoffmann-La Roche/Komm.* Slg. 1979, 461 Rn. 28.
[163] Vgl. *Jung* in: *Grabitz/Hilf,* Das Recht der Europäischen Union, Art. 82, Rn. 32; *Dirksen* in: *Langen/Bunte,* Kommentar zum deutschen und Europäischen Kartellrecht, Art. 82, Rn. 20; *Schröter* in: *Schröter/Jakob/Mederer,* Kommentar zum Europäischen Wettbewerbsrecht, Art. 82, Rn. 134.
[164] Komm., Bekanntmachung (Fn. 150) Rn. 36.
[165] EuGH U. v. 9. 11. 1983 Rs. 322/81 – *Michelin* Slg. 1983, 3461 Rn. 38–40.

Pak-II-Verfahren[166] auf Grund der Marktstruktur aseptische und nichtaseptische Verpackungen und Abfüllanlagen für Getränke und flüssige Nahrungsmittel als jeweils getrennte Märkte mit eigenen Angebots- und Nachfragebedingungen betrachtet. Zur Annahme eines einheitlichen Produktmarktes bedarf es allerdings keiner vollkommenen Substituierbarkeit der Produkte, sondern es genügt ein hinreichender Grad an Austauschbarkeit.[167] Eine solch hinreichende Austauschbarkeit hat der Gerichtshof im Falle von Neureifen und runderneuerten Reifen nicht angenommen, obwohl diese in einem gewissen Umfang substituierbar waren, da runderneuerte Reifen aus Verbrauchersicht wegen der geringen Zuverlässigkeit und begrenzten Verwendbarkeit nicht denselben Verwendungszweck wie Neureifen erfüllten.[168] In der Rechtssache *United Brands*[169] hat der Gerichtshof Bananen nur in einem begrenzten Ausmaß als mit anderen Obstsorten austauschbar angesehen, da Bananen mit Frischobst wegen der spezifischen Nachfrage als Diätkost nicht vergleichbar waren und der Verbraucher sich die Frucht das ganze Jahr über unabhängig von jahreszeitlichen Schwankungen beschaffen konnte. Aus diesen Gründen hat der Gerichtshof die Marktabgrenzung der Kommission[170] bestätigt und für Bananen einen vom Markt für Frischobst hinreichend getrennten Markt angenommen. In gleicher Weise hat die Kommission *Flachglas*[171] als spezifischen Markt betrachtet, da es in seinen Verwendungen auf Grund fehlender Konkurrenzprodukte nicht (hinreichend) ersetzt werden konnte, auch wenn es in einer Verwendung mit Plastik austauschbar war. Ist ein bestimmtes Produkt nämlich für verschiedene Zwecke verwendbar, kann ein und dasselbe Erzeugnis getrennten Märkten angehören. Dies bedeutet aber nicht notwendigerweise, dass dieses Produkt zusammen mit jenen Produkten, mit denen es in den unterschiedlichen Verwendungen austauschbar ist, einen einheitlichen Markt bildet. Der Begriff des relevanten Marktes setzt nämlich einen wirksamen Wettbewerb zwischen den ihm zugehörigen Erzeugnissen voraus, so dass für die Annahme eines einheitlichen Marktes die hinsichtlich ihrer Verwendung gleichartigen Produkte miteinander austauschbar sein müssen.[172] So hat der Gerichtshof in der Rechtssache *Hoffmann-La Roche*[173] die Möglichkeit erwogen, zwei getrennte Märkte für ein und dasselbe Produkt anzunehmen, für das zwei unterschiedliche Verwendungsmöglichkeiten in vollkommen verschiedenen Tätigkeitsbereichen bestanden. Es handelte sich dabei um die Vitamingruppen C und E, die jeweils sowohl für „bionutritive" als auch für „technologische" Zwecke verwendet werden konnten. Da die Marktanteile bei einer solchen Marktabgrenzung aber unverändert geblieben wären, hat der Gerichtshof einen separaten Markt lediglich für die Vitamingruppen C und E und nicht auch für jede ihrer Verwendungsarten angenommen.

30 Preisunterschiede können die Austauschbarkeit ausschließen, auch wenn Waren für den selben Verwendungszweck eingesetzt werden.[174] Die Kommission und das Gericht erster Instanz haben im *Tetra-Pak-II*-Verfahren[175] zur Abgrenzung des Marktes für aseptische Ma-

---

[166] Komm. E. v. 24. 7. 1991 Rs. IV/31.043 – *Tetra Pak II* ABl. 1992 L 72/1 Rn. 93; bestätigt durch EuG U. v. 6. 10. 1994 Rs. T-83/91 – *Tetra Pak II* Slg. 1994, II-755 Rn. 78.
[167] EuGH U. v. 13. 2. 1979 Rs. 85/76 – *Hoffmann-La Roche* Slg. 1979, 461 Rn. 28; v. 9. 11. 1983 Rs. 322/81 – *Michelin* Slg. 1983, 3461 Rn. 48.
[168] EuGH U. v. 9. 11. 1983 Rs. 322/81 – *Michelin* Slg. 1983, 3461 Rn. 49.
[169] EuGH U. v. 14. 2. 1978 Rs. 27/76 – *United Brands* Slg. 1978, 207 Rn. 23/33, 34/35.
[170] Komm. E. v. 17. 12. 1975 IV/26.699 – *Chiquita* ABl. 1976 L 95/1, unter II A 2.
[171] Komm. E. v. 7. 12. 1988 IV/31.906 – *Flachglas* ABl. 1989 L 33/44 Rn. 76; siehe auch Komm. E. v. 5. 12. 1988 IV/31.900 – *BPB* ABl. 1989 L 10/50 Rn. 106 ff., 118, wonach Gipskartonplatten und Nassputzerzeugnisse nicht zum selben Produktmarkt gehören.
[172] EuGH U. v. 13. 2. 1979 Rs. 85/76 – *Hoffmann-La Roche* Slg. 1979, 461 Rn. 28.
[173] EuGH U. v. 13. 2. 1979 Rs. 85/76 – *Hoffmann-La Roche* Slg. 1979, 461 Rn. 28–31.
[174] Komm., Bekanntmachung über die Definition des relevanten Marktes im Sinne des Wettbewerbsrechts der Gemeinschaft, ABl. 1997 C 372/5 Rn. 39 f.
[175] Komm. E. v. 24. 7. 1991 IV/31.043 – *Tetra Pak II* Slg. 1992 L 72/1 Rn. 93; EuG U. v. 6. 10. 1994 Rs. T-83/91 – *Tetra Pak II* Slg. 1994, II-755 Rn. 77.

schinen und Kartons insbesondere auch die bestehenden Preisunterschiede zwischen Kartons und normalen Einwegglasflaschen berücksichtigt und festgestellt, dass aus Sicht der Verbraucher die Verpackungskosten nur zu einem geringen Anteil den Endverkaufspreis beeinflussen. Während der Gerichtshof bislang Preise nicht ausdrücklich als ein Kriterium der Marktabgrenzung im Rahmen des Art. 82 EG erwähnt, hat er in seiner Praxis zu Art. 81 EG wiederholt teuere und billigere Erzeugnisse gleicher Art getrennten Produktmärkten zugeordnet. So hat der Gerichtshof ausdrücklich einen vom Markt für teure Tonträger zu unterscheidenden Markt für Niedrigstpreistonträger angenommen,[176] sowie getrennte Märkte für billige und teure Spiegelreflexkameras unterschieden. Im letzteren Fall bildete der Preis allerdings nicht das einzige Abgrenzungskriterium. Berücksichtigt wurden insbesondere auch die jeweiligen Produktmerkmale wie Film- und Bildformat sowie die Einsatzfähigkeit und der Verwendungszweck für eine spezielle Kundengruppe.[177] Die Kommission hat verschiedentlich gesonderte Märkte für **Luxusgüter,** wie Kosmetika[178] und Schuhe[179] der oberen Preisklasse, mit der Begründung angenommen, dass sich diese kaum durch ähnliche Produkte aus anderen Marktsegmenten ersetzen lassen.

Zur Entscheidung der Frage, ob Produkte mit unterschiedlichen Eigenschaften, Qualitätsmerkmalen oder Herstellungsverfahren im Hinblick auf den gleichen Verwendungszweck demselben relevanten Markt zuzurechnen sind, ziehen die Gemeinschaftsorgane häufig das Kriterium der **Kreuz-Preis-Elastizität** heran.[180] Das dahinter stehende Konzept beruht auf dem Gedanken, dass sich die Ausweichmöglichkeiten der Marktgegenseite in ihrer Reaktion auf Preisbewegungen zeigen müssen. Bewirkt eine geringe aber signifikante Preiserhöhung (im Bereich zwischen 5% und 10%) eine Abwanderung zu einer anderen Ware, so soll dies auf Ausweichmöglichkeiten und damit den gleichen sachlichen Markt hindeuten. Die Rechtsprechung hat die Kreuzpreiselastizität als Kriterium zur Abgrenzung des Marktes ausdrücklich erstmals in der Rechtssache *Hilti*[181] anerkannt, obwohl der Gerichtshof bereits in der Rechtssache *United Brands*[182] die Austauschbarkeit von Frischobst mit Bananen u. a. anhand der Kreuz-Preis-Elastizität überprüft hatte, die jedoch in diesem Fall nicht längerfristig (ganzjährig) bestand. Die Kreuz-Preis-Elastizität ist allerdings immer dann ein untauglicher Maßstab für die Marktabgrenzung, wenn der Preis ines Produktes nur einer unter vielen die Kaufentscheidung beeinflussenden Faktoren ist, da dann nicht denkbar ist, dass geringfügige Preisänderungen zur Verlagerung auf alternative Produkte führen.[183]

Bei **Ersatzteilen** für bestimmte technische Geräte ist zwischen dem Markt für neue Originalgeräte und für zu reparierende Geräte zu unterscheiden. In der Rechtssache *Hugin*[184] wurde die Lieferung von Original- und Fremdersatzteilen für Hugin-Registrierkassen an eigens auf Wartung und Reparatur spezialisierte Unternehmen als gesondert vom Markt für neue Registrierkassen angesehen. Bei Einzelteilen eines zusammengesetzten Produktes hat der Gerichtshof im *Hilti*-Fall[185] für Bolzen, die im Wesentlichen nur für Bolzenschussgeräte der Firma Hilti verwendbar waren, neben den ebenfalls separaten Märkten für Kartuschenstreifen und Schussgeräten, einen getrennten Markt an-

---

[176] EuGH U. v. 1. 2. 1978 Rs. 19/77 – *Miller* Slg. 1978, 131 Rn. 2, 5, 9, 10.
[177] EuGH U. v. 21. 2. 1984 Rs. 86/82 – *Hasselblad* Slg. 1984, 883 Rn. 20, 21.
[178] Komm. E. v. 16. 12. 1991 Rs. IV/33.242 – *Yves Saint Laurent Parfums* ABl. 1992 L 12/24 f.; v. 24. 7. 1992 IV/33.542 – *Givenchy* ABl. 1992 L 236/11.
[179] Komm. E. v. 2. 12. 1988 Rs. IV/31.697 – *Charles Jourdan* ABL. 1989 L 35/31 Rn. 5.
[180] Vgl. Komm., Bekanntmachung (Fn. 164) Rn. 15.
[181] EuG U. v. 12. 12. 1991 Rs. T-30/89 – *Hilti* Slg. 1991, II-1439 Rn. 40 ff.
[182] EuGH U. v. 14. 2. 1978 Rs. 27/76 – *United Brands* Slg. 1978, 207 Rn. 23/33.
[183] Komm. E. v. 22. 12. 1987 Rs. IV/30.787 und 31.488 – *Eurofix-Bauco/Hilti*, ABl. 1988 L 65/19 Rn. 60 ff.
[184] EuGH U. v. 31. 5. 1979 Rs. C-22/78 – *Hugin* Slg. 1979, 1869 Rn. 6–8.
[185] EuGH U. v. 2. 3. 1994 Rs. C-53/92 P – *Hilti* Slg. 1994, I-667 Rn. 13 ff.

genommen. **Rohstoffe** und **Vorprodukte,** die zur Weiterverarbeitung bestimmt sind sind, bilden einen vom Endprodukt getrennten Markt, wenn es Abnehmer gibt, die bei der Herstellung des Endproduktes auf die Versorgung mit diesen Erzeugnissen angewiesen sind.[186]

33 In Fällen, in denen ein Produkt eng mit einer Dienstleistungen verbunden ist, so dass es zu einer Überschneidung von Produkt- und **Dienstleistungsmarkt** kommt, nehmen die Gemeinschaftsorgane gleichwohl sachlich getrennte Märkte an, wenn eine gesonderte Nachfrage nach den jeweiligen Produkten und den Dienstleistungen besteht.[187] So hat die Kommission im Fall *Decca Navigator System*[188] einen Dienstleistungsmarkt für die Übertragung von Funksignalen eines besonderen Systems zur Navigation auf See von dem Produktmarkt der Empfangsgeräten für diese Signale unterschieden.

34 In den meisten Fällen genügt für die Abgrenzung des sachlich relevanten Marktes eine Beurteilung aus Sicht der Nachfrager (Nachfragesubstitution, s. o.). Insbesondere bei Produkten, die einer spezifischen technischen Verwendung und der Befriedigung eines individuellen Bedarfs dienen, berücksichtigen die Gemeinschaftsorgane aber auch die Möglichkeiten einer **Angebotssubstitution,** um künstliche Ergebnisse zu vermeiden und zu einer den technischen oder wirtschaftlichen Gegebenheiten gerecht werdenden Marktabgrenzung zu gelangen.[189] Insoweit kommt es darauf an, ob die Hersteller von technisch verwandten Produkten, die jedoch mit dem betreffenden Produkt nicht austauschbar sind, durch einfache Umstellung ihrer Produktionsanlagen oder des Herstellungsprozesses in der Lage wären, Austauschprodukte herzustellen. Lässt sich eine solche **Produktionsflexibilität** feststellen, so sind diese Anbieter als potentielle Konkurrenten in die Abgrenzung des relevanten Marktes mit einzubeziehen.[190] In der Rechtssache *Continental Can*[191] hat der Gerichtshof festgestellt, dass Hersteller von Leichtmetallverpackungen durch einfache Produktionsumstellung auch Fleisch- und Fischkonserven hätten herstellen können, weshalb diese Verpackungen nicht Teil eines separaten Marktes seien, sondern bei der Marktabgrenzung von der Kommission zu berücksichtigen gewesen wären. Der Gerichtshof hob die Entscheidung der Kommission[192] auf, da diese nicht die besonderen Merkmale der fraglichen Metallverpackungen dargelegt hatte und der Folgerung der Kommission, die auf dem Markt verbleibenden Konkurrenten hätten eine schwache Wettbewerbsstellung inne, Unsicherheiten anhafteten. In der *Michelin*-Entscheidung[193] hat der Gerichtshof auf Grund der Tatsache getrennte Märkte angenommen, dass zwischen Reifen für schwere Fahrzeuge und Reifen für Personenkraftwagen auf Grund bedeutender Unterschiede in der Produktionstechnik keine Angebotselastizität bestand. Auch hat die Kommission im *Tetra-Pak-I-*

---

[186] EuGH U. v. 6. 3. 1974 Rs. 6 und 7/73 – *Commercial Solvents* Slg. 1974 223 Rn. 22, betreffend Rohstoffe, die zur Herstellung von Derivaten verwendet werden.

[187] Vgl. EuGH U. v. 13. 11. 1975 Rs. 26/75 – *General Motors* Slg. 1975 1367 Rn. 4/6–9; v. 11. 11. 1986 Rs. 226/84 – *British Leyland* Slg. 1986, 3263 Rn. 5, wonach die Erteilung von Übereinstimmungsbescheinigungen für Kraftfahrzeuge einen vom Kraftfahrzeugsmarkt gesonderten Dienstleistungsmarkt darstellen.

[188] Komm. E. v. 21. 12. 1988 Rs. IV/30.979 und 31.394 – *Decca Navigator System* ABl. 1989 L 43/27 Rn. 83 ff.

[189] Vgl. *Dirksen* in: *Langen/Bunte,* Kommentar zum deutschen und europäischen Kartellrecht, Art. 82, Rn. 27.

[190] EuGH U. v. 9. 11. 1983 Rs. 322/81 – *Michelin* Slg. 1983, 3461 Rn. 41 ff.; v. 31. 5. 1979 Rs. C-22/78 – *Hugin* Slg. 1979, 1869 Rn. 9, sowie *Jung* in: *Grabitz/Hilf,* Das Recht der Europäischen Union, Art. 82, Rn. 38; *Dirksen* in: *Langen/Bunte,* Kommentar zum deutschen und europäischen Kartellrecht, Art. 82, Rn. 27; *Schröter* in: *Schröter/Jakob/Mederer,* Kommentar zum Europäischen Wettbewerbsrecht, Art. 82, Rn. 144.

[191] EuGH U. v. 21. 2. 1973 Rs. 6/72 – *Continental Can* Slg. 1973 Rn. 33–36.

[192] Komm. E. v. 9. 12. 1971 Rs. IV/26.811 – *Continental Can Company,* ABl. 1972 L 7/25.

[193] EuGH U. v. 9. 11. 1983 Rs. 322/81 – *Michelin* Slg. 1983, 3461 Rn. 41 ff.

Verfahren[194] aseptische Verpackungsmaschinen und Kartons für keimfrei behandelte Milch als abgegrenzten Markt betrachtet, da Hersteller verschiedener (nicht-aseptischer) Milchverpackungsmaschinen nicht leicht in diesen Markt eintreten konnten. Im *Tetra-Pak-II*-Verfahren[195] wurden in gleicher Weise die verschiedenen aseptischen und nicht-aseptischen Verpackungsarten aus Sicht des Anbieters nicht als hinreichend austauschbar betrachtet, da die Verpackungsunternehmen die Wahl der Verbraucher bei der Art der Verpackung nur langfristig durch Verkaufsförderungs- und Werbemaßnahmen beeinflussen können.

Im Folgenden wird ein Überblick über verschiedene Produktmärkte gegeben, die bislang Gegenstand der gemeinschaftsrechtlichen Entscheidungspraxis waren: **35**

PRODUZIERENDES GEWERBE

Auf dem allgemeinen Markt für die Systeme der Verpackung flüssiger Nahrungsmittel bestehen getrennte Märkte für **aseptische** und **nicht-aseptische Abfüllanlagen** sowie **Verpackungsmaterial,** da zwischen den Produkten der einzelnen Teilmärkte keinerlei Substitutionselastizität besteht.[196] **36**

Bananen und anderes Frischobst gehören verschiedenen Produktmärkten an, da die spezifische Qualität der Banane die Entscheidung des Verbrauchers beeinflusst und ihn davon abhält, die Banane ganz oder zum großen Teil durch anderes Frischobst zu ersetzen.[197] **37**

Super- und **Normal-Benzin** bilden einen einheitlichen Markt für Motorenbenzin, weil sie sich nur hinsichtlich ihrer Oktanzahl unterscheiden und der Übergang von Superbenzin zu Normalbenzin lediglich eine Änderung der Motoreinstellung erfordert.[198] **38**

Bolzenschussgeräte, Kartuschenstreifen und Bolzen gehören keinem einheitlichen Markt der **Direktbefestigungssysteme** an, sondern bilden drei getrennte Märkte.[199] **39**

In Bezug auf **Ersatzreifen** bestehen unterschiedliche Märkte für leichte Fahrzeuge (Pkw und Kleinbusse) einerseits und für schwere Fahrzeuge (Lkw und Busse) andererseits. Hinsichtlich dieser Erzeugnisgruppen gibt es keine Nachfrage- und keine Angebotselastizität.[200] Auf dem Markt der Ersatzreifen für schwere Fahrzeuge ist zwischen Neureifen und runderneuerten Reifen zu unterscheiden, weil runderneuerte Reifen weder qualitativ noch quantitativ als hinlänglicher Ersatz für Neureifen angesehen werden können.[201] Die **40**

---

[194] Komm. E. v. 26. 7. 1988 Rs. IV/31.043 – *Tetra Pak I,* ABl. 1988 L 272/27 Rn. 30, 36 f.

[195] Komm. E. v. 24. 7. 1991 Rs. IV/31.043 – *Tetra Pak II,* ABl. 1992 L 72/1 Rn. 96; EuG Rs. T-83/91 – *Tetra Pak II* Slg. 1994, II-755 Rn. 67; bestätigt durch EuGH U. v. 14. 11. 1996 Rs. C-333/94 P – *Tetra Pak* Slg. 1996, I-5951 Rn. 16–19.

[196] Komm. E. v. 24. 7. 1991 Rs. IV/31.043 – *Tetra Pak II,* ABl. 1992 L 72/1, 18 und Rn. 13; EuG U. v. 6. 10. 1994 Rs. T-83/91 – *Tetra Pak II* Slg. 1994, II-764 Rn. 64 ff.; vgl. bzgl. Aseptischer Verpackungen von Milch Komm. E. v. 26. 7. 1988 IV/31.043 – *Tetra Pak I,* ABl. 1988 L 272/27, 33; EuG U. v. 10. 7. 1990 Rs. T-51/89 – *Tetra Pak* Slg. 1990, II-347 Rn. 2.

[197] Komm. E. v. 17. 12. 1975 Rs. IV/26.6999 – *Chiquita* ABl. 1976 L 95/1, 11 unter II A 2; bestätigt durch EuGH U. v. 14. 2. 1978 Rs. 27/76 – *United Brands* Slg. 1978, I-207 Rn. 34/35.

[198] Komm. E. v. 19. 4. 1977 Rs. IV/28.841 – *ABG/Mineralölgesellschaften* ABl. 1977 L 117/1, 3 unter I D und II A; aufgehoben durch EuGH U. v. 29. 6. 1978 Rs. 77/77 – *Ölkrise* Slg. 1978, 1513 (das Urteil bezieht sich jedoch nicht auf den relevanten Markt, sondern auf die missbräuchliche Ausnutzung).

[199] Komm. E. v. 22. 12. 1987 Rs. IV/30.787 und Rs. IV/31.488 – *Eurifix/Bauko/Hilti,* ABl. 1988 L 65/19, 31 Rn. 55; bestätigt durch EuG U. v. 12. 12. 1991 Rs. T-30/89 – *Hilti* Slg. 1991, II-1439 Rn. 66; EuGH U. v. 2. 3. 1994 C-53/92 P – *Hilti* Slg. 1994, I-693.

[200] Komm. E. v. 20. 6. 2002 Rs. COMP/36.041 – *Michelin,* ABl. 2002 L143/1, 16; Komm. E. v. 7. 10. 1983 IV 29.491 – *Michelin,* ABl. 1981 L 353/33, 40; bestätigt durch EuGH U. v. 9. 11. 1983 Rs. 322/81 – *Michelin* Slg. 1983, IV-3461 Rn. 39.

[201] Komm. E. v. 20. 6. 2002 Rs. COMP/36.041 – *Michelin,* ABl. 2002 L143/1, 16; Komm. E. v. 7. 10. 1983 IV 29.491 – *Michelin,* ABl. 1981 L 353/33, 40; bestätigt durch EuGH U. v. 9. 11. 1983 Rs. 322/81 – *Michelin* Slg. 1983, IV-3461 Rn. 49 f.

verschiedenen Reifenarten und -typen bilden dagegen keine eigenen Teilmärkte auf dem Markt der neuen Ersatzreifen für schwere Fahrzeuge.[202]

41 **Flachglas** ist auf Grund seiner mechanischen, thermischen, optischen und dekorativen Eigenschaften und seines Qualitäts-/Preisverhältnisses nicht durch Hohlglas und Plastik substituierbar und bildet folglich einen eigenen gesonderten Markt.[203] Lediglich in seiner Verwendung für Gewächshäuser und Veranden konkurriert Flachglas mit Plastik.[204] Im Gegensatz zu Flachglas bildet Hohlglas keinen eigenen Markt, da es mit anderen Produkten wie beispielsweise Aluminiumdosen, Blechdosen, besonders behandelten Kartonpackungen und Plastikbehältnissen konkurriert.[205]

42 Im Bereich der Bautechnik sind **Gipskartonplatten** für den Trockenbau nicht durch Nassputzerzeugnisse substituierbar und bilden einen eigenen Markt.[206]

43 **Kristallzucker** bildet gegenüber Spezialzuckersorten und industriell hergestellten Zuckersurrogaten einen eigenständigen Markt, da vom Standpunkt der Verbraucher aus keine Austauschbarkeit besteht. Der Markt für Kristallzucker ist unterteilt in die Teilmärkte Haushaltszucker (Zuckerverkäufe an den Einzelhandel) und Gewerbezucker (Verkäufe an gewerbliche Abnehmer).[207]

44 Nach Ansicht der Kommission bestehen verschiedene Märkte für automatische **Leergutrücknahmesysteme** je nach dem, ob sie für Kantinen und Kioske (frei stehende Low-End-Kompaktsysteme) oder Supermärkte bestimmt sind, weil sich die Maschinen in Größe/Platzbedarf ggf. in Nebenräumen, Arbeitsgeschwindigkeit, Kapazität und Preis deutlich unterscheiden.[208] Die manuelle Rücknahme von Leergut ist dagegen keinem Produktmarkt zuzurechnen, weil diese Dienstleistung nicht in Konkurrenz zu Automaten kommerziell angeboten wird und automatische Systeme gerade dann angeschafft würden, wenn die manuelle Rücknahme nicht mehr möglich ist.[209]

45 Nach Auffassung der Kommission bilden der Markt der **Leichtverpackungen für Fleischkonserven,** der Markt der Leichtverpackungen **für Fischkonserven** und der Markt der **Metallverschlüsse für die Konservenindustrie** mit Ausnahme der Kronkorken getrennte Märkte gegenüber dem allgemeinen Markt für Leichtmetallverpackungen.[210] Der EuGH hat diese Entscheidung aufgehoben.[211] Danach sind Leichtmetallverpackungen für Fleisch- und Fischkonserven durch solche für Obst und Gemüsekonserven, Kondensmilch, Olivenöl, Fruchtsäfte und chemisch-technische Erzeugnisse substituierbar und gehören daher einem gemeinsamen Markt an.

46 Chemische Rohstoffe **(Metropropan** und **Aminobuthanol)** und die damit herzustellenden Endprodukte **(Ethanbuthol)** sind untereinander nicht austauschbar und bilden daher verschiedene Märkte.[212]

---

[202] Komm. E. v. 7. 10. 1983 IV 29.491 – *Michelin,* ABl. 1981 L 353/33, 40; bestätigt durch EuGH U. v. 9. 11: 1983 Rs. 322/81 – *Michelin* Slg. 1983, IV-3461 Rn. 61.
[203] Komm. E. v. 7. 12. 1988 Rs. IV/31.906 – *Flachglas,* ABl. 1989 L 33/44, 65 Rn. 76.
[204] Komm. E. v. 7. 12. 1988 Rs. IV/31.906 – *Flachglas,* ABl. 1989 L 33/44, 65 Rn. 76.
[205] Komm. E. v. 7. 12. 1988 Rs. IV/31.906 – *Flachglas,* ABl. 1989 L 33/44, 65 Rn. 76.
[206] Komm. E. v. 5. 12. 1988 Rs. IV/31.900 – *BPB Industries PLC,* ABl. 1989 L 10/50 Rn. 118; bestätigt durch EuG U. v. 1. 4. 1993 Rs. T-65/89 – *BPB Industries PLC,* Slg. 1993, II-389 und EuGH U. v. 6. 4. 1995 Rs. C-310/93 P – *BBP/British Gypsum* Slg. 1995, I-896.
[207] Komm. E. v. 18. 7. 1988 Rs. IV/30.178 – *Napier Brown/British Sugar,* ABl. 1988 L 284/41, 50; v. 14. 5. 1997 Rs. IV/34.621, 35.059/F-3 – *Irish Sugar Plc.,* ABl. 1997 L 258/1, 15; vgl. auch Komm. E. v. 2. 1. 1973 Rs. IV/26.918 – *Europäische Zuckerindustrie,* ABl. 1973 L 140/17.
[208] Komm. E. v. 29. 3. 2006 Rs. COMP/E-1/38.113 – *Prokent/Tomra* (noch nicht im ABl.) Rn. 28 ff. i. E. offen gelassen.
[209] Ebd. Rn. 25.
[210] Komm. E. v. 9. 12. 1971 Rs. IV/26.811 – *Continental Can Company,* ABl. 1972 L 7/25, 35.
[211] EuGH U. v. 21. 2. 1973 Rs. 6/72 – *Continental Can* Slg. 1973, I-215.
[212] Komm. E. v. 14. 12. 1972 Rs. IV/26.911 – *Zoja/CS C-ICI,* ABl. 1972 L 299/51, 54;

Auf dem Produktmarkt der **Musikinstrumente** besteht ein Teilmarkt der Blechblasinstrumente für Blaskapellen britischen Typs.[213] 47

Nassrasurartikel (Rasierapparate, Rasierklingen und Einwegrasierer) bilden einen getrennten Markt gegenüber Trockenrasierern und anderen Haarentfernungsmitteln (Cremes, Lotionen, Wachs und elektrische Geräte), da Nassrasurartikel nicht substituierbar sind.[214] 48

Organische Peroxide im Kunststoffbereich sind auf Grund unterschiedlicher technischer Eigenschaften nicht durch Schwefelverbindungen substituierbar und bilden einen eigenen Markt.[215] 49

Es existiert ein eigener Markt für Originalersatzteile für Hugin-**Registrierkassen**, da Registrierkassen derart technisch geprägt sind, dass Ersatzteile der Marke Hugin nicht gegen Ersatzteile für Registrierkassen anderer Marken ausgetauscht werden können.[216] 50

Leichte und schwere kalzinierte **Soda** gehören dem gleichen Markt an, da sich die Abnehmer von leichten Soda mit geringem Kapitalaufwand auf schwere Soda umstellen können.[217] 51

Softeis und **einzeln verpackte Speiseeisportionen** gehören verschiedenen Märkten an, da Softeis anders als einzeln verpackte Eisportionen nicht für die Selbstbedienung des Verbrauchers bestimmt ist, sondern vom Wiederverkäufer zum Verkauf an den Endverbraucher weiterverarbeitet werden muss.[218] 52

Es besteht ein allgemeiner Markt der **Unterhaltungselektronik**.[219] 53

Jede Vitamingruppe (A, B2, B6, C, E, Biotin (H), Pantothensäure (B3)) bildet einen gesonderten Markt, da sie im Bezug auf ihren Verwendungszweck mit anderen Gruppen oder anderen Erzeugnissen nicht oder nur in geringem Maße austauschbar ist.[220] 54

DIENSTLEISTUNGEN

Dienstleistungen im Zusammenhang mit dem Zugang zur **Flughafeninfrastruktur** des Flughafens Brüssel-National (Zaventem), d. h. **Start- und Landedienstleistungen** (Betrieb und Instandhaltung der Start- und Landebahnen, Rollwege und Vorfeldflächen sowie die Flugführung beim Anflug), bilden einen eigenen Markt. Die Kurz- und Mittelstreckenflugverbindungen des Flughafens Brüssel stellen einen benachbarten, aber gegenüber dem Markt der Start- und Landedienstleistungen gesonderten Markt dar, da der Flughafen Brüssel für Kurz- und Mittelstreckenflugverbindungen innerhalb der Union mit Ausgangs- oder Zielort im Einzugsgebiet Brüssel kaum gegen andere Verbindungen ausgetauscht werden kann.[221] 55

---

bestätigt durch EuGH U. v. 6. 3. 1974 Rs. 6 und 7/73 – *Commercial Solvents* Slg. 1974, I-223 Rn. 22.

[213] Komm. E. v. 29. 7. 1987 Rs. IV/32.279 – *BBI/Boosey & Hawks*, ABl. 1987 L 286/36, 40.

[214] Komm. E. v. 10. 11. 1992 Rs. IV/33.440 und IV/33.486 – *Gilette*, ABl. 1993 L 116/21, 22.

[215] Komm. E. v. 14. 12. 1985 Rs. IV/30.698 – *ECS/AKZO*, ABl. 1985 L 374/1, 17; bestätigt durch EuGH U. v. 3. 7. 1991 Rs. C-62/86 – *AKZO Chemie B. v.* Slg. 1991, I-3439 Rn. 52.

[216] Komm. E. v. 8. 12. 1977 Rs. IV/29.132 – *Hugin/Liptons*, ABl. 1978 L 22/23, 30; bestätigt durch EuGH U. v. 31. 5. 1979 Rs. 22/78 – *Hugin Kassa Register* Slg. 1979, II-1869 Rn. 7.

[217] Komm. E. v. 19. 12. 1990 Rs. IV/33.133-C – *Soda-Solvey*, ABl. 1991 L 152/21, 32; v. 19. 12. 1990 IV/33.133/D – *Soda-ICI* ABl. 1991 L 152/40, 49.

[218] Komm. E. v. 11. 3. 1998 Rs. IV/34.073, Rs. IV/34.359 und Rs. IV/35.436 – *Van den Bergh Foods Ltd.* ABl. 1998 L 246/1, 21 f. (Rn. 134).

[219] EuGH U. v. 25. 10. 1977 Rs. 26/76 – *Metro SB-Großmärkte* Slg. 1977, 1879 Rn. 16; so auch Komm. E. v. 21. 12. 1993 Rs. IV/29.420 – *Grundig-EG-Vertriebsbedingung*, ABl. 1994 L 20/15.

[220] Komm. E. v. 9. 6. 1976 Rs. IV/29.020 – *Vitamine* ABl. 1976 L 223/27, 35; bestätigt durch EuGH U. v. 13. 2. 1979 Rs. 85/76 – *Hoffmann-La Roche* Slg. 1979, I-461 Rn. 30; vgl. auch Komm. E. v. 21. 11. 2001 COMP/37.512 – *Vitamine*, ABl. 2003 L 6/1, 4 ff. zu Art. 81 EGV.

[221] Komm. E. v. 28. 6. 1995 95/364/Eg – *British Midland/Zaventem*, ABl. 1995 L 216/8, 10.

56 In dem Bereich der **Passagier-, Auto- und Frachtfährdienste** zwischen dem Vereinigten Königreich und Irland bildet die Erbringung von Hafendiensten für Passagier- und Autofähren durch die Zentralpassage zwischen dem Vereinigten Königreich und Irland (dem Hafen Holyhead in Wales, Dublin und Dun Laoghaire) einen eigenen Markt.[222]

57 Auf dem allgemeinen Markt der **Hafenarbeiten** besteht jeweils ein Teilmarkt der Hafenarbeiten für Rechnung Dritter, der Bereitstellung von Zeitarbeitskräften und der arbeitskraftintensiven Dienstleistungen durch Unterauftragnehmer.[223] Die **Organisation** der **Hafendienstleistungen** auf dänischer Seite für die Fährbootdienste (Reisende und Fahrzeuge) auf dem Seeweg Rødby-Puttgarden bildet einen eigenen Markt, da es für den Verkehr auf dem Seeweg zwischen dem Osten Dänemarks und Deutschlands sowie dem gesamten Westeuropa keine vergleichbaren und ähnlich vorteilhaften Hafenanlagen wie den Hafen von Rødby gibt.[224]

58 In dem Bereich des Außenhandels zwischen Frankreich und Westafrika bildet der gesamte Stückgutverkehr (General Cargo) der **Linienschifffahrt** zwischen Frankreich und 11 afrikanischen Staaten (Senegal, Gabun, Zentralafrikanische Republik, Niger, Burkina Faso, Guinea, Kongo, Mali, Togo, Benin und Kamerun) einen eigenständigen Markt.[225]

59 **Lotsendienste** im Hafen von Genua bilden einen eigenen Markt. Der Markt der Lotsendienste und der Markt der gemeinschaftlichen Seeverkehrsverbindungen sind benachbarte, aber gesonderte Märkte.[226]

60 Der **containerisierte Linienseetransport** zwischen Nordeuropa und den USA auf den Schifffahrtsrouten zwischen den Häfen in Nordeuropa und Häfen in den USA und Kanada bildet einen getrennten Markt gegenüber anderen Transportleistungen zur Beförderung von Containerfracht zwischen Nordeuropa und den USA.[227] Darüber hinaus ist davon auszugehen, dass die anderen Formen des Seetransports, einschließlich des konventionellen Linienverkehrs (break-bulk) gegenüber dem Container-Seetransport einen oder mehrere eigenständige Märkte bilden.[228]

61 Im Bereich der Sammlung und Verwertung von **Verkaufsverpackungen** unterscheidet die Kommission einen Markt für Entsorgungssysteme zur Befreiung von der Rücknahme- und Verwertungspflicht für Verkaufsverpackungen sowie einen hiervon getrennten Markt für die Organisation der Erfüllung der Rücknahme- und Verwertungspflicht gebrauchter Verkaufsverpackungen.[229]

62 In der Luftfahrtbranche existiert ein Markt von **Luftverkehrsvermittlerdiensten** (Dienstleistungen im Bereich Marketing und Vertrieb von Flugscheinen), die durch Fluggesellschaften von Reisevermittlern gekauft werden.[230]

63 Bei der Beförderung von allgemeiner Fracht zwischen den Häfen Nordeuropas und Zaires ist zwischen dem Markt der **Linienschifffahrt** und dem der **Tramschifffahrt** zu unterscheiden, da für den größten Teil der Fracht (containerfähige Güter sowie teilweise auch Massengut) fast ausschließlich die Linienschifffahrt in Betracht kommt.[231]

---

[222] Komm. E. v. 21. 12. 1993 Rs. IV/34.689 – *Sea Containers/Stena Sealink*, ABl. 1994 L 15/8 Rn. 11.
[223] Komm. E. v. 21. 10. 1997 – *Italienische Häfen*, ABl. 1997 L 301/17, 20.
[224] Komm. E. v. 21. 12. 1993 – *Rødby*, ABl. 1994 L 55/52, 54.
[225] Komm. E. v. 1. 4. 1992 Rs. IV/32.450 – *Reedereiausschüsse in der Frankreich-Westafrika-Fahrt*, ABl. 1992 L 134/1, 17.
[226] Komm. E. v. 21. 10. 1997 – *Hafen von Genua*, ABl. 1997 L 301/27, 29.
[227] Komm. E. v. 16. 9. 1998 Rs. IV/35.134 – *Trans-Atlantic Conference Agreement*, ABl. 1999 L 95/1, 16, 18.
[228] Komm. E. v. 16. 9. 1998 Rs. IV/35.134 – *Trans-Atlantic Conference Agreement*, ABl. 1999 L 95/1, 13.
[229] Komm. E. v. 20. 4. 2001 Rs. COMP/D3/34.493 – *DSD* ABl. 2001 L 166/1 Rn. 65 ff.
[230] Komm. E. v. 14. 7. 1999 Rs. IV/34.780/D-2 – *Virgin/British Airways*, ABl. 2000 L 30/1, 16.
[231] Komm. E. v. 23. 12. 1992 Rs. IV/32.448 und IV/32.450 – *CEWAL, COBAC, UKWAL*, ABl. 1993 L 34/20, 22; EuG U. v. 8. 10. 1996 Rs. T-24–26/98 und T-28/93 – *Compagnie maritime belge (Cewal)* Slg. 1996, II-1201.

Die Bereitstellung und der Verkauf von **Luftverkehrsleistungen** zwischen Dublin und London (Heathrow) bilden gegenüber dem Land- und Seeverkehr auf dieser Strecke einen eigenständigen Markt, da die Merkmale des Luftverkehrs einerseits und des Land- und Seeverkehrs andererseits sich derart unterscheiden, dass die Substitutionsmöglichkeiten sowohl auf der Nachfrage- als auch auf der Angebotsseite beschränkt sind.[232] 64

Die Märkte für den **Notfall- und für den sonstigen Krankentransport** sind als getrennte Märkte zu betrachten.[233] Die **Sammlung von Daten** über Verschreibungen und den Absatz von Arzneimitteln bildet einen Markt.[234] 65

Der Markt des französischen Ton- und Bildmaterials ist Bestandteil des allgemeinen Marktes des Ton- und Bildmaterials in Bezug auf **Pferderennen,** da das französische Ton- und Bildmaterial und das anderer Rennen substituierbar ist.[235] Auf dem Markt der Übertragung von Fernsehinformationen und -bildern über Pferderennen, der von den Märkten der Übertragung von Windhundrennen und anderen Sportveranstaltungen abzugrenzen ist, besteht ein Teilmarkt der Fernsehübertragung von Bildern und Informationen über Pferderennen in die Wettbüros. Dieser Markt bildet einen Hilfsmarkt für den Wettmarkt, da solche Fernsehübertragungen in die Wettbüros zwar eine spürbare Auswirkung auf den Wettbewerb haben können, der Wettmarkt aber ohne die Fernsehübertragung funktionieren kann.[236] Die Verwaltung und Organisation von Wetten außerhalb von Rennplätzen stellt einen eigenen Markt dar.[237] 66

Die verschiedenen Transportmöglichkeiten zu Land, zu Wasser und in der Luft können nicht zu einem großen **Reiseverkehrsmarkt** zusammengefasst werden, da Linienflüge, Charterflüge, Bahn, Straße und Linienflüge mit anderen Linien nicht beliebig austauschbar sind.[238] 67

Auf dem nationalen Markt für **Telefonanlagen** in Frankreich existiert kein eigenständiger Teilmarkt der Vermietung und Instandhaltung von Telefonanlagen, weil die Benutzer der Telefonanlagen zwischen der Anmietung und dem Ankauf der Anlagen wählen können.[239] Im Bereich des **Telekom-Netzzugangs** in Deutschland definiert die Kommission einen Markt für den **Zugang zu den örtlichen Festnetzen,** dieser Markt wird wiederum unterteilt in einen Vorleistungszugangsmarkt und einen Endkundenzugangsmarkt.[240] 68

Die Erbringung **mobiler Telefondienstleistungen** mit cellularer digitaler Technik bildet gegenüber Sprachtelefondiensten über Festnetze und den übrigen Telekommunikationsdiensten einen eigenständigen Markt, weil zwischen Mobilfunk und dem Festnetztelefonsystem nur eine sehr geringe Austauschbarkeit besteht. Die ältere cellulare analoge Funktechnik ist nicht mit dem cellularen GSM Mobilfunk substituierbar, da die besonde- 69

---

[232] Komm. E. v. 10. 4. 1992 Rs. IV/33.544 – *British Midland/Aer Lingus*, ABl. 1992 L 96/34, 37.

[233] EuGH U. v. 25. 10. 2001 Rs. C-475/99 – *Ambulanz Glöckner/Landkreis Südwestpfalz* Slg. 2001, I-8137 Rn. 33.

[234] Komm. E. v. 3. 7. 2001 Rs. COMP/D3/38.044 – *NDC Health/IMS Health*, ABl. 2002 L59/18, suspendiert durch EuG B. v. 10. 8. 2001 Rs. T-184/01 R– *IMS Health/Kommission* Slg. 2001, II-2349 und B. v. 26. 10. 2001 Rs. T-184/01 R – *IMS Health/Kommission* Slg. 2001, II-3193. Das gegen den B. v. 26. 10. 2001 eingelegte Rechtsmittel wurde vom EuGH zurückgewiesen, B. v. 11. 4. 2002 Rs. C-481/01 P (R) – *NDC Health/Kommission, IMS Health* Slg. 2002, I-3401.

[235] Entscheidung der Kommission gem. Art. 6 der Verordnung Nr. 99/63 vom 11. 11. 1992; bestätigt durch EuG U. v. 12. 6. 1997 Rs. T-504/93 – *Tierce Ladbroke* Slg. 1997, II-923 Rn. 81 ff.

[236] Komm. E. v. 31. 1. 1995 Rs. IV/33.375 – *PMI-DSV* ABl. 1995 L 221/34, 35 f.

[237] EuG U. v. 18. 9. 1995 Rs. T-548/93 – *Ladbroke Racing Ltd.* Slg. 1995, II-2565 (in Rn. 17 vorausgesetzt).

[238] EuGH U. v. 11. 4. 1989 Rs. 66/86 – *Ahmed Saeed Flugreisen u. a.* Slg. 1989, 838 Rn. 39 ff.

[239] EuGH U. v. 5. 10. 1988 Rs. 247/86 – *Alsatel* Slg. 1988, I-6005 Rn. 15 ff.

[240] Komm. E. v. 21. 5. 2003 – *Deutsche Telekom AG* COMP/C-1/37.451, 37.578, 37.579, ABl. 2003 L 263/9 Rn. 58, 61.

ren Eigenschaften des GSM-Systems nur den Bedürfnissen eines Teils der Mobilfunkteilnehmer entsprechen.[241]

70 Auf dem allgemeinen **Verkehrsmarkt** gibt es den Teilmarkt der Geschäftsreisenden und den Teilmarkt der Freizeitreisenden. Auf Entfernungen von 350 bis 1000 km sind auf dem Verkehrsmarkt der Geschäftsreisenden Linienflüge und Hochgeschwindigkeitszüge austauschbar, während auf dem Verkehrsmarkt der Freizeitreisenden Flüge in der economy class mit Bahn, Bus und u. U. der Fahrt mit dem eigenen Auto konkurrieren.[242]

71 P&I (Protection and Indemnity)-Versicherungen stellen einen getrennten Produktmarkt dar, da sowohl auf der Nachfrage- als auch auf der Angebotsseite ein Ersatz durch andere Seeversicherungsprodukte nur begrenzt möglich ist.[243] P&I-Rückversicherungen mit einem Versicherungsschutz von über rd. 1,8 Mrd. Euro (2 Mrd. US $) bilden einen getrennten Markt gegenüber P&I-Rückversicherungen mit einem geringeren Versicherungsschutz, die dem Weltmarkt für Seerückversicherungen angehören, weil P&I-Rückversicherer bei einem Versicherungsschutz von über rd. 1,8 Mrd. Euro nicht mit Seerückversicherern konkurrieren.[244]

DIENSTLEISTUNGEN ÖFFENTLICHER UNTERNEHMEN

72 In Deutschland ist zwischen dem Markt, auf dem die **Deutsche Bahn AG** Bahnleistungen (Zugkraft, Zugang zum Schienennetz, internationale Koordinierung der Bahnleistung) erbringt, und dem Markt, auf dem die Unternehmen des kombinierten Güterverkehrs tätig sind, zu unterscheiden, da Bahnunternehmen und die Unternehmen des kombinierten Güterverkehrs auf unterschiedlichen Stufen des Wirtschaftsprozesses tätig sind.[245] Eisenbahnleistungen, d. h. insbesondere die Stellung von Lokomotiven, die Traktionsleistung und der Zugang zum Schienennetz, bestehen für eine spezifische Nachfrage und ein spezifisches Angebot und sind mit den Leistungen der Beförderer im Schienenverkehr nicht austauschbar. Der Markt der **Eisenbahnleistungen** bildet daher einen gesonderten Teilmarkt des Bahnverkehrsmarktes im Allgemeinen.[246]

73 Aufgrund ihrer spezifischen Eigenschaften, ihrer Kosten und ihres Anwendungsbereichs stellen **Paketdienste** der Deutschen Post AG für den Versandhandel einen eigenen sachlich relevanten Markt gegenüber dem Transport von Schalterpaketen dar, der zu Standardtarifen über den Postschalter abgewickelt wird. Die Deutsche Post AG holt die Pakete des Versandhandels nämlich unmittelbar beim Betrieb des Kunden ab und gewährt dem Kunden Preisnachlässe für die nicht über den Postschalter abgewickelten Sendungen.[247] Der von Expresssendungen zu unterscheidende Bereich der Beförderung **grenzüberschreitender Standardbriefpost** besteht aus zwei getrennten Märkten: dem Markt für aus einem Mitgliedstaat ausgehende grenzüberschreitende Briefpost und dem Markt für in einem Mitgliedstaat eingehende grenzüberschreitende Briefpost.[248] Business-to-Business-Postdienstleistungen und der allgemeine Briefdienst gehören getrennten Märkten an.[249]

---

[241] Komm. E. v. 18. 12. 1996 – *GSM Mobilfunknetzbetreiber (Spanien)*, ABl. 1997 L 76/19, 23 f.; v. 4. 10. 1995 – *GSM Mobilfunknetzbetreiber (Italien)* ABl. 1995 L 280/49, 51 ff.

[242] Komm. E. v. 21. 9. 1994 Rs. IV/34.600 – *Night Services*, ABl. 1994 L 259/20, 22.

[243] Komm. E. v. 12. 4. 1999 Rs. IV/D/1/30.373 und Rs. IV/D/1/737.143 – *P&I Clubs* ABl. 1999 L 125/12, 19.

[244] Komm. E. v. 12. 4. 1999 Rs. IV/D/1/30.373 und Rs. IV/D/1/737.143 – *P&I Clubs* ABl. 1999 L 125/12, 20.

[245] Komm. E. v. 29. 3. 1994 Rs. IV/33.941 – *HOV-SVZ/MCN* ABl. 1994 L 104/34, 45.

[246] EuGH U. v. 21. 10. 1997 Rs. T-229/94 – *Deutsche Bahn AG* Slg. 1997, II-1695 Rn. 55.

[247] Komm. E. v. 20. 3. 2001 COMP/35.141 – *Deutsche Post AG*, ABl. 2001 L 125/27 Rn. 26.

[248] Komm. E. v. 25. 7. 2001 Rs. COMP/36.915 – *Aufhaltung grenzüberschreitender Postsendungen*, ABl 2001 L 331/40 Rn. 84 f.

[249] Komm. E. v. 5. 12. 2001 Rs. COMP/C-1/37.859 – *De Post/La Poste (Belgien)*, ABl. 2002 L 61/32, 40.

In Bezug auf den **Verkauf von Eintrittskarten** für die Fußball-WM 1998 in Frankreich bestand ein Teilmarkt für den Blindverkauf von 393 200 Eintrittskarten im Rahmen von Passe-France-98-Kartenpaketen an die Allgemeinheit durch das Committée Francais d'Organisation du Coup du Monde de Football (CFO) in den Jahren 1996 und 1997 und ein Teilmarkt für den Blindverkauf von 181 000 Eintrittskarten für das Eröffnungsspiel, die Viertel- und Halbfinale, das Spiel um den dritten Platz und das Endspiel durch das CFO im Jahre 1997 an die Allgemeinheit.[250] **74**

Es gibt einen Markt für die Vermittlung von Musikurheberrechten, auf dem die **GEMA** (Gesellschaft für musikalische Aufführungs- und mechanische Vervielfältigungsrechte) Dienstleistungen in Form der entgeltlichen Vermittlung und Wahrnehmung von musikalischen Urheberrechten gegenüber den Musikanbietern und den Musikverbrauchern anbietet.[251] Der Dienstleistungsmarkt für die Wahrnehmung von Zweitverwertungsrechten ausübender Künstler und Hersteller in Deutschland ist gegenüber der Tätigkeit anderer Verwertungsgesellschaften abzugrenzen, da diese jeweils andere Schutzrechte wahrnehmen.[252] **75**

Der Markt der wöchentlichen Programmvorschauen und derjenige für Fernsehzeitschriften, in denen sie veröffentlicht werden, sowie der Markt der täglichen Fernsehprogrammvorschauen bilden Teilmärkte des allgemeinen Marktes der **Information über Fernsehprogramme**.[253]

Auf dem allgemeinen Markt der Reservierungssysteme existiert ein Teilmarkt der **Reservierungsdienste,** die einem oder mehreren Luftverkehrsunternehmen von einem Betreiber eines rechnergeschützten Reservierungssystems angeboten werden, und ein Teilmarkt der Angebote dieser Dienste an die Reisebüros.[254] **76**

Die Bereitstellung von **Flughafeneinrichtungen** für den Start und die Landung von Verkehrsflugzeugen und die Erbringung von **Abfertigungsleistungen** auf dem Vorfeld durch die FAG (Flughafen Frankfurt/Main AG) bilden benachbarte, aber getrennte Märkte, weil mangels Austauschbarkeit dieser beiden Dienste auf der Nachfrageseite (d.h. für die Flughafengesellschaften) keine Preiselastizität der Nachfrage besteht.[255] **77**

Die Tätigkeiten eines **Flughafenbetreibers,** der die Infrastrukturen verwaltet und ihre Nutzung organisiert, sind vom Markt für **Bodenabfertigungsdienste** zu unterscheiden.[256] Daher bilden Dienstleistungen der Flughafenleitung der Pariser Flughäfen Orly und CDG für Dienstleister und Flughafennutzer, die Bodenabfertigungsdienste auf den Pariser Flughäfen erbringen, einen eigenständigen Markt. Es besteht ferner ein Markt für Flugdienstleistungen von und nach Paris.[257] **78**

Auf dem allgemeinen Markt von Flughafendienstleistungen stellen **gebührenpflichtige Dienstleistungen für den Zugang zur Flughafeninfrastruktur** einen eigenständigen **79**

---

[250] Komm. E. v. 20. 7. 1999 Rs. IV/36.888 – *Fußballweltmeisterschaft 1998,* ABl. 2000 L 5/55, 65.

[251] Komm. E. v. 2. 6. 1971 Rs. IV/26.760 – *GEMA,* ABl. 1971 L 134/15, 21; vgl. zur GEMA auch Komm. E. v. 4. 12. 1981 Rs. IV/29.978 – *GEMA-Satzung,* ABl. 1982 L 94/12 Rn. 35.

[252] Komm. E. v. 29. 10. 1981 Rs. IV/29.839 – *GVL,* ABl. 1981 L 370/49, 55.

[253] Komm. E. v. 21. 12. 1988 Rs. IV/31.851 – *Magill TV Guide/ITP, BBC, RTE,* ABl. 1989 L 78/43, 48; bestätigt durch EuG U. v. 10. 7. 1991 Rs. T-69/89 – *Radio Telefies Eireann* Slg. 1991, II-485 Rn. 62; EuG U. v. 10. 7. 1991 Rs. T-70/89 – *BBC* Slg. 1991, II-535 Rn. 50; EuG U. v. 10. 7. 1991 Rs. T-76/89 – *ITP* Slg. 1991, II-575 Rn. 48; bestätigt durch EuGH U. v. 6. 4. 1995 Rs. C-241/91 P und C-242/91 P – *RTE und ITP* Slg. 1995, I-808 Rn. 24.

[254] Komm. E. v. 4. 11. 1988 Rs. IV/32.318 – *London European-SABENA,* ABl. 1988 L 317/47, 50.

[255] Komm. E. v. 14. 1. 1998 Rs. IV/34.801 – *FAG-Flughafen Frankfurt/Main AG,* ABl. 1998 L 72/30 Rn. 55, 61, 64 ff.

[256] Siehe die Erwägungsgründe des Vorschlages für eine Richtlinie des Rates über den Zugang zum Markt für Bodenabfertigungsdienste auf den Flughäfen der Gemeinschaft, KOM (94) 590 endg. ABl. C 142/7 Rn. 12.

[257] Komm. E. v. 11. 6. 1998 Rs. IV/35.613 – *Alpha-Flight Services/Aéroports de Paris,* ABl. 1998 L 230/10 Rn. 59 ff.

Art. 82 EG 80–83

Markt dar. Dabei handelt es sich um Dienstleistungen im Zusammenhang mit dem Betrieb und der Instandhaltung der Start- und Landebahn, der Nutzung der Rollwege und Vorfeldflächen und der Flugführung beim Anflug von Zivilflugzeugen. Hiervon ist der Markt der Beförderung von Fluggästen und Fracht auf Kurz- oder Mittelstrecken innerhalb des europäischen Wirtschaftsraumes abzugrenzen.[258]

80 Es existiert ein Markt der Aushändigung von Bescheinigungen und Plaketten, die nach **Prüfung der Konformität** von neuen und für nicht länger als sechs Monate im Ausland zugelassenen Opel-Fahrzeugen mit den allgemeinen TÜV-Zulassungen und nach Feststellung der Identität des Fahrzeuges zu erteilen sind.[259]

81 Es existiert ein eigener Markt der Lieferung von Informationen bezüglich der **Bescheinigung über die Betriebserlaubnis,** die ein Importeur benötigt, der ein von dem Britschen Autohersteller BL produziertes Fahrzeug für den Verkehr in Großbritannien zulassen will.[260]

82 Es existiert ein Markt für **Zigaretten,** die in Italien oder in anderen Mitgliedsstaaten hergestellt und in Italien vertrieben und verkauft werden, um die Nachfrage der Raucher zu decken (Zigarettenmarkt). Daneben gibt es den Markt der Dienstleistungen für den Vertrieb und den Großhandelsverkauf dieser Zigaretten (Großhandelsmarkt) und den Markt der Dienstleistungen für den Einzelhandelsverkauf der Zigaretten (Einzelhandelsmarkt).[261]

83 **c) Räumlich relevanter Markt.** Neben der sachlichen bedarf es stets einer räumlichen Abgrenzung des relevanten Marktes, also desjenigen Gebietes, in welchem die Marktmacht des möglicherweise beherrschenden Unternehmens und seiner Wettbewerber beurteilt werden muss. Der räumlich relevante Markt wird dabei definiert als „Gebiet, in dem die beteiligten Unternehmen die relevanten Produkte oder Dienstleistungen anbieten, in dem die Wettbewerbsbedingungen hinreichend homogen sind und das sich von benachbarten Gebieten durch spürbar unterschiedliche Wettbewerbsbedingungen unterscheidet".[262] Es kommt mithin auf das Gebiet an, in dem die Marktteilnehmer ihre Produkte und Dienstleistungen zu vergleichbaren Bedingungen ohne wirtschaftlich erhebliche Marktschranken vertreiben können.[263] Ausgangspunkt jeder räumlichen Marktabgrenzung ist stets das Gebiet in dem das betreffende **Produkt vertrieben** wird.[264] Demgegenüber ist es unerheblich, an welchem Ort das Produkt hergestellt wird, wo Forschung und Entwicklung betrieben werden,[265] oder wo es letztendlich benutzt wird.[266] So stellen einzelne Transportdienstleistungen zwar sachlich relevante Märkte auf bestimmten Seefahrtsstrecken dar.[267]

---

[258] Komm. E. v.10. 2. 1999 Rs. IV/35.767 – *Ilmailulaitos/Luftfartsvirket*, ABl. 1999 L 69/24, 26; v. 10. 2. 1999 Rs. IV/35.702 – *Portugiesische Flughäfen* ABl. 1999 L 69/31, 33, bestätigt durch EuGH U. v. 29. 3. 2001 Rs. C-163/99 – *Portugiesische Republik/Kommission*, Slg. 2001, I-2613.

[259] Komm. E. v. 19. 12. 1974 Rs. IV/28.851 – *General Motors Continental*, ABl. 1975 L 29/14 ff.

[260] Komm. E. v. 2. 7. 1984 Rs. IV/30.615 – *BL* ABl. 1984 L 207/11, 14.

[261] Komm. E. v. 17. 6. 1998 Rs. IV/36.010/F-3 – *Amministratione Autonoma dei Monopoli di Stato*, ABl. 1998 L 252/47, 54, bestätigt durch EuG U. v. 22. 11. 2001 Rs. T-139/98 – *Amministratione Autonoma dei Monopoli di Stato/Kommission* Slg. 2001, II-3413.

[262] EuGH U. v. 14. 2. 1978 Rs. 27/76 – *United Brands* Slg. 1978, 207 Rn. 10/11; Komm. Bekanntmachung über die Definition des relevanten Marktes, ABl. 1997 C 372/5 Rn. 8; vgl. auch die Durchführungsverordnungen zu den Artikeln 85 und 86 EGV a. F. – insbesondere Formblatt A/B zur Verordnung Nr. 17 und Abschnitt V des Formblatts CO zur Verordnung (EWG) Nr. 4064/89 über die Kontrolle von Unternehmenszusammenschlüssen von gemeinschaftsweiter Bedeutung.

[263] Komm. E. v. 17. 12. 1975 – *Chiquita*, ABl. 1976 L 95/1 unter II A 2.

[264] *Roth/Ackermann* in: Frankfurter Komm. Kartellrecht, Art. 81 Rn. 290 m. w. N.

[265] Komm. E. v. 4. 2. 1998 – *Hoffmann-La Roche*, ABl. 1998 L 234/14 Rn. 49.

[266] *Dirksen* in: Langen/Bunte, Kommentar zum deutschen und europäischen Kartellrecht, Art. 82, Rn. 31; *Roth/Ackermann* in: Frankfurter Komm. Kartellrecht, Art. 81, Rn. 290.

[267] Beispiel: bestimmte Container-Linientransportdienste zwischen Nordeuropa und den USA; Komm. E. v. 30. 4. 1999 Rs. IV/34.250 – *Europe Asia Trades Agreement*, ABl. 1999 L 193/23 Rn. 38 ff.

Der räumlich relevante Markt umfasst hingegen das **Vermarktungsgebiet** des einen einheitlichen sachlichen Markt bildenden Transportdienstes.[268] Ebenso ist im Rahmen der räumlichen Abgrenzung von Versicherungsmärkten nicht auf den Ort der Risikobelegenheit,[269] sondern auf das **Versicherungsvermarktungsgebiet** abzustellen.[270]

Die Ermittlung des räumlichen Marktes durch die Kommission erfolgt **aus Sicht der Marktgegenseite**[271] unter Einbeziehung verschiedener **Kriterien,** die der Konkretisierung der Substituierbarkeit von Produkten in geographischer Hinsicht dienen.[272] Diese werden weitestgehend auch von der Rechtsprechung herangezogen. Ähnlich wie bei der sachlichen Marktabgrenzung kommt es hierbei maßgeblich auf die Art und die Eigenschaften der betreffenden Waren oder Dienstleistungen an.[273] Daneben spielen die Zugangsbedingungen zu den Vertriebswegen,[274] der Sitz des Unternehmens,[275] das Vorhandensein von Marktzutrittsschranken,[276] Verbrauchergewohnheiten sowie insbesondere das Bestehen erheblicher Unterschiede bei den Marktanteilen der Unternehmen oder nennenswerter Preisunterschiede zwischen dem Gebiet und den benachbarten Gebieten, die Erforderlichkeit einer Gebietspräsenz, um in einem bestimmten Gebiet verkaufen zu können, die Kosten der Errichtung eines Vertriebsnetzes sowie die Transportkosten,[277] regulatorische Schranken im öffentlichen Auftragswesen, Preisvorschriften, den Handel oder die Produktion einschränkende Kontingente und Zölle, technische Normen, Monopole,[278] erforderliche behördliche Genehmigungen sowie Verpackungsvorschriften eine wichtige Rolle.[279]

---

[268] Im Beispiel in Europa die Einzugsgebiete der nordeuropäischen Häfen; Komm. E. v. 19. 10. 1994 Rs. IV/34.446 – *Trans-Atlantic Agreement,* ABl. 1994 L 376/1 Rn. 67; v. 16. 9. 1998 Rs. IV/35.134 – *Trans-Atlantic Conference, Agreement,* ABl. 1999 L 95/1 Rn. 76 ff; vgl. auch *Roth/Ackermann* in: Frankfurter Komm. Kartellrecht, Art. 81, Rn. 290.

[269] So Komm. E. v. 20. 12. 1989 Rs. IV/32.265 – *Concordato Incendio,* ABl. 1990 L 15/25 Rn. 22.

[270] Komm. E. v. 20. 12. 1989 Rs. IV/32.408 – *TEKO,* ABl. 1990 L 13/34 Rn. 25; so auch *Roth/Ackermann* in: Frankfurter Komm. Kartellrecht, Art. 81, Rn. 290.

[271] EuG U. v. 27. 10. 1994 Rs. T-34/92 – *Fiatagri* Slg. 1994, II-905 Rn. 56; vgl. auch Komm., Bekanntmachung über die Definition des relevanten Marktes, ABl. 1997 C 372/5 Rn. 13; Komm. E. v. 4. 2. 1998 Rs. IV/M.950 – *Hoffmann-La Roche,* ABl. 1998 L 234/14 Rn. 49 ff.

[272] Komm., Bekanntmachung über die Definition des relevanten Marktes, ABl. 1997 C 372/5 Rn. 13, 29.

[273] EuGH U. v. 14. 2. 1978 Rs. 27/76 – *United Brands* Slg. 1978, 207 Rn. 45/56.

[274] EuGH U. v. 16. 12. 1975 verb. Rs. 40–48, 50–56, 111, 113, 114/73 – *Suiker Unie* Slg. 1975, 1663 Rn. 371/372; v. 14. 2. 1978 Rs. 27/76 – *United Brands* Slg. 1978, 207 Rn. 45/56.

[275] Komm. E. v. 17. 12. 1975 Rs. IV/26.699 – *Chiquita,* ABl. 1976 L 95/1, 12 (bestätigt durch EuGH U. v. 14. 2. 1978 Rs. 27/76 – *United Brands* Slg. 1978, 207 Rn. 45/56); v. 5. 12. 1988 Rs. IV/31.900 – *BPB Industries,* ABl. 1989 L 10/50 Rn. 111; v. 7. 12. 1988 Rs. IV/31.906 – *Flachglas II,* ABl. 1989 L 33/44 Rn. 77.

[276] Komm. E. v. 17. 12. 1975 Rs. IV/26.699 – *Chiquita,* ABl. 1976 L 95/1, 12 (bestätigt durch EuGH U. v. 14. 2. 1978 Rs. 27/96 – *United Brands* Slg. 1978, 207 Rn. 45/56); v. 17. 6. 1998 *AAMS* ABl. 1998 L 252/42 Rn. 31.

[277] Vgl. Komm. E. v. 9. 12. 1971 Rs. IV/26.811 – *Continental Can,* ABl. 1972 L 7/25, 35, 38; v. 22. 12. 1987 Rs. IV/30.787, Rs. IV/31.488 – *Eurofix-Bauco/Hilti,* ABl. 1988 L 65/19 Rn. 56; v. 5. 12. 1988 Rs. IV/31.900 – *BPB Industries,* ABl. 1989 L 10/50 Rn. 111; v. 26. 7. 1988 Rs. IV/31.043 – *Tetra Pak I,* ABl. 1988 L 272, 27 Rn. 41; v. 7. 12. 1988 Rs. IV/31.906 – *Flachglas II* ABl. 1989 L 33/44 Rn. 77; v. 24. 7. 1991 Rs. IV/31.043 – *Tetra Pak II,* ABl. 1992 L 72/1 Rn. 98; v. 14. 5. 1997 Rs. IV/35.059 – *Irish Sugar,* ABl. 1997 L 258/1 Rn. 107; wie auch EuGH U. v. 21. 2. 1973 Rs. 6/72 – *Continental Can* Slg. 1973 Rn. 33–35; v. 16. 12. 1975 verb. Rs. 40–48, 50–56, 111, 113, 114/73 – *Suiker Unie/Komm.* Slg. 1975, 1663 Rn. 13/15–24, 371/372; v. 14. 2. 1978 Rs. 27/96 – *United Brands/Komm.* Slg. 1978, 207 Rn. 45/56; EuG U. v. 12. 12. 1991 Rs. T-30/89 – *Hilti,* Slg. 1991, II-1439.

[278] Siehe zu den Monopolen Rn. 91 ff.

[279] Komm. Bekanntmachung über die Definition des relevanten Marktes, ABl. 1997 C 372/5 Rn. 28 ff.; siehe auch *Schröter* in: *Schröter/Jakob/Mederer,* Kommentar zum Europäischen Wettbewerbs-

Die „geographische Komponente"[280] der sachlichen Produktbeschaffenheit und der räumliche Markt für das Produkt korrespondieren miteinander, wenn die Eigenschaften des Produktes (Abhängigkeit von begrenzten Leitungsnetzen, Transportstrecken, ortsgebundene Leistungen etc.) eine geographische Begrenzung der Nachfrage und damit des räumlichen Marktes zwangsläufig bedingen. Dies ist z. B. bei Märkten für satellitengestützte Telekommunikation und für Funksignale der Fall: Hier entspricht der räumlich relevante Markt der Reichweite des in verschiedenen Orten empfangbaren Funksignals[281] bzw. dem durch die Reichweite der Satelliten („foot print")[282] definierten Gebiet.

85   Die fortschreitende Durchdringung der mitgliedstattlichen Volkswirtschaften und die Vollendung des einheitlichen Binnenmarktes führt dazu, dass die Kommission in immer mehr Fällen den **Gemeinsamen Markt insgesamt** als relevantes Gebiet für die Anwendung des Art. 82 EG betrachtet. Vor allem, wenn Produkte oder Dienste gleichmäßig in allen Mitgliedsstaaten der Gemeinschaft angeboten und nachgefragt werden, umfasst der räumlich relevante Markt regelmäßig zumindest das Gesamtgebiet des Gemeinsamen Marktes.[283]

86   Gleichwohl kann der räumlich relevante Markt auch die Grenzen des Gemeinsamen Marktes überschreiten. So hat die Kommission bei Flugzeugteilen,[284] Platinmetallen,[285] Bleiglas,[286] Seerückversicherungen,[287] Telekommunikationsausrüstungen[288] oder Computertechnologie[289] auf Grund des Fehlens nennenswerter Handelsschranken (etwa eines Außenzolls der Gemeinschaft oder divergierender Normen) bzw. erheblicher Transportkosten auch **Weltmärkte** angenommen.

87   Häufig grenzt die Kommission die Märkte aber auch nach wie vor **national** ab, wie bei Ersatzreifen,[290] Flugdienstleistungen,[291] Funktelefondiensten,[292] Zigaretten,[293] Medikamenten,[294] Impfstoffen,[295] Speiseeis[296] und Bankdienstleistungen im Privat- und Großkunden-

---

recht, Art. 82, Rn. 149 f.; *Jung* in: *Grabitz/Hilf, Das Recht der Europäischen Union*, Art. 82, Rn. 43 ff.

[280] Komm. E. v. 19. 10. 1994 Rs. IV/34.446 – *Trans Altantic Agreement*, ABl. 1994 L 376/1 Rn. 59.

[281] Komm. E. v. 21. 12. 1988 Rs. IV/30.979 u. 31.394 – *Decca Navigator System*, ABl. 1989 L 43/27 Rn. 88.

[282] Komm. E. v. 15. 12. 1994 Rs. IV/34.768 – *International Private Satellite Partners*, ABl. 1994 L 354/75 Rn. 34.

[283] Komm. E. v. 19. 7. 1984 Rs. IV/30.863 – *BPCL/ICI*, ABl. 1984 L 212/1 Rn. 40.2 (Markt für PVC und LDPE); v. 22. 12. 1987 Rs. IV/30.787, Rs. IV/31.488 – *Eurofix-Bauco/Hilti*, ABl. 1988 L 65/19 Rn. 56 (Markt für Bolzenschussgeräte); v. 18. 11. 1997 Rs. IV/M.913 – *Siemens*, ABl. 1999 L 88/1 Rn. 41, 58, 65; v. 11. 2. 1998 Rs. IV/M.986 – *Agfa-Gevaert*, ABl. 1998 L 211/22 Rn. 40 f.; v. 20. 7. 1999 Rs. IV/36.888 – *Fußball-Weltmeisterschaft 1998*, ABl. 2000 L 5/55, 66 f.

[284] Komm. 26. WB 1996, 139 – *BF Goodrich/Messier-Bugatti*.

[285] Komm. E. v. 24. 4. 1996 Rs. IV/M.619 – *Gencor*, ABl. 1997 L 11/30 Rn. 72.

[286] Offen gelassen in Komm. E. v. 21. 12. 1994 Rs. IV/34.252 – *Philips-Osram*, ABl. 1994 L 378/37 Rn. 8.

[287] Komm. E. v. 12. 4. 1999 Rs. IV/30.373, 37.143 – *P&I Clubs*. ABl. 1999 L 125/12 ff.

[288] Komm. E. v. 27. 7. 1994 Rs. IV/34.857 – *BT-MCI*, ABl. 1994 L 223/36, 39 Rn. 15; v. 17. 7. 1996 Rs. IV/35.617 – *Phoenix/GlobalOne*, ABl. L 1996 239/57, 59 Rn. 12; siehe auch Komm. 28. Wettbewerbsbericht 1998, 49.

[289] Komm. E. v. 11. 11. 1994 Rs. IV/34.410 – *Olivetti-Digital*, ABl. 1994 L 309/24 Rn. 11.

[290] Komm. E. v. 20. 6. 2002 Rs. COMP/36.041 – *Michelin*, ABl. 2002 L143/1, 18.

[291] Komm. E. v. 14. 7. 1999 Rs. IV/0–2/34.780 – *Virgin/British Airways*, ABl. 2000 L 30/1 Rn. 78.

[292] Komm. E. v. 4. 10. 1995 95/489/Eg – *GSM Mobilfunknetzbetreiber (Italien)*, ABl. 1995 L 280/49, 53; v. 18. 12. 1996 97/181/Eg – *GSM Mobilfunknutzbetreiber (Spanien)*, ABl. 1997 L 76/19, 24.

[293] Komm. E. v. 17. 6. 1998 Rs. IV/36.010-F3 – *AAMS*, ABl. 1998 L 252/47 Rn. 18.

[294] Komm. E. v. 10. 1. 1996 Rs. IV/34.279/F3 – *Adalat*, ABl. 1996 L 201/1 Rn. 150 f.; Komm. E. v. 15. 6. 2005 Rs. COMP/A. 37.507/F3 – *AstraZeneca*, ABl. 2006 L 332/24 Rn. 503.

[295] Komm. E. v. 6. 10. 1994 Rs. IV/34.776 – *Pasteur Mérieux/Merck*, ABl. 1994 L 309/1, 12 Rn. 15 ff.

[296] Komm. E. v. 11. 3. 1998 Rs. IV/34.073, 34.395, 34.436 – *Van den Bergh Foods Ltd.*, ABl. 1998 L 246/1 Rn. 139.

geschäft.²⁹⁷ Eine noch engere Grenzziehung, die zur Definition von **nationalen Teilmärkten** führt, hat die Kommission insbesondere in Fällen vorgenommen, in denen es um den Zugang zu wesentlichen Einrichtungen („essential facilities") ging. Danach stellen das Gebiet der Häfen von Genua²⁹⁸ und Rødby,²⁹⁹ die Flughäfen der Region Paris,³⁰⁰ sowie von Brüssel/Zaventem³⁰¹ und Frankfurt a. M.³⁰² jeweils getrennte räumliche Märkte dar. Für eine räumlich enge Marktabgrenzung müssen regelmäßig besondere Gründe vorliegen, die sich oft auf mitgliedstaatliche Regelungen,³⁰³ Transportkosten³⁰⁴ oder Verbraucherpräferenzen³⁰⁵ zurückführen lassen. National begrenzte Vertriebssysteme großer Anbieter können auf die Existenz getrennter nationaler Märkte hinweisen.³⁰⁶ Selbst wenn der relevante Markt kleiner als das Territorium eines Mitgliedstaates ist, schließt dies nicht aus, dass dennoch ein wesentlicher Teil des Gemeinsamen Marktes i. S. d. Art. 82 betroffen ist.³⁰⁷

d) Zeitlich relevanter Markt. Geringe praktische Bedeutung hat die zeitliche Marktabgrenzung.³⁰⁸ Ihre grundsätzliche Berechtigung folgt daraus, dass jeder Markt einer **dynamischen Entwicklung** ausgesetzt ist sind und das Wettbewerbsgeschehen keineswegs statisch feststeht. Deshalb ist es erforderlich, dass die beherrschende Stellung eines Unternehmens während des gesamten Zeitraums bestand, für den ihm ein Missbrauch seiner Marktmacht vorgeworfen wird.

Kommission und Rechtsprechung berücksichtigen die zeitliche Komponente regelmäßig bereits im Rahmen der Feststellung des sachlich relevanten Marktes, da zu diesem nur solche Produkte gehören, die zur Befriedigung eines gleich bleibenden Bedarfs, d. h. eines solchen von gewisser Dauer, dienen.³⁰⁹ Auch die Bekanntmachung der Kommission über

---

²⁹⁷ Komm. E. v. 24. 6. 1996 Rs. IV/34.607 – *BNP/Dresdner Bank,* ABl. 1996 L 188/37, 43 Rn. 13.
²⁹⁸ EuGH U. v. 10. 12. 1991 Rs. C-179/90 – *Hafen von Genua I,* Slg. 1991 I, 5889, 5928; Komm. E. v. 21. 10. 1997 97/745/EG – *Hafen von Genua,* ABl. 1997 L 301/27 Rn. 7; v. 21. 10. 1997 97/744/Eg – *Italian Ports,* ABl. 1997 L 301/17 Rn. 17 ff.
²⁹⁹ Komm. E. v. 21. 12. 1993 – *Rødby,* ABl. 1994 L 55/52, 54.
³⁰⁰ Komm. E. v. 11. 6. 1998 Rs. IV/35.613 – *Alpha Flight Services/Aéroports du Paris,* ABl. 1998 L 230/10 Rn. 77.
³⁰¹ Komm. E. v. 28. 6. 1995 95/364/Eg – *British Midland/Zaventem,* ABl. 1995 L 216/8 Rn. 9.
³⁰² Komm. E. v. 14. 1. 1998 Rs. IV/34.801 – *FAG-Flughafen Frankfurt-Main AG,* ABl. 1998 L 72/30 Rn. 56. Vgl. auch Komm. E. v. 10. 2. 1999 Rs. IV/35.703 – *Portugiesische Flughäfen,* ABl. 1999 L 69/31 Rn. 17; v. 10. 2. 1999 Rs. IV/35.767 – *Ilmailulai tos/Luftfartsverket,* ABl. 1999 L 69/24 Rn. 29.
³⁰³ Zu Arzneimitteln: Komm. E. v. 4. 2. 1998 Rs. IV/M.950 – *Hoffmann-La Roche,* ABl. 1998 L 234/14 Rn. 16; zum gesetzlichen Monopol: Komm. E. v. 30. 1. 1995 Rs. IV/33.686 – *COAPI,* ABl. 1995 L 122/37, 42 f. Rn. 21.
³⁰⁴ Sie sind nur dann relevant für die räumliche Marktabgrenzung, wenn ihre relative Höhe im Verhältnis zum Wert des Produktes erheblich ist; vgl. Komm. E. v. 12. 1. 1990 Rs. IV/32.006 – *ALCATEL/ESPACE/ANT,* ABl. 1990 L 32/19, 23 Rn. 9; v. 30. 11. 1994 Rs. IV/33.126 und 33.322 – *Zement,* ABl. 1994 L 343/1.
³⁰⁵ Z. B. die Wertschätzung eines schnellen und zuverlässigen Lieferservice bei Medikamenten; Komm. E. v. 4. 2. 1998 Rs. IV/M.950 – *Hoffmann-La Roche,* ABl. 1998 L 234/14, 22 Rn. 51; vgl auch Komm., Bekanntmachung über die Definition des relevanten Marktes, ABl. 1997 C 372/5 Rn. 41.
³⁰⁶ Komm. E. v. 4. 2. 1998 Rs. IV/M.950 – *Hoffmann-La Roche,* ABl. 1998 L 234/14, 22 Rn. 53; v. 18. 11. 1997 Rs. IV/M.913 – *Siemens,* ABl. 1999 L 88/1, 8 Rn. 41.
³⁰⁷ EuG U. v. 6. 4. 1995 Rs. T-141/89 – *Tréfileurope* Slg. 1995 II-791 Rn. 36; vgl. dazu auch unten Rn. 117 f.
³⁰⁸ *Jung* in: Grabitz/Hilf, Das Recht der Europäischen Union, Art. 82, Rn. 48.
³⁰⁹ Komm. E. v. 24. 7. 1991 Rs. IV/31.043 – *Tetra Pak II,* ABl. 1992 L 72/1, 18; EuGH U. v. 14. 2. 1978 Rs. 27/76 – *United Brands* Slg. 1978, 207 Rn. 33.

die Definition des relevanten Marktes[310] geht für die Definition des relevanten Marktes ausdrücklich nur auf die sachliche und räumliche Marktabgrenzung ein und lässt die zeitliche Marktabgrenzung als eigenständiges Abgrenzungskriterium unerwähnt. Im Allgemeinen kommt es nur dann auf den Faktor Zeit an, wenn die Marktposition eines Unternehmens erheblichen Schwankungen ausgesetzt ist, indem die von ihm angebotenen Waren oder Dienstleistungen **saisonalen Schwankungen** unterliegen und nur zu einem bestimmten Zeitpunkt oder für einen kurzen Zeitraum angeboten werden.[311] Weitere Beispiele in denen die zeitliche Dimension Bedeutung erlangen kann sind **temporäre Mangellagen,**[312] und zeitlich begrenzte Veranstaltungen,[313] wie z. B. Messen.

90 **e) Besonderheiten bei Nachfragemärkten.** Die **Abgrenzung von Nachfragemärkten** in sachlicher, räumlicher und ggf. zeitlicher Hinsicht erfolgt wie bei Angebotsmärkten aus Sicht der Marktgegenseite, und damit also aus Sicht der Lieferanten.[314] Insoweit kommt es darauf an, die verschiedenen Verwendungsmöglichkeiten eines konkreten Produktes zu ermitteln, von denen es im Wesentlichen abhängt, ob und in wieweit die Anbieter beim Absatz unter mehreren Nachfragern wählen können oder wirtschaftlich auf einen Abnehmer angewiesen sind. Auf die Substitutionsfähigkeit des jeweiligen Produktes oder der Dienstleistung mit anderen Produkten oder Dienstleistungen kommt es bei der Nachfragemarktabgrenzung dagegen nicht an. Zu besonders engen Marktabgrenzungen kann es dort kommen, wo die angebotenen Produkte nur von einem einzigen Abnehmer nachgefragt werden, wie im Falle von hochspezialisierten Zulieferunternehmen.[315] Ist ein Hersteller ausschließlich als Zulieferer für einziges Unternehmen tätig nach dessen konkreten Anweisungen er Zulieferteile produziert, so stellen die entsprechend hergestellten Erzeugnisse einen gesonderten Markt dar. Etwas anderes gilt allerdings dann, wenn der Zulieferer in der Lage ist, seine Produktion ohne größere Schwierigkeiten auf den spezifischen Bedarf anderer Abnehmer umzustellen. In diesem Fall muss der relevante Markt unter dem Gesichtspunkt der Nachfragesubstitution entsprechend weiter abgegrenzt werden.[316]

2. Beherrschende Stellung

91 **a) Einzelmarktbeherrschung.** Das in Art. 82 EG enthaltene Missbrauchsverbot gilt nur für Unternehmen, die – alleine oder gemeinsam mit anderen Unternehmen – eine beherrschende Stellung zumindest auf einem wesentlichen Teil des Gemeinsamen Marktes einnehmen. Damit kommt der Frage, wann eine solche Marktposition vorliegt, entscheidende Bedeutung für die Tragweite des Missbrauchsverbots zu.

92 **aa) Begriff.** Anders als das deutsche Recht (vgl. § 19 Abs. 2 GWB) enthalten die Wettbewerbsregeln des EGV keine gesetzliche Definition der Marktbeherrschung. Vielmehr hat

---

[310] ABl. 1997 C 372 5.
[311] EuGH U. v. 14. 2. 1978 Rs. 27/76 – *United Brands* Slg. 1978, I-207, 282 f.: im Ergebnis wird ein eigener Markt für Bananen unter anderem deshalb bejaht, weil Bananen anders als andere Früchte das ganze Jahr erhältlich sind und ihre Austauschbarkeit mit Pfirsichen und Tafeltrauben nur auf wenige Monate beschränkt ist.
[312] Komm. E. v. 19. 4. 1977 Rs. IV/28.841 – *ABG/Mineralölgesellschaften*, ABl. 1977 L 117/1, 9; EuGH U. v. 29. 6. 1978 Rs. 77/77 – *Ölkrise* Slg. 1978, 1513, 1526.
[313] *Jung* in: *Grabitz/Hilf,* Das Recht der Europäischen Union, Art. 82, Rn. 48.
[314] EuGH U. v. 28. 3. 1985 CICCE, Slg. 1985, 1105, 1123 ff.; Komm., 3. Bericht über die Wettbewerbspolitik Rn. 67 ff.; *Gleiss/Hirsch,* Kommentar zum EG-Kartellrecht, Art. 85, Rn. 209; *Schröter* in: *Schröter/Jakob/Mederer,* Kommentar zum Europäischen Wettbewerbsrecht, Art. 82, Rn. 145.
[315] Vgl. Komm., Bekanntmachung v. 18. 12. 1978 über die Beurteilung von Zulieferverträgen nach Art. 85 Abs. 1 EWGV, ABl. 1979 C/1, 2.
[316] *Schröter* (Fn. 302) Art. 82, Rn. 146; *Immenga* in: *Immenga/Mestmäcker,* EG-WbR Bd. I, Art. 82, Rn. 52.

der Gemeinschaftsgesetzgeber diese Frage bewusst offengelassen, um den Gemeinschaftsorganen die Möglichkeit zu geben, das Missbrauchsverbot dynamisch der Entwicklung des Gemeinsamen Marktes anzupassen.[317] Hierbei erfuhr der Begriff der Marktbeherrschung durch die Spruchpraxis von Kommission und Gerichtshof eine Entwicklung, die zu einem heute allgemein anerkannten und akzeptierten Konzept der Marktbeherrschung geführt hat. Obwohl im Schrifttum teilweise gefordert wird, sich bei der Auslegung des Art. 82 EG an der Begriffsbestimmung des Art. 66 § 7 S. 1 EGKS V zu orientieren, der eine beherrschende Stellung annimmt, wenn das betreffende Unternehmen „einem tatsächlichen Wettbewerb (...) entzogen wird",[318] hat der Gerichtshof dies ausdrücklich zugunsten einer rein EG-immanenten Auslegung abgelehnt. Für die Auslegung der Tatbestandsmerkmale des Art. 82 greift die Rechtsprechung vielmehr „auf Geist, Aufbau und Wortlaut (...) sowie auf System und Ziele des Vertrages",[319] insbesondere auf Art. 3 Abs. 1 lit. g) EG zurück.

Kommission[320] und Rechtsprechung[321] definieren den Begriff der Marktbeherrschung in ständiger Praxis wie folgt: „Mit der beherrschenden Stellung in diesem Sinne ist die wirtschaftliche Machtstellung eines Unternehmens gemeint, die dieses in die Lage versetzt, die Aufrechterhaltung eines wirksamen Wettbewerbs auf dem relevanten Markt zu verhindern, indem sie ihm die Möglichkeit verschafft, sich seinen Wettbewerbern, seinen Abnehmern und letztlich den Verbrauchern gegenüber in einem nennenswerten Umfang unabhängig zu verhalten. Eine solche Stellung schließt im Gegensatz zu einem Monopol oder einem Quasi-Monopol einen gewissen Wettbewerb nicht aus, versetzt aber die begünstigte Firma in die Lage, die Bedingungen, unter denen sich dieser Wettbewerb entwickeln kann, zu bestimmen oder wenigstens merklich zu beeinflussen, jedenfalls aber weitgehend in ihrem Verhalten hierauf keine Rücksicht nehmen zu müssen, ohne dass ihr dies zum Schaden gereichte." **93**

Es sind also im Wesentlichen zwei Kriterien, die eine beherrschende Stellung charakterisieren: zum einen die Fähigkeit zur **Verhinderung eines wirksamen Wettbewerbs** auf dem relevanten Markt, zum anderen die Möglichkeit zu einem **unabhängigen Marktverhalten** im Verhältnis zur Konkurrenz. Diese Kriterien stehen jedoch keineswegs in einem Gegensatz zueinander, sondern es handelt sich hierbei um zwei eng miteinander verknüpfte Aspekte des vom Wettbewerb nicht hinreichend kontrollierten unternehmerischen Verhaltensspielraums. Dies wird auch daran erkennbar, dass Kommission und Recht- **94**

---

[317] *Emmerich,* Kartellrecht, § 9 Rn. 19.

[318] *Emmerich* in: Hdb. EU-WirtschaftsR, H. I., Rn. 355; *Möschel* in: *Immenga/Mestmäcker,* EG-WbR Bd. I, Art. 82, Rn. 63; *Schröter* (Fn. 302) Art. 82, Rn. 65.

[319] EuGH U. v. 21. 2. 1973 Rs. 6/72 – *Continental Can* Slg. 1973, 215 Rn. 22 ff.

[320] Komm. E. v. 14. 12. 1985 – *ECS/AKZO II,* ABl. 1985 L 374/1 Rn. 67; v. 5. 12. 1988 – *BPB Industries,* ABl. 1989 L 10/50 Rn. 114; v. 19. 12. 1990 – *Soda-Solvay,* ABl. 1991 L 152/21 Rn. 40; v. 19. 12. 1990 – *Soda-ICI,* ABl. 1991 L 152/40 Rn. 41; v. 26. 2. 1992 – *British Midland/Air Lingus,* ABl. 1992 L 96/34 Rn. 21 und 23; v. 14. 5. 1997 – *Irish Sugar,* ABl. 1997 L 258/1 Rn. 100.

[321] EuGH U. v. 8. 6. 1971 Rs. 78/70 – *Deutsche Grammophon/Metro* Slg. 1971, 487 Rn. 17; v. 16. 12. 1975 verb. Rs. 40–48, 50, 54–56, 111, 113, 114/72 – *Suiker Unie* Slg. 1975, 1663 Rn. 381/382; v. 14. 2. 1978 Rs. 27/76 – *United Brands* Slg. 1978, 207 Rn. 63/66; v. 13. 2. 1979 Rs. 85/76 – *Hoffmann-La Roche* Slg. 1979, 461 Rn. 38; v. 11. 12. 1980 Rs. 31/80 – *L'Oréal* Slg. 1980, 3775 Rn. 26; v. 9. 11. 1983 Rs. 322/81 – *Michelin* Slg. 1983, 3461 Rn. 30; v. 3. 10. 1985 Rs. 311/84 – *CBEM v. CLT and IPB* Slg. 1985, 3261 Rn. 16; v. 4. 5. 1988 Rs. 30/87 – *Bodson* Slg. 1988, 2507 Rn. 26; v. 5. 10. 1988 Rs. 247/86 – *Alsatel/Novasam,* Slg. 1988, 5987 Rn. 12; v. 15. 12. 1994 Rs. C-250/92 *DLG* Slg. 1994, I-5641 Rn. 47; v. 5. 10. 1995 Rs. C-96/94 – *Centro Servizi Spediporto* Slg. 1995, I-2883 Rn. 31; EuG U. v. 1. 10. 1998 Rs. C-38/97 – *Librandi* Slg. 1998, I-5955 Rn. 27; v. 10. 7. 1991 Rs. T-70/89 – *BBC/Magill,* Slg. 1991, II-538 Rn. 51; v. 10. 7. 1991 Rs. T-69/89 – *Radio Telefis Eireann* Slg. 1991, II-485 Rn. 63; v. 6. 4. 1995 Rs. T-76/89 – *ITP* Slg. 1991, I-575 Rn. 49; v. 12. 12. 1991 Rs. T-30/89 – *Hilti* Slg. 1991, II-1439 EuG U. v. 6. 10. 1994 Rs. T-83/91 – *Tetra Pak* Slg. 1994, 755 Rn. 109 ff.

sprechung zur Begründung einer beherrschenden Stellung kumulativ auf beide Kriterien abstellen.[322] Für die Annahme einer beherrschenden Stellung ist es keine Voraussetzung, dass jedweder Wettbewerb auf dem Markt ausgeschlossen ist, oder dass das marktbeherrschende Unternehmen jegliche Möglichkeit zu Wettbewerb auf diesem Markt ausgeschlossen hätte.[323] Auch kommt der Feststellung einer marktbeherrschenden Stellung **kein Unwerturteil** zu, sie ist lediglich objektive Tatbestandsvoraussetzung von Art. 82 Satz 1 EG und als solche unabhängig von der Art ihrer Entstehung.[324] Es ist also belanglos, auf welche Weise das betroffene Unternehmen seine Marktposition erlangt hat, ob durch eigenes Verhalten oder auf Grund begünstigender Rechts- oder Verwaltungsvorschriften, nach denen kein oder nur geringer Wettbewerb möglich ist.[325] So sah die Kommission z. B. europäische Hersteller von Soda als marktbeherrschend an, die durch Antidumpingmaßnahmen der EU auf den Weltmärkten vor Wettbewerb geschützt waren.[326]

95   **bb) Beurteilungskriterien.** Zum Nachweis einer marktbeherrschenden Stellung hebt die Praxis der Gemeinschaftsorgane sowohl auf die Markt- und Unternehmensstruktur als auch auf das Marktverhalten des betreffenden Unternehmens ab. Im Vordergrund steht dabei die Marktstruktur und hierbei insbesondere die Marktanteile des betreffenden und der übrigen Unternehmen sowie die Marktzutrittsschranken. Ergänzend findet die Struktur des mutmaßlichen marktbeherrschenden Unternehmens Berücksichtigung, indem diejenigen unternehmensindividuellen Eigenschaften untersucht werden, die seine vermeintliche Marktstärke begründen. Demgegenüber spielt die Beurteilung des Marktverhalten eine eher untergeordnete Rolle und dient häufig nur noch der zusätzlichen Begründung und Absicherung des auf Grund der Strukturfaktoren gewonnenen Ergebnisses. Das Vorliegen von Marktbeherrschung ergibt sich im Allgemeinen aus dem Zusammentreffen verschiedener Faktoren, die jeweils für sich genommen nicht ausschlaggebend sein müssen, und die im Rahmen einer wirtschaftlichen Gesamtbetrachtung unterschiedlich zu gewichten und abschließend zu würdigen sind.[327] Selbst wenn einzelne Faktoren allein nicht für eine Marktbeherrschung sprechen, so können sie in Verbindung mit anderen Faktoren durchaus eine marktbeherrschende Stellung begründen.[328]

96   **(1) Marktstrukturanalyse.** Für die Beurteilung der Marktstellung des betroffenen Unternehmens hat der **Marktanteil** in der Praxis das größte Gewicht, der als „Indikator für den Grad des Wettbewerbs" verstanden wird.[329]

97   Anders als im deutschen Recht (§ 19 Abs. 3 S. 1 u. 2 GWB n. F.) enthalten die Wettbewerbsregeln des EG keine gesetzlichen Schwellenwerte, ab deren Erreichen das Vorliegen von Marktbeherrschung vermutet werden kann. Der Marktanteil ist im Bereich des Art. 82 EG nur ein **Indiz** für das Vorliegen einer beherrschenden Stellung. Seine Bedeutung kann im Einzelfall von Markt zu Markt (je nach Struktur und den Besonderheiten des betreffen-

---

[322] Vgl. nur EuGH U. v. 14. 2. 1978 Rs. 27/76 – *United Brands* Slg. 1978, 207 Rn. 63/66; EuG U. v. 10. 7. 1991 Rs. T-70/89 – *BBC/Kommission* Slg. 1991, II-535 Rn. 51; Komm. E. v. 14. 5. 1997 Rs. IV/34.621, 35.059/F-3 – *Irish Sugar*, ABl. 1997 L 258/1 Rn. 100–113.

[323] EuGH U. v. 14. 2. 1978 Rs. 27/76 – *United Brands* Slg. 1978, 207; Komm. E. v. 1. 4. 1992 – *Reederausschüsse in der Frankreich-Westafrika-Fahrt*, ABl. 1992 L 134/1 Rn. 60.

[324] EuG U. v. 8. 10. 1996 Rs. T-24/93 – *CEWAL* Slg. 1996, II-1201 Rn. 81.

[325] EuGH U. v. 3. 10. 1985 Rs. 311/84 – *CBEM/CLT und IPB* Slg. 1985, 3261; Komm. E. v. 1. 4. 1992 – *Reederausschüsse in der Frankreich-Westafrika-Fahrt*, ABl. 1992 L 134/1 Rn. 64.

[326] Komm. E. v. 19. 12. 1990 – *Soda-ICI*, ABl. 1991 L 152/40, bestätigt durch Komm. E. v. 13. 12. 2000 ABl. 2003 L 10/33; Komm. e. v. 19. 12. 1990 – *Soda-Solvay*, ABl. 1991 L 152/21 ff., bestätigt durch Komm. E. v. 13. 12. 2000, ABl. 2003 L 10/10.

[327] EuGH U. v. 14. 2. 1978 Rs 27/76 – *United Brands* Slg. 1978, 207 Rn. 65 f.; EuG U. v. 12. 12. 1991 Rs. T-30/89 – *Hilti* Slg. 1991, II-1493 Rn. 90.

[328] Komm. E. v. 11. 3. 1998 – *Van den Bergh Foods*, ABl. 1998 L 246/1 Rn. 257.

[329] Vgl. *Jung* in: *Grabitz/Hilf*, Das Recht der Europäischen Union, Art. 82, Rn. 79; *Möschel* in: *Immenga/Mestmäcker*, EG-WbR Bd. I, Art. 82, Rn. 73.

den Marktes) variieren.³³⁰ Selbst ein beträchtlicher Marktanteil ist somit als Beweismittel für das Vorliegen einer beherrschenden Stellung keine unveränderliche Größe; vielmehr richtet sich seine Bedeutung insbesondere nach der jeweiligen Produktions-, Angebots- und Nachfragestruktur.³³¹ Im Verhältnis zu anderen Indizien gilt allerdings der Grundsatz, dass andere Faktoren umso geringer zu gewichten sind, je höher der Marktanteil ist.³³²

Per definitionem marktbeherrschend ist das **Monopol**, das dadurch gekennzeichnet ist, **98** dass es nur einen einzigen Anbieter auf dem relevanten Markt gibt. Gleichgestellt sind **Quasi-Monopole,** bei denen ein Unternehmen Marktanteile **von weit über** 90% einnimmt.³³³

Rechtliche Monopole wie sie z.B. in den Bereichen Arbeitsvermittlung,³³⁴ Dienst- **99** leistungen in Häfen,³³⁵ Flughäfen,³³⁶ öffentlich-rechtliche Rundfunkanstalten,³³⁷ Tabak,³³⁸ Telekommunikation,³³⁹ urheberrechtliche Verwertungsgesellschaften³⁴⁰ und Verkehr³⁴¹ bestanden oder immer noch bestehen, begründen ohne weiteres eine marktbeherrschende Stellung, da sich die Nachfragenden insoweit in wirtschaftlicher Abhängigkeit vom Anbieter befinden. Dies gilt auch dann, wenn die im Rahmen dieses Monopols erbrachten Leistungen mit einem Erzeugnis in Zusammenhang stehen, das selbst im Wettbewerb mit anderen Erzeugnissen steht.³⁴² Auch wenn Private exklusiv mit hoheitlichen Aufgaben beliehen werden, kann dies zu einem rechtlichen Monopol des Beliehenen führen.³⁴³ Nach der Liberalisierung des Marktes (etwa in den Bereichen Telekommunikation, Post oder Energie) kann das Verbleiben des bisherigen Monopolisten auf seiner bisherigen Marktposition trotz der Marktöffnung ein Indiz für eine Marktbeherrschung darstellen.³⁴⁴

---

³³⁰ Komm. E. v. 14. 12. 1985 – *ECS/AKZO II,* ABl. 1985 L 374/1, 18.

³³¹ EuGH U. v. 13. 2. 1979 Rs. 85/76 – *Hoffmann-La Roche* Slg. 1979, 461 Rn. 40.

³³² EuGH U. v. 3. 7. 1991 Rs. C-62/86 – *Akzo* Slg. 1991, 3359 Rn. 59; EuG U. v. 6. 10. 1974 Rs. T-83/91 – *Tetra Pak* Slg. 1994, II-755, 811.

³³³ EuGH U. v. 21. 3. 1974 Rs. 127/73 – *BRT/SABAM, Fonior* Slg. 1974, 313, 316; v. 31. 5. 1979 Rs. 22/78 – *Hugin* Slg. 1979, 1869, 1879; v. 13. 2. 1979 Rs. 85/76 – *Hoffmann-La Roche* Slg. 1979, 461, 530 f.; sowie Komm. 21. Bericht über die Wettbewerbspolitik, Rn. 105.

³³⁴ EuGH U. v. 23. 4. 1991 Rs. C-41/90 – *Höfner u. Elser* Slg. 1991, I-1979, 2018 ff.; v. 11. 12. 1997 Rs. C-55/96 – *Job Centre II* Slg. 1997, I-7119 Rn. 17 u. 30.

³³⁵ Komm. E. v. 21. 12. 1993 – *Rødby,* ABl. 1994 L 55/52, 54; v. 21. 10. 1997 – *Hafen von Genua,* ABl. 1997 L 301/27 Rn. 8; EuGH U. v. 10. 12. 1991 Rs. C-170/90 – *Porto di Genova* Slg. 1991, I-5889 Rn. 14.

³³⁶ Komm. E. v. 28. 6. 1995 – *British Midland/Zaventem,* ABl. 1995 L 216/8 Rn. 11; v. 11. 6. 1998 – *Alpha Flight Services/Aéroports de Paris,* ABl. 1998 L 230/10 Rn. 72; v. 10. 2. 1999 – *Portugiesische Flughäfen,* ABl. 1999 L 69/31 Rn. 23.

³³⁷ EuGH U. v. 3. 10. 1985 Rs. 311/84 – *CBEM/CLT* Slg. 1985, 3261 Rn. 16 18; v. 18. 6. 1991 Rs. C-260/89 – *ERT* Slg. 1991, I-2925 Rn. 30 ff.

³³⁸ EuGH U. v. 17. 6. 1998 – *AAMS,* ABl. 1998 L 252/47 Rn. 31; EuGH U. v. 14. 12. 1995 Rs. C-387/93 – *Banchero* Slg. 1995, I-4663 Rn. 45 u. 56.

³³⁹ Komm. E. v. 10. 12. 1982 – *British Telecommunications,* ABl. 1982 L 360/36 Rn. 26; v. 4. 10. 1995 – *GSM Italien,* ABl. 1995 L 280/49, 53; v. 18. 12. 1996 – *GSM Spanien,* ABl. 1997 L 76/19 Rn. 18; EuGH U. v. 13. 12. 1991 Rs. C-18/88 – *GB-INNO-BM* Slg. 1991, I-5941 Rn. 17.

³⁴⁰ Komm. E. v. 2. 6. 1971 – *GEMA I,* ABl. 1971 L 134/15.

³⁴¹ Komm. E. v. 29. 3. 1994 – *HOV-SVZ/MCN,* ABl. 1994 L 104/34, 44 ff.; EuG U. v. 21. 10. 1997 Rs. T-229/94 – *Deutsche Bahn* Slg. 1997, II-1689 Rn. 57.

³⁴² EuG U. v. 21. 10. 1997 Rs. T-229/94 – *Deutsche Bahn* Slg. 1997, II-1689 Rn. 57; EuGH U. v. 13. 11. 1975 Rs. 26/75 – *General Motors Continental* Slg. 1975, 1367; v. 11. 11. 1986 Rs. 226/84 – *British Leyland* Slg. 1986, 3263 Rn. 5.

³⁴³ Z. B. EuGH U. v. 13. 11. 1975 Rs. 26/75 – *General Motors* Slg. 1975, 1367 Rn. 7/9; v. 11. 11. 1986 Rs. 226/84 – *British Leyland* Slg. 1986, 3263 Rn. 9.

³⁴⁴ Komm. E. v. 17. 6. 1998 – *Amministrazione Autonoma dei Monopoli di Stato,* ABl. 1998 L 252/47 Rn. 31.

Art. 82 EG 100–102

100 Die Ausübung von **Immaterialgüterrechten** und **gewerblichen Schutzrechten** begründet nicht ohne Weiteres eine marktbeherrschende Stellung in Form eines rechtlichen Monopols, da letztere nicht zwangsläufig den Wettbewerb verhindern, sondern dem Inhaber lediglich ein ausschließliches Nutzungsrecht verschaffen. Etwas anderes kann allerdings dann gelten, wenn das Substrat des Schutzrechts selbst den relevanten Produktmarkt bildet oder für die Herstellung eines anderen Produktes unabdingbar ist, da in diesem Fall der Rechtsinhaber den Wettbewerb auf dem Markt für jenes andere Produkt verhindern kann.[345]

101 Neben rechtlichen Monopolen können auch **faktische Monopole** eine marktbeherrschende Stellung begründen.[346] Bei letzteren basiert die marktbeherrschende Stellung nicht auf einer rechtlichen Absicherung, sondern auf anderen Einflüssen, die dem Marktteilnehmer gegenüber anderen Unternehmen einen Vorteil einräumen, den die anderen Unternehmen nicht besitzen. In Betracht kommen insoweit eine Vielzahl von Faktoren, wie z. B. technische Umstände, das Verhalten der Marktgegenseite, der Zugang zu wichtigen Informationen oder der technologischer Vorsprung. Beispiele sind faktische Monopole für nicht substituierbare Ersatzteile hinsichtlich der eigenen Produkte eines Unternehmens,[347] für Produkte, die von Architekten ausdrücklich in Bau- und Leistungsbeschreibungen gefordert werden,[348] Monopole der Fernsehgesellschaften für die Zusammenstellung und Veröffentlichung ihrer Wochenprogramme,[349] das Monopol des Comité français d'Organisation de la Coupe du Monde de Football 1998 für den Verkauf von Eintrittskarten zur Fußball-Weltmeisterschaft 1998,[350] das faktische Monopol der Amministrazione Autonoma dei Monopoli di Stato im Bereich des italienischen Zigarettengroßhandels,[351] das Quasi-Monopol von Tetra Pak im Bereich aseptischer Verpackungstechnik[352] sowie das Monopol von Commercial Solvents für Nitropropan und Aminobutanol.[353]

102 **Besonders hohe Marktanteile (um 90%)** erbringen nach der Rechtsprechung des Gerichtshofes – wenn nicht außergewöhnliche Umstände vorliegen – allein auf Grund ihrer absoluten Bedeutung ohne weiteres den Beweis für das Vorliegen eine beherrschenden Stellung.[354] Denn ein Marktanteil von ca. 90% verschafft einem Unternehmen eine Stellung auf dem Markt, die es zu einem unvermeidbaren Geschäftspartner werden lässt und ihm die für eine beherrschende Stellung charakteristische Fähigkeit zu unabhängigem Verhalten verschafft.[355] Aber auch bei Marktanteilen von **70% bis 80%** ist die Rechtsprechung davon ausgegangen, dass ein solcher Marktanteil für sich genommen bereits ein klares Indiz für eine beherrschende Stellung auf dem relevanten Markt darstellt.[356] Die Kom-

---

[345] EuGH U. v. 8. 6. 1971 Rs. 78/70 – *Deutsche Grammophon/Metro* Slg. 1971, 487 Rn. 16; v. 18. 2. 1971 Rs. 40/70 – *Sirena* Slg. 1971, 69 Rn. 16; v. 15. 6. 1976 Rs. 51/75 – *EMI Records/CBS Schallplatten* Slg. 1976, 811 Rn. 18/19–22/24 und Leits. 5; v. 5. 10. 1988 Rs. 53/87 – *CICRA u. Maxicar* Slg. 1988, 6039 Rn. 15; v. 6. 4. 1995 Rs. C-241/91 u. 242/91 P – *RTE* Slg. 1995, I-743 Rn. 24 ff.
[346] EuGH U. v. 26. 11. 1998 Rs. C-7/97 – *Bronner/Mediaprint* Slg. 1998, I-7791 Rn. 35.
[347] Komm. E. v. 8. 12. 1977 – *Hugin/Liptons*, ABl. 1978 L 22/23, 31.
[348] Komm. E. v. 5. 12. 1988 – *BPB Industries*, ABl. 1989 L 10/50.
[349] Komm. E. v. 21. 12. 1988 – *Magill*, ABl. 1989 L 78/43; bestätigt durch EuG U. v. 10. 7. 1991 Rs. T-69/89 – *Radio Telefis Eireann* Slg. 1991, II-485; v. 10. 7. 1991 Rs. T-70/89 – *BBC* Slg. 1991, II-535; v. 6. 4. 1991 Rs. T-76/89 – *Independent Television Publications* Slg. 1991, II-575; EuGH U. v. 6. 4. 1995 Rs. C-241 und 242/91 P – *Radio Telefis Eireann* Slg. 1995, I-743 Rn. 47.
[350] Komm. E. v. 20. 7. 1999 – *Fußball-Weltmeisterschaft 1998*, ABl. 2000 L 5/55.
[351] EuG U. v. 22. 11. 2001 Rs. T-139/98 *AAMS* Slg. 2001, II-3413 Rn. 51.
[352] Komm. E. v. 24. 7. 1991 – *Tetra Pak II*, ABl. 1992 L 72/1 Rn. 1, 18.
[353] Komm. E. v. 14. 12. 1972 – *Zoja/CSG-ICI*, ABl. 1972 L 299/51, 54.
[354] EuG U. v. 6. 10. 1994 Rs. T-83/91 – *Tetra Pak II* Slg. 1994, II-755 Rn. 119.
[355] EuG U. v. 6. 10. 1994 Rs. T-83/91 – *Tetra Pak II* – Slg. 1994, II-755 Rn. 121.
[356] Komm. E. v. 11. 3. 1998 – *Van den Bergh Foods*, ABl. 1998 L 246/1 Rn. 258.

mission geht in ihrem Disskussionspapier zur Revision des Art. 82 EG noch weiter. Demnach sollen sehr hohe Marktanteile, die über einen längeren Zeitraum gehalten werden, Indiz für das Vorliegen von Marktbeherrschung sein. Als sehr hoch wird dabei schon ein Marktanteil von 50% angesehen, wenn die Wettbewerber deutlich niedrigere Marktanteile haben Bei einem Marktanteil von bis zu 25% hält die Kommission in ihrem Diskussionspapier eine marktbeherrschende Stellung für unwahrscheinlich[357]. Nach der Entscheidungspraxis der Kommission kann aber selbst **unterhalb** der **50%-Schwelle** Marktbeherrschung vorliegen, wenn weitere Umstände hinzukommen, die in der Marktstruktur und/oder der Unternehmensstruktur begründet sind. Ein Anteil **zwischen 40% und 50%** lässt zwar nicht unbedingt auf Marktbeherrschung schließen, zusätzliche Faktoren können aber auch bei derartigen Anteilen die Annahme einer Marktbeherrschung rechtfertigen. So sah die Kommission z.B. *London European Sabena*[358] bei einem Marktanteil von ca. 40% bis 50% auf dem Markt für automatisierte Flugreservierungssysteme als marktbeherrschend an, weil die große Mehrzahl der belgischen Reisebüros und fast alle in Belgien operierenden Fluggesellschaften an das System der London European Sabena angeschlossen waren, während an konkurrierenden Systemen nur wenige Reisebüros teilnahmen. Die Aufnahme in das System der London European Sabena war daher für Unternehmen, die den Wettbewerb in Belgien aufnehmen wollten, von entscheidender Bedeutung. Ein weiteres Beispiel stellt die Kommissionsentscheidung in der Sache *Chiquita*[359] dar. *Chiquita* wurde mit einem Anteil von 40% auf dem Markt für Bananen als marktbeherrschend angesehen, da das Unternehmen zudem vertikal integriert war, Bananenpflanzungen kontrollierte, auf eine große Kühlschiffflotte zurückgreifen konnte, über Kenntnisse neuer weniger anfälliger Bananensorten, eine erhebliche Finanzkraft und multinationale Verbindungen verfügte.

Als **Grundsatz** kann gelten, dass bei Marktanteilen von **bis zu 40% keine Marktbeherrschung** vorliegt.[360] Allerdings können sich auch unterhalb dieser Schwelle im Zusammenwirken mit zusätzlichen Faktoren aus den Bereichen Marktstruktur und/oder Unternehmensstruktur Situationen ergeben, in denen die Kartellbehörden gleichwohl eine Marktbeherrschung annehmen. So hat die Kommission in der Entscheidung *Virgin/British Airways* erstmals ein Unternehmen *(British Airways)* bei einem Marktanteil von **knapp unter 40%** als marktbeherrschend angesehen, weil der nächststärkere Konkurrent *(Virgin)* über mehrere Jahre bei einem Marktanteil von nur 5,5% stagnierte, *British Airways* eine große Anzahl an Start- und Landerechten besaß und zudem wichtigster Vertragspartner für Reisebüros war.[361] Fast immer **unproblematisch sind** dagegen **Anteile unterhalb** einer Schwelle **von 25%.** Das Vorliegen von **Einzelmarktbeherrschung ist** bei derartig niedrigen Marktanteilen **äußerst unwahrscheinlich.** Sicher auszuschließen ist eine Marktbeherrschung bei Marktanteilen zwischen **5% und 10%,** wenn nicht außergewöhnliche Umstände vorliegen.[362] Dies gilt erst recht, wenn feststeht, dass zwischen den verschiedenen Herstellern lebhafter Wettbewerb herrscht. Auch der Umstand, dass das betroffene Unternehmen Produkte herstellt, welche ein Händler in seinem Sortiment führen muss, gestattet dem Hersteller nicht, in erheblichem Umfang unabhängig von seinen Wettbewerbern zu handeln.[363]

---

[357] DG Competition Discussion Paper on the Application of Article 82 of the Treaty to Exclusionary Abuses, Rn. 31.
[358] Komm. E. v. 4. 11. 1988 – *London European Sabena,* ABl. 1988 317/47, 52.
[359] Komm. E. v. 17. 12. 1975 – *Chiquita,* ABl. 1976 L 95/1.
[360] Vgl. etwa EuGH U. v. 15. 12. 1994 Rs. C-250/92 – *DLG* Slg. 1994, I-5641, 5690 Rn. 48; Komm. E. v. 10. 7. 1985 – *Grundig,* ABl. 1985 L 233/1, 7.
[361] Komm. E. v. 14. 7. 1999 – *Virgin Air/British Airways,* ABl. 2000 L 30/1, 18 f.
[362] EuGH U. v. 25. 10. 1977 Rs. 26/76 – *Metro I* Slg. 1977, 1875, 1903 f.
[363] EuGH U. v. 25. 10. 1977 Rs. 26/76 – *Metro I* Slg. 1977, 1875, 1903 Rn. 17.

Art. 82 EG 104–106

104 Der bloße **Erhalt von konstanten Marktanteilen** gegenüber Wettbewerbern über einen längeren Zeitraum hinweg stellt für sich genommen kein zwingendes Indiz für eine marktbeherrschende Stellung dar, da dies ebenso eine Folge wirksamen Wettbewerbsverhaltens des betroffenen Unternehmens sein kann.[364] Hohe Marktanteile sprechen aber nicht notwendigerweise für eine Marktbeherrschung. Haben – etwa in Technologiemärkten – alle Anbieter in einer **Vergabesituation** gleiche Chancen, den Auftrag zu bekommen, so kann der bisherige Erfolg eines Unternehmens nicht zu einer Marktbeherrschung führen, da die – bisher weniger erfolgreichen – Wettbewerber bei der Vergabeentscheidung genauso gut zum Zuge kommen können. Ein marktunabhängiges Verhalten ist daher nicht möglich.

105 Zur **Berechnung** des Marktanteils sind die Umsätze des betreffenden Unternehmens mit dem Gesamtmarkt für das relevante Produkt ins Verhältnis zu setzen. Dabei ist für die Bestimmung der Umsätze des betreffenden Unternehmens als auch des Gesamtmarktes – wie im Bereich der Zusammenschlusskontrolle[365] – nur auf den jeweiligen **Außenumsatz** abzustellen. Umsätze mit konzernzugehörigen Unternehmen oder der Eigenverbrauch (sog. „captive use") sind nicht zu berücksichtigen. Außerhalb des räumlich relevanten Marktes exportierte Mengen sind vom relevanten Gesamtmarkt abzuziehen, Importe sind zu addieren. Im Allgemeinen liefern sowohl Angaben über den **Mengenabsatz** (Stückzahl, Gewicht, etc.) als auch über den **Umsatzwert** nützliche Aufschlüsse, jedoch geht die Kommission bei differenzierten Produkten davon aus, dass der Wert der Verkäufe und der entsprechende Marktanteil die relative Position und Stärke der Marktteilnehmer zutreffender widerspiegeln.[366] Marktanteile von Konzernunternehmen sind zu addieren, da die in einem Konzern zusammengefassten Unternehmen eine wirtschaftliche Einheit bilden.[367]

106 Die Marktposition eines Unternehmens ist immer **in Bezug auf den relevanten Produktmarkt** zu untersuchen. Von diesem Grundsatz gibt es allerdings Ausnahmen: Nach der Rechtsprechung kann eine marktbeherrschende Stellung auf einem Markt die Stellung des Unternehmens zu einer ebenfalls beherrschenden Stellung auf einem benachbarten Markt verstärken, selbst wenn auf dem benachbarten Markt der Marktanteil geringer ist. Denn für Kunden, welche die Produkte aus beiden Märkten abnehmen, ist das Unternehmen auf Grund der Verbindung zwischen den Märkten nicht nur unumgänglicher Lieferant des einen Produkts sondern auch bevorzugter Lieferant des benachbarten Produkts. Aufgrund der Marktbeherrschung ist es dem Unternehmen zudem möglich, seine Wettbewerbsbemühungen auf die benachbarten Märkte zu konzentrieren.[368] Ebenfalls zu berücksichtigen ist die **Dauer der Marktstellung** des betroffenen Unternehmens. Ein Unternehmen, das während längerer Zeit einen besonders hohen Marktanteil innehat, kann sich allein durch den Umfang seiner Produktion und seines Angebots in einer Position der Stärke befinden, die es zu einem nicht zu übergehenden Geschäftspartner macht und ihm bereits deswegen – zumindest während relativ langer Zeit – die Unabhängigkeit seines Verhaltens sichert, die für eine beherrschende Stellung kennzeichnend ist. Selbst wenn sich die Nachfrage vom Marktführer abwenden wollte, so wären die Inhaber von erheblich geringeren Marktanteilen nicht in der Lage, kurzfristig diese Nachfrage zu befriedigen.[369]

---

[364] EuGH U. v. 13. 2. 1979 Rs. 85/76 – *Hoffmann-La Roche* Slg. 1979, 461, 522 Rn. 44.
[365] Vgl. Rn. 22 f. der Mitteilung der Kommission über die Berechnung des Umsatzes im Sinne der FKVO, ABl. 1998 C 66/25.
[366] Vgl. Rn. 55 der Bekanntmachung der Kommission über die Definition des relevanten Marktes im Sinne des Wettbewerbsrechts der Gemeinschaft, ABl. 1997 C 372/5.
[367] EuGH U. v. 16. 12. 1975 Rs. 40, 48, 50, 54–56, 111, 113 u. 114/73 – *Suiker Unie* Slg. 1975, 1673, 1996.
[368] EuG U. v. 6. 10. 1994 Rs. T-83/91 – *Tetra Pak II* Slg. 1994, II-755, 815 ff.
[369] EuGH U. v. 13. 2. 1979 Rs. 85/76 – *Hoffmann-La Roche* Slg. 1979, 461, 521 Rn. 41.

In geographischer Hinsicht ist für die Beurteilung des Vorliegens einer marktbeherr- **107** schenden Stellung eine strikte **Beschränkung auf den relevanten räumlichen Markt** vorzunehmen. Auch wenn in anderen räumlichen Märkten viel größere Produzenten existieren, ist dies für die Marktposition des betreffenden Unternehmens auf dem relevanten geographischen Markt ohne Belang.[370]

In die Marktstrukturanalyse sind nicht nur die Marktanteile des betroffenen Unterneh- **108** mens mit einzubeziehen, sondern auch die **relative Stärke** dieses Unternehmens im Verhältnis zu der Marktposition der **Wettbewerber** kann für die Frage des Vorliegens einer marktbeherrschenden Stellung von Bedeutung sein. In der Regel müssen daher nicht nur Feststellungen zu den Marktanteilen des mutmaßlichen Marktbeherrschers getroffen, sondern auch die Marktposition der wichtigsten Wettbewerber in die Analyse des Marktes mit einbezogen werden.[371] Sind die Marktanteile der Konkurrenten stark zersplittert oder können diese trotz Bemühungen ihren Marktanteil nicht erhöhen, so kann dies ein Hinweis für eine beherrschende Stellung sein.[372]

Besondere Bedeutung kommt der Identifizierung von **Marktzutrittschranken** und der **109** damit zusammenhängenden Berücksichtigung von **potentiellen Wettbewerbern** zu. Je leichter ein derzeit noch nicht auf dem Markt tätiges Unternehmen in diesen Markt eindringen kann, desto eher kann eine derzeit starke Position eines Unternehmens durch den neu hinzutretenden Wettbewerber geschwächt werden.[373] Als Hindernisse, die einen Markteintritt potentieller Wettbewerber erschweren oder sogar verhindern können, sind insbesondere hohe Anfangsinvestitionen etwa für den Aufbau eines Vertriebsnetzes oder für die Werbung,[374] administrative Hindernisse beim Markteintritt[375] oder lange Amortisationszeiträume für das investierte Kapital zu nennen.[376] Aber auch eventuell bestehende Abnehmerpräferenzen für Produkte bestimmter Hersteller, die zu einer Abhängigkeit des Einzelhandels von diesen Herstellern führen, können eine marktbeherrschende Stellung mit begründen.[377]

Die Feststellung des **Entwicklungsstandes des relevanten Marktes** erlaubt im Rah- **110** men der Marktstrukturanalyse wichtige Rückschlüsse für die Bewertung von Marktanteilen und Marktanteilsentwicklungen. In der Ökonomie wird der Entwicklungsstand eines Marktes in verschiedene Phasen unterteilt: die Experimentier-, Expansions-, Ausreifungs- und Stagnationsphase. Auf jungen **Wachstumsmärkten** mit rascher technologischer Entwicklung eröffnen hohe Marktanteile einem innovativen Unternehmen für sich noch keinen unkontrollierten Verhaltensspielraum, da dessen Marktstellung beständiger Erosion durch Nachahmer und Newcomer ausgesetzt ist, für die ein Markteintritt in dieser Phase

---

[370] Komm. E. v. 14. 5. 1997 – *Irish Sugar,* ABl. 1997 L 258/1 Rn. 103.
[371] Komm. E. v. 9. 6. 1976 – *Vitamine,* ABl. 1976 L 223/27, 35; v. 29. 7. 1983 – *ECS/AKZO I* ABl. 1983 L 252/13, 18; v. 5. 12. 1988 – *BPB Industries,* ABl. 1989 L 10/50.
[372] Komm. E. v. 14. 12. 1985 – *ECS/AKZO II,* ABl. 1985 L 374/1, 18.
[373] EuGH U. v. 13. 2. 1979 Rs. 85/76 – *Hoffmann-La Roche,* Slg. 1979, 461, 524; Komm. E. v. 4. 1. 1998 – *FAG Flughafen Frankfurt-Main AG,* ABl. 1998 L 72/30 Rn. 70.
[374] Komm. E. v. 17. 12. 1975 – *Chiquita,* ABl. 1976 L 95/1, 13 f. Insoweit bestätigt durch EuGH U. v. 14. 2. 1978 Rs. 27/76 – *United Brands* Slg. 1978, 207, 291.
[375] Komm. E. v. 21. 12. 1988 – *Decca Navigator System,* ABl. 1989 L 43, 27, 41 Rn. 92; v. 19. 12. 1990 – *Soda-Solvay,* ABl. 1991 L 152/21, bestätigt durch Komm. E. v. 13. 12. 2000, ABl. 2003 L 10/10.
[376] Komm. E. v. 9. 6. 1976 – *Vitamine,* ABl. 1976 L 223/27; v. 14. 12. 1985 – *ECS/AKZO II,* ABl. 1985 L 374/1 Rn. 67 und 70; v. 26. 7. 1988 – *Tetra Pak I,* ABl. 1988 L 272/27 (insbesondere im Bereich aseptischer Verpackung); v. 5. 12. 1988 – *BPB Industries,* ABl. 1989 L 10/50; v. 10. 11. 1992 – *Warner-Lambert/Gillette und BIC/Gillette,* ABl. 1993 L 116/21 Rn. 9.
[377] Komm. E. v. 29. 7. 1987 – *BBI/Boosey & Hawkes,* ABl. 1987 L 286/36, 40; v. 11. 3. 1998 – *Van den Bergh Foods,* ABl. 1998 L 246/1 Rn. 260.

Erfolg versprechend ist.[378] Insbesondere bei im Entstehen begriffenen Zukunftsmärkten[379] lassen sich Marktanteile und Marktführerschaft der Unternehmen häufig noch gar nicht ermitteln. Allerdings hat die Kommission im Bereich der Zusammenschlusskontrolle wiederholt auch auf Wachstumsmärkten Marktbeherrschung angenommen, wenn eine dauerhafte Abschottung des Marktes zu befürchten war.[380] Bei der Missbrauchsaufsicht können derartige Abschottungstendenzen bei der Marktverhaltensanalyse zu berücksichtigen sein, wobei jedoch stets die zeitliche Kongruenz von Marktbeherrschung und missbräuchlichem Verhalten zu beachten ist. Bei technisch ausgereiften, im Umsatzvolumen **stagnierenden** bzw. **rückläufigen Märkten** sind Wettbewerbsimpulse durch Innovation und Marktzutritte häufig nicht zu erwarten.[381] Hohe Marktanteilsabstände und Wettbewerbsvorteile einzelner Unternehmen können hier vorstoßenden Wettbewerb erschweren, auf die Verdrängung ressourcenschwacher Unternehmen hin wirken und einen nicht hinreichend kontrollierten Verhaltensspielraum nahelegen.

111   **(2) Unternehmensstrukturanalyse.** Neben der Analyse der Marktstruktur bedarf es auch einer Betrachtung der **Struktur des betreffenden Unternehmens,** da eine statisch auf die Betrachtung der Marktanteile gerichtete Analyse die Potentiale der Unternehmen in der Dynamik des Wettbewerbsgeschehens nicht hinreichend wiedergeben kann. In der praktischen Anwendung werden deshalb Marktstruktur- und Unternehmensstrukturtest regelmäßig miteinander kombiniert, wobei letzterer die ausschlaggebenden Beurteilungskriterien liefert, wenn eine reine Betrachtung der Marktanteile keinen eindeutigen Schluss auf eine etwaige Marktbeherrschung zulässt.[382] Bei der Unternehmensstrukturanalyse geht es darum festzustellen, ob das möglicherweise marktbeherrschende Unternehmen über spezifische Eigenschaften und Fähigkeiten verfügt, die ihm die Fähigkeit zu einem wettbewerbsunabhängigen Verhalten bzw. zur Verhinderung des Restwettbewerbs verschaffen und die seine Überlegenheit gegenüber seinen Wettbewerbern begründen. Dabei ist das vermeintlich marktbeherrschende Unternehmen nicht isoliert zu betrachten, sondern ein Vergleich zu seinen Wettbewerbern anzustellen.

112   Im Mittelpunkt der Unternehmensstrukturanalyse steht die Untersuchung der **Ressourcen,** Mittel und Methoden, die das betreffende Unternehmen für den Einkauf, die Produktion und den Vertrieb seiner Leistungen einsetzen kann.[383] In der Entscheidungspraxis des Gerichtshofs und der Kommission werden bei der Beurteilung der Unternehmensstruktur folgende Faktoren herangezogen:

113   Der **technologische Vorsprung** gegenüber Konkurrenten der aus besonderen Erfahrungen, Kenntnissen und Fertigkeiten bei der Herstellung von Erzeugnissen oder der Erbringung von Dienstleistungen resultiert, kann Marktbeherrschung begründen oder verstärken. Er kommt häufig im Umfang der Forschungs- und Entwicklungstätigkeiten sowie in den hierfür bereitgestellten Kapazitäten zum Ausdruck. Im Einzelfall kann ein technologischer Vorsprung bereits per se eine beherrschende Stellung begrün-

---

[378] Vgl. zur Marktbeherrschung i. R. d. FKVO Komm. E. v. 22. 2. 1991 – *Digital/Kienzle* Merger Control Reporter Nr. B 14 Rn. 20; v. 1. 10. 1993 – *American Cynamid/Shell* Merger Control Reporter Nr. B 168 Rn. 33.

[379] Zu den Problemen elektronischer Handelsplätze (Internetplattformen) i. R. d. Art. 82 EG vgl. Komm. 30. Wettbewerbsbericht, Kasten 4, S. 64–66 lit. a und d.

[380] Komm. E. v. 14. 11. 1995 – *Crown, Cork & Seal/Carnaud Metalbox,* ABl. 1996 L 75/38 Rn. 79 (Feinblechdosen); v. 14. 5. 1997 – *BT/MCI II,* ABl. 1997 L 336/1 Rn. 72 (transatlantischer Telefonverkehr); v. 30. 7. 1997 – *Boeing/McDonnell-Douglas,* ABl. 1997 L 336/16 Rn. 48 ff. (zivile Großraumflugzeuge).

[381] Komm. E. v. 26. 7. 1988 – *Tetra Pack I,* ABl. 1988 L 272/27 Rn. 44; vgl. auch Komm. E. v. 22. 12. 1987 – *Eurofix-Bauco/Hilti,* ABl. 1988 L 65/19 Rn. 69.

[382] Vgl. *Schröter* in: *Schröter/Jakob/Mederer,* Kommentar zum Europäischen Wettbewerbsrecht, Art. 82, Rn. 108, Art. 86, Rn. 89.

[383] EuGH U. v. 14. 2. 1978 Rs. 27/76 – *United Brands* Slg. 1978, 207 Rn. 69/71.

den.[384] Technologische Überlegenheit ist immer dann bedeutsam, wenn die Kaufentscheidung der Marktgegenseite durch den Neuheitsgrad und die technische Qualität der Erzeugnisse beeinflusst wird.[385]

Die **kommerzielle Überlegenheit** hat einen unmittelbaren Einfluss auf den Erfolg eines Unternehmens auf dem Markt und erleichtert die Begründung oder Erhaltung einer beherrschenden Stellung insbesondere dann, wenn für Absatzsteigerungen besondere Verkaufsanstrengungen notwendig sind. Ein kommerzieller Vorsprung kann sich etwa ergeben aus einem gut ausgebauten Vertriebsnetz, einer straffen Organisation der Absatzwege[386] sowie einer gut eingeführten und intensiv beworbenen Marke.[387] Die **Wirtschafts- und Finanzkraft** eines Unternehmens bemisst sich im Wesentlichen nach cash-flow, Umsatzrendite, Eigenmitteln und dem Zugang zum Kapitalmarkt und hat nach der Rechtsprechung entscheidenden Einfluss auf die Fähigkeit des Unternehmens, Spielräume für ein unabhängiges Marktverhalten zu erlangen.[388] Die **absolute Größe** eines Unternehmens ist für sich genommen kein taugliches Kriterium zum Nachweis für Marktbeherrschung. Denn selbst wenn das betreffende Unternehmen der größte Hersteller des fraglichen Produkts ist, sagt diese Feststellung wenig über die Intensität des Wettbewerbs auf dem relevanten Markt aus.[389] Zu berücksichtigen sind jedoch **Verflechtungen** mit anderen Unternehmen, insbesondere die Zugehörigkeit zu einem weltweit tätigen Konzern und der daraus resultierende Zugang zu den Ressourcen der Unternehmensgruppe[390] und zu deren Absatzmärkten.[391] 114

Die **Breite des Produktsortiments** im Verhältnis zu dem der Wettbewerber[392] und die Abhängigkeit der Vertriebsstufe vom Führen einer bestimmten **berühmten Marke** können mit zur Marktbeherrschung beitragen.[393] So zeigte sich etwa im Fall *United Brands,* dass 115

---

[384] EuGH U. v. 6. 3. 1974 Rs. 6 und 7/73 – *Commercial Solvents* Slg. 1974, 223, 248 ff.; v. 14. 2. 1978 Rs. 27/76 – *United Brands* Slg. 1978, 207 Rn. 82/84; v. 9. 11. 1983 Rs. 322/81 – *Michelin* Slg. 1983, 3461, 3510 f.; Komm. E. v. 26. 7. 1988 – *Tetra Pack I,* ABl. 1988 L 272/27 Rn. 44, 9–21.

[385] *Schröter* in: *Schröter/Jakob/Mederer,* Kommentar zum Europäischen Wettbewerbsrecht, Art. 82, Rn. 109.

[386] EuGH U. v. 13. 2. 1979 Rs. 85/76 – *Hoffmann-La Roche* Slg. 1979, 461, 524; v. 9. 11. 1983 Rs. 322/81 – *Michelin* Slg. 1983, 3461, 3511; v. 3. 7. 1991 Rs. C 62/86 – *AKZO* Slg. 1991, I-3359, 3453 Rn. 61; Komm. E. v. 22. 12. 1987 – *Eurofix-Bauco/Hilti,* ABl. 1988 L 65/19, 34 Rn. 69; v. 11. 3. 1998 – *Van den Bergh Foods,* ABl. 1998 L 246/1 Rn. 260.

[387] EuGH U. v. 14. 2. 1978 Rs. 27/76 – *United Brands* Slg. 1978, 207, 288 f.; v. 9. 11. 1983 Rs. 322/81 – *Michelin* Slg. 1983, 3461, 3510 f.; Komm. E. v. 7. 10. 1981 – *Michelin,* ABl. 1981 L 353/33, 41 Rn. 35.

[388] EuGH U. v. 14. 2. 1978 Rs. 27/76 – *United Brands* Slg. 1978, 207, 291; v. 9. 11. 1983 Rs. 322/81 – *Michelin* Slg. 1983, 3461, 3510; Komm E. v. 9. 12. 1971 – *Continental Can,* ABl. 1972 L 7/25, 26; v. 17. 12. 1975 – *Chiquita,* ABl. 1976, L 95/1, 13.

[389] EuGH U. v. 13. 2. 1979 Rs. 85/76 – *Hoffmann-La Roche* Slg. 1979, 461, 523 f.; *Schröter* (Fn. 372), Art. 82, Rn. 162, Art. 86, Rn. 94, differenzierend *Jung* in: *Grabitz/Hilf,* Das Recht der Europäischen Union, Art. 82 Rn. 94 f.

[390] EuGH U. v. 9. 11. 1983 Rs. 322/81 – *Michelin* Slg. 1983, 3461, 3510; Komm. E. v. 9. 12. 1971 – *Continental Can,* ABl. 1972 L 7/25.

[391] Komm. E. v. 11. 3. 1998 – *Van den Bergh Foods,* ABl. 1998 L 246/1 Rn. 260.

[392] Vgl. ganz allgemein zur Berücksichtigung auch marktübergreifender Produktpaletten: Komm. E. v. 9. 6. 1976 – *Vitamine,* ABl. 1976 L 223/27, 35; v. 7. 10. 1981 – *Michelin,* ABl. 1981 L 353/33 Rn. 36; v. 14. 12. 1985 – *ECS/AKZO II,* ABl. 1985 L 374/1, 18; v. 5. 12. 1988 – *BPB Industries* ABl. 1989 L 10/50; v. 24. 7. 1991 – *Tetra Pak II,* ABl. 1992 L 72/1 Rn. 101; v. 11. 3. 1998 – *Van den Bergh Foods,* ABl. 1998 L 246/1, 259 f.

[393] EuGH U. v. 3. 7. 1991 Rs. C 62/86 – *AKZO* Slg. 1991, I-3359, 3451 Rn. 56; v. 9. 11. 1983 Rs. 322/81 – *Michelin* Slg. 1983, 3461, 3511; Komm. E. v. 24. 7. 1991 – *Tetra Pack II,* ABl. 1992 L72/1, 20 Rn. 101; zurückhaltender EuGH U. v. 25. 10. 1977 Rs. 26/76 – *Metro I* Slg. 1977, 1875, 1904.

die mit erheblichem Werbeaufwand aufgebaute Marke „Chiquita" für Bananen eine derartige Verkehrsgeltung erreicht hatte, dass sich hiermit ein gegenüber markenlosen Bananen um 30%-40% höherer Preis erzielen ließ und praktisch kein Bananenhändler auf die Führung dieses Produktes verzichten konnte.[394] Weitere Anzeichen für Marktbeherrschung sind ausreichende Produktions- und Lieferkapazitäten, mit denen auch eine gesteigerte Nachfrage jederzeit befriedigt werden kann, soweit Konkurrenten diese nicht zu ersetzen vermögen.

116 Besondere unternehmensstrukturbedingte Wettbewerbsvorteile können sich aus einer weitgehenden **vertikalen Integration** und der damit verbundenen Vorzugsstellung beim Zugang zu den Produktionsmitteln oder zu den Absatzmärkten ergeben.[395] Während die vertikale Integration der Versorgungsstufe die Widerstandskraft gegenüber Mangellagen stärken und Marktzutritte erschweren kann,[396] kann die vertikale Integration der Vertriebsstufe den Absatz auch bei Angebotsüberhängen sichern.[397]

117 Die **sortimentsbedingte Abhängigkeit** der Händler von einer bestimmten Markenware dergestalt, dass diese nicht darauf verzichten können, begründet für den Hersteller dieser Ware als solches keine marktbeherrschende Stellung im Verhältnis zu seinen Wettbewerbern.[398] Gleichwohl kann diese Form der Abhängigkeit andere Beherrschungskriterien verstärken.[399]

118 **(3) Marktverhaltensanalyse.** Das **tatsächliche Marktverhalten** kann Rückschlüsse auf das Bestehen von Marktbeherrschung zulassen und die im Rahmen der Untersuchung sowohl der Markt- als auch der Unternehmensstrukturanalyse gewonnenen Ergebnisse entweder stützen oder widerlegen. Allerdings besteht insoweit die Gefahr, eine Marktbeherrschung aus einem als bedenklich angesehenen Verhalten abzuleiten, und dieses dann zirkelschlussartig auf Grund der so festgestellten Marktbeherrschung als missbräuchlich zu qualifizieren. Insbesondere ist zu berücksichtigen, dass die Aussagekraft unternehmerischen Verhaltens ambivalent ist und zumeist mehrere Rückschlüsse zulässt: So kann ein und dasselbe Verhalten, etwa eine Preissenkung, sowohl Ausdruck von Machtausübung bei beschränktem Wettbewerb als auch Folge wirksamen Wettbewerbs sein.[400]

119 Im Rahmen der Marktverhaltensanalyse verdient die **Preispolitik** des Marktführers besondere Aufmerksamkeit, weil sie Hinweise darauf gibt, ob dieser den Marktpreis bestimmen oder kontrollieren kann. Unter Preisbestimmungsmacht ist die Fähigkeit zu verstehen, über einen längeren Zeitraum zu überhöhten Preisen anzubieten, ohne dass der Markt mit entsprechenden spürbaren Umsatzeinbußen reagieren würde.[401] Kann ein Unternehmen eine **diskriminierende Preisstruktur** aufrechterhalten, so lässt dieses gleichfalls den Schluss auf eine marktbeherrschende Stellung zu, denn differenzierte Preise zur Maximierung der Einnahmen sind normalerweise nur Unternehmen mit einer besondere Marktmacht möglich. Dasselbe gilt für diskriminierende Beförderungsbedingungen durch Währungsausgleichsfaktoren[402] sowie die verzögerte Auszahlung von Treuerabatten.[403]

120 Dagegen ist es in der Regel mit einem unabhängigem Preisverhalten unvereinbar, wenn ein Unternehmen unter dem Druck von **Preissenkungen** seiner Wettbewerber ebenfalls seine Preise senken muss. Allerdings können Preissenkungen eines Unternehmens mit

---

[394] EuGH U. v. 14. 2. 1978 Rs. 27/76 – *United Brands* Slg. 1978, 207, 288 f. Rn. 88/93.
[395] EuGH U. v. 14. 2. 1978 Rs. 27/76 – *United Brands* Slg. 1978, 207, 287 ff.
[396] Komm E. v. 19. 4. 1977 – *ABG*, ABl. 1977 L 117/1, 8 f. unter II A; v. 18. 7. 1988 – *Napier Brown/British Sugar*, ABl. 1988 L 284/41, 53 Rn. 56.
[397] Komm E. v. 22. 12. 1987 – *Eurofix-Bauco/Hilti*, ABl. 1988 L 65/19, 34.
[398] EuGH U. v. 25. 10. 1977 Rs. 26/76 – *Metro I* Slg. 1977, 1875 Rn. 17.
[399] EuGH U. v. 9. 11. 1983 Rs. 322/81 – *Michelin* Slg. 1983, 3461 Rn. 56.
[400] Vgl. *Emmerich* in: Dauses, Handbuch des EU-Wirtschaftsrechts, H I Rn. 346 u. 349.
[401] EuGH U. v. 14. 2. 1978 Rs. 27/76 – *United Brands* Slg. 1978, 207, 290 ff.
[402] Komm. E. v. 16. 9. 1998 – *Transatlantic Conference Agreement*, ABl. 1999 L 95/1 Rn. 203 ff.
[403] Komm. E. v. 20. 6. 2002 COMP/36.041 – *Michelin*, ABl. 2002 L143/1, 32.

Marktanteilen von 93% bis 100% häufig nicht dem Konkurrenzdruck zugeschrieben werden, sondern sind eher das Ergebnis einer bewusst und frei gewählten Preispolitik. Jedenfalls widerlegen sie nicht notwendigerweise das Vorliegen einer beherrschenden Stellung.[404] Ist das betroffene Unternehmen dazu auch noch der Preisführer, der auf Grund erstrangiger Vertriebs- und Marketingorganisation in der Lage ist, jede Absicht möglicher Wettbewerber zu erfassen, auf den Markt eines Erzeugnisses vorzudringen, und kann er hierauf sofort reagieren und dem Marktzutritt zuvorkommen, können Preisschwankungen nach Auffassung des Gerichtshofs keinen Wettbewerbsdruck beweisen, der die wettbewerbliche Unabhängigkeit in Frage stellen könnte.[405]

b) Kollektive Marktbeherrschung. Art. 82 EG verbietet neben der missbräuchlichen **121** Ausnutzung einer beherrschenden Stellung durch ein Unternehmen **ausdrücklich** auch den Missbrauch durch mehrere Unternehmen und geht damit erkennbar davon aus, dass eine beherrschende Stellung auch von mehreren Unternehmen gemeinschaftlich eingenommen werden kann. Anders als das deutsche Wettbewerbsrecht (vgl. § 19 Abs. 2 S. 2 GWB) enthalten die Wettbewerbsregeln des EG allerdings **keine Legaldefinition** der kollektiven Marktbeherrschung. Die Umstände, unter denen eine kollektiven marktbeherrschende Stellung vorliegt, wurden von den europäischen Gerichten und durch die Verwaltungspraxis der Kommission noch nicht vollständig geklärt; das Recht befindet sich diesbezüglich noch in Entwicklung.[406] Umstritten ist vor allem, ob Art. 82 im Sinne einer Oligopolklausel, etwa nach dem Vorbild des § 19 Abs. 2 S. 2 GWB interpretiert werden kann.[407] Demgegenüber ist im Rahmen der Fusionskontrolle inzwischen anerkannt, dass Art. 2 Abs. 3 FKVO auch eine marktbeherrschende Stellung erfasst, die von den Mitgliedern eines Oligopols gemeinsam eingenommen wird.[408]

Zunächst bedeutet kollektive Marktbeherrschung, dass mehrere Unternehmen gemein- **122** sam die für die Anwendung von Art. 82 EG erforderliche wirtschaftliche Machtstellung einnehmen. Die im Laufe der Entscheidungspraxis von Kommission und Rechtsprechung entwickelten Definitionen der kollektiven Marktbeherrschung weisen Ähnlichkeiten sowohl zur Begriffsbestimmung des GWB als auch zur Rechtspraxis im Rahmen der FKVO auf. Allgemein verlangen die Gemeinschaftsorgane für die Annahe einer Marktbeherrschung durch mehrere Unternehmen, dass diese durch **wirtschaftliche Bande** so eng miteinander verbunden sind, dass sie auf dem Markt in gleicher Weise vorgehen können.[409] Im Rahmen der hierfür erforderlichen Analyse ist zu prüfen, ob die betreffenden Unter-

---

[404] EuGH U. v. 13. 2. 1979 Rs. 85/76 – *Hoffmann-La Roche* Slg. 1979, 461, 532 f. Rn. 70 ff.

[405] EuGH U. v. 13. 2. 1979 Rs. 85/76 – *Hoffmann-La Roche* Slg. 1979, 461, 534 f. Rn. 78.

[406] Komm., Mitteilung über die Anwendung der Wettbewerbsregeln auf Zugangsvereinbarungen im Telekommunikationsbereich, ABl. 1998, C 265/2 Rn. 76.

[407] Vgl. hierzu ausführlich *Monti* CMLR 2001, 131 ff.; *Richardson/Gordon* ECLR 2001, 416 ff.

[408] Vgl. EuGH U. v. 31. 3. 1998 verb. Rs. C-68/94 u. C-30/95 – *Frankreich u. a./Kommission* Slg. 1998, I-1453 Rn. 166 ff.; EuG U. v. 25. 3. 1999 Rs. T-102/96 – *Gencor/Kommission* Slg. 1999, II-1 Rn. 270 ff.; EuG U. v. 6. 6. 2002 Rs. T-342/99 – *Airtours/Kommission* Slg. 2002, II-2585 Rn. 55 ff.; Komm. E. v. 22. 9. 1999 Rs. IV/M. 1524 – *Airtours/First Choice*, ABl. 2000 L93/1 Rn. 53 f.

[409] EuGH U. v. 4. 5. 1988 Rs. 30/87 – *Corinne Bodson/SA Pompes* Slg. 1988, 2479 Rn. 26 ff.; v. 27. 4. 1994 Rs. C-393/92 – *Gemeente Almelo u. a./NV Energiebedijf* Slg. 1994, I-1477 Rn. 42; v. 5. 10. 1995 Rs. C-96/94 – *Centro Servizi Spediporto/Spedizioni Maritima del Golfo* Slg. 1995, I-2883 Rn. 33; v. 17. 10. 1995 Rs. C-140, 141, 142/94 – *DIP* Slg. 1995, I-3257 Rn. 26; v. 17. 6. 1997 Rs. C-70/95 – *Sodemare u. a./Regione Lombardia* Slg. 1997 I-3395 Rn. 46; v. 1. 10. 1998 Rs. C-38/97 – *Auto Librandi Snc/Cuttica spedizioni* Slg. 1998 I-5955 Rn. 32; v. 16. 3. 2000 verb. Rs. C-395 und 396/96 – *CMB/Komm.* Slg. 2000, I-1365 Rn. 35 ff.; EuG U. v. 10. 3. 1992 Rs. T-68 u. a. /89 – *Flachglas* Slg. 1992 II-1403 Rn. 358; v. 13. 5. 1993 Rs. T-24/93 – *Compagnie Maritime Belge Transport NV* Slg. 1996 II-1201 Rn. 62; Komm. E. v. 7. 12. 1988 Rs. IV/31.906 – *Flachglas*, ABl. EG 1989 Nr. L 33/44 Rn. 79; v. 23. 12. 1993 Rs. IV/32.448, 32.450 – *Cewal, Cowac and Ukwal*, ABl. EG 1993 Nr. L 34/20 Rn. 49, 61.

nehmen zusammen gegenüber ihren Konkurrenten, ihren Geschäftspartnern und den Verbrauchern auf einem bestimmten Markt eine **kollektive Einheit** darstellen. Erst wenn dies bejaht wurde, ist zu prüfen, ob diese kollektive Einheit auch tatsächlich eine beherrschende Stellung einnimmt.[410] Voraussetzung für die Annahme einer kollektiven Marktbeherrschung ist damit in jedem Fall, dass die beteiligten Unternehmen nach außen hin als Gruppe auftreten, was wiederum ein Mindestmaß an Gruppendisziplin zwischen den Mitgliedern erfordert. Unklar ist bislang, wie eng die Beziehungen zwischen den beteiligten Unternehmen sein müssen, um diese als Mitinhaber einer kollektiven beherrschenden Stellung qualifizieren zu können.

123   **aa) Abgrenzung zu Konzernen.** Von der kollektiven Marktbeherrschung zu unterscheiden sind marktbeherrschende Konzerne. Der Fall, dass mehrere Unternehmen durch konzernrechtliche Verflechtungen miteinander verbunden sind, begründet zwar ebenfalls eine gewisse Marktmacht durch Kumulation wirtschaftlicher Potentiale, stellt aber keinen Fall kollektiver Marktbeherrschung dar. Grund hierfür ist, dass Konzerne nach dem wirtschaftlich-funktionalen Unternehmensbegriff des europäischen Kartellrechts als wirtschaftliche Einheit und damit als **ein Unternehmen** zu behandeln sind, das selbst als ganzes gesehen eine beherrschende Stellung innehaben kann. Erforderlich ist hierfür, dass die verbundenen Unternehmen ihr Marktverhalten nicht mehr autonom bestimmen können, sondern im Wesentlichen der Kontrollmacht einer Obergesellschaft unterliegen.

124   **bb) Kartelle.** Kollektive Marktbeherrschung kann insbesondere dadurch entstehen, dass mehrere Unternehmen durch **freigestellte oder verbotene Maßnahmen im Sinne des Art. 81 Abs. 1** den Wettbewerb untereinander beseitigen und am Markt so weit koordiniert vorgehen, dass sie in der Lage sind, wirksamen Wettbewerb von Seiten anderer Marktteilnehmer zu verhindern,[411] wenn also, wie es verbreitet ausgedrückt wird, Innen- und Außenwettbewerb fehlen. Dies darf aber nicht so verstanden werden, als genügte für die Feststellung einer kollektiven Marktbeherrschung das Vorliegen einer Kartellvereinbarung oder abgestimmten Verhaltensweise. Vielmehr bedarf es stets des Nachweises, dass darüber hinaus **wirtschaftliche Verbindungen zwischen den Kartellmitgliedern** bestehen, die ihnen ein einheitliches Vorgehen am Markt ermöglichen, so dass die Unternehmen in der Lage sind, auf dem relevanten Markt gemeinsame Praktiken anzuwenden, die so geartet sind, dass sie gleichsam einseitige Verhaltensweisen darstellen.[412] Das Gericht erster Instanz sowie auch der Gerichtshof bestätigten in der Rechtssache *CEWAL*,[413] dass die Mitglieder einer Reederkonferenz, die Liniendienste zwischen verschiedenen westafrikanischen Häfen und den Nordsee-Häfen betrieben und gemeinsame Kampfstrategien gegen kartellfremde Konkurrenten angewandt hatten, auf Grund der engen Beziehungen die zwischen ihnen bestanden, und ihres gemeinsamen Auftretens auf dem Markt als gemeinsam marktbeherrschend angesehen werden können. Darüber hinaus, wurden diese Voraus-

---

[410] EuGH U. v. 16. 3. 2000 verb. Rs. C-395 und 396/96 – *CMB/Komm.* Slg. 2000, I-1365 Rn. 39, EuG, U. v. 26. 1. 2005 Rs. T-193/02 – *Piav/Kommission*.

[411] *Ritter/Braun/Rawlinson*, EEC Competition Law, 286; *Möschel* in: *Immenga/Mestmäcker*, EG-WbR Bd. I, Art. 82 Rn. 107 ff; *Schröter* in: *Schröter/Jakob/Mederer*, Kommentar zum Europäischen Wettbewerbsrecht, Art. 82, Rn. 84.; siehe auch Komm. E. v. 2. 1. 1973 Rs. IV/26.918 – *Europäische Zuckerindustrie*, ABl. 1973 L 140/17, 39 ff. insoweit bestätigt durch EuGH U. v. 16. 12. 1975, verb. Rs. 40–48, 50, 54–56, 111, 113, 114/72 – *Suiker Unie* Slg 1975, 1663, 2011 ff.

[412] EuG U. v. 8. 10. 1996, verb. Rs. T-24/93 bis T-26/93, T-28/93 – *Compagnie Maritime Belge Transports u. a./Komm.* Slg. 1996 II-1201 Rn. 64; *Jung* in: *Grabitz/Hilf*, Das Recht der Europäischen Union, Art. 66; *Schröter* (Fn. 407) Art. 82, Rn. 84.

[413] EuGH U. v. 16. 3. 2000 verb. Rs. C-395 und 396/96 – *CMB/Komm.* Slg. 2000, I-1365 Rn. 35 ff.; EuG U. v. 8. 10. 1996, verb. Rs. T-24/93 bis T-26/93, T-28/93 – *Compagnie Maritime Belge Transports u. a./Komm.* Slg. 1996 II-1201 Rn. 64–66. Vgl. Zu diesen Urteilen auch *McGregor* ECLR 2001, 434 ff.

setzungen von den Gemeinschaftsorganen auch bei Ein- und Verkaufskooperationen,[414] sowie bei der zwangsweisen Durchsetzung abgesprochener Preise angenommen.[415] In solchen Fällen sind die Art. 81 und 82 nebeneinander anwendbar, sobald die Kartellmitglieder ihre Kollektivmacht missbrauchen.

cc) Enge Mißbrauch Oligopole. Bislang ungeklärt ist, ob allein die **Reaktionsverbundenheit** in einem engen Oligopol eine kollektive Marktbeherrschung im Sinne des Art. 82 begründen kann.[416] Im Unterschied zu Kartellen, zeichnet sich das Oligopol dadurch aus, dass die Unternehmen nicht bewusst kollusiv zusammenwirken, sondern ihr **Marktverhalten insbesondere in Bezug auf die Festsetzung von Preisen aneinander angleichen,** im Bewusstsein, dass sich ein Konkurrenzkampf infolge der gegenseitigen Abhängigkeit für niemanden lohnen würde, da vorstoßende Maßnahmen erfahrungsgemäß sofort entsprechende Reaktionen der anderen Oligopolisten hervorrufen. Dauert das **oligopolistische Parallelverhalten** über einen längeren Zeitraum an und führt es dazu, dass die Abnehmer auf ein flächendeckend gleichförmiges Angebot stoßen, das ihnen keine Wahl- oder Ausweichmöglichkeiten lässt, so wirkt sich dies für die Marktgegenseite wie ein Kartell aus. Die Kommission hat wiederholt versucht, das Vorliegen von kollektiver Marktbeherrschung auf die Reaktionsverbundenheit im engen Oligopol zu stützen.[417] In der Sache Flachglass II[418] sah die Kommission die drei größten italienischen Flachglashersteller als Teilnehmer eines festen Oligopols und damit als kollektiv marktbeherrschend an, da diese nach Ansicht der Kommission auf Grund ihrer oligopolistischen Verbundenheit auf dem Markt als Einheit aufgetreten seien und bei der Gestaltung von Preisen und Verkaufsbedingungen sowie hinsichtlich Kundenbeziehungen und Handelsstrategien zusammengearbeitet hätten. Das Gericht erster Instanz ist dieser Feststellung nicht gefolgt, da es als nicht erwiesen ansah, dass die betreffenden Unternehmen auf dem Markt tatsächlich als Einheit und nicht als individuelle Marktteilnehmer aufgetreten sind.[419] Die Rechtsprechung steht dem Konzept der Kommission insgesamt eher zurückhaltend gegenüber und stellt strenge Anforderungen an den Nachweis einer kollektiven Marktbeherrschung. Nach ihr kommt eine Anwendung des Art. 82 in diesen Fällen nur in Betracht, wenn die zu einer gemeinsam beherrschenden Gruppe gehörenden Unternehmen so eng miteinander verbunden sind, dass sie eine kollektive Einheit darstellen und auf dem Markt in gleicher Weise vorgehen können und deshalb dort eine beherrschende Stellung einnehmen.[420] Der Gerichtshof hat allerdings hinzugefügt, dass die erforderlichen Verbindungen zwischen den Unternehmen

---

[414] EuGH U. v. 16. 12. 1975, verb. Rs. 40–48, 50, 54–56, 111, 113, 114/72 – *Suiker Unie* Slg 1975, 1663 Rn. 421ff; Komm. E. v. 2. 1. 1973 Rs. IV/26.918 – *Europäische Zuckerindustrie*, ABl. 1973 L 140/17, 39ff.

[415] EuGH U. v. 11. 4. 1989 Rs. 66/86 – *Ahmed Saeed Flugreisen u. a.* Slg. 1989, 803 Rn. 37.

[416] Dafür etwa *Schröter* (Fn. 407) Art. 82, Rn. 85; *Möschel* (Fn. 39) Art. 82, Rn. 110ff.; *Dirksen* in: *Langen/Bunte,* Kommentar zum deutschen und europäischen Kartellrecht, Art. 82, Rn. 63; **a. A.** *Weiß* in: *Callies/Ruffert,* Kommentar zum EGV, Art. 82, Rn. 20; *Grill* in: *Lenz,* Kommentar zum EGV Art. 82, Rn. 21.

[417] Komm., Mitteilung über die Anwendung der Wettbewerbsregeln auf Zugangsvereinbarungen im Telekommunikationsbereich, ABl. 1998, C 265/2 Rn. 76ff. sowie Komm. E. v. 1. 4. 1992 Rs. IV/32.450 – *Reederausschüsse in Frankreich/Westafrika-Fahrt*, ABl. 1992 L 134/1 Rn. 58; v. 23. 12. 1993 Rs. IV/32.448, 32.450 – *Cewal, Cowac and Ukwal*, ABl. EG 1993 Nr. L 34/20 Rn. 49, 61, v. 16. 9. 1998 – *Trans-Atlantic Conference Agreement,* ABl. 1999 L 95/1 Rn. 520ff.; v. 12. 4. 1999 *P&I-Clubs,* ABl. 1999 L 125/12 Rn. 120ff.

[418] Komm. E. v. 7. 12. 1988 Rs. IV/31.906 – *Flachglas,* ABl. EG 1989 Nr. L 33/44 Rn. 78.

[419] EuG U. v. 10. 3. 1992 verb. Rs. T-68, 77 und 78/89 – *S IV u. a.* Slg. 1992, II-1403 Rn. 357, 358.

[420] EuG v. 8. 10. 1996 verb. Rs. T-24–26, 28/93 – *Compagnie maritime belge transports u. a./ Kommission* Slg. 1996, II-1201 Rn. 60ff.; v. 10. 3. 1992 verb. Rs. T-68, 77 und 78/89 – *S IV u. a.* Slg. 1992, II-1403 Rn. 357, 358.

nicht notwendigerweise den Abschluss einer Vereinbarung oder eine andere rechtliche Bindung verlangen, sondern sich auch aus anderen verbindenden Faktoren wie insbesondere der **Marktstruktur des fraglichen Marktes** ergeben können.[421] Damit dürfte zumindest in engen, verfestigten Oligopolen durchaus Raum für die Anwendung des Art. 82 EG sein.

126 **c) Marktbeherrschung auf Nachfragemärkten.** Im europäischen Wettbewerbsrecht fehlt eine ausdrückliche Klarstellung dahingehend, dass der Anwendungsbereich des Art. 82 EG sich sowohl auf die Angebots- als auch auf die **Nachfrageseite** bezieht.[422] Dennoch weist das Schrifttum[423] zurecht auf die Regelung des Art. 82 Abs. 2 Buchst. a) hin, wonach ein Missbrauch insbesondere in der Erzwingung unangemessener Einkaufspreise bestehen kann und erkennt an, **dass Art. 82 EG grundsätzlich auch die missbräuchliche Ausnutzung der auf einem Nachfragemarkt bestehenden beherrschenden Stellung erfasst.** Die Gemeinschaftsorgane hatten bislang noch keine Gelegenheit, dezidiert auf die Elemente einer Marktbeherrschung durch Nachfrager einzugehen. Dies liegt vor allem daran, dass in Grenz- bzw. Zweifelsfällen das betreffende Unternehmen häufig als **Leistungsanbieter** qualifiziert wurde,[424] so dass die Beherrschung des Marktes i. d. R. nur auf der Anbieterseite zu erörtern war. Der Nachfragemacht kam häufig nur **Bedeutung** bei der **Ermittlung der Wettbewerbsbedingungen für einen Anbieter** zu.[425] Dennoch wurde Art. 82 EG sowohl von der Kommission[426] als auch vom Gerichtshof[427] bereits einige Male bei der Feststellung eines Missbrauchs von Nachfragemacht angewandt.

127 Bezugspunkt der Analyse muss entsprechend dem oben dargestellten Marktbeherrschungsbegriff die Frage nach dem Potential zur Verhinderung wirksamen Wettbewerbs bzw. der Fähigkeit zu einem unabhängigen Marktverhalten sein.[428] Maßgebend ist somit die Fähigkeit eines Abnehmers von Waren oder Dienstleistungen sich den übrigen Nachfragern und seinen Lieferanten gegenüber in einem nennenswerten Umfang **unabhängig**

---

[421] EuGH U. v. 16. 3. 2000 verb. Rs. C-395 und 396/96 – *CMB/Komm.* Slg. 2000, I-1365 Rn. 45.

[422] Wie sie etwa ausdrücklich in § 19 Abs. 2 GWB normiert ist.

[423] Vgl. Bergmann, Nachfragemacht in der Fusionskontrolle, 1989, Teil 6 III 1. a; *Dirksen* in: Langen/Bunte, Kommentar zum deutschen und europäischen Kartellrecht Art. 82, Rn. 66; *Emmerich* in: Hdb. EU-WirtschaftsR, H. I, Rn. 325; *Gleiss/Hirsch,* Kommentar zum EG-Kartellrecht, Art. 85, Rn. 209; *Jung* in: Grabitz/Hilf, Das Recht der Europäischen Union, Art. 82, Rn. 59 m. w. N.; *Grill* in: Lenz, Kommentar zum EGV Art. 82, Rn. 10; *Möschel* in: Immenga/Mestmäcker, EG-WbR Bd. I, Art. 82, Rn. 70; *Schröter* in: Schröter/Jakob/Mederer, Kommentar zum Europäischen Wettbewerbsrecht, Art. 82, Rn. 75; *Scheufele,* Behandlung der „beherrschenden Stellung" von Nachfragern im EWG-Kartellrecht, BB 1973, Beil. Nr. 4 S. 1, 12 m. w. N.; *de Bronett* in: Wiedemann, Handbuch des Kartellrechts, § 22, Rn. 11.

[424] Frachtschiffreedereien im Verhältnis zu Verladern: Komm. E. v. 1. 4. 1992 Rs. IV/32.450 – *Reedereiausschüsse in der Frankreich-Westafrika-Fahrt,* ABl. 1992 L 134/1 Rn. 59 ff.; Verwertungsgesellschaften von Urheberrechten: Komm. E. v. 2. 6. 1971 Rs. IV/26.760 – *GEMA I,* ABl. 1971 L 134/15, Ziff. II. A.; 29. 10. 1981 Rs. IV/29.839 – *GVL,* ABl. 1981 L 370/49 Rn. 43; vgl. auch *Jung* in: Grabitz/Hilf a. a. O. Art. 82, Rn. 59.

[425] Vgl. Komm. E. v. 22. 7. 1992 Rs. IV/M.190 – *Nestlé/Perrier,* ABl. 1992 L 356/1 Rn. 77, 89; EuGH U. v. 31. 3. 1994 verb. Rs. C-68/94 und 30/95 – *Französische Republik u. a.* Slg. 1998, I-1375 Rn. 196 sowie GA *G. Tesauro* vom 7. 2. 1997 Slg. 1998, I-1375 Rn. 122 ff.; Komm. E. v. 22. 9. 1997 Rs. IV/35.059 – *Irish Sugar,* ABl. 1997 L 258/1 Rn. 99 ff. bestätigt durch EuG U. v. 7. 10. 1999 – *Irish Sugar plc* Slg. 1999, II-2969.

[426] Komm. 3. WB 1973, Erster Teil, Ziff. 67–69; 16. WB 1986, Ziff. 346 ff.; vgl. auch Komm. E. v. 2. 6. 1971 Rs. IV/26.760 – *GEMA I,* ABl. EG 1971 Nr. L 134/15 Ziff. II. A.

[427] EuGH U. v. 28. 3. 1985 Rs. 298/83 – *CICCE* Slg. 1985, 1105 Rn. 21 ff.

[428] So auch *Emmerich* in: Dauses, Handbuch des EU-Wirtschaftsrechts H. I., Rn. 337; *Möschel* (Fn. 419) Art. 82 Rn. 70; *Schröter* (Fn. 419) Art. 82, Rn. 75.; *Scheufele* BB 1973, Beil. Nr. 4, S. 1, 12 f.

zu verhalten und die Aufrechterhaltung eines wirksamen **Nachfragewettbewerbs** auf dem relevanten Nachfragemarkt **zu verhindern**.[429] Die vom Gerichtshof auf der Angebotsseite entwickelten Anwendungskriterien des Art. 82 EG können quasi **spiegelbildlich** auch auf die Nachfrageseite übertragen werden.[430] Wirksamer Nachfragewettbewerb liegt demgegenüber nur dann vor, wenn im Rahmen einer wertenden Gesamtschau festgestellt wird, dass ein Nachfrager beim Einsatz seiner Aktionsparameter das Vorhandensein von **Mitnachfragern** einplanen muss. Je spezifischer und weniger universell absetzbar die Leistungen der Anbieter sind, desto größer ist ihre wirtschaftliche Abhängigkeit vom Nachfragerverhalten.

Einen besonderen Problemkreis im Bereich der Nachfragemarktbeherrschung bildet die Frage, wie sich die Kriterien des **horizontalen** (gegenüber Konkurrenten und Mitnachfragern) sowie **vertikalen** (gegenüber Zulieferern) **Verhaltensspielraums** zueinander verhalten.[431] In einem horizontalen Verhältnis äußert sich die Marktbeherrschung in der Fähigkeit des Unternehmens, bei einer Verknappung des Angebots seine Versorgung in größerem Umfang als die übrigen Nachfrager zu sichern. In einem vertikalen Verhältnis ist die mangelnde Fähigkeit des Lieferanten ausschlaggebend, sich bei einem Verlust seines Abnehmers der neuen Lage anzupassen, ohne schwerwiegende Nachteile zu erleiden. Sind Zulieferer von ihren Abnehmern vertikal abhängig, hat der Abnehmer dagegen aber gleichzeitig im Verhältnis zu seinen Mitnachfragern keinen überragenden Verhaltensspielraum, so liegt keine Nachfragemarktbeherrschung vor. **128**

Die meisten Fälle von Nachfragemacht waren bei Unternehmen feststellbar, die eine Monopolstellung auf ihrem Markt innehatten und deshalb einziger Abnehmer bestimmter Erzeugnisse oder Dienstleistungen waren. In der Praxis sind im Wesentlichen **drei Fallgruppen** zu unterscheiden: die Nachfragestellung großer Endprodukthersteller gegenüber spezialisierten Zulieferern, diejenige großer Handelsunternehmen gegenüber Herstellern sowie öffentlicher Anbietermonopole. **129**

aa) Nachfrage durch Herstellerunternehmen. Ein Hersteller kann sich gegenüber seinem Hauptkunden bereits dann in einem Abhängigkeitsverhältnis befinden, wenn dieser nur einen vergleichsweise geringen Teil seiner Produktion abnimmt, da sich die Macht eines Nachfragers nach seinem Marktanteil, der Struktur des Anbieters und der relativen Bedeutung bestimmt, die der Herstellung und dem Vertrieb des Erzeugnisses im Rahmen der Gesamttätigkeit des Unternehmens zukommt.[432] **130**

In bestimmten Industriebereichen, beispielsweise der *Automobilindustrie*,[433] sind beherrschende Stellungen relativ häufig anzutreffen, da die Einzelteile durch Zulieferbetriebe zumeist in hochspezialisierten Ausführungen produziert werden, die einzig auf den Bedarf eines bestimmten Abnehmers oder einer Gruppe von Abnehmern abgestimmt sind. Jede dieser Produktkomponenten ist deshalb als **abgrenzbarer relevanter Markt** zu qualifizieren, auf dem der **Abnehmer** dann eine **faktische Monopsonstellung** einnimmt, wenn kein anderer Hersteller diese Komponenten nachfragt.[434] **131**

In der Sache *Eisenbahnmaterial*[435] stellte sich die Kommission auf den Standpunkt, dass eine Gesellschaft, deren Zweck allein darin bestand, als wichtigste Nachfragerin eines öf- **132**

---

[429] *Jung* (Fn. 420) Art. 82, Rn. 59; *Schröter* in: *Schröter/Jakob/Mederer,* Kommentar zum Europäischen Wettbewerbsrecht, Art. 82, Rn. 75.

[430] *Bergmann,* Nachfragemacht in der Fusionskontrolle, 1989, Teil 6 III 1. c; *Jung* in: *Grabitz/Hilf,* Das Recht der Europäischen Union, Art. 82, Rn. 59; *Schröter* in: *Schröter/Jakob/Mederer,* Kommentar zum Europäischen Wettbewerbsrecht, Art. 82, Rn. 75.

[431] Dazu *Bergmann,* Nachfragemacht in der Fusionskontrolle, Teil 6 III 1. c.

[432] *Schröter* (Fn. 419) Art. 82, Rn. 101.

[433] Hierzu grundlegend *Kessen,* Nachfragemacht der Automobilindustrie, 1996.

[434] Vgl. *Kessen* a. a. O., 64 f.

[435] Vgl. Komm., 3. Wettbewerbsbericht 1973 Rn. 68 f. *(Eisenbahnmaterial).*

fentlich ausgeschriebenen Waggontyps ihren Gesellschaftern – 16 europäischen Eisenbahngesellschaften – Eisenbahnmaterial einheitlicher Bauart oder einheitlicher Leistung zu den günstigsten Bedingungen zu verschaffen, als wichtigster Nachfrager eines öffentlich ausgeschriebenen Waggontyps eine beherrschende Stellung im Gemeinsamen Markt einnahm. Obwohl die angeschlossenen Eisenbahngesellschaften rechtlich nicht verpflichtet waren, ihren gesamten Bedarf über diese Gesellschaft zu decken, hat die Kommission sie bezüglich des Baus weiterer Serien als von ihr abhängig angesehen.

133   Im Fall *Filtrona/Tabacalera*[436] hat die Kommission hingegen das Bestehen von Nachfragemacht verneint, da alternative Absatzmöglichkeiten bestanden. Auch nachdem sich Tabacalera – ein führender Zigarettenproduzent in Spanien – entschlossen hatte, Zigarettenfilter nicht mehr von Filtrona zu erwerben sondern selbst zu produzieren, stand Filtrona die Möglichkeit offen, in andere Märkte zu exportieren oder die Produktion zu spezialisieren. Zwar kann die Weigerung, Produkte von einem bestimmten Anbieter zu kaufen, einen Missbrauch i. S. d. Art. 82 darstellen; dieser kann allerdings durch Kosteneinsparung gerechtfertigt werden. Die Aufnahme einer Eigenproduktion ist im Übrigen noch kein „anormaler Wettbewerbsvorgang", der einen Missbrauchsvorwurf begründen könne.[437]

134   Die Kommission wies außerdem Anfang der 90iger Jahre Beschwerden verschiedener britischer Bergwerkvereinigungen, welche die Lieferung von Kraftwerkskohle betrafen, teilweise zurück.[438] Führende englische und walisische Elektrizitätsgesellschaften hatten im Rahmen von Kohlelieferverträgen mit kleinen Grubenunternehmen deutlich ungünstigere Preise und Konditionen vereinbart als die, die großen Förderunternehmen eingeräumt wurden. Außerdem mussten die kleinen an die großen Gruben Förderabgaben für die von ihnen abgebaute Kohle zahlen. Aufgrund der Intervention der Kommission, in der sie feststellte, dass die Elektrizitätswerke zusammen eine beherrschende Stellung als Abnehmer von Kraftwerkskohle einnehmen und sowohl nach Art. 63 EGKS-Vertrag als auch nach Art. 82 keine diskriminierenden Bedingungen für die Kohleerzeuger vorsehen dürfen, boten die britischen Behörden neue Konditionen an, die neben einer Reduzierung der Förderabgaben eine Preisanhebung um mehr als 20% sowie Abnahmeverpflichtungen der Elektrizitätsgesellschaften beinhalteten.

135   **bb) Nachfrage durch Handelsunternehmen.** Die zuvor dargestellten Erkenntnisse aus dem Bereich von Herstellerunternehmen sind grundsätzlich auch für den Einzelhandelsbereich von Bedeutung. Während das Vorhandensein eines erheblichen vertikalen Verhaltensspielraums gegenüber den Lieferanten regelmäßig mit einem überragenden horizontalen Spielraum gegenüber den Mitnachfragern einhergeht, ist dies allerdings in einer Marktsituation, an der Handelsunternehmen beteiligt sind, nicht automatisch der Fall. Trotzdem kann die zunehmende Konzentration in diesem Sektor in den meisten europäischen Ländern zu beherrschenden Nachfragesituationen und somit zu einer zunehmenden Anwendung des Art. 82 führen.[439] Darüber hinaus spielt die Stärke der Nachfrageseite auch im Rahmen der **Fusionskontrolle** bei der Beurteilung von Zusammenschlüssen zwischen Einzelhändlern eine zunehmende Rolle.[440]

---

[436] Komm., 19. Wettbewerbsbericht 1989, Rn. 61 *(Filtrona-Tabacalera)*.
[437] So auch *Möschel* in: *Immenga/Mestmäcker*, EG-WbR Bd. I, Art. 82, Rn. 70.
[438] Komm., 21. Wettbewerbsbericht 1991, Rn. 107 *(Kleine Kohlengruben im Vereinigten Königreich)*.
[439] Vgl. *Faull/Nikpay*, The EC Law of Competition, 2007, Rn. 4.134.
[440] Komm. E. v. 23. 10. 1999 Rs. IV/M.1221 – *REWE/Meinl*, ABl. 1999 L 274/1 Rn. 21, 71; v. 11. 12. 1998 Rs. IV/M.1303 – *Adeg/Edeka*, ABl. 1998 C 385/5 Rn. 20 ff.; v. 14. 2. 1998 Rs. IV/M.1071 – *Spar/Pro*, ABl. 1998 C 49/13 unter Rs. IV C; v. 26. 4. 1997 Rs. IV/M.784 *Kesko/Tuko*, ABl. 1997 L 110/53 Rn. 38 ff.; v. 27. 8. 1996 Rs. IV/M.803 – *REWE/Billa*, ABl. 1996 C 306/4 Rn. 19 ff.; vgl. in anderem Zusammenhang: E. IV/M603 – *Crown Cork/Carnaud Metalbox*, ABl. 1996 L 75/38 Rn. 70–74.

Die Ausübung von Nachfragemacht, die zur Erzielung günstigerer Einkaufsbedingungen **136** führt, ist allerdings nicht per se als gesamtwirtschaftlich nachteilig anzusehen. Insbesondere wenn die **Lieferantenseite selbst sehr konzentriert** ist und die nachfragemächtigen **Käufer** auf ihren **eigenen Absatzmärkten wirksamem Wettbewerb ausgesetzt** und somit gezwungen sind, erzielte **Einkaufsvorteile** an ihre eigenen Abnehmer **weiterzureichen,** kann Nachfragemacht verhindern, dass auf der Angebotsseite Monopol- oder Oligopolgewinne realisiert werden.[441] Verfügt jedoch das nachfragemächtige Unternehmen auf seinem Absatzmarkt selbst über eine starke, vom Wettbewerb nicht mehr hinreichend kontrollierte Stellung, so ist nicht zu erwarten, dass erzielte Einkaufsvorteile auch an die Abnehmer weitergegeben werden. Unabhängig von der Frage der gesamtwirtschaftlichen Auswirkungen von Nachfragemacht ist jedoch die missbräuchliche Ausnutzung einer marktbeherrschenden Stellung nach Art. 82 EG verboten.

Im Einzelhandel besteht eine enge **Interdependenz zwischen** dem **Handelsmarkt** **137** und dem **Beschaffungsmarkt.** Die Marktanteile der Einzelhandelsunternehmen auf dem Handelsmarkt bestimmen ihr Einkaufsvolumen, das umso größer ist, je höher der Handelsmarktanteil des Einzelhändlers ist. Je größer das Einkaufsvolumen, desto günstiger sind in der Regel die Einkaufskonditionen, die dem Handelsunternehmen von seinen Lieferanten eingeräumt werden. Günstige Einkaufskonditionen können wiederum auf verschiedene Weise dazu benutzt werden, die Marktposition auf dem Handelsmarkt zu verbessern (z. B. durch internes oder externes Wachstum sowie durch gezielte gegen Wettbewerber gerichtete Niedrigpreisstrategien). Die verbesserte Position auf dem Handelsmarkt schlägt sich wiederum in einer weiteren Verbesserung der Einkaufskonditionen nieder usw. Diese Spirale führt zu einer immer **stärkeren Konzentration** sowohl **auf** den **Handels-** als auch den **Beschaffungsmärkten.**[442] Kurzfristig können Endverbraucher von diesem Prozess zwar profitieren, da es eine Phase intensiven (Verdrängungs-)-Wettbewerbs auf dem Handelsmarkt geben kann, während derer das nachfragemächtige Handelsunternehmen gezwungen ist, seine Einkaufsvorteile an die Verbraucher weiterzugeben. Dies wird aber nur solange andauern, bis auf dem Handelsmarkt eine Struktur erreicht ist, die zu einem deutlichen Nachlassen der Wettbewerbsintensität führt (d. h. Einzelmarktbeherrschung). In dieser Phase ist Rücksicht auf den Endverbraucher nicht mehr erforderlich, da dieser nur noch sehr begrenzte Ausweichmöglichkeiten besitzt.

Nachfragemacht gibt einem Handelsunternehmen darüber hinaus auch einen erheb- **138** lichen **Einfluss** darauf, **welche Produkte auf den Markt kommen** und damit für den Verbraucher erhältlich sind. Produkte, die von einem marktbeherrschenden Nachfrager nicht abgenommen werden, haben praktisch keine Chance, den Endverbraucher zu erreichen, da es dem Lieferanten an **alternativen Absatzmöglichkeiten** mangelt. Somit entscheidet letztlich der marktbeherrschende Nachfrager über die Erfolgsaussichten von Produktinnovationen.

cc) Nachfrage durch die öffentliche Hand. Die Nachfragestellung öffentlicher An- **139** bietermonopole (z. B. Post, Bahn, Telekommunikation) ist die in der europäischen Praxis bedeutsamste Gruppe. So wies die Kommission z. B. nationale Eisenbahnunternehmen[443] darauf hin, dass sie als marktbeherrschende Käufer von Waren und Dienstleistungen denselben Verpflichtungen unterliegen wie auch umgekehrt als marktbeherrschende Lieferanten. Damit kann der Vorbehalt, Waren und Dienstleistungen ausschließlich von Unternehmen des eigenen Landes oder vom herkömmlichen Lieferanten zu beziehen, diskriminierend sein.

---

[441] *Dobson/Waterson/Chu* The Welfare Consequences of the Exercise of Buyer Power, Studie für das Office of Fair Trading, September 1998, S. 13 f.
[442] Komm. E. v. 23. 10. 1999 Rs. IV/M.1221 – *REWE/Meinl,* ABl. 1999 L 274/1 Rn. 73.
[443] Komm., 20. Wettbewerbsbericht 1991, Rn. 115 *(Memorandum an die Eisenbahnunternehmen).*

140 In den *Leitlinien für die Anwendung der EG-Wettbewerbsregeln im Telekommunikationsbereich* hat die Kommission festgestellt, dass Art. 82 auch auf das Verhalten von Unternehmen anwendbar ist, die eine beherrschende Stellung auf dem Beschaffungsmarkt innehaben.[444] Monopolistische Telekommunikationsversorger können ihre marktbeherrschende Stellung möglicherweise missbrauchen, indem sie ihre beherrschende Käuferstellung zur Durchsetzung von im Vergleich zu anderen Abnehmern und Anbietern ungewöhnlich günstigen Preisen oder sonstigen Geschäftsbedingungen ausnutzen.[445] Eine weitere missbräuchliche Verhaltensweise kann darin bestehen, den Kauf von der Erteilung einer **Lizenz** des Lieferanten auf die Normen für das zu kaufende oder andere Produkte zugunsten des Käufers selbst oder anderer Lieferanten abhängig zu machen.[446]

141 Ein spezieller Anwendungsfall eines Missbrauchs von Nachfragemacht sind sog. **koordinierte Sperren bei der öffentlichen Auftragsvergabe,** wodurch einzelne Unternehmen wegen ihrer Beteiligung an Gesetzesverstößen (z. B. Wettbewerbsabsprachen, Bestechung oder illegaler Beschäftigung) von der zukünftigen Vergabe öffentlicher Aufträge ausgenommen werden sollen.[447] Die beherrschende Stellung der öffentlichen Hand bei der Vergabe öffentlicher Aufträge ergibt sich regelmäßig aus ihrem **unabhängigen Verhalten** gegenüber potentiellen oder aktuellen Bietern. Sie begegnet den genannten Verstößen – gestützt auf interne Vergaberichtlinien – mit vorsorglichen Auftragssperren, die unabhängig vom Bestehen eines gegenwärtigen Ausschlussgrundes und ohne Differenzierung nach der Art der zu vergebenden Aufträge für einen bestimmten Zeitraum gelten. Derartige Reaktionen privater Unternehmen wären grundsätzlich als nicht mehr gerechtfertigter Missbrauch einer marktbeherrschenden Stellung zu qualifizieren, weshalb auch für die öffentliche Hand nichts anderes gelten darf. Gleichermaßen zu bewerten ist eine öffentlich Auftragsvergabe nur noch an Bauunternehmen, die nach einem nicht allgemeinverbindlichen **Mindesttarif** bezahlen, da bei derartiger Regelung sogar Unternehmen „bestraft" werden können, die der Tarifbindung nicht unterliegen.[448]

3. Beherrschung des Gemeinsamen Marktes oder eines wesentlichen Teils desselben

142 Das Missbrauchsverbot des Art. 82 ist nur anwendbar, wenn sich die beherrschende Stellung auf den Gemeinsamen Markt oder einen wesentlichen Teil davon erstreckt, während dies für den Missbrauch an sich nicht gilt.

143 In geographischer Hinsicht umfasst der Gemeinsame Markt die Gesamtheit der in Art. 299 EGV aufgeführten Gebiete der einzelnen Mitgliedsstaaten.[449] Ob im Einzelfall Marktbeherrschung auf mindestens einem **wesentlichen Teil** des Binnenmarktes vorliegt, ist maßgeblich danach zu beurteilen, inwiefern und in welchem Umfang sich der festgestellte relevante Produkt- oder Dienstleistungsmarkt auf Gebiete der Mitgliedstaaten erstreckt. Da es vergleichsweise selten vorkommt, dass ein oder mehrere Unternehmen eine beherrschende Stellung auf dem gesamten Gemeinsamen Markt einnehmen,[450] liegt in der

---

[444] Komm., Leitlinien für die Anwendung der EG-Wettbewerbsregeln im Telekommunikationsbereich, ABl. 1991, C 233/2 Rn. 116.

[445] Komm., Leitlinien für die Anwendung der EG-Wettbewerbsregeln im Telekommunikationsbereich, ABl. 1991, C 233/2 Rn. 118.

[446] Komm., Leitlinien a. a. O. Rn. 119.

[447] *Mestmäcker/Bremer* BB 1995, Beil. Nr. 19, S. 1, 19; *Möschel* in: *Immenga/Mestmäcker*, EG-WbR Bd. I, Art. 82, Rn. 71.

[448] *Möschel* a. a. O., Art. 82, Rn. 71.

[449] Vgl. *Dirksen* in: *Langen/Bunte,* Kommentar zum deutschen und europäischen Kartellrecht, Art. 82, Rn. 67.

[450] EuGH U. v. 6. 3. 1974 Rs. 6, 7/73 – *Commercial Solvents,* Slg. 1974, 223 Rn. 9 ff. (18); 13. 2. 1979 Rs. 85/76 – *Hoffmann-La Roche/Vitamine,* Slg. 1979, 461 Rn. 22 i. v. m. 79; Komm E. v. 14. 12.

Praxis das Hauptaugenmerk auf der Frage, ob der relevante Markt, auf dem Marktbeherrschung festgestellt wurde, einen **wesentlichen Teil** des Gemeinsamen Marktes bildet. Ein Gebiet ist dann als wesentlich zu qualifizieren, wenn es für die Verwirklichung der Ziele des EG von hinreichender Bedeutung ist, wobei vor allem Struktur sowie der Umfang der Produktion und des Verbrauchs des betreffenden Erzeugnisses sowie die Gewohnheiten und wirtschaftlichen Möglichkeiten von Anbietern und Kunden zu berücksichtigen sind.[451] Die Anforderungen an die wirtschaftliche Bedeutung des Teilmarktes für den Gesamtmarkt sind in der Praxis eher gering, insbesondere kommt es nicht entscheidend auf dessen räumliche Größe an.[452] Wesentliche Teile des Gemeinsamen Marktes sind mehrere Mitgliedstaaten zusammen,[453] aber auch einzelne Mitgliedstaaten.[454] Selbst Teile eines Mitgliedstaates[455] oder sogar einzelne Städte[456] können in Einzelfällen einen wesentlichen Teil des Gemeinsamen Marktes ausmachen, sofern sie unter Zugrundelegung der o. g. Kriterien von hinreichender Bedeutung sind. Nationale Vorschriften schaffen durch das Nebeneinanderstellen territorial begrenzter Monopole, die in ihrer Gesamtheit das gesamte Gebiet eines Mitgliedstaats erfassen, eine beherrschende Stellung der jeweiligen Gebietsmonopolisten auf einem wesentlichen Teil des Gemeinsamen Marktes.[457]

1985 – *ECS/AKZO,* ABl. 1985 L 374/1 Rn. 71; 22. 12. 1987 – *Eurofix-Bauco/Hilti,* ABl. 1988 L 65/19, 31 Rn. 70; 21. 12. 1988 – *Decca Navigator System,* ABl. 1989 L 43/27, 40 Rn. 90 ff.; 26. 7. 1988 – *Tetra Pak I,* ABl. 1988 L 272/27 Rn. 41 i. v. m. 44; *Brasilianisches Kaffeeinstitut,* 5. Wettbewerbsbericht (1975), Ziff. 33 (hier vorausgesetzt).

[451] EuGH U. v. 16. 12. 1975 verbundene Rs. 40 bis 48, 50, 54 bis 56, 111, 113 und 114/73 – *Suiker Unie u. a.* Slg. 1975, 1663 Rn. 371/372.

[452] Vgl. *Dirksen* (Fn. 419) Art. 82, Rn. 69.

[453] EuGH U. v. 16. 12. 1975 verb. Rs. 40–48, 50, 54–56, 11, 113, 114/72 – *Suiker Unie,* Slg. 1975, 1663 Rn. 375 bzgl. Belgien und Luxemburg; 14. 2. 1978 Rs. 27/76 – *United Brands* Slg. 1978, 207 Rn. 36/38 bzgl. aller Mitgliedstaaten außer Frankreich, Italien und Großbritannien; Komm E. v. 2. 1. 1973 – *Europäische Zuckerindustrie,* ABl. 1973 L 140/17, 38; 17. 12. 1975 – *Chiquita,* ABl. 1976 L 95/1, 12.

[454] **Bundesrepublik Deutschland:** EuGH U. v. 2. 3. 1983 Rs. 7/82 – *GVL,* Slg. 1983, 483 Rn. 44 f.; Komm E. v. 6. 2. 1971 – *GEMA I,* ABl. 1971 L 134/15, 21; 29. 10. 1981 – *GVL,* ABl. 1981 L 370/49 Rn. 45; **Belgien:** EuGH U. v. 13. 11. 1975 Rs. 26/75 – *General Motors Continental N. v.* Slg. 1975, 1367 Rn. 7/9; 13. 12. 1991 Rs. C-18/88 – *GB-INNO-BM* Slg. 1991, I-5973 Rn. 17; Komm E. v. 7. 10. 1981 – *N. v. NBIM,* ABl. 1981 L 353/33 Rn. 34; 4. 11. 1988 – *London European-SABENA,* ABl. 1988 L 317/47 Rn. 16; **Frankreich:** EuGH U. v. 5. 10. 1988 Rs. 247/86 – *ALSATEL,* Slg. 1988, 5987 Rn. 12 ff.; **Griechenland:** EuGH U. v. 18. 6. 1991 Rs. C-260/89 – *ERT AE/DEP u. a.,* Slg. 1991, I-2925 Rn. 31; **Italien:** EuGH U. v. 10. 12. 1991 Rs. C-179/90 – *Merci Convenzionali Porto de Genova SpA/Siderurgica Gabrielli,* Slg. 1991 I, 5923 Rn. 15; **Niederlande:** v. 9. 11. 1983 Rs. 322/81 – *Michelin* Slg. 1983, 3461 Rn. 28; **Spanien:** Komm E. v. 1. 8. 1990 – *Spanische Eilkuriere,* ABl. 1990 L 233/19 Rn. 8; vgl. auch *Dirksen* (Fn. 419) Art. 82, Rn. 70.

[455] **Süddeutschland** im Fall *Südzucker* des EuGH U. v. 16. 12. 1975 verb. Rs. 40 bis 48, 50, 54 bis 56, 111, 113 und 114/73 – *Suiker Unie u. a.,* Slg. 1975, 1663 Rn. 441–451.; **Rheinland-Pfalz** EuGH U. v. 25. 10. 2001 Rs. C-475/99 – *Ambulanz Glöckner/Landkreis Südwestpfalz* Slg. 2001, I-8137 Rn. 38; **Großbritannien (Vereinigtes Königreich ohne Nordirland)** EuGH U. v. 11. 11. 1986 Rs. 226/84 – *British Leyland* Slg. 1986, 3263 Rn. 4–10; Komm E. v. 5. 12. 1988 – *BPB Industries PLC,* ABl. 1989 L 10/50 Rn. 113.

[456] **Genua (Hafen)** EuGH U. v. 10. 12. 1991 Rs. C-179/90 – *Merci Convenzionali Porto di Genova/Siderurgica Gabrielli* Slg. 1991 I, 5923 Rn. 15; 17. 5. 1994 Rs. C-18/93 – *Corsica Ferries* Slg. 1994 I, 1783 Rn. 41; **Brüssel und London (Flughäfen)** Komm. E. v. 26. 2. 1992 *Air Lingus,* ABl. 1992 L 96/34 Rn. 17; 28. 6. 1995 – *Régie des Voies Aériennes,* ABl. 1995 L 216/8, 10 Rn. 10.

[457] EuGH U. v. 5. 10. 1994 Rs. C-323/93 – *Centre d'insémination de la Crespelle* Slg. 1994, I-5077 Rn. 17.

IV. Missbräuchliche Ausnutzung

1. Hauptformen des Missbrauchs

144 a) **Preis- und Konditionenmissbrauch (Ausbeutungsmissbrauch). aa) Das Konzept der Preishöhenaufsicht.** Art. 82 Satz 2 Buchst. a EG verbietet dem marktbeherrschenden Unternehmen die „unmittelbare oder mittelbare Erzwingung von unangemessenen Verkaufspreisen". Grundsätzlich eröffnet der EGV den Kartellbehörden somit die Möglichkeit einer Preishöhenaufsicht und damit die Kompetenz, in Einzelfällen **Preissenkungen** durchzusetzen. Rechtspolitische Vorbilder bestanden im **öffentlichen Preisrecht,** das zum Zeitpunkt des Inkrafttretens der Römischen Verträge noch in vielen Mitgliedstaaten verbreitet war. Wenig diskutiert ist jedoch die ökonomische Rechtfertigung einer wettbewerbsbehördlichen Preiskontrolle. Angesichts der in der Vergangenheit nur sehr vereinzelt nach Art. 82 EG geführten Preishöhenmissbrauchsverfahren scheint sich die ordnungspolitische Einsicht durchgesetzt zu haben, dass sich Art. 82 EG nicht als Instrument einer allgemeinen Preisaufsicht zum Schutze der **Verbraucherinteressen** eignet. Dies gilt mit Einschränkungen auch für die Aufsicht über das Preisverhalten staatlich geschützter Monopolanbieter oder ehemaliger Monopolisten. Hier bestehen speziellere Mechanismen der **Preisregulatorik** nach nationalem Recht, die offenbar für leistungsfähiger gehalten werden als eine allgemeine Preisaufsicht durch die Kartellbehörden.

145 Auch als Instrument der Wettbewerbspolitik ist die Sinnhaftigkeit einer kartellrechtlichen Preishöhenkontrolle nicht unbestritten. Vor allem *Möschel*[458] hat überzeugend geltend gemacht, dass behördlich erzwungene Preissenkungen zwar kurzfristig für die Verbraucher attraktiv sein mögen, im Hinblick auf den Restwettbewerb und das **Marktzutrittsverhalten von Newcomern** jedoch eher nachteilige Wirkungen haben. Denn behördlich erzwungene Preisherabsetzungen können weniger ressourcenstarke kleine Anbieter leicht aus dem Markt drängen und den markteintrittswilligen Newcomer unter Umständen wegen der geringeren Erlösaussichten u. U. von einem Wettbewerbsvorstoß abhalten.[459] In Deutschland hat die wettbewerbsökonomische Auseinandersetzung um die **„Preishöhenkontrolle als Notbehelf"** inzwischen sogar Eingang in die Rechtsprechung gefunden.[460] Eine vergleichbare Diskussion auf EG-Ebene besteht dagegen nicht.

146 Die **Kommissionspraxis** lässt sich allerdings dahingehend deuten, dass abgesehen von gelegentlichen Preishöhenkontrollverfahren in **neu liberalisierten Märkten**[461] eine allgemeine Preishöhenaufsicht nicht stattfindet. In ihrem 24. Wettbewerbsbericht hat die Kommission diese Politik mit folgenden Worten umschrieben:[462] „In ihrer Entscheidungspraxis kontrolliert die Kommission jedoch gewöhnlich nicht hohe Preise als solche oder verurteilt sie. Vielmehr prüft sie das Verhalten des marktbeherrschenden Unternehmens bei dem Bemühen, seine Position zu behalten. Dieses Verhalten richtet sich gewöhnlich unmittelbar gegen Wettbewerber oder neu in den Markt eintretende Unternehmen, die normalerweise wirksamen Wettbewerb herstellen und ein entsprechendes Preisniveau einführen würden." Dementsprechend konzentrieren sich die Verfahren, in denen die Kommission die Höhe eines bestimmten Entgeltes oder Preises beanstandet, auf Fälle des

---

[458] *Möschel* in: Immenga/Mestmäcker EG-WbR Bd. I, Art. 82, Rn. 134.
[459] In diesem Sinne auch BeckPostG-Komm./*Sedemund* § 20, Rn. 58.
[460] KG WuW/E DE-R 124, 129 – *Flugpreis Berlin-Frankfurt/M.;* nicht aufgegriffen in BGH WuW/E DE-R 375 – *Flugpreisspaltung.*
[461] 28. Wettbewerbsbericht 1998, Rn. 79 ff.: Erhebungen über die Preise im Telekommunikationssektor (Mobiltelefongebühren, Entgelte für die Zusammenschaltung von Fest- und Mobiltelefonnetzen, Gebühren für die Übertragung von Auslandsgesprächen).
[462] 24. Wettbewerbsbericht 1994, Rn. 207.

Diskriminierungsmissbrauches, in denen ein marktbeherrschendes Unternehmen gegenüber vergleichbaren Kunden oder in vergleichbaren Abnehmermärkten stark abweichende Preise in Rechnung stellt.[463] Von der Kommission erfolgreich durchgeführte Preishöhenkontrollverfahren sind daher in der Praxis selten geblieben.[464]

Da die **Feststellung eines Preishöhenmissbrauchs** nach Art. 82 EGV voraussetzt, dass der von dem marktbeherrschenden Anbieter geforderte Preis „im Vergleich zu dem wirtschaftlichen Wert der erbrachten Leistung stark überhöht"[465] ist, konzentriert sich die Schwierigkeit der Rechtsanwendung auf die Feststellung des **wettbewerbsrechtlich noch angemessenen und daher hinnehmbaren Preises.** Ausgangspunkt der Prüfung ist die Frage, ob das marktbeherrschende Unternehmen Preise gefordert hat, die es bei normalem und hinreichend wirksamem Wettbewerb nicht hätte durchsetzen können.[466] Vergleichsmaßstab ist daher grundsätzlich die Preissituation in einem hypothetischen Markt ohne Wettbewerbsstörungen **(Als-ob-Wettbewerb** nach dem sog. **Vergleichsmarktkonzept).**[467] Gleichwohl spielt in der nicht sehr einheitlichen Praxis[468] der Kommission das Vergleichsmarktkonzept, das im deutschen Kartellrecht weiterhin vorherrschend ist,[469] eine nur untergeordnete Rolle. Vielmehr kamen in den ersten Anwendungsfällen der Preishöhenkontrolle nach Art. 82 (*General Motors*[470] und *United Brands*)[471] die sog. **Gewinnbegrenzungsmethode** zur Anwendung, das heißt die Prüfung, ob ein Preis im Verhältnis zu den **Gestehungskosten** des fraglichen Erzeugnisses unverhältnismäßig hoch ist. Der EuGH erkannte die Gewinnbegrenzungsmethode grundsätzlich als geeignet an, ließ jedoch daneben auch andere von der „wirtschaftswissenschaftlichen Theorie" entwickelte Methoden zur Bestimmung der Kriterien eines angemessenen Preises zu.

Da die Methode der Gewinnbegrenzung selbst jedoch noch keine praktikablen Kriterien für die Bestimmung des **„iustum pretium"**[472] bietet, tritt in den meisten Fällen der Kommissions- und Rechtsprechungspraxis die sog. **Preisspaltungsmethode** hinzu, der zufolge ein starker Unterschied zwischen den von einem Unternehmen für dasselbe Produkt in unterschiedlichen (räumlichen) Abnehmermärkten geforderten Entgelten eine missbräuchliche Überhöhung des jeweils höheren Preises indiziert.[473] In der Sache kombiniert die Preisspaltungsmethode die Kriterien der räumlichen und sachlichen Vergleichsmarktmethode.

bb) Das Konzept der Gewinnbegrenzung. In dem ersten Anwendungsfall dieses Modells hatte die Kommission *General Motors Continental*[474] vorgeworfen, ihre in Belgien bestehende marktbeherrschende Stellung dadurch missbräuchlich ausgenutzt zu haben, dass sie von unabhängigen Händlern, die als **Parallelimporteure** *Opel*-Fahrzeuge aus dem Ausland nach Belgien eingeführt hatten, in fünf Fällen für technische Kontrollen und für den Verwaltungsaufwand im Zusammenhang mit der Erteilung einer nach belgischem

---

[463] Z.B. die Tarifpolitik der *Deutschen Bundesbahn*, 24. Wettbewerbsbericht 1994, Rn. 210; bestätigt durch EuGH Rs. C-436/97 P – *Deutsche Bahn/Kommission* Slg. 1999, I-2387.
[464] *Faull/Nikpay* The EC Law of Competition, Rn. 4.365 ff.
[465] EuGH Rs. 26/75 – *General Motors/Kommission* Slg. 1975, 1367 Rn. 15/16.
[466] EuGH Rs. 27/76 – *United Brands* Slg. 1978, 207 Rn. 248/257.
[467] BeckPostG-Komm./*Sedemund* § 20, Rn. 61.
[468] Eine kritische Diskussion der einzelnen Methoden findet sich in den Schlussanträgen des Generalanwaltes *Jacobs* zur Rs. 395/87 – *Tournier* Slg. 1989, 2553 ff.
[469] *Schultz* in: *Langen/Bunte,* Kommentar zum deutschen und europäischen Kartellrecht, § 22 GWB, Rn. 78.
[470] EuGH Rs. 26/75 – *General Motors Continental/Kommission* Slg. 1975, 1367.
[471] EuGH a.a.O., Rn. 248/257.
[472] Vgl. die zutreffende Kritik von *Möschel* in: *Immenga/Mestmäcker* EG-WbR Bd. I, Art. 82, Rn. 141.
[473] BeckPostG-Komm./*Sedemund* § 20, Rn. 63.
[474] Komm. E. v. 19.12.1974 Rs. IV/28.851, ABl. 1975 L 29/14.

Recht vorgeschriebenen Übereinstimmungsbescheinigung einen **„weit überhöhten Preis"** verlangt hatte. Die Kommission rechtfertigte diese Feststellung damit, dass *General Motors* in anderen Fällen für die vergleichbare Dienstleistung sehr viel geringere Gebühren verlangt hatte. Aus diesen Umständen hatte die Kommission den Schluss gezogen, dass der von *General Motors* in den fünf beanstandeten Kontrollfällen geforderte Preis in einem **„außergewöhnlich hohen Missverhältnis"** zu den tatsächlichen Kosten gestanden habe. Die beanstandeten Preise lagen nach dem Sachbericht des späteren Urteils[475] um mindestens 500% über dem Vergleichspreis. Auf die Klage von *General Motors* hin hob der Gerichtshof die Kommissionsentscheidung jedoch auf, weil die Klägerin nachweisen konnte, dass die hohe Kontrollgebühr nur während eines sehr kurzen Zeitraums erhoben und den betroffenen Kunden noch vor der Einleitung des Kommissionsverfahrens erstattet worden war. Allerdings bestätigte der Gerichtshof die Auffassung der Kommission insoweit, als auch nach seiner Auffassung die in den streitigen fünf Fällen erhobene Gebühr „im Vergleich zu dem wirtschaftlichen Wert der erbrachten Leistung stark überhöht war."[476] Angesichts der äußerst geringfügigen wirtschaftlichen Bedeutung des Ausgangssachverhalts lässt sich dieses Verfahren wohl nur durch die bereits damals von der Kommission verfolgte Politik erklären, Beschränkungen des Parallelimportes im Gemeinsamen Markt mit allen Mitteln zu unterbinden. Für andere Verfahren verwertbare Anhaltspunkte für die konkrete Bestimmung eines „stark überhöhten" Preises bieten jedoch weder die Kommissionsentscheidung noch das Urteil des Gerichtshofes.

150 In der im Jahre 1975 erlassenen *United-Brands*-Entscheidung[477] beanstandete die Kommission, dass die von *United Brands Company* in verschiedenen Mitgliedstaaten der Gemeinschaft berechneten Preise für Bananen erheblich voneinander abwichen, im Verhältnis zwischen Irland und Dänemark sogar um 138%, ohne dass diese **Preisunterschiede durch unterschiedliche Vermarktungs- oder Transportkosten** gerechtfertigt waren. Die Kommission stellte daher fest, dass die von *United Brands* in insgesamt drei Mitgliedstaaten geforderten Preise für Bananen unangemessen hoch gewesen seien und somit zu einem „im Vergleich zum wirtschaftlichen Wert der Gegenleistung **übertriebenen Gewinn"** geführt hätten. Da die Kommission ihre Entscheidung jedoch nicht mit einer detaillierten Analyse der Gestehungskosten unterlegt hatte, hob der Gerichtshof[478] die Entscheidung auf. In seinem Urteil erkannte der Gerichtshof an, dass die Feststellung der Gestehungskosten für ein Produkt wegen der „manchmal **willkürlichen Aufteilung der mittelbaren Kosten und der allgemeinen Betriebskosten"**[479] unter Umständen sehr große Schwierigkeiten verursache. Weil es sich in casu jedoch um ein auch im Hinblick auf die Kostenzuordnung einfaches Produkt handelte (Bananen), gelangte der Gerichtshof zu der Auffassung, dass in diesem Fall die Ermittlung des Gestehungspreises nicht mit unüberwindlichen Schwierigkeiten verbunden gewesen wäre. Die verallgemeinerungsfähige Aussage des Urteils besteht darin, dass nur ein „übertriebenes Missverhältnis zwischen den tatsächlich entstandenen Kosten und dem tatsächlich verlangten Preis die Annahme eines missbräuchlich überhöhten Preises rechtfertigen kann".[480]

151 Unklar bleibt, ob die Fallgruppe des Preishöhenmissbrauchs auch die Konstellation erfasst, dass ein Unternehmen sein Monopol in der Weise einsetzt, dass es die Erbringung einer Leistung gegenüber einer bestimmten Kundengruppe davon abhängig macht, dass diese Kunden ein jedenfalls kostendeckendes Entgelt aufbringen, obwohl ein Teil der mit dieser Dienstleistung verbundenen Kosten bereits durch zusätzliche Zahlungen von dritter

---

[475] EuGH Rs. 26/75 – *General Motors Continental/Kommission* Slg. 1975, 1367, 1369.
[476] EuGH Rs. 26/75 – *General Motors Continental/Kommission* Slg. 1975, 1367 Rn. 15/16.
[477] Komm. E. v. 17. 12. 1975 Rs. IV/26.699, ABl. 1976 L 95/1.
[478] EuGH Rs. 27/76 – *United Brands/Kommission* Slg. 1978, 207 Rn. 248/257.
[479] EuGH a. a. O.
[480] EuGH a. a. O.

Seite gedeckt werden.[481] Diese Frage hätte sich dem Gerichtshof im Rahmen seines **Remailing-**Urteils vom 10. 2. 2000 stellen können.[482] In diesem Urteil entschied der Gerichtshof zwar, es stelle einen Missbrauch dar, wenn ein nationales Postunternehmen im ABA-Remailingwege eingehende Briefpost mit dem Inlandsporto belege, obwohl ein Teil der Kosten der Inlandszustellung dieser Post bereits durch die im internationalen Postverkehr geschuldeten **Endvergütungen** ausgeglichen werde; der Gerichtshof brachte diese Feststellung jedoch nicht ausdrücklich mit dem Tatbestand des Preishöhenmissbrauchs in Verbindung, sondern nur allgemein mit dem Verstoß des Unternehmens gegen die Art. 3 Buchst. g und Art. 82 Satz 2 Buchst. b und c EG.[483]

Weitere bedeutsame Anwendungsfälle der Gewinnbegrenzungsmethode hat es nicht gegeben.[484] In einem Fall[485] allerdings wurde der Gerichtshof auf Grund einer Wettbewerberbeschwerde mit der umgekehrten Konstellation befasst, nämlich der **Erzwingung unangemessen niedriger Einkaufspreise** durch einen **marktbeherrschenden Nachfrager.** In diesem Fall hatte sich eine französische Vereinigung privater Filmverleiher bei der Kommission darüber beschwert, dass drei französische Fernsehgesellschaften ihre den Nachfragemarkt für die Ausstrahlung von Kinofilmen durch das Fernsehen beherrschende Stellung durch die Erzwingung von Einkaufspreisen unterhalb der Filmherstellungskosten missbraucht hätten. Da die Beschwerdeführer jedoch keine hinreichenden Informationen über die Herstellungskosten einzelner Filme vorgelegt hatten, entschied der Gerichtshof, dass die Kommission die Wettbewerberbeschwerde zu Recht verworfen hatte. In dem Urteil des Gerichtshofes selbst finden sich keine Aussagen darüber, wie hätte festgestellt werden können, ob der durch einen marktbeherrschenden Nachfrager erzwungene Preis in unangemessener Weise niedrig ist. In seinen Schlussanträgen zu dieser Rechtssache hielt Generalanwalt *Lenz*[486] den Beschwerdeführern entgegen, sie hätten darlegen müssen, dass gegebenenfalls in einem anderen Mitgliedstaat, in dem keine nachfragemarktbeherrschende Fernsehgesellschaft besteht, ein höherer Preis für denselben Film erzielt wurde, oder dass ressourcenstärkere Anbieter in Frankreich für vergleichbare Filme höhere Ankaufspreise erhalten hätten. 152

cc) Das sachliche Vergleichsmarktkonzept. Nach dem sachlichen Vergleichsmarktkonzept sind die Preise eines marktbeherrschenden Anbieters für ein bestimmtes Produkt dann missbräuchlich überhöht, wenn sie massiv von denjenigen Preisen abweichen, die von anderen Anbietern in einem stärker **wettbewerbsgeprägten Vergleichsmarkt** für ähnliche Produkte verlangt werden. Dieses Konzept, das auch in der deutschen Kartellrechtspraxis **vereinzelt** geblieben ist,[487] ist bisher in der Anwendung von Art. 82 nur in einem einzigen Fall ergänzend herangezogen worden. In ihrer Entscheidung *British Leyland*[488] hatte 153

---

[481] Jedenfalls hat der Gerichtshof festgestellt, dass es einen Missbrauch darstellt, wenn sich ein marktbeherrschendes Unternehmen für eine Leistung bezahlen lässt, die es gar nicht erbracht hat, vgl. EuGH U. v. 17. 5. 2001 Rs. C-340/99 − *TNT Traco/Poste Italiane* Slg. 2001, I-4109 Rn. 47; vgl. auch Komm. E. v. 20. 4. 2001 Rs. COMP D3/34.493-*DSD*, ABl. 2001 L 166/1 Rn. 111 und 112.

[482] EuGH U. v. 10. 2. 2000 verb. Rs. C-147 und C-148/97 − *Deutsche Post AG/GZS Gesellschaft für Zahlungssysteme* Slg. 2000, I-825; s. zu dieser Problematik *Neu*, Marktöffnung im nationalen und internationalen Postwesen, S. 180.

[483] EuGH a. a. O., Rn. 58–60; vgl. hierzu auch Schlussanträge des Generalanwaltes *Alber* v. 1. 2. 2001 Rs. C-340/99 − *TNT Traco/Poste Italiane* Slg. 2001, I-4109 Rn. 62 ff.

[484] Sachlich verfehlt: Komm. E. v. 25. 7. 2001 Rs. COMP/C-1/36.915 − *Deutsche Post AG − Aufhalten grenzüberschreitender Postsendungen,* ABl. 2001 L 331/40 Rn. 166, die bereits eine Überschreitung der Durchschnittskosten einer Leistung durch das Entgelt um 25% als missbräuchlich ansieht.

[485] EuGH Rs. 298/83 − *CICCE/Kommission* Slg. 1985, 1105.

[486] Slg. 1985, 1106, 1115.

[487] BeckPostG-Komm./*Sedemund* § 20, Rn. 62.

[488] Komm. E. v. 2. 7. 1984 Rs. IV/30.615, ABl. 1984 L 207/11.

die Kommission beanstandet, dass *British Leyland* für die Ausstellung bestimmter nach britischem Recht notwendiger Konformitätsbescheinigungen für Kraftfahrzeuge zur Verhinderung von Parallelimporten aus Belgien unterschieden hatte zwischen Fahrzeugen mit Rechts- und mit Linkslenkung. Die Kommission hatte festgestellt, dass *British Leyland* bei Fahrzeugen mit Linkslenkung für die Ausstellung der Konformitätsbescheinigung eine um das 4- bis 6-fache höhere Gebühr erhoben hatte als für Fahrzeuge mit Rechtslenkung. Weder die Kommission noch der Gerichtshof, der die Kommissionsentscheidung bestätigte,[489] erörtern in ihren Entscheidungen ausdrücklich den Gesichtspunkt des sachlichen Vergleichsmarktes. Jedoch bewog auch den Gerichtshof die Tatsache, dass die Gebühren für zwei im Wesentlichen vergleichbare Dienstleistungen so stark voneinander abwichen, dazu, festzustellen, dass die für Fahrzeuge mit Linkslenkung erhobene Bescheinigungsgebühr „außer Verhältnis zum wirtschaftlichen Wert der erbrachten Leistung stand",[490] ohne dass es dem Gerichtshof auf eine konkrete Feststellung der Gestehungskosten ankam.

154   dd) **Das räumliche Vergleichsmarktkonzept.** Im Fall *Deutsche Grammophon/Metro*[491] hatte der Gerichtshof darüber zu entscheiden, ob die von einem inländischen Inhaber ausschließlicher Verwertungsrechte für Tonträger im Inland vorgegebenen Verkaufspreise dieser Tonträger dann missbräuchlich hoch seien, wenn dieselben Tonträger mit seiner Zustimmung **in einem anderen Mitgliedstaat zu einem niedrigeren Preis** verkauft worden sind und in das Inland reimportiert werden. In seinem Urteil äußerte sich der Gerichtshof zu dieser Frage nicht abschließend,[492] sondern entschied lediglich, dass der Preisunterschied zwischen dem originär inländischen und dem reimportierten Erzeugnis noch nicht „unbedingt den Schluss auf einen Missbrauch erlaube, [er] könne jedoch ein entscheidendes Indiz für einen solchen Missbrauch sein, wenn er groß und durch keine sachlichen Gründe zu erklären sei." War Gegenstand dieses Urteils ein Vergleich der Preise von Produkten desselben Herstellers in verschiedenen Mitgliedstaaten, so erklärte der Gerichtshof das räumliche Vergleichsmarktkonzept im Fall *Bodson*[493] auch für anwendbar auf den Preisvergleich zwischen den Leistungen unterschiedlicher Anbieter in verschiedenen räumlich relevanten Märkten. Zu entscheiden hatte der Gerichtshof unter anderem über die Frage, ob die Preise eines **Bestattungsunternehmens,** das auf Grund einer von der **Gemeindeverwaltung** erteilten **Konzession** in dieser Gemeinde ausschließlich für die Verrichtung von Bestattungsleistungen zuständig war, missbräuchlich überhöht waren. Da es in dem Verfahren Anzeichen dafür gab, dass in anderen Gemeinden unter Wettbewerbsbedingungen tätige Bestattungsunternehmen erheblich niedrigere Entgelte forderten als der betroffene Konzessionsinhaber, entschied der Gerichtshof, dass ein Vergleich zwischen den Preisen der unterschiedlichen Bestattungsunternehmen eine geeignete Grundlage für die Feststellung bilden könne, ob die von den jeweils marktbeherrschenden Konzessionsinhabern geforderten Preise angemessen seien. Darüber hinausgehende Hinweise über die Durchführung des Preisvergleiches enthält das Urteil jedoch nicht.

155   Einen **gemeinschaftsweiten Preisvergleich** hielt der Gerichtshof in den Rechtssachen *Tournier*[494] und *Lucazeau/SACEM*[495] für geeignet zur Feststellung eines Preishöhenmissbrauchs durch eine den französischen Markt beherrschende nationale Gesellschaft zur Wahrnehmung von musikalischen Urheberrechten. In beiden Rechtssachen hatte sich herausgestellt, dass die von den Urheberrechtsgesellschaften anderer Mitgliedstaaten (in casu im Verhältnis zu Diskotheken) geforderten Lizenzgebühren erheblich unter den von fran-

---

[489] EuGH Rs. 226/84 – *British Leyland/Kommission* Slg. 1986, 3263.
[490] EuGH a. a. O., Rn. 30.
[491] EuGH Rs. 78/70 Slg. 1971, 487.
[492] EuGH a. a. O., Rn. 19.
[493] EuGH Rs. 30/87 Slg. 1988, 2479 Rn. 31.
[494] EuGH Rs. 395/87 Slg. 1989, 2521.
[495] EuGH verb. Rs. 110/88, 241/88 und 242/88 Slg. 1989, 2811.

zösischen Diskotheken geforderten Gebühren lagen. Der Gerichtshof entschied, dass ein erheblicher **Unterschied zwischen den Gebührensätzen** verschiedener Mitgliedstaaten den Vorwurf des Preishöhenmissbrauchs gegen den marktbeherrschenden Anbieter mit den höchsten Gebührensätzen rechtfertige, sofern die Tarife auf einheitlicher Grundlage ermittelt würden. Anders als in der deutschen Rechtspraxis[496] kennt das Gemeinschaftsrecht jedoch kein einheitliches Konzept, dem zufolge der auf einem anderen räumlichen Vergleichsmarkt geforderte wettbewerbsanaloge Preis rechnerisch durch einen **Sicherheitszuschlag** zu erhöhen wäre, um den zwischen den **verglichenen Märkten** bestehenden **strukturellen Unterschieden** Rechnung zu tragen. In den genannten Rechtssachen *Tournier*[497] und *Lucazeau/SACEM*[498] wies der Gerichtshof dem betroffenen marktbeherrschenden Unternehmen die Darlegungslast für das Bestehen etwaiger Unterschiede zwischen den verglichenen räumlich relevanten Märkten zu, die die Preisdifferenz gegebenenfalls rechtfertigen könnten.[499] Schließlich entschied das Gericht erster Instanz im Fall *Micro Leader Business* durch Urteil vom 16. 12. 1999,[500] ein Preishöhenmissbrauch lasse sich auch dadurch begründen, dass *Microsoft* bestimmte in französischer Sprache gefasste Softwareprodukte in Kanada zu erheblich geringeren Preisen vertreibe als in Frankreich. Der räumliche Vergleichsmarkt kann somit auch außerhalb der Europäischen Gemeinschaft liegen.

ee) Das Preisspaltungsmodell. Ebenso wie im deutschen Recht (§ 19 Abs. 4 Nr. 3 GWB) stellt das Preisspaltungsmodell eine **ergänzende Grundlage** der Feststellung eines Preishöhenmissbrauches dar. In der Sache kombiniert das Preisspaltungsmodell das sachliche und räumliche Vergleichsmarktkonzept in der Weise, dass die zu untersuchenden überhöhten Preise des Marktbeherrschers in einem räumlich relevanten Markt mit den von demselben Unternehmen in einem anderen räumlich relevanten Markt oder gegenüber einer anderen Abnehmergruppe fakturierten Preise verglichen werden. Diese Methode lag schon dem Fall *United Brands*[501] zugrunde, in dem der Gerichtshof jedoch die zwischen einzelnen räumlich relevanten Märkten bestehenden **Preisunterschiede** für dasselbe Produkt (Bananen) von über 100% nicht ausreichen ließ, um einen Preishöhenmissbrauch festzustellen. Auch das oben zitierte Urteil des Gerichts erster Instanz vom 16. 12. 1999[502] folgt diesem Modell (Vergleich zwischen den Preisen desselben Produktes auf dem kanadischen und dem französischen Markt). In der Rechtssache *British Leyland*[503] stellte der Gerichtshof ohne weiteres fest, es sei missbräuchlich, wenn die von einem Unternehmen in zwei unterschiedlichen Abnehmermärkten für dieselbe Dienstleistung (Ausstellung einer Konformitätsbescheinigung für Kfz) geforderten Entgelte um 600% voneinander abwichen. Die Preisspaltungsmethode darf somit zwar als ein vergleichsweise einfach zu handhabendes Instrument der Preishöhenkontrolle gelten, stellt aber der Sache nach eher eine Ausprägung des Diskriminierungsverbotes dar, die die Kartellbehörde letztlich von der Pflicht, einen (nicht überhöhten) wettbewerbsanalogen Preis festzustellen, entbindet.

b) **Kopplungsverbot.** Art. 82 Satz 2 Buchst. d EG verbietet die rechtliche oder wirtschaftliche Kopplung des Bezugs voneinander trennbarer Güter oder Leistungen, wenn der Anbieter auf einem der betroffenen Märkte eine beherrschende Stellung einnimmt. Dieses

---

[496] Vgl. KG WuW/E OLG 1645, 1659 – *Valium/Librium*; BeckPostG-Komm./*Sedemund* § 20, Rn. 64.
[497] EuGH a. a. O., Rn. 46.
[498] EuGH a. a. O., Rn. 33.
[499] Anders *Möschel* in: *Immenga/Mestmäcker* EG-WbR Bd. I, Art. 82, Rn. 144 aE, der davon ausgeht, dass auch das EG-Recht das Institut der „Abschläge auf Grund nationaler Besonderheiten" kennt.
[500] EuG U. v. 16. 12. 1999 Rs. T-198/98 – *Micro Leader Business/Kommission* Slg. 1999, II-3989 Rn. 51 ff.
[501] EuGH Rs. 27/76 Slg. 1978, 207.
[502] EuG Rs. T-198/98 – *Micro Leader Business/Kommission* Slg. 1999, II-3989.
[503] EuGH Rs. 226/84 – *British Leyland/Kommission* Slg. 1986, 3264 Rn. 28.

Verbot bezweckt den Schutz der **Entscheidungsfreiheit** des Vertragspartners, zusätzliche Angebote annehmen oder ablehnen zu können. Geschützt wird auch der Wettbewerb auf dem Markt des gekoppelten Produktes. Ein Kopplungsgeschäft setzt somit voraus, dass ein Unternehmen seinem Vertragspartner, in dem Geschäftsbereich, in dem es eine marktbeherrschende Stellung innehat, den Bezug zusätzlicher Waren oder Leistungen aufzwingt, die nicht Teil des beherrschten Marktes sind.[504] Dies bewirkt eine Wettbewerbsverfälschung auf dem **Markt der Zusatzprodukte- bzw. -leistungen,** auf dem der Marktbeherrscher die Absatzmöglichkeiten für seine Nebenprodukte verbessert oder einen Markt für die von ihm neu eingeführten Produkte eröffnet.

158 Das Kopplungsgeschäft ist dadurch gekennzeichnet, dass der Vertragspartner gezwungen wird, **gegen seinen Willen** Waren zu erwerben, wobei die Bindung als absolute Verkaufsbedingung im Rahmen des Vertrages über den Bezug des Hauptprodukts oder aber auch als De-facto-Bedingung des Marktbeherrschers ausgestaltet sein kann. Auch die Gewährung von **Rabatten** kann den Missbrauchstatbestand des Kopplungsgeschäfts erfüllen, wenn sich die Höhe des Rabatts für ein Produkt danach bestimmt, welche Mengen eines anderen, zweiten Produkts der Vertragspartner vom Marktbeherrscher bezieht.[505] So beanstandete die Kommission im Jahre 2001, dass das belgische Unternehmen *De Post/La Poste* die Gewährung eines Vorzugstarifes für die unter das Postmonopol fallende Business-to-consumer-Post davon abhängig machte, dass die Nutznießer dieses Vorteils zusätzliche Dienstleistungen im Bereich der Business-to-Business-Post in Anspruch nahmen.[506] In ähnlicher Weise wirkt sich eine Erhöhung von Rabatten aus, die nur den Käufern gewährt werden, die Haupt- und Zusatzprodukt erwerben.[507] Unter Zusatzleistungen bzw. Zusatzgeschäften sind solche Leistungen oder Waren zu verstehen, die von der Hauptleistung verschieden bzw. selbstständig sind. **Haupt- und Zusatzleistung** müssen hinreichend voneinander **abgrenzbar** sein. In der Frage der Abgrenzung hat der Gerichtshof in ständiger Rechtsprechung *(insbesondere im Fall Hilti)*[508] darauf abgestellt, ob unterschiedliche sachlich relevante Märkte für die Haupt- und die Zusatzleistungen bestanden.

159 Wenn Haupt- und Zusatzleistungen voneinander abgrenzbar sind, stellt deren Verbindung bzw. Kopplung ein missbräuchliches Verhalten dar, es sei denn die Kopplung ist durch den Sachzusammenhang oder durch den herrschenden Handelsbrauch gerechtfertigt.[509] Der Gerichtshof hat dazu in seinem Urteil *Tetra Pak* II festgestellt, dass Art. 82 Satz 2 Buchst. d die missbräuchlichen Verhaltensweisen lediglich beispielhaft aufzähle, sodass die Kriterien des **Sachzusammenhangs und des Handelsbrauchs** den Kopplungsvorwurf nicht immer entkräften könnten. Vielmehr sei eine Wertung dahingehend vorzunehmen, ob die konkrete Verbindung nicht objektiv gerechtfertigt sein könnte.[510] Verfahrensgegen-

---

[504] Vgl. *Faull/Nikpay,* The EC Law of Competition, Rn. 4.239.
[505] EuGH U. v. 13. 2. 1979 Rs. 85/76 – *Hoffmann-La Roche/Kommission* Slg. 1979, 461; Komm. E. v. 7. 10. 1981 Rs. IV/29.491 – *Nederlandsche Banden Industrie Michelin,* ABl. 1981 L 353/33.
[506] Komm. E. v. 5. 12. 2001 Rs. COMP/C-1/37.859 – *De Post/La Poste (Belgien),* ABl. 2002 L 61/32 Rn. 53 ff.
[507] Zu den einzelnen Fällen der Rabattgestaltung Rn. 182.
[508] Vgl. EuGH Rs. 193/83 – *Windsurfing* Slg. 1986, 611 Rn. 11, wonach auf Grund des bestehenden Angebots für Einzelelemente von „Stehseglern", nämlich für Surfbretter, Riggs und Riggteile, jeweils gesonderte Märkte bestehen; in der Rs. 53/92 P – *Hilti* Slg. 1994, I-667 war entscheidend, ob es für Bolzen, die *Hilti* zur Verwendung in *Hilti*-Bolzenschussgeräten herstellte, Substitutionsprodukte anderer Anbieter gab.
[509] Die Abgrenzung von Haupt- und Zusatzleistung stellt demnach einen eigenen, vorgelagerten Prüfungspunkt dar, dem auch die Kommission und der Gerichtshof zu folgen scheinen, vgl. dazu *Möschel* (Fn. 495) Art. 82, Rn. 207 f.; *Jung* in: *Grabitz/Hilf,* Das Recht der Europäischen Union Bd. I, Art. 82, Rn. 170 f.
[510] EuGH U. v. 14. 11. 1996 Rs. C-333/94 P – *Tetra Pak/Kommission,* Slg. 1996, I-5951 Rn. 37; in diesem Sinne auch *Jung* a. a. O. Art. 82, Rn. 171.

stand war die Frage, ob *Tetra Pak* ihre Quasimonopolstellung im Bereich der Verpackungsanlagen für aseptische und nichtaseptische Kartons auch auf die Märkte für die dazugehörigen Kartons **ausgedehnt** habe. Im Rahmen der Verkaufsbedingungen für Verpackungsanlagen hatte *Tetra Pak* ein ausschließliches **Liefer- und auch Kontrollrecht** festgelegt, wonach Abnehmer der Anlagen nur *Tetra-Pak*-Kartons verwenden durften. Daneben war eine Bezugsbindung vorgesehen, die statuierte, dass das gesamte verwendete Verpackungsmaterial ausschließlich von *Tetra Pak* bezogen werden musste. In Übereinstimmung mit dem Gericht[511] hat der Gerichtshof daraufhin entschieden, dass eine **sachliche Beziehung bzw. eine untrennbare Verbindung** zwischen den Maschinen und den Kartons nicht bestanden habe, weil auch andere Unternehmen aseptische Kartons herstellten, die in den Maschinen von *Tetra Pak* verwendet werden könnten. Die Märkte für Kartons und Anlagen waren demnach voneinander abgrenzbar.

Eine ähnliche Konstellation betrifft der Fall *Soda-Club*, über den zunächst das Bundeskartellamt und letztinstanzlich der Bundesgerichtshof in Anwendung von Art. 82 EG zu entscheiden hatte. *Soda-Club* bietet Besprudelungsgeräte an, mit denen Leitungswasser mit Kohlensäure versetzt werden kann. Zu den Geräten gehören wiederbefüllbare Kartuschen, die die Kohlensäure enthalten. *Soda-Club* schloss mit den Abnehmern der Besprudelungsgeräte Mietverträge für die Kohlensäurekartuschen ab, die ein Wiederbefüllen durch andere Unternehmen untersagten. Eine Befüllung durch Drittunternehmen verfolgte *Soda-Club* gegenüber dem betreffenden Endverbraucher, Händler und Abfüllunternehmen als Eigentumsverletzung. Der Bundesgerichtshof hat in dem Verhalten von *Soda-Club* in Übereinstimmung mit dem Bundeskartellamt und dem Oberlandesgericht Düsseldorf eine kartellrechtswidrige Behinderung der Wettbewerber gesehen. Das beanstandete System führe dazu, dass der Markt mit Kohlensäurezylindern von *Soda-Club* im Laufe der Zeit verstopft werde. Auf der einen Seite würden die Wettbewerber davon abgehalten, *Soda-Club*-Zylinder gegen eigene Zylinder zu tauschen; auf der anderen Seite tauschten aber die Vertriebshändler von *Soda-Club* auch die Kohlensäurezylinder der Konkurrenz gegen eigene Zylinder. Die Eigentumsgarantie stehe dem kartellrechtlichen Verbot des Vorgehens gegen Fremdbefüllungen nicht entgegen[512].

Die **Rechtfertigung** einer Kopplung kann sich auch aus objektiven Gründen ergeben, wie beispielsweise aus Kostengründen oder Gründen der Effizienz, die eine getrennte Vermarktung von Waren oder Leistungen insbesondere für den Kunden als unökonomisch erscheinen lassen.[513] Sowohl im *Hilti*-[514] als auch im *Tetra-Pak*-II–Verfahren[515] hatte sich die Kommission mit dem Argument auseinandergesetzt, ob aus Gründen der **Sicherheit, der Funktionsweise und der Zuverlässigkeit** des gesamten Systems eine Kopplung der Produkte ausnahmsweise zulässig sei. Die Kommission lehnte dieses Argument jedoch mit der Begründung ab, dass eine umfassende Qualitätssicherung ebenso durch dritte Unternehmen möglich wäre und eine Kopplung der Produkte aus diesem Grund nicht gerechtfertigt sei. Eine Kopplung wäre lediglich dann als ultima ratio zulässig, wenn Maßnahmen, die die Wettbewerbsfreiheit weniger einschränken, nicht ausreichen.

Den „Rechtfertigungsgrund" der **technischen Notwendigkeit** hatte auch *IBM* in einem 1984 abgeschlossenen Verfahren vergeblich vorgebracht.[516] In diesem Verfahren hatte die Kommission beanstandet, dass *IBM* den Vertrieb seiner Computer-Zentraleinheiten mit der Abnahme der Hauptspeicherkapazität und einer Basis-Software gekoppelt hat. Es kam schließlich zu einer Beilegung des Verfahrens durch die Kommission, da sich *IBM*

---

[511] EuG Rs. T-83/91 – *Tetra Pak/Kommission* Slg. 1994, II-755.
[512] BGH Beschluss v. 4. 3. 2008 – KVR 21/07 – *Soda-Club II*, WuW DE-R 2268.
[513] Vgl. dazu *Faull/Nikpay*, The EC Law of Competition, Rn. 4.254 ff.
[514] Komm. E. v. 22. 12. 1987 – *Hilti* ABl. 1988 L 65/19.
[515] Komm. E. v. 24. 7. 1991 – *Tetra Pak II* ABl. 1992 L 72/1.
[516] Vgl. Komm. 14. Wettbewerbsbericht 1984, Rn. 94.

verpflichtet hatte, seine Praktiken zu ändern. Obwohl *IBM* sich nicht auf den Rechtfertigungsgrund der technischen Notwendigkeit stützen konnte, ist dieser Einzelfall insofern von Bedeutung, als die von *IBM* gekoppelten Produkte heute auf Grund der technischen Entwicklung regelmäßig als miteinander in einem Sachzusammenhang stehende einheitliche Produkte angesehen werden können. So wird bei Produkten, die neu auf dem Markt erscheinen, das Kriterium der Abgrenzung bzw. des Sachzusammenhangs bei Beurteilung einer verbotenen Kopplung eine wichtigere Rolle spielen als die Frage nach dem Handelsbrauch, die keine großen Aufschlüsse bringen wird. Technische Weiterentwicklungen können, insbesondere im Computersektor, dazu führen, dass ursprünglich abgrenzbare Leistungen später einheitliche Produkte darstellen.

163 Ein die Kopplungsvereinbarung rechtfertigender **Sachzusammenhang** kann u. U. dann gegeben sein, wenn technische oder wirtschaftliche Gründe für die Zusammenfassung der Leistungen sprechen. So war im Anwendungsbereich der früheren **Gruppenfreistellungsverordnung** für **Technologietransfervereinbarungen** die Verknüpfung einer Lizenzvergabe mit der Abnahme bestimmter Leistungen oder Erzeugnisse erlaubt. Nach den Bestimmungen der Gruppenfreistellungsverordnungen für Technologietransfervereinbarungen[517] waren die dort beschriebenen Kopplungen dann zulässig, wenn sie für die technisch einwandfreie Benutzung der lizenzierten Erfindung oder zur Sicherung der Produktqualität notwendig waren. Aufgrund technischer Notwendigkeiten wäre eine Kopplung im Anwendungsbereich dieser Verordnung grundsätzlich erlaubt.[518]

164 **c) Diskriminierung.** Als weiteren Missbrauchstatbestand sieht Art. 82 Satz 2 Buchst. c) das an ein marktbeherrschendes Unternehmen gerichtete Verbot vor, „**unterschiedliche Bedingungen** bei **gleichwertigen Leistungen** gegenüber seinen Handelspartnern anzuwenden, wodurch diese im Wettbewerb benachteiligt werden". Diese Bestimmung bezweckt, Wettbewerbsverfälschungen auf den dem beherrschten Markt vor- oder nachgelagerten Wirtschaftsstufen zu verhindern, die dadurch entstehen, dass der Marktbeherrscher Lieferanten oder Abnehmer ungleich behandelt. In der wortgleichen Bestimmung des Art. 81 Abs. 1 Buchst. d) findet sich ebenfalls ein Diskriminierungsverbot, das **kollektive Formen** der Diskriminierung im Rahmen von Vereinbarungen, Beschlüssen oder abgestimmten Verhaltensweisen zwischen Unternehmen verbietet, die auf eine Ungleichbehandlung von Vertragspartnern abzielen. Im Gegensatz dazu richtet sich Art. 82 Satz 2 Buchst. c) gegen eine einseitige Diskriminierung durch ein oder mehrere parallel handelnde Unternehmen in beherrschender Stellung.[519] Allerdings verbietet Art. 82 Satz 2 Buchst. c) die Diskriminierung nicht um ihrer selbst willen, sondern nur dann, wenn die unterschiedlich behandelten Handelspartner untereinander im Wettbewerb stehen. Nur dann führt eine Ungleichbehandlung zu einer Benachteiligung der Handelspartner des Marktbeherrschers im Wettbewerb.[520] Diese teleologische Reduzierung des Diskriminierungsverbotes auf seinen wettbewerbsrechtlichen Kern bedeutet in der Praxis, dass es dem marktbeherrschenden Hersteller eines bestimmten Produktes (z. B. Zucker) durchaus erlaubt ist, zwei Abnehmergruppen, die nicht miteinander konkurrieren (z. B. Getränke- und Süßwarenhersteller), unterschiedlich zu behandeln, solange innerhalb der jeweiligen Abnehmergruppe keine Ungleichbehandlung eintritt.

---

[517] Art. 2 Abs. 1 Nr. 5 der Verordnung (EG) Nr. 240/96 der Kommission vom 31. 1. 1996 zur Anwendung von Artikel 85 Abs. 3 des Vertrages auf Gruppen von Technologietransfervereinbarungen ABl. 1996 L 31/2.

[518] So auch *Möschel* in: *Immenga/Mestmäcker*, EG-WbR Bd. I, Art. 82, Rn. 209; *Schröter* in: *Schröter/Jakob/Mederer*, Kommentar zum Europäischen Wettbewerbsrecht, Art. 82, Rn. 243.

[519] *Möschel* a. a. O. Art. 82, Rn. 257; *Schröter* a. a. O. Art. 82, Rn. 222.

[520] *Schröter* (Fn. 518) Art. 82, Rn. 230; EuGH verb. Rs. 40 bis 48, 50 bis 56, 111, 113 und 114/73 – *Suiker Unie/Kommission* Slg. 1975; 1663 Rn. 525; Komm. E. v. 29. 10. 1981 – *GVL* Rs. IV/29.839, ABl. 1981 L 370/49 Rn. 54/55.

aa) **Gleichheitsmaßstab.** Das Diskriminierungsverbot normiert für den Marktbeherr- 165
scher eine Verpflichtung zur Gleichbehandlung, wonach dieser den Handelspartnern, die
sich in gleicher Lage befinden, dieselben Preise und Geschäftsbedingungen einräumen
muss. Anders als im deutschen Missbrauchsrecht besteht nach der Entscheidungspraxis
der Kommission auch eine Verpflichtung des Marktbeherrschers, eigene Tochtergesellschaften oder andere verbundene Unternehmen nicht besser oder anders zu behandeln als
konzernfremde Unternehmen, die Handelspartner des Marktbeherrschers sind.[521] Aus der
Verpflichtung zur Gleichbehandlung ergibt sich allerdings auch ein **Recht zur Differenzierung.** Der Marktbeherrscher muss daher auf unterschiedliche Leistungen mit unterschiedlichen Gegenleistungen reagieren können. Tritt der Marktbeherrscher als **Nachfrager** auf, muss er die Leistungen der Anbieter vergleichen und darf nur dann keine
unterschiedlichen Einkaufspreise oder Bedingungen erzwingen, wenn die Angebote gleich
sind. Wenn der Marktbeherrscher hingegen seine Leistungen als Lieferant auf dem Markt
anbietet, sind für die Beurteilung der Gleichwertigkeit seiner Leistungen jene Verkaufspreise und Bedingungen maßgebend, die er von seinen Abnehmern verlangt. Der Leistungs-
vergleich umfasst nach allgemeiner Ansicht jenen Markt, auf dem das diskriminierende
Unternehmen als beherrschend anzusehen ist.[522] Da der Diskriminierungstatbestand vor
allem auf die von dem Marktbeherrscher angewandten Preise und Geschäftsbedingungen
Anwendung findet, kann sich diskriminierendes Verhalten mit dem Verbot des Ausbeu-
tungs- und Behinderungsmissbrauchs nach Art. 82 Satz 2 Buchst. a) überschneiden. So ist
die Anwendung unterschiedlicher Preise für gleichartige Leistungen unter Umständen
dann missbräuchlich, wenn in verschiedenen Mitgliedstaaten unterschiedliche Preise für ein
und dasselbe Produkt verlangt werden, vor allem dann, wenn es für eine solche Ungleichbehandlung keine objektiv wirtschaftliche Erklärung wie etwa unterschiedliche **Vermark-
tungs-** oder **Transportkosten** gibt.[523] Aufgabe der Wettbewerbsaufsicht ist es allerdings
nur, sicherzustellen, dass die Preise des Marktbeherrschers nicht in diskriminierender Weise
angewendet werden, nicht jedoch, über die Kriterien zu befinden, nach denen marktbeherrschende Unternehmen ihre Preise festsetzen.[524]

Ungleichbehandlungen, die auf **sachlichen Gründen** basieren, sind somit zulässig. Der 166
von der Kommission angewandte Maßstab ist jedoch streng. Sachliche Gründe liegen z. B.
nicht vor, wenn eine Urheberrechtsverwertungsgesellschaft auf aus anderen Mitgliedstaaten
importierte Tonträger und Tonaufzeichnungsgeräte im Vergleich zu im Inland hergestellten
Tonträgern unterschiedliche Lizenzgebührensätze anwendet, auch wenn die Kontrolle der
importierten Waren mit höheren Kosten verbunden ist.[525] Auch darf eine öffentlich-
rechtliche Körperschaft, die ein gesetzliches Monopol für ein Fernmeldesystem innehat,
die Weiterleitung von Fernschreibnachrichten aus anderen Mitgliedstaaten nicht mit höheren Gebühren als die Weiterleitung inländischer Nachrichten belasten.[526] Der sachliche
Unterschied zwischen der Beförderung von Inlandspost und eingehender Auslandspost
rechtfertigt keine Preisunterschiede, wenn die in Rechnung gestellten Dienstleistungen
(Weiterleiten und Zustellen) von den Kosten her weitgehend vergleichbar sind.[527] In glei-

---

[521] Komm. E. v. 23. 10. 2001 – *La Poste/Postvorbereiter*, ABl. 2002 L 120/19 Rn. 63.
[522] Möschel (Fn. 518) Art. 82, Rn. 259; Schröter (Fn. 518) Art. 82, Rn. 229.
[523] EuGH Rs. 27/76 – *United Brands/Kommission* a. a. O., Rn. 223–234; siehe zum Preishöhenmissbrauch auch Rn. 144 ff.
[524] Vgl. Komm. E. v. 29. 3. 1994 Rs. IV/33.941 – *HOV-SVZ/MCN*, ABl. 1994 L 104/34
Rn. 61 ff., 160 ff., betreffend die Festsetzung unterschiedlicher Kilometertarife durch die Deutsche
Bahn für Beförderungen aus oder nach deutschen oder niederländischen bzw. belgischen Zielorten;
zu dieser Entscheidung vgl. auch Komm. 24. Wettbewerbsbericht 1994 Rn. 210.
[525] Komm. E. v. 2. 6. 1971 Rs. IV/26.760 – *GEMA*, ABl. 1971 L 134/15 Punkt II. C. 1.
[526] Komm. E. v. 10. 12. 1982 Rs. IV/29.877 – *British Telecommunications,* ABl. 1982 L 360/36 Rn. 30.
[527] Komm. E. v. 25. 7. 2001 Rs. COMP/C-1/36.915 – *Deutsche Post AG – Aufhalten grenzüberschreitender Postsendungen* ABl. 2001 L 331/40 Rn. 127.

cher Weise ist der Diskriminierungstatbestand erfüllt, wenn ein Unternehmen auf Grund seiner marktbeherrschenden Stellung Kunden seiner Mitbewerber Sonderpreise mit dem Ziel anbietet, das Geschäft der Wettbewerber zu schädigen, während er gegenüber seinen anderen „gleichwertigen" Kunden höhere Preise beibehält.[528] Eine wettbewerbsverfälschende Wirkung hat auch die Gewährung von Treuerabatten zugunsten eines Unternehmens, das ausschließlich bei dem Marktbeherrscher einkauft, während andere Unternehmen, die dieselben Mengen von dem Marktbeherrscher beziehen, diese Vorteile nicht gewährt bekommen, weil sie ihren Bedarf noch bei anderen Lieferanten decken.[529] Noch ungeklärt ist die Frage, ob und wenn ja in welchem Rahmen sich ein marktbeherrschendes Unternehmen in Einzelfällen an neue wettbewerbliche Bedingungen anpassen darf, etwa wenn es von einem Wettbewerber bei einem bestimmten Kunden preislich angegriffen wird. In einer solchen Situation muss es auch dem marktbeherrschenden Anbieter gestattet sein, von seinem normalerweise geforderten Preis im Sinne der Meeting-Competition-Defence nach unten abzuweichen, das gegenteilige Ergebnis würde den Marktbeherrscher unangemessen behindern und den Leistungswettbewerb auf dem betreffenden Markt weitgehend zum Erstarren bringen. In gleicher Weise muss es auch zulässig sein, dass ein Marktbeherrscher in einem Bietverfahren einen Preis quotiert, der von seinen Listenpreis abweicht, ohne verpflichtet zu sein, die anderen Preise dann auch nach unten anzugleichen.[530]

167 In einer jüngeren Entscheidung, die sich gegen die diskriminierende Wirkung von Prämien eines marktbeherrschenden **Luftfahrtunternehmens** zugunsten von Reisevermittlern richtet, hat die Kommission[531] beim Vergleich der Leistungen einen sehr formalistischen Ansatz gewählt. Gegenstand des Verfahrens waren Prämienregelungen der Fluggesellschaft *British Airways (BA)*, die Reisevermittlern für die von ihnen verkauften *BA*-Flugscheine umsatzabhängige Provisionen gewährte. Neben einer Standardprovision war auch eine Bonusregelung vorgesehen. Die Bonusregelung belohnte speziell den Umsatzzuwachs bei einem Reisevermittler (Steigerungsrabatt). Die Kommission beanstandete nicht nur den **Sogeffekt** dieser Regelung, sondern insbesondere auch deren diskriminierende Wirkung: Wenn ein Reisevermittler A seinen *BA*-Umsatz von 100 auf 120 Einheiten steigert, wird er mit einem Bonus belohnt, während ein Reisevermittler B, der konstant 120 Umsatzeinheiten erreicht hat, in diskriminierender Weise von dem Bonus ausgeschlossen bleibt, ohne dass es für die Ungleichbehandlung eine Rechtfertigung gäbe, die etwa auf Effizienzgewinnen durch erhöhten Absatz beruhten.[532]

168 Das Bundeskartellamt sah in der Verweigerung des sog. Teilleistungszugangs gegenüber Konsolidierern durch die Deutsche Post eine ungerechtfertigte Ungleichbehandlung. Die Deutsche Post hatte die ihren Großkunden gegenüber gewährten Rabatte Unternehmen verweigert, deren Geschäftsmodell darin besteht, durch das Sammeln von Briefsendungen mehrerer Absender und deren Einlieferung direkt bei Briefzentren am Absende- oder Empfangsort Großkundenrabatte zu erreichen[533].

---

[528] Komm. E. v. 22. 12. 1987 Rs. IV/30.787 und 31.488 – *Eurofix-Bauco/Hilti*, ABl. 1988 L 65/19 Rn. 81.
[529] EuGH verb. Rs. 40 bis 48, 50 bis 56, 111, 113 und 114/73 – *Suiker Unie/Kommission* Slg. 1975, 1663 Rn. 522–527; EuGH U. v. 13. 2. 1979 Rs. 85/76 – *Hoffmann-La Roche* Slg. 1979, I-461 Rn. 89–91; Komm. E. v. 19. 12. 1990 Rs. IV/33.133-C – *Soda-Solvay*, ABl. 1991 L 152/21 Rn. 62; Komm. E. v. 20. 3. 2001 Rs. COMP/35.941 – *Deutsche Post AG*, ABl. 2001 L 125/27 Rn. 33.
[530] *Lorenz/Lübbig/Russell,* Price Discrimination, A Tender Story, ECLR 2005, 355.
[531] Komm. E. v. 14. 7. 1999 Rs. IV/D-2/34.780 – *Virgin/British Airways*, ABl. 2000 L 30/1; bestätigt durch EuG U. v. 17. 12. 2003 Rs. T-219/99 – *British Airways/Kommission*.
[532] Komm. E. v. 14. 7. 1999 a. a. O., Rn. 109. Der EuGH hat die Entscheidung bestätigt: EuGH U. v. 15. 3. 2007, Rs. C – 95/04 P, Slg. 2007. I-2331.
[533] BKartA Beschluss v. 11. 2. 2005 B9 55/03, WuW DE-V 1025. Die Entscheidung wurde durch das OLG Düsseldorf im Verfahren des vorläufigen Rechtsschutzes bestätigt, Beschluss v. 13. 4. 2005 VI-Kart 3/05 (V) WuW DE-R 1473.

Der Diskriminierungstatbestand schützt seinem Wortlaut und seinem Zweck nach nur **169** **Handelspartner** des marktbeherrschenden Unternehmens. Eine nachteilige Wirkung der Diskriminierung von Endverbrauchern ist demnach nicht tatbestandsmäßig.[534] Eine Ausnahme bildet jedoch der Fall *Fußballweltmeisterschaft 1998,* in dem die Kommission die französischen Kartenvorverkaufsregelungen als diskriminierend und deren Auswirkungen als nachteilig auf die Wettbewerbsstruktur angesehen hat, obwohl von diesen Maßnahmen im Wesentlichen nur **private Endverbraucher** betroffen waren.[535] Benachteiligt waren vor allem Interessenten, die nicht in Frankreich wohnten. Zu dem Einwand der zentralen Verkaufsorganisation *CFO,* dass Art. 82 EGV nicht darauf abziele, unmittelbar die Interessen von Verbrauchern zu schützen, verwies die Kommission auf das Urteil *Continental Can,* dem zufolge Art. 82 sich auch auf Verhaltensweisen beziehe, die Verbrauchern durch einen Eingriff in die Struktur des tatsächlichen Wettbewerbs Schaden zufügen.[536] Die Kommission folgerte daraus, dass der Diskriminierungstatbestand gegebenenfalls (auch) auf Situationen angewendet werden kann, in denen das Verhalten des marktbeherrschenden Unternehmens direkt die Interessen der Verbraucher beeinträchtigt, auch wenn Auswirkungen auf die Wettbewerbsstruktur nicht festzustellen sind.[537]

bb) Lieferverweigerung. In den Schutzbereich des Diskriminierungsverbots fallen **170** dem Wortlaut nach ausschließlich Handelspartner des marktbeherrschenden Unternehmens. Nach Auffassung der Kommission fallen darunter nicht nur jene Unternehmen, die bereits in geschäftlicher Verbindung zu dem Marktbeherrscher stehen, sondern auch dessen **potentielle Handelspartner.**[538] Eine **Ungleichbehandlung** der potentiellen Handelspartner wirkt sich ebenso nachteilig auf den Wettbewerb aus wie Marktpartnern gegenüber, mit denen bereits eine geschäftliche Beziehung besteht. In diesen Fällen liegt die Ungleichbehandlung in der Weigerung des Marktbeherrschers, mit einem potentiellen Marktpartner eine **neue Geschäftsbeziehung** aufzunehmen, weshalb die Geschäfts- oder Lieferverweigerung vielfach als Diskriminierung angesehen wird.[539] Die missbräuchliche Diskriminierung besteht in einer **selektiven,** sachlich nicht zu rechtfertigenden **Lieferverweigerung** gegenüber neuen Vertragspartnern. Der Begriff der Verweigerung einer Lieferung bzw. Leistungserbringung umfasst nicht nur eine völlige Verweigerung, sondern auch Sachlagen, in denen beherrschende Unternehmen die Lieferung/Erbringung von objektiv unangemessenen Bedingungen abhängig machen.[540] Unternehmen in marktbeherrschender Stellung sind zwar grundsätzlich berechtigt, ihre geschäftlichen Interessen zu wahren und auch die zum Schutz dieser Interessen erforderlichen Maßnahmen zu ergreifen.[541] Eine Lieferverweigerung stellt jedoch dann einen Missbrauch dar, wenn Marktpart-

---

[534] Vgl. *Schröter* in: *Schröter/Jakob/Mederer,* Kommentar zum Europäischen Wettbewerbsrecht, Art. 82, Rn. 225.

[535] Komm. E. v. 20. 7. 1999 Rs. IV/36.888 – *Fußball-Weltmeisterschaft 1998* ABl. 2000 L 5/55; dazu: *Weatherill,* Fining the Organisers of the 1998 Football World Cup, ECLR 2000, 275.

[536] EuGH U. v. 21. 2. 1973 Rs. 6/72 – *Europemballage und Continental Can/Kommission* Slg. 1973, 215 Rn. 26.

[537] Komm. E. v. 20. 7. 1999 a. a. O., Rn. 100.

[538] Komm. E. v. 29. 10. 1981 Rs. IV/29.839 – *GVL,* ABl. 1981 L 370/49 Rn. 49–51, betreffend das Verhältnis einer deutschen Urheberrechtsverwertungsgesellschaft zu ausländischen Kunden, die dann zu tatsächlichen Handelspartnern werden, wenn sie ihren Wohnsitz im Inland einnehmen.

[539] Vgl. *Möschel* (Fn. 518), Art. 82, Rn. 220 ff.., der diese dogmatisch als Fallbeispiel des Behinderungsmissbrauchs einordnet; *Schröter* (Fn. 518) Art. 82, Rn. 249, der die Lieferverweigerung unter die Generalklausel des Art. 82 Abs. 1 subsumiert; *Jung* in: *Grabitz/Hilf,* Das Recht der Europäischen Union Bd. I, Art. 82, Rn. 153, sieht in der Leistungsverweigerung eine Form des Ausbeutungsmissbrauchs.

[540] Komm. E. v. 25. 7. 2001 Rs. COMP/C-1/36.915 – *Deutsche Post AG – Aufhalten grenzüberschreitender Postsendungen,* ABl. 2001 L 331/40 Rn. 141.

[541] EuGH Rs. 27/96 – *United Brands/Kommission* a. a. O., Rn. 182 bis 192; EuG U. v. 26. 10. 2000 Rs. T-41/96 – *Bayer/Kommission* Slg. 2000, II-3383 Rn. 181.

ner im Wettbewerb benachteiligt werden.[542] Eine Lieferverweigerung liegt dann auch vor, wenn ein Unternehmen sich weigert, Rohmaterialen an einen weiterverarbeitenden und langjährigen Abnehmer zu liefern, um diesen als Wettbewerber auf dem nachgelagerten Markt zu behindern. In der Rechtssache *Commercial Solvents*[543] hat der Gerichtshof diese Fallvariante als missbräuchlich angesehen, auch wenn dies in der Absicht geschah, die Rohmaterialien für die eigene Herstellung weiterverarbeiteter Erzeugnisse zu verwenden.

171   In gleicher Weise stellt die Weigerung der Erbringung von Dienstleistungen, die für die Tätigkeit eines anderen Unternehmens unerlässlich sind, eine missbräuchliche Verhaltensweise dar. So hatte sich die luxemburgische Rundfunk- und Fernsehgesellschaft geweigert, Sendezeiten für Fernsehwerbung zur Verfügung zu stellen, die eine Telefonnummer einer belgischen Rundfunkgesellschaft verwendete. Der Gerichtshof[544] hat diese Verhaltensweise als missbräuchlich qualifiziert, da die luxemburgische Gesellschaft Fernsehzeiten bloß dann zur Verfügung stellen wollte, wenn die belgische Gesellschaft hierfür die Telefondienste einer Agentur des luxemburgischen Senders in Anspruch genommen hätte. In der Rechtssache *Hugin/Liptons* hat der Gerichtshof es als missbräuchlich angesehen, dass ein Hersteller von technisch anfälligen Geräten wie Registrierkassen, sich weigerte, Ersatzteile an einen früheren Vertragspartner zu liefern, der gebrauchte *Hugin*-Registrierkassen wartete und reparierte.[545] Den von *Hugin* im Verfahren vor der Kommission[546] vorgebrachten Einwand, sein Geschäftsgebaren sei durch die Absicht gerechtfertigt, Originalersatzteile nur innerhalb des eigenen Vertriebsnetzes zu liefern, hat der Gerichtshof nicht akzeptiert. Demnach lässt sich eine Lieferverweigerung nicht mit dem bloßen Wunsch eines Unternehmens, seine bestehende Vertriebsstruktur beizubehalten, rechtfertigen. Eine neue Entwicklung besteht in der Entscheidungspraxis der Hellenischen Kartellbehörde, die die Lieferverweigerung eines angeblich marktbeherrschenden Arzneimittelherstellers *(GlaxoSmithKline)* gegenüber parallelexportierenen Arzneimittelgroßhändlern als Missbrauch im Sinne von Art. 82 Satz 2 Buchst. b und c eingestuft hat.[547] Diese Beurteilung ist vom EuGH bestätigt worden. Die Einstellung der Belieferung eines Händlers, der in „normalem" Umfang Waren ordert, stelle keine vernünftige und verhältnismäßige Reaktion auf einen lediglich befürchteten Parallelimport dar.[548]

172   **cc) Abbruch bestehender Geschäftsverbindungen.** Eine Variante der missbräuchlichen Lieferverweigerung ist der Abbruch bestehender Geschäftsbeziehungen. Hierzu hat der Gerichtshof festgestellt, dass ein Unternehmen in beherrschender Stellung Lieferungen an einen langjährigen Abnehmer **nicht einstellen** darf, wenn dieser sich gemäß den Gebräuchen des Handels verhält. Eine Lieferverweigerung würde die Absatzmöglichkeiten zum **Nachteil der Verbraucher** beschränken und eine Diskriminierung darstellen, die bis zur Ausschaltung des bisherigen Handelspartners vom relevanten Markt führen könne.[549] Ein Abbruch der Geschäftsbeziehungen ist grundsätzlich dann missbräuchlich, wenn kein

---

[542] EuGH Rs. 27/96 – *United Brands/Kommission* a. a. O., Rn. 194.
[543] EuGH U. v. 6. 3. 1974 verb. Rs. 6/73 und 7/73 – *Commercial Solvents/Kommission* Slg. 1974, 223.
[544] EuGH Rs. 311/85 – *Télémarketing* Slg. 1985, 3261.
[545] EuGH Rs. 22/78 – *Hugin/Liptons* Slg. 1979, 1869 Rn. 11–14.
[546] Komm. E. v. 8. 12. 1977 Rs. IV/29.312 – *Hugin/Liptons*, ABl. 1978 L 22/23.
[547] Hellenische Kartellbehörde E. v. 3. 7. 2001 – *Glaxo Wellcome* (nunmehr *GlaxoSmithKline)/SIFAIT* GRURInt 2002, 534; nunmehr im Gerichtsverfahren vor dem EuGH anhängig, Rs. C-53/03 ABl. 2003 C 101/18, vgl. die Schlussanträge des Generalanwaltes Jakobs vom 29. 10. 2004, noch nicht in der amtl. Slg.; vgl. hierzu auch *Jenny,* Pharmaceuticals, Competition and Free Movement of Goods in: *Hellenic Competition Commission,* EU Competition Law and Policy – Developments and Priorities, 77 ff.
[548] EuGH U. v. 16. 9. 2008 verb. Rs. C-468/06 – C-478/06 – GSK, noch nicht in der amtl. Slg. Vgl. dazu eingehend Rn 222.
[549] EuGH Rs. 27/76 – *United Brands/Kommission* a. a. O., Rn. 182 f.

Rechtfertigungsgrund vorliegt. Ein wettbewerbliches Tätigwerden des Abnehmers auf dem **vorgelagerten Markt** allein erlaubt dem Marktbeherrscher jedoch nicht, seine Geschäftsbeziehungen zu diesem abzubrechen. So hat die Kommission das Verhalten des marktbeherrschenden Zuckerherstellers *British Sugar* als missbräuchlich qualifiziert, der einen Kunden deswegen nicht mehr beliefert hatte, weil dieser beschlossen hat, Zucker in Haushaltsverpackungen an Einzelhändler zu vertreiben, welche *British Sugar* bisher selbst beliefert hatte.[550]

Im Fall *BBI* hatte sich ein britischer Hersteller von Blechblasinstrumenten, der über ein Quasimonopol auf diesem Markt verfügte, geweigert, einen Musikinstrumentenhändler und ein Reparaturunternehmen zu beliefern. Grund dafür war, dass sich die beiden Unternehmen zur Herstellung von Blechblasinstrumenten zusammengeschlossen hatten und somit in Konkurrenz zu dem Marktbeherrscher getreten waren. Die Kommission[551] hatte die sofortige Liefereinstellung und die Ergreifung von Repressalien nicht durch den Umstand als gerechtfertigt angesehen, dass sich ein Abnehmer mit einem aktuellen oder zukünftigen Wettbewerber zusammenschloss. Zwar ist ein marktbeherrschender Hersteller nicht verpflichtet, gegen ihn gerichteten Wettbewerb zu unterstützen, vielmehr soll er die Möglichkeit haben, die Geschäftsbeziehungen zum Kunden zu überprüfen und das Kundenverhältnis mit einer angemessenen vorherigen Ankündigung zu beenden.[552] Die Maßnahme eines sofortigen Abbruchs der Geschäftsbeziehung steht aber nicht in einem angemessenen Verhältnis zur Bedrohung der Interessen des Marktbeherrschers durch den Marktzutritt eines neuen Wettbewerbers.[553] Zudem ist der Abbruch einer bereits bestehenden Geschäftsbeziehung zu einem Kunden strenger zu bewerten als die Weigerung, eine neue Geschäftsverbindung aufzunehmen. Aus diesem Grund können nur zwingende wirtschaftliche und technische Gründe den Abbruch rechtfertigen, wie z.B. die **finanzielle Unzuverlässigkeit des Abnehmers**.[554] Dementsprechend wird in Krisenzeiten eine Belieferung nur der Stammkunden nicht als diskriminierend angesehen, wenn die Weigerung, auch Gelegenheitskunden zu versorgen, durch eine Situation der allgemeinen Verknappung gerechtfertigt werden kann, vor allem dann, wenn der Bestand noch nicht einmal ausreicht, um den Bedarf aller Stammkunden zu decken.[555] Bisher nicht entschieden ist, ob es dem marktbeherrschenden Unternehmen wie im deutschen Kartellrecht freisteht, im Rahmen einer Reorganisation des Vertriebs, z.B. bei dem Übergang von Fremd- auf Eigenvertrieb, die Belieferung von Händlern – ggfs. unter Wahrung einer Übergangsfrist – einzustellen.[556] Da der Zweck der Missbrauchsaufsicht jedoch nicht darin besteht, überkommene Distributionsstrukturen zu schützen, wird man dies zugunsten der Organisationsfreiheit der Unternehmen annehmen können.

d) Behinderungsmissbrauch. aa) Einführung. Der Tatbestand des Behinderungsmissbrauches beschreibt all diejenigen Verhaltensweisen eines marktbeherrschenden Unternehmens, die darauf gerichtet sind oder jedenfalls bewirken, dass die Vermarktungsmöglichkeiten der anderen tatsächlichen oder potentiellen Wettbewerber mit der Folge dauerhaft verschlechtert werden, dass die Intensität des Wettbewerbes in dem betreffenden Markt weiter zurückgeht. Die nach der Rechtsprechung aus dem Verbot des Behinderungsmissbrauches resultierenden **Rücksichtnahmepflichten** des marktbeherrschenden

---

[550] Komm. E. v. 18. 7. 1988 Rs. IV/30.178 – *Napier Brown/British Sugar*, ABl. 1988 L 284/41.
[551] Komm. E. v. 29. 7. 1987 Rs. IV/32.279 – *BBI/Boosey & Hawkes*, ABl. 1987 L 286/36.
[552] Komm. E. v. 29. 7. 1987 Rs. IV/32.279 – *BBI/Boosey & Hawkes*, a.a.O., Rn. 19.
[553] *Schröter* in: *Schröter/Jakob/Mederer*, Kommentar zum Europäischen Wettbewerbsrecht, Art. 82, Rn. 256.
[554] *Möschel* in: *Immenga/Mestmäcker*, EG-WbR Bd. I, Art. 82, Rn. 225; *Schröter* a.a.O., Art. 82, Rn. 257.
[555] EuGH Rs. 77/77 – *B. P./Kommission ("Ölkrise")* Slg. 1978, 1513 Rn. 19 ff.
[556] Kritisch hierzu *Malaurie-Vignal* L' abus de position dominante, Rn. 306.

Unternehmens dienen somit nicht nur dem Schutz der Wettbewerber selbst, sondern auch der Aufrechterhaltung des Wettbewerbs in dem jeweiligen Markt als solchem. Ausgangspunkt dieser besonderen Verhaltenspflichten ist die in ständiger Rechtsprechung des Gerichtshofes festgestellte **„besondere Verantwortung"** des Marktbeherrschers dafür, „dass er durch sein Verhalten einen wirksamen und unverfälschten Wettbewerb nicht beeinträchtigt".[557] Dem marktbeherrschenden Unternehmen sind somit alle Verhaltensweisen untersagt, die die Aufrechterhaltung oder Entwicklung des noch bestehenden Wettbewerbs auf einem Markt behindern, auf dem der Wettbewerb gerade wegen der Anwesenheit des fraglichen Unternehmens bereits geschwächt ist.[558] In der Tatbestandsvariante des Behinderungsmissbrauches ist aus dieser besonderen Verantwortung somit abzuleiten, dass dem Marktbeherrscher eine Reihe von mit dem Prinzip des **Leistungswettbewerbs** nicht vereinbaren Verhaltensweisen untersagt sind, die das nicht-marktbeherrschende Unternehmen als wettbewerbliches Instrument rechtmäßig einsetzen darf. In dieser Situation, die zutreffend mit dem Satz **„quod licet bovi non licet Jovi"** beschrieben werden kann, ist es besonders wichtig, den Tatbestand der jeweils verbotenen Verhaltensweisen genau abzugrenzen, denn es ist nicht Sinn und Zweck der Missbrauchsaufsicht, dem Marktbeherrscher jede Form der Verteidigung seiner Marktposition oder auch deren Ausbau zu untersagen.

175 Im Zuge der von der Kommission vorangetriebenen Ökonomisierung des EG-Kartellrechts hat die Kommission im Dezember 2005 ein Diskussionspapier zu bestimmten Varianten des Behinderungsmissbrauchs veröffentlicht[559]. Ein Entwurf des Papiers war zuvor am 24. 6. 2005 bereits den Mitgliedstaaten in Form eines Entwurfs zu Leitlinien für die Auslegung des Art. 82 EG zugegangen, wurde aber im Übrigen nicht veröffentlicht. Das Diskussionspapier sollte den Weg bereiten für den Erlass von Leitlinien zur Auslegung des Art. 82 EG in diesem Bereich. Der in dem Diskussionspapier entwickelte Ansatz spiegelt sich auch in einzelnen Kommissionsentscheidungen wider, insbesondere zu Rabatten (s. Rn. 187). In dem Papier werden allgemeine Themen des Behinderungsmissbrauchs abgehandelt wie das Verhältnis des Art. 82 EG zu anderen Vorschriften, die Marktabgrenzung sowie die Marktbeherrschung. Zudem wird eine Methodologie zur Bewertung des Behinderungsmissbrauchs entwickelt. Schließlich widmet sich die Kommission noch einzelnen Missbrauchstatbeständen der Behinderung. Dabei werden der Kampfpreiswettbewerb[560], der Markenzwang sowie Rabatte[561], Kopplungsbindungen[562], Lieferverweigerungen[563] sowie Behinderungen auf dem sog. „aftermarket"[564] behandelt. Allgemein tendiert die Kommission dazu, bei der Bewertung missbräuchlichen Verhaltens verstärkt auf die Marktauswirkungen abzustellen[565].

Die Kommission hat sich bei ihren Ausführungen ausdrücklich nicht zu Themen wie dem Marktstruktur- oder dem Ausbeutungsmissrauch geäußert. Diese sollten erst im Nachgang zu den eingegangenen Stellungnahmen zu dem Diskussionspapier behandelt werden. Dazu ist es bis heute nicht gekommen.

---

[557] EuG Rs. T-83/91 – *Tetra Pak/Kommission* Slg. 1994, II-755 Rn. 14; EuGH U. v. 16. 3. 2000 verb. Rs. C-395/96 P und C-396/96 P – *Compagnie Maritime Belge/Kommission* Slg. 2000, I-1365 Rn. 114.
[558] EuGH U. v. 13. 2. 1979 Rs. 85/76 – *Hoffmann-La Roche/Kommission* Slg. 1979, 461 Rn. 91.
[559] DG Competition Discussion Paper on the Application of Article 82 of the Treaty to Exclusionary Abuses; der Diskussionsprozess wurde jüngst durch die Veröffentlichung einer Kommissionsmitteilung zu den Durchsetzungsprioritäten bei der Anwendung von Art. 82 auf Fälle des Behinderungsmissbrauchs abgeschlossen, ABl. 2009 C-45/7.
[560] a. a. O. Rn 93–133, neue Mitt. Rn. 23 ff.
[561] a. a. O. Rn 134–176, neue Mitt. Rn. 37 ff.
[562] a. a. O. Rn 177–206, neue Mitt. Rn. 47 ff.
[563] a. a. O. Rn 207–242, neue Mitt. Rn. 75 ff.
[564] a. a. O. Rn 243–265, neue Mitt. Rn. 52 ff.
[565] a. a. O. Rn 56 ff.

In dem Diskussionspapier wird zum Behinderungsmissbrauch bei Preispraktiken und Rabatten die Frage aufgeworfen, ob nicht ausschließlich solche Verhaltensweisen, durch die ebenso effiziente Wettbewerber aus dem Markt gedrängt werden sollen, als Missbrauch im Sinne des Art. 82 EG eingestuft werden sollten[566].

Überdies beschäftigt sich das Papier mit der Frage der Berücksichtigung von Effizienzgewinnen im Rahmen der Missbrauchsprüfung und kommt zu dem Ergebnis, dass eine Berücksichtigung nur dann stattfinden sollte, wenn die Effienzen das missbräuchliche Verhalten überwiegen[567].

Im Rahmen der Kampfpreisstrategien erörtert die Kommission engehend den Rechtfertigungstatbestand der „Meeting Competition Defence" und erweitert und ergänzt die hierzu vom EuGH in der AKZO-Entscheidung[568] aufgestellten Maßstäbe[569].

Die generelle Zielrichtung des Diskussionspapiers ist es, der Kommission eine Konzentration auf jene Sachverhalte zu ermöglichen, bei denen am ehesten Nachteile für die Verbraucher zu erwarten sind. Die in diesem Zusammenhang in Aussicht gestellten Leitlinien für die Anwendung des Art. 82 EG sollten den betroffenen Marktteilnehmern und Rechtsanwendern Sicherheit im Umgang mit der Norm geben.

bb) Niedrigpreiswettbewerb. Ohne jeden Zweifel untersagt ist dem Marktbeherrscher ein Preisverhalten, das in Umsetzung eines Verdrängungsplanes das Ziel verfolgt, die verbleibenden Wettbewerber auch unter Inkaufnahme von **Verlusten** mit Niedrigpreisen aus dem Markt zu treiben, um im Anschluss daran unter Ausnutzung der nunmehr erlangten Monopolstellung die Preise wieder auf ein jedenfalls auskömmliches Niveau anzuheben.[570] Von dieser extremen Fallvariante abzugrenzen wiederum sind die **kurzfristige Unterschreitung** der Gestehungskosten (etwa zum Zwecke der **Produkteinführung**), die auch dem Marktbeherrscher gestattet ist. Ebenso darf ein Unternehmen in beherrschender Stellung in Unter-Kosten-Wettbewerb eintreten, um in einem besonders wettbewerbsintensiven Markt auf niedrigere Wettbewerbspreise einzusteigen.[571] Die bestehende Amts- und Rechtsprechungspraxis[572] zum Tatbestand der **Kampfpreisunterbietung** (in der englischen Terminologie **„predatory pricing"**[573] und in der neueren deutschen EuGH-Terminologie „Vernichtungspreise") lässt sich wie folgt zusammenfassen: Im Fall *AKZO* hatte die Kommission nicht nur festgestellt, dass dieses Unternehmen einer bestimmten Kundengruppe Niedrigpreise unterhalb der variablen Kosten angeboten hatte, sondern auch, dass dieses Verhalten der Umsetzung eines Planes zur Vertreibung eines kleineren Wettbewerbers aus diesem Markt dienen sollte. In der daraufhin erlassenen Missbrauchsentscheidung vom 14. 12. 1985 hatte sich die Kommission maßgeblich auch auf den festgestellten Verdrängungsplan gestützt und vorgetragen, der Tatbestand der Preisunterbietung könne auch festgestellt werden, ohne dass das angreifende Unternehmen seine Preise unter den eigenen Kosten festsetze.[574]

---

[566] a. a. O. Rn 63 ff.
[567] a. a. O. Rn 77 ff.
[568] EuGH v. 3. 7. 1991 Rs. C 62/86 Slg. 1991 I-3359 – *AKZO*.
[569] Vgl. eingehend dazu weiter unten Rn 228.
[570] Vgl. die Beschreibung dieser Tatbestandsalternative in: *Faull/Nikpay*, The EC Law of Competition, Rn. 4.263.
[571] Komm. E. v. 29. 7. 1983 Rs. IV/30.698-*ECS/AKZO: Einstweilige Anordnungen*, ABl. 1983 L 252/13 Rn. 31.
[572] Vgl. auch die übersichtsartige Darstellung in den Schlussanträgen von Generalanwalt *Fennelly* v. 29. 10. 1998 verb. Rs. C-395/96 P und C-396/96 P – *Compagnie Maritime Belge/Kommission* Slg. 2000, I-1365 Rn. 123 ff.
[573] Vgl. hierzu, vor allem im Hinblick auf den Luftfahrtsektor *Ewald*, Predatory Pricing als Problem der Missbrauchsaufsicht, WuW 2004, 1165.
[574] Komm. E. v. 14. 12. 1985 Rs. IV/30.698-*ECS-AKZO*, ABl. 1985 L 374/1 Rn. 79; in diesem Sinne auch *Schröter* in: *Schröter/Jakob/Mederer*, Kommentar zum Europäischen Wettbewerbsrecht,

177 Der Gerichtshof ist diesem Ansatz nicht gefolgt, sondern hat in seinem *AKZO*-Urteil die folgenden Grundsätze aufgestellt:[575] Preise eines marktbeherrschenden Unternehmens, die unter den **durchschnittlichen variablen Kosten** liegen, sind per se missbräuchlich, wenn sie dazu eingesetzt werden, ein Konkurrenzunternehmen auszuschalten. Der Gerichtshof stützt diese Aussage auf die aus der **Deckungsbeitragsrechnung** abzuleitende Vermutung, ein „beherrschendes Unternehmen habe nämlich nur dann ein Interesse, derartige Preise zu praktizieren, wenn es seine Konkurrenten ausschalten wolle, um danach unter Ausnutzung seiner Monopolstellung seine Preise wieder anzuheben, denn jeder Verkauf bringe für das Unternehmen einen Verlust in Höhe seiner **gesamten Fixkosten** und zumindest eines Teils der variablen Kosten je produzierte Einheit mit sich." In dieser Fallkonstellation ist der Beweis eines **Verdrängungsplans** somit nicht erforderlich, wohl aber in der zweiten vom Gerichtshof identifizierten Konstellation, nämlich der Festsetzung von Preisen, die zwar unter den durchschnittlichen Gesamtkosten (das heißt **Fixkosten + variable Kosten**), jedoch über den durchschnittlichen variablen Kosten liegen.

178 In der Entscheidung *Tetra Pak II* hat das Gericht erster Instanz diese Rechtsprechung fortgeführt und zwar auch dort in einer Konstellation, in der der Niedrigpreiswettbewerb auf einem anderen Markt stattfand als auf dem Markt, auf dem das betroffene Unternehmen eine beherrschende Stellung einnahm.[576] Angesichts der Tatsache, dass eine von einem Unternehmen ausgehende **Verdrängungs- oder Vernichtungsstrategie** nur sehr selten dokumentiert werden kann und auch die eindeutige Feststellung der auf die Herstellung eines bestimmten Produktes anfallenden Kosten in sehr unterschiedlicher Weise erfolgen kann, stößt die Praxis in der Anwendung dieser Grundsätze auf große Schwierigkeiten, was die geringe Zahl der bisher abgeschlossenen Fälle erklären mag.[577] Weiterentwickelt hat die Kommission die *AKZO*-Rechtsprechung des Gerichtshofes in ihrer Entscheidung *Deutsche Post*.[578] Die Besonderheit dieser Entscheidung lag darin, dass die Kommission eine Kostenunterdeckung in einem Produktionsbereich (Beförderung von Versandhandelspaketen) untersucht hatte, dessen Dienstleistungen zu einem erheblichen Teil auch unter Nutzung der Infrastruktur anderer Produktionsbereiche desselben Unternehmens (u.a. Schalterpaket) erbracht wurden. Da das Unternehmen sein Dienstleistungsangebot in den anderen Bereichen auf Grund seines öffentlichen Versorgungsauftrages nicht einstellen und somit deren Kosten nicht vermeiden konnte, kam es nach Auffassung der Kommission für den Tatbestand des Verdrängungswettbewerbs nur darauf an, ob die Erlöse des Versandhandelspaketgeschäfts die spezifischen Zusatzkosten (incremental cost) dieses Bereiches deckten. Diese Kosten umfassen nur diejenigen Kosten, die allein auf Grund eines einzelnen Paketdienstes anfallen. Nicht in den incremental cost enthalten sind die Fixkosten, die nicht allein auf Grund eines einzelnen Dienstes anfallen (sog. gemeinsame Fixkosten).[579] Die Kommissionsentscheidung führt auf diese Weise zu einer Differenzierung der Kostenbetrachtung nach dem *AKZO*-Urteil bei Mehrproduktunternehmen, die verschiedene Leistungen unter Nutzungen einer gemeinsamen Infrastruktur erbringen.

179 Eine besondere Form der Umsetzung einer **Kampfpreisstrategie** lag dem Fall *CEWAL* zugrunde.[580] In dieser Situation hatten Unternehmen des Seeverkehrs, die in einer Linien-

---

Art. 82, Rn. 279. S. hierzu nunmehr die neue Kommissionsmitteilung zu Art. 82, ABl. 2009 C-45/7 Rn. 63.

[575] EuGH Rs. C-62/86 – *AKZO/Kommission* Slg. 1991, I-3359 Rn. 71 und 72.

[576] EuG Rs. T-83/91 – *Tetra Pak/Kommission* Slg. 1994, II-755 Rn. 148, 149; bestätigt durch EuGH U. v. 14. 11. 1996 Rs. C-333/94 P – *Tetra Pak/Kommission* Slg. 1996, I-5951 Rn. 41.

[577] Vgl. *de Bronett* in: *Wiedemann,* Handbuch des Kartellrechts, § 22 Rn. 1ff.

[578] Komm. E. v. 20. 3. 2001 Rs. COMP/35.141 – *Deutsche Post AG,* ABl. 2001 L 125/27.

[579] Komm. E. v. 20. 3. 2001 a.a.O., Rn. 6 Fn. 7; *Schnelle/Bartosch,* Umfang und Grenzen des EG-wettbewerbsrechtlichen Verbots der Quersubventionierung, EWS 2001, 411, 415.

[580] Komm. E. v. 23. 12. 1992 Rs. IV/82.448, Rs. IV/32.450: *CEWAL, COWAC* und *UKWAL* ABl. 1993 L 34/20.

konferenz zusammengeschlossen waren und zusammen über einen Marktanteil von mehr als 90% verfügten, ihre **kollektiv marktbeherrschende Stellung** dadurch missbraucht, dass sie zur „Bekämpfung eines nicht dieser Linienkonferenz angehörigen Konkurrenzunternehmens sogenannte „Kampfschiffe" einsetzten, die dieses Konkurrenzunternehmen auf den von ihm bedienten Routen jeweils preislich unterbot. Nachweisliches Ziel dieses Verfahrens war die Eliminierung des Außenseiters. Der Einsatz des **„Kampfschiffes"** führte nicht notwendig zu einem Verlust, jedoch wurden die durch die Preissenkung bedingten Mindereinnahmen proportional auf die Angehörigen der Linienkonferenz verteilt. Wegen dieser besonderen Situation, nämlich der **gezielten Umsetzung** eines **Verdrängungsplans**, entschieden sowohl das Gericht erster Instanz[581] als auch der Gerichtshof,[582] dass die Kommission dieses Verhalten zu Recht als missbräuchlich qualifiziert hatte, obwohl die oben geschilderten Umstände der *AKZO*-Rechtsprechung nicht gegeben waren. Einen weiteren Tatbestand des Behinderungsmissbrauchs sieht die Kommission in der Anwendung einer **„Kosten-Preis-Schere"** durch ein vertikal integriertes marktbeherrschendes Unternehmen, das seinen vertikal nicht rückwärts integrierten Wettbewerbern auf dem nachgelagerterten Markt für den Zugang zu einer Vorleistung höhere Entgelte berechnet als seinen eigenen Endkunden für die gesamte Dienstleistung, dies mit der Folge, dass der vertikal nicht rückwärts integrierte Wettbewerber nicht profitabel arbeiten kann, wenn er auf dem Endkundenmarkt erfolgreich konkurrieren will.[583]

Auch in weiteren Fällen aus dem Telekommunikationsbereich hat sich die Kommission mit der gezielten Preisunterbietung in Verdrängungsabsicht befasst. In der Preisgestaltung des französischen Internet-Providers *Wanadoo* erkannte die Kommission Vernichtungspreise, weil diese aufgrund mangelnder Kostendeckung zu erheblichen Verlusten bei *Wanadoo* führten und zudem interne Dokumente die Verdrängungsabsicht belegten[584]. Die spanische *Telefónica* erhob dagegen im Vergleich zu ihren Endkundenentgelten überhöhte Großhandelsentgelte für den Breitbandzugang (sog. margin squeeze)[585]. Das EuG hat die Entscheidungen gegen *Wanadoo*[586] und die *Deutsche Telekom*[587] bestätigt.

cc) Quersubventionierung. Im Anschluss an die Kommissionsbekanntmachungen zur Anwendung der EG-Wettbewerbsregeln im **Telekommunikationsbereich**[588] und im **Postsektor**[589] wird im Schrifttum zum Teil diskutiert, ob es im Anwendungsbereich von Art. 82 EGV einen eigenen Missbrauchstatbestand der Quersubventionierung geben kann.[590] Den Tatbestand der Quersubventionierung beschreibt die Kommission in den zitierten Bekanntmachungen als das Abwälzen der in einem **räumlich oder sachlich relevanten Markt** anfallenden Kosten auf einen anderen räumlichen oder sachlichen Markt. Auch die Kommission scheint in dem bloßen Tatbestand der nicht verursachungsgerechten

---

[581] EuG verb. Rs. T-24/93, T-26/93 und T-28/93 – *Compagnie Maritime Belge/Kommission* Slg. 1996, II-1201.

[582] EuGH U. v. 16. 3. 2000 verb. Rs. C-395/96 P und C-396/96 P – *Compagnie Maritime Belge/Kommission* Slg. 2000, I-1365 Rn. 112 ff.

[583] Komm. E. v. 21. 5. 2003 Rs. COMP/C-1/37.451, 37.578, 37.579 – *Deutsche Telekom AG*, ABl. 2003 L 263/9 Rn. 102 ff., s. hierzu nunmehr die neue Kommissionsmitteilung zu Art. 82, ABl. 2009 C-45/7 Rn. 80.

[584] Komm. E. v. 16. 7. 2003 Rs. COMP/38.233 – *Wanadoo Interactive*.

[585] Komm. E. v. 2. 7. 2007 Rs. COMP/38.784 – *Telefónica*, ABl. 2008 C 83/6 (Zusammenfassung).

[586] EuG U. v. 30. 1. 2007 Rs. T-340/03 – *France Télécom*, Slg. 2007, II-107.

[587] EuG U. v. 10. 4. 2008 Rs. T-271/03 – *Deutsche Telekom*.

[588] ABl. 1991 C 233/2 Rn. 102 ff.

[589] ABl. 1998 C 39/2 Rn. 3.1. ff.

[590] *de Bronett* in: *Wiedemann*, Handbuch des Kartellrechts, § 22 Rn. 1 ff; *Faull/Nikpay*, The EC Law of Competition, Rn. 4.338 ff.; *Hancher/Buendia Sierra*, Cross-Subsidisation and EC Law, CMLR 1998, 901; anderer Auffassung BeckPostG-Komm./*Sedemund*, § 20, Rn. 91 ff.

Art. 82 EG 181, 182

Kostenallokation selbst keinen Missbrauch zu sehen; erst wenn die Quersubventionierung dazu führt, dass in einem nicht beherrschten Markt **Niedrigpreiswettbewerb subventioniert** wird, sieht die Kommission Anlass für die Anwendung von Art. 82. Dementsprechend betrachtet die Kommission die Subventionierung unternehmerischer Tätigkeit in einem monopolisierten Markt durch Einkünfte aus anderen nicht monopolisierten Bereichen als wettbewerblich neutral.

181 In der anderen Konstellation (Quersubventionierung der Tätigkeit in einem wettbewerbsgeöffneten Markt durch Einkünfte aus dem Monopolbereich) geht die Kommission jedoch über die Vorgaben der *AKZO*-Rechtsprechung des Gerichtshofes deutlich hinaus.[591] So verlangt die Kommission in der für den Postsektor veröffentlichten Wettbewerbsbekanntmachung, dass die Preise des marktbeherrschenden Postdienstunternehmens in einem wettbewerbsgeöffneten Markt „wegen der häufig **nicht eindeutig zurechenbaren Gemeinkosten** grundsätzlich mindestens den durchschnittlichen Gesamtkosten für die Bereitstellung des Dienstes entsprechen" müssten. Die Gesamtkosten definiert die Kommission als die Summe der direkten Kosten und der Gemein- und Fixkosten. Damit zieht die Kommission die Grenze des Missbrauchstatbestandes enger als der Gerichtshof im *AKZO*-Urteil.[592] Einen allgemeinen Missbrauchstatbestand der Quersubventionierung gibt es nach der Rechtsprechung des Gerichtshofes jedoch nicht.[593]

182 Etwas anderes ergibt sich auch nicht aus dem *Ufex*-Urteil des Gerichtshofes zum Vorwurf der Quersubventionierung innerhalb des Konzerns der französischen Post.[594] Der Gerichtshof stellt in diesem Urteil zwar fest, die Kommission habe die in casu gegen die französische Post eingebrachte Wettbewerberbeschwerde im Hinblick auf den Vorwurf der Quersubventionierung nicht ausreichend geprüft, dies jedoch nicht wegen dieses **konzerninternen Sachverhaltes** allein, sondern im Hinblick auf die „Schwere der geltend gemachten Beeinträchtigungen des Wettbewerbs und deren fortdauernde Wirkungen".[595] Daher beschreibt die Kommission mit der Definition eines Quersubventionierungstatbestandes einen rein unternehmensinternen Vorgang, der wegen der methodischen Unsicherheiten der Gemeinkostenzurechnung[596] in jedem Mehrproduktunternehmen vorgefunden werden kann. Die Tatsache, dass in einem Unternehmen profitable, weniger profitable und auch nicht profitable Geschäftsbereiche nebeneinander bestehen,[597] deren Ergebnisse sich in der Gesamtgewinn- und -verlustrechnung des Unternehmens teilweise oder vollständig kompensieren, ist für sich genommen wettbewerbs-

---

[591] Rn. 3.4. der Wettbewerbsbekanntmachung für den Postsektor, a.a.O.

[592] Ebenso BeckPostG-Komm./*Sedemund* a.a.O.; in einer neueren Entscheidung definiert die Kommission den „ökonomischen Begriff der Quersubventionierung" wie folgt: „Aus ökonomischer Sicht liegt eine Quersubventionierung dann vor, wenn auf der einen Seite die Erlöse einer Dienstleistung nicht zur Deckung der auf diese Dienstleistung entfallenden spezifischen Zusatzkosten (incremental costs) ausreichen und auf der anderen Seite eine Dienstleistung oder ein gesamter Unternehmensbereich vorhanden ist, dessen Erlöse die „Stand-alone"-Kosten übersteigen. S. Komm. E. v. 20. 3. 2001 Rs. COMP/35.141 – Deutsche Post AG, ABl. 2001 L 125/27 Rn. 6. S. hierzu nunmehr die neue Kommissionsmitteilung zu Art. 82, ABl. 2009 C-45/7, Rn. 63.

[593] Ebenso *Hancher/Buendia Sierra* a.a.O., S. 901, 912: „It is highly unlikely that cross-subsidization should be considered an abuse in itself. Article 86 EC does not prevent a company, even a dominant one, from competing on the merits or from entering new markets. The use of common outputs may be a non-avoidable consequence of such action. The mere transfer of resources in itself cannot be considered as contrary to Article 86 EC."; ebenso *Abbamonte*, Cross-subsidisation and Community Competition Rules: Efficient Pricing Versus Equity, E.L.Rev. 1998, 414, 423.

[594] EuGH Rs. C-119/97 – P – *Ufex/Kommission* Slg. 1999, I-1341; s.a. EuG B. v. 25. 5. 2000 Rs. T-77/95 – RV *Ufex/Kommission* Slg. 2000, II-2167 Rn. 43 ff.

[595] EuGH a.a.O., Rn. 93.

[596] *Hancher/Buendia Sierra* a.a.O., S. 906 ff., 916.

[597] Vgl. dazu EuGH Rs. C-320/91 – *Corbeau* Slg. 1993, I-2533 Rn. 18, 19; EuG Rs. T-260/94 – *Air Inter/Kommission* Slg. 1997, II-997 Rn. 139.

neutral.[598] Der Missbrauchstatbestand tritt somit nicht bereits mit der Quersubventionierung innerhalb eines Unternehmens ein, vielmehr ist die Quersubventionierung nur ein **methodisches Hilfsmittel** zum Nachweis des Unterkostenwettbewerbs im Sinne der *AKZO*-Rechtsprechung.

dd) **Exklusivbindungen im Vertrieb.** Relativ wenig Verhaltensspielräume bleiben dem marktbeherrschenden Anbieter für die Vereinbarung **exklusiver Bezugsverpflichtungen** im Vertrieb. Bereits im 7. Bericht über die Wettbewerbspolitik[599] stellte die Kommission fest, die Vereinbarung von **Alleinbezugsverträgen** mit den Kunden marktbeherrschender Unternehmen sei generell missbräuchlich; dies gelte selbst dann, wenn keine rechtliche Verpflichtung zum Allgemeinbezug bestehe, der Kunde jedoch aus tatsächlichen Gründen veranlasst sei, den überwiegenden Teil seines Bedarfes bei dem marktbeherrschenden Anbieter zu decken. In dieser Auffassung wurde die Kommission alsbald durch den Gerichtshof bestärkt, der im Urteil *Hoffmann-La Roche* allgemein feststellte, „ein Unternehmen, das auf einem Markt eine beherrschende Stellung einnimmt und Abnehmer, sei es auf deren Wunsch, durch die Verpflichtung oder Zusage, ihren **gesamten Bedarf** oder einen beträchtlichen Teil desselben bei ihm zu beziehen, an sich bindet, nutzt seine Stellung im Sinne des Art. 86 des Vertrages missbräuchlich aus, ohne dass es darauf ankäme, ob die fragliche Verpflichtung ohne weiteres oder gegen eine **Rabattgewährung** eingegangen worden ist."[600]

183

Dieser Grundsatz gilt selbst bei **Verträgen mit kürzerer Laufzeit,** wie etwa im Falle *Hoffmann-La Roche* ein auf 2 Jahre abgeschlossener Alleinbezugsvertrag über Vitamin A mit dem zweifelsohne marktstarken Abnehmer *Unilever*.[601] Im Verfahren *Kohlensaures Natron*[602] erlegte die Kommission den Unternehmen *Solvay* und *ICI* die Verpflichtung auf, die Ausschließlichkeitsklausel in den auf jeweils **5 Jahre** abgeschlossenen Bezugsvereinbarungen aufzuheben, die Vertragslaufzeit auf **2 Jahre** zu senken und die Belieferungszusage in diesen Verträgen auf eine Menge zu begrenzen, die es gleichzeitig anderen Lieferanten erlaubt, Konkurrenzangebote zu unterbreiten. Im Falle *Soda-ICI* wiederum beanstandete die Kommission exklusive Liefervereinbarungen nicht nur mit zweijähriger, sondern auch mit **kürzerer Kündigungsfrist** (3–6 Monate nach 1 Jahr Festlaufzeit).[603] Diese Grundsätze gelten nach der Rechtsprechung des Gerichtshofes[604] und der Kommission (Musterverfahren: Zeitschriftenvertrieb)[605] auch für Verträge des marktbeherrschenden Anbieters mit Wiederverkäufern. Eine ähnliche Konstellation lag dem gegen das Marktforschungsunternehmen *Nielsen* geführten Missbrauchsverfahren zugrunde, in dem die Kommis-

184

---

[598] Für den Bereich der konzerninternen Quersubventionierung im Beihilferecht: EuGH Rs. C-303/88 – *Italien/Kommission* Slg. 1991, I-1433 Rn. 21.

[599] Wettbewerbsbericht 1978, Rn. 11, 12.

[600] EuGH U. v. 13. 2. 1979 Rs. 85/76 – *Hoffmann-La Roche/Kommission* Slg. 1979, 461 Rn. 89; ebenso EuGH Rs. C-62/68 – *AKZO/Kommission* Slg. 1991, I-3359 Rn. 149.

[601] *Kirchhoff,* Die Beurteilung von Bezugsverträgen nach europäischem Kartellrecht WuW 1995, 361, 372; nach dem Schrifttum ist die im Hinblick auf Art. 82 EG-Vertrag kritische Grenze bei Bezugsverträgen im Energiesektor bei einer Bindungsdauer von zwei Jahren und einem Bedarfsdeckungsanteil von mehr als 50% erreicht, vgl. *Markert,* Langfristige Bezugsbindungen für Strom und Gas nach deutschem und europäischem Kartellrecht EuZW 2000, 427, 433; s. a. *Schnichels,* Marktabschottung durch langfristige Gaslieferverträge, EuZW 2003, 171, 175.

[602] 11. Wettbewerbsbericht 1981, Rn. 73 ff.

[603] Komm. E. v. 19. 12. 1990 Rs. IV/33.133-D – *Soda-ICI,* ABl. 1991 L 152/40 Rn. 12, 13, 57 ff.; siehe auch den Fall *IRE/Nordion:* 28. Wettbewerbsbericht 1998, Rn. 74: Untersagung langfristiger Alleinbezugsverträge für ein Pharmavorprodukt.

[604] EuG Rs. T-65/89 – *BPB Industries und British Gypsum/Kommission* Slg. 1993, II-389 Rn. 64 ff.; bestätigt durch EuGH Rs. C-310/93 P – *BPB Industries und British Gypsum/Kommission* Slg. 1995, I-865.

[605] Fall *Hachette:* 8. Wettbewerbsbericht 1979 Rn. 114, 115.

sion beanstandet hatte, dass *Nielsen* mit verschiedenen Einzelhändlern Ausschließlichkeitsverträge für den Kauf von Marktdaten geschlossen hatte, die diese Einzelhändler in ihrer Freiheit beschränkten, Daten auch an konkurrierende Marktforschungsunternehmen zu liefern.[606]

185 Nach der Rechtsprechung ist eine weniger strenge Beurteilung von Alleinbezugsvereinbarungen mit marktbeherrschenden Unternehmen ausnahmsweise dann möglich, wenn diese Vereinbarung die Voraussetzungen für eine **Freistellung vom Kartellverbot** nach Art. 81 Abs. 3 EG erfüllt.[607] In der Praxis wird für diese Variante wenig Spielraum bleiben; in der Regel dürfte die Beanstandung derartiger Alleinbezugsvereinbarungen als wettbewerberbehindernd eine positive Beurteilung nach Art. 81 Abs. 3 EG ausschließen. Ein gutes Beispiel hierfür bietet die Missbrauchsentscheidung der Kommission gegen die Anwendung von Ausschließlichkeitsklauseln in sogenannten „Kühltruhenvereinbarungen" für den Vertrieb von Speiseeis in Irland.[608]

186 **ee) Kundenbindung durch Rabattgestaltung.**[609] Die Preisgestaltung marktbeherrschender Unternehmen durch die Einräumung von Rabatten, **Discounts, Bonuszahlungen** oder ähnlichen **Preisnachlässen** ist in der EG-Kartellrechtspraxis bisher zum einen als verbotene Diskriminierung nach Art. 82 Satz 2 Buchst. c EG und zum anderen als Musterfall des Behinderungsmissbrauchs aufgegriffen worden. Als ungerechtfertigte Begünstigung von Kunden, die ihren Gesamtbedarf bei dem marktbeherrschenden Anbieter decken, hat die Kommission mit Billigung der Rechtsprechung vor allem das **Treuerabattsystem** beanstandet.[610] In ihrer Entscheidung *Virgin/British Airways*[611] hat die Kommission die bestehende Rechtsprechung auf die Formel gebracht, Art. 82 EG verlange, „dass ein Unternehmen in beherrschender Stellung nur Rabatte als Gegenleistung für erzielte **Effizienzsteigerungen** und nicht als Gegenleistung für Treue gewähren dürfe".

187 Bemerkenswert ist ferner die Entscheidungspraxis der Kommission zu den vorgeblichen **Mengenrabattsystemen** der öffentlichen Flughafenbetreiber in Brüssel[612] und Lissabon, Faro und Porto[613] sowie in Spanien.[614] In diesen Fällen hatten die öffentlichen **Flughafenbetreiber** jeweils ein nach der Zahl der Landungen einer Fluggesellschaft pro Monat gestaffeltes Mengenrabattsystem für die Erhebung der Start- und Landegebühren eingeführt. Die Kommission beanstandete jedoch, dass das Mengenrabattsystem in der Weise gestaltet war, dass nur die einheimischen Fluggesellschaften von der höchsten Rabattstufe

---

[606] 26. Wettbewerbsbericht 1996, Rn. 64.
[607] EuGH U. v. 13. 2. 1979 Rs. 85/76 – *Hoffmann-La Roche/Kommission* Slg. 1979, 461 Rn. 116; Schröter in: *Schröter/Jakob/Mederer,* Kommentar zum Europäischen Wettbewerbsrecht, Art. 82, Rn. 215.
[608] Komm. E. v. 11. 3. 1998 Rs. IV/34.073, Rs. IV/34.395 und Rs. IV/35.436 – *Van den Bergh Foods Limited,* ABl. 1998 L 246/1 Rn. 270.
[609] Zur neueren Entscheidungspraxis siehe *Kallaugher/Sher,* Rebates Revisited: Anti-Competitive Effects and Exclusionary Abuse Under Article 82, ECLR 2004, 263.
[610] Komm. E. v. 9. 6. 1976 Rs. IV/29.020 – *Vitamine,* ABl. 1976 L 223/27 Rn. 26, bestätigt durch EuGH U. v. 13. 2. 1979 Rs. 85/76 – *Hoffmann-La Roche* Slg. 1979, 461 Rn. 90; Komm. E. v. 19. 12. 1990, Rs. IV/33.133-C – *Soda-Solvay,* ABl. 1991 L 152/21 Rn. 62; Komm. E. v. 14. 5. 1997 Rs. IV/34.621, 35.059/F-3 – *Irish Sugar,* ABl. 1997 L 258/1 Rn. 127, bestätigt durch EuG Rs. T-228/97 – *Irish Sugar/Kommission* Slg. 1999, II-2969 Rn. 194 ff.; Komm. E. v. 20. 6. 2001 Rs. COMP/E-2/36.041/PO – *Michelin,* ABl. 2002 L 143/1 Rn. 226 ff., 254 ff.
[611] Komm. E. v. 14. Juli 1999 Rs. IV/D-2/34.780, ABl. 2000 L 30/1 Rn. 101.
[612] Komm. E. v. 28. 6. 1995 in einem Verfahren nach Art. 90 Abs. 3 EG-Vertrag ABl. 1995 L 216/8.
[613] Komm. E. v. 10. 2. 1999 in einem Verfahren nach Art. 86 EG-Vertrag Rs. IV/35.703 – *Portugiesische Flughäfen,* ABl. 1999 L 69/31; bestätigt durch Schlussanträge des Generalanwaltes *Mischo* vom 19. 10. 2000 Rs. C-163/99 – *Portugal/Kommission* Slg. 2001, I-2613 Rn. 98 ff.; ebenso bestätigt durch EuGH U. v. 29. 3. 2001 Rs. C-163/99 – *Portugal/Kommission* Slg. 2001, I-2613 Rn. 52.
[614] Komm. E. v. 20. 7. 1999 Rs. IV/36.888, ABl. 2000 L 5/55 Rn. 52.

profitierten. Das Argument, diese Mengenrabatte seien durch den **Größenvorteil** gerechtfertigt, der durch die besonders intensive Nutzung der Flughafeninfrastruktur durch die einheimischen Fluggesellschaften entstehe, erkannte die Kommission nicht an, weil sich nicht darlegen ließ, dass sich erhebliche Größenvorteile bei den Dienstleistungen für Start und Landung eines Flugzeugs daraus ergeben, dass das Flugzeug einer bestimmten Gesellschaft angehört. Auf dieser Grundlage entschied die Kommission, dass allenfalls der bei der Fakturierung gegenüber dem Großkunden entstehende Größenvorteil anerkennungsfähig sei; dieser Größenvorteil war in den beiden Fällen jedoch vernachlässigbar gering.[615]

Unter dem Gesichtspunkt des **Kopplungsverbots** nach Art. 82 Satz 2 Buchst. d EG hatte der Gerichtshof bereits im Fall *Hoffmann-La Roche*[616] Rabattsysteme eines marktbeherrschenden Anbieters beanstandet, die dem Abnehmer einen **starken Anreiz** dafür bieten, ihren **Gesamtbedarf** an Produkten verschiedener Märkte nur bei dem beherrschenden Anbieter zu decken **(Gesamtbezugsrabatte).** Ähnliche Praktiken waren offenbar Gegenstand eines Verfahrens der Kommission gegen *Digital Equipment Corporation,* das jedoch ohne förmliche Entscheidung eingestellt wurde.[617] Neben der Qualifizierung eines Treuerabattsystems als diskriminierend im Sinne von Art. 82 Satz 2 Buchst. c EG hat der Gerichtshof **Treuerabatte** eines marktbeherrschenden Anbieters auch als Fall des **Behinderungsmissbrauchs** nach Art. 82 Satz 2 Buchst. b EG beanstandet, weil die Konzentration der Nachfrage bei dem marktbeherrschenden Anbieter die Absatzmöglichkeiten der Wettbewerber unangemessen beschränke.[618] Den auf diese Weise missbilligten **„Sogeffekt"** zugunsten des marktbeherrschenden Anbieters erörterte der Gerichtshof im Urteil *Hoffmann-La Roche.* Die nach diesem Urteil verbotene Kundenbindung durch Treuerabatte charakterisierte der Gerichtshof folgendermaßen: „Ein Unternehmen, das auf einem Markt eine beherrschende Stellung einnimmt und Abnehmer, sei es auch auf deren Wunsch, durch die Verpflichtung oder Zusage, ihren gesamten Bedarf oder einen beträchtlichen Teil desselben ausschließlich bei ihm zu beziehen, an sich bindet, nützt seine Stellung im Sinne des Art. 86 EG des Vertrages missbräuchlich aus, ohne dass es darauf ankäme, ob die fragliche Verpflichtung ohne weiteres oder gegen eine Rabattgewährung eingegangen worden ist."

Das Gleiche gilt, wenn ein solches Unternehmen die Abnehmer nicht durch eine förmliche Verpflichtung bindet, sondern kraft Vereinbarung mit den Abnehmern oder einseitig Treuerabatte gewährt, also Nachlässe, deren Gewährung voraussetzt, dass der Kunde – unabhängig von dem größeren oder geringeren Umfang seiner Käufe – seinen Gesamtbedarf oder einen wesentlichen Teil hiervon ausschließlich bei dem Unternehmen in beherrschender Stellung deckt.[619] Als in der wettbewerblichen Beurteilung Treuerabatten gleichstehend verstoßen auch sogenannte **Zielrabatte** gegen Art. 82. Zielrabatte werden in der Kommissionspraxis definiert als Maßnahmen des marktbeherrschenden Anbieters, die die Verfügbarkeit oder das Ausmaß der den Kunden eingeräumten Rabatte davon abhängig machen, dass der Kunde individuell für ihn **festgesetzte Kaufziele** bei bestimmten Erzeugnissen innerhalb festgelegter Zeiträume erreicht.[620] Typisch für den Zielrabatt ist, dass

---

[615] Komm. E. v. 28. 6. 1995 a. a. O., Rn. 16; Komm. E. v. 10. 2. 1999 a. a. O., Rn. 30.
[616] EuGH U. v. 13. 2. 1979 Rs. 85/76 – *Hoffmann-La Roche/Kommission* Slg. 1979, 461 Rn. 111.
[617] Komm. 27. WB 1997 Rn. 69 .
[618] EuGH verb. Rs. 40 bis 48, 50 bis 56, 111, 113 und 114/73 – *Suiker Unie/Kommission* Slg. 1975, 1663 Rn. 527; Komm. E. v. 20. 3. 2001 Rs. COMP/35.141 – *Deutsche Post AG,* ABl. 2001 L 125/27 Rn. 33.
[619] EuGH U. v. 13. 2. 1979 Rs. 85/76 – *Hoffmann-La Roche/Kommission* Slg. 1979, 461 Rn. 89.
[620] Komm. E. v. 22. 1. 1997 Rs. IV/11.794 – *Coca-Cola/Amalgamated Beverages,* ABl. 1997 L 218/15 Fn. 9; Komm. E. v. 14. 7. 1999 Rs. IV/D-2/34.780 – *Virgin/British Airways,* ABl. 2000 L 30/1 Rn. 3; bestätigt durch EuG U. v. 17. 12. 2003 Rs. T-219/99 – *British Airways/Kommission.*

der marktbeherrschende Anbieter den Gesamtbedarf seines Kunden während eines bestimmten Zeitraums ermittelt oder schätzt und die Gewährung eines besonders hohen Rabattes davon abhängig macht, dass die Bestellungen des Kunden diesen Wert oder einen erheblichen Teil dessen erreichen. Die wettbewerbliche Missbilligung eines solchen Systems liegt vor allen Dingen darin, dass am **Ende des Referenzzeitraums** der **Druck auf den Käufer** wächst, die notwendige Abnahmemenge zu erreichen, um eine möglichst hohe Rabattstufe (Steigerungsrabatt) zu erreichen.[621] Die Rechtsprechung des Gerichtshofes zu Treue- und Zielrabatten ist durch das Urteil des Gerichts erster Instanz im Fall *Irish Sugar* bestätigt worden.[622] Nach der Entscheidung der Kommission im zweiten *Michelin*-Fall sind derartige Rabatte nur dann nicht missbräuchlich, wenn die Berechnungsperiode nicht über einen Zeitraum von drei Monaten hinausgeht.[623]

190 Eine weitere Variante der Kundenbindung durch Rabattgestaltung stellt der sogenannte **Spitzenmengenrabatt** („Top-Slice-Rebate") dar, eine Preisgestaltungsform, die dem Umstand Rechnung trägt, dass Abnehmer in manchen Industrien typischerweise neben einem Hauptlieferanten noch einen weiteren Lieferanten für Spitzenmengen haben, um auf diese Weise absolute Liefersicherheit herzustellen. In derartigen Fällen besteht der nach Art. 82 verbotene Spitzenrabatt darin, dass der Abnehmer durch besondere Preisnachlässe dazu veranlasst wird, auch diese verbleibende Spitzenmenge bei dem marktbeherrschenden Anbieter zu beziehen.[624]

191 Demgegenüber werden als wettbewerblich unbedenklich angesehen: **Barzahlungsrabatte** (Skonto),[625] **Funktionsrabatte,** welche dem Abnehmer bei Übernahme bestimmter Aufgaben gewährt werden,[626] sowie **Markteinführungsrabatte.**[627] Auch nach der neueren Rechtsprechung weiter zulässig sein soll der „normale" **Mengenrabatt,** der nach der Definition des Gerichtshofes „ausschließlich an den Umfang der bei dem betroffenen Hersteller getätigten Käufe anknüpft".[628] Angesichts der Rechtsprechung des Gerichtshofes zu Zielrabatten und der oben zitierten Kommissionspraxis zur **mangelnden Legitimation bestimmter Mengenrabatte** durch Größenvorteile[629] bedarf diese Aussage jedoch der Präzisierung. Als zulässiger Mengenrabatt ist nur diejenige Preisreduzierung anzusehen, die gewährt wird, weil eine individuelle Bestellung eines Kunden eine bestimmte Menge erreicht. Kein Mengenrabatt im Sinne der Rechtsprechung ist dagegen der Preisnachlass für das Erreichen einer bestimmten Bestellmenge über einen von vornherein festgesetzten (längeren) Zeitraum, z.B ein Jahr, hinweg. Diese Konstellation entspricht in der Regel eher dem verbotenen **Zielrabatt.** Beschränkt sich der Mengenrabatt somit auf die Menge einer jeweils individuellen Bestellung, lässt sich in der Regel auch der mit einer höheren Be-

---

[621] EuGH Rs. 322/81 – *Michelin/Kommission* Slg. 1983, 3461 Rn. 81; EuG Rs. T-65/89 – *BPB Industries, British Gypsum/Kommission* Slg. 1993 II-389 Rn. 120.

[622] EuG U. v. 7. 10. 1999 Rs. T-228/97 Slg. 1999, II-2969 Rn. 194 ff.

[623] Komm. E. v. 20. 6. 2001 Rs. COMP/E-2/36.041/PO – *Michelin*, ABl. 2002 L 143/1 Rn. 216 (dort terminologisch unzutreffend als „Mengenrabatte" bezeichnet); im Wesentlichen bestätigt durch EuG U. v. 30. 9. 2003 Rs. T-203/01 – *Michelin/Kommission* WuW/E EU-R 731 Rn. 85.

[624] Komm. E. v. 19. 12. 1990 Rs. IV/33.133 – *Soda-ICI*, ABl. 1991 L 152/40 Rn. 55 f.; Komm. 30. Wettbewerbsbericht 2000, Rn. 101–103.

[625] EuGH Rs. 322/81 – *Michelin/Kommission* Slg. 1983, 3461 Rn. 66.

[626] *Möschel* in: *Immenga/Mestmäcker* EG-WbR Bd. I, Art. 82, Rn. 199; indirekt: EuG Rs. T-228/97 *Irish Sugar/Kommission* Slg. 1999, II-2969 Rn. 114 und 214.

[627] *de Bronett* in: *Wiedemann*, Handbuch des Kartellrechts, § 22, Rn. 90; *Möschel* a. a. O., Art. 82, Rn. 199; indirekt in EuGH U. v. 13. 2. 1979 Rs. 85/76 – *Hoffmann-La Roche/Kommission* Slg. 1979, 461 Rn. 96.

[628] EuGH U. v. 13. 2. 1979 Rs. 85/76 – *Hoffmann-La Roche/Kommission* Slg. 1979, 461 Rn. 90; EuG Rs. T-228/97 – *Irish Sugar/Kommission* a. a. O., Rn. 213.

[629] Komm. E. v. 28. 6. 1985 in einem Verfahren nach Art. 90 Abs. 3 EG-Vertrag ABl. 1995 L 216/8; Komm. E. v. 10. 2. 1999 Rs. IV/35.703 – *Portugiesische Flughäfen*, ABl. 1999 L 69/31.

stellmenge verbundene **Größenvorteil** begründen.[630] Eine hohe Bestellmenge verschafft im Voraus Absatzsicherheit und verringert die Vertriebs- bzw. Auslieferungskosten.

Das in Rn. 175 erwähnte Diskussionspapier der Kommission zur Anwendung des Art. 82 EG auf bestimmte Arten des Behinderungsmissbrauchs hat zu einer Ökonomisierung der Entscheidungspraxis der Kommission zu Rabatten geführt. Das Diskussionspapier spiegelt sich in der Entscheidung *Prokent/Tomra* wider[631]. In dieser Entscheidung hat die Kommission zum Nachweis missbräuchlichen Verhaltens unmittelbar mittels ökonomischer Analyse die marktverschließende Wirkung der Rabattvereinbarungen von *Tomra*, einem Hersteller von Leergutautomaten für den Lebensmitteleinzelhandel, begründet.

Keine Rechtfertigung einer Kundenbindung durch Treue- oder Zielrabatte stellt schließlich die Vereinbarung einer **„englischen Klausel"** in den jeweiligen Lieferverträgen dar. Im Fall *Hoffmann-La Roche*[632] hatte der marktbeherrschende Anbieter mit einigen Kunden vereinbart, dass sie den Lieferanten ohne Verlust des Treuerabattes dann wechseln könnten, wenn ihnen ein **preislich günstigeres Konkurrenzangebot** vorläge, sie dieses Angebot dem marktbeherrschenden Lieferanten mitteilten und dieser der Aufforderung, seinen Lieferpreis nach unten anzupassen, nicht nachkomme. In seinem Urteil kam der Gerichtshof[633] jedoch zu dem Ergebnis, die englische Klausel selbst verstärke den missbräuchlichen Charakter der Kundenbindung, weil der marktbeherrschende Anbieter durch die englische Klausel einen überlegenen Überblick über das Preisverhalten der Wettbewerber und damit die Möglichkeit erhalte, sich etwaigem Preiswettbewerb sofort anzupassen. In ihrer Entscheidung *Soda-Solvay*[634] bestätigte die Kommission die Auffassung, dass die englische Klausel den marktbeherrschenden Anbieter im Hinblick auf die Markttransparenz begünstige, während seine Wettbewerber kaum Chancen hätten, in das jeweilige Geschäft einzubrechen.[635]

e) Marktstrukturmissbrauch. aa) Verschlechterung des Angebots. Einzelne Äußerungen in der Rechtsprechung des Gerichtshofes und in der Kommissionspraxis deuten darauf hin, dass ein Unternehmen seine marktbeherrschende Stellung auch dadurch missbrauchen kann, dass es durch den Aufbau von **Ineffizienzen** seine Leistungsqualität verschlechtert oder die in dem betroffenen Markt **notwendigen Innovationsmaßnahmen** zu Lasten der Verbraucher unterlässt. Je nach Betrachtungsweise lässt sich diese Fallvariante entweder als Unterfall des Ausbeutungsmissbrauchs oder aber als Fallgruppe des Marktstrukturmissbrauches einordnen.[636] Die Kommission hat in ihrer im Jahre 1998 veröffentlichten Bekanntmachung über die Anwendung der EG-Wettbewerbsregeln auf den **Postsektor**[637] generell die Auffassung vertreten, „eine andere Form des Missbrauches könne darin bestehen, einen völlig unzulänglichen Dienst bereitzustellen und den **technischen Fortschritt** nicht zu nutzen. Dies benachteilige Kunden, die daran gehindert würden, zwischen alternativen Anbietern zu wählen." Auch wenn diese Aussage die allgemeine wettbewerbsökonomische Erfahrung wiedergibt, dass die Aufrechterhaltung von gesetzlichen Monopolen häufig nicht zur **Steigerung der Leistungseffizienz** beiträgt, geht das wettbewerbsrechtliche Postulat der Kommission wohl zu weit. Da der EG sowohl den Be-

---

[630] Komm. E. v. 14. 7. 1999 Rs. IV/D-2/34.780 – *Virgin/British Airways*, ABl. 2000 L 30/1 Rn. 101.

[631] Komm. E. v. 29. 3. 2006 Rs. COMP/E-1/38.113 – *Prokent/Tomra*. Gegen die Entscheidung ist bei dem Gericht erster Instanz eine Nichtigkeitsklage anhängig (Rs. T-155/06).

[632] EuGH U. v. 13. 2. 1979 Rs. 85/76 – *Hoffmann-La Roche/Kommission* Slg. 1979, 461 Rn. 102 ff.

[633] EuGH a. a. O., Rn. 108.

[634] Komm. E. v. 19. 12. 1990 Rs. IV/33.133-C, ABl. 1991 L 152/21 Rn. 60, 61.

[635] S. a. *de Bronett* in: *Wiedemann*, Handbuch des Kartellrechts § 22, Rn. 91; *Kirchhoff*, Die Bedeutung von Bezugsverträgen nach europäischem Kartellrecht, WuW 1995, 362, 368 f.

[636] In diesem Sinne *Emmerich* in: *Dauses*, Handbuch des EU-Wirtschaftsrechts H.I, Rn. 377 ff.; *Möschel* Art. 82, Rn. 272 (Fn. 610).

[637] ABl. 1998 C 39/2 Rn. 2.7.

stand als auch die Neuschaffung von Monopolen erlaubt und damit die nach allgemeiner wirtschaftlicher Erfahrung mit der Schaffung von Monopolen einhergehenden Ineffizienzen in Kauf nimmt, kann es nicht in jedem Fall missbräuchlich sein, wenn ein Monopolist seine Leistungsqualität bei gleich bleibenden Preisen verschlechtert. Missbräuchlich ist eine derartige **Leistungsverschlechterung** erst dann, wenn die Grenzen des **Preishöhenmissbrauches** erreicht sind. Auch eine **generelle Innovationspflicht** marktbeherrschender Unternehmen lässt sich aus Art. 82 EG nicht ableiten. Derartige Unternehmen haben das Recht, auf die industrielle Fertigung neuer Produkte sowie auf die Einführung neuartiger Herstellungsverfahren zu verzichten, wenn die voraussichtlichen Kosten den zu erwartenden wirtschaftlichen Nutzen übersteigen.[638]

195 Von dieser Fallkategorie zu unterscheiden ist das Urteil des Gerichtshofes in der Rechtssache *Höfner und Elser/Macrotron*.[639] In diesem Urteil hatte der Gerichtshof festgestellt, ein Mitgliedstaat verstoße dann gegen die Artt. 86 Abs. 1 i.V.m. Art. 82 EG, wenn er einer öffentlich-rechtlichen Einrichtung für die Arbeitsvermittlung auch die Vermittlung von Führungskräften der Wirtschaft exklusiv vorbehalte, obwohl die mit dieser Aufgabe betraute Anstalt offenkundig nicht in der Lage ist, die Nachfrage nach derartigen Leistungen zu befriedigen. In der Hauptsache handelt es sich somit um ein Urteil, das die Befugnisse der Mitgliedstaaten zur **Aufrechterhaltung von Monopolen** begrenzt, eine generelle Verpflichtung marktbeherrschender Unternehmen zur Aufrechterhaltung einer bestimmten Leistungsqualität lässt sich aus diesem Urteil nicht ableiten. Somit steht es auch einem marktbeherrschenden Unternehmen frei, die Erbringung einer bestimmten Leistung einzustellen; nur wenn die Erbringung dieser Leistung dem Unternehmen durch die Vorschriften des jeweiligen Mitgliedstaates ausschließlich vorbehalten war, verstößt der Mitgliedstaat gegen Art. 86 Abs. 1 EG, wenn er diesen Markt nach Einstellung der betreffenden Leistung nicht öffnet. Desweiteren findet sich in der Rechtsprechung des Gerichtshofes zur Anwendung von Art. 82 EG auf das Gebührenerhebungsverhalten staatlich geschützter Dienstleistungsmonopolisten die Aussage, bei der Analyse der **Kostensituation** dieses Unternehmens lasse sich nicht ausschließen, dass sich die **„Schwerfälligkeit des Verwaltungsapparates"** und damit die hohen **Personalkosten** gerade durch den Mangel an Wettbewerb erklären lasse.[640] Ferner beschreibt der Gerichtshof in der Rechtssache *Merci Convenzionali Porto di Genova*[641] die allgemeine betriebswirtschaftliche Beobachtung, dass durch staatliche Monopole geschützte Unternehmen zur Innovationsträgheit neigen, so dass dieser staatliche Vorbehalt ausschließlicher Rechte in Extremfällen zu einem Verstoß des Mitgliedstaates gegen den EG führen kann.[642]

196 Die Schwierigkeit der Anwendung von Art. 82 im Sinne eines Instruments zur Deckung **unzureichend befriedigter Nachfragesegmente** zeigte sich schließlich auch im Verfahren *P&I-Clubs-Pooling Agreement*.[643] In dieser Entscheidung hatte die Kommission zwar festgestellt, dass eine marktbeherrschende Vereinigung von Seeversicherungsunternehmen dadurch gegen Art. 82 Satz 2 Buchst. b EG verstoßen hatte, dass sie ihren Kunden nur ein einziges Versicherungsprodukt mit der Folge angeboten hatte, dass ein wesentlicher Teil der Nachfrage unbefriedigt blieb. Die Kommission beschränkte ihre Entscheidungsbefugnisse jedoch selbst durch die Aussage, es stehe ihr nicht zu, darüber zu entscheiden, welchen

---

[638] *Schröter* in: *Schröter/Jakob/Mederer*, Kommentar zum Europäischen Wettbewerbsrecht, Art. 82, Rn. 203.
[639] EuGH Rs. C-41/90, Slg. 1991, I-1979; vgl. *Faull/Nikpay*, The EC Law of Competition, Rn. 4.395.
[640] EuGH Rs. 395/87 – *Tournier* Slg. 1989, 2521 Rn. 42; EuGH verb. Rs. 110/88, 241/88 und 242/98 – *SACEM* Slg. 1989, 2811 Rn. 29.
[641] EuGH Rs. C-179/90 Slg. 1991, I-5889 Rn. 19.
[642] EuGH a.a.O., Rn. 20.
[643] Komm. E. v. 12. 4. 1999 Rs. IV/D-1/30.373, ABl. 1999 L 125/12.

Versicherungsschutz die Unternehmen anbieten sollten. Sie könne nur tätig werden, wenn „eindeutige, unumstößliche Beweise dafür vorlägen, dass einer signifikanten Zahl von Abnehmern eine Dienstleistung vorenthalten werde, für die ein offensichtlicher Bedarf bestand", was in dem betroffenen Fall jedoch nicht gegeben war.[644] Im Ergebnis dürfte die hier diskutierte Fallgruppe daher kaum praktisch werden, allenfalls in **extremen Situationen der Leistungsverschlechterung** durch staatlich geschützte Monopolunternehmen.

bb) Anwendung von Art. 82 EG auf Unternehmenszusammenschlüsse. Vor der Einführung der deutschen Fusionskontrolle durch die 2. GWB-Novelle im Jahre 1973 und dem Inkrafttreten der EG-Fusionskontrollverordnung (EWG) Nr. 4064/89 (nunmehr Verordnung Nr. 139/2004) vom 21. 12. 1989 stellte sich in den Europäischen Gemeinschaften das wettbewerbsrechtliche Problem, dass es außerhalb der Fusionskontrolle nach dem früheren **Art. 66 EGKS-Vertrag** keine Spezialvorschriften über die Kontrolle der Entstehung oder Verstärkung marktbeherrschender Stellungen durch Unternehmenszusammenschlüsse gab. Vor diesem Hintergrund zu sehen ist der damalige Vorstoß der Kommission, die durch Entscheidung vom 9. 12. 1971 einen Zusammenschluss im Bereich der Dosenindustrie auf der Grundlage von Art. 82 EG verboten hatte.[645] Die Entscheidung beruhte auf der Annahme, das erwerbende Unternehmen *(Continental Can Company)* habe seine ohnehin marktbeherrschende Stellung in verschiedenen Dosen- und Verpackungsmärkten (nach den Feststellungen der Kommission bestanden Marktanteile zwischen 50 und 90%) durch den Erwerb einer Mehrheitsbeteiligung an einem kleineren Wettbewerber missbraucht. Auf die Klage des betroffenen Unternehmens hin bestätigte der Gerichtshof, dass Art. 82 EG der Kommission nicht nur eine Verhaltenskontrolle erlaube, sondern auch die Aufsicht über **strukturelle Marktveränderungen**.[646] Art. 82 EG verbiete daher einen Unternehmenszusammenschluss jedenfalls dann, wenn das betroffene Unternehmen seine marktbeherrschende Stellung durch diesen Zusammenschluss in der Weise ausbaue, dass „praktisch jeder Wettbewerb ausgeschaltet wird".[647] Damit ist deutlich, dass Art. 82 EG die Verstärkung einer marktbeherrschenden Stellung durch einen Unternehmenszusammenschluss verbietet, jedenfalls bei einer extrem hohen Kumulierung von Marktanteilen.

In ihrer Entscheidung *Metaleurop,* die ebenfalls einen Sachverhalt aus der Zeit vor Inkrafttreten der EG-Fusionskontrolle betrifft,[648] deutet die Kommission an, dass nach ihrer Auffassung auch die Begründung einer marktbeherrschenden Stellung durch eine Fusion zweier vorher nicht marktbeherrschender Unternehmen nach Art. 82 EG missbräuchlich sein könne.[649] Zur Frage der Anwendbarkeit von Art. 82 EG auf den **Erwerb von Minderheitsbeteiligungen** stellte der Gerichtshof in der Rechtssache *BAT und Reynolds* unzweideutig fest, dass die missbräuchliche Ausnutzung einer marktbeherrschenden Stellung durch das erwerbende Unternehmen allenfalls dann anzunehmen sei, wenn die „fragliche Beteiligung eine effektive Kontrolle über das andere Unternehmen oder zumindest einen Einfluss auf dessen Geschäftspolitik" vermittle.[650] Die Kommission ist über die Vorgaben dieses Urteils jedoch im Fall *Warner-Lambert/Gillette* hinausgegangen, in der sie entschied, dass bereits die Akquisition einer 22%igen Kapitalbeteiligung jedenfalls dann missbräuch-

---

[644] Komm. E. a. a. O., Rn. 128 f.
[645] Komm. E. v. 9. 12. 1971 Rs. IV/26.811 – *Continental Can Company,* ABl. 1972 L 7/25.
[646] EuGH U. v. 21. 2. 1973 Rs. 6/72 – *Europemballage und Continental Can/Kommission* Slg. 1973, 215 Rn. 21.
[647] EuGH a. a. O., Rn. 29.
[648] Komm. E. v. 26. 6. 1990 Rs. IV/32.846 – *Metaleurop,* ABl. 1990 L 179/41.
[649] Komm. E. a. a. O., Rn. 18: An dieser Stelle prüft die Kommission unter Bezugnahme auf die *Continental-Can*-Rechtsprechung, ob durch die Zusammenlegung der fusionierenden Unternehmen eine Marktposition entstehe, die den Fortbestand wirksamen Restwettbewerbes gefährde, kommt jedoch zu der Auffassung, dies sei im konkreten Fall nicht gegeben.
[650] EuGH verb. Rs. 142 und 156/84 – *BAT und Reynolds/Kommission* Slg. 1987, 4487 Rn. 65.

Art. 82 EG 199–201

lich sei, wenn sich das Beteiligungsunternehmen in **starker finanzieller Abhängigkeit** von dem marktbeherrschenden Erwerber befinde und deshalb nicht wirklich als Wettbewerber des marktbeherrschenden Unternehmens angesehen werden könnte.[651] Hinzu kam, dass *Gillette* über **Vorkaufsrechte** die Möglichkeit hatte, einen Zusammenschluss des Beteiligungsunternehmens mit einem anderen Wettbewerber zu verhindern.[652] Der Fall *Warner-Lambert/Gillette* mag zwar wegen der außerordentlich hohen **Marktanteile** von *Gillette* (zwischen 50 und 90%) Ausnahmecharakter haben, eröffnet der Kommission jedoch über die Zusammenschlusstatbestände der EG-Fusionskontrollverordnung hinaus erhebliche Zugriffsmöglichkeiten auf den Erwerb von Minderheitsbeteiligungen durch marktbeherrschende Unternehmen. Insofern bleibt nach Inkrafttreten der EG-Fusionskontrollverordnung durchaus ein rechtspraktisches Anwendungsfeld für Art. 82 EG auf Zusammenschlussvorgänge eröffnet.[653]

199 Dies gilt jedenfalls für den **Erwerb von Minderheitsbeteiligungen** durch marktbeherrschende Unternehmen und für all diejenigen Zusammenschlüsse, die nur der nationalen Fusionskontrolle unterliegen. Für diejenigen Fälle des Kontrollerwerbs, die nunmehr der EG-Fusionskontrollverordnung unterliegen, ist eine parallele Anwendung von Art. 82 EG und den Beurteilungskriterien im Sinne von Art. 2 der Verordnung (Begründung oder Verstärkung einer marktbeherrschenden Stellung) allerdings rechtspraktisch schwer vorstellbar.[654] In diesem Sinne ist auch die **amtliche Erklärung der Kommission für das Ratsprotokoll** vom 19. 12. 1989 zur Verabschiedung der EG-Fusionskontrollverordnung zu verstehen, sie beabsichtige „normalerweise nicht, die Artt. 85 und 86 des Vertrags zur Gründung der Europäischen Wirtschaftsgemeinschaft auf Zusammenschlüsse im Sinne von Art. 3 anders als im Wege dieser Verordnung anzuwenden."[655]

200 Bemerkenswert ist ferner, dass die Kommission sich inzwischen in einer Reihe von Genehmigungsentscheidungen nach der EG-Fusionskontrolle dahingehend geäußert hat, sie behalte sich die Prüfung vor, ob die entsprechende Akquisition wegen ihrer **Finanzierung aus Monopolgewinnen** des Erwerberunternehmens (z.B. staatlich kontrolliertes Postunternehmen) gegen Art. 82 oder gegen Art. 87 EG verstoße.[656] Die Rechtsfrage, ob die **Herkunft der Mittel,** die zur Finanzierung einer Akquisition eingesetzt werden, für die Anwendung von Art. 82 EG in der Weise relevant ist, dass Gewinne aus gesetzlichen Monopolen für derartige Akquisitionen nicht verwendet werden dürfen, ist inzwischen vom Gericht erster Instanz geklärt worden.[657] Danach ist die Herkunft der Mittel für die Akquisition nur dann relevant, wenn diese Mittel ihrerseits das Resultat missbräuchlich überhöhter oder diskriminierender Preise darstellen.

201 f) **Schaffung und Beibehaltung von Marktzutrittsschranken. aa) Bestand exklusiver Rechte.** Abgesehen von den Rechtspflichten, die den Mitgliedstaaten aus Art. 86 Abs. 1 EG erwachsen, leiten sich aus den Artt. 81 und 82 des Vertrages grundsätzlich keine Vorgaben für das gesetzgeberische Verhalten der Mitgliedstaaten ab. Das EG-Kartellrecht bestimmt somit im Grundsatz nicht, welche Voraussetzungen und **Spielräume die Mitgliedstaaten** für das wettbewerbliche Verhalten von Unternehmen schaffen. Allerdings ist es den Mitgliedstaaten nach ständiger Rechtsprechung auf Grund der Artt. 10 und 81 EG

---

[651] Komm. E. v. 10. 11. 1992 Rs. IV/33.440 – *Warner-Lambert/Gillette* sowie Rs. IV/33.486 – *BIC/Gillette* ABl. 1993 L 116/21 Rn. 24 ff.

[652] Komm. E. a. a. O., Rn. 26.

[653] *Schröter* in: *Schröter/Jakob/Mederer,* Kommentar zum Europäischen Wettbewerbsrecht, Art. 82, Rn. 283.

[654] In diesem Sinne *Jung* in: *Grabitz/Hilf,* Das Recht der Europäische Union, Art. 82, Rn. 238.

[655] Erklärungen für das Ratsprotokoll vom 19. 12. 1989 WuW 1990, 240, 243.

[656] Komm. E. v. 8. 11. 1996 Rs. IV/M.843-*PTT Post/TNT/GD/Express Worldwide,* Rn. 40; Komm. E. v. 24. 7. 1998 Rs. IV/M. 1168-*Deutsche Post/DHL* Rn. 32.

[657] EuG U. v. 20. 3. 2002 Rs. T-175/99 – *UPS Europe NV/Kommission* Slg. 2002, II-1915.

verwehrt, „gegen Art. 81 verstoßende Kartellabsprachen vorzuschreiben, zu erleichtern oder zu verstärken".[658] Im Hinblick auf Art. 82 EG wird sich diese Rechtsprechung auch auf die staatliche Förderung individueller unternehmerischer Verhaltensweisen übertragen lassen, die für sich genommen als missbräuchlich im Sinne von Art. 82 EG anzusehen sind.[659] Demgegenüber steht nach der Rechtsprechung jedoch fest, dass die staatliche Errichtung von Monopolen als solche ebenso wie der gesetzliche Schutz von **Ausschließlichkeitsrechten** nicht gegen Art. 82 EG verstößt. Den Mitgliedstaaten steht es somit grundsätzlich frei, durch die Gewährung ausschließlicher Rechte an einen limitierten Kreis von Unternehmen Marktzutrittsschranken zu errichten.[660] So ist es auch zu erklären, dass die Gemeinschaft in Rechtsakten des sekundären Gemeinschaftsrechts den Fortbestand **nationaler Monopole** ausdrücklich gestattet, wie z. B. im Postsektor.[661]

Ebenso ist in der Rechtsprechung anerkannt, dass der Vertrag dem Bestand und Schutz gewerblicher Schutzrecht nach nationalem – oder seit der Einführung der **Gemeinschaftsmarke** nach Gemeinschaftsrecht – nicht entgegensteht.[662] Diese im Grunde selbstverständliche Aussage leitet die Gemeinschaftsgerichtsbarkeit aus der Regelung des Art. 30 EG ab, die Ausnahmen von der **Freiheit des Warenverkehrs** nach Art. 28 EG zulässt, wenn diese zum Schutz des gewerblichen und kommerziellen Eigentums gerechtfertigt sind. Dass auch das EG-Kartellrecht die **Marktzutrittsschranken** im Grundsatz unberührt lässt, die durch die gesetzliche Garantie von gewerblichen Schutzrechten errichtet bzw. beibehalten werden, ergibt sich auch daraus, dass die Gruppenfreistellungsverordnungen der Kommission über Forschungs- und Entwicklungsvereinbarungen[663] sowie über Technologietransfervereinbarungen,[664] die durch das **gewerbliche Schutzrecht gewährte Exklusivität** als selbstverständlich voraussetzen. Daher stellt die Ausübung eines gesetzlich gewährten oder geschützten Exklusivrechts als solche keinen Missbrauch dar, es sei denn diese Rechtsausübung verstieße in manifester Weise gegen die Ziele des Art. 82 EG.[665] Ein Missbrauch kann z. B. vorliegen, wenn durch unrichtige und irreführende Angaben gegenüber Patentämtern der Patentschutz unrechtmäßig verlängert wird.[666]

In der Kommissions- und Rechtsprechungspraxis haben sich noch keine einheitlichen Grundsätze herausgebildet, die es gestatteten, die wenigen Ausnahmefälle zu systematisieren, in denen wettbewerbspolitische Erwägungen die rechtliche Garantie des Exklusivrechts zu Lasten des Rechtsinhabers überwinden. Einige der Urteile des Gerichtshofes, die zum Teil in dem Sinne verstanden werden, dass Art. 82 EG der Ausübung eines Monopolrech-

---

[658] EuGH U. v. 17. 6. 1997 Rs. C-70/95 – *Sodemare* Slg. 1997, I-3395 Rn. 42; EuGH Rs. C-39/96 – *Kommission/Italien*, Slg. 1994, I-3851 Rn. 54.

[659] EuGH Rs. 66/86 *Saeed* Slg. 1989, 803 Rn. 48; Schlussanträge des Generalanwaltes *Darmon* zu Rs. 18/88 – *GB-Inno* Slg. 1991, I-5941 Rn. 32; Schlussanträge des Generalanwaltes *Lenz* zu Rs. C-379/92 – *Peralta* Slg. 1994, I-3453 Rn. 38.

[660] EuGH Rs. C-260/89 – *ERT* Slg. 1991, I-2925 Rn. 35; EuGH Rs. C-320/91 – *Corbeau* Slg. 1993, I-2533 Rn. 11; EuGH U. v.10. 2. 2000 verb. Rs. C-147 und C-148/97 – *Deutsche Post/GZS Gesellschaft für Zahlungssysteme* Slg. 2000, I-825 Rn. 39; EuGH U. v. 23. 5. 2000 Rs. C-209/98 – *FFAD* Slg. 2000, I-3743 Rn. 66.

[661] Vgl. Art. 7 der Richtlinie 97/67/EG vom 15. 12. 1997, ABl. 1998 L 15/14.

[662] EuGH Rs. 102/77 – *Roche/Centrafarm*, Slg. 1978, 1139 Rn. 8, EuGH Rs. 62/79 – *Coditel/Ciné-Vog Films* Slg. 1980, 881 Rn. 14; EuGH Rs. 53/87 – *CICRA/Renault*, Slg. 1988, 6039 Rn. 11; EuGH Rs. 238/87 – *Volvo/Veng*, Slg. 1988, 6211 Rn. 8; EuG Rs. T-67/89 – *ITP/Kommission*, Slg. 1991, II-575 Rn. 54 ff.; *Montag*, Gewerbliche Schutzrechte, wesentliche Einrichtungen und Normung im Spannungsfeld zu Art. 86 EGV, EuZW 1997, 71 f.

[663] Verordnung (EG) Nr. 2659/2000 vom 29. 11. 2000, ABl. 2000 L 304/7.

[664] Verordnung (EG) Nr. 240/96 vom 31. 1. 1996 ABl. 1996 L31/2.

[665] EuG Rs. T-67/89 – *ITP/Kommission* Slg. 1991, II-575 Rn. 55.

[666] Komm. E. v. 15. 6. 2005 Rs. COMP/A. 37.507/F3 – *AstraZeneca*, ABl. 2006 L 332/24 Rn. 626 ff.

tes als solcher widersprechen kann,[667] betrafen jeweils Fälle, in denen die Gewährung des Exklusivrechts durch den Mitgliedstaat auch an Art. 86 Abs. 1 EG gemessen wurde, weil die Ausgestaltung des Monopols dem begünstigten Unternehmen die Behinderung von Wettbewerbern auf benachbarten Märkten erleichterte,[668] in dem zitierten Fall *Silvano Raso* z. B. in der ungewöhnlichen Konstellation, dass es einer italienischen **Hafenbetriebsgesellschaft,** die mit anderen Hafendienstleistungsanbietern in Wettbewerb stand, gesetzlich vorbehalten war, diesen Wettbewerbern bei Engpässen eigenes Hafenpersonal vorübergehend zur Verfügung zu stellen. Wettbewerblich gesehen beanstandete der Gerichtshof, dass das gesetzliche Vorbehaltsrecht die begünstigte Hafenbetriebsgesellschaft gewissermaßen dazu einlud, ihren Wettbewerbern zu teures oder aber nicht ausreichend qualifiziertes Personal zur Verfügung zu stellen.[669] In den Urteilen *Höfner und Elser*[670] bzw. *Job Centre*[671] schränkte der Gerichtshof die gesetzgeberische Freiheit des Staates, bestimmten Unternehmen Monopolrechte vorzubehalten überdies in der Weise ein, dass es mit Art. 86 Abs. 1 in Verbindung mit Art. 82 EG unvereinbar sei, potentielle Wettbewerber eines gesetzlich geschützten Monopolisten von wirtschaftlichen Aktivitäten in Märkten fernzuhalten, wenn der Monopolist die Nachfrager auf diesen Märkten offenkundig nicht befriedigen kann. Beide Urteile betreffen das **staatliche Arbeitsvermittlungsmonopol.** Vom Tatbestand her knüpft der Gerichtshof diese Rechtsprechung an Art. 82 Satz 2 Buchst. b EG (Einschränkung des Absatzes zum Schaden der Verbraucher) an.[672] Nach dem Urteil *Télémarketing*[673] ist es einem Monopolisten (Fernsehunternehmen) zudem verboten, sich eine Hilfstätigkeit **(Fernsehwerbung)** ausschließlich vorzubehalten, die von einem dritten Unternehmen im Rahmen seiner Tätigkeit auf einem benachbarten, aber getrennten Markt ausgeübt werden könnte.

204   bb) Erwerb gewerblicher Schutzrechte. Im Hinblick auf den Erwerb gewerblicher Schutzrechte gilt ebenfalls die Grundregel, dass der „bloße Erwerb eines von der Rechtsordnung gewährten ausschließlichen Rechts, dessen Substanz in der Befugnis besteht, die Herstellung und den Verkauf der geschützten Erzeugnisse durch Dritte zu untersagen", nicht als Missbrauch angesehen werden kann.[674] Nach der Rechtsprechung ist die Allgemeingültigkeit dieser Aussage unter wettbewerbsstrukturellen Gesichtspunkten dann eingeschränkt, wenn der Erwerb einer ausschließlichen Lizenz auf eine **Schlüsseltechnologie** durch ein marktbeherrschendes Unternehmen dazu dient die Unangreifbarkeit der überragenden Marktstellung dieses Unternehmens gegen neue Wettbewerber abzusichern (Fall *Tetra Pak I*).[675] Nach der Diktion des Gerichts beruhte diese Entscheidung auf den „besonderen Umständen des Falls", nämlich der Tatsache, dass *Tetra Pak* auf dem europäischen Markt für aseptische Abfüllmaschinen über einen Marktanteil von 91,8% und auf dem Markt für die dazugehörigen Verpackungskartons über einen Anteil von 89,1% verfügte.

---

[667] Vgl. die Kommentierung von *Jung* in: *Grabitz/Hilf,* Das Recht der Europäischen Union Art. 82, Rn. 202, 203.
[668] EuGH Rs. C-260/89 – *ERT* Slg. 1991, I-2925 Rn. 37; EuGH Rs. C-163/96 – *Silvano Raso* Slg. 1998, I-533 Rn. 27 ff.
[669] EuGH Rs. C-163/96 a. a. O., Rn. 30.
[670] EuGH U. v. 23. 4. 1991 Rs. C-41/90 – *Höfner und Elser* Slg. 1991, I-1979.
[671] EuGH Rs. C-55/96 – *Job Centre* Slg. 1997, I-7119.
[672] EuGH Rs. C-55/96 a. a. O., Rn. 32.
[673] EuGH Rs. 311/84 – *CBEM/CLT und IPB* Slg. 1985, 3261 Rn. 26; von der Kommission aufgegriffen in Komm. E. v. 14. 1. 1998 Rs. IV/34.801 *FAG – Flughafen Frankfurt/Main AG,* ABl. 1998 L 72/30: Flughafenbetreibergesellschaft behält sich das Monopol für die Erbringung von Vorfeldabfertigungsleistungen vor und verwehrt Flughafenbenutzern das Recht zur Selbstabfertigung; kürzlich bestätigt durch EuGH U. v. 25. 10. 2001 Rs. C-475/99 – *Ambulanz Glöckner* Slg. 2001, I-8089 Rn. 40.
[674] EuGH Rs. 53/87 – *CICRA/Renault* Slg. 1988, 6039 Rn. 15.
[675] EuG Rs. T-51/89 – *Tetra Pak/Kommission* Slg. 1990, II-309 Rn. 23.

Durch den Erwerb einer ausschließlichen Lizenz zur Nutzung eines Patents über die einzige Konkurrenztechnologie in dem betroffenen Verpackungssektor verschaffte sich *Tetra Pak* überdies die Möglichkeit, den **Zutritt neuer Wettbewerber** zu diesem Markt stark zu **behindern.** Die besondere Begründung für diese Entscheidung des Gerichts bleibt letztlich unbestimmt, so dass sich dieser Fall nur in der Weise verallgemeinern lässt, dass die langfristige Ausschaltung jeglichen Wettbewerbs den Vorwurf des missbräuchlichen Verhaltens begründen soll. Da aber wiederum jeder Erwerb einer ausschließlichen Lizenz zur Nutzung einer patentierten Schlüsseltechnologie das Ziel hat, den Marktzutritt von Wettbewerbern zu verzögern, fehlt es an praktikablen Abgrenzungsmerkmalen für diese Missbrauchskategorie. Nach den Schlussanträgen von Generalanwalt *Kirschner* ließ sich der besondere Unrechtsvorwurf damit begründet, dass der Erwerber einer ausschließlichen Lizenz an einem fremden Patent mit der damit verbundenen Exklusivität nicht den **Lohn für eigene Forschungsanstrengungen** erhalte und dass der Erwerb einer Patentlizenz anders als die Registrierung eines eigenen Patentes nicht notwendig eine Ausschließlichkeitsstellung vermittle, sondern auch in der Form einer nicht-ausschließlichen Lizenz denkbar sei. Unter den besonderen Umständen des Falls sei der Erwerb einer ausschließlichen Lizenz daher unverhältnismäßig.[676] Auf diese Weise führt die Rechtsprechung ein eher dem öffentlichen Recht entstammendes **Verhältnismäßigkeitskriterium** in die Wettbewerbsaufsicht ein, die dem Gedanken der Gewährleistung des Leistungswettbewerbs an sich fremd ist.

cc) Ausübung gewerblicher Schutzrechte. Die zivilrechtlich zulässige Ausübung eines gewerblichen Ausschließlichkeitsrechts (z. B. einer Marke) kann normalerweise nichts als Missbrauch gewertet werden. Nach der Rechtsprechung gilt dies auch dann, wenn z. B. die Geltendmachung des Markenrechts **Parallelimporte** umverpackter Güter des Markenrechtsinhabers im Binnenmarkt behindert, aber im Einklang mit den Artt. 28 und 30 EG steht.[677] Die gerichtliche Durchsetzung berechtigter **zivilrechtlicher Abwehransprüche** wird daher selbst von der Kommission nur dann als missbräuchlich angesehen, wenn dieses Vorgehen „vernünftigerweise nichts als Geltendmachung werden und nur dazu dienen kann den Gegner zu belästigen".[678] Auch die vielfach im Zusammenhang mit der missbräuchlichen Ausübung gewerblicher Schutzrechte zitierten[679] Urteile *CICRA/Renault*[680] sowie *Volvo/Veng*[681] belegen nicht, dass die zivilrechtlich zulässig Ausübung solcher Rechte (in casu: **Geschmacksmuster**) gegen Wettbewerber missbräuchlich war. In beiden Urteilen bestätigte der Gerichtshof, dass die „Befugnis des Inhabers eines geschützten Musters, Dritte an der Herstellung und dem Verkauf oder der Einfuhr der das Muster verkörpernden Erzeugnisse ohne seine Zustimmung zu hindern, gerade die Substanz seines ausschließlichen Rechts darstelle".[682]

Folglich liegt grundsätzlich in der Durchsetzung dieses ausschließlichen Rechts ebenso wenig ein Missbrauch wie in der Weigerung, für die Nutzung dieses Rechts eine Lizenz zu

---

[676] Schlussanträge des Generalanwaltes *Kirschner* zur Rs. T-51/89 Slg. 1990, II-312 Rn. 74, 78.

[677] EuGH Rs. 102/77 – *Roche/Centrafarm* Slg. 1978, 1139 Rn. 16; anders *Jung* in: *Grabitz/Hilf*, Das Recht der Europäischen Union Art. 82, Rn. 199: Einsatz des Markenrechts zur Marktabschottung. Das Urteil *Roche/Centrafarm*, das im Wesentlichen zur Warenverkehrsfreiheit nach den Artt. 28 und 30 EG-Vertrag erging, dürfte allerdings durch die Rechtsprechung des Gerichtshofes zur Erschöpfung von gewerblichen Schutzrechten im Binnenmarkt überholt sein, vgl. EuGH Rs. C-9/93 – *Ideal Standard* Slg. 1994, I-2789; EuGH Rs. C-337/95 – *Christian Dior/Evora* Slg. 1997, I-6013.

[678] EuG Rs. T-111/96 – *ITT/Promedia* Slg. 1998, II-2937 Rn. 72.

[679] *Schröter* in: *Schröter/Jakob/Mederer*, Kommentar zum Europäischen Wettbewerbsrecht, Art. 82, Rn. 162, Art. 86, Rn. 213; *Jung* (Fn. 644) Art. 82, Rn. 213; *Emmerich* in: *Dauses*, Handbuch des EU-Wirtschaftsrechts Abschnitt H. I., Rn. 424.

[680] EuGH Rs. 53/87 – *CICRA/Renault* Slg. 1988, 6039.

[681] EuGH Rs. 238/87 – *Volvo/Veng* Slg. 1988, 6211.

[682] EuGH Rs. 53/87 a. a. O., Rn. 11; EuGH Rs. 238/87 a. a. O., Rn. 8.

erteilen. Missbräuchlich verhält sich der Rechtsinhabers nach den beiden Urteilen nur, wenn er sich in willkürlicher Weise weigert, die Ersatzteile für die geschmacksmusterrechtlich geschützten Erzeugnisse (in casu: Karosserieteile) an unabhängige Reparaturwerkstätten zu liefern, wenn er für die Ersatzteile unangemessene Preise festsetzt oder sich dazu entscheidet, für ein bestimmtes Modell keine **Ersatzteile** mehr herzustellen, obwohl es im Markt dafür einen Bedarf gibt.[683] Diese Feststellungen betreffen jedoch die allgemeinen Missbrauchstatbestände der Nichtbelieferung bzw. der Angebotsverknappung, die für jedes marktbeherrschende Unternehmen gelten, unabhängig davon, ob die marktbeherrschende Stellung auf einem Ausschließlichkeitsrecht oder auf anderen Umständen beruht.

207 Eine in ihren Auswirkungen bemerkenswerte Durchbrechung des Grundsatzes, dass die **Lizenzverweigerung** als solche keinen Missbrauch darstellt, hat sich durch die Urteile des Gerichts und des Gerichtshofes in der Sache *Magill*[684] ergeben. Nach diesen Urteilen, die eine vorausgegangene Kommissionsentscheidung[685] bestätigten, stellte es einen Missbrauch dar, dass sich Fernsehanstalten, die in Irland und dem Vereinigten Königreich über eine marktbeherrschende Stellung verfügten, geweigert hatten, einem Verlag, der eine unabhängige wöchentliche Fernsehprogrammzeitschrift herausgeben wollte, die es zuvor in Irland nicht gab, Informationen über ihre wöchentlichen Programme zur Verfügung zu stellen. Die Besonderheit dieses Falles lag darin, dass auch die von dem Verlag begehrten Informationen über die jeweiligen Sendungen nach **irischem Recht urheberrechtlich** geschützt waren. Zudem war für den Gerichtshof ausschlaggebend, dass die Fernsehanstalten selbst keinen umfassenden wöchentlichen Programmführer herausgaben, so dass die Weigerung, die urheberrechtlich geschützten Informationen zur Verfügung zu stellen, effektiv zu einer Einschränkung des Angebots zu Lasten der Verbraucher (Art. 82 Satz 2 Buchst. b EG) führte.[686] Inzwischen höchstrichterlich geklärt ist die Fortführung der *Magill*-Grundsätze in der **IMS-Health**-Entscheidung der Kommission[687] in Anwendung auf die urheberrechtlich geschützte „Brick Structure", die von *IMS* zur Sammlung von Daten auf den pharmazeutischen Märkten in Deutschland eingesetzt wird.[688]

208 Eine generelle Ausdehnung dieser Grundsätze auf das Verhalten aller Inhaber gewerblicher Schutzrechte dürfte aus den zitierten *Magill*-Urteilen allerdings nicht abzuleiten sein.

---

[683] EuGH Rs. 53/87 a. a. O., Rn. 16; EuGH Rs. 238/87 a. a. O., Rn. 9.

[684] EuG Rs. T-69/89 – *RTE/Kommission* Slg. 1991, II-485; – EuGH verb. Rs. C-241 und C-242/91 P – *RTE/Kommission,* Slg. 1995, I-743; siehe dazu *Montag,* Gewerbliche Schutzrechte, wesentliche Einrichtungen und Normung im Spannungsfeld zu Art. 86 EGV, EuZW 1997, 71, 72 ff.

[685] Komm. E. v. 21. 12. 1988 – *Magill TV Guide/ITP, BBC* und *RTE* Rs. IV/31.851, ABl. 1989 L 78/43.

[686] EuGH a. a. O., Rn. 54.

[687] EuGH U. v. 29. 4. 2004 Rs. C-418/01 – *IMS Health/NDC Health*; zur Vorgeschichte des Rechtsstreits s.: Komm. E. v. 3. 7. 2001 Rs. COMP D3/38.044 – *IMS Health,* ABl. 2002 L 59/18, suspendiert durch EuG B. v. 10. 8. 2001 Rs. T-184/01 R – *IMS Health/Kommission* Slg. 2001, II-2349 und B. v. 26. 10. 2001 Rs. T-184/01 – R *IMS Health/Kommission* Slg. 2001, II-3193. Das gegen den B. v. 26. 10. 2001 eingelegte Rechtsmittel wurde vom EuGH zurückgewiesen, B. v. 11. 4. 2002 Rs. C-481/01 P (R) – *NDC Health/Kommission, IMS Health* Slg. 2002, I-3401.

[688] Zum bisherigen Streitstand vgl.: *Eilmansberger,* Abschlusszwang und Essential Facility Doktrin nach Art. 82 EG, EWS 2003, 12; *Fine,* NDC/IMS: A Logical Application of Essential Facilities Doctrine, ECLR 2002, 457; *Lober,* Die IMS-Health-Entscheidung der Europäischen Kommission: Copyright K. O.?, GRUR Int 2002, 7; *Schmidt,* Article 82's „Exceptional Circumstances" That Restrict Intellectual Property Rights, ECLR 2002, 210; *Schwarze,* Der Schutz des geistigen Eigentums im Europäischen Wettbewerbsrecht, EuZW 2002, 75, zu den mit der Annahme eines kartellrechtlichen Zwangslizenzanspruches verbundenen prozessualen Frage, s. *Graf von Merveldt,* Ausschluss kartellrechtlicher Einwendungen im Patentverletzungsverfahren, WuW 2004, 19; *Höppner,* die Pflicht, interne Produktionsmittel zu vermarkten, zugleich Anm. zum EuGH-Urteil IMS, EuZW 2004, 748. Siehe hierzu nunmehr die neue Kommissionsmitteilung zu Art. 82, ABl. 2009 C-45/7 Rn. 75.

In der späteren Rechtsprechung ist das Urteil *Magill* eher restriktiv interpretiert worden (keine **Zwangslizenz** für die Übertragung von urheberrechtlich geschützten Fernsehaufzeichnungen über Pferderennen an ein Wettunternehmen mit starker Marktstellung).[689]

Das Urteil des Gerichts erster Instanz im Fall *Microsoft*[690] dürfte hingegen größeren Einfluss auf die Kartellrechtspraxis in diesem Bereich haben[691]. Während die vorzitierten Urteile *Magill* und *IMS-Health* gesamtwirtschaftlich gesehen exotische Sachverhalte betrafen und insbesondere Urheberrechtsgegenstände, deren Originalität als so gering zu veranschlagen war, dass ein Überwiegen der kartellrechtlichen Gesichtspunkte gegen den durch das Urheberrecht vermittelten Ausschließlichkeitsschutz nahe lag, richtet sich das Zugangsrecht Dritter zu der Schnittstelleninformation der Microsoft-Betriebssoftware für Server (Interoperabilitätsverfügung) auf das Ergebnis jahrelanger und kostenintensiver Forschungs- und Entwicklungstätigkeit. Insofern begründet das **Microsoft-**Urteil sicher einen größeren Eingriff kartellrechtlich begründeter Ansprüche in den Schutzbereich von IP-Rechten als dies nach der früheren Rechtsprechung der Fall war. Grundlage für die Interoperabilitätsverfügung der Kommission[692] war das Regelbeispiel des Art. 82 S. 2 lit. b EG, wonach ein Missbrauch in der Einschränkung der technischen Entwicklung zum Schaden der Verbraucher liegen kann[693]. Die Kommission sah diese Voraussetzung dadurch gegeben, dass *Microsoft* konkurrierenden Herstellern von Arbeitsgruppen-Serverbetriebssystemen nicht alle notwendigen Schnittstelleninformationen zur Verfügung gestellt habe, wodurch nicht die volle Interoperabilität ihrer Programme mit Windows-basierten Client-PCs gegeben gewesen sei. Diese Praktik sei Teil einer Strategie von Microsoft gewesen, die überragende Marktstellung auf dem Markt für PC-Betriebssysteme auf den Markt für Serverprogramme zu übertragen und Wettbewerber auf diesem Markt zu verdrängen. Microsoft hielt zum einen die in den Fällen *Magill* und *IMS Health* aufgestellten Voraussetzungen nicht für gegeben, zum anderen habe es fünf alternative Wege zur Herstellung der Interoperabilität gegeben[694].

Das Gericht erster Instanz kam zu dem gleichen Ergebnis wie die Kommission und korrigierte bei dieser Gelegenheit die *Magill/IMS Health*-Rechtsprechung[695] insoweit, als die dort aufgestellte Voraussetzung, dass der angebliche Missbrauch ein neues Produkt verhindern müsse, keine notwendige Voraussetzung für die Erfüllung von Art. 82 EG sei[696]. Es stelle sich nur die allgemeine Frage danach, ob die technische Entwicklung zum Schaden der Verbraucher durch die Lizenzverweigerung eingeschränkt sei. Diese Voraussetzung sei hier (aus den von der Kommission vorgebrachten Gründen) gegeben[697].

Des Weiteren seien die alternativen Wege zur Herstellung der Interoperabilität letztlich unbeachtlich, da diese nicht das gleiche Maß voller Interoperabilität böten[698]. Damit weicht

---

[689] EuG Rs. T-504/93 – *Tiercé Ladbroke/Kommission* Slg. 1997, II-923 Rn. 130–133; Schlussanträge des Generalanwaltes *Jacobs* zur Rs. C-7/97 a. a. O., Rn. 41, 42.

[690] EuG U. v. 17. 9. 2007 Rs. T-201/04 – *Microsoft/Kommission*, noch nicht in der amtl. Slg.

[691] So auch *Lange/Pries*, Möglichkeiten und Grenzen der Missbrauchskontrolle von Kopplungsgeschäften: Der Fall Microsoft, EWS 2008, 1.

[692] Komm. E. v. 24. 3. 2004 Rs. COMP/ C-3/37.792 – *Microsoft,* ABl. 2007 L 32/23.

[693] *Lange/Pries*, Möglichkeiten und Grenzen der Missbrauchskontrolle von Kopplungsgeschäften: Der Fall Microsoft, EWS 2008, 1, analysieren das Urteil insbesondere in Hinblick auf das Kopplungsverbot des Art. 82 Abs. 2 lit. d) EG (sog. Entkoppelungsverfügung).

[694] EuG Rs. T-201/04 Rn 343 ff.

[695] Zur Anwendung der *Magill*-Rechtsprechung auf den Fall *Microsoft* vgl. *Thyri*, Immaterialgüterrechte und Zugang zur wesentlichen Einrichtung, WuW 2005, 388.

[696] Zu diesem Kurswechsel vgl. *Körber*, Wettbewerb in dynamischen Märkten zwischen Innovationsschutz und Machtmissbrauch, WuW 2007, 1209.

[697] EuG Rs. T-201/04 Rn 647 ff.

[698] EuG Rs. T-201/04 Rn 374/435.

Art. 82 EG 210, 211

das Gericht erster Instanz von der vom EuGH im Urteil *Bronner*[699] bestätigten „Essential-Facilities"-Rechtsprechung ab, wonach ein Zugangsanspruch dann zu verneinen ist, wenn andere weniger günstige Alternativen vorhanden sind, da der Petent keine Gleichstellung mit dem Marktbeherrscher verlangen kann.

Im Gesetzgebungsverfahren zu § 19 Abs. 4 Nr. 4 GWB, der eine deutsche Umsetzung der *Magill*-Rechtsprechung und der **„Essential-Facilities-Doctrine"** darstellen soll, hat der Bundestagsausschuss für Wirtschaft festgestellt, dass nach § 19 Abs. 4 Nr. 4 GWB ein Anspruch auf die Nutzung fremder gewerblicher Schutzrechte grundsätzlich nicht begründet werden soll.[700]

210 **g) Zugang zu wesentlichen Einrichtungen („Essential Facilities"). aa) Einführung.** Eine im Anschluss an die eben zitierten Urteile *Magill*[701] und *Bronner*[702] vieldiskutierte Frage[703] stellt die Problematik eines eigenen Tatbestands der missbräuchlichen Zugangsverweigerung zu wesentlichen Einrichtungen (sog. **„Essential Facilities"**) dar. Nachdem der Gemeinschafts- und die nationalen Gesetzgeber in einer Reihe von Sektoren **(Telekommunikation, Post, Energie, Luft- und Eisenbahnverkehr)** bereits spezialgesetzliche Ansprüche auf Netzzugang geschaffen haben, konzentrieren sich die Schwierigkeiten in der Anwendung der „Essential-Facility"-Doktrin auf die Qualifikation einer bestimmten Infrastruktur als „Essential Facility" und auf die Frage, ob in der Gewährung des Zugangs zu dieser Einrichtung die einzige Möglichkeit liegt, zusätzlichen Wettbewerb zu eröffnen. Die Konturen dieses Anspruchs nach dem EG-Kartellrecht sind noch weitgehend ungeklärt, das oben zitierte *Bronner*-Urteil suggeriert jedoch, dass außerhalb der spezialgesetzlichen Anspruchsgrundlagen nur in außergewöhnlich gelagerten Fällen ein Anspruch auf Netzzugang nach Art. 82 EG gegeben ist.[704]

211 **bb) Gesetzliche Regelungen des deutschen Rechts.** Aufschlussreich sind zunächst die Überlegungen, die den deutschen Gesetzgeber zur Einführung eines eigenen Regelbeispiels (Zugang zu wesentlichen Einrichtungen) in § 19 Abs. 4 Nr. 4 GWB veranlasst haben. Nach dieser Regelung des deutschen Rechts ist nunmehr klargestellt, dass sich ein marktbeherrschendes Unternehmen missbräuchlich verhält, wenn es über ein eigenes **Netz** oder andere **Infrastruktureinrichtungen** verfügt, deren Nutzung den Zugang zu einem diesem Netz oder dieser Infrastruktureinrichtung vor- oder nachgelagerten Markt eröffnet; wenn es einem anderen Unternehmen ohne die Mitbenutzung dieses Netzes oder dieser Infrastruktureinrichtung aus rechtlichen oder tatsächlichen Gründen nicht möglich ist, auf dem vor- oder nachgelagerten Markt als Wettbewerber des Marktbeherrschers tätig zu werden; wenn sich das marktbeherrschende Unternehmen weigert, dem poten-

---

[699] Vgl. dazu eingehend sogleich Rn 204.

[700] BT-Drs. 13/10.633 Begründung zu § 19.

[701] EuG Rs. T-69/89 – *RTE/Kommission* Slg. 1991, II-485; EuGH verb. Rs. C-241 und C 242/91 P *RTE/Kommission* Slg. 1995, I-743.

[702] EuGH Rs. C-7/97 – *Oscar Bronner/Mediaprint* Slg. 1998, I-7791 mit Anmerkung von *Ehle* EuZW 1999, 86.

[703] *Markert*, Die Verweigerung des Zugangs zu „wesentlichen Einrichtungen" als Problem der kartellrechtlichen Missbrauchsaufsicht, WuW 1995, 560; *Montag*, Gewerbliche Schutzrechte, wesentliche Einrichtungen und Normung im Spannungsfeld zu Artikel 86 EGV, EuZW 1997, 71; *Deselaers*, Die „Essential Facilities"-Doktrin im Lichte des Magill-Urteils des EuGH, EuZW 1995, 63; *Klimisch/Lange*, Zugang zu Netzen und anderen wesentlichen Einrichtungen als Bestandteil der kartellrechtlichen Missbrauchsaufsicht, WuW 1998, 15; *Fleischer/Weyer*, Neues zur „Essential Facilities"-Doktrin im Europäischen Wettbewerbsrecht, WuW 1999, 350; *Scherer*, Das Bronner-Urteil des EuGH und die „Essential Facilities"-Doktrin im TK-Sektor, MMR 1999, 315; *Hancher/Lugard*, De essential facilities doctrine: Het Bronner arrest en vragen van mededingingsbeleid, SEW 1999, 323; *Bergman*, The Bronner Case – A Turning Point for the Essential Facilities Doctrine?, ECLR 2000, 59.

[704] Ähnlich *Montag/Leibenath*, Aktuelle Entwicklungen im Bereich von Art. 82 EG, EWS 1999, 281, 284.

tiellen Konkurrenten gegen **angemessenes Entgelt** Zugang zu diesem Netz oder zu dieser Infrastruktureinrichtung zu gewähren; und wenn dem marktbeherrschenden Unternehmen die Zulassung der Mitbenutzung des Netzes oder der Infrastruktureinrichtung zumutbar ist.

Nach dem Wortlaut des Gesetzes ist damit bereits klar, dass der Anspruchsgegner sowohl ein Unternehmen sein kann, das nur auf dem Markt tätig ist **(Netzbetreiber)**, den das Netz oder die Infrastruktureinrichtung ausmacht (wenn sich die Zurverfügungstellung dieser wesentlichen Einrichtungen als eigener Markt darstellt), als auch ein Unternehmen, das eine wesentliche Einrichtung kontrolliert und überdies auf dem **vor- oder nachgelagerten** Markt beherrschend ist.[705] Deutlich ist auch, dass es sich bei § 19 Abs. 4 Nr. 4 GWB um eine von dem marktbeherrschenden Unternehmen im Sinne wirtschaftlichen Eigentums kontrollierte („eigene") wesentliche Einrichtung handeln muss. Ein **Vertriebsnetz,** das auf einer Vielzahl von Verträgen zwischen dem marktbeherrschenden Unternehmen und unabhängigen Vertriebshändlern beruht, dürfte somit nicht unter § 19 Abs. 4 Nr. 4 GWB fallen.[706] Nach dem Wortlaut des Gesetzes ist auch ausgeschlossen, § 19 Abs. 4 Nr. 4 GWB auf bloße Produkte des marktbeherrschenden Unternehmens oder etwa auf betriebsintern genutzte Maschinen oder Produktionsmittel anzuwenden. Allerdings können hier Fälle der einfachen Lieferverweigerung bereits nach allgemeinem Kartellrecht verboten sein. Im Gesetzgebungsverfahren hat der Bundestagsausschuss für Wirtschaft überdies klargestellt, dass nach § 19 Abs. 4 Nr. 4 GWB ein Anspruch auf die **Nutzung fremder gewerblicher Schutzrechte** nicht begründet werden soll.[707]

§ 19 Abs. 4 Nr. 4 kodifiziert den Kern derjenigen kartellrechtlichen Grundsätze, die aus dem US-amerikanischen Recht[708] in das EG-Kartellrecht übernommen und dort weiterentwickelt worden sind. Hierzu heißt es in der Regierungsbegründung: „In den Missbrauchskatalog des § 19 Abs. 4 wird als neues Regelbeispiel der Tatbestand der Verweigerung des Zugangs zu eigenen Netzen und anderen für die Aufnahme des Wettbewerbs wesentlichen Einrichtungen aufgenommen. Damit soll der wachsenden volkswirtschaftlichen Bedeutung sogenannter Netzindustrien und anderer für die Aufnahme des Wettbewerbs wesentlicher Einrichtungen vor allem im Rahmen der globalen Informationsgesellschaft Rechnung getragen werden. Das Problem der Nutzung wesentlicher Einrichtungen besteht zum Beispiel im Energiebereich. Auch in der Telekommunikation und beim Bahnverkehr stellen die physischen Netze Ressourcen dar, die anderen Marktteilnehmern diskriminierungsfrei zur Nutzung offen stehen müssen, wenn Wettbewerb entstehen soll. Der Gesetzgeber hat daher für den **Bahn- und den Telekommunikationssektor** spezialgesetzliche Regelungen getroffen, die den Netzzugang sicherstellen (§ 14 Allgemeines Eisenbahngesetz, §§ 33 ff. Telekommunikationsgesetz). Der Marktzugang zu den **Bodenabfertigungsdiensten** auf **Flugplätzen** bestimmt sich nach der entsprechenden Verordnung, mit welcher die Richtlinie 96/67/EG des Rates über den Zugang zum Markt der Bodenabfertigungsdienste in nationales Recht umgesetzt worden ist. Damit liegt ein Missbrauch nicht vor, wenn das Verhalten auf Grund spezialgesetzlicher Regelungen zulässig ist. Eine Analyse insbesondere der Rechtsprechung des Europäischen Gerichtshofes und der Verwaltungspraxis der Europäischen Kommission zeigt, dass der Zugang zu wesentlichen Einrichtungen ein allgemeines Problem darstellt, das entsprechend dem generellen Ansatz des

---

[705] *Bechtold,* GWB-Kommentar, § 19 Rn. 83.
[706] Vgl. Komm. E. v. 11. 3. 1998 Rs. IV/34.073, Rs. IV/34.395 und Rs. IV/35.436 – *Van den Bergh Foods Ltd.* ABl. 1998 L 246/1.
[707] BT-Drs. 13/10.633 Begründung zu § 19.
[708] *Klaue,* Zur Rezeption der amerikanischen „Essential Facility-Doctrine" in das europäische und deutsche Kartellrecht, RdE 1996, 51; *Schwintowski,* Der Zugang zu wesentlichen Einrichtungen – Einige kritische Bemerkungen zu § 19 Abs. 4 Nr. 4 GWB unter Berücksichtigung der amerikanischen und europäischen Kartellrechtspraxis, WuW 1999, 842.

Art. 86 EG auch im deutschen Kartellrecht einer möglichst einheitlichen Lösung zugeführt werden soll. [...] Eine einheitliche Erfassung derartiger und ähnlich gelagerter Sachverhalte durch einen Beispieltatbestand im Rahmen des allgemein geltenden § 19 erscheint für das deutsche Recht notwendig. Soweit spezialgesetzliche Regelungen bestehen, bleiben diese unberührt und haben Vorrang. Mit der generellen Regelung in § 19 Abs. 4 Nr. 4 wird einer weiteren **Sektoralisierung des Kartellrechts** entgegengewirkt. Außerdem steht damit ein **Auffangtatbestand** zur Verfügung, der dann eingreift, wenn künftig – wie vorgesehen – die sektorspezifische Regulierung im Bereich der Telekommunikation vom Gesetzgeber wieder aufgehoben wird."[709]

214 Gleichzeitig war sich der Gesetzgeber jedoch auch des Umstandes bewusst, dass eine zu großzügige Anwendung der Regeln über den Netzzugang Unternehmen den Anreiz nimmt, durch **Innovation und Investitionen** eigene Vorsprünge im Markt zum Vorteil des Gemeinwohls zu erwirtschaften: „Mit dem zusätzlichen Beispieltatbestand wird der wettbewerbspolitische Grundsatz, Pioniergewinne als **Investitionsanreiz** zu akzeptieren, nicht in Frage gestellt. Dies gilt insbesondere für **geistiges Eigentum**."[710] Nach den in das Gesetzgebungsverfahren übernommenen Vorschlägen des Bundesrates soll sich § 19 Abs. 4 Nr. 4 GWB daher vorwiegend auf Fälle des Zugangs zu natürlichen Monopolen beschränken.[711] Somit ist deutlich, dass bereits nach der gesetzgeberischen Zielsetzung § 19 Abs. 4 Nr. 4 GWB nicht zu einer Bestimmung der kartellbehördlichen Routine werden sollte.

215 cc) **Die EG-Rechtspraxis.** In der EG-Rechtspraxis hat die Anwendung der „Essential Facilities"-Doktrin außerhalb des Geltungsbereiches spezieller Netzzugangsregeln (z. B. des Telekommunikations-, Post- oder Energierechtssektors) mit den **Hafenentscheidungen**[712] der Kommission begonnen und ist vor allem in der Entscheidung des Gerichtshofes im Fall *Bronner*[713] weiterentwickelt worden. Die Hafenentscheidungen beruhen auf der Konstellation, dass der Betreiber eines Hafens, der gleichzeitig auch Fährdienstleistungen anbot, konkurrierenden Seetransportunternehmen, die im Hinblick auf den Hafenbetrieb nicht vertikal rückwärts integriert waren, den Zugang zu diesem Hafen zu kommerziell akzeptablen Bedingungen verweigert hatte. Die Kommission entschied insbesondere in Anlehnung an die Rechtssache *Commercial Solvents*[714] **(Lieferverweigerung)**, dass sich ein Unternehmen dann missbräuchlich verhalte, wenn es „für die Gestellung einer wesentlichen Einrichtung (das heißt einer Einrichtung oder Infrastruktur, ohne deren Nutzung ein Wettbewerber seinen Kunden keine Dienste anbieten kann) marktbeherrschend ist und diese Einrichtung selbst nutzt und anderen Unternehmen den Zugang zu dieser Einrichtung ohne sachliche Rechtfertigung verweigert oder nur unter Bedingungen gewährt, die ungünstiger sind als für seine eigenen Dienste."[715]

216 In der zitierten Hafenentscheidung bezog sich die Kommission auch auf ihre frühere Entscheidung *London European/Sabena*.[716] Mit dieser Entscheidung hatte die Kommission das belgische Luftfahrtunternehmen *Sabena* verpflichtet, einer kleineren Fluggesellschaft, die ihr auf der Route Brüssel – London Niedrigpreiskonkurrenz machte, **Zugang zu einem computerbetriebenen Flugreservierungssystem** zu gewähren. In dieser Entscheidung stellte die Kommission jedoch nur auf die wettbewerbsschädigende Wirkung

---

[709] Regierungsbegründung BR-Drs. 852/97, S. 37 f.
[710] Regierungsbegründung a. a. O., S. 38.
[711] Stellungnahme des Bundesrates BT-Drs. 13/9720 zu § 19 Abs. 4 Nr. 4 GWB.
[712] Komm. E. v. 21. 12. 1993 Rs. IV/34.689 – *Sea Containers/Stena Sealink*, ABl. 1994 L 15/8; Komm. E. v. 21. 12. 1993 – *Hafen von Roedby*, ABl. 1994 L 55/52; fortgeführt durch BKartA B. v. 21. 12. 1999 – B9 – 199/97 und 16/98 *Scandlines*: Zugang zum Hafen von Puttgarden.
[713] EuGH Rs. C-7/97 – *Bronner/Mediaprint* Slg. 1998, I-7791 mit Anmerkung *Ehle* EuZW 1999, 86.
[714] EuGH U. v. 6. 3. 1974 verb. Rs. 6/73 und 7/73 – *Commercial Solvents/Kommission* Slg. 1974, 223.
[715] Komm. E. – *Sea Containers/Stena Sealink* a. a. O., Rn. 66.
[716] Komm. E. v. 24. 11. 1988 Rs. IV/32.318 – *London European/Sabena*, ABl. 1988 L 317/47.

des Verweigerungsverhaltens von *Sabena* ab, nicht ausdrücklich auch auf die „Essential Facilities"-Doktrin. Das Gericht erster Instanz hatte in der Rechtssache **European Night Services**[717] Gelegenheit, sich mit der möglichen Anwendung der „Essential Facilities"-Doktrin auf den **Eisenbahnsektor** zu befassen, entschied jedoch, dass es sich bei Lokomotiven und dem für den Lokomotivbetrieb notwendigen Fachpersonal nicht um „Essential Facilities" handele. Das Netzzugangsrecht nach Art. 10 der Eisenbahn-Richtlinie 91/440/EWG[718] war für den Fall nicht streiterheblich. Später beurteilte die Kommission die Verweigerung des Zugangs zur Infrastruktur und auch zu Traktionsleistungen einer staatlichen Eisenbahn als Missbrauch.[719]

Im **Vertriebssektor** ist die „Essential Facilities"-Doktrin bisher nicht zur Anwendung gekommen. Gelegenheit hierzu hätte sich der Kommission sowohl in der Entscheidung *Van den Bergh Foods Limited*[720] als auch *AAMS*[721] geboten. In der zuerst genannten Entscheidung ging es um das **Vertriebsnetz** eines marktbeherrschenden Anbieters für Speiseeiserzeugnisse, das dadurch gekennzeichnet war, dass eine große Zahl der Vertriebshändler über **Kühltruhen** verfügten, die ihnen der Lieferant kostenlos mit der Auflage zur Verfügung gestellt hatte, dass konkurrierende Speiseeiserzeugnisse dort nicht gelagert werden dürften. In der zweiten Entscheidung hatte die Kommission bestimmte diskriminierende Verhaltensweisen der italienischen **Tabakmonopolverwaltung** beanstandet, die auf dem Großhandelsmarkt für Tabakerzeugnisse eine marktbeherrschende Stellung innehatte. In keiner dieser beiden Entscheidungen[722] qualifizierte die Kommission die bestehenden Vertriebsnetze als „Essential Facilities". Allerdings vertritt die Kommission die Auffassung, dass die Betreiber von **Telekommunikationsnetzen** nach der „Essential Facilities"-Doktrin zur Netzöffnung verpflichtet sind.[723]

Dass die Anwendung dieser Doktrin außerhalb gesetzlich geregelter Netzzugangsrechte, insbesondere auf Fallgestaltungen im Vertriebssektor, eher begrenzt bleiben dürfte, ergibt sich jedoch vor allem aus dem EuGH-Urteil in der Rechtssache ***Bronner*,**[724] das im Folgenden näher darzustellen ist. Dieses Urteil, das auf einen Vorlagebeschluss des Oberlandesgerichts Wien zurückging, betraf den österreichischen Verteilermarkt für Tageszeitungen. Kernfrage des Verfahrens war, ob die Verweigerung der Aufnahme einer konkurrierenden Tageszeitung in das einzige in Österreich existierende überregionale Hauszustellungssystem einer Verlagsgesellschaft gegen Art. 82 EG verstieß. Die Firma *Bronner* als Verleger der Tageszeitung „Standard" stützte ihren Anspruch auf Zulassung zum Vertriebsnetz ihres Wettbewerbers vor allem auf das Argument, dass es ihr in Anbetracht ihrer geringeren finanziellen Ressourcen nicht möglich sei, ein zweites eigenes System für die landesweite Hauszustellung ihrer Tageszeitung aufzubauen, und dass ihr deshalb die Aufnahme in das Verteilungssystem des Konkurrenten zu gewähren sei.

---

[717] EuG verb. Rs. T-374/94 u. a. – *European Night Services/Kommission* Slg. 1998 II-3141 Rn. 217, 218.

[718] ABl. 1991 L 237/25.

[719] Komm. E. v. 27. 8. 2003 – *GVG/Ferrovie dello Stato* Rs. COMP/37.685, ABl. 2004 L 11/17, Rn. 119 und 132 ff.

[720] Komm. E. v. 11. 3. 1998 Rs. IV/34.073, Rs. IV/34.395 und Rs. IV/35.436, ABl. 1998 L 246/1; bestätigt durch EuG U. v. 23. 10. 2003 Rs. T-65/98 – *Van den Bergh Foods/Kommission* Slg. 1998, II-2641 = WuW/E EU-R 765 Rn. 161.

[721] Komm. E. v. 17. 6. 1998 Rs. IV/36.010-F3, ABl. 1998 L 252/47.

[722] In seinen Schlussanträgen vom 16. 5. 2000 zu der Rs. C-344/98 – *Masterfoods/HB Ice Cream* Slg. 2000, I-11.371 Rn. 99 hat Generalanwalt *Cosmas* bestätigt, dass die „Essential-Facilities"-Doktrin nicht auf ein Distributionsnetz für Speiseeis anzuwenden ist; ebenso *Malaurie-Vignal* L'abus de position dominante, Rn. 303.

[723] Mitteilung der Kommission über die Anwendung der Wettbewerbsregeln auf Zugangsvereinbarungen im Telekommunikationsbereich ABl. 1998 C 265/2.

[724] EuGH Rs. C-7/97 – *Bronner/Mediaprint* Slg. 1998, I-7791 mit Anmerkung *Ehle* EuZW 1999, 86.

219 In seinem Urteil vom 26. 11. 1998 führte der Gerichtshof, ausgehend von den Grundsätzen des *Magill*-Urteils, aus, dass – soweit die dort zur Ausübung eines gewerblichen Schutzrechts aufgestellten Grundsätze auch auf die Ausübung eines beliebigen Eigentumsrechts übertragbar seien – ein Missbrauch nach Art. 82 EG im Falle *Oscar Bronner* nur dann angenommen werden könne, wenn die Verweigerung der Aufnahme des „Standard" in das Vertriebssystem von *Mediaprint* geeignet wäre, jeglichen Wettbewerb auf dem Tageszeitungsmarkt durch den „Standard" auszuschalten, objektiv nicht zu rechtfertigen und wenn der Vertrieb des „Standard" im Rahmen des Hauszustellungssystems von Mediaprint für dessen Vermarktung unentbehrlich wäre, dass also kein **tatsächlicher oder potentieller Ersatz für** dieses System ersichtlich sei.[725] Diese Voraussetzungen sah der EuGH im vorliegenden Fall jedoch nicht als erfüllt an. Anschließend erläutert der Gerichtshof, dass es für die Frage des möglichen Aufbaus eines zweiten Netzes nicht etwa auf die Ressourcen eines beliebigen (auch kleineren) Wettbewerbers ankomme, sondern auf die **finanzielle und unternehmerische Situation eines Anbieters, der dem Betreiber des Netzes vergleichbar ist:** „Wie der Generalanwalt in Nummer 68 seiner Schlussanträge ausgeführt hat, könnte der Zugang zum bestehenden System nur dann als unverzichtbar angesehen werden, wenn zumindest dargetan wäre, dass es unrentabel wäre, für den Vertrieb von Tageszeitungen mit einer Auflagenhöhe, die mit derjenigen der anhand des vorhandenen Systems vertriebenen Tageszeitungen vergleichbar wäre, ein zweites Hauszustellungssystem zu schaffen."[726]

220 Hieraus wird deutlich, dass an das Kriterium der **Unverzichtbarkeit des Zugangs** sehr hohe Maßstäbe anzusetzen sind, denn in letzter Konsequenz bedeutet diese vom Gerichtshof vorgegebene Einschränkung, dass es bei der Beurteilung des Unverzichtbarkeitskriteriums nicht auf die tatsächlich **finanziellen Ressourcen oder Kapazitäten** jedes beliebigen (kleinen) Wettbewerbers ankommt, sondern u. U. auf die fiktive Situation des Netzzugangsbegehrens durch ein Unternehmen mit ähnlichen Ressourcen wie der Anspruchsgegner. Der Gerichtshof hat sich somit im Ergebnis der Analyse des Generalanwaltes *Jacobs* angeschlossen, der in seinen Schlussanträgen[727] zu Bedenken gegeben hatte, dass die zu einfache Gewährung des Zugangs von Wettbewerbern zu Produktions-, Einkaufs- oder Vertriebseinrichtungen eines Marktbeherrschers generell den wirtschaftlichen Anreiz für Investitionen in Effizienzsteigerungen senken würde, so dass den möglicherweise bestehenden kurzfristigen wettbewerblichen Vorteilen des Netzzugangs langfristig eher Nachteile für die **Innovationskraft** des Wettbewerbs gegenüberstehen würden. Die Anwendung der „Essential Facilities"-Doktrin bleibt somit außerhalb spezialgesetzlicher Zugangsrechte auf Ausnahmefälle wie etwa *Magill* oder *IMS* begrenzt.

2. Sonstige Missbrauchstatbestände

221 **a) Behinderung des zwischenstaatlichen Handels im Binnenmarkt.** In einer Reihe von Missbrauchsverfahren hat die Kommission Maßnahmen marktbeherrschender Unternehmen beanstandet, die darauf abzielten oder jedenfalls zur Folge hatten, dass die Freiheit anderer Unternehmen bestimmte Produkte im **Binnenmarkt** zu **im- oder exportieren** behindert wurde. Die Kommission setzt somit Art. 82 ebenso wie Art. 81 EG gezielt dazu ein, Maßnahmen von Unternehmen zum Schutz ihres Heimatmarktes oder zur **Verhinderung von Parallelexporten** im Interesse der Verbesserung des zwischenstaatlichen Handels im Binnenmarkt (vgl. Art. 3 Buchst. c EG) zu unterbinden. So bean-

---

[725] Urteil U. v. 26. 11. 1998 Rs. C-7/97 – *Bronner* Slg. 1998, I-7791 Rn. 41.
[726] A. a. O., Rn. 46.
[727] A. a. O. Slg. 1998, I-7791 Rn. 57; vgl. *Montag/Leibenath*, Aktuelle Entwicklungen im Bereich von Art. 82 EG, EWS 1999, 281, 284; *Lampert*, Der EuGH und die Essential-Facilities-Lehre, NJW 1999, 2235; *Albors-Llorens*, The „Essential Facilities" Doctrine in EC Competition Law, Cambridge Law Journal 1999, 490, 492; s. a. *Weitbrecht*, Die Entwicklung des Europäischen Kartellrechts in den Jahren 1998 und 1999, EuZW 2000, 496, 500.

standete die Kommission im Verfahren Europäische Zuckerindustrie,[728] dass die den niederländischen Markt beherrschenden Zuckerhersteller mit einer Reihe von niederländischen Zuckerhändlern vereinbart hatten, aus Frankreich importierte Zuckermengen dürften nicht zu wesentlich niedrigeren Preisen als zu den Abgabepreisen der niederländischen Hersteller weiterveräußert werden, ferner, dass die Händler bestimmte Importmengen an die niederländischen Hersteller weiterveräußern mussten, damit diese den Zucker unter ihrem eigenen Warenzeichen auf dem niederländischen Markt absetzen konnten, und schließlich, dass die Händler in einigen Fällen ohne Zustimmung der niederländischen Anbieter überhaupt keine Importe mehr durchführen durften.[729] Zudem stellte die Kommission in dieser Entscheidung fest, dass der in Süddeutschland dominante Zuckeranbieter seine marktbeherrschende Stellung dadurch missbräuchlich ausgenutzt hatte, dass er seine Zwischenhändler zum einen durch **Fremdbezugsverbote,** zum anderen durch die Gewährung eines Treuerabattes davon abgehalten hatte, konkurrierenden Importzucker zu vertreiben.[730]

In gleicher Weise beanstandete die Kommission vertragliche Abreden zwischen dem marktbeherrschenden Anbieter von Bananen und seinen Händlern, die diesen de facto ein **Ausfuhrverbot** auferlegten.[731] Für den Pharmabereich hat der EuGH entschieden, dass ein marktbeherrschender Hersteller pharmazeutischer Produkte sich zwar durch vernünftige und verhältnismäßige Maßnahmen gegen eine Beeinträchtigung seiner geschäftlichen Interessen durch Parallelhandel schützen dürfe. Dies rechtfertige jedoch nicht die Einstellung der Belieferung von Händlern, die lediglich „normale" Mengen geordert hätten, die nicht unbedingt auf eine Absicht zum Parallelexport hindeuteten.[732] Missbräuchlich sind auch Bestimmungen, die es dem Vertriebshändler eines marktbeherrschenden Unternehmens untersagen, an Abnehmer außerhalb seines eigenen Vertriebsnetzes, insbesondere in anderen Mitgliedstaaten, zu liefern.[733] Mehrfach beanstandete die Kommission auch, dass marktbeherrschende Anbieter die Gewährung von Rabatten an unabhängige Händler davon abhängig gemacht hatten, dass diese keine konkurrierende Ware importierten.[734] Im Fall *Irish Sugar* war das auf dem irischen Zuckermarkt beherrschende Unternehmen sogar so weit gegangen, auf ein **Seespeditionsunternehmen** wirtschaftlichen Druck auszuüben, um es an der **Beförderung von Konkurrenzware** aus Übersee zu hindern,[735] bzw. mit einigen Groß- und Einzelhändlern zu vereinbaren, dass sie bereits eingekaufte Mengen importierten Zuckers gegen Ware des marktbeherrschenden Anbieters austauschten, um die Vermarktung des Importerzeugnisses zu behindern.[736] Das Gericht erster Instanz hat die Kommissionsentscheidung *Irish Sugar* inzwischen in beiden Punkten bestätigt.[737]

Ferner sanktionierte die Kommission ein Verhalten der italienischen Tabakmonopolverwaltung *AAMS,* die sich wiederholt geweigert hatte, ausländischen Unternehmen die von diesen beantragten Erhöhungen ihrer Zigaretteneinfuhrmengen zu gestatten, was effektiv

---

[728] Komm. E. v. 2. 1. 1973 Rs. IV/26.918 – *Europäische Zuckerindustrie,* ABl. 1973 L 140/17.
[729] Komm. E. a. a. O., ABl. 1973 L 140/17, 39.
[730] Komm. E. a. a. O., ABl. 1973 L 140/1/40.
[731] Komm. E. v. 17. 12. 1975 Rs. IV/26.699 – *Chiquita,* ABl. 1976 L 95/1/13 f.
[732] EuGH U. v. 16. 9. 2008 verb. Rs. C-468/06 – C-478/06 – GSK, noch nicht in der amtl. Slg.
[733] Komm. E. v. 8. 12. 1977 Rs. IV/29.132 – *Hugin/Liptons,* ABl. 1978 L 22/23, 31 f.; Komm. E. v. 22. 12. 1987 Rs. IV/30.787 und 31.488 – *Eurofix-Bauco/Hilti,* ABl. 1988 L 65/19 Rn. 76, Rn. 68.
[734] Komm. E. v. 5. 12. 1998 Rs. IV/31.900 – *BTB Industries plc,* ABl. 1989 L 10/50 Rn. 148 ff.; Komm. E. v. 14. 5. 1997 Rs. IV/34.621, 35.059/F-3 – *Irish Sugar,* ABl. 1997 L 258/1 Rn. 128 ff.
[735] Komm. E. a. a. O., ABl. 1997 L 258/1 Rn. 120 ff.
[736] Komm. E. a. a. O., ABl. 1997 L 258/1 Rn. 124 ff. unter fälschlichem Zitat der Komm. E. v. 24. 7. 1991 Rs. IV/31.034 – *Tetra Pak II,* ABl. 1992 L 72/1 Rn. 165.
[737] EuG U. v. 7. 10. 1999, Rs. T-228/97 – *Irish Sugar/Kommission* Slg. 1999, II-2969 Rn. 172 ff. und Rn. 226 ff.

zu einer Behinderung des Importwettbewerbs führte.[738] Stark geprägt vom dem Bestreben, Art. 82 als Instrument zur **Beseitigung von Handelshemmnissen** im Binnenmarkt einzusetzen, ist auch das Urteil des Gerichts erster Instanz in der Rechtssache *IECC,* demzufolge das Anhalten von sog. ABA-**Remailsendungen** im internationalen Postverkehr einen Missbrauch des nationalen **Postmonopols** darstellen kann.[739]

224 Aus den vorstehend zitierten Verfahren ergibt sich, dass es einem marktbeherrschenden Anbieter grundsätzlich untersagt ist, durch aktive Maßnahmen (vertragliche Ein- oder Ausfuhrverbote) oder wirtschaftlichen Druck zu verhindern, dass seine Marktstellung in einem bestimmten Vertriebsgebiet (Mitgliedstaat) durch Einfuhrkonkurrenz beeinträchtigt wird. Umgekehrt sind marktbeherrschende Unternehmen jedoch nicht verpflichtet, von sich aus den zwischenstaatlichen Handel auf den von ihnen beherrschten Märkten zu erleichtern. So ist etwa die Aufrechterhaltung sachlich gerechtfertigter **Produktdifferenzierungen** zwischen verschiedenen Mitgliedstaaten oder die Verwendung unterschiedlicher Marken in bestimmten Vertriebsgebieten auch dann nicht zu beanstanden, wenn dies den zwischenstaatlichen Handel (insbesondere **Parallelhandel**) weniger attraktiv macht. Art. 82 ist kein allgemeines Instrument zur Durchsetzung eines einheitlichen Produktangebotes in allen Ländern des Binnenmarktes.

225 **b) Missbräuchliche (schikanöse) Ausnutzung von Eintragungs- bzw. Klagerechten betreffend gewerbliche Schutzrechte.** Unter sehr eingeschränkten Voraussetzungen ist es einem marktbeherrschenden Unternehmen versagt, die Eintragung gewerblicher Schutzrechte oder die Erhebung gerichtlicher Klagen gegen einen Schutzrechtsverletzer als Mittel der Auseinandersetzung im Wettbewerb einzusetzen. Im Schrifttum wird zum Teil die Auffassung vertreten, dem marktbeherrschenden Unternehmen sei generell verboten, **Sperrpatente oder Sperrmarken** eintragen zu lassen, willkürliche Patentverletzungsklagen gegen aktuelle oder potentielle Kunden zu erheben bzw. die Gültigkeit der diesen erteilten oder zu erteilenden Patente **systematisch anzufechten**.[740] In dieser Allgemeinheit lässt sich jedoch der Zugang marktbeherrschender Unternehmen zu den Instrumentarien des gewerblichen Rechtsschutzes nicht einschränken. Auch das marktbeherrschende Unternehmen ist immer berechtigt, „die zum **Schutz seiner Geschäftsinteressen** erforderlichen Maßnahmen zu ergreifen".[741] Missbräuchlich ist die Eintragung oder die Geltendmachung von gewerblichen Schutzrechten daher nur dann, wenn sie offensichtlich keinem anderen Zweck als der Behinderung von Wettbewerbern dient. Missbräuchlich ist die Eintragung einer Marke z. B. dann, wenn sie bereits nach den Kriterien des Markenrechts als Instrument des Behinderungswettbewerbs zu deren Nichtigkeit führt.[742] Die Kommission ist gegen die Eintragung einer Sperrmarke in einem Fall vorgegangen, in dem die Markeneintragung nach den Marktgegebenheiten keinen anderen Zweck verfolgen konnte, als den Markteintritt eines ausländischen Wettbewerbers zu verhindern.[743] Damit ist jedoch nicht jede vorsorgliche Markenanmeldung missbräuchlich. Zu berücksichtigen ist nämlich auch, dass das Markenrecht den Inhaber nicht zur sofortigen

---

[738] Komm. E. v. 17. 6. 1998 Rs. IV/36.010 – F3-*AAMS,* ABl. 1998 L 252/47 Rn. 47; bestätigt durch EuG U. v. 22. 11. 2001 Rs. T-139/98 – *AAMS/Kommission* Slg. 2001, II-3413.

[739] EuG verb. Rs. T-133/95 und T-204/95 – *IECC/Kommission* Slg. 1998, II-3654 Rn. 98, bestätigt durch EuGH B. v. 11. 5. 2000 Rs. C-428/98 P – *Deutsche Post/IECC* Slg. 2000, I-3061.

[740] *Schröter* in: *Schröter/Jakob/Mederer,* Kommentar zum Europäischen Wettbewerbsrecht, Art. 82, Rn. 205; *Jung* in: *Grabitz/Hilf,* Das Recht der Europäischen Union, Bd. I, Art. 82, Rn. 200; *Mailänder* in: Gemeinschaftskommentar, Art. 86, Rn. 68.

[741] Komm. E. v. 29. 7. 1987 Rs. IV/32.279-*BBI/Boosey & Hawkes,* ABl. 1987 L 286/36 Rn. 19; EuG verb. Rs. T-24/93 u. a. – *Compagnie Maritime Belge/Kommission* Slg. 1996, II-1201 Rn. 107.

[742] Vgl. die bei *Fezer,* Markenrecht, § 50 MarkenG, Rn. 23 ff. dargestellten Fallgruppen: Störung eines schutzwürdigen Besitzstandes, Verhinderung ausländischer Konkurrenz.

[743] Fall *Osram/Airam,* 11. Wettbewerbsbericht (1981), Rn. 97.

Benutzung der eingetragenen Marke verpflichtet, sondern insoweit eine Übergangsfrist von 5 Jahren vorsieht.[744]

In der Sache **AstraZeneca**[745] hat die Kommission die Ausübung von arzneimittelzulassungsrechtlichen Verfahrensrechten durch ein marktbeherrschendes Unternehmen als Missbrauch i. S. d. Art. 82 EG qualifiziert. *AstraZeneca* hatte die Marktzulassung des Medikaments Losec in Kapselform zurückgenommen und zugleich eine Marktzulassung für Losec in Tablettenform beantragt. Der Markteintritt von Generikaanbietern verzögerte sich dadurch über den Ablauf des Patentschutzes für Losec hinaus. Nach dem damals geltenden Recht war für die vereinfachte Zulassung von Generika erforderlich, dass sich das Originalpräparat als Referenzprodukt auf dem Markt befand. Inzwischen sind derartige Strategien durch Änderungen des Zulassungsverfahrens ausgeschlossen. *AstraZeneca* hat nach der Rechtsmeinung der Kommission noch einen weiteren Missbrauch begangen. Durch unrichtige Angaben im Antragsverfahren wurde die Erteilung ergänzender Schutzzertifikate erreicht, für die die Voraussetzungen tatsächlich nicht vorlagen. Auch dieses Verhalten wurde als Missbrauch i. S. d. Art. 82 EG qualifiziert. 226

Für die Erhebung von **Unterlassungsklagen** im Hinblick auf die Verletzung von Patenten, Marken oder anderen gewerblichen Schutzrechten ist hervorzuheben, dass das Gemeinschaftsrecht grundsätzlich den Zugang zu **gerichtlichem Rechtsschutz** als allgemeines **Grundrecht** respektiert, so dass die Erhebung einer solchen Klage nur unter ganz außergewöhnlichen Umständen als Missbrauch einer beherrschenden Stellung im Sinne von Art. 82 EG angesehen werden kann. Dies ist nach der Rechtsprechung nur dann der Fall, wenn die Klage „vernünftigerweise nicht als Geltendmachung der Rechte des betroffenen Unternehmens verstanden werden und daher nur dazu dienen kann, den Gegner zu belästigen".[746] Die zitierte Rechtsprechung nähert sich somit den Kriterien des Schikaneverbots nach § 226 BGB. 227

3. Rechtfertigung

In welchem Umfang ein missbräuchliches Verhalten in Unwert ausschließender Weise gerechtfertigt sein kann und daher ahndungsfrei bleibt, wird im Schrifttum wenig erörtert.[747] Im untechnischen Sinne gesprochen, kann sich eine Rechtfertigung missbräuchlichen Verhaltens auf verschiedenen Wertungsebenen ergeben: Ahndungsfrei bleibt ein missbräuchliches Verhalten zum einen, wenn es durch übergeordnete Allgemeininteressen im Sinne von Art. 86 Abs. 2 EG „gerechtfertigt" ist. Ob es sich bei Art. 86 Abs. 2 um einen **Rechtfertigungsgrund** stricto sensu handelt oder aber um eine **Legal- oder Bereichsausnahme**,[748] ist bislang nicht geklärt. Der Gerichtshof enthält sich in diesem Zusammenhang einer terminologischen Klarstellung.[749] In anderen Fällen neigt die Rechtspraxis dazu, das Element der Rechtfertigung bereits als immanenten Teil des gesetzlichen Missbrauchstatbestands zu prüfen, so in der Anwendung des Kopplungsverbotes (vgl. oben IV.2.b), in der Anwendung des Diskriminierungstatbestandes oder bei der Frage, ob sich ein marktbeherrschendes Unternehmen gegen den Vorwurf des Verdrängungswettbewerbs durch Niedrigpreise mit dem Argument verteidigen kann, es passe sich nur an das Niedrig- 228

---

[744] Vgl. Art. 10 der Markenrechtsrichtlinie 89/104/EWG, §§ 25, 26 MarkenG; Art. 15 der Gemeinschaftsmarkenverordnung (EG) Nr. 40/94.

[745] Komm. E. v. 15. 6. 2005 Rs. COMP/A. 37.507/F3, Gegen die Entscheidung ist vor dem Gericht erster Instanz eine Nichtigkeitsklage anhängig (Rs. T-321/05).

[746] EuG Rs. T-111/96 – *ITT Promedia/Kommission* Slg. 1998, II-2937 Rn. 60ff., 72.

[747] Vgl. *Jung* in: *Grabitz/Hilf*, Das Recht der Europäischen Union, Art. 82, Rn. 126 ff.

[748] Vgl. *de Bronett* in: *Wiedemann*, Handbuch des Kartellrechts, § 22, Rn. 112.

[749] Vgl. z. B. EuGH U. v. 10. 2. 2000 verb. Rs. C-147/97 und C-148/97 – *Deutsche Post AG/GZS Gesellschaft für Zahlungssysteme mbH* Slg. 2000, I-825 Rn. 41; EuGH U. v. 23. 5. 2000 Rs. C-209/98 – *FFAD/Københavns Kommune* Slg. 2000, I-3743 Rn. 74.

preisniveau seiner Wettbewerber an (**"Meeting Competition Defence"**).[750] Die Kommission äußert sich eingehend in ihrem Diskussionspapier zur Revision des Art. 82 EG[751] zum Thema „Meeting Competition Defence". Danach ist dieser Rechtfertigungsgrund nur im Fall des Preismissbrauchs und auch nur bei individuellen Verhaltensweisen anwendbar. Ob der Rechtfertigungsgrund gegeben ist, muss nach Auffassung der Kommission im Rahmen einer Verhältnismäßigkeitsprüfung festgestellt werden. Eine Niedrigpreisstrategie ist demnach nur dann gerechtfertigt, wenn sie zur Minimierung kurzzeitiger Verluste in Folge von Preisaktionen der Konkurrenz eingesetzt wird.[752]

Die Kommission stellt in dem Papier drei Voraussetzungen für die „Meeting Competition Defence" auf: Es muss ein legitimes Ziel verfolgt werden (Minimierung kurzzeiter Verluste)[753]; die Preisstrategie muss zur Zielerreichung unerlässlich sein[754]; die Strategie muss verhältnismäßig sein[755]. Für Preise unterhalb der „AAC" (=average avoidable costs) sieht die Kommission die „Meeting Competetion Defence" als untauglich an[756]. Der EuGH hatte im Falle AKZO noch auf die durchschnittlichen variablen Kosten abgestellt („AVC")[757].

229   Über diese Fallgruppen hinaus ist die Unwert ausschließende Rechtfertigung missbräuchlichen Verhaltens kaum anerkannt worden. Das gilt insbesondere für Situationen, die sich auf der Ebene des Ordnungswidrigkeitenrechts als **"Notstandsfälle"** im Sinne von § 16 OWiG darstellen würden. Zwar ist in der Rechtsprechung anerkannt, dass auch das marktbeherrschende Unternehmen das Recht genießt, „seine eigenen geschäftlichen Interessen zu wahren, wenn diese bedroht sind", dies jedoch mit der Einschränkung, dass die **Verteidigungsmaßnahme** nicht zulässig ist, wenn sie „auf eine Verstärkung der beherrschenden Stellung und ihren Missbrauch abzielt".[758] Damit sind alle Verteidigungshandlungen, die sich für sich genommen nicht als Maßnahmen des Leistungswettbewerbs darstellen, als Rechtfertigungsgrund ausgeschlossen.[759] Auch die Vorstellung einer gegebenenfalls positiven Wertung missbräuchlichen Verhaltens in einer gesamtwirtschaftlichen Betrachtung (**"Rule of Reason"**) hat sich bisher nicht etabliert. Einen kaum verallgemeinerungsfähigen Ansatz bietet das Vitamin-Urteil,[760] in dem der Gerichtshof feststellt, nach Art. 82 EG verbotene Alleinbezugsbindungen in Lieferverträgen marktbeherrschender Unternehmen könnten „allenfalls unter den in Artikel 85 Absatz 3 des Vertrages vorgesehenen Voraussetzungen zulässig sein". Auch das Urteil *DLG*[761] lässt sich nicht als Einführung der „Rule of Reason"-Lehre in die Anwendungspraxis des Art. 82 EG verstehen. In diesem

---

[750] Vom Gerichtshof indirekt anerkannt in Rs. C-62/68 – *Akzo/Kommission* Slg. 1991, I-3359 Rn. 134 und 156; s. a. Komm. E. v. 29. 7. 1983 Rs. IV/30.698-*ECS/Akzo: Einstweilige Anordnungen*, ABl. 1983 L 252/13 Rn. 31; vgl auch EuGH U. v. 16. 3. 2000 verb. Rs. C-395/96 P und C-396/96 – *Compagnie Maritime Belge/Kommission* Slg. 2000, I-1365 Rn. 96.

[751] DG Competition Discussion Paper on the Application of Article 82 of the Treaty to Exclusionary Abuses.

[752] a. a. O. Rn 81.

[753] a. a. O. Rn 82.

[754] a. a. O. Rn 82.

[755] a. a. O. Rn 83.

[756] a. a. O. Rn 83. „AAC" werden definiert als „*the costs that could have been avoided if the company had not produced a discrete amount of (extra) output, in this case usually the amount allegedly subject to abusive conduct*".

[757] EuGH v. 3. 7. 1991Rs. C 62/86 Slg. 1991 I-3359 Rn 71– *AKZO*.

[758] EuG Rs. T-65/89 – *BPB Industries und British Gypsum/Kommission* Slg. 1993, II-389 Rn. 69; EuG verb. Rs. T-24/93 u. a. – *Compagnie Maritime Belge/Kommission* Slg. 1996, II-1201 Rn. 107.

[759] EuG Rs. T-229/94 – *Deutsche Bahn/Kommission* Slg. 1997, II-1689 Rn. 78; *Jung* (Fn. 703) Art. 82, Rn. 128.

[760] EuGH U. v. 13. 2. 1979 Rs. 85/76 – *Hoffmann-La Roche/Kommission* Slg. 1979, 461 Rn. 120.

[761] EuGH Rs. C-250/92 – *DLG* Slg. 1994, I-5641 Rn. 46 ff.

Rechtsstreit stellte sich unter anderem die Frage, ob eine Bestimmung in der Satzung einer landwirtschaftlichen Einkaufsgenossenschaft, die den Mitgliedern die Beteiligung an anderen konkurrierenden Einkaufsgemeinschaften untersagte, mit Art. 82 EG vereinbar sei. Der Gerichtshof[762] verneinte diese Frage unter Hinweis auf die grundsätzlich wettbewerbsfördernde Auswirkung derartiger Einkaufsgemeinschaften, ohne jedoch überhaupt ein nach dem Tatbestand des Art. 82 EG missbräuchliches Verhalten festzustellen.

V. Rechtsfolgen

1. Kartellbehördliche Maßnahmen

Die missbräuchliche Ausnutzung einer marktbeherrschenden Stellung ist mit dem Gemeinsamen Markt unvereinbar und aus diesem Grund verboten. Das Missbrauchsverbot, dem **repressiver Charakter** zukommt, entfaltet ebenso wie das Kartellverbot des Art. 81 unmittelbare Wirkung **erga omnes**.[763] Die Rechtsgrundlage für das Aufsichtsverfahren der Kommission und der sich aus dem Verbot ergebenden Konsequenzen **(Untersagung und Bußgeld)** bildete noch bis zum 30. 4. 2004 die Verordnung Nr. 17.[764] Nunmehr gilt die Verordnung Nr. 1/2003. Das Missbrauchsverbot gilt im Gegensatz zum Kartellverbot des Art. 81 EG absolut, d. h. ohne die Möglichkeit einer Einzel- oder Gruppenfreistellung, wie sie nach Art. 81 Abs. 3 EG vorgesehen sind.[765] Möglich war jedoch, dass die Kommission nach vorheriger Anmeldung „einer Verhaltensweise" im Sinne von Art. 2 der Verordnung Nr. 17 ein Negativattest[766] oder einen **Comfort Letter** ausstellte, wenn die Voraussetzungen für ein Einschreiten nach Art. 82 nicht vorlagen.[767] Dieses Anmeldeverfahren ist jedoch zum 1. 5. 2004 abgeschafft worden.[768] Bei Vorliegen einer Zuwiderhandlung erlässt die Kommission eine förmliche Verbots- und Untersagungsverfügung, die den Verstoß feststellt und dem Unternehmen die Verpflichtung auferlegt, das missbräuchliche Verhalten abzustellen. An diese Verfügung kann die Kommission ein **Zwangsgeld** koppeln, um das betreffende Unternehmen zur Beachtung der in der Kommissionsentscheidung auferlegten Handlungs- oder Unterlassungspflichten anzuhalten. Bei schuldhafter Ausnutzung der marktbeherrschenden Stellung kann die Kommission ein Bußgeld festsetzen, dessen Höhe von der Schwere und der Dauer des Verstoßes abhängig ist. Das Verfahren kann auch nach Art. 9 Abs. 1 Verordnung Nr. 1/2003 dadurch abgeschlossen werden, dass von einem Unternehmen angebotene Zusagen durch Entscheidung für verpflichtend erklärt werden (Verpflichtungszusagen), wobei das Verfahren bei Nichteinhaltung ggf. wieder aufgenommen wird (Abs. 2). Seit 2005 sind im Bereich von Art. 82 EG drei Verfahren auf diese Weise beendet worden.[769]

a) **Abgrenzung zur nationalen Missbrauchskontrolle.** Die missbräuchliche Ausnutzung einer marktbeherrschenden Stellung ist aber nur dann Gegenstand einer Untersagungsverfügung, wenn der zwischenstaatliche Handel beeinträchtigt wird und diese somit

---

[762] EuGH a. a. O., Rn. 50.

[763] *Schröter* in: *Schröter/Jakob/Mederer,* Kommentar zum Europäischen Wettbewerbsrecht, Art. 82, Rn. 28; *Jung* in: *Grabitz/Hilf,* Das Recht der Europäischen Union Bd. I, Art. 82, Rn. 11.

[764] Erste Durchführungsverordnung (EWG) Nr. 17/62 des Rates vom 6. 2. 1962 zu den Artikeln 85 und 86 des Vertrages ABl. 1962 L 13/24.

[765] Vgl. EuGH Rs. 66/86 – *Ahmed Saeed* Slg. 1989, 802 Rn. 32; EuG Rs. T-51/99 – *Tetra Pak/ Kommission* Slg. 1990, II-309 Rn. 25; *Jung* Art. 82, Rn. 13.

[766] Vgl. Art. 2 der Verordnung Nr. 17.

[767] Vgl. beispielsweise in einem Verfahren nach Art. 81: Komm. E. v. 12. 4. 1999 – *P & I Clubs* Rs. IV/D-1/30.373 und Rs. IV/D-1/37.143, ABl. 1999 L 125/12.

[768] Weissbuch der Kommission über die Modernisierung der Vorschriften zur Anwendung der Artikel 81 und 82 EG-Vertrag vom 28. 4. 1999, KOM (1999) 101 endg. ABl. 1999 C 132; 29. Wettbewerbsbericht 1999, Rn. 20 ff.; Verordnung (EG) Nr. 1/2003 v. 16. 12. 2002 ABl. 2003 L 1/1.

[769] Vgl. die Nachweise oben in Rn. 2.

von gemeinschaftsrechtlicher Relevanz ist.[770] Verhaltensweisen, deren missbräuchliche Wirkungen nicht über die Grenzen eines Mitgliedstaates hinausreichen, fallen in die Prüfkompetenz der nationalen Kartellbehörden[771] und nicht in die der Kommission, da es für deren Tätigwerden dann am **Erfordernis des Gemeinschaftsinteresses** mangelt. Das Abgrenzungskriterium des Gemeinschaftsinteresses hat sich jedoch in der Entscheidungspraxis der Kommission nicht als brauchbar erwiesen. Besonders auffällig ist in diesem Zusammenhang, dass die Kommission in insgesamt drei Fällen, nämlich *Irish Sugar,*[772] *Magill*[773] und *Van den Bergh Foods*[774] die missbräuchlichen Verhaltensweisen von irischen Unternehmen untersucht hat, deren Wirkungen im Wesentlichen nur Wettbewerber und Kunden in der **Republik Irland** betroffen hatten. Die Kommission und die Gemeinschaftsgerichte[775] haben dennoch eine Beeinträchtigung des Handels zwischen den Mitgliedstaaten angenommen, da sich die Beschränkungen der irischen Marktbeherrscher wegen der geographischen Nähe zumindest potentiell auf den Markt in Nordirland und somit auf das Vereinigte Königreich ausgewirkt hatten. Von der Möglichkeit der Verweisung an die nationalen Kartellbehörden, die in Fällen mangelnden Gemeinschaftsinteresses nach der Kommissionsbekanntmachung über die „Zusammenarbeit zwischen der Kommission und den Wettbewerbsbehörden der Mitgliedstaaten"[776] vorgesehen ist, wird offenbar wenig Gebrauch gemacht.

232   **b) Untersagungsverfahren.** Art. 7 Abs. 1 der Verordnung Nr. 1/2003 verleiht der Kommission die Befugnis, Zuwiderhandlungen gegen Art. 82 förmlich festzustellen und eine **Untersagungsverfügung** gegen das betroffene Unternehmen zu erlassen. Der Tenor der Entscheidung enthält in der Regel neben der Feststellung der Zuwiderhandlung auch eine abstrakte Beschreibung der einzelnen von dem marktbeherrschenden Unternehmen zu verantwortenden Verhaltensweisen. Zudem ergeht die Anordnung an das marktbeherrschende Unternehmen, die bezeichnete Zuwiderhandlung unverzüglich abzustellen. So führt die Kommission u. U. auch bestimmte Vertragsklauseln im Entscheidungstenor an und fordert das betreffende Unternehmen auf, diese um die in der Entscheidung angeführten Missbrauchsmerkmale zu bereinigen.[777] Meistens wird dem Unternehmen auch die Verpflichtung auferlegt, die Änderung der inkriminierten Vertragsklauseln der Kommission mitzuteilen. Die Kommission schreibt dem betroffenen Unternehmen jedoch in der Regel nicht vor, in welcher Weise das Unternehmen sein Marktverhalten ändern muss. Bei der

---

[770] Vgl. EuGH Rs. 56/66 – *LTM/MBU* Slg. 1966, 337, 392; EuGH Rs. 56 und 58/64 – *Consten GmbH und Grundig-Verkaufs-GmbH/Kommission* Slg. 1966, 321, 389; EuGH Rs. 22/78 – *Hugin/Kommission* Slg. 1979, 1869 Rn. 19 f.; EuGH Rs. 247/86 – *Alsatel/Novasam* Slg. 1988, 6005 Rn. 11.

[771] Die nationalen Behörden wenden Art. 82 EG-Vertrag nach den innerstaatlichen Verfahrensordnungen an: EuGH Rs. C-60/92 – *Otto* Slg. 1993, I-5683 Rn. 14; Rs. C-242/95 – *GT-Link* Slg. 1997, I-4449 Rn. 23.

[772] Komm. E. v. 14. 5. 1997 Rs. IV/34.621, 35.059/F-3, ABl. 1997 L 258/1; EuG Rs. T-228/97 – *Irish Sugar/Kommission* Slg. 1999, II-2969.

[773] Komm. E. v. 21. 12. 1988 Rs. IV/31.851 – *Magill TV Guide und RTE,* ABl. 1989 L 78/43; EuGH verb. Rs. C-241/91 P und C-242/91 P – *RTE und ITP/Kommission* Slg. 1995 I-743.

[774] Komm. E. v. 11. 3. 1998 Rs. IV/34.073, Rs. IV/34.395 und Rs. IV/35.436 – *Van den Bergh Foods Ltd.* ABl. 1998 L 246/1 betreffend Vertriebsvereinbarungen eines marktführenden Speiseeiserzeugers in Irland.

[775] Vgl. im *Magill*-Fall EuGH verb. Rs. C-241/91 P und C-242/91 – P *RTE und ITP/Kommission* Slg. 1995 I-743 Rn. 59 ff.; EuG Rs. T-228/97 – *Irish Sugar/Kommission* Slg. 1999, II-2969 Rn. 185; Komm. E. v. 18. 7. 1988 – *Napier Brown/British Sugar* Rs. IV/30.178, ABl. 1988 L 284/41, der zufolge die Weigerung von *British Sugar,* Zucker an einen inländischen Großhändler zu liefern, eine Beschränkung des Wettbewerbs auf den nachgelagerten Märkten darstellte.

[776] ABl. 1997 C 313/3.

[777] Vgl. Art. 3 der Komm. E. v. 24. 7. 1991 Rs. IV/31.043 – *Tetra Pak II,* ABl. 1992 L 72/1, 42; Art. 4 der Komm. E. v. 12. 6. 1998 Rs. IV/36.010-F3 – *AAMS,* ABl. 1998 L 252/47, 66; bestätigt durch EuG U. v. 22. 11. 2001 Rs. T-139/98 – *AAMS/Kommission* Slg. 2001, II-3413.

missbräuchlichen Gewährung von Rabatten oder der Anwendung diskriminierender Bedingungen z. B. verbietet die Kommission lediglich deren Anwendung, entscheidet aber nicht über die zulässige Preishöhe oder die noch erlaubten Modalitäten der Rabattgewährung. Der Entscheidungstenor beschränkt sich in diesen Fällen auf die Feststellung, dass das Unternehmen missbräuchliche Rabatte gewährt oder diskriminierende Bedingungen angewendet hat.[778] Zudem fehlt bisher im Gemeinschaftsrecht eine Entsprechung zur Rechtsprechung der deutschen Gerichte, die den Kartellbehörden im Verfahren der kartellrechtlichen **Preishöhenaufsicht** das Recht zuerkennt, in der Untersagungsverfügung eine Preisobergrenze zu benennen.[779] In Ausnahmefällen verpflichtet die Kommission ein marktbeherrschendes Unternehmen auch positiv zur Erteilung einer Zwangslizenz für die Nutzung eines gewerblichen Schutzrechtes.[780]

c) **Bußgeldverfahren.** Die Festsetzung von Bußgeldern findet in der Entscheidungspraxis der Kommission hauptsächlich bei Verstößen gegen Art. 81 Anwendung. Art. 23 Abs. 2 Buchst. a der Verordnung Nr. 1/2003 sieht die Verhängung einer Geldbuße jedoch auch bei Zuwiderhandlungen gegen das Missbrauchsverbot vor. In letzter Zeit finden sich jedoch zunehmend auch Bußgeldentscheidungen in Missbrauchsverfahren. Die Verordnung Nr. 1/2003 bestimmt nicht im Einzelnen, wie die Höhe des Bußgeldes zu bemessen ist, sondern verlangt in Art. 23 Abs. 3 nur, dass neben der **Schwere des Verstoßes** auch die **Dauer der Zuwiderhandlung** zu berücksichtigen ist. Einen Höchstbetrag von 10% des weltweiten **Unternehmensumsatzes** darf die Kommission im Rahmen ihres Ermessens nicht überschreiten. Im Jahre 1998 hat die Kommission erstmals **Leitlinien zur Bußgeldbemessung** veröffentlicht, nach deren Schemata die Höhe des Bußgeldes berechnet wird.[781] Die Leitlinien sind mit Wirkung zum 1. 9. 2006 novelliert worden[782]. Anders als die zuvor geltenden Leitlinien unterscheidet die Neufassung nicht mehr nach minder schweren, schweren und besonders schweren Verstößen. Stattdessen erfolgt zunächst eine Einordnung auf einer Skala von bis zu 30% des Jahresumsatzes des betreffenden Unternehmens auf dem relevanten Markt. Bei der Bestimmung der genauen Höhe innerhalb dieser Bandbreite berücksichtigt die Kommission mehrere Umstände, u. a. die Art der Zuwiderhandlung, den kumulierten Marktanteil sämtlicher beteiligten Unternehmen, den Umfang des von der Zuwiderhandlung betroffenen räumlichen Marktes und die etwaige Umsetzung der Zuwiderhandlung in der Praxis. Der so festgesetzte Betrag wird dann mit der Anzahl von Jahren multipliziert, die der Verstoß andauerte.

Zudem können **erschwerende oder mildernde Umstände** hinzutreten, die die Höhe des Bußgeldes beeinflussen. Gegen Großunternehmen können Zuschläge zur besonderen

---

[778] Vgl. Art. 1 der Komm. E. v. 4. 2. 2000 – Rs. IV/D-2/34.780 – *Virgin/British Airways*, ABl. 2000 L 30/1, 23; sowie in den „Flughafenfällen": Art. 1 der Komm. E. v. 11. 6. 1998 Rs. IV/35.613 – *Alpha Flight Services/Aéroports de Paris*, ABl. 1998 L 230/10, 27; Art. 1 der Komm. E. v. 11. 3. 1998 Rs. IV/34.801 – *FAG – Flughafen Frankfurt/Main AG*, ABl. 1998 L 72/30, 50; Art. 1 der Komm. E. v. 10. 2. 1999 Rs. IV/35.767 – *Ilmailulaitos/Luftfartsverket*, ABl. 1999 L 69/24, 30; Art. 1 der Komm. E. v. 10. 2. 1999 Rs. IV/35.703 – *Portugiesische Flughäfen* ABl. 1999 L 69/31, 38.
[779] Vgl. KG WUW/E OLG 1599, 1600 – *Vitamin B 12*; BGH WuW/E BGH 1678, 1679 – *Valium II*.
[780] Komm. E. v. 3. 7. 2001 Rs. COMP D3/38.044 – *IMS Health*, ABl. 2002 L 59/18, suspendiert durch EuG B. v. 10. 8. 2001 Rs. T-184/01 R – *IMS Health/Kommission* Slg. 2001, II-2349 und B. v. 26. 10. 2001 Rs. T-184/01 R – *IMS Health/Kommission* Slg. 2001, II-3193. Das gegen den B. v. 26. 10. 2001 eingelegte Rechtsmittel wurde vom EuGH zurückgewiesen, B. v. 11. 4. 2002 Rs. C-481/01 P (R) – *NDC Health/Kommission, IMS Health* Slg. 2002, I-3401.
[781] Komm., Leitlinien für das Verfahren zur Festsetzung von Geldbußen, die gemäß Artikel 15 Absatz 2 der Verordnung Nr. 17 und gemäß Artikel 65 Absatz 5 EGKS-Vertrag festgesetzt werden, ABl. 1998 C 9/3.
[782] Komm., Leitlinien für das Verfahren zur Festsetzung von Geldbußen gemäß Artikel 23 Absatz 2 Buchstabe a) der Verordnung (EG) Nr. 1/2003, ABl. 2006 C 210/2.

Abschreckung erhoben werden. Auch rückfällige Unternehmen können besonders hart bestraft werden. Die Geldbuße für jedes an der Zuwiderhandlung beteiligte Unternehmen darf jedoch gemäß Art. 23 Absatz 2 der Verordnung Nr. 1/2003 10% seines im vorausgegangenen Geschäftsjahr erzielten Gesamtumsatzes nicht übersteigen. Die meisten Entscheidungen der Kommission, auch jene, die vor Erlass der ersten Leitlinien ergangen sind, betrafen Fälle, in denen schwere Verstöße im Sinne der ersten Leitlinien geahndet wurden. So wurde im Fall *Hoffmann-La Roche*[783] die Gewährung von Treuerabatten als Zuwiderhandlung gegen Art. 82 gesehen, die eine starke Behinderung des Wettbewerbs zur Folge hatte. *Hoffmann-La Roche* wurde dafür ein Bußgeld von 300 000 Rechnungseinheiten auferlegt, was 1976 einem Betrag von 1,098 Mio. DM entsprach. Der Gerichtshof[784] hat diesen Betrag jedoch auf 200 000 Rechnungseinheiten herabgesetzt, da die Kommission in ihrer Entscheidung von einem zu langen Zeitraum der Zuwiderhandlungen und auch von einem falschen Sachverhalt ausgegangen war.

235 In der *Irish-Sugar*-Entscheidung[785] hat die Kommission ebenfalls einen schwerwiegenden Verstoß angenommen, da das Unternehmen durch die Abschottung des heimischen Zuckermarktes **jeglichen Wettbewerb auszuschalten** versuchte. Die Geldbuße belief sich dabei auf einen Betrag von 8,8 Mio. ECU. In gleicher Weise hat die Kommission bestimmte Maßnahmen des staatlichen Tabakmonopolunternehmens in Italien, die auf einen Schutz der eigenen Marken gegenüber ausländischen Anbietern abzielten, als schweren systematischen Wettbewerbsverstoß eingestuft.[786] Daher wurde ein Grundbetrag von 3 Mio. ECU festgesetzt, der auf Grund der langen Dauer des Verstoßes (erschwerender Umstand) auf 6 Mio. ECU erhöht wurde. Einer der ersten Fälle, in denen die neuen Leitlinien auch im Bereich von Art. 82 Anwendung gefunden haben, war die *TACA*-Entscheidung,[787] in der die Kommission gegen die Mitglieder der *Trans-Atlantic Agreement (TACA)* ein Bußgeld von insgesamt 273 Mio. ECU verhängte, das jedoch auch Verstöße gegen Art. 81 EGV betraf. Die Kommission bemaß den auf jedes einzelne Unternehmen anfallenden Bußgeldanteil anhand des Größenvergleichs der Unternehmen zueinander, gemessen am **weltweiten Umsatzes** der transatlantischen Linienschifffahrt. Im Fall *Deutsche Post* setzte die Kommission für die missbräuchliche Anwendung von Treuerabatten ein Bußgeld von 24 Mio. Euro fest.[788] Im zweiten *Michelin*-Fall betrug die für ein System von Treue- und Zielrabatten festgesetzte Geldbuße 19,76 Mio. Euro.[789] Als erschwerenden Umstand wertete die Kommission in diesem Fall die Tatsache, dass Michelin bereits im Jahre 1981 für einen gleichartigen Verstoß, wenn auch in einem anderen geographisch relevanten Markt, ebenfalls mir einem Bußgeld belegt worden war.[790] Die Kopplungspraktiken den Belgischen Post wertete die Kommission als sehr schwere Beeinträchtigung des Wettbewerbs und setzte hierfür ein Bußgeld von 2,5 Mio. Euro fest.[791] Als besonders schweren Verstoß wertete die Kommission die Anwendung einer Kosten-Preis-Schere durch die *Deutsche Telekom* und verhängte ein Bußgeld in Höhe von 12,6 Mio Euro.[792] Völlig aus dem Rahmen fällt die

---

[783] Komm. E. v. 9. 6. 1976 Rs. IV/29.020 – *Vitamine*, ABl. 1976 L 223/27.
[784] EuGH U. v. 13. 2. 1979 Rs. 85/76 – *Hoffmann-La Roche/Kommission* Slg. 1979, 461 Rn. 140.
[785] Komm. E. v. 14. 5. 1997 Rs. IV/34.621, 35.059/F-3 – *Irish Sugar*, ABl. 1997 L 258/1.
[786] Komm. E. v. 12. 6. 1998 Rs. IV/36.010-F3 – *AAMS*, ABl. 1998 L 252/47.
[787] Komm. E. v. 16. 9. 1998 Rs. IV/35.134 – *TACA*, ABl. 1999 L 95/1; dazu *Richardson*, Guidance without Guidance – A European Revolution in Fining Policy? The Commission's New Guidelines on Fines, ECLR 1999, 360, 364.
[788] Komm. E. v. 20. 3. 2001 Rs. COMP/35.141 – *Deutsche Post AG*, ABl. 2001 L 125/27 Rn. 51.
[789] Komm. E. v. 20. 6. 2001 Rs. COMP/E-2/36.041/PO – *Michelin*, ABl. 2002 L 143/1.
[790] Komm. a. a. O., Rn. 361 ff.
[791] Komm. E. v. 5. 12. 2001 Rs. COMP/C-1/37.859 – *De Post/La Poste (Belgien)* ABl. 2002 L 61/32 Rn. 86.
[792] Komm. E. v. 21. 5. 2003 Rs. COMP/C-1/37.451, 37.578, 37.579 – *Deutsche Telekom AG*, ABl. 2003 L 263/9 Rn. 204.

Entscheidung der Kommission im Fall *Microsoft,* in der sie wegen der „äußerst gravierenden Missbrauchshandlungen" ein Bußgeld von 497,2 Mio. Euro festsetzte.[793] Entscheidungspraxis zur Anwendung der neuen Bußgeldleitlinien auf Missbrauchsfälle gem. Art. 82 EG liegt noch nicht vor. Die Übergangsbestimmung sieht vor, das die neuen Leitlinien auf Verstöße angewandt werden, bei denen eine Mitteilung der Beschwerdepunkte nach der Veröffentlichung der Leitlinien im Amtsblatt erfolgt ist.

In anderen Fällen hat die Kommission die Festsetzung eines Bußgeldes nicht für notwendig erachtet. In einigen Verfahren nach Art. 82[794] wurden die Betreiber großer Flughäfen nicht zur Zahlung eines Bußgeldes verpflichtet, obwohl die Kommission in allen Fällen den Missbrauch der marktbeherrschenden Stellung festgestellt hatte. Darüber hinaus sehen die Leitlinien vor, dass die Kommission eine bloß **„symbolische" Geldbuße** von 1000 ECU festsetzen kann, die nicht anhand der Dauer oder der Schwere des Verstoßes ermittelt wird und einer besonderen Begründung bedarf.[795] Von dieser Möglichkeit macht die Kommission bei sogenannten **„Neulandfällen"** Gebrauch, in denen bestimmte Verhaltensweisen erstmalig als Wettbewerbsverstöße qualifiziert werden. Das betroffene Unternehmen wird bloß auf den Verstoß hingewiesen, obwohl dieses seine beherrschende Stellung schuldhaft ausgenutzt hat.[796] Die Kommission hatte bereits im *Tetra Pak I* Verfahren[797] von der Verhängung einer Geldbuße mit der Begründung abgesehen, dass die festgestellten Verletzungen der Wettbewerbsregeln ohne Präzedenzfälle waren. Im Verfahren *Fußballweltmeisterschaft 1990* hat die Kommission erstmals eine Entscheidung in Zusammenhang mit dem Vertrieb von Eintrittskarten für Sportereignisse erlassen, aber der kurzen Dauer des Wettbewerbsverstoßes wegen gänzlich auf die Verhängung einer Geldbuße verzichtet.[798] In der Entscheidung *Fußball-Weltmeisterschaft 1998*[799] hat die Kommission lediglich eine symbolische Geldbuße festgesetzt, obwohl das Verhalten der zentralen Ticketverkaufseinrichtung auch nach den Feststellungen der Kommission gegen fundamentale Prinzipien des Gemeinschaftsrechts verstoßen hatte. Insgesamt lässt sich keine klare Linie in der Bußgeldpraxis der Kommission zu Art. 82 feststellen.

Die Bußgeldleitlinien der Kommission werden in Deutschland flankiert durch Bußgeldleitlinien des Bundeskartellamts[800].

---

[793] Komm. E. v. 24. 3. 2004 Rs. COMP/37.792 – *Microsoft,* ABl. 2007 L 32/23 (Zusammenfassung).

[794] Komm. E. v. 11. 6. 1998 Rs. IV/35.613 – *Alpha Flight Services/Aéroports de Paris,* ABl. 1998 L 230/10; Komm. E. v. 11. 3. 1998 Rs. IV/34.801 – *FAG – Flughafen Frankfurt/Main AG,* ABl. 1998 L 72/30; Komm. E. v. 10. 2. 1999 Rs. IV/35.767 – *Ilmailulaitos/Luftfartsverket,* ABl. 1999 L 69/24; ebenso in einem Verfahren nach Art. 86 Abs. 3 EG-Vertrag: Komm. E. v. 10. 2. 1999 Rs. IV/35.703 – *Portugiesische Flughäfen,* ABl. 1999 L 69/31.

[795] Vgl. Punkt 5. Buchst. d) der Leitlinien; Beispiel: Komm. E. v. 25. 7. 2001 Rs. COMP/C-1/36.915 – *Deutsche Post AG – Aufhalten grenzüberschreitender Postsendungen,* ABl. 2001 L 331/40 Rn. 192.

[796] Vgl. *Arhold,* Das Geldbußenregime nach der Kartell-Verordnung, EuZW 1999, 165, 167; Komm. E. v. 20. 3. 2001 Rs. COMP/35.141 – *Deutsche Post AG,* ABl. 2001 L 125/27 Rn. 47, 48; Komm. E. v. 20. 4. 2001 Rs. COMP D3/34.493 – *DSD,* ABl. 2001 L 166/1.

[797] Komm. E. v. 26. 7. 1988 Rs. IV/31.043 – *Tetra Pak I,* ABl. 1988 L 272/27.

[798] Komm. E. v. 27. 10. 1992 Rs. IV/33.384 und 33.378 – *Fußballweltmeisterschaft 1990,* ABl. 1992 L 326/31; vgl. auch Komm., 22. Wettbewerbsbericht 1992, Rn. 206.

[799] Komm. E. v. 20. 7. 1999 Rs. IV/36.888 – *Fußball-Weltmeisterschaft 1998,* ABl. 2000 L 5/55; dazu kritisch: *Weatherill,* Fining the Organisers of the 1998 Football World Cup, ECLR 2000, 275, 279 f.

[800] Bundeskartellamt, Bekanntmachung Nr. 38/2006 über die Festsetzung von Geldbußen nach § 81 Abs. 4 Satz 2 des Gesetzes gegen Wettbewerbsbeschränkungen (GWB) gegen Unternehmen und Unternehmensvereinigungen – Bußgeldleitlinien – vom 15. September 2006.

Art. 83 EG

Art. 83 [Verordnungen und Richtlinien]

(1) Die zweckdienlichen Verordnungen oder Richtlinien zur Verwirklichung der in den Artikeln 81 und 82 niedergelegten Grundsätze werden vom Rat mit qualifizierter Mehrheit auf Vorschlag der Kommission und nach Anhörung des Europäischen Parlaments beschlossen.

(2) Die in Absatz 1 vorgesehenen Vorschriften bezwecken insbesondere:
a) die Beachtung der in Artikel 81 Absatz 1 und Artikel 82 genannten Verbote durch die Einführung von Geldbußen und Zwangsgeldern zu gewährleisten;
b) die Einzelheiten der Anwendung des Artikels 81 Absatz 3 festzulegen; dabei ist dem Erfordernis einer wirksamen Überwachung bei möglichst einfacher Verwaltungskontrolle Rechnung zu tragen;
c) gegebenenfalls den Anwendungsbereich der Artikel 81 und 82 für die einzelnen Wirtschaftszweige näher zu bestimmen;
d) die Aufgaben der Kommission und des Gerichtshofes bei der Anwendung der in diesem Absatz genannten Vorschriften gegeneinander abzugrenzen;
e) das Verhältnis zwischen den innerstaatlichen Rechtsvorschriften einerseits und den in diesem Abschnitt enthaltenen oder aufgrund dieses Artikels getroffenen Bestimmungen andererseits festzulegen.

Übersicht

	Rn.		Rn.
I. Ermächtigung zum Erlass von Durchführungsvorschriften (Art. 83 Abs. 1)		6. Festlegung des Verhältnisses von innerstaatlichen Rechtsvorschriften und Gemeinschaftsrecht (Buchst. e)	20
1. Zweck und Umfang der Ermächtigung	1	III. Liste wichtiger sekundärrechtlicher Bestimmungen	26
2. Rechtsform der Durchführungsbestimmungen	5	1. Kartellverfahren allgemein seit dem 1. 5. 2004	27
3. Verfahren	6	2. Gruppenfreistellungsverordnungen	28
II. Beispielkatalog des Art. 83 Abs. 2	7	a) VO 2790/1999	28
1. Zweck und Umfang der Ermächtigung	7	b) VO 2821/71	28
2. Geldbußen und Zwangsgelder (Buchst. A)	8	c) VO 1534/91	28
3. Einzelheiten der Anwendung des Art. 81 Abs. 3 (Buchst. b)	10	3. Verkehrssektor seit dem 1. 5. 2004	29
4. Sonderregelungen für einzelne Wirtschaftsbereiche (Buchst. c)	14	4. Unternehmenszusammenschlüsse seit dem 1. 5. 2004	32
5. Abgrenzung der Aufgaben von Kommission und Gerichtshof (Buchst. d)	17		

Schrifttum zu Art. 83–85: *Appeldoorn,* Are the Proposed Changes Compatible with Article 81 (3) E. C.?, ECLR 2001, 400 ff.; *Bechtold,* Modernisierung des EG-Wettbewerbsrechts: der Verordnungsentwurf der Kommission zur Umsetzung des Weißbuchs, BB 2000, 2425 ff.; *Bunte,* Rechtsanwendungskonkurrenzen bei der Anwendung des EG-Kartellrechts durch die nationalen Kartellbehörden, DB 1994, 921 ff.; *Deringer,* Stellungnahme zum Weißbuch der Europäischen Kommission über die Modernisierung der Vorschriften zur Anwendung der Art. 85 und 86 EG-Vertrag (Art. 81 und 82 EG), EuZW 2000, 5 ff.; *Fuchs,* Die Gruppenfreistellungsverordnung als Instrument der europäischen Wettbewerbspolitik im System der Legalausnahme, ZWeR 2005, 1 ff.; *Geiger,* Das Weißbuch der EG-Kommission zu Art. 81, 82 EG – eine Reform, besser als ihr Ruf, EuZW 2000, 165 ff.; *Hoeren,* Europäisches Kartellrecht zwischen Verbots- und Mißbrauchsprinzip – Überlegungen zur Entstehungsgeschichte des Art. 85 EGV, in: FS Großfeld, 1999, S. 405 ff.; *Jaeger,* Die möglichen Auswirkungen einer Reform des EG-Wettbewerbsrechts für die nationalen Gerichte, WuW 2000, 1062 ff.; *Kerse,* Enforcing Community Competition Policy under Articles 88 and 89 of the E. C. Treaty – New Powers for U. K. Competition Authorities, ECLR 1997, 17 ff.; *Lässig,* Dezentrale Anwendung des europäischen Kartellrechts, 1997; *Levitt,* Art. 88, the Merger Control Regulation and the English Courts: BA/Dan-Air, ECLR 1993, 73 ff.; *Mestmäcker,* Versuch einer kartellpolitischen Wende in der EU, EuZW 1999, 523 ff.; *Monopolkommission,* Sondergutachten 28, Kartellpolitische Wende in der Europäischen Union? 1999; *dies.,* Sondergutachten 32, Folgeprobleme der europäischen Kartellverfahrensreform, 2002; *dies.*, Sondergutachten zum Zusammenschlußvorhaben der E. ON AG mit der Gelsenberg AG und der E. ON AG mit der Bergemann GmbH, 2002; *Möschel,* Systemwechsel im Europäischen Wettbewerbsrecht?, JZ 2000, 61 ff.; *Schaub/Dohms,* Das Weißbuch der Europäischen Kommission über die Modernisierung der Vorschriften zur Anwendung der Artikel 81 und 82 EG-Vertrag, WuW 1999, 1055 ff.; *Schmidt, Karsten,* Umdenken im Kartellverfahrensrecht!, BB 2003, 1237 ff.; *Schmidt-Aßmann,* Verwaltungskooperation und Verwaltungskooperationsrecht in der Europäischen Gemeinschaft, EuR 1996, 270 ff.; *Schütz,* Von Gerede und Wirklichkeit – Aufweichung des Freistellungsmonopols der EG-Kommission?, WuW 1994, 520 ff.; *Staudenmeyer,* Das Verhältnis der Art. 85, 86 EWGV zur EG-Fusionskontrollverordnung, WuW 1992, 475 ff.

I. Ermächtigung zum Erlass von Durchführungsvorschriften (Art. 83 Abs. 1)

1. Zweck und Umfang der Ermächtigung

a) Art. 81 und 82 des Vertrages enthalten die materiellen Grundsätze des Kartellrechts der Gemeinschaft, verzichten jedoch auf detaillierte Regelungen des Verfahrens zur Anwendung und Durchsetzung dieser Grundsätze. Art. 83 ermächtigt den Rat, diese **Lücke** durch Verordnungen und Richtlinien zu **schließen.** Der ursprünglichen, durch den Vertrag von Amsterdam geänderten Fassung des Abs. 1[1] war darüber hinaus ein entsprechender **Auftrag** zu entnehmen, da die vertragschließenden Parteien zu Recht davon ausgingen, dass es für die effektive Durchsetzung der Wettbewerbsregeln solcher Detailregelungen bedürfe. Dieser imperative Charakter der Ermächtigung kommt auch in der durch den Amsterdamer Vertrag geänderten Fassung des Abs. 1 noch – wenn auch weniger deutlich – zum Ausdruck.[2] Praktisch ist dies jedoch von geringer Bedeutung, da der Rat seinem Rechtsetzungsauftrag bereits vor der Vertragsänderung durch den Erlass von Durchführungsverordnungen für alle wesentlichen Bereiche nachgekommen war und ihm zudem nach allgM ein weiter Spielraum bei der Beurteilung der Frage zuzubilligen ist, welche Maßnahmen zur Verwirklichung der Grundsätze zweckdienlich sind. **Zweckdienlichkeit** bezeichnet dabei nicht die Unerlässlichkeit, sondern die bloße Eignung einer Regelung, die Durchsetzung der Verbote der Art. 81 und 82 EG bzw. die Anwendung des Art. 81 Abs. 3 EG zu fördern.[3]

b) In den nicht von Durchführungsvorschriften gem. Art. 83 erfassten Bereichen bilden die Regelungen der Art. 84 und 85 das Instrumentarium zur Verwirklichung der Art. 81, 82. Die Existenz der Übergangsvorschriften der Art. 84, 85 EG belegt, dass Art. 81, 82 EG bereits seit Inkrafttreten des Vertrages **unmittelbar geltendes Recht** sind, dessen **Anwendbarkeit** grundsätzlich nicht von der Existenz von Durchführungsvorschriften abhängt.[4] Allerdings dürfen die nationalen Gerichte außerhalb des Geltungsbereichs der Durchführungsregelungen nach der Rechtsprechung des EuGH die Nichtigkeitssanktion des Art. 81 Abs. 2 EG erst dann anwenden, wenn die zuständige nationale Behörde nach Art. 84 EG entschieden hat, dass die betreffende Vereinbarung unter Art. 81 Abs. 1 EG fällt und keiner Ausnahme fähig ist oder wenn die Kommission nach Art. 85 festgestellt hat, dass ein Verstoß gegen Art. 81 Abs. 1 EG vorliegt.[5] Diese Einschränkung ist nach Auf-

---

[1] „Binnen drei Jahren erlässt der Rat (...) alle zweckdienlichen Verordnungen oder Richtlinien (...)".

[2] Dafür *Jung* in: Calliess/Ruffert, Art. 83 Rn. 15; *Stadler* in: Langen/Bunte, Art. 83 Rn. 4.

[3] Vgl. nur *Schröter* in: Groeben/Schwarze, Art. 83 Rn. 13; *Stadler* a. a. O. Rn. 9.

[4] Vgl. EuGH Urt. v. 6. 4. 1962 Rs. 13/61 – *De Geus en Uitdenbogerd/Bosch,* Slg. 1962, 97/113, 116 f.

[5] Vgl. EuGH Urt. v. 6. 4. 1962, Rs. 13/61 – *De Geus en Uitdenbogerd/Bosch,* Slg. 1962, 97/113, 116 f.; EuGH Urt. v. 30. 4. 1986 Verb. Rs. 209–213/84 – *Ministère public/Asjes u. a.,* Slg. 1986, 1425/1470 Rn. 68; EuGH Urt. v. 11. 4. 1989 Rs. 66/86 – *Ahmed Saeed Flugreisen u. a./Zentrale zur Bekämpfung unlauteren Wettbewerbs,* Slg. 1989, 803/847 Rn. 29.

fassung des EuGH aus Gründen der Rechtssicherheit geboten, weil die Vereinbarung sonst nichtig sein könnte, ohne dass Art. 81 insgesamt – unter Einschluss des Abs. 3 – geprüft worden wäre. Der EuGH geht dabei ersichtlich davon aus, dass die Freistellungsfähigkeit nicht unmittelbar von den Gerichten geprüft werden kann, sondern dass darüber in einem behördlichen Verfahren – sei es durch die Kommission, sei es durch die nationalen Wettbewerbsbehörden – zu entscheiden ist. Erst die Durchführungsverordnungen ermöglichen demnach den nationalen Gerichten die **unmittelbare Anwendung** der Rechtsfolge des **Art. 81 Abs. 2 EG. Art. 82** EG ist dagegen ohne weiteres unmittelbar anwendbar, da Zuwiderhandlungen gegen diese Bestimmung keiner Freistellung fähig sind.[6]

3 Die o. g. Einschränkungen beruhen auf einem Verständnis des Art. 81 EG als Verbot mit Erlaubnisvorbehalt. Billigt der EuGH den durch die VO 1/03[7] bewirkten Wechsel zum System der **Legalausnahme,** so dürfte dies auch für die vom Anwendungsbereich der VO 1/03 ausgenommenen Gebiete nicht folgenlos bleiben. Zum einen entfällt im Bereich der VO 1/03 ein gesondertes Freistellungsverfahren, so dass die Regelungen der Art. 84, 85 EG diesbezüglich nicht mehr defizitär erscheinen. Zum anderen wird für die Zweckmäßigkeit des Systemwechsels nicht zuletzt angeführt, Art. 81 Abs. 3 EG habe durch die jahrzehntelange Praxis der Kommission und der Gerichte so klare Konturen erhalten, dass er auch für die Zivilgerichte handhabbar geworden sei und für die Unternehmen eine hinreichende Rechtssicherheit bestehe.[8] Wenngleich die Fallpraxis in den Ausnahmebereichen eher spärlich ist, so lassen sich doch die Erkenntnisse aus der allgemeinen Anwendung des Art. 81 EG auch für die Sondergebiete fruchtbar machen. Es wird sich daher schwerlich argumentieren lassen, in den nicht von Durchführungsbestimmungen geregelten Bereichen sei Art. 81 Abs. 2 EG einer unmittelbaren Anwendung durch die Gerichte weiterhin nicht zugänglich. Sieht man den eingetretenen Systemwechsel ab, so müsste die bisherige Rspr. zumindest im Lichte der *Delimitis*-Entscheidung[9] des EuGH dahin modifiziert werden, dass eine unmittelbare Anwendbarkeit des Art. 81 Abs. 2 EG auch in den Ausnahmebereichen gegeben ist, wenn eine Freistellung offensichtlich nicht in Betracht kommt.

4 c) Die sekundärrechtlichen Regelungen, zu denen Art. 83 ermächtigt, dienen zur Ausfüllung des durch Art. 81 und 82 gesetzten Rahmens. Der Rat überschreitet daher seine Befugnisse nach Art. 83, soweit die Verordnungen oder Richtlinien die primärrechtlichen Regelungen nicht lediglich **konkretisieren,** sondern sie verändern oder einschränken. Eine Vertragsänderung kann nicht im Verfahren und in den Formen des Art. 83 bewirkt werden.

2. Rechtsform der Durchführungsbestimmungen

5 Der Rat kann nach pflichtgemäßem **Ermessen** wählen, ob er sich für eine Durchführungsregelung des Instrumentes der **Verordnung** (Art. 249 Abs. 2) oder der **Richtlinie** (Art. 249 Abs. 3) bedient. Bislang hat er sich stets für die Rechtsform der Verordnung entschieden, die nicht nur die Ziele, sondern auch die einzusetzenden Mittel verbindlich vorgibt.

3. Verfahren

6 Durchführungsvorschriften nach Art. 83 werden auf Vorschlag der Kommission und nach obligatorischer Anhörung des Europäischen Parlaments – in der Praxis zusätzlich nach

---

[6] Vgl. EuGH Urt. v. 11. 4. 1989 Rs. 66/86 – *Ahmed Saeed Flugreisen u. a./Zentrale zur Bekämpfung unlauteren Wettbewerbs,* Slg. 1989, 803/847 Rn. 32 f.

[7] Verordnung (EG) Nr. 1/2003 des Rates vom 16. Dezember 2002 zur Durchführung der in den Artikeln 81 und 82 des Vertrags niedergelegten Wettbewerbsregeln, ABl. L 1 v. 4. 1. 2003, 1 ff.

[8] Vgl. *Schaub/Dohms* WuW 1999, 1055/1069.

[9] Vgl. EuGH Urt. v. 28. 2. 1991 Rs. C-234/89 – *Delimitis/Henninger Bräu*, Slg. 1991 I-935 ff., 937 Ls. 5 u. Rn. 47 ff.

Anhörung des Wirtschafts- und Sozialausschusses – vom Rat mit **qualifizierter**[10] **Mehrheit** (Art. 205 Abs. 2 EG) beschlossen. Allerdings ist für den Ratsbeschluss insgesamt Einstimmigkeit erforderlich, wenn eine Durchführungsvorschrift neben Art. 83 auf Art. 308 EG gestützt werden muss und die Regelungsgegenstände sich – wie dies bei den Fusionskontrollverordnungen (VO 4064/89 und der sie ablösenden VO 139/04, s. Rn. 31) der Fall war – wegen ihres engen Sachzusammenhanges nicht voneinander trennen lassen. Da der Rat nur auf Vorschlag der Kommission tätig werden kann (Art. 83 Abs. 1), bedürfen gemäß Art. 250 Abs. 1 EG Änderungen an den Vorschlägen der Kommission grundsätzlich eines einstimmigen Ratsbeschlusses.

Der Rat hat die Möglichkeit, sich in seinen Verordnungen und Richtlinien auf Grundzüge zu beschränken und die Kommission zu deren Präzisierung zu ermächtigen.[11] Hiervon hat er regelmäßig Gebrauch gemacht.[12]

II. Beispielkatalog des Art. 83 Abs. 2

1. Zweck und Umfang der Ermächtigung

Art. 83 Abs. 2 enthält eine nicht abschließende („insbesondere") Aufzählung zweckdienlicher Regelungsgegenstände. Nicht aufgeführt, aber gleichwohl zweckmäßig sind beispielsweise Informations- und Nachprüfungsbefugnisse der Kommission im Kartellverfahren[13] oder die Möglichkeit, im Kartellverwaltungsverfahren einstweilige Maßnahmen anzuordnen.[14] Trotz ihres nur beispielhaften Charakters können die in Abs. 2 hervorgehobenen Regelungsgegenstände Anhaltspunkte für die durch Auslegung der Art. 81, 82 EG zu beantwortende Frage liefern, ob sich eine Durchführungsbestimmung noch in dem durch das Primärrecht gesetzten Rahmen bewegt. 7

2. Geldbußen und Zwangsgelder (Buchst. a))

Für eine wirksame Durchsetzung des europäischen Wettbewerbsrechts sind die in Buchst. a) genannten Geldbußen und Zwangsgelder unerlässlich. Die in Art. 81 Abs. 1 EG selbst geregelte zivilrechtliche Sanktion der Nichtigkeit verbotener Vereinbarungen und Beschlüsse bietet keine Handhabe gegen eine faktische Befolgung der nichtigen Abreden. Art. 82 EG sieht nicht einmal zivilrechtliche Sanktionen vor, so dass diese sich ohne Verordnung nach Art. 83 allenfalls aus nationalem Recht ergeben können. Daher waren schon bisher in allen kartellrechtlichen Anwendungsverordnungen Geldbußen und Zwangsgelder vorgesehen.[15] Auch VO 1/03[16] enthält in Art. 23, 24 entsprechende Bestimmungen. Ergänzende Regelungen zur Verfolgungs- und Vollstreckungsverjährung enthielt bisher VO 2988/74.[17] Nunmehr finden sich die Verjährungsregelungen in Art. 25, 26 VO 1/03. 8

Art. 83 ermächtigt die europäischen Gesetzgebungsorgane nach herrschender Lehre weder zur Anordnung von über die in Art. 81 Abs. 2 EG angeordnete Nichtigkeit hinaus- 9

---

[10] Dieses Erfordernis entfiele mit Inkrafttreten des Vertrags von Lissabon (vgl. Art. 103 des Vertrags über die Arbeitsweise der Europäischen Union, die im Übrigen nahezu unveränderte Nachfolgebestimmung zu Art. 83).

[11] Vgl. EuGH Urt. v. 15. 7. 1970 Rs. 41/69 – *Chemiefarma/Kommission*, Slg. 1970, 661/691.

[12] Vgl. die Aufstellung unten Rn. 26 ff.

[13] Vgl. Art. 17 ff. VO 1/03 (s. Fn. 7) und zuvor Art. 11, 14 VO 17/62 – Erste Durchführungsverordnung des Rates vom 6. 2. 1962 zu den Artikeln 85 und 86 des Vertrags in der Gemeinschaft, ABl. L 13 v. 21. 2. 1962, 204 ff.

[14] Vgl. Art. 4 a VO Nr. 3975/87 (s. unten Rn. 29) und Art. 8 VO 1/03 (s. Fn. 7).

[15] Vgl. Art. 15, 16 VO 17/62 (s. Fn. 13); Art. 22, 23 VO 1017/68 (s. unten Rn. 31); Art. 19, 20 VO 4056/86 (s. unten Rn. 30) und Art. 12, 13 VO 3975/87 (s. unten Rn. 29).

[16] Vgl. Fn. 7.

[17] Vgl. unten Rn. 31.

gehenden zivilrechtlichen Sanktionen noch zum Erlass von **Strafvorschriften**.[18] In der Tat ist eine eigenständige Strafgewalt der Gemeinschaft in der Rechtsprechung des EuGH bisher nicht anerkannt, sondern festgestellt worden, die Strafgewalt gehöre grundsätzlich zur Zuständigkeit der Mitgliedstaaten.[19] Allerdings hat der EuGH für den Bereich des Umweltschutzes eine Zuständigkeit des Gemeinschaftsgesetzgebers bejaht, Maßnahmen in Bezug auf das Strafrecht der Mitgliedstaaten zu ergreifen, wenn dies seiner Meinung nach erforderlich ist, um die volle Wirksamkeit der zum Schutz der Umwelt erlassenen Rechtsnormen zu gewährleisten; dies sei dann der Fall, wenn die Anwendung wirksamer, verhältnismäßiger und abschreckender (strafrechtlicher) Sanktionen durch die nationalen Behörden eine zur Bekämpfung schwerer Beeinträchtigungen der Umwelt unerlässliche Maßnahme darstelle.[20] Sollte sich die Überzeugung herausbilden,[21] dass es für eine wirksame Durchsetzung der Art. 81, 82 EG strafrechtlicher Sanktionen bedürfe, so wäre der Gemeinschaftsgesetzgeber nach den vorstehenden Grundsätzen, die auf den Bereich des Wettbewerbsrechts übertragbar sein dürften, nicht daran gehindert, in einer Durchführungsverordnung nach Art. 83 Verstöße gegen Art. 81, 82 EG zu benennen, die von den Mitgliedstaaten strafrechtlich geahndet werden müssen.[22] Unabhängig von der soeben erörterten Frage ergibt sich aus einer Beschränkung der Gemeinschaftskompetenzen jedenfalls kein Hindernis für die nationalen Gesetzgeber, Verstöße gegen das europäische Kartellrecht mit weitergehenden zivilrechtlichen oder mit strafrechtlichen Sanktionen zu belegen.

3. Einzelheiten der Anwendung des Art. 81 Abs. 3 (Buchst. b))

10 a) Während die materiell-rechtlichen Voraussetzungen, unter denen die Bestimmungen des Artikels 81 Abs. 1 für unanwendbar erklärt werden können, durch Art. 81 Abs. 3 verbindlich vorgegeben sind, können die **Zuständigkeiten** für die Anwendung dieser Bestimmung und das dabei einzuhaltende **Verfahren** mittels Durchführungsverordnungen näher ausgestaltet werden. Auch hierbei ist jedoch der durch den Vertrag gesteckte Rahmen zu beachten. Die vom Rat erlassenen Anwendungsverordnungen wiesen bis zu dem durch die VO 1/03 bewirkten Systemwechsel der Kommission die ausschließliche Zuständigkeit zur Abgabe von **Einzelfreistellungserklärungen** zu.[23] Hinsichtlich **Gruppenfreistellungen**, zu denen Art. 83 Abs. 2 Buchst. b i. V. m. Art. 81 Abs. 3 EG ermächtigt, hat sich der Rat weitgehend darauf beschränkt, durch seine Verordnungen die Verfahrensvoraussetzungen für den Erlass von Gruppenfreistellungsverordnungen durch die Kommission zu schaffen (zweistufige Rechtsetzung, s. oben Rn. 5). Lediglich im Bereich des Verkehrs

---

[18] Vgl. etwa *Schröter* in: Groeben/Schwarze, Art. 83 Rn. 28; *Jung* in: Calliess/Ruffert, Art. 83 Rn. 22; *Bechtold/Bosch/Brinker/Hirsbrunner*, EG-Kartellrecht, Art. 83 Rn. 8; *Gleiss/Hirsch*, Kommentar zum EG-Kartellrecht, 3. Aufl., Art. 87 Rn. 13; zweifelnd *Deringer*, EWG-Kommentar, Art. 87 Rn. 24.
[19] Vgl. EuGH Urt. v. 11. 11. 1981 Rs. 203/80 – *Casati*, Slg. 1981, 2595 ff., Rn. 27; Urt. v. 13. 9. 2005 Rs. C-176/03 – *Kommission der Europäischen Gemeinschaften/Rat der Europäischen Union*, Slg. 2005, I-7907 ff., Rn. 47 und dazu die Schlussanträge des Generalanwaltes *Ruiz-Jarabo Colomer* v. 26. 5. 2005, Rn. 27, 33, 38. Die EU-Kommissarin für Wettbewerb, Fr. Kroes, hat betont, wenn man auf europäischer Ebene Haftstrafen gegen Manager wegen schwerer Kartellverstöße einführen wolle, müsse der EU-Vertrag geändert werden, vgl. Handelsblatt v. 20. 6. 2007, S. 6 „Berlin lehnt Haftstrafen für Kartellsünder ab".
[20] Vgl. EuGH Urt. v. 13. 9. 2005 Rs. C-176/03 – *Kommission der Europäischen Gemeinschaften/Rat der Europäischen Union*, Slg. 2005, I-7907 ff., Rn. 48 sowie hierzu – mit ausführlichen Nachweisen – die Schlussanträge des Generalanwaltes *Ruiz-Jarabo Colomer* v. 26. 5. 2005, Rn. 71 ff.
[21] Zu den unterschiedlichen Auffassungen vgl. etwa Handelsblatt v. 20. 6. 2007, S. 6 „Berlin lehnt Haftstrafen für Kartellsünder ab".
[22] Wie hier *Rapp-Jung* in: MünchKommEUWettbR, Art. 83 Rn. 15.
[23] Vgl. Art. 9 Abs. 1 VO 17/62 (s. Fn. 13); Art. 5, 12, 15 VO 1017/68 (s. unten Rn. 31); Art. 12, 14 VO 4056/86 (s. unten Rn. 30) und Art. 5, 7 Abs. 1 VO 3975/87 (s. unten Rn. 29).

hatte er durch Art. 4 VO 1017/68[24] und Art. 6 der – inzwischen aufgehobenen – VO 4056/86[25] Gruppenfreistellungen selbst im Verordnungswege ausgesprochen.

b) In Abkehr vom Konzept des Verbots mit dem Vorbehalt behördlicher Erlaubnis, das den bisherigen Anwendungsverordnungen zugrunde liegt, bewirkt **VO 1/03**[26] als Nachfolgeverordnung zur VO 17/62 nunmehr den Übergang zu einem System, in dem Art. 81 Abs. 3 die Funktion einer **Legalausnahme** zukommt.[27] Zulässig ist dies jedoch nur dann, wenn Art. 81 das bisherige System des Verbots mit Erlaubnisvorbehalt nicht verbindlich vorgibt. Der Wortlaut von Art. 81 Abs. 3, wonach unter den genannten Voraussetzungen die Bestimmungen des Abs. 1 für nicht anwendbar „erklärt" werden können,[28] spricht gegen die Möglichkeit, dass bei Vorliegen der Voraussetzungen des Art. 81 Abs. 3 EG die Nichtanwendbarkeit bereits ex lege eintritt.[29] Dass sich die notwendige Erklärung auf (einzelne) Vereinbarungen etc. oder Gruppen davon beziehen muss, dürfte es auch ausschließen, im Wege einer einzigen Verordnung nach Art. 83 zu erklären, dass sämtliche Vereinbarungen, die in Art. 81 Abs. 3 EG genannten Voraussetzungen erfüllen, freigestellt sind. Denn dies geht über den größten möglichen Freistellungsgegenstand – die Gruppe von Vereinbarungen – hinaus.[30]

Die Befürworter der vorgeschlagenen Reform verweisen demgegenüber darauf, dass die gewählte Formulierung auf einem Kompromiss zwischen den Verfechtern einer Legalausnahme und den Anhängern eines Genehmigungssystems beruhe und keine verbindliche Entscheidung für eines der beiden Lager habe bewirken sollen.[31] Die Rechtsprechung des EuGH zur Frage der unmittelbaren Anwendbarkeit des Art. 81 EG im nicht durch Durchführungsbestimmungen nach Art. 83 geregelten Bereich lässt zwar erkennen, dass der Gerichtshof Art. 81 EG bislang als Verbot mit Erlaubnisvorbehalt aufgefasst und eine unmittelbare Anwendbarkeit des Abs. 3 der Vorschrift verneint hat.[32] Allerdings hatte der EuGH bisher auch noch keine Veranlassung, näher zu überprüfen, ob dieses durch Wortlaut und Systematik zumindest nahegelegte Verständnis so zwingend ist, dass die angestrebte Neuregelung weder nach Art. 83 noch nach Art. 308 EG[33] vorgenommen werden kann, sondern eine Vertragsänderung voraussetzt. Diese Frage ist jedoch entscheidend, da mit der Reform dem Abs. 3 des Art. 81 EG die Funktion der Legalausnahme nicht unmittelbar kraft Primärrechts zugeschrieben wird, sondern erst die sekundärrechtliche VO 1/03 die unmittelbare Anwendbarkeit des Art. 81 Abs. 3 EG herbeiführen soll.[34] Bedenken, die Reform trage dem in Art. 83 Abs. 2 Buchst. b) genannten Erfordernis einer wirksamen Überwachung bei möglichst einfacher Verwaltungskontrolle nicht ausreichend Rechnung, erscheinen kaum geeignet, die Unzulässigkeit der geplanten Neuregelung zu begründen. Denn dem Rat ist insoweit – ebenso wie bei der Beurteilung der Zweckmäßigkeit – ein erheblicher Beurteilungsspielraum zuzubilligen.

---

[24] Vgl. unten Rn. 31.
[25] Vgl. unten Rn. 30.
[26] Vgl. Fn. 7.
[27] Vgl. Art. 1 Abs. 2 und Erwägungsgrund 4 VO 1/03 (s. Fn. 7).
[28] Die übrigen Sprachfassungen des Vertrages – z. B. die französische Formulierung „peuvent être déclarées inapplicables" – deuten ebenso klar auf die Notwendigkeit einer gesonderten Erklärung hin.
[29] Vgl. etwa *Mestmäcker* EuZW 1999, 523/525 ff.; *Deringer* EuZW 2000, 5/5 f.; *Jaeger* WuW 2000, 1062/1065 f.; *Kirchhoff* in: MünchKommEuWettbR, Einleitung Rn. 443.
[30] Vgl. *Monopolkommission*, Sondergutachten 28, Rn. 16, S. 17 f.
[31] Vgl. *Schaub/Dohms* WuW 1999, 1055/1065 f.; *Geiger* EuZW 2000, 165/166 f.; *Appeldoorn* ECLR 2002, 400/401 gegen *Deringer* EuZW 2000, 5/5 f.; zur Entstehungsgeschichte ausführlich *Hoeren* in: FS Großfeld, 1999, S. 405 ff.
[32] Vgl. oben Rn. 2.
[33] Diese Möglichkeit verneint ausdrücklich Monopolkommission, Sondergutachten 28, Rn. 21, S. 21.
[34] Vgl. Erwägungsgründe 2 und 4 der VO 1/03 (s. Fn. 7).

13 c) **Gruppenfreistellungsverordnungen** sind im System der Legalausnahme weiterhin zulässig[35] und zur Erhöhung der Rechtssicherheit auch zweckmäßig. Ersetzten sie im bisherigen System konstitutive behördliche Freistellungsentscheidungen, so ordnen sie nunmehr eine Rechtsfolge an, die sich bereits aus Art. 81 Abs. 3 EG i. V. m. Art. 1 Abs. 2 VO 1/03 ergibt, sofern die Gruppenfreistellungsverordnung die Anforderungen des Art. 81 Abs. 3 EG zutreffend konkretisiert. Die aus Art. 249 Abs. 2 EG folgende Verbindlichkeit der Gruppenfreistellungsverordnung wird hierdurch nicht beeinträchtigt. Bestehende Gruppenfreistellungsverordnungen werden, wie Art. 3 Abs. 2 S. 1 und Art. 29 VO 1/03 zeigen, weder nach dem lex-posterior-Grundsatz durch VO 1/03 verdrängt, noch stellt diese eine speziellere Regelung dar. Sieht man die Gruppenfreistellungsverordnung für ihren Geltungsbereich nicht als vorrangige Spezialregelung an, so ergibt sich die Freistellung daher, soweit die Bedingungen des Art. 81 Abs. 3 EG erfüllt sind, sowohl aus Art. 81 Abs. 3 EG i. V. m. VO 1/03 als auch aus der Gruppenfreistellungsverordnung.[36] Ist die Gruppenfreistellung dagegen zu weit gefasst, bewirkt allein sie die Freistellung der Vereinbarung.

4. Sonderregelungen für einzelne Wirtschaftsbereiche (Buchst. c))

14 Dass Buchst. c) die Möglichkeit eröffnet, den Anwendungsbereich der Art. 81 und 82 EG für die einzelnen Wirtschaftsbereiche näher zu bestimmen, bedeutet – wie der EuGH klargestellt hat – nicht etwa, dass es besonderer Regelungen gemäß dieser Vorschrift bedürfte, damit Art. 81 und 82 EG für die einzelnen Wirtschaftsbereiche wirksam werden.[37] Gegen eine solche Auslegung spricht nicht nur die abschwächende Formulierung „gegebenenfalls", sondern vor allem die Existenz der Übergangsvorschriften der Art. 84, 85 EG, die eine Anwendung der Wettbewerbsregeln in sämtlichen Branchen ermöglichen, soweit es an Durchführungsregelungen nach Art. 83 fehlt. Nach zutreffender, im jüngeren Schrifttum herrschender Auffassung ermächtigt Art. 83 Abs. 2 Buchst. c) auch nicht dazu, einzelne Branchen aus dem Anwendungsbereich der Wettbewerbsregeln herauszunehmen.[38] Derartige Ausnahmen finden sich ausschließlich im Primärrecht, und zwar in Art. 36 EG[39] und Art. 86 Abs. 2 EG.

15 Dass es der Verwirklichung der in Art. 81 und 82 EG niedergelegten Grundsätze dienen könnte, sie hinsichtlich ganzer Wirtschaftsbereiche für unanwendbar zu erklären, erscheint auch begrifflich fern liegend. Art. 83 Abs. 2 Buchst. c) soll es vielmehr lediglich ermöglichen, den Besonderheiten einzelner Wirtschaftszweige durch **konkretisierende Regelungen** Rechnung zu tragen. Diese Spezialvorschriften können sich – ebenso wie Gruppenfreistellungsverordnungen nach Buchst. b) – auf die Erfüllung der Freistellungsvoraussetzungen nach Art. 81 Abs. 3 EG durch bestimmte Gruppen von Vereinbarungen beziehen, so dass auch Buchst. c) eine Ermächtigungsgrundlage für **Gruppenfreistellungsverordnungen** darstellt. Sie brauchen sich jedoch nicht hierauf zu beschränken,

---

[35] Vgl. Art. 3 Abs. 2 S. 1, Art. 29 VO 1/03 (s. Fn. 7).
[36] Ebenso im Ergebnis *Karsten Schmidt* BB 2003, 1237/1241 m. w. N.; ausführlich *Fuchs* ZWeR 2005, 1/7 ff., 13.
[37] Vgl. EuGH Urt. v. 27. 1. 1987 Rs. 45/85 – *Verband der Sachversicherer*, Slg. 1987, 405/451; *Pernice* in: Grabitz/Hilf, Kommentar zur Europäischen Union, Art. 87 Rn. 21; *Brinker* in: Schwarze, EU-Kommentar, 2000, Art. 83 Rn. 7.
[38] Vgl. *Schröter* in: Groeben/Schwarze, Art. 83 Rn. 44; *Pernice* in: Grabitz/Hilf, Kommentar zur Europäischen Union, Art. 87 Rn. 23; *Jung* in: Calliess/Ruffert, Art. 83 Rn. 28; *Stadler* in: Langen/Bunte, Kommentar zum deutschen und europäischen Kartellrecht, Art. 83 Rn. 28; *Brinker* in: Schwarze, EU-Kommentar, 2000, Art. 83 Rn. 6; a. A. insbes. *Wohlfarth/Everling/Glaesner/Sprung*, Art. 87 Rn. 5; vgl. auch *Deringer*, EWG-Kommentar, Art. 87 Rn. 29 f. und *Gleiss/Hirsch*, Kommentar zum EG-Kartellrecht, 3. Aufl. 1978, Art. 87 Rn. 16.
[39] Die VO 26/62 zur Anwendung bestimmter Wettbewerbsregeln auf die Produktion landwirtschaftlicher Erzeugnisse und den Handel mit diesen Erzeugnissen wurde auf der Grundlage der Sonderbestimmungen der Art. 36, 37 (Art. 42, 43 a. F.) erlassen.

sondern können klarstellen, dass bestimmte Abreden bereits den **Tatbestand des Art. 81 Abs. 1 EG** nicht erfüllen. In gleicher Weise kann für bestimmte Verhaltensweisen deutlich gemacht werden, dass sie den Verbotstatbestand des Art. 82 EG nicht verwirklichen. Soweit die Spezialregelung die primärrechtlichen Vorgaben unzutreffend konkretisiert – etwa, weil das in der Verordnung privilegierte Verhalten tatsächlich einen Verstoß gegen Art. 81 Abs. 1 oder 82 EG darstellt bzw. keine Freistellung rechtfertigt –, fehlt es an einer Rechtsgrundlage für die Sonderregelung, so dass sie auf entsprechende Klage vom EuGH für (insoweit) nichtig erklärt werden kann.

Der Rat hat von seiner Befugnis nach Buchst. c) bislang für den Bereich des **Verkehrs**[40] und für den **Versicherungssektor**[41] Gebrauch gemacht.

5. Abgrenzung der Aufgaben von Kommission und Gerichtshof (Buchst. d))

Die Aufgaben der Kommission sind ebenso wie jene des Gerichtshofes bereits im Vertrag selbst weitgehend festgelegt.[42] Durchführungsvorschriften nach Art. 83 Abs. 2 können an diesen primärrechtlichen Vorgaben nichts ändern. Spielraum für Abgrenzungen gem. Buchst. d) besteht daher nur, soweit der Vertrag ihn ausdrücklich eröffnet oder die Zuständigkeitszuweisungen des Primärrechts lückenhaft in dem Sinne sind, dass sie keine abschließenden Anordnungen treffen. Ersteres ist im Bereich von **Sanktionsentscheidungen** der Fall: Art. 229 EG ermöglicht es, dem Gerichtshof die Befugnis zuzuweisen, Entscheidungen über in Verordnungen vorgesehene Zwangsmaßnahmen einer unbeschränkten Ermessensüberprüfung zu unterziehen und die Maßnahmen zu ändern (was die Möglichkeit der Verschärfung einschließt) oder sogar selbst zu verhängen. Im Bereich der in den Durchführungsverordnungen nach Art. 83 Abs. 2 verankerten Bußgeld- und Zwangsgeldregelungen wurde dem Gerichtshof die Kompetenz zur vollständigen Überprüfung der Kommissionsentscheidungen sowie das Recht eingeräumt, die festgesetzten Geldbußen und Zwangsgelder aufzuheben, herabzusetzen oder zu erhöhen.[43]

Denkbar wären jedoch auch Regelungen, wonach Buß- oder Zwangsgelder auf Grund der von der Kommission durchgeführten Ermittlungen allein durch den EuGH verhängt werden können, um von vornherein eine effektive, unabhängige richterliche Beurteilung dieser einschneidenden Maßnahmen zu gewährleisten.[44] **Untersagungsentscheidungen** im Bereich der **Fusionskontrolle** dürften zwar keine Zwangsmaßnahmen i. S. d. Art. 229 EG darstellen. Soweit rechtspolitisch teilweise gefordert wird, die Untersagungsbefugnis nach US-amerikanischem Vorbild von der Kommission auf den Gerichtshof zu verlagern, um eine Trennung zwischen den für Ermittlung und den für die Festsetzung der Rechtsfolgen Zuständigen zu schaffen, ergibt sich aus dem Primärrecht jedoch auch kein Hindernis für eine solche Regelung. Das Rechtsstaatsprinzip gebietet eine derartige Aufgabenverteilung zwar nicht, steht ihr aber auch nicht entgegen.

Wie sich aus Art. 229 EG ergibt, ist es nicht bereits ein Erfordernis des Primärrechts, dass eine unbeschränkte Ermessensüberprüfung zu erfolgen habe. Eine primärrechtliche Untergrenze für die **Kontrolldichte** bei der gerichtlichen Überprüfung von Kommissionsentscheidungen ist lediglich aus dem zentralen Erfordernis der Rechtsstaatlichkeit abzuleiten, **effektiven Rechtsschutz** zu gewährleisten. Diesem Gebot kann auch durch eine

---

[40] Vgl. Art. 3–6 VO 1017/68 a. F. (Eisenbahn-, Straßen- und Binnenschiffsverkehr, s. unten Rn. 30, b)), Art. 2, 5–6 inzwischen aufgehoben, Art. 4 geändert durch Art. 36 VO 1/03 (s. Fn. 7); Art. 1 VO 479/92 (Seeschifffahrtskonsortien, s. unten Rn. 31); Art. 1–3, 6 VO 4056/86 (Seeverkehr, s. unten Rn. 30); Art. 2 VO 3975/87 (s. unten Rn. 29) und Art. 2 VO 3976/87 (Luftfahrt, s. unten Rn. 31).
[41] Vgl. VO 358/2003 (s. unten Rn. 28, c)), durch die VO 3932/92 ersetzt wird.
[42] Vgl. Art. 83 Abs. 1, 85, 86 Abs. 3, 211 ff. bzw. Art. 220 ff. EG.
[43] Vgl. Art. 17 VO 17/62 (s. Fn. 13); Art. 24 VO 1017/68 (s. unten Rn. 31); Art. 21 VO 4056/86 (s. unten Rn. 30); Art. 14 VO 3975/87 (s. unten Rn. 29) und nunmehr Art. 31 VO 1/03 (s. Fn. 7).
[44] Ebenso *Pernice* in: Grabitz/Hilf, Kommentar zur Europäischen Union, Art. 87 Rn. 25.

Überprüfung genügt werden, die den Wettbewerbsbehörden einen weiten Beurteilungs- und Ermessensspielraum zubilligt. Ein solch großzügiger Maßstab – vom EuGH und dem EuG lange Zeit ohnehin bei der Nachprüfung von Entscheidungen zu komplexen wirtschaftlichen Sachverhalten praktiziert[45] – ließe sich grundsätzlich durch eine Vorschrift nach Buchst. d) festlegen. Allerdings hätte letztlich der Gerichtshof selbst die Möglichkeit, ihm angelegte Fesseln zu sprengen, indem er dem Vertrag das Erfordernis einer weitergehenden Kontrolle entnehmen könnte.

6. Festlegung des Verhältnisses von innerstaatlichen Rechtsvorschriften und Gemeinschaftsrecht (Buchst. e))

20 Regelungen gemäß Buchst. e) sollen der Verwirklichung der in Art. 81 und 82 EG niedergelegten Grundsätze in Fällen dienen, in denen innerstaatliches Recht und Gemeinschaftsrecht unterschiedliche Rechtsfolgen für denselben Sachverhalt anordnen. Mit Art. 3 VO 1/03 bildet eine solche **Kollisionsnorm** einen der Kernpunkte des neuen europäischen Kartellrechtssystems. Vor Erlass der VO 1/03 war von der durch Buchst. e) eingeräumten Befugnis dagegen kaum Gebrauch gemacht worden. Eine Ausnahme bildete die – allerdings neben Art. 83 auf Art. 308 EG gestützte – **Fusionskontroll-Verordnung** VO 4064/89, deren Art. 21 Abs. 2 die Anwendbarkeit des innerstaatlichen Wettbewerbsrechts auf Zusammenschlüsse von gemeinschaftsweiter Bedeutung untersagte, während Art. 21 Abs. 3 FKVO a. F. innerstaatliche Maßnahmen zum Schutz nicht wettbewerblicher berechtigter Interessen in gewissem Umfang zuließ.[46]

21 In den übrigen Bereichen waren die Linien zur Bewältigung von Konflikten zwischen dem gemeinschaftlichen Wettbewerbsrecht und nationalem Recht bislang durch die auf dem Primärrecht beruhenden Judikate des Gerichtshofs vorgegeben. Danach ist das Gemeinschaftsrecht vorrangig anwendbar; das entgegenstehende nationale Recht darf im Konfliktfall nicht angewendet werden.[47] Die Wettbewerbsordnungen bleiben zwar grundsätzlich nebeneinander anwendbar – wovon Buchst. e) ersichtlich ausgeht –, die einheitliche Anwendung und volle Wirksamkeit der EG-Wettbewerbsvorschriften darf hierdurch jedoch nicht gefährdet werden.[48] Der **Vorrang des Gemeinschaftsrechts** gilt danach im Wettbewerbsrecht dann, wenn der Vertrag selbst die betreffende Rechtsfolge unmittelbar anordnet oder die Kommission eine Maßnahme erlässt, die positiver Ausdruck der gemeinschaftlichen Wettbewerbspolitik ist.[49] Zu diesen positiven Maßnahmen gehören Einzelfreistellungen, aber auch Gruppenfreistellungsverordnungen, nicht hingegen Negativatteste.[50]

22 Da nach der **VO 1/03**[51] Art. 81 Abs. 3 EG eine Legalausnahme darstellt, wird es grundsätzlich[52] keine gestaltenden Freistellungsentscheidungen mehr geben, die positiver Aus-

---

[45] Vgl. etwa EuG Urt. v. 29. 6. 1993 Rs. T-7/92 – *Asia Motor France/Kommission,* Slg. 1993, II-669/683 Rn. 33; eine intensive Prüfung erfolgte hingegen in den im Jahre 2002 entschiedenen Fällen aus dem Bereich der Fusionskontrolle, vgl. EuG Urt. v. 6. 6. 2002 Rs. T-342/99 – *Airtours/Kommission,* Slg. 2002, II-2585 ff. = WuW EU-R 559 ff.; EuG Urt. v. 22. 10. 2002 Rs. T-310/01 – *Schneider Electric/Kommission,* Slg. 2002, II-4071 ff.; EuG Urt. v. 25. 10. 2002 Rs. T-5/02 – *Tetra Laval/Kommission,* Slg. 2002, II-4381 = WuW EU-R 585 ff.

[46] Die neue Fusionskontroll-Verordnung VO 139/04 (s. unten Rn. 32) hat diese Regelungen übernommen, vgl. dort Art. 21 Abs. 3 u. 4.

[47] Vgl. EuGH Urt. v. 20. 2. 1964 Rs. 6/64 – *Costa/E. N. E. L.,* Slg. 1964, 1251/1256 ff., 1269 ff.

[48] Vgl. EuGH Urt. v. 13. 2. 1969 Rs. 14/68 – *Walt Wilhelm u. a./Bundeskartellamt,* Slg. 1969, 1/13 ff.

[49] Vgl. EuGH Urt. v. 13. 2. 1969 Rs. 14/68 – *Walt Wilhelm u. a./Bundeskartellamt,* Slg. 1969, 1/14 Rn. 5.

[50] Vgl. etwa *Bechtold/Bosch/Brinker/Hirsbrunner,* EG-Kartellrecht, Art. 10 VO 1/2003 Rn. 1.

[51] Vgl. Fn. 7.

[52] Zur Rechtsnatur und Bindungswirkung der Entscheidungen nach Art. 9 Abs. 1 und Art. 10 VO 1/03 (s. Fn. 7) vgl. Art. 9 VerfVO 1/2003 Rn. 30 ff. und Art. 10 VerfVO 1/2003 Rn. 20 sowie *Schmidt, Karsten* BB 2003, 1237/1241 f.

druck der gemeinschaftlichen Wettbewerbspolitik i. S. d. *Walt-Wilhelm*-Urteils[53] sein könnten. Um Unklarheiten über den Vorrang des Art. 81 Abs. 3 EG gegenüber strengerem nationalen Recht zu vermeiden, ist auf der Grundlage von Art. 83 Abs. 2 Buchst. e) in Art. 3 Abs. 2 S. 1 VO 1/03 angeordnet, dass im Anwendungsbereich der gemeinschaftsrechtlichen Regelungen die Anwendung des Wettbewerbsrechts der Mitgliedstaaten nicht zum Verbot von nach Art. 81 EG erlaubten Vereinbarungen führen darf. Die eigentliche Bedeutung des Art. 3 Abs. 2 S. 1 VO 1/03 liegt in der in ihm zum Ausdruck kommenden Interpretation des Primärrechts dahin, dass dieses im Anwendungsbereich des Art. 81 EG nicht etwa nur einen für schärfere nationale Regelungen offenen Mindeststandard festlege, sondern kein Verbot solcher Abreden dulde, die die Voraussetzungen des Art. 81 Abs. 1 EG nicht erfüllen oder bei denen die Freistellungsvoraussetzungen des Art. 81 Abs. 3 EG vorliegen.

Anders verhält es sich hinsichtlich der **Missbrauchsregelungen** des Art. 82. Ausweislich des Art. 3 Abs. 2 S. 2 VO 1/03 werden diese vom Rat – abweichend von der im ursprünglichen Verordnungsentwurf (VOE)[54] dargelegten Auffassung und im Gegensatz zu Art. 81 EG – nunmehr als Mindeststandard interpretiert, der strengere nationale Regelungen zulasse. Diese Auslegung des Primärrechts seitens des Rates ist für den Gerichtshof indes nicht bindend. Gelangte er zu einer gegenteiligen Auslegung des Art. 82, wäre das strengere nationale Recht unanwendbar. Demgegenüber würde es die in Art. 3 Abs. 2 S. 1 VO 1/03 getroffene Vorrangregelung zugunsten des Gemeinschaftsrechts im Bereich des Art. 81 EG nicht in Frage stellen, wenn Art. 81 EG nach Auffassung des EuGH lediglich einen Mindeststandard setzte. Denn in diesem Fall hätte der Rat einen – wohl auch durch das Subsidiaritätsprinzip nicht beseitigten – Spielraum, nach Buchst. e) festzulegen, dass den gemeinschaftsrechtlich vorgegebenen Standard verschärfende nationale Regelungen nicht anwendbar seien. 23

Die angesichts der Formulierung in Art. 3 VOE[55] aufgekommene Streitfrage, ob Art. 83 Abs. 2 Buchst. e) einen **generellen Ausschluss** des nationalen Rechts zulasse[56] oder ob dieses anwendbar bleiben müsse, soweit es keine anderen Ergebnisse als das Gemeinschaftsrecht zeitige,[57] ist praktisch bedeutungslos geworden, da die beschlossene Formulierung des Art. 3 VO 1/03 eine parallele Anwendung nationalen, dem Gemeinschaftsrecht nicht widersprechenden Wettbewerbsrechts ermöglicht. 24

Für zulässig erachtet wird es überwiegend, auf der Grundlage von Buchst. e) Vorschriften über die **Zusammenarbeit** nationaler Kartellbehörden und der Kommission und zur Präzisierung der Zwischenstaatlichkeitsklausel zu erlassen, um hierdurch eine einheitliche Anwendung des Gemeinschaftskartellrechts zu erleichtern.[58] Soweit es um die Tatbestandsvoraussetzungen der Art. 81, 82 EG geht, müssen sich Durchführungsbestimmungen nach Art. 83 allerdings auf Konkretisierungen des Primärrechts beschränken. Die Harmonisie- 25

---

[53] Vgl. oben Fn. 48.
[54] Vgl. Kommission, Vorschlag für eine Verordnung des Rates zur Durchführung der in den Artikeln 81 und 82 EG-Vertrag niedergelegten Wettbewerbsregeln und zur Änderung der Verordnungen (EWG) Nr. 1017/68, (EWG) 2988/74, (EWG) 4056/86 und (EWG) 3975/87 („Durchführungsverordnung zu den Artikeln 81 und 82 EG-Vertrag") v. 27. 9. 2000, KOM (2000) 582 endgültig, Art. 3.
[55] Vgl. vorige Fn.
[56] So *Schröter* in: Groeben/Schwarze, Art. 83 Rn. 50; *Bechtold* BB 2000, 2425/2429; vgl. auch die Regelung in Art. 21 Abs. 2 Fusionskontroll-Verordnung a. F. – VO (EWG) Nr. 4064/89 des Rates über die Kontrolle von Unternehmenszusammenschlüssen in der Fassung der Verordnung (EG) Nr. 1310/97 des Rates vom 30. Juni 1997, ABl. L 180 v. 9. 7. 1997, 1 ff. – und Art. 21 Abs. 3 der neuen Fusionskontroll-Verordnung (VO 139/04, s. unten Rn. 31).
[57] Vgl. *Monopolkommission*, Sondergutachten 32, S. 20 Rn. 19.
[58] Vgl. *Schröter* in: Groeben/Schwarze, Kommentar zum Vertrag über die Europäische Union und zur Gründung der Europäischen Gemeinschaft, Art. 83 Rn. 50 ff.

rung des materiellen Rechts ist nicht Gegenstand der Ermächtigung nach Buchst. e), sondern der Art. 94, 95 EG. Der Begriff der **Bestimmungen** bezeichnet die gem. Art. 83 Abs. 2 erlassenen Verordnungen und Richtlinien. Er verleiht nicht die Befugnis, den Vorrang von „soft law" (Mitteilungen, Bekanntmachungen) anzuordnen.

III. Liste wichtiger sekundärrechtlicher Bestimmungen

26 Als wichtigste derzeit gültige sekundärrechtliche Vorschriften sind zu nennen:[59]

1. Kartellverfahren allgemein seit dem 1. 5. 2004

27 **VO 1/03**[60] – Verordnung (EG) Nr. 1/2003 des Rates vom 16. Dezember 2002 zur Durchführung der in den Artikeln 81 und 82 des Vertrags niedergelegten Wettbewerbsregeln, ABl. L 1 v. 4. 1. 2003, 1 ff.;[61] geändert durch Verordnung (EG) Nr. 411/2004 des Rates vom 26. 2. 2004 zur Aufhebung der Verordnung (EWG) Nr. 3975/87 und zur Änderung der Verordnung (EWG) 3976/87 sowie der Verordnung (EG) Nr. 1/2003 hinsichtlich des Luftverkehrs zwischen der Gemeinschaft und Drittländern, ABl. L 68 v. 6. 3. 2004, 1 ff.; ferner geändert durch Verordnung (EG) Nr. 1419/2006 des Rates vom 25. 9. 2006 zur Aufhebung der Verordnung (EWG) Nr. 4056/86 über die Einzelheiten der Anwendung der Artikel 85 und 86 des Vertrags auf den Seeverkehr und zur Ausweitung des Anwendungsbereichs der Verordnung (EG) Nr. 1/2003 auf Kabotage und internationale Trampdienste, ABl. L 269 v. 28. 9. 2006, 1 ff. Auf VO 1/03 beruhend:
VO 773/04 – VO (EG) Nr. 773/2004 der Kommission vom 7. 4. 2004 über die Durchführung von Verfahren auf der Grundlage der Artikel 81 und 82 EG-Vertrag durch die Kommission, ABl. L 123 v. 27. 4. 2004, 18 ff.[62]

---

[59] Eine ständig aktualisierte Aufstellung der nach Art. 83 erlassenen Anwendungsverordnungen ist im Internet abrufbar auf der Website der Kommission unter: www.europa.eu.int./comm/competition/antitrust/legislation. Abrufbar sind dort ebenfalls die zugehörigen Mitteilungen und Bekanntmachungen.
[60] Aufgehoben durch VO 1/03 wurde die bisherige Kartellverfahrensverordnung VO 17/62 (s. Fn. 13).
[61] Die Einführung der VO 1/03 wurde mit einer Reihe von Bekanntmachungen begleitet:
Bekanntmachung der Kommission „Leitlinien über den Begriff der Beeinträchtigung des zwischenstaatlichen Handels in den Artikeln 81 und 82 des Vertrags, ABl. C 101 v. 27. 4. 2004, 81 ff.;
Bekanntmachung der Kommission „Leitlinien zur Anwendung von Artikel 81 Abs. 3 EG-Vertrag", ABl. C 101 v. 27. 4. 2004, 97 ff.;
Bekanntmachung der Kommission über die Zusammenarbeit innerhalb des Netzes der Wettbewerbsbehörden, ABl. C 101 v. 27. 4. 2004, 43 ff.
Bekanntmachung der Kommission über die Zusammenarbeit zwischen der Kommission und den Gerichten der EU-Mitgliedstaaten bei der Anwendung der Artikel 81 und 82 des Vertrags, ABl. C 101 v. 27. 4. 2004, 54;
Bekanntmachung der Kommission über die Behandlung von Beschwerden durch die Kommission gemäß Artikel 81 und 82 des Vertrags, ABl. C 101 v. 27. 4. 2004, 65 ff.;
Bekanntmachung der Kommission über informelle Beratung bei neuartigen Fragen zu den Artikeln 81 und 82 des Vertrages, die in Einzelfällen auftreten (Beratungsschreiben), ABl. C 101 v. 27. 4. 2004, 78 ff.;
vgl. ferner Bekanntmachung der Kommission über Vereinbarungen von geringer Bedeutung, die den Wettbewerb gemäß Art. 81 Absatz 1 des Vertrags zur Gründung der Europäischen Gemeinschaft nicht spürbar beschränken (de minimis), ABl. C 368 v. 22. 12. 2001, 13 ff.
[62] Aufgehoben durch VO 773/04 wurden u. a. die Verordnung (EG) Nr. 3385/94 der Kommission vom 21. 12. 1994 über die Form, den Inhalt und die anderen Einzelheiten der Anträge und Anmeldungen nach der Verordnung Nr. 17 des Rates, ABl. L 377 v. 31. 12. 1994, 28 ff. und die Verordnung (EG) Nr. 2842/98 der Kommission vom 22. 12. 1998 über die Anhörung in bestimmten Verfahren nach Artikel 81 und 82 EG-Vertrag, ABl. L 354 v. 30. 12. 1998, 18 ff.

2. Gruppenfreistellungsverordnungen

a) VO 19/65 – Verordnung Nr. 19/65 des Rates vom 2. 3. 1965 über die Anwendung **28** von Art. 85 Abs. 3 des Vertrags auf Gruppen von Vereinbarungen und aufeinander abgestimmten Verhaltensweisen, ABl. L 36 v. 6. 3. 1965, 533 ff. (**1. Grundverordnung** für Gruppenfreistellungen), zuletzt geändert durch VO 1/03; auf VO 19/65 beruhend:

aa) VO 2790/1999: Verordnung (EG) Nr. 2790/1999 der Kommission vom 22. 12. 1999 über die Anwendung von Art. 81 Abs. 3 des Vertrages auf Gruppen von **vertikalen Vereinbarungen** und aufeinander abgestimmten Verhaltensweisen, ABl. L 336 v. 29. 12. 1999, 21 ff.[63]

bb) VO 1400/2002: Verordnung (EG) Nr. 1400/2002 der Kommission vom 31. 7. 2002 über die Anwendung von Art. 81 Abs. 3 des Vertrags auf Gruppen von vertikalen Vereinbarungen und aufeinander abgestimmten Verhaltensweisen im **Kraftfahrzeugsektor,** ABl. L 203 v. 1. 8. 2002, 30 ff.[64]

cc) VO 772/04 – Verordnung (EG) Nr. 772/2004 der Kommission vom 27. 4. 2004 über die Anwendung von Artikel 81 Abs. 3 EG-Vertrag auf Gruppen von **Technologietransfer-Vereinbarungen,**[65] ABl. L 123 v. 27. 4. 2004, 11 ff.;[66]

b) VO 2821/71 Verordnung Nr. 2821/71 des Rates vom 20. 12. 1971 über die Anwendung von Art. 85 Abs. 3 des Vertrages (a. F.) auf Gruppen von Vereinbarungen, Beschlüssen und aufeinander abgestimmten Verhaltensweisen, ABl. L 285 v. 29. 12. 1971, 46 ff. (**2. Grundverordnung** für Gruppenfreistellungen), darauf beruhend:

aa) VO 2658/2000 Verordnung (EG) Nr. 2658/2000 der Kommission vom 29. 11. 2000 über die Anwendung von Art. 81 Abs. 3 des Vertrages auf Gruppen von **Spezialisierungsvereinbarungen,** ABl. L 304 v. 5. 12. 2000, 3 ff.[67]

bb) VO 2659/2000 Verordnung (EG) Nr. 2659/2000 der Kommission vom 29. 11. 2000 über die Anwendung von Art. 81 Abs. 3 des Vertrages auf Gruppen von Vereinbarungen über **Forschung und Entwicklung,** ABl. L 304 v. 5. 12. 2000, 7 ff.[68]

c) VO 1534/91 Verordnung (EWG) Nr. 1534/91 des Rates vom 31. 5. 1991 über die Anwendung von Art. 81 Abs. 3 des Vertrages auf bestimmte Gruppen von Vereinbarungen, Beschlüssen und aufeinander angestimmten Verhaltensweisen im Bereich der **Versicherungswirtschaft,** ABl. L 143 v. 7. 6. 1991, 1 ff., darauf beruhend:

VO 358/2003 Verordnung (EG) Nr. 358/2003 der Kommission vom 27. 2. 2003 über die Anwendung von Art. 81 Abs. 3 EG-Vertrag auf Gruppen von Vereinbarungen, Beschlüssen und aufeinander abgestimmten Verhaltensweisen im **Versicherungssektor,** ABl. L 53 v. 28. 2. 2003, 8 ff.

3. Verkehrssektor seit dem 1. 5. 2004

a) Mit dem Inkrafttreten der VO 1/03 wurde die bisherige kartellrechtliche Sonderstel- **29** lung des Verkehrssektors weitgehend beseitigt: Die Verordnung Nr. **141/62** des Rates vom 26. 11. 1962 über die Nichtanwendung der Verordnung Nr. 17 des Rates auf den Verkehr,

---

[63] Vgl. dazu Mitteilung der Kommission „Leitlinien für vertikale Beschränkungen", ABl. C 291 v. 13. 10. 2000, 1 ff.

[64] Vgl. dazu den „Leitfaden" der Kommission und deren Antworten auf „Häufig gestellte Fragen", abrufbar über die Website der Kommission: www.europa.eu.int/comm/competition/car_sector.

[65] Vgl. dazu Bekanntmachung der Kommission „Leitlinien zur Anwendung von Artikel 81 EG-Vertrag auf Technologietransfer-Vereinbarungen", ABl. C 101 v. 27. 4. 2004, 2 ff.

[66] Aufgehoben dadurch: Verordnung (EG) Nr. 240/96 der Kommission vom 31. 1. 1996 über die Anwendung von Art. 85 Abs. 3 des Vertrages (a. F.) auf bestimmte Gruppen von Technologietransfervereinbarungen, ABl. L 31 v. 9. 2. 1996, 2 ff.

[67] Vgl. dazu Bekanntmachung der Kommission „Leitlinien zur Anwendbarkeit von Art. 81 EG-Vertrag auf Vereinbarungen über horizontale Zusammenarbeit", ABl. C 3 v. 6. 1. 2001, 2 ff.

[68] Vgl. dazu die in der vorigen Fn. zitierte Bekanntmachung.

ABl. L 124 v. 28. 11. 1962, 2751 ff., wurde durch VO 1/03 aufgehoben. Ebenfalls zum 1. 5. 2004 wurde der Luftverkehr mit Drittstaaten dem Anwendungsbereich der VO 1/03 unterstellt; durch die Verordnung (EG) Nr. 411/2004[69] wurden die Verordnung (EWG) Nr. **3975/87** des Rates vom 14. 12. 1987 über die Einzelheiten der Anwendung der Wettbewerbsregeln auf Luftfahrtunternehmen, ABl. L 374 v. 31. 12. 1987, 1 ff., aufgehoben[70] und die Verordnung (EWG) Nr. **3976/87** des Rates vom 14. 12. 1987 zur Anwendung des Art. 81 Abs. 3 des Vertrags auf bestimmte Gruppen von Vereinbarungen und aufeinander abgestimmten Verhaltensweisen im Luftverkehr, ABl. L 374 v. 31. 12. 1987, 9 ff. geändert. Durch VO 773/04[71] wurde daher die Verordnung (EG) Nr. **2843/98** der Kommission vom 22. 12. 1998 über die Form, den Inhalt und die Einzelheiten der Anträge und Anmeldungen nach den Verordnungen (EWG) Nr. 1017/68, (EWG) Nr. 4056/86 und (EWG) Nr. 3975/87 des Rates über die Anwendung der Wettbewerbsregeln auf den Bereich Verkehr, ABl. L 354 v. 30. 12. 1998, 22 ff.

30   **b)** In Kraft blieben dagegen zunächst noch die Sonderregelungen für die **internationalen Trampdienste** im Seeverkehr sowie für den **Seeverkehr innerhalb eines Mitgliedstaates** gemäß der Verordnung (EWG) Nr. **4056/86** des Rates über die Einzelheiten der Anwendung der Artikel 81 und 82 des Vertrages auf den Seeverkehr, ABl. L 378 v. 31. 12. 1986, 4 ff., wobei durch VO 1/03 die verfahrensrechtlichen Besonderheiten beseitigt wurden. Inzwischen ist die VO 4056/86 jedoch durch die VO 1419/2006[72] bis auf Übergangsregelungen, die am 18. 10. 2008 ihrerseits ausgelaufen sind, aufgehoben worden; die ehemaligen Ausnahmebereiche unterstehen nunmehr ebenfalls dem Regime der VO 1/03.[73] Am 30. Juni 2005 ausgelaufen ist darüber hinaus die Verordnung (EWG) Nr. **1617/93** der Kommission vom 25. 6. 1993 zur Anwendung von Art. 81 Abs. 3 EWG-Vertrag auf Gruppen von Vereinbarungen, Beschlüssen und abgestimmten Verhaltensweisen betreffend die gemeinsame Planung und Koordinierung von Flugplänen, den gemeinsamen Betrieb von Flugdiensten, Tarifkonsultationen im Personen- und Frachtlinienverkehr sowie die Zuweisung von Zeitnischen auf Flughäfen, ABl. L 155 v. 26. 6. 1993, 18 ff., zuletzt geändert durch Verordnung (EG) 1083/99 der Kommission vom 26. 5. 1999, ABl. L 131 v. 25. 5. 1999, 27 f. Die danach in der Verordnung (EG) Nr. **1459/2006** der Kommission vom 28. 9. 2006 über die Anwendung von Artikel 81 Abs. 3 EG-Vertrag auf bestimmte Gruppen von Vereinbarungen und aufeinander abgestimmte Verhaltensweisen betreffend Konsultationen über Tarife für die Beförderung von Passagieren im Personenlinienverkehr und die Zuweisung von Zeitnischen auf Flughäfen, ABl. L 272 v. 3. 10. 2006, 3 ff., übergangsweise gewährten Freistellungen sind inzwischen ebenfalls außer Kraft (vgl. Art. 4 der Verordnung).

31   **c)** Damit gelten im Verkehrsbereich noch die nachstehenden Sonderregelungen, deren verfahrensrechtliche Besonderheiten allerdings durch VO 1/03 im Wesentlichen beseitigt worden sind.

aa) Allgemein: VO 2988/74 – Verordnung (EWG) Nr. 2988/74 des Rates vom 26. 11. 1974 über die **Verfolgungs- und Vollstreckungsverjährung** im Verkehrs- und Wettbewerbsrecht der Europäischen Wirtschaftsgemeinschaft, ABl. L 319 v. 29. 11. 1974, 1 ff. (nach ihrem durch VO 1/03 eingefügten Art. 7 a ist VO 2988/74 nurmehr außerhalb des Anwendungsbereichs der VO 1/03 anwendbar).

---

[69] Vgl. oben Rn. 27.
[70] Mit Ausnahme des Artikels 6 Abs. 3, der für vor dem 1. 5. 2004 getroffene Freistellungsentscheidungen bis zum Ende von deren Gültigkeit fortgelten soll.
[71] Vgl. oben Rn. 27.
[72] Vgl. oben Rn. 27.
[73] Wegen dieser Veränderungen hat die Kommission am 1. 7. 2008 auf ihrer Website (vgl. oben Fn. 59) Leitlinien als Beurteilungshilfe für die betroffenen Branchen veröffentlicht. Der Entwurf der Leitlinien für die Anwendung von Artikel 81 des EG-Vertrags auf Seeverkehrsdienstleistungen wurde am 14. 9. 2007 im ABl. C 215, S. 3 ff., abgedruckt.

bb) VO 1017/68 – Verordnung Nr. 1017/68 des Rates vom 19. 7. 1968 über die Anwendung von Wettbewerbsregeln auf dem Gebiet des **Eisenbahn-, Straßen- und Binnenschiffsverkehrs**, ABl. L 175 v. 23. 7. 1968, 1 ff., zuletzt geändert durch VO 1/03.

cc) VO 479/92 – Verordnung (EWG) Nr. 479/92 des Rates vom 25. 2. 1992 über die Anwendung des Art. 81 Abs. 3 des Vertrags auf bestimmte Gruppen von Vereinbarungen, Beschlüssen und aufeinander angestimmten Verhaltensweisen zwischen **Seeschifffahrtsunternehmen** (Konsortien), ABl. L 55 v. 29. 2. 1992, 3 ff., zuletzt geändert durch VO 1/03; auf VO 479/92 beruhend:

VO 823/2000 – Verordnung (EG) Nr. 823/2000 der Kommission vom 19. 4. 2000 über die Anwendung von Art. 81 Abs. 3 des Vertrages auf bestimmte Gruppen von Vereinbarungen, Beschlüssen und aufeinander abgestimmten Verhaltensweisen zwischen Seeschifffahrtsunternehmen (Konsortien), ABl. L 100 v. 20. 4. 2000, 24 ff.; geändert durch Verordnung (EG) Nr. 463/2004 der Kommission vom 12. 3. 2004 zur Änderung der Verordnung (EG) Nr. 823/2000 zur Anwendung von Artikel 81 Abs. 3 EG-Vertrag auf bestimmte Gruppen von Vereinbarungen, Beschlüssen und aufeinander abgestimmten Verhaltensweisen zwischen **Seeschifffahrtsunternehmen** (Konsortien), ABl. 2004, L 77, 23 ff.; geändert und verlängert durch Verordnung (EG) Nr. 611/2005 der Kommission vom 20. 4. 2005 zur Änderung der Verordnung (EG) Nr. 823/2000 des Rates zur Anwendung von Artikel 81 Abs. 3 EG-Vertrag auf bestimmte Gruppen von Vereinbarungen, Beschlüssen und aufeinander abgestimmten Verhaltensweisen zwischen **Seeschifffahrtsunternehmen** (Konsortien), ABl. 2005, L 101, 10 f.

dd) VO 3976/87 – Verordnung (EWG) Nr. 3976/87 des Rates vom 14. 12. 1987 zur Anwendung des Art. 81 Abs. 3 des Vertrags auf bestimmte Gruppen von Vereinbarungen und aufeinander abgestimmten Verhaltensweisen im **Luftverkehr**, ABl. L 374 v. 31. 12. 1987, 9 ff., zuletzt geändert durch Verordnung (EG) Nr. 411/2004 des Rates vom 26. 2. 2004 zur Aufhebung der Verordnung (EWG) Nr. 3975/87 und zur Änderung der Verordnung (EWG) 3976/87 sowie der Verordnung (EG) Nr. 1/2003 hinsichtlich des Luftverkehrs zwischen der Gemeinschaft und Drittländern, ABl. L 68 v. 6. 3. 2004, 1 f.; die auf VO 3976/87 beruhende Verordnung (EWG) Nr. **1617/93** der Kommission vom 25. 6. 1993 zur Anwendung von Art. 81 Abs. 3 EWG-Vertrag auf Gruppen von Vereinbarungen, Beschlüssen und abgestimmten Verhaltensweisen betreffend die gemeinsame Planung und Koordinierung von Flugplänen, den gemeinsamen Betrieb von Flugdiensten, Tarifkonsultationen im Personen- und Frachtlinienverkehr sowie die Zuweisung von Zeitnischen auf Flughäfen, ABl. L 155 v. 26. 6. 1993, 18 ff., zuletzt geändert durch Verordnung (EG) 1083/99 der Kommission vom 26. 5. 1999, ABl. L 131 v. 25. 5. 1999, 27 f., ist am 30. Juni 2005 ausgelaufen. Freistellungen nach der ebenfalls auf VO 3976/87 gestützten Verordnung (EG) Nr. **1459/2006** der Kommission vom 28. 9. 2006 über die Anwendung von Artikel 81 Abs. 3 EG-Vertrag auf bestimmte Gruppen von Vereinbarungen und aufeinander abgestimmten Verhaltensweisen betreffend Konsultationen über Tarife für die Beförderung von Passagieren im Personenlinienverkehr und die Zuweisung von Zeitnischen auf Flughäfen, ABl. L 272 v. 3. 10. 2006, 3 ff., hatten längstens bis zum 31. Oktober 2007 Gültigkeit.

4. Unternehmenszusammenschlüsse seit dem 1. 5. 2004

VO 139/04 (FKVO) – Verordnung (EG) Nr. 139/2004 des Rates vom 20. Januar 2004 über die Kontrolle von Unternehmenszusammenschlüssen („EG-Fusionskontrollverordnung"), ABl. L 24 v. 29. 1. 2004, 1 ff.;[74] darauf beruhend:

Verordnung (EG) Nr. **802/2004** der Kommission vom 7. 4. 2004 zur Durchführung der Verordnung (EG) Nr. 139/2004 des Rates über die Kontrolle von Unternehmenszusammenschlüssen, ABl. L 133 v. 30. 4. 2004, 1 ff.

---

[74] Aufgehoben wurde durch VO 139/04 zum 1. 5. 2004 die bisherige Fusionskontroll-Verordnung Nr. 4064/89 (s. Fn. 56).

Art. 84 [Entscheidung über wettbewerbsrechtliche Vereinbarungen]

Bis zum Inkrafttreten der gemäß Artikel 83 erlassenen Vorschriften entscheiden die Behörden der Mitgliedstaaten im Einklang mit ihren eigenen Rechtsvorschriften und den Bestimmungen der Artikel 81, insbesondere Absatz 3, und 82 über die Zulässigkeit von Vereinbarungen, Beschlüssen und aufeinander abgestimmten Verhaltensweisen sowie über die mißbräuchliche Ausnutzung einer beherrschenden Stellung auf dem Gemeinsamen Markt.

Übersicht

	Rn.		Rn.
I. Sinn und Zweck	1	IV. Rechtsfolgen	
II. Praktische Bedeutung	3	1. Entscheidungsinhalt	8
III. Tatbestand		2. Bindungswirkung	
1. Bis zum Inkrafttreten	5	a) Anwendung des Art. 81 durch die Gerichte	9
2. Behörden der Mitgliedstaaten	6	b) Territoriale Begrenzung	11
3. Im Einklang mit ihren eigenen Rechtsvorschriften	7		

I. Sinn und Zweck

1   Art. 84 ermöglicht als **Übergangs- und Auffangregelung** die Anwendung der Wettbewerbsregeln des Vertrages durch die Wettbewerbsbehörden der Mitgliedstaaten, solange und soweit nicht Durchführungsvorschriften nach Art. 83 diese Aufgabe ausschließlich der Kommission zuweisen. **Hauptziel** des Art. 84 – ebenso wie des Art. 85 – war es, die Wirksamkeit der Wettbewerbsregeln des Vertrages bereits vor dem Inkrafttreten der Durchführungsvorschriften nach Art. 83 EG zu gewährleisten. Die Vollzugsbefugnisse, die Art. 84 den Behörden der Mitgliedstaaten zu diesem Zwecke zuerkennt, umfassen – vom Vertragstext besonders hervorgehoben – auch die Freistellung wettbewerbsbeschränkender Vereinbarungen nach Art. 81 Abs. 3 EG. Hierin lag bisher ein entscheidender Unterschied zu den Befugnissen, die aus der durch die Rechtsprechung des EuGH grundsätzlich[1] anerkannten **unmittelbaren Anwendbarkeit** der Wettbewerbsregeln folgen. Hatte in dem von Durchführungsverordnungen erfassten Bereich vor Inkrafttreten der VO 1/03[2] die Kommission das Freistellungsmonopol, so kommt es im Anwendungsbereich der Art. 84, 85 EG nach wie vor den Wettbewerbsbehörden der Mitgliedstaaten zu.

2   Art. 84 stellt die europarechtliche Grundlage für die **dezentrale Anwendung** des europäischen Kartellrechts dar. Ob dies bereits eine ausreichende Basis für die Rechtsanwendung seitens der Mitgliedstaaten ist oder es hierzu weiterer **innerstaatlicher Durchführungsbestimmungen** bedarf, richtet sich nach dem Recht des jeweiligen Mitgliedstaates. In Deutschland wurde als Reaktion auf eine Entscheidung des Kammergerichts,[3] wonach Art. Art. 84 entgegen der bis dahin herrschenden Meinung für eine Anwendung des europäischen Kartellrechts durch das Bundeskartellamt nicht genügte, als nationale Durchführungsbestimmung durch die 5. GWB-Novelle § 47 GWB a. F. in das GWB aufgenommen, die Vorgängerbestimmung des § 50 GWB a. F. Durch die 7. GWB-Novelle wurden neben dem Bundeskartellamt auch die Landeskartellbehörden zur Anwendung des europäischen Kartellrechts ermächtigt; die Wahrnehmung der den Behörden der Mitgliedstaaten nach Art. 84 und 85 EG übertragen sind, weist § 50 Abs. 5 S. 1 GWB dabei ausschließlich dem Bundeskartellamt zu.

---

[1] Vgl. Art. 83 Rn. 2; zur Einschränkung s. unten Rn. 9.
[2] Verordnung (EG) Nr. 1/2003 des Rates vom 16. Dezember 2002 zur Durchführung der in den Artikeln 81 und 82 des Vertrags niedergelegten Wettbewerbsregeln, ABl. L 1 v. 4. 1. 2003, 1 ff.
[3] KG Beschl. v. 4. 11. 1988, WuW/E OLG 4291/4294 ff. – *Landegebühr*.

II. Praktische Bedeutung

In seiner Funktion als **Übergangsvorschrift** ist Art. 84 mit Inkrafttreten der VO 17/62 und der weiteren Durchführungsverordnungen weitgehend obsolet geworden.[4] Die praktisch bedeutsamste Ausnahme bildete bislang[5] der **Luftverkehr** zwischen der Gemeinschaft und **Drittstaaten,** der vom Anwendungsbereich der VO 3975/87[6] über den Luftverkehr zwischen Flughäfen der Gemeinschaft nicht erfasst war (s. Art. 1 Abs. 2 VO 3975/87). In diesem Bereich sind in jüngerer Zeit u. a. sowohl die Kommission nach Art. 85 als auch das Bundeskartellamt nach Art. 84 gegen die Luftfahrtallianz Lufthansa/SAS/United Airlines[7] vorgegangen.   3

Als **Auffangbestimmung** kommt Art. 84 auch nach Beseitigung der Ausnahmebereiche fortdauernde Bedeutung zu. Denn die Befugnisse der mitgliedstaatlichen Behörden aus Art. 84 gelten auch für den Fall, dass eine Durchführungsvorschrift ersatzlos außer Kraft tritt oder ihr Anwendungsbereich nachträglich wieder eingeschränkt[8] wird. Dies erfordert der Zweck des Art. 84, im Falle des Fehlens sekundärrechtlicher Durchführungsvorschriften eine verfahrensrechtliche Grundlage für die Anwendung des europäischen Kartellrechts bereitzustellen. So erstreckte sich Art. 84 wieder auf die Verkehrswirtschaft, nachdem diese durch die VO 141/62 aus dem Anwendungsbereich der VO 17/62 herausgenommen worden war.[9] Entsprechendes gilt, soweit eine Durchführungsverordnung vom EuGH für nichtig erklärt wird. Dies könnte sich als bedeutsam im Hinblick auf VO 1/03[10] erweisen, da diese auf der umstrittenen[11] Annahme basiert, Art. 81 Abs. 3 EG lasse sich als Legalausnahme verstehen (vgl. Art. 1 Abs. 2 und Erwägungsgrund 4 VO 1/03).   4

III. Tatbestand

1. Bis zum Inkrafttreten

Nicht erfasst vom Anwendungsbereich sekundärrechtlicher Durchführungsvorschriften nach Art. 83 EG waren, nachdem der Luftverkehr zwischen der Gemeinschaft und Drittstaaten (s. oben Rn. 3) zum 1. 5. 2004 dem Regime der VO 1/03 unterstellt worden war,[12] zunächst noch der innerstaatliche Luftverkehr, die Trampdienste im Seeverkehr sowie der Seeverkehr innerhalb eines Mitgliedstaats.[13] Auch diese letzten **originären Anwendungsbereiche** des Art. 84 sind indes inzwischen durch die Einbeziehung der betreffenden Sek-   5

---

[4] Die – wenigen – Fälle der Anwendung des Art. 88a. F. vor Inkrafttreten der VO 17/62 sind aufgeführt bei *Deringer*, EWG-Kommentar, Art. 88/89 Rn. 42 ff. und bei *Gleiss/Hirsch*, Kommentar zum EG-Kartellrecht, 3. Aufl. 1978, Art. 88 Rn. 1.
[5] Vgl. aber unten Rn. 5.
[6] Vgl. Art. 83 Rn. 29.
[7] Vgl. die Mitteilung der Kommission vom 30. 7. 1998, ABl. 1998 C 239/04; die Verfahren der Kommission und des Bundeskartellamtes (B 9–71/96) wurden 2002 eingestellt, nachdem die Unternehmen durch Abgabe der geforderten Zusagen die kartellrechtlichen Bedenken ausgeräumt hatten.
[8] So wurde durch die VO 141/62 die Verkehrswirtschaft vom Anwendungsbereich der VO 17/62 ausgenommen.
[9] So – zur letztgenannten Konstellation – EuGH Urt. v. 30. 4. 1986, Verb. Rs. 209–213/84 – *Ministère public/Asjes u. a.*, Slg. 1986, 1425/1467 Rn. 52 f.
[10] Verordnung (EG) Nr. 1/2003 des Rates vom 16. Dezember 2002 zur Durchführung der in den Artikeln 81 und 82 des Vertrags niedergelegten Wettbewerbsregeln, ABl. L 1 v. 4. 1. 2003, S. 1 ff.
[11] Ablehnend etwa *Monopolkommission*, Sondergutachten 28, 1999, S. 16 ff., 51; *Mestmäcker* EuZW 1999, 523/525 ff.; *Deringer* EuZW 2000, 5/6; *Jaeger* WuW 2000, 1062/1065 f.; *Möschel* JZ 2000, 61/62; a. A. – die Vereinbarkeit mit dem Primärrecht bejahend – z. B. *Schaub/Dohms* WuW 1999, 1055/1065 f.; *Geiger* EuZW 2000, 165/166 f.
[12] Vgl. Art. 83 Rn. 29.
[13] Vgl. Art. 1 Abs. 2 VO 4056/86 (s. Art. 83 Rn. 30).

toren in die Regelungen der VO 1/03 entfallen.[14] Vor Inkrafttreten der VO 1/03 ordneten darüber hinaus Durchführungsverordnungen selbst ein Fortbestehen mitgliedstaatlicher Befugnisse nach Art. 84 an, solange die Kommission kein Verfahren zum Erlass einer Entscheidung im Einzelfall eingeleitet hatte;[15] ausgenommen von dieser subsidiären Fortgeltung war jedoch die Befugnis zu Freistellungserklärungen nach Art. 81 Abs. 3 EG.

Restkompetenzen nach Art. 84 haben die Mitgliedstaaten im Bereich der **Fusionskontrolle.** Art. 21 Abs. 1 der reformierten FKVO (VO 139/04)[16] schließt die Anwendbarkeit der dort genannten Durchführungsverordnungen auf Zusammenschlüsse i. S. d. Art. 3 FKVO aus, und zwar unabhängig davon, ob diese gemeinschaftsweite Bedeutung i. S. d. Art. 1 FKVO haben. Lediglich für kooperative Gemeinschaftsunternehmen ohne gemeinschaftsweite Bedeutung macht Art. 21 Abs. 1 2. HS FKVO hiervon eine Ausnahme. Entsprechendes galt schon nach der bisherigen FKVO).[17] Auf Zusammenschlüsse i. S. d. Art. 3 FKVO, die nicht unter die Ausnahmeregelung des Art. 21 Abs. 1 2. HS der VO 139/04 fallen, finden daher mangels anwendbarer Durchführungsbestimmungen gemäß Art. 83 die Art. 84, 85 Anwendung. Die Behörden der Mitgliedstaaten können deshalb insbesondere konzentrative Gemeinschaftsunternehmen ohne gemeinschaftsweite Bedeutung über Art. 84 nach Art. 81, 82 beurteilen.[18] Die Möglichkeit der Verweisung von Zusammenschlüssen unterhalb Fällen der Schwellenwerte an die Kommission ist noch keine Regelung bezüglich der Fälle selbst. Nur dann, wenn eine Verweisung vorliegt und die Kommission nach der FKVO zuständig wird, enden die mitgliedstaatlichen Befugnisse nach Art. 84, 85 EG.[19] Soweit hingegen ein Zusammenschluss i. S. d. Art. 3 FKVO mit gemeinschaftsweiter Bedeutung vorliegt, dürfte die auf Art. 83 und 308 gestützte FKVO selbst als Durchführungsverordnung gem. Art. 83 zu werten sein und daher die Anwendung der Art. 84, 85 ausschließen (str.).[20]

2. Behörden der Mitgliedstaaten

6   Der Begriff der Behörde ist **funktional** zu verstehen. Er bezweckt keine Einschränkung der mitgliedstaatlichen Organisationshoheit, sondern umfasst diejenigen Stellen, denen nach dem Recht des jeweiligen Mitgliedstaates die **verwaltungsmäßige Anwendung** des Kartellrechts obliegt. Neben Verwaltungsbehörden wie dem Bundeskartellamt und den mit der Überprüfung der Entscheidungen dieser Verwaltungsbehörden betrauten Gerichten sind Behörden im Sinne der Vorschrift daher auch diejenigen **Gerichte,** denen in einigen Mitgliedstaaten statt einer Verwaltungsbehörde die Anwendung des Kartellrechts zugewiesen ist.[21] Dagegen handeln Gerichte nicht als Behörden, soweit sie in unmittelbarer An-

---

[14] Vgl. Art. 83 Rn. 30.
[15] Vgl. Art. 9 Abs. 3 VO 17/62 (s. Art. 83 Fn. 13), Art. 15 VO 1017/68 (s. Art. 83 Rn. 31, c bb), Art. 14 VO 4056/86 (Art. 83 Rn. 30) und Art. 7 VO 3975/87 (s. Art. 83 Rn. 29).
[16] Vgl. Art. 83 Rn. 32.
[17] Vgl. Art. 22 Abs. 1 VO 4064/89 (s. Art. 83 Fn. 51).
[18] H. M., vgl. etwa *Jung* in: Calliess/Ruffert, Art. 84 Rn. 8 und Art. 85 Rn. 3; *Langeheine* in: Groeben/Thiesing/Ehlermann, Art. 22 FKVO Rn. 5; *Rapp-Jung* in: MünchKommEUWettbR, Art. 84 Rn. 6; Monopolkommission, Sondergutachten E. ON/Gelsenberg, 2002, Rn. 225, S. 122 f.; a. A. der englischen Court of Appeal, R v Secretary of State for Trade and Industry, ex parte Airlines of Britain Holdings plc and Another, 1992 Times Law Reports 599, kritisch dazu *Levitt,* ECLR 1993, 73/75 f.
[19] A. A. *Baron* in: Langen/Bunte, Art. 21 FKVO Nr. 139/2004, Rn. 2.
[20] Wie hier etwa *Bellamy/Child*, European Community Law of Competition, 5. Aufl. 2001, Rn. 6–273; i. E. auch *Staudenmeyer* WuW 1992, 475/479; a. A. etwa *Langeheine* in: Groeben/Thiesing/Ehlermann, FKVO, Art. 22 Rn. 5 mit Fn. 16; *Möschel* in: Immenga/Mestmäcker, EG-WbR Bd. I, 1. Aufl., S. 762 f.; zum Streitstand vgl. auch *Immenga* in: Immenga/Mestmäcker, EG WbR I, 1. Aufl., S. 917 ff.
[21] Vgl. etwa EuGH Urt. v. 30. 1. 1974 Rs. 127/73 – *BRT/SABAM,* Slg. 1974, 51, Rn. 19 f. u.

wendung der Art. 81 Abs. 1 und 2, 82 EG über die Wirksamkeit einer Vereinbarung oder Verpflichtungen zum Schadensersatz zu befinden haben. Gerichte unterfallen auch insoweit nicht dem Behördenbegriff, als sie mit der strafrechtlichen Ahndung von Verstößen gegen das Kartellrecht betraut sind.[22]

3. Im Einklang mit ihren eigenen Rechtsvorschriften

Dass die mitgliedstaatlichen Behörden im Einklang mit ihren eigenen Rechtsvorschriften zu entscheiden haben, bedeutet, dass sie auch bei der Anwendung des europäischen Kartellrechts an die jeweiligen **nationalen Zuständigkeits- und Verfahrensregeln** gebunden sind. Diese Verweisung auf die lex fori entspricht nicht nur allgemeinen Grundsätzen des internationalen Verfahrensrechts, sondern stellt auch den praktikabelsten Weg zur Schließung der verfahrensrechtlichen Lücken dar, die im Anwendungsbereich von Art. 84 angesichts fehlender Durchführungsverordnungen nach Art. 83 EG bestehen. In Deutschland bestimmt § 50 GWB nähere Einzelheiten hinsichtlich der Zuständigkeit und des Verfahrens bei Anwendung des europäischen Kartellrechts. Zu den Zuständigkeitsregelungen nach dem Recht des Mitgliedstaates gehören auch die Regelungen über die **internationale Zuständigkeit**. Demnach sind in Deutschland für die Anwendung des Art. 84 neben der in Art. 81, 82 EG vorausgesetzten Beeinträchtigung des zwischenstaatlichen Handels auch hinreichende **Inlandsauswirkungen** zu fordern. § 50 Abs. 5 GWB, der die Wahrnehmung der den Behörden der Mitgliedstaaten übertragenen Befugnisse nach Art. 84, 85 ausschließlich dem Bundeskartellamt zuweist, enthält in S. 2 i.V.m. Abs. 3 S. 2 eine Verweisung auf die für die Anwendung des GWB geltenden Verfahrensvorschriften und damit auch auf § 130 Abs. 2 GWB. Da hinreichende Inlandsauswirkungen auch völkerrechtlich eine Mindestanforderung für die internationale Zuständigkeit darstellen,[23] sind sie im Übrigen auch dann erforderlich, wenn im jeweiligen nationalen Recht das Auswirkungsprinzip nicht ausdrücklich festgeschrieben ist.

IV. Rechtsfolgen

1. Entscheidungsinhalt

Der Inhalt der möglichen Entscheidungen, die auf Grund eines Verstoßes gegen Art. 81 oder 82 EG nach Art. 84 ergehen können, bestimmt sich nach den eigenen Rechtsvorschriften, d.h. dem nationalen Verfahrensrecht (s. oben Rn. 7). Die mitgliedstaatliche Behörde braucht sich daher nicht auf die Feststellung des Verstoßes oder die Erteilung einer Freistellung zu beschränken. Sie kann vielmehr auch die übrigen **vom nationalen Verfahrensrecht** für Kartellrechtsverstöße **vorgesehenen Rechtsfolgen** anordnen, etwa die Praktizierung der wettbewerbswidrigen Abrede oder die Fortführung des missbräuchlichen Verhaltens untersagen und Geldbußen verhängen; ebenso können Freistellungen mit Auflagen oder Bedingungen versehen werden, wenn das innerstaatliche Recht dies zulässt. Die Verhängung strafrechtlicher Sanktionen in Anwendung des Art. 84 scheidet hingegen aus, weil es sich insoweit nicht mehr um eine verwaltungsbehördliche Tätigkeit im Sinne des Behördenbegriffes (s. oben Rn. 6 a.E.) handelt. Zudem könnte diese Rechtsfolge nach h.M. auch nicht Gegenstand von Durchführungsverordnungen nach Art. 83 sein (s. dort Rn. 9). Diese Begrenzung ist daher auch für das im Art. 84 geregelte Übergangsregime zu beachten.

EuGH Urt. v. 30. 4. 1986, Verb. Rs. 209–213/84 – *Ministère public/Asjes u.a*, Slg. 1986, 1425/1468 Rn. 55; ebenso nunmehr Erwägungsgrund 35 S. 2 zur VO 1/03.

[22] Vgl. EuGH Urt. v. 30. 4. 1986 Verb. Rs. 209–213/84 – *Ministère public/Asjes u.a.*, Slg. 1986, 1425/1468 Rn. 56.

[23] Vgl. *Rehbinder* in: Immenga/Mestmäcker, GWB, § 130 Rn. 137; *ders.* in: Immenga/Mestmäcker, Kommentar zum Europäischen Kartellrecht, IntWbR Rn. 16; *Stadler* in: Langen/Bunte, Kommentar zum deutschen und europäischen Kartellrecht, § 130 GWB Rn. 120.

2. Bindungswirkung

9 **a) Anwendung des Art. 81 EG durch die Gerichte.** Mit einer Entscheidung gemäß Art. 84 über den Verstoß einer Abrede gegen Art. 81 EG schafft die mitgliedstaatliche Behörde die Voraussetzung dafür, dass die ordentlichen Gerichte die Nichtigkeitsfolge des **Art. 81 Abs. 2 EG** auf diese Abrede anwenden können. Denn nach der Rechtsprechung des EuGH ist Art. 81 EG wie Art. 82 EG zwar unmittelbar anwendbar. Soweit jedoch eine Durchführungsverordnung fehlt – d. h. im Anwendungsbereich der Art. 84, 85 EG –, dürfen die ordentlichen Gerichte eine Vereinbarung erst dann nach Art. 81 Abs. 2 EG für nichtig erklären, wenn die nationale Wettbewerbsbehörde nach Art. 84 entschieden hat, dass die betreffende Vereinbarung unter Art. 81 Abs. 1 EG fällt und keiner Ausnahme fähig ist oder wenn die Kommission nach Art. 85 EG festgestellt hat, dass ein Verstoß gegen Art. 81 Abs. 1 EG vorliegt.[24] Dieser **Entsperrungseffekt** der behördlichen Entscheidung geht mit einer **inhaltlichen Bindung** des ordentlichen Gerichts einher. Dieses darf zu keiner anderen Beurteilung der Vereinbarkeit der Abrede mit dem gemeinsamen Markt kommen, sondern muss die Konsequenzen aus der von der Behörde getroffenen Entscheidung ziehen.[25] Anderenfalls wäre das vom EuGH aufgestellte Erfordernis der vorherigen behördlichen Entscheidung sinnlos.

10 Art. 82 EG ist dagegen ohne Einschränkungen **unmittelbar anwendbar,** denn eine Freistellung des missbräuchlichen Verhaltens kommt von vornherein nicht in Betracht.[26] Eine Entscheidung der nationalen Wettbewerbsbehörde nach Art. 84 i. V. m. Art. 82 EG entfaltet daher europarechtlich ebenso wenig eine Bindungswirkung für das ordentliche Gericht, wie das Fehlen einer solchen behördlichen Entscheidung die unmittelbare Anwendung des Art. 82 EG versperren kann.

11 **b) Territoriale Begrenzung.** Die umstrittene Frage, ob die oben (Rn. 9) genannte Entsperrungs- und Bindungswirkung nur für die Gerichte des jeweiligen Mitgliedstaates gilt[27] oder sich auch auf Gerichte oder Behörden anderer Mitgliedstaaten erstreckt,[28] dürfte im ersteren Sinne zu beantworten sein. Die gemäß Art. 84 EG vorgehende nationale Behörde wendet zwar europäisches Recht an, handelt insoweit aber nicht als Gemeinschaftsorgan, sondern als Behörde eines Mitgliedstaats.[29] Eine gemeinschaftsweite Geltung ihrer Entscheidung folgt daher nicht aus Art. 249 Abs. 4 EG. Sekundärrechtliche Regelungen über eine Geltungserstreckung liegen nicht vor. Diese kann daher nur durch die **Anerkennung** der Entscheidung seitens anderer Mitgliedstaaten begründet werden. Fehlt es hieran, ist die Behörde eines anderen Mitgliedstaates nicht gehindert, selbst nach Art. 84 vorzugehen und zu einer abweichenden Entscheidung zu gelangen.[30] Einschränkungen ergeben sich insoweit lediglich durch eine aus Art. 10 EG abzuleitende Verpflichtung zur Kooperation auch der mitgliedstaatlichen Behörden untereinander sowie aus den Koordi-

---

[24] Vgl. EuGH Urt. v. 6. 4. 1962 Rs. 13/61 – *De Geus en Uitdenbogerd/Bosch,* Slg. 1962, 97/113, 116 f.; EuGH Urt. v. 30. 4. 1986 Verb. Rs. 209–213/84 – *Ministère public/Asjes u. a.,* Slg. 1986, 1425/1470 Rn. 68; EuGH Urt. v. 11. 4. 1989 Rs. 66/86 – *Ahmed Saeed Flugreisen u. a./Zentrale zur Bekämpfung unlauteren Wettbewerbs,* Slg. 1989, 803/847 Rn. 29; s. auch Art. 83 Rn. 2.

[25] Vgl. EuGH Urt. v. 30. 4. 1986 Verb. Rs. 209–213/84 – *Ministère public/Asjes u. a.,* Slg. 1986, 1425/1470 Rn. 69.

[26] Vgl. EuGH Urt. v. 11. 4. 1989 Rs. 66/86 – *Ahmed Saeed Flugreisen u. a./Zentrale zur Bekämpfung unlauteren Wettbewerbs,* Slg. 1989, 803/847 f. Rn. 30 ff.

[27] Vgl. *Bunte* DB 1994, 921/923; grundsätzlich auch *Kerse* ECLR 1997, 17/19, jedoch mit unklarer Einschränkung hinsichtlich Art. 81 Abs. 2.

[28] So *Wolf/Fink* WuW 1994, 289/292; *Schütz* WuW 1994, 520/521.

[29] Vgl. *Schmidt-Aßmann* EuR 1996, 270/300 f.; *Lässig,* Dezentrale Anwendung des europäischen Kartellrechts, 1997, S. 75.

[30] Hiervon geht offenbar auch *Pernice* in: Grabitz/Hilf, Kommentar zur Europäischen Union, Art. 88 Rn. 5, aus.

Art. 85 EG: Verfahren bei Zuwiderhandlungen 1, 2 **Art. 85 EG**

nierungsbefugnissen der Kommission nach Art. 85 EG. Die Entscheidung der Behörde eines Mitgliedstaats entfaltet – vom Fall der Anerkennung abgesehen – nicht nur keine inhaltliche Bindungswirkung für die ordentlichen Gerichte eines anderen Mitgliedstaates, sondern vermag diesen auch nicht die Möglichkeit zur Anwendung des Art. 81 Abs. 2 EG zu eröffnen.

Zum **Verhältnis zu Art. 85** s. dort. Rn. 13.

Art. 85 [Verfahren bei Zuwiderhandlungen]

(1) [1] **Unbeschadet des Artikels 84 achtet die Kommission auf die Verwirklichung der in den Artikeln 81 und 82 niedergelegten Grundsätze.** [2] **Sie untersucht auf Antrag eines Mitgliedstaats oder von Amts wegen in Verbindung mit den zuständigen Behörden der Mitgliedstaaten, die Amtshilfe zu leisten haben, die Fälle, in denen Zuwiderhandlungen gegen diese Grundsätze vermutet werden.** [3] **Stellt sie eine Zuwiderhandlung fest, so schlägt sie geeignete Mittel vor, um diese abzustellen.**

(2) [1] **Wird die Zuwiderhandlung nicht abgestellt, so trifft die Kommission in einer mit Gründen versehenen Entscheidung die Feststellung, daß eine derartige Zuwiderhandlung vorliegt.** [2] **Sie kann die Entscheidung veröffentlichen und die Mitgliedstaaten ermächtigen, die erforderlichen Abhilfemaßnahmen zu treffen, deren Bedingungen und Einzelheiten sie festlegt.**

Übersicht

	Rn.		Rn.
I. Sinn und Zweck	1	2. Maßnahmen nach Art. 85 Abs. 2	
II. Praktische Bedeutung	3	a) Feststellung der Zuwiderhandlung	7
III. Untersuchungen	4	b) Ermächtigung der Mitgliedstaaten	10
IV. Maßnahmen der Kommission		V. Verhältnis zu Art. 84	13
1. Vorschläge nach Art. 85 Abs. 1 S. 3	6		

I. Sinn und Zweck

Art. 85 begründet eine mit den Zuständigkeiten der Behörden der Mitgliedstaaten **kon-** 1 **kurrierende Zuständigkeit**[1] der Europäischen Kommission zur Wahrung der Wettbewerbsregeln des Vertrages im Anwendungsbereich des Art. 84 EG, d. h. dort, wo der Kommission nicht bereits durch Durchführungsvorschriften nach Art. 83 EG ausschließliche Zuständigkeiten eingeräumt sind (vgl. Art. 84 EG Rn. 3, 5). Die der Kommission eingeräumten Befugnisse sollen ihr eine gewisse **Beaufsichtigung und Überwachung**[2] der mitgliedstaatlichen Anwendung der Wettbewerbsregeln im Rahmen des Art. 84 EG ermöglichen. Art. 85 bildet somit ein zentralistisches Korrektiv gegenüber der im Grundsatz dezentralen Anwendung der Art. 81, 82 EG außerhalb des von Durchführungsbestimmungen nach Art. 83 EG erfassten Bereiches. Die der Kommission hierzu eingeräumten Befugnisse umfassen jedoch nicht die Abgabe von Freistellungserklärungen nach Art. 81 Abs. 3 EG durch die Kommission.[3]

Der Streitfrage, ob Art. 85, wie insbesondere seine systematische Stellung nahegelegt, 2 ebenso wie Art. 84 EG lediglich der Charakter einer **Übergangsvorschrift** zukommt,[4] hat

---

[1] Näheres unten Rn. 13.
[2] Vgl. EuGH Urt. v. 6. 4. 1962, Rs. 13/61 – *De Geus en Uitdenbogerd/Bosch*, Slg. 1962, 97/112.
[3] Vgl. EuGH Urt. v. 6. 4. 1962, Rs. 13/61 – *De Geus en Uitdenbogerd/Bosch*, Slg. 1962, 97/112; EuGH Urt. v. 30. 4. 1986 Verb. Rs. 209–213/84 – *Ministère public/Asjes u. a.*, Slg. 1986, 1425/1469 Rn. 62; allgM.
[4] Vgl. EuGH Urt. v. 30. 4. 1986 Verb. Rs. 209 – 213/84 – *Ministère public/Asjes u. a.*, Slg. 1986, 1425/1467 Rn. 52 u. S. 1468 Rn. 58; EuGH Urt. v. 11. 4. 1989 Rs. 66/86 – *Ahmed Saeed Flugreisen*

keine praktischen Auswirkungen. Denn selbst wenn aus dem Fehlen der in Art. 84 EG verwandten Formulierung „Bis zum Inkrafttreten ..." abzuleiten wäre, dass Art. 85[5] oder zumindest dessen Abs. 1 S. 1[6] den Charakter einer auch im Anwendungsbereich von Durchführungsvorschriften nach Art. 83 EG gültigen **Grundsatznorm** hat, bleiben die in Art. 85 festgelegten Zuständigkeiten und Befugnisse der Kommission deutlich hinter jenen zurück, die der Kommission durch die Durchführungsvorschriften vermittelt werden. Soweit man die **FKVO (VO 139/2004)**[7] selbst als Durchführungsverordnung gemäß Art. 83 EG betrachtet, hat die Bejahung des Grundsatzcharakters von Art. 85 im Bereich der Fusionskontrolle zwar zur Folge, dass die Art. 81, 82 EG über Art. 85 EG durch die Kommission auf solche Zusammenschlüsse i. S. d. Art. 3 der FKVO angewendet werden können, die die Voraussetzungen des Art. 21 Abs. 1 2. Hs. FKVO nicht erfüllen und für die deshalb gem. Art. 21 Abs. 1 1. Hs. FKVO die Anwendbarkeit der dort bezeichneten Durchführungsverordnungen ausgeschlossen ist. Praktisch ist dies jedoch zu vernachlässigen: Zum einen beschränkt sich die Kommission im Anwendungsbereich der FKVO grundsätzlich auf deren Anwendung.[8] Zum anderen bedürfte es für die Anwendung des Art. 82 EG keines Rückgriffs auf Art. 85, da Art. 82 EG unmittelbar anwendbar ist und eine sekundärrechtliche Norm wie Art. 21 Abs. 1 1. Hs. FKVO kein Anwendungshindernis begründen kann.

II. Praktische Bedeutung

3   Die Kommission ist vor Inkrafttreten der VO 17/62[9] in 26 Fällen nach Art. 85 vorgegangen. Zur Veröffentlichung von Entscheidungen gemäß Art. 85 Abs. 2 S. 2 ist es dabei nicht gekommen, da die Unternehmen die beanstandeten Verhaltensweisen i. d. R. aufgaben, nachdem die Kommission ihnen gemäß Art. 85 Abs. 1 S. 3 Vorschläge zur Abstellung der Zuwiderhandlungen unterbreitet hatte.[10] Auch später machte die Kommission in einer Reihe von Fällen von ihren verbliebenen Befugnissen nach Art. 85 in den seinerzeit nicht durch die Durchführungsverordnungen geregelten Bereichen der **Seeschifffahrt** und der **Luftfahrt** – insbesondere vor Inkrafttreten der Verordnungen 4056/86[11] und 3975/87[12] – Gebrauch.[13] Eine förmliche Entscheidung gem. Art. 85 Abs. 2 S. 1 erging 1987 gegen die

---

u. a./*Zentrale zur Bekämpfung unlauteren Wettbewerbs*, Slg. 1989, 803/845 Rn. 21; *Brinker* in: Schwarze, EU-Kommentar, Art. 85 Rn. 1; *Grill* in: Lenz, EG-Vertrag, 2. Aufl. 1999, Art. 85 Rn. 1.

[5] So etwa *Rapp-Jung* in: MünchKommEUWettbR, Art. 85 Rn. 1; *Jung* in: Calliess/Ruffert, Art. 85 Rn. 1; *Wohlfarth/Everling/Glaesner/Sprung*, Art. 89 Rn. 1. Art. 105 des Vertrages über die Arbeitsweise der Europäischen Union – die im bisher nicht in Kraft getretenen Vertrag von Lissabon vorgesehene Nachfolgevorschrift des Art. 85 – ist im Übrigen unzweifelhaft als Grundsatznorm konzipiert, die auch nach Inkrafttreten von Durchführungsvorschriften anwendbar bleibt. Dies ergibt sich klar aus Art. 105 Abs. 3 des Vertrages, in dem festgelegt ist, dass die Kommission Verordnungen zu den Gruppen von Vereinbarungen erlassen kann, zu denen der Rat eine Verordnung oder Richtlinie erlassen hat, also gerade in dem Bereich, in dem Durchführungsverordnungen bestehen.

[6] Vgl. etwa *Schröter* in: Groeben/Schwarze, Art. 85 Rn. 9; *Jungbluth* in: Langen/Bunte, 9. Aufl. 2001, Art. 85 Rn. 5; wohl auch *Pernice* in: Grabitz/Hilf, Kommentar zur europäischen Union, Art. 89 Rn. 1, 2.

[7] Vgl. Art. 83 EG Rn. 32.

[8] Zu Einzelheiten (auf der Grundlage der alten Fassung der FKVO) s. *Immenga* in: Immenga/Mestmäcker, EG-WbR Bd. I, 1. Aufl., S. 917 ff., insbes. S. 919 f.

[9] Erste Durchführungsverordnung des Rates vom 6. 2. 1962 zu den Artikeln 85 und 86 des Vertrags in der Gemeinschaft, ABl. L 13 v. 21. 2. 1962, 204 ff.

[10] Vgl. *Kommission*, Vierter Gesamtbericht 1961 Rn. 50.

[11] Vgl. Art. 83 EG Rn. 30.

[12] Vgl. Art. 83 EG Rn. 29.

[13] Vgl. Kommission, 10. WB 1980 Rn. 10; 11. WB 1981 Rn. 5, 12. WB 1982 Rn. 20; 12. WB 1982 Rn. 20; 13. WB 1983 Rn. 48; 14. WB 1984 Rn. 45; 15. WB 1985 Rn. 35; 16. WB 1986 Rn. 36.

Fluggesellschaften Alitalia, Lufthansa und Olympic Airways, die daraufhin ihre beanstandeten Vereinbarungen änderten, so dass die Kommission von einer Veröffentlichung der Entscheidung absah.[14] Die letzten Verfahren hatten drei **Luftfahrtallianzen** und die mit ihnen einhergehenden Wettbewerbsbeschränkungen im Luftverkehr zwischen der Gemeinschaft und den USA, d. h. einem Drittstaat, zum Gegenstand.[15] Die Allianz Lufthansa/SAS/United Airlines war daneben Gegenstand eines Kartellverwaltungsverfahrens des Bundeskartellamts nach Art. 84 EG,[16] während die Allianz SAS/American Airlines in einem Parallelverfahren des britischen Office of Fair Trading geprüft wurde. In Anbetracht dessen kam der Frage, in welchem Verhältnis die Befugnisse der Art. 84 EG und Art. 85 zueinander stehen (s. unten Rn. 13), erhöhte praktische Bedeutung zu. Da die o. g. bisherigen Ausnahmebereiche inzwischen der VO 1/03 unterfallen,[17] stellt sich dieses Problem jedoch auch im Verkehrssektor nicht mehr. Lediglich in den oben[18] angesprochenen Sonderfällen der Fusionskontrolle im Bereich konzentrativer Vollfunktionsgemeinschaftsunternehmen ohne gemeinschaftsweite Bedeutung i. S. d. Art. 1 der Fusionskontrollverordnung (VO 139/04)[19] besteht derzeit zumindest theoretisch noch ein gewisses Konfliktpotential. Die Fragestellung würde allerdings wieder erhebliche Bedeutung erlangen, wenn der EuGH eine Durchführungsverordnung, insbesondere die VO 1/03, für nichtig erklären würde, so dass insoweit erneut mitgliedstaatliche Befugnisse nach Art. 84 EG bestünden.[20]

III. Untersuchungen

Die Kommission ist befugt, vermutete Zuwiderhandlungen gegen die in Art. 81, 82 EG niedergelegten **Grundsätze** zu untersuchen. Während in der älteren Literatur aus dem Begriff der „Grundsätze" ein eingeschränkter Prüfungsmaßstab gefolgert wurde, der nicht die Bestimmungen im Einzelnen umfasse,[21] ist heute anerkannt, dass Bezugspunkt für die Zuwiderhandlungen der gesamte Tatbestand der genannten Normen ist. Für die Richtigkeit der heute hM spricht nicht zuletzt, dass in Art. 83 Abs. 1 EG ebenfalls von den in Art. 81, 82 EG niedergelegten Grundsätzen die Rede ist, ohne dass zweifelhaft sein kann, dass die Durchführungsbestimmungen gerade dazu dienen sollen, die Art. 81, 82 EG in vollem Umfang zu verwirklichen. Die Untersuchung setzt voraus, dass **konkrete Anhaltspunkte** für eine Zuwiderhandlung gegen Art. 81 oder 82 EG vorliegen. Besteht ein solcher **Anfangsverdacht,** so steht es grundsätzlich im **Ermessen** der Kommission, eine Untersuchung einzuleiten. Auf **Antrag** eines Mitgliedstaates – dieser wird regelmäßig die Anhaltspunkte für eine Zuwiderhandlung benennen – ist sie hierzu jedoch verpflichtet. Verneint sie einen Anfangsverdacht, hat sie dies gegenüber dem antragstellenden Mitgliedstaat darzulegen. Dritte, z. B. Unternehmen, haben kein solches formelles Antragsrecht.[22] Die Kommission wird die ihr vorgetragenen rechtlichen und tatsächlichen Gesichtspunkte allerdings entsprechend den zu Art. 3 VO 17/62[23] entwickelten Grundsätzen[24] aufmerksam

---

[14] Vgl. Kommission, 17. WB 1987 Rn. 46.
[15] Vgl. Kommission, 27. WB 1997 Rn. 87, 90, 92 sowie die Mitteilungen zu den Allianzen Lufthansa/SAS/United Airlines und British Airways/American Airlines, ABl. C 239 v. 30. 7. 1998, 5 ff., 10 ff.
[16] Vgl. Bundeskartellamt, Tätigkeitsbericht 2001/2002, S. 191.
[17] Vgl. Art. 83 Rn. 30.
[18] Vgl. oben Rn. 2 a. E. sowie Art. 84 Rn. 5 a. E.
[19] Vgl. Art. 83 Rn. 32.
[20] Vgl. Art. 84 Rn. 4 a. E.
[21] Vgl. *Deringer,* EWG-Kommentar, Art. 89 Rn. 50; *Wohlfarth/Everling/Glaesner/Sprung,* EWG-Kommentar, Art. 89 Rn. 2.
[22] Vgl. EuGH Urt. v. 10. 6. 1982 Rs. 246/81 – *Lord Bethell/Kommission,* Slg. 1982, 2277/2290 f.
[23] Vgl. Fn. 9.
[24] Vgl. EuG Urt. v. 18. 9. 1992 Rs. T-24/90 – *Automec Srl/Kommission,* Slg. 1992, II-2223 Rn. 79; EuG Urt. v. 9. 1. 1996 Rs. T-575/93 – *Caspar Koelman/Kommission,* Slg. 1996, II-1/18 Rn. 39, be-

daraufhin zu prüfen haben, ob sie einen Verstoß gegen Art. 81 oder 82 EG erkennen lassen. Besteht danach ein Anfangsverdacht, so liegt es im pflichtgemäß auszuübenden Ermessen der Kommission, ob sie dies zum Anlass für eine Untersuchung von Amts wegen nimmt. Die Untersuchungen müssen sich auf konkrete Fälle beziehen. Art. 85 bildet keine Grundlage für allgemeine Untersuchungen der Wettbewerbsverhältnisse innerhalb bestimmter Branchen.

5   Unabhängig davon, ob die Untersuchung auf Antrag eines Mitgliedstaats oder von Amts wegen erfolgt, hat die Kommission die Untersuchungen **in Verbindung** mit den zuständigen Behörden zumindest der – etwa nach dem Auswirkungsprinzip oder wegen dort vorzunehmender Untersuchungshandlungen – betroffenen Mitgliedstaaten durchzuführen. Durch die Verbindung zwischen Kommission und mitgliedstaatlichen Behörden soll ein aufeinander abgestimmtes Vorgehen erleichtert und den für die Durchführung etwaiger Abhilfemaßnahmen zuständigen Mitgliedstaaten frühzeitig die Möglichkeit eröffnet werden, ihre Auffassungen im Verfahren der Kommission zur Geltung zu bringen. Die Kommission ist daher verpflichtet, die mitgliedstaatlichen Behörden über die Untersuchung zu informieren, und zwar – soweit dies nicht unzweckmäßig ist – vor Einleitung der entsprechenden Verfahrensschritte,[25] um ihnen eine rechtzeitige Stellungnahme zu ermöglichen. Die von Teilen der Literatur vertretene Auffassung, die Kommission bedürfe für die Untersuchungen der Zustimmung der Behörde des betroffenen Mitgliedstaates,[26] findet im Wortlaut hingegen keinen hinreichenden Rückhalt. Sie lässt sich auch schwerlich mit der Verpflichtung der mitgliedstaatlichen Behörden zur **Amtshilfe** vereinbaren. Vielmehr darf die Kommission auch ohne eine solche Zustimmung Auskunftsersuchen an die Unternehmen richten oder mit deren Zustimmung Nachprüfungen vornehmen. Antworten diese nicht freiwillig oder dulden sie die Nachprüfung nicht, so fehlt es der Kommission allerdings an eigenen Mitteln zur Durchsetzung der Untersuchungsmaßnahmen. Sie wird sich in diesen Fällen daher der Amtshilfe seitens der mitgliedstaatlichen Behörden bedienen.

IV. Maßnahmen der Kommission

1. Vorschläge nach Art. 85 Abs. 1 S. 3

6   Ergibt die Untersuchung, dass eine Zuwiderhandlung gegen Art. 81 bzw. 82 EG vorliegt, so unterbreitet die Kommission zunächst einen Vorschlag zur Abstellung des Verstoßes. Der Vorschlag hat nach allgemeiner Meinung den Charakter einer unverbindlichen **Empfehlung** i. S. d. Art. 249 Abs. 1, 5 EG. Umstritten ist, an wen sich die Vorschläge zu richten haben. Während nach Ansicht insbesondere des älteren Schrifttums[27] die Mitgliedstaaten die **Adressaten** der Empfehlungen sind, werden diese in der Praxis der Kommission[28] den zuwiderhandelnden Unternehmen unterbreitet. Weshalb ausschließlich eine dieser Handlungsmöglichkeiten bestehen soll, vermag indes keine der beiden Seiten überzeugend zu begründen. Art. 85 Abs. 2 S. 1 lässt beide Möglichkeiten offen, indem er nur daran anknüpft, dass die Zuwiderhandlung nicht abgestellt wird. Dass letztlich die Mitgliedstaaten die erforderlichen Abhilfemaßnahmen zu treffen haben, könnte zwar dafür

---

stätigt durch EuGH Beschl. v. 16. 9. 1997 Rs. C-59/96 – *Caspar Koelman/Kommission,* Slg. 1997, I-4809/4838 Rn. 42.

[25] Vgl. etwa *Pernice* in: Grabitz/Hilf, Kommentar zur Europäischen Union, Art. 89 Rn. 7 f.; *Stadler* in: Langen/Bunte, Art. 85 Rn. 8.

[26] Vgl. *Deringer,* EWG-Kommentar, Art. 89 Rn. 54; *Gleiss/Hirsch,* Kommentar zum EG-Kartellrecht, 3. Aufl. 1978, Art. 89 Rn. 3.

[27] Vgl. *Gleiss/Hirsch* a. a. O. Art. 89 Rn. 3; *Draetta* in: Quadri/Monaco/Trabucchi, Commentario CEE, 1965, Art. 89 Rn. 3, S. 675.

[28] Ausschließlich für diese Möglichkeit die heute überwiegende Lehre, vgl. etwa *Schröter* in: Groeben/Schwarze, Art. 85 Rn. 14; *Ritter* in: Immenga/Mestmäcker, EG-WbR Bd. II, 1. Aufl., S. 1482; *Stadler* in: Langen/Bunte, Art. 85 Rn. 10.

Art. 85 EG: Verfahren bei Zuwiderhandlungen 7, 8 **Art. 85 EG**

sprechen, die Vorschläge an sie zu richten. Zwingend ist dies aber schon deshalb nicht, weil der die Ermächtigung der Mitgliedstaaten betreffende Abs. 2 S. 2 statt vom Abstellen der Zuwiderhandlung von der Abhilfe spricht[29] und die Adressaten der Feststellung nach Abs. 2 S. 1 jedenfalls auch die Unternehmen sind. Umgekehrt erscheint es methodisch unzulässig, aus Art. 3 Abs. 3 der – inzwischen außer Kraft getretenen – sekundärrechtlichen VO 17/62,[30] wonach die Unternehmen Adressaten von Vorschlägen der Kommission waren, ableiten zu wollen, dass dies auch für das Verfahren nach Art. 85 gelten müsse.[31] Da Wortlaut, Systematik und Zweck des Art. 85 keinen eindeutigen Aufschluss darüber vermitteln, wem die Vorschläge zu unterbreiten sind, ist davon auszugehen, dass der Kommission beide Möglichkeiten offen stehen[32] und sie nach pflichtgemäßem **Ermessen** entscheiden kann, ob sie die Empfehlung an die Mitgliedstaaten oder die Unternehmen richtet. In der **Kommissionspraxis** entsprechen die Vorschläge Beschwerdepunkten, in denen den Unternehmen neben Sachverhalt und rechtlicher Würdigung zusätzlich mitgeteilt wird, auf welche Weise sie eine feststellende Entscheidung nach Abs. 2 noch vermeiden können.[33] Die Abhilfe erfolgt seitens der Unternehmen regelmäßig dadurch, dass sie Zusagen gemäß den Vorschlägen der Kommission abgeben. Sofern das zugesagte Verhalten die Zuwiderhandlung entfallen lässt, dienen die Zusagen als Grundlage für die Einstellung des Verfahrens durch die Kommission und ggf. parallel nach Art. 84 EG prüfende nationale Wettbewerbsbehörden.

2. Maßnahmen nach Art. 85 Abs. 2

a) **Feststellung der Zuwiderhandlung.** Erst wenn die Zuwiderhandlung trotz des Vorschlags nicht abgestellt wird, hat die Kommission die Möglichkeit – und nach dem Wortlaut des Art. 85 Abs. 2 S. 1 auch die Verpflichtung –, die Zuwiderhandlung in einer mit Gründen versehenen Entscheidung festzustellen. Es handelt sich dabei um eine **Entscheidung** gem. Art. 249 Abs. 4 EG, die hinsichtlich des festgestellten Tatbestandes und seiner kartellrechtlichen Würdigung Bindungswirkung für die mitgliedstaatlichen Behörden und Gerichte entfaltet und letzteren – ebenso wie eine Entscheidung der nationalen Behörde nach Art. 84 EG – die unmittelbare Anwendung der Rechtsfolge des Art. 81 Abs. 2 EG eröffnet.[34] 7

Der **Umfang der Bindungswirkung** wird durch die in Art. 85 Abs. 2 S. 1 eingeräumte Befugnis begrenzt, „Zuwiderhandlungen" gegen die in Art. 81, 82 EG niedergelegten Grundsätze festzustellen. Zu Feststellungen, dass kein solcher Verstoß vorliege, ist die Kommission nicht ermächtigt. Fraglich ist die Bindungswirkung dann, wenn die Kommission sich nicht darauf beschränkt, eine Zuwiderhandlung gegen die Grundsätze des Art. 81 Abs. 1 EG festzustellen, sondern sie zugleich eine Feststellung zur **Freistellungsfähigkeit** gem. Art. 81 Abs. 3 EG trifft. Die Kommission hat zwar i. R. d. Art. 85 nicht die Befugnis, eine Freistellung zu *erteilen*. Es steht jedoch im Einklang mit dem Prüfungsmaß- 8

---

[29] Auch in den übrigen sprachlichen Fassungen des Vertrages werden insoweit unterschiedliche Formulierungen verwandt.
[30] Vgl. Fn. 9.
[31] So noch *Jung* in: Calliess/Ruffert, 2. Aufl. 2002, Art. 85 Rn. 8.
[32] Wie hier *Pernice* (Fn. 25) Art. 89 Rn. 10; *Grill* in: Lenz, EG-Vertrag, 2. Aufl. 1999, Art. 85 Rn. 3; vgl. auch *Wohlfarth/Everling/Glaesner/Sprung*, Art. 89 Rn. 3.
[33] Vgl. die in der Mitteilung der Kommission zur Allianz zwischen Lufthansa, SAS und United Airlines, ABl. C 239/5 v. 30. 7. 1998, 5 ff., zur Diskussion gestellten Mittel zur Abstellung der Zuwiderhandlung.
[34] Vgl. EuGH Urt. v. 6. 4. 1962, Rs. 13/61 – *De Geus en Uitdenbogerd/Bosch*, Slg. 1962, 97/113, 116 f.; EuGH Urt. v. 30. 4. 1986 Verb. Rs. 209–213/84 – *Ministère public/Asjes u. a.*, Slg. 1986, 1425/1470 Rn. 68; EuGH Urt. v. 11. 4. 1989 Rs. 66/86 – *Ahmed Saeed Flugreisen u. a./Zentrale zur Bekämpfung unlauteren Wettbewerbs*, Slg. 1989, 803/847 Rn. 29; vgl. auch Art. 84 EG Rn. 9.

stab des Art. 85 Abs. 1 S. 1, der den gesamten Art. 81 EG umfasst, und bildet zudem die Grundlage der zitierten Rechtsprechung des EuGH,[35] der Kommission auch die Möglichkeit zuzuerkennen, das Vorliegen der Freistellungsvoraussetzungen zu *prüfen*. Denn wäre sie hieran gehindert, so bestünde kein Grund dafür, dass eine Entscheidung der Kommission gem. Art. 85 den Weg für die unmittelbare Anwendung der Rechtsfolgen des Art. 81 Abs. 2 EG durch die Gerichte eröffnet. Dass es einer solchen Entsperrung bedarf, liegt daran, dass die Gerichte bislang das Vorliegen der Voraussetzungen des Art. 81 Abs. 3 EG nicht selbst prüfen konnten. Diese Möglichkeit wird ihnen zwar nunmehr durch die VO 1/03[36] eingeräumt, doch betrifft Art. 85 gerade die nicht von der VO 1/03 erfassten Bereiche. Die Bedeutung der behördlichen Entscheidung nach Art. 85 ebenso wie jener nach Art. 84 EG besteht darin, dass sie das fehlende Element einer Beurteilung nach Art. 81 Abs. 3 EG beisteuert. Die Kommission kann daher durch eine Entscheidung nach Art. 85 verbindlich feststellen, dass die Freistellungsvoraussetzungen nach Art. 81 Abs. 3 EG *nicht* vorliegen.[37] Geht sie hingegen davon aus, dass die Freistellungsvoraussetzungen erfüllt sind, so wird sie von einer feststellenden Entscheidung absehen müssen, da eine Zuwiderhandlung gegen die in Art. 81 EG (unter Einschluss von dessen Abs. 3) niedergelegten Grundsätze nicht vorliegt. Stellt die Kommission fest, dass eine Zuwiderhandlung vorliegt und die Freistellungsvoraussetzungen nicht erfüllt sind, macht sie aber in der Entscheidung zugleich **Vorschläge**, wie die Freistellungsvoraussetzungen erfüllt werden könnten, so dürfte dieser Bestandteil der Entscheidung nicht durch die in Art. 85 Abs. 2 S. 1 enthaltene Befugnis gedeckt sein und daher gegenüber den Mitgliedstaaten keine Bindungswirkung entfalten.

9 Die im Ermessen der Kommission stehende **Veröffentlichung** der Entscheidung ist nicht nur ein Mittel, um die Transparenz der Wettbewerbsaufsicht zu erhöhen. Sie kann vielmehr auch dazu dienen, öffentlichen Druck gegen das den Art. 81, 82 EG widersprechende Verhalten hervorzurufen oder zu steigern.

10 **b) Ermächtigung der Mitgliedstaaten.** Die Kommission hat keine Möglichkeit, **Abhilfemaßnahmen** selbst durchzusetzen, kann aber die Mitgliedstaaten hierzu **ermächtigen** und die Einzelheiten und Bedingungen festlegen. Die Bestimmung lässt zahlreiche Deutungen zu. In der älteren Literatur wird überwiegend die Ansicht vertreten, Abhilfemaßnahmen könnten **Schutzmaßnahmen** aller Art (Schutzzölle, Einfuhrbeschränkungen, Abwehrkartelle etc.) sein.[38] Die heute h. M. lehnt dies als systemwidrig ab. Ihr zufolge können die Mitgliedstaaten nur zu solchen Maßnahmen ermächtigt werden, die ihr innerstaatliches Recht gegenüber Unternehmen – insbesondere zur Bekämpfung von Kartellen und des Missbrauchs wirtschaftlicher Machtstellungen – zulässt.[39] Für die ältere Auffassung lässt sich anführen, dass eine Ermächtigung nur sinnvoll ist, wenn die betreffenden Maßnahmen ohne die Ermächtigung nicht zu Gebote stünden, und dass nicht die Behörden der Mitgliedstaaten, sondern die Mitgliedstaaten selbst ermächtigt werden. Beides kann als Hinweis darauf verstanden werden, dass Gegenstand der Ermächtigung außergewöhnliche Maßnahmen der genannten Art sein können. Gegen diese Auslegung spricht allerdings, dass die o. g. Schutzmaßnahmen der Zuwiderhandlung oder ihren Folgen nicht abhelfen,

---

[35] S. vorige Fn.
[36] Verordnung (EG) Nr. 1/2003 des Rates vom 16. Dezember 2002 zur Durchführung der in Artikeln 81 und 82 des Vertrags niedergelegten Wettbewerbsregeln, ABl. L 1 v. 4. 1. 2003, 1 ff.
[37] Ebenso *Jung* in: Calliess/Ruffert, Art. 85 Rn. 9.
[38] Vgl. etwa *Wohlfarth/Everling/Glaesner/Sprung*, Art. 89 Rn. 5; *Deringer*, EWG-Kommentar, Art. 89 Rn. 61; *Gleiss/Hirsch*, Kommentar zum EG-Kartellrecht, 3. Aufl. 1978, Art. 89 Rn. 3.
[39] Vgl. *Schröter* in: Groeben/Schwarze, Art. 85 Rn. 16; *Stadler* in: Langen/Bunte, Art. 85 Rn. 12; *Ritter* in: Immenga/Mestmäcker, EG-WbR Bd. II, 1. Aufl., S. 1482 f.; *Jung* in: Calliess/Ruffert, Art. 85 Rn. 10; a. A. *Pernice* in: Grabitz/Hilf, Kommentar zur europäischen Union, Art. 89 Rn. 13: Ermächtigung qua Gemeinschaftsrecht im Falle fehlender innerstaatlicher Handlungsbefugnisse.

sondern allenfalls Druckmittel darstellen, die ihrerseits das Funktionieren des Gemeinsamen Marktes erheblich beeinträchtigen können. Ferner sieht Art. 85 keine Befugnis des Rates vor, die Maßnahmen zu korrigieren, während dies bei in der ursprünglichen Fassung des Vertrages enthaltenen, inzwischen abgeschafften Schutzklauseln überwiegend der Fall war.[40] Das Fehlen einer solchen Korrekturmöglichkeit des Rates spricht daher ebenfalls dagegen, Art. 85 den Charakter einer Schutzklausel beizumessen.

Im Ergebnis ist der heute hM zu folgen. Denn diese macht die Ermächtigung nicht etwa überflüssig, deren Sinn ist danach vielmehr **verfahrensökonomischer Natur:** Der Mitgliedstaat setzt das Kommissionsverfahren lediglich fort und kann sich daher auf die **Anordnung und Vollstreckung** der Maßnahmen beschränken, zu denen er ermächtigt wurde, während er ohne die Ermächtigung zur Durchführung eines vollständigen eigenen Verfahrens nach Art. 84 EG bzw. rein nationalem Recht genötigt wäre. Da es lediglich um die Anordnung und Vollstreckung von inhaltlich bereits vorgegebenen Maßnahmen geht, ist es darüber hinaus denkbar, diese Verfahrensschritte durchzuführen, noch bevor besondere Wettbewerbsbehörden geschaffen worden sind. Hierdurch ist erklärbar, dass sich die Ermächtigung an die Mitgliedstaaten statt an die zuständigen Behörden der Mitgliedstaaten richtet. 11

Obwohl der Mitgliedstaat kraft einer gemeinschaftsrechtlichen Ermächtigung handelt, ist davon auszugehen, dass sich die Wirkung seiner Entscheidungen auf sein **Territorium** beschränkt. Zum einen erscheint die Durchsetzung von Maßnahmen auf fremdem Staatsgebiet wenig praktikabel. Zum anderen wäre es seltsam, wenn die Kommission auswählen könnte, welchen von mehreren betroffenen Mitgliedstaaten sie zu gemeinschaftsweit wirkenden Maßnahmen ermächtigt. Die gegenteilige Auffassung hätte im Übrigen die merkwürdige Konsequenz, dass die Untersagungsentscheidung eines nach Art. 85 Abs. 2 S. 2 ermächtigten Mitgliedstaates gemeinschaftsweite Wirkung hätte, während Freistellungen – z.B. als Folge der Erfüllung von Bedingungen – nach wie vor nur national erteilt werden könnten.

Dass lediglich von einer Ermächtigung der Mitgliedstaaten die Rede ist, spricht dagegen, diese als in jedem Fall zur Durchführung der Maßnahme verpflichtet anzusehen. Da jedoch der Verstoß gegen Art. 81, 82 EG verbindlich festgestellt wurde und Art. 10 EG die Mitgliedstaaten auch zu einer aktiven Förderung der Vertragsziele verpflichtet, kann ein Untätigbleiben des ermächtigten Mitgliedstaats gegen seine Verpflichtung zu gemeinschaftsfreundlichem Verhalten verstoßen. 12

V. Verhältnis zu Art. 84 EG

Die Kommission kann „unbeschadet des Art. 84" nach Art. 85 vorgehen, also auch dann, wenn die Mitgliedstaaten wegen der vermuteten Zuwiderhandlung bereits ein Verfahren nach Art. 84 EG eingeleitet haben. Ebensowenig sind die Mitgliedstaaten durch ein bereits eingeleitetes Kommissionsverfahren nach Art. 85 an einem eigenständigen Vorgehen gemäß Art. 84 EG gehindert.[41] Die Stellung des das mitgliedstaatliche Verfahren regelnden Art. 84 EG vor Art. 85 und die geringeren Befugnisse der Kommission (keine Freistellungsbefugnis, keine eigenen Durchsetzungsbefugnisse) gegenüber den nach Art. 84 EG vorgehenden Behörden der Mitgliedstaaten stehen der Annahme einer Nachrangigkeit des Verfahrens nach Art. 84 EG entgegen. Auch die in Art. 85 Abs. 1 S. 2 EG vorgesehene 13

---

[40] Hierauf weisen *Wohlfarth/Everling/Glaesner/Sprung,* Art. 89 Rn. 5 sowie *Deringer,* EWG-Kommentar, Art. 89 Rn. 61, selbst hin.

[41] Vgl. *Schröter* in: Groeben/Schwarze, Art. 85 Rn. 6; *Jungbluth* in: Langen/Bunte, 9. Aufl. 2001, Art. 85 Rn. 4; *Eilmansberger* in: Streinz, EUV/EGV, Art. 85 EGV, Rn. 4; *Kerse,* ECLR 1997, 17/19. Noch deutlicher als durch die Wendung „unbeschadet des Artikels 84" wird dies z.B. durch die in der englischen Vertragsfassung verwandte Formulierung „without prejudice to Article 84".

Möglichkeit der Ermächtigung bedeutet nicht, dass erst durch die Ermächtigung ein Verfahrenshindernis für die Mitgliedstaaten beseitigt wird, denn wäre dies der Fall, so könnte die Ermächtigung nicht im Ermessen der Kommission stehen, sie müsste vielmehr zwingend vorgesehen sein. Anderenfalls könnten bei unterbliebener Ermächtigung weder die Kommission (mangels Durchsetzungsbefugnissen) noch die Mitgliedstaaten (wegen eines Verfahrenshindernisses) gegen die festgestellte Zuwiderhandlung vorgehen. Die im früheren Sekundärrecht getroffenen Zuständigkeitsregelungen (vgl. Art. 9 Abs. 3 VO 17/62;[42] Art. 15 VO 1017/68;[43] Art. 14 VO 4056/86;[44] Art. 7 VO 3975/87)[45] sind durch die VO 1/03 außer Kraft gesetzt worden und waren auch zuvor für die Auslegung des Vertrages nicht maßgeblich. Darüber hinaus konnten sie auch keine hinreichende Basis für eine Analogie bilden, weil sie Fallgestaltungen betrafen, in denen statt der Mitgliedstaaten die Kommission über die Freistellungsbefugnis verfügte. Meinungsverschiedenheiten zwischen Kommission und Mitgliedstaaten konnten bislang durch intensive Kooperation vermieden oder beseitigt werden. Lässt sich keine Einigung erzielen, werden die Mitgliedstaaten allerdings akzeptieren müssen, dass die Kommission verbindlich das Vorliegen einer Zuwiderhandlung feststellen und dabei auch die Freistellungsfähigkeit des Verhaltens verneinen kann (s. o. Rn. 7, 8).

Art. 86 EG [Öffentliche und monopolartige Unternehmen]

(1) **Die Mitgliedstaaten werden in Bezug auf öffentliche Unternehmen und auf Unternehmen, denen sie besondere oder ausschließliche Rechte gewähren, keine diesem Vertrag und insbesondere dessen Artikeln 12 und 81 bis 89 widersprechende Maßnahmen treffen oder beibehalten.**

(2) [1]**Für Unternehmen, die mit Dienstleistungen von allgemeinem wirtschaftlichem Interesse betraut sind oder den Charakter eines Finanzmonopols haben, gelten die Vorschriften dieses Vertrags, insbesondere die Wettbewerbsregeln, soweit die Anwendung dieser Vorschriften nicht die Erfüllung der ihnen übertragenen besonderen Aufgabe rechtlich oder tatsächlich verhindert.** [2]**Die Entwicklung des Handelsverkehrs darf nicht in einem Ausmaß beeinträchtigt werden, das dem Interesse der Gemeinschaft zuwiderläuft.**

(3) **Die Kommission achtet auf die Anwendung dieses Artikels und richtet erforderlichenfalls geeignete Richtlinien oder Entscheidungen an die Mitgliedstaaten.**

ÜBERSICHT

	Rn.		Rn.
I. Grundlagen	1	b) Der Begriff des öffentlichen Unternehmens	40
1. Systematik	1	c) Unternehmen mit besonderen oder ausschließlichen Rechten	49
2. Sinn und Zweck der Norm	3		
3. Bedeutung	10		
a) Überblick	10	d) „Gewährung" der besonderen oder ausschließlichen Rechte	55
b) Grundnorm für öffentliche Unternehmen	14	2. Vertragswidrige Maßnahmen der Mitgliedstaaten	56
c) Ausblick	16	a) Maßnahmen der Mitgliedstaaten	56
4. Sachlicher Anwendungsbereich	18	b) Treffen oder beibehalten	61
II. Art. 86 Abs. 1 EG	19	c) Verstoß gegen Vorschriften des Vertrages	64
1. In Bezug genommene Unternehmen	19		
a) Unternehmensbegriff	19	3. Unmittelbare Anwendbarkeit	74

---

[42] Vgl. Fn. 9.
[43] Vgl. Art. 83 EG Rn. 31.
[44] Vgl. Art. 83 EG Rn. 30.
[45] Vgl. Art. 83 EG Rn. 29.

Art. 86 EG: Öffentliche und monopolartige Unternehmen **Art. 86 EG**

	Rn.		Rn.
III. Die Ausnahmeregelung des Art. 86 Abs. 2 EG	75	1. Inhalt, Funktion und Grenzen der Befugnisse	133
1. Grundlagen des Art. 86 Abs. 2 EG	75	2. Mittel der Aufgabenwahrnehmung	135
a) Allgemeines	75	a) Instrumente	135
b) Regelungszweck des Abs. 2	80	b) Kompetenz der Kommission	140
c) Anwendungsbereich des Abs. 2	82	c) Wahl der Instrumente	142
d) Unmittelbare Anwendbarkeit	92	3. Anforderungen an die Eingriffs- und Gestaltungsmittel der Kommission	146
2. Unternehmen mit Sonderaufgaben (als Normadressat)	95	a) Verhältnismäßigkeit	146
a) Unternehmensbegriff	95	b) Ermessen	150
b) Unternehmen, die mit Dienstleistungen von allg. wirtschaftl. Interesse betraut sind	96	4. Formelle Voraussetzungen	153
		a) Entscheidungen	154
		b) Richtlinien	158
c) Betrauung mit einer Dienstleistung	106	5. Tätigkeiten der Kommission nach Art. 86 Abs. 3 EG	160
d) Unternehmen mit Finanzmonopolcharakter	111	a) Allgemeines	160
3. Verhinderung der Aufgabenerfüllung	114	b) Wichtige Richtlinien, die auf Grundlage von Art. 86 Abs. 3 EG erlassen wurden	163
a) Verhinderung	115		
b) Gefährdung der Aufgabenerfüllung	117		
c) Verhältnismäßigkeit	119	6. Konkurrenzen der Kompetenz aus Art. 86 Abs. 3 EG zu anderen Vertragsvorschriften	164
d) Subsidiarität	122		
e) Darlegungs- und Beweislast	123	a) Art. 226 EG	164
4. Art. 86 Abs. 2 S. 2 EG	125	b) Art. 95 EG und Art. 83 EG	165
a) Allgemeines	125	c) Art. 89 EG	166
b) Voraussetzungen	126	d) Verhältnis von Art. 86 EG zu Art. 31 EG und Art. 87 EG	167
c) Abwägung	132		
IV. Kommissionsbefugnis (Art. 86 Abs. 3 EG)	133		

Schrifttum: *Bach,* Wettbewerbsrechtliche Schranken für staatliche Maßnahmen nach europäischem Gemeinschaftsrecht, 1992; *Badura,* „Dienste von allgemeinem wirtschaftlichem Interesse unter der Aufsicht der Europäischen Gemeinschaft", in: FS Oppermann, 2001, S. 571 ff.; *Bartosch,* Dienstleistungsfreiheit versus Monopolrechte – Die Fragwürdigkeit des Remailing-Urteils des EuGH vom 10. 2. 2000, NJW 2000, 2251 ff.; *ders.,* Neue Transparenzpflichten – eine kritische Analyse des Kommissionsentwurfs einer neuen Transparenzrichtlinie, EuZW 2000, 333 ff.; *Bauer,* Die mitgliedsstaatliche Finanzierung von Aufgaben der Daseinsvorsorge und Beihilfeverbot des EG-Vertrages, 2008; *Baur,* Aktuelle Probleme des Energierechts, 1995; *ders.,* Art. 90 Abs. 2 EGV und die Binnenmarktrichtlinie für Strom und Gas, RdE 1999, 85 ff.; *Behrens,* Public services and the internal market – An analysis of the Commission's communication on services of general interest in Europe, EBOR 2001, 469 ff.; *Benesch,* Die Kompetenzen der EG-Kommission aus Art. 90 Abs. 3 EWGV, 1993; *Berg,* Neue Entscheidung des EuGH zur Anwendung des EG-Kartellrechts im Bereich der sozialen Sicherheit, EuZW 2000, 170 ff.; *Börner,* Rechtsprechung des Gerichtshofes der Gemeinschaften zur Bedeutung der allgemeinen Ziele der europäischen Verträge für den Wettbewerb, in: FS Ganshof van der Meersch 1972, S. 29 ff.; *Bornkamm,* Hoheitliches und unternehmerisches Handeln der öffentlichen Hand im Visier des europäischen Kartellrechts, in: Festschrift G. Hirsch, 2008, S. 231; *Burgi,* Die öffentlichen Unternehmen im Gefüge des primären Gemeinschaftsrechts, EuR 1997, 261 ff.; *Catalano,* Application des dispositions du traité C. E. E. et notamment des règles de concurrence aux entreprises publiques, in: FS Riese 1964, S. 133 ff.; *Czerny,* Die beihilfenrechtliche Beurteilung der staatlichen Finanzierung von Dienstleistungen im allgemeinen wirtschaftlichen Interesse, Diss. Köln 2009; *Deringer,* Das Wettbewerbsrecht der Europäischen Wirtschaftsgemeinschaft, 1962; *Deuster,* Ausgleichszahlungen für Dienstleistungen von allgemeinem wirtschaftlichem Interesse, 2007; *Dreher,* Die einzelstaatliche Regulierung des Wettbewerbs und das europäische Recht, WuW 1994, 193 ff.; *Eckert,* Die Befugnisse der EG-Kommission gem. Art. 90 Abs. 3 EWGV und ihre Grenzen, 1992; *Ehlermann,* Managing Monopolies: the role of the state in controlling market dominance in the European Community, ECLR 1993, 61 ff.; *Ehlers,* Die Grundfreiheiten des europäischen Gemeinschaftsrechts – Teil II, Jura 2001, 482 ff.; *Ehricke,* Art. 90 EWG-Vertrag – eine Neubetrachtung, EuZW 1993, 211 ff.; *ders.,* Staatliche Eingriffe in den Wettbewerb – Kontrolle durch Gemeinschaftsrecht, 1994; *ders.,* Staatliche Regulierungen und EG-Wettbewerbsrecht, WuW 1991, 184 ff.; *ders.,* State Intervention and EEC Competition Law, World Competition and Economics Law Review 1990, S. 79 ff.; *ders.,* Dynamische Verweise in EG-Richtlinien auf Regelungen privater Normungsgremien, EuZW 2002, 746 ff.; *ders.,* Wider die Wiederbelebung der Inno/ATAB-Doktrin

Art. 86 EG

bei Quotenmodellen im europäischen Energierecht!, EWS 2002, 301 f.; *ders.*, Zur Konzeption von Art. 37 I und 90 II EG-Vertrag, EuZW 1998, 741 ff.; *ders.*, Staatliche Handelsmonopole im Recht der EU – Art. 37 EG-Vertrag: Bestandsaufnahme und Perspektiven, WuW 1995, 691 ff.; *ders.*, Vereinbarkeit des kommunalen Örtlichkeitsprinzips mit dem EG-Recht, 2009; *ders.*, Der Unternehmensbegriff im EG-Wettbewerbsrecht, ZHR 173 (2009) (im Erscheinen); *Engelmann*, Kostendämpfung im Gesundheitswesen und EG-Wettbewerbsrecht, 2002; *Erhardt*, Beihilfen für öffentliche Dienstleistungen, 2003; *Fesenmair*, Öffentliche Dienstleistungsmonopole im europäischen Recht, 1996; *Fischer*, Staatliche Wettbewerbseingriffe zur Förderung von Wettbewerb, 2006; *Franzius*, Der „Gewährleistungsstaat" – ein neues Leitbild für den sich wandelnden Staat?, 2003; *Frenz*, Dienste von allgemeinem wirtschaftlichem Interesse. Neuerungen durch Art. 16 EG, EuR 2000, 901 ff.; *Gundel*, Die Untersagung nationaler Fernsehwerbemonopole durch die EG-Kommission gemäß Art. 86 Abs. 3 EGV: Zur Reichweite der Niederlassungsfreiheit und zu einem „neu entdeckten" Sanktionsmittel der Gemeinschaft im Rundfunkbereich, ZUM 2000, 1046 ff.; *Heinemann*, Grenzen staatlicher Monopole im EG-Vertrag, 1996; *Heinze*, Genehmigungen und Zuschüsse für den Kraftfahrzeug-Linienverkehr nach dem „Altmark-Trans-Urteil" des EuGH vom 24. 7. 2003 – Rs. C-280/00 –, (zugl. Anm.), DÖV 2004, 428 ff.; *Hennsler*, Satzungsrecht der verkammerten Berufe und europäisches Kartellverbot, JZ 2002, 983 ff.; *Hochbaum*, Die Transparenzrichtlinie der EG-Kommission, ZögU 1985, 484 ff.; *Kahl*, Neue Bedeutung der „Dienstleistungen von allgemeinem wirtschaftlichen Interesse", Wbl. 1999, 189 ff.; *Kämmerer*, Daseinsvorsorge als Gemeinschaftsziel oder: Europas „soziales Gewissen", NVwZ 2002, 1041 ff.; *ders.*, Privatisierung, 2001; *Karayannis, Vassilios*, Le service universel de télécommunications en droit communautaire: entre intervention publique et concurrence, Cahiers de droit Européen 2002, S. 315 ff.; *Klasse*, Gemeinschaftsrechtliche Grenzen für staatlich veranlaßte Wettbewerbsbeschränkungen, 2006; *Klösters*, Kompetenzen der EG-Kommission im innerstaatlichen Vollzug von Gemeinschaftsrecht, 1994; *Koenig/Kühling*, „Totgesagte Vorschriften leben länger": Bedeutung und Auslegung der Ausnahmeklausel des Art. 86 Abs. 2 EG, ZHR (166) 2002, 656 ff.; *Koenig/Haratsch*, Die Wiedergeburt vor Art. 86 Abs. 2 EG in der RAI-Entscheidung der Europäischen Kommission, ZUM 2004, 122; *Koenig/Kühling/Ritter*, EG-Beihilfenrecht, 2002; *Krüger*, Neuere Entwicklungen im Rahmen von Art. 86 EG, EuZW 2004, 35 ff.; *Kühling*, Das Altmark-Trans-Urteil des EuGH – Weichenstellung für oder Bremse gegen mehr Wettbewerb im deutschen ÖPNV?, NVwZ 2003, 1202 ff.; *Lange*, Kartellrechtlicher Unternehmensbegriff und staatliches Wirtschaftshandeln in Europa, WuW 2002, 953 ff.; *Lecheler*, Die Versorgung mit Strom und Gas als „service public" und die Bedeutung der „service-public-Doktrin" für Art. 90 Abs. 2 EGV, RdE 1996, S. 212 ff.; *ders./Gundel*, Die Rolle von Art. 90 Abs. 2 und 3 EGV in einem liberalisierten Energiemarkt – Zur Bedeutung der EuGH-Entscheidungen vom 23. 10. 1997 für die Zukunft, RdE 1998, S. 92 ff.; *Lenaerts*, La déclaration du Laeken: premier jalon d'une constitution européenne, Journal des Tribunaux – Droit européen 2002, S. 29 ff.; *Louis/Vandersanden/Waelbroeck/Waelbroeck*, Commentaire Mégret, le droit de la Communauté Économique Européenne, 1993; *Löwenberg*, Service public und öffentliche Dienstleistungen in Europa. Ein Beitrag zu Art. 16 des EG-Vertrages, 2001; *Magiera*, Gefährdung der öffentlichen Daseinsvorsorge durch das EG-Beihilfenrecht?, in: FS Rauschning, 2001, S. 269 ff.; *Mann*, Öffentliche Unternehmen im Spannungsfeld von öffentlichem Auftrag und Wettbewerb, JZ 2002, 819 ff.; *Mestmäcker*, Daseinsvorsorge und Universaldienst im europäischen Kontext, in: FS Zacher, 1998, S. 635 ff.; *ders.*, Staat und Unternehmen im europäischen Gemeinschaftsrecht. Zur Bedeutung von Art. 90 EWGV, RabelsZ 1988, 526 ff.; *ders.*, Gemeinschaftsrechtliche Schranken für die Begründung und Ausübung besonderer oder ausschließlicher Rechte nach Art. 90 Abs. 1 EWG-Vertrag, in: FS Deringer, 1993, S. 79 ff.; *ders./Schweitzer*, Europäisches Wettbewerbsrecht, 2. Aufl. 2004; *Mikroulea*, Wettbewerbsbeschränkende Maßnahmen der Mitgliedsstaaten und EWG-Vertrag, 1995; *Moral Soriano*, Proporcionalidad y Servicios de Interés Económico General, Revista Española de Derecho Europeo 2002 (No. 3), S. 387 ff.; *Mortensen*, Altmark, Article 86 (2) and Public Service Broadcasting, EStaL 2008, 239; *Néri-Sperl*, Traité instituant la Communauté Economique Européenne – Travaux Préparatoires, 1960; *Nettesheim*, Europäische Beihilfeaufsicht und mitgliedstaatliche Daseinsvorsorge, EWS 2002, S. 253 ff.; *ders.*, Die Dienstleistungskonzession – Privates Unternehmertum in Gemeinwohlverantwortung, EWS 2007, 145; *Nolte*, Deregulierung von Monopolen und Dienstleistungen von allgemeinem wirtschaftlichem Interesse, 2004; *Notaro*, Case C-203/96, Chemische Afvalstoffen Dusseldorp BV and Others v. Minister van Volkshuisvesting, Ruimtelijke Ordening en Milieubeheer, Judgement of the Sixth Chamber of the Court of 25 June 1998, [1998] ECR I-4075, CMLRev 1998, S. 1309 ff.; *Otto*, Auswirkungen des Rechtes der EWG auf die Bundesrepublik Deutschland, besonders die öffentlichen

Unternehmen, dargestellt am Beispiel der Transparenzrichtlinie, 1989; *Page,* Member States, Public Undertakings and Art. 90, ELR 1982, 345 ff.; *Pais Antunes,* L'article 90 du Traité CEE, RTDE 1991, S. 187 ff.; *Papaconstantinou,* Free Trade and Competition, 1991; *Pappalardo,* State Measures and Public Undertakings: Art. 90 of the EEC Treaty Revisited, ECLR 1991, S. 29 ff.; *ders.,* Monopoles publics et monopoles privés, Semaine de Bruges 1977, S. 538 ff.; *ders.,* Régime de l'article 90 du Traité CEE: Les Aspects Juridique, Semaine de Bruges 1968, S. 80 ff.; *Pielow,* Grundstrukturen öffentlicher Versorgung, 2001; *Püttner,* Die Aufwertung der Daseinsvorsorge in Europa, ZögU 2000 (Bd. 23), S. 373 ff.; *Rapp-Jung,* Zur Tragweite von Art. 90 Abs. 2 für die Energiewirtschaft, RdE 1994, 165 ff.; *dies.,* State Financing of Public Services, EStAL 2004, 205; *Rodrigues,* Les services publics et le traité d'Amsterdam – Genèse et portée juridique du project de nouvel article 16 du traité CE, Revue du Marché commun et de l'Union européenne 1998, S. 37 ff.; *Römermann/Wellige,* Rechtsanwaltskartelle – oder: Anwaltliches Berufsrecht nach den EuGH-Entscheidungen Wouters und Arduino, BB 2002, S. 633 ff.; *Rottmann,* Vom Wettbewerbsrecht zur Ordnungspolitik – Art. 86 Abs. 2 EGV, 2008; *Scharpf,* Art. 86 Abs. 2 als Ausnahmebestimmung von den Wettbewerbsvorschriften des EG-Vertrags für kommunale Unternehmen, EuR 2005, 605; *Schmidt,* Wettbewerbspolitik und Kartellrecht, 1999; *Scholz/Langer,* Europäischer Binnenmarkt und Energiepolitik, 1992; *Schuppert,* Die Zukunft der Daseinsvorsorge, in: Schwintowski (Hrsg.) Die Zukunft der kommunalen EVU im liberalisierten Energierecht, in: Schwintowski, (Hrsg.), 2002, S. 11 ff.; *Schwarze,* Daseinsvorsorge im Lichte des europäischen Wettbewerbsrechts, EuZW 2001, S. 334 ff.; *Schweitzer,* Daseinsvorsorge, „service public", Universaldienste, 2002; *Schwintowski,* Der Begriff des Unternehmens im europäischen Wettbewerbsrecht, Europäischer Gerichtshof vom 17. 2. 1993, ZEuP 1994, 294 ff.; *Speyer,* Disparität zwischen gesetzlichem Vermittlungsmonopol und Marktausfüllung als Mißbrauchstatbestand, EuZW 1991, 400 ff.; *Steindorff,* Mehr staatliche Identität, Bürgernähe und Subsidiarität in Europa, ZHR 163 (1999), 395 ff.; *Stewing,* Die Richtlinienvorschläge der EG-Kommission zur Einführung eines Third Party Access für Elektrizität und Gas, EuR 1993, 41 ff.; *Storr,* Zwischen überkommender Daseinsvorsorge und Diensten von allgemeinem wirtschaftlichem Interesse – Mitgliedstaatliche und europäische Kompetenzen im Recht der öffentlichen Dienste, DÖV 2002, 357 ff.; *ders.,* Der Staat als Unternehmer, 2001; *Tettinger,* Für die Versorgungswirtschaft bedeutsame Entwicklungslinien im primären Gemeinschaftsrecht, RdE 1999, 45 ff.; *Theobald/Zenke,* Grundlagen der Strom- und Gasdurchleitung, 2001, S. 44; *Triantafyllou,* Evolutions de la notion de concession de service public sous l'influence du droit communitauire, RMC 1997, 558; *van der Esch,* Die Artikel 5, 3 f, 85/86 und 90 EWGV als Grundlage der wettbewerbsrechtlichen Verpflichtung der Mitgliedstaaten, ZHR (155) 1991, 274 ff.; *von Danwitz,* Alternative Zustelldienste und Liberalisierung des Postwesens, 1999; *ders.,* Der Verfassungsentwurf des Europäischen Konvents, in: Schwarze (Hrsg.), 2004, S. 251 ff.; *von Wilmovski,* Mit besonderen Aufgaben betraute Unternehmen unter dem EWG-Vertrag, ZHR (155) 1991, 545 ff.; *Vygen,* Öffentliche Unternehmen im Wettbewerbsrecht der EWG, 1967; *Wachsmann/Berrod/Frédérique,* Les critères de justification des monopoles: un premier bilan après l'affaire Corbeau, RTDE 1994, 39 ff.; *Waelbroeck,* Commentaire Mégret, le droit de la Communauté économique européenne, 1972; *Weiß,* Öffentliche Unternehmen und EGV, EuR 2003, S. 165 ff.; *Wenzl,* Das Örtlichkeitsprinzip im europäischen Binnenmarkt, 2007; *Werner/Köster,* EuGH: Ausgleich gemeinwirtschaftlicher Verpflichtungen im öffentlichen Personennahverkehr ist keine Beihilfe (Urt. v. 24. 7. 2003 – Rs. C-280/00 – Altmark Trans GmbH und Regierungspräsidium Magdeburg/Nahverkehrsgesellschaft Altmark-Trans GmbH (Besprechung des Urteils), EuZW 2003, S. 496 ff.; *Wernicke,* Die Privatwirkung im Europäischen Gemeinschaftsrecht – Strukturen und Kategorien der Pflichtenstellungen Privater aus dem primären Gemeinschaftsrecht unter besonderer Berücksichtigung der Privatisierungsfolgen, 2002; *Wiedemann* (Hrsg.), Handbuch des Kartellrechts, 2. Aufl. 2009; *Wilms,* Das europäische Gemeinschaftsrecht und die öffentlichen Unternehmen, 1996.

Vorläufer und **Entwürfe:** Ex Art. 90 EWGV

I. Grundlagen

1. Systematik

Art. 86 EG ist systematisch in das Kapitel „Wettbewerbsvorschriften" in den Abschnitt 1 **1** („Vorschrift für Unternehmen") eingeordnet. Zwar wendet sich Art. 86 Abs. 1 EG dem Wortlaut nach an die Mitgliedstaaten, doch liegt das Schwergewicht der Regelung insgesamt bei der **Gewährleistung des Wettbewerbs** und der Unterwerfung öffentlicher Unterneh-

Art. 86 EG 2

men bzw. Unternehmen, denen besondere oder ausschließliche Rechte gewährt wurden, unter das Ziel des Art. 3 Abs. 1 lit. g) und rechtfertigt so die systematische Stellung der Vorschrift.[1] Art. 86 EG enthält zwei Regelungen in Bezug auf Unternehmen, die in besonderer Verbindung zu einem bestimmten Mitgliedstaat stehen, und eine Kompetenzzuweisung an die Kommission. Bestimmt werden in **Abs. 1** dabei zunächst die Pflichten des Mitgliedstaates in Bezug auf öffentliche Unternehmen und auf Unternehmen, denen er besondere oder ausschließliche Rechte gewährt. **Abs. 2** enthält sodann Regelungen für Unternehmen, die mit Dienstleistungen von allgemeinem wirtschaftlichem Interesse betraut sind bzw. den Charakter eines Finanzmonopols haben. Ergänzend wird in **Abs. 3** die Kommission verpflichtet, auf die Einhaltung dieser mitgliedstaatlichen Pflichten zu achten und erforderlichenfalls geeignete Richtlinien oder Entscheidungen an die Mitgliedstaaten zu richten.

2   Mit dem Verweis auf die Vorschriften des Vertrages und insbesondere auf Art. 12 und Art. 81 bis 89 EG stellt sich die Vorschrift des Art. 86 EG methodisch als eine **Transformationsnorm** dar, die die benannten Vorschriften des EG-Vertrages – und zwar sowohl solche, die an Staaten, als auch solche, die an Unternehmen gerichtet sind – erst für die Mitgliedstaaten in Bezug auf öffentliche Unternehmen und auf Unternehmen, denen sie besondere oder ausschließliche Rechte gewährt haben, anwendbar macht.[2] Das bedeutet, dass sich die Tatbestandsmäßigkeit der Vorschriften von Art. 86 Abs. 1 und Abs. 2 EG erst im Zusammenspiel mit Tatbeständen anderer Vorschriften ergibt, ohne dass jene aber notwendigerweise verwirklicht sein müssen, damit die Rechtsfolgen der Abs. 1 oder 2 EG eintreten.[3] Eine Gegenauffassung will einen Verstoß gegen Art. 86 Abs. 1 EG nur dann annehmen, wenn isoliert betrachtet ein Verhalten vorliegt, das gegen Art. 81 oder 82 EG verstößt.[4] Diese relativ enge Sichtweise würde allerdings bedeuten, dass das für die vom EuGH für die Verpflichtung der Mitgliedstaaten aus Art. 3 Abs. 1 lit. g), Art. 10 Abs. 2, i. V. m. Art. 81 oder mit 82 EG geforderte Kriterium der Akzessorietät auch auf den Anwendungsbereich des Art. 86 Abs. 1 EG zu übertragen wäre.[5] Nach überwiegender Ansicht soll dies aber gerade nicht der Fall sein.[6] Zwar spricht für ein Akzessorietätserfordernis im Rahmen des Art. 86 Abs. 1 EG im ersten Zugriff, dass eine Wettbewerbsbeschränkung den Unternehmen nicht zuzurechnen sei, wenn der Wettbewerb durch staatliche Maßnahmen ausgeschlossen sei und dass ein staatlicher Verstoß gegen die europäischen Wettbewerbsregeln dann nicht gegeben sei, wenn die Anwendbarkeit der Wettbewerbsregeln aus verfahrensrechtlichen Gründen ausgeschlossen sei,[7] jedoch sprechen gewichtige Gründe

---

[1] *Pernice/Wernicke* in: Grabitz/Hilf, Art. 86 EGV, Rn. 4; vgl. auch EuGH U. v. 13. 2. 1979 Rs. 85/76 – *Hoffmann La Roche* Slg. 1979, 461 Rn. 132.

[2] MünchKomm-EuWettbR/*Gundel*, Art. 86 EGV, Rn. 47 ff.; *Essebier*, Dienstleistungen von allgemeinem wirtschaftlichem Interesse und Wettbewerb, 2005, S. 34; *Manthey*, S. 65 f.; *Heinemann*, Grenzen staatlicher Monopole im EG-Vertrag, 1996, S. 86 f.; *Ehricke*, EuZW 1993, 211.

[3] *Hochbaum/Klotz* in: v. d. Groeben/Schwarze, Art. 86 EGV, Rn. 40; *Dohms* in: Wiedemann, Handbuch des Kartellrechts, 2008, § 35 Rn 112; *Voet van Vormizeele* in: Schwarze, Art. 86 EGV, Rn. 7.

[4] Vgl. *Heinemann*, S. 148 f.; *Odersky*, Zu den Grenzen staatlicher Marktregulierung, S. 77, 86 f.; vgl. auch *Mestmäcker*, RabelsZ 52 (1986), 526, 551 f.

[5] *Odersky*, Zu den Grenzen staatlicher Marktregulierung, in: Beschränkung des staatlichen Einflusses auf die Wirtschaft, 1993, S. 77, 86 f.; im Ergebnis mangels weiterer entgegenstehender Ausführungen wohl auch *Hochbaum/Klotz* in: v. d. Groeben/Schwarze, Art. 86 EGV, Rn. 48.

[6] *Mestmäcker/Schweitzer* in: Immenga/Mestmäcker, Art. 31, 86 EGV, Rn. 54 (B.); *Stadler* in: Langen/Bunte, Art. 86 EGV, Rn. 37 f.; *Voet van Vormizeele* in: Schwarze, Art. 86 EGV, Rn. 7; *Bechtold/Brinker/Bosch/Hirsbrunner*, Art. 86 EGV, Rn. 4; *Schwarze*, EuZW 2000, 613, 626; *Burmeister/Staebe*, EuR 2004, 810, 820.

[7] Vgl. *Mestmäcker*, RabelsZ 52 (1988), S. 526, 551 f.; *Odersky*, Zu den Grenzen staatlicher Marktregulierung, in: Beschränkung des staatlichen Einflusses auf die Wirtschaft, 1993, S. 77, 86 f.

gegen eine solche Einengung des Anwendungsbereiches des Art. 86 Abs. 1 EG. Bei der Betrachtung von Sinn und Zweck des EG-Vertrages im Hinblick auf das System zum Schutze des Wettbewerbs im Gemeinsamen Markt vor Verfälschungen kann es gerade nämlich nicht darauf ankommen, dass die wettbewerbsbeschränkenden Wirkungen staatlicher Maßnahmen zunächst einem (öffentlichen) Unternehmen zugerechnet werden, um schließlich den Mitgliedstaat für die ergriffene Maßnahme verantwortlich machen zu können.[8] Denn gerade die Ausgestaltung des Art. 86 Abs. 1 EG als staatsbezogene Maßnahme spricht dafür, dass es ausschließlich darauf ankommt, wie sich die materielle Situation des Wettbewerbs auf dem Gemeinsamen Markt in Bezug auf die öffentlichen Unternehmen darstellt. Ein „Umweg" über einen bei isolierter Betrachtung begründeten Verstoß eines öffentlichen Unternehmens würde dem Sinn und Zweck der Vorschrift gerade zuwiderlaufen. Anknüpfungspunkt des Art. 86 Abs. 1 EG ist daher ausschließlich das Verhalten eines (öffentlichen) Unternehmens aufgrund einer staatlichen Maßnahme und die damit verbundene Wirkung auf dem Markt, ohne dass eine weitergehende Bewertung hinsichtlich der Verantwortlichkeit des betroffenen Unternehmens für dieses Verhalten selbst vorgenommen werden müsste. Darauf, ob letztendlich dem Unternehmen selbst oder dem Staat dieses Verhalten zuzurechnen ist, kann es nicht ankommen.[9] Der EuGH scheint diese Auffassung ebenfalls zu teilen, obwohl die Rechtsprechung insoweit unsicher ist, weil er – soweit ersichtlich – nicht ausdrücklich zu einem Akzessorietätserfordernis im Zusammenhang mit Art. 86 Abs. 1 Stellung bezieht.[10] Jedenfalls fordert der EuGH in seiner Rechtsprechung zu Art. 86 Abs. 1 EG ein solches Erfordernis nicht ausdrücklich. Vor diesem Hintergrund ist folglich davon auszugehen, dass ein Mitgliedstaat gegen Art. 86 Abs. 1 EG verstößt, wenn er den öffentlichen Unternehmen oder den Unternehmen, denen er besondere oder ausschließliche Rechte gewährt hat, ein Verhalten vorschreibt, welches – wäre es Folge einer autonomen unternehmerischen Entscheidung – den Wettbewerb beschränken und den zwischenstaatlichen Handel spürbar beeinträchtigen würde.[11]

2. Sinn und Zweck der Norm

Ein System des unverfälschten Wettbewerbs auf dem Gemeinsamen Markt, wie es von Art. 3 Abs. 1 lit. g) angestrebt wird, beruht darauf, dass innerhalb der Vorgaben der Wettbewerbsregeln des EG-Vertrages ein freies Spiel der Marktkräfte stattfindet, das seine Impulse auch auf den Markt bzw. den Wettbewerb darauf weitergibt.[12] Dieser Wettbewerb wird jedoch häufig durch das Eingreifen des Staates manipuliert und verfälscht, so dass dadurch die Verwirklichung der Zielvorgaben des Vertrages erschwert oder sogar verhindert werden kann. Dem Staat steht dabei zum Eingreifen in den Markt ein vielfältiges Instrumentarium zur Verfügung, unter anderem die Möglichkeit, sich öffentlicher Unternehmen zu bedienen oder private Unternehmen durch die Verleihung von ausschließlichen oder besonderen Rechten in ein besonderes **Nähe- bzw. Abhängigkeitsverhältnis** zu sich zu

---

[8] *Burmeister/Staebe*, EuR 2004, 810, 820.
[9] *Bach*, Wettbewerbsrechtliche Schranken für staatliche Maßnahmen nach europäischem Gemeinschaftsrecht, S. 42 f.; *Schwarze*, EuZW 2000, 613, 626.
[10] Vgl. aber die Entscheidung *Bodson* (EuGH Slg. 1988, 2479, Tz. 33 f.), in der er die Anwendung des Art. 86 Abs. 1 EG bejaht, indem er es Trägern der öffentlichen Gewalt verbietet, die Anwendung unangemessener Preise durch konzessionierte Unternehmen dadurch zu fördern, dass sie derartige Preise als Bedingungen eines Konzessionsvertrages erzwingen.
[11] So im Ergebnis auch *Wenzl*, Das Örtlichkeitsprinzip im Europäischen Binnenmarkt, S. 193, der anstelle des Kriteriums der Akzessorietät thematisiert, ob ein tatsächlich nicht vorhandenes unternehmerisches Verhalten fingiert werden kann bzw. muss.
[12] Vgl. nur *Hochbaum/Klotz* in: v. d. Groeben/Schwarze, Vorbemerkung zu Art. 81 bis 89 EGV, Rn. 8; *Schmidt*, Wettbewerbspolitik und Kartellrecht, S. 225 ff.; *Ehricke*, World Competition and Economics Law Review 1990, 79; *ders.*, EuZW 1993, 211.

Art. 86 EG   4

bringen.[13] Der EG-Vertrag hat vor diesem Hintergrund mit der Vorschrift des Art. 86 EG die Entscheidung getroffen,[14] dass auch die in Art. 86 Abs. 1 und Abs. 2 EG angesprochenen Unternehmen grundsätzlich den allgemeinen Vertragsvorschriften unterliegen müssen.[15] Insbesondere soll diesen Unternehmen prinzipiell nicht gestattet sein, ihre besonderen Beziehungen zum Mitgliedstaat in vertragswidriger Weise auszunutzen.[16]

4   Darüber hinaus betont Art. 86 EG auch, dass die Mitgliedstaaten die ihnen nach dem EG-Vertrag obliegenden Verpflichtungen auch in Bezug auf die angesprochenen Unternehmen einhalten müssen,[17] was insbesondere auch im Hinblick auf die Kompetenzen der Kommission nach Art. 86 Abs. 3 EG von Bedeutung ist.[18] Insoweit bringt die Vorschrift, ebenso wie Art. 31 EG, ungeachtet des Schutzes öffentlicher Unternehmen durch Art. 295 EG und der Zielvorgabe des Art. 16 EG, ein gewisses Misstrauen gegenüber der Existenz öffentlicher Unternehmen im Hinblick auf die Schaffung eines Gemeinsamen Marktes mit einem System unverfälschten Wettbewerbs zum Ausdruck.[19] Es soll nämlich mit Art. 86 EG dafür gesorgt werden, dass die Grundentscheidung der Einbindung von Unternehmen, die zum Staat in einem Abhängigkeits- oder Sonderverhältnis stehen, nicht dadurch unterlaufen werden kann, dass die Mitgliedstaaten den Freiraum, den sie bei ihrem Tätigwerden auf dem Markt haben, weil ihr Handeln nicht von den Vorschriften für Unternehmen erfasst wird, ausnutzen, um auf ein Unternehmensverhalten hinzuwirken, das wiederum den für Unternehmen geltenden Regelungen zuwiderläuft oder zuwiderlaufen würde.[20] Insoweit bringt Art. 86 EG ergänzende Verpflichtungen der Mitgliedstaaten zum Ausdruck: Die Mitgliedstaaten haben das Ziel der Errichtung eines Systems unverfälschten Wettbewerbs nach Art. 3 Abs. 1 lit. g) EG, das durch die Wettbewerbsregeln des Vertrages konkretisiert wird, zu respektieren. Art. 86 stellt eine Ausprägung dieses Prinzips dar. Die Erfüllung dieser zusätzlichen Verpflichtungen ist eine Pflicht, die sich für die Mitgliedstaaten aus dem **Loyalitätsgebot** ergibt,[21] und sie dazu verpflichtet, keine Maßnahmen zu treffen oder beizubehalten, die den Wettbewerbsregeln des Vertrages widersprechen oder ihre praktische Wirksamkeit ausschalten können.[22]

---

[13] Dazu vgl. MünchKomm-EuWettbR/*Gundel*, Art. 86 EGV, Rn. 1; *Mestmäcker/Schweitzer* in: Immenga/Mestmäcker, Art. 31, 86 EGV, Rn. 1 ff. (B); *Dohms* in: Wiedemann, Handbuch des Kartellrechts, 2008, § 35 Rn. 8 ff., 21 ff.

[14] Dazu s. allgemein *Néri-Sperl*, Traité instituant la Communauté Economique Européenne – Travaux Préparatoires, 1960, S. 224; *Whish*, S. 218; vgl. auch MünchKomm-EuWettbR/*Säcker/Herrmann*, Einleitung, Rn. 1595 ff.; MünchKomm-EuWettbR/*Gundel*, Art. 86 EGV, Rn. 1.

[15] EuGH U. v. 6. 7. 1982 Rs. 188–190/80 – *Transparenzrichtlinie* Slg. 1982, 2545, Rn. 12; *Hochbaum/Klotz* in: v. d. Groeben/Schwarze, Art. 86 EGV, Rn. 2; *Voet van Vormizeele* in: Schwarze, Art. 86 EGV, Rn. 6.

[16] *Hochbaum/Klotz* in: v. d. Groeben/Schwarze, Art. 86 EGV, Rn. 4, 6.

[17] Vgl. etwa *Voet van Vormizeele* in: Schwarze, Art. 86 EGV, Rn. 6.

[18] Dazu *Koenig/Kühling* in: Streinz, Art. 86 EGV, Rn. 67; *Pernice/Wernicke* in: Grabitz/Hilf, Art. 86 EGV, Rn. 69 ff.; früher bereits *Benesch*, Die Kompetenzen der EG-Kommission aus Art. 90 Abs. 3 EWGV, 1993, S. 45 ff.

[19] *Ehricke*, EuZW 1998, 741; zum Verhältnis zu Art. 16 s. unten Rn. 90 f.; vgl. auch *Mestmäcker/ Schweitzer* in: Immenga/Mestmäcker, Art. 31, 86 EGV, Rn. 26 (B).

[20] *Hochbaum/Klotz* in: v. d. Groeben/Schwarze, Art. 86 EGV, Rn. 1, 4, 35; *Voet van Vormizeele* in: Schwarze, Art. 86 EGV, Rn. 8.

[21] Vgl. EuGH U. v. 14. 12. 1995 Rs. C-387/93 – *Banchero* Slg. 1995, I-4663 Rn. 46.

[22] Vgl. EuGH U. v. 19. 5. 1993 Rs. C-320/91 – *Corbeau* Slg. 1993, I-2533, Rn. 12; EuGH U. v. 18. 6. 1991 Rs. C-260/89 – *ERT* Slg. 1991, I-2925, Rn. 35; zu alledem auch *Ehricke*, Staatliche Eingriffe in den Wettbewerb, 1994, S. 165 f.; *ders.*, EuZW 1993, 211, 212; *v. Bogdandy* in: Grabitz/Hilf, Art. 10 EGV, Rn. 25 ff., 32 ff.; *Mestmäcker/Schweitzer* in: Immenga/Mestmäcker, Art. 31, 86 EGV, Rn. 1 (B).; ausführlich dazu nunmehr auch: *F. Fischer*, Staatliche Wettbewerbseingriffe zur Förderung von Wettbewerb, 2006, S. 186 ff.; *Klasse*, Gemeinschaftsrechtliche Grenzen für staatlich veranlasste Wettbewerbsbeschränkungen, 2006, 38 ff.

Art. 86 Abs. 1 und Abs. 2 EG beschränken sich allerdings nicht auf eine bloße Inbezugnahme der die Mitgliedstaaten nach anderen Vorschriften treffenden Verpflichtungen auf öffentliche Unternehmen und Unternehmen mit Sonderrechten. Darüber hinaus haben sie als zweite Funktion zu verhindern, dass die Mitgliedstaaten die angesprochenen Unternehmen instrumentalisieren, um sich den an sie gerichteten Vorschriften zu entziehen.[23] Art. 86 Abs. 1 EG ist daher das **Verbot mittelbarer Vertragsverletzungen** zu entnehmen, das sich vor allem auf die Verletzung des Diskriminierungsverbotes und der Grundsätze der Gewährleistung der vier Marktfreiheiten bezieht.[24] Dieses Regelungsziel wird auch mit der Formulierung zum Ausdruck gebracht, dass staatlich dominierte Unternehmen indirekt solchen Verpflichtungen aus dem EG-Vertrag unterworfen würden, die sich originär gar nicht an Unternehmen richten, wie etwa das Diskriminierungsverbot oder die Warenverkehrsfreiheit.[25]

Mit dieser Funktion ersetzt[26] Art. 86 EG als ausdrücklich im EG-Vertrag verankerte und daher speziellere Norm[27] die allgemeine, vom EuGH aus Art. 3 Abs. 1 lit. g), 10 Abs. 2, 81 f. EG abgeleitete Verpflichtung der Mitgliedstaaten, keine Maßnahmen zu erlassen oder aufrecht zu erhalten, die den **effet utile der Wettbewerbsregeln** für Unternehmen verletzten könnten.[28] Wie nach der sog. „effet utile – Rechtsprechung" ist es den Mitgliedstaaten auch nach Art. 86 Abs. 1 EG verboten, Maßnahmen zu ergreifen, die unternehmerische Wettbewerbsverstöße fördern, erleichtern oder wirksam machen, doch setzt Art. 86 Abs. 1 EG – im Gegensatz zu der vom EuGH entwickelten Verpflichtung aus Art. 3 Abs. 1 lit. g), 10 Abs. 2, 81 f. EG – keinen akzessorischen selbstständigen Verstoß eines Unternehmens gegen die Wettbewerbsvorschriften des Vertrages voraus[29] und findet deshalb vor dem Hintergrund des damit gewährleisteten effektiveren Wettbewerbsschutzes vorrangige Anwendung.[30] Zudem geht Art. 86 EG über die allgemeine Verpflichtung der Art. 3 Abs. 1 lit. g), 10 Abs. 2, 81 f. EG hinaus, weil er nicht nur ein bestimmtes Verhalten der Mitgliedstaaten verbietet, sondern die Mitgliedstaaten an solche „Mittel" bindet, die insbesondere mit den Wettbewerbsregeln vereinbar sind.[31] Der EuGH vollzieht diese exakte dogmatische Trennung in seinen Entscheidungen freilich nicht immer nach, sondern differenziert in der Sache im Wesentlichen danach, ob ein eigenständiger Verstoß von Unternehmen gegen die Wettbewerbsregeln vorliegt, der durch hoheitlichen Akt von der Anwendung der Wettbewerbsregeln „im-

---

[23] EuGH U. v. 23. 10. 1997 Rs. C-157/94 – *Stromimporte* Slg. 1997, I-5699; EuGH U. v. 23. 10. 1997 Rs. C-158/94 – *Kommission/Italien* Slg. 1997, I-5789; EuGH U. v. 23. 10. 1997 Rs. C-159/94 – *Monopole bei Strom und Gas* Slg. 1997, I-5815; EuGH U. v. 23. 10. 1997 Rs. C-160/94 – *Kommission/Spanien*, Slg. 1997, I-5851; MünchKomm-EuWettbR/ *Gundel*, Art. 86 EGV, Rn. 52 ff.; *Hochbaum/Klotz* in: v. d. Groeben/Schwarze, Art. 86 EGV, Rn. 29 (B.); *Voet van Vormizeele* in: Schwarze, Art. 86 EGV, Rn. 7.
[24] *Pernice/Wernicke* in: Grabitz/Hilf, Art. 86 EGV, Rn. 8; *Mathijsen*, FIDES 1978, 11, 13 ff.; *Wernicke*, Privatwirkung, S. 129 f.
[25] So *Pernice/Wernicke* in: Grabitz/Hilf, Art. 86 EGV, Rn. 8; *Jung* in: Calliess/Ruffert, Art. 86 EGV, Rn. 3.
[26] S. aber *Pernice/Wernicke* in: Grabitz/Hilf, die in Art. 86 EGV, Rn. 7 von „konkretisiert" sprechen.
[27] So auch *Hochbaum/Klotz* in: v. d. Groeben/Schwarze, Art. 86 EGV, Rn. 7; *Koenig/Kühling* in: Streinz, Art. 86 EGV, Rn. 1; *Voet van Vormizeele* in: Schwarze, Art. 86 EGV, Rn. 7.
[28] Grundlegend EuGH U. v. 16. 11. 1977 Rs. 13/77 – *GB-INNO/ATAB* Slg. 1977, 2115; EuGH U. v. 21. 9. 1988 Rs. 267/86 – *van Eycke* Slg. 1988, 4769 Rn. 16; weiter etwa EuGH U. v. 1. 10. 1998 Rs. C-38/97 – *Librandi* Slg. 1998, I-5955 Rn. 26; EuGH U. v. 19. 2. 2002 Rs. 35/99 – *Ardunio* – Slg. 2002, I-1529 Rn. 34; EuGH U. v. 9. 9. 2003 Rs. C-198/01 – *CIF* – Slg. 2003, I-8055 Rn. 45; vgl. dazu *Jung* in: Calliess/Ruffert, Art. 86 EGV, Rn. 4.
[29] S. oben Rn. 2.
[30] Ausführlich *Ehricke*, Staatliche Eingriffe in den Wettbewerb, S. 151 ff.
[31] *Mestmäcker/Schweitzer*, Europäisches Wettbewerbsrecht, S. 834; *Page*, ECLR 1982, 19, 22 f.; *Ehricke*, EuZW 1993, 211.

munisiert" wird (dann Verstoß gegen Art. 3 Abs. 1 lit. g), 10 Abs. 2, 81/82 EG) oder ob der Verstoß des Unternehmens gegen die Wettbewerbsvorschriften hoheitlich indiziert wird (dann Verstoß gegen Art. 86 Abs. 1 EG).

7 Zugleich erkennt **Art. 86 Abs. 2 EG** unter bestimmten Voraussetzungen **Einschränkungen** der in Art. 86 Abs. 1 EG genannten Verpflichtungen in Bezug auf Unternehmen an, die mit Dienstleistungen von allgemeinem wirtschaftlichen Interesse betraut sind oder den Charakter eines Finanzmonopols haben. Zugelassen werden insbesondere Abweichungen von den Wettbewerbsregeln der Art. 81–89 EG. Damit soll das staatliche Interesse berücksichtigt werden, öffentliche Aufgaben mit Hilfe der genannten Unternehmen zu erfüllen. Zugleich stellt diese Vorschrift die positiv-rechtliche Regelung der durch den Maastrichter Vertrag eingefügten Zielbestimmung des Art. 16 EG über den Schutz der Dienste von allgemeinem wirtschaftlichem Interesse dar. Art. 86 Abs. 2 EG hat einen „Kompromisscharakter"[32] und stellt im Ergebnis eine „Konfliktbewältigungsvorschrift"[33] dar, indem er versucht, einen Ausgleich zu schaffen zwischen den grundsätzlich konfligierenden Interessen des Marktes und des Wettbewerbsschutzes auf der einen Seite und dem mitgliedstaatlichen Interesse an dem Schutz der Dienste von allgemeinem wirtschaftlichem Interesse.

8 Art. 86 EG beinhaltet zudem das grundsätzliche Verbot der Besserstellung öffentlicher Unternehmen gegenüber privaten Unternehmen.[34] Dies ist keineswegs gleichzusetzen mit einem Gebot der Gleichbehandlung, nach dem im Gegensatz zum Verbot der Besserstellung eine Schlechterbehandlung öffentlicher oder privilegierter Unternehmen ausgeschlossen wäre.[35] Ein anderer Ansatz leitet aus Art. 86 Abs. 1 EG den Grundsatz der Gleichbehandlung von öffentlichen und privaten Unternehmen her.[36] Der ursprünglich als ein bloßes Besserstellungsverbot öffentlicher Unternehmen im Vergleich zu privaten Unternehmen verstandene Art. 86 Abs. 1 EG[37] wird als Gleichbehandlungsgebot für öffentliche Unternehmen verstanden, wonach diese Vorschrift nicht nur einseitig zu Lasten der öffentlichen Unternehmen wirkt, sondern auch zu Gunsten der öffentlichen Unternehmen, wenn sie durch staatliche Maßnahmen gegenüber den privaten Unternehmen diskriminiert werden. In der Tat wird der eigentliche Zweck des Art. 86 Abs. 1 EG darin zu sehen sein, dass der Abbau besonderer Wettbewerbsvorteile der öffentlichen Unternehmen zugunsten eines Systems unverfälschten Wettbewerbs vorangetrieben werden soll.[38] Es fragt sich aber, ob nicht zudem gleichzeitig auch spiegelbildlich das Verbot der Schlechterstellung der öffentlichen Unternehmen in dieser Vorschrift verankert ist, soweit damit keine Wettbewerbsverfälschung einhergeht. Der EuGH hat diese zentrale Frage des Verständnisses von Art. 86 Abs. 1 EG noch nicht ausdrücklich geklärt.[39] Gleichwohl sprechen nicht unerheb-

---

[32] *Jung* in: Calliess/Ruffert, Art. 86 EGV, Rn. 3.
[33] *Koenig/Kühling* in: Streinz, Art. 86 EGV, Rn. 4.
[34] Vgl. *Koenig/Kühling* in: Streinz, Art. 86 EGV, Rn. 2; ähnlich *v. Burchard* in: Schwarze, Art. 86 EGV, Rn. 4; s. auch *Pernice/Wernicke* in: Grabitz/Hilf, Art. 86 EGV, Rn. 5.
[35] So etwa wohl *Jungbluth* in: Langen/Bunte, 9. Aufl., Art. 86 EGV, Rn. 12; vgl. auch EuGH U. v. 21. 3. 1991 Rs. C-303/88 – *Italien/Kommission* Slg. 1991, I-1433 Rn. 19f.; *Jung* in: Calliess/Ruffert, Art. 86 EGV, Rn. 3; *Stadler* in: Langen/Bunte, Art. 86 EGV, Rn. 14; ähnlich *Hochbaum/Klotz* in: v. d. Groeben/Schwarze, Art. 86 EGV, Rn. 27; *Hochbaum/Klotz* in: v. d. Groben/Schwarze, Art. 86 EGV, Rn. 7; wie hier *Koenig/Kühling* in: Streinz, Art. 86 EGV, Rn. 2.
[36] Vgl. *Nagel*, ZNER 1999, 73ff.; *Schwintowski*, NVwZ 2001, 607, 610, 612; *ders.*, ZögU 26 (2003), 293, 296f.; *Burmeister/Staebe*, EuR 2004, 810ff.; *Scharpf*, EuZW 2005, 295f.; *Frenz*, GewArch 2006, 100, 103ff.; *Wenzl*, S. 111f.
[37] Vgl. z.B. MünchKomm-EuWettbR/*Gundel*, Art. 86 EGV, Rn. 62ff.; *Koenig/Kühling* in: Streinz, Art. 86 EGV, Rn. 16; *Weiß*, DVBl. 2003, 564, 570; *Scharpf*, NVwZ 2005, 148, 153; *Storr*, S. 293.
[38] Vgl. u.a. *Voet van Vormizeele* in: Schwarze, Art. 86 EGV, Rn. 4.
[39] Die von *Wenzl*, S. 113 herangezogene Entscheidung des EuGH U. v. 21. 3. 1991 Rs. C-303/88 – *Italien/Kommission* Slg. 1991, I-1433 Rn. 19f. ist nicht ganz eindeutig in diesem Sinne zu verstehen.

liche Argumente dafür, dass diese Vorschrift auch ein Gleichbehandlungsgebot für öffentliche Unternehmen beinhaltet. Dem liegt im Wesentlichen folgende Überlegung zugrunde. Art. 86 Abs. 1 EG geht – wie andere Vorschriften des EG-Vertrages auch – von einem funktionalen Unternehmensbegriff aus. Dieser Unternehmensbegriff unterscheidet nicht nach öffentlicher oder privater Trägerschaft, so dass öffentliche Unternehmen denselben gemeinschaftsrechtlichen Bindungen unterliegen wie private Unternehmen. Aus der Anknüpfung an ein funktionales Unternehmensverständnis ergibt sich als Kehrseite der Verpflichtungen auch die Berechtigung der öffentlichen Unternehmen, sich grundsätzlich auf sämtliche Rechtspositionen zu berufen, die das Gemeinschaftsrecht den privaten Unternehmen gewährt.[40] Andernfalls würde die Anerkennung öffentlicher Unternehmen durch das Gemeinschaftsrecht entwertet, weil die öffentlichen Unternehmen nur dann in der Lage sind, im (grenzüberschreitenden) Wettbewerb mit den privaten Unternehmen zu bestehen, wenn ihnen das EG-Recht grundsätzlich die gleichen subjektiv-öffentlichen Rechte wie ihren privaten Konkurrenten einräumt.[41] Trotz dieser Aspekte dürfte in der Praxis aber eher bezweifelt werden, dass der EuGH aus Art. 86 Abs. 1 EG tatsächlich ein Verbot der Schlechterstellung öffentlicher Unternehmen ableiten wird. Zum einen vermag das Argument, das aus dem funktionalen Unternehmensbegriff Schlussfolgerungen auf die Gleichbehandlung von öffentlichen Unternehmen zieht, deshalb nicht völlig durchgreifen, weil nach dem Wortlaut des Art. 86 Abs. 1 EG die Gleichbehandlung von öffentlichen und privaten Unternehmen im Hinblick auf den funktionalen Unternehmensbegriff gar nicht eingeschränkt wird, sondern – unabhängig davon – für öffentliche Unternehmen eine besondere Regelung vorsieht. Damit wird verdeutlicht, dass jeder Mitgliedstaat berechtigt ist, hinsichtlich von öffentlichen Unternehmen den Geschäftszweck zu regeln und dabei auch territoriale Eingrenzungen vorzunehmen. Dies ergibt sich aus Art. 295 EG.[42] Wenn sich diese Möglichkeit der Einschränkung aber aus Art. 295 EG ableiten lässt, dann können die öffentlichen Unternehmen nicht gleichzeitig die Regelung des Art. 86 Abs. 1 EG in Anspruch nehmen, um sich aus den Beschränkungen zu befreien, die nach ihrer nationalen Rechtsordnung mit ihrem Status verbunden sind. Unabhängig davon spricht Art. 86 Abs. 1 EG selbst gegen das Verbot der Ungleichbehandlung von öffentlichen Unternehmen im Vergleich zu privaten Unternehmen. Eine solche grundsätzliche Schlechterstellung ist nämlich in Art. 86 Abs. 1 EG selbst schon angelegt, indem diese Bestimmung auch öffentliche Unternehmen als Adressaten der Grundfreiheiten verpflichtet und insoweit dem Staat gleichstellt, während für private Unternehmen eine entsprechende Bindung an die Grundfreiheiten im Grundsatz nicht besteht.[43] Auch die in Art. 86 Abs. 3 EG geregelte Kommissionskompetenz bedeutet eine vom EG-Vertrag selbst vorgesehene Schlechterstellung von öffentlichen Unternehmen, denn diese Bestimmung ermöglicht gerade die Einrichtung spezieller Kontrollen, die öffentliche Unternehmen stärker belasten. Schließlich zeigt auch das Sekundärrecht im Bereich des öffentlichen Auftragswesens, dass dort zum Teil öffentliche Unternehmen erfasst werden, während private Wettbewerber nicht betroffen sind.[44] Aus alledem ist nach dem derzeitigen Stand des Gemeinschaftsrechts anzunehmen, dass Art. 86 Abs. 1 EG kein Gleichbehandlungsgebot zugunsten von öffentlichen Unternehmen im Hinblick auf ihre privatrechtlichen Konkurrenten beinhaltet.

---

[40] Vgl. *Badura*, ZGR 1997, 291, 299; *Jarass*, Kommunale Wirtschaftsunternehmen im Wettbewerb, S. 43; *Hochbaum/Klotz*, in: v. d. Groben/Schwarze, Art. 86 EGV, Rn. 41; *Hellermann*, S. 82; *Schwintowski*, ZögU 2003, 283, 296; *Wenzl*, S. 111 f.
[41] So *Wenzl*, S. 112 unter Berufung auf *Ehlers*, DVBl. 1998, 497, 498; *Karst*, DöV 2002, 809, 812 f., 815; *Nagel*, ZögU 2000, 428, 434 ff.; *Schwintowski*, ZögU 2003, 283, 296 f.
[42] *Weiß*, DVBl. 2000, 564 ff.; *ders.*, EuR 2003, 165, 176 ff.; *Scharpf*, NVwZ 2005, 148, 152 f.; MünchKomm-EuWettbR/*Gundel*, Art. 86 EGV, Rn. 63 f.; vgl. auch *Hellermann*, S. 205.
[43] MünchKomm-EuWettbR/*Gundel*, Art. 86 EGV, Rn. 66.
[44] MünchKomm-EuWettbR/*Gundel*, Art. 86 EGV, Rn. 63 m.w.N.

Art. 86 EG 9–11

9   Schließlich eröffnet **Art. 86 Abs. 3 EG** der Kommission die **Befugnis,** gegen Verstöße der Mitgliedstaaten mit Hilfe von Richtlinien oder Entscheidungen vorzugehen. Die Norm soll eine effektive Durchsetzung der mitgliedstaatlichen Pflichten in Bezug auf die in Art. 86 Abs. 1 und Abs. 2 angesprochenen Unternehmen gewährleisten. Hinsichtlich der Richtlinien handelt es sich um einen der wenigen Fälle, in denen die Kommission über eine eigene Rechtsetzungskompetenz verfügt. Die Befugnis zum Erlass von Entscheidungen soll ein schnelleres Vorgehen als ein sonst mögliches Vertragsverletzungsverfahren ermöglichen (dazu unten Rn. 134, 140). Autonome Verstöße der Unternehmen gegen die an sie gerichteten Vorschriften unterfallen dagegen nicht dem Art. 86 Abs. 3 EG, sondern können nur nach den jeweiligen unternehmensbezogenen Normen verfolgt werden, etwa nach Art. 81, 82 EG, VO 1/2003.[45]

3. Bedeutung

10   **a) Überblick.** Bei der Vorschrift des Art. 86 EG dürfte es sich um eine der komplexesten und politisch brisantesten Vorschriften des Gemeinschaftsrechts handeln, weil sie den Versuch unternimmt, hoheitliches Handeln auf dem Markt den allgemeinen Regeln des Gemeinschaftsrechts, vor allem den Maßgaben für privatwirtschaftliches Handeln auf dem Markt, zu unterwerfen. Damit soll ein zentrales hoheitliches Instrument der Mitgliedstaaten für die Steuerung politischer Ziele in wichtigen Bereichen grundsätzlich der Kontrolle des Gemeinschaftsrechts unterworfen werden. Die Kontroversen zwischen denjenigen Mitgliedstaaten, die eine Kontrolle des öffentlichen Sektors befürworteten, um dadurch erwartete Wettbewerbsnachteile für ihre größtenteils privatwirtschaftlich organisierten Volkswirtschaften zu minimieren, und denjenigen Staaten, die durch eine Kontrolle des hoheitlichen Handelns auf dem Markt einen zu starken Eingriff in ihre Souveränitätsrechte befürchteten, führten zu einer Vorschrift, die bewusst unscharf formuliert wurde und ihren **Kompromisscharakter** deutlich macht.[46] Dies hat dazu geführt, dass über eine lange Periode hinaus die Vorschrift des Art. 86 nur eher zurückhaltend angewendet wurde und erst später, ab ca. 1980, in der Literatur[47] und durch die Rechtsprechung des EuGH[48] die Konturen deutlicher herausgearbeitet wurden.

11   Auch die Kommission hat sich mit der Instrumentalisierung des Art. 86 EG zunächst schwer getan,[49] dann aber zunehmend auf Art. 86 Abs. 1 EG zurückgegriffen, um ihre Kompetenzen nach Art. 86 Abs. 3 EG wahrnehmen zu können. Von großer Bedeutung ist zunächst die sog. **Transparenzrichtlinie** aus dem Jahre 1980, mit der die Kommission öffentliche Unternehmen zur Offenlegung bestimmter Informationen verpflichtete (Bereitstellung von Mitteln an öffentliche Unternehmen durch öffentliche Unternehmen, tatsächliche Mittelverwendung).[50] Die Richtlinie wurde vor dem EuGH angegriffen, von diesem

---

[45] EuGH U. v. 19. 3. 1991 Rs. C-202/88 – *Telekommunikations-Endgeräte* Slg. 1991, I-1223; EuGH U. v. 18. 6. 1991 Rs. C-260/89 – *ERT* Slg. 1991, I-2925; EuGH U. v. 19. 5. 1993 Rs. C-320/91 – *Corbeau* Slg. 1993, I-2533.

[46] Vgl. *Snoy et d'Oppuers*, Riv. Dir. Industriale 1963, 57, 250; s. ausführlich MünchKomm-EuWettbR/*Gundel*, Art. 86 EGV, Rn. 1 ff., 22 ff. und 45 ff.; ferner s. *Pernice/Wernicke* in: Grabitz/Hilf, Art. 86 EGV, Rn. 1 ff.; *Dohms* in: Wiedemann, Handbuch des Kartellrechts, 2008, § 35 Rn. 1 ff.; *Ehricke*, EuZW 1993, 211.

[47] *Mestmäcker* in: FS Zacher, S. 635 ff.; *Burgi*, EuR 1997, 261; *Ehricke*, EuZW 1993, 211.

[48] EuGH U. v. 11. 4. 1989 Rs. 66/86 – *Ahmed Saeed* Slg. 1989, I-803; EuGH U. v. 23. 10. 1997 Rs. C-157/94 – *Stromimporte* Slg. 1997, I-5699; EuGH U. v. 23. 10. 1997 Rs. C-158/94 – *Kommission/Italien* Slg. 1997, I-5789; EuGH U. v. 23. 10. 1997 Rs. C-159/94 – *Monopole bei Strom und Gas* Slg. 1997, I-5815; EuGH U. v. 23. 10. 1997 Rs. C-160/94 – *Kommission/Spanien* Slg. 1997, I-5851; EuGH U. v. 27. 4. 1994 Rs. C-393/92 – *Almelo* Slg. 1994, I-1477.

[49] Siehe dazu exemplarisch das Grünbuch der Kommission vom 21. 5. 2003, KOM (2003) 270.

[50] Richtlinie 80/723/EWG, ABl. 1980 L 195/35 ff.

aber bestätigt.⁵¹ Im Jahre 2000 wurde sie durch die Verpflichtung zur getrennten Buchführung zwischen Sonderbereichen und Wettbewerbsbereichen ergänzt, um Quersubventionierungen zu begegnen.⁵²

Daneben hat die Kommission seit 1988 vor allem zunächst im Telekommunikationssektor auf **Richtlinien** nach Art. 86 Abs. 3 EG zurückgegriffen,⁵³ teilweise ihre Aktivitäten allerdings auch auf Art. 95 EG gestützt. Hinzu treten weitere Richtlinien in anderen Bereichen, die vielfach die Aufgabe haben, monopolisierte Sektoren aufzubrechen (dazu unten Rn. 160 ff., 163). Allerdings gibt es keine Regel, nach der die Kommission dieses Ziel immer nur mit dem Instrumentarium der Richtlinien nach Art. 86 Abs. 3 EG verfolgt. In bestimmten Bereichen (z. B. Energie) basieren die Ansätze, die jeweiligen mitgliedstaatlichen Märkte zu einem Binnenmarkt zusammenzuführen, auf anderen Kompetenzgrundlagen (insbesondere auf Art. 95 EG). Neben den Richtlinien hat die Kommission seit 1985 eine Vielzahl von Entscheidungen nach Art. 86 Abs. 3 EG getroffen, etwa im Bereich der Versicherungen,⁵⁴ des Luft- und Seeverkehrs,⁵⁵ der Postdienstleistungen,⁵⁶ der Telekommunikation⁵⁷ und der Fernsehwerbung.⁵⁸ (dazu unten Rn. 160 f.).

In den 1990er Jahren hat auch die Einschränkung der mitgliedstaatlichen Verpflichtungen nach Art. 86 Abs. 2 EG zunehmende Bedeutung erlangt. Derzeit dürfte diese Regelung in der Praxis eine noch bedeutendere Rolle spielen als Art. 86 Abs. 1 EG, weil sie zu einem Instrument (europäischer) Ordnungspolitik geworden ist.⁵⁸ᵃ Art. 86 Abs. 2 EG ermöglicht die – mit der verstärkten Anwendung des Art. 86 Abs. 1 EG unumgänglich gewordene – Berücksichtigung gegenläufiger Erwägungen, die im Hinblick auf die Wahrnehmung öffentlicher Interessen Abweichungen von den sonst für die Unternehmen oder die Mitgliedstaaten geltenden Vertragsvorschriften rechtfertigen können.⁵⁹ Art. 86 Abs. 2 EG

---

⁵¹ EuGH U. v. 6. 7. 1982, verb. Rs 188–190/80 – *Transparenzrichtlinie* Slg. 1982, 2545.

⁵² Richtlinie 2000/52/EG, ABl. 2000 L 193/75 ff.; umgesetzt durch TransparenzrichtlinienG, BGBl. I 2001, S. 2141.

⁵³ Richtlinie 88/301/EWG, ABl. 1988 L 13/73 ff.; Richtlinie 93/97/EWG, ABl. 1993 L 290/1 ff. (außer Kraft gesetzt durch Richtlinie 98/13/EG, ABl. 1998 L 74/1 ff.); Richtlinie 90/388/EWG, ABl. 1990 L 192/10 ff.; Richtlinie 95/51/EG, ABl. 1995 L 256/49 ff.; Richtlinie 96/19/EG, ABl. 1996 L 74/13 ff.; Richtlinie 2002/77/EG, ABl. 2002 L 249/21 ff.

⁵⁴ Komm. E. v. 24. 4. 1985 – *Griechische Versicherungen* ABl. 1985 L 152/25 ff.

⁵⁵ Komm. E. v. 22. 6. 1987 – *Tarifermäßigungen im Luft- und Seeverkehr* ABl. 1987 L 194/28 ff.; Komm. E. v. 21. 12. 1993 – *Hafen von Rødby* ABl. 1994 L 55/52 ff.; Komm. E. v. 28. 6. 1995 – *Flughafen Brüssel* ABl. 1995 L 216/8 ff.; Komm. E. v. 21. 10. 1997 – *Italienisches Hafenarbeitsgesetz* ABl. 1997 L 301/17 ff.; Komm. E. v. 21. 10. 1997 – *Lotsentarife in Genua* ABl. 1997 L 301/27 ff.; Komm. E. v. 10. 2. 1999 – *Ilmailulaitos/Luftfartsverket* ABl. 1999 L 69/24 ff.; Komm. E. v. 10. 2. 1999 – *Portugiesische Flughäfen* ABl. 1999 L 69/31 ff.; Komm. E. v. 26. 7. 2000 – *Spanische Flughäfen* ABl. 2000 L 208/36 ff.

⁵⁶ Komm. E. v. 20. 12. 1989 – *Eilkurierdienstleistungen in den Niederlanden* ABl. 1990 L 10/47 ff.; Komm. E. v. 1. 8. 1990 – *Eilkurierdienstleistungen Spanien* ABl. 1990 L 233/19 ff.; Komm. E. v. 21. 12. 2000 – *Postalische Dienste in Italien* ABl. 2001 L 63/59 ff.; Komm. E. v. 23. 10. 2001 – *la poste française* ABl. 2002 L 120/19 ff.

⁵⁷ Komm. E. v. 4. 10. 1995 – *Mobilfunknetzbetreiber Italien* ABl. 1995 L 280/49 ff.; Komm. E. v. 18. 12. 1996 – *Mobilfunknetzbetreiber Spanien* ABl. 1997 L 76/19 ff.

⁵⁸ Komm. E. v. 26. 6. 1997 – *Fernsehwerbung Flandern* ABl. 1997 L 244/18.

⁵⁸ᵃ Vgl. dazu sehr instruktiv *Rottmann,* Vom Wettbewerbsrecht zur Ordnungspolitik – Art. 86 Abs. 2 EGV, 2008.

⁵⁹ EuGH U. v. 19. 3. 1991 Rs. C-202/88 – *Telekommunikations-Endgeräte* Slg. 1991, I-1223; EuGH U. v. 23. 10. 1997 Rs. 157/94 – *Stromimporte* Slg. 1997, I-5699 Rn. 39; EuGH U. v. 13. 5. 2003 Rs. C-463/00 – *Goldene Aktie (Königreich Spanien)* Slg. 2003, I-4851 und EuGH U. v. 13. 5. 2003 Rs. C-98/01 – *Goldene Aktie (Vereinigtes Königreich)* Slg. 2003, I-4641 = EuGH, EuZW 2003, 529 Rn. 82 – m. Anm. *Ruge; Ehricke,* EuZW 1993, 211, 213 ff., und *ders.,* EuZW 1998, 741, 744 ff.; *Koenig/Kühling* in: Streinz, Art. 86 EGV, Rn. 36; Einschränkend zur Bedeutung des Art. 86 Abs. 2 EGV noch *v. Wilmovsky,* ZHR 155 (1991), 545 ff.; *Pappalardo,* ECLR 1991, 29, 30.

dient damit der Abwägung zwischen den – insbesondere wirtschafts- und sozialpolitischen – Zielsetzungen der Mitgliedstaaten einerseits und den – insbesondere auf unverfälschten Wettbewerb und Marktintegration gerichteten – Zielsetzungen der Gemeinschaft andererseits.[60] Die Vorschrift stellt damit den wesentlichen Ansatzpunkt für die EG-rechtliche Beurteilung der öffentlichen Daseinsvorsorge dar.[61] Vor dem Hintergrund des eröffneten Ausnahmebereichs für staatliches wirtschaftliches Handeln und den damit verbundenen Einbußen an Eingriffsmöglichkeiten der Kommission ist zugleich eine Tendenz der Kommission erkennbar, die Kontrolle staatlicher Maßnahmen aus dem Anwendungsbereich des Art. 86 EG in den der Beihilfenkontrolle des Art. 87 EG zu verlagern, weil dort der Konzeption nach die Ausnahmebereiche enger geschnitten sind und sie Wettbewerbsverzerrungen durch hoheitliches Handeln genauer erfassen kann. Diesem Ansatz sind für Dienstleistungen im öffentlichen Interesse jedoch durch die Rechtsprechung des EuGH ebenfalls Grenzen gezogen worden, der das Daseinsvorsorgeargument auch im Beihilfenrecht anerkannt und Art. 86 Abs. 2 EG praktisch als Ausnahmevorschrift zu Art. 87 Abs. 1 EG interpretiert hat.[62]

14 **b) Grundnorm für öffentliche Unternehmen.** Art. 86 EG wird zu Recht als „Grundnorm" für öffentliche Unternehmen bezeichnet.[63] Er verbietet zwar weder die Beibehaltung der bestehenden noch die Errichtung neuer öffentlicher Unternehmen, noch die Gewährung ausschließlicher oder besonderer Rechte an Unternehmen,[64] jedoch soll die Vorschrift dazu dienen zu verhindern, dass der Staat dort, wo er nicht hoheitlich, sondern – unmittelbar oder mittelbar – wirtschaftlich tätig wird, seine Stellung dazu verwendet, dass die Unternehmen, deren er sich bedient, sich so verhalten, wie es ihnen sonst nicht erlaubt wäre oder sie zu einem Verhalten einsetzt, das für ihn als Mitgliedstaat selbst verboten wäre.

15 Zugleich stellt Art. 86 EG die Schnittstelle zwischen staatlicher Intervention in die Wirtschaft im Lichte des modernen Verständnisses des Staats als „Gewährleistungsstaat" einerseits und der wirtschaftsverfassungsrechtlichen Verpflichtung der Mitgliedstaaten auf ein System unverfälschten Wettbewerbs andererseits dar.[65] Insoweit konkretisiert diese Vorschrift die allgemeine Regelung des Art. 295 EG, indem dem Staat erlaubt wird, selbst unternehmerisch tätig zu werden und am Wirtschaftsleben teilzunehmen.[66] Es ist die Hauptfunktion, aber auch das grundsätzliche Dilemma des Art. 86 EG, die **Funktionsfähigkeit des Wettbewerbs** – oder genauer: den Schutz kompetitiver Marktstrukturen – mit der Akzeptanz von gemeinwohlorientierten – und damit von dem Wettbewerbsprinzip abgekoppelten – Diensten in den Mitgliedstaaten zu vereinbaren. Dass Letztere in einem „gleichberechtigten" Maße zu berücksichtigen ist, wird mittlerweile verbreitet aus Art. 16 EG abgeleitet.[67] Diese Vorschrift wird in Bezug auf die Kontrolle hoheitlicher wirtschaftlicher Tätigkeit als Gewährleistungsmaxime der Funktionsfähigkeit gemeinwohlorientierter

---

[60] EuGH U. v. 19. 3. 1991 Rs. C-202/88 – *Telekommunikations-Endgeräte* Slg. 1991, I-1223, Rn. 11 f.; EuGH U. v. 21. 9. 1999 Rs. C-67/96 – *Albany* Slg. 1999, I-5751 Rn. 103; *Ehricke,* EuZW 1993, 211, 215 f., und ders., EuZW 1998, 741, 746 f.

[61] Vgl. *Pernice/Wernicke* in: Grabitz/Hilf, Art. 86 EGV, Rn. 3 m. w. N.

[62] Grundlegend *Erhardt,* S. 245 ff.; *Czerny,* S. 29 ff.

[63] So bereits *Ipsen,* Gemeinschaftsrecht, S. 661; vgl. ferner *Mestmäcker* in: FG Willgerodt, S. 263, 267 ff.; ders./*Schweitzer* in: Immenga/Mestmäcker, Art. 31, 86 EG, Rn. 3 ff. (B).

[64] *Hochbaum/Klotz* in: v. d. Groeben/Schwarze, Art. 86 EGV, Rn. 3.

[65] So *Pernice/Wernicke* in: Grabitz/Hilf, Art. 86 EGV, Rn. 3; *Franzius,* Der Staat 2003; vgl. auch *Burgi,* EuR 1997, 261, 289.

[66] S. statt vieler *Koenig/Kühling* in: Streinz, Art. 295 EGV, Rn. 12 ff.; *Kingreen* in: Calliess/Ruffert, Art. 295 EGV, Rn. 10 ff.; vgl. zudem MünchKomm-EuWettbR/*Gundel,* Art. 86 EGV, Rn. 2.

[67] Vgl. *Pernice/Wernicke* in: Grabitz/Hilf, Art. 86 EGV, Rn. 3; *Schuppert,* Die Zukunft der Daseinsvorsorge, 2002, S. 11, 25 f.; *Steindorff,* ZHR 1999, 395, 427; *Storr,* Der Staat als Unternehmer, S. 299, 325 ff.

Dienste verstanden,[68] aus der folgen soll, dass derartige Dienstleistungen im öffentlichen Interesse nicht mehr als „dysfunktionale" Ausnahmen einer allein wettbewerbsorientierten Gemeinschaft zu betrachten sind.[69] Richtig ist daran, dass Art. 16 EG bei der Interpretation und der Anwendung des Art. 86 EG nicht außer Betracht bleiben darf. Jedoch ist davor zu warnen, dieser Vorschrift ein zu großes Gewicht beizumessen. Art. 16 EG hat im Wesentlichen die Funktion, die Bedeutung von Diensten von allgemeinem wirtschaftlichen Interesse zu betonen.[70] Deren Rolle muss bei der Auslegung von Vertragsvorschriften verstärkt berücksichtigt werden.[71] Daraus darf aber nicht abgeleitet werden, dass die zentrale Funktion des Art. 86 EG nunmehr nur noch die Definition eines von den allgemeinen Vorschriften des EG-Vertrags unberührten Bereichs des wirtschaftlichen Handelns der Mitgliedstaaten darstellt.[72] Zum einen wäre dies ein Paradigmenwechsel, der weder durch die Rechtsprechung des EuGH zu belegen ist noch von der Kommission vorgegeben wird. Er widerspräche zudem auch der Systematik des Art. 86 EG, der grundsätzlich von einem Regel-Ausnahme-Verhältnis ausgeht, wobei die Regel die Kontrolle staatlichen Verhaltens darstellt, und zwar weil der EG-Vertrag gerade davon ausgeht, dass staatliche Interventionen in den Markt mittels privilegierter Unternehmen dysfunktional im Hinblick auf die Schaffung eines Gemeinsamen Marktes, auf dem ein System unverfälschten Wettbewerbs herrscht, sind. Wollte man insoweit Art. 16 EG einbeziehen, so müsste etwa ebenfalls Art. 98 EG beachtet werden, der gerade diesen Grundsatz sehr deutlich macht. Zum anderen spricht schon der Wortlaut des Art. 16 EG gegen eine direkte Modifikation des Art. 86 EG. Die Formulierung „unbeschadet der Art. 73, 86 und 87 EG" macht deutlich, dass Art. 16 EG zu keinen inhaltlichen Modifikationen herangezogen werden darf. Die mangelnde rechtliche Bedeutung des Art. 16 EG belegt auch die in die Schlussakte aufgenommene Zusatzerklärung zu der Vorschrift, die klarstellt, dass sie unter „uneingeschränkter Beachtung der Rechtsprechung des Gerichtshofs umgesetzt werden soll".[73] Schließlich ist zu bedenken, dass Art. 16 EG ein Vertragsprinzip darstellt, dass keine durch einen Tatbestand konkretisierte Rechtsfolge enthält und damit methodisch auf einer anderen Ebene steht als Art. 86 EG und jenen daher nicht materiell ändern kann.[74]

c) Ausblick. Aus praktischer Sicht bleibt es dabei, dass für die nächste Zeit davon auszugehen sein wird, dass die wirtschaftliche Tätigkeit der öffentlichen Hand weniger stark einem EG-rechtlichen Vorbehalt ausgeliefert ist, als es ursprünglich im EG-Vertrag konzeptionell angelegt war. Die Mitgliedstaaten sind derzeit nämlich nicht bereit – und daran dürfte sich in Zukunft auch nichts ändern –, auf eigenes unternehmerisches Handeln ohne Rücksichtnahme auf marktorientierte Verhaltensweisen als ein wesentliches politisches Steuerungsinstrument zu verzichten, indem sie Sonderbereiche als im öffentlichen Interesse

---

[68] Vgl. dazu z. B. *Schwarze,* EuZW 2001, 334, 339; *Frenz,* EuR 2000, 901, 917; *Storr,* DÖV 2002, 357, 361; zur Diskussion vgl. *Pernice/Wernicke* in: Grabitz/Hilf, Art. 16 EGV, Rn. 14 ff.; *Koenig/Kühling* in: Streinz, Art. 16 EGV, Rn. 1 f.; *Hatje* in: Schwarze, Art. 16 EGV, Rn. 7 ff.; MünchKomm-EuWettbR/*Gundel,* Art. 86 EGV, Rn. 7 ff.

[69] So *Pernice/Wernicke* in: Grabitz/Hilf, Art. 86 EGV, Rn. 3; *Schuppert,* S. 25, *Pielow,* Grundstrukturen öffentlicher Versorgung, 2001, S. 101; *Lenaerts,* La déclaration du Laeken: premier jalon d'une constitution Européenne, 2002, S. 427; *Frenz,* EuR 2000, 901, 915 ff.; *ders.,* DÖV 2002, 1028, 1032 f.; *Stein,* GS Burmeister, 2005, S. 391, 405 ff.; *Schwarze,* EuZW 2001, 334, 336 f.; recht weitgehend *v. Danwitz,* Alternative Zustelldienste und Liberalisierung des Postwesens, 1999, S. 98.

[70] Grünbuch der Kommission zu Dienstleistungen von allg. Interesse vom 21. 5. 2003 (KOM [2003] 270), S. 5 Rn. 8.

[71] *Koenig/Kühling* in: Streinz, Art. 16 EGV, Rn. 1 f.; MünchKomm-EuWettbR/*Gundel,* Art. 86 EGV, Rn. 8 f.; ausführlich *Erhardt,* S. 93 ff.

[72] Jegliche Änderung an Inhalt und Auslegung von Art. 86 EG lehnen *Kallmeyer/Jung* in: Calliess/Ruffert, Art. 16 EGV, Rn. 13, ab.

[73] ABl. EG 1997 C 340/133.

[74] Vgl. *Koenig,* EuZW 2001, 481.

liegend definieren und diese der Kotrolle unternehmerischen Verhaltens durch das Gemeinschaftsrecht entziehen. Der Umstand, dass sowohl in dem gescheiterten Entwurf einer Verfassung durch den Europäischen Konvent als auch im Vertrag von Lissabon[74a] keine Änderungen der derzeitigen Regelungslage vorgesehen war, unterstreicht dies. Bildlich ausgedrückt gewinnt also die in Art. 86 Abs. 2 S. 1 EG vorgesehene Ausnahme die Überhand gegenüber der Regel des Art. 86 Abs. 1 EG. Das mag aus Sicht der Mitgliedstaaten zur Verfolgung ihrer Ziele vorteilhaft sein. Für das Ziel der Schaffung eines Systems unverfälschten Wettbewerbs ist ein derartiger **„Staatsvorbehalt"**[75] nachteilig. Er führt dazu, dass ein Handeln auf dem Markt nach anderen als nach wettbewerblichen Prinzipien abläuft, die von privatwirtschaftlichen Unternehmen nicht ohne weiteres gesteuert werden können. Außerdem führt ein solches Verhalten zu einer Abschottung von Märkten, da den Staaten die Möglichkeit eröffnet wird, auf diesem Wege eine protektionistische Politik zu verfolgen.[76]

17 Damit soll freilich nicht gesagt werden, dass es nicht Bereiche geben kann und möglicherweise geben muss, die der allgemeinen Anwendung der Wettbewerbsregeln entzogen werden können, doch geht es bei der derzeitigen Stärkung des öffentlichen Sektors letztlich um die Frage Definitionshoheit, die derzeit eher bei den Mitgliedstaaten und weniger bei der Gemeinschaft (Kommission) liegt. Damit korreliert die Beobachtung, dass die EU diesen Bedeutungsverlust der Wettbewerbsregelungen für bestimmte öffentliche Sektoren mit einer vermehrten Rechtsangleichung für diese Sektoren zu kompensieren versucht.

4. Sachlicher Anwendungsbereich

18 Der sachliche Anwendungsbereich des Art. 86 EG bezieht sich auf alle Unternehmen, die unter den EG-Vertrag fallen und die einen grenzüberschreitenden Sachverhalt betreffen. Ausgeschlossen ist die Anwendbarkeit des Art. 86 Abs. 2 EG allerdings in einem abschließend von der Gemeinschaft **harmonisierten Sachbereich,** da die Berufung auf die Ausnahmevorschrift des Absatzes 2 zur Aushöhlung des Harmonisierungsziels führen würde.[77] Diejenigen Unternehmen, die unter den EAGV fallen, werden von Art. 86 EG nur insoweit erfasst, als Konflikte mit den Vorschriften dieses Vertrages ausgeschlossen sind (Art. 305 Abs. 2 EG).[78] Grenzen sind der Anwendbarkeit des Art. 86 EG, insbesondere des Abs. 2, darüber hinaus durch die Vorschriften über die Agrarmarktorganisation (Art. 32 Abs. 2 und Art. 36 EG) gezogen.[79]

II. Art. 86 Abs. 1 EG

1. In Bezug genommene Unternehmen

19 **a) Unternehmensbegriff. aa) Allgemeines.** Art. 86 Abs. 1 EG betrifft Maßnahmen der Mitgliedstaaten in Bezug auf öffentliche Unternehmen oder auf Unternehmen, denen sie besondere oder ausschließliche Rechte gewähren (begünstigte Unternehmen). Im Gegensatz zu dem früheren Art. 80 EGKS-Vertrag oder Art. 196 lit. b EAG-Vertrag enthält der

---

[74a] Art. 86 soll mit einigen redaktionellen Veränderungen in Art. 106 AEUV übernommen werden; vgl. dazu *Voet van Vormizeele* in: Schwarze, Art. 86 EGV, Rn. 93.
[75] So *Mestmäcker* in: FS Zacher, S. 635, 643.
[76] Vgl. etwa *Mestmäcker*, RabelsZ 1988, 526, 528.
[77] MünchKomm-EuWettbR/*Gundel*, Art. 86 EGV, Rn. 1, 105 ff.; *Stadler* in: Langen/Bunte, Art. 86 EGV, Rn. 69.
[78] *Pernice/Wernicke* in: Grabitz/Hilf, Art. 86 EGV, Rn. 11; GA *Reischl* Slg. 1982, 2599; Art. 4 lit. b. – Transparenzrichtlinie.
[79] *Pernice/Wernicke* in: Grabitz/Hilf, Art. 86 EGV, Rn. 11.

EG-Vertrag keine Legaldefinition des Begriffs „Unternehmen". Nahezu einhellig wird jedoch davon ausgegangen, dass im EG-Vertrag ein **einheitlicher Unternehmensbegriff** verwendet wird und dabei auf den wettbewerbsrechtlichen Unternehmensbegriff der Art. 81 und 82 EG zurückgegriffen werden kann.[80] Danach umfasst der Begriff des Unternehmens im Rahmen des Wettbewerbsrechts jede eine **wirtschaftliche Tätigkeit** ausübende Einheit, unabhängig von ihrer Rechtsform und der Art der Finanzierung.[81] Ausgenommen sind Verbraucher und Arbeitnehmer als solche und der Staat im Rahmen seiner originär-hoheitlichen Tätigkeit.[82] Ein derartiger Ansatz ist freilich nicht ganz unproblematisch, weil Art. 86 Abs. 1 EG über das Wettbewerbsrecht hinaus auch alle gemeinschaftsrechtlichen Verpflichtungen der Mitgliedstaaten einbezieht und daher das Abstellen auf einen wettbewerbsrechtlich geprägten Unternehmensbegriff zu kurz greifen könnte. Jedoch hat sich durch die Praxis des EuGH der Unternehmensbegriff mittlerweile von dem Boden der rein wettbewerbsrechtlichen Einordnung gelöst und stellt einen gemeinschaftsautonomen Begriff dar, der einen funktionalen Ansatz verfolgt und im Anwendungsbereich des Gemeinschaftsrechts daher universell einsetzbar ist. Zentrale Merkmale des Unternehmens sind daher:
– wirtschaftliche Tätigkeit
– Einheit
– Rechtsformunabhängigkeit
– Finanzierungsfreiheit.

bb) Wirtschaftliche Tätigkeit. (1) Grundelemente für eine wirtschaftliche Tätigkeit. Das zentrale Element des Unternehmensbegriffs ist wirtschaftliche Tätigkeit. Der funktionale Ansatz zielt bei der Begriffsbestimmung allein auf die durchgeführte Tätigkeit ab und nicht auf die mit der Tätigkeit verfolgte Aufgabe. Auch der Begriff des (öffentlichen) „Unternehmens" macht schon deutlich, dass nur an das Verhalten solcher Einheiten gedacht ist, die eine wirtschaftliche Tätigkeit ausüben. In die gleiche Richtung weist die Formulierung „Dienstleistungen von allgemeinem wirtschaftlichem Interesse" in Art. 86 Abs. 2 EG. Art. 86 Abs. 1 EG betrifft daher nur die spezifische Form der Verletzung mitgliedstaatlicher Verpflichtungen, die durch Einflussnahme auf die Ausübung wirtschaftlicher Tätigkeiten verwirklicht wird.[83] Im Kern geht es bei dem Merkmal der wirtschaftlichen Tätigkeit also um die Abgrenzung einer wirtschaftlichen von einer nicht-wirtschaftlichen oder von einer hoheitlichen Tätigkeit.[84] Diese ist stets einzelfallbezogen vorzunehmen.[85] Der Begriff der „wirtschaftlichen Tätigkeit" ist dabei weit zu verstehen. Durchgesetzt hat sich die vom EuGH gewöhnlich herangezogene Definition, nach der eine Tätigkeit dann als wirtschaftlich gilt, wenn sie darin besteht, Güter oder Dienstleistungen auf einem bestimmten Markt anzu-

---

[80] *Emmerich* in: Dauses, H. II Rn. 98; *Pernice/Wernicke* in: Grabitz/Hilf, Art. 86 EGV, Rn. 14; *Jung* in: Calliess/Ruffert, Art. 86 EGV, Rn. 11; *Mestmäcker/Schweitzer* in: Immenga/Mestmäcker, Art. 31, 86 EGV, Rn. 1 (C.); *Mestmäcker/Schweitzer*, Europäisches Wettbewerbsrecht, S. 840; *Stadler* in: Langen/Bunte, Art. 86 EGV, Rn. 15; *Voet van Vormizeele* in: Schwarze, Art. 86 EGV, Rn. 11; *Koenig/Kühling* in: Streinz, Art. 86 EGV, Rn. 6; MünchKomm-EuWettbR/*Gundel*, Art. 86 EGV, Rn. 37; MünchKomm-EuWettbR/*Säcker/Herrmann*, Einleitung, Rn. 1595 ff.; in diesem Sinne wohl auch *Hochbaum/Klotz* in: v. d. Groeben/Schwarze, Art. 86 EGV, Rn. 4, 6.
[81] EuGH U. v. 23. 4. 1991 Rs. C-41/90 – *Höfner und Elsner/Macrotron* Slg. 1991, I-1979 Rn. 22; EuGH U. v. 16. 3. 2004 – *AOK* Slg. 2004, I-2493 Rn. 46.
[82] EuGH U. v. 16. 9. 1999 Rs. C-22/98 – *Becu* Slg. 1999, I-5665 Rn. 26.; vgl. MünchKomm-EuWettbR/*Gundel*, Art. 86 EGV, Rn. 37; MünchKomm-EuWettbR/*Säcker/Herrmann*, Einleitung, Rn. 1595 ff.
[83] S. auch MünchKomm-EuWettbR/*Gundel*, Art. 86 EGV, Rn. 39.
[84] Vgl. Schlussanträge des GA *Lenz* vom 11. 6. 1996, EuGH Rs. C-298/94 – *Henke* Slg. 1996, I-4989, Rn. 29; *Koenig/Kühling* in: Streinz, Art. 86 EGV, Rn. 7; *Pernice/Wernicke* in: Grabitz/Hilf, Art. 86 EGV, Rn. 15.
[85] *Hochbaum/Klotz* in: v. d. Groeben/Schwarze, Art. 86 EGV, Rn. 6.

bieten.[86] Das ist jedenfalls dann der Fall, wenn Waren oder Dienstleistungen gegen **Entgelt** angeboten werden,[87] wobei kein synallagmatisches Austauschverhältnis vorausgesetzt wird.[88] Bloße Spenden oder Schenkungen fallen daher grundsätzlich nicht in den Bereich der wirtschaftlichen Tätigkeit.[89] Etwas anderes gilt nur dann, wenn mit den Spenden mittelbar eine Gegenleistung verfolgt wird (z. B. besondere Formen der Werbung). Die mangelnde Absicht der Gewinnerzielung hindert die Einordnung als wirtschaftliche Tätigkeit nicht.[90] Vor dem Hintergrund des weiten Anwendungsbereiches ist es grundsätzlich auch möglich, nur kurzzeitige oder potenzielle wirtschaftliche Aktivitäten zu erfassen.[91]

21 **(2) Beispiele für wirtschaftliche Tätigkeiten mit hoheitlichem Bezug.** In der Praxis der Kommission und des EuGH sind unter anderem folgende Tätigkeiten mit hoheitlichem Bezug als wirtschaftlich angesehen:[92]

22 Das Im- und Exportgeschäft einer staatlichen Handelsorganisation,[93] Dienstleistungen auf dem Markt für Krankentransporte und den behördlich durchgeführten Rettungsdienst,[94] die Tätigkeit der Rechtsanwälte und ihres Berufsverbandes,[95] den Betrieb öffentlicher Fernmeldeanlagen gegen Gebühr,[96] Bestattungsdienste,[97] Arbeitsvermittlung,[98] den Vertrieb von Tabakwaren unter Inanspruchnahme hoheitlicher Befugnisse,[99] Leistungen der Bahngesellschaften trotz teilweise hoheitlicher Natur[100] und Flughafendienstleistungen[101] sowie der Betrieb von Seeverkehrseinrichtungen.[102]

23 **(3) Beispiele für Tätigkeiten mit rein hoheitlichem Bezug.** Keine wirtschaftliche Tätigkeit ist dagegen die Ausübung von Hoheitsgewalt, wenn also die betreffende Einheit im **öffentlichen Interesse** und nicht zu Erwerbszwecken tätig wird.[103] Dieser Begriff ist

---

[86] EuGH U. v. 18. 6. 1998 Rs. C-35/96 – *Kommission/Italien* Slg. 1998, I-3851 Rn. 36; EuGH U. v. 19. 2. 2002 Rs. C-309/99 – *Wouters u. a.* Slg. 2002, I-1577 Rn. 47; vgl. auch *Pernice/Wernicke* in: Grabitz/Hilf, Art. 86 EGV, Rn. 15; *Mestmäcker/Schweitzer* in: Immenga/Mestmäcker, Art. 31, 86 EGV, Rn. 7 (C.); *Koenig/Kühling* in: Streinz, Art. 86 EGV, Rn. 7.
[87] EuGH U. v. 19. 2. 2002 Rs. C-309/99 – *Wouters u. a.* Slg. 2002, I-1577, Rn. 47 f.
[88] Vgl. *Koenig/Kühling* in: Streinz, Art. 86 EGV, Rn. 7.
[89] Vgl. *Ehricke,* ZHR 173 (2009) (im Erscheinen); *Dohms* in: Wiedemann, Handbuch des Kartellrechts, 2008, § 35 Rn. 299.
[90] EuGH U. v. 16. 11. 1995 Rs. C-244/94 – *Fédération française des sociétés d'assurance,* Slg. 1995, I-4013 Rn. 21; vgl. auch *Jung* in: Calliess/Ruffert, Art. 86 EGV, Rn. 11; *Koenig/Kühling* in: Streinz, Art. 86 EGV, Rn. 3, 7.
[91] Vgl. EuG U. v. 12. 1. 1995 Rs. T-102/92 – *Viho Europe BV* Slg. 1995, II-17; *Koenig/Kühling* in: Streinz, Art. 86 EGV, Rn. 7; *Lange,* WuW 2002, 953, 955; *Roth/Ackermann* in: Frankfurter Kommentar-EG, Art. 81 EGV, Rn. 16.
[92] Ausführlicher dazu *Pernice/Wernicke* in: Grabitz/Hilf, Art. 86 EGV, Rn. 15; *Mestmäcker/Schweitzer* in: Immenga/Mestmäcker, Art. 31, 86 EGV, Rn. 11 (C.).
[93] Komm. E. v. 19. 12. 1984 *Aluminiumimporte* ABl. 1985 L 92/1.
[94] EuGH U. v. 25. 10. 2001 Rs. C-475/99 – *Ambulanz Glöckner* Slg. 2001, I-8089.
[95] EuGH U. v. 19. 2. 2002 Rs. C-309/99 – *Wouters u. a.* Slg. 2002, I-1577.
[96] EuGH U. v. 20. 3. 1985 Rs. 41/83 – *Kommission/Italien* Slg. 1985, 873.
[97] EuGH U. v. 4. 5. 1988 Rs. 30/87 – *Bodson* Slg. 1988, 2479.
[98] EuGH U. v. 23. 4. 1991 Rs. C-41/90 – *Höfner und Elser/Macrotron* Slg. 1991, I-1979; EuGH U. v. 11. 12. 1997 Rs. C-55/96 – *Job Centre II* Slg. 1997, I-7119.
[99] Komm. E. v. 17. 6. 1998 *AAMS* ABl. 1998 L 252/47.
[100] EuG U. v. 21. 10. 1997 Rs. T-229/94 – *Deutsche Bahn AG* Slg. 1997, II-1689.
[101] EuGH U. v. 24. 10. 2002 Rs. C-82/01 – *Aéroports de Paris* Slg. 2002, I-9297; Komm. E. v. 14. 1. 1998, *Flughafen Frankfurt/Main AG* 98/190/EG, ABl. 1998 L 72/30.
[102] EuGH U. v. 17. 7. 1997 Rs. C-242/95 – *GT-Link* Slg. 1997, I-4449.
[103] *Jung* in: Calliess/Ruffert, Art. 86 EGV, Rn. 11; *Koenig/Kühling* in: Streinz, Art. 86 EGV, Rn. 8; *Hochbaum/Klotz* in: v.d. Groeben/Schwarze, Art. 86 EGV, Rn. 16; *Mestmäcker/Schweitzer* in: Immenga/Mestmäcker, Art. 31, 86 EGV, Rn. 15 (C.); kritisch *Kämmerer,* Privatisierung, 2001, S. 101. Vgl. auch zum Unternehmensbegriff des Wettbewerbsrechts EuGH U. v. 19. 1. 1994 Rs. C-364/92 – *SAT Fluggesellschaft/ Eurocontrol* Slg. 1994, I-43 Rn. 27 ff.; EuGH U. v. 14. 12. 1995 Rs. C-387/93 –

ebenfalls gemeinschaftsautonom zu fassen und eng auszulegen. Der EuGH und die Kommission entscheiden auch insoweit einzelfallbezogen. Als Grundtendenz einer Entscheidungspraxis lässt sich festhalten, dass eine Handlung dann nicht als wirtschaftliche Tätigkeit qualifiziert wird, wenn die betreffende Einheit Tätigkeiten ausübt, die „typischerweise" hoheitlicher Natur sind[104] oder eine im Allgemeininteresse liegenden Aufgabe erfüllt, die zu den wesentlichen Staatsaufgaben gehört.[105] Ebenfalls keine wirtschaftliche Tätigkeit liegt grundsätzlich vor, wenn die Einheit mit ihrem Handeln solidarischen Zwecken dient.[106]

Einen konsentierten Kanon an **„typischen" Staatsaufgaben** gibt es in der EG nicht, und die Praxis der Kommission und des EuGH ist eher uneinheitlich und für eine Systembildung nicht ergiebig. Soweit man zu dessen Bestimmung auf die Rechtsprechung des EuGH zu den Ausnahmebereichen der Art. 39 Abs. 4 und 45 zurückgreifen will,[107] wird auch nur ein Teilbereich erfasst, nämlich die Gewährleistung der inneren und äußeren Sicherheit durch Polizei und Militär und der Strafvollzug, ohne dass dies eine abschließende Umgrenzung der außerhalb des Unternehmensbegriffs liegenden Bezeichnung der Aufgaben darstellte. Zudem haben die Organe der EG unter anderem etwa die Überwachung des nationalen Luftraums[108] und den Umweltschutz[109] als „hoheitlich" angesehen.

Insgesamt hilft für die praktische Anwendung die bloße schematische Unterscheidung von staatlicher und wirtschaftlicher Tätigkeit aus der Perspektive des jeweiligen Mitgliedstaates nicht weiter. Es geht um **Einzelfallbetrachtungen,** wobei derzeit bei der Kommission und dem EuGH die Tendenz zu bestehen scheint, in einem ersten Schritt eine wirtschaftliche Tätigkeit des Staates in weitem Maße anzuerkennen und dann in einem zweiten Schritt Einschränkungen über die Anwendung des Art. 86 Abs. 2 EG vorzunehmen.[110] Dieser Zustand ist vor dem Hintergrund des Bedürfnisses nach Rechtssicherheit nicht befriedigend, allerdings lässt sich ein anderer Ansatz nicht durchhalten, weil die Unterschiede in den einzelnen Mitgliedstaaten im Hinblick auf die Tätigkeit des Staates und das Verständnis von hoheitlichen Aufgaben zu unterschiedlich sind, als dass sich eine rechtssichere Linie aufstellen ließe, nach der der EuGH und die Kommission das Verhalten des Staates auf dem Markt beurteilen könnten. Als (freilich sehr unverbindliche) Leitlinie lässt sich festhalten, dass eine staatliche Tätigkeit dann als „wirtschaftlich" eingeordnet werden dürfte, wenn sie ohne weiteres, also vor allem ohne wesentliche Änderung ihrer rechtlichen Rahmenbedingungen privatisiert werden könnte oder einem **potentiellen Wettbewerb** zwischen mehreren Teilnehmern ausgesetzt werden kann.[111] Ein Indiz für eine wirtschaft-

---

Banchero Slg. 1995, I-4663 Rn. 49; EuGH U. v. 18. 3. 1997 Rs. C-343/95 – *Diego Cali & Figli* Slg. 1997, I-1547 Rn. 22 ff.

[104] *Hochbaum/Klotz* in: v. d. Groeben/Schwarze, Art. 86 EGV, Rn. 16.

[105] *Mestmäcker/Schweitzer,* Europäisches Wettbewerbsrecht, S. 844; EuGH U. v. 18. 6. 1975 Rs. 94/74 – *IGAV/ENCC* Slg. 1975, 699; EuGH U. v. 12. 7. 1973 Rs. 2/73 – *Geddo/Ente Nazionale Risi* Slg. 1973, 865; EuGH U. v. 30. 4. 1974 Rs. 155/73 – *Sacchi* Slg. 1974, 409.

[106] Ausführlicher auch unten Rn. 31; s. zudem *Emmerich* in: Dauses, H. II, Rn. 98; *Pernice/Wernicke* in: Grabitz/Hilf, Art. 86 EGV, Rn. 14; *Jung* in: Calliess/Ruffert, Art. 86 EGV, Rn. 11; *Mestmäcker/Schweitzer* in: Immenga/Mestmäcker, Art. 31, 86 EGV, Rn. 22 (C.); *Stadler* in: Langen/Bunte, Art. 86 EGV, Rn. 15 f.; *Voet van Vormizeele* in: Schwarze, Art. 86 EGV, Rn. 11; *Koenig/Kühling* in: Streinz, Art. 86 EGV, Rn. 6; in diesem Sinne wohl auch *Hochbaum/Klotz* in: v. d. Groeben/Schwarze, Art. 86 EGV, Rn. 4, 6; ausführlich *Erhardt,* S. 35 ff. m. w. N.

[107] So *Mestmäcker/Schweitzer* in: Immenga/Mestmäcker, Art. 31, 86 EGV, Rn. 16 (C.); *Heinemann,* 76 f.; *Ehlermann,* ECLR 1993, 61, 66; ablehnend *Pernice/Wernicke* in: Grabitz/Hilf, Art. 86 EGV, Rn. 16; *Storr,* S. 275 ff.

[108] EuGH U. v. 19. 1. 1994 Rs. C-364/92 – *SAT Fluggesellschaft/Eurocontrol* Slg. 1994, I-43.

[109] EuGH U. v. 18. 3. 1997 Rs. C-343/95 – *Diego Cali & Figli* Slg. 1997, I-1547.

[110] S. unten Rn. 75 ff.

[111] So GA *Jacobs,* Schlussanträge vom 22. 5. 2003 in der Rs. C-264/01 – *AOK Bundesverband;* vgl. auch EuGH U. v. 24. 10. 2002 Rs. C-82/01 P – *Aéroports de Paris* Slg. 2002, I-9297, Rn. 82; vgl.

liche Tätigkeit kann sein, dass diese Aufgabe in einem anderen Mitgliedstaat bereits von (privaten) Wirtschaftsunternehmen ausgeübt wird.[112]

26 **(4) Problemfälle der Beurteilung einer wirtschaftlichen Tätigkeit.** Besondere Probleme der Abgrenzung ergeben sich in drei Schnittstellen zwischen wirtschaftlicher und hoheitlicher Tätigkeit. Unklar ist zum einen, ob und wenn ja, in welchem Maße die **regulatorische Tätigkeit des Staates** aus dem Unternehmensbegriff auszuklammern ist. Zum anderen ergeben sich Schwierigkeiten bei der genauen Konturierung des Unternehmensbegriffs bei Einrichtungen, die solidarischen Zwecken entsprechen, insbesondere auf dem Sozialversicherungssektor. Drittens schließlich bestehen Unklarheiten im Hinblick auf die gemischtwirtschaftlichen Tätigkeiten.

27 **(a) Regulatorische Tätigkeiten. (1) Allgemeines.** Wird der Staat regulierend tätig, so schafft er grundsätzlich nur die Rahmenbedingungen für das (private) Wirtschaften auf dem Markt. Dies ist keine unternehmerische Tätigkeit im engeren Sinne.[113] Dasselbe gilt auch für eine Genehmigungstätigkeit, die als solche zum hoheitlichen Bereich gehört.[114]

28 Sehr viel problematischer ist es, wenn der Staat Rechtssetzungsbefugnisse überträgt. Im Hinblick auf die **Übertragung von Rechtssetzungsbefugnissen** an einen Berufsverband (Rechtsanwaltskammer) hat der EuGH kein unternehmerisches Handeln angenommen, wenn ein Mitgliedstaat bei dieser Übertragung Kriterien des Allgemeininteresses und wesentliche Grundsätze festlegt, die bei der Satzungsgebung zu beachten sind und er die „Letztentscheidungsbefugnis" behält.[115] Anders ist es zu beurteilen, wenn der Staat einen Verband dazu ermächtigt, bestimmte Vorgaben (z. B. Qualitätsbestimmungen) zu erarbeiten und diese ohne weitere Prüfung allgemeinverbindlich erklärt werden.[116] Insoweit führt die Ermächtigung des Verbandes durch den Staat dazu, dass dieser gleichsam durch den Verband unternehmerisch tätig wird, so dass kein hoheitliches Verhalten mehr vorliegt. Man kann daher schlagwortartig zwischen einem „Vorbehaltssystem" und einem „Ermächtigungssystem" unterscheiden. Nur dort, wo der Staat die Parameter der Regelungssetzung selbst in den Händen hat und behält, wird man die Voraussetzungen hoheitlichen Handelns bejahen können. Schwierig und noch nicht weiter diskutiert sind in diesem Zusammenhang die Probleme der so genannten dynamischen Verweisung auf private Normierungsinstanzen. Insoweit bestehen kaum Probleme, wenn und soweit die staatliche Regelung so ausgestaltet ist, dass die Kompatibilität mit den Normierungsvorgaben nur die Vermutung normgerechten Verhaltens beinhaltet. Darüber hinausgehende Verweise könnten möglicherweise den Bereich des hoheitlichen Handelns verlassen.[117]

29 **(2) Entzugstatbestände.** In diesem Zusammenhang spielt auch die Frage des Verhältnisses der sogenannten Entzugstatbestände zu Art. 86 Abs. 1 EG ein Rolle. Der EuGH hat in einer ganzen Reihe von Urteilen entschieden, dass die Mitgliedstaaten keine Maßnahmen ergreifen oder aufrecht erhalten dürfen, die die **Wirksamkeit der EG-Wettbewerbsregeln** aushöhlen.[118] Er basiert diese Rechtsprechung auf Art. 3 Abs. 1 lit. g), 10 (2),

---

zudem *Magiera* in: FS Rauschning, 2001, S. 269, 278; *Pernice/Wernicke* in: Grabitz/Hilf, Art. 86 EGV, Rn. 19; *Mestmäcker/Schweitzer* in: Immenga/Mestmäcker, Art. 31, 86 EGV, Rn. 9 f. (C).

[112] *Pernice/Wernicke* in: Grabitz/Hilf, Art. 86 EGV, Rn. 19.

[113] So *Jung* in: Calliess/Ruffert, Art. 86 EGV, Rn. 18; auch *Pernice/Wernicke* in: Grabitz/Hilf, Art. 86 EGV, Rn. 45 f.

[114] EuGH U. v. 14. 12. 1995 Rs. C-387/93 – *Banchero* Slg. 1995, I-4663 Rn. 49.

[115] EuGH U. v. 19. 2. 2002 Rs. C-309/99 – *Wouters u. a.* Slg. 2002, I-1577 Rn. 8; EuGH U. v. 19. 2. 2002 Rs. C-35/99 – *Arduino* Slg. 2002, I-1529 Rn. 38 ff.; dazu u. a. *Römermann/Wellige*, BB 2002, 633, 635; *Hennslze*, JZ 2002, 983, 984 ff.

[116] EuGH U. v. 30. 1. 1985 Rs. 123/83 – *BNIC*, Slg. 1985, 391 Rn. 17.

[117] Dazu vgl. *Ehricke*, EuZW 2002, 746, 748 ff.

[118] Grundlegend EuGH U. v. 16. 11. 1977 Rs. 13/77 – INNO/ATAB, Slg. 1977, 2142. Dazu ausführlich *Ehricke*, S. 37 ff.; *Klasse*, S. 38 ff.; *Bach*, S. 87 ff.; *Mestmäcker/Schweitzer* in: Immenga/Mestmäcker, Art. 31, 86 EGV, Rn. 33 ff. (C.).

81 und 82 EG.[119] Diese Rechtsprechung ist zum Teil kritisch betrachtet worden.[120] Die Kritik beruht dabei auf der Überlegung, dass die meisten der Fälle, die der EuGH zu entscheiden hatte, richtigerweise hätten in den Anwendungsbereich des Art. 86 Abs. 1 EG einbezogen werden sollen.[121] Tatsächlich ist im Einzelfall zu prüfen, ob nicht die staatliche Maßnahme, auf Grund derer die Unternehmen Sonderrechte eingeräumt bekommen, die sie den Wettbewerbsregeln entziehen, eine Gewährung besonderer und ausschließlicher Rechte darstellt, die zu einer Anwendbarkeit des Art. 86 Abs. 1 EG führt. Als speziellere und ausdrücklich vorgesehene Norm genießt die Vorschrift des Art. 86 Abs. 1 EG auch Vorrang vor einer allgemeinen Verpflichtung der Mitgliedstaaten aus Art. 3 Abs. 1 lit. g), 10 (2), 81 oder 82 EG. Einige Entscheidungen des EuGH zu Art. 86 Abs. 1 EG lassen den Schluss zu, dass staatliche Regelungen, die als Aushöhlung des *effet utile* der Wettbewerbsregeln des Vertrages angesehen werden könnte, auch unter den Anwendungsbereich der Regelung des Art. 86 Abs. 1 EG zu subsumieren sind.[122] Art. 86 Abs. 1 EG verbietet es nach der Rechtsprechung des EuGH den Mitgliedstaaten ferner, öffentliche Unternehmen oder Unternehmen, denen besondere oder ausschließliche Rechte übertragen wurden, durch staatliche Akte in eine Lage zu versetzen, in die sich die betreffenden Unternehmen durch selbstständige Verhaltensweisen nicht ohne Verstoß gegen die Wettbewerbsregeln versetzen könnten.[123]

Daraus folgt, dass schon die Übertragung einer besonderen oder ausschließlichen Position an ein Unternehmen durch den Staat die Schaffung einer Stellung darstellt, die in den Anwendungsbereich des Art. 86 Abs. 1 EG fällt.[123a] Liegt eine derartige Stellung des Unternehmens vor, so nutzt sie das Unternehmen bereits dann aus, wenn es die ihm übertragenen Rechte ausübt. Der Staat verstößt mithin schon gegen Art. 86 Abs. 1 EG, keine Maßname zu erlassen, die in Bezug auf die in dieser Vorschrift genannten Unternehmen ein Leerlaufen der Wettbewerbsbestimmungen bewirken, wenn er einem Unternehmen eine Position verschafft, in der es entweder automatisch gegen die Wettbewerbsvorschriften verstößt, oder die es selbst vorhersehbar nicht ohne einen Verstoß gegen die Wettbewerbsregeln hätte erwerben können.[124] Erklärt ein Staat vorherige Absprachen zwischen Unternehmen für allgemeinverbindlich oder sieht er in einem Gesetz oder in einer staatlichen Regelung vor, dass bestimmte Absprachen automatisch **allgemeinverbindlich** erklärt werden, wenn bestimmte Voraussetzungen vorliegen, liegt nach der Rechtsprechung des EuGH auch in diesem Verhalten ein Verstoß des Staates gegen seine Verpflichtungen nach Art. 86 Abs. 1 EG.[125] Im Ergebnis ist die Rechtsprechung des EuGH jedoch nicht ganz einheitlich, weil einige Sachverhalte bereits unter Art. 86 EG gefasst werden, andere, der Sache nach durchaus gleichgelagerte Sachverhalte hingegen an Art. 3 Abs. 1 lit. g), 10 (2), 81/82 EG geprüft werden.[126]

(b) Einrichtungen, die solidarischen Zwecken entsprechen. Der EuGH hat sich in einer Reihe von Entscheidungen mit der Frage befasst, ob eine wirtschaftliche Tätigkeit

---

[119] In jüngerer Zeit bestätigt etwa durch EuGH U. v. 19. 2. 2002 Rs. C-35/99 – *Arduino* Slg. 2002, I-1529 Rn. 38 ff.; EuGH U. v. 9. 9. 2003 Rs. C-198/01 – CIF Slg. 2003, I-8055, Rn. 40 ff.

[120] Vgl. *Klasse*, S. 95 ff.; *Fischer*, S. 180 ff.; *Ehricke*, EWS 2002, 301.

[121] Ausführlich *Ehricke*, S. 160 ff.; *ders.*, WuW 1991, 184 ff.; *ders.*, World Competition 1990, 79 ff.; stellenweise anders z. B. *Mestmäcker/Schweitzer* in: Immenga/Mestmäcker, Art. 31, 86 EGV Rn. 46 f. (C.); wie hier im Ergebnis auch *Voet van Vormizeele* in: Schwarze, Art. 86 EGV, Rn. 7.

[122] EuGH, *Régie de Télegraphes*, EuZW 1992, 249 Rn. 19.

[123] Vgl. EuGH, *Régie des Télégraphes*, EuZW 1992, 249 Rn. 20.

[123a] Anders hingegen *Voet van Vormizeele* in: Schwarze, Art. 86 EGV, Rn. 30.

[124] Vgl. *Ehricke*, S. 158 f.; *Speyer*, EuZW 1990, 400; *Akyürek-Kievits*, SEW 1993, 315 ff.; aus der Rechtsprechung des EuGH: EuGH U. v. 22. 5. 2003 Rs. C-462/99 – *Connect Austria* Slg. 2003, I-5197 Rn. 80; EuGH U. v. 17. 5. 2001 Rs. C-340/99 – *TNT/Traco* Slg. 2001, I-4109 Rn. 44; EuGH U. v. 25. 10. 2001 Rs. C-475/99 – *Ambulanz Glöckner* Slg. 2001, I-8089 Rn. 39.

[125] Vgl. EuGH U. v. 11. 4. 1989 Rs. 66/86 – *Ahmed Saaed* Slg. 1989, 803.

[126] Dazu ausführlich *Klasse*, S. 46 m. N. aus der Rechtsprechung.

vorliegt, wenn die betreffende Einrichtung sozialen Zwecken dient.[127] In seiner Entscheidung *Poucet und Pistre*[128] stellte der EuGH ausdrücklich auf die ausschließliche Verfolgung sozialer Zwecke durch die betreffenden Stellen ab. Krankenkassen sowie auch solche Einrichtungen, die bei der Verwaltung der öffentlichen Aufgabe der sozialen Sicherheit mitwirken, sind durch den ausschließlich sozial orientierten Charakter geprägt und damit auf den Grundsatz der Solidarität innerhalb der einzelnen Mitgliedstaaten zurückzuführen.[129] Der EuGH hat insoweit anerkannt, dass ein sozialer Ausgleich innerhalb einer Versichertengemeinschaft allein dann erreicht werden kann, wenn ein Versicherungszwang für alle Mitglieder der Solidargemeinschaft besteht. Nach dieser Entscheidung des EuGH werden Systeme der sozialen Sicherheit demnach durch drei wesentliche Kriterien gekennzeichnet[130] und fallen mangels Ausübung einer Tätigkeit wirtschaftlicher Art nicht unter den Unternehmensbegriff des EG-Wettbewerbsrechts: (a) fehlendes Gewinnstreben, (b) die Verfolgung eines sozialen Zweckes sowie (c) die Anwendung des Grundsatzes der Solidarität.[131] In dem Urteil in der Rechtssache *Fédération francaise des sociétés d'assurance* (FFSA)[132] hat der EuGH seine in der *Poucet*- und *Pistre*-Entscheidung herausgestellten Abgrenzungskriterien zum Unternehmensbegriff wiederum modifiziert und auf das entscheidende Merkmal des Solidaritätsgrundsatzes reduziert.[133] Der EuGH hatte sich mit der Frage zu befassen, ob das System einer freiwilligen Zusatzversicherung für Selbstständige landwirtschaftlicher Berufe dem Unternehmensbegriff des EG-Vertrages unterfällt. Mit dieser Entscheidung stellte der EuGH die maßgebliche Bedeutung des Solidaritätsprinzips heraus: Während in dem zuvor in den Rechtssachen *Poucet* und *Pistre* ergangenen Urteil die drei Kriterien fehlende Gewinnerzielungsabsicht, Verfolgung sozialer Zwecke sowie Grundsatz der Solidarität scheinbar gleichwertig nebeneinander standen, erhielt das letztgenannte Kriterium im FFSA-Urteil eine besondere Gewichtung.[134] Wesentliches Merkmal des Solidaritätsgrundsatzes ist nach dem EuGH die Zwangsmitgliedschaft in dem betroffenen System, denn nur durch eine solche kann ein sozialer Ausgleich tatsächlich gewährleistet werden. Auf andere – die Wettbewerbsfähigkeit möglicherweise mindernde – Kriterien komme es nicht mehr an.[135] Die maßgebliche Bedeutung des Grundsatzes der Solidarität für die Bestimmung des Unternehmensbegriffes wurde vom EuGH durch weitere Rechtsprechung noch bestätigt. In seinem Urteil in der Rechtssache INAIL[136] hatte sich der EuGH mit der Frage nach der Unternehmenseigenschaft der italienischen staatlichen Unfallversicherungsanstalt *Insitituo Nazionale per L'Assicurazione contro gli Infortuni sul Lavoro* (INAIL) zu befassen. Die INAIL verwaltet das staatliche System der Pflichtversicherung gegen Arbeitsun-

---

[127] Dazu vgl. u. a. *Schwintowski*, ZEuP 1994, 294; *Engelmann,* Kostendämpfung im Gesundheitswesen und EG-Wettbewerbsrecht, 2002, 69 ff.

[128] EuGH U. v. 17. 2. 1993 verb. Rs. C-159, 160/91 – *Poucet u. Pistre* Slg. 1993, I-637.

[129] EuGH U. v. 17. 2. 1993 verb. Rs. C-159, 160/91 – *Poucet u. Pistre* Slg. 1993, I-637, 669.

[130] Kritisch zu der Möglichkeit der Bestimmung dieser drei Kriterien *Möller*, VSSR 2001, 25, 29.

[131] Vgl. *Helios,* Steuerliche Gemeinnützigkeit und EG-Beihilfenrecht, S. 61; *Randelzhofer/Forsthoff,* in: Grabitz/Hilf, vor Art. 39–55 EGV, Rn. 189. vgl. dazu auch *Gyselen* in: FS Waelbroeck, 1999, S. 1071 ff.; sehr kritisch, aber mit überzeugenden Argumenten *Koenig/Kühling* in: Streinz, Art. 86 EGV, Rn. 12

[132] EuGH U. v. 16. 11. 1995 Rs. C-224/94, Slg. 1995, I-4013 – *Fédération francaise des sociétés d'assurance (FFSA).*

[133] *Helios,* Steuerliche Gemeinnützigkeit und EG-Beihilfenrecht, S. 62.

[134] Vgl. *Möller,* VSSR 2001, 25, 34; *Helios,* Steuerliche Gemeinnützigkeit und EG-Beihilfenrecht, S. 63.

[135] Derartige Beschränkungen können unter Umständen aber dennoch relevant werden, so beispielsweise im Rahmen einer Rechtfertigung nach Art. 86 Abs. 2 EG-Vertrag, vgl. EuGH, U. v. 16. 11. 1995, Rs. C-224/94, Slg. 1995, I-4013 – *FFSA.*

[136] EuGH U. v. 22. 1. 2002 Rs. C-218/00, Slg. 2002, I-691 – *Instituto nazionale per l'assicurazione contro gli infortuni sul lavoro (INAIL).*

fälle und Berufskrankheiten. Der EuGH hat die Unternehmenseigenschaft verneint und dabei im Rahmen der Frage nach dem Grundsatz der Solidarität neben der Tatsache, dass es sich um ein staatliches System der Pflichtversicherung handelt, insbesondere auf die ausschließlich soziale Aufgabenwahrnehmung der INAIL abgestellt.[137] Die staatliche Festsetzung der Höhe von Leistungen und Beiträgen kennzeichnet nach Ansicht des EuGH zudem den Charakter des Systems als ein solches, welches vom Grundsatz der Solidarität geprägt ist.[138] In Anlehnung an die kontinuierlich fortentwickelte Rechtsprechung des EuGH zur Unternehmenseigenschaft von Institutionen mit gemeinnützig geprägtem Tätigkeitsfeld hat der EuG in seinem Urteil in der Rechtssache FENIN[139] vom 4. März 2003, welches durch den EuGH[140] am 11. Juli 2006 bestätigt wurde, des Weiteren entschieden, dass die Besonderheiten der Systeme der sozialen Sicherheit auch dann gelten, wenn die betroffene Einrichtung als Nachfrager auf dem Markt auftritt.[141] Im Jahre 2006 hatte der EuGH erneut über die Unternehmenseigenschaft einer durch ein gemeinnütziges Aufgabenfeld geprägten Institution zu entscheiden. Es handelte sich um die *Fondazione Cassa di Risparmio di San Miniato*, eine gemeinnützige Stiftung italienischen Rechts, die sämtliche Aktien an zwei Bankgesellschaften in der Toskana, nämlich der Sparkasse Florenz sowie der Sparkasse Miniato, hält.[142] In seinem hierzu ergangenen Urteil stellte der EuGH fest, dass Unternehmen i. S. d. EG-Wettbewerbsrechts nicht nur Gesellschaften sein können, die auf dem Markt auftreten, sondern auch derjenige, der diese Gesellschaften kontrolliert. Die bloße Beteiligung an einer Gesellschaft stelle allerdings noch keine wirtschaftliche Tätigkeit dar.[143] Auch die bloße Möglichkeit der Ausübung von Kontrolle auf die Tätigkeit der Gesellschaft reiche für die Annahme einer wirtschaftlichen Tätigkeit noch nicht aus. Übt der Gesellschafter hingegen die Kontrolle – mittelbar oder unmittelbar – tatsächlich aus, so sei von einer wirtschaftlichen Tätigkeit und damit von der Unternehmenseigenschaft des Gesellschafters auszugehen.[144] Der EuGH führte weiterhin aus, dass die Stiftung auch über die Ausübung der Kontrolle der beiden Sparkassen hinaus als Unternehmen i. S. d. EG-Wettbewerbsrechts qualifiziert werden könne. Die Stiftungen waren nach italienischem Recht nämlich dazu ermächtigt, wirtschaftlich tätig zu werden, sofern dies zur Erreichung des ihnen satzungsmäßig zugrunde liegenden Zweckes erforderlich oder sachdienlich war.[145] Nutze eine Stiftung diese Möglichkeit der wirtschaftlichen Betätigung zur Erreichung ihres Zweckes dahingehend, dass sie Waren oder Dienstleistungen in bestimmten Bereichen anbietet, so kommt ein Wettbewerbsverhältnis mit anderen Unternehmen, die diese Waren ebenso anbieten oder anbieten könnten, in Betracht. Die Stiftung sei dann als Unternehmen zu qualifizieren.[146] Auf den Umstand, dass die Stiftung gemeinnützig ist, kommt es nicht an. Die Gemeinnützigkeit einer Stiftung lässt noch nicht automatisch auf den Grund-

---

[137] EuGH U. v. 22. 1. 2002 Rs. C-218/00, Slg. 2002, I-691, Tz. 7 – *INAIL*.
[138] EuGH U. v. 22. 1. 2002 Rs. C-218/00, Slg. 2002, I-691, Tz. 10 ff. – *INAIL*.
[139] EuG U. v. 4. 3. 2003, Rs. T-319/99, Slg. 2003, II-357 – *FENIN*.
[140] EuGH U. v. 11. 7. 2006, Rs. C-205/03, I-6295 – *FENIN*.
[141] Vgl. EuG U. v. 4. 3. 2003, Rs. T-319/99, Slg. 2003, II-357 – *FENIN;* EuGH U. v. 11. 7. 2006, Rs. C-205/03, I-6295 – *FENIN*.
[142] Diese Stiftung entstand 1990 im Zuge der Privatisierung der italienischen Staatsbanken. Die öffentlichen Banken erhielten die Möglichkeit, die Form einer Stiftung anzunehmen, eine Aktiengesellschaft zu gründen und in diese ihre Bankgeschäfte einzubringen. Derartige Bankstiftungen durften ausschließlich gemeinnützige Zwecke verfolgen. Die Stiftungen durften sich geschäftlich nur insoweit beteiligen, wie es zur Erfüllung dieser gemeinnützigen Zwecke notwendig war, vgl. zum Sachverhalt ausführlich *Jansen/Eicker*, ZErb 2006, 266.
[143] EuGH U. v. 10. 1. 2006, Rs. C-222/04, Slg. 2006, I-289 – *Bankstiftungen*.
[144] EuGH U. v. 10. 1. 2006, Rs. C-222/04, Slg. 2006, I-289 – *Bankstiftungen*.
[145] EuGH U. v. 10. 1. 2006, Rs. C-222/04, Slg. 2006, I-289, Tz. 4 – *Bankstiftungen*.
[146] EuGH U. v. 10. 1. 2006, Rs. C-222/04, Slg. 2006, I-289 *Bankstiftungen* – der EuGH überließ die Beurteilung dieser Sachverhaltsfrage allerdings dem vorlegenden Gericht.

satz der Solidarität schließen. Dieser muss eigens festgestellt werden.[147] Mit dieser Rechtsprechung hat der EuGH die Grundlage zur Begründung eines Ausnahmebereiches des Wettbewerbsrechts für Tätigkeiten mit einem solidarischen (sozialen) Zweck geschaffen, der zum Teil recht deutlich in seiner Rechtsprechung EuGH angeklungen ist.[148] In der Praxis wird dieser Ausnahmebereich freilich eng angewendet. Das ist aus Sicht des Schutzes des Marktes vor hoheitlicher Intervention auch begrüßenswert, denn letztlich ist die einzige Aufgabe im Versicherungssystem, die tatsächlich nur vom Staat und nicht von Privaten erbracht werden kann, das Prinzip der Umlagenfinanzierung, indem der Staat mit seiner hoheitlichen Zwangsgewalt die Kontinuität dieses Finanzierungsmodells gewährleistet und dann entsprechende Versicherungen in staatlicher, also in nicht-unternehmerischer Form erbringen kann.[149]

32 Vor diesem Hintergrund sind vom EuGH u. a. folgende Tätigkeiten als unternehmerische Tätigkeiten eingestuft worden: Ein freiwilliges Versicherungssystem, das auf dem Kapitalisierungsprinzip beruht und in dem also das Solidaritätsprinzip nur eingeschränkt gilt,[150] ein Berufszusatzrentensystem für selbstständige Fachärzte[151] oder ein Betriebsrentenfonds, der durch Tarifvertrag vereinbart werden und nach dem Kapitalisierungsprinzip arbeitet.[152] Es lässt sich festhalten, dass bei der Beurteilung von Einrichtungen, die der sozialen Sicherheit dienen, die maßgeblichen Kriterien der soziale Zweck, die Tragweite des Solidaritätsprinzips und die fehlende Gewinnerzielungsabsicht sind.[153] Wesentlich ist auch hier die Frage des potentiellen Wettbewerbs.

33 **(c) Gemischtwirtschaftliche Tätigkeit.** Von gemischtwirtschaftlicher Tätigkeit kann man in den Fällen sprechen, in denen Einheiten teilweise rein hoheitlich und teilweise wirtschaftlich handeln.[154] Grundsätzlich steht es einer Einordnung als öffentliches Unternehmen und der Anwendung des Art. 86 Abs. 1 EG im Übrigen aber nicht entgegen, falls neben dem Auftreten am Markt zugleich eine hoheitliche Tätigkeit vorliegt.[155] Im Einzelnen sind die Kriterien noch nicht vollständig geklärt.[156] Die Abgrenzung muss aber in jedem Fall anhand gemeinschaftsrechtlicher Kriterien vorgenommen werden, weil ansonsten die einheitliche Durchsetzung des Gemeinschaftsrechts gefährdet wäre.[157] Im Anschluss an die Entscheidung des EuGH in der Sache *Aéroports de Paris* wird man dort, wo eine hoheitliche Tätigkeit exakt abgrenzbar ist, eine Differenzierung nach Tätigkeiten der betroffenen Einheiten vornehmen können [z. B. in Luftraumkontrolle (hoheitlich) und Bodenabfertigungsdienste (wirtschaftlich)].[158] Darüber hinaus gilt es als starkes Indiz für die Annahme

---

[147] S. ausführlicher *Ehricke,* ZHR 172 (2009), (im Erscheinen).
[148] EuGH U. v. 21. 9. 1999 Rs. C-67/96 – *Albany* Slg. 1999, I-5751 Rn. 54: „Die Tätigkeit der Gemeinschaft schützt nicht nur ein System, das den Wettbewerb innerhalb des Binnenmarktes vor Verfälschungen schützt, sondern hat auch die Aufgabe, ein hohes Maß an sozialem Schutz zu fördern".
[149] So überzeugend *Koenig/Kühling* in: Streinz, Art. 86 EGV, Rn. 12.
[150] EuGH U. v. 16. 11. 1995 Rs. C-244/94 – *Fédération française des sociétés d'assurance* Slg. 1995, I-4013.
[151] EuGH U. v. 12. 9. 2000 verb. Rs. C-180–184/98 – *Pavlov/SPMS* Slg. 2000, I-6451.
[152] EuGH U. v. 21. 9. 1999 Rs. C-67/96 – *Albany* Slg. 1999, I-5751; EuGH U. v. 21. 9. 1999 verb. Rs. C-115–117/97 – *Brentjens' Handelsonderneming* Slg. 1999, I-6025.
[153] *Gyselen* in: FS Walbroeck, S. 1071 ff.
[154] S. *Koenig/Kühling,* ZHR (166) 2002, 656, 668; vgl. dazu auch *Ehricke,* Die Vereinbarkeit des kommunalen Örtlichkeitsprinzip mit EG-Recht, 2009, S. 33 ff.
[155] *Hochbaum/Klotz* in: v. d. Groeben/Schwarze, Art. 86 EGV, Rn. 12; *Koenig/Kühling* in: Streinz, Art. 86 EGV, Rn. 13. Vgl. auch zum Wettbewerbsrecht EuGH U. v. 30. 4. 1974 Rs. 155/73 – *Sacchi* Slg. 1974, 409; EuGH U. v. 20. 3. 1985 Rs. 41/83 – *Kommission/Italien* Slg. 1985, 873.
[156] Vgl. z. B. *Wenzl,* S. 124 ff.; *Koenig/Kühling,* ZHR 166 (2002), 656, 665 f.; *Schwintowski,* ZeuP 1994, 294, 300.
[157] *Schröter,* in: v. d. Groeben/Schwarze, Vorbem. zu Art. 81 bis 85 EGV, Rn. 36.
[158] EuGH U v. 24. 10. 2002 Rs. C-82/01 – *Aéroports de Paris* – Slg. 2002, I-9297.

einer hoheitlichen Tätigkeit, dass ein bestimmtes Verhalten typischerweise hoheitlicher Natur ist, also traditionell dem Staat zugerechnet werden kann.[159]

Fraglich ist dagegen, wie in den – häufigeren – Fällen zu verfahren ist, in denen eine derartige klare Abgrenzung nicht oder nicht ohne Weiteres möglich ist, etwa dort, wo eine wirtschaftliche Betätigung auf dem Beschaffungsmarkt vorliegt, die Tätigkeit auf dem Angebotsmarkt aber hoheitlich ist (Beispiel: Im Gesundheitswesen ist die Beschaffungstätigkeit der gesetzlichen Krankenkassen als unternehmerisches Handeln einzustufen, während deren Handeln auf dem Angebotsmarkt hoheitlich ist).[160] Zum Teil wird vertreten, dass eine Charakterisierung nach dem **Schwerpunkt der Tätigkeit** vorgenommen werden sollte;[161] und zum Teil wird in solchen Fällen darauf abgestellt, ob die Einheit als solche die Möglichkeit habe, Wettbewerbsverzerrungen auszulösen, so dass dann beispielsweise der alleinigen wirtschaftlichen Tätigkeit auf dem Beschaffungsmarkt eine Unternehmensqualität zukomme.[162] Vor dem Hintergrund des Sinn und Zwecks der Norm sollte vermieden werden, dem Staat Ausweichmöglichkeiten zu bieten, um durch die Verquickung von wirtschaftlicher Tätigkeit und hoheitlicher Tätigkeit dem Anwendungsbereich des Art. 86 Abs. 1 EG entgehen zu können. Richtigerweise sind daher beide Ansätze im Sinne einer Hintereinanderschaltung miteinander zu verknüpfen. Demnach sollte auf der ersten Stufe geprüft werden, wo bei der betreffenden Einheit der Schwerpunkt der Tätigkeit liegt. Dabei sollte allerdings kein rein rechnerischer Schwerpunkt gebildet werden, sondern aus einer funktional-teleologischen Sicht geprüft werden, ob der wirtschaftliche Tätigkeitsbereich trotz einer möglicherweise arithmetischen Unterlegenheit gegenüber der hoheitlicher Tätigkeit, wertend betrachtet doch einen Schwerpunkt der Tätigkeit bildet. Kommt man auf dieser Stufe zu dem Ergebnis, dass es sich insgesamt betrachtet um eine wirtschaftliche Tätigkeit handelt, ist die tatbestandliche Prüfung insoweit beendet. Kommt man zu dem Ergebnis, dass es sich insgesamt betrachtet um eine hoheitliche Tätigkeit handelt, ist auf der zweiten Stufe zu überprüfen, im welchem Rahmen es der Einheit möglich ist, **Wettbewerbsverzerrungen** auszulösen. Dieser Bereich wäre dann aus dem Gesamtkomplex zu trennen und als wirtschaftliches Tätigwerden zu behandeln.

Als weitgehend geklärt kann die Behandlung des öffentlich-rechtlichen **Rundfunks** als gemischtwirtschaftlicher Tätigkeit angesehen werden. Er wird als wirtschaftliche Tätigkeit angesehen, soweit die Erfüllung der Aufgaben Tätigkeiten wirtschaftlicher Art mit sich bringt.[163]

cc) **Tätigkeit unabhängig von der Rechtsform und Handlungsart.** Für die Unternehmenseigenschaft ist es irrelevant, welche Organisationsform die handelnde Einheit hat, insbesondere bedarf es keiner eigenständigen Rechtspersönlichkeit.[164] Eine Stelle, die

---

[159] S. EuGH U. v. 19. 1. 1994 Rs. C-364/92 – *Eurocontrol* Slg. 1994, I-43, Tz. 30; vgl. aber auch EuGH U. v. 23. 4. 1991 Rs. C-41/90 – *Höfner* Slg. 1991, 1979, Tz. 21: „Dass die Vermittlungstätigkeit normalerweise öffentlich-rechtlichen Anstalten übertragen ist, spricht nicht gegen die wirtschaftliche Natur dieser Tätigkeit."
[160] S. *Engelmann,* S. 69 ff. und 79 ff.
[161] *Pernice/Wernicke* in: Grabitz/Hilf, Art. 86 EGV, Rn. 18.
[162] Vgl. *Koenig/Kühling,* ZHR 166 (2002), 656, 668; *Koenig/Kühling* in: Streinz, Art. 86 EGV, Rn. 13; vgl. *Voet van Vormizeele* in: Schwarze, Art. 86 EGV, Rn. 14; *Roth/Ackermann* in: Frankfurter Kommentar-EG, Art. 81 EGV, Rn. 13.
[163] EuGH U. v. 30. 4. 1974 Rs. C 155/73 – *Sacchi* Slg. 1974, 409 Rn. 14; vgl. auch Komm. E. v. 24. 2. 1999 – *24-Stunden-Nachrichtensender* ABl. 1999 C 238/3; *Mestmäcker/Schweitzer* in: Immenga/Mestmäcker, Art. 31, 86 EGV, Rn. 12 f. (C.); s. ferner, *Ehricke,* Die EG-rechtliche Beurteilung der Rundfunkfinanzierung, 2006, S. 116 ff.
[164] EuGH U. v. 16. 6. 1987 Rs. 118/85 – *Kommission/Italien (AAMS)* Slg. 1987, 2599 Rn. 8, 10; vgl. auch EuGH U. v. 27. 10. 1993 Rs. C-69/91 – *Decoster* Slg. 1993, I-5335 Rn. 15. Aus der Literatur vgl. etwa *Hochbaum/Klotz* in: v. d. Groeben/Schwarze, Art. 86 EGV, Rn. 8; *Koenig/Kühling* in: Streinz, Art. 86 EGV, Rn. 14.

Art. 86 EG 37, 38   6. Teil. EG-Vertrag

in die staatliche Verwaltung integriert ist, kann auch dann in den Anwendungsbereich des Art. 86 EG fallen, wenn der Staat durch sie wirtschaftliche Tätigkeiten industrieller oder kommerzieller Art ausübt, die darin bestehen, Güter und Dienstleistungen auf dem Markt anzubieten.[165] Als erforderlich wird zudem zum Teil eine gewisse **organisatorische Verselbstständigung** des öffentlichen Unternehmens gegenüber dem Träger hoheitlicher Gewalt angesehen.[166] Gegen das Erfordernis einer rechtlichen und organisatorischen Selbständigkeit gegenüber dem Staat spricht aber, dass das Gemeinschaftsrecht von einem funktionalen und keinem institutionellen Unternehmensbegriff ausgeht. Hinzu kommt, dass das Erfordernis einer rechtlichen bzw. organisatorischen (Teil-)Verselbständigung dazu führen würde, dass die Anwendungen des EG-Vertrages Gefahr liefen, zur Disposition der Mitgliedstaaten gestellt zu werden.[167] Auch der EuGH geht davon aus, dass selbst unselbständige Stellen der Verwaltung als Unternehmen angesehen werden können, wenn und soweit sie eine wirtschaftliche Tätigkeit ausüben.[168]

37 Ebenfalls unerheblich für die Qualifikation als unternehmerisches Verhalten ist schließlich die **Handlungsart.** Für das gemeinschaftsautonome Verständnis kommt es nicht darauf an, wie die betreffende Handlung in dem jeweiligen Mitgliedstaate qualifiziert wird, insbesondere nicht, ob es öffentlich-rechtliches oder privates Handeln ist.[169]

38 Darüber hinausgehende Einschränkungen des Unternehmensbegriffes sind wiederum nach **Sinn und Zweck** des Art. 86 Abs. 1 EG zu beurteilen. Nicht überzeugend erscheint danach ein Ausschluss der Nachfrager im Allgemeinen[170] oder der Verbraucher (die kein weiteres Angebot der nachgefragten Ware oder Leistung am Markt beabsichtigen) im Speziellen.[171] In die gleiche Richtung weist die Formulierung des Art. 86 Abs. 1 EG, der das „öffentliche Unternehmen" lediglich als Anknüpfungspunkt der mitgliedstaatlichen Verpflichtungen wählt, nicht aber die Verletzung der Verpflichtungen im Rahmen der „unternehmerischen" – im Gegensatz etwa zu der „verbrauchenden" – Tätigkeit fordert. Ebenso wenig begründbar ist eine Einschränkung im Hinblick auf die Absicht der Gewinnerzielung[172] oder

---

[165] EuGH U. v. 16. 6. 1987 Rs. 118/85 – *Kommission/Italien (AAMS)* Slg. 1987, 2599 Rn. 7.

[166] So etwa *Hochbaum/Klotz* in: v. d. Groeben/Schwarze, Art. 86 EGV, Rn. 10; *Voet van Vormizeele* in: Schwarze, Art. 86 EGV, Rn. 17; *Jung* in: Calliess/Ruffert, Art. 86 EGV, Rn. 11; *Pernice/Wernicke* in: Grabitz/Hilf, Art. 86 EGV, Rn. 14; *Stadler* in: Langen/Bunte, Art. 86 EGV, Rn. 16; *Mestmäcker*, RabelsZ 52 (1988), 526, 539 f.

[167] *Wenzl*, S. 166 f.; *Ehricke*, Die Vereinbarkeit des kommunalen Örtlichkeitsprinzips mit dem EG-Recht, 2009, S. 152 f. m. w. N.; *Wernicke*, Die Privatwirkung im Europäischen Gemeinschaftsrecht, S. 120; *Mestmäcker*, RabelsZ 52 (1988), 526, 538.

[168] EuGH U. v. 27. 10. 1993 Rs. C-69/91 – *Decoster* Slg. 1993, I-5335, Tz. 15; EuGH U. v. 27. 10. 1993 Rs. C-92/91 – *Taillandier* Slg. 1993, I-5383, Tz. 14.

[169] Vgl. *Pielow*, S. 54; *Pernice/Wernicke* in: Grabitz/Hilf, Art. 86 EGV, Rn. 14.

[170] *Voet van Vormizeele* in: Schwarze, Art. 86 EGV, Rn. 16; *Koenig/Kühling* in: Streinz, Art. 86 EGV, Rn. 7; a. A. wohl *Hochbaum/Klotz* in: v. d. Groeben/Schwarze, Art. 86 EGV, Rn. 12; vgl. auch zum Unternehmensbegriff der Transparenzrichtlinie EuGH U. v. 16. 6. 1987 Rs. 118/85 – *Kommission/Italien (AAMS)* Slg. 1987, 2599.

[171] *Koenig/Kühling* in: Streinz, Art. 86 EGV, Rn. 13. Für einen Ausschluss der öffentlichen Hand als Verbraucher aber *Hochbaum/Klotz* in: v. d. Groeben/Schwarze, Art. 86 EGV, Rn. 12.

[172] *Koenig/Kühling* in: Streinz, Art. 86 EGV, Rn. 7; *Hochbaum/Klotz* in: v. d. Groeben/Schwarze, Art. 86 EGV, Rn. 14; *Mestmäcker/Schweitzer* in: Immenga/Mestmäcker, Art. 31, 86 EGV, Rn. 7 (C.); *Jung* in: Calliess/Ruffert, Art. 86 EGV, Rn. 11. Vgl. auch zum Unternehmensbegriff des Wettbewerbsrechts EuGH U. v. 29. 10. 1978 verb. Rs. 209–215, 218/78 – *Van Landewyk/Kommission* Slg. 1980, 3125 Rn. 88; EuGH U. v. 16. 11. 1995 Rs. C-244/94 – *Fédération française des sociétés d'assurance* Slg. 1995, I-4013 Rn. 21; EuGH U. v. 21. 9. 1999 Rs. C-67/96 – *Albany* Slg. 1999, I-5751, Rn. 79. Abweichend allerdings im Bereich des Sozialversicherungsrechts EuGH U. v. 17. 2. 1993 verb. Rs. C-159, 160/91 – *Poucet u. Pistre* Slg. 1993, I-637 Rn. 8 ff. (vgl. aber die Bezugnahme von EuGH U. v. 21. 9. 1999 Rs. C-67/96 – *Albany* Slg. 1999, I-5751 Rn. 79 auf dieses insoweit offensichtlich abweichende Urteil); EuGH U. v. 22. 1. 2002 Rs. C-218/00 – *INAIL* Slg. 2002, I-691 Rn. 34 ff.,

auf die Dauer der wirtschaftlichen Tätigkeit.[173] Auch die künftige wirtschaftliche Tätigkeit genügt, soweit die mitgliedstaatliche Einflussnahme hierauf in Rede steht.[174]

dd) Tätigkeit des Staates als Unternehmen. Umstritten ist, ob Art. 86 Abs. 1 EG **39** anwendbar ist, wenn und soweit der Mitgliedstaat – also die Träger öffentlicher Gewalt auf der Ebene der Regionen, Provinzen und Gemeinden[175] – selbst im Sinne des funktionalen Unternehmensbegriffes tätig wird. So wird vertreten, dass dort, wo Handlungssubjekt und Handlungsobjekt identisch sind, kein Raum für die Anwendung des Art. 86 Abs. 1 EG sei, sondern die Art. 81 und 82 EG direkt angewendet werden müssten, denn staatliches Eigenhandeln sei kein Handeln als „öffentliches Unternehmen".[176] Vom Wortlaut der Norm ist es allerdings nicht zwingend, von der **Identität von Handlungssubjekt und Handlungsobjekt** auszugehen. Die Formulierung des Art. 86 Abs. 1 EG lässt durchaus den Schluss zu, dass Adressat der Vorschrift zwar der Mitgliedstaat ist, dass ihn die Regelungsvorgaben aber auch dann treffen sollen, wenn er in die Rolle eines öffentlichen Unternehmens schlüpft. Das bestätigt der Umstand, dass Art. 86 EG – im Gegensatz zu Art. 81 und 82 EG – das wirtschaftliche Verhalten des Staates insgesamt erfassen soll,[177] während Art. 81 und 82 EG nur auf privatwirtschaftlich organisierte Unternehmen anzuwenden ist, selbst wenn dadurch der Staat tätig wird. Unabhängig davon hätte es der Staat in der Hand, sich durch ein Eigenhandeln dem Anwendungsbereich des Art. 86 Abs. 3 EG zu entziehen, so dass der Kommission insoweit ein wesentlicher und von der Konzeption des Art. 86 EG nicht gewollter Kompetenzverlust entstehen würde.[178]

b) Der Begriff des öffentlichen Unternehmens. aa) Allgemeines. Der Begriff des **40** „öffentlichen Unternehmens" i. S. v. Art. 86 Abs. 1 EG ist ein Begriff des Gemeinschaftsrechts.[179] Das Gemeinschaftsrecht enthält jedoch keine Definition dieses Begriffes. Allerdings macht bereits die Existenz der Bezeichnung deutlich, dass der EG-Vertrag von einem Unterschied zwischen öffentlichen und nicht-öffentlichen (also privaten) Unternehmen ausgeht. Vor dem Hintergrund, dass die Qualifikation eines Unternehmens als „öffentlich" autonom erfolgt, ist es irrelevant, ob ein bestimmtes Unternehmen im Recht eines Mitgliedstaates als „öffentliches Unternehmen" bezeichnet wird.[180]

Der Begriff „öffentliches Unternehmen" ist in **Art. 2 Abs. 1 der Transparenzricht- 41 linie**[181] insoweit klargestellt, als dass darunter jedes Unternehmen zu verstehen ist, auf das

---

doch dürfte es primär um die Frage der Verfolgung öffentlicher Interessen ohne Erwerbszweck gehen (dazu oben Rn. 23), während die Absicht der Gewinnerzielung keinesfalls notwendige Voraussetzung der Einordnung als öffentliches Unternehmen ist.

[173] *Koenig/Kühling* in: Streinz, Art. 86 EGV, Rn. 7; einschränkend EuG U. v. 12. 1. 1995 Rs. T-102/92 – *Viho Europe BV* Slg. 1995, II-17 Rn. 50.

[174] Vgl. auch zum Unternehmensbegriff des Wettbewerbsrechts *Roth/Ackermann* in: Frankfurter Kommentar-EG, Art. 81 EGV, Rn. 16 ff.; *Lange,* WuW 2002, 953, 954 f.

[175] EuGH U. v. 4. 5. 1988 Rs. 30/87 – *Bodson* Slg. 1988, 2479, Rn. 33.

[176] *Mestmäcker,* RabelsZ 52 (1988), 526, 539 f.; *Pernice/Wernicke* in: Grabitz/Hilf, Art. 86 EGV, Rn. 14; vgl. auch *Hovenkamp,* Öffentliche Unternehmen, S. 484.

[177] Vgl. nur *Hochbaum/Klotz* in: v. d. Groeben/Schwarze, Art. 86 EGV, Rn. 5.

[178] So *Heinemann,* S. 74 f.; im Ergebnis ebenso *Pielow,* Grundstrukturen, S. 52 f.; *Dohms* in: Wiedemann, Handbuch des Kartellrechts, 2008, § 35 Rn. 36; *Koenig/Kühling* in: Streinz, Art. 86 EGV, Rn. 14. Vgl. auch *Ehricke,* Die Vereinbarkeit des kommunalen Örtlichkeitsprinzips mit dem EG-Recht, 2009, S. 48 ff.

[179] *Hochbaum/Klotz* in: v. d. Groeben/Schwarze, Art. 86 EGV, Rn. 7; *Jung* in: Calliess/Ruffert, Art. 86 EGV, Rn. 12.

[180] Vgl. auch Komm. E. v. 10. 2. 1999 – *Portugiesische Flughäfen* ABl. 1999 L 69/31 Rn. 12; etwas weiter *Pernice/Wernicke* in: Grabitz/Hilf, Art. 86 EGV, Rn. 20, die dem Umstand, dass eine nationale Rechtsordnung ein Unternehmen als öffentliches Unternehmen einstuft, eine Indizwirkung zubilligen wollen.

[181] Richtlinie 80/723/EWG, ABl. EG 1980 L 195/35 in der Fassung geändert durch Richtlinie

die öffentliche Hand (Staat sowie andere Gebietskörperschaften)[182] auf Grund Eigentums, finanzieller Beteiligung, Satzung oder sonstiger Bestimmungen, die die Tätigkeit des Unternehmens regeln, unmittelbar oder mittelbar einen beherrschenden Einfluss ausüben kann.[182a] Ein beherrschender Einfluss wird dann vermutet, wenn die öffentliche Hand unmittelbar oder mittelbar die Mehrheit des Kapitals des Unternehmens besitzt, über die Mehrheit der Stimmrechte verfügt oder mehr als die Hälfte der Mitglieder des Veraltungs-, Leitungs- oder Aufsichtsorgans des Unternehmens bestellen kann (Art. 2 Abs. 2 TransparenzRiLi). Der EuGH hat aber ausdrücklich entschieden, dass diese Begriffsbestimmung nur auf die Regelungen der Richtlinie bezogen ist und keine allgemeine für Art. 86 Abs. 1 EG geltende Definition beinhaltet.[183] Art. 2 der Transparenzrichtlinie gibt aber gleichwohl eine gewisse Orientierung für die Einordnung als öffentliches Unternehmen i. S. v. Art. 86 Abs. 1 EG vor.[184] Denn aus dem Umstand, dass diese Richtlinie auf Art. 86 Abs. 3 EG basiert und die Vorschrift den Anwendungsbereich des Art. 86 Abs. 1 EG zwar nicht erweitern, wohl aber konkretisieren kann, lässt sich folgern, dass zumindest die Unternehmen, die der Definition des Art. 2 Transparenzrichtlinie entsprechen, auch öffentliche Unternehmen im Sinne des Art. 86 Abs. 1 EG sind.[185] Daraus folgt zugleich, dass Definitionen, die einen engeren Fokus zur Definition des öffentlichen Unternehmens haben als in Art. 2 Transparenzrichtlinie vorgesehen ist,[186] gemeinschaftsrechtlich nicht mehr haltbar sind.

42 **bb) Einflussnahme als zentrales Element. (1) Bestimmender Einfluss.** Eine genauere Begriffsbeschreibung des öffentlichen Unternehmens muss daher nach Sinn und Zweck des Art. 86 Abs. 1 EG konkretisiert werden. Soweit dieser darin zu sehen ist, dass sich der Mitgliedstaat nicht durch Einschaltung öffentlicher Unternehmen seinen Verpflichtungen nach dem EG-Vertrag entziehen kann, erweist sich die Möglichkeit des Mitgliedstaates als maßgebend, das Verhalten des öffentlichen Unternehmens in seinem Sinne zu steuern. Zentrales Merkmal ist daher, dass der Mitgliedstaat einen **bestimmenden Einfluss** auf das Unternehmen ausüben können muss.[187]

43 Ob der Mitgliedstaat einen bestimmenden Einfluss auf ein Unternehmen ausübt, ist eine im **Einzelfall** zu beantwortende Frage. Die Vielschichtigkeit der Möglichkeiten der Einflussnahme des Staates in die Belange eines Unternehmens und die Besonderheiten des Einzelfalls machen eine rechtssichere Präzisierung als ex ante-Beschreibung dieses Merkmals praktisch unmöglich. In Betracht kommen daher nur Annäherungen, die im Einzel-

---

2006/111/EG, ABl.EU 2006 L 318/17; vgl. dazu grundlegend EuGH U. v. 6. 7. 1982 Rs. 188–190/80 – *Ttransparenzrichtlinie* Slg. 1982, 2545 Rn. 25.

[182] Art. 2 Abs. 1 Transparenzrichtlinie, vgl. auch EuGH U. v. 4. 5. 1988 Rs. 30/87 – *Bodson* Slg. 1988, 2479, Rn. 33; *Koenig/Kühling* in: Streinz, Art. 86 EGV, Rn. 18; *Hochbaum/Klotz* in: v. d. Groeben/Schwarze, Art. 86 EGV, Rn. 14.

[182a] Vgl. *Burgi*, EuR 2003, 168; *Lange*, WuW 2002, 956; *Voet van Vormizeele* in: Schwarze, Art. 86 EGV, Rn. 15.

[183] EuGH U. v. 6. 7. 1982 Rs. 188–190/80 – *Transparenzrichtlinie* Slg. 1982, 2545, Rn. 24 ff.

[184] *Voet van Vormizeele* in: Schwarze, Art. 86 EGV, Rn. 16; *Koenig/Kühling* in: Streinz, Art. 86 EGV, Rn. 16; *Mestmäcker/Schweitzer* in: Immenga/Mestmäcker, Art. 31, 86 EGV, Rn. 35 (C.); *Stadler* in: Langen/Bunte, Art. 86 EGV, Rn. 19.

[185] So auch *Hochbaum/Klotz* in: v. d. Groeben/Schwarze, Art 86 EGV, Rn. 14, und *Pernice/Wernicke* in: Grabitz/Hilf; Art. 86 EGV, Rn. 21.

[186] Z. B. *Börner*, S. 156 ff., 160: „Beherrschung mit besonderen, nur dem Staat zur Verfügung stehenden rechtlichen Mitteln".

[187] *Koenig/Kühling* in: Streinz, Art. 86 EGV, Rn. 15; *Jung* in: Calliess/Ruffert, Art. 86 EGV, Rn. 12 f.; *Mestmäcker/Schweitzer* in: Immenga/Mestmäcker, Art. 31, 86 EGV, Rn. 33, 35 (C.); *Stadler* in: Langen/Bunte, Art. 86 EGV, Rn. 19; *Voet van Vormizeele* in: Schwarze, Art. 86 EGV, Rn. 16; *Hochbaum/Klotz*, in: v. d. Groeben/Schwarze, Art. 86 EGV, Rn. 10; *Storr*, S. 48 und 271; *Wernicke*, Die Privatwirkung im Europäischen Gemeinschaftsrecht, S. 127 f.; *Weiß*, EuR 2003, 165, 168.

nen noch umstritten sind. Letzlich entscheidend ist bei der Beurteilung der Frage, ob der Staat einen beherrschenden Einfluss auf das Unternehmen ausübt, eine funktionale, typisierende Gesamtbetrachtung.[188]

Der organisationsrechtliche Einfluss des Staates auf ein Unternehmen im Sinne der Kontrolle bestimmter Sachbereiche oder der Übertragung bestimmter Rechte führt dazu, dass es sich um Unternehmen handelt, denen vom Staat besondere oder ausschließliche Rechte gewährt wurden,[189] so dass es insoweit nicht weiter darauf ankommt, ob es sich um „öffentliche Unternehmen handelt", da sie auf Grund der anderen Qualifikation bereits in den Anwendungsbereich des Art. 86 Abs. 1 EG fallen. 44

(2) Besondere Einflussmöglichkeiten. Von einem bestimmenden Einfluss des Staates kann man jedenfalls dann ausgehen, wenn die Merkmale des Art. 2 Abs. 1 der Transparenzrichtlinie vorliegen (oben Rn. 41). Darüber hinaus ist allgemein von einem bestimmenden Einfluss des Staates auszugehen, wenn der Staat die Möglichkeit hat, noch vor einer beliebigen Entscheidungsfindung in einem Unternehmen zu bewirken, dass die betreffende Entscheidung in seinem Sinne getroffen wird.[190] Für die Einordnung als öffentliches Unternehmen sind dabei aber nur solche besonderen Einflussmöglichkeiten des Mitgliedstaates von Belang, die gerade in Hinblick auf das betreffende Unternehmen bestehen, wie z. B. durch Kapitalbeteiligung, auf Grund der Stimmrechtsverteilung oder mittels der Vertretung in den Leitungsgremien des Unternehmens.[191] Unberücksichtigt bleiben dagegen **allgemeine Einflussmöglichkeiten** auf das Unternehmensverhalten, insbesondere durch Erlass von Hoheitsakten wie Gesetzen, Rechtsverordnungen oder Verwaltungsakten.[192] Aus alledem folgt, dass ein öffentliches Unternehmen auch dann vorliegen kann, wenn ein Unternehmen durch die Minderheitsbeteiligung des Staates faktisch kontrolliert wird.[193] Dasselbe gilt bei Tochtergesellschaften von öffentlichen Unternehmen, soweit auf diese vom öffentlichen Unternehmen ein beherrschender Einfluss ausgeübt wird („öffentliches Unternehmen zweiten Grades").[194] 45

Nach Sinn und Zweck des Art. 86 Abs. 1 EG ist die Möglichkeit der Einflussnahme des Mitgliedstaates für die Einordnung als öffentliches Unternehmen ausreichend.[194a] Zwar untersagt diese Vorschrift nur tatsächliche Verletzungen der mitgliedstaatlichen Verpflichtungen. Aus dem Zusammenspiel mit Art. 86 Abs. 3 EG ergibt sich jedoch, dass ggf. auch vorbeugende Maßnahmen getroffen werden können.[195] Dieser Gedanke greift nicht erst dann ein, wenn der Mitgliedstaat tatsächlich auf das Unternehmensverhalten Einfluss 46

---

[188] S. u. a. *Hochbaum/Klotz,* in: v. d. Groeben/Schwarze, Art. 86 EGV, Rn. 11; *Storr,* Der Staat als Unternehmer, S. 211; *Wenzl,* S. 173; *Weiß,* EuR 2003, 165, 168.

[189] Vgl. bereits *Pappalardo,* Semaine de Bruges 1968, S. 80ff.; *Catalano* in: FS Riese, S. 137f., *Pernice/Wernicke* in: Grabitz/Hilf, Art. 86 EGV, Rn. 23; vgl. im Weiteren unten Rn. 49ff.

[190] Ähnlich, aber auf Kontrolle abstellend und „Kontrolle" und „Beherrschung" durch „bestimmenden Einfluss" definierend, *Pernice/Wernicke* in: Grabitz/Hilf, Art. 86 EGV, Rn. 23; etwas differenzierter *Wernicke,* Privatwirkung im Europäischen Gemeinschaftsrecht, S. 10ff.; vgl. auch *Weiß,* EuR 2003, 165, 180; *Mestmäcker/Schweitzer,* Europäisches Wettbewerbsrecht, S. 848, wonach zu den öffentlichen Unternehmen auch Unternehmen gehören, deren Wirtschaftsplanung der Staat vermöge seines unmittelbaren Einflusses auf die Unternehmensleitung maßgeblich beeinflusst.

[191] *Hochbaum/Klotz* in: v. d. Groeben/Schwarze, Art. 86 EGV, Rn. 11; *Jung* in: Calliess/Ruffert, Art. 86 EGV, Rn. 13.

[192] *Hochbaum/Klotz* in: v. d. Groeben/Schwarze, Art. 86 EGV, Rn. 9; *Jung* in: Calliess/Ruffert, Art. 86 EGV, Rn. 13.

[193] *Mann,* JZ 2002, 819; *Mestmäcker/Schweitzer* in: Immenga/Mestmäcker, Art. 31, 86 EGV, Rn. 33 (C.); *Pernice/Wernicke* in: Grabitz/Hilf, Art. 86 EGV, Rn. 23.

[194] So *Pernice/Wernicke* in: Grabitz/Hilf, Art. 86 EGV, Rn. 22; *Mestmäcker/Schweitzer* in: Immenga/Mestmäcker, Art. 31, 86 EGV, Rn. 35 (C.).

[194a] Ebenso nun auch *Voet van Vormizeele* in: Schwarze, Art. 86 EGV, Rn. 20.

[195] Vgl. auch EuGH U. v. 6. 7. 1982 Rs. 188–190/80 – Transparenzrichtlinie Slg. 1982, 2545 Rn. 12.

nimmt, sondern bereits dann, wenn er hierzu in der Lage wäre.[196] Unerheblich für die Konkretisierung eines Unternehmens als „öffentliches Unternehmen" ist die Erfüllung öffentlicher Aufgaben. Bedeutung hat dieser Aspekt nur bei der Frage des wirtschaftlichen Handelns beim Unternehmensbegriff.[197]

47 **(3) Gemeinsame Einflussnahme.** Ein Unternehmen ist auch dann als „öffentliches Unternehmen" anzusehen, wenn mehrere Träger hoheitlicher Gewalt (zusammen) einen maßgebliche Einfluss auf das Unternehmen ausüben können. Zwar wird zum Teil bezweifelt, dass in diesen Fällen die für das öffentliche Unternehmen typische Konstellation der Unterwerfung des Unternehmens unter einen einheitlichen Willen der öffentlichen Hand fehle,[198] doch kann es im Hinblick auf den Sinn und Zweck des Art. 86 Abs. 1 EG nicht darauf ankommen, ob die Einflussnahme von einem oder von mehreren Trägern öffentlicher Gewalt ausgeht, denn auch der gemeinsame Einfluss mehrerer Träger hoheitlicher Gewalt genügt, weil zumindest die Möglichkeit vertragswidrigen Zusammenwirkens besteht.[199]

48 **cc) Anwendbarkeit von Art. 81 EG auf das Verhältnis öffentlicher Unternehmen untereinander.** Bislang unklar ist das Verhältnis der öffentlichen Unternehmen untereinander im Hinblick auf die Geltung des Art. 81 EG. Aufgrund der besonderen Einflussmöglichkeiten des Mitgliedstaates und seiner Gebietskörperschaften auf die öffentlichen Unternehmen läge der Gedanke nicht ganz fern, sie in der kartellrechtlichen Beurteilung der Stellung einer Unternehmensgruppe anzugleichen, deren Kopf die öffentliche Hand ist.[200] Vorbehaltlich einer detaillierteren Diskussion spricht jedoch dagegen, dass Art. 86 Abs. 1 EG dafür sorgen möchte, den Staat in seinem wirtschaftlichen Handeln zu erfassen und hingegen keine Regelungsaussagen über das Verhalten der Unternehmen als solcher untereinander trifft. Ferner ist ganz zu Recht darauf hingewiesen worden, dass der Umstand, dass mehrere öffentliche Unternehmen dem bestimmenden Einfluss der öffentlichen Hand ausgesetzt sind, noch lange nicht bedeute, dass diese nunmehr eine wirtschaftliche Einheit bilden, in deren Innenverhältnis die Unternehmen ihr Marktverhalten nicht mehr autonom bestimmen könnten und daher kein beschränkbarer Wettbewerb mehr existiere.[201]

49 **c) Unternehmen mit besonderen oder ausschließlichen Rechten (begünstigte Unternehmen). aa) Begriff.** Auch für Unternehmen mit besonderen oder ausschließlichen Rechten i. S. v. Art. 86 Abs. 1 EG enthält das Gemeinschaftsrecht keine Definition. Eine Konkretisierung anhand des Normzwecks – die wiederum auf die Möglichkeit des Mitgliedstaates abstellen muss, das Unternehmensverhalten in seinem Sinne zu steuern – begegnet größeren Schwierigkeiten als im Falle öffentlicher Unternehmen. Im Ausgangspunkt ist der Gedanke erkennbar, dass besondere oder ausschließliche Rechte wettbewerbliche Vorteile begründen müssen, so dass ihre Gewährung zur Einflussnahme auf das Unternehmensverhalten genutzt werden kann. Die Einflussmöglichkeiten ergeben sich in diesem Falle

---

[196] *Koenig/Kühling* in: Streinz, Art. 86 EGV, Rn. 17; *Hochbaum/Klotz* in: v. d. Groeben/Schwarze, Art. 86 EGV, Rn. 10; *Mestmäcker/Schweitzer* in: Immenga/Mestmäcker, Art. 31, 86 EGV, Rn. 35 ff. (C.); vgl. auch EuGH U. v. 17. 5. 2001 Rs. C-340/99 – *TNT Traco* Slg. 2001, I-4109 Rn. 39; a. A. *Pernice/Wernicke* in: Grabitz/Hilf, Art. 86 EGV, Rn. 19, die auf das Fehlen wirtschaftlicher Autonomie abstellen.

[197] So zu Recht *Pernice/Wernicke* in: Grabitz/Hilf, Art. 86 EGV, Rn. 24.

[198] S. *Hochbaum*, ZögU 1985, 484; *Otto*, Transparenzrichtlinie, S. 119 f.

[199] *Koenig/Kühling* in: Streinz, Art. 86 EGV, Rn. 18; *Heinemann*, S. 79; *Mestmäcker/Schweitzer* in: Immenga/Mestmäcker, Art. 31, 86 EGV, Rn. 36 (C.); im Ergebnis ebenso *Pernice/Wernicke* in: Grabitz/Hilf, Art. 86 EGV, Rn. 24, die zwar eine Gleichgerichtetheit der Interessen fordern, diese aber offensichtlich regelmäßig als gegeben ansehen; ebenso auch *Voet van Vormizeele* in: Schwarze, Art. 86 EGV, Rn. 18, der „im Wesentlichen gleichgerichtete Interessen" voraussetzt.

[200] Ausführlicher dazu *Pernice/Wernicke* in: Grabitz/Hilf, Art. 86 EGV, Rn. 25.

[201] *Pernice/Wernicke* in: Grabitz/Hilf, Art. 86 EGV, Rn. 25.

– anders als im Falle öffentlicher Unternehmen – aus dem Streben nach wettbewerblichen Vorteilen, nicht aber aus primär gesellschaftsrechtlichen Einflussmöglichkeiten des Mitgliedstaates.[202] Undeutlich bleibt jedoch, ob nach der Konzeption des Art. 86 Abs. 1 EG allein aus der Gewährung besonderer oder ausschließlicher Rechte auf derartige Einflussmöglichkeiten des Mitgliedstaates geschlossen werden kann oder ob diese noch gesonderter Begründung bedürfen. Formal wird vom Wortlaut her zwar differenziert zwischen Unternehmen denen besondere, und Unternehmen, denen ausschließliche Rechte gewährt wurden, doch sind dies nur unterschiedliche Ausprägungen einer Begünstigung eines oder mehrerer Unternehmen durch den Staat, die es erlauben, tatbestandsmäßig die besonderen und ausschließlichen Rechte unter einen einheitlichen Begriff zu subsumieren.[203] Durch die Differenzierung im Wortlaut soll verdeutlicht werden, dass jegliche Form von Unternehmen, denen vom Staat Sonderrechte eingeräumt worden sind, dem Anwendungsbereich des Art. 86 Abs. 1 EG unterfallen. Die Unterscheidung zwischen der mitgliedstaatlichen Gewährung von besonderen oder ausschließlichen Rechten hat zudem keinerlei unterschiedliche Rechtsfolgen,[204] so dass sie keine materiell-rechtliche Bedeutung hat. Soweit in der Literatur vertreten wird, dass sich die Unterscheidung zwischen besonderen und ausschließlichen Rechten auf erhöhte Begründungsanforderungen an die Kommission zum Erlass von Richtlinien nach Art. 86 Abs. 3 EG auswirke,[204a] ist dem nicht zu folgen, da die Begründungsanforderungen auch bei den anderen Akten der Kommission gegeben sind.

Besondere oder ausschließliche Rechte verleihen einer begrenzten Anzahl von Unternehmen einen Schutz, der die Fähigkeit anderer Unternehmen, die fragliche Tätigkeit im selben Gebiet zu im Wesentlichen gleichen Bedingungen auszuüben, wesentlich beeinträchtigen kann.[205] Besondere und ausschließliche Rechte können allen Unternehmen verliehen werden, so dass auch die Gewährung besonderer oder ausschließlicher Rechte an **öffentliche Unternehmen** in Betracht kommt.[206]

Besondere oder ausschließliche Rechte sind zu unterscheiden von **allgemeinen Maßnahmen hoheitlichen Charakters,** die i. E. zwar ebenfalls die wettbewerbliche Stellung bestimmter Unternehmen begünstigen mögen, aber nicht auf bestimmte Unternehmen zielen.[207] Im Gegensatz zur Gewährung besonderer oder ausschließlicher Rechte ist daher die Befürchtung, dass derartige Maßnahmen zur Einflussnahme auf das Unternehmensverhalten genutzt werden könnten, grundsätzlich nicht gerechtfertigt. Die Kommission versteht unter ausschließlichen Rechten solche, die einem Unternehmen die Ausübung der Tätigkeit im gesamten Hoheitsgebiet oder in einem Teil des Hoheitsgebietes in ausschließ-

---

[202] Unscharf insoweit die Formulierung, begünstigte Unternehmen müssten in einer ähnlichen Abhängigkeit vom Mitgliedstaat stehen wie öffentliche Unternehmen, so *Jung* in: Calliess/Ruffert, Art. 86 EGV, Rn. 14; *Stadler* in: Langen/Bunte, Art. 86 EGV, Rn. 22; vgl. auch *Voet van Vormizeele* in: Schwarze, Art. 86 EGV, Rn. 20; *Pernice/Wernicke* in: Grabitz/Hilf, Art. 86 EGV, Rn. 30.
[203] *Ehricke*, EuZW 1993, 211 f.; ebenso offenbar auch der EuGH, der in der Entscheidung *Ambulanz Glöckner* die Begriffe synonym verwendet: EuGH U. v. 25. 10. 2001 Rs. C-475/99 – *Ambulanz Glöckner* Slg. 2001, I-8089 Rn. 24; anders *Pernice/Wernicke* in: Grabitz/Hilf, Art. 86 EGV, Rn. 28; *Voet van Vormizeele* in: Schwarze Art. 86 EGV, Rn. 22.
[204] *Hochbaum/Klotz* in: v. d. Groeben/Schwarze, Art. 86 EGV, Rn. 22.
[204a] S. *Voet van Vormizeele* in: Schwarze, Art. 86 EGV, Rn. 22.
[205] EuGH U. v. 25. 10. 2001 Rs. C-475/99 – *Ambulanz Glöckner* Slg. 2001, I-8089 Rn. 24.
[206] Vgl. *Hochbaum/Klotz* in: v. d. Groeben/Schwarze, Art. 86 EGV, Rn. 22 ff.
[207] *Jung* in: Calliess/Ruffert, Art. 86 EGV, Rn. 15; *Pernice/Wernicke* in: Grabitz/Hilf, Art. 86 EGV, Rn. 25, 28; *Jungbluth* in: Langen/Bunte, Art. 86 EGV, Rn. 21; vgl. auch *Hochbaum/Klotz* in: v. d. Groeben/Schwarze, Art. 86 EGV, Rn. 25, die danach unterscheiden, inwieweit Spielraum für unternehmerische Entscheidungen bleibt; EuGH U. v. 16. 11. 1977 Rs. 13/77 – *GB-INNO/ATAB* Slg. 1977, 2115 Rn. 40, 42.

Art. 86 EG 52, 53

licher Weise übertragen[208] (Begünstigung, die zu einem Monopol führt).[209] Demgegenüber behalten besondere Rechte die Ausübung der Tätigkeit in einem bestimmten Gebiet einer begrenzten Zahl von Unternehmen vor. Insoweit wird ein Wettbewerb um Marktanteile rechtlich zwar nicht vollständig ausgeschaltet, den erfassten Unternehmen aber dennoch eine wettbewerbliche Vorzugsstellung eingeräumt (Begünstigung, die zu einem Oligopol führt).[210]

52   bb) **Rechtsprechung des EuGH. (1) „Ausschließliche Rechte".** Die Rechtsprechung des EuGH weicht von diesen Definitionen aus der Transparenzrichtlinie, ohne sich darauf konkret zu beziehen, dem Inhalt nach nicht ab.[211] So hat der EuGH als beispielsweise als ausschließliche Rechte eingeordnet: Das Recht, Fernsehsendungen an eine oder mehrere Anstalten zu verbreiten,[212] die Befugnis eines nationalen Versicherungsbüros, Schadensfälle, die durch ausländische KFZ verursacht werden, zu regulieren,[213] die Erlaubnis zur Verrichtung von Bestattungsdienstleistungen,[214] das Recht, das öffentliche Fernmeldenetz einzurichten und zu betreiben[215] sowie Telekommunikationsdienste zu erbringen,[216] das Monopol zur Sammlung und Beförderung von Briefen,[217] das Recht, Hafenarbeiten zu organisieren und auszuführen,[218] Flughäfen zu verwalten,[219] Arbeitskräfte zu vermitteln,[220] ausschließlich ein Gebiet mit Besamungsstationen zu versorgen und das ausschließliche Recht, gefährliche Abfälle zu verbrennen.[220a]

53   **(2) „Besondere Rechte".** Im Hinblick auf die genauere Begriffsbestimmung der „besonderen Rechte" hat sich der EuGH noch nicht explizit geäußert. GA *Jacobs* hat sich ausdrücklich gegen eine Verallgemeinerung der in Art. 1 Abs. 2 lit. g) Transparenzricht-

---

[208] Vgl. Art. 2 Abs. 1 Buchst. f) der Transparenzrichtlinie; Schlussanträge von GA *Léger* zu Rs. C-209/98 – *FFAD* Slg. 2000, I-3743 Rn. 52 ff.; *Voet van Vormizeele* in: Schwarze, Art. 86 EGV, Rn. 22; *Hochbaum/Klotz* in: v. d. Groeben/Schwarze, Art. 86 EGV, Rn. 23; *Pernice/Wernicke* in: Grabitz/Hilf, Art. 86 EGV, Rn. 30; *Koenig/Kühling* in: Streinz, Art. 86 EGV, Rn. 20.

[209] So auch *Dohms* in: Wiedemann, Handbuch des Kartellrechts, 2008, § 35 Rn. 40; *Pernice/Wernicke* in: Grabitz/Hilf, Art. 86 EGV, Rn. 29; vgl. aber EuGH U. v. 23. 5. 2000 Rs. C-209/98 – *FFAD* Slg. 2000, I-3743, Rn. 54, wo drei Unternehmen ein ausschließliches Recht eingeräumt wird; insoweit dürfte es sich aber um eine Ungenauigkeit der Formulierung handeln, denn in der übrigen Rechtsprechung des EuGH findet sich stets die Zuordnung des ausschließlichen Rechts zu einem Unternehmen.

[210] Vgl. Art. 2 Abs. 1 Buchst. g) der Transparenzrichtlinie; Richtlinie 94/46/EG, ABl. 1994 L 268/15 ff., insbesondere Erwägungsgründe 6, 11; *Hochbaum/Klotz* in: v. d. Groeben/Schwarze, Art. 86 EGV, Rn. 24; *Koenig/Kühling* in: Streinz, Art. 86 EGV, Rn. 21; *Dohms* in: Wiedemann, Handbuch des Kartellrechts, 2008, § 35 Rn. 41; *Jung* in: Calliess/Ruffert, Art. 86 EGV, Rn. 16. Vom EuGH offen gelassen in U. v. 19. 3. 1991 Rs. C-202/88 – *Telekommunikations-Endgeräte* Slg. 1991, I-1223; EuGH U. v. 25. 10. 2001 Rs. C-475/99 – *Ambulanz Glöckner* Slg. 2001, I-8089.

[211] *Pernice/Wernicke* in: Grabitz/Hilf, Art. 86 EGV, Rn. 29.

[212] EuGH U. v. 30. 4. 1974 Rs. 155/73 – *Sacchi*, Slg. 1974, 409.

[213] EuGH U. v. 9. 6. 1977 Rs. 90/76 – *van Ameyde* Slg. 1977, 1091.

[214] EuGH U. v. 4. 5. 1988 Rs. 30/87 – *Bodson* Slg. 1988, 2479.

[215] EuGH U. v. 13. 12. 1991 Rs. C-18/88 – *RTT/GB-INNO-BM* Slg. 1991, I-5941.

[216] EuGH U. v. 17. 11. 1992 verb. Rs. C-271, C-281, C-289/90 – *Telekommunikationsdienste* Slg. 1992, I-5833.

[217] EuGH U. v. 19. 5. 1993 Rs. C-320/91 – *Corbeau* Slg. 1993, I-2533; EuGH U. v. 10. 2. 2000, verb. Rs. C-147/97 u. 148/97 – *Deutsche Post AG* Slg 2000, I-825.

[218] EuGH U. v. 10. 12. 1991 Rs. C-179/90 – *Porto di Genova* Slg. 1991, I-5889.

[219] EuGH U. v. 29. 3. 2001 Rs. C-163/99 – *Portugal/Kommission* Slg. 2001, I-2613.

[220] EuGH U. v. 23. 4. 1991 Rs. C-41/90 – *Höfner und Elser/Macrotron* Slg. 1991, I-1979; EuGH U. v. 11. 12. 1997 Rs. C-55/96 – *Job Centre* – Slg. 1997, I-7119; EuGH U v. 8. 6. 2000 Rs C-258/98 – *Carra* Slg. 2000, I-4217.

[220a] EuGH Rs. C-323/93 – *Crespelle* Slg. 1994, I-5077 Rn. 17; EuGH Rs. C-203/96 – *Dusseldorp* Slg. 1998, I-4075 Rn. 60.

linie genannten Begriffsbestimmung ausgesprochen,[221] und auch im (deutschen) Schrifttum ist umstritten, ob und wenn ja wie diese Begriffsbestimmung weiter eingegrenzt werden muss.

Zum Teil wird eine **besondere Verantwortung** des Mitgliedstaates verlangt, die sich in der Verleihung von Sonderrechten widerspiegeln müsse,[222] zum Teil wird die Übertragung hoheitlicher Befugnis gefordert,[223] und zum Teil wird allgemein eine restriktive Auslegung gefordert, um die weitreichenden Befugnisse der Kommission nach Art 86 Abs. 3 EG der Sache nach eingrenzen zu können.[224] Einschränkungen des Adressatenkreises von Art. 86 Abs. 1 EG durch zusätzliche Anforderung an die Gewährung besonderer Rechte sind nicht mit dem Sinn und Zweck der Norm vereinbar. Denn Art. 86 Abs. 1 EG will mit einem weiten Ansatz jegliche hoheitliche Beeinflussung unternehmerischen Verhaltens einer Kontrolle nach den Regeln des EG-Vertrages, insbesondere der Art. 12 und 81 ff. EG unterziehen.[225] Würde man zusätzliche Anforderungen an die Gewährung von Sonderrechten stellen, so schüfe man für die Mitgliedstaaten einen erheblichen Spielraum, sich dieser Kontrolle entziehen zu können, und würde das Ziel des Art. 86 Abs. 1 EG entwerten. Dies hätte umso gravierendere Folgen für den Schutz des Wettbewerbs auf dem Gemeinsamen Markt als Art. 86 Abs. 2 Satz 1 EG mittlerweile extensiv verstanden wird (dazu ausführlich unten Rn. 79) und als nur dann ein weitgehendes Leerlaufen des Art. 86 EG als Ganzes vermieden werden kann, wenn Art. 86 Abs. 1 EG einen weiten Anwendungsbereich erhält. Demnach kommt es allein auf die vom Staat verliehene Sonderstellung an, ohne dass irgendwelche weiteren Qualifikationsmerkmale vorliegen müssten.[226] 54

d) „Gewährung" der besonderen oder ausschließlichen Rechte. Besondere oder ausschließliche Rechte sind nur dann geeignet, besondere mitgliedstaatliche Einflussmöglichkeiten zu begründen, wenn das betreffende Unternehmen keinen (effektiven) Rechtsanspruch auf Einräumung dieses Rechts hat. Andernfalls bietet weder die Verweigerung noch die Entziehung des Rechts einen Ansatzpunkt für mitgliedstaatliche Einflussnahme auf das Unternehmensverhalten.[227] Dagegen schließt die Übertragung eines Rechts auf Grundlage objektiver, angemessener und nicht diskriminierender Kriterien besondere mitgliedstaatliche Einflussmöglichkeiten solange nicht aus, wie das begünstigte Unternehmen nicht effektiv gegen die Vorenthaltung oder Entziehung des Rechts geschützt ist.[228] Die Sonderrechte müssen dem betreffenden Unternehmen gem. Art. 86 Abs. 1 EG deshalb „gewährt" worden sein. Dieser Begriff ist weiter als der Begriff des Betrauens in Abs. 2 und umfasst jeden Akt des Mitgliedstaates, der individuell bestimmte Unternehmen in eine Sonderstellung versetzt und sie gleichzeitig in eine Abhängigkeit zur öffentlichen Hand bringt, die dieser eine Einflussnahme auf ihre Geschäftstätigkeit ermöglicht, die im Verhältnis zu den anderen Unterneh- 55

---

[221] EuGH U. v. 25. 10. 2001 Rs. C-475/99 – *Ambulanz Glöckner* Slg. 2001, I-8089 Rn. 88.
[222] *Pernice/Wernicke* in: Grabitz/Hilf, Art. 86 EGV, Rn. 26; nicht aufrecht erhalten bei *Pernice/Wernicke* in: Grabitz/Hilf, Art. 86 EGV, Rn. 28 f.
[223] *Mestmäcker* in: FS Deringer, 1993, S. 79, 80.
[224] *Bartosch* in: Koenig/Bartosch/Braun, EG Competiton and Telecommunications Law, 2002, 90 ff.; vgl. auch *Voet van Vormizeele* in: Schwarze, Art. 86 EGV, Rn. 22.
[225] Vgl. oben Rn. 3 ff.
[226] *Ehricke,* EuZW 1993, 211, 212; *Jung* in: Calliess/Ruffert, Art. 86 EGV, Rn. 15; *Koenig/Kühling* in: Streinz, Art. 86 EGV, Rn. 23; ähnlich auch GA *Jacobs,* EuGH 2001, I-8089, 8094, Tz. 86 ff.
[227] Vgl. auch *Pernice/Wernicke* in: Grabitz/Hilf, Art. 86 EGV, Rn. 28. Häufig wird bereits das „Gewähren" eines Rechts verneint, so *Hochbaum/Klotz* in: v. d. Groeben/Schwarze, Art. 86 EGV, Rn. 21; *Koenig/Kühling* in: Streinz, Art. 86 EGV, Rn. 23; *Voet van Vormizeele* in: Schwarze, Art. 86 EGV, Rn. 20.
[228] Kritisch auch GA *Jacobs* Slg. 2001, I-8089 Tz. 88; *Koenig/Kühling* in: Streinz, Art. 86 EGV, Rn. 22. Weitergehend aber Art. 1 Abs. 2 Buchst. g) Spiegelstrich 1 der Richtlinie 94/46/EG, ABl. 1994 L 268/15 ff.; Komm. E. v. 18. 12. 1996 – *Mobilfunknetzbetreiber Spanien* ABl. 1997 L 76/19 Rn. 10.

Art. 86 EG 56–58

men nicht besteht.[229] Ob eine Gewährung vorliegt, ist stets im Einzelfall zu prüfen.[230] Die dem Normzweck zu Grunde liegenden besonderen Einflussmöglichkeiten des Mitgliedstaates können sich jedenfalls insbesondere aus dem Umstand ergeben, besondere oder ausschließliche Rechte zu entziehen oder nicht zu verlängern, wenn das begünstigte Unternehmen nicht im Sinne des Mitgliedstaates handelt.[231] Daher kann auch **in dem Gewährungsakt selbst** schon eine gegen Art. 12, 81ff. EG verstoßende staatliche Maßnahme liegen.

2. Vertragswidrige Maßnahmen der Mitgliedstaaten

56   a) **Maßnahmen der Mitgliedstaaten.** Art. 86 Abs. 1 EG verpflichtet die Mitgliedstaaten, im Hinblick auf die Unternehmen, die zu ihm in einer Sonderbeziehung stehen, keine Maßnahmen zu treffen oder beizubehalten, die dem EG-Vertrag widersprechen. Als verbotene Maßnahme wird grundsätzlich jedes rechtliche oder tatsächliche Einwirken (Realakt) eines Mitgliedstaates auf die in Art. 86 Abs. 1 EG genannten Unternehmen erfasst.[232]

57   Dem Art. 86 Abs. 1 EG unterfällt nach dem Normzweck der Vorschrift zunächst jedes Verhalten des Mitgliedstaates, mit dem dieser von seinen besonderen Einflussmöglichkeiten auf das öffentliche bzw. begünstigte Unternehmen Gebrauch macht. Es geht also etwa um die Wahrnehmung von Stimmrechten oder die Beeinflussung der Entscheidungsfindung innerhalb der Leitungsgremien des Unternehmens. Es genügt schon jede formlose und unverbindliche „Anregung" des Mitgliedstaates.[233] Im Falle **begünstigter Unternehmen** treten Einflussnahmen auf das Unternehmensverhalten hinzu, die ihre Grundlage in der Begünstigung der Wettbewerbsposition des Unternehmens durch die Gewährung besonderer oder ausschließlicher Rechte finden. In Betracht kommen jedenfalls solche Maßnahmen, mit denen der Mitgliedstaat auf ein konkretes Unternehmensverhalten hinwirkt, einschließlich der Maßnahmen zur Verbesserung der finanziellen Lage.[234]

58   Noch nicht vollständig geklärt ist, ob und inwieweit auch die Gewährung des besonderen oder ausschließlichen Rechts selbst als vorgelagerte Maßnahme erfasst werden kann.[235] Grundsätzlich ist zu unterscheiden zwischen den konstituierenden Maßnahmen, die nicht in den Anwendungsbereich des Art. 86 Abs. 1 EG fallen,[236] und den Folgemaßnahmen.[237]

---

[229] Vgl. EuGH U. v. 6. 7. 1982 Rs. 188–190/80 – *Transparenzrichtlinie* Slg. 1982, 2545, 2579; *Koenig/Kühling* in: Streinz, Art. 86 EGV, Rn. 23; *Dohms* in: Wiedemann, Handbuch des Kartellrechts, 2008, § 35 Rn. 31ff. m. w. N.

[230] *Pernice/Wernicke* in: Grabitz/Hilf, Art. 86 EGV, Rn. 30.

[231] *Hochbaum/Klotz* in: v. d. Groeben/Schwarze, Art. 86 EGV, Rn. 26; *Koenig/Kühling* in: Streinz, Art. 86 EGV, Rn. 23. Weitere Einzelheiten und Beispiele bei *Pernice/Wernicke* in: Grabitz/Hilf, Art. 86 EGV, Rn. 30; *Mestmäcker/Schweitzer* in: Immenga/Mestmäcker, Art. 31, 86 Rn. 44f. (C).

[232] *Koenig/Kühling* in: Streinz, Art. 86 EGV, Rn. 24; *Voet van Vormizeele* in: Schwarze, Art. 86 EGV, Rn. 29; *Emmerich* in: Dauses, H. II Rn. 110; *Jung* in: Calliess/Ruffert, Art. 86 EGV, Rn. 18, *Dohms* in: Wiedemann, Handbuch des Kartellrechts, 2008, § 35 Rn. 41.

[233] *Hochbaum/Klotz* in: v. d. Groeben/Schwarze, Art. 86 EGV, Rn. 42.

[234] *Pernice/Wernicke* in: Grabitz/Hilf, Art. 86 EGV, Rn. 45.

[235] So wohl *Dohms* in: Wiedemann, Handbuch des Kartellrechts, 2008, § 35 Rn. 44, 46, der den Beginn staatlicher Einflussnahme als ausreichend ansieht; anders hingegen *Voet van Vormizeele* in: Schwarze, Art. 86 EGV, Rn. 20; *Stadler* in: Langen/Bunte, Art. 86 EGV, Rn. 29, der den Bezug der Maßnahme auf die genannten Unternehmen fordert; jeweils m. w. N.

[236] Vgl. EuGH U. v. 30. 4. 1974 Rs. 155/73 – *Sacchi* Slg. 1974, 409, 430f.; EuGH U. v. 10. 12. 1991 Rs. C-179/90 – *Porto di Genova* Slg. 1991, I-5889 Rn. 16; EuGH U. v. 12. 9. 2000, verb. Rs. C-180–184/98 – *Pavlov/SPMS* Slg. 2000, I-6451 Rn. 127; *Mestmäcker* in: FS Deringer, S. 82ff.; *Dohms* in: Wiedemann, Handbuch des Kartellrechts, 2008, § 35 Rn. 65, *Pernice/Wernicke* in: Grabitz/Hilf, Art. 86 EGV, Rn. 46.

[237] *Pernice/Wernicke* in: Grabitz/Hilf, Art. 86 EGV, Rn. 46.

Konstituierende Maßnahmen fallen allerdings auch dann in den Anwendungsbereich des Art. 86 Abs. 1 EG, wenn sie bereits „in Bezug auf" die genannten Unternehmen getroffen wurden. Das dürfte dann nicht ausgeschlossen sein, wenn bereits mit Einräumung der Begünstigung in bestimmtem Sinne auf das Unternehmensverhalten Einfluss genommen wird. Zu denken ist etwa an die Auferlegung überhöhter Tarife[238] oder die Einräumung des Rechts, Gebühren für nicht selbst erbrachte Leistungen zu fordern.[239] Jedenfalls fallen diejenigen Maßnahmen unter Art. 86 Abs. 1 EG, die ausschließliche Rechte einräumen oder erweitern, also der Ausgestaltung des Monopols dienen.[240]

Auch **hoheitliche Regelungen oder sonstige öffentlich-rechtliche Handlungen** des Mitgliedstaates in Bezug auf das öffentliche bzw. begünstigte Unternehmen können als „Maßnahmen" dem Art. 86 Abs. 1 EG unterfallen.[241] Diese Möglichkeit ist z. B. anzuerkennen, wenn der Mitgliedstaat bereits mit (hoheitlicher) Gewährung besonderer oder ausschließlicher Rechte auf das Unternehmensverhalten Einfluss nimmt.[242] Dagegen erscheint die allgemeine Einbeziehung von Hoheitsakten problematisch, wenn der Mitgliedstaat von seinen besonderen Einflussmöglichkeiten keinen Gebrauch macht. Teilweise wird insoweit allerdings nur vorausgesetzt, dass der Mitgliedstaat dasselbe Ergebnis auch durch Wahrnehmung seiner besonderen Einflussmöglichkeiten hätte erzielen können.[243] Damit würde die besonderen Einflussmöglichkeiten zwar im Rahmen des Merkmals öffentliches bzw. begünstigtes Unternehmen erst den Anwendungsbereich des Art. 86 Abs. 1 EG eröffnen, müssten bei der konkreten Maßnahme aber nicht zum Tragen kommen.

Eine Maßnahme „in Bezug auf" die betreffenden Unternehmen liegt nicht vor, wenn seitens des Staates Maßnahmen mit lediglich allgemeiner Bedeutung ergriffen werden.[244] Derartige Maßnahmen können allerdings im Hinblick auf Art. 10 Abs. 2 EG relevant sein.[245]

b) Treffen oder beibehalten. Gem. Art. 86 Abs. 1 EG darf ein Mitgliedstaat die dort genannten Maßnahmen weder „**treffen**" noch „**beibehalten**". Diese Begriffe sind parallel zum Begriff der Maßnahme weit auszulegen.[246] Erfasst wird daher zunächst die Vornahme der Maßnahme selbst, so dass den Mitgliedstaat Unterlassungspflichten treffen. Die Anwendung des Art. 86 Abs. 1 EG ist hier von besonderer Bedeutung, wenn entweder das Unternehmen selbst gar nicht gegen den EG-Vertrag verstößt, weil der Mitgliedstaat ihm keinen Verhaltensspielraum belässt,[247] oder wenn bereits im Vorfeld gegen das mitgliedstaat-

---

[238] EuGH U. v. 4. 5. 1988 Rs. 30/87 – *Bodson* Slg. 1988, 2479 Rn. 34; EuGH U. v. 10. 2. 2000 verb. Rs. C-147/97 u. 148/97 – *Deutsche Post AG* Slg 2000, I-825 Rn. 58, 61; Komm. E. v. 26. 7. 2000 *Spanische Flughäfen* ABl. 2000, L 208/36 Rn. 56, 62.
[239] EuGH U. v. 17. 5. 2001 Rs. C-340/99 – *TNT Traco* Slg. 2001, I-4109 Rn. 45 ff.
[240] *Pais Antunes,* RTDE 1991, 200 f.
[241] *Hochbaum/Klotz* in: v. d. Groeben/Schwarze, Art. 86 EGV, Rn. 42; *Pernice/Wernicke* in: Grabitz/Hilf, Art. 86 EGV, Rn. 42; *Koenig/Kühling* in: Streinz, Art. 86 EGV, Rn. 24; *Benesch,* Kompetenzen, S. 10 f.; *Ehricke,* EuZW 1993, 211, 212; a. A. *Vygen,* Öffentliche Unternehmen im Wettbewerbsrecht der EWG, 1967, S. 73 ff.
[242] Oben Rn. 55, vgl. auch *Hochbaum/Klotz* in: v. d. Groeben/Schwarze, Art. 86 EGV, Rn. 43; *Ehricke,* EuZW 1993, 211, 212 f.
[243] *Hochbaum/Klotz* in: v. d. Groeben/Schwarze, Art. 86 EGV, Rn. 43.
[244] *Hochbaum/Klotz* in: v. d. Groeben/Schwarze, Art. 86 EGV, Rn. 40; *Jung* in: Calliess/Ruffert, Art. 86 EGV, Rn. 18; *Koenig/Kühling* in: Streinz, Art. 86 EGV, Rn. 24.
[245] Vgl. *Pernice/Wernicke* in: Grabitz/Hilf, Art. 86 EGV, Rn. 46, die in Art. 86 Abs. 1 EGV einen Unterfall des Art. 10 Abs. 2 EGV im Innenverhältnis von Mitgliedstaat und privilegiertem Unternehmen sehen; ebenso *Voet van Vormizeele* in: Schwarze, Art. 86 EGV, Rn. 20; *Stadler* in: Langen/Bunte, Art. 86 EGV, Rn. 22.
[246] *Hochbaum/Klotz* in: v. d. Groeben/Schwarze, Art. 86 EGV, Rn. 45.
[247] *Koenig/Kühling* in: Streinz, Art. 86 EGV, Rn. 34; *Voet van Vormizeele* in: Schwarze, Art. 86 EGV, Rn. 27; *Emmerich* in: Dauses, H. II, Rn. 120.

liche Verhalten vorgegangen werden soll, das derartige Unternehmensverstöße fördert oder erleichtert. Darüber hinaus aber kann eine von Art. 86 Abs. 1 EG erfasste Maßnahme auch vorliegen, wenn der Mitgliedstaat eine unzulässige Einflussnahme nicht beendet und ggf. wieder rückgängig macht, so dass den Mitgliedstaat auch Handlungspflichten treffen können.[248]

62 Vom EuGH und von der Kommission noch nicht angesprochen ist die Frage, ob Art. 86 Abs. 1 EG auch eine **Präventions- und Interventionspflicht** im Hinblick auf wettbewerbswidriges Verhalten öffentlicher und privilegierter Unternehmen[249] beinhaltet oder nur eine Verpflichtung der Mitgliedstaaten, ihre vertragswidrigen Monopolrechte aufzuheben,[250] umfasst. Vor dem Hintergrund der Loyalitätsverpflichtung des Art. 10 EG wird man beides bejahen können. Art. 86 Abs. 1 EG bezweckt nämlich einen weitgreifenden Schutz des Marktes, und dieser wäre empfindlich gefährdet, wenn man den Mitgliedstaaten nicht auferlegen würde, die Wettbewerbskonformität der von ihnen privilegierten Unternehmen zu überwachen und zu kontrollieren. Dies ist auch keine unbillige Belastung der Mitgliedstaaten, denn als Korrelativ für zu weitgehende Pflichten kann Art. 86 Abs. 2 Satz 1 EG eingreifen.[251]

63 Insoweit ist zu differenzieren: Soweit das Verhalten öffentlicher und privilegierter Unternehmen betroffen ist, bietet Art. 86 Abs. 1 EG nur eine normative Grundlage für das Handeln des Staates.

64 **c) Verstoß gegen Vorschriften des Vertrages. aa) Allgemeines.** Die inhaltliche Ausgestaltung erfährt Art. 86 Abs. 1 EG durch die Reichweite der Primärrechtsnorm, die einbezogen wird. Genannt werden in Art. 86 Abs. 1 EG vor allem Verstöße gegen Art. 12 und Art. 81 bis 89 EG. Diese stellen in der Praxis auch die Mehrheit der Fälle im Anwendungsbereich des Art. 86 Abs. 1 EG dar. Es handelt sich dabei aber nur um eine beispielhafte Aufzählung. Erfasst wird, wie der Wortlaut deutlich macht, jede Vorschrift des Vertrages, wobei damit sowohl die unternehmensgerichteten als auch die staatsgerichteten Normen gemeint sind. Auch ein **Verstoß gegen Sekundärrecht** wird von Art. 86 Abs. 1 EG erfasst.[252] Zwar sollte ursprünglich durch Art. 86 Abs. 1 EG die besondere Bedeutung der Verstöße gegen die Vorschriften des Primärrechts hervorgehoben werden, doch stellt ein Verstoß gegen das Sekundärrecht durch den Mitgliedstaat zugleich einen Verstoß gegen seine Verpflichtung aus Art. 10 Abs. 2 EG dar. Mit diesem Ansatz wird der zunehmenden Bedeutung des Sekundärrechts im Rechtsgefüge der Gemeinschaft Rechnung getragen und zudem dem in Art. 86 Abs. 1 EG vorgesehenen weiten Anwendungsbereich Rechnung getragen, damit sich die Mitgliedstaaten keinen gemeinschaftsrechtlichen Vorschriften entziehen können, indem sie sich Unternehmen bedienen, die zu ihnen in einer Sonderbeziehung stehen. Aus diesem Grund ist der Verweis auf den Vertrag in Art. 86 Abs. 1 EG

---

[248] In diesem Sinne auch *Ehlermann*, ECLR 1993, 61, 65 f.; *Emmerich* in: Dauses, H. II Rn. 117; *Koenig/Kühling* in: Streinz, Art. 86 EGV, Rn. 35.

[249] Vgl. *Hochbaum/Klotz* in: v. d. Groeben/Schwarze, Art. 86 EGV, Rn. 45 f.; *Grill* in: Lenz/Grill, Art. 86 EGV, Rn. 15; *Jung* in: Calliess/Ruffert, Art. 86 EGV, Rn. 31; *Bechtold/Brinker/Bosch/Hirsbrunner*, Art. 86 EGV, Rn. 34; *Stadler* in: Langen/Bunte, Art. 86 EGV, Rn. 41; *Voet van Vormizeele* in: Schwarze, Art. 86 EGV, Rn. 32; *Koenig/Kühling* in: Streinz, Art. 86 EGV, Rn. 35; a. A. *Heinemann*, S. 85 f.

[250] *Ehlermann*, ECLR 1993, 61, 65 f.; *Emmerich* in: Dauses, H. II Rn. 117.

[251] So *Ehlermann*, ECLR 1993, 61, 65 f.; *Grill* in: Lenz/Grill, Art. 86 EGV, Rn. 15; differenzierend *Emmerich* in: Dauses, H. II Rn. 117.

[252] *Jung* in: Calliess/Ruffert, Art. 86 EGV, Rn. 21; *Stadler* in: Langen/Bunte, Art. 86 EGV, Rn. 36; *Bach*, Schranken, S. 39; MünchKomm-EuWettbR/*Gundel*, Art. 86 EGV, Rn. 50; *Dohms* in: Wiedemann, Handbuch des Kartellrechts, 2008, § 35 Rn. 80; vorsichtiger *Koenig/Kühling* in: Streinz, Art. 86 EGV, Rn. 25. Vgl. auch EuGH U. v. 10. 3. 1983 Rs. 172/82 – *Inter Huiles* Slg. 1983, 555, Rn. 15; EuGH U. v. 14. 9. 2000 Rs. C-343/98 – *Collino* Slg. 2000, I-6659, Tz. 23; EuGH U. v. 12. 7. 1990 Rs. C-188/89 – *Forster/British Gas* Slg. 1990, I-3313, Tz. 20.

auch auf das ungeschriebene Gemeinschaftsrecht gerichtet.[253] Diese extensive Auslegung des Art. 86 Abs. 1 EG führt freilich zu einer erheblichen Erweiterung der Kompetenzen der Kommission nach Art. 86 Abs. 3 EG;[254] dies ist jedoch im Ergebnis gerechtfertigt vor dem Hintergrund der erheblichen „Aufweichung" des Art. 86 Abs. 1 EG durch die extensive Auslegung des Art. 86 Abs. 2 S. 1 EG, die sich derzeit durchgesetzt hat (dazu unten Rn. 79).

bb) Verstoß gegen unternehmensgerichtete Normen (Art. 81 und 82 EG). In 65 der Praxis der Anwendung des Art. 86 Abs. 1 EG haben vor allem Verstöße gegen die Art. 81, 82 EG Bedeutung erlangt. Dabei betrifft Art. 86 Abs. 1 EG nicht die Verletzung dieser Vorschriften durch das Unternehmen selbst. Hiergegen kann nur nach den allgemeinen Vorschriften gegen die Unternehmen vorgegangen werden. Art. 86 Abs. 1 EG erfasst vielmehr allein die **mitgliedstaatliche Einflussnahme** auf das Unternehmensverhalten, die den aus Art. 81, 82 EG abzuleitenden mitgliedstaatlichen Pflichten zuwiderläuft.[255] Die Mitgliedstaaten dürfen insoweit keine unternehmerischen Verstöße gegen die Wettbewerbsvorschriften der Art. 81, 82 EG fördern, erleichtern oder wirksam machen.[256] Damit können Art. 86 Abs. 1 EG (hinsichtlich des Mitgliedstaates) und Art. 81, 82 EG (hinsichtlich des Unternehmens) ggf. parallel zur Anwendung kommen. Sofern der Mitgliedstaat dem Unternehmen keinen Spielraum in Bezug auf das wettbewerbswidrige Verhalten lässt, scheidet die Anwendung der Art. 81, 82 EG auf das Unternehmen sogar vollständig aus,[257] so dass allein ein Verstoß gegen Art. 86 Abs. 1 EG zu prüfen ist. Es besteht insoweit indessen ein Spannungsverhältnis zu der Verpflichtung der Mitgliedstaaten, keine Maßnahmen aufrecht zu erhalten oder zu erlassen, die die Wirksamkeit der Wettbewerbsvorschriften des EG-Vertrages beeinträchtigen könnten (Art. 3 Abs. 1 lit. g), 10 Abs. 2, 81/82 EG).[258] Denn bei der Anwendung dieser Formel auf die direkte Verantwortlichkeit für wettbewerbswidrige Maßnahmen zieht der Gerichtshof – im Gegensatz zu Art. 86 Abs. 1 EG – die Voraussetzung der Akzessorietät zwischen staatlicher Maßnahme und unternehmerischem Handeln heran.[259]

Die Anwendung des Art. 86 Abs. 1 EG setzt einen unternehmerischen Verstoß gegen 66 Art. 81, 82 EG nicht voraus.[260] Dies gilt nicht nur für den Fall, dass der Mitgliedstaat dem Unternehmen keinen Verhaltensspielraum lässt (vgl. auch oben Rn. 2).

Vielmehr kann eine vertragswidrige Maßnahme des Mitgliedstaates bereits dann vorlie- 67 gen, wenn sie einen unternehmerischen Verstoß (bloß) fördert oder erleichtert, gleichgültig ob dieser tatsächlich erfolgt oder nicht. Nur dies trägt dem Normzweck des Art. 86 Abs. 1 EG Rechnung, dass der Mitgliedstaat sich nicht durch Einschaltung öffentlicher Unternehmen seinen Verpflichtungen nach dem EG entziehen können soll und dass ihm

---

[253] Statt vieler *Herdegen,* Europarecht, Rn. 160 ff.
[254] Vgl. auch MünchKomm-EuWettbR/*Gundel,* Art. 86 EGV, Rn. 51.
[255] MünchKomm-EuWettbR/*Gundel,* Art. 86 EGV, Rn. 52; *Voet van Vormizeele* in: Schwarze, Art. 86 EGV, Rn. 33.
[256] S. oben Rn. 54; vgl. auch *Hochbaum/Klotz* in: v.d. Groeben/Schwarze, Art. 86 EGV, Rn. 46 f.
[257] EuGH U. v. 16. 11. 1977 Rs. 13/77 – *GB-INNO/ATAB* Slg. 1977, 2115, 2144; EuGH U. v. 17. 5. 2001 Rs. C-340/99 – *TNT Traco* Slg. 2001, I-4109 Rn. 44; EuGH U. v. 17. 7. 1997 Rs. C-242/95 – *GT-Link* Slg. 1997, I-4449 Rn. 34; noch weitergehend wohl *Hochbaum/Klotz* in: v.d. Groeben/Schwarze, Art. 86 EGV, Rn. 48.
[258] EuGH U. v. 16. 11. 1977 Rs. 13/77 – *GB-INNO/ATAB* Slg. 1977, 2115.
[259] Ausführlich statt vieler *Klasse,* 223 ff.; *Mestmäcker/Schweitzer* in: Immenga/Mestmäcker, Art. 31, 86 EGV, Rn. 90 (C.); *Pernice/Wernicke* in: Grabitz/Hilf, Art. 86 EGV, Rn. 48; MünchKomm-EuWettbR/*Gundel,* Art. 86 EGV, Rn. 53.
[260] *Hochbaum/Klotz* in: v.d. Groeben/Schwarze, Art. 86 EGV, Rn. 47; *Mestmäcker/Schweitzer* in: Immenga/Mestmäcker, Art. 31, 86 EGV, Rn. 90 (C.); *Koenig/Kühling* in: Streinz, Art. 86 EGV, Rn. 27, 29.

insoweit ergänzende Verpflichtungen auferlegt werden. Hierin liegt im Kern auch die Rechtfertigung dafür, dass bereits in der Gewährung eines besonderen oder ausschließlichen Rechts eine vertragswidrige Maßnahme gesehen werden kann (vgl. oben Rn. 49, 55). Zwar stellt die Gewährung eines besonderen oder ausschließlichen Rechts i. S. v. Art. 86 Abs. 1 EG als solche noch keinen Verstoß gegen die den Mitgliedstaat nach Art. 82 EG treffenden Pflichten dar, selbst wenn dieses Recht eine marktbeherrschende Stellung begründet.[261] Anderes gilt vor diesem Hintergrund aber, wenn seine Gewährung einen unternehmerischen Verstoß zumindest fördert oder erleichtert.[262] Konsequenz dessen ist freilich, dass damit besondere oder ausschließliche Rechte i. S. v. Art. 86 Abs. 1 EG zunehmend in Frage gestellt und ihre Beurteilung in den Rahmen des Art. 86 Abs. 2 EG verlagert werden.[263]

68 **Beispiele** für Verstöße gegen die die Mitgliedstaaten nach Art. 82 EG treffenden Pflichten bieten etwa die Einräumung des Rechts, Gebühren für nicht oder nicht selbst erbrachte Leistungen zu fordern,[264] die Begünstigung einer wettbewerbswidrigen Erstreckung eines Monopols auf benachbarte Märkte,[265] die diskriminierende Erhebung von Gebühren[266] oder die Förderung der Behinderung des Marktzugangs für potentielle Konkurrenten.[267] Eine Verletzung der die Mitgliedstaaten nach Art. 81 EG treffenden Pflichten kommt in Betracht, wenn ein Mitgliedstaat die Bildung von Kartellen unterstützt,[268] insbesondere wenn der Staat mit der Verleihung von Ausschließlichkeitsrechten Vereinbarungen absichert, die unter mehreren beteiligten Unternehmen getroffen wurden.[269] Auch die Förderung von Verstößen gegen die Fusionskontrollverordnung wird als mögliche Verletzung des Art. 86 Abs. 1 EG angesehen.[270] Zwar stellt diese Vorschrift nur auf solche Maßnahmen der Mitgliedstaaten ab, die dem (EG-)„Vertrag" widersprechen, doch soll in der Verletzung von Sekundärrecht zugleich eine Verletzung des Art. 10 EG liegen.[271] Im Hinblick auf den Normzweck des Art. 86 Abs. 1 EG, dass der Mitgliedstaat sich nicht durch Einschaltung öffentlicher Unternehmen seinen Verpflichtungen nach dem EG-Vertrag entziehen können soll und ihm insoweit weitergehende Verpflichtungen auferlegt werden, ist die Einbeziehung von Sekundärrecht einerseits begründbar. Andererseits wird

---

[261] EuGH U. v. 23. 4. 1991 Rs. C-41/90 – *Höfner und Elsner/Macrotron* Slg. 1991, I-1979 Rn. 29; EuGH U. v. 25. 6. 1998 Rs. C-203/96 – *Dusseldorp* Slg. 1998, I-4075 Rn. 60 f.; EuGH U. v. 12. 9. 2000 verb. Rs. C-180–184/98 – *Pavlov/SPMS* Slg. 2000, I-6451 Rn. 127.

[262] EuGH U. v. 18. 6. 1991 Rs. C-260/89 – *ERT* Slg. 1991, I-2925 Rn. 37; EuGH U. v. 23. 5. 2000 Rs. C-209/98 – *FFAD* Slg. 2000, I-3743 Rn. 66; EuGH U. v. 10. 12. 1991 Rs. C-179/90 – *Porto di Genova* Slg. 1991, I-5889 Rn. 17; EuGH U. v. 25. 10. 2001 Rs. C-475/99 – *Ambulanz Glöckner* Slg. 2001, I-8089 Rn. 39.

[263] *Grill* in: Lenz/Grill, Art. 86 EGV, Rn. 18; *Koenig/Kühling* in: Streinz, Art. 86 EGV, Rn. 27; *Kämmerer,* Privatisierung, 2001, S. 96 f., 142.

[264] EuGH U. v. 17. 5. 2001 Rs. C-340/99 – *TNT Traco* Slg. 2001, I-4109 Rn. 45 ff.; EuGH U. v. 10. 12. 1991 Rs. C-179/90 – *Porto di Genova* Slg. 1991, I-5889, Rn. 19.

[265] EuGH U. v. 3. 10. 1985 Rs. 311/84 – *CBM/CLT u. IPB* Slg. 1985, 3261 Rn. 25 f.; EuGH U. v. 25. 10. 2001 Rs. C-475/99 – *Ambulanz Glöckner* Slg. 2001, I-8089 Rn. 40 ff.; Komm. E. v. 21. 12. 2000 – *Postalische Dienste in Italien* ABl. 2001 L 63/59.

[266] EuGH U. v. 10. 12. 1991 Rs. C-179/90 – *Porto di Genova* Slg. 1991, I-5889, Rn. 19.

[267] EuGH U. v. 12. 12. 2000 Rs. T-128/98 – *Aéroports de Paris* Slg. 2000, II-3929 Rn. 164 ff.; EuGH U. v. 19. 3. 1991 Rs. C-202/88 – *Telekommunikations-Endgeräte* Slg. 1991, I-1223, Rn. 54 ff.; Komm. E. v. 21. 12. 1993 *Hafen von Rødby* ABl. 1994 L 55/52 Rn. 12.

[268] EuGH U. v. 11. 4. 1989 Rs. 66/86 – *Ahmed Saeed* Slg. 1989, 803 Rn. 48.

[269] S. EuGH U. v. 25. 10. 2001 Rs. C-475/99 – *Ambulanz Glöckner* Slg. 2001, I-8089, Tz. 27 f.

[270] *Jung* in: Calliess/Ruffert, Art. 86 EGV, Rn. 27; *Koenig/Kühling* in: Streinz, Art. 86 EGV, Rn. 25, 29.

[271] *Jung* in: Calliess/Ruffert, Art. 86 EGV, Rn. 21; *Stadler* in: Langen/Bunte, Art. 86 EGV, Rn. 36; *Koenig/Kühling* in: Streinz, Art. 86 EGV, Rn. 25 („noch" mit dem Wortlaut vereinbar).

aber die besondere Bedeutung von Verstößen gegen die Vorschriften des EG-Vertrag ausgeblendet.

cc) Verletzung von „staatsgerichteten" Normen. (1) Allgemeines. Geringere 69
Bedeutung hat Art. 86 Abs. 1 EG bislang im Hinblick auf Verstöße der Mitgliedstaaten gegen solche Pflichten erlangt, die aus Vorschriften resultieren, die sich an die Mitgliedstaaten richten. Zunächst geht es um die – an sich selbstverständliche – Geltung dieser Vorschriften auch in Bezug auf öffentliche bzw. begünstigte Unternehmen,[272] wobei Art. 86 EG vor allem im Hinblick auf die erweiterten Kompetenzen der Kommission nach Absatz 3 Bedeutung gewinnt. So untersagt Art. 86 Abs. 1 EG Beihilfen an öffentliche oder begünstigte Unternehmen, die die Grenzen des – von Art. 86 Abs. 1 EG ausdrücklich angesprochenen – Art. 87 EG überschreiten.[273]

Darüber hinaus soll Art. 86 Abs. 1 EG verhindern, dass die Mitgliedstaaten diese Unter- 70
nehmen instrumentalisieren, um sich den an sie (die Mitgliedstaaten) gerichteten Vorschriften zu entziehen. Insoweit lässt sich Art. 86 Abs. 1 EG eine Erweiterung des materiellen Regelungsgehaltes dieser Vorschriften entnehmen. Sie darf allerdings nicht dahingehend missverstanden werden, dass öffentliche bzw. begünstigte Unternehmen zu Normadressaten dieser Vorschriften würden.[274] Vielmehr steht auch insoweit eine Verletzung mitgliedstaatlicher Pflichten in Rede.[275] Im Rahmen des Art. 86 Abs. 1 EG bleibt daher ohne Bedeutung, ob und inwieweit derartige Vorschriften Drittwirkung entfalten.

(2) Verletzung von Diskriminierungsverboten. Unternehmen, die von Art. 86 71
Abs. 1 EG erfasst werden, dürfen Bürger oder Unternehmen aus anderen Mitgliedstaaten nicht auf Grund ihrer Staatsangehörigkeit (Art. 12 EG) diskriminieren.[276] Es ist ihnen z. B. untersagt, auf Grund der Staatsangehörigkeit Tarifvergünstigungen zu versagen oder sie aus diesem Grund bei der Vergabe von Aufträgen oder der Besetzung von Stellen zu diskriminieren.[277] Entsprechendes gilt auch für die speziellen Ausprägungen des Diskriminierungsverbotes[278] in Art. 39,[279] 43[280] und 49 EG.[281] Zwar verweist der Wortlaut des Art. 86 Abs. 1 EG ausdrücklich nur auf die im EG-Vertrag geregelten Vorschriften, doch wird nach der hier vertretenen weiten Auslegung auch ein Verweis auf das Gemeinschaftsrecht insgesamt erfasst (oben Rn. 64), so dass auch ein Verstoß gegen das allgemeine Diskriminierungsverbot mitumfasst ist.[282]

Die von Art. 86 Abs. 1 EG erfassten Unternehmen dürfen auch keine Vehikel zur Ver- 72
letzung des Verbots der **Beschränkung der Warenverkehrsfreiheit** sein. Allgemeiner hat

---

[272] Ebenso MünchKomm-EuWettbR/*Gundel,* Art. 86 EGV, Rn. 47; *Voet van Vormizeele* in: Schwarze, Art. 86 EGV, Rn. 43.

[273] *Emmerich* in: Dauses, H. II Rn. 123; *Koenig/Kühling* in: Streinz, Art. 86 EGV, Rn. 32.

[274] Ebenso: *Dohms* in: Wiedemann, Handbuch des Kartellrechts, 2008, § 35 Rn. 156. Missverständlich *Pernice/Wernicke* in: Grabitz/Hilf, Art. 86 EGV, Rn. 6; *Jung* in: Calliess/Ruffert, Art. 86 EGV, Rn. 3.

[275] Grundsätzlich auch *Koenig/Kühling* in: Streinz, Art. 86 EGV, Rn. 33.

[276] S. *Voet van Vormizeele* in: Schwarze, Art. 86 EGV, Rn. 44; *Mestmäcker/Schweitzer* in: Immenga/Mestmäcker, Art. 31, 86 EGV, Rn. 85 f. (C.); *Koenig/Kühling* in: Streinz, Art. 86 EGV, Rn. 30; *Kapp* in: Frankfurter Kommentar, Art. 86 EGV, Rn. 43; vgl. auch EuGH U. v. 17. 5. 1994 Rs. C-18/93 – *Corsica Ferries* Slg. 1994, I-1783 Rn. 19.

[277] *Stadler* in: Langen/Bunte, Art. 86 EGV, Rn. 32; *Hochbaum/Klotz* in: v. d. Groeben/Schwarze, Art. 86 EGV, Rn. 46.

[278] S. *Koenig/Kühling* in: Streinz, Art. 86 EGV, Rn. 30, *Benesch,* Kompetenzen, S. 35.

[279] S. z. B. EuGH U. v. 25. 10. 2001 Rs. C-475/99 – *Ambulanz Glöckner* Slg. 2001, I-8089 Rn. 13.

[280] Komm. E. v. 26. 6. 1997 – *Fernsehwerbung Flandern* ABl. 1997 L 244/18 Rn. 12.

[281] EuGH U. v. 18. 6. 1991 Rs. C-260/89 – *ERT* Slg. 1991, I-2925 Rn. 11 und 20 ff.

[282] Vgl. MünchKomm-EuWettbR/*Gundel,* Art. 86 EGV, Rn. 48; *Voet van Vormizeele* in: Schwarze, Art. 86 EGV, Rn. 43; *Pernice/Wernicke* in: Grabitz/Hilf, Art. 86 EGV, Rn. 8 und 52; *Weiß,* EuR 2003, 165, 170; vgl. mit einem etwas anderen Ansatz *Burgi,* EuR 1997, 262, 283 f.

Art. 86 EG 73, 74 6. Teil. EG-Vertrag

der EuGH ausgeführt, dass der Mitgliedstaat öffentliche bzw. begünstigte Unternehmen nicht zu einer Verhaltensweise verpflichten oder veranlassen darf, die als Verhaltensweise des Staates gegen Art. 28, 30 oder 31 EG verstoßen würde.[283] Normativer Ansatzpunkt zur Beurteilung des Verhaltens des Staates ist dabei aber grundsätzlich Art. 28 EG. Ein Verstoß gegen Art. 28 EG unmittelbar (und nicht gegen Art. 86 Abs. 1 EG in Verbindung mit Art. 28 EG) liegt vor, wenn ein Mitgliedstaat ein Unternehmen, das zu ihm in einer Sonderbeziehung steht, verpflichtet, Waren nur in einem bestimmten Umfang aus bestimmten Mitgliedstaaten zu beziehen oder in diese zu liefern.[284] Ebenso ist die Ausnutzung einer durch ein ausschließliches Recht begründeten beherrschenden Stellung mit Art. 28 EG unvereinbar, wenn dadurch Waren aus anderen Mitgliedstaaten verteuert werden.[285] Ferner kann bei bestimmten staatlichen Maßnahmen, die Eingriffe in den Wettbewerb sind, welche sich aber gleichzeitig als Maßnahmen mit gleicher Wirkung wie Handelsbeschränkungen darstellen lassen, Art. 28 EG eingreifen.[286]

73 **(3) Verletzung des Beihilfenverbots.** Zu den staatengerichteten Normen, auf die Art. 86 Abs. 1 ausdrücklich verweist, gehören auch die Art. 87 bis 89 EG, so dass die Veranlassung öffentlicher bzw. begünstigter Unternehmen zur Gewährung von Beihilfen, die der Mitgliedstaat selbst nach Art. 87 EG nicht gewähren dürfte, ebenfalls von Art. 86 Abs. 1 EG erfasst wird.[287]

3. Unmittelbare Anwendbarkeit

74 Schwierigkeiten wirft die unmittelbare Anwendbarkeit des Art. 86 Abs. 1 EG auf, d. h. die Verpflichtung der nationalen Gerichte (und ggf. auch Behörden) zu seiner Anwendung. Art. 86 Abs. 1 EG wird für sich allein zum Teil nicht als unmittelbar anwendbar angesehen, da er auf andere Vorschriften – für Unternehmen oder für Mitgliedstaaten – Bezug nehme.[288] Nach der Rechtsprechung des EuGH sollen jedoch diejenigen Bestimmungen des Vertrages, die unmittelbar anwendbar sind, diese Wirkung auch dann beibehalten und für den einzelnen Rechte begründen, die die nationalen Gerichte zu wahren haben, wenn sie im Rahmen des Art. 86 Abs. 1 EG Anwendung finden.[289] Damit wird jedenfalls in Verbindung mit unmittelbar anwendbaren Normen das nur für Unternehmen geltende Recht im Anwendungsbereich des Art. 86 Abs. 1 EG auch auf damit unvereinbare staatliche Maßnahme erstreckt und der direkten Kontrolle der mitgliedstaatlichen Gerichte unterstellt.[290] Soweit allerdings in Art. 86 Abs. 1 EG eine Erweiterung der die Mitgliedstaaten nach anderen Vorschriften treffenden Pflichten gesehen wird, ist wiederum eine eigenständige Bewertung seiner unmittelbaren Anwendbarkeit erforderlich.

---

[283] EuGH U. v. 23. 10. 1997 Rs. C-159/94 – *Monopole bei Strom und Gas* Slg. 1997, I-5815 Rn. 47; EuGH U v. 7. 12. 2000 Rs. C-324/98 – *Teleaustria* Slg. 2000, I-10745, Rn. 36 und 60.
[284] EuGH U. v. 10. 3. 1983 Rs. 172/82 – *Inter Huiles* Slg. 1983, 555 Rn. 9, 12, 15 f.
[285] *Koenig/Kühling* in: Streinz, Art. 86 EGV, Rn. 31 unter Berufung auf EuGH, U. v. 10. 12. 1991 Rs. C-179/90 – *Porto di Genova* Slg. 1991, I-5889, Rn. 21 f.; vgl. auch *Wachsmann/Berrod*, RTDE 1994, 39, 55 f.
[286] Ausführlich mit einer eingehenden Analyse der Rechtsprechung *Ehricke*, S. 121 ff.
[287] Vgl. EuGH U. v. 16. 5. 2002 Rs. C-482/99 – *Stardust Marine* Slg. 2002, I-4397; s. ferner auch *Hochbaum/Klotz* in: v. d. Groeben/Schwarze, Art. 86 EGV, Rn. 49; MünchKomm-EuWettbR/ *Gundel*, Art. 86 EGV, Rn. 48; *Voet van Vormizeele* in: Schwarze, Art. 86 EGV Rn. 47; *Emmerich* in: Dauses, H. II, Rn. 123; *Koenig/Kühling* in: Streinz, Art. 86 EGV, Rn. 32.
[288] *Koenig/Kühling* in: Streinz, Art. 86 EGV, Rn. 5; differenzierend *Voet van Vormizeele* in: Schwarze, Art. 86 EGV, Rn. 9.
[289] EuGH U. v. 16. 9. 1999 Rs. C-22/98 – *Becu* Slg. 1999, I-5665, Rn. 21.
[290] So *Pernice/Wernicke* in: Grabitz/Hilf, Art. 86 EGV, Rn. 12.

III. Die Ausnahmeregelung des Art. 86 Abs. 2 EG

1. Grundlagen des Art. 86 Abs. 2 EG

a) Allgemeines. Art. 86 Abs. 2 Satz 1 EG nimmt Unternehmen, die mit Dienstleistungen von allgemeinem wirtschaftlichen Interesse betraut sind oder den Charakter eines Finanzmonopols haben, aus dem Regelungsbereich der Vertragsvorschriften, insbesondere der Wettbewerbsregeln aus, soweit die Anwendung dieser Vorschriften die Erfüllung der ihnen übertragenen besonderen Aufgaben rechtlich oder tatsächlich verhindert. Art. 86 Abs. 2 S. 2 EG schränkt diese Ausnahme allerdings dergestalt ein, dass die Entwicklung des Handelsverkehrs nicht in einem Ausmaß beeinträchtigt werden darf, das dem Interesse der Gemeinschaft zuwiderläuft. Diese Vorschrift gehört mittlerweile zu den bedeutendsten Regelungen im gesamten europäischen Wirtschaftsrecht, weil sie in der Diskussion um das staatliche Engagement in der Wirtschaft, insbesondere im Hinblick auf die Daseinsvorsorge, die zentrale Rolle spielt.

Die Erwartung, die Regelung des Art. 86 Abs. 2 EG könnte sich bald als obsolet herausstellen,[291] hat sich nicht erfüllt. Das Gegenteil ist vielmehr der Fall. Art. 86 Abs. 2 EG spielt in der **Praxis** des EuGH und der Kommission eine dominante Rolle,[292] und auch die Literatur zu diesem Thema ist praktisch kaum noch zu übersehen.[293] Hintergrund dessen ist der Umstand, dass anhand Art. 86 Abs. 2 EG zu beurteilen ist, in welchem Maße man dem Staat zubilligen möchte, in die Wirtschaft und in den Wettbewerb einzugreifen, ohne dass dieses Verhalten den Markt- und Wettbewerbskontrollmechanismen des Vertrages unterworfen ist. Anders gewendet ist Art. 86 Abs. 2 EG das Instrument zur Definition staatlicher Ausnahmebereiche von dem in Art. 3 Abs. 1 lit. g) EG verankerten Prinzip der Schaffung eines Binnenmarktes, auf dem ein System unverfälschten Wettbewerbs besteht. Dabei geht es um die Abwägung zwischen den wirtschafts- und sozialpolitischen Zielsetzungen der Mitgliedstaaten einerseits und dem Interesse der EG an der Sicherung unverfälschten Wettbewerbs und der Erhaltung und Fortentwicklung des Binnenmarktes andererseits.[294] Häufig wird allerdings nicht deutlich genug hervorgehoben, dass sich diese Abwägung auf zwei Ebenen widerspiegelt, nämlich zunächst auf der Ebene des Art. 86 Abs. 2 Satz 1 EG, indem geprüft werden muss, ob ein bestimmtes Verhalten der Normadressaten tatsächlich den Regeln des Gemeinschaftsrechts, insbesondere den Wettbewerbsregelungen, entzogen ist. Bejahendenfalls ist sodann auf der Ebene des Art. 86 Abs. 2 Satz 2 EG zu prüfen, ob dieses Ergebnis mit den Interessen der Gemeinschaft vereinbar ist.[295]

---

[291] *v. Wilmowsky,* ZHR 155 (1991), 545.
[292] EuGH U. v. 19. 5. 1993 Rs. C-320/91 – *Corbeau* Slg. 1993, I-2533; EuGH U. v. 27. 4. 1994 Rs. C-393/92 – *Almelo* Slg. 1994, I-1477; EuGH U. v. 23. 10. 1997 Rs. C-159/94 – *Monopole bei Strom und Gas* Slg. 1997, I-5815; EuGH U. v. 23. 10. 1997 Rs. C-157/94 – *Stromimporte* Slg. 1997, I-5699; EuGH U. v. 23. 10. 1997 Rs. C-158/94 – *Kommission/Italien* Slg. 1997, I-5789; EuGH U. v. 23. 10. 1997 Rs. C-159/94 – *Monopole bei Strom und Gas* Slg. 1997, I-5815; EuGH U. v. 23. 10. 1997 Rs. C-160/94 – *Kommission/Spanien* Slg. 1997, I-5851; EuGH U. v. 10. 2. 2000 verb. Rs. C-147/97 u. 148/97 – *Deutsche Post AG,* Slg. 2000, I-825.
[293] Vgl. allein die neueren monographischen Arbeiten: *Essebier,* Dienstleistungen von allgemeinem wirtschaftlichen Interesse und Wettbewerb, 2005; *Rottmann,* Vom Wettbewerbsrecht zur Ordnungspolitik, 2008; *Andresen,* Die Pflichten der EU-Mitgliedstaaten zum Abbau versorgungspolitisch motivierter Marktinterventionen, 2005.
[294] *Ehricke,* EuZW 1993, 211, 215 f.; vgl. auch MünchKomm-EuWettbR/*Gundel,* Art. 86 EGV, Rn. 75; *Koenig/Kühling* in: Streinz, Art. 86 EGV, Rn. 36; EuGH U. v. 19. 3. 1991 Rs. C-202/88 – *Telekommunikations-Endgeräte* Slg. 1991, I-1223, Rn. 12; EuGH U. v. 21. 9. 1999 Rs. C-67/96 – *Albany* Slg. 1999, I-5751, Rn. 103; siehe weiter die Urteilszitate bei *Voet van Vormizeele* in: Schwarze, Art. 86 EGV, Rn. 54.
[295] Vgl. dazu *Koenig/Kühling* in: Streinz, Art. 86 EGV, Rn. 56 ff., 65; *Mestmäcker/Schweitzer,* Europäisches Wettbewerbsrecht, S. 890; *Kapp* in: Frankfurter Kommentar, Art. 86 EGV, Rn. 134; *Klasse,* S. 240 ff.

77 Art. 86 Abs. 2 EG gilt gemeinhin als dogmatisch schwierige Norm. Der Grund dafür liegt darin, dass die Konstruktion des Absatzes 2 mit seinen beiden Sätzen den ganz erheblichen Streit bei der Entstehung der Norm widerspiegelt, der sich dann in einem Kompromiss niedergeschlagen hat. Angesichts der unterschiedlichen Verbreitung von Monopolen und öffentlichen Unternehmen in den Mitgliedstaaten bildete ihre Unterwerfung unter die vertraglichen Regelungen einen zentralen Streitpunkt in den Vertragsverhandlungen, zumal eine solche Regelung in jedem Fall als ein bedeutender Eingriff in die wirtschaftspolitische Souveränität der Mitgliedstaaten angesehen wurde.[296] Während **Frankreich** auf Grund seiner in vielen Bereichen von öffentlichen Unternehmen dominierten Wirtschaft um eine Ausnahmeregelung bemüht war, fürchteten die angrenzenden Beneluxstaaten und **Deutschland,** denen ein solch ausgeprägter öffentlicher Sektor fremd war, eine Wettbewerbsverzerrung zuungunsten ihrer nationalen Marktteilnehmer insbesondere durch französische aber auch italienische Monopolisten.[297] Als Kompromisslösung wurde schließlich eine Ausnahme-Bestimmung in den damaligen Art. 90 Abs. 2 EWG-Vertrag eingefügt, deren unpräzise Formulierung des Satzes 1 es Frankreich ermöglichen sollte, seine nationale Wirtschaftspolitik auch weiterhin unter Einbindung des öffentlichen Sektors zu verwirklichen.[298] Als „Gegengewicht" wurde aber auf Betreiben der übrigen Staaten in Abs. 2 Satz 2 eine Ausnahme von der Ausnahme vorgenommen, die dafür sorgen sollte, dass trotz der Anerkennung nationaler Interessen den Gemeinschaftsinteressen an der Verwirklichung des gemeinsamen Binnenmarktes der Vorrang eingeräumt wird.[299]

78 Damit besteht die Normkonzeption des Art. 86 Abs. 2 EG in folgender **Stufenstruktur:** Auf der ersten Stufe stellt Abs. 2 Satz 1, 1. Hs. die Grundregel auf, dass die Vertragsvorschriften auch für Unternehmen mit staatlich übertragenen Sonderaufgaben gelten.[300] Satz 1 nennt dabei zwei Unternehmenstypen, nämlich solche, die mit Dienstleistungen von allgemeinem wirtschaftlichen Interesse betraut worden sind, und solche, die den Charakter eines Finanzmonopols aufweisen. Auf der zweiten Stufe regelt Abs. 2 Satz 1, 2. Hs., dass die Bindung dieser Unternehmen an die Vorschriften des Vertrages unter dem Vorbehalt steht, dass ihnen die Bindung an die vertraglichen Regelungen die Erfüllung ihrer besonderen vertraglichen Aufgabe rechtlich oder tatsächlich verhindert („faire échec"; „obstruct the performance").[301] Ist dies der Fall, so finden die betreffenden Vorschriften insoweit keine Anwendung, wobei auf der dritten Stufe nach Abs. 2 Satz 2 diese Ausnahme durch den Vorbehalt begrenzt ist, dass dies die Entwicklung des Handelsverkehrs nicht in gemeinschaftsinteressenwidriger Weise beeinträchtigt. Diese Struktur zeigt, dass Art. 86 Abs. 2 EG keineswegs als Bereichsausnahme verstanden werden darf,[302] sondern eine sachgebietsübergreifende **Legalausnahme** beinhaltet,[303] die anders etwa als in Art. 81 Abs. 3 EG ohne die vorherige Entscheidung eines Gemeinschaftsorgans oder einer Behörde partiell die Anwendbarkeit bestimmter Vorschriften des Vertrags aufhebt. Als Rechtsfolge erlaubt Art. 86 Abs. 2 EG ein Abweichen von den betreffenden Vertragsbe-

---

[296] *Mestmäcker/Schweitzer* in: Immenga/Mestmäcker, Art. 31, 86 EGV, Rn. 1 ff. (D).
[297] *Emmerich* in: Dauses, H. II Rn. 2 ff., 141.
[298] Vgl. auch oben Rn. 29.
[299] *Emmerich* in: Dauses, H. II, Rn. 2 ff., 141.
[300] EuGH U. v. 27. 3. 1974 Rs. 127/73 – *BRT/SABAM II* Slg 1974, 313, Rn. 19, 22; *Mestmäcker/Schweitzer* in: Immenga/Mestmäcker, Art. 31, 86 EGV, Rn. 15 f. (D).
[301] Dazu näher unten Rn. 114 ff.
[302] So aber offensichtlich *Jung* in: Calliess/Ruffert, Art. 86 EGV, Rn. 34; vgl. auch *Baur*, FS Everling, S. 69, 72.
[303] EuGH U. v. 27. 3. 1974 Rs. C-127/73 – *BRT II* Slg. 1974, 313; *Pernice/Wernicke* in: Grabitz/Hilf, Art. 86, Rn. 51; entgegen der missverständlich gewählten Überschrift auch *Hochbaum/Klotz* in: v. d. Groeben/Schwarze, Art. 86 EGV, Rn. 53; *Emmerich* in: Dauses, H. II Rn. 158; *Stadler* in: Langen/Bunte, Art. 86 EGV, Rn. 42; MünchKomm-EuWettbR/*Gundel*, Art. 86 EGV, Rn. 93; *Kapp* in: Frankfurter Kommentar, Art. 86 EGV, Rn. 101; *Essebier*, S. 27.

stimmungen, insbesondere der Wettbewerbsregeln. Dieses Abweichen ist methodisch nicht in dem Sinne zu verstehen, dass die betreffende EG-Norm verdrängt wird, sondern dahingehend, dass sie trotz ihrer Tatbestandsmäßigkeit im Hinblick auf ihre Rechtsfolgen nicht anzuwenden ist.

Dieser Kompromisscharakter führt dazu, dass die Bedeutung des Art. 86 Abs. 2 EG und die konkrete Auslegung der Tatbestandsmerkmale lange Zeit bei vollkommen konträren Ansätzen sehr **umstritten** war und dies zum Teil in den Bereichen, die der EuGH noch nicht endgültig geklärt hat, auch noch ist.[304] Teils wurden die allgemeinen Vorschriften des Gemeinschaftsrechts als ausreichend angesehen, um die Verwirklichung des gemeinsamen Binnenmarktes und das Bedürfnis der Mitgliedstaaten nach einem ausgeprägten öffentlichen Sektor in Einklang zu bringen. Teils wurde Art. 86 Abs. 2 EG als zu unpräzise empfunden, so dass praktisch jede Zuwiderhandlung gegen vertragliche Regelungen gerechtfertigt werden könne. Erst in jüngerer Zeit setzte in Literatur und Rechtsprechung eine Neubewertung der Norm ein.[305] Diese Tendenz hat ganz wesentlich dazu beigetragen, dass die Rechtsprechung dazu übergegangen ist, die an sich als Ausnahmevorschrift konzipierte Regelung des Art. 86 Abs. 2 Satz 1 EG zunehmend großzügiger anzuwenden,[306] so dass mittlerweile Art. 86 Abs. 2 EG gleichsam die Magna Charta der Daseinsvorsorge darstellt.[307]

b) Regelungszweck des Abs. 2. Der Regelungszweck besteht in dem bereits angedeuteten Ausgleich von verschiedenen Interessen. Die Mitgliedstaaten haben ein originäres Interesse daran, durch Eingriffe in den Markt bzw. in den Wettbewerb zwischen den Unternehmen ihre wirtschafts-, industrie- und sozialpolitisch motivierten Zielsetzungen umzusetzen. Dazu sind sie grundsätzlich frei, soweit der betreffende Regelungsgegenstand nicht in den gemeinschaftsrechtlichen Harmonisierungsbereichen liegt, die den Mitgliedstaaten Restriktionen in der Umsetzung ihrer eigenen politischen Vorstellungen auferlegen. Konträr dazu steht das Interesse der Gemeinschaft an der Erreichung des in den Art. 2, 3 und 14 EG verankerten Vertragszieles der Schaffung eines gemeinsamen Marktes, auf dem die Güter und Kapitalströme primär durch den Wettbewerb geregelt werden, dem die Existenz nationaler Monopole und öffentlicher Unternehmen ganz oder partiell zuwiderläuft.[308] Denn sowohl monopolistisch agierende als auch mit besonderen Mitteln und Einflussmöglichkeiten ausgestattete öffentliche Unternehmen sind auf Grund ihrer strukturellen Besonderheit in der Lage, sich ganz oder zumindest teilweise dem Wettbewerb zu entziehen und die Marktverhältnisse zu Lasten ihrer nicht privilegierten, privaten Konkurrenten zu ihren Gunsten zu verschieben.[309]

Art. 86 Abs. 2 EG stellt daher eine **Rechtfertigungsnorm** dar, um bestimmtes unternehmerisches Verhalten den einschlägigen EG-rechtlichen Ordnungsvorgaben zu entziehen. Da Art. 86 Abs. 2 EG im Hinblick auf das gesamte Primär- und Sekundärrecht gilt[310] und vom EuGH explizit auch auf die Grundfreiheiten angewendet wurde[311] stellt die Re-

---

[304] Darstellung bei *Mestmäcker/Schweitzer*, in: Immenga/Mestmäcker, Art. 31, 86 EGV, Rn. 15 ff. (D.) m. w. N.; ebenso *Emmerich* in: Dauses, H. II Rn. 142 ff.

[305] So der programmatische Titel des Beitrages von *Ehricke*, EuZW 1993, 211.

[306] Zuletzt etwa EuGH U. v. 24. 7. 2003 Rs. C-280/00 – *Altmark Trans* Slg. 2003, I-774; vgl. auch MünchKomm-EuWettbR/*Gundel*, Art. 86 EGV, Rn. 76; *König/Kühling*, ZHR 166 (2002), 656, 657; *Götz* FS Maurer, S. 921, 926 f.

[307] *Erhardt*, S. 250 ff. m. w. N.

[308] *Emmerich* in: Dauses, H. II Rn. 142 ff.

[309] *Mestmäcker*, RabelsZ 1988, 527 ff.

[310] Zur Anwendung auf Sekundärrecht vgl. EuG U. v. 12. 12. 2000 Rs. T-128/98 – *Aéroports de Paris* Slg. 2000, II-3929 Rn. 228; vgl. ausführlich dazu MünchKomm-EuWettbR/*Gundel*, Art. 86 EGV, Rn. 118 ff.

[311] Vgl. EuGH U. v. 23. 10. 1997 Rs. C-157/94 bis 160/94 – *Stromimporte* Slg. 1997, I-5699, Rn. 32; EuGH U. v. 18. 6. 1998 Rs. C-266/96 – *Corsica Ferries* Slg. 1998, I-3949; vgl. auch GA

gelung die einzige Möglichkeit der Mitgliedstaaten dar, wirtschaftliche Gründe zur Rechtfertigung von Eingriffen in die Grundfreiheiten heranzuziehen.[312] Vor dem Hintergrund der den Staaten mit dieser Vorschrift eröffneten Möglichkeit, eigenes und privat-unternehmerisches Verhalten dem Anwendungsbereich des EG-Rechts zu entziehen, besteht die ernstliche Gefahr, dass die wettbewerbsgewährleistenden Normen des Gemeinschaftsrechts und deren Pendant zur Gewährleistung der Marktfreiheiten in weiten Bereichen leer laufen können. Das gilt umso mehr, als noch nicht in allen Bereichen vollkommen geklärt ist, in wessen Definitionshoheit die Bestimmung einzelner Tatbestandsmerkmale liegt.[313] Es besteht daher im Blick auf die Zielvorgaben des EG-Vertrags im Hinblick auf die Schaffung eines Marktes, auf dem die Grundfreiheiten gesichert sind und ein System des unverfälschten Wettbewerbs besteht das zwingende Bedürfnis, Art. 86 Abs. 2 Satz 1 EG so **eng** wie möglich[313a] und Abs. 2 so **weit** wie nötig auszulegen. Zudem ist streng zu beachten, dass die gesetzliche Freistellung des Abs. 2 subsidiär ist und als sachgebietsübergreifende Ausnahmevorschrift erst zur Anwendung kommt, wenn alle sachgebietsspezifischen Freistellungstatbestände (z.B. Art. 30, 45, 46, Art. 81 Abs. 3, Art. 87 Abs. 2 und 3 EG) nicht erfüllt sind.[314]

82 c) **Anwendungsbereich des Abs. 2. aa) Normadressaten.** Die Regelung des Art. 86 Abs. 2 EG wendet sich unmittelbar an die dort aufgeführten Unternehmen[315] (zum Unternehmensbegriff s. unten Rn. 95). Aufgrund des Wortlautes („Für Unternehmen ...") könnte es daher problematisch sein, ob Abs. 2 auch auf Mitgliedstaaten Anwendung findet. Die Anwendung auf mitgliedstaatliches Handeln ist jedoch mit dem Hinweis auf die Funktion des Art. 86 Abs. 2 Satz 1 EG als Ausnahmetatbestand mittlerweile allgemein anerkannt, so dass sich auch Mitgliedstaaten zur Rechtfertigung von unter Abs. 1 fallende Maßnahmen auf die Ausnahmeregelung des Abs. 2 berufen können, soweit die übrigen Voraussetzungen des Abs. 2 Satz 1 EG erfüllt sind.[316]

83 bb) **Umfang der Privilegierung.** Art. 86 Abs. 2 EG sieht nicht nur vor, dass sich die Privilegierung der Nichtanwendbarkeit lediglich auf unternehmensbezogene Vertragsvorschriften bezieht, sondern auch auf staatengerichtete Vorschriften, die Adressaten des Art. 86 Abs. 2 EG in der Ausübung ihrer Sonderaufgaben behindern.[317]

Alber, Rs. 439/99 – *Kommission/Italien* Slg. 2002, 305 Rn. 65, der vertreten hat, dass Art. 86 Abs. 2 eine Norm ist, die die Anwendung der Grundfreiheiten ausschließe.

[312] Vgl. dazu *Pernice/Wernicke* in: Grabitz/Hilf, Art. 86 EGV, Rn. 53; *Notaro* CMLRec. 1999, 1309, 1320 ff.; *Gundel,* ZUM 2000, 1046, 1050.

[313] Dazu unten Rn. 105, 131.

[313a] *Dohms* in: Wiedemann, Handbuch des Kartellrechts, 2008, § 35 Rn. 276; *Stadler* in: Langen/Bunte, Art. 86 EGV, Rn. 43; *Hochbaum/Klotz* in: v.d. Groeben/Schwarze, Art. 86 EGV, Rn. 53; *Mestmäcker/Schweitzer* in: Immenga/Mestmäcker, Art. 31, 86 EGV, Rn. 15 (D).

[314] *Koenig/Kühling* in: Streinz, Art. 86 EGV, Rn. 37; *Dohms* in: Wiedemann, Handbuch des Kartellrechts, 2008, § 35 Rn. 289.

[315] *Hochbaum/Klotz* in: v.d. Groeben/Schwarze, Art. 86 EGV, Rn. 52, 54; *Emmerich* in: Dauses, H. II, Rn. 143; zum Unternehmensbegriff s. unten Rn. 95 ff.

[316] EuGH U. v. 19. 5. 1993 Rs. C-320/91 – *Corbeau* Slg. 1993, I-2533 Rn. 14; *Pernice/Wernicke* in: Grabitz/Hilf, Art. 86 EGV, Rn. 51; *Voet van Vormizeele* in: Schwarze, Art. 86 EGV, Rn. 51; *Hochbaum/Klotz* in: v.d. Groeben/Schwarze, Art. 86 EGV, Rn. 54; *Ehricke,* EuZW 1993, 211, 214; *Catalano* in: FS Riese, 1964, S. 133, 138 f.; *Hochbaum/Klotz* in: v.d. Groeben/Schwarze, Art. 86 EGV, Rn. 57; vgl. auch GA *Lenz,* EuGH U. v. 30. 4. 1986 Rs. 209–213/84 – *Asjes* Slg. 1986, 1425, 1446; EuGH U. v. 13. 12. 1991 Rs. C-18/88 – *RTT/GB-INNO-BM* Slg. 1991, I-5941 Rn. 21 f. Früher wurde zum Teil vertreten, dass sich Art. 86 Abs. 2 EG nur an Unternehmen richte – so etwa *Heinemann,* S. 62 f.; *v. Wilmowsky,* ZHR 155 (1991), 545, 557 ff.; *Schwarze,* EuZW 2000, 613, 623.

[317] EuG U. v. 27. 2. 1997 Rs. T-106/95 – *FFSA u.a./Kommission* Slg. 1997, II-229 Rn. 172; EuGH U. v. 25. 3. 1998 Rs. C-174/97 P – *FFSA u.a./Kommission* Slg. 1998, I-1303 Rn. 33; *Rumpf,* Öffentliche Dienstleistungen, S. 168; *Koenig/Kühling* in: Streinz, Art. 86 EGV, Rn. 39.

84 Muss ein im Einklang mit Art. 86 Abs. 2 EG mit Sonderechten ausgestattetes Unternehmen gegen eine das Unternehmen betreffende Vertragsvorschrift verstoßen, um die übertragene Sonderaufgabe überhaupt lösen zu können, so kann sich dieses Unternehmen selbst zur seiner Rechtfertigung auf die Ausnahmevorschrift berufen, sofern auch die übrigen Voraussetzungen erfüllt sind. Gleiches gilt auch für den Mitgliedstaat, der gegenüber privilegierungsfähigen Unternehmen kraft hoheitlicher Befugnis eine derartige Maßnahme anordnet. Das bedeutet, dass Unternehmen bei einem Abweichen von den unternehmensbezogenen Normen ebenso profitieren wie bei einer Befreiung des Mitgliedstaates bei der Abweichung von staatengerichteten Vorgaben.[318] Denn dann, wenn ein Unternehmen gegen die unternehmensbezogenen Vorschriften verstößt, liegt der Sache nach kein unternehmerischer Verstoß mehr vor, weil das Unternehmen in dem vom Staat vorgegebenen Rahmen handelt. Insoweit geht das vertragswidrige Verhalten nach Art. 86 Abs. 1 EG von dem Mitgliedstaat aus, der sich dann aber wiederum auf die Ausnahme des Art. 86 Abs. 2 EG berufen kann. Steht das unternehmerische Handeln dagegen im Widerspruch zu einer mitgliedstaatbezogenen Norm, so bedarf es einer unternehmerischen Rechtfertigung ebenfalls nicht, weil diese mitgliedstaatliche Norm nicht auf sie anwendbar ist.

85 Der EuGH hat zudem ausdrücklich festgestellt, dass sich Mitgliedstaaten bei Verstößen gegen **Art. 31 EG** und die Verkehrsfreiheiten auf Art. 86 Abs. 2 EG berufen können, um einem privilegierten Unternehmen gegen die betreffenden Normen verstoßende, ausschließliche Rechte zu gewähren,[319] soweit die Betrauung von Unternehmen mit Dienstleistungen von allgemeinem wirtschaftlichem Interesse zusammentrifft.[320] Damit ist der EuGH von seiner früheren Rechtsprechung abgerückt, nach der bei einem mit Sondergaben betrauten Unternehmen auch dann auf die Einhaltung der Vertragsvorschriften über den freien Warenverkehr zu achten ist, wenn dadurch die Erfüllung der Sonderaufgabe **unmöglich** wird.[321]

86 Von besonderer Bedeutung ist die Privilegierung im Bereich der **Beihilfenvorschriften** (Art. 87 f. EG). Insoweit hat sich in der Literatur und Rechtsprechung mittlerweile eine Dynamik entwickelt, die es in ihrem Umfang als angemessen erscheinen lässt, das Verhältnis von Art. 86 Abs. 2 EG und den Beihilfevorschriften als eigenständigen Teilbereich zu verstehen.[322] Nachdem der EuGH zunächst bei der Auslegung des Unternehmensbegriffs des Art. 87 EG noch festgestellt hat, dass dieser unter dem Vorbehalt des Art. 86 Abs. 2 EG sämtliche öffentliche und private Unternehmen erfasse,[323] und in einem anderen Fall, der eine von der Kommission noch nicht genehmigte Beihilfe zum Gegenstand hatte, sich auf die Position zurückzog, dass zunächst die Unvereinbarkeit der Beihilfe mit dem gemeinsamen Markt festgestellt werden müsse, bevor darauf einzugehen sei, ob und in welchem Umfang eine Beihilfe nach Art. 86 Abs. 2 EG vom Verbot des Art. 87

---

[318] So zu Recht *Koenig/Kühling* in: Streinz, Art. 86 EGV, Rn. 39.
[319] EuGH U. v. 23. 10. 1997 Rs. C-159/94 – *Monopole bei Strom und Gas* Slg. 1997, I-5815 Rn. 44 ff.; insoweit gleich lautend EuGH U. v. 23. 10. 1997 Rs. C-157/94 – *Stromimporte* Slg. 1997, I-5699; und EuGH U. v. 23. 10. 1997 Rs. 158/94 – *Kommission/Italien* Slg. 1997, I-5789; ebenso EuGH U. v. 10. 2. 2000 verb. Rs. C-147/97 u. 148/97 – *Deutsche Post AG* Slg. 2000, I-825.
[320] EuGH U. v. 27. 4. 1994 Rs. C-393/92 – *Almelo* Slg. 1994, I-1477, 1520 Rn. 46.
[321] EuGH U. v. 10. 7. 1984 Rs. 72/83 – *Campus Oil* Slg. 1984, 2727 Rn. 19; vgl. auch EuGH U. v. 19. 5. 1993 Rs. C-320/91 – *Corbeau* Slg. 1993, I-2533; EuGH U. v. 27. 4. 1994 Rs. C-393/92 – *Almelo* Slg. 1994, I-1477, in denen der Richtungswechsel bereits angedeutet wurde.
[322] Vgl. dazu etwa *Erhardt*, Beihilfen für öffentliche Dienstleistungen – Das Verhältnis zwischen Art. 87 und Art. 86 EGV, 2003; *Jennert*, Zum Verhältnis von europäischem Beihilfenrecht und mitgliedstaatlicher Daseinsvorsorge, 2005; *Ehricke*, in: Immenga/Mestmäcker, Art. 87 EGV, Rn. 21, 55; MünchKomm-EuWettbR/*Gundel*, Art. 86 EGV, Rn. 141 ff.
[323] EuGH U. v. 22. 3. 1977 Rs. 78/76 – *Steinike und Weinlig/Deutschland* Slg. 1977, I-595, 612 u. 616.

Art. 86 EG 86

Abs. 1 EG befreit sei,[324] hat er in einer Reihe von jüngeren grundlegenden Entscheidungen eine Rechtsprechung entwickelt, wonach unter bestimmten Voraussetzungen die Gewährung einer EG-rechtswidrigen Beihilfe vom Beihilfenverbot nach Art. 87 EG gem. Art. 86 Abs. 2 EG ausgenommen werden kann.[325] Im Urteil Altmark Trans[326] hat der EuGH vier Kriterien entwickelt, die für die Praxis bindend sind.[327] Danach muss das begünstigte Unternehmen erstens mit der Erfüllung klar definierter gemeinwirtschaftlicher Verpflichtungen betraut worden sein, zweitens muss die Berechnungsgrundlage für die Ausgleichszahlungen zuvor objektiv und transparent aufgestellt worden sein,[328] drittens dürfen die Kompensationszahlungen nicht über die nicht durch die Einnahmen gedeckten Kosten aus der Erfüllung der übertragenen Aufgabe zuzüglich eines angemessenen Gewinns hinausgehen[329] und viertens ist den Zahlungen, wenn die Wahl des Unternehmens nicht im Wege eines Vergabeverfahrens erfolgt, die Kostenstruktur eines durchschnittlich gut geführten und angemessen ausgestatteten Unternehmens zugrunde zu legen.[330] In der Folge hat sich in der Literatur und Praxis eine umfangreiche Kontroverse entwickelt, wie die Rechtfertigungslösung der Altmark-Trans-Rechtsprechung im Einzelnen anzuwenden ist.[331] Für die Praxis ist entscheidend, dass die Kommission ein Paket von drei Rechtsakten erlassen hat, die eine Reaktion auf die Verengung der Anwendung der Beihilfenregelungen darstellen. Der Anwendungsbereich der Transparenzrichtlinie ist ausgeweitet worden, um sicherzustellen, dass sie auch Unternehmen erfasst, die staatliche Ausgleichsleistungen erhalten, die nach der neueren Rechtsprechung nicht mehr als Beihilfen zu qualifizieren sind.[332] Ferner hat die Kommission eine auf Art. 86 Abs. 3 EG gestützte Entscheidung[333] erlassen, mit der die Behandlung von Ausgleichsleistungen geregelt wird, die die Kriterien der Altmark-Trans-Rechtsprechung nicht erfüllen und damit weiterhin der Beihilfenkontrolle unterfallen.[334] Schließlich hat die Kommission einen Gemeinschaftsrahmen für staatliche Beihilfen, die als Ausgleich für die Erbringung öffentlicher Dienstleistungen gewährt wurden, veröffentlicht.[335] Dieser Rahmen enthält die Voraussetzungen, unter denen die Kommission die Genehmigung von staatlichen Beihilfen, die nicht unter die Altmark-Trans-Kriterien fallen, im Hinblick auf Art. 86 Abs. 2 EG erteilen wird.[336] Umstritten ist, wie das Rangverhältnis zwischen Art. 86 Abs. 2 EG und anderen in Betracht kommenden Rechtfertigungsgründen für Beihilfen (z. B. Art. 87 Abs. 3 lit. d EG) ausgestaltet ist. Zum

---

[324] EuGH U. v. 15. 3. 1994 Rs. C-387/92 – *Banco de Credito Industrial* Slg. 1994, I-877.
[325] Grundlegend insoweit EuGH U. v. 22. 11. 2001 Rs. C-53/00 – *Ferring* Slg. 2001, I-9067; EuGH U. v. 24. 7. 2003 Rs. 280/00 – *Altmark Trans* Slg. 2003, I-7747; EuGH. U v. 20. 11. 2003 Rs. C-126/01 – *GEMO* Slg. 2003, I-13769; EuGH U. v. 27. 11. 2003 Rs. C-34–38/01 – *Enirisorse* Slg. 2003, I-14243;. s. dazu *Erhardt*, S. 250 ff., m. w. N.; *Ehricke*, in: Immenga/Mestmäcker, Art. 87 EGV, Rn. 51 ff., 55.
[326] EuGH U. v. 24. 7. 2003 Rs. C-280/00 – *Altmark Trans* Slg. 2003, I-7747, dazu s. *Czerny*, S. 80 ff. m. w. N.
[327] EuGH U. v. 24. 7. 2003 Rs. C-280/00 – *Altmark Trans* Slg. 2003, I-7747 Rn. 89; vgl. dazu *Czerny*, S. 101 ff.
[328] EuGH U. v. 24. 7. 2003 Rs. C-280/00 – *Altmark Trans* Slg. 2003, I-7747 Rn. 90.
[329] EuGH U. v. 24. 7. 2003 Rs. C-280/00 – *Altmark Trans* Slg. 2003, I-7747 Rn. 92.
[330] EuGH U. v. 24. 7. 2003 Rs. C-280/00 – *Altmark Trans* Slg. 2003, I-7747 Rn. 93.
[331] XXX; vgl. zudem MünchKomm-EuWettbR/*Gundel*, Art. 86 EGV, Rn. 153 ff.
[332] Vgl. dazu *Koenig/Haratsch*, ZWeR 2004, 544, 555 ff.; MünchKomm-EuWettbR/*Gundel*, Art. 86 EGV, Rn. 187.
[333] Ob Art. 86 Abs. 3 EG tatsächlich die richtige Rechtsgrundlage ist, ist im Hinblick auf Art. 89 EG fraglich. Allerdings dürfte sie von dem Maßstab, den der EuGH in der Entscheidung über die Transparenzrichtlinie festgelegt hat (EuGH Slg. 1982, 2545) gedeckt sein; im Ergebnis ebenso MünchKomm-EuWettbR/*Gundel*, Art. 86 EGV, Rn. 167; dagegen aber *Essebier*, S. 35.
[334] Entscheidung 2005/842/EG der Kommission v. 28. 11. 2005, ABl. EU 2005 L 312/67.
[335] ABl. EU 2005 C 297/4.
[336] Einzelheiten bei MünchKomm-EuWettbR/*Gundel*, Art. 86 EGV, Rn. 164 f.

Teil wird vertreten, dass Art. 86 Abs. 2 EG von den Regeln des Vertrages nur freistelle, soweit dies erforderlich sei, und diese Notwendigkeit im Fall einer beihilferechtlichen Billigung aus anderen Gründen entfalle.[337] Tatsächlich genießt Art. 86 Abs. 2 EG jedoch Vorrang, denn Art. 86 Abs. 2 EG ist im Gegensatz zu den Ausnahmen in Art. 87 Abs. 3 EG keine fakultative Vorschrift, die im Ermessen der Kommission steht, so dass bei Vorliegen ihrer Voraussetzungen eine zwingende Rechtsfolgenanordnung zugunsten der Mitgliedstaaten besteht.[338]

In der Literatur umstritten ist, ob neben der Anwendung von Primärvorschriften auch die Anwendung des **Sekundärrechts** die Aufgabenerfüllung nicht gefährden darf, so dass trotz des ausdrücklichen Wortlauts („die Vorschriften dieses Vertrages") Abs. 2 Satz 1 auch für die Beachtung von sekundärrechtlichen Normen „Ausstrahlungswirkung" entfaltet.[339] Das EuG hat in der Sache Aéroports de Paris angedeutet, dass auch das Sekundärrecht von Art. 86 Abs. 2 EG erfasst wird: Das Gericht lässt die Frage, ob es sich bei den von der Aéroports de Paris erbrachten Dienstleistungen um solche von allgemeinem wirtschaftlichem Interesse i. S. d. Art. 86 Abs. 2 EG (ex-Art. 90 Abs. 2 EG) handelt, mit der Begründung offen,[340] dass jedenfalls kein Nachweis erbracht worden sei, dass die angegriffene Entscheidung (der Kommission) ihr die Erfüllung ihrer Aufgaben unmöglich mache oder die Wettbewerbsregeln dies verhinderten.[341] Dies impliziert, da die angegriffene Entscheidung sich auf die VO 17/62 stützte, dass im Falle des erbrachten Nachweises eine Aufhebung der Entscheidung der Kommission und damit eine Einbeziehung von Sekundärrecht in den Wirkungsbereich des Art. 86 Abs. 2 EG zumindest denkbar ist. Ferner tendiert der EuGH dazu, bei der Auslegung des Sekundärrechts Argumente zu prüfen, die einer Anwendung des Art. 86 Abs. 2 EG entsprechen.[342] 87

Ob neben dieser Rechtsprechung die ablehnenden Stimmen in der Literatur weiterhin Bestand haben können, ist fraglich. Es wird vor allem darauf hingewiesen, dass eine erweiternde Auslegung auf das Sekundärrecht dem Charakter einer eng zu verstehenden Ausnahmevorschrift nicht gerecht würde. Zudem sei sie auch nicht erforderlich, denn als Kontrollmaßstab für sekundäres Gemeinschaftsrecht, das der Erfüllung der Dienste von allgemeinem Interesse nicht Rechnung trage, werde bereits jetzt Art. 16 EG herangezogen und unterliege im Falle der Verabschiedung einer Grundrechte-Charta des Weiteren dem dann in Art. 36 EG verorteten Zugangsrecht zu Leistungen von allgemeinem wirtschaftlichen Interesse.[343] 88

Unabhängig von der Diskrepanz dieses Begründungsansatzes zur Rechtsprechung des EuG spricht für eine **Ausstrahlungswirkung** des Art. 86 Abs. 2 EG auf das Sekundärrecht vor allem die Funktion des Art. 86 Abs. 2 EG, wonach damit sichergestellt werden soll, 89

---

[337] S. z. B. *Emmerich* in: Dauses, H. II Rn. 161; *Jung* in: Calliess/Ruffert, Art. 86 EGV, Rn. 47; *Koenig/Kühling* in: Streinz, Art. 86 EGV, Rn. 37.

[338] S. *Ehricke*, Die EG-rechtliche Beurteilung der Rundfunkfinanzierung, 2006, S. 146 f.; MünchKomm-EuWettbR/*Gundel*, Art. 86 EGV, Rn. 158; *ders.,* RIW 2002, 222, 229.

[339] Für die Auffassung, dass sekundärrechtliche Regelungen die Berufung eines Mitgliedstaates auf Art. 86 Abs. 2 EG nicht per se ausschließt u. a. *Voet van Vormizeele* in: Schwarze, Art. 86 EGV, Rn. 56; *Kapp* in: Frankfurter Kommentar, Art. 86 EGV, Rn. 138; MünchKomm-EuWettbR/*Gundel*, Art. 86, Rn. 119; *Pernice/Wernicke* in: Grabitz/Hilf, Art. 86 EGV, Rn. 53; *Nolte*, Deregulierung von Monopolen und Dienstleistungen von allgemeinem wirtschaftlichen Interesse, 2004, S. 60 f.; *Lecheler/Gundel*, RdE 1998, 92 ff.; *Weiß*, AöR 128 (2003), 91, 121. Anderer Ansicht: *Essebier*, S. 280 ff.; *Koenig/Kühling* in: Streinz, Art. 86 EGV, Rn. 40.

[340] EuG U. v. 12. 12. 2000 Rs. T-128/98 – *Aéroports de Paris* Slg. 2000, II-3929 Rn. 28.

[341] EuG U. v. 12. 12. 2000 Rs. T-128/98 – *Aéroports de Paris* Slg. 2000, II-3929 Rn. 27.

[342] S. z. B. EuGH U v. 20. 10. 2005 Rs. C-327, 328/03 – *ISIS Multimedia*, EuZW 2006, 28.

[343] *Koenig/Kühling* in: Streinz, Art. 86 EGV, Rn. 40; zur Rolle der Unternehmen der Daseinsvorsorge im Verfassungsentwurf s. *v. Danwitz* in: Schwarze (Hrsg.), Der Verfassungsentwurf des Europäischen Konvents, 2004, S. 251 ff.

Art. 86 EG 90

dass die Unternehmen mit Sonderaufgaben ihre Aufgaben in jedem Fall erfüllen können.[344] Diesem umfassenden Sicherungszweck läuft aber eine Differenzierung der genannten Art zuwider, denn es ist letztlich unerheblich, ob einem betrauten Unternehmen die Aufgabenerfüllung durch primär- oder sekundärrechtliche Normen unmöglich gemacht würde. Vielmehr kann man aus dem Wortlaut schlussfolgern, dass dann, wenn der Vorbehalt des Abs. 2 für vertragliche Regelungen gilt, er erst recht auch für Regelungen des Sekundärrechts gelten muss. Dagegen spricht auch nicht eine etwaige Parallele zu den Ausnahmevorschriften des Art. 36 EG oder den Rechtfertigungsgründen der Cassis-Rechtsprechung, die anerkanntermaßen keine Abweichung vom Sekundärrecht zulassen,[345] weil diese Regelungen von ihrer Struktur her eben keine Art. 86 Abs. 2 EG vergleichbare, umfassende Freistellungsmöglichkeit gewährten, sondern nur Abweichungen von ganz bestimmten ausdrücklich aufgeführten Gewährleistungen vorsehen.[346] Ebenso wie Art. 86 Abs. 2 EG auf das Sekundärrecht ausstrahlt, kann Sekundärrecht freilich auch den Anwendungsbereich des Art. 86 Abs. 2 EG beeinflussen, indem ihm tatbestandsausfüllende Wirkung zukommt. Die Anwendung des Art. 86 Abs. 2 EG auf das Sekundärrecht ist daher nicht absolut.[347] So kann beispielsweise ein sekundärrechtliches Liberalisierungskonzept dazu führen, dass ein Monopol nicht mehr erforderlich ist und damit die entsprechende Normanwendung auch nicht als hindernd i. S. des Art. 86 Abs. 2 EG angesehen werden kann.[348]

90   cc) **Verhältnis zu Art. 16 EG.** Mit der Einführung des Art. 16 EG durch den Amsterdamer Vertrag wird die Regelung des Art. 86 EG insgesamt, vor allem aber die des Art. 86 Abs. 2 in einen spannungsreichen Kontext gestellt.[349] Art. 16 EG fordert, dass die Gemeinschaft und die Mitgliedstaaten im Rahmen ihrer jeweiligen Befugnisse im Anwendungsbereich des Vertrages dafür Sorge tragen, dass die Grundsätze und Bedingungen für das Funktionieren der Dienste von allgemeinem wirtschaftlichen Interesse so gestaltet sind, dass sie ihren Aufgaben nachkommen können.[350] Diese Forderung ist auch in dem Protokoll zum Reformvertrag 2007 über Dienste von allgemeinem Interesse enthalten.[350a] Es ist in der (deutschen) Literatur umstritten, welchen Einfluss die Regelung des Art. 16 EG auf das Verständnis des Art. 86 Abs. 2 EG hat.[351] Der EuGH und die Kommission haben sich noch nicht eindeutig zu diesem Verhältnis geäußert.[352] Die Meinungen gehen von der Auffassung, Art. 16 EG leite eine kopernikanische Zeitenwende für das europäische Wettbe-

---

[344] *Voet van Vormizeele* in: Schwarze, Art. 86 EGV, Rn. 54.

[345] Vgl. EuGH U. v. 5. 10. 1977 Rs. 5/77 – *Tedeschi* Slg. 1977, 1555 Rn. 33/35; EuGH U. v. 10. 7. 1984 Rs. 72/83 – *Campus Oli* Slg. 1983, 2727 Rn. 27; EuGH U. v. 11. 7. 2000 Rs. C-473/98 – *Toolex Alpha* Slg. 2000, I-5681 Rn. 25; statt vieler *Schroeder* in: Streinz, Art. 30 EGV, Rn. 5.

[346] *Lecheler/Gundel*, RdE 1998, 92, 96; MünchKomm-EuWettbR/*Gundel*, Art. 86 EGV, Rn. 119; *Voet van Vormizeele* in: Schwarze, Art. 86 EGV, Rn. 54.

[347] Nähere Ausführung bei *Lecheler/Gundel*, RdE 1998, 92, 97; ebenso *Voet van Vormizeele* in: Schwarze, Art. 86 EGV, Rn. 54; *Dohms* in: Wiedemann, Handbuch des Kartellrechts, 2008, § 35 Rn. 288.

[348] Ausführlich zu dem Verhältnis von Liberalisierungsmaßnahmen und Art. 86 Abs. 2 EG MünchKomm-EuWettbR/*Gundel*, Art. 86 EGV, Rn. 121 ff.

[349] Statt allen vgl. *Koenig/Kühling* in: Streinz, Art. 16 EGV, Rn. 1 ff.; *Hatje* in: Schwarze, Art. 16 EGV, Rn. 1 ff.; *Klotz* in: v. d. Groeben/Schwarze, Art. 16 EGV, Rn. 1 ff.

[350] Vgl. allgemein dazu *Löwenberg*, Service public und öffentliche Dienstleistungen in Europa. Ein Beitrag zu Art. 16 des EG-Vertrages, 2001; *Schwarze*, EuZW 2001, 334; *Storr*, DÖV 2002, 357.

[350a] S. ABl. 2007 C-306/158; vgl. auch *Kommission*, Mitteilung-Dienstleistung von allgemeinem Interesse (...) v. 20. 11. 2007, KOM (2007) 729 endg.

[351] Vgl. *Jung* in: Calliess/Ruffert, Art. 86 EGV, Rn. 49; *Kämmerer*, NVwZ 2002, 1041; *Schweitzer*, S. 377 ff.; *Frenz*, EuR 2000, 901 ff.; monographisch *Löwenberg*, Service public und öffentliche Dienstleistungen in Europa – Ein Beitrag zu Art. 16 des EG-Vertrags, 2001.

[352] Vgl. aber Schlussanträge von GA *Alber*, Rs. C-340/99 – *TNT Traco* Slg. 2001, I-4109, 4133 Rn. 94; Schlussanträge von GA *Jacobs*, Rs. C-126/01 – *GEMO SA*, EWS 2004, S. 31 Rn. 126.

werbsrecht ein,[353] bis hin zur Einordnung als lediglich unverbindliche politische Absichtserklärung.[354]

In der Literatur wird zum Teil vertreten, dass durch die Aufnahme des Art. 16 EG in den EG-Vertrag die Anerkennung mitgliedstaatlicher Gestaltungsbefugnisse im Bereich der Daseinsvorsorge als gleichwertiges Vertragsprinzip neben der Durchsetzung des Wettbewerbsrechts etabliert worden sei, so dass im Konfliktfall ein Ausgleich im Wege der praktischen Konkordanz zwischen beiden Prinzipien vorzunehmen sei.[355] Das in Art. 86 Abs. 2 EG vorgesehene Regel-Ausnahme-Verhältnis werde zu Gunsten gemeinwohlorientierter Dienstleistungen verschoben.[356] Zutreffend ist, dass Art. 16 EG ebenso wie Art. 86 Abs. 2 EG Unternehmen betrifft, die Dienste von allgemeinem wirtschaftlichem Interesses zum Unternehmensgegenstand haben. Während aber Art. 86 Abs. 2 EG die gewollte Marktordnung zugunsten der Daseinsvorsorge in den eng begrenzten Voraussetzungen durchbricht, erkennt Art. 16 EG ihre **eigenständige Bedeutung** an und erhebt sie zu einer programmatischen, mit anderen Gemeinschaftsaufgaben konkurrierenden Förderungspflicht. Aber auch wenn mit Art. 16 EG der Wille der Mitgliedstaaten zutage tritt, die Gemeinwohlkomponente der europäischen Marktordnung zu stärken und Dienste von allgemeinem wirtschaftlichen Interesse innerhalb der Marktordnung als eigenständiges Wirtschaftsmodell anzuerkennen,[357] so reicht seine dogmatische Bedeutung nicht über das Stadium einer allgemeinen Werteentscheidung hinaus, die eher programmatischen Charakter hat.[358] Art. 16 EG begründet selbst keine subjektiven Rechte und ist angesichts der Unbestimmtheit auch nicht unmittelbar anwendbar.[359] Art. 16 EG ist vielmehr ein Vertragsprinzip und enthält keine durch einen bestimmten Tatbestand konditionierte Rechtsfolge,[360] sondern stellt ein **Optimierungsgebot** dar.[361] Der Wortlaut des Art. 16 EG („Unbeschadet der Artikel 73, 86 und 87...") macht deutlich, dass das Optimierungsgebot der Vorschrift nicht nur keine derogierende Wirkung gegenüber Art. 86 Abs. 2 EG haben kann,[362] sondern darüber hinaus auch nicht den Kerngehalt des Art. 86 Abs. 2 EG antasten darf. Die Bedeutung des Art. 16 EG erstreckt sich daher nur darauf zu verdeutlichen, dass das „Daseinssorgeelement" bei der mitgliedstaatlichen Fixierung der Aufgaben von allgemeinem wirtschaftlichen Interesse nach Art. 86 Abs. 2 S. 1 EG zu beachten ist und bei der Abwägung der konkret verfolgten Zwecke mit dem Ausmaß der Handelsbeeinträchtigung nach Art. 86 Abs. 2 S. 2 EG als Erwägungsgrund eine Rolle spielt, die freilich nicht dazu führen kann, dass das in Satz 2 normierte Regel-Ausnahme-Verhältnis umgekehrt werden kann.[363] Be-

---

[353] v. *Danwitz*, Allgemeine Zustelldienste und Liberalisierung des Postwesens, 1999, 98; *ders.* in: Schwarze (Hrsg.), Der Verfassungsentwurf des Europäischen Konvents, 2004, S. 251, 254 f.

[354] *Rodrigues*, Rev.Marché Union Europ. 1998, 37, 44 f.; *Hatje* in: Schwarze, Art. 16 EGV, Rn. 9; *Kallmeyer/Jung* in: Calliess/Ruffert, Art. 16 EGV, Rn. 17; *Kämmerer*, NVwZ 2002, 1041, 1043.

[355] Vgl. *Schwarze*, EuZW 2001, 334, 339; *Frenz*, EuR 2000, 901, 917; *Pernice/Wernicke* in: Grabitz/Hilf, Art. 16 EGV, Rn. 26.

[356] *Schwarze*, EuZW 2001, 334, 336; *Storr*, DÖV 2002, 357, 361.

[357] *Kallmeyer/Jung* in: Calliess/Ruffert, Art. 16 EGV, Rn. 10.

[358] *Kallmeyer/Jung* in: Calliess/Ruffert, Art. 16 EGV, Rn. 17; *Dohms* in: Wiedemann, Handbuch des Kartellrechts, 2008, § 35 Rn. 288; vgl. auch *Koenig/Kühling* in: Streinz, Art. 16 EGV, Rn. 7.

[359] Vgl. *Löwenberg*, S. 308; *Koenig/Kühling* in: Streinz, Art. 16 EGV, Rn. 7; *Kallmeyer/Jung* in: Calliess/Ruffert, Art. 16 EGV, Rn. 12; *Hatje* in: Schwarze, Art. 16 EGV, Rn. 7; *Püttner*, ZögU 23 (2000), 373, 376.

[360] *Koenig/Kühling* in: Streinz, Art. 16 EGV, Rn. 9; *Wenzl*, S. 204.

[361] *Frenz*, EuR 2000, 901, 917.

[362] Insoweit auch *Koenig/Kühling* in: Streinz, Art. 16 EGV, Rn. 9.

[363] Vgl. *Frenz*, EuR 2000, 901, 913 ff.; *Koenig/Kühling* in: Streinz, Art. 16 EGV, Rn. 10; *Wenzl*, S. 204; vgl. auch Schlussanträge von GA *Jacobs*, Rs. C-475/99 – Ambulanz Glöckner Slg. 2001, I-8089, 8094 Rn. 175. Anders hingegen *Schwarze*, EuZW 2001, 334, 336 f.; weitergehend noch *Löwenberg*, S. 306 f.; *Kallmeyer/Jung* in: Calliess/Ruffert, Art. 16 EGV, Rn. 13.

92 **d) Unmittelbare Anwendbarkeit.** Die Frage der unmittelbaren Anwendung des Art. 86 Abs. 2 EG ist wegen der nach Abs. 2 Satz 2 vorzunehmenden Interessenabwägung problematisch. Anders als in seinen späteren Urteilen hatte der EuGH zunächst Abs. 2 und Abs. 3 insgesamt als untrennbare Einheit interpretiert, mit der Folge, dass das für die unmittelbare Anwendbarkeit dieses Normenkomplexes notwendige Erfordernis der Normklarheit als nicht gegeben angesehen wurde.[365]

93 Der EuGH vertrat die Auffassung, insbesondere der auslegungsbedürftige Vorbehalt des Art. 86 Abs. 2 S. 2 EG der gemeinschaftsinteressenkonformen Beeinträchtigung des Handelsverkehrs entziehe sich wegen der notwendigen Abwägung der Rechtsanwendung durch nationale Behörden und Gerichte und bedürfe vielmehr einer Klärung durch die zuständigen Gemeinschaftsorgane. Gleiches gelte auch für die in Art. 86 Abs. 2 S. 1 EG normierte Voraussetzung, dass das Gemeinschaftsrecht die Erfüllung der übertragenen Aufgabe verhindere, denn auch hier sei eine entsprechende Würdigung im Kontext zu Art. 86 Abs. 3 EG der Kommission vorbehalten.[366] Art. 86 Abs. 2 EG könne daher wegen seines insgesamt bedingten Charakters keine individuellen Rechte der Adressaten begründen.[367]

94 Diese Auffassung hat sich auch die Kommission zu Eigen gemacht und die **ausschließliche Zuständigkeit** für sich proklamiert.[368] Im Folgenden hat jedoch der EuGH diese ausschließliche Kompetenz der Kommission verworfen und die Anwendung von Art. 86 Abs. 2 S. 1 EG (auch) als Sache nationaler Gerichte und Behörden erkannt, die im Einzelfall zu prüfen haben, ob dem betroffenen Unternehmen die Erfüllung seiner betrauten Aufgabe durch die Anwendung von Gemeinschaftsrechtsnormen unmöglich gemacht werde.[369] Mittlerweile hat der EuGH die unmittelbare Anwendbarkeit des Art. 86 Abs. 2 EG ausdrücklich bejaht.[370] Er macht insoweit keinen Unterschied zwischen Art. 86 Abs. 2 S. 1 und S. 2 EG, sondern behandelt Art. 86 Abs. 2 EG insgesamt als eine unmittelbar anwendbare Einheit.[371] Damit können nationale Gerichte prinzipiell auch Art. 86 Abs. 2 S. 2 EG anwenden.[372] Die Kommission hat damit also zwar keine ausschließliche, wohl aber

---

[364] ABl. EG 1997 C 340/133.

[365] Allgemein zu den Erfordernissen unmittelbarer Anwendbarkeit siehe EuGH U. v. 5. 2. 1963 Rs. 26/62 – *Van Gend und Loos* Slg. 1963, 5, 25; speziell zur unmittelbaren Anwendbarkeit von Abs. 2 siehe EuGH U. v. 14. 7. 1971 Rs. 10/71 – *Hafen von Mertert* Slg. 1971, 723, 730; EuGH U. v. 10. 3. 1983 Rs. 172/82 – *Inter Huiles* Slg. 1983, 555 Rn. 15; dazu *Mestmäcker/Schweitzer*, Europäisches Wettbewerbsrecht, S. 870 ff. u. 885 ff.; vgl. auch *Voet van Vormizeele* in: Schwarze, Art. 86 EGV, Rn. 57 f.; *Dohms* in Wiedemann, Handbuch des Kartellrechts, 2008, § 35 Rn. 377.

[366] EuGH U. v. 14. 7. 1971 Rs. 10/71 – *Hafen von Mertert* Slg. 1971, 723 Rn. 13/16; EuGH U. v. 10. 3. 1983 Rs. 172/82 – *Inter Huiles* Slg. 1983, 555 Rn. 15.

[367] Offen gelassen in EuGH U. v. 27. 3. 1974 Rs. 127/73 – *BRT/SABAM II* Slg. 1974, 328.

[368] Leitlinien für die Anwendung der EG-Wettbewerbsvorschriften im Telekommunikationsbereich, ABl. 1991 C 223/2 Rn. 23; Kommission, 21 Wettbewerbsbericht 1991 Rn. 31 f.

[369] Grundlegend EuGH U. v. 11. 4. 1989 Rs. 66/86 – *Ahmed Saeed* Slg. 1989, I-803 Rn. 55; EuGH U. v. 18. 6. 1991 Rs. C-260/89 – *ERT* Slg. 1991, I-2925; vgl. zudem *Heinemann*, S. 70 ff.; *Wilms*, Das Europäische Gemeinschaftsrecht und die öffentlichen Unternehmen, S. 145 ff.; vgl. ferner *Götz* in: FS Maurer, S. 927 und nunmehr auch *Voet van Vormizeele* in: Schwarze, Art. 86 EGV, Rn. 58.

[370] S. EuGH U v. 22. 1. 2002 Rs C-218/00 – *INAIL* Slg. 2002, I-691, Rn. 16 ff., 19; EuGH v. 19. 10. 1995 Rs. C-19/93 P – *Rendo* Slg. 1995, I-3319 Rn. 18 f.

[371] Vgl. MünchKomm-EuWettbR/*Gundel*, Art. 86 EGV, Rn. 77; *Mestmäcker/Schweitzer*, Europäisches Wettbewerbsrecht, S. 890; *Pernice/Wernicke* in: Grabitz/Hilf, Art. 86 EGV, Rn. 13.

[372] Vgl. EuGH U. v. 19. 10. 1995 Rs. C-19/93 – *Rendo* Slg. 1995, I-3319 Rn. 18 f.; Schlussantrag von GA *Tizzano*, Rs. C-53/00 – *Ferring* Slg. 2001, I-9067 Rn. 77 f.; *Rumpf*, S. 172 f.; *Grill* in: Lenz/Grill, Art. 86 EGV, Rn. 29; *Pernice/Wernicke* in: Grabitz/Hilf, Art. 86 EGV, Rn. 13.

eine den mitgliedstaatlichen Rechtsanwendern übergeordnete Überwachungskompetenz, die sie ermächtigt durch Art. 86 Abs. 3 EG unter Aufsicht des Gerichtshofes ausübt.[373] Sie befindet vorrangig vor den nationalen Rechtsanwendern in vollem Umfang darüber, ob eine mitgliedstaatliche Maßnahme nach Art. 86 Abs. 2 EG gerechtfertigt ist oder nicht. An bereits ergangene Urteile mitgliedstaatlicher Gerichte ist sie nicht gebunden.[374] Im Hinblick auf diese umfassende Kontrollbefugnis ist es auch Sache der Kommission, freilich unter Aufsicht des EuGH, das Interesse der Gemeinschaft zu definieren, das dann im Einzelfall gegen die Entwicklung des Handels nach Art. 86 Abs. 2 S. 2 EG abzuwägen ist.[375] Die nationalen Gerichte haben die Möglichkeit, die Kommission um Informationen zu bitten, welche Voraussetzungen das Gemeinschaftsinteresse habe.[376] In den Fällen, in denen die Gerichte diesen Weg nicht gehen und die Voraussetzungen für die in Art. 86 Abs. 2 Satz 2 EG geforderte Abwägung nicht eindeutig sind, muss das nationale Gericht dem EuGH vorlegen.[377]

2. Unternehmen mit Sonderaufgaben (als Normadressat)

a) Unternehmensbegriff. In den Anwendungsbereich des Art. 86 Abs. 2 EG fallen alle Unternehmen. Der Unternehmensbegriff des Art. 86 Abs. 2 EG entspricht ebenso wie der des Abs. 1 dem allgemeinen Unternehmensbegriff des europäischen Wettbewerbsrechts, der allein an die Funktion des unternehmerischen Tätigwerdens anknüpft. Zu Einzelheiten vgl. dazu oben Rn. 19 ff. Trotz seines engen systematischen Zusammenhangs mit Abs. 1 bezieht sich Abs. 2 allerdings nicht nur auf diejenigen Unternehmen, die einer erhöhten staatlichen Einflussnahme ausgesetzt sind, sondern auch auf private Unternehmen, unabhängig davon, ob sie (theoretisch) auch in den Anwendungsbereich des Art. 86 Abs. 1 EG fallen.[378] Um sich seinen Einfluss auf das Ob und Wie der Erfüllung von Sonderaufgaben zu sichern wird der Staat aber regelmäßig nur solche Unternehmen für seine politische Zwecke instrumentalisieren, bei denen es sich entweder um öffentliche oder aber um privilegierte Unternehmen des Privatrechts handelt.[379] Umgekehrt wird ein privates Unternehmen sich nur dort auf die Übernahme von Sonderaufgaben einlassen, wo auch ein möglicherweise bestehender Wettbewerbsnachteil durch die Einräumung von Sonderrechten ausgeglichen wird.[380] Daher sind de facto die Unternehmensbegriffe der Abs. 1 und 2 in der Praxis deckungsgleich.[381] 95

b) Unternehmen, die mit Dienstleistungen von allgemeinem wirtschaftlichenm Interesse betraut sind. Art. 86 Abs. 2 EG erfasst nur diejenigen Unternehmen, deren Unternehmensgegenstand eine besondere Zuordnung zu Aufgaben von allgemeinem Interesse aufweist, indem sie mit Dienstleistungen von allgemeinem wirtschaftlichen Interesse betraut sind. 96

---

[373] *Mestmäcker/Schweitzer* in: Immenga/Mestmäcker, Art. 31, 86 EGV, Rn. 36 (D.); *Pernice/Wernicke* in: Grabitz/Hilf, Art. 86 EGV, Rn. 13.

[374] *Pernice/Wernicke* in: Grabitz/Hilf, Art. 86 EGV, Rn. 13.

[375] *Koenig/Kühling* in: Streinz, Art. 86 EGV, Rn. 66.

[376] Vgl. Bekanntmachung über die Zusammenarbeit mit den nationalen Wettbewerbsbehörden, ABl. 1997 C 313/3, Rn. 23 ff.

[377] *Hochbaum/Klotz* in: v. d. Groeben/Schwarze, Art. 86 EGV, Rn. 87; *Koenig/Kühling* in: Streinz, Art. 86 EGV, Rn. 42; Frankfurter Kommentar-EG/*Kapp,* Art. 86 EGV, Rn. 108.

[378] Statt aller *Pernice/Wernicke* in: Grabitz/Hilf, Art. 86 EGV, Rn. 31; *Voet van Vormizeele* in: Schwarze, Art. 86 EGV, Rn. 59; *Koenig/Kühling* in: Streinz, Art. 86 EGV, Rn. 43; *Jung* in: Calliess/Ruffert, Art. 86 EGV, Rn. 33.

[379] *Pappalardo,* Semaine de Bruges 1977, 543.

[380] *Dohms* in: Wiedemann, Handbuch des Kartellrechts, 2008, § 35 Rn. 282; *Koenig/Kühling* in: Streinz, Art. 86 EGV, Rn. 43; *Hochbaum/Klotz* in: v. d. Groeben/Schwarze, Art. 86 EGV, Rn. 52.

[381] *Papaconstantinou,* Free Trade and Competition, 80; *Hochbaum/Klotz* in: v. d. Groeben/Schwarze, Art. 86 EGV, Rn. 46; ähnlich auch *Koenig/Kühling* in: Streinz, Art. 86 EGV, Rn. 43.

97 aa) Dienstleistungen. Der Dienstleistungsbegriff des Art. 86 Abs. 2 EG ist weit auszulegen[382] und geht über den des Art. 50 EG hinaus.[383] Gemeint ist jedes marktbezogene Tätigwerden von Unternehmen.[384] Erfasst werden damit sämtliche Leistungen der **Daseinsvorsorge.** Dazu gehören u. a. die Beförderung von Personen und Waren, etwa durch den öffentlichen Nahverkehr,[385] Bahn- oder Luftfahrtunternehmen, oder Kommunikationsdienste,[386] Energie-[387] und Wasserversorgung,[388] Abfallentsorgung,[389] aber auch Rundfunk- und Fernsehanstalten bzw. –betriebe, Banken,[390] Versicherungen,[391] staatliche Arbeitsvermittlungsbehörden,[392] Betriebsrentenfonds[393] und nationale Postdienste.[394]

98 Gemeint ist damit i. E. jede Form der Leistung,[395] so sie denn ein **marktbezogenes Tätigwerden** beinhaltet,[396] also nicht nur der Eigenversorgung dient.[397] Aufgrund der eindeutigen Formulierung „Dienstleistungen im Sinne des Vertrages" liegt es zwar zunächst nahe, auch den Dienstleistungsbegriff des Art. 86 Abs. 2 EG anhand der Definition des Art. 50 EG zu interpretieren, doch widerspricht dem bereits der Wortlaut des Art. 86 Abs. 2 EG. Dieser statuiert die Nichtanwendbarkeit sämtlicher Vertragsvorschriften, wo-

---

[382] *Koenig/Kühling* in: Streinz, Art. 86 EGV, Rn. 44.

[383] S. MünchKomm-EuWettbR/*Gundel,* Art. 86, Rn. 80; *Essebier,* S. 109 f.; *Wenzl,* S. 195.

[384] S. *Hochbaum/Klotz* in: v. d. Groeben/Schwarze, Art. 86 EGV, Rn. 58; *Jung* in: Calliess/Ruffert, Art. 86, Rn. 36; *Koenig/Kühling* in: Streinz, Art. 86 EGV, Rn. 44.

[385] EuGH U. v. 14. 7. 1971 Rs. 10/71 – *Hafen von Mertert* Slg. 1971, I-723 Rn. 8 ff.

[386] Zu den Postdiensten vgl. EuGH U. v. 17. 5. 2001 Rs. C-340/99 – *TNT Traco* Slg. 2001, I-4109; EuGH U. v. 13. 12. 1991 Rs. C-18/88 – *RTT/GB-INNO-BM* Slg. 1991, I-5941 Rn. 15, 16; *Mestmäcker,* Staat und Unternehmen im europäischen Gemeinschaftsrecht, S. 542, 545; für Telekommunikation siehe EuGH U. v. 13. 12. 1991 Rs. C-18/88 – *RTT/GB-INNOBM* Slg. 1991, I-5941, 5979.

[387] Zum Bereich Energie vgl. EuGH U. v. 23. 10. 1997 Rs. C-157/94 – *Stromimporte* Slg. 1997, I-5699; EuGH U. v. 23. 10. 1997 Rs. C-158/94 – *Kommission/Italien* Slg. 1997, I-5789; EuGH U. v. 23. 10. 1997 Rs. C-159/94 – *Monopole bei Strom und Gas* Slg. 1997, I-5815; EuGH U. v. 23. 10. 1997 Rs. C-160/94 – *Kommission/Spanien* Slg. 1997, I-5851; EuGH U. v. 27. 4. 1994 Rs. C-393/92 – *Almelo* Slg. 1994, I-1477 Rn. 47–49; Europäische Kommission, Entscheidung vom 16. 1. 1991, ABl. 1991 L 28/32 Rn. 40, *Iisselcentrale.*

[388] Komm. E. v. 17. 12. 1981 – *Navewwa-Anseau* ABl. 1982 L 167/39, Rn. 65.

[389] EuGH U. v. 23. 5. 2000 Rs. C-209/98 – *FFAD* Slg. 2000, I-3743, Rn. 75 f.

[390] Vertrag von Amsterdam, Fassung vom 2. 10. 1997, 37. Erklärung zur Schlussakte, Erklärung zu öffentlich-rechtlichen Kreditinstituten in Deutschland, ABl. 1997 C-340/1 Rn. 138, ferner 1. von der Konferenz zur Kenntnis genommene Erklärung, Erklärung Österreichs und Luxemburgs zu Kreditinstituten, ABl. 1997 C-340/1, Rn. 143.

[391] *Hochbaum/Klotz* in: v. d. Groeben/Schwarze, Art. 86 EGV, Rn. 59; *Pernice/Wernicke* in: Grabitz/Hilf, Art. 86 EGV, Rn. 40.

[392] EuGH U. v. 23. 4. 1991 Rs. C-41/90 – *Höfner u. Elser/Mactroton* Slg. 1991, I-1979 Rn. 24; EuGH U. v. 11. 12. 1997 Rs. C-55/96 – *Job Center* Slg. 1997, I-7119 Rn. 26.

[393] EuGH U. v. 21. 9. 1999 Rs. C-219/97 – *Drijvende Bokken* Slg. 1999, I-6121 Rn. 95 ff.; EuGH U. v. 21. 9. 1999 Rs. C-67/96 – *Albany* Slg. 1999, I-5751 Rn. 107.

[394] EuGH U. v. 19. 5. 1993 Rs. C-320/91 – *Corbeau* Slg. 1993, I-2533 Rn. 15; vgl. zul. EuGH U. v. 17. 5. 2001 Rs. C-340/99 – *TNT Traco* Slg. 2001, I-4109 Rn. 53; vgl. auch RiLi 97/67/EG des Europäischen Parlaments und des Rates vom 15. 12. 1997 über gemeinsame Vorschriften für die Entwicklung des Binnenmarktes der Postdienste der Gemeinschaft und die Verbesserung der Dienstqualität, ABl. 1998, L 15/14.

[395] S. EuGH U. v. 19. 5. 1993 Rs. C-320/91 – *Corbeau* Slg. 1993, I-2533 Rn. 15; EuG U. v. 11. 7. 1996 Rs. T-528 u. a. /93 – *Métropole télévision* Slg. 1996, II-649 Rn. 116; EuG U. v. 27. 2. 1997 Rs. T-106/95 – *FFSA* Slg. 1997, II-229 Rn. 67; vgl. auch *Mestmäcker* in: FS Zacher, 1997, S. 621, 631; *Mestmäcker/Schweitzer* in: Immenga/Mestmäcker, Art. 31, 86 EGV, Rn. 64 f. (D.); *Jung* in: Calliess/Ruffert, Art. 86 EGV, Rn. 36.

[396] *Koenig/Kühling* in: Streinz, Art. 86 EGV, Rn. 44.

[397] *Hochbaum/Klotz* in: v. d. Groeben/Schwarze, Art. 86 EGV, Rn. 58 f.; *Dohms* in: Wiedemann, Handbuch des Kartellrechts, 2008, § 35 Rn. 299.

hingegen Art. 50 EG Dienstleistungen dahingehend definiert, dass sie gerade nicht den Vorschriften über den freien Waren- und Kapitalverkehr unterliegen.[398] Darüber hinaus gebietet auch der Schutzzweck des Art. 86 Abs. 2 EG eine weite Auslegung, um einen umfassenden Schutz öffentlicher Dienstleistungen zu gewährleisten.[399] Der Begriff der Dienstleistung im Sinne des Art. 86 Abs. 2 EG ist identisch mit dem Begriff der Dienste von allgemeinem wirtschaftlichen Interesse, wie er in Art. 16 EG verwendet wird.[400] Er ist ein Begriff der Gemeinschaftsrechtsordnung und daher autonom auszulegen.[401]

bb) Allgemeines Interesse. Eine einheitliche und umfassende Definition des allgemeinen wirtschaftlichen Interesses konnte bislang auf europäischer Ebene noch nicht gefunden werden.[402] Nach der Rechtsprechung besteht ein allgemeines wirtschaftliches Interesse in jedem Fall dann, wenn die unternehmerische Tätigkeit in der Erbringung sog. **Universaldienste** liegt, d. h. Leistungen beinhaltet, „die zugunsten sämtlicher Nutzer im gesamten Hoheitsgebiet des betreffenden Mitgliedstaates ohne Rücksicht auf Sonderfälle und Wirtschaftlichkeit des Einzelvorgangs vorgenommen werden".[403] Das ist in der Regel der Fall, wenn das betreffende Unternehmen zu Dienstleistungen verpflichtet wird, die aus rein wirtschaftlichen bzw. rentabilitätsorientierten Gesichtspunkten dem Eigeninteresse des Unternehmens zuwiderlaufen würden.[404] Bei den nationalen Interessen muss es sich dabei nicht notwendigerweise um das des gesamten Mitgliedstaates handeln, vielmehr genügt das Interesse einer Gemeinde oder eines Teils der Bevölkerung.[405]

Im Gegensatz dazu mangelt es an der allgemeinen Bedeutung, wenn die Dienstleistung nur Einzelinteressen dient.[406] Damit lässt sich das allgemeine Interesse negativ dadurch abgrenzen, dass es nicht um die Erfüllung reiner Privatinteressen – insbesondere Gewinninteressen – geht.[407] Insoweit spielen die Prinzipien der Gleichbehandlung, der Qualität und der Dauerhaftigkeit bestimmter Dienste eine Rolle bei der Bestimmung des „allgemeinen" Interesses.[408]

Mittlerweile scheint in diesem Zusammenhang auch der Bezug zum Schutz von **Verbraucherinteressen** eine größere Bedeutung zu bekommen.[409] Mit der Orientierung an den Verbraucherinteressen würden nicht mehr wirtschaftslenkende staatliche Maßnahmen in den Versorgungsbereichen privilegiert, sondern das in einer allgemeinen Nachfrage nach wesentlichen Gütern zum Ausdruck kommende Verbraucherinteresse und damit die besondere Aufgabe an sich würde in den Vordergrund gestellt. Geschützt wurde damit insbesondere die Möglichkeit der Mitgliedstaaten, Lücken im Marktprozess, die in der Versor-

---

[398] *Mestmäcker/Schweitzer,* Europäisches Wettbewerbsrecht S. 876.
[399] Vgl. *Erhardt,* S. 272.
[400] *Pernice/Wernicke* in Grabitz/Hilf, Art. 16 EGV, Rn. 2.
[401] *Klotz* in: v. d. Groeben/Schwarze, Art. 16 EGV, Rn. 21; *Koenig/Kühling* in: Streinz, Art. 16 EGV, Rn. 8.
[402] Ausführlich dazu *Erhardt,* S. 273 ff.
[403] S. *Jung* in: Calliess/Ruffert, Art. 86 EGV, Rn. 36 m. w. N.; *Mestmäcker/Schweitzer* in: Immenga/Mestmäcker, Art. 31, 86 EGV, Rn. 7 ff. (D).
[404] *Mestmäcker,* RabelsZ 52 (1988), 526, 565; *Pernice/Wernicke* in: Grabitz/Hilf, Art. 86 EGV, Rn. 37; vgl. auch EuGH U. v. 19. 5. 1993 Rs. C-320/91 – *Corbeau* Slg. 1993, I-2533, Rn. 15; EuGH U. v. 27. 4. 1994 Rs. C-393/92 – *Almelo* Slg. 1994, I-1477, Rn. 48.
[405] S. z. B. *Hochbaum/Klotz* in: v. d. Groeben/Schwarze, Art. 86 EGV, Rn. 62; *Koenig/Kühling* in: Streinz, Art. 86 EGV, Rn. 45; *Erhardt,* S. 273 m. w. N.
[406] EuGH U. v. 27. 4. 1994 Rs. C-393/92 – *Almelo* Slg. 1994, I-1477 Rn. 49 f.
[407] Siehe dazu *Erhardt,* S. 273 m. w. N. in Fn. 121.
[408] Vgl. Erklärung Nr. 13 zu Art. 16 des Amsterdamer Vertrags.
[409] S. *Schweitzer,* S. 181; so *Pernice/Wernicke* in: Grabitz/Hilf, Art. 86 EGV, Rn. 34 unter Bezug auf Wissenschaftlicher Beirat beim Bundesministerium für Wirtschaft, Gutachten Daseinsvorsorge 2002, 14; vgl. auch *Grünbuch der KOM* zu Dienstleistungen von allgemeinem wirtschaftlichem Interesse v. 12. 5. 2004, KOM (2004), 374 endg., Anlage 1.

gung der Bevölkerung mit Grundversorgungsdienstleistungen auftreten, durch den Einsatz staatlicher Ressourcen bzw. öffentlicher Unternehmen zu schließen und die Teilhabe aller an aus gesellschaftlicher Sicht wesentlichen Leistungen zu gewährleisten.[410] Eine Tendenz der Rechtsprechung des EuGH und der Kommission gibt es dazu bislang nicht. Unabhängig davon begegnet ein Ansatz, der eine verbraucherorientierte Perspektive nutzbar machen möchte, erheblichen Bedenken. Zum einen bestehen erhebliche Interpretationsschwierigkeiten, vor allem im Hinblick auf den Begriff der „allgemeinen Nachfrage". Der insoweit gemachte Vorschlag, auf die „Marktdurchdringungskriterien" bzw. die „Wesentlichkeit der Leistung" abzustellen, führt hinsichtlich der Begriffe kaum weiter. Potentielle Versorgungslücken treten im Übrigen oft gerade dann auf, wenn keinerlei Marktdurchdringung besteht. Zum anderen bestehen grundlegende Bedenken, wie mit einer Konzentration auf die Verbraucherinteressen unbestrittenermaßen schützwürdige Interessen, wie die soziale oder innere Sicherheit, einbezogen werden können.[411]

102 Der EuGH zieht zur Ermittlung eines allgemeinen Interesses bestimmte **Indizien** heran.[412] Zunächst koppelt er den Begriff des allgemeinen wirtschaftlichen Interesses an den Universaldienstleistungsbegriff. Dabei stellt der EuGH darauf ab, dass die Dienstleistungen für sämtliche Nutzer zu einheitlichen Gebühren und in gleichmäßiger Qualität bei ununterbrochener Versorgung erbracht würden.[413] Ebenso fallen unter diesen Begriff sog. „Mehrwertdienste", die keinem allgemeinen wirtschaftlichen Interesse dienen, sondern dem Bedürfnis spezieller Nutzergruppen entsprächen.[414] Als zweites Indiz zieht der EuGH die fehlende Gewinnerwartung heran. Der EuGH bejaht ein allgemeines Interesse insbesondere in Fällen, bei denen Unternehmen Aufgaben erfüllen, die aus rein ökonomischer Sicht nicht gewinnbringend sind, aber aus einem bestehenden öffentlichen Interesse heraus dennoch erfüllt werden.[415] Der EuGH hat dieses Merkmal insbesondere für den Fall bejaht, dass auch unrentable Dienstleistungen zur gleichmäßigen Versorgung der Bevölkerung trotzdem erbracht werden müssen.[416] In diesem Zusammenhang wird es vom EuGH auch als ein starkes Indiz für ein Handeln zugunsten der Allgemeinheit gewertet, wenn ein Unternehmen einen rechtsverbindlich festgelegten Zweck auch dann zu fördern verpflichtet ist, wenn das unternehmerische Interesse dieser Zweckförderungspflicht zuwider läuft, etwa weil die Tätigkeit auf einem unrentablen Marktsegment zu erfolgen hat.[417] Als drittes Indiz findet sich in der Rechtsprechung, dass ein allgemeines wirtschaftliches Interesse spezifische Merkmale gegenüber anderen Tätigkeiten des Wirtschaftslebens aufweisen müsse. Ein allgemeines wirtschaftliches Interesse läge etwa dann nicht vor, wenn Anhaltspunkte dafür gegeben sind, dass die Leistungen, die einem Unternehmen vorbehalten sind, auf anderen geographisch getrennten Märkten in gleicher Qualität im Wettbewerb erbracht werden.[418]

---

[410] *Schweitzer*, S. 181.
[411] *Erhardt*, S. 281 f.
[412] Kommission, Mitteilungen zu Leistungen der Daseinsvorsorgen, KOM (2000), 580 endg., Anh. II, S. 42.
[413] Vgl. *Bartosch*, EuZW 2000, 333, 334.
[414] Vgl. EuGH U. v. 19. 5. 1993 Rs. C-320/91 – *Corbeau* Slg. 1993, I-2533 Rn. 15.
[415] S. EuGH U. v. 11. 4. 1989 Rs. 66/86 – *Ahmed Saeed* Slg. 1986, 803 Rn. 54 f.; vgl. auch EuGH U. v. 15. 1. 1998 Rs. C-44/96 – *Mannesmann Anlagenbau Austria* Slg. 1998, I-73 Rn. 20.
[416] EuGH U. v. 11. 4. 1989 Rs. 66/86 – *Ahmed Saeed* Slg. 1989, I-803 Rn. 55, EuGH U. v. 10. 2. 2002 Rs. C-147 u. 148/97 – *Deutsche Post AG* Slg. 2000, I-825 Rn. 44; EuG U. v. 27. 2. 1997 Rs. T-106/95 – *FFSA* Slg. 1997, II-229 Rn. 72; EuGH U. v. 25. 10. 2001 Rs. C-475/99 – *Ambulanz Glöckner* Slg. 2001, I-8989 Rn. 55.
[417] S. *Jung* in: Calliess/Ruffert, Art. 86 EGV, Rn. 38; vgl. auch EuGH U. v. 10. 12. 1991 Rs. C-179/90 – *Porto di Genova* Slg. 1991, I-5889 Rn. 27.
[418] EuGH U. v. 17. 7. 1997 Rs. 242/95 – *GT-Link* Slg. 1997, I-4449, 4469 Rn. 52 f.; vgl. auch EuGH U. v. 13. 12. 1991 Rs. 18/88 – *GB-INNO* Slg. 1991, I-5941 5979 Rn. 16; EuGH U. v. 10. 12. 1991 – *Porto de Genova* Rs. C-179/90, Slg. 1991, I-5889, 5931, Rn. 27.

cc) „Wirtschaftliches Interesse". Die allgemeinen Interessen sind nach Art. 86 **103**
Abs. 2 EG qualifiziert als „wirtschaftliche" Interessen. Damit werden nach der Definition
der Kommission alle **marktbezogenen Tätigkeiten** erfasst,[419] so dass den Mitgliedstaaten
in den Grenzen des übrigen Primärrechts grundsätzlich nur noch die Kompetenz für die
Ausgestaltung nichtwirtschaftlicher Dienste bleibt.[420] Daraus folgt, dass nur wirtschaftliche
Zwecke die Abweichung vom Vertrag gem. Art. 86 EG rechtfertigen können. Nichtwirtschaftliche Zwecke werden bereits im Rahmen der Art. 30 und 46 EG und den sog.
„zwingenden Erfordernissen" berücksichtigt.[421] Im Rahmen der Auslegung des Begriffes
„wirtschaftlich" werden nahezu die gleichen Erwägungen berücksichtigt wie bei der Bestimmung des Unternehmensbegriffs. In ihrer Mitteilung zu Leistungen der Daseinsvorsorge führt die Kommission dazu aus, dass die wirtschaftlichen Interessen grundsätzlich von
rein politischen, kulturellen oder sozialen Belangen abgegrenzt werden sollen.[422] Im Rahmen der Erweiterung des Unternehmensbegriffs tendiert der EuGH allerdings dazu, besondere soziale Aufgaben, wie die Sicherung der sozialen Systeme, als Dienstleistung von
allgemeinem wirtschaftlichen Interesse anzuerkennen.[423] Noch weitergehend bejahte der
EuGH in der Entscheidung Corsica Ferries France ein allgemeines wirtschaftliches Interesse, wo grundsätzlich lediglich Gründe der öffentlichen Sicherheit vorgetragen wurden.[424]

Die **Abgrenzung zwischen markt- und nichtmarktbezogener Tätigkeit** ist häufig **104**
praktisch nicht möglich.[425] Auch karitative, kulturelle und soziale Dienste können ganz
oder teilweise marktbezogen sein.[426] Im Einzelfall ist dann zu prüfen, ob die betreffenden
Einrichtungen unabhängig von einer Marktbezogenheit ihres Handelns konkreten karitativen, kulturellen oder sozialen Zielen verpflichtet sind. Ist dies der Fall, so handelt es sich
bereits nicht um ein „Unternehmen" im Sinne des Art. 86 Abs. 2 EG, so dass auch der
Anwendungsbereich dieser Norm nicht eröffnet ist.[427] Konkurrieren (im Ausnahmefall)
derartige Einrichtungen miteinander, so gibt es konsequenterweise auch einen Markt, auf
dem die betreffenden Einrichtungen tätig werden. Ihr Handeln ist damit marktbezogen
und damit als wirtschaftlich anzusehen,[428] so dass Art. 86 Abs. 2 EG auf sie Anwendung
findet.

dd) **Definitionskompetenz.** Wenngleich der Begriff der Dienstleistung von allgemei- **105**
nem wirtschaftlichen Interesse ein autonomer Begriff der Gemeinschaftsrechtsordnung
ist,[429] sind dessen Kriterien für alle Mitgliedstaaten grundsätzlich gleichförmig zu beurtei-

---

[419] Mitteilung zu Leistungen der Daseinsvorsorge KOM 2000 (2000) 580, endg., Anh. II, ABl. 2001 C 17/4.
[420] S. *Behrens*, EBOR 2001, 469, 480.
[421] S. *Pernice/Wernicke* in: Grabitz/Hilf, Art. 86 EGV, Rn. 35.
[422] Mitteilung zu Leistungen der Daseinsvorsorge KOM 2000 (2000) 580, endg., Rn. 28, ABl. 2001 C 17/4; vgl. ferner bereits Komm. E v. 2. 6. 1971 *GEMA* ABl. 1971 L 134/15, Ziff. III. 2.; *Mestmäcker/Schweitzer* in: Immenga/Mestmäcker, Art. 31, 86 EGV, Rn. 66 (D.); *Jung* in: Calliess/Ruffert, Art. 86 EGV, Rn. 38.
[423] Vgl. *Berg*, EuZW 2000, 170, 173; *Erhardt*, S. 276.
[424] EuGH U. v. 17. 5. 1994 Rs. C-266/96 – *Corsica Ferries* Slg. 1994, I-1783, 1825, Rn. 21.
[425] Vgl. *Koenig/Kühling*, ZHR 166 (2002), 656, 670; *Mestmäcker/Schweitzer* in: Immenga/Mestmäcker, Art. 31, 86 EGV, Rn. 67f. (D.); *Dohms* in: Wiedemann, Handbuch des Kartellrechts, 2008, § 35 Rn. 306.
[426] MünchKomm-EuWettbR/*Gundel*, Art. 86 EGV, Rn. 82.
[427] Im Ergebnis ebenso *Koenig/Kühling* in: Streinz, Art. 86 EGV, Rn. 46.
[428] In diesem Sinne sowohl EuGH und Kommission, siehe EuGH U. v. 30. 4. 1974 Rs. 155/73 – *Sacchi* Slg. 1974, 409 Rn. 14; EuG U. v. 11. 7. 1996 verb. Rs. T-528, T-542, T-543 und T-546/93 – *Métropole télévision* Slg. 1996, II-649, Rn. 116; Komm. E. v. 11. 6. 1993 – *EBU/Eurovisions System* ABl. 1993 L 179/23, Rn. 78; Komm. E v. 22. 3. 1999 – *Kinderkanal* ABl. 1999 C 238/10; vgl. dazu auch *Ehricke*, ZHR 173 (2009), (im Erscheinen).
[429] EuGH U. v. 20. 3. 1985 Rs. 41/83 – *Kommission/Italien* Slg. 1985, 873 Rn. 30; EuG U. v. 19. 6. 1997 Rs. T-260/94 – *Air Inter* Slg. 1997, II-997 Rn. 15; vgl. *Badura* in: FS Oppermann, S. 571, 578;

len.[430] Es besteht Einigkeit darüber, dass das allgemeine wirtschaftliche Interesse aber als öffentliches Interesse des jeweiligen Mitgliedstaates ausgelegt werden muss.[431] Ob daher den Mitgliedstaaten neben der mittlerweile anerkannten Anwendungszuständigkeit für Art. 86 Abs. 2 S. 1 EG auch eine **Auslegungszuständigkeit** für das Merkmal des wirtschaftlichen Interesses für den jeweiligen Einzelfall zukommt, ist unklar.[432] Dies liegt in dem zum Teil erkennbaren Bemühen begründet, den Begriff des Allgemeininteresses mit dem des in den einzelnen Staaten unterschiedlich definierten Gemeinwohlinteresses gleichzusetzen, um so den Gestaltungsspielraum der Mitgliedstaaten zu erweitern.[433] Da das öffentliche Interesse eines Mitgliedstaates nicht ohne die Berücksichtigung seiner besonderen sozialen und wirtschaftlichen Struktur bestimmt werden kann, kommt den Mitgliedstaaten jedoch eine Einschätzungsprärogative zu,[434] die sich in der Praxis faktisch als Definitionshoheit darstellt.[435] Der EuGH und die Kommission beschränken sich insoweit darauf zu untersuchen, ob eine missbräuchliche Anwendung der Einschätzungsprärogative des betreffenden Mitgliedstaates vorliegt.[436]

106   **c) Betrauung mit einer Dienstleistung. aa) Zweck.** Voraussetzung des Art. 86 Abs. 2 EG ist eine Betrauung des betreffenden Unternehmens mit der Dienstleistung von allgemeinem wirtschaftlichen Interesse. Dieser Betrauungsakt, der in der Regel auch die Beschreibung der konkreten Aufgabe vornimmt, ist notwendig, damit die Kommission ihre Kontrollfunktion auf der Grundlage des Art. 86 Abs. 3 EG ausüben kann. Nur wenn feststeht, welches Unternehmen konkret mit welcher Aufgabe betraut ist, kann nämlich die Kommission beurteilen, ob und inwieweit Einschränkungen bei der Anwendung der Wettbewerbs- und Binnenmarktregeln notwendig sind, um eine Erfüllung der besonderen Aufgabe zu gewährleisten.[437] Der Betrauungsakt hat damit den Zweck, ein Mindestmaß an Transparenz zu gewährleisten.[438] Es soll so verhindert werden, dass ein Unternehmen über die Reichweite seiner Aufgaben und damit mittelbar zugleich über die Reichweite seiner

---

Jung in: Calliess/Ruffert, Art. 86 EGV, Rn. 37; *Koenig/Kühling* in: Streinz, Art. 86 EGV, Rn. 47; *Voet van Vormizeele* in: Schwarze, Art. 86 EGV, Rn. 61.

[430] *Mestmäcker/Schweitzer* in: Immenga/Mestmäcker, Art. 31, 86 EGV, Rn. 65 (D.); *Koenig/Kühling* in: Streinz, Art. 86 EGV, Rn. 47.

[431] Vgl. *Mestmäcker/Schweitzer,* in: Immenga/Mestmäcker, Art. 31, 86 EGV, Rn. 65 ff. (D.).

[432] *Jung* in: Calliess/Ruffert, Art. 86 EGV, Rn. 37; *Pernice/Wernicke* in: Grabitz/Hilf, Art. 86 EGV, Rn. 38.

[433] Vgl. etwa die Darstellung bei *Stewing,* S. 152 ff.; *Hack,* S. 25 ff.; *Koenig/Kühling* in: Streinz, Art. 86 EGV, Rn. 64; MünchKomm-EuWettbR/*Gundel,* Art. 86 EGV, Rn. 81.

[434] *Koenig/Kühling* in: Streinz, Art. 86 EGV, Rn. 47; a. A. *Mestmäcker/Schweitzer* in: Immenga/Mestmäcker, Art. 31, 86 EGV, Rn. 65 ff. (D), mit einem unklaren Verweis auf EuGH U. v. 11. 4. 1989 Rs. 66/86 – *Ahmed Saeed* Slg. 1989, 803, 853 Rn. 55.

[435] Vgl. *Koenig/Kühling* in: Streinz, Art. 86 EGV, Rn. 47; *Lecheler/Gundel,* RdE 1998, 92, 93; *Behrens,* EBOR 2001, 469, 480; *Frenz,* EuR 2000, 906; s. auch Art. 1 Protokoll zum Reformvertrag 2007 über Dienste von allgemeinem Interesse, ABl. 2007, C-306/158.

[436] Vgl. Die impliziten Stellungnahmen in EuGH U. v. 21. 9. 1999 Rs. C-67/96 – *Albany* Slg. 1999, I-5751 Rn. 101; EuGH U. v. 19. 3. 1991 Rs. C-202/88 – *Telekommunikations-Endgeräte* Slg. 1991, I-1223 Rn. 12; EuGH U. v. 23. 10. 1997 Rs. C-157/94 – *Stromimporte* Slg. 1997, I-5699 Rn. 38 ff.; explizit in diesem Sinne: Kommission, Mitteilung zur Daseinsvorsorge, Rn. 22; Schlussanträge von GA *Léger* Rs. C-309/99 – *Wouters u. a.* Slg. 2002, I-1577, 1582, Rn. 162; vgl. aus der Literatur MünchKomm-EuWettbR/*Gundel,* Art. 86 EGV, Rn. 80; *Voet van Vormizeele* in: Schwarze, Art. 86 EGV, Rn. 62; *Koenig/Kühling* in: Streinz, Art. 86 EGV, Rn. 47; *Nettesheim,* EWS 2002, 253, 254; *Pielow,* Grundstrukturen öffentlicher Versorgung, 2001, S. 80 ff.; strenger hingegen *Dohms* in: Wiedemann, Handbuch des Kartellrechts, 2009, § 35 Rn. 309, Fn. 731; s. ausführlich und z. T. mit überzeugenden Argumenten kritisch auch *Erhardt,* S. 256 ff.

[437] *Erhardt,* S. 296; *Ehlers,* JURA 2001, 482, 486 f.; *Kingreen,* S. 74 ff.

[438] Vgl. *Mestmäcker,* RabelsZ 52 (1988), 526, 562; *v. Wilmowsky,* ZHR 161 (1991), 545, 552; *Erhardt,* S. 296.

Freistellung von gemeinschaftsrechtlichen Bindungen selbst entscheidet. Hinzu kommt, dass die Betrauung durch einen Hoheitsakt gewährleistet, dass die Erfüllung besonderer Aufgaben jederzeit erzwingbar ist.[439]

bb) Begriff der „Betrauung". Der Begriff der „Betrauung" ist ebenfalls noch nicht endgültig geklärt, zumal auch hier wieder divergierende nationale Interpretationen mit dem Gemeinschaftsrecht in Einklang zu bringen sind.[440] Allgemein wird aber jedenfalls eine vorherige positive Handlung in Gestalt einer Beauftragung verlangt.[441] Darüber hinaus bedeutet „Betrauung" im materiellen Sinne jedenfalls, dass eine bestimmte Dienstleistung zur Versorgung erbracht wird und dass das im Betrauungsakt genannte Unternehmen verpflichtet wird, eine näher konkretisierte Aufgabe als „Dienstleistung von allgemeinem wirtschaftlichen Interesse" zu erbringen, unabhängig von etwaigen unternehmerischen Gewinnzielen.[442] Eine Mindermeinung vertritt allerdings die Auffassung, dass ein staatlicher Hoheitsakt bei öffentlichen Unternehmen nicht notwendig sei; diese seien in jedem Fall „betraut".[443] Unabhängig davon, dass diese Auffassung nicht der Rechtsprechung des EuGH folgt, spricht gegen sie vor allem, dass der Wortlaut des Art. 86 Abs. 2 S. 1 EG eine solche Differenzierung nicht vornimmt und dass die Rechtssicherheit und die Verhältnismäßigkeit einen formal eindeutigen Anknüpfungspunkt für die gemeinschaftsrechtliche Überprüfung einer staatlichen Maßnahme nach Art. 86 Abs. 2 S. 1 EG erfordern.[444]

Die Voraussetzung des „Betrauens" setzt zunächst das Vorliegen einer wirksamen nationalen Betrauung voraus.[445] Bezüglich der **Form** des Betrauungsaktes verlangt der Europäische Gerichtshof in ständiger Rechtsprechung ein Gesetz oder einen anderen „Hoheitsakt"[446] bzw. „Akt der öffentlichen Gewalt",[447] durch welchen der Mitgliedstaat ein estimmtes Unternehmen für eine bestimmte „besondere Aufgabe" in Dienst nimmt[448] und der auf Initiative des Mitgliedstaates ergangen ist.[449] Die bloße Erlaubnis, eine bestimmte Tätigkeit ausüben zu dürfen, reicht daher regelmäßig nicht aus.[450] Diese hebt nämlich le-

---

[439] *Ehricke*, EuZW 1998, 741, 745; MünchKomm-EuWettbR/*Gundel*, Art. 86 EGV, Rn. 84; *Mestmäcker/Schweitzer*, Europäisches Wettbewerbsrecht, S. 874; *Wenzl*, S. 197.

[440] Statt vieler nur *Pielow*, 83 f. m. w. N.

[441] S. *Voet van Vormizeele* in: Schwarze, Art. 86 EGV, Rn. 60; *Jung* in: Calliess/Ruffert, Art. 86 EGV, Rn. 39; *Mestmäcker/Schweitzer* in: Immenga/Mestmäcker, Art. 31, 86 EGV, Rn. 44 f. (D.); BGH, EuZW 1997, 381.

[442] *Dohms* in: Wiedemann, Handbuch des Kartellrechts, 2008, § 35 Rn. 316; *Erhardt*, S. 296; *Schweitzer*, S. 103 m. w. N; *Mestmäcker*, RabelsZ 52 (1988), 526, 565; *Fesenmair*, S. 207 f.; vgl. auch EuGH U. v. 11. 4. 1989 Rs. 66/86 – *Ahmed Saeed* Slg. 1989, 803 Rn. 55.

[443] Vgl. *Burgi*, EuR 1997, 261, 276; *Weiß*, EuR 2003, 265.

[444] So zu Recht *Wenzl*, S. 198.

[445] Vgl. nur *Lecheler*, RdE 1996, 212, 216.

[446] EuGH U. v. 11. 4. 1989 Rs. 66/86 – *Ahmed Saeed* Slg. 1989, 803 Rn. 55; vgl. ferner EuGH U. v. 14. 7. 1971 Rs. 70/71 – *Hafen von Mertert* Slg. 1971, I-723 Rn. 8, 12; GA *H. Mayras*, Schlussantrag zu EuGH U. v. 27. 3. 1974 Rs. 127/73 – *BRT/SABAM II* Slg. 1974, I-313, Ziff. III. Europäische Kommission, Fernsehen ohne Grenzen, Grünbuch, KOM (84) 300 endg., BR-Drs. 360/84, S. 192 ff.; *Deringer*, Das Wettbewerbsrecht der Europäischen Wirtschaftsgemeinschaft, 1962, Art. 9 EGV, Rn. 73; *Stadler* in: Langen/Bunte, Art. 86 EGV, Rn. 54; *Götz*, Die Betrauung mit Dienstleistungen von öffentlichem wirtschaftlichen Interesse (Art. 86 Abs. 2 EG) als Akt öffentlicher Gewalt, in: FS Maurer, 2001, S. 921, 921–925.

[447] EuGH U. v. 27. 3. 1974 Rs. 127/73 – *BRT/SABAM II* Slg. 1974, 313 Rn. 19, 22.

[448] Siehe *Schweitzer*, S. 103 m. w. N. zur Rspr.

[449] *Jung* in: Calliess/Ruffert, Art. 86 EGV, Rn. 39.

[450] *Jung* in: Calliess/Ruffert, Art. 86 EGV, Rn. 39; *Voet van Vormizeele* in: Schwarze, Art. 86 EGV, Rn. 60; *Pernice/Wernicke* in: Grabitz/Hilf, Art. 86 EGV, Rn. 41 f.; MünchKomm-EuWettbR/ *Gundel*, Art. 86 EGV, Rn. 85; EuGH U. v. 2. 3. 1983 Rs. 7/82 – *GVL/Kommission* Slg. 1983, I-483 Rn. 31, 32; Komm. E. v. 19. 10. 1971 – *GVL*, ABl. 1971 L 370/49, Rn. 66; Europäische Kommission, Fernsehen ohne Grenzen, S. 192, *Deringer*, Art. 90 EGV, Rn. 81; *Mestmäcker/Schweitzer*

diglich ein zu Kontrollzwecken für einen bestimmten Tätigkeitsbereich ausgesprochenes Präventivverbot auf Betreiben des betreffenden Unternehmens auf.[451] Ebenso wenig ist die tatsächliche Ausübung einer gemeinwirtschaftlich ausgerichteten Tätigkeit ausreichend, auch wenn sie unter mitgliedstaatlicher Aufsicht erbracht wird.[452] Anders verhält es sich aber, wenn eine Tätigkeitserlaubnis mit Auflagen von gemeinwirtschaftlicher Bedeutung verbunden wird, wie etwa einem Anschluss- oder Kontrahierungszwang.[453] Die Auflagen können sich auch aus Gesetz ergeben.[454] Erforderlich ist indes aber keine Rechtsvorschrift, so dass auch eine Inpflichtnahme durch öffentlich-rechtliche Konzession oder Vertrag in Betracht kommt,[455] nicht jedoch eine bloße Erlaubnis oder ein (faktisches) Einverständnis.[456] Ebenfalls nicht erforderlich für eine wirksame Betrauung ist die vorherige Durchführung eines Ausschreibungsverfahrens.[456a] Auch die Gründung eines Betriebsrentenfonds kann bei gleichzeitiger Festschreibung einer Pflichtmitgliedschaft eine Betrauung beinhalten.[457] Die Kommission geht sogar noch einen Schritt weiter und sieht auch in Verträgen einen möglichen Akt der Betrauung.[458] In jedem Fall muss aus dem Akt präzise ersichtlich sein, welches Unternehmen konkret betraut wird.[459] Eine andere Auffassung lehnt diese zusätzliche Anforderung hingegen ab.[460] Zur Begründung wird angeführt, dass eine solche Anforderung die Formenwahl der föderal organisierten Mitgliedstaaten in unnötiger Weise einschränke. Dem ist allerdings nicht zuzustimmen, denn selbst wenn das Erfordernis der Individualisierung zu einer derartigen Einschränkung führen sollte, ist sie jedenfalls vor dem übergeordneten europäischen Interesse gerechtfertigt, dass eine Verhältnismäßigkeitsprüfung durch die Kommission (vgl. Art. 86 Abs. 3 EG) praktisch überhaupt nicht möglich wäre. Die Aufgabe und der Umfang der Aufgabe für das betroffene Unternehmen muss im Rahmen der Betrauung ebenfalls hinreichend konkretisiert sein.[461] Dadurch kann verhin-

---

in: Immenga/Mestmäcker, Art. 31, 86 EGV, Rn. 46 (D); *Triantafyllou*, Rev. Marché. Commun. 1997, S. 558, *Theobald/Zenke*, Grundlagen der Strom- und Gasdurchleitung, 2001, S. 44.

[451] Vgl. *v. Wilmowsky*, ZHR 155 (1991), 545, 550; *Koenig/Kühling* in: Streinz, Art. 86 EGV, Rn. 52; *Jung* in: Calliess/Ruffert, Art. 86 EGV, Rn. 39.

[452] Statt aller *Koenig/Kühling* in: Streinz, Art. 86 EGV, Rn. 52; *Dohms* in: Wiedemann, Handbuch des Kartellrechts, 2008, § 35 Rn. 317; a. A. noch *Waelbroeck* in: Mégret u. a., Le droit de la Communauté Economique Européenne, Vol. 4 – Concurrence, 1972, Ziff. 7.

[453] Näheres bei *Hochbaum/Klotz* in: v. d. Groeben/Schwarze, Art. 86 EGV, Rn. 63.

[454] *Hochbaum/Klotz* in: v. d. Groeben/Schwarze, Art. 86 EGV, Rn. 63.

[455] EuGH U. v. 27. 4. 1994 Rs. C-393/92 – *Almelo* Slg. 1994, I-1477, Tz. 47; EuGH U. v. 23. 10. 1997 Rs. C-159/94 – *Kommission/Frankreich* Slg. 1997, I-5815, Tz. 66; *Mestmäcker/Schweitzer* in: Immenga/Mestmäcker, Art. 31, 86 EGV, Rn. 46 (D).

[456] Der EuGH hat in der *Almelo*-Entscheidung ausdrücklich ein Betrauungsverhältnis mittels „nichtausschließlicher öffentlich-rechtlicher Konzession" für ausreichend erachtet, freilich ohne dadurch die Zulässigkeit weiterer Betrauungsformen zu präjudizieren – EuGH U. v. 27. 4. 1997 Rs. C-393/92 – *Almelo* Slg. 1994, I-1477 Rn. 47; vgl. auch *Stewing* EuR 1993, 41, 51.

[456a] S. *Dohms* in: Wiedemann, Handbuch des Kartellrechts, 2008, § 35 Rn. 315 unter Berufung aus EuG U. v. 15. 6. 2005 Rs. T-17/02 – *Fred Olsen* Slg. 2005, II-2031, Rn. 293; s. auch EuGH U. v. 4. 10. 2007 Rs. C-320/05 – *Fred Olsen* Slg. 2007, I-131.

[457] Vgl. EuGH U. v. 21. 9. 1999 Rs. C-67/96 – *Albany* Slg. 1999, I-5751 Rn. 98 ff.

[458] Komm. Mitt. v. 20. 9. 2000 ABl. 2001 C 17/4 Rn. 22.

[459] Vgl. EuGH U. v. 27. 3. 1974 Rs. 127/73 – *BRT/SABAM II* Slg. 1974, 313 Rn. 19 ff.; EuGH U. v. 2. 3. 1983 Rs. 7/82 – *GVL/Kommission* Slg. 1983, 483 Rn. 29 ff.; EuGH U. v. 11. 4. 1989 Rs. 66/86 – *Ahmed Saeed* Slg. 1989, 803 Rn. 55; EuGH U. v. 23. 10. 1997 Rs. 159/94 – *Monopole bei Strom und Gas* Slg. 1997, I-5815 Rn. 60 ff.; Komm. Mitt. „Leistungen der Daseinsvorsorge in Europa" vom 19. 1. 2001, ABl. C 17/4 Rn. 22; aus der Lit. etwa *Jung* in: Calliess/Ruffert, Art. 86 EGV, Rn. 39; *Koenig/Kühling* in: Streinz, Art. 86 EGV, Rn. 52; *Erhardt*, S. 297; *Storr*, S. 321; *Ehricke*, EuZW 1998, 741, 745.

[460] S. MünchKomm-EuWettbR/*Gundel*, Art. 86 EGV, Rn. 86; *Götz* in: FS Maurer, S. 921, 932

[461] S. MünchKomm-EuWettbR/*Gundel*, Art. 86 EGV, Rn. 89.

dert werden, dass die Betrauung von einer Verpflichtung zu einem Privileg für die Festlegung und Verfolgung der eigenen Unternehmenspolitik wird.[462] Der Gerichtshof hat insoweit mehrmals deutlich gemacht, dass er von einer strikten Auslegung des Betrauungserfordernisses in Art. 86 Abs. 2 EG ausgeht.[463] Das Urteil in der Rechtssache **„Altmark Trans"** unterstreicht diese Linie. Dort ist nämlich explizit von gemeinwirtschaftlichen Verpflichtungen die Rede, die „klar definiert" werden und sich „klar aus den nationalen Rechtsvorschriften und/oder (...) Genehmigungen ergeben" müssen.[464] Mit dieser Auffassung ist die früher teilweise vertretene Auffassung, dass die Indienstnahme für ein staatliches Lenkungsziel ausreichend sei, um von einer Betrauung zu sprechen,[465] nicht mehr vereinbar.[466] Eine **zeitliche Beschränkung** der Betrauung ist nicht erforderlich.[467] Diese Ausgestaltungsfrage liegt in der Kompetenz der Mitgliedstaaten, wenn nicht Sekundärrecht etwas anderes vorsieht.[468] Die Betrauung und die mit ihr ggf. verbundene Verleihung von Ausschließlichkeitsrechten muss allerdings **beendet** werden, wenn die Voraussetzungen des Art. 86 Abs. 2 EG nicht mehr vorliegen.[469] Stellt das (betraute) Unternehmen hingegen einseitig die Aufgabenerfüllung ein, so ist dies kein Beweis dafür, dass es nicht zuvor durch hoheitlichen Akt vom Staat mit dieser Aufgabe betraut worden war.[469a]

Die **Auswahl** des mit der Aufgabe betrauten Unternehmens im Rahmen der Betrauung **109** ist in Art. 86 Abs. 2 EG nicht vorgesehen.[470] Die Kommission sieht die Vergabe im Wege der Ausschreibung als adäquates Mittel an;[471] primärrechtlich geboten ist dies aber nicht.[472] Die Kommission verlangt des Weiteren, dass die Mitgliedstaaten **kontrollieren**, ob die Dienstleistung entsprechend der Vorgaben auch tatsächlich erbracht wird. Grundsätzlich soll dies durch eine von dem betrauten Unternehmen unabhängige externe Kontrollinstanz vorgenommen werden.[473]

Urheber dieses Hoheitsaktes können sowohl unmittelbare als auch mittelbare Verwal- **110** tungseinheiten wie staatliche Körperschaften oder sonstigen Einrichtungen sein.[474] Ob ein tauglicher Betrauungsakt vorliegt, fällt (ebenfalls) in die Entscheidungskompetenz der nationalen Rechtsanwender.[475]

d) Unternehmen mit Finanzmonopolcharakter. Art. 86 Abs. 2 EG umfasst in sei- **111** nem Anwendungsbereich auch Unternehmen, die den Charakter eines Finanzmonopols haben. Den Charakter eines Finanzmonopols haben diejenigen Unternehmen, denen vom Staat eine Monopolstellung eingeräumt wurde mit dem Zweck, dem öffentlichen Haushalt

---

[462] So MünchKomm-EuWettbR/*Gundel,* Art. 86 EGV, Rn. 89.
[463] EuGH U. v. 11. 4. 1989 Rs. 66/86 – *Ahmed Saeed* Slg. 1989, 803 Rn. 56 f.; vgl. auch Komm. E. v. 26. 6. 1997 *Fernsehwerbung Flandern* ABl. 1997 L 244/18 Rn. 14.
[464] EuGH U. v. 24. 7. 2003 Rs. C-280/00 – *Altmark Trans* Slg. 2003, I-7747 Rn. 89.
[465] Vgl. *Scholz/Langer,* Europäischer Binnenmarkt und Energiepolitik (1992), S. 162.
[466] Früher schon kritisch *Mestmäcker* in: Immenga/Mestmäcker, Art. 37, 90 EGV Rn. 34 f. m. w. N.
[467] MünchKomm-EuWettbR/*Gundel,* Art. 86 EGV, Rn. 88; anders *Pernice/Wernicke* in: Grabitz/Hilf, Art. 86 EGV, Rn. 41.
[468] Vgl. EuGH U. v. 9. 3. 2006 Rs. C-323/03 – *Kommission/Spanien* – Slg. 2006, I-2333, Rn. 44; vgl. insoweit auch *Dohms* in: Wiedemann, Handbuch des Kartellrechts, 2008, § 35 Rn. 318.
[469] MünchKomm-EuWettbR/*Gundel,* Art. 86 EGV, Rn. 88; *Weiß,* AöR 128 (2003), 91, 106 f.
[469a] S. EuG U. v. 15. 6. 2005 Rs. T-17/02 – *Fred Olsen* Slg. 2005, II-2031, Rn. 189; EuGH U. v. 4. 10. 2007 Rs. C-320/05 – *Fred Olsen* Slg. 2007, I-131.
[470] MünchKomm-EuWettbR/*Gundel,* Art. 86 EGV, Rn. 91; *Potacs* in: FS Öhlinger, S. 486, 503.
[471] S. z. B. Mitteilung „Leistungen der Daseinsvorsorge in Europa", ABl. EG 2001, C 17/4, Rn. 26.
[472] So zu Recht MünchKomm-EuWettbR/*Gundel,* Art. 86 EGV, Rn. 91.
[473] S. MünchKomm-EuWettbR/*Gundel,* Art. 86 EGV, Rn. 92 mit Nachweisen aus der Kommissionspraxis.
[474] *Hochbaum/Klotz* in: v. d. Groeben/Schwarze, Art. 86 EGV, Rn. 63, Fn. 187.
[475] Vgl. EuGH U. v. 27. 3. 1974 Rs. 127/73 – *BRT/SABAM II* Slg. 1974, I-313 Rn. 19, 22; EuGH U. v. 11. 4. 1989 Rs. 66/86 – *Ahmed Saeed* Slg. 1989, I-803, Rn. 55. 57.

eine besondere Einnahmequelle zu sichern.[476] In der Praxis haben derartige Unternehmen allerdings bislang nur eine marginale Bedeutung erlangt, was z.B. in Deutschland daran liegt, dass die Verfassung regelmäßig die Einführung neuer Monopole verbietet.[477] Nach der Abschaffung des Zündwarenmonopols hat in Deutschland allein das Branntweinmonopol noch praktische Bedeutung.[478]

112 Die Finanzmonopole sind regelmäßig zugleich auch als **Handelsmonopole** ausgestaltet und unterliegen damit vorrangig dem Umformungsgebot des Art. 31 EG.[479] Nachdem vom EuGH aber anerkannt worden ist, dass Art. 86 Abs. 2 EG auch dann eingreift, wenn der Staat zur Verwirklichung der öffentlichen Interessen ein Handelsmonopol errichtet oder aufrecht erhält, also Art. 31 und Art. 86 Abs. 2 EG nebeneinander anwendbar sind,[480] ändert sich an der Möglichkeit der Ausnahme von der Anwendung der Vorschriften des EG-Vertrages nichts, wenn man das Unternehmen als Finanzmonopol oder als Handelsmonopol ansieht.

113 Ein in besonderer Weise **qualifizierter Betrauungsakt** wie bei Unternehmen, die Dienstleistungen von allgemeinem wirtschaftlichen Interesse erbringen, ist für die Einräumung einer Finanzmonopolstellung nicht erforderlich.[481] Die zur Begründung des Finanzmonopolcharakters aber unabdingliche Übertragung fiskalischer Befugnisse auf den Monopolinhaber setzt allerdings zumindest einen Akt öffentlicher Gewalt voraus.[482] Dabei darf sich die übertragene „fiskalische Aufgabe" jedoch nicht in der allen Unternehmen obliegenden Pflicht zur ordnungsgemäßen Abführung von Steuern erschöpfen.[483] Das Erfordernis eines hoheitlichen Übertragungsaktes führt dazu, dass Unternehmen mit dem Charakter eines Finanzmonopols immer auch zugleich Unternehmen i.S. des Abs. 1 sind.[484]

3. Verhinderung der Aufgabenerfüllung

114 Nach Art. 86 Abs. 2 S. 1 EG ist die Nichtanwendung von Vorschriften des EG-Vertrages nur dann gerechtfertigt, wenn und soweit ihre Anwendung die Erfüllung der den betrauten Unternehmen übertragenen besonderen Aufgaben rechtlich oder tatsächlich verhindert. Dieses Verhinderungskriterium ist inhaltlich stark umstritten.[485] Eindeutig ist, dass das Zurücktreten der Geltung der Vertragsvorschriften einen tatsächlichen Konflikt im Einzelfall voraussetzt zwischen der fraglichen Vorschrift des Vertrages und der Erfüllung der besonderen Aufgaben.

115 Die in Art. 86 Abs. 2 EG genannten Unternehmen unterliegen grundsätzlich wie alle anderen öffentlichen und privaten Unternehmen und auch die Mitgliedstaaten der Geltung

---

[476] MünchKomm-EuWettbR/*Gundel,* Art. 86 EGV, Rn. 108; *Hochbaum/Klotz* in: v. d. Groeben/Schwarze, Art. 86 EGV, Rn. 67; *Stadler* in: Langen/Bunte, Art. 86 EGV, Rn. 58; *Mestmäcker/Schweitzer* in: Immenga/Mestmäcker, Art. 31, 86 EGV, Rn. 60 (D); *Pernice/Wernicke* in: Grabitz/Hilf, Art. 86 EGV, Rn. 39; *Emmerich* in: Dauses, H. II Rn. 84.

[477] Zur Verfassungswidrigkeit in Deutschland siehe *Heun* in: Dreier, Art. 105 GG, Rn. 32.

[478] *Heun* in: Dreier, Art. 105 GG, Rn. 32.

[479] Ausführlich dazu *Ehricke,* WuW 1995, 691, 703.

[480] EuGH U. v. 23. 10. 1997 Rs. C-157/94 – *Stromimporte* Slg. 1997, I-5699; EuGH U. v. 23. 10. 1997 Rs. C-158/94 – *Kommission/Italien* Slg. 1997, I-5789; EuGH U. v. 23. 10. 1997 Rs. C-159/94, *Monopole bei Strom und Gas* Slg. 1997, I-5815; EuGH U. v. 23. 10. 1997 Rs. C-160/94 – *Kommission/Spanien;* dazu ausführlich *Ehricke,* EuZW 1998, 741 ff.; vgl. auch *Voet van Vormizeele* in: Schwarze, Art. 86 EGV, Rn. 67; *Dohms* in: Wiedemann, Handbuch des Kartellrechts, 2008, § 35 Rn. 368 f.

[481] *Koenig/Kühling* in: Streinz, Art. 86 EGV, Rn. 55; *Mestmäcker/Schweitzer* in: Immenga/Mestmäcker, Art. 31, 86 EGV, Rn. 44 (D).

[482] Ohne nähere Ausführung zur Art des Übertragungsakts *Koenig/Kühling* in: Streinz, Art. 86 EGV, Rn. 55; *Hochbaum/Klotz* in: v. d. Groeben/Schwarze, Art. 86 EGV, Rn. 67.

[483] *Hochbaum/Klotz* in: v. d. Groeben/Schwarze, Art. 86 EGV, Rn. 68 f.

[484] *Hochbaum/Klotz* in: v. d. Groeben/Schwarze, Art. 86 EGV, Rn. 67.

[485] Vgl. dazu die grundlegende Ausarbeitung von *Erhardt,* S. 299 ff.

des EG-Vertrages. Sie sind aber vom Anwendungsbereich ausgenommen, wenn die beiden nachfolgend näher beschriebenen Voraussetzungen erfüllt sind. Nach umstrittener Auffassung hat die Kommission von Amts wegen zu prüfen, ob die tatbestandlichen Voraussetzungen für eine Ausnahme vorliegen und nicht erst dann, wenn sich die betroffenen Unternehmen auf die Ausnahme des Art. 86 Abs. 2 EG berufen.[486]

a) Verhinderung. Die Anwendung der Vertragsvorschriften muss die Erfüllung der den privilegierungsfähigen Unternehmen übertragenen Aufgabe rechtlich oder tatsächlich verhindern. Eine rechtliche Verhinderung liegt vor, wenn das Gemeinschaftsrecht die nationale Rechtsgrundlage für die besondere Aufgabe verdrängen würde.[487] Tatsächliches Verhindern ist gegeben, wenn allein die Vornahme des beabsichtigten unternehmerischen Verhaltens den gemeinschaftlichen Regelungen zuwiderläuft.[488]

Wegen der gebotenen engen Auslegung der Ausnahmevorschrift[489] sind an das Verhinderungserfordernis grundsätzlich hohe Anforderungen zu stellen.[490] Bei **Dienstleistungsunternehmen** kann es insbesondere zu Abgrenzungsschwierigkeiten kommen, wenn das betreffende Unternehmen neben der Erfüllung der gemeinwirtschaftlich bedeutenden Aufgabe auch rein auf Rentabilität und damit auf eigene Interessen ausgerichtete unternehmerische Tätigkeit entfaltet.[491] Hier ist allein die isoliert von den übrigen Tätigkeiten zu betrachtende besondere Dienstleistung maßgeblich.[492] Gleiches gilt auch für **Finanzmonopole,** wo allein auf die Erfüllung der besonderen fiskalischen Aufgabe, also die Erwirtschaftung von Einnahmen zugunsten öffentlicher Haushalte, abzustellen ist.[493] Die Abweichung von Normen des Vertrages darf nämlich letztlich nicht weitergehen, als die Erfüllung der Gemeinwohlaufgabe unbedingt erfordert.[494] Von entscheidender Bedeutung ist daher auch, auf welchem Markt die betreffende Sonderdienstleistung erbracht wird. Es ist daher grundsätzlich eine marktbezogene Betrachtung ausschlaggebend.[495] Während in der Sache Corbeau vom EuGH deutlich gemacht wurde, dass die Befreiung auf vor- und nachgelagerten sowie auf benachbarten Märkten nicht zulässig ist,[496] relativierte er dies in der Sache Ambulanz Glöckner, in der er von einer einheitlichen Aufgabe Krankentransporte und Rettungsdienst ausging, obwohl die Märkte – wie der EuGH feststellte – unterschiedlich sind.[497] Relevant ist dies für die Frage der Zulässigkeit der **Quersubventionierung,** mit der verhindert werden soll, dass sich einzelne Unternehmen nach der Methode des Rosinenpickens auf rentable Bereiche konzentrieren und dort günstiger als betraute Unternehmen anbieten, da sie nicht auf die Erwirtschaftung von Monopolrenditen zur Quersub-

---

[486] A. A. *Hochbaum/Klotz* in: v. d. Groeben/Schwarze, Art. 86 EGV, Rn. 70.
[487] *Mestmäcker/Schweitzer* in: Immenga/Mestmäcker, Art. 31, 86 EGV, Rn. 85 (D); *Ehricke,* EuZW 1993, 211 ff.
[488] *Mestmäcker/Schweitzer* in: Immenga/Mestmäcker, Art. 31, 86 EGV, Rn. 85 (D).
[489] Siehe bereits oben Rn. 81, auch *Voet van Vormizeele* in: Schwarze, Art. 86 EGV, Rn. 69 und 71; *Dohms* in: Wiedemann, Handbuch des Kartellrechts, 2008, § 35 Rn. 323.
[490] Ausführlich *Koenig/Kühling* in: Streinz, Art. 86 EGV, Rn. 57 ff. m. w. N.
[491] Vgl. Komm. E. v. 20. 12. 1989 *Eilkurierdienstleistungen in den Niederlanden* ABl. 1990 L 10/47; EuGH U. v. 20. 3. 1985 Rs. 41/83 – *Kommission/Italien* Slg. 1985, 873, 888 Rn. 33.
[492] *Hochbaum/Klotz* in: v. d. Groeben/Schwarze, Art. 86 EGV, Rn. 72; *Mestmäcker/Schweitzer* in: Immenga/Mestmäcker, Art. 31, 86 EGV, Rn. 87 (D); *Koenig/Kühling,* ZHR 166 (2002), 656, 677.
[493] *Mestmäcker/Schweitzer* in: Immenga/Mestmäcker, Art. 31, 86 EGV, Rn. 87 (D).
[494] Siehe unten Rn. 119 ff.
[495] *Voet van Vormizeele* in: Schwarze, Art. 86 EGV, Rn. 69; *Koenig/Kühling* in: Streinz, Art. 86 EGV, Rn. 59; *Stadler* in: Langen/Bunte, Art. 86 EGV, Rn. 62.
[496] Vgl. EuGH U. v. 19. 5. 1993 Rs. C-320/91 – *Corbeau* Slg. 1993, I-2533 Rn. 17 ff.; *Voet van Vormizeele* in: Schwarze, Art. 86 EGV, Rn. 69; *Mestmäcker/Schweitzer* in: Immenga/Mestmäcker, Art. 31, 86 EGV, Rn. 88, 90 (D).
[497] EuGH U. v. 25. 10. 2001 Rs. C-475/99 – *Ambulanz Glöckner* Slg. 2001, I-8089 Rn. 61; *Karayannis,* CDE 2002, 315, 337 f.

ventionierung der nicht rentablen Bereiche angewiesen sind.⁴⁹⁸ Der EuGH scheint also dahin zu tendieren, dass bei der Beurteilung, ob eine Verhinderung der Sonderaufgabe vorliegt, berücksichtigt wird, ob das ökonomische Gleichgewicht auf einer Gesamtrechnung aller betroffenen Tätigkeitsbereiche beruhe, so dass geltend gemacht werden könne, dass die Einnahmen für die spezifische Aufgabe nicht hinreichend seien.⁴⁹⁹ Insgesamt gesehen dürfte die EuGH-Rechtsprechung aber dahingehend zu verstehen sein, das eine Verhinderung dann vorliegt, wenn die Erfüllung der besonderen Aufgaben dem betreffenden Unternehmen ohne Abweichung vom Vertrag nicht mehr zu wirtschaftlich annehmbaren Bedingungen möglich ist.⁵⁰⁰ Mit diesem Ansatz wird freilich keine Bestandsgarantie für die betroffenen Unternehmen, sondern nur eine **Funktionsgarantie** für das Angebot bestimmter Dienstleistungen verfolgt.⁵⁰¹

117 **b) Gefährdung der Aufgabenerfüllung.** Der Wortlaut des Art. 86 Abs. 2 S. 1 EG spricht von der Verhinderung der Aufgabenerfüllung. Gleichwohl ist die Rechtsprechung des EuGH nicht ganz eindeutig, ob die Aufgabenerfüllung **tatsächlich verhindert** werden muss, oder ob es für die Tatbestandsmäßigkeit ausreicht, dass eine Gefährdungslage besteht. Zunächst ist das strikte Verhinderungskonzept vom EuGH und der Kommission in einer Vielzahl von Entscheidungen bestätigt worden. Danach musste die Anwendung der Wettbewerbsvorschriften bzw. der anderen Bestimmungen mit den Aufgaben „nachweislich unvereinbar sein",⁵⁰² oder eine Nichtbeachtung der Vertragsvorschriften müsste notwendig sein, um die Dienstleistung überhaupt erbringen zu können.⁵⁰³ Nicht ausreichend sollte es hingegen sein, wenn die Aufgabenerfüllung durch die Vertragsvorschrift lediglich erschwert oder behindert würde.⁵⁰⁴

118 In späteren Entscheidungen lockerte der EuGH diese enge Lesart und ging in vielen Fällen zu einem **„Gefährdungsansatz"** über, wonach die Anwendung der Vertragsvorschriften „die Erfüllung der besonderen Verpflichtungen, die einem Unternehmen obliegen, tatsächlich oder rechtlich gefährden würde. Es ist nicht erforderlich, dass das Überleben des Unternehmens bedroht ist".⁵⁰⁵ Ganz durchgehalten wird dieser Ansatz indes nicht, denn auch in späteren Urteilen hat der EuGH auf den Verhinderungsansatz zurückgegriffen.⁵⁰⁶

119 **c) Verhältnismäßigkeit.** Die Abweichung von den Normen des Vertrages darf nicht weiter gehen, als für die Aufgabenerfüllung erforderlich ist.⁵⁰⁷ Damit ist die Verhältnismä-

---

⁴⁹⁸ Vgl. EuGH U. v. 19. 5. 1993 Rs. C-320/91 – *Corbeau* Slg. 1993, I-2533 Rn. 55; EuGH U. v. 17. 5. 2001, Rs. C-340/99 – *TNT Traco* Slg. 2001, I-4109 Rn. 61, vgl. *Koenig/Kühling* in: Streinz, Art. 86 EGV, Rn. 59; *Pernice/Wernicke* in: Grabitz/Hilf, Art. 86 EGV, Rn. 56; MünchKomm-EuWettbR/*Gundel*, Art. 86 EGV, Rn. 97; *Voet van Vormizeele* in: Schwarze, Art. 86 EGV, Rn. 69.

⁴⁹⁹ Vgl. EuGH U. v. 10. 2. 2000 verb. Rs. C-147 und 148/97 – *Deutsche Post AG*, Slg. 2000, I-825 Rn. 52; EuGH U. v. 25. 10. 2001 Rs. C-475/99 – *Ambulanz Glöckner* Slg. 2001, I-8089 Rn. 61.

⁵⁰⁰ EuGH U. v. 17. 5. 2001, Rs. C-340/99 – *TNT Traco* Slg. 2001, I-4109 Rn. 61; vgl. auch EuGH U v. 21. 9. 1999 Rs. C-67/96 – *Albany* Slg. 1999, I-5751, Rn. 59, 95.

⁵⁰¹ So MünchKomm-EuWettbR/*Gundel*, Art. 86 EGV, Rn. 94 unter Berufung auf *Dohms* in: Schwarze (Hrsg.), Daseinsvorsorge im Lichte des Wettbewerbsrechts, S. 41, 64.

⁵⁰² EuGH U. v. 30. 4. 1974 Rs 155/73 – *Sacchi* Slg. 1974, 409 Rn. 15; EuGH U. v. 20. 3. 1985 Rs. 41/83 – *Italien/Kommission* Slg. 1985, 873 Rn. 33.

⁵⁰³ EuGH U. v. 19. 5. 1993 Rs. C-320/91 – *Corbeau* Slg. 1993, I-2533 Rn. 44; EuGH U. v. 27. 4. 1997 Rs. C-393/92 – *Almelo* Slg. 1994, I-1477 Rn. 46.

⁵⁰⁴ EuGH U. v. 19. 6. 1997 Rs. T-260/94 – *Air Inter* Slg. 1997, II-997, Rn. 138; GA *Reischl*, Ergänzende Schlussanträge zu EuGH U. v. 2. 3. 1983 Rs. 7/82 – *GVL/Kommission* Slg. 1983, I-483 Ziff. II. 1; GA *Lenz*, Schlussanträge zu EuGH U. v. 30. 4. 1986 Rs. 209–213/84 – *Asjes*, Slg. 1986, I-1425 Ziff. B. 2. c); *Dohms* in: Wiedemann, Handbuch des Kartellrechts, 2008, § 35 Rn. 323.

⁵⁰⁵ EuGH U. v. 23. 10. 1997 Rs. C-157/94 – *Stromimporte* Slg. 1997, I-5699 Rn. 43.

⁵⁰⁶ EuGH U. v. 18. 6. 1998 Rs. C-266/96 – *Corsica Ferries* Slg. 1998, I-3949 Rn. 42; EuGH U. v. 23. 5. 2000 Rs. C-209/98 – *FFAD* Slg. 2000, I-3743 Rn. 73 ff.

⁵⁰⁷ S. *Pernice/Wernicke* in: Grabitz/Hilf, Art. 86 EGV, Rn. 63; *Jung* in: Calliess/Ruffert, Art. 86 EGV, Rn. 47; MünchKomm-EuWettbR/*Gundel*, Art. 86 EGV, Rn. 94 f.

ßigkeit zwischen Abweichung von der Vertragsnorm und Aufgabenerfüllung Voraussetzung für das Eingreifen des Art. 86 Abs. 2 EG. Die Rechtsprechung des EuGH zur Verhältnismäßigkeit ist stark vom **Einzelfall** geprägt und orientiert sich wenig an einer strikten Verhältnismäßigkeitsprüfung nach deutschem Rechtsverständnis.[508]

Als Ausgangspunkt lässt sich der Maßstab heranziehen, den der EuGH für die Verhältnismäßigkeitprüfung in der TNT Traco-Entscheidung gewählt hat, nämlich ob die Erfüllung der dem Unternehmen übertragenen besonderen Aufgaben nur durch die Einräumung besonderer oder ausschließlicher Rechte gesichert werden kann.[509] Ausgangspunkt ist damit die Grundüberlegung, ob die besondere Aufgabe des Unternehmens nicht mit Hilfe von Maßnahmen erreicht werden kann, die den Wettbewerb weniger einschränken als die gewählte.[510] Ziel der Maßnahme muss die Sicherstellung der Erbringung der im öffentlichen Interesse liegende Aufgabe sein. **120**

Damit wird das Interesse des Mitgliedstaates gewahrt, bestimmte gemeinwohlorientierte Dienste aus dem Anwendungsbereich des Vertrages herauszuhalten, um in eigener Kompetenz diese Dienste für seinen Markt zu ordnen und zu regulieren. Insoweit lässt sich die Vorschrift des Art. 16 EG einbeziehen (vgl. oben Rn. 15), die die EG-politische Rechtfertigung für die Schaffung solcher Ausnahmebereiche darstellt. Da das Ziel der Maßnahme aber in einem **Spannungsverhältnis** zu den Zielen der Gemeinschaft (z. B. Verwirklichung eines Binnenmarktes, auf dem ein System unverfälschten Wettbewerbs herrscht) steht, muss sich die betreffende Aufgabe im Hinblick auf den relevanten Markt als hinreichendes und notwendiges Mittel zur Erfüllung des Versorgungsauftrags einordnen lassen.[511] Daraus ergibt sich, dass die betreffende Maßnahme den geringst möglichen Eingriff darstellen muss. Denn jeder darüber hinaus gehende Eingriff wäre dann nicht mehr notwendig.[512] Davon zu trennen ist die Frage der Beweislast dafür, dass die Maßnahme den geringst möglichen Eingriff darstellt. Grundsätzlich obliegt dem Unternehmen die Beweislast dafür, dass keine Maßnahme möglich ist, die einen weniger schweren Eingriff darstellt und gleichzeitig die Wahrung der übertragenen Ausgabe gleichermaßen gewährleistet. Der EuGH hat bislang in keiner Entscheidung näher zur Frage der Verhältnismäßigkeit von Ausschließlichkeitsrechten in Bezug zu Alternativmaßnahmen Stellung bezogen. Vor dem Hintergrund des Einflusses des Art. 16 EG[513] und der vom EuGH in der Stromimporte-Entscheidung im Hinblick auf die Beweislastverteilung im Vertragsverletzungsverfahren nach Art. 226 EG dargelegten Auffassung, dass die Kommission sowohl zur Frage des fehlenden Vorliegens einer Dienstleistung im allgemeinen wirtschaftlichen Interesse Stellung zu beziehen habe, als auch – im Fall, dass sie die Sicht des Mitgliedstaates nicht teilt – **121**

---

[508] EuGH U. v. 23. 10. 1997 Rs. C-159/94 – *Monopole bei Strom und Gas* Slg. 1997, I-5815, Rn. 59; EuGH U. v. 11. 4. 1989 Rs. 66/86 – *Ahmed Saeed* Slg. 1989, I-803 Rn. 56; EuGH U. v. 27. 4. 1994 Rs. C-393/92 – *Almelo* Slg. 1994, I-1477 Rn. 49; EuGH U. v. 10. 2. 2000 verb. Rs. C-147/9 u. 148/97 – *Deutsche Post AG*, Slg. 2000, I-825; EuGH U. v. 17. 5. 2001 Rs. C-209/98 – *FFAD* Slg. 2000, I-3743, Rn. 77; vgl. auch *Dohms* in: Wiedemann, Handbuch des Kartellrechts, 2008, § 35 Rn. 363, Fn. 862.

[509] EuGH U. v. 17. 5. 2001 Rs. C-340/99 – *TNT Traco* Slg. 2001, I-4109, Rn. 52; vgl. auch EuGH U. v. 23. 5. 2000 Rs. C-209/98 – *FFAD* Slg. 2000, I-3743.

[510] Schlussanträge von GA *Léger* zu Rs. C-309/99 – *Wouters u. a.* Slg. 2002, I-1577 Rn. 165; vgl. auch *Lenaerts*, S. 426; *Pernice/Wernicke* in: Grabitz/Hilf, Art. 86 EGV, Rn. 64; Kommission, Grünbuch, 2003, Rn. 80.

[511] Vgl. Mitteilung zu Leistungen der Daseinsvorsorge, KOM [2000] 580 endg., ABl. 2001 C 17/4 Rn. 23.

[512] Der Sache nach wie hier *Jung* in: Calliess/Ruffert, Art. 86 EGV, Rn. 35 und 55; *Koenig/Kühling* in: Streinz, Art. 86 EGV, Rn. 62 ff.; *Dohms* in: Wiedemann, Handbuch des Kartellrechts, 2008, § 35 Rn. 364; anders jedoch *Pernice/Wernicke* in: Grabitz/Hilf, Art. 86 EGV, Rn. 66; *Moral Sorano*, 2002, 387 ff.

[513] Skeptisch insoweit MünchKomm-EuWettbR/*Gundel*, Art. 86 EGV, Rn. 101.

substantiiert darzulegen habe, inwieweit das Verhältnismäßigkeitskriterium zu einer abweichenden Beurteilung führt und ggf. konkrete Alternativmöglichkeiten aufzeigen müsse,[514] liegt es nahe, dass die Kommission verpflichtet ist, zu substantiieren, dass eine andere Maßnahme das Ziel mit einem weniger starken Eingriff ebenso hätte verwirklichen können.

122 **d) Subsidiarität.** Die Rechtfertigung vertragswidrigen Verhaltens nach Art. 86 Abs. 2 EG ist subsidiär zu allen anderen Freistellungsmöglichkeiten des EG-Vertrages (s. auch oben Rn. 81). Erst wenn alle übrigen Möglichkeiten der Freistellung erfolglos geblieben sind, kommt nach dem Prinzip der ultima ratio eine Zurückdrängung der Vertragsvorschriften nach Art. 86 Abs. 2 EG in Betracht.[515]

123 **e) Darlegungs- und Beweislast.** Die Darlegungs- und Beweislast dafür, dass die Aufgabenwahrnehmung nicht bei vertragskonformem Verhalten möglich ist, trägt nach dem Wortlaut des Art. 86 Abs. 2 EG der **Normadressat**, also derjenige Mitgliedstaat oder dasjenige mit der Sonderaufgabe betraute Unternehmen, der oder das sich auf die Ausnahmevorschrift beruft.[516] Dies beinhaltet konsequenterweise auch die Darlegung und den Beweis des Fehlens eines milderen, also vertragkonformen Mittels zur Erfüllung der Sonderaufgabe. Die Grundsätze der Beweislast gelten sowohl vor den Gemeinschaftsgerichten als auch in Verfahren vor den nationalen Gerichten.[517] Vor nationalen Gerichten ergeben sich die Modalitäten der Beweisführung aus dem nationalen Verfahrensrecht.[518]

124 Die jüngere Rechtsprechung hat diese Darlegungs- und Beweislastregeln jedoch ein wenig gelockert. Der EuGH besteht grundsätzlich nicht mehr darauf, dass der Mitgliedstaat positiv belegen müsse, dass keine andere vorstellbare Maßnahme es erlaube, die Erfüllung der Aufgabe unter den Bedingungen der Vertragseinhaltung sicherzustellen.[519] Das führt dazu, dass es im Kollisionsfall im Rahmen eines Verletzungsverfahrens der Kommission[520] bzw. dem Streitgegner[521] obliegt, weitere Handlungsmöglichkeiten aufzuzeigen.[522] Abweichend hat der EuGH aber z.B. in der Entscheidung *Dusseldorp* entschieden und dem Mitgliedstaat die Pflicht auferlegt, in einer das Gericht überzeugenden Weise darzulegen, dass zur Verfolgung der Sonderaufgabe keine anderen Mittel existieren.[523] Ferner obliegt dem Mitgliedstaat die Beweislast darüber, dass es ihm ohne die streitige Maßnahme unmöglich wäre, seine besondere Aufgabe zu wirtschaftlich tragbaren Bedingungen zu erfüllen. Dieser Nachweis kann als nicht erbracht angesehen werden, wenn das Unternehmen über kein

---

[514] EuGH U. v. 23. 10. 1997 Rs. C-157/94 – *Stromimporte* Slg. 1997, I-5699 Rn. 58 ff.

[515] *Jung* in: Calliess/Ruffert, Art. 86 EGV, Rn. 47.

[516] Allg. Meinung EuGH U. v. 30. 4. 1974 Rs. 155/73 – *Sacchi* Slg. 1974, 409 431; EuGH U. v. 20. 3. 1985 Rs. 41/83 – *Kommission/Italien* Slg. 1985, 873, 888; *Jung* in: Calliess/Ruffert, Art. 86 EGV, Rn. 46; *Pernice/Wernicke* in: Grabitz/Hilf, Art. 90 EGV, Rn. 53; *Voet van Vormizeele* in: Schwarze, Art. 86 EGV, Rn. 71.

[517] EuGH U. v. 25. 6. 1998 Rs. C-203/96 – *Dusseldorp* Slg. 1998, I- 4075, Rn. 67; EuGH U. v. 17. 5. 2001 Rs. C-340/99 – *TNT Traco* Slg. 2001, I-4109, Rn. 59.

[518] MünchKomm-EuWettbR/*Gundel*, Art. 86 EGV, Rn. 101 m.w.N.

[519] EuGH U. v. 23. 10. 1997 Rs. C-159/94 – *Monopole bei Strom und Gas* Slg. 1997, I-5815 Rn. 59, 94, 101; EuGH U. v. 23. 10. 1997 Rs. C-157/94 – *Stromimporte* Slg. 1997, I-5699 Rn. 51, 58; EuGH U. v. 23. 10. 1997 Rs. C-158/94 – *Kommission/Italien* Slg. 1997, I-5789 Rn. 54; ausführlich EuGH U. v. 17. 5. 2001 Rs. C-340/99 – *TNT Traco* Slg. 2001, I-4109 Rn. 59 ff.

[520] Komm. E. v. 20. 12. 1989 – *Eilkurierdienstleistungen in den Niederlanden* ABl. 1990 L 10/47 Rn. 16; Komm. E. v. 1. 8. 1990 – *Eilkurierdienstleistungen Spanien* ABl. 1990 L 233/19 Rn. 13.

[521] EuGH U. v. 23. 10. 1997 Rs. C-340/99 – *TNT Traco* Slg. 2001, I-4109, Rn. 59 ff.

[522] Vgl. ausführlich zu weiteren Ansätzen und einer Kritik der bisherigen Praxis bei *Koenig/Kühling* in: Streinz, Art. 86 EGV, Rn. 62 ff.; vgl. auch MünchKomm-EuWettbR/*Gundel*, Art. 86 EGV, Rn. 101.

[523] EuGH U. v. 25. 6. 1998 Rs. C-203/96 – *Dusseldorp* Slg. 1998, I-4075 Rn. 67; EuGH U. v. 23. 10. 1997 Rs. C-340/99 – *TNT Traco* Slg. 2001, I-4109 Rn. 59 ff.

ausreichendes System der Rechnungslegung verfügt. Erforderlich ist insoweit ein transparentes, detailliertes und zuverlässiges internes System der Kostenrechnung.[524]

4. Art. 86 Abs. 2 Satz 2 EG

a) **Allgemeines.** Im Rahmen des Rechtfertigungstatbestandes des Art. 86 Abs. 2 EG stellt die Vorschrift des Art. 86 Abs. 2 Satz 2 EG die letzte Prüfungsstufe dar.[525] Danach darf die Entwicklung des Handelsverkehrs nicht in einem Ausmaß beeinträchtigt werden, das dem Interesse der Gemeinschaft zuwiderläuft. Insbesondere im Hinblick auf die Ausdehnung des Anwendungs- und Ausnahmebereichs des Art. 86 Abs. 2 Satz 1 EG durch die Rechtsprechung des EuGH kommt Art. 86 Abs. 2 Satz 2 EG ein erheblicher Bedeutungszuwachs als wesentliches Instrument der Grenzziehung für das mitgliedstaatliche Wirtschaften in der EU zu.[526] Die dogmatische Einordnung des Art. 86 Abs. 2 Satz 2 EG ist dabei freilich nicht eindeutig. Es wird teilweise davon ausgegangen, dass es sich bei dieser Vorschrift um eine **Schranke** gegenüber der Ausnahmegewährung des Art. 86 Abs. 2 Satz 1 EG handele.[527] Demgegenüber wird die Ansicht vertreten, Art. 86 Abs. 2 Satz 2 EG ergänze lediglich die im Rahmen von Art. 86 Abs. 2 Satz 1 EG vorzunehmende **Verhältnismäßigkeitsprüfung**.[528] Die Bedeutung dieses unterschiedlichen dogmatischen Ansatzes ist für die Praxis allerdings gering, denn auch eine allgemeine Verhältnismäßigkeitsprüfung ist dogmatisch als eine Grenze eines Ausnahmetatbestands und damit als Schranken-Schranke zu verstehen.[529]

b) **Voraussetzungen.** Art. 86 Abs. 2 Satz 2 EG setzt das kumulative Vorliegen einer Beeinträchtigung der Entwicklung des Handelszweckes einerseits und eines Widerspruchs zu den Interessen der Gemeinschaft andererseits voraus.

aa) **Beeinträchtigung der Entwicklung des Handelsverkehrs.** In der Literatur finden sich im Wesentlichen zwei unterschiedliche Ansätze zur Auslegung des Merkmals der Beeinträchtigung der Entwicklung des Handelsverkehrs. Zum einen wird gefordert, dass die Beeinträchtigung der Entwicklung des Handelsverkehrs eine **globale Beeinträchtigung** des freien Wirtschaftsverkehrs als Integrationsfaktor bewirken müsse.[530] Bereits auf Grund des abweichenden Wortlauts sei eine Gleichstellung mit der Zwischenstaatlichkeitsklausel der unternehmensbezogenen Vertragsregeln, wie etwa in Art. 81 EG, abzulehnen.[531] Der Begriff der Beeinträchtigung der Entwicklung des Handelsverkehrs müsse über die Zwischenstaatlichkeitsklausel hinausgehen, da ansonsten die Berücksichtigung lediglich eines Widerspruchs gegen die gemeinsamen Interessen genügt hätte. Ferner sei nur so eine sinnvolle Verbindung zu Art. 86 Abs. 2 Satz 1 EG zu erreichen, weil diese Vorschrift bereits so hohe Anforderungen stelle, dass, um eine hinreichende Berücksichtigung der

---

[524] EuGH U. v. 23. 10. 1997 Rs. C-340/99 – *TNT Traco* Slg. 2001, I-4109 Rn. 62; Komm. E v. 25. 7. 2001 – *Deutsche Post AG* ABl. 2001 L 331/40 Rn. 184; *Grill* in: Lenz/Grill, Art. 86 EGV, Rn. 28; *Dohms* in: Wiedemann, Handbuch des Kartellrechts, 2008, § 35 Rn. 406, Fn. 952 und 416.
[525] Tendenziell anders, nämlich nur Präzisierung der Verhältnismäßigkeit, MünchKomm-EuWettbR/ *Gundel*, Art. 86 EGV, Rn. 99; *Weiß*, EuR 2003, 165, 188.
[526] Vgl. *Erhardt*, S. 334; *Bartosch*, NJW 2000, 2251, 2252; *Schweitzer*, S. 113; *Ehricke*, EuZW 1998, 741, 746 f.
[527] Vgl. *Mestmäcker/Schweitzer* in: Immenga/Mestmäcker, Art. 31, 86 EGV, Rn. 107 (D); *Ehricke*, EuZW 1998, 741, 746; *Kapp* in: Frankfurter Kommentar, Art. 86 EGV, Rn. 134; *Voet van Vormizeele* in: Schwarze, Art. 86 EGV, Rn. 72; *Mann*, JZ 2002, 823.
[528] Vgl. *Schweitzer*, S. 158; *Pernice/Wernicke* in: Grabitz/Hilf, Art. 86 EGV, Rn. 60 ff.; *Koenig/ Kühling* in: Streinz, Art. 86 EGV, Rn. 65 f.; MünchKomm-EuWettbR/*Gundel*, Art. 86 EGV, Rn. 99; *Weiß*, EuR 2003, 165, 188.
[529] So zutreffend *Erhardt*, S. 335; *Klasse*, S. 241; *Mann*, JZ 2002, 823; *Dohms* in: Wiedemann, Handbuch des Kartellrechts, 2008, § 35 Rn. 370.
[530] Vgl. *Jung*, in: Calliess/Ruffert, Art. 86 EGV, Rn. 50.
[531] Vgl. *Hochbaum/Klotz* in: v. d. Groeben/Schwarze, Art. 86 EGV, Rn. 77 ff.

privilegierten Dienstleistung zu erreichen, nicht nochmals eine restriktive Interpretation zu nahezu unüberwindlichen Hürden führen dürfe.[532]

128 Demgegenüber wird zum anderen ein faktischer Ansatz vertreten, nach dem im Einzelfall zu prüfen sei, welche Wirkung von der Nichtanwendung des Gemeinschaftsrechts auf den **tatsächlichen** Handelsverkehr ausgeht.[533] In diesem Sinne wird unter Bezugnahme auf die Formulierung „Entwicklung" eine direkte Wirkung auf den dynamischen Prozess der Fortentwicklung bzw. Vermehrung der Handelsströme gefordert.[534] Zum Teil wird zudem vertreten, dass auch die Wirkung auf den **potentiellen** Handelsverkehr in die Betrachtung einzubeziehen sei.[535]

129 Die Rechtsprechung hat sich noch nicht abschließend zur Auslegung dieses Tatbestandsmerkmals in Art. 86 Abs. 2 Satz 2 EG geäußert. Allerdings haben mehrere Generalanwälte die Auffassung vertreten, dass die Erfüllung dieses Tatbestandsmerkmals den Nachweis voraussetze, dass die streitige Maßnahme den innergemeinschaftlichen Handel tatsächlich und wesentlich beeinträchtige.[536] Der EuGH hat in den Energiemonopolurteilen allerdings entschieden, dass es Aufgabe der Kommission gemäß Art. 86 Abs. 3 EG sei, im Wege des Sekundärrechts zu definieren, wann im konkreten Fall eine Beeinträchtigung der Entwicklung des innergemeinschaftlichen Handels vorliege und die Interessen der Gemeinschaft verletzt werden.[537]

130 Die Auslegung des Tatbestandsmerkmals „Beeinträchtigung des Handelsverkehrs" muss sich an der ursprünglichen Konzeption des Art. 86 Abs. 2 Satz 2 EG orientieren. Diese Vorschrift ist auf Grund der Besorgnis eingeführt worden, dass Art. 86 Abs. 2 Satz 1 EG die Grundlage bilden könnte, die bestehende Wettbewerbsordnung weitgehend auszuhöhlen. Vor diesem Hintergrund ergibt sich die Funktion der Vorschrift als **Schranken-Schranke**. Dieser Funktion muss eine Auslegung gerecht werden, wobei allerdings bereits dem Wortlaut nach ein grundsätzlicher Unterschied besteht zwischen der Beeinträchtigung des Handelsverkehrs, die bereits bei Geeignetheit zur Beeinträchtigung der jeweiligen Maßnahme gegeben ist, und der Entwicklung des Handelsverkehrs.[538] Insoweit ist eine tatsächliche Beeinträchtigung zu fordern, die auf einer Prüfung im **Einzelfall** beruhen muss.[539] Gegen den Einwand, eine globale Beeinträchtigung zum Maßstab der Beeinträchtigung des Handelsverkehrs zu machen, spricht, dass die Konkretisierung globaler Kriterien äußerst schwierig ist, wo hingegen die Betrachtung der Entwicklung der tatsächlichen Handelsströme auf einem relevanten Markt eine (vergleichbar bessere) messbare Größe ist.[540]

131 bb) Interesse der Gemeinschaft. Auch das Interesse der Gemeinschaft ist einhelliger Auffassung nach insbesondere aus den Grundsätzen und Zielen des Vertrages (z. B. Art. 2, 3, 4, 12, 23, 28 ff., 32 ff., 39, 43, 49, 56, 81 ff. EG) zu entnehmen,[541] wobei der Schaffung

---

[532] Vgl. *Jung* in: Calliess/Ruffert, Art. 86 EGV, Rn. 51; vgl. früher auch *Pernice* in: Grabitz/Hilf, Art. 55 EGV, Rn. 55 (anders offenbar jetzt allerdings *Pernice/Wernicke* in: Grabitz/Hilf, Art. 86 EGV, Rn. 62); vgl. auch *Keller*, Service public, S. 163.

[533] Vgl. *Mestmäcker/Schweitzer* in: Immenga/Mestmäcker, Art. 31, 86 EGV, Rn. 109 (D); *Voet van Vormizeele* in: Schwarze, Art. 86 EGV, Rn. 73; *Pernice/Wernicke* in: Grabitz/Hilf, Art. 86 EGV, Rn. 62.

[534] Siehe *Hochbaum/Klotz* in: v. d. Groeben/Schwarze, Art. 86 EGV, Rn. 78; *Emmerich* in: Dauses, H. II Rn. 165; *Mestmäcker/Schweitzer* in: Immenga/Mestmäcker, Art. 31, 86 EGV, Rn. 109 (D); *Schweitzer*, S. 160; *Kahl* Wbl. 1999, 189, 195.

[535] Vgl. *Mestmäcker/Schweitzer* in: Immenga/Mestmäcker, Art. 31, 86 EGV, Rn. 109 (D).

[536] Vgl. Generalanwalt *Cosma*, Schlussanträge zu den verb. Rs. C-157/94 u. a. *Monopole bei Strom und Gas* Slg. 1997, I-5764, 5701 Rn. 126.

[537] EuGH U. v. 23. 10. 1997 verb. Rs. C-159/94 u. a. – *Monopole bei Strom und Gas* Slg. 1997, I-5848 Rn. 113.

[538] Vgl. *Ehricke*, Staatliche Eingriffe, S. 172; *Erhardt*, S. 338.

[539] So auch *Pernice/Wernicke* in: Grabitz/Hilf, Art. 86 EGV, Rn. 62.

[540] S. *Erhardt*, S. 338 f.; *Dohms* in: Wiedemann, Handbuch des Kartellrechts, 2008, § 35 Rn. 374.

[541] Ebenso MünchKomm-EuWettbR/*Gundel*, Art. 86 EGV, Rn. 100.

der Bedingungen eines **einheitlichen Marktes mit unverfälschtem Wettbewerb** neben dem Sozial- und Umweltschutz eine vorrangige Bedeutung zukommt.[542] Die Definitionshoheit bezüglich der Interessen der Gemeinschaft liegt im Einzelfall bei der Kommission.[543] Insoweit wird das Gemeinschaftsinteresse von zuständiger Stelle artikuliert und konkretisiert.[544] Die Kommission kann insoweit in Ausübung ihrer Kompetenzen nach Art. 86 Abs. 3 EG durch Richtlinien oder Einzelfallentscheidungen auch Auslegungshilfen geben, die den Begriff des Gemeinschaftsinteresses auch unter Würdigung der Ziele der allgemeinen Wirtschaftspolitik verdeutlichen.[545]

c) **Abwägung.** Die festgestellte Beeinträchtigung des Handelsverkehrs ist in einem Abwägungsschritt zu vergleichen mit dem definierten Interesse der Gemeinschaft. Dadurch wird eine Verhältnismäßigkeitsprüfung im engeren Sinne in die Regelung des Art. 86 Abs. 2 Satz 2 EG eingeführt, die sich als Angemessenheitsprüfung darstellen lässt.[546] Die Verhältnismäßigkeitsprüfung ist eine Abwägung im Einzelfall, wobei der anzuwendende Maßstab variieren kann. Es ist daher von erheblicher Bedeutung, welche Aspekte in die Abwägung einbezogen werden und wie sie im Einzelnen gewichtet werden.[547] Dem dynamischen Charakter der Verhältnismäßigkeitsprüfung im engeren Sinne wird nur gerecht, keine starren Kriterien aufzustellen. Gleichwohl lassen sich grundsätzliche Maßstäbe heranziehen, die zu einer Konkordanz der Ausnahmebestimmung des Art. 86 Abs. 2 Satz 2 EG mit übrigen Ausnahmebestimmungen zur Realisierung desselben Zweckes führen. Derartige Maßstäbe ergeben sich beispielsweise aus Art. 87 Abs. 3 EG und aus der Rechtsprechung zu Art. 30 EG und den zwingenden Erfordernissen.[548]

IV. Kommissionsbefugnis (Art. 86 Abs. 3 EG)

1. Inhalt, Funktion und Grenzen der Befugnisse

Art. 86 Abs. 3 EG entspricht dem ehemaligen Art. 90 Abs. 3 a. F. EGV und soll – wie die Norm in der früheren Fassung – die Sicherung des Art. 86 Abs. 1 und 2 EG gewährleisten.[549] Er konkretisiert die allgemeine Überwachungsaufgabe der Kommission aus Art. 211 Unterabschnitt 1 EG und verleiht ihr besondere Befugnisse zur Anwendung und Konkretisierung der in den Absätzen 1 und 2 vorgesehenen Regelungen.[549a] Dabei beschränkt sich Art. 86 Abs. 3 EG nicht auf die allgemeine Befugnis zur Abgabe von Empfehlungen und Stellungnahmen,[550] sondern der **Kommission** wird auch die **Kompetenz** eingeräumt, dass sie Richtlinien und Entscheidungen mit Wirkung für die Mitgliedstaaten

---

[542] So *Pernice/Wernicke* in: Grabitz/Hilf, Art. 86 EGV, Rn. 60; *Stadler* in: Langen/Bunte, Art. 86 EGV, Rn. 69; *Koenig/Kühling* in: Streinz, Art. 86 EGV, Rn. 65; *Dohms* in: Wiedemann, Handbuch des Kartellrechts, 2008, § 35 Rn. 374.
[543] EuGH U. v. 27.10.1997 Rs. C-159/94 – *Monopole bei Strom und Gas* Slg. 1997, I-5815 Rn. 113.
[544] Vgl. *Ehricke*, EuZW 1998, 741, 746 ff.; *Jung* in: Calliess/Ruffert, Art. 86 EGV, Rn. 52; *Pernice/Wernicke* in: Grabitz/Hilf, Art. 86 EGV, Rn. 61.
[545] S. *Pernice/Wernicke* in: Grabitz/Hilf, Art. 86 EGV, Rn. 61.
[546] S. *Erhardt*, S. 339; *Schweitzer*, S. 157.
[547] Sehr ausführlich dazu *Erhardt*, S. 340 ff.
[548] Vgl. dazu *Ehricke*, EuZW 1993, 215 f.; *ders.*, Staatliche Eingriffe, 209 ff. (Ergebnis).
[549] Statt aller *Jung* in: Calliess/Ruffert, Art. 86 EGV, Rn. 54 ff.; *Koenig/Kühling* in: Streinz, Art. 86 EGV, Rn. 67. MünchKomm-EuWettbR/*Gundel*, Art. 86 EGV, Rn. 168; *Mestmäcker/Schweitzer* in: Immenga/Mestmäcker, Art. 31, 86 EGV, Rn. 1 (E).
[549a] S. *Dohms* in: Wiedemann, Handbuch des Kartellrechts, 2008, § 35 Rn. 470; *Mestmäcker/Schweitzer* in: Immenga/Mestmäcker, Art. 31, 86 EGV, Rn. 1 (E); *Koenig/Kühling* in: Streinz, Art. 86 EGV, Rn. 67.
[550] S. *Geiger*, Art. 86 EGV, Rn. 16; *Jung* in: Calliess/Ruffert, Art. 86 EGV, Rn. 55 f.; *Voet van Vormizeele* in: Schwarze, Art. 86 EGV, Rn. 82.

Art. 86 EG 134   6. Teil. EG-Vertrag

erlassen bzw. treffen kann, soweit sie diese in Bezug auf die Anwendung der Absätze 1 und/oder 2 für erforderlich hält.[551] Damit kann sie ihrer Pflicht nachkommen, dafür zu sorgen, dass die Mitgliedstaaten jede Beeinflussung und Förderung der in Absatz 1 und Absatz 2 genannten Unternehmen im vertragswidrigen Sinne abstellen und ihrer Verantwortung für das vertragskonforme Verhalten dieser Unternehmen nachkommen.[552] Die Ausübung dieser Kompetenz sperrt im Übrigen Maßnahmen der Kommission nach anderen Vorschriften, wie z.B. nach der VO 1/2003 gegenüber Unternehmen bei der Verletzung der Art. 81 und 82 EG oder gem. Art. 88 EG bzw. VO (EG) Nr. 659/1999[553] (AusführungsVO zur Beihilfenkontrolle/Verordnung des Rates über besondere Vorschriften für die Anwendung des Art. 88 des EG-Vertrages) gegenüber den Mitgliedstaaten ebenso wenig wie die Einleitung eines Vertragsverletzungsverfahrens gegen die Mitgliedstaaten nach Art. 226 EG, selbst wenn dadurch der Anwendungsbereich des Art. 86 Abs. 3 EG tangiert würde.[554] Zugleich hat die Kommission auch die Befugnis, allgemeine Regeln zu erlassen, durch welche die sich aus dem Vertrag ergebenden Verpflichtungen konkretisiert werden und die für die Mitgliedstaaten hinsichtlich der in den Absatz 1 und Absatz 2 des Art. 86 EG genannten Unternehmens gelten.[555]

134 Damit wird die Kommission durch Art. 86 Abs. 3 EG für die Wahrnehmung ihrer Aufgaben mit zwei Instrumenten ausgestattet, nämlich einerseits mit der **repressiv-kontrollierenden Entscheidungshoheit** im Hinblick auf erfolgte Verstöße im Einzelfall, andererseits mit der Befugnis zur Wahl **präventiver Maßnahmen** durch die ausschließliche Kompetenz zum Erlass von Richtlinien (Gestaltungsfunktion).[556] Dabei eignet sich die Präventivmaßnahme in Form der exekutiven Tätigkeit für eine generelle Regelung, während Entscheidungen regelmäßig nur einen Einzelfall erfassen und regulieren (s. u. Rn. 136, 142 ff.).[557] Die in Art. 86 Abs. 3 EG in diesem Sinne normierte Kontrollfunktion der Kommission bezieht sich zwar ausdrücklich nur auf den Mitgliedstaat und dessen Verhalten. Durch die Wirkung dieser Entscheidungen und die Herleitung des Aufgabenbereichs erstreckt sie sich aber auch auf die Betätigung der einzelnen Unternehmen im Mitgliedstaat

---

[551] *Geiger,* Art. 86 EGV, Rn. 16; *Koenig/Kühling* in: Streinz, Art. 86 EGV, Rn. 68; s. auch *Bach,* Wettbewerbsrechtliche Schranken, 1992, S. 32 f.; *Mestmäcker/Schweitzer* in: Immenga/Mestmäcker, Art. 31, 86 EGV, Rn. 1 (E); *Mestmäcker* in: FS Deringer, 1993, S. 79, 79 f.; *Jung* in: Calliess/Ruffert, Art. 86 EGV, Rn. 4, 56.

[552] *Pernice/Wernicke* in: Grabitz/Hilf, Art. 86 EGV, Rn. 70 ff.; *Mestmäcker/Schweitzer* in: Immenga/Mestmäcker, Art. 31, 86 EGV, Rn. 1 (E); *Koenig/Kühling* in: Streinz, Art. 86 EGV Rn. 67.

[553] ABl. 1999 L 83/1.

[554] *Pernice/Wernicke* in: Grabitz/Hilf, Art. 86 EGV, Rn. 69; *Dohms* in: Wiedemann, Handbuch des Kartellrechts, 2008, § 35 Rn. 473; vgl. EuGH U. v. 6. 7. 1982 verb. Rs. 188–190/80 – *Transparenzrichtlinie* Slg. 1982, 2545 Rn. 12; EuGH U. v. 19. 3. 1991 Rs. C-202/88 – *Telekommunikations-Endgeräte* Slg. 1991, I-1223 Rn. 25.

[555] EuGH U. v. 17. 11. 1992 verb. Rs. C-271, 281, 289/90 – *Telekommunikationsdienste* Slg. 1992, I-5833.

[556] *Jung* in: Calliess/Ruffert, Art. 86 EGV, Rn. 56; *Dohms* in: Wiedemann, Handbuch des Kartellrechts, 2008, § 35 Rn. 472; *Koenig/Kühling* in: Streinz, Art. 86 EGV, Rn. 67; MünchKomm-EuWettbR/*Gundel,* Art. 86 EGV, Rn. 170; zur präventiven Wirkung der Richtlinie EuGH U. v. 19. 3. 1991 Rs. C-202/88 – *Telekommunikations-Endgeräte* Slg. 1991, I-1223 Rn. 14, 21; EuGH U. v. 17. 11. 1992 Rs. C-271, 281, 289/90 – *Telekommunikationsdienste* Slg. 1992, I-5833 Rn. 12; EuGH U. v. 12. 2. 1992 verb. Rs. C-48, 66/90 – *Niederlande/Kommission* Slg. 1992, I-565 Rn. 26; ferner *Jungbluth* in: Langen/Bunte, Art. 86 EGV, Rn. 12; *Pernice/Wernicke* in: Grabitz/Hilf, Art. 86 EGV, Rn. 69 f.; zu den Entscheidungen EuGH U. v. 30. 6. 1988 Rs. 226/87 – *Kommission/Griechenland* Slg. 1988, 3611 Rn. 3, 11 f.; EuGH U. v. 12. 2. 1992 verb. Rs. C-48 66/90 – *Niederlande/Kommission* Slg. 1992, I-565 Rn. 27 f., 30.

[557] GA *Reischl,* Schlussantrag zu verb. Rs. 188 bis 190/80 – *Transparenzrichtlinie* Slg. 1982, 2545 Nr. 2; *Pernice/Wernicke* in: Grabitz/Hilf, Art. 86 EGV, Rn. 70; *Voet van Vormizeele* in: Schwarze, Art. 86 EGV, Rn. 78 f., 108; *Koenig/Kühling* in: Streinz, Art. 86 EGV, Rn. 67 m. w. N.

Art. 86 EG: Öffentliche und monopolartige Unternehmen   135–137   **Art. 86 EG**

selbst.[558] Die Kontrollaufgabe der Kommission gegenüber den Mitgliedstaaten ist demnach auch die innere Legitimation, dass eine Beteiligung des Rats oder des Europäischen Parlaments nicht vorgesehen ist.[559] Der EuGH hat es auch stets abgelehnt, die Kompetenz der Kommission in dem Sinne einzuschränken, dass „wesentliche" Weichenstellungen auf anderer Grundlage durch den nach anderen Rechtsgrundlagen zuständigen Rat getroffen werden müssten.[560]

2. Mittel der Aufgabenwahrnehmung

a) Instrumente. Der Kommission stehen zur Erfüllung der ihr in Art. 86 Abs. 3 EG zugewiesenen Aufgaben verschiedene Instrumente zur Verfügung. Sie kann unverbindliche Stellungnahmen oder Empfehlungen abgeben oder Richtlinien und Entscheidungen, die Bindungswirkung haben, erlassen. Sie entsprechen den in Art. 249 EG bezeichneten Rechtsakten und haben auch deren Wirkungen.[561] **135**

Das Mittel der **Entscheidungen** setzt die Kommission vornehmlich ein, um Mitgliedstaaten zu verpflichten, bestimmte Maßnahmen, die sie in Bezug auf ein öffentliches Unternehmen bzw. ein Unternehmen mit Sonderaufgaben getroffen haben und die gegen das EG-Recht verstoßen, zu unterlassen.[562] Theoretisch möglich – in der Praxis aber vernachlässigbar gering – ist die Instrumentalisierung der Entscheidung, um positive Verhaltensanordnungen an die Mitgliedstaaten zu richten.[563] Die Entscheidung ist damit eine Alternative zum Vertragsverletzungsverfahren nach Art. 226 EG, wobei zwischen diesen beiden Instrumenten ein Wahlrecht der Kommission besteht.[564] **Richtlinien** dienen der Kommission dazu, generell die Voraussetzungen für eine wirksame Beobachtung des Innenverhältnisses zwischen Mitgliedstaaten und den in Abs. 1 und 2 genannten Unternehmen zu schaffen, oder allgemeine Maßstäbe aufzustellen und innerstaatliche Rechtsänderungen einzuleiten, die die Einhaltung des Art. 86 Abs. 1 und Abs. 2 EG sicherstellen.[565] Richtlinien dienen damit der Unterstützung der Mitgliedstaaten in ihrer „besonderen Verantwortung" gegenüber den in Abs. 1 und Abs. 2 genannten Unternehmen, indem sie das Tun der Mitgliedstaaten konkretisieren und erlauben, die Mitgliedstaaten zur Wahrnehmung der Verantwortung anzuhalten.[566] **136**

Als unverbindliche Handlungsformen,[567] die entweder als Ergebnis fremder Initiative eine sachverständige Meinungsäußerung (Stellungnahme) begründen oder auf Grund eigener **137**

---

[558] S. nur *Jung* in: Calliess/Ruffert, Art. 86 EGV, Rn. 55; *Koenig/Kühling* in: Streinz, Art. 86 EGV, Rn. 67.

[559] Vgl. Wilms, Das Europäische Gemeinschaftsrecht und die öffentlichen Unternehmen, S. 102 f.; *Pernice/Wernicke* in: Grabitz/Hilf, Art. 86 EGV, Rn. 72; *Mestmäcker/Schweitzer* in: Immenga/Mestmäcker, Art. 31, 86 EGV, Rn. 4 (E). MünchKomm-EuWettbR/*Gundel*, Art. 86 EGV, Rn. 169; vgl. auch *Möschel*, JZ 2003, 1021, 1022.

[560] Vgl. EuGH U. v. 6. 7. 1982 Rs. 188–190/08 – *Transparenzrichtlinie* – Slg. 1982, 2545, Rn. 4; EuGH U. v. 23. 4. 1991 Rs. C-271/90 u. a. – *Spanien, Belgien und Italien/Kommission* – Slg. 1992, I-5833, Rn. 11 f.

[561] *Pernice/Wernicke* in: Grabitz/Hilf, Art. 86 EGV, Rn. 73; *Dohms* in: Wiedemann, Handbuch des Kartellrechts, 2008, § 35 Rn. 480 f.

[562] S. *Mestmäcker/Schweitzer* in: Immenga/Mestmäcker, Art. 31, 86 EGV, Rn. 3, 13 (E)

[563] Vgl. dazu MünchKomm-EuWettbR/*Gundel*, Art. 86 EGV, Rn. 192; *Pernice/Wernicke* in: Grabitz/Hilf, Art. 86 EGV, Rn. 74.

[564] Vgl. dazu EuGH U. v. 29. 3. 2001 Rs. C-163/99 – *Portugal/Kommission* – Slg. 2001, I-2613, Rn. 31; EuGH U. v. 4. 8. 1999 Rs. C-70/99 – *Kommission/Portugal* – Slg. 2001, I-4845, Rn. 17; vgl. zudem MünchKomm-EuWettbR/*Gundel*, Art. 86 EGV, Rn. 192 m.w. N.

[565] Vgl. *Pernice/Wernicke* in: Grabitz/Hilf, Art. 86 EGV, Rn. 77.

[566] EuGH U. v. 6. 7. 1982 verb. Rs. 188 bis 190/80 – *Transparenzrichtlinie* Slg. 1982, 2545 Rn. 12; *Kapp* in: Frankfurter Kommentar, Art. 86 EGV, Rn. 148; MünchKomm-EuWettbR/*Gundel*, Art. 86 EGV, Rn. 172.

[567] Empfehlungen und Stellungnahmen sind nach der Rspr. des EuGH trotz ihrer rechtlichen Un-

Initiative ein bestimmtes Verhalten nahe legen (Empfehlung),[568] dienen **Empfehlungen** und **Stellungnahmen** der Koordinierung mitgliedstaatlichen Handelns und ggf. der Wegbereitung für „harte", d. h. rechtlich verbindliche, Handlungsinstrumente der Kommission.[569]

138 Die Kompetenz zur (alleinigen) gesetzgeberischen Tätigkeit der Kommission durch Richtlinien nach Art. 86 Abs. 3 EG reicht wesentlich weiter als ihre originäre Befugnis im Hinblick auf sonstige Gesetzgebungsverfahren, wo sie auf die Beteiligungsmöglichkeiten nach Art. 211 (3. Spiegelstrich) und Art. 250 ff. EG beschränkt ist. Auch im Vergleich zu sonstigen Exekutivorganen hat die Kommission auf Grund der supranationalen Einbindung in ihrem Tätigkeitsbereich sehr weitreichende Kompetenzen.[570] Die ausgeprägten Besonderheiten des öffentlichen Sektors und das Bedürfnis, die praktische Wirksamkeit von Art. 86 Abs. 1 und Abs. 2 EG zu gewährleisten, rechtfertigen jedoch diese sehr weitreichende Kompetenzbündelung bei der Kommission.[571]

139 Die **Grenzen der Rechtsetzungsbefugnis** ergeben sich nach herrschender Auffassung aus Art. 86 Abs. 3 EG selbst und brauchen daher nicht aus den allgemeinen Grundsätzen der Gewaltenteilung und Funktionentrennung abgeleitet zu werden.[572] Dabei kommt es im Einzelnen auf die Tragweite der Vorschriften an, deren Beachtung sichergestellt werden soll.[573] Die von der Kommission durchgeführten Maßnahmen sollen dabei als effektives Mittel dienen, um die Pflichten der Mitgliedstaaten weiterzuentwickeln und durchzusetzen. Erwägungen vertikaler Kompetenzverteilung – wie z. B. in Art. 83 und 89 EG – können Art. 86 Abs. 3 EG ebenso wenig Schranken auferlegen wie die allgemeine Vorschrift des Art. 295 EG als Schranke der Rechtsetzungsbefugnis.[574] Insoweit ist die Aufgabenübernahme durch die Kommission von Art. 86 Abs. 3 EG legitimiert, auch wenn die Kompetenzzuteilung in den übrigen Bereichen dem Rat oder dem Parlament zusteht.[575]

140 b) Kompetenz der Kommission. Die Kompetenzen der Kommission zur Erfüllung ihrer Aufgaben rechtfertigen sich aus dem Umstand, dass es im Hinblick auf den sensiblen Bereich der wirtschaftlichen Tätigkeit der öffentlichen Hand und den damit verbundenen politischen Interessen einer unabhängigen Stelle bedarf, die gleichmäßig das Engagement der öffentlichen Hand in der Wirtschaft beobachtet, kontrolliert und harmonisiert. Nur so kann im Ergebnis gewährleistet werden, dass die durch Tätigkeit der öffentlichen Hand in

---

verbindlichkeit von nationalen Gerichten bei der Auslegung innerstaatlicher Rechtsakte im Hinblick auf ihre Gemeinschaftsrechtskonformität zu berücksichtigen, EuGH U. v. 13. 12. 1989 Rs. C-322/88 – *Grimaldi/Fonds des Maladies Professionnelles* Slg. 1989, I-4407 Rn. 18.

[568] Die Unterscheidung erfolgt nicht einheitlich – wie hier *Schroeder* in: Streinz, Art. 249 EGV, Rn. 143 m. w. N.

[569] *Schroeder* in: Streinz, Art. 249 EGV, Rn. 139 ff.

[570] Mit dem Beispiel des Initiativmonopols (Art. 250 Abs. 1 EGV) *Koenig/Kühling* in: Streinz, Art. 86 EGV, Rn. 68 in Fn. 267; mit Verweis auf *Klösters*, Kompetenzen der EG-Kommission im innerstaatlichen Vollzug von Gemeinschaftsrecht, 1991, S. 72; ausführlich auch *Wilms*, Öffentliche Unternehmen, 1996, S. 163 ff.

[571] *Mestmäcker/Schweitzer* in: Immenga/Mestmäcker, Art 31, 86 EGV, Rn. 1 (E).

[572] EuGH U. v. 6. 6. 1982 Rs. 188–190/80 – *Transparenzrichtlinie* Slg. 1982, 2545 Rn. 6; zust. *v. Burchard* in: Schwarze, Art. 86 EGV, Rn. 84; *Koenig/Kühling* in: Streinz, Art. 86 EGV, Rn. 71; *Wilms*, Öffentliche Unternehmen, 1996, S. 186; *Mestmäcker/Schweitzer* in: Immenga/Mestmäcker, Art 31, 86 EGV, Rn. 1 (E); differenzierter *Jung* in: Calliess/Ruffert, 86 EGV, Rn. 57.

[573] EuGH 1991 U. v. 19. 3. 1991 Rs. 202/88 – *Telekommunikations-Endgeräte* Slg. 1991, I-1223, Rn. 21.

[574] Weiterführend *Mestmäcker/Schweitzer* in: Immenga/Mestmäcker, Art 31, 86 EGV, Rn. 1 (E); *Koenig/Kühling* in: Streinz, Art. 86 EGV, Rn. 71 m. w. N; im Ergebnis ebenso *Wilms*, Öffentliche Unternehmen, 1996, S. 169 ff.; ähnlich *Jung* in: Calliess/Ruffert, Art. 86 EGV, Rn. 57.

[575] S. EuGH U. v. 19. 3. 1991 Rs. C-202/88 – *Telekommunikations-Endgeräte* Slg. 1991, I-1223, Rn. 23 ff.; *Koenig/Kühling* in: Streinz, Art. 86 EGV, Rn. 71; vgl. auch *Pernice/Wernicke* in: Grabitz/Hilf, Art. 86 EGV, Rn. 71 ff.; *Voet van Vormizeele* in: Schwarze, Art. 86 EGV, Rn. 83, jeweils m. w. N.

der Wirtschaft in den einzelnen Mitgliedstaaten hervorgerufenen Verzerrungen des Gemeinsamen Marktes nicht zu einem Kollaps des in Art. 3 Abs. 1 lit. g) EG aufgestellten Zieles eines unverfälschten Wettbewerbs führen. Aus diesem Grund muss eine **effiziente Kontrolle** staatlicher Einflussnahme und staatlichen Handelns Hand in Hand gehen mit der Konkretisierung der in Art. 86 Abs. 1 und Abs. 2 EG genannten Voraussetzungen für einzelne Bereiche und Sektoren, um Rechtssicherheit in Bezug auf die Tatbestandsmäßigkeit des Verbotes und die Ausnahmen davon zu gewährleisten.[576] Zudem bedarf es zur Gewährleistung der **Effektivität der Kommissionstätigkeit** der Bereitstellung eines Instrumentariums, mit dem zügig die Durchsetzung der Wettbewerbsregeln und gleichgestellter Vertragsvorschriften im Sinne der Absätze 1 und 2 verfolgt werden kann. Dies wird durch die Möglichkeit, Entscheidungen nach Art. 86 Abs. 3 EG an Mitgliedstaaten auch im Hinblick auf die Tätigkeit von Unternehmen mit einem Sonderstatus nach Art. 86 Abs. 1 EG zu richten, gewährleistet. Andernfalls müsste auf das langwierigere Vertragsverletzungsverfahren nach Art. 226 EG zurückgegriffen werden,[577] um eine Vertragsverletzung zu ahnden und zu beseitigen, was die Effektivität des Wettbewerbsschutzes erheblich beeinträchtigen würde.[578]

Dies ist gerade dort von Bedeutung, wo die Kommission **keine eigenständige Entscheidungshoheit** über den Mitgliedstaat hat und in Folge dessen auch ein unmittelbares Vorgehen gegen die vertragsverletzenden Unternehmen nicht zulässig ist. So kann die Kommission zum Beispiel im Rahmen der Beihilfeaufsicht zwar über ihre Entscheidungskompetenz tätig werden (vgl. Art. 88 EG), nicht aber im Hinblick auf die Grundfreiheiten und das allgemeine Diskriminierungsverbot. Ferner legitimieren die Art. 12, 28, 39, 43, 49 und 56 EG nicht eine unmittelbare Ergreifung von Maßnahmen gegen ein Unternehmen, da sie durch ihre primäre,[579] staatsrechtliche Bezugnahme nicht anwendbar sind.[580] Dies gilt auch dort, wo die unternehmensbezogenen Verstöße gegen die Maßgaben der Art. 81 ff. EG durch hoheitliches Handeln im Mitgliedstaat selbst begründet worden sind.[581]

c) **Wahl der Instrumente.** Hinsichtlich der Wahl zwischen beiden Instrumenten werden der Kommission durch Art. 86 Abs. 3 EG keine Vorgaben gemacht.[582] Vielmehr bestimmt sich die Auswahl des Mittels für die Kommission nach dem **intendierten Adressatenkreis.** Soll die Maßnahme in der Ahndung einzelner Verstöße in einem oder mehreren Mitgliedstaaten dienen, so liegt es nahe, dass die Kommission das Instrument der Entscheidung heranzieht. Insoweit genügt sie ihrer Aufgabe durch einen individuellen Exekutivakt. Handelt es sich hingegen um eine Maßnahmenergreifung, die sämtliche Mitgliedstaa-

---

[576] Nicht überzeugend daher *Benesch,* S. 109, der eine Kompetenz zur Konkretisierung ablehnt. Wie hier *Pernice/Wernicke* in: Grabitz/Hilf, Art. 86 EGV, Rn. 72; *Mestmäcker/Schweitzer* in: Immenga/Mestmäcker, Art 31, 86 EGV, Rn. 4 (E).
[577] *Koenig/Kühling* in: Streinz, Art. 86 EGV, Rn. 69; *Jung* in: Calliess/Ruffert, Art. 86 EGV, Rn. 55; zum Verhältnis beider Vorschriften zueinander s. unter Rn. 164.
[578] Vgl. EuGH U. v. 12. 2. 1992 verb. Rs. C-48 66/90 – *Eilkurierdienste* Slg. 1992, I-565 Rn. 28 ff.
[579] Zur begrenzten Drittwirkung s. *Koenig/Haratsch,* Europarecht, 2006, Rn. 538 ff.; vgl. auch Ausführungen bei *Brechmann* in: Calliess/Ruffert, Art. 39 EGV, Rn. 51; *Schneider/Wunderlich* in: Schwarze, Art. 39 EGV, Rn. 38; *Franzen* in: Streinz, Art. 39, Rn. 94 ff.; *Koenig/Kühling* in: Streinz, Art. 86 EGV, Rn. 69.
[580] *Koenig/Kühling* in: Streinz, Art. 86 EGV, Rn. 69; zum Vorgehen gegen das betreffende Unternehmen bedarf es einer besonderen Rechtsgrundlage s. *Geiger,* Art. 86 EGV, Rn. 17.
[581] *Pernice/Wernicke* in: Grabitz/Hilf, Art. 86 EGV, Rn. 74; *Koenig/Kühling* in: Streinz, Art. 86 EGV, Rn. 69; ausführlich *Eckert,* Die Befugnisse der EG-Kommission gem. Art. 90 Abs. 3 EWGV und ihre Grenzen, 1992, S. 78 ff.
[582] Statt aller EuGH U. v. 29. 3. 2001 Rs. C-163/99 – *Portugal/Kommission* Slg. 2001, I-2613, Rn. 28 – dazu auch *Mestmäcker/Schweitzer* in: Immenga/Mestmäcker, Art 31, 86 EGV, Rn. 11, 14 (E); MünchKomm-EuWettbR/*Gundel,* Art. 86 EGV, Rn. 172.

ten betreffen und binden soll, so ist seitens der Kommission auf die Richtlinienerlasskompetenz zurückzugreifen, da hier ein präventiver abstrakter Exekutivakt notwendig ist.[583] Aufgrund dessen können durch das Verhalten der Kommission laufend neue Verpflichtungen für die Mitgliedstaaten entstehen.[584] Dabei besteht die Besonderheit, dass jene keine – auch keine mittelbaren – Mitwirkungsrechte haben, weil die Rechtsetzungsbefugnis der Kommission unabhängig vom Rat besteht.[585] Art. 86 Abs. 3 EG gewährt der Kommission diesbezüglich also ein weitreichendes Mittel, um eine eigenständige Politik auf dem Gebiet der öffentlichen Unternehmen bzw. der Unternehmen mit Sonderrechten zu verfolgen, die bis hin zu einer Umstrukturierung des öffentlichen Wirtschaftssektors reichen kann.[586]

143 Bisher hat die Kommission von dieser Möglichkeit allerdings pragmatisch Gebrauch gemacht und auch im Rahmen der Entscheidungskompetenz keine engen, abschließenden Maßnahmen getroffen, sondern vielmehr den Mitgliedstaaten bei der Befolgung der getroffenen gemeinschaftsrechtlichen Maßnahmen einen **Spielraum** belassen, indem lediglich das Ausschalten des gerügten gemeinschaftswidrigen Verhaltens oktroyiert worden ist.[587] Andernfalls bestünde die erhebliche Gefahr, dass bei dem sensiblen Bereich des öffentlichen Wirtschaftens ein großes Potential für abweichendes Verhalten der Mitgliedstaaten geschaffen würde, das zwar formal durch das Vertragsverletzungsverfahren erfasst werden könnte, was aber dadurch zu einer wesentlichen Verzögerung der Durchsetzung der Vorstellungen der Kommission führen würde und die Grundlage für erheblichen Unfrieden in der Union sein könnte.

144 Problematisch ist, welches Mittel die Kommission wählen kann oder muss, wenn sie auf Grund der **VO 1/2003** sowohl gegen das **Unternehmen** selbst als auch nach Art. 86 Abs. 3 EG gegen den das Unternehmen kontrollierenden **Mitgliedstaat** vorgehen möchte. Denkbar ist sowohl, dass die Kommission eine Entscheidung entweder nur gegen das betreffende Unternehmen oder nur gegen den Staat trifft oder aber gegen beide gemeinsam vorgeht. Vertreten wird zum einen ein differenziertes Vorgehen der Kommission danach, ob die staatliche Maßnahme für das Unternehmen verbindlich ist, oder ob sie es, z. B. auf Grund der Gemeinschaftswidrigkeit der Maßnahme, nicht ist; im ersten Fall soll die Kommission nur gegen den Mitgliedstaat vorgehen können, im zweiten Fall käme es in Betracht, dass sowohl gegen das Unternehmen als auch gegen den Staat eine Entscheidung getroffen wird.[588]

145 Zum anderen wird ein **Wahlrecht** der Kommission befürwortet, wonach sie nach ihrem Ermessen sowohl gegen das Unternehmen als auch gegen den Staat vorgehen kann.[589] Ansatzpunkt für die Lösung dieser Frage ist die Überlegung, dass die Kommission diejenige

---

[583] S. auch *Pernice/Wernicke* in: Grabitz/Hilf, Art. 86 EGV, Rn. 70; *Voet van Vormizeele* in: Schwarze, Art. 86 EGV, Rn. 78; *Koenig/Kühling* in: Streinz, Art. 86 EGV, Rn. 69.

[584] Vgl. EuGH U. v. 19. 3. 1991 Rs. C-202/88 – *Telekommunikations-Endgeräte* Slg. 1991, I-1223 Rn. 14, 21; GA *Reischl* Schlussanträge zu EuGH U. v. 6. 7. 1982 Rs. 188–190/80 – *Transparenzrichtlinie* Slg. 1982, 2545, Ziff. 2; *Jung* in: Calliess/Ruffert, Art. 86 EGV, Rn. 56.

[585] EuGH U. v. 19. 3. 1991 Rs. C-202/88 – *Telekommunikations-Endgeräte* Slg. 1991, I-1223 Rn. 24 ff.; *Europäische Kommission*, 2. Wettbewerbsbericht, 1972, 2. Teil, Ziff. 129; 6. Wettbewerbsbericht; 1976, 2. Teil Ziff. 275; *Jung* in: Calliess/Ruffert, Art. 86 EGV, Rn. 56.

[586] So ausdrücklich *Jung* in: Calliess/Ruffert, Art. 86 EGV, Rn. 56; ebenso *Pernice/Wernicke* in: Grabitz/Hilf, Art. 86 EGV, Rn. 71; *Koenig/Kühling* in: Streinz, Art. 86 EGV, Rn. 71; zurückhaltender hingegen *Storr*, DÖV 2002, 357, 364.

[587] *Koenig/Kühling* in: Streinz, Art. 86 EGV, Rn. 70; *Wilms*, Öffentliche Unternehmen, 1996, S. 155.

[588] Vgl. *Pernice/Wernicke* in: Grabitz/Hilf, Art. 86 EGV, Rn. 75; s. auch *Mestmäcker*, RabelsZ 52 (1988), 571.

[589] Z. B. *Eckert*, Die Befugnisse der EG-Kommission gem. Art. 90 Abs. 3 EWGV und ihre Grenzen, 1992, S. 78 ff. m. w. N.

Maßnahme zu ergreifen hat, die am schnellsten und am nachhaltigsten die Vertragsverletzung beseitigt. Daraus folgt, dass in den Fällen, in denen dem betroffenen Unternehmen ein Verhalten vom Staat zwingend vorgeschrieben ist, die Entscheidung der Kommission nur gem. Art. 86 Abs. 3 EG an den Mitgliedstaat gerichtet sein kann, weil allein eine Entscheidung an das Unternehmen keine Änderung der Ausgangsposition bedeuten würde und die Vertragsverletzung damit nicht abgestellt würde. In den anderen Fällen, wo das Verhalten des Unternehmens „eigenständig" besteht, reicht ein Vorgehen gegen das Unternehmen selbst aus.[590] Zur Rechtssicherheit und um dem Mitgliedstaat zu verdeutlichen, dass die Kommission nicht gewillt ist, derartige Maßnahme im Hinblick auf das Verhalten des betreffenden Unternehmens in Zukunft zu tolerieren, erscheint eine Entscheidung bzw. eine Mitteilung an den Mitgliedstaat auch in diesen Fällen opportun zu sein.

3. Anforderungen an die Eingriffs- und Gestaltungsmittel der Kommission

a) Verhältnismäßigkeit. Die Entscheidungen und Richtlinien sind bestimmten Anforderungen unterworfen, die zum Teil auf allgemeinen Erwägungen beruhen und sich zum Teil aus Art. 86 Abs. 3 EG ergeben. So lässt sich aus Art. 86 Abs. 3 EG ableiten, dass als Anforderung der Richtlinienerlass- und Entscheidungskompetenz der Grundsatz der **Verhältnismäßigkeit** zu beachten ist.[591] Die von der Kommission ergriffenen Handlungsweisen müssen geeignet,[592] erforderlich („... erforderlichenfalls ...")[593] und angemessen sein.[594] 146

aa) Geeignetheit. Im Rahmen der Geeignetheit ist in formaler Hinsicht festzustellen, ob die Maßnahme der Kommission zur Aufgabenerfüllung im Rahmen der Überwachungs-, Gestaltungs- oder Präzisierungsfunktion nach Maßgabe des Art. 86 Abs. 1 oder 2 EG tauglich ist. Das ist beispielsweise dann **nicht** der Fall, wenn die Kommission auf das Einwirken eines Mitgliedstaates auf ein von ihm kontrolliertes Unternehmen, welches einen vertragswidrigen Zustand hervorruft, nur mit einer Stellungnahme reagiert oder wenn generell-abstrakte Präzisierungsvorgaben durch eine Entscheidung getroffen werden. In materieller Hinsicht ist eine Maßnahme etwa dann nicht geeignet, wenn sie nicht an den in Art. 86 Abs. 1 und 2 EG bezeichneten Tätigkeitsbereich anknüpft oder sich hieraus nicht zumindest ableiten lässt.[595] Dementsprechend kann die Kommission keine geeigneten Maßnahmen mehr ergreifen, soweit dies auf Grund des Art. 86 Abs. 1 EG durch Liberali- 147

---

[590] Vgl. z. B. Komm. E. v. 23. 10. 2001 *SNELPAD* ABl. 2002 L 120/19, Rn. 94/95; Komm. E. v. 14. 1. 1998 – *Flughafen Frankfurt/Main AG* ABl. 1998 L 72/30; Komm. E. v. 21. 12. 1993 – *Hafen von Rødby* ABl. 1994 L 55/52.

[591] EuGH U. v. 29. 3. 2001 Rs. C-163/99 – *Portugal/Kommission* Slg. 2001, I-2613, Rn. 16 ff.; *Jung* in: Calliess/Ruffert, Art. 86 EGV, Rn. 57; *Pernice/Wernicke* in: Grabitz/Hilf, Art. 86 EGV, Rn. 78; *Koenig/Kühling* in: Streinz, Art. 86 EGV, Rn. 72; *Mestmäcker/Schweitzer* in: Immenga/Mestmäcker, Art 31, 86 EGV, Rn. 14 (E); MünchKomm-EuWettbR/*Gundel*, Art. 86 EGV, Rn. 172; *Dohms* in: Wiedemann, Handbuch des Kartellrechts, 2008, § 35 Rn. 477 ff.

[592] Im französischen Originaltext: „les directives eu décisions appropriées", weshalb sowohl Entscheidungen als auch die Richtlinien geeignet sein müssen, s. *Koenig/Kühling* in: Streinz, Art. 86 EGV, Rn. 72 in Fn. 278.

[593] *Pernice/Wernicke* in: Grabitz/Hilf, Art. 86 EGV, Rn. 78; *Jung* in: Calliess/Ruffert, Art. 86 EGV, Rn. 57; *Mestmäcker/Schweitzer* in: Immenga/Mestmäcker, Art 31, 86 EGV, Rn. 1, 14 (E); *Koenig/Kühling* in: Streinz, Art. 86 EGV, Rn. 72; vgl. EuGH U. v. 6. 6. 1982 verb. Rs. 188–190/80 – *Transparenzrichtlinie* Slg. 1982, 2545, Rn. 13.

[594] So *Koenig/Kühling* in: Streinz, Art. 86 EGV, Rn. 73; dazu auch *Wilms*, Öffentliche Unternehmen, 1996, S. 154, 162.

[595] Vgl. EuGH U. v. 19. 3. 1991 Rs. C-202/88 – *Telekommunikations-Endgeräte* Slg. 1991, I-1223, Rn. 21 f.; *Voet van Vormizeele* in: Schwarze, Art. 86 EGV, Rn. 78; *Koenig/Kühling* in: Streinz, Art. 86 EGV, Rn. 73; *Dohms* in: Wiedemann, Handbuch des Kartellrechts, 2008, § 35 Rn. 478.

sierungsmaßnahmen nicht mehr zulässig ist. In diesem Falle ist dann auf die allgemeinen Rechtsetzungsbefugnisse zurückzugreifen, da für den in Art. 86 EG vorgezeigten Sonderweg mangels tatbestandlicher Voraussetzungen kein Raum bleibt.[596] Auch sind dann fortbestehende Vorteile aus früheren, mittlerweile aufgehobenen ausschließlichen oder besonderen Rechten nach Art. 86 Abs. 1 EG nicht ausreichend, um der Kommission Maßnahmen nach Abs. 3 zuzugestehen.[597]

148 bb) **Erforderlichkeit.** Im Rahmen der Erforderlichkeit ist festzustellen, ob die ergriffene Maßnahme notwendig in dem Sinne gewesen ist, dass in dem betreffenden Fall nicht auch eine weniger eingriffsintensive Handlung einen gleichwertigen Effekt erzielen könnte.[598] Dabei ist zu prüfen, ob hinsichtlich der mitgliedstaatlichen Kompetenzwahrung oder aber mittelbar im Hinblick auf die Eingriffe in den unternehmerischen Handlungsfreiraum oder in Handlungsoptionen nicht Mittel gewählt werden können, die **geringfügigere Beeinträchtigungen** hervorrufen. Damit bezieht sich die Erforderlichkeitsprüfung regelmäßig darauf, ob die Kommission auch mildere Maßnahmen als Entscheidungen, wie z.B. Stellungnahmen oder Empfehlungen, zur Durchsetzung ihrer Ziele einsetzen kann.[599] Erforderlich kann eine Entscheidung gem. Art. 86 Abs. 3 EG gegen einen Mitgliedstaat auch dann sein, wenn die Kommission den Wettbewerbsverstoß vollständig dadurch abzustellen können meint, in dem sie die Wettbewerbsregeln im Verfahren der VO 1/2003 unmittelbar und wirksam gegen *die Unternehmen selbst* anwendet. Zum einen geht die Tragweite der Art. 86 Abs. 1 und Abs. 2 EG über die Wettbewerbsregeln hinaus, und zum anderen ist eine nachhaltige Lösung der ordnungs- und wirtschaftspolitisch motivierten Eingriffe des Staates in den Wettbewerb nur mit Maßnahmen gegen den betreffenden Mitgliedstaat zu erreichen.[599a]

149 cc) **Angemessenheit.** Bei der Prüfung der Angemessenheit der von der Kommission getroffenen Maßnahme ist darauf abzustellen, ob das ergriffene Mittel verhältnismäßig zum erstrebten Zweck ist (Verhältnismäßigkeit im engeren Sinne). Die Kommission muss deshalb solche Maßnahmen ergreifen, die tatsächlich der Einhaltung und Durchsetzung der von ihr im Rahmen des Art. 86 Abs. 3 EG verfolgten Vertragsgrundsätze dienen. Dabei kommt dem Ziel der Sicherung des unverfälschten Wettbewerbs nach Art. 3 Abs. 1 lit. g) EG eine hohe Bedeutung zu.[600] Zugleich muss aber auch die Sicherung der Dienste von allgemeinem wirtschaftlichen Interesse gem. Art. 16 EG beachtet werden,[601] was zu erheblichen Konflikten führen kann, weil die Bedeutung und die Reichweite dieser Vorschrift im Wesentlichen noch unklar sind.[602]

---

[596] So auch *Dohms* in: Wiedemann, Handbuch des Kartellrechts, 2008, § 35, Rn. 478; *Koenig/Kühling* in: Streinz, Art. 86 EGV, Rn. 73; s. auch *Jung* in: Calliess/Ruffert, Art. 86 EGV, Rn. 57.

[597] *Koenig/Kühling* in: Streinz, Art. 86 EGV, Rn. 73 m.w.N. in Fn. 96.

[598] Vgl. auch EuGH U. v. 6.7. 1982 verb. Rs. 188–190/88 – *Transparenzrichtline* Slg. 1982, 2545, Rn. 13; *Jung* in: Calliess/Ruffert, Art. 86 EGV, Rn. 57; *Grill* in: Lenz/Grill, Art. 86 EGV, Rn. 30; *Pernice/Wernicke* in: Grabitz/Hilf, Art. 86 EGV, Rn. 78; *Voet van Vormizeele* in: Schwarze, Art. 86 EGV, Rn. 78.

[599] Vgl. *Voet van Vormizeele* in: Schwarze, Art. 86 EGV, Rn. 81 ff.; *Dohms* in: Wiedemann, Handbuch des Kartellrechts, 2008, § 35 Rn. 479; *Koenig/Kühling* in: Streinz, Art. 86 EGV, Rn. 74; vgl. auch *Jung* in: Calliess/Ruffert, Art. 86 EGV, Rn. 57.

[599a] So *Dohms* in: Wiedemann, Handbuch des Kartellrechts, 2008, § 35 Rn. 479; a.A. *Mestmäcker/Schweitzer* in: Immenga/Mestmäcker, Art. 31, 86 EGV, Rn. 18 (E).

[600] EuGH U. v. 13.11. 1990 Rs. C-331/88 – *FEDESA* Slg. 1990, I-4023 Rn. 16f.; *Koenig/Kühling* in: Streinz, Art. 86 EGV, Rn. 75; *Wilms*, Öffentliche Unternehmen, 1996, S. 162.

[601] *Koenig/Kühling* in: Streinz, Art. 86 EGV, Rn. 75; s. zu Art. 16 EGV *Burgi*, EuR 1998, 261 ff.; *Mestmäcker* in: FS Zacher, 1997, S. 621 ff.; Überblick auch bei *Hatje* in: Schwarze, Art. 16 EGV, Rn. 1 ff.

[602] Etwa EuG U. v. 3.6. 1999 Rs. T-17/96 – *TF1* Slg. 1999, II-1757; *Koenig/Kühling* in: Streinz, Art. 86 EGV, Rn. 77; *v. Burchard* in: Schwarze, Art. 86 EGV, 1. Aufl., Rn. 82 m.w.N.

b) Ermessen. Neben der Kontrolle des Handelns der Kommission am Verhältnis- 150 mäßigkeitsgrundsatz verbleibt ihr im Rahmen des Art. 86 Abs. 3 EG noch ein weites, vom EuGH anerkanntes Ermessen.[603] Das Ermessen bezieht sich dabei zum einen auf die Frage, ob die Kommission überhaupt eingreifen will oder soll (sog. „Aufgreif-" oder „Entschließungsermessen"), und zum anderen darauf, wie sie im Falle ihres Einschreitens handeln will (sog. „Auswahlermessen").[604]

aa) Entschließungsermessen. Im Rahmen ihres weiten Entschließungsermessens hat 151 die Kommission die Möglichkeit, sich für ein Tätigwerden oder für eine Untätigkeit zu entscheiden. Sie unterliegt in ihrer Entscheidung einem **umfassenden Opportunitätsprinzip**. Entschließt sich die Kommission, eine Maßnahme zu ergreifen, so stehen dagegen – je nach Rechtsakt – die allgemeinen Rechtsmittel zur Verfügung. Entschließt sich die Kommission, nicht tätig zu werden, so scheidet ein Anspruch auf Tätigwerden gegen die Kommission im Wege einer **Untätigkeitsklage** wegen des Ermessens regelmäßig aus.[605] Allerdings hat das Gericht erster Instanz die Kommission verpflichtet, Beschwerden gegen die Untätigkeit sorgfältig und unparteiisch zu prüfen.[606] Gegen die Entscheidung der Kommission, die diese Beschwerde zurückweist, kann eine **Nichtigkeitsklage** in Betracht kommen.[607] Nur unter besonderen Umständen kann daneben auch eine individuelle Untätigkeitsklage nach Art. 232 Abs. 3 EG zulässig sein.[608] Diese Möglichkeit besteht nach Rechtsprechung des EuGH auf Grund fehlender Klagebefugnis jeweils dann allerdings nicht, wenn mit der Klageerhebung das Ziel verfolgt wird, dass der Mitgliedstaat einen entsprechenden Rechtsakt erlassen muss.[609] Denn ein Einzelner kann einen Mitgliedstaat nicht indirekt durch eine Klage gegen die Weigerung der Kommission zum Erlass eines allgemein gültigen Gesetzgebungsaktes zwingen.[610]

bb) Auswahlermessen. Im Rahmen des Auswahlermessens muss die Kommission fest- 152 legen, welches Instrument (Rn. 135) sie anwenden will, wie dieses im konkreten Fall aus-

---

[603] EuGH U. v. 20. 2. 1997 Rs. C-107/95 P – *Bundesverband der Bilanzbuchhalter* Slg. 1997, I-957 Rn. 20ff.; EuGH U. v. 29. 3. 2001 Rs. C-163/99 – *Portugal/Kommission* Slg. 2001, I-2613, Rn. 18ff., insbes. 20; *Geiger*, Art. 86 EGV, Rn. 16; *Koenig/Kühling* in: Streinz, Art. 86 EGV, Rn. 76.

[604] Vgl. auch EuGH U. v. 6. 7. 1982 verb. Rs. 188–190/80 – *Transparenzrichtlinie* Slg. 1982, 2545, Rn. 18; *Voet van Vormizeele* in: Schwarze, Art. 86 EGV, Rn. 78; *Koenig/Kühling* in: Streinz, Art. 86 EGV, Rn. 76; *Dohms* in: Wiedemann, Handbuch des Kartellrechts, 2008, § 35 Rn. 528ff.

[605] So insbesondere EuG U. v. 27. 10. 1994 Rs. T-32/93 – *Ladbroke Racing Ltd.* Slg. 1994, II-1015 Rn. 27, 38f.; ferner EuG U. v. 9. 1. 1996 Rs. T-575/93 – *Casper Koelmann* Slg. 1996, II-1 Rn. 71; EuG U. v. 17. 7. 1998 Rs. T-111/96 – *ITT Promedia* Slg. 1998, II-2937 Rn. 97; zust. *Pernice/Wernicke* in: Grabitz/Hilf, Art. 86 EGV, Rn. 78; *Mestmäcker/Schweitzer* in: Immenga/Mestmäcker, Art 31, 86 EGV, Rn. 18(E); *Koenig/Kühling* in: Streinz, Art. 86 EGV, Rn. 77; ausführlich *v. Burchard* in: Schwarze, Art. 86 EGV, Rn. 82.

[606] EuG U. v. 30. 1. 2002 Rs. T-54/99 – *max.mobil Telekommunikation Service GmbH* Slg. 2002, II-313 Rn. 47ff. S. dazu die Entscheidung des EuGH U. v. 22. 2. 2005 Rs. C-141/02 P – *T-Mobile Austria* Slg. 2005, I-1283.

[607] Dazu wieder EuG U. v. 30. 1. 2002 Rs. T-54/99 – *max.mobil Telekommunikation Service GmbH* Slg. 2002, II-313 Rn. 47ff.; zust. *Koenig/Kühling* in: Streinz, Art. 86 EGV, Rn. 77.

[608] S. EuG U. v. 3. 6. 1999 Rs. T-17/96 – *Télévision française 1* Slg. 1999, II-1757 Rn. 64ff.; s. auch EuG U. v. 27. 10. 1994 Rs. T-32/93 – *Ladbroke Racing Ltd.* Slg. 1994, II-1015 Rn. 27, 38; EuG U. v. 9. 1. 1996 Rs. T-575/93 – *Casper Koelmann* Slg. 1996, II-1 Rn. 71; EuG U. v. 17. 7. 1998 Rs. T-111/96 – *ITT Promedia* Slg. 1998, II-2937 Rn. 97; vgl. auch GA *Mischo* Schlussanträge zu Rs. C-302/99 P und C-308/99 P Slg. 2001, I-5603/5605 Nr. 95ff.; zust. *Koenig/Kühling* in: Streinz, Art. 86 EGV, Rn. 77.

[609] EuGH U. v. 20. 2. 1997 Rs. C-107/95 P – *Bundesverband der Bilanzbuchhalter* Slg. 1997, I-947 Rn. 26ff.; zust. *Voet van Vormizeele* in: Schwarze, Art. 86 EGV, Rn. 81; *Koenig/Kühling* in: Streinz, Art. 86 EGV, Rn. 77; vgl. auch *v. Burchard*, EuR 1991, 146ff.

[610] So ausdrücklich EuGH U. v. 20. 2. 1997 Rs. C-107/95 P – *Bundesverband der Bilanzbuchhalter* Slg. 1997, I-947 Rn. 27, 28.

gestaltet werden soll[611] und wer der Adressat der Maßnahme sein soll. Bei der Ausübung ihres Ermessens im Rahmen der Ausgestaltung der Maßnahme ist die Kommission aber durch das EuG verpflichtet worden, das weite Ermessen der Mitgliedstaaten zu beachten, das bei der Regelung bestimmter Sachgebiete in Anbetracht der soziokulturellen Besonderheiten des Mitgliedstaates bestehen kann.[612]

4. Formelle Voraussetzungen

153   Maßnahmen der Kommission im Rahmen des Art. 86 Abs. 3 EG sind nur dann wirksam, wenn sie neben den materiellen Vorgaben auch die an sie gestellten formellen Voraussetzungen erfüllen. Art. 86 Abs. 3 EG enthält keine derartigen Voraussetzungen, so dass damit die **allgemeinen Regelungen** des EG-Verwaltungsrechts in Bezug auf die jeweils gewählte Handlungsform anzuwenden sind. Hierzu zählen insbesondere die vom EuGH unter dem Begriff der „Verteidigungsrechte" zusammengefassten Grundsätze des Anspruchs auf rechtliches Gehör, auf umfassende Information und Stellungnahme. Werden diese nicht eingehalten, kann im Wege der Klage die Nichtigerklärung der betreffenden Entscheidung durch den EuGH erreicht werden, Art. 230 EG.[613] (Unter Umständen könnte hierdurch auch eine Schadenseratzpflicht der Gemeinschaft nach Art. 288 Abs. 2 EG ausgelöst werden,[614] die über Art. 235 EG ebenfalls vor dem EuGH durchgesetzt werden könnte.)

154   **a) Entscheidungen.** Im Rahmen des Erlasses von Entscheidungen ist zwingend rechtliches Gehör zu gewähren. Diese Anhörungspflicht vor der Entscheidungsfindung durch die Kommission besteht gegenüber dem Mitgliedstaat, welcher durch die Maßnahme betroffen sein wird.[615] Unter Umständen kann aber auch einzelnen Unternehmen selbst rechtliches Gehör zustehen, wenn und soweit diese durch eine Kommissionsentscheidung nach Art. 86 Abs. 3 EG selbst unmittelbar und individuell betroffen sind.[616]

155   Bislang ungeklärt ist, nach welchen Maßstäben **rechtliches Gehör** zu gewähren ist. Zum Teil wird bei der Einräumung des rechtlichen Gehörs im Rahmen der Entscheidung nach Art. 86 Abs. 3 EG eine Parallele zum Mahnschreiben nach Art. 226 Abs. 1 Halbsatz 2 EG gezogen.[617] Aufgrund der gewissen Parallelität zwischen einer Kommissionsentscheidung nach Art. 86 Abs. 3 EG und einer Entscheidung nach Art. 88 Abs. 3 bzw. Art. 13, 7

---

[611] EuGH U. v. 20. 2. 1997 Rs. C-107/95 P – *Bundesverband der Bilanzbuchhalter* Slg. 1997, I-947 Rn. 27; EuG U. v. 8. 7. 1999 Rs. T-266/97 – *Vlaamse Televisie Maatschappij* Slg. 1999, II-2329 Rn. 75; EuG U. v. 30. 1. 2002 Rs. T-54/99 – *max. mobil Telekommunikation Service GmbH* Slg. 2002, II-313 Rn. 55; EuGH U. v. 22. 2. 2005 Rs. C-141/02 P – *T-Mobile Austria* Slg. 2005, I-1283, Rn. 69; zust. *Grill* in: Lenz/Grill, Art. 86 EGV, Rn. 30; *Pernice/Wernicke* in: Grabitz/Hilf, Art. 86 EGV, Rn. 78; *Koenig/Kühling* in: Streinz, Art. 86 EGV, Rn. 76; *Mestmäcker/Schweitzer* in: Immenga/Mestmäcker, Art 31, 86 EGV, Rn. 11 (E).

[612] S. EuG U. v. 27. 10. 1994 Rs. T-32/93 – *Ladbroke Racing Ltd.* Slg. 1994, II-1015 Rn. 27, 38; EuG U. v. 9. 1. 1996 Rs. T-575/93 – *Casper Koelmann* Slg. 1996, II-1 Rn. 71; EuG U. v. 17. 7. 1998 Rs. T-111/96 – *ITT Promedia* Slg. 1998, II-2937 Rn. 97; zust. *Pernice/Wernicke* in: Grabitz/Hilf, Art. 86 EGV, Rn. 78; *Koenig/Kühling* in: Streinz, Art. 86 EGV, Rn. 76; ferner *v. Burchard* in: Schwarze, Art. 86 EGV, Rn. 81.

[613] EuGH U. v. 12. 2. 1992 verb. Rs. C-48, 66/90 – *Eilkurierdienste* Slg. 1992, I-565 Rn. 37 ff.

[614] Zu den Haftungsvoraussetzungen im Einzelnen vgl. *Gellermann* in: Streinz, Art. 288 EGV, Rn. 8 ff., Rn. 16; *von Bogdandy* in: Grabitz/Hilf, Art. 288 EGV, Rn. 25 ff.

[615] S. EuGH U. v. 12. 2. 1992 verb. Rs. C-48 und 66/90 – *Eilkurierdienste* Slg. 1992, I-565 Rn. 37, 40 ff.

[616] So EuGH U. v. 12. 2. 1992 verb. Rs. C-48 und 66/90 – *Eilkurierdienste* Slg. 1992, I-565, Rn. 50 f.; zust. *v. Burchard* in: Schwarze, Art. 86 EGV, Rn. 87; *Koenig/Kühling* in: Streinz, Art. 86 EGV, Rn. 79; s. ferner auch *Pernice/Wernicke* in: Grabitz/Hilf, Art. 86 EGV, Rn. 79.

[617] *Koenig/Kühling* in: Streinz, Art. 86 EGV, Rn. 79; vgl. auch *Gaitanides* in: v. d. Groeben/Schwarze, Art. 226 EGV, Rn. 24.

und 3 der Beihilfen-VO (VO (EG) Nr. 659/1999)[618] liegt es jedoch näher, die Anforderungen an das rechtliche Gehör zu übertragen, die im Hinblick auf die Beihilfen-Entscheidung entwickelt worden sind.[619] Demnach muss gegenüber denjenigen, die rechtliches Gehör beanspruchen können, genau bezeichnet werden, welche Gesichtspunkte Inhalt der Entscheidung sein sollen. Es muss ihnen dann insoweit und im Hinblick auf etwaig eingegangene Stellungnahmen Dritter, denen ebenfalls rechtliches Gehör gewährt worden ist, ausreichend Gelegenheit zu einer eigenen Stellungnahme gegeben werden.[620] Allerdings darf der Umfang der Einräumung des rechtlichen Gehörs nicht den Zweck des Art. 86 Abs. 3 EG unterlaufen, so dass gewisse Einschränkungen möglich sind, die freilich das Recht auf Gehör als solches nicht leer laufen lassen dürfen. Denkbar sind vor allem Verkürzungen hinsichtlich der Anhörungsfrist, wenn die Kommission ein berechtigtes Interesse daran hat, im Rahmen des Art. 86 Abs. 3 EG rasch zu handeln und soweit eine Abwägung zwischen Kommissionstätigkeit und Rechtswahrung auf Seiten des Mitgliedstaates statt gefunden hat.[620a]

Daneben kann die Kommission sonstigen Organen der Europäischen Gemeinschaften **Gelegenheit zur Stellungnahme** geben. Eine Rechtspflicht dazu besteht jedoch nicht. In der Praxis hat die Kommission in einigen Fällen auf freiwilliger Basis dem Europäischen Parlament und dem Wirtschafts- und Sozialausschuss Gelegenheit zur Stellungnahme gegeben.[621] **156**

Hinsichtlich des Formerfordernisses der Tätigkeit der Kommission kommt dem **Begründungserfordernis** nach Art. 253 EG große Bedeutung zu. Bei Entscheidungen hat die Kommission darzulegen, worin sie den beanstandeten Verstoß sieht und auf welcher Rechtsgrundlage sie tätig werden will.[622] **157**

b) Richtlinien. Diese Anforderungen sollten grundsätzlich auch beim Erlass von Richtlinien herangezogen werden. Eine Pflicht zur Gewährung *allgemeinen rechtlichen* Gehörs besteht hingegen nicht. Im Gegensatz zu Entscheidungen nach Art. 86 Abs. 3 EG dienen die Richtlinien nämlich nicht dazu festzustellen, dass ein bestimmter Mitgliedstaat gegen eine bestimmte gemeinschaftsrechtliche Verpflichtung verstoßen hat, so dass die Konsultation der Wirtschaftsteilnehmer, die von der Richtlinie betroffen sein werden, aber nicht Adressat der Richtlinie sein können, rechtlich nicht erforderlich ist.[623] Eine in der Praxis zweckmäßige Beteiligung erfolgt zumeist im Vorstadium der Richtlinienfindung (Diskussion von Grünbüchern etc.), d.h. die Einbringung der verschiedenen Meinungsstände wird im Rahmen der allgemeinen Diskussion durch die breite (Fach-)Öffentlichkeit gewährleistet. Insoweit findet die Diskussion eines Themenbereichs der intendierten gemeinschaftsrechtlichen Zielsetzung (Sollzustand) und der möglichen Funktionsmittel zur Zweckerreichung statt. Damit ist im Rahmen des Richtlinienerlasses bereits hier regel- **158**

---

[618] Vgl. EuGH U. v. 12. 2. 1992 verb. Rs. C-48 und 66/90 – *Eilkurierdienste* Slg. 1992, I-565, Rn. 31 und 37; vgl. auch *Ehricke* in: Immenga/Mestmäcker, nach Art. 88 EGV, Rn. 130 f.

[619] Ebenso *Mestmäcker/Schweitzer* in: Immenga/Mestmäcker, Art 31, 86 EGV, Rn. 15 (E); *Pernice/Wernicke* in: Grabitz/Hilf, Art. 86 EGV, Rn. 79.

[620] Vgl. auch EuGH U. v. 12. 2. 1992 verb. Rs. C-48 und 66/90 – *Eilkurierdienste* Slg. 1992, I-565, Rn. 45 ff.; *Pernice/Wernicke* in: Grabitz/Hilf, Art. 86 EGV, Rn. 79; *Koenig/Kühling* in: Streinz, Art. 86 EGV, Rn. 79.

[620a] S. *Dohms* in: Wiedemann, Handbuch des Kartellrechts, 2008, § 35 Rn. 507.

[621] S. dazu *Voet van Vormizeele* in: Schwarze, Art. 86 EGV, Rn. 83; so auch *Koenig/Kühling* in: Streinz, Art. 86 EGV, Rn. 80.

[622] EuGH U. v. 16. 6. 1993 Rs. C-325/91 – *Frankreich/Kommission* Slg. 1993, I-3283 Rn. 26; *Voet van Vormizeele* in: Schwarze, Art. 86 EGV, Rn. 83; *Koenig/Kühling* in: Streinz, Art. 86 EGV, Rn. 82.

[623] So ausdrücklich *Dohms* in: Wiedemann, Handbuch des Kartellrechts, 2008, § 35 Rn. 539; *Mestmäcker/Schweitzer* in: Immenga/Mestmäcker, Art 31, 86 EGV, Rn. 15 (E); vgl. aber die engere Sichtweise bei *Koenig/Kühling* in: Streinz, Art. 86 EGV, Rn. 81; *Voet van Vormizeele* in: Schwarze, Art. 86 EGV, Rn. 83.

mäßig schon das rechtliche Gehör gewährleistet.[624] Dem betreffenden Mitgliedstaat ist als unmittelbar Betroffenem hingegen zwingend rechtliches Gehör einzuräumen. Damit wird ein Mindestmaß an Beteiligung der Mitgliedstaaten geschaffen, die im Regelfall bei Richtlinien dadurch gewährleistet wird, dass sie vom Rat erlassen werden. Unabhängig davon hat sich in der Praxis herausgebildet, dass die Kommission vor Erlass einer Richtlinie das Europäische Parlament konsultiert.[625]

159 Auch bei dem Erlass von Richtlinien muss die Kommission dem Begründungserfordernis des Art. 253 EG nachkommen. Sie muss vor allem darlegen, welche Art von besonderen Rechten sie zu regeln beabsichtigt und weshalb und inwiefern diese gegen Vertragsbestimmungen verstoßen.[626] Ferner ist nach dem Grundsatz der Rechtssicherheit zwingend notwendig, dass die Kommission bei ihrer Tätigkeit die sie ermächtigende Rechtsgrundlage angibt.[627]

5. Rechtsschutz in Bezug auf Rechtsakte der Kommission nach Art. 86 Abs. 3 EG

159a Soweit sich die Rechtsakte der Kommission nach Art. 86 Abs. 3 EG an die Mitgliedstaaten richten, können diese mit der Nichtigkeitsklage gem. Art. 230 EG angegriffen werden. Dasselbe gilt auch für die nach Art. 230 Abs. 2 EG privilegierten Kläger. Denkbar sind auch Klagen von Unternehmen, die durch die beanstandeten nationalen Regelungen begünstigt werden.[628] In den Fällen, in denen sowohl der Mitgliedstaat als auch das begünstigte Unternehmen Klage erheben wollen, ist das EuG als Eingangsgericht zuständig (vgl. Art. 225 Abs. 1 EG, Art. 51 Satzung des EuGH).[629] Klagen auf Erlass von Maßnahmen der Kommission sind ausgeschlossen.[630] Der in früheren Entscheidungen vom EuGH angedeutete Vorbehalt zugunsten besonderer Fälle[631] wurde nicht erneuert, so dass für die Praxis davon auszugehen ist, dass diese Frage nunmehr abschließend geklärt ist.[632]

6. Tätigkeiten der Kommission nach Art. 86 Abs. 3 EG

160 **a) Allgemeines.** Die Praxis der Kommission ist mittlerweile mehr von Entscheidungen als von Richtlinien oder sonstigen Maßnahmen geprägt, weil sie mit diesen punktgenauer auf Einzelfälle reagieren kann. Erstmals stand eine Entscheidung der Kommission in diesem

---

[624] Vgl. *Koenig/Kühling* in: Streinz, Art. 86 EGV, Rn. 81; s. auch *Wilms*, Öffentliche Unternehmen, 1996, S. 177 ff.

[625] Vgl. dazu *Mestmäcker/Schweitzer* in: Immenga/Mestmäcker, Art. 31, 86 EGV, Rn. 7; beipflichtend *Koenig/Kühling* in: Streinz, Art. 86 EGV, Rn. 81; zurückhaltender *Dohms* in: Wiedemann, Handbuch des Kartellrechts, 2008, § 35 Rn. 540.

[626] Zur Entscheidungsbegründung EuGH U. v. 19. 3. 1991 Rs. C-202/88 – *Telekommunikations-Endgeräte* Slg. 1991, I-1223, Rn. 45, 61; zur Begründung des Erlasses eine Richtlinie EuGH U. v. 17. 11. 1992 verb. Rs. C-271, 281, 289/90 – *Telekommunikationsdienste* Slg. 1992, I-5833 Rn. 29; Überblick bei *Koenig/Kühling* in: Streinz, Art. 86 EGV, Rn. 82.

[627] EuGH U. v. 16. 6. 1993 Rs. C-325/91 – *Frankreich/Kommission* Slg. 1993, I-3283 Rn. 26; *Voet van Vormizeele* in: Schwarze, Art. 86 EGV, Rn. 83; *Koenig/Kühling* in: Streinz, Art. 86 EGV, Rn. 82; *Dohms* in: Wiedemann, Handbuch des Kartellrechts, 2008, § 35 Rn. 511.

[628] MünchKomm-EuWettbR/*Gundel*, Art. 86 EGV, Rn. 197; *Dohms* in: Wiedemann, Handbuch des Kartellrechts, 2008, § 35 Rn. 545; vgl. auch oben Rn. 151.

[629] S. statt vieler *Ehricke* in: Streinz, Art. 225 EGV.

[630] S. EuGH U. v. 22. 2. 2005 Rs. C-141/02 P – *max.mobil* – Slg. 2005, I-1283, Rn. 71 f.; dazu z. B. *Castillo de Torre*, CMLRev. 2005, 1751, 1757 ff.; *Barbier de la Serre*, RLC 2005, 77, 81; *Dohms* in: Wiedemann, Handbuch des Kartellrechts, 2008, § 35, Rn. 547 ff.; vgl. auch *Nowak*, EuZW 2002, 187.

[631] Vgl. z. B. EuGH U. v. 20. 2. 1997 Rs. C-107/95 P – *Bundesverband der Bilanzbuchhalter* – Slg. 1997, I-947, Rn. 25.

[632] So MünchKomm-EuWettbR/*Gundel*, Art. 86 EGV, Rn. 201.

Rahmen allerdings erst im Jahre 1985 an, als sie im Hinblick auf **griechische Versicherungen** tätig wurde.[633] Weitere Entscheidungen traf die Kommission dann im Rahmen des Art. 86 Abs. 3 EG in den unterschiedlichsten Marktsegmenten.[633a] Zumeist handelte es sich dabei um Zutrittsbeschränkungen, finanzielle Förderung nur im Hinblick auf auserwählte Marktteilnehmer oder aber, allgemein betrachtet, in der Gewährung von Exklusivrechten. Hervorhebenswert ist darüber hinaus eine Entscheidung, die im Rahmen der Maßnahmen zur Verbesserung der Rechtssicherheit bei der Finanzierung gemeinwirtschaftlicher Leistungen speziell die Anwendung des Art. 86 Abs. 2 EG in dem Bereich regelt, in dem Ausgleichszahlungen nicht die Altmark Trans-Kriterien erfüllen und damit Beihilfen im Sinne des Art. 87 EG sind.[634]

Richtlinien sind entweder in den Fällen erlassen worden, in denen die Kommission eine Vielzahl von Maßnahmen zu treffen hatte und durch Richtlinien eine Arbeitserleichterung und Rechtssicherheit für die betroffenen Bereiche erreichen wollte oder dort, wo in bestimmten Sektoren die Entmonopolisierung eröffnet und beschleunigt werden sollte.[635] Darunter fallen insbesondere die Richtlinien im Hinblick auf den Wettbewerb auf dem Sektor der Telekommunikations-Endgeräte[636] oder auf dem Sektor der Telekommunikationsdienste.[637] Allgemein lassen sich die Maßnahmen der Kommission **sektorspezifisch** in verschiedene Bereiche unterteilen (s. unten Rn. 163). Sektorübergreifend wirkt die Transparenzrichtlinie vom 26. 6. 1980,[638] die zuletzt durch die Richtlinie 2006/111/EG[639] geändert wurde, mit der eine Offenheit auf dem Gebiet der finanziellen Beziehungen zwischen den Mitgliedstaaten und den öffentlichen Unternehmen geschaffen werden sollte.[640] Die Vorgaben der Transparenzrichtlinie wurden in Deutschland durch das Transparenzrichtlinien-Gesetz[641] umgesetzt.

---

[633] EuGH U. v. 30. 6. 1988 Rs. 226/87 *Kommission/Griechenland* Slg. 1988, 3611; s. auch *Hochbaum/Klotz* in: v. d. Groeben/Schwarze, Art. 86 EGV, Rn. 122 ff.; *Koenig/Kühling* in: Streinz, Art. 86 EGV, Rn. 86.

[633a] Ausführlich dazu *Dohms* in: Wiedemann, Handbuch des Kartellrechts, 2008, § 35 Rn. 566 ff.

[634] Komm E v. 28. 11. 2005, ABl. 2005 L 312/67; Komm E v. 20. 11. 2007, KOM (2007), 725 endg; vgl. zudem *Weißbuch zu Dienstleistungen von allgemeinem Interesse*, KOM (2004) 374 endg., S. 13 ff. – dazu *Czerny*, S. 3 ff.; *Dohms* in: Wiedemann, Handbuch des Kartellrechts, 2008, § 35 Rn. 476. Allgemein s. *Bruhns*, Dienste von allgemeinem wirtschaftlichem Interesse, 2001; *Jung* in: Calliess/Ruffert, Art. 86 EGV, Rn. 63 ff.; *Pernice/Wernicke* in: Grabitz/Hilf, Art. 86 EGV, Rn. 74 f.; *Koenig/Kühling* in: Streinz, Art. 86 EGV, Rn. 86; vgl. auch EuGH U. v. 30. 6. 1988 Rs. 226/87 – *Kommission/Griechenland* Slg. 1988, 3611; ferner *Hochbaum/Klotz* in: v. d. Groeben/Schwarze, Art. 86 EGV, Rn. 122 ff., 127 ff., 151 ff.

[635] Nicht alle Richtlinien zur Entmonopolisierung von Wirtschaftszweigen basieren dabei freilich auf Art. 86 Abs. 3 EG; es finden sich einige zentrale Bereiche, die auf anderen Grundlagen verabschiedet sind, vor allem auf der Grundlage des Art. 95 EG. Zu nennen sind vor allem die Richtlinien zur Schaffung eines Energiebinnenmarktes.

[636] RL 88/301/EWG vom 16. 5. 1988 ABl. 1988. L 131/73; Änderung durch RL 94/46 ABl. 1994 L 268/15 Änderung durch RL 1999/64/EG ABl. 1999 L 175/39: in Großteilen bestätigt vom EuGH (U. v. 19. 3. 1991 Rs. C-202/88 – *Telekommunikations-Endgeräte* Slg. 1991, I-1223 Rn. 1 ff.).

[637] RL 90/388/EWG vom 28. 6. 1990 ABl. 1990 L 192/10; Änderung durch RL 94/46 ABl. 1994 L 268/15 und RL 95/51 ABl. 1995 L 256/49 und RL 96/2 ABl. 1996 L 20/59 und RL 96/19 ABl. 1996 L 74/13; in großen Teilen bestätigt vom EuGH (U. v. 17. 11. 1992 verb. Rs. C-271, 281 und 289/90 – *Telekommunikationsdienste* Slg. 1992, I-5833 Rn. 1 ff.). Mittlerweile sind die Telekommunikationsdienste-Richtlinien ersetzt durch die Richtlinie 2002/77/EG über den Wettbewerb auf den Märkten für elektronische Kommunikationsnetze und -dienste (ABl. EG 2002 L 249/21).

[638] ABl. 1980 L 195/35; abgedruckt in *Koenig/Kühling/Ritter*, S. 240; vgl. EuGH U. v. 6. 7. 1982 verb. Rs. 188–190/80 – *Transparenzrichtlinie* Slg. 1982, 2545 Rn. 1 ff.

[639] ABl. EU 2006 L 318/17.

[640] Weiterführend *Pernice/Wernicke* in: Grabitz/Hilf, Art. 86 EGV, Rn. 80; *Hochbaum/Klotz* in: v. d. Groeben/Schwarze, Art. 86 EGV, Rn. 104.

[641] BGBl. I 2001, S. 2141; vgl. dazu etwa *Neukirchen*, EuR 2005, 112, 119 f.

Art. 86 EG 162, 163

162 Nicht immer stützt die Kommission aber Liberalisierungsbemühungen im Zusammenhang mit öffentlichen Unternehmen bzw. Unternehmen mit Sonderrechten auf Art. 86 Abs. 3 EG. Das ist insbesondere der Fall, wenn es sich um äußerst sensible Bereiche öffentlichen Wirtschaftens handelt, in denen die Kommission aus politischen Erwägungen und um der Akzeptanz der Liberalisierungsmaßnahmen willen Handlungsgrundlagen wählt, die den betroffenen Mitgliedstaaten ein Mitgestaltungsrecht einräumen. Symptomatisch ist dabei der Energiesektor.[642] So wurde weder die Richtlinie 96/92/EG betreffend gemeinsame Vorschriften für den Elektrizitätsbinnenmarkt[643] noch die Beschleunigungsrichtlinie zur Schaffung eines Elektrizitäts- und Gasbinnenmarktes (Richtlinie 2003/92/EG)[644] auf Art. 86 Abs. 3 EG gestützt, sondern als Grundlage wurde Art. 95 gewählt.[644a]

163 **b) Wichtige Richtlinien, die auf der Grundlage von Art. 86 Abs. 3 EG erlassen wurden.** Die Entscheidungen der Kommission nach Art. 86 Abs. 3 EG werden in den jährlichen Wettbewerbsberichten aufgezählt, auf die verwiesen werden kann.[645] Wichtige Richtlinien nach Art. 86 Abs. 3 EG sind:
  Transparenz des finanziellen Engagements des Staates
  – Richtlinie 80/723/EWG (Transparenzrichtlinie) – ABl. 1980, L 195/35
  – Richtlinie 85/114/EWG – ABl. 1985, L 229/20
  – Richtlinie 2000/52/EG – ABl. 2000, L 193/75
  – Richtlinie 2005/81//EU – ABl. 2005, L 312/47
  – Richtlinie 2006/111/EG (Richtlinie über die Transparenz der finanziellen Beteiligungen zwischen Mitgliedstaaten und den öffentlichen Unternehmen sowie finanzielle Transparenz innerhalb bestimmter Unternehmen) – ABl. 2006 L 318/17.
  Telekommunikation[646]
  – Richtlinie 88/301/EWG (Telekommunikations-Endgeräte) – ABl. 1988, L 131/73
  – Richtlinie 90/388/EWG (Telekommunikationsdienste) – ABl. 1990, L 192/10
  – Richtlinie 94/46/EG/EWG (Satelliten-Kommunikation) – ABl. 1994, L 268/15
  – Richtlinie 95/51/EG (Kabelfernsehnetze) – ABl. 1995, L 256/49
  – Richtlinie 96/2/EG (Mobilkommunikation) – ABl. 1996, L 20/59
  – Richtlinie 96/19/EG (Telekommunikationsdienste) – ABl. 1996, L 74/13
  – Richtlinie 97/33/EG (Zusammenschaltung)- ABl. 1997, L 199/32
  – Richtlinie 98/10/EG (Universaldienste) – ABl. 1998, L 101/24
  – Richtlinie 99/64/EG (Trennung von Telekommunikations- von Kabelfernsehnetzen) – ABl. 1999, L 175/39
  – Richtlinie 2002/77/EG (Wettbewerb auf den Märkten für elektronische Kommunikationsnetze- und dienste) – ABl. 2002, L 249/21

---

[642] Vgl. dazu *Mestmäcker/Schweitzer* in: Immenga/Mestmäcker, Art 31, 86 EGV, Rn. 52 (E); MünchKomm-EuWettbR/*Gundel,* Art. 86 EGV, Rn. 178.
[643] ABl. 1997 L 27/20.
[644] Richtlinie 2003/92/EG des Rates vom 7. Oktober 2003 zur Änderung der Richtlinie 77/388/EWG hinsichtlich der Vorschriften über den Ort der Lieferung von Gas und Elektrizität, ABl. L 260 vom 11. 10. 2003, S. 8 f.
[644a] Zum Energiewirtscvhaftsrecht allg. vgl. oben Einführung Rn. 122ff. sowie unten § 29 GWB Rn. 1 ff., § 98 GWB Rn. 43.
[645] S. z.B. XXXIII. Wettbewerbsbericht 2003, S. 42; XXXII. Wettbewerbsbericht 2002, S. 36, XXXI. Wettbewerbsbericht 2001, S. 42 f., XXX. Wettbewerbsbericht 2000, S. 45.
[646] Aufgeführt werden nur die Richtlinien, soweit sie sich auf Art. 86 Abs. 3 EG stützen. Im Telekommunikationsbereich sind diese Richtlinien durch eine Reihe weiterer Richtlinien ergänzt worden, die sich aber auf Art. 95 EG stützen. Zuletzt Richtlinien 2002/19–22/EG über den Zugang zu elektronischen Kommunikationsnetzen und zugehörigen Einrichtungen, über die Genehmigung elektronischer Kommunikationsnetze und -dienste, über einen gemeinsamen Rechtsrahmen für elektronische Kommunikationsnetze und -dienste und über den Universaldienst und Nutzerrechte bei elektronischen Kommunikationsnetzen und -diensten, ABl. 2002 L 108/7, 21, 33 und 51.

Postdienstleistungen
- Richtlinie 97/67/EG (Postbinnenmarkt) – ABl. 1998, L 15/14
- Richtlinie 2002/39/EG (Post) – ABl. 2002, L 176/21

Eisenbahndienstleistungen
- Richtlinien 2001/12–14/EG (Entwicklung von Eisenbahnunternehmen, Genehmigungserteilung und Zuweisung von Fahrwegskapazitäten) – ABl. 2001, L 75/1
- Richtlinie 2001/16/EG (Interoperabilität) – ABl. 2001, L 110/1
- Richtlinie 2004/40/EG – ABl. 2004, L 164/114 (berichtigt in: ABl. 2004, L 220/40)

6. Konkurrenzen der Kompetenz nach Art. 86 Abs. 3 EG zu anderen Vertragsvorschriften

a) Art. 226. Die Kompetenzen der Kommission nach Art. 86 Abs. 3 EG werden durch die Bestimmungen über das Vertragsverletzungsverfahren nach Art. 226 EG praktisch nicht beschränkt. Die Befugnis auf den Erlass von Richtlinien bezieht sich auf die Konkretisierung der Anwendungsbereiche des Art. 86 Abs. 1 und 2 EG ex ante, so dass sich schon die **Anwendungsbereiche** der Verfahren nach Art. 86 Abs. 3 EG und nach Art. 226 EG praktisch nicht überschneiden.[647] Denn im Gegensatz zum Ziel des Art. 86 Abs. 3 EG liegt das Ziel des Vertragsverletzungsverfahrens nach Art. 226 EG in einer ex-post-Feststellung konkreter Vertragsverstöße von Mitgliedstaaten.[648]

Im Hinblick auf **Entscheidungen der Kommission** nach Art. 86 Abs. 3 EG kann es zu einer Überschneidung des Anwendungsbereiches mit Art. 226 EG kommen, da es sich auch im Zusammenhang mit der Entscheidungskompetenz nach Art. 86 Abs. 3 EG um die Fest- und Abstellung konkreter Vertragsverstöße handelt.[649] Der EuGH gestattet in diesen Fällen der Kommission ein Wahlrecht, nach dem sie entscheiden kann, ob sie nach Art. 86 Abs. 3 EG oder nach Art. 226 EG gegen die inkriminierte staatliche Maßnahme vorgehen möchte.[650] Dafür spricht, dass die Kompetenz der Kommission nach Art. 86 Abs. 3 EG über die nach Art. 226 EG hinausgeht. Nach Art. 86 Abs. 3 EG kann die Kommission nämlich über die Feststellung des Verstoßes hinaus auch feststellen, welche Maßnahmen zur Wiedergutmachung getroffen werden müssen[651] und präventive Maßnahmen, einschließlich der nachträglichen Überwachung der Einhaltung, ergreifen.[652]

b) Art. 95 und Art. 83 EG. Die Kompetenzen der Kommission nach Art. 86 Abs. 3 EG werden ebenfalls nicht durch die allgemeinen Rechtsetzungsbefugnisse des Rates auf dem Bereich der Wettbewerbsbeschränkungen (Art. 83 EG) und im Hinblick auf die Rechtsangleichung nach Art. 95 EG berührt,[653] weil auch insoweit unterschiedliche Ziel-

---

[647] So *Koenig/Kühling* in: Streinz, Art. 86 EGV, Rn. 87; ebenso *Pernice/Wernicke* in: Grabitz/Hilf, Art. 86 EGV, Rn. 102; vgl. auch EuGH U. v. 29. 3. 2001 Rs. C-163/99 – *Portugal/Kommission* Slg. 2001, 2613, Rn. 22 f.

[648] Vgl. EuGH U. v. 19. 3. 1991 Rs. C-202/88 – *Telekommunikations-Endgeräte* Slg. 1991, I-1223, Rn. 17 f.; s. auch *Pernice/Wernicke* in: Grabitz/Hilf, Art. 86 EGV, Rn. 102.

[649] S. ausführlich *Dohms* in: Wiedemann, Handbuch des Kartellrechts, 2008, § 35 Rn. 557 ff.; vgl. ferner *Pernice/Wernicke* in: Grabitz/Hilf, Art. 86 EGV, Rn. 102.

[650] Vgl. EuGH U. v. 30. 6. 1988 verb. Rs. C-48 und 66/90 – *Niederlande/Kommission* Slg. 1992, I-565 Rn. 36; EuGH U. v. 29. 3. 2001 Rs. C-163/99 – *Portugal/Kommission* Slg. 2001, I-2613 Rn. 31; EuGH U. v. 26. 6. 2001 Rs. C-70/99 – *Kommission/Portugal* Slg. 2001, I-4845 Rn. 17.

[651] S. *Jung* in: Calliess/Ruffert, Art. 86 EGV, Rn. 62 ff.; *Pernice/Wernicke* in: Grabitz/Hilf, Art. 86 EGV, Rn. 102.

[652] Vgl. EuGH U. v. 29. 3. 2001 Rs. C-163/99 – *Portugal/Kommission* Slg. 2001, 2613 Rn. 31; EuGH U. v. 26. 6. 2001 Rs. C-70/99 – *Kommission/Portugal* Slg. 2001, I-4845 Rn. 17; ferner *Pernice/Wernicke* in: Grabitz/Hilf, Art. 86 EGV, Rn. 102; *Koenig/Kühling* in: Streinz, Art. 86 EGV, Rn. 87.

[653] EuGH U. v. 19. 3. 1991 Rs. C-202/88 – *Telekommunikations-Endgeräte* Slg. 1991, I-1223, Rn. 24 ff.; zust. *Pernice/Wernicke* in: Grabitz/Hilf, Art. 86 EGV, Rn. 100; *Koenig/Kühling* in: Streinz, Art. 86 EGV, Rn. 88.

richtungen bestehen. Während Art. 86 Abs. 3 EG ausschließlich an die Vorgaben der Absätze 1 und 2 anknüpft und dementsprechend nur Maßnahmen gegen die Adressaten des Art. 86 EG legitimiert, bezieht sich Art. 83 EG auf die für alle Unternehmen geltenden Wettbewerbsregelungen und Art. 95 EG auf die Angleichung von Rechts- und Verwaltungsvorschriften der Mitgliedstaaten.[654] Es ist zudem auch nicht erforderlich, dass der Rat zunächst die Reichweite der Vertragsvorschriften, im Hinblick auf welche die Kommission tätig werden will, näher konkretisiert haben müsste, damit die Kommission nach Art. 86 Abs. 3 EG die entsprechenden Maßnahmen ergreifen kann, denn andernfalls wäre die Kompetenzzuweisung des Art. 86 Abs. 3 EG seiner praktischen Wirksamkeit als schnelles Funktionsmedium beraubt.[655] Umgekehrt steht es der Kommission frei, auf dem von Art. 86 Abs. 3 EG erfassten Kompetenzsektor Vorschläge für Regelungen des Rates nach Art. 83 oder 85 EG zu machen, die sich auf den Bereich des Art. 86 EG auswirken. In diesem Fall besteht dann aber für den Rat die Möglichkeit, Regelungen zu schaffen, durch die die Geltung der Wettbewerbsregeln stärker beschränkt werden als es nach Art. 86 Abs. 2 EG zulässig wäre.[656]

167 c) **Art. 89 EG.** Die Kompetenz der Kommission nach Art. 86 Abs. 3 EG bleibt schließlich auch von einer Tätigkeit des Rates nach Art. 89 EG unberührt, weil beide Vorschriften keine relevanten Überschneidungsflächen haben. Art. 89 EG bezieht sich auf Regelungen über staatliche Beihilfen unabhängig von ihrer Art und ihrem Empfänger, während sich Art. 86 Abs. 3 EG nur auf Maßnahmen in Bezug auf die in Abs. 1 und Abs. 2 genannten Unternehmen bezieht, und zudem haben beide Normen unterschiedliche **Regelungsgegenstände**. Während die Kompetenz der Kommission nach Art. 86 Abs. 3 EG darauf begrenzt ist, Richtlinien und Entscheidungen zur Erfüllung der ihr übertragenen Überwachungsfunktion zu erlassen, ermächtigt Art. 89 EG den Rat, zweckdienliche Durchführungsverordnungen im Hinblick auf die Art. 87, 88 (Art. 92, 93 a. F.) EG zu erlassen.[657] Aus diesem Grund hindert der Erlass einer Regelung des Rates nach Art. 89 EG die Kommission auch nicht, auf diesem Gebiet nach Art. 86 Abs. 3 EG tätig zu werden.[658]

168 d) **Verhältnis von Art. 86 EG zu Art. 31 EG und Art. 87 EG.** Besondere Schwierigkeiten hat in der Vergangenheit die Abgrenzung des Art. 86 EG, insbesondere seiner Absätze 1 und 2, von der Regelung über Handelsmonopole nach Art. 31 EG[659] und das Verhältnis von Art. 87 zu Art. 86 Abs. 2 EG gemacht.[660] Mittlerweile ist durch die Rechtsprechung des EuGH jedoch in beiden Fällen eine Plattform geschaffen worden, auf der für die Praxis ein rechtssicheres Handeln möglich ist, wenngleich die dogmatische Einordnung einiger Fragen noch weiterhin offen ist. Beide Vorschriften konkretisieren die allgemeine Verpflichtung der Mitgliedstaaten, alle Maßnahmen zu unterlassen, die die Verwirklichung der Vertragsziele gefährden könnten (Art. 10 EG).[661]

---

[654] Vgl. *Pernice/Wernicke* in: Grabitz/Hilf, Art. 86 EGV, Rn. 100.
[655] So ausdrücklich EuGH U. v. 17. 11. 1992 verb. Rs. C-271, 281 und 289/90 – *Telekommunikationsdienste* Slg. 1992, I-5833 Rn. 21; zust. *Pernice/Wernicke* in: Grabitz/Hilf, Art. 86 EGV, Rn. 106 a. E.
[656] EuGH U. v. 19. 3. 1991 Rs. C-202/88 – *Telekommunikations-Endgeräte* Slg. 1991, I-1223; EuGH U. v. 17. 11. 1992 verb. Rs. C-271, 281, 289/90 – *Telekommunikationsdienste* Slg. 1992, I-5833. Anders hingegen *Pernice/Wernicke* in: Grabitz/Hilf, Art. 86 EGV, Rn. 100 und früher *Deringer* in: WuW-Kommentar, Art. 90 EGV, Rn. 104.
[657] *Koenig/Kühling* in: Streinz, Art. 86 EGV, Rn. 88.
[658] Dazu EuGH U. v. 6. 7. 1982 verb. Rs. 188–190/80 – *Transparenzrichtlinie* Slg. 1982, 2545, Rn. 12 ff.
[659] Vgl. ausführlich dazu *Ehricke*, EuZW 1998, S. 741 ff.
[660] Grundlegend *Erhardt*, Beihilfen für öffentliche Dienstleistungen, 2003; *Czerny*, S. 29 ff.
[661] *Ehricke*, EuZW 1998, 741 ff.; *ders.*, WuW 1995, 691 ff., 691; *Jung* in: Calliess/Ruffert, Art. 86 EGV, Rn. 4; *Mestmäcker/Schweitzer* in: Immenga/Mestmäcker, Art. 31, 86 EGV, Rn. 17 (A).

aa) Art. 31 EG. Art. 31 EG (ex Art. 37 EG) erfasst – anders als Art. 86 EG – das unternehmerische Handeln nicht im Hinblick auf den Wettbewerb, sondern auf den **freien Warenverkehr,**[662] wobei Art. 31 EG die Art. 28 ff. EG dort ergänzen soll, wo diese die Probleme, die von Handelsmonopolen auf Grund ihrer Struktur für den Markt ausgehen, nicht bewältigen können. Denn während Art. 28 EG auf hoheitliche Maßnahmen des Staates Anwendung findet, erfasst Art. 31 EG das unternehmerische Verhalten einer zwar an den Staat gebundenen, aber eigenständig handelnden Institution.[663]

Zudem bezieht sich Art. 31 EG nur auf staatliche **Handels**monopole, die den **Waren**austausch im weitesten Sinne betreffen,[664] nicht auch auf die von Art. 86 Abs. 2 EG erfassten Dienstleistungs- und Finanzmonopole[665] (Von einem Handelsmonopol spricht man, wenn einem bestimmten Rechtsträger durch einen staatlichen Hoheitsakt die ausschließliche Befugnis verliehen wird, die dem Monopol unterliegenden Produkte herzustellen und/oder zu vertreiben.[666] Art. 31 EG begründet mit dem Umformungsgebot (Abs. 1) einerseits und dem Stillstandsgebot (Abs. 2) andererseits Rechte Einzelner; ihm kommt insofern unmittelbare Wirkung zu.).[667]

Art. 31 EG verpflichtet die Mitgliedstaaten, ihre Handelsmonopole umzuformen, damit Diskriminierungen in den Versorgungs- und Absatzbedingungen zwischen Angehörigen der Mitgliedstaaten ausgeschlossen sind, und untersagt ihnen, neue zu errichten. Während Art. 86 Abs. 1 EG demgegenüber eine unbedingte Pflicht der Mitgliedstaaten zum Unterlassen oder Einschreiten formuliert, lässt Art. 31 Abs. 1 EG den Mitgliedstaaten also einen gewissen **Gestaltungsspielraum.** Sie haben die Möglichkeit, bestimmte Handelsmonopole als Mittel zur Verfolgung von im öffentlichen Interesse liegenden Zielen beizubehalten, sofern deren Tätigkeit nur nicht diskriminierend wirkt.[668]

Es stellt sich die Frage, ob neben dem in Art. 31 Abs. 1 EG angelegten Gestaltungsspielraum der Mitgliedstaaten weitere **Einschränkungen zu Gunsten der Mitgliedstaaten** (und zu Ungunsten eines unverfälschten Binnenmarktes) erlaubt sind. In diesem Zusammenhang wird diskutiert, ob sich die in Art. 30 EG niedergelegten allgemeinen Rechtfertigungsgründe auch auf Art. 31 EG erstrecken.[669] Seinem Wortlaut folgend findet Art. 30 EG allerdings nur auf Art. 28 und 29 EG Anwendung und ist in der Normordnung vor Art. 31 EG angesiedelt.[670] Eine Rechtfertigung nach Art. 30 EG direkt oder analog scheidet damit bereits aus systematischen Gründen aus.[671] Der EuGH ist dieser Auffassung mit der Rechtssache *Franzen*[672] (jedenfalls stillschweigend) gefolgt,[673] ohne aber der Zulassung

---

[662] *Ehricke,* EuZW 1998, S. 741 ff.

[663] *Mestmäcker*/*Schweitzer* in: Immenga/Mestmäcker, Art. 31, 86 EGV, Rn. 17 (A); *Ehricke,* EuZW 1998, S. 741 ff.

[664] EuGH U. v. 27. 4. 1994 Rs. C 393/92 – *Almelo* Slg. 1994, I-1477 Rn. 27 m. w. N.; *Schroeder* in: Streinz, Art. 31 EGV, Rn. 5; *Mestmäcker*/*Schweitzer* in: Immenga/Mestmäcker, Art. 31, 86 EGV, Rn. 21 (A).

[665] *Schroeder* in: Streinz, Art. 31 EGV, Rn. 1.

[666] *Kingreen* in: Calliess/Ruffert, Art. 31 EGV, Rn. 5 ff., vgl. auch *Ehricke,* WuW 1995, S. 691, 692.

[667] *Kingreen* in: Calliess/Ruffert, Art. 31 EGV, Rn. 1; *Mestmäcker*/*Schweitzer* in: Immenga/Mestmäcker, Art. 31, 86 EGV, Rn. 28 (A) m. w. N.

[668] Vgl. EuGH U. v. 23. 10. 1997 Rs. C-189/95 – *Franzen* Slg. 1997, I-5909 Rn. 38 ff.; *Schroeder* in: Streinz, Art. 31 EGV, Rn. 1, Rn. 14 ff.

[669] Ausführlich zum Streitstand *Ehricke,* EuZW 1998, S. 741, 742 ff. m. w. N.; *ders.,* WuW 1995, 691, 701 ff. m. w. N.

[670] *Ehricke,* EuZW 1998, 741, 742.

[671] *Kingreen* in: Calliess/Ruffert, Art. 31 EGV, Rn. 12; *Schroeder* in: Streinz, Art. 31 EGV, Rn. 19; *Mestmäcker*/*Schweitzer* in: Immenga/Mestmäcker, Art. 31, 86 EGV, Rn. 97 (A); *Leible* in: Grabitz/Hilf, Art. 31 EGV, Rn. 7; *Ehricke,* EuZW 1988, 741, 742 ff., *ders.,* WuW 1995, 691, 701 ff.; anders *Emmerich* in Dauses, H. II, Rn. 32, 33.

[672] EuGH U. v. 23. 10. 1997 Rs. C-189/95 – *Franzen* Slg. 1997, I-5909, Rn. 41.

[673] *Ehricke,* EuZW 1998, 741, 743.

eines Ausnahmebereiches eine generelle Absage zu erteilen. Vielmehr zieht der Gerichtshof in der Rechtssache *Kommission/Frankreich*[674] als mögliche Rechtfertigung eines Verstoßes gegen Art. 31 Abs. 1 EG die Vorschrift des Art. 86 Abs. 2 EG heran[675] – ein Gedanke, der sich in der Entscheidung *Almelo*[676] bereits angedeutet hat. Die Berufung auf Art. 86 Abs. 2 EG kommt aber nur in Betracht, soweit die Erfüllung der diesem Unternehmen übertragenen besonderen Aufgabe nur durch die Einräumung solcher ausschließlichen Rechte gesichert werden kann und soweit die Entwicklung des Marktes nicht in einem Ausmaß beeinträchtigt wird, das dem Interesse der Gemeinschaft zuwiderläuft.[677]

173   Nach anderer Auffassung geht Art. 31 EG Art. 86 EG vor, soweit es sich um die Verpflichtung zur Umformung handelt. Im Übrigen seien beide Vorschriften nebeneinander anwendbar.[678] Sobald die Umformungsverpflichtung erfüllt sei, sei das Handelsmonopol in der Regel ein öffentliches Unternehmen, auf dessen Tätigkeit die Wettbewerbsregeln unmittelbar Anwendung fänden, während für Maßnahmen der Mitgliedstaaten Art. 86 Abs. 1 gelte.[679] Dieses Verständnis kollidiert jedoch damit, dass Art. 31 EG nach der Rechtsprechung des EuGH auch nach erfolgter Umdeutung anwendbar bleibt, soweit die Wahrnehmung ausschließlicher Rechte auch noch ab diesem Zeitpunkt zu Diskriminierungen oder Beschränkungen des freien Warenverkehrs führt.[680]

174   **bb) Art. 87 EG.** Da es für die Bejahung des weit verstandenen Unternehmensbegriffs in Art. 87 Abs. 1 EG maßgeblich auf die Ausübung einer wirtschaftlichen Tätigkeit ankommt,[681] sind auch **Unternehmen des öffentlichen Rechts** erfasst.[682] Art. 86 Abs. 1 letzter Halbsatz EG stellt zudem klar, dass die Mitgliedstaaten in Bezug auf diese und solche Unternehmen, denen die Mitgliedstaaten besondere oder ausschließliche Rechte gewähren, keine mit Art. 87 EG unvereinbaren Maßnahmen treffen oder beibehalten dürfen. Diese Formulierung legt nahe, dass auch die von Art. 86 EG erfassten öffentlichen oder staatsnahen Unternehmen nicht vom Anwendungsbereich des Art. 87 EG ausgenommen werden.[683]

175   Soweit das begünstigte Unternehmen jedoch ausschließlich ihm gesetzlich zugewiesene **soziale Aufgaben** wahrnimmt, ist die Unternehmenseigenschaft des Art. 87 Abs. 1 EG grundsätzlich zu verneinen.[683a] Art. 16 EG verdeutlicht aber, dass – unabhängig hiervon

---

[674] EuGH U. v. 23. 10. 1997 Rs. C-159/94 – *Monopole bei Strom und Gas* Slg. 1997, I-5815, Rn. 49.
[675] *Kingreen* in: Calliess/Ruffert, Art. 31 EGV, Rn. 12; *Ehricke*, EuZW 1998, 741 ff.; *Lecheler/Gundel*, RdE 1998, 92, 92, 96; gegen die Anwendbarkeit des Art. 86 Abs. 2 EG auf Art. 31 EG *Emmerich* in Dauses, H. II, Rn. 33.
[676] EuGH U. v. 27. 4. 1994 Rs. C 393/92 – *Almelo* Slg. 1994, I-1477 Rn. 26 ff.
[677] EuGH U. v. 23. 10. 1997 Rs. C-159/94 – *Monopole bei Strom und Gas* Slg. 1997, I-5815, Rn. 49.
[678] *Mestmäcker/Schweitzer* in: Immenga/Mestmäcker, Art. 31, 86 EGV, Rn. 97 (A); *Leible* in: Grabitz/Hilf, Art. 31 EGV, Rn. 4.
[679] *Mestmäcker/Schweitzer* in: Immenga/Mestmäcker, Art. 31, 86 EGV, Rn. 99 (A).
[680] EuGH U. v. 13. 3. 1979 Rs. 91/78 – *Hansen II* Slg. 1979, 935, Rz. 7 f.; vgl. auch *Leible* in: Grabitz/Hilf, Art. 31 EGV, Rn. 5; *Ehricke*, WuW 1995, 691.
[681] EuGH U. v. 23. 4. 1991 Rs. C-41/90 – *Höfner und Elser* Slg. 1991, I-1979, Rn. 21; EuGH U. v. 17. 2. 1993 verb. Rs. C-159 und 160/91 – *Poucet u. Pistre* Slg. 1993, I-637, Rn. 17; EuGH U. v. 19. 1. 1994 Rs. C-364/92 – *SAT Fluggesellschaft/Eurocontrol* Slg. 1994, I-43, Rn. 18; EuGH U. v. 16. 11. 1995 Rs. C-244/94 – *Fédération française des sociétés d'assurance* Slg. 1995, I-4013, Rn. 14; *Ehricke*, in: Immenga/Mestmäcker, Art. 87 EGV, Rn. 82; *Cremer* in: Calliess/Ruffert, Art. 87 EGV, Rn. 16.
[682] EuGH U. v. 22. 3. 1977 Rs. 78/76 – *Steinike und Weinlig/Deutschland* Slg. 1977, 595, Rn. 18; *Cremer* in: Calliess/Ruffert, Art. 87 EGV, Rn. 16; *Ehricke* in: Immenga/Mestmäcker, Art. 87 EGV, Rn. 83.
[683] Vgl. KOM (2001) 403 endg. vom 18. 7. 2001, Rn. 19; So auch das EuG U. v. 27. 2. 1997 Rs. T-106/95 – *FFSA u. a./Kommission* Slg. 1997, II-229 Rn. 170; *Koenig/Kühling/Ritter*, EG-Beihilfenrecht (2002), S. 30 f.
[683a] S. dazu oben Rn. 19 ff. und *Ehricke*, ZHR 173 (2009) (im Erscheinen).

und in Übereinstimmung mit dem oben Gesagten – Art. 87 EG grundsätzlich auch auf die in Art. 86 Abs. 2 EG angesprochenen Dienste von allgemeinem wirtschaftlichen Interesse Anwendung findet.[684] Für die betreffenden Unternehmen gelten auch die verfahrensrechtlichen Bestimmungen des Art. 88 Abs. 2 EG, so dass hier grundsätzlich eine Vorabgenehmigung durch die Kommission erforderlich ist.[685]

Art. 87 Abs. 1 EG stellt die Unvereinbarkeit der dort bezeichneten Beihilfengewährung mit dem Gemeinsamen Markt jedoch unter den Vorbehalt, dass „in diesem Vertrag nicht etwas anderes bestimmt ist". Art. 86 Abs. 2 EG stellt nach Auffassung von Literatur und Rechtsprechung eine solche „andere Bestimmung" dar und begründet damit einen **Ausnahmetatbestand** zum Beihilfenverbot des Art. 87 Abs. 1 EG.[686] Obwohl es sich also auch in solchen Fällen um eine staatliche Beihilfe im Sinne dieser Vorschrift handelt, kann die Wirkung der Wettbewerbsregeln hier beschränkt werden,[687] so dass ein sich aus Art. 87 Abs. 1 EG ergebendes Verbot der Gewährung einer neuen Beihilfe für unanwendbar erklärt werden kann.

---

[684] Vgl. *Cremer* in: Calliess/Ruffert, Art. 87 EGV, Rn. 12.
[685] Vgl. EuGH U. v. 22. 6. 2000 Rs. C-332/98 – *CELF* Slg. 2000, I-4833, Rn. 31 ff.; KOM (2001) 403 endg. vom 18. 7. 2001, Rn. 19; *Koenig/Kühling/Ritter*, EG-Beihilfenrecht (2002), S. 30 f.; *Ehricke,* in: Immenga/Mestmäcker, Art. 88, Rn. 14 ff.
[686] EuG U. v. 27. 2. 1997 Rs. T-106/95 – *FFSA u. a./Kommission* Slg. 1997, II-229, Rn. 170; EuGH B. v. 25. 3. 1998 Rs. C-174/97 P – *FFSA u. a./Kommission* Slg. 1998, I-1303, Rn. 170; *Koenig/Kühling/Ritter,* EG-Beihilfenrecht (2002), S. 32 f.; *Ehricke,* in: Immenga/Mestmäcker, Art. 87, Rn. 55 ff.; *Cremer* in: Calliess/Ruffert, Art. 87 EGV, Rn. 1 m. w. N.
[687] EuGH U. v. 11. 4. 1989 Rs. 66/86 – *Ahmed Saeed* Slg. 1989, 803, Rn. 56.

7. Teil. Gruppenfreistellungsverordnungen

A. Allgemeines

Übersicht

	Rn.		Rn.
Einführung	1	3. Inhalt der Gruppenfreistellungen	20
1. Normsetzung	3	a) Aufbau der Gruppenfreistellungsverordnungen	20
a) Ermächtigungsgrundlagen	3		
b) Überblick über die von der Kommission erlassenen und zur Zeit geltenden Gruppenfreistellungsverordnungen	4	b) Beispiele partieller Modifikation der hergebrachten Systematik in jüngeren Freistellungsverordnungen – die GVOen zweiter Generation	25
c) Rechtsetzungspolitik der europäischen Kommission auf Grundlage der Ermächtigungsverordnungen	7	4. Leitlinien der Kommission	31
		5. Regelungswirkungen	32
2. Regelungszweck der Gruppenfreistellungen	10	a) Rechtsfolge der (Nicht-)Anwendbarkeit einer GVO	33
a) Allgemeines	10	b) Rechtssicherheit	34
b) Vor- und Nachteile von Einzel- und Gruppenfreistellungen	12	6. Entziehung der Freistellung	35
c) Bedeutungsentwicklung der Gruppenfreistellungsverordnungen im Gemeinschaftsrecht	15	a) Voraussetzungen	36
		b) Verfahren	37
d) Zukunft der Gruppenfreistellungsverordnungen	16	7. Die Gruppenfreistellung im Normengefüge	39

Schrifttum: *Ackermann,* Art. 85 Abs. 1 EGV und die rule of reason: zur Konzeption der Verhinderung, Einschränkung oder Verfälschung des Wettbewerbs, Diss. Bonn 1997; *Axter,* Das „Alles-oder-Nichts-Prinzip" der EG-Gruppenfreistellungsverordnungen, WuW 1994, 615; *Bauer/de Bronnet,* Die EU-Freistellungsverordnung für vertikale Vertriebsbeschränkungen, 2001; *Bechtold,* EG-Gruppenfreistellungsverordnungen – eine Zwischenbilanz, EWS 2001, 49; *Chaput,* Pratiques restrictives de concurrence, JurisClasseur Europe, Fascicule 1411; *Deringer,* Stellungnahme zum Weißbuch der Europäischen Kommission über die Modernisierung der Vorschriften zur Anwendung der Artikel 85 und 86 EGV (Artikel 81 und 82 EG), EuZW 2000, 5; *Geers,* Die Gruppenfreistellungsverordnung im Kartellrecht – Zur Fortentwicklung des europäischen Kartellrechts durch den Erlass einer Allgemeinen Gruppenfreistellungsverordnung, Diss. Bayreuth 2000; *Jung,* Die Verordnung (EWG) Nr. 151/93 – ein gefährlicher Weg zur Harmonisierung von Kartellaufsicht und Fusionskontrolle, EuZW 1993, 690; *Kloyer,* Der Vorrang von Gruppenfreistellungsverordnungen, 1992; *Kovar,* Le droit communautaire de la concurrence et la „règle de raison", Revue Trimestrielle de Droit Européen 1987, 237; *Kovar,* Code européen de la concurrence, 1996; *Lange,* Handelsvertretervertrieb nach den neuen Leitlinien der Kommission, EWS 2001, 18; *Schultze/Pautke/Wagener,* Vertikal-GVO, Praxiskommentar, 2001; *Mestmäcker,* Versuch einer kartellpolitischen Wende in der EU – zum Weißbuch der Kommission zur Modernisierung der Vorschrift zur Anwendung der Artikel 85 und 86 EGV (Artikel 81 und 82 EG neu), EuZW 1999, 523; *L. Vogel,* La dimension communautaire: vers un régime commun du contrat de distribution?, La Semaine Juridique 3/4–1997, 32; *L. Vogel,* Traité de Droit Commercial, 2001; *Wiedemann,* Kommentar zu den Gruppenfreistellungsverordnungen des EWG-Kartellrechts, Band 1, 1989.

Einführung

Gemäß Art. 81 Abs. 3 EG können die Bestimmungen des Art. 81 Abs. 1 EG auf „Gruppen" (engl.: „categories", frz.: „catégories") von Vereinbarungen, Beschlüssen oder abgestimmten Verhaltensweisen für nicht anwendbar erklärt werden. Dies ermöglicht die nachträgliche **Einschränkung des gemeinschaftsrechtlichen Kartellverbots** bezüglich 1

Allgemeines 2, 3

solcher in tatbestandlicher Hinsicht typisierbaren Wettbewerbsbeschränkungen,[1] bei denen zu vermuten ist, dass sie neben der Wettbewerbsbeschränkung positive Effekte erzielen, die ihre wettbewerblichen Nachteile aufwiegen, und die daher im Grundsatz für unbedenklich oder sogar für wünschenswert gehalten werden. Dafür muss hinsichtlich dieser freizustellenden Wettbewerbsbeschränkungen vom Vorliegen sämtlicher **Freistellungsvoraussetzungen des Art. 81 Abs. 3 EG** auszugehen sein.

2 Trotz ihrer Tatbestandsmäßigkeit im Sinne des Art. 81 Abs. 1 EG ist die Anwendung dieser Norm auf die freigestellten Fälle von vornherein ausgeschlossen. Unterfällt eine Vereinbarung oder Abstimmung einer Gruppenfreistellung, bedarf es weder einer Anmeldung durch die Parteien noch einer Erklärung der Kommission.[2] Solche – durch Verordnung erfolgende – Gruppenfreistellungen kommen daher in ihrer Wirkung einer **Legalausnahme** gleich.[3] Freilich wird die Bedeutung der Gruppenfreistellungsverordnungen durch die am 1. Mai 2004 in Kraft getretene Verordnung (EG) Nr. 1/2003 des Rates vom 16. Dezember 2002 zur Durchführung der in den Artikeln 81 und 82 des Vertrags niedergelegten Wettbewerbsregeln[4] (Kartellverfahrens-VO) in Frage gestellt,[5] da hierdurch vom Verbot mit Erlaubnisvorbehalt ganz grundsätzlich und somit unter Einbeziehung der Individualfreistellungen zu einem System der Legalausnahme übergegangen wird.[6] Im neuen System der VO 1/2003 sind wettbewerbsbeschränkende Vereinbarungen, die die Voraussetzungen des Art. 81 Abs. 3 erfüllen, von vornherein und ohne konstitutiven Freistellungsakt vom Verbot des Art. 81 Abs. 1 ausgenommen.[7]

1. Normsetzung

3 **a) Ermächtigungsgrundlagen.** Gemäß Art. 83 Abs. 2 lit. b) EG liegt die originäre **Kompetenz** zum Erlass von Gruppenfreistellungsverordnungen **beim Rat.** Dieser hat diese Befugnis jedoch für viele Bereiche umfassend an die Kommission delegiert.[8] Zu nennen sind in diesem Zusammenhang die **(Ermächtigungs-)Verordnungen (EWG) Nr. 19/65,**[9]

---

[1] Siehe auch *Mestmäcker/Schweitzer,* Europäisches Wettbewerbsrecht, § 1 Rn. 13 ff.
[2] *Chaput,* Pratiques restrictives de concurrence, in: JurisClasseur Europe, Band 4, Fascicule 1411.
[3] *Schwarze/Brinker* Art. 81 EG Rn. 67; *Veelken* in: Immenga/Mestmäcker, EG-WbR Bd. I, S. 401 f.
[4] ABl. 2003 L 1/1.
[5] Näher hierzu unten Rn. 16 ff.; s. auch *Bechthold/Bosch/Brinker/Hirsbrunner,* EG-Kartellrecht, S. 158, wonach die Gruppenfreistellungen unter dem System der Legalausnahme unter Berücksichtigung der unmittelbaren und direkten Anwendbarkeit des Art. 81 Abs. 3 lediglich deklaratorische Wirkung haben und als Orientierungshilfe dienen; s. auch *Bechthold,* Modernisierung des EG-Wettbewerbsrechts: Der Verordnungs-Entwurf der Kommission zur Umsetzung des Weißbuchs, BB 2000, 2425, 2426, *ders.* EG-Gruppenfreistellungsverordnungen – „eine Zwischenbilanz", EWS 2001, 49, 50; *K. Schmidt,* Umdenken im Kartellverfahrensrecht – Gedanken zur Europäischen VO Nr. 1/2003, BB 2003, 1237, 1241.
[6] Nach *Mestmäcker / Schweitzer,* Europäisches Wettbewerbsrecht, § 1 Rn. 14 zieht das Prinzip der Legalausnahme der VO 1/2003 einen Funktionswandel der Gruppenfreistellungsverordnungen nach sich. An die Stelle der Bewältigung des Massenproblems tritt nun die Gewährleistung der einheitlichen Rechtsanwendung in den Mitgliedstaaten.
[7] *Mestmäcker/Schweitzer,* Europäisches Wettbewerbsrecht, § 1 Rn. 14
[8] Der Rat hat einzelne Gruppenfreistellungsverordnungen im Bereich Verkehr selbst erlassen, ohne sich den gesamten Bereich vorzubehalten (vgl. Fn. 11 und Fn. 29): Verordnung (EWG) Nr. 1017/68 vom 19. Juli 1968 über die Anwendung von Wettbewerbsregeln auf dem Gebiet des Eisenbahn-, Straßen- und Binnenschiffsverkehrs, ABl. 1968 L 175/1 und Verordnung (EWG) Nr. 4056/86 des Rates vom 22. Dezember 1986 über die Einzelheiten der Anwendung der Artikel 85 und 86 des Vertrages auf den Seeverkehr, ABl. 1986 L 378/4.
[9] Verordnung (EWG) Nr. 19/1965 des Rates vom 2. März 1965 über die Anwendung von Artikel 85 Absatz 3 des Vertrages auf Gruppen von Vereinbarungen und aufeinander abgestimmten Verhaltensweisen, ABl. 1965 B 36/533, geändert durch die Verordnung (EG) Nr. 1215/1999 des Rates vom 10. Juni 1999, ABl. 1999 L 148/1.

A. Allgemeines **4 Allgemeines**

Nr. 2821/71,[10] Nr. 3976/87,[11] Nr. 1534/91[12] und Nr. 479/92,[13] durch die der Kommission die Befugnis eingeräumt wurde, bestimmte Vereinbarungstypen vom Kartellverbot freizustellen. Die Verordnung (EWG) Nr. 19/65 als bedeutendste der fünf erlassenen Ermächtigungsverordnungen richtet sich auf Vertriebsverträge und Lizenzvereinbarungen. Die Verordnung (EWG) Nr. 2821/71 gilt für Normen- und Typenkartelle, Forschungs- und Entwicklungskooperationen und Spezialisierungskooperationen, die Verordnung (EWG) Nr. 3976/87 betrifft den Luftverkehr innerhalb der Gemeinschaft. Die Verordnungen (EWG) 1534/91 und 479/92 gelten zum einen für den Bereich der Versicherungswirtschaft und zum anderen für die so genannten Konsortien im Bereich der Schifffahrt. Die Ermächtigungsverordnungen des Rates zeichnen sich durch eine **einheitliche Struktur** aus. Abweichungen von dem Aufbaumuster der Ermächtigungsverordnungen[14] sind sowohl in materieller als auch in formeller Hinsicht selten. So ist zum Beispiel Voraussetzung für den Erlass von Gruppenfreistellungsverordnungen durch die Kommission nach der Ermächtigungsverordnung Nr. 19/65 des Rates, dass die Kommission über **hinreichende Erfahrungen** in dem betroffenen Bereich **aus Einzelfreistellungsverfahren** verfügt.[15]

b) **Überblick über die von der Kommission erlassenen und aktuell geltenden** 4 **Gruppenfreistellungsverordnungen.** Auf Grundlage dieses zweistufigen Rechtsetzungsverfahrens, welches auf einem Kompromiss zwischen Rat und Kommission beruht und vom EuGH für zulässig erachtet worden ist,[16] hat die Kommission eine Reihe von Gruppenfreistellungsverordnungen erlassen. Es handelt sich dabei zum einen um die (sektorübergreifenden) Verordnungen für:
– **vertikale Vertriebsvereinbarungen**[17] **(vGVO),**
– **Spezialisierungsvereinbarungen**[18] **(Spezialisierungs-GVO),**
– **Vereinbarungen über Forschung und Entwicklung**[19] **(GVO F&E),**

---

[10] Verordnung (EWG) Nr. 2821/71 des Rates vom 20. Dezember 1971 über die Anwendung von Artikel 85 Absatz 3 des Vertrages auf Gruppen von Vereinbarungen, Beschlüssen und aufeinander abgestimmten Verhaltensweisen, ABl. 1971 L 285/46.

[11] Verordnung (EWG) Nr. 3976/87 des Rates vom 14. Dezember 1987 zur Anwendung von Artikel 85 Absatz 3 des Vertrages auf bestimmte Gruppen von Vereinbarungen und aufeinander abgestimmten Verhaltensweisen im Luftverkehr, ABl. 1987 L 374/9.

[12] Verordnung (EWG) Nr. 1534/91 des Rates vom 31. Mai 1991 über die Anwendung von Artikel 85 Absatz 3 des Vertrages auf bestimmte Gruppen von Vereinbarungen, Beschlüssen und aufeinander abgestimmten Verhaltensweisen im Bereich der Versicherungswirtschaft, ABl. 1991 L 143/1.

[13] Verordnung (EWG) Nr. 479/92 des Rates vom 25. Februar 1992 über die Anwendung des Artikels 85 Absatz 3 des Vertrages auf bestimmte Gruppen von Vereinbarungen, Beschlüssen und aufeinander abgestimmte Verhaltensweisen zwischen Seeschifffahrtsunternehmen (Konsortien), ABl. 1992 L 55/3.

[14] Siehe *Geers*, Die Gruppenfreistellung im Kartellrecht – Zur Fortentwicklung des europäischen Kartellrechts durch den Erlass einer Allgemeinen Gruppenfreistellungsverordnung, Diss. Bayreuth 2000, 66f., welcher eine fiktive Muster-Ermächtigungsverordnung erstellt.

[15] Vgl. Erwägungsgrund (4) der Verordnung (EWG) Nr. 19/65; siehe bezüglich anderer Besonderheiten der einzelnen Ermächtigungsverordnungen *Geers*, Fn. 11, S. 66ff.

[16] EuGH v. 13. 7. 1966 Rs. 32/65 – *Italienische Klage* Slg. 1966, 457, 481f.; *Veelken* in: Immenga/Mestmäcker, EG-WbR Bd. I, S. 397f.

[17] Verordnung (EG) Nr. 2790/1999 der Kommission vom 22. Dezember 1999 über die Anwendung von Artikel 81 Abs. 3 des Vertrages auf Gruppen von vertikalen Vereinbarungen und aufeinander abgestimmten Verhaltensweisen, ABl. 1999 L 336/21, gültig bis 31. Mai 2010.

[18] Verordnung (EG) Nr. 2658/2000 der Kommission vom 29. November 2000 über die Anwendung von Artikel 81 Absatz 3 des Vertrages auf Gruppen von Spezialisierungsvereinbarungen, ABl. 2000 L 304/3, gültig bis 31. Dezember 2010.

[19] Verordnung (EG) Nr. 2659/2000 der Kommission vom 29. November 2000 über die Anwendung von Artikel 81 Absatz 3 des Vertrages auf Gruppen von Vereinbarungen über Forschung und Entwicklung, ABl. 2000 L 304/7, gültig bis 31. Dezember 2010.

Allgemeines 5, 6   7. Teil. Gruppenfreistellungsverordnungen

– Vereinbarung über Technologietransfer[20] (Technologietransfer-GVO).

5   Die früheren Freistellungsverordnungen über Alleinvertriebsvereinbarungen,[21] Alleinbezugsvereinbarungen[22] und Franchisevereinbarungen[23] sind infolge der Ersetzung durch die vGVO (wegen ihrer umfassenden Wirkung auch **„Schirm-Gruppenfreistellungsverordnung"** genannt) außer Kraft getreten.[24] Die vGVO umfasst aber auch Vertragsformen, die von diesen Vorgänger-Verordnungen nicht freigestellt wurden, wie z.B. Zulieferverträge[25] und selektive Vertriebssysteme.[26]

6   Zum anderen gibt es eine Reihe von **sektorspezifischen Gruppenfreistellungsverordnungen**, im Einzelnen für:
– **Vertriebs- und Kundendienstvereinbarungen für Automobile**[27]
– **Verträge der Versicherungswirtschaft**[28]
– **die Seeschifffahrt**[29]
– **die Planung von Flugplänen, Betrieb von Flugdiensten etc.**[30]
– **regionale Investitionsbeihilfen**[31]

---

[20] Verordnung (EG) Nr. 772/2004 zur Anwendung von Art. 81 Abs. 3 des Vertrages auf Gruppen von Technologietransfervereinbarungen, ABl. EG 2004 L 123/11, am 1. 5. 2004 in Kraft getreten. Die Vorgängerverordnung Verordnung (EG) Nr. 240/1996 der Kommission vom 31. Januar 1996 zur Anwendung von Artikel 85 Abs. 3 des Vertrages auf Gruppen von Technologietransfervereinbarungen, ABl. 1996 L 31/2 bleibt für Altverträge, die vor dem 1. 5. 2004 geschlossen wurden, bis zum 31. 3. 2006 in Kraft.

[21] Verordnung (EWG) Nr. 1983/1983 der Kommission vom 22. Juni 1983 über die Anwendung von Artikel 85 Absatz 3 des Vertrages auf Gruppen von Alleinvertriebsvereinbarungen, ABl. 1983 L 173/1, außer Kraft getreten am 31. Dezember 2001.

[22] Verordnung (EWG) Nr. 1984/1983 der Kommission vom 22. Juni 1983 über die Anwendung von Artikel 85 Abs. 3 des Vertrages auf Gruppen von Alleinbezugsvereinbarungen, ABl. 1983 L 173/5, außer Kraft getreten am 31. Dezember 2001.

[23] Verordnung (EWG) Nr. 4087/1988 der Kommission vom 30. November 1988 über die Anwendung von Artikel 85 Abs. 3 des Vertrages auf Gruppen von Franchisevereinbarungen, ABl. 1988 L 359/46, außer Kraft getreten am 31. Dezember 2001.

[24] Vgl. Art. 12 Abs. 2 der vGVO.

[25] *Bauer/de Bronett*, Die EU-Freistellungsverordnung für vertikale Vertriebsbeschränkungen Rn. 150f.

[26] Vgl. *Schultze/Pautke/Wagener*, Vertikal-GVO, Praxiskommentar, 50ff.

[27] Verordnung (EG) Nr. 1400/2002 der Kommission vom 31. Juli 2002 über die Anwendung von Artikel 81 Absatz 3 des Vertrages auf Gruppen von vertikalen Vereinbarungen und aufeinander abgestimmten Verhaltensweisen im Kraftfahrzeugsektor, ABl. 2002 L 203/30, als Nachfolgeregelung für Verordnung (EG) Nr. 1475/1995 der Kommission vom 28. Juni 1995 über die Anwendung von Artikel 85 Abs. 3 des Vertrages auf Gruppen von Vertriebs- und Kundendienstvereinbarungen über Kraftfahrzeuge, ABl. 1995 L 145/25, am 1. Oktober 2002 außer Kraft getreten.

[28] Verordnung (EWG) Nr. 3932/1992 der Kommission vom 21. Dezember 1992 über die Anwendung von Art. 85 Abs. 3 des Vertrages auf Gruppen von Vereinbarungen, Beschlüssen und aufeinander abgestimmter Verhaltensweisen im Bereich der Versicherungswirtschaft, ABl. 1992 L 398/7, gültig bis 31. März 2003.

[29] Verordnung (EG) Nr. 823/2000 der Kommission vom 19. April 2000 zur Anwendung von Artikel 81 Abs. 3 EG-Vertrag auf bestimmte Gruppen von Vereinbarungen, Beschlüssen und aufeinander abgestimmten Verhaltensweisen zwischen Seeschifffahrtsunternehmen (Konsortien), ABl. 2000 L 100/24, gültig bis 25. April 2005.

[30] Verordnung (EWG) Nr. 1617/93 der Kommission vom 25. Juni 1993 zur Anwendung von Artikel 85 Absatz 3 EWG-Vertrag auf Gruppen von Vereinbarungen, Beschlüssen und aufeinander abgestimmten Verhaltensweisen betreffend die gemeinsame Planung und Koordinierung von Flugplänen, den gemeinsamen Betrieb von Flugdiensten, Tarifkonsultationen im Personen- und Frachtlinienverkehr sowie die Zuweisung von Zeitnischen auf Flughäfen, ABl. 1993 L 155/18, zuletzt verlängert durch die Verordnung (EG) Nr. 1324/2001 der Kommission vom 29. Juni 2001, ABl. 2001 L 117/56, zum Teil gültig bis 31. Juni 2004 (Freistellung der Zuweisung von Timeslots) im Übrigen am 30. Juni 2002 außer Kraft getreten.

[31] Verordnung (EG) Nr. 1628/2006 der Kommission vom 24. 10. 2006.

A. Allgemeines 7, 8 **Allgemeines**

Die frühere Gruppenfreistellungsverordnung für computergesteuerte Buchungssysteme im Luftverkehr[32] ist dagegen inzwischen außer Kraft getreten.

c) Die Rechtsetzungspolitik der europäischen Kommission auf Grundlage der 7 **Ermächtigungsverordnungen.** Die Kommission ist als Verordnungsgeber dem **Prinzip der beschränkten Einzelermächtigung** unterworfen und somit sowohl an die Bestimmungen der Ermächtigungsverordnung des Rates als auch des der Ermächtigungsverordnung zugrunde liegenden Primärrechts, d. h. Artikel 81 Abs. 3, als Grenzen der Normsetzung gebunden. Bereits in den **Gruppenfreistellungsverordnungen der ersten Generation,** d. h. die Verordnungen, die dem sogenannten „**Weißlistenansatz**"[33] folgten, und deren Anwendungsvoraussetzungen formalistischer Natur waren, hatte die Kommission Regelungen getroffen, die nicht von Artikel 81 Abs. 3 bzw. der entsprechenden Ermächtigungsverordnung gedeckt waren.[34] Besonders deutlich wurde dies im Rahmen der Gruppenfreistellungsverordnung für den Automobilsektor. Durch die Festlegung von Mindestvertragslaufzeiten und Mindestkündigungsfristen sowie des Eingreifens Dritter in die Vertriebsbeziehung hat die Kommission die Gruppenfreistellungsverordnung zu einem Harmonisierungsinstrument im europäischen Vertragsrecht denaturiert.[35] Bei Erlass der GVO 1475/95 stand nicht mehr der **Schutz des Wettbewerbs sondern der Schutz von Wettbewerbern** im Vordergrund, was zu einem wahrhaftigen Status der Vertragsparteien und insbesondere des Vertragshändlers auf Grundlage der Gruppenfreistellungsverordnung führte.

Ferner hat die Kommission Klauseln in verschiedene Gruppenfreistellungsverordnungen integriert, welche vom EuGH als nicht unter das Verbot des Artikel 81 Absatz 1 fallend eingestuft worden waren.[36] Eine solche Vorgehensweise vermag die Normadressaten zu informieren, verstärkt allerdings die Wirkung der weißen Liste als Quasiformularvertragsklauseln und ist rein deklaratorischer Natur, da eine **Freistellung nur möglich ist, wenn eine Wettbewerbsbeschränkung zumindest vorliegen kann.**[37] Hintergrund dieser Vorgehensweise der Kommission ist insbesondere der Erhalt ihres Freistellungsmonopols gemäß Art. 81 Abs. 3 gegenüber den Tendenzen in der Rechtsprechung des EuGH, das Konzept der *rule of reason* im europäischen Recht zu verankern. Eine solche Verankerung würde auch die Kompetenzen nationaler Gerichte im Hinblick auf die Feststellung der Nichtanwendbarkeit des Art. 81 Abs. 1 stärken, ohne das Auslegungsmonopol der Kommission hinsichtlich Abs. 3 zu berühren.[38]

Die Schirm-GVO, die im Dezember 1999 von der Kommission verabschiedet wurde, 8 stellt die erste einer **zweiten Generation von Gruppenfreistellungsverordnungen** dar. Neben den spezifischen Charakteristika der auf Vertikalvereinbarungen anwendbaren Ver-

---

[32] Verordnung (EG) Nr. 3652/93 der Kommission vom 22. Dezember 1993 zur Anwendung von Artikel 85 Absatz 3 des Vertrages auf bestimmte Gruppen von Vereinbarungen zwischen Unternehmen über computergesteuerte Buchungssysteme für den Luftverkehr, ABl. 1993 L 333/37, am 30. Juni 1998 außer Kraft getreten.

[33] Vgl. Rn. 20 f.

[34] A. A. *Veelken* in: Immenga/Mestmäcker, EG-WbR Bd. I, S. 406 f.

[35] Dies zeigt insbesondere die Rechtsprechung der französischen Gerichte, vgl. *L. Vogel*, La Semaine Juridique (Edition Entreprise) 3/4–1997, 32.

[36] Vgl. EuGH v. 28. 1. 1986 Rs. 161/84 – *Pronuptia* Slg. 1986, 353 und die Franchise GVO.

[37] EuGH v. 13. 7. 1966 Rs. 32/65 – *Italienische Klage* Slg. 1966, 457, 483: „*Indem Artikel 85 Absatz 3 den Rat zu Gruppenfreistellungsverordnungen ermächtigt, verpflichtet er ihn zugleich, von dieser Befugnis nur für Gruppen von solchen Vereinbarungen Gebrauch zu machen, die möglicherweise unter Absatz 1 fallen; eine entsprechende Verordnung des Rates wäre in der Tat gegenstandslos, wenn die Vereinbarungen, die zu den von ihr beschriebenen Gruppen gehören, jene Voraussetzung von vorneherein nicht erfüllen könnten*".

[38] *Kovar*, Revue Trimestrielle de Droit Européen 1987, 237 ff.; des weiteren *Ackermann*, Art. 85 Abs. 1 EGV und die rule of reason: zur Konzeption der Verhinderung, Einschränkung oder Verfälschung des Wettbewerbs, Diss. Bonn 1997.

Allgemeines 9, 10   7. Teil. Gruppenfreistellungsverordnungen

ordnung ist diese durch den **Wegfall der sogenannten weißen Klauseln** und des damit in Zusammenhang stehenden Standardisierungsdrucks sowie durch die **Berücksichtigung der Marktmacht der Vertragspartner** durch den Anwendungsbereich definierende Schwellenwerte gekennzeichnet.[39] Damit entfällt der mit den in weißen Listen enthaltenen quasi-obligatorischen Klauseln verbundene so genannte „**Zwangsjackeneffekt**"[40] der Gruppenfreistellungsverordnung.[41] Dieser besteht darin, dass jede „überschießende"[42] (also im Umfang über die weißen Klauseln hinausgehende) wie jede nicht in der weißen Liste aufgeführte Wettbewerbsbeschränkung die Freistellung gefährdet. Weiter sind die in der vGVO erstmalig verwandten „**roten" Klauseln** als neues, flexibleres Instrument in den Gruppenfreistellungsverordnungen hervorzuheben. Diese Klauseln weichen das „Alles-oder-Nichts-Prinzip" auf, das den früheren Verordnungen zu Eigen ist, indem sie die Sanktionen des Verstoßes gegen Art. 81 Abs. 1 EG auf den jeweils betroffenen Teil begrenzen.[43] Ferner wird der Erlass von GVOen der zweiten Generation durch die Bekanntmachung von umfangreichen, zum Teil über deren Konkretisierung hinausgehenden Leitlinien durch die Kommission begleitet, welche in erster Linie der Rechtssicherheit der Betroffenen dienen sollen.[44]

9   Zum Erlass der vGVO wurde die Ermächtigungsverordnung 19/65 geändert, so dass die beschriebenen Änderungen, insb. der Wegfall der weißen Liste, von der Ermächtigung gedeckt sind.[45] Allerdings ist aufgrund des sehr weiten sachlichen Anwendungsbereichs der sogenannten Schirm-GVO und der damit verbundenen Pauschalierungen fraglich, ob diese noch von Artikel 81 Absatz 3 als zugrunde liegendes Primärrecht gedeckt ist.[46]

2. Regelungszweck der Gruppenfreistellungen

10   **a) Allgemeines.** Die Generalausnahme bestimmter wettbewerbsbeschränkender Verhaltensweisen von Unternehmen im Wettbewerb im Wege der Gruppenfreistellung ist dann zweckmäßig, wenn die betroffenen Vereinbarungen typischerweise unter dem Aspekt eines **funktionierenden und freien (Rest-)Wettbewerbs** keinen Bedenken begegnen und andererseits wirtschaftlichen Nutzen der Verbesserung von Warenerzeugung und -verteilung oder dem technischen oder wirtschaftlichen Fortschritt zu dienen geeignet sind und an diesen Vorteilen die Verbraucher angemessen partizipieren lassen, sowie dabei nicht über das erforderliche Maß wettbewerbsbeschränkender Vereinbarungen hinausgehen. In diesen Fällen bedeutete das Festhalten an der Überprüfung jedes Einzelfalles überflüssige Förmelei und begegnet wegen der großen Zahl dem Art. 81 Abs. 1 EG unterfallender Wettbewerbsbeschränkungen darüber hinaus erheblichen praktischen Problemen.

---

[39] Vgl. dazu auch *L. Vogel,* Traité de droit commercial, 696 f.; auch die GVO Nr. 823/2000, siehe Fn. 26, weist diese Merkmale als Nachfolgeverordnung der Verordnung Nr. 870/95, ABl. 1995 L 89/7, erstmalig auf.
[40] *Schultze/Pautke/Wagener,* Vertikal-GVO, Praxiskommentar, 21, 154.
[41] Vgl. zum „Alles oder nichts"-Prinzip Schwarze/*Brinker* Art. 81 Rn. 68; im Zusammenhang mit der Freistellungsverordnung für Vertriebsvereinbarungen über Automobile Nr. 1475/95, *L. Vogel,* La semaine juridique 3/4–1997, 32.
[42] Ausführlicher zur Frage „überschießender Wettbewerbsbeschränkungen", *Wiedemann,* Kommentar zu den Gruppenfreistellungsverordnungen des EWG-Kartellrechts, Band 1 (1989), 100 ff.; *Veelken* in: Immenga/Mestmäcker, EG-WbR Bd. I, S. 402 ff.
[43] Vgl. zu den „Roten Klauseln" auch *Bauer/de Bronett,* Die EU-Freistellungsverordnung für vertikale Vertriebsbeschränkungen Rn. 137 ff.
[44] Siehe dazu näher unter Rn. 31.
[45] Insbesondere Artikel 1 1) b.) der Verordnung Nr. 1215/99, siehe Fn. 6; im Rahmen der Spezialisierungs- und F&E GVOen wurde ohne Änderung der ErmächtigungsVO die weiße Liste gestrichen.
[46] Vgl. dazu *Veelken* in: Immenga/Mestmäcker, EG-WbR Erg. Bd, GFVO S. 11 ff., im Ergebnis bejahend.

A. Allgemeines   11–13 **Allgemeines**

Ein wesentlicher Grund für die Einführung der ersten Gruppenfreistellungsverordnun- 11
gen war daher auch die **enorm hohe Zahl von Anträgen auf Einzelfreistellungen**
(mehrere 10 000), die in Folge des Inkrafttretens der Verordnung Nr. 17/62 in den 60er
Jahren bei der Generaldirektion IV der Kommission eingingen. Zweck des Gruppenfrei-
stellungsverfahrens war somit in erster Linie die **Bewältigung des Massenproblems.**[47]
Ferner soll den Unternehmen Rechtssicherheit durch die mit abstrakten Regelungen verbundene Transparenz der Bedingungen einer Freistellung gewährleistet werden.[48] Teilweise
wird *contra legem* vertreten, dass ein weiterer Zweck darin liege, hinsichtlich bestimmter
Verhaltensweisen, die dem Art. 81 Abs. 1 EG von sich aus nicht unterfallen, klarzustellen,
dass diese nicht zu beanstanden sind.[49]

   b) **Vor- und Nachteile von Einzel- und Gruppenfreistellungen.** Das System der 12
Gruppenfreistellung wird **in wettbewerbsrechtstheoretischer Hinsicht zum Teil wegen seiner Streuwirkung kritisiert.** Insbesondere soll die große Zahl und die unbestimmte Fassung der Gruppenfreistellungsverordnungen dazu geführt haben, dass auf gemeinschaftsrechtlicher Ebene eine **Zurückdrängung des Kartellverbotes** stattgefunden
habe, die nunmehr zur regelmäßigen Zulässigkeit von Kartellen statt zu ihrem regelmäßigen Verbot führe.[50] Tatsächlich ist anzunehmen, dass aufgrund der notgedrungen abstrakten
Fassung einer Gruppenfreistellungsverordnung auch einige wenige Fälle erfasst und freigestellt werden, für die eine Einzelfreistellung aufgrund der konkreten Umstände des Einzelfalls nicht in Betracht käme.[51] Dies ist jedoch – insbesondere mit Blick auf die Möglichkeit
einer Administrativkontrolle, d. h. der Freistellungsentziehung im Einzelfall und der legislativen Kontrolle, d. h. der Freistellungsentziehung durch Verordnung hinsichtlich bestimmter
Märkte wie in der vGVO vorgesehen[52] – hinzunehmen.

   Ein weiterer Nachteil der Gruppenfreistellung besteht in der häufig entgegen der Ziel- 13
setzung bestehenden **mangelnden Rechtssicherheit.** Da zweifelhaft sein kann, ob eine
Wettbewerbsbeschränkung freigestellt ist, kommt es zu einer geringeren Verlässlichkeit der
Beurteilung einer konkreten Vereinbarung als bei einer individuellen Entscheidung. Den
beteiligten Unternehmen wird bei Inanspruchnahme der Gruppenfreistellung das **Sub-
sumtionsrisiko** zugemutet,[53] was vor allem die Gefahr der Nichtigkeit und Undurchsetz-
barkeit von Verträgen, aber auch der Verwirkung von Bußgeldern in sich bergen kann.
Eine Konzeption, in der Ausnahmen nur oder wegen enger Generalausnahmen überwiegend im Wege von **Einzelfreistellungen** erfolgten, wiese einige der beschriebenen Nachteile nicht oder nur in geringerem Maße auf. Es ist aber zu berücksichtigen, dass die Inanspruchnahme der Gruppenfreistellung ohnehin **freiwillig** erfolgt. Die Gruppenfreistellung
bietet den Unternehmen lediglich die Möglichkeit einer Vertragsanpassung.[54]

---

[47] *Wiedemann*, Kommentar zu den Gruppenfreistellungsverordnungen des EWG-Kartellrechts, Band 1 (1989), 13; ebenso *Mestmäcker/Schweitzer*, Europäisches Wettbewerbsrecht, § 1, Rn. 14, wonach die Gruppenfreistellungsverordnungen nun nicht mehr der Bewältigung des Massenproblems dienen sondern nach dem Übergang zum System der Legalausnahme vielmehr die einheitliche Rechtsanwendung in den Mitgliedstaaten gewährleisten soll.
[48] Dies setzt allerdings eine bestimmte Ausgestaltung der Verordnungen voraus, vgl. auch *Veelken* (Fn. 38), S. 396 ff.
[49] *Wiedemann*, Kommentar zu den Gruppenfreistellungsverordnungen des EWG-Kartellrechts, Band 1 (1989), 13; vgl. dazu Fn. 33.
[50] So schon vor Erlass der vGVO *Dauses/Emmerich*, Handbuch des EG-Wirtschaftsrechts, Rn. 47a zu H.I; *Jung* EuZW 1993, 690, 697.
[51] Vgl. auch *Grabitz/Koch* Art. 85 Rn. 193.
[52] Siehe dazu unten Rn. 35 ff.
[53] Vgl. *Gleiss/Hirsch*, Kommentar zum EG-Kartellrecht, Art. 85 (3) Rn. 1794; vgl. auch Grabitz/ Koch Art. 85 Rn. 192, 194; *Bunte* in: Langen/Bunte, Kommentar zum deutschen und europäischen Kartellrecht, Art. 81, Rn. 235.
[54] *Bunte* a. a. O. Art. 81 Rn. 200; *Gleiss/Hirsch*, Kommentar zum EG-Kartellrecht, Art. 85 (3) Rn. 1793.

Allgemeines 14–16

14 Ein durchgängiges **Einzelfreistellungsprinzip** kommt als **rechtspolitisches Postulat** im Übrigen nicht in Betracht. Die individuelle Entscheidung über die große Zahl der dem Art. 81 Abs. 1 EG unterfallenden Wettbewerbsbeschränkungen müsste unweigerlich zu einer **Paralysierung der administrativen Institutionen** führen. Daneben käme es in vielen unproblematischen Fällen zu unzumutbaren Verzögerungen mit kaum zu ermessendem volkswirtschaftlichem Schaden. Das System der Gruppenfreistellungen ist insoweit als **unverzichtbar zur praktischen Durchsetzung des Art. 81 Abs. 3 EG** in seiner derzeitigen Form anzusehen.[55] Es ist für die Kommission wie auch für die Wettbewerbsakteure wegen der damit verbundenen Verwaltungsvereinfachung von erheblichem Vorteil. Die Tendenz der politischen Institutionen der Gemeinschaft ist daher auch eindeutig die Ausdehnung des Gruppenfreistellungsprinzips an Stelle seiner Zurückdrängung. Die am 1. Mai 2004 in Kraft getretene Kartellverfahrens-VO[56] hat mit der Abschaffung der Einzelfreistellung diese Tendenz fortgesetzt. Das Schicksal der Gruppenfreistellungsverordnungen unter ihrer Geltung ist jedoch noch offen.[57]

15 c) **Bedeutungsentwicklung der Gruppenfreistellungsverordnungen im Gemeinschaftsrecht.** Die Gruppenfreistellungen haben im Laufe der Zeit nicht zuletzt aufgrund ihrer steigenden Anzahl gegenüber den Einzelfreistellungsentscheidungen immer mehr **an Bedeutung gewonnen.** Dies war in jüngerer Zeit vor allem am Rückgang der Anmeldungen wettbewerbsbeschränkter Vereinbarungen nach Art. 81 Abs. 3 EG bei der Kommission deutlich geworden.[58] Mit Inkrafttreten der neuen VO 1/2003 ist eine Anmeldung nunmehr vollständig gegenstandslos geworden.

16 d) **Zukunft der Gruppenfreistellungsverordnungen.** Die vGVO stellt insgesamt einen ersten Schritt auf dem Weg zur Realisierung der von der Kommission angekündigten **Neuorientierung der Gemeinschaft im Bereich des Kartellverbots** dar, welche durch die Umsetzung des **Weißbuches** über die Modernisierung der Vorschriften zur Anwendung der Art. 81 und 82 EG-Vertrag aus dem Jahre 1999[59] ihren Abschluss finden dürfte.[60] Die offeneren Regelungen der vGVO weisen bereits deutlich in Richtung der wesentlichen im Rahmen dieser Reform angestrebten Ziele der Dezentralisierung der Anwendung des europäischen Kartellverbots und der Einschränkung des bisherigen Systems umfassender Präventivkontrolle, indem sie einen größeren Spielraum für gesetzlich ausgenommene Wettbewerbsbeschränkungen schaffen. Mit dem Inkrafttreten der neuen Kartellverfahrens-VO[61] am 1. Mai 2004 fand diese Entwicklung ein vorläufiges Ende. Die Verordnung **restrukturiert das gemeinschaftsrechtliche Kartellverbot,** indem sie die Möglichkeit der Einzelfreistellung abschafft und damit das (obligatorische) Präventivkont-

---

[55] Vgl. zur entsprechenden Tendenz in Vorschlägen der Kommission das Weißbuch über die Modernisierung der Vorschriften zur Anwendung der Artikel 85 und 86 EG-Vertrag, Arbeitsprogramm der Kommission Nr. 99/027, ABl. 1999 C 132/1; zur Diskussion über die Kommissionsvorschläge vgl. etwa *Mestmäcker* EuZW 1999, 523 sowie *Deringer* EuZW 2000, 5. S auch *Bechtold*, Modernisierung des EG-Wettbewerbsrechts: Der Verordnungsentwurf der Kommission zur Umsetzung des Weißbuchs, BB 2000, 2425.

[56] Verordnung (EG) Nr. 1/2003 des Rates vom 16. Dezember 2002 zur Durchführung der in den Artikeln 81 und 82 des Vertrags niedergelegten Wettbewerbsregeln, ABl. 2003 L 1/1.

[57] Hierzu sogleich unten Rn. 16 ff.

[58] Zwischen 1998 und 2000 ist ein signifikanter Rückgang der bei der Kommission angemeldeten Vereinbarungen zu verzeichnen, nämlich von 216 Anmeldungen im Jahr 1998 über 162 im Jahr 1999 bis auf 101 im Jahr 2000, vgl. die 28.–30. Wettbewerbsberichte der Kommission.

[59] Weißbuch über die Modernisierung der Vorschriften zur Anwendung der Artikel 85 und 86 EG-Vertrag, Arbeitsprogramm der Kommission Nr. 99/027, ABl. 1999 C 132/1, Zusammenfassung Ziffer 12 ff.

[60] Vgl. auch *L. Vogel*, Traité de droit commercial, S. 698.

[61] Verordnung (EG) Nr. 1/2003 des Rates vom 16. Dezember 2002 zur Durchführung der in den Artikeln 81 und 82 des Vertrags niedergelegten Wettbewerbsregeln, ABl. 2003 L 1/1.

rollverfahren durch den **Grundsatz der Legalausnahme** ersetzt (Artikel 1 der Kartellverfahrens-VO).

Die **Gründe** für den neuen Ansatz der Kommission sind vielschichtig. Wesentliche Beweggründe sind zum einen die Vielzahl von Anmeldungen durch Unternehmen, welche bezwecken, aufgrund des Vorrangs des Gemeinschaftsrechts die **Interventionsbefugnisse nationaler Kartellbehörden** zu beschneiden.[62] Dieser Aspekt wird indes für die vGVO insoweit abgeschwächt, als nach dieser unter bestimmten Umständen auch nationalen Kartellbehörden das Recht einer Freistellungsentziehung zukommt.[63] Ein weiterer Grund für die Reformen liegt in der **Erweiterung der Gemeinschaft,** die bei Beibehaltung des bisherigen Systems einen Anstieg der Zahl der (Einzel-)Freistellungsverfahren hätte erwarten lassen. 17

Fraglich ist allerdings, welche **Rolle den Gruppenfreistellungsverordnungen** in einem System, das auf dem Grundsatz der Legalausnahme beruht, zukommt.[64] Da es zur Wirksamkeit des Artikel 81 Absatz 3 in einem solchen System keines Umsetzungsaktes bedarf, verlieren Einzelfreistellungen jeglichen Sinn. Aus diesem Grund sieht die neue Kartellverfahrens-VO[65] keinerlei Einzelfreistellungsmöglichkeit mehr vor. Auch für Gruppenfreistellungen ist in dem neuen System an sich kein Raum mehr. Die Einführung des Grundsatzes der Legalausnahme macht Gruppenfreistellungsverordnungen überflüssig. Lediglich als **Auslegungsrichtlinien** für die Anwendung der Legalausnahme dürften die Gruppenfreistellungsverordnungen noch herangezogen werden. Es ist allerdings fraglich, ob dies der Vorstellung der Kommission entspricht, denn die Kommission erlässt weiterhin Gruppenfreistellungsverordnungen, misst ihnen also offenbar nach wie vor eine rechtlich verbindliche Wirkung bei. Die neue Kartellverfahrens-VO sieht in ihrem Artikel 29 außerdem weiterhin implizit die Möglichkeit von Gruppenfreistellungen vor. Auch dies kann als Indiz dafür gewertet werden, dass Gruppenfreistellungsverordnungen nach der Vorstellung der Kommission weiterhin rechtlich verbindlich und nicht bloße Auslegungshilfen sein sollen.[66] Die Kommission ist die Antwort auf die Frage, wie dies dogmatisch zu begründen ist, allerdings bis heute schuldig geblieben. 18

Der deutsche Gesetzgeber scheint die Frage des Zusammenspiels der nationalen Vorschriften mit den EG-Freistellungsverordnungen allerdings durch die zum 1. Juli 2005 in Kraft getretene 7. GWB-Novelle bereits gelöst zu haben.[67]

An die Stelle der bisherigen §§ 1 bis 18 GWB a. F. sind völlig neue §§ 1 bis 3 GWB getreten. Die §§ 4 bis 18 GWB a. F. gibt es nicht mehr. § 1 GWB entspricht als allgemeines Kartellverbot dem Art. 81 Abs. 1 EG, ohne Zwischenstaatsklausel. Was nach den Maßstäben des Art. 81 Abs. 1 EG als horizontales oder vertikales Kartell verboten ist, ver-

---

[62] Weißbuch (Fn. 56), Zusammenfassung Ziffer 6.
[63] Vgl. Rn. 31.
[64] *Mestmäcker/Schweitzer,* Europäisches Wettbewerbsrecht, § 1 Rn. 14, wonach ein Funktionswandel der Gruppenfreistellungsverordnungen von der Bewältigung des Massenproblems zur einheitlichen Rechtsanwendung in den Mitgliedstaaten eintritt.
[65] Verordnung (EG) Nr. 1/2003 des Rates vom 16. Dezember 2002 zur Durchführung der in den Artikeln 81 und 82 des Vertrags niedergelegten Wettbewerbsregeln, ABl. 2003 L 1/1; siehe umfassend zur neuen EG-Verfahrensverordnung *K. Schmidt,* Umdenken im Kartellverfahrensrecht! – Gedanken zur Europäischen VO Nr. 1/2003, BB 2003, 1237 ff.; siehe ebenfalls *A. Weitbrecht,* Das neue EG-Kartellverfahrensrecht, EuZW 2003, 69 ff.; siehe auch *H. Kahlenberg/C. Haellmigk,* Neues Deutsches Kartellgesetz, BB 2005, 1509.
[66] Vgl. diesbezüglich *Bechtold,* EG-Gruppenfreistellungsverordnungen – eine Zwischenbilanz EWS 2001, 49, 54, der auch auf die Auswirkungen des Grundsatzes „keine Vermutung der Rechtswidrigkeit" auf die Auslegung der Gruppenfreistellungsverordnungen eingeht – vgl. dazu Ziffer 62 der Leitlinien zur vGVO.
[67] Siehe zur 7. GWB-Novelle des deutschen Gesetzgebers *Bechtold/Buntscheck,* Die 7. GWB-Novelle und die Entwicklung des deutschen Kartellrechts 2003 bis 2005, NJW 2005, 2966 ff.

Allgemeines 19

stößt nunmehr „automatisch" auch gegen § 1 GWB, und zwar oberhalb der Zwischenstaatlichkeit in Übereinstimmung mit Art. 3 der VO (EG) Nr. 1/2003 parallel zu Art. 81 Abs. 1 EG, und im Bereich unterhalb der Zwischenstaatlichkeit auf Grund autonomer Entscheidungen des deutschen Gesetzgebers. Die Freistellungsnorm des Art. 81 Abs. 3 EG, die auf Grund des Art. 1 der VO (EG) Nr. 1/2003 als unmittelbar anwendbar (*self executing*) interpretiert wird, ist in § 2 Abs. 1 GWB enthalten. § 2 Abs. 2 GWB sieht eine „dynamische" Verweisung auf die jeweils geltenden EG-Gruppenfreistellungsverordnungen vor.[68]

19   Auch das Verhältnis der Gruppenfreistellungsverordnungen zur **rule of reason** wird durch die neue Kartellverfahrens-VO[69] in Frage gestellt. Diese Regel setzt am Verbotstatbestand an und führt dazu, dass bestimmte Vereinbarungen bzw. Verhaltensweisen nicht unter das Kartellverbot fallen und folglich auch nicht freigestellt werden müssen. Die rule of reason hat sich in der Praxis als Instrument bewährt, das sachgerechte Entscheidungen im Einzelfall erlaubt. Das Europäische Gericht erster Instanz hat in einer Entscheidung vom 23. Oktober 2003 erklärt, das europäische Kartellrecht kenne keine rule of reason.[70] Die neue Kartellverfahrens-VO scheint die rule of reason nun überflüssig zu machen: Wird in einem Schritt das Vorliegen eines Verstoßes gegen das Kartellverbot und das Eingreifen einer Freistellung geprüft, so ist für eine Abwägung im Rahmen der rule of reason offenbar kein Raum mehr. Doch die neue Kartellverfahrens-VO könnte auch die entgegengesetzte Wirkung haben. Freistellungen haben einen Platz an sich nur in einem System, das auf einer Anmeldung beruht. Die Anmeldung ist erforderlich, weil die betreffende Vereinbarung gegen das Kartellverbot verstößt; der Antragsteller trägt deshalb Argumente vor, die den Verstoß rechtfertigen. In einem System, das erst a posteriori bei einem Verstoß eingreift, werden die an der Vereinbarung beteiligten Unternehmen naturgemäß bereits das Vorliegen eines verbotenen Kartells bestreiten. Freistellungen verlieren damit an Bedeutung. Tatsächlich gibt es keine logischen Bedenken gegen eine Geltendmachung der Argumente, die eine Freistellung rechtfertigen können, bei der Erörterung der Frage, ob ein Kartell vorliegt. Dies zeigt das Beispiel des Exklusivvertriebs. In einem auf einer Anmeldung beruhenden System werden die Beteiligten argumentieren, die Beschränkung des Wettbewerbs werde durch die Förderung des wirtschaftlichen und technischen Fortschritts und die Vorteile für die Verbraucher, die einen besseren Service erhalten, ausgeglichen. Dieselben Erwägungen können aber auch bei der Frage erörtert werden, ob überhaupt ein Kartell vorliegt. So kann argumentiert werden, die im Exklusivvertrieb liegende Beeinträchtigung des *intra-brand* Wettbewerbs werde durch eine Vergrößerung des *inter-brand* Wettbewerbs ausgeglichen. Eine entsprechende Entwicklung lässt sich in Frankreich beobachten. Das französische Kartellrecht kommt ohne Freistellungen aus und bedient sich des Instruments der rule of reason, um bestimmte Vereinbarungen wegen ihrer vorteilhaften Wirkungen vom Kartellverbot auszunehmen. Europäische Gruppenfreistellungsverordnungen werden im Rahmen der Anwendung der rule of reason als Richtlinien berücksichtigt.[71]

Da die Abschaffung der Anmeldung einen Bedeutungsverlust der Freistellung nach sich zieht, ist auf europäischer Ebene, soweit keine entgegenwirkenden Maßnahmen ergriffen

---

[68] Siehe zur neuen Verfahrensverordnung 1/2003 *Schmidt*, Umdenken im Kartellverfahrensrecht! – Gedanken zur Europäischen VO Nr. 1/2003, BB 2003, 1237 ff.

[69] Verordnung (EG) Nr. 1/2003 des Rates vom 16. Dezember 2002 zur Durchführung der in den Artikeln 81 und 82 des Vertrags niedergelegten Wettbewerbsregeln, ABl. 2003 L 1/1.

[70] EuG v. 23. 10. 2003 Rs. T-65/98 – *Van den Bergh Foods Ltd.*

[71] Namentlich zur vGVO Cour d'appel Paris (5. Kammer, Sektion B) v. 9. 11. 2000 Nr. 1998–19 395, Petites Affiches, 11. April 2001, S. 15, Anm. P. Arhel; Concurrence Actualité Express, 18. Jan. 2001, Nr. 305, S. 4; Conseil de la Concurrence v. 14. 6. 2002 Nr. 02-D-36 Bulletin officiel de la Concurrence, de la Consommation et de la Répression des fraudes Nr. 14 v. 30. 9. 2002, 660, vgl. hierzu *L. Vogel*, Droit français de la concurrence, Ziffern 164, 169.

werden, eine entsprechende Entwicklung zu erwarten. Zwar besteht die Gefahr, dass sich der konkrete Inhalt der rule of reason national unterschiedlich entwickelt, denn die neue Kartellverfahrens-VO räumt den nationalen Wettbewerbsbehörden weitgehende Befugnisse bei der Anwendung des europäischen Kartellrechts ein. Langfristig könnte es deshalb zu einer **international uneinheitlichen Anwendung des europäischen Kartellrechts** kommen. Die Gruppenfreistellungsverordnungen könnten sich jedoch im neuen System als nützliches Instrument der Harmonisierung erweisen.

3. Inhalt der Gruppenfreistellungsverordnungen

a) **Aufbau der Gruppenfreistellungsverordnungen.** Der inhaltliche Aufbau der Gruppenfreistellungsverordnungen folgte bis zum Erlass der vGVO einem weitgehend **homogenen Muster,** das durch die Ermächtigungsverordnungen des Rates bestimmt war.[72] Die früheren Verordnungen beginnen mit einer **abstrakten Definition der freigestellten Vereinbarung** anhand der beteiligten Parteien bzw. des Inhalts und Gegenstandes der Vereinbarung, mit dem Ziel, die Anwendungsbereiche verschiedener Gruppenfreistellungsverordnungen voneinander abzugrenzen. Im weiteren Aufbau hat sich in den Gruppenfreistellungsverordnungen eine Gesetzgebungstechnik etabliert, die sich durch die Aufnahme von **Listen typisierter Klauseln** auszeichnet. Im Anschluss an die Typenbeschreibung findet sich in den GVOen der ersten Generation eine Aufstellung der aufgrund der Verordnung ausdrücklich für freigestellt erklärten Klauseln, die **weiße Liste.**

Im Anschluss daran werden in einer **schwarzen Liste** diejenigen Klauseln aufgeführt, welche in Vereinbarungen nicht enthalten sein dürfen, sofern sie von der Freistellung profitieren sollen. Bei Aufnahme einer schwarzen Klausel ist eine Freistellung der Vereinbarung aufgrund einer Gruppenfreistellungsverordnung von vornherein ausgeschlossen, und in diesem Fall trifft sogar die gesamte Vereinbarung – nicht nur die betroffene Vertragsklausel – die Nichtigkeits- und Verbotsfolge der Abs. 1 und 2 des Art. 81 EG. Zu den schwarzen Klauseln werden im Allgemeinen auch die Beschränkungen des Anwendungsbereichs und bestimmte Unterlassungspflichten gerechnet. Aus der Kombination von weißen und schwarzen Klauseln ergab sich für die Unternehmen, die die Freistellung in Anspruch nehmen wollten, das Problem, dass sie gezwungen waren, sich in wettbewerbsbeschränkender Hinsicht auf die Aufnahme der **weißen Klauseln zu beschränken,** um sicher zu sein, dass sie in den Genuss der Gruppenfreistellung kommen. Innovative Formen von Vereinbarungen und stärker am Einzelfall orientierte Kooperationsformen wurden auf diese Weise in der Praxis ausgeschlossen, obwohl der EuGH klar festgestellt hatte, dass eine Vereinbarung keinesfalls nichtig ist, wenn sie nicht die Voraussetzungen einer GVO erfüllt.[73] Diese Folge der (weißen) Positivlisten (die im problematischsten Fall darüber hinaus nicht mit einer so genannten „Minusklausel" versehen waren, nach der auch weniger weitgehende Beschränkungen freigestellt werden)[74] wird als **„Zwangsjackeneffekt"** bezeichnet.[75]

In einigen Gruppenfreistellungsverordnungen, so z.B. in Art. 3 Abs. 1 der früheren GVO für Franchisevereinbarungen fand sich darüber hinaus eine Liste **„grauer" Klauseln.**[76] Dabei handelte es sich um Teile von Vereinbarungen, die die Freistellung nicht berührten, sofern sie zur Durchsetzung bestimmter schutzwürdiger Interessen einer der an der Vereinbarung beteiligten Parteien **„erforderlich"** waren. Diese Regelungstechnik führt zu einer geringeren Praktikabilität von Gruppenfreistellungsverordnungen, da hier-

---

[72] Vgl. *Gleiss/Hirsch,* Kommentar zum EG-Kartellrecht, Art. 85 (3), Rn. 1799; *Schwarze/Brinker* Art. 81 Rn. 68.
[73] Vgl. EuGH v. 18. 12. 1986 – *VAG/Magne* Slg. 1986, 4071, 4088, Tz. 12.
[74] Vgl. dazu *Gleiss/Hirsch,* Kommentar zum EG-Kartellrecht, Art. 85 (3), Rn. 1797.
[75] *Schultze/Pautke/Wagener,* Vertikal-GVO, Praxiskommentar, 21.
[76] Vgl. dazu auch *Gleiss/Hirsch* (Fn. 68) Art. 85 (3), Rn. 1807 ff.

Allgemeines 23, 24   7. Teil. Gruppenfreistellungsverordnungen

durch zwangsläufig verstärkte Subsumtionsunsicherheiten entstehen.[77] Insbesondere nach Ausgestaltung der Franchise-GVO, deren Art. 3 Abs. 1 darüber hinaus im Fall der fehlenden Erforderlichkeit einer grauen Klausel die Freistellung der gesamten Vereinbarung ausschloss und damit ihre Nichtigkeit anordnete (also die Nachteile der schwarzen und grauen Klauseln kumulierte), begegnete dieses System unter dem Aspekt der Rechtssicherheit erheblichen Bedenken.[78]

23   Hinsichtlich des oft kritisierten[79] Alles-oder-nichts-Prinzips ist jedoch – wie der Blick auf die vGVO, die Spezialisierungs-GVO, die GVO für Kooperation auf dem Gebiet der Forschung und Entwicklung und die neue Gruppenfreistellungsverordnung für Vertriebsvereinbarungen über Automobile zeigt – ein **Wandel in der Rechtssetzungspraxis** der Kommission eingetreten. Die Kommission verfolgt nunmehr einen sogenannten **Schwarzlistenansatz** und verzichtet darauf, enge Voraussetzungen für zulässige Wettbewerbsbeschränkungen aufzustellen und belässt es beim negativen Katalog unzulässiger „Kernbeschränkungen" (hardcore restrictions). Neben diese, die den bisherigen „schwarzen" Klauseln entsprechen, treten außerdem als zusätzliches Regelungsinstrument die **Klauselverbote einer „roten" Liste,** für die im Fall des Verstoßes eine gesetzlich vorgesehene geltungserhaltende Reduktion statt der bisherigen vollständigen Nichtigkeit der Vereinbarung gilt. Rote Klauseln sind daher zwar ähnlich wie schwarze Klauseln **mit der Freistellung nicht vereinbar** und daher nichtig und verboten, führen jedoch nicht zu einem Verlust der Freistellung für die gesamte Vereinbarung, sondern lassen die Freistellung des Vertrages oder der Absprache im Übrigen unberührt.

24   Ebenfalls um die als inadäquat angesehenen Folgen des mit den „weißen" und „schwarzen" Listen verbundenen **Alles-oder-Nichts-Prinzips**[80] und des Zwangsjackeneffektes[81] abzuschwächen, fand sich in der Technologietransfer-GVO,[82] ein so genanntes **Widerspruchsverfahren.**[83] Eine Vereinbarung, die weder in der weißen noch in der schwarzen Liste aufgeführt ist, kann unter Bezugnahme auf das Widerspruchsverfahren bei der Kommission angemeldet werden. Widerspricht diese innerhalb des in der Verordnung vorgesehenen Zeitraums nicht, **gilt** die betroffene (gesamte) Vereinbarung **als freigestellt.** Es handelt sich daher um eine Ausdehnung des Anwendungsbereichs der Gruppenfreistellungsverordnung auf die angemeldeten Vereinbarungen, **nicht um eine besondere Form der Einzelfreistellung.**[84] Ein Widerspruch bedeutet auf der anderen Seite noch keine definitive Entscheidung über die Unvereinbarkeit der betreffenden Vereinbarung mit Art. 81 Abs. 1 EG, sondern leitet lediglich ein Einzelfreistellungsverfahren nach der Verordnung Nr. 17 ein, das auch durch Zurücknahme des Widerspruchs abgeschlossen werden kann.[85] Voraussetzung für die Durchführung des Widerspruchsverfahrens ist, dass die Vereinbarung als solche **unter den Absprachentypus fällt,** für den die das Widerspruchsverfahren zulassende Verordnung erlassen wurde.[86] Daher darf es sich nur um einzelne Klauseln der Vereinbarung handeln.

---

[77] Vgl. auch die Kritik von *Gleiss/Hirsch* (Fn. 68) Art. 85 (3), Rn. 1807.
[78] *Gleiss/Hirsch* (Fn. 68) Art. 85 (3), Rn. 1807.
[79] Vgl. z. B. *O. Axter* WuW 1994, 615 ff.
[80] *Schwarze/Brinker* Art. 81, Rn. 68.
[81] Vgl. *Schultze/Pautke/Wagener,* Vertikal-GVO, Praxiskommentar, 154 f.
[82] Vgl. Art. 4 Technologietransfer-GVO; zuvor auch in Franchise-, Spezialisierungs- und F&E-GVO.
[83] Ausführlich dazu *Wiedemann,* Kommentar zu den Gruppenfreistellungsverordnungen des EWG-Kartellrechts, Band 1 (1989), 65 ff. Widerspruchsverfahren fanden sich z. B. in Art. 4 der Spezialisierungs-GVO, Art. 7 der GVO für Forschung und Entwicklung und Art. 4 der Technologietransfer-GVO. Eine neue, unmittelbar von der GVO geprägten Gruppenfreistellungsverordnung für Technologietransfer-Vereinbarungen ist am 1. 5. 2004 nebst begleitender Leitlinien in Kraft getreten: ABl. EG 2004, L 123/11 und C 101/02.
[84] *Gleiss/Hirsch,* Kommentar zum EG-Kartellrecht, Art. 85 (3) Rn. 1810.
[85] Vgl. *Veelken* in: Immenga/Mestmäcker, EG-WbR Bd. I, S. 414 f.
[86] *Veelken* a. a. O., S. 415 f.; *Gleiss/Hirsch,* Kommentar zum EG-Kartellrecht, Art. 85 (3) Rn. 1811.

Darüber hinaus darf die **Abweichung nicht so wesentlich** sein, dass sich der Typ der Vereinbarung ändert.[87] Erhebt die Kommission Widerspruch, wozu sie verpflichtet ist, sofern die Voraussetzungen des Art. 81 Abs. 3 EG nicht gegeben sind, ist eine Freistellung aufgrund der jeweiligen Verordnung ausgeschlossen. Die **Verpflichtung zur Erhebung des Widerspruchs** besteht, sofern ein Mitgliedstaat dies beantragt.[88] Auf das tatsächliche Vorliegen der Freistellungsgründe kommt es bei Vorliegen eines solchen Antrages nicht an, es sei denn der Mitgliedstaat stützte seinen Antrag erkennbar auf **sachfremde Erwägungen**.[89] Schließlich ist die Kommission berechtigt, Widerspruch zu erheben, sofern die betroffene Vereinbarung die Voraussetzungen für ein Widerspruchverfahren nicht erfüllt. Ein solcher Widerspruch hat indessen nur klarstellende Funktion.[90]

b) Beispiele partieller Modifikation der hergebrachten Systematik in jüngeren Freistellungsverordnungen – die GVOen zweiter Generation. Beispielhaft für die Neuorientierung der Kommission im Bereich der Freistellungen aufgrund des Art. 81 Abs. 3 EG soll kurz auf die Besonderheiten der wegweisenden neuen **GVO für Vertikalvereinbarungen**[91] und die neue **GVO für Vertriebsvereinbarungen für Kraftfahrzeuge**[92] eingegangen werden. Beide Regelwerke stehen für grundsätzliche Neuorientierungen der Kommission in der Systematik der Freistellungsverordnungen. Der neue Entwurf für die GVO für Vertriebsvereinbarungen über den Kraftfahrzeugvertrieb weist daneben problematische Besonderheiten auf, da mit ihr nicht nur rein kartellrechtliche Zielsetzungen verfolgt werden, sondern, mehr noch als im bisherigen Freistellungsregime für diesen Bereich, **allgemein-wirtschaftliche und vertragsrechtliche Ziele** mit dem Wettbewerbs- und Kartellrecht vermengt werden.

aa) Verordnung (EG) Nr. 2790/1999.[93] Wie angesprochen, wurden durch die **Gruppenfreistellungsverordnung für vertikale Vertriebsvereinbarungen** mehrere Verordnungen in einer einzigen zusammengefasst. Dadurch ist der **Anwendungsbereich** dieser Verordnung außerordentlich **weit** und gibt den von der Verordnung betroffenen Unternehmen mehr Freiheit als die Vorgänger-Verordnungen.[94] Die Verordnung über Vertikal-Vereinbarungen beinhaltet eine Begrenzung des Anwendungsbereiches der Verordnung ausschließlich auf solche Vereinbarungen an denen auf der Lieferantenseite ein Unternehmen beteiligt ist, das über einen **Anteil von weniger als 30%** am sachlich und räumlich relevanten Markt verfügt. Die gleiche Grenze des sogenannten „Safe Harbor" gilt im Fall von Alleinbelieferungsverpflichtungen für die Käuferseite mit entsprechender Nachfragemacht.[95] Damit sollen Kartelle, an denen Unternehmen mit relativer Marktmacht beteiligt sind, nach wie vor einer umfassenden Präventivkontrolle unterzogen werden. Dieses Tatbestandsmerkmal kann allerdings zu Problemen in der Rechtsanwendung

---

[87] *Gleiss/Hirsch* (Fn. 78) Art. 85 (3) Rn. 1811.
[88] *Veelken* (Fn. 79), S. 417 f.
[89] *Gleiss/Hirsch* (Fn. 78) Art. 85 (3) Rn. 1818; vgl. auch *Wiedemann*, Kommentar zu den Gruppenfreistellungsverordnungen des EWG-Kartellrechts, Band 1 (1989), 78 f.
[90] *Gleiss/Hirsch* (Fn. 78) Art. 85 (3) Rn. 1820, „kein Widerspruch im eigentlichen Sinne".
[91] Verordnung (EG) Nr. 2790/1999 der Kommission vom 22. Dezember 1999 über die Anwendung von Artikel 81 Abs. 3 des Vertrages auf Gruppen von vertikalen Vereinbarungen und aufeinander abgestimmten Verhaltensweisen, ABl. 1999 L 336/21.
[92] Verordnung (EG) Nr. 1400/2002 der Kommission vom 31. Juli 2002 über die Anwendung von Artikel 81 Absatz 3 des Vertrages auf Gruppen von vertikalen Vereinbarungen und aufeinander abgestimmten Verhaltensweisen im Kraftfahrzeugsektor, ABl. 2002 L 203/30.
[93] Vgl. hierzu als Auslegungshilfe die Mitteilung der Kommission zu den Leitlinien für vertikale Beschränkungen ABl. 2000/C 291/01.
[94] *L. Vogel*, Traité de droit commercial, S. 698.
[95] *Veelken* in: Immenga/Mestmäcker, EG-WbR Erg. Bd., GFVO S. 9 ff., spricht hinsichtlich der Aufnahme der Marktanteilsschwelle als wesentlichem Freistellungskriterium von einem Paradigmenwechsel.

führen, weil gerade die **Frage der Marktabgrenzung** häufig erhebliche Probleme bereitet. Darüber hinaus erscheint die Grenze von 30% Marktanteil als zu gering gewählt. In vielen Fällen verfügen Unternehmen nur auf ihrem heimischen nationalen Markt über mehr als 30% Anteil. Trotz der zunehmenden Auflösung nationaler Märkte und des sich vielfach abzeichnenden Entstehens eines gemeinschaftsweiten Marktes legt die Kommission tendenziell einen nationalen Markt ihren Entscheidungen zugrunde. Die Aufnahme einer Grenze von 40% wäre daher angemessener gewesen, zumal dieser Schwellenwert üblicherweise mit dem Beginn der Missbrauchskontrolle für marktbeherrschende Unternehmen koinzidiert. Das Fehlen einer Liste zulässiger Beschränkungen hat zur Folge, dass sämtliche **Vereinbarungen, die keine Kernbeschränkung** oder ein rotes Klauselverbot beinhalten, **zulässig** sind. Hierbei handelt es sich um eine erhebliche Flexibilisierung des früheren Systems, eine Ersetzung eines Verbots mit Erlaubnisvorbehalt („verboten ist, was nicht erlaubt ist"), durch eine Erlaubnis mit Verbotsvorbehalt („erlaubt ist, was nicht verboten ist"). Handelt es sich dabei um mit Art. 81 Abs. 3 EG im Einzelfall unvereinbare Beschränkungen, kommt nur eine Entziehung der Freistellung im Einzelfall gemäß Art. 6 bzw. Art. 7 der vGVO in Betracht.

27 Die Rückkehr zu mehr Vertragsfreiheit für Vertikalvertriebsvereinbarungen bedeutet allerdings auch einen **Verlust an Rechtssicherheit.**[96] Die Unternehmen sind darauf angewiesen, sich an den – nicht verbindlichen – Leitlinien der Kommission zu orientieren. Darüber hinaus kann die für die Anwendbarkeit der Verordnung entscheidende Frage der Bestimmung des Marktanteils bzw. der dafür erforderlichen Marktabgrenzung erhebliche Probleme bereiten, die auch durch die **Bekanntmachung** der Kommission **zur Definition des relevanten Marktes**[97] nicht vollständig ausgeräumt werden können.

28 Durch die Integration des selektiven Vertriebs in den Anwendungsbereich der neuen vGVO hat die Kommission einen weiteren Bereich, der von der Rechtsprechung als in wettbewerblicher Hinsicht positiv bilanziert worden war, unter ihr Freistellungsmonopol im Sinne des Artikel 81 Abs. 3 gestellt. Dies entspricht der bisherigen Politik der Kommission.[98] Es stellt sich daher die Frage, was von der *rule of reason* und der damit verbundenen Interpretationsmöglichkeit des den Art. 81 anwendenden Richters verbleibt. Wird das Institut der *rule of reason*, d. h. das Abwägen der wettbewerblichen Auswirkungen einer Vereinbarung, darauf beschränkt, den Anwendungsbereich der Gruppenfreistellungsverordnungen festzulegen? In diesem Zusammenhang ist auf die Rechtsprechung der *Cour d'appel* (Berufungsgericht) von Paris hinzuweisen, welches im ersten die vGVO betreffenden Urteil einen ***bilan concurrentiel*** (Wettbewerbsbilanz) der streitgegenständlichen Klausel vorgenommen hat, obwohl der Marktanteil des Vertriebsnetzbetreibers klar unter 30% lag und keine schwarze Klausel vorlag.[99]

29 bb) **Verordnung (EG) Nr. 1400/2002 der Kommission vom 31. Juli 2002 über die Anwendung von Artikel 81 Absatz 3 des Vertrages auf Gruppen von vertikalen Vereinbarungen und aufeinander abgestimmten Verhaltensweisen im Kraftfahrzeugsektor (im Anschluss an die Verordnung (EG) Nr. 1475/1995).**[100] Die Tendenz, die sich in der Freistellungsverordnung für vertikale Vertriebsvereinbarungen ankündigt, hat sich in der neuen Verordnung für **Vertriebsvereinbarungen für Automo-**

---

[96] L. *Vogel,* Traité de droit commercial, S. 698.
[97] Bekanntmachung der Kommission über die Definition des relevanten Marktes, ABl. 1997 C 372/5.
[98] Vgl. Rn. 7.
[99] Vgl. Cour d'appel de Paris (5. Kammer, Sektion B) v. 9. 11. 2000 Nr. 1998–19395, Petites Affiches, 11. April 2001, S. 15, Anm. P. Arhel; Concurrence Actualité Express, 18. Jan. 2001, Nr. 305, S. 4.
[100] Vgl. zum Ganzen unsere Kommentierung der Automobil-GVO Nr. 1400/2002.

A. Allgemeines

bile fortgesetzt. Die Kommission hatte zur Neufassung der in diesem Bereich bisher geltenden Verordnung (EG) Nr. 1475/1999 eine **Verordnung** erarbeitet, die sich im wesentlichen auf die Erkenntnisse stützt, die die Kommission im Rahmen der Stellungnahme zu dieser Verordnung im Jahr 1999 gewonnen hat.[101] Auch in dieser Verordnung ist **keine Positivliste (weiße Liste)** enthalten, d. h., es bleibt den betroffenen Unternehmen unbenommen, Vereinbarungen wettbewerbsbeschränkender Art zu kreieren, solange diese keine Kernbeschränkungen oder rote Klauseln enthalten. Dafür gibt es allerdings Ausnahmen: Die Kernbeschränkung einer Einschränkung des Absatzgebietes für einen Kraftfahrzeughändler ist z. B. unter Beachtung bestimmter in Art. 4 Ziff. 1 b) genannter Voraussetzungen zulässig. Diese Rückausnahmen vom Kernbeschränkungsverbot kommen für diese Art von Vereinbarungen daher weißen Klauseln gleich. Die Neufassung der Verordnung enthält daher im Verhältnis zum bisherigen Regime für den Automobilvertrieb wesentlich flexiblere Regelungen, wenngleich sie hinsichtlich der Klauselverbote **deutlich strengere Maßstäbe** vorsieht als die Vorgängerregelung.[102] Es stellt sich in Bezug auf die neue Verordnung vor allem die Frage, ob die enthaltenen Regelungen eine **exzessive Schwächung der Vertriebsnetze für Kraftfahrzeuge** in Europa bewirken. Durch die fast grenzenlose Ausdehnung des Mehrmarkenvertriebs und der Gründungsfreiheit von Verkaufs- bzw. Auslieferungsstellen aller Mitglieder des selektiven Vertriebsnetzes seit 2005 verlor das bisherige Vertragshändlerprinzip zum Teil seine Grundlage.

Daneben verfolgt die Neufassung allerdings auch wie die bisherige Freistellungsverordnung für Automobilvertriebsvereinbarungen Ansätze, die weniger **kartellrechtlicher Art** sind, sondern eher der Durchsetzung allgemein **wirtschaftlich erwünschter Effekte** und dem **Schutz der schwächeren Vertragspartner** (also regelmäßig der Vertragshändler) zu dienen bestimmt sind.[103] Zu nennen ist z. B. die Ausdehnung des Kündigungsschutzes der Vertragshändler gegenüber Importeuren und Herstellern.[104] Darüber hinaus findet sich in der neuen Automobil-GVO der Kommission in Art. 3 Ziff. 7 als Voraussetzung für die Anwendbarkeit der Verordnung, dass die Parteien vereinbaren, bei Meinungsverschiedenheiten über gegenseitige Rechte und Pflichten aus dem Vertrag einen **Schiedsrichter oder unabhängigen Sachverständigen** zu befragen. Dies ist in äußerstem Maße unpraktikabel. Da bereits nach dem Wortlaut von Art. 3 Ziff. 7 die Möglichkeit der Inanspruchnahme staatlicher Gerichte durch die Vorschrift unberührt bleibt, ergibt sich, dass die Inanspruchnahme des Schlichtungsverfahrens durch eine der Parteien zu erheblichen Verzögerungen führen und gegebenenfalls hohe Kosten verursachen kann. Insgesamt lässt sich daher feststellen, dass die neue Verordnung sich durch eine **Vermengung unterschiedlicher politischer Ziele** auszeichnet, die in einer wettbewerbsrechtlichen Vorschrift zusammenzufassen nicht überzeugt. Aber auch in wettbewerbsrechtlichen Fragen schießt der Vorschlag der Kommission in einiger Hinsicht über das Ziel der Ermöglichung und Verstärkung von Wettbewerb innerhalb des Gemeinsamen Marktes hinaus. Seine Wirkung für die bestehenden und in vieler Hinsicht bewährten Strukturen im Kraftfahrzeugvertrieb wird voraussichtlich zu wesentlichen Verschlechterungen im Service und in der Beratung führen, die letztlich die Verbraucher treffen.

---

[101] Vgl. den Bericht über die Funktionsweise der Verordnung (EG) Nr. 1475/95 über die Anwendung von Artikel 85 Absatz 3 des Vertrages auf Gruppen von Vertriebs- und Kundendienstvereinbarungen über Kraftfahrzeuge, KOM (2000), 743 endg.

[102] Vgl. die Pressemitteilung der Kommission vom 5. Februar 2002, Freie Fahrt dem Verbraucher – richtungweisender Vorschlag der Kommission zur Reform der Kfz-Vertriebsvorschriften, IP/02/196.

[103] Vgl. zu den vertragsrechtlichen Auswirkungen der Verordnung (EG) Nr. 1475/95 ausführlich L. *Vogel*, La semaine juridique 3/4–1997, 32; zur Frage der Regelung kartellrechtsfremder Fragen in den GVO vgl. auch *Veelken* in: Immenga/Mestmäcker, EG-WbR Bd. I, S. 406 f.

[104] Vgl. L. *Vogel*, La semaine juridique 3/4–1997, S. 32, 35.

4. Leitlinien der Kommission

31 Die Kommission hat für die Gruppenfreistellungsverordnungen der zweiten Generation **Leitlinien,**[105] also offizielle Auslegungshilfen, erlassen, die in ihrer Tragweite die bisher von der Kommission begleitend erlassenen Bekanntmachungen[106] übertreffen. Zwar haben solche Bekanntmachungen im Konfliktfall keine Bindungswirkung für die mit der Auslegung der Verordnungen befassten Gerichte,[107] sie sollen jedoch den von den Verordnungen betroffenen Unternehmen im Rahmen einer Anmeldepflicht ein höheres Maß an Sicherheit verschaffen. Namentlich hinsichtlich der Verordnung Nr. 2790/1999 existiert ein umfang- und detailreiches Werk von Auslegungshilfen der Kommission.[108] Diese Leitlinien entwickeln freilich unter dem Aspekt der **Selbstbindung der Verwaltung** Wirkung, da es unzulässig wäre, wenn die Kommission Vereinbarungen durch Verhängung von Bußgeldern sanktioniert, wenn diese nach ihrer eigenen Bekanntmachung als unbedenklich anzusehen wären. Die mit einem Verstoß gegen das Kartellverbot verbundene Nichtigkeit von Verträgen aufgrund von Art. 81 Abs. 2 EG vermag dadurch indes nicht beseitigt zu werden.[109] Im Gegensatz zur Auslegung wird die **analoge Anwendung** von Gruppenfreistellungsverordnungen allgemein für **unzulässig** gehalten.[110] Allerdings sind hier die Grenzen zwischen (notwendiger) Auslegung und (unzulässiger) Analogie fließend.[111] Die Leitlinien für vertikale Vereinbarungen sowie für horizontale Vereinbarungen gehen über die Auslegung der Gruppenfreistellungsverordnung erheblich hinaus. Es handelt sich um Kompendien zur Auslegung des materiellen Kartellrechts, deren praktische Bedeutung nicht zu unterschätzen ist, da sie aufgrund einer faktischen Bindung die Schaffung eines neuen Angleichungszwanges bedingen könnten.[112] Angesichts dieser Perspektiven muss darauf hingewiesen werden, dass die Kommission sich in den Leitlinien zu den Vertikalverbindungen

---

[105] Z.B. hinsichtlich der vGVO: Bekanntmachung der Kommission, Leitlinien für vertikale Beschränkungen, ABl. 2000 C 291/1; hinsichtlich der TT-GVO: Bekanntmachung der Kommision, Leitlinien zur Anwendung von Art. 81 EG-Vertrag auf Technologietransfervereinbarungen, ABl. EG 2004 C 101/02; siehe auch den Leitfaden der Kommission über die Anwendung von Art. 81 Abs. 3 des EG-Vertrags auf Gruppen von vertikalen Vereinbarungen und aufeinander abgestimmte Verhaltensweisen im Kraftfahrzeugsektor.
[106] Vgl. Bekanntmachung der Kommission vom 13. April 1984 zu den Verordnungen (EWG) Nr. 1983/83 und (EWG) 1984/83 der Kommission vom 22. Juni 1984 über die Anwendung des Artikels 85 Absatz 3 des Vertrages auf Gruppen von Alleinvertriebs- bzw. Alleinbezugsvereinbarungen (siehe Fn. 18 und 19), ABl. 1984 C 101/2, sowie Bekanntmachung der Kommission vom 18. Januar 1985 zur Verordnung (EWG) Nr. 123/85 vom 12. Dezember 1984 über die Anwendung des Artikel 85 Absatz 3 auf Gruppen von Vertriebs- oder Kundendienstvereinbarungen im Automobilsektor, ABl. 1985 C 17/4.
[107] *Veelken* (Fn. 96), S. 408 f.
[108] Mitteilung der Kommission, ABl. 2000 C 291/1; siehe aber auch die Mitteilung der Kommission zur Anwendbarkeit von Artikel 81 EG-Vertrag auf Vereinbarungen über horizontale Zusammenarbeit, ABl. 2001 C 3, die Vereinbarungen betrifft, die nicht von den horizontalen GVOen gedeckt sind.
[109] *Gleiss/Hirsch*, Kommentar zum EG-Kartellrecht, Art. 85 (3) Rn. 1794; von einer Selbstbindung gehen auch *Baron* in: Langen/Bunte, Einführung zum EG-Kartellrecht Rn. 155 und *Veelken* (Fn. 96) S. 408 f., aus.
[110] Wie hier *Gleiss/Hirsch* (Fn. 102) Art. 85 (3) Rn. 1796; *Veelken* in: Immenga/Mestmäcker, EG-WbR Bd. I, S. 409 f.; weitergehend *Wiedemann*, Kommentar zu den Gruppenfreistellungsverordnungen des EWG-Kartellrechts, Band 1 (1989), 30 f.; allerdings muss darauf hingewiesen werden, dass keine Ermächtigungsverordnung den Erlass solcher Leitlinien zur Auslegung stützt.
[111] *Gleiss/Hirsch* (Fn. 102) Art. 85 (3) Rn. 1796; *Wiedemann*, Kommentar zu den Gruppenfreistellungsverordnungen des EWG-Kartellrechts, Band 1 (1989), 30 f.
[112] Vgl. *Bechtold*, EG-Gruppenfreistellungsverordnungen – eine Zwischenbilanz, EWS 2001, 49, 53, der die positive und negative Wirksamkeit der Leitlinien mit der der GVOen gleichstellt.

gegen die Rechtsprechung des EuGH stellt. Die kartellrechtliche Beurteilung von Handelsvertreterverträgen wird in den Ziffern 12 bis 20 der Leitlinien zur vGVO ausschließlich vom Kriterium der Risikoverteilung abhängig gemacht, welches allerdings in der EuGH-Rechtsprechung nur in Zusammenhang mit der Integration des Handelsvertreters in das Unternehmen des Geschäftsherrn in Erscheinung tritt, und somit entgegen der Rechtsprechung die Möglichkeit für den Handelsvertreter, im Namen mehrerer Geschäftherren tätig zu werden, aufzeigt.[113] Das EuG hat sich zur Abgrenzung sog. echter von unechten Handelsvertretern über die Entscheidungspraxis der Kommission und die entsprechende Definition in ihren Leitlinien unter Aufhebung der betreffenden Kommissionsentscheidung hinweggesetzt[114]. Hierdurch hat es die Grenzen des sog. Handelsvertreterprivilegs wesentlich weiter gezogen als bislang die Kommission.

5. Regelungswirkungen

Da die GVOen einer analogen Anwendung nicht zugänglich sind,[115] ist eine gründliche rechtliche Prüfung des Vorliegens ihrer Voraussetzungen im Vorfeld einer Kooperation anzuraten.

a) Rechtsfolge der (Nicht-)Anwendbarkeit einer GVO. Die an einer wettbewerbsbeschränkenden Maßnahme beteiligten Unternehmen können diese ohne weiteres vollziehen, solange sicher davon auszugehen ist, dass sie einer Gruppenfreistellung unterfällt. Ist dies nicht der Fall, setzen sich die Beteiligten indes dem **zivilrechtlichen und verwaltungsrechtlichen Sanktionsrisiko** aus, das ein Verstoß gegen Art. 81 Abs. 1 EG beinhaltet. Sofern die an einer wettbewerbsbeschränkenden Vereinbarung oder Verhaltensabstimmung beteiligten Unternehmen **rechtsirrig** davon ausgehen, ihr wettbewerbsbeschränkendes Verhalten unterfalle einer Gruppenfreistellungsverordnung, greift das Verbot des Art. 81 Abs. 1 EG in vollem Umfang ein. Unter Geltung der VO Nr. 17 konnte dem Sanktionsrisiko nur durch eine vorsorgliche Anmeldung begegnet werden, da eine rückwirkende Freistellung **nur bis zum Zeitpunkt der Anmeldung** erteilt werden konnte. Seit dem Inkrafttreten der neuen Kartellverfahrens-VO[116] am 1. Mai 2004 kommt eine vorsorgliche Anmeldung wegen der Abschaffung der Einzelfreistellung und der Einführung des Legalausnahmeprinzips nicht mehr in Betracht.

b) Rechtssicherheit. Unternehmen, die sich auf eine Gruppenfreistellungsverordnung berufen wollen, sind mit bestimmten **Unwägbarkeiten** konfrontiert. Diese können, wie bereits oben angesprochen, in der fehlenden Gewissheit bestehen, ob die betroffene Vereinbarung tatsächlich freigestellt ist, da teilweise eine Auslegung der Verordnungen, z.B. hinsichtlich ihres Anwendungsbereiches, erforderlich ist. Die **Sicherheit einer konkreten Verwaltungsentscheidung** kann durch die Anwendung einer Gruppenfreistellungsverordnung nicht erreicht werden. Im Rahmen der vGVO z.B. kann es im Bereich von Marktanteilsbestimmungen, die über die Bestimmung des Anwendungsbereichs entscheiden, wegen der dafür erforderlichen, häufig schwierigen sachlichen und räumlichen Marktabgrenzung im Einzelfall zu Herausforderungen für den Rechtsanwender kommen. Andererseits gewährleisten die Gruppenfreistellungsverordnungen in eindeutigen Fällen

---

[113] Vgl. insbesondere Leitlinien zur vGVO Punkt 13; *Lange,* Handelsvertretervertrieb nach den neuen Leitlinien der Kommission EWS 2001, 18, 19; *Bechtold,* EG-Gruppenfreistellungsverordnungen – eine Zwischenbilanz, EWS 2001, 49, 53f.; *Pfeffer/Wegner,* Handelsvertreterprivileg: Vertrieb über Handelsvertreter – praktikable Ausnahme zum Kartellverbot des Art. 81 EG/§ 1 GWB, EWS 2006, 296 ff.; *Nolte,* Renaissance des Handelsvertretervertriebs? – Die europäische Rechtssprechung und die Leitlinien der Kommission, WuW 2006, 253.
[114] EuG 15. 9. 2005 – Rs. T-325/01 DaimlerChrysler AG/Kommission.
[115] *Gleiss/Hirsch* (Fn. 102) Art. 85 (3) Rn. 1796.
[116] Verordnung (EG) Nr. 1/2003 des Rates vom 16. Dezember 2002 zur Durchführung der in den Artikeln 81 und 82 des Vertrags niedergelegten Wettbewerbsregeln, ABl. 2003 L 1/1.

sogar eine **bessere Vorhersehbarkeit** der Zulässigkeit einer Vereinbarung. Durch die in ihnen enthaltene abstrakte Antizipation einer Vielzahl von Verwaltungsentscheidungen kann mit den Verordnungen auf eine praktikable Konkretisierung des Gesetzeswortlautes und dessen Auslegung durch die Regulierungsinstanz bereits im Stadium der Planung einer Kooperation zurückgegriffen werden. Daher ergibt sich durch die Gruppenfreistellungsverordnungen für Unternehmen auch ein **höheres Maß an vorweggenommener Transparenz** der Freistellungskriterien. Ob die durch eine Gruppenfreistellungsverordnung gewährte Rechtssicherheit durch die am 1. Mai 2004 in Kraft getretene neue **Kartellverfahrens-VO**[117] beeinträchtigt wird, hängt von der Beantwortung der Frage ab, ob Gruppenfreistellungsverordnungen nunmehr nur noch Auslegungshilfen, oder ob sie weiterhin rechtlich verbindlich sind. Die Kommission scheint von Letzterem auszugehen.[118]

6. Entziehung der Freistellung

35 In einzelnen Fällen ist es denkbar, dass eine Gruppenfreistellungsverordnung aufgrund der mit **abstrakten Regelungen verbundenen Streuwirkung** eingreift, ohne dass die Voraussetzungen des Art. 81 Abs. 3 EG tatsächlich vorliegen. Um in diesen Fällen die Freistellungswirkung der Verordnung, die ohne einen exekutiven Zwischenakt – *de lege* – eintritt, auszuschließen, kommt eine **nachträgliche Entziehung** der Freistellung durch Entscheidung der Kommission gemäß Art. 249 Abs. 4 EG in Betracht. Alle Gruppenfreistellungen sehen diese Möglichkeit vor.[119] Damit steht der Kommission, nach Art. 7 Abs. 1 vGVO sowie Art. 6 Abs. 2 der neuen Automobil-GVO Nr. 1400/2002 unter bestimmten Umständen jetzt auch den mitgliedstaatlichen Kartellbehörden, eine Korrekturmöglichkeit in atypischen, wettbewerblich unerwünschten Fällen zur Verfügung.[120]

36 **a) Voraussetzungen.** Um einer einzelnen Vereinbarung die Freistellungswirkung einer Verordnung zu entziehen bedarf es konkreter Anhaltspunkte dafür, dass die Voraussetzungen des **Art. 81 Abs. 3 EG** nicht erfüllt sind. Bereits das **Fehlen einer der vier kumulativen** (positiven und negativen) **Voraussetzungen** dieser Norm[121] **rechtfertigt und erfordert** aber ein Entziehungsverfahren.[122]

37 **b) Verfahren.** Die Einleitung des Entziehungsverfahrens setzt keinen Antrag voraus, kann also **von Amts wegen** erfolgen. Es besteht aber für die Mitgliedstaaten und für Personen oder Personenvereinigungen, die ein berechtigtes Interesse geltend machen, die Möglichkeit das Verfahren durch einen Antrag einzuleiten. Eine diesen Antrag ablehnende Kommissionsentscheidung unterliegt der gerichtlichen Kontrolle durch den EuGH.[123] Eine etwaige Entziehungsentscheidung entfaltet **keine Rückwirkung** und gilt daher nur ex nunc.[124] Dies ergibt sich bereits aus allgemeinen Vertrauensschutzgrundsätzen, wird aber auch durch die Leitlinien der Kommission für vertikale Beschränkungen[125] (Tz. 100) unterstrichen. Die **praktische Bedeutung** des Entziehungsverfahrens ist allerdings bislang

---

[117] Verordnung (EG) Nr. 1/2003 des Rates vom 16. Dezember 2002 zur Durchführung der in den Artikeln 81 und 82 des Vertrags niedergelegten Wettbewerbsregeln, ABl. 2003 L 1/1.
[118] Hierzu bereits oben Rn. 16 ff.
[119] Vgl. z. B. Art. 7 der vGVO, Art. 8 Spezialisierungs-GVO, Art. 10 GVO F&E, Art. 7 Technologietransfer-GVO.
[120] *Wiedemann*, Kommentar zu den Gruppenfreistellungsverordnungen des EWG-Kartellrechts, Band 1 (1989), 85; *Veelken* (Fn. 103), S. 420.
[121] Vgl. Art. 81 Abs. 3 Rn 17 ff.
[122] Vgl. *Veelken* in: Immenga/Mestmäcker, EG-WbR Bd. I, S. 421.
[123] *Veelken* a. a. O., S. 421; *Wiedemann*, Kommentar zu den Gruppenfreistellungsverordnungen des EWG-Kartellrechts, Band 1 (1989), 86.
[124] *Veelken* (Fn. 114), S. 422.
[125] ABl. 2000 C 291/1.

A. Allgemeines

denkbar gering: Die Kommission hat vom Instrument der Entziehung der Freistellung nur in wenigen Ausnahmefällen Gebrauch gemacht.[126]

Neben dieser klassischen administrativen Kontrolle durch die Kommission hat die vGVO **38** in ihrem Artikel 8 eine spezifische **legislative Möglichkeit der Freistellungsentziehung** geschaffen, welche dem Kumulativeffekt einer Vielzahl gleichartiger vertikaler Wettbewerbsbeschränkungen Rechnung trägt. Des weiteren soll im Rahmen einer Reform der Verordnung Nr. 17/62 das Recht der mitgliedstaatlichen Behörden, Vereinbarungen den Rechtsvorteil einer Gruppenfreistellung in ihrem Hoheitsbereich zu entziehen, auf alle Gruppenfreistellungsverordnungen ausgedehnt werden.[127] Ob die vorgesehene Konsultationspflicht der Behörden gegenüber der Kommission ausreicht, um eine einheitliche Anwendung der Gruppenfreistellung zu gewährleisten, bleibt mehr als fraglich.[128]

7. Die Gruppenfreistellungsverordnungen im Normgefüge

In dem Fall, dass eine Vereinbarung unter verschiedene Gruppenfreistellungsverordnungen fällt, genügt zur Annahme ihrer Freistellung die **Erfüllung der Tatbestandsvoraussetzungen nur einer** dieser **Verordnungen**.[129] Lässt sich unter keiner der anwendbaren Verordnungen in isolierter Anwendung eine Freistellung konstatieren, können Tatbestandsmerkmale der verschiedenen Verordnungen aber nicht etwa in der Weise kombiniert werden, dass durch die teilweise Erfüllung der Voraussetzungen der einen Verordnung das Fehlen von Voraussetzungen der anderen Verordnung kompensiert werden könnte.[130] Gruppenfreistellungsverordnungen können mit mitgliedstaatlichen Rechtssätzen in einem **Konkurrenzverhältnis** stehen.[131] Die Mitgliedstaaten sehen in ihren nationalen Rechtsordnungen ebenso wie die Europäische Gemeinschaft ein Verbot wettbewerbsbeschränkender Vereinbarungen und Abstimmungen zwischen Unternehmen vor. Diese Verbote sind **ihrerseits** regelmäßig **mit Ausnahmen** versehen, die sich nicht mit durch Verordnungen der Gemeinschaft freigestellten Ausnahmeklauseln decken müssen. Im Konfliktfall stellt sich daher die Frage, ob eines der beiden Rechtsregime einen Vorrang beanspruchen kann. Solange das strengere Rechtsregime das des Gemeinschaftsrechts ist, ist seit langem unbestritten, dass insoweit der **Vorrang des Gemeinschaftsrechts** zum Zuge kommt.[132] Daher führt die Unvereinbarkeit einer Vereinbarung mit Art. 81 EG unabhängig vom jeweiligen nationalen Recht gemäß Abs. 2 zur Nichtigkeit und gemäß Abs. 1 zum Verbot der Vereinbarung. In den Fällen, in denen das nationale Recht strengere Anforderungen an die Zulässigkeit stellt als das Gemeinschaftsrecht, ist zu differenzieren: In den Fällen, in denen bereits die Anwendung des gemeinschaftsrechtlichen Kartellverbots an den **tatbestandlichen Voraussetzungen** scheitert, kann das strengere mitgliedstaatliche Recht Anwendung finden. Liegt hingegen eine (Einzel- oder Gruppen-)Freistellung vor, kommt eine Sanktion der Vereinbarung oder Abstimmung aufgrund nationalen Rechts nicht in

---

[126] Vgl. nur beispielhaft die Entscheidung (EWG) 93/406 der Kommission vom 23. Dezember 1992 in einem Verfahren nach Artikel 85 EWG-Vertrag gegen Langnese-Iglo GmbH (Sache IV/34 072) Amtsblatt 1993 L 183/19.
[127] Bisher bestand eine Befugnis nur hinsichtlich Vertikalvereinbarungen, vgl. Rn. 35 sowie Artikel 1 Nummer 4 der Verordnung (EG) Nr. 1215/1999 zur Änderung der Verordnung Nr. 19/65/EWG über die Anwendung von Artikel 81 Absatz 3 des Vertrages auf Gruppen von Vereinbarungen und aufeinander abgestimmte Verhaltensweisen.
[128] Vgl. Art. 29 Abs. 2 bzw. Art. 11 Abs. 4 der vorgeschlagenen Verordnung.
[129] *Veelken* (Fn. 114) S. 426.
[130] *Veelken* (Fn. 114) S. 426 f.
[131] Vgl. ausführlich *Kloyer*, Der Vorrang von Gruppenfreistellungsverordnungen.
[132] Vgl. zu den Normkonkurrenzen mit dem nationalen Kartellrecht auch *Schultze/Pautke/Wagener*, Vertikal-GVO, Praxiskommentar, 22 ff. sowie *Wiedemann*, Kommentar zu den Gruppenfreistellungsverordnungen des EWG-Kartellrechts, Band 1 (1989), 127 ff.

Allgemeines 40, 41   7. Teil. Gruppenfreistellungsverordnungen

Betracht.[133] Einzelfreistellung wie Gruppenfreistellung liegt eine bewusste und gezielte Legalisierung eines bestimmten Verhaltens zu Grunde. Das **Primat des Gemeinschaftsrechts** ist daher in diesen Fällen auch auf die Ausnahmeentscheidungen zu erstrecken.[134]

40 Die Nichtanerkennung des Primats würde dem nationalen Recht den Vorrang vor der gemeinschaftlichen Wettbewerbspolitik gewähren. Die auf dem Gebiet der vertikalen Vereinbarungen erlassenen Freistellungsverordnungen erläutern, dass die Verordnung in allen ihren Elementen bindend und in jedem Mitgliedstaat direkt anwendbar ist. Die Generalstaatsanwälte haben sich stets klar zugunsten des Vorrangs der Freistellungsverordungen vor den nationalen Bestimmungen des Wettbewerbsrechts ausgesprochen, wenn diese Frage gestellt wurde.[135] Die Kommission hat sich auf den gleichen Standpunkt gestellt. Auch in Deutschland[136] und Österreich[137] ist der Vorrang des Gemeinschaftsrechts durch die höchstrichterliche Rechtsprechung anerkannt. Am 1. Mai 2004 wurde die Debatte über den Vorrang der Gruppenfreistellungsverordnungen abgeschlossen und das Vorrangprinzip hinsichtlich der Verordnungen endgültig bestätigt.[138] Die Verfahrensordnung hat sich nämlich deutlich für eine weitgehende Anwendung dieses Prinzips entschieden.[139]

41 Die neue Verfahrensordung begnügt sich nicht damit, das Prinzip aufzustellen, sondern zieht ihm gewisse Grenzen. Der Missbrauch der Abhängigkeit könnte in Anwendung der Verordnung Nr. 1/2003 als wettbewerbsschädliche Praxis und sogar als beschränkende Praxis weiterhin verfolgt werden, wenn er im Rahmen einer durch eine Freistellungsverordnung freigestellte Vereinbarung erfolgt. Auch im deutschen Schrifttum wird die Auffassung vertreten, dass auch unter der neuen VO 1/2003 die Vorrangwirkung nicht für missbräuchliches Verhalten gilt sondern strengeres Recht (bspw. § 20 GWB) nach S. 2 anwendbar bleibt.[140]

Jüngst hat die Europäische Kommission auf Grundlage des Art. 9 der neuen Verfahrensverordnung (EG) 1/2003[141] vier Entscheidungen angenommen, die Kfz-Hersteller rechtlich binden. Hierdurch soll unabhängigen Werkstätten freier Zugang zu Reparaturinformationen der Kfz-Hersteller gewährt werden.

---

[133] Vgl. auch *Kovar*, Code européen de la concurrence, Art. 85, Rn. 49.

[134] Im Ergebnis ebenso *Schultze/Pautke/Wagener*, Vertikal-GVO, Praxiskommentar, S. 22 ff.; *Gleiss/Hirsch*, Kommentar zum EG-Kartellrecht, Einleitung, Rn. 71 f.

[135] Vgl. die Schlussanträge des Generalstaatsanwalts Verloren Van Themaat in der Rs. Metro – SB-Großmärkte GmbH/Komm. v. 22. Okt. 1986, Rs. 75/84, und des Generalstaatsanwalts Tesauro in der Rs. Bayerische Motoren Werke AG/ALD Auto Leasing und Bundeskartellamt/Volkswagen AG und VAG Leasing GmbH v. 24. Okt. 1995, Rs. C-70/93 und C-268/93.

[136] BGH v. 1. 7. 1976 WuW/E BGH 1455 – *BMW-Direkthändler*.

[137] 1 Ob 2362/96 a EvBl 1997/71 – *Liefervertrag*.

[138] Vgl. Zur Stärkung des Vorrangprinzips durch die VO 1/2003 gegenüber dem deutschen nationalen Kartellrecht und der Ausnahme des missbräuchlichen Verhaltens im Hinblick auf § 20 GWB: *Immenga/Lange*, Entwicklungen des europäischen Kartellrechts im Jahr 2003, RIW 2003, 889, 890.

[139] Art. 3 Abs. 2 der Verordnung Nr. 1 1/2003 bestimmt: „Die Anwendung des einzelstaatlichen Wettbewerbsrechts darf nicht zum Verbot von Vereinbarungen zwischen Unternehmen, Beschlüssen von Unternehmensvereinigungen und aufeinander abgestimmten Verhaltensweisen führen, welche den Handel zwischen Mitgliedstaaten zu beeinträchtigen geeignet sind, aber den Wettbewerb im Sinne des Artikels 81 Absatz 1 des Vertrags nicht einschränken oder die Bedingungen des Artikels 81 Absatz 3 des Vertrags erfüllen oder durch eine Verordnung zur Anwendung des Artikels 81 Absatz 3 des Vertrags erfasst sind".

[140] *Immenga/Lange*, Europäisches Kartellrecht 2003, RIW 2003, 889, 890.

[141] Siehe die Pressemeldung der Europäischen Kommission v. 14. September 2007 IP/07/1332.

B. Vertikalvereinbarungen*

Übersicht

	Rn.		Rn.
Einführung	1	Artikel 4 (Kernbeschränkungen)	134
1. Sinn und Zweck der Vertikal-GVO	1	1. Sinn und Zweck	134
a) Grundlegende Neuorientierung der europäischen Wettbewerbskontrolle	1	a) Anwendungsbereich	134
b) Rechtsnatur der GVO	8	b) Schutzzweck	137
c) Rechtsgrundlage	10	c) Rechtsgrundlage	139
2. Praktische Bedeutung	13	2. Praktische Bedeutung	141
a) Die Vertikal-GVO als „Schirm-GVO"	13	3. Tatbestand	143
b) „Sicherer Hafen" für freigestellte Wettbewerbsbeschränkungen	15	a) Allgemeines	143
c) Leitlinien der Kommission	18	b) Preisbindungen (Art. 4 Buchst. a)	149
3. Auslegung der Vertikal-GVO	20	c) Gebiets- oder Kundenkreisbeschränkungen (Art. 4 Buchst. b)	172
4. Rechtsfolgen	24	d) Lieferbeschränkungen an Endverbraucher in selektiven Vertriebssystemen (Art. 4 Buchst. c)	209
a) Wirkung der Freistellung	24		
b) Umfang der Freistellung	25	e) Querlieferungsbeschränkungen in selektiven Vertriebssystemen (Art. 4 Buchst. d)	220
c) Keine Vermutung der Rechtswidrigkeit bei nicht freigestellten Vereinbarungen	28		
d) „Ausstrahlungswirkung" auf nicht freigestellte Wettbewerbsbeschränkungen?	30	f) Lieferbeschränkungen für Ersatzteile (Art. 4 Buchst. e)	226
5. Verhältnis zu anderen Vorschriften	34	4. Rechtsfolgen	232
a) Verhältnis zu anderen EU-Normen	34	a) Grundsatz	232
b) Verhältnis zum deutschen Recht	35	b) Ausnahmen	236
Artikel 1 (Definitionen)	39	c) Zeitliche Dauer	238
1. Echte Handelsvertreterverträge	45	5. Verhältnis zu anderen Vorschriften	240
2. Unechte Handelsvertreterverträge	46	a) Verhältnis zu anderen EU-Normen	240
Artikel 2 (Anwendungsbereich)	48	b) Verhältnis zum deutschen Recht	241
1. Sinn und Zweck	48	Artikel 5 (Sonstige Beschränkungen)	245
a) Anwendungsbereich der „Schirm-GVO"	48	1. Sinn und Zweck	245
b) Entstehungsgeschichte	50	a) Allgemeines	245
c) Rechtsgrundlage	52	b) Wettbewerbsverbote	247
2. Praktische Bedeutung	53	c) Konkurrenzklauseln in selektiven Vertriebssystemen	250
a) Vertragstypen	53		
b) Umfang der Freistellung	55	2. Praktische Bedeutung	251
c) Handhabung in der Praxis	56	a) Wettbewerbsverbote	251
3. Tatbestand	58	b) Nachvertragliche Wettbewerbsverbote	253
a) Vertikalverhältnis (Art. 2 Abs. 1)	58	c) Selektive Vertriebssysteme	254
b) Sonderregelung für Unternehmensvereinigungen (Art. 2 Abs. 2)	69	3. Tatbestand	255
		a) Vertragliche Wettbewerbsverbote und Mindestabnahmeverpflichtungen (Art. 5 Buchst. a)	255
c) Behandlung von geistigen Eigentumsrechten (Art. 2 Abs. 3)	74		
d) Vereinbarungen zwischen Wettbewerbern (Art. 2 Abs. 4)	86	b) Nachvertragliche Wettbewerbsverbote (Art. 5 Buchst. b)	280
4. Rechtsfolgen	94	c) Gezielte Wettbewerbsverbote in selektiven Vertriebssystemen (Art. 5 Buchst. c)	290
5. Verhältnis zu anderen Vorschriften (Art. 2 Abs. 5)	99		
		4. Rechtsfolgen	298
Artikel 3 (Marktanteilsschwelle)	102	5. Verhältnis zu anderen Regelungen	301
1. Sinn und Zweck	102	a) Verhältnis zu anderen EU-Normen	301
2. Praktische Bedeutung	106	b) Verhältnis zum deutschen Recht	304
3. Tatbestand	112	Artikel 6 (Entzug der Freistellung durch die Kommission)	306
a) Regelfall (Art. 3 Abs. 1)	112		
b) Alleinbelieferungsverträge (Art. 3 Abs. 2)	124	1. Sinn und Zweck	306
4. Rechtsfolgen	132	2. Praktische Bedeutung	308

* Verordnung (EG) Nr. 2790/1999 der Kommission über die Anwendung von Artikel 81 Absatz 3 des Vertrages auf Gruppen von vertikalen Vereinbarungen und aufeinander abgestimmten Verhaltensweisen.

# Vert-GVO 7. Teil. Gruppenfreistellungsverordnungen

	Rn.		Rn.
3. Tatbestand	309	Artikel 9 (Marktanteilsermittlung)	343
a) Unvereinbarkeit mit Art. 81 Abs. 3 EG	309	1. Sinn und Zweck	343
b) Verfahren des Entzugs	316	2. Praktische Bedeutung	344
4. Rechtsfolgen	318	3. Tatbestand	347
5. Verhältnis zu anderen Vorschriften	320	a) Ermittlung des Marktanteils	347
Artikel 7 (Entzug der Freistellung durch nationale Behörden)	321	b) Nachlauffristen bei Marktanteilsüberschreitungen	349
1. Sinn und Zweck	321	Artikel 10 (Umsatzermittlung)	351
2. Praktische Bedeutung	323	1. Sinn und Zweck, Praktische Bedeutung	351
3. Tatbestand	324	2. Tatbestand	353
a) Entzugsvoraussetzungen	324	a) Ermittlung des Umsatzes (Abs. 1)	353
b) Verfahren	326	b) Toleranzgrenzen (Abs. 2)	354
4. Rechtsfolgen	330	Artikel 11 (Verbundene Unternehmen)	355
5. Verhältnis zu anderen Vorschriften	333	1. Sinn und Zweck, Praktische Bedeutung	355
Artikel 8 (Entzug der Freistellung durch Verordnung)	334	2. Tatbestand	357
		a) Anwendungsbereich (Abs. 1)	357
1. Sinn und Zweck	334	b) Definition (Abs. 2)	359
2. Praktische Bedeutung	336	Artikel 12 (Übergangsregelungen)	362
3. Tatbestand	337	Artikel 12a (Geltung in den neuen Mitgliedstaaten)	365
a) Voraussetzungen	337		
b) Verfahren	339	Artikel 13 (Geltungsdauer)	366
4. Rechtsfolgen	342		

Schrifttum: Zum Schrifttum bis 2004 vgl. Vorauflage.

a) Gesamtdarstellungen

Bauer/de Bronett, Die EU-Gruppenfreistellungsverordnung für vertikale Wettbewerbsbeschränkungen, 2001; *Bechtold/Bosch/Brinker/Hirsbrunner,* EG-Kartellrecht, Abschn. IVA: VO 2790/1999 – Gruppenfreistellung für Vertikalvereinbarungen, 2005; *Beutelmann,* Selektive Vertriebssysteme im europäischen Kartellrecht (Abhandlungen zum Recht der Internationalen Wirtschaft, Bd. 64), 2004; *Europäische Kommission,* Wettbewerbspolitik in Europa. Wettbewerbsregeln für Liefer- und Vertriebsvereinbarungen, Luxemburg 2002; *Flohr/Petsche,* Franchiserecht. Deutschland und Österreich, 2. Aufl. 2008; *Habermeier/Ehlers* in: Münchener Kommentar: Europäisches und Deutsches Wettbewerbsrecht (Kartellrecht), Band 1: Europäisches Wettbewerbsrecht und Verfahren vor den europäischen Gerichten, Abschnitt: Gruppenfreistellungsverordnungen, A: GVO Nr. 2790/1999 (Vertikal-GVO), 2007; *Honnefelder,* Gruppenfreistellungsverordnung für selektive Vertriebssysteme, 2003; *Jäger,* Vertriebsfranchising im europäischen Kartellrecht: eine Untersuchung der kartellrechtlichen Grenzen für Vertriebsfranchiseverträge vor dem Hintergrund der Gruppenfreistellungsverordnung VO 2790/1999 (FIW-Schriftenreihe Heft 205), 2005; *Kirchhoff* in: Wiedemann, Handbuch des Kartellrechts, 3. Kapitel: Wettbewerbsbeschränkungen in Vertriebsverträgen und andere vertikale Beschränkungen, 1999; *Klotz* in: Schröter/Jakob/Mederer, Kommentar zum Europäischen Wettbewerbsrecht, Abschn. III.3.4 Liefer- und Bezugsvereinbarungen, 2003; *Noack,* Industrielle Zulieferverträge und Artikel 81 EGV; unter besonderer Berücksichtigung der Gruppenfreistellungsverordnung für vertikale Vereinbarungen, 2004; *S. Mäger* in: Th. Mäger, Europäisches Kartellrecht (Praxis Europarecht), 3. Kapitel: Vertikale Vereinbarungen, 2006; *Mestmäcker/Schweitzer,* Europäisches Wettbewerbsrecht, 2. Aufl., § 14: Die Gruppenfreistellungsverordnung für Vertikalvereinbarungen, 2004; *Nebel/Schulz/Flohr,* Das Franchise-System, 4. Aufl. 2008; *Nolte* in: Langen/Bunte, Kommentar zum deutschen und europäischen Kartellrecht, Band 2: Europäisches Kartellrecht, Erl. zu Art. 81 Fallgruppen D: Vertikale Kooperationsformen, 2006; *ders.,* a.a.O. Erl. zu Art. 81 Fallgruppen E: Handelsvertreter-Vereinbarungen, 2006; *Petsche,* Vertikale Vereinbarungen (Verordnung Nr. 2790/1999), in: Liebscher/Flohr/Petsche, Handbuch der EU-Gruppenfreistellungsverordnungen, 2003; *Rahlmeyer,* Vertikale Wettbewerbsbeschränkungen im europäischen Kartellrecht, in: Martinek/Semler/Habermeier, Handbuch des Vertriebsrechts, 2. Aufl. 2003; *Scheerer,* Rechtsfragen der Gruppenfreistellungsverordnung für vertikale Wettbewerbsbeschränkungen, (Studienreihe Wirtschaftsrechtliche Forschungsergebnisse, Bd. 37), Diss. Augsburg 2002; *Schuhmacher,* Selektiver Vertrieb (Verordnung Nr. 2790/1999), in: Liebscher/Flohr/Petsche, Handbuch der EU-Gruppenfreistellungsverordnungen, 2003; *Roniger,* Das neue Vertriebskartellrecht: Kurzkommentar zur vertikalen EG-Gruppenfreistellungsverordnung, 2000; *Schultze/Pautke/Wagener,* Die Gruppenfreistellungsverordnung für vertikale Vereinbarungen. Praxiskommentar 2001; *Seeliger* in:

B. Vertikalvereinbarungen **Vert-GVO**

Wiedemann, Handbuch des Kartellrechts, § 10 Die Beurteilung der verschiedenen Arten von Vertriebsverträgen unter besonderer Berücksichtigung der Vertikal-GVO Nr. 2790/1999 und der dazu erlassenen Leitlinien, 2. Aufl. 2008; *Semler/Rahlmeyer,* Die Gruppenfreistellungsverordnung für vertikale Wettbewerbsbeschränkungen, in: Martinek/Semler/Habermeier, Handbuch des Vertriebsrechts, 2. Aufl. 2003; *Simon* in: Lange, Handbuch zum deutschen und europäischen Kartellrecht, Kapitel 4: Besonderheiten bei vertikalen Vereinbarungen, 2. Aufl. 2006; *Veelken* in: Immenga/Mestmäcker, EG-Wettbewerbsrecht, Kommentar; 4. Aufl., Teil 1, III. Abschnitt, B: Verordnung (EG) Nr. 2790/1999 über die Anwendung von Artikel 81 Absatz 3 des Vertrages auf Gruppen von vertikalen Vereinbarungen und aufeinander abgestimmten Verhaltensweisen, 2007.

b) Fremdsprachliche Gesamtdarstellungen: *Banks,* Distribution Law: Antitrust Principles and Practice (Loseblatt, ab 1995); *Bellamy & Child,* European Community Law of Competition, 6. ed. (hrsg. von Roth/Rose), London 2008; *Hirsch/Montag/Säcker (Hrsg.),* Competition Law – European Community Practice and Procedure, London 2008; *Kokkoris (Hrsg.),* Competition Cases from the European Union: the Ultimate Guide to Leading Cases of the EU and all 27 Member States, London 2008; *Korah/O'Sullivan,* Distribution Agreements and EC Competition Rules, Oxford 2002; *Mendelsohn/Rose,* Guide to the EC Block Exemption for Vertical Agreements, Den Haag 2002; *Ritter/Braun,* European Competition Law. A Practitioner's Guide, Third Ed., Chapter IV: Vertical Restraints of Competition in Distribution and Purchasing Agreements, 2005; *Wijckmans/Tuytschaever/Vanderelst,* Vertical Agreements in EC Competition Law, Oxford 2006.

c) Neuere Einzeldarstellungen (ab 2005): *Akman/Hviid,* A most-favoured-customer clause with a twist, in: European competition journal, 2006, 57; *Baron,* Die Rechtsnatur der Gruppenfreistellungsverordnungen im System der Legalausnahme – ein Scheinproblem, WuW 2006, 358; *Dallmann,* Englische Klauseln nach der 7. GWB-Novelle, WRP 2006, 347; *Ehricke/Pellmann,* Zur EG-kartellrechtlichen Bewertung der Unzulässigkeitskriterien langfristiger Gaslieferungsverträge, WuW 2005, 1104; *Eilmansberger,* Neues vom Handelsvertreterprivileg: Das DaimlerChrysler-Urteil, ZWeR 2006, 64; *Emde,* Die Unzulässigkeit längerer als fünfjähriger Wettbewerbsverbote in Vertragshändlerverträgen (Art. 81 Abs. 1, 2 EG i.V.m. Art. 5 lit. a GVO 2790/99), WRP 2005, 1492; *Ensthaler/Gesmann-Nuissl,* Die rechtliche Stellung des Handelsvertreters innerhalb der Kfz-Vertriebssysteme, EuZW 2006, 167; *Fuchs,* Die Gruppenfreistellungsverordnung als Instrument der europäischen Wettbewerbspolitik im System der Legalausnahme, ZWeR 2005, 1; *Gehring,* Die Field of Use-Klausel – Verwertungsbeschränkungen im europäischen Kartellrecht, EWS 2007, 160; *Gorrie,* Competition between branded and private label goods: do competition concerns arise when a customer is also a competitor?, in: ECLR 2006, 217; *Haslinger,* Freistellung quantitativer Vertriebsbindungssysteme – ein Freibrief für Willkür des Depotkosmetik-Herstellers?, WRP 2007, 926; *Herr,* Neue EU-Wettbewerbsregeln für Technologietransfer-Vereinbarungen (Frankfurter wirtschaftsrechtliche Studien Bd. 80), 2006; *Hildebrand,* Economic Analysis of Vertical Agreements. A Self-assessment (International Competition Law Series 17), 2005; *Hirsbrunner/Schwarz,* Die Vereinbarkeit von einseitigen Maßnahmen eines Herstellers gegenüber seinen Händlern mit dem Kartellverbot, in: Recht und Wettbewerb. Festschrift für Rainer Bechtold zum 65. Geburtstag, 2006, S. 171; *Kapp,* Der Handelsvertreter im Strudel des Kartellrechts, BB 2006, 2253; *ders.,* Das Wettbewerbsverbot des Handelsvertreters: Korrekturbedarf bei den Vertikal-Leitlinien der Kommission?, WuW 2007, 1218; *Kasten,* Vertikale (Mindest-)Preisbindung im Lichte des „more economic approach". Neuorientierung der Behandlung von Preisbindungen im deutschen und EG-Kartellrecht?, WuW 2007, 994; *Kirchhain,* Die Gestaltung von innerstaatlich wirkenden Vertriebsverträgen nach der 7. GWB-Novelle, WuW 2008, 167; *Kirsch,* Kann das Kartellrecht E-commerce kontrollieren? Eine rechtsvergleichende Analyse nach US- und EU-Kartellrecht, WuW 2005, 986; *Koch,* Zivilrechtliche Probleme vertikaler Wettbewerbsbeschränkungen nach europäischem und deutschem Recht, in: Recht und spontane Ordnung. Festschrift für Mestmäcker zum achtzigsten Geburtstag, 2006, S. 285; *Kreutzmann,* Neues Kartellrecht und geistiges Eigentum, WRP 2006, 453; *Lin,* Die sog. „englische Klausel" in Bezugsbindungsverträgen und ihre Behandlung im europäischen und deutschen Kartellrecht (Beiträge zum europäischen Wirtschaftsrecht Bd. 41), 2006; *Mayr,* Internetvertrieb und Kartellrecht. Die EG-kartellrechtliche Beurteilung der Integration des Internetvertriebs in herkömmliche Vertriebssysteme (Schriften des Augsburg Center for Global Economic Law and Regulation Bd. 3), Diss. Augsburg 2005; *Nolte,* Renaissance des Handelsvertreter-Vertriebs?, WuW 2006, 252; *ders.,* Das „kartellrechtliche Schisma" zwischen Kommission und Gerichtshof nach der GVO 1400/2002: die Frage der Anwendbarkeit von Art. 81 EG auf Handelsvertreterverhältnisse am Beispiel des Kfz-Vertriebs, in: Recht und Wettbewerb. Festschrift für

Rainer Bechtold zum 65. Geburtstag, 2006, S. 357; *Pfeffer/Wegner*, Handelsvertreterprivileg: Vertrieb über Handelsvertreter – praktikable Ausnahme zum Kartellverbot des Art. 81 EG/§ 1 GWB?, EWS 2006, 296; *Rheinländer*, Schadensersatz bei diskriminierender Lieferverweigerung – Klage auf Zulassung zum Vertriebssystem bei Verstoß gegen Art. 81 EGV, WRP 2007, 501; *Rittner*, Irrungen und Wirrungen im europäischen Handelsvertreter-Kartellrecht, ZWeR 2006, 331; *ders.*, Das EuG und das europäische Handelsvertreter-Kartellrecht. Anmerkungen zum Cepsa-Urteil des EuG, WuW 2007, 365; *Roitman*, Legal Uncertainty for vertical distribution agreements: the block exemption Regulation 2790/1999 („BER") and related aspects of the new Regulation 1/2003, ECLR 2006, 261; *Schmitt*, Kartellrechtliche Beurteilung von Kundenschutzklauseln in Austauschverträgen, WuW 2007, 1096; *Schulte*, Preisbindung in Verbundgruppen, WRP 2005, 1500; *Schütz*, Gruppenfreistellungsverordnungen im System der unmittelbaren und integralen Anwendung des Artikels 81 EGV, in: Recht und Wettbewerb. Festschrift für Rainer Bechtold zum 65. Geburtstag, 2006, S. 455; *Thoma*, Absatzzielvereinbarungen in selektiven Vertriebssystemen: Nach BGH Az. KZR 28/03 noch erlaubt?, WRP 2005, 1132; *Veelken*, Kombination von Alleinvertrieb und selektivem Vertrieb in den „vertikalen" EG-Gruppenfreistellungsverordnungen, in: Recht und spontane Ordnung. Festschrift für Mestmäcker zum achtzigsten Geburtstag, 2006, S. 487; *Wegner/Pfeffer*, Kartellverbot bei Alleinvertriebsvertrag zwischen Lieferanten und Tankstellenbetreiber, EuZW 2007, 150.

Erwägungsgründe

Die Kommission der europäischen Gemeinschaften –
gestützt auf den Vertrag zur Gründung der Europäischen Gemeinschaft,
gestützt auf die Verordnung Nr. 19/65/EWG des Rates vom 2. März 1965 über die Anwendung von Artikel 85 Absatz 3 des Vertrages auf Gruppen von Vereinbarungen und aufeinander abgestimmten Verhaltensweisen,[1] zuletzt geändert durch die Verordnung (EG) Nr. 1215/1999,[2] insbesondere auf Artikel 1,
nach Veröffentlichung des Entwurfs dieser Verordnung,[3]
nach Anhörung des Beratenden Ausschusses für Kartell- und Monopolfragen,
in Erwägung nachstehender Gründe:

(1) Nach der Verordnung Nr. 19/65/EWG ist die Kommission ermächtigt, Artikel 81 Absatz 3 des Vertrages (Ex-Artikel 85 Absatz 3) durch Verordnung auf bestimmte Gruppen von vertikalen Vereinbarungen und die entsprechenden aufeinander abgestimmten Verhaltensweisen anzuwenden, die unter Artikel 81 Absatz 1 fallen.

(2) Aufgrund der bisherigen Erfahrungen läßt sich eine Gruppe von vertikalen Vereinbarungen definieren, die regelmäßig die Voraussetzungen von Artikel 81 Absatz 3 erfüllen.

(3) Diese Gruppe umfaßt vertikale Vereinbarungen über den Kauf oder Verkauf von Waren oder Dienstleistungen, die zwischen nicht miteinander im Wettbewerb stehenden Unternehmen, zwischen bestimmten Wettbewerbern sowie von bestimmten Vereinigungen des Wareneinzelhandels geschlossen werden. Diese Gruppe umfaßt ebenfalls vertikale Vereinbarungen, die Nebenabreden über die Übertragung oder Nutzung geistiger Eigentumsrechte enthalten. Für die Anwendung dieser Verordnung umfaßt der Begriff „vertikale Vereinbarungen" die entsprechenden aufeinander abgestimmten Verhaltensweisen.

(4) Für die Anwendung von Artikel 81 Absatz 3 durch Verordnung ist es nicht erforderlich, diejenigen vertikalen Vereinbarungen zu umschreiben, welche geeignet sind, unter Artikel 81 Absatz 1 zu fallen; bei der individuellen Beurteilung von Vereinbarungen nach Artikel 81 Absatz 1 sind mehrere Faktoren, insbesondere die Marktstruktur auf der Angebots- und Nachfrageseite zu berücksichtigen.

(5) Die Gruppenfreistellung sollte nur vertikalen Vereinbarungen zugute kommen, von denen mit hinreichender Sicherheit angenommen werden kann, daß sie die Voraussetzungen von Artikel 81 Absatz 3 erfüllen.

---

[1] ABl. 36 vom 6. 3. 1965, S. 533/65.
[2] ABl. L 148 vom 15. 6. 1999, S. 1.
[3] ABl. C 270 vom 24. 9. 1999, S. 7.

B. Vertikalvereinbarungen **Vert-GVO**

(6) Vertikale Vereinbarungen, die zu der in dieser Verordnung umschriebenen Gruppe gehören, können die wirtschaftliche Effizienz innerhalb einer Produktions- oder Vertriebskette erhöhen, weil sie eine bessere Koordinierung zwischen den beteiligten Unternehmen ermöglichen. Sie können insbesondere die Transaktions- und Distributionskosten der Beteiligten verringern und deren Umsätze und Investitionen optimieren.

(7) Die Wahrscheinlichkeit, daß derartige effizienzsteigernde Wirkungen stärker ins Gewicht fallen als wettbewerbsschädliche Wirkungen, die von Beschränkungen in vertikalen Vereinbarungen verursacht werden, hängt von der Marktmacht der beteiligten Unternehmen und somit von dem Ausmaß ab, in dem diese Unternehmen dem Wettbewerb anderer Lieferanten von Waren oder Dienstleistungen ausgesetzt sind, die von den Käufern aufgrund ihrer Eigenschaften, ihrer Preislage und ihres Verwendungszwecks als austauschbar oder substituierbar angesehen werden.

(8) Es kann vermutet werden, daß vertikale Vereinbarungen, die nicht bestimmte Arten schwerwiegender wettbewerbsschädigender Beschränkungen enthalten, im allgemeinen zu einer Verbesserung der Produktion oder des Vertriebs und zu einer angemessenen Beteiligung der Verbraucher an dem daraus entstehenden Gewinn führen, sofern der auf den Lieferanten entfallende Anteil an dem relevanten Markt 30% nicht überschreitet. Bei vertikalen Vereinbarungen, die Alleinbelieferungsverpflichtungen vorsehen, sind die gesamten Auswirkungen der Vereinbarung auf den Markt anhand des Marktanteils des Käufers zu bestimmen.

(9) Es gibt keine Vermutung, daß oberhalb der Marktanteilsschwelle von 30% vertikale Vereinbarungen, die unter Artikel 81 Absatz 1 fallen, regelmäßig objektive Vorteile entstehen lassen, welche nach Art und Umfang geeignet sind, die Nachteile auszugleichen, die sie für den Wettbewerb mit sich bringen.

(10) Diese Verordnung darf keine vertikalen Vereinbarungen freistellen, welche Beschränkungen enthalten, die für die Herbeiführung der vorgenannten günstigen Wirkungen nicht unerläßlich sind. Insbesondere solche vertikalen Vereinbarungen, die bestimmte Arten schwerwiegender wettbewerbsschädigender Beschränkungen enthalten, wie die Festsetzung von Mindest- oder Festpreisen für den Weiterverkauf oder bestimmte Arten des Gebietsschutzes, sind daher ohne Rücksicht auf den Marktanteil der betroffenen Unternehmen von dem Vorteil der Gruppenfreistellung, die durch diese Verordnung gewährt wird, auszuschließen.

(11) Die Gruppenfreistellung ist mit bestimmten Einschränkungen zu versehen, um den Marktzugang zu gewährleisten und um Marktabsprachen vorzubeugen. Zu diesem Zwecke muß die Freistellung auf Wettbewerbsverbote von einer bestimmten Höchstdauer beschränkt werden. Aus demselben Grund sind alle unmittelbaren oder mittelbaren Verpflichtungen, welche die Mitglieder eines selektiven Vertriebssystems veranlassen, die Marken bestimmter konkurrierender Lieferanten nicht zu führen, von der Anwendung dieser Verordnung auszuschließen.

(12) Durch die Begrenzung des Marktanteils, den Ausschluß bestimmter vertikaler Vereinbarungen von der Gruppenfreistellung und die Voraussetzungen, die in dieser Verordnung vorgesehen sind, wird in der Regel sichergestellt, daß Vereinbarungen, auf welche die Gruppenfreistellung Anwendung findet, den beteiligten Unternehmen nicht die Möglichkeit eröffnen, für einen wesentlichen Teil der betreffenden Waren den Wettbewerb auszuschalten.

(13) Wenn im Einzelfall eine Vereinbarung zwar unter diese Verordnung fällt, dennoch aber Wirkungen zeitigt, die mit Artikel 81 Absatz 3 unvereinbar sind, kann die Kommission den Vorteil der Gruppenfreistellung entziehen. Dies kommt insbesondere dann in Betracht, wenn der Käufer auf dem relevanten Markt, auf dem er Waren verkauft oder Dienstleistungen erbringt, über erhebliche Marktmacht verfügt oder wenn der Zugang zu dem relevanten Markt oder der Wettbewerb auf diesem Markt durch gleichartige Wirkungen paralleler Netze vertikaler Vereinbarungen in erheblichem Maße beschränkt wird.

Derartige kumulative Wirkungen können sich etwa aus selektiven Vertriebssystemen oder aus Wettbewerbsverboten ergeben.

(14) Nach der Verordnung Nr. 19/65/EWG sind die zuständigen Behörden der Mitgliedstaaten ermächtigt, den Vorteil der Gruppenfreistellung zu entziehen, wenn die Vereinbarung Wirkungen zeitigt, die mit Artikel 81 Absatz 3 des Vertrages unvereinbar sind und im Gebiet des betreffenden Staates oder in einem Teil desselben eintreten, sofern dieses Gebiet die Merkmale eines gesonderten räumlichen Marktes aufweist. Die Mitgliedstaaten sollten sicherstellen, daß sie bei der Ausübung dieser Entzugsbefugnis nicht die einheitliche Anwendung der Wettbewerbsregeln der Gemeinschaft auf dem gesamten gemeinsamen Markt oder die volle Wirksamkeit der zu ihrem Vollzug ergangenen Maßnahmen beeinträchtigen.

(15) Um die Überwachung paralleler Netze vertikaler Vereinbarungen mit gleichartigen wettbewerbsbeschränkenden Wirkungen zu verstärken, die mehr als 50% eines Marktes erfassen, kann die Kommission erklären, daß diese Verordnung auf vertikale Vereinbarungen, welche bestimmte auf den betroffenen Markt bezogene Beschränkungen enthalten, keine Anwendung findet, und dadurch die volle Anwendbarkeit von Artikel 81 auf diese Vereinbarungen wiederherstellen.

(16) Diese Verordnung gilt unbeschadet der Anwendung von Artikel 82.

(17) Entsprechend dem Grundsatz des Vorrangs des Gemeinschaftsrechts dürfen Maßnahmen, die auf der Grundlage der nationalen Wettbewerbsgesetze getroffen werden, nicht die einheitliche Anwendung der Wettbewerbsregeln der Gemeinschaft auf dem gesamten gemeinsamen Markt oder die volle Wirksamkeit der zu ihrer Durchführung ergangenen Maßnahmen einschließlich dieser Verordnung beeinträchtigen –

HAT FOLGENDE VERORDNUNG ERLASSEN:

Einführung

1. Sinn und Zweck der Vertikal-GVO

1 **a) Grundlegende Neuorientierung der europäischen Wettbewerbskontrolle.** Die Neuregelung der vertikalen Wettbewerbsbeschränkungen im Jahr 1999 war der erste Schritt der Kommission zu der mit der VO 1/2003 weitgehend abgeschlossenen **grundlegenden Reform des europäischen Wettbewerbsrechts**. Leitlinie dieser Reform war der sog. „more economic approach": die Kommission strebte bei der Kontrolle von Wettbewerbsbeschränkungen eine Neuorientierung an, die sich stärker an den grundlegenden ökonomischen Bewertungen und Kriterien ausrichtet. Für den Bereich der vertikalen Wettbewerbsbeschränkungen wollte sie die Kontrolle darüber hinaus durch die Dezentralisierung des Vollzugs insgesamt effizienter gestalten; zugleich sollten unnötige bürokratische Belastungen der Unternehmen und der Wettbewerbsbehörden abgebaut werden.

2 Die Neuregelung der vertikalen Wettbewerbsbeschränkungen erfolgte nach mehrjährigen Vorarbeiten schließlich durch die Verordnung (EG) Nr. 2790/1999 der Kommission vom 22. Dezember 1999 (Vertikal-GVO).[4] Gegenüber dem bis dahin geltenden Rechtszustand brachte sie vor allem in drei Bereichen **wesentliche Veränderungen:**

– Anstelle mehrerer spezieller Regelungen für einzelne Typen vertikaler Wettbewerbsbeschränkungen regelt die Vertikal-GVO umfassend (nahezu) alle Formen von vertikalen Wettbewerbsbeschränkungen (**„Schirm-GVO"**).

– Die Vertikal-GVO verzichtet auf die früher üblichen zwingenden Vorgaben für die Ausgestaltung wettbewerbsbeschränkender Vereinbarungen (**„Zwangsjackeneffekt"**)

---

[4] ABl. EG 1999 Nr. L 336/21, geändert durch die Beitrittsakte zur Osterweiterung der EU, ABl. 2003 Nr. L 236/344.

B. Vertikalvereinbarungen　　　　　　　　　　　　　　　　3–6　**Einf Vert–GVO**

– Anstelle der früher überwiegend formaljuristischen Kriterien knüpft die Freistellung nun stärker an wirtschaftlichen Kriterien an (**wirtschaftliche Betrachtungsweise**).

Die Vorgängerregelungen zur Vertikal-GVO waren die drei von der Kommission auf Grundlage der VO 19/65/EWG erlassenen speziellen Gruppenfreistellungsverordnungen für Alleinvertriebsvereinbarungen,[5] Alleinbezugsvereinbarungen[6] und Franchise-Vereinbarungen.[7] Nunmehr enthält die Vertikal-GVO eine **umfassende Regelung** für (nahezu) alle Formen von vertikalen Wettbewerbsbeschränkungen. Wichtige Formen von Vertriebssystemen wie der **selektive Vertrieb** sind auf diese Weise erstmals in einer Gruppenfreistellungsverordnung geregelt. Darüber hinaus kann die neue GVO problemlos auch auf **Mischformen** oder weiterentwickelte Formen von Vertriebssystemen[8] angewandt werden. 3

Die geringe Attraktivität der drei Vorläufer-Verordnungen beruhte vor allem auf dem Erfordernis, dass bestimmte in der Verordnung vorgeschriebene Klauseln von den Unternehmen in die Verträge aufgenommen werden mussten, um in den Genuss der Freistellung zu kommen (**weiße Klauseln**). Die Vertikal-GVO verzichtet auf derartige weiße Klauseln mit ihrem Zwangsjackeneffekt; sie beschränkt sich stattdessen auf die Festlegung von sogenannten **schwarzen Klauseln** und Bedingungen, bei denen eine Freistellung (insgesamt oder teilweise) ausgeschlossen ist. Im Ergebnis ist dieses Ziel aber nur zum Teil erreicht, da vor allem einzelne Ausnahmen in Art. 4 Buchst. b eine ähnliche Wirkung wie weiße Klauseln haben. 4

Die wohl wichtigste Änderung für die Anwendung und Auslegung der Vertikal-GVO stellt der Übergang zur **wirtschaftlichen Betrachtungsweise** dar.[9] Die Gleichbehandlung von vertikalen und horizontalen Wettbewerbsbeschränkungen in Art. 81 EG – die aus integrationspolitischen Gesichtspunkten gerechtfertigt war – trägt nicht dem unterschiedlichen **wettbewerbspolitischen Gefährdungspotenzial** Rechnung, das von diesen Wettbewerbsbeschränkungen ausgeht. Während horizontale Wettbewerbsbeschränkungen angesichts der Kumulierung von Angebots- oder Nachfragepotenzialen der Wettbewerber und dem damit verbundenen Verlust an Wettbewerbsintensität im Regelfall eine erhebliche Verminderung des Wettbewerbs zu Lasten der Marktgegenseite darstellen, trifft dies auf vertikale Wettbewerbsbeschränkungen nicht in allgemeiner Form zu.[10] Ihre wettbewerbliche Schädlichkeit hängt vor allem davon ab, inwieweit durch die vertikalen Vereinbarungen eine mögliche Marktverschließung bewirkt werden kann. Dafür wiederum ist die **Marktmacht der beteiligten Unternehmen** ein wesentlicher Faktor. In den Erwägungsgründen wird dies ausdrücklich hervorgehoben.[11] Die neue Konzeption kommt insbesondere in der Marktanteilsgrenze von 30% des Art. 3 zum Ausdruck. Auch die Liste der schwarzen Klauseln in Art. 4 berücksichtigt stärker als die früheren Regelungen das wettbewerbliche Gefährdungspotential der betreffenden vertikalen Wettbewerbsbeschränkungen und insbesondere mögliche Marktverschließungseffekte. 5

In ihren Auswirkungen ist die europäische Regelung für vertikale Wettbewerbsbeschränkungen **der Missbrauchsaufsicht** des früheren deutschen Rechts **stark angenä-** 6

---

[5] VO (EWG) Nr. 1983/83, ABl. EG 1983 Nr. L 173/1.
[6] VO (EWG) Nr. 1984/83, ABl. EG 1983 Nr. L 173/5.
[7] VO (EWG) Nr. 4087/88, ABl. EG 1988 Nr. L 359/46.
[8] Vgl. *Bauer/de Bronett*, Vertikal-GVO Rn. 86. In den Leitlinien Rn. 137 weist die Kommission ausdrücklich darauf hin, dass vertikale Vereinbarungen Kombinationen verschiedener vertikaler Beschränkungen enthalten können; vgl. auch Leitlinien Rn. 119 Nr. 6 zur Einzelfallprüfung von Vereinbarungen mit mehrfachen vertikalen Wettbewerbsbeschränkungen.
[9] Vgl. Leitlinien Rn. 7. Auch in der „Erklärung des Rates zu den wesentlichen Elementen der neuen Wettbewerbspolitik in Bezug auf vertikale Vereinbarungen" (vgl. Protokoll in Dok. 7566/99 (PRESSE 123) vom 29. 4. 1999) wird die Anwendung von wirtschaftlichen Kriterien gefordert (vgl. Ziffer 2, 1. Absatz).
[10] Vgl. Erwägungsgrund 5 der Vertikal-GVO. Im Grundsatz stimmt dies mit der Bewertung von vertikalen Wettbewerbsbeschränkungen im US-Recht überein; vgl. Erläuterungen zu Art. 4 Rn. 149.
[11] Erwägungsgrund 7; vgl. auch Erwägungsgrund 8 der VO 1215/99.

Baron

hert. Das Schwergewicht der Kontrolle liegt dabei in der Verhinderung von möglichen Diskriminierungs- und Marktabschottungseffekten durch marktbeherrschende oder marktmächtige Unternehmen. In der Substanz bleibt durch die Vertikal-GVO das in Art. 81 Abs. 1 EG normierte **Verbotsprinzip für Wettbewerbsbeschränkungen** gewahrt. Ein förmlicher Übergang zur Missbrauchskontrolle, der eine Änderung des Art. 81 Abs. 1 EG vorausgesetzt hätte, war von der Kommission vor allem aus integrationspolitischen Überlegungen nicht gewollt und wäre auch nicht durchsetzbar gewesen.

7 Zur **Entstehungsgeschichte** vgl. im Einzelnen die Vorauflage (Rn. 8 ff.).

8 b) **Rechtsnatur der GVO.** Die Regelung in der Vertikal-GVO führte von Anfang an zu einer **automatischen Freistellung** vom Verbot des Art. 81 Abs. 3 EG, ohne dass es noch einer Anmeldung (Notifizierung) der Vereinbarungen gemäß dem früheren System der VO 17 bedurfte.[12] Damit war die spätere **Legalausnahme,** welche die VO 1/2003 allgemein für Art. 81 Abs. 3 EG einführte, für den Bereich der Vertikalvereinbarungen praktisch vorweggenommen. Trotzdem hat das Inkrafttreten der VO 1/2003 in Deutschland zu einer verbreiteten Unsicherheit über die Rechtsnatur der GVO geführt.[13] Vielfach wird angenommen, dass die VO 1/2003, durch die Art. 81 Abs. 3 EG allgemein für unmittelbar anwendbar erklärt worden ist, wegen der „primärrechtlichen" Natur des Art. 81 EG Vorrang vor den speziellen GVO habe und deren Anwendung allenfalls noch „deklaratorische" Bedeutung oder eine bloße „Indizwirkung" habe.[14] Dies verkennt die Rechtsnatur der Vertikal-GVO.[15] Sowohl die Gruppenfreistellung als auch die Einzelfreistellung in der Form der Legalausnahme beruhen auf einer Ratsverordnung gemäß Art. 81 Abs. 3 und Art. 83 EG; für die Gruppenfreistellung ist dies die VO 19/65 i. d. F. der VO 1215/99. Es gibt keine Hinweise, dass der Rat in der VO 1/2003 Änderungen an den bestehenden „konstitutiven" Gruppenfreistellungen vornehmen wollte. Im Gegenteil: das System der Gruppenfreistellungen ist durch die VO 1/2003 ausdrücklich bestätigt und aufrechterhalten worden.[16] Weder aus Art. 81 Abs. 3 oder Art. 83 EG noch aus der VO 1/2003 ergibt sich ein Vorrang für eines der beiden Systeme. **Einzelfreistellung und Gruppenfreistellung bestehen gleichwertig nebeneinander** als „sekundärrechtliche Legalausnahmen" (Legalkonkurrenz).[17] Auf der Normebene ist die Vertikal-GVO **die speziellere Vorschrift** gegenüber der Einzelfreistellung nach der VO 1/2003. Sie hat aber **keinen Vorrang,** auch nicht in der Form als „Prüfungsvorrang". Die normative Wirkung der Vertikal-GVO tritt im Regelfall neben und zusätzlich zu der

---

[12] Die Unternehmen hatten nach Art. 4 Abs. 2 der VO 17 i. d. F. der VO 1216/1999 die Möglichkeit einer Anmeldung, vorgeschrieben war diese aber seit 1999 nicht mehr. Schon damals legte die Kommission großen Wert darauf, dass möglichst wenige Anmeldungen erfolgten.

[13] In der ausländischen Literatur finden sich, soweit ersichtlich, derartige Zweifel an dem Rechtsnormcharakter der GVO nicht.

[14] Vgl. die Nachweise bei *Wagner* WRP 2003, 1369, 1373f. und *Heutz* WuW 2004, 1255, 1263f. Vgl. dazu auch *Bergmann* ZWeR 2004, 28, 39. So auch *Vogel* in der Vorauflage, GVO-Allg Rn. 18.

[15] Ausführlich dazu *Baron* WuW 2006, 358. Wie hier jetzt auch *Veelken* in: Immenga/Mestmäcker, EG-WbR, Einl. GFVO Rn. 3 und Vertikal-VO Rn. 25 ff./31 sowie *Sura* in Langen/Bunte, VO Nr. 1/2003 Art. 1 Rn. 8.

[16] Vgl. Art. 29 und Art. 3 Abs. 2 der VO 1/2003; auch der Wortlaut von Art. 1 Abs. 2 („Entscheidung") spricht für einen konstitutiven (verbindlichen) Charakter. *Sura* (s. vorige Fußn.) weist gleichfalls auf Art. 29 der VO 1/2003 als Argument für den Rechtsnormcharakter der GVO hin.

[17] Vgl. *Wagner* WRP 2003, 1369, 1374f., der aber zu Unrecht die Einzelfreistellung als „primärrechtliche" Legalausnahme bezeichnet; auch im System der Legalausnahme ist die Einzelfreistellung sekundärrechtlicher Natur, beruhend auf der VO 1/2003. Wie hier *K. Schmidt* BB 2000, 1237, 1241. Im Ergebnis ebenso *Saria* in: Liebscher/Flohr/Petsche, Handbuch der EU-Gruppenfreistellungsverordnungen, S. 52, der Gruppenfreistellungen trotz ihres „deklarativen" Charakter eine „Bindungswirkung" als Rechtsnorm beimisst. Ähnlich *Nolte* in: Langen/Bunte, Art. 81 Fallgruppen Rn. 436ff., wonach den GVO konstitutive Wirkung im Sinne einer gesetzlichen Fiktion der Vereinbarkeit mit Art. 81 Abs. 3 EG zukommt; für eine solche Fiktion fehlt aber die Rechtsgrundlage.

B. Vertikalvereinbarungen 9–13 **Einf Vert-GVO**

Einzelfreistellung, in Ausnahmefällen auch darüber hinaus ein, wie umgekehrt die Einzelfreistellung unabhängig vom Vorliegen einer Gruppenfreistellung ist.

Daraus ergibt sich für das **Verhältnis der Vertikal-GVO zur VO 1/2003:** Eine Freistellung auf Grund der GVO wirkt normativ und macht einen Rückgriff auf die Einzelfreistellung nach der VO 1/2003 entbehrlich. Dies entspricht dem Sinn und Zweck der GVO. Soweit die Vertikal-GVO nicht eingreift, ist zu unterscheiden: Bei Kernbeschränkungen nach Art. 4 der GVO ist zwar eine Einzelfallprüfung nach der VO 1/2003 theoretisch möglich, eine Freistellung ist jedoch „unwahrscheinlich".[18] Bei Beschränkungen i. S. des Art. 5 enthält die Vertikal-GVO eine spezielle Regelung, die eine (auch nur hilfsweise) Anwendung der VO 1/2003 ganz ausschließt. Dagegen bleibt eine Einzelfallprüfung uneingeschränkt möglich, wenn die Vertikal-GVO wegen Überschreitens der Marktanteilsschwelle des Art. 3 nicht anwendbar ist.[19] Das gilt erst recht, falls die Vereinbarung nicht in den Anwendungsbereich des Art. 2 der Vertikal-GVO fällt.[20]

c) Rechtsgrundlage. Die Vertikal-GVO der Kommission ist gestützt auf die Ratsverordnung 19/65/EWG,[21] geändert durch die VO 1215/99. Diese Rechtsgrundlage ist nach allgemeiner Meinung hinreichend. Dagegen sind vereinzelt **Zweifel an der Rechtsgültigkeit** der VO 1215/99 geäußert worden. Die Bedenken bestehen darin, der Freistellungsumfang gehe bei der Neuregelung in Teilbereichen über den Rahmen des Art. 81 Abs. 3 EG hinaus.[22]

Diese Bedenken sind **nicht berechtigt.** Für die Rechtsgültigkeit einer Gruppenfreistellung kommt es allein darauf an, dass in der VO eine sachgerechte, an den Kriterien des Art. 81 Abs. 3 EG ausgerichtete Gruppenbildung vorgenommen wird. Dies entspricht dem Auftrag des Art. 83 Abs. 2 (b) EG, der ausdrücklich neben dem Erfordernis einer wirksamen Überwachung eine „möglichst einfache Verwaltungskontrolle" vorschreibt. Die Kommission hat bei der Festlegung der normtypischen Freistellungstatbestände einen **Ermessensspielraum.** Einzelne „Ausreißer", bei denen die gruppenweise Freistellung im Einzelfall ausnahmsweise nicht gerechtfertigt ist, können und müssen notfalls mit dem Instrument des Widerrufs im Einzelfall (Art. 6 und 7) eingefangen werden.

Bei der gebotenen **generalisierenden Betrachtungsweise** sind die Kriterien der gruppenweisen Freistellung in der Vertikal-GVO, die sich im Wesentlichen an der wirtschaftlichen Betrachtungsweise orientieren, nicht zu beanstanden. Im Übrigen ist davon auszugehen, dass der Rat durch Art. 29 der VO 1/2003 die Geltung auch der Vertikal-GVO im Ergebnis nachträglich bekräftigt hat.

2. Praktische Bedeutung

a) Die Vertikal-GVO als „Schirm-GVO". Im Gegensatz zu den Vorgängerregelungen, deren Anwendungsbereich auf drei Spezialfälle beschränkt war, gilt die Vertikal-GVO umfassend für alle vertikalen Wettbewerbsbeschränkungen, mit nur wenigen Ausnahmen (Art. 2 Abs. 5). Daraus leitet sich die gebräuchliche Bezeichnung **Schirm- GVO** ab. Die früheren Regelungen blieben in ihrer Wirkung vor allem deshalb beschränkt, weil aus ihnen kaum gemeinsame Grundlinien abgeleitet werden konnten, die sich auf andere, nicht geregelte vertikale Wettbeschränkungen entsprechend übertragen ließen. Hier hat die Vertikal-GVO einen grundlegenden Wandel bewirkt. Sie ist ein wesentliches Element der

---

[18] Vgl. Leitlinien Rn. 46
[19] Vgl. Erwägungsgrund Nr. 9 und Leitlinien Rn. 62. Zur Frage der „Ausstrahlungswirkung" s. nachfolgend Ziff. 4 d.
[20] In diesem Fall greifen entweder andere GVO ein (vgl. Art. 2 Abs. 5 der GVO) oder es muss eine Einzelfallprüfung nach Art. 81 Abs. 3 EG erfolgen.
[21] ABl. EG Nr. 36 vom 6. 3. 1965, S. 533.
[22] *Veelken* in: Immenga/Mestmäcker, EG-WbR, Einl. GFVO Rn. 17 ff.; außerhalb Deutschlands sind solche Zweifel nicht bekannt geworden.

Einf Vert-GVO 14, 15   7. Teil. Gruppenfreistellungsverordnungen

umfassenden Reform des europäischen Wettbewerbsrechts und bildet eine der **grundlegenden Normen** in dem neuen System. Auch die neu gefassten Branchen-Sonderregelungen für den Kfz-Vertrieb[23] und den Technologietransfer[24] folgen nun den Prinzipien der Vertikal-GVO. Für den Bereich der horizontalen Wettbewerbsbeschränkungen gibt es keine vergleichbare allgemeine Regelung.

14   Vertikale Wettbewerbsbeschränkungen sind im Wirtschaftsleben weit verbreitet und viel häufiger als horizontale Beschränkungen. Trotzdem finden sich **nur wenige Entscheidungen** der Kommission zur Vertikal-GVO;[25] bis 1999 machten Vertikalvereinbarungen dagegen zahlenmäßig den größten Anteil an den von der Kommission zu bearbeitenden Fällen aus. Vor allem nach Inkrafttreten der VO 1/2003 hat sich die Kommission kaum noch mit der Frage einer Freistellung von vertikalen Beschränkungen befasst.[26] Wenn sie sich in einer Entscheidung überhaupt zur Vertikal-GVO geäußert hat, beschränkte sich dies meist auf einen kurzen Hinweis, dass die Voraussetzungen einer Freistellung erkennbar nicht erfüllt waren.[27] Dies unterstreicht die **große praktische Bedeutung der Vertikal-GVO als Legalausnahme** und des Systems der „Selbsteinschätzung" der Unternehmen. Offenbar gelingt es den Unternehmen in großem Umfang, ihre Vertikalvereinbarungen (Vertriebs- und Zulieferverträge) so auszurichten, dass etwaige Wettbewerbsbeschränkungen durch die Vertikal-GVO freigestellt sind.[28] Sie vermeiden auf diese Weise das Risiko einer Fehleinschätzung im Rahmen einer Einzelfallbeurteilung nach Art. 81 Abs. 3 EG im Rahmen der VO 1/2003. Die Kommission unterstützt und fördert diese Entwicklung. Zu ihren wettbewerbspolitischen Grundsätzen seit dem „Modernisierungspaket" gehört es, dass sie nur noch solche Fälle aufgreift, in denen schwerwiegende oder verbreitete Verstöße gegen Art. 81 oder 82 EG vorliegen.[29] Vertikale Wettbewerbsbeschränkungen fallen meist nicht in diese Kategorie.[30]

15   b) „Sicherer Hafen" für freigestellte Wettbewerbsbeschränkungen. In der Praxis wird durch die Vertikal-GVO wahrscheinlich die **große Mehrheit der vertikalen Wettbewerbsbeschränkungen freigestellt;** genaue Zahlen liegen nicht vor.[31] Besonders kleineren, rechtlich unerfahrenen Unternehmen bietet die Vertikal-GVO einen „sicheren Hafen". Zwar sind Einzelfreistellungen nach dem neuen System der Legalausnahme (VO 1/2003) in ihrer Wirkung den Gruppenfreistellungen stark angenähert; insbesondere

---

[23] Verordnung (EG) Nr. 1400/2002 vom 31. 7. 2002, ABl. EG 2002 Nr. L 203/30.

[24] Verordnung (EG) Nr. 772/2004 vom 27. 4. 2004, ABl. EG 2004 Nr. L 123/11.

[25] Zu den wenigen Ausnahmen, in denen die Kommission die Voraussetzungen der Vertikal-GVO bejaht hat, gehört vor allem das Verfahren Neste (Fälle COMP/E/37.194 und 37.195), das den Vertrieb von Kfz-Kraftstoffen in Finnland betraf und durch Verwaltungsschreiben abgeschlossen wurde (vgl. Wettbewerbsbericht 2003 S. 213).

[26] In der Sache hatte dies keine Auswirkungen auf das System der „Selbsteinschätzung", jedoch hat die Kommission seitdem die Konzentration auf Hard-core-Verstöße verstärkt.

[27] So z. B. in den Verfahren Yamaha (Entscheidung vom 16. 7. 2003, COMP 37.975) und Topps (Entscheidung vom 26. 4. 2004, COMP 37.980). Gleiches gilt für die Fälle, in denen die Kommission Geldbußen bei vertikalen Wettbewerbsbeschränkungen verhängt hat; vgl. z. B. das Verfahren JCB Service (Entscheidung vom 21. 12. 2000, COMP 35.918; in den nachfolgenden Gerichtsverfahren spielte die Vertikal-GVO ebenfalls keine Rolle) sowie die verschiedenen Verfahren gegen Kfz-Hersteller wegen Preisbindung der Händler. Offen gelassen ist die Anwendung der VertikalGVO in der Art. 9-Entscheidung der Kommission vom 12. 4. 2006 im Fall Repsol (COMP 38.348).

[28] Nähere Untersuchungen sind hierzu nicht bekannt.

[29] Auch in diesen Fällen wird die Kommission häufig nicht aus eigenem Antrieb, sondern aufgrund von Beschwerden Dritter oder der Vertragsbeteiligten tätig. Vgl. dazu die Bekanntmachung der Kommission über die Behandlung von Beschwerden durch die Kommission gemäß Artikel 81 und 82 EG-Vertrag, ABl. Nr. C 101 vom 27. 4. 2004, S. 65.

[30] Vgl. zum wettbewerbspolitischen Gefährdungspotenzial oben Rn. 5

[31] Nach inoffiziellen Schätzungen der Kommission liegen etwa 80% aller Vertikalvereinbarungen unterhalb der Marktanteilsgrenze in Art. 3 der Vertikal-GVO; vgl. Erläuterungen zu Art. 3 Rn. 106.

ist eine Anmeldung der Vereinbarungen nicht mehr nötig. Die Vertikal-GVO schafft aber **in vielen Fällen Klarheit und Rechtssicherheit,** die sonst nicht bestehen würde. Es liegt an den Unternehmen selbst, durch eine entsprechende Vertragsgestaltung dafür Sorge zu tragen, dass für die Freistellung nach der Vertikal-GVO **keine schwierigen Nachweise** erbracht werden müssen. Notwendig sind dafür in erster Linie Vertragsklauseln, die sich deutlich von den „schwarzen Klauseln" (Art. 4) abgrenzen.

Für die betroffenen Unternehmen ist die Rechtssicherheit durch die gruppenweise Freistellung in der Regel ein **großer Vorteil.** Gerade im System der Legalausnahme nach der VO 1/2003 liegt der Sinn einer Gruppenfreistellung darin, dass der Kreis der freigestellten Wettbewerbsbeschränkungen möglichst leicht und zügig ermittelt werden kann, ohne dass jeweils die Voraussetzungen des Art. 81 Abs. 3 EG für jeden Einzelfall nachgewiesen werden müssen. In vielen Fällen macht die neue GVO auch eine Feststellung entbehrlich, ob die betreffende vertikale Vereinbarung eine **spürbare Wettbewerbsbeschränkung i. S. d. Art. 81 Abs. 1 EG** darstellt. Diese häufig schwierig zu beurteilende Frage kann dahinstehen, wenn die Voraussetzungen der Vertikal-GVO offensichtlich erfüllt sind; auf diesen Vorzug weist die Kommission zu Recht hin.[32]

Von den Unternehmen wird vor allem die **Marktanteilsschwelle** des Art. 3 als Unsicherheitsfaktor kritisiert.[33] Aber auch die Auslegung der Art. 4 und 5 der GVO, die z.T. schwer verständlich sind, kann erhebliche Schwierigkeiten bereiten. Hinsichtlich der Marktanteile wird der Lieferant in der Regel leichter einschätzen können, ob der kritische Bereich erreicht ist. Kritischer ist die Situation für die Vertragspartner (Händler), die insoweit auf Informationen durch den Lieferanten angewiesen sind. Im Ergebnis scheinen die Unternehmen aber mit dem neuen System ohne größere Probleme zurechtzukommen.

c) Leitlinien der Kommission. Für die Anwendung der Vertikal-GVO haben die von der Kommission veröffentlichten „Leitlinien für vertikale Beschränkungen"[34] große Bedeutung. Auf solche Erläuterungen hatten die Mitgliedstaaten bei den Vorberatungen der Rats-VO 1215/99 und der Vertikal-GVO nachhaltig gedrängt.[35] Für die Praxis sind sie häufig ebenso wichtig wie der Verordnungstext selbst. Leitlinien haben **keinen Normcharakter.** In Deutschland wird ihre Wirkung deshalb vielfach unterschätzt. Sie haben eine rechtlich wirksame **Selbstbindung der Kommission** zur Folge.[36] Diese kann zwar für die Zukunft neue Regeln erlassen, wenn dafür ein Bedürfnis besteht. Bei abgeschlossenen Sachverhalten kann sie aber nach dem Vertrauensgrundsatz von den Leitlinien nur abweichen, wenn dies durch besondere Gründe – die eng auszulegen sind – gerechtfertigt ist.[37] Auch die europäischen Gerichte überprüfen die Selbstbindung der Kommission bis in die Einzelheiten. Dadurch wenden sie die **Leitlinien vielfach in gleicher Weise wie Rechtsnormen** an. Da die Leitlinien den Inhalt des europäischen Rechts bestimmen, wirkt sich dies zumindest faktisch auf die Anwendung des europäischen Rechts durch die Behörden und Gerichte der Mitgliedstaaten aus. Nach § 2 Abs. 2 GWB gilt dies für das deutsche Recht, auch soweit keine zwischenstaatlichen Auswirkungen vorliegen.

Im Umfang gehen die Vertikal-Leitlinien über den Bereich der Freistellungsvoraussetzungen weit hinaus und behandeln sowohl Einzelfälle der **Anwendung des Art. 81**

---

[32] Die Kommission geht in den Leitlinien Rn. 120 davon aus, dass generell zunächst die Voraussetzungen der Vertikal-GVO untersucht werden, bevor zu prüfen ist, ob Art. 81 Abs. 1 EG anwendbar ist. Kritisch gegenüber dieser Verallgemeinerung zu Recht *Bauer/de Bronett,* Vertikal-GVO Rn. 21 f.
[33] Vgl. dazu Art. 3 Rn. 105
[34] ABl. EG 2000 Nr. C 291/1.
[35] Dies kommt auch in der Erklärung des Rates vom 29. 4. 1999 (s. Fußn. 6) zum Ausdruck (vgl. Ziffer 2, 2. Absatz).
[36] Anders ist es nur, soweit die Leitlinien wegen Verstoßes gegen höherrangiges Recht unwirksam sind. Dies sind aber Ausnahmefälle.
[37] Dies entspricht der ständigen Rechtsprechung der europäischen Gerichte vor allem bei der Bemessung von Geldbußen.

Abs. 1 EG als auch zum überwiegenden Teil die Anwendung des Art. 81 Abs. 3 EG im Wege der **Einzelfallprüfung** auf nicht von der GVO erfasste Wettbewerbsbeschränkungen.[38] Auf die gruppenweise Freistellung durch die Vertikal-GVO beziehen sich nur die Randziffern 21 bis 99 der Leitlinien; sie sind bei der Anwendung der GVO stets mit heranzuziehen.[39]

3. Auslegung der Vertikal-GVO

20 Durch Gruppenfreistellungsverordnungen werden für bestimmte Fallgruppen die Voraussetzungen einer Freistellung nach Art. 81 Abs. 3 EG konkretisiert. Sie entfalten daher nur dann Wirkung, wenn die **Voraussetzungen des Art. 81 Abs. 1 EG** im konkreten Fall erfüllt sind.[40] Bei der Auslegung der Vertikal-GVO sind, wie bei allen GVO, der Zusammenhang und die Einbindung in das System des Art. 81 EG stets mit zu berücksichtigen.

21 Die Vertikal-GVO wirft in der Anwendung eine Fülle von schwierigen, z. T. nicht eindeutig zu beantwortenden Rechtsfragen auf. Rechtsprechung und Erläuterungen zu den drei **Vorgänger-Verordnungen** können für die Auslegung der Vertikal-GVO nur sehr eingeschränkt und mit Vorbehalten zu Hilfe gezogen werden. Eine Regel, dass bei Zweifelsfällen im Grundsatz der frühere Rechtszustand übernommen werden sollte, war weder von der Kommission noch von den Mitgliedstaaten gewollt. Dagegen spricht auch der weite Anwendungsbereich der GVO, der erheblich über den alten Rechtszustand hinausgeht und wesentliche Bereiche wie z. B. den selektiven Vertrieb erstmals regelt. Grundsätzlich muss daher die Vertikal-GVO **aus sich selbst heraus** und, soweit möglich, **auf der Basis der Leitlinien** der Kommission ausgelegt und angewandt werden.

22 Damit die GVO ihren Zweck erfüllen kann, ist bei der Auslegung vor allem der Gesichtspunkt eines „**sicheren Hafens**" **als Maßstab** zu berücksichtigen. Notwendig ist deshalb, dass die Vertragsparteien im Zeitpunkt des Vertragsschlusses eine einigermaßen sichere Prognose über die Freistellung vornehmen können. Wenn erst durch nachträgliche Abwägungen eine Entscheidung möglich ist, verliert die GVO ihren speziellen Sinn.[41] Im Zweifelsfall ist bei der Auslegung auf eine **einfache und klare Regelung** zu achten. Umfangreiche und schwierige Bewertungen sind nicht Aufgabe einer GVO, sondern der Einzelfallprüfung nach Art. 81 Abs. 3 EG vorzubehalten.

23 Eine Rolle spielen bei der Auslegung auch die **unterschiedlichen Rechtsfolgen**. Bei einer zu weitgehenden gruppenweisen Freistellung, die über den Rahmen des Art. 81 Abs. 3 EG hinausgeht, ist gfls. ein umständliches und zeitaufwändiges Entzugsverfahren nach Art. 6 und 7 nötig. Dagegen ist das Risiko bei einer engen Auslegung, die den Rahmen des Art. 81 Abs. 3 EG nicht ausschöpft, deutlich geringer, da eine Einzelfreistellung möglich bleibt. Das gilt vor allem für die Auslegung des Anwendungsbereichs nach Art. 2, während Kernbeschränkungen nach Art. 4 restriktiv ausgelegt werden sollten.[42]

4. Rechtsfolgen

24 **a) Die Wirkung der Freistellung.** Die GVO ist eine Norm im Sinne des Art. 249 Abs. 2 EG; sie hat allgemeine Geltung, ist in allen ihren Teilen verbindlich und gilt unmittelbar in allen Mitgliedstaaten. Die Freistellung durch die Vertikal-GVO hat daher **normativen Charakter** und somit „konstitutive" Wirkung: Die VO als Sekundärrecht legt fest, in welchen Fällen die primärrechtliche Norm des Art. 81 Abs. 3 EG anwendbar ist. Diese Wirkung tritt auch dann ein, wenn wegen besonderer Umstände die Vorausset-

---

[38] Rn. 8 bis 20 und Rn. 134 ff.
[39] Zur Bedeutung der Leitlinien vgl. *Bergmann* ZWeR 2004, 28, 38 f.
[40] Vgl. Art. 2 Abs. 1 Unterabs. 2 der Vertikal-GVO. Zur Reihenfolge vgl. auch oben Rn. 16.
[41] Diese Konsequenz kann sich z. B. bei der Bewertung von Mindestabnahmeverpflichtungen ergeben, wenn auf Vorjahreswerte abgestellt wird; vgl. dazu Art. 5 Rn. 269.
[42] In diesen Fällen ist eine Einzelfreistellung „unwahrscheinlich"; s. Leitlinien Rn. 46.

B. Vertikalvereinbarungen **25–30 Einf Vert–GVO**

zungen des Art. 81 Abs. 3 EG im Einzelfall nicht erfüllt sein sollten. Um die Freistellungen in diesen Fällen rückgängig zu machen und die Wirkungen des Art. 81 Abs. 1 und 2 EG eintreten zu lassen, bedarf es einer Entscheidung der Wettbewerbsbehörde nach Art. 6 bzw. Art. 7 oder einer Verordnung nach Art. 8. Dabei bleibt die Freistellung so lange wirksam, bis sie durch Entscheidung oder Verordnung mit Wirkung für die Zukunft (ex nunc) aufgehoben worden ist. Da die Vertikal-GVO eine Norm des Gemeinschaftsrechts ist, hat sie **für Behörden und Gerichte der Mitgliedstaaten verbindliche Wirkung.** Sie ist auch dann zu befolgen, wenn Zweifel an ihrer Rechtsgültigkeit bestehen sollten. Die nationalen Gerichte können (und müssen gfls.) die Frage der Rechtsgültigkeit oder der Auslegung der VO dem EuGH nach Art. 234 EG zur Entscheidung vorlegen.

b) Umfang der Freistellung. Die Freistellung erstreckt sich nicht auf einzelne Klauseln, sondern erfasst das **gesamte Rechtsgeschäft** (Vertrag, Beschluss, abgestimmtes Verhalten), einschließlich aller Nebenabreden. Unerheblich ist, ob diese Nebenabreden für die Vereinbarung wesentlich sind oder ob sie bloße Annexregelungen darstellen, sofern sie nur nach dem Willen der Parteien Teil des einheitlichen Rechtsgeschäfts sind.[43] Wie weit der Umfang des Rechtsgeschäfts reicht und welche Abreden im Einzelnen umfasst sind, bestimmt sich nach den allgemeinen Regeln. Sofern einzelne Klauseln der Vereinbarung nicht freistellungsfähig sind, gelten die Rechtsfolgen nach Art. 4 und 5.[44] 25

Die Freistellung bezieht sich grundsätzlich **nicht auf horizontale Wettbewerbsbeschränkungen,** soweit solche neben vertikalen Wettbewerbsbeschränkungen vorliegen. Lediglich Art. 2 Abs. 4 sieht insoweit eine eingeschränkte Ausnahme vor. 26

Die Vertikal-GVO stellt nur im Hinblick auf das Verbot des Art. 81 Abs. 1 EG frei. **Sonstige Verbote,** wie z. B. das Missbrauchsverbot des **Art. 82 EG,** das Beihilfeverbot nach Art. 87 EG oder andere Regelungen des EG-Vertrags, werden durch die Gruppenfreistellung nicht berührt.[45] 27

c) Keine Vermutung der Rechtswidrigkeit für nicht freigestellte Wettbewerbsbeschränkungen. Vereinbarungen, die nicht durch die Vertikal-GVO freigestellt werden, sind deswegen nicht ohne weiteres unzulässig und nach Art. 81 Abs. 2 EG nichtig. Für das Überschreiten der Marktanteilsgrenze von 30% legt dies der **Erwägungsgrund 9** ausdrücklich fest.[46] Dies ist Ausfluss eines allgemeinen Grundsatzes, der über den konkreten Fall des Art. 3 hinaus gilt. Bei nicht freigestellten vertikalen Wettbewerbsbeschränkungen bedarf es in jedem Einzelfall einer umfassenden Abwägung, ob im Hinblick auf die wirtschaftlichen Auswirkungen die Voraussetzungen des Art. 81 Abs. 3 EG tatsächlich erfüllt sind oder nicht.[47] Vermutungstatbestände, die bestimmte Vorfestlegungen enthalten, wären damit nicht vereinbar. 28

Auch der Umstand, dass für „schwarze Klauseln" im Sinne des Art. 4 nach den Leitlinien der Kommission regelmäßig eine Einzelfreistellung „unwahrscheinlich"[48] ist, nötigt nicht zu einer anderen Beurteilung. Die geringen Chancen einer Einzelfreistellung folgen in diesem Fall nicht aus der Nichtanwendbarkeit der GVO, sondern aus der wettbewerblichen Schädlichkeit der Klauseln. Dieses Gefahrenpotenzial ist in der Tat auch bei Einzelfallprüfungen zu berücksichtigen. 29

d) „Ausstrahlungswirkung" auf nicht freigestellte Wettbewerbsbeschränkungen? Die Vertikal-GVO hat, sofern ihre Voraussetzungen erfüllt sind, eine positive Wir- 30

---

[43] Vgl. dazu die Erläuterungen bei Art. 2 insbesondere Rn. 67 ff.
[44] S. Erläuterungen dort.
[45] Für Art. 82 EG ist dies in Erwägungsgrund 16 der Vertikal-GVO ausdrücklich klargestellt. Im Übrigen folgt die Beschränkung auf Art. 81 Abs. 1 EG aus dem Eingangswortlaut des Art. 2 Abs. 1 der Vertikal-GVO.
[46] Vgl. dazu Leitlinien Rn. 62.
[47] Leitlinien Rn. 62.
[48] Leitlinien Rn. 46.

kung, indem die betreffenden Vereinbarungen vom Verbot des Art. 81 Abs. 1 EG freigestellt sind. Unstreitig ergibt sich daraus eine „positive Ausstrahlungswirkung" in dem Sinn, dass freigestellte Vereinbarungen auch bei der Anwendung anderer Rechtsvorschriften nicht als missbilligt betrachtet werden dürfen.[49] Streitig ist, ob bei Nichtvorliegen der Voraussetzungen der Vertikal-GVO eine **negative Wirkung** eintritt in der Form, dass in diesem Fall eine Einzelfallfreistellung unmittelbar nach Art. 81 Abs. 3 EG nicht in Betracht kommt.[50] Dies wird als „Ausstrahlungswirkung"[51] bzw. „Leitbildfunktion"[52] bzw. als „Leitliniencharakter" der GVO bezeichnet.

31 Eine solche negative Wirkung der GVO ist **abzulehnen.** Hinsichtlich der Marktanteilsgrenze (Art. 3) widerspricht sie nicht nur den Leitlinien, sondern auch dem Text der GVO selbst (Erwägungsgrund 9). Ein Umkehrschluss auf die nicht von der GVO erfassten Sachverhalte wäre nur möglich, wenn die GVO implizit eine Feststellung enthielte, dass der Anwendungsbereich des Art. 81 Abs. 3 EG grundsätzlich für alle denkbaren Fälle abgedeckt sein soll. Das ist jedoch nicht der Fall.[53] Dies widerspräche auch dem Zweck der Regelung, die einen „sicheren Hafen" für bestimmte Vereinbarungen schaffen soll.[54] Der BGH hat bislang die Frage einer „Leitbildfunktion" der Gruppenfreistellung für die Inhaltskontrolle von Vereinbarungen offen gelassen.[55] Im Ergebnis verneint er jedoch eine solche „Leitbildfunktion", da er für nicht freigestellte Vereinbarungen Art. 81 Abs. 3 EG ohne Einschränkungen für anwendbar hält.[56]

32 Auch hinsichtlich der **Wettbewerbsverbote in Art. 5** ist eine negative Ausstrahlungswirkung abzulehnen. Bei Überschreiten der Bindungsdauer von 5 Jahren und/oder des Bindungsumfangs von 80% (Art. 5 Buchst. a i. V. m. Art. 1 Buchst. b) ist eine Einzelfallabwägung der Freistellungsvoraussetzungen des Art. 81 Abs. 3 EG vorzunehmen. Die „Beweislast" bestimmt sich dabei nach Art. 2 der VO 1/2003.

33 Entsprechendes gilt für die Frage einer möglichen (negativen) **Ausstrahlungswirkung auf das deutsche Recht** in dem Sinn, dass auch eine Einzelfallfreistellung nach deutschem Recht ausgeschlossen und eine Vereinbarung nach § 1 GWB zu untersagen wäre.[57] Dies ist ebenfalls abzulehnen.[58] Der Umstand, dass die Voraussetzungen einer Freistellung nach der Vertikal-GVO nicht erfüllt sind, lässt grundsätzlich keinen Rückschluss auf das Vorliegen des § 1 GWB bzw. einer Freistellung nach deutschem Recht zu.

---

[49] Dies gilt jedenfalls für die Anwendung wettbewerbsbezogener Regelungen des europäischen oder nationalen Rechts. Ein Unwerturteil aus anderen Rechtsgründen bleibt grundsätzlich unberührt. Nach Auffassung des BGH (WuW DE-R 1335, 1344) ist allerdings eine freigestellte Klausel auch im Rahmen der Inhaltskontrolle Allgemeiner Geschäftsbedingungen nicht zu beanstanden. Vgl. dazu auch Rn. 38.

[50] Dies ist in Literatur und Rechtsprechung vor allem für langfristige Energielieferverträge erörtert worden; vgl. *Säcker/Jaecks,* Langfristige Energielieferverträge und Wettbewerbsrecht, S. 28 f. und *Dreher* ZWeR 2003, 3, 10 m. w. N.; OLG Stuttgart RdE 2002, 182. Gegen eine Ausstrahlungswirkung offenbar *Markert* WRP 2003, 356, 364. Allgemein für eine negative Ausstrahlungswirkung der Vertikal-GVO *Bauer/de Bronett,* Vertikal-GVO Rn. 304 und *Wagner* WRP 2003, 1369, 1381.

[51] *Dreher* ZWeR 2003, 3, 10 ff.

[52] *Säcker/Jaecks,* Langfristige Energielieferverträge und Wettbewerbsrecht, S. 14 und 28 ff.

[53] Anders ohne Begründung *Bauer/de Bronett,* Vertikal-GVO Rn. 304. Dass Gruppenfreistellungsverordnungen keine abschließende Regelung enthalten, ist im Bereich der horizontalen Beschränkungen besonders deutlich.

[54] *Bunte,* Langfristige Gaslieferverträge nach nationalem und europäischem Kartellrecht, S. 72 ff.

[55] So vor allem in der Entscheidung vom 13. 7. 2004, BGH WuW DE-R 1335, 1338.

[56] Nach der Entscheidung des BGH soll dies sogar im Fall von Kernbeschränkungen gelten (vgl. WuW DE-R 1335, 1341 und 1348); dies geht über die Auffassung der Kommission hinaus, dass eine Einzelfreistellung solcher Vereinbarungen „unwahrscheinlich" ist (vgl. Leitlinien Rn. 46).

[57] Vgl. *Säcker/Jaecks,* Langfristige Energielieferverträge und Wettbewerbsrecht, S. 48 ff.

[58] So *Bunte,* Langfristige Gaslieferverträge nach nationalem und europäischem Kartellrecht, S. 74.

B. Vertikalvereinbarungen 34–38 **Art. 1 Vert-GVO**

5. Verhältnis zu anderen Vorschriften

a) Verhältnis zu anderen EU-Normen. Gegenüber der Vertikal-GVO als General- 34
norm haben **spezielle Regelungen** für einzelne Bereiche Vorrang (Art. 2 Abs. 5). Dies
gilt insbesondere für die Kfz-GVO und die Technologietransfer-GVO.
Zur Behandlung von horizontalen Wettbewerbsbeschränkungen vgl. Art. 2 Abs. 4.

b) Verhältnis zum deutschen Recht. Die Vertikal-GVO nimmt wie alle GVO als 35
gemeinschaftsrechtlicher Legislativakt (Art. 249 Abs. 2 EG) am **Vorrang des Gemeinschaftsrechts** teil. Nach Art. 3 der VO 1/2003 gilt ab 1. Mai 2004 der erweiterte Vorrang
des europäischen Rechts. Seitdem sind die strengeren Anforderungen, die das deutsche
Recht früher z. B. bei Preisbindungen über Art. 4 Buchst. a der Vertikal-GVO hinaus stellte – insbesondere bei Höchstpreisen und Preisempfehlungen gemäß § 14 bzw. §§ 22 und
23 i. d. F. der 6. GWB-Novelle – nicht mehr anwendbar.[59]

Mit der **7. GWB-Novelle** wurde das deutsche Recht der wettbewerbsbeschränken- 36
den Vereinbarungen vollständig an das europäische Recht angepasst. Dies gilt auch
für den Bereich unterhalb der zwischenstaatlichen Auswirkungen, für den das nationale
Recht uneingeschränkt anwendbar bleibt.[60] Damit ist ein **Gleichklang von deutschem
und europäischem Recht** sichergestellt. Ein Konfliktfall kann sich künftig nicht mehr
stellen.[61]

Ein „Einfallstor" für **Wertungen des europäischen Rechts** besteht darüber hinaus bei 37
der Anwendung von unbestimmten wertenden Rechtsbegriffen. Vorgänge, die nach EU-
Recht positiv beurteilt werden, können sinnvollerweise im deutschen Recht nicht als „missbräuchlich", „unbillig" oder „unlauter" eingestuft werden.[62] Umgekehrt sind „schwarze
Klauseln" (Art. 4) bei der Anwendung des deutschen Rechts grundsätzlich als wettbewerbsschädlich einzustufen.

Unberührt von der Gruppenfreistellung bleiben Regelungen im deutschen Recht, die 38
andere als wettbewerbsrechtliche Ziele verfolgen. Insoweit entfällt auch der Vorrang
des europäischen Rechts (Art. 3 Abs. 3 der VO 1/2003). Daraus folgt, dass z. B. die **Inhaltskontrolle von AGB** nach § 307 BGB unabhängig von der Regelung in der Vertikal-
GVO ist.[63] Beide Regelungen sind nebeneinander anwendbar.

Art. 1 [Definitionen]

Für die Anwendung dieser Verordnung gelten folgende Begriffsbestimmungen:

a) „Wettbewerber" sind tatsächliche oder potentielle Anbieter im selben Produktmarkt; der Produktmarkt umfasst Waren oder Dienstleistungen, die vom Käufer
aufgrund ihrer Eigenschaften, ihrer Preislage und ihres Verwendungszwecks als
mit den Vertragswaren oder -dienstleistungen austauschbar oder durch diese substituierbar angesehen werden.

b) „Wettbewerbsverbote" sind alle unmittelbaren oder mittelbaren Verpflichtungen,
die den Käufer veranlassen, keine Waren oder Dienstleistungen herzustellen, zu
beziehen, zu verkaufen oder weiterzuverkaufen, die mit den Vertragswaren oder
-dienstleistungen im Wettbewerb stehen, sowie alle unmittelbaren oder mittelbaren Verpflichtungen des Käufers, mehr als 80% seiner auf der Grundlage des Einkaufswertes des vorherigen Kalenderjahres berechneten gesamten Einkäufe von

---

[59] Die Vorrangfrage, die früher sehr umstritten war, ist inzwischen durch Art. 3 Abs. 2 der VO 1/2003 eindeutig geklärt.
[60] Vgl. § 2 Abs. 1 und 2 GWB.
[61] Zur Frage des Vorrangs bei „einseitigen" Handlungen, insbesondere im Fall des § 20 GWB, s. Erläuterungen zu Art. 4 Rn. 243.
[62] Vgl. Erläuterungen zu Art. 4 Rn. 244.
[63] Im Ergebnis ebenso BGH WuW DE-R 1335, 1339 ff. Vgl. aber auch oben Rn. 31.

Vertragswaren oder -dienstleistungen sowie ihrer Substitute auf dem relevanten Markt vom Lieferanten oder einem anderen vom Lieferanten bezeichneten Unternehmen zu beziehen.

c) „Alleinbelieferungsverpflichtungen" sind alle unmittelbaren oder mittelbaren Verpflichtungen, die den Lieferanten veranlassen, die in der Vereinbarung bezeichneten Waren oder Dienstleistungen zum Zwecke einer spezifischen Verwendung oder des Weiterverkaufs nur an einen einzigen Käufer innerhalb der Gemeinschaft zu verkaufen.

d) „Selektive Vertriebssysteme" sind Vertriebssysteme, in denen sich der Lieferant verpflichtet, die Vertragswaren oder -dienstleistungen unmittelbar oder mittelbar nur an Händler zu verkaufen, die aufgrund festgelegter Merkmale ausgewählt werden, und in denen sich diese Händler verpflichten, die betreffenden Waren oder Dienstleistungen nicht an Händler zu verkaufen, die nicht zum Vertrieb zugelassen sind.

e) „Intellektuelle Eigentumsrechte" umfassen unter anderem gewerbliche Schutzrechte, Urheberrechte sowie verwandte Schutzrechte.

f) „Know-how" ist eine Gesamtheit nicht patentierter praktischer Kenntnisse, die der Lieferant durch Erfahrung und Erprobung gewonnen hat und die geheim, wesentlich und identifiziert sind; hierbei bedeutet „geheim", dass das Know-how als Gesamtheit oder in der genauen Gestaltung und Zusammensetzung seiner Bestandteile nicht allgemein bekannt und nicht leicht zugänglich ist; „wesentlich" bedeutet, dass das Know-how Kenntnisse umfasst, die für den Käufer zum Zwecke der Verwendung, des Verkaufs oder des Weiterverkaufs der Vertragswaren oder -dienstleistungen unerlässlich sind; „identifiziert" bedeutet, dass das Know-how umfassend genug beschrieben ist, so dass überprüft werden kann, ob es die Merkmale „geheim" und „wesentlich" erfüllt.

g) „Käufer" ist auch ein Unternehmen, das auf der Grundlage einer unter Artikel 81 Absatz 1 des Vertrages fallenden Vereinbarung Waren oder Dienstleistungen für Rechnung eines anderen Unternehmens verkauft.

39 Die Vertikal-GVO beginnt, wie bei europäischen Regelungen inzwischen üblich, mit einer Liste von Definitionen. Die Erläuterungen hierzu erfolgen bei den jeweiligen sachlichen Regelungen.

Zu Buchst. a (Wettbewerber)
Siehe dazu Erläuterungen zu Art. 2 Abs. 4

Zu Buchst. b (Wettbewerbsverbote)
Siehe dazu Erläuterungen zu Art. 5 Buchst. a

Zu Buchst. c (Alleinbelieferungsverpflichtungen)
Siehe dazu Erläuterungen zu Art. 3 Abs. 2

Zu Buchst. d (Selektive Vertriebssysteme)
Siehe dazu Erläuterungen zu Art 4 Buchst. b und c

Zu Buchst. e (Intellektuelle Eigentumsrechte)
Siehe dazu Erläuterungen zu Art. 2 Abs. 3

40 Der Begriff „intellektuelle Eigentumsrechte" ist identisch mit dem in Art. 2 Abs. 3 verwandten Begriff „geistige Eigentumsrechte". Es handelt sich insoweit um einen Übersetzungsfehler der deutschen Fassung der Vertikal-GVO.

Zu Buchst. f (Know-how)
Siehe dazu Erläuterungen zu Art. 5 Buchst. b

41 Darüber hinaus hat der Begriff „Know-how" Bedeutung auch im Zusammenhang mit der Regelung geistiger Eigentumsrechte in Art. 2 Abs. 3.

Zu Buchst. g (Käufer)

42 Der Begriff „Käufer" wird in der Vertikal-GVO mehrfach verwandt.[64] Die Definition in Art. 1 Buchst. g bezieht sich aber nicht darauf, sondern betrifft **Handelsvertreterverträge**

---

[64] Z. B. Art. 2 Abs. 3 und 4; Art. 3 Abs. 2; Art. 4 Buchst. a und b; Art. 5 Buchst. a und b; Art. 6.

B. Vertikalvereinbarungen 43–46 **Art. 1 Vert–GVO**

und ähnliche Rechtsgeschäfte (z. B. Kommissionsverträge). Art. 1 Buchst. g bezieht Handelsvertreterverträge in den Anwendungsbereich der Vertikal-GVO ein, aber nur wenn und soweit sie dem Art. 81 Abs. 1 EG unterfallen. Die Vorschrift hat damit nur deklaratorischen Charakter.[65]

Zur Abgrenzung der Handelsvertreterverträge, die nicht von Art. 81 Abs. 1 EG erfasst **43** sind (**„echte Handelsvertreterverträge"**), von den sogenannten unechten Handelsvertreterverträgen (Eigenhändlerverträgen) hat die Kommission in den **Leitlinien Rn. 12 ff.** ihre Praxis eingehend dargelegt. Dies betrifft nicht die Freistellung nach der Vertikal-GVO, sondern die Anwendung des Art. 81 Abs. 1 EG. Hierzu wird auf die Erläuterungen zu Art. 81 Abs. 1 EG verwiesen.[66] Die Kommission stellt in den Leitlinien vorwiegend darauf ab, ob das **wirtschaftliche Risiko** allein vom Auftraggeber getragen wird oder ob der Handelsvertreter in irgendeiner Form an diesem Risiko beteiligt ist. In der Literatur ist diese Abgrenzung z. T. heftig kritisiert worden, weil sie einerseits hinsichtlich der Risikotragung strengere Anforderungen stelle als die Rechtsprechung der europäischen Gerichte, andererseits nicht das vom EuGH verwandte Kriterium der Eingliederung in den Betrieb des Auftraggebers berücksichtige.[67] Während das EuG zuletzt im DaimlerChrysler-Urteil,[68] ohne die Leitlinien zu erwähnen, weitgehend an der bisherigen Linie der Rechtsprechung festgehalten hat, scheint der EuGH in dem später ergangenen CEPSA-Urteil[69] im Ergebnis den Kriterien der Kommission gefolgt zu sein. Daher ist nicht klar, ob tatsächlich ein Widerspruch zwischen den Leitlinien und der Rechtsprechung der europäischen Gerichte besteht.[70] Die Kommission hält jedenfalls an ihrer Auffassung fest,[71] die sich in der Praxis durchgesetzt hat und deshalb für die Unternehmen maßgeblich ist.

Für Handelsvertreterverträge hat die Freistellung vom Verbot des Art. 81 Abs. 1 EG nur **44** eine geringe Bedeutung. Die **Vertikal-GVO** kommt daher nur selten zur Anwendung. Denkbar sind zwei Fallkonstellationen:

1. Echte Handelsvertreterverträge, bei denen das wirtschaftliche Risiko in vollem **45** Umfang vom Auftraggeber getragen wird, unterfallen nicht dem Art. 81 Abs. 1 EG, soweit es die Konditionen für den Vertrieb der Vertragsware betrifft. Insoweit trägt allein der Auftraggeber die wirtschaftliche Verantwortung. Die Parteien können jedoch im Einzelfall weitere Vereinbarungen treffen, die Wettbewerbsbeschränkungen im Verhältnis zwischen Auftraggeber und Handelsvertreter enthalten, wie z. B. Wettbewerbsverbote für den Handelsvertreter. In diesen Fällen greift auch die Vertikal-GVO ein. Sofern deren Voraussetzungen (vor allem in Bezug auf Art. 4 und 5) erfüllt sind, gelten diese Wettbewerbsbeschränkungen als freigestellt. Auch die mögliche Verhaltensabstimmung unter mehreren Auftraggebern, die denselben Handelsvertreter beschäftigen, ist nach Art. 81 Abs. 1 EG zu beurteilen, was durch die Leitlinien Rn. 20 ausdrücklich klargestellt ist. Auf derartige horizontale Beschränkungen ist die Vertikal-GVO nicht anwendbar.

Auf **unechte Handelsvertreterverträge** (Eigenhändlerverträge) findet Art. 81 Abs. 1 **46** EG Anwendung, soweit diese Vereinbarungen Wettbewerbsbeschränkungen enthalten. In

---

[65] Vgl. *Bechtold/Bosch/Brinker/Hirsbrunner*, EG-Kartellrecht, Art. 1 VO 2790/1999 Rn. 23. Vgl. auch *Simon* in: Lange, Handbuch zum deutschen und europäischen Kartellrecht Rn. 390 ff.

[66] Vgl. dazu die ausführliche Darstellung bei *Scheerer*, Rechtsfragen der Gruppenfreistellungsverordnung für vertikale Wettbewerbsbeschränkungen, S. 121 ff. Zur Kritik an den Leitlinien vgl. z. B. *Lange* EWS 2001, 18 und – in Teilen wohl zu weitgehend – *Rittner* DB 2000, 1211.

[67] Vgl. statt aller *Nolte*, Das „kartellrechtliche Schisma" zwischen Kommission und Gerichtshof nach der GVO 1400/2002, S. 357.

[68] Urteil vom 15. 9. 2005, Slg. 2005 II-3319, WuW/E EU-R 933.

[69] Verfahren Confederación/.CEPSA, WuW/E EU-R 1215 Tz. 62.

[70] Vgl. dazu auch *Kapp* WuW 2007, 1218.

[71] Vgl. insb. die Art. 9-Entscheidung vom 12. 4. 2006 im Fall Repsol, COMP 38.348 (bisher nur in spanischer Sprache im Internet veröffentlicht).

diesen Fällen ist auch die Vertikal-GVO grundsätzlich anwendbar. Zwar sind in Eigenhändlerverträgen üblicherweise Preis-, Gebiets- und Kundenbeschränkungen enthalten. Auch hier gilt aber, dass sich die Vereinbarungen, die sich allein auf die **Auftragsware** beziehen, **nicht das unternehmerische Risiko des Handelsvertreters** betreffen; hierfür liegt die Verantwortlichkeit allein beim Auftraggeber. Vereinbarungen, mit denen die Konditionen des Verkaufs (einschl. Preis) gegenüber dem Kunden festgelegt werden, stellen daher keine schwarzen Klauseln im Sinne des Art. 4 dar. Anders ist es bei den Absprachen zur **Provision des Handelsvertreters**. Hier ist nach den allgemeinen Kriterien zu prüfen, inwieweit derartige Vereinbarungen nach Art. 2 und 3 freigestellt bzw. nach Art. 4 und 5 von einer Freistellung ausgeschlossen sind.[72]

47   Die **zivilrechtlichen** Rechtsbeziehungen zwischen Handelsvertreter und Auftraggeber richten sich ausschließlich nach nationalem Recht. Dies gilt auch für mögliche Ausgleichsansprüche des Handelsvertreters bei Vertragsbeendigung.[73]

Art. 2 [Anwendungsbereich]

(1) **Artikel 81 Absatz 1 des Vertrages wird gemäß Artikel 81 Absatz 3 unter den in dieser Verordnung genannten Voraussetzungen für unanwendbar erklärt auf Vereinbarungen oder aufeinander abgestimmte Verhaltensweisen zwischen zwei oder mehr Unternehmen, von denen jedes zwecks Durchführung der Vereinbarung auf einer unterschiedlichen Produktions- oder Vertriebsstufe tätig ist, und welche die Bedingungen betreffen, zu denen die Parteien bestimmte Waren oder Dienstleistungen beziehen, verkaufen oder weiterverkaufen können (im folgenden „vertikale Vereinbarungen" genannt).**
Die Freistellung gilt, soweit diese Vereinbarungen Wettbewerbsbeschränkungen enthalten, die unter Artikel 81 Absatz 1 fallen (im folgenden „vertikale Beschränkungen" genannt).

(2) **Die Freistellung nach Absatz 1 gilt für vertikale Vereinbarungen zwischen einer Unternehmensvereinigung und ihren Mitgliedern oder zwischen einer solchen Vereinigung und ihren Lieferanten nur dann, wenn alle Mitglieder der Vereinigung Wareneinzelhändler sind und wenn keines ihrer einzelnen Mitglieder zusammen mit seinen verbundenen Unternehmen einen jährlichen Gesamtumsatz von mehr als 50 Mio. EUR erzielt; die Freistellung der von solchen Vereinigungen geschlossenen vertikalen Vereinbarungen lässt die Anwendbarkeit von Artikel 81 auf horizontale Vereinbarungen zwischen den Mitgliedern der Vereinigung sowie auf Beschlüsse der Vereinigung unberührt.**

(3) **Die Freistellung nach Absatz 1 gilt für vertikale Vereinbarungen, die Bestimmungen enthalten, welche die Übertragung von geistigen Eigentumsrechten auf den Käufer oder die Nutzung solcher Rechte durch den Käufer betreffen, sofern diese Bestimmungen nicht Hauptgegenstand der Vereinbarung sind und sofern sie sich unmittelbar auf die Nutzung, den Verkauf oder den Weiterverkauf von Waren oder Dienstleistungen durch den Käufer oder seine Kunden beziehen. Die Freistellung gilt**

---

[72] Nach den Leitlinien Rn. 48 darf dem Handelsvertreter nicht untersagt werden, einen Teil seiner Provision an den Kunden weiterzugeben. Im Ergebnis wird dadurch das Weisungsrecht des Auftraggebers für die Auftragsware eingeschränkt, da der Auftraggeber es hinnehmen muss, dass der Handelsvertreter auf eigene Kosten mit dem Kunden niedrigere Preise vereinbart. An dieser Vorgabe der Kommission bestehen erhebliche rechtliche Zweifel. Trotzdem sollten sich die Parteien danach in der Praxis ausrichten. Vgl. auch die Erl. zu Art. 4 Rn. 154.
[73] Zur Frage, ob Vertragsanpassungen an die Bestimmungen der Vertikal-GVO einen Ausgleichsanspruch des Handelsvertreters zur Folge haben, vgl. *Beckmann* WuW 2003, 752, 758 ff. Zu Ausgleichsansprüchen bei Kündigung von Kfz-Händlerverträgen vgl. LG Frankfurt WRP 2004, 1506 (mit Anm. *Wendel*).

B. Vertikalvereinbarungen   48–51   Art. 2 Vert-GVO

unter der Voraussetzung, dass diese Bestimmungen in Bezug auf die Vertragswaren oder -dienstleistungen keine Wettbewerbsbeschränkungen mit demselben Zweck oder derselben Wirkung enthalten wie vertikale Beschränkungen, die durch diese Verordnung nicht freigestellt werden.

(4) Die Freistellung nach Absatz 1 gilt nicht für vertikale Vereinbarungen zwischen Wettbewerbern; sie findet jedoch Anwendung, wenn Wettbewerber eine nichtwechselseitige vertikale Vereinbarung treffen und

a) der jährliche Gesamtumsatz des Käufers 100 Mio. EUR nicht überschreitet oder

b) der Lieferant zugleich Hersteller und Händler von Waren, der Käufer dagegen ein Händler ist, der keine mit den Vertragswaren im Wettbewerb stehenden Waren herstellt, oder

c) der Lieferant ein auf mehreren Wirtschaftsstufen tätiger Dienstleistungserbringer ist und der Käufer auf der Wirtschaftsstufe, auf der er die Vertragsdienstleistungen bezieht, keine mit diesen im Wettbewerb stehenden Dienstleistungen erbringt.

(5) Diese Verordnung gilt nicht für vertikale Vereinbarungen, deren Gegenstand in den Geltungsbereich einer anderen Gruppenfreistellungsverordnung fällt.

1. Sinn und Zweck

a) **Anwendungsbereich der „Schirm-GVO".** Durch Art. 2 wird der **Anwendungs-** 48 **bereich** der Vertikal-GVO im Einzelnen festgelegt. Im Gegensatz zu den früheren Spezialregelungen für Alleinvertriebs-, Alleinbezugs- und Franchise-Vereinbarungen[74] gilt die neue Regelung nicht nur branchen-, sondern auch vertragsübergreifend und bezieht (nahezu) alle vertikalen Wettbewerbsbeschränkungen ein („Schirm-GVO"). Sie unterscheidet auch nicht zwischen den verschiedenen Formen von vertikalen Verhältnissen (z. B. Vertrieb oder Zulieferbeziehung). Durch diesen umfassenden Anwendungsbereich stellt die Vertikal-GVO die **Generalnorm für vertikale Wettbewerbsbeschränkungen** dar.

Absatz 1 enthält neben der eigentlich selbstverständlichen Feststellung, dass die Voraussetzungen des Art. 81 Abs. 1 EG erfüllt sein müssen (2. Unterabsatz), die **Definition** von vertikalen Wettbewerbsbeschränkungen (1. Unterabsatz). Abgrenzungsfragen, die sich durch den weiten Anwendungsbereich ergeben, sind in den Absätzen 2 bis 5 geregelt. 49

b) **Entstehungsgeschichte.** Bereits in ihrem Grünbuch[75] hatte die Kommission das 50 Ziel eines umfassenden Anwendungsbereichs der neuen Regelung aufgestellt, mit der die bisher getrennten Sonderregelungen für einzelne Fallgruppen abgelöst werden sollten. Darüber hinaus legte sie, wie auch die Mitgliedstaaten, Wert darauf, dass nur solche Vertragsbeziehungen von der GVO erfasst sein sollten, bei denen sich die Vertragsparteien **gerade im Rahmen der wettbewerbsbeschränkenden Vereinbarung** auf unterschiedlichen Wirtschaftsstufen gegenüberstehen.[76]

Bei den Beratungen zur Vertikal-GVO war vor allem die Behandlung von **Einkaufsko-** 51 **operationen** umstritten. Mehrere Mitgliedstaaten wollten der Notwendigkeit eines Nachteilsausgleichs für mittelständische Unternehmen durch eine großzügige Freistellung Rechnung tragen; andere befürchteten eine unangemessene Nachfragebündelung durch eine zu weitgehende Ausnahmeregelung. Der letztere Gesichtspunkt hat für die Kommission offensichtlich den Ausschlag gegeben. Das Ergebnis ist eine wenig sachgerechte und unpraktikable Regelung in Art. 2 Abs. 2.[77] Nachteilig hat sich ferner ausgewirkt, dass bei Erlass der Vertikal-GVO die neue Regelung der **horizontalen Wettbewerbsbeschränkungen**

---

[74] S. dazu die Erläuterungen in der Einführung Rn. 3.
[75] KOM (96) 721 endg. vom 22. 1. 1997.
[76] S. dazu die Erläuterungen in Rn. 60.
[77] S. Erläuterungen in Rn. 73.

noch nicht vorlag.[78] Die Abgrenzung zu horizontalen Wettbewerbsbeschränkungen in Art. 2 Abs. 2 und 4 ist deshalb nicht wirklich konsistent und überzeugend.

52 c) **Rechtsgrundlage.** Hinsichtlich des Anwendungsbereichs schöpft die Vertikal-GVO die Rechtsgrundlage in der Rats-VO 1215/99[79] weitgehend aus. Bei der Definition von vertikalen Wettbewerbsbeschränkungen in Absatz 1 waren inhaltliche Abweichungen zur Rats-VO nicht beabsichtigt. Der Wortlaut der deutschen Fassungen stimmt zwar nicht vollkommen überein; diese nicht erheblichen Unterschiede haben aber keine substantiellen Auswirkungen.[80]

2. Praktische Bedeutung

53 a) **Vertragstypen.** Durch den weiten Anwendungsbereich, der sich aus der umfassenden Einbeziehung nahezu aller vertikaler Wettbewerbsbeschränkungen i. S. d. Art. 81 Abs. 1 EG ergibt, ist die Vertikal-GVO die in der Praxis bei weitem wichtigste Gruppenfreistellungsverordnung. Auch wenn genaue Angaben über die Auswirkungen nicht vorliegen, besteht kein Zweifel an der **großen Zahl der Anwendungsfälle.**[81] Der Schwerpunkt liegt dabei deutlich im Bereich des Vertriebs. In der Praxis sind bei vielen Fallgestaltungen des Waren- oder Dienstleistungsvertriebs vertragliche Bindungen üblich, die Wettbewerbsbeschränkungen i. S. d. Art. 81 Abs. 1 EG darstellen und die grenzüberschreitende Auswirkungen (im weiten Sinne der Kommissionspraxis und der Rechtsprechung der europäischen Gerichte)[82] haben. Die Einzelregelungen der Vertikal-GVO sind daher **vorrangig auf Vertriebsbindungen ausgerichtet.**

54 Ein wichtiger Anwendungsbereich der Vertikal-GVO sind daneben wettbewerbsbeschränkende Abreden in **Zuliefer-/Herstellerverträgen,** die grenzüberschreitende Auswirkungen haben. Hier wird aber der im Grundsatz zunächst umfassende Anwendungsbereich im Ergebnis dadurch erheblich eingeschränkt, dass nach Art. 2 Abs. 4 bei einem potenziellen horizontalen Wettbewerbsverhältnis eine gruppenweise Freistellung grundsätzlich ausgeschlossen ist. Dies ist immer dann der Fall, wenn der Erwerber der Zulieferteile, der zugleich der Hersteller des Endprodukts ist, die Zulieferteile auch selbst herstellen könnte. Solche Fälle, in denen eine gruppenweise Freistellung von Zulieferverträgen nicht eingreift, sind vor allem bei OEM (Original Equipment Manufacturer)-Verträgen nicht selten.[83] Erhebliche praktische Bedeutung kommt deshalb gerade bei Zulieferverträgen der Frage zu, inwieweit von der Vereinbarung überhaupt eine spürbare Wettbewerbsbeschränkung i. S. d. Art. 81 Abs. 1 EG ausgeht. Die Grundsätze, die die Kommission dazu in der sog. **Zulieferbekanntmachung** vom 18. 12. 1978[84] veröffentlicht hat, sind weiter anwendbar.

55 b) **Umfang der Freistellung.** Gegenüber den drei **Vorgängerregelungen** für Alleinvertriebs-, Alleinbezugs- und Franchising-Vereinbarungen[85] ist der Anwendungsbereich der Vertikal-GVO **deutlich ausgeweitet.** Neben der branchen- und vertragsübergreifenden

---

[78] Bei den Beratungen der Vertikal-GVO war das Reformkonzept für die Regelung der horizontalen Beschränkungen noch nicht bekannt. Dagegen war bei Verabschiedung der Leitlinien für vertikale Beschränkungen der Entwurf der Leitlinien für horizontale Beschränkungen gerade veröffentlicht, aber noch nicht beraten. Vgl. den Hinweis in den Vertikalen Leitlinien Rn. 26.

[79] ABl. EG 1999 Nr. L 148/1.

[80] Vgl. aber Rn. 60.

[81] Inoffizielle Schätzungen der Kommission besagen, dass etwa 80% aller vertikalen Vereinbarungen unterhalb der Marktanteilsschwelle liegen und damit vorbehaltlich des Art. 4 freigestellt sind; vgl. oben Rn. 15 und Erläuterungen zu Art. 3 Rn. 106.

[82] S. dazu die Erläuterungen zu Art. 81 Abs. 1 EG.

[83] Vgl. dazu *Seeliger* in: Wiedemann, Handbuch des Kartellrechts, § 10 Rn. 71.

[84] ABl. EG 1979 Nr. C 1/2.

[85] S. Erläuterungen in der Einführung Rn. 3.

B. Vertikalvereinbarungen   56–58   **Art. 2 Vert–GVO**

Erfassung aller wettbewerbsbeschränkenden Vertikalvereinbarungen mit grenzüberschreitenden Auswirkungen geht die Vertikal-GVO in dreifacher Hinsicht über den Anwendungsbereich der früheren Regelungen hinaus:
- auch Vereinbarungen, an denen **mehr als 2 Unternehmen** beteiligt sind, werden erfasst;
- einbezogen sind nicht nur Verträge über Waren, sondern **auch** über **Dienstleistungen**;
- neben dem Weiterverkauf der Waren oder Dienstleistungen sind auch andere Formen der Verwendung wie z. B. **Weiterverarbeitung und Eigenverbrauch** freigestellt.

Neu sind auch die Abgrenzungen gegenüber horizontalen Wettbewerbsbeschränkungen in den Absätzen 2 und 4.

c) Praktische Handhabung. Durch den umfassenden Anwendungsbereich wird die **56 Handhabung** der Vertikal-GVO in der Praxis **sehr erleichtert.** In den meisten Fällen bereitet die Feststellung, dass Wettbewerbsbeschränkungen in Vertriebsbindungen oder Hersteller-/Zuliefervereinbarungen von der Vertikal-GVO erfasst sind, keine besonderen Schwierigkeiten. Dies ist eine wichtige Voraussetzung für eine effektive Anwendung der Gruppenfreistellung im System der **Legalausnahme,** in dem die Unternehmen aufgrund eigenverantwortlicher Selbsteinschätzung über das Vorliegen der Freistellungsvoraussetzungen entscheiden müssen.

Für den Bereich der Vertikalvereinbarungen war bereits durch die VO 1216/99[86] i. V. m. 57 Art. 4 Abs. 2 der VO 17 die **Pflicht zur Anmeldung von wettbewerbsbeschränkenden Vereinbarungen aufgehoben** und durch ein Regime der freiwilligen Anmeldungen ersetzt worden. Das Ziel, die Zahl der Notifizierungen zu verringern und dadurch Unternehmen und Kommission von der Belastung durch unnötige Anmeldungen zu befreien, wurde offensichtlich erreicht. Von der Möglichkeit freiwilliger Anmeldungen haben die Unternehmen nach Inkrafttreten der Vertikal-GVO kaum noch Gebrauch gemacht.[87] Seit dem 1. Mai 2004 gibt es nach der VO 1/2003 überhaupt keine Möglichkeit mehr, wettbewerbsbeschränkende Vereinbarungen zur Prüfung und Freistellung bei der Kommission anzumelden. Auch im deutschen Recht ist das **Anmeldeverfahren** mit der 7. GWB-Novelle[88] **abgeschafft** worden.

3. Tatbestand

a) Vertikalverhältnis (Art. 2 Abs. 1). Da nur Vereinbarungen i. S. v. Art. 81 Abs. 1 EG 58 freigestellt sein können, knüpft Art. 2 Abs. 1 zunächst an das Vorliegen der **Voraussetzungen des Art. 81 Abs. 1 EG** an. Dies ist in dem 2. Unterabsatz ausdrücklich klargestellt. Wesentliche Fallgestaltungen von typischen Vertikalbeziehungen sind damit vom Anwendungsbereich der Vertikal-GVO ausgenommen. So sind nach den allgemeinen Regeln des Art. 81 Abs. 1 EG z. B. die reine Fachhandelsbindung beim selektiven Vertrieb, viele Formen des Franchising, reine Zuliefervereinbarungen und echte Handelsvertreterverträge regelmäßig kein Wettbewerbsverstoß. Das Gleiche gilt, soweit die **de minimis-Bekanntmachung** der Kommission eingreift,[89] oder bei Erschließung eines neuen Produktmarkts oder Absatzgebiets.[90] Insoweit wird auf die Erläuterungen zu Art. 81 Abs. 1 EG verwiesen.[91]

---

[86] ABl. EG 1999 Nr. L 148/5.
[87] Genauere Angaben sind dazu von der Kommission nicht veröffentlicht worden.
[88] Vgl. die Ausführungen in der amtlichen Begründung des Regierungsentwurfs, BT-Drucks. 15/3640, S. 28 ff.
[89] Vgl. *Simon* in: Lange, Handbuch zum deutschen und europäischen Kartellrecht Rn. 378 f.; *Habermeier/Ehlers* in: Münchener Kommentar, Einl. GVO Nr. 2790/1999 Rn. 24 f.
[90] So die Kommission in „Wettbewerbsregeln für Liefer- und Vertriebsvereinbarungen", S. 18.
[91] Das gilt auch für die Anwendung der Art. 4 und 5; s. Rn. 143 ff., 257 und 281. Zu Handelsvertreterverträgen s. auch Erl. zu Art. 1 Rn. 43 ff.

Darüber hinaus ist der Anwendungsbereich der Vertikal-GVO nur dann erfüllt, wenn zwei weitere Voraussetzungen nebeneinander gegeben sind:

59 **aa) Beteiligte Unternehmen.** Es muss sich um zwei oder mehr Unternehmen handeln, die **„zwecks Durchführung der Vereinbarung auf einer unterschiedlichen Produktions- oder Vertriebsstufe tätig"** sind. Die unterschiedlichen Stufen können entweder im Vertriebsverhältnis (Hersteller – Großhandel – Einzelhandel) oder im Zulieferverhältnis (Hersteller – Zulieferer) bestehen.[92] In beiden Fällen sind **auch mehrstufige Beziehungen** in Form von Kettenverträgen (in Zulieferfällen z. B. Zulieferung von Systemkomponenten und Einzelteilen) denkbar. Auf jeder Stufe darf die Vereinbarung allerdings nur ein Unternehmen einbeziehen;[93] denkbar (und häufig) ist aber, dass ein Hersteller verschiedene Verträge mit vielen Händlern auf der gleichen Stufe abschließt.[94] In der Praxis erfasst die GVO höchstens Vereinbarungen auf drei Stufen (Hersteller – Großhändler – Einzelhändler).

60 Nach dem Wortlaut und dem Sinn der Regelung ist es erforderlich, dass das Stufenverhältnis gerade **in Bezug auf die vertragsgegenständliche Vereinbarung** besteht. Auf die generelle Einordnung der Unternehmen als Hersteller, Zulieferer oder Händler kommt es nicht an, vielmehr muss das Stufenverhältnis **„im Rahmen"** der Vereinbarung bestehen. Diese Formulierung verwendet (zutreffend) die VO 1215/99,[95] deren Text maßgeblich ist; die deutsche Fassung „zwecks Durchführung der Vereinbarung" in Art. 2 Abs. 1 der Vertikal-GVO ist dagegen undeutlicher.

61 **bb) Inhalt der Vereinbarung.** In der Vereinbarung muss geregelt sein, unter welchen Bedingungen die betroffenen Unternehmen „bestimmte Waren oder Dienstleistungen beziehen, verkaufen oder weiterverkaufen" können. In den Anwendungsbereich des Art. 2 Abs. 1 fallen damit nur wettbewerbsbeschränkende Vereinbarungen, die **den Bezug oder Vertrieb von Waren oder Dienstleistungen** zum Inhalt haben. Voraussetzung für eine Freistellung ist also ein Lieferverhältnis über Waren oder Dienstleistungen.[96]

62 Weit auszulegen sind im Rahmen des Art. 2 Abs. 1 die Begriffe **„Ware"** und **„Dienstleistung".** Unter Ware sind körperliche und nichtkörperliche Gegenstände, bewegliche und unbewegliche Sachen zu verstehen. Anders als die frühere Verordnung über Alleinbezugsvereinbarungen erfasst die Vertikal-GVO daher auch **Energielieferverträge**,[97] was vor allem bei langfristigen Bezugsbindungen von Bedeutung ist.[98] Auf **Leasing-Verträge** dürfte die GVO dann anwendbar sein, wenn der Kauf- und nicht der Mietcharakter im Vordergrund steht.[99] Für reine Miet- oder Pachtverhältnisse gilt aber Art. 2 Abs. 1 nicht, da Miete auch bei weiter Auslegung nicht „Kauf einer Dienstleistung" darstellt.[100]

63 Entsprechend dem umfassenden Anwendungsbereich der Vertikal-GVO kommt es weder auf die zivilrechtliche Ausgestaltung der Beziehung[101] noch auf **Herkunft und Ver-**

---

[92] Leitlinien Rn. 24.
[93] Sonst handelt es sich um horizontale Beziehungen, für die Art. 2 Abs. 4 gilt.
[94] Vgl. dazu *Seeliger* in: Wiedemann, Handbuch des Kartellrechts, § 10 Rn. 62.
[95] ABl. EG 1999 Nr. L 148/1.
[96] Vgl. Leitlinien Rn. 24, 3. Spiegelstrich.
[97] Vgl. z. B. *Säcker/Jaecks*, Langfristige Energielieferverträge und Wettbewerbsrecht, S. 30 ff.
[98] S. dazu Erläuterungen zu Art. 5 Rn. 264; vgl. auch Erläuterungen in der Einführung Rn. 30 ff.
[99] Art. 10 Abs. 12 Satz 2 der früheren Kfz-GVO (VO Nr. 1475/1995) behandelte einen Leasing-Vertrag dann als Weiterveräußerung, wenn der Eigentumsübergang vor Vertragsbeendigung vorgesehen war. Diesen Gedanken wird man auch hier entsprechend anwenden können. Vgl. auch *Seeliger* in: Wiedemann, Handbuch des Kartellrechts, § 10 Rn. 68.
[100] Leitlinien Rn. 25 Satz 2. Vgl. *Mestmäcker/Schweitzer*, Europäisches Wettbewerbsrecht, § 14 Rn. 8; a. A. *Veelken* in: Immenga/Mestmäcker, EG-WbR, Vertikal-VO Rn. 63. Anders ist es bei der Weiterverwendung durch den Käufer; hier reicht auch Miete oder Pacht aus (*Veelken* in: Immenga/Mestmäcker, EG-WbR, Vertikal-VO Rn. 74).
[101] Vgl. *Bechtold/Bosch/Brinker/Hirsbrunner*, EG-Kartellrecht, Art. 2 VO 2790/1999 Rn. 12.

B. Vertikalvereinbarungen　　　　　　　　　64–66　**Art. 2 Vert–GVO**

wendungszweck der Ware oder Dienstleistung an. Es ist somit unerheblich, ob die Waren von Dritten stammen oder an Dritte weiterveräußert oder vermietet werden sollen.[102] Erfasst sind auch Fälle, dass der Käufer die Waren oder Dienstleistungen zum Zweck der **Weiterverarbeitung oder des Eigenverbrauchs** bezieht.[103]

Nach dem Sinn und Zweck des Art. 2 Abs. 1 muss die **Wettbewerbsbeschränkung im Verhältnis der Vertragsparteien** der Liefer- oder Bezugsvereinbarung bestehen.[104] Dies bedeutet, dass sich die wettbewerbsbeschränkende Abrede aus den Bezugs- oder Vertriebsvereinbarungen ergeben muss. Sie kann sich sowohl auf den Inhalt der Vereinbarung von Verkäufer und Käufer als auch auf die anschließende Verwendung durch den Käufer beziehen.[105] Im Schrifttum wird darüber hinaus teilweise gefordert, die Vertikalvereinbarung müsse eine **Wertschöpfungskette** in einem Austauschverhältnis zum Gegenstand haben.[106] Regelmäßig wird diese Voraussetzung zwar erfüllt sein; Art. 2 Abs. 1 schreibt dies aber nach seinem Wortlaut nicht vor.[107] 64

Nicht wesentlich ist dagegen, dass sich die Wettbewerbsbeschränkung **gerade auf die gekaufte Ware oder Dienstleistung** bezieht.[108] Vereinbarungen, die z. B. eine wettbewerbsbeschränkende Bindung des Zulieferers für das Endprodukt des Herstellers enthalten, unterfallen deshalb der Vertikal-GVO, sofern es sich um einen einheitlichen Vertrag handelt.[109] Bei **Kopplungsbindungen** in vertikalen Lieferbeziehungen[110] erstreckt sich die Freistellung nicht nur auf Wettbewerbsbeschränkungen für das Kopplungsprodukt, sondern gilt auch für Beschränkungen, die mit dem gekoppelten Produkt verbunden sind.[111] Voraussetzung ist, dass für beide Produkte die weiteren Voraussetzungen der Art. 3 und 4 erfüllt sind.[112] 65

Normalerweise wird die Wettbewerbsbeschränkung zwar den **Käufer** betreffen, denkbar und miterfasst sind aber auch Regelungen, die eine Wettbewerbsbeschränkung auf Seiten des Verkäufers enthalten.[113] Freigestellt sind auch Wettbewerbsbeschränkungen, die einer 66

---

[102] Allg. Meinung; vgl. z. B. *Veelken* in: Immenga/Mestmäcker, EG-WbR, Vertikal-VO Rn. 63 f. Hierbei sind auch Leasingverträge, anders als im Fall der Fußn. 99, uneingeschränkt einzubeziehen.

[103] In den Leitlinien Rn. 24 f. ist dies ausdrücklich erwähnt; vgl. auch *Schultze/Pautke/Wagener*, Vertikal-GVO Rn. 234. Bei Unternehmen, die nur für den Eigenverbrauch Waren beziehen, ist aber nach der „FENIN-Rechtsprechung" der europäischen Gerichte zu prüfen, ob es sich überhaupt um Unternehmen i. S. d. Art. 81 Abs. 1 EG handelt; vgl. dazu die Erläuterungen zu Art. 81 Abs. 1.

[104] Vgl. *Bechtold/Bosch/Brinker/Hirsbrunner*, EG-Kartellrecht, Art. 2 VO 2790/1999 Rn. 13.

[105] *Bechtold/Bosch/Brinker/Hirsbrunner*, EG-Kartellrecht, Art. 2 VO 2790/1999 Rn. 11 sprechen insoweit von „Inhaltsbindung" des Erstvertrags und „Abschlussbindung" des Zweitvertrags.

[106] *Veelken* in: Immenga/Mestmäcker, EG-WbR, Vertikal-VO Rn. 68 ff. Auch *Schultze/Pautke/Wagener*, Vertikal-GVO Rn. 225 erwähnen ohne nähere Erläuterung eine „Wertschöpfungskette".

[107] Die Anwendung der Vertikal-GVO könnte dadurch erheblich erschwert werden. Vgl. dazu Einführung, Rn. 22.

[108] Weitergehend fordern *Veelken* in: Immenga/Mestmäcker, EG-WbR, Vertikal-VO Rn. 78 und *Schultze/Pautke/Wagener*, Vertikal-GVO Rn. 230 einen „inneren" bzw. „unmittelbaren Zusammenhang" zwischen Wettbewerbsbeschränkung und Vertragsgegenstand. Dies widerspricht dem Zweck der Vertikal-GVO, die eine leicht handhabbare Freistellung für alle vertikalen Wettbewerbsbeschränkungen ermöglichen will; vgl. dazu oben Einleitung Rn. 22.

[109] *Schultze/Pautke/Wagener*, Vertikal-GVO Rn. 230

[110] Zu den Voraussetzungen vgl. Leitlinien Rn. 215.

[111] Vgl. den Beispielsfall in den Leitlinien Rn. 220.

[112] Für Art. 3 ist dies in den Leitlinien Rn. 218 ausdrücklich klargestellt.

[113] Vgl. z. B. *Veelken* in: Immenga/Mestmäcker, EG-WbR, Vertikal-VO Rn. 77. Die abweichende Auffassung von *Scheerer*, Rechtsfragen der Gruppenfreistellungsverordnung für vertikale Wettbewerbsbeschränkungen, S. 80 f. (vgl. auch *Bechtold* EWS 2001, 49, 52) hat keine Stütze im Wortlaut der Vorschrift. Praktische Bedeutung hat diese Frage vor allem im Hinblick auf Meistbegünstigungsklauseln (s. dazu Erläuterungen zu Art. 4 Rn. 155 f.).

Art. 2 Vert-GVO 67–70   7. Teil. Gruppenfreistellungsverordnungen

Vertragspartei vereinbarungsgemäß **mit Wirkung gegenüber Dritten** auferlegt sind, wie z. B. beim Verbot der Weiterveräußerung der gekauften Ware an andere Unternehmen.[114]

67 **cc) Umfang der Freistellung.** Für die Anwendung des Art. 2 Abs. 1 ist es unschädlich, wenn – wie dies häufig der Fall ist – andere Regelungen in den vertraglichen Abmachungen mitenthalten sind. Die Freistellung bezieht sich dann auf die **Gesamtheit der Vereinbarung.** So kommt eine Gruppenfreistellung auch dann zur Anwendung, wenn die Bezugsvereinbarung im Rahmen und im Zusammenhang mit einem Mietvertrag abgeschlossen wurde (Gaststättenpacht mit Bierbezugspflicht).[115] Entscheidend ist, wie weit nach dem Willen der Vertragsparteien der Inhalt der Vertikalvereinbarung reicht; ob die Abrede wesentlich ist oder es sich um eine „Annexregelung" handelt, ist unerheblich.[116]

68 Soweit es sich dagegen um Abreden handelt, die keinen sachlichen Bezug zu den Vertriebs- oder Bezugsvereinbarungen haben, entfällt eine Gruppenfreistellung. Dies betrifft insbesondere Vereinbarungen, die nur **gelegentlich einer Vertriebs- oder Bezugsbeziehung** abgeschlossen worden sind, ohne dass insoweit ein innerer Zusammenhang besteht.[117] Um einen solchen Fall kann es sich handeln, wenn der Käufer in der Verwendung der gelieferten Ware oder Dienstleistung vertraglich beschränkt wird, dies aber durch die Art der Lieferbeziehung nicht gerechtfertigt ist.[118] Nach den gleichen Grundsätzen ist auch der von der Kommission erwähnte Beispielsfall zu behandeln, dass einer Vertragspartei eigenständige Forschungs- und Entwicklungsarbeiten untersagt werden.[119]

69 **b) Sonderregelung für Unternehmensvereinigungen (Art. 2 Abs. 2).** Die Vorschrift sollte nach den ursprünglichen Beratungen von Kommission und Mitgliedstaaten erleichternde Voraussetzungen für die Freistellung von Einkaufskooperationen kleiner und mittlerer Unternehmen enthalten.[120] Im Ergebnis stellt die Regelung jedoch eine gravierende **Einschränkung der Gruppenfreistellung** für Unternehmensvereinigungen dar.[121] Nach dem klaren Wortlaut hat Art. 2 Abs. 2 **abschließenden Charakter,**[122] außerhalb der dort genannten Voraussetzungen ist eine Gruppenfreistellung für Vertikalvereinbarungen von Unternehmensvereinigungen mit ihren Mitgliedern oder Lieferanten ausgeschlossen.

70 Eine gruppenweise Freistellung kommt nur für solche Unternehmensvereinigungen in Betracht, deren Mitglieder **ausschließlich Wareneinzelhändler** sind. Dabei sind auch mehrstufige Kooperationen, bei denen die Händler nur mittelbar der Zentralvereinigung angehören, mit erfasst.[123]

---

[114] Vgl. z. B. *Schultze/Pautke/Wagener,* Vertikal-GVO Rn. 234.

[115] Vgl. z. B. *Bauer/de Bronett,* Vertikal-GVO Rn. 87.

[116] Die Grundsätze, die z. B. in der Fusionskontrolle zur Abgrenzung von Annexregelungen entwickelt worden sind, können nicht (auch nicht entsprechend) angewandt werden.

[117] Zuzustimmen ist der Auffassung von *Seeliger* in: Wiedemann, Handbuch des Kartellrechts, § 10 Rn. 69, dass der Sachzusammenhang weit auszulegen ist. Im Ergebnis ähnlich *Veelken* in: Immenga/Mestmäcker, EG-WbR, Vertikal-VO Rn. 76 und *Bechtold/Bosch/Brinker/Hirsbrunner,* EG-Kartellrecht, Art. 2 VO 2790/1999 Rn. 13; vgl. auch dort Rn. 64 f.

[118] Weitergehend *Polley/Seeliger* WRP 2003, 1203, 1205, wonach bei gemischten Verträgen nur der Vertragsteil, der sich auf Kauf, Verkauf oder Weiterverkauf bezieht, freigestellt ist.

[119] Vgl. Leitlinien Rn. 25 Satz 3. Hiermit übereinstimmend offenbar *Bauer/de Bronett,* Vertikal-GVO Rn. 88. Ein allgemeiner Ausschluss von F & E-Arbeiten ist dem Wortlaut des Art. 2 Abs. 1 aber nicht zu entnehmen; es kommt vielmehr auf die Umstände des Einzelfalls an.

[120] Dies wäre auch im Hinblick auf die besondere Behandlung von Genossenschaften nach Art. 81 Abs. 1 EG gerechtfertigt gewesen; s. oben Rn. 51. Vgl. dazu *Veelken* in: Immenga/Mestmäcker, EG-WbR, Vertikal-VO Rn. 82 und 93.

[121] Vgl. dazu insbesondere *Pukall* NJW 2000, 1375, 1377. Zur Entstehungsgeschichte vgl. auch *Veelken* in: Immenga/Mestmäcker, EG-WbR, Vertikal-VO Rn. 80 und 83.

[122] Vgl. z. B. *Veelken* in: Immenga/Mestmäcker, EG-WbR, Vertikal-VO Rn. 84.

[123] So auch *Veelken* in: Immenga/Mestmäcker, EG-WbR, Vertikal-VO Rn. 88.

Weitere Voraussetzung ist, dass keiner der Wareneinzelhändler einen **Jahresumsatz von** 71
mehr als 50 Mio. Euro aufweist. Für die Berechnung des Umsatzes gelten die Erleichterungen des Art. 10 Abs. 2, andererseits sind verbundene Unternehmen mit einzubeziehen.[124] Für die Mitglieder der Unternehmensvereinigung, erst recht aber für Außenstehende ist dieses Erfordernis in der Regel nicht nachprüfbar. Die Vorschrift verfehlt damit ihr Ziel, Rechtssicherheit für die Freistellung von wettbewerbsbeschränkenden Vertikalvereinbarungen zu schaffen.

Soweit die Voraussetzungen des Art. 2 Abs. 2 gegeben sind, erfasst die Freistellung nur 72
Wettbewerbsbeschränkungen **im vertikalen Verhältnis der Unternehmensvereinigung zu ihren Mitgliedern oder Lieferanten.** Nach dem Wortlaut des Art. 2 Abs. 2 sind vertikale und horizontale Beziehungen jeweils getrennt zu behandeln. Die grundlegenden Vereinbarungen über Gründung oder Änderungen der Unternehmensvereinigung sind horizontaler Natur. Hierfür gelten die einschlägigen **horizontalen Regelungen**, insbesondere die Leitlinien über horizontale Wettbewerbsbeschränkungen.[125] Diese enthalten für die Freistellung von Einkaufskooperationen in vielen Fällen großzügigere Voraussetzungen, was in der Sache verfehlt ist.

Art. 2 Abs. 2 ist insgesamt missglückt und praktisch kaum anzuwenden.[126] Inhaltlich 73
stellt die Regelung eine wettbewerbspolitisch verfehlte **Benachteiligung der Kooperationen gegenüber Konzernunternehmen** dar. Im Ergebnis bleibt damit für wettbewerbsbeschränkende Vereinbarungen von Unternehmensvereinigungen mit ihren Mitgliedern oder Lieferanten in der Regel nur der Ausweg, eine Einzelfallfreistellung unmittelbar nach Art. 81 Abs. 3 EG zu prüfen.

c) Behandlung von geistigen Eigentumsrechten (Art. 2 Abs. 3). Art. 2 Abs. 3 74
dient der **notwendigen Abgrenzung,** unter welchen Voraussetzungen die Vertikal-GVO auf wettbewerbsbeschränkende Vereinbarungen anwendbar ist, die sich auf geistige Eigentumsrechte beziehen. In derartigen Fällen besteht ein **Spannungsverhältnis** zwischen dem wesensgemäßen Schutz von geistigen Eigentumsrechten einerseits und der Notwendigkeit, eine Aushöhlung von Wettbewerbsregelungen durch den Schutz von geistigen Eigentumsrechten zu verhindern.[127] Bei den Regelungen über geistige Eigentumsrechte ist daher stets ein differenzierender Ausgleich zwischen diesen widerstreitenden Interessen erforderlich.

aa) Anwendungsbereich. In Art. 2 sind Vereinbarungen über geistige Eigentumsrech- 75
te nicht generell freigestellt. Nach Absatz 3 fallen Abreden über geistige Eigentumsrechte nur dann in den Anwendungsbereich des Art. 2, wenn die Übertragung oder Nutzung dieser Rechte nicht den Hauptgegenstand der Vereinbarung bildet. Sie müssen folglich Teil einer zugrunde liegenden Vereinbarung über eine Bezugs- oder Lieferbeziehung sein. D. h. freigestellt sind nur solche vertraglichen Abmachungen, bei denen es sich um einen **Annex zu Vertriebs- oder Bezugsvereinbarungen** handelt. Wenn die Parteien dagegen eine eigenständige Vereinbarung über geistige Eigentumsrechte getroffen haben, sind die ein-

---

[124] Vgl. Art. 10 Abs. 1. Art. 11 Abs. 3 ist aber nicht anwendbar; vgl. Erläuterungen zu Art. 10 Rn. 3. Nach den Leitlinien Rn. 28 soll darüber hinaus eine geringfügige Überschreitung schon zu Beginn der Vereinbarung unschädlich sein. Das kann sich aber nur aus einer Einzelfallprüfung ergeben (vgl. *Habermeier/Ehlers* in: Münchener Kommentar, Art. 2 GVO Nr. 2790/1999 Rn. 5; *Seeliger* in: Wiedemann, Handbuch des Kartellrechts, § 10 Rn. 79 m. w. N.).

[125] ABl. EG 2001 Nr. C 3/2, insbesondere Kapitel 4 „Einkaufsvereinbarungen". Vgl. auch Rn. 96.

[126] Vgl. z. B. *Schultze/Pautke/Wagener,* Vertikal-GVO Rn. 261 ff.; kritisch auch *Habermeier/Ehlers* in: Münchener Kommentar, Art. 2 GVO Nr. 2790/1999 Rn. 5 und 16 f. sowie *Bauer/de Bronett,* Vertikal-GVO Rn. 212 f. Zustimmend dagegen *Klotz* in: Schröter/Jakob/Mederer, Artikel 81 – Fallgruppen, Liefer- und Bezugsvereinbarungen, Rn. 38.

[127] Zur wettbewerbsrechtlichen Beurteilung geistiger Eigentumsrechte s. Erläuterungen zu Art. 81 EG-Anhang 3.

schlägigen Regelungen über geistige Eigentumsrechte anzuwenden; dies ist insbesondere die **Gruppenfreistellungsverordnung für den Technologietransfer.**[128]

76 Art. 2 Abs. 3 enthält eine **abschließende Regelung,** wann Vereinbarungen, die sich auf geistige Eigentumsrechte beziehen, nach der Vertikal-GVO freigestellt sind. Nach den Leitlinien der Kommission[129] sollen vor allem Regelungen über Warenzeichen (jetzt Marken), Urheberrechte und Know-how betroffen sein. Diese Aufzählung von Anwendungsfällen ist aber nur beispielhaft und nicht abschließend.

77 Der praktisch bedeutsamste Fall für die Anwendung von Art. 2 Abs. 3 sind **Franchise-Vereinbarungen.** Dabei sind, weitergehend als in der früheren speziellen Franchise-GVO,[130] praktisch alle Formen von Franchise-Verträgen erfasst. Lediglich das reine Hersteller-Franchising bleibt (wie bisher) von der Freistellung ausgeschlossen.[131] Zu den grundsätzlich nach Art. 2 freigestellten Typen des Vertriebs-Franchising gehören auch die Fälle, bei denen der Franchise-Nehmer die Waren von einem Dritten bezieht (Ketten-Franchising im Gegensatz zum „normalen" Händler-Franchising). Wie die frühere Franchise-GVO erfasst auch die Vertikal-GVO das sogenannte Master-Franchising (auch: Haupt-Franchising), bei dem der Franchise-Nehmer das Know-how an Dritte weitergibt.[132] Neu ist demgegenüber, dass auch das Großhandels-Franchising nunmehr freistellungsfähig ist.[133]

78 **bb) Inhalt der Regelung.** Die Kommission gibt in den Leitlinien[134] als Hilfestellung eine ausführliche Erläuterung zur Auslegung des Art. 2 Abs. 3. Die Anwendung in der Praxis wird sich weitgehend nach diesen Hinweisen richten. Rückschlüsse zum Anwendungsbereich der Vertikal-GVO finden sich auch in den Leitlinien zur neuen Gruppenfreistellungsverordnung für den Technologietransfer.[135] Im Einzelnen setzt eine Freistellung nach Art. 2 Abs. 3 voraus:

79 (1) Die Vereinbarung muss sich auf **„geistige Eigentumsrechte"** beziehen. Eine **Definition** des Begriffs findet sich in **Art. 1 Buchst. e.** Der dort verwandte Begriff „intellektuelle Eigentumsrechte" stimmt zwar nicht mit dem Wortlaut des Art. 2 Abs. 3 überein. Diese Abweichung betrifft aber nur den deutschen Text und ist inhaltlich ohne Belang. Die Aufzählung in Art. 1 Buchst. e (Gewerbliche Schutzrechte, Urheberrechte und verwandte Rechte) ist nicht abschließend. Als geistiges Eigentumsrecht sind auch das Recht am Namen (Firma), Unternehmenskennzeichen und geschütztes Know-how anzusehen.[136]

80 (2) Das geistige Eigentumsrecht muss **an den Käufer** übertragen bzw. lizenziert werden. Damit wird einerseits die Zielsetzung ausgedrückt, dass die Vertikal-GVO nur auf

---

[128] VO (EG) 772/2004 vom 27. 4. 2004 ABl. (EG) 2004 Nr. L 123/11. Vgl. dazu die Erläuterungen in diesem Band, 2. Teil: GFVO D.

[129] Rn. 37.

[130] Verordnung (EWG) Nr. 4087/88 ABl. EG 1988 Nr. L 359/46. Eine hilfreiche Gegenüberstellung der früheren und der geltenden Regelung hinsichtlich der „weißen" und unzulässigen Klauseln findet sich bei *Schultze/Pautke/Wagener,* Vertikal-GVO Rn. 530f.

[131] Vgl. nachfolgend Rn. 81.

[132] Im Ergebnis ebenso, trotz Bedenken hinsichtlich der dogmatischen Herleitung, *Schultze/Pautke/Wagener,* Vertikal-GVO Rn. 308.

[133] Wegen der Einzelheiten wird auf die umfangreiche Spezialliteratur zu Franchise-Vereinbarungen verwiesen.

[134] Rn. 30ff.

[135] ABl. EG 2004 Nr. C 101/2 Rn. 61ff.

[136] Dies hat vor allem für Franchise-Verträge Bedeutung. Vgl. Leitlinien Rn. 37 und 42. Teilw. abweichend *Veelken* in: Immenga/Mestmäcker, EG-WbR, Vertikal-VO Rn. 48f. und 100, wonach nur technisches und nicht kommerzielles Know how erfasst sei. Nicht einheitlich *Bechtold/Bosch/Brinker/Hirsbrunner,* EG-Kartellrecht, Art. 2 VO 2790/1999 Rn. 19: Know how sei kein geistiges Eigentumsrecht, die Überlassung von Know how sei aber durch die Vertikal-GVO erfasst.

B. Vertikalvereinbarungen   81–83   **Art. 2 Vert-GVO**

Vereinbarungen Anwendung findet, die einen Annex zu Bezugs- bzw. Vertriebsvereinbarungen darstellen. Darüber hinaus werden auf diese Weise Fälle aus dem Anwendungsbereich ausgeschlossen, bei denen das geistige Eigentumsrecht dem Käufer gehört und dieser es dem Verkäufer überträgt bzw. zur Nutzung überlässt.[137] Solche Vertragsgestaltungen finden sich häufig im **Verhältnis zwischen Hersteller und Zulieferer,** wenn nämlich der Hersteller (Käufer) das geistige Eigentumsrecht besitzt und der Zulieferer das Produkt nach seinen Anweisungen fertigt **(weisungsgebundene Herstellung).** In diesen Fällen kommt eine gruppenweise Freistellung nicht in Betracht.[138] Sofern eine spürbare Wettbewerbsbeschränkung im Sinne des Art. 81 Abs. 1 EG vorliegt, bedarf es einer Einzelfallprüfung nach Art. 81 Abs. 3 EG.[139]

(3) Das geistige Eigentumsrecht muss unmittelbar mit **Nutzung, Verkauf oder Weiterverkauf von Waren oder Dienstleistungen** durch den Käufer oder seine Kunden zusammenhängen. Mit dieser (übermäßig komplizierten) Formulierung soll die Zweckbindung ausgedrückt werden, dass die Vereinbarung über das geistige Eigentumsrecht der Durchführung der Vertikalbeziehung (Liefer- oder Bezugsvereinbarung) dienen soll. Ausgeschlossen sind damit wiederum Fälle einer reinen Herstellerlizenz.[140] Auch der Typ des **reinen Hersteller-Franchising,** bei dem der Franchisegeber dem Franchisenehmer das Know-how zur Herstellung einer Ware oder Dienstleistung überlässt, fällt aus dem Anwendungsbereich der Vertikal-GVO.[141]   81

Streitig ist die Behandlung des in der Praxis eher selten anzutreffenden Falls, dass dem Käufer, dem das geistige Eigentumsrecht übertragen ist, die Befugnis zur **Weiterverarbeitung** der gelieferten Ware oder Dienstleistung eingeräumt ist. Nach Art. 2 Abs. 1 sind die Fälle der Weiterverarbeitung durch den Käufer vom Anwendungsbereich der Vertikal-GVO mit umfasst. Es ist deshalb sachgerecht, dass sich in einem solchen Fall die Freistellung auch auf Vereinbarungen über geistige Eigentumsrechte nach Art. 2 Abs. 3 bezieht.[142] Dies entspricht im Ergebnis auch der Auffassung der Kommission.[143]   82

(4) Ferner darf die Vereinbarung über das geistige Eigentumsrecht nicht den **Hauptgegenstand** der Vereinbarung bilden. Damit wird erneut das entscheidende Kriterium verdeutlicht, dass nach Art. 2 Abs. 3 nur Annex-Regelungen zu Bezugs- oder Vertriebsvereinbarungen freistellbar sein sollen. Eindeutig vom Anwendungsbereich der Vertikal-GVO **ausgeschlossen** sind somit Verträge über die **Übertragung von Lizenzen** an geistigen Eigentumsrechten oder die **Verwertung von urheberrechtlich geschützten Werken.** Dies betrifft in erster Linie reine Lizenzverträge, die nicht die Lieferung von Waren oder Dienstleistungen zum Gegenstand haben. Es gilt aber auch für vergleichbare Fallgestaltungen, bei denen die Lieferung der Ware (nur) der Durchführung der Lizenzvereinbarung dient. Ein Beispiel hierfür ist die **Lieferung einer „hardcopy"** (Mutterkopie) im Rahmen einer Lizenzübertragung zur Herstellung und Verteilung der Kopien.[144]   83

---

[137] Leitlinien Rn. 33.
[138] Vgl. *Veelken* in: Immenga/Mestmäcker, EG-WbR, Vertikal-VO Rn. 102.
[139] Die Kommission verweist in den Leitlinien Rn. 33 auf die sog. Zulieferbekanntmachung (ABl. EG 1979 Nr. C 1/2), wonach weisungsgebundene Fremdfertigung unter bestimmten Voraussetzungen nicht dem Verbot des Art. 81 Abs. 1 EG unterfällt.
[140] Die Kommission erwähnt den Fall der Herstellung von Getränken oder Arzneimitteln nach festgelegten Rezepturen des Herstellers; vgl. Leitlinien Rn. 32.
[141] Vgl. Leitlinien Rn. 42; *Schultze/Pautke/Wagener,* Vertikal-GVO Rn. 307.
[142] Ebenso *Veelken* in: Immenga/Mestmäcker, EG-WbR, Vertikal-VO Rn. 107; *Schultze/Pautke/Wagener,* Vertikal-GVO Rn. 272.
[143] In den Leitlinien Rn. 35 wird ein Fall der Weiterverarbeitung als freistellungsfähig angeführt.
[144] Leitlinien Rn. 32, 2. Spiegelstrich.

Art. 2 Vert-GVO 84–88

84 Schwieriger ist die Abgrenzung bei **Software-Verträgen.** Nach den Leitlinien[145] unterliegt der (Mit-)Verkauf von urheberrechtlich geschützter Software grundsätzlich dem Anwendungsbereich der Vertikal-GVO. Die Freistellung erfasst auch die Lieferung einer hardcopy, die an die Kunden weiterverkauft wird. Dies gilt auch für den Fall, dass das Urheberrecht durch Öffnen der Verpackung vom Erwerber wirksam anerkannt wird.[146] Anders ist es dagegen in Fällen, in denen das Urheberrecht an der Software selbst vom Verkäufer aus der Hand gegeben und dem Erwerber zur freien Verfügung überlassen wird. Hier gilt, sofern die Voraussetzungen erfüllt sind, die Gruppenfreistellungsverordnung über den Technologietransfer.

85 (5) Schließlich legt Satz 2 als Voraussetzung der Freistellung fest, dass in den Vereinbarungen **keine schwarzen Klauseln** (Art. 4) **oder sonstigen Beschränkungen** gemäß Art. 5 enthalten sein dürfen. Dies geht über eine reine Verweisung auf Art. 4 und 5 hinaus, da nicht nur solche Klauseln erfasst sind, die Wettbewerbsbeschränkungen i. S. d. Art. 4 und 5 „bezwecken" bzw. „beinhalten". Vielmehr reicht auch das bloße „Bewirken" derartiger Wettbewerbsbeschränkungen aus mit der Folge, dass in solchen Fällen Vereinbarungen über geistige Eigentumsrechte ausnahmsweise nach Art. 2 Abs. 3 von der Freistellung ausgeschlossen sind.[147] Dies erschwert die Anwendung der Vertikal-GVO erheblich, da es u. U. komplizierte Feststellungen hinsichtlich der Wirkung von Vereinbarungen über geistige Eigentumsrechte erforderlich macht.

86 **d) Vereinbarungen zwischen Wettbewerbern (Art. 2 Abs. 4).** Von zentraler Bedeutung für die weitgehende Freistellung von vertikalen Wettbewerbsbeschränkungen in der Vertikal-GVO ist eine klare **Abgrenzung** der freistellbaren Vertikalvereinbarungen gegenüber **Wettbewerbsbeschränkungen im Horizontalverhältnis** (Kartellen). Denn nur im Fall von reinen Vertikalbeziehungen, die keine horizontalen Wettbewerbsbeschränkungen enthalten, ist das wettbewerbliche Gefährdungspotential generell geringer.[148]

87 aa) **Anwendungsbereich.** Bereits aus Art. 2 Abs. 1, wonach die Vertragsparteien im Rahmen der Vereinbarung (zwecks Durchführung) auf unterschiedlichen Wirtschaftsstufen stehen müssen, ergibt sich, dass bei horizontalen Wettbewerbsbeschränkungen innerhalb der Vertikalbeziehung (Intra-Brand-Wettbewerb) eine Freistellung ausgeschlossen ist. Art. 2 Abs. 4 geht darüber hinaus und schließt auch horizontale Wettbewerbsbeschränkungen außerhalb des Vertragsverhältnisses grundsätzlich aus (Inter-Brand-Wettbewerb).[149] Ziel der Regelung ist es, **Marktaufteilungen** durch im Wettbewerb stehende Unternehmen **zu verhindern.**[150]

88 Maßgeblich sind dabei, wie sich aus Art. 1 Buchst. a ergibt, nicht nur aktuelle, sondern **auch potentielle Wettbewerbsbeziehungen.**[151] Durch die Einbeziehung des potentiellen Wettbewerbs hat der Ausschluss von horizontalen Wettbewerbsbeschränkungen eine erhebliche praktische Bedeutung. Dies gilt insbesondere für den Bereich von **Zuliefervereinbarungen und sogenannten Kollegenlieferungen.** Da der Hersteller in vielen Fällen die Möglichkeit haben wird, die erworbenen Zulieferteile ggf. auch selbst herzustellen, ist im Verhältnis von Hersteller und Zulieferer ein potentielles horizontales Wettbewerbs-

---

[145] Rn. 40. Vgl. dazu auch *Schultze/Pautke/Wagener*, Vertikal-GVO Rn. 310 ff. und *Seeliger* in: Wiedemann, Handbuch des Kartellrechts, § 10 Rn. 90.
[146] Kritisch zu diesem Fall *Schultze/Pautke/Wagener*, Vertikal-GVO Rn. 312 f.
[147] Im Ergebnis ebenso *Veelken* in: Immenga/Mestmäcker, EG-WbR, Vertikal-VO Rn. 117.
[148] Bereits Erwägungsgrund 3 der Vertikal-GVO sieht deshalb eine Freistellung grundsätzlich nur für Vereinbarungen „zwischen nicht miteinander im Wettbewerb stehenden Unternehmen" und zwischen „bestimmten" Wettbewerbern vor.
[149] Vgl. *Veelken* in: Immenga/Mestmäcker, EG-WbR, Vertikal-VO Rn. 122.
[150] Nähere Regelungen dazu finden sich vor allem in den Horizontalen Leitlinien der Kommission (ABl. EG 2001 Nr. C 3/2). Im Einzelnen wird auf die Erl. zu Art. 81 Abs. 1 EG verwiesen.
[151] Vgl. Leitlinien Rn. 26. Eingehend dazu *Seeliger* in: Wiedemann, Handbuch des Kartellrechts, § 10 Rn. 96 ff.

B. Vertikalvereinbarungen   89–91   **Art. 2 Vert-GVO**

verhältnis nicht selten. Durch Art. 2 Abs. 4 ist in diesen Fällen eine Freistellung grundsätzlich ausgeschlossen und, sofern die Zuliefervereinbarung eine spürbare Wettbewerbsbeschränkung gemäß Art. 81 Abs. 1 EG darstellt, ist eine Einzelfreistellung nach Art. 81 Abs. 3 erforderlich. Forderungen von Seiten der Mitgliedstaaten und der Wirtschaft nach einer weitergehenden Freistellung von Zuliefervereinbarungen hat die Kommission weder durch die neugefasste Gruppenfreistellungsverordnung Spezialisierung noch durch die später erlassenen horizontalen Leitlinien erfüllt.[152]

bb) Der Ausschluss von horizontalen Wettbewerbsbeschränkungen (1. Halbsatz von Art. 2 Abs. 4). Die Vertikal-GVO ist nach ihrem Wortlaut auf solche Unternehmen nicht anwendbar, die in **einem aktuellen oder potenziellen Wettbewerbsverhältnis** (vgl. Art. 1 Buchst. a) zueinander stehen. Dabei muss sich das horizontale Wettbewerbsverhältnis gerade auf die Produkte (Waren oder Dienstleistungen) beziehen, die Gegenstand der freizustellenden Vereinbarung sind. Die Vertragspartner müssen also auf dem relevanten **sachlichen** Markt der Vertikalbeziehung als Wettbewerber tätig sein.[153] Nicht erforderlich ist dagegen, dass sie sich auch auf dem gleichen **regionalen Markt** als Wettbewerber gegenüberstehen.[154] Dafür spricht nicht nur der eindeutige Wortlaut des Art. 1 Buchst. a. Auch aus dem Zweck der Vorschrift, regionale Marktaufteilungen durch die betroffenen Unternehmen auszuschließen, ergibt sich die Notwendigkeit einer weiten Auslegung des Ausschlusstatbestandes. Dort, wo die Unternehmen die Möglichkeit haben, den Wettbewerb auf regionalen Drittmärkten einzuschränken oder auszuschließen, ist eine gruppenweise Freistellung nicht gerechtfertigt. 89

Art. 11 ist entsprechend anzuwenden.[155] **Verbundene Unternehmen** sind daher bei der Abgrenzung mit zu berücksichtigen.

cc) Ausnahmsweise Freistellung von horizontalen Wettbewerbsbeschränkungen (2. Halbsatz von Art. 2 Abs. 4). Der Ausschluss von horizontalen Wettbewerbsbeschränkungen gilt nicht uneingeschränkt, es sind zwei Ausnahmen vorgesehen. Sie setzen gemeinsam voraus, dass es sich nicht um wechselseitige vertikale Vereinbarungen[156] handelt. Es darf in diesen Fällen also immer nur ein einziges Lieferverhältnis bestehen. 90

Die erste Ausnahme in Buchst. a betrifft den Fall, dass der Abnehmer der Ware oder Dienstleistung einen **Umsatz von nicht mehr als 100 Mio. Euro** aufweist. Bei der Berechnung des Umsatzes sind Art. 10 und 11 anzuwenden;[157] insbesondere sind verbundene Unternehmen mit einzubeziehen. Dass die Bagatellklausel auf den Käufer beschränkt ist, erscheint unter wettbewerblichen Gesichtspunkten kaum zu rechtfertigen. Eine wettbewerbliche Gefährdungslage ist auch dann – und erst recht dann – nicht gegeben, wenn das Verkäufer-Unternehmen eine bestimmte Größenordnung nicht überschreitet. Eine „Korrektur" der Vorschrift im Wege der erweiternden Auslegung, die auch der früheren Rechtslage entsprechen würde, ist aber nicht möglich; sie würde dem eindeutigen Wortlaut der Vorschrift widersprechen.[158] 91

---

[152] Näheres dazu bei *Pukall* NJW 2000, 1375, 1377.
[153] Zur Abgrenzung des Produktmarkts vgl. Erläuterungen zu Art. 3 Rn. 114.
[154] Leitlinien Rn. 26; *Schultze/Pautke/Wagener*, Vertikal-GVO Rn. 319 ff.; *Klotz* in: Schröter/Jakob/Mederer, Artikel 81 – Fallgruppen, Liefer- und Bezugsvereinbarungen Rn. 36; a. A. *Veelken* in: Immenga/Mestmäcker, EG-WbR, Vertikal-VO Rn. 123 und *Seeliger* in: Wiedemann, Handbuch des Kartellrechts, § 10 Rn. 101. Vgl. aber auch Fußn. 156.
[155] *Veelken* in: Immenga/Mestmäcker, EG-WbR, Vertikal-VO Rn. 124. Dagegen ist Art. 11 Abs. 3 nicht anwendbar; vgl. Erläuterungen zu Art. 10 Rn. 353.
[156] Hierfür kann die Definition (nicht) wechselseitiger Vereinbarungen in Art. 1 Abs. 1 Buchst. c und d der Technologietransfer-GVO entsprechend angewandt werden; so auch *Seeliger* in: Wiedemann, Handbuch des Kartellrechts, § 10 Rn. 105. Eine wechselseitige Vereinbarung erfordert, dass sich die Parteien auf dem gleichen sachlichen und regionalen Markt gegenüberstehen (vgl. *Bechtold/Bosch/Brinker/Hirsbrunner*, EG-Kartellrecht, Art. 2 VO 2790/1999 Rn. 19).
[157] *Bauer/de Bronett*, Vertikal-GVO Rn. 210.
[158] Ebenso *Schultze/Pautke/Wagener*, Vertikal-GVO Rn. 328.

Art. 2 Vert-GVO 92–95 7. Teil. Gruppenfreistellungsverordnungen

92 Die zweite Gruppe der Ausnahmen in Buchst. b und c betrifft – unter Anlehnung an die Praxis im englischen Recht – den Fall des sog. **„dualen Vertriebs"**.[159] Eine Freistellung tritt dann ein, wenn der Hersteller die Produkte sowohl über Händler als auch durch das eigene Unternehmen vertreibt bzw. ein Eigenvertrieb gemäß Art. 1 Buchst. a möglich und wahrscheinlich ist. Hier liegt zwar ein (zumindest potenzielles) Wettbewerbsverhältnis auf der Vertriebsstufe vor, der Charakter einer Vertikalvereinbarung wird dadurch aber nicht in Frage gestellt; die Anwendung der Vertikal-GVO auf derartige Vereinbarungen ist deshalb gerechtfertigt.[160] Ein Vertrieb im eigenen Unternehmen liegt auch vor, wenn der Absatz durch (echte) Handelsvertreter erfolgt. Entsprechend ist die Vorschrift anzuwenden, wenn der Hersteller den Absatz sowohl über ein Franchise-System als auch durch Eigenvertrieb organisiert hat.[161] Dagegen entfällt nach dem Wortlaut eine Freistellung, wenn beide Unternehmen im Handelsbereich tätig sind (ein Großhändler vertreibt sowohl an den Einzelhandel als auch direkt an Endkunden).[162] Die Freistellung ist ferner ausgeschlossen, wenn der Käufer (Händler) selbst zugleich Hersteller ist. Dafür reicht auch ein (potenzielles) Wettbewerbsverhältnis auf der Herstellerstufe aus, d.h. der Händler könnte potenziell die Vertragsware selbst herstellen.[163]

93 Die Ausnahme für den dualen Vertrieb, die in Buchst. b für Waren korrekt umschrieben ist, gilt entsprechend auch für den Vertrieb von **Dienstleistungen** (Buchst. c). Der Wortlaut ist insoweit nicht eindeutig und lässt eine Auslegung zu, die auch weitergehende Fälle erfassen würde. Ein solches Ergebnis ist aber offensichtlich weder gewollt noch wäre es angemessen. Daher ist die Vorschrift so auszulegen, dass eine Freistellung des dualen Vertriebs bei Dienstleistungen unter den gleichen Voraussetzungen und Einschränkungen wie beim dualen Vertrieb von Waren erfolgt.[164]

4. Rechtsfolgen

94 Durch Art. 2 wird der Umfang der **gruppenweisen Freistellung** festgelegt. Vereinbarungen, die nach Art. 2 in den Anwendungsbereich der Vertikal-GVO fallen, sind – im Rahmen der weiteren Voraussetzungen (Art. 3, 4 und 5) – freigestellt. Dabei kommt es nicht darauf an, dass im konkreten Fall die Voraussetzungen des Art. 81 Abs. 3 EG tatsächlich erfüllt sind. Sofern Vereinbarungen nicht durch Art. 2 erfasst und auch andere GVO nicht anwendbar sind, bedarf es einer Einzelfallprüfung, ob die (vertikale) Wettbewerbsbeschränkung gemäß den Voraussetzungen des Art. 81 Abs. 3 EG freigestellt ist.

95 Durch den weiten Anwendungsbereich des Art. 2 wird das Regel-Ausnahme-Verhältnis des Art. 81 Abs. 1 und 3 EG im Ergebnis praktisch umgekehrt: Nach der früheren Rechtslage galt der Grundsatz, dass vertikale Wettbewerbsbeschränkungen grundsätzlich verboten waren, sofern sie nicht ausnahmsweise freigestellt waren. Im System der Vertikal-GVO gilt

---

[159] Leitlinien Rn. 27.
[160] Nach dem Wortlaut greift die Freistellung nur ein, wenn der Hersteller tatsächlich die Vertragsware selbst vertreibt (also aktueller Wettbewerb besteht). Es wäre aber nicht verständlich, wenn der minder schwere Fall des potenziellen Wettbewerbs ausgeschlossen wäre; die Freistellung muss deshalb auch bei nur potentiellem Eigenvertrieb des Herstellers eingreifen. Vgl. *Seeliger* in: Wiedemann, Handbuch des Kartellrechts, § 10 Rn. 107f.
[161] *Veelken* in: Immenga/Mestmäcker, EG-WbR, Vertikal-VO Rn. 130.
[162] *Schultze/Pautke/Wagener*, Vertikal-GVO Rn. 332.
[163] Dies geht über den Wortlaut der Vorschrift hinaus, folgt aber aus dem Sinn und Zweck des Art. 2 Abs. 4. *Seeliger* in: Wiedemann, Handbuch des Kartellrechts, § 10 Rn. 107 weist auf die Gefahr hin, dass sonst ein wünschenswerter Markteintritt des Käufers verhindert würde.
[164] Ausführlich dazu *Veelken* in: Immenga/Mestmäcker, EG-WbR, Vertikal-VO Rn. 133; zustimmend *Schultze/Pautke/Wagener*, Vertikal-GVO Rn. 338 und *Klotz* in: Schröter/Jakob/Mederer, Artikel 81 – Fallgruppen, Liefer- und Bezugsvereinbarungen Rn. 41.

B. Vertikalvereinbarungen 96–99 **Art. 2 Vert-GVO**

dagegen der Grundsatz: vertikale Wettbewerbsbeschränkungen sind **grundsätzlich freigestellt, sofern nicht ausdrücklich etwas anderes geregelt ist.**[165]

Hinsichtlich der Rechtsfolgen, die sich aus den Sonderregelungen in den Absätzen 2 bis 4 ergeben, ist zu differenzieren.[166] Bei Vereinbarungen von **Unternehmensvereinigungen** mit ihren Mitgliedern oder ihren Lieferanten unterscheidet Art. 2 Abs. 2 ausdrücklich zwischen den vertikalen und horizontalen Wettbewerbsbeschränkungen. Die Freistellung umfasst nach Art. 2 Abs. 2 nur die Wettbewerbsbeschränkungen im Vertikalverhältnis. Wenn darüber hinaus auch Wettbewerbsbeschränkungen im horizontalen Verhältnis vorliegen, sind diese nach den einschlägigen Regelungen für horizontale Wettbewerbsbeschränkungen zu prüfen. Maßgeblich sind insoweit vor allem die Leitlinien für horizontale Wettbewerbsbeschränkungen.[167] 96

Für Vereinbarungen in Bezug auf **geistige Eigentumsrechte** sind die Rechtsfolgen in Art. 2 Abs. 3 abschließend geregelt. Die Freistellung erfasst, wenn der Anwendungsbereich nach Art. 2 Abs. 3 gegeben ist, die Vereinbarung in ihrer Gesamtheit. Sofern dagegen eine der Voraussetzungen des Art. 2 Abs. 3 nicht erfüllt ist, kommt für diese Vereinbarung eine Freistellung nach der Vertikal-GVO nicht in Betracht (Alles-oder-Nichts-Prinzip).[168] Zu prüfen bleibt in diesen Fällen die Frage, ob insbesondere nach der Gruppenfreistellungsverordnung über den Technologietransfer die Freistellungsvoraussetzungen erfüllt sind. 97

Bei **Vereinbarungen zwischen Wettbewerbern,** die nach Art. 2 Abs. 4 zweiter Halbsatz freigestellt sind, gilt die Freistellung nach Art. 2 auch hinsichtlich der horizontalen Wettbewerbsbeschränkung.[169] Im Falle des dualen Vertriebs überwiegt der vertikale Charakter der Vereinbarung so sehr, dass eine gesonderte Prüfung im Hinblick auf die horizontale Wettbewerbsbeschränkung ausnahmsweise entbehrlich erscheint. Soweit dagegen die Voraussetzungen für eine Freistellung von horizontalen Wettbewerbsbeschränkungen nach Art. 2 Abs. 4 nicht erfüllt sind, bleibt die Freistellung nach den Regeln für horizontale Wettbewerbsbeschränkung zu prüfen.[170] In der Regel wird eine Einzelfallabwägung notwendig sein. Dies gilt insbesondere für eine große Zahl der **Zuliefervereinbarungen.** Die Vertikal-GVO findet in diesen Fällen immer dann keine Anwendung, wenn der Hersteller des Endprodukts, der das Zulieferprodukt abnimmt, dieses entweder selbst herstellt oder zumindest potenziell herstellen kann. Eine angemessene Regelung für die Freistellung von Zuliefervereinbarungen steht somit noch aus.[171] 98

5. Verhältnis zu anderen Regelungen (Art. 2 Abs. 5)

Der Vorrang von Sonderregelungen gegenüber der allgemeinen Schirm-GVO (Art. 2 Abs. 5) betrifft vor allem die **Kfz-GVO.**[172] Da die neugefasste Gruppenfreistellungsverordnung für den Kfz-Vertrieb nach dem gleichen Muster wie die Vertikal-GVO aufgebaut ist, sind Abgrenzungsprobleme weitgehend ausgeschlossen. Die allgemeine Vertikal-GVO gilt auch beim Vertrieb von Kraftfahrzeugen, soweit einzelne Fallgruppen in der Kfz-GVO 99

---

[165] Vgl. dazu Erläuterungen in der Einführung insbes. Rn. 6 und 16. Zum amerikanischen Recht vgl. Erläuterungen zu Art. 4 Rn. 136.
[166] Abweichend *Klotz* in: Schröter/Jakob/Mederer, Artikel 81 – Fallgruppen, Liefer- und Bezugsvereinbarungen Rn. 37, wonach von einer einheitlichen Rechtsfolge auszugehen ist.
[167] Vgl. dazu *Mestmäcker/Schweitzer*, Europäisches Wettbewerbsrecht, § 14 Rn. 16, die insoweit von einer „Doppelkontrolle" sprechen. Einschränkend *Veelken* in: Immenga/Mestmäcker, EG-WbR, Vertikal-VO Rn. 93: Art. 81 Abs. 1 EG sei in diesen Fällen häufig nicht einschlägig.
[168] So auch *Veelken* in: Immenga/Mestmäcker, EG-WbR, Vertikal-VO Rn. 42 ff.
[169] Ebenso *Schultze/Pautke/Wagener*, Vertikal-GVO Rn. 322.
[170] Ob man hierin eine „Doppelkontrolle" sieht (wie *Schultze/Pautke/Wagener*, Vertikal-GVO Rn. 359 oder *Nolte* in: Langen/Bunte, Art. 81 Fallgruppen Rn. 497), ist unerheblich.
[171] Vgl. *Pukall* NJW 2000, 1375, 1377; *Schultze/Pautke/Wagener*, Vertikal-GVO Rn. 333.
[172] VO (EG) Nr. 1400/2002 vom 31. 7. 2002, ABl. EG 2002 Nr. L 203/30. Vgl. dazu die Erläuterungen von *Vogel* in diesem Band, 2. Teil: GFVO F.

nicht geregelt sind. Sie findet dagegen keine Anwendung, wenn eine Freistellung durch die Kfz-GVO ausgeschlossen ist.[173] Eine weitere branchenbezogene Sonderregelung auch für vertikale Beziehungen enthält die **GVO-Versicherungen.**[174]

100 Keine Bedeutung hat Art. 2 Abs. 5 bei Vereinbarungen über **geistige Eigentumsrechte.** Für diesen Bereich enthalten Art. 2 Abs. 3 sowie die Technologietransfer-GVO[175] abschließende Regelungen des Anwendungsbereichs.[176]

101 Das Verhältnis zu den Regelungen für **horizontale Wettbewerbsbeschränkungen** ergibt sich weitgehend aus Art. 2 Abs. 4; danach sind horizontale und vertikale Regelungen grundsätzlich nebeneinander anwendbar. Die Vorrang-Regelung in Art. 2 Abs. 5 greift ein, soweit die horizontalen Gruppenfreistellungsverordnungen Spezialisierung sowie Forschung und Entwicklung **besondere Vorschriften für den Vertrieb** enthalten. Diese schließen insoweit die Anwendung der Vertikal-GVO aus.[177]

Für das Verhältnis zum **nationalen Recht** vgl. die Erläuterungen in der Einführung Rn. 34 ff.

Art. 3 [Marktanteilsschwelle]

(1) **Unbeschadet des Absatzes 2 dieses Artikels gilt die Freistellung nach Artikel 2 nur, wenn der Anteil des Lieferanten an dem relevanten Markt, auf dem er die Vertragswaren oder -dienstleistungen verkauft, 30% nicht überschreitet.**

(2) **Im Fall von vertikalen Vereinbarungen, die Alleinbelieferungsverpflichtungen enthalten, gilt die Freistellung nach Artikel 2 nur, wenn der Anteil des Käufers an dem relevanten Markt, auf dem er die Vertragswaren oder -dienstleistungen einkauft, 30% nicht überschreitet.**

1. Sinn und Zweck

102 Art. 3 ist die Vorschrift, in der die neue **wirtschaftliche Betrachtungsweise**[178] am deutlichsten zum Ausdruck kommt. Nicht mehr die Verwendung bestimmter juristischer Klauseln in den Vereinbarungen entscheidet über die Freistellung. Vielmehr stellt Art. 3 näherungsweise auf das Kriterium der **Marktmacht ab,** das in der ökonomischen Bewertung von vertikalen Wettbewerbsbeschränkungen maßgeblich ist.[179] Insofern bewirkt Art. 3 in der Tat einen „Paradigmenwechsel".[180]

103 Marktmacht ist in der wettbewerbsrechtlichen Theorie ein häufig verwandter Begriff. In der Praxis bereitet jedoch die Ermittlung der Marktmacht eines Unternehmens vielfach erhebliche Schwierigkeiten. Als Kriterium, das Marktmacht nahe kommt und dennoch leicht zu handhaben ist, sind in Art. 3 **Marktanteilsschwellen** festgelegt. Ein anderes Merkmal, das Marktmacht besser zum Ausdruck bringt und dennoch praktikabel ist, hat sich nicht finden lassen.[181]

---

[173] Im Einzelnen vgl. *Veelken* in: Immenga/Mestmäcker, EG-WbR, Vertikal-VO Rn. 34 ff.
[174] VO (EG) Nr. 358/2003 vom 27. 2. 2003, ABl. EG 2003 Nr. L 53/8.
[175] VO (EG) Nr. 772/2004 vom 27. 4. 2004, ABl. EG 2004 Nr. L 123/11.
[176] S. oben Rn. 76. Ausführlich dazu *Veelken* in: Immenga/Mestmäcker, EG-WbR, Vertikal-VO Rn. 42 ff.
[177] Vgl. Leitlinien Rn. 45; im Ergebnis ebenso *Schultze/Pautke/Wagener,* Vertikal-GVO Rn. 359.
[178] S. Erläuterungen zu Allgemeines Rn. 5.
[179] Vgl. Erwägungsgrund 7.
[180] Das ist wohl allg. M. Vgl. statt aller *Veelken* in: Immenga/Mestmäcker, EG-WbR, Vertikal-VO Rn. 136.
[181] Die Kommission erwähnt dies z. B. in den Leitlinien Rn. 122 f. Vgl. auch *Fuchs,* Die Modernisierung des europäischen Kartellrechts im Bereich vertikaler Vereinbarungen, S. 95, 112 ff.; *Pukall* NJW 2000, 1375, 1376; *Beutelmann,* Selektive Vertriebssysteme im europäischen Kartellrecht, S. 104 ff. Vgl. dazu auch *Bergmann* ZWeR 2004, 28, 35 m. w. N.

B. Vertikalvereinbarungen 104–106 **Art. 3 Vert-GVO**

Für die Festlegung der Marktanteilsschwelle hatte die Kommission im Grünbuch[182] zunächst ein Modell mit unterschiedlichen Schwellen von 20% und 40% zur Diskussion gestellt. Bei den Beratungen zur Rats-VO 1215/99 einigten sich Mitgliedstaaten und Kommission jedoch auf eine **einheitliche Schwelle von 30%**. Diese erscheint einerseits ausreichend hoch, um einen großen Anwendungsbereich für die Freistellung sicherzustellen; andererseits weist sie einen hinlänglich deutlichen Abstand zur Schwelle der Marktbeherrschung auf, für die eine Freistellung nach Art. 81 Abs. 3 EG grundsätzlich ausgeschlossen ist.[183] 104

Vor allem in Deutschland wurde an der neuen Konzeption vielfach **Kritik** geübt.[184] Im Vordergrund steht nach wie vor die Sorge, dass die Schwierigkeiten der **Marktanteilsbestimmung** für die Unternehmen zu Rechtsunsicherheit führen können;[185] teilweise wurde auch eine „Zwei-Klassen-Gesellschaft" durch die gruppenweise Freistellung beklagt. Diese Einwände sind nicht berechtigt. Marktanteile sind nicht nur in der Fusionskontrolle, sondern auch bei der Prüfung von Kartellen ein übliches und erprobtes Kriterium. Auch in der Praxis der Vertikal-GVO sind bislang keine größeren Probleme mit der Marktanteilsschwelle erkennbar geworden. Trotz aller unbestreitbaren Schwierigkeiten der Ermittlung kann von Unternehmen, deren Marktanteil einer Größenordnung von 30% nahe kommt, erwartet werden, dass sie hinlänglich genaue Vorstellungen über ihre Stellung im Markt haben.[186] Die Gruppenfreistellung hat auch keine Zweiklassen-Gesellschaft bei den Unternehmen zur Folge. Die nicht begünstigten Unternehmen werden von einer Freistellung nicht ausgeschlossen, sondern auf die allgemeine Regelung in Art. 81 Abs. 3 EG verwiesen. Der Ausschluss einer Gruppenfreistellung und die dadurch bedingte **Notwendigkeit einer Einzelfallprüfung** sind in den Fällen, in denen Unternehmen über eine erhebliche Marktmacht verfügen, sachlich angemessen. 105

2. Praktische Bedeutung

Art. 3 ist bewusst so gestaltet, dass eine **große Zahl** von wettbewerbsbeschränkenden Vereinbarungen in den Genuss der gruppenweisen Freistellung gelangen kann. Die Kommission schätzt, dass etwa 80% der Vertikalvereinbarungen unterhalb der Schwellenwerte des Art. 3 bleiben.[187] In der praktischen Wirkung wird damit das System des Verbots mit 106

---

[182] KOM (96) 721 endg.
[183] Vgl. ausführlich *Veelken* in: Immenga/Mestmäcker, EG-WbR, Vertikal-VO Rn. 138; *Beutelmann,* Selektive Vertriebssysteme im europäischen Kartellrecht, S. 106 ff.
[184] Die Kritik ist auch nach mehrjähriger Praxis noch nicht verstummt. Vgl. z.B. *Seeliger* in: Wiedemann, Handbuch des Kartellrechts, § 10 Rn. 116. Skeptisch äußert sich auch *Veelken* in: Immenga/Mestmäcker, EG-WbR, Vertikal-VO Rn. 164 f. Vgl. auch Einleitung Rn. 17.
[185] Dies wurde z.B. von der Wirtschaft (vgl. *Nolte* BB 1998, 2429, 2431 f.), aber auch in der wissenschaftlichen Literatur geltend gemacht; vgl. *Polley/Seeliger* WRP 2000, 1203, 1209; *Schwintowski,* Vertikalbeschränkungen im europäischen Wettbewerbsrecht – eine juristisch-ökonomische Kritik des neuen Konzepts der Kommission, S. 919 f. Auch *Nolte* in: Langen/Bunte, Art. 81 Fallgruppen Rn. 500 f. weist auf die praktischen Probleme der Marktermittlung hin. *Scheerer,* Rechtsfragen der Gruppenfreistellungsverordnung für vertikale Wettbewerbsbeschränkungen, S. 85 hält die Regelung sogar für „mittelstandsfeindlich", während *Mestmäcker/Schweitzer,* Europäisches Wettbewerbsrecht, § 14 Rn. 23 die Regelung wegen der häufigen Marktanteilsschwankungen als „wenig geeignet" bezeichnen. Vergleichbare Kritik ist bei der de minimis-Bekanntmachung der Kommission, obwohl auch diese auf Marktanteile abstellt, kaum laut geworden.
[186] Darauf weisen auch *Beutelmann,* Selektive Vertriebssysteme im europäischen Kartellrecht, S. 108 f., *Fuchs,* Die Modernisierung des europäischen Kartellrechts im Bereich vertikaler Vereinbarungen, S. 113 ff. und *Klotz* in: Schröter/Jakob/Mederer, Artikel 81 – Fallgruppen, Liefer- und Bezugsvereinbarungen Rn. 72 f. hin. Kritischer ist die Situation der Vertragspartner, die in der Regel nicht über die notwendigen Informationen verfügen; vgl. dazu Einleitung Rn. 17.
[187] So *Schaub/Dohms* WuW 1999, 1055, 1070. Welcher Anteil dabei bereits durch die de minimis-Bekanntmachung der Kommission erfasst wird, ist nicht bekannt. S. dazu nachfolgend Rn. 107.

Erlaubnisvorbehalt, das Art. 81 Abs. 1 und 3 EG zugrunde liegt, ersetzt durch ein **der Missbrauchsaufsicht nahe kommendes** Regime.[188]

107 In der Praxis hat Art. 3 **erhebliche praktische Bedeutung,** da die Gruppenfreistellung den Unternehmen unterhalb der Marktanteilsschwelle Rechtssicherheit bietet.[189] Tatsächlich ist die Tragweite zum einen jedoch durch die de minimis-Bekanntmachung der Kommission[190] eingeschränkt, die bei Marktanteilen bis 15% zum gleichen Ergebnis führt. Die Vertikal-GVO bietet daher nur bei Marktanteilen zwischen 15 und 30% einen zusätzlichen Rechtsvorteil.[191]

108 Zum andern führt eine Überschreitung der Marktanteilsschwelle nicht automatisch zur Unwirksamkeit der Vereinbarung. Abweichende Ergebnisse sind nur zu erwarten, wenn besondere Umstände vorliegen, die in der generalisierenden Bewertung der Vertikal-GVO nicht berücksichtigt sind.[192] Die Frage, ob die Marktanteilsschwelle des Art. 3 eingehalten ist, hat daher vor allem bei nur geringfügiger Überschreitung häufig keine ausschlaggebende Bedeutung.

109 Nach dem **Prüfschema der Kommission**[193] ist die Marktabgrenzung der erste Schritt für die Prüfung von vertikalen Wettbewerbsbeschränkungen. Danach soll der Marktanteil i. S. d. Art. 3 ermittelt werden. Diese Prüfreihenfolge ist kaum zweckmäßig und wegen der Unsicherheiten der Marktabgrenzung **für die Praxis vielfach nicht empfehlenswert.**[194]

110 Eingeschränkt wird der durch Art. 3 gewährte Vorteil der Rechtssicherheit vor allem durch das System der Kernbeschränkungen **(schwarze Klauseln)** nach Art. 4 und der sonstigen Beschränkungen nach Art. 5. In diesen Fällen ist eine Freistellung entweder insgesamt (Art. 4) oder bezogen auf die getroffenen Vereinbarungen (Art. 5) ausgeschlossen, unabhängig davon, ob die Marktanteilsschwellen überschritten sind oder nicht. Durch die Freistellung nach Art. 2 und 3 wird also eine inhaltliche Prüfung der wettbewerbsbeschränkenden vertikalen Vereinbarungen nicht entbehrlich; diese Prüfung richtet sich aber nicht an dem umfassenden Maßstab des Art. 81 Abs. 3 EG aus, sondern allein an den eingegrenzten Kriterien in den Art. 4 und 5.

111 Die in Art. 3 Abs. 2 behandelten **Alleinbelieferungsverträge** sind in der Praxis eher selten anzutreffen. Trotzdem ist diese Sonderregelung nicht bedeutungslos.[195]

3. Tatbestand

112 a) **Regelfall (Art. 3 Abs. 1).** Art. 3 umschreibt den Kreis der Vereinbarungen, der von der Gruppenfreistellung nach Art. 2 umfasst ist (vereinzelt als „persönlicher Anwendungsbereich" bezeichnet). Die Aufzählung der Erfordernisse ist **abschließend,** soweit nicht nach Art. 4 oder 5 eine Freistellung ausgeschlossen ist.

113 aa) **Relevanter Markt.** In allen Fällen, außer bei Alleinbelieferungsvereinbarungen (Absatz 2), setzt die Freistellung voraus, dass der Marktanteil des Lieferanten 30% nicht übersteigt. Nach Art. 3 Abs. 1 ist damit der **Lieferantenmarkt** der allein maßgebliche Markt, der zu berücksichtigen ist. Auf den Käufermarkt oder weitergelagerte Märkte kommt es nach dem Wortlaut der Verordnung nicht an, selbst wenn hier wettbewerblich

---

[188] S. Erläuterungen in der Einführung Rn. 6 und zu Art. 2 Rn. 95.
[189] Gleiches gilt für das deutsche Recht nach §§ 1 und 2 GWB i. d. F. der 7. GWB-Novelle.
[190] Sog. Bagatellbekanntmachung (ABl. 2001 Nr. C 368/13).
[191] *Seeliger* in: Wiedemann, Handbuch des Kartellrechts, § 10 Rn. 114; S. *Mäger* in: T. Mäger, Europäisches Kartellrecht, 3. Kap. Rn. 17.
[192] Je höher der Marktanteil ist, desto eher wird dies der Fall sein. Vgl. *Bechtold* WuW 2003, 343.
[193] Leitlinien Rn. 120.
[194] Kritisch auch *Bauer/de Bronett*, Vertikal-GVO Rn. 21 f. Vgl. Erl. in der Einführung Rn. 17.
[195] *Klotz* in: Schröter/Jakob/Mederer, Artikel 81 – Fallgruppen, Liefer- und Bezugsvereinbarungen Rn. 66 hält die Regelung dagegen für praktisch wenig bedeutsam.

B. Vertikalvereinbarungen   114–118 Art. 3 Vert-GVO

kritische Größenordnungen eindeutig überschritten sind.[196] In solchen Fällen bleibt allenfalls ein Widerruf der Freistellung nach den Art. 6 oder 7 möglich.

bb) Marktabgrenzung. Sowohl der sachliche als auch der räumliche Markt sind nach den üblichen Kriterien abzugrenzen. Die Kommission verweist in den Leitlinien[197] hierzu auf ihre Bekanntmachung über die Definition des relevanten Markts.[198] Art. 1 Buchst. a der GVO enthält für den Produktmarkt eine Definition, die ihrem Wortlaut nach allein auf die Nachfragesubstitution abstellt.[199] Es ist jedoch davon auszugehen, dass die GVO nicht von den allgemeinen Regeln der Marktdefinition abgehen wollte. Daher ist, soweit nach den allgemeinen Regeln einschlägig, auch die Angebotssubstitution zu berücksichtigen. Soweit in den Leitlinien[200] „besondere Fragen" behandelt werden, handelt es sich um Spezifizierungen der allgemeinen Kriterien im Hinblick auf Besonderheiten bestimmter Vertikalvereinbarungen.   114

(1) Für die Abgrenzung des **sachlichen Markts** kommt es entscheidend auf die Sicht der Marktgegenseite an **(Bedarfsmarktkonzept).** Maßgeblich ist, in welchem Umfang die verkauften Waren oder Dienstleistungen (Art. 9 Abs. 1) von den direkten Abnehmern als austauschbar angesehen werden. Ihre Präferenzen können und werden häufig beeinflusst sein durch die Präferenzen ihrer eigenen Abnehmer. In vielen Fällen wird deshalb, vor allem bei Konsumgütern, letztlich die **Sicht der Endverbraucher** für die Abgrenzung des sachlichen Markts zumindest eine wichtige Rolle spielen.[201] Dies ist aber keineswegs zwingend. So wird der private Endverbraucher bei Gegenständen des täglichen Bedarfs in der Regel die einzelne Ware als nicht austauschbar und deshalb als eigenen Markt ansehen, während Groß- und Einzelhändler Warensortimente (Paletten) beziehen.[202] Für sie ist der sachliche Markt dann umfassender als für den Endkunden.   115

Die allgemeinen Grundsätze gelten auch für die Marktabgrenzung **von Reparatur- bzw. Ersatzteilen.** Es hängt von den jeweiligen Umständen ab, ob es sich insoweit um getrennte Märkte neben dem Markt für die Originalausrüstung handelt oder ob ein einheitlicher das Ersatzteilgeschäft einschließender Produktmarkt vorliegt.[203]   116

Zur Marktabgrenzung bei **Franchise-Verträgen** hat die Kommission in Rn. 95 der Leitlinien[204] ausführliche Hinweise gegeben. Darauf wird im Einzelnen verwiesen.   117

(2) Auch die **regionale Marktabgrenzung** richtet sich nach den allgemeinen Kriterien. Die Definition des räumlich relevanten Markts in Art. 9 Abs. 7 FusionskontrollVO ist   118

---

[196] Die Leitlinien Rn. 22 sprechen insoweit von einem „vereinfachten Ansatz". In Rn. 96 weisen sie ausdrücklich darauf hin, dass eine Gesamtbetrachtung der Marktverhältnisse (nur) bei der Einzelbewertung nicht freigestellter Vereinbarungen vorzunehmen ist. So auch *Schultze/Pautke/Wagener*, Vertikal-GVO Rn. 370. Ebenso jetzt *Veelken* in: Immenga/Mestmäcker, EG-WbR, Vertikal-VO Rn. 142 (differenzierend aber in Rn. 144) und *Petsche* in: Liebscher/Flohr/Petsche, Handbuch der EU-Gruppenfreistellungsverordnungen § 7 Rn. 95. Zur Frage der Meistbegünstigungsklauseln vgl. Erläuterungen zu Art. 4 Rn. 155 f.

[197] Rn. 88.

[198] Gültig ist noch der Text in ABl. EG 1997 Nr. C 372/5.

[199] Dies entspricht der ganz überwiegenden Auffassung; vgl. z. B. *Seeliger* in: Wiedemann, Handbuch des Kartellrechts, § 10 Rn. 102; *Veelken* in: Immenga/Mestmäcker, EG-WbR, Vertikal-VO Rn. 147 u. 149; ebenso *S. Mäger* in: T. Mäger, Europäisches Kartellrecht, 3. Kap. Rn. 27 (anders aber a. a. O. Rn. 18). Vgl. auch Erl. zu Art. 2 Rn. 89.

[200] Rn. 91 ff.

[201] Vgl. Leitlinien Rn. 91. Näheres dazu z. B. bei *Schultze/Pautke/Wagener*, Vertikal-GVO Rn. 379; *S. Mäger* in: T. Mäger, Europäisches Kartellrecht, 3. Kap. Rn. 24.

[202] Darauf weist die Kommission in Leitlinien Rn. 91 besonders hin. Vgl. dazu *Bechtold/Bosch/Brinker/Hirsbrunner*, EG-Kartellrecht, Art. 3 VO 2790/1999 Rn. 5.

[203] So Leitlinien Rn. 94; *Schultze/Pautke/Wagener*, Vertikal-GVO Rn. 381; *Petsche* in: Liebscher/Flohr/Petsche, Handbuch der EU-Gruppenfreistellungsverordnungen § 7 Rn. 106; *Bechtold* EWS 2001, 49, 51.

[204] In der zahlreichen Spezialliteratur zum Franchising wird dies ausführlich erläutert.

entsprechend anwendbar; im Einzelfall kann die Bekanntmachung der Kommission über die Definition des relevanten Markts Hilfe geben. Entscheidend auch für die regionale Marktabgrenzung ist die Sicht der unmittelbaren Marktgegenseite, d. h. des direkten Abnehmers. Dies wird für die Handelsstufe häufig zu einem größeren regionalen Markt führen, als dies aus der Sicht der (privaten) Endverbraucher der Fall wäre.[205]

119 **cc) Berechnung des Marktanteils.** Die Einzelheiten ergeben sich insbesondere aus **Art. 9;** einschlägig sind Art. 9 Abs. 1 sowie Abs. 2 Buchst. a und b. Maßgeblich sind die (eventuell geschätzten) Vorjahres-Absatzwerte der insgesamt von dem Lieferanten verkauften Waren oder Dienstleistungen im Verhältnis zu den sonstigen Waren oder Dienstleistungen auf dem betroffenen Markt. Die **Verbundklausel** (Art. 11) ist anzuwenden.

120 Beim Absatz von Produkten auf **unterschiedlichen Wettbewerbsstufen** sind die Marktanteile jeweils gesondert für die einzelnen Wirtschaftsstufen festzustellen.[206]

121 Die **Eigenproduktion** (Verwendung im Unternehmen oder in den verbundenen Unternehmen) bleibt bei der Berechung des Marktanteils grundsätzlich unberücksichtigt. Die deutsche Fassung der Leitlinien zu diesem Punkt[207] enthält einen sinnentstellenden Fehler (das Wort „von" ist zu streichen und das Wort „nicht" ist stattdessen einzufügen). Beim Absatz von Waren über integrierte Händler im Fall des dualen Vertriebs (Art. 9 Abs. 2 Buchst. b) sind diese Absatzwerte, obwohl es sich dabei um verbundene Unternehmen i. S. d. Art. 11 handelt, ausnahmsweise bei der Marktanteilsberechnung mitzuzählen.

122 **dd) Marktanteilsschwelle.** Der maßgebliche Schwellenwert ist in Art. 3 auf 30% festgelegt.[208] Dies gilt einheitlich für alle Arten von Vereinbarungen. Bei **Kopplungsbindungen** muss der Wert sowohl für das gekoppelte Produkt als auch für das Kopplungsprodukt eingehalten sein. Im Fall **kurzfristiger Überschreitungen** lässt Art. 9 Abs. 2 Buchst. c und d Ausnahmen für ein bzw. zwei weitere Jahre zu. Der Schwellenwert in Art. 3 darf aber insgesamt um nicht länger als 2 Jahre überschritten werden (Art. 9 Abs. 2 Buchst. e).

123 Bei **mehrstufigen Verträgen** mit Unternehmen auf unterschiedlichen Wirtschaftsstufen muss der Schwellenwert von 30% bei jeder einzelnen Lieferbeziehung eingehalten sein.[209]

124 **b) Alleinbelieferungsverträge (Art. 3 Abs. 2).** Das wettbewerbliche Gefahrenpotenzial liegt in diesen Fällen nicht auf der Seite des Lieferanten, sondern des Abnehmers. Durch die ausschließliche Lieferung der Ware oder Dienstleistung an einen einzigen Abnehmer kann es zu einem Marktverschluss kommen, der anderen Abnehmern weitgehend den Marktzutritt verwehrt. Deshalb stellt Art. 3 Abs. 2 bei diesen Vertragsgestaltungen auf den Marktanteil des Abnehmers (Käufers) ab. Diese Ausnahmeregelung greift aber nur ein, wenn in der Vereinbarung allein dem Verkäufer eine Wettbewerbsbeschränkung auferlegt ist.

125 **aa) Definition.** Für Alleinbelieferungsverträge findet sich in **Art. 1 Buchst. c** eine Legaldefinition. Bei der **Allein**belieferung (im Gegensatz zum Alleinbezug) ist der Verkäufer vertraglich verpflichtet, nur an einen Händler zu liefern.[210] Eine **Allein**belieferung liegt nach dem Wortlaut des Art. 1 Buchst. c nur vor, wenn alle Waren oder Dienstleistungen an einen einzigen Käufer geliefert werden.[211] Art. 3 Abs. 2 erfasst damit nicht Fälle, in denen nur für bestimmte Gebiete eine Alleinbelieferung vereinbart ist, darüber hinaus aber andere Abnehmer vorgesehen oder zugelassen sind. Selbst eine Aufteilung in mehrere selbständige

---

[205] Leitlinien Rn. 91 (am Ende).
[206] Leitlinien Rn. 68 f.
[207] Rn. 98.
[208] Zur Begründung vgl. *Veelken* in: Immenga/Mestmäcker, EG-WbR, Vertikal-VO Rn. 150; *Beutelmann*, Selektive Vertriebssysteme im europäischen Kartellrecht, S. 107.
[209] Leitlinien Rn. 93.
[210] Vgl. dazu *Bechtold/Bosch/Brinker/Hirsbrunner*, EG-Kartellrecht, Art. 3 VO 2790/1999 Rn. 8.
[211] Abweichend teilweise *Veelken* in: Immenga/Mestmäcker, EG-WbR, Vertikal-VO Rn. 158 bei Märkten, die kleiner als EU-weit sind.

B. Vertikalvereinbarungen   126–129   Art. 3 Vert-GVO

Alleinbelieferungen für regional abgegrenzte Gebiete ist nicht nach Art. 3 Abs. 2, sondern nach Absatz 1 zu beurteilen.[212] Auch in den Fällen des **dualen Vertriebs** (Eigenvertrieb neben dem Vertrieb über Alleinhändler an Händler der gleichen Stufe[213]) liegt keine Alleinbelieferung i. S. d. Art. 3 Abs. 2 vor. Anders ist es nur, wenn es sich um unterschiedliche Waren handelt, die keinen einheitlichen Markt bilden und die nur äußerlich zu einem einheitlichen Vertrag zusammengefasst sind.[214]

Nach dem Text der Vorschrift muss es sich um den einzigen Abnehmer **innerhalb der** 126 **Gemeinschaft** handeln. Der Käufer muss aber nicht im Gebiet der EU ansässig sein, es reicht, wenn er dort tätig ist und die Waren ganz oder teilweise in die Gemeinschaft weiterliefert.[215] Das wettbewerbliche Gefährdungspotential hängt in diesen Fällen von der Marktstellung des (ausländischen) Käufers in dem relevanten Markt ab. Deshalb ist Art. 3 Abs. 2 anzuwenden.

Bei **gestuften Verträgen** mit Unternehmen auf unterschiedlichen Wirtschaftsstufen ist 127 die Anwendung des Art. 3 Abs. 2 für jede Ebene getrennt zu prüfen.[216] So kann ein Unternehmen eine Alleinbelieferung seiner Produkte an einen einzigen Großhändler vereinbaren (was nach Art. 3 Abs. 2 zu beurteilen ist), während der Großhändler dann die Produkte an mehrere Einzelhändler weiterveräußert (was Art. 3 Abs. 1 unterfällt).

Keine Alleinbelieferung i. S. d. Art. 3 Abs. 2 ist die Einschaltung **eines Handelsvertre-** 128 **ters,** sofern dieser als echter Handelsvertreter nach den Kriterien des Art. 81 Abs. 1 EG anzusehen ist. Der Handelsvertreter gilt dann als Teil der Absatzorganisation des Herstellers und ist kein eigenes Unternehmen i. S. d. Art. 81 Abs. 1 EG.[217]

Bei **gemischten Verträgen,** die eine Alleinbelieferungsvereinbarung und andere Wett- 129 bewerbsbeschränkungen enthalten, ist nach dem insoweit maßgeblichen Wortlaut Art. 3 Abs. 2 auf **die gesamte Vereinbarung** anzuwenden.[218] Eine doppelte Kontrolle der Alleinbelieferungsvereinbarung nach Art. 3 Abs. 2 und der sonstigen Vereinbarungen nach Art. 3 Abs. 1 ist weder sachgerecht noch praktikabel.[219] Dagegen ist bei Vereinbarungen über **mehrere Produkte,** die im Rechtssinn jeweils eigenständige Vereinbarungen darstellen, eine getrennte Prüfung für die einzelnen Produkte vorzunehmen.[220]

---

[212] *Mestmäcker/Schweitzer,* Europäisches Wettbewerbsrecht, § 14 Rn. 25; *Schultze/Pautke/Wagener,* Vertikal-GVO Rn. 84 gegen *Semler/Bauer* DB 2000, 193, 195; a. A. auch *Polley/Seeliger* WRP 2000, 1203, 1209.

[213] Unberücksichtigt bleibt nach Art. 1 Buchst. c der Direktvertrieb an Endverbraucher. Alleinbelieferung ist also möglich, auch wenn der Hersteller daneben direkt an Endverbraucher verkauft (vgl. *Bauer/de Bronett,* Vertikal-GVO Rn. 186 ff.; *S. Mäger* in: T. Mäger, Europäisches Kartellrecht, 3. Kap. Rn. 20).

[214] Vgl. die Hinweise bei *Petsche* in: Liebscher/Flohr/Petsche, Handbuch der EU-Gruppenfreistellungsverordnungen § 7 Rn. 98.

[215] Die gegenteilige Auffassung in der Vorauflage wird aufgegeben. Der Wortlaut lässt beide Auslegungen zu, und die hier vertretene Auffassung ist sachgerechter. So auch *Mestmäcker/Schweitzer,* Europäisches Wettbewerbsrecht, § 14 Rn. 25; *Bauer/de Bronett,* Vertikal-GVO Rn. 184 f.; *Seeliger* in: Wiedemann, Handbuch des Kartellrechts, § 10 Rn. 118. Dagegen a. A. *Schultze/Pautke/Wagener,* Vertikal-GVO Rn. 86 und *Veelken* in: Immenga/Mestmäcker, EG-WbR, Vertikal-VO Rn. 158.

[216] Leitlinien Rn. 93.

[217] Vgl. *Veelken* in: Immenga/Mestmäcker, EG-WbR, Vertikal-VO Rn. 156 mit Hinweisen zur Rechtslage bei unechten Handelsvertretern.

[218] Leitlinien Rn. 89. Ebenso *Schultze/Pautke/Wagener,* Vertikal-GVO Rn. 385 f. gegen *Veelken* in: Immenga/Mestmäcker, EG-WbR, Vertikal-VO Rn. 159. Enthält eine Vereinbarung dagegen Wettbewerbsbeschränkungen sowohl des Verkäufers als auch des Käufers, ist allein Art. 3 Abs. 1 maßgeblich; s. oben Rn. 124.

[219] Dazu ausführlich *Seeliger* in: Wiedemann, Handbuch des Kartellrechts, § 10 Rn. 120.

[220] Davon gehen auch die Leitlinien Rn. 68 aus. Weitergehend *Polley/Seeliger* WRP 2000, 1203, 1210, wonach stets eine Prüfung für die einzelnen Produkte zu erfolgen hat. Zu den zivilrechtlichen Folgen vgl. *Bechtold/Bosch/Brinker/Hirsbrunner,* EG-Kartellrecht, Art. 3 VO 2790/1999 Rn. 9.

Art. 4 Vert-GVO 130–133   7. Teil. Gruppenfreistellungsverordnungen

130 **bb) Marktabgrenzung.** Der relevante Markt bestimmt sich nach den allgemeinen Kriterien in gleicher Weise wie bei Art. 3 Abs. 1. Maßgeblich ist in diesem Fall nach dem Bedarfsmarktkonzept die **Sicht des Lieferanten,** der die Marktgegenseite bildet. Da es sich bei den Absätzen 1 und 2 des Art. 3 somit um unterschiedliche Marktbetrachtungen handelt, kann es in beiden Fällen trotz Anwendung der gleichen Kriterien zu unterschiedlichen Ergebnissen der Marktabgrenzung kommen.[221]

131 Hinsichtlich der Kriterien für die Abgrenzung des **sachlichen und räumlichen Markts,** der **Marktanteilsberechnung** und der Bestimmung **der Marktanteilsschwelle** wird auf die Erläuterungen zu Art. 3 Abs. 1 verwiesen.

4. Rechtsfolgen

132 Für die Unternehmen unterhalb der Marktanteilsschwelle von 30% bietet Art. 3 Rechtssicherheit durch die Gruppenfreistellung. Diese umfasst grundsätzlich alle Wettbewerbsbeschränkungen in der Vertikalvereinbarung, soweit nicht die Voraussetzungen von schwarzen Klauseln nach Art. 4 oder sonstigen Beschränkungen i. S. d. Art. 5 vorliegen.

133 Bei **Überschreiten der Marktanteilsschwelle** entfällt die Freistellung; notwendig ist eine Einzelfallabwägung nach Art. 81 Abs. 3 EG, sofern nicht ausnahmsweise eine andere gruppenweise Freistellung eingreift. Eine weitergehende Wirkung hat die Überschreitung der Marktanteilsschwelle nicht; sie ist also **„wertneutral".** Die Einzelfallprüfung derartiger Vereinbarungen erfolgt nach den allgemeinen Kriterien, ohne dass aus dem Überschreiten negative Rückschlüsse auf die Bewertung der Vereinbarungen gezogen werden könnten.[222] Vor allem bei geringfügigen Überschreitungen wird es, wenn keine besonderen Umstände hinzukommen, vielfach nahe liegen, dass die Einzelfallabwägung zum gleichen Ergebnis kommt wie die Abwägung der Fallgruppen in der Vertikal-GVO.[223]

Art. 4 [Kernbeschränkungen]

Die Freistellung nach Artikel 2 gilt nicht für vertikale Vereinbarungen, die unmittelbar oder mittelbar, für sich allein oder in Verbindung mit anderen Umständen unter der Kontrolle der Vertragsparteien folgendes bezwecken:

a) die Beschränkung der Möglichkeiten des Käufers, seinen Verkaufspreis selbst festzusetzen; dies gilt unbeschadet der Möglichkeit des Lieferanten, Höchstverkaufspreise festzusetzen oder Preisempfehlungen auszusprechen, sofern sich diese nicht infolge der Ausübung von Druck oder der Gewährung von Anreizen durch eine der Vertragsparteien tatsächlich wie Fest- oder Mindestverkaufspreise auswirken;

b) Beschränkungen des Gebiets oder des Kundenkreises, in das oder an den der Käufer Vertragswaren oder -dienstleistungen verkaufen darf, mit Ausnahme von:

– Beschränkungen des aktiven Verkaufs in Gebiete oder an Gruppen von Kunden, die der Lieferant sich selbst vorbehalten oder ausschließlich einem anderen Käufer zugewiesen hat, sofern dadurch Verkäufe seitens der Kunden des Käufers nicht begrenzt werden;

– Beschränkungen des Verkaufs an Endbenutzer durch Käufer, die auf der Großhandelsstufe tätig sind;

– Beschränkungen des Verkaufs an nicht zugelassene Händler, die Mitgliedern eines selektiven Vertriebssystems auferlegt werden;

---

[221] A. A. *Veelken* in: Immenga/Mestmäcker, EG-WbR, Vertikal-VO Rn. 162, wonach hier in allen Fällen (entgegen der allgemeinen Regeln) die Auswirkungen auf der Käuferseite maßgeblich sein sollen.

[222] Zur Frage einer möglichen negativen „Ausstrahlungswirkung" der Vertikal-GVO s. Erläuterungen in der Einführung Rn. 30 ff.

[223] Vgl. *Bechtold* WuW 2003, 343.

B. Vertikalvereinbarungen 134–137 Art. 4 Vert-GVO

- Beschränkungen der Möglichkeiten des Käufers, Bestandteile, die zwecks Einfügung in andere Erzeugnisse geliefert werden, an Kunden zu verkaufen, welche diese Bestandteile für die Herstellung derselben Art von Erzeugnissen verwenden würden, wie sie der Lieferant herstellt;
c) Beschränkungen des aktiven oder passiven Verkaufs an Endverbraucher, soweit diese Beschränkungen Mitgliedern eines selektiven Vertriebssystems auferlegt werden, welche auf der Einzelhandelsstufe tätig sind; dies gilt unbeschadet der Möglichkeit, Mitgliedern des Systems zu verbieten, Geschäfte von nicht zugelassenen Niederlassungen aus zu betreiben;
d) die Beschränkung von Querlieferungen zwischen Händlern innerhalb eines selektiven Vertriebssystems, auch wenn diese auf unterschiedlichen Handelsstufen tätig sind;
e) Beschränkungen, die zwischen dem Lieferanten und dem Käufer von Bestandteilen, welche dieser in andere Erzeugnisse einfügt, vereinbart werden und die den Lieferanten hindern, diese Bestandteile als Ersatzteile an Endverbraucher oder an Reparaturwerkstätten oder andere Dienstleistungserbringer zu verkaufen, die der Käufer nicht mit der Reparatur oder Wartung seiner eigenen Erzeugnisse betraut hat.

1. Sinn und Zweck

a) Anwendungsbereich. Art. 4 enthält eine **grundlegende Weichenstellung** für die Anwendung der Vertikal-GVO. Die Freistellung soll nur für wettbewerblich unbedenkliche Vereinbarungen gelten, wettbewerblich schädliche Vereinbarungen (sog. **„Kernbeschränkungen"**[224]) sollen dagegen nicht freigestellt sein. 134

Anknüpfungspunkt für die Abgrenzung der Kernbeschränkungen sind vor allem die **Wirkungen** der Wettbewerbsbeschränkung. Dies ist ein wesentlicher Unterschied zu den „schwarzen Klauseln" in den früheren Spezialregelungen, die stärker an formaljuristischen Kriterien ausgerichtet waren. Kernbeschränkungen sind demnach Vereinbarungen, bei denen im Prinzip **keine Effizienzgewinne** erwartet werden können, die die Nachteile der Wettbewerbsbeschränkungen überwiegen.[225] Die Schädlichkeit der Wettbewerbsbeschränkungen ergibt sich dabei aus der Natur der Vereinbarung **unabhängig vom Marktanteil**. 135

Die Regelung der Kernbeschränkungen kommt im Ergebnis dem *per se*-**Verbot des US-Rechts** nahe.[226] Entgegen Art. 4 werden aber im amerikanischen Recht seit 1977 alle vertikalen Beschränkungen nach der *rule of reason* behandelt.[227] Dies gilt nach der neueren Rechtsprechung des Supreme Court auch für vertikale Preisabsprachen, insbesondere die Preisbindung der 2. Hand *(resale price maintenance)*.[228] 136

b) Schutzzweck. Art. 4 dient allein dem Schutz des **Wettbewerbsprinzips**. Auswahl und Umfang der Kernbeschränkungen richten sich vornehmlich nach wettbewerblichen 137

---

[224] Die Ausdrucksweise ist nicht einheitlich. Weithin üblich ist die Bezeichnung „schwarze Klauseln" (in Anlehnung an die früheren Gruppenfreistellungsverordnungen). Der Ausdruck „Kernbeschränkungen", der auch in den Leitlinien verwandt wird (Rn. 46 ff.), entspricht (annäherungsweise) dem englischen Text „hardcore restraints".
[225] Erwägungsgrund 6 und 10. Vgl. dazu z. B. *Veelken* in: Immenga/Mestmäcker, EG-WbR, Vertikal-VO Rn. 166.
[226] Vgl. die Darstellung bei *Ingo Schmidt*, Wettbewerbspolitik und Kartellrecht, 7. Aufl. 2001, S. 250 ff.; *Scheerer*, Rechtsfragen der Gruppenfreistellungsverordnung für vertikale Wettbewerbsbeschränkungen, S. 25 ff.; *Glasow*, Vertikale Preisbindung, Wettbewerbstheorie und Wettbewerbsrecht in den USA, Deutschland und Europa, 2000.
[227] US Supreme Court in Cont'l T. V. Inc. v. GTE Sylvania Inc., 433 U. S. 36 (1977).
[228] US Supreme Court, 28. 6. 2007 *Leegin v. PSKS*, WuW 2008, 381.

Gesichtspunkten. Im Gegensatz dazu war der frühere § 14 GWB (i. d. F. der 6. GWB-Novelle) auf den Schutz der Vertragsfreiheit ausgerichtet.[229]

138 Für die Ausgestaltung der Kernbeschränkungen in Artikel 4 spielen zum Teil auch Gesichtspunkte der **Marktintegration** eine Rolle.[230] Dies ist unschädlich, da die Förderung der Marktintegration zugleich dem Wettbewerbsprinzip dient. Im Zweifelsfall sind jedenfalls die wettbewerblichen Gesichtspunkte maßgeblich.

139 c) **Rechtsgrundlage.** Die Auflistung der Kernbeschränkungen des Art. 4 entspricht dem System des Art. 81 EG. Es handelt sich **normtypisch** um Wettbewerbsbeschränkungen i. S. d. Art. 81 Abs. 1 EG, wie schon die dort angeführten Beispielsfälle zeigen. Auch die Voraussetzungen des Art. 81 Abs. 3 EG sind normtypisch nicht erfüllt.[231]

140 Schwieriger zu beurteilen ist, ob alle **wesentlichen Fallgestaltungen** schädlicher Wettbewerbsbeschränkungen erfasst sind. In Einzelfällen wie z. B. hinsichtlich der Preisbindung des Verkäufers[232] kann dies zweifelhaft sein. Die in der bisherigen Praxis erkennbar gewordenen Lücken sind (bisher) nicht so gravierend, dass dadurch die Regelung in Art. 4 in Frage gestellt wäre. Die Kommission ist jedoch für eine geschlossene und konsistente Regelung verantwortlich, die den Vorgaben des Art. 81 Abs. 3 EG entspricht, und hat, falls sich bei der Anwendung tatsächlich gravierende Lücken zeigen sollten, für eine Anpassung der Verordnung Sorge zu tragen.

2. Praktische Bedeutung

141 Art. 4 ist in der Praxis die bei weitem **wichtigste Regelung der Vertikal-GVO.** Anders als im Fall des Art. 3 und auch des Art. 5 hat ein Verstoß gegen Art. 4 schwerwiegende Konsequenzen für die gesamte Vereinbarung. Hinzu kommt, dass bei Vorliegen einer Kernbeschränkung auch die **Bagatellbekanntmachung der Kommission nicht anzuwenden**[233] und eine Einzelfreistellung „unwahrscheinlich" (praktisch heißt dies: aussichtslos) ist. Die Rechtswirksamkeit der Vertikalvereinbarung insgesamt hängt also in der Regel entscheidend davon ab, ob eine Kernbeschränkung in der Vereinbarung enthalten ist oder nicht.

142 In der praktischen Handhabung ist es daher bei der Abfassung und Überprüfung von Vertikalvereinbarungen vorrangig, sorgfältig auf etwaige Kernbeschränkungen zu achten. Zweckmäßigerweise wird diese **Prüfung vielfach am Anfang** stehen. Erst wenn eine Kernbeschränkung ausgeschlossen ist, empfiehlt es sich, die anderen Bestimmungen der Vertikal-GVO heranzuziehen.[234] Die Anwendung wird allerdings dadurch erheblich behindert, dass der Text des Art. 4 unnötig kompliziert ist; die Vorschrift ist dadurch teilweise nur schwer verständlich. Das gilt vor allem für die verschiedenen Regelungen zu den Gebiets- und Kundenkreisbeschränkungen in Art. 4 Buchst. b bis d, die zudem inhaltlich nicht aufeinander abgestimmt sind.

3. Tatbestand

143 a) **Allgemeines.** Alle insgesamt 5 Kernbeschränkungen des Art. 4 haben einige gemeinsame Voraussetzungen:

---

[229] Vgl. BGH Urteil vom 2. 2. 1999, WRP 1999, 534, 536. Zu den Unterschieden zwischen dem früheren § 14 GWB und Art. 4 Buchst. a der Vertikal-GVO s. Rn. 151 f. und 165 ff.

[230] Leitlinien Rn. 7. Ähnlich jetzt *Veelken* in: Immenga/Mestmäcker, EG-WbR, Vertikal-VO Rn. 167 und Rn. 169 Fn. 590, wonach Marktintegration eine „Schwerpunktsetzung" darstellt.

[231] Daraus folgt, dass eine Einzelfreistellung „unwahrscheinlich" ist (Leitlinien Rn. 46).

[232] Zu den Meistbegünstigungsklauseln vgl. Rn. 155 f.

[233] Bekanntmachung vom 22. 12. 2001, ABl. EG 2001 Nr. C 368/13, Ziffer 11 Nr. 2.

[234] Die Kommission empfiehlt ein anderes Prüfungsschema. Vgl. dazu Erläuterungen zu Art. 3 Rn. 109.

B. Vertikalvereinbarungen   144–148   Art. 4 Vert-GVO

aa) Es muss eine **Vereinbarung oder abgestimmtes Verhalten** vorliegen, damit die Vertikal-GVO überhaupt anwendbar ist. Eine Kernbeschränkung im Sinne des Art. 4 kommt nicht in Betracht bei einseitigen Maßnahmen einer Vertragspartei, auf die Art. 81 EG nicht anwendbar ist. Insoweit wird auf die Erläuterungen zu Art. 81 Abs. 1 EG Bezug genommen[235].

bb) Die Wettbewerbsbeschränkung muss nach Art. 4 **„bezweckt"** sein. Ein bloßes Bewirken reicht, anders als bei der Anwendung des Art. 81 Abs. 1 EG, hier nicht.[236] Dabei kommt es nicht darauf an, dass die Wettbewerbsbeschränkung den Zweck der Vereinbarung bildet. Erforderlich, aber auch ausreichend ist, dass die Wettbewerbsbeschränkung von den Vertragsparteien gewollt oder bewusst in Kauf genommen ist. Dabei ist, wie üblich, nicht die subjektive Absicht der Vertragsparteien, sondern der objektiv erkennbare Inhalt der Vereinbarung maßgeblich.[237]   **144**

Dass eine Wettbewerbsbeschränkung bezweckt ist, kann sich unmittelbar aus dem **Inhalt der Vereinbarung** ergeben. Ausreichend ist aber nach dem Wortlaut des Art. 4 auch, wenn sich der Zweck der Wettbewerbsbeschränkung **mittelbar aus den Umständen** ergibt. Abweichend von Art. 81 Abs. 1 EG dürfen hierbei im Rahmen des Art. 4 nur Umstände **„unter der Kontrolle der Vertragsparteien"** berücksichtigt werden. Eine Kernbeschränkung darf also nur aus solchen Umständen abgeleitet werden, die von den Vertragsparteien „kontrolliert" werden können. Die schwerwiegende Folge eines Verstoßes gegen Art. 4 soll nur dann eintreten, wenn den Vertragsparteien der Verstoß zugerechnet werden kann. Dies ist die maßgebliche Leitlinie bei der Auslegung des etwas unklaren Wortlauts.[238] Eine „Kontrolle" i. S. d. Art. 4 liegt dann vor, wenn die Vertragsparteien entweder bei Vertragsschluss die betreffenden Umstände kannten und sie diese in Kauf genommen haben oder wenn sie nachträglich eingetretene Umstände nicht verhindert haben, obwohl ihnen dies möglich gewesen wäre. Umstände, die den Parteien bei Vertragsschluss nicht bekannt waren oder die unabhängig von ihrem Einfluss nachträglich eingetreten sind, dürfen somit nicht berücksichtigt werden.   **145**

Nicht erforderlich ist, dass die bezweckte Wettbewerbsbeschränkung tatsächlich eingetreten ist. Auf den „Erfolg" der Wettbewerbsbeschränkung kommt es nicht an.[239]   **146**

cc) Die Wettbewerbsbeschränkung muss **spürbar** sein. Andernfalls liegt ein Verstoß gegen Art. 81 Abs. 1 EG nicht vor,[240] so dass die Vertikal-GVO insgesamt – und damit auch die Regelung in Art. 4 – nicht anwendbar ist (Art. 2 Abs. 1 Unterabs. 2).   **147**

Wenn eine Vereinbarung den Tatbestand des Art. 4 erfüllt, folgt häufig allein daraus die Spürbarkeit der Wettbewerbsbeschränkung. Deshalb wendet die Kommission im Fall von Kernbeschränkungen Art. 81 Abs. 1 EG auch auf de minimis-Fälle i. S. d. **Bagatellbekanntmachung**[241] und auf Fälle der **Markterschließung**[242] an. Zwingend ist dies aber nicht. Auch wenn der Typ einer Kernbeschränkung vorliegt, kann eine wettbewerbsbe-   **148**

---

[235] Vgl. auch Erläuterungen zu Art. 2 Rn. 58. Dieser Unterschied spielt vor allem bei Kfz-Vertriebssystemen eine große Rolle. Vgl. dazu *Nolte* in: Langen/Bunte, Art. 81 Fallgruppen Rn. 541 und in diesem Band Erläuterungen zu GVO F.

[236] Ganz überw. Meinung. Vgl. z. B. *Veelken* in: Immenga/Mestmäcker, EG-WbR, Vertikal-VO Rn. 185; ausführlich dazu *Schultze/Pautke/Wagener*, Vertikal-GVO Rn. 392; a. A. *Polley/Seeliger* WRP 2000, 1203, 1211. Auch wenn der praktische Unterschied in vielen Fällen nicht groß sein mag (*Seeliger* in: Wiedemann, Handbuch des Kartellrechts, § 10 Rn. 134; *Schultze/Pautke/Wagener*, Vertikal-GVO Rn. 392 letzter Satz), bleibt die Unterscheidung nach dem Wortlaut maßgeblich.

[237] *Schultze/Pautke/Wagener*, Vertikal-GVO Rn. 392; *Bauer/de Bronett*, Vertikal-GVO Rn. 92.

[238] In diesem Sinne auch *Bauer/de Bronett*, Vertikal-GVO Rn. 92; vgl. auch *Beutelmann*, Selektive Vertriebssysteme im europäischen Kartellrecht, S. 147 f.

[239] Vgl. *Veelken* in: Immenga/Mestmäcker, EG-WbR, Vertikal-VO Rn. 185.

[240] Vgl. Erläuterungen zu Art. 81 Abs. 1 EG.

[241] Vgl. Ziffer 11 Nr. 2.

[242] Leitlinien Rn. 119 Nr. 10.

Art. 4 Vert-GVO 149–154   7. Teil. Gruppenfreistellungsverordnungen

schränkende Vereinbarung ausnahmsweise nicht spürbar sein.[243] Die Spürbarkeit der Wettbewerbsbeschränkung ist daher in jedem Einzelfall zu prüfen und festzustellen. Dies gilt auch für die Anwendung der Bagatellbekanntmachung[244] und in den Fällen der Markterschließung.[245]

149 b) **Preisbindungen (Art. 4 Buchst. a). aa) Anwendungsbereich.** Preisbindungen sind eine besonders gravierende Beschränkung des Wettbewerbs, die in Art. 81 Abs. 1 EG an erster Stelle als Beispielsfall eines Wettbewerbsverstoßes aufgeführt ist.[246] Im US-Recht wird „price fixing" ebenfalls als schwerwiegender Verstoß (vertikales Hard-Core-Kartell) bewertet.[247] Die Freiheit der Marktteilnehmer, im Markt die Preise nach eigenem Ermessen auszuhandeln und zu vereinbaren, darf nicht durch Absprache Dritter im vorhinein beschränkt werden.

150 Art. 4 Buchst. a enthält deshalb für die meisten Formen der Preisbindung eine **umfassende Ausnahme** von der allgemeinen Gruppenfreistellung vertikaler Vereinbarungen. Eine Kernbeschränkung liegt immer dann vor, wenn der Käufer durch die Absprachen mit dem Verkäufer in seiner Handlungsfreiheit beschränkt ist und beim Weiterverkauf den Preis für die Ware oder Dienstleistung mit dem Abnehmer nicht mehr frei vereinbaren kann. Von dieser Ausnahme sind **Gegenausnahmen** für die Fälle der Höchstpreisvereinbarung und der Preisempfehlungen vorgesehen.

151 Generell deckt sich der Anwendungsbereich des Art. 4 Buchst. a mit dem des Art. 2 Abs. 1. Die Preisbindung muss sich auf Waren oder Dienstleistungen beziehen, die **Gegenstand der Vereinbarung** i. S. d. Art. 2 Abs. 1 sind. Dabei kommt es nicht darauf an, wer die Waren oder Dienstleistungen geliefert hat und an wen sie weiterveräußert werden.[248] Im Gegensatz zum früheren § 14 GWB erfasst Art. 4 Buchst. a nur Preisbindungen und **nicht sonstige Konditionenbindungen,** die keinen Bezug zu den Preisen haben.

152 Die Vorschrift ist gemäß dem Wortlaut **eng auszulegen.** Wegen der gravierenden Sanktion, die an eine Kernbeschränkung nach Art. 4 anknüpft, verbietet sich eine analoge ausweitende Auslegung nach dem Grundsatz „in dubio pro reo".[249] Eine entsprechende Anwendung in Anlehnung an die (weitergehende) Regelung im früheren § 14 GWB ist schon wegen der unterschiedlichen Schutzzwecke nicht möglich.[250]

153 bb) „**Käufer".** Käufer ist **jeder Abnehmer** von Waren oder Dienstleistungen. Der Begriff ist deshalb nicht im zivilrechtlichen Sinne zu verstehen. Es ist unerheblich, auf welcher Stufe der Vertriebskette der Käufer tätig ist; Großhändler und Importeure sind ebenfalls erfasst.[251]

154 Auch der **unechte Handelsvertreter** ist als Käufer anzusehen (vgl. Art. 1 Buchst. d). Art. 4 Buchst. a ist aber nur betroffen, soweit die Preisbindungsvereinbarung die eigene unternehmerische Verantwortung des Handelsvertreters einschränkt. Darunter fällt nicht die Preisbindung hinsichtlich der Auftragsware, da insoweit der Geschäftsherr das alleinige

---

[243] Vgl. z. B. Urteil des EuG 1. Inst. vom 3. 4. 2003 (T – 114/02 Babyliss), S. 92. Für das deutsche Recht hat der BGH für Preisbindungen das Spürbarkeitserfordernis als ungeschriebenes Merkmal des früheren § 14 GWB angesehen; vgl. Urteil vom 8. 4. 2003, WRP 2003, 899.
[244] Dies ist ausdrücklich in Nr. 2 der Bekanntmachung vorgesehen.
[245] In den Leitlinien Rn. 119 Nr. 10 werden bestimmte Fallgestaltungen von Kernbeschränkungen ausdrücklich als nicht spürbare Wettbewerbsbeschränkung angesehen.
[246] Vgl. zum Nachfolgenden die Darstellung bei *Kasten,* WuW 2007, 994.
[247] Zur neueren *rule of reason*-Praxis der US-Gerichte s. oben Rn. 136. Im Gegensatz dazu enthielt der frühere § 14 GWB i. d. F. der 6. GWB-Novelle ein uneingeschränktes Verbot, das keine Ausnahmen vorsah.
[248] Vgl. dazu Rn. 63. Ebenso *Klotz* in: Schröter/Jakob/Mederer, Artikel 81 – Fallgruppen, Liefer- und Bezugsvereinbarungen Rn. 82 zur Lieferung von Waren durch Dritte.
[249] Allg. M.; zu Auslegungsfragen vgl. Einleitung Rn. 20 ff.
[250] S. Rn. 137; vgl. auch *Veelken* in: Immenga/Mestmäcker, EG-WbR, Vertikal-VO Rn. 168.
[251] *Veelken* in: Immenga/Mestmäcker, EG-WbR, Vertikal-VO Rn. 171.

B. Vertikalvereinbarungen 155–158 **Art. 4 Vert-GVO**

Entscheidungsrecht hat. Eine Kernbeschränkung liegt dagegen vor, wenn der (unechte) Handelsvertreter in der Verwendung seiner Provision eingeschränkt wird, indem z. B. die Weitergabe der Provision an den Kunden oder ihre Aufteilung untersagt wird. Die Provisionsvereinbarung selbst ist keine Kernbeschränkung.[252]

Nicht erfasst ist die Bindung des **Verkäufers**. Den häufigsten Fall in dieser Hinsicht bilden **Meistbegünstigungsklauseln**.[253] Sie enthalten entweder die Verpflichtung gegenüber dem Käufer, diesem keine ungünstigeren Bedingungen zu gewähren als sonstigen Abnehmern (echte Meistbegünstigungsklausel[254]), oder die Verpflichtung im Interesse dritter Abnehmer, dass diese nicht schlechter gestellt werden dürfen als der Käufer (unechte Meistbegünstigungsklausel[255]). In der Praxis bieten Meistbegünstigungsklauseln den marktstarken Handelsunternehmen ein zusätzliches Druckmittel, günstigere Konditionen gegenüber den (ohnehin häufig schwächeren) industriellen Herstellern durchzusetzen.[256] Die Beschränkung des Art. 4 Buchst. a auf Bindungen des Käufers wird deshalb häufig als Lücke bzw. Versehen der Kommission bewertet. Unter rein wettbewerblichen Gesichtspunkten haben aber Meistbegünstigungsklauseln auch positive Aspekte, da ihre Wirkungen in der Regel dem Verbraucher durch niedrigere Endpreise zugute kommen.[257] Die Nichtberücksichtigung von Meistbegünstigungsklauseln in Art. 4 Buchst. a ist daher kein Systemverstoß. 155

Auf Meistbegünstigungsklauseln finden die allgemeinen Regeln Anwendung. Soweit sie eine Wettbewerbsbeschränkung darstellen, sind sie nach den Art. 2 und 3 bis zu einem Marktanteil von 30% freigestellt.[258] Meistbegünstigungsklauseln zu Lasten des Käufers sind dagegen Kernbeschränkungen und nicht freigestellt, sofern damit (Mindest-)Preise für den Käufer beim Weiterverkauf festgelegt sind.[259] 156

cc) „**Beschränkung**". Die Beschränkung muss „**bezweckt**", darf also nicht nur bewirkt sein. Soweit sie sich aus den Umständen ergibt, müssen diese „**unter der Kontrolle der Vertragsparteien**" sein.[260] 157

Die Beschränkung des Wettbewerbs kann sich aus dem Vertrag selbst ergeben oder auch aus den Umständen, ohne im Vertrag selbst vereinbart zu sein. Neben rechtlich bindenden Vereinbarungen reicht **auch wirtschaftlicher Druck** aus, der eine Partei (hier den Käufer) zu einem bestimmten Verhalten veranlasst. Dabei kann sich auch durch eine Kombination verschiedener Maßnahmen ergeben, dass die Entscheidungsfreiheit des Käufers nachhaltig eingeschränkt ist.[261] 158

---

[252] Vgl. Leitlinien Rn. 48; *Bauer/de Bronett,* Vertikal-GVO, Rn. 51; *Köhler,* Der Markenartikel und sein Preis, Sonderheft NJW 100 Jahre Markenverband – Marken im Wettbewerb, 2003, S. 28, 30. Vgl. auch Erläuterungen zu Art. 1 Rn. 46.

[253] Vgl. dazu *Schultze/Pautke/Wagener,* Vertikal-GVO Rn. 426 ff.

[254] *Kurth* WuW 2003, 28. Sie werden auch rechtliche Meistbegünstigungsklauseln (*Walter,* Frankfurter Kommentar zum GWB, § 14 Rn. 82) genannt.

[255] *Kurth* WuW 2003, 28, 29. Sie werden auch wirtschaftliche Meistbegünstigungsklauseln genannt (vgl. *Meyer* WRP 2004, 1456, 1457).

[256] Deshalb wäre es an sich sachgerecht, für die gruppenweise Freistellung dieser Klauseln auf die Marktmacht des Abnehmers abzustellen; dies lässt der Wortlaut von Art. 3 Abs. 1 und 2 aber nicht zu. *Bechtold/Bosch/Brinker/Hirsbrunner,* EG-Kartellrecht, Art. 4 VO 2790/1999 Rn. 9 nennen die Regelung deshalb „überraschend". Vgl. dazu auch *Beutelmann,* Selektive Vertriebssysteme im europäischen Kartellrecht, S. 97.

[257] Vgl. *Meyer* WRP 2004, 1456, 1457 f. *Nolte* in: Langen/Bunte, Art. 81 Fallgruppen Rn. 536 weist auf ähnliche Gestaltungsmöglichkeiten des Verkäufers hin.

[258] Vgl. *Semler/Bauer* DB 2000, 193, 197; ebenso *Veelken* in: Immenga/Mestmäcker, EG-WbR, Vertikal-VO Rn. 171 und *Seeliger* in: Wiedemann, Handbuch des Kartellrechts, § 10 Rn. 150. Kritik an der Regelung üben *Polley/Seeliger* WRP 2000, 1203, 121 212 und *Bechtold* EWS 2001, 49, 52.

[259] *Meyer* WRP 2004, 1456, 1459 ff.

[260] S. Rn. 145.

[261] *Schultze/Pautke/Wagener,* Vertikal-GVO Rn. 392; *Bauer/de Bronett,* Vertikal-GVO Rn. 97 f.

159 Andererseits stellen **einseitige Handlungen des Verkäufers,** die der Käufer nicht akzeptiert oder hingenommen hat und die deshalb dem Käufer nicht zugerechnet werden können, keine Kernbeschränkung dar. Das folgt aus dem Umstand, dass Art. 4 Buchst. a nur anwendbar ist, wenn eine Vereinbarung oder zumindest ein abgestimmtes Verhalten vorliegt. Dieses Erfordernis gilt nicht nur hinsichtlich der Vertikal-Vereinbarung insgesamt, sondern auch für die Maßnahmen, aus denen sich die Bindung des Käufers ergibt.[262] Einseitige „schwarze Verhaltensweisen" im Sinne der früheren Kfz-GVO 1475/95[263] kennt die Vertikal-GVO nicht. Dass die Vereinbarung durch **Druck oder Zwang** zustande gekommen ist, bleibt dagegen unerheblich. Auch ein erzwungenes oder erpresstes Verhalten erfüllt den Tatbestand des Art. 4 Buchst. a, unabhängig von etwaigen zivil- oder strafrechtlichen Sanktionen.

160 Die Kommission hat in den **Leitlinien**[264] eine Reihe anschaulicher Beispielsfälle von Beschränkungen der Preisfreiheit des Käufers aufgeführt. Richtigerweise ist diese Aufzählung so zu verstehen, dass in diesen Fällen eine Beschränkung vorliegen *kann*. Darüber hinaus ist stets zu prüfen, ob eine Vereinbarung zustande gekommen ist oder ein abgestimmtes Verhalten vorliegt. Daran kann es zum Beispiel bei einseitigen Rabattkürzungen und anderen Formen wirtschaftlichen Drucks fehlen.[265] Für Preisbindungen bei Franchise-Verträgen gilt dies entsprechend.[266]

161 dd) „**Verkaufspreis**". (1) Der Begriff „**Verkauf**" ist nicht im engen zivilrechtlichen Sinn zu verstehen. Er bezieht sich auf die Lieferung von Waren oder Dienstleistungen. Streitig ist, ob Art. 4 Buchst. a allein den **Weiterverkauf** der vom Käufer bezogenen Erzeugnisse erfasst oder auch Verkäufe sonstiger Waren oder Dienstleistungen. Für den weiteren Anwendungsbereich spricht zwar, dass die in den Entwurfsfassungen vorgesehene Beschränkung auf „Weiterverkaufspreise" im endgültigen Text nicht mehr enthalten ist. Im Ergebnis folgt die Notwendigkeit einer einschränkenden Auslegung aber aus dem Umstand, dass der Anwendungsbereich des Art. 4 Buchst. a durch Art. 2 Abs. 1 in diesem Sinne beschränkt ist. Die Bindung des Käufers muss demnach einen direkten Bezug zu den Vertragswaren oder -dienstleistungen haben. Praktisch ist damit **nur die Preisbindung der Weiterverkaufspreise** der vom Käufer bezogenen Waren oder Dienstleistungen erfasst. Bindungen, die den Verkauf anderer Waren oder Dienstleistungen betreffen, stellen keine Kernbeschränkung dar.[267]

162 Gleiches gilt für Bindungen, die sich zwar auf die Vertragswaren oder -dienstleistungen beziehen, aber nicht die Weiterveräußerung betreffen. Beschränkungen, die z.B. den **Be-**

---

[262] Dies entspricht der Rechtsprechung der europäischen Gerichte in den Fällen Adalat (Urteil des EuGH vom 6. 1. 2004, WuW EU-R 769) und Volkswagen II (Urteil des EuG vom 3. 12. 2003, WuW EU-R 761). Im Ergebnis wie hier *Bauer/de Bronett*, Vertikal-GVO Rn. 97; so jetzt auch *Veelken* in: Immenga/Mestmäcker, EG-WbR, Vertikal-VO Rn. 187; a. A. *Schultze/Pautke/Wagener*, Vertikal-GVO Rn. 401.

[263] Einschlägig war Art. 6 Abs. 1 Nr. 6–12.

[264] Rn. 47. Weitere Beispiele bei *Bechtold/Bosch/Brinker/Hirsbrunner*, EG-Kartellrecht, Art. 4 VO 2790/1999 Rn. 5.

[265] Kritisch zu den Beispielsfällen der Kommission *Bauer/de Bronett*, Vertikal-GVO Rn. 97, da hier auch einseitige Maßnahmen erfasst seien. *Schultze/Pautke/Wagener*, Vertikal-GVO Rn. 458 bezeichnen die Auffassung der Kommission als „fragwürdig".

[266] Beispiele dafür bei *Kiethe* WRP 2004, 1004, 1005.

[267] Wie hier Leitlinien Rn. 47; ganz ähnlich *Veelken* in: Immenga/Mestmäcker, EG-WbR, Vertikal-VO Rn. 143 und 187, wonach jedenfalls ein Zusammenhang zwischen beiden Rechtsgeschäften bestehen muss; anders *Schultze/Pautke/Wagener*, Vertikal-GVO Rn. 395, *Nolte* in: Langen/Bunte, Art. 136 Fallgruppen Rn. 537 und *Klotz* in: Schröter/Jakob/Mederer, Artikel 81 – Fallgruppen, Liefer- und Bezugsvereinbarungen Rn. 82. *Seeliger* in: Wiedemann, Handbuch des Kartellrechts, § 10 Rn. 81 rät bei solchen Vertragsgestaltungen zu Vorsicht. Art. 4 Buchst. a weicht insoweit von dem früheren § 14 GWB ab, der auch Vereinbarungen über „andere" Waren und Leistungen erfasste.

zug oder die Verarbeitung der Waren oder Dienstleistungen durch den Käufer betreffen, unterfallen nicht dem Art. 4 Buchst. a.[268]

(2) Die Bindung muss sich auf den **Preis** der Ware oder Dienstleistung beziehen. Andere Konditionenbindungen, die keinen unmittelbaren Bezug zum Preis des Produkts haben, sind von Art. 4 Buchst. a nicht erfasst; auch dies ist enger als der frühere § 14 GWB. 163

Unter „Preis" ist die Gegenleistung für die Ware oder Dienstleistung (Endpreis) zu verstehen. Hierzu zählen insbesondere Vereinbarungen über **Fest- oder Mindestpreise**.[269] Erfasst sind auch Bindungen hinsichtlich einzelner **Preisbestandteile** (Transport-, Verpackungs- oder Lagerkosten etc.).[270] Anders ist es, wenn die einzelnen Preisbestandteile nicht unmittelbar in den Endpreis eingehen. Auch die Vereinbarung von Gewinnspannen ist eine Kernbeschränkung, da sie den Aufschlag auf einen vorgegebenen Preis beschränkt.[271] 164

ee) **Ausnahmen: Höchstpreisbindung und Preisempfehlungen. (1)** Höchstpreisbindungen schränken zwar wie andere Preisbindungen die Vertragsfreiheit ein, im Ergebnis wirken sie sich aber vielfach zugunsten der Verbraucher aus. Entsprechend dem wirtschaftlichen Ansatz der Vertikal-GVO[272] sind derartige Bindungen deshalb im zweiten Halbsatz des Art. 4 Buchst. a von den Kernbeschränkungen ausdrücklich ausgenommen.[273] 165

Bei einer wirtschaftlichen Betrachtungsweise, wie sie der neueren Kommissionslinie entspricht,[274] stellen Höchstpreisvereinbarungen für sich allein **keine spürbare Wettbewerbsbeschränkung** i. S. d. Art. 81 Abs. 1 EG dar.[275] In diesem Fall bedarf es auch nicht der Ausnahme in Art. 4 Buchst. a (vgl. Art. 2 Abs. 1 Unterabs. 2). Die Regelung wird deshalb nur in besonderen Fällen auf Höchstpreisvereinbarungen zur Anwendung kommen. Eine spürbare Wettbewerbsbeschränkung kann sich entweder aus der Schwere der Wettbewerbsbeeinträchtigung z. B. durch eine Vielzahl gleichförmiger Vereinbarungen oder durch das Zusammentreffen mit anderen Regelungen ergeben.[276] Ausdrücklich in Art. 4 Buchst. a erwähnt ist der Sonderfall von Vereinbarungen, die nur formal Höchstpreise festlegen, in Wirklichkeit aber durch Druck oder Anreiz wirtschaftlich die Wirkung von Fest- oder Mindestpreisen haben. Solche Vereinbarungen sind nicht freigestellt und stellen eine Kernbeschränkung dar. 166

(2) Für **Preisempfehlungen** ist im europäischen Recht eine besondere Regelung (anders als in den früheren §§ 22 und 23 GWB i. d. F. der 6. GWB-Novelle) nicht vorgesehen. Es gelten daher die allgemeinen Regeln. Preisempfehlungen sind demnach nur dann ein Verstoß gegen Art. 81 Abs. 1 EG, wenn sie auf einer Vereinbarung beruhen oder ihnen ein abgestimmtes Verhalten zugrunde liegt und hierdurch eine spürbare Wettbewerbsbeschrän- 167

---

[268] So auch *Schultze/Pautke/Wagener*, Vertikal-GVO Rn. 397.
[269] Zu Mindestpreisen vgl. z. B. *Beutelmann*, Selektive Vertriebssysteme im europäischen Kartellrecht, S. 150.
[270] Vgl. die Aufzählung in den Leitlinien Rn. 47.
[271] Die abweichende Auffassung in der Vorauflage wird aufgegeben. Vgl. dazu *Veelken* in: Immenga/Mestmäcker, EG-WbR, Vertikal-VO Rn. 177.
[272] Leitlinien Rn. 7 und 102; vgl. dazu Erläuterungen in der Einführung Rn. 5. Weitere Hinweise bei *Fuchs*, Die Modernisierung des europäischen Kartellrechts im Bereich vertikaler Vereinbarungen, S. 95, 110.
[273] Auch der Rat hatte in der Erklärung zu den Ratsverordnungen 1215/99 und 1216/99 (s. Erläuterungen in der Einführung Rn. 6) ausdrücklich nur Mindestpreise und Festpreise als Inhalt von Kernbeschränkungen gefordert (vgl. Ziffer. 3).
[274] Höchstpreisvereinbarungen werden auch von den amerikanischen Gerichten in der Regel nicht als Wettbewerbsbeschränkung angesehen. Vgl. dazu *Kasten*, WuW 2007, 994.
[275] Vgl. dazu *Veelken* in: Immenga/Mestmäcker, EG-WbR, Vertikal-VO Rn. 178 m.w. N.; a. A. *Bechtold/Bosch/Brinker/Hirsbrunner*, EG-Kartellrecht, Art. 4 VO 2790/1999 Rn. 6.
[276] Vgl. die Hinweise zur Einzelfreistellung solcher Klauseln in den Leitlinien Rn. 226 ff.

kung bezweckt oder bewirkt wird. Zu der Preisempfehlung müssen weitere Umstände hinzukommen, aus denen sich eine spürbare Wettbewerbsbeschränkung ergibt.[277] Dies ist insbesondere dann der Fall, wenn die Preisempfehlung mit anderen Maßnahmen kombiniert ist, die dazu führen, dass in einer Vielzahl von Fällen ein gleichförmiges Preisverhalten von Käufern bewirkt wird.[278] Auch ein Überwachungssystem durch den Verkäufer ist ein Indiz für eine wettbewerbsbeschränkende Wirkung.[279]

168 (3) Nicht eindeutig ist die **Rechtsfolge,** die sich aus dem zweiten Halbsatz des Art. 4 Buchst. a ergibt. Der Wortlaut scheint dafür zu sprechen, dass echte Höchstpreisvereinbarungen und Preisempfehlungen durch diese Vorschrift insgesamt freigestellt sind, unabhängig davon ob sie eine spürbare Wettbewerbsbeeinträchtigung darstellen.[280] Eine solche (versteckte) Gruppenfreistellung in Art. 4 Buchst. a für Höchstpreisbindungen und Preisempfehlungen wäre jedoch systemwidrig. Richtigerweise gelten für Höchstpreisbindungen und Preisempfehlungen, sofern sie eine spürbare Wettbewerbsbeeinträchtigung darstellen, die allgemeinen Regeln. Sie sind damit unter den übrigen Voraussetzungen der GVO, insbesondere nach Art. 3 bis zu einem Marktanteil von 30% freigestellt.[281]

169 (4) Die Freistellung entfällt, wenn aufgrund von Druck oder Anreizen die Höchstpreisvereinbarung oder die Preisempfehlung tatsächlich den **Charakter einer Fest- oder Mindestpreisvereinbarung** hat. Wie bei den Preisbindungen selbst muss es sich insoweit um eine Vereinbarung oder um ein abgestimmtes Verhalten handeln.[282] Eine **Ausübung von Druck** liegt dann vor, wenn Sanktionen des Lieferanten den Käufer daran hindern, den festgesetzten Höchstpreis oder die Preisempfehlung tatsächlich zu unterschreiten. Erfasst sind dabei alle Vorkehrungen, die dem Käufer für diesen Fall Nachteile auferlegen. Auch eine bloße Preisbeobachtung bzw. -überwachung durch den Verkäufer rechnet dazu, falls (unausgesprochen) dem Käufer bei einer Preisunterbietung Konsequenzen drohen. Der Aufdruck einer Preisempfehlung auf den Waren für sich allein stellt aber noch keine unzulässige Druckausübung dar.[283]

170 Ähnlich liegt es bei der **Gewährung von Anreizen.** Eine faktische Preisunterbietung wird hier durch Vorteile verhindert, die dem Käufer bei Einhalten einer bestimmten Preisobergrenze bzw. des empfohlenen Preises in Aussicht gestellt sind (z. B. Skonti, Boni, Ra-

---

[277] Dies wird in den Leitlinien Rn. 47 ausdrücklich klargestellt.
[278] Vgl. dazu Urteil des EuGH vom 28. 1. 1986 *Pronuptia*, Slg. 1986, 353, 384; in die gleiche Richtung weisen die Leitlinien Rn 226 f. zur Einzelfreistellung von Preisempfehlungen.
[279] Leitlinien Rn. 47.
[280] Diese Auffassung wird vor allem von *Bechtold* EWS 2001, 49, 52 vertreten; ebenso wohl *Polley/Seeliger* WRP 2000, 1203, 1212 und *Bauer/de Bronett,* Vertikal-GVO Rn. 100 hinsichtlich der „Sperrwirkung" gegenüber dem nationalen Recht. Nach *Veelken* in: Immenga/Mestmäcker, EG-WbR, Vertikal-VO Rn. 180 lässt der Wortlaut eine „eindeutige Entscheidung" nicht zu.
[281] *Schultze/Pautke/Wagener,* Vertikal-GVO Rn. 407 und 410; ebenso wohl *Klotz* in: Schröter/Jakob/Mederer, Artikel 81 – Fallgruppen, Liefer- und Bezugsvereinbarungen Rn. 85, wonach diese Vereinbarungen (nur) „freistellbar" (und nicht freigestellt) sind. Vor Inkrafttreten der VO 1/2003 hatte diese Frage erhebliche praktische Bedeutung, da der Umfang der Freistellung über den Vorrang gegenüber dem nationalen Recht bestimmte (vgl. dazu noch *Brinker,* Die neue Gruppenfreistellungsverordnung für vertikale Wettbewerbsbeschränkungen, S. 131, 141). Nach Art. 3 Abs. 2 der VO 1/2003 hat europäisches Recht nunmehr Vorrang, gleichgültig ob die Zulässigkeit der Vereinbarung auf einer Freistellung oder dem Fehlen einer spürbaren Wettbewerbsbeschränkung beruht; vgl. Erläuterungen zu Art. 3 der VO 1/2003.
[282] S. oben Rn. 151 und 159. So auch *Veelken* in: Immenga/Mestmäcker, EG-WbR, Vertikal-VO Rn. 182. Abweichend von der Kommissionspraxis hält *Nolte* in: Langen/Bunte, Art. 81 Fallgruppen Rn. 545 eine Fortführung der Geschäftsbeziehung bei einseitigen Maßnahmen nicht für ausreichend.
[283] Leitlinien Rn. 47; kritisch dazu *Schultze/Pautke/Wagener,* Vertikal-GVO Rn. 424; differenzierend *Nolte* in: Langen/Bunte, Art. 81 Fallgruppen Rn. 548.

batte). Wirtschaftlich muss der Käufer so gestellt sein, dass eine Preisunterschreitung für ihn uninteressant ist. Die Trennlinie zur Ausübung von Druck ist in der Praxis fließend, jedoch unerheblich.[284]

Streitig ist, ob auch durch **andere Umstände** als Ausübung von Druck oder Gewährung von Anreizen die Freistellung in Art. 4 Buchst. a entfallen kann. Insbesondere ist der Fall relevant, dass die Höchstpreisfestsetzung oder die Preisempfehlung so niedrig angesetzt sind, dass ein **Unterschreiten für den Käufer wirtschaftlich nicht lohnend** ist. Im Ergebnis kommt die Höchstpreisvereinbarung oder die Preisempfehlung in diesem Fall einer Festpreis- oder Mindestpreisvereinbarung gleich. Eine ausweitende analoge Anwendung des Art. 4 Buchst. a auf diesen Fall ist nach dem Wortlaut aber nicht möglich.[285] Es wäre auch nicht verständlich, dass eine (den Interessen der Verbraucher entgegenkommende) besonders niedrige Höchstpreisfestsetzung oder Preisempfehlung zur Unwirksamkeit der Vereinbarung führen würde. Sofern es sich in diesen Fällen um eine spürbare Wettbewerbsbeschränkung handelt, ist sie nach den allgemeinen Regeln bis zu einem Marktanteil von 30% (Art. 3) freigestellt. 171

c) Gebiets- oder Kundenkreisbeschränkungen (Art. 4 Buchst. b). aa) Allgemeines, Anwendungsbereich. Neben den Preisbindungen (Buchst. a) enthält Art. 4 in Buchst. b den zweiten größeren Bereich von Kernbeschränkungen. Nicht freigestellt sind Vereinbarungen, die eine **ausschließliche (exklusive) Zuteilung von Absatzgebieten oder Kundenkreisen** enthalten. In diesen Fällen wird der Wettbewerb beim Vertrieb von Waren oder Dienstleistungen ebenfalls massiv beschränkt. 172

Gesetzestechnisch stellt Art. 4 Buchst. b eine **Ausnahme von der Gruppenfreistellung** in Art. 2 dar. Wie bei Art. 4 Buchst. a sind von dieser Ausnahme wiederum Ausnahmen (Gegenausnahmen) vorgesehen; bei diesen tritt die Freistellung nach Art. 2 und 3 ein.[286] Im Fall des Art. 4 Buchst. b besteht die Besonderheit, dass die **Gegenausnahmen eine erhebliche Bedeutung** haben und erst durch das Zusammenspiel von Ausnahmen und Gegenausnahmen die Tragweite der Vorschrift deutlich wird. Redaktionell ist die Vorschrift wenig geglückt. Die wesentlichen Kriterien für aktive und passive Verkäufe lassen sich nur mühsam im Ausschlussverfahren ermitteln. Auch überschneiden sich die verstreuten Sonderregelungen zum selektiven Vertrieb teilweise mit den allgemeinen Regeln in Buchst. b, teilweise weichen sie davon ab. 173

Die Kernbeschränkungen in Art. 4 Buchst. b sind gemäß dem Wortlaut **eng auszulegen**.[287] Eine ausweitende oder einengende Auslegung nach dem Sinn und Zweck der Vorschrift, im Hinblick auf die zum Teil abweichenden Vorgängerregelungen oder wegen gleichartiger Schutzbedürfnisse ist im Allgemeinen nicht zulässig. Das schließt nicht aus, dass auf Besonderheiten bestimmter Vertragstypen, wie z. B. den verschiedenen Formen des **Franchising**[288] Rücksicht genommen werden muss. Dies gilt auch für die Anwendung auf **Internetverkäufe und -werbung**.[289] 174

---

[284] Auch die Beispielsfälle in den Leitlinien Rn. 47 differenzieren nicht zwischen den beiden Alternativen.

[285] Wie hier *Veelken* in: Immenga/Mestmäcker, EG-WbR, Vertikal-VO Rn. 181 und *Beutelmann*, Selektive Vertriebssysteme im europäischen Kartellrecht, S. 149; a. A. *Schultze/Pautke/Wagener*, Vertikal-GVO Rn. 415, *Seeliger* in: Wiedemann, Handbuch des Kartellrechts, § 10 Rn. 141 und *Bechtold* EWS 2001, 49, 112.

[286] Es handelt sich aber nicht (wie *Nolte* in: Langen/Bunte, Art. 81 Fallgruppen Rn. 527, 556 und 575 meint) um „weiße Klauseln", da die Verwendung dieser Klauseln keine Bedingung der Freistellung ist. Kritisch zur Regelungstechnik der Vorschrift *Beutelmann*, Selektive Vertriebssysteme im europäischen Kartellrecht, S. 116.

[287] Das gilt jedenfalls für die Grundnorm, die das Verbot enthält; s. oben Rn. 20 ff.

[288] Auf eine ausführliche Darstellung muss verzichtet werden; insoweit wird auf die umfangreiche Spezialliteratur verwiesen.

[289] S. dazu Rn. 121 ff.

175 Wie für die GVO insgesamt (vgl. Art. 2 Abs. 1 Unterabs. 2) ist bei Art. 4 Buchst. b eine spürbare Wettbewerbsbeschränkung Voraussetzung. Eine **Beschränkung** liegt nur vor, wenn dem Käufer ein Verbot auferlegt ist. Gebote wie z. B. die Verpflichtung, bestimmte Gebiete oder Kundenkreise zu beliefern, stellen keine Kernbeschränkung dar.[290] Der Alleinvertrieb für sich allein ist daher kein Fall des Art. 4 Buchst. b. Sofern die Beschränkung ausnahmsweise nicht **spürbar** ist, kommt Art. 81 Abs. 1 EG – und damit die Vertikal-GVO – nicht zur Anwendung.[291]

176 bb) „**Käufer**". Der Begriff Käufer ist nicht im zivilrechtlichen Sinn zu verstehen. Erfasst ist jeder, der Waren oder Dienstleistungen bezieht.

177 Art. 4 Buchst. b gilt, wie auch Art. 4 Buchst. a, nur für **Bindungen des Käufers**. Verkäuferbindungen stellen keine Kernbeschränkung dar, sind also nach Art. 2 und 3 freigestellt. Dies gilt gleichermaßen für Ge- und Verbote des Verkäufers (Lieferverpflichtungen oder Lieferbeschränkungen); selbst passive Verkäufe können untersagt werden.[292] Zumindest hinsichtlich der Lieferbeschränkungen ist dies nicht unproblematisch, da hierdurch die Bezugsmöglichkeiten der Verbraucher letztlich erheblich eingeschränkt sein können.

178 Erfasst sind auf Seiten des Käufers nur **Vertriebsbindungen**,[293] nicht Bezugsbindungen. Die Nachfrage des Käufers kann daher beschränkt werden, ohne dass dies eine Kernbeschränkung darstellt.[294] Auch diese Einschränkung ist sehr weitgehend und ermöglicht gravierende Einschränkungen des Wettbewerbs zu Lasten der Verbraucher.

179 cc) „**Vertragswaren oder -dienstleistungen**". Seinem Wortlaut nach erfasst Art. 4 Buchst. b nur Beschränkungen bei Vertragswaren oder -dienstleistungen, also Produkten, die den **Gegenstand der Vereinbarung** bilden. Anders als bei Art. 2 Abs. 1 muss sich die Wettbewerbsbeschränkung auf die gekaufte Ware oder Dienstleistung beziehen.[295]

180 Die Abgrenzung der erfassten Vertragswaren oder -dienstleistungen kann insbesondere bei **Zulieferprodukten** schwierig sein. Eine Weiterbearbeitung des Produkts steht der Anwendung des Art. 4 Buchst. b nicht entgegen.[296] Anders ist es dagegen, wenn der Käufer mit dem zugelieferten Produkt ein neues Produkt herstellt oder das Zulieferprodukt in ein anderes Produkt einbaut. In einem solchen Fall handelt es sich nicht um die Vertragsware oder -dienstleistung.[297] Lieferbeschränkungen für das neu hergestellte Produkt oder das Endprodukt sind wie Beschränkungen von Drittprodukten zu behandeln, d. h. sie stellen keine Kernbeschränkung dar.[298]

181 dd) **Beschränkung des Gebiets oder des Kundenkreises.** (1) Die Begriffe „**Gebiet**" und „**Kundenkreis**" bezeichnen im Ergebnis das Gleiche. Es geht in beiden Fällen um Lieferbeschränkungen, die bestimmte Kunden oder Kundengruppen betreffen.[299] Dies ist **in einem weiten Sinn zu verstehen**. Eine Kernbeschränkung liegt immer dann vor, wenn die Belieferung von Kunden oder Kundengruppen eingeschränkt oder ausgeschlos-

---

[290] Vgl. *Seeliger* in: Wiedemann, Handbuch des Kartellrechts, § 10 Rn. 155. Anders ist es, wenn das Gebot in der Wirkung einem Verbot gleichkommt.
[291] Die praktische Bedeutung ist nur gering. Unklar, aber im Ergebnis wohl a. A. *Veelken* in: Immenga/Mestmäcker, EG-WbR, Vertikal-VO Rn. 193. Vgl. dazu auch Rn. 147f. und 157ff.
[292] *Bauer/de Bronett*, Vertikal-GVO Rn. 102; *Veelken* in: Immenga/Mestmäcker, EG-WbR, Vertikal-VO Rn. 193. Vgl. auch *Seeliger* in: Wiedemann, Handbuch des Kartellrechts, § 10 Rn. 167.
[293] Darunter fallen auch Beschränkungen der Werbung; vgl. *Schultze/Pautke/Wagener*, Vertikal-GVO Rn. 465.
[294] Derartige Vereinbarungen können aber Art. 4 Buchst. d unterfallen.
[295] Vgl. *Nolte* in: Langen/Bunte, Art. 81 Fallgruppen Rn. 555. Vgl. auch Erläuterungen zu Art. 2 Rn. 65 und zur Rechtslage im Fall des Art. 4 Buchst. a. Rn. 161 f.
[296] So ausdrücklich Leitlinien Rn. 24, 2. Spiegelstrich.
[297] Die Voraussetzungen des Art. 4 Buchst. b sind insoweit enger als der Anwendungsbereich nach Art. 2 Abs. 1 (vgl. dazu Rn. 65) und der Tatbestand des Art. 4 Buchst. a (vgl. dazu Rn. 151).
[298] Im Ergebnis a. A. *Veelken* in: Immenga/Mestmäcker, EG-WbR, Vertikal-VO Rn. 198.
[299] *Schultze/Pautke/Wagener*, Vertikal-GVO Rn. 444.

sen ist. Der häufigste Fall ist das Verbot, bestimmte Abnehmer, insbesondere gewerbliche Abnehmer zu beliefern oder nur an private Endverbraucher zu liefern.[300] Exportverbote oder verbotene Reimporte in bzw. aus Staaten der EU fallen darunter.[301] Die Größe des betroffenen Gebiets oder die Zahl der Kunden ist unerheblich. Im Extremfall kann es sich auch um ein vollständiges Lieferverbot oder das Verbot der Belieferung eines einzigen namentlich benannten Kunden handeln.[302] Auch Differenzierungen nach der Art der Kunden (z. B. im Fall des Verbots der Rück- oder Querlieferung an bestimmte Händler) sind Kernbeschränkungen.[303]

Eine Gebiets- oder Kundenkreisbeschränkung liegt auch vor, wenn dem Käufer der Zugang zu Kunden erschwert oder unmöglich gemacht wird. **Standortklauseln** verstoßen daher generell gegen Art. 4 Buchst. b.[304] 182

Art. 4 Buchst. b erfasst nicht nur den vollständigen Ausschluss der Belieferung, sondern auch **Modalitäten der Lieferung,** sofern dadurch der Kreis der Abnehmer im Ergebnis eingeschränkt wird. Der Ausschluss oder die Beschränkung bestimmter Lieferformen wie z. B. des **Versandhandels** (sofern darin eine spürbare Wettbewerbsbeschränkung[305] liegt) oder von **Internetverkäufen**[306] stellen deshalb regelmäßig eine Kernbeschränkung dar. 183

Anders ist es, wenn die Regelung der Verkaufsmodalitäten keine Einschränkung des Kundenkreises zur Folge hat; dies ist z. B. bei Anforderungen an die Ausgestaltung der Verkaufsräume der Fall.[307] 184

Unschädlich sind dagegen ausnahmsweise solche Verkaufsbeschränkungen, die sich **aus der Natur des Produkts** ergeben und die deshalb auch keine spürbare Wettbewerbsbeschränkung darstellen (z. B. bei gefährlichen Produkten; Lieferung von Zigaretten und Alkohol an Jugendliche oder Kinder).[308] Diese Klauseln müssen dann aber allgemein für alle beteiligten Händler (einschließlich des Verkäufers) gleichermaßen gelten. Im gleichen Sinn wird man auch den Fall behandeln müssen, dass z. B. Beschränkungen des Parallelimports den unterschiedlichen gesetzlichen Regelungen in der EU Rechnung tragen.[309] 185

(2) Die **Beschränkung** kann sich unmittelbar aus dem Vertrag oder mittelbar aus den Umständen ergeben. Im letzteren Fall sind aber nur Umstände „unter der Kontrolle der Vertragsparteien" zu berücksichtigen.[310] 186

---

[300] Vgl. die Beispielsfälle bei *Seeliger* in: Wiedemann, Handbuch des Kartellrechts, § 10 Rn. 161.

[301] Beschränkungen von Lieferungen in Staaten außerhalb der EU unterfallen dagegen regelmäßig nicht Art. 81 Abs. 1 EG; vgl. *Seeliger* in: Wiedemann, Handbuch des Kartellrechts, § 10 Rn. 169 und *Nolte* in: Langen/Bunte, Art. 81 Fallgruppen Rn. 558.

[302] *Semler/Bauer* DB 2000, 193, 198; *Schultze/Pautke/Wagener,* Vertikal-GVO Rn. 445; *Seeliger* in: Wiedemann, Handbuch des Kartellrechts, § 10 Rn. 158. Angeblich soll die Kommission dagegen der Auffassung zuneigen, dass individualisierte Kundenschutzklauseln nicht dem Art. 4 Buchst. b unterfallen; zu Recht kritisch dazu *Bauer/de Bronett,* Vertikal-GVO Rn. 118. Vgl. auch *Nolte* in: Langen/Bunte, Art. 81 Fallgruppen Rn. 565.

[303] *Klotz* in: Schröter/Jakob/Mederer, Artikel 81 – Fallgruppen, Liefer- und Bezugsvereinbarungen Rn. 92.

[304] Eine Ausnahme enthält Art. 4 Buchst. c. Für den Kfz-Vertrieb gelten besondere Regelungen; seit dem 1. 10. 2005 sind. Art. 4 Abs. 1 Buchst. d und Art. 5 Abs. 2 der Verordnung Nr. 1400/2002 anzuwenden (vgl. dazu *Wendel* WRP 2002, 1395).

[305] S. Erläuterungen zu Art. 81 Abs. 1 EG.

[306] S. dazu im Folgenden Rn. 191 ff.; vgl. auch *Schultze/Pautke/Wagener,* Vertikal-GVO Rn. 543 und 555 ff.

[307] Vgl. *Schultze/Pautke/Wagener,* Vertikal-GVO Rn. 447; *Beutelmann,* Selektive Vertriebssysteme im europäischen Kartellrecht, S. 115.

[308] Leitlinien Rn. 49 a. E.

[309] Vgl. dazu das Urteil EuG vom 27. 9. 2006 – T-168/01 – GlaxoSmithKline. Diese Grundsätze möchte *Nolte* in: Langen/Bunte, Art. 81 Fallgruppen Rn. 574 auch auf den Fall unterschiedlicher Steuersätze in der EU anwenden.

[310] S. Rn. 145 f.

Art. 4 Vert-GVO 187–190

187 Erforderlich ist, dass die Beschränkung entsprechend den allgemeinen Grundsätzen Gegenstand einer Vereinbarung ist oder sich aus einem abgestimmten Verhalten ergibt. **Einseitige Anordnungen des Verkäufers,** die nicht Vertragsgegenstand sind und vom Käufer nicht gebilligt oder hingenommen werden, sind nicht zu berücksichtigen.[311]

188 Auch aus der **Ausübung von Druck oder Gewährung von Anreizen** kann sich eine Wettbewerbsbeschränkung ergeben, selbst wenn die rechtliche Entscheidungsfreiheit des Abnehmers unberührt bleibt.[312] In der Praxis häufig sind Vereinbarungen, dass der Händler bei Verkäufen außerhalb eines vorgesehenen Gebiets eine Entschädigung **(Gewinnausgleichverpflichtung)** an den an sich berechtigten Händler zu leisten hat. Wenn diese Entschädigung über den Ersatz der Aufwendungen hinausgeht und einen Ausgleich für den entgangenen Gewinn mit einschließt, ist dies eine Kernbeschränkung nach Art. 4 Buchst. b.[313] Gleiches gilt, wenn an sich übliche Boni, Prämien bzw. Umsatzvergütungen oder **Garantieleistungen**[314] bei Verkäufen außerhalb des Gebiets oder an bestimmte Kunden abbedungen sind. Allerdings ist gerade in diesen Fällen das Vereinbarungserfordernis zu beachten. Einseitige Maßnahmen des Verkäufers, die den Käufer anhalten sollen, bestimmte Kundengruppen nicht (mehr) zu beliefern – wie z. B. die **Drohung mit einer Vertragskündigung** –, verstoßen nicht gegen Art. 4 Buchst. b, wenn hierfür in den vertraglichen Vereinbarungen keine Grundlage vorhanden ist oder der Käufer diese Sanktionen nicht nachträglich (stillschweigend) akzeptiert hat.[315] Die Aufzählung möglicher Formen der Beschränkung durch die Kommission in den Leitlinien Rn. 49 ist insoweit ungenau und zum Teil zu weitgehend.

189 **ee) Ausnahmen in den Spiegelstrichen: Spiegelstrich 1: Zulässiges Verbot des aktiven Verkaufs bei Exklusivvereinbarungen.** Der erste Spiegelstrich des Art. 4 Buchst. b enthält eine besonders für Alleinvertriebsnetze[316] **wichtige Einschränkung in Bezug auf Gebiets- oder Kundenkreisbeschränkungen.** Eine Kernbeschränkung liegt nicht vor bei Beschränkungen des aktiven Verkaufs (dazu unten (1), wenn der Lieferant entweder sich selbst die ausschließliche Belieferung vorbehalten oder einem Dritten das ausschließliche Belieferungsrecht zugewiesen hat (dazu unten (2), vorausgesetzt dass die Kunden nicht ihrerseits Verkaufsbeschränkungen unterliegen (dazu unten (3). Derartige Vereinbarungen sind nach Art. 2 und 3 freigestellt.

190 **(1)** Die Freistellung kommt nur für **aktive Verkäufe** in Betracht. Beschränkungen des passiven Verkaufs sind dagegen stets eine Kernbeschränkung. Beide Begriffe sind nicht in der GVO definiert. Die Leitlinien enthalten in Rn. 80 eine „Definition" durch die Kom-

---

[311] So z. B. *Schultze/Pautke/Wagener,* Vertikal-GVO Rn. 457 ff.; a. A. *Veelken* in: Immenga/Mestmäcker, EG-WbR, Vertikal-VO Rn. 202. Wie hier auch *Klotz* in: Schröter/Jakob/Mederer, Artikel 81 – Fallgruppen, Liefer- und Bezugsvereinbarungen Rn. 89 f. Vgl. auch Rn. 159.
[312] A. A. *Bechtold/Bosch/Brinker/Hirsbrunner,* EG-Kartellrecht, Art. 4 VO 2790/1999 Rn. 11: unterschiedliche Konditionen seien zulässig, selbst wenn sie die Belieferung eines Kunden praktisch unmöglich machen.
[313] *Schultze/Pautke/Wagener,* Vertikal-GVO Rn. 453 berichten von einer Praxis der Kommission, wonach ein Satz von 2% eine angemessene Kostenerstattung darstelle.
[314] Kritisch zur Einbeziehung von Garantieleistungen *Bechtold/Bosch/Brinker/Hirsbrunner,* EG-Kartellrecht, Art. 4 VO 2790/1999 Rn. 10. Wie hier *Nolte* in: Langen/Bunte, Art. 81 Fallgruppen Rn. 566. *Seeliger* in: Wiedemann, Handbuch des Kartellrechts, § 10 Rn. 166 rät zu Vorsicht und genauer Prüfung bei derartigen wirtschaftlichen Anreizen.
[315] Dies entspricht der Rechtsprechung des EuGH im Fall Adalat (Urteil vom 6. 1. 2004, WuW EU-R 769) und des EuG 1. Instanz im Fall Volkswagen (Urteil vom 3. 12. 2003, WuW EU-R 761); vgl. dazu *Nolte* in: Langen/Bunte, Art. 81 Fallgruppen Rn. 569 ff. m. w. Hinweisen.
[316] Die Vorschrift gilt grundsätzlich auch für den selektiven Vertrieb, allerdings mit Einschränkungen durch Buchst. c des Art. 4; weitergehend *Bechtold/Bosch/Brinker/Hirsbrunner,* EG-Kartellrecht, Art. 4 VO 2790/1999 Rn. 13.

B. Vertikalvereinbarungen   191–194   Art. 4 Vert-GVO

mission, die sich an die Praxis der früheren Gruppenfreistellungsverordnungen anlehnt. Aktiver Verkauf liegt danach in drei Fallgestaltungen vor:
- entweder gezielte Ansprache einzelner Kunden oder
- gezielte Ansprache bestimmter Kundengruppen oder Kunden in einem Gebiet durch Werbung oder Verkaufsförderungsmaßnahmen, die speziell auf diese Kunden ausgerichtet sind, oder
- die Errichtung eines Lagers oder einer Verkaufsstätte in dem Gebiet.

Passiver Verkauf ist dagegen die Reaktion auf eine unaufgeforderte Bestellung (sog. Komm-Kunden-Geschäfte).[317] Derartige Verkäufe dürfen für den Händler auf keinen Fall beschränkt werden. Auch **Werbemaßnahmen allgemeiner Art** gelten im Regelfall als passiver Verkauf. Sie sind nur dann ausnahmsweise aktiver Verkauf und können vertraglich beschränkt werden, wenn sie gezielt exklusiv gebundene Kunden oder Kundengruppen ansprechen.[318] Problematisch ist die Abgrenzung von aktiven und passiven Verkäufen im Fall von **Internetverkäufen** und **Internetwerbung.** Die Kommission betrachtet das Internet als besonders schutzwürdiges Verkaufsmittel und ordnet Internetwerbung und Internetverkauf deshalb grundsätzlich als passiven Verkauf ein, der nicht beschränkt werden darf.[319] Eine Ausnahme lässt sie für die gezielte Ansprache von Kunden durch e-mails zu. Zulässig sind auch Qualitätsanforderungen an die Website des Händlers, wenn diese nicht gezielt auf die Ansprache bestimmter Kunden gerichtet ist, z. B. durch die Verwendung einer fremden Sprache. Als Aktivverkauf kann auch eine gezielte Verwendung von Bannern, Links oder meta-tags in Suchmaschinen untersagt werden.[320] Ein vollständiges Verbot von Internetverkäufen hält die Kommission nur bei sachlicher Rechtfertigung für zulässig; dies scheide aus, wenn der Verkäufer selbst über Internet vertreibe. 191

Die Einzelheiten dieser Regelung sind heftig umstritten.[321] Zum Teil wird die Abgrenzung von aktiven und passiven Internetverkäufen als nicht haltbar betrachtet.[322] Auch der BGH sieht es als offen an, in welchem Umfang der Internethandel nach der GVO zugelassen werden muss.[323] 192

Die Einordnung des Internethandels durch die Kommission ist sachlich gerechtfertigt und auch nicht unpraktikabel. Beschränkungen des **Internetvertriebs** sind deshalb als **Kernbeschränkung** grundsätzlich nicht freistellungsfähig. Denn dadurch wird die Möglichkeit eingeschränkt, dass sich Kunden an den Händler wenden und bei ihm Waren oder Dienstleistungen bestellen. Ausnahmen sind nur in engen Grenzen denkbar, wenn die Beschaffenheit des Produkts einen Vertrieb über Internet nicht oder nur eingeschränkt zulässt.[324] Auch dürfen die Modalitäten des Internetvertriebs nicht so gefasst sein, dass dies einem (mittelbaren) Verbot gleichkommt.[325] 193

Hinsichtlich des **Versandhandels** will die Kommission die gleichen Grundsätze anwenden.[326] Dies ist jedoch wegen der unterschiedlichen Ausgestaltungen beider Vertriebswege in dieser Allgemeinheit nicht gerechtfertigt.[327] 194

---

[317] *Bechtold/Bosch/Brinker/Hirsbrunner,* EG-Kartellrecht, Art. 4 VO 2790/1999 Rn. 13.
[318] Vgl. Leitlinien Rn. 50, 2. Spiegelstrich.
[319] Vgl. die ausführlichen Hinweise in den Leitlinien Rn. 51.
[320] Vgl. ausführlich *Nolte* in: Langen/Bunte, Art. 81 Fallgruppen Rn. 597 ff.
[321] Aus der Fülle der Literatur vgl. die sehr eingehende Darstellung bei *Schultze/Pautke/Wagener,* Vertikal-GVO Rn. 536 ff.; ferner *Beutelmann,* Selektive Vertriebssysteme im europäischen Kartellrecht, S. 152 ff.
[322] So insbesondere *Schultze/Pautke/Wagener,* Vertikal-GVO Rn. 572 ff., 578 ff.
[323] Urteil vom 4. 11. 2003, WRP 2004, 374, 376.
[324] Wie hier z. B. *Brinker,* Die neue Gruppenfreistellungsverordnung für vertikale Wettbewerbsbeschränkungen, S. 131, 142.
[325] Vgl. *Beutelmann,* Selektive Vertriebssysteme im europäischen Kartellrecht, S. 155 f.
[326] Leitlinien Rn. 51. Dies würde eine erhebliche Abweichung von der früheren Praxis darstellen.
[327] Kritisch zu Recht auch *Schultze/Pautke/Wagener,* Vertikal-GVO Rn. 544, 550.

195 Beim **selektiven Vertrieb** ist insbesondere fraglich, ob von dem Abnehmer verlangt werden darf, dass er neben dem Internetangebot **auch einen stationären Vertrieb** betreibt. Der BGH bejaht dies, vor allem im Hinblick auf die vergleichbare Situation beim Versandhandel.[328] Für den Vertrieb im Internet sind die Anforderungen der Vertikal-GVO jedoch strenger, da Einschränkungen des passiven Verkaufs grundsätzlich nicht zugelassen sind. Es ist deshalb zweifelhaft, ob allein die Eigenschaft eines Produkts als Luxusartikel eine sachliche Rechtfertigung für einen vollständigen Ausschluss des reinen Internetvertriebs sein kann. Ein Grund dafür, weshalb beim selektiven Vertrieb gefordert werden kann, dass ein stationäres Geschäftslokal neben dem Internetvertrieb vorhanden sein muss, ist nicht ersichtlich. Zwar mag ein solches Erfordernis dem Interesse des (Markenartikel-)Herstellers entsprechen, der damit die „Aura prestigeträchtiger Exklusivität"[329] zumindest teilweise erhalten will.[330] In der Vertikal-GVO ist aber eine solches Interesse nicht berücksichtigt; das Ergebnis widerspricht auch der Regelung in Art. 4 Buchst. c.[331] Durch das Verbot der Beschränkung von passiven Verkäufen soll die uneingeschränkte Bezugsmöglichkeit der Kunden gewahrt werden. Für den Kunden, der Produkte über das Internet beziehen möchte, ist es gleichgültig, ob noch ein stationäres Verkaufslokal vorhanden ist oder nicht.[332] Ein Ausschluss des Internetbezugs wegen Fehlens eines stationären Verkaufslokals kann daher nur in Ausnahmefällen gerechtfertigt sein.

196 (2) Aktive Verkäufe dürfen nur beschränkt werden, wenn die Kunden bzw. das Absatzgebiet entweder **dem Lieferanten vorbehalten oder einem anderen Käufer exklusiv zugewiesen sind.**[333] Exklusive Lieferrechte des Lieferanten selbst oder anderer Käufer sollen dadurch respektiert werden. Die Beschränkung des aktiven Verkaufs darf dabei nicht über die vorbehaltenen Exklusivrechte hinausgehen.[334]

197 **Dem Lieferanten vorbehalten** ist eine Belieferung nur dann, wenn er die Kunden tatsächlich beliefert bzw. eine Belieferung ernsthaft anstrebt. Ein negativer Vorbehalt in der Form, dass lediglich anderen Händlern die Belieferung untersagt wird, reicht nicht.[335] Der

---

[328] Urteil vom 4. 11. 2003 WRP 2004, 374, 376 Depotkosmetik im Internet. Ebenso *Klotz* in: Schröter/Jakob/Mederer, Artikel 81 – Fallgruppen, Liefer- und Bezugsvereinbarungen, Rn. 104 und, wenn auch zweifelnd, *Schultze/Pautke/Wagener*, Vertikal-GVO Rn. 585. Im Ergebnis wie der BGH auch *Becker/Pfeiffer* ZWeR 2004, 268, 274.

[329] Entscheidung der Kommission vom 16. 12. 1991 – *Yves Saint Laurent*, ABl. EG 1992 Nr. L 12/24 (Ziffer II A 5).

[330] Darauf weisen *Becker/Pfeiffer* ZWeR 2004, 268, 274 hin. *Rheinländer* WRP 2005, 285, 286 f. hält bei Luxus-Kosmetika und -Parfüms ein vollständiges Verbot des Internet-Handels für wettbewerblich unschädlich. So auch *Seeliger* in: Wiedemann, Handbuch des Kartellrechts, § 10 Rn. 162.

[331] Vgl. *Bechtold/Bosch/Brinker/Hirsbrunner*, EG-Kartellrecht, Art. 4 VO 2790/1999 Rn. 13.

[332] Im Ergebnis wie hier *Rheinländer* WRP 2005, 285, 287 f., der (außer bei Luxusartikeln) jede Beschränkung des Kundenkreises beim Internet-Vertrieb als unzulässige Kernbeschränkung nach Art. 4 Buchst. c der Vertikal-GVO ansieht („Ob" des Vertriebs) und nur Beschränkungen hinsichtlich der Ausgestaltung („Wie" des Vertriebs) für zulässig hält. Vgl. auch *Beutelmann*, Selektive Vertriebssysteme im europäischen Kartellrecht, S. 155 f.

[333] Häufig wird dafür die Bezeichnung „weiße Flecken" verwandt; vgl. *Semler/Bauer* DB 2000, 193, 198 und *Petsche* in: Liebscher/Flohr/Petsche, Handbuch der EU-Gruppenfreistellungsverordnungen, § 7 Rn. 129.

[334] Nach *Schultze/Pautke/Wagener*, Vertikal-GVO Rn. 467 hat diese Einschränkung gegenüber den früheren Gruppenfreistellungsverordnungen „dramatische" Konsequenzen. Auch *Seeliger* in: Wiedemann, Handbuch des Kartellrechts, § 10 Rn. 163 erwähnt „weitreichende Folgen".

[335] Weitergehend *Veelken* in: Immenga/Mestmäcker, EG-WbR, Vertikal-VO Rn. 210, wonach es ausreicht, dass eine Belieferung durch den Lieferanten „nicht ausgeschlossen" ist, und *Nolte* in: Langen/Bunte, Art. 81 Fallgruppen Rn. 588 ff., der jede Belieferung „auf Anfrage" als ausreichend ansieht. Wie hier *Semler/Bauer* DB 2000, 193, 198; ähnlich *Bauer/de Bronett*, Vertikal-GVO Rn. 115, der eine konkrete und nachweisbare Absicht verlangt, „in absehbarer Zeit" die Belieferung aufzunehmen, und *Schultze/Pautke/Wagener*, Vertikal-GVO Rn. 567 ff., wonach eine „zumindest mittelfristige Strategie" erforderlich ist (Rn. 570).

Verkäufer muss rechtzeitig Vorsorge treffen, dass beim Ausscheiden eines Händlers oder bei Gebietsänderungen keine Lücke entsteht, weil dann der Vorbehalt entfallen würde.[336]

Die **exklusive Zuweisung an andere Käufer** setzt zweierlei voraus: eine vertragliche **198** Abmachung diesen Inhalts und ein ausreichender Schutz des Käufers gegen unzulässige Verkäufe durch den Lieferanten oder Dritte.[337] Der Verkäufer muss also faktisch sicherstellen, dass alle von ihm belieferten Händler in der EU die Exklusivrechte des Lieferanten oder der zugewiesenen Händler respektieren. Das Exklusivrecht kann zwar auf mehrere Käufer aufgeteilt sein. Es darf aber jeweils für bestimmte Kunden oder Kundengruppen nur **ein einziges Exklusivrecht** geben.[338] Aktive Verkäufe sind deshalb nicht freigestellt, wenn die Exklusivrechte mehreren Käufern gleichzeitig eingeräumt sind oder mehrere Händler faktisch ein Gebiet nebeneinander beliefern.[339]

(3) Schließlich dürfen **Verkäufe seitens der Kunden des Käufers nicht begrenzt** **199** werden. Dadurch soll bei mehrstufigen Vertriebssystemen ein absoluter Gebietsschutz ausgeschlossen werden. Exklusivrechte sind daher immer nur auf einer Handelsstufe zu beachten; auf der nachfolgenden Handelsstufe (bei sog. „durchlaufenden Vertriebsbindungen") dürfen auch aktive Verkäufe nicht verboten werden.[340] Darauf, in welcher Form oder durch wen die Kunden des Verkäufers gebunden werden, kommt es nicht an.

Spiegelstrich 2: Zulässiges Verbot von Sprungverkäufen durch Großhändler

Diese Ausnahme knüpft an die bisherige Praxis von **Sprunglieferungsverboten in se-** **200** **lektiven Vertriebssystemen** an,[341] geht aber darüber hinaus.[342] Großhändlern darf vom Lieferanten die vertragliche Verpflichtung auferlegt werden, nicht an Endverbraucher zu verkaufen. Dies gilt sowohl für **aktive wie passive Verkäufe.**[343] Die Freistellung bezieht sich, wie Art. 4 insgesamt, nur auf die Vertragswaren oder -dienstleistungen, nicht auf sonstige Produkte. Daher ist es unerheblich, ob der Großhändler andere als die Vertragswaren oder -dienstleistungen auch an Endverbraucher vertreibt.

Nicht erforderlich ist ferner, dass ein mehrstufiges Vertriebssystem z. B. beim selektiven **201** Vertrieb **sachlich gerechtfertigt** oder das mehrstufige Vertriebssystem **lückenlos** für den gesamten Absatz des Lieferanten organisiert ist.[344] Die vertragliche Beschränkung kann zulässigerweise auch mit einzelnen Großhändlern und unabhängig von der Natur der vertriebenen Produkte vereinbart sein.

Spiegelstrich 3: Zulässiges Verbot des Verkaufs an Außenseiter in selektiven Vertriebssystemen

Diese Ausnahme stimmt inhaltlich mit der **Definition des selektiven Vertriebs** in **202** Art. 1 Buchst. d überein. Die GVO soll inhaltlich, anders als die Vorgängerregelungen,

---

[336] Vgl. *Seeliger* in: Wiedemann, Handbuch des Kartellrechts, § 10 Rn. 164 ff.; *Nolte* in: Langen/Bunte, Art. 81 Fallgruppen Rn. 591.

[337] Vgl. Leitlinien Rn. 50. Kritisch zur praktischen Handhabung dieser Regelung *Bauer/de Bronett*, Vertikal-GVO Rn. 109 ff.

[338] *Roninger* Art. 4 Rn. 16 bezeichnet dies missverständlich als „Lückenlosigkeitsprinzip".

[339] Vgl. *Veelken* in: Immenga/Mestmäcker, EG-WbR, Vertikal-VO Rn. 212 und *Beutelmann*, Selektive Vertriebssysteme im europäischen Kartellrecht, S. 119.

[340] *Nolte* in: Langen/Bunte, Art. 81 Fallgruppen Rn. 603; ebenso *Beutelmann*, Selektive Vertriebssysteme im europäischen Kartellrecht, S. 119.

[341] In der Regel wird dann keine spürbare Wettbewerbsbeschränkung vorliegen; vgl. *Klotz* in: Schröter/Jakob/Mederer, Artikel 81 – Fallgruppen, Liefer- und Bezugsvereinbarungen Rn. 99.

[342] *Schultze/Pautke/Wagener*, Vertikal-GVO Rn. 484 f.; *Beutelmann*, Selektive Vertriebssysteme im europäischen Kartellrecht, S. 122.

[343] Fraglich ist, ob dem Großhändler die Einrichtung eines Einzelhandelsbetriebs für die Vertragswaren untersagt werden kann. Dies wird man wohl bejahen müssen, da dies dem (zulässigen) Verbot gleichkommt. Anders dagegen *Bechtold/Bosch/Brinker/Hirsbrunner*, EG-Kartellrecht, Art. 4 VO 2790/1999 Rn. 15.

[344] *Veelken* in: Immenga/Mestmäcker, EG-WbR, Vertikal-VO Rn. 217.

auch den selektiven Vertrieb erfassen. Sie enthält deshalb in Art. 1 Buchst. d eine **Legaldefinition** des selektiven Vertriebs und stellt zugleich die Vereinbarungen, die den selektiven Vertrieb kennzeichnen, von der Sanktion des Art. 4 frei. Der dritte Spiegelstrich bewirkt also, dass der typische selektive Vertrieb von der Freistellung durch die GVO erfasst wird.[345] Dies gilt unabhängig davon, ob der Vertrag wirtschaftlich einem anderen Vertragstyp zuzuordnen ist (z. B. Franchising).

203 Die Definition stimmt nicht mit den Kriterien überein, nach denen selektive Vertriebssysteme als spürbare Wettbewerbsbeschränkung i. S. d. **Art. 81 Abs. 1 EG** beurteilt werden.[346] Soweit diese Voraussetzungen nicht erfüllt sind, insbesondere bei der einfachen **Fachhandelsbindung,** hat die Gruppenfreistellung keine Bedeutung (Art. 2 Abs. 1 Unterabs. 2);[347] die in Art. 4 enthaltenen Beschränkungen für die gruppenweise Freistellung sind in diesen Fällen nicht anwendbar.[348] Die GVO bezieht sich nur auf solche Vereinbarungen, die darüber hinausgehende weitere Beschränkungen enthalten. Dies betrifft insbesondere die sog. quantitativen Selektionskriterien.[349]

204 Nach der Definition in Art. 1 Buchst. d ist eine **Verpflichtung des Lieferanten** vorausgesetzt, die Vertragswaren oder -dienstleistungen nur an ausgewählte Händler zu verkaufen. Dies ist nicht im Sinn einer vertraglichen Rechtspflicht zu verstehen.[350] Maßgeblich ist, dass der Lieferant eine bestimmte Auswahl vornimmt und mit den Händlern die entsprechenden Verträge abschließt. Aus dem Erfordernis der Verpflichtung folgt allerdings, dass die **Auswahlkriterien** auch **tatsächlich eingehalten** werden müssen. Die Art der Auswahlkriterien ist durch die GVO nicht vorbestimmt. Es muss sich aber um einheitliche Kriterien handeln, die vom Lieferanten gegenüber allen Händlern festgelegt sind.[351] Lückenlosigkeit des Systems ist dabei nicht erforderlich.[352]

205 Unerheblich ist dagegen, ob die Auswahlkriterien durch den Verkäufer **diskriminierungsfrei** angewandt werden.[353] Dieses Erfordernis, das für die Anwendung des Art. 81 Abs. 1 EG maßgeblich ist, bezieht sich nicht auf die Definition des selektiven Vertriebs. Andernfalls würden die speziellen Regelungen der Vertikal-GVO (Art. 4 Buchst. c und d, Art. 5 Buchst. c) gerade in den kritischen Fällen des selektiven Vertriebs nicht gelten.

---

[345] *Schultze/Pautke/Wagener*, Vertikal-GVO Rn. 487; *Nolte* in: Langen/Bunte, Art. 81 Fallgruppen Rn. 606.

[346] *Veelken* in: Immenga/Mestmäcker, EG-WbR, Vertikal-VO Rn. 221. Vgl. ferner *Bergmann* ZWeR 2004, 28, 37 und *Honnefelder,* Gruppenfreistellungsverordnung für selektive Vertriebssysteme?, Diss. Göttingen 2001.

[347] In den Leitlinien Rn. 185 hat die Kommission im Einzelnen aufgeführt, unter welchen Voraussetzungen der qualitative selektive Vertrieb keine spürbare Wettbewerbsbeschränkung darstellt.

[348] Andernfalls würde die Gruppenfreistellung zu einer Verschlechterung der Rechtslage für hiervon nicht betroffene zulässige Vereinbarungen führen, was dem Sinn der Vertikal-GVO zuwiderliefe. Teilweise a. A. *Veelken* in: Immenga/Mestmäcker, EG-WbR, Vertikal-VO Rn. 221, falls weitere Wettbewerbsbeschränkungen hinzukommen. Zur Rechtslage bei Art. 5 s. Rn. 257.

[349] Vgl. Rn. 147 f. Ebenso *Schultze/Pautke/Wagener*, Vertikal-GVO Rn. 100 ff.; zweifelnd *Bauer/de Bronett,* Vertikal-GVO Rn. 130. Wie hier *Bergmann,* Selektive vertikale Vertriebsbindungssysteme im Lichte der kartell- und lauterkeitsrechtlichen Rechtsprechung des Bundesgerichtshofs und des Gerichtshofs der Europäischen Gemeinschaften, ZWeR 2004, 28, 37.

[350] So auch *Veelken* in: Immenga/Mestmäcker, EG-WbR, Vertikal-VO Rn. 222; *Harte-Bavendamm/Kreutzmann* WRP 2003, 682, 683; a. A. *Bechtold/Bosch/Brinker/Hirsbrunner,* EG-Kartellrecht, Art. 4 VO 2790/1999 Rn. 16 („Obliegenheit").

[351] *Veelken* in: Immenga/Mestmäcker, EG-WbR, Vertikal-VO Rn. 226; a. A. *Schultze/Pautke/Wagener*, Vertikal-GVO Rn. 93 f.

[352] *Schultze/Pautke/Wagener*, Vertikal-GVO Rn. 114.

[353] So auch *Schultze/Pautke/Wagener*, Vertikal-GVO Rn. 109 gegen *Veelken* in: Immenga/Mestmäcker, EG-WbR, Vertikal-VO Rn. 225.

B. Vertikalvereinbarungen 206–211 Art. 4 Vert-GVO

Spiegelstrich 4: Zulässige Beschränkungen in Lieferverträgen über Bestandteile

Die Ausnahme im 4. Spiegelstrich erlaubt vertragliche Regelungen, wonach der Käufer 206 eines **Lieferprodukts** dieses nicht an andere Hersteller weiterveräußern darf, die gleiche Erzeugnisse herstellen wie der Lieferant. Der Lieferant des Zulieferprodukts, der zugleich Hersteller eines Endprodukts ist,[354] kann sich so dagegen schützen, dass seine Zulieferprodukte an andere Endhersteller geliefert werden, mit denen er selbst im Wettbewerb steht.

Gegenstand der freigestellten Bindung sind „Bestandteile, die **zwecks Einfügung in** 207 **andere Erzeugnisse** geliefert werden". Dabei kann es sich sowohl um Rohmaterialien als auch um (Zwischen-)Produkte[355] handeln. Ausgeschlossen werden darf die Lieferung an solche Hersteller, die **gleichartige Produkte wie der Lieferant selbst herstellen**.[356]

Die Ausnahme betrifft nur Bindungen des **Käufers**. Vertragliche Bindungen des Verkäu- 208 fers (Herstellers des Zulieferprodukts) sind – wie allgemein in Art. 4 Buchst. b – nicht geregelt.[357]

d) Lieferbeschränkungen an Endverbraucher in selektiven Vertriebssystemen 209 **(Art. 4 Buchst. c). aa) Allgemeines, Anwendungsbereich.** Art. 4 Buchst. c enthält eine über das bisherige Recht hinausgehende Regelung speziell für den selektiven Vertrieb.[358] Durch den selektiven Vertrieb wird tendenziell der **markeninterne Wettbewerb** zwischen den Händlern des Vertriebssystems **eingeschränkt**. Diese Gefahr soll dadurch in der Wirkung begrenzt und ausgeglichen werden, dass der markeninterne Wettbewerb zwischen den Händlern beim Verkauf an Endverbraucher auf keinen Fall beschränkt sein darf.[359] Für eine Vielzahl von selektiven Vertriebssystemen bedeutet dies eine neuartige und gravierende Anforderung.[360] Besondere Bedeutung hat diese Kernbeschränkung im Fall des **Kfz-Vertriebs**.[361] Im Ergebnis hat die Vorschrift nur geringe Bedeutung, da sich das Ergebnis wie auch bei Art. 4 Buchst. d, bereits weitgehend aus dem Text von Buchst. b ergibt. Unklar ist deshalb ob Art. 4 Buchst. c den Buchst. b ersetzen oder ergänzen soll.

Die Regelung greift, wie Art. 4 insgesamt, nur ein, soweit überhaupt die GVO einschlä- 210 gig ist (Art. 2 Abs. 1 Unterabs. 2). Bei einer **reinen Fachhandelsbindung,** die keine spürbare Wettbewerbsbeschränkung darstellt, ist Art. 4 Buchst. c daher nicht anwendbar.[362]

Auch **Franchise-Verträge** unterliegen den Anforderungen des Art. 4 Buchst. c, wenn sie 211 die Voraussetzungen von selektiven Vertriebssystemen des Art. 1 Buchst. d erfüllen. Im Schrifttum wird vielfach die Auffassung vertreten, Franchising sei nicht oder nur unter sehr eingeschränkten Bedingungen als selektiver Vertrieb anzusehen.[363] Die Kommission setzt

---

[354] Es handelt sich daher regelmäßig um OEM-Produkte; vgl. *Nolte* in: Langen/Bunte, Art. 81 Fallgruppen Rn. 608 und *Seeliger* in: Wiedemann, Handbuch des Kartellrechts, § 10 Rn. 182.
[355] Nach den Leitlinien Rn. 52 umfasst der Begriff „Bestandteile" alle Zwischenprodukte. In der Regel handelt es sich dabei um Zulieferverträge; vgl. die Nachweise in Fußn. 354.
[356] Ausführlich dazu *Veelken* in: Immenga/Mestmäcker, EG-WbR, Vertikal-VO Rn. 235.
[357] In diesen Fällen kann Art. 4 Buchst. e eingreifen. In allen anderen Fällen sind derartige Beschränkungen nach den Art. 2 und 3 freigestellt; vgl. auch *Veelken* in: Immenga/Mestmäcker, EG-WbR, Vertikal-VO Rn. 234.
[358] Leitlinien Rn. 53 f.
[359] *Veelken* in: Immenga/Mestmäcker, EG-WbR, Vertikal-VO Rn. 237.
[360] *Schultze/Pautke/Wagener,* Vertikal-GVO Rn. 617.
[361] Die VO 1400/2002 enthält dazu besondere Regelungen, die gegenüber Art. 4 Buchst. c Vorrang haben (vgl. Art. 2 Abs. 5).
[362] S. dazu oben Rn. 147 f. und 203 f. Die abweichende Auffassung von *Veelken* in: Immenga/Mestmäcker, EG-WbR, Vertikal-VO Rn. 238 mag wettbewerbspolitisch erwünscht sein, ist aber mit der Systematik der GVO und insbesondere Art. 2 Abs. 1 Unterabs. 2 unvereinbar. Wie hier offensichtlich *Nolte* in: Langen/Bunte, Art. 81 Fallgruppen Rn. 614 und 618.
[363] Vgl. *Petsche* in: Liebscher/Flohr/Petsche, Handbuch der EU-Gruppenfreistellungsverordnungen, § 7 Rn. 139 ff.; *Metzlaff* BB 2000, 1201, 1207; *Schulz,* EU-Gruppenfreistellungsverordnung für vertikale Wettbewerbsbeschränkungen – Interpretations- und Anwendungsprobleme, S. 333, 345 ff.

dagegen voraus, dass Franchising einen selektiven Vertrieb darstellen kann.[364] Die Gefahr für den markeninternen Wettbewerb ist bei beiden Vertriebssystemen vergleichbar; eine einschränkende Auslegung für das Franchising ist nicht gerechtfertigt. Im Regelfall gelten die zusätzlichen Anforderungen in Art. 4 Buchst. c deshalb auch für Franchise-Vereinbarungen. Anders als im Rahmen des Art. 81 Abs. 1 EG kommt es dabei auf die Art der Beschränkungen, ihre sachliche Rechtfertigung und den Charakter der Produkte nicht an.[365]

212 bb) „**Mitglieder eines selektiven Vertriebssystems**". Hinsichtlich des Begriffs selektiver Vertrieb gilt die **Legaldefinition** des Art. 1 Buchst. d.[366] Mitglieder eines selektiven Vertriebssystems sind nicht nur die Händler, sondern **auch der Lieferant**. Der Lieferant unterliegt also in gleicher Weise der Verpflichtung aus Art. 4 Buchst. c.[367]

213 Erfasst werden aber nur solche Mitglieder, die „auf der Einzelhandelsstufe" tätig sind. Maßgeblich ist nicht die Organisation oder Art des Geschäftsbetriebs, sondern die konkrete Tätigkeit. Auch Hersteller und Großhändler unterliegen der Verpflichtung aus Art. 4 Buchst. c, wenn und soweit sie tatsächlich an Endverbraucher direkt absetzen.[368] Dies kann auch nicht dadurch umgangen werden, dass einem Hersteller oder Großhändler generell verboten wird, an Endkunden zu vertreiben; das Verbot in Art. 4 Buchst. c hat Vorrang vor Art. 4 Buchst. b Spiegelstrich 2.[369] Entsprechendes gilt für **Franchise-Vereinbarungen,** falls die Voraussetzungen des Art. 1 Buchst. d erfüllt sind.[370]

214 cc) **Beschränkungen des Verkaufs an Endverbraucher.** Der Verkauf an Endverbraucher darf nicht eingeschränkt werden. Schädlich sind alle Formen **unmittelbarer oder mittelbarer Beschränkung.** Betroffen sind sowohl **aktive wie passive Verkäufe.** Auch Internetverkäufe dürfen nicht beschränkt werden. Dies gilt, entgegen der Auffassung des BGH,[371] nicht nur für den „generellen Ausschluss des Internetvertriebs", sondern für jede die Bezugsmöglichkeiten im Internet spürbar beschränkende Klausel. Die der Verkaufstätigkeit vorgelagerte **Werbung** ist ebenfalls geschützt.

215 Daraus folgt, dass bei Verkauf an **Endverbraucher selektiver Vertrieb und Alleinvertrieb nicht** (mehr) **miteinander kombiniert** werden können. Erst recht ist die Kopplung von selektivem Vertrieb und ausschließlicher Zuteilung von Endverbraucherkunden eine nicht freistellungsfähige Kernbeschränkung.[372] Dagegen kann ein Alleinvertrieb oder eine ausschließliche Kundenzuteilung beim Vertrieb an Einzelhändler durch Großhändler oder den Hersteller bzw. Lieferanten unschädlich vereinbart werden.[373] Glei-

---

[364] Vgl. Leitlinien Rn. 200. Vgl. dazu *Beutelmann,* Selektive Vertriebssysteme im europäischen Kartellrecht, S. 92 ff. und *Scheerer,* Rechtsfragen der Gruppenfreistellungsverordnung für vertikale Wettbewerbsbeschränkungen, S. 115 f. Wie hier *Seeliger* in: Wiedemann, Handbuch des Kartellrechts, § 10 Rn. 189.

[365] *Schultze/Pautke/Wagener,* Vertikal-GVO Rn. 104.

[366] Vgl. dazu Rn. 202.

[367] *Schultze/Pautke/Wagener,* Vertikal-GVO Rn. 603.

[368] *Veelken* in: Immenga/Mestmäcker, EG-WbR, Vertikal-VO Rn. 237; *Schultze/Pautke/Wagener,* Vertikal-GVO Rn. 604.

[369] A. A. die überw. Meinung im Schrifttum, z. B. *Bechtold/Bosch/Brinker/Hirsbrunner,* EG-Kartellrecht, Art. 4 VO 2790/1999 Rn. 20; *Veelken* in: Immenga/Mestmäcker, EG-WbR, Vertikal-VO Rn. 239; *Nolte* in: Langen/Bunte, Art. 81 Fallgruppen Rn. 631, ebenso Rn. 645 zum Internet-Vertrieb. Wie hier Leitlinien Rn. 53.

[370] S. dazu Rn. 211.

[371] Urteil vom 4. 11. 2003 WRP 2004, 374, 376 – Depotkosmetik im Internet. Vgl. dazu im Einzelnen Rn. 195 sowie *Nolte* in: Langen/Bunte, Art. 81 Fallgruppen Rn. 635 ff./639 f.

[372] *Schultze/Pautke/Wagener,* Vertikal-GVO Rn. 608 ff.; *Bechtold/Bosch/Brinker/Hirsbrunner,* EG-Kartellrecht, Art. 4 VO 2790/1999 Rn. 19. Wie hier *Seeliger* in: Wiedemann, Handbuch des Kartellrechts, § 10 Rn. 196 und *Veelken* in: Immenga/Mestmäcker, EG WbR, Vertikal-VO Rn. 241.

[373] *Schultze/Pautke/Wagener,* Vertikal-GVO Rn. 612 ff. Erforderlich ist, dass die Voraussetzungen des Art. 4 Buchst. b eingehalten sind.

B. Vertikalvereinbarungen

dd) Ausnahme: Standortklausel. ches gilt für Franchise-Vereinbarungen, die einen selektiven Vertrieb im Sinne des Art. 1 Buchst. d darstellen.[374] Unberührt bleibt die abweichende Regelung in der Kfz-GVO.

dd) Ausnahme: Standortklausel. Zum Ausgleich für die weitgehenden Anforderungen an den selektiven Vertrieb in Art. 4 Buchst. c erlaubt der **2. Halbsatz** Vereinbarungen, dass die Händler ihre **Geschäfte nur aus zugelassenen Niederlassungen betreiben dürfen (Standort- oder Sitzklauseln).** Derartige Regelungen waren vor Inkrafttreten der GVO weithin verbreitet und sollen nicht unterbunden werden.[375] Händlern eines selektiven Vertriebsnetzes kann also vom Lieferanten vorgeschrieben werden, an welchen Standorten sie ihre Verkaufsstelle betreiben dürfen. Die Parteien sind dabei in der Auswahl frei; eine Kontrolle im Hinblick auf Notwendigkeit oder Angemessenheit der Standortbeschränkung ist nicht vorgesehen.[376] 216

Zweifelhaft ist, ob die Regelung in Art. 4 Buchst. c nicht nur ein Verbot erlaubt, sondern ob auch ein Gebot zulässig ist, dass der Händler überhaupt einen Standort haben muss. Dies ist für die praktisch wichtige Frage entscheidend, ob dem Händler der **reine Internetvertrieb** vom Lieferanten verboten werden darf. Der BGH hält dies für zulässig.[377] Dieses Ergebnis geht über Wortlaut und Zweck der Vorschrift hinaus; ein Gebot stationären Handels ist grundsätzlich nicht gerechtfertigt.[378] 217

Bei **mobilen Verkaufsstellen** (Laden auf Rädern) darf nach den Leitlinien ein Gebiet festgelegt werden, das für den Verkauf an Endverbraucher eingehalten werden muss.[379] 218

Außerhalb von selektiven Vertriebssystemen sind Standortklauseln in der Regel eine nach Art. 4 Buchst. b unzulässige Beschränkung des (passiven) Verkaufs.[380] 219

e) Querlieferungsbeschränkungen in selektiven Vertriebssystemen (Art. 4 Buchst. d). aa) Allgemeines, Anwendungsbereich. Art. 4 Buchst. d enthält eine weitere Kernbeschränkung für selektive Vertriebssysteme.[381] Neben Verkäufen an Endverbraucher (Art. 4 Buchst. c) dürfen auch Verkäufe der zugelassenen (vgl. Art. 4 Buchst. b Spiegelstrich 3) Händler untereinander nicht beschränkt werden. Die mit selektiven Vertriebssystemen tendenziell verbundene **Beschränkung des markeninternen Wettbewerbs** soll dadurch begrenzt werden. Die zugelassenen Händler sollen die Erzeugnisse untereinander jeweils zu den günstigsten Konditionen erwerben oder absetzen können. Gebiets- und Kundenaufspaltungen innerhalb des selektiven Vertriebssystems sollen so verhindert werden.[382] Dies hat vor allem bei Preisunterschieden in EU-Ländern erhebliche Bedeutung. 220

Hinsichtlich des Anwendungsbereichs gilt die **Legaldefinition des selektiven Vertriebs** in Art. 1 Buchst. d.[383] Voraussetzung ist auch bei Art. 4 Buchst. d, dass überhaupt 221

---

[374] *Veelken* in: Immenga/Mestmäcker, EG-WbR, Vertikal-VO Rn. 242; *Pukall* NJW 2000, 1375, 1378. Vgl. dazu Rn. 211.

[375] Vgl. dazu Leitlinien Rn. 54. Weitere Beispiele bei *Klotz* in: Schröter/Jakob/Mederer, Artikel 81 – Fallgruppen, Liefer- und Bezugsvereinbarungen Rn. 105.

[376] *Veelken* in: Immenga/Mestmäcker, EG-WbR, Vertikal-VO Rn. 243. Zulässig sind auch Beschränkungen auf eine Straße (*Seeliger* in: Wiedemann, Handbuch des Kartellrechts, § 10 Rn. 185) oder eine einzige Niederlassung (*Bechtold/Bosch/Brinker/Hirsbrunner*, EG-Kartellrecht, Art. 4 VO 2790/1999 Rn. 19).

[377] Urteil vom 4. 11. 2003, WRP 2004, 374, 376; s. dazu Rn. 195.

[378] Dies folgt, entgegen der überw. Auffassung, auch aus dem grundsätzlichen Verbot der Beschränkung von passiven (Internet-)Verkäufen nach Art. 4 Buchst. b; vgl. dazu Rn. 191 ff. und 214.

[379] Leitlinien Rn. 54. Kritisch dazu *Metzlaff* BB 2000, 1201, 1207.

[380] S. Rn. 182. Vgl. auch *Schultze/Pautke/Wagener*, Vertikal-GVO Rn. 623 und *Nolte* in: Langen/Bunte, Art. 81 Fallgruppen Rn. 634.

[381] Vgl. dazu Leitlinien Rn. 55.

[382] *Beutelmann*, Selektive Vertriebssysteme im europäischen Kartellrecht, S. 126 kritisiert die Regelung als „übermäßig streng".

[383] Vgl. Rn. 202.

eine spürbare Wettbewerbsbeschränkung i. S. d. Art. 81 Abs. 1 EG vorliegt.[384] Auch in diesem Fall ist, wie bereits im Fall des Art. 4 Buchst. c, das Verhältnis zur allgemeinen Regelung in Buchst. b nicht klar (s. Rn. 209). Außerhalb von selektiven Vertriebssystemen sind Beschränkungen von Querlieferungen zwischen Händlern grundsätzlich eine Kernbeschränkung nach Art. 4 Buchst. b, aktive Verkäufe können jedoch nach dem Spiegelstrich 1 dieser Bestimmung untersagt werden.

222 **bb) Beschränkung von Querlieferungen zwischen den Händlern.** Art. 4 Buchst. d erfasst **Lieferungen zwischen Händlern aller Stufen.** Damit sind echte Querlieferungen zwischen Händlern der gleichen Stufe wie auch alle anderen Lieferungen zwischen Händlern verschiedener Stufen (Sprunglieferungen, Rücklieferungen etc.) gemeint.[385] Es muss sich aber jeweils um **zugelassene Händler** handeln. Daher sind Klauseln, die die Lieferung nicht zugelassener[386] Händler (oder den Erwerb von solchen Händlern) verbieten **(Graumarktbezug),** keine Kernbeschränkung.[387]

223 Nicht erfasst ist der **Lieferant.** Beschränkungen des Lieferanten hinsichtlich der Belieferung von Händlern stellen somit keine Kernbeschränkung dar.[388] Bei Beschränkungen der Lieferung an Endverbraucher greift aber Art. 4 Buchst. c ein.

224 Der Begriff **Beschränkung** ist im weiten Sinne zu verstehen;[389] er kann z. B. auch die Festlegung von (hohen) Mindestabnahmemengen beim Hersteller einschließen.[390] Bei mittelbaren Beschränkungen muss allerdings jeweils die „Kontrolle der Vertragsparteien" gewährleistet sein.[391] Unzulässig sind Beschränkungen des **aktiven und passiven Verkaufs** einschließlich **Internetverkäufe.** Auch **Werbung** darf nicht beschränkt werden.

225 Aus der Regelung des Art. 4 Buchst. d folgt, dass in einem selektiven Vertriebsnetz der Bezug oder Absatz zwischen den zugelassenen Händlern **nicht mit anderen Bindungen gekoppelt** werden darf. Alleinbezugs- oder Alleinbelieferungsvereinbarungen bei Lieferungen auf der Händlerebene sind daher unzulässig.[392]

226 **f) Lieferbeschränkungen für Ersatzteile (Art. 4 Buchst. e). aa) Allgemeines, Anwendungsbereich.** Art. 4 Buchst. e erklärt bestimmte Beschränkungen bei der **Lieferung von Ersatzteilen** zu nicht freistellungsfähigen Kernbeschränkungen.[393] Die Vorschrift richtet sich, im Gegensatz zu Art. 4 Buchst. b Spiegelstrich 4, an den Lieferanten (Hersteller) der Ersatzteile, der bestimmte Vertriebsbindungen nicht eingehen darf. Dies ist neben Art. 4 Buchst. c die einzige Vorschrift, die Wettbewerbsbeschränkungen des Lieferanten als Kernbeschränkung definiert.[394]

227 Geschützt werden soll durch Art. 4 Buchst. e die **Bezugsfreiheit von unabhängigen Reparatur- und Dienstleistungsunternehmen.** Dies gelingt jedoch nur unvollkom-

---

[384] Vgl. Rn. 147 f. und 203 sowie Erläuterungen zu Art. 2 Rn. 58; a. A. V*eelken* in: Immenga/Mestmäcker, EG-WbR, Vertikal-VO Rn. 245 zur reinen Fachhandelsbindung.
[385] *Schultze/Pautke/Wagener,* Vertikal-GVO Rn. 626; *Klotz* in: Schröter/Jakob/Mederer, Artikel 81 – Fallgruppen, Liefer- und Bezugsvereinbarungen Rn. 106.
[386] Vgl. Art. 4 Buchst. b, 3. Spiegelstrich.
[387] Unberührt bleiben Regelungen des nationalen Rechts, die das Vorgehen des Herstellers gegen Grauhändler betreffen. Vgl. *Seeliger* in: Wiedemann, Handbuch des Kartellrechts, § 10 Rn. 188.
[388] *Schultze/Pautke/Wagener,* Vertikal-GVO Rn. 627.
[389] Leitlinien Rn. 55; weitere Beispiele bei *Schultze/Pautke/Wagener,* Vertikal-GVO Rn. 629 ff.
[390] BGH Urteil vom 13. 7. 2004, WuW DE-R 1335, 1341.
[391] S. Rn. 145.
[392] Leitlinien Rn. 55; vgl. auch *Schultze/Pautke/Wagener,* Vertikal-GVO Rn. 631 und *Seeliger* in: Wiedemann, Handbuch des Kartellrechts, § 10 Rn. 186. Teilw. a. A. *Bechtold/Bosch/Brinker/Hirsbrunner,* EG-Kartellrecht, Art. 4 VO 2790/1999 Rn. 23, die statt dessen Art. 5 anwenden wollen; Vorrang hat jedoch die Regelung in Art. 4.
[393] Vgl. dazu Leitlinien Rn. 56.
[394] Es ist deshalb nicht der „einzige" Fall einer unzulässigen Verkäuferbindung (entgegen *Schultze/Pautke/Wagener,* Vertikal-GVO Rn. 640, *Bauer/de Bronett,* Vertikal-GVO Rn. 135 und *Klotz* in: Schröter/Jakob/Mederer, Artikel 81 – Fallgruppen, Liefer- und Bezugsvereinbarungen Rn. 107).

B. Vertikalvereinbarungen 228–231 **Art. 4 Vert-GVO**

men, da Art. 4 Buchst. e nur eine ganz spezielle Fallgestaltung erfasst.[395] Eine ausweitende Auslegung, die andere Wettbewerbsbeschränkungen mit einbezieht, ist nicht zulässig. Ebenso ist auch eine über den Wortlaut hinausgehende Einschränkung des (ohnehin engen) Anwendungsbereichs nicht möglich.[396] Für den Vertrieb von Kfz-Ersatzteilen gilt die Sonderregelung der Kfz-GVO, die als lex specialis vorgeht.[397]

Eine Kernbeschränkung nach Art. 4 Buchst. e setzt eine **Zulieferverbeinbarung** über 228 Ersatzteile voraus. In der Regel handelt es sich dabei um die sogenannten OEM (Original Equipment Manufacturer)-Lieferverträge. Der Lieferant wird im Allgemeinen der Hersteller des Zuliefererzeugnisses sein; der Käufer muss Hersteller des Endprodukts sein, in das das Zulieferprodukt eingefügt wird.[398] Eine Kernbeschränkung setzt voraus, dass entsprechend den Vorgaben in der Zulieferbekanntmachung eine Wettbewerbsbeschränkung i. S. d. Art. 81 Abs. 1 EG vorliegt.[399]

bb) Beschränkung des Vertriebs von Bestandteilen als Ersatzteile. Der Be- 229 griff „**Beschränkung**" ist, wie bei Art. 4 insgesamt, weit auszulegen.[400] Mittelbare Beschränkungen sind aber nur erfasst, soweit die „Kontrolle der Vertragsparteien" reicht.[401] Die Beschränkungen können sich auf die Lieferung der Ersatzteile selbst beziehen (z.B. durch Alleinbezugsverpflichtung). Sie können aber auch die notwendigen **Anleitungen oder Hilfsmittel** für die Verwendung des Ersatzteils betreffen (z.B. Hersteller-Software).[402] Die Vorschrift greift nicht ein, wenn der Käufer das Zulieferprodukt weiterveräußert.

Der Verkäufer darf nicht gehindert werden, die Erzeugnisse „als Ersatzteile an Endver- 230 braucher oder Reparaturwerkstätten oder andere Dienstleistungserbringer zu verkaufen". Da diese Ersatzteile mit den Originalteilen identisch sind, spricht man auch von „Identteilen".[403] Nach dem Wortlaut sind **nicht nur unabhängige Reparatur- und Wartungsfirmen** erfasst. Auch wenn Lieferungen an Vertragswerkstätten anderer (konkurrierender) Hersteller beschränkt werden, ist dies eine Kernbeschränkung.[404] Dagegen unterfällt der Vertrieb an Händler nicht dem Art. 4 Buchst. e, ist also freigestellt. Nur wenn der Händler „als verlängerter Arm" einer Reparaturwerkstatt tätig wird, ist dies einer Lieferung an die Reparatur- oder Wartungsfirma gleichzusetzen.[405]

Weitere Voraussetzung des Art. 4 Buchst. e ist, dass die genannten Reparaturwerkstät- 231 ten und anderen Dienstleistungserbringer **keine Vertragswerkstätten des Käufers** sind. Dem Käufer bleibt damit die Möglichkeit, den Lieferanten daran zu hindern, unter Umgehung des Käufers direkt an die eigenen Vertragswerkstätten des Käufers zu liefern.[406]

---

[395] *Schultze/Pautke/Wagener,* Vertikal-GVO Rn. 641; kritisch auch *Bayreuther* EWS 2000, 106, 114.
[396] Im Ergebnis anders V*eelken* in: Immenga/Mestmäcker, EG-WbR, Vertikal-VO Rn. 256.
[397] So auch V*eelken* in: Immenga/Mestmäcker, EG-WbR, Vertikal-VO Rn. 251 und *Nolte* in: Langen/Bunte, Art. 81 Fallgruppen Rn. 656; a. A. *Bechtold/Bosch/Brinker/Hirsbrunner,* EG-Kartellrecht, Art. 4 VO 2790/1999 Rn. 25.
[398] *Nolte* in: Langen/Bunte, Art. 81 Fallgruppen Rn. 652.
[399] V*eelken* in: Immenga/Mestmäcker, EG-WbR, Vertikal-VO Rn. 256; *Nolte* in: Langen/Bunte, Art. 81 Fallgruppen Rn. 657 f.; *Seeliger* in: Wiedemann, Handbuch des Kartellrechts, § 10 Rn. 199.
[400] Leitlinien Rn. 56; vgl. auch *Schultze/Pautke/Wagener,* Vertikal-GVO Rn. 642.
[401] S. oben Rn. 145.
[402] Leitlinien Rn. 56.
[403] Vgl. *Bechtold/Bosch/Brinker/Hirsbrunner,* EG-Kartellrecht, Art. 4 VO 2790/1999 Rn. 24.
[404] Abweichend V*eelken* in: Immenga/Mestmäcker, EG-WbR, Vertikal-VO Rn. 256; nicht eindeutig *Nolte* in: Langen/Bunte, Art. 81 Fallgruppen Rn. 654. Zur Auslegung unklarer Verträge vgl. *Schultze/Pautke/Wagener,* Vertikal-GVO Rn. 642.
[405] Weitergehend V*eelken* in: Immenga/Mestmäcker, EG-WbR, Vertikal-VO Rn. 257.
[406] *Nolte* in: Langen/Bunte, Art. 81 Fallgruppen Rn. 655.

4. Rechtsfolgen

232 **a) Grundsatz.** Die **Gruppenfreistellung entfällt insgesamt,** wenn eine Kernbeschränkung in einer Vertikalvereinbarung enthalten ist (rule of severability).[407] Das gilt unabhängig davon, ob die Kernbeschränkung wesentlicher Teil der Vereinbarung ist oder nicht. Die Erstreckung der Sanktion auf die ganze Vereinbarung (und nicht nur die betroffene Abrede) ist der wesentliche Unterschied zu der in Art. 5 vorgesehenen Rechtsfolge.[408] Im Fall von Kernbeschränkungen kommen auch die Vergünstigungen der **Bagatellbekanntmachung**[409] oder die Ausnahmen für **Markterschließung**[410] grundsätzlich nicht zur Anwendung.[411] Die Unwirksamkeit erfasst die Vereinbarung so weit, wie das Verbot des Art. 81 Abs. 1 EG mit der Rechtsfolge des Abs. 2. reicht. Da die wettbewerbsbeschränkende Vereinbarung regelmäßig einen wesentlichen Vertragsbestandteil darstellen wird, ist dann nach § 139 BGB der ganze Vertrag nichtig.[412] Da Kernbeschränkungen einen schweren Verstoß darstellen, sind auch Geldbußen möglich.[413]

233 Die Rechtsfolge des Art. 4 kann nicht durch **Umdeutung der Vereinbarung** im Wege einer „geltungserhaltenden Reduktion"[414] oder durch Anpassung des Vertrags wegen Wegfalls der Geschäftsgrundlage vermieden werden. Auch vertraglich vereinbarte salvatorische Klauseln haben keine Wirkung. Wenn eine **„Heilung"** der Vereinbarung zulässig wäre, würde die Sanktionswirkung des Art. 4 nachhaltig beeinträchtigt.[415] Aus dem gleichen Grund ist auch ein **einseitiger Verzicht** des Verkäufers auf Klauseln, die eine Kernbeschränkung darstellen, nicht möglich, es sei denn dass dies vertraglich ausdrücklich vorgesehen ist.[416] Zulässig und geboten ist es dagegen, Vereinbarungen im Zweifel so auszulegen, dass sie nicht gegen Art. 4 verstoßen.[417]

234 Die einzelnen Fallgruppen von Kernbeschränkungen in Art. 4 sind **kumulativ** nebeneinander anwendbar. Wenn eine der Fallgruppen des Art. 4 erfüllt ist, entfällt die Gruppenfreistellung, auch wenn andere Freistellungsvoraussetzungen eingreifen.[418]

235 Im Fall mehrfacher gleichartiger Kernbeschränkungen in einem einheitlichen Vertriebssystem (z.B. Preisbindungen mehrerer Händler durch einen Lieferanten) kann u.U. eine **Wettbewerbsbeschränkung im Horizontalverhältnis** vorliegen, indem der Wettbewerb zwischen den Händlern des Vertriebssystems eingeschränkt wird. Dies ist insbeson-

---

[407] Leitlinien Rn. 66; vgl. auch *Bauer/de Bronett,* Vertikal-GVO Rn. 90.
[408] Kernbeschränkungen sind generell „nicht abtrennbar" (Leitlinien Rn. 66).
[409] ABl. EG 2001 Nr. C 368/07; vgl. dazu Leitlinien Rn. 10.
[410] Leitlinien Rn. 119 Nr. 10.
[411] S. oben Rn. 148.
[412] Wie hier *Nolte* in: Langen/Bunte, Art. 81 Fallgruppen Rn. 523; enger *Bechtold/Bosch/Brinker/Hirsbrunner,* EG-Kartellrecht, Art. 4 VO 2790/1999 Rn. 1 und *Seeliger* in: Wiedemann, Handbuch des Kartellrechts, § 10 Rn. 132, die auf den Einzelfall abstellen.
[413] Vor allem bei Verstößen im Kfz-Vertrieb hat die Kommission hohe Geldbußen verhängt. Zu weitgehend aber *Nolte* in: Langen/Bunte, Art. 81 Fallgruppen Rn. 522 („regelmäßig").
[414] So auch *Nolte* in: Langen/Bunte, Art. 81 Fallgruppen Rn. 525, der aber bei Verstößen gegen die Ausnahmeregelungen in Art. 4 Buchst. b eine geltungserhaltende Vertragsanpassung befürwortet (a.a.O. Rn. 557 und 591); dies ist aber mit der Systematik des Art. 4 nicht vereinbar.
[415] Vgl. V*eelken* in: Immenga/Mestmäcker, EG-WbR, Vertikal-VO Rn. 260; ebenso BGH Urteil vom 10. 2. 2004, WuW DE-R 1305, 1306 jedenfalls für andere als zeitliche Beschränkungen; a. A. *Bechtold/Bosch/Brinker/Hirsbrunner,* EG-Kartellrecht, Art. 4 VO 2790/1999 Rn. 1, *Schultze/Pautke/Wagener,* Vertikal-GVO Rn. 391 und *Polley/Seeliger* WRP 2000, 1203, 1211. Nach *Nolte* in: Langen/Bunte, Art. 81 Fallgruppen Rn. 524 führen salvatorische Klauseln zu einer Beweislastumkehr.
[416] Wie hier *Creutzig* WRP 2000, 1218, 1221 (für den Bereich des Kfz-Vertriebs); a. A. *Beckmann* WuW 2003, 752, 763.
[417] *Bauer/de Bronett,* Vertikal-GVO Rn. 93 ff.; *Schultze/Pautke/Wagener,* Vertikal-GVO Rn. 642.
[418] Eine „Vorrangfrage" stellt sich nicht; anders *Schultze/Pautke/Wagener,* Vertikal-GVO Rn. 602 für das Verhältnis von Art. 4 Buchst. b und c.

re in Franchise-Systemen oder beim selektiven Vertrieb denkbar.[419] In diesen Fällen ist auch Art. 2 Abs. 4 einschlägig.

b) Ausnahmen. Im Fall einer Kernbeschränkung ist eine **Einzelfreistellung** zwar nicht ausgeschlossen, aber nach den Leitlinien der Kommission (Rn. 46) **„unwahrscheinlich"**. Der BGH hat in einem solchen Fall die Anwendbarkeit des Art. 81 Abs. 3 EG ohne weitere Einschränkung bejaht.[420] Dies wird jedoch im Sinne der Kommission auf besonders gelagerte Ausnahmefälle beschränkt bleiben müssen.[421] Schon aus praktischen Gründen ist in diesen Fällen eine scharfe Trennlinie zwischen Kernbeschränkung und freigestellter Vereinbarung unvermeidlich. Eine „Übergangszone" gibt es nicht.[422]

In Ausnahmefällen ist es möglich, dass trotz Vorliegens einer Kernbeschränkung eine Vereinbarung als wirksam anzusehen ist. Ein Beispielsfall ist die Freistellung der **Preisbindung für Zeitschriften**.[423]

c) Zeitliche Dauer. Regelmäßig wird der Ausschluss der Freistellung mit **Vertragsbeginn** zusammenfallen. Im Fall einer Kernbeschränkung ist die Vereinbarung dann von Anfang an unwirksam. Die Rechtsfolge kann aber auch später eintreten, wenn die Kernbeschränkung erst im Laufe des Vertrags vereinbart wird oder sie sich aus nachträglich eingetretenen Umständen ergibt.[424]

Im Fall der „schwarzen Klauseln" der früheren Verordnungen war die Kommission davon ausgegangen, dass die Unwirksamkeit des Vertrages nur bis **zur Beendigung des Verstoßes** dauert. Wenn der Verstoß abgestellt wurde, sollte automatisch die Gruppenfreistellung (wieder) eintreten.[425] Bei einseitigen „schwarzen Verhaltensweisen" im Sinn des Art. 6 Abs. 1 Nr. 6 bis 12 der Kfz-GVO 1475/95 war dies in Art. 6 Abs. 3, 2. Halbsatz der Verordnung ausdrücklich angeordnet.[426] Diese Praxis ist mit der Systematik des Art. 4 nicht mehr vereinbar. Im Fall einer Kernbeschränkung entfällt die Freistellung für die gesamte Vereinbarung. Unabhängig davon, inwieweit die Vereinbarung nach Art. 81 Abs. 2 EG ganz oder teilweise nichtig ist,[427] setzt eine (gruppenweise) Freistellung eine **neue geänderte Vereinbarung** voraus, die keine Kernbeschränkung enthält.[428] Dies kann zugleich die (stillschweigend mögliche) Bestätigung des Vertrags im Übrigen enthalten.

---

[419] Vgl. dazu *Kiethe* WRP 2004, 1004, 1006.
[420] Urteil vom 13. 7. 2004, WuW DE-R 1335, 1341.
[421] So auch *Bechtold* EWS 2001, 49, 55 und *Nolte* in: Langen/Bunte, Art. 81 Fallgruppen Rn. 521; weitergehend *Seeliger* in: Wiedemann, Handbuch des Kartellrechts, § 10 Rn. 132.
[422] In diesem Sinne aber die Ausführungen von *Bauer/de Bronett*, Vertikal-GVO Rn. 91.
[423] Vgl. Urteil des EuGH vom 3. 7. 1985 Binon Slg. 1985, 2015, 2046, wonach eine Freistellung der Preisbindung für Zeitschriften in Belgien nach Art. 81 Abs. 3 EG nicht ausgeschlossen ist. Die Preisbindung für Bücher in Belgien und den Niederlanden hat die Kommission dagegen als nicht freistellungsfähigen Verstoß gegen Art. 81 Abs. 1 EG bewertet (vgl. Entscheidung vom 25. 2. 1982 VBBB/VBVB, ABl. 1982 Nr. L 54/36).
[424] *Seeliger* in: Wiedemann, Handbuch des Kartellrechts, § 10 Rn. 130.
[425] Dies war vor allem für den Bereich der Kfz-GVO 1475/95 von praktischer Bedeutung. Die Kommission hat sich dazu in den Entscheidungen nicht ausdrücklich geäußert. Sie hat jedoch z. B. in der Entscheidung VW/Audi vom 28. 1. 1998 (ABl. EG 1998 Nr. L 124/60) den Unternehmen aufgegeben, wie sie die beanstandeten Verstöße für die Zukunft abzustellen haben; dies setzt implizit voraus, dass damit die Gruppenfreistellung wieder in Kraft tritt.
[426] Vgl. auch BGH Urteil vom 30. 3. 2004, WuW DE-R 1263, 1265.
[427] Vgl. dazu Erläuterungen zu Art. 81 Abs. 2 EG.
[428] *V eelken* in: Immenga/Mestmäcker, EG-WbR, Vertikal-VO Rn. 263; für den Bereich des Kfz-Vertriebs ebenso *Bayreuther* WuW 1998, 820, 829; a. A. *Schultze/Pautke/Wagener*, Vertikal-GVO Rn. 391 und *Seeliger* in: Wiedemann, Handbuch des Kartellrechts, § 10 Rn. 130.

5. Verhältnis zu anderen Vorschriften

240 **a) Verhältnis zu anderen EU-Normen.** Soweit die Vertikal-GVO anwendbar ist, tritt die Rechtsfolge des Art. 4 unabhängig von sonstigen Regelungen ein. Die Einzelfreistellung von wettbewerbsbeschränkenden Vereinbarungen, die eine Kernbeschränkung enthalten, richtet sich nach den allgemeinen Grundsätzen des Art. 81 Abs. 3 EG. Dies gilt auch für Vereinbarungen im Sinne der Bagatellbekanntmachung und für die Fälle der Marktschließung.[429]

241 **b) Verhältnis zum deutschen Recht.** Das GWB i.d.F. der 6. GWB-Novelle von 1998 enthielt noch in mehreren Punkten Regelungen, die mit dem europäischen Recht nicht übereinstimmten und im Ergebnis strenger waren als die Anforderungen in Art. 4. Schon damals hatte das europäische Recht Vorrang,[430] so dass abweichende Bestimmungen des deutschen Rechts bei zwischenstaatlichen Auswirkungen nicht mehr anwendbar waren.

242 § 2 Abs. 2 GWB entspricht nunmehr im Ergebnis durch die Verweisung auf die GVO **dem europäischen Recht.** Im Fall einer Kernbeschränkung entfällt somit auch für den Bereich des deutschen Rechts eine gesetzliche Gruppenfreistellung; zugleich ist eine Einzelfreistellung nach § 2 Abs. 1 GWB „unwahrscheinlich".[431] Die fortbestehenden Sonderregelungen für die Preisbindung bei Büchern und Zeitschriften[432] entsprechen gleichfalls dem europäischen Recht.

243 In einzelnen Fällen ist die Tragweite des Vorrangs des europäischen Rechts noch umstritten. Dies gilt insbesondere für die Anwendung des **§ 20 GWB** auf **selektive Vertriebssysteme,** soweit dieser weitergehende Anforderungen und Rechtsfolgen als die Vertikal-GVO enthält. Die Vorrangfrage ist dabei zu unterscheiden von der inhaltlichen Ausgestaltung der Vorschriften. Freigestellt – und damit **vom Vorrang umfasst** – ist das zwischen Hersteller und Händlern **vereinbarte Vertriebssystem.**[433] Soweit vertragliche Vereinbarungen nach europäischem Recht freigestellt sind – gleichgültig ob durch die Vertikal-GVO oder aufgrund einer Einzelfallabwägung nach Art. 81 Abs. 3 EG – ist heute nach Art. 3 der VO 1/2003 eine abweichende nationale Regelung ausgeschlossen. Auf diskriminierende Praktiken des Herstellers im Einzelfall, die nicht durch den (freigestellten) Vertrag gedeckt sind, bleibt jedoch § 20 GWB weiterhin anwendbar.[434] Insbesondere greift der Vorrang des Art. 3 Abs. 2 VO 1/2003 nach Satz 2 der Vorschrift nicht ein, wenn eine **„einseitige Handlung"** des Herstellers vorliegt.[435] Gleiches muss im Ergebnis auch im Verhältnis zu **Außenseitern** des Vertriebssystems gelten. Es ist dann gleichgültig, ob das diskriminierende Verhalten eine einseitige Handlung des Herstellers ist oder auf einer Ab-

---

[429] Vgl. Rn. 147 f. Zur Frage einer möglichen Ausstrahlungswirkung der Vertikal-GVO in solchen Fällen vgl. Erläuterungen in der Einführung Rn. 30 ff.

[430] Diese früher im Einzelnen umstrittene Frage ist durch Art. 3 der VO 1/2003 eindeutig geklärt.

[431] Vgl. Leitlinien Rn. 46.

[432] Einschlägig sind das Buchpreisbindungsgesetz vom 2. September 2002 sowie § 30 GWB n. F.

[433] Vgl. z.B. *Becker/Pfeiffer* ZWeR 2004, 268, 275 ff.; *Bechtold* NJW 2003, 3729, 3732 f.; *Wirtz* WuW 2003, 1039, 1042 f.

[434] Dass § 20 GWB grundsätzlich nicht durch den Vorrang des europäischen Rechts nach Art. 3 der VO 1/2003 verdrängt wird, entspricht herrschender Meinung. Vgl. z.B. *Schütz* in GK, 5. Aufl., VO 1/2003 Art. 3 Rn. 20 f.; *Mestmäcker/Schweitzer,* Europäisches Wettbewerbsrecht, § 5 Rn. 28 ff.; *Glöckner* WRP 2003, 1327, 1335 ff.; *Hossenfelder/Lutz* WuW 2003, 118, 122; *Hossenfelder/Töllner/Ost, Kartellrechtspraxis und Kartellrechtsprechung* 2003/04, Rn. 40; *Schwarze/Weitbrecht,* Grundzüge des europäischen Kartellverfahrensrechts. Die Verordnung (EG) Nr. 1/2003, Art. 3 Rn. 34. *Wirtz* WuW 2003, 1039, 1043 betont zu Recht die „Mehrdimensionalität" von selektiven Vertriebssystemen. Der BGH hat im Urteil vom 13. 7. 2004, WRP 2004, 1372 § 20 GWB angewandt, ohne die Frage des Vorrangs zu behandeln.

[435] Dies ist in Erwägungsgrund 8 und 9, letzter Satz der VO 1/2003 ausdrücklich klargestellt.

B. Vertikalvereinbarungen   **244 Art. 5 Vert-GVO**

sprache des Herstellers mit den anderen Händlern beruht. Alles andere wäre unverständlich.[436] Art. 3 Abs. 2 der VO 1/2003 steht dem nach seinem Wortlaut nicht entgegen. Das nationale Recht darf danach kein „Verbot" der Vereinbarungen (hier also des Vertriebssystems) vorsehen. Sonstige Rechtsfolgen wie z.B. die Unterlassung von Diskriminierungen oder ein **Belieferungszwang,** die die Wirksamkeit der vertraglichen Vereinbarungen voraussetzen, sind dagegen **nicht ausgeschlossen.**[437]

Von der Vorrangfrage zu unterscheiden ist die Frage der inhaltlichen **Auslegung unbestimmter Rechtsbegriffe** im nationalen recht. Dies trifft auch auf § 20 GWB zu. Was vom europäischen Recht freigestellt und damit gebilligt ist, und zwar wiederum gleichgültig ob dies auf der Vertikal-GVO oder einer Einzelfallabwägung nach Art. 81 Abs. 3 EG beruht, kann keine „unbillige" Behinderung oder „sachlich nicht gerechtfertigte" Ungleichbehandlung im Sinne des § 20 GWB sein.[438] Maßgeblich ist insoweit der Grundsatz der **Einheitlichkeit der Rechtsordnung.** Er nötigt dazu, § 20 GWB „europarechtskonform" auszulegen.[439] Vereinbarungen, die durch europäisches Recht freigestellt sind, können deshalb im Verhältnis zu den daran beteiligten Händlern keinen Verstoß gegen § 20 GWB darstellen. 244

Art. 5 [Sonstige Beschränkungen]

Die Freistellung nach Artikel 2 gilt nicht für die folgenden, in vertikalen Vereinbarungen enthaltenen Verpflichtungen:

a) alle unmittelbaren oder mittelbaren Wettbewerbsverbote, welche für eine unbestimmte Dauer oder für eine Dauer von mehr als fünf Jahren vereinbart werden; Wettbewerbsverbote, deren Dauer sich über den Zeitraum von fünf Jahren hinaus stillschweigend verlängert, gelten als für eine unbestimmte Dauer vereinbart; die Begrenzung auf fünf Jahre gilt nicht, wenn die Vertragswaren oder -dienstleistungen vom Käufer in Räumlichkeiten und auf Grundstücken verkauft werden, die Eigentum des Lieferanten oder durch diesen von dritten, nicht mit dem Käufer verbundenen Unternehmen gemietet oder gepachtet worden sind und das Wettbewerbsverbot nicht über den Zeitraum hinausreicht, in welchem der Käufer diese Räumlichkeiten und Grundstücke nutzt,

b) alle unmittelbaren oder mittelbaren Verpflichtungen, die den Käufer veranlassen, Waren oder Dienstleistungen nach Beendigung der Vereinbarung nicht herzustellen bzw. zu erbringen, zu beziehen, zu verkaufen oder weiterzuverkaufen, es sei denn, dass diese Verpflichtungen
   – sich auf Waren oder Dienstleistungen beziehen, die mit den Vertragswaren oder -dienstleistungen im Wettbewerb stehen,

---

[436] Wie hier *Nolte* in: Langen/Bunte, Art. 81 Fallgruppen Rn. 643. Vgl. auch *Lampert/Niejahr/Kübler/Weidenbach,* EG-KartellVO. Praxiskommentar zur Verordnung (EG) Nr. 1/2003, Art. 3 Rn. 112; *Weitbrecht,* EuZW 2003, 69, 72. Nicht so weitgehend für das Recht auf Netzzugang *Schwarze/Weitbrecht,* Grundzüge des europäischen Kartellverfahrensrechts. Die Verordnung (EG) Nr. 1/2003, Art. 3 Rn. 34. Ähnlich, aber den Anwendungsbereich des § 20 GWB weiter einschränkend *Harte-Bavendamm/Kreutzmann* WRP 2003,6582, 687 ff. und 691.

[437] Darauf weisen *Lampert/Niejahr/Kübler/Weidenbach,* EG-KartellVO. Praxiskommentar zur Verordnung (EG) Nr. 1/2003, Art. 3 Rn. 104 hin. Weitgehend *Jäger,* Erl. zu Art. 81 Abs. 2 Rn. 43 f., der – entgegen dem BGH – aus Art. 81 EG unmittelbar auch einen Belieferungsanspruch des zu Unrecht ausgeschlossenen Händlers ableitet.

[438] *Becker/Pfeiffer* ZWeR 2004, 268, 277; *Bechtold* NJW 2003, 3729, 3732 f. Wie hier *Veelken* in: Immenga/Mestmäcker, EG-WbR, Vertikal-VO Rn. 225.

[439] Diesem Ansatz ist auch der BGH, dogmatisch zutreffend, in der Entscheidung „Depotkosmetik im Internet" gefolgt (Urteil vom 4. 11. 2003, WRP 2004, 374, 376). Fraglich ist allerdings, ob die Auslegung des europäischen Rechts im konkreten Fall zutreffend war; vgl. dazu Rn. 195. Kritik üben insoweit auch (aus anderen Überlegungen) *Becker/Pfeiffer* ZWeR 2004, 268, 278 ff.

- sich auf Räumlichkeiten und Grundstücke beschränken, von denen aus der Käufer während der Vertragsdauer seine Geschäfte betrieben hat, sowie
- unerlässlich sind, um ein dem Käufer vom Lieferanten übertragenes Know-how zu schützen,

und ein solches Wettbewerbsverbot auf einen Zeitraum von höchstens einem Jahr nach Beendigung der Vereinbarung begrenzt ist; dies gilt unbeschadet der Möglichkeit, Nutzung und Offenlegung von nicht allgemein bekannt gewordenem Know-how zeitlich unbegrenzten Beschränkungen zu unterwerfen;

c) alle unmittelbaren oder mittelbaren Verpflichtungen, welche die Mitglieder eines selektiven Vertriebssystems veranlassen, Marken bestimmter konkurrierender Lieferanten nicht zu verkaufen.

1. Sinn und Zweck

245 **a) Allgemeines.** Die Regelung in Art. 5 umfasst unterschiedliche Fallgestaltungen von Wettbewerbsbeschränkungen, die – ähnlich wie bei Art. 4 – im Regelfall den Käufer (Händler oder Zulieferer) betreffen. Auch diese Beschränkungen des Wettbewerbs haben erhebliches Gewicht und werden deshalb missbilligt. Anders als im Fall des Art. 4 handelt es sich um Verstöße von **„mittlerer Schwere"**, weshalb die Sanktion bei Art. 5 nicht die Vereinbarung insgesamt, sondern die spezielle Abrede erfasst.[440]

246 Für die in Art. 5 aufgeführten Beschränkungen gibt es keine einheitliche Bezeichnung. Die früher vielfach verwendeten Begriffe **„graue"**[441] oder **„rote Klauseln"**[442] haben sich ebenso wie der Ausdruck „Negativliste"[443] nicht durchgesetzt. Die Kommission[444] spricht von **„Bedingungen"**, was aber verwirrend und hinsichtlich der Rechtsfolge unzutreffend ist.[445]

247 **b) Wettbewerbsverbote.** Die Regelung in Art. 5 ist im Zusammenhang mit der Definition in **Art. 1 Buchst. b** zu sehen. Wettbewerbsverbote im engeren Sinn können entweder ausdrücklich oder implizit – z. B. im Fall des **Markenzwangs**[446] – aus einer Vereinbarung ergeben. Erfasst sind nach Art. 1 Buchst. b auch Mindestabnahmeverpflichtungen, insbesondere **Alleinbezugsvereinbarungen**.[447] Derartige Vereinbarungen schränken die wettbewerblichen Aktivitäten des Käufers ein und schalten ihn als Wettbewerber zumindest teilweise aus. Sie bewirken somit eine Marktverengung, eine Erweiterung der wettbewerblichen Freiräume des Verkäufers und schränken, was besonders bei einer wirtschaftlichen Betrachtungsweise[448] wichtig ist, die Auswahlmöglichkeiten der Kunden unter konkurrierenden Produkten (interbrand-Wettbewerb) ein.[449]

---

[440] *Klotz* in: Schröter/Jakob/Mederer, Artikel 81 – Fallgruppen, Liefer- und Bezugsvereinbarungen Rn. 100 sieht in Art. 5 (zu Unrecht) einen „gewissen Systembruch". Auf die „Ambivalenz" von Wettbewerbsverboten weist auch *Nolte* in: Langen/Bunte, Art. 81 Fallgruppen Rn. 663 hin.

[441] *Bechtold* EWS 2001, 49; *Brinker*, Die neue Gruppenfreistellungsverordnung für vertikale Wettbewerbsbeschränkungen, S. 131, 143.

[442] *Bauer/de Bronett*, Vertikal-GVO Rn. 137. Beide Bezeichnungen verwendet *Scheerer*, Rechtsfragen der Gruppenfreistellungsverordnung für vertikale Wettbewerbsbeschränkungen, S. 99.

[443] *Polley/Seeliger* WRP 2000, 1203, 1214. Das Gleiche gilt für den Begriff „unwirksame Klauseln" bei *Lange*, Handbuch zum deutschen und europäischen Kartellrecht, Kap. 3 § 2 Rn. 29.

[444] Leitlinien Rn. 57 ff. Wie hier („sonstige unzulässige Klauseln") *Klotz* in: Schröter/Jakob/Mederer, Artikel 81 – Fallgruppen, Liefer- und Bezugsvereinbarungen Rn. 109.

[445] „Bedingung" für die Wirksamkeit der Freistellung ist das Nichtvorliegen von Kernbeschränkungen. Besser wenn auch wenig prägnant ist die Bezeichnung „Ausschlussbestimmungen" (Leitlinien Rn. 58 ff.).

[446] Vgl. dazu Leitlinien Rn. 138 ff.

[447] Zu den Unterschieden von Alleinbezug und Markenzwang vgl. *Seeliger* in: Wiedemann, Handbuch des Kartellrechts, § 10 Rn. 187.

[448] Leitlinien Rn. 7 und 102; vgl. Erläuterungen in der Einführung Rn. 5.

[449] Vgl. Leitlinien Rn. 106 ff. sowie zu den einzelnen Typen der Beschränkungen Rn. 138 ff.; vgl. auch *Beutelmann*, Selektive Vertriebssysteme im europäischen Kartellrecht, S. 137 f.

B. Vertikalvereinbarungen 248–252 **Art. 5 Vert-GVO**

Innerhalb laufender Geschäftstätigkeit der Vertragsparteien setzt Art. 5 Buchst. a für 248
die Fälle spürbarer Wettbewerbsbeschränkungen bei vertraglichen Wettbewerbsverboten
und Mindestabnahmeverpflichtungen eine **fixe Grenze von 5 Jahren;** hiervon ist nur
eine Ausnahme für einen besonderen Fall vorgesehen. Dies erleichtert die Handhabung im
Rahmen einer Gruppenfreistellung, lässt aber eine Berücksichtigung der Besonderheiten
der jeweiligen Vereinbarung nur in engen Grenzen zu.[450]

Nach Abschluss der vertraglichen Beziehungen besteht für ein Wettbewerbsverbot 249
grundsätzlich keine Rechtfertigung mehr. Für **nachvertragliche Wettbewerbsverbote**
schließt Art. 5 Buchst. b eine Gruppenfreistellung im Prinzip aus; hiervon sind nur eng
begrenzte Ausnahmen zugelassen.

c) **Konkurrenzklauseln in selektiven Vertriebssystemen.** Derartige Vereinbarungen 250
sind wettbewerblich schädlich. Es handelt sich um **boykottähnliche Maßnahmen,** die
den Marktzugang für bestimmte Produkte erschweren oder verhindern und die Auswahlmöglichkeiten der Kunden unter konkurrierenden Produkten (interbrand-Wettbewerb)
einschränken. Sie sind daher nach Art. 5 Buchst. c generell nicht freigestellt.[451]

2. Praktische Bedeutung

a) **Wettbewerbsverbote** und in diesem Sinn wirkende Mindestabnahme- oder Alleinbe- 251
zugsvereinbarungen waren durch die Vorgängerregelungen der Vertikal-GVO in großem
Umfang zugelassen. In der Praxis sind sie weit verbreitet, bei bestimmten Vertragstypen gehören sie sogar zu den Wesensmerkmalen. Dies trifft besonders auf **Zuliefer- und Franchise-Verträge** zu; hier sind Wettbewerbsverbote in vielen Fällen keine Wettbewerbsbeschränkung im Sinne des Art. 81 Abs. 1 EG[452] und bedürfen deshalb keiner Freistellung.
Häufig ergeben sich Wettbewerbsverbote, auch wenn sie nicht ausdrücklich vereinbart sind,
aus dem Vertragstyp (z. B. **Markenzwang** oder **Alleinbezug**). Anders als bei Kernbeschränkungen nach Art. 4 gilt das Verbot des Art. 5 nicht für **kleine und mittlere Unternehmen** unterhalb der de-minimis-Schwelle der Bagatellbekanntmachung;[453] d. h. die
Befristung der Wettbewerbsverbote auf 5 Jahre bzw. 1 Jahr greift erst bei einem Marktanteil
von 15% ein.[454] Eine wesentliche Einschränkung ergibt sich ferner aus Art. 2 Abs. 4, wonach Wettbewerbsverbote, die zugleich **horizontale Wirkungen** im Verhältnis zu (aktuellen oder potenziellen) Wettbewerbern haben, nicht freigestellt sind.

Die Beschränkung vertraglicher Wettbewerbsverbote auf 5 Jahre ist eine gravierende Än- 252
derung gegenüber der früheren Rechtslage.[455] Langfristige Wettbewerbsverbote sind häufig
der wirtschaftliche Ausgleich für **vertragsspezifische Investitionen des Verkäufers,** die
dem Käufer bei Vertragsdurchführung zu Gute kommen. Die feste zeitliche Grenze in Art. 5
Buchst. a bedeutet in solchen Fällen eine gravierende Einschränkung. In den Beratungen des

---

[450] *Pukall,* Neue EU-Gruppenfreistellungsverordnung für Vertriebsbindungen, NJW 2000, 1375, 1378 weist auf das Bedürfnis längerfristiger Bindungen bei besonders umfangreichen Investitionen hin; ebenso *Mestmäcker/Schweitzer,* Europäisches Wettbewerbsrecht, § 14 Rn. 51. Nach *Scheerer,* Rechtsfragen der Gruppenfreistellungsverordnung für vertikale Wettbewerbsbeschränkungen, S. 101 ist die Frist von 5 Jahren in bestimmten Bereichen dagegen zu lang. Auch nach Ziff. 4 der Erklärung des Rates zu den Ratsverordnungen 1215/99 und 1216/99 (s. Erläuterungen in der Einführung Fußn. 6) sollten „als Grundlage für Konsultationen" zwar eine Regelfrist von 5 Jahren, zugleich aber Ausnahmen in geeigneten Fällen in der Verordnung oder den Leitlinien vorgesehen werden.
[451] Vgl. *Bornkamm,* Anwendung europäischen Kartellrechts durch die Gericht und Mitgliedstaaten, S. 47, 53 ff. zur Rechtslage vor Inkrafttreten der Vertikal-GVO.
[452] Vgl. Erläuterungen zu Art. 81 Abs. 1 EG. Zu Einzelfragen insbesondere der Franchiseverträge wird auf die umfangreiche Spezialliteratur verwiesen.
[453] Bekanntmachung vom 22. 12. 2001, ABl. EG 2001 Nr. C 368/13.
[454] Vgl. Europäische Kommission, Wettbewerbspolitik in Europa. Wettbewerbsregeln für Liefer- und Vertriebsvereinbarungen, 2002, S. 13/14.
[455] Vgl. *Seeliger* in: Wiedemann, Handbuch des Kartellrechts, § 10 Rn. 195.

Art. 5 Vert-GVO 253–256   7. Teil. Gruppenfreistellungsverordnungen

Verordnungsentwurfs zwischen Kommission und Mitgliedstaaten war diese Frage besonders heftig umstritten.[456] Die Kommission hat die Regelung damit gerechtfertigt, dass in den Fällen langfristiger Investitionen des Käufers eine Einzelfreistellung über Art. 5 hinaus in Betracht kommt. Eine feste, eng bemessene Grenze sei aus Gründen der Rechtssicherheit und als Signal wegen der grundsätzlichen wettbewerblichen Schädlichkeit von Wettbewerbsverboten vorzuziehen. **Einzelfreistellungen** sind aber für die Vertragsparteien mit nicht unerheblichen Risiken verbunden.[457] In der Praxis werden deshalb aus Gründen der Rechtssicherheit wettbewerbliche Bindungen inzwischen weitgehend auf 5 Jahre begrenzt.[458] Vielfach besteht die Gefahr, dass die Verkäufer in solchen Fällen entweder ihre Investitionen verringern oder die Amortisation auf den Zeitraum von 5 Jahren verkürzen. Ein solches Ergebnis, das den Interessen der Käufer zuwiderläuft, wäre wettbewerblich unerwünscht.

253   b) Für **nachvertragliche Wettbewerbsverbote** entspricht das grundsätzliche Verbot in Art. 5 Buchst. b weitgehend der früheren Praxis. Die Ausnahmeregelung ist **eher großzügig bemessen**.[459]

254   c) Die Regelung für **selektive Vertriebssysteme** in Art. 5 Buchst. c betrifft einen **Sonderfall des Boykotts**. Die Sanktion in Art. 5 wirft deshalb für die Praxis keine besonderen Probleme auf.[460] Es ist eher erstaunlich, dass dieser Verstoß nicht unter die Kernbeschränkungen in Art. 4 aufgenommen worden ist.

3. Tatbestand

255   a) **Vertragliche Wettbewerbsverbote und Mindestabnahmeverpflichtungen (Art. 5 Buchst. a). aa) „Käufer".** Auch wenn dies im Wortlaut des Art. 5 Buchst. a nicht zum Ausdruck kommt, umfasst die Regelung **nur Verpflichtungen des Käufers**. Dies ergibt sich aus der Definition in Art. 1 Buchst. b.[461] Der Begriff „Käufer" ist dabei entsprechend dem Gebrauch der Vertikal-GVO nicht im zivilrechtlichen Sinn zu verstehen. Er umfasst den Abnehmer von Waren und Dienstleistungen.

256   Beschränkungen zu Lasten des **Verkäufers** (z. B. in Fällen der Alleinbelieferung, des Alleinvertriebs oder des Ausschlusses des Eigenvertriebs) unterliegen nicht der zeitlichen Begrenzung nach Art. 5.[462] Dies gilt unabhängig davon, ob der Verkäufer (Hersteller) zugleich auch selbst als Händler tätig ist.[463]

---

[456] Vgl. *Pukall* NJW 2000, 1375, 1378.

[457] So hatte die Kommission im Fall Interbrew (COMP 37.904) umfangreiche Änderungen der Darlehensverträge gefordert, um die wettbewerblichen Bedenken auszuräumen (Presseerklärung vom 15. 4. 2003, IP/03/545; vgl. dazu die Darstellung bei *Hossenfelder/Töllner/Ost*, Kartellrechtspraxis und Kartellrechtsprechung 2003/04, Rn. 1212).

[458] Dies berichtet auch *Petsche* in: Liebscher/Flohr/Petsche, Handbuch der EU-Gruppenfreistellungsverordnungen § 7 Rn. 163 aus der Beratungspraxis. *Veelken* in: Immenga/Mestmäcker, EG-WbR, Vertikal-VO Rn. 285 hält die Kritik nicht für begründet, weil die vertragliche Vereinbarung selbst nicht befristet sein müsse (s. unten Rn. 270). Der Verkäufer wird aber häufig eine langfristige Leistung ohne zeitlich entsprechende Gegenleistung des Käufers nicht akzeptieren.

[459] Sie ist großzügiger als die bisherige Regelung (vgl. *Veelken* in: Immenga/Mestmäcker, EG-WbR Erg. Bd., S. 96 f.). Kritisch dagegen *Bauer/de Bronett*, Vertikal-GVO Rn. 45 und 168; auch *Beutelmann*, Selektive Vertriebssysteme im europäischen Kartellrecht, S. 144 hält die Frist für „zu eng".

[460] Die Kommission verweist in den Leitlinien Rn. 61 auf einen einzelnen Fall im Parfümeriebereich; vgl. dazu auch *Bauer/de Bronett*, Vertikal-GVO Rn. 173.

[461] Allg. M.; *Veelken* in: Immenga/Mestmäcker, EG-WbR, Vertikal-VO Rn. 269. *Bauer/de Bronett*, Vertikal-GVO Rn. 171 lassen offen, ob dies eine bewusste Lücke oder eine unbewusste Ausgestaltung ist.

[462] *Schultze/Pautke/Wagener*, Vertikal-GVO Rn. 60; *Nolte* in: Langen/Bunte, Art. 81 Fallgruppen Rn. 668; kritisch dagegen *Bauer/de Bronett*, Vertikal-GVO Rn. 170 ff.

[463] Wettbewerbsverbote zu Lasten des Verkäufers sind häufig horizontale Beschränkungen, auf die Art. 2 Abs. 4 Anwendung findet. Vgl. Rn. 259

B. Vertikalvereinbarungen   257–262   Art. 5 Vert-GVO

bb) Gegenstand der Wettbewerbsbeschränkung. (1) Voraussetzungen der Freistellung. Hinsichtlich des **Anwendungsbereichs** gelten die Voraussetzungen des Art. 81 Abs. 1 EG. Wettbewerbsverbote sind häufig ein wesensnotwendiger Bestandteil von vertraglichen Vereinbarungen, die einen anderen wettbewerbsrechtlich zulässigen Zweck verfolgen. In solchen Fällen stellen bei langfristigen Verträgen selbst mehrjährige Wettbewerbsverbote häufig keine **spürbare Wettbewerbsbeschränkung** i. S. d. Art. 81 Abs. 1 EG dar.[464] Nach der Kommissionspraxis fallen Wettbewerbsverbote von weniger als 1 Jahr im Allgemeinen nicht unter Art. 81 Abs. 1 EG.[465] Sofern eine spürbare Wettbeschränkung nicht vorliegt, gelten die Einschränkungen des Art. 5 nicht.[466] Auch Wettbewerbsverbote, die über 5 Jahre hinausgehen, können in diesem Fall wirksam sein.   257

Art. 5 Buchst. a setzt ferner voraus, dass die GVO insgesamt anwendbar ist. Daran fehlt es z. B. bei Vereinbarungen im Verhältnis von **Wettbewerbern untereinander** (vgl. Art. 2 Abs. 4, erster Halbsatz). Insbesondere im Fall von **Zulieferprodukten** können von Wettbewerbsverboten horizontale Wirkungen ausgehen.[467]   258

(2) Wettbewerbsverbote für konkurrierende Erzeugnisse. Wettbewerbsverbote im engeren Sinn sind in der 1. Alternative des Art. 1 Buchst. b definiert. Es muss sich um Vereinbarungen handeln, die sich **nicht auf die Vertragswaren oder -dienstleistungen** beziehen, sondern auf Produkte, die mit diesen im Wettbewerb stehen. Art. 5 erfasst somit nicht den intrabrand-, sondern nur den **interbrand-Wettbewerb**.   259

Die Abgrenzung der Vertragswaren oder -dienstleistungen ergibt sich aus dem Gegenstand der Vertikal-Vereinbarung i. S. d. Art. 2 Abs. 1.[468] Verwendungsbeschränkungen für Vertragsprodukte können der 2. Alternative des Art. 1 Buchst. b, vor allem aber Art. 4 unterfallen. Welche Produkte hiermit im Wettbewerb stehen, richtet sich nach der **Abgrenzung des sachlichen Marktes.** Insoweit sind die allgemeinen Kriterien maßgeblich.[469] Der räumliche Markt muss dagegen nicht identisch sein.[470]   260

Die **Art der Beschränkung** umfasst Behinderungen des Käufers bei der **Herstellung, dem Bezug, Verkauf oder Weiterverkauf** von Konkurrenzprodukten. Herstellverbote für Konkurrenzprodukte sind vor allem in Zulieferverträgen häufig anzutreffen.[471] Bezugsbeschränkungen für Konkurrenzprodukte sind in der Wirkung ähnlich wie Alleinbezugsverpflichtungen für Vertragsprodukte, schränken die Vertragsfreiheit aber weniger ein als diese.[472] Verkaufs- (und Weiterverkaufs-)Beschränkungen für Konkurrenzprodukte sind typisch z. B. für Franchise-Verträge.   261

Sowohl nach Art. 5 Buchst. a als auch nach Art. 1 Buchst. b sind „**unmittelbare und mittelbare Verbote**"[473] erfasst. Dies spricht für eine weite Auslegung unter Einschluss von **faktischen Bindungen** oder wirtschaftlichen **Anreizwirkungen**.[474] Im Widerspruch dazu steht aber der Begriff „**verpflichtet**" in Art. 1 Buchst. b, der eine rechtliche Bindung   262

---

[464] S. Erläuterungen zu Art. 81 Abs. 1 EG; vgl. auch *Bauer/de Bronett*, Vertikal-GVO Rn. 138 f. und (zu Franchiseverträgen) Rn. 45 sowie *Bechtold/Bosch/Brinker/Hirsbrunner*, EG-Kartellrecht, Art. 5 VO 2790/1999 Rn. 5.
[465] Vgl. dazu *Schultze/Pautke/Wagener*, Vertikal-GVO Rn. 654.
[466] Für Art. 5 ist dies wohl allg. M., anders als im Fall des Art. 4 (vgl. dort Rn. 147 f.). Die Kommission erwähnt in den Leitlinien Rn. 157 den Schutz von Know how bei langfristigen (Franchise-)Verträgen; ebenso *Bauer/de Bronett*, Vertikal-GVO Rn. 45.
[467] *Veelken* in: Immenga/Mestmäcker, EG-WbR, Vertikal-VO Rn. 269 und 281; *Bechtold/Bosch/Brinker/Hirsbrunner*, EG-Kartellrecht, Art. 5 VO 2790/1999 Rn. 3.
[468] Vgl. auch den Wortlaut des Einleitungssatzes von Art. 4 und des Art. 2 Abs. 4.
[469] Vgl. Erläuterungen zu Art. 3 Rn. 114 ff.
[470] *Veelken* in: Immenga/Mestmäcker, EG-WbR, Vertikal-VO Rn. 274.
[471] Häufig handelt es sich hierbei um horizontale Beschränkungen; s. dazu Rn. 258.
[472] Zu Alleinbezugsvereinbarungen vgl. im folgenden Rn. 264.
[473] Diese Formulierung gibt zu erheblichen Zweifeln Anlass; s. dazu die folgende Darstellung.
[474] *Bauer/de Bronett*, Vertikal-GVO Rn. 145.

erfordert. Anders als im Fall des Art. 4[475] ist daher unklar, ob auch die Ausübung von Druck oder die Gewährung von Anreizen eine (mittelbare) Beschränkung i. S. d. Art. 5 Buchst. a darstellen.[476] Die Kommission geht zwar in den Leitlinien davon aus, dass Wettbewerbsverbote auch in einer faktischen Bindung bestehen können.[477] Für Art. 5 Buchst. a und Art. 1 Buchst. b ist dies aber im Hinblick auf den Wortlaut der Vorschrift nicht statthaft. Ein vom Lieferanten gesetzter Druck oder Anreiz kann einer (mittelbaren) „Verpflichtung" des Käufers nicht gleichgesetzt werden. Unerheblich ist, ob die faktische Bindung in der Wirkung einem rechtlichen Zwang gleichkommt. Ein Verbot i. S. d. Art. 5 Buchst. a liegt nur bei einer rechtlichen „Verpflichtung" vor.[478]

263 Das Wettbewerbsverbot muss darin bestehen, dass der Käufer „keine" konkurrierenden Waren oder Dienstleistungen herstellt, erwirbt oder weiterverkauft. Bloße Erschwerungen dieser Tätigkeiten reichen nach dem Wortlaut des Art. 1 Buchst. b („keine Waren oder Dienstleistungen") nicht aus.[479] Dies hat vor allem für sogenannte **englische Klauseln** Bedeutung, wonach der Bezug von Konkurrenzprodukten nur erlaubt ist, wenn der Lieferant nicht bereit ist, gleich günstige Konditionen für die Vertragsprodukte zu bieten. Die Kommission stellt diese Klauseln in den Leitlinien[480] einem Wettbewerbsverbot gleich, hält jedoch auch eine „schwächere Abschottungswirkung" für denkbar, wenn sie wie Mengenvorgaben funktionieren. Da diese Vereinbarungen nur eine Erschwerung, aber keinen vollständigen Ausschluss für die Konkurrenzprodukte beinhalten, unterfallen sie nicht dem Art. 5 Buchst. a.[481]

264 **(3) Mindestabnahmeverpflichtungen.** Diese Vereinbarungen sind nach der 2. Alternative des Art. 1 Buchst. b den Wettbewerbsverboten gleichgestellt. Der Art nach handelt es sich um Vereinbarungen, die den Käufer rechtlich binden, entweder seinen gesamten Bedarf **(Gesamtbedarfsdeckungsklauseln)** oder einen wesentlichen Teil der Bezüge bei einem bestimmten Lieferanten zu decken. Auf welche Weise die Bindung herbeigeführt wird, ist dabei unerheblich. Eindeutig unter Art. 1 Buchst. b und Art. 5 Buchst. a fallen Bindungen für den gesamten Bedarf **(Alleinbezugsbindungen)**. Darüber hinaus sind auch Vereinbarungen erfasst, die den Bezug bestimmter Quoten oder fester Mengen vorschreiben, wenn dadurch die in Art. 1 Buchst. b festgelegte 80%-Schwelle der gesamten Einkäufe überschritten wird.[482] Dies kann entweder durch Vorgabe von Prozentsätzen[483] oder üblicher-

---

[475] Dort ist nach dem Wortlaut erforderlich, dass Beschränkungen unmittelbar oder mittelbar „bezweckt" sind. Vgl. auch Rn. 159 f., 169 ff. und 188.
[476] *Schultze/Pautke/Wagener*, Vertikal-GVO Rn. 63 bezeichnen die Frage als „offen".
[477] Vgl. z. B. Rn. 106, 138 und 152.
[478] Wie hier in vorsichtiger Form *Beutelmann*, Selektive Vertriebssysteme im europäischen Kartellrecht, S. 144. Für eine Abwägung im Einzelfall *Bauer/de Bronett*, Vertikal-GVO Rn. 145 ff. unter Hinweis darauf, dass die Leitlinien „nicht völlig eindeutig" seien. *Schultze/Pautke/Wagener*, Vertikal-GVO Rn. 63 enthalten sich einer Stellungnahme. Wie die Kommission dagegen *Nolte* in: Langen/Bunte, Art. 81 Fallgruppen Rn. 673, allerdings mit der Einschränkung, dass es sich häufig um einseitige Maßnahmen handelt, die nicht Art. 5 unterfallen.
[479] *Veelken* in: Immenga/Mestmäcker, EG-WbR, Vertikal-VO Rn. 279; *Beutelmann*, Selektive Vertriebssysteme im europäischen Kartellrecht, S. 139.
[480] Vgl. Rn. 152.
[481] *Schultze/Pautke/Wagener*, Vertikal-GVO Rn. 77 f. (anders aber Rn. 58). Kritik an den Leitlinien übt z. B. *Bauer/de Bronett*, Vertikal-GVO Rn. 154 ff. Im Fall langfristiger Gasbezugsverträge, die flächendeckend eine Marktabschottung bewirken (und deshalb nicht freigestellt sind), sah das Bundeskartellamt englische Klauseln als wettbewerbsschädlich an. Vgl. Vorauf. Fußn. 427.
[482] Bindungen unterhalb von 80% sind deshalb nach den allgemeinen Grundsätzen freigestellt; vgl. *Bechtold/Bosch/Brinker/Hirsbrunner*, EG-Kartellrecht, Art. 5 VO 2790/1999 Rn. 4.
[483] Derartige Klauseln finden sich insbesondere bei langfristigen Energielieferverträgen. Vgl. dazu die Musterscheidung des Bundeskartellamts im Fall E.ON/Ruhrgas vom 13. 1. 2006, bestätigt durch das OLG Düsseldorf (WuW/E DE-V 1147 ff. und DE-R 1757 ff.), sowie die zahlreichen Nachfolgeverfahren (z. B. EWE AG, Beschluss des BKartA vom 18. 2. 2008).

weise in Form von absolut festgelegten Bezugsmengen erfolgen.[484] Dagegen folgt aus Vereinbarungen, die den **Direktbezug** vorschreiben, für sich allein kein Wettbewerbsverbot.[485]

Nach dem Wortlaut muss die Beschränkung in rechtlichen **„Verpflichtungen"** des Käufers bestehen. Ebenso wie bei Wettbewerbsverboten im engeren Sinne reichen daher **faktische Bindungen** des Käufers (Ausübung von Druck oder Gewährung von Anreizen) nicht aus.[486] 265

Unerheblich ist, ob der Käufer rechtlich gebunden ist, von dem **Lieferanten selbst oder einem Dritten** zu beziehen. Notwendig ist allerdings, dass das andere Unternehmen von dem Lieferanten bezeichnet worden ist. 266

Gegenstand der Bindung sind die Bezüge der **Vertragswaren oder -dienstleistungen sowie ihrer Substitute** auf dem relevanten Markt. „Substitute" sind die Produkte, die dem gleichen sachlichen Markt angehören. Dies richtet sich nach den allgemeinen Kriterien. Der räumliche Markt ist dagegen nicht von Bedeutung.[487] 267

Die 80%-Schwelle bezieht sich nach dem Wortlaut auf die **Vertragsprodukte und ihre Substitute insgesamt.** Dies folgt zwingend aus dem Wortlaut des Art. 1 Buchst. b („sowie"). Klauseln, die nur den Bezug von Vertragswaren binden, gleichartige Konkurrenzprodukte aber freistellen, unterfallen damit nicht Art. 5 Buchst. a.[488] Anders ist es nur, wenn die Vertragsprodukte mehr als 80% der Gesamtbezüge ausmachen. Dabei ist allerdings sorgfältig zu prüfen, ob und in welchem Umfang dem Käufer tatsächlich der Bezug von Konkurrenzprodukten freigestellt ist.[489] 268

Hinsichtlich der 80%-Schwelle ist der Referenzwert der **Einkaufswert** (nicht die Menge) der Gesamtbezüge des **vorhergehenden Kalenderjahrs** (nicht Geschäftsjahrs). Dieser Wert kann, wenn keine genauen Daten vorliegen, geschätzt werden.[490] Unklar ist, worauf der Begriff „vorhergehend" bei mehrjährigen Verträgen zu beziehen ist. Dies hat Bedeutung in Fällen schwankender Abnahmemengen oder vor allem bei sich änderndem Gesamtbedarf. In der Literatur wird überwiegend[491] die Auffassung vertreten, die 80%-Schwelle sei nach dem jeweils vorhergehenden Kalenderjahr zu ermitteln. Dies würde im Ergebnis dazu führen, dass jedes Jahr jeweils erst nachträglich festgestellt werden könnte, ob die 80%-Schwelle eingehalten ist oder nicht. Die Vertikal-GVO kann aber nur dann das angestrebte Ziel eines „sicheren Hafens" bieten, wenn bei Abschluss der Vereinbarung feststeht, in welchem Umfang die Wettbewerbsbeschränkung freigestellt ist. Aus Gründen der Praktikabilität kann deshalb bei langfristigen Vereinbarungen fester Bezugsmengen nur **das der Vereinbarung vorhergehende Kalenderjahr** gemeint sein.[492] Dagegen sind Klauseln, die in allgemeiner Form jeweils (bis zu) „80% der Vorjahresbezüge" binden, nicht als Wettbewerbsverbot anzusehen und damit ohne zeitliche Befristung freigestellt. 269

cc) **Dauer des Verbots. (1) 5-Jahres-Frist oder unbestimmte Dauer.** Wettbewerbsverbote und Mindestabnahmeverpflichtungen werden nicht generell als wettbewerbsschädlich angesehen, sondern nur im Fall einer übermäßig langen Bindung des Käufers. Art. 5 Buchst. a schließt daher eine Freistellung aus, wenn der Käufer mehr als 5 Jahre ge- 270

---

[484] *Bauer/de Bronett*, Vertikal-GVO Rn. 141.
[485] Vgl. *Schultze/Pautke/Wagener*, Vertikal-GVO Rn. 50 f.; *Bauer/de Bronett*, Vertikal-GVO Rn. 150; *Nolte* in: Langen/Bunte, Art. 81 Fallgruppen Rn. 670.
[486] S. oben Rn. 262.
[487] S. oben Rn. 260.
[488] *Schultze/Pautke/Wagener*, Vertikal-GVO Rn. 54.
[489] So zutreffend *Schultze/Pautke/Wagener*, Vertikal-GVO Rn. 57.
[490] Leitlinien Rn. 58.
[491] *Veelken* in: Immenga/Mestmäcker, EG-WbR, Vertikal-VO Rn. 280; *Seeliger* in: Wiedemann, Handbuch des Kartellrechts, § 10 Rn. 204; *Bauer/de Bronett*, Vertikal-GVO Rn. 143; *Schultze/Pautke/Wagener*, Vertikal-GVO Rn. 67.
[492] So generell *Roninger* Art. 1 Rn. 6.

Art. 5 Vert-GVO 271–275   7. Teil. Gruppenfreistellungsverordnungen

bunden ist. Dabei kommt es nicht auf die Dauer der Vereinbarung insgesamt an; entscheidend ist allein die Befristung des Wettbewerbsverbots (sog. **„Entkopplung"**).[493]

271   **Unbefristete Bindungen** sind nach dem 1. Halbsatz des Art. 5 Buchst. a nicht freigestellt. Gleiches gilt für Wettbewerbsverbote, die länger als 5 Jahre befristet sind. Unerheblich ist, ob und unter welchen Bedingungen der Käufer die Vereinbarung vor Ablauf der 5-Jahresfrist kündigen kann.[494]

272   Für die Berechnung der **5-Jahres-Frist** ist entscheidend, dass die Bindung des Käufers diesen Zeitraum nicht überschreiten darf. Dabei zählt der Zeitraum von der ersten bis zur letzten Bindung; eventuelle „Freijahre" innerhalb dieses Zeitraums, in denen kein Wettbewerbsverbot vorliegt, werden mitgezählt.[495] Unschädlich sind alle Verträge, bei denen nach dem 5. Jahr kein Wettbewerbsverbot bzw. keine Mindestabnahmeverpflichtung über 80% hinaus vorgesehen sind, wie z. B. in der Praxis übliche Vereinbarungen, durch die der Käufer für die ersten 5 Jahre zu 100% und für die Folgejahre zu 80 gebunden ist.[496]

Zur **Übergangsproblematik bei Altverträgen** siehe Erläuterungen zu Art. 12.

273   **(2) Stillschweigende Verlängerung.** Erfasst sind darüber hinaus nach dem 2. Halbsatz des Art. 5 Buchst. a alle Bindungen, die durch **Verlängerungsklauseln** einer unbefristeten Vereinbarung gleichstehen.[497] Darunter fällt auch die Verlängerung durch einseitige Erklärung des Verkäufers, da hier der Käufer ohne sein Zutun einer 5 Jahre überschreitenden Bindung ausgesetzt ist oder sein kann.

274   Dagegen greift die Vorschrift nicht ein, wenn eine Mitwirkung des Käufers erforderlich ist, damit die Bindung über 5 Jahr hinausgeht. Freigestellt sind deshalb **Verlängerungsvereinbarungen** oder **Kettenverträge,** wenn der neue Vertrag die 5-Jahres-Grenze nicht überschreitet. Dabei kommt es auf die Motive, aus welchen Gründen und zu welchem Zeitpunkt der neue Vertrag geschlossen wird, nicht an; entscheidend ist, dass die Bindung des Käufers zu keinem Zeitpunkt die Dauer von 5 Jahren übersteigt.[498] Unschädlich ist deshalb eine einseitige Verlängerungsoption des Käufers über 5 Jahre hinaus.[499] Auch eine vertragliche Verpflichtung des Käufers, vor Ablauf der 5 Jahre über eine Verlängerung zu verhandeln, ist unschädlich, falls er einer Verlängerung nicht zustimmen muss.

275   Nach überwiegender Auffassung sind Vertragsverlängerungen über 5 Jahre hinaus nur dann unschädlich, wenn der Käufer in seiner Entscheidungsfreiheit nicht eingeschränkt ist. Es darf also keinen **faktischen Druck oder Anreiz** für den Käufer zur Vertragsverlängerung geben.[500] Die Kommission hat dazu in den Leitlinien nähere Hinweise gegeben.[501] So dürfen z. B. bei **langfristigen Darlehen des Verkäufers** die Rückzahlungsmodalitäten für den Käufer nicht unverhältnismäßig belastend sein. Bei der Überlassung von **besonderen Ausrüstungsgegenständen** (z. B. Einrichtung einer Gaststätte) muss der Käufer das

---

[493] Vgl. *Veelken* in: Immenga/Mestmäcker, EG-WbR, Vertikal-VO Rn. 285; *Petsche* in: Liebscher/Flohr/Petsche, Handbuch der EU-Gruppenfreistellungsverordnungen, § 14 Rn. 163.

[494] Die gegenteilige Auffassung in der Voraufl. wird aufgegeben. Die Leitlinien sind insoweit irreführend. Mit dem Begriff „Kündigung" (Rn. 58) ist dort offensichtlich die Weigerung des Käufers gemeint, einer Vertragsverlängerung zuzustimmen (s. dazu Rn. 275).

[495] Vgl. *Roninger* Art. 1 Rn. 7; a. A. *Schultze/Pautke/Wagener,* Vertikal-GVO Rn. 72, wonach mit jedem Freijahr eine neue Frist zu laufen beginnt.

[496] Vgl. *Bechtold/Bosch/Brinker/Hirsbrunner,* EG-Kartellrecht, Art. 5 VO 2790/1999 Rn. 6.

[497] Sog. „Evergreen-Klauseln"; vgl. *Bauer/de Bronett,* Vertikal-GVO Rn. 158 und *Petsche* in: Liebscher/Flohr/Petsche, Handbuch der EU-Gruppenfreistellungsverordnungen, § 14 Rn. 161.

[498] Insoweit a. A. *Schultze/Pautke/Wagener,* Vertikal-GVO Rn. 664.

[499] Vgl. *Bechtold/Bosch/Brinker/Hirsbrunner,* EG-Kartellrecht, Art. 5 VO 2790/1999 Rn. 8; *Nolte* in: Langen/Bunte, Art. 81 Fallgruppen Rn. 678 gegen *Seeliger* in: Wiedemann, Handbuch des Kartellrechts, § 10 Rn. 208.

[500] Vgl. *Schultze/Pautke/Wagener,* Vertikal-GVO Rn. 666; *Veelken* in: Immenga/Mestmäcker, EG-WbR, Vertikal-VO Rn. 285 und *Bauer/de Bronett,* Vertikal-GVO Rn. 158 f.

[501] Rn. 58 mit Beispielsfällen.

Recht haben, diese bei Kündigung vom Verkäufer zum Marktpreis zu übernehmen, sofern sie nicht vertragsspezifisch[502] sind, d. h. sie nicht für andere Zwecke verwendet werden können.

(3) Ausnahme: Verkauf aus Immobilien des Verkäufers. Die 5-Jahres-Grenze 276 kommt dann nicht zur Anwendung, wenn der Verkäufer dem Käufer seine eigenen **Räumlichkeiten oder sein Grundstück zur Verfügung gestellt** hat. In diesem Fall ist nach dem 3. Halbsatz des Art. 5 Buchst. a eine Konkurrenztätigkeit des Käufers für den Verkäufer nicht zumutbar.[503] Die Höhe der vom Käufer zu entrichtenden Vergütung ist dabei ohne Bedeutung. Bei unbefristeten Verträgen greift die Ausnahme nicht ein.[504]

Gleichgestellt sind Fälle, in denen der Verkäufer fremde Immobilien gemietet oder ge- 277 pachtet und sie dem Käufer zur Verfügung gestellt hat. „**Miete**" oder „**Pacht**" sind dabei nicht im Sinn des (einzelstaatlichen) Zivilrechts zu verstehen,[505] sondern aus dem Zusammenhang der Vertikal-GVO heraus auszulegen.

Die Ausnahme setzt voraus, dass das Wettbewerbsverbot nicht den Zeitraum überschrei- 278 tet, in dem der Käufer die vom Verkäufer überlassene Immobilie nutzt. Nach dem Zusammenhang der Regelung muss dabei im Vertrag selbst der „**Gleichlauf" von Wettbewerbsverbot und Immobiliennutzung** angeordnet sein.[506] Die verlängerte Frist kann auf keinen Fall über die Nutzung der Immobilie hinausgehen; eine weitergehende Verlängerung erfordert einen Neuabschluss des Wettbewerbsverbots.[507]

Die Regelung in Art. 5 Buchst. a ist abgestellt auf die Bedürfnisse der Praxis insbesonde- 279 re in Großbritannien. Sie wird aber ähnlichen Problemgestaltungen bei vertragsspezifischen Investitionen des Verkäufers z.B. im Rahmen von **Bierlieferungs-, Tankstellen- und Franchise-Verträgen** nicht gerecht.[508] Die Hilfestellung des Verkäufers besteht in solchen Fällen vor allem in der langfristigen Überlassung von Einrichtungsgegenständen. Entsprechend langfristige Wettbewerbsverbote, die von der Kommission in den früheren Spezialregelungen[509] berücksichtigt waren, sind nach dem klaren Wortlaut des Art. 5 bei einer Bindung des Käufers über 5 Jahre hinaus nicht mehr freigestellt. Denkbar ist aber eine **Einzelfreistellung**.[510] Je größer der Umfang der vertragsspezifischen Investitionen[511]

---

[502] Erläuterungen dazu in Leitlinien Rn. 116 Nr. 4; vgl. auch *Bauer/de Bronett*, Vertikal-GVO Rn. 159.

[503] Leitlinien Rn. 59.

[504] So auch *Veelken* in: Immenga/Mestmäcker, EG-WbR, Vertikal-VO Rn. 287; anders aber a. a. O. Rn. 290.

[505] Vgl. *Bechtold/Bosch/Brinker/Hirsbrunner*, EG-Kartellrecht, Art. 5 VO 2790/1999 Rn. 9.

[506] *Veelken* in: Immenga/Mestmäcker, EG-WbR, Vertikal-VO Rn. 290.

[507] A. A. *Bechtold/Bosch/Brinker/Hirsbrunner*, EG-Kartellrecht, Art. 5 VO 2790/1999 Rn. 10.

[508] Vgl. dazu *Pukall* NJW 2000, 1375, 1378; *Nolte* in: Langen/Bunte, Art. 81 Fallgruppen, Rn. 683.

[509] Bei Gaststätten- und Tankstellenverträgen erstreckte sich die Freistellung von Wettbewerbsverboten, sofern die Gaststätte bzw. Tankstelle dem Käufer vom Lieferanten aufgrund eines Pachtvertrags oder im Rahmen eines sonstigen Benutzungsverhältnisses überlassen war, über die 5- bzw. 10-Jahres-Frist hinaus auf die Dauer der tatsächlichen Nutzung (vgl. VO 1984/83 für Alleinbezugsvereinbarungen Art. 8 Abs. 2 Buchst. a zu Bierlieferungsvereinbarungen und Art. 12 Abs. 2 zu Tankstellenverträgen). Bei Alleinvertriebs- und Franchise-Vereinbarungen war ohnehin eine unbefristete Bindung zugelassen (vgl. *Veelken* in: Immenga/Mestmäcker, EG-WbR, Vertikal-VO Rn. 284 und *Bechtold/Bosch/Brinker/Hirsbrunner*, EG-Kartellrecht, Art. 5 VO 2790/1999 Rn. 6).

[510] Leitlinien Rn. 116 Nr. 4; diese Erläuterungen sind auf deutschen Wunsch von der Kommission noch näher spezifiziert worden (vgl. *Pukall* NJW 2000, 1375, 1378). Vgl. dazu auch *Schultze/Pautke/Wagener*, Vertikal-GVO Rn. 675.

[511] Andere als vertragsspezifische Investitionen sind nach den Leitlinien (Rn. 156) nicht zu berücksichtigen. Ein Darlehen des Verkäufers allein reicht nicht, selbst bei günstigeren als banküblichen Konditionen.

ist, desto eher ist dabei mit einer Freistellung von längerfristigen Bindungen zu rechnen.[512] Sogar in Fällen der Marktbeherrschung können ausnahmsweise langfristige Bindungen zulässig sein, wenn dies z. B. zum Schutz von Know how gerechtfertigt ist.[513]

280 **b) Nachvertragliche Wettbewerbsverbote (Art. 5 Buchst. b).** Nach Beendigung der vertraglichen Beziehungen besteht grundsätzlich kein Anlass mehr zu vertraglichen Beschränkungen des Wettbewerbs. Art. 5 Buchst. b enthält daher ein **grundsätzliches Verbot** aller nachvertraglichen Wettbewerbsverbote. Es betrifft nicht nur konkurrierende Produkte im Sinne von Art. 5 Buchst. a, sondern gilt generell.[514] Zugelassen sind nur eng begrenzte und praktisch wenig bedeutsame Ausnahmen zum Schutz von Know-how, das der Verkäufer dem Käufer überlassen hat. Diese Ausnahmen, die vor allem für **Franchise-Verträge** typisch sind, entsprechen weitgehend den früheren Regelungen, weichen davon aber zum Teil auch ab.[515]

281 Insgesamt gilt Art. 5 Buchst. b nur, soweit das nachvertragliche Wettbewerbsverbot überhaupt eine **spürbare Wettbewerbsbeschränkung** i. S. d. Art. 81 Abs. 1 EG darstellt.[516] Daran wird es bei Franchiseverträgen vielfach fehlen. Nicht freigestellt sind nach Art. 2 Abs. 4 dagegen vertragliche Wettbewerbsverbote zwischen (aktuellen oder potenziellen) Wettbewerbern.[517]

282 Erfasst sind Vereinbarungen, die sich auf Waren oder Dienstleistungen jeglicher Art beziehen, sofern die Beschränkungen den **Käufer** betreffen.[518] Das Verbot betrifft nicht nur Wettbewerbsverbote i. S. d. Art. 1 Buchst. b, sondern alle Vereinbarungen, die den Käufer in der nachvertraglichen Tätigkeit behindern.[519] Die Beschränkungen müssen sich auf die **Zeit nach Beendigung der Vertragsbeziehungen** erstrecken. Bei Wettbewerbsverboten, die sowohl die vertragliche als auch die nachvertragliche Periode umfassen, ist eine Aufteilung geboten.

283 Art. 5 Buchst b sieht zwei **Ausnahmen vom Verbot nachvertraglicher Wettbewerbsverbote** vor. Beide Regelungen sind – trotz der Verbindung durch Halbsätze – unabhängig voneinander.[520]

284 **aa) Zulässige Beschränkungen der Konkurrenztätigkeit des Käufers (1. Halbsatz). (1) Voraussetzungen.** Die Ausnahme im ersten Halbsatz des Art. 5 Buchst. b soll es dem Verkäufer ermöglichen, eigenes Know-how gegen eine nachvertragliche Konkurrenztätigkeit des Käufers zu schützen. Dies ist vor allem bei **Franchise-Verträgen** relevant. Die Freistellung ist dabei auf den Zeitraum von 1 Jahr begrenzt.

285 Damit ein nachvertragliches Wettbewerbsverbot freigestellt ist, müssen 3 Vorraussetzungen **kumulativ**[521] erfüllt sein:
– **Sachlich** ist die Ausnahme begrenzt auf **Konkurrenzprodukte.** Diese müssen dem gleichen sachlichen Markt wie die Vertragsprodukte angehören; d. h. das Know how

---

[512] Leitlinien Rn. 119 Nr. 9.
[513] Leitlinien Rn. 122 f.
[514] *Veelken* in: Immenga/Mestmäcker, EG-WbR, Vertikal-VO Rn. 293.
[515] Kritisch dazu *Bauer/de Bronett*, Vertikal-GVO Rn. 168.
[516] So auch. *Veelken* in: Immenga/Mestmäcker, EG-WbR, Vertikal-VO Rn. 319 (anders als bei Kernbeschränkungen nach Art. 4); *Bauer/de Bronett*, Vertikal-GVO Rn. 168. In diesen Fällen gelten die Beschränkungen des Art. 5 Buchst. b nicht; vgl. Rn. 257.
[517] Vgl. *Bauer/de Bronett*, Vertikal-GVO Rn. 172.
[518] Kritik daran übt *Bauer/de Bronett*, Vertikal-GVO Rn. 171 f.
[519] *Veelken* in: Immenga/Mestmäcker, EG-WbR, Vertikal-VO Rn. 293; *Bechtold/Bosch/Brinker/Hirsbrunner*, EG-Kartellrecht, Art. 5 VO 2790/1999 Rn. 11.
[520] *Veelken* in: Immenga/Mestmäcker, EG-WbR, Vertikal-VO Rn. 304.; *Schultze/Pautke/Wagener*, Vertikal-GVO Rn. 690.
[521] Leitlinien Rn. 60. Vgl. *Roninger* Art. 5 Rn. 6; *Schultze/Pautke/Wagener*, Vertikal-GVO Rn. 680, *Bechtold/Bosch/Brinker/Hirsbrunner*, EG-Kartellrecht, Art. 5 VO 2790/1999 Rn. 12.

muss bei diesen in ähnlicher Weise wie bei den Vertragsprodukten nutzbar sein.[522] Für die Marktabgrenzung gelten die allgemeinen Kriterien.[523]

- **Räumlich** ist die Ausnahme begrenzt auf den Ort der **Geschäftstätigkeit des Käufers**.[524] Damit soll auch der Befürchtung Rechnung getragen werden, dass der Käufer bei einer Geschäftstätigkeit in den gleichen Räumen besonders leicht darüber täuschen kann, dass er zur Ausnutzung des Know-how nicht mehr berechtigt ist. Unerheblich ist dabei, wem die Räumlichkeiten oder das Grundstück gehören und ob sie dem Käufer vom Verkäufer überlassen sind.[525] Das Wettbewerbsverbot entfällt allerdings, wenn der Käufer seine geschäftliche Tätigkeit an einen anderen Ort ("ein Haus weiter") verlegt.[526]
- Schließlich muss das Wettbewerbsverbot **zum Schutz des** vom Verkäufer überlassenen **Know-how unerlässlich** sein.[527] Zum Begriff Know-how vgl. Art. 1 Buchst. f. Danach muss das Know-how „geheim, wesentlich und identifiziert" sein.[528] „Unerlässlich" ist ein Wettbewerbsverbot, wenn es den Käufer daran hindert, das vom Verkäufer überlassene Know-how zu seinem eigenen Vorteil auszunutzen. An dieses Bedürfnis dürfen keine hohen Anforderungen gestellt werden. Es reicht, wenn eine begründete Gefahr besteht, dass der Käufer bei einer Konkurrenztätigkeit nach Vertragsende das Know-how des Verkäufers verwendet.[529]

(2) **Umfang der Freistellung.** Unter den in Art. 5 Buchst. b genannten Voraussetzungen ist das Wettbewerbsverbot für die Zeit von 1 Jahr nach Vertragsende freigestellt. Die Jahresfrist muss vertraglich festgelegt sein.[530] Ist dies nicht der Fall, entfällt die Freistellung insgesamt von Anfang an (und nicht erst nach dem 1. Jahr). Die Frage, ob für die Dauer des Wettbewerbsverbots eine **Karenzentschädigung** zu leisten ist, richtet sich nach nationalem Recht.

bb) **Zulässige Vorkehrungen zum Schutz von geheimem Know-how (2. Halbsatz). (1) Voraussetzungen.** Der 2. Halbsatz des Art. 5 Buchst. b enthält eine über den Rahmen des 1. Halbsatzes hinausgehende weitere Ausnahme.[531] Dem Verkäufer wird dadurch gestattet, zur **Geheimhaltung von Know-how** mit dem Käufer zeitlich unbegrenzte Schutzvorkehrungen nach Vertragsbeendigung zu vereinbaren, die nicht nur die Aufnahme einer Konkurrenztätigkeit, sondern alle Formen der Nutzung und Offenlegung des Know how umfassen können. Gleichgültig ist, ob die Voraussetzungen des 1. Halbsatzes erfüllt sind oder die Jahresfrist bereits abgelaufen ist. Die Regelung im 2. Halbsatz stellt klar, dass solche Vereinbarungen für die Zeit **nach Vertragsbeendigung** nicht dem allgemeinen Verbot nachvertraglicher Wettbewerbsverbote unterliegen.[532]

---

[522] Dies stellt bei Franchise-Verträgen eine Einschränkung gegenüber der früheren Rechtslage dar; vgl. *Veelken* in: Immenga/Mestmäcker, EG-WbR, Vertikal-VO Rn. 297.

[523] S. dazu Rn. 260 und Erläuterungen zu Art. 3 Rn. 114 ff.

[524] Kritisch zu diesem Erfordernis („nicht nachvollziehbar") *Bauer/de Bronett,* Vertikal-GVO Rn. 168.

[525] *Schultze/Pautke/Wagener,* Vertikal-GVO Rn. 693.

[526] Vgl. *Veelken* in: Immenga/Mestmäcker, EG-WbR, Vertikal-VO Rn. 298. Nach *Metzlaff* BB 2000, 1201, 1209 gilt dies aber nicht bei Franchisevereinbarungen; ebenso *Petsche* in: Liebscher/Flohr/Petsche, Handbuch der EU-Gruppenfreistellungsverordnungen, § 7 Rn. 166. Zweifelnd insoweit *Nolte* in: Langen/Bunte, Art. 81 Fallgruppen, Rn. 686.

[527] In der Literatur wird dieses Erfordernis als zu weitgehend kritisiert; vgl. *Schulz,* EU-Gruppenfreistellungsverordnung für vertikale Wettbewerbsbeschränkungen – Interpretations- und Anwendungsprobleme, S. 333, 347 f. und *Semler/Bauer* DB 2000, 193, 199.

[528] Zur Definition des Know how wird auf die Speziallitertur verwiesen. Vgl. auch die Darstellung bei *Schultze/Pautke/Wagener,* Vertikal-GVO Rn. 129 ff.

[529] Ausführlich dazu *Veelken* in: Immenga/Mestmäcker, EG-WbR, Vertikal-VO Rn. 301.

[530] Dies ist nach dem Wortlaut eindeutig.

[531] *Veelken* in: Immenga/Mestmäcker, EG-WbR, Vertikal-VO Rn. 304.

[532] Für eine solche bloß klarstellende Funktion spricht der Wortlaut „dies gilt unbeschadet ...". Weitergehend will *Veelken* in: Immenga/Mestmäcker, EG-WbR, Vertikal-VO Rn. 306 die Vorschrift

288 Geschützt werden kann nur „**geheimes**" Know-how; es darf also nicht offenkundig sein.[533] Sobald das Know-how allgemein zugänglich geworden ist, entfällt die Ausnahmeregelung im 2. Halbsatz.[534] Die Freistellung bleibt allerdings bestehen, wenn die Offenkundigkeit auf einem Vertragsverstoß des Käufers beruht.[535]

289 **(2) Umfang der Freistellung.** Durch vertragliche Vereinbarungen darf die **Nutzung und Offenlegung** des Know-how durch den Käufer verhindert werden. Der Verkäufer kann also jede Art von tatsächlicher Verletzung des Know-how zeitlich unbefristet verbieten. Sofern der Käufer hiergegen verstößt, bleibt davon die Freistellung unberührt.

290 **c) Gezielte Wettbewerbsverbote in selektiven Vertriebssystemen (Art. 5 Buchst. c).** Von einer Freistellung ausgeschlossen sind Vereinbarungen in selektiven Vertriebssystemen, die **gezielt gegen einzelne Konkurrenzunternehmen** gerichtet sind. Nach den Leitlinien[536] befürchtet die Kommission vor allem, dass mehrere Betreiber von selektiven Vertriebssystemen durch gleichförmige Absprachen dieser Art einen „exklusiven Klub von Marken" schaffen und bestimmte Marken oder Händlerkategorien vom Markt ausschließen. Unabhängig von derartigen horizontalen Absprachen[537] sind **boykottähnliche Maßnahmen** gegen einzelne Konkurrenzunternehmen wettbewerblich unerwünscht und daher nach Art. 5 Buchst. c nicht freigestellt.

291 **Markenexklusivität** als solche wird durch Art. 5 Buchst. c nicht berührt.[538] Vereinbarungen, die generell die Tätigkeit für andere Produkte oder andere Hersteller verbieten, sind Wettbewerbsverbote und nach Art. 5 Buchst. a und Art. 1 Buchst. b zu beurteilen.[539]

292 **aa) Voraussetzungen.** Die Regelung betrifft **selektive Vertriebssysteme** i. S. d. Art. 1 Buchst. d.[540] Zu den „Mitgliedern" gehört auch der Hersteller.[541]

293 Um **konkurrierende Lieferanten** handelt es sich, wenn diese auf dem gleichen sachlichen Markt tätig sind. Insoweit gelten die allgemeinen Kriterien.[542]

294 Von Art. 5 Buchst. c erfasst sind Vereinbarungen, die **bestimmte** Konkurrenzfirmen ausschließen. Die Firmen müssen entweder namentlich benannt oder eindeutig **namentlich bestimmbar** sein. Allgemeine Selektionskriterien, die nicht gezielt auf einzelne Unternehmen Bezug nehmen, unterliegen nicht der Sonderregelung des Art. 5 Buchst. c.

295 Voraussetzung ist nach dem Wortlaut eine rechtlich bindende „**Verpflichtung**". Eine **faktische Bindung** durch Ausübung von Druck oder Gewährung von Anreizen reicht nicht, auch wenn die Wirkung einer rechtlichen Bindung ähnlich ist.[543]

---

auch auf Beschränkungen während der Vertragsdauer anwenden; ebenso *Schultze/Pautke/Wagener*, Vertikal-GVO Rn. 692.

[533] Dieses Erfordernis ist bereits in Art. 1 Buchst. f enthalten.

[534] *Schultze/Pautke/Wagener*, Vertikal-GVO Rn. 691.

[535] Andernfalls könnte sich der Käufer durch Vertragsbruch einen rechtlichen Vorteil verschaffen. Wie hier *Veelken* in: Immenga/Mestmäcker, EG-WbR, Vertikal-VO Rn. 305.

[536] Rn. 192; vgl. auch Leitlinien Rn. 61 und 185.

[537] In der Praxis werden diese eher selten anzutreffen sein; vgl. Rn. 254.

[538] Dies ist in den Leitlinien Rn. 61 ausdrücklich klargestellt.

[539] Vgl. *Schultze/Pautke/Wagener*, Vertikal-GVO Rn. 697ff. mit konkreten Beispielen; *Beutelmann*, Selektive Vertriebssysteme im europäischen Kartellrecht, S. 146.

[540] Vgl. dazu Erläuterungen zu Art. 4 Rn. 202.

[541] Vgl. Erläuterungen zu Art. 4 Rn. 212.

[542] *Schultze/Pautke/Wagener*, Vertikal-GVO Rn. 702; a. A. *Beutelmann*, Selektive Vertriebssysteme im europäischen Kartellrecht, S. 145 f., wonach nur aktueller und nicht potentieller Wettbewerb zu berücksichtigen ist.

[543] Vgl. Rn. 262, auch zur abweichenden Rechtslage im Fall des Art. 4; weitergehend *Beutelmann*, Selektive Vertriebssysteme im europäischen Kartellrecht, S. 145. Nach *Bechtold/Bosch/Brinker/Hirsbrunner*, EG-Kartellrecht, Art. 5 VO 2790/1999 Rn. 13 ist auch ein Zustimmungsvorbehalt des Verkäufers unwirksam, der so ausgeübt wird, dass tatsächlich ein einzelner Lieferant ausgeschlossen ist; das ist aber mit dem Wesen einer Gruppenfreistellung kaum noch vereinbar.

B. Vertikalvereinbarungen   **296–300   Art. 5 Vert-GVO**

Erfasst sind ferner nur Verpflichtungen, die ein **Verbot** des Vertriebs von bestimmten 296
Konkurrenzprodukten enthalten. Verpflichtungen zum Vertrieb bestimmter Produkte (Gebote) unterfallen nicht Art. 5 Buchst. c.[544]

bb) Umfang des Freistellungsausschlusses. Soweit Art. 5 Buchst. c eingreift, ist eine 297
gruppenweise Freistellung der betroffenen Vereinbarung ausgeschlossen. Eine Einzelfreistellung bleibt möglich. Eine analoge Ausdehnung der Regelung in Art. 5 Buchst. c auf nicht erfasste Fallgestaltungen ist nicht zulässig. Vereinbarungen, die **andere als selektive Vertriebssysteme** betreffen, die eine Markenexklusivität beinhalten oder Verpflichtungen zum Vertrieb vorschreiben, sind Wettbewerbsverbote, die nach den allgemeinen Regeln in Art. 5 Buchst. a i.V.m. Art. 1 Buchst. b grundsätzlich für die Dauer von 5 Jahren freigestellt sind.[545]

4. Rechtsfolgen

Anders als die weitergehende Regelung in Art. 4 hat ein Verstoß gegen Art. 5 **keine** 298
Auswirkungen auf die Vereinbarung insgesamt. Von der gruppenweisen Freistellung ausgeschlossen ist allein die jeweils in Art. 5 benannte vertragliche Vereinbarung; die übrigen Vereinbarungen bleiben freigestellt und sind damit wirksam.[546] Diese Rechtsfolge ist zwingend, unabhängig davon, ob aus der Sicht der Vertragsparteien die von Art. 5 betroffene Vereinbarung einen wesentlichen Teil der Abmachung darstellt. Die im Rahmen des Art. 81 Abs. 2 EG anwendbaren Grundsätze zur Frage der **Teil-Unwirksamkeit** gelten hier nicht.[547] Auch der Rechtsgedanke des § 139 BGB ist nicht anwendbar.

Eine vertraglich vereinbarte salvatorische Klausel für den Fall der Ungültigkeit der betreffenden Vereinbarung würde die Rechtsfolge des Art. 5 nur bestätigen; sie ist daher wirkungslos.[548] **Nicht zulässig** ist dagegen eine **Umdeutung** der Verträge mit dem Ziel, dass die Vereinbarung insgesamt freigestellt und damit rechtsgültig wird **(geltungserhaltende Reduktion),**[549] oder eine Anpassung nach den Grundsätzen des **Wegfalls der Geschäftsgrundlage.**[550] Die zwingende Rechtsfolge des Art. 5 würde damit umgangen. 299

Anders als im Fall des Art. 4 ist dagegen eine **Einzelfreistellung** der betroffenen Vereinbarung nicht generell „unwahrscheinlich". Bei Wettbewerbsverboten und Mindestabnahmeverpflichtungen kann die starre Grenze von 5 Jahren problematisch sein, wenn auch der 300

---

[544] Zweifelnd, aber im Ergebnis wohl ebenso *Schultze/Pautke/Wagener,* Vertikal-GVO Rn. 704 und *Klotz* in: Schröter/Jakob/Mederer, Artikel 81 – Fallgruppen, Liefer- und Bezugsvereinbarungen Rn. 172; enger *Beutelmann,* Selektive Vertriebssysteme im europäischen Kartellrecht, S. 146 f., wonach die Umstände des Einzelfalls entscheidend sind.

[545] *Schultze/Pautke/Wagener,* Vertikal-GVO Rn. 695.

[546] Leitlinien Rn. 67.

[547] A. A. offenbar *Mestmäcker/Schweitzer,* Europäisches Wettbewerbsrecht, § 14 Rn. 46.

[548] Enger dagegen wohl *Klotz* in: Schröter/Jakob/Mederer, Artikel 81 – Fallgruppen, Liefer- und Bezugsvereinbarungen Rn. 109 und *Schultze/Pautke/Wagener,* Vertikal-GVO Rn. 651, wonach die Wirksamkeit der übrigen Vereinbarungen davon abhängt, dass die Vertragsparteien eine salvatorische Klausel vereinbart haben. Das würde aber den Unterschied zur Rechtsfolge bei Verstößen gegen Art. 4 (vgl. Leitlinien Rn. 66 und 67) unnötig einschränken. Nach *Nolte* in: Langen/Bunte, Art. 81 Fallgruppen, Rn. 667 führt eine salvatorische Klausel zur Beweislastumkehr.

[549] Vgl. *Schultze/Pautke/Wagener,* Vertikal-GVO Rn. 74 669, *Klotz* in: Schröter/Jakob/Mederer, Artikel 81 – Fallgruppen, Liefer- und Bezugsvereinbarungen Rn. 109 und *Nolte* in: Langen/Bunte, Art. 81 Fallgruppen, Rn. 666.

[550] Nicht eindeutig ist insoweit die Auffassung des BGH. Nach dem Leitsatz der Entscheidung vom 10. 2. 2004 WuW DE-R 1305 sind unzulässige zeitliche Beschränkungen in Verträgen auf das zulässige Maß zurückzuführen. Im Begründungstext (WuW DE-R 1305, 1306) werden jedoch Zweifel an dieser Auffassung geäußert, weil es wie eine „Belohnung" wirken könnte, wenn die Beschränkung auf das gerade noch zulässige Maß reduziert würde; das Urteil bezieht sich daher nur auf Übergangsfälle, für den Regelfall ist die Entscheidung ausdrücklich offen gelassen.

Verkäufer seinerseits durch **vertragsspezifische Investitionen** länger als 5 Jahre gebunden ist. In solchen Fällen wird eine Einzelfreistellung, die sich auf die Dauer der Lieferbeziehung erstreckt,[551] häufig gerechtfertigt sein. Die Kommission hat an verschiedenen Stellen in den Leitlinien entsprechende Hinweise zu diesem sog **„Hold-up"-Problem**[552] gegeben, die allerdings nicht ganz einheitlich sind.[553] Ähnlich ist es bei nachvertraglichen Wettbewerbsverboten gemäß Art. 5 Buchst. b z. B. in Franchise-Verträgen, die vielfach nicht einmal als Wettbewerbsbeschränkung i. S. d. Art. 81 Abs. 1 EG anzusehen sind.[554] Nur bei boykottähnlichen Maßnahmen in selektiven Vertriebssystemen gemäß Art. 5 Buchst. c ist nach der Natur und wegen der Schwere des Verstoßes eine Einzelfreistellung generell unwahrscheinlich.

5. Verhältnis zu anderen Vorschriften

301   a) **Verhältnis zu anderen EU-Normen.** Art. 5 greift nur ein, wenn eine „spürbare Wettbewerbsbeschränkung" i. S. d. Art. 81 Abs. 1 EG vorliegt und die Vertikal-GVO nach Art. 2 Abs. 1 Unterabs. 2 anwendbar ist.[555] Falls durch gleichförmige Wettbewerbsverbote eine Wettbewerbsbeschränkung auch im Horizontalverhältnis (Verhaltenskoordinierung z. B. der verschiedenen Händler) bewirkt wird, gilt Art. 2 Abs. 4.

302   Bei gleichzeitigem Vorliegen einer Kernbeschränkung i. S. d. Art. 4 (z. B. Alleinbezugsvereinbarungen gekoppelt mit Gebiets- oder Kundenkreisbeschränkungen) kommt allein die weitergehende Sanktion des Art. 4 zur Anwendung. Die Sonderregelung in der Kfz-GVO hat Vorrang (vgl. Art. 2 Abs. 5).

303   Die Anwendung des **Art. 82 EG** wird durch die Vertikal-GVO nicht berührt; dies ist in Erwägungsgrund 16 der Vertikal-GVO ausdrücklich klargestellt. Bei Wettbewerbsverboten zugunsten marktbeherrschender Unternehmen erkennt die Praxis in der Regel nur kürzere Fristen als 5 Jahre als wettbewerbsrechtlich zulässig an.[556] Auch bei langfristigen Gaslieferverträgen, die flächendeckend eine Marktabschottung bewirken (und deshalb nicht freigestellt sind), hält das Bundeskartellamt Bezugsbindungen von 80% und mehr nur bis zu 2 Jahren und Bezugsbindungen von 50–80% des Bedarfs nur bis zu einer 4-Jahresfrist für wettbewerblich unbedenklich.[557]

304   b) **Verhältnis zum deutschen Recht.** Für die in den Art. 5 Buchst. a bis c erfassten vertraglichen Vereinbarungen gilt bei zwischenstaatlichen Auswirkungen der Vorrang des europäischen Rechts gemäß Art. 3 Abs. 2 der VO 1/2003. Abweichende Regelungen des deutschen Rechts sind daher für den Anwendungsbereich des Art. 5 nicht denkbar. Sofern keine zwischenstaatlichen Auswirkungen vorliegen und somit deutsches Recht anwendbar ist, führt die Bezugnahme in § 2 Abs. 2 GWB zum gleichen Ergebnis.

305   Vereinbarungen, die nicht dem Wettbewerbsrecht unterfallen, wie z. B. Wettbewerbsverbote in (echten) Handelsvertreterverträgen oder in Dienst- bzw. Arbeitsverträgen, sind allein nach nationalem Recht zu beurteilen. Auch für die Frage einer möglichen **Karenzentschädigung** und anderer privatrechtlichen Rechtsfolgen, die nicht durch Art. 5 Buchst. a bis c geregelt sind, ist nationales Recht maßgeblich.[558]

---

[551] Vgl. Leitlinien 117.
[552] Leitlinien Rn. 116 Nr. 4 und 5.
[553] Vgl. einerseits Leitlinien Rn. 141, wonach „bei den meisten Investitionsarten" Beschränkungen über fünf Jahre hinaus nicht gerechtfertigt sind, und andererseits Leitlinien Rn. 155, wonach bei „sehr umfangreichen Investitionen" eine Freistellung denkbar ist.
[554] S. Rn. 251 und 280 f.
[555] S. Rn. 257.
[556] Vgl. Erläuterungen zu Art. 82 EG.
[557] Vgl. die Musterentscheidung des Bundeskartellamts im Fall E.ON/Ruhrgas vom 13. 1. 2006, bestätigt durch das OLG Düsseldorf (WuW/E DE-V 1147 ff. und DE-R 1757 ff.), sowie die zahlreichen Nachfolgeverfahren (z. B. EWE AG, Beschluss des BKartA vom 18. 2. 2008).
[558] Vgl. Erläuterungen in der Einführung Rn. 38.

Art. 6 [Entzug der Freistellung durch die Kommission]

Gemäß Artikel 7 Absatz 1 der Verordnung Nr. 19/65/EWG kann die Kommission im Einzelfall den Vorteil der Anwendung dieser Verordnung entziehen, wenn eine vertikale Vereinbarung, die unter diese Verordnung fällt, gleichwohl Wirkungen hat, die mit den Voraussetzungen des Artikels 81 Absatz 3 des Vertrages unvereinbar sind, insbesondere wenn der Zugang zu dem betroffenen Markt oder der Wettbewerb auf diesem Markt durch die kumulativen Wirkungen nebeneinander bestehender Netze gleichartiger vertikaler Beschränkungen, die von miteinander im Wettbewerb stehenden Lieferanten oder Käufern angewandt werden, in erheblichem Maße beschränkt wird.

1. Sinn und Zweck

Gruppenfreistellungsverordnungen bilden ein Grobraster, das die wirklich freistellungsfähigen Vereinbarungen durch die **schematisierende Bildung von Fallgruppen** nicht exakt abdecken kann. Abweichungen von Art. 81 Abs. 3 EG ergeben sich auch dadurch, dass für die Beurteilung von Vertikalvereinbarungen gemäß der wirtschaftlichen Betrachtungsweise der Aspekt der Marktmacht wesentlich ist, diese aber durch den nach Art. 3 maßgeblichen Marktanteil des Lieferanten (Absatz 1) bzw. des Käufers (Absatz 2) nicht immer zutreffend ausgedrückt wird. Es bedarf deshalb eines wirksamen Instruments, mit dessen Hilfe die Wirkung der gruppenweisen Freistellung in Einzelfällen, bei denen eine Freistellung in der Sache nicht gerechtfertigt ist, korrigiert werden kann.[559] Diesem Zweck dient der Entzug der Freistellung nach den Art. 6 bis 8.

Rechtsgrundlage für Art. 6 war ursprünglich Art. 7 Abs. 1 der VO 19/65,[560] der in Art. 6 ausdrücklich zitiert ist. Durch Art. 40 der VO 1/2003 wurde Art. 7 der VO 19/65 aufgehoben; an seine Stelle ist Art. 29 Abs. 1 der VO 1/2003 getreten. Art. 6 der Vertikal-GVO ist nicht außer Kraft gesetzt und gilt weiter. Inhaltlich stimmt der 1. Satzteil mit Art. 29 Abs. 1 der VO 1/2003 überein und hat deshalb keine eigenständige Bedeutung mehr. Der mit „insbesondere" eingeleitete 2. Satzteil des Art. 6 enthält dagegen eine Ergänzung, die Art. 29 Abs. 1 der VO 1/2003 speziell für den Fall vertikaler Wettbewerbsbeschränkungen näher konkretisiert. Diese bleibt weiterhin maßgeblich.

2. Praktische Bedeutung

Der Entzug der Freistellung im Einzelfall ist im System der Vertikal-GVO grundsätzlich ein wichtiger Ausgleichsmechanismus. Die Kommission erwähnt in den Leitlinien mehrfach Fallgestaltungen, bei denen der Entzug der Freistellung wahrscheinlich ist. Trotzdem ist die praktische Bedeutung der Regelungen über den Freistellungsentzug (Art. 6 bis 8) äußerst gering. Die Kommission hat bislang, soweit bekannt, noch in keinem Fall eine Freistellung nach Art. 6 der Vertikal-GVO entzogen.[561] Dies ist im Ergebnis nicht überraschend. Wenn bereits kurz nach Erlass der Vertikal-GVO die Notwendigkeit einer Rücknahme im Einzelfall festgestellt würde, wäre die Schlussfolgerung naheliegend, dass die Fallgruppen von der Kommission nicht angemessen festgelegt worden sind und deshalb die Gruppenfreistellung in der Sache angreifbar ist. Im Übrigen ist, falls tatsächlich bei bestimmten Fallkonstellationen ein Bedürfnis für den Entzug der Freistellung auftritt, eine Anpassung der Vertikal-

---

[559] Vgl. im einzelnen *Veelken* in: Immenga/Mestmäcker, EG-WbR, Einl. GFVO Rn. 39; *Beutelmann*, Selektive Vertriebssysteme im europäischen Kartellrecht, S. 168.
[560] ABl. EG Nr. 36, S. 533/65.
[561] Auch von entsprechenden Ermächtigungen in den Vorgängerverordnungen hat die Kommission nur selten Gebrauch gemacht; vgl. die Hinweise bei *Schultze/Pautke/Wagener*, Vertikal-GVO Rn. 705. In der Entscheidung vom 23. 12. 1992 Langnese Iglo, ABl. 1993 L 183 Tz. 115 ff. hatte die Kommission den Entzug unmittelbar auf Art. 81 Abs. 1 EG gestützt; vgl. dazu *Veelken* in: Immenga/Mestmäcker, EG-WbR, Einl. GFVO Rn. 41 und 45.

GVO für die Kommission unter Umständen näherliegend als eine Vielzahl aufwändiger und langwieriger Entzugsverfahren.

3. Tatbestand

309 **a) Unvereinbarkeit mit Art. 81 Abs. 3 EG.** Art. 6 enthält einen **doppelten Tatbestand** für den Freistellungsentzug: Einerseits eine generelle Bezugnahme auf die Voraussetzungen des Art. 81 Abs. 3 EG, daneben den speziellen Fall[562] kumulativer Wirkungen von Netzen gleichartiger Wettbewerbsbeschränkungen.

310 **aa) Allgemeines.** Wirkungen, die **mit Art. 81 Abs. 3 EG unvereinbar** sind, kommen nach Auffassung der Kommission[563] vor allem beim **Verkauf an Endverbraucher** in Betracht. Diese Feststellung in den Leitlinien ist nicht plausibel und auch nicht mit einzelnen Beispielen belegt. Ausdrücklich erwähnt[564] wird dagegen der Fall einer besonderen Marktmacht des Käufers auf nachgelagerten Märkten.[565]

311 **bb) Gleichartige Netzwirkungen.** Als besonderer Entzugsgrund ist im 2. Satzteil von Art. 6 die Gefahr einer erheblichen Beeinträchtigung des Marktzugangs oder des Wettbewerbs auf dem Markt durch **kumulative Wirkungen von Netzen** gleichartiger Wettbewerbsbeschränkungen angeführt. Art. 6 greift insoweit auf die „**Bündeltheorie**" zurück, die der EuGH zur Anwendung von Art. 81 Abs. 1 EG auf gleichartige Wettbewerbsbeschränkungen bei einer Mehrzahl von Vereinbarungen entwickelt hat.[566]

312 Im Einzelnen setzt diese Alternative voraus, dass der Zugang zu einem bestimmten Markt beschränkt oder der Wettbewerb auf diesem Markt beeinträchtigt ist. Die dazu erforderliche **Abgrenzung des relevanten Marktes** erfolgt nach den allgemeinen Kriterien. In der Regel, aber nicht unbedingt[567] handelt es sich um die gleiche Marktabgrenzung, die zur Ermittlung der Marktanteilsschwellen nach Art. 3 vorzunehmen ist.[568]

313 Die Ursache der Wettbewerbsbeschränkung auf dem relevanten Markt müssen kumulative Wirkungen nebeneinander bestehender **Netze gleichartiger vertikaler Beschränkungen** durch mehrere Lieferanten bzw. Käufer sein. Entscheidend sind dabei die gleichartigen, sich verstärkenden Wirkungen von mehrfachen Wettbewerbsbeschränkungen. Nicht notwendig muss es sich um identische Vereinbarungen handeln;[569] vielmehr genügt es, wenn Vereinbarungen mit ähnlichen Beschränkungen zusammenwirken und dadurch die Wettbewerbsbeeinträchtigung herbeiführen. Die Kommission erwähnt als Beispiel selektive Vertriebsverträge, die zum Teil eine quantitative und teilweise eine qualitative Selektion enthalten.[570]

314 Bei der Ermittlung der kumulativen Wirkungen können nur solche Vereinbarungen berücksichtigt werden, die einen **spürbaren Beitrag zur Wettbewerbsbeschränkung** leis-

---

[562] Vgl. *Veelken* in: Immenga/Mestmäcker, EG-WbR, Vertikal-VO Rn. 321, wonach es sich um einen eigenständigen, aber nicht abschließenden Entzugsgrund handelt.
[563] Leitlinien Rn. 71.
[564] Leitlinien Rn. 73.
[565] Diese bleibt bei der Ermittlung der Marktanteilsschwelle nach Art. 3 Abs. 1 außer Betracht und hindert daher nicht eine gruppenweise Freistellung; vgl. Erläuterungen zu Art. 3 Rn. 113.
[566] S. Erläuterungen zu Art. 81 Abs. 1 EG. Vgl. dazu *Bechtold/Bosch/Brinker/Hirsbrunner*, EG-Kartellrecht, Art. 6 VO 2790/1999 Rn. 6 f.
[567] Anders als bei Art. 3 sind Verhältnisse auf vor- und nachgelagerten Märkten zu berücksichtigen; vgl. *Schultze/Pautke/Wagener*, Vertikal-GVO Rn. 708; *Veelken* in: Immenga/Mestmäcker, EG-WbR, Vertikal-VO Rn. 321.
[568] S. Erläuterungen zu Art. 3 Rn. 114 ff.
[569] Vgl. *Veelken* in: Immenga/Mestmäcker, EG-WbR, Vertikal-VO Rn. 323.
[570] Leitlinien Rn. 73. Ausführlich dazu *Beutelmann*, Selektive Vertriebssysteme im europäischen Kartellrecht, S. 171 f.

B. Vertikalvereinbarungen   315–319 Art. 6 Vert-GVO

ten.[571] Insoweit gelten die gleichen Grundsätze, die der EuGH zur Bündeltheorie im Rahmen des Art. 81 Abs. 1 EG entwickelt hat.[572]

Schließlich muss durch die Netze gleichartiger Wettbewerbsbeschränkungen der Zugang zu dem betroffenen Markt oder der Wettbewerb auf diesem Markt **in erheblicher Weise beeinträchtigt** sein. Dies bedeutet, dass die Wettbewerbsbeeinträchtigung deutlich über der Spürbarkeitsschwelle des Art. 81 Abs. 1 EG liegen muss. Sie muss so erheblich sein, dass sie dem **„Ausschluss des Wettbewerbs"** i. S. d. Art. 81 Abs. 3 EG zumindest nahe kommt.[573] Nur unter dieser Voraussetzung ist der schwerwiegende Eingriff in den Besitzstand der Freistellung gerechtfertigt. Dies ist anders als bei der abstrakt-generellen Regelung des Freistellungsentzugs durch Verordnung (Art. 8). 315

b) Verfahren des Entzugs. Es liegt im **pflichtgemäßen Ermessen** der Kommission, ob sie beim Vorliegen der Voraussetzungen des Art. 6 den Rechtsvorteil der Freistellung entzieht. Nach Art. 29 der VO 1/2003 wird die Kommission von Amts wegen oder auf eine Beschwerde hin tätig. Durch eine Beschwerde wird das Ermessen der Kommission grundsätzlich nicht eingeschränkt; dies gilt auch, wenn ein Mitgliedstaat einen entsprechenden Antrag stellt (vgl. früher Art. 7 Abs. 1 der VO 19/65). Die Kommission trägt im Entzugsverfahren die **volle Beweislast** für alle Tatbestandsvoraussetzungen;[574] Art. 2 der VO 1/2003 gilt insoweit nicht. 316

Nach Auffassung der Kommission ist auch ein **teilweiser Entzug** der Freistellung möglich; so könnte der Entzug entsprechend dem Verhältnismäßigkeitsgrundsatz beispielsweise nur die besonders gravierenden Abreden umfassen, die Vereinbarung im Übrigen aber freigestellt bleiben.[575] In der Praxis ist ein solcher Teilentzug jedoch nur selten sinnvoll. Jeder Entzug setzt schwerwiegende Verstöße gegen Art. 81 Abs. 1 EG voraus; in diesen Fällen wird die Wettbewerbsbeschränkung in der Regel einen wesentlichen, nicht abtrennbaren Teil der Vereinbarung darstellen. Die Nichtigkeit der einzelnen wettbewerbsbeschränkenden Vereinbarung hat dann die Nichtigkeit der gesamten Vereinbarung zur Folge. 317

4. Rechtsfolgen

Durch die Entscheidung in Art. 6 wird die Freistellung mit **Wirkung für die Zukunft** (ex nunc) entzogen.[576] Bis zur rechtskräftigen Entscheidung bleibt die Freistellung auch während des Entzugsverfahrens in vollem Umfang wirksam; dies gilt auch hinsichtlich der zivilrechtlichen Folgen. Mit dem Entzug finden die Rechtsfolgen des Art. 81 Abs. 2 EG auf die Vereinbarung Anwendung. 318

Eine Einzelfreistellung der betroffenen Vereinbarung ist bei unveränderter Sachlage ausgeschlossen, da der Entzug einen schwerwiegenden Verstoß gegen Art. 81 Abs. 1 EG voraussetzt. Denkbar ist dagegen, dass die Kommission während des Entzugsverfahrens oder 319

---

[571] Leitlinien Rn. 74; vgl. auch *Schultze/Pautke/Wagener,* Vertikal-GVO Rn. 712 und *Bechtold/Bosch/Brinker/Hirsbrunner,* EG-Kartellrecht, Art. 6 VO 2790/1999 Rn. 6.
[572] S. Erläuterungen zu Art. 81 Abs. 1 EG.
[573] Ähnlich, aber etwas enger *Veelken* in: Immenga/Mestmäcker, EG-WbR, Vertikal-VO Rn. 322. *Seeliger* in: Wiedemann, Handbuch des Kartellrechts, § 10 Rn. 218 weist auf die Rechtsunsicherheit der Unternehmen hin, die eine enge Auslegung gebietet.
[574] Leitlinien Rn. 72. Dadurch wird die Rechtsunsicherheit der Unternehmen abgemildert (vgl. *Seeliger* in: Wiedemann, Handbuch des Kartellrechts, § 10 Rn. 218).
[575] Leitlinien Rn. 73. Zustimmend im Hinblick auf den Verhältnismäßigkeitsgrundsatz *Veelken* in: Immenga/Mestmäcker, EG-WbR, Vertikal-VO Rn. 327 und (zu Art. 7) Einl. GFVO Rn. 62.
[576] Allg. M.; vgl. *Schultze/Pautke/Wagener,* Vertikal-GVO Rn. 711. Nach Auffassung des EuG (Urteil 8. 6. 1995, Slg. II-1553 Tz. 205 ff Langnese Iglo./.Kommission) hat die Kommission nicht die Befugnis, den Abschluss gleichartiger Vereinbarungen für die Zukunft zu untersagen; vgl. dazu *Veelken* in: Immenga/Mestmäcker, EG-WbR, Einl GFVO Rn. 45.

danach von den beteiligten Unternehmen **Zusagen** entgegennimmt, die geeignet sind, die festgestellten Wettbewerbsbedenken auszuräumen. In diesem Fall kann sie eine **Entscheidung nach Art. 9 der VO 1/2003** treffen.[577]

5. Verhältnis zu anderen Vorschriften

320   Art. 6 enthält lediglich im 2. Satzteil („insbesondere") noch eine spezielle Regelung, die über Art. 29 Abs. 1 der VO 1/2003 hinausgeht.[578] Inhaltlich bestehen keine Unterschiede zwischen beiden Vorschriften.

Art. 7 [Entzug der Freistellung durch nationale Behörden]

Wenn eine unter die Freistellung des Artikels 2 fallende Vereinbarung im Gebiet eines Mitgliedstaats oder in einem Teil desselben, der alle Merkmale eines gesonderten räumlichen Marktes aufweist, im Einzelfall Wirkungen hat, die mit den Voraussetzungen von Artikel 81 Absatz 3 des Vertrages unvereinbar sind, so kann die zuständige Behörde dieses Mitgliedstaates, unter den gleichen Umständen wie in Artikel 6, den Vorteil der Anwendung dieser Verordnung mit Wirkung für das betroffene Gebiet entziehen.

1. Sinn und Zweck

321   Mit Art. 7 wurde erstmals das Prinzip der **dezentralen Anwendung** für den Entzug des Freistellungsvorteils verwirklicht. Erst später ist die dezentrale Anwendung des europäischen Wettbewerbsrechts in der VO 1/2003 zum generellen Prinzip erhoben worden; für den Entzug der Freistellung gelten damit die allgemeinen Regeln über die Zusammenarbeit im Netzwerk der europäischen Wettbewerbsbehörden.[579]

322   **Rechtsgrundlage** des Art. 7 war ursprünglich Art. 7 Abs. 2 der VO 19/65,[580] der mit der VO 1215/99[581] nachträglich eingefügt wurde. Durch Art. 40 der VO 1/2003 wurde Art. 7 der VO 19/65 aufgehoben; an seine Stelle ist Art. 29 Abs. 2 der VO 1/2003 getreten. Art. 7 der Vertikal-GVO ist zwar formal nicht außer Kraft gesetzt. Inhaltlich stimmt die Vorschrift aber mit Art. 29 Abs. 2 der VO 1/2003 überein und hat daher keine eigenständige Bedeutung mehr.

2. Praktische Bedeutung

323   Seit dem 1. Mai 2004 haben alle Mitgliedstaaten durch die VO 1/2003 (Art. 35) die Befugnis zur unmittelbaren Anwendung des Art. 29 Abs. 2 der VO 1/2003. Dennoch ist bisher ist kein derartiger Fall bekannt geworden.[582] Auch künftig ist nur in **Ausnahmefällen** damit zu rechnen.[583] Im Fall langfristiger Gasbezugsverträge, die flächendeckend eine Marktabschottung bewirken, hatte das Bundeskartellamt hilfsweise einen Entzug der Freistellung erwogen,[584] hiervon in der Entscheidung selbst jedoch keinen Gebrauch gemacht.

---

[577] So jetzt auch *Veelken* in: Immenga/Mestmäcker, EG-WbR, Einl. GFVO Rn. 42.
[578] Vgl. oben Rn. 307.
[579] Art. 11 der VO 1/2003, insbesondere Absatz 4, sowie die einschlägigen Bekanntmachungen der Kommission.
[580] ABl. EG Nr. 36 S. 533.
[581] ABl. EG 1999 Nr. L 148/1.
[582] Vgl. *Nolte* in: Langen/Bunte, Art. 81 Fallgruppen Rn. 696.
[583] Die Ausführungen zu Art. 6 Rn. 308 gelten entsprechend. Skeptisch insoweit auch *Veelken* in: Immenga/Mestmäcker, EG-WbR, Einl. GFVO Rn. 47.
[584] Vgl. Entwurf eines Eckpunktepapiers „Kartellrechtliche Beurteilungsgrundsätze zu langfristigen Gasverträgen" (FN 427), S. 6f.

B. Vertikalvereinbarungen   324–329   **Art. 7 Vert-GVO**

3. Tatbestand

a) Entzugsvoraussetzungen. Art. 7 gibt der nationalen Behörde nur dann die Möglichkeit zum Entzug der Freistellung, wenn sich der räumliche Markt, der von der Vereinbarung betroffen ist, auf das **Gebiet des Mitgliedstaats oder eines Teils davon** beschränkt. Geht dagegen das Gebiet, das von der Vereinbarung räumlich betroffen ist, über einen einzelnen Mitgliedstaat hinaus, ist nur die Kommission nach Art. 6 zuständig.[585] Für die **Marktabgrenzung** gelten die allgemeinen Kriterien. In der Regel, aber nicht zwingend ist der gleiche Markt zugrunde zu legen, der auch bei der Ermittlung der Marktanteilsschwelle des Art. 3 Abs. 1 oder 2 maßgeblich ist.[586]   324

Inhaltlich gelten die gleichen Voraussetzungen wie im Fall des Art. 6. Der Entzug kann entweder darauf gestützt werden, dass die allgemeinen Kriterien des Art. 81 Abs. 3 EG nicht erfüllt sind oder alternativ auf den speziellen Tatbestand der kumulativen Wirkungen von Netzen gleichartiger Wettbewerbsbeschränkungen.   325

b) Verfahren. Die Einleitung eines Entzugsverfahrens liegt im **pflichtgemäßen Ermessen der nationalen Behörde.** Der Wortlaut von Art. 7 Abs. 2 der VO 19/65, der ausdrücklich ein „Ersuchen der Kommission" zuließ, steht dem nicht entgegen.[587] Die Freistellung kann grundsätzlich nur in vollem Umfang entzogen werden.   326

Wenn eine Vereinbarung **mehrere räumliche Märkte** betrifft, die jeweils nicht größer sind als das Gebiet eines Mitgliedstaates, können die Wettbewerbsbehörden der betroffenen Mitgliedstaaten unabhängig voneinander den Freistellungsvorteil entziehen. Da unterschiedliche räumliche Märkte betroffen sind, können Voraussetzungen und Begründungen der Entscheidungen jeweils voneinander abweichen.[588]   327

In Deutschland ist nach § 50 GWB das **Bundeskartellamt** zuständig. Nach der Neuregelung in der 7. GWB-Novelle haben die **Landeskartellbehörden** die Befugnis zum Entzug, wenn sich die Wirkungen, aus denen sich die Unvereinbarkeit mit Art. 81 Abs. 3 EG ergibt, auf das Gebiet ihres Landes beschränken. Das Verfahren richtet sich nach nationalem Recht,[589] in Deutschland also nach den Vorschriften des GWB, insbesondere §§ 50 und 50a. Die Gerichte haben keine Kompetenz, den Vorteil der Freistellung zu entziehen; dies gilt auch im System der Legalausnahme nach der VO 1/2003. Rechtspolitisch ist umstritten, ob eine solche Kompetenz wünschenswert wäre. Nach dem geltenden Recht ist die Entzugsbefugnis eindeutig den Wettbewerbsbehörden vorbehalten.   328

Neben der nationalen Behörde bleibt die **Kommission** nach Art. 6 **konkurrierend zuständig;** sie kann z.B. bei schweren Verstößen einen Fall selbst aufgreifen, auch wenn der räumliche Markt kleiner als das Gebiet eines Mitgliedstaats ist.[590] Nach der Verfahrenseinleitung durch die Kommission entfällt die Kompetenz der nationalen Behörde (vgl. Art. 11 Abs. 6 der VO 1/2003).   329

---

[585] Leitlinien Rn. 77. Art. 7ist der Regelung in Art. 9 Abs. 2 und 3 FKVO vergleichbar. Weitergehend *Veelken* in: Immenga/Mestmäcker, EG-WbR, Einl. GFVO Rn. 50 ff., wonach nur die wettbewerblichen Auswirkungen auf das Gebiet des Mietgliedstaats beschränkt sein müssen, die Vereinbarung selbst aber darüber hinaus gehen kann.
[586] S. Erläuterungen zu Art. 6 Rn. 312. Vgl. *Schultze/Pautke/Wagener*, Vertikal-GVO Rn. 714.
[587] *Veelken* in: Immenga/Mestmäcker, EG-WbR, Einl. GFVO Rn. 58.
[588] *Veelken* in: Immenga/Mestmäcker, EG-WbR, Einl. GFVO Rn. 57. Die Gefahr divergierender Entscheidungen ist generell für das System der VO 1/2003 nicht außergewöhnlich (vgl. *Seeliger* in: Wiedemann, Handbuch des Kartellrechts, § 10 Rn. 166).
[589] Vgl. Leitlinien Rn. 78.
[590] Leitlinien Rn. 77.

4. Rechtsfolgen

330 Die Entscheidung der nationalen Wettbewerbsbehörde bewirkt, wie im Fall des Art. 6, einen Entzug des Freistellungsvorteils mit **Wirkung für die Zukunft** (ex nunc). Bis dahin bleibt die gruppenweise Freistellung, auch zivilrechtlich, wirksam.

331 In Deutschland kann die Behörde **Verpflichtungszusagen** der beteiligten Unternehmen entgegennehmen, die geeignet sind, die wettbewerblichen Bedenken auszuräumen, und dann eine Entscheidung nach § 32d GWB (entsprechend Art. 9 VO 1/2003) treffen.[591]

332 Die Entscheidung der nationalen Behörde ist auf das Gebiet ihres Territoriums beschränkt; Art. 29 Abs. 2 der VO 1/2003 stellt dies ausdrücklich klar.

5. Verhältnis zu anderen Vorschriften

333 Art. 7 ist zum 1. Mai 2004 durch Art. 29 Abs. 2 der VO 1/2003 ersetzt worden.[592] Inhaltliche Änderungen ergeben sich dadurch nicht.

Art. 8 [Entzug der Freistellung durch Verordnung]

(1) **Gemäß Artikel 1a der Verordnung Nr. 19/65/EWG kann die Kommission durch Verordnung erklären, dass in Fällen, in denen mehr als 50% des betroffenen Marktes von nebeneinander bestehenden Netzen gleichartiger vertikaler Beschränkungen erfasst werden, die vorliegende Verordnung auf vertikale Vereinbarungen, die bestimmte Beschränkungen des Wettbewerbs auf dem betroffenen Markt enthalten, keine Anwendung findet.**

(2) **Eine Verordnung im Sinne von Absatz 1 wird frühestens sechs Monate nach ihrem Erlass anwendbar.**

1. Sinn und Zweck

334 Für die Beurteilung vertikaler Wettbewerbsbeschränkungen kann es neben der Marktmacht der einzelnen betroffenen Unternehmen eine erhebliche Bedeutung haben, in welchem Ausmaß der Markt durch gleichartige Beschränkungen insgesamt abgedeckt ist.[593] Im Hinblick auf die Gefahren solcher kumulativer Wirkungen soll die Kommission die Befugnis haben, neben der Möglichkeit eines Freistellungsentzugs durch Einzelentscheidung (Art. 6) den Freistellungsvorteil für alle betroffenen Unternehmen in einem einzigen Akt durch Verordnung aufzuheben. Die Verordnung nach Art. 8 ist eine **abstrakt generelle Regelung,** die auf die potenzielle Gefährdung durch eine hohe Marktabdeckung gleichartiger Beschränkungen abstellt. Anders als im Fall des Art. 6 muss ein konkreter Verstoß gegen Art. 81 Abs. 3 EG nicht nachgewiesen sein.[594]

335 **Rechtsgrundlage** ist der in Absatz 1 ausdrücklich benannte Art. 1a der VO 19/65,[595] der durch die VO 1215/99[596] nachträglich eingefügt wurde. Eine vergleichbare Rechtsgrundlage gibt es in anderen Gruppenfreistellungsverordnungen nicht; sie ist auch in der VO 1/2003 nicht enthalten.[597]

---

[591] Dagegen ist eine Einzelfreistellung, wie im Fall des Art. 6, ausgeschlossen; vgl. *Seeliger* in: Wiedemann, Handbuch des Kartellrechts, § 10 Rn. 221 gegen *Bechtold/Bosch/Brinker/Hirsbrunner,* EG-Kartellrecht, Art. 7 VO 2790/1999 Rn. 3.

[592] S. oben Rn. 322.

[593] *Bechtold/Bosch/Brinker/Hirsbrunner,* EG-Kartellrecht, Art. 8 VO 2790/1999 Rn. 2.

[594] Vgl. *Schultze/Pautke/Wagener,* Vertikal-GVO Rn. 723.

[595] ABl. EG Nr. 36, S. 533.

[596] ABl. EG 1999 Nr. L 148/1.

[597] Für horizontale Wettbewerbsbeschränkungen ist eine vergleichbare Regelung also nicht möglich; vgl. *Veelken* in: Immenga/Mestmäcker, EG-WbR, Einl. GFVO Rn. 68.

B. Vertikalvereinbarungen

2. Praktische Bedeutung

Eine Verordnung nach Art. 8 ist in der Sache eine **Änderungsverordnung** der Vertikal-GVO. Solche Änderungen sind auch ohne spezielle Rechtsgrundlage jederzeit möglich. Die eigentliche Bedeutung des Art. 8 besteht deshalb darin, den „Vertrauensschutz" für den dort geregelten Fall aufzuheben. Dies wird aber nur eingeschränkt erreicht. Schon bei Erlass der Vertikal-GVO waren hohe Marktabdeckungen durch Netze gleichartiger Beschränkungen bekannt, ohne dass die Kommission daraus Konsequenzen gezogen hätte (z. B. beim selektiven Vertrieb von teuren Markenwaren wie Parfüm und anderen Luxusartikeln,[598] aber auch für den Kfz-Vertrieb, der in der Kfz-GVO[599] gesondert geregelt ist). Falls derartige Netze längere Zeit bestanden haben, bleibt der „Vertrauensschutz" für die Unternehmen erhalten. Deshalb müssen hier noch weitere Umstände hinzukommen, damit ein genereller Entzug der Freistellung durch VO gerechtfertigt ist.[600] Damit ist Art. 8 letztlich überflüssig, da eine Änderungsverordnung ohne diese Rechtsgrundlage möglich wäre. Auch deshalb ist kaum damit zu rechnen, dass die Kommission jemals von Art. 8 Gebrauch machen wird.[601] 336

3. Tatbestand

a) **Voraussetzungen.** Das Erfordernis, dass auf dem relevanten Markt Netze gleichartiger vertikaler Beschränkungen nebeneinander bestehen, entspricht der Regelung im 2. Satzteil des Art. 6 („insbesondere").[602] Während bei Art. 6 in jedem Einzelfall eine erhebliche Beschränkung des Zugangs oder des Wettbewerbs festgestellt werden muss, reicht für eine VO nach Art. 8 die **abstrakt-generelle Gefährdung** durch eine Marktabdeckung von mehr als 50%. Errechnet wird diese Schwelle aus dem Verhältnis des Umsatzes, der durch gleichartige (nicht unbedingt identische) vertikale Beschränkungen betroffen ist, zu dem Gesamtumsatz auf dem relevanten Markt.[603] 337

Bei der Berechnung der Marktanteilsschwelle ist Art. 9 entsprechend anzuwenden. Gleiches gilt für die Verbundklausel in Art. 11. 338

b) **Verfahren.** Der Erlass einer Verordnung nach Art. 8 steht im **pflichtgemäßen Ermessen** der Kommission.[604] Dies gilt auch für die Wahl zwischen einer Entzugsentscheidung nach Art. 6 und der weitergehenden VO nach Art. 8. Zweckmäßigerweise wird zunächst ein Einschreiten in einem Einzelfall vorangehen, ehe die Kommission den Erlass einer VO nach Art. 8 erwägt.[605] 339

Eine VO nach Art. 8 muss die einzelnen vertikalen Beschränkungen, die nicht mehr freigestellt sein sollen, konkret beschreiben.[606] Sie kann zeitlich befristet sein. Gemäß Absatz 2 kann sie frühestens 6 Monate nach Erlass angewandt werden. Sie gilt dann auch für die Netze gleichartiger vertikaler Beschränkungen, die zu diesem Zeitpunkt vorliegen (unechte Rückwirkung).[607] 340

Das Verfahren für den Erlass der VO richtet sich nach der VO 19/65, insbesondere deren Art. 5 und 6. 341

---

[598] Nach *Beutelmann*, Selektive Vertriebssysteme im europäischen Kartellrecht, S. 177 war Art. 8 zunächst speziell für Fälle des selektiven Vertriebs vorgesehen.
[599] Verordnung (EG) Nr. 1400/2002 vom 31. 7. 2002, ABl. EG 2002 Nr. L 203/30.
[600] Leitlinien Rn. 83.
[601] *Beutelmann*, Selektive Vertriebssysteme im europäischen Kartellrecht, S. 179 rechnet dagegen mit Verordnungen nach Art. 8 für den selektiven Vertrieb.
[602] *Bechtold/Bosch/Brinker/Hirsbrunner*, EG-Kartellrecht, Art. 8 VO 2790/1999 Rn. 3.
[603] *Veelken* in: Immenga/Mestmäcker, EG-WbR, Einl. GFVO Rn. 71.
[604] Allg. Meinung; vgl. *Schultze/Pautke/Wagener*, Vertikal-GVO Rn. 720.
[605] Dies entspricht auch der Auffassung der Kommission; vgl. Leitlinien Rn. 81 a. E.
[606] Leitlinien Rn. 85; vgl. auch *Veelken* in: Immenga/Mestmäcker, EG-WbR, Einl. GFVO Rn. 75.
[607] *Beutelmann*, Selektive Vertriebssysteme im europäischen Kartellrecht, S. 179. Gleiches ergibt sich durch einen Umkehrschluss aus den Leitlinien Rn. 87.

4. Rechtsfolgen

342 Durch die VO nach Art. 8 wird die Freistellung nach Art. 81 Abs. 3 EG **mit Wirkung für die Zukunft** (ex nunc) aufgehoben. Bei den betroffenen Vereinbarungen ist für die Zeit danach gemäß den allgemeinen Kriterien des Art. 81 Abs. 3 EG zu beurteilen, ob die Voraussetzungen für eine Einzelfallfreistellung erfüllt sind. Anders als im Fall der Art. 6 und 7 ist eine solche Prüfung möglich und geboten, da die VO nach Art. 8 keine Feststellung eines Verstoßes gegen Art. 81 Abs. 3 EG im konkreten Fall enthält.[608]

Art. 9 [Marktanteilsermittlung]

(1) **Bei der Ermittlung des Marktanteils von 30% im Sinne von Artikel 3 Absatz 1 wird der Absatzwert der verkauften Vertragswaren oder -dienstleistungen sowie der sonstigen von dem Lieferanten verkauften Waren oder Dienstleistungen zugrunde gelegt, die vom Käufer aufgrund ihrer Eigenschaften, ihrer Preislage und ihres Verwendungszwecks als austauschbar oder substituierbar angesehen werden. Liegen keine Angaben über den Absatzwert vor, so können zur Ermittlung des Marktanteils Schätzungen vorgenommen werden, die auf anderen verlässlichen Marktdaten unter Einschluss der Absatzmengen beruhen. Bei der Anwendung von Artikel 3 Absatz 2 ist der Marktanteil auf der Grundlage des Wertes der auf dem Markt getätigten Käufe oder anhand von Schätzungen desselben zu ermitteln.**

(2) **Für die Anwendung der Marktanteilsschwelle im Sinne des Artikels 3 gelten folgende Regeln:**

a) **Der Marktanteil wird anhand der Angaben für das vorhergehende Kalenderjahr ermittelt.**

b) **Der Marktanteil schließt Waren oder Dienstleistungen ein, die zum Zweck des Verkaufs an integrierte Händler geliefert werden.**

c) **Beträgt der Marktanteil zunächst nicht mehr als 30% und überschreitet er anschließend diese Schwelle, übersteigt jedoch nicht 35%, so gilt die Freistellung nach Artikel 2 im Anschluss an das Jahr, in welchem die 30-%-Schwelle erstmals überschritten wurde, noch für zwei weitere Kalenderjahre.**

d) **Beträgt der Marktanteil zunächst nicht mehr als 30% und überschreitet er anschließend 35%, so gilt die Freistellung nach Artikel 2 im Anschluss an das Jahr, in welchem die Schwelle von 35% erstmals überschritten wurde, noch für ein weiteres Kalenderjahr.**

e) **Die unter den Buchstaben c) und d) genannten Vorteile dürfen nicht in der Weise miteinander verbunden werden, dass ein Zeitraum von zwei Kalenderjahren überschritten wird.**

1. Sinn und Zweck

343 Art. 9 regelt Einzelheiten für die **Ermittlung des Marktanteils (Absatz 1) und die Anwendung der Marktanteilsschwelle (Absatz 2)** i. S. d. Art. 3. Dabei ist die Systematik in Art. 9 Abs. 2 ungenau, da sich – entgegen dem Wortlaut – die Buchstaben a und b in Absatz 2 noch auf die „Ermittlung" des Marktanteils beziehen; nur die Buchstaben c bis e regeln Fragen der „Anwendung" im eigentlichen Sinn (vorübergehende Überschreitung der Toleranzgrenzen).[609]

2. Praktische Bedeutung

344 Die Grundsätze zur Ermittlung des Marktanteils in Art. 9 Abs. 1 und Abs. 2 Buchst. a und b stellen eine notwendige Ergänzung des Art. 3 dar. Sie sind bei Anwendung des

---

[608] Vgl. *Seeliger* in: Wiedemann, Handbuch des Kartellrechts, § 10 Rn. 224.
[609] Darauf weisen *Schultze/Pautke/Wagener*, Vertikal-GVO Rn. 725 zutreffend hin.

B. Vertikalvereinbarungen   345–349 **Art. 9 Vert-GVO**

Art. 3 immer mit heranzuziehen. Bei der Prüfung einer Einzelfreistellung nach Art. 81 Abs. 3 EG können diese Grundsätze entsprechend herangezogen werden.

Durch die Toleranzgrenze in Art. 9 Abs. 2 Buchst. c bis e wird die Bedeutung der **345** **Marktanteilsschwellen** in Art. 3 **relativiert**. Im Ergebnis kann daher in geeigneten Fällen offen bleiben, ob die 30%-Schwelle in Art. 3 tatsächlich in einem bestimmten Zeitraum eingehalten wurde oder nicht.

Beide Teilregelungen des Art. 9 sind nur in den Fällen relevant, in denen die Freistellung **346** entscheidend von der Einhaltung der Schwelle in Art. 3 abhängt, also ausnahmsweise bei Überschreiten der Schwelle keine Einzelfreistellung vorliegt. Ihre praktische Bedeutung ist deshalb eher gering.

3. Tatbestand

a) Ermittlung des Marktanteils (Art. 9 Abs. 1 und Abs. 2 Buchst. a und b). Für **347** die Berechnung des Marktanteils in Art. 3 sind die **Absatzwerte** (nicht Absatzmengen) **des vergangenen Kalenderjahrs** heranzuziehen; das Geschäftsjahr spielt keine Rolle. Sofern die Absatzwerte nicht errechnet werden können, ist auf Schätzungen zurückzugreifen. Nach dem Wortlaut der Vorschrift ist es nicht zulässig, entsprechend der üblichen Kommissionspraxis in der Fusionskontrolle bei starken Marktanteilsschwankungen auf Durchschnittswerte der letzten 3 oder 5 Jahre abzustellen;[610] statt dessen greifen die Toleranzwerte in Abs. 2 Buchst. c bis e ein. Verbundene Unternehmen sind nach Art. 11 mitzuzählen; bei Gemeinschaftsunternehmen erfolgt die Anrechnung ausnahmsweise nur zur Hälfte (Art. 11 Abs. 3).

Hinsichtlich verbundener Unternehmen bestimmt Art. 9 Abs. 2 Buchst. b, dass der **348** Marktanteil die **Lieferungen an integrierte Händler** einschließt. Dies weicht von der sonst üblichen Praxis ab, wonach Eigenlieferungen im Konzern nicht zu berücksichtigen sind.[611] Die Ausnahme in Art. 9 Abs. 2 Buchst. b betrifft nicht nur Lieferungen des Lieferanten i.S.d. Art. 3 Abs. 1 bzw. des Käufers im Fall des Art. 3 Abs. 2, sondern gilt allgemein für alle Unternehmen.[612] Ohne dass dies ausdrücklich erwähnt wird, kommt Art. 9 Abs. 2 Buchst. b nur im Fall des „**dualen Vertriebs**" zur Anwendung. Denn bei der Lieferung an integrierte Händler (d.h. konzerneigene Unternehmen) ist eine spürbare Wettbewerbsbeschränkung i.S.d. Art. 81 Abs. 1 EG ausgeschlossen, so dass freistellungsfähige vertikale Beschränkungen nur in anderen, daneben bestehenden Vertriebsbeziehungen enthalten sein können.

b) Nachlauffristen bei Marktanteils-Überschreitungen (Art. 9 Abs. 2 Buchst. c **349** **bis e).** Diese Regelung will den betroffenen Unternehmen ausreichende Fristen einräumen, damit sie sich im Falle der Marktanteils-Überschreitung auf den Wegfall der gruppenweisen Freistellung rechtzeitig einstellen können. Voraussetzung ist, dass der Marktanteil zunächst den Wert von 30% nicht überschritten hat.[613] Der **Toleranzzeitraum** ist dabei recht **großzügig bemessen**,[614] ersetzt andererseits aber auch die sonst denkbare Durchschnittsbe-

---

[610] Vgl. *Schultze/Pautke/Wagener,* Vertikal-GVO Rn. 728. Weitergehend *Bechtold/Bosch/Brinker/Hirsbrunner,* EG-Kartellrecht, Art. 9 VO 2790/1999 Rn. 8, wonach die Jahresfrist nur den „Regelfall" darstellt, im Einzelfall aber abweichende Zeitperioden zulässig sein sollen.
[611] *Schultze/Pautke/Wagener,* Vertikal-GVO Rn. 732.
[612] In den Leitlinien Rn. 99 sind „konkurrierende Produzenten" ausdrücklich erwähnt. Ebenso *Veelken* in: Immenga/Mestmäcker, EG-WbR, Vertikal-VO Rn. 336; a.A. *Schultze/Pautke/Wagener,* Vertikal-GVO Rn. 732 ff. *Bechtold/Bosch/Brinker/Hirsbrunner,* EG-Kartellrecht, Art. 9 VO 2790/1999 Rn. 5 bezeichnen die Rechtslage als unklar.
[613] Die Toleranzgrenzen kommen daher nicht zur Anwendung, wenn der Marktanteil bereits im 1. Kalenderjahr mehr als 30% betragen hat; anders *Schultze/Pautke/Wagener,* Vertikal-GVO Rn. 729 Fn. 138.
[614] Vgl. im Einzelnen die tabellarischen Übersichten bei *Schultze/Pautke/Wagener,* Vertikal-GVO Rn. 745, die im Ergebnis zu der Feststellung führen, dass „es gar nicht so einfach ist, aus der Vertikal-GVO herauszuwachsen".

rechnung schwankender Marktanteile.[615] Bei einer erstmaligen Überschreitung der Marktanteilsschwelle von 30% endet die Freistellung frühestens nach Ablauf des folgenden Jahres (Buchst. d). Bei nur geringfügigen Überschreitungen, wenn der festgestellte Marktanteil im ersten Jahr nicht über 35% hinausgegangen ist, verlängert sich diese Frist um ein weiteres Jahr (Buchst. c). Dies ist zugleich die längstmögliche Toleranzgrenze (Buchst. e). Wird die Marktanteilsschwelle von 30% wieder unterschritten, kommen die Fristen mit den Toleranzgrenzen erneut zur Anwendung.[616]

350 Der Verlust der Gruppenfreistellung nach Art. 3 tritt daher frühestens am Ende des 2. Jahres nach Überschreiten der 30%-Marktanteilsgrenze ein; in den weitaus meisten Fällen wird dies sogar erst am Ende des 3. Jahres erfolgen, vor allem wenn der Marktanteil zunächst sehr niedrig war.

Art. 10 [Umsatzermittlung]

(1) **Für die Ermittlung des jährlichen Gesamtumsatzes im Sinne von Artikel 2 Absätze 2 und 4 sind die Umsätze zusammenzuzählen, welche die jeweilige an der vertikalen Vereinbarung beteiligte Vertragspartei und die mit ihr verbundenen Unternehmen im letzten Geschäftsjahr mit allen Waren und Dienstleistungen nach Abzug von Steuern und sonstigen Abgaben erzielt haben. Dabei werden Umsätze zwischen der an der Vereinbarung beteiligten Vertragspartei und den mit ihr verbundenen Unternehmen oder zwischen den mit ihr verbundenen Unternehmen nicht mitgezählt.**

(2) **Die Freistellung nach Artikel 2 gilt weiter, wenn der jährliche Gesamtumsatz in zwei jeweils aufeinanderfolgenden Geschäftsjahren den in dieser Verordnung genannten Schwellenwert um nicht mehr als ein Zehntel überschreitet.**

1. Sinn und Zweck, Praktische Bedeutung

351 Art. 10 Abs. 1 enthält eine ergänzende Regelung für die Umsatzermittlung nach Art. 2 Abs. 2 und 4. Bei der Anwendung dieser Vorschriften sind die Grundsätze in Art. 10 Abs. 1 immer mit heranzuziehen. Absatz 2 sieht darüber hinaus eine Toleranzgrenze bei geringfügigen Überschreitungen der Umsatzschwellen vor.

352 Beide Regelungen sind nur relevant, wenn es in den (ohnehin nicht häufigen) Fällen der Art. 2 Abs. 2 und 4 auf die Einhaltung der Umsatzschwellenwerte entscheidend ankommt, also eine Einzelfreistellung nicht in Betracht kommt. Die praktische Bedeutung des Art. 10 ist daher gering.

2. Tatbestand

353 **a) Ermittlung des Umsatzes (Absatz 1).** Nach Art. 10 Abs. 1 sind bei der Ermittlung der Umsatzgrenzen von 50 Mio. EUR (Art. 2 Abs. 2) oder 100 Mio. EUR (Art. 2 Abs. 4) **die Umsatzwerte des vergangenen Geschäftsjahrs** maßgeblich. Dabei sind die Umsätze nicht nur der Vertragspartei[617] selbst, sondern aller mit ihr gemäß Art. 11 verbundenen Unternehmen heranzuziehen. Umsätze zwischen den verbundenen Unternehmen

---

[615] Diese war noch im Entwurf der Leitlinien vorgesehen; vgl. dazu *Veelken* in: Immenga/Mestmäcker, EG-WbR, Vertikal-VO Rn. 335.

[616] So auch *Veelken* in: Immenga/Mestmäcker, EG-WbR, Vertikal-VO Rn. 338 und 339 sowie *Schultze/Pautke/Wagener*, Vertikal-GVO Rn. 744.

[617] Bei Unternehmensvereinigungen i. S. d. Art. 2 Abs. 2 passt der Ausdruck „Vertragspartei" nicht. Gemeint sind die der Unternehmensvereinigung als Vertragspartei angehörigen Wareneinzelhändler, die selbst nicht „beteiligte Vertragspartei" sind. Darauf weisen *Schultze/Pautke/Wagener*, Vertikal-GVO Rn. 746 zu Recht hin.

B. Vertikalvereinbarungen **354 Art. 11 Vert-GVO**

(Innenumsätze) werden dabei nach Satz 2 – in Übereinstimmung mit den allgemeinen Regeln – nicht mitgezählt. Im Falle von Gemeinschaftsunternehmen findet Art. 11 Abs. 3 auf die Ermittlung der Umsatzgrenzen keine Anwendung;[618] der Umsatz des Gemeinschaftsunternehmens wird bei der Anwendung von Art. 2 Abs. 2 und 4 den Mutterunternehmen jeweils voll zugerechnet.

b) Toleranzgrenze (Absatz 2). Geringfügige Überschreitungen der maßgeblichen 354 Umsatzschwellen in Art. 2 Abs. 2 und 4 führen nicht automatisch zum Verlust der Freistellung. Unschädlich ist nach Art. 10 Abs. 2 eine Überschreitung von bis zu 10% in zwei aufeinander folgenden Jahren. Voraussetzung ist, dass zunächst der Grenzwert eingehalten war; dies folgt aus dem Wortlaut „gilt weiter". Absatz 2 greift daher nicht ein, wenn bereits im ersten Jahr der Vereinbarung die Grenze, wenn auch nur geringfügig, überschritten war.[619]

Art. 11 [Verbundene Unternehmen]

(1) **Die Begriffe des „Unternehmens", des „Lieferanten" und des „Käufers" im Sinne dieser Verordnung schließen die mit diesen jeweils verbundenen Unternehmen ein.**

(2) Verbundene Unternehmen sind:
a) Unternehmen, in denen ein an der Vereinbarung beteiligtes Unternehmen unmittelbar oder mittelbar
 – über mehr als die Hälfte der Stimmrechte verfügt oder
 – mehr als die Hälfte der Mitglieder des Leitungs- oder Verwaltungsorgans oder der zur gesetzlichen Vertretung berufenen Organe bestellen kann oder
 – das Recht hat, die Geschäfte des Unternehmens zu führen;
b) Unternehmen, die in einem an der Vereinbarung beteiligten Unternehmen unmittelbar oder mittelbar die unter Buchstabe a) bezeichneten Rechte oder Einflussmöglichkeiten haben;
c) Unternehmen, in denen ein unter Buchstabe b) genanntes Unternehmen unmittelbar oder mittelbar die unter Buchstabe a) bezeichneten Rechte oder Einflussmöglichkeiten hat;
d) Unternehmen, in denen eine der Vertragsparteien gemeinsam mit einem oder mehreren der unter den Buchstaben a), b) oder c) genannten Unternehmen oder in denen zwei oder mehr als zwei der zuletzt genannten Unternehmen gemeinsam die in Buchstabe a) bezeichneten Rechte oder Einflussmöglichkeiten haben;
e) Unternehmen, in denen
 – Vertragsparteien oder mit ihnen jeweils verbundene Unternehmen im Sinne der Buchstaben a) bis d) oder
 – eine oder mehrere der Vertragsparteien oder eines oder mehrere der mit ihnen im Sinne der Buchstaben a) bis d) verbundenen Unternehmen und ein oder mehrere dritte Unternehmen
 gemeinsam die unter Buchstabe a) bezeichneten Rechte oder Einflussmöglichkeiten haben.

(3) Bei der Anwendung von Artikel 3 wird der Marktanteil der in Absatz 2 Buchstabe e) bezeichneten Unternehmen jedem der Unternehmen, das die in Absatz 2 Buchstabe a) bezeichneten Rechte oder Einflussmöglichkeiten hat, zu gleichen Teilen zugerechnet.

---

[618] Vgl. *Veelken* in: Immenga/Mestmäcker, EG-WbR, Vertikal-VO Rn. 340.
[619] Teilweise a. A. *Schultze/Pautke/Wagener,* Vertikal-GVO Rn. 749, wonach eine „kumulierte Betrachtung" beider Geschäftsjahre zulässig sein soll; das ist mit dem Wortlaut der Vorschrift nicht vereinbar. Wie hier *Seeliger* in: Wiedemann, Handbuch des Kartellrechts, § 10 Rn. 106.

Art. 11 Vert-GVO 355–360

1. Sinn und Zweck, Praktische Bedeutung

355 Art. 11 enthält eine inzwischen übliche **Verbundklausel**,[620] die einheitlich für den Anwendungsbereich der GVO die Einbeziehung verbundener Unternehmen vorschreibt. Sie ist anzuwenden auf alle Regelungen, die Größenmerkmale enthalten, sowie hinsichtlich des Marktanteils in Art. 3 und 9 und des Umsatzes in Art. 2 Abs. 2 und 4. Allerdings hat sie für die Freistellung nach den Art. 2 und 3 nur dann praktische Bedeutung, wenn die Voraussetzungen für eine Einzelfreistellung nicht vorliegen und deshalb die Größenmerkmale für die Freistellung entscheidend sind. Dies wird eher selten der Fall sein.

356 Bedeutsamer ist die Verbundklausel dagegen bei der Anwendung des Art. 4. Bei der Prüfung, ob Kernbeschränkungen vorliegen, ist stets auf verbundene Unternehmen mit abzustellen. Wichtig ist auch die entsprechende Verbundklausel in Ziff. 12 der sog. **Bagatellbekanntmachung** der Kommission,[621] durch die der Anwendungsbereich dieser Bekanntmachung in der Praxis erheblich eingeschränkt wird.

2. Tatbestand

357 **a) Anwendungsbereich (Absatz 1).** Die Verbundklausel findet Anwendung in allen Fällen, in denen die GVO auf „Lieferanten", „Käufer" oder „Unternehmen" abstellt. Unternehmen ist dabei im Allgemeinen der Oberbegriff für Käufer oder Lieferanten. Gleich zu behandeln sind die Begriffe wie „Händler" (in selektiven Vertriebssystemen) oder „Anbieter" (vgl. Art. 1 Buchst. a).[622] Dagegen ist z. B. hinsichtlich „Mitglieder" (Art. 2 Abs. 2) oder der „Vertragsparteien" (Art. 10) die Erstreckung auf verbundene Unternehmen ausdrücklich angeordnet.

358 Die Verbundklausel gilt sowohl, wie regelmäßig, zu Lasten der Unternehmen als auch in Ausnahmefällen zu Gunsten der Unternehmen.[623] Nur im letzteren Fall können die Unternehmen abweichende Vereinbarungen treffen.

359 **b) Definition (Absatz 2).** Die recht detaillierte Regelung in Abs. 2 zählt insgesamt 5 Fallgruppen von verbundenen Unternehmen auf, wobei es sich zum Teil um Konzernregelungen (Buchst. a bis c) und zum Teil um Sonderregelungen für Gemeinschaftsunternehmen (Buchst. d und e) handelt. Bei den **Konzernunternehmen** (Buchst. a bis c) wird abweichend von früheren Regelungen nicht auf die Kapitalbeteiligung,[624] sondern allein auf das Stimmrecht abgestellt. Als verbundene Unternehmen sind Tochterunternehmen (Buchst. a), Mutterunternehmen (Buchst. b) oder Schwester- bzw. sonstige Konzernunternehmen (Buchst. c) definiert. Erfasst sind jeweils auch mehrstufige Abhängigkeitsverhältnisse (Enkelunternehmen u. a.).

360 Hinsichtlich der **Gemeinschaftsunternehmen** (GU) unterscheidet die Regelung zwischen Fallgestaltungen, bei denen das GU von Unternehmen eines einzelnen Verbundes gegründet ist (Buchst. d),[625] und GU, bei denen verschiedene selbständige Unternehmen beteiligt sind (Buchst. e).[626] In der letzteren Fallgestaltung wird wiederum unterschieden zwischen GU der Vertragsparteien (1. Spiegelstrich) und GU, an denen neben einer oder

---

[620] Vorschriften zur Einbeziehung verbundener Unternehmen finden sich nicht nur in den verschiedenen Gruppenfreistellungsverordnungen. Auch in der Fusionskontrolle ist eine vergleichbare Regelung für die Umsatzberechnung vorgesehen (vgl. Art. 5 Abs. 4 und 5 der EG-Fusionskontrollverordnung Nr. 139/2004, ABl. EG 2004 Nr. L 24/1).

[621] Bekanntmachung vom 22. 12. 2001, ABl. EG 2001 Nr. C 368/13.

[622] Vgl. *Schultze/Pautke/Wagener*, Vertikal-GVO Rn. 755.

[623] Ebenso *Schultze/Pautke/Wagener*, Vertikal-GVO Rn. 767.

[624] Dies ist in der Fusionskontrollverordnung Art. 5 Abs. 4 Buchst. b (i) anders geregelt.

[625] Sog. „verbundinterne Gemeinschaftsunternehmen"; vgl. *Veelken* in: Immenga/Mestmäcker, EG-WbR, Einl. GFVO Rn. 36.

[626] Sog. „verbundexterne Gemeinschaftsunternehmen"; vgl. *Veelken* in: Immenga/Mestmäcker, EG-WbR, Einl. GFVO Rn. 37.

mehreren Vertragsparteien auch dritte Unternehmen beteiligt sind (2. Spiegelstrich). Bei beiden Fallgruppen der GU sind Tochterunternehmen der GU nicht erfasst.[627]

Nach allgemeiner Praxis werden die GU den beteiligten (Mutter-) Unternehmen jeweils voll zugerechnet. Abweichend davon werden nach Absatz 3 bei der Berechnung des Marktanteils in Art. 3 die Anteile der verbundexternen GU den Müttern nicht voll, sondern nur zu gleichen Teilen zugerechnet. Die Höhe der Kapitalbeteiligung ist dabei unerheblich. Dies entspricht der Regelung in der Fusionskontrollverordnung für die Umsatzberechnung.[628] Für die Umsatzberechnung in Art. 2 Abs. 2 und 4 gilt Art. 11 Abs. 3 dagegen nicht. Es verbleibt insoweit bei der vollen Zurechnung.[629] **361**

Art. 12 [Übergangsregelungen]

(1) **Die in den Verordnungen (EWG) Nr. 1983/83, (EWG) Nr. 1984/83 und (EWG) Nr. 4087/88 der Kommission vorgesehenen Freistellungen gelten bis zum 31. Mai 2000 weiter.**

(2) **Das in Artikel 81 Absatz 1 des Vertrags geregelte Verbot gilt vom 1. Juni 2000 bis zum 31. Dezember 2001 nicht für Vereinbarungen, die am 31. Mai 2000 bereits in Kraft waren und die die Voraussetzungen für eine Freistellung zwar nach den Verordnungen (EWG) Nr. 1983/83, (EWG) Nr. 1984/83 oder (EWG) Nr. 4087/88, nicht aber nach der vorliegenden Verordnung erfüllen.**

Art. 12 enthält in Absatz 1 die notwendige **Übergangsregelung,** um beim Inkrafttreten einen nahtlosen Anschluss an die früher geltenden Regelungen sicherzustellen. Die gruppenweise Freistellung nach der Vertikal-GVO gilt für alle Vereinbarungen, auch soweit sie vor Inkrafttreten der Verordnung abgeschlossen sind.[630] **362**

Da die Vertikal-GVO inhaltlich zum Teil strengere Anforderungen stellt als die Vorgängerregelungen, sieht Absatz 2 **verlängerte Auslauffristen** für Vereinbarungen vor, die nach den früheren Regelungen freigestellt waren. Diese Übergangsfristen sind seit dem 1. 1. 2002 abgelaufen und daher inzwischen bedeutungslos. Spätestens seit diesem Zeitpunkt richtet sich die gruppenweise Freistellung für alle Vertikal-Vereinbarungen – unabhängig davon, wann die Vereinbarungen abgeschlossen worden sind – nur noch nach den Bestimmungen der Vertikal-GVO.[631] **363**

Nach den Leitlinien der Kommission[632] soll noch eine **Ausnahme für Altverträge bei der Anwendung des Art. 5** fortgelten. Bei langfristigen Bezugsverträgen (z. B. Energielieferverträgen, die Laufzeiten bis zu 20 Jahren aufweisen) soll die 5-Jahres-Frist nach Art. 5 Buchst. a ausnahmsweise nicht ab Vertragsbeginn gerechnet werden, sondern erst mit dem 1. 1. 2002 einsetzen. Solche langfristigen Wettbewerbsbeschränkungen sollen also freigestellt sein, wenn das Wettbewerbsverbot oder die Mindestabnahmeverpflichtung nicht über den 31. 12. 2006 hinausgeht. Diese Vergünstigung für Altverträge hat keine Grundlage in der Vertikal-GVO und kann deshalb allenfalls eine Selbstbindung der Kommission bewirken.[633] **364**

---

[627] Vgl. *Schultze/Pautke/Wagener,* Vertikal-GVO Rn. 763.

[628] Art. 5 Abs. 5 Buchst. b Satz 2 der Verordnung Nr. 139/2004.

[629] Vgl. Erläuterungen zu Art. 10 Rn. 3.

[630] Zur Frage, inwieweit bei Altverträgen, die vor Inkrafttreten der Vertikal-GVO abgeschlossen wurden, eine rückwirkende Freistellung eingetreten ist, vgl. *Wagner* WRP 2003, 1369, 1382 ff.

[631] Vereinbarungen, die nach altem Recht freigestellt waren, aber nicht den Voraussetzungen der Vertikal-GVO entsprachen, mussten vertraglich angepasst werden, damit sie weiterhin gruppenweise freigestellt blieben. Vgl. dazu im Einzelnen *Beckmann* WRP 2003, 752, 756 ff. Diese Fragen haben inzwischen keine praktische Bedeutung mehr.

[632] Rn. 70.

[633] Kritisch und im Ergebnis wohl wie hier auch *Bauer/de Bronett,* Vertikal-GVO Rn. 165 f.; ebenso *Schultze/Pautke/Wagener,* Vertikal-GVO Rn. 670.

Art. 12a [Geltung in den neuen Mitgliedstaaten]

Das Verbot des Artikels 81 Absatz 1 des Vertrags gilt nicht für Vereinbarungen, die am Tag des Beitritts der Tschechischen Republik, Estlands, Zyperns, Lettlands, Litauens, Ungarns, Maltas, Polens, Sloweniens und der Slowakei bestanden und infolge des Beitritts in den Anwendungsbereich des Artikels 81 Absatz 1 des Vertrags fallen, sofern sie innerhalb von sechs Monaten nach dem Tag des Beitritts so geändert werden, dass sie den Bestimmungen dieser Verordnung entsprechen.

365 Die Vorschrift ist durch die Akte über die Bedingungen des Beitritts der Tschechischen Republik, der Republik Estland, der Republik Zypern, der Republik Lettland, der Republik Litauen, der Republik Ungarn, der Republik Malta, der Republik Polen, der Republik Slowenien und der Slowakischen Republik und die Anpassungen der die Europäische Union begründenden Verträge[634] eingefügt worden. Sie hat inzwischen keine Bedeutung mehr, da die 6-monatige Übergangsfrist zur Anpassung der bestehenden Vereinbarungen am 1. 11. 2004 abgelaufen ist. Seit diesem Zeitpunkt ist auch in den neuen Mitgliedstaaten die Vertikal-GVO uneingeschränkt anwendbar.

Art. 13 [Geltungsdauer]

Die Verordnung tritt am 1. Januar 2000 in Kraft.
Sie ist ab dem 1. Juni 2000 anwendbar mit Ausnahme ihres Artikels 12 Absatz 1, der ab dem 1. Januar 2000 anwendbar ist.
Sie gilt bis zum 31. Mai 2010.

366 Art. 13 regelt die zeitliche Geltungsdauer der Vertikal-GVO. Ihre Geltung ist bis zum 31. Mai 2010 befristet.[635] Zu diesem Zeitpunkt enden alle gruppenweisen Freistellungen nach Art. 2, sofern die Kommission nicht – wie zu erwarten – eine Anschlussregelung trifft.

---

[634] ABl. EG 2003 L 236 S. 33. Die Vorschrift über die Ergänzung der Vertikal-GVO findet sich auf S. 345.
[635] Für den Entzug der gruppenweisen Freistellung nach den Art. 6 und 7 gilt ab 1. Mai 2004 die Regelung in Art. 29 Abs. 1 und 2 der VO 1/2003, die zeitlich nicht befristet ist.

C. Technologietransfer[*]

Übersicht

	Rn.		Rn.
Einführung	1	3. Konkrete Berechnung	35
1. Die Neuregelung	1	Art. 4 (Kernbeschränkungen)	36
2. Evaluierungsprozess	2	1. Unzulässige Vereinbarungen	36
3. Wirtschaftlicher Ansatz	3	2. Keine Abtrennbarkeit	37
4. Kritik an der Vorgängerverordnung VO 240/96	4	3. „Spätere Wettbewerber"	38
5. Kerninhalte der Neuregelung	5	4. Wechselseitige und nicht wechselseitige Vereinbarungen	39
6. Regelungsziele der Artikel 4 und 5 TT-GVO	6	5. Einzelfälle	40
7. Das Verhältnis zu anderen Gruppenfreistellungsverordnungen	7	a) Preisfestsetzungen für an Dritte verkaufte Produkte	40
a) Geltung der Spezialisierungs-GVO	8	b) Beschränkungen des Outputs	41
b) Geltung der FuE-GVO	9	c) Zuweisung von Märkten oder Kunden	43
c) Geltung der Vertikal-GVO	10	d) Beschränkung der eigenen Technologie und Forschungs- und Entwicklungsarbeiten	46
Art. 1 (Definitionen)	11	6. Einzelfälle für Nicht-Wettbewerber	50
1. Definitionen	11	a) Preisfestsetzungen	50
2. Materielle Erweiterung	12	b) Beschränkungen des passiven Verkaufs	52
a) Geschmacksmuster	13	c) Beschränkungen der Verkäufe an Endverbraucher	53
b) Softwarelizenz-Vereinbarungen	14	7. Zulässige Beschränkungen	54
3. Differenzierung Produkt- und Technologiemarkt	15	Art. 5 (Nicht freigestellte Beschränkungen)	55
a) Begriff des „relevanten Produktmarkts"	16	1. Grundsatz der Abtrennbarkeit	55
b) Begriff des „relevanten Technologiemarkts"	17	2. Ausnahmen	56
4. Definition „Wettbewerber" und „Nicht-Wettbewerber"	18	a) Exklusivlizenz	56
a) Wettbewerber auf dem Technologiemarkt	20	b) Übertragung auf Dritte	58
b) Wettbewerber auf dem Produktmarkt	21	c) Nichtangriffsklauseln	59
c) Verbundene Unternehmen	22	3. Beschränkung für Nicht-Wettbewerber	61
5. Definition des „freigestellten Vertragstypus"	23	Art. 6 (Entzug des Rechtsvorteils der Verordnung im Einzelfall)	63
Art. 2 (Freistellung)	24	1. Kumulative Voraussetzungen	63
1. Generalklausel	24	2. Einschränkungen	64
2. Fokussierung auf die Produktion von Vertragsprodukten	25	3. Beweislast	65
3. Entfallen von Beschränkungsauflagen	26	Art. 7 (Nichtanwendbarkeit dieser Verordnung)	66
4. Dauer der Freistellung	28	1. Nichtanwendungsverordnung	66
Art. 3 (Marktanteilsschwellen)	29	2. Übergangsregelung	67
1. Einführung	29	Art. 8 (Anwendung der Marktanteilsschwellen)	68
2. Wettbewerber und Nicht-Wettbewerber	30	Art. 9 (Aufhebung der Verordnung)	68
a) Produktmarkt	31	Art. 10 (Übergangsfrist)	68
b) Technologiemarkt	32	Art. 11 (Geltungsdauer)	68
c) Aufwand	33		
d) Laufzeit	34		

Erwägungsgründe

Die Kommission der Europäischen Gemeinschaft –
gestützt auf den Vertrag zur Gründung der Europäischen Gemeinschaft,
gestützt auf die Verordnung Nr. 19/65/EWG des Rates vom 2. März 1965 über die Anwendung von Artikel 85 Absatz 3 des Vertrags auf Gruppen von Vereinbarungen und aufeinander abgestimmte Verhaltensweisen, insbesondere auf Artikel 1,
nach Veröffentlichung des Entwurfs dieser Verordnung,

---

[*] Verordnung (EG) Nr. 772/2004 der Kommission über die Anwendung von Artikel 81 Absatz 3 EG-Vertrag auf Gruppen von Technologietransfer-Vereinbarungen.

nach Anhörung des Beratenden Ausschusses für Kartell- und Monopolfragen, in Erwägung nachstehender Gründe:

(1) Nach der Verordnung Nr. 19/65/EWG ist die Kommission ermächtigt, Artikel 81 Absatz 3 EG-Vertrag durch Verordnung auf bestimmte unter Artikel 81 Absatz 1 EG-Vertrag fallende Gruppen von Technologietransfer-Vereinbarungen und entsprechende aufeinander abgestimmte Verhaltensweisen für anwendbar zu erklären, an denen nur zwei Unternehmen beteiligt sind.

(2) Auf der Grundlage der Verordnung Nr. 19/65/EWG hat die Kommission insbesondere die Verordnung (EG) Nr. 240/96 vom 31. Januar 1996 zur Anwendung von Artikel 81 Absatz 3 des Vertrags auf Gruppen von Technologietransfer-Vereinbarungen erlassen.

(3) Am 20. Dezember 2001 veröffentlichte die Kommission einen Evaluierungsbericht über die Gruppenfreistellungsverordnung (EG) Nr. 240/96 für Technologietransfer-Vereinbarungen. Dieser Bericht löste eine öffentliche Diskussion über die Anwendung der Verordnung (EG) Nr. 240/96 und die Anwendung von Artikel 81 Absätze 1 und 3 EG-Vertrag auf Technologietransfer-Vereinbarungen allgemein aus. Mitgliedstaaten und Dritte sprachen sich dabei allgemein für eine Reform der Wettbewerbspolitik der Kommission in Bezug auf Technologietransfer-Vereinbarungen aus. Es ist daher angebracht, die Verordnung (EG) Nr. 240/96 zu ersetzen.

(4) Die vorliegende Verordnung soll für wirksamen Wettbewerb sorgen und zugleich den Unternehmen angemessene Rechtssicherheit bieten. Bei der Verfolgung dieser Ziele sollten die rechtlichen Vorgaben vereinfacht und für eine einfachere Anwendung gesorgt werden. Anstelle einer Aufzählung der vom Verbot des Artikels 81 Absatz 1 EG-Vertrag freigestellten Bestimmungen empfiehlt es sich, künftig die Gruppen von Vereinbarungen zu beschreiben, die von dem Verbot freigestellt sind, solange die Marktmacht der Beteiligten ein bestimmtes Maß nicht überschreitet, und die Beschränkungen oder Bestimmungen zu benennen, die in solchen Vereinbarungen nicht enthalten sein dürfen. Dies entspricht einem wirtschaftsorientierten Ansatz, bei dem untersucht wird, wie sich eine Vereinbarung auf den relevanten Markt auswirkt. Diesem Ansatz entspricht es auch, zwischen Vereinbarungen zwischen Wettbewerbern und Vereinbarungen zwischen Nicht-Wettbewerbern zu unterscheiden.

(5) Gegenstand einer Technologietransfer-Vereinbarung ist die Vergabe einer Lizenz für eine bestimmte Technologie. Solche Vereinbarungen steigern in der Regel die wirtschaftliche Leistungsfähigkeit und wirken sich positiv auf den Wettbewerb aus, da sie die Verbreitung der Technologie erleichtern, parallelen Forschungs- und Entwicklungsaufwand reduzieren, den Anreiz zur Aufnahme von Forschungs- und Entwicklungsarbeiten stärken, Anschlussinnovationen fördern und Wettbewerb auf den Produktmärkten erzeugen können.

(6) Die Wahrscheinlichkeit, dass die effizienzsteigernden und wettbewerbsfördernden Wirkungen stärker ins Gewicht fallen als wettbewerbsschädliche Wirkungen, die von Beschränkungen in Technologietransfer-Vereinbarungen verursacht werden, hängt von der Marktmacht der beteiligten Unternehmen und somit von dem Ausmaß ab, in dem diese Unternehmen dem Wettbewerb anderer Unternehmen ausgesetzt sind, die über Ersatztechnologien verfügen oder Ersatzprodukte herstellen.

(7) Diese Verordnung sollte nur für Vereinbarungen gelten, in denen der Lizenzgeber dem Lizenznehmer erlaubt, die lizenzierte Technologie – gegebenenfalls nach weiteren Forschungs- und Entwicklungsarbeiten des Lizenznehmers – zur Produktion von Waren oder Dienstleistungen zu nutzen. Lizenzvereinbarungen, die die Vergabe von Unteraufträgen für Forschungs- und Entwicklungstätigkeiten zum Ziel haben, sollten hiervon nicht erfasst werden. Ferner sollten Lizenzvereinbarungen zur Errichtung von Technologiepools nicht erfasst werden, d. h. Vereinbarungen über die Zusammenlegung von Technologien

mit dem Ziel, das so entstandene Paket an Schutzrechtslizenzen Dritten zur Nutzung anzubieten.

(8) Für die Anwendung von Artikel 81 Absatz 3 EG-Vertrag durch Verordnung ist es nicht erforderlich, diejenigen Technologietransfer-Vereinbarungen zu bestimmen, die unter Artikel 81 Absatz 1 EG-Vertrag fallen könnten. Bei der individuellen Beurteilung von Vereinbarungen nach Artikel 81 Absatz 1 sind mehrere Faktoren, insbesondere die Struktur und Dynamik der relevanten Technologie- und Produktmärkte, zu berücksichtigen.

(9) Die in dieser Verordnung geregelte Gruppenfreistellung sollte nur Vereinbarungen zugute kommen, von denen mit hinreichender Sicherheit angenommen werden kann, dass sie die Voraussetzungen von Artikel 81 Absatz 3 EG-Vertrag erfüllen. Um die Vorteile des Technologietransfers nutzen und die damit verbundenen Ziele erreichen zu können, sollte diese Verordnung auch für Bestimmungen in Technologietransfer-Vereinbarungen gelten, die nicht den Hauptgegenstand dieser Vereinbarungen bilden, aber mit der Anwendung der lizenzierten Technologie unmittelbar verbunden sind.

(10) Bei Technologietransfer-Vereinbarungen zwischen Wettbewerbern kann angenommen werden, dass sie im Allgemeinen zu einer Verbesserung der Produktion oder des Vertriebs und zu einer angemessenen Beteiligung der Verbraucher an dem daraus entstehenden Gewinn führen, wenn der gemeinsame Marktanteil der Parteien auf den relevanten Märkten 20% nicht überschreitet und die Vereinbarungen nicht schwerwiegende wettbewerbsschädigende Beschränkungen enthalten.

(11) Bei Technologietransfer-Vereinbarungen zwischen Nicht-Wettbewerbern kann angenommen werden, dass sie im Allgemeinen zu einer Verbesserung der Produktion oder des Vertriebs und zu einer angemessenen Beteiligung der Verbraucher an dem daraus entstehenden Gewinn führen, wenn der individuelle Marktanteil der Parteien auf den relevanten Märkten 30% nicht überschreitet und die Vereinbarungen nicht schwerwiegende wettbewerbsschädigende Beschränkungen enthalten.

(12) Bei Technologietransfer-Vereinbarungen oberhalb dieser Marktanteilsschwellen kann nicht ohne weiteres davon ausgegangen werden, dass sie unter Artikel 81 Absatz 1 EG-Vertrag fallen. Eine Vereinbarung zwischen nicht konkurrierenden Unternehmen über die Vergabe einer Exklusivlizenz fällt beispielsweise häufig nicht unter Artikel 81 Absatz 1 EG-Vertrag. Ebenso wenig kann oberhalb dieser Marktanteilsschwellen davon ausgegangen werden, dass Technologietransfer-Vereinbarungen, die unter Artikel 81 Absatz 1 EG-Vertrag fallen, die Freistellungsvoraussetzungen nicht erfüllen oder dass sie im Gegenteil regelmäßig objektive Vorteile mit sich bringen, die nach Art und Umfang geeignet sind, die Nachteile auszugleichen, die sie für den Wettbewerb nach sich ziehen.

(13) Diese Verordnung sollte keine Technologietransfer-Vereinbarungen freistellen, die Beschränkungen enthalten, die für die Verbesserung der Produktion oder des Vertriebs nicht unerlässlich sind. Insbesondere Technologietransfer-Vereinbarungen, die schwerwiegende wettbewerbsschädigende Beschränkungen enthalten, wie die Festsetzung von Preisen gegenüber Dritten, sollten ohne Rücksicht auf den Marktanteil der beteiligten Unternehmen von dem Vorteil der Gruppenfreistellung nach dieser Verordnung ausgenommen werden. Bei diesen so genannten Kernbeschränkungen sollte die gesamte Vereinbarung vom Vorteil der Gruppenfreistellung ausgeschlossen werden.

(14) Um Innovationsanreize zu erhalten und eine angemessene Anwendung der Rechte an geistigem Eigentum sicherzustellen, sollten bestimmte Beschränkungen, insbesondere in Form ausschließlicher Rücklizenz-Verpflichtungen für abtrennbare Verbesserungen, von der Gruppenfreistellung ausgenommen werden. Sind solche Beschränkungen in einer Lizenzvereinbarung enthalten, sollte nur die betreffende Beschränkung vom Vorteil der Gruppenfreistellung ausgeschlossen werden.

(15) Durch die Marktanteilsschwellen, den Ausschluss von Technologietransfer-Vereinbarungen, die schwerwiegende Wettbewerbsbeschränkungen enthalten, von der Gruppenfreistellung und durch die nicht freigestellten Beschränkungen, die in dieser Verordnung vorgesehen sind, dürfte sichergestellt sein, dass Vereinbarungen, auf die die Gruppenfreistellung Anwendung findet, den beteiligten Unternehmen nicht die Möglichkeit eröffnen, für einen wesentlichen Teil der betreffenden Produkte den Wettbewerb auszuschalten.

(16) Wenn im Einzelfall eine Vereinbarung zwar unter diese Verordnung fällt, aber dennoch Wirkungen entfaltet, die mit Artikel 81 Absatz 3 EG-Vertrag unvereinbar sind, sollte die Kommission den Vorteil der Gruppenfreistellung entziehen können. Dies kann unter anderem dann der Fall sein, wenn Innovationsanreize eingeschränkt werden oder der Marktzugang erschwert wird.

(17) Nach der Verordnung (EG) Nr. 1/2003 des Rates vom 16. Dezember 2003 zur Durchführung der in den Artikeln 81 und 82 des Vertrags niedergelegten Wettbewerbsregeln können die zuständigen Behörden der Mitgliedstaaten den Rechtsvorteil der Gruppenfreistellung entziehen, wenn Technologietransfer-Vereinbarungen Wirkungen entfalten, die mit Artikel 81 Absatz 3 EG-Vertrag unvereinbar sind und im Gebiet eines Mitgliedstaats oder in einem Teilgebiet dieses Mitgliedstaats, das alle Merkmale eines gesonderten räumlichen Markts aufweist, auftreten. Die Mitgliedstaaten müssen sicherstellen, dass sie bei der Ausübung dieser Entzugsbefugnis nicht die einheitliche Anwendung der Wettbewerbsregeln der Gemeinschaft auf dem gesamten Gemeinsamen Markt oder die volle Wirksamkeit der zu ihrer Durchführung erlassenen Maßnahmen beeinträchtigen.

(18) Um die Überwachung paralleler Netze von Technologietransfer-Vereinbarungen mit gleichartigen wettbewerbsbeschränkenden Wirkungen zu verstärken, die mehr als 50% eines Markts erfassen, sollte die Kommission erklären können, dass diese Verordnung auf Technologietransfer-Vereinbarungen, die bestimmte auf den relevanten Markt bezogene Beschränkungen enthalten, keine Anwendung findet, und dadurch die volle Anwendbarkeit von Artikel 81 EG-Vertrag auf diese Vereinbarungen wiederherstellen.

(19) Diese Verordnung sollte nur für Technologietransfer-Vereinbarungen zwischen einem Lizenzgeber und einem Lizenznehmer gelten. Sie sollte für solche Vereinbarungen auch dann gelten, wenn sie Beschränkungen für mehr als eine Handelsstufe enthalten, beispielsweise wenn der Lizenznehmer verpflichtet wird, ein spezielles Vertriebssystem zu errichten, und wenn ihm vorgegeben wird, welche Verpflichtungen er den Weiterverkäufern der in Lizenz hergestellten Produkte auferlegen muss oder kann. Diese Beschränkungen und Verpflichtungen sollten jedoch mit den für Liefer- und Vertriebsvereinbarungen geltenden Wettbewerbsregeln vereinbar sein. Liefer- und Vertriebsvereinbarungen zwischen einem Lizenznehmer und seinen Kunden sollten von dieser Verordnung nicht freigestellt sein.

(20) Diese Verordnung gilt unbeschadet der Anwendung von Artikel 82 EG-Vertrag –

HAT FOLGENDE VERORDNUNG ERLASSEN:

Einführung

1. Die Neuregelung

1   Am **1. Mai 2004** ist gleichzeitig mit der VO 1/2003 zum Kartellverfahrensrecht die von der Europäischen Kommission am 7. April 2004 verabschiedete **Verordnung (EG) Nr. 772/2004** über die Anwendung von Art. 81 Abs. 3 des EG-Vertrages (EGV) auf

C. Technologietransfer 2, 3 **Einf TT-GVO**

Gruppen von Technologietransfer-Vereinbarungen (im Folgenden TT-GVO) in Kraft getreten.[1] Sie gilt bis zum 30. April 2014.[2] Zusammen mit der Verordnung sind **Leitlinien** zur Anwendung von Art. 81 EGV auf Technologietransfer-Vereinbarungen[3] in Kraft getreten, die nicht nur Hinweise zu dem Anwendungsbereich der TT-GVO sondern auch zu einer möglicherweise notwendigen Einzelfallprüfung unter Art. 81 EGV für nicht von der TT-GVO erfasste Lizenzpraktiken[4] geben. Die neue Verordnung ersetzt die bisherige Verordnung Nr. 240/96 für Technologietransfer-Vereinbarungen[5] (im Folgenden VO 240/96).

2. Evaluierungsprozess

Vorausgegangen war ein längerer **Evaluierungsprozess,** in welchem die Kommission u. a. am 21. Dezember 2001 einen Evaluierungsbericht[6] vorlegte, der eine kritische Bewertung der VO 240/96 enthielt und zu der Erkenntnis kam, eine Neuordnung der Gruppenfreistellungsverordnung für Technologielizenzverträge werde bereits vor Ablauf der VO 240/96 am 31. März 2006 nötig. Am 1. Oktober 2003 wurden dann der **Entwurf** einer Verordnung sowie ein Entwurf der Leitlinien bekannt gemacht und um Stellungnahme dazu gebeten. Nachdem an diesen Entwürfen deutliche **Kritik** geübt worden war, deutete Wettbewerbskommissar Mario Monti am 16. Januar 2004 bei einem Vortrag in Paris[7] an, dass die eingegangenen Anregungen berücksichtigt und der Entwurf in einigen Aspekten noch deutlich überarbeitet werden würden. Wenngleich die Kritik der Praxis in der Verordnung berücksichtigt worden ist, ist der Hauptkritikpunkt, die systemimmanente Rechtsunsicherheit für die Anwender, geblieben. Dass sich dies in der Praxis hemmend auf den Technologietransfer auswirkt, kann indes nicht festgestellt werden.

2

3. Wirtschaftlicher Ansatz

Der bereits in den Gruppenfreistellungsverordnungen für horizontale und vertikale Vereinbarungen verfolgte **wirtschaftliche Ansatz** wird nunmehr auch bei der Freistellung für Technologietransfer-Vereinbarungen realisiert. Hinter dem wirtschaftlichen Ansatz verbergen sich insbesondere die Einführung von **Marktanteilsschwellen,** unterhalb derer Lizenzvereinbarungen – abgesehen von den Kernbeschränkungen des Art. 4 TT-GVO und anderen nicht freigestellten Klauseln gemäß Art. 5 TT-GVO – als nicht wettbewerbsschädigend angesehen und generell freigestellt sind (sog. *safe harbour,* s. u.), sowie die Beurteilung einer Vereinbarung mit Blick auf das bestehende oder fehlende **Wettbewerbsverhältnis** zwischen den Lizenzvertragsparteien.[8] Mit dieser konzeptionellen Neuorientierung nähert sich das europäische Kartellrecht deutlich der Praxis der *Federal Trade Commission* der USA an.[9]

3

---

[1] ABl. EG vom 27. April 2004 – L 123/11.
[2] Gemäß Artikel 12.
[3] ABl. EG vom 27. April 2004 – C 101/2 (im Folgenden: „Leitlinien").
[4] Insofern missverständlich *Benkard/Ullmann,* Patentgesetz, 10. Aufl. 2006, § 15, Rn. 266.
[5] ABl. EG vom 9. Februar 1996 – L 31/2.
[6] Evaluierungsbericht der Kommission vom 20. Dezember 2001 (COM (2001) 786 endg., im Folgenden „Evaluierungsbericht").
[7] Vortrag in der *Ecole des Mines,* SPEECH/04/19.
[8] Vgl. Erwägungsgrund 4 der TT-GVO.
[9] Vgl. *Antitrust Guidelines for the Licensing of Intellectual Property,* herausgegeben vom U.S. Department of Justice und der Federal Trade Commission, 6. April 1996 (im Folgenden: US-Guidelines).

4. Kritik an der Vorgängerverordnung VO 240/96

4 Die **Struktur** der TT-GVO unterscheidet sich ganz wesentlich von der ihrer Vorgängerin VO 240/96, die vielfältig wegen ihres formalistischen statt ökonomischen Ansatzes und ihres die wirtschaftlichen Gestaltungsmöglichkeiten stark einschränkenden „Zwangsjackeneffekts"[10] durch die Verwendung weißer, grauer und schwarzer Klauseln kritisiert worden war. Sie ließ die Marktposition der Parteien und die Auswirkungen der Vereinbarung unberücksichtigt und unterschied nicht zwischen Wettbewerbern und Nicht-Wettbewerbern. Die „weißen" Klauseln führten dazu, dass Vertragsgestaltung sich nicht am wirtschaftlich Gewünschten sondern am unkritisch Zulässigen orientierte. Zudem war die Systematik im Verhältnis zu den anderen GVOen veraltet.

5. Kerninhalte der Neuregelung

5 Statt einer Vielzahl erlaubter Klauselformulierungen („alles was nicht erlaubt ist, ist verboten"), schafft die neue TT-GVO nun einen „sicheren Hafen" *(safe harbour)*. Alle Technologielizenzvereinbarungen, die in den Anwendungsbereich der TT-GVO fallen, sind grundsätzlich unabhängig von ihrem konkreten Inhalt freigestellt („alles was nicht verboten ist, ist erlaubt"). Anstelle der alten „weißen Liste" sieht die TT-GVO nun **Marktanteilsschwellen** vor.[11] Sind die Marktanteilsschwellen nicht überschritten, besteht außerhalb ausdrücklich aufgeführter **Kernbeschränkungen** (Art. 4) und **Klauselverbote** (Art. 5), die nach Vereinbarung zwischen Wettbewerbern und Nicht-Wettbewerbern unterscheiden, Gestaltungsfreiheit. Bleibt die Passage in den *„safe harbour"* wegen Überschreitens der Marktanteilsschwellen versperrt, bedeutet dies nicht automatisch die Kartellrechtswidrigkeit der Vereinbarung bzw. der Klausel; es wird vielmehr eine **kartellrechtliche Selbsteinschätzung** der Parteien bezüglich der Vereinbarkeit der Vereinbarung mit Art. 81 EGV notwendig. Ein **Widerspruchsverfahren** (Notifizierung) bei der Kommission, wie es nach Art. 4 VO 240/96 möglich war, ist nicht mehr vorgesehen und eine **Einzelfreistellung**[12] ist nach dem Prinzip der **Legalausnahme mit Selbstveranlagung** grundsätzlich **nicht mehr möglich**.[13] Das mag zwar zu einer Arbeitserleichterung für die Kommission führen, es führt gleichwohl zu erheblicher Rechtsunsicherheit bei den betroffenen Unternehmen. Die Anhaltspunkte in den Leitlinien werden eine Selbsteinschätzung zwar bis zu einem gewissen Grade erleichtern können, ein Restrisiko wird jedoch stets verbleiben. Die Prüfung beinhaltet immer die folgenden Punkte:
– Handelt es sich um eine Technologietransfer-Vereinbarung? (Art. 1 und 2 TT-GVO)
– Sind die Parteien Wettbewerber auf einem relevanten Technologie- oder Produktmarkt? (Art. 1 TT-GVO)
– Wie hoch sind die Marktanteile der Parteien? (Art. 3 und 8 TT-GVO)
– Enthält die Vereinbarung Kernbeschränkungen oder nicht freigestellte Beschränkungen? (Art. 4 und 5 TT-GVO)

6. Regelungsziele der Artikel 4 und 5 TT-GVO

6 Die ausdrücklich genannten Kernbeschränkungen in Art. 4 der TT-GVO sowie die nicht automatisch freigestellten Beschränkungen in Art. 5 der TT-GVO sollen sicherstellen,

---

[10] Vgl. den Evaluierungsbericht, Rn. 76.

[11] Kritisch zum Kriterium der Marktanteilsschwellen *Langfinger* in FS Bartenbach (2005), S. 427, 432 ff.; *Lübbig*, GRUR 2004, 483 ff.; *Drexl*, GRURInt 2004, 716 (723 f.).

[12] In Form eines Negativattests, einer ausdrücklichen Einzelfreistellung gem. Art. 81 Abs. 3 EGV oder durch schlichtes Verwaltungsschreiben (sog. *comfort letter*).

[13] Diese generelle Möglichkeit wurde durch die Verordnung (EG) 1/2003, die ebenfalls am 1. Mai 2004 in Kraft getreten ist, abgeschafft und ist nun nur noch in Ausnahmefällen von Amts wegen aus Gründen des öffentlichen Interesses der Gemeinschaft möglich (vgl. Art. 10 VO 1/2003).

dass von der Gruppenfreistellung gedeckte Vereinbarungen den **Innovationsanreiz** nicht verringern, die **Verbreitung von Technologien** nicht verzögern und den **Wettbewerb** zwischen Lizenzgeber und Lizenznehmer bzw. zwischen mehreren Lizenznehmern nicht unangemessen einschränken.[14]

7. Das Verhältnis zu anderen Gruppenfreistellungsverordnungen

Im europäischen Kartellrecht weist die TT-GVO Berührungspunkte mit anderen Gruppenfreistellungsverordnungen auf, insbesondere mit den Verordnungen (EG) Nr. 2658/2000 der Kommission über die Anwendung von Art. 81 Abs. 3 des Vertrags auf Gruppen von **Spezialisierungsvereinbarungen**[15] (Spezialisierungs-GVO), (EG) Nr. 2659/2000 über die Anwendung von Art. 81 Abs. 3 auf Gruppen von Vereinbarungen über **Forschung und Entwicklung**[16] (FuE-GVO) und (EG) Nr. 2790/1999 über die Anwendung von Art. 81 Abs. 3 des Vertrags auf Gruppen von **vertikalen Vereinbarungen** und aufeinander abgestimmten Verhaltensweisen[17] (Vertikal-GVO). Insofern gilt:

 a) Geltung der Spezialisierungs-GVO Die Spezialisierungs-GVO gilt für Vereinbarungen zwischen Wettbewerbern über die gemeinsame Produktion sowie die ein- und gegenseitige Spezialisierung, Art. 1 (1) Spezialisierungs-GVO (bei Nicht-Wettbewerbern ist die Vertikal-GVO anwendbar). Die Spezialisierungs-GVO betrifft insbesondere die Übertragung oder Lizenzierung der produktionsnotwendigen gewerblichen Schutzrechte, soweit die Lizenzierung nicht der eigentliche Zweck der Vereinbarung ist, aber für die Durchführung der Vereinbarung notwendig ist, Art. 1 (2) Spezialisierungs-GVO. Wird im Rahmen einer Vereinbarung über die gemeinsame Produktion eine produktionsnotwendige Lizenz an das Gemeinschaftsunternehmen vergeben, ist die Spezialisierungs-GVO einschlägig. Tritt dagegen das Gemeinschaftsunternehmen als Lizenzgeber gegenüber einem Dritten auf, bildet es durch die gemeinsame Lizenzierung von Schutzrechten einen Technologiepool.[18] Damit ist der Anwendungsbereich der TT-GVO eröffnet.

 b) Geltung der FuE-GVO. Die FuE-GVO gilt für Vereinbarungen zwischen zwei oder mehr Unternehmen über die **gemeinsame Forschung und Entwicklung** und/oder Verwertung der erzielten Ergebnisse. Entscheidend ist, dass die FuE-GVO nur für **Vereinbarungen zwischen den Parteien des FuE-Projekts** anwendbar ist. Werden daher bei der Forschung und Entwicklung Lizenzen zwischen den Parteien an die jeweils andere Partei oder an ein Gemeinschaftsunternehmen vergeben, ist die FuE-GVO anwendbar. In gleicher Weise anwendbar ist die FuE-GVO, wenn in einer solchen Vereinbarung die Bedingungen für die Lizenzierung an Dritte festgelegt werden. Dagegen ist für die spätere Lizenzierung an Dritte (zu den im Innenverhältnis vereinbarten Bedingungen) die TT-GVO einschlägig.

 c) Geltung der Vertikal-GVO. Die Vertikal-GVO gilt für Liefer- und Vertriebsvereinbarungen zwischen zwei oder mehreren Unternehmen auf unterschiedlichen Produktions- oder Vertriebsstufen.[19] Sie gilt nicht, soweit der Kunde dem Lieferanten die in der TT-GVO erfassten Rechte geistigen Eigentums oder Know-how überlässt. Dann ist allein der Anwendungsbereich der TT-GVO eröffnet. Für vertikale Vereinbarungen im Verhältnis des Kunden/Lizenznehmers gegenüber der ihm nachgelagerten Handelsstufe gilt dagegen die Vertikal-GVO. Insbesondere im Hinblick auf die Vertikal-GVO ist zu beachten, dass Freistellungen durch die TT-GVO, die Verpflichtungen des Lizenznehmers im Hinblick auf die Art und Weise des Verkaufs der Vertragsprodukte (bspw. selektives Vertriebssystem)

---

[14] Rn. 121 der Leitlinien.
[15] ABl. EG vom 5. Dezember 2000 – L 304/3.
[16] ABl. EG vom 5. Dezember 2000 – L 304/7.
[17] ABl. EG vom 29. Dezember 1999 – L 336/21.
[18] Leitlinien Rn. 58 und 210 ff.
[19] Vgl. Rn. 61/62 der Leitlinien.

betreffen, gleichwohl auch mit der Vertikal-GVO vereinbar sein müssen.[20] Die Freistellung durch die TT-GVO beinhaltet keine Freistellung in Bezug auf mögliche andere Wettbewerbsbeschränkungen, die keinen spezifischen Bezug zum Technologietransfer haben.

Art. 1. Definitionen

(1) Für diese Verordnung gelten folgende Begriffsbestimmungen:

a) „Vereinbarung": eine Vereinbarung, ein Beschluss einer Unternehmensvereinigung oder eine aufeinander abgestimmte Verhaltensweise;

b) „Technologietransfer-Vereinbarung": eine Patentlizenzvereinbarung, eine Know-how-Vereinbarung, eine Softwarelizenz-Vereinbarung oder gemischte Patentlizenz-, Know-how- oder Softwarelizenz-Vereinbarungen einschließlich Vereinbarungen mit Bestimmungen, die sich auf den Erwerb oder Verkauf von Produkten beziehen oder die sich auf die Lizenzierung oder die Übertragung von Rechten an geistigem Eigentum beziehen, sofern diese Bestimmungen nicht den eigentlichen Gegenstand der Vereinbarung bilden und unmittelbar mit der Produktion der Vertragsprodukte verbunden sind; als Technologietransfer-Vereinbarung gilt auch die Übertragung von Patent-, Know-how- oder Software-Rechten sowie einer Kombination dieser Rechte, wenn das mit der Verwertung der Technologie verbundene Risiko zum Teil beim Veräußerer verbleibt, insbesondere, wenn der als Gegenleistung für die Übertragung zu zahlende Betrag vom Umsatz abhängt, den der Erwerber mit Produkten erzielt, die mithilfe der übertragenen Technologie produziert worden sind, oder von der Menge dieser Produkte oder der Anzahl der unter Einsatz der Technologie durchgeführten Arbeitsvorgänge;

c) „wechselseitige Vereinbarung": eine Technologietransfer-Vereinbarung, bei der zwei Unternehmen einander in demselben oder in getrennten Verträgen eine Patent-, Know-how-, Softwarelizenz oder eine gemischte Patent-, Know-how- oder Softwarelizenz für konkurrierende Technologien oder für die Produktion konkurrierender Produkte erteilen;

d) „nicht wechselseitige Vereinbarung": eine Technologietransfer-Vereinbarung, bei der ein Unternehmen einem anderen Unternehmen eine Patent-, eine Know-how-, eine Softwarelizenz oder eine gemischte Patent-, Know-how- oder Softwarelizenz erteilt oder mit der zwei Unternehmen einander eine solche Lizenz erteilen, wobei diese Lizenzen jedoch keine konkurrierenden Technologien zum Gegenstand haben und auch nicht zur Produktion konkurrierender Produkte genutzt werden können;

e) „Produkt": eine Ware und/oder eine Dienstleistung in Form eines Zwischen- oder Endprodukts;

f) „Vertragsprodukt": ein Produkt, das mit der lizenzierten Technologie produziert wird;

g) „Rechte an geistigem Eigentum": gewerbliche Schutzrechte, Know-how, Urheberrechte sowie verwandte Schutzrechte;

h) „Patent": Patente, Patentanmeldungen, Gebrauchsmuster, Gebrauchsmusteranmeldungen, Geschmacksmuster, Topografien von Halbleitererzeugnissen, ergänzende Schutzzertifikate für Arzneimittel oder andere Produkte, für die solche Zertifikate erlangt werden können, und Sortenschutzrechte;

i) „Know-how": eine Gesamtheit nicht patentierter praktischer Kenntnisse, die durch Erfahrungen und Versuche gewonnen werden und die
  i) geheim, d.h. nicht allgemein bekannt und nicht leicht zugänglich sind,
  ii) wesentlich, d.h. die für die Produktion der Vertragsprodukte von Bedeutung und nützlich sind, und

---

[20] Rn. 63 der Leitlinien.

iii) identifiziert sind, d. h. umfassend genug beschrieben sind, so dass überprüft werden kann, ob es die Merkmale „geheim" und „wesentlich" erfüllt;

j) „konkurrierende Unternehmen": Unternehmen, die auf dem relevanten Technologiemarkt und/oder dem relevanten Produktmarkt miteinander im Wettbewerb stehen, wobei

   i) konkurrierende Unternehmen auf dem „relevanten Technologiemarkt" solche Unternehmen sind, die Lizenzen für konkurrierende Technologien vergeben, ohne die Rechte des anderen Unternehmens an geistigem Eigentum zu verletzen (tatsächliche Wettbewerber auf dem Technologiemarkt); zum relevanten Technologiemarkt gehören auch Technologien, die von den Lizenznehmern aufgrund ihrer Eigenschaften, ihrer Lizenzgebühren und ihres Verwendungszwecks als austauschbar oder substituierbar angesehen werden;

   ii) konkurrierende Unternehmen auf dem „relevanten Produktmarkt" solche Unternehmen sind, die ohne die Technologietransfer-Vereinbarung auf den sachlich und räumlich relevanten Märkten, auf denen die Vertragsprodukte angeboten werden, tätig sind, ohne die Rechte des anderen Unternehmens an geistigem Eigentum zu verletzen (tatsächliche Wettbewerber auf dem Produktmarkt), oder die unter realistischen Annahmen die zusätzlichen Investitionen oder sonstigen Umstellungskosten auf sich nehmen würden, die nötig sind, um auf eine geringfügige dauerhafte Erhöhung der relativen Preise hin ohne Verletzung fremder Rechte an geistigem Eigentum in vertretbarer Zeit in die sachlich und räumlich relevanten Märkte eintreten zu können (potenzielle Wettbewerber auf dem Produktmarkt); der relevante Produktmarkt umfasst Produkte, die vom Käufer aufgrund ihrer Eigenschaften, ihrer Preise und ihres Verwendungszwecks als austauschbar oder substituierbar angesehen werden;

k) „selektive Vertriebssysteme": Vertriebssysteme, in denen sich der Lizenzgeber verpflichtet, Lizenzen für die Produktion der Vertragsprodukte nur Lizenznehmern zu erteilen, die aufgrund festgelegter Merkmale ausgewählt werden, und in denen sich diese Lizenznehmer verpflichten, die Vertragsprodukte nicht an Händler zu verkaufen, die nicht zum Vertrieb zugelassen sind;

l) „Exklusivgebiet": ein Gebiet, in dem nur ein Unternehmen die Vertragsprodukte mit der lizenzierten Technologie produzieren darf, ohne die Möglichkeit auszuschließen, einem anderen Lizenznehmer in diesem Gebiet die Produktion der Vertragsprodukte nur für einen bestimmten Kunden zu erlauben, wenn diese zweite Lizenz erteilt worden ist, um diesem Kunden eine alternative Bezugsquelle zu verschaffen;

m) „Exklusivkundengruppe": eine Gruppe von Kunden, denen nur ein Unternehmen die mit der lizenzierten Technologie produzierten Vertragsprodukte aktiv verkaufen darf;

n) „abtrennbare Verbesserung": eine Verbesserung, die ohne Verletzung der lizenzierten Technologie verwertet werden kann.

(2) ¹Die Begriffe „Unternehmen", „Lizenzgeber" und „Lizenznehmer" schließen verbundene Unternehmen ein.
²„Verbundene Unternehmen" sind

a) Unternehmen, bei denen ein an der Vereinbarung beteiligtes Unternehmen unmittelbar oder mittelbar
   i) über mehr als die Hälfte der Stimmrechte verfügt oder
   ii) mehr als die Hälfte der Mitglieder des Leitungs- oder Verwaltungsorgans oder der zur gesetzlichen Vertretung berufenen Organe bestellen kann oder
   iii) das Recht hat, die Geschäfte des Unternehmens zu führen;

b) Unternehmen, die in einem an der Vereinbarung beteiligten Unternehmen unmittelbar oder mittelbar die unter Buchstabe a) bezeichneten Rechte oder Einflussmöglichkeiten haben;

c) Unternehmen, in denen ein unter Buchstabe b) genanntes Unternehmen unmittelbar oder mittelbar die unter Buchstabe a) bezeichneten Rechte oder Einflussmöglichkeiten hat;

d) Unternehmen, in denen eine der Vertragsparteien gemeinsam mit einem oder mehreren der unter den Buchstaben a), b) oder c) genannten Unternehmen oder in denen zwei oder mehr als zwei der zuletzt genannten Unternehmen gemeinsam die in Buchstabe a) bezeichneten Rechte oder Einflussmöglichkeiten haben;

e) Unternehmen, in denen die unter Buchstabe a) bezeichneten Rechte und Einflussmöglichkeiten gemeinsam ausgeübt werden durch:

i) Vertragsparteien oder mit ihnen jeweils verbundene Unternehmen im Sinne der Buchstaben a) bis d) oder

ii) eine oder mehrere Vertragsparteien oder eines oder mehrere der mit ihnen im Sinne der Buchstaben a) bis d) verbundenen Unternehmen und ein oder mehrere dritte Unternehmen.

1. Regelungstechnik

11   Die Neuregelung handelt in Art. 1 die relevanten Definitionen zu Anfang der Verordnung ab. Diese neue Regelungstechnik ist moderner als die Altregelung der VO 240/96 und trägt zu einem besseren Verständnis der Verordnung bei.

2. Materielle Erweiterung

12   Materiell erweitert wurde die Liste der erfassten Lizenzgegenstände (Patentlizenzvereinbarungen, Know-how-Vereinbarungen, Softwarelizenz-Vereinbarungen, gemischte Patentlizenz-, Know-how- oder Softwarelizenz-Vereinbarungen).

13   **a) Schutzrechtsarten.** Art. 1 Abs. 1 h) TT-GVO ergänzt unter dem Begriff „Patente" die Aufzählung von Art. 8 VO 240/96 nunmehr ausdrücklich um **Geschmacksmuster.** Erfasst sind insbesondere auch Patent- und Gebrauchsmusteranmeldungen. Zu patentierende Technologie, die noch nicht zum Schutzrecht angemeldet ist, kann als Know-how lizenziert werden. Einzelheiten zum Begriff des Know-how ergeben sich über die Definition in lit. i) (i)–iii)). Know-how muss danach nach der üblichen kartellrechtlichen Definition[21] „geheim" sein, zusätzlich soll es „wesentlich" und „identifiziert" sein. Das Kriterium der Identifikation gibt lediglich den anerkannten Bestimmtheitsgrundsatz für die Lizenzierung von Know-how wieder. Nur was konkret bezeichnet ist, kann verschafft werden und Gegenstand einer Lizenz sein. Eine Ausnahme besteht für „Know-how in den Köpfen". Dann soll es genügen, den Mitarbeiter, der das Wissen in Form von Schulungen weiterzugeben hat, genau zu bezeichnen.[22] Das Erfordernis der „Wesentlichkeit" ist in den Leitlinien zu Rn. 47 näher erläutert. Für Produkte soll das Know-how so wesentlich sein, dass das Vertragsprodukt ohne die lizenzierte Technologie nicht hergestellt werden kann, bei Verfahren soll bei Vertragsschluss die Annahme gerechtfertigt sein, dass das lizenzierte Know-how die Wettbewerbsposition des Lizenznehmers wesentlich verbessern kann. Die Dokumentation dieser Annahme und der sie tragenden Grundlagen im Vertrag ist zu empfehlen.

14   **b) Vereinbarungen.** Gem. Art. 1 Abs. 1 b) TT-GVO sind nunmehr auch die praktisch relevanten **Softwarelizenz-Vereinbarungen** von der TT-GVO erfasst. **Markenlizenzen** oder **Lizenzen an anderen Urheberrechten** sind dagegen von der TT-GVO grundsätzlich nicht erfasst. Sie können ausnahmsweise der TT-GVO mit unterfallen, soweit diese Schutzrechte mit der Nutzung der lizenzierten Technologie unmittelbar verbunden sind (insb. die Nutzungsarten der Vervielfältigung und Verbreitung, nicht aber, wegen der er-

---

[21] Siehe nur *Bartenbach*, Patentlizenz- und Know-how-Vertrag, 6. Aufl. 2007, Rn. 215, 2545 ff.; *Benkard/Ullmann*, § 15, Rn. 232.

[22] Rn. 47 a. E. der Leitlinien.

forderlichen Einzelfallprüfung, Wiedergabe und Aufführungsrechte),[23] und diese **nicht den Hauptgegenstand** der Vereinbarung darstellen.[24] Dadurch wird sichergestellt, dass einerseits alle für die Nutzung einer bestimmten Technologie erforderlichen Rechtspositionen ohne Rücksicht auf die Schutzrechtsart freigestellt werden,[25] ohne andererseits für Technologieverträge atypische Nutzungsarten oder Verträge, deren Hauptgegenstand nicht der Technologietransfer ist, systemwidrig mit in die Freistellung einzubeziehen. Auf Markenlizenzen („Warenzeichenlizenzen") wird die TT-GVO in der Regel schon deshalb keine Anwendung finden, weil diese typischerweise der Vertriebssteuerung dienen und damit der Vertikal-GVO unterfallen.[26]

3. Differenzierung Produkt- und Technologiemarkt

In Art. 1 findet sich nun auch in der TT-GVO die Unterscheidung zwischen **Produkt-** und **Technologiemarkt** (lit. j). Diese Unterscheidung ist bereits aus den Leitlinien zur Anwendbarkeit von Art. 81 EGV auf Vereinbarungen über horizontale Zusammenarbeit[27] bekannt und für die Bestimmung der Wettbewerbereigenschaft von entscheidender Bedeutung.

a) **Begriff des „relevanten Produktmarkts".** Zum **relevanten Produktmarkt** gehören Produkte, die vom Käufer aufgrund ihrer Eigenschaften, ihrer Preise und ihres Verwendungszwecks als mit den Vertragsprodukten, die die lizenzierte Technologie enthalten, austauschbar oder substituierbar angesehen werden. Die Zugehörigkeit zum Produktmarkt ist daher unabhängig davon, ob das Produkt die lizenzierte Technologie enthält.

b) **Begriff des „relevanten Technologiemarkts".** Der **relevante Technologiemarkt** bezeichnet einen getrennten Markt, auf dem die geistigen Eigentumsrechte vermarktet werden und der aus der lizenzierten Technologie und ihren Substituten besteht. Substitute sind solche Technologien, die von Lizenznehmern aufgrund ihrer Eigenschaften, der Höhe der zu zahlenden Lizenzgebühren und ihres Verwendungszwecks mit der lizenzierten Technologie als austauschbar oder substituierbar angesehen werden.[28]

4. Definition „Wettbewerber" und „Nicht-Wettbewerber"

In Art. 1 Abs. 1 findet sich in lit. j), i) und ii) die Definition von **Wettbewerbern** und **Nicht-Wettbewerbern.** Vereinbarungen zwischen Wettbewerbern werfen in der Regel größere Wettbewerbsprobleme auf als solche zwischen Nicht-Wettbewerbern, weil in diesen Konstellationen häufiger ein Verlust tatsächlichen (oder potenziellen) Wettbewerbs droht.

Die Wettbewerbereigenschaft kann auf dem Produkt- und dem Technologiemarkt bestehen. Für die Qualifikation als Wettbewerber genügt es, dass die Parteien auf einem von beiden Märkten im Wettbewerb miteinander stehen. Dabei gilt eine *ex ante*-Betrachtung: Werden die Parteien erst während der Laufzeit der Vereinbarung Wettbewerber, so bleiben die Regelungen – einschließlich der relevanten Liste der Kernbeschränkungen – über Nicht-Wettbewerber anwendbar, sofern die Vereinbarung nicht nach diesem Zeitpunkt inhaltlich geändert wird (vgl. Art. 4 Abs. 3).[29] **Durch die Vereinbarung selbst** wird der Lizenznehmer nicht zum Wettbewerber des Lizenzgebers,[30] sonst wäre die Regelung *ad absurdum* geführt.

---

[23] Rn. 52 der Leitlinien.
[24] Rn. 50 der Leitlinien.
[25] Für Softwarelizenzen ist dies, soweit es um patentgeschützte Software geht, selbstverständlich der Fall, soweit parallel Urheberrechte bestehen.
[26] Rn. 53 der Leitlinien.
[27] ABl. EG vom 6. Januar 2001 – C 3/2; erstmals kam das Konzept des Technologiemarkts bereits in der Kommissionsentscheidung in der Sache *Shell/Montecatini* zur Anwendung, ABl. EG vom 22. Dezember 1994 – L 332/48, Rn. 44 wegen der notwendigen Überschneidungen der Schutzbereiche.
[28] Rn. 21 und 22 der Leitlinien.
[29] Rn. 31 der Leitlinien.
[30] Vgl. Rede von Kommissar *M. Mario Monti* vom 16. Januar 2004, SPEECH/04/19.

20 **a) Wettbewerber auf dem Technologiemarkt.** Parteien sind Wettbewerber auf dem relevanten **Technologiemarkt,** wenn beide **Lizenzen** für **konkurrierende Technologien** vergeben.[31] **Potenzieller** Wettbewerb auf dem Technologiemarkt liegt im Bereich der TT-GVO vor bei Wettbewerbern, die im Besitz jeweils substituierbarer Technologien sind.[32] Allerdings bleibt der potenzielle Wettbewerb auf dem Technologiemarkt für die Zwecke der TTG-GVO außer Betracht (keine Wettbewerber). Die Parteien gelten auch dann nicht als Wettbewerber auf dem Technologiemarkt, wenn eine der beiden Technologien nicht genutzt werden kann, ohne die Rechte an einer anderen Technologie eines Dritten zu verletzen **(einseitige Sperrposition)** bzw. keine der beiden Technologien genutzt werden kann, ohne die Rechte an der anderen Technologie eines Dritten zu verletzen **(zweiseitige Sperrposition).**[33]

21 **b) Wettbewerber auf dem Produktmarkt.** Die Parteien sind Wettbewerber auf dem relevanten **Produktmarkt,** wenn sie vor Vertragsschluss beide auf dem sachlich und räumlich relevanten Markt für die Vertragsprodukte tätig sind **(aktuelle Wettbewerber)** oder im Fall einer geringfügigen aber dauerhaften Preiserhöhung die für einen Markteintritt notwendigen zusätzlichen Investitionen innerhalb von **ein bis zwei Jahren** auf sich nehmen würden **(potenzielle Wettbewerber).**[34] Auf dem Produktmarkt ist auch potenzieller Wettbewerb ausreichend für die Wettbewerbereigenschaft.

22 **c) Verbundene Unternehmen.** Für die Wettbewerbereigenschaft ist jeweils nicht auf die konkrete Vertragspartei abzustellen, sondern im Sinne des kartellrechtlichen Unternehmensbegriffs (Art. 1 Abs. 2) auf **alle verbundenen Unternehmen** im Sinne der Legaldefinition.

5. Definition des „freigestellten Vertragstypus"

23 Die Definition des **freigestellten Vertragstypus** in Art. 1 Abs. 1b) ist weit und unabhängig davon, ob es sich um eine ausschließliche, nicht-ausschließliche oder alleinige Lizenz handelt.

Art. 2. Freistellung

¹Artikel 81 Absatz 1 EG-Vertrag wird gemäß Artikel 81 Absatz 3 EG-Vertrag unter den in dieser Verordnung genannten Voraussetzungen für nicht anwendbar erklärt auf Technologietransfer-Vereinbarungen zwischen zwei Unternehmen, die die Produktion der Vertragsprodukte ermöglichen.
²Die Freistellung gilt, soweit diese Vereinbarungen Wettbewerbsbeschränkungen enthalten, die unter Artikel 81 Absatz 1 EG-Vertrag fallen. Die Freistellung gilt, solange die Rechte an der lizenzierten Technologie nicht abgelaufen, erloschen oder für ungültig erklärt worden sind oder – im Falle lizenzierten Know-hows – solange das Know-how geheim bleibt, es sei denn, das Know-how wird infolge des Verhaltens des Lizenznehmers offenkundig; in diesem Fall gilt die Freistellung für die Dauer der Vereinbarung.

1. Generalklausel

24 Art. 2 enthält die **Gruppenfreistellung** in einer Art Generalklausel, die jedoch von den in den weiteren Artikeln genannten Voraussetzungen abhängt. Art. 2 Satz 1 nimmt Bezug auf den definierten **Vertragstypus der Technologietransfer-Vereinbarungen** gemäß Art. 1 Abs. 1b) und schränkt die Anwendbarkeit außerdem auf Vereinbarungen zwischen

---

[31] Rn. 66 der Leitlinien.
[32] Rn. 30, 66 der Leitlinien.
[33] Rn. 32 der Leitlinien.
[34] Rn. 67 der Leitlinien.

zwei Unternehmen ein. Diese Voraussetzung ist auch erfüllt, wenn die Vereinbarung Bedingungen für **mehr als eine Handelsstufe** enthält, also etwa der Lizenznehmer verpflichtet wird, beim Vertrieb des von ihm gefertigten Lizenzgegenstands seinen Abnehmern bestimmte Verpflichtungen aufzuerlegen.[35] Bei Vereinbarungen zwischen **mehr als zwei Unternehmen** ist die TT-GVO zwar nicht direkt anwendbar, ihre Grundsätze werden bei einer Einzelprüfung jedoch **analog** anzuwenden sein.[36]

2. Fokussierung auf die Produktion von Vertragsprodukten

Art. 2 Satz 1 stellt außerdem klar, dass eine Gruppenfreistellung nur in Betracht kommt, soweit die Lizenzvereinbarung der **Produktion von Vertragsprodukten** dient. Die Lizenz muss es dem Lizenzgeber erlauben, die lizenzierte Technologie zur Produktion von Waren oder Dienstleistungen zu nutzen.[37] Damit gilt die TT-GVO insbesondere **nicht für Technologiepool-Vereinbarungen**. Die Berechtigung zur Erteilung von **Unterlizenzen** ist daher nur insofern von der TT-GVO umfasst, als die **Produktion der Vertragserzeugnisse Hauptgegenstand** der Vereinbarung ist. Die TT-GVO gilt nicht für Masterlizenz-Vereinbarungen und auch nicht – was den Anwendungsbereich im Rahmen von Software begrenzt – für Softwarevertriebslizenzen.[38] Bei Softwareüberlassungsverträgen (bei denen die Software nur zur Benutzung, nicht zur Bearbeitung überlassen wird) steht zwar weder die Herstellung (TT-GVO) noch der Vertrieb (Vertikal-GVO) im Vordergrund,[39] allerdings stehen diese Verträge von ihrem Charakter her (bestimmungsgemäße Benutzung der patentrechtlich oder urheberrechtlich geschützten Software) der Lizenzierung einer Produktionstechnologie (Benutzung/Verarbeitung des Lizenzgegenstandes zur Herstellung) gleich, nicht einer Vertriebslizenz (dann Vertikal-GVO), bei der keine bestimmungsgemäße Benutzung durch den Lizenzgeber stattfindet. Daher fallen auch reine Softwareüberlassungen unter die TT-GVO.[40] 25

3. Entfallen von Beschränkungsauflagen

Im Gegensatz zu der VO 240/96 bedarf es für die Anwendbarkeit der TT-GVO nun nicht mehr der Vereinbarung **bestimmter beschränkender Verpflichtungen** in dem freizustellenden Lizenzvertrag. Die Regelung des Art. 1 Abs. 1 Nr. 1–8 VO 240/96, wonach die Freistellung nur für solche Verträge einschlägig war, die eine der in den Ziffern 1 bis 8 aufgeführten Beschränkungen enthielten, führte zu zahlreichen Ungereimtheiten im Anwendungsbereich, die die Kommission in ihrem Evaluierungsbericht auch darstellte.[41] 26

Bspw. fielen nur solche ausschließlichen Lizenzen in den Anwendungsbereich der VO 240/96, in denen ein **absoluter Gebietsschutz** gewährt wurde, nicht dagegen solche Lizenzen, in denen sich die Ausschließlichkeit auf ein **bestimmtes Anwendungsgebiet** *(field of use)* oder einen **bestimmten Abnehmerkreis** bezieht.[42] 27

4. Dauer der Freistellung

Art. 2 Satz 3 regelt die **Dauer der Freistellung.** Auf die bisherige Differenzierung in Art. 1 Abs. 2 bis 4 der VO 240/96 zwischen reinen Patentlizenzvereinbarungen, Know- 28

---

[35] Rn. 39 der Leitlinien.
[36] Rn. 40 der Leitlinien.
[37] Vgl. Erwägungsgrund 7 der TT-GVO; zur Beurteilung des sog. „Reach-Through-Licensing" vgl. *Backhaus* GRURInt 2005, 359.
[38] *Wissel/Eickhoff* WuW 2004, 1244, 1246.
[39] Vgl. dazu *Schultze/Pautke/Wagener* WRP 2004, 175, 180.
[40] Vgl. dazu auch *Polley,* CR 2004, 641 ff.; *Schumacher/Schmid,* GRUR 2006, 1, 4.
[41] Evaluierungsbericht, Rn. 116 f.; vgl. auch *Schultze/Pautke/Wagener* WRP 2004, 175, 177.
[42] Evaluierungsbericht, Rn. 117.

how-Vereinbarungen und gemischten Patentlizenz- und Know-how-Vereinbarungen wird verzichtet, was die Verständlichkeit der Regelung und ihre Anwenderfreundlichkeit stark fördert. Nunmehr gilt die Freistellung so lange, wie „die Rechte an der überlassenen Technologie nicht abgelaufen, erloschen oder für ungültig erklärt worden sind", bzw. im Falle von Know-how-Lizenzen, solange das überlassene Know-how geheim bleibt.[43]

Art. 3. Marktanteilsschwellen

(1) **Handelt es sich bei den Vertragsparteien um konkurrierende Unternehmen, so gilt die Freistellung nach Artikel 2 unter der Voraussetzung, dass der gemeinsame Marktanteil der Parteien auf dem betroffenen relevanten Technologie- und Produktmarkt 20% nicht überschreitet.**

(2) Handelt es sich bei den Vertragsparteien um nicht konkurrierende Unternehmen, so gilt die Freistellung nach Artikel 2 unter der Voraussetzung, dass der individuelle Marktanteil der Parteien auf dem betroffenen relevanten Technologie- und Produktmarkt 30% nicht überschreitet.

(3) ¹Für die Anwendung der Absätze 1 und 2 bestimmt sich der Marktanteil einer Partei auf den relevanten Technologiemärkten nach der Präsenz der lizenzierten Technologie auf den relevanten Produktmärkten. ²Als Marktanteil des Lizenzgebers auf dem relevanten Technologiemarkt gilt der gemeinsame Marktanteil, den der Lizenzgeber und seine Lizenznehmer mit den Vertragsprodukten auf dem relevanten Produktmarkt erzielen.

1. Einführung

29   Mit Art. 3 werden **Marktanteilsschwellen** (20% gemeinsamer Marktanteil für Wettbewerber; je 30% individueller Marktanteil bei Nicht-Wettbewerbern) eingeführt, von deren Einhaltung die Freistellung abhängt. Werden die Marktanteilsschwellen überschritten, entfällt die Freistellung durch die TT-GVO. Die von der Kommission gewählten Marktanteilsschwellen orientieren sich an dem Modell der Vertikal-GVO.[44] Mit der Definition einer Marktanteilsschwelle von 20% für Vereinbarungen zwischen Wettbewerbern bleibt die TT-GVO allerdings hinter der im Evaluierungsbericht[45] vorgeschlagenen Schwelle von 25% zurück. Sie scheint sich an den **US-Guidelines** zu orientieren, die ausdrücklich eine *safety zone* für Vereinbarungen vorsehen, bei denen der gemeinsame (Produkt-)Marktanteil von Lizenzgeber und Lizenznehmer 20% nicht überschreitet.[46] Werden die **Marktanteilsschwellen überschritten,** muss eine Einzelprüfung unter Art. 81 EG stattfinden (Selbstveranlagung). Höhere Marktanteile bedeuten **nicht automatisch die Kartellrechtswidrigkeit** der Vereinbarung.

2. Wettbewerber und Nicht-Wettbewerber

30   Für die Bestimmung der relevanten Marktanteile kommt es zunächst auf die Stellung der Parteien als **Wettbewerber** oder **Nicht-Wettbewerber** an (s. o. Art. 1). Abhängig von dieser Einordnung findet entweder Abs. 1 mit einer **gemeinsamen** Marktanteilsschwelle von 20% oder Abs. 2 mit einer **individuellen** Marktanteilsschwelle von 30% Anwendung.

31   a) **Produktmarkt.** Auf dem **Produktmarkt** werden die Marktanteile sowohl für den Lizenznehmer als auch den Lizenzgeber einschließlich verbundener Unternehmen auf der Grundlage der **Vertragsprodukte** (die die lizenzierte Technologie enthalten) und der **Konkurrenzprodukte** (die jedoch nicht auf der lizenzierten Technologie basieren) be-

---

[43] Vgl. dazu auch *Lübbing* GRUR 2004, 483, 485.
[44] VO (EG) 2790/1999.
[45] Rn. 187 des Evaluierungsberichts.
[46] US-Guidelines, Abschnitt 4.3.

rechnet. Verkäufe weiterer Lizenznehmer werden auf dem Produktmarkt nicht berücksichtigt.[47]

b) Technologiemarkt. Der Marktanteil auf den relevanten **Technologiemärkten** bestimmt sich nach der **Präsenz der lizenzierten Technologie auf den relevanten Produktmärkten.** Art. 3 Abs. 3 erläutert diese Bestimmung der Marktanteilsschwelle auf dem Technologiemarkt näher. Danach bestimmt sich der Marktanteil des Lizenzgebers auf der Grundlage der vom **Lizenzgeber** und **allen seinen Lizenznehmern** abgesetzten Produkte, die die lizenzierte Technologie enthalten.[48] Sind die Parteien Wettbewerber auf dem Technologiemarkt – lizenzieren sie also konkurrierende Technologien – bestimmt sich der Marktanteil des **Lizenznehmers** nach den Gesamtverkäufen, die seine **konkurrierende Technologie** enthalten. Beim Technologiemarkt kommt es mithin ausschlaggebend auf die lizenzierte Technologie an und nicht darauf, wer die darauf basierenden Produkte verkauft.

c) Aufwand. Eine genaue Marktanteilsbestimmung kann in vielen Fällen – wenn überhaupt – so doch nur mit **extremem Kosten- und Zeitaufwand** durchgeführt werden. Selbst wenn die Parteien diesen Aufwand auf sich nehmen, wird in Grenzfällen immer noch ein gewisses **Restrisiko** bleiben. Es werden daher Stimmen laut, wonach die praxisnähere und kostengünstigere Herangehensweise die **Marktanteilsschwellen ignorieren** und sich vielmehr auf den tatsächlichen Inhalt der Vereinbarung und dessen kartellrechtliche Beurteilung unter Art. 81 Abs. 1 EG konzentrieren sollte.[49]

d) Laufzeit. Wird die in Art. 3 vorgesehene **Marktanteilsschwelle während der Laufzeit der Vereinbarung überschritten,** so gilt die Freistellung nach Art. 8 Abs. 2 noch für zwei weitere Jahre. Die **Zweijahresfrist** beginnt mit Ablauf des Kalenderjahres, in dem die Marktanteilsschwellen erstmals überschritten werden. Im Hinblick auf diese Frist muss die Berechnung der Marktanteile (entscheidend ist das Vorjahr) – und damit auch die Bestimmung der Wettbewerbereigenschaft – während der Dauer der Vereinbarung in jedem Jahr von neuem erfolgen.

3. Konkrete Berechnung

Einige wenige Anhaltspunkte für die **konkrete Berechnung** der Marktanteile enthält schließlich noch Art. 8 Abs. 1 (Absatzwerte).

Art. 4. Kernbeschränkungen

(1) Handelt es sich bei den Vertragsparteien um konkurrierende Unternehmen, so gilt die Freistellung nach Artikel 2 nicht für Vereinbarungen, die unmittelbar oder mittelbar, für sich allein oder in Verbindung mit anderen Umständen unter der Kontrolle der Vertragsparteien Folgendes bezwecken:

a) die Beschränkung der Möglichkeit einer Partei, den Preis, zu dem sie ihre Produkte an Dritte verkauft, selbst festzusetzen;
b) die Beschränkung des Outputs mit Ausnahme von Output-Beschränkungen, die dem Lizenznehmer in einer nicht wechselseitigen Vereinbarung oder einem der Lizenznehmer in einer wechselseitigen Vereinbarung in Bezug auf die Vertragsprodukte auferlegt werden;
c) die Zuweisung von Märkten oder Kunden mit Ausnahme
    i) der dem bzw. den Lizenznehmern auferlegten Verpflichtung, die lizenzierte Technologie nur in einem oder mehreren Anwendungsbereichen oder in einem oder mehreren Produktmärkten zu nutzen;

---

[47] Rn. 71 der Leitlinien.
[48] Rn. 70 der Leitlinien.
[49] Vgl. *Sher/Robinson* Patent World 2004, 22.

ii) der dem Lizenzgeber und/oder dem Lizenznehmer in einer nicht wechselseitigen Vereinbarung auferlegten Verpflichtung, mit der lizenzierten Technologie nicht in einem oder mehreren Anwendungsbereichen, in einem oder mehreren Produktmärkten oder in einem oder mehreren Exklusivgebieten, die der anderen Partei vorbehalten sind, zu produzieren;

iii) der dem Lizenzgeber auferlegten Verpflichtung, in einem bestimmten Gebiet keinem anderen Lizenznehmer eine Technologie-Lizenz zu erteilen;

iv) der in einer nicht wechselseitigen Vereinbarung dem Lizenznehmer und/oder dem Lizenzgeber auferlegten Beschränkung des aktiven und/oder passiven Verkaufs in das Exklusivgebiet oder an die Exklusivkundengruppe, das bzw. die der anderen Partei vorbehalten ist;

v) der in einer nicht wechselseitigen Vereinbarung dem Lizenznehmer auferlegten Beschränkung des aktiven Verkaufs in das Exklusivgebiet oder an die Exklusivkundengruppe, das bzw. die vom Lizenzgeber einem anderen Lizenznehmer zugewiesen worden ist, sofern es sich bei Letzterem nicht um ein Unternehmen handelt, das zum Zeitpunkt der Lizenzerteilung in Konkurrenz zum Lizenzgeber stand;

vi) der dem Lizenznehmer auferlegten Verpflichtung, die Vertragsprodukte nur für den Eigenbedarf zu produzieren, sofern er keiner Beschränkung in Bezug auf den aktiven und passiven Verkauf der Vertragsprodukte als Ersatzteile für seine eigenen Produkte unterliegt;

vii) der dem Lizenznehmer in einer nicht wechselseitigen Vereinbarung auferlegten Verpflichtung, die Vertragsprodukte nur für einen bestimmten Kunden zu produzieren, wenn die Lizenz erteilt worden ist, um diesem Kunden eine alternative Bezugsquelle zu verschaffen;

d) die Beschränkung der Möglichkeit des Lizenznehmers, seine eigene Technologie zu verwerten, oder die Beschränkung der Möglichkeit der Vertragsparteien, Forschungs- und Entwicklungsarbeiten durchzuführen, es sei denn, letztere Beschränkungen sind unerlässlich, um die Preisgabe des lizenzierten Know-hows an Dritte zu verhindern.

(2) Handelt es sich bei den Vertragsparteien nicht um konkurrierende Unternehmen, gilt die Freistellung nach Artikel 2 nicht für Vereinbarungen, die unmittelbar oder mittelbar, für sich allein oder in Verbindung mit anderen Umständen unter der Kontrolle der Vertragsparteien Folgendes bezwecken:

a) die Beschränkung der Möglichkeit einer Partei, den Preis, zu dem sie ihre Produkte an Dritte verkauft, selbst festzusetzen; dies gilt unbeschadet der Möglichkeit, Höchstverkaufspreise festzusetzen oder Preisempfehlungen auszusprechen, sofern sich diese nicht infolge der Ausübung von Druck oder der Gewährung von Anreizen durch eine der Vertragsparteien tatsächlich wie Fest- oder Mindestverkaufspreise auswirken;

b) die Beschränkung des Gebiets oder des Kundenkreises, in das oder an den der Lizenznehmer Vertragsprodukte passiv verkaufen darf, mit Ausnahme

i) der Beschränkung des passiven Verkaufs in ein Exklusivgebiet oder an eine Exklusivkundengruppe, das bzw. die dem Lizenzgeber vorbehalten ist;

ii) der Beschränkung des passiven Verkaufs in ein Exklusivgebiet oder an eine Exklusivkundengruppe, das bzw. die vom Lizenzgeber einem anderen Lizenznehmer für die ersten beiden Jahre, in denen dieser Lizenznehmer die Vertragsprodukte in dieses Gebiet bzw. an diese Kundengruppe verkauft, zugewiesen worden ist;

iii) der dem Lizenznehmer auferlegten Verpflichtung, die Vertragsprodukte nur für den Eigenbedarf zu produzieren, sofern er keiner Beschränkung in Bezug auf den aktiven und passiven Verkauf der Vertragsprodukte als Ersatzteile für seine eigenen Produkte unterliegt;

iv) der Verpflichtung, die Vertragsprodukte nur für einen bestimmten Kunden zu produzieren, wenn die Lizenz erteilt worden ist, um diesem Kunden eine alternative Bezugsquelle zu verschaffen;
v) der Beschränkung des Verkaufs an Endverbraucher durch Lizenznehmer, die auf der Großhandelsstufe tätig sind;
vi) der Beschränkung des Verkaufs an nicht zugelassene Händler, die Mitgliedern eines selektiven Vertriebssystems auferlegt werden;
c) die Beschränkung des aktiven oder passiven Verkaufs an Endverbraucher, soweit diese Beschränkungen Lizenznehmern auferlegt werden, die einem selektiven Vertriebssystem angehören und auf der Einzelhandelsstufe tätig sind; dies gilt unbeschadet der Möglichkeit, Mitgliedern des Systems zu verbieten, Geschäfte von nicht zugelassenen Niederlassungen aus zu betreiben.

(3) Sind die Vertragsparteien zum Zeitpunkt des Abschlusses der Vereinbarung keine konkurrierenden Unternehmen, sondern treten sie erst später miteinander in Wettbewerb, so ist Absatz 2 anstelle von Absatz 1 während der Laufzeit der Vereinbarung anwendbar, sofern die Vereinbarung nicht später wesentlich geändert wird.

1. Unzulässige Vereinbarungen

Art. 4 enthält, vergleichbar der früheren *schwarzen Liste* der VO 240/96, eine abschließende Auflistung unzulässiger Vereinbarungsinhalte (so genannter **Kernbeschränkungen**) zwischen Wettbewerbern (Art. 4 Abs. 1) und zwischen Nicht-Wettbewerbern (Art. 4 Abs. 2) und Ausnahmen davon. Grundsätzlich verboten sind (mit den genannten Ausnahmen) 36

a) die Zuweisung von Gebieten und Kunden,
b) Preisabsprachen,
c) Beschränkungen des Outputs,
d) Beschränkungen der Verwertung eigener Technologie sowie
e) die Beschränkungen von Forschung und Entwicklung.

2. Keine Abtrennbarkeit

Die Aufnahme auch nur einer einzigen Beschränkung aus dem Katalog versagt der Vereinbarung insgesamt die Gruppenfreistellung. Sie führt zur Unwirksamkeit sämtlicher beschränkender Klauseln der Vereinbarung, einschließlich derer, die innerhalb der Marktanteilsschwellen freigestellt wären.[50] Kernbeschränkungen können nicht vom Rest der Vereinbarung abgetrennt werden. Ein solcher Vertrag kann nur dann kartellrechtskonform sein, wenn er ausnahmsweise **die Freistellungsvoraussetzungen von Art. 81 Abs. 3 EG** erfüllt. Dies wird jedoch bei Kernbeschränkungen nur in den seltensten Ausnahmefällen in Betracht kommen.[51] Die „Katalogklauseln" des Art. 4 in Technologielizenzverträgen gehören daher in den „kartellrechtlichen Giftschrank"[52] und werden als in der Regel *per se* **wettbewerbswidrig** angesehen.[53] Zivilrechtlich sind solche Klauseln nicht durchsetzbar. Zudem besteht ein hohes Bußgeldrisiko. 37

3. Spätere Wettbewerber

Für die Anwendung von Art. 4 Abs. 1 oder 2 ist entscheidend, ob die Parteien Wettbewerber (Art. 4 Abs. 1) oder Nicht-Wettbewerber (Art. 4 Abs. 2) sind. Werden die Parteien 38

---

[50] Indes regelt das Gemeinschaftsrecht nicht die Wirksamkeit derjenigen Vertragsbestandteile, die keine Wettbewerbsbeschränkung enthalten; diese bestimmt sich nach deutschem Recht allein nach § 139 BGB, *Zöttl* WRP 2005, 33 (38).
[51] Rn. 75 der Leitlinien; vgl. auch *Hufnagel* Mitt. 2004, 297, 300.
[52] *Hufnagel* Mitt. 2004, 297, 300.
[53] Rn. 74 f. der Leitlinien.

erst **später Wettbewerber,** bleibt weiterhin die Liste der Kernbeschränkungen für Nicht-Wettbewerber einschlägig, solange der Vertrag nicht wesentlich geändert wird (Art. 4 Abs. 3).

4. Wechselseitige und nicht wechselseitige Vereinbarungen

39 Handelt es sich bei den Vertragsparteien um Wettbewerber, ist weiterhin zwischen **wechselseitigen** und **nicht wechselseitigen** Vereinbarungen zu unterscheiden (vgl. Art. 1 Abs. 1 c) und d)). Eine wechselseitige Vereinbarung liegt vor, wenn zwei Unternehmen sich gegenseitige Lizenzen für konkurrierende Technologien oder Produkte erteilen, also in demselben Vertrag oder in verschiedenen Verträgen Lizenzen erteilen und diese Lizenzen entweder konkurrierende Technologien betreffen oder zur Herstellung von Konkurrenzprodukten verwendet werden.[54] Nicht-wechselseitig ist demgemäß die einseitige Lizenzierung oder die gegenseitige Lizenzierung nicht konkurrierender Technologien. Wechselseitigen Vereinbarungen begegnet die Kommission mit großen Vorbehalten, nicht-wechselseitige Vereinbarungen unterliegen dagegen einem großzügigeren Prüfungsmaßstab (siehe unten).

5. Einzelfälle

Die Kernbeschränkungen für **Wettbewerber** im Einzelnen (Abs. 1):

a) Preisfestsetzungen für an Dritte verkaufte Produkte, Abs. 1 a)

40 Nach Art. 4 Abs. 1 a) sind in einem Lizenzvertrag enthaltene Beschränkungen einer Partei in der Preisfestsetzung gegenüber Dritten immer unzulässig. Verbotene Preisfestsetzungen können **direkt** erfolgen (bspw. durch eine verbindliche Preisliste mit zulässigen Höchstrabatten) aber auch **indirekt** (bspw. auch durch die Gestaltung der Lizenzgebühren, etwa die Erhöhung der Lizenzgebühren, wenn die Produktpreise unter ein bestimmtes Niveau fallen). **Mindestlizenzgebühren** sind keine Preisbeschränkungen in diesem Sinne.[55] **Stücklizenzen** sind ebenfalls nicht *per se* als Preisbindung zu verstehen[56] (so noch der Entwurf der Leitlinie), können aber unter diese Kernbeschränkung fallen, wenn damit die Preise auf den nachgelagerten Produktmärkten abgestimmt werden sollen. Unter Art. 4 Abs. 1 a) – und unter Art. 4 Abs. 1 d) – fällt dagegen eine Vereinbarung, wonach die Lizenzgebühren auf der Grundlage **aller Produktverkäufe** berechnet werden, **unabhängig** davon, **ob die lizenzierte Technologie genutzt wird.**[57] Durch eine solche Regelung würden auch Produkte mit der eigenen Technologie des Lizenznehmers mindestens anteilig mit Lizenzgebühren bedacht. Eine solche Vereinbarung könnte allenfalls im **Einzelfall** die **Voraussetzungen der Ausnahme nach Art. 81 Abs. 3 EG** erfüllen, wenn es ohne die Beschränkung unmöglich oder unangemessen schwierig wäre, die vom Lizenznehmer gezahlte Lizenzgebühr zu berechnen und zu überwachen.[58]

Preisfestsetzungen waren bereits nach Art. 3 Nr. 1 **VO 240/96** als schwarze Klauseln verboten.

b) Beschränkungen des Outputs, Abs. 1 b)

41 Nach Art. 4 Abs. 1 b) sind Beschränkungen nicht freigestellt, die den „Output" einer Partei betreffen. „Output" ist sowohl Produktion als auch Absatz einer Partei.[59] Dies gilt

---

[54] Rn. 78 der Leitlinien.
[55] Rn. 79 der Leitlinien.
[56] Rn. 80 der Leitlinien.
[57] Rn. 81 der Leitlinien.
[58] Dies könnte z. B. der Fall sein, wenn die lizenzierte Technologie keine sichtbaren Spuren *(fingerprints)* in oder auf dem Endprodukt hinterlässt, was insbesondere z. B. bei Verfahrenspatenten der Fall sein kann; vgl. Rn. 81 der Leitlinien.
[59] Rn. 82 der Leitlinien.

C. Technologietransfer   42, 43   **Art. 4 TT-GVO**

allerdings nur im Rahmen von **wechselseitigen Vereinbarungen** für den Fall, dass auch die Outputbeschränkung wechselseitig, also **beiden Lizenznehmern** auferlegt ist und für Beschränkungen des **Lizenzgebers** hinsichtlich seiner eigenen Technologie in **nicht wechselseitigen** Vereinbarungen. In einer nicht wechselseitigen Lizenzvereinbarung kann dem Lizenznehmer dagegen durchaus eine solche Beschränkung auferlegt werden, ebenso wie einem der Lizenznehmer in einer wechselseitigen Vereinbarung.[60]
Output- und Produktionsbeschränkungen – mit Ausnahme der Eigenproduktion[61] und des *second sourcing*[62] – waren bereits unter der **VO 240/96** nicht freigestellt,[63] jedoch ohne Unterscheidung zwischen wechselseitigen und nicht wechselseitigen Vereinbarungen. **Neu** ist jedoch die Freistellung von Outputbeschränkungen in Vereinbarungen zwischen **Nicht-Wettbewerbern**. 42

c) Zuweisung von Märkten oder Kunden, Abs. 1 c)
Nach Art. 4 Abs. 1 c) gelten Beschränkungen durch Zuweisung von Märkten oder Kunden grundsätzlich als Kernbeschränkung. Diese „Beschränkung" ist indes durch eine Reihe von Ausnahmen gekennzeichnet: 43

– Lit. i): Nicht als Kernbeschränkung gilt eine Begrenzung der Lizenz auf bestimmte **Produktmärkte** oder **Anwendungsbereiche** *(field of use)*.[64] Dabei darf eine den Anwendungsbereich betreffende Beschränkung nicht über den Einsatzbereich der lizenzierten Technologie hinausgehen.[65] Aus Art. 4 Abs. 1 d) ergibt sich in Ergänzung dazu noch, dass der Lizenznehmer nicht in der Nutzung seiner eigenen Technologie eingeschränkt werden darf. Beides ist selbstverständlich: Die Beschränkung des Lizenznehmers darf nicht weitergehen als der Schutzbereich des betreffenden Schutzrechts reicht, denn eine außerhalb des Schutzbereichs liegende Technologie ist grundsätzlich gemeinfrei (wenn sie nicht auf andere Weise sonderrechtlich geschützt ist) und damit der Verfügungsbefugnis des Schutzrechtsinhabers entzogen.
– Lit. ii): Diese Ausnahme betrifft **Exklusivlizenzen** in **nicht wechselseitigen** Vereinbarungen, die freigestellt sind. Zweck dieser Ausnahme ist es bspw., dem Lizenznehmer eine Alleinstellung als **Anreiz** zu bieten, in die lizenzierte Technologie zu investieren und sie weiterzuentwickeln.[66]
– Lit. iii): Keine Kernbeschränkung liegt auch im Falle einer **Alleinlizenz** vor. Der Lizenzgeber verpflichtet sich, in einem bestimmten Gebiet keinem Dritten eine Lizenz zu erteilen, behält sich aber vor, selbst die lizenzierte Technologie weiter zu nutzen. In einem solchen Fall gilt die Freistellung **unabhängig** davon, ob die Vereinbarung **wechselseitig oder nicht wechselseitig** ist.[67]
– Lit. iv) stellt **nicht wechselseitige** Vereinbarungen frei, gemäß denen die Parteien von **aktiven** oder **passiven Verkäufen** in das **Exklusivgebiet** oder an eine **Exklusivkundengruppe** der anderen Partei Abstand nehmen.[68] Auch hier liegt der Grund für die Freistellung in dem Investitionsanreiz für die jeweils geschützte Partei.
– Die Ausnahme gem. lit. v)[69] gilt für **nicht wechselseitige** Vereinbarungen, in denen zum **Schutz eines dritten Lizenznehmers** eine Beschränkung des **aktiven Verkaufs** in ein Gebiet oder an eine Kundengruppe vereinbart wird. Voraussetzung dafür

---

[60] Rn. 82 der Leitlinien.
[61] Art. 1 Abs. 1 Nr. 8 VO 240/96.
[62] Art. 2 Abs. 1 Nr. 13 VO 240/96.
[63] Art. 3 Nr. 5 VO 240/96.
[64] Zur kartellrechtlichen Beurteilung von „Field of Use-Klauseln" vgl. *Gehring/Fort*, EWS 2007, 160 ff.
[65] Rn. 90 der Leitlinien.
[66] Rn. 86 der Leitlinien.
[67] Rn. 88 der Leitlinien.
[68] Rn. 87 der Leitlinien.
[69] Vgl. dazu Rn. 89 der Leitlinien.

ist, dass **der geschützte dritte Lizenznehmer** im Zeitpunkt des Abschlusses seines Lizenzvertrages **kein Wettbewerber des Lizenzgebers** war, da er sonst keinen Schutz verdient. Geschützt werden soll nur der dritte Lizenznehmer, der noch nicht auf dem Markt präsent war und dem eine Chance zum Aufbau seines Marktes gegeben werden soll.

Unterschieden werden muss diese Beschränkung von (unzulässigen) Absprachen gleichen Inhalts zwischen Lizenznehmern. Eine solche Vereinbarung würde auf ein **Kartell unter Lizenznehmern** hinauslaufen, auf die – in Ermangelung eines Technologietransfers – auch die **TT-GVO nicht anwendbar** wäre.

44 Die **VO 240/96** stellte im Verhältnis zwischen Lizenzgeber und Lizenznehmer Beschränkungen hinsichtlich der Verwendung sowie der aktiven und passiven Verkäufe von Vertragsprodukten im Gebiet der jeweils anderen Partei frei.[70] Im Verhältnis verschiedener Lizenznehmer untereinander waren Beschränkungen freigestellt, die einem Lizenznehmer die Herstellung und den aktiven Vertrieb von Vertragsprodukten im Gebiet eines anderen Lizenznehmers verboten.[71] Der passive Vertrieb durfte dagegen nur für einen Zeitraum von fünf Jahren ab Produkteinführung untersagt werden.[72]

45 Im Hinblick auf Beschränkungen des Kundenkreises war die **VO 240/96** strenger. So waren derartige Klauseln gem. Art. 3 Nr. 4 VO 240/96 als „schwarz" qualifiziert, wenn Lizenzgeber und Lizenznehmer Wettbewerber waren. Waren Lizenzgeber und Lizenznehmer keine Wettbewerber, stufte die VO 240/96 derartige Klauseln immer noch als „grau" ein.

– Lit. vi) stellt Beschränkungen frei, nach denen der Lizenznehmer die Vertragsprodukte nur für den **Eigenbedarf** herstellen darf. Im Rahmen einer solchen Beschränkung muss der Lizenznehmer jedoch mindestens befugt sein, die Vertragsprodukte als Ersatzteile für seine eigenen Produkte an Dritte zu verkaufen.[73] Anderenfalls wäre er in dem Vertrieb seiner eigenen Produkte eingeschränkt.

– Lit. vii) stellt Beschränkungen frei, die einem Lizenznehmer in einer **nicht wechselseitigen** Vereinbarung auferlegt worden sind und ihm die Verpflichtung auferlegen, die Vertragsprodukte nur für einen **bestimmten Kunden** zu produzieren, um diesem eine **alternative Bezugsquelle** *(second sourcing)* zu verschaffen. Bei einer solchen Lizenz sind die Möglichkeiten, den Markt oder Kunden aufzuteilen, gering. Eine solche Beschränkung wird den Lizenznehmer auch nicht dazu bringen, die Verwertung seiner eigenen Technologie einzustellen und wirkt dementsprechend in aller Regel wettbewerbsfördernd.[74] Problematisch sind solche Vereinbarungen allerdings in der Praxis im Hinblick darauf, dass der zu beliefernde Kunde (auf dessen Wunsch eine solche Regelung immer zurückgehen wird) auf diese Weise in die Lage versetzt wird, statt von dem Lizenzgeber, der das vertragsgegenständliche geistige Eigentum in der Regel selbst entwickelt, von einem Dritten zu beziehen, der mangels eigenen Entwicklungsaufwandes preiswerter anbieten kann, so dass sich der Bezug oftmals vom Entwickler auf die „zweite Quelle" verlagern wird. Hiergegen kann sich der Lizenzgeber nicht sichern, so dass ihm die Rolle des „Technologiegebers" bleibt, der lediglich Lizenzgebühren liquidiert, aber langfristig keine eigenen Produkte verkauft.

46 d) Beschränkung der eigenen Technologie und Forschungs- und Entwicklungsarbeiten, Abs. 1 d)

47 Diese Kernbeschränkung stellt sicher, dass es den Parteien auch nach dem Abschluss des Lizenzvertrages freisteht, **unabhängige Forschungs- und Entwicklungsarbeiten**

---

[70] Art. 1 Abs. 1 Nr. 1–3 VO 240/96.
[71] Art. 1 Abs. 1 Nr. 4–6 VO 240/96.
[72] Art. 1 Abs. 1 Nr. 6 i. V. m. Abs. 3 VO 240/96.
[73] Rn. 92 der Leitlinien.
[74] Rn. 93 der Leitlinien.

durchzuführen und die **eigene konkurrierende Technologie** uneingeschränkt zu nutzen. Um das Know-how des Lizenzgebers zu schützen, können Beschränkungen hinsichtlich Forschungs- und Entwicklungsarbeiten mit **Dritten** jedoch grundsätzlich aufgenommen werden. Grund für diese Kernbeschränkung ist die Befürchtung eines ansonsten **verringerten Wettbewerbs** auf den betroffenen Produkt- und Technologiemärkten. Zusätzlich würde in einer solchen Konstellation der Anreiz des Lizenznehmers verringert, in die Entwicklung und Verbesserung seiner Technologie zu investieren.[75]

Auflagen für den Lizenznehmer, keine **Dritttechnologien** zu verwenden, die mit der lizenzierten Technologie im Wettbewerb stehen **(Wettbewerbsverbot)** sind unter der TT-GVO jedoch grundsätzlich freigestellt. **48**

Die **VO 240/96** stellte die Vereinbarung eines direkten Wettbewerbsverbots für einen der Vertragspartner nicht frei,[76] Verpflichtungen mit ähnlichen aber nicht ganz so weitreichenden Zielrichtungen waren dagegen freigestellt.[77] **49**

6. Einzelfälle für Nicht-Wettbewerber

Die Kernbeschränkungen für **Nicht-Wettbewerber** im Einzelnen (Abs. 2):

a) Preisfestsetzungen, Abs. 2 a)
Abweichend von den bereits bei den Kernbeschränkungen für Wettbewerber erörterten verbotenen Preisfestsetzungsklauseln sind in Vereinbarungen zwischen Nicht-Wettbewerbern **Preisempfehlungen** sowie die Festsetzung von **Höchstverkaufspreisen** zulässig. Diese Freistellung gilt jedoch nur, solange sich derartige Maßnahmen nicht wie Fest- oder Mindestverkaufspreise auswirken. **50**

Preisfestsetzungen waren bereits nach Art. 3 Nr. 1 **VO 240/96** als schwarze Klauseln verboten. Die Freistellung von Höchstverkaufspreisen oder unverbindlichen Preisempfehlungen in der TT-GVO orientiert sich an der Vertikal-GVO.[78] **51**

b) Beschränkungen des passiven Verkaufs, Abs. 2 b)
Grundsätzlich verboten sind Einschränkungen des **passiven Verkaufs** des **Lizenznehmers** entweder mit Blick auf bestimmte Gebiete oder bestimmte Kunden. Solche Beschränkungen können auch **indirekt** erfolgen, bspw. durch finanzielle Anreize, ein Überwachungssystem oder Mengenbeschränkungen.[79] Diese Kernbeschränkung gilt grundsätzlich **nicht** für Verkaufsbeschränkungen, die dem **Lizenzgeber** auferlegt werden. In Bezug auf diese Kernbeschränkung sind zudem eine Reihe wichtiger **Ausnahmen** zu beachten. **52**

– Die Beschränkung des **aktiven Verkaufs** des Lizenznehmers ist grundsätzlich freigestellt (zu Ausnahmen s. u.). Grund für die Freistellung von Beschränkungen des aktiven Verkaufs ist die Annahme, dass sie Investitionen sowie den nicht über den Preis ausgetragenen Wettbewerb fördern und die Qualität der Vertragsprodukte verbessern.[80] Für Nicht-Wettbewerber gilt die Gruppenfreistellung auch, wenn der aktive Verkauf beschränkt wird, ohne dass das betroffene Gebiet oder die betroffene Kundengruppe einem anderen Lizenznehmer exklusiv zugewiesen ist.[81] Auch diese Freistellung soll Investitionen fördern, indem Lizenznehmer nur dem Wettbewerb einer begrenzten Anzahl anderer Lizenznehmer innerhalb eines Gebiets ausgesetzt sind, nicht aber von außerhalb.

---

[75] Rn. 95 der Leitlinien.
[76] Art. 3 Nr. 2 VO 240/96.
[77] Vgl. bspw. Art. 2 Abs. 1 Nr. 18 VO 240/96.
[78] Art. 4 a) Vertikal GVO.
[79] Rn. 98 der Leitlinien.
[80] Rn. 99 der Leitlinien.
[81] Rn. 99 der Leitlinien.

- Gemäß Abs. 2b) lit. i) stellt die Beschränkung des **aktiven und passiven** Verkaufs in das **Exklusivgebiet** (Exklusivkundengruppe) **des Lizenzgebers** keine Kernbeschränkung dar. Voraussetzung für diese Freistellung ist nicht, dass der Lizenzgeber in dem Exklusivgebiet oder für die Kundengruppe bereits produziert; er kann sich das Gebiet oder die Kundengruppe auch für eine **spätere Nutzung** vorbehalten.
- Abs. 2b) lit. ii) stellt Vereinbarungen frei, die den **passiven** (und aktiven, s. o.) **Verkauf** des Lizenznehmers in ein **Exklusivgebiet** oder an eine **Exklusivkundengruppe** eines **anderen Lizenznehmers** beschränken. Zulässig ist eine solche Beschränkung jedoch nur für einen **Zeitraum von zwei Jahren** ab dem Zeitpunkt, zu dem das Vertragsprodukt von dem geschützten Lizenznehmer erstmals in dem Gebiet oder an die Kundengruppe verkauft worden ist. Der Grund für diese Freistellung liegt auf der Hand: die vom geschützten Lizenznehmer getätigten – häufig umfangreichen – Investitionen (Produktionsanlagen, Werbung) sollen in der Anfangszeit geschützt werden.[82]
- Abs. 2b) lit. iii) ist wortgleich mit Abs. 1c) lit. vi). Es wird insoweit auf die dortige Kommentierung Bezug genommen.
- Abs. 2b) lit. iv) entspricht Abs. 1c) lit. vii). Es wird auch insoweit auf die dortige Kommentierung verwiesen.
- Abs. 2b) lit. v) stellt Beschränkungen frei, die einen Verkauf von einem Großhändler nur an Einzelhändler und **nicht an Endverbraucher** vorsehen. Mit einer solchen Beschränkung kann der Lizenzgeber dem Lizenznehmer eine **Großhandelsfunktion** innerhalb des Vertriebs zuweisen.[83] Die Freistellung einer solchen Beschränkung ist erstmalig geregelt.
- Abs. 2b) lit. vi) ermöglicht dem Lizenzgeber den Aufbau und die Wahrung eines **selektiven Vertriebssystems,** indem Vereinbarungen freigestellt werden, die den Verkauf an nicht zugelassene Händler verbieten.[84] Auch diese Freistellung war in der VO 240/96 nicht erfasst. Im Zusammenhang mit dieser freigestellten Ausnahme gilt es jedoch Abs. 2c) zu beachten (s. u.).

c) Beschränkungen der Verkäufe an Endverbraucher, Abs. 2c)

53 Mitglieder eines **selektiven Vertriebssystems,** die auf der **Einzelhandelsstufe** tätig sind, müssen die Möglichkeit haben, die Vertragsprodukte an **Endverbraucher** – sowohl aktiv als auch passiv – zu verkaufen. Daraus folgt bereits, dass der Lizenzgeber auch im selektiven Vertriebssystem weiterhin die Möglichkeit hat, Lizenznehmern eine **Großhandelsfunktion** innerhalb des Vertriebs zuzuweisen (Abs. 2b) lit. v)). Ebenso kann der Lizenzgeber weiterhin **Geschäfte von nicht zugelassenen Niederlassungen** aus **verbieten** (vgl. Abs. 2c) a. E.).

7. Zulässige Beschränkungen

54 Rn. 155 der Leitlinie nennt schließlich eine Reihe von Verpflichtungen, die im Allgemeinen keine Wettbewerbsbeschränkung darstellen. Das sind u. a.:
- Wahrung der Vertraulichkeit;
- Verbot der Unterlizenzierung;
- Nutzungsverbot nach Ablauf der Vereinbarung soweit die Technologie noch „gültig und rechtswirksam" sei (die zwangsläufige Folge des Ablaufs eines Lizenzvertrages);
- Unterstützungspflichten des Lizenznehmers bei der Durchsetzung des Lizenzrechts durch den Lizenzgeber, etwa durch Information oder finanzielle Beteiligung;

---

[82] Vgl. auch Rn. 101 der Leitlinien.
[83] Rn. 104 der Leitlinien; die parallele Regelung in Art. 4b) 2. Spiegelstrich Vertikal-GVO lässt Erfahrung mit dieser Ausnahme erwarten.
[84] Die parallele Regelung in Art. 4b) 3. Spiegelstrich Vertikal-GVO lässt Erfahrung mit dieser Ausnahme erwarten.

C. Technologietransfer 55, 56 **Art. 5 TT-GVO**

- Zahlung von Mindestgebühren oder Produktion einer Mindestmenge von die Technologie enthaltenden Erzeugnissen (das ist insbesondere für Lizenzgeber von Bedeutung, die nicht selbst produzieren);
- Markierungs- und Kennzeichnungspflichten (Name oder Marke des Lizenzgebers auf dem Produkt).

Art. 5. Nicht freigestellte Beschränkungen

(1) Die Freistellung nach Artikel 2 gilt nicht für die folgenden in Technologietransfer-Vereinbarungen enthaltenen Verpflichtungen:
a) alle unmittelbaren oder mittelbaren Verpflichtungen des Lizenznehmers, dem Lizenzgeber oder einem vom Lizenzgeber benannten Dritten eine Exklusivlizenz für seine eigenen abtrennbaren Verbesserungen an der lizenzierten Technologie oder seine eigenen neuen Anwendungen dieser Technologie zu erteilen;
b) alle unmittelbaren oder mittelbaren Verpflichtungen des Lizenznehmers, Rechte an eigenen abtrennbaren Verbesserungen an der lizenzierten Technologie oder Rechte an eigenen neuen Anwendungen dieser Technologie vollständig oder teilweise auf den Lizenzgeber oder einen vom Lizenzgeber benannten Dritten zu übertragen;
c) alle unmittelbaren oder mittelbaren Verpflichtungen des Lizenznehmers, die Gültigkeit der Rechte an geistigem Eigentum, über die der Lizenzgeber im Gemeinsamen Markt verfügt, nicht anzugreifen, unbeschadet der Möglichkeit, die Beendigung der Technologietransfer-Vereinbarung für den Fall vorzusehen, dass der Lizenznehmer die Gültigkeit eines oder mehrerer der lizenzierten Schutzrechte angreift.

(2) Handelt es sich bei den Vertragsparteien nicht um konkurrierende Unternehmen, so gilt die Freistellung nach Artikel 2 nicht für unmittelbare oder mittelbare Verpflichtungen, die die Möglichkeit des Lizenznehmers, seine eigene Technologie zu verwerten, oder die Möglichkeit der Vertragsparteien, Forschungs- und Entwicklungsarbeiten durchzuführen, beschränken, es sei denn, letztere Beschränkung ist unerlässlich, um die Preisgabe des lizenzierten Know-hows an Dritte zu verhindern.

1. Grundsatz der Abtrennbarkeit

In Art. 5 werden vier Arten von Beschränkungen aufgeführt, die zwar **von der Gruppenfreistellung ausgenommen** sind und mithin einer **Einzelprüfung** unterliegen, die jedoch nicht den Vertrag als Ganzes, sondern nur die betreffende Klausel aus dem „sicheren Hafen" hinausführen. Für die in Art. 5 genannten Beschränkungen gilt der Grundsatz der (kartellrechtlichen) **Abtrennbarkeit**.[85] Ob auch eine zivilrechtliche Abtrennbarkeit der nichtigen Klausel gegeben ist, entscheidet das nationale Recht; in Deutschland kommt **§ 139 BGB** zur Anwendung, wonach im Zweifel der Gesamtvertrag nichtig ist, wenn nicht, etwa aufgrund einer salvatorischen Klausel, Anlass für die Annahme eines auf die Aufrechterhaltung der Vereinbarung gerichteten Parteiwillens besteht. Salvatorische Klauseln, wie sie in der Vertragspraxis standardmäßig verwendet werden, entbinden zwar nicht von der Abwägung, ob das Geschäft auch ohne den nichtigen Teil vorgenommen worden wäre, weisen aber die Beweislast für die Gesamtnichtigkeit demjenigen zu, der sich darauf beruft.[86]

2. Ausnahmen

Nach Art. 5 Abs. 1 sind die folgenden drei Verpflichtungen von der Gruppenfreistellung ausgenommen:
a) Verpflichtungen des Lizenznehmers, dem Lizenzgeber (oder einem Dritten) eine **Exklusivlizenz** für seine eigenen **abtrennbaren Verbesserungen** an oder neuen Anwen-

---

[85] Rn. 107 der Leitlinien.
[86] BGH NJW 2003, 347.

dungen der lizenzierten Technologie zu erteilen. Grund für diese Ausnahme von der Freistellung ist wiederum, dem Lizenznehmer den **Anreiz für Verbesserungen** nicht zu nehmen. Eine vom Lizenzgeber gezahlte **Vergütung** für die Verbesserung ändert zwar an der grundsätzlichen Anwendung von Art. 5 Abs. 1 nichts, kann jedoch möglicherweise bei der **Einzelprüfung** eine Rolle spielen. Eine Vergütung kann die negativen Auswirkungen einer Rücklizenz für abtrennbare Verbesserungen absorbieren helfen. **Nicht ausschließliche Rücklizenz-Verpflichtungen** sind von der Gruppenfreistellung erfasst.[87] Die Frage der **Wechselseitigkeit** solcher Rücklizenzierungen spielt im Gegensatz zu der VO 240/96 keine Rolle mehr. Ebenso gilt Art. 5 Abs. 1a) nicht für ausschließliche Rücklizenzen, die **nicht abtrennbare** Verbesserungen betreffen, da der Lizenznehmer solche Verbesserungen ohnehin nicht ohne Erlaubnis des Lizenzgebers verwerten darf.

57 Nach der **VO 240/96** stellte eine nicht-wechselseitige und/oder exklusive **Rücklizenzierungspflicht** seitens des Lizenznehmers eine anmeldepflichtige graue Klausel dar.[88]

58 b) Art. 5 Abs. 1b) betrifft Verpflichtungen, eigene **abtrennbare Verbesserungen** vollständig oder teilweise an den Lizenzgeber oder Dritte zu **übertragen.** Insoweit gilt das unter 2. a) Ausgeführte gleichermaßen. Sollte der Lizenzgeber an einer solchen Rückübertragung Interesse haben, empfiehlt es sich daher, mit dem Lizenznehmer eine **Auftragsforschungsvereinbarung** für die betreffenden Schutzrechte zu treffen oder die Technologien gesondert zu erwerben, wobei dies selbstverständlich nicht lediglich zur Umgehung von Art. 5 Abs. 1b) geschehen darf.[89]

Die **Rückübertragungspflicht** war unter der VO 240/96 als „schwarze" Klausel absolut verboten.[90]

59 c) Nach Art. 5 Abs. 1c) fallen **Nichtangriffsklauseln** (die in Deutschland bislang zulässig, nach der alten VO 240/96 aber als „graue" Klauseln nicht pauschal freigestellt waren)[91] grundsätzlich nicht unter die Freistellung. Grund dafür ist der Gedanke, dass Lizenznehmer in der Regel am besten beurteilen können, ob ein Schutzrecht rechtsbeständig ist oder nicht und nicht rechtsbeständige Schutzrechte im Interesse eines unverzerrten Wettbewerbs nicht weiter als Monopol genutzt, sondern angegriffen und aufgehoben werden sollten. Ausdrücklich vorgesehen in Art. 5 Abs. 1c) ist aber die Möglichkeit, Nichtangriffsklauseln als **Kündigungsgrund** zu formulieren, um weiterhin in den Genuss der Gruppenfreistellung zu kommen.

Auch in der VO 240/96 war die Vereinbarung eines Kündigungsrechts bei Angriff des lizenzierten Schutzrechts durch den Lizenznehmer bereits freigestellt.[92]

60 Nichtangriffsklauseln im Rahmen von **Anspruchsregelungs-** und **Verzichtsvereinbarungen,** wie sie etwa im Rahmen von Vergleichsvereinbarungen zur Beendigung von Streitigkeiten auf dem Gebiete des gewerblichen Rechtsschutzes gerne vereinbart werden, werden generell nicht als wettbewerbsbeschränkend im Sinne von Art. 81 Abs. 1 EGV eingestuft.[93]

3. Beschränkung für Nicht-Wettbewerber

61 Art. 5 Abs. 2 enthält eine weitere nicht freigestellte Beschränkung für **Nicht-Wettbewerber** im Hinblick auf die Beschränkung in der Nutzung eigener Technologie und der Durchführung von F&E, die mit der Kernbeschränkung für Wettbewerber gemäß

---

[87] Rn. 109 der Leitlinien.
[88] Art. 2 Abs. 1 Nr. 4 VO 240/96.
[89] Siehe dazu auch *Schultze/Pautke/Wagener* WRP 2004, 175, 186.
[90] Art. 3 Nr. 6 VO 240/96.
[91] Art. 4 Abs. 2b) VO 240/96.
[92] Art. 2 Abs. 1 Nr. 15 VO 240/96.
[93] Vgl. Rn. 209 der Leitlinien.

Art. 4 Abs. 1 d) wortgleich ist. Insofern wird auf die dortige Kommentierung verwiesen. Da bei Nicht-Wettbewerbern nicht angenommen wird, dass eine solche Beschränkung sich generell negativ auf den Wettbewerb auswirkt, ist eine solche Regelung aber nicht als Kernbeschränkung verboten sondern bedarf einer individuellen Prüfung.[94]

Vgl. zu der Regelung in der **VO 240/96** oben Art. 4, Anm. 5 d). **62**

Art. 6. Entzug des Rechtsvorteils der Verordnung im Einzelfall

(1) **Die Kommission kann den mit dieser Verordnung verbundenen Rechtsvorteil nach Artikel 29 Absatz 1 der Verordnung (EG) Nr. 1/2003 im Einzelfall entziehen, wenn eine nach Absatz 2 freigestellte Technologietransfer-Vereinbarung gleichwohl Wirkungen hat, die mit Artikel 81 Absatz 3 EG-Vertrag unvereinbar sind; dies gilt insbesondere, wenn**

a) der Zugang fremder Technologien zum Markt beschränkt wird, beispielsweise durch die kumulative Wirkung paralleler Netze gleichartiger beschränkender Vereinbarungen, die den Lizenznehmern die Nutzung fremder Technologien untersagen;

b) der Zugang potenzieller Lizenznehmer zum Markt beschränkt wird, beispielsweise durch die kumulative Wirkung paralleler Netze gleichartiger beschränkender Vereinbarungen, die den Lizenzgebern die Erteilung von Lizenzen an andere Lizenznehmer untersagen;

c) die Parteien die lizenzierte Technologie ohne sachlich gerechtfertigten Grund nicht verwerten.

(2) **Wenn eine unter die Freistellung des Artikels 2 fallende Technologietransfer-Vereinbarung im Gebiet eines Mitgliedstaats oder in einem Teil desselben, der alle Merkmale eines gesonderten räumlichen Marktes aufweist, im Einzelfall Wirkungen hat, die mit Artikel 81 Absatz 3 EG-Vertrag unvereinbar sind, kann die Wettbewerbsbehörde dieses Mitgliedstaats unter den gleichen Umständen wie in Absatz 1 des vorliegenden Artikels den Rechtsvorteil dieser Verordnung gemäß Artikel 29 Absatz 2 der Verordnung (EG) Nr. 1/2003 mit Wirkung für das betroffene Gebiet entziehen.**

1. Kumulative Voraussetzungen

Wie in Art. 7 VO 240/96 kann die Kommission – und können gemäß Abs. 2 in be- **63** stimmten Fällen auch die Wettbewerbsbehörden der Mitgliedsstaaten – auch im Rahmen der TT-GVO bestimmten Vereinbarungen die Freistellung im Einzelfall entziehen, wenn **eine der vier kumulativen Voraussetzungen** des Art. 81 Abs. 3 EGV nicht erfüllt ist.

2. Einschränkungen

Grund für die Möglichkeit, die Freistellung zu entziehen, ist, dass trotz der in Art. 4 und **64** 5 aufgezählten nicht freigestellten Beschränkungen nicht gewährleistet ist, dass tatsächlich alle Auswirkungen von Lizenzvereinbarungen berücksichtigt sind. Insbesondere trägt die TT-GVO nicht der **kumulativen Wirkung gleichartiger Beschränkungen** Rechnung, die in Netzen von Lizenzvereinbarungen enthalten sein können.[95] Diesen Bedenken ist in den in Art. 6 Abs. 1 a) und b) gelisteten Szenarien, die **insbesondere** zu einem Entzug der Freistellung führen können, Rechnung getragen. Art. 6 Abs. 1 c) gibt der Kommission außerdem die Möglichkeit, die Freistellung zu entziehen, wenn die Parteien die lizenzierte **Technologie nicht verwerten.** Die Gruppenfreistellung soll für eine **Effizienz stei-**

---

[94] Rn. 114 der Leitlinien.
[95] Rn. 121 der Leitlinien.

gernde **Wirtschaftstätigkeit** durch Lizenzvergabe sorgen.[96] Dieser Grund entfällt, wenn die lizenzierte Technologie nicht verwertet wird.[97] Schon aus Vertrauensschutzgründen muss aber davon ausgegangen werden dürfen, dass außerhalb dieser in den Leitlinien genannten Sonderfälle ein Entzug der Freistellung nicht in Betracht kommt.

3. Beweislast

65 Die **Beweislast** bei einem Entzug der Freistellung gemäß Art. 6 liegt bei der entziehenden Behörde. Gem. Abs. 2 beschränkt sich die **Befugnis der Wettbewerbsbehörde des Mitgliedsstaates** auf Fälle, in denen der relevante räumliche Markt nicht größer ist als das Staatsgebiet des jeweiligen Mitgliedsstaates.

Art. 7. Nichtanwendbarkeit dieser Verordnung

(1) Gemäß Artikel 1a der Verordnung Nr. 19/65/EWG kann die Kommission durch Verordnung erklären, dass in Fällen, in denen mehr als 50% eines relevanten Marktes von parallelen Netzen gleichartiger Technologietransfer-Vereinbarungen erfasst werden, die vorliegende Verordnung auf Technologietransfer-Vereinbarungen, die bestimmte Beschränkungen des Wettbewerbs auf diesem Markt vorsehen, keine Anwendung findet.

(2) Eine Verordnung im Sinne von Absatz 1 wird frühestens sechs Monate nach ihrem Erlass anwendbar.

1. Nichtanwendungsverordnung

66 Art. 7 erlaubt es der Kommission – verpflichtet diese aber nicht –, parallele Netze gleichartiger Vereinbarungen im Wege einer Verordnung aus dem Anwendungsbereich der TT-GVO auszuschließen, wenn diese mehr als 50% eines relevanten Marktes erfassen.[98] Eine solche **Nichtanwendungsverordnung** bewirkt, dass die volle **Anwendbarkeit von Art. 81 Abs. 1–3 EGV** wieder hergestellt wird.

2. Übergangsregelung

67 Art. 7 Abs. 2 sieht einen **Übergangszeitraum** von **mindestens 6 Monaten** vor der Anwendung einer Verordnung gemäß Abs. 1 vor. Dieser Zeitraum, währenddessen die Vereinbarung freigestellt bleibt, dürfte es den betroffenen Unternehmen ermöglichen, ihre Vereinbarungen nach Maßgabe der Nichtanwendungsverordnung umzustellen.[99]

Art. 8. Anwendung der Marktanteilsschwellen

(1) [1]Für die Anwendung der Marktanteilsschwellen im Sinne des Artikels 3 gelten die in diesem Absatz genannten Regeln:
[2]Der Marktanteil wird anhand des Absatzwerts berechnet. Liegen keine Angaben über den Absatzwert vor, so können zur Ermittlung des Marktanteils Schätzungen vorgenommen werden, die auf anderen verlässlichen Marktdaten unter Einschluss der Absatzmengen beruhen. [3]Der Marktanteil wird anhand der Angaben für das vorhergehende Kalenderjahr ermittelt.
[4]Der Marktanteil der in Artikel 1 Absatz 2 Buchstabe e) genannten Unternehmen wird zu gleichen Teilen jedem Unternehmen zugerechnet, das die in Artikel 1 Absatz 2 Buchstabe a) bezeichneten Rechte oder Einflussmöglichkeiten hat.

---

[96] So auch die US Guidelines unter 3.4.
[97] Rn. 122 der Leitlinien.
[98] Rn. 123 der Leitlinien.
[99] Vgl. Rn. 128 der Leitlinien.

(2) **Wird die in Artikel 3 Absatz 1 oder Absatz 2 genannte Marktanteilsschwelle von 20% bzw. 30% erst im Laufe der Zeit überschritten, so gilt die Freistellung nach Artikel 2 im Anschluss an das Jahr, in dem die Schwelle von 20% bzw. 30% zum ersten Mal überschritten wird, noch für zwei aufeinander folgende Kalenderjahre weiter.**

(Art. 8 nicht kommentiert.)

Art. 9. Aufhebung der Verordnung (EG) Nr. 240/96

[1] **Die Verordnung (EG) Nr. 240/96 wird aufgehoben.**
[2] **Bezugnahmen auf die aufgehobene Verordnung gelten als Bezugnahmen auf die vorliegende Verordnung.**

(Art. 9 nicht kommentiert.)

Art. 10. Übergangsfrist

Das Verbot des Artikels 81 Absatz 1 EG-Vertrag gilt vom 1. Mai 2004 bis zum 31. März 2006 nicht für Vereinbarungen, die am 30. April 2004 bereits in Kraft waren und die Voraussetzungen für eine Freistellung zwar nach der Verordnung (EG) Nr. 240/96, nicht aber nach dieser Verordnung erfüllen.

Die VO 240/96 ist gem. Artikel 9 zum 30. April 2004 aufgehoben. Eine Übergangszeit war ursprünglich nur bis zum 31. Oktober 2005 vorgesehen, sie wurde jedoch bis zum **31. März 2006** verlängert, dem Zeitpunkt, an dem die VO 240/96 ihre Gültigkeit verloren hätte. Vereinbarungen, die am 30. April 2004 die Voraussetzungen der alten VO 240/96 erfüllten, blieben damit bis zum 31. April 2006 unbeanstandet. Dies war aus Gründen des **Vertrauensschutzes** unerlässlich.

Art. 11. Geltungsdauer

[1] **Diese Verordnung tritt am 1. Mai 2004 in Kraft.**
[2] **Sie gilt bis zum 30. April 2014.**

D. Spezialisierungsvereinbarungen*

Übersicht

	Rn.		Rn.
Einführung	1	2. Die Marktanteilsgrenze	38
1. Spezialisierungsvereinbarungen: Kooperation bei der Produktion	1	a) 20% als absolute Schwelle	38
2. Wettbewerbsbeschränkungen durch Spezialisierung	2	b) Marktanteile unter 10% außerhalb von Art. 81 Abs. 1 EG	39
3. Überwiegen positiver wirtschaftlicher Auswirkungen	3	3. Die Marktabgrenzung	40
4. Entstehungsgeschichte und Ziele	4	Artikel 5 (Nicht unter die Freistellung fallende Vereinbarungen)	
Artikel 1 (Freistellung)		1. Allgemeines	41
1. Allgemeines	6	2. Preisbindung (Abs. 1 lit. a, Abs. 2 lit. b)	44
2. Einseitige Spezialisierung (Abs. 1 lit a)	9	3. Produktions- und Absatzbeschränkungen (Abs. 1 lit. b)	
3. Gegenseitige Spezialisierung (Abs. 1 lit. b)	13	a) Produktionsbeschränkungen	46
4. Gemeinsame Produktion (Abs. 1 lit. c)	16	b) Absatzbeschränkungen	50
5. Durchführungsvereinbarungen (Abs. 2)	18	4. Aufteilung von Märkten und Abnehmerkreisen (Abs. 1 lit. c)	51
Artikel 2 (Definitionen)		Artikel 6 (Anwendung der Marktanteilsschwelle)	
1. „Vereinbarungen" (Nr. 1)	24	1. Die Marktanteilsberechnung	54
2. „Beteiligte Unternehmen" (Nr. 2)	25	2. Die Toleranzklauseln	55
3. „Verbundene Unternehmen" (Nr. 3)	26	Artikel 7 (Entzug der Freistellung)	
4. „Produkt" (Nr. 4)	27	1. Allgemeines	57
5. „Produktion" (Nr. 5)	28	2. Entzug durch nationale Kartellbehörden	58
6. „Relevanter Markt" (Nr. 6)	29	3. Entzugsverfahren	59
7. „Konkurrierendes Unternehmen" (Nr. 7)	30	4. Die Voraussetzungen des Entzuges	60
8. „Alleinbelieferungsverpflichtung" (Nr. 8)	31	a) Art. 7 a)	
9. „Alleinbezugsverpflichtung" (Nr. 9)	32	aa) Keine spürbaren Rationalisierungserfolge (1. Alt)	62
Artikel 3 (Bezugs- und Absatzabsprache)		bb) Keine angemessene Beteiligung der Verbraucher	64
1. Allgemeines	33		
2. Alleinbezugs- und Alleinbelieferungsverpflichtung gemäß Art. 3 lit. a	34	b) Art. 7 b) – Kein wirksamer Wettbewerb	65
3. Gemeinsamer Vertrieb gemäß Art. 3 lit. b	35	Artikel 8 (Übergangsfrist)	
Artikel 4 (Marktanteilsschwelle)		Artikel 9 (Geltungsdauer)	
1. Allgemeines	37		

Schrifttum: *van Bael & Bellis,* Competition Law of the European Community, 2005; *Bahr/Loest,* EWS 2002, 263; *Bechtold,* BB 2000, 2425; *Bechtold/Brinker/Bosch/Hirsbrunner,* EG-Kartellrecht, 2005; *Bellamy & Child,* European Community Law of Competition, 2008; Frankfurter Kommentar zum Kartellrecht; *Griffiths/Nüesch,* ECLR 2000, 452; *Hirsch/Montag/Säcker,* Münchener Kommentar zum Europäischen und Deutschen Wettbewerbsrecht (Kartellrecht), 2007; *Jung,* EuZW 1993, 690 ff.; *Lange,* Handbuch zum deutschen und europäischen Kartellrecht, 2006; *Langen/Bunte,* Bd. 2, 2005; *Liebscher/Flohr/Petsche,* Handbuch der EU-Gruppenfreistellungsverordnungen 2003; *Mäger,* Europäisches Kartellrecht, 2006; *Ritter,* NJW 1983, 489; *Ritter/Braun,* European Competition Law, 2004; *Schrödermeier/Wagner,* Gesetz gegen Wettbewerbsbeschränkungen und Europäisches Kartellrecht, Gemeinschaftskommentar, 1997; *Immenga/Mestmäcker,* EG-Wettbewerbsrecht Bd. I, 2007; *Wiedemann,* Kommentar zu den Gruppenfreistellungsverordnungen des EWG-Kartellrechts, Bd. I, 1989; *Whish,* Competition Law, 2003

Erwägungsgründe

(1) Die Kommission wird durch die Verordnung (EWG) Nr. 2821/71 ermächtigt, das Verbot des Artikels 81 (ex-Artikel 85 Absatz 3) Absatz 1 EG-Vertrag gemäß Artikel 81

---

* Verordnung (EG) Nr. 2658/2000 der Kommission vom 29. November 2000 über die Anwendung von Artikel 81 Absatz 3 des Vertrages auf Gruppen von Spezialisierungsvereinbarungen (ABl. 2000 L 304/3).

D. Spezialisierung | **Spez-GVO**

Absatz 3 durch Verordnung für nicht anwendbar zu erklären auf bestimmte Gruppen von Vereinbarungen, Beschlüssen und aufeinander abgestimmten Verhaltensweisen, welche eine Spezialisierung einschließlich der zu ihrer Durchführung erforderlichen Abreden zum Gegenstand haben.

(2) Auf der Grundlage der Verordnung (EWG) Nr. 2821/71 hat die Kommission in diesem Zusammenhang die Verordnung (EWG) Nr. 417/85 vom 19. Dezember 1984 über die Anwendung von Artikel 85 Absatz 3 des Vertrages auf Gruppen von Spezialisierungsvereinbarungen(3), zuletzt geändert durch die Verordnung (EG) Nr. 2236/97(4), erlassen. Die Verordnung (EWG) Nr. 417/85 tritt am 31. Dezember 2000 außer Kraft.

(3) Es ist eine neue Verordnung zu erlassen, die zugleich den Wettbewerb wirksam schützen und den Unternehmen angemessene Rechtssicherheit bieten sollte. Bei der Verfolgung dieser beiden Ziele ist darauf zu achten, dass die behördliche Beaufsichtigung und der rechtliche Rahmen soweit wie möglich vereinfacht werden. Wird ein gewisser Grad der Marktmacht nicht erreicht, so kann im Hinblick auf die Anwendung von Artikel 81 Absatz 3 grundsätzlich davon ausgegangen werden, dass die Vorteile von Spezialisierungsvereinbarungen mögliche Nachteile für den Wettbewerb aufwiegen.

(4) Eine Freistellungsverordnung, die die Kommission gestützt auf die Verordnung (EWG) Nr. 2821/71 erlässt, muss folgende Elemente enthalten: eine Beschreibung der Gruppen von Vereinbarungen, Beschlüssen und aufeinander abgestimmten Verhaltensweisen, auf die die Verordnung Anwendung findet; eine Benennung der Beschränkungen oder Bestimmungen, die in den Vereinbarungen, Beschlüssen und aufeinander abgestimmten Verhaltensweisen enthalten oder nicht enthalten sein dürfen; und eine Benennung der Bestimmungen, die in den Vereinbarungen, Beschlüssen und aufeinander abgestimmten Verhaltensweisen enthalten sein müssen, oder der sonstigen Voraussetzungen, die erfüllt sein müssen.

(5) Es ist angemessen, künftig anstelle einer Aufzählung der vom Verbot des Artikels 81 Absatz 1 freigestellten Bestimmungen die Gruppen von Vereinbarungen zu beschreiben, die von dem Verbot freigestellt sind, solange die Marktmacht der Beteiligten ein bestimmtes Maß nicht überschreitet, und die Beschränkungen oder Bestimmungen zu benennen, die in solchen Vereinbarungen nicht enthalten sein dürfen. Dies entspricht einem wirtschaftsorientierten Ansatz, bei dem untersucht wird, wie sich Vereinbarungen zwischen Unternehmen auf den relevanten Markt auswirken.

(6) Für die Anwendung von Artikel 81 Absatz 3 durch Verordnung ist es nicht erforderlich, diejenigen Vereinbarungen zu umschreiben, welche geeignet sind, unter Artikel 81 Absatz 1 zu fallen; bei der individuellen Beurteilung von Vereinbarungen nach Artikel 81 Absatz 1 sind mehrere Faktoren, insbesondere die Struktur des relevanten Marktes, zu berücksichtigen.

(7) Die Gruppenfreistellung sollte nur Vereinbarungen zugute kommen, von denen mit hinreichender Sicherheit angenommen werden kann, dass sie die Voraussetzungen von Artikel 81 Absatz 3 erfüllen.

(8) Vereinbarungen über die Spezialisierung in der Produktion tragen im Allgemeinen zur Verbesserung der Warenerzeugung oder Warenverteilung bei, weil die beteiligten Unternehmen durch die Konzentration auf die Herstellung bestimmter Erzeugnisse rationeller arbeiten und die betreffenden Erzeugnisse preisgünstiger anbieten können. Vereinbarungen über die Spezialisierung der Dienstleistungserbringung dürften grundsätzlich mit ähnlichen Verbesserungen einhergehen. Bei wirksamem Wettbewerb ist zu erwarten, dass die Verbraucher am entstehenden Gewinn angemessen beteiligt werden.

(9) Derartige Vorteile können sich gleichermaßen ergeben aus Vereinbarungen, bei denen ein Beteiligter zugunsten eines anderen auf die Herstellung bestimmter Erzeugnisse oder die Erbringung bestimmter Dienstleistungen verzichtet („einseitige Spezialisierung"), aus Vereinbarungen, bei denen jeder einzelne Beteiligte zugunsten eines anderen auf die

Herstellung bestimmter Erzeugnisse oder die Erbringung bestimmter Dienstleistungen verzichtet („gegenseitige Spezialisierung"), und aus Vereinbarungen, bei denen sich die Beteiligten verpflichten, bestimmte Erzeugnisse nur gemeinsam herzustellen oder bestimmte Dienstleistungen nur gemeinsam zu erbringen („gemeinsame Produktion").

(10) Da Vereinbarungen über eine einseitige Spezialisierung, die von nicht konkurrierenden Unternehmen geschlossen werden, unter die Gruppenfreistellung nach der Verordnung (EG) Nr. 2790/1999 der Kommission vom 22. Dezember 1999 über die Anwendung von Artikel 81 Absatz 3 des Vertrages auf Gruppen von vertikalen Vereinbarungen und aufeinander abgestimmten Verhaltensweisen (5) fallen können, sollte die Anwendung der vorliegenden Verordnung in Bezug auf Vereinbarungen über eine einseitige Spezialisierung auf Vereinbarungen zwischen konkurrierenden Unternehmen beschränkt werden.

(11) Alle sonstigen Vereinbarungen, die Unternehmen über die Bedingungen schließen, unter denen sie sich auf die Produktion von Waren und/oder Dienstleistungen spezialisieren, sollten in den Anwendungsbereich dieser Verordnung fallen. Die Gruppenfreistellungsverordnung sollte ferner auch für Bestimmungen in Spezialisierungsvereinbarungen, die nicht den eigentlichen Gegenstand solcher Vereinbarungen bilden, aber mit deren Durchführung unmittelbar verbunden und für diese notwendig sind, und für bestimmte angeschlossene Bezugs- und Absatzabsprache gelten.

(12) Um sicherzustellen, dass die Vorteile der Spezialisierung zum Tragen kommen, ohne dass ein Beteiligter sich aus dem der Produktion nachgelagerten Markt zurückzieht, sollten Vereinbarungen über eine einseitige oder gegenseitige Spezialisierung nur unter diese Verordnung fallen, sofern sie Liefer- und Bezugsverpflichtungen enthalten. Solche Verpflichtungen können ausschließlicher Art sein, müssen es aber nicht.

(13) Wenn die Summe der Marktanteile der beteiligten Unternehmen im relevanten Markt nicht mehr als 20% beträgt, kann davon ausgegangen werden, dass Spezialisierungsvereinbarungen im Sinne dieser Verordnung grundsätzlich wirtschaftlichen Nutzen in Form von Größen- oder Verbundvorteilen oder von besseren Produktionstechniken unter angemessener Beteiligung der Verbraucher am entstehenden Gewinn mit sich bringen.

(14) Diese Verordnung darf keine Vereinbarungen freistellen, welche Beschränkungen enthalten, die für die Herbeiführung der vorgenannten günstigen Wirkungen nicht unerlässlich sind. Bestimmte schwerwiegende wettbewerbsschädigende Beschränkungen wie die Festsetzung von Preisen für dritte Abnehmer, die Einschränkung der Erzeugung oder des Absatzes und die Aufteilung von Märkten oder Abnehmerkreisen sollten unabhängig vom Marktanteil der betroffenen Unternehmen grundsätzlich von dem Vorteil der Gruppenfreistellung ausgeschlossen werden, die durch diese Verordnung gewährt wird.

(15) Durch die Begrenzung des Marktanteils, den Ausschluss bestimmter Vereinbarungen von der Gruppenfreistellung und die Voraussetzungen, die in dieser Verordnung vorgesehen sind, wird in der Regel sichergestellt, dass Vereinbarungen, auf welche die Gruppenfreistellung Anwendung findet, den beteiligten Unternehmen nicht die Möglichkeit eröffnen, den Wettbewerb für einen wesentlichen Teil der betreffenden Erzeugnisse oder Dienstleistungen auszuschalten.

(16) Wenn im Einzelfall eine Vereinbarung zwar unter diese Verordnung fällt, dennoch aber Wirkungen zeitigt, die mit Artikel 81 Absatz 3 unvereinbar sind, kann die Kommission den Vorteil der Gruppenfreistellung entziehen.

(17) Um den Abschluss von Spezialisierungsvereinbarungen zu erleichtern, welche sich auf die Struktur der beteiligten Unternehmen auswirken können, sollte die Geltungsdauer dieser Verordnung auf zehn Jahre festgesetzt werden.

(18) Diese Verordnung lässt die Anwendung von Artikel 82 EG-Vertrag unberührt.

(19) Entsprechend dem Grundsatz des Vorrangs des Gemeinschaftsrechts dürfen Maßnahmen, die auf der Grundlage der nationalen Wettbewerbsgesetze getroffen werden, nicht

D. Spezialisierung

die einheitliche Anwendung der Wettbewerbsregeln der Gemeinschaft auf dem gesamten gemeinsamen Markt oder die volle Wirksamkeit der zu ihrer Durchführung ergangenen Maßnahmen einschließlich dieser Verordnung beeinträchtigen.

HAT FOLGENDE VERORDNUNG ERLASSEN

Einführung

1. Spezialisierungsvereinbarungen: Kooperation bei der Produktion

Die Kommission hat in ihren Leitlinien zur Anwendbarkeit von Art. 81 EG-Vertrag auf Vereinbarungen über **horizontale Zusammenarbeit**[1] verschiedene mögliche Formen einer Unternehmenskooperation bei der Produktion identifiziert: Die **gemeinsame Produktion** im Rahmen eines Gemeinschaftsunternehmens, die **Aufteilung der Produktion** und Zulieferungsvereinbarungen. Für die in diesem Abschnitt behandelten Spezialisierungsvereinbarungen sind die beiden erstgenannten Kooperationsformen relevant, für die eine Arbeitsteilung zwischen Unternehmen, die auf der gleichen Wirtschaftsstufe tätig sind, charakteristisch ist. Demgegenüber überlässt im Rahmen von Zuliefervereinbarungen ein Beteiligter einem anderen die Herstellung eines Erzeugnisses, das er daraufhin von diesem bezieht.[2] Die Verordnung (EG) Nr. 2658/2000 der Kommission vom 29. November 2000 über die Anwendung von Artikel 81 Absatz 3 des Vertrages auf Gruppen von Spezialisierungsvereinbarungen[3] („Spezialisierungs-GVO") erfasst zwei verschiedene Arten von Vereinbarungen,[4] nämlich sowohl Spezialisierungsvereinbarungen, durch die jeder Beteiligte zugunsten eines anderen auf die Herstellung bestimmter Erzeugnisse verzichtet, als auch Vereinbarungen über die gemeinsame Herstellung. Beide Varianten sind Fälle gemeinsamer Produktion, indem die Beteiligten die vorher getrennte Produktion auf einen der Beteiligten, auf ein gemeinsames Werk oder eine gemeinsame Gesellschaft konzentrieren.[5]

2. Wettbewerbsbeschränkungen durch Spezialisierung

Beide Arten von Vereinbarungen können zu Wettbewerbsbeschränkungen führen, da eine gemeinsame Produktion sich regelmäßig auf das Marktverhalten der an ihr beteiligten Unternehmen auswirkt, indem sie für diese die Produktionskosten sowie die Produktqualität und -eigenschaften vereinheitlicht. Dies kann zur Folge haben, dass die Beteiligten einer solchen Vereinbarung ihr Wettbewerbsverhalten durch die Spezialisierung abstimmen und hinsichtlich der von der Vereinbarung erfassten Erzeugnisse nicht (mehr) **im Wettbewerb zueinander** stehen.[6] Darüber hinaus können Spezialisierungsvereinbarungen Abschot-

---

[1] ABl. 2001, C 3/2, Leitlinien zur Anwendbarkeit von Art. 81 EG-Vertrag auf Vereinbarungen über horizontale Zusammenarbeit („Leitlinien"), Ziff. 78 f.

[2] Handelt es sich bei den an der Zuliefervereinbarung Beteiligten nicht um Wettbewerber, finden die Verordnung Nr. 2790/1999 der Kommission vom 22. 12. 1999 über die Anwendung von Artikel 81 Absatz 3 des Vertrages auf Gruppen von vertikalen Vereinbarungen und aufeinander abgestimmten Verhaltensweisen, ABl. 1999 L 336/21 („Vertikal-GVO"), Anwendung, sowie die Leitlinien für vertikale Beschränkungen, ABl. 2000 C 291/01.

[3] ABl. 2000 L 304/3. Die nachfolgende alleinige Verwendung der Bezeichnung „GVO" bezieht sich auf die Spezialisierungs-GVO. Artikel ohne nähere Bezeichnung sind solche der GVO.

[4] Zwar gilt die Spezialisierungs-GVO auch für Beschlüsse von Unternehmensvereinigungen und für aufeinander abgestimmte Verhaltensweisen. Nachfolgend wird zur Vereinfachung jedoch nur von „Vereinbarungen" gesprochen.

[5] Erfasst sind Vereinbarungen über gemeinsame Produktion insoweit, als die Vertragsparteien sich verpflichten, bestimmte Produkte nur noch gemeinsam zu produzieren (Erwägungsgrund 9 und Art. 1 Abs. 1 lit. c der Spezialisierungs-GVO).

[6] ABl. 2001, C 3/2, Leitlinien zur Anwendbarkeit von Art. 81 EG-Vertrag auf Vereinbarungen über horizontale Zusammenarbeit, Ziff. 83 ff.

Einf Spez-GVO 3, 4   7. Teil. Gruppenfreistellungsverordnungen

tungsprobleme aufwerfen und andere nachteilige **Auswirkungen gegenüber Dritten** haben, da die beteiligten Unternehmen insoweit als Abnehmer, Lieferanten oder als Kooperationspartner ausfallen.

3. Überwiegen positiver wirtschaftlicher Auswirkungen

3   Die Spezialisierungs-GVO stellt Vereinbarungen über die Produktion von Erzeugnissen und die Erbringung von Dienstleistungen frei, da nach Auffassung der Kommission regelmäßig die Voraussetzungen für eine Freistellung nach Art. 81 Abs. 3 EG erfüllt sind. Denn trotz der oben dargestellten möglichen Wettbewerbsbeschränkungen wirken sich Spezialisierungsvereinbarungen regelmäßig insgesamt **wirtschaftlich positiv** aus, da durch sie eine Förderung des technischen Fortschritts[7] sowie Rationalisierungseffekte wie die Verbesserung der Warenerzeugung oder -verteilung durch längere Produktionsserien und eine effektivere Nutzung von Produktionskapazitäten bewirkt werden können.[8] Auch kann die Spezialisierung eine Fertigung in größeren Serien begünstigen, was ebenfalls die Produktivität erhöht und die Gestehungskosten vermindert.[9] Die so entstehenden Kostenvorteile können durch Preissenkungen an die Verbraucher weitergegeben werden, wenn auf den relevanten Märkten wirksamer Wettbewerb zwischen den beteiligten Unternehmen und/oder Dritten besteht.[10] Schließlich kann die Spezialisierung auch der Entwicklung eines größeren und technisch verbesserten Warensortiments dienen.[11]

4. Entstehungsgeschichte und Ziele

4   Aus diesen Gründen stand die Kommission Spezialisierungsvereinbarungen stets positiv gegenüber. Seit Ende der 60er Jahre hat sich die wohlwollende Haltung der Kommission gegenüber Spezialisierungskartellen bereits in verschiedenen Einzelfreistellungen und Negativattesten gefestigt.[12] Auf dieser Grundlage erließ die Kommission am 21. 12. 1972 mit

---

[7] Komm. E. v. 15. 10. 1990 Az. IV/32681 – *CEKACAN*, ABl. 1990, L 299/64; Rn. 45; Komm. E. v. 23. 12. 1992 Az. IV/33814 – *Ford/Volkswagen*, ABl. 1993 L 20/14, Rn. 41; Komm. E. v. 22. 12. 1987 Az. IV/32306 – *Olivetti/Canon*, ABl. 1988 L 52/51 Rn. 54.

[8] Komm. E. v. 28. 5. 1971 Az. IV/26624 – *F.N.-C.F.*, ABl. 1971 L 134/6, Rn. 6; Komm. E. v. 5. 12. 1983 Az. IV/29329 – *VW/MAN*, ABl. 1983 L 376/11 Rn. 25; Komm. E. v. 23. 12. 1992 Az. IV/33814 – *Ford/Volkswagen*, ABl. 1993 L 20/14, Rn. 25; Komm. E. v. 21. 12. 1994 Az. IV/34252 – *Philips/Osram*, ABl. 1994, L 378/37, Rn. 20; Komm. E. v. 29. 10. 1997 Az. IV/35830 – *Unisource*, ABl. 1997, L 318/1, Rn. 86.

[9] Komm. E. v. 28. 5. 1971 Az. IV/26624 – *F.N.-C.F.*, ABl. 1971 L 134/6, Rn. 6; Komm. E. v. 17. 1. 1972 Az. IV/26612 – *MAN/SAVIEM*, ABl. 1972 L 31/29 Rn. 29.

[10] Erwägungsgrund 8 der Spezialisierungs-GVO; Komm. E. v 21. 12. 1977 Az. IV/29236 – *SOPELEM/Vickers*, ABl. 1978 L 70/47; Komm. E. vom 13. 7. 1983 Az. IV/30437– *Rockwell/Iveco*, ABl. 1983, L 224/19, II 9; Komm. E. v. 5. 12. 1983 Az. IV/29329 – *VW/MAN*, ABl. 1983 L 376/11 Rn. 34; Komm. E. v. 23. 12. 1992 Az. IV/33814 – *Ford/Volkswagen*, ABl. 1993 L 20/14, Rn. 27; Komm. E. v. 21. 12. 1994 Az. IV/34252 – *Philips/Osram*, ABl. 1994, L 378/37, Rn. 55; Komm. E. v. 22. 12. 1987 Az. IV/32306 – *Olivetti/Canon*, ABl. 1988 L 52/51 Rn. 55; Komm. E. v. 26. 1. 1999 Az. COMP/36253 – *P&Q Stena Line*, ABl. 1999, L 163/61, Rn. 63, 133.

[11] Komm. E. v. 20. 12. 1974 Az. IV/26603 – *RANK/SOPELEM* ABl. 1975, L 29/20, III; Komm. E. v 21. 12. 1977 Az. IV/29236 – *SOPELEM/Vickers*, Komm. E. vom 13. 7. 1983 Az. IV/30437– *Rockwell/Iveco*; ABl. 1983 L 224/19, II 9.

[12] Vgl. Komm. E. v. 17. 7. 1968 Az. IV/25140 – *Machines-Outils*, ABl. 1968 L 201/1; Komm. E. v. 17. 7. 1968 Az. IV/129 4 – *SOCEMAS*, Komm. E. v. 17. 7. 1968 Az. IV/26045 – *ACEC-Berliet*, ABl. 1968 L 201/7; Komm. E. v. 22. 7. 1969 Az. IV/26625 1 – *Clima Chappée-Buderus*, ABl. 1969 L 195/1; Komm. E. v. 28. 5. 1971 Az. IV/26624 – *F.N.-C.F.*, ABl. 1971 L 134/6, Rn. 6; Komm. E. v. 17. 1. 1972 Az. IV/26612 – *MAN/SAVIEM*, ABl. 1972 L 31/29 Rn. 29, Komm. E. v. 26. 7. 1972 Az. IV/642 24 – *Feinpapier*, ABl. 1972 L 182/24. Die positive Bewertung industrieller Zusammenarbeit setzte sich in der Entscheidungspraxis der Kommission unter der Geltung der verschie-

D. Spezialisierung 5 **Einf Spez-GVO**

der VO 2779/72[13] die erste Gruppenfreistellungsverordnung („GVO") für Spezialisierungsvereinbarungen, die zunächst bis zum 31. 12. 1977 galt. Danach waren Vereinbarungen vom Verbot des Art. 81 Abs. 1 EG freigestellt, durch die sich Unternehmen gegenseitig verpflichteten, zum Zwecke der Spezialisierung zusammenzuarbeiten, sofern ihr Marktanteil in keinem Mitgliedstaat 10% und ihr gesamter Umsatz innerhalb eines Geschäftsjahres 150 Mio. Rechnungseinheiten nicht überschritt. Die VO 2779/72, die noch auf eine Herstellungskooperation zwischen kleinen und mittleren Unternehmen zugeschnitten war, wurde mehrfach verlängert und sowohl der Anwendungsbereich als auch die freigestellten Tatbestände kontinuierlich ausgeweitet.[14] Durch die VO 2903/77[15] wurde die VO 2779/72 um fünf Jahre bis zum 31. 12. 1982 verlängert. Die Marktanteilsgrenze von nunmehr 15% wurde hierdurch auf einen wesentlichen Teil des Gemeinsamen Marktes bezogen und die Umsatzgrenze auf 300 Mio. Rechnungseinheiten verdoppelt. Am 23. 12. 1982 erließ die Kommission die VO 3604/82,[16] die mit Wirkung zum 1. 1. 1983 die Vorgänger-GVO ersetzen und bis zum 31. 12. 1997 gelten sollte. In Erweiterung der ursprünglichen Gruppenfreistellung wurde erstmals die **gemeinsame Herstellung** freigestellt. Im Rahmen einer umfassenden Neuregelung der Vorschriften zur Anwendung der Wettbewerbsregeln auf horizontale Vereinbarungen wurde die VO 3604/82 zugleich mit dem Erlass einer GVO für Forschung und Entwicklung (VO 418/85) durch die VO 417/85[17] vom 19. 12. 1984 ersetzt, die durch die VO 151/93[18] vom 23. 12. 1992 geändert und deren Gültigkeit durch die VO 2236/97[19] bis zum 31. 12. 2000 verlängert wurde. Durch die VO 417/85 wurde die Marktanteilsschwelle auf 20% und die Umsatzgrenze auf 500 Mio. ECU angehoben. Die durch die VO 151/93 erweiterte GVO erhöhte die Gesamtumsatzschwelle nochmals auf 1 Mrd. ECU und erlaubte nicht mehr nur den getrennten Alleinvertrieb durch die an der Spezialisierung Beteiligten, sondern auch den **gemeinsamen Vertrieb** und den Vertrieb durch dritte Unternehmen, wodurch auch Vollfunktionsgemeinschaftsunternehmen zwischen größeren Wettbewerbern in den Genuss einer Freistellung kamen. Des Weiteren wurde durch die VO 417/85 ein Widerspruchsverfahren eingerichtet, das die Kommission innerhalb von sechs Monaten zur Erhebung eines Widerspruchs gegen eine Freistellung berechtigte.

Die Kommission erließ am 29. 11. 2000 die derzeit geltende Spezialisierungs-GVO 2658/2000,[20] die seit dem 1. 1. 2001 die VO 417/85 ersetzt und bis zum 31. 12. 2010 gültig ist. Sie beruht auf dem neueren Ansatz der Kommission, keine so genannten „weiße Listen" freigestellter Vertragsbestimmungen mehr festzulegen, sondern grundsätzlich alle in ihren Anwendungsbereich fallenden Spezialisierungsvereinbarungen unter bestimmten Bedingungen und mit Ausnahme von bestimmten Kernbeschränkungen bis zur Marktanteilsschwelle von 20% freizustellen. Dadurch soll die Handhabung der GVO durch die beteiligten Unternehmen erleichtert, ihr Spielraum für die Vertragsgestaltung erweitert und somit die Akzeptanz durch die Unternehmen verbessert werden.[21] Insgesamt ist das Grundanliegen dieses neuen, nach wirtschaftlichen Gesichtspunkten ausgerichteten Ansatzes, die Zusammenarbeit zwischen Wettbewerbern immer dann zu ermöglichen, wenn es der wirt-

---

denen Gruppenfreistellungsverordnungen weiter fort, vgl. Komm. E. v. 23. 12. 1977 Az. IV/26 437 – *Jaz/Peter II,* ABl. 1978, L 61/17; Komm. E. vom 13. 7. 1983 Az. IV/30 437 – *Rockwell/Iveco;* ABl. 1983 L 224/19; Komm. E. v. 5. 12. 1983 Az. IV/29 329 – *VW/MAN,* ABl. 1983 L 376/11 Rn. 34; Komm. E. v. 22. 12. 1987 Az. IV/32 306 – *Olivetti/Canon,* ABl. 1988 L 52/51 Rn. 55.

[13] ABl. 1972 L 292/23.
[14] Kritisch hierzu *Jung* EuZW 1993, 690 ff.
[15] ABl. 1977 L 338/14.
[16] ABl. 1982 L 376/33.
[17] ABl. 1985 L 53/1.
[18] ABl. 1993 L 21/8.
[19] ABl. 1997 L 306/12.
[20] ABl. 2000 L 304/3.
[21] Kommission, 30. Bericht über die Wettbewerbspolitik 2000, Ziff. 23 f.

schaftlichen Wohlfahrt dient, ohne dass der Wettbewerb dadurch gefährdet wird.[22] Weitere grundsätzliche Änderungen gegenüber den Vorgänger-GVO betreffen einseitige Spezialisierungsvereinbarungen zwischen im Wettbewerb stehenden Unternehmen, die nunmehr in den Anwendungsbereich der Gruppenfreistellung einbezogen sind, das Erfordernis einer **Verpflichtung zur gegenseitigen Belieferung** im Rahmen der gegenseitigen Spezialisierung, die Erweiterung der Spanne der von der Toleranzklausel erfassten Marktanteilsschwankungen und die umfassende Erstreckung der Freistellung auf Alleinbelieferungs- und Alleinbezugsverpflichtungen sowie den Wegfall des Widerspruchsverfahrens. Das Erfordernis einer Umsatzschwelle ist, wie bereits im Rahmen des Entwurfs der Änderungs-VO 151/93 vorgesehen, entfallen, um neben kleinen und mittleren Unternehmen auch Großunternehmen in den Genuss der Gruppenfreistellung kommen zu lassen.

Art. 1. Freistellung

(1) **Artikel 81 Absatz 1 des Vertrages wird gemäß Artikel 81 Absatz 3 unter den in dieser Verordnung genannten Voraussetzungen für unanwendbar erklärt auf folgende Vereinbarungen zwischen zwei oder mehr Unternehmen (im Folgenden: Vertragsparteien), welche die Bedingungen betreffen, unter denen sich die Vertragsparteien auf die Produktion von Produkten spezialisieren (im Folgenden: Spezialisierungsvereinbarungen):**

a) Vereinbarungen über eine einseitige Spezialisierung, in denen sich eine Vertragspartei dazu verpflichtet, die Produktion bestimmter Produkte einzustellen oder von deren Produktion abzusehen und die betreffenden Produkte von einem konkurrierenden Unternehmen zu beziehen, welches sich seinerseits verpflichtet, die fraglichen Produkte zu produzieren und zu liefern; oder

b) Vereinbarungen über eine gegenseitige Spezialisierung, in denen sich zwei oder mehr Vertragsparteien gegenseitig dazu verpflichten, die Produktion bestimmter, aber unterschiedlicher Produkte einzustellen oder von deren Produktion abzusehen und die betreffenden Produkte von den übrigen Vertragsparteien zu beziehen, die sich ihrerseits verpflichten, die fraglichen Produkte zu liefern; oder

c) Vereinbarungen über eine gemeinsame Produktion, in denen sich zwei oder mehr Vertragsparteien dazu verpflichten, bestimmte Produkte gemeinsam zu produzieren.

Die Freistellung gilt, soweit diese Spezialisierungsvereinbarungen Wettbewerbsbeschränkungen enthalten, die unter Artikel 81 Absatz 1 des Vertrages fallen.

(2) **Die Freistellung nach Absatz 1 gilt auch für Bestimmungen in Spezialisierungsvereinbarungen, die nicht den eigentlichen Gegenstand solcher Vereinbarungen bilden, die aber mit deren Durchführung unmittelbar verbunden und für diese notwendig sind, wie zum Beispiel Bestimmungen über die Abtretung oder die Nutzung von Rechten an geistigem Eigentum.**

Unterabsatz 1 gilt jedoch nicht für Bestimmungen, die den gleichen Zweck haben wie die in Artikel 5 Absatz 1 aufgeführten wettbewerbsbeschränkenden Bestimmungen.

1. Allgemeines

6   Der Umfang der Freistellung durch die Spezialisierungs-GVO lässt sich wie folgt umreißen: Die GVO erfasst einseitige und gegenseitige Spezialisierungsvereinbarungen sowie Vereinbarungen über eine gemeinsame Produktion. Aus Art. 1 Abs. 1 i. V. m. Abs. 2 ergibt sich, dass durch die GVO **nicht nur die eigentlichen Spezialisierungsvereinbarungen** freigestellt werden (Abs. 1), sondern auch solche Vereinbarungen, die mit deren

---

[22] Kommission, Bericht über die Wettbewerbspolitik 2000, Ziff. 23 f.

Durchführung „unmittelbar verbunden und für diese notwendig sind" (Abs. 2). Art. 3 stellt darüber hinaus Alleinbezugs- und Alleinbelieferungsverpflichtungen (lit. a) sowie Regelungen zum gemeinsamen Vertrieb frei, die im Rahmen von Spezialisierungsvereinbarungen getroffen werden.

Spezialisierungsvereinbarungen (einseitige sowie gegenseitige) werden von der Kommission als Produktionsvereinbarungen **definiert,** bei denen die Partner allein oder gemeinsam die Produktion eines bestimmten Erzeugnisses einstellen und dieses vom anderen Partner beziehen.[23] Die Spezialisierung muss sich nicht auf die Warenherstellung, sondern kann sich ebenso auf die Erbringung von Dienstleistungen beziehen.[24] Bei Dienstleistungen entspricht der gemeinsamen Produktion nur die gemeinsame Erbringung der Dienstleistung, nicht aber deren Verkauf. Besondere Formen der gemeinsamen Erbringung von Dienstleistungen stellen z. B. die gemeinsame Nutzung von Rechten[25] und der gemeinsame Betrieb von Entsorgungs- und Verwertungssystemen[26] dar. 7

Die Spezialisierung kann sämtliche Tätigkeitsstufen im gegenwärtigen oder zukünftigen Leistungsprogramm der beteiligten Unternehmen erfassen. Der Anwendungsbereich der GVO umfasst jedoch **schwerpunktmäßig die Produktion,** während der Bereich der Forschung und Entwicklung speziell durch die GVO 2659/2000[27] („FuE-GVO") und der Vertrieb (abgesehen von den gemäß Art. 3 zusätzlich freigestellten Bezugs- und Absatzvereinbarungen) von der Vertikal-GVO erfasst wird. 8

2. Einseitige Spezialisierung (Abs. 1 lit. a)

Eine **einseitige Spezialisierung** liegt vor, wenn ein Unternehmen, das entweder bereit oder zumindest in der Lage ist, bestimmte Leistungen oder Teilleistungen zu erbringen, hierauf verzichtet und die Leistungen statt dessen nur noch von einem „konkurrierenden Unternehmen"[28] erbracht werden, das seinerseits eine Verpflichtung zur Produktion und Lieferung dieses Erzeugnisses eingeht. 9

Mit der Verpflichtung eines beteiligten Unternehmens, die eigene Produktion einzustellen bzw. von dieser abzusehen, korrespondiert also die Verpflichtung zum Fremdbezug bei einem „konkurrierenden" Unternehmen i. S. d. Art. 2 Nr. 7 und eine Produktions- und Lieferverpflichtung der Vertragspartei, die die Produktion übernimmt. Durch diese Form der Inanspruchnahme externer Leistungen soll sichergestellt werden, dass die Vorteile der Spezialisierung zum Tragen kommen, ohne dass ein Beteiligter sich aus dem der Produktion nachgelagerten Markt zurückzieht.[29] In der Literatur wird auf Grund des Wortlauts des Art. 1 lit. a im Vergleich zu Art. 1 lit. b und c problematisiert, ob nur zwei Unternehmen an der einseitigen Spezialisierung beteiligt sein dürfen.[30] Hiergegen spricht jedoch die 10

---

[23] ABl. 2001, C 3/2, Leitlinien zur Anwendbarkeit von Art. 81 EG-Vertrag auf Vereinbarungen über horizontale Zusammenarbeit, Ziff. 79.
[24] Vgl. Erwägungsgründe Nr. 8 und 9 und Art. 2 Nr. 4 und 5 der Spezialisierungs-GVO. Anders noch zuvor die GVO 417/85, nach der insoweit eine Einzelfreistellung erforderlich war, siehe *Wiedemann*, Bd. I, Art. 1 GVO Nr. 417/85 Rn. 11.
[25] Komm. E. v. 10. 5. 2000 Az. IV/32 150-*Eurovision*, ABl. 2000 L 151/18, Rn. 76 ff. – *Eurovision*.
[26] Mitteilung gemäß Artikel 19 Absatz 3 der Verordnung Nr. 17 des Rates, Az. IV/34 950 – *Eco-Emballages*, ABl. 2000 C 227/6.
[27] ABl. 2000 L 304/7. Soweit dies den Hauptgegenstand der Vereinbarung darstellt. FuE-Aktivitäten, die eine Spezialisierung in der Produktion lediglich ergänzen, können dagegen nach Art. 1 Abs. 2 der Spezialisierungs-GVO als mit dieser unmittelbar verbundene und notwendige Nebenabreden mitfreigestellt sein.
[28] Vgl. den Wortlaut der Verordnung.
[29] Erwägungsgrund 12 der Spezialisierungs-GVO.
[30] *Polley/Seeliger* in Liebscher/Flohr/Petsche § 10 Rn. 53; *Fuchs* in Immenga/Mestmäcker, EG-WbR Bd. I, Art. 1 Spez-VO. Rn. 30 unter Verweis auf die Kommissionspraxis, die bisher lediglich

Art. 1 Spez-GVO 11–13

Systematik des Art. 1, dessen S. 1 für alle nachfolgenden Fallgruppen festlegt, dass **zwei oder mehr Unternehmen** beteiligt sein können.[31]

11 Die einseitige Spezialisierung, also der bloße Produktionsverzicht, wurde noch von der Vorgänger-GVO 417 als nicht ausreichend für eine Freistellung bewertet.[32] Die Spezialisierungs-GVO hat insoweit einen größeren Anwendungsbereich. Hintergrund der Freistellung ist, dass durch die im Rahmen einseitiger Spezialisierung entstehenden Größenvorteile Rationalisierungseffekte erzielt werden sollen. Die obige Definition zeigt, dass eine einseitige Spezialisierung in der Regel dem in seiner praktischen Bedeutung für verschiedene Industriebereiche immer mehr zunehmenden „**Outsourcing**" entspricht. Vielfach werden Outsourcing-Vereinbarungen jedoch als Zusammenschluss nach der FKVO zu beurteilen sein, da sie entweder den Transfer zuvor bloß interner Tätigkeiten bzw. den Erwerb alleiniger oder gemeinsamer Kontrolle oder die Entstehung eines Vollfunktions-Gemeinschaftsunternehmens zum Gegenstand haben.[33]

12 Während einseitige Spezialisierungsvereinbarungen zwischen Nichtwettbewerbern, wie insbesondere im Rahmen von Outsourcing und Zuliefervereinbarungen, grundsätzlich allein von der **Vertikal-GVO** erfasst werden,[34] findet bei einseitigen Spezialisierungsvereinbarungen zwischen Wettbewerbern grundsätzlich die Spezialisierungs-GVO Anwendung. Überschneidungen mit dem Anwendungsbereich der Vertikal-GVO ergeben sich, wenn gemäß Art. 2 Abs. 4 der Vertikal-GVO Wettbewerber eine nichtwechselseitige vertikale Vereinbarung treffen und der jährliche Gesamtumsatz des Käufers 100 Mio. EUR nicht überschreitet oder der Lieferant zugleich Hersteller und Händler von Waren, der Käufer dagegen ein Händler ist, der keine mit den Vertragswaren im Wettbewerb stehenden Waren herstellt.[35]

3. Gegenseitige Spezialisierung (Abs. 1 lit. b)

13 Im Rahmen einer gegenseitigen Spezialisierungsvereinbarung verzichtet jede Vertragspartei zugunsten der jeweils anderen Vertragsparteien auf die Produktion bestimmter, unterschiedlicher Produkte und verpflichtet sich, diese von den anderen Vertragsparteien zu beziehen, welche ihrerseits zur Lieferung verpflichtet sind. Konstitutiv für eine **gegenseitige Spezialisierung** nach Abs. 1 lit. b ist daher zunächst ein mehrseitiger Produktionsverzicht, der vollständig (wenngleich nicht endgültig)[36] sein muss, da die Spezialisierungsvereinbarung anderenfalls keine Rationalisierungsvorteile bewirken würde. Kein Produktionsverzicht liegt vor, wenn das beziehende Unternehmen die betreffenden Produkte zuvor weder selbst hergestellt hat noch zur Produktion bereit und in der Lage wäre. Das in der Kombination mit der Bezugs- und Lieferverpflichtung konstitutive Erfordernis

---

solche Fälle der einseitigen Spezialisierung betraf, in denen rein tatsächlich nicht mehr als zwei Unternehmen beteiligt waren.

[31] A. A. *Völcker* in Mü-Ko, Europäisches Wettbewerbsrecht, Bd. 1, GVO Nr. 2658/2000, Art. 1 Nr. 11, mit dem Hinweis auf ein mögliches Überwiegen kartellrechtlich bedenklicher Folgen eines zeitgleichen Produktionsverzichts mehrerer Unternehmen zugunsten eines anderen Unternehmens.

[32] Art. 1 lit. a VO 417/85; vgl. *Schrödermeier/Wagner* in Gemeinschaftskommentar, 4. Aufl., Rn. 19 und Komm. E. v. 8. 10. 1973 Az. IV/26 825 – *Prym/Beka* ABl. 1973 L 296/24.

[33] Vgl. hierzu Komm. E. v. 7. 10. 1996, Az. IV/M.791 – *British Gas Trading/Group 4 Utility Services*, ABl.; Komm. E. v. 11. 9. 2000, Az. IV/M.2122 – *BAT/Cap Gemini/Ciberion*.

[34] Kommission, 30. Bericht über die Wettbewerbspolitik 2000, Ziff. 26; Ausnahme sind gem. Ziff. 80 der Leitlinien Zuliefervereinbarungen zwischen Nichtwettbewerbern, die mit einem Transfer von Know-how bzw. Technologie an den Zulieferer einhergehen. Auf diese Fälle finden die Bekanntmachung über die Beurteilung von Zulieferverträgen nach Art. 85 Abs. 1 des EG-Vertrages, ABl. 1979 C 1, 2. bzw. die Technologietransfer-GVO Anwendung, vgl. ABl. 2004, C 101/2, Leitlinien zur Anwendbarkeit von Art. 81 EG-Vertrag auf Technologietransfer-Vereinbarungen, Ziff. 44.

[35] Entsprechendes gilt gemäß Art. 2 Abs. 4 lit. c Vertikal-GVO für Dienstleistungen.

[36] Schließlich sind die Parteien in der Festlegung der Vertragsdauer frei.

D. Spezialisierung   14–16   **Art. 1 Spez-GVO**

des Produktionsverzichts[37] bestand schon unter der Geltung der Vorgänger-GVO 417/85, nach deren Art. 1 lit. a es aber auch möglich war, die von der Spezialisierung betroffenen Produkte durch dritte Unternehmen herstellen zu lassen.[38] Doch auch unter der geltenden Spezialisierungs-GVO erscheint die Übertragung der Produktion auf Dritte als zulässig. Hierfür spricht zunächst der Wortlaut, der nur fordert, dass die anderen Vertragsparteien das betreffende Produkt „liefern", zum anderen aber auch die Überlegung, dass sich der angestrebte Rationalisierungserfolg auch durch die Übertragung der Produktion auf ein drittes Unternehmen erzielen lassen würde.

Die weitere Voraussetzung der Anwendung des Abs. 1 lit. b ist die Verpflichtung zur **gegenseitigen Belieferung,** die gemäß Art. 3 lit. a auch unbeschränkt und zeitlich unbegrenzt exklusiv erfolgen kann. Diese soll verhindern, dass sich eine Partei aus dem der Produktion nachgelagerten Markt zurückzieht, ohne dass die Verbraucher in den Genuss der Rationalisierungsvorteile kommen und die Parteien sich so unter dem Deckmantel von Vereinbarungen über gegenseitige Spezialisierung die Märkte aufteilen.[39] Vereinbarungen, die lediglich eine Arbeitsteilung ohne Lieferverpflichtung vorsehen, sind nicht mehr durch die GVO freigestellt. Für zulässig wird teilweise auch die Vereinbarung einer „flexiblen" Spezialisierung dergestalt gehalten, dass lediglich im Falle der vollen Auslastung eines Vertragspartners bestimmte Leistungen durch einen anderen Beteiligten erbracht und die benötigte Menge von diesem geliefert wird.[40] Diese Auffassung erscheint zutreffend, da eine solch flexible Spezialisierung den Parteien keinen signifikant größeren Anreiz zum Rückzug aus dem nachgelagerten Markt bietet. **14**

Für die Anwendung des Art. 81 Abs. 1 EG ist schließlich zu beachten, dass sich das Wettbewerbsverhältnis sowohl auf die der Pflicht zur gegenseitigen Belieferung unterstehenden Produkte als auch auf deren **Vorprodukte** beziehen kann. **15**

4. Gemeinsame Produktion (Abs. 1 lit. c)

Im Bereich einer **gemeinsamen Produktion** wird der Wettbewerb beschränkt oder beseitigt, wenn zwei Unternehmen, von denen jedes ein potentieller Hersteller innerhalb des gemeinsamen Marktes ist, ihre Produktion und den Verkauf im Rahmen eines Gemeinschaftsunternehmens zusammenlegen, da sie sich dadurch die Möglichkeit nehmen, das betreffende Erzeugnis unabhängig voneinander herzustellen und zu verkaufen.[41] Trotz dieses konzentrativen Effekts wird die gemeinsame Produktion bestimmter Produkte oder das gemeinsame Erbringen von Dienstleistungen[42] durch zwei oder mehr Unternehmen durch Abs. 1 lit c unabhängig davon freigestellt, ob die Produktionskapazitäten der Unternehmen besser genutzt bzw. erweitert[43] oder abgebaut[44] werden sollen. Der 9. Erwägungsgrund stellt klar, dass Vereinbarungen, bei denen nur ein **Teil der Produktion** zusammengelegt wird und bei denen die Parteien die betroffenen Produkte daneben auch noch individuell herstellen, nicht erfasst werden. Auch für die gemeinsame Produktion ist ein vollständiger Produktionsverzicht daher Voraussetzung, da anderenfalls die erstrebten Produktionsvorteile relativiert werden. Die Vertragsparteien dürfen das Produkt demnach, unabhängig davon, ob sie dessen Produktion einem Gemeinschaftsunternehmen übertragen **16**

---

[37] Dieses fehlt z. B. bei Zuliefervereinbarungen zwischen Wettbewerbern.
[38] *Schrödermeier/Wagner* in Gemeinschaftskommentar, Teil II VO (EWG) Nr. 417/85 Spezialisierungsvereinbarungen, Art. 1 Rn. 2; *Ritter* NJW 1983, 489 (490).
[39] Kommission, 30. Bericht über die Wettbewerbspolitik 2000, Ziff. 26; Erwägungsgrund 12 der Spezialisierungs-GVO.
[40] *Braun* in Langen/Bunte, Bd. 2, 10. Aufl., Art. 81 Rn. 159.
[41] Komm. E. v. 20. 1. 1977 Az. IV/27 442 32 – *Vacuum Interruptors Ltd.*, ABl. 1977, L 48/32.
[42] Nicht aber deren bloßer Verkauf, siehe oben, Rn. 7.
[43] Komm. E. v. 18. 5. 1994 Az. IV/33 640 – *Exxon/Shell,* ABl. 1994, L 144/20.
[44] Komm. E. v. 22. 12. 1987, Az. IV/31 846 – *Enichem/ICI,* ABl. 1988 L 50/18.

haben oder die Produktion lediglich gemeinsam über die Anlagen der Vertragsparteien erfolgt, nicht mehr selbst herstellen.[45] Dagegen läuft es der Freistellung nicht zuwider und bleibt es den Vertragsparteien unbenommen, andere Produkte weiter herzustellen, selbst wenn diese zum Markt des von der Spezialisierungsvereinbarung betroffenen Produkts gehören. Die gemeinsame Produktion ist auch insoweit freigestellt, als die Partner der Spezialisierung einen Teil ihrer Produktion zugunsten eines anderen Partners aufgeben und darauf verzichten, als dessen Wettbewerber bei der Herstellung eines diesem überlassenen Zwischenprodukts tätig zu werden.[46] Vereinbarungen zu einer gemeinsamen Produktion sind daher, soweit Art. 81 Abs. 1 EG tangiert ist, durch die Spezialisierungs-GVO freigestellt, solange die Beteiligten nur gemeinsam und nicht weiterhin auch noch einzeln herstellen (und sofern keine Kernbeschränkung gemäß Art. 5 der GVO vorliegt und der Marktanteil der beteiligten Unternehmen nicht 20% überschreitet). Eine Ausnahme hiervon könnte lediglich für Fälle gelten, in denen eine der Muttergesellschaften eines Gemeinschaftsunternehmens solange weiterhin parallel produziert wie sich in diesem Verhältnis dadurch Rationalisierungseffekte ergeben und die andere Muttergesellschaft insgesamt auf die Produktion dieser Erzeugnisse verzichtet.[47]

17 Anders als in Art. 1 lit. b der GVO 417/85, ist die Übertragung der Produktion auf ein drittes Unternehmen in der neuen GVO nicht geregelt.[48] Aber auch im Rahmen der gemeinsamen Produktion gilt, dass bei einer **Übertragung auf dritte Unternehmen** die beabsichtigten Rationalisierungseffekte ebenso erzielt werden können.[49] Voraussetzung hierfür wird aber sein, dass die Produktion bei dem Dritten vom wirtschaftlichen und finanziellen Risiko her einer gemeinsamen Produktion, z. B. in einem Gemeinschaftsunternehmen, gleichsteht.[50] Im Gegensatz zur einseitigen und zur mehrseitigen Spezialisierung können gegenseitige Liefer- und Bezugspflichten zwar vereinbart werden; dies ist jedoch im Falle der gemeinsamen Produktion nicht konstitutiv. In der Praxis wird sich hierfür auch nur selten ein Erfordernis ergeben, da die Vertragsparteien das gemeinsam hergestellte Produkt regelmäßig auch gemeinsam vertreiben, was nach Art. 3 lit. b ausdrücklich möglich ist. Ebenfalls möglich ist der Vertrieb über einen gemeinsamen Dritten, der wiederum exklusiv gestaltet werden kann. Zu beachten ist schließlich, dass der Umfang der Kapazität und Produktion sowie Absatzziele und Preise nur bei gemeinsamen Produktionsunternehmen festgelegt werden dürfen (Art. 5 Abs. 2 lit. a und b).

5. Durchführungsvereinbarungen (Abs. 2)

18 Anders als nach der VO 417/85 sind nach Art. 1 Abs. 2 der GVO nicht mehr in einer „weißen Liste" enumerativ (z. B. betreffend Lieferpflichten, Mindestqualitäten, die Bevorratung von Mindestmengen und Ersatzteilen oder die Übernahme von Kunden- und Garantiediensten) aufgeführte Nebenabreden,[51] sondern allgemein alle Nebenbestimmungen zusammen mit der Hauptvereinbarung freigestellt, die nicht Hauptzweck des Vertrages

---

[45] Ebenso *Eilmansberger* in Streinz, EUV/EGV, Art. 81 Rn. 247; *Schroeder* in Grabitz/Hilf, Art. 81 Rn. 574, *Braun* in Langen/Bunte, Bd. 2, 10. Aufl., Art. 81 Rn. 160.

[46] Vgl. Erwägungsgrund 9 der Spezialisierungs-GVO und Komm. E. v. 15. 12. 1975 Az. IV/27 073 – *Bayer/Gist-Brocades*, ABl. 1976, L 30/13.

[47] Vgl. *Wiedemann*, Bd. I, Art. 1 GVO 417/85 Rn. 16; *Gehring* in Mäger, S. 45

[48] *Baron* in Langen/Bunte, Einführung in das EG-Kartellrecht Rn. 170; Vgl. auch die obigen Ausführungen zur gegenseitigen Spezialisierung, Abs. 1 lit. b, in Rn. 13 ff.

[49] *Polley/Seeliger* in Liebscher/Flohr/Petsche, § 10 Rn. 69 leiten dieses Ergebnis aus einem Vergleich mit Art. 2 Nr. 5 her, dessen Definition des Begriffs „Produktion" auch die Herstellung im Wege der Vergabe von Unteraufträgen erfasse.

[50] *Bechtold/Brinker/Bosch/Hirsbrunner*, VO 2658/2000 Art. 1 Rn. 8.

[51] Solche nach der VO 417/85 ausdrücklich freigestellten Nebenabreden sind nach Art. 1 Abs. 2 der GVO weiterhin freigestellt.

D. Spezialisierung   **19, 20** **Art. 1 Spez-GVO**

sind, hiermit aber unmittelbar zusammenhängen und notwendig sind. Von Abs. 2 werden nur solche **Nebenabreden** erfasst, die gegen Art. 81 Abs. 1 EG verstoßen. Genügt eine Klausel nicht den Anforderungen des Abs. 2, ist sie unwirksam, lässt aber – anders als eine Kernbeschränkung i. S. d. Art. 5 Abs. 1 – die Freistellung im Übrigen unberührt.

Entsprechend der Regelung in Art. 2 Abs. 3 der Vertikal-GVO ist als freigestellte Ne- **19** benbestimmung beispielhaft die Übertragung oder die Nutzung von **geistigen Eigentumsrechten** ausdrücklich erwähnt.[52] Lizenzvereinbarungen dürften auch zu den praktisch wichtigsten Fälle der Anwendung von Abs. 2 gehören. In diesem Bereich können sich Abgrenzungsfragen zur VO 772/2004[53] („Technologietransfer-GVO") ergeben, die auf Technologietransfer-Vereinbarungen zwischen zwei Unternehmen anwendbar ist, die die Herstellung von Produkten ermöglichen, welche die lizenzierte Technologie enthalten oder mit ihrer Hilfe produziert werden können (vgl. Art. 2 Technologietransfer-GVO). Der Transfer von Technologie erfolgt dabei durch Gewährung von (Unter-) Lizenzen und ausnahmsweise durch Übertragung aller Rechte, sofern das mit der Verwertung der Technologie verbundene Risiko zum Teil beim Veräußerer verbleibt. Eine gesonderte Beurteilung und gegebenenfalls eine Freistellung durch die Technologietransfer-GVO muss aber auch im Falle von Patentlizenz- und/oder Know-how-Vereinbarungen nicht erfolgen, sofern die Durchführung der Spezialisierungsvereinbarung gemäß Abs. 2 die Lizenzierung bzw. Know-how-Übertragung erfordert. Daher sind auch Ausschließlichkeitsbindungen und Verwendungsbeschränkungen für Schutzrechte und Know-how ebenso zulässig wie nachvertragliche Nutzungsverbote für Know-how, soweit dies für die Durchführung der Vereinbarung bzw. zum Schutz des übertragenen Know-hows erforderlich ist.[54]

Überschneidungen können sich ferner bei Spezialisierungsvereinbarungen ergeben, im **20** Rahmen derer die Parteien nicht nur die Produktion, sondern auch **Forschungs- und Entwicklungsaufgaben** untereinander aufteilen. Tatsächlich wird es vielfach Sinn machen, die Erforschung und Entwicklung eines Produkts mit seiner nachfolgenden, gemeinsamen Produktion zu verknüpfen. Vereinbaren die Parteien im Rahmen einer Spezialisierungsabrede auch, gemeinsame Forschung und Entwicklung durchzuführen, fällt die Abrede in den Anwendungsbereich der FuE-GVO, wenn sie ein wesentlicher Teil der Vereinbarung ist. Wird die Freiheit unabhängiger Forschung und Entwicklungstätigkeit dabei nicht beschränkt und sind die Ergebnisse der gemeinsamen Forschung und Entwicklung allen Parteien frei zugänglich, fällt die Absprache schon nicht unter das Kartellverbot des Art. 81 Abs. 1 EG. In der Vergangenheit hat die Kommission dagegen sowohl in Fällen der Produktionsaufteilung zwischen zwei Unternehmen als auch bei der Gründung von Gemeinschaftsunternehmen die Vereinbarung einer Forschungs- und Entwicklungskooperation in Spezialisierungsabreden immer mit freigestellt, soweit eine solche Kooperation wettbewerbsbeschränkende Klauseln enthielt. Insoweit findet Abs. 2 daher auf Nebenabreden über Forschung und Entwicklung Anwendung.[55]

---

[52] Der Begriff ist entsprechend der Definition des Art. 1 Abs. 1 lit. g der Technologietransfer-GVO umfassend zu verstehen, so zutreffend *Fuchs* in Immenga/Mestmäcker, EG-WbR Bd. I, Art. 1 SpezVO. Rn. 40. Vgl. auch die Ausführungen der Kommission in ihren Leitlinien für vertikale Beschränkungen, ABl. 2000, C 291/01, Ziff. 30 ff., zur vergleichbaren Problematik im Rahmen des Art. 2 Abs. 3 der Vertikal-GVO.

[53] Vom 27. April 2004 über die Anwendung von Art. 81 Abs. 3 EG-Vertrag auf Gruppen von Technologietransfer-Vereinbarungen, ABl. 2004 L 123/11.

[54] Vgl. *Bechtold/Brinker/Bosch/Hirsbrunner*, VO 2658/2000 Art. 1 Rn. 10 sowie die ähnliche Regelung in Art. 5 lit. b, 3. Spiegelstrich der Vertikal-GVO.

[55] Vgl. Komm. E. v. 22. 7. 1969 Az. IV/26 625 – *Clima Chappée-Buderus*, ABl. 1969 L 195/1; Komm. E. v. 28. 5. 1971 Az. IV/26 624 – *F.N.-C.F.*, ABl. 1971 L 134/6.; Komm. E. v. 23. 11. 1977 Az. IV/29 428 – *GEC/Weir*, ABl. 1977 L 327/26; Komm. E. 25. 7. 1977 Az. IV/27 093 – *De Laval-Stork*, ABl. 1977, L 215/11; Komm. E. v 21. 12. 1977 Az. IV/29 236 – *SOPELEM/Vickers*, ABl. 1978 L 70/47.

Art. 1 Spez-GVO 21, 22

21   Bezieht sich die Nebenabrede auf **Liefer- und Bezugsbindungen** im Anwendungsbereich des Art. 3, ist sie auf Grund dieser spezielleren Regelung freigestellt. Dennoch verbleiben Liefer- und Bezugsbindungen, die als Durchführungsvereinbarung von Abs. 2 erfasst werden können, wie die Verpflichtung eines Gemeinschaftsunternehmens zum alleinigen Bezug von Vorprodukten bei seinen Gesellschaftern bzw. Mutterunternehmen[56] oder umgekehrt die Verpflichtung der Mutterunternehmen, ihren Bedarf größtenteils bei dem Gemeinschaftsunternehmen zu decken[57] sowie eine wechselseitige Meistbegünstigung.[58] Solche Einschränkungen hängen mit der Gründung der Gemeinschaftsunternehmen zusammen und können eine wirtschaftliche bzw. wirksame Kapazitätsauslastung bewirken und für ihren Betrieb notwendig sein.

22   Auch **Wettbewerbsverbote,** die z. B. dazu erforderlich sein können, um die Vertraulichkeit der im Rahmen der Spezialisierung zugänglich gemachten Geschäftsgeheimnisse zu sichern, können nach Abs. 2 freigestellt sein. Wettbewerbsverbote dienen dem Investitionsschutz und dem wirtschaftlichen Erfolg der bestehenden Spezialisierung sowie dazu, die durch den Betrieb eines Gemeinschaftsunternehmens angestrebten Größen- bzw. Kapazitätsvorteile realisieren zu können.[59] Regelmäßig wird ein Verbot notwendig sein, mit den Produkten, auf die sich die Spezialisierung bezieht, zu konkurrieren. Als zulässig erachtet worden ist dies z. B. für die Produktion von Gemeinschaftsreihen von Fahrzeugen im Rahmen einer Spezialisierungsvereinbarung.[60] Aufgrund des Wettbewerbsverbots sollte keine der Vertragsparteien durch die Herstellung eigener Fahrzeuge mit den Modellen der Gemeinschaftsreihe konkurrieren. Praxisrelevant sind schließlich Wettbewerbsverbote bei der Gründung von Gemeinschaftsunternehmen, mit denen das Gemeinschaftsunternehmen vor der Konkurrenz durch die Mutterunternehmen geschützt werden soll.[61] Problematisch kann lediglich der Zeitraum für das kartellrechtlich erforderliche Auslaufen des ursprünglichen Wettbewerbsverbots sein. So hat die Kommission sowohl ein Wettbewerbsverbot nur in einer Anlaufphase von drei Jahren für zulässig erachtet,[62] als auch mit einer zeitlichen Begrenzung auf fünf Jahre[63] oder für die Dauer eines Gemeinschaftsunternehmens.[64] In anderen Fällen sah die Kommission auch Wettbewerbsverbote ohne zeitliche Begrenzung bei Fällen der Umstrukturierung[65] und selbst ein nachvertragliches Wettbewerbsverbot auch für eine Zeit von zwei Jahren nach Ausscheiden eines Gesellschafters[66] als freistellungsfähig an. Die Verpflichtung, keine parallelen Spezialisierungsvereinbarungen über vergleichbare Produkte mit **dritten Unternehmen** zu schließen, würde zwar auch von der Freistellung des Abs. 2 erfasst,[67] jedoch wird es für die Vertragspartei einer Spezialisierungsvereinbarung

---

[56] Komm. E. v. 21. 12. 1992 Az. IV/33 031 – *Fiat/Hitachi,* ABl. 1993 L 20/10, Rn. 14, 27.
[57] Komm. E. v. 21. 12. 1994 Az. IV/34 252 – *Philips/Osram,* ABl. 1994, L 378/37, Rn. 20.
[58] Komm. E. v. 20. 5. 1999 Az. IV/36 592 – *Cégétel + 4,* ABl. 1999 L 218/14 Rn. 55.
[59] Komm. E. v. 21. 12. 1994 Az. IV/34 252 – *Philips/Osram,* ABl. 1994, L 378/37, Rn. 20; Komm. E. v. 5. 12. 1983 Az. IV/29 329 – *VW/MAN,* ABl. 1983 L 376/11 Rn. 31.
[60] Vgl. Komm. E. v. 5. 12. 1983 Az. IV/29 329 – *VW/MAN,* ABl. 1983 L 376/11 Rn. 31.
[61] Komm. E. v. 23. 11. 1977 Az. IV/29 428 – *GEC/Weir,* ABl. 1977 L 327/26; Kom-E. vom 13. 7. 1983 Az. IV/30 437 – *Rockwell/Iveco,* ABl. 1983, L 224/19.
[62] Komm. E. 25. 7. 1977 Az. IV/27 093 – *De Laval-Stork,* ABl. 1977, L 215/11; Komm. E. v. 3. 3. 1999 Az. COMP/36 237 – *TPS,* ABl. 1999, L 90/6, Rn. 119.
[63] Komm. E. v. 20. 7. 1988 Az. IV/31 902 – *Iveco/Ford,* ABl. 1988 L 230/39.
[64] Komm. E. v. 5. 12. 1983 Az. IV/29 329 – *VW/MAN,* ABl. 1983 L 376/11 Rn. 28; Komm. E. v. 21. 12. 1994 Az. IV/34 252 – *Philips/Osram,* ABl. 1994, L 378/37, Rn. 25; Komm. E. v. 16. 9. 1999 Az. COMP/36 581 – *Télécom Dévelopment* ABl. 1999 L 218/24.
[65] Komm. E. v. 22. 12. 1987, Az. IV/31 846 – *Enichem/ICI,* ABl. 1988 L 50/18.
[66] Komm. E. v. 12. 12. 1994, Az. IV/34 891 – *Fujitsu/AMD Semiconductor,* ABl. 1994, L 341/66, Rn. 41.
[67] So *Bechtold/Brinker/Bosch/Hirsbrunner,* VO 2658/2000 Art. 1 Rn. 10. Vgl. insoweit auch schon die ausdrückliche Freistellung dieser Verpflichtung in Art. 2 Abs. 1a der GVO 417/85.

D. Spezialisierung **23 Art. 2 Spez-GVO**

wirtschaftlich kaum Sinn machen, eine weitere Spezialisierung über dasselbe Produkt mit Dritten zu vereinbaren.[68]

In Abs. 2 Unterabsatz 2 wird der Umfang der Freistellung behandelt und klargestellt, **23** dass die Durchführungsvereinbarung, wenn sie eine Kernbeschränkung (**„schwarze Klausel"**) i. S. d. Art. 5 Abs. 1 oder auch nur eine Bestimmung enthält, die den gleichen Zweck hat wie eine schwarze Klausel, durch Abs. 2 auch dann nicht freigestellt werden kann, wenn sie im Übrigen die Voraussetzungen des Abs. 2 erfüllt. Während eine Durchführungsvereinbarung, die keine Kernbeschränkung enthält, aber nicht die Voraussetzungen des Abs. 2, Unterabsatz 1 erfüllt, unwirksam ist, aber nicht zum Verlust der Freistellung für die Hauptvereinbarung insgesamt führt,[69] ist fraglich, ob dies auch für die Fälle des Unterabsatz 2 gilt. Durchführungsvereinbarungen, die dem Verbot einer Kernbeschränkung unterfallen, führen zum Verlust der Freistellung insgesamt, also auch für die Hauptvereinbarung.[70] Hierfür spricht die Systematik des Art. 1, nach der Durchführungsvereinbarungen unmittelbar verbundener und notwendiger Teil der Hauptvereinbarung sind. Wollte man die Unwirksamkeitsfolge einer Kernbeschränkung in einer Durchführungsvereinbarung auf diese beschränken, würde dies weder der gebotenen einheitlichen Sichtweise von Spezialisierungsvereinbarung und Durchführungsvereinbarung noch dem nach der Systematik der Gruppenfreistellungsverordnungen umfassenden Verbot von Kernbeschränkungen ausreichend Rechnung tragen.

Art. 2. Definitionen

Im Rahmen dieser Verordnung gelten folgende Begriffsbestimmungen:
1. „Vereinbarung": eine Vereinbarung, ein Beschluss einer Unternehmensvereinigung oder eine aufeinander abgestimmte Verhaltensweise;
2. „beteiligte Unternehmen": die Vertragsparteien der Vereinbarung und die mit diesen jeweils verbundenen Unternehmen;
3. „verbundene Unternehmen":
   a) Unternehmen, bei denen ein an der Vereinbarung beteiligtes Unternehmen unmittelbar oder mittelbar
      i) über mehr als die Hälfte der Stimmrechte verfügt oder
      ii) mehr als die Hälfte der Mitglieder des Leitungs- oder Verwaltungsorgans oder der zur gesetzlichen Vertretung berufenen Organe bestellen kann oder
      iii) das Recht hat, die Geschäfte des Unternehmens zu führen;
   b) Unternehmen, die in einem an der Vereinbarung beteiligten Unternehmen unmittelbar oder mittelbar die unter Buchstabe a) bezeichneten Rechte oder Einflussmöglichkeiten haben;
   c) Unternehmen, in denen ein unter Buchstabe b) genanntes Unternehmen unmittelbar oder mittelbar die unter Buchstabe a) bezeichneten Rechte oder Einflussmöglichkeiten hat;
   d) Unternehmen, in denen eine der Vertragsparteien gemeinsam mit einem oder mehreren der unter den Buchstaben a), b) oder c) genannten Unternehmen oder in denen zwei oder mehr als zwei der zuletzt genannten Unternehmen gemeinsam die in Buchstabe a) bezeichneten Rechte oder Einflussmöglichkeiten haben;
   e) Unternehmen, in denen
      i) Vertragsparteien oder mit ihnen jeweils verbundene Unternehmen im Sinne der Buchstaben a) bis d) oder

---

[68] Solche Klauseln sind dementsprechend auch sehr selten, vgl. Komm. E. v. 17. 1. 1972 Az. IV/26 612 – *MAN/SAVIEM*, ABl. 1972 L 31/29 Rn. 30.
[69] Siehe oben, Rn. 18.
[70] So auch *Fuchs* in Immenga/Mestmäcker, EG-WbR Bd. I, Art. 1 Spez-VO. Rn. 37

ii) eine oder mehrere Vertragsparteien oder eines oder mehrere der mit ihnen im Sinne der Buchstaben a) bis d) verbundenen Unternehmen und ein oder mehrere dritte Unternehmen
gemeinsam die unter Buchstabe a) bezeichneten Rechte und Einflussmöglichkeiten haben;
4. „Produkt": eine Ware und/oder eine Dienstleistung in Form eines Zwischen- oder Endprodukts, mit Ausnahme von Vertriebs- und Mietleistungen;
5. „Produktion": die Herstellung von Waren oder die Erbringung von Dienstleistungen, auch im Wege der Vergabe von Unteraufträgen;
6. „relevanter Markt": der sachlich und räumlich relevante Markt oder die sachlich und räumlich relevanten Märkte, zu dem beziehungsweise zu denen die Produkte, die Gegenstand einer Spezialisierungsvereinbarung sind, gehören;
7. „konkurrierendes Unternehmen": ein Unternehmen, das im relevanten Markt tätig ist (tatsächlicher Wettbewerber), oder ein Unternehmen, das unter realistischen Annahmen die zusätzlichen Investitionen oder sonstigen Umstellungskosten auf sich nehmen würde, die nötig sind, um auf eine geringfügige dauerhafte Erhöhung der relativen Preise hin in den relevanten Markt einsteigen zu können (potentieller Wettbewerber);
8. „Alleinbelieferungsverpflichtung": die Verpflichtung, das Produkt, welches Gegenstand der Spezialisierungsvereinbarung ist, nicht an ein konkurrierendes Unternehmen zu liefern, es sei denn es ist Vertragspartei der Vereinbarung;
9. „Alleinbezugsverpflichtung": die Verpflichtung, das Produkt, welches Gegenstand der Spezialisierungsvereinbarung ist, nur von der Vertragspartei zu beziehen, die sich zu seiner Lieferung bereit erklärt.

1. „Vereinbarung" (Nr. 1)

24 Die Definition des **Vereinbarungsbegriffs in** Nr. 1 stellt – wie bereits Art. 9 der Vorgänger-GVO 417/85 – klar, dass von der GVO – entsprechend dem Anwendungsbereich des Art. 81 Abs. 1 EG – Vereinbarungen, Beschlüsse einer Unternehmensvereinigung und abgestimmte Verhaltensweisen gleichberechtigt erfasst werden.

2. „Beteiligte Unternehmen" (Nr. 2)

25 Nr. 2 bringt keine inhaltliche Neuerung, sondern stellt für den in Art. 4 verwendeten Begriff des **„beteiligten Unternehmens"** klar, dass nicht nur die in Art. 1 Abs. 1 definierten Vertragsparteien als beteiligt gelten, sondern auch die mit ihnen verbundenen Unternehmen, die wiederum in Nr. 3 definiert sind. Dies wirkt sich auf die Berechnung der Marktanteilsschwelle gemäß Art. 4 aus.

3. „Verbundene Unternehmen" (Nr. 3)

26 Die Definition gemäß Nr. 3 entspricht wörtlich der Definition in Art. 2 Nr. 3 der FuE-GVO und inhaltlich auch der Verwendung des Begriffs des **„verbundenen Unternehmens"** im sonstigen europäischen Wettbewerbsrecht (vgl. Art. 1 Abs. 2 der Technologietransfer-GVO, Art. 11 Abs. 2 der Vertikal-GVO und Art. 1 Abs. 2 der VO 1400/2002).[71] Aus dem Zusammenspiel mit Nr. 2 ergibt sich, dass bei der Anwendung der GVO immer auf die gesamte Unternehmensgruppe abgestellt werden muss, die hinter der jeweiligen Vertragspartei steht.

---

[71] Vom 31. Juli 2002 über die Anwendung von Art. 81 Abs. 3 des Vertrags auf Gruppen von vertikalen Vereinbarungen und aufeinander abgestimmten Verhaltensweisen im Kraftfahrzeugsektor, ABl. 2002 L 203/30.

4. „Produkt" (Nr. 4)

Nach der Definition in Nr. 4 können unter **„Produkt"** nicht mehr nur Waren, sondern auch Dienstleistungen[72] verstanden werden. Die Kommission sieht Vereinbarungen über die Spezialisierung von Dienstleistungen als ebenso geeignet zum Erreichen von Effizienzvorteilen an, die zu günstigeren Preisen für die Verbraucher führen.[73] Ferner unterfallen der GVO gemäß Nr. 4 sowohl Zwischen- als auch Endprodukte mit Ausnahme von Vertriebs- und Mietleitungen. Damit wird zum einen klargestellt, dass Unternehmen aller Wirtschaftsstufen Vertragspartei einer freigestellten Spezialisierungsvereinbarung sein können, zum anderen, dass der Ausschluss ausschließlich auf den Vertrieb beschränkter Spezialisierungen von der Freistellung auch nicht durch eine Spezialisierung hinsichtlich der Vermietung der betreffenden Produkte umgangen werden kann.

5. „Produktion" (Nr. 5)

Unter **„Produktion"** versteht die GVO die Herstellung von Waren oder die Erbringung von Dienstleistungen, auch im Wege der Vergabe von Unteraufträgen. Ein reiner Produktionsverzicht, ohne dass die Produktion anderweitig, z. B. durch eine andere Vertragspartei, ein Gemeinschaftsunternehmen oder einen Dritten erfolgt, ist ausgeschlossen.[74]

6. „Relevanter Markt" (Nr. 6)

Die Definition in Nr. 6 bedeutet, dass für die Produkte, die Gegenstand der Spezialisierungsvereinbarung sind, **der sachlich und räumlich relevante Markt** identifiziert werden muss, dessen Bestimmung sich nach allgemeinen Grundsätzen richtet.[75]

7. „Konkurrierendes Unternehmen" (Nr. 7)

Der Grund für die Aufnahme des Verweises auf **konkurrierende Unternehmen** liegt in dem Erfordernis einer Abgrenzung zu einseitigen Spezialisierungsvereinbarungen nicht konkurrierender Unternehmen, die bis zu einer höheren Marktanteilsschwelle durch die Vertikal-GVO freigestellt werden.[76] Durch die Definition in Nr. 7 wird klargestellt, dass nicht nur tatsächliche, bereits auf dem relevanten Markt tätige Wettbewerber, sondern auch potentielle Wettbewerber dem Begriff unterfallen. Auch in ihren Leitlinien[77] erläutert die Kommission, dass von der GVO generell sowohl tatsächliche als auch potentielle Wettbewerber erfasst werden. Ein Unternehmen wird als tatsächlicher Wettbewerber gesehen, wenn es entweder auf demselben relevanten Markt tätig ist oder wenn es auch ohne Vereinbarung in der Lage wäre, seine Produktion auf die relevanten Produkte umzustellen und sie kurzfristig auf den Markt zu bringen, ohne spürbare zusätzliche Kosten oder Risiken in Erwiderung auf eine geringe aber dauerhafte Erhöhung der relativen Preise zu gewärtigen

---

[72] Vgl. auch die Definition von „Produktion" gemäß Nr. 5 und Leitlinien, Ziff. 13. Zur Rechtslage unter der alten GVO 417/85 vgl. *Veelken* in Voraufl. Immenga/Mestmäcker, EG-WbR Bd. I (1997), S. 633 f. zur Vorgänger-GVO 417/85; *Wiedemann*, Bd. I, Art. 1 GVO Nr. 417/85, Rn. 11.

[73] Erwägungsgründe Nr. 8 und 9 der Spezialisierungs-GVO.

[74] Vgl. oben, Rn. 16 und *Fuchs* in Immenga/Mestmäcker, EG-WbR Bd. I, Art. 1 Spez-VO. Rn. 25.

[75] Vgl. Bekanntmachung der Kommission über die Definition des relevanten Marktes im Sinne des Wettbewerbsrechts der Gemeinschaft, ABl. 1997 C 372/03.

[76] Vgl. Erwägungsgrund 10 der Spezialisierungs-GVO und die obigen Ausführungen unter Rn. 12.

[77] ABl. 2001, C 3/2, Leitlinien zur Anwendbarkeit von Art. 81 EG-Vertrag auf Vereinbarungen über horizontale Zusammenarbeit, Ziff. 9.

(sofortige Substituierbarkeit der Angebotsseite).[78] Ein Unternehmen wird als potentieller Wettbewerber gesehen, wenn es Anhaltspunkte dafür gibt, dass es ohne die Vereinbarung die notwendigen zusätzlichen Investitionen und andere erforderliche Umstellungskosten auf sich nehmen könnte und wahrscheinlich auch würde, um als Reaktion auf eine geringfügige, aber dauerhafte Heraufsetzung der relativen Preise gegebenenfalls in den Markt einzutreten. Dieser Einschätzung müssen realistische Erwägungen zugrunde liegen; die rein theoretische Möglichkeit eines Marktzutritts reicht nicht aus.[79] Mit der dargestellten Definition des „konkurrierenden Unternehmens" ist bezweckt, klarzustellen, dass das Verbot für den Lieferanten, im Rahmen einer Spezialisierungsvereinbarung das Produkt an ein konkurrierendes Unternehmen zu liefern (Alleinbelieferungsverpflichtung gem. Art. 3 lit. a), sich nicht nur auf tatsächliche, sondern auch auf potentielle Wettbewerber als Lieferempfänger bezieht.

8. „Alleinbelieferungsverpflichtung" (Nr. 8)

31 Die Definition der **Alleinbelieferungsverpflichtung** basiert auf dem Verbot, das Produkt, welches Gegenstand der Spezialisierungsvereinbarung ist, an ein konkurrierendes Unternehmen zu liefern. Da sich dieses gemäß Art. 3 lit. a zulässige Verbot nur auf die Lieferung an Wettbewerber bezieht, kann der zur Alleinbelieferung Verpflichtete neben dem Vertragspartner auch Dritte beliefern, sofern sie nicht auf dem relevanten Markt tätig sind.

9. „Alleinbezugsverpflichtung" (Nr. 9)

32 Ebenso wie eine Alleinbelieferungsverpflichtung ist eine **Alleinbezugsverpflichtung** nach Art. 3 lit. a im Rahmen einer Spezialisierungsvereinbarung freigestellt. Aufgrund einer solchen Alleinbezugsverpflichtung darf das Produkt, das Gegenstand der Spezialisierungsvereinbarung ist, nur von der anderen Vertragspartei und nicht von Dritten bezogen werden.

Art. 3. Bezugs- und Absatzabsprache

Die Freistellung nach Artikel 1 gilt auch, wenn die Vertragsparteien

a) im Rahmen einer Vereinbarung über eine einseitige Spezialisierung, über eine gegenseitige Spezialisierung oder über eine gemeinsame Produktion eine Alleinbezugs- und/oder eine Alleinbelieferungsverpflichtung akzeptieren oder

b) im Rahmen einer Vereinbarung über eine gemeinsame Produktion die Produkte, welche Gegenstand der Spezialisierungsvereinbarung sind, nicht selbständig vertreiben, sondern einen gemeinsamen Vertrieb vorsehen oder sich auf die Benennung eines Dritten zum Vertriebshändler mit oder ohne Ausschließlichkeitsbindung verständigen, sofern der Dritte kein konkurrierendes Unternehmen ist.

1. Allgemeines

33 Gemäß Art. 3 gilt die Freistellung nach Art. 1 auch, wenn die Parteien im Rahmen einer Spezialisierung **Bezugs- und/oder Absatzverpflichtungen** vereinbaren. Durch die Festlegung gegenseitiger Alleinbelieferungs- und Alleinbezugsverpflichtungen sollen die

---

[78] Siehe hierzu und zu weiteren Erläuterungen Kommission, ABl. 2001, C 3/2, Leitlinien zur Anwendbarkeit von Art. 81 EG-Vertrag auf Vereinbarungen über horizontale Zusammenarbeit, Fn. 8 zu Ziff. 9.

[79] Siehe hierzu und zu weiteren Erläuterungen Kommission, ABl. 2001, C 3/2, Leitlinien zur Anwendbarkeit von Art. 81 EG-Vertrag auf Vereinbarungen über horizontale Zusammenarbeit, Fn. 9 zu Ziff. 9.

D. Spezialisierung

Vertragsparteien ihre Ressourcen auf die bestehende Spezialisierungsvereinbarung konzentrieren. Dies dient dem Ziel effektiven Wettbewerbs, da ohne Liefer- und Bezugsverpflichtungen der Vertragsparteien Marktaufteilungen zu befürchten sind und regelmäßig nicht sichergestellt werden kann, dass die Vorteile der Spezialisierung zum Tragen kommen, ohne dass ein Beteiligter sich aus dem der Produktion nachgelagerten Markt zurückzieht.[80] Solche Liefer- und Bezugsverpflichtungen nach Art. 3 lit. a können, müssen aber nicht ausschließlicher Natur sein.[81] Nicht ausschließliche Liefer- und Bezugspflichten stellen jedoch grundsätzlich schon keinen Verstoß gegen Art. 81 EG dar. Da somit ausschließliche Liefer- und Bezugsverpflichtungen Bestimmungen darstellen, die nicht den eigentlichen Gegenstand der Spezialisierungsvereinbarung bilden, mit deren Durchführung aber unmittelbar verbunden und für diese notwendig sind, stellt Art. 3 lit. a eine Festlegung und Konkretisierung der nach Art. 1 Abs. 2 freigestellten Zusatzvereinbarungen dar.[82]

2. Alleinbezugs- und Alleinbelieferungsverpflichtung gemäß Art. 3 lit. a

Art. 2 Nr. 8 definiert „Alleinbelieferungsverpflichtung" als die Verpflichtung, das Produkt, welches Gegenstand der Spezialisierungsvereinbarung ist, nicht an ein konkurrierendes Unternehmen zu liefern, es sei denn, dass es Vertragspartei der Vereinbarung ist. Ein solches Verbot für den Lieferanten, das Produkt an ein konkurrierendes Unternehmen zu liefern, schließt die **Belieferung Dritter,** die nicht auf dem relevanten Markt tätig sind, nicht aus. Korrespondierend mit dieser Verpflichtung eines Lieferverbots an Konkurrenten kann eine Alleinbezugsverpflichtung vereinbart werden.

Art. 2 Nr. 9 definiert „Alleinbezugsverpflichtung" als die Verpflichtung, das Produkt, welches Gegenstand der Spezialisierungsvereinbarung ist, nur von der Vertragspartei zu beziehen, die sich zu seiner Lieferung bereit erklärt. Während Art. 2 Abs. 1 lit. a der GVO 417/85 noch ausdrücklich die Möglichkeit eines Wettbewerbsverbots vorsah, das es den Vertragsparteien untersagte, parallele Spezialisierungsvereinbarungen über gleiche oder vergleichbare Erzeugnisse mit Dritten zu schließen, ist eine solche Bestimmung nach der aktuellen GVO als Durchführungsvereinbarung gemäß Art. 1 Abs. 2 freigestellt.[83] Ein einem Wettbewerbsverbot vergleichbarer Effekt kann aber auch indirekt durch die Vereinbarung von Alleinbelieferungs- und Alleinbezugspflichten erzielt werden.[84] Im Falle von Gemeinschaftsunternehmen können die Vertragsparteien sich entsprechend verpflichten, die gemeinsam produzierten Produkte allein vom Gemeinschaftsunternehmen zu beziehen und dem Gemeinschaftsunternehmen eine Alleinbelieferungsverpflichtung auferlegen.

3. Gemeinsamer Vertrieb gemäß Art. 3 lit. b

Bei der gemeinsamen Produktion erstreckt Art. 3 lit. b die Freistellung auch auf das Verbot des selbstständigen Vertriebs zugunsten des gemeinsamen Vertriebs durch die Vertragsparteien. Durch die Nutzung des jeweils besseren Vertriebsnetzes der Partner führt der Vertrieb der gemeinsam produzierten Produkte regelmäßig zu einer **Verbesserung der Warenverteilung.**[85] Der gemeinsame Vertrieb ist auch über einen Dritten als Vertriebshändler möglich, sofern dieser kein konkurrierendes Unternehmen im relevanten Markt

---

[80] Erwägungsgrund 12 der Spezialisierungs-GVO.
[81] Erwägungsgrund 12 der Spezialisierungs-GVO. Im Gegensatz hierzu war unter der alten GVO 417/85 gemäß Art. 2 Abs. 1 lit c)–e) die Vereinbarung exklusiver Lieferverpflichtungen nur im Rahmen von Alleinvertriebsvereinbarungen möglich.
[82] So auch *Bechtold/Brinker/Bosch/Hirsbrunner,* VO 2658/2000 Art. 3 Rn. 1.
[83] Vgl. die obigen Ausführungen unter Rn. 22.
[84] *Polley/Seeliger* in Liebscher/Flohr/Petsche, § 10, Rn. 82.
[85] Komm. E. v. 17. 1. 1972 Az. IV/26 612 – *MAN/SAVIEM,* ABl. 1972 L 31/29 Rn. 30; Komm. E. v. 5. 12. 1983 Az. IV/29 329 – *VW/MAN,* ABl. 1983 L 376/11 Rn. 28.

ist. Dabei ist auch die Vereinbarung von Ausschließlichkeitsbindungen freigestellt, auf Grund derer sich die Vertragsparteien verpflichten, ausschließlich den Dritten mit den gemeinsam hergestellten Produkten zu beliefern.[86] Alternativ zu ihrer ausschließlichen Bindung gegenüber dem Vertriebshändler können die Vertragsparteien den Vertrieb sowohl durch mehrere Dritte vereinbaren als auch direkt organisieren. Gemäß Art. 5 Abs. 2 lit. b gilt das Preisbindungsverbot des Art. 5 Abs. 1 lit. a nicht für den gemeinsamen Vertrieb im Sinne des Art. 3 lit. b. Preise, die ein gemeinsames Produktionsunternehmen also seinem Vertriebshändler als unmittelbarem Abnehmer in Rechnung stellt, dürfen demnach festgesetzt werden.

36   Fraglich ist, ob auch im Rahmen einer einseitigen oder gegenseitigen Spezialisierung gemäß Art. 3 lit. b i. V. m. Art. 5 Abs. 2 lit. b Vereinbarungen der Vertragsparteien zum gemeinsamen Vertrieb zulässig sind, auf Grund derer sie z. B. **Absatzziele** oder **Preise** festsetzen. Unter den Voraussetzungen des Art. 2 lit. c–f der alten GVO 417/85 war dies möglich. Die neue Spezialisierungs-GVO trifft jedoch hierzu keine ausdrückliche Aussage. Art. 1 lit. a stellt die einseitige und gegenseitige Spezialisierung nur für die Produktion, nicht aber für den Vertrieb, frei, da die Vorteile der Spezialisierung nur dann zum Tragen kommen, wenn die Parteien auf dem nachgelagerten (Vertriebs-)Markt weiterhin zueinander im Wettbewerb stehen.[87] Zulässig wäre ein gemeinsamer Vertrieb deshalb nur insofern und soweit, als die Vertragsparteien auch im Rahmen eines selbstständigen Vertriebs Konkurrenten wären. Anders als die Spezialisierungs-GVO enthält die FuE-GVO eine Legaldefinition des Begriffs „gemeinsam", die auch für die Spezialisierungs-GVO nahelegt, dass die Regelung des „gemeinsamen Vertriebs" nicht den selbstständigen Vertrieb im Rahmen einer einseitigen oder gegenseitigen Spezialisierung umfasst. Nach Art. 2 Ziffer 11 der FuE-GVO bedeutet „gemeinsam" im Zusammenhang mit Forschung und Entwicklung oder mit der Verwertung der Ergebnisse die Ausübung der betreffenden Tätigkeiten a) durch eine gemeinsame Arbeitsgruppe oder Organisation oder ein gemeinsames Unternehmen oder b) durch einen gemeinsam bestimmten Dritten oder c) durch die Vertragsparteien selbst, von denen jede eine bestimmte Aufgabe – Forschung, Entwicklung, Herstellung oder Vertrieb – übernimmt. Dies deutet darauf hin, dass ein arbeitsteiliger und nicht ein gemeinsamer Vertrieb im Sinne eines einheitlichen Auftretens der Unternehmen gemeint ist.

Art. 4. Marktanteilsschwelle

Die Freistellung nach Artikel 1 gilt nur unter der Voraussetzung, dass die Summe der Marktanteile der beteiligten Unternehmen im relevanten Markt 20% nicht überschreitet.

1. Allgemeines

37   Die **Marktanteilsschwelle** des Art. 4 legt den Anwendungsbereich der GVO fest und ist damit die zentrale Regelung innerhalb der Gesamtsystematik der GVO. Spezialisierungsvereinbarungen werden bis zur Marktanteilsschwelle von 20% freigestellt, wenn sie keine Kernbeschränkungen (Art. 5) beinhalten. Einzelheiten zur Berechnung der Marktanteilsschwelle regelt Art. 6. Die Schwellenwerte sind gegenüber den Vorgänger-GVO erneut erhöht worden.[88] In dieser Entwicklung drückt sich die Bewertung der Kommission aus, dass Spezialisierungsvereinbarungen grundsätzlich positiven Nutzen für den technischen

---

[86] Erwägungsgrund 12 der Spezialisierungs-GVO.
[87] Vgl. Erwägungsgrund 12 der Spezialisierungs-GVO.
[88] Vgl. VO Nr. 2779/72: Marktanteil von höchstens 10% bei 150 Millionen Rechnungseinheiten; VO Nr. 2903/77: Marktanteil von höchstens 15% bei 300 Millionen Rechnungseinheiten; VO Nr. 417/85: Marktanteil von höchstens 20% bei 500 Millionen ECU Gesamtumsatz.

D. Spezialisierung   38, 39 **Art. 4 Spez-GVO**

und wirtschaftlichen Fortschritt entfalten und etwaige negative Auswirkungen für Markt und Wettbewerb diese Vorteile erst ab einer gewissen Marktmacht überwiegen.[89] Nach der Ratio der GVO sind negative Auswirkungen auf den Wettbewerb mangels Marktmacht nicht zu befürchten und daher auch nicht näher zu prüfen, wenn der gemeinsame Marktanteil der beteiligten Unternehmen 20% nicht überschreitet und die Vereinbarung keine Kernbeschränkungen (Art. 5) enthält.[90] Nur bei Vorliegen der materiellen Entzugsvoraussetzungen der Freistellung (Art. 29 VO 1/2003) kann die Vermutung widerlegt werden, dass Spezialisierungsvereinbarungen unterhalb der 20%-Schwelle gesamtwirtschaftlich vorteilhaft sind. Eine **Umsatzhöchstgrenze** besteht für von der GVO erfasste Spezialisierungsvereinbarungen nicht. Hierdurch soll auch großen Unternehmen die Möglichkeit einer Gruppenfreistellung eröffnet werden.[91]

2. Die Marktanteilsgrenze

  a) **20% als absolute Schwelle.** Die Marktanteilsschwelle von 20% ist absolut. Auch 38
ein sehr geringfügig über der Schwelle des Art. 4 liegender Marktanteil führt zur Nichtanwendbarkeit der GVO.[92] Bei Überschreiten der Marktanteilsschwelle ist die Zulässigkeit der Vereinbarung unmittelbar an **Art. 81 Abs. 3 EG** zu messen. Der klare Wortlaut des Art. 4 lässt außerhalb der Toleranzklauseln (Art. 6) keinen Spielraum, die GVO anzuwenden, wenn der Marktanteil der beteiligten Unternehmen 20% übersteigt. Die Toleranzklausel (Art. 6) bietet den Unternehmen ausreichenden Schutz bei kurzzeitigem Überschreiten der 20%-Schwelle und beugt somit Rechtsunsicherheiten vor. Kurzfristige erhebliche Marktanteilsschwankungen, die insbesondere bei engen und volatilen Märkten auftreten, können durch eine verständige Definition des in zeitlicher Hinsicht relevanten Marktes aufgefangen werden. Auch ist die Vermutung, dass ein Marktanteil über 20% wettbewerbsbeschränkend im Sinne von Art. 81 Abs. 1 EG[93] wirkt, umso schwächer, je näher dieser an der 20%-Schwelle liegt. Dies ist im Rahmen von Art. 81 Abs. 3 EG zu berücksichtigen, indem die Anforderungen an die „Verbesserung der Warenerzeugung oder -Verteilung" und „die Förderung des technischen oder wirtschaftlichen Fortschritts" entsprechend reduziert werden.[94] Unternehmen sollten dennoch stets bestrebt sein, in den Anwendungsbereich der GVO zu gelangen, da die tatbestandlichen Voraussetzungen des Art. 81 Abs. 3 EG vergleichsweise schwerer zu beweisen sind.[95]

  b) **Marktanteile unter 10% außerhalb von Art. 81 Abs. 1 EG.** Soweit der ge- 39
meinsame Marktanteil der an der Spezialisierungsvereinbarung beteiligten Unternehmen 10% nicht überschreitet, wird die Wettbewerbsbeeinträchtigung in aller Regel nicht spürbar und damit nicht von Art. 81 Abs. 1 EG erfasst sein. Die Kommission geht in ihrer Bagatellbekanntmachung für horizontale Vereinbarungen erst ab einem Marktanteil in Höhe

---

[89] ABl. 2001 C 3/2, Leitlinien zur Anwendbarkeit von Art. 81 EG-Vertrag auf Vereinbarungen über horizontale Zusammenarbeit, Rn. 68, 102.
[90] Zustimmend *Fuchs* in Immenga/Mestmäcker, EG-WbR Bd. I, Art. 4 Spez-VO, Rn. 64. Siehe auch *Bellamy & Child*, European Community Law of Competition, S. 593, Rn. 7.090; ABl. 2001C 3/2, Leitlinien zur Anwendbarkeit von Art. 81 EG-Vertrag auf Vereinbarungen über horizontale Zusammenarbeit, Rn. 92.
[91] *Völcker* in Mü-Ko, Europäisches Wettbewerbsrecht, Bd. 1, GVO Nr. 2658/2000, Art. 4, Rn. 1.
[92] *Braun* in Langen/Bunte, Art. 81, Rn. 156. A. A. *Schütz*, Gemeinschaftskommentar, EG Kartellverfahrensrecht-VO 1/2003; Art: 29, Rn. 12.
[93] *Haag* in Schwarze/von der Groeben, nach Art. 81, Rn. 28. Vgl. dazu bspw. Kom-E. vom 13. 7. 1983 Az. IV/30 437– *Rockwell/Iveco*, ABl. 1983, L 224/19; Kom-E. vom 12. 1. 1990 Az. IV/32 006 – *Alcatel/Espace/Ant.*, ABl. 1990, L 32/19.
[94] Eine Ausstrahlungswirkung der GVO auf Art. 81 Abs. 3 EG in Grenzfällen dagegen offen lassend: *Fuchs* in Immenga/Mestmäcker, EG-WbR Bd. I, Art. 4 Spez-VO, Rn. 71.
[95] Für das Vorliegen der Tatbestandsvoraussetzungen des Art. 81 Abs. 3 EG trägt das Unternehmen die Beweislast, vgl. Art. 3 VO 1/2003.

von 10% der beteiligten Unternehmen von einer **Spürbarkeit** aus.[96] Der Hauptanwendungsbereich der Spezialisierungs-GVO betrifft daher in der Rechtspraxis Fallkonstellationen, in denen die beteiligten Unternehmen Marktanteile zwischen 10 und 20% halten.[97] Allerdings ist zu beachten, dass die Bagatellbekanntmachung die nationalen und europäischen Gerichte sowie die nationalen Kartellbehörden nicht bindet und auch für die Kommission nur eine begrenzte Selbstbindung entfaltet.

3. Die Marktabgrenzung

40 Die Berechnung des Marktanteils erfordert eine Abgrenzung des sachlich und räumlich relevanten Marktes, zu dem die Produkte, die Gegenstand der Spezialisierungsvereinbarung sind, gehören (Art. 2 Abs. 6). Die **Marktabgrenzung** erfolgt auch im Rahmen der Spezialisierungs-GVO nach dem Bedarfsmarktkonzept. Zum sachlich relevanten Markt zählen danach alle Produkte, die aus Sicht der Marktgegenseite als austauschbar angesehen werden. Mit der Abgrenzung des Marktes soll systematisch ermittelt werden, welche konkurrierenden Unternehmen (Art. 2 Nr. 9) tatsächlich in der Lage sind, dem Verhalten der an der Spezialisierungsvereinbarung beteiligten Unternehmen Wettbewerb zu bereiten und zu verhindern, dass sich diese ohne Wettbewerbsdruck auf bestimmte Märkte ausrichten können. Dabei sind auch vorgeordnete und nachgelagerte Märkte sowie benachbarte Märkte mit zu berücksichtigen, wenn sie durch gegenseitige Abhängigkeiten verbunden sind und die Vertragspartner auf den genannten Märkten über eine starke Stellung verfügen.[98] In der Rechtspraxis ist die Marktdefinition häufig mit erheblichen Unsicherheiten verbunden. Die von der Kommission zur Definition des relevanten Marktes veröffentlichte Bekanntmachung ist dabei trotz ihrer Detailfülle keine nachhaltige Hilfe. Insbesondere der von der Kommission herangezogene SSNIP-Test, mit dem auf Grundlage der Nachfrage- und Kreuzpreiselastizität „klare Hinweise" für die Definition des relevanten Marktes gewonnen werden sollen,[99] ist in der Praxis kaum umsetzbar. Die für den Test erforderlichen Marktdaten sind in ausreichender und aussagekräftiger Menge praktisch nicht feststellbar.[100] Aber auch die veröffentlichte Entscheidungspraxis der europäischen und nationalen Kartellbehörden und Gerichte bieten nur für wenige Märkte eine verlässliche Grundlage. Den an der Spezialisierungsvereinbarung beteiligten Unternehmen bleibt daher in der Regel nichts anderes übrig, als ihre eigene beste Einschätzung des relevanten Produktmarktes für die Berechnung des Marktanteils zugrunde zu legen und diese gut und umfassend zu dokumentieren. Zugleich müssen die Unternehmen während der gesamten Laufzeit der Spezialisierungsvereinbarung die 20%-Schwelle im Blick behalten und die Entwicklung ihres eigenen Marktanteils daraufhin überprüfen. Hierfür sollte bereits bei Abschluss des Vertrages ein entsprechendes Kontrollsystem installiert werden. Einzelheiten zur Berechnung des Marktanteils regelt Art. 6 GVO.

Art. 5. Nicht unter die Freistellung fallende Vereinbarungen

(1) **Die Freistellung nach Artikel 1 gilt nicht für Vereinbarungen, die unmittelbar oder mittelbar, für sich allein oder in Verbindung mit anderen Umständen unter der Kontrolle der Vertragsparteien Folgendes bezwecken:**

---

[96] ABl. 2001, C 368/13, Bekanntmachung der Kommission über Vereinbarungen von geringer Bedeutung, die den Wettbewerb gemäß Art. 81 Abs. 1 nicht spürbar beschränken (de minimis).
[97] So auch *Völcker* in Mü-Ko, Europäisches Wettbewerbsrecht, Bd. 1, GVO Nr. 2658/2000, Art. 4, Rn. 3.
[98] ABl. 2001, C 3/2, Leitlinien, Rn. 82.
[99] ABl. 1997, C 372/5, Bekanntmachung der Kommission über die Definition des relevanten Marktes im Sinne des Wettbewerbsrecht der Gemeinschaft, Rn. 15.
[100] *Wish*, Competition Law, Chapter 1, p. 33.

a) die Festsetzung von Preisen für den Verkauf der Produkte an dritte Abnehmer,
b) die Beschränkung der Produktion oder des Absatzes oder
c) die Aufteilung von Märkten oder Abnehmerkreisen.

(2) Absatz 1 gilt nicht für

a) Bestimmungen über die vereinbarte Menge an Produkten in Vereinbarungen über eine einseitige oder gegenseitige Spezialisierung oder die Festlegung des Umfangs der Kapazität und Produktion eines gemeinsamen Produktionsunternehmens in Vereinbarungen über eine gemeinsame Produktion;
b) die Festsetzung von Absatzzielen und der Preise, die ein gemeinsames Produktionsunternehmen seinen unmittelbaren Abnehmern in Rechnung stellt, in dem in Artikel 3 Buchstabe b) genannten Fall.

1. Allgemeines

Die aktuelle Spezialisierungs-GVO unterscheidet sich von der Vorgänger-GVO 417/85 **41** grundlegend dadurch, dass sie keine so genannte „**weiße Liste**" zulässiger Klauseln enthält, sondern grundsätzlich alle Spezialisierungsvereinbarungen in ihrem Anwendungsbereich mit Ausnahme bestimmter Vereinbarungen (sog. „Kernbeschränkungen" oder „**schwarze Klauseln**") freistellt, die als besonders starke Wettbewerbsbeschränkungen stets Art. 81 Abs. 1 EG verletzen. Solche Kernbeschränkungen hat die Kommission im Rahmen der Reformierung verschiedener Gruppenfreistellungsverordnungen im Bereich vertikaler wie horizontaler Vereinbarungen in so genannten „schwarzen Listen" enumerativ aufgeführt.[101] Bei diesen Kernbeschränkungen, die für Spezialisierungsvereinbarungen in Art. 5 der GVO genannt werden, handelt es sich um eine gemeinsame Festsetzung der Preise, eine Beschränkung der jeweiligen Produktion oder die Aufteilung von Märkten oder Kundengruppen. Solche Vereinbarungen in Kooperationsvereinbarungen bezwecken eine Einschränkung des Wettbewerbs und werden von der Kommission deshalb als besonders schädlich angesehen, weil sie unmittelbar das Wettbewerbsgeschehen negativ beeinflussen.[102] So führt die Festsetzung von Preisen und die Beschränkung der Produktion unmittelbar zu höheren Preisen für die Abnehmer oder dazu, dass die Abnehmer nicht die gewünschten Mengen erhalten können. Die Aufteilung von Märkten oder Kunden führt zu einer Einschränkung des Angebots und damit zu höheren Preisen oder einer verminderten Produktion.[103] Liegt eine dieser Kernbeschränkungen vor, so ist die Gruppenfreistellung insgesamt unanwendbar und entfällt auch für solche Wettbewerbsbeschränkungen, die ansonsten nach der GVO zulässig wären. Die Wettbewerbsbeschränkungen sind in diesen Fällen gemäß Art. 81 Abs. 2 EG unwirksam und der Vertrag insgesamt, also auch hinsichtlich nicht wettbewerbsbeschränkender Bestimmungen, unter den Voraussetzungen des § 139 BGB nichtig.

Davon ist jedoch die Regelung der gemeinsamen Produktion (etwa die zu produzieren- **42** den Mengen) und die Festlegung der Preise, zu denen ein Gemeinschaftsunternehmen seine Produkte absetzt, nicht betroffen, da sie für die gemeinsame Produktion notwendig sind.[104] Schließlich werden in **Produktions-Gemeinschaftsunternehmen** Entscheidungen über die Produktion typischerweise von den beteiligten Unternehmen gemeinsam getroffen. Bei der Vermarktung der gemeinsam hergestellten Produkte durch das Gemeinschaftsunternehmen können deshalb auch die Preisentscheidungen von den beteiligten

---

[101] Vgl. Art. 5 der FuE-GVO oder Art. 4 der Vertikal-GVO.
[102] ABl. 2001, C 3/2, Leitlinien zur Anwendbarkeit von Art. 81 EG-Vertrag auf Vereinbarungen über horizontale Zusammenarbeit, Ziffer 25.
[103] ABl. 2001, C 3/2, Leitlinien zur Anwendbarkeit von Art. 81 EG-Vertrag auf Vereinbarungen über horizontale Zusammenarbeit, Ziffer 25.
[104] ABl. 2001, C 3/2, Leitlinien zur Anwendbarkeit von Art. 81 EG-Vertrag auf Vereinbarungen über horizontale Zusammenarbeit, Ziffer 90.

Unternehmen gemeinsam getroffen werden, ohne dass die Vereinbarung dadurch automatisch unter Art. 81 Abs. 1 EG fiele.[105]

43 Art. 5 Abs. 1 verweigert Vereinbarungen im Rahmen einer Spezialisierung die Freistellung bereits dann, wenn sie unmittelbar oder mittelbar, für sich allein oder in Verbindung mit anderen Umständen unter der Kontrolle der Vertragsparteien eine der Kernbeschränkungen bezwecken. Daher ist nicht lediglich die positive Aufnahme einer unmittelbaren vertraglichen Verpflichtung, die als Kernbeschränkung zu werten ist, unwirksam, sondern ebenso **abgestimmte Verhaltensweisen,** die ein solches Verhalten verfolgen oder Bestimmungen, die ein Abweichen von einem solchen Verhalten sanktionieren.

2. Preisbindung (Abs. 1 lit. a, Abs. 2 lit. b)

44 Art. 5 Abs. 1 lit. a verbietet jede Festsetzung von Preisen für den Verkauf der Produkte an dritte Abnehmer, denn auch im Rahmen einer Spezialisierung sollen die Parteien durch ihre Handelsmargen noch miteinander konkurrieren können. Nur im Verhältnis der an der Spezialisierungsvereinbarung beteiligten Unternehmen zueinander lassen sich dagegen die **Verkaufspreise** festsetzen. Im Vergleich zu anderen neueren Gruppenfreistellungsverordnungen sowohl im Bereich horizontaler (FuE-GVO) als auch im Bereich vertikaler Vereinbarungen (Vertikal-GVO) sind Preisabsprachen im Rahmen von Spezialisierungsvereinbarungen ganz umfassend verboten. Demgegenüber ist in Art. 5 Abs. 2 lit. b der FuE-GVO insofern eine großzügigere Freistellung vorgesehen, als diese Vorschrift Preisbindungen gegenüber Direktabnehmern von den verbotenen Kernbeschränkungen ausnimmt, wenn die Verwertung der Ergebnisse den gemeinsamen Vertrieb der Vertragsprodukte einschließt. Die Kommission bewertet in Art. 5 der Spezialisierungs-GVO im Gegensatz zur Vertikal-GVO auch nicht lediglich die Festsetzung von Fest- oder Mindestpreisen als Kernbeschränkung[106] und die Festsetzung von Höchstpreisen oder Preisempfehlungen dagegen als zulässig,[107] sondern hält solche Vereinbarungen im Rahmen einer Spezialisierung für grundsätzlich nicht freistellungsfähig.[108] Vereinzelt wird aus einem Vergleich der Verbotsbestimmungen zu Preisbindungen in der Vertikal- und der Spezialisierungs-GVO geschlossen, dass das umfassende Verbot von Preisfestsetzungen nur im Verhältnis zwischen Wettbewerbern gelten soll.[109] Träfe dies zu, wären Höchstpreisbindungen oder Preisempfehlungen auch in Spezialisierungsvereinbarungen zulässig, solange allein das Vertikalverhältnis zwischen den Beteiligten betroffen wäre. Da die Spezialisierungs-GVO jedoch knapp ein Jahr nach der Vertikal-GVO erlassen wurde, ist davon auszugehen, dass die Kommission eine entsprechende Differenzierung zwischen Höchstpreisen und Preisempfehlungen einerseits sowie sonstigen Preisbindungen andererseits auch in der Spezialisierungs-GVO oder zumindest in den Leitlinien getroffen hätte, würde sie solche Vereinbarungen im Rahmen eines Wettbewerbsverhältnisses unterschiedlich beurteilen. Die Tatsache, dass die Kommission anstelle einer solchen Differenzierung ein umfassendes, grundsätzliches Verbot vorsieht, dürfte daher gegen die genannte Auslegung des Art. 5 Abs. 1 lit. a sprechen.

45 Ausgenommen von diesem umfassenden Verbot von Preisabsprachen ist gemäß Art. 5 Abs. 2 lit. b lediglich die Festlegung von Preisen, die ein gemeinsames Produktionsunternehmen beim eigenen Vertrieb der von ihm hergestellten Produkte oder beim Vertrieb über Dritte gemäß Art. 3 lit. b festsetzt. Die Voraussetzungen des gemeinsamen Vertriebs

---

[105] Vielmehr muss in diesem Fall die Gesamtauswirkung des betreffenden Gemeinschaftsunternehmens auf den Markt untersucht werden, vgl. Fußnote 18 zu Ziffer 25 der Leitlinien.
[106] Art. 4 lit. a, 1. Hs. der Vertikal-GVO.
[107] Art. 4 lit. a, 2. Hs. der Vertikal-GVO.
[108] ABl. 2001, C 3/2, Leitlinien zur Anwendbarkeit von Art. 81 EG-Vertrag auf Vereinbarungen über horizontale Zusammenarbeit, Ziffer 102.
[109] *Bechtold/Brinker/Bosch/Hirsbrunner,* VO 2658/2000 Art. 5 Rn. 5.

durch ein **Produktions-Gemeinschaftsunternehmen** werden regelmäßig durch ein Vollfunktionsgemeinschaftsunternehmen erfüllt.[110] Die Preisfestsetzung muss sich dabei aus der Zusammenlegung der verschiedenen Funktionen ergeben.[111]

3. Produktions- und Absatzbeschränkungen (Abs. 1 lit. b)

a) **Produktionsbeschränkungen.** Eine Vereinbarung über die Beschränkung der Produktion oder des Absatzes, z. B. durch die Festlegung von **Produktions- und Lieferquoten** für die Vertragspartner oder über die Gewinnbeteiligung nach einem Ausgleichssystem ist eine Kernbeschränkung, die zur Unanwendbarkeit der GVO führt.[112] In solchen Fällen entfällt der für Spezialisierungsvereinbarungen typische Rationalisierungseffekt. Zwar ist mit einer Spezialisierung auf Grund des einseitigen Produktionsverzichts (einseitige Spezialisierung) oder der Produktionsaufteilung (gegenseitige Spezialisierung) zwangsläufig immer auch eine Beschränkung der Produktion verbunden, doch ist allein hierdurch der Tatbestand des Art. 5 Abs. 1 lit. b nicht erfüllt. Die Voraussetzungen der Kernbeschränkung liegen nur vor, wenn im Rahmen einer Spezialisierung einem beteiligten Unternehmen zusätzliche Beschränkungen hinsichtlich Gegenstand, Menge oder Ort der Produktion auferlegt werden. 46

Die quantitative Aufteilung der Fabrikation und des Absatzes führt regelmäßig auch zum **Austausch von kommerziellen Informationen** über die verkauften Mengen und die angewandten Preise zwischen den beteiligten Unternehmen.[113] Die Festlegung bestimmter Teile der Produktion der beteiligten Unternehmen stellt eine in Artikel 81 Absatz 1 lit. b EG ausdrücklich aufgeführte Wettbewerbsbeschränkung dar. Solche Vereinbarungen bezwecken nach Einschätzung der Kommission, die Produktion dieser Unternehmen zu stabilisieren und einen Teil der Preise ihrer Erzeugnisse dem Einfluss der Verbrauchernachfrage zu entziehen. Ein Erzeuger, dem man feste Quoten zugeteilt habe, die auf der Grundlage der bisher erworbenen Marktanteile ermittelt wurden, könne nämlich kein Interesse mehr daran haben, seine Preise zu senken, um einen größeren Marktanteil zu erobern. Wenn er dies täte, so würde er die Möglichkeit verlieren, aus seinen Produktionsquoten den größtmöglichen Gewinn zu ziehen.[114] 47

Eine **mengenmäßige Beschränkung** der Produktion stellt nach Art. 5 Abs. 2 lit. a jedoch dann keine Kernbeschränkung dar, soweit innerhalb einer einseitigen oder gegenseitigen Spezialisierung Regelungen über die „vereinbarte Menge an Produkten" vorgesehen sind, also die Menge der vom jeweils produzierenden Partner abzunehmenden Produkte festgelegt wird. Außerhalb der Mengen für den im Rahmen der Spezialisierung jeweils abnehmenden Partner sind Produktionsbeschränkungen dagegen unzulässig. Der Begriff der Regelungen über die „vereinbarte Menge an Produkten" kann als „Aufstellung von Produktionszielen" im Sinne des Art. 5 Abs. 2a der FuE-GVO verstanden werden.[115] 48

Da ein gemeinsames Produktionsunternehmen den Partnern der Spezialisierungsvereinbarung gleichermaßen zuzurechnen ist und die Tätigkeit des Gemeinschaftsunternehmens ohnehin begrenzt werden kann, ist es nach der 2. Alternative des Art. 5 Abs. 2 lit. a zulässig, in Vereinbarungen über eine gemeinsame Produktion im Rahmen eines Produktions- 49

---

[110] ABl. 2001, C 3/2, Leitlinien zur Anwendbarkeit von Art. 81 EG-Vertrag auf Vereinbarungen über horizontale Zusammenarbeit, Fußnote 41 zu Ziffer 90.
[111] ABl. 2001, C 3/2, Leitlinien zur Anwendbarkeit von Art. 81 EG-Vertrag auf Vereinbarungen über horizontale Zusammenarbeit, Ziffer 90.
[112] Vgl. Komm. E. v. 27. 7. 1971 Az. IV/26 262 – *Walzstahl I*, ABl. 1971, L 201/1; Komm. E. v. 17. 12. 1980 Az. IV/29 869 – *Gussglas in Italien*, ABl. 1980, L 383/19.
[113] Vgl. Komm. E. v. 17. 12. 1980 Az. IV/29 869 – *Gussglas in Italien*, ABl. 1980 L 383/19.
[114] Komm. E. v. 17. 12. 1980 Az. IV/29 869 – *Gussglas in Italien*, ABl. 1980 L 383/19.
[115] *Ritter/Braun*, 3. Aufl. 2004, S. 209.

Gemeinschaftsunternehmens die Produktionsmengen und Kapazitäten festzulegen. Umfasst die gemeinsame Produktion darüber hinaus auch gemäß Art. 3 lit. b den gemeinsamen Vertrieb, können nach Art. 5 Abs. 2 lit. b auch Absatzziele festgelegt werden. Solche Vereinbarungen sind nicht getrennt von der Spezialisierungsvereinbarung zu prüfen, sondern vor dem Hintergrund der übrigen wettbewerblichen Auswirkungen der Vereinbarung zu bewerten.[116]

50 **b) Absatzbeschränkungen.** Die Spezialisierungs-GVO ist gemäß Art. 5 Abs. 1 lit. b ausnahmslos unanwendbar, soweit die an einer Spezialisierung beteiligten Unternehmen Absatzbeschränkungen vereinbaren, also sich in ihrer Freiheit beschränken, den von ihnen belieferten Kundenkreis oder den Umfang der Belieferung zu bestimmen. Eine solche Absatzbeschränkung liegt nicht vor, wenn die Partner eines Gemeinschaftsunternehmens diesem neben der Produktion (oder einem Dritten) den gemeinschaftlichen Vertrieb übertragen (Art. 3 lit b).

4. Aufteilung von Märkten und Abnehmerkreisen (Abs. 1 lit. c)

51 Art. 5 Abs. 1 lit. c stellt klar, dass Spezialisierungsvereinbarungen sich lediglich auf die gemeinsame Produktion bzw. einen damit verbundenen gemeinsamen Absatz beziehen dürfen. Bestimmungen zur Aufteilung von Märkten oder Abnehmerkreisen sind dagegen ausnahmslos unzulässig. Insbesondere darf sich eine Spezialisierung nicht auf bestimmte Gebiete beziehen. Regelungen zum **Gebietsschutz** (Verbot des aktiven oder passiven Vertriebs oder der Belieferung von Parallelhändlern), die zu einer Aufteilung der Märkte führen könnten, werden daher durch die GVO nie freigestellt.[117] Demgegenüber sind von der schwarzen Liste sowohl der Vertikal-GVO gemäß deren Art. 4 lit. b als auch der FuE-GVO gemäß deren Art. 5 Abs. 1 lit. f Beschränkungen des aktiven Verkaufs in Gebiete (oder an Kundengruppen) ausgenommen, die anderen Parteien vorbehalten sind. Insofern folgt die Kommission hinsichtlich horizontaler Kooperationen im Rahmen einer Spezialisierung von Wettbewerbern einer kritischen wettbewerblichen Betrachtungsweise, um den Erhalt des Wettbewerbs auf den Absatzmärkten zu sichern.

52 Von dem Verbot des Art. 5 Abs. 1 lit. c nicht erfasst werden dagegen die Aufteilung von Märkten oder Kundenkreisen im Rahmen der gemeinsamen Produktion und des gemeinsamen Vertriebs (Art. 3 lit. b) durch ein **Produktions-Gemeinschaftsunternehmen**. Genau genommen ist eine Beschränkung des Wettbewerbs auf der Absatzstufe, die durch das umfassende Verbot der Aufteilung von Gebieten oder Kundenkreisen verhindert werden soll, im Rahmen eines gemeinsamen Produktionsunternehmens und dessen gemeinsamen Vertriebs gar nicht mehr möglich. Denn im Bereich und im Umfang der Tätigkeit eines Gemeinschaftsunternehmens stehen sich die Partner einer Spezialisierung ohnehin nicht mehr als Wettbewerber gegenüber. Der gemeinsame Vertrieb im Sinne des Art. 3 lit. b ließe sich deshalb in zulässiger Weise für bestimmte Gebiete auch über die Verkaufsorganisation eines einzelnen Vertragspartners regeln, da insoweit der Wettbewerb auf den Absatzmärkten nicht noch weiter beschränkt würde, als dies ohnehin die zwangsläufige konzentrative Folge der gemeinsamen Produktion ist.[118]

53 Umfasst die Kooperation im Rahmen eines Gemeinschaftsunternehmens jedoch sowohl die Produktion als auch den Vertrieb dergestalt, dass die Voraussetzungen eines **Vollfunktions-Gemeinschaftsunternehmens** gemäß Art. 4 Abs. 2 FKVO erfüllt sind, so beurteilt

---

[116] ABl. 2001, C 3/2, Leitlinien zur Anwendbarkeit von Art. 81 EG-Vertrag auf Vereinbarungen über horizontale Zusammenarbeit, Ziffer 90.
[117] Vgl. Komm. E. v. 20. 12. 1974 Az. IV/26 603 – *RANK/SOPELEM* ABl. 1975, L 29/20; Komm. E. v. 21. 12. 1977 Az. IV/29 236 – *SOPELEM/Vickers I*, ABl. 1978 L 70/47; Komm. E. v. 23. 12. 1977 Az. IV/26 437 – *Jaz/Peter II*, ABl. 1978, L 61/17.
[118] *Polley/Seeliger* in Liebscher/Flohr/Petsche, § 10 Rn. 119.

D. Spezialisierung **54 Art. 6 Spez-GVO**

sich dessen wettbewerbliche Zulässigkeit jedoch nicht nach der Spezialisierungs-GVO, sondern nach der FKVO, sofern deren Aufgreifschwellen erreicht sind.[119]

Art. 6. Anwendung der Marktanteilsschwelle

(1) Für die Anwendung der Marktanteilsschwelle im Sinne des Artikel 4 gelten folgende Regeln:
a) Der Marktanteil wird anhand des Absatzwerts berechnet; liegen keine Angaben über den Absatzwert vor, so können zur Ermittlung des Marktanteils Schätzungen vorgenommen werden, die auf anderen verlässlichen Marktdaten unter Einschluss der Absatzmengen beruhen.
b) Der Marktanteil wird anhand der Absatzmengen für das vorgehende Kalenderjahr ermittelt.
c) der Marktanteil der in Art. 2 Nummer 3 Buchstabe e) genannten Unternehmen wird zu gleichen Teilen jeden Unternehmen zugerechnet, das die in Artikel 2 Nummer 3 Buchstabe a) bezeichneten Rechte oder Einflussmöglichkeiten hat.

(2) Beträgt der in Artikel 4 bezeichnete Marktanteil zunächst nicht mehr als 20% und überschreitet er anschließend diese Schwelle, übersteigt jedoch nicht 25%, so gilt die Freistellung nach Artikel 1 im Anschluss an das Jahr, in welchem die 20% Schwelle erstmals überschritten wurde, noch für zwei weitere Kalenderjahre.

(3) Beträgt der in Artikel 4 bezeichnete Marktanteil zunächst nicht mehr als 20% und überschreitet er anschließend 25%, so gilt die Freistellung nach Artikel 1 im Anschluss an das Jahr, in welchem die Schwelle von 25% Schwelle erstmals überschritten wurde, noch für ein weiteres Kalenderjahr.

(4) Die in den Absätzen 2 und 3 genannten Vorteile dürfen nicht in der Weise miteinander verbunden werden, dass ein Zeitraum von zwei Kalenderjahren überschritten wird.

1. Die Marktanteilsberechnung

Art. 6 konkretisiert den Regelungsgehalt für die Marktanteilsschwelle des Art. 4. Er regelt in Absatz 1 Art und Weise der Marktanteilsberechnung. Daneben legt Art. 6 in den Absätzen 2 und 3 Toleranzklauseln fest, die bei nur zeitweiligem Überschreiten der Marktanteilsschwelle den Vorteil der Gruppenfreistellung sichern können. **54**

Für die **Ermittlung** des Marktanteils legt Art. 6 Abs. 1 fest, dass der für den Anwendungsbereich der GVO entscheidende gemeinsame Marktanteil der Vertragspartner vorrangig anhand des Absatzwerts berechnet und, soweit dieser nicht ermittelbar ist, anhand der Absatzmengen geschätzt wird. Für die Berechnung ist vom Gesamtmarktvolumen des relevanten Marktes auf der Grundlage des Verkaufspreises des von der Spezialisierungsvereinbarung erfassten Produkts auszugehen und mit dem Umsatz der Vertragsparteien ins Verhältnis zu setzen.[120] Maßgebend für das Gesamtvolumen ist dabei nicht der Wert der Erzeugung, sondern der im Leistungsaustausch erzielte Wert (regelmäßig Verkaufspreis). Dies erfordert häufig sehr aufwändige Ermittlungen, da statistische Daten über das Gesamtvolumen eines Marktes nur selten vorliegen. Die subsidiäre Schätzungsmöglichkeit ist deshalb von großer praktischer Bedeutung. Die Schätzungen müssen auf anderen verlässlichen Marktdaten unter Einschluss der Marktmengen beruhen (Art. 6 Abs. 1, 2. Halbsatz). Daher können Marktanteile ggf. auf Grundlage einer Produktionsstatistik ermittelt werden. Meist wird es sich bei den Marktdaten um Kunden- oder Wettbewerberbefragungen sowie Marktstudien handeln. Ein geschätzter Marktanteil bleibt für die Vergangenheit

---

[119] Anderenfalls ist auch ein Vollfunktions-Gemeinschaftsunternehmen der Beurteilung unter Art. 81 EG nicht entzogen.
[120] *Fuchs* in Immenga/Mestmäcker, EG-WbR Bd. I, Art. 6 Spez-VO, Rn. 89. Vgl. zu der parallelen Regelung in der FuE-GVO unten *Schütze*, FuE-GVO, Rn. 40 ff., 59 ff.

Art. 6 Spez-GVO 55

auch dann relevant, wenn er von der nachträglichen Berechnung abweicht.[121] Ansonsten könnte die ausdrücklich eingeräumte Möglichkeit zur Schätzung rückwirkend ausgehöhlt werden. An Art und Grundlagen der Schätzung sind hohe Anforderungen zu stellen, um spätere Rechtssicherheit zu gewährleisten.[122] Da eine aktuelle Berechnung meist nur schwer möglich ist, wird der Marktanteil anhand der Angaben für das vorhergehende Kalenderjahr bestimmt (Art. 6 Abs. 1 b). Im Interesse einer möglichst sachgerechten Bewertung der wettbewerblichen Situation sollte aber stets auf die aktuellsten Daten abgestellt werden, die für den Zeitraum eines Jahres (nicht notwendigerweise Kalenderjahres) vorliegen.[123]

Die GVO trifft zudem eine spezielle Festlegung, wie Gemeinschaftsunternehmen im Sinne von Art. 2 lit. e) in die Berechnung des Marktanteils der beteiligten Unternehmen der Spezialisierungsvereinbarung einbezogen werden müssen. Marktanteile von Gemeinschaftsunternehmen werden zu gleichen Teilen denjenigen Unternehmen zugerechnet, die die Kontrolle über sie ausüben. Einzelheiten dieser Frage regelt Art. 2 Nummer 3a). Interne Umsätze sind in diesem Zusammenhang allerdings nicht zu berücksichtigen.

2. Die Toleranzklauseln

55 Grundsätzlich ist die Freistellung daran geknüpft, dass die beteiligten Unternehmen die Marktanteilsgrenze nicht überschreiten. Die GVO enthält jedoch hinsichtlich der Marktanteilsschwelle **Toleranzklauseln** (Art. 6 Abs. 2, 3), sofern der Marktanteil zunächst unter der Grenze von 20% lag. Danach führt ein Überschreiten der Marktanteilsschwellen nicht zum sofortigen Wegfall der Freistellung. Die Toleranzklauseln erlauben dadurch eine Amortisierung der von den beteiligten Unternehmen getätigten Investitionen über eine zusätzliche Auslaufphase und tragen der Tatsache Rechnung, dass eine Zusammenarbeit im Bereich von Spezialisierungsvereinbarungen besonders geeignet ist, wirtschaftliche **Effizienzgewinne** zu erzielen.[124] Wächst der Marktanteil während der weiteren Produktionsphase erstmals über diese Schwelle, verbleibt er jedoch unterhalb der 25% Grenze, gilt die Freistellung ab dem Folgejahr für zwei weitere Jahre (Abs. 2). Übersteigt er jedoch erstmals die 25% Schwelle, verbleibt lediglich ein weiteres Jahr (Abs. 3). Hierdurch wurde die Toleranzgrenze im Vergleich zur Vorgänger-GVO von 2% auf 5% – wie von der Industrie gefordert – erhöht, um die praktische Bedeutung der GVO zu verbessern und den tatsächlich vorhandenen Kooperationsbedürfnissen Rechnung zu tragen.[125] Die Erhöhung der Toleranzklauseln ermöglicht den beteiligten Unternehmen eine größere Planungssicherheit. Sie führen für Unternehmen im Anwendungsbereich der GVO für einen begrenzten Zeitraum zu einer geschützten rechtlichen Position. Unbeschadet bleibt davon jedoch die Tatsache, dass die Kommission jederzeit die Freistellung gem. Art. 29 VO 1/2003 (bisher Art. 7 der Spezialisierungs-GVO) entziehen kann. Die Toleranzregelungen können nicht kumuliert werden, so dass die Freistellung spätestens nach zwei Jahren ausläuft (Abs. 4). Die Auslaufphase beträgt auch dann insgesamt zwei Jahre, wenn der Marktanteil der beteiligten Unternehmen zunächst von unter 20% auf über 25% angewachsen ist, sich jedoch vor Ende der Ein-Jahresfrist des Art. 6 Abs. 3 auf zwischen 20% und 25% reduziert.[126] Diese Schlussfol-

---

[121] *Bechtold/Bosch/Brinker/Hirsbrunner*, Art. 6 VO 2658/2000, Rn. 2.
[122] Ähnlich *Fuchs* in Immenga/Mestmäcker, EG-WbR Bd. I, Art. 6 Spez-VO, Rn. 92.
[123] So auch *Bechtold/Bosch/Brinker/Hirsbrunner*, Art. 6 VO 2658/2000, Rn. 3. Anders zur FuE-GVO unten *Schütze*, FuE-GVO, Rn. 58 ff. der den Verweis auf das Kalenderjahr für zwingend hält.
[124] *Bellamy & Child*, European Community Law of Competition, S. 599, Rn. 7.102, spricht in diesem Zusammenhang von einer „safety margin".
[125] Eine parallele Entwicklung wurde mit der VO Nr. 2659/2000, Forschung und Entwicklung, vollzogen.
[126] Anders zur insoweit gleich lautenden GVO-FuE *Bahr/Loest*, EWS 2002, S. 265 unter Verweis auf den Wortlaut „(…) erstmals überschritten", unten *Schütze*, FuE-GVO, Rn. 58 ff. und *Gutmuth* in Frankfurter Kommentar, Art. 81 Fallgruppe II.2., Rn. 117.

gerung legen Regelungszweck und Regelungsgehalt des Abs. 4 nahe, der ansonsten weitgehend überflüssig wäre. Eine Spezialisierungsvereinbarung bleibt zudem freigestellt, wenn der Marktanteil der beteiligten Unternehmen vor dem Ende der Auslaufphase wieder unter 20% liegt.[127] Bei einem erneuten Überschreiten der in Art. 6 Abs. 2 und Abs. 3 genannten Marktanteilsschwellen beginnen die dort genannten Fristen deshalb von neuem zu laufen.[128] Hierfür spricht der übergeordnete Regelungszusammenhang der Spezialisierungs-GVO, die Spezialisierungsvereinbarungen unterhalb der Marktanteilsschwelle im Grundsatz freistellen will. Angesichts von Marktanteilsschwankungen müssen Unternehmen von der grundsätzlichen Freistellungswirkung deshalb wieder profitieren können, sobald ihre Marktanteile wieder unter 20% gefallen sind. Ansonsten wären Sinn und Zweck der Spezialisierungs-GVO in ihrer praktischen Wirksamkeit nicht gewährleistet. Etwas anderes ergibt sich auch nicht aus dem Wortlaut von Art. 6 Abs. 2 und Abs. 3,[129] denn mit der Formulierung „erstmals überschritten" soll lediglich klargestellt werden, dass die Freistellung nur ausläuft, wenn weitere Überschreitungen folgen.

Bei längerfristigen Verträgen empfiehlt es sich, die Entwicklung des Marktanteils genau zu verfolgen und ggf. zu reagieren.[130] Gehen die beteiligten Unternehmen **gutgläubig** davon aus, dass die Marktanteilsschwelle nicht überschritten ist, kann die Kommission von der Festsetzung einer Geldbuße absehen oder diese entsprechend mildern. Den beteiligten Unternehmen ist daher dringend anzuraten, die der Marktdefinition zugrundeliegenden Erwägungen und die eigene Marktanalyse – insbesondere in Bezug auf Angebots- und Nachfragesubstituierbarkeit – zu dokumentieren und zur Verfügung zu halten. Gleiches gilt für die zur Marktanteilsberechnung herangezogenen Marktdaten. In der Praxis hat es sich zudem – auch aus Beweisgründen – bewährt, die Marktanalyse und die Marktanteilsberechnung kartellrechtlich überprüfen zu lassen. **56**

Art. 7. Entzug der Freistellung

Gemäß Artikel 7 der Verordnung (EWG) Nr. 2821/71 kann die Kommission im Einzelfall den Vorteil der Anwendung dieser Verordnung entziehen, wenn sie von sich aus oder auf Antrag eines Mitgliedsstaats oder einer natürlichen oder juristischen Person, die ein berechtigtes Interesse geltend machen kann, feststellt, dass eine nach Artikel 1 freigestellte Vereinbarung gleichwohl Wirkungen hat, die mit den Voraussetzungen des Artikels 81 Absatz 3 des Vertrages unvereinbar sind; dies gilt insbesondere dann, wenn

a) die Vereinbarung keine spürbaren Rationalisierungserfolge zeitigt oder die Verbraucher an dem entstehenden Gewinn nicht angemessen beteiligt werden oder

b) die Produkte, die Gegenstand der Spezialisierung sind, im Gemeinsamen Markt oder in einem wesentlichen Teil desselben nicht mit gleichen Produkten oder Produkten, die vom Verbraucher aufgrund ihrer Eigenschaften, ihrer Preislage und ihres Verwendungszwecks als gleichartig angesehen werden, in wirksamem Wettbewerb stehen.

1. Allgemeines

Seit Inkrafttreten der VO 1/2003 ist Art. 7 der Spezialisierungs-GVO nur noch als **Auslegungshilfe** relevant. In dieser Funktion ist er im Rahmen des Art. 29 der VO 1/2003 zu berücksichtigen, der den Freistellungsentzug fortan regelt. Die Aufhebung von Art. 7 der Spezialisierungs-GVO folgt daraus, dass die Ermächtigung zum Entzug des Rechtsvorteils **57**

---

[127] *Bechtold/Bosch/Brinker/Hirsbrunner*, Art. 6 VO 2658/2000, Rn. 6.
[128] Ebenso *Fuchs* in Immenga/Mestmäcker, EG-WbR Bd. I, Art. 6 Spez-VO, Rn. 95.
[129] So aber *Schütze* zu der insoweit gleich lautenden Vorschrift der FuE-GVO, unten Rn. 58 ff.
[130] *Polley/Seeliger* in Liebscher/Flohr/Petsche, § 10, Rn. 100.

einer Gruppenfreistellung nicht in den entsprechenden Vorschriften der Gruppenfreistellungsverordnungen, sondern in den Bestimmungen der Ermächtigungsverordnungen verankert waren. Diese Sichtweise folgt zwingend aus der Regelungssystematik der VO 1/2003. Bisher ermächtigte Art. 7 der VO 2821/71 zum Freistellungsentzug nach Art. 7 der Spezialisierungs-GVO. Art. 7 der Ermächtigungs-VO 2821/71 wurde jedoch durch Art. 40 der VO 1/2003 aufgehoben.[131] Seine Funktion übernimmt Art. 29 VO 1/2003, in dem alle Ermächtigungsgrundlagen über den Entzug des Rechtsvorteils von Gruppenfreistellungen zusammengeführt wurden. Nunmehr begründet Art. 29 der VO 1/2003 für die Kommission eine Entzugsmöglichkeit der Freistellung im Einzelfall ex nunc, sofern eine nach Art. 1 freigestellte Spezialisierungsvereinbarung Wirkungen hat, die mit Art. 81 Abs. 3 unvereinbar sind. Art. 29 der VO 1/2003 ermöglicht eine konkrete Missbrauchsaufsicht und bildet ein regelungstechnisch notwendiges Gegengewicht zur typisierenden, an abstrakten Merkmalen orientierten Beurteilung von Gruppenfreistellungsverordnungen.[132] Im Vergleich zu Art. 7 der Spezialisierungs-GVO haben sich Wortlaut und Inhalt der Entzugsvoraussetzungen in Art. 29 VO 1/2003 kaum verändert. Lediglich die Regelbeispiele für den Entzug des Art. 7 der Spezialisierungs-GVO sind entfallen. Sie besitzen jedoch auch im Rahmen des Art. 29 der VO 1/2003 weiterhin Bedeutung und konkretisieren deren Entzugsvoraussetzungen im Anwendungsbereich der Spezialisierungs-GVO.

2. Entzug durch nationale Kartellbehörden

58 Art. 29 Abs. 2 VO Nr. 1/2003 sieht als wesentliche Neuerung vor, dass das Entscheidungsmonopol der Kommission für den Entzug von Gruppenfreistellungen entfallen ist. Vielmehr gilt nun auch für den **Freistellungsentzug** das Prinzip der dezentralen Anwendung.[133] Danach können die nationalen Wettbewerbsbehörden für ihren Mitgliedsstaat den Rechtsvorteil der GVO entziehen, wenn der Mitgliedsstaat oder ein Teilgebiet davon alle Merkmale eines gesonderten räumlichen Marktes aufweist. Die VO Nr. 1/2003 sieht in diesem Fall besondere Kooperationspflichten mit der Kommission vor.[134] Die Rechtswirkungen von Entzugsentscheidungen nationaler Kartellbehörden lässt die Freistellung durch die GVO in anderen Mitgliedsstaaten unberührt[135] und Wettbewerbsbehörden anderer Mitgliedstaaten sind an die Entscheidung dieser Wettbewerbsbehörde nicht gebunden.[136] Seit der 7. GWB-Novelle stellt § 32d) die Entzugskompetenz deutscher Kartellbehörden klar.[137]

3. Entzugsverfahren

59 Das **Entzugsverfahren** basiert auf Art. 29 Abs. 1 i. V. m Art. 7 der VO 1/2003 und ist in VO Nr. 773/2004 genauer geregelt.[138] Das Verfahren kann sowohl auf Antrag, als auch

---

[131] Zwar ausdrücklich offen lassend, aber „in der Sache" letztlich zustimmend *Fuchs* in Immenga/Mestmäcker, EG-WbR Bd. I, Art. 7 Spez-VO, Rn. 97. A.A. wohl *Völcker* in Mü-Ko, Europäisches Wettbewerbsrecht, Bd. 1, GVO Nr. 2658/2000, Art. 7, Rn. 1.

[132] *Wish*, Competition Law, Chapter 4, Article 81 (3), S. 169, 171; *Schröter* in von der Groeben/Schwarze, Art. 81 EG, Rn. 287.

[133] Bekanntmachung der Kommission über die Zusammenarbeit innerhalb des Netzes der Wettbewerbsbehörden; ABl. 2004 C 101/03.

[134] VO Nr. 1/2003 zur Durchführung der in den Artikeln 81 und 82 des Vertrags niedergelegten Wettbewerbsregeln, Art. 11 ff.

[135] *Guthermuth* in Frankfurter Kommentar, Fallgruppen II.2. F&E Art. 81 Abs. 1, 3, Rn. 146.

[136] *de Bronett*, Kommentar zum Europäischen Kartellverfahrensrecht, Art. 29, Rn. 3.

[137] Reg. Begr., Drucksache 15/3640, S. 52. § 32d GWB geht über den Regelungsgehalt von Art. 29 Abs. 2 der VO Nr. 1/2003 hinaus, in dem er die Befugnis zu einen Entzug auf Fälle erstreckt, in denen die GVO nach § 2 Abs. 2 GWB für entsprechend anwendbar erklärt worden ist.

[138] Durchführungsverordnung für Verfahren auf der Grundlage von Art. 81 und 82 durch die Kommission, VO 773/2004.

D. Spezialisierung **59 Art. 7 Spez-GVO**

auf Eigeninitiative von Amtes wegen („ex officio") aus Gründen des öffentlichen Interesses der Gemeinschaft zur Anwendung von Art. 81 Abs. 1 EG eingeleitet werden.[139] Im Hinblick auf eine Verfahrenseinleitung ex officio ist die Kommission in ihrem Aufgreifermessen auf die Fälle beschränkt, die nach der Bagatellbekanntmachung als Wettbewerbsbeschränkung spürbar sind.[140] Fraglich ist, welche Anforderungen an einen Antrag Dritter zu stellen sind. Gemäß dem 5. Erwägungsgrund der VO Nr. 1/2003 sollte „eine Zuwiderhandlung gegen Art. 81 EG gemäß den einschlägigen rechtlichen Anforderungen" vorgebracht werden. Der Antragsteller muss danach jedenfalls konkrete Anhaltspunkte für eine Unvereinbarkeit der Spezialisierungsvereinbarung mit Art. 81 Abs. 1 EG darlegen.[141] Hinzutreten muss als zusätzliche Voraussetzung ein berechtigtes Interesse des Antragstellers.[142] Ein solches ist bei Wettbewerbern grundsätzlich zu unterstellen. Der Kommission stehen zur Vorbereitung ihrer Entzugsentscheidung Auskunfts-, Befragungs- und Nachprüfungsrechte zur Verfügung.[143] Sowohl die Parteien als auch der Antragsteller sind vor der Entzugsentscheidung zu hören.[144] Ist eine Spezialisierungsvereinbarung durch die GVO freigestellt, müssen die Vertragspartner im Entzugsverfahren lediglich beweisen, dass ihre Vereinbarung unter die Gruppenfreistellungsverordnung fällt.[145] Ein weitergehender Nachweis, dass ihre Vereinbarungen die Voraussetzungen von Art. 81 Abs. 3 EG erfüllen, ist hingegen nicht erforderlich. Die Beweislast für den Nachweis, dass die Spezialisierungsvereinbarung gegen Art. 81 Abs. 1 EG verstößt und die Voraussetzungen von Art. 81 Abs. 3 EG nicht erfüllt sind, liegt bei der entziehenden Wettbewerbsbehörde.[146] Vor jeder Entzugsentscheidung hört die Kommission einen Beratenden Ausschuss für Kartellfragen.[147] Zudem übermittelt sie den nationalen Wettbewerbsbehörden im Rahmen der in VO 1/2003 vorgesehenen Zusammenarbeit Kopien der wichtigsten Schriftstücke.[148] Nationale Kartellbehörden haben spätestens 30 Tage vor Entzug des Rechtsvorteils der Gruppenfreistellung die Kommission zu unterrichten. Der Entzug der Freistellung ist durch **förmliche Entscheidung** der Kommission gem. Art. 249 Abs. 4 EG festzusetzen.[149] Die Entscheidung wirkt ex nunc, so dass die Freistellung erst mit Wirksamwerden der Entzugsentscheidung entfällt. Dieser Zeitpunkt kann nicht vor Erlass der Entzugsentscheidung liegen.[150] Nationale und europäische Gerichte sind grundsätzlich nicht befugt, den Vorteil der GVO zu entziehen.[151] In der Entscheidung hat die Kommission zugleich über das weitere kartellrechtliche

---

[139] Vgl. zur Verfahrenseinleitung Art. 2, VO 773/2004. Eine den Antrag ablehnende Kommissionsentscheidung unterliegt der gerichtlichen Kontrolle durch den EuGH; *Vogel,* oben, GVO-Allg, Rn. 35 ff.

[140] Vgl. dazu die Ausführungen zu Art. 4. Allgemein: ABl. 2001, C 368/13, Bekanntmachung der Kommission über Vereinbarungen von geringer Bedeutung, die den Wettbewerb gemäß Art. 81 Abs. 1 nicht spürbar beschränken (de minimis); *Jestaedt/Bergau* WuW 1998, 119 (124).

[141] Nach VO 773/2004 Art. 5 muss die Beschwerde „notwendige Angaben" enthalten. Hierzu gehört ausweislich des Formblatts C eine „ausführliche Darstellung des Sachverhalts, aus dem sich ihrer Meinung nach ergibt, dass eine Zuwiderhandlung gegen Art. 81 (...)" vorliegt.

[142] Vgl. dazu *Griffiths/Nüesch* ECLR 2000, 452 (457).

[143] „... Zur Erfüllung der ihr durch diese VO übertragenen Aufgaben ...", VO Nr. 1/2003, Art. 17 ff.

[144] Art. 27 VO 1/2003 i. V. m. Art. 10 VO 773/2004; *De Bronett,* Kommentar zum Europäischen Kartellverfahrensrecht, Art. 29, Rn. 4; *Schröter* in von der Groeben/Schwarze, Art. 81 EG, Rn. 297.

[145] ABl. 2004, C 101/97, Rn. 35, Leitlinien zur Anwendung von Artikel 81 Abs. 3 EG-Vertrag; *Bellamy & Child,* European Community Law of Competition, S. 593, Rn. 7.090; *Bechtold,* Modernisierung des EG-Wettbewerbsrechts, BB 2000, S. 2425 (2427).

[146] ABl. 2004, C 101/97, Rn. 36, Leitlinien zur Anwendung von Artikel 81 Abs. 3 EG-Vertrag. Vgl. dazu auch *Schultze/Pautke/Wagener,* Vertikal-GVO, Art. 6, Rn. 710.

[147] Vgl. Art. 14, VO Nr. 1/2003.

[148] Vgl. Art. 11 Abs. 2 VO Nr. 1/2003.

[149] *Vogel,* oben, GVO-Allg, Rn. 35 ff.

[150] Gemäß Art. 30, VO 1/2003 ist die Entzugsentscheidung zu veröffentlichen.

[151] ABl. 2004, C 101/97, Rn. 2, 37, Leitlinien zur Anwendung von Artikel 81 Abs. 3 EG-Vertrag.

Schicksal der Spezialisierungsvereinbarung im Hinblick auf Art. 81 Abs. 1 EG zu entscheiden.[152] Daher geht ein Freistellungsentzug mit der förmlichen Feststellung einer Zuwiderhandlung gegen Art. 81 EG einher und bestimmt die erforderlichen Abhilfemaßnahmen.[153] Eine Klagemöglichkeit gegen den Entzug der Freistellung durch Entscheidung der Kommission besteht in Form der Nichtigkeitsklage gem. Art. 230 Abs. 4 EG.[154]

4. Die Voraussetzungen des Entzugs

60   Gemäß Art. 29 der VO 1/2003 besteht eine Entzugsermächtigung der Kommission im Einzelfall, sofern eine Spezialisierungsvereinbarung Marktwirkungen entfaltet, die mit der Zielrichtung der Gruppenfreistellung nach Art. 81 Abs. 3 EG unvereinbar war geworden ist und daher eine Freistellung nicht mehr rechtfertigt.[155] Trotz Eingreifen der Voraussetzungen der Spezialisierungs-GVO können dadurch atypische wettbewerbliche Fehlentwicklungen einer Spezialisierungsvereinbarung korrigiert werden.[156] Nach den Leitlinien der Kommission zur Anwendung von Art. 81 Abs. 3 EG sowie der Rechtsprechung des EuGH gilt die positive Legalisierungswirkung der Gruppenfreistellung nur, wenn die zwei positiven und zwei negativen Voraussetzungen des Art. 81 Abs. 3 EG kumulativ erfüllt sind: Es müssen durch die Spezialisierungsvereinbarung unter angemessener Beteiligung der Verbraucher[157] Effizienzgewinne in Form von Verbesserungen der Warenerzeugung oder -verteilung oder zur Förderung des technischen oder wirtschaftlichen Fortschritts entstehen.[158] Zudem muss die Wettbewerbsbeschränkung für die Verwirklichung dieser Ziele unerlässlich sein und eine Ausschaltung des Wettbewerbs darf aus der Vereinbarung nicht resultieren.[159] Die vier Voraussetzungen sind abschließend. Sind sie erfüllt, darf die Kom-

---

[152] *Schultze/Pautke/Wagener*, Vertikal-GVO, Art. 6, Rn. 710.

[153] Vgl. Art. 7, VO 1/2003; *de Bronett*, Kommentar zum Europäischen Kartellverfahrensrecht, Art. 29, Rn. 4.
Vgl. auch EuGH, Rs. T-7/93, Slg. 1995, II-1533 – *Langnese-Iglo/Kommission,* bestätigt durch EuGH, Rs. C-279/95, Slg. 1998, I-5609.

[154] *De Bronett*, Kommentar zum Europäischen Kartellverfahrensrecht, Art. 30, Rn. 5.

[155] *Bellamy & Child*, European Community Law of Competition, S. 599, Rn. 7.103. Art. 29 Abs. 2 der VO Nr. 1/2003. Vgl. dazu auch allgemein zur FuE-GVO: *Gutermuth*, Frankfurter Kommentar, Art. 81 Fallgruppe II.2., Rn. 144; *Schütze*, unten, FuE-GVO, Rn. 63 ff. Teilweise wird argumentiert, für den Entzug der Freistellung käme es nicht auf die GVO selbst an, sondern auf Grund des self-executing Charakters von Art. 81 Abs. 3 entfalle die Freistellung von Gesetzes wegen, und der Entzug sei nur noch deklaratorisch, *Schütz*, Gemeinschaftskommentar, EG Kartellverfahrensrecht-VO 1/2003, Art. 29, Rn. 14.

[156] *Vogel*, oben, GVO-Allg, Rn. 35 ff.

[157] ABl. 2004, C 101/97, Rn. 34, Leitlinien zur Anwendung von Artikel 81 Abs. 3 EG-Vertrag; Komm. E. 28. 5. 1971 Az. IV/26 624 – *F.N./C.F.* ABl. 1971, L 134/6, Rn. 6; Komm. E. v. 23. 12. 1992 Az. IV/33 814 – *Ford/Volkswagen*, ABl. 1993 L 20/14, Rn. 25; Komm. E. v. 21. 12. 1994 Az. IV/34 252 – *Philips/Osram*, ABl. 1994, L 378/37, Rn. 25; Komm. E. v. 29. 10. 1997 Az. IV/35 830 – *Unisource*, ABl. 1997, L 318/1, Rn. 86; Komm. E. v. 18. 5. 1994 Az. IV/33 640 – *Exxon/Shell*, ABl. 1994, L 144/20, Rn. 70; Komm. E. v. 26. 1. 1999 Az. COMP/36 253 – P&Q Stena Line, ABl. 1999, L 163/61, Rn. 63, 133.

[158] Komm. E. v. 5. 12. 1983 Az. IV/29 329 – *VW/MAN*, ABl. 1983, L 376/11, Rn. 25; Komm. E. v. 23. 12. 1992 IV/33 814 – *Ford/Volkswagen*, ABl. 1993 L 20/14, Rn. 25; Komm. E. vom 12. 12. 1994 IV/34 891 – *Fujitsu/AMD Semiconductor*, ABl. 1994, L 341/66, Rn. 41; Komm. E. v. 18. 5. 1994 IV/33 640 – *Exxon/Shell*, ABl. 1994, L 144/20, Rn. 67; Komm. E. v. 30. 4. 2003 Az. COMP/38 370 – *O2/T-Mobile*; ABl. 2003, L 200/59, Rn. 142; Komm. E. v. 16. 7. 2003 Az. COMP/38 369 – *T-Mobile Deutschland/O2 Germany*, ABl. 2004, L75/32, Rn. 129.

[159] Leitlinien zur Anwendung von Artikel 81 Abs. 3 EG-Vertrag. Unerlässlichkeit ist etwa dann anzunehmen, wenn ein Partner allein die Beschleunigung oder Weiterentwicklung der Warenproduktion nicht hätte bewirken können oder ein Unternehmen allein die mit dem Kooperationsprojekt verbundenen finanziellen Risiken mit hoher Wahrscheinlichkeit nicht eingegangen wäre. Vgl.

D. Spezialisierung   61, 62 **Art. 7 Spez-GVO**

mission den Rechtsvorteil der Freistellung nicht entziehen. Insbesondere darf sie den Rechtsvorteil der Gruppenfreistellung nicht von weiteren Voraussetzungen abhängig machen. Liegen eine oder mehrere Voraussetzungen nicht vor, verbleibt der Kommission ein Ermessen hinsichtlich des Entzugs. Eine Pflicht zum Einschreiten besteht daher nicht.[160] Die anzustellende Bewertung erfolgt im Rahmen des jeweiligen tatsächlichen Umfelds der Spezialisierungsvereinbarung und auf der Grundlage der zum Zeitpunkt der Prüfung durch die Wettbewerbsbehörden vorliegenden Fakten.[161] Fällt eine Vereinbarung in den Anwendungsbereich der Spezialisierungs-GVO ist danach jedoch grundsätzlich davon auszugehen *(„liegt die Annahme zugrunde")*, dass alle vier Voraussetzungen von Art. 81 Abs. 3 EG erfüllt sind.[162] Auf dieser Basis stellt Art. 29 der VO 1/2003 der Kommission ein flexibles, wettbewerbsspezifisches Nachjustierungs- und Steuerungsinstrument für den konkreten Einzelfall zur Verfügung.

Die Regelbeispiele des mittelbar durch Art. 40 VO 1/2003 aufgehobenen Art. 7 der Spezialisierungs-GVO dienen als **Auslegungshilfe** für das Vorliegen der Entzugsvoraussetzungen nach Art. 81 Abs. 3 EGV. Sie konkretisieren die Entzugsvoraussetzungen im Anwendungsbereich der Spezialisierungs-GVO. Voraussetzungen für einen Entzug der Freistellung nach Art. 7 der Spezialisierungs-GVO sind nach Art. 7a) entweder das Fehlen spürbarer Rationalisierungserfolge (1. Alt.) oder das Fehlen einer angemessenen Beteiligung der Verbraucher an dem entstehenden Gewinn der Zusammenarbeit (2. Alt.). 61

a) Art. 7a). aa) Keine spürbaren Rationalisierungserfolge (1. Alt). Im Hinblick auf das Fehlen **„spürbarer Rationalisierungserfolge"** waren die tatbestandlichen Entzugsanforderungen im Anwendungsbereich der Spezialisierungs-GVO durch eine Veränderung des Wortlauts im Vergleich zur Vorgänger-GVO erhöht worden. Es wurden fortan keine *„wesentlichen"*, sondern lediglich *„spürbare"* Rationalisierungserfolge gefordert, um die Zielsetzung der GVO zu erfüllen. Diese Änderungen haben sich auch in den anderen Fassungen der GVO in den unterschiedlichen Amtssprachen niedergeschlagen. Eine sprachliche Verschärfung der Rücknahmevoraussetzungen ist beispielsweise dem französischen Wortlaut zu entnehmen.[163] Lediglich die englische Version war unverändert geblieben.[164] Diese Änderung erlaubt den teleologischen Rückschluss, dass auch die anderen Entzugsregelbeispiele einer äußerst restriktiven Auslegung bedürfen. Die Verschärfung der tatbestandlichen Entzugsvoraussetzungen resultiert aus der positiven Grundhaltung der Kommission gegenüber horizontaler Zusammenarbeit auf dem Gebiet von Spezialisierungsvereinbarungen – insbesondere im Hinblick auf Effizienz und den gesteigerten Innovationsgrad der Produkte.[165] 62

---

auch Komm. E. v. 18. 10. 1991 Az. IV/32737 – *Eirpage,* ABl. 1991, L 306/22; Rn. 18; Komm. E. v. 17. 7. 1996 Az. IV/35337 – *Atlas,* ABl. 1996, L 239/23; Komm. E. v. 21. 12. 1994 Az. IV/34252 – *Philips/Osram,* ABl. 1994, L 378/37, Rn. 25.

[160] Nicht eindeutig insoweit *Fuchs* in Immenga/Mestmäcker, EG-WbR Bd. I, Art. 7 Spez-VO, Rn. 97, der die Aufhebung von Art. 7 VO 2658/2000 offenlässt, die in Art. 7 niedergelegten Kriterien aber „jedenfalls weiterhin Geltung beanspruchen" sieht.

[161] ABl. 2004, C 101/97, Rn. 44, Leitlinien zur Anwendung von Artikel 81 Abs. 3 EG-Vertrag.

[162] ABl. 2004, C 101/97, Rn. 35, Leitlinien zur Anwendung von Artikel 81 Abs. 3 EG-Vertrag.

[163] Diese Änderung hat sich auch in den anderen Fassungen der GVO in den unterschiedlichen Amtssprachen niedergeschlagen. Eine sprachliche Verschärfung der Rücknahmevoraussetzungen ist beispielsweise dem französischen Wortlaut zu entnehmen. Die französische Fassung der VO Nr. 417/85 forderte „(…) une rationalisation *substantielle*", während VO Nr. 2658/2000 lediglich „(…) une rationalisation *importante* (…)" festlegt.

[164] In der englischen Fassung finden sich in den VO Nr. 417/85 und Nr. 2658/2000 eine einheitliche Terminologie „(…) *significant* results".

[165] *Bellamy & Child,* European Community Law of Competition, S. 593, Rn. 7.090. Vgl. ABl. C 3/2001, Leitlinien zur Anwendbarkeit von Art. 81 EG-Vertrag auf Vereinbarungen über horizontale Zusammenarbeit, Rn. 3 sowie insbesondere Rn. 102.

63 An die „Spürbarkeit" eines Rationalisierungserfolgs darf folglich keine hohe Anforderung gestellt werden. Rationalisierung bzw. **Effizienzgewinne** durch Spezialisierungen sind nach den Leitlinien zur Anwendung des Art. 81 Abs. 3 Kosteneinsparungen, die zu einer Verbesserung der Warenerzeugung oder -verteilung führen oder zur Förderung des technischen und wirtschaftlichen Fortschritts beitragen.[166] Neben Kosteneinsparungen sind insbesondere qualitative Effizienzgewinne wichtigster Unterfall möglicher Rationalisierungserfolge.[167] Geringfügige Erfolge reichen grundsätzlich nicht aus, sondern es sind quantitative und qualitative tatsächliche Auswirkungen erforderlich. Dabei muss stets eine „hinreichende direkte Verknüpfung" zwischen der Vereinbarung und den Effizienzgewinnen bestehen.[168] Jedoch sind auch zukunftsbezogene, potentielle Erfolge zu berücksichtigen. Daher sind auch verlorene Erstinvestitionen (sunk investments) der Parteien bei der Feststellung von „Rationalisierungserfolgen" sowie der Zeitraum und der Grad der Wettbewerbsbeschränkungen angemessen in die Gesamtbetrachtung mit einzubeziehen, da sie erforderlich sind, um eine leistungssteigernde Investition vorzunehmen und Kosten der Vertragspartner zu amortisieren.[169] Um den beteiligten Unternehmen das Risiko einer Investition zu erleichtern, kann eine Spezialisierungsvereinbarung von der GVO nach dem Willen der Kommission ex ante in Erwartung zukünftiger Rationalisierungserfolge für einen langfristigen Zeitraum geschützt sein, ohne dass die Entzugsvoraussetzung fehlender Rationalisierungserfolge vorliegt. Das unbestimmte Tatbestandsmerkmal „spürbarer Rationalisierungserfolge" setzt vor diesem Hintergrund grundsätzlich eine Gesamtbetrachtung voraus, in der nach den Umständen des Einzelfalls unterschiedliche Arten von Effizienzgewinnen (Größen- oder Verbundvorteile,[170] bessere Produktionstechniken- und verfahren,[171] Synergieeffekte[172] etc.) zu berücksichtigen sind.[173] Dabei ist jedoch zu beachten, dass nach

---

[166] ABl. 2004, C 101/97, Rn. 34, Leitlinien zur Anwendung von Artikel 81 Abs. 3 EG-Vertrag; Komm. E. 28. 5. 1971 Az. IV/26 624 – *F.N./C.F,* ABl. 1971, L 134/6, Rn. 6; Komm. E. v. 23. 12. 1992 Az. IV/33 814 – *Ford/Volkswagen,* ABl. 1993 L 20/14, Rn. 25; Komm. E. v. 21. 12. 1994 Az. IV/34 252 – *Philips/Osram,* ABl. 1994, L 378/37, Rn. 25; Komm. E. v. 29. 10. 1997 Az. IV/35 830 – *Unisource,* ABl. 1997, L 318/1, Rn. 86; Komm. E. v. 18. 5. 1994 Az. IV/33 640 – *Exxon/Shell,* ABl. 1994, L 144/20, Rn. 70; Komm. E. v. 26. 1. 1999 Az. COMP/36 253 – *P&Q Stena Line,* ABl. 1999, L 163/61, Rn. 63, 133. Im Allgemeinen werden Effizienzgewinne durch eine Integration der wirtschaftlichen Tätigkeiten erzielt, indem Unternehmen ihre Vermögenswerte zusammenlegen, um zu erreichen, was sie alleine nicht ebenso effizient verwirklichen könnten, oder indem sie anderen Unternehmen Aufgaben übertragen, die von diesem effizienter erbracht werden können.

[167] ABl. 2004, C 101/97, Rn. 69, Leitlinien zur Anwendung von Artikel 81 Abs. 3 EG-Vertrag.

[168] An einer hinreichend direkten Verknüpfung fehlt es beispielsweise dann, wenn eine Spezialisierungsvereinbarung die Vertragspartner in die Lage versetzt, ihre Gewinne zu erhöhen, um dadurch mehr in Forschung und Entwicklung zu investieren, was letztlich dem Verbraucher zugute kommt. ABl. 2004, C 101/97, Rn. 53, 54, Leitlinien zur Anwendung von Artikel 81 Abs. 3 EG-Vertrag.

[169] ABl. 2004, C 101/97, Rn. 44, Leitlinien zur Anwendung von Artikel 81 Abs. 3 EG-Vertrag.

[170] Komm. E. 28. 5. 1971 Az. IV/26 624 – *F.N./C.F.* ABl. 1971, L 134/6, Rn. 6.

[171] Komm. E. v. 5. 12. 1983 Az. IV/29 329 – *VW/MAN,* ABl. 1983, L 376/11, Rn. 25; Komm. E. v. 23. 12. 1992 Az. IV/33 814 – *Ford/Volkswagen,* ABl. 1993 L 20/14, Rn. 25; Komm. E. vom 12. 12. 1994 Az. IV/34 891 – *Fujitsu/AMD Semiconductor,* ABl. 1994, L 341/66, Rn. 41; Komm. E. v. 18. 5. 1994 Az. IV/33 640 – *Exxon/Shell,* ABl. 1994, L 144/20, Rn. 67; Komm. E. v. 30. 4. 2003 Az. COMP/38 370 – *O2/T-Mobile;* ABl. 2003, L 200/59, Rn. 142; Komm. E. v. 16. 7. 2003 Az. COMP/38 369 – *T-Mobile Deutschland/O2 Germany,* ABl. 2004, L75/32, Rn. 129.

[172] ABl. 2004, C 101/97, Rn. 64, Leitlinien zur Anwendung von Artikel 81 Abs. 3 EG-Vertrag; Komm. E. v. 22. 12. 1987 Az. IV/32 306 – *Olivetti/Canon,* ABl. 1988, L52/51, Rn. 54.

[173] ABl. 2004, C 101/97, Rn. 63 ff., Leitlinien zur Anwendung von Artikel 81 Abs. 3 EG-Vertrag. Siehe auch ABl. C 3/2001, S. 2, Leitlinien zur Anwendbarkeit von Art. 81 EG-Vertrag auf Vereinbarungen über horizontale Zusammenarbeit, Rn. 102. Vgl. bspw. zur Feststellung der Spürbarkeit im Rahmen des Art. 81 Abs. 1 durch eine Gesamtbetrachtung: *Roth/Ackermann* in Frankfurter Kommentar, Art. 81 Abs. 1 Grundfragen, Rn. 325 ff., *Schröter* in von der Groeben/Schwarze, Art. 81, Rn. 182; *Mestmäcker/Schweitzer,* § 10, Rn. 83.

D. Spezialisierung   64 **Art. 7 Spez-GVO**

der Rechtsprechung des EuGH lediglich objektive Rationalisierungsvorteile in die Bewertung einzustellen sind.[174] Effizienzgewinne dürfen somit nicht nur aus subjektiver Betrachtung der Partner der Spezialisierungsvereinbarung spürbar sein.

bb) Keine angemessene Beteiligung der Verbraucher. Die Notwendigkeit der 64
angemessenen **Beteiligung der Verbraucher** findet sich sowohl in Art. 7b) der Spezialisierungs-GVO als auch direkt in Art. 81 Abs. 3. Eine „angemessene Beteiligung der Verbraucher" bedeutet, dass die Weitergabe der Rationalisierungserfolge der Spezialisierungsvereinbarung jedenfalls die den Verbrauchern durch die Wettbewerbsbeschränkung gemäß Art. 81 Abs. 1 entstehenden negativen Auswirkungen ausgleichen müssen. Dabei müssen die Rationalisierungserfolge in einem „ausreichendem Umfang" an die Verbraucher weitergegeben werden.[175] Eine „angemessene Beteiligung" der Verbraucher liegt vor, wenn durch die Zusammenarbeit die Verkaufspreise gesenkt werden können,[176] wovon bei hinreichendem Wettbewerb ausgegangen werden kann.[177] Leistungsgewinne oder Kosteneinsparungen, die ausschließlich den Vertragsparteien selber zugute kommen, dürfen nicht berücksichtigt werden.[178] Zudem bestehen weitere Formen der „angemessenen Beteiligung" der Verbraucher an den Rationalisierungserfolgen. Hierzu zählt die Innovationsgeschwindigkeit neuer Produkte, an denen auch der Verbraucher partizipiert.[179] Durch qualitative Verbesserung bestehender Produkte und im Angebot neuer Produkte entsteht ein hinreichender Mehrwert für die Verbraucher.[180] In einigen Fällen von Spezialisierungsvereinbarungen kann es erforderlich sein, dass ein gewisser Zeitraum verstreicht, bis die Effizienzgewinne erzielt werden. Die zeitlich verzögerte Weitergabe von Vorteilen an die Verbraucher führt nicht automatisch zum Vorliegen der Entzugsvoraussetzungen. Eine angemessene Beteiligung der Verbraucher an dem Gewinn bedingt dabei grundsätzlich, dass die Effizienzgewinne auf einem Markt die wettbewerbswidrigen Auswirkungen auf diesem Markt überwiegen müssen.[181] Negative Auswirkungen für die Verbraucher auf einem räumlich oder sachlich relevanten Markt können „normalerweise" nicht von den positiven Auswirkungen auf einem anderen Markt kompensiert werden.[182]

---

[174] EuGH, Rs. 5/64, Slg. 1966, I-429 – *Consten/Grundig.* Siehe auch ABl. 2004, C 101/97, Rn. 49, Leitlinien zur Anwendung von Artikel 81 Abs. 3 EG-Vertrag.
[175] ABl. C 3/2001, S. 2, Leitlinien zur Anwendbarkeit von Art. 81 EG-Vertrag auf Vereinbarungen über horizontale Zusammenarbeit, Rn. 86; Komm. E. v. 29. 10. 1997 Az. IV/35830 – *Unisource,* ABl. 1997, L 318/1, Rn. 86; Komm. E. v. 3. 3. 1999 Az. COMP/36237 – *TPS,* ABl. 1999, L 90/6, Rn. 119.
[176] Komm. E. v. 21. 12. 1994 Az. IV/34252 – *Philips/Osram,* ABl. 1994, L 378/37, Rn. 27; Komm. E. v. 23. 12. 1992 Az. IV/33814 – *Ford/Volkswagen,* ABl. 1993 L 20/14, Rn. 27.
[177] Komm. E. v. 18. 5. 1994 Az. IV/33640 – *Exxon/Shell,* ABl. 1994, L 144/20, Rn. 70; Komm. E. v. 26. 1. 1999 Az. COMP/36253 – *P&Q Stena Line,* ABl. 1999, L 163/61, Rn. 63, 133; *Schroeder* in Wiedemann, Handbuch des Kartellrechts, § 8, Rn. 105.
[178] ABl. C 3/2001, S. 2, Leitlinien zur Anwendbarkeit von Art. 81 EG-Vertrag auf Vereinbarungen über horizontale Zusammenarbeit, Rn. 103.
[179] ABl. C 3/2001, S. 2, Leitlinien zur Anwendbarkeit von Art. 81 EG-Vertrag auf Vereinbarungen über horizontale Zusammenarbeit, Rn. 34; Komm. E. vom 3. 3. 1999 Az. COMP/36237 – *TPS,* ABl. 1999, L 90/6, Rn. 114; Komm. E. v. 15. 9. 1999 Az. COMP/36539 – *BIP/Open,* ABl. 1999, L 312/1, Rn. 159ff.; Komm. E. v. 30. 4. 2003 Az. COMP/38370 – *O2/T-Mobile;* ABl. 2003, L 200/59, Rn. 142; Komm. E. v. 16. 7. 2003 Az. COMP/38369 – *T-Mobile Deutschland/O2 Germany,* ABl. 2004, L75/32, Rn. 129.
[180] Komm. E. v. 18. 5. 1994 Az. IV/33640 – *Exxon/Shell,* ABl. 1994, L 144/20; Komm. E. v. 15. 10. 1990 Az. IV/32681 – *CEKACAN,* ABl. 1990, L 299/64; Rn. 45; Komm. E. v. 15. 9. 1999 Az. COMP/36539 – *BIP/Open,* ABl. 1999, L 312/1, Rn. 159ff. Komm. E. v. 26. 1. 1999 Az. COMP/36253 – *P&Q Stena Line,* ABl. 1999, L 163/61, Rn. 63, 133.
[181] ABl. 2004, C 101/97, Rn. 43, Leitlinien zur Anwendung von Artikel 81 Abs. 3 EG-Vertrag.
[182] ABl. 2004, C 101/97, Rn. 43, Leitlinien zur Anwendung von Artikel 81 Abs. 3 EG-Vertrag. Wenn jedoch zwei Märkte miteinander verknüpft sind, können auf verschiedenen Märkten erzielte

65 b) Art. 7 b) – Kein wirksamer Wettbewerb –** Als weiteren Entzugsgrund für die Freistellung nennt Art. 7 b) eine Situation, in der die von der Spezialisierungsvereinbarung erfassten Produkte **keinem wirksamen Wettbewerb** durch gleiche oder gleichartige Produkte ausgesetzt sind. Eine Entziehung der Freistellung wird allerdings in dieser Konstellation in aller Regel ohnehin nicht erforderlich sein, weil das Fehlen von Wettbewerb unmittelbare Auswirkung auf die Definition des relevanten Produktmarktes haben muss und zu einem Marktanteil deutlich über der 20%-Schwelle führen wird. Produkte, die keinem Wettbewerb ausgesetzt sind, haben per Definition einen hohen Marktanteil und liegen damit außerhalb des Freistellungsbereichs der Spezialisierungs-GVO. Ein Entzug der Freistellung ist dann aber nicht erforderlich. Art. 7 b) läuft daher weitgehend leer. Er erlangt allenfalls Bedeutung, wenn die Spezialisierungsvereinbarung den wirksamen Wettbewerb auf Märkten beschränkt, die nicht Gegenstand der Spezialisierungsvereinbarung sind.[183]

Art. 8. Übergangsfrist

Das Verbot des Artikels 81 Absatz 1 des Vertrages gilt vom 1. Januar bis zum 30. Juni 2002 nicht für Vereinbarungen, die am 31. Dezember 2000 bereits in Kraft getreten waren und die Voraussetzungen für eine Freistellung zwar nach der Verordnung (EWG) Nr. 417/85, nicht aber nach dieser Verordnung erfüllen.

Art. 9. Geltungsdauer

Diese Verordnung tritt am 1. Januar 2001 in Kraft.
Sie gilt bis zum 31. Dezember 2010.

Effizienzgewinne berücksichtigt werden, sofern im Wesentlichen die gleiche Verbrauchergruppe betroffen ist wie die, die von den Effizienzgewinnen profitiert.
[183] *Völker* in Mü-Ko, Europäisches Wettbewerbsrecht, Bd. 1, GVO Nr. 2658/2000, Art. 7, Rn. 5.

E. Forschung und Entwicklung*

Übersicht

Einführung	1	j) „Gemeinsam" (Art. 2 Nr. 11)	26
Art. 1 (Freistellung)	2	k) „Konkurrierendes Unternehmen" (Art. 2 Nr. 12)	29
1. Allgemeines	2	l) „Relevanter Markt der Vertragsprodukte" (Art. 2 Nr. 13)	30
2. Anwendungsbereich	5	Art. 3 (Freistellungsvoraussetzungen)	31
3. Die freigestellten Gruppen von Vereinbarungen	7	1. Allgemeines	31
a) Gemeinsame FuE und gemeinsame Verwertung (Abs. 1 lit. a)	7	2. Die einzelnen Freistellungsbedingungen	32
b) Gemeinsame Verwertung gemeinsam erarbeiteter Ergebnisse (Abs. 1 lit. b)	8	Art. 4 (Marktanteilsschwelle und Freistellungsdauer)	40
c) Gemeinsame FuE ohne gemeinsame Verwertung (Abs. 1lit. c)	10	1. Allgemeines	40
4. „Alles-oder-Nichts-Prinzip"	12	2. Freistellungsdauer und Marktanteilsgrenzen	42
5. Rechtslage bei Nichteingreifen der GVO	13	Art. 5 (Nicht unter die Freistellung fallende Vereinbarungen)	45
6. Verhältnis zum nationalen Kartellrecht	14	1. Allgemeines	45
Art. 2 (Definitionen)	15	2. Unzulässige Klauseln	46
1. Allgemeines	15	a) Generell unzulässige Klauseln	48
2. Definitionen des Art. 2	17	b) Unzulässige Klauseln bei reiner FuE-Zusammenarbeit	51
a) „Vereinbarung" (Art. 2 Nr. 1)	17	c) Unzulässige Klauseln bei FuE-Zusammenarbeit mit gemeinsamer Verwertung	54
b) „Beteiligte Unternehmen" (Art. 2 Nr. 2)	18	Art. 6 (Anwendung der Marktanteilsschwelle)	58
c) „Verbundene Unternehmen" (Art. 2 Nr. 3)	19	1. Allgemeines	58
d) „Forschungs- und Entwicklungsarbeiten" (Art. 2 Nr. 4)	20	2. Vorgaben für die Marktanteilsberechnung	59
e) „Produkt" (Art. 2 Nr. 5)	21	Art. 7 (Entzug der Freistellung)	63
f) „Vertragsverfahren" (Art. 2 Nr. 6), „Vertragsprodukt" (Art. 2 Nr. 7)	22	1. Allgemeines	63
g) „Verwertung der Ergebnisse" (Art. 2 Nr. 8)	23	2. Rücknahmegründe	64
h) „Rechte am geistigen Eigentum" (Art. 2 Nr. 9)	24	Art. 8 (Übergangsfrist)	69
i) „Know-how" (Art. 2 Nr. 10)	25	Art. 9 (Geltungsdauer)	70

Schrifttum: *Axster* WuW 1994, 615 ff.; *Backhaus* GRUR Int. 2005, 359 ff.; *Bahr/Loest* EWS 2002, 263 ff.; *Bunte* WuW 1989, 7 ff.; Gemeinschaftskommentar, (Gesetz gegen Wettbewerbsbeschränkungen und Europäisches Kartellrecht), 1997; *Korah*, R & D and the EEC Competition Rules Regulations 418/85, 1986; *Polley/Seeliger* WRP 2001, 494 ff.; *Quellmalz* WRP 2004, 461 ff.; *Schödermeier/Wagner* in GK, 1997; *Schütz* in GK, 2004; *Wiedemann*, Kommentar zu den Gruppenfreistellungsverordnungen des EWG-Kartellrechts, Bd. I, 1989; *Wish* ECLR 1985, 84 ff.; *Wissel* WuW 1985, 772 ff.; *Wissel/Eickhoff* WuW 2004, 1244 ff.

Vorläufer: VO (EWG) Nr. 418/85 der Kommission vom 19. Dezember 1984 über die Anwendung von Art. 85 Abs. 3 des Vertrages auf Gruppen von Vereinbarungen über Forschung und Entwicklung.

Erwägungsgründe

DIE KOMMISSION DER EUROPÄISCHEN GEMEINSCHAFTEN
gestützt auf den Vertrag zur Gründung der Europäischen Gemeinschaft,
gestützt auf die Verordnung (EWG) Nr. 2821/71 des Rates vom 20. Dezember 1971 über die Anwendung von Artikel 85 Absatz 3 des Vertrages auf Gruppen von Vereinbarungen,

---

* Verordnung (EG) Nr. 2659/2000 der Kommission vom 29. November 2000 über die Anwendung von Artikel 81 Absatz 3 des Vertrages auf Gruppen von Vereinbarungen über Forschung und Entwicklung (Text von Bedeutung für den EWR).

Beschlüssen und aufeinander abgestimmten Verhaltensweisen,[1] zuletzt geändert durch die Akte über den Beitritt Österreichs, Finnlands und Schwedens, insbesondere auf Artikel 1 Absatz 1 Buchstabe b), nach Veröffentlichung des Entwurfs dieser Verordnung,[2] nach Anhörung des Beratenden Ausschusses für Kartell- und Monopolfragen, in Erwägung nachstehender Gründe:

(1) Die Kommission wird durch die Verordnung (EWG) Nr. 2821/71 ermächtigt, das Verbot des Artikels 81 (ex-Artikel 85) Absatz 1 EG-Vertrag gemäß Artikel 81 Absatz 3 durch Verordnung für nicht anwendbar zu erklären auf Gruppen von Vereinbarungen, Beschlüssen und aufeinander abgestimmten Verhaltensweisen, welche die Forschung und Entwicklung von Produkten oder Verfahren bis zur Produktionsreife sowie die Verwertung der Ergebnisse einschließlich der Bestimmungen über Rechte an geistigem Eigentum zum Gegenstand haben.

(2) Nach Artikel 163 Absatz 2 EG-Vertrag unterstützt die Gemeinschaft Unternehmen, einschließlich der kleinen und mittleren Unternehmen, bei ihren Bemühungen auf dem Gebiet der Forschung und technologischen Entwicklung von hoher Qualität und fördert ihre Kooperationsbestrebungen. Nach dem Beschluss 1999/65/EG des Rates vom 22. Dezember 1998 über Regeln für die Teilnahme von Unternehmen, Forschungszentren und Hochschulen sowie für die Verbreitung der Forschungsergebnisse zur Umsetzung des Fünften Rahmenprogramms der Europäischen Gemeinschaft (1998–2002)[3] und nach der Verordnung (EG) Nr. 996/1999 der Kommission vom 11. Mai 1999 mit Durchführungsbestimmungen zu dem Beschluss 1999/65/EG[4] sind indirekte Aktionen in den Bereichen Forschung und technologische Entwicklung (FTE-Aktionen), die von der Gemeinschaft im Rahmen des Fünften Rahmenprogramms unterstützt werden, in Zusammenarbeit durchzuführen.

(3) Vereinbarungen über die gemeinsame Durchführung von Forschungsarbeiten oder die gemeinsame Entwicklung der Forschungsergebnisse bis zur Produktionsreife fallen normalerweise nicht unter das Verbot des Artikels 81 Absatz 1. Unter bestimmten Umständen, etwa wenn sich die Vertragsparteien dazu verpflichten, in demselben Bereich keinen weiteren Forschungs- und Entwicklungstätigkeiten nachzugehen, und damit auf die Möglichkeit verzichten, gegenüber den übrigen Vertragsparteien Wettbewerbsvorteile zu erlangen, können solche Vereinbarungen unter Artikel 81 Absatz 1 fallen und sollten deshalb in den Anwendungsbereich dieser Verordnung aufgenommen werden.

(4) Auf der Grundlage der Verordnung (EWG) Nr. 2821/71 hat die Kommission in diesem Zusammenhang die Verordnung (EWG) Nr. 418/85 vom 19. Dezember 1984 über die Anwendung von Artikel 85 Absatz 3 des Vertrages auf Gruppen von Vereinbarungen über Forschung und Entwicklung erlassen,[5] zuletzt geändert durch die Verordnung (EG) Nr. 2236/97.[6] Die Verordnung (EWG) Nr. 418/85 tritt am 31. Dezember 2000 außer Kraft.

(5) Es ist eine neue Verordnung zu erlassen, die zugleich den Wettbewerb wirksam schützen und den Unternehmen angemessene Rechtssicherheit bieten sollte. Bei der Ver-

---

[1] Verordnung (EWG) Nr. 2821/71 des Rates vom 20. Dezember 1971 über die Anwendung von Artikel 81 Absatz 3 (Die Titel der Verordnungen wurden geändert, um der Umnummerierung der Artikel des EG-Vertrags gemäß Artikel 12 des Vertrages von Amsterdam Rechnung zu tragen; ursprünglich wurde auf Artikel 85 Absatz 3 Bezug genommen) des Vertrages auf Gruppen von Vereinbarungen Beschlüssen und aufeinander abgestimmten Verhaltensweisen (ABl. L 285 vom 29. 12. 1971, S. 46).
[2] ABl. C 118 v. 27. 4. 2000, S. 3.
[3] ABl. L 26 v. 1. 2. 1999, S. 46.
[4] ABl. L 122 v. 12. 5. 1999, S. 9.
[5] ABl. L 53 v. 22. 2. 1985, S. 5.
[6] ABl. L 306 v. 11. 11. 1997, S. 12.

E. Forschung und Entwicklung

folgung dieser beiden Ziele ist darauf zu achten, dass die behördliche Beaufsichtigung und der rechtliche Rahmen soweit wie möglich vereinfacht werden. Wird ein gewisser Grad der Marktmacht nicht erreicht, so kann im Hinblick auf die Anwendung von Artikel 81 Absatz 3 grundsätzlich davon ausgegangen werden, dass die Vorteile von Vereinbarungen über Forschung und Entwicklung mögliche Nachteile für den Wettbewerb aufwiegen.

(6) Eine Freistellungsverordnung, die die Kommission gestützt auf die Verordnung (EWG) Nr. 2821/71 erlässt, muss folgende Elemente enthalten: eine Beschreibung der Gruppen von Vereinbarungen, Beschlüssen und aufeinander abgestimmten Verhaltensweisen, auf die die Verordnung Anwendung findet; eine Benennung der Beschränkungen oder Bestimmungen, die in den Vereinbarungen, Beschlüssen und aufeinander abgestimmten Verhaltensweisen enthalten oder nicht enthalten sein dürfen; und eine Benennung der Bestimmungen, die in den Vereinbarungen, Beschlüssen und aufeinander abgestimmten Verhaltensweisen enthalten sein müssen, oder der sonstigen Voraussetzungen, die erfüllt sein müssen.

(7) Es ist angemessen, künftig an Stelle einer Aufzählung der vom Verbot des Artikels 81 Absatz 1 freigestellten Bestimmungen die Gruppen von Vereinbarungen zu beschreiben, die von dem Verbot freigestellt sind, solange die Marktmacht der Beteiligten ein bestimmtes Maß nicht überschreitet, und die Beschränkungen oder Bestimmungen zu benennen, die in solchen Vereinbarungen nicht enthalten sein dürfen. Dies entspricht einem wirtschaftsorientierten Ansatz, bei dem untersucht wird, wie sich Vereinbarungen zwischen Unternehmen auf den relevanten Markt auswirken.

(8) Für die Anwendung von Artikel 81 Absatz 3 durch Verordnung ist es nicht erforderlich, diejenigen Vereinbarungen zu umschreiben, welche geeignet sind, unter Artikel 81 Absatz 1 zu fallen; bei der individuellen Beurteilung von Vereinbarungen nach Artikel 81 Absatz 1 sind mehrere Faktoren, insbesondere die Struktur des relevanten Marktes, zu berücksichtigen.

(9) Die Gruppenfreistellung sollte nur Vereinbarungen zugute kommen, von denen mit hinreichender Sicherheit angenommen werden kann, dass sie die Voraussetzungen von Artikel 81 Absatz 3 erfüllen.

(10) Zusammenarbeit in Forschung und Entwicklung sowie bei der Verwertung der entsprechenden Ergebnisse trägt in der Regel zur Förderung des technischen und wirtschaftlichen Fortschritts bei, indem sie die Verbreitung von Know-how unter den Vertragsparteien verbessert und doppelte Forschungs- und Entwicklungsarbeiten vermeiden hilft, durch den Austausch von sich ergänzendem Know-how Anstoß zu weiteren Fortschritten gibt und die Herstellung bzw. Anwendung der aus den Forschungs- und Entwicklungsarbeiten hervorgegangenen Produkte und Verfahren rationalisiert.

(11) Die gemeinsame Verwertung der Ergebnisse kann als logische Folge gemeinsamer Forschung und Entwicklung angesehen werden. Sie kann in der Herstellung von Produkten, in der Verwertung von Rechten an geistigem Eigentum, die wesentlich zum technischen oder wirtschaftlichen Fortschritt beitragen, oder in der Vermarktung neuer Produkte bestehen.

(12) Den Verbrauchern dürften die Vorteile, die mit der verstärkten und wirksameren Forschungs- und Entwicklungstätigkeit einhergehen, grundsätzlich in Form neuer oder verbesserter Erzeugnisse oder Dienstleistungen oder in Form niedrigerer Preise infolge des Einsatzes neuer oder verbesserter Verfahren zugute kommen.

(13) Damit die Vorteile und Ziele gemeinsamer Forschung und Entwicklung erreicht werden können, sollte diese Verordnung auch für Bestimmungen in Forschungs- und Entwicklungsvereinbarungen gelten, die zwar nicht den eigentlichen Gegenstand solcher Vereinbarungen bilden, aber mit der Durchführung der Vereinbarung unmittelbar verbunden und für diese notwendig sind.

(14) Um die Freistellung zu rechtfertigen, sollte sich die gemeinsame Verwertung nur auf Produkte oder Verfahren beziehen, für welche die Nutzung der Forschungs- und Entwicklungsergebnisse von entscheidender Bedeutung ist und jede Vertragspartei die Möglichkeit erhält, die Ergebnisse zu nutzen, die für sie gegebenenfalls von Interesse sind. An Forschungs- und Entwicklungsarbeiten beteiligte Hochschulen, Forschungsinstitute oder Unternehmen, die Forschungs- und Entwicklungsleistungen in Form gewerblicher Dienste erbringen und sich üblicherweise nicht als Verwerter von Ergebnissen betätigen, können jedoch vereinbaren, die Forschungs- und Entwicklungsergebnisse ausschließlich für weitere Forschungsarbeiten zu verwenden. Entsprechend können nicht miteinander konkurrierende Unternehmen vereinbaren, ihr Verwertungsrecht auf einzelne technische Anwendungsbereiche zu beschränken, um die Zusammenarbeit zwischen den Vertragsparteien mit ergänzenden Kompetenzen zu erleichtern.

(15) Die durch diese Verordnung gewährte Freistellung vom Verbot des Artikels 81 Absatz 1 sollte auf Vereinbarungen über Forschung und Entwicklung beschränkt werden, die den Vertragsparteien nicht die Möglichkeit geben, den Wettbewerb für einen wesentlichen Teil der betreffenden Erzeugnisse oder Dienstleistungen auszuschalten. Vereinbarungen zwischen konkurrierenden Unternehmen, die bei Abschluss der Vereinbarung am Markt der Erzeugnisse oder Dienstleistungen, die auf Grund der Ergebnisse der Forschungs- und Entwicklungsarbeiten verbessert oder ersetzt werden könnten, einen gemeinsamen Anteil halten, der eine bestimmte Größenordnung überschreitet, sind von der Gruppenfreistellung auszuschließen.

(16) Um auch bei der gemeinsamen Verwertung der Ergebnisse wirksamen Wettbewerb zu gewährleisten, sollte geregelt werden, dass die Gruppenfreistellung ihre Geltung verliert, wenn der gemeinsame Anteil der Vertragsparteien am Markt der aus den gemeinsamen Forschungs- und Entwicklungsarbeiten hervorgegangenen Produkte zu groß wird. Die Freistellung sollte ungeachtet der Höhe der Marktanteile der Vertragsparteien während eines bestimmten Zeitraums nach Beginn der gemeinsamen Verwertung weiterhin gelten, damit sich – insbesondere nach Einführung eines völlig neuartigen Produktes – die Marktanteile der Vertragsparteien stabilisieren können und zugleich ein Mindestzeitraum für die Verzinsung des investierten Kapitals gewährleistet wird.

(17) Diese Verordnung darf keine Vereinbarungen freistellen, welche Beschränkungen enthalten, die für die Herbeiführung der vorgenannten günstigen Wirkungen nicht unerlässlich sind. Bestimmte schwerwiegende wettbewerbsschädigende Beschränkungen sollten unabhängig vom Marktanteil der betroffenen Unternehmen grundsätzlich von dem Vorteil der Gruppenfreistellung ausgeschlossen werden, die durch diese Verordnung gewährt wird; dies gilt für die Einschränkung der Freiheit der Vertragsparteien, Forschungs- und Entwicklungsarbeiten in einem Bereich durchzuführen, der mit dem der betreffenden Vereinbarung nicht zusammenhängt; die Festsetzung von Preisen für dritte Abnehmer; die Einschränkung der Erzeugung oder des Absatzes; die Aufteilung von Märkten oder Abnehmerkreisen sowie die Einschränkung des passiven Verkaufs von Vertragsprodukten in Gebieten, die anderen Vertragsparteien vorbehalten sind.

(18) Durch die Begrenzung des Marktanteils, den Ausschluss bestimmter Vereinbarungen von der Gruppenfreistellung und die Voraussetzungen, die in dieser Verordnung vorgesehen sind, wird in der Regel sichergestellt, dass Vereinbarungen, auf welche die Gruppenfreistellung Anwendung findet, den beteiligten Unternehmen nicht die Möglichkeit eröffnen, den Wettbewerb für einen wesentlichen Teil der betreffenden Erzeugnisse oder Dienstleistungen auszuschalten.

(19) Wenn im Einzelfall eine Vereinbarung zwar unter diese Verordnung fällt, dennoch aber Wirkungen zeitigt, die mit Artikel 81 Absatz 3 unvereinbar sind, kann die Kommission den Vorteil der Gruppenfreistellung entziehen.

(20) Die Gruppenfreistellung sollte ferner ungeachtet der Höhe des Marktanteils auf Vereinbarungen zwischen Unternehmen angewendet werden, die bei den Produkten, die durch die Forschungs- und Entwicklungsergebnisse verbessert oder ersetzt werden könnten, nicht als Hersteller miteinander in Wettbewerb stehen, weil solche Vereinbarungen wirksamen Wettbewerb in Forschung und Entwicklung nur unter ganz besonderen Umständen ausschalten, unter denen der Rechtsvorteil entzogen werden sollte.

(21) Da Vereinbarungen über Forschung und Entwicklung und insbesondere solche, bei denen sich die Zusammenarbeit auch auf die Verwertung der Ergebnisse erstreckt, häufig für einen langen Zeitraum geschlossen werden, sollte die Geltungsdauer dieser Verordnung auf zehn Jahre festgesetzt werden.

(22) Diese Verordnung lässt die Anwendung von Artikel 82 EG-Vertrag unberührt.

(23) Entsprechend dem Grundsatz des Vorrangs des Gemeinschaftsrechts dürfen Maßnahmen, die auf der Grundlage der nationalen Wettbewerbsgesetze getroffen werden, nicht die einheitliche Anwendung der Wettbewerbsregeln der Gemeinschaft auf dem gesamten gemeinsamen Markt oder die volle Wirksamkeit der zu ihrer Durchführung ergangenen Maßnahmen einschließlich dieser Verordnung beeinträchtigen –

HAT FOLGENDE VERORDNUNG ERLASSEN:

Einführung

Gemäß Art. 9 der Verordnung ist diese zum 1. Januar 2001 in Kraft getreten. Im Vergleich zur Vorgängerverordnung Nr. 418/85 bleibt der Aufbau zwar grundsätzlich gleich. Das System der „Weißen Liste", d. h. die Aufzählung bestimmter freigestellter und für unbedenklich erklärter Klauseln, ist jedoch durch eine generelle Freistellung ersetzt worden. Demgegenüber ist die „Schwarze Liste" deutlich erweitert worden. Sie umfasst die allgemein als sog. Hard Core-Kartellverstöße bekannten Wettbewerbsbeschränkungen wie etwa Beschränkungen des Parallelimports (Art. 5 Abs. 1 lit. j).[7] Derartige Wettbewerbsbeschränkungen sind nicht freistellungsfähig. Der gewählte Ansatz ähnelt stark dem Konzept der Verordnung über Vertikalbeschränkungen.[8] Damit soll den beteiligten Unternehmen die Möglichkeit gegeben werden, ohne die „Zwangsjacke" der durch die frühere „Weiße Liste" bedingten Vereinbarungstypisierung Verträge in größerem Umfang autonom zu gestalten.[9] Politisch umstritten war bei der Reform der FuE-GVO vor allem die Erhöhung der für eine Freistellung maßgeblichen Marktanteilsschwelle auf 25% (Art. 4). Für nicht in den Anwendungsbereich der FuE-GVO fallende Vereinbarungen zwischen Wettbewerbern gelten die Leitlinien der Kommission für Vereinbarungen über horizontale Zusammenarbeit.[10]

Artikel 1 (Freistellung)

(1) ¹Artikel 81 Absatz 1 des Vertrages wird gemäß Artikel 81 Absatz 3 unter den in dieser Verordnung genannten Voraussetzungen für unanwendbar erklärt auf Vereinbarungen zwischen zwei oder mehr Unternehmen (im Folgenden: Vertragsparteien),

---

[7] Vgl. Art. 5 Rn. 6.
[8] GVO Nr. 2790/1999, ABl. 1999, L 336/21.
[9] Vgl. auch Evaluierungsbericht der Kommission über die Verordnung 240/96 v. 20. 12. 2001, KOM (2001), 786 endg., Rn. 3, 175; *Wissel/Eickhoff* WuW 2004, S. 1244.
[10] Bekanntmachung der Kommission, Leitlinien zur Anwendbarkeit von Artikel 81 EG-Vertrag auf Vereinbarungen über horizontale Zusammenarbeit, ABl. C 3/2 v. 6. 1. 2001.

welche die Bedingungen betreffen, unter denen die Vertragsparteien eines der nachstehenden Ziele verfolgen:
a) die gemeinsame Forschung und Entwicklung von Produkten oder Verfahren und die gemeinsame Verwertung der dabei erzielten Ergebnisse oder
b) die gemeinsame Verwertung der Ergebnisse von Forschung und Entwicklung in Bezug auf Produkte oder Verfahren, die von denselben Vertragsparteien auf Grund einer früheren Vereinbarung durchgeführt worden sind, oder
c) die gemeinsame Forschung und Entwicklung von Produkten oder Verfahren ohne die gemeinsame Verwertung der Ergebnisse.

²Die Freistellung gilt, soweit diese Vereinbarungen Wettbewerbsbeschränkungen enthalten, die unter Artikel 81 Absatz 1 des Vertrages fallen (im Folgenden: Forschungs- und Entwicklungsvereinbarungen).

(2) Die Freistellung nach Absatz 1 gilt auch für Bestimmungen in Forschungs- und Entwicklungsvereinbarungen, die nicht den eigentlichen Gegenstand solcher Vereinbarungen bilden, die aber mit deren Durchführung unmittelbar verbunden und für diese notwendig sind, wie zum Beispiel die Verpflichtung, allein oder im Verbund mit Dritten im Laufe der Durchführung der Vereinbarung keine Forschung und Entwicklung in dem der Vereinbarung unterliegenden Bereich oder in einem eng verwandten Bereich zu betreiben.

Dies gilt jedoch nicht für Bestimmungen, die den gleichen Zweck haben wie die in Artikel 5 Absatz 1 aufgeführten wettbewerbsbeschränkenden Bestimmungen.

1. Allgemeines

2   Art. 1 bestimmt die Art der Vereinbarungen, die freigestellt werden. Der in Art. 1 Abs. 1 eingeführte Unterabsatz am Ende wird allgemein als überflüssig angesehen, da jede Freistellung nach Art. 81 Abs. 3 EG voraussetzt, dass eine tatbestandliche Wettbewerbsbeschränkung i. S. v. Art. 81 Abs. 1 EG vorliegt.

3   Art. 1 Abs. 2 bezieht sich auf Nebenabreden und stellt klar, dass diese auch von der Freistellung erfasst werden, wenn sie zwar nicht den eigentlichen Gegenstand einer FuE-Vereinbarung darstellen, jedoch mit deren Durchführung unmittelbar verbunden und für diese notwendig sind. Die Kommission hat hierzu im Erwägungsgrund 13 Stellung genommen, ohne allerdings die Begriffe „unmittelbar verbunden" oder „notwendig" näher zu erläutern. Art. 1 Abs. 2 führt allerdings als positives Beispiel insoweit die Verpflichtung eines oder beider Vertragsparteien an, allein oder im Verbund mit Dritten im Verlauf der Durchführung der Vereinbarung keine FuE in dem von der Vereinbarung betroffenen Bereich zu betreiben. Negativ grenzt Art. 1 Abs. 2 diese Freistellungswirkung für Nebenbestimmungen durch Verweis auf die „Schwarze Liste" nicht freigestellter Bestimmungen in Art. 5 ab. Dabei wird auf den Zweck der vertraglichen Bestimmung und nicht – wie ansonsten im Kartellrecht – auf die Wirkung abstellt. Es dürfte jedoch feststehen, dass die Begriffe „unmittelbar verbunden" oder „notwendig" ausgehend von der Gesamtsystematik der GVO eher aus einer wirtschaftlichen Sicht und weniger rein technisch zu beurteilen sind.

4   Entgegen der Fassung der alten VO Nr. 418/85 enthält die GVO keine Hinweise über das Verhältnis zu anderen GVOs. Da jedoch kein Grund ersichtlich ist, warum die Kommission von dem Prinzip der parallelen Anwendung der GVOs abgehen sollte, ist davon auszugehen, dass die GVO parallel zu der Spezialisierungs-GVO sowie der Technologietransfer-GVO und der Vertikal-GVO angewandt werden kann.

2. Anwendungsbereich

5   Die GVO gilt für Unternehmen jeder Größe, wobei von einem **funktionalen Unternehmensbegriff** auszugehen ist. Erfasst werden auch **Universitäten, Forschungsinstitute** und **natürliche Personen,** soweit sie sich als Vertragspartner an einer FuE-Ko-

E. Forschung und Entwicklung   6–10   **Art. 1 FuE-GVO**

operation beteiligen oder eine Erfindung wirtschaftlich verwerten.[11] Räumlich gilt die GVO FuE im gesamten Rechtsraum der EU und durch parallele Regelungen im EWR-Vertrag faktisch auch im Europäischen Wirtschaftsraum.

Der sachliche Anwendungsbereich ergibt sich aus Art. 1 Abs. 1 lit. a) bis c) und – soweit 6
es um Nebenabreden geht – aus Art. 1 Abs. 2. Zu beachten ist jedoch, dass FuE-Vereinbarungen ggf. von vornherein nicht dem Verbot des Art. 81 Abs. 1 EG unterfallen. Eine Orientierung geben hier die Leitlinien der Kommission, die Beispiele von Vereinbarungen enthalten, die schon keine tatbestandliche Wettbewerbsbeschränkung i. S. v. Art. 81 Abs. 1 EG darstellen. Dazu zählt beispielsweise die Teilnahme von Unternehmen an einem FuE-Vorhaben, das sich allein auf ein theoretisches Stadium bezieht und von einem marktfähigen Produkt weit entfernt ist.[12]

3. Die freigestellten Gruppen von Vereinbarungen

a) Gemeinsame FuE und gemeinsame Verwertung (Abs. 1 lit. a). Diese Gruppe 7
stellt die wichtigste Form von Vereinbarungen dar, die von der GVO erfasst werden. Die Begriffe „Forschung und Entwicklung von Erzeugnissen oder Verfahren" und „Verwertung der Ergebnisse" werden in Art. 2 definiert.

b) Gemeinsame Verwertung gemeinsam erarbeiteter Ergebnisse (Abs. 1 lit. b). 8
Die Norm erfasst die Fälle, in denen nach vorheriger gemeinsamer FuE-Kooperation eine **isolierte Vereinbarung** über die **Verwertung** der Ergebnisse geschlossen wird. Ausgehend vom Wortlaut gilt dies auch für Fälle, in denen eines der beteiligten Unternehmen nach Abschluss der ursprünglichen FuE-Phase aus der Kooperation ausgestiegen ist. Jede andere Auslegung würde es dem aus der ursprünglichen FuE-Kooperation ausscheidenden Partner gestatten, Verwertungsvereinbarungen der verbleibenden Vertragsparteien unmöglich zu machen, was mit dem Zweck der GVO – Förderung von FuE – nur schwer in Einklang zu bringen wäre.[13]

Umstritten ist, ob nach abgeschlossener FuE-Kooperation allein für die Verwertung wei- 9
tere Unternehmen hinzutreten können. Die ablehnende Auffassung verweist auf Art. 3 Abs. 4.[14] Auch die Kommission hält die GVO in einem derartigen Falle für unanwendbar.[15] Demgegenüber wird angeführt, dass es auf diese Weise den Unternehmen erschwert wird, sich Rationalisierungseffekte in der Verwertungsphase zunutze zu machen, insbesondere dann, wenn es sich um die Hinzunahme eines Partners handelt, der über entsprechende Expertise und Ressourcen für die Verwertung verfügt.[16] Letztlich wird man angesichts des eindeutigen Wortlautes der Norm aus Gründen der Rechtssicherheit die Auffassung der Kommission zu beachten haben.

c) Gemeinsame FuE ohne gemeinsame Verwertung (Abs. 1 lit. c). Hinsichtlich 10
dieser Art von Vereinbarung ist zu unterscheiden: Es kann FuE-Kooperationen geben, die schon von vornherein nicht unter Art. 81 Abs. 1 EG fallen.[17] Dies wird durch Erwägungsgrund 3 der GVO ausdrücklich bestätigt. Für solche Vereinbarungen ist die GVO ohne Bedeutung. Enthält die FuE-Vereinbarung jedoch beispielsweise die Verpflichtung der Vertragsparteien, in dem selben Bereich keinen weiteren FuE-Tätigkeiten nachzugehen oder reicht die FuE zwischen Wettbewerbern an die Verwertungsreife heran, unterfällt die Ver-

---

[11] EuGH U. v. 23. 4. 1991, Rs. C-41/90, Slg. 1991 I, 1979, Ziff. 20–23 der Gründe – *Höfner, Elser/Macatron*, Komm. E. v. 26. 7. 1976, ABl. 1976, Nr. L 254, S. 40, 45 – *Reuter/BASF*.
[12] Leitlinien der Kommission zur Anwendbarkeit von Art. 81 EG auf Vereinbarungen über horizontale Zusammenarbeit (2001/C 3/02), Tz. 55; *Backhaus* GRUR Int. 2005, 366.
[13] Ähnlich *Wiedemann*, GVO Bd. I, Art. 1 GVO Nr. 418/85 Rn. 7.
[14] *Korah*, S. 20 für den wortgleichen Art. 2 lit. d der VO Nr. 418/85.
[15] Komm. E. v. 12. 12. 1990 – *KBS/Goulds/Lowara/ITT*, ABl. 1991 L 19/33, Tz. 24.
[16] *Wiedemann*, GVO Bd. I, Art. 1 GVO Nr. 418/85 Rn. 7.
[17] Vgl. Art. 1 Rn. 5.

einbarung – Spürbarkeit der Einwirkung auf den innergemeinschaftlichen Wettbewerb vorausgesetzt – Art. 81 Abs. 1 EG und ist damit auch an der GVO zu messen. Diese Unterscheidung ist durchaus von Bedeutung: Da die Freistellung jedenfalls dann, wenn die Vertragsparteien konkurrierende Unternehmen sind, den Marktanteilsschwellenanforderungen des Art. 4 unterliegt, ist es aus Sicht der betroffenen Unternehmen wichtig zu wissen, ob sie auch bei einer reinen FuE ohne gemeinsame Verwertung darauf zu achten haben, dass diese Voraussetzung des Art. 4 gegeben ist oder ob sie ohne Weiteres die beabsichtigte FuE in vollem Umfang durchführen können.

11 Die Begriffe „Forschung und Entwicklung von Erzeugnissen oder Verfahren" und „Verwertung der Ergebnisse" werden in Art. 2 definiert.

4. „Alles-oder-Nichts"-Prinzip

12 Nicht selten kommt es vor, dass eine Vereinbarung über eine FuE-Kooperation nahezu in vollem Umfang den Freistellungsbedingungen der GVO entspricht und nur in einem oder wenigen vertraglichen Bestimmungen dieser zuwiderläuft. Ob in diesem Fall die gesamte Vereinbarung nicht mehr dem Schutz der GVO unterfällt, ist strittig: Der EuGH hat diese Frage in Bezug auf die GVO noch nicht entschieden, schien aber ebenso wie die Kommission das „Alles-oder-Nichts"-Prinzip jedenfalls für die Vorläufer FuE-VO Nr. 418/85 zu bejahen.[18] In der Literatur ist das „Alles-oder-Nichts"-Prinzip teilweise mit dem Argument abgelehnt worden, auf den Unternehmen laste damit ein unerträgliches Subsumptionsrisiko.[19] In der Tat sprechen gute Gründe für die Ablehnung des „Alles-oder-Nichts"-Prinzips. Hält man sich jedoch die Formulierung in Erwägungsgrund 17 der GVO vor Augen, insbesondere den dortigen zweiten Satz, muss man angesichts des klaren Wortlautes davon ausgehen, dass FuE-Vereinbarungen, die schwarz gelistete Klauseln enthalten, insgesamt von dem Vorteil der Gruppenfreistellung ausgeschlossen sind.

5. Rechtslage bei Nichteingreifen der GVO

13 Mit dem Inkrafttreten der VO Nr. 1/2003[20] am 1. 5. 2004 ist den Unternehmen die Möglichkeit genommen, bei Nichterfüllen der Freistellungsbedingungen der GVO eine **Einzelfreistellung** zu beantragen. Im Rahmen des neuen Legalausnahmesystems werden die Wettbewerbsbehörden und Gerichte der Mitgliedsstaaten nicht nur zur Anwendung der nach der Rechtsprechung des Gerichtshofs der Europäischen Gemeinschaften direkt anwendbaren Art. 81 Absatz 1 und Art. 82 EG befugt, sondern auch zur Anwendung von Art. 81 Abs. 3 EG. Hierdurch entfällt bei Vereinbarungen, die nicht eindeutig von einer GVO erfasst sind, nicht nur die Notwendigkeit, eine Einzelfreistellung zu beantragen, sondern auch die Möglichkeit dazu. Dies war unter der alten Verfahrensordnung Nr. 17 noch anders, wobei die Kommission dazu neigte, eine Freistellung nur zu gewähren, wenn die Vereinbarung mit den Grundsätzen und Regelungen der GVO weitestgehend übereinstimmte.[21] Insbesondere bei der Frage der Freistellungsdauer war die Kommission nur in Ausnahmefällen bereit, sich von den Grundsätzen der GVO zu lösen. Damit trifft nun die beteiligten Unternehmen das Risiko, dass seitens der Gerichte und Wettbewerbsbehörden die FuE-Vereinbarung in einzelnen Teilen oder in Gänze als wettbewerbsbeschränkend

---

[18] EuGH U. v. 28. 2. 1991, Rs. C-234/89, *Delimitis/Hennigerbräu*, Slg. 1991, I-935, I-990, Tz. 38f.; Komm. E. v. 12. 1. 1990 – *Alcatel/Espace/ANT Nachrichtentechnik*, ABl. 1990 L 32/24 Tz. 17; *Schödermeier/Wagner* in GK Teil I Rn. 18ff. m.w. N.

[19] Vgl. *Axster* WuW 1994, 615ff.

[20] Verordnung (EG) Nr. 1/2003 des Rates v. 16. Dezember 2002 zur Durchführung der in den Artikeln 81 und 82 des Vertrages niedergelegten Wettbewerbsregeln, ABl. L 1/1 v. 4. 1. 2003.

[21] Komm. E. v. 12. 12. 1990 – *KBS/Goulds/Lowara/ITT*, ABl. 1991 L 19/33 Tz. 24ff.; *Schödermeier/Wagner* in: GK Teil I Rn. 47 m.w. N.

E. Forschung und Entwicklung   14   **Art. 2 FuE-GVO**

i. S. v. Art. 81 Abs. 1 EG und nicht durch die GVO freigestellt angesehen wird. Wollen die Unternehmen derartige Risiken vermeiden, bleibt ihnen nur die Möglichkeit, die betreffende Vereinbarung in der Weise zu gestalten, dass sie entweder verlässlich keine Wettbewerbsbeschränkung i. S. v. Art. 81 Abs. 1 EG enthält oder aber eindeutig den Freistellungsbedingungen der GVO entspricht. Die Leitlinien der Kommission zur horizontalen Zusammenarbeit von Unternehmen können dabei eine Richtschnur bilden.

Ein Widerspruchverfahren wie noch nach Art. 7 der VO Nr. 418/85 zur Erlangung von Rechtssicherheit gibt es nicht mehr.

6. Verhältnis zum nationalen Kartellrecht

FuE-Vereinbarungen, die nach der GVO freigestellt sind, können wegen des Grundsatzes des **Vorrangs des Gemeinschaftsrechts** nicht mehr von § 1 GWB erfasst werden. Insofern enthält Art. 3 Abs. 2 Nr. 1/2003 eine allgemein gültige Kollisionsnorm: Soweit es sich um Vereinbarungen handelt, die geeignet sind, den Handel zwischen den Mitgliedstaaten spürbar zu beeinträchtigen, ist allein Europäisches Gemeinschaftsrecht anwendbar.[22] Eine FuE-Vereinbarung, die geeignet ist, den zwischenstaatlichen Handel spürbar zu beeinträchtigen, unterfällt damit nicht nationalem Recht, auch wenn sie von Art. 81 EG – aus anderen Erwägungen – nicht erfasst ist. Vereinbarungen, die keine Eignung zur Beeinträchtigung des zwischenstaatlichen Handels aufweisen, unterfallen nicht dem Vorrang des Art. 3 Abs. 2 VO Nr. 1/2003. Es ist ausschließlich nationales Recht anzuwenden.[23]   14

Artikel 2 (Definitionen)

Im Rahmen dieser Verordnung gelten folgende Begriffsbestimmungen:
1. „Vereinbarung": eine Vereinbarung, ein Beschluss einer Unternehmensvereinigung oder eine aufeinander abgestimmte Verhaltensweise;
2. „beteiligte Unternehmen": die Vertragsparteien der Forschungs- und Entwicklungsvereinbarung und die mit diesen jeweils verbundenen Unternehmen;
3. „verbundene Unternehmen":
    a) Unternehmen, bei denen ein an der Forschungs- und Entwicklungsvereinbarung beteiligtes Unternehmen unmittelbar oder mittelbar
       i) über mehr als die Hälfte der Stimmrechte verfügt oder
       ii) mehr als die Hälfte der Mitglieder des Leitungs- oder Verwaltungsorgans oder der zur gesetzlichen Vertretung berufenen Organe bestellen kann oder
       iii) das Recht hat, die Geschäfte des Unternehmens zu führen;
    b) Unternehmen, die in einem an der Forschungs- und Entwicklungsvereinbarung beteiligten Unternehmen unmittelbar oder mittelbar die unter Buchstabe a) bezeichneten Rechte oder Einflussmöglichkeiten haben;
    c) Unternehmen, in denen ein unter Buchstabe b) genanntes Unternehmen unmittelbar oder mittelbar die unter Buchstabe a) bezeichneten Rechte oder Einflussmöglichkeiten hat;
    d) Unternehmen, in denen eine der Vertragsparteien der Forschungs- und Entwicklungsvereinbarung gemeinsam mit einem oder mehreren der unter den Buchstaben a), b) oder c) genannten Unternehmen oder in denen zwei oder

---

[22] Vgl. zur Spürbarkeit: Bekanntmachung über die Vereinbarung von geringer Bedeutung, die den Wettbewerb gemäß Art. 81 Abs. 1 des Vertrages zur Gründung der Europäischen Gemeinschaft nicht spürbar beeinträchtigen (de minimis) – ABl. 2001 C 368/13 sowie des Beeinträchtigung des zwischenstaatlichen Handels die Leitlinien über Begriff der Beeinträchtigung des zwischenstaatlichen Handels (ABl. 2004 C 108/81).
[23] *Schütz* in: GK, 5. Aufl. zu Art. 3 VO 1/2003, Rn. 12.

mehr als zwei der zuletzt genannten Unternehmen gemeinsam die in Buchstabe a) bezeichneten Rechte oder Einflussmöglichkeiten haben;
e) Unternehmen, in denen
   i) Vertragsparteien der Forschungs- und Entwicklungsvereinbarung oder mit ihnen jeweils verbundene Unternehmen im Sinne der Buchstaben a) bis d) oder
   ii) eine oder mehrere Vertragsparteien der Forschungs- und Entwicklungsvereinbarung oder eines oder mehrere der mit ihnen im Sinne der Buchstaben a) bis d) verbundenen Unternehmen und ein oder mehrere dritte Unternehmen gemeinsam die unter Buchstabe a) bezeichneten Rechte oder Einflussmöglichkeiten haben;
4. „Forschungs- und Entwicklungsarbeiten": in Bezug auf Produkte oder Verfahren der Erwerb von Know-how und die Durchführung theoretischer Analysen, systematischer Studien oder Versuche, einschließlich der versuchsweisen Herstellung und der technischen Prüfung von Produkten oder Verfahren, die Errichtung der dazu erforderlichen Anlagen und die Erlangung von Rechten an geistigem Eigentum an den Ergebnissen;
5. „Produkt": eine Ware und/oder eine Dienstleistung in Form eines Zwischen- oder eines Endprodukts;
6. „Vertragsverfahren": eine Technologie oder ein Verfahren, die bzw. das aus den gemeinsamen Forschungs- und Entwicklungsarbeiten hervorgeht;
7. „Vertragsprodukt": ein Produkt, das aus den gemeinsamen Forschungs- und Entwicklungsarbeiten hervorgeht oder unter Anwendung des Vertragsverfahrens hergestellt bzw. bereitgestellt wird;
8. „Verwertung der Ergebnisse": die Herstellung oder der Vertrieb der Vertragsprodukte, die Anwendung der Vertragsverfahren, die Abtretung von Rechten an geistigem Eigentum oder die Vergabe diesbezüglicher Lizenzen oder die Weitergabe von Know-how, das für die Herstellung oder Anwendung erforderlich ist;
9. „Rechte an geistigem Eigentum": gewerbliche Schutzrechte, Urheberrechte und verwandte Schutzrechte;
10. „Know-how": eine Gesamtheit nicht patentierter praktischer Kenntnisse, die durch Erfahrungen und Versuche gewonnen werden und die geheim, wesentlich und identifiziert sind; hierbei bedeutet „geheim", dass das Know-how nicht allgemein bekannt und nicht leicht zugänglich ist; „wesentlich" bedeutet, dass das Know-how Kenntnisse umfasst, die für die Herstellung der Vertragsprodukte oder die Anwendung der Vertragsverfahren unerlässlich sind; „identifiziert" bedeutet, dass das Know-how umfassend genug beschrieben ist, sodass überprüft werden kann, ob es die Merkmale „geheim" und „wesentlich" erfüllt;
11. „gemeinsam": im Zusammenhang mit Forschung und Entwicklung oder mit der Verwertung der Ergebnisse die Ausübung der betreffenden Tätigkeiten:
   a) durch eine gemeinsame Arbeitsgruppe oder Organisation oder ein gemeinsames Unternehmen oder
   b) durch einen gemeinsam bestimmten Dritten oder
   c) durch die Vertragsparteien selbst, von denen jede eine bestimmte Aufgabe – Forschung, Entwicklung, Herstellung oder Vertrieb – übernimmt;
12. „konkurrierendes Unternehmen": ein Unternehmen, das ein Produkt anbietet, welches durch das Vertragsprodukt verbessert oder ersetzt werden kann (tatsächlicher Wettbewerber), oder ein Unternehmen, das unter realistischen Annahmen die zusätzlichen Investitionen oder sonstigen Umstellungskosten auf sich nehmen würde, die nötig sind, um auf eine geringfügige dauerhafte Erhöhung der relativen Preise hin ein solches Produkt im Markt anbieten zu können (potenzieller Wettbewerber);
13. „relevanter Markt der Vertragsprodukte": der sachlich und räumlich relevante Markt bzw. die sachlich und räumlich relevanten Märkte, zu dem bzw. denen die Vertragsprodukte gehören.

2. Allgemeines

Bei einzelnen Definitionen können die Leitlinien der Kommission zu horizontalen Kooperationen ergänzend herangezogen werden, soweit sie weitere Definitionen enthalten. 15

Im Vergleich zu der Fassung der Vorgängerverordnung Nr. 418/85 enthält die GVO in Art. 2 einen wesentlich umfangreicheren Katalog von Definitionen, der der Verständlichkeit förderlich ist. 16

II. Definitionen des Art. 2

a) „Vereinbarung" (Art. 2 Nr. 1). Diese Definition ist neu in die GVO aufgenommen worden, geht aber nicht über den Wortlaut des Art. 81 Abs. 1 EG hinaus. 17

b) „Beteiligte Unternehmen" (Art. 2 Nr. 2). Auch diese neu in die GVO aufgenommene Definition bringt inhaltlich nichts Neues, sondern gibt nur die Definition wieder, die auch dem bisherigen Verständnis bei der Anwendung der GVO entsprach. 18

c) „Verbundene Unternehmen" (Art. 2 Nr. 3). Diese Definition entspricht im Wesentlichen der schon in Art. 9 der VO Nr. 418/85 enthaltenen Fassung, ist jedoch in einigen Teilen präzisiert worden. Inhaltlich entspricht die Definition dem Begriff der „verbundenen Unternehmen", wie er auch sonst im Europäischen Wettbewerbsrecht, insbesondere im Rahmen der Europäischen Fusionskontrolle, verwendet wird. Dadurch, dass der Begriff der „beteiligten Unternehmen" in Art. 2 Nr. 2 die verbundenen Unternehmen den beteiligten Unternehmen gleichstellt, muss im Rahmen der Anwendung der GVO bei Betrachtung der Vertragsparteien stets auf die gesamte, dahinter stehende Unternehmensgruppe einschließlich sämtlicher, insoweit relevanter Verflechtungen mit anderen Unternehmen abgestellt werden. 19

d) „Forschungs- und Entwicklungsarbeiten" (Art. 2 Nr. 4). FuE-Arbeiten erfassen alle Aktivitäten bis zur Produktionsreife. Diese sind abzugrenzen von Verwertungshandlungen. Da für die Freistellungswirkung (Art. 4) der Unterscheidung zwischen FuE-Arbeiten und Verwertungsphase große Bedeutung zukommt, ist diese Definition und ihre Reichweite von hoher praktischer Relevanz. Die Entwicklung von Prototypen oder interne und externe Tests zählen noch zur FuE-Phase.[24] Hingegen sieht die Kommission die Aufnahme der Serienproduktion als Kriterium für den Abschluss der FuE-Phase an.[25] 20

e) „Produkt" (Art. 2 Nr. 5). Diese neu in den Definitionskatalog der GVO aufgenommene Definition stellt eine Erweiterung dar, da unter „Produkt" Waren oder Dienstleistungen nicht nur als End-, sondern auch als Zwischenprodukt verstanden werden. 21

f) „Vertragsverfahren" (Art. 2 Nr. 6), „Vertragsprodukt" (Art. 2 Nr. 7). Die Differenzierung zwischen „Vertragsverfahren" und „Vertragsprodukt" ergibt sich aus entsprechenden Unterscheidungen im Patentrecht. „Vertragsverfahren" und „Vertragsprodukte" stehen stellvertretend für die Ergebnisse der FuE i. S. d. GVO. Als solches werden aber auch Patente und Know-how erfasst, die schon vor der gemeinsamen FuE bestanden, also von einer Vertragspartei in die FuE eingebracht und später untrennbarer Bestandteil der FuE-Ergebnisse geworden sind.[26] 22

g) „Verwertung der Ergebnisse" (Art. 2 Nr. 8). Die „Verwertung der Ergebnisse" stellt – wie dargestellt – den Gegenbegriff zur FuE-Phase i. S. d. Art. 2 Nr. 4 dar. Umfasst ist nicht nur die Herstellung oder der Vertrieb, sondern auch die Anwendung des Verfahrens oder die Abtretung von Rechten oder Lizenzierung oder Weitergabe von Know-how. Der Begriff der „Verwertung der Ergebnisse" steht im engen Zusammenhang mit der Definition des „gemeinsamen Handelns" i. S. v. Art. 2 Nr. 11. 23

---

[24] *Wiedemann*, GVO Bd. I, Art. 1 GVO Nr. 418/85 Rn. 10 ff.
[25] Komm. E. v. 12. 12. 1990 – *KBS/Goulds/Lowara/ITT*, ABl. 1991 L 19/32, Tz. 20.
[26] Komm. E. v. 10. 10. 1988 – *Continental/Michelin*, ABl. 1988 L 305/41, Tz. 32.

24 h) „Rechte an geistigem Eigentum" (Art. 2 Nr. 9). Bei dieser Definition wird der Begriff „gewerbliche Schutzrechte" verwendet. Letzterer umfasst Patente, Gebrauchsmuster, Sortenschutzrechte und – in Parallele zu Art. 8 der Technologietransfer-GVO – Patent- und Gebrauchsmusteranmeldung sowie certificats d'utilité und certificats d'addition nach französischem Recht einschließlich Anmeldungen für die beiden letztgenannten Rechte. Bedingt dadurch, dass die FuE-GVO lediglich Vereinbarungen zwischen Unternehmen im Bereich der Forschung und technologischen Entwicklung aus dem Anwendungsbereich des Artikels 81 Abs. 1 EG ausnimmt, sind Urheberrechte, soweit sie nicht EDV-Programme oder Darstellungen technischer Art betreffen, nicht von der FuE-GVO erfasst, da sie den Schutz von Werken der Literatur, Wissenschaft und Kunst bezwecken. Nicht erfasst sind außerdem Geschmacksmuster und Marken, die als gewerbliche Schutzrechte nicht auf den Schutz technischer Entwicklungen, sondern nicht-technischen geistigen Eigentums abzielen. So schützen Geschmacksmuster das Design und die Mustermerkmale eines Produktes, während Marken das alleinige Recht sichern, ein Produkt unter einer bestimmten Marke in den Verkehr zu bringen.

25 i) „Know-how" (Art. 2 Nr. 10). Der Know-how-Begriff bezeichnet – wie auch ansonsten in der Terminologie des Europäischen Wettbewerbsrechts – die praktischen Kenntnisse unterhalb der Patenthöhe und setzt sich aus den Bestandteilen geheim, wesentlich und identifiziert zusammen.[27] Insbesondere das Merkmal der Identifizierung des Know-how erweist sich in der Praxis häufig als Problem, da Know-how-Träger aus Geheimhaltungsgründen oft davor zurückschrecken, ihr Know-how umfassend in schriftlicher oder elektronischer Form niederzulegen.

26 j) „Gemeinsam" (Art. 2 Nr. 11). Die Definition dient der Festlegung, unter welchen Voraussetzungen im Zusammenhang mit FuE-Arbeiten oder der Ergebnisverwertung es sich um eine solche handelt, die Gegenstand der Gruppenfreistellung sein kann. Dabei erweist sich die Definition in lit. a) deshalb als wenig aussagekräftig, weil der Begriff „gemeinsam" wiederum in Bezug auf die Arbeitsgruppe und Organisation unter Verwendung des Wortes „gemeinsam" definiert wird. Demgegenüber dürften sich keine Verständnisschwierigkeiten im Zusammenhang mit der Tätigkeit eines FuE-Gemeinschaftsunternehmens ergeben. Für die Arbeitsgruppe und Organisation wird man fordern müssen, dass der Begriff der „Gemeinsamkeit" nur dann erfüllt wird, wenn in die Arbeitsgruppe und Organisation Vertreter der beteiligten Unternehmen entsandt sind und in ihr tatsächlich tätig werden.

27 In den Fällen der lit. b) stellt sich für die **mit dem Dritten** in Bezug auf die **Verwertung getroffene Vereinbarung** die Frage, ob diese Vereinbarung ebenfalls von der GVO erfasst sein kann. Während dies teilweise in der Literatur vertreten wird,[28] wird dies von anderen verneint.[29] Richtiger dürfte hingegen sein, die mit dem Dritten geschlossene Verwertungsvereinbarung der Anwendung der Technologietransfer-GVO oder der Vertikal-GVO oder – soweit diese ausscheiden – auf der Grundlage der Zulieferbekanntmachung der Kommission zu beurteilen.

28 Die Arbeit bei der gemeinsamen FuE mit oder ohne gemeinsame Verwertung kann auch arbeitsteilig erfolgen. Streitig war schon bei der Vorgängerverordnung Nr. 418/85, ob eine Aufteilung dahingehend aufgenommen werden darf, dass ein Kooperationspartner die FuE-Arbeiten komplett übernimmt, während sich der andere **lediglich an der Finanzierung** beteiligt. In Hinblick auf einen wirtschaftlichen Rationalisierungseffekt erscheint dies

---

[27] Die einzelnen Bestandteile des Know-how-Begriffs sind ausführlich erläutert in der Verordnung (EG) Nr. 772/2004 der Kommission v. 27. April 1996 zur Anwendung von Art. 81 Abs. 3 des Vertrages auf Gruppen von Technologietransfer-Vereinbarungen, ABl. L 123/11 v. 27. 4. 2004.

[28] *Wiedemann*, GVO Bd. I, Art. 1 GVO Nr. 418/85 Rn. 25; differenzierend: *Schödermeier/Wagner* in GK-Art. 1 Rn. 69 m.w. N.

[29] *Korah*, S. 24 f.

E. Forschung und Entwicklung   29–31   Art. 3 FuE-GVO

durchaus möglich.[30] Gleichwohl ist fraglich, ob die Kommission dieser Auffassung folgen würde. Erwägungsgrund 4 der Vorgängerverordnung Nr. 418/85 und ihm ähnlich Erwägungsgrund 10 der GVO gehen eher von dem Austausch sich ergänzenden technischen Wissens aus, was bei einseitiger FuE-Arbeit eines Partners und bloßer Finanzierungsbeteiligung durch den Anderen nicht gegeben ist.[31] Auch die Horizontal-Leitlinien der Kommission geben hier keine Orientierung. Unstreitig ist dagegen, dass die Verwertung einem der FuE-Partner zugewiesen werden kann.[32]

k) „Konkurrierendes Unternehmen" (Art. 2 Nr. 12). Diese neu in den Definitionskatalog der GVO aufgenommene Bestimmung stellt klar, dass sowohl aktuelle als auch potenzielle Wettbewerber diesen Begriff erfüllen. Zur Auslegung kann man die Horizontal-Leitlinien der Kommission ergänzend heranziehen.[33] 29

l) „Relevanter Markt der Vertragsprodukte" (Art. 2 Nr. 13). Die Definition, die ebenfalls neu in die GVO aufgenommen wurde, beschränkt sich auf die Klarstellung, dass – entsprechend der allgemeinen Kartellrechtslogik – der relevante Markt sowohl in sachlicher als auch räumlicher Hinsicht abzugrenzen ist. 30

Artikel 3 (Freistellungsvoraussetzungen)

(1) Die Freistellung nach Artikel 1 gilt unter den in Absatz 2 bis 5 genannten Voraussetzungen.

(2) ¹Alle Vertragsparteien müssen Zugang zu den Ergebnissen der gemeinsamen Forschungs- und Entwicklungsarbeiten für weitere Forschungs- oder Verwertungszwecke haben. ²Forschungsinstitute, Hochschulen oder Unternehmen, die Forschungs- und Entwicklungsleistungen in Form gewerblicher Dienste erbringen und sich üblicherweise nicht als Verwerter von Ergebnissen betätigen, können jedoch vereinbaren, die Ergebnisse ausschließlich zum Zwecke der Durchführung weiterer Forschungsarbeiten zu verwenden.

(3) ¹Unbeschadet der Bestimmungen des Absatzes 2 muss es in Fällen, in denen die Forschungs- und Entwicklungsvereinbarung lediglich die gemeinsame Forschung und Entwicklung vorsieht, jeder Vertragspartei freistehen, die dabei erzielten Ergebnisse und vorher bestehendes, für die Verwertung erforderliches Know-how selbstständig zu verwerten. ²Ein solches Verwertungsrecht kann sich auf einzelne Anwendungsbereiche beschränken, sofern die Vertragsparteien bei Abschluss der Forschungs- und Entwicklungsvereinbarung keine konkurrierenden Unternehmen sind.

(4) Eine gemeinsame Verwertung muss Ergebnisse betreffen, die durch Rechte an geistigem Eigentum geschützt sind oder Know-how darstellen, das wesentlich zum technischen oder wirtschaftlichen Fortschritt beiträgt, und die Ergebnisse müssen für die Herstellung der Vertragsprodukte oder für die Anwendung der Vertragsverfahren von entscheidender Bedeutung sein.

(5) Die bei einer Aufgabenteilung mit der Herstellung betrauten Unternehmen müssen Lieferaufträge aller Vertragsparteien erfüllen, es sei denn, dass die Forschungs- und Entwicklungsvereinbarung auch den gemeinsamen Vertrieb vorsieht.

1. Allgemeines

Nach Wegfall der Weißen Liste der Verordnung Nr. 418/85 enthält Art. 3 der GVO – abgesehen von der Marktanteilsregelung in Art. 4 – die Positivvoraussetzungen für die An- 31

---

[30] *Wiedemann*, GVO Bd. I, Art. 1 GVO Nr. 418/85 Rn. 26.
[31] *Korah*, S. 24; *Schödermeier/Wagner* in: GK-Art. 1 Rn. 75.
[32] Komm. E. v. 12. 12. 1990 – *KBS/Goulds/Lowara/ITT* ABl. 1991 L 19, S. 25, Tz. 22.
[33] Vgl. *Polley/Seeliger* WRP 2004, 499 unter Hinweis auf die Leitlinien der Kommission, dort Fußnote 8 und 9 zu Tz. 9.

wendbarkeit der GVO. Inhaltlich ist Art. 3 weitgehend identisch mit Art. 2 der Verordnung Nr. 418/85. Nicht mehr erforderlich ist jedoch ein FuE-Programm, das die Art der Arbeiten sowie das Gebiet umschreibt, auf dem sie vorgenommen werden sollen. Damit ist ein Hemmschuh für die Anwendbarkeit der GVO in der Praxis entfallen, da häufig zu Beginn einer FuE noch nicht absehbar ist, welche Gebiete davon betroffen sein werden und welche Form die FuE im Einzelnen haben wird.[34]

2. Die einzelnen Freistellungsbedingungen

32   Art. 3 Abs. 2 bis 5 enthalten Voraussetzungen für die Freistellung, die teilweise stets (Abs. 2), teilweise nur bei alleiniger FuE (Abs. 3) oder nur bei einer FuE mit gemeinsamer Verwertung (Abs. 4) relevant sind.

33   Art. 3 Abs. 2 GVO verlangt – insoweit in Übereinstimmung mit der Vorgänger-GVO Nr. 418/85 –, dass sämtliche FuE-Partner Zugang zu den FuE-Ergebnissen haben. Mit dieser Regelung wird die rasche Verbreitung der erarbeiteten FuE-Kenntnisse und damit letztlich die Förderung des technischen Fortschritts bezweckt.[35] Die Gewährleistung dieses Zugangs wird in der Regel im Wege einer lizenzvertraglichen Gestaltung erfolgen. **Nicht** mit Art. 3 Abs. 2 im Einklang stehen somit **ausschließliche Lizenzen** an einen der FuE-Partner, auch wenn dies – ausgehend von der Definition der gemeinsamen Verwertung im Sinne von Art. 2 Ziffer 11 lit. c) – einer arbeitsteiligen Vorgehensweise im Rahmen der gemeinsamen Verwertung entsprechen würde. Insoweit schränkt Art. 3 Abs. 2 die Definition in Art. 2 Ziffer 11 ein.

34   In Änderung der bisherigen Regelung in Art. 2 lit. b) der Verordnung Nr. 418/85 lässt die GVO es nunmehr zu, dass Forschungsinstitute, Hochschulen oder Lohn-FuE-Unternehmen, soweit zu ihrem Geschäftsbereich nicht die Verwertung von FuE-Ergebnissen zählt, verpflichtet werden dürfen, die FuE-**Ergebnisse nur für eigene Forschungsaufgaben** zu verwenden. Hintergrund ist hierbei offenbar die Überlegung, dass hinsichtlich dieser Unternehmen bei einer derartigen Beschränkung keine spürbaren Auswirkungen auf den FuE-/Produktwettbewerb ausgehen werden.[36]

35   Für den Fall, dass sich die FuE-Partner allein auf die gemeinsame FuE beschränken, muss nach Art. 3 Abs. 3 jedem der beteiligten Partner die Möglichkeit der **selbstständigen Verwertung** eröffnet sein. Art. 3 Abs. 3 ist somit unbeachtlich, wenn die Partner ihre ursprüngliche FuE-Kooperation auf eine gemeinsame Verwertung im Sinne von Art. 2 Ziffer 8 und 11 ausweiten. Hintergrund der Regelung ist die Überlegung, dass FuE-Kooperationen nur dann wettbewerblich günstige Wirkungen im Sinne von Art. 81 Abs. 3 EG haben, wenn die FuE-Partner sämtliche, für sie relevanten Ergebnisse der gemeinsamen FuE auch verwerten.[37]

36   Gegenstand der Verwertungsberechtigung ist „**erforderliches Know-how**". Der Begriff des Know-how ergibt sich aus Art. 2 Nr. 10.[38] Erfasst wird nach der ausdrücklichen Regelung in Art. 3 Abs. 3 aber nicht nur das durch die gemeinsame FuE erzielte Know-how, sondern auch Background-Know-how, das schon vorher bei einem der FuE-Partner vorhanden war. Der Begriff „erforderlich" ist demgegenüber nicht definiert. Richtigerweise wird man im vorliegenden Zusammenhang Know-how als „erforderlich" anzusehen haben, wenn die Verwertung des erarbeiteten Wissens ohne dieses Know-how nicht oder nicht mit der gleichen Effizienz möglich wäre.[39] Letztlich soll verhindert werden, dass ein

---

[34] So auch *Polley/Seeliger*, a. a. O., 499.
[35] *Wish*, The Commission's Block Exemption on Research and Development Agreements, ECLR 1985, 84, 90.
[36] Vgl. dazu Erwägungsgrund 14 der GVO.
[37] Vgl. auch *Bahr/Loest* EWS 2002, 266.
[38] Vgl. Art. 2 Rn. 11.
[39] *Schödermeier/Wagner* in GK-Art. 2, Rn. 15.

E. Forschung und Entwicklung　　　　　　　　　37–39　**Art. 3 FuE-GVO**

Partner der FuE auf Grund seines Vorwissens die Verwertung durch den anderen Partner blockieren kann.[40] Durch Art. 2 Nr. 8 der GVO ist nunmehr klargestellt, dass im Rahmen von Art. 3 Abs. 3 die „selbstständige Verwertung" auch bei einer Lizenzvergabe an Dritte gegeben ist. In Bezug auf Art. 1 Abs. 3 lit. b) der Verordnung Nr. 418/85 wurde dies noch bestritten.[41] In Frage gestellt wurde auch, ob bei dem Begriff der selbstständigen Verwertung das Herstellenlassen bei einem Dritten durch einen Kooperationspartner umfasst ist.[42] Richtigerweise wird man auch diese Form der Verwertung als ausreichend ansehen müssen, da es keinen Unterschied machen kann, wie der selbstständig verwertende Kooperationspartner vorgeht.[43]

Im Gegensatz zu Art. 3 Abs. 3 betrifft Abs. 4 den Fall der FuE mit **gemeinsamer Verwertung**. Insoweit wird – wie auch schon bei der Verordnung Nr. 418/85 – die Voraussetzung aufgestellt, dass die gemeinsame FuE-Verwertung qualifizierte technische Kenntnisse betreffen muss. Es reicht somit nicht aus, dass die FuE-Ergebnisse nur ganz allgemein den technischen und wirtschaftlichen Fortschritt fördern. 37

Die weitere Voraussetzung, dass die **FuE-Ergebnisse „von entscheidender Bedeutung"** für die Herstellung der Vertragserzeugnisse/Benutzung der Vertragsverfahren sein müssen, beruht auf der Erwägung der Kommission, dass nur dann die Freistellung der gemeinsamen Verwertung zu rechtfertigen ist.[44] Schwierig ist dabei die Beurteilung, wann in den Ergebnissen verkörpertes Know-how im Sinne der GVO wesentlich zur Förderung des technischen Fortschritts beiträgt und die Ergebnisse für die Herstellung der Vertragsprodukte oder Anwendung der Vertragsverfahren von entscheidender Bedeutung sind. Für den Begriff des „wesentlichen Know-how" kann auf die Definition in der Technologietransfer-GVO Nr. 772/2004 und Art. 1 lit. f) der Vertikal-GVO Nr. 2790/1999[45] zurückgegriffen werden. Danach kommt es darauf an, ob das geheime technische Wissen den Beteiligten einen Wettbewerbsvorteil verschafft. Ist dies der Fall, wird man stets davon auszugehen haben, dass dieses Know-how auch für die Produktion und Verfahrensanwendung von entscheidender Bedeutung ist. Zutreffend ist deshalb schon zur Vorgängerverordnung Nr. 418/85 darauf hingewiesen worden, dass es letztendlich nur auf das Kriterium des „wesentlichen Know-how" ankommt.[46] Im Ergebnis liegen somit die Voraussetzungen des Art. 3 Abs. 4 vor, wenn die FuE-Ergebnisse – außer im Falle des Patents – Know-how darstellen, das den Beteiligten einen Wettbewerbsvorteil verschafft.[47] Das Problem dabei ist jedoch, dass sich häufig diese Einschätzung bei Abschluss des Vertrages nur schwer verlässlich treffen lässt, sodass in dieser Hinsicht eine gewisse Rechtsunsicherheit der Partner in Bezug auf die Erfüllung der Voraussetzung der GVO gegeben ist. Um dieser Unsicherheit zu begegnen, sollten die FuE-Partner in Betracht ziehen, die FuE-Kooperation und die gemeinsame Verwertung zeitlich gestaffelt auf getrennter vertraglicher Grundlage durchzuführen.[48] 38

Art. 3 Abs. 5 betrifft den Fall der **Produktionsspezialisierung** im Sinne von Art. 2 Nr. 11 lit. c) als Unterfall der gemeinsamen Verwertung. Wollen die FuE-Partner bei der gemeinsamen Verwertung diesen Weg beschreiten, muss sichergestellt sein, dass der herstellende Partner alle anderen FuE-Partner entsprechend ihrer Bestellungen beliefert. Hinter- 39

---

[40] *Korah*, S. 27.
[41] *Korah*, S. 27; *Wiedemann*, GVO Bd. I, Art. 2 GVO Nr. 418/85 Rn. 12.
[42] Differenzierend *Wiedemann*, GVO Bd. I, Art. 2 GVO Nr. 418/85 Rn. 12.
[43] *Schödermeier/Wagner* in: GK-Art. 2, Rn. 19.
[44] Erwägungsgrund 14.
[45] Verordnung (EG) Nr. 2790/1999 der Kommission vom 22. Dezember 1999 über die Anwendung von Artikel 81 Absatz 3 des Vertrages auf Gruppen von vertikalen Vereinbarungen und aufeinander abgestimmten Verhaltensweisen, ABl. L 336/21 v. 29. 12. 1999.
[46] *Schödermeier/Wagner* in: GK-Art. 2, Rn. 27; *Wissel* WuW 1985, 772, 777.
[47] *Wissel/Eickhoff* WuW 2004, 1246.
[48] *Schödermeier/Wagner* in: GK-Art. 2, Rn. 29 f.

grund der Regelung ist die Sorge, dass der herstellende FuE-Partner die Herstellungsfunktion dazu nutzen könnte, sich im Wettbewerb mit den anderen Partnern beim Vertrieb der Vertragsprodukte Vorteile zu verschaffen. Folgerichtig findet Art. 3 Abs. 5 keine Anwendung, wenn die FuE-Kooperation die Vergemeinschaftung des Vertriebs umfasst. Ist dies der Fall, ist ohnehin gewährleistet, dass sämtliche FuE-Partner von der Verwertung der Ergebnisse profitieren.

Artikel 4 (Marktanteilsschwelle und Freistellungsdauer)

(1) [1] Sind die beteiligten Unternehmen keine konkurrierenden Unternehmen, so gilt die Freistellung nach Artikel 1 für die Dauer der Durchführung der Forschungs- und Entwicklungsarbeiten. [2] Werden die Ergebnisse gemeinsam verwertet, so gilt die Freistellung für einen weiteren Zeitraum von sieben Jahren, beginnend mit dem Tag des ersten Inverkehrbringens der Vertragsprodukte im Gemeinsamen Markt.

(2) Sind zwei oder mehrere beteiligte Unternehmen konkurrierende Unternehmen, so gilt die Freistellung nach Artikel 1 für den in Absatz 1 genannten Zeitraum nur, wenn zum Zeitpunkt des Abschlusses der Forschungs- und Entwicklungsvereinbarung die Summe der Anteile der beteiligten Unternehmen am relevanten Markt derjenigen Produkte, die durch die Vertragsprodukte verbessert oder ersetzt werden könnten, 25% nicht überschreitet.

(3) Nach Ablauf des in Absatz 1 genannten Zeitraums gilt die Freistellung solange, wie die Summe der Anteile der beteiligten Unternehmen am relevanten Markt der Vertragsprodukte 25% nicht überschreitet.

1. Allgemeines

40 Gegenüber der Vorgänger-GVO Nr. 418/85 erfolgte mit der jetzigen GVO eine Anhebung der Marktanteilsschwellen, die heftig von der Industrie gefordert worden war, um die praktische Bedeutung der FuE-GVO zu erhöhen. Ob die in Art. 4 vorgenommene Erhöhung **von 20% auf 25%** Marktanteil helfen wird, dieses Ziel zu erreichen, muss abgewartet werden. Zudem wurde die grundsätzliche Freistellungsdauer im Falle der gemeinsamen Verwertung **von bisher 5 auf 7 Jahre** ausgedehnt. Die alten Regelungen in Art. 3 Abs. 4 und 5 der GVO Nr. 418/85 finden sich nun in Art. 6 lit. d), e), f).

41 Bei der Freistellungsdauer wird grundsätzlich unterschieden zwischen Vereinbarungen konkurrierender Unternehmen und solchen, die von Nichtwettbewerbern abgeschlossen werden. Dem Begriff der „konkurrierenden Unternehmen" kommt damit für die Freistellungsdauer eine zentrale Bedeutung zu. Insoweit ist die Definition in Art. 2 Abs. 12 heranzuziehen.[49]

2. Freistellungsdauer und Marktanteilsgrenzen

42 Die **reine FuE-Zusammenarbeit zwischen Nichtwettbewerbern** erfüllt in der Regel schon nicht den Verbotstatbestand des Art. 81 Abs. 1 EG.[50] Unabhängig davon wird durch Art. 4 Abs. 1 klargestellt, dass die Freistellungsdauer auf jeden Fall den Zeitraum der FuE-Zusammenarbeit umfasst und – soweit die Vertragsparteien eine gemeinsame Verwertung beabsichtigen – einen weiteren Zeitraum von 7 Jahren, beginnend mit dem Tag des ersten Inverkehrbringens der Vertragsprodukte (Art. 2 Nr. 7) im Gemeinsamen Markt. Dadurch sollen die Vertragsparteien in die Lage versetzt werden, eine Amortisierung der Investitionen zu erreichen, die sie im Hinblick auf die Forschung und Entwicklung getätigt haben.

---

[49] Vgl. Art. 2 Rn. 15.
[50] *Backhaus* GRUR Int. 2005, 366.

Durch Art. 4 Abs. 3 wird die Freistellungsdauer über den 7-Jahres-Zeitraum im Falle der gemeinsamen Verwertung ausgedehnt, solange die Vertragsparteien im relevanten Markt der Vertragsprodukte keinen gemeinsamen Anteil erreichen, der 25% überschreitet. Die Vertragsparteien tragen dabei selbst das Risiko, ob sie sich bei fortgesetzter Zusammenarbeit im Rahmen der gemeinsamen Verwertung noch innerhalb eines Marktanteilsbereichs bewegen, der die Freistellung erhält, oder aber schon einen gemeinsamen Marktanteil erreicht haben, der dazu führt, dass die Freistellungswirkung nicht fortdauert. Dieses Risiko ist nicht unbeträchtlich angesichts der häufig bestehenden Unsicherheiten bei der Bestimmung des relevanten Marktes und der Ermittlung des eigenen Marktanteils.

Stehen zwei oder mehrere **Vertragspartner** in einem **aktuellen oder potenziellen Wettbewerbsverhältnis** im relevanten Markt derjenigen Produkte, die durch die Vertragsprodukte verbessert oder ersetzt werden können, gilt nach Art. 4 Abs. 2 Folgendes: Erreichen die konkurrierenden Vertragspartner in diesem Markt einen gemeinsamen Marktanteil von mehr als 25% zum Zeitpunkt des Vertragsabschlusses, scheidet eine Freistellung nach der GVO von vornherein aus. Unterschreitet der gemeinsame Marktanteil der Vertragsparteien diesen Schwellenwert, gilt die gleiche Freistellungsdauer wie bei nicht-konkurrierenden Partnern einer FuE-Zusammenarbeit (d.h. für die Dauer der reinen FuE sowie – im Falle der gemeinsamen Verwertung – für weitere 7 Jahre). Hintergrund der Marktanteilsschwellenregelung ist die Überlegung, dass es ab einer gewissen Marktstärke der Vertragspartner wettbewerblich unerwünscht ist, dass Konkurrenten bei der Forschung und Entwicklung und möglicherweise sogar bei der Verwertung kooperieren, statt selbstständig derartige Aktivitäten zu entfalten. Bei einer FuE-Zusammenarbeit zwischen aktuellen oder potenziellen Wettbewerbern, die die Voraussetzungen für eine Freistellung nach Art. 4 Abs. 2 erfüllen, erfolgt unter den Voraussetzungen des Art. 4 Abs. 3 auch eine Ausdehnung der Freistellungsdauer über den 7-jährigen Verwertungszeitraum hinaus.

Artikel 5 (Nicht unter die Freistellung fallende Vereinbarungen)

(1) **Die Freistellung nach Artikel 1 gilt nicht für Forschungs- und Entwicklungsvereinbarungen, die unmittelbar oder mittelbar, für sich allein oder in Verbindung mit anderen Umständen unter der Kontrolle der Vertragsparteien Folgendes bezwecken:**

a) die Freiheit der beteiligten Unternehmen zu beschränken, eigenständig oder in Zusammenarbeit mit Dritten Forschung und Entwicklung in einem anderen Bereich oder – nach Abschluss der Arbeiten – in demselben Bereich oder einem damit zusammenhängenden Bereich zu betreiben;

b) die beteiligten Unternehmen daran zu hindern, nach Abschluss der Forschung und Entwicklung die Gültigkeit von Rechten an geistigem Eigentum, über die sie im Gemeinsamen Markt verfügen und die für die Arbeiten von Bedeutung sind, oder nach Beendigung der Forschungs- und Entwicklungsvereinbarung die Gültigkeit von Rechten an geistigem Eigentum, über die sie im Gemeinsamen Markt verfügen und die die Ergebnisse der Arbeiten schützen, anzufechten; dies gilt unbeschadet der Möglichkeit, die Beendigung der Forschungs- und Entwicklungsvereinbarung für den Fall vorzusehen, dass eine Vertragspartei die Gültigkeit solcher Eigentumsrechte anficht;

c) Beschränkung der Produktion oder des Absatzes;

d) Festsetzung der Preise für den Verkauf des Vertragsprodukts an dritte Abnehmer;

e) Einschränkung der Freiheit der beteiligten Unternehmen hinsichtlich der Wahl der zu beliefernden Kunden für den Zeitraum nach Ablauf des mit dem Tag des ersten Inverkehrbringens der Vertragsprodukte im Gemeinsamen Markt beginnenden Siebenjahreszeitraums;

f) Verbot des passiven Verkaufs der Vertragsprodukte in Gebieten, die anderen Vertragsparteien vorbehalten sind;

g) Verbot, die Vertragsprodukte in Gebieten innerhalb des Gemeinsamen Markts, die anderen Vertragsparteien vorbehalten sind, in Verkehr zu bringen oder im Rahmen einer aktiven Verkaufspolitik abzusetzen für den Zeitraum nach Ablauf des mit dem Tag des ersten Inverkehrbringens der Vertragsprodukte im Gemeinsamen Markt beginnenden Siebenjahreszeitraums;

h) Verpflichtung, Dritten keine Lizenzen für die Herstellung der Vertragsprodukte oder für die Anwendung der Vertragsverfahren zu erteilen, wenn die Verwertung der Ergebnisse der gemeinsamen Forschungs- und Entwicklungsarbeiten durch mindestens eine Vertragspartei selbst nicht vorgesehen ist oder nicht erfolgt;

i) Verpflichtung, die Annahme von Bestellungen von in ihrem jeweiligen Gebiet ansässigen Nutzern oder Wiederverkäufern, die die Vertragsprodukte in anderen Gebieten innerhalb des Gemeinsamen Marktes in Verkehr bringen wollen, zu verweigern oder

j) Verpflichtung, Nutzern oder Wiederverkäufern den Bezug der Vertragsprodukte bei anderen Wiederverkäufern innerhalb des Gemeinsamen Marktes zu erschweren und insbesondere Rechte an geistigem Eigentum geltend zu machen oder Maßnahmen zu treffen, um Nutzer oder Wiederverkäufer daran zu hindern, Produkte, die von einer anderen Vertragspartei entweder selbst oder mit ihrer Zustimmung rechtmäßig in der Gemeinschaft in Verkehr gebracht worden sind, zu beziehen oder im Gemeinsamen Markt in Verkehr zu bringen.

(2) Absatz 1 gilt nicht für

a) die Aufstellung von Produktionszielen, wenn die Verwertung der Ergebnisse die gemeinsame Produktion der Vertragsprodukte einschließt;

b) die Aufstellung von Verkaufszielen und die Festsetzung von Preisen gegenüber Direktabnehmern, wenn die Verwertung der Ergebnisse den gemeinsamen Vertrieb der Vertragsprodukte einschließt.

1. Allgemeines

45 Art. 5 enthält die sog. **Schwarze Liste** und folgt damit einer Regelungssystematik, die die Kommission auch in anderen GVOs (Technologietransfer-, Vertikal-GVO) verwendet hat. Dem liegt die Betrachtungsweise zu Grunde, dass bestimmte, als besonders schwerwiegend angesehene Beschränkungen per se nicht freistellungsfähig sind. Entsprechend dem sog. „Alles-oder-Nichts-Prinzip" führt die Aufnahme auch nur einer einzigen schwarz gelisteten Beschränkung in eine FuE-Vereinbarung nach Auffassung der Kommission und wohl auch des Europäischen Gerichtshofes zur generellen Nichtanwendbarkeit der gesamten GVO.[51]

2. Unzulässige Klauseln

46 Systematisch lässt sich die Schwarze Liste in Art. 5 Abs. 1 und 2 in **drei Gruppen** unterteilen: Generell unzulässige Beschränkungen, Beschränkungen, die nur bei einer reinen FuE-Zusammenarbeit unzulässig sind, und schließlich solche Beschränkungen, die eine FuE-Kooperation mit gemeinsamer Verwertung betreffen.

47 Zu den generell unzulässigen Beschränkungen zählen Art. 5 Abs. 1 lit. a), b) sowie j). Zu den schwarz gelisteten Klauseln, die nur eine reine FuE-Zusammenarbeit betreffen, zählen Art. 5 Abs. 1 lit. c), d) sowie h). Alle übrigen Klauselverbote betreffen eine FuE-Kooperation mit gemeinsamer Verwertung.

48 **a) Generell unzulässige Klauseln.** Art. 5 Abs. 1 lit. a) betrifft die Einschränkung der Freiheit der Vertragsparteien, einerseits während der andauernden FuE-Zusammenarbeit in anderen Bereichen oder andererseits – nach Abschluss der gemeinsamen FuE – in dem ver-

---

[51] Vgl. Art. 1 Rn. 12.

tragsgegenständlichen Bereich oder damit zusammenhängenden Bereichen[52] FuE-Aktivitäten zu entfalten. Damit soll sichergestellt werden, dass die FuE-Kooperation nicht zur Vereinbarung weitgehender Wettbewerbsverbote genutzt wird.

Nach Art. 5 Abs. 1 lit. b) sind sämtliche Nichtangriffsklauseln in Bezug auf die Gültigkeit von Eigentumsrechten schwarz gelistet. Die Vertragsparteien sollen ungeachtet ihrer gemeinsamen FuE frei bleiben, Schutzrechte des anderen Vertragspartners anzugreifen. Da ein derartiger Angriff im Zweifel dazu führt, dass das Vertrauensverhältnis zwischen den Vertragsparteien zerstört wird, sieht Art. 5 Abs. 1 lit. b) vor, dass im Falle eines durch einen Vertragspartner vorgenommenen Angriffs hinsichtlich eines Schutzrechts eines anderen Vertragspartners für letzteren eine Kündigungsmöglichkeit im Vertrag vereinbart werden kann. Auch eine derartige Kündigungsmöglichkeit wird einen gewissen abschreckenden Effekt im Hinblick auf einen Schutzrechtsangriff haben. Sie lässt jedoch dem Vertragspartner, der einen derartigen Schutzrechtsangriff erwägt, die Freiheit, zwischen dem Vorteil eines Schutzrechtsangriffs und dem Wert der gemeinsamen FuE zu entscheiden. 49

Nach Art. 5 Abs. 1 lit. j) steht die FuE-Vereinbarung generell nicht in Einklang mit der GVO, wenn einem oder mehreren Vertragspartnern die Verpflichtung auferlegt wird, Nutzern oder Wiederverkäufern den Bezug der Vertragsprodukte, die von anderen Vertragsparteien selbst oder durch Dritte rechtmäßig in Verkehr gebracht wurden, oder das Inverkehrbringen der Vertragsprodukte innerhalb der Gemeinschaft zu erschweren. Wenn durch die GVO in gewissem Umfang Wettbewerbsbeschränkungen in Bezug auf die Vertragsparteien hingenommen werden, so soll jedenfalls auf der Ebene der Abnehmer der Vertragspartner keine weitere Einschränkung des Wettbewerbs, insbesondere in Form einer festen Zuordnung bestimmter Märkte an bestimmte Vertragspartner, stattfinden. 50

b) Unzulässige Klauseln bei reiner FuE-Zusammenarbeit. Art. 5 Abs. 1 lit. c) sieht in jeder Form der Beschränkung der Produktion und des Absatzes eine im Falle der reinen FuE-Zusammenarbeit unzulässige Beschränkung. Die wettbewerbsrechtliche Logik besteht darin, dass bei einer auf die reine FuE-Zusammenarbeit beschränkten Kooperation die Vertragsparteien nach Beendigung der FuE-Phase hinsichtlich der Produktion und des Absatzes der Vertragsprodukte keinerlei Beschränkungen unterworfen werden sollen. Etwas anderes gilt nur dann, wenn die Vertragspartner auch die Verwertung gemeinsam durchführen. Dies folgt aus Art. 5 Abs. 2 lit. a) und b). 51

Aus derselben wettbewerbsrechtlichen Überlegung heraus verbietet Art. 5 Abs. 1 lit. d) die Festsetzung der Preise für den Verkauf der Vertragsprodukte an Dritte. Auch hier folgt aus Art. 5 Abs. 2 lit. b), dass dies für den Fall der reinen FuE-Zusammenarbeit nicht gewünscht ist. 52

Beschränkt sich die Zusammenarbeit auf eine reine FuE, dürfen die Vertragsparteien nach Art. 5 Abs. 1 lit. h) nicht vereinbaren, Dritten keine Lizenzen für die Herstellung der Vertragsprodukte oder für die Anwendung des Vertragsverfahrens zu erteilen. Der Hintergrund dieser Regelung ist identisch mit der der vorstehend dargestellten Beschränkungstatbestände des Art. 5 Abs. 1 lit. c) und d). 53

c) Unzulässige Klauseln bei FuE-Zusammenarbeit mit gemeinsamer Verwertung. Nach Art. 5 Abs. 1 lit. e) sollen bei einer FuE-Kooperation mit gemeinsamer Verwertung jedenfalls nach Ablauf des freigestellten 7-Jahres-Zeitraums die Vertragspartner keinerlei Einschränkungen bei der Auswahl der von ihnen zu beliefernden Kunden ausgesetzt sein. Eine Kundenaufteilung zwischen den Vertragsparteien ist somit nur innerhalb des 7-Jahres-Zeitraums zulässig. Selbst wenn auf der Grundlage von Art. 4 Abs. 3 die gemeinsame Verwertung ansonsten weiter freigestellt ist,[53] sind aus Sicht der Kommission je- 54

---

[52] *Bahr/Loest* EWS 2002, 267 weisen zutreffend darauf hin, dass offen bleibt, was mit dem Begriff „Bereich" gemeint sein soll.
[53] Vgl. Rn. 43.

55 Haben sich die Vertragsparteien im Rahmen der gemeinsamen Verwertung bestimmte Gebiete im Verhältnis zueinander vorbehalten, ist nach Art. 5 Abs. 1 lit. f) das Verbot schwarz gelistet, den passiven Verkauf der Vertragsprodukte vertraglich auszuschließen. Unter passivem Verkauf wird dabei entsprechend der allgemeinen Terminologie der Kommission ein Verkauf verstanden, der nicht aktiv durch Werbung oder andere Promotion-Maßnahmen herbeigeführt worden ist, sondern auf Anfrage eines Kunden aus einem Gebiet zustande kommt, das einem anderen Vertragspartner oder einem Dritten zugewiesen worden ist.

56 Ist der 7-Jahres-Zeitraum des Art. 4 Abs. 1 im Falle der gemeinsamen Verwertung der Vertragsprodukte ausgelaufen, wird durch Art. 5 Abs. 1 lit. g) klargestellt, dass den Vertragsparteien dann auch nicht mehr vertraglich untersagt werden kann, in den Gebieten, die anderen Vertragsparteien oder Dritten vorbehalten sind, Produkte in den Verkehr zu bringen oder im Rahmen einer aktiven Verkaufspolitik abzusetzen. Auch dies ist wieder vor dem Hintergrund der wettbewerbspolitischen Überlegung zu sehen, dass die angenommenen wettbewerbsdämpfenden Wirkungen durch die gemeinsame Verwertung jedenfalls nach Ablauf einer aus Sicht der Kommission ausreichenden Zeitspanne (d.h. dem 7-Jahres-Zeitraum) nicht mehr gerechtfertigt sind und die Vertragsparteien sich Wettbewerb hinsichtlich des Absatzes der Vertragsprodukte liefern sollen.

57 Aus dieser Überlegung heraus erklärt sich auch die in Art. 5 Abs. 1 lit. i) vorgesehene Schwarzlistung einer Verpflichtung der Vertragspartner, solche Abnehmer von Produkten nicht zu beliefern, die erkennbar Parallelimporte in Gebiete durchführen wollen, die einer anderen Vertragspartei vorbehalten sind.

Artikel 6 (Anwendung der Marktanteilsschwelle)

(1) **Für die Anwendung der Marktanteilsschwelle im Sinne des Artikels 4 gelten folgende Regeln:**

a) **Der Marktanteil wird anhand des Absatzwerts berechnet;** liegen keine Angaben über den Absatzwert vor, so können zur Ermittlung des Marktanteils Schätzungen vorgenommen werden, die auf anderen verlässlichen Marktdaten unter Einschluss der Absatzmengen beruhen.

b) **Der Marktanteil wird anhand der Angaben für das vorhergehende Kalenderjahr ermittelt.**

c) **Der Marktanteil der in Artikel 2 Nummer 3 Buchstabe e) genannten Unternehmen wird zu gleichen Teilen jedem Unternehmen zugerechnet, das die in Artikel 2 Nummer 3 Buchstabe a) bezeichneten Rechte oder Einflussmöglichkeiten hat.**

(2) **Beträgt der in Artikel 4 Absatz 3 bezeichnete Marktanteil zunächst nicht mehr als 25% und überschreitet er anschließend diese Schwelle, übersteigt jedoch nicht 30%, so gilt die Freistellung nach Artikel 1 im Anschluss an das Jahr, in welchem die 25%-Schwelle erstmals überschritten wurde, noch für zwei weitere Kalenderjahre.**

(3) **Beträgt der in Artikel 4 Absatz 3 bezeichnete Marktanteil zunächst nicht mehr als 25% und überschreitet er anschließend 30%, so gilt die Freistellung nach Artikel 1 im Anschluss an das Jahr, in welchem die Schwelle von 30% erstmals überschritten wurde, noch für ein weiteres Kalenderjahr.**

(4) **Die in den Absätzen 2 und 3 genannten Vorteile dürfen nicht in der Weise miteinander verbunden werden, dass ein Zeitraum von zwei Kalenderjahren überschritten wird.**

1. Allgemeines

58 Art. 6 bestimmt, wie sich der für Art. 4 so bedeutsame gemeinsame Marktanteil der Vertragspartner berechnet. Demzufolge sind Art. 4 und Art. 6 im Rahmen der Anwendung

E. Forschung und Entwicklung

der GVO notwendigerweise verknüpft. Art. 6 stellt damit einen Ersatz für Art. 6 Abs. 4 und 5 der Verordnung Nr. 418/85 dar. Zu berücksichtigen sind in diesem Zusammenhang auch die mit den Vertragsparteien verbundenen Unternehmen (Art. 2 Nr. 3).[54]

2. Vorgaben für die Marktanteilsberechnung

Nach Art. 6 Abs. 1 wird für die **Berechnung des Marktanteils** der Absatzwert herangezogen. Dies bedeutet, dass man für diese Berechnung zunächst das Gesamtmarktvolumen auf der Grundlage des Verkaufspreises berechnen muss, um dann ausgehend von dem Umsatz der Vertragsparteien im jeweils relevanten Markt (einerseits im Sinne von Art. 4 Abs. 2, andererseits im Sinne von Art. 4 Abs. 3) zu ermitteln. Maßgeblich für diese Berechnung ist nach Art. 6 Abs. 1 lit. b) nicht das laufende Geschäftsjahr, sondern das diesem vorhergehende Kalenderjahr. Es kommt somit nicht auf das Geschäftsjahr des Unternehmens an. Für Gemeinschaftsunternehmen im Sinne von Art. 2 lit. e) trifft Art. 6 Abs. 1 lit. c) die Klarstellung, dass der Marktanteil solcher Unternehmen zu gleichen Teilen jedem der Unternehmen zugerechnet wird, die die gemeinsame Kontrolle über das Gemeinschaftsunternehmen ausüben. Beherrscht beispielsweise eine der Vertragsparteien ein Gemeinschaftsunternehmen zusammen mit einem dritten Unternehmen und ist dieses Gemeinschaftsunternehmen in einem relevanten Markt im Sinne von Art. 4 Abs. 2 oder Art. 4 Abs. 3 tätig, dann wäre dieser Vertragspartei bei einem Marktanteil des Gemeinschaftsunternehmens von 10% ein Marktanteil von 5% zuzurechnen. 59

Für den Fall der **gemeinsamen Verwertung** gilt nach Art. 6 Abs. 2 folgende Regelung: Ist zunächst (d. h. nach Auslauf des 7-jährigen Verwertungszeitraums) der gemeinsame Marktanteil der Vertragsparteien geringer als 25% und überschreitet er diese Grenze anschließend, jedoch nur bis maximal 30%, wird die in Art. 4 Abs. 3 niedergelegte Freistellungsdauer in der Weise konkretisiert, dass trotz Überschreitens der 25%-Schwelle für das Jahr, in dem diese Überschreitung erstmalig stattfindet, sowie für die darauffolgenden zwei weiteren Kalenderjahre die Freistellung weiter gilt. 60

Eng mit Art. 6 Abs. 2 verbunden ist Art. 6 Abs. 3. Dieser trifft die Klarstellung, dass bei einer erstmaligen **Überschreitung der 25%-Grenze**, die über einen Marktanteil von 30% hinausgeht, die Freistellung im Sinne von Art. 4 Abs. 3 noch für das Jahr gilt, in dem diese Überschreitung der 30%-Grenze stattfindet, sowie für das nachfolgende Kalenderjahr. Durch die Klarstellung „erstmals überschritten" wird ausgeschlossen, dass es bei einem Abfall des Marktanteils unter die 25%-Schwelle innerhalb des Toleranzzeitraums nicht zum Wiederaufleben der Freistellungswirkung des Art. 4 Abs. 3 kommt.[55] 61

Durch Art. 6 Abs. 4 wird klargestellt, dass die Überschreitungsregelungen der Art. 6 Abs. 2 und 3 nicht kumuliert werden können. Maximal ist somit eine Freistellung bei Überschreitung der 25%-Schwelle für den Zeitraum zweier Kalenderjahre möglich, die dem Jahr der Überschreitung nachfolgen. 62

Artikel 7 (Entzug der Freistellung)

Gemäß Artikel 7 der Verordnung (EWG) Nr. 2821/71[56] kann die Kommission im Einzelfall den Vorteil der Anwendung dieser Verordnung entziehen, wenn sie von sich aus oder auf Antrag eines Mitgliedstaats oder einer natürlichen oder juristischen

---

[54] Zur Definition siehe Rn. 19.
[55] *Bahr/Loest* EWS 2002, 265.
[56] Verordnung (EWG) Nr. 2821/71 des Rates vom 20. Dezember 1971 über die Anwendung von Artikel 81 Absatz 3 (Die Titel der Verordnungen wurden geändert, um der Umnummerierung der Artikel des EG-Vertrags gemäß Artikel 12 des Vertrages von Amsterdam Rechnung zu tragen; ursprünglich wurde auf Artikel 85 Absatz 3 Bezug genommen) des Vertrages auf Gruppen von Vereinbarungen Beschlüssen und aufeinander abgestimmten Verhaltensweisen (ABl. L 285 vom 29. 12. 1971, S. 46).

Person, die ein berechtigtes Interesse geltend machen kann, feststellt, dass eine nach Artikel 1 freigestellte Forschungs- und Entwicklungsvereinbarung gleichwohl Wirkungen hat, die mit den Voraussetzungen des Artikels 81 Absatz 3 des Vertrages unvereinbar sind; dies gilt insbesondere dann, wenn

a) die Möglichkeiten für Dritte, Forschungs- und Entwicklungsarbeiten in dem relevanten Bereich durchzuführen, durch die Existenz der Forschungs- und Entwicklungsvereinbarung erheblich eingeschränkt werden, weil anderswo Forschungskapazitäten nur in begrenztem Umfang zur Verfügung stehen;
b) der Zugang Dritter zum Markt der Vertragsprodukte infolge der besonderen Angebotsstruktur durch die Existenz der Forschungs- und Entwicklungsvereinbarung erheblich eingeschränkt wird;
c) die Vertragsparteien ohne sachlich gerechtfertigten Grund die Ergebnisse der gemeinsamen Forschungs- und Entwicklungsarbeiten nicht verwerten;
d) die Vertragsprodukte im Gemeinsamen Markt oder in einem wesentlichen Teil desselben nicht mit gleichen Produkten oder mit Produkten, die von den Nutzern auf Grund ihrer Eigenschaften, ihres Preises und ihres Verwendungszwecks als gleichartig angesehen werden, in wirksamem Wettbewerb stehen;
e) wirksamer Wettbewerb bei Forschung und Entwicklung in einem bestimmten Markt durch die Existenz der Forschungs- und Entwicklungsarbeiten ausgeschaltet würde.

1. Allgemeines

63   Art. 7, der im Wesentlichen Art. 10 der alten GVO Nr. 418/85 entspricht, erwähnt nun ausdrücklich das Antragsrecht für Mitgliedsstaaten und natürliche und juristiche Personen hinsichtlich eines Entzugs der Freistellung durch die Kommission im Einzelfall. Die in der Norm aufgezählten Tatbestände sind nur beispielhaft. Insgesamt dient Art. 7 der Kommission als Korrekturinstrument, wenn sich herausstellt, dass eine Freistellung der betreffenden Zusammenarbeit nicht gerechtfertigt ist, weil die Voraussetzungen des Art. 81 Abs. 3 EG nicht oder nicht mehr vorliegen. Bislang war in der Praxis der Kommission der Entzug einer Freistellung ein seltener Ausnahmefall.

2. Rücknahmegründe

64   Der Rücknahmegrund des Art. 7 lit. a) betrifft den Fall, dass die **Vertragsparteien** der FuE in dem relevanten Bereich der Forschung und Entwicklung derart **bedeutsame Kapazitäten** besitzen, dass Dritte allein oder mit anderen Unternehmen oder Forschungs- und Entwicklungsinstituten keine gleichwertigen Möglichkeiten erfolgreicher Forschungs- und Entwicklungsarbeit hätten. Art. 7 lit. a) knüpft an die FuE-Vereinbarung an und will verhindern, dass es wegen des Inhalts oder der Wirkung der FuE-Vereinbarung schon auf der Stufe der FuE zu einer Marktverschließung in dem betroffenen Bereich kommt. Letztlich korreliert Art. 7 lit. a) mit der Negativvoraussetzung des Art. 81 Abs. 3 EG. Danach ist Voraussetzung für eine Freistellung, dass den Vertragsparteien durch die Vereinbarung nicht die Möglichkeit eröffnet wird, für einen wesentlichen Teil der betreffenden Produkte den Wettbewerb auszuschalten. Wann eine „erhebliche Einschränkung" vorliegt, wird im Einzelnen häufig nicht eindeutig festzustellen sein. Allerdings lassen sich Vergleichsfälle in der Kommissionspraxis finden, in denen die Kommission im Hinblick auf FuE-Kooperationen wettbewerbliche Bewertungen vorgenommen hat, die als Orientierung herangezogen werden können.[57]

65   Wie schon die Vorgängerverordnung Nr. 418/85 in Art. 10 lit. b) betrifft Art. 7 lit. b) die wettbewerbliche Besorgnis, dass die FuE den nachstoßenden Wettbewerb Dritter in Be-

---

[57] Beispielsweise „Pasteur Mérieux/Merck", 24 WB, 1996, Tz. 172 ff.; *Quellmalz* WRP 2004, 465; *Schödermeier/Wagner* in GK-Art. 10, Rn. 5 m.w.N.

E. Forschung und Entwicklung

zug auf die (neu entwickelten) Vertragsprodukte erheblich beschränkt. Mit **„besonderer Angebotsstruktur"** kann nur die konkrete Marktsituation im Bereich der Vertragsprodukte und damit die Marktanteile der Vertragsparteien im Markt der Vertragsprodukt gemeint sein. Damit stellt sich jedoch das Problem, ab welcher Marktstellung man die Voraussetzungen des Art. 7 lit. b) bejahen könnte. Letztlich besteht im Rahmen von Art. 7 lit. b) (wie auch schon bei Art. 10 lit. b) der Verordnung Nr. 418/85) ein Wertungswiderspruch: Wenn durch die Marktanteilsschwelle des Art. 4 bereits dafür gesorgt wird, dass keine konkurrierenden Unternehmen mit erheblichen Marktanteilen oberhalb der dort festgeschriebenen Marktanteilsschwelle in den Genuss der Freistellung gelangen und darüber hinaus – unabhängig vom Marktanteil – bei einer gemeinsamen Verwertung die 7-jährige Verwertungsphase generell freigestellt wird, wird einerseits verhindert, dass die Vertragsparteien eine zu große Marktstärke aufweisen, sowie andererseits anerkannt, dass die (neu entwickelten) Vertragsprodukte in der Anfangsphase durchaus einen hohen Marktanteil erreichen können. Ein solcher wäre jedoch ausgehend vom Wortlaut des Art. 7 lit. b) ein Grund für die Entziehung der Freistellung. Die sich damit ergebende Frage, ob die Kommission befugt ist, in der 7-jährigen Verwertungsphase wegen zu hoher Marktanteile die Freistellung zu entziehen, ist nicht eindeutig zu beantworten. Jedenfalls wird man von der Kommission fordern müssen, eine Entziehung auf dieser Grundlage nur in echten Extremfällen vorzunehmen.

Der Entziehungsgrund des Art. 7 lit. c) kann nur den Fall einer FuE mit ursprünglich 66 geplanter gemeinsamer Verwertung betreffen. Eine Entziehung der Freistellung bei einer reinen FuE wegen **nicht durchgeführter Verwertung** geht zwangsläufig in Leere, da die in der Vergangenheit liegende FuE in dem Entscheidungszeitpunkt der Kommission bereits durchgeführt worden ist und rückwärtsgerichtet die Freistellungswirkung nicht mehr entzogen werden kann.

Relevant dürfte dieser Entziehungsgrund somit allein für die Konstellation sein, in denen die Kommission Anlass zu der Annahme hat, dass die Vertragsparteien auf eine Verwertung verzichten, um ihre Marktposition in dem bisher bestehenden Produktmarkt abzusichern. Als sachlich gerechtfertigter Grund für eine Nichtverwertung trotz ursprünglich vorgesehener gemeinsamer Verwertung wird man beispielsweise den Fall ansehen können, in dem eine Verwertung zu unverhältnismäßig großen Investitionen im Verhältnis zur Chance einer erfolgreichen Markteinführung der Vertragsprodukte stehen würde oder die Erzeugnisse – jedenfalls zum betreffenden Zeitpunkt – aus Sicht der Verbraucher keinen Vermarktungserfolg versprechen. Ohnehin nicht anwendbar muss Art. 7 lit. c) in jedem Fall sein, wenn die Vertragsparteien von mehreren denkbaren Verwertungsmöglichkeiten sich nur auf eine einzige verständigen, weil sie diese für optimal halten, auf die anderen jedoch verzichten.

Die mit der Vorgängervorschrift des Art. 10 lit. d) der Verordnung Nr. 418/85 identi- 67 sche Regelung des Art. 7 lit. d) betrifft wie Art. 7 lit. b) die Wettbewerbssituation auf dem Markt der Vertragsprodukte. Während Art. 7 lit. b) sich aber auf die Frage einer Erschwerung des Marktzutritts Dritter durch die FuE-Vereinbarung beschränkt, geht Art. 7 lit. d) weiter und berechtigt die Kommission zur Entziehung der Freistellung auch dann, wenn die **Vertragsparteien** mit den Vertragsprodukten **ohne wesentliche Konkurrenz** bleiben, d. h. letztlich marktbeherrschend sind. Wiederum gerät man hier in den bereits bei Art. 7 lit. b) dargestellten Wertungswiderspruch: Durch die marktanteilsunabhängige Freistellung der gemeinsamen Verwertung für den 7-jährigen Zeitraum kommt zum Ausdruck, dass die Kommission auch sehr hohe Marktanteile der Vertragsprodukte bedingt durch deren Innovationsgrad zu akzeptieren bereit ist, um den Unternehmen eine Amortisierung der für die FuE getätigten Investitionen zu ermöglichen. Eine zeitlich darüber hinausgehende Freistellung ist zudem durch die Marktanteilsschwelle des Art. 4 Abs. 3 begrenzt. Gleichwohl soll es auf der anderen Seite nach Art. 7 lit. d) der Kommission möglich sein, in der 7-jährigen Verwertungsphase die Freistellung wegen einer zu starken Marktstellung zu entziehen. Richtigerweise muss eine Anwendung von Art. 7 lit. d) deshalb auf absolute Ausnahmefälle beschränkt bleiben, um nicht die gesamte Freistellungssystematik in Frage zu stellen.

68 Art. 7 lit. e) ist als Entziehungsgrund neu eingeführt worden. In seinem Regelungsgehalt erscheint diese Vorschrift jedoch insbesondere gegenüber Art. 7 lit. a) unklar: Wie Art. 7 lit. a) betrifft Art. 7 lit. e) den FuE-Wettbewerb. Während Art. 7 lit. a) darauf abstellt, ob die FuE-Vereinbarung bei ansonsten nur geringen anderweitig verfügbaren FuE-Kapazitäten Ausschlusswirkungen zu Lasten der FuE-Chancen Dritter entfaltet, knüpft Art. 7 lit. e) an die **bloße Existenz der FuE-Arbeiten** und deren beschränkende Wirkung für den FuE-Wettbewerb an. Eine Ausschaltung des FuE-Wettbewerbs in diesem Sinne wird man nur dann annehmen können, wenn entweder die Vertragsparteien die einzig in Betracht kommenden Unternehmen sind, die FuE in diesem Bereich durchführen können, und wegen der Höhe der Investitionen oder sonstiger Besonderheiten des betroffenen Bezirks keine anderweitigen Tätigkeiten allein oder mit Dritten realistischerweise durchführen werden, oder wenn jeder der FuE-Partner für sich derart stark im betroffenen FuE-Bereich erscheint, dass Dritte abgeschreckt werden, mit diesen (kooperierenden) Unternehmen in FuE-Wettbewerb zu treten. Angesichts der Marktanteilsschwellen des Art. 4 Abs. 2 für die Zusammenarbeit konkurrierender Unternehmen bei der FuE dürfte der Anwendungsbereich dieses Entzugsgrundes allerdings äußerst begrenzt sein.

Artikel 8 (Übergangsfrist)

Das Verbot des Artikels 81 Absatz 1 des Vertrages gilt vom 1. Januar 2001 bis zum 30. Juni 2002 nicht für wirksame Vereinbarungen, die am 31. Dezember 2000 bereits in Kraft waren und die Voraussetzungen für eine Freistellung zwar nach der Verordnung (EWG) Nr. 418/85 nicht aber nach dieser Verordnung erfüllen.

69 Die Übergangsregelung in Art. 8 dürfte kaum praktische Bedeutung haben, da die GVO in nahezu jeder Hinsicht vorteilhafter als die Vorgängerverordnung Nr. 418/85 sein dürfte. Jedenfalls besteht für alle über den 30. Juni 2002 hinausgehenden FuE-Kooperationen die Notwendigkeit einer Überprüfung, ob sie mit der GVO in Einklang stehen.

Artikel 9 (Geltungsdauer)

Diese Verordnung tritt am 1. Januar 2001 in Kraft.
Sie gilt bis zum 31. Dezember 2010.

70 (nicht kommentiert)

F. Automobilvertrieb*

Übersicht

	Rn.		Rn.
Einführung	1	3. Ausschließlich den Verkauf von Instandsetzungs- und Wartungsdienstleistungen und Ersatzteilen betreffende Kernbeschränkungen ...	41
Art. 1 Begriffsbestimmungen	20		
Art. 2 Geltungsbereich	26	a) Verbot der Begrenzung der Aktivitäten von Vertragswerkstätten	41
Art. 3 Allgemeine Voraussetzungen	27		
1. Anwendungsbereich der Gruppenfreistellungsverordnung	28	b) Sicherstellung des freien Bezugs von Original- und gleichwertigen Ersatzteilen im Sinne der GVO	42
2. Vertragliche Ausgestaltung der Vertriebsbeziehung	30		
3. Die Übertragung der Rechte innerhalb des Netzes	33	c) Sicherstellung der Übermittlung erheblicher technischer Informationen an unabhängige Marktbeteiligte	43
Art. 4 Kernbeschränkungen – die so genannten schwarzen Klauseln	34	Art. 5 Besondere Voraussetzungen – die so genannten roten Klauseln	43
1. Kernbeschränkungen betreffend den Verkauf von neuen Kraftfahrzeugen, Instandsetzungs- und Wartungsdienstleistungen oder Ersatzteilen	35	1. Vertragliche bzw. nachvertragliche Wettbewerbsverbote	45
		2. Spezifische Klauselverbote für den Neuwagenverkauf und den Kundendienst	46
a) Verbot der Preisbindung (Art. 1 1. a.)	35	Art. 6 Entzug des Vorteils der Verordnung	50
b) Verkaufsbeschränkungen hinsichtlich des Gebietes bzw. des Kundenkreises	36	Art. 7 Erklärung der Nichtanwendbarkeit der Verordnung	52
c) Beschränkung der Querlieferungen	37	Art. 8 Berechnung der Marktanteile	53
d) Beschränkungen in Selektivsystemen bzgl. Personenkraftwagen und leichten Nutzfahrzeugen bzw. anderen Kraftfahrzeugen...	38	Art. 9 Berechnung des Umsatzes	54
		Art. 10 Übergangszeitraum	55
2. Ausschließlich den Verkauf neuer Kraftfahrzeuge betreffende Kernbeschränkungen	39	Art. 11 Überprüfung und Bewertungsbericht	58
a) Verfügbarkeitsklausel	39	Art. 12 Inkrafttreten und Geltungsdauer	59
b) Trennung der „natürlichen" Verbindung von Verkauf und Kundendienst	40		

Schrifttum: *Bach,* Die Zukunft des selektiven Vertriebs in der EG. Zur Novelliertung der Gruppenfreistellungsverordnung für den Kfz-Vertrieb, WuW 1995, 5; *Bertin,* Analyse des conditions de sélection de leurs réseaux par les constructeurs automobiles à l'occasion de l'entrée en vigueur du règlement n° 1400/2002 du 31 juillet 2002, Dalloz 2003, 1150; *Creutzig,* Die neue Gruppenfreistellungsverordnung für den Kraftfahrzeugsektor, EuZW 2002, 560; *Creutzig,* Vertrieb und Betreuung neuer Kraftfahrzeuge im 21. Jahrhundert – Fragen und Antworten zur Kfz-GVO 1400/2002, BB 2002, 2136; *Creutzig,* EG-Gruppenfreistellungs-Verordnung (GVO) für den Kraftfahrzeugsektor, Verlag Recht und Wirtschaft 2003; *Ensthaler,* Die neue Gruppenfreistellungsverordnung für den Kfz-Vertrieb, WuW 2002, 1042; *Ensthaler/Funk/Stopper,* Handbuch des Automobilvertriebsrechts, C. H. Beck 2004; *Funk,* Kfz-Vertrieb und EU-Kartellrecht, Diss. Kaiserslautern 2002; *B. Goldman/A. Lyon-Caen/L. Vogel,* Droit commercial européen, Dalloz 1994; *Idot,* Le nouveau règlement d'exemption relatif à la distribution automobile, Europe Oktober 2002, Chronique, 3; *Pfeffer,* Die neue Gruppenfreistellungsverordnung (EG) Nr. 1400/2002 für die Automobilbranche, NJW 2002, 2910; *Roninger/Hemetsberger,* Kfz-Vertrieb neu. Praxiskommentar zur Gruppenfreistellungs-Verordnung für den Kfz-Sektor, C. H. Beck 2003; *L. Vogel/ J. Vogel,* Droit de la distribution automobile, Dalloz 1996; *L. Vogel,* La dimension communautaire : vers un régime commun du contrat de distribution?, La Semaine Juridique 3/4–1997, 32; *L. Vogel,* Faux débats et vraies questions à propos du nouveau règlement sur la distribution automobile, La Semaine Juridique (Edition Entreprise) – Beilage Les Cahiers de droit de l'Entreprise, 5/2002, 15; *L. Vogel/ J. Vogel,* La distribution automobile à l'épreuve de son nouveau règlement automobile, Revue Lamy

---

* Verordnung (EG) Nr. 1400/2002 der Kommission über die Anwendung von Artikel 81 Absatz 3 des Vertrags auf Gruppen von vertikalen Vereinbarungen und aufeinander abgestimmten Verhaltensweisen im Kraftfahrzeugsektor.

Droit des Affaires Nr. 53 (Oktober 2002), 23; *L. Vogel/J. Vogel,* La distribution sélective n'est pas un concours, mais un examen, Journal de l'Automobile Nr. 844/845 v. 25. 7. 2003, 32; *L. Vogel/J. Vogel,* Droit de la distribution automobile, LawLex 2004.

Erwägungsgründe

Die Kommission der Europäischen Gemeinschaften –

gestützt auf den Vertrag zur Gründung der Europäischen Gemeinschaft,

gestützt auf die Verordnung Nr. 19/65/EWG des Rates vom 2. März 1965 über die Anwendung von Artikel 85 Absatz 3 des Vertrags auf Gruppen von Vereinbarungen und aufeinander abgestimmten Verhaltensweisen, zuletzt geändert durch Verordnung (EG) Nr. 1215/1999, insbesondere auf Artikel 1,

nach Veröffentlichung des Entwurfs dieser Verordnung,

nach Anhörung des Beratenden Ausschusses für Kartell- und Monopolfragen,

in Erwägung nachstehender Gründe:

(1) Auf der Grundlage der im Kraftfahrzeugsektor mit dem Vertrieb von neuen Kraftfahrzeugen, Ersatzteilen und Kundendienstleistungen gewonnenen Erfahrungen lassen sich Gruppen von vertikalen Vereinbarungen bestimmen, bei denen die Voraussetzungen von Artikel 81 Absatz 3 in der Regel als erfüllt gelten können.

(2) Diese Erfahrungen führen zu der Schlussfolgerung, dass für diesen Wirtschaftszweig strengere als die sich aus der Verordnung (EG) Nr. 2790/1999 der Kommission vom 22. Dezember 1999 über die Anwendung von Artikel 81 Absatz 3 des Vertrags auf Gruppen von vertikalen Vereinbarungen und aufeinander abgestimmten Verhaltensweisen ergebenden Regelungen erforderlich sind.

(3) Diese strengeren Gruppenfreistellungsregeln (nachstehend: „Freistellung") sollten für vertikale Vereinbarungen über den Kauf oder Verkauf neuer Kraftfahrzeuge, vertikale Vereinbarungen über den Kauf oder Verkauf von Ersatzteilen für Kraftfahrzeuge und vertikale Vereinbarungen über den Kauf oder Verkauf von Instandsetzungs- oder Wartungsdienstleistungen für derartige Fahrzeuge gelten, die zwischen nicht miteinander im Wettbewerb stehenden Unternehmen, zwischen bestimmten Wettbewerbern oder von bestimmten Vereinigungen des Einzelhandels oder von Werkstätten abgeschlossen werden. Darin eingeschlossen sind vertikale Vereinbarungen, die zwischen einem Händler, der auf der Einzelhandelsstufe tätig ist, oder einer zugelassenen Werkstatt einerseits und einem (Unter-) Händler bzw. einer nachgeordneten Werkstatt andererseits abgeschlossen werden. Diese Verordnung sollte auch dann gelten, wenn diese vertikalen Vereinbarungen Nebenabreden über die Übertragung oder Nutzung von geistigen Eigentumsrechten enthalten. „Vertikale Vereinbarungen" sind dabei so zu definieren, dass der Begriff sowohl diese Vereinbarungen als auch die entsprechenden abgestimmten Verhaltensweisen umfasst.

(4) In den Genuss der Freistellung sollten nur vertikale Vereinbarungen gelangen, von denen mit hinreichender Sicherheit angenommen werden kann, dass sie die Voraussetzungen von Artikel 81 Absatz 3 erfüllen.

(5) Vertikale Vereinbarungen im Sinne dieser Verordnung können die wirtschaftliche Effizienz innerhalb einer Produktions- oder Vertriebskette erhöhen, indem sie eine bessere Koordinierung zwischen den beteiligten Unternehmen ermöglichen; sie können insbesondere zur Senkung der Transaktions- und Distributionskosten der Beteiligten und zur Optimierung ihrer Umsätze und Investitionen beitragen.

(6) Die Wahrscheinlichkeit, dass die effizienzsteigernden Wirkungen stärker ins Gewicht fallen als wettbewerbsschädliche Wirkungen, die von Beschränkungen in vertikalen Vereinbarungen verursacht werden, hängt von der Marktmacht der beteiligten Unternehmen und somit von dem Ausmaß ab, in dem diese Unternehmen dem Wettbewerb anderer Anbieter von Waren oder Dienstleistungen ausgesetzt sind, die von den Käufern aufgrund ihrer Ei-

genschaften, ihrer Preise oder ihres Verwendungszwecks als austauschbar oder substituierbar angesehen werden.

(7) Als Indikator für die Marktmacht des Lieferanten sollten marktanteilsbezogene Schwellenwerte festgelegt werden. Diese sektorspezifische Verordnung sollte ferner strengere Bestimmungen enthalten als die Verordnung (EG) Nr. 2790/1999, insbesondere für selektiven Vertrieb. Die Schwellenwerte, unterhalb von welchen die Vorteile einer vertikalen Vereinbarung voraussichtlich größer sind als ihre restriktive Wirkung, sollten je nach den Merkmalen der verschiedenen Arten vertikaler Vereinbarungen unterschiedlich hoch angesetzt werden. Deshalb kann angenommen werden, dass vertikale Vereinbarungen im Allgemeinen die beschriebenen Vorteile aufweisen, sofern der Lieferant einen Marktanteil von bis zu 30% an den Märkten für den Vertrieb von neuen Kraftfahrzeugen oder Ersatzteilen bzw. von bis zu 40% bei quantitativem selektivem Vertrieb für den Verkauf von neuen Kraftfahrzeugen erreicht. Im Bereich des Kundendienstes kann angenommen werden, dass vertikale Vereinbarungen, in denen der Lieferant seinen zugelassenen Werkstätten die für die Erbringung von Instandsetzungs- und Wartungsdienstleistungen maßgeblichen Kriterien vorgibt und in denen der Lieferant den zugelassenen Werkstätten Ausrüstung und fachliche Unterweisung zur Erbringung dieser Dienstleistungen zur Verfügung stellt, im Allgemeinen die beschriebenen Vorteile aufweisen, sofern das Netz der zugelassenen Werkstätten des Lieferanten einen Marktanteil von bis zu 30% hat. Bei vertikalen Vereinbarungen mit Alleinbelieferungsverpflichtungen sind die Auswirkungen der Vereinbarung auf den Markt jedoch anhand des Marktanteils des Käufers zu ermitteln.

(8) Es kann nicht davon ausgegangen werden, dass oberhalb dieser Marktanteilsschwellen vertikale Vereinbarungen, die unter Artikel 81 Absatz 1 fallen, üblicherweise objektive Vorteile mit sich bringen, welche nach Art und Umfang geeignet sind, die mit ihnen verbundenen Nachteile für den Wettbewerb auszugleichen. Greift der Lieferant jedoch auf einen qualitativen selektiven Vertrieb zurück, so kann das Entstehen solcher Vorteile unabhängig vom Marktanteil des Lieferanten erwartet werden.

(9) Um zu verhindern, dass ein Lieferant eine Vereinbarung kündigt, weil der Händler oder die Werkstatt ein wettbewerbsförderndes Verhalten annimmt, beispielsweise aktiv oder passiv an ausländische Verbraucher verkauft, mehrere Marken vertreibt oder Instandsetzungs- und Wartungsdienstleistungen vertraglich weitergibt, sind in der Kündigungserklärung die Beweggründe, die objektiv und transparent sein müssen, eindeutig und in Schriftform anzuführen. Darüber hinaus sollten zur Stärkung der Unabhängigkeit der Händler und Werkstätten von den Lieferanten Mindestfristen für die Ankündigung der Nichterneuerung von Vereinbarungen, die auf eine bestimmte Dauer abgeschlossen wurden, und für die Kündigung von Vereinbarungen, die auf unbestimmte Dauer abgeschlossen wurden, vorgesehen werden.

(10) Um das Zusammenwachsen der Märkte zu fördern und Händlern oder zugelassenen Werkstätten zusätzliche Geschäftsmöglichkeiten zu eröffnen, muss es diesen Unternehmen erlaubt sein, andere, gleichartige Unternehmen, die innerhalb des Vertriebssystems Kraftfahrzeuge derselben Marke verkaufen oder Instand setzen, zu erwerben. Zu diesem Zweck müssen alle vertikalen Vereinbarungen zwischen einem Lieferanten und einem Händler oder einer zugelassenen Werkstatt vorsehen, dass Letztere das Recht haben, alle ihre Rechte und Pflichten auf jedes andere, von ihnen ausgewählte gleichartige Unternehmen des Vertriebssystems zu übertragen.

(11) Zur Erleichterung der schnellen Beilegung von Streitfällen zwischen den Vertragsparteien einer Vertriebsvereinbarung, die für wirksamen Wettbewerb hinderlich sein können, sollte sich diese Freistellung lediglich auf Vereinbarungen erstrecken, in denen vorgesehen ist, dass die Vertragsparteien insbesondere im Fall einer Kündigung der Vereinbarung einen unabhängigen Sachverständigen oder einen Schiedsrichter anrufen können.

(12) Ungeachtet der Marktanteile der beteiligten Unternehmen erstreckt sich diese Verordnung nicht auf vertikale Vereinbarungen, die bestimmte Arten schwerwiegender wettbewerbsschädigender Beschränkungen (Kernbeschränkungen) enthalten, welche den Wettbewerb in der Regel, auch bei einem geringen Markanteil, spürbar beschränken und für die Herbeiführung der oben erwähnten günstigen Wirkungen nicht unerlässlich sind. Dies gilt insbesondere für vertikale Vereinbarungen, die Beschränkungen wie die Festsetzung von Mindest- oder Festpreisen für den Weiterverkauf oder – abgesehen von bestimmten Ausnahmefällen – die Begrenzung des Gebiets oder des Kundenkreises enthalten, in dem/ an den der Händler oder die Werkstatt die Vertragswaren oder -dienstleistungen verkaufen kann. Diese Vereinbarungen sollten vom Vorteil der Freistellung ausgeschlossen werden.

(13) Es ist erforderlich sicherzustellen, dass der wirksame Wettbewerb im Gemeinsamen Markt und zwischen den in verschiedenen Mitgliedstaaten ansässigen Händlern nicht eingeschränkt wird, wenn ein Lieferant in einigen Märkten einen selektiven Vertrieb und in anderen Märkten andere Vertriebsformen verwendet. Insbesondere selektive Vertriebsvereinbarungen, in denen der passive Verkauf an Endverbraucher oder nicht zugelassene Händler beschränkt wird, die sich in Märkten befinden, in denen ausschließliche Gebiete zugeteilt wurden, und selektive Vertriebsvereinbarungen, in denen der passive Verkauf an Gruppen von Kunden eingeschränkt wird, die ausschließlich einem anderen Händler zugeteilt wurden, sollten nicht freigestellt werden. Diese Freistellung sollte auch nicht für Alleinvertriebssysteme gelten, wenn der aktive oder passive Verkauf an Endverbraucher oder nicht zugelassene Händler eingeschränkt wird, die sich in Märkten befinden, in denen ein selektiver Vertrieb verwendet wird.

(14) Das Recht des Händlers auf den passiven und gegebenenfalls aktiven Verkauf von neuen Kraftfahrzeugen an Endverbraucher sollte das Recht einschließen, solche Fahrzeuge an Endverbraucher zu verkaufen, die einen Vermittler zum Kauf, zur Entgegennahme, zur Beförderung oder zur Verwahrung eines neuen Kraftfahrzeugs in ihrem Namen bevollmächtigt haben.

(15) Das Recht des Händlers auf den passiven und gegebenenfalls den aktiven Verkauf von neuen Kraftfahrzeugen und Ersatzteilen an Endverbraucher und das Recht der zugelassenen Werkstatt auf den passiven und gegebenenfalls den aktiven Verkauf von Instandsetzungs- und Wartungsdienstleistungen an Endverbraucher sollte das Recht auf den Verkauf über das Internet und über Internetseiten Dritter einschließen.

(16) Beschränkungen der Verkäufe ihrer Händler an Endverbraucher in anderen Mitgliedstaaten durch Lieferanten, indem beispielsweise die Vergütung des Händlers oder der Verkaufspreis vom Bestimmungsort des Fahrzeugs oder dem Wohnort des Endverbrauchers abhängig gemacht wird, stellen eine mittelbare Verkaufsbeschränkung dar. Andere Beispiele für mittelbare Verkaufsbeschränkungen sind Lieferquoten für ein anderes als das Gebiet des Gemeinsamen Marktes, unabhängig davon, ob damit Absatzvorgaben verbunden sind oder nicht. Eine auf den Bestimmungsort des Fahrzeugs bezogene Prämienregelung oder jede Form einer diskriminierenden Produktlieferung an Händler, ob bei Produktionsengpässen oder in anderen Fällen, stellt ebenfalls eine mittelbare Verkaufsbeschränkung dar.

(17) Vertikale Vereinbarungen, die zugelassene Werkstätten im Vertriebssystem eines Lieferanten nicht verpflichten, Gewähr, unentgeltlichen Kundendienst und Kundendienst im Rahmen von Rückrufaktionen in Bezug auf jedes im Gemeinsamen Markt verkaufte Kraftfahrzeug der betroffenen Marke zu leisten, haben eine mittelbare Verkaufsbeschränkung zur Folge und sollten von dieser Freistellung nicht erfasst werden. Ungeachtet dieser Verpflichtung dürfen Kraftfahrzeughersteller ihre Händler verpflichten, für die von ihnen verkauften neuen Kraftfahrzeuge sicherzustellen, dass die Gewährleistungsverpflichtungen erfüllt und unentgeltlicher Kundendienst und Rückrufaktionen durchgeführt werden, entweder durch den Händler selbst oder, im Fall der untervertraglichen Weitergabe, durch die zugelassene Werkstatt bzw. zugelassenen Werkstätten, an die diese Dienstleistungen weiter-

vergeben wurden. Deshalb sollten sich Verbraucher in diesen Fällen an den Händler wenden können, wenn die oben genannten Verpflichtungen durch die zugelassene Werkstatt, an die der Händler diese Dienstleistungen weitervergeben hat, nicht ordnungsgemäß erfüllt wurden. Damit Kraftfahrzeughändler ferner an Endverbraucher überall im Gemeinsamen Markt verkaufen können, sollte diese Freistellung nur für Vertriebsvereinbarungen gelten, in denen die dem Netz des Lieferanten angeschlossenen Werkstätten verpflichtet werden, Instandsetzungs- und Wartungsarbeiten für Vertragswaren und ihnen entsprechende Waren unabhängig vom Verkaufsort dieser Waren im Gemeinsamen Markt auszuführen.

(18) In Märkten mit selektivem Vertrieb sollte die Freistellung das Verbot für einen Händler abdecken, Geschäfte von zusätzlichen, nicht zugelassenen Standorten aus zu betreiben, wenn er mit anderen Fahrzeugen als Personenkraftwagen und leichten Nutzfahrzeugen handelt. Ein solches Verbot sollte jedoch nicht unter die Freistellung fallen, wenn es die Ausweitung des Geschäfts des Händlers an dem zugelassenen Standort einschränkt, indem beispielsweise die Entwicklung oder der Erwerb der notwendigen Infrastruktur für eine Umsatzsteigerung, auch soweit diese auf Verkäufen über das Internet beruht, beschränkt wird.

(19) Unangemessen wäre eine Freistellung von vertikalen Vereinbarungen, die den Verkauf von Originalersatzteilen oder qualitativ gleichwertigen Ersatzteilen durch Mitglieder des Vertriebssystems an unabhängige Werkstätten einschränken, die diese Teile für ihre Instandsetzungs- und Wartungsdienstleistungen verwenden. Ohne Zugang zu solchen Ersatzteilen könnten die unabhängigen Werkstätten nicht wirksam mit zugelassenen Werkstätten in Wettbewerb treten, da sie nicht in der Lage wären, den Verbrauchern Leistungen von guter Qualität anzubieten, die zur Sicherheit und Zuverlässigkeit der Kraftfahrzeuge beitragen.

(20) Damit Endverbraucher das Recht haben, bei jedem Händler im Gemeinsamen Markt, der entsprechende Fahrzeugmodelle verkauft, neue Kraftfahrzeuge mit Spezifizierungen zu erwerben, die mit den in einem anderen Mitgliedstaat verkauften Fahrzeugen identisch sind, sollte diese Freistellung nur für vertikale Vereinbarungen gelten, die es einem Händler ermöglichen, jedes Fahrzeug, das einem Modell seines Vertragsprogramms entspricht, zu bestellen, bereitzuhalten und zu verkaufen. Von dem Lieferanten auf entsprechende Fahrzeuge angewandte diskriminierende oder objektiv ungerechtfertigte Lieferbedingungen, insbesondere betreffend Lieferzeiten oder Preise, sind als Beschränkung der Möglichkeiten des Händlers zum Verkauf dieser Fahrzeuge anzusehen.

(21) Kraftfahrzeuge sind teure und technisch komplexe mobile Waren, die Instandsetzung und Wartung in regelmäßigen und unregelmäßigen Zeitabständen erfordern. Für Händler neuer Kraftfahrzeuge ist es jedoch nicht unerlässlich, auch Instandsetzungs- und Wartungsarbeiten durchzuführen. Die legitimen Interessen von Lieferanten und Endverbrauchern werden uneingeschränkt gewahrt, wenn der Händler eine oder mehrere Werkstätten im Netz des Lieferanten mit diesen Leistungen, einschließlich der Erbringung von Gewährleistung, unentgeltlichem Kundendienst und Kundendienst im Rahmen von Rückrufaktionen, beauftragt. Der Zugang zu Instandsetzungs- und Wartungsdienstleistungen muss allerdings erleichtert werden. Ein Lieferant kann daher von den Händlern, die eine oder mehrere zugelassene Werkstätten mit Instandsetzungs- und Wartungsdienstleistungen beauftragt haben, verlangen, deren Namen und Anschrift an die Endverbraucher weiterzugeben. Sollte sich eine der zugelassenen Werkstätten nicht in der Nähe der Verkaufsstelle befinden, kann der Lieferant ferner vom Händler verlangen, die Endverbraucher über die Entfernung der Werkstatt oder Werkstätten von der Verkaufsstelle zu unterrichten. Der Lieferant kann diese Verpflichtungen jedoch nur auferlegen, wenn er Händlern, deren eigene Werkstatt sich nicht auf dem gleichen Gelände wie ihre Verkaufsstelle befindet, ähnliche Verpflichtungen auferlegt.

(22) Ebenso wenig ist es für die ordnungsgemäße Durchführung von Instandsetzungs- und Wartungsarbeiten erforderlich, dass zugelassene Werkstätten auch neue Kraftfahrzeuge

verkaufen. Deswegen sollte die Freistellung nicht für vertikale Vereinbarungen gelten, die unmittelbare oder mittelbare Verpflichtungen oder Anreize enthalten, die zu einer Verknüpfung von Verkauf und Kundendienst führen oder die Ausführung einer dieser beiden Tätigkeiten von der Ausführung der anderen abhängig machen; das gilt insbesondere, wenn die Vergütung von Händlern oder zugelassenen Werkstätten für den Kauf oder Verkauf von Waren oder Dienstleistungen, die zur Ausführung einer der beiden Tätigkeiten erforderlich sind, vom Kauf oder Verkauf von Waren oder Dienstleistungen abhängig gemacht wird, die mit der anderen Tätigkeit in Zusammenhang stehen, und für die unterschiedslose Zusammenfassung aller dieser Waren in einem einzigen Vergütungs- oder Rabattsystem.

(23) Damit auf den Instandsetzungs- und Wartungsmärkten wirksamer Wettbewerb herrscht und Werkstätten den Endverbrauchern konkurrierende Ersatzteile, wie Originalersatzteile und qualitativ gleichwertige Ersatzteile, anbieten können, sollte die Freistellung nicht für vertikale Vereinbarungen gelten, welche zugelassene Werkstätten im Vertriebsnetz eines Herstellers, unabhängige Ersatzteilehändler, unabhängige Werkstätten oder Endverbraucher darin beschränken, Ersatzteile beim Hersteller dieser Teile odereinem unabhängigen Anbieter ihrer Wahl zu beziehen. Die zivilrechtliche Haftung des Ersatzteileherstellers bleibt davon unberührt.

(24) Damit zugelassene und unabhängige Werkstätten sowie Endverbraucher den Hersteller von Kraftfahrzeugbauteilen oder Ersatzteilen identifizieren und zwischen konkurrierenden Ersatzteilen wählen können, sollte sich diese Freistellung ferner nicht auf Vereinbarungen erstrecken, durch die ein Kraftfahrzeughersteller die Möglichkeiten eines Herstellers von Bauteilen oder Originalersatzteilen beschränkt, sein Waren- oder Firmenzeichen auf diesen Teilen effektiv und sichtbar anzubringen. Um darüber hinaus diese Wahl und den Verkauf von solchen Ersatzteilen zu erleichtern, die entsprechend den vom Kraftfahrzeughersteller vorgegebenen Spezifizierungen und Produktions- und Qualitätsanforderungen für die Herstellung von Bauteilen und Ersatzteilen hergestellt worden sind, wird vermutet, dass Ersatzeile Originalersatzteile sind, wenn der Ersatzteilehersteller eine Bescheinigung ausstellt, dass diese Ersatzteile von gleicher Qualität sind wie die für die Herstellung eines Fahrzeugs verwendeten Bauteile und nach diesen Spezifizierungen und Anforderungen hergestellt wurden. Andere Ersatzteile, für die der Ersatzteilehersteller jederzeit bescheinigen kann, dass ihre Qualität der Qualität der Bauteile für die Herstellung eines bestimmten Kraftfahrzeugs entspricht, können als qualitativ gleichwertige Ersatzteile verkauft werden.

(25) Diese Verordnung sollte nicht für vertikale Vereinbarungen gelten, die zugelassene Werkstätten darin beschränken, für die Instandsetzung oder Wartung eines Kraftfahrzeugs qualitativ gleichwertige Ersatzteile zu verwenden. Wegen der unmittelbaren vertraglichen Einbeziehung der Fahrzeughersteller in die Instandsetzungsarbeiten, die unter die Gewährleistung, den unentgeltlichen Kundendienst und Kundendienst im Rahmen von Rückrufaktionen fallen, sollten Vereinbarungen mit Verpflichtungen der zugelassenen Werkstätten, für diese Instandsetzungsarbeiten Originalersatzteile zu verwenden, die vom Fahrzeughersteller bezogen wurden, unter die Freistellung fallen.

(26) Um einen wirksamen Wettbewerb auf dem Markt für Instandsetzungs- und Wartungsdienstleistungen zu schützen und die Abschottung dieses Marktes gegen unabhängige Werkstätten zu verhindern, müssen die Kraftfahrzeughersteller allen unabhängigen Marktbeteiligten einen uneingeschränkten Zugang zu sämtlichen für die Instandsetzung und Wartung ihrer Kraftfahrzeuge erforderlichen technischen Informationen, Diagnose- und anderen Geräten und Werkzeugen, einschließlich der einschlägigen Software, sowie zur fachlichen Unterweisung, die für die Instandsetzung und Wartung von Kraftfahrzeugen erforderlich ist, ermöglichen. Zu den zugangsberechtigten unabhängigen Marktbeteiligten zählen insbesondere unabhängige Werkstätten, Hersteller von Instandsetzungsausrüstung und -geräten, Herausgeber von technischen Informationen, Automobilclubs, Pannendiens-

te, Anbieter von Inspektions- und Testdienstleistungen sowie Einrichtungen der Aus- und Weiterbildung von Kraftfahrzeugmechanikern. Insbesondere darf bei den Zugangsbedingungen nicht zwischen zugelassenen und unabhängigen Marktbeteiligten unterschieden werden, der Zugang muss auf Antrag und ohne ungebührliche Verzögerung gewährt werden, und der Preis für die einschlägigen Informationen sollte nicht dadurch vom Zugang abschrecken, dass das Ausmaß der Nutzung durch den unabhängigen Marktbeteiligten unberücksichtigt bleibt. Ein Kraftfahrzeuglieferant sollte verpflichtet sein, unabhängigen Marktbeteiligten Zugang zu technischen Informationen über neue Kraftfahrzeuge zur selben Zeit zu geben wie den zugelassenen Werkstätten, und unabhängige Marktbeteiligte nicht zwingen dürfen, mehr als die für die auszuführende Arbeit nötigen Informationen zu kaufen. Die Lieferanten sollten gleichfalls verpflichtet sein, die für die Reprogrammierung elektronischer Anlagen in einem Kraftfahrzeug erforderlichen Informationen zugänglich zu machen. Ein Lieferant ist jedoch berechtigt, technische Angaben vorzuenthalten, die Dritten die Umgehung oder Ausschaltung eingebauter Diebstahlschutzvorrichtungen, die Neueichung elektronischer Anlagen oder die Manipulierung beispielsweise von Geschwindigkeitsbegrenzungsvorrichtungen ermöglichen könnten, soweit ein Schutz gegen Umgehung, Ausschaltung, Neueichung oder Manipulierung solcher Vorrichtungen nicht durch andere weniger restriktive Mittel verwirklicht werden kann. Geistige Eigentumsrechte und Rechte in Bezug auf Know-how einschließlich jener, die sich auf die genannten Vorrichtungen beziehen, müssen in einer Weise ausgeübt werden, die jeglichen Missbrauch ausschließt.

(27) Um den Zugang zu den relevanten Märkten zu gewährleisten, wettbewerbswidrige abgestimmte Verhaltensweisen zu verhindern und den Händlern die Möglichkeit zu eröffnen, Fahrzeuge zweier oder mehrerer Hersteller zu verkaufen, die nicht miteinander verbunden sind, hängt die Freistellung von bestimmten Voraussetzungen ab. Deswegen sollte sich diese Freistellung nicht auf Wettbewerbsverbote erstrecken. Insbesondere sollte ein Verbot des Verkaufs konkurrierender Marken nicht freistellbar sein, unbeschadet der Möglichkeit des Lieferanten, dem Händler die Ausstellung seiner Fahrzeuge in einem der eigenen Marke vorbehaltenen Teil des Ausstellungsbereichs vorzuschreiben, um eine Verwechslung der Marken zu vermeiden. Das Gleiche gilt für eine Verpflichtung, die gesamte Fahrzeugpalette einer Marke auszustellen, wenn sie den Verkauf oder die Ausstellung von Fahrzeugen nicht verbundener Unternehmen unmöglich macht oder unverhältnismäßig erschwert. Ferner stellt eine Verpflichtung zur Beschäftigung markenspezifischen Verkaufspersonals ein mittelbares Wettbewerbsverbot dar und sollte deshalb nicht von dieser Freistellung erfasst werden, es sei denn, der Händler entscheidet sich dafür, markenspezifisches Verkaufspersonal zu beschäftigen, und der Lieferant trägt alle dabei anfallenden zusätzlichen Kosten.

(28) Um zu gewährleisten, dass Werkstätten Instandsetzungs- oder Wartungsarbeiten an sämtlichen Kraftfahrzeugen ausführen können, sollte die Freistellung nicht für Auflagen gelten, mit denen die Fähigkeit einer Werkstatt eingeschränkt wird, Instandsetzungs- oder Wartungsdienstleistungen für Marken konkurrierender Lieferanten anzubieten.

(29) Ferner ist die Einführung besonderer Voraussetzungen erforderlich, um bestimmte, manchmal innerhalb eines selektiven Vertriebssystems auferlegte Beschränkungen vom Anwendungsbereich dieser Freistellung auszuschließen. Dies gilt insbesondere für Verpflichtungen, die bewirken, dass die Mitglieder eines selektiven Vertriebssystems am Verkauf der Marken eines konkurrierenden Lieferanten gehindert werden, was leicht zu einer Abschottung des Marktes gegen bestimmte Marken führen könnte. Die Einführung weiterer Voraussetzungen ist notwendig, um den markeninternen Wettbewerb und die Marktintegration im Gemeinsamen Markt zu fördern, Möglichkeiten für Händler und zugelassene Werkstätten zu schaffen, die Geschäftsmöglichkeiten außerhalb ihres Standorts verfolgen möchten, und um Rahmenbedingungen für die Entwicklung von Mehrmarkenhändlern zu schaffen. Insbesondere eine Beschränkung der Möglichkeit, von einem nicht zugelassenen Standort aus Personenkraftwagen und leichte Nutzfahrzeuge zu vertreiben oder Instandset-

zungs- und Wartungsdienstleistungen zu erbringen, sollte nicht freigestellt werden. Der Lieferant kann verlangen, dass zusätzliche Verkaufs- oder Auslieferungsstellen für Personenkraftwagen und leichte Nutzfahrzeuge oder Werkstätten die entsprechenden qualitativen Merkmale erfüllen, die für ähnliche Stellen im selben geografischen Gebiet gelten.

(30) Unter diese Freistellung sollten keinerlei Beschränkungen der Möglichkeiten von Händlern fallen, Leasingdienstleistungen für Kraftfahrzeuge zu verkaufen.

(31) Durch die Begrenzung des Marktanteils, die Nichteinbeziehung bestimmter vertikaler Vereinbarungen und die in dieser Verordnung festgelegten Voraussetzungen dürfte in der Regel sichergestellt sein, dass Vereinbarungen, auf welche die Freistellung Anwendung findet, den beteiligten Unternehmen nicht die Möglichkeit eröffnen, für einen wesentlichen Teil der betreffenden Waren oder Dienstleistungen den Wettbewerb auszuschalten.

(32) Wenn im Einzelfall eine Vereinbarung, die ansonsten unter diese Freistellung fallen würde, Wirkungen zeitigt, die mit Artikel 81 Absatz 3 unvereinbar sind, kann die Kommission den Vorteil der Freistellung entziehen; das kann insbesondere der Fall sein, wenn der Käufer auf dem relevanten Markt, auf dem er die Waren weiterverkauft oder die Dienstleistungen erbringt, über eine beträchtliche Marktmacht verfügt oder wenn der Zugang zu einem relevanten Markt oder der Wettbewerb auf diesem durch gleichartige Wirkungen paralleler Netze vertikaler Vereinbarungen erheblich eingeschränkt wird. Derartige kumulative Wirkungen können sich etwa aus selektiven Vertriebssystemen ergeben. Die Kommission kann den Vorteil der Freistellung auch dann entziehen, wenn der Wettbewerb auf einem Markt aufgrund der Präsenz eines Lieferanten mit Marktmacht erheblich eingeschränkt wird oder die Preise und Lieferbedingungen für Kraftfahrzeughändler in den einzelnen geografischen Märkten erheblich voneinander abweichen. Der Vorteil der Freistellung kann auch entzogen werden, wenn für die Lieferung von Waren, die dem Vertragsprogrammentsprechen, ohne sachliche Rechtfertigung unterschiedliche Preise oder Verkaufskonditionen oder ungerechtfertigt hohe Aufschläge, wie beispielsweise für Rechtslenker, verlangt werden.

(33) Die Verordnung Nr. 19/65/EWG ermächtigt die Behörden der Mitgliedstaaten, den Vorteil der Freistellung zu entziehen, wenn eine vertikale Vereinbarung Wirkungen zeitigt, die mit Artikel 81 Absatz 3 des Vertrags unvereinbar sind und im Gebiet des betreffenden Staates oder in einem Teil desselben eintreten, sofern dieses Gebiet die Merkmale eines gesonderten räumlichen Marktes aufweist. Die Ausübung dieser einzelstaatlichen Befugnis sollte die einheitliche Anwendung der Wettbewerbsregeln der Gemeinschaft im gesamten Gemeinsamen Markt und die Wirksamkeit der zu ihrem Vollzug ergangenen Maßnahmen nicht beeinträchtigen.

(34) Um parallele Netze vertikaler Vereinbarungen mit gleichartigen wettbewerbsbeschränkenden Wirkungen besser zu überwachen, die mehr als 50% eines Marktes erfassen, sollte die Kommission erklären können, dass diese Freistellung auf vertikale Vereinbarungen, welche bestimmte Beschränkungen in einem Markt vorsehen, keine Anwendung findet, wodurch Artikel 81 Absatz 1 des Vertrags auf diese Vereinbarungen voll anwendbar ist.

(35) Die Freistellung sollte der Anwendbarkeit von Artikel 82 des Vertrags auf die missbräuchliche Ausnutzung einer beherrschenden Stellung durch ein Unternehmen nicht entgegenstehen.

(36) Die Verordnung (EG) Nr. 1475/95 der Kommission vom 28. Juni 1995 über die Anwendung von Artikel 85 Absatz 3 des Vertrags auf Gruppen von Vertriebs- und Kundendienstvereinbarungen über Kraftfahrzeuge gilt bis 30. September 2002. Damit mit jener Gruppenfreistellungsverordnung vereinbare und bei ihrem Auslaufen noch in Kraft befindliche vertikale Vereinbarungen angepasst werden können, sollten sie mit der vorliegenden Verordnung für eine Übergangsfrist bis 1. Oktober 2003 von dem in Artikel 81 Absatz 1 enthaltenen Verbot ausgenommen werden.

(37) Damit alle Mitwirkenden eines qualitativen selektiven Vertriebssystems für neue Personenkraftwagen und leichte Nutzfahrzeuge ihre Geschäftsstrategie an den Wegfall der Freistellung von Standortklauseln anpassen können, sollte Artikel 5 Absatz 2 Buchstabe b) am 1. Oktober 2005 in Kraft treten.

(38) Die Kommission sollte die Anwendung dieser Verordnung regelmäßig überwachen, insbesondere im Hinblick auf deren Auswirkungen auf den Wettbewerb im Bereich des Kraftfahrzeugvertriebs und im Bereich der Instandsetzung und Wartung im Gemeinsamen Markt oder den relevanten Teilen dieses Marktes. Diese Überprüfung sollte sich auch auf die Auswirkungen dieser Verordnung auf die Struktur und den Konzentrationsgrad im Bereich des Kraftfahrzeugvertriebs sowie auf die sich daraus ergebenden Folgen für den Wettbewerb erstrecken. Die Kommission sollte auch die Funktionsweise dieser Verordnung bewerten und spätestens am 31. Mai 2008 einen Bericht veröffentlichen –

HAT FOLGENDE VERORDNUNG ERLASSEN:

Einführung

Die „**Verordnung (EG) 1400/2002 der Kommission vom 31. Juli 2002 über die Anwendung von Artikel 81 Absatz 3 des Vertrags auf Gruppen von vertikalen Vereinbarungen und aufeinander abgestimmten Verhaltensweisen im Kraftfahrzeugsektor**" erschien am 1. August 2002 im Amtsblatt der europäischen Gemeinschaften[1] und **trat am 1. Oktober 2002 in Kraft.** 1

Das **Auslaufen der Vorgängerreglung GVO 1475/95**[2] gemäß deren Artikel 13 zum 30. September 2002 hatte den **Anlass zur Novellierung** der Regulierung des Automobilvertriebs in Europa gegeben. Die europäische Kommission hatte sich nach einer schriftlichen Befragung sowie einer mündlichen Anhörung der beteiligten Wirtschaftskreise,[3] der Veröffentlichung eines äußerst kritischen Evaluierungsberichts zur GVO 1475/95[4] und der Einholung mehreren Studien entschieden,[5] den Sektor des Neuwagenvertriebs nicht einfach in den Anwendungsbereich der vGVO[6] fallen zu lassen.[7] 2

---

[1] ABl. 2002 L 203/30.

[2] Verordnung (EG) Nr. 1475/95 der Kommission vom 28. Juni 1995 über die Anwendung von Artikel 85 Abs. 3 des Vertrages auf Gruppen von Vertriebs- und Kundendienstvereinbarungen über Kraftfahrzeuge, Abl. 1995 L 145/25.

[3] Evaluierung des Kraftfahrzeughandels in der EU durch Versendung von Fragebögen im September 1999 sowie: Hearing zur Zukunft der Automobilindustrie in Europa im Februar 2001.

[4] Vgl. den Bericht über die Funktionsweise der Verordnung (EG) Nr. 1475/95 über die Anwendung von Artikel 85 Absatz 3 des Vertrages auf Gruppen von Vertriebs- und Kundendienstvereinbarungen über Kraftfahrzeuge, KOM (2000) 743 endgültig v. 15. 11. 2000; vgl. ferner auf nationaler Ebene UK Competition Commission Report, Report on the supply of new motor cars within the UK, 10. 4. 2000, der äußerst kritisch hinsichtlich der Fortführung des selektiven Vertriebs mit Gebietsexklusivität ist.

[5] Autopolis, The natural Link between Sales and Services, November 2000; KU Leuven/CEPR, Car price differentials in the European Union: an economic analysis by Hans Degryse and Frank Verboven, November 2000; Andersen, „Study on the impact of possible legislative scenarios for motor vehicle distribution on all parties concerned", Dezember 2001; Dr. Lademann und Partner, Customer preferences for the existing and potential sales and Services Alternatives in Automotive Distribution, Dezember 2001.

[6] Verordnung (EG) Nr. 2790/1999 der Kommission vom 22. Dezember 1999 über die Anwendung von Artikel 81 Absatz 3 des Vertrages auf Gruppen von vertikalen Vereinbarungen und aufeinander abgestimmten Verhaltensweisen, ABl. 1999 L 336/21; Mitteilung der Kommission über Leitlinien für vertikale Beschränkungen, ABl. 2000 C 291/1.

[7] Vgl. auch die Rede des Kommissars für Wettbewerbspolitik *Mario Monti*, Who will be in the driver's seat, in Brüssel am 11. 5. 2000; eine solche Lösung war zudem schon anlässlich des Auslaufens

3   Nach Ansicht der Kommission hätte eine Anwendung der vGVO auf den Automobilsektor erhebliche Nachteile mit sich gebracht, da insbesondere die Unabhängigkeit der Vertragshändler gegenüber den Fahrzeugherstellern nicht hätte garantiert werden können. Ferner hätten die in der vGVO enthaltenen Marktanteilsschwellen von 30% bei quantitativ-qualitativem Selektivvertrieb in verschiedenen Mitgliedstaaten aufgrund der Marktsituation zu einer Nichtanwendung der GVO auf die wichtigsten Vertriebsnetze geführt, was einen Totalwegfall der Gruppenfreistellung für einen Teil des Marktes bedeutet hätte.[8]

5   Am 30. September 2002, dem Vorabend des Inkrafttretens der neuen GVO, hat die Kommission, im Internet einen **Leitfaden**[9] veröffentlicht. Dieser rechtlich unverbindliche[10] Text, der in Form von Fragen und Antworten auf einzelne Probleme eingeht, soll nach der Vorstellung der Kommission den Anwendern die Auslegung der Verordnung erleichtern. Diese gilt ebenso für die am 12. November 2003 im Internet veröffentlichten sogenannten **„Häufig gestellten Fragen",**[11] die nach dem gleichen Schema auf zwanzig Probleme eingehen, mit welchen die Kommission seit Inkrafttreten der Verordnung befasst worden war. Diese teilweise vom Wortlaut der neuen Automobil-GVO nicht gedeckten „Auslegungshilfen" beeinträchtigen die Rechtssicherheit erheblich.

6   Die neue GVO beruht auf der neuen Politik der europäischen Kommission hinsichtlich der Bewertung von vertikalen Wettbewerbsbeschränkungen wie sie in der vGVO verankert worden ist.

7   Die neue GVO berücksichtigt im Einklang mit der neuen Politik der Kommission im Hinblick auf Vertikalbeschränkungen, die **Marktmacht der Vertriebspartner** und lässt die Anwendung der Freistellung von **Marktanteilsschwellenwerten** abhängen. Der Ansatz ist dabei umso strikter, je höher die Marktanteile der beteiligten Unternehmen sind. Neu ist diesbezüglich die Einführung **verschiedener Marktanteilsschwellen für die jeweilig gewählte Vertriebsform.**

8   Die neue GVO ist **weniger regulierend ausgestaltet als ihre Vorgängerregelung.** Im Gegensatz zur GVO 1475/95 schreibt sie kein einzelnes Vertriebsmodell vor, sondern soll „die Entwicklung innovativer Vertriebsformen zulassen".[12]

9   In Übereinstimmung mit dem so genannten **„Schwarzlistenansatz"** der vGVO stellt die neue GVO eine Liste von Kernbeschränkungen auf, die *per se* zu einer Nichtfreistellung der gesamten jeweiligen Vertikalvereinbarung führen. Daneben enthält sie eine Liste von Beschränkungen, die nicht freigestellt sind, die restlichen Bestimmungen der Vereinbarung jedoch unberührt lassen (so genannte **„rote Klauseln"**). Alle Praktiken, die nicht in diesen Listen erwähnt werden, sind erlaubt.

10 Einer Aufzählung der zulässigen Praktiken, der so genannten **weißen Klauseln,** wie sie noch in der GVO 1475/95 enthalten waren, existiert nicht mehr.

11 Neben diesen generationsspezifischen Merkmalen zeichnet sich die neue Automobil-GVO durch **sektorspezifische Regelungen** aus, die die ersteren überlagern. So ist die Schwarze Liste im Vergleich zur vGVO um automobilsektorspezifische Regelungen aufgestockt bzw. angepasst worden. Diese sektorspezifischen Regelungen sollen nach Auffassung

---

der ersten GVO für den Automobilsektor (Verordnung (EWG) Nr. 123/85 der Kommission vom 12. Dezember 1984 über die Anwendung von Artikel 85 Abs. 3 des Vertrages auf Gruppen Vertriebs- und Kundendienstvereinbarungen über Kraftfahrzeuge, ABl. 1985 L 15/16) angedacht worden; vgl. *Bach* WuW 1995, 5, 12.

[8] *Creutzig* EuZW 2002, 560.

[9] Im Internet abzurufen unter http://ec.europa.eu/comm/competition/sectors/motor_vehicles/legislation/legislation.html.

[10] Vgl. *Goldman/Lyon-Caen/Vogel*, Droit commercial européen, Rn. 56.

[11] Im Internet abzurufen unter http://ec.europa.eu/comm/competition/sectors/motor_vehicles/legislation/legislation.html.

[12] So die Kommission in den Erläuterungen zum Entwurf wie sie im ABl. C 67 vom 16. März 2002 veröffentlicht worden sind.

der Kommission den besonderen Wettbewerbsproblemen dieses Wirtschaftszweiges Rechnung tragen und führen dazu, dass die Automobil-GVO **insgesamt strikter ausgestaltet** ist, als die parallel hinsichtlich der Vertikalbeschränkungen in anderen Bereichen geltenden vGVO sowie im Vergleich zu der Vorgängerregelung:

- Die **Kombination von selektiven und exklusiven Vertrieb**, wie sie die Vorgängerverordnung 1475/95 gekennzeichnet hatte, ist nicht mehr gestattet. Diese Kombination ist allerdings unter der vGVO weiterhin erlaubt. **12**
- Die „**natürliche Bindung**" zwischen Neuwagenverkauf und Kundendienstleistungen wird aufgelöst. Den Automobilherstellern ist es nicht mehr möglich, den Vertragshändlern neben dem Verkauf von Kraftfahrzeugen die Erbringung von Kundendienstleistungen aufzuerlegen. Vielmehr besteht für die Händler die Möglichkeit, Kundendienste durch eine autorisierte Reparaturwerkstatt erbringen zu lassen, sofern diese zum Netz des jeweiligen Herstellers gehört und dessen Qualitätsstandards entspricht. Die Verpflichtung des Neuwagenhändlers zur Erbringung von Kundendienstleistungen war unter der GVO 1475/95 noch freigestellt.[13] Auch die vGVO enthält kein entsprechendes Verbot. **13**
- Die Anwendung der sogenannten **Standortklausel ("location clause")** ist in selektiven Vertriebssystemen (seit dem 1. Oktober 2005) für PKW und leichte Nutzfahrzeuge verboten. Diese erlaubte dem Fahrzeughersteller, den Händlern seines Vertriebsnetzes aufzuerlegen, nur von einem bestimmten mit dem Hersteller abgestimmten Standort aus tätig zu werden. Die Kommission beabsichtigt dadurch den intra-brand Wettbewerb und die Marktintegration im Gemeinsamen Markt zu stärken. Auch ein solches Verbot ist weder in der GVO 1475/95 noch in der vGVO enthalten. **14**
- Ferner können die Hersteller den Händlern nicht verbieten, als **Mehrmarkenhändler** zu agieren. Allerdings können die Händler zur Vermeidung der Verwechslungsgefahr zwischen den vertriebenen Marken zur Einteilung des Verkaufsraums bzw. zu einer Mindestabnahmemenge von 30% des Gesamtvolumens verpflichtet werden. **15**

Die in der Kfz-GVO enthaltenen **generationsspezifischen Charakteristika** sind meist so sehr überlagert, dass der vielbeschworene **Deregulierungseffekt in der Praxis ins Leere läuft**. Dies zeigt sich insbesondere bei der **Auswahl des Vertriebssystems beim Neuwagenverkauf:** so wird in der Praxis kaum ein Hersteller ein Exklusivvertriebssystem wählen,[14] da sich in einem solchen Vertriebssystem passive Verkäufe nicht auf Endkunden beschränken lassen, so dass gewerbliche Wiederverkäufer als „Trittbrettfahrer" von den vom Hersteller und vom Vertriebsnetz getätigten Investitionen profitieren könnten. Ebenso wird der rein qualitative Selektivvertrieb beim Neuwagenverkauf nur von den Fahrzeugherstellern angewandt werden, die über ein nur gering besetztes Vertriebsnetz verfügen und deren Interesse am Aufbau eines flächendeckenden Netzes den Bedarf der Kontrolle des Netzes übersteigt. Die meisten Hersteller haben daher ein qualitativ-quantitatives Selektivvertriebssystem in den Vertikalvereinbarungen mit den Vertragshändlern gewählt, welche zwischenzeitlich durch die Rechtsprechung weithin gebilligt wurden[15]. **16**

Die Umsetzung des **Schwarzklauselansatzes** ist durch die Multiplikation der Klauselverbote geprägt und wird durch die Vielzahl der wie Weißklauseln[16] wirkenden Ausnahmeregelungen geschwächt. **17**

---

[13] Vgl. Artikel 3 Punkt 9 GVO 1475/95.

[14] Bisher hat nur Suzuki angekündigt, ein Exklusivvertriebssystem einführen zu wollen, was mit dem geringen Marktanteil (0.89% auf dem deutschen Markt) und dem damit verbundenen geringen Investitionsvolumen zusammenhängt.

[15] Billigung des Markennetzes Peugeot durch das Berufungsgericht Paris, 21. April 2005; Billigung des Markennetzes Mercedes durch das Berufungsgericht Angers, 12. April 2005; siehe auch Cour de cassation, 28. Juni 2005 bezüglich der Billigung des quantitativen selektiven Markennetzes von DaimlerChrysler France.

[16] Vgl. zum Begriff unsere Ausführungen unter Gruppenfreistellungen – Allgemeines.

18 Nach Artikel 2 Abs. 5 der vGVO gilt diese nicht für Vertikalvereinbarungen, die in den Geltungsbereich einer anderen GVO fallen. Der Automobilsektor bleibt mit dem Neuerlass einer sektorspezifischen GVO der einzige Bereich, in welchem Vertriebsvereinbarungen nicht durch die vGVO geregelt werden. Dies gilt auch im Falle des Entzuges der Freistellung oder einer Erklärung der Nichtanwendbarkeit der Verordnung 1400/2002. Entscheidend ist allein der Geltungsbereich der Automobil-GVO und nicht etwa die konkrete Anwendung. Nicht freigestellte Vereinbarungen im Automobilsektor fallen daher nicht in den Anwendungsbereich und können nur im Wege der Einzelfreistellung in den Genuss der Nichtanwendung des Artikels 81 EG kommen.[17]

19 Die Automobil-GVO nimmt als gemeinschaftsrechtlicher Legislativakt am Vorrang des Gemeinschaftsrechts teil.[18]

Art. 1. Begriffsbestimmungen

(1) **Für die Anwendung dieser Verordnung gelten folgende Begriffsbestimmungen:**

a) **„Wettbewerber"** sind tatsächliche oder potenzielle Anbieter im selben Produktmarkt; der Produktmarkt umfasst Waren oder Dienstleistungen, die vom Käufer aufgrund ihrer Eigenschaften, ihrer Preise und ihres Verwendungszwecks als mit den Vertragswaren oder -dienstleistungen austauschbar oder durch diese substituierbar angesehen werden.

b) **„Wettbewerbsverbote"** sind alle unmittelbaren oder mittelbaren Verpflichtungen, die den Käufer veranlassen, keine Waren oder Dienstleistungen herzustellen, zu beziehen, zu verkaufen oder weiterzuverkaufen, die mit den Vertragswaren oder -dienstleistungen im Wettbewerb stehen, sowie alle unmittelbaren oder mittelbaren Verpflichtungen des Käufers, mehr als 30% seiner auf der Grundlage des Einkaufswerts des vorherigen Kalenderjahrs berechneten gesamten Einkäufe von Vertragswaren, ihnen entsprechenden Waren oder Vertragsdienstleistungen sowie ihrer Substitute auf dem relevanten Markt vom Lieferanten oder einem anderen vom Lieferanten bezeichneten Unternehmen zu beziehen. Eine Verpflichtung des Händlers, Kraftfahrzeuge anderer Lieferanten in gesonderten Bereichen des Ausstellungsraums zu verkaufen, um eine Verwechslung der Marken zu vermeiden, stellt kein Wettbewerbsverbot im Sinne dieser Verordnung dar. Die Verpflichtung des Händlers, für verschiedene Kraftfahrzeugmarken markenspezifisches Verkaufspersonal zu beschäftigen, stellt ein Wettbewerbsverbot im Sinne dieser Verordnung dar, es sei denn, der Händler entscheidet sich dafür, markenspezifisches Verkaufspersonal zu beschäftigen, und der Lieferant trägt alle dabei anfallenden zusätzlichen Kosten.

c) **„Vertikale Vereinbarungen"** sind Vereinbarungen oder aufeinander abgestimmte Verhaltensweisen zwischen zwei oder mehr Unternehmen, von denen jedes bei der Durchführung der Vereinbarung auf einer unterschiedlichen Stufe der Produktions- oder Vertriebskette tätig ist.

d) **„Vertikale Beschränkungen"** sind Wettbewerbsbeschränkungen im Sinne von Artikel 81 Absatz 1, sofern sie in einer vertikalen Vereinbarung enthalten sind.

e) **„Alleinbelieferungsverpflichtung"** ist jede unmittelbare oder mittelbare Verpflichtung, die den Lieferanten veranlasst, die Vertragswaren oder -dienstleistungen zum Zweck einer spezifischen Verwendung oder des Weiterverkaufs nur an einen einzigen Käufer innerhalb des Gemeinsamen Marktes zu verkaufen.

f) **„Selektive Vertriebssysteme"** sind Vertriebssysteme, in denen sich der Lieferant verpflichtet, die Vertragswaren oder -dienstleistungen unmittelbar oder mittelbar

---

[17] So auch der Leitfaden, 17, Frage 1.
[18] Vgl. hierzu unsere Ausführungen unter Gruppenfreistellungsverordnungen – Allgemeines.

nur an Händler oder Werkstätten zu verkaufen, die aufgrund festgelegter Merkmale ausgewählt werden, und in denen sich diese Händler oder Werkstätten verpflichten, die betreffenden Waren oder Dienstleistungen nicht an nicht zugelassene Händler oder unabhängige Werkstätten zu verkaufen, unbeschadet der Möglichkeit des Ersatzteilverkaufs an unabhängige Werkstätten und der Pflicht, unabhängigen Marktbeteiligten sämtliche für die Instandsetzung und Wartung der Kraftfahrzeuge und für Umweltschutzmaßnahmen erforderlichen technischen Informationen, Diagnoseausrüstung, Geräte und fachliche Unterweisung zur Verfügung zu stellen.

g) „Quantitative selektive Vertriebssysteme" sind selektive Vertriebssysteme, in denen der Lieferant Merkmale für die Auswahl der Händler und Werkstätten verwendet, durch die deren Zahl unmittelbar begrenzt wird.

h) „Qualitative selektive Vertriebssysteme" sind selektive Vertriebssysteme, in denen der Lieferant rein qualitative Merkmale für die Auswahl der Händler oder Werkstätten anwendet, die wegen der Beschaffenheit der Vertragswaren oder -dienstleistungen erforderlich sind, für alle sich um die Aufnahme in das Vertriebssystem bewerbenden Händler oder Werkstätten einheitlich gelten, in nicht diskriminierender Weise angewandt werden und nicht unmittelbar die Zahl der Händler oder Werkstätten begrenzen.

i) „Geistige Eigentumsrechte" umfassen unter anderem gewerbliche Schutzrechte, Urheberrechte sowie verwandte Schutzrechte.

j) „Know-how" ist eine Gesamtheit nicht patentgeschützter praktischer Kenntnisse, die der Lieferant durch Erfahrungen und Erprobung gewonnen hat und die geheim, wesentlich und identifiziert sind; hierbei bedeutet „geheim", dass das Know-how als Gesamtheit oder in der jeweiligen Gestalt und Zusammensetzung seiner Bestandteile nicht allgemein bekannt und nicht leicht zugänglich ist; „wesentlich" bedeutet, dass das Know-how auch Kenntnisse umfasst, die für den Käufer für die Verwendung, den Verkauf oder den Weiterverkauf der Vertragswaren oder -dienstleistungen unerlässlich sind; „identifiziert" bedeutet, dass das Know-how umfassend genug beschrieben ist, so dass überprüft werden kann, ob es die Merkmale „geheim" und „wesentlich" erfüllt.

k) „Käufer", gleich ob Händler oder Werkstatt, ist auch ein Unternehmen, das Waren oder Dienstleistungen für Rechnung eines anderen Unternehmens verkauft.

l) „Zugelassene Werkstatt" ist ein Erbringer von Instandsetzungs- und Wartungsdienstleistungen für Kraftfahrzeuge, der dem von einem Kraftfahrzeuglieferanten eingerichteten Vertriebssystem angehört.

m) „Unabhängige Werkstatt" ist ein Erbringer von Instandsetzungs- und Wartungsdienstleistungen für Kraftfahrzeuge, der nicht dem von einem Kraftfahrzeuglieferanten, dessen Kraftfahrzeuge er Instand setzt oder wartet, eingerichteten Vertriebssystem angehört. Eine zugelassene Werkstatt im Vertriebssystem eines Lieferanten wird hinsichtlich der Instandsetzungs- und Wartungsdienstleistungen für Kraftfahrzeuge, für die sie nicht Mitglied des Vertriebssystems des entsprechenden Lieferanten ist, als unabhängige Werkstatt im Sinne dieser Verordnung angesehen.

n) „Kraftfahrzeuge" sind Fahrzeuge mit Selbstantrieb und mindestens drei Rädern, die für den Verkehr auf öffentlichen Straßen bestimmt sind.

o) „Personenkraftwagen" sind Kraftfahrzeuge, die der Beförderung von Personen dienen und zusätzlich zum Fahrersitz nicht mehr als acht Sitze aufweisen.

p) „Leichte Nutzfahrzeuge" sind Kraftfahrzeuge, die der Beförderung von Waren oder Personen dienen und deren zulässige Gesamtmasse 3,5 Tonnen nicht überschreitet; werden von einem leichten Nutzfahrzeug auch Ausführungen mit einer zulässigen Gesamtmasse von mehr als 3,5 Tonnen verkauft, gelten sämtliche Ausführungen dieses Fahrzeugs als leichte Nutzfahrzeuge.

q) „Vertragsprogramm" sind sämtliche Kraftfahrzeugmodelle, die für einen Erwerb durch den Händler beim Lieferanten verfügbar sind.

r) „Kraftfahrzeug, das einem Modell des Vertragsprogramms entspricht", ist ein solches Kraftfahrzeug, das Gegenstand einer Vertriebsvereinbarung mit einem anderen Unternehmen innerhalb des vom Hersteller oder mit seiner Zustimmung errichteten Vertriebssystems ist und das – vom Hersteller in Serie gefertigt oder zusammengebaut wird und – dessen Karosserie die gleiche Form hat und welches das gleiche Trieb- und Fahrwerk sowie einen Motor des gleichen Typs hat wie ein Kraftfahrzeug des Vertragsprogramms.

s) „Ersatzteile" sind Waren, die in ein Kraftfahrzeug eingebaut oder an ihm angebracht werden und ein Bauteil dieses Fahrzeugs ersetzen, wozu auch Waren wie Schmieröle zählen, die für die Nutzung des Kraftfahrzeugs erforderlich sind, mit Ausnahme von Kraftstoffen.

t) „Originalersatzteile" sind Ersatzteile, die von gleicher Qualität sind wie die Bauteile, die für die Montage des Neufahrzeugs verwendet werden oder wurden, und die nach den Spezifizierungen und Produktionsanforderungen hergestellt werden, die vom Kraftfahrzeughersteller für die Herstellung der Bauteile oder Ersatzteile des fraglichen Kraftfahrzeugs vorgegeben wurden. Dies umfasst auch Ersatzteile, die auf der gleichen Produktionsanlage hergestellt werden wie diese Bauteile. Es wird bis zum Beweis des Gegenteils vermutet, dass Ersatzteile Originalersatzteile sind, sofern der Teilehersteller bescheinigt, dass diese Teile von gleicher Qualität sind wie die für die Herstellung der betreffenden Fahrzeugs verwendeten Bauteile und dass sie nach den Spezifizierungen und Produktionsanforderungen des Kraftfahrzeugherstellers hergestellt wurden.

u) „Qualitativ gleichwertige Ersatzteile" sind Ersatzteile, die von einem Unternehmen hergestellt werden, das jederzeit bescheinigen kann, dass die fraglichen Teile den Bauteilen, die bei der Montage der fraglichen Fahrzeuge verwendet werden oder wurden, qualitativ entsprechen.

v) „Unternehmen des Vertriebssystems" sind der Hersteller und die Unternehmen, die vom Hersteller selbst oder mit seiner Zustimmung mit dem Vertrieb oder der Instandsetzung oder Wartung von Vertragswaren oder ihnen entsprechenden Waren betraut werden.

w) „Endverbraucher" sind auch Leasingunternehmen, sofern die Leasingverträge weder eine Übertragung von Eigentum noch eine Kaufoption für das Fahrzeug vor Ablauf des Leasingvertrags enthalten.

(2) Die Begriffe „Unternehmen", „Lieferant", „Käufer", „Händler" und „Werkstatt" schließen die jeweils verbundenen Unternehmen ein. „Verbundene Unternehmen" sind:

a) Unternehmen, in denen ein an der Vereinbarung beteiligtes Unternehmen unmittelbar oder mittelbar
　i) über mehr als die Hälfte der Stimmrechte verfügt oder
　ii) mehr als die Hälfte der Mitglieder des Leitungs- oder Verwaltungsorgans oder der zur gesetzlichen Vertretung berufenen Organe bestellen kann oder
　iii) das Recht hat, die Geschäfte des Unternehmens zu führen;

b) Unternehmen, die in einem an der Vereinbarung beteiligten Unternehmen unmittelbar oder mittelbar die unter Buchstabe a) bezeichneten Rechte oder Einflussmöglichkeiten haben;

c) Unternehmen, in denen ein unter Buchstabe b) genanntes Unternehmen unmittelbar oder mittelbar die unter Buchstabe a) bezeichneten Rechte oder Einflussmöglichkeiten hat;

d) Unternehmen, in denen eine der Vertragsparteien gemeinsam mit einem oder mehreren der unter den Buchstaben a), b) oder c) genannten Unternehmen oder in denen zwei oder mehr als zwei der zuletzt genannten Unternehmen gemeinsam die in Buchstabe a) bezeichneten Rechte oder Einflussmöglichkeiten haben;

e) **Unternehmen, in denen die unter Buchstabe a) genannten Rechte oder Einflussmöglichkeiten gemeinsam gehalten werden**
  i) von Vertragsparteien oder von mit ihnen jeweils verbundenen Unternehmen im Sinne der Buchstaben a) bis d) oder
  ii) von einer oder mehreren der Vertragsparteien oder einem oder mehreren der mit ihnen im Sinne der Buchstaben a) bis d) verbundenen Unternehmen und von einem oder mehreren dritten Unternehmen.

Der Definitionskatalog wurde in der neuen VO 1400/2002 bis auf wenige Ausnahmen neu gefasst und insgesamt erheblich erweitert. So weit möglich hat die europäische Kommission auf die entsprechenden Vorschriften der vGVO zurückgegriffen.[19] Im Folgenden werden lediglich diejenigen Begriffsbestimmungen erläutert, die sektorspezifischen Besonderheiten Rechnung tragen:

- **Wettbewerbsverbote (Nr. 1 b)** sind danach neben allen unmittelbaren oder mittelbaren Verpflichtungen, die den Käufer veranlassen, keine Waren oder Dienstleistungen herzustellen, zu beziehen, zu verkaufen oder weiterzuverkaufen, die mit den Vertragswaren oder -Dienstleistungen im Wettbewerb stehen. Dies gilt insbesondere für eine **30% des Gesamteinkaufswertes des Vorjahres übersteigende Bezugsverpflichtung** von Vertragswaren, -dienstleistungen oder Substituten. Die Herabsenkung des Schwellenwertes von 50% auf 30% hängt offensichtlich mit der Möglichkeit der Hersteller zusammen, die Händler durch eine jeweils 50%ige Bezugsbindung durch zwei verschiedene Hersteller im Ergebnis auf den Vertrieb von zwei Marken zu beschränken. **Nicht als Wettbewerbsverbot sind dagegen Vereinbarungen einzustufen,** welche dem Händler zur Vermeidung der Verwechslungsgefahr zwischen Fahrzeugen verschiedener Marken eine **Einteilung des Verkaufsraums in gesonderte Bereiche** auferlegen. Auch die **Verpflichtung zur Beschäftigung markenspezifischen Verkaufspersonals** lässt die Freistellung unberührt, sofern der Lieferant alle dabei zusätzlich anfallenden Kosten trägt. Der Wortlaut („der Händler entscheidet sich dafür") deutet darauf hin, dass die Zulassung von Bewerbern zum Vertriebssystem nicht von der Beschäftigung markenspezifischen Personals abhängig gemacht werden darf.[20]
- **Selektive Vertriebssysteme** sind nach der Legaldefinition **(Nr. 1 lit. f)** Vertriebssysteme, in denen sich der Lieferant verpflichtet, die Vertragswaren oder –Dienstleistungen unmittelbar nur an Händler oder Werkstätten zu verkaufen, die aufgrund festgelegter Merkmale ausgewählt werden, und in denen sich diese Händler oder Werkstätten verpflichten, die Vertragswaren bzw. Dienstleistungen nicht an nicht zugelassene Händler zu verkaufen. Der aktive und passive Verkauf an Endkunden ist ohne Ausnahme gestattet. **Quantitativ selektive Vertriebssysteme** sind dadurch gekennzeichnet, dass die Auswahlkriterien die Anzahl der Händler oder Werkstätten unmittelbar beschränken. Dagegen machen **qualitativ selektive Vertikalvereinbarungen** die Aufnahme in ein Vertriebssystem von aufgrund der Beschaffenheit der Vertragswaren oder der vertraglichen Dienstleistungen erforderlichen Merkmalen abhängig, welche für alle Bewerber einheitlich gelten und diskriminierungsfrei angewandt werden müssen. Die Beschränkung nur an Mitglieder des Vertriebsnetzes zu verkaufen, besteht nicht für den Verkauf von Ersatzteilen an unabhängige Werkstätten. Darüber hinaus besteht die Pflicht so genannten „unabhängigen Marktbeteiligten" sämtliche für die Instandsetzung und Wartung von Kraftfahrzeugen und für Umweltschutzmassnahmen erforderlichen technischen Informa-

---

[19] So sind die Bestimmungen des Art. 1 lit. a, e, i und j abgesehen von redaktionellen Änderungen sachlich inhaltsgleich, die des Art. 1 lit. b, f, k allerdings insbesondere aufgrund von dem Automobilsektor Rechnung tragenden Zusätzen nur teilweise sachlich inhaltsgleich mit dem Definitionskatalog der vGVO (Artikel 1); Art. 1 lit. c und d entsprechen auszugsweise inhaltlich dem Wortlaut des Artikels 2 der vGVO (Definition des Anwendungsbereichs der vGVO).

[20] Vgl. Erwägungsgrund (27) sowie Leitfaden, 57.

tionen, die entsprechenden Gerätschaften sowie entsprechende fachliche Unterweisung zur Verfügung zu stellen.

23 – **Unabhängige Marktbeteiligte** sind gemäß **Artikel 4 Abs. 2 Satz 4** Unternehmen, die direkt oder indirekt an der Instandsetzung und Wartung von Kraftfahrzeugen beteiligt sind. Es handelt sich daher insbesondere um unabhängige Werkstätten, Hersteller von Instandsetzungsausrüstung und -geräten, unabhängige Einzelteilhändler, Herausgeber von technischen Informationen, Automobilclubs, Pannendienste, Anbieter von Inspektions- und Testdienstleistungen sowie Einrichtungen der Aus- und Weiterbildung von Kraftfahrzeugmechanikern. **Unabhängige Werkstätten** sind nach **Artikel 1 lit. m** Erbringer von Instandsetzungs- und Wartungsdienstleistungen und gehören im Gegensatz zu den so genannten **zugelassenen Werkstätten** nicht einem von einem Kraftfahrzeuglieferanten eingerichteten Vertriebssystem an, wobei es auf das jeweilig zu reparierende Fahrzeug ankommt. Allein aufgrund der Mitgliedschaft in einem Vertriebssystem ist eine Werkstatt nicht als zugelassene Werkstatt anzusehen

24 – Der bereits in den Vorgängerregelungen enthaltene **Ersatzteilbegriff** wurde präzisiert und zur Stimulierung des Wettbewerbs um die zwei Unterbegriffe „Originalersatzteile" und „qualitativ gleichwertige Ersatzteile" ergänzt.[21]
Ersatzteile sind danach Waren, die in ein Kraftfahrzeug eingebaut oder an ihm angebracht werden und ein Bauteil dieses Fahrzeugs ersetzen. Neu ist, dass auch Waren, die für die Nutzung des Fahrzeugs erforderlich sind, wie z. B. Schmierstoffe – mit Ausnahme des Kraftstoffs –, unter den Ersatzteilbegriff fallen.[22]
Qualitativ gleichwertige Ersatzteile sind Produkte, deren Hersteller jederzeit bescheinigen kann, dass die fraglichen Teile den bei der Montage der fraglichen Fahrzeuge verwendeten Bauteilen qualitativ entsprechen.
Originalersatzteile müssen neben dieser auf die Bauteile bezogenen Qualitätsanforderung ferner nach den **Spezifizierungen und Produktionsanforderungen des Herstellers** hergestellt worden sein. Diesbezüglich besteht die widerlegliche **Vermutung des Vorliegens von Originalersatzteilen,** sofern der Hersteller bescheinigt, dass die fraglichen Produkte von **gleicher Qualität** wie die für die Montage des Neufahrzeuges verwendeten Bauteile sind **und** nach den **Spezifizierungen und Produktionsanforderungen des Herstellers** hergestellt worden sind.

25   Die Bestimmungen des Art. 1 lit. n–r enthalten die wesentlichen Definitionen betreffend die **der Anwendung der neuen GVO unterliegenden Kraftfahrzeuge**. Demnach sind Kraftfahrzeuge mindestens dreirädrige Fahrzeuge, die mit einem Selbstantrieb ausgestattet sind und für den Verkehr auf öffentlichen Strassen bestimmt sind. Der Vertrieb von Motorrädern und landwirtschaftlichen Fahrzeugen wird von der vorliegenden GVO nicht erfasst und fällt somit in den Anwendungsbereich der vGVO.[23] Auch das EuG hat mittlerweile bestätigt, dass Baustellenfahrzeuge, selbst wenn sie auf öffentlichen Straßen genutzt werden, nicht zu dieser Nutzung i. S. der Verordnung bestimmt sind.[24] Kraftfahrzeuge, welche zur Beförderung von Personen bestimmt sind, dürfen insgesamt, d. h. einschließlich Fah-

---

[21] Vgl. Erläuterungen zum Verordnungsentwurf, ABl. 2002 C 67, Punkt 43 f., insbesondere Punkt 44.
[22] Der Leitfaden der Kommission zur GVO 1475/95, ABl. 1995 L 145 vom 29. 6. 1995, stellte bezüglich dem gegenüber der Vorgängerregelung unveränderten Artikel 10 Nr. 6 klar, dass „Öl und andere Flüssigkeiten (…) keine Ersatzteile im Sinne der Verordnung [sind] und (…) deshalb von den Händlern aus beliebigen Quellen bezogen werden [können]".
[23] Was von der bisherigen Rechtslage entspricht, vgl. Art. 1 GVO 1475/95 sowie explizit Leitfaden der Kommission zur GVO 1475/95, ABl. 1995 L 145 vom 29. 6. 1995, zu Frage 1.
[24] EuG, Urt v. 13. Januar 2004 Ziff. 113 ff, RS. T-67–01; siehe auch *Bechtold/Bosch/Brinker/ Hirsbrunner*, EG-Kartellrecht, S. 465, nach deren Auffassung für den Fall, dass ein Fahrzeug primär für den Verkehr außerhalb öffentlicher Straßen bestimmt daneben aber auch für den Verkehr auf öffentlichen Straßen zugelassen ist es auf die Hauptbestimmung ankommt.

rersitz, nicht mehr als neun Sitze aufweisen, um noch als **Personenkraftwagen** bezeichnet werden zu können. **Leichte Nutzfahrzeuge** werden dagegen über das zulässige Gesamtgewicht des Grundmodells von nicht mehr als 3,5 Tonnen definiert.[25] Dem **Vertragsprogramm** gehören alle Kraftfahrzeugmodelle an, die für einen Erwerb durch den Händler beim Lieferanten verfügbar sind. **Ein Kraftfahrzeug entspricht einem Modell des Vertragsprogramms,** wenn es vom Hersteller in Serie hergestellt oder zusammengebaut wird, die gleiche Karosserieform, das gleiche Trieb- und Fahrwerk sowie den gleichen Motor eines Kraftfahrzeuges des Vertragsprogramms hat und Gegenstand einer Vertriebsvereinbarung mit einem anderen Unternehmen innerhalb des vom Hersteller oder mit dessen Zustimmung errichteten Vertriebssystems ist.

Durch die Rechtsprechung wurde außerdem die **grundsätzliche Frage nach der rechtlichen Tragweite der Definitionen** aufgeworfen. So hat der französische Cour de cassation entschieden, dass die in Art. 1 Buchst. g) der Verordnung enthaltene Definition des quantitativen Selektivvertriebs in verbindlicher Weise die in dieser Vertriebsform zulässigen Standards regle, und dass diese sowie ihre diskriminierungsfreie Anwendung gegebenenfalls von Amts wegen gerichtlich überprüfbar seien.[26]

Der BGH lässt im Citroën-Urteil[27] die AGB-Kontrolle mit dem inhaltlichen Maßstab der Kfz-GVO auf die betreffende streitgegenständliche Vertriebsvereinbarung im Rahmen einer Klauselkontrolle zur Anwendung gelangen. Zwar hat der BGH auch in diesem Urteil die Frage der Leitbildfunktion der GVOen im Rahmen der AGB-Kontrolle erneut offen gelassen, im Ergebnis geht er doch genau diesen Weg.[28]

Art. 2. Geltungsbereich[29]

(1) ¹Artikel 81 Absatz 1 des Vertrags wird gemäß Artikel 81 Absatz 3 unter den in dieser Verordnung geregelten Voraussetzungen für nicht anwendbar erklärt auf vertikale Vereinbarungen, welche die Bedingungen betreffen, zu denen die Parteien neue Kraftfahrzeuge, Kraftfahrzeugersatzteile oder Wartungs- und Instandsetzungsdienstleistungen für Kraftfahrzeuge beziehen, verkaufen oder weiterverkaufen können.
²Unterabsatz 1 gilt, soweit in diesen vertikalen Vereinbarungen vertikale Beschränkungen enthalten sind.
³Die Freistellung im Sinne dieses Absatzes wird in dieser Verordnung als „Freistellung" bezeichnet.

(2) Die Freistellung gilt auch für folgende Gruppen vertikaler Vereinbarungen:
a) vertikale Vereinbarungen zwischen einer Unternehmensvereinigung und ihren Mitgliedern oder zwischen einer solchen Vereinigung und ihren Lieferanten nur dann, wenn alle Mitglieder der Vereinigung Händler von Kraftfahrzeugen oder Kraftfahrzeugersatzteilen oder Werkstätten sind und wenn keines ihrer einzelnen Mitglieder zusammen mit seinen verbundenen Unternehmen einen jährlichen Gesamtumsatz von mehr als 50 Mio. EUR erzielt; die Freistellung der von solchen Vereinigungen geschlossenen vertikalen Vereinbarungen gilt unbeschadet der Anwendbarkeit von Artikel 81 auf horizontale Vereinbarungen zwischen den Mitgliedern der Vereinigung sowie auf Beschlüsse der Vereinigung;

---

[25] Ausführungen des Grundmodells, die das zulässige Gesamtgewicht überschreiten gelten dennoch als leichte Nutzfahrzeuge. Dem Vorschlag von *Creutzig* BB 2002, 2136, den entgegengesetzten Fall parallel zu lösen, ist zuzustimmen.
[26] Cass. com, Urt. v. 28. Juni 2005, D. 2005, 1938, Anm. *E. Chevrier.*
[27] BGH, Urt. v. 13. Juli 2004 „Citroën", GRUR Int 2005, 152.
[28] So auch *J. Ensthaler/D. Gesmann-Nuissl,* Entwicklung des Kfz-Vertriebsrechts unter der GVO 1400/2002, BB 2005, 1742 ff.
[29] Vgl. Erwägungsgrund (3) sowie Leitfaden, 16 ff.

b) vertikale Vereinbarungen, die Bestimmungen enthalten, welche die Übertragung von geistigen Eigentumsrechten auf den Käufer oder die Nutzung solcher Rechte durch den Käufer betreffen, sofern diese Bestimmungen nicht Hauptgegenstand der Vereinbarung sind und sie sich unmittelbar auf die Nutzung, den Verkauf oder den Weiterverkauf von Waren oder Dienstleistungen durch den Käufer oder seine Kunden beziehen. Die Freistellung gilt unter der Voraussetzung, dass diese Bestimmungen in Bezug auf Vertragswaren oder -dienstleistungen keine Wettbewerbsbeschränkungen mit demselben Zweck oder derselben Wirkung enthalten wie vertikale Beschränkungen, die durch diese Verordnung nicht freigestellt werden.

(3) ^{1}Die Freistellung gilt nicht für vertikale Vereinbarungen zwischen Wettbewerbern.

^{2}Sie gilt jedoch, wenn Wettbewerber eine nicht wechselseitige vertikale Vereinbarung treffen und

a) der jährliche Gesamtumsatz des Käufers 100 Mio. EUR nicht überschreitet oder
b) der Lieferant zugleich Hersteller und Händler von Waren, der Käufer dagegen ein Händler ist, der keine mit den Vertragswaren im Wettbewerb stehenden Waren herstellt, oder
c) der Lieferant ein auf mehreren Wirtschaftsstufen tätiger Dienstleistungserbringer ist und der Käufer auf der Wirtschaftsstufe, auf der er die Vertragsdienstleistungen bezieht, keine mit diesen im Wettbewerb stehenden Dienstleistungen erbringt.

26 Der den Geltungsbereich der GVO 1400/2002 regelnde Artikel stimmt im wesentlichen, d. h. bis auf die sektorspezifischen Anpassungen und die Verkürzungen aufgrund der Begriffsbestimmungen in Artikel 1, mit Artikel 2 der vGVO überein.[30] Dadurch wird der Geltungsbereich der Automobil-GVO erheblich erweitert, da diese nunmehr für alle Vertikalvereinbarungen gilt, die den Bezug, den Verkauf oder den Weiterverkauf von Neufahrzeugen,[31] Kraftfahrzeugersatzteilen oder Kundendienstleistungen betreffen. Neben den klassischen Absatzmittler- und Kundendienstverträgen zwischen Herstellern und Händlern kommt die GVO auch hinsichtlich der Vertikalvereinbarungen auf sämtlichen Vertriebsstufen zur Anwendung. So werden zum Beispiel auch Vertriebsverträge zwischen Ersatzteileherstellern und ihren selbstständigen Händlern erfasst. Nicht erfasst werden dagegen Verträge zwischen Teileherstellern und Kraftfahrzeugherstellern, die Bauteile zum Gegenstand haben, da diese keine „Ersatzteile" sind (Artikel 1 Absatz 1 lit. s der GVO 1400/2002). Die regelmäßig vom Händler abgeschlossenen Unterhändler/B-Händlerverträge dürfen dagegen ebenfalls den Vorgaben der GVO nicht widersprechen. Selbst Verträge außerhalb der EU angesiedelter Automobilhersteller mit in der Gemeinschaft ansässigen Importeuren fallen in den Anwendungsbereich der sektorspezifischen Freistellungsregelung.[32] Bedenklich ist hierbei insbesondere, dass als Konsequenz der Auflösung der „natürlichen Bindung" zwischen Neuwagenverkauf und Kundendienstleistungen und der damit einhergehenden Erweiterung des Anwendungsbereichs der Automobil-GVO Verträge betroffen sind, die bislang und ursprünglich bis 2010 durch die vGVO freigestellt waren. So waren zum Beispiel weder der getrennte Vertrieb von Ersatzteilen, der keinerlei Verbindung mit dem Vertrieb von Kraftfahrzeugen hat, noch die Franchiseverträge von Schnellreparaturwerkstattketten von der GVO 1475/95 umfasst.[33] Die Freistellbarkeit von gültig unter der vGVO abgeschlossener Verträge wird somit in Frage gestellt, was für die beteiligten Akteure, wenn sie von einer Freistellung profitieren wollen, einen Anpassungsbedarf schafft, welcher im Widerspruch zum von der vGVO geschaffenen Vertrauenstatbestand steht. Statt der zu-

---

[30] Vgl. hierzu die Ausführungen unter VI. 2.
[31] Vgl. bezüglich der Definition des Neuwagens Leitfaden, 51 (Fn. 103).
[32] Siehe auch *J. Pfeffer* NJW 2002, 2910, 2911.
[33] Vgl. Antwort auf Frage 1 des Leitfadens zur GVO 1475/95.

F. Kfz-Vereinbarungen

nächst angedachten Ausweitung des Anwendungsbereichs der vGVO auf den Automobilsektor im Sinne der GVO 1475/95 wird die vGVO durch Erlass der GVO 1400/2002 beschnitten und die Rechtssicherheit erheblich in Frage gestellt. Die Kommission bestätigt diese Interpretation in ihrem Leitfaden und möchte die geschaffenen Probleme dadurch gelöst sehen, dass sie die in Frage stehenden Vereinbarungen während der Übergangszeit nicht zur Priorität ihrer Aktivität gemacht hat.[34]

Sog. „**echte Handelsvertreter**"[35] sind in Übereinstimmung mit dem sog. „Handelsvertreterprivileg" der Anwendung des Kartellverbotes entzogen. Anderes gilt jedoch für sog. „**unechte Handelsvertreter**", die als selbständige Marktteilnehmer von Art. 81 Abs. 1 EG erfasst werden. Die Kommission hat in ihren Leitlinien zu den Vertikal-Beschränkungen die Grenzen des Handelsvertreterprivilegs sehr restriktiv ausgelegt und setzte sich damit in Widerspruch zur ständigen Rechtsprechung.[36] Die in den Leitlinien enthaltenen Definitionen des echten bzw. unechten Handelsvertreters wurden durch die Mercedes-Entscheidung des EuG unter Aufhebung der vorangegangenen Kommissionsentscheidung erneut in Frage gestellt.[37] Entgegen den durch die Kommission praktizierten Kriterien hat das EuG seine Beurteilung im Mercedes-Urteil in erster Linie auf das Kriterium der Eingliederung in das Unternehmen des Geschäftsherrn gestützt. Erst in einem zweiten Schritt prüft das EuG ob die durch den Handelsvertreter übernommenen Risiken eine andere Bewertung erlauben.[38] Auch die in dieser Hinsicht relevanten Geschäftsrisiken legt das EuG restriktiv aus, da es hierbei lediglich der Abwälzung von primären Vertragsrisiken des Geschäftsherrn Bedeutung beimisst.

Art. 3. Allgemeine Voraussetzungen

(1) ¹Unbeschadet der Absätze 2, 3, 4, 5, 6 und 7 gilt die Freistellung nur, wenn der Anteil des Lieferanten an dem relevanten Markt, auf dem er Kraftfahrzeuge, Kraftfahrzeugersatzteile oder Instandsetzungs- oder Wartungsdienstleistungen verkauft, 30% nicht überschreitet.
²Die Marktanteilsschwelle für die Anwendung der Freistellung beträgt jedoch 40% für Vereinbarungen über quantitative selektive Vertriebssysteme zum Verkauf neuer Kraftfahrzeuge.
³Diese Marktanteilsschwellen gelten nicht für Vereinbarungen über qualitative selektive Vertriebssysteme.

(2) Im Fall von vertikalen Vereinbarungen, die Alleinbelieferungsverpflichtungen enthalten, gilt die Freistellung, wenn der Anteil des Käufers an dem relevanten Markt, auf dem er die Vertragswaren oder -dienstleistungen bezieht, 30% nicht überschreitet.

(3) Die Freistellung gilt unter der Voraussetzung, dass in der vertikalen Vereinbarung mit einem Händler oder einer Werkstatt vorgesehen ist, dass der Lieferant der Übertragung der aus der vertikalen Vereinbarung erwachsenden Rechte und

---

[34] Vgl. Leitfaden, 42, Frage 24.
[35] So die durch die Kommission in ihren Leitlinien zu Vertikalbeschränkungen geprägte Terminologie der „echten" bzw. „unechten Handelsvertreter", Mitteilung der Kommission – Leitlinien für vertikale Beschränkungen, ABl. EG 2000 C 291/1, Rn. 12–20.
[36] EuGH, 13. 7. 1966 Rs. 32/65 Italien/Rat und Kommission, Slg. 1966 457, 485 f.; EuGH Rs. 40 u. a./73 Europäische Zuckerindustrie; EuGH 24. 10. 1995 Rs. C-266/93 VW-Herstellerleasing Slg. 1995, I-3477, EWS 1996, 14.
[37] EuG, 15. 9. 2005 „Mercedes-Benz" Rs. T-325/01;
[38] Siehe für eine Kommentierung des Urteils auch *S. Nolte*, Renaissance des Handelsvertretervertriebs?, WuW 2006, 252 ff. sowie *J. Pfeffer/C. Wegner*, Handelsvertreterprivileg: Vertrieb über Handelsvertreter – praktikable Ausnahme zum Kartellverbot des Art. 81 EG/§ 1 GWB, EWS 2006, 297.

Pflichten auf einen anderen Händler bzw. eine andere Werkstatt des Vertriebssystems, die vom vormaligen Händler bzw. von der vormaligen Werkstatt ausgewählt wurden, zustimmt.

(4) Die Freistellung gilt unter der Voraussetzung, dass in der vertikalen Vereinbarung mit einem Händler oder einer Werkstatt vorgesehen ist, dass der Lieferant eine Vereinbarung nur schriftlich kündigen kann und die Kündigung eine ausführliche Begründung enthalten muss, die objektiv und transparent ist, um einen Lieferanten daran zu hindern, eine vertikale Vereinbarung mit einem Händler oder einer Werkstatt wegen Verhaltensweisen zu beenden, die nach dieser Verordnung nicht eingeschränkt werden dürfen.

(5) Die Freistellung gilt unter der Voraussetzung, dass die vertikale Vereinbarung eines Herstellers von neuen Kraftfahrzeugen mit einem Händlerodereiner zugelassenen Werkstatt

a) eine Laufzeit von mindestens fünf Jahren hat und sich die Vertragsparteien verpflichten, eine Nichtverlängerung mindestens sechs Monate im Voraus anzukündigen oder

b) unbefristet ist und die Vertragsparteien eine Kündigungsfrist von mindestens zwei Jahren vereinbaren; diese Frist verkürzt sich in folgenden Fällen auf mindestens ein Jahr:
   i) Der Lieferant hat aufgrund gesetzlicher Bestimmungen oder aufgrund besonderer Absprache bei Beendigung der Vereinbarung eine angemessene Entschädigung zu zahlen, oder
   ii) für den Lieferanten ergibt sich die Notwendigkeit, das Vertriebsnetz insgesamt oder zu einem wesentlichen Teil umzustrukturieren.

(6) [1]Die Freistellung gilt unter der Voraussetzung, dass in der vertikalen Vereinbarung für jede der Vertragsparteien das Recht vorgesehen ist, bei Meinungsverschiedenheiten über die Erfüllung ihrer vertraglichen Verpflichtung einen unabhängigen Sachverständigen oder einen Schiedsrichter anzurufen. [2]Die Meinungsverschiedenheiten können sich u. a. auf Folgendes beziehen:

a) Lieferverpflichtungen,
b) die Festsetzung oder das Erreichen von Absatzzielen,
c) Bevorratungspflichten,
d) die Verpflichtung zur Bereitstellung oder Nutzung von Fahrzeugen für Ausstellungszwecke und Probefahrten,
e) die Voraussetzungen für den Mehrmarkenvertrieb,
f) die Frage, ob das Verbot des Tätigwerdens von einem nicht zugelassenen Standort aus die Möglichkeiten der Ausweitung des Geschäfts des Händlers von anderen Kraftfahrzeugen als Personenkraftwagen oder leichten Nutzfahrzeugen beschränkt, oder
g) die Frage, ob die Kündigung einer Vereinbarung aufgrund der angegebenen Kündigungsgründe gerechtfertigt ist.

[3]Von dem in Satz 1 genannten Recht unberührt bleibt das Recht der Vertragsparteien, ein nationales Gericht anzurufen.

(7) Bei der Anwendung dieses Artikels wird der Marktanteil der in Artikel 1 Absatz 2 Buchstabe e) bezeichneten Unternehmen jedem der Unternehmen, das die in Artikel 1 Absatz 2 Buchstabe a) bezeichneten Rechte oder Einflussmöglichkeiten hat, zu gleichen Teilen zugerechnet.

27 Artikel 3 definiert neben dem allgemeinen Anwendungsbereich der Freistellung in Bezug auf die Marktstellung der Vertriebspartner verschiedene positive Voraussetzungen insbesondere vertraglicher Natur von deren Erfüllung die Anwendbarkeit der gesamten Gruppenfreistellungsverordnung abhängig gemacht wird.

1. Anwendungsbereich der Gruppenfreistellungsverordnung[39]

Parallel zur vGVO steht die Anwendbarkeit der Automobil-GVO unter der Bedingung **28** des **Nichtüberschreitens bestimmter Marktanteilsschwellen** durch den Lieferanten bzw. den Käufer – sofern die Vertriebsvereinbarungen Alleinbelieferungspflichten enthalten:[40]
- Für qualitative selektive Vertriebssysteme besteht demnach keine Marktanteilsschwelle.
- Quantitative selektive Vertriebssysteme - soweit sie Kraftfahrzeugersatzteile und Instandsetzungs- oder Wartungsdienstleistungen zum Gegenstand haben – unterliegen einer Marktanteilsschwelle von 30%.
- Für quantitativ selektive Vertriebssysteme zum Verkauf neuer Kraftfahrzeuge gilt eine Marktanteilsschwelle von 40%.
- Alleinvertriebssysteme unterliegen der 30%-Schwelle.
- Im Falle von Alleinbelieferungspflichten gilt ein 30%-Schwelle für den Käufer.

Fast alle Hersteller haben sich im Bereich des Neuwagenvertriebs für ein **qualitatives** **29** **und quantitatives selektives Vertriebssystem** entschieden. Bei der Errichtung der Vertriebssysteme haben sich in der Praxis einige kontroverse Rechtsfragen ergeben.[41]

Die Zulässigkeit der qualitativen Standards findet ihre Grenzen im Übergang von einem qualitativen zu einem quantitativen Vertriebssystem und jene müssen sich am Maßstab des nach Art. 1 Buchst. h) Erforderlichen orientieren.[42] Die Standards sind von Amts wegen gerichtlich überprüfbar.[43]

Die selektiven, sowohl qualitativen als auch quantitativen Vertriebssysteme sind seit Inkrafttreten der neuen Verordnung mittlerweile weitgehend durch die Rechtsprechung überprüft und durch diese für zulässig erklärt worden.[44]

Der Hersteller ist im Rahmen eines selektiven Vertriebsnetzes nicht verpflichtet die zu besetzenden Standorte **öffentlich auszuschreiben**.[45]

Die Anwendung **unterschiedlicher Standards in den Mitgliedstaaten** kann auch unter Berücksichtigung der Legaldefinition des Artikels 1 Abs. 1 lit. h) der GVO 1400/2002 gerechtfertigt sein, weil in verschiedenen Mitgliedstaaten unterschiedliche Produkte nachgefragt werden, weil die Verbrauchergewohnheiten divergieren oder weil die klimatischen, kulturellen und ökonomischen Gegebenheiten verschieden sind. Dies kann auch der GVO selbst entnommen werden, die in Erwägungsgrund (29) bestimmt: „Der Lieferant kann verlangen, dass zusätzliche Verkaufs- oder Auslieferungsstellen für Personenkraftwagen und leichte Nutzfahrzeuge oder Werkstätten die entsprechenden qualitativen Merkmale erfüllen, die für ähnliche Stellen im selben geografischen Gebiet gelten".

Einem Bewerber kann der Zugang zum Vertriebsnetz mit der Begründung verweigert werden, der **Vertrag sei zuvor wegen einer Vertragsverletzung gekündigt worden**.

---

[39] Vgl. Erwägungsgrund (7) und (8) sowie Leitfaden, 22 ff.

[40] Siehe zum Ganzen *Bechtold/Bosch/Brinker/Hirsbrunner*, Kommentar zum EG-Kartellrecht (2005), VO 1400/2002, Art. 3, Rn. 3 ff.

[41] Eingehend hierzu L. *Vogel/J. Vogel*, Droit de la distribution automobile (2004), Rn. 197 ff. sowie Droit de la distribution automobile II, (2006), Rn. 7 ff.

[42] *J. Ensthaler/D. Gesmann-Nuissl*, Entwicklungen des Kfz-Vertriebsnetzes unter der GVO 1400/2002, BB 2005, 1749 ff.

[43] Cass. com, Urt. v. 28. Juni 2005, D. 2005, 1938, Anm. *E. Chevrier*.

[44] Berufungsgericht Paris, Urt. v. 21. April 2005; Berufungsgericht Angers, Urt. v. 12. April 2005; Cass. com, Urt. v. 28. Juni 2005, D. 2005, 1938, Anm. *E. Chevrier;* anders *R. Bertin*, Distribution automobile certes, mais distribution sélective avant tout, D. 2005, 2226.

[45] Berufungsgericht Dijon, Urt. v. 1. 4. 2004 (Az. 03–01 547), Petites Affiches, 16. Juli 2004, S. 6, Anm. *P. Arhel;* Cass. com, Urt. v. 28. Juni 2005; ebenso L. *Vogel/J. Vogel*, Journal de l'Automobile Nr. 844/845 v. 25. 7. 2003, 32; *dies.* Droit de la distribution automobile II (2006), Rn. 30; anders jedoch *Bertin* Dalloz 2003, 1150.

Durch die französische Rechtsprechung sowie durch die Rechtsprechung in einigen anderen Mitgliedstaaten ist das grundsätzlich bejaht worden.[46]

Deutsche Rechtsprechung und Literatur prüfen das Bestehen eines etwaigen Kontrahierungszwanges bzw. spiegelbildlicher Kündigungsrechte auf Grundlage des § 20 Abs. 2 GWB.[47] Ein Kündigungsrecht und somit kein Kontrahierungszwang besteht hiernach beim Vorliegen besonderer aber nicht notwendig wichtiger Gründe. Im herstellergebundenen Werkstattgeschäft hat die markengebundene Marktabgrenzung zur Folge, dass die Automobilhersteller für Instandsetzungs- und Wartungsdienstleistungen eben kein quantitativ, sondern nur ein qualitativ selektives Werkstattnetz unterhalten können.

2. Vertragliche Ausgestaltung der Vertriebsbeziehung

30 Wie bereits in der VO 1475/95 greift der Verordnungsgeber erneut in die vertraglichen Beziehungen zwischen den Vertriebspartnern ein und verstärkt den Schutz des Händlers bzw. der Vertragswerkstatt.[48] Die Mindestvertragsdauer von fünf Jahren bei befristeten Verträgen bzw. die Mindestkündigungsfrist bei unbefristeten Verträgen von zwei Jahren werden in der neuen GVO bestätigt und durch zusätzliche Schutzmassnahmen ergänzt. Die neue GVO führt zu einem **allgemeinen Schutz des Status des Vertragshändlers.** Dies lässt sich auch daran ablesen, dass der Beitritt des Vertragshändlers zum Vertriebsnetz und die erste vereinbarte Vertragsdauer bzw. Möglichkeit zur ordentlichen Kündigung nicht mehr zu einer Verkürzung der Kündigungsfrist auf ein Jahr führen.[49] Ferner beinhaltet der Text der GVO nicht mehr die Möglichkeit zur außerordentlichen Kündigung im Falle wesentlicher Vertragsverletzungen durch die andere Partei. Allerdings dürfte diese Möglichkeit in allen nationalen Rechtsordnungen der Mitgliedstaaten vorgesehen sein, so dass der Wegfall dieser deklaratorischen Bestimmung ohne sachliche Bedeutung ist. Die Gültigkeit einer Kündigungsklausel beurteilt sich also nicht nach dieser Verordnung, sondern allein nach dem nationalen Recht.[50]

31 Neu eingeführt wurde eine **Begründungspflicht für Kündigungen,** „um zu verhindern, dass ein Lieferant eine Vereinbarung kündigt, weil der Händler oder die Werkstatt ein wettbewerbsförderndes Verhalten annimmt."[51] Die Pflicht zur Anführung objek-

---

[46] Handelsgericht Dijon, 30. Juni 2003; Handelsgericht Dijon, 25. September 2003; Handelsgericht Grenoble 24. Oktober 2003; Berufungsgericht Versailles 24. Februar 2005; Berufungsgericht Amsterdam, Urt. v. 23. Juni 2005, Nr. 1974/04 KG Auto KG/Chevrolet Nederland; Berufungsgericht Versailles (2. Kammer 2. Sektion) v. 29. 2. 1996, Dalloz 1997, Sommaire 62; vgl. ferner Berufungsgericht Paris (5. Kammer B) v. 22. 1. 1998, unveröffentlicht; Handelsgericht Brüssel, 2. Oktober 2003 Renault Belgique Luxembourg; s. auch L. Vogel/J. Vogel, Droit de la distribution automobile II (2006), Rn. 32.

[47] BGH, Urt. v. 28. Juni 2005, NJW-RR 2006, 689 sowie BGH, Urt. v. 21. Februar 1995, „Kfz-Vertragshändler", GRUR 1995, 765 ff.; BGH, 24. 6. 2003 WuW/E DE-R 1144, 1145 „Schülertransporte"; BGH, 13. 7. 2004, GRUR 2005, 62, 68 „Citroën"; vgl. S. Nolte, Die neue Kfz-GVO: Kontrahierungszwang und Kündigungsrechte im Werkstattgeschäft, WRP 2005, 1124 ff. s. auch R. Bechtold, Zulassung zu selektiven Vertriebssystemen unter besonderer Berücksichtigung der Kfz-Vertriebssysteme, NJW 2003, 3729 ff.

[48] Vgl. bereits hinsichtlich der GVO 1475/95 kritisch L. Vogel, La semaine juridique (Edition Entreprise) Beilage Cahiers de droit de l'Entreprise 3/4–1997, 32, 35, insbesondere hinsichtlich der Befugnis der Kommission auf diesem Wege das Vertriebsvertragsrecht zu harmonisieren.

[49] Die Verkürzung der Kündigungsfrist auf ein Jahr ist in der Neufassung zwei Fallgestaltungen vorbehalten: zum einen wenn der Hersteller von Gesetzes wegen (§ 89 b HGB) oder aufgrund einer Vereinbarung eine angemessene Entschädigung schuldet und zum anderen wenn die Kündigung auf der notwendigen Umstrukturierung des gesamten oder eines wesentlichen Teils des Vertriebsnetzes beruht.

[50] EuGH Urt. v. 18. 1. 2007 Rs. C-421/05 Citroën.

[51] Vgl. Erwägungsgrund (9) der neuen GVO sowie Leitfaden, S. 66 f., Frage 70.

tiver und transparenter Kündigungsgründe in schriftlicher Form betrifft sowohl die ordentliche als auch die außerordentliche Kündigung. Im Gegensatz dazu ist allerdings die Erklärung der Nichtverlängerung eines befristeten Vertrages, die sechs Monate vor Auslaufen des Vertrages der anderen Vertragspartei zugestellt werden muss, keiner Begründungspflicht unterworfen.[52]

Die anlässlich des Inkrafttretens der neuen Verordnung vorgenommenen **Kündigungen wegen Umstrukturierung der Vertriebsnetze** mit einjähriger Kündigungsfrist[53] wurden durch die nationalen Gerichte sowie durch die Gemeinschaftsgerichte mittlerweile weithin gebilligt.[54] Die Gerichte gingen hierbei im Allgemeinen davon aus, dass die Notwendigkeit einer Umstrukturierung als unternehmerische Entscheidung mit Beurteilungsspielraum nur einer **eingeschränkten gerichtlichen Kontrolle** unterliege.[55]

Im Rahmen einer Umstrukturierung des Vertriebsnetzes können die Vertriebsvereinbarungen mit der auf ein Jahr **verkürzten Frist** gekündigt werden, soweit die Umstrukturierung durch wirtschaftliche (die erforderliche Konzentration der Vertriebsstrukturen zur Erhaltung ihrer Wettbewerbsfähigkeit) oder rechtliche Gründe (die Herbeiführung der Übereinstimmung der Verträge mit den Bestimmungen der neuen Freistellungsverordnung) gerechtfertigt werden kann.

Die Beweislast dafür, dass das Inkrafttreten der neuen Automobil-GVO die Umstrukturierung des Vertriebsnetzes erforderlich macht, liegt beim Lieferanten.

Art. 3 Abs. 5 der VO 1400/2002 ist als Ausnahmevorschrift eng auszulegen.[56]

Allein das Inkrafttreten der neuen Automobil-GVO macht eine Umstrukturierung nicht erforderlich; eine solche kann jedoch durch die Spezifität bestimmter Vertriebsnetze und

---

[52] Was sich im Umkehrschluss aus dem Wortlaut des Artikel 3 Abs. 4 ergibt: „... die Kündigung eine ausführliche Begründung enthalten muss ..." und mit den Mindestvertragslaufzeit von 5 Jahren zusammenhängt, vgl. auch Leitfaden S. 66f., Frage 70; a. A. *Creutzig* BB 2002, 2146 und 2148; gegen eine Begründungspflicht auch die Kommission in ihrer Antwort auf die Fragen der europäischen Vereinigung der Citroën-Händler (Frage 3).

[53] Siehe zum Streitstand betreffend der Strukturkündigung auch *R. Emde*, Strukturkündigung wegen GVO-Novellierung und Ausgleichsanspruch für Ersatzteile, GRUR 2006, 997, der allerdings die Notwendigkeit einer Strukturkündigung wegen des rechtlichen Anpassungsbedarfs an die neue GVO 1400/2002 verneint und für das zweite Jahr der Ablauffrist entgangenen Gewinn als Schadensersatz gewähren will, der durch das Tatsachengericht gem. § 252 BGB, 287 ZPO zu schätzen sei.

[54] Vorlagebeschluss des BGH vom 26. Juli 2005 gem. Art. 234 EG sowie in Antwort hierauf EuGH, Urt. v. 30. November 2006, *Autohaus Hilgert GmbH* und *Brünsteiner GmbH/Bayerische Motorenwerke AG*, verb. Rs. C-376/05 und C-377/05; nach Beantwortung der Vorlagefragen durch den EuGH wies jüngst der BGH in seiner Entscheidung vom 8. Mai 2007 die Revision gegen die Berufungsentscheidung zurück und ließ hierbei die Frage nach der Wirksamkeit der Strukturkündigung mit auf ein Jahr verkürzter Kündigungsfrist offen, da die Vertriebsvereinbarungen jedenfalls wegen Verstoßes gegen Bestimmungen der neuen Kfz-GVO i. V. mit § 306 Abs. 3 BGB unwirksam seien, RIW 2007, 614; siehe auch *R. Emde*, Strukturkündigung wegen GVO-Novellierung und Ausgleichsanspruch für Ersatzteile, GRUR 2006, 997, 1000f.; siehe auf Vorlagefrage des dänischen Gerichtshofs die Entscheidung des EuGH im Vorabentscheidungsverfahren EuGH, Urt. v. 7. September 2006, *VW-Audi Forhandlerforeningen/Skandinavisk Motor Co.*, Rs. C-125–05; siehe aus der Rechtsprechung der nationalen Gerichte in den Mitgliedstaaten auch ÖStOGH, Urt. v. 23. 6. 2005, GRUR Int. 2006, 62 sowie Cass. Com., Urt. v. 6. März 2007, D., 2007, A. J., 101; siehe zur Problematik auch *Jürgen Creutzig*, EuZW 2002, 560;

[55] EuGH, Urt. v. 7. September 2006 aaO; ÖStOGH, Urt. v. 23. 6. 2005, GRUR Int. 2006, 62.

[56] Anders *R. Emde*, Strukturkündigung wegen GVO-Novellierung und Ausgleichsanspruch für Ersatzteile, GRUR 2006, 997 gegen eine gerechtfertigte Strukturkündigung unter Bezugnahme auf das Merkmal der Notwendigkeit.

Vogel

hierbei insbesondere wegen des Überganges von einem exklusiv und selektiv gestalteten Vertrieb zu einem rein selektiven Vertriebssystem gerechtfertigt sein.[57]

Eine Umstrukturierung setzt notwendigerweise eine Abänderung der bestehenden Vertriebsstruktur des Lieferanten voraus, die beispielsweise Natur oder Form dieser Strukturen, den Gegenstand dieser Strukturen, die interne Aufgabenverteilung innerhalb dieser Strukturen, die Belieferung mit den betreffenden Waren oder Dienstleistungen, die Zahl oder Qualifizierung der an diesen Strukturen Beteiligten, sowie die entsprechende geographische Reichweite zum Gegenstand haben kann.

Die Umstrukturierung kann alternativ aus wirtschaftlichen, handelsbedingten, oder rechtlichen Gründen gerechtfertigt sein.

Allerdings wurde auf recht einzigartige Art und Weise entschieden, dass die Herabsetzung der Kündigungsfrist auf ein Jahr im Falle der Umstrukturierung des Vertriebsnetzes eine eng auszulegende Ausnahmevorschrift darstellt, die im Falle der vollständigen Auflösung des Vertriebsnetzes durch den Hersteller nicht zur Anwendung gelange.[58]

Die Kündigung wegen Umstrukturierung mit der auf ein Jahr verkürzten Kündigungsfrist kann in jedem **beliebigen Augenblick** während des laufenden Umstrukturierungsprozesses ausgesprochen werden, soweit dieser noch nicht abgeschlossen ist.

Ebenfalls in diesem Zusammenhang wird die Frage eines etwaigen Kontrahierungszwangs bzw. entsprechender Kündigungsrechte im Rahmen des § 20 Abs. 2 GWB aufgeworfen.[59] Es wird geltend gemacht, dass auf Grund der markenabhängigen Marktabgrenzung im Werkstattbereich und des infolgedessen selektiv qualitativen ausgestalteten Werkstattnetzes von einem fehlenden Kontrahierungszwang sowie spiegelbildlich von entsprechenden Kündigungsrechten nur beim Vorliegen besonders schwerwiegender (nicht notwendig wichtiger) Gründe ausgegangen werden könne.

32 Schließlich wurde das in der Vertikalvereinbarung zu verankernde und beiden Seiten zustehende Recht auf **Anrufung eines Sachverständigen oder eines Schiedsrichters,** welches bisher auf die Kündigungsmodalitäten beschränkt war, auf die „Meinungsverschiedenheiten über die Erfüllung (...) [der] vertraglichen Verpflichtung" erweitert. Das Recht zur Anrufung eines nationalen Gerichts bleibt weiterhin unberührt.[60]

Allerdings sollte die Vereinbarung einer verbindlichen Schiedsklausel vermieden werden, da in der Rechtsprechung bereits die Auffassung vertreten wurde, dass die mangelnde Beachtung der Klausel eine Prozesseinrede darstellt, was die Unzulässigkeit jeglichen gerichtlichen Antrags auf Vertragsauflösung zur Folge hat, soweit die Klausel wirksam vereinbart wurde, eine der Parteien sich hierauf beruft und der Streitfall nicht zuvor Gegenstand des Versuchs einer gütlichen Einigung war.[61]

Auch wenn die Verordnung verlangt, dass die Parteien im Falle der Kündigung die Möglichkeit zur Anrufung eines Sachverständigen oder eines Schiedsrichters haben, verlangt sie hingegen nicht, dass die Parteien hiervon vor Zustellung der Kündigung Gebrauch gemacht haben.[62] Nach Artikel 3 Abs. 6 der Verordnung besteht vielmehr einzig die Verpflichtung der Parteien, diese Möglichkeit in der Vertriebsvereinbarung vorzusehen.

---

[57] EuGH, Urt. v. 26. Januar 2007, Rs. C-273-06.
[58] Berufungsgericht Paris, Urt. v. 5. Februar 2003.
[59] S. *S. Nolte,* Kontrahierungszwang und Kündigungsrechte im Werkstattgeschäft, WRP 2005, 1124 ff. Abzulehnen sind nach dieser Auffassung Art. 81 GWB oder die GVOen als unmittelbare Anspruchsgrundlagen, so dass die entsprechenden Ansprüche ausschließlich auf Grundlage des § 20 Abs. 2 GWB geltend gemacht werden können.
[60] Vgl. Erwägungsgrund (11) sowie Leitfaden, 61, Fragen 60 und 61.
[61] Cour de Cassation, Urt. v. 14. Februar 2003, D., 2003, 1386, Anm. Ancel und Cottin.
[62] EuGH, Urt. v. 18. Juni 2007, Rs. C-421-05; Contrats Conc. Consom., 2007, 71, Anm. *Malaurie-Vignal;* D. 2007, A.J., 440, Anm. *Chevrier.*

F. Kfz-Vereinbarungen   33   **Art. 4 Kfz-GVO**

Die durch die Verordnung vorgesehene Möglichkeit zur Anrufung eines Schiedsgerichts oder Sachverständigen wurde in der Praxis bislang kaum genutzt.

Der französische Gesetzgeber betrachtet im Übrigen eine Schiedsklausel, die in den Rechtsbeziehungen eines Unternehmers mit einem Verbraucher eine alternative Streitbeilegung zwingend vorsieht, als missbräuchlich.[63]

Das französische Recht kennt grundsätzlich keine Ausgleichsansprüche des gekündigten Vertragshändlers. Die deutsche Rechtsprechung bejaht – unter bestimmten Voraussetzungen – die analoge Anwendung des Ausgleichsanspruchs des Handelsvertreters gemäß § 89b HGB auf den Vertragshändler.[64] Daneben besteht nach Ansicht mancher Stimmen in der deutschen Rechtslehre ein Ausgleichsanspruch für sog. drittbestimmte, nicht amortisierte Investitionen des Vertragshändlers.[65]

3. Die Übertragung der Rechte innerhalb des Netzes[66]

Die Vertikalvereinbarung hat nunmehr auch die Möglichkeit für den Händler oder die 33
Werkstatt vorzusehen, die **aus der Vertikalvereinbarung erwachsenden Rechte und Pflichten auf einen anderen Händler bzw. eine andere Werkstatt desselben Vertriebsnetzes übertragen zu können.** Artikel 3 Abs. 3 weist darauf hin, dass die Auswahl dem vormaligen Händler bzw. der Werkstatt obliegt. Die Übertragung eines Händler- bzw. Werkstattvertrages über Kreuz, d. h. von einem Händler an eine Werkstatt bzw. von einer Werkstatt an einen Händler, kann ausgeschlossen werden, was sich aus dem Wort „beziehungsweise" ergibt. Die Kündigung eines Vertrages berührt dessen Verkehrsfähigkeit nicht. Ein gekündigter Vertrag kann vor Vertragsende übertragen werden. Allerdings bleibt die Kündigung wirksam. Anderseits kann ein gekündigter Händler vor Ende seines Vertrages einen anderen Standort erwerben und somit „der Kündigung entgehen". Diese Vorschrift ist von den Händlerverbänden begrüßt worden, da den Verträgen erstmals ein wirtschaftlicher Wert zuzuordnen ist. Der teilweise vertretenen Auffassung, es müssten generell getrennte Händler- und Werkstattverträge abgeschlossen werden, um die Möglichkeit der Übertragung der Verträge nicht zu behindern – was einer verbotenen Wettbewerbsbeschränkung gleichkäme – ist nicht zu folgen, da der Verordnungstext ausdrücklich von aus einer Vertikalvereinbarung erwachsenden Rechten und Pflichten spricht.

Art. 4. Kernbeschränkungen

(Kernbeschränkungen betreffend den Verkauf von neuen Kraftfahrzeugen, Instandsetzungs- und Wartungsdienstleistungen oder Ersatzteilen)

(1) **Die Freistellung gilt nicht für vertikale Vereinbarungen, die unmittelbar oder mittelbar, für sich allein oder in Verbindung mit anderen Umständen unter der Kontrolle der Vertragsparteien Folgendes bezwecken:**

a) **die Beschränkung der Möglichkeiten des Händlers oder der Werkstatt, den Verkaufspreis selbst festzusetzen; dies gilt unbeschadet der Möglichkeit des Lieferanten, Höchstverkaufspreise festzusetzen oder Preisempfehlungen auszusprechen, sofern sich diese nicht infolge der Ausübung von Druck oder der Gewährung von**

---

[63] Gesetz Nr. 2005–67 v. 28. Januar 2005, JO v. 1. Februar 2005, S. 1648.

[64] Zu den Voraussetzungen der analogen Anwendung des Art. 89b HGB siehe BGH 17. 4. 1996 „Toyota", NJW 1996, 2159; zur Berechnung des Ausgleichsanspruchs sowie zur Stammkundenproblematik siehe BGH 26. 2. 1997 „Renault";

[65] Umfassend zum Ausgleichsanspruch wegen nicht amortisierter drittbestimmter Investitionen auf Grundlage der § 280 Abs. 1, § 242 BGB sowie zum Ausgleichsanspruch wegen Überlassung des Kundenstamms gemäß § 89b HGB analog *Ensthaler/Funk/Stopper*, Handbuch des Automobilvertriebsrechts, S. 183 ff

[66] Vgl. Erwägungsgrund (10) sowie Leitfaden, 63 f.

Anreizen durch eine der Vertragsparteien tatsächlich wie Fest- oder Mindestverkaufspreise auswirken;
b) Beschränkungen des Gebiets oder Kundenkreises, in das oder an den der Händler oder die Werkstatt Vertragswaren oder -dienstleistungen verkaufen darf; jedoch gilt die Freistellung für:
   i) Beschränkungen des aktiven Verkaufs in Gebiete oder an Gruppen von Kunden, die der Lieferant sich selbst vorbehalten oder ausschließlich einem anderen Händler oder einer anderen Werkstatt zugewiesen hat, sofern dadurch Verkäufe seitens der Kunden des Händlers oder der Werkstatt nicht begrenzt werden;
   ii) Beschränkungen des Verkaufs an Endverbraucher durch Händler, die auf der Großhandelsstufe tätig sind;
   iii) Beschränkungen des Verkaufs neuer Kraftfahrzeuge und von Ersatzteilen an nicht zugelassene Händler, die Mitgliedern eines selektiven Vertriebssystems in Märkten mit selektivem Vertrieb auferlegt werden, vorbehaltlich der Bestimmungen unter Buchstabe i);
   iv) Beschränkungen der Möglichkeiten des Käufers, Bauteile, die zum Einbau in andere Erzeugnisse geliefert werden, an Kunden zu verkaufen, welche diese Bauteile für die Herstellung derselben Art von Erzeugnissen verwenden würden, wie sie der Lieferant herstellt;
c) die Beschränkung von Querlieferungen zwischen Händlern oder Werkstätten innerhalb eines selektiven Vertriebssystems, auch wenn diese auf unterschiedlichen Handelsstufen tätig sind;
d) Beschränkungen des aktiven oder passiven Verkaufs von neuen Personenkraftwagen oder leichten Nutzfahrzeugen, Ersatzteilen für sämtliche Kraftfahrzeuge oder Instandsetzungs- und Wartungsdienstleistungen an Endverbraucher in Märkten mit selektivem Vertrieb, soweit diese Beschränkungen Mitgliedern eines selektiven Vertriebssystems auferlegt werden, welche auf der Einzelhandelsstufe tätig sind. Die Freistellung gilt für Vereinbarungen, in denen Mitgliedern eines selektiven Vertriebssystems verboten wird, Geschäfte von nicht zugelassenen Standorten aus zu betreiben. Die Anwendung der Freistellung auf ein solches Verbot gilt jedoch vorbehaltlich des Artikels 5 Absatz 2 Buchstabe b);
e) Beschränkungen des aktiven oder passiven Verkaufs von anderen neuen Kraftfahrzeugen als Personenkraftwagen oder leichte Nutzfahrzeuge an Endverbraucher, soweit diese Beschränkungen Mitgliedern eines selektiven Vertriebssystems auferlegt werden, welche auf der Einzelhandelsstufe tätig sind; dies gilt unbeschadet der Möglichkeit des Lieferanten, es Mitgliedern eines solchen Systems zu verbieten, Geschäfte von nicht zugelassenen Standorten aus zu betreiben;
(Kernbeschränkungen, die lediglich den Verkauf neuer Kraftfahrzeuge betreffen)
f) Beschränkungen der Möglichkeit des Händlers, neue Kraftfahrzeuge zu verkaufen, die einem Modell seines Vertragsprogramms entsprechen;
g) Beschränkungen der Möglichkeit des Händlers, die Erbringung von Instandsetzungs- und Wartungsdienstleistungen an zugelassene Werkstätten untervertraglich weiterzuvergeben; dies gilt unbeschadet der Möglichkeit des Lieferanten zu verlangen, dass der Händler dem Endverbraucher vor Abschluss des Kaufvertrags den Namen und die Anschrift der zugelassenen Werkstatt oder der zugelassenen Werkstätten mitteilt und, sollte sich eine der zugelassenen Werkstätten nicht in der Nähe der Verkaufsstelle befinden, den Endverbraucher über die Entfernung der fraglichen Werkstatt oder Werkstätten von der Verkaufsstelle zu unterrichten. Verpflichtungen dieser Art dürfen jedoch nur auferlegt werden, wenn Händlern, deren eigene Werkstatt sich nicht auf dem gleichen Gelände wie ihre Verkaufsstelle befindet, ähnliche Verpflichtungen auferlegt werden;
(Kernbeschränkungen, die lediglich den Verkauf von Instandsetzungs- und Wartungsdienstleistungen und Ersatzteilen betreffen)

h) Beschränkungen des Rechts einer zugelassenen Werkstatt, ihre Tätigkeit auf die Erbringung von Instandsetzungs- und Wartungsdienstleistungen und den Ersatzteilvertrieb zu begrenzen;
i) Beschränkungen des Verkaufs von Kraftfahrzeugersatzteilen durch Mitglieder eines selektiven Vertriebssystems an unabhängige Werkstätten, welche diese Teile für die Instandsetzung und Wartung eines Kraftfahrzeugs verwenden;
j) zwischen einem Lieferanten von Originalersatzteilen oder qualitativ gleichwertigen Ersatzteilen, Instandsetzungsgeräten, Diagnose- oder Ausrüstungsgegenständen und einem Kraftfahrzeughersteller vereinbarte Beschränkungen, welche die Möglichkeit des Lieferanten einschränken, diese Waren an zugelassene oder unabhängige Händler, zugelassene oder unabhängige Werkstätten oder an Endverbraucher zu verkaufen;
k) Beschränkungen der Möglichkeiten eines Händlers oder einer zugelassenen Werkstatt, Originalersatzteile oder qualitativ gleichwertige Ersatzteile von einem dritten Unternehmen ihrer Wahl zu erwerben und diese Teile für die Instandsetzung oder Wartung von Kraftfahrzeugen zu verwenden; davon unberührt bleibt das Recht der Lieferanten neuer Kraftfahrzeuge, für Arbeiten im Rahmen der Gewährleistung, des unentgeltlichen Kundendienstes oder von Rückrufaktionen die Verwendung von Originalersatzteilen vorzuschreiben, die vom Fahrzeughersteller bezogen wurden;
l) die zwischen einem Kraftfahrzeughersteller, der Bauteile für die Erstmontage von Kraftfahrzeugen verwendet, und dem Lieferanten dieser Bauteile getroffene Vereinbarung, die dessen Möglichkeiten beschränkt, sein Waren- oder Firmenzeichen auf diesen Teilen oder Ersatzteilen effektiv und gut sichtbar anzubringen.

(2) ^{1}Die Freistellung gilt nicht, wenn der Kraftfahrzeuglieferant unabhängigen Marktbeteiligten den Zugang zu den für die Instandsetzung und Wartung seiner Kraftfahrzeuge oder für Umweltschutzmaßnahmen erforderlichen technischen Informationen, Diagnose- und anderen Geräten und Werkzeugen nebst einschlägiger Software oder die fachliche Unterweisung verweigert.
^{2}Dieser Zugang muss u. a. die uneingeschränkte Nutzung der elektronischen Kontroll- und Diagnosesysteme eines Kraftfahrzeugs, deren Programmierung gemäß den Standardverfahren des Lieferanten, die Instandsetzungs- und Wartungsanleitungen und die für die Nutzung von Diagnose- und Wartungsgeräten sowie sonstiger Ausrüstung erforderlichen Informationen einschließen.
^{3}Unabhängigen Marktbeteiligten ist dieser Zugang unverzüglich in nicht diskriminierender und verhältnismäßiger Form zu gewähren, und die Angaben müssen verwendungsfähig sein. Der Zugang zu Gegenständen, die durch geistige Eigentumsrechte geschützt sind oder Know-how darstellen, darf nicht missbräuchlich verweigert werden.
^{4}„Unabhängige Marktbeteiligte" im Sinne dieses Absatzes sind Unternehmen, die direkt oder indirekt an der Instandsetzung und Wartung von Kraftfahrzeugen beteiligt sind, insbesondere unabhängige Werkstätten, Hersteller von Instandsetzungsausrüstung und -geräten, unabhängige Ersatzteilhändler, Herausgeber von technischen Informationen, Automobilclubs, Pannendienste, Anbieter von Inspektions- und Testdienstleistungen sowie Einrichtungen der Aus- und Weiterbildung von Kraftfahrzeugmechanikern.

Die Existenz schwarzer Klauseln in den dem Vertriebssystem zugrunde liegenden Vertikalverbindungen **schließt die Anwendung der Gruppenfreistellungsverordnung auf dieselben grundsätzlich aus.** Es ist dabei ausschließlich auf die mittelbare oder unmittelbare Zwecksetzung, alleinig oder im Zusammenhang mit anderen Umständen abzustellen. Die tatsächlichen Wirkungen der Vereinbarungen sind zu vernachlässigen. Die so genannten **schwarzen Verhaltensweisen,** die zu einem automatischen nachträglichen Wegfall der Freistellung führten und aus diesem Grunde zu Recht als nicht von der Ermächtigungsverordnung 19/65 gedeckt angesehen wurden, befinden sich nicht mehr in der novellierten Fassung der GVO. Die Neufassung der GVO enthält alleinig Klauseln, deren Vorliegen die Gruppenfreistellung von vorneherein auf das betroffene Vertriebssystem nicht zur Anwendung kommen lässt. Die **restriktivere Politik der Kommission** kommt insbesondere in Artikel 4 zum Ausdruck, welcher mehr als doppelt so viele schwarze Klauseln (12) beinhaltet als die GVO 1475/95 (5). Ferner ist darauf hinzuweisen, dass die Kommission die **Anwendung** ihrer *„De minimis-Bekanntmachung",*[67] wonach bei Unterschreiten gewisser Marktanteilsschwellen Wettbewerbbeschränkungen nicht mehr als spürbar eingestuft werden und somit nicht dem Verbot aus Artikel 81 unterfallen, hinsichtlich der in Punkt 11 der Bekanntmachung erwähnten Kernbeschränkungen **ausgeschlossen** hat.[68] „Hardcore restrictions" führen daher auf jeden Fall zum Ausschluss der Anwendung der GVO. Auch eine Einzelfreistellung ist bei Vorliegen einer schwarzen Klausel unwahrscheinlich.[69]

35   1. Kernbeschränkungen betreffend den Verkauf von neuen Kraftfahrzeugen, Instandsetzungs- und Wartungsdienstleistungen oder Ersatzteilen

a) Verbot der Preisbindung (Art. 4 Abs. 1. lit. a). Die Freiheit des Händlers bzw. der Werkstatt, die Verkaufspreise selbst festzusetzen, ist weiterhin vollumfassend geschützt. Die Möglichkeit für den Hersteller, **Preisempfehlungen** auszusprechen, besteht allerdings weiterhin. Ferner wurde die Befugnis zur **Festsetzung von Höchstpreisen** eingeräumt, soweit sich diese nicht wie Mindest- oder Festpreise auswirken.

Von dieser Bestimmung werden ausschließlich die **Weiterverkaufspreise** des Händlers erfasst. Allerdings kann die Festsetzung der Preise des Lieferanten gegenüber seinen Händlern nach anderen Bestimmungen sanktioniert werden. So kann sich beispielsweise die Gewährung größerer Preisnachlässe gegenüber einem markenexklusiven Händler als unzulässige Wettbewerbsbeschränkung darstellen. Dahingegen wird das Verhalten eines Lieferanten, der die Bezahlung seiner Händler oder seine Preise ändert, oder Preisnachlässe in Übereinstimmung mit den jeweiligen Marktbedingungen gewährt, nicht sanktioniert.[70]

Eine Vereinbarung, die die Festsetzung der Weiterverkaufspreise, eine Harmonisierung der Verkaufspreise und Preisnachlässe zum Gegenstand hat, stellt eine Wettbewerbsbeschränkung dar.[71] Gleiches gilt für die Herabsetzung der Quoten für bestimmte Händler, die hohe Preisnachlässe an die Endverbraucher gewährten.[72] Ebenso besteht ein wettbewerbswidriges Verhalten eines Herstellers wenn er durch interne Rundschreiben an seine Händler ein bestimmtes Preisniveau vorgibt.[73]

Dies gilt allerdings nur wenn eine Willensübereinstimmung der Parteien vorliegt und es sich nicht lediglich um ein einseitiges Verhalten des Herstellers handelt. Die nationalen französischen sowie die Gemeinschaftsgerichte verlangen, dass auf einseitige Maßnamen des

---

[67] Bekanntmachung der Kommission über Vereinbarungen von geringer Bedeutung, die den Wettbewerb gemäß Artikel 81 Absatz 1 des Vertrags zur Gründung der Europäischen Gemeinschaft nicht spürbar beschränken (de minimis), ABl. 2001 C 368/13, sogenannte Bagatellbekanntmachung.

[68] Vgl. Erwägungsgrund (12) der GVO 1400/2002 *„Ungeachtet der Marktanteile der beteiligten Unternehmen ... auch bei einem geringen Marktanteil"* und Leitfaden, 24 f., Frage 7, wo der Anwendungsbereich der Bagatellbekanntmachung auf Artikel 3 und 5 der GVO 1400/2002 beschränkt wird.

[69] Leitfaden, 31, wo auf Randnummer 46 der Leitlinien zur vGVO verwiesen wird.

[70] EuG, Urt. v. 21. Januar 1999, Rs. T-185–96, T-189–96, T-189–96.

[71] Entscheidung der Kommission EG Nr. 2002–190 v. 21. Dezember 2000.

[72] Entscheidung der Kommission EG Nr. 2002–758 v. 10. Oktober 2001.

[73] Entscheidung der Kommission EG Nr. 2001–711 v. 29. Juni 2001.

Herstellers die Preispolitik betreffend gegenüber seinem Vertriebsnetz auch eine entsprechende erkennbare Zustimmung der Händler erfolgt.[74]

Es besteht grundsätzlich keine Verantwortlichkeit des Herstellers oder Importeurs für die zwischen den verschiedenen Mitgliedstaaten bestehenden Preisunterschiede.[75]

Das Gemeinschaftsrecht ist im Hinblick auf die Preispolitik strenger als das amerikanische Recht oder andere nationale Rechtsordnungen, die die Festsetzung von Mindestpreisen nicht *per se* einem Verbot unterworfen haben.[76]

b) Verkaufsbeschränkungen hinsichtlich des Gebietes bzw. des Kundenkreises. 36
Dem Händler bzw. der Werkstatt können nur **solche Beschränkungen** hinsichtlich des Gebietes oder des Kundenkreises auferlegt werden, **die dem jeweiligen Vertriebssystem inhärent** sind. So können im **Exklusivvertrieb** aktive Verkäufe[77] außerhalb des Vertragsgebietes und im **Selektivvertrieb** jegliche Verkäufe an nicht zugelassene Händler vertraglich eingeschränkt oder untersagt werden. Was den Selektivvertrieb anbelangt so stellen Verkäufe an nicht zugelassene Händler eine vertragliche Pflichtverletzung dar, die eine außerordentliche Kündigung sowie die Kontrolle der Vorhaltung sowie der Rechnungen des Händlers durch den Lieferanten rechtfertigen kann.[78]

Ferner können sog. Sprungverkäufe, d. h. Verkäufe von Großhändlern an Endkunden vertraglich ausgeschlossen werden.

Neben diesen für das jeweilige Vertriebssystem spezifischen Beschränkungen lässt der Verordnungsgeber überdies Verkaufsbeschränkungen in Bezug auf Bauteile gegenüber Kunden, die mit dem Lieferanten im Wettbewerb stehen, zu.

Andere Beschränkungen des Gebietes oder des Kundenkreises sind einer Freistellung entzogen.

c) Beschränkung der Querlieferungen. Das Verbot der unmittelbaren oder mittelba- 37
ren Beschränkung von Querlieferungen zwischen Händlern und Werkstätten innerhalb eines selektiven Vertriebssystems wurde **auf die unterschiedlichen Handelsstufen ausgedehnt.**

Die dem Händler auferlegte Verpflichtung vor Durchführung einer Querlieferung die Einwilligung des Lieferanten einzuholen stellt eine mittelbare Beschränkung dar.[79]

Allerdings begründet der Mangel oder die geringe Zahl solcher Querlieferungen keine Vermutung für die Verwirklichung des Verbotstatbestands, und dies insbesondere dann

---

[74] Aus der Rechtsprechung der Gemeinschaftsgerichte zum Vereinbarungsbegriff siehe EuG 26. Oktober 2000 Rs. T-41-96 „Bayer"; EuG 3. Dezember 2003 Rs. T-208-01 „Volkswagen"; EuG 21. Oktober 2003 Rs. T-368-00 „Opel"; EuG 13. Januar 2004 Rs. T-67-01 „JCB"; zur Bestätigung durch die französische nationale Rechtsprechung siehe Cass. com. 12. Juli 2005 unter Aufrechterhaltung des Urteils des Berufungsgerichts Paris 29. Juni 2004.

[75] In seiner Entscheidung vom 20. November 2006 Volkswagen AG / Bellevue Auto bestätigt der Cour de Cassation die in der Berufungsinstanz ergangene Entscheidung v. 26. Januar 2005, die klar und eindeutig eine Verantwortlichkeit des Herstellers oder Importeurs für Preisunterschiede in den Mitgliedstaaten ablehnte.

[76] Urt. des Supreme Court of the United States v. 28. Juni 2007, Leegin Creater Leather products, durch das der Oberste Gerichtshof eine 96-jährige Rechtsprechung geändert hat, indem er das Verbot *per se* durch eine Beurteilung des Einzelfalls ersetzte. Siehe für das Ende des Verbotes der Festsetzung von Höchstpreisen im deutschen Recht *Hildebrand*, Thirty years prohibition of Resale Price Maintenance – Germany on the Verge of Change, ECLR 2005, 232; siehe für einen Vergleich der verschiedenen Gesetzeslagen *M. Gogeshvili*, Resale Price Maintenance – A dilemma in EU competition Law, Georgian Law Review, 5.2002, S. 309 f.

[77] Vgl. hinsichtlich Definition und Abgrenzung Leitfaden, 32 (Frage 12), 52 f. (Frage 40) und 54 f. (Fragen 44 und 45); die Kommission geht im Übrigen in ihrem Leitfaden davon aus, dass es sich bei Verkäufen via Internet um passive Verkäufe handelt.

[78] Berufungsgericht Paris, Urt. v. 31. Mai 1995; Cass. Com., Urt. v. 11. Oktober 1994 ; EuGH, Urt. v. 25. Oktober 1977 Rs. 26-77; EuGH Urt. v. 22. Oktober 1986, Rs. 75-84;

[79] Entscheidung des Cons. conc. Nr. 95-D-14 v. 7. Februar 1995.

nicht, wenn die vertraglichen Bestimmungen ein solches Verbot nicht vorsehen und die an die Händler versandten Rundschreiben nur die Verkäufe an nicht zugelassene Händler unterbinden wollen[80]. Dahingegen verstößt das Verbot von Querlieferungen zwischen zugelassenen Händlern mittels der Beschränkung der Belieferung auf die nationalen Tochtergesellschaften gegen Art. 81 EG und kommt nicht in den Genuss der Freistellung.[81]

38 d) **Beschränkungen in Selektivsystemen bzgl. Personenkraftwagen und leichten Nutzfahrzeugen bzw. anderen Kraftfahrzeugen.** Händlern auf der Einzelhandelsstufe auferlegte **Beschränkungen des aktiven und passiven Verkaufs** von Neuwagen, Ersatzteilen sämtlicher Kraftfahrzeuge und Kundendienstleistungen an Endverbraucher im Rahmen eines selektiven Vertriebssystems sind als schwarze Klauseln einzustufen und lassen somit die Freistellung für das betroffene Vertriebssystem entfallen. Ausgenommen von diesem Verbot sind allerdings Vereinbarungen, in denen Mitgliedern eines selektiven Vertriebsnetzes untersagt wird, „**von nicht zugelassenen Standorten**" Kraftfahrzeuge zu vertreiben. Ein solches Verbot war in Bezug auf zusätzliche Verkaufs- und Auslieferungsstellen von Pkws oder leichten Nutzfahrzeugen, die den Selektionskriterien entsprechen, nur bis September 2005 freigestellt.[82] Seit September 2005 ist eine solche Klausel nicht freigestellt, ohne dass ein Verstoß gegen diese Vorschrift den Verlust der Freistellung für den gesamten Vertrag bzw. das gesamte Vertriebssystem zur Folge hätte.

39 **2. Ausschließlich den Verkauf neuer Kraftfahrzeuge betreffende Kernbeschränkungen**

a) **Verfügbarkeitsklausel.**[83] Die Verfügbarkeitsklausel in ihrer bisherigen Fassung[84] erlaubte den europäischen Verbrauchern auch außerhalb der Landesgrenzen des Heimatlandes Neuwagen mit den landesspezifischen Ausrüstungselementen zu bestellen, sofern die Kunden das Fahrzeug in einem Land zuließen, in welchem der Hersteller das entsprechende Modell des Vertragsprogramms ebenfalls anbot. Diese Norm, die von besonderer Bedeutung für die Linksverkehrnationen Großbritannien und Irland ist, wurde inhaltlich dahingehend geändert, dass jegliche Beschränkung der Möglichkeit des Händlers, neue Kraftfahrzeuge zu verkaufen, die einem Modell seines Vertragsprogramms entsprechen zum Wegfall der Freistellung führt.[85] Die Kommission stellt in ihrem Leitfaden jedoch klar, dass ein Kfz-Hersteller die Belieferung eines Händlers mit einem Fahrzeug verweigern darf, wenn die lokale Ausführung des bestellten Modells nicht dem Vertragsprogramm des Händlers angehört, oder wenn das bestellte Fahrzeug in der gewünschten Ausführung nicht hergestellt wird.[86] Die Automobilhersteller dürfen allerdings weiterhin einen den Mehrkosten angemessenen Preisaufschlag für Rechtslenkerfahrzeuge berechnen, welcher allerdings bisher im Allgemeinen nicht die bestehenden Preisunterschiede insbesondere zwischen Großbritannien und dem Kontinent ausgleichen kann.[87]

Die Verfügbarkeitsklausel hat in der Vergangenheit beispielsweise zur Verurteilung eines Herstellers geführt, der die Belieferung seiner deutschen Konzessionsnehmer mit neuen, nach den in Großbritannien anwendbaren Normen hergestellten Fahrzeugen verweigerte.[88]

---

[80] EuG, Urt. v. 21. Januar 1999, Rs. T-185–96, T-189–96, T-190–96.
[81] EuG 3. Januar 2004, Rs. T-67–01.
[82] Vgl. Rn. 44 ff.
[83] Vgl. Erwägungsgrund (20) sowie Leitfaden, 14.
[84] Artikel 5 Abs. 1 d) der GVO 1475/95.
[85] Artikel 4 Abs. 1 f).
[86] Leitfaden, 46 f.
[87] Vgl. *Funk*, Kfz-Vertrieb und EU-Kartellrecht, Diss. Kaiserslautern 2002, Kapitel 5.1.3.5 und ferner Abbildung 12, S. 148.
[88] Entscheidung der Kommission CE Nr. 25–84 und 26–84 v. 16. November 1983; EuGH, Urt. v. 17. September 1985, Rs. 25–84 und 26–84.

Es kommt auch derjenige Lieferant seinen Pflichten nicht nach, der die Belieferung zwar nicht verweigert, sie aber sachlich nicht gerechtfertigten Bedingungen unterstellt.[89]

b) Trennung der „natürlichen" Verbindung von Verkauf und Kundendienst.[90] 40
Die bisher bestehende Möglichkeit, den Vertragshändler vertraglich zu verpflichten für den Hersteller auch im Kundendienstbereich tätig zu werden und somit die zwingende Verbindung von Verkauf und Kundendienst fällt mit der Neuregelung weg. Vielmehr soll der Händler die Erbringung von **Instandsetzungsarbeiten und Wartungsdienstleistungen nunmehr untervertraglich weitervergeben** können; er kann jedoch verpflichtet werden, den Verbraucher vor Abschluss des Kaufvertrages über die Anschrift der und die Entfernung zur „zuständigen" Werkstatt in Kenntnis setzen. Letztere Informationspflicht kann vom Hersteller jedoch nur diskriminierungsfrei im jeweiligen Vertriebsnetz durchgesetzt werden, da sonst die Freistellung entfällt. Es bleibt allerdings äußerst zweifelhaft, ob Vertragshändler von dieser Möglichkeit Gebrauch machen werden, da wegen der Rendite im Kundendienstbereich und der damit verbundenen Quersubventionierung der Verkaufstätigkeit eine Verbindung von Verkauf und Kundendienst in der Regel wirtschaftlich vernünftig sein wird.[91] Hauptbeweggrund für die Einführung dieser schwarzen Klausel dürfte die Möglichkeit für aus dem Vertriebsnetz entlassene Händler sein, als Werkstatt weiterhin dem Kundendienstbereichnetzwerk anzugehören und somit die Folgen des eingeleiteten und durch die GVO verstärkten Konzentrationsprozesses auf dem Markt der Automobilnetze abzuschwächen.[92] Es ist dabei bemerkenswert, dass die Kommission, die in den Vorgängerregelungen als „natürlich" bezeichnete Verbindung des Verkaufs von Neuwagen und des Kundendienstes nicht nur aufgegeben hat, sondern nunmehr als „hardcore restriction" einstuft.[93]

3. Ausschließlich den Verkauf von Instandsetzungs- und Wartungsdienstleistungen und Ersatzteile betreffende Kernbeschränkungen

a) Verbot der Begrenzung der Aktivitäten von Vertragswerkstätten.[94] Das Ge- 41
genstück des Verbots der Verpflichtung zur Verbindung von Verkauf und Kundendienst ist die Unterbindung von Beschränkungen des Rechts einer zugelassenen Werkstatt nur auf dem Gebiet der Instandsetzungs- und Wartungsdienstleistungen bzw. dem Ersatzteilvertrieb tätig zu werden. Es ist offensichtlich, dass die Möglichkeit der Verpflichtung der zugelassenen Werkstätten zum Neuwagenverkauf die Regelungsfinalität der oben beschriebenen Trennung von Verkauf und Kundendienst auf Vertragshändlerebene zumindest zum Teil ausgehebelt hätte.

b) Sicherstellung des freien Bezugs von Original- und gleichwertigen Ersatz- 42
teilen im Sinne der GVO. Die **Versorgung der unabhängigen Werkstätten** mit Ersatzteilen wird dadurch gesichert, dass Mitgliedern selektiver Vertriebssysteme nicht verboten werden darf, Ersatzteile an unabhängige Werkstätten abzugeben, sofern diese die Ersatzteile für die Instandsetzung bzw. die Wartung eines Fahrzeuges nutzen. Ferner sind Vereinbarungen zwischen Ersatzteillieferanten und Kraftfahrzeugherstellern, die den Liefe-

---

[89] VO 1400–2002, Erwg. 20: „Von dem Lieferanten auf entsprechende Fahrzeuge angewandte diskriminierende oder objektiv ungerechtfertigte Lieferbedingungen, insbesondere betreffend Lieferzeiten oder Preise, sind als Beschränkung der Möglichkeiten des Händlers zum Verkauf dieser Fahrzeuge anzusehen."
[90] Vgl. Erwägungsgrund (17) und (21) sowie Leitfaden, 62 f.
[91] Die Kommission glaubt, dass die Spezialisierung auf den Fahrzeugvertrieb gerade für Mehrmarkenhändler wirtschaftlich sinnvoll sein kann, vgl. Leitfaden, 62.
[92] Die Kommission spricht diese Möglichkeit in den Erläuterungen zum Verordnungsvorschlag im ABl. vom 16. 3. 2002 unter Punkt 39 an.
[93] So auch *Pfeffer* NJW 2002, 2910, 2911, Fn. 14.
[94] Vgl. Erwägungsgrund (22).

ranten hinsichtlich seiner Möglichkeiten zur Belieferung Dritter, seien es unabhängige oder zugelassene Werkstätten oder Händler oder Endverbraucher, beschränken, nicht von der Freistellung umfasst. Ebenso wenig werden solche Beschränkungen bei Vereinbarungen über Instandsetzungs-, Diagnosegeräten und Ausrüstungsgegenständen toleriert.

Als Gegenstück dieser schwarzer Klauseln, die Verkaufbeschränkungen verhindern sollen, dürfen **zugelassene Händler oder Werkstätten** nicht in ihren Möglichkeiten, Originalersatzteile oder qualitativ gleichwertige Ersatzteile von einem Hersteller ihrer Wahl zu erwerben und diese auch zur Wartung und Instandhaltung von Fahrzeugen zu verwenden, beschränkt werden. Davon ausgenommen sind allerdings die **Arbeiten im Rahmen von Gewährleistung, des unentgeltlichen Kundendienstes und bei Rückrufaktionen.** In diesen Fällen kann ein Lieferant neuer Kraftfahrzeuge weiterhin von den zugelassenen Händlern und Werkstätten verlangen, die vom Fahrzeughersteller bezogenen Originalersatzteile zu verwenden.[95]

In der Rechtssache „VAG France"[96] hat das Gericht erster Instanz die Auffassung vertreten dass die Standardklauseln im Vertrag des Herstellers mit seinen Händlern, die Verkaufszielprämien für Originalersatzteile vorsehen, den Wettbewerb nicht beschränken. Denn der Händler könne weiterhin frei wählen zwischen den Prämien seines Konzessionsgebers und eventuell günstigeren Preisen anderer Hersteller.

43 **c) Sicherstellung der Übermittlung erheblicher technischer Informationen an unabhängige Marktbeteiligte.** Der Kraftfahrzeuglieferant hat den so genannten unabhängigen Marktbeteiligten[97] Zugang zu den für die Instandsetzung und Wartung seiner Kraftfahrzeuge sowie für Umweltschutzmassnahmen erforderlichen technischen Informationen, den erforderlichen Geräten und Werkzeugen einschließlich der dazugehörigen Software und fachlicher Unterweisung zu gewährleisten. Falls er dieser Verpflichtung nicht nachkommt, gilt die Freistellung nicht. Neben weiterer Detaillierung der Pflicht des Kraftfahrzeuglieferanten enthält Artikel 4 Abs. 2 insbesondere eine explizite Antidiskriminierungsvorschrift. Danach muss der Zugang unverzüglich und in nicht diskriminierender und verhältnismäßiger Form gewährleistet werden. Ferner müssen die Angaben verwendungsfähig sein. Schließlich legt die Verordnung fest, dass auch im Schutzbereich geistiger Eigentumsrechte der Zugang zu den betroffenen Gegenständen sowie zum Know-how nicht missbräuchlich verweigert werden darf.[98] Die Informationen müssen also in der Regel durch eine Lizenz weitergegeben werden.

Die Kommission hat zwischenzeitlich beim IKA (Institut für Kraftfahrwesen Aachen) eine Studie in Auftrag gegeben. Diese Studie beurteilt die Situation betreffend die Bereitstellung technischer Informationen an unabhängige Werkstätten als nicht zufrieden stellend. Der Bericht des IKA ist jedoch sowohl auf Grund seines verfahrensmäßigen Zustandekommens als auch in materieller Hinsicht kritikwürdig.

Der französische Conseil de la concurrence hat beispielsweise die Klage einer unabhängigen Werkstatt und eines Herausgebers technischer Informationen gegen einen Hersteller wegen dessen Verhaltensweisen auf dem Markt für technische Informationen für zulässig erklärt. Den damit einhergehenden auf den Erlass von Sicherungsmaßnahmen gerichteten Eilantrag im vorläufigen Rechtsschutz hat der Conseil de la concurrence allerdings zurückgewiesen.[99]

---

[95] *Creutzig* kritisiert, dass der unter der GVO 1475/95 mögliche Querbezug von Originalersatzteilen bei Vertragshändlern derselben Marke somit ausgeschlossen ist, vgl. *Creutzig* EuZW 2002, 560, 562.

[96] EuG, 21. Januar 1999, Rs. T-185–96, T-189–96 und T-190–96 „VAG France".

[97] Zur Definition des unabhängigen Marktbeteiligten s. o. Rn. 23.

[98] Vgl. Leitfaden, 72 ff.; vgl. zum Begriff der missbräuchlichen Verweigerung EuGH, Urt. v. 6. April 1995, Rs. C 241–91.

[99] Entscheidung des Conseil de la concurrence Nr. 06-D-27 v. 20. September 2006.

F. Kfz-Vereinbarungen 44 **Art. 5 Kfz-GVO**

Jüngst hat die Europäische Kommission auf Grundlage des Art. 9 der neuen Verfahrensverordnung (EG) 1/2003[100] vier Entscheidungen angenommen, die Kfz-Hersteller rechtlich binden, wodurch unabhängigen Werkstätten freier Zugang zu Reparaturinformationen der Kfz-Hersteller gewährt werden soll.

Art. 5. Besondere Voraussetzungen[101]

(1) **Mit Bezug auf den Verkauf von neuen Kraftfahrzeugen, Instandsetzungs- und Wartungsdienstleistungen oder Ersatzteilen gilt die Freistellung nicht für folgende in vertikalen Vereinbarungen enthaltene Verpflichtungen:**
a) alle unmittelbaren oder mittelbaren Wettbewerbsverbote;
b) alle unmittelbaren oder mittelbaren Verpflichtungen, welche die Möglichkeiten von zugelassenen Werkstätten einschränken, Instandsetzungs- und Wartungsdienstleistungen für Fahrzeuge konkurrierender Lieferanten zu erbringen;
c) alle unmittelbaren oder mittelbaren Verpflichtungen, welche die Mitglieder eines Vertriebssystems veranlassen, Kraftfahrzeuge oder Ersatzteile bestimmter konkurrierender Lieferanten nicht zu verkaufen oder Instandsetzungs- und Wartungsdienstleistungen für Kraftfahrzeuge bestimmter konkurrierender Lieferanten nicht zu erbringen;
d) alle unmittelbaren oder mittelbaren Verpflichtungen, die den Händler oder die zugelassene Werkstatt veranlassen, nach Beendigung der Vereinbarung Kraftfahrzeuge nicht herzustellen, zu beziehen, zu verkaufen oder weiterzuverkaufen oder Instandsetzungs- oder Wartungsdienstleistungen nicht zu erbringen.

(2) **Mit Bezug auf den Verkauf von neuen Kraftfahrzeugen gilt die Freistellung nicht für folgende in vertikalen Vereinbarungen enthaltene Verpflichtungen:**
a) alle unmittelbaren oder mittelbaren Verpflichtungen, die den Einzelhändler veranlassen, keine Leasingdienstleistungen für Vertragswaren oder ihnen entsprechende Waren zu verkaufen;
b) alle unmittelbaren oder mittelbaren Verpflichtungen, welche die Möglichkeiten von Händlern von Personenkraftwagen oder leichten Nutzfahrzeugen in einem selektiven Vertriebssystem einschränken, zusätzliche Verkaufs- oder Auslieferungsstellen an anderen Standorten im Gemeinsamen Markt zu errichten, an denen selektiver Vertrieb verwendet wird.

(3) **Mit Bezug auf Instandsetzungs- und Wartungsdienstleistungen und den Verkauf von Ersatzteilen gilt die Freistellung nicht für alle unmittelbaren oder mittelbaren Verpflichtungen betreffend den Standort einer zugelassenen Werkstatt in einem selektiven Vertriebssystem.**

In struktureller Kongruenz mit der vGVO und generell den „GVOen der zweiten Generation"[102] beinhaltet die novellierte Automobil-GVO einen Katalog so genannter roter Klauseln. Die in diesem Katalog enthaltenen vertraglichen Verpflichtungen sind nicht vom Kartellverbot des Artikels 81 Absatz 1 freigestellt. Allerdings bewirkt das Einfügen einer solchen Klausel in eine Vertikalvereinbarung im Gegensatz zu den so genannten schwarzen Klauseln lediglich, dass die Klausel selbst nicht freigestellt wird. Die restliche Vereinbarung steht einer Anwendung der Gruppenfreistellungsverordnung weiterhin offen, sofern sie von den nicht freigestellten Klauseln dissoziiert werden kann.

---

[100] Siehe die Pressemeldung der Europäischen Kommission v. 14. September 2007 IP/07/1332.
[101] Vgl. Erwägungsgrund (29) sowie Leitfaden, 33 ff.
[102] Vgl. unsere Ausführungen unter Gruppenfreistellungsverordnungen – Allgemeines.

Art. 5 Kfz-GVO 45, 46

1. Vertragliche bzw. nachvertragliche Wettbewerbsverbote

45 Artikel 5 Absatz 1 der GVO 1400/2002 beinhaltet ein **generelles,** daher bezüglich sowohl des Neuwagenverkaufs als auch des Verkaufs von Ersatzteilen oder Kundendienstleistungen anwendbares **Verbot von Wettbewerbsverboten.** Sowohl auf die Vertragslaufzeit beschränkte als auch nachvertragliche Wettbewerbsverbote sind dadurch von der Wirkung der Gruppenfreistellungsverordnung ausgeschlossen. Bisher waren Wettbewerbsverbote dahingehend von der Freistellung umfasst, dass sie den Verkauf von Konkurrenzfahrzeugen nur von der Erfüllung bestimmter zur Vermeidung einer Verwechslung der Automobilmarken als notwendig erachteten Maßnahmen abhängig machen durften. So durfte die Einrichtung getrennter Verkaufsräume, eine getrennte Geschäftsführung als auch eine getrennte Rechtspersönlichkeit hinsichtlich des Vertriebs von Konkurrenzfahrzeugen durch den Lieferanten eingefordert werden.[103] Auch die GVO 1400/2002 **erlaubt** es dem Lieferanten, den Händler zu verpflichten, Kraftfahrzeuge anderer Lieferanten in **gesonderten Bereichen des Ausstellungsraums** zu verkaufen, um eine Verwechslung der Marken zu vermeiden, Artikel 1 Absatz 1 b) a. E. Darüber hinausgehende Verpflichtungen, die den Mehrmarkenvertrieb behindern, sollen dagegen unzulässig sein.[104] Nach Ansicht der Kommission kann sogar die Festlegung der qualitativen Anforderungen an einen Händler eine Beschränkung des Mehrmarkenvertriebs bewirken und muss dann den Gegebenheiten beim Mehrmarkenvertrieb Rechnung tragen.[105]

Die Auffassung der Kommission ist **rechtspolitisch fragwürdig.** Denn wegen der im Vergleich mit anderen Wirtschaftssektoren niedrigen Marktanteile der Hersteller ist der inter-brand Wettbewerb im Automobilsektor ohnehin sehr stark, bedarf also keiner Maßnahmen zu seiner Sicherung. Aber auch **dogmatisch** ist die Auffassung der Kommission **nicht haltbar.** Denn es ist nicht nachvollziehbar, wie die Festlegung qualitativer Kriterien als „rote Klausel" im Sinne von Artikel 5 Absatz 1 GVO 1400/2002 zu bewerten sein soll, wenn die GVO zugleich rein qualitativ-selektive Vertriebssysteme gemäß Artikel 3 Absatz 1 GVO 1400/2002 stets vom Kartellverbot freistellt.

Auch wenn die Kommission die Absicht hatte, den Mehrmarkenvertrieb zu fördern, scheint die neue Regelung keine großen Änderungen veranlasst zu haben. Vielmehr besteht das unter der Vorgängerverordnung praktizierte Vertriebsmodell unverändert fort und die Verkaufsstellen werden weiterhin einer einzigen Marke oder sämtlichen Marken eines einzigen Konzerns gewidmet.[106]

2. Spezifische Klauselverbote für den Neuwagenverkauf und den Kundendienst

46 Ab dem 1. Oktober 2005[107] ist es den Herstellern im Rahmen von selektiven Vertriebssystemen nicht mehr möglich, den Händlern die Eröffnung von zusätzlichen Verkaufs- oder Auslieferungsstellen von Personenkraftwagen und leichten Nutzfahrzeugen im Gemeinsamen Markt zu verbieten, sofern an dem jeweiligen Standort selektiver Vertrieb herrscht. Entsprechende vertragliche Vereinbarungen, die so genannten **Standortklauseln,**[108] fallen seitdem nicht mehr unter die Gruppenfreistellung. Durch die Möglichkeit der Multiplikation von Verkaufsstellen auf den Märkten, wo die Vertragswaren in einem selektiven Vertragssystem vertrieben werden, wird die Möglichkeit einer effektiven quantitativen Selektion durch den Hersteller ausgehöhlt.

---

[103] Vgl. *L. Vogel/J. Vogel,* Droit de la distribution automobile (1996), Rn. 94 ff.

[104] Zum markenspezifischen Verkaufspersonal siehe Art. 1 Abs. 1 b) a. E. Zu den nach Ansicht der Kommission zulässigen bzw. unzulässigen Vorgaben des Herstellers vgl. Leitfaden, 57 f.

[105] Häufig gestellte Fragen, 3 f.

[106] S. zur Problematik des Mehrmarkenvertriebs allgemein auch *S. M. Klevestrand,* Multi-Branding of cars: A Paper Tiger;

[107] Vgl. Art. 12 bzw. Rn. 36, 57.

[108] Vgl. Erwägungsgrund (18) und (29) sowie Leitfaden, 58 ff.

F. Kfz-Vereinbarungen 47–49 Art. 6 Kfz-GVO

Da die GVO kein explizites Verbot der **Kumulierung des exklusiven und selektiven** 47
Vertriebs enthält, stellt Artikel 5 die Grundlage für dieses von der Kommission als Grundpfeiler der Neuordnung des Automobilvertriebs dargestellte Verbot dar. Allerdings entspricht der materielle Inhalt des Verbotes nicht der Darstellung der Kommission. So ist es angesichts der Formulierung zweifelhaft, ob das Kumulierungsverbot auch für Nutzfahrzeuge gilt, welche nicht unter das Standortklauselverbot fallen. Ferner lässt sich die Frage stellen, ob das Kumulierungsverbot nicht seit dem 1. 10. 2005 mit Inkrafttreten des Standortklauselverbotes einer materiellen Grundlage entbehrt.

Die Rechtslage ist jedoch auch nach dem Inkrafttreten des Standortklauselverbots nicht 48
eindeutig, da die Kommission im Gegensatz zu den Kernbeschränkungen, die Anwendung der so genannten *de minimis* **Bekanntmachung**[109] hinsichtlich der Standortklauseln nicht ausgeschlossen hat.[110] Ein Hersteller mit einem Marktanteil unter 5%[111] könnte daher seinen Vertriebsnetzmitgliedern noch immer hinsichtlich Personenkraftwagen und leichten Nutzfahrzeugen verbieten, Verkaufs- bzw. Auslieferungsstellen im Gemeinsamen Markt zu eröffnen. Der direkte Einfluss auf die Anzahl der Verkaufsstellen im Gemeinsamen Markt bliebe – im Gegensatz zu den mittleren und großen Herstellern – kleineren Herstellern mit qualitativ – qualitativ selektiven Vertriebssystemen somit erhalten. Diese nicht gerechtfertigte Ungleichbehandlung hätte durch einen allgemeinen Ausschluss der Anwendung der „*de minimis*-Bekanntmachung" umgangen werden können. Die Kommission scheint allerdings den *intra-brand* Wettbewerb bei Vertriebsnetzen kleinerer Hersteller vernachlässigen zu wollen. Es ist allerdings darauf hinzuweisen, dass die nationalen Gerichte nicht an die rechtlich nicht verbindliche Bagatellbekanntmachung der Kommission gebunden sind, so dass eine Standortklausel auch unterhalb der 5% Marktanteilsschwelle des Herstellers als spürbar wettbewerbsbeschränkend angesehen werden könnte.

Artikel 5 Abs. 3 der neuen Automobil-GVO beinhaltet ein weitergehendes **Standort-** 49
klauselverbot für die Bereiche Kundendienst und Ersatzteilverkauf. Danach können Werkstätten in einem selektiven Vertriebssystem ihren Stammsitz im Gemeinsamen Markt frei wählen und verlegen. Jede mittelbare oder unmittelbare diese Freiheit einschränkende Verpflichtung ist nicht freistellungsfähig. Da im Kundendienstbereich die GVO zum jetzigen Zeitpunkt europaweit nur qualitativ selektive Vertriebssysteme zulässt, sind Probleme im Hinblick auf die Koexistenz von Selektiv- und Exklusivvertrieb nicht gegeben.

Art. 6. Entzug des Vorteils der Verordnung[112]

(1) **Die Kommission kann den mit dieser Verordnung verbundenen Rechtsvorteil nach Artikel 7 Absatz 1 der Verordnung Nr. 19/65/EWG im Einzelfall entziehen, wenn eine nach dieser Verordnung freigestellte vertikale Vereinbarung gleichwohl Wirkungen hat, welche mit den Voraussetzungen von Artikel 81 Absatz 3 des Vertrags unvereinbar sind; dies gilt insbesondere, wenn**

a) **der Zugang zum relevanten Markt oder der Wettbewerb auf diesem durch die kumulative Wirkung nebeneinander bestehender Netze gleichartiger vertikaler Beschränkungen, die von miteinander im Wettbewerb stehenden Lieferanten oder Käufern angewandt werden, in erheblichem Maß beschränkt wird,**

b) **der Wettbewerb auf einem Markt beschränkt wird, auf dem ein Lieferant nicht wirksamem Wettbewerb anderer Lieferanten ausgesetzt ist,**

---

[109] Vgl. Fn. 57.
[110] Vgl. Rn. 32.
[111] Die in Punkt 8 der Bekanntmachung dargelegten Umstände („kumulativer Abschottungseffekt durch nebeneinander bestehende Netze von Vereinbarungen, die ähnliche Wirkungen auf dem Markt haben") dürften im Automobilsektor auftreten, so dass sich der Schwellenwert für die Spürbarkeit der Wettbewerbsbeschränkung auf 5% senkt.
[112] Vgl. Erwägungsgründe (31) ff. sowie Leitfaden, 38 f.

c) sich Preise oder Lieferbedingungen für Vertragswaren oder ihnen entsprechende Waren zwischen räumlichen Märkten erheblich voneinander unterscheiden oder d) innerhalb eines räumlichen Marktes ohne sachliche Rechtfertigung unterschiedliche Preise oder Verkaufsbedingungen angewandt werden.

(2) Wenn eine unter die Freistellung fallende Vereinbarung im Gebiet eines Mitgliedstaats oder in einem Teil desselben, der alle Merkmale eines gesonderten räumlichen Marktes aufweist, im Einzelfall Wirkungen hat, die mit den Voraussetzungen von Artikel 81 Absatz 3 des Vertrags unvereinbar sind, so kann die zuständige Behörde dieses Mitgliedstaats den Vorteil der Anwendung dieser Verordnung mit Wirkung für das betroffene Gebiet unter den gleichen Voraussetzungen wie in Absatz 1 entziehen.

50 Die Kommission ist weiterhin befugt, die Freistellung einer vertikalen Vereinbarung im Einzelfall zu entziehen, sofern diese Vertikalverbindung Wirkungen hat, die mit den Voraussetzungen des Artikels 81 Absatz 3 EG nicht vereinbar sind. Dieses Recht, welches die Kommission bisher nicht zur Anwendung gebracht hat, fußt auf Artikel 7 Absatz 1 der Ermächtigungsverordnung 19/65, so dass die Eingliederung dieser Vorschrift in die Gruppenfreistellungsverordnung im Wesentlichen deklaratorischer Natur ist. Allerdings ist die Ausgestaltung anhand eines nicht abschließenden Katalogs von Fallgestaltungen, die nach Ansicht der Kommission einen Entzug der Freistellung rechtfertigen, nicht ohne Bedeutung. So hat die Kommission in der GVO 1400/2002 den mit der vGVO übereinstimmenden Fall kumulativer Vertriebsnetze in den Beispielskatalog aufgenommen. In der durch parallele Netze gekennzeichneten Automobilindustrie, woran sich auch nach Einführung der eine Wahlmöglichkeit beinhaltenden GVO 1400/2002 nichts ändern dürfte, ist ein solcher neuer Beispielstatbestand als Zeichen einer strengeren Berücksichtigung der Kumulativeffekte in diesem Industriezweig zu bewerten.

51 Wie auch die vGVO sieht die Neufassung der Automobil-GVO die Möglichkeit des **Entzugs der Freistellung durch eine nationale Wettbewerbsbehörde** vor, sofern „alle Merkmale eines gesonderten räumlichen Marktes" bestehen. Ein solcher Entzug der Freistellung durch eine nationale Wettbewerbsbehörde ist allerdings auf den Zuständigkeitsbereich dieser Behörde beschränkt.

Die Kommission behält sich allerdings das Recht vor einzugreifen, wenn die Angelegenheit von besonderer Bedeutung ist.[113]

Wenn die Kommission von der Möglichkeit des Entzugs der Freistellung Gebrauch machen möchte, obliegt es ihr darzulegen, dass die betreffende Vereinbarung in den Anwendungsbereich des Artikels 81 Abs. 1 EG-Vertrag fällt und mit den nach Artikel 81 Abs. 3 erforderlichen Bedingungen unvereinbare Wirkungen hervorbringt.[114] Wenn der Antragsteller den erforderlichen Beweis nicht erbringt, ist der Einwand des Bündelungseffektes durch die Wettbewerbsbehörde zurückzuweisen.[115]

Der Entzug der Freistellung entfaltet keine Rückwirkung.[116]

Seit Inkrafttreten der neuen Automobil-GVO kam diese Norm nicht zur Anwendung.

Man kann insbesondere nach Inkrafttreten der neuen Kartellverfahrensordnung den Sinn dieser Norm in Frage stellen, da nunmehr die Einzelfreistellung nach dem Prinzip der Legalausnahme unmittelbar zur Anwendung gelangt, so dass der Entzug der Freistellung le-

---

[113] Mitteilung der Kommission 2000-C 291–01 v. 13. Oktober 2000, Leitlinien zu vertikalen Beschränkungen, Rz. 77.
[114] Mitteilung der Kommission 2000-C 291–01 v. 13. Oktober 2000, Leitlinien zu vertikalen Beschränkungen, Rz. 72.
[115] Vgl. zur mangelnden Bündelungswirkung die Entscheidung des französischen Conseil de la concurrence Nr. 03-D-42 v. 18. August 2003.
[116] Mitteilung der Kommission 2000-C 291–01 v. 13. Oktober 2000, Leitlinien zu vertikalen Beschränkungen, Rz. 75.

diglich deklaratorische Bedeutung hat, indem die Vermutung der Übereinstimmung der betreffenden Vereinbarung mit Art. 81 EG entfällt. Selbiges gilt auch für die Nichtanwendbarkeit der Verordnung gemäß Art. 7 der Automobil-GVO (s. u.).

Art. 7. Nichtanwendbarkeit der Verordnung[117]

(1) **Gemäß Artikel 1a der Verordnung Nr. 19/65/EWG kann die Kommission durch Verordnung erklären, dass in Fällen, in denen mehr als 50% eines relevanten Marktes von nebeneinander bestehenden Netzen gleichartiger vertikaler Beschränkungen erfasst werden, die vorliegende Verordnung auf vertikale Vereinbarungen, die bestimmte Beschränkungen des Wettbewerbs auf diesem Markt vorsehen, keine Anwendung findet.**

(2) **Eine Verordnung im Sinne von Absatz 1 wird frühestens ein Jahr nach ihrem Erlass anwendbar.**

Ebenfalls in Übereinstimmung mit der vGVO[118] bestimmt Artikel 7, dass aufgrund der kumulativen Wirkungen nebeneinander bestehender Netze gleichartiger vertikaler Beschränkungen die Nichtanwendbarkeit der GVO per Verordnung erklärt werden kann. Die im Wortlaut mit der Schwestervorschrift der vGVO übereinstimmende Regelung differenziert sich nur dahingehend, dass eine solche Verordnung erst ein Jahr nach Veröffentlichung – statt nach 6 Monaten für die vGVO – Anwendung finden kann.[119]

Es ist aufgrund der ganz überwiegenden Anwendung selektiver Vertriebssysteme im Automobilsektor mit kumulativen Wirkungen zu rechnen.[120] Diesbezüglich ist allerdings darauf zu verweisen, dass es sich um eine Kann-Vorschrift handelt. Die Kommission gibt indes in ihrem Leitfaden zur neuen Automobil-GVO keinerlei konkrete Hinweise, wie sie dieses Ermessen auszuüben gedenkt. Sie weist lediglich darauf hin, dass z. B. das quantitative Element selektiver Vertriebssysteme die Freistellungsfähigkeit per Nichtanwendungsverordnung verlieren könnte, sofern über 50% der Lieferanten durch eine entsprechende Ausgestaltung den Zutritt zum Vertriebsnetz genauso qualifizierter Kategorien von Absatzmittlern willentlich verhindern.[121]

Art. 8. Berechnung der Marktanteile

(1) [1]**Die in dieser Verordnung geregelten Marktanteile werden wie folgt berechnet:**
a) **bezüglich des Vertriebs von neuen Kraftfahrzeugen auf der Grundlage der Absatzmengen der vom Lieferanten verkauften Vertragswaren und ihnen entsprechenden Waren sowie der sonstigen von dem Lieferanten verkauften Waren die vom Käufer aufgrund ihrer Eigenschaften, ihrer Preise und ihres Verwendungszwecks als austauschbar oder substituierbar angesehen werden;**
b) **bezüglich des Vertriebs von Ersatzteilen auf der Grundlage des Absatzwerts der vom Lieferanten verkauften Vertragswaren und sonstigen Waren, die vom Käufer aufgrund ihrer Eigenschaften, ihrer Preise und ihres Verwendungszwecks als austauschbar oder substituierbar angesehen werden;**

---

[117] Vgl. Erwägungsgrund (34) sowie Leitfaden, 39 f.
[118] Art. 8 der vGVO.
[119] Vgl. Ausführungen zur vGVO.
[120] Aus diesem Grund hält Ensthaler die Übernahme dieser vGVO spezifischen Vorschrift für systemwidrig und weist darauf hin, dass die Kommission den Automobilsektor auch aufgrund der Existenz nahezu ausschließlich freistellungsbedürftiger Vertriebsnetze dem Anwendungsbereich der vGVO entzogen hat, vgl. *Ensthaler* WuW 2002, 1042, 1050.
[121] Vgl. Leitfaden, 39 f., Frage 19.

c) bezüglich der Erbringung von Instandsetzungs- und Wartungsdienstleistungen auf der Grundlage des Absatzwerts der von den Mitgliedern des Vertriebsnetzes des Lieferanten erbrachten Vertragsdienstleistungen und sonstigen von diesen Mitgliedern angebotenen Dienstleistungen, die vom Käufer aufgrund ihrer Eigenschaften, ihrer Preise und ihres Verwendungszwecks als austauschbar oder substituierbar angesehen werden.

²Liegen keine Angaben über die Absatzmengen für diese Berechnungen vor, so können Absatzwerte zugrunde gelegt werden oder umgekehrt. ³Liegen keine derartigen Angaben vor, so können Schätzungen vorgenommen werden, die auf anderen verlässlichen Marktdaten beruhen. ⁴Bei der Anwendung von Artikel 3 Absatz 2 ist auf die Menge beziehungsweise den Wert der auf dem Markt getätigten Käufe oder Schätzungen hiervon für die Ermittlung des Marktanteils abzustellen.

(2) Für die Anwendung der in dieser Verordnung vorgesehenen Marktanteilsschwellen von 30% und 40% gelten folgende Regeln:

a) Der Marktanteil wird anhand der Angaben für das vorhergehende Kalenderjahr ermittelt.
b) Der Marktanteil schließt Waren oder Dienstleistungen ein, die zum Zweck des Verkaufs an integrierte Händler geliefert werden.
c) Beträgt der Marktanteil zunächst nicht mehr als 30% bzw. 40% und überschreitet er anschließend diese Schwelle, ohne jedoch 35% bzw. 45% zu übersteigen, so gilt die Freistellung im Anschluss an das Jahr, in welchem die Schwelle von 30% bzw. 40% erstmals überschritten wurde, noch für zwei weitere Kalenderjahre.
d) Beträgt der Marktanteil zunächst nicht mehr als 30% bzw. 40% und überschreitet er anschließend 35% bzw. 45%, so gilt die Freistellung noch für ein Kalenderjahr im Anschluss an das Jahr, in welchem die Schwelle von 30% bzw. 40% erstmals überschritten wurde.
e) Die Vorteile gemäß den Buchstaben c) und d) dürfen nicht in der Weise miteinander verbunden werden, dass ein Zeitraum von zwei Kalenderjahren überschritten wird.

53 Aufgrund der Wichtigkeit der Marktanteile in Bezug auf die Anwendbarkeit der novellierten Automobil-GVO wurden in Artikel 8 die Berechungsgrundlagen niedergelegt. Im Gegensatz zu der vGVO, welche gleichfalls einen solchen Artikel enthält,[122] wurde eine Differenzierung bezüglich der für die Berechnung der Marktanteile maßgeblichen Referenzwerte vorgenommen. Wird beim Vertrieb von Neuwagen und von Ersatzteilen die Absatzmenge bzw. der Absatzwert der vom Lieferanten verkauften Vertragswaren und Substituten berücksichtigt, ist dagegen bei der Erbringung von Kundendienstleistungen auf die Absatzwerte der von Mitglieder des Vertriebsnetzes des Lieferanten erbrachten Dienstleistungen abzustellen. Sofern keine Referenzwerte vorliegen, kann für die Berechnungen statt der Absatzzahlen der Absatzwert und *vice versa* zugrunde gelegt werden. Im Übrigen entspricht die Regelung vorbehaltlich der Anpassung an die Existenz von zwei Schwellenwerten der Schwestervorschrift der vGVO.[123]

Art. 9. Berechnung des Umsatzes

(1) ¹Für die Berechnung des in Artikel 2 Absatz 2 Buchstabe a) und Absatz 3 Buchstabe a) genannten jährlichen Gesamtumsatzes sind die Umsätze zusammenzuzählen, welche die jeweilige an der vertikalen Vereinbarung beteiligte Vertragspartei und die mit ihr verbundenen Unternehmen im letzten Geschäftsjahr mit allen Waren

---

[122] Vgl. Art. 9 der vGVO.
[123] Vgl. diesbezüglich die Ausführungen zur vGVO.

und Dienstleistungen nach Abzug von Steuern und sonstigen Abgaben erzielt haben. ²Dabei werden Umsätze zwischen der an der Vereinbarung beteiligten Vertragspartei und den mit ihr verbundenen Unternehmen oder zwischen den mit ihr verbundenen Unternehmen nicht mitgezählt.

(2) Die Freistellung gilt auch, wenn der jährliche Gesamtumsatz in zwei aufeinander folgenden Geschäftsjahren den in dieser Verordnung genannten Schwellenwert um nicht mehr als ein Zehntel überschreitet.

Die Vorschrift, die die Modalitäten der Berechnung des Umsatzes definiert, ist ebenso mit ihrer Schwesternorm (Artikel 10 vGVO) materiell identisch.[124] In Absatz 2 hat die Kommission allerdings die berechtigten Kritiken hinsichtlich des Umfangs der Ermächtigungsnorm und der Unmöglichkeit eines automatischen Wegfalls der Gruppenfreistellung berücksichtigt und lässt die Gruppenfreistellung „auch" und nicht „weiter" gelten, wenn die Schwellenwerte um nicht mehr als ein Zehntel überschritten werden. 54

Art. 10. Übergangszeitraum[125]

(1) Das Verbot nach Artikel 81 Absatz 1 gilt vom 1. Oktober 2002 bis zum 30. September 2003 nicht für Vereinbarungen, die am 30. September 2002 bereits in Kraft waren und die die Voraussetzungen für eine Freistellung zwar nach der Verordnung (EG) Nr. 1475/95, nicht aber nach der vorliegenden Verordnung erfüllen.

(2) Das Verbot des Artikels 81 Absatz 1 gilt nicht für Vereinbarungen, die am Tag des Beitritts der Tschechischen Republik, Estlands, Zyperns, Lettlands, Litauens, Ungarns, Maltas, Polens, Sloweniens und der Slowakei bestanden und infolge des Beitritts in den Anwendungsbereich des Artikels 81 Absatz 1 des Vertrags fallen, sofern sie innerhalb von sechs Monaten nach dem Tag des Beitritts so geändert werden, dass sie den in dieser Verordnung festgelegten Bestimmungen entsprechen.

Die Verordnung sieht wie die Vorgängerregelung eine einjährige Übergangsperiode vor, während der das Verbot des Artikels 81 Absatz 1 EG auf am 30. 9. 2002 geltende und durch die GVO 1475/95 freigestellte Vereinbarungen keine Anwendung findet, sofern die Voraussetzungen der GVO 1400/2002 nicht erfüllt werden. Bis zum 30. 9. 2003 wirkte daher die Freistellung von Altverträgen nach der GVO 1475/95 fort. Nach dem 1. 10. 2002 abgeschlossene Verträge fallen allerdings unter die GVO 1400/2002. 55

Da im **Kundendienstsektor** keine quantitative Selektion des Vertriebsnetzes in Betracht kommt, haben die Werkstätten, die die qualitativen Kriterien der Hersteller erfüllen, de facto einen **Rechtsanspruch auf Zulassung.** Dieser Anspruch ist allerdings entgegen teilweise in der Literatur vertretenen Auffassungen, nicht generell ab dem 1. 10. 2002 durchsetzbar. Wie die Kommission in ihrem Leitfaden explizit klarstellt, haben die Werkstätten nur dort schon einen vor dem Auslaufen der Übergangszeit durchsetzbaren Anspruch auf Zulassung, wo der Lieferant keinerlei Gebietsschutz vertraglich zugesichert hat.[126] 56

Sofern der Hersteller **während der Übergangszeit** neue Mitglieder in sein Vertriebssystem aufnimmt bzw. aufnehmen muss, da auf dem jeweiligen Markt ein so genannter „open point" besteht, stellt sich die Frage wie der Hersteller auf eine Verlegung des Standortes einer aufgrund des neuen Rechts zugelassenen Werkstatt in ein Gebiet mit Exklusivrecht zugunsten eines Händlers nach altem Recht reagieren darf. Der aktive Verkauf eines Neuhändlers in die mit Gebietsschutz ausgestatteten Vertragsgebiete eines Händlers,

---

[124] Vgl. diesbezüglich die Ausführungen zur vGVO.
[125] Vgl. Erwägungsgrund (36) sowie Leitfaden, 40 ff.
[126] Vgl. Leitfaden, 41 f., Fragen 21 bis 23.

dessen Vertrag unter die GVO 1475/95 fällt, ist eine andere Ausformung derselben Kollisionsproblematik. Nach dem Grundsatz altes Recht bricht neues Recht in der Übergangszeit kann der Hersteller der Werkstatt bzw. dem Neuhändler vertraglich vorschreiben, nicht gegen die den Altmitgliedern des Vertriebsnetzes auf Grundlage der GVO 1475/95 eingeräumten Exklusivrechte zu verstoßen. Andernfalls könnte sich der Hersteller gegenüber den Inhabern der Exklusivrechte schadensersatzpflichtig machen.

57 Die sehr kurz bemessene Übergangsperiode wirft die Frage auf, mit welcher **Kündigungsfrist** die Hersteller den Vertragshändlern zum Zwecke der Anpassung der Verträge an die neue GVO und darüber hinaus eventuell zur Netzbereinigung kündigen können. Die ordentliche Kündigungsfrist von zwei Jahren[127] sowie der Verzicht auf eine Kündigung der bestehenden Verträge bergen bei Scheitern der Verhandlungen mit den Vertretern der Vertragshändler ein erhebliches rechtliches Risiko, da wesentliche Klauseln der bestehenden Verträge ab dem 1. Oktober 2003 nicht mehr freigestellt wären. Die Kündigung mit einjähriger Kündigungsfrist ist allerdings der Voraussetzung einer **notwendigen und erheblichen Reorganisation** des gesamten oder eines wesentlichen Teils des Vertriebsnetzes unterworfen.[128] Die Kommission erklärt in ihrem Leitfaden: „Die Tatsache, dass die Geltungsdauer der Verordnung (EG) Nr. 1475/95 am 30. September 2002 endet und sie durch eine neue Verordnung ersetzt wird, bedeutet noch nicht, dass ein Vertriebsnetz umgestaltet werden muss".[129] Allein das Inkrafttreten der Verordnung (EG) 1400/2002 hat keine Reorganisation des Vertriebssystems eines Lieferanten iSd. Art. 5 Abs. 3, 1. Spiegelstrich der GVO 1475/95 notwendig gemacht. Es ist vielmehr die quasi implizit in der neuen GVO enthaltene Verpflichtung zur Änderung des Vertriebssystems von einem exklusiven, hin zu einem selektiven Vertrieb, die eine Reorganisation erfordert. Die Reorganisation ist notwendig, wenn ein vor dem 30. September 2002 geschlossener Vertrag unter der neuen GVO nicht mehr freigestellt wäre. Die Reorganisation ist auch erheblich, denn die Änderung des Vertriebssystems betrifft den Kern eines jeden Vetriebsvertrags. Der EuGH hat sich bereits mehrfach zu dieser Problematik geäußert.[130] Die Vorrausetzungen der Notwendigkeit und der Erheblichkeit müssen nach Ansicht des EuGH von den nationalen Gerichten beurteilt werden. Dieser Ansicht ist nur teilweise zu folgen. Die Beurteilung der Notwendigkeit obliegt allein dem Lieferanten. Es handelt sich um eine wirtschaftliche Fragestellung, die nur von dem Unternehmer, nicht aber von einem Gericht beurteilt werden kann. Der Händler ist durch die Vorraussetzung der Erheblichkeit der Reorganisation ausreichend geschützt. Die durch den EuGH vertretene Ansicht schräkt den Lieferant in seinem Recht, von der einjährigen Kündigungsfrist Gebrauch zu machen, in zu erheblichem Maße ein.[131]

Ein Kfz-Vertragshändlervertrag, der vor der Geltung der Verordnung (EG) Nr. 1400/2002 geschlossen wurde und Kernbeschränkungen iSd. Art. 4 dieser Verordnung enthält, ist mit Ablauf der Übergangsfrist am 30. September 2003 unwirksam geworden. Eine Pflicht, einen solchen Vertrag an die Vorgaben der Verordnung (EG) Nr. 1400/2002 anzupassen, besteht nicht.[132]

---

[127] Art. 5 Abs. 2 Punkt 2 der GVO 1475/95.
[128] Art. 5 Abs. 3 1. Spiegelstrich der GVO 1475/95. Der Begriff der „Umstrukturierung" wird lediglich in der deutschen Fassung der Verordnung gebraucht; alle anderen sprachlichen Fassungen verwenden den Begriff der Reorganisierung, der deshalb auch bei der Auslegung der deutschen Fassung zugrunde zu legen ist. Ebenso verhält es sich übrigens bei der GVO 1400/2002 (Artikel 3 Abs. 5 b) ii)).
[129] Leitfaden, 41.
[130] EuGH Urt. v. 7. 9. 2006 Rs. C-125/05, EuGH Urt. v. 30. 11. 2006 Rs. C-376/05, EuGH Urt. v. 26. 1. 2007 Rs. C-273/06.
[131] Siehe dazu auch unsere Ausführungen unter Rn. 31.
[132] BGH U. vom 8. 5. 2007 KAR 14/04.

Art. 11. Überwachung und Bewertungsbericht[133]

(1) Die Kommission wird die Anwendung dieser Verordnung regelmäßig überwachen, insbesondere im Hinblick auf deren Auswirkungen auf
a) den Wettbewerb im Bereich des Kraftfahrzeugvertriebs und im Bereich der Instandsetzung und Wartung im Gemeinsamen Markt oder den relevanten Teilen dieses Marktes,
b) die Struktur und den Konzentrationsgrad im Bereich des Kraftfahrzeugvertriebs sowie die sich daraus ergebenden Folgen für den Wettbewerb.

(2) Die Kommission erstellt spätestens am 31. Mai 2008 einen Bericht über die Funktionsweise dieser Verordnung und berücksichtigt dabei insbesondere die Voraussetzungen des Artikels 81 Absatz 3.

Wie auch schon die Vorgängerregelung beinhaltet die GVO 1400/2002 eine rechtsverbindliche **Selbstverpflichtung der Kommission** zur Überwachung der Anwendung dieser Verordnung. Die Überwachung ist neu ausgerichtet worden. Nunmehr sind insbesondere die Auswirkungen auf den Wettbewerb auf den verschiedenen Märkten und die Struktur bzw. der Konzentrationsgrad im Bereich Kraftfahrzeugvertrieb zu berücksichtigen. Die Preisunterschiede zwischen den Mitgliedstaaten und die Qualität der den Endverbrauchern angebotenen Dienstleistungen werden wohl nach Ansicht der Kommission nach Erlass der neuen Verordnung kein zentrales Problem mehr darstellen.

Am 28. Mai 2008 hat die Kommission hinsichtlich der Funktionsweise der Verordnung (EG) Nr. 1400/2002 unter Berücksichtigung des Artikels 81 Absatz 3 einen **Bewertungsbericht** veröffentlicht.[134] Dieser Bericht gibt erste Hinweise auf den Weg, den der Automobilvertrieb nach dem Auslaufen der Verordnung (EG) Nr. 1400/2002 am 31. Mai 2010 einschlagen könnte, auch wenn die Kommission präzisiert, dass es sich lediglich um eine vorläufige Bilanz handelt, die in keiner die letztendliche Entscheidung der Kommission vorwegnimmt.

Alles weist darauf hin, dass die Kommission eine **einheitliche GVO** anstrebt. Dies ist durch die Tatsache, dass sich das ehemals schlechte Wettbewerbsniveau in der Automobilbrache in den letzten Jahren unter dem Einfluss der Verordnung (EG) Nr. 1400/2002 stark verbessert hat. Eine spezielle Automobil-GVO scheint daher keine Notwendigkeit mehr zu haben.

Im ihrem Bewertungsbericht stellt die Kommission vier wesentliche Punkte heraus, an denen sich die Nachfolgeverordnung orientieren wird:
– mehr Freiheiten bei der Gestaltung des Vertriebsnetzes für Neuwagen: eine Kombinierung von exklusivem und selektiven Vertrieb soll wieder möglich werden.
– mehr Freiheiten bezüglich der Markenpolitik: die Verpflichtung zum Mehrmarkenvertrieb scheint nicht weiter angebracht zu sein.
– Fragen der Weitergabe technischer Informationen und der Ersatzteildefinition sollen in Zukunft nicht mehr von der Freistellungsverordnung geregelt werden.
– Schwerpunkt einer GVO ist die Schutz des Wettbewerbs; einige im Moment bestehende Regelungen zum Schutz der Mitbewerber sollen demnach abgeschafft werden

Art. 12. Inkrafttreten und Geltungsdauer

(1) **Diese Verordnung tritt am 1. Oktober 2002 in Kraft.**
(2) **Artikel 5 Absatz 2 Buchstabe b) gilt ab dem 1. Oktober 2005.**
(3) [1]**Diese Verordnung gilt bis zum 31. Mai 2010.**

---

[133] Vgl. Erwägungsgrund (38) sowie Leitfaden, 43.
[134] Bericht der Kommission zur Bewertung der Verordnung (EG) Nr. 1400/2002 über Vertrieb, Instandsetzung und Wartung von Kraftfahrzeugen vom 28. 5. 2008

Art. 12 Kfz-GVO 59

²**Diese Verordnung ist in allen ihren Teilen verbindlich und gilt unmittelbar in jedem Mitgliedstaat.**

59 Die Verordnung ist am 1. Oktober 2002 in Kraft getreten. Auf Druck mehrerer Mitgliedstaaten und unter Berücksichtigung der unverbindlichen Beschlussfassung des europäischen Parlaments wurde das Inkrafttreten der Neuregelung der Standortklausel auf den 1. Oktober 2005[135] festgelegt.[136] Diese Änderung erscheint zum ersten Mal in der von der Kommission beschlossenen Endversion der VO, wie sie am 17. Juli 2002 veröffentlicht wurde. Zuvor hatte die Kommission vorgeschlagen, die Freistellung der Verwendung der Standortklausel vom Marktanteil auf dem nationalen Produktmarkt abhängig zu machen.

Über den am 1. Januar 1994 in Kraft getretenen Vertrag zur Gründung eines Europäischen Wirtschaftsraums (EWR) sind die meisten Regelungen des europäischen Kartellrechts in den EWR-Staaten anwendbar. Die Entscheidung Nr. 136/2002 des Joint Committee der Mitgliedstaaten des Europäischen Wirtschaftsraumes vom 27. September 2002 hat Anhang XIV (Wettbewerb) des EWR-Vertrags geändert und so die GVO 1400/2002 in den EWR-Staaten in Geltung gesetzt.

Die Geltungsdauer der GVO wurde auf den 31. Mai 2010 befristet. Die GVO 1400/2002 läuft somit gleichzeitig mit der vGVO aus, was der Kommission eine eventuelle Integration des Automobilvertriebs in die vGVO erlaubt.

---

[135] Vgl. Erwägungsgrund (37), der auf den erhöhten geschäftsstrategischen Anpassungsbedarf Bezug nimmt.

[136] Der Änderungsvorschlag des Europäischen Parlamentes sah darüber hinaus eine Überprüfung der Unabdingbarkeit des Wegfalls der Standortklausel vor. Danach sollte Artikel 5 c) der neuen GVO nur dann in Kraft treten, *„nachdem die Kommission [überprüft hat], dass ohne die Gültigkeit dieser Bestimmungen die Bedingungen des Artikels 81 Abs. 3 des Vertrages nicht erfüllt werden."* Nach Ansicht des Europäischen Parlaments wird eine erhebliche Steigerung des grenzüberschreitenden Wettbewerbs bereits durch die anderen Bestimmungen der Verordnung erzielt, so dass eine so einschneidende Maßnahme wie das Verbot von Standortklauseln notwendig zur Erfüllung der Voraussetzungen des Artikels 81 Abs. 3 sein muss und nicht automatisch in Kraft treten sollte; vgl. Bericht über den Entwurf der Verordnung der Kommission über die Anwendung von Artikel 81 Absatz 3 des Vertrages auf Gruppen von vertikalen Vereinbarungen und aufeinander abgestimmte Verhaltensweisen in der Kraftfahrzeugindustrie (2002/2046(INI)) des Ausschusses für Wirtschaft und Währung, A5–0144/2002 endgültig, Änderungsvorschlag 28.

G. Versicherungswirtschaft*

Übersicht

	Rn.		Rn.
Allgemeines	1	a) Aussagekraft von Berechnungen und Tabellen	43
1. Ermächtigungsgrundlage	2	b) Anforderungen an Datenmaterial und Zusammenstellung	44
2. Veränderungen gegenüber der Vorgängerregelung	4	3. Voraussetzungen für Berechnungen, Tabellen und Studien (Abs. 2)	49
3. Verhältnis zu anderen Freistellungsregelungen	5	Art. 4. Von der Freistellung ausgenommene Vereinbarungen	52
4. Verhältnis zu nationalem Recht	8	Art. 5. Freistellungsvoraussetzungen	54
Art. 1. Freistellung	9	Art. 6. Von der Freistellung ausgenommene Vereinbarungen	58
1. Allgemeines	9	1. Allgemeines	58
a) Regelungsgegenstand	9	2. Verbotene Klauseln (Abs. 1 und 3)	59
b) Anwendungsbereich	10	a) Sinn und Zweck	59
c) Vereinbarungen	11	b) Die unzulässigen Klauseln im Einzelnen	60
d) Unternehmen aus der Versicherungswirtschaft	12	3. Bezifferungen in Modellen (Abs. 4)	72
2. Berechnungen und Tabellen	13	4. Absprachen zur strikten Einhaltung von Empfehlungen (Abs. 2 und 5)	73
a) Sinn und Zweck	13	Art. 7. Anwendung der Freistellung und der Marktanteilsschwellen	74
b) Freistellungsbereiche	14	1. Versicherungsgemeinschaften zur Deckung neuartiger Risiken (Abs. 1)	74
3. Studien	16	2. Freistellung nach Marktanteil (Abs. 2)	75
a) Sinn und Zweck	16	3. Berechnung des Marktanteils der Versicherungsgemeinschaften (Abs. 3)	76
b) Freistellungsreichweite	17	4. Überschreitungen der Marktanteilsschwellen (Abs. 4–9)	81
4. Muster allgemeiner Versicherungsbedingungen	19	Art. 8. Freistellungsvoraussetzungen	82
a) Sinn und Zweck	19	1. Allgemeines	82
b) Freistellungsreichweite	20	2. Die Voraussetzungen im Einzelnen	83
5. Modelle	21	Art. 9. Freistellungsvoraussetzungen	90
a) Sinn und Zweck	21	1. Allgemeines	90
b) Freistellungsbereich	22	2. Voraussetzungen für Spezifikationen und Richtlinien	91
6. Versicherungsgemeinschaften	23	3. Voraussetzungen für die Zertifizierung	93
a) Sinn und Zweck	23	4. Gegenseitige Anerkennung	97
b) Freistellungsreichweite	24	Art. 10. Entzug der Freistellung	98
7. Sicherheitsvorkehrungen	27	Art. 11. Übergangsfrist	100
a) Sinn und Zweck	27	Art. 11a. Ausnahmen	101
b) Freistellungsbereiche	28	Art. 12. Geltungsdauer	101
Art. 2. Begriffsbestimmungen	32		
1. Allgemeines	32		
2. Die Begriffe im Einzelnen	33		
Art. 3. Freistellungsvoraussetzungen	42		
1. Allgemeines	42		
2. Besondere Voraussetzungen für Berechnungen und Tabellen (Abs. 1)	43		

Schrifttum: *Brinker/Schädle,* Versicherungspools und EG-Kartellrecht, VersR 2003, 1475; *Bunte,* GVO-Versicherungswirtschaft – Praktische Erfahrungen aus deutscher und Brüsseler Sicht, VR 1995, 6; *Dreher,* Das europäische Kartellrecht der Mitversicherungsgemeinschaften, FS Immenga, 2004, S. 93; *Dreher,* Das Versicherungskartellrecht nach der Sektoruntersuchung der EG-Kommission zu den Unternehmensversicherungen, VersR 2008, 15; *Dreher/Kling,* Kartell- und Wettbewerbsrecht der Versicherungsunternehmen, 2007; *von Fürstenwerth,* EG-Gruppenfreistellungsverordnungen für die Versicherungswirtschaft, WM 1994, 365; *Hörst,* Die Zulässigkeit von Absprachen unter Versicherungsunternehmen in der EU, VR 2003, 148; *Honsel,* Kartellrechtliche Probleme bei Finanzdienst-

---

* Verordnung (EG) Nr. 358/2003 der Kommission vom 27. Februar 2003 über die Anwendung von Artikel 81 Absatz 3 EG-Vertrag auf Gruppen von Vereinbarungen, Beschlüssen und aufeinander abgestimmten Verhaltensweisen im Versicherungssektor.

leistungen, in: *Baudenbacher*, Neueste Entwicklungen im europäischen und internationalen Kartellrecht, 2003, S. 215; *Hootz*, Gemeinschaftskommentar, Gesetz gegen Wettbewerbsbeschränkungen und Europäisches Kartellrecht, 5. Aufl. 8. Lieferung 2003; *Kahlenberg*, Die EG-Gruppenfreistellungsverordnung für die Versicherungswirtschaft, WuW 1994, 985; *Kreiling*, Versicherungsgemeinschaften im europäischen Kartellrecht, 1999; *Lichtenwald*, Kooperationen auf dem Gebiet der Versicherungswirtschaft aus EG-kartellrechtlicher Sicht, VR 1993, 317; *Nebel*, Europäisches Versicherungskartellrecht: Die Gruppenfreistellungsverordnung für Versicherungen, SVZ 61 (1993), 88; *Schümann*, Die Gruppenfreistellungsverordnung Nr. 3932/92 für die Versicherungswirtschaft, 1998; *Schulze-Schwienhorst*, Die kartellrechtlichen Rahmenbedingungen der „Mitversicherung im Einzelfall", FS *Kollhosser*, 2004, S. 329; *Schumm*, Die Gruppenfreistellungsverordnung für die Versicherungswirtschaft, VersWissStud (2. Bd.), 75; *Stancke*, Vorsicht beim Informationsaustausch!, VW 2004, 1458; *Vernimmen*, Die Gruppenfreistellungsverordnung für die Versicherungswirtschaft, VW 1993, 559; *Windhagen*, Die Versicherungswirtschaft im europäischen Kartellrecht, VersWissStud (3. Bd.).

Vorläufer: VO (EWG) Nr. 3932/92 der Kommission vom 21. Dezember 1992 über die Anwendung von Artikel 85 Absatz 3 EWG-Vertrag auf bestimmte Gruppen von Vereinbarungen, Beschlüssen und aufeinander abgestimmten Verhaltensweisen im Bereich der Versicherungswirtschaft.

Erwägungsgründe

Die Kommission der europäischen Gemeinschaften –
gestützt auf den Vertrag zur Gründung der Europäischen Gemeinschaft,
gestützt auf die Verordnung (EWG) Nr. 1534/91 des Rates vom 31. Mai 1991 über die Anwendung von Artikel 85 Absatz 3 EG-Vertrag auf Gruppen von Vereinbarungen, Beschlüssen und aufeinander abgestimmten Verhaltensweisen im Bereich der Versicherungswirtschaft, insbesondere auf Artikel 1 Absatz 1 Buchstaben a), b), c) und e),
nach Veröffentlichung des Entwurfs dieser Verordnung,
nach Anhörung des Beratenden Ausschusses für Kartell- und Monopolfragen,
in Erwägung nachstehender Gründe:

(1) Die Verordnung (EWG) Nr. 1534/91 ermächtigt die Kommission, Artikel 81 Absatz 3 EG-Vertrag durch Verordnung auf Gruppen von Vereinbarungen, Entscheidungen und aufeinander abgestimmte Verhaltensweisen in der Versicherungswirtschaft anzuwenden, die eine Zusammenarbeit in folgenden Bereichen bezwecken:
– Erstellung gemeinsamer, auf gegenseitig abgestimmten Statistiken oder dem Schadensverlauf beruhender Risikoprämientarife;
– Erstellung von Mustern für allgemeine Versicherungsbedingungen;
– gemeinsame Deckung bestimmter Arten von Risiken;
– Abwicklung von Schadensfällen;
– Prüfung und Anerkennung von Sicherheitsvorkehrungen;
– Erstellung von Verzeichnissen und Austausch von Informationen über erhöhte Risiken.

(2) Gemäß jener Verordnung erließ die Kommission die Verordnung (EWG) Nr. 3932/92 vom 21. Dezember 1992 über die Anwendung von Artikel 85 Absatz 3 EWG-Vertrag auf bestimmte Gruppen von Vereinbarungen, Beschlüssen und aufeinander abgestimmten Verhaltensweisen im Bereich der Versicherungswirtschaft. Die Verordnung (EWG) Nr. 3932/92 in der durch die Akte über den Beitritt Österreichs, Finnlands und Schwedens geänderten Fassung läuft am 31. März 2003 aus.

(3) Mit der Verordnung (EWG) Nr. 3932/92 werden Vereinbarungen über die Abwicklung von Schadensfällen und die Erstellung von Verzeichnissen bzw. den Austausch von Informationen über erhöhte Risiken nicht freigestellt. Die Kommission war der Ansicht, dass es ihr an ausreichender Erfahrung mit Einzelfällen mangelte, um die ihr mit der Verordnung (EWG) Nr. 1534/91 übertragenen Befugnisse auf diese Vereinbarungen anzuwenden. Daran hat sich nichts geändert.

(4) Am 12. Mai 1999 hat die Kommission einen Bericht an den Rat und das Europäische Parlament über die Anwendung der Verordnung (EWG) Nr. 3932/92 angenom-

G. Versicherung **Einf VersW-GVO**

men. Am 15. Dezember 1999 nahm der Wirtschafts- und Sozialausschuss zu diesem Bericht Stellung. Am 19. Mai 2000 nahm das Parlament eine Entschließung zu diesem Bericht an. Am 28. Juni 2000 führte die Kommission eine Anhörung mit den Betroffenen und insbesondere Vertretern der Versicherungswirtschaft und der nationalen Wettbewerbsbehörden zu dieser Verordnung durch. Am 9. Juli 2002 veröffentlichte die Kommission einen Entwurf dieser Verordnung im Amtsblatt und forderte sämtliche Interessenten auf, sich bis zum 30. September 2002 zu äußern.

(5) Eine neue Verordnung sollte zugleich den Wettbewerb wirksam schützen und den Unternehmen angemessene Rechtssicherheit bieten. Bei der Verfolgung dieser beiden Ziele ist darauf zu achten, dass die behördliche Beaufsichtigung soweit wie möglich vereinfacht wird. Dabei sind die von der Kommission seit 1992 gewonnenen Erfahrungen, die Ergebnisse der Konsultationen zum Bericht von 1999 und die Ergebnisse der Beratungen über diese Verordnung bis zu ihrer endgültigen Annahme zu berücksichtigen.

(6) Nach der Verordnung (EWG) Nr. 1534/91 muss die Kommission in der betreffenden Freistellungsverordnung die Gruppen von Vereinbarungen, Beschlüssen und aufeinander abgestimmten Verhaltensweisen, auf die die Verordnung Anwendung findet, beschreiben, die Beschränkungen oder Bestimmungen, die in den Vereinbarungen, Beschlüssen und aufeinander abgestimmten Verhaltensweisen enthalten oder nicht enthalten sein dürfen, bestimmen und die Bestimmungen, die in den Vereinbarungen, Beschlüssen und aufeinander abgestimmten Verhaltensweisen enthalten sein müssen, oder die sonstigen Voraussetzungen, die erfüllt sein müssen, festlegen.

(7) Es ist angezeigt, künftig anstelle einer Aufzählung von Bestimmungen, die vom Kartellverbot freigestellt sind, die Gruppen von Vereinbarungen, die bis zu einem bestimmten Grad der Marktmacht freigestellt sind, und die Beschränkungen oder Bestimmungen, die in solchen Vereinbarungen nicht enthalten sein dürfen, zu bestimmen. Dies entspricht einem wirtschaftsorientierten Ansatz, bei dem untersucht wird, wie sich eine Vereinbarung auf den relevanten Markt auswirkt. Im Versicherungswesen sind jedoch auch Formen der Zusammenarbeit zwischen sämtlichen auf einem bestimmten Versicherungsmarkt vertretenen Unternehmen anzutreffen, die in der Regel die Voraussetzungen des Artikels 81 Absatz 3 erfüllen.

(8) Für die Anwendung von Artikel 81 Absatz 3 durch Verordnung ist es nicht erforderlich, diejenigen Vereinbarungen zu umschreiben, welche geeignet sind, unter Artikel 81 Absatz 1 zu fallen. Bei der individuellen Beurteilung von Vereinbarungen nach Artikel 81 Absatz 1 sind mehrere Faktoren und insbesondere die Marktstruktur zu berücksichtigen.

(9) Die Gruppenfreistellung sollte nur Vereinbarungen zugute kommen, von denen mit hinreichender Sicherheit angenommen werden kann, dass sie die Voraussetzungen von Artikel 81 Absatz 3 erfüllen.

(10) Die Zusammenarbeit von Versicherungsunternehmen oder innerhalb von Unternehmensvereinigungen bei der Berechnung von Durchschnittskosten für die Deckung eines genau beschriebenen Risikos in der Vergangenheit oder – im Falle von Lebensversicherungen – bei der Aufstellung von Sterbetafeln und Tafeln über die Häufigkeit von Krankheiten, Unfällen und Invalidität verbessert die Kenntnis über die Risiken und erleichtert die Bewertung der Risiken durch die einzelnen Versicherer. Dies wiederum kann Marktzutritte erleichtern und damit den Verbrauchern zugute kommen. Das gleiche gilt für gemeinsame Studien über die wahrscheinlichen Auswirkungen von außerhalb des Einflussbereichs der beteiligten Unternehmen liegenden Umständen, die sich auf die Häufigkeit oder das Ausmaß von Schäden oder den Ertrag verschiedener Anlageformen beziehen. Es muss gleichwohl sichergestellt werden, dass diese Zusammenarbeit nur in dem zur Erreichung der genannten Ziele erforderlichen Umfang zugelassen wird. Es ist deshalb festzulegen, dass Vereinbarungen über Bruttoprämien nicht unter die Freistellung fallen; sie können niedriger sein als die sich aus den genannten Berechnungen und Studien ergebenden

Beträge, da die Versicherungsunternehmen ihre Anlageerlöse zur Reduzierung ihrer Prämien verwenden können. Außerdem sollten die Berechnungen, Tafeln und Studienergebnisse unverbindlich und nur als Referenzwerte anzusehen sein.

(11) Je breiter die Kategorien, in denen die Statistiken über die Kosten eines genau beschriebenen Risikos in der Vergangenheit zusammengefasst werden, umso weniger verfügen die Versicherungsunternehmen über die Möglichkeit, die Prämien auf einer engeren Grundlage zu berechnen. Die gemeinsame Berechnung vergangener Risikokosten sollte daher unter der Voraussetzung freigestellt werden, dass die Statistiken ebenso ausführlich und differenziert wie versicherungsstatistisch angemessen erarbeitet werden.

(12) Da der Zugang zu den Berechnungen, Tabellen und Studien sowohl für die schon auf dem entsprechenden geografisch oder sachlich relevanten Markt tätigen Versicherungsunternehmen als auch für potenzielle Neuanbieter notwendig ist, muss dieser den letztgenannten Versicherern zu angemessenen und nicht diskriminierenden Konditionen im Vergleich zu den bereits auf dem Markt vertretenen Versicherungsunternehmen gewährt werden. Diese Konditionen können beispielsweise die Selbstverpflichtung eines noch nicht auf dem Markt vertretenen Versicherungsunternehmens einschließen, im Falle eines Marktzutritts statistische Informationen über Schadensfälle vorzulegen. Ferner können sie die Mitgliedschaft in dem für die Erstellung der Berechnungen verantwortlichen Versicherungsverband einschließen, insofern die noch nicht auf dem betreffenden Markt tätigen Versicherer zu angemessenen und nicht diskriminierenden Konditionen Verbandsmitglied werden können. Fallen die Gebühren, die Versicherungsunternehmen für den Zugang zu solchen Berechnungen und Studien, zu denen sie nicht beigetragen haben, zahlen müssen, so hoch aus, dass sie ein Marktzutrittshindernis darstellen, können sie nicht als in diesem Sinne angemessen angesehen werden.

(13) Mit der Menge der zugrunde liegenden Statistiken nimmt auch die Verlässlichkeit der gemeinsamen Berechnungen, Tabellen und Studien zu. Versicherungsunternehmen mit hohen Marktanteilen können u. U. für verlässliche Rechnungen auf ausreichende interne Statistiken zurückgreifen, nicht jedoch Unternehmen mit geringen Marktanteilen und noch viel weniger Neuanbieter. Die Einbeziehung von Angaben sämtlicher auf dem Markt vertretener Versicherungsunternehmen einschließlich der großen in gemeinsame Berechnungen, Tabellen und Studien fördert den Wettbewerb, da sie kleineren Versicherern hilft, und erleichtert den Marktzutritt. Wegen dieser Besonderheit der Versicherungswirtschaft ist die Verknüpfung einer Freistellung dieser gemeinsamen Berechnungen und Studien mit Marktanteilsschwellen nicht gerechtfertigt.

(14) Muster allgemeiner Versicherungsbedingungen oder Muster-Vertragsbestimmungen sowie Modelle zur Darstellung von Überschussbeteiligungen bei Lebensversicherungsverträgen können Vorteile nach sich ziehen. Zu diesen Vorteilen zählen Effizienzgewinne von Versicherungsunternehmen, leichterer Marktzutritt für kleine oder unerfahrene Versicherer, die erleichterte Einhaltung rechtlicher Pflichten durch Versicherungsunternehmen und ihre Verwendungsmöglichkeit als Orientierungshilfe für den Vergleich unterschiedlicher Versicherungsangebote durch Verbraucherverbände.

(15) Muster allgemeiner Versicherungsbedingungen dürfen jedoch weder zur Vereinheitlichung der Produkte noch zur einem erheblichen Ungleichgewicht von vertraglichen Rechten und Pflichten führen. Muster allgemeiner Versicherungsbedingungen sollten folglich nur dann freigestellt werden, wenn sie unverbindlich sind und ausdrücklich auf die Möglichkeit hinweisen, dass die beteiligten Unternehmen ihren Kunden von der Vereinbarung abweichende Klauseln anbieten dürfen. Allgemeine Versicherungsbedingungen dürfen ferner keine systematischen Risikoausschlüsse enthalten, ohne ausdrücklich darauf hinzuweisen, dass diese Risiken durch Vereinbarung in die Deckung einbezogen werden können; sie dürfen den Versicherungsnehmer nicht unverhältnismäßig lange binden und über den ursprünglichen Zweck des Versicherungsvertrags hinausgehen. Dies gilt unbeschadet

der auf Gemeinschafts- oder nationalem Recht beruhenden Verpflichtungen zur Einbeziehung bestimmter Risiken in bestimmte Versicherungsverträge.

(16) Außerdem ist festzulegen, dass diese allgemeinen Versicherungsbedingungen für alle interessierten Personen, insbesondere den Versicherungsnehmer, allgemein zugänglich sind, um auf diese Weise wirkliche Transparenz sicherzustellen und einen Vorteil für den Verbraucher herbeizuführen.

(17) Die Einbeziehung von Risiken, denen eine große Anzahl von Versicherungsnehmern nicht gleichzeitig ausgesetzt ist, in einen Versicherungsvertrag kann ein Innovationshemmnis bilden, da die Bündelung nicht zusammenhängender Risiken Versicherungsunternehmen davon abhalten kann, sie mit einem gesonderten Produktangebot gezielt abzudecken. Eine Vertragsbestimmung, die eine solche umfassende Deckung zwingend vorschreibt, sollte daher nicht in den Genuss der Gruppenfreistellung kommen. Sind die Versicherungsunternehmen gesetzlich zur vertraglichen Deckung von Risiken, denen eine große Anzahl von Versicherungsnehmern nicht gleichzeitig ausgesetzt ist, verpflichtet, stellt die Einfügung einer Musterbestimmung in einen unverbindlichen Mustervertrag keine Wettbewerbsbeschränkung dar und wird nicht von Artikel 81 Absatz 1 erfasst.

(18) Mitversicherungs- oder Mit-Rückversicherungsgemeinschaften („Versicherungspools") können die Versicherung oder Rückversicherung von Risiken ermöglichen, für die die Versicherungs- oder Rückversicherungsunternehmen ohne eine solche Gemeinschaft keine ausreichende Deckung gewährleisten könnten. Außerdem können Versicherungs- und Rückversicherungsunternehmen auf diese Weise Erfahrung mit Risiken gewinnen, mit denen sie noch nicht vertraut sind. Diese Gemeinschaften können jedoch Wettbewerbsbeschränkungen wie die Vereinheitlichung der Vertragsbedingungen oder sogar der Versicherungssummen und Prämien nach sich ziehen. Deswegen sind die Voraussetzungen festzulegen, unter denen diese Gemeinschaften in den Genuss der Freistellung gelangen.

(19) Im Falle wirklich neuartiger Risiken ist nicht vorhersehbar, welche Zeichnungskapazität zur Risikodeckung erforderlich ist und ob zwei oder mehrere Gemeinschaften nebeneinander die entsprechende Versicherung anbieten könnten. Eine Gemeinschaft zur Mitversicherung oder Mit-Rückversicherung ausschließlich dieser neuartigen Risiken (und nicht einer Kombination neuartiger und herkömmlicher Risiken) kann daher für einen begrenzten Zeitraum freigestellt werden. Nach drei Jahren dürfte das gesammelte Datenmaterial über Schadensfälle ausreichen, um zu beurteilen, ob eine Versicherungsgemeinschaft sämtliche Anbieter umfassen muss. Deswegen wird die Freistellung neu gegründeter Versicherungsgemeinschaften zur Deckung neuartiger Risiken in dieser Verordnung auf die ersten drei Jahre ab Gründung begrenzt.

(20) In der Bestimmung des Begriffs „neuartige Risiken" in Artikel 2 Absatz 7 wird deutlich gemacht, dass nur Risiken, die zuvor noch nicht existierten, unter diesen Begriff fallen, nicht jedoch beispielsweise Risiken, die schon existierten, aber noch nicht versichert waren. Auch ein Risiko, dessen Natur sich erheblich verändert (beispielsweise ein massiver Anstieg terroristischer Aktivitäten), fällt nicht unter diese Begriffsbestimmung, da es sich nicht um ein neuartiges Risiko handelt. Ein neuartiges Risiko erfordert aufgrund seiner Beschaffenheit ein völlig neuartiges Versicherungsprodukt und kann nicht durch Ergänzungen oder Modifizierung eines vorhandenen Versicherungsprodukts gedeckt werden.

(21) Auch Mitversicherungs- und Mit-Rückversicherungsgemeinschaften zur Deckung nicht neuartiger Risiken, die eine Einschränkung des Wettbewerbs zur Folge haben, können unter eng begrenzten Voraussetzungen Vorteile beinhalten, die eine Freistellung nach Artikel 81 Absatz 3 rechtfertigen, obwohl sie durch zwei oder mehr konkurrierende Anbieter ersetzt werden könnten. Sie können ihren Mitgliedern die Gewinnung der notwendigen Erfahrung in der betreffenden Versicherungssparte erleichtern und Kosteneinsparungen oder günstigere Prämien dank gemeinsamer Rückversicherung zu vorteilhaften Konditionen ermöglichen. Eine Freistellung ist jedoch nicht gerechtfertigt, wenn diese

Versicherungsgemeinschaft über beträchtliche Marktmacht verfügt, da die mit dem Bestehen der Versicherungsgemeinschaft verbundene Wettbewerbsbeschränkung in der Regel schwerer wiegt als die etwaigen Vorteile.

(22) In dieser Verordnung werden daher Mitversicherungs- und Mit-Rückversicherungsgemeinschaften, wenn sie länger als drei Jahre bestehen oder nicht zur Deckung eines neuartigen Risikos gegründet werden, nur unter der Bedingung freigestellt, dass die im Rahmen der Versicherungsgemeinschaft gezeichneten Versicherungsprodukte ihrer Mitglieder folgende Schwellenwerte nicht überschreiten: 25% des relevanten Marktes im Falle von Mit-Rückversicherungsgemeinschaften und 20% im Falle von Mitversicherungsgemeinschaften. Der Schwellenwert für Mitversicherungsgemeinschaften wurde niedriger angesetzt, weil im Rahmen einer Mitversicherungsgemeinschaft einheitliche Versicherungsbedingungen und Bruttoprämien vorkommen können. Ferner ist die Freistellung in beiden Fällen von der Erfüllung der in Artikel 8 aufgeführten zusätzlichen Bedingungen abhängig, mit denen die Beschränkungen des Wettbewerbs zwischen den Mitgliedern der Versicherungsgemeinschaft auf das Mindestmaß begrenzt werden sollen.

(23) Versicherungsgemeinschaften, die nicht in den Anwendungsbereich dieser Verordnung fallen, können in Abhängigkeit von den einzelnen Gegebenheiten der Versicherungsgemeinschaft selbst und den spezifischen Bedingungen des Marktes für eine Einzelfreistellung in Frage kommen. Angesichts der Tatsache, dass sich viele Versicherungsmärkte beständig weiterentwickeln, wäre in derartigen Fällen eine individuelle Analyse erforderlich um festzustellen, ob die Bedingungen von Artikel 81 Absatz 3 des Vertrags erfüllt werden.

(24) Die Annahme von technischen Spezifikationen, Regeln, und Verhaltenskodizes über Sicherheitsvorkehrungen und von Verfahren zur Bewertung ihrer Vereinbarkeit mit diesen technischen Spezifikationen, Regeln, und Verhaltenskodizes durch einen Verband oder mehrere Verbände von Versicherungs- oder Rückversicherungsunternehmen kann als Orientierungshilfe für Versicherungs- oder Rückversicherungsunternehmen bei der Ausrechnung des genauen Risikoumfangs im Einzelfall, wo dieser von der Qualität der Sicherheitsanlagen, ihrem Einbau und ihrer Wartung abhängt, von Vorteil sein. Wo jedoch auf Gemeinschaftsebene harmonisierte technische Spezifikationen, Klassifizierungssysteme, Regeln, Verfahren oder Verhaltenskodizes in Übereinstimmung mit den EU-Vorschriften über den freien Warenverkehr existieren, können keine dem gleichen Zweck dienende Vereinbarungen von Versicherungsunternehmen freigestellt werden, da die europäischen Harmonisierungsvorschriften ein umfassendes und angemessenes Sicherheitsniveau für solche Sicherheitsvorkehrungen bezwecken, das in der gesamten Europäischen Union einheitlich gilt. Eine Vereinbarung von Versicherungsunternehmen, in denen für Sicherheitsvorkehrungen möglicherweise andere Anforderungen festgelegt werden, könnte die Verwirklichung dieses Ziels gefährden.

(25) Solange keine Harmonisierungsvorschriften auf Gemeinschaftsebene erlassen wurden, können Vereinbarungen zwischen Versicherern über technische Spezifikationen oder Genehmigungsverfahren für den Einbau und die Wartung von Sicherheitsvorkehrungen durch Verordnung freigestellt werden; allerdings müssen bestimmte Bedingungen erfüllt sein; u. a. muss jedes Versicherungsunternehmen die Freiheit haben, eine nicht nach den gemeinsamen Regeln zugelassene Sicherheitsvorkehrung oder Installateur- oder Wartungsfirma zu seinen Konditionen zu akzeptieren.

(26) Sollten einzelne freigestellte Vereinbarungen Auswirkungen haben, die gegen Artikel 81 Absatz 3 EWG-Vertrag, wie er insbesondere in der Verwaltungspraxis der Kommission und in den Entscheidungen des Gerichtshofes ausgelegt wird, verstoßen, kann die Kommission die Vorteile der Gruppenfreistellungsverordnung entziehen. Dies kann insbesondere vorkommen, wenn die Studien über die Auswirkungen zukünftiger Entwicklungen auf nicht gerechtfertigte Annahmen gestützt werden, wenn empfohlene allgemeine Versicherungsbedingungen Klauseln enthalten, die zu Lasten des Versicherungsnehmers ein erhebliches Ungleichgewicht zwischen den sich aus dem Vertrag ergebenden Rechten und

Pflichten zur Folge haben, wenn Gemeinschaften dazu verwandt oder so geführt werden, dass eines oder mehrere der beteiligten Unternehmen die Möglichkeit erhalten, eine beträchtliche Macht auf dem relevanten Markt zu erlangen oder zu verstärken, oder wenn Gemeinschaften zu einer Marktaufteilung führen.

(27) Um den Abschluss von Vereinbarungen zu erleichtern, die zum Teil mit erheblichen Investitionsentscheidungen einhergehen, sollte die Geltungsdauer der Verordnung auf sieben Jahre festgesetzt werden.

(28) Diese Verordnung steht der Anwendung von Artikel 82 des Vertrags nicht entgegen.

(29) Entsprechend dem Grundsatz des Vorrangs des Gemeinschaftsrechts dürfen Maßnahmen, die auf der Grundlage der nationalen Wettbewerbsgesetze getroffen werden, nicht die einheitliche Anwendung der Wettbewerbsregeln der Gemeinschaft auf dem gesamten Gemeinsamen Markt oder die volle Wirksamkeit der zu ihrer Durchführung ergangenen Maßnahmen einschließlich dieser Verordnung beeinträchtigen –

HAT FOLGENDE VERORDNUNG ERLASSEN:

Einführung

Auf Grund der **besonderen Unsicherheiten im Versicherungsgeschäft** wird die Versicherungswirtschaft nicht nur staatlich beaufsichtigt, sondern enthielten viele nationale Kartellgesetze für diesen Wirtschaftszweig auch Bereichsausnahmen oder Sonderregelungen.[1] Unsicherheiten entstehen aus der für das Versicherungsgeschäft charakteristischen Übernahme eines fremden Risikos für einen in der Zukunft liegenden längeren Zeitraum sowohl für die Unternehmen als auch für die Versicherungsnehmer. Während die Unternehmen bei Vertragsabschluss nicht abschätzen können, welche Kosten sich aus der Abwicklung der einzelnen Verträge ergeben, dürften juristisch nicht vorgebildete Versicherungsnehmer beim Angebot völlig unterschiedlicher Versicherungsbedingungen den Leistungsumfang nicht sicher einschätzen können. Durch die Zusammenarbeit der Versicherungsunternehmen in den durch die vorliegende Verordnung freigestellten Bereichen können hingegen die bestehenden Unsicherheiten begrenzt werden. Nach ganz überwiegender Ansicht der am Markt Beteiligten fördern gemeinsame Aktivitäten der Versicherer in diesen Bereichen somit den Wettbewerb oder ermöglichen ihn teilweise erst.[2] Die Kommission teilt diese Ansicht (mit Zweifeln hinsichtlich der Auswirkungen von Sicherheitsvorkehrungen), prüft allerdings angesichts der Eigenverantwortlichkeit der Unternehmen nach Art. 1 Abs. 2 VO 1/2003, ob es auch weiterhin der vorliegenden **branchenspezifischen GVO** bedarf oder ob nicht die allgemeinen Regelungen ausreichen.[3] Sie verkennt dabei allerdings, dass die bestehenden allgemeinen GVOen sich auf bestimmte gemeinsame Aktivitäten einzelner Waren produzierender Industrieunternehmen beziehen (Spezialisierung, gemeinsame Forschung und Entwicklung),[4] während die zur Beseitigung von Unsicherheiten notwendige intensivere Zusammenarbeit mehrerer oder gar aller Versicherungsunternehmen eines Marktes weder dort noch in den Leitlinien über die horizontale Zusammenarbeit[5] erfasst ist (parallel anwendbar ist höchstens der Abschnitt über Normen in den Leitlinien). Ein Verzicht auf eine GVO Versicherungswirtschaft würde somit zu

---

[1] Z. B. im deutschen Recht bis zur 6. GWB-Novelle § 102 GWB und danach § 29 GWB.
[2] EU-Kommission, Abschlussbericht der Sektoruntersuchung der Unternehmensversicherung v. 25. 9. 2007, Kom. (2007) 556 endg., veröffentlicht auf der Website der Generaldirektion Wettbewerb, Rn. 28.
[3] Abschlussbericht, Fn. 2, Rn. 11 u. 30–33, sowie Generaldirektion Wettbewerb, Konsultationspapier zur Überprüfung der GVO Nr. 358/2003, April 2008, veröffentlicht auf deren Website, Rn. 3.
[4] Ähnlich: MK-*Herrmann,* GVO Nr. 358/2003, Art. 1, 2 Rn. 9.
[5] ABl. C 3 v. 6. 1. 2001, S. 2 ff.

einem Verlust an Rechtssicherheit führen, zumal Leitlinien – anders als eine GVO – keine Bindungswirkung gegenüber nationalen Kartellbehörden und Gerichten entfalten (vgl. oben Anh. 1 Art. 81 Rn. 26 m. w. N.).[6]

1. Ermächtigungsgrundlage

2   Als der EuGH[7] das europäische Kartellrecht für uneingeschränkt auf die Versicherungswirtschaft anwendbar erklärt hatte, wurden in der Folgezeit eine Vielzahl von einander ähnlichen Vereinbarungen bei der Kommission angemeldet.[8] Um deren Arbeit zu erleichtern, hat der Europäische Rat die VO (EWG) Nr. 1534/91 beschlossen.[9] Diese stellt die **Ermächtigungsgrundlage** für den Erlass einer GVO für bestimmte Vereinbarungen im Bereich der Versicherungswirtschaft dar.

3   Die Kommission hat von der Ermächtigung nicht in vollem Umfang Gebrauch gemacht[10], obwohl in den beiden nicht geregelten Bereichen weiterhin erhebliche Rechtsunsicherheiten bestehen. Im Hinblick auf Vereinbarungen über die **Abwicklung von Schadensfällen**[11] sind in drei Fällen Direktregulierungsabkommen zwischen Kfz-Haftpflichtversicherern durch Verwaltungsschreiben der EU-Kommission für mit dem Binnenmarkt vereinbar erklärt worden. Des Weiteren sind Schadenteilungsabkommen mit Regelungen über pauschalierte Regresse bei der Kommission angemeldet worden, über deren Zulässigkeit nicht mehr entschieden wurde. Soweit Vereinbarungen über die Erstellung von **Verzeichnissen über erhöhte Risiken** und den Informationsaustausch hierüber existieren, dürfte es bereits an einer spürbaren Wettbewerbsbeschränkung fehlen, wenn sich die Unternehmen nicht über den Umgang mit den erhöhten Risiken verständigen.[12] Neue Rechtsprechung des EuGH zu Kreditauskunftsregistern,[13] wonach u. a. dem anfragenden Unternehmen nicht die Identität des meldenden Gläubigers bekannt werden darf, wird sich auch auf den Informationsaustausch zwischen Versicherungsunternehmen auswirken. Offen ist, ob diese Voraussetzung dabei auch eingreift, wenn lediglich Tatsachen über den Versicherungsnehmer (unter Ausschluss wertender Entscheidungen des Versicherungsunternehmens) bekannt gegeben werden[14] oder wenn ein Informationsaustausch nur zur Aufdeckung von Betrügern im Rahmen der Schadenbearbeitung und nicht während der Vertragsanbahnung erfolgt.

2. Veränderungen gegenüber der Vorgängerregelung

4   Die GVO Nr. 358/2003 ist gegenüber der GVO Nr. 3932/92 **umstrukturiert** und nur **teilweise neu gefasst** worden. Die Freistellungsregelung zu den Versicherungsgemeinschaften ist auf solche zur Deckung neuartiger Risiken und im Hinblick auf die Marktanteilsschwellen ausgedehnt worden; sie enthält nur noch schwarze Klauseln, während die weißen Klauseln entsprechend dem neuen Ansatz der Kommission entfallen sind. In den übrigen Freistellungsbereichen sind materiell lediglich einzelne Bedingungen ergänzt wor-

---

[6] *Dreher*, VersR 2008, 25.
[7] EuGH U. v. 27. 1. 1987 Rs. 45/85 – *Verband der Sachversicherer/Kommission* Slg. 1987, I-405, Tz. 14.
[8] Einzelheiten bei: *Schumm* VersWissStud (2. Bd.), 77; *von Fürstenwerth* WM 1994, 366; Gemeinschaftskommentar/*Hootz* VO 1534/91, Art. 1 Rn. 1; *Veelken* in: Immenga/Mestmäcker, EG-WbR Bd. I, Vers-VO Rn. 1; *Liebscher/Flohr/Petsche/Schauer* § 12 Rn. 5.
[9] Erwägungsgrund 7 der VO (EWG) Nr. 1534/91, ABl. EG 1991 L 143/1.
[10] Vgl. Erwägungsgründe 1 und 3 dieser GVO.
[11] Ausführlicher: *Schröter/Schumm* Art. 81 – Fallgruppen Versicherungen Rn. 44–47.
[12] Bericht der Komm. über die Anwendung der GVO VersW, Kom. (1999) 192 endg. Rn. 47 u. 49; *Dreher/Kling*, Rn. 420–424; *Nebel* SVZ 61 (1993), 89 f.; FK-*Meyer-Lindemann*, Sonderbereiche Versicherungswirtschaft, Rn. 169; *Veelken* in: Immenga/Mestmäcker, EG-WbR Bd. I, Vers-VO Rn. 2; *Schröter/Schumm* Art. 81 – Fallgruppen Versicherungen Rn. 48.
[13] EuGH U. v. 23. 11. 2006 Rs. C-238/05 – *Asnef-Equifax,* EuZW 2006, 753.
[14] Dazu: *Stappert/Esser-Wellié*, Urteilsanmerkung, EuZW 2006, 759.

den (u. a. Art. 3 Abs. 1 lit. b, Abs. 2 lit. c, Art. 6 Abs. 1 lit. a, c und k – unter Wegfall grauer Klauseln – sowie eine Beschränkung hinsichtlich auf Gemeinschaftsebene harmonisierter technischer Spezifikationen, Art. 1 lit. f).

3. Verhältnis zu anderen Freistellungsregelungen

Freistellungen nach der **alten GVO** Nr. 3932/92 galten bis zum 31. 3. 2004 weiter für 5
Vereinbarungen, die vor dem 31. 3. 2003 deren Voraussetzungen erfüllten, nicht aber die Voraussetzungen der Neuregelung (Art. 11).

Die GVO Nr. 358/2003 stellt nur vier ganz genau umschriebene Arten von Verein- 6
barungen zwischen Versicherern frei. Sie enthält mithin keine abschließende Regelung für alle durch Versicherer getroffenen Vereinbarungen. Auf andere Vereinbarungen zwischen Versicherern oder zwischen Versicherern und anderen Unternehmen können die **übrigen GVOen** Anwendung finden.[15]

Die GVO Nr. 358/2003 soll im Übrigen nur Gruppen von Vereinbarungen freistellen, 7
die mit hinreichender Sicherheit die Voraussetzungen des Art. 81 Abs. 3 EG erfüllen.[16] Für Vereinbarungen, die die GVO-Voraussetzungen nicht vollständig erfüllen, bleibt eine **Einzelfreistellung** möglich.[17] Seit dem 1. Mai 2004 bleibt es bei der konstitutiven Freistellungswirkung der GVO Nr. 358/2003, während für darüber hinausgehende Vereinbarungen ggf. die **Legalausnahme** des Art. 1 Abs. 2 VO 1/2003 eingreift.[18] Diese Unterscheidung ist bereits in Art. 81 Abs. 3 EG angelegt, der ebenfalls zwischen (einzelnen) Vereinbarungen und Gruppen von Vereinbarungen unterscheidet. Die GVO führt aufgrund ihrer Bindungswirkung gegenüber nationalen Behörden und Gerichten (dazu unten Rn. 8) jedoch auch bei einer Fortentwicklung des Rechts zu einer EU-weit zwingenden einheitlichen Anwendung dieser Bereiche des Versicherungskartellrechts.

4. Verhältnis zu nationalem Recht

Eine GVO ist eine Entscheidung der Kommission über die Vereinbarkeit bestimmter 8
Verhaltensweisen mit Art. 81 Abs. 1 und 3 EG. Diese hat gemäß Art. 249 Abs. 2 EG allgemeine Geltung und ist in allen ihren Teilen unmittelbar verbindlich. Soweit eine Vereinbarung unter Art. 81 Abs. 1 EG fällt, hat die GVO damit auch nach In-Kraft-Treten der VO 1/2003 **Vorrang vor Entscheidungen** nationaler Kartellbehörden oder **nationaler Gerichte** und greift sogar ein, wenn die Voraussetzungen des Art. 81 Abs. 3 EG im Ausnahmefall einmal nicht erfüllt sein sollten.[19] Kartellbehörden und Gerichte dürfen also nicht zu einer anderen Entscheidung kommen, was Art. 3 Abs. 2 VO 1/2003 auch festschreibt. Das deutsche Recht trägt dem mit der 7. GWB-Novelle Rechnung durch eine Verweisung auf die Auslegungsgrundsätze des europäischen Rechts (§ 23 GWB) und dehnt zugleich die Anwendbarkeit der GVO 358/2003 durch § 2 Abs. 2 GWB auf ausschließlich nationalem Recht unterliegende Vereinbarungen aus.

---

[15] Ebenso: MK-*Herrmann*, GVO Nr. 358/2003, Art. 1, 2 Rn. 12.

[16] Erwägungsgrund 9, abgedruckt nach Rn. 8.

[17] So insb. für Versicherungsgemeinschaften in Erwägungsgrund 23 (siehe nachfolgend nach Rn. 8) festgestellt; ebenso: Komm. E. v. 12. 4. 1999 – *P&I-Clubs II* ABl. EG 1999 L 125/12, Rn. 105; *Bunte* VR 1995, 8; *von Fürstenwerth* WM 1994, 373; *Kahlenberg* WuW 1994, 988; *Lichtenwald* VR 1993, 319; FK-*Meyer-Lindemann*, Sonderbereiche Versicherungswirtschaft, Rn. 16; *Veelken* in: Immenga/Mestmäcker, EG-WbR Bd. I, VersVO Rn. 14 f.

[18] Ebenso: MK-*Herrmann*, GVO Nr. 358/2003, Einl. Rn. 7 f.

[19] Vgl. insoweit EuGH U. v. 14. 12. 2000 Rs. C-344/98 – *Masterfoods/HB Ice Cream* Slg. 2000, I-11369, Rn. 49–52, der für den Fall einer Einzelfallentscheidung der Kommission deren Vorrang vor Entscheidungen nationaler Gerichte feststellt (so nunmehr auch Art. 16 VO 1/2003); a. A. zur rechtsgestaltenden Wirkung einer GVO: FK-*Meyer-Lindemann*, Sonderbereiche Versicherungswirtschaft, Rn. 19 f.

Art. 1. Freistellung

Gemäß Artikel 81 Absatz 3 EG-Vertrag und den Bestimmungen dieser Verordnung wird Artikel 81 Absatz 1 EG-Vertrag für nicht anwendbar erklärt auf Vereinbarungen zwischen zwei oder mehr Unternehmen aus der Versicherungswirtschaft (nachstehend „die beteiligten Unternehmen") über:

a) die gemeinsame Erstellung, Anerkennung und Bekanntgabe von:
   - Berechnungen von Durchschnittskosten für die Deckung eines genau beschriebenen Risikos in der Vergangenheit (nachstehend „Berechnungen"),
   - im Bereich der Versicherungen, welche ein Kapitalisierungselement beinhalten, Sterbetafeln und Tafeln über die Häufigkeit von Krankheiten, Invalidität und Unfällen (nachstehend „Tabellen");

b) gemeinsame Studien über die wahrscheinlichen Auswirkungen von außerhalb des Einflussbereichs der beteiligten Unternehmen liegenden allgemeinen Umständen, die sich auf die Häufigkeit oder das Ausmaß von künftigen Forderungen mit Bezug auf ein bestimmtes Risiko oder eine bestimmte Risikosparte oder den Ertrag verschiedener Anlageformen beziehen (nachstehend „Studien"), und die Bekanntgabe ihrer Ergebnisse;

c) die gemeinsame Aufstellung und Bekanntgabe von Mustern allgemeiner Versicherungsbedingungen für die Direktversicherung (nachstehend „Muster allgemeiner Versicherungsbedingungen");

d) die gemeinsame Aufstellung und Bekanntgabe unverbindlicher Modelle zur Darstellung von Überschussbeteiligungen eines Versicherungsvertrages, der ein Kapitalisierungselement enthält (nachstehend „Modelle");

e) die Bildung und die Tätigkeit von Gemeinschaften von Versicherungsunternehmen oder von Versicherungsunternehmen und Rückversicherungsunternehmen mit dem Ziel der gemeinsamen Abdeckung bestimmter Risikosparten, sei es in der Form einer Mitversicherungs- oder der einer Mit-Rückversicherungsgemeinschaft;

f) die Erstellung, Anerkennung und Bekanntgabe von:
   - technischen Spezifikationen, Regeln und Verhaltenskodizes über jene Arten von Sicherheitsvorkehrungen, für die keine auf Gemeinschaftsebene harmonisierten technischen Spezifikationen, Klassifizierungssysteme, Regeln, Verfahren oder Verhaltenskodizes in Übereinstimmung mit den EU-Vorschriften über den freien Warenverkehr existieren, und Verfahren zur Prüfung von Sicherheitsvorkehrungen und zur Erklärung ihrer Übereinstimmung mit diesen Spezifikationen, Regeln oder Verhaltenskodizes,
   - technischen Spezifikationen, Regeln und Verhaltenskodizes über Einbau und Wartung von Sicherheitsvorkehrungen und Verfahren zur Prüfung von Unternehmen, die Sicherheitsvorkehrungen einbauen oder warten, und zur Erklärung ihrer Übereinstimmung mit diesen Spezifikationen, Regeln oder Verhaltenskodizes.

1. Allgemeines

9 **a) Regelungsgegenstand.** Art. 1 enthält die grundsätzliche Freistellungsregelung und umschreibt zugleich die Arten von Vereinbarungen, die von der Freistellung profitieren sollen. Er stellt damit die zentrale Vorschrift der gesamten GVO dar. Die genauen Bedingungen für die Freistellung sind in den späteren Artikeln aufgeführt.

10 **b) Anwendungsbereich.** Die Gruppenfreistellung greift grundsätzlich nur in Fällen ein, in denen ein Verhalten nach Art. 81 Abs. 1 EG verboten ist.[20] Falls eine Absprache den

---

[20] *Schumm* VersWissStud (2. Bd.), 75; *Veelken* in: Immenga/Mestmäcker, EG-WbR Bd. I, Vers-VO Rn. 3; *Liebscher/Flohr/Petsche/Schauer* § 12 Rn. 31.

Wettbewerb nicht spürbar beeinträchtigt, bedarf es keiner Freistellung; die Freistellungsbedingungen müssen dann auch nicht eingehalten werden. Ist eine den Wettbewerb beeinträchtigende Absprache hingegen nicht geeignet, den Handel zwischen den Mitgliedstaaten zu beeinträchtigen (lediglich dem nationalen Recht unterliegende Fälle), fehlt der EU die Kompetenz zur Regelung der Freistellung.[21] An einer Beeinträchtigung des Handels zwischen den Mitgliedstaaten kann es insb. bei einer lediglich regional tätigen Mitversicherungsgemeinschaft fehlen, an der keine Niederlassungen ausländischer Versicherer beteiligt sind. In allen übrigen von Art. 1 umschriebenen Fällen dürfte das europäische Recht schon wegen der Erstreckung der Vereinbarung auf das gesamte Gebiet eines Mitgliedstates und ggf. auch der Beteiligung von Niederlassungen ausländischer Versicherer eingreifen.[22]

c) Vereinbarungen. Der Begriff der Vereinbarung ist im Sinne des Art. 2 Nr. 1 zu verstehen. Er umfasst daher neben Vereinbarungen im engeren Sinne auch Beschlüsse von Unternehmensvereinigungen und abgestimmte Verhaltensweisen i. S. d. Art. 81 Abs. 1 EG. Vereinbarungen im engeren Sinne setzen eine Verständigung der beteiligten Unternehmen auf einen gemeinsamen Plan voraus (vgl. oben Art. 81 Abs. 1 EG Rn. 78 ff.). Eine solche Vereinbarung liegt regelmäßig der Bildung einer Mitversicherungs- oder einer Mit-Rückversicherungsgemeinschaft (Art. 1 lit. e) zugrunde. Die anderen durch Art. 1 lit. a–d, f freigestellten Verhaltensweisen kommen in der Regel nur als Zusammenarbeit in einer Unternehmensvereinigung vor. Freigestellt sind in diesen Fällen die gemeinsame Erstellung und Aufstellung von Regelungen sowie deren Bekanntgabe an die Unternehmen. In der Bekanntgabe der Ergebnisse an die Unternehmen durch den aufstellenden Verband liegt zugleich inhaltlich aus Sicht des Empfängers die (unverbindliche) Empfehlung, diese Ergebnisse auch zu verwenden. Deshalb muss auch die ausdrücklich als solche bezeichnete (unverbindliche) Empfehlung von der Freistellung umfasst sein.[23] Nach Auffassung der Kommission und des EuGH[24] handelt es sich bei solchen unverbindlichen Empfehlungen um Beschlüsse der Unternehmensvereinigung (vgl. oben Art. 81 Abs. 1 EG Rn. 103). Soweit das Wort „Anerkennung" verwendet wird, ist darin bereits der Beschluss des Verbandes zu sehen.[25] Da die Freistellungen des Art. 1 lit. a–d, f zumeist verbandsintern geprüft werden, entsteht in Anwaltskreisen häufig der irrige Eindruck, sie seien weniger bedeutend als die Freistellung von Mitversicherungsgemeinschaften.

d) Unternehmen aus der Versicherungswirtschaft. Art. 1 stellt (im Unterschied zu Art. 1 VO Nr. 1534/91) klar, dass die freigestellten Vereinbarungen zwischen zwei oder mehr Unternehmen aus der Versicherungswirtschaft abgeschlossen werden müssen. Dies schließt im Anwendungsbereich dieser GVO Vereinbarungen zwischen einem Versicherungsunternehmen und einem Unternehmen aus einem anderen Wirtschaftszweig ebenso aus wie Vereinbarungen zwischen einer Vereinigung von Versicherungsunternehmen und einer solchen von anderen Unternehmen etwa im Bereich der Abwicklung von Schadensfällen.

---

[21] Mit In-Kraft-Treten der 7. GWB-Novelle erstreckt sich die GVO 358/2003 jedoch gemäß § 2 Abs. 2 GWB auch auf nationale Fälle.

[22] Vgl. hierzu auch: EuGH U. v. 27. 1. 1987 Rs. 45/85 – *Verband der Sachversicherer/Kommission* Slg. 1987, I-405, Rn. 48 u. 50; Komm. E. v. 14. 1. 1992 – *Assurpol* ABl. EG 1992 L 37/16, Rn. 33 f.; *Kahlenberg* WuW 1994, 987; *Pohlmann/Orlikowski-Wolf* VersR 2005, 174; *Schumm* VersWissStud (2. Bd.), 78; *Schümann*, S. 72–77; FK-*Meyer-Lindemann*, Sonderbereiche Versicherungswirtschaft, Rn. 2 f.; *Jestaedt* in: Langen/Bunte, Kommentar zum deutschen und europäischen Kartellrecht, Art. 81 Sonderbereiche Rn. 123.

[23] Ebenso: Gemeinschaftskommentar/*Hootz* Art. 1 GVO 358/2003 Rn. 6; *Veelken* in: Immenga/Mestmäcker, EG-WbR Bd. I, Vers-VO Rn. 27, 32, 35, 37, 51.

[24] EuGH U. v. 27. 1. 1987 Rs. 45/85 – *Verband der Sachversicherer/Kommission* Slg. 1987, I-405 Rn. 32; kritisch: *Bunte* WuW 1992, 895 f.

[25] *Dreher/Kling*, Rn. 189.

2. Berechnungen und Tabellen

13 **a) Sinn und Zweck.** Nach Erwägungsgrund 10 (vgl. oben nach Rn 8) sollen Berechnungen und Tabellen die Kenntnis der Versicherer über die Risiken verbessern. Jeder Versicherer könnte zwar auch selbst Berechnungen oder Tabellen erstellen, dies aber nur auf der Basis einer geringeren Datenmenge. Durch die Zusammenarbeit der Versicherer bei der Erstellung von Berechnungen können annähernd sämtliche Schadendaten aus dem gesamten Markt einbezogen werden, was eine stärkere Differenzierung ermöglicht. Zudem können statistische Aussagen mit einer größeren Sicherheit getroffen werden. Dies nützt allen (großen und kleinen) Versicherungsunternehmen, da sie auf der Basis dieser Berechnungen besser festlegen können, welche Prämie sie zur Deckung ihrer Kosten benötigen. Der Versicherungsnehmer profitiert durch eine risikogerechtere Festsetzung der Prämien (etwa in der Kfz-Haftpflichtversicherung durch Differenzierung nach Fahrzeugtyp und Region sowie weiteren Merkmalen). Gäbe es die gemeinsamen Berechnungen nicht, würden nicht nur Marktzutritte erschwert, sondern auch kleinere Versicherer aufgrund von verhältnismäßig häufigeren Fehlentscheidungen bei der Prämienfestsetzung verstärkt aus dem Markt ausscheiden (Erwägungsgrund 13).

14 **b) Freistellungsbereiche.** Art. 1 lit. a definiert die Begriffe der Berechnungen und Tabellen und stellt diese vom Kartellverbot frei, wenn die Bedingungen der Art. 3 und 4 eingehalten werden. Kennzeichnend für **Berechnungen** ist demnach, dass sie einerseits die Durchschnittskosten eines genau beschriebenen Risikos ergeben sollen und dass sie andererseits nur Daten aus der Vergangenheit einbeziehen dürfen. In Art. 2 lit. a der GVO Nr. 3932/92 wurde dieser Tatbestand noch als Nettoprämie bezeichnet, was auf den Begriff „Festsetzung gemeinsamer Risikoprämientarife" in Art. 1 VO Nr. 1534/91 zurückgeht. Zur Berechnung eines Risikoprämientarifs (für künftige Prämien) gehören neben der Berechnung der Durchschnittskosten für die Vergangenheit aber auch Tabellen und die Untersuchung der zukünftigen Entwicklung. Der nunmehr gewählte Begriff der Berechnungen ist daher genauer. Unter die Berechnungen fallen nur die so genannten Schadenbedarfsstatistiken, da nur sie (bei Bekanntgabe) faktisch zu einer gewissen Vereinheitlichung der Prämienbemessungsgrundlagen führen können. Allgemeine Marktstatistiken, die einen anonymisierten Überblick über den Geschäftsverlauf, die Geschäftssituation oder die Entwicklung der Unternehmenskosten des gesamten jeweiligen Marktes geben, beschränken hingegen den Wettbewerb nicht; sie bedürfen daher keiner Freistellung.[26]

15 In **Tabellen** wird nicht die Höhe der Durchschnittskosten eines Risikos dargestellt, sondern die Häufigkeit des Eintritts der Risiken Tod, Krankheit, Invalidität und Unfall. Aus der Darstellung im Zusammenhang mit den Berechnungen und im Unterschied zu Studien ergibt sich, dass auch Tabellen nur Daten aus der Vergangenheit widerspiegeln dürfen. Deshalb sind etwa Darstellungen von künftigen Sterblichkeiten Studien i. S. d. Art. 1 lit. b. Schließlich sollen sich die Tabellen auf „Versicherungen, welche ein Kapitalisierungselement beinhalten," beziehen. Diese Formulierung ist allerdings missverständlich: Gemeint sind nicht etwa nur kapitalbildende Lebensversicherungen, sondern alle Arten von Summenversicherungen, bei denen bei Eintritt der Ereignisse Tod, Krankheit, Invalidität oder Unfall unabhängig von dem konkret eingetretenen materiellen Schaden eine bestimmte Geldsumme auszuzahlen ist, oder Versicherungen mit Prämienrückgewähr bei Nichtgeltendmachung von aus den zuvor genannten Ereignissen entstandenen Schäden. Nur dann lassen sich unmittelbar aus der Häufigkeit des Ereigniseintritts Schlussfolgerungen für die Kosten der Versicherer ziehen.[27] Ist hingegen der eingetretene materielle Schaden zu ersetzen und kommt es daher auch auf dessen Höhe an, werden (zusätzlich) Berechnungen notwendig.

---

[26] So nun auch: *Veelken* in: Immenga/Mestmäcker, EG-WbR Bd. I, Vers-VO Rn. 28.
[27] Ebenso: *Dreher/Kling*, Rn. 181; *Veelken* in: Immenga/Mestmäcker, EG-WbR Bd. I, Vers-VO Rn. 30; im Erg. ähnlich: *von Fürstenwerth* WM 1994, 368.

3. Studien

a) Sinn und Zweck. Auch Studien sind Prämienbemessungsgrundlagen. Da Prämien 16
für einen mit oder nach Vertragsabschluss beginnenden längeren Zeitraum erhoben werden, müssen Berechnungen in die Zukunft hinein fortgeschrieben werden. Dies geschieht durch Studien z.B. zur künftigen Kostenentwicklung im Bereich der Schadenbeseitigung, zur Erhöhung der Schadenaufwendungen infolge der technischen Entwicklung oder einer verbesserten Ausstattung versicherter Gegenstände, zur künftigen Entwicklung der Sterblichkeit oder zu vermehrten Schäden infolge des Klimawandels.[28]

b) Freistellungsreichweite. Studien müssen nach Art. 1 lit. b Umstände betreffen, die 17
sich auf künftige, also ungewisse Schadenersatzforderungen beziehen, sei es auf deren Häufigkeit (entsprechend den Tabellen) oder auf deren Ausmaß (entsprechend den Berechnungen). Sie haben die wahrscheinlichen Auswirkungen dieser Umstände darzustellen und dürfen nicht auf ungerechtfertigten Annahmen beruhen (Art. 10 lit. a). Demzufolge müssen Studien allgemein zugängliche Erkenntnisquellen ausschöpfen und auf der Basis anerkannter wissenschaftlicher Methoden, insb. der Versicherungsmathematik, erstellt werden sowie in ihrer Darstellung nachvollziehbar sein.[29] Willkürliche Festlegungen sind nicht von der Freistellung gedeckt. Untersucht werden dürfen Auswirkungen auf Forderungen mit Bezug auf ein bestimmtes Risiko, eine bestimmte Risikosparte oder den Ertrag verschiedener Anlageformen. Der Ertrag verschiedener Anlageformen kann für verschiedene Risikosparten Bedeutung erlangen und kann daher spartenübergreifend untersucht werden.[30] Er wirkt sich auf die Risikoprämie aus, da von den Versicherern erwirtschaftete hohe Kapitalerträge die zur Kostendeckung notwendigen Prämien verringern (vgl. Erwägungsgrund 10). Die Umstände müssen zudem allgemeiner Art sein. Dies schließt die Untersuchung der Auswirkungen von Umständen aus, die durch Entscheidungen der einzelnen Versicherer beeinflusst werden können, wie etwa die künftige Entwicklung der Verwaltungskosten der Versicherer.[31] Solche Umstände unterliegen allein dem Wettbewerb der Versicherer. Die weiteren Freistellungsbedingungen enthalten Art. 3 Abs. 2 und Art. 4.

Aus der eigenständigen Freistellungsregelung ergibt sich schließlich, dass Studienergebnisse **nicht in Berechnungen eingerechnet,** und zu zukunftsbezogenen Risikoprämientarifen zusammengefasst werden dürfen.[32] Eine gemeinsame Bekanntgabe von Berechnungen und Studienergebnissen in getrennten Abschnitten eines Schriftstückes ist hingegen nicht ausgeschlossen.[33] 18

4. Muster allgemeiner Versicherungsbedingungen

a) Sinn und Zweck. Musterversicherungsbedingungen verschaffen den Versicherungsnehmern mehr Markttransparenz, beeinträchtigen aber ggf. auch die Produktvielfalt. Versicherungsnehmer und Verbraucherverbände können die Musterversicherungsbedingungen als Vergleichsmaßstab nehmen und sich auf die Prüfung der Unterschiede und einen Preis- 19

---

[28] Weitere Beispiele: *Schumm* VersWissStud (2. Bd.), 80; *Vernimmen* VW 1993, 559; *Prölss/Kollhosser* Versicherungsaufsichtsgesetz, 11. Aufl. 1997, § 81 Anh. II Rn. 46.

[29] *Schumm* VersWissStud (2. Bd.), 80; *Bunte* VR 1995, 10; Gemeinschaftskommentar/*Hootz* Art. 1 GVO 358/2003 Rn. 23; *Veelken* in: Immenga/Mestmäcker, EG-WbR Bd. I, Vers-VO Rn. 32; enger: *Brinker/Schädle* VersR 2003, 1476, die allein auf statistischen Erhebungen beruhende Studien zulassen wollen.

[30] Abweichend: *Veelken* in: Immenga/Mestmäcker, EG-WbR Bd. I, Vers-VO Rn. 31.

[31] Ebenso: *Veelken* in: Immenga/Mestmäcker, EG-WbR Bd. I, Vers-VO Rn. 33.

[32] So auch: Gemeinschaftskommentar/*Hootz* Art. 1 GVO 358/2003 Rn. 27; *von Fürstenwerth* WM 1994, 368; *Lichtenwald,* S. 321; *Vernimmen* VW 1993, 559; *Windhagen,* S. 145; *Veelken* in: Immenga/Mestmäcker, EG-WbR Bd. I, Vers-VO Rn. 32; *Schröter/Schumm* Art. 81 – Fallgruppen Versicherungen Rn. 7 u. 68.

[33] Gemeinschaftskommentar/*Hootz* Art. 1 GVO 358/2003 Rn. 27.

vergleich beschränken.[34] Musterversicherungsbedingungen schaffen zudem mehr Rechtssicherheit, da sie eine Kommentierung und eine einheitliche Rechtsprechung erleichtern. Darüber hinaus ermöglichen sie eine exakte Abgrenzung der Deckung durch die verschiedenen Arten von Versicherungsverträgen, etwa zwischen der Deckung durch die vom Hauseigentümer abzuschließende Gebäudeversicherung und derjenigen durch die vom Mieter abzuschließende Hausratversicherung.[35] Dies wäre alles ausgeschlossen, wenn jeder Versicherer seinen Vertragsbedingungen einen unterschiedlichen Wortlaut geben würde. Schließlich ersparen sich insb. neu einem Markt zutretende Versicherer Kosten für die Erarbeitung von Bedingungswerken.

20 **b) Freistellungsreichweite.** Eine Definition der Musterversicherungsbedingungen enthält Art. 2 Nr. 4 (vgl. nachfolgend Rn. 36). Art. 1 lit. c beschränkt darüber hinaus die Definition auf Musterversicherungsbedingungen für die Direktversicherung. Der im europäischen Recht gebräuchliche Begriff Direktversicherung bezeichnet dabei nach deutschem Sprachverständnis die Erstversicherung. Folglich ist die gemeinsame Erarbeitung von Musterbedingungen für die Rückversicherung nicht freigestellt. Weitere Freistellungsvoraussetzungen enthalten Art. 5 Abs. 1 und Art. 6 Abs. 1–3.

5. Modelle

21 **a) Sinn und Zweck.** Modelle zur Darstellung von Überschussbeteiligungen eines Versicherungsvertrages, der ein Kapitalisierungselement enthält, sollen bei Versicherungsverträgen, in denen über einen Risikoschutz hinaus die Versicherungsnehmer an weiteren, der Höhe nach ungewissen Überschüssen beteiligt werden, eine einfache Darstellung von Überschussbeteiligungen gestatten. Sie erleichtern so die Vergleichbarkeit verschiedener Angebote und schaffen Markttransparenz.[36]

22 **b) Freistellungsbereich.** Durch die unverbindlichen Modelle sollen beispielhaft mögliche Überschussbeteiligungen dargestellt werden, wobei zumeist vorgesehen ist, die jeweilige Höhe des Auszahlungsbetrages für die Fälle der Erzielung unterschiedlich hoher Überschüsse aufzulisten. Bei Modellen kommt es nach dem Sinn und Zweck der Freistellung darauf an, ob der Vertrag auch tatsächlich eine (darzustellende) Überschussbeteiligung vorsieht. Ein Versicherungsvertrag enthält daher nur dann ein Kapitalisierungselement i. S. d. Art. 1 lit. d, wenn ein Teil der Prämie nicht nur der Risikodeckung dient, sondern einen kapitalbildenden, einer Verzinsung unterliegenden Charakter hat; dies ist etwa bei der kapitalbildenden Lebensversicherung oder bei Verträgen mit Prämienrückgewähr der Fall.[37] Die Freistellung richtet sich im Übrigen nach Art. 5 Abs. 2 und Art. 6 Abs. 4 und 5.

6. Versicherungsgemeinschaften

23 **a) Sinn und Zweck.** Die Freistellung von Versicherungsgemeinschaften soll den einzelnen Versicherern ermöglichen, sich an Risiken zu beteiligen, die sie selbst – etwa aus betriebswirtschaftlichen Gründen oder mangels Erfahrung – nicht vollständig übernehmen

---

[34] Vgl. Erwägungsgrund 14, abgedruckt oben nach Rn. 8; Komm. E. v. 20. 12. 1989 – *Concordato Incendio* ABl. EG 1990 L 15/25 Rn. 26; *Honsel,* Neueste Entwicklungen im eur. und int. Kartellrecht, S. 218; *Schumm* VersWissStud (2. Bd.), 81; *Vernimmen* VW 1993, 560; *Veelken* in: Immenga/Mestmäcker, EG-WbR Bd. I, Vers-VO Rn. 34; Gemeinschaftskommentar/*Hootz* Art. 1 GVO 358/2003 Rn. 37.

[35] Die gleichzeitige Schaffung von Grundlagen für die freigestellten Verbandsstatistiken und/oder für Mitversicherungsgemeinschaften wird betont von: *Bunte* VR 1995, 10; *Nebel* SVZ 61 (1993), 92; *Vernimmen* VW 1993, 560; *Veelken* in: Immenga/Mestmäcker, EG-WbR Bd. I, Vers-VO Rn. 34.

[36] *Schumm* VersWissStud (2. Bd.), 84; *Veelken* in: Immenga/Mestmäcker, EG-WbR Bd. I, Vers-VO Rn. 37.

[37] Vgl. *Veelken* in: Immenga/Mestmäcker, EG-WbR Bd. I, Vers-VO Rn. 37; *Prölss/Kollhosser,* Versicherungsaufsichtsgesetz, 11. Aufl. 1997, § 81 Anh. II Rn. 65.

G. Versicherung 24, 25 **Art. 1 VersW-GVO**

wollen, und die Risiken breiter zu streuen; der so entstehende stärkere Wettbewerb soll den Versicherungsnehmern bessere Preise und Bedingungen verschaffen.[38]

b) Freistellungsreichweite. Die in der Freistellung des Art. 1 lit. e angesprochenen 24 Begriffe der Mitversicherungsgemeinschaft und der Mit-Rückversicherungsgemeinschaft werden in Art. 2 Nr. 5 u. 6 definiert (vgl. Erläuterungen unter Rn. 37 f.). Die Freistellungsregelung erfasst sowohl die Bildung der Versicherungsgemeinschaft als auch deren Tätigkeit. Die **Bildung** einer Versicherungsgemeinschaft beginnt, indem ein Versicherer andere auf ein solches Projekt anspricht. Sie umfasst insb. Vereinbarungen über die Beteiligungsquoten der einzelnen Versicherer, die Bedingungen für die Aufnahme und das Ausscheiden von Versicherern, die Verteilung der Kosten sowie die Bedingungen und Tarife für die zu übernehmenden Risiken.[39] Die freigestellte **Tätigkeit** der Versicherungsgemeinschaft erstreckt sich über solche Vereinbarungen hinaus auf den Informationsaustausch über die Beurteilung der zu übernehmenden Risiken, über Verhandlungen mit Versicherungsnehmern und über den Schadenverlauf eines übernommenen Risikos sowie ggf. Absprachen über die Rückversicherung übernommener Risiken.[40] Die Freistellungsvoraussetzungen und die Grenzen der Zusammenarbeit zeigen Art. 7 und 8 auf.

Von den der GVO-Regelung unterfallenden wettbewerbsbeschränkenden Versicherungsgemeinschaften sind **nicht wettbewerbsbeschränkende** Formen der gemeinsamen 25 Übernahme von Risiken durch mehrere Versicherer zu unterscheiden. So ist regelmäßig mangels Spürbarkeit die Bildung von **ad-hoc-Mitversicherungen** zur Abdeckung eines bestimmten Risikos nicht wettbewerbsbeschränkend.[41] Die EU-Kommission äußert jedoch neuerdings Bedenken hinsichtlich einheitlicher Prämien und Bedingungen der an der ad-hoc-Mitversicherung beteiligten Versicherer.[42] Diese Bedenken sind nicht nachzuvollziehen, da einheitliche Prämien und Bedingungen einerseits unerlässlich für eine kostenreduzierende einheitliche Vertragsabwicklung durch den führenden Versicherer sind und andererseits regelmäßig durch Verhandlungen zwischen den Versicherern mit dem Kunden/Makler zustande kommen und nicht lediglich aufgrund von Meistbegünstigungsklauseln.[43] Die so genannte Konzern-Police, bei der im Rahmen einer Vereinbarung einer Konzern-Holdinggesellschaft mit mehreren Versicherern mehrere Einzelverträge mit den einzelnen Konzernunternehmen abgeschlossen werden, ist i.d.R. lediglich als Abdeckung eines bestimmten einzelnen (konzernweiten) Risikos anzusehen.[44] Insofern kann angesichts

---

[38] Vgl. Erwägungsgrund 18 und Komm. E. v. 20. 12. 1989 – *TEKO* ABl. EG 1990 L 13/34, Rn. 26; Komm. E. v. 14. 1. 1992 – *Assurpol* ABl. EG 1992 L 37/16, Rn. 38; EU-Kommission, Abschlussbericht, Fn. 2, Rn. 11.

[39] Zu Letzterem: Komm. E. v. 14. 1. 1992 – *Assurpol* ABl. EG 1992 L 37/16, Rn. 40; Komm. E. v. 12. 4. 1999 – *P&I-Clubs II* ABl. EG 1999 L 125/12, Rn. 65 u. 81.

[40] *Schröter/Schumm* Art. 81 Fallgruppen Versicherungen Rn. 28–30; *Stancke* VW 2004, 1465; Einzelheiten bei: *Schulze Schwienhorst* in: FS Kollhosser Bd. I, 2004, S. 333 und 341 f.; zum Informationsaustausch vgl. MK-*Esser-Welliê/Stappert*, SB VersW Rn. 79–86.

[41] 2. Wettbewerbsbericht 1972, Nr. 57 Fn. 3; Bericht der Komm. über die Anwendung der GVO VersW, KOM (1999) 192 endg., Rn. 25; EU-Kommission, Abschlussbericht, Fn. 2, Rn. 17; *Brinker/Schädle* VersR 2003, 1478; *Bunte* VR 1995, 13; *Dreher/Kling*, Rn. 127 und 258; *von Fürstenwerth* WM 1994, 367 u. 371; *Hörst* VR 2003, 152; *Honsel*, Neueste Entwicklungen im eur. und int. Kartellrecht, S. 223; *Kahlenberg* WuW 1994, 994; *Lichtenwald* VR 1993, 327; *Pohlmann/Orlikowski-Wolf* VersR 2005, 176; *Schulze Schwienhorst* in: FS Kollhosser Bd. I, 2004, S. 335 ff.; *Stancke* VW 2004, 1460; Gemeinschaftskommentar/*Hootz* Art. 1 GVO 358/2003 Rn. 49; *Schröter/Schumm* Art. 81 – Fallgruppen Versicherungen Rn. 19 u. 87; MK-*Esser-Welliê/Stappert*, SB VersW Rn. 27, 30; ähnlich: MK-*Herrmann*, GVO Nr. 358/2003 Art. 7, 8 Rn. 3; a.A.: *Kreiling*, S. 37 f.; *Schaloske*, VersR 2008, 742; *Schümann*, S. 165.

[42] EU-Kommission, Abschlussbericht, Fn. 2, Rn. 14 f.

[43] Im Erg. ebenso: *Dreher*, VersW 2008, 22–24; *Schaloske*, VersR 2008, 743.

[44] *Kreiling*, S. 35 f.; *Schulze Schwienhorst* in: FS Kollhosser Bd. I, 2004, S. 340; *Stancke* VW 2004, 1460; *Veelken* in: Immenga/Mestmäcker, EG-WbR Bd. I, Vers-VO Rn. 42; MK-*Esser-Welliê/*

der wirtschaftlichen Einheit des Konzerns und der Weisungsbefugnisse der Holdinggesellschaft die rein rechtliche Selbständigkeit der Versicherungsnehmer nicht zu einer Mehrzahl von Risiken führen, obwohl diese seitens der Konzerngesellschaften einheitlich versichert werden sollen. Auch bei Gruppenverträgen eines Unternehmens mit mehreren Versicherern zur Absicherung der betrieblichen Altersversorgung der Arbeitnehmer dieses Unternehmens liegt lediglich ein bestimmtes Risiko vor.[45] Wenn die Arbeitnehmer dabei selbst Versicherungsnehmer sind, handelt es sich hingegen nur um einen Rahmenvertrag für die Versicherungsverträge mit den Arbeitnehmern, also für mehrere Risiken (dazu auch unten Rn. 26).

26   Ebenfalls nicht wettbewerbsbeschränkend sind **Versicherungsgemeinschaften,** wenn ohne Bestehen einer solchen Versicherungsgemeinschaft keines oder nur eines ihrer Mitglieder in der Lage wäre, die entsprechende Risikosparte zu versichern, und aus der Gemeinschaft auch nicht zwei ausreichend große Versicherungsgemeinschaften zur Abdeckung solcher Risiken gebildet werden könnten.[46] In einem solchen Fall wird der Wettbewerb nicht beschränkt, da sich lediglich zusätzliche Versicherer an der Abdeckung von Risiken der entsprechenden Art beteiligen.[47] Auch Versicherungsgemeinschaften, die lediglich aufgrund der Festlegung der Mitversicherer und ihrer Anteile an der Risikoübernahme durch einen Kunden oder in dessen Vertretung durch einen Makler zustande kommen und die zudem auch nicht die Risiken anderer Kunden absichern, beschränken den Wettbewerb nicht, da sich die Mitversicherer allein auf Grund der Festlegungen des Kunden und nicht auf Grund einer eigenen Absprache beteiligen.[48] Ein solcher Fall kann etwa bei einem Rahmenvertrag der Mitversicherer mit einem Unternehmen über die betriebliche Altersversorgung der Unternehmensmitarbeiter vorliegen, wenn Letztere selbst auch Versicherungsnehmer sind, also zumindest Teile der Prämien finanzieren, oder bei sogen. Maklerkonzepten. Schließlich beschränken Mitversicherungsgemeinschaften auch dann jedenfalls nicht spürbar den Wettbewerb, wenn sie die Voraussetzungen der Bekanntmachung über Vereinbarungen von geringer Bedeutung[49] erfüllen. Gleiches gilt für die Ge-

---

Stappert, SB VersW Rn. 32; tlw. abweichend: *Dreher* in: FS Lorenz, 2004, S. 223 f.; *Dreher/Kling*, Rn. 248.

[45] *Bunte* VR 1995, 13; *Dreher/Kling*, Rn. 239; *von Fürstenwerth* WM 1994, 371; *Hörst* VR 2003, 152; *Lichtenwald* VR 1993, 327; Gemeinschaftskommentar/*Hootz* Art. 1 GVO 358/2003 Rn. 51; *Veelken* in: Immenga/Mestmäcker, EG-WbR Bd. I, Vers-VO Rn. 42; MK-*Esser-Wellié/Stappert*, SB VersW Rn. 33; *Schröter/Schumm* Art. 81 – Fallgruppen Versicherungen Rn. 87.

[46] Vgl. Komm. E. v. 12. 4. 1999 – *P & I-Clubs* II ABl. EG 1999 L 125/12, Rn. 66 u. 117; Bericht der Komm. über die Anwendung der GVO VersW, Kom (1999) 192 endg. Rn. 28; Erwägungsgründe 18 und 19 des Entwurfs für eine GVO Versicherungswirtschaft, ABl. EG 2002 C 163/9, die diesen Fall als nicht wettbewerbsbeschränkend bezeichnen. Diese Erwägungsgründe sind nur deshalb nicht übernommen worden, weil in der GVO lediglich die Freistellungsregelungen erläutert werden sollen, nicht aber nicht erfasste Bereiche. Ebenso: FK-*Meyer-Lindemann*, Sonderbereiche Versicherungswirtschaft, Rn. 96, 98; *Veelken* in: Immenga/Mestmäcker, EG-WbR Bd. I, Vers-VO Rn. 40; MK-*Herrmann*, GVO Nr. 358/2003 Art. 7, 8 Rn. 1; MK-*Esser-Wellié/Stappert*, SB VersW Rn. 39–42.

[47] Ähnlich: *Esser-Wellié/Hohmann* VersR 2004, 1213; *von Fürstenwerth* WM 1994, 371; *Kreiling*, S. 42.

[48] Im Ansatz ebenso: *Bunte* VR 1995, 14 f.; *von Fürstenwerth* WM 1994, 367 u. 371; *Honsel*, Neueste Entwicklungen im eur. und int. Kartellrecht, S. 219 f.; *Schulze Schwienhorst* in: FS Kollhosser Bd. I, 2004, S. 338 f.; *Stancke* VW 2004, 1460; FK-*Meyer-Lindemann*, Sonderbereiche Versicherungswirtschaft, Rn. 99; MK-*Esser-Wellié/Stappert*, SB VersW Rn. 66; weiter gehen: *Esser-Wellié/Hohmann* VersR 2004, 1212 f., die bei bloßem Vorliegen des Kundenwunsches bereits eine Wettbewerbsbeschränkung ablehnen; a. A.: *Dreher* in: FS Immenga, 2004, S. 97; *Dreher/Kling*, Rn. 279–283; *Kreiling*, S. 39 f.; *Schaloske*, VersR 2008, 740 f.

[49] ABl. EG 2001 C 368/13; dazu: Generaldirektion Wettbewerb, Konsultationspapier, Fn. 3, Rn. 30; *Dreher* in: FS Immenga, 2004, S. 98 ff.; *Esser-Wellié/Hohmann* VersR 2004, 1215 f.

meinschaft der Grenzversicherer, die aus dem Ausland ohne ausreichenden Haftpflichtversicherungsschutz einreisende PKW-Besitzer versichert.[50]

7. Sicherheitsvorkehrungen

a) Sinn und Zweck. Soweit Anlagen, die entweder die Wahrscheinlichkeit des Eintritts 27 eines Schadensereignisses oder die Schadenhöhe verringern, in einem Objekt von erfahrenen Fachunternehmen eingebaut sind und deren Tauglichkeit überprüft ist, kann dies die einzelnen Versicherer veranlassen, von der Versicherbarkeit dieses Objektes auszugehen oder Prämienrabatte zu gewähren. Eine Prüfung der Tauglichkeit solcher Anlagen und der einbauenden und wartenden Unternehmen durch jeden einzelnen Versicherer wäre wenig effektiv und führte ggf. (insb. bei unterschiedlichen Anforderungen) zu unterschiedlichen Ergebnissen. Versicherungsnehmer hätten dann zu berücksichtigen, dass möglicherweise nicht jeder Versicherer die eingebauten Anlagen als schadenmindernd anerkennt, was den Versichererwechsel faktisch einschränkt. Die Zusammenarbeit bei der Prüfung und Anerkennung solcher Anlagen und Unternehmen wirkt dem entgegen. Anbieter solcher Anlagen und Wartungsunternehmen müssen zudem nicht jeden einzelnen Versicherer um Anerkennung ersuchen.[51] Durch die Prüfungen wird allerdings eine mangelnde oder nur sehr eingeschränkte Tauglichkeit solcher Anlagen auch zum Wohle des Verbrauchers aufgedeckt, was den Markt für diese Anlagen beeinflusst.[52] Insbesondere verschwinden untaugliche Anlagen durch die Berücksichtigung lediglich tauglicher Anlagen seitens der Versicherer (schneller) vom Markt. Soweit die von den Versicherern aufgestellten Anforderungen an Sicherheitsvorkehrungen und Unternehmen nicht überzogen sind (dazu Art. 9 lit. a, b und e), entspricht dies einem normalen Marktgeschehen, das so oder in ähnlicher Form bei jedem Bekanntwerden der Untauglichkeit eines Produktes vorkommt. Da zudem jeder Anbieter von Sicherheitsvorkehrungen die Zertifizierung beantragen kann und sie bei Tauglichkeit des Produkts erhält, wird die Nachfrage insoweit auch nicht auf bestimmte Anbieter (unter Ausschluss anderer Anbieter tauglicher Produkte) gelenkt.

b) Freistellungsbereiche. Art. 2 Nr. 8 beschreibt, was unter einer Sicherheitsvorkehrung 28 zu verstehen ist; Art. 9 umschreibt die Freistellungsvoraussetzungen. Freigestellt sind nach Art. 1 lit. f Unterabs. 1 zunächst **technische Spezifikationen,** Regeln und Verhaltenskodizes über Sicherheitsvorkehrungen. Solche Spezifikationen, Regeln und Verhaltenskodizes beschreiben allgemein, welche (technischen) Anforderungen eine Sicherheitsvorkehrung erfüllen muss, damit von einer Schadenverhinderung oder -minderung ausgegangen werden kann. Freigestellt ist die gemeinsame Erarbeitung, die Anerkennung und die Bekanntgabe solcher Spezifikationen, Regeln und Kodizes (auf nationaler oder europäischer Ebene).

Eine Freistellung ist jedoch ausgeschlossen, wenn bereits **auf Gemeinschaftsebene** 29 **harmonisierte** Regelungen existieren. Dadurch soll sichergestellt werden, dass die Versicherungsunternehmen nicht bereits harmonisierte Regelungen durch eigenständige Regelungen unterlaufen (vgl. Erwägungsgrund 24, abgedruckt oben nach Rn. 8). *Auf Gemeinschaftsebene* harmonisierte Regelungen müssen zumindest europaweite Geltung haben. Sie müssen zugleich aber auch *europäische Harmonisierungsvorschriften* darstellen.[53] Da es sich um

---

[50] *Schröter/Schumm* Art. 81 – Fallgruppen Versicherungen Rn. 38.

[51] *Kahlenberg* WuW 1994, 998; *Vernimmen* VW 1993, 563.

[52] Hierüber und über angeblich überzogene Anforderungen technischer Spezifikationen beklagen sich die Anbieter solcher Anlagen und Wartungsunternehmen auch gegenüber der EU-Kommission, vgl. Abschlussbericht, Fn. 2, Rn. 28.

[53] Erwägungsgrund 24; unter 10. der (unveröffentlichten) Erläuterungen der Kommission für den Beratenden Ausschuss für Kartell- und Monopolfragen ist von „harmonising legislation" die Rede, also von harmonisierender Gesetzgebung; ebenso *Ryan* EC-Competition Policy Newsletter 2/2003, 52. Vgl. auch: Bericht der Komm. über die Anwendung der GVO VersW, Kom. (1999) 192 endg., Rn. 38 f.

Vorschriften handeln muss, bedeutet demnach *auf Gemeinschaftsebene* auch, dass sie von Organen der Europäischen Union erlassen worden sein müssen, und zwar in Übereinstimmung mit den EU-Vorschriften über den freien Warenverkehr. Privatrechtliche Regelungen, wie etwa die Normen europäischer Normungsinstitute, haben hingegen als solche keinen Vorrang (s. auch unten Rn. 97).[54] Soweit die Versicherer in die Normierungsarbeit der Normungsinstitute einbezogen sind, werden Konflikte in der Praxis aber zumeist vermieden. Die harmonisierten Regelungen können Spezifikationen, Klassifizierungssysteme, Regeln, Verfahren und Verhaltenskodizes sein.

30 Durch Art. 1 lit. f Unterabs. 1 sind ferner Verfahren zur **Prüfung** von konkreten Sicherheitsvorkehrungen im Hinblick auf die Erfüllung der in den Spezifikationen etc. enthaltenen Anforderungen freigestellt sowie die Erklärung, dass die geprüften Sicherheitsvorkehrungen mit den in den Spezifikationen festgelegten Anforderungen übereinstimmen (Zertifizierung).

31 Gemäß Art. 1 lit. f Unterabs. 2 sind auch **Regelungen über** den **Einbau und** die **Wartung** von Sicherheitsvorkehrungen freigestellt, da ein fehlerhafter Einbau oder eine fehlerhafte Wartung die Tauglichkeit von Sicherheitsvorkehrungen erheblich beeinträchtigen kann. Schließlich ist freigestellt die gemeinsame **Prüfung** von Installations- und Wartungsunternehmen im Hinblick auf die Erfüllung der Regelungen über Einbau und Wartung sowie deren Zertifizierung.

Art. 2. Begriffsbestimmungen

Im Sinne dieser Verordnung bezeichnet der Ausdruck

1. „Vereinbarung" eine Vereinbarung, einen Beschluss einer Unternehmensvereinigung oder eine abgestimmte Verhaltensweise;
2. „beteiligte Unternehmen" Unternehmen, die Vertragspartner einer solchen Vereinbarung sind, und die mit ihnen verbundenen Unternehmen;
3. „verbundene Unternehmen":
   a) Unternehmen, bei denen ein beteiligtes Unternehmen unmittelbar oder mittelbar
      i) über mehr als die Hälfte der Stimmrechte verfügt oder
      ii) mehr als die Hälfte der Mitglieder des Leitungs- oder Verwaltungsorgans oder der zur gesetzlichen Vertretung berufenen Organe bestellen kann oder
      iii) das Recht hat, die Geschäfte zu führen;
   b) Unternehmen, die in einem beteiligten Unternehmen unmittelbar oder mittelbar die unter Buchstabe a) bezeichneten Rechte oder Einflussmöglichkeiten haben;
   c) Unternehmen, in denen ein unter Buchstabe b) genanntes Unternehmen unmittelbar oder mittelbar die unter Buchstabe a) bezeichneten Rechte oder Einflussmöglichkeiten hat;
   d) Unternehmen, in denen ein beteiligtes Unternehmen gemeinsam mit einem oder mehreren der unter den Buchstaben a), b) oder c) genannten Unternehmen oder in denen zwei oder mehr als zwei der zuletzt genannten Unternehmen gemeinsam die in Buchstabe a) bezeichneten Rechte oder Einflussmöglichkeiten haben;
   e) Unternehmen, in denen die unter a) aufgeführten Rechte oder Einflussmöglichkeiten gemeinsam innegehalten werden von
      i) beteiligten Unternehmen oder mit ihnen im Sinne der Buchstaben a) bis d) verbundenen Unternehmen oder

---

[54] Im Erg. ebenso nunmehr: *Dreher/Kling*, Rn. 385; *Veelken* in: Immenga/Mestmäcker, EG-WbR Bd. I, Vers-VO Rn. 50; a. A. MK-*Herrmann*, GVO Nr. 358/2003 Art. 9 Rn. 3.

ii) ein beteiligtes oder mehrere beteiligte Unternehmen oder eines oder mehrere der mit ihnen im Sinne der Buchstaben a) bis d) verbundenen Unternehmen und ein anderes oder mehrere dritte Unternehmen;
4. „Muster allgemeiner Versicherungsbedingungen" Bestimmungen in Modellverträgen oder Referenzverträgen, die gemeinsam von Versicherern oder Versicherungsverbänden ausgearbeitet werden;
5. „Mitversicherungsgemeinschaften" Gemeinschaften aus Versicherungsunternehmen, welche
   i) sich verpflichten, im Namen und für Rechnung aller beteiligten Unternehmen Versicherungsverträge für eine bestimmte Risikosparte abzuschließen, oder
   ii) den Abschluss und die Abwicklung der Versicherung einer bestimmten Risikosparte durch eines der beteiligten Unternehmen, einen gemeinsamen Makler oder eine zu diesem Zweck geschaffene gemeinsame Organisation in ihrem Namen und für ihre Rechnung vornehmen lassen;
6. „Mit-Rückversicherungsgemeinschaften" Gemeinschaften aus Versicherungsunternehmen, gegebenenfalls unter Beteiligung eines oder mehrerer Rückversicherungsunternehmen, die
   i) wechselseitig alle oder Teile ihrer Verpflichtungen betreffend eine bestimmte Risikosparte rückversichern;
   ii) nebenbei für dieselbe Risikosparte Rückversicherungsschutz im Namen und für Rechnung aller beteiligten Unternehmen anbieten;
7. „Neuartiges Risiko" ein Risiko, das zuvor noch nicht existierte und das nur durch ein völlig neuartiges Versicherungsprodukt gedeckt werden kann, nicht aber durch Ergänzung, Verbesserung oder Ersatz eines vorhandenen Versicherungsprodukts;
8. „Sicherheitsvorkehrungen" Bestandteile und Anlagen, die zur Verhinderung oder Verringerung von Verlusten konzipiert wurden, und aus diesen Elementen gebildete Systeme;
9. „Bruttoprämien" Prämien, die den Versicherungsnehmern in Rechnung gestellt werden.

1. Allgemeines

Die GVO enthält nunmehr erstmals einen vorangestellten Katalog von Begriffsbestimmungen. Diese sollen die Verständlichkeit der Vorschriften erleichtern, da so von einer Erläuterung der Begrifflichkeiten im Rahmen einzelner Vorschriften abgesehen werden kann. Die Begriffsbestimmungen unter Nr. 1 bis 3 stimmen weitgehend wörtlich mit denen in anderen GVOen und Bekanntmachungen überein.

2. Die Begriffe im Einzelnen

Der Begriff **Vereinbarung** (Art. 2 Nr. 1) stellt lediglich eine Verkürzung der in Art. 81 Abs. 1 EG erwähnten Verhaltensweisen (Vereinbarung, Beschluss einer Unternehmensvereinigung, abgestimmte Verhaltensweise) dar und dient der Vereinfachung. Auf die Erläuterungen zu Art. 81 Abs. 1 EG Rn. 78 ff. und oben unter Rn. 11 wird verwiesen.

Die Definition der **beteiligten Unternehmen** (Art. 2 Nr. 2) stellt klar, dass neben den eine Vereinbarung unmittelbar abschließenden Unternehmen auch die mit ihnen verbundenen Unternehmen i. S. d. Art. 2 Nr. 3 beteiligt sind. Da es jedoch in der gesamten GVO nicht auf die Marktanteile der beteiligten Unternehmen (einschl. der verbundenen) ankommt, hat diese Definition nur eine geringe Bedeutung (insb. in Art. 3 Abs. 2 lit. a) und passt an anderen Stellen nicht (siehe unten Rn. 35 und 79).

Gemäß Art. 2 Nr. 3 gehören zu den mit einem Unternehmen **verbundenen Unternehmen** Tochterunternehmen (a), Mutterunternehmen (b), Schwesterunternehmen (c),

Gemeinschaftsunternehmen innerhalb eines Konzerns (d) sowie von beteiligten Unternehmen (e).[55] Die Definition geht zurück auf Art. 16 Abs. 2 und 3 GVO Nr. 3932/92. Unter einem beteiligten Unternehmen i. S. d. Art. 2 Nr. 3 ist allerdings nur das eine Vereinbarung unmittelbar abschließende Unternehmen zu verstehen. Die Definition des Art. 2 Nr. 2 gilt hier nicht, da ansonsten die unter Nr. 3 erst zu beschreibenden verbundenen Unternehmen in einem Umschreibungsmerkmal bereits enthalten wären.[56]

36 **Muster allgemeiner Versicherungsbedingungen** sind gemäß Art. 2 Nr. 4 gemeinsam von Versicherern (ggf. im Verband) erarbeitete Musterverträge und Musterklauseln („Bestimmungen *in* Modellverträgen").[57] Dazu gehören nicht nur Muster für Nebenbedingungen von Verträgen, sondern auch Umschreibungen der Hauptleistung. Die Definition wird allerdings noch durch Art. 1 lit. c ergänzt (vgl. oben Rn. 20). Nicht hierunter fallen Muster anderer Verträge, etwa im Bereich der Kapitalanlage.

37 Nach der aus Art. 10 Abs. 2 lit. a GVO Nr. 3932/92 übernommenen Definition der **Mitversicherungsgemeinschaften** (Art. 2 Nr. 5) wirken in diesen mehrere (Erst-)Versicherer zusammen, wobei deren Rechtsform (zumeist BGB-Gesellschaften) durch die GVO nicht vorgegeben ist.[58] Rückversicherer können sich an von der GVO freigestellten Mitversicherungsgemeinschaften nicht beteiligen, wie ein Vergleich mit Art. 2 Nr. 6 ergibt.[59] Mitversicherungsgemeinschaften haben den Abschluss von Versicherungsverträgen für eine bestimmte Risikosparte zum Gegenstand. Demnach geht es um den Abschluss *mehrerer* Versicherungsverträge (die gemeinsame Deckung eines Einzelfalls beschränkt den Wettbewerb nicht; vgl. oben Rn. 25).[60] Zudem ist von der Gemeinschaft zu umschreiben, welche Risiken gemeinsam gedeckt werden sollen. Abgedeckt ist auch die Übernahme von Risiken aus mehreren Risikosparten nebeneinander, sofern diese nur bestimmt werden.[61] Möglich sind schließlich noch zwei Arten des Tätigwerdens nach außen: Zum einen können sich alle beteiligten Versicherer verpflichten, Versicherungsverträge jeweils in Vertretung für alle beteiligten Versicherer abzuschließen (Art. 2 Nr. 5i); zum anderen können sich die beteiligten Versicherer aber auch darauf verständigen, dass lediglich eine Stelle (ein beteiligtes Unternehmen, ein Makler oder eine besondere Organisation) in Vertretung für alle beteiligten Unternehmen nach außen hin auftritt (Art. 2 Nr. 5ii).

38 An **Mit-Rückversicherungsgemeinschaften** (Art. 2 Nr. 6) können sich sowohl Erstversicherer als auch Rückversicherer beteiligen. Mit-Rückversicherungsgemeinschaften, die nur von Rückversicherern gebildet werden, sind hingegen nicht erfasst, da es der Kommission an ausreichender Erfahrung für eine solche Freistellungsregelung mangelte.[62] Auch Mit-Rückversicherungsgemeinschaften müssen mehr als nur einen Vertrag abschließen und festlegen, welche Risiken sie rückversichern. Gegenstand der Vereinbarung muss sein, dass alle oder Teile der übernommenen Risiken der festgelegten Risikoart wechselseitig rückversichert werden (Art. 2 Nr. 6i). Zusätzlich, aber nicht überwiegend

---

[55] Einzelheiten: Gemeinschaftskommentar/*Hootz* Art. 2 GVO 358/2003 Rn. 4–12.
[56] Ebenso nun: *Veelken* in: Immenga/Mestmäcker, EG-WbR Bd. I, Vers-VO Rn. 55.
[57] Im Ergebnis ebenso: *Nebel* SVZ 61 (1993), 92; *Windhagen,* S. 166; Gemeinschaftskommentar/*Hootz* Art. 2 GVO 358/2003 Rn. 13; *Veelken* in: Immenga/Mestmäcker, EG-WbR Bd. I, Vers-VO Rn. 35, 56.
[58] *Vernimmen* VW 1993, 560; *Windhagen,* S. 193.
[59] Ebenso: *Dreher/Kling,* Rn. 316.
[60] *von Fürstenwerth* WM 1994, 371; Gemeinschaftskommentar/*Hootz* Art. 1 GVO 358/2003 Rn. 48; *Lichtenwald* VR 1993, 327; zur Abgrenzung der Versicherungsgemeinschaft von der Mitversicherung eines Einzelfalls: *Dreher* in: FS Lorenz, 2004, S. 211 ff.
[61] Gemeinschaftskommentar/*Hootz,* Art. 2 GVO 358/2003 Rn. 14; *Veelken* in: Immenga/Mestmäcker, EG-WbR Bd. I, Vers-VO Rn. 43.
[62] Vgl. Erwägungsgrund 14 GVO Nr. 3932/92 zu der aus Art. 10 Abs. 2 lit. b dieser GVO unverändert übernommenen Vorgängerregelung.

können auch von nicht beteiligten Versicherern übernommene Risiken der festgelegten Art von der Mit-Rückversicherungsgemeinschaft gemeinsam rückversichert werden (Art. 2 Nr. 6 ii).[63]

Das **neuartige Risiko** (Art. 2 Nr. 7) ist im Hinblick auf die nicht durch eine Marktanteilsgrenze beschränkte Freistellung durch Art. 7 Abs. 1 sehr eng umschrieben worden und umfasst nur bislang unbekannte Risiken. Selbst eine erhebliche Veränderung bestehender Risiken ist nicht von diesem Begriff erfasst (vgl. Erwägungsgrund 20, abgedruckt oben nach Rn. 8). **39**

Der Begriff **Sicherheitsvorkehrungen** (Art. 2 Nr. 8) umfasst nicht – wie der deutsche Ausdruck vermuten lässt – sämtliche Vorkehrungen, die ein Versicherungsnehmer trifft, um die Sicherheit für ein (versichertes) Objekt zu erhöhen. Vielmehr sind nur Anlagen erfasst, die den Eintritt eines Schadens verhindern oder die Schadenhöhe verringern können, wie z. B. Brandschutzwände, Rauchmelder oder Feuerlöscher, nicht aber Dienstleistungen wie die Bewachung eines Objektes. Diese enge Begriffsbestimmung ist auf die englische Fassung der VO Nr. 1534/91 zurückzuführen, wonach die Kommission lediglich zur Gruppenfreistellung von „testing and acceptance of security *devices*" ermächtigt wurde. Sie besagt nichts über die Freistellungsfähigkeit anderer Richtlinien der Versicherer zu Vorkehrungen zur Erhöhung der Sicherheit. **40**

Bruttoprämien (Art. 2 Nr. 9) sind die Geldbeträge, die den Versicherungsnehmern in der Erstversicherung in Rechnung gestellt werden. Sie umfassen neben den zur Deckung der Risiken erforderlichen Kosten auch die in Art. 3 Abs. 1 lit. c genannten unternehmensindividuellen Kosten. **41**

Art. 3. Freistellungsvoraussetzungen

(1) **Die in Artikel 1 Buchstabe a) vorgesehene Freistellung gilt nur unter der Voraussetzung, dass die Berechnungen und Tabellen**

a) **auf der Zusammenstellung von Daten beruhen, die sich auf die als Beobachtungszeitraum gewählte Anzahl von Risiko-Jahren beziehen und die identische oder vergleichbare Risiken in ausreichender Zahl betreffen, damit eine statistisch auswertbare Größe entsteht und (u. a.) Folgendes beziffert werden kann:**
   – die Anzahl der Schadensfälle in dem genannten Zeitraum,
   – die Anzahl der in dem Beobachtungszeitraum in jedem Risiko-Jahr versicherten einzelnen Risiken,
   – die Gesamtheit der innerhalb dieses Zeitraums aufgrund der aufgetretenen Schadensfälle geleisteten oder geschuldeten Zahlungen,
   – der Gesamtbetrag der Versicherungssummen pro Risiko-Jahr während des gewählten Beobachtungszeitraums;
b) **und die verfügbaren Statistiken so ausführlich und differenziert sind wie versicherungsstatistisch angemessen;**
c) **unter keinen Umständen die Sicherheitszuschläge, den Ertrag der Rückstellungen, die Verwaltungs- oder Vertriebskosten oder Steuern und sonstige Abgaben beinhalten oder Investitionserlöse oder erwartete Gewinne berücksichtigen.**

---

[63] Ebenso: FK-*Meyer-Lindemann*, Sonderbereiche Versicherungswirtschaft, Rn. 105; Gemeinschaftskommentar/*Hootz* Art. 2 GVO 358/2003 Rn. 16; *Veelken* in: Immenga/Mestmäcker, EG-WbR Bd. I, Vers-VO Rn. 45; *Schröter*/*Schumm* Art. 81 – Fallgruppen Versicherungen, Rn. 90; weiter: *Kahlenberg* WuW 1994, 994; *Vernimmen* VW 1993, 560, die nicht ein Überwiegen der wechselseitigen Rückversicherung verlangen; enger: *Liebscher*/*Flohr*/*Petsche*/*Schauer* § 12 Rn. 88, nach dessen Auffassung die Rückversicherung Dritter „nur von ganz untergeordneter Bedeutung" sein darf; teilweise anders: *Brinker*/*Schädle* VersR 2003, 1478, die ein kumulatives Vorliegen der unter Nr. 6 i und ii beschriebenen Tatbestände verlangen und damit eine Pflicht auch zur Rückversicherung nicht beteiligter Versicherer.

(2) Die in Artikel 1 Buchstaben a) und b) vorgesehenen Freistellungen gelten nur unter der Voraussetzung, dass die Berechnungen, Tabellen oder Studien
a) eine Identifizierung der beteiligten Versicherungsunternehmen nicht ermöglichen;
b) einen ausdrücklichen Hinweis auf ihre Unverbindlichkeit enthalten;
c) sämtlichen Versicherungsunternehmen, die ein Exemplar erbitten – einschließlich die nicht auf dem Markt, auf den sie sich beziehen, tätigen Versicherungsunternehmen – zu angemessenen und nicht diskriminierenden Konditionen zur Verfügung gestellt werden.

1. Allgemeines

42 Art. 3 enthält die Voraussetzungen für eine Freistellung von Berechnungen, Tabellen und Studien; er fasst die Art. 2 und 3 der Vorgänger-GVO zusammen. Berechnungen und Tabellen müssen die Voraussetzungen beider Absätze erfüllen, während für Studien nur die Voraussetzungen des Art. 3 Abs. 2 gelten. Bei Nichterfüllung einzelner Voraussetzungen entfällt die Freistellung insgesamt.

2. Besondere Voraussetzungen für Berechnungen und Tabellen (Abs. 1)

43 **a) Aussagekraft von Berechnungen und Tabellen.** Art. 3 Abs. 1 lit. a beschreibt unter vier Spiegelstrichen, über welche Erkenntnisse Berechnungen und Tabellen u. a. Aussagen enthalten müssen. Erwähnt werden die Anzahl von Schadensfällen und versicherten Risiken, die Gesamtheit der geleisteten oder geschuldeten Zahlungen und der Gesamtbetrag der Versicherungssummen. Darüber hinaus gehende Aussagen sind zulässig.[64] Die von der Berechnung erfassten Risiken dürfen bei ihrer Bekanntgabe durch eine Erläuterung beschrieben werden.[65]

44 **b) Anforderung an Datenmaterial und Zusammenstellung.** Berechnungen und Tabellen müssen nach Art. 3 Abs. 1 lit. a auf einer Zusammenstellung von Daten beruhen. Hinsichtlich der Daten wird zunächst eine **zeitliche Vorgabe** gemacht. Von den beteiligten Unternehmen muss ein **Beobachtungszeitraum** gewählt werden. Der Beobachtungszeitraum muss vollständig in der Vergangenheit liegen (Art. 1 lit. a) und kann sich über mehrere Risiko-Jahre erstrecken; die Unternehmen und Versicherungsverbände sind in der Festlegung insoweit frei.[66] Die zusammenzustellenden Daten müssen sich allesamt auf den gemeinsam festgelegten Beobachtungszeitraum beziehen.

45 **Inhaltlich** müssen die Daten **identische oder vergleichbare Risiken** betreffen. Das schließt aus, Daten aus verschiedenen Risikosparten zusammenzufassen.[67] Daten über vergleichbare Risiken aus derselben Sparte dürfen zusammengestellt werden. Art. 3 Abs. 1 lit. a verlangt insoweit, dass Daten über Risiken **in ausreichender Zahl** vorhanden sind, um diese überhaupt statistisch auswerten zu können. Eine Zusammenfassung von vergleichbaren Risiken ist also möglich und nötig, wenn dadurch erst eine für die statistische Auswertung notwendige Anzahl von Daten zusammen kommt.[68]

46 Sofern sich Risiken aufgrund von Erkenntnissen aus der Vergangenheit erkennbar hinsichtlich ihres Schadenverlaufs unterscheiden, muss jedoch eine angemessen **differenzierte**

---

[64] von Fürstenwerth WM 1994, 368; Gemeinschaftskommentar/*Hootz* Art. 3 GVO 358/2003 Rn. 3; *Veelken* in: Immenga/Mestmäcker, EG-WbR Bd. I, Vers-VO Rn. 65; abweichend: *Dreher/Kling*, Rn. 175.
[65] *Schröter/Schumm* Art. 81 – Fallgruppen Versicherungen, Rn. 65.
[66] Gemeinschaftskommentar/*Hootz* Art. 3 GVO 358/2003 Rn. 6.
[67] Gemeinschaftskommentar/*Hootz* Art. 3 GVO 358/2003 Rn. 5; *Veelken* in: Immenga/Mestmäcker, EG-WbR Bd. I, Vers-VO Rn. 64.
[68] So auch: Bericht der Komm. über die Anwendung der GVO VersW, Kom. (1999) 192 endg., Rn. 8; *Burrichter* in: FS Lieberknecht, 1997, S. 272 f.; *Schümann*, S. 91; Gemeinschaftskommentar/ *Hootz* Art. 3 GVO 358/2003 Rn. 7.

Statistik erstellt werden. Dies ergibt sich aus Art. 3 Abs. 1 lit. b, wonach Statistiken so ausführlich und differenziert wie versicherungsstatistisch angemessen sein müssen. Die Zusammenfassung der statistisch ausgewerteten Daten zu Gruppen wird hierdurch begrenzt. Sie ist nur zulässig, wenn sie versicherungsstatistisch angemessen ist. **Untergrenze** für die Differenzierung in Statistiken ist das von den Unternehmen aufgrund der zugrunde liegenden Vereinbarung **gelieferte Datenmaterial.** Art. 3 Abs. 1 lit. b zwingt die Unternehmen nicht dazu, mehr Daten zu liefern, als sie liefern wollen (z. B. muss in der Kfz-Versicherung nicht über die in Deutschland übliche Aufgliederung nach dem Zulassungsbezirk des versicherten Kfz hinaus der Wohnsitz des Halters mitgeteilt werden, um nach Postleitzahlbezirken differenzieren zu können).[69] Ansonsten würden die Unternehmen zu einer noch stärker den Wettbewerb beschränkenden Zusammenarbeit gezwungen. Nicht ausgeschlossen ist es jedoch, einzelnen beteiligten Unternehmen auf deren (unternehmensindividuellen) Wunsch hin neben oder an Stelle einer weitgehend ausdifferenzierten Statistik auch eine durch versicherungsstatistisch angemessene Gruppenbildung weniger ausdifferenzierte Statistik zur Verfügung zu stellen. Die Unternehmen sollen nämlich lediglich die Möglichkeit erhalten, Prämien auf engeren Grundlagen zu berechnen.[70] Außerdem müssen die weitgehend ausdifferenzierten Statistiken nach Art. 3 Abs. 1 lit. b nur *verfügbar* sein.

Verwendet werden dürfen nur Daten, die sich auf Risiken bzw. Schäden beziehen. Ausgeschlossen ist nach Art. 3 Abs. 1 lit. c hingegen die **Einbeziehung unternehmensindividueller Elemente** der Prämienkalkulation und von Abgaben. Als unternehmensindividuelle Elemente der Prämienkalkulation werden aufgelistet: Sicherheitszuschläge (die nur in Bezug auf zukünftige Entwicklungen erforderlich sind, nicht aber für vergangenheitsbezogene Berechnungen), Rückstellungserträge, Verwaltungs- und Vertriebskosten (einschließlich interner Schadenermittlungskosten), Investitionserlöse und erwartete Gewinne. Diese Elemente der Prämienkalkulation beruhen nicht auf den von den Versicherungsnehmern übernommenen Risiken, sondern auf Entscheidungen des jeweiligen Versicherers. Sie sind wesentliche Elemente des Preiswettbewerbs der Versicherer untereinander und sollen diesem Wettbewerb nicht durch Angleichung infolge der Bekanntgabe von Durchschnittskosten entzogen werden. Eine solche Angleichung wäre auch nicht unerlässlich i. S. d. Art. 81 Abs. 3 EG.[71] Steuern und sonstige Abgaben bedürfen hingegen keiner Ermittlung, da sie gesetzlich der Höhe nach festgeschrieben sind. Nicht unter das Verbot fallen externe Schadenermittlungskosten oder im Rahmen des Schadenersatzes zu ersetzende Steuern (Mehrwertsteuer).[72] 47

Die Zusammenstellung der Daten hat unter **Anwendung rein mathematischer Methoden** zu erfolgen.[73] Eine versicherungsmathematisch anerkannte Methode ist die Bereinigung der Daten von außergewöhnlichen Großschäden, die nur sehr selten auftreten (Glättung). Sie ist notwendig, um nicht bei Auftritt eines außergewöhnlichen Großschadens in einer Risikogruppe zu einem über einen langen Zeithorizont hinweg nicht gerechtfertigten hohen Schadenbedarf zu gelangen, der dann kurzfristig zu einer außergewöhnlich hohen Prämie führen würde. Die Kommission hat mittlerweile die ursprünglich 48

---

[69] Ebenso: *Honsel,* Neueste Entwicklungen im eur. und int. Kartellrecht, S. 230.
[70] Vgl. Erwägungsgrund 11, abgedruckt nach Rn. 8; a. A.: *Veelken* in: Immenga/Mestmäcker, EG-WbR Bd. I, Vers-VO Rn. 66.
[71] EuGH U. v. 27. 1. 1987 Rs. 45/85 – *Verband der Sachversicherer/Kommission* Slg. 1987, I-405 Rn. 60; Ebenso: *von Fürstenwerth* WM 1994, 368; *Vernimmen* VW 1993, 559; Gemeinschaftskommentar/*Hootz* Art. 3 GVO 358/2003 Rn. 14; *Veelken* in: Immenga/Mestmäcker, EG-WbR Bd. I, Vers-VO Rn. 61, 68.
[72] Prölss/*Kollhosser* Versicherungsaufsichtsgesetz, 11. Aufl. 1997, § 81 Anh. II Rn. 41.
[73] *Bunte* VR 1995, 9; *Schumm* VersWissStud (2. Bd.), 79; *Schümann,* S. 92; Gemeinschaftskommentar/*Hootz* Art. 3 GVO 358/2003 Rn. 8 und 13.

umstrittene Glättung anerkannt.[74] Nicht mathematisch gerechtfertigte Festlegungen sind hingegen unzulässig.[75]

3. Voraussetzungen für Berechnungen, Tabellen und Studien (Abs. 2)

49 Gemäß Art. 3 Abs. 2 lit. a dürfen Berechnungen, Tabellen und Studien eine **Identifizierung der beteiligten Unternehmen** nicht ermöglichen. Sie könnten ansonsten Rückschlüsse sowohl auf die Zusammensetzung des Versicherungsbestandes als auch auf die (geheime) Geschäftspolitik der zu identifizierenden Unternehmen zulassen. Mittelbare Identifizierbarkeit von Unternehmen ist daher nur schädlich, wenn solche Rückschlüsse möglich sind.[76] Die Kenntnis über die Schadenbedarfe und die Geschäftspolitik anderer Versicherer ist auch für die Gewinnung von Kenntnissen über den eigenen Schadenbedarf nicht unerlässlich i. S. d. Art. 81 Abs. 3 EG.[77] In Ausnahmefällen (etwa die für die Durchschnittskostenermittlung notwendige Berücksichtigung einzelner Großschäden) schadet auch die mittelbare Identifizierbarkeit des Versicherers nicht,[78] zumal dessen Identität in diesen Fällen zumeist schon durch Presseveröffentlichungen bekannt ist.

50 Berechnungen, Tabellen und Studien müssen einen ausdrücklichen **Hinweis auf ihre Unverbindlichkeit** enthalten (Art. 3 Abs. 2 lit. b). Ein Hinweis im Begleitschreiben reicht angesichts des Wortlauts („enthalten") nicht; vielmehr muss er an prominenter Stelle im Text erscheinen.[79] Der Hinweis verdeutlicht den Versicherern, dass sie auf Grund ihres Versicherungsbestands durchaus einen höheren oder niedrigeren Schadenbedarf haben können und dass daher Berechnungen, Tabellen und Studien für sie auch nicht verbindlich sein können.[80]

51 Neu ist die Voraussetzung, dass Berechnungen, Tabellen und Studien sämtlichen Versicherern **zu** angemessenen und **nicht diskriminierenden Konditionen zur Verfügung zu stellen** sind (Art. 3 Abs. 2 lit. c). Diese Regelung soll insb. potenziellen Neuanbietern den Marktzutritt ermöglichen, denen ansonsten die Kalkulationsgrundlagen fehlen würden.[81] Als angemessen und nicht diskriminierend benennt Erwägungsgrund 12 beispielhaft den Erwerb einer Verbandsmitgliedschaft, die Zahlung einer (nicht ein Marktzutrittshindernis darstellenden) Gebühr und die Verpflichtung, im Falle eines Marktzutritts künftig ebenfalls durch Datenlieferung zur Erstellung von Berechnungen und Tabellen beizutragen. Eine allgemeine Veröffentlichung von Berechnungen, Tabellen und Studien ist zu Recht nicht erforderlich,[82] da auch in anderen Branchen Kalkulationsgrundlagen geheim sind und Nachfragern nicht mitgeteilt werden müssen.

---

[74] Vgl.: *Dreher/Kling*, Rn. 180; *Schümann*, S. 92; Gemeinschaftskommentar/*Hootz* Art. 3 GVO 358/2003 Rn. 10 f.; *Schröter/Schumm* Art. 81 – Fallgruppen Versicherungen, Rn. 62. Eine ausführliche Begründung liefert: *Burrichter* in: FS Lieberknecht, 1997, S. 263 ff.

[75] Bericht der Komm. über die Anwendung der GVO VersW, Kom. (1999) 192 endg., Rn. 9 f.; *Veelken* in: Immenga/Mestmäcker, EG-WbR Bd. I, Vers-VO Rn. 65; *Schröter/Schumm* Art. 81 – Fallgruppen Versicherungen, Rn. 66.

[76] *Schümann*, S. 97 f.; *Windhagen*, S. 149.

[77] *Schümann*, S. 111; ähnlich: *Veelken* in: Immenga/Mestmäcker, EG-WbR Bd. I, Vers-VO Rn. 70; Gemeinschaftskommentar/*Hootz* Art. 3 GVO 358/2003 Rn. 22 stellt insoweit auf die Vertraulichkeit der Informationen als Grund für diese Voraussetzung ab.

[78] *Veelken* in: Immenga/Mestmäcker, EG-WbR Bd. I, Vers-VO Rn. 70 m. w. N.

[79] Gemeinschaftskommentar/*Hootz* Art. 3 GVO 358/2003 Rn. 23.

[80] *Bunte* VR 1995, 10; *Schumm* VersWissStud (2. Bd.), 80; *Vernimmen* VW 1993, 559; *Veelken* in: Immenga/Mestmäcker, EG-WbR Bd. I, Vers-VO Rn. 71; *Schröter/Schumm* Art. 81 – Fallgruppen Versicherungen, Rn. 4.

[81] Vgl. Erwägungsgrund 12, abgedruckt nach Rn. 8.

[82] Ebenso: *Veelken* in: Immenga/Mestmäcker, EG-WbR Bd. I, Vers-VO Rn. 72.

Art. 4. Von der Freistellung ausgenommene Vereinbarungen

Die Freistellung gemäß Artikel 1 gilt nicht für Unternehmen, die sich abstimmen, verpflichten oder es anderen Unternehmen auferlegen, keine anderen Berechnungen oder Tabellen als die in Artikel 1 Buchstabe a) genannten zu verwenden oder nicht von den Schlussfolgerungen der Studien nach Artikel 1 Buchstabe b) abzuweichen.

Art. 4 verstärkt die Wirkung von Art. 3 Abs. 2 lit. b. Er soll die **Unverbindlichkeit** von Berechnungen, Tabellen und Studienergebnissen nicht nur wie Art. 3 Abs. 2 lit. b im Verhältnis zwischen empfehlendem Verband und den Unternehmen, an die die Empfehlung gerichtet ist, sicherstellen, sondern auch im Verhältnis zwischen letzteren untereinander. Würden Unternehmen untereinander absprechen, die Berechnungen, Tabellen und Studienergebnisse strikt umzusetzen, wäre dies eine **verbotene Absprache von** wesentlichen **Preisbestandteilen**. Deshalb soll die unverbindliche Empfehlung nach Art. 1 lit. a und b allgemein freigestellt bleiben, während die Unternehmen, die sich i. S. d. Art. 4 absprechen, nicht vom Vorteil der Freistellung profitieren sollen, sondern im Gegenteil einer Sanktionierung unterliegen.[83] Aus Sinn und Zweck, dem Vergleich mit Art. 6 Abs. 3 und 5 und mit der Vorgängerregelung in Art. 4 GVO 3932/92, die sich aufgrund ihrer systematischen Stellung auch nur auf die Berechnung der Prämie bezog, ergibt sich, dass ausschließlich die Freistellung von Berechnungen, Tabellen und Studien entfällt, die Gegenstand der Absprache sind.[84] Eine Ausweitung des Entfallens der Freistellung auf alle Tatbestände des Art. 1 hat die Kommission weder beabsichtigt noch irgendwann verlautbart.

Die zu einem Fortfall der Freistellung führende Handlung besteht in einem **Abstimmen, Verpflichten** oder **Auferlegen**. Das Abstimmen entspricht der Art nach dem Begriff im aufeinander abgestimmten Verhalten i. S. d. Art. 81 Abs. 1 EG, ohne dass es eines gleichförmigen Verhaltens bedarf.[85] Jedoch muss die Abstimmung gerichtet sein auf die strikte Einhaltung der Berechnungen, Tabellen und Studienergebnisse und geht somit über die bloße Befolgung der Empfehlung hinaus.[86] Die Abstimmung kann auch durch eine nachherige Kontrolle der Einhaltung erfolgen.[87] Verpflichten meint die (ggf. einseitige) vertragliche Verpflichtung; während Auferlegen jede Disziplinierung von dritten Unternehmen ggf. durch Gewährung von Vorteilen oder Androhung von Nachteilen betrifft.[88] Konzerninterne Weisungen fallen nicht unter den Begriff des Auferlegens.

Art. 5. Freistellungsvoraussetzungen

(1) **Die in Artikel 1 Buchstabe c) vorgesehene Freistellung gilt nur unter der Voraussetzung, dass die Muster allgemeiner Versicherungsbedingungen**

a) **mit dem ausdrücklichen Hinweis auf ihre Unverbindlichkeit aufgestellt und bekannt gegeben werden und ihre Verwendung rein fakultativ ist;**

b) **ausdrücklich auf die Möglichkeit hinweisen, dass die beteiligten Unternehmen ihren Kunden von der Vereinbarung abweichende Klauseln anbieten dürfen und**

---

[83] *von Fürstenwerth* WM 1994, 368; *Kahlenberg* WuW 1994, 990; *Lichtenwald* VR 1993, 321; Gemeinschaftskommentar/*Hootz* Art. 4 GVO 358/2003 Rn. 7; *Veelken* in: Immenga/Mestmäcker, EG-WbR Bd. I, Vers-VO Rn. 74; Liebscher/Flohr/Petsche/*Schauer* § 12 Rn. 48.

[84] Ebenso: *Veelken* in: Immenga/Mestmäcker, EG-WbR Bd. I, Vers-VO Rn. 12; a. A.: FK-*Meyer-Lindemann*, Sonderbereiche Versicherungswirtschaft, Rn. 51 f.

[85] Gemeinschaftskommentar/*Hootz* Art. 4 GVO 358/2003 Rn. 2; zum „Abstimmen" siehe Kommentierung zu Art. 81 Abs. 1 EG Rn. 94 ff.

[86] *Veelken* in: Immenga/Mestmäcker, EG-WbR Bd. I, Vers-VO Rn. 74.

[87] *Vernimmen* VW 1993, 559 f.; ebenso: *Veelken* in: Immenga/Mestmäcker, EG-WbR Bd. I, Vers-VO Rn. 74.

[88] Gemeinschaftskommentar/*Hootz* Art. 4 GVO 358/2003 Rn. 3 und 4; ebenso: MK-*Herrmann*, GVO Nr. 358/2003, Art. 3, 4 Rn. 16.

c) für jede interessierte Person zugänglich sind und auf einfache Anfrage hin übermittelt werden.

(2) **Die Freistellung nach Artikel 1 Buchstabe d) gilt unter der Voraussetzung, dass die unverbindlichen Modelle lediglich in Form von Hinweisen aufgestellt und bekannt gegeben werden.**

54 Art. 5 entspricht Art. 6 der GVO Nr. 3932/92. **Sinn und Zweck** ist es sicherzustellen, dass die Musterbedingungen und Modelle auch tatsächlich mehr Markttransparenz schaffen (vgl. oben Rn. 19), zugleich aber nicht die Produktvielfalt durch einheitliche Verwendung der Musterversicherungsbedingungen seitens der Versicherer zu stark beschränkt wird.[89] Die Versicherer sollen sich dessen bewusst sein und ggf. in den Wettbewerb um Versicherungsnehmer eintreten, die einen anderen Deckungsumfang wünschen.[90]

55 Nach Art. 5 Abs. 1 lit. a und b müssen **Muster allgemeiner Versicherungsbedingungen** für die Versicherer rein fakultativ sein und ausdrücklich die beiden **Hinweise** enthalten, dass sie unverbindlich sind und dass die Versicherer ihren Kunden von der Empfehlung abweichende Klauseln anbieten dürfen. Die Hinweise sind für die Versicherer deutlich erkennbar (etwa gleich zu Beginn) in die Musterbedingungen einzufügen.[91] Sie müssen auch bei Übermittlung gemäß Art. 5 Abs. 1 lit. c enthalten sein.[92] Die einzelnen Versicherer sind nicht verpflichtet, den Kunden abweichende Bedingungen oder Klauseln anzubieten. Von einer Übernahme der Hinweise in die unternehmensindividuellen Versicherungsbedingungen sollte daher im Hinblick auf eine sonst eintretende Unsicherheit der Kunden über deren Verbindlichkeit abgesehen werden.[93]

56 Der Herstellung von Markttransparenz dient es auch, wenn Musterbedingungen zugänglich sein und **jedem Interessierten** (kostenlos)[94] **übermittelt** werden müssen (Art. 5 Abs. 1 lit. c). Letztere können so die ihnen angebotenen Bedingungen mit den Musterbedingungen vergleichen. Praktische Auswirkungen hat diese Bestimmung in Deutschland angesichts zahlreicher Veröffentlichungen zu den wichtigsten Musterversicherungsbedingungen allenfalls im Hinblick auf Autoren und auf Verbraucherschutzvereine.

57 Art. 5 Abs. 2 ordnet für **Modelle** an, dass sie lediglich unverbindlich und in Form von Hinweisen bekannt gegeben werden dürfen. Auch diese Formulierung bringt lediglich zum Ausdruck, dass die Modelle **unverbindlich** zu empfehlen sind.

Art. 6. Von der Freistellung ausgenommene Vereinbarungen

(1) **Die in Artikel 1 Buchstabe c) vorgesehene Freistellung gilt nicht, wenn die Muster allgemeiner Versicherungsbedingungen Klauseln enthalten, die**

a) **einen Hinweis auf die Höhe von Bruttoprämien enthalten;**
b) **Angaben über die Versicherungssummen oder Selbstbehaltsbeträge enthalten;**
c) **eine umfassende vertragliche Deckung einschließlich solcher Risiken auferlegen, denen eine große Anzahl von Versicherungsnehmern nicht gleichzeitig ausgesetzt ist;**

---

[89] *Bunte* VR 1995, 11; *von Fürstenwerth* WM 1994, 369; *Vernimmen* VW 1993, 560; Gemeinschaftskommentar/*Hootz* Art. 5 GVO 358/2003 Rn. 2; *Veelken* in: Immenga/Mestmäcker, EG-WbR Bd. I, Vers-VO Rn. 77; siehe auch Erwägungsgrund 15.
[90] *Schumm* VersWissStud (2. Bd.), 81; *Schröter/Schumm* Art. 81 – Fallgruppen Versicherungen, Rn. 74.
[91] Gemeinschaftskommentar/*Hootz* Art. 5 GVO 358/2003 Rn. 2f.
[92] *Schumm* VersWissStud (2. Bd.), 81f.; *Veelken* in: Immenga/Mestmäcker, EG-WbR Bd. I, Vers-VO Rn. 77; *Prölls/Kollhosser* Versicherungsaufsichtsgesetz, 11. Aufl. 1997, § 81 Anh. II Rn. 54; a. A.: *von Fürstenwerth* WM 1994, 369.
[93] So auch: *Lichtenwald* VR 1993, 322K; *Schümann*, S. 122.
[94] *Schumm* VersWissStud (2. Bd.), 81; *Veelken* in: Immenga/Mestmäcker, EG-WbR Bd. I, Vers-VO Rn. 77.

d) dem Versicherer das Recht einräumen, den Vertrag fortzusetzen, obwohl er den Deckungsumfang einschränkt, obwohl er – unbeschadet etwaiger Indexierungsklauseln – die Prämie ohne Änderung des Risikos oder Ausdehnung des Leistungsumfangs erhöht, oder obwohl er die Vertragsbedingungen ändert, ohne dass der Versicherungsnehmer dem ausdrücklich zugestimmt hat;
e) dem Versicherer das Recht zur Änderung der Vertragsdauer einräumen, ohne dass der Versicherungsnehmer dem ausdrücklich zugestimmt hat;
f) dem Versicherungsnehmer, außer im Bereich der Lebensversicherung, eine Versicherungsdauer von mehr als drei Jahren auferlegen;
g) im Falle der Vereinbarung einer stillschweigenden Vertragsverlängerung mangels vorheriger Kündigung, eine Vertragsverlängerung für mehr als jeweils ein Jahr vorsehen;
h) dem Versicherungsnehmer auferlegen, im Falle der Suspendierung eines Vertrages wegen Wegfalls des versicherten Interesses das Wiederaufleben des Vertrages zu akzeptieren, sobald der Versicherungsnehmer erneut einem derartigen Risiko ausgesetzt ist;
i) dem Versicherungsnehmer auferlegen, unterschiedliche Risiken bei demselben Versicherer zu versichern;
j) dem Versicherungsnehmer auferlegen, bei der Übertragung des versicherten Gegenstandes für die Übernahme des bestehenden Versicherungsvertrages durch den Erwerber Sorge zu tragen;
k) die Deckung eines Risikos ausschließen oder einschränken, wenn der Versicherungsnehmer Sicherheitsvorkehrungen oder Installations- und Wartungsunternehmen verwendet, die gemäß den von einem oder mehreren Versicherungsverbänden in einem oder mehreren Mitgliedstaaten oder auf europäischer Ebene vereinbarten einschlägigen Spezifikationen genehmigt wurden.

(2) Die Freistellung gemäß Artikel 1 Buchstabe c) erstreckt sich nicht auf Unternehmen oder Unternehmensvereinigungen, die sich abstimmen oder es anderen Unternehmen auferlegen, von der Verwendung anderer Versicherungsbedingungen als den zwischen den beteiligten Unternehmen vereinbarten Mustern allgemeiner Versicherungsbedingungen abzusehen.

(3) Ungeachtet der Möglichkeit, besondere Versicherungsbedingungen für bestimmte soziale oder berufliche Bevölkerungsgruppen aufzustellen, gilt die Freistellung gemäß Artikel 1 Buchstabe c) nicht für Vereinbarungen, Beschlüsse und aufeinander abgestimmte Verhaltensweisen, durch die die Deckung bestimmter Risikosparten im Hinblick auf Besonderheiten des Versicherungsnehmers ausgeschlossen wird.

(4) Die Freistellung gemäß Artikel 1 Buchstabe d) gilt nicht, wenn unbeschadet gesetzlicher Verpflichtungen die unverbindlichen Modelle lediglich bestimmte Zinssätze oder eine bezifferte Angabe über die Verwaltungskosten enthalten.

(5) Die Freistellung gemäß Artikel 1 Buchstabe d) erstreckt sich nicht auf Unternehmen oder Unternehmensvereinigungen, die sich abstimmen oder sich verpflichten oder es anderen Unternehmen auferlegen, keine anderen Berechnungsmodelle über Überschussbeteiligungen im Bereich der Versicherungen zu verwenden als die gemäß einer Vereinbarung zwischen den beteiligten Unternehmen erstellten.

1. Allgemeines

Art. 6 fasst verschiedene, zuvor in den Art. 7–9 GVO Nr. 3932/92 geregelte Vereinbarungen zusammen, die von der Freistellung ausgenommen sind. Sie dienen dem Schutz des Wettbewerbs zwischen den Versicherern; teilweise schützen sie auch den Versicherungsnehmer vor unbilligen Klauseln.

2. Verbotene Klauseln (Abs. 1 und 3)

59 **a) Sinn und Zweck.** Art. 6 Abs. 1 und 3 schließen bestimmte Klauseln in Musterversicherungsbedingungen (und nur dort[95]) aus. Ist eine der aufgeführten Klauseln in Musterversicherungsbedingungen enthalten, entfällt die Freistellung für das gesamte Bedingungswerk.[96] Art. 6 Abs. 1 und 3 enthalten neben Klauseln, die allein den Wettbewerb zwischen den Versicherern (auch zum Wohle der Versicherungsnehmer) schützen sollen (Abs. 1 lit. a und b), viele Klauseln (Abs. 1 lit. c bis k und Abs. 3), die neben der durch die GVO zu schützenden wettbewerblichen Handlungsfreiheit von Versicherern und Versicherungsnehmern auch die Versicherungsnehmer vor einer unbilligen Benachteiligung schützen.[97] Dies wird noch durch die Regelung des Art. 10 lit. b verstärkt, wonach die Freistellung entzogen werden kann, wenn Musterbedingungen zulasten der Versicherungsnehmer ein erhebliches Ungleichgewicht zwischen Rechten und Pflichten zur Folge haben. Die GVO stellt so auch die angemessene Beteiligung der Verbraucher am entstehenden Gewinn i. S. d. Art. 81 Abs. 3 EG sicher.[98]

60 **b) Die unzulässigen Klauseln im Einzelnen.** Gemäß Art. 6 Abs. 1 lit. a dürfen Musterversicherungsbedingungen keinen **Hinweis auf** die **Höhe von Bruttoprämien** i. S. d. Art. 2 Nr. 9 enthalten. Da bereits *Hinweise* auf die Bruttoprämienhöhe ausreichen, ist nicht nur die Nennung eines bestimmten Betrages für die zu zahlende Prämie ausgeschlossen, sondern jede konkrete Vorgabe zur Berechnung der Bruttoprämie. Die Festlegung der Prämienhöhe oder einer bestimmten Berechnungsmethode würde den Preiswettbewerb zwischen den die Empfehlung übernehmenden Unternehmen ausschalten.[99]

61 Art. 6 Abs. 1 lit. b schließt **Angaben über Versicherungssummen** oder **Selbstbehaltsbeträge** aus. Versicherungssummen sind in der Schadenversicherung Haftungsobergrenzen; in der Summenversicherung werden zu zahlende Versicherungssummen für den Fall des Eintritts des Versicherungsfalles zwischen Versicherer und Versicherungsnehmer (individuell) vereinbart. Vereinbarte Selbstbehalte regeln, welchen Teil des Schadens (entweder bis zu einem bestimmten Betrag oder prozentual vom Schaden oder eine Kombination aus beidem) der Versicherungsnehmer selbst zu tragen hat. Zumindest die Angabe von absoluten Beträgen ist in beiden Fällen in Musterbedingungen (oder in Tarifen[100]) unzulässig. Eine Ausnahme besteht nur dann, wenn eine Haftungsobergrenze durch Gesetz zwingend vorgegeben ist.[101] Nach Auffassung der Kommission sind auch prozentuale Angaben zu Versicherungssummen oder Selbstbehalten erfasst.[102] Dem ist zuzustimmen: Im Hinblick auf Versicherungssummen geben prozentuale Festlegungen Hinweise auf den zu zahlenden (Teil-)Betrag, was nach dem englischen und dem französischen Wortlaut der GVO („indi-

---

[95] *von Fürstenwerth* WM 1994, 369; *Veelken* in: Immenga/Mestmäcker, EG-WbR Bd. I, Vers-VO Rn. 82.
[96] *Kahlenberg* WuW 1994, 992; FK-*Meyer-Lindemann*, Sonderbereiche Versicherungswirtschaft, Rn. 69; *Veelken* in: Immenga/Mestmäcker, EG-WbR Bd. I, Vers-VO Rn. 82.
[97] So auch: *Vernimmen* VW 1993, 560; *Veelken* in: Immenga/Mestmäcker, EG-WbR Bd. I, Vers-VO Rn. 6 und 81 m. w. N.; a. A.: *Schümann*, S. 125, der nur auf die wettbewerbliche Handlungsfreiheit abstellt.
[98] Ebenso: *Veelken* in: Immenga/Mestmäcker, EG-WbR Bd. I, Vers-VO Rn. 138 für Art. 10 lit. b.
[99] Vgl. Komm. E. v. 4. 12. 1992 – *Lloyds Unterwriters* ABl. EG 1993 L 4/26, Rn. 30–34; vgl. auch *Veelken* in: Immenga/Mestmäcker, EG-WbR Bd. I, Vers-VO Rn. 83.
[100] Auch in Tarifen können Klauseln den Charakter einer Musterbedingung haben: *Lichtenwald* VR 1993, 324.
[101] A. A. *von Fürstenwerth* WM 1994, 370, der Entschädigungsbegrenzungen generell als nicht von diesem Verbot erfasst ansieht.
[102] Bericht der Komm. über die Anwendung der GVO VersW, Kom. (1999) 192 endg., Rn. 19; *Schumm* VersWissStud (2. Bd.), 82; ebenso: *Dreher/Kling*, Rn. 364; *Veelken* in: Immenga/Mestmäcker, EG-WbR Bd. I, Vers-VO Rn. 84; zweifelnd: Gemeinschaftskommentar/*Hootz* Art. 6 GVO 358/2003 Rn. 3.

cate" und „indiquent") ausreicht. Selbstbehalte sind zudem nur in der deutschen Fassung als Selbstbehalts*beträge* bezeichnet worden, während die englische und die französische Fassung eine Begrenzung auf festgelegte Beträge nicht enthalten. Dementsprechend ist die Gliedertaxe in der Unfallversicherung, die festlegt, wie viel Prozent der Versicherungssumme bei Verlust eines bestimmten Gliedes zu zahlen ist, nicht von Art. 6 Abs. 1 lit. b gedeckt. Für sie wurde aber von der Kommission ein comfort letter erteilt, da sie auf medizinischen Erfahrungen beruht und die Markttransparenz erhöht. Soweit auf Versicherungssummen und Selbstbehalte in Musterbedingungen unter Offenlassung des Betrages oder einer Prozentzahl hingewiesen wird, ist dies zulässig.[103]

Art. 6 Abs. 1 lit. c soll den **Einschluss von Risiken** in Musterbedingungen verhindern, **denen** eine **große Anzahl von Versicherungsnehmern nicht gleichzeitig ausgesetzt** ist. Vorausgesetzt wird eine umfassende Deckung, also eine solche, die mehrere Risiken erfasst. Den gedeckten Risiken müssen nahezu alle Versicherungsnehmer unterliegen, die üblicherweise einen Versicherungsvertrag dieses Typs abschließen. In Musterversicherungsbedingungen sollen demgegenüber Risiken, denen ein Teil der Versicherungsnehmer nicht ausgesetzt ist, nicht mit in die Deckung genommen werden. Beispielsweise ist in der Wohngebäudeversicherung nahezu jeder Versicherungsnehmer den Risiken Brand, Sturm oder Rohrbruch ausgesetzt, aber nur ein Teil Risiken wie der Gefahr einer Überschwemmung, einer Sturmflut oder einer Lawine. Ob letztere Gefahren in Musterbedingungen für eine Wohngebäudeversicherung mit umfasst sein dürfen, richtet sich danach, ob eine *große Anzahl* der potenziellen Versicherungsnehmer diesen Gefahren nicht ausgesetzt ist. Dies ist nach Auffassung der Kommission der Fall, wenn die betreffende Zahl so groß ist, dass für sie ein eigener Tarif erstellt werden könnte.[104] Versicherern soll so erleichtert werden, auch Spezialversicherungen anzubieten. Solche Spezialversicherungen wären jedoch im Bereich der Versicherung von Elementarrisiken mangels breiten Risikoausgleichs unversicherbar oder nur zu sehr hohen Prämien zu erhalten. Die einzelnen Versicherer können in ihren Bedingungen außer Spezialdeckungen auch eine umfassende Deckung anbieten.[105] 62

Art. 6 Abs. 1 lit. d verbietet Klauseln in Musterversicherungsbedingungen, die dem Versicherer folgende **einseitige Änderungen des Versicherungsvertrages** erlauben: Einschränkungen des vertraglichen Deckungsumfangs, bestimmte Prämienerhöhungen und Änderungen der Vertragsbedingungen. Solche Änderungen dürfen nur vorgesehen werden, wenn der Versicherungsnehmer ihnen ausdrücklich zustimmt oder wenn kein Recht des Versicherers auf Vertragsfortsetzung trotz der Vertragsänderungen besteht. Eine ausdrückliche Zustimmung liegt nur bei einer positiven Äußerung des Versicherungsnehmers vor, nicht hingegen bei einem Schweigen auf eine Bitte um Zustimmung. An einem Recht des Versicherers auf Vertragsfortsetzung fehlt es jedoch bereits, wenn der Versicherungsnehmer bei einseitiger Vertragsänderung ein Recht auf Kündigung mit Wirkung zum Zeitpunkt der vorgesehenen Änderung hat; in diesem Fall genügt auch ein Nichtgebrauchmachen von dem Kündigungsrecht nach Mitteilung der vorgesehenen Änderungen durch den Versicherer.[106] Prämienerhöhungsklauseln sind zudem auch zugelassen, wenn Erhöhungen lediglich bei einer Risikoveränderung oder einer Ausdehnung des Leistungsumfangs vorge- 63

---

[103] *Bunte* VR 1995, 12; *Schümann*, S. 132; *Schröter/Schumm* Art. 81 – Fallgruppen Versicherungen, Rn. 78.

[104] *Bunte* VR 1995, 12; *Hörst* VR 2003, 152; Gemeinschaftskommentar/*Hootz* Art. 6 GVO 358/2003 Rn. 4; *Veelken* in: Immenga/Mestmäcker, EG-WbR Bd. I, Vers-VO Rn. 85; MK-*Herrmann*, GVO Nr. 358/2003 Art. 5, 6 Rn. 9; *Schröter/Schumm* Art. 81 – Fallgruppen Versicherungen, Rn. 77.

[105] Ebenso: *Veelken* in: Immenga/Mestmäcker, EG-WbR Bd. I, Vers-VO Rn. 86.

[106] Bericht der Komm. über die Anwendung der GVO VersW, Kom. (1999) 192 endg., Rn. 20; *von Fürstenwerth* WM 1994, 370; FK-*Meyer-Lindemann*, Sonderbereiche Versicherungswirtschaft, Rn. 79; Gemeinschaftskommentar/*Hootz* Art. 6 GVO 358/2003 Rn. 5 f.; *Veelken* in: Immenga/Mestmäcker, EG-WbR Bd. I, Vers-VO Rn. 88; a. A.: *Dreher/Kling*, Rn. 366; *Schümann*, S. 134; *Liebscher/Flohr/Petsche/Schauer* § 12 Rn. 67.

sehen sind sowie wenn sie an einen (amtlichen oder nicht amtlichen) Index, wie etwa einer marktweiten repräsentativen Verbands-Schadenbedarfsstatistik, anknüpfen.[107]

64 Nach Art. 6 Abs. 1 lit. e nicht zulässig sind Klauseln über eine **einseitige Änderung der Vertragsdauer** durch den Versicherer (für Verlängerungsklauseln gilt Art. 6 Abs. 1 lit. g). Hierzu bedarf es einer ausdrücklichen Zustimmung durch den Versicherungsnehmer.

65 Art. 6 Abs. 1 lit. f stellt nur Klauseln frei, die eine **Vertragsdauer** von bis zu drei Jahren vorsehen; daran anschließende automatische Verlängerungen mit Kündigungsrecht bleiben dabei unberücksichtigt. Musterklauseln über eine darüber hinausgehende Vertragsdauer sind ausschließlich im Bereich der Lebensversicherung oder bei einer unbestimmten Vertragsdauer mit Kündigungsmöglichkeit spätestens zum Ende des dritten Versicherungsjahres zulässig.[108] Dies geht in Deutschland über die vertragsrechtliche Regelung des § 11 Abs. 2 und 4 VVG nicht hinaus.

66 Musterklauseln, die eine **stillschweigende Vertragsverlängerung** für den Fall vorsehen, dass keine Kündigung erfolgt, sind gemäß Art. 6 Abs. 1 lit. g nur freigestellt, wenn der Vertrag jeweils nicht für mehr als ein Jahr verlängert wird.

67 Bei endgültiger Beendigung eines Versicherungsvertrags infolge Wegfalls des versicherten Interesses (vgl. § 80 Abs. 2 VVG) soll eine Musterklausel gemäß Art. 6 Abs. 1 lit. h nicht ein **Wiederaufleben des alten Vertrages** vorsehen, sobald der Versicherungsnehmer einem solchen Risiko erneut (z. B. durch Ersatzanschaffung) ausgesetzt ist. Vertraglich einzuräumende Möglichkeiten zur zeitlich begrenzten Aussetzung des Vertrages (ruhen lassen des Versicherungsschutzes) werden von Art. 6 Abs. 1 lit. h nicht erfasst.[109]

68 Nach Art. 6 Abs. 1 lit. i sind Musterklauseln unzulässig, nach denen der Versicherungsnehmer **unterschiedliche Risiken bei demselben Versicherer** versichern muss. Zulässig sind hingegen Klauseln, wonach weitere Risiken derselben Art bei demselben Versicherer zu versichern sind.[110]

69 Nach Art. 6 Abs. 1 lit. j soll eine vertragliche **Pflicht zur Übertragung des Versicherungsvertrages** auf den Erwerber einer versicherten Sache nicht Gegenstand einer Musterklausel sein. Ein durch Gesetz vorgesehener Übergang des Versicherungsschutzes auf den Erwerber (z. B. gemäß §§ 95 Abs. 1, 122 VVG) darf hingegen in Musterversicherungsbedingungen in den gesetzlich vorgegebenen Grenzen niedergeschrieben werden.[111]

70 Art. 6 Abs. 1 lit. k schließt bestimmte Deckungsausschlüsse und **Deckungseinschränkungen für** den Fall der **Verwendung zertifizierter Sicherheitsvorkehrungen** (i. S. d. Art. 2 Nr. 8) und Installations- und Wartungsunternehmen aus. Diese Regelung richtet sich weniger gegen Deckungseinschränkungen in Musterklauseln für den Fall, dass der Versicherungsnehmer die vom selben Verband empfohlenen Sicherheitsvorkehrungen und Installations- und Wartungsunternehmen verwendet; für diesen Fall sehen Musterbedingungen wohl kaum eine Deckungseinschränkung vor, da diese dann den eigenen Empfehlungen widersprächen. Vielmehr sollen Musterklauseln auch keine Deckungseinschränkung vorsehen, wenn der Versicherungsnehmer nicht die vom selben Versicherungsverband

---

[107] *Bunte* VR 1995, 13; *Lichtenwald* VR 1993, 324; *Windhagen*, S. 176; Gemeinschaftskommentar/*Hootz* Art. 6 GVO 358/2003 Rn. 6; *Veelken* in: Immenga/Mestmäcker, EG-WbR Bd. I, Vers-VO Rn. 88; teils a. A. *Schümann*, S. 135, der nicht am Schadenbedarf anknüpfen will.

[108] *Schumm* VersWissStud (2. Bd.), 83; *Veelken* in: Immenga/Mestmäcker, EG-WbR Bd. I, Vers-VO Rn. 89; ähnlich: Gemeinschaftskommentar/*Hootz* Art. 6 GVO 358/2003 Rn. 8.

[109] *Lichtenwald* VR 1993, 325; *Schümann*, S. 138 f.; *Windhagen*, S. 177; Gemeinschaftskommentar/*Hootz* Art. 6 GVO 358/2003 Rn. 10; *Veelken* in: Immenga/Mestmäcker, EG-WbR Bd. I, Vers-VO Rn. 90.

[110] *Lichtenwald* VR 1993, 326; Gemeinschaftskommentar/*Hootz* Art. 6 GVO 358/2003 Rn. 11; *Veelken* in: Immenga/Mestmäcker, EG-WbR Bd. I, Vers-VO Rn. 91; *Liebscher/Flohr/Petsche/Schauer* § 12 Rn. 73; a. A. *Schümann*, S. 139.

[111] Ebenso: *Veelken* in: Immenga/Mestmäcker, EG-WbR Bd. I, Vers-VO Rn. 92; ähnlich: Gemeinschaftskommentar/*Hootz* Art. 6 GVO 358/2003 Rn. 12.

empfohlenen Sicherheitsvorkehrungen verwendet, sondern die von einem anderen Versicherungsverband in einem EU-Mitgliedsstaat empfohlenen. Den einzelnen Versicherern soll dadurch mehr Freiheit gelassen werden zu entscheiden, welche innerhalb Europas empfohlenen Sicherheitsvorkehrungen und Installations- und Wartungsunternehmen sie in ihren individuellen Bedingungen akzeptieren.[112] Dementsprechend sind Deckungseinschränkungen in Musterklauseln dann freigestellt, wenn sie für den Fall gelten, dass keine der von einem Versicherungsverband aus einem EU-Mitgliedstaat empfohlenen Sicherheitsvorkehrung oder Installations- und Wartungsunternehmen vom Versicherungsnehmer verwendet werden, oder wenn bezüglich der zu verwendenden Sicherheitsvorkehrungen und Installations- und Wartungsunternehmen offen gelassen wird, von welchem Versicherungsverband innerhalb der EU diese anerkannt sein müssen. Auch eine Formulierung „Versicherungsschutz besteht, wenn die (konkret benannten) Sicherheitsvorkehrungen verwendet werden" enthält einen Deckungsausschluss für den Fall der Verwendung anderer Sicherheitsvorkehrungen. Die einzelnen Versicherer sind frei, in ihren Bedingungen die Einhaltung der von einem bestimmten Verband empfohlenen Sicherheitsvorkehrungen oder Installations- und Wartungsunternehmen zu verlangen.

Von der Freistellung ausgeschlossen sind schließlich nach Art. 6 Abs. 3 Musterklauseln, durch die die Deckung bestimmter Risikokategorien im Hinblick auf **Besonderheiten des Versicherungsnehmers** (gänzlich) ausgeschlossen sind. Solche Besonderheiten können etwa die Staatsangehörigkeit, bestimmte Krankheiten oder das Überschreiten einer Altersgrenze sein.[113] Art. 6 Abs. 3 erkennt selbst für statistisch nachgewiesene Risikoerhöhungen keine Ausnahme an.[114] Soweit Besonderheiten risikoerhöhend wirken, kann dies von den einzelnen Versicherern durch individuelle Ausschlüsse oder durch erhöhte Prämien berücksichtigt werden, nicht aber in Musterversicherungsbedingungen. Hingegen ist es nicht ausgeschlossen, für bestimmte *soziale* oder *berufliche* Bevölkerungsgruppen besondere Versicherungsbedingungen für deren spezielle Versicherungsbedürfnisse zu schaffen.[115]

3. Bezifferungen in Modellen (Abs. 4)

Art. 6 Abs. 4 verbietet im Hinblick auf die Inhalte der Modelle zweierlei: Zum einen dürfen in ihnen nicht **lediglich bestimmte Zinssätze** enthalten sein. Ein lediglich bestimmte Zinssätze enthaltendes Modell brächte dem Versicherungsnehmer keinen Vorteil, da er so nur von allen Versicherern dieselben Zahlen vorgelegt bekäme. Daher müssen in Modellen neben bestimmten Zinssätzen auch unternehmensindividuelle Zinssätze angegeben werden können, die einen Vergleich ermöglichen, etwa durch Freilassen einer Spalte für unternehmensindividuelle Zinssätze.[116] Auf eine solche kann nur verzichtet werden, wenn gesetzliche Verpflichtungen bestimmte Zinssätze vorschreiben.[117] Des Weiteren ist die bezifferte Angabe von **Verwaltungskosten** generell verboten. Diese beruhen auf un-

---

[112] A. A.: *Veelken* in: Immenga/Mestmäcker, EG-WbR Bd. I, Vers-VO Rn. 93, der die Durchsetzung des Prinzips der gegenseitigen Anerkennung als Hauptzweck ansieht.
[113] Bericht der Komm. über die Anwendung der GVO VersW, Kom. (1999) 192 endg., Rn. 21; *Bunte* VR 1995, 12; *Lichtenwald* VR 1993, 326; *Schumm* VersWissStud (2. Bd.), 83 f.; Gemeinschaftskommentar/*Hootz* Art. 6 GVO 358/2003 Rn. 15; *Veelken* in: Immenga/Mestmäcker, EG-WbR Bd. I, Vers-VO Rn. 99; *Jestaedt* in: Langen/Bunte, Fn. 22, Rn. 140.
[114] Gemeinschaftskommentar/*Hootz* Art. 6 GVO 358/2003 Rn. 15; *Veelken* in: Immenga/Mestmäcker, EG-WbR Bd. I, Vers-VO Rn. 99; a. A. *Lichtenwald* VR 1993, 326.
[115] Ebenso: *Dreher/Kling*, Rn. 379; Gemeinschaftskommentar/*Hootz* Art. 6 GVO 358/2003 Rn. 15; *Veelken* in: Immenga/Mestmäcker, EG-WbR Bd. I, Vers-VO Rn. 96 f. m. w. N.
[116] *Schumm* VersWissStud (2. Bd.), 84; *von Fürstenwerth* WM 1994, 370; Gemeinschaftskommentar/*Hootz* Art. 6 GVO 358/2003 Rn. 16; *Veelken* in: Immenga/Mestmäcker, EG-WbR Bd. I, Vers-VO Rn. 100.
[117] *Windhagen*, S. 180; Gemeinschaftskommentar/*Hootz* Art. 6 GVO 358/2003 Rn. 16.

4. Absprachen zur strikten Einhaltung von Empfehlungen (Abs. 2 und 5)

73 Art. 6 Abs. 2 und 5 entsprechen ihrem Wortlaut nach weitgehend Art. 4. Sie sollen Absprachen von Versicherern verhindern, keine anderen als die empfohlenen Musterversicherungsbedingungen oder Modelle zu verwenden. Art. 6 Abs. 2 und 5 **stärken** so die durch Art. 5 Abs. 1 lit. a, b und 2 angeordnete **Unverbindlichkeit** empfohlener Musterversicherungsbedingungen und Modelle. Dass eine solche Absprache als besonders schädlich für den Wettbewerb gilt, ergibt sich auch aus der Erwähnung der Geschäftsbedingungen in Art. 81 Abs. 1 lit. a EG. **Tathandlung** und **Rechtsfolge** entsprechen jeweils derjenigen in Art. 4, sodass auf die dortige Kommentierung verwiesen werden kann. Die Mitteilung abweichender Bedingungen an einen Verband verstößt allerdings dann nicht gegen Abs. 2, wenn sie zur Erstellung gemeinsamer Statistiken notwendig ist und Anonymität gewahrt bleibt.[118]

Art. 7. Anwendung der Freistellung und der Marktanteilsschwellen

(1) **Nach Inkrafttreten dieser Verordnung ausschließlich zur Deckung neuartiger Risiken gegründete Mitversicherungs- und Mit-Rückversicherungsgemeinschaften werden unabhängig von ihrem Marktanteil ab dem Datum ihrer erstmaligen Gründung für eine Dauer von drei Jahren gemäß Artikel 1 Buchstabe e) freigestellt.**

(2) **Mitversicherungs- und Mit-Rückversicherungsgemeinschaften, die nicht unter Absatz 1 fallen (weil sie bereits länger als drei Jahre bestehen oder nicht zur Deckung eines neuartigen Risikos gegründet wurden), werden unter der Voraussetzung für die Geltungsdauer dieser Verordnung gemäß Artikel 1 Buchstabe e) freigestellt, dass die von den beteiligten Unternehmen oder in ihrem Namen im Rahmen der Versicherungsgemeinschaft gezeichneten Versicherungsprodukte auf keinem der betroffenen Märkte einen Marktanteil überschreiten von**

a) **mehr als 20% im Falle von Mitversicherungsgemeinschaften und**
b) **mehr als 25% im Falle von Mit-Rückversicherungsgemeinschaften.**

(3) **Zum Zwecke der Anwendung der in Absatz 2 genannten Marktanteilsschwellen gelten folgende Regeln:**

a) **der Marktanteil wird auf der Grundlage der Bruttobeitragseinnahmen berechnet; falls diese Zahlen nicht erhältlich sind, können mittels anderer verlässlicher Marktinformationen einschließlich Risikodeckung oder Versicherungswert vorgenommene Schätzungen zur Errechnung des Marktanteils des betroffenen Unternehmens herangezogen werden;**
b) **der Marktanteil wird anhand der Zahlen des vorangegangenen Kalenderjahres errechnet;**
c) **der Marktanteil der Unternehmen im Sinne von Artikel 2 Ziffer 3 Buchstabe e) wird gleichmäßig auf die Unternehmen aufgeteilt, die über die in Artikel 2 Ziffer 3 Buchstabe a) genannten Rechte oder Einflussmöglichkeiten verfügen.**

(4) **Wird die in Absatz 2 Buchstabe a) genannte Marktanteilsschwelle von 20% erst im Lauf der Zeit überschritten und wird dabei ein Wert von höchstens 22% erreicht, so gilt die Freistellung nach Artikel 1 Buchstabe e) im Anschluss an das Jahr, in dem**

---

[118] Komm. E. v. 20. 12. 1989 – *Concordato Incendio* ABl. EG 1990 L 15/25 Rn. 27; Ebenso: *Windhagen*, S. 149 f.; *Veelken* in: Immenga/Mestmäcker, EG-WbR Bd. I, Vers-VO Rn. 94; *Schröter/Schumm* Art. 81 – Fallgruppen Versicherungen Rn. 14 u. 16; a. A.: *Schümann*, S. 121; *Dreher/Kling*, Rn. 382, missverstehen diesen Meinungsstreit, wenn sie ihn auf Modelle beziehen und von einer (anonymisierten) Weitergabe der Information an die Wettbewerber ausgehen.

die Schwelle von 20% zum ersten Mal überschritten wird, noch für zwei aufeinander folgende Kalenderjahre weiter.

(5) Wird die in Absatz 2 Buchstabe a) genannte Marktanteilsschwelle von 20% erst im Lauf der Zeit überschritten und wird dabei ein Wert von mehr als 22% erreicht, so gilt die Freistellung nach Artikel 1 Buchstabe e) im Anschluss an das Jahr, in dem die Schwelle von 20% zum ersten Mal überschritten wird, noch für ein Kalenderjahr weiter.

(6) Die in den Absätzen 5 und 4 genannten Vorteile dürfen nicht in der Weise miteinander verbunden werden, dass ein Zeitraum von zwei Kalenderjahren überschritten wird.

(7) Wird die in Absatz 2 Buchstabe b) genannte Marktanteilsschwelle von 25% erst im Lauf der Zeit überschritten und wird dabei ein Wert von höchstens 27% erreicht, so gilt die Freistellung nach Artikel 1 Buchstabe e) im Anschluss an das Jahr, in dem die Schwelle von 25% zum ersten Mal überschritten wird, noch für zwei aufeinander folgende Kalenderjahre weiter.

(8) Wird die in Absatz 2 Buchstabe b) genannte Marktanteilsschwelle von 25% erst im Lauf der Zeit überschritten und wird dabei ein Wert von mehr als 27% erreicht, so gilt die Freistellung nach Artikel 1 Buchstabe e) im Anschluss an das Jahr, in dem die Schwelle von 27% zum ersten Mal überschritten wird, noch für ein Kalenderjahr weiter.

(9) Die in den Absätzen 8 und 7 genannten Vorteile dürfen nicht in der Weise miteinander verbunden werden, dass ein Zeitraum von zwei Kalenderjahren überschritten wird.

1. Versicherungsgemeinschaften zur Deckung neuartiger Risiken (Abs. 1)

Art. 1 lit. e, 7 Abs. 1 stellen Mitversicherungs- und Mit-Rück**versicherungsgemeinschaften zur Deckung neuartiger Risiken** frei. Die Versicherungsgemeinschaften dürfen ausschließlich neuartige Risiken i. S. d. Art. 2 Nr. 7 abdecken und nicht nebenbei noch andere Risiken. Voraussetzung für die Freistellung ist deren Gründung frühestens am 1. April 2003. Die Freistellung ist von der Einhaltung einer Marktanteilsgrenze unabhängig, sodass sich alle auf dem entsprechenden Markt tätigen Versicherer an ihr beteiligen können. Sie ist befristet auf drei Jahre ab dem Datum der Gründung. Anschließend sollen die gesammelten Erfahrungen nach Auffassung der Kommission ausreichen um zu beurteilen, ob es einer Gemeinschaft aller Versicherungsunternehmen bedarf.[119] Angesichts der engen Umschreibung neuartiger Risiken dürften in solchen Fällen die einzelnen Mitglieder einer Gemeinschaft häufig schon nicht in der Lage sein, solche Risiken alleine abzudecken, und ihre Gründung notwendig sein, um diese Risiken überhaupt versichern zu können. Dann aber liegt schon keine Wettbewerbsbeschränkung vor (vgl. oben Rn. 26).

2. Freistellung nach Marktanteil (Abs. 2)

Art. 7 Abs. 2 enthält die Voraussetzungen für eine **Freistellung** von Versicherungsgemeinschaften, die den Wettbewerb beschränken, aber nicht bereits nach Abs. 1 freigestellt sind. Dafür muss eine Mitversicherungs- oder Mit-Rückversicherungsgemeinschaft i. S. d. Art. 1 lit. e, 2 Nr. 5 und 6 vorliegen. Ferner dürfen die Gemeinschaften zwar auf mehreren Märkten tätig sein, aber auf keinem dieser Märkte **Marktanteile** von 20% im Falle der Mitversicherungsgemeinschaft (lit. a) und von 25% im Falle der Mit-Rückversicherungsgemeinschaft (lit. b) überschreiten (zur Berechnung siehe sogleich unter 3.). Die Marktanteilsgrenzen wurden im Vergleich zur GVO Nr. 3932/92 deutlich erhöht und an die Marktanteilsgrenzen in anderen Horizontal-GVOen angepasst. Schließlich müssen noch die Bedingungen des Art. 8 eingehalten werden. Der Hinweis, dass die Freistellung für die

---

[119] Vgl. Erwägungsgrund 19, abgedruckt oben nach Rn. 8.

Geltungsdauer der Verordnung gilt, hat lediglich klarstellenden Charakter: Alle unter die GVO fallenden Vereinbarungen – mit Ausnahme der nach Art. 7 Abs. 1 freigestellten Versicherungsgemeinschaften – sind grundsätzlich bis zum 31. 3. 2010 freigestellt.

3. Berechnung des Marktanteils der Versicherungsgemeinschaften (Abs. 3)

76 Für die Berechnung der in Abs. 2 genannten Marktanteile sind zunächst die **sachlich und örtlich betroffenen Märkte,** auf denen die jeweilige Versicherungsgemeinschaft tätig ist, zu ermitteln. Hierzu ist die Bekanntmachung der Kommission über die Definition des relevanten Marktes[120] heranzuziehen, nach der es im Wesentlichen auf die Austauschbarkeit der angebotenen Produkte aus Sicht des Versicherungsnehmers und die Angebotssubstituierbarkeit ankommt.[121] Existierende Musterversicherungsbedingungen können dabei insb. im Bereich der Nichtlebensversicherung ein Indiz für einen eigenen sachlich relevanten Markt darstellen, dem auch leicht abweichende Produkte unterfallen, ggf. sogar verwandte Bankprodukte, sofern sie aus Sicht des Versicherungsnehmers austauschbar sind oder ein Versicherer sie kurzfristig ohne großen Umstellungsaufwand anbieten kann.[122] Mit-Rückversicherungsgemeinschaften sind sachlich jeweils auf dem Markt der Rückversicherung für bestimmte Erstversicherungsverträge tätig. Hinsichtlich des örtlich relevanten Marktes geht die Kommission in der Versicherungswirtschaft (mit Ausnahme des Großkundengeschäfts und der Rückversicherung) aufgrund der unterschiedlichen Marktbedingungen derzeit von nationalen Märkten aus.[123]

77 Maßgeblich für die Berechnung des Marktanteils sind grundsätzlich die **Bruttobeitragseinnahmen des vorangegangenen Kalenderjahres** (Art. 7 Abs. 3 lit. a und b). Die der Versicherungsgemeinschaft zuzurechnenden Bruttobeitragseinnahmen sind dabei den Bruttobeitragseinnahmen des gesamten jeweiligen Marktes gegenüber zu stellen. Nur falls Bruttobeitragseinnahmen nicht ermittelbar sind, können andere verlässliche Marktinformationen zur Berechnung herangezogen werden. Die Berechnungen müssen für sämtliche Märkte, auf denen die Versicherungsgemeinschaft tätig ist, durchgeführt werden.

78 Welche **Bruttobeitragseinnahmen** der Versicherungsgemeinschaft zur Berechnung ihrer Marktanteile zuzurechnen sind, richtet sich nach Art. 7 Abs. 2. Danach kommt es auf die Bruttobeitragseinnahmen für solche Versicherungsprodukte (im Bereich der Mitversicherung sind dies Erstversicherungsverträge und im Bereich der Mit-Rückversicherung Rückversicherungsverträge) an, die von den beteiligten Versicherungsunternehmen oder in ihrem Namen **im Rahmen der Versicherungsgemeinschaft** gezeichnet werden. Im Rahmen der Versicherungsgemeinschaft gezeichnet werden Versicherungsprodukte, wenn die in der Gemeinschaft zusammengeschlossenen Versicherer Vertragspartner werden, also gemeinsam das gezeichnete Risiko übernehmen. Demzufolge sind Versicherungsprodukte, die die beteiligten Unternehmen nicht im Rahmen der Versicherungsgemeinschaften, sondern außerhalb für sich selbst zeichnen, nicht in den Marktanteil der Versicherungsgemeinschaft einzurechnen.[124] Es kommt also – anders als nach Art. 11 Abs. 1 GVO Nr. 3932/92 –

---

[120] ABl. EG 1997 C 372/5.
[121] Bericht der Komm. über die Anwendung der GVO VersW, Kom. (1999) 192 endg., Rn. 26; ausführlicher zu Kommissionsentscheidungen hierzu: *Brinker/Schädle* VersR 2003, 1480f., und VersR 2004, 673 ff.; *Dreher/Kling*, Rn. 98, 103; *Kahlenberg* WuW 1994, 995; *Stancke* VW 2004, 1462; FK-*Meyer-Lindemann*, Sonderbereiche Versicherungswirtschaft, Rn. 118 ff.; Gemeinschaftskommentar/ *Hootz* Art. 7 GVO 358/2003 Rn. 4 f.; *Veelken* in: Immenga/Mestmäcker, EG-WbR Bd. I, Vers-VO Rn. 110; das OLG Düsseldorf stellt in seinem Beschl. v. 17. 9. 2008 – *Versicherungsstelle Wiesbaden*, WuW 2009, 419, entscheidend auf die Angebotsumstellungsflexibilität ab.
[122] Vgl. *Dreher/Kling*, Rn. 99–102; MK-*Herrmann*, GVO Nr. 358/2003 Art. 7, 8 Rn. 8; OLG Düsseldorf, Beschl. v. 17. 9. 2008 – *Versicherungsstelle Wiesbaden*, WuW 2009, 419 f.
[123] Abschlussbericht, Fn. 2, Rn. 5.
[124] Ebenso: *Brinker/Schädle* VersR 2003, 1478; *Dreher* in: FS Immenga, 2004, S. 103 ff. mit ausführlicher Begründung; *Dreher/Kling*, Rn. 294 und 298–306; *Esser-Wellié/Hohmann* VersR 2004, 1218;

G. Versicherung   79–81 **Art. 7 VersW-GVO**

nicht darauf an, welche Marktanteile alle beteiligten Unternehmen zusammen mit der Versicherungsgemeinschaft halten. Die besondere, nur auf den Marktanteil der Gemeinschaft abstellende Freistellung für die gemeinschaftliche Versicherung von Katastrophenrisiken (Art. 11 Abs. 2 GVO 3932/92) konnte daher entfallen, während gleichzeitig das damals nur für solche geltende Verbot der Doppelmitgliedschaft allgemein in Art. 8 lit. g übernommen wurde. Im Falle der Mit-Rückversicherungsgemeinschaft ist darauf abzustellen, welcher Anteil im Rahmen der Gemeinschaft rückversichert wird. Werden Teile des Risikos aus dem Erstversicherungsvertrag woanders rückversichert, ist dies der Gemeinschaft nicht zuzurechnen. Eigenanteile und Selbstbehalte bleiben daher ebenso unberücksichtigt.

Die Versicherungsprodukte müssen **von den beteiligten Unternehmen oder in ih-** 79
rem Namen gezeichnet worden sein. Diese Formulierung des Art. 7 Abs. 2 verdeutlicht nur, dass die beteiligten Unternehmen entweder selbst den Versicherungsvertrag mit dem Versicherungsnehmer zeichnen müssen (das betrifft insbesondere das das Risiko in die Gemeinschaft einbringende Unternehmen) oder dass die Zeichnung in deren Namen, also durch Vertretung der beteiligten Unternehmen (sei es durch das das Risiko einbringende Unternehmen, durch einen Makler oder durch eine gemeinsame Organisation), zu erfolgen hat.[125] Beteiligte Versicherungsunternehmen sind dabei entgegen Art. 2 Nr. 2 nicht auch mit den Mitversicherern verbundene Unternehmen, da sich aus der Formulierung „in ihrem" (also der beteiligten Unternehmen) „Namen" ergibt, dass hier nur die Mitversicherer gemeint sein können, da nur diese vertreten werden.

Da es für die Berechnung der Marktanteile der Versicherungsgemeinschaft allein darauf 80
ankommt, ob die Versicherungsprodukte im Rahmen der Gemeinschaft gezeichnet wurden, ist es unerheblich, wie die Marktanteile von Gemeinschaftsunternehmen gemäß Art. 7 Abs. 3 lit. c auf die an der Versicherungsgemeinschaft beteiligten Unternehmen aufgeteilt werden.[126]

4. Überschreitungen der Marktanteilsschwellen (Abs. 4–9)

Abs. 4–9 treffen Regelungen für den Fall, dass die **Marktanteilsschwellen** von 20 bzw. 81
25% **überschritten** werden. Da zur Berechnung der Marktanteile immer auf das vorangegangene Kalenderjahr abzustellen ist (Art. 7 Abs. 3 lit. b), erstreckt sich die Freistellung nach Art. 1 lit. e, 7 Abs. 2 noch auf das Kalenderjahr, in dem die Marktanteilsschwelle erstmalig überschritten wird. Die Regelungen der Abs. 4–9 erstrecken sich erst auf die Folgejahre. Bei einer Überschreitung um jeweils bis zu 2% gilt die Freistellung noch zwei weitere Kalenderjahre (Abs. 4 und 7). Bei einer Überschreitung von jeweils mehr als 2% gilt die Freistellung noch ein weiteres Kalenderjahr (Abs. 5 und 8). Diese beiden Regelungen dürfen aber nicht in der Weise kombiniert werden, dass die Versicherungsgemeinschaft noch insgesamt drei Jahre nach erstmaliger Überschreitung der jeweiligen Marktanteils-

---

Hörst VR 2003, 153; *ders.* in Bericht aus Brüssel (GDV-Veröffentlichung) 2/2003, 10; *Honsel,* Neueste Entwicklungen im eur. und int. Kartellrecht, S. 224; MK-*Herrmann,* GVO Nr. 358/2003 Art. 7, 8 Rn. 11; MK-*Esser-Wellié/Stappert,* SB VersW Rn. 52; a. A. *Gruber,* VR 2006, 87; Gemeinschaftskommentar/*Hootz* Art. 7 GVO 358/2003 Rn. 3 und 8, der auf das neue Merkmal „im Rahmen der Versicherungsgemeinschaft" nicht eingeht; *Veelken* in: Immenga/Mestmäcker, EG-WbR Bd. I, Vers-VO Rn. 112, der allerdings keinen Grund nennt, warum die Kommission außer zur bewussten Änderung der Rechtslage und trotz aus seiner Sicht eindeutiger früherer Rechtslage des Art. 11 Abs. 1 GVO 3932/92 die Formulierung „im Rahmen der Versicherungsgemeinschaft" eingefügt haben könnte.

[125] A. A.: *Veelken* in: Immenga/Mestmäcker, EG-WbR Bd. I, Vers-VO Rn. 112, der das „von den beteiligten Unternehmen" unter Hinweis auf Art. 2 Nr. 5 ausschließlich auf von den beteiligten Unternehmen außerhalb der Gemeinschaft gehaltenes Geschäft beziehen will.

[126] Ebenso mit ausführlicher Begründung: *Dreher* in: FS Immenga, 2004, S. 107 f.; *Dreher/Kling,* Rn. 308 f.; a. A.: *Veelken* in: Immenga/Mestmäcker, EG-WbR Bd. I, Vers-VO Rn. 112 f.; MK-*Herrmann,* GVO Nr. 358/2003 Art. 7, 8 Rn. 13.

schwelle freigestellt wäre; es bleibt bei einer höchstens zweijährigen weiteren Freistellung (Abs. 6 und 9). Wird hingegen die jeweilige Marktanteilsschwelle in einem der Folgejahre der erstmaligen Überschreitung wieder unterschritten, so können bei einer nachherigen erneuten Überschreitung die Regelungen gemäß Abs. 4–9 erneut in Anspruch genommen werden, da zwischenzeitlich wieder eine Freistellung gemäß Art. 1 lit. e, 7 Abs. 2 eingetreten ist.

Art. 8. Freistellungsvoraussetzungen

Die in Artikel 1 Buchstabe e) vorgesehene Freistellung gilt nur unter der Voraussetzung, dass

a) jedes beteiligte Unternehmen das Recht hat, spätestens ein Jahr nach einer Kündigung aus der Gemeinschaft auszuscheiden, ohne dass dies Sanktionen zur Folge hat;
b) die Regeln der Gemeinschaft ihre Mitglieder nicht verpflichten, Risiken der von der Gemeinschaft gedeckten Art ausnahmslos ganz oder teilweise über die Gemeinschaft zu versichern oder rückzuversichern;
c) die Regeln der Gemeinschaft die Versicherung oder Rückversicherung von Risiken in den einzelnen geografischen Gebieten der Europäischen Union durch die Versicherungsgemeinschaft oder ihre Mitglieder nicht beschränken;
d) die Vereinbarung Produktion und Vertrieb nicht einschränkt;
e) die Vereinbarung keine Zuteilung von Märkten oder Kunden vorsieht;
f) die Mitglieder der Mit-Rückversicherungsgemeinschaft keine Bruttoprämien im Direktversicherungs-Geschäft vereinbaren und
g) kein Mitglied der Versicherungsgemeinschaft oder Unternehmen, das einen bestimmenden Einfluss auf die Geschäftspolitik der Versicherungsgemeinschaft ausübt, gleichzeitig auch in einer anderen auf dem gleichen relevanten Markt tätigen Versicherungsgemeinschaft Mitglied ist oder auf ihre Geschäftspolitik einen bestimmenden Einfluss ausübt.

1. Allgemeines

82 Die in Art. 8 aufgeführten Bedingungen stellen sicher, dass keine unerlässlichen Beschränkungen i. S. d. Art. 81 Abs. 3 EG vereinbart werden. Aufgeführt werden nur noch verbotene Klauseln, während die früheren so genannten weißen Klauseln (insb. Art. 10 Abs. 3 und 4, 12 und 13 GVO Nr. 3932/92) entfallen sind. Die in den früheren weißen Klauseln für zulässig erklärten Vereinbarungen bleiben auch künftig zulässig.[127] Zudem kann die Freistellung für eine Versicherungsgemeinschaft gemäß Art. 10 lit. c insb. entzogen werden, wenn zugrunde liegende Vereinbarungen zu einer Marktaufteilung hinsichtlich der betreffenden oder ähnlicher Versicherungsprodukte führen.

2. Die Voraussetzungen im Einzelnen

83 Nach Art. 8 lit. a muss jedes an einer Versicherungsgemeinschaft beteiligte Unternehmen ohne Sanktion spätestens ein Jahr nach Kündigung aus dieser ausscheiden können. Möglich ist demnach sowohl die Vereinbarung einer **Kündigungsfrist** von bis zu einem Jahr als auch die Beschränkung auf einen bestimmten Kündigungszeitpunkt (z. B. zum Ende eines Kalenderjahres). Eine Verknüpfung von Kündigungsfrist und bestimmten Kündigungstermin geht über diese Regelung hinaus, wenn jährlich nur ein Kündigungstermin vorgesehen ist.[128] Nach Sinn und Zweck der Regelung ist hier unter dem beteiligten Un-

---

[127] Siehe auch oben Rn. 24; Gemeinschaftskommentar/*Hootz* Art. 8 GVO 358/2003 Rn. 1; *Veelken* in: Immenga/Mestmäcker, EG-WbR Bd. I, Vers-VO Rn. 102.
[128] Ebenso: *Veelken* in: Immenga/Mestmäcker, EG-WbR Bd. I, Vers-VO Rn. 118.

G. Versicherung   84–87   **Art. 8 VersW-GVO**

ternehmen nur ein Mitgliedsunternehmen der Versicherungsgemeinschaft zu verstehen; Art. 2 Nr. 2 ist nicht anwendbar, da nur ein Mitglied (und nicht die mit ihm verbundenen außenstehenden Gesellschaften) aus der Gemeinschaft ausscheiden kann.[129]

Eine **Pflicht** der Mitglieder **zur** (vollständigen oder teilweisen) **Einbringung von Risiken** der festgelegten Art in die Versicherungsgemeinschaft (Einbringungspflicht) wird durch Art. 8 lit. b ausgeschlossen. Die Versicherer sollen das Recht behalten, die Risiken ggf. auch vollständig selbst zu tragen. Deshalb dürfen sie auch nicht verpflichtet werden, alle Risiken dieser Art der Gemeinschaft anzubieten (Andienungspflicht).[130] Freiwillig, also ohne vorherige Absprache, dürfen sie aber alle Risiken in die Gemeinschaft einbringen.[131]   84

Die Regeln der Versicherungsgemeinschaft dürfen gemäß Art. 8 lit. c die Gemeinschaft selbst oder deren Mitglieder nicht darin beschränken, **Risiken aus verschiedenen geografischen Gebieten** innerhalb der EU zu versichern oder rückzuversichern. Verboten sind damit Regelungen, die die Bildung eines Binnenmarktes für Versicherungsdienstleistungen stören könnten, etwa Versicherungsbedingungen, die die Übernahme von Risiken aus verschiedenen Mitgliedstaaten ausdrücklich ausschließen.[132] Art. 8 lit. c erfasst nur von der Versicherungsgemeinschaft bewusst zu diesem Zwecke aufgestellte Begrenzungen, nicht aber Regelungen (etwa zum Versicherungsumfang), die aus nationalen Gesetzen oder der Rechtsprechung herrühren. So kann etwa aus nationalen Gesetzen eine Haftpflichtobergrenze (z. B. für Pharmarisiken) als Versicherungsobergrenze übernommen werden, auch wenn dies faktisch dazu führen kann, dass nur Risiken aus EU-Mitgliedstaaten versichert werden, die eine Obergrenze in dieser Höhe kennen. Weder die Gemeinschaft noch deren Mitglieder sind dadurch gehindert, Risiken aus anderen EU-Mitgliedstaaten zu versichern.   85

Art. 8 lit. d betrifft die **Produktion** und den **Vertrieb** von Versicherungsprodukten durch Mitglieder der Gemeinschaft. Letztere dürfen weder hinsichtlich der Menge noch hinsichtlich der Art durch die Regeln der Gemeinschaft an der Übernahme von Risiken und dem Vertrieb von Versicherungsprodukten, die sie nicht in die Gemeinschaft einbringen wollen, gehindert werden. Dies entspricht anderen Freistellungsregelungen für horizontale Vereinbarungen.[133] Nach Sinn und Zweck der Regelung ist die Tätigkeit der Versicherungsgemeinschaft als solche nicht beschränkt.[134] Versicherungsgemeinschaften dürfen also festlegen, welche Risiken sie zu welchen Bedingungen versichern wollen, nicht aber, welche Prämien und Bedingungen Mitversicherer bei der Versicherung von Risiken, die nicht in die Gemeinschaft eingebracht werden sollen, zugrunde zu legen haben.   86

Gemäß Art. 8 lit. e darf die Vereinbarung auch keine **Zuteilung von Märkten oder Kunden** vorsehen. Die Vorschrift betrifft die sachlich relevanten Märkte (unterschieden nach der Art der abzuschließenden Versicherungsverträge), die einzelnen Vertriebsgebiete und die verschiedenen Kundengruppen. Es darf weder eine ausschließliche Zuteilung an die Versicherungsgemeinschaft oder an ein einzelnes Mitglied derselben geben noch eine Aufteilung verschiedener Märkte und Kundengruppen zwischen der Versicherungsgemeinschaft und/oder ihren einzelnen Mitgliedern.[135] Diese Regelung wird durch die Möglichkeit zum Entzug der Freistellung gemäß Art. 10 lit. c verstärkt.   87

---

[129] A. A.: *Dreher/Kling,* Rn. 331.
[130] FK-*Meyer-Lindemann,* Sonderbereiche Versicherungswirtschaft, Rn. 140.
[131] Komm. E. v. 20. 12. 1989 – *TEKO* ABl. EG 1990 L 13/34, Rn. 29; ebenso: *Veelken* in: Immenga/Mestmäcker, EG-WbR Bd. I, Vers-VO Rn. 119.
[132] Ebenso: *Veelken* in: Immenga/Mestmäcker, EG-WbR Bd. I, Vers-VO Rn. 120.
[133] Vgl. etwa: Art. 5 Abs. 1 lit. b GVO Nr. 2658/2000 oder Art. 5 Abs. 1 lit. c GVO Nr. 2659/2000.
[134] A. A.: *Veelken* in: Immenga/Mestmäcker, EG-WbR Bd. I, Vers-VO Rn. 121.
[135] Ebenso: *Veelken* in: Immenga/Mestmäcker, EG-WbR Bd. I, Vers-VO Rn. 122.

Art. 8 VersW-GVO 88, 89

88 Mitversicherungsgemeinschaften dürfen festlegen, welche Prämie sie vom Versicherungsnehmer nehmen, und Mit-Rückversicherungsgemeinschaften, welche Prämie der das Risiko einbringende Erstversicherer an sie zu zahlen hat. Art. 8 lit. f verbietet hingegen den Mit-Rückversicherungsgemeinschaften (und nur diesen), darüber hinaus auch festzulegen, wie hoch die vom Versicherungsnehmer an den Erstversicherer zu zahlende **Bruttoprämie** (Art. 2 Nr. 9) sein soll,[136] um den Wettbewerb zwischen den Erstversicherern nicht unnötig einzuschränken. Die Verwendung gemeinsamer Risikoprämientarife i. S. d. Art. 13 lit. a, 3. Spiegelstrich GVO Nr. 3932/92 ist dadurch nicht ausgeschlossen.[137]

89 Voraussetzung für die Freistellung ist schließlich gemäß Art. 8 lit. g,[138] dass **kein Mitglied der Versicherungsgemeinschaft zugleich** auch **Mitglied einer anderen**, auf demselben sachlich und örtlich relevanten Markt tätigen Gemeinschaft sein darf.[139] Der Doppelmitgliedschaft ist gleichgestellt, wenn ein Unternehmen auf die Geschäftspolitik einer zweiten Versicherungsgemeinschaft einen bestimmenden Einfluss ausübt. Der Wettbewerb zwischen verschiedenen Versicherungsgemeinschaften und weiteren Versicherungsunternehmen soll durch diese Regelung gesichert werden. Zudem soll verhindert werden, dass Versicherer die Marktanteilsgrenzen umgehen, indem sie vielen verschiedenen Gemeinschaften beitreten.[140] Die andere auf demselben relevanten Markt tätige Versicherungsgemeinschaft muss daher lediglich die Merkmale des Art. 2 Nr. 5 und 6 erfüllen, aber weder spürbar den Wettbewerb beschränken noch ebenfalls die Gruppenfreistellungsregelung in Anspruch nehmen wollen.[141] Hinsichtlich der Doppelmitgliedschaft ist auf die Mitgliedschaft sämtlicher Konzernunternehmen und nicht lediglich auf das einzelne an der Gemeinschaft beteiligte Unternehmen abzustellen, da Konzerne wirtschaftlich in der Regel als eine Einheit zu sehen sind.[142] Zur Auslegung des „bestimmenden Einflusses" kann auf Art. 3 Abs. 2 FKVO Nr. 139/2004 zurückgegriffen werden.[143] Angesichts der Reichweite des Merkmals der Doppelmitgliedschaft greift das Merkmal des bestimmenden Einflusses höchstens noch bei einer vertraglichen Beeinflussung ein, etwa wenn ein Rückversicherer eine Mitversicherungsgemeinschaft hinsichtlich Prämien und Bedingungen vertraglich zu einer ganz bestimmten Geschäftspolitik zwingt, was in der Praxis wohl nicht vorkommt. Art. 8 lit. g greift auch ein, wenn Mitgliedschaft in einer Versicherungsgemeinschaft und bestimmender Einfluss auf eine andere vorliegen, da die Merkmale lediglich durch „oder" miteinander verbunden sind. Da Art. 8 lit. g eine Umgehung der Marktanteilsgrenzen verhindern und insoweit den Wettbewerb sicherstellen soll, liegen die Voraussetzungen des Art. 81 Abs. 3 EG für eine Einzelfreistellung in aller Regel vor, wenn die

---

[136] Dies entspricht der Regelung in Art. 4 lit. a GVO Nr. 2790/1999 über vertikale Wettbewerbsbeschränkungen; vgl. auch: Komm. E. v. 14. 1. 1992 – *Assurpol* ABl. EG 1992 L 37/16 Rn. 40; *Bunte* VR 1995, 13; *Veelken* in: Immenga/Mestmäcker, EG-WbR Bd. I, Vers-VO Rn. 123; anders noch: Komm. E. v. 20. 12. 1989 – *TEKO* ABl. EG 1990 L 13/34 Rn. 30.
[137] Ebenso: *Dreher/Kling*, Rn. 323 f.
[138] Die Regelung geht zurück auf: Art. 11 Abs. 2, 17 lit. b GVO Nr. 3932/92.
[139] Ebenso: *Dreher/Kling*, Rn. 326; *Veelken* in: Immenga/Mestmäcker, EG-WbR Bd. I, Vers-VO Rn. 1126; *MK-Herrmann*, GVO Nr. 358/2003 Art. 7, 8 Rn. 18; a. A. Gemeinschaftskommentar/ *Hootz* Art. 8 GVO 358/2003 Rn. 9, der die bloße Doppelmitgliedschaft für unschädlich hält, was dem Wortlaut („oder") aber nicht entsprechen dürfte.
[140] So die (unveröffentlichte) Begründung dieser Regelung an den Ausschuss für Kartell- und Monopolfragen.
[141] Ebenso: MK-*Herrmann*, GVO Nr. 358/2003 Art. 7, 8 Rn. 18; a. A. *Brinker/Schädle* VersR 2003, 1480; *Veelken* in: Immenga/Mestmäcker, EG-WbR Bd. I, Vers-VO Rn. 130.
[142] *Esser-Wellié/Hohmann* VersR 2004, 1219; *Stancke* VW 2004, 1464; *Veelken* in: Mestmäcker, EG-WbR Bd. I, Vers-VO Rn. 127; a. A. *Brinker/Schädle* VersR 2003, 1480; *Dreher/ Kling*, Rn. 333; FK-*Meyer-Lindemann*, Sonderbereiche Versicherungswirtschaft, Rn. 144.
[143] *Dreher/Kling*, Rn. 334; *Kreiling*, S. 143; *Veelken* in: Immenga/Mestmäcker, EG-WbR Bd. I, Vers-VO Rn. 128, jeweils unter Verweis auf Art. 3 Abs. 3 FKVO 4064/89.

Gruppenfreistellung lediglich aufgrund der Regelung des Art. 8 lit. g ausgeschlossen ist und sämtliche durch Doppelmitgliedschaften oder bestimmenden Einfluss miteinander verbundenen Versicherungsgemeinschaften zusammen die Marktanteilsgrenzen des Art. 7 Abs. 2 nicht überschreiten.[144] Auch darüber hinaus ist ein Vorliegen der Bedingungen für eine Einzelfreistellung möglich (Erwägungsgrund 23, abgedruckt oben nach Rn. 8).

Art. 9. Freistellungsvoraussetzungen

Die in Artikel 1 Buchstabe f) vorgesehene Freistellung gilt nur unter der Voraussetzung, dass

a) die technischen Spezifikationen und die Regelungen über Prüfverfahren hinreichend präzise, technisch gerechtfertigt und verhältnismäßig im Hinblick auf die von der betreffenden Sicherheitsvorkehrung zu erbringende Leistung sind;

b) die Richtlinien für die Prüfung von Installateur- oder Wartungsunternehmen sich auf die berufliche Qualifikation beziehen sowie objektiv und diskriminierungsfrei sind;

c) die Spezifikationen und Richtlinien mit dem ausdrücklichen Hinweis versehen, aufgestellt und bekannt gegeben werden, dass sie unverbindlich sind und dass die Versicherer im Einzelfall auch andere Sicherheitsvorkehrungen oder Installateur- oder Wartungsunternehmen zu nach eigenem Gutdünken festgelegten Konditionen akzeptieren können, die diesen technischen Spezifikationen oder Richtlinien nicht entsprechen;

d) die Spezifikationen und Richtlinien jeder interessierten Person auf einfache Anforderung hin übermittelt werden;

e) die Listen von spezifikationskonformen Sicherheitsvorkehrungen oder Einbau- und Wartungsunternehmen eine Abstufung nach Leistungsniveau enthalten;

f) ein Antrag auf Prüfung jederzeit von jedem Antragsteller gestellt werden kann;

g) die Prüfung für den Antragsteller keine Kosten verursacht, die im Hinblick auf die mit der Prüfung verbundenen Unkosten als unverhältnismäßig anzusehen sind;

h) für Sicherheitsvorkehrungen und für Installateur- oder Wartungsunternehmen, welche die Prüfungskriterien erfüllen, innerhalb einer Frist von sechs Monaten nach Einreichung des Antrags eine Bescheinigung ausgestellt wird, außer wenn technische Gründe eine längere Frist rechtfertigen;

i) die Konformität und die Anerkennung schriftlich bescheinigt werden;

j) die Verweigerung der Bescheinigung schriftlich begründet wird, unter Beifügung einer Ausfertigung der Protokolle über die vorgenommenen Versuche und Kontrollen;

k) die Zurückweisung eines Antrages auf Prüfung schriftlich begründet wird und

l) die Spezifikationen und Regeln durch Einrichtungen angewandt werden, die aufgrund von Normen der Normenreihen EN 45 000 und EN ISO/IEC 17 025 zugelassen sind.

1. Allgemeines

Art. 9 legt die Freistellungsbedingungen für zwei unterschiedliche Tätigkeiten der Versicherer fest. Der eine Tätigkeitsbereich betrifft die gemeinsame Aufstellung und Bekanntgabe von Spezifikationen, Prüfregeln und Richtlinien, mit denen abstrakt-generell die Anforderungen an Sicherheitsvorkehrungen, das Verfahren zur Prüfung dieser Anforderungen und die Anforderungen an Installateur- und Wartungsunternehmen beschrieben werden

---

[144] Ebenso: *Stancke* VW 2004, 1464; a. A.: *Esser-Wellié/Hohmann* VersR 2004, 1219, und MK-*Esser-Wellié/Stappert*, SB VersW Rn. 56, die entgegen dem Wortlaut in diesem Fall bereits auf eine Anwendung des Art. 8 lit. g verzichten wollen; *Dreher/Kling*, Rn. 335, die in einer vorliegenden Doppelmitgliedschaft eher ein gegen eine Einzelfreistellung sprechendes Indiz sehen.

(dazu unten 2.). Davon zu unterscheiden ist die Zertifizierungstätigkeit gemeinsamer Einrichtungen der Versicherer, durch die die konkrete Übereinstimmung der Sicherheitsvorkehrungen und Wartungsunternehmen mit den abstrakt-generellen Regelungen überprüft wird (dazu unten 3.). Art. 9 soll dabei sicherstellen, dass die gemeinsame Tätigkeit (auch im Hinblick auf die Beeinflussung fremder Märkte) nicht über das Unerlässliche hinausgeht.

2. Voraussetzungen für Spezifikationen und Richtlinien

91   Art. 9 lit. a–d legen die Art. 1 lit. f ergänzenden **inhaltlichen** und formellen **Freistellungsvoraussetzungen für** technische **Spezifikationen** über Sicherheitsvorkehrungen und **Richtlinien** über deren Einbau und Wartungen sowie für Prüfungen fest. Sie sollen künstliche Marktzutrittsschranken für Anbieter von Sicherheitsvorkehrungen verhindern.[145] Die technischen Spezifikationen und Prüfregeln zu Sicherheitsvorkehrungen i. S. d. Art. 2 Nr. 8 müssen gemäß Art. 9 lit. a präzise, technisch gerechtfertigt und verhältnismäßig sein. Sowohl die Hersteller von Sicherheitsvorkehrungen als auch die Prüfer müssen den Spezifikationen und Richtlinien entnehmen können, welche genauen Anforderungen die Sicherheitsvorkehrungen erfüllen müssen bzw. wie dies zu überprüfen ist. Willkürliche oder überzogene Anforderungen sind danach unzulässig, da eine über die bloße Feststellung der Tauglichkeit von Sicherheitsvorkehrungen hinaus gehende gemeinsame Tätigkeit der Versicherer aufgrund ihres Verdrängungseffekts auf dem Markt der Sicherheitsvorkehrungen (dann wohl zugunsten der technisch ausgereiftesten, aber nicht in jedem Einzelfall erforderlichen Sicherheitsvorkehrungen) nicht mit ausreichender Sicherheit die Freistellungsbedingungen des Art. 81 Abs. 3 EG erfüllen würde. Freiheit von willkürlichen Festlegungen setzt Art. 9 lit. b auch hinsichtlich der Richtlinien zur Prüfung von Installateur- und Wartungsfirmen voraus. Diese müssen sich auf die berufliche Qualifikation (diese reicht von durch Prüfung nachgewiesenen Kenntnissen über die persönliche Zuverlässigkeit bis hin zur Sicherstellung einer ständigen Rufbereitschaft) beziehen sowie objektiv und diskriminierungsfrei sein. Diskriminierend ist es insb., wenn gleichwertige ausländische Qualifikationsnachweise generell nicht anerkannt werden.[146]

92   **Formell** müssen Spezifikationen und Richtlinien (nicht jedoch Regelungen über Prüfverfahren) mit dem ausdrücklichen Hinweis empfohlen werden, dass sie **unverbindlich** sind und die Versicherer im Einzelfall von ihnen abweichende Sicherheitsvorkehrungen und Installateur- und Wartungsunternehmen akzeptieren können (Art. 9 lit. c), **und** ferner **an jede** interessierte **Person** auf Anforderung **übermittelt** werden (Art. 9 lit. d). Dies entspricht den Regelungen des Art. 5 Abs. 1 für Musterversicherungsbedingungen.[147]

3. Voraussetzungen für die Zertifizierung

93   Art. 9 lit. e–l beschreiben die Voraussetzungen für eine Freistellung gemäß Art. 1 lit. f für die **Zertifizierungstätigkeit,** also die Prüfung von Sicherheitsvorkehrungen und Unternehmen im Hinblick auf die Übereinstimmung mit den technischen Spezifikationen und Richtlinien.

94   Solche Zertifizierungen dürfen gemäß Art. 9 lit. l nur von **aufgrund von Normen** der Normenreihen EN 45 000 und EN ISO/IEC 17 025 **zugelassenen Einrichtungen** vorgenommen werden. Die entsprechende Einrichtung der deutschen Versicherer, die VdS-Schadenverhütung GmbH, ist durch die Deutsche Akkreditierungsstelle Technik nach EN 45 004, 45 011 sowie EN ISO/IEC 17 025 akkreditiert.

---

[145] *Schumm* VersWissStud (2. Bd.), 88 f.; *Veelken* in: Immenga/Mestmäcker, EG-WbR Bd. I, Vers-VO Rn. 131.

[146] *Schröter/Schumm* Art. 81 – Fallgruppen Versicherungen Rn. 43.

[147] Vgl. auch: *Veelken* in: Immenga/Mestmäcker, EG-WbR Bd. I, Vers-VO Rn. 132 f.

G. Versicherung   95–97   Art. 10 VersW-GVO

Außerdem müssen **Prüfungsanträge** jederzeit von jedem Antragsteller gestellt werden 95
können (Art. 9 lit. f). Eine ggf. erfolgende Zurückweisung des Prüfungsantrags ist schriftlich zu begründen (Art. 9 lit. k). Die Prüfung muss – soweit technisch möglich – innerhalb
von 6 Monaten abgeschlossen werden (Art. 9 lit. h). Konformität (mit technischen Spezifikationen und Richtlinien) und Anerkennung müssen schriftlich bescheinigt werden (Art. 9
lit. i). Anderenfalls ist die Verweigerung der Bescheinigung unter Beifügung der Prüfungsprotokolle schriftlich zu begründen (Art. 9 lit. j). Von den Antragstellern kann für die Prüfung eine Gebühr verlangt werden, die aber im Vergleich zu den Prüfungskosten nicht
unverhältnismäßig hoch sein darf (Art. 9 lit. g).[148] Hierdurch soll sichergestellt werden, dass
sich nicht einzelne Anbieter von Sicherheitsvorkehrungen oder Wartungsunternehmen
durch unverhältnismäßig hohe Prüfgebühren gezwungen sehen, auf eine Antragstellung zu
verzichten, und sich infolgedessen ihre Marktchancen verschlechtern. Die genannten Voraussetzungen ergeben sich teilweise (Art. 9 lit. f, g, i und j) bereits aus der Norm EN
45011 (dort ausführlicher: Abs. 4.1.2, 11 und 12.3).

Schließlich müssen die Listen der zertifizierten Sicherheitsvorkehrungen und Unter 96
nehmen eine **Abstufung nach Leistungsniveau** enthalten (Art. 9 lit. e). Insoweit wurde
die Regelung des Art. 15 lit. e GVO Nr. 3932/92 ausgedehnt, die lediglich eine Klassifizierung nach Leistungsniveau für technische Spezifikationen vorsah. Praktisch muss eine
Abstufung nach Leistungsniveau bereits in den technischen Spezifikationen und Richtlinien angelegt sein, um in Listen sachgerecht differenzieren zu können. Auch diese Regelung dient dazu, die Beeinflussung fremder Märkte (nämlich derer für Sicherheitsvorkehrungen und für deren Installation und Wartung) auf das notwendige Ausmaß zu begrenzen.

4. Gegenseitige Anerkennung

Im Entwurf für diese GVO[149] war unter Art. 9 lit. m und n noch vorgesehen, dass in 97
den Spezifikationen und Richtlinien sowie Listen zertifizierter Sicherheitsvorkehrungen
und Unternehmen zugleich auch diejenigen anderer europäischer Versichererverbände als
gleichwertig anerkannt werden müssen. Diese Regelung ist zu Recht auf den Vorrang alleine der auf EU-Ebene harmonisierten Vorschriften (Art. 1 lit. f; s. oben Rn. 29) beschränkt worden, da staatliche Organe in einem marktwirtschaftlichen System privaten
Wirtschaftsunternehmen systemkonform nur staatliche oder staatlich anerkannte Regeln
auferlegen können, nicht aber die Verpflichtung zur Anerkennung von (ggf. auch qualitativ
schlechteren) Regeln anderer Prüfstellen (seien es solche anderer Versicherer oder anderer
privater Organisationen). Eine Diskriminierung EU-ausländischer Hersteller/Unternehmen
wird zudem durch Art. 9 lit. b und f ausgeschlossen. Zur gegenseitigen Anerkennung von
Spezifikationen und Zertifizierungen der europäischen Versicherer besteht also keine
Pflicht,[150] auch wenn sie in der Praxis zwischen den wenigen verbliebenen Zertifizierungsstellen der europäischen Versicherer durchaus vorkommt und angestrebt wird.

Art. 10. Entzug der Freistellung

**Gemäß Artikel 7 der Verordnung (EWG) Nr. 1534/91 kann die Kommission den
Vorteil dieser Verordnung von Amts wegen oder auf Antrag eines Mitgliedstaats oder
von Personen oder Personenvereinigungen, die ein berechtigtes Interesse geltend
machen, entziehen, wenn sie feststellt, dass im Einzelfall nach Artikel 1 freigestellte**

---

[148] Vgl. auch: *Windhagen*, S. 226; Gemeinschaftskommentar/*Hootz* Art. 9 GVO 358/2003 Rn. 8;
enger: *Schümann*, S. 216, nach dessen Auffassung die Gebühr die Kosten nicht übersteigen darf.
[149] ABl. EG 2002 C 163/9.
[150] A.A. *Dreher/Kling*, Rn. 387; *Veelken* in: Immenga/Mestmäcker, EG-WbR Bd. I, Vers-VO
Rn. 134; für Wartungsunternehmen auch MK-*Herrmann*, GVO Nr. 358/2003 Art. 9 Rn. 6.

Vereinbarungen mit den in Artikel 81 Abs. 3 EG-Vertrag vorgesehenen Voraussetzungen unvereinbare Wirkungen zeigen; dies gilt insbesondere, wenn

a) gemäß Artikel 1 Buchstabe b) freigestellte Studien auf ungerechtfertigten Annahmen beruhen,
b) gemäß Artikel 1 Buchstabe c) freigestellte Muster allgemeiner Versicherungsbedingungen Bestimmungen enthalten, die zu Lasten des Versicherungsnehmers ein erhebliches Ungleichgewicht zwischen den sich aus dem Vertrag ergebenden Rechten und Pflichten zur Folge haben,
c) im Verhältnis zur gemeinsamen Deckung bestimmter Arten von Risiken, die gemäß Artikel 1 Buchstabe e) freigestellt ist, die Errichtung oder Tätigkeit einer Gemeinschaft durch die Zulassungsvoraussetzungen, die Bestimmung der zu deckenden Risiken, die Retrozessionsverträge oder in sonstiger Weise zu einer Marktaufteilung bei den betreffenden oder ähnlichen Versicherungsprodukten führt.

98 Art. 7 der VO Nr. 1534/91 räumte der Kommission das Recht ein, den **Vorteil der Gruppenfreistellung** im Einzelfall mit Wirkung für die Zukunft[151] zu **entziehen.** Jedoch sind Art. 7 VO Nr. 1534/91 und Art. 6 und 8 VO 17/62 gemäß Art. 40 und 43 Abs. 1 VO 1/2003 am 1. 5. 2004 außer Kraft getreten und gemäß Art. 43 Abs. 3 VO 1/2003 durch die Regelung des Art. 29 VO 1/2003 ersetzt worden. Dadurch wird das Entzugsrecht der Kommission teilweise auf die Wettbewerbsbehörden der Mitgliedstaaten (nicht aber auf nationale Gerichte) ausdehnt. Sie können von Amts wegen oder auf Beschwerde den Rechtsvorteil der Gruppenfreistellung im Einzelfall entziehen.

99 **Materiell** setzt der Entzug des Vorteils der Gruppenfreistellung voraus, dass freigestellte Vereinbarungen mit den Freistellungsvoraussetzungen des Art. 81 Abs. 3 EG entgegen der Annahme in der GVO im Einzelfall unvereinbar sind. Die Kommission ist dabei nicht auf die unter lit. a–c aufgeführten Beispiele beschränkt, sondern kann den Vorteil der Freistellung immer entziehen, wenn Art. 81 Abs. 3 EG im Einzelfall nicht erfüllt ist.[152] Die aufgeführten **Beispielsfälle**[153] zeigen die den konkreten Regelungen in Art. 1 lit. b, 6 lit. c–k und 8 lit. c und e zugrunde liegenden allgemeinen Vorstellungen der Kommission zu den Voraussetzungen nach Art. 81 Abs. 3 EG, insb. zur Unerlässlichkeit der Vereinbarungen, auf. Sie haben somit auch eine Warnfunktion, dürften aber neben den konkreten Freistellungsvoraussetzungen kaum praktisch werden.

Art. 11. Übergangsfrist

Das in Artikel 81 Absatz 1 des Vertrages enthaltene Verbot gilt vom 1. April 2003 bis zum 31. März 2004 nicht für Vereinbarungen, die am 31. März 2003 bereits in Kraft waren und die die Voraussetzungen für eine Freistellung zwar nach der Verordnung (EWG) Nr. 3932/92, nicht aber nach dieser Verordnung erfüllen.

100 Art. 11 verlängerte die Freistellungsregelungen der GVO Nr. 3932/92 für Vereinbarungen, die die Freistellungsvoraussetzungen der GVO Nr. 358/2003 nicht einhielten. Dies betraf praktisch Musterversicherungsbedingungen, die Klauseln entsprechend Art. 6 Abs. 1 lit. a, c und k enthielten und Richtlinien über Sicherheitsvorkehrungen in Bereichen, die bereits auf Gemeinschaftsebene harmonisiert waren (Art. 1 lit. f). Solche Vereinbarungen mussten entweder bis zum 31. 3. 2004 an die GVO Nr. 358/2003 angepasst oder zum selben Datum widerrufen werden.

---

[151] *von Fürstenwerth* WM 1994, 373; *Vernimmen* VW 1993, 563.
[152] Gemeinschaftskommentar/*Hootz* Art. 10 GVO 358/2003 Rn. 1.
[153] Vgl. auch oben Erläuterungen unter Rn. 17, 59 und 87.

G. Versicherung

Art. 11a. Ausnahmen

Das Verbot des Artikels 81 Absatz 1 des Vertrags gilt nicht für Vereinbarungen, die am ersten Tag des Beitritts der Tschechischen Republik, Estlands, Zyperns, Lettlands, Litauens, Ungarns, Maltas, Polens, Sloweniens und der Slowakei bestehen und infolge des Beitritts in den Anwendungsbereich des Artikels 81 Absatz 1 fallen, sofern sie innerhalb von sechs Monaten nach dem Tag des Beitritts so geändert werden, dass sie den in dieser Verordnung festgelegten Bestimmungen entsprechen.

Art. 11a wurde nachträglich durch Art. 1 VO 886/2004[154] zum 1. 5. 2004 in die GVO eingefügt. Er stellt für Vereinbarungen in den zu diesem Zeitpunkt der EU beitretenden Ländern eine Übergangsfrist zur Anpassung an die GVO dar, die bis zum 1. 11. 2004 andauerte. **101**

Art. 12. Geltungsdauer

Diese Verordnung tritt am 1. April 2003 in Kraft. Sie gilt bis zum 31. März 2010.
Diese Verordnung ist in allen ihren Teilen verbindlich und gilt unmittelbar in jedem Mitgliedstaat.

---

[154] ABl. EG 2004 L 168/14.

8. Teil. Kartellverfahrensverordnung

Einführung

Übersicht

	Rn.		Rn.
I. Überblick	1	2. Rechtssicherheit für Unternehmen	16
1. Funktionen der Kartellverordnung	1	3. Verteilung von Fällen im Netz	17
2. Legalausnahme statt Anmeldesystem	2	4. Schutz vertraulicher Informationen	21
II. Kartellverfahren der EU-Kommission	3	V. Historischer Hintergrund und Entstehungsgeschichte	24
III. Dezentrale Anwendung durch Behörden und Gerichte	6	1. Grundlage im Vertrag	24
1. Unmittelbare Geltung der Art. 81 und 82 und Schaffung eines Systems paralleler Zuständigkeiten	6	2. Beweggründe für die Reform	25
		3. Weißbuch der Kommission	26
		4. Verordnungsentwurf der Kommission	28
2. Effektive und einheitliche Anwendung des Gemeinschaftsrechts	7	5. Gesetzgebungsverfahren	29
		VI. Weitere Verfahrensbestimmungen und Bekanntmachungen	31
3. Netz der Wettbewerbsbehörden	8		
4. Rolle der Gerichte	11	1. Verfahrensbestimmungen der Kommission	31
5. *Soft Convergence?* – Die VO 1/2003 als Modellgesetz	12	2. Bekanntmachungen der Kommission	32
IV. Auswirkungen der Reform auf die Stellung der Unternehmen	14		
1. Grundsatz der Eigenverantwortung	14		

Schrifttum: *Bornkamm,* Hoheitliches und unternehmerisches Handeln der öffentlichen Hand im Visier des europäischen Kartellrechts – Der autonome Unternehmensbegriff der Art. 81, 82 EG, in: FS Hirsch (2008), 231–239; *Dekeyser/Jaspers,* A New Era of ECN Cooperation–Achievements and Challenges with Special Focus on Work in the Leniency Field, (2007) 30 World Competition 3–23; *Dekeyser/Dalheimer,* Cooperation within the European Competition Network – Taking Stock after 10 months of Case Practice, in: Antitrust Reform in Europe: A Year in Practice (IBA, 2005) 105–123; *FIDE,* The modernisation of European Competition Law (13. FIDE-Kongress Linz 2008,) (2008); *Fuchs,* Die Gruppenfreistellungsverordnung als Instrument der europäischen Wettbewerbspolitik im System der Legalausnahme, ZWeR 2005, 1; *Gippini-Fournier,* The modernisation of European Competition Law – Community report in: FIDE, a. a. O.; *Ost,* Antitrust Procedure and the European Human Rights Convention – The Right to an Independent Tribunal and the Right not to Incriminate Oneself, in: Baudenbacher (Hrsg.) Neueste Entwicklungen im europäischen und internationalen Kartellrecht: Vierzehntes St. Galler Internationales Kartellrechtsforum 2007 (2008); *Wilks* Agencies, networks, discourses and the trajectory of European competition enforcement, European competition journal 3(2007), 437–464; *Wils,* Principles of European Antitrust Enforcement, 2005.

Erwägungsgründe

Der Rat der europäischen Union
gestützt auf den Vertrag zur Gründung der Europäischen Gemeinschaft,
insbesondere auf Artikel 83,
auf Vorschlag der Kommission,
nach Stellungnahme des Europäischen Parlaments,
nach Stellungnahme des Wirtschafts- und Sozialausschusses,
in Erwägung nachstehender Gründe:

(1) Zur Schaffung eines Systems, das gewährleistet, dass der Wettbewerb im Gemeinsamen Markt nicht verfälscht wird, muss für eine wirksame und einheitliche Anwendung der Artikel 81 und 82 des Vertrags in der Gemeinschaft gesorgt werden. Mit der Verordnung

Nr. 17 des Rates vom 6. Februar 1962, Erste Durchführungsverordnung zu den Artikeln 81 und 82 des Vertrags, wurden die Voraussetzungen für die Entwicklung einer Gemeinschaftspolitik im Bereich des Wettbewerbsrechts geschaffen, die zur Verbreitung einer Wettbewerbskultur in der Gemeinschaft beigetragen hat. Es ist nunmehr jedoch an der Zeit, vor dem Hintergrund der gewonnenen Erfahrung die genannte Verordnung zu ersetzen und Regeln vorzusehen, die den Herausforderungen des Binnenmarkts und einer künftigen Erweiterung der Gemeinschaft gerecht werden.

(2) Zu überdenken ist insbesondere die Art und Weise, wie die in Artikel 81 Absatz 3 des Vertrags enthaltene Ausnahme vom Verbot wettbewerbsbeschränkender Vereinbarungen anzuwenden ist. Dabei ist nach Artikel 83 Absatz 2 Buchstabe b) des Vertrags dem Erfordernis einer wirksamen Überwachung bei möglichst einfacher Verwaltungskontrolle Rechnung zu tragen.

(3) Das durch die Verordnung Nr. 17 geschaffene zentralisierte System ist nicht mehr imstande, diesen beiden Zielsetzungen in ausgewogener Weise gerecht zu werden. Dieses System schränkt die Gerichte und die Wettbewerbsbehörden der Mitgliedstaaten bei der Anwendung der gemeinschaftlichen Wettbewerbsregeln ein, und das mit ihm verbundene Anmeldeverfahren hindert die Kommission daran, sich auf die Verfolgung der schwerwiegendsten Verstöße zu konzentrieren. Darüber hinaus entstehen den Unternehmen durch dieses System erhebliche Kosten.

(4) Das zentralisierte Anmeldesystem sollte daher durch ein Legalausnahmesystem ersetzt werden, bei dem die Wettbewerbsbehörden und Gerichte der Mitgliedstaaten nicht nur zur Anwendung der nach der Rechtsprechung des Gerichtshofs der Europäischen Gemeinschaften direkt anwendbaren Artikel 81 Absatz 1 und Artikel 82 des Vertrags befugt sind, sondern auch zur Anwendung von Artikel 81 Absatz 3 des Vertrags.

(5) Um für die wirksame Durchsetzung der Wettbewerbsvorschriften der Gemeinschaft zu sorgen und zugleich die Achtung der grundlegenden Verteidigungsrechte zu gewährleisten, muss in dieser Verordnung die Beweislast für die Artikel 81 und 82 des Vertrags geregelt werden. Der Partei oder Behörde, die den Vorwurf einer Zuwiderhandlung gegen Artikel 81 Absatz 1 oder Artikel 82 des Vertrags erhebt, sollte es obliegen, diese Zuwiderhandlung gemäß den einschlägigen rechtlichen Anforderungen nachzuweisen. Den Unternehmen oder Unternehmensverbänden, die sich gegenüber der Feststellung einer Zuwiderhandlung auf eine Rechtfertigung berufen möchten, sollte es obliegen, im Einklang mit den einschlägigen rechtlichen Anforderungen den Nachweis zu erbringen, dass die Voraussetzungen für diese Rechtfertigung erfüllt sind. Diese Verordnung berührt weder die nationalen Rechtsvorschriften über das Beweismaß noch die Verpflichtung der Wettbewerbsbehörden und Gerichte der Mitgliedstaaten, zur Aufklärung rechtserheblicher Sachverhalte beizutragen, sofern diese Rechtsvorschriften und Anforderungen im Einklang mit den allgemeinen Grundsätzen des Gemeinschaftsrechts stehen.

(6) Die wirksame Anwendung der Wettbewerbsregeln der Gemeinschaft setzt voraus, dass die Wettbewerbsbehörden der Mitgliedstaaten stärker an der Anwendung beteiligt werden. Dies wiederum bedeutet, dass sie zur Anwendung des Gemeinschaftsrechts befugt sein sollten.

(7) Die einzelstaatlichen Gerichte erfüllen eine wesentliche Aufgabe bei der Anwendung der gemeinschaftlichen Wettbewerbsregeln. In Rechtsstreitigkeiten zwischen Privatpersonen schützen sie die sich aus dem Gemeinschaftsrecht ergebenden subjektiven Rechte, indem sie unter anderem den durch die Zuwiderhandlung Geschädigten Schadenersatz zuerkennen. Sie ergänzen in dieser Hinsicht die Aufgaben der einzelstaatlichen Wettbewerbsbehörden. Ihnen sollte daher gestattet werden, die Artikel 81 und 82 des Vertrags in vollem Umfang anzuwenden.

(8) Um die wirksame Durchsetzung der Wettbewerbsregeln der Gemeinschaft und das reibungslose Funktionieren der in dieser Verordnung enthaltenen Formen der Zusammen-

arbeit zu gewährleisten, müssen die Wettbewerbsbehörden und die Gerichte in den Mitgliedstaaten verpflichtet sein, auch die Artikel 81 und 82 des Vertrags anzuwenden, wenn sie innerstaatliches Wettbewerbsrecht auf Vereinbarungen und Verhaltensweisen, die den Handel zwischen den Mitgliedstaaten beeinträchtigen können, anwenden. Um für Vereinbarungen, Beschlüsse von Unternehmensvereinigungen und aufeinander abgestimmte Verhaltensweisen gleiche Bedingungen im Binnenmarkt zu schaffen, ist es ferner erforderlich, auf der Grundlage von Artikel 83 Absatz 2 Buchstabe e) des Vertrags das Verhältnis zwischen dem innerstaatlichen Recht und dem Wettbewerbsrecht der Gemeinschaft zu bestimmen. Dazu muss gewährleistet werden, dass die Anwendung innerstaatlichen Wettbewerbsrechts auf Vereinbarungen, Beschlüsse und abgestimmte Verhaltensweisen im Sinne von Artikel 81 Absatz 1 des Vertrags nur dann zum Verbot solcher Vereinbarungen, Beschlüsse und abgestimmte Verhaltensweisen führen darf, wenn sie auch nach dem Wettbewerbsrecht der Gemeinschaft verboten sind. Die Begriffe Vereinbarungen, Beschlüsse und abgestimmte Verhaltensweisen sind autonome Konzepte des Wettbewerbsrechts der Gemeinschaft für die Erfassung eines koordinierten Verhaltens von Unternehmen am Markt im Sinne der Auslegung dieser Begriffe durch die Gerichte der Gemeinschaft. Nach dieser Verordnung darf den Mitgliedstaaten nicht das Recht verwehrt werden, in ihrem Hoheitsgebiet strengere innerstaatliche Wettbewerbsvorschriften zur Unterbindung oder Ahndung einseitiger Handlungen von Unternehmen zu erlassen oder anzuwenden. Diese strengeren einzelstaatlichen Rechtsvorschriften können Bestimmungen zum Verbot oder zur Ahndung missbräuchlichen Verhaltens gegenüber wirtschaftlich abhängigen Unternehmen umfassen. Ferner gilt die vorliegende Verordnung nicht für innerstaatliche Rechtsvorschriften, mit denen natürlichen Personen strafrechtliche Sanktionen auferlegt werden, außer wenn solche Sanktionen als Mittel dienen, um die für Unternehmen geltenden Wettbewerbsregeln durchzusetzen.

(9) Ziel der Artikel 81 und 82 des Vertrags ist der Schutz des Wettbewerbs auf dem Markt. Diese Verordnung, die der Durchführung dieser Vertragsbestimmungen dient, verwehrt es den Mitgliedstaaten nicht, in ihrem Hoheitsgebiet innerstaatliche Rechtsvorschriften zu erlassen, die andere legitime Interessen schützen, sofern diese Rechtsvorschriften im Einklang mit den allgemeinen Grundsätzen und übrigen Bestimmungen des Gemeinschaftsrechts stehen. Sofern derartige Rechtsvorschriften überwiegend auf ein Ziel gerichtet sind, das von dem des Schutzes des Wettbewerbs auf dem Markt abweicht, dürfen die Wettbewerbsbehörden und Gerichte in den Mitgliedstaaten solche Rechtsvorschriften in ihrem Hoheitsgebiet anwenden. Dementsprechend dürfen die Mitgliedstaaten im Rahmen dieser Verordnung in ihrem Hoheitsgebiet innerstaatliche Rechtsvorschriften anwenden, mit denen unlautere Handelspraktiken – unabhängig davon, ob diese einseitig ergriffen oder vertraglich vereinbart wurden – untersagt oder geahndet werden. Solche Rechtsvorschriften verfolgen ein spezielles Ziel, das die tatsächlichen oder vermuteten Wirkungen solcher Handlungen auf den Wettbewerb auf dem Markt unberücksichtigt lässt. Das trifft insbesondere auf Rechtsvorschriften zu, mit denen Unternehmen untersagt wird, bei ihren Handelspartnern ungerechtfertigte, unverhältnismäßige oder keine Gegenleistungen umfassende Bedingungen zu erzwingen, zu erhalten oder den Versuch hierzu zu unternehmen.

(10) Aufgrund von Verordnungen des Rates wie 19/65/EWG, (EWG) Nr. 2821/71, (EWG) Nr. 3976/87, (EWG) Nr. 1534/91 oder (EWG) Nr. 479/92 ist die Kommission befugt, Artikel 81 Absatz 3 des Vertrags durch Verordnung auf bestimmte Gruppen von Vereinbarungen, Beschlüssen von Unternehmensvereinigungen und aufeinander abgestimmten Verhaltensweisen anzuwenden. In den durch derartige Verordnungen bestimmten Bereichen hat die Kommission so genannte Gruppenfreistellungsverordnungen erlassen, mit denen sie Artikel 81 Absatz 1 des Vertrags auf Gruppen von Vereinbarungen, Beschlüssen oder aufeinander abgestimmten Verhaltensweisen für nicht anwendbar erklärt, und sie kann dies auch weiterhin tun. Soweit Vereinbarungen, Beschlüsse oder aufeinander abgestimmte

Verhaltensweisen, auf die derartige Verordnungen Anwendung finden, dennoch Wirkungen haben, die mit Artikel 81 Absatz 3 des Vertrags unvereinbar sind, sollten die Kommission und die Wettbewerbsbehörden der Mitgliedstaaten die Befugnis haben, in einem bestimmten Fall den Rechtsvorteil der Gruppenfreistellungsverordnung zu entziehen.

(11) Zur Erfüllung ihrer Aufgabe, für die Anwendung des Vertrags Sorge zu tragen, sollte die Kommission an Unternehmen oder Unternehmensvereinigungen Entscheidungen mit dem Ziel richten können, Zuwiderhandlungen gegen die Artikel 81 und 82 des Vertrags abzustellen. Sie sollte, sofern ein berechtigtes Interesse besteht, auch dann Entscheidungen zur Feststellung einer Zuwiderhandlung erlassen können, wenn die Zuwiderhandlung beendet ist, selbst wenn sie keine Geldbuße auferlegt. Außerdem sollte der Kommission in dieser Verordnung ausdrücklich die ihr vom Gerichtshof zuerkannte Befugnis übertragen werden, Entscheidungen zur Anordnung einstweiliger Maßnahmen zu erlassen.

(12) Mit dieser Verordnung sollte der Kommission ausdrücklich die Befugnis übertragen werden, unter Beachtung des Grundsatzes der Verhältnismäßigkeit alle strukturellen oder auf das Verhalten abzielenden Maßnahmen festzulegen, die zur effektiven Abstellung einer Zuwiderhandlung erforderlich sind. Maßnahmen struktureller Art sollten nur in Ermangelung einer verhaltensorientierten Maßnahme von gleicher Wirksamkeit festgelegt werden, oder wenn letztere im Vergleich zu Maßnahmen struktureller Art mit einer größeren Belastung für das betroffene Unternehmen verbunden wäre. Änderungen an der Unternehmensstruktur, wie sie vor der Zuwiderhandlung bestand, sind nur dann verhältnismäßig, wenn ein erhebliches, durch die Struktur eines Unternehmens als solcher bedingtes Risiko anhaltender oder wiederholter Zuwiderhandlungen gegeben ist.

(13) Bieten Unternehmen im Rahmen eines Verfahrens, das auf eine Verbotsentscheidung gerichtet ist, der Kommission an, Verpflichtungen einzugehen, die geeignet sind, die Bedenken der Kommission auszuräumen, so sollte die Kommission diese Verpflichtungszusagen durch Entscheidung für die Unternehmen bindend erklären können. Ohne die Frage zu beantworten, ob eine Zuwiderhandlung vorgelegen hat oder noch vorliegt, sollte in solchen Entscheidungen festgestellt werden, dass für ein Tätigwerden der Kommission kein Anlass mehr besteht. Entscheidungen bezüglich Verpflichtungszusagen lassen die Befugnisse der Wettbewerbsbehörden und der Gerichte der Mitgliedstaaten, das Vorliegen einer Zuwiderhandlung festzustellen und über den Fall zu entscheiden, unberührt. Entscheidungen bezüglich Verpflichtungszusagen sind für Fälle ungeeignet, in denen die Kommission eine Geldbuße aufzuerlegen beabsichtigt.

(14) In Ausnahmefällen, wenn es das öffentliche Interesse der Gemeinschaft gebietet, kann es auch zweckmäßig sein, dass die Kommission eine Entscheidung deklaratorischer Art erlässt, mit der die Nichtanwendung des in Artikel 81 oder Artikel 82 des Vertrags verankerten Verbots festgestellt wird, um die Rechtslage zu klären und eine einheitliche Rechtsanwendung in der Gemeinschaft sicherzustellen; dies gilt insbesondere in Bezug auf neue Formen von Vereinbarungen oder Verhaltensweisen, deren Beurteilung durch die bisherige Rechtsprechung und Verwaltungspraxis noch nicht geklärt ist.

(15) Die Kommission und die Wettbewerbsbehörden der Mitgliedstaaten sollen gemeinsam ein Netz von Behörden bilden, die die EG-Wettbewerbsregeln in enger Zusammenarbeit anwenden. Zu diesem Zweck müssen Informations- und Konsultationsverfahren eingeführt werden. Nähere Einzelheiten betreffend die Zusammenarbeit innerhalb des Netzes werden von der Kommission in enger Abstimmung mit den Mitgliedstaaten festgelegt und überarbeitet.

(16) Der Austausch von Informationen, auch solchen vertraulicher Art, und die Verwendung solcher Informationen zwischen den Mitgliedern des Netzwerks sollte ungeachtet anders lautender einzelstaatlicher Vorschriften zugelassen werden. Diese Informationen dürfen für die Anwendung der Artikel 81 und 82 des Vertrags sowie für die parallel dazu erfolgende Anwendung des nationalen Wettbewerbsrechts verwendet werden, sofern letz-

tere Anwendung den gleichen Fall betrifft und nicht zu einem anderen Ergebnis führt. Werden die ausgetauschten Informationen von der empfangenden Behörde dazu verwendet, Unternehmen Sanktionen aufzuerlegen, so sollte für die Verwendung der Informationen keine weitere Beschränkung als nur die Verpflichtung gelten, dass sie ausschließlich für den Zweck eingesetzt werden, für den sie zusammengetragen worden sind, da Sanktionen, mit denen Unternehmen belegt werden können, in allen Systemen von derselben Art sind. Die Verteidigungsrechte, die Unternehmen in den einzelnen Systemen zustehen, können als hinreichend gleichwertig angesehen werden. Bei natürlichen Personen dagegen können Sanktionen in den verschiedenen Systemen erheblich voneinander abweichen. In solchen Fällen ist dafür Sorge zu tragen, dass die Informationen nur dann verwendet werden, wenn sie in einer Weise erhoben wurden, die hinsichtlich der Wahrung der Verteidigungsrechte natürlicher Personen das gleiche Schutzniveau wie nach dem für die empfangende Behörde geltenden innerstaatlichen Recht gewährleistet.

(17) Um eine einheitliche Anwendung der Wettbewerbsregeln und gleichzeitig ein optimales Funktionieren des Netzwerks zu gewährleisten, muss die Regel beibehalten werden, dass die Wettbewerbsbehörden der Mitgliedstaaten automatisch ihre Zuständigkeit verlieren, sobald die Kommission ein Verfahren einleitet. Ist eine Wettbewerbsbehörde eines Mitgliedstaats in einem Fall bereits tätig und beabsichtigt die Kommission, ein Verfahren einzuleiten, sollte sie sich bemühen, dies so bald wie möglich zu tun. Vor der Einleitung eines Verfahrens sollte die Kommission die betreffende nationale Behörde konsultieren.

(18) Um eine optimale Verteilung der Fälle innerhalb des Netzwerks sicherzustellen, sollte eine allgemeine Bestimmung eingeführt werden, wonach eine Wettbewerbsbehörde ein Verfahren mit der Begründung aussetzen oder einstellen kann, dass sich eine andere Behörde mit demselben Fall befasst hat oder noch befasst. Ziel ist es, dass jeder Fall nur von einer Behörde bearbeitet wird. Diese Bestimmung sollte nicht der der Kommission durch die Rechtsprechung des Gerichtshofs zuerkannten Möglichkeit entgegenstehen, eine Beschwerde wegen fehlenden Gemeinschaftsinteresses abzuweisen, selbst wenn keine andere Wettbewerbsbehörde die Absicht bekundet hat, sich des Falls anzunehmen.

(19) Die Arbeitsweise des durch die Verordnung Nr. 17 eingesetzten Beratenden Ausschusses für Kartell- und Monopolfragen hat sich als sehr befriedigend erwiesen. Dieser Ausschuss fügt sich gut in das neue System einer dezentralen Anwendung des Wettbewerbsrechts ein. Es gilt daher, auf der Grundlage der Bestimmungen der Verordnung Nr. 17 aufzubauen und gleichzeitig die Arbeit effizienter zu gestalten. Hierzu ist es zweckmäßig, die Möglichkeit eines schriftlichen Verfahrens für die Stellungnahme vorzusehen. Der Beratende Ausschuss sollte darüber hinaus als Diskussionsforum für die von den Wettbewerbsbehörden der Mitgliedstaaten gerade bearbeiteten Fälle dienen können, um auf diese Weise dazu beizutragen, dass die Wettbewerbsregeln der Gemeinschaft einheitlich angewandt werden.

(20) Der Beratende Ausschuss sollte sich aus Vertretern der Wettbewerbsbehörden der Mitgliedstaaten zusammensetzen. In Sitzungen, in denen allgemeine Fragen zur Erörterung stehen, sollten die Mitgliedstaaten einen weiteren Vertreter entsenden dürfen. Unbeschadet hiervon können sich die Mitglieder des Ausschusses durch andere Experten des jeweiligen Mitgliedstaats unterstützen lassen.

(21) Die einheitliche Anwendung der Wettbewerbsregeln erfordert außerdem, Formen der Zusammenarbeit zwischen den Gerichten der Mitgliedstaaten und der Kommission vorzusehen. Dies gilt für alle Gerichte der Mitgliedstaaten, die die Artikel 81 und 82 des Vertrags zur Anwendung bringen, unabhängig davon, ob sie die betreffenden Regeln in Rechtsstreitigkeiten zwischen Privatparteien anzuwenden haben oder ob sie als Wettbewerbsbehörde oder als Rechtsmittelinstanz tätig werden. Insbesondere sollten die einzelstaatlichen Gerichte die Möglichkeit erhalten, sich an die Kommission zu wenden, um Informationen oder Stellungnahmen zur Anwendung des Wettbewerbsrechts der Gemeinschaft zu erhalten. Der Kommission und den Wettbewerbsbehörden der Mitgliedstaaten

wiederum muss die Möglichkeit gegeben werden, sich mündlich oder schriftlich vor einzelstaatlichen Gerichten zu äußern, wenn Artikel 81 oder 82 des Vertrags zur Anwendung kommt. Diese Stellungnahmen sollten im Einklang mit den einzelstaatlichen Verfahrensregeln und Gepflogenheiten, einschließlich derjenigen, die die Wahrung der Rechte der Parteien betreffen, erfolgen. Hierzu sollte dafür gesorgt werden, dass die Kommission und die Wettbewerbsbehörden der Mitgliedstaaten über ausreichende Informationen über Verfahren vor einzelstaatlichen Gerichten verfügen.

(22) In einem System paralleler Zuständigkeiten müssen im Interesse der Rechtssicherheit und der einheitlichen Anwendung der Wettbewerbsregeln der Gemeinschaft einander widersprechende Entscheidungen vermieden werden. Die Wirkungen von Entscheidungen und Verfahren der Kommission auf Gerichte und Wettbewerbsbehörden der Mitgliedstaaten müssen daher im Einklang mit der Rechtsprechung des Gerichtshofs geklärt werden. Von der Kommission angenommene Entscheidungen bezüglich Verpflichtungszusagen berühren nicht die Befugnis der Gerichte und der Wettbewerbsbehörden der Mitgliedstaaten, die Artikel 81 und 82 des Vertrags anzuwenden.

(23) Die Kommission sollte die Befugnis haben, im gesamten Bereich der Gemeinschaft die Auskünfte zu verlangen, die notwendig sind, um gemäß Artikel 81 des Vertrags verbotene Vereinbarungen, Beschlüsse und aufeinander abgestimmte Verhaltensweisen sowie die nach Artikel 82 des Vertrags untersagte missbräuchliche Ausnutzung einer beherrschenden Stellung aufzudecken. Unternehmen, die einer Entscheidung der Kommission nachkommen, können nicht gezwungen werden, eine Zuwiderhandlung einzugestehen; sie sind auf jeden Fall aber verpflichtet, Fragen nach Tatsachen zu beantworten und Unterlagen vorzulegen, auch wenn die betreffenden Auskünfte dazu verwendet werden können, den Beweis einer Zuwiderhandlung durch die betreffenden oder andere Unternehmen zu erbringen.

(24) Die Kommission sollte außerdem die Befugnis haben, die Nachprüfungen vorzunehmen, die notwendig sind, um gemäß Artikel 81 des Vertrags verbotene Vereinbarungen, Beschlüsse und aufeinander abgestimmte Verhaltensweisen sowie die nach Artikel 82 des Vertrags untersagte missbräuchliche Ausnutzung einer beherrschenden Stellung aufzudecken. Die Wettbewerbsbehörden der Mitgliedstaaten sollten bei der Ausübung dieser Befugnisse aktiv mitwirken.

(25) Da es zunehmend schwieriger wird, Verstöße gegen die Wettbewerbsregeln aufzudecken, ist es für einen wirksamen Schutz des Wettbewerbs notwendig, die Ermittlungsbefugnisse der Kommission zu ergänzen. Die Kommission sollte insbesondere alle Personen, die eventuell über sachdienliche Informationen verfügen, befragen und deren Aussagen zu Protokoll nehmen können. Ferner sollten die von der Kommission beauftragten Bediensteten im Zuge einer Nachprüfung für die hierfür erforderliche Zeit eine Versiegelung vornehmen dürfen. Die Dauer der Versiegelung sollte in der Regel 72 Stunden nicht überschreiten. Die von der Kommission beauftragten Bediensteten sollten außerdem alle Auskünfte im Zusammenhang mit Gegenstand und Ziel der Nachprüfung einholen dürfen.

(26) Die Erfahrung hat gezeigt, dass in manchen Fällen Geschäftsunterlagen in der Wohnung von Führungskräften und Mitarbeitern der Unternehmen aufbewahrt werden. Im Interesse effizienter Nachprüfungen sollten daher die Bediensteten der Kommission und die anderen von ihr ermächtigten Personen zum Betreten aller Räumlichkeiten befugt sein, in denen sich Geschäftsunterlagen befinden können, einschließlich Privatwohnungen. Die Ausübung der letztgenannten Befugnis sollte jedoch eine entsprechende gerichtliche Entscheidung voraussetzen.

(27) Unbeschadet der Rechtsprechung des Gerichtshofs ist es sinnvoll, die Tragweite der Kontrolle darzulegen, die das nationale Gericht ausüben kann, wenn es, wie im innerstaatlichen Recht vorgesehen und als vorsorgliche Maßnahme, die Unterstützung durch Verfolgungsbehörden genehmigt, um sich über einen etwaigen Widerspruch des betroffenen

Unternehmens hinwegzusetzen, oder wenn es die Vollstreckung einer Entscheidung zur Nachprüfung in anderen als Geschäftsräumen gestattet. Aus der Rechtsprechung ergibt sich, dass das nationale Gericht insbesondere von der Kommission weitere Klarstellungen anfordern kann, die es zur Ausübung seiner Kontrolle benötigt und bei deren Fehlen es die Genehmigung verweigern könnte. Ferner bestätigt die Rechtsprechung die Befugnis der nationalen Gerichte, die Einhaltung der für die Durchführung von Zwangsmaßnahmen geltenden Vorschriften des innerstaatlichen Rechts zu kontrollieren.

(28) Damit die Wettbewerbsbehörden der Mitgliedstaaten mehr Möglichkeiten zu einer wirksamen Anwendung der Artikel 81 und 82 des Vertrags erhalten, sollten sie einander im Rahmen von Nachprüfungen und anderen Maßnahmen zur Sachaufklärung Unterstützung gewähren können.

(29) Die Beachtung der Artikel 81 und 82 des Vertrags und die Erfüllung der den Unternehmen und Unternehmensvereinigungen in Anwendung dieser Verordnung auferlegten Pflichten sollten durch Geldbußen und Zwangsgelder sichergestellt werden können. Hierzu sind auch für Verstöße gegen Verfahrensvorschriften Geldbußen in angemessener Höhe vorzusehen.

(30) Um für eine tatsächliche Einziehung der Geldbußen zu sorgen, die Unternehmensvereinigungen wegen von ihnen begangener Zuwiderhandlungen auferlegt werden, müssen die Bedingungen festgelegt werden, unter denen die Kommission von den Mitgliedern der Vereinigung die Zahlung der Geldbuße verlangen kann, wenn die Vereinigung selbst zahlungsunfähig ist. Dabei sollte die Kommission der relativen Größe der der Vereinigung angehörenden Unternehmen und insbesondere der Lage der kleinen und mittleren Unternehmen Rechnung tragen. Die Zahlung der Geldbuße durch eines oder mehrere der Mitglieder einer Vereinigung erfolgt unbeschadet der einzelstaatlichen Rechtsvorschriften, die einen Rückgriff auf andere Mitglieder der Vereinigung zur Erstattung des gezahlten Betrags ermöglichen.

(31) Die Regeln über die Verjährung bei der Auferlegung von Geldbußen und Zwangsgeldern sind in der Verordnung (EWG) Nr. 2988/74 des Rates enthalten, die darüber hinaus Sanktionen im Verkehrsbereich zum Gegenstand hat. In einem System paralleler Zuständigkeiten müssen zu den Handlungen, die die Verjährung unterbrechen können, auch eigenständige Verfahrenshandlungen der Wettbewerbsbehörden der Mitgliedstaaten gerechnet werden. Im Interesse einer klareren Gestaltung des Rechtsrahmens empfiehlt es sich daher, die Verordnung (EWG) Nr. 2988/74 so zu ändern, dass sie im Anwendungsbereich der vorliegenden Verordnung keine Anwendung findet, und die Verjährung in der vorliegenden Verordnung zu regeln.

(32) Das Recht der beteiligten Unternehmen, von der Kommission gehört zu werden, sollte bestätigt werden. Dritten, deren Interessen durch eine Entscheidung betroffen sein können, sollte vor Erlass der Entscheidung Gelegenheit zur Äußerung gegeben werden, und die erlassenen Entscheidungen sollten auf breiter Ebene bekannt gemacht werden. Ebenso unerlässlich wie die Wahrung der Verteidigungsrechte der beteiligten Unternehmen, insbesondere des Rechts auf Akteneinsicht, ist der Schutz der Geschäftsgeheimnisse. Es sollte sichergestellt werden, dass die innerhalb des Netzwerks ausgetauschten Informationen vertraulich behandelt werden.

(33) Da alle Entscheidungen, die die Kommission nach Maßgabe dieser Verordnung erlässt, unter den im Vertrag festgelegten Voraussetzungen der Überwachung durch den Gerichtshof unterliegen, sollte der Gerichtshof gemäß Artikel 229 des Vertrags die Befugnis zu unbeschränkter Ermessensnachprüfung bei Entscheidungen der Kommission über die Auferlegung von Geldbußen oder Zwangsgeldern erhalten.

(34) Nach den Regeln der Verordnung Nr. 17 zur Durchführung der in den Artikeln 81 und 82 des Vertrags niedergelegten Grundsätze kommt den Organen der Gemeinschaft eine

zentrale Stellung zu. Diese gilt es zu bewahren, doch müssen gleichzeitig die Mitgliedstaaten stärker an der Anwendung der Wettbewerbsregeln der Gemeinschaft beteiligt werden. Im Einklang mit dem in Artikel 5 des Vertrags niedergelegten Subsidiaritäts- und Verhältnismäßigkeitsprinzip geht die vorliegende Verordnung nicht über das zur Erreichung ihres Ziels einer wirksamen Anwendung der Wettbewerbsregeln der Gemeinschaft Erforderliche hinaus.

(35) Um eine ordnungsgemäße Anwendung des gemeinschaftlichen Wettbewerbsrechts zu erreichen, sollten die Mitgliedstaaten Behörden bestimmen, die sie ermächtigen, Artikel 81 und 82 des Vertrags im öffentlichen Interesse anzuwenden. Sie sollten die Möglichkeit erhalten, sowohl Verwaltungsbehörden als auch Gerichte mit der Erfüllung der den Wettbewerbsbehörden in dieser Verordnung übertragenen Aufgaben zu betrauen. Mit der vorliegenden Verordnung wird anerkannt, dass für die Durchsetzung der Wettbewerbsregeln im öffentlichen Interesse in den Mitgliedstaaten sehr unterschiedliche Systeme bestehen. Die Wirkung von Artikel 11 Absatz 6 dieser Verordnung sollte sich auf alle Wettbewerbsbehörden erstrecken. Als Ausnahme von dieser allgemeinen Regel sollte, wenn eine mit der Verfolgung von Zuwiderhandlungen betraute Verwaltungsbehörde einen Fall vor ein von ihr getrenntes Gericht bringt, Artikel 11 Absatz 6 für die verfolgende Behörde nach Maßgabe der Bedingungen in Artikel 35 Absatz 4 dieser Verordnung gelten. Sind diese Bedingungen nicht erfüllt, sollte die allgemeine Regel gelten. Auf jeden Fall sollte Artikel 11 Absatz 6 nicht für Gerichte gelten, soweit diese als Rechtsmittelinstanzen tätig werden.

(36) Nachdem der Gerichtshof in seiner Rechtsprechung klargestellt hat, dass die Wettbewerbsregeln auch für den Verkehr gelten, muss dieser Sektor den Verfahrensvorschriften der vorliegenden Verordnung unterworfen werden. Daher sollte die Verordnung Nr. 141 des Rates vom 26. November 1962 über die Nichtanwendung der Verordnung Nr. 17 des Rates auf den Verkehr aufgehoben werden und die Verordnungen des Rates (EWG) Nr. 1017/68, (EWG) Nr. 4056/86 und (EWG) Nr. 3975/87 sollten so geändert werden, dass die darin enthaltenen speziellen Verfahrensvorschriften aufgehoben werden.

(37) Diese Verordnung wahrt die Grundrechte und steht im Einklang mit den Prinzipien, die insbesondere in der Charta der Grundrechte der Europäischen Union verankert sind. Demzufolge ist diese Verordnung in Übereinstimmung mit diesen Rechten und Prinzipien auszulegen und anzuwenden.

(38) Rechtssicherheit für die nach den Wettbewerbsregeln der Gemeinschaft tätigen Unternehmen trägt zur Förderung von Innovation und Investition bei. In Fällen, in denen ernsthafte Rechtsunsicherheit entsteht, weil neue oder ungelöste Fragen in Bezug auf die Anwendung dieser Regeln auftauchen, können einzelne Unternehmen den Wunsch haben, mit der Bitte um informelle Beratung an die Kommission heranzutreten. Diese Verordnung lässt das Recht der Kommission, informelle Beratung zu leisten, unberührt –

HAT FOLGENDE VERORDNUNG ERLASSEN:

I. Überblick

1. Funktionen der Kartellverordnung

1 Die Verordnung 1/2003 hat im Wesentlichen drei Funktionen. Sie regelt zunächst wie im deutschen Recht die §§ 32ff., §§ 54ff. sowie § 81 GWB das **Kartellverfahrensrecht für die EU-Kommission** außerhalb der Fusionskontrolle. Sodann enthält die VO 1/2003 die wesentlichen Regelungen für die **dezentrale Anwendung** des europäischen Rechts durch die nationalen Behörden und Gerichte, wobei insbesondere die Art. 11, 12 und 22 als „Grundgesetz" des **Netzes der europäischen Wettbewerbsbehörden** (ECN) die Zusammenarbeit regeln. Ihre dritte Funktion besteht in ihrem **Modellcharakter.** Wie sich in den ersten Jahren seit Inkrafttreten der Verordnung gezeigt hat, sehen die meisten europäischen Rechtsordnun-

gen in der VO 1/2003 ihr natürliches Konvergenzziel. Dabei gehen die internen Harmonisierungen zumeist deutlich über das durch die VO 1/2003 geforderte Minimum hinaus. Die Konvergenz geht auch deutlich über das hinaus, was erforderlich ist, um faktische Spannungen innerhalb einer nationalen Rechtsordnung zu vermeiden (etwa Anpassung des materiellen Kartellverbotes) und erfasst inzwischen in weiten Bereichen das interne Verfahrensrecht. Mit der ab 2009 zu erwartenden Reform der VO 1/2003 wird eine weitere zentrale Harmonisierung bestimmter verfahrensrechtlicher Regelung in der Diskussion stehen.

2. Legalausnahme statt Anmeldesystem

Die VO 1/2003 ersetzte das alte System der Anmeldungen und das Freistellungsmonopol der Kommission im Rahmen von Art. 81, Abs. 3 des Vertrags durch ein **System der Legalausnahme.** Unternehmen bedürfen nicht länger einer konstitutiv wirkenden Freistellungsentscheidung der Kommission, um sich auf Art. 81, Abs. 3 des Vertrags berufen zu können. Die Durchführungsverordnung ersetzt somit die ex-ante-Prüfung von Vereinbarungen aufgrund von Anmeldungen durch eine ex-post-Kontrolle wettbewerbswidriger Praktiken. Die Rolle der Wettbewerbsbehörden und insbesondere der Kommission änderte sich daher. Deren Ressourcen sollten nicht länger für die Bestätigung erlaubter, sondern für die **Untersagung, Korrektur und gegebenenfalls Sanktionierung verbotener Verhaltensweisen** eingesetzt werden. Art. 81 ist nunmehr in seiner Gesamtheit **unmittelbar anwendbares Recht;** gleiches gilt wie schon vor der VO 1/2003 für Art. 82 (Art. 1).

II. Kartellverfahren der EU-Kommission

In der VO 1/2003 werden die rechtlichen Grundlagen für ein Vorgehen der Kommission in Kartell- und Missbrauchsverfahren gelegt. Dabei unterscheidet das europäische Recht nicht zwischen Verwaltungs- und Ordnungswidrigkeitenverfahren. Es gibt nur ein einheitliches Verwaltungsverfahren, auch wenn gegen ein Unternehmen eine Geldbuße verhängt wird. Entsprechend der Umstellung des Anmeldesysrems in ein System der Legalausnahme ist das Instrumentarium der Kommission auf eine ex-post-Kontrolle ausgerichtet. Diese Umstellung spiegelt sich zunächst in den Entscheidungsbefugnissen der Kommission wieder (Art. 7 bis 10). Art. 7 regelt die Befugnis der Kommission, Verstöße wirksam abzustellen. Ergänzt wird Art. 7 durch Art. 23, der die Befugnis zur Festsetzung von Geldbußen enthält. Art. 9, der inzwischen große praktische Bedeutung erlangt hat, ermächtigt die Kommission im zeitlichen Vorfeld einer Feststellung eines Verstoßes, angebotene Verpflichtungszusagen für bindend zu erklären. Damit wird dem praktischen Bedürfnis nach informellerer Konfliktbeilegung Rechnung getragen. Positive Entscheidungen, in denen die Unanwendbarkeit von Art. 81 oder 82 des Vertrags im Einzelfall festgestellt wird, sind nur noch ausnahmsweise im öffentlichen Interesse der Gemeinschaft zulässig (Art. 10). Die durch die VO 1/2003 weiter ausgebauten Ermittlungsbefugnisse der Kommission sind in den Art. 17 bis 22 geregelt. Praktisch bedeutsam ist insbesondere das Auskunftsverlangen nach Art. 18 sowie das seit Abschaffung des Anmeldesystems verstärkt genutzte Instrument der Sektoruntersuchung (Art. 17).

Neben den Regelungen der VO 1/2003 werden weitere Einzelheiten des Verfahrens durch eine ergänzende Verordnung sowie einige Mitteilungen geregelt. Die Kommission hat auf der Grundlage von Art. 33 durch ihre neue Verordnung Nr. 773/2004 Verfahrensbestimmungen erlassen, welche weitere Einzelheiten zu den Ermittlungs- und Handlungsbefugnissen nach der Verordnung Nr. 1/2003 regeln.[1] Unter den Bekanntmachungen der Kommission betreffen insbesondere folgende ihr eigenes Verwaltungsverfahren:

---

[1] Verordnung (EG) Nr. 773/2004 der Kommission vom 7. April 2004 über die Durchführung von Verfahren auf der Grundlage der Artikel 81 und 82 EG-Vertrag durch die Kommission, ABl. L 123 vom 27. 4. 2004, S. 18.

Einf VerfVO 5–7

– Bekanntmachung der Kommission über die **Behandlung von Beschwerden** durch die Kommission gemäß Art. 81 und 82 EG-Vertrag[2]
– Bekanntmachung der Kommission über **informelle Beratung** bei neuartigen Fragen zu den Artikeln 81 und 82 des Vertrages, die in Einzelfällen auftreten (Beratungsschreiben).[3]

5   Da gerade das Verfahrensrecht grundrechtsrelevante Positionen der betroffenen Unternehmen betreffen kann, ist der Bereich der **Verteidigungsrechte** besonders durch die ergänzende **Rechtsprechung** der europäischen Gerichte geprägt. Dies betrifft insbesondere die Grenzen der behördlichen Untersuchungsbefugnisse, wie sie der EuGH etwa im Bereich des *legal privilege* (vgl. Art. 18 Rn. 50) herausgearbeitet hat. Dabei ist erhebliche Zurückhaltung bei der Interpretation der grundrechtlichen Fundierung der verfahrensrechtlichen Rechtsprechung geboten.[4] Oft handelt es sich um die ergänzende Interpretationen einfachen Rechts.

III. Dezentrale Anwendung durch Behörden und Gerichte

1. Unmittelbare Geltung der Art. 81 und 82 EG und Schaffung eines Systems paralleler Zuständigkeiten

6   Die Anwendung der Art. 81 und 82 des Vertrags obliegt – neben der Kommission (Art. 4) – in vollem Umfang ebenso den Wettbewerbsbehörden und Gerichten der Mitgliedstaaten (Art. 5 und 6). Die Mitgliedstaaten sind zur effektiven Anwendung der Verordnung Nr. 1/2003 verpflichtet (Art. 35, Abs. 1). Die Verordnung ersetzte somit das zentralisierte Anmeldungs- und Erlaubnissystem durch ein **System paralleler Zuständigkeiten auf Gemeinschafts- und mitgliedstaatlicher Ebene**. Diese grundlegende Neuorientierung hat mehrere Konsequenzen.

2. Effektive und einheitliche Anwendung des Gemeinschaftsrechts

7   Zum einen waren besondere Vorkehrungen erforderlich, um die **effektive Umsetzung der gemeinschaftlichen Wettbewerbsregeln** und die **Rechtseinheitlichkeit** in einem System paralleler Zuständigkeiten zu gewährleisten. Die Verordnung sieht daher vor, dass auf wettbewerbsbeschränkende Vereinbarungen und Missbräuche marktbeherrschender Stellungen, die geeignet sind, den Handel zwischen Mitgliedstaaten zu beeinträchtigen, die Vorschriften der Art. 81 und 82 des Vertrags anzuwenden sind (Art. 3, Abs. 1). Eine Reihe weiterer Vorschriften soll eine kohärente Anwendung des Gemeinschaftsrechts sichern, insbesondere die Verpflichtung nationaler Gerichte und Behörden zur Beachtung von Entscheidungen der Kommission (Art. 16)[5] und die Befugnis der Kommission, Verfahren an sich zu ziehen (Art. 11, Abs. 6). Da ferner die **parallele Anwendung nationalen Rechts** nicht ausgeschlossen wird, muss auch insofern die Kohärenz mit der Anwendung der gemeinschaftlichen Wettbewerbsregeln gewahrt werden. Diesen Zweck verfolgt die Konvergenznorm des Art. 3, Abs. 2 erster Satz, die festlegt, dass die Anwendung nationalen Wettbewerbsrechts nicht zur Untersagung von Vereinbarungen zwischen Unternehmen führen darf, wenn diese nicht gegen Art. 81 des Vertrags verstoßen. Andererseits dürfen Vereinbarungen, die nicht mit Art. 81 vereinbar sind, nicht nach nationalem Recht gestattet werden.[6] Nicht erfasst vom Vorrang des Gemeinschaftsrechts sind allerdings Verein-

---

[2] ABl. C 101 vom 27. 4. 2004, S. 65.
[3] ABl. C 101 vom 27. 4. 2004, S. 78.
[4] MünchKommEuWettbR/*Skouris/Kraus* Einl. RdNr. 383; *Ost,* Antitrust Procedure, 179.
[5] Vergleiche EuGH U. v. 14. 12. 2000 Rs C-344/98 – *Masterfoods Ltd gegen HB Ice Cream* Ltd Slg. 2000, I-11 369.
[6] EuGH U. v. 13. 2. 1969 Rs. 14/68 – *Walt Wilhelm u. a. gegen Bundeskartellamt* Slg. 1969, 1 und EuGH U. v. 10. 7. 1980 Rs. 253/78 und I-32/9 – *Giry und Guérlain* Slg. 1980, 2327 Rn. 15–17.

Einführung 8–11 **Einf VerfVO**

barungen zwischen Körperschaften, die nach europäischem Recht nicht als Unternehmen qualifiziert werden (vgl. *Fenin*-Rechtsprechung Art. 81 Abs. 1 Rn. 49; Art. 86 Rn. 31). Der rein nachfragende Staat kann somit auch bei grenzüberschreitenden Transaktionen nach weitergehendem nationalen Recht (§ 130 GWB) vom Kartellrecht erfasst werden, zumal der Gedanke *des level playing field* auf diese Konstellationen kaum passt.[7] Auch im Anwendungsbereich des Art. 82 sind strengere nationale Vorschriften und Entscheidungen zulässig (Art. 3, Abs. 2 zweiter Satz).

3. Netz der Wettbewerbsbehörden (ECN)

Ferner ist es ein zentrales Anliegen der Reform, ein **koordiniertes und arbeitsteiliges Handeln der parallel zuständigen Wettbewerbsbehörden** sicherzustellen. Die Verordnung sieht vor, dass die Kommission und die Wettbewerbsbehörden der Mitgliedstaaten ein Netz bilden, in dem sie die gemeinschaftlichen Wettbewerbsregeln in enger Zusammenarbeit anwenden.[8] Die Verordnung enthält zum diesem Zweck eine Reihe von Vorschriften. Neben der allgemeinen Verpflichtung zu enger Zusammenarbeit (Art. 11, Abs. 1) bestehen Verpflichtungen zur gegenseitigen Information über beabsichtigte Ermittlungen und Entscheidungen (Art. 11, Abs. 2 bis 5), Befugnisse zum Austausch von Beweismitteln und vertraulicher Informationen (Art. 12) bzw. deren Erhebung in Amtshilfe (Art. 22), die Möglichkeit, parallele Verfahren zu suspendieren oder zu beenden (Art. 13) sowie die Bestimmungen über den beratenden Ausschuss (Art. 14). Die gemeinsame Erklärung der Kommission und des Ministerrats vom 16. Dezember 2002 legt Grundsätze zum Funktionieren des Netzes fest.[9] Wichtige Einzelfragen, etwa zur Fallverteilung im Netz oder zum Austausch von Informationen, werden in einer Bekanntmachung über die Zusammenarbeit innerhalb des Netzes der Wettbewerbsbehörden erläutert.[10] 8

Neben den Kohärenzmechanismen sowie der Regelung zum Informationsaustausch und zur Amtshilfe wird auf einer Vielzahl verschiedener Foren fallbezogen sowie auf wettbewerbspolitischer Ebene eine möglichst kohärente Fortentwicklung der Anwendungspraxis der Netzwerkbehörden gesichert. Diese **informelle Zusammenarbeit** ist Garant für das Funktionieren des stark auf gegenseitigem Vertrauen basierenden Netzwerkes. Die enge europaweite Kooperation auf den verschiedensten Ebenen dürfte in Europa einzigartig sein.[11] 9

Gleichwohl ist stets auch die **begrenzte Leistungsfähigkeit** des Netzwerkes hinzuweisen. Insbesondere ist die reine Möglichkeit der (freiwilligen) Amtshilfe nicht mit der umfassenden europaweiten Ermittlungskompetenz einer nationalen Behörde zu verwechseln. Amtshilfe wird angesichts des hohen Ressourcenaufwandes stets auf Sonderfälle beschränkt bleiben. 10

4. Rolle der Gerichte

Die verstärkte Anwendung und Durchsetzung der Wettbewerbsregeln des Vertrags durch die **Gerichte der Mitgliedstaaten** war eine weitere Zielsetzung der Reform.[12] Die Zuständigkeit der einzelstaatlichen Gerichte für die Anwendung der Art. 81 und 82 des Vertrags (Art. 6), insbesondere die Möglichkeit, Art. 81, Abs. 3 unmittelbar anzuwenden, 11

---

[7] A. A. *Bornkamm,* FS Hirsch S. 238.
[8] Erwägungsgrund 15.
[9] Verfügbar über http://register.consilium.eu.int/pdf/en/02/st15/15435-a1en2.pdf.
[10] ABl. C 101 vom 27. 4. 2004, S. 43.
[11] *Dekeyser/Jaspers,* (2007) 30 World Competition 3–23; *Dekeyser/Dalheimer,* Cooperation within the European Competition 105–123; aus politologischer Sicht: *Wilks,* European competition journal 3 (2007), 437–464.
[12] Siehe hierzu bereits das Weißbuch der Kommission (Fn. 5), Kapitel III, Abschnitt II. A. 3.

bewirkt, dass den Wettbewerbsregeln des Vertrags erheblich breitere Geltung in zivilrechtlichen Verfahren (etwa in Streitigkeiten aus Verträgen, aus unerlaubter Handlung sowie in Verfahren des einstweiligen Rechtsschutzes), aber auch in verwaltungs- und strafrechtlichen Verfahren verschafft wird. Die einheitliche Anwendung des Gemeinschaftsrechts erfordert eine enge Formen der Zusammenarbeit und gegenseitigen Unterstützung zwischen den Gerichten und der Kommission sowie den nationalen Wettbewerbsbehörden (Art. 15). Einerseits haben Gerichte die Möglichkeit, sich an die Kommission zu wenden; andererseits können die Kommission und die jeweiligen nationalen Wettbewerbsbehörden sich entsprechend der Vorbildnorm des § 90 GWB vor Gerichten zur Anwendung der Art. 81 und 82 des Vertrags äußern (amicus curiae). Einzelheiten regelt die Bekanntmachung der Kommission über die Zusammenarbeit zwischen der Kommission und den Gerichten der EU-Mitgliedstaaten bei der Anwendung der Art. 81 und 82 des Vertrags.[13]

5. *Soft Convergence?* – Die VO 1/2003 als Modellgesetz

12 Über Art. 5 werden den nationalen Behörden Grundformen der Entscheidungsbefugnisse zugewiesen. Diese bedürfen jedoch noch der Umsetzung und Ausgestaltung durch den jeweiligen nationalen Gesetzgeber. Eine jüngere Studie[14] hat gezeigt, dass über den verpflichtenden Mindeststandard hinaus die VO 1/2003 auch hinsichtlich der Ausgestaltung des Verfahrensrechts allgemeinen Modellcharakter hat. In den 27 im ECN zusammengeschlossenen nationalen Jurisdiktionen besteht in den meisten Bereichen eine erhebliche **Tendenz zur Anpassung des nationalen Verfahrensrechts an die Verfahrensregeln** der VO 1/2003. Gleichwohl bestehen auch noch erhebliche Unterschiede, wie sie etwa zwischen dem deutschen Ordnungswidrigkeitenrecht und dem Kommissionsverfahren offen zu Tage treten. Diese **Unterschiede im Verfahrensrecht** führen angesichts der zumeist an praktischen Fragen orientierten Fallverteilung zu für die Unternehmen schwer nachvollziehbaren Ergebnisunterschieden. Diese Spannungen werden mittelfristig den Harmonisierungsdruck in diesem Bereich weiter erhöhen. In der Zwischenzeit ist von getrennten Sphären auszugehen, soweit nicht (wie z. B. die in § 81, Abs. 5 GWB im Bereich der Bußgeldzumessungskriterien) der Gesetzgeber eine Harmonisierung angestrebt hat und somit eine Vorlagefähigkeit gegeben ist.[15]

13 Da die Kriterien, die die europäische Rechtsprechung für die Anwendung des europäischen Grundrechtsstandards entwickelt hat,[16] bei der bloßen Anwendung von *materiellem* europäischen Recht allein nicht erfüllt sind, führt die VO 1/2003 nicht dazu, dass das nationale Gericht bzw. die Kartellbehörde die Standards des europäischen Kartellverfahrensrechts etwa im Bereich der Verteidigungsrechte zu beachten hätte. Erwägungsgrund 16 geht gerade davon aus, dass die Verteidigungsrecht der jeweiligen Jurisdiktionen von Bedeutung sind. Abgesehen vielleicht von den Entscheidungsformen (Art. 5)), setzen etwa im Rahmen einer Durchsuchung die nationalen Behörden rein nationales Verfahrensrecht durch. Hier gelten die nationalen Standards fort.

---

[13] ABl. C 101 vom 27. 4. 2004, S. 54.
[14] http://ec.europa.eu/comm/competition/ecn/ecn_convergencequest_April2008.pdf.
[15] EuGH, Urt. v. 11. 12. 2007, C-280/06 – Autorità Garante della Concorrenza/ETI, verfügbar über http://curia.europa.eu/.
[16] EuGH U. v. 13. 7. 1989 Rs. C 5/88 *Wachauf/Bundesamt für Ernährung und Forstwirtschaft* Slg. 1985, I-2605 Rn. 19; U. v. 11. 7. 1985 Rs. C 60/84 – *Cinéthèque SA and others v. Fédération nationale des cinémas français,* Slg. 1989, I-2609; Rn. 26, U. v. 30. 9. 1987 Rs. C 12/86 – *Meryem Demirel/Stadt Schwäbisch Gmünd* Slg. 1987, I-3719 Rn. 28; EuGH, U. v. 18. 6. 1991, Rs. C-260/89 – *ERT Ellinki Radiophonia Tileorassi AE v.Dimotiki Etairia Pliroforisis und Sotirios Kouvelas,* Slg. 1991, I-2925, Rn. 42 alle verfügbar über http://curia.europa.eu/; ausführlich *Ost,* Antitrust Procedure S. 176 f. a. A. *Wils,* Principles, Rn. 289.

IV. Bedeutung der VO 1/2003 für die Unternehmen

1. Grundsatz der Eigenverantwortung

Die Abschaffung des Anmelde- und Erlaubnissystems führt zu höherer die **Eigenverant-** 14
wortung der Unternehmen für die Vereinbarkeit ihres Handelns mit dem Wettbewerbsrecht. Unternehmen und ihre Rechtsberater haben selbst zu prüfen, inwieweit möglicherweise wettbewerbsbeschränkende Vereinbarungen durch Art. 81, Abs. 3 freigestellt sind. Eine Bekanntmachung der Kommmission zur Anwendung von Art. 81, Abs. 3 erläutert hierzu die Praxis der Kommission.[17] Zwar berührt die Verordnung Nr. 1/2003 nicht die Befugnis der Kommission, informelle Stellungnahmen in Einzelfällen abzugeben.[18] Derartige **Beratungsschreiben** der Kommission an einzelne Unternehmen sind jedoch **nur in eng begrenzten Ausnahmefällen** zu erwarten, insbesondere wenn ein Sachverhalt neue oder ungelöste Fragen der Anwendung der Art. 81 oder 82 aufwirft, deren Klärung erhebliche Rechtsunsicherheit vermeiden hilft, und sofern die Abgabe einer Stellungnahme mit den Prioritäten der Kommission bei der Durchsetzung des EG-Wettbewerbsrechts vereinbar ist. Die Kommission hat die Voraussetzungen und das Verfahren für derartige Beratungsschreiben in einer gesonderten Bekanntmachung erläutert.[19] Dagegen stellt die Verordnung klar, dass **förmliche positive Feststellungsentscheidungen** der Kommission nicht mehr im Interesse einzelner Unternehmen, sondern **nur noch im öffentlichen Interesse der Gemeinschaft** getroffen werden können (Art. 10). Die Praxis der nationalen Kartellbehörden, informelle Beratungsmöglichkeiten zu eröffnen, ist bisweilen stärker ausgeprägt. Obwohl den nationalen Behörden nicht das Recht zusteht, verbindliche Entscheidungen entsprechend Art. 10 zu erlassen, wird ein Beratungsschreiben einer nationalen Behörde für die Unternehmen von großer Bedeutung und in zivilgerichtlichen Verfahren von erheblicher Überzeugungskraft sein.

2. Rechtssicherheit für Unternehmen

Die **Rechtssicherheit** für Unternehmen wird zwar in der Regel nicht mehr durch be- 15
hördliche Entscheidungen oder Stellungnahmen im Einzelfall, wohl aber durch eine größere Einheitlichkeit der Rechtsanwendung im Gebiet der Gemeinschaft gefördert. Die Verpflichtung der nationalen Wettbewerbsbehörden, Gemeinschaftsrecht auf Sachverhalte anzuwenden, die den Handel zwischen Mitgliedstaaten beeinträchtigen können (Art. 3, Abs. 1), und der Schutz vor einer strikteren Beurteilung von Vereinbarungen nach nationalem Recht (Art. 3, Abs. 2) dienen dem Ziel der Chancengleichheit der Unternehmen. Eine Reihe weiterer Mechanismen soll, wie bereits in Rn. 8 erläutert, die Kohärenz der Rechtsanwendung sicherstellen.

3. Verteilung von Fällen im Netz

Die Verteilung von Fällen zwischen den Wettbewerbsbehörden innerhalb des Netzes ist 16
von Bedeutung für die betroffenen Unternehmen. Grundsätzlich ist davon auszugehen, dass jeder Fall möglichst von einer einzigen Wettbewerbsbehörde untersucht und entschieden werden sollte.[20] Die gemeinsame Erklärung von Kommission und Rat vom 16. Dezember 2002 und die Bekanntmachung der Kommission über die Zusammenarbeit innerhalb des Netzes der Wettbewerbsbehörden stellen **Kriterien** dafür auf, welche Behörden

---

[17] ABl. C 101 vom 27. 4. 2004, S. 97.
[18] Erwägungsgrund 38.
[19] ABl. C 101 vom 27. 4. 2004, S. 78.
[20] Siehe den Erwägungsgrund 18 der Verordnung. Artikel 13 sieht zu diesem Zweck die Möglichkeit vor, parallele Verfahren auszusetzen oder Beschwerden zurückzuweisen.

im Einzelfall geeignet sein können, den Wettbewerbsregeln Geltung zu verschaffen.[21] Soweit Unternehmen selbst Fälle initiieren, insbesondere durch die Einreichung einer Beschwerde, steht es ihnen grundsätzlich offen, sich an die Kommission oder eine nationale Wettbewerbsbehörde zu wenden. Die Kriterien der Bekanntmachung sind zwar für Unternehmen nicht rechtlich bindend, können jedoch als Richtlinie im Interesse einer effektiven Fallzuteilung verstanden werden. Der Wahl der Behörde durch ein Unternehmen kommt in der Praxis nur eingeschränkte Bedeutung zu, obwohl zu erwarten ist, dass in vielen Fällen die zunächst befasste Behörde verantwortlich bleiben wird. Es ist davon auszugehen, dass eine Übertragung eines Falles in der Regel nur dann erfolgen wird, wenn die befasste Behörde sich nicht für geeignet erachtet oder wenn andere Behörden sich für besser geeignet halten. Die Kommission wird insbesondere dann als besonders geeignete Behörde erachtet, wenn ein **enger Bezug zur Anwendung anderer Gemeinschaftsbestimmungen** durch die Kommission besteht oder wenn **zur Entwicklung gemeinschaftlicher Wettbewerbspolitik im Gemeinschaftsinteresse eine Entscheidung der Kommission erforderlich** ist, wenn neue Wettbewerbsfragen auftreten oder um eine wirksame Durchsetzung der Wettbewerbsregeln sicherzustellen.

17 Neben der Fallzuteilung zwischen Kommission und mitgliedstaatlichen Behörden kann das Netz auch dazu dienen, ein paralleles Tätigwerden mehrer Wettbewerbsbehörden bei der Anwendung des Wettbewerbsrechts der Gemeinschaft zu ermöglichen. Der Bekanntmachung zufolge soll es möglich sein, dass Wettbewerbsfälle, die sich in mehreren Mitgliedstaaten auswirken, durch eine einzelne nationale Wettbewerbsbehörde mit Unterstützung der Wettbewerbsbehörden anderer Mitgliedstaaten oder durch mehrere **parallel handelnde Wettbewerbsbehörden** bearbeitet werden können. Sind mehrere nationale Wettbewerbsbehörden geeignet, einen Fall parallel zu behandeln, wird jede im Hinblick auf ihr jeweiliges Hoheitsgebiet tätig.[22] In den ersten Jahren der praktischen Anwendung der VO 1/2003 gab es nur wenige parallele Verfahren. Rechtliche Fragen, insbesondere die Vereinbarkeit paralleler Entscheidungen eines zusammenhängenden Sachverhalts durch mehrere nationale Wettbehörden mit dem Grundsatz „ne bis in idem" (Art. 50 der Charta der Grundrechte in der Europäischen Union), werden letztlich durch die Gemeinschaftsgerichte zu klären sein. Derzeit ist bei einem grenzüberschreitenden Kartell davon auszugehen, dass, wenn eine nationale Behörde die Sanktionierung allein auf die Wirkungen auf ihre Jurisdiktion beschränkt, eine weitere nationale Behörde nachfolgend ebenfalls beschränkt auf die spezifischen Auswirkungen eine Geldbuße gegen das gleiche Unternehmen verhängen kann.

18 Eine **Übertragung eines Falls auf eine andere Behörde oder eine anderweitige Änderung der Fallzuteilung** soll „schnell und effizient", auf der Grundlage einer Information der Kommission und gegebenenfalls der Wettbewerbsbehörden andere Mitgliedstaaten zu Beginn der Ermittlungen (Art. 11, Abs. 3) erfolgen. In der Praxis erfolgt dies auch schon vor Durchsuchungen. Die Frage der **Rechtsstellung betroffener Unternehmen bei einer Änderung der Fallzuteilung innerhalb des Netzes** ist in der Verordnung nicht umfassend geklärt. Die Fallzuteilung ist zunächst von der sachlichen Zuständigkeit zur Anwendung von Art. 81 und 82 zu unterscheiden, die alle Behörden im Netz besitzen (Art. 4 und 5); lediglich die Einleitung eines förmlichen Verfahrens durch die Kommission enthebt nationale Behörden ihrer Zuständigkeit (Art. 11, Abs. 6). Da die Netzwerkmechanismen allein im öffentlichen Interesse der effektiven Kartellrechtsdurchsetzung erlassen wurden, sind Fallumverteilungen durch die Unternehmen nicht angreifbar – vgl. Art. 11 Rn. 1 ff.[23] Da allerdings das Evokationsrecht der Kommission nach Art. 11 Abs. 6 in die Befugnisse der Mitgliedstaaten eingreift, dürfte insoweit den Mitgliedstaaten hier etwa bei

---

[21] Zu Einzelheiten siehe die Bekanntmachung, ABl. C 101 vom 27. 4. 2004, S. 43.
[22] ABl. C 101 vom 27. 4. 2004, S. 43 und 44.
[23] *Gippini-Fournier,* Community Report, S. 73 ff.

einem Verstoße gegen Loyalitätspflichten bzw. das Subsidiaritätsprinzip Rechtsschutz vor den europäischen Gerichten zustehen. Diese Frage hat sich allerdings angesichts der zurückhaltenden Praxis der Kommission zu Art. 11, Abs. 6 bisher nicht gestellt.

4. Schutz vertraulicher Informationen

Da das Netz auf einen **Austausch von Informationen,** einschließlich Geschäftsgeheimnissen und vertraulichen Informationen, **zwischen Kommission und Wettbewerbsbehörden der Mitgliedstaaten** angelegt ist (Art. 12, Abs. 1), kommt insoweit dem **Schutz der betroffenen Unternehmen** besondere Bedeutung zu. Die Verordnung trifft hierzu eine Reihe von Vorkehrungen. Art. 28 schützt gegen die Weitergabe jeglicher Berufsgeheimnisse durch die Kommission oder Behörden der Mitgliedstaaten an Dritte außerhalb des Netzes. Der gemeinschaftsrechtlich vorgegebene Begriff der Berufsgeheimnisse beinhaltet Geschäftsgeheimnisse und andere vertrauliche Informationen und stellt einen Mindestschutz sicher.[24] Art. 12, Abs. 2 enthält eine zusätzliche Schutzbestimmung für den Austausch von Informationen innerhalb des Netzes. Eine Verwertung zu Beweiszwecken ist nur zulässig im Rahmen derselben Untersuchung zur Anwendung von Art. 81 oder 82 des Vertrags oder kongruenten nationalen Wettbewerbsrechts. Art. 12, Abs. 3 schützt besonders Einzelpersonen im Hinblick auf die Auferlegung möglicher strafrechtlicher Sanktionen infolge eines Informationsaustausches zwischen Wettbewerbsbehörden. Der Zuverlässigkeit und Sicherheit der beabsichtigten Kommunikationsvorkehrungen im Netz – insbesondere durch ein Intranet der beteiligten Behörden – kommt in diesem Zusammenhang große Bedeutung zu.

Besondere Fragestellungen ergeben sich für **Anträge aufgrund so genannter Kronzeugenprogramme,** durch die Unternehmen, die an einer illegalen Kartellabsprache beteiligt sind, bei unaufgeforderter Offenlegung ihrer Beteiligung um Milderung oder völliges Absehen von Sanktionen nachsuchen können. Die Kommission[25] und die ganz überwiegende Zahl der Mitgliedstaaten[26] haben derartige Kronzeugenprogramme zumeist angelehnt an das 2006 verabschiedete ECN-Kronzeugenmodell[27] geschaffen. Da nicht davon ausgegangen werden kann, dass ein Antrag an eine bestimmte Wettbewerbsbehörde zugleich als Antrag an andere Behörden erachtet wird, dürfte es im Interesse eines betroffenen Unternehmens liegen, derartige Anträge – soweit Kronzeugenprogramme bestehen – gleichzeitig an alle Behörden zu richten, deren Gebiet durch den Wettbewerbsverstoß betroffen ist. Die gesetzliche Verpflichtung der befassten Behörde zur Unterrichtung anderer Wettbewerbsbehörden im Netz nach Maßgabe von Art. 11, Abs. 2 bis 4 sowie die Befugnis zum Austausch von Informationen nach Art. 12 bestehen grundsätzlich auch in Verfahren aufgrund von Kronzeugenanträgen. Um die Wirksamkeit der Kronzeugenprogramme aufrechtzuerhalten, sieht die Bekanntmachung der Kommission über die Zusammenarbeit innerhalb des Netzes der Wettbewerbsbehörden jedoch eine Reihe von Einschränkungen vor.[28] Unterrichtungen nach Art. 11 sollen von anderen Mitgliedsbehörden des Netzes nicht als Grundlage für die Einleitung eigener Ermittlungen herangezogen werden, der Austausch von Informationen nach Art. 12 soll unter bestimmten Voraussetzungen vom Einverständnis des Antragstellers oder einer Zusicherung der empfangenden Behörde abhängig sein. Diese Regelungen beruhen als teilweiser Verzicht auf die in der Durchführungsverordnung vorgesehenen Befugnisse auf Verpflichtungserklärungen der am Netz

---

[24] Vergleiche Artikel 287 des Vertrags.

[25] Mitteilung der Kommission über den Erlass und die Ermäßigung von Geldbußen in Kartellsachen, ABl. Nr. C 045 vom 19. 2. 2002, S. 3.

[26] Für eine aktuelle Liste vgl. http://ec.europa.eu/comm/competition/ecn/leniency_programme_nca.pdf.

[27] http://ec.europa.eu/comm/competition/ecn/model_leniency_de.pdf.

[28] Siehe Abschnitt 2.3.3 der Bekanntmachung, ABl. C 101 vom 27. 4. 2004, S. 48.

beteiligten Behörden.²⁹ Die Beibehaltung einer klaren und verlässlichen Verwaltungspraxis im Netz wird insofern von Bedeutung sein.

V. Historischer Hintergrund und Entstehungsgeschichte

1. Grundlage im Vertrag

21   Die Durchführungsverordnung Nr. 1/2003³⁰ ersetzte nach mehr als 40 Jahren die Durchführungsverordnung Nr. 17/1962.³¹ Der Gemeinschaftsgesetzgeber hatte sich zu Beginn der 1960er Jahre für die Schaffung eines zentralisierten Anmeldesystems zu Umsetzung von Art. 85 und gegen ein System der Legalausnahme entschieden. Die Verbotsvorschrift des Art. 85, Abs. 1 und 2³² sollte nur durch eine Entscheidung der Kommission, aufgrund einer Anmeldung durch die betroffenen Unternehmen, im Sinne von Art. 85, Abs. 3³³ für nicht anwendbar erklärt werden können (Art. 4, Abs. 1 der Verordnung Nr. 17/1962). Die Bestimmung des Art. 85, Abs. 3 erhielt damit, im Gegensatz zu den der ersten beiden Absätzen dieser Vorschrift, keine unmittelbare Geltung. Gestattet wurde diese sekundärrechtliche Umsetzung des Art. 85 durch dessen Wortlaut: Die Formulierung des Art. 85, Abs. 3 („Die Bestimmungen des Abs. 1 können für nicht anwendbar erklärt werden") ließ dem Gemeinschaftsgesetzgeber die Wahl zwischen einem Erlaubnissystem und einem System der unmittelbar anwendbaren Legalausnahme.³⁴

2. Beweggründe für die Reform

22   Seit Mitte der 1990er Jahre wurden Überlegungen zu einer grundlegenden Reform der bisher geltenden Durchführungsverordnung angestellt, zunächst in den Dienststellen der Kommission und danach, im Anschluss an das Weißbuch der Kommission vom 12. Mai 1999, in der öffentlichen Diskussion. Sie beruhen auf der Erkenntnis, dass die der Verordnung Nr. 17/1962 zugrundeliegenden Zielsetzungen nicht mehr völlig zeitgemäß waren und die bisherige Verfahrensordnung eine effektive Umsetzung der Wettbewerbsregeln des Gemeinschaftsvertrags nicht mehr vollständig gewährleistete. Die Ziele des Gemeinschaftsgesetzgebers zu Beginn der 1960er Jahre – den Gemeinschaftsbehörden ausreichende Informationen bereitzustellen, eine hinreichend einheitliche Anwendung von Art. 85 in den Mitgliedstaaten der Gemeinschaft zu ermöglichen und Rechtssicherheit für Unternehmen zu schaffen – erschienen erreicht oder jedenfalls nicht länger hinreichend, um ein zentralisiertes Anmeldesystem zu rechtfertigen. Die Kommission – unter der Aufsicht des europäischen Gerichtshofs – hatte im Laufe von fast 40 Jahren durch eine umfangreiche Entscheidungs- und Verwaltungspraxis die Grundsätze der gemeinschaftlichen Wettbewerbspolitik festgelegt und eine Vielzahl wichtiger Detailfragen geklärt.³⁵

---

²⁹ Siehe Abschnitt 6 der Bekanntmachung, ABl. C 101 vom 27. 4. 2004, S. 52.

³⁰ Verordnung (EG) Nr. 1/2003 des Rates vom 16. Dezember 2002 zur Durchführung der in den Artikeln 81 und 82 des Vertrags niedergelegten Wettbewerbsregeln, ABl. Nr. L 1 vom 4. Januar 2003, S. 1.

³¹ Erste Durchführungsverordnung zu den Artikeln 85 und 86 des Vertrages, Amtsblatt Nr. P 013 vom 21. Februar 1962, S. 204.

³² Nunmehr Art. 81, Abs. 1 und 2.

³³ Nunmehr Art. 81, Abs. 3.

³⁴ Näheres zum historischen Hintergrund der ursprünglichen Durchführungsverordnung findet sich im Weißbuch der Kommission über die Modernisierung der Vorschriften zur Anwendung der Artikel 85 und 86 EG-Vertrag vom 12. Mai 1999, COM(1999) 101 endg/2, Kapitel I, Abschnitt I. – Die Vereinbarkeit der Reform mit dem Vertrag und die Auslegung der zitierten Vorschriften des Artikel 81, Absatz 3 wurde nach der Veröffentlichung des Weißbuchs und während des Gesetzgebungsverfahrens eingehend und kontrovers diskutiert.

³⁵ Siehe hierzu ebenfalls das Weißbuch der Kommission, ebenda.

3. Weißbuch der Kommission

Das Weißbuch der Kommission vom 12. Mai 1999 schlug eine radikale Umgestaltung („Modernisierung") des bisherigen Wettbewerbsverfahrens vor. Im Vordergrund stand dabei das Ziel, durch eine Vereinfachung des Verfahrens eine effektivere Umsetzung der gemeinschaftlichen Wettbewerbsregeln zu ermöglichen. Die Kommission war zu der Erkenntnis gelangt, dass die Vielzahl der Anmeldungen sie daran hinderte, aktiv und aus eigener Initiative schwerwiegende Wettbewerbsverstöße zu verfolgen.[36] Die für die Gründungsgemeinschaft mit lediglich sechs Mitgliedern und ohne eigene wettbewerbsrechtliche Tradition konzipierten Regeln wurden nach wie vor unverändert angewandt. Es war absehbar, dass die damals bevorstehende Erweiterung der Gemeinschaft auf bis zu 25 Mitgliedstaaten eine wirksame Umsetzung weiter erschweren würde. In Betracht zu ziehen waren ferner der erreichte Stand an Rechtsklarheit und Rechtssicherheit und die sich für Unternehmen aus dem geltenden Anmeldesystem ergebenden Belastungen.

Die Kommission sprach sich daher für die Abschaffung des Systems der Anmeldungen und administrativen Freistellungen, und damit ihres Entscheidungsmonopols im Rahmen von Art. 81, Abs. 3, sowie dessen Ersetzung durch eine verstärkte ex-post-Kontrolle ein. Wichtige Bestandteile der künftigen Ordnung sollten die dezentralisierte Anwendung der gemeinschaftlichen Wettbewerbsregel im Zusammenspiel der Kommission mit nationalen Wettbewerbsbehörden sowie durch nationale Gerichte, eine bessere Zusammenarbeit der Behörden untereinander und zugleich wirksamere Ermittlungsbefugnisse zur effektiven Durchsetzung der Regeln sein.

4. Verordnungsentwurf der Kommission

Der Vorschlag der Kommission für eine neue Durchführungsverordnung vom 27. September 2000[37] baute auf den Ergebnissen einer umfassenden öffentlichen Diskussion über das Weißbuch auf. Zugleich erweiterte der Verordnungsentwurf das Reformvorhaben um ein wesentliches Element. Art. 3 des Entwurfs sah vor, dass auf ausschließlich Gemeinschaftsrecht auf Sachverhalte angewandt werden solle, die den Handel zwischen den Mitgliedstaaten zu beeinträchtigen geeignet sind. Dies beruhte auf der Erkenntnis, dass nach der Abschaffung des Freistellungsmonopols der Kommission dem Risiko einer Zersplitterung und möglicherweise Renationalisierung des erreichten gemeinschaftlichen Rechtsbestands entgegenzuwirken war. Im gleichen Zuge nahm der Gedanke eines Netzes der Wettbewerbsbehörden in der Gemeinschaft konkretere Gestalt an.

5. Gesetzgebungsverfahren

Der Verlauf und die Dauer des Gesetzgebungsverfahrens waren geprägt von der Tragweite der beabsichtigten Reform ebenso wie dem Bestreben, möglichst breiten Konsens über eine auf lange Zeit angelegte, neue Verfahrensordnung zu erzielen. Die Neuordnung der Aufgabenverteilung und der Zusammenarbeit zwischen der Kommission und den Wettbewerbsbehörden der Mitgliedstaaten rückte zunehmend in den Mittelpunkt. Das europäische Parlament sprach sich grundsätzlich für eine weitreichende und entschiedene Reform aus.[38] Die Verhandlungen im Ministerrat erwiesen sich als schwieriger. Einige

---

[36] Im Jahre 1998, dem Jahr vor der Veröffentlichung der Reformvorschläge, leitete die Kommission lediglich 13% ihrer Verfahren aus eigener Initiative und 29% der Verfahren aufgrund von Beschwerden ein, während 58% auf die Bearbeitung von Anmeldungen entfielen.

[37] Vorschlag für eine Verordnung des Rates zur Durchführung der in den Artikeln 81 und 82 EG-Vertrag niedergelegten Wettbewerbsregeln und zur Änderung der Verordnungen (EWG) Nr. 1017/68, (EWG) Nr. 2988/74, (EWG) Nr. 4056/86 und (EWG) Nr. 3975/87 („Durchführungsverordnung zu den Artikeln 81 und 82 EG-Vertrag"), ABl. Nr. C 365 E vom 19. Dezember 2000, S. 284.

[38] Stellungnahme des Europäischen Parlaments, ABl. C 72 E vom 21. 3. 2002, S. 305.

Mitgliedstaaten hatten Bedenken in bezug auf zentrale Elemente des Entwurfs, insbesondere das Verhältnis von Gemeinschaftsrecht zu nationalem Recht (Art. 3). Politisch kontrovers waren ferner die Abgrenzung der künftigen Kompetenzen der Kommission und der nationalen Wettbewerbsbehörden, insbesondere die Befugnis der Kommission, vor nationalen Behörden anhängige Verfahren an sich zu ziehen (Art. 11, Abs. 6) und die Befugnisse des beratenden Ausschusses (Art. 14).

27 Ein wichtiger Zwischenschritt war erreicht, als sich der Rat am 5. Dezember 2001 mehrheitlich auf wesentliche Grundzüge der Reform einigte. Die Beratungen im Rat führten dennoch zu einer Reihe von Änderungen am Vorschlag der Kommission. Deren wichtigste bestand in einem Kompromiss zu Art. 3. Der ursprünglich vorgeschlagene Ausschluss der Anwendung nationalen Rechts wurde unter Bewahrung der wesentlichen Zielsetzung der Bestimmung – gleiche Bedingungen für Unternehmen im Binnenmarkt zu gewährleisten[39] – abgemildert. Der Vorschlag einer generellen Ermächtigung der Kommission zum Erlass von Gruppenfreistellungsverordnungen (Art. 28 des Entwurfs) fand keine Zustimmung. Mit einer Reihe weiterer Änderungen beschloss der Rat am 16. Dezember 2002 die neue Verordnung. Rat und Kommission einigten sich im selben Zuge auf eine gemeinsame politische Erklärung zu den Grundsätzen für die Zusammenarbeit zwischen Kommission und nationalen Wettbewerbsbehörden im künftigen Netz.

IV. Ergänzende Verfahrensbestimmungen und Bekanntmachungen

1. Verfahrensbestimmungen der Kommission

28 Die Verordnung Nr. 1/2003 wird durch weitere Bestimmungen ergänzt und erläutert. Die Kommission hat auf der Grundlage von Art. 33 durch ihre neue Verordnung Nr. 773/2004 Verfahrensbestimmungen erlassen, welche weitere Einzelheiten zu den Ermittlungs- und Handlungsbefugnissen nach der Verordnung Nr. 1/2003 regeln.[40]

2. Bekanntmachungen der Kommission

29 Ferner erläutern Verwaltungsbekanntmachungen der Kommission wesentliche Elemente der Neuregelung. Diese Bekanntmachungen sollen einerseits nationalen Gerichten, Behörden und Unternehmen Leitlinien für die Beurteilung zentraler materiell-rechtlicher Fragen bei der Anwendung von Art. 81 in dem System paralleler Zuständigkeiten geben. Andererseits sollen die wichtigsten Verfahrensfragen im neuen System erläutert werden.
Im Einzelnen sind die folgenden Bekanntmachungen veröffentlicht worden:
– Leitlinien über den Begriff der Beeinträchtigung des zwischenstaatlichen Handels in den Art. 81 und 82 des Vertrags[41]
– Leitlinien zur Anwendung von Art. 81 Abs. 3 EG-Vertrag[42]
– Bekanntmachung über die Zusammenarbeit innerhalb des Netzes der Wettbewerbsbehörden[43]
– Bekanntmachung der Kommission über die Zusammenarbeit zwischen der Kommission und den Gerichten der EU-Mitgliedstaaten bei der Anwendung der Art. 81 und 82 des Vertrags[44]

---

[39] Erwägungsgrund 8.
[40] Verordnung (EG) Nr. 773/2004 der Kommission vom 7. April 2004 über die Durchführung von Verfahren auf der Grundlage der Artikel 81 und 82 EG-Vertrag durch die Kommission, ABl. L 123 vom 27. 4. 2004, S. 18.
[41] ABl. C 101 vom 27. 4. 2004, S. 81.
[42] ABl. C 101 vom 27. 4. 2004, S. 97.
[43] ABl. C 101 vom 27. 4. 2004, S. 43.
[44] ABl. C 101 vom 27. 4. 2004, S. 54.

Art. 1. Anwendung der Artikel 81 und 82 des Vertrags

– Bekanntmachung der Kommission über die Behandlung von Beschwerden durch die Kommission gemäß Art. 81 und 82 EG-Vertrag[45]
– Bekanntmachung der Kommission über informelle Beratung bei neuartigen Fragen zu den Artikeln 81 und 82 des Vertrages, die in Einzelfällen auftreten (Beratungsschreiben).[46]

Nicht dazu zu zählen ist die Mitteilung der Kommission vom 10. 12. 2008 (17065/08) über die „Erläuterung zu den Prioritäten der Kommission bei der Anwendung von Artikel 82 des EG-Vertrages auf Fälle von Behinderungsmissbrauch durch marktbeherrschende Unternehmen. Schon der Charakter als „Prioritätenpapier" zeigt, dass es nicht um eine verbindliche Rechtsauslegung von Art. 82 EG geht. Auch wenn sich einige Netzwerkbehörden an den Aussagen des Papiers orientieren mögen, fehlt dieser Mitteilung jedoch direkt und indirekt rechtliche Bindungswirkung.

Art. 1. Anwendung der Artikel 81 und 82 EG

(1) **Vereinbarungen, Beschlüsse und aufeinander abgestimmte Verhaltensweisen i. S. von Art. 81 I EG, die nicht die Voraussetzungen des Art. 81 III EG erfüllen, sind verboten, ohne dass dies einer vorherigen Entscheidung bedarf.**

(2) **Vereinbarungen, Beschlüsse und aufeinander abgestimmte Verhaltensweisen i. S. von Art. 81 I EG, die die Voraussetzungen des Art. 81 III EG erfüllen, sind nicht verboten, ohne dass dies einer vorherigen Entscheidung bedarf.**

(3) **Die missbräuchliche Ausnutzung einer marktbeherrschenden Stellung i. S. von Art. 82 EG ist verboten, ohne dass dies einer vorherigen Entscheidung bedarf.**

Übersicht

	Rn.		Rn.
I. Sinn und Zweck		II. Kompetenzgrundlage	15
1. Modernisierung des Kartellverfahrensrechts	1	III. Die Regelungen im Einzelnen	18
2. Art. 81 Abs. 3 EG/Art. 101 Abs. 3 VAEU: Von der Freistellung zur Legalausnahme	4	1. Art. 1 Abs. 1 und 1 Abs. 3: Direkte Geltung der Verbote	18
a) Neuregelung	4	2. Art. 1 Abs. 2: Ausnahme von Gesetzes wegen	19
b) Bewertung	9		

Vorläufer und **Entwürfe:** Vorschlag für eine Ratsverordnung über die Durchführung der in den Artikeln 81 and 82 EG niedergelegten Wettbewerbsregeln und zur Änderung der Verordnungen (EWG) Nr. 1017/68, (EWG) Nr. 2988/74, (EWG) Nr. 4056/86 und (EWG) Nr. 3975/87, KOM (2000) 582 endg., ABl. C 365 E, 284–296; Weißbuch über die Modernisierung der Vorschriften zur Anwendung der Art. 85 und 86 EG-Vertrag, KOM (1999) 101 endg., ABl. C 132, 1–33.

I. Sinn und Zweck

1. Modernisierung des Kartellverfahrensrechts

Art. 1 dient neben Art. 3 und Art. 11 ff. der Verordnung 1/2003 der Umsetzung der zentralen Anliegen der EU-Kommission zur Modernisierung der Anwendung des EU-Kartellrechts. Die Novellierung verfolgte neben Veränderungen in manchen Detailfragen, etwa Klarstellungen hinsichtlich der Ermittlungsbefugnisse der Kommission, drei zentrale Ziele: Zum einen wurde das Verhältnis zwischen nationalem und europäischem Kartellrecht, das bisher – abgesehen von einer Bestimmung in der Fusionskontrolle – nur richter-

---

[45] ABl. C 101 vom 27. 4. 2004, S. 65.
[46] ABl. C 101 vom 27. 4. 2004, S. 78.

rechtlich mehr oder weniger geklärt war,[1] nun durch Art. 3 der vorliegenden Verordnung im Sinne eines recht umfassenden Vorrangs des Gemeinschaftsrechts festgelegt. Zum zweiten ging es um eine stärkere Dezentralisierung der Anwendung der Art. 81 und 82 EG/Art. 101 und 102 VAEU (Vertrag über die Arbeitsweise der EU), die neben der Kommission auch die nationalen Kartellbehörden und Gerichte zu grundsätzlich gleichberechtigten Vollzugsinstanzen machen sollte, um der Kommission die Möglichkeit zu geben, sich auf die Fälle von Gemeinschaftsinteresse zu beschränken.[2] Als drittes wesentliches Ziel, mit letzterem eng verbunden,[3] stellten die Reformbestrebungen der EU-Kommission die unmittelbare Anwendbarkeit von Art. 81 Abs. 3 EG/Art. 101 Abs. 3 VAEU her.

2   Art. 81 Abs. 3 EG/Art. 101 Abs. 3 VAEU lässt eine Ausnahme vom umfassenden Kartellverbot gemäß Art. 81 Abs. 1 EG/Art. 101 Abs. 1 VAEU zu, die sogenannte Freistellung. Unternehmen, die in den Genuss einer solchen Freistellung kommen wollten, mussten sie durch Anmeldung ihrer Vereinbarungen beantragen. Die Zuständigkeit zu Freistellungsentscheidungen war nach der Regelung des Art. 9 der alten Kartellverfahrensverordnung, der VO 17/62, bei der Kommission monopolisiert. Nur die Kommission konnte Freistellungen vom Kartellverbot gewähren. Durch die Modernisierung des Kartellverfahrensrechts wollte die Kommission nicht nur ihr Freistellungsmonopol beseitigen, sondern Art. 81 Abs. 3 EG/Art. 101 Abs. 3 VAEU mit unmittelbarer Rechtsgeltung ausstatten, so dass es gar keiner autoritativen Freistellungsentscheidung mehr bedarf. Dies ist nun durch die überaus eindeutige Regelung des Art. 1 der Verordnung 1/2003 mit Wirkung ab dem 1. 5. 2004 erfolgt. Dieses letzte Ziel geht über eine Dezentralisierung des Vollzugs des Kartellrechts weit hinaus (dafür hätte genügt, das Entscheidungsmonopol der Kommission über Freistellungen durch Schaffung einer Freistellungszuständigkeit auch der nationalen Kartellbehörden auszuweiten) und bringt einen Systemwechsel mit sich.

3   In seltener Deutlichkeit geben Art. 1 Abs. 1 und 2 der VO 1/2003 zu erkennen, dass wettbewerbswidrige Absprachen im Sinne des Art. 81 Abs. 1 EG/Art. 101 Abs. 1 VAEU, die die Voraussetzungen des Art. 81 Abs. 3/Art. 101 Abs. 3 erfüllen, von Gesetzes wegen nicht verboten sind. Um dieses Regelungsziel zu erreichen, hätte die Regel des Art. 1 Abs. 1 VO 1/2003 genügt, da bereits diese anordnet, dass nur solche Vereinbarungen, Beschlüsse und Verhaltensweisen verboten sind, die nicht Art. 81 Abs. 3 EG/Art. 101 Abs. 3 VAEU entsprechen. Art. 81 Abs. 3 EG/Art. 101 Abs. 3 VAEU ist demnach **negative Tatbestandsvoraussetzung** für das kartellrechtliche Verbot wettbewerbswidriger Verhaltensweisen. Um keinen Zweifel an der beabsichtigen völligen Neuausrichtung des EU-Kartellverfahrensrechts aufkommen zu lassen, stellt Art. 1 Abs. 2 VO 1/2003 nochmals klar, dass bei Vorliegen der Voraussetzungen des Art. 81 Abs. 3 EG/Art. 101 Abs. 3 VAEU die Verhaltensweisen nicht verboten sind.

2. Art. 81 Abs. 3 EG/Art. 101 Abs. 3 VAEU: Von der Freistellung zur Legalausnahme

4   **a) Neuregelung.** Nach der Regelung in der alten Verordnung 17/62 und dem bis Inkrafttreten der VO 1/2003 bestehenden Verständnis von Art. 81 Abs. 3 EG/Art. 101 Abs. 3 VAEU waren wettbewerbswidrige Kartellabsprachen umfassend von Gesetzes wegen (Art. 81 Abs. 1 EG/Art. 101 Abs. 1 VAEU) verboten. Soweit dieses Verbot wegen bestimmter wettbewerbsfördernder, mithin erwünschter Effekte der Vereinbarungen und Ab-

---

[1] Die Leitentscheidung hierzu ist EuGH U. v. 13. 2. 1969 Rs. 14/68 – *Walt Wilhelm u. a./Bundeskartellamt* 1969, 1. S. auch EuG Rs. T-149/89 – *Sotralentz/Kommission* Slg. 1995, II-1127 Rn. 26. Zu den verbliebenen Unklarheiten vgl. *Weiß* in: Calliess/Ruffert, Kommentar zum EU-Vertrag und EG-Vertrag, 2. Aufl. 2002, Art. 81, Rn. 21 ff.

[2] Zur Zulässigkeit der Beschränkung vgl. EuG Rs. T-24/90 – *Automec II* Slg. 1992, II-2223.

[3] Vgl. nur *J. Stuyck/H. Gilliams*, General Introduction, in: dies., Modernisation of European Competition Law, 2002, 2.

sprachen als unverhältnismäßig angesehen wurde, erlaubte Art. 81 Abs. 3 EG/Art. 101 Abs. 3 VAEU, dass die Verhaltensweisen unter bestimmten, dort näher festgelegten Voraussetzungen vom Verbot freigestellt wurden. Dazu mussten die Unternehmen, für die ihre Vereinbarungen in den Genuss der Freistellung kommen wollten, diese bei der Kommission anmelden und eine Freistellungsentscheidung beantragen, vgl. Art. 4, 5, 25 VO 17/62; die Zuständigkeit dafür war bei der Kommission monopolisiert. Zur Arbeitserleichterung wurde die Kommission befugt, für bestimmte Bereiche oder Branchen Gruppenfreistellungsverordnungen zu erlassen, die typische wettbewerbsbeschränkende Vereinbarungen en bloc vom Kartellverbot ausnahmen.

Dieses System entsprach somit einem grundsätzlich umfassenden Verbot von wettbewerbswidrigen Absprachen mit Erlaubnisvorbehalt. Es hatte seinen Grund in der als im Gegensatz zum Verbot nach Art. 81 Abs. 1 EG/Art. 101 Abs. 1 VAEU (und auch nach Art. 82 EG/Art. 102 VAEU) fehlend angesehenen unmittelbaren Anwendbarkeit des Art. 81 Abs. 3 EG/Art. 101 Abs. 3 VAEU.

Über diese Sichtweise setzte sich die Kommission in der von ihr betriebenen Novellierung des Verfahrensrechts hinweg. Die Novelle führt dazu, dass Rechtsanwender den Art. 81 Abs. 3 EG/Art. 101 Abs. 3 VAEU ebenso wie Art. 81 Abs. 1 EG/Art. 101 Abs. 1 VAEU unmittelbar subsumieren müssen, um ein abschließendes Urteil über die kartellrechtliche Erlaubtheit oder Verbotenheit einer streitigen Absprache zu erhalten. An die Stelle einer grundsätzlich in jedem Einzelfall einzuholenden Freistellung vom Kartellverbot tritt eine Behandlung der tatbestandlichen Voraussetzungen des Art. 81 Abs. 3 EG/Art. 101 Abs. 3 VAEU als **Legalausnahme,** also als eine unmittelbar aus der Normgeltung abzuleitende gesetzlich fixierte Ausnahme vom Kartellverbot.

Einzelfreistellungen wird es daher künftig nicht mehr geben. Das Instrument der **Gruppenfreistellung** existiert aber fort, vgl. Rn. 10 der Präambel der VO 1/2003 und ihre Art. 29, 40; die bestehenden Gruppenfreistellungsverordnungen bleiben in Kraft,[4] und zwar weiterhin – wie die Existenz von Art. 29 belegt – mit konstitutiver Wirkung.[5] In dem neuen System, bei dem die Unternehmen grundsätzlich selbst die Rechtmäßigkeit ihres Handelns beurteilen müssen, sind die Gruppenfreistellungsverordnungen von entscheidender Bedeutung für die Rechtssicherheit der Unternehmen. Gruppenfreistellungsverordnungen schaffen kein neues Recht für Unternehmen, sondern kodifizieren und erläutern die Auslegung von Art. 81 Abs. 3 EG/Art. 101 Abs. 3 VAEU. Das bringt die Gefahr mit sich, dass sich die Unternehmen mehr noch als bisher dazu gezwungen sehen, in ihren Vereinbarungen exakt die Regelungen der Gruppenfreistellungsverordnungen zu übernehmen.[6] (Zur Frage der **Fortgeltung von Einzelfreistellungsentscheidungen** s. Art. 34, Rn. 4 ff.)

Diese Neuausrichtung des Kartellverfahrensrechts wurde in Deutschland, aber nicht nur hier, stark kritisiert.[7] Insbesondere wurde moniert, der Rat habe keine Kompetenz, sekundärrechtlich durch eine Verordnung die unmittelbare Anwendbarkeit des Art. 81

---

[4] Zu den Auswirkungen der Novelle auf die Rolle der Gruppenfreistellungsverordnungen *Bechtold,* EG-Gruppenfreistellungsverordnungen – eine Zwischenbilanz, EWS 2001, 54.

[5] Zu dieser Frage näher *Reidlinger* in: Streinz, Kommentar zum EUV/EGV, Art. 83, Rn. 26.

[6] *Lenarts,* Modernisation of the Application and Enforcement of European Competition Law, in: Stuyck/Gilliams, Modernisation of European Competition Law, 2002, 18.

[7] Vgl. nur *Deringer* EuZW 2000, 5; *Immenga* EuZW 1999, 609; *Mestmäcker* EuZW 1999, 523; *Weyer* ZHR 2000, 629 und das Sondergutachten der Monopolkommission vom 16. 9. 1999 „Kartellpolitische Wende in der EU? – Zum Weißbuch der Kommission vom 28. 4. 1999." Zur Kritik im Ausland etwa *Riley* ECLR 2003, 604, 657; *Stuyck/Gilliams,* Modernisation of European Competition Law; *Wesseling* ECLR 1999, 420. Bei der Kritik im Ausland ging es aber weniger um die grundsätzliche Kompetenz des Rates zu dieser Reform, sondern um die als nur halbherzig oder unaufrichtig empfundene neue Dezentralisierungspolitik und Unsicherheiten der neuen Verordnung, etwa hinsichtlich der Kompetenzverteilungen zwischen den nationalen und der europäischen Kartellbehörde.

Abs. 3 EG/Art. 101 Abs. 3 VAEU anzuordnen, zumal diese Norm in ihrem Wortlaut fordert, dass die Verbotswirkungen des Art. 81 Abs. 1 EG/Art. 101 Abs. 1 VAEU für bestimmte Vereinbarungen „für nicht anwendbar erklärt werden können", was impliziere, dass dies durch Entscheidungen erfolge, nicht aber von Gesetzes wegen. Die Kritik ist angesichts der vollzogenen Wende mittlerweile verstummt, konnte aber Einfluss auf die Formulierung des Art. 1 der VO 1/2003 nehmen. Bei näherer Betrachtung zeigt sich, dass von einer Primärrechtswidrigkeit der neuen Regelung in Art. 1 der Verordnung nicht ausgegangen werden kann (dazu näher unten Rn. 17).

9   **b) Bewertung.** Die Tatbestandsmerkmale des Art. 81 Abs. 3 EG/Art. 101 Abs. 3 VAEU eigenen sich wegen ihrer Weite und geringen Bestimmtheit in der Tat nicht ohne weiteres zu einer unmittelbaren Vollziehung. Das spiegelt sich in der zurückhaltenden Kontrolle der Entscheidungen durch den EuGH, der vor der Nachprüfung komplexer ökonomischer Bewertungen zurückschreckte,[8] und war ein Haupteinwand gegen die neue Politik der Legalausnahme, deren Unvereinbarkeit mit primärrechtlichen Vorgaben gerügt worden war.[9] Die jetzt eingeführte Legalausnahme schafft insofern letztlich **starke Rechtsunsicherheit.** Auch die Kommission gibt in der Begründung ihres Verordnungsvorschlags zu, dass Art. 81 Abs. 3 EG/Art. 101 Abs. 3 VAEU **Beurteilungsspielräume** gewährt, über die früher die Kommission verfügte und für die nunmehr streitig ist, ob die Unternehmen sich darauf berufen dürfen.

10 Diese Rechtsunsicherheit wird auch nicht durch die Möglichkeit der Kommission beseitigt, ausnahmsweise gemäß **Art. 10** der Verordnung 1/2003 die **Nichtanwendbarkeit** des Kartellverbots **festzustellen.** Demnach kann die Kommission feststellen, dass die Voraussetzungen von Art. 81 Abs. 1 EG/Art. 101 Abs. 1 VAEU gar nicht vorliegen (früher als Negativattest bezeichnet) oder die Ausnahme nach Abs. 3 EG besteht (Positivattest). In Rn. 14 der Begründungserwägungen zur Verordnung wird vermerkt, dass diese Feststellungen nur deklaratorischer Natur sein sollen; dann könnten sie aber die ihnen gestellte Aufgabe, die Rechtslage zu klären und die Rechtsanwendung zu vereinheitlichen, so Rn. 14, kaum erreichen. Da Art. 10 explizit von einer Entscheidung spricht, könnte man diese gemäß Art. 249 EG (in Art. 288 Abs. 4 VAEU wird dafür der Begriff Beschluss verwendet) als verbindlich anzusehen haben. Die rechtliche Bedeutung der Nichtanwendbarkeitsentscheidungen ist somit nicht klar und in der Literatur auch umstritten.[10] Man wird abzuwarten haben, in welche Richtung sich Art. 10 der Verordnung in der Auslegung durch den EuGH entwickeln wird (dazu auch Art. 4, Rn. 24, Art. 10, Rn. 20).

11 Andererseits ist zu sehen, dass auch die bisherige Verfahrenshandhabung nicht durchgängig Rechtssicherheit brachte, da viele Freistellungsanmeldungen durch nicht verbindliche comfort letters abgeschlossen wurden, in denen den Anmeldern nur formlos mitgeteilt wurde, dass gegen die Vereinbarung keine kartellrechtlichen Bedenken bestehen. Diese einfachen Verwaltungsschreiben entfalteten keine Bindungswirkung für nationale Stellen.[11] Ferner ist das Bestehen von Beurteilungsspielräumen kein zwingender Grund gegen eine unmittelbare Anwendbarkeit. Es sind auch aus dem nationalen Recht zahlreiche wenig bestimmte Generalklauseln bekannt (als Paradebeispiel sei etwa an § 138 BGB erinnert), die die Gerichte in kasuistischer Annäherung näherer Bestimmung zuführen mussten. Die

---

[8] S. nur EuG, Rs. T-19/91 – *Vichy/Kommission* Slg. 1992, II-415 Rn. 90; EuG Rs. T-29/92 – *SPO* Slg. 1995, II-289 Rn. 288; EuGH Rs. C-137/95 P Slg. 1996, I-1611. Zur begrenzten gerichtlichen Kontrolle näher *Weiß*, Die Verteidigungsrechte im EG-Kartellverfahren, 1996, 234 ff.

[9] Vgl. nur *Deringer*, EuR 2001, 306.

[10] Für Bindungswirkung *Anweiler*, in diesem Band Art. 10 VerfVO, Rn. 19; *Dalheimer*, in Grabitz/Hilf, nach Art. 83, Art. 10 VO 1/2003, Rn. 14; *Eilmansberger*, JZ 2001, S. 373; *Hossenfelder/Lutz*, WuW 2003, S. 122 f. A. A. *K. Schmidt*, BB 2003, S. 1242.

[11] *Weiß* in: Calliess/Ruffert, Kommentar zum EU-Vertrag und EG-Vertrag, 2. Aufl. 2002, Art. 81, Rn. 25.

höchstrichterliche Fallgruppenbildung wird dabei durchweg als der Anforderung der Rechtssicherheit und Vorhersehbarkeit gerecht werdend akzeptiert. Angesichts der zahlreichen Entscheidungen der Kommission und der umfangreichen Rechtsprechungstätigkeit des EuGH/EuG zu Art. 81 EG/Art. 101 VAEU dürfte mittlerweile ein Maß an Vorhersehbarkeit der Auslegung des Art. 81 EG/Art. 101 VAEU erreicht worden sein, das die unmittelbare Anwendung auch von dessen Abs. 3 zulässt.

Problematischer ist schon, dass die Voraussetzungen des Art. 81 Abs. 3 EG/Art. 101 Abs. 3 VAEU **Spielräume für Wertungen** eröffnen, die eigentlich im Interesse der Einheitlichkeit der Anwendung bei nur einer Stelle monopolisiert werden sollten. Die Kommission verfügte bei ihren Freistellungsentscheidungen anerkanntermaßen über einen **Beurteilungsspielraum,** der nur einer begrenzten gerichtlichen Kontrolle zugänglich war.[12] Doch kann auch hier auf die erreichte Klärung durch die umfangreiche Entscheidungs- und Rechtsprechungstätigkeit verwiesen werden. Ferner sichert die Praxis des europäischen Kartellrechts durch die zahlreichen Mitteilungen der Kommission zur Anwendung des Kartellrechts und durch neue Instrumente in der Verordnung die Einheitlichkeit der Anwendung des Kartellrechts in allen Staaten der EU (vgl. neben dem oben Rn. 10 erwähnten, aber nicht unproblematischen Art. 10 die Art. 11 ff., die das Netzwerk von Kartellbehörden mit gegenseitigen Unterrichtungspflichten errichten, das die insoweit schon bestehende Kooperation in rechtliche Formen fasst). Außerdem ist die Einheitlichkeit der Anwendung von EU-Recht eine Problematik, die das EU-Recht insgesamt betrifft und kann angesichts der den Regelfall darstellenden dezentralen Vollziehung des EG/EU-Rechts[13] nicht gegen eine unterlassene Monopolisierung von Entscheidungszuständigkeiten bei der EU-Kommission ins Feld geführt werden. 12

Auf der anderen Seite stehen die Vorzüge der Neuregelung, die maßgeblich die Erwägungen der Kommission leiteten: Das System der Freistellung führte in den Bereichen, für die es keine Gruppenfreistellung gab oder für Vereinbarungen, für die die Gruppenfreistellung nicht griff, zu einer Flut von Anmeldungen bei der Kommission. Die ständig steigende Arbeitslast der Kommission zeigte, dass das System der Verordnung 17/62 an seine Grenze gekommen war, zumal der Erlass einer Freistellungsentscheidung mit erheblichem Verfahrensaufwand einherging. Das galt nicht nur für die Kommission, sondern auch für die antragstellenden Unternehmen. 13

Die Legalausnahme befreit die Kommission von der Last der Einzelfreistellungsentscheidungen und ermöglicht es ihr, sich stärker auf die Aufdeckung der schwerwiegendsten Kartellrechtsverstöße zu konzentrieren und sie durch Verbots- und Bußgeldentscheidungen zu ahnden, um die Achtung der europäischen Kartellrechts ex post stärker voranzutreiben. Ferner kann die Kommission infolge der erreichten Arbeitsentlastung sich stärker darauf focusieren, die EG Wettbewerbspolitik zu formulieren, sei es durch den Erlass von Gruppenfreistellungen, sei es durch Bekanntmachungen über die Auslegung und Anwendung von Art. 81 und 82 EG/Art. 101 und 102 VAEU und durch intensive Zusammenarbeit mit den nationalen Stellen. 14

II. Kompetenzgrundlage

Die Kompetenz des Rats zum Erlass von Durchführungsvorschriften zur Anwendung der Art. 81 und 82 EG ergibt sich aus Art. 83 EG/Art. 103 VAEU. Dabei kann die Kompetenzgrundlage für eine sekundärrechtliche Anordnung der unmittelbaren Anwendung von Art. 81 Abs. 3 EG/Art. 101 Abs. 3 VAEU nur in Art. 83 Abs. 2 lit. b) EG/Art. 103 Abs. 2 lit. b) VAEU gesehen werden. Danach kann der Rat die Einzelheiten der Anwendung des Art. 81 Abs. 3 EG/Art. 101 Abs. 3 VAEU festlegen. 15

---

[12] EuG, Rs. T-19/91 – *Vichy/Kommissiom* Slg. 1992, II-415, Rn. 90.
[13] Dazu nur *Streinz,* Europarecht, 6. Aufl. 2003, Rn. 465 ff.

16 Diese Formulierung des Art. 83 Abs. 2 lit. b) EG/Art. 103 Abs. 2 lit. b) VAEU ist offen genug, um dem Rat nicht nur die Möglichkeit einzuräumen, das Freistellungsverfahren näher zu regeln, sondern durch Anordnung einer Legalausnahme ein Freistellungsverfahren auch gänzlich abzuschaffen. Denn die Einzelheiten der Anwendung von Art. 81 Abs. 3 EG/Art. 101 Abs. 3 VAEU zu regeln, umfasst es auch, die unmittelbare Anwendung dieser Bestimmung anzuordnen.[14] Die durch Abschaffung der Freistellungsentscheidung freigewordenen Kapazitäten können zur Stärkung der effektiven Überwachung der Einhaltung des EU-Kartellrechts herangezogen werden – ein explizites Ziel der Reform; ferner dient die Neufassung auch dem Ziel der Vereinfachung der Verwaltungskontrolle; die Abschaffung der administrativen Freistellungszuständigkeit und damit der entsprechenden Verfahren ist die stärkste Form der Verwaltungsvereinfachung. Die Novellierung entspricht daher der Anforderung des 2. Satzteils der lit. b), für „eine wirksame Überwachung bei möglichst einfacher Verwaltungskontrolle" zu sorgen. Eine Verwaltungskontrolle über die Anwendung von Art. 81 Abs. 3 EG/Art. 101 Abs. 3 VAEU besteht grundsätzlich nach wie vor, da die Kommission und nationale Kartellbehörden zuständig sind für den Vollzug des Kartellrechts. Sie werden aber nun auch bezüglich Art. 81 Abs. 3 EG/Art. 101 Abs. 3 VAEU nicht mehr präventiv, sondern nur noch repressiv tätig. Eine präventive Kontrolle wird von Art. 83 EG/Art. 103 VAEU aber nicht gefordert.

17 Allerdings wird gerade der 2. Satzteil der lit. b) von manchen als Argument für die Primärrechtswidrigkeit der Neuregelung herangezogen. Es stehe demnach im Widerspruch zu „einer wirksamen Überwachung bei möglichst einfacher Verwaltungskontrolle", wenn den mit der unmittelbaren Anwendung von Art. 81 Abs. 3 EG/Art. 101 Abs. 3 VAEU betrauten Stellen keine hinreichenden Informationsmittel zur Verfügung stünden, um eine wirksame Überwachung des Wettbewerbsverhaltens der Unternehmen zu garantieren.[15] Diesem Ansatz ist aber zum einen zu entgegnen, dass die Verordnung durch die Schaffung eines kooperativen Netzwerks (vgl. Art. 11 ff.), bestehend aus den verschiedenen nationalen Wettbewerbsbehörden und der Kommission mit wechselseitigen Informations- und Konsultationsprozessen (Art. 11, 12), die Voraussetzung für umfassende Informationsmöglichkeiten der Aufsichtsbehörden herstellt. Zum anderen überzeugt das Argument nicht, die Pflicht, kartellrechtlich bedenkliche Vereinbarungen anzuzeigen, wäre für eine effektive Überwachung nötig. Denn die Anzeigeverpflichtung konnten die Unternehmen ohne weiteres durch Nichtmitteilung umgehen. Schließlich sichert die unmittelbare Anwendung von Art. 81 Abs. 1 und 3 EG/Art. 101 Abs. 1 und 3 VAEU die vollständige Anwendung des EU-Kartellrechts durch nationale Gerichte. Art. 83 EG/Art. 103 VAEU verbietet nicht, dass Art. 81 Abs. 3 EG/Art. 101 Abs. 3 VAEU neben den Verwaltungsbehörden auch durch die Gerichte angewandt wird. Art. 83 EG/Art. 103 VAEU erlaubt somit die Wahl eines Durchführungssystems, das auf der unmittelbaren Anwendbarkeit von Art. 81 Abs. 3 EG/Art. 101 Abs. 3 VAEU beruht.[16]

III. Die Regelungen im Einzelnen

1. Art. 1 Abs. 1 und 1 Abs. 3: Direkte Geltung der Verbote

18 Sowohl Art. 1 Abs. 1 als auch Art. 1 Abs. 3 der Verordnung 1/2003 ordnen die direkte Wirkung der in Art. 81 und Art. 82 EG/Art. 101 und 102 VAEU vorgesehenen Verbote an. Damit geben sie insoweit – und insoweit inhaltlich identisch mit Art. 1 der VO 17/62 – de-

---

[14] Siehe insoweit auch *Reidlinger* in: Streinz, Kommentar zum EUV/EGV, 2003, Art. 83 EGV, Rn. 24.
[15] *Schröter* in: Schröter/Jakob/Mederer, Kommentar zum Europäischen Wettbewerbsrecht, 2003, Art. 83 EGV, Rn. 32.
[16] Vgl. die Kommission in der Begründung ihres Vorschlags, Dok KOM (2000) 582 endg., unter II. B.

klaratorisch nur die bereits nach Primärrecht bestehende Rechtslage wieder. Denn anerkanntermaßen wirken das Kartellverbot und das Verbot des Missbrauchs der marktbeherrschenden Stellung kraft Primärrechts unmittelbar, auch mit Wirkung zwischen Privaten. Denn die Verbote der Art. 81 und 82 EG/Art. 101 und 102 VAEU lassen Rechte entstehen, die die nationalen Gerichte zu wahren haben.[17] Das gilt seit dem Inkrafttreten der Vorläuferverordnung 17/62. Nach der Rechtsprechung des EuGH forderte die Rechtssicherheit, dass vor diesem Zeitpunkt nur solche Maßnahmen von der Nichtigkeit nach Art. 85 Abs. 1, 86 (nun Art. 81 Abs. 1, 82) EG erfasst wurden,[18] die Gegenstand einer Verbotsentscheidung nach Art. 84 f. EG geworden waren.

2. Art. 1 Abs. 2: Ausnahme von Gesetzes wegen

Art. 1 Abs. 2 – die Kernbestimmung des Systemwechsels[19] – ordnet mit unmittelbarer Wirkung an, dass Absprachen, die die Voraussetzungen des Art. 81 Abs. 3 EG/Art. 101 Abs. 3 VAEU erfüllen, vom Verbot des Art. 81 Abs. 1 EG/Art. 101 Abs. 1 VAEU nicht erfasst sind. Diese Freistellung erfolgt direkt von Gesetzes wegen und bedarf, wie ausdrücklich klargestellt, keiner diesbezüglichen Entscheidung. **19**

Die gesetzliche Freistellung gilt, wie die systematische Stellung des Art. 1 Abs. 2 nach Art. 1 Abs. 1 EG und vor Art. 1 Abs. 3, ferner ihr Wortlaut und auch die primärrechtliche Rechtslage, von der hier nicht abgewichen wird, zeigen, nur für Vereinbarung, die vom Verbot des Art. 81 Abs. 1 EG/Art. 101 Abs. 1 VAEU erfasst werden, nicht für den Missbrauch marktbeherrschender Stellung nach Art. 82 EG/Art. 102 VAEU. **20**

Die praktische Konsequenz dieser Regelung ist, dass nationale Stellen wie auch die Kommission – bei ihrer Beurteilung der Kartellrechtswidrigkeit einer Maßnahme auch Art. 81 Abs. 3 EG/Art. 101 Abs. 3 VAEU subsumieren müssen. Ein abschließendes Urteil über die Verletzung von Art. 81 EG/Art. 101 VAEU fordert somit eine Prüfung sowohl des Abs. 1 als auch des Abs. 3. Dabei haben die Rechtsanwender die Auslegung des Art. 81 Abs. 1 und 3 EG/Art. 101 Abs. 1 und 3 VAEU durch den EuGH zu beachten. Außerdem sind dabei alle sonstigen Auslegungshilfen wie Leitlinien, Bekanntmachungen und Entscheidungen der Kommission gebührend zu berücksichtigen. Diese Pflicht zur Beachtung von Kommissionsentscheidungen ist für die nationalen Stellen in Art. 16 VO 1/2003 explizit verankert; die Gefahr einer abweichenden Entscheidung stellt nach der Gemeinsamen Erklärung des Rats und der Kommission zur Arbeitsweise des Netzes der Wettbewerbsbehörden[20] einen Anwendungsfall der Zuständigkeitsübernahme durch die Kommission nach Art. 11 Abs. 6 VO 1/2003 dar. **21**

Dadurch, dass Art. 1 Abs. 2 der geltendes Recht gewordenen Fassung die Legalausnahme anordnet, wird die Novelle der Formulierung in Art. 81 Abs. 3 EG/Art. 101 Abs. 3 VAEU gerecht, wonach die Nichtanwendung des Verbots erklärt werden kann.[21] Diese Erklärung erfolgt jetzt im Gegensatz zu früher nicht mehr durch eine Einzelfallentscheidung, sondern für alle Fälle abstrakt-generell durch gesetzliche Anordnung des Rates. Das System der Gruppenfreistellung wurde nun sozusagen verallgemeinert. Die fortgeltenden Gruppenfreistellungsverordnungen sind folglich als konstitutive Konkretisierungen des Art. 1 Abs. 2 aufzufassen (dazu schon oben Rn. 7). **22**

In der ersten Entwurfsfassung der VO 1/2003 fehlte die ausdrückliche Anordnung, wie sie nun in Art. 1 Abs. 2 enthalten ist. Die endgültige Fassung versucht dadurch, Einwänden der Primärrechtswidrigkeit zu entgehen und dem Wortlaut des Art. 81 Abs. 3 **23**

---

[17] EuGH U. v. 28. 1. 1991 Rs. C-234/89 – *Delimitis* Slg. 1991, I-935, Rn. 45.
[18] EuGH, Rs. 13/61, – *Geus/Bosch* Slg. 1962, 97 (112); EuGH Rs. 209-13/84 – *Asjes* Slg. 1986, 1425, Rn. 65; EuGH Rs. 66/86 – *Saeed* Slg. 1989, 803, Rn. 20.
[19] So mit Recht *Hossenfelder/Lutz* WuW 2003, 118.
[20] Ratsdokument 15 432/02 ADD 1.
[21] *Weitbrecht* EuZW 2003, 70.

EG/Art. 101 Abs. 3 VAEU gerecht zu werden. Insoweit trug die Kritik an der Novelle Früchte.

24 Die sekundärrechtliche Anordnung der unmittelbaren Anwendbarkeit einer Bestimmung, nämlich des Art. 81 Abs. 3 EG, die primärrechtlich nicht für eine unmittelbare Anwendung konzipiert war, ist rechtens und widerspricht nicht höherrangigem Primärrecht. Denn die unmittelbare Rechtswirkung der Norm des Art. 81 Abs. 3 EG/Art. 101 Abs. 3 VAEU wird durch die unmittelbare Wirkung des Art. 1 der Verordnung, die sich aus Art. 249 EG/Art. 288 VAEU ergibt, in konstitutiver Weise hergestellt. Der Gemeinschaftsgesetzgeber hat die Kompetenz, die direkte Wirkung von primärrechtlichen Normen anzuordnen. Dies erfolgte auch im Rahmen der Kompetenz des Art. 83 EG/Art. 103 VAEU (oben Rn. 17).

Art. 2. Beweislast

In allen einzelstaatlichen und gemeinschaftlichen Verfahren zur Anwendung der Art. 81 und 82 des Vertrags obliegt die Beweislast für eine Zuwiderhandlung gegen Art. 81 Abs. 1 oder Art. 82 des Vertrags der Partei oder der Behörde, die diesen Vorwurf erhebt. Die Beweislast dafür, dass die Voraussetzungen des Artikels 81 Abs. 3 des Vertrags vorliegen, obliegt den Unternehmen oder Unternehmensvereinigungen, die sich auf diese Bestimmung berufen.

Übersicht

	Rn.		Rn.
I. Sinn und Zweck der Regelung	1	2. Art. 81 EG	7
II. Praktische Bedeutung	2	3. Art. 82 EG	8
III. Tatbestand		4. Art. 86 Abs. 2 EG	9
1. Einzelstaatliche und gemeinschaftliche Verfahren	4	5. Gruppenfreistellungsverordnungen	10
		IV. Rechtsfolgen	11

I. Sinn und Zweck der Regelung

1 Art. 2 regelt, welche Partei die **Beweislast** dafür tragen soll, dass die Voraussetzungen der Art. 81, 82 EG vorliegen. Durch Art. 2 wird insbesondere klargestellt, dass der Übergang zu dem System der Legalausnahme nicht bedeutet, dass ein Kläger, der sich auf einen Verstoß gegen Art. 81 EG beruft, auch darlegen und beweisen muss, dass die Voraussetzungen des Art. 81 Abs. 3 EG nicht erfüllt sind.[1] Vielmehr trägt gemäß Art. 2 in allen mitgliedstaatlichen und gemeinschaftlichen Verfahren diejenige Partei, die sich auf Art. 81 Abs. 3 EG beruft, auch die Beweislast für das Vorliegen der Voraussetzungen dieser Vorschrift. Nach Ansicht der Kommission gewährleistet die Regelung eine **ausgewogene Behandlung** beider Parteien, weil die Partei, die den Rechtsvorteil des Art. 81 Abs. 3 EG geltend macht, in der Regel am besten in der Lage sei, die Informationen beizubringen, mit denen gezeigt werden kann, dass die Voraussetzungen dieses Artikels vorliegen. Die Bestimmung entspreche dem im Recht der Mitgliedstaaten überwiegend respektierten Grundsatz, dass jede Streitpartei für die Aspekte die Beweislast trägt, die sie zu ihren Gunsten geltend macht.[2]

---

[1] Missverständlich noch Komm., Weißbuch über die Modernisierung, ABl. 1999, C 132/1 Rn. 85; dazu *Bartosch* EuZW 2001, 101; *Mestmäcker* EuZW 1999, 523, 529.

[2] Komm., Vorschlag für eine Verordnung des Rates zur Durchführung der in den Artikeln 81 und 82 EG-Vertrag niedergelegten Wettbewerbsregeln, KOM (2000) 582 endgültig, S. 16. Zu der Kritik vgl. Monopolkommission, Folgeprobleme der europäischen Kartellverfahrensreform, Sondergutachten 32, Rn. 69.

II. Praktische Bedeutung

Die Bedeutung der Regelung geht über eine bloße Beweislastregelung für **zivilgericht-** 2
liche Verfahren zur Anwendung des EG-Wettbewerbsrechts hinaus. Die in Art. 2 bestimmte Regelung der Beweislast gilt grundsätzlich genauso für die Verwaltungs- und Bußgeldverfahren vor der Kommission wie für die **Verwaltungs- und Bußgeldverfahren** zur Anwendung der Art. 81, 82 EG in den Mitgliedstaaten.[3] Diese Erstreckung auch auf die Verwaltungs- und Bußgeldverfahren wurde in der endgültigen Fassung der Verordnung durch die Einfügung „Partei oder Behörde" nochmals klargestellt. Die Bestimmung enthält also auch eine Regelung des mitgliedstaatlichen **Verwaltungsverfahrensrecht.** Im zivilrechtlichen Kontext ist die Regelung dagegen zumindest nach deutschem Verständnis als materiellrechtliche Regelung und nicht als Regelung des Zivilprozessrechts anzusehen, vgl. Art. 32 Abs. 3 S. 1 EGBGB.[4]

Die Anwendung der Beweislastregelung auf gemeinschaftliche und mitgliedstaatliche 3
Bußgeldverfahren begegnet **schweren Bedenken** in Bezug auf ihre Vereinbarkeit mit dem Grundsatz *in dubio pro reo*.[5]

III. Tatbestand

1. Einzelstaatliche und gemeinschaftliche Verfahren

Die Regelung des Art. 2 gilt grundsätzlich für **alle Verfahren,** in denen die Anwen- 4
dung des EG-Wettbewerbsrechts in Frage steht. Es wird dabei weder danach unterschieden, ob ein Gericht oder eine Verwaltungsbehörde Art. 81, 82 EG anwendet, noch danach, ob es sich um Zivil-, Verwaltungs- oder Bußgeldverfahren handelt. Art. 2 gilt somit sowohl für Verfahren vor der Kommission als auch für Verfahren vor den Kartellbehörden und Gerichten der Mitgliedstaaten.

Insbesondere von der deutschen Regierung wurden Bedenken gegen die Erstreckung der 5
Beweislastregelung des Art. 2 S. 2 auch auf **Bußgeldverfahren** geäußert. In der Endfassung wurde diesen Bedenken lediglich insoweit Rechnung getragen, als in Begründungserwägung 5 der Verordnung festgestellt wird, dass die Verpflichtung der Wettbewerbsbehörden und Gerichte der Mitgliedstaaten zur Aufklärung rechtserheblicher Sachverhalte beizutragen, nicht berührt werden soll, soweit solche Verpflichtungen im Einklang mit dem Gemeinschaftsrecht stehen. Die deutsche Delegation hat zu Art. 2 deswegen eine Protokollerklärung abgegeben, in der die Auffassung Deutschlands bekräftigt wird, „dass Art. 83 EG keine ausreichende Rechtsgrundlage für die Einführung oder Änderung strafrechtlicher oder strafverfahrensrechtlicher Bestimmungen ist. Dies gilt insbesondere für die grundlegenden Verfahrensgarantien in Strafverfahren wie die **Unschuldsvermutung** zugunsten der Angeklagten." Die deutsche Delegation zieht daraus den Schluss,[6] „dass die vorliegende Verordnung, insbesondere deren Art. 2, nicht derartige für Strafverfahren oder strafrechtsähnliche Verfahren geltende strafrechtliche oder strafverfahrensrechtliche Bestimmungen und Rechtsgrundsätze der Mitgliedstaaten ändern oder beeinträchtigen kann." In Bezug auf die gemeinschaftlichen Verfahren ist allerdings angesichts des Wortlauts des Art. 83 Abs. 2 lit. a EG schwer zu begründen, weshalb die Frage der Beweislast im Bußgeldverfahren nicht auf der Grundlage des Art. 83 EG geregelt werden kann und darf.

---

[3] So *Bechtold* BB 2000, 2425, 2426.
[4] Für eine Qualifizierung als verfahrensrechtliche Regelung: EuGH U. v. 17. 7. 1997 Rs. C-242/95 – *GT-Link/De Danske Statsbaner* Slg. 1997, I-4449 Rn. 27.
[5] So auch *Hirsch* ZWeR 233, 242; *Dannecker* in: Wirtschafts- und Privatrecht im Spannungsfeld von Privatautonomie, Wettbewerb und Regulierung, 61, 65.
[6] Zustimmend *Weitbrecht* EuZW 2003, 69, 72 Fn. 30.

Art. 2 VerfVO 6, 7

6 Es entspricht schon der bisherigen Praxis des EuGH, den Unternehmen den Nachweis entlastender Umstände, insbesondere von Rechtfertigungsgründen aufzuerlegen.[7] In einer Entscheidung hat der EuGH schon vor Inkrafttreten der VO 1/2003 auf die fünfte Begründungserwägung Bezug genommen und die dort geregelte Verteilung der Beweislast auch für Bußgeldentscheidungen bestätigt.[8] Die Anwendung dieser Beweislastverteilung in Bußgeldverfahren ist allerdings schwer mit der Rechtsprechung des EGMR zu der in Art. 6 Abs. 2 EMRK garantierten Unschuldsvermutung zu vereinbaren, die auch in Ordnungswidrigkeitenverfahren zu beachten ist.[9] Eine Anwendung des Art. 2 S. 2 in einem mitgliedstaatlichen Bußgeldverfahren stellte also einen Verstoß gegen Art. 6 Abs. 2 EMRK dar. Auch wenn die EMRK direkt nur auf Handlungen der Mitgliedstaaten und nicht auf Handlungen der EG anwendbar ist, obliegt die Beachtung der in der EMRK niedergelegten allgemeinen Grundsätze auch den Gemeinschaftsorganen,[10] so dass auch die Anwendung des Art. 2 S. 2 in Bußgeldverfahren auf Gemeinschaftsebene schweren Bedenken begegnen muss. In Bußgeldfällen wird jedoch die Frage, ob Art. 81 Abs. 3 EG anwendbar ist, nur selten eine ernsthafte Rolle spielen.[11]

2. Art. 81 EG

7 Derjenige, der sich auf die Art. 81, 82 EG beruft, trägt die Beweislast für eine Zuwiderhandlung gegen diese Artikel. Im Falle des Art. 81 EG obliegt ihm also der Nachweis (i) einer **Vereinbarung** zwischen Unternehmen, eines Beschlusses von Unternehmensvereinigungen oder einer aufeinander abgestimmten Verhaltensweise, die (ii) eine **Verhinderung, Einschränkung oder Verfälschung des Wettbewerbs** innerhalb des Gemeinsamen Marktes bezwecken oder bewirken und (iii) den **Handel zwischen Mitgliedstaaten** zu beeinträchtigen geeignet sind. Zusätzlich wird man auch die Beweislast für die **Spürbarkeit** einer Vereinbarung, entsprechend der bisherigen Praxis der Gerichte, demjenigen auferlegen, der eine Verletzung des Art. 81 Abs. 1 EG geltend macht.[12] Die spürbare Beeinträchtigung des Wettbewerbs und die Spürbarkeit der Eignung der Beeinträchtigung des Handels zwischen den Mitgliedstaaten sind als ungeschriebene Tatbestandsmerkmale des Art. 81 Abs. 1 EG zu sehen. Hingegen wird wohl im Einzelfall zu entscheiden sein, wer die **Beweislast für weitere Umstände** wie Immanenzgesichtspunkte, *state compulsion defence*, *rule-of-reason*-Kriterien usw. – so sie überhaupt im Rahmen des Art. 81 Abs. 1 EG zu berücksichtigen sind – zu tragen hat. Soweit es sich dabei systematisch um Umstände handelt, die nicht schon den Tatbestand ausschließen, sondern – wie z. B. Rechtfertigungsgründe – der **Rechtswidrigkeit** zuzuordnen sind, entspricht es der Struktur des Art. 81 EG, die Beweislast demjenigen aufzuerlegen, der sich auf diese Umstände beruft.[13] Ent-

---

[7] Vgl. *Dannecker* in: Immenga/Mestmäcker EG-WbR Bd. II, S. 1635 m. w. N.
[8] EuGH U. v. 7. 1. 2004 verb. Rs. C-204/00P, C-205/00P, C-211/00P, C-213/00P, C-217/00P und C-219/00P – *Aalborg Portland A/S u. a./Kommission* Slg. 2004 I-123, Rn. 78 f.
[9] So *Hirsch* ZWeR 2003, 233, 242; *Weiß* EuZW 2006, 263, 264. Vgl. EGMR NJW 1985, 1273 – *Öztürk/Deutschland*. Vgl. auch GA *Léger* Schlussanträge v. 3. 2. 1998 Rs. C-185/95P – *Baustahlgewebe/Kommission* Slg. 1998, I-8417 Rn. 31.
[10] EuGH U. v. 29. 5. 1997 Rs. C-299/95 – *Kremzow* Slg. 1997, I-2629 Rn. 14, EuGRZ 1997, 247; EuGH U. v. 17. 12. 1998 Rs. C-185/95 P – *Baustahlgewebe/Kommission* Slg. 1998, I-8417, WuW/E EU-R 139; EuG U. v. 20. 2. 2001 Rs. T-112/98 – *Mannesmannröhren-Werke AG/Kommission* Slg. 2001, II-729, WuW/E EU-R 399. Zur Anwendbarkeit des Art. 6 EMRK auf Verfahren der Kommission vgl. auch EuG U. v. 13. 1. 2004 Rs. T-67/01 – *JCB Services/Kommission* Slg. 2004 II-49 Rn. 36, WuW/E EU-R 827.
[11] So *Bechtold* DB 2004, 235, 237.
[12] OLG Düsseldorf, U. v. 28. 2. 2007 Az. VI-U (Kart) 8/06 Tz. 55 – nicht veröffentlicht; A. A. *Fikentscher* WuW 2001, 446, 448.
[13] Noch weitergehend *Fikentscher* WuW 2001, 446, 449, der dem Kläger nicht einmal die Darlegungs- und Beweislast für die Spürbarkeit der Wettbewerbsbeschränkung auferlegen will.

sprechend hat der EuGH in Bezug auf die Beweislast für das Vorliegen eines Notstandes[14] entschieden.[15] Gemäß Art. 2 S. 2 obliegt die Beweislast für das Vorliegen der Voraussetzungen des Art. 81 Abs. 3 EG in vollem Umfang demjenigen, der sich auf die Freistellung beruft (zu der Anwendbarkeit des Art. 2 S. 2 und der Verteilung der Beweislast in Bußgeldverfahren siehe oben Rn. 6).

3. Art. 82 EG

Die Prozesspartei oder die Behörde, die sich auf Art. 82 EG beruft, trägt die Beweislast für das **Vorliegen einer marktbeherrschenden Stellung,** die **missbräuchliche Ausnutzung** dieser Stellung und die Eignung des Missbrauchs zur **spürbaren Beeinträchtigung des Handels** zwischen den Mitgliedstaaten. Art. 82 EG sieht keine Möglichkeit der Freistellung vor. Soweit sich ein Verfahrensbeteiligter auf Rechtfertigungsgründe beruft, trägt er die Beweislast für das Vorliegen der Voraussetzungen der Rechtfertigung. Die Gegenansicht sieht die Rechtfertigung als negatives Tatbestandsmerkmal, dessen Nichtvorliegen von der Behörde dargelegt und bewiesen werden muss.[16] Richtigerweise wird man bei den verschiedenen diskutierten Einschränkungen der Anwendung des Art. 82 EG (z. B. *meeting competition defence, objective necessity, efficiency defence*)[17] jeweils im Einzelnen prüfen müssen, ob es dabei um ein negatives Tatbestandsmerkmal oder einen Rechtfertigungsgrund im eigentlichen Sinn handelt und die Beweislast entsprechend verteilen.[18]

4. Art. 86 Abs. 2 EG

Die Beweislastverteilung in Bezug auf Art. 86 Abs. 2 EG ist in Art. 2 nicht ausdrücklich geregelt. Aufgrund der systematischen Stellung des Art. 86 Abs. 2 EG ist davon auszugehen, dass derjenige, der sich auf diese **Ausnahmeregelung** beruft, sowohl die Beweislast dafür trägt, dass eine Betrauung mit Dienstleistungen von allgemeinen wirtschaftlichen Interesse vorliegt, als auch dafür, dass eine Anwendung des EG-Wettbewerbsrecht die Erfüllung der übertragenen Aufgaben rechtlich oder tatsächlich verhindern würde. Der Charakter des Art. 86 Abs. 2 S. 2 EG als (Gegen-)Ausnahme zu Art. 86 Abs. 2 S. 1 EG spricht dafür, die Beweislast dafür, dass eine Anwendung des Art. 86 Abs. 2 S. 1 EG die Entwicklung des Handelsverkehrs in einem Ausmaß beeinträchtigt, das dem Interesse der Gemeinschaft zuwiderläuft, wiederum demjenigen aufzuerlegen, der sich darauf beruft.

5. Gruppenfreistellungsverordnungen

Auch in dem System der Legalausnahme bleibt die Kommission weiterhin befugt, Gruppenfreistellungsverordnungen zu erlassen (vgl. Art. 29). Nach der Systematik des Art. 2 obliegt demjenigen, der sich auf das **Eingreifen einer Gruppenfreistellungsverordnung** beruft, die **Beweislast für das Vorliegen deren Voraussetzungen.**[19] Das muss auch gelten, soweit die Gruppenfreistellungsverordnung – wie z. B. die VO 2790/99 –

---

[14] EuGH U. v. 7. 6. 1983 verb. Rs. 100 bis 103/80 – *SA Musique diffusion Francaise/Kommission* Slg. 1983, 1825 Rn. 90. Vgl. auch zum EGKS-Vertrag EuGH U. v. 11. 12. 1980 Rs. 1252/79 – *SPA Acciaierie e Ferriere Lucchini/Kommission* Slg. 1980, 3753 Rn. 12 und EuGH U. v. 18. 3. 1980 verb. Rs. 154, 205, 206, 226 bis 228, 263 und 264/78 sowie 39, 31, 83 und 85/79 – *S. P.A: Ferriera Valsabbia/Kommission* Slg. 1980, 907 Rn. 106, 152.
[15] Zur Frage des Verschuldens s. Komm., Staff Working Paper accompanying the White Paper on Damages actions for breach of the EC antitrust rules, 50 f.
[16] So *Hirsbrunner/Schädle* EuZW 2006, 583, 585.
[17] Zu diesen möglichen Rechtfertigungen vgl. Komm., DG Competition discussion paper on the application of Article 82 of the Treaty to exclusionary abuses, Rz. 77 f.
[18] So auch *Hirsbrunner/Schädle* EuZW 2006, 583, 585.
[19] Vgl. *Baron* WuW 2006, 358, 365.

ihre Anwendbarkeit sowohl an das Vorliegen bestimmter Umstände (z.B. Vorliegen einer Vertikalvereinbarung) als auch an das Nichtvorliegen anderer Umstände (z.B. Marktanteil von mehr als 30%) knüpft. Da nach der Systematik der Gruppenfreistellungsverordnung das Vorliegen positiver wettbewerblicher Effekte nur dann vermutet werden kann, wenn ein solcher Marktanteil nicht erreicht wird, obliegt die Beweislast für das Vorliegen eines Marktanteils von weniger als 30% auch demjenigen, der sich auf das Vorliegen der Voraussetzungen der Gruppenfreistellungsverordnung beruft.[20] Entsprechend obliegt nach Ansicht der Kommission bei dem Verfahren der **Entziehung der Rechtsvorteile einer Gruppenfreistellungsverordnung** der Behörde, die den Rechtsvorteil entziehen will, die Beweislast dafür, dass nicht alle Voraussetzungen des Art. 81 Abs. 3 EG erfüllt sind.[21]

IV. Rechtsfolgen

11   Art. 2 stellt eine **reine Regelung der Beweislast** dar. Er trifft – wie in Begründungserwägung 5 zu der Verordnung klargestellt – keine Regelungen darüber, wann ein entsprechender Beweis als erbracht gilt oder welche Beweismittel in den betroffenen Verfahren zulässig sind. Diese Fragen bestimmen sich in Bezug auf die mitgliedstaatlichen Verfahren weiterhin allein nach dem **jeweiligen Zivil- oder Verwaltungsverfahrensrecht.** Als fraglich muss gelten, inwieweit in den Rechtsordnungen der Mitgliedstaaten enthaltene Erleichterungen der Beweis- und Darlegungslast neben Art. 2 noch anwendbar sein können. Das deutsche Zivilrecht kennt verschiedene **Beweislasterleichterungen** in Hinblick auf Tatsachen und Umstände, die in der Sphäre der gegnerischen Partei liegen.[22] Eine Umkehr der Beweislast kann aufgrund des klaren Wortlauts des Art. 2 auf der Ebene des mitgliedstaatlichen Rechts nicht vorgenommen werden. Dagegen hindert Art. 2 nicht daran, mitgliedstaatliche Bestimmungen zur **Darlegungslast** anzuwenden, die regeln, wann eine Tatsache als beweisbedürftig gilt.[23] So regelt z.B. § 33 Abs. 4 GWB, dass die Zivilgerichte an Entscheidungen der Kartellbehörden gebunden sind, soweit darin ein Verstoß gegen Art. 81, 82 EG festgestellt wird. Eine solche **Bindung des Gerichts** wird man – schon im Hinblick auf Art. 16 – als mit Art. 2 vereinbar ansehen müssen.

12   Des Weiteren ist es auch zulässig, Bestimmungen anzuwenden, die bestimmte Tatsachen als *prima facie*-**Beweis** für einen Verstoß gegen Art. 81, 82 EG werten.[24] Durch solche Regelungen wird keine Umkehr der Beweislast bewirkt, sondern es wird lediglich die Erbringung des Beweises erleichtert.[25] Zumindest die deutschen Zivilgerichte haben allerdings bislang entsprechende Erleichterungen der Darlegungs- und Beweislast für Prozessparteien, die sich auf Art. 81 Abs. 1, 82 EG berufen, zumeist abgelehnt.[26] Damit werden in vielen Fällen privatrechtliche Klagen zur Durchsetzung des EG-Kartellrechts an den Beweisanforderungen scheitern. Die EuGH-Rechtsprechung zur effektiven Durchsetzung des Gemeinschaftsrechts, die fordert, dass Beweislastregelungen des nationalen Rechts die Ausübung der durch die Gemeinschaftsrechtsordnung verliehenen Rechte nicht praktisch un-

---

[20] So auch *Bornkamm/Becker* ZWeR 2005, 213, 231.
[21] Vgl. Komm., Leitlinien zur Anwendung von Artikel 81 EG-Vertrag auf Technologietransfer-Vereinbarungen, ABl. 2004 C101/2 Rn. 119.
[22] Monopolkommission, Folgeprobleme der europäischen Kartellverfahrensreform, Sondergutachten 32, Rn. 71.
[23] So auch *Montag/Rosenfeld* ZWeR 2003, 107, 122.
[24] So auch *Berrisch/Burianski* WuW 2005, 878, 883; zweifelnd *Goette* ZWeR 2003, 135, 151. Zu Beweiserleichterungen bei Art. 82 EG, vgl. EuGH U. v. 13.7.1989 verb. Rs. 110/88, 241/88 und 242/88 – *Lucazeau/SACEM* Slg. 1989, 2811 Rn. 25. Anders jedoch EuGH U. v. 17.7.1997 Rs. C-242/95 – *GT-Link/De Danske Statsbaner* Slg. 1997, I-4449 Rn. 24.
[25] BGH NJW 1987, 2876, 2877.
[26] Vgl. BGHZ 53, 304, 309 = BGH WuW/E BGH 1081, 1083 – *Diskothek*.

möglich machen oder übermäßig erschweren dürfen (Effektivitätsgrundsatz),[27] hilft hier nur begrenzt weiter, da die Beweislastverteilung nicht auf nationalem Recht, sondern auf Art. 2 beruht. Allerdings sind die nationalen Gerichte gehalten, die Beweiserleichterung, die es bei der Anwendung des nationalen Kartellrechts gibt, auch bei der Durchsetzung des EG-Kartellrechts anzuwenden (Äquivalenzprinzip).[28] Im Rahmen der Konsultation zur Stärkung der privatrechtlichen Durchsetzung des EG-Kartellrechts werden weitere Beweiserleichterungen diskutiert.[29]

Die Regelung des Art. 2 berührt nicht den im deutschen Verwaltungsrecht geltenden **Amtsermittlungsgrundsatz.** Dies wird durch die Begründungserwägung 5 noch einmal klargestellt. Für das deutsche verwaltungsrechtliche Verfahren bestimmt Art. 2 also lediglich, wer im Falle eines *non liquet* das Risiko der Unaufklärbarkeit zu tragen hat, ohne dass die Verpflichtung der Kartellbehörden zur Aufklärung des Sachverhaltes auch in Bezug auf Art. 81 Abs. 3 EG eingeschränkt würde.[30]

Art. 3. Verhältnis zwischen den Artikeln 81 und 82 EG und dem einzelstaatlichen Wettbewerbsrecht

(1) **Wenden die Wettbewerbsbehörden der Mitgliedstaaten oder einzelstaatliche Gerichte das einzelstaatliche Wettbewerbsrecht auf Vereinbarungen zwischen Unternehmen, Beschlüsse von Unternehmensvereinigungen und aufeinander abgestimmte Verhaltensweisen im Sinne des Artikels 81 Abs. 1 des Vertrags an, welche den Handel zwischen Mitgliedstaaten im Sinne dieser Bestimmung beeinträchtigen können, so wenden sie auch Art. 81 des Vertrags auf diese Vereinbarungen, Beschlüsse und aufeinander abgestimmten Verhaltensweisen an. Wenden die Wettbewerbsbehörden der Mitgliedstaaten oder einzelstaatliche Gerichte das einzelstaatliche Wettbewerbsrecht auf nach Art. 82 des Vertrags verbotene Missbräuche an, so wenden sie auch Art. 82 des Vertrags an.**

(2) **Die Anwendung des einzelstaatlichen Wettbewerbsrechts darf nicht zum Verbot von Vereinbarungen zwischen Unternehmen, Beschlüssen von Unternehmensvereinigungen und aufeinander abgestimmten Verhaltensweisen führen, welche den Handel zwischen Mitgliedstaaten zu beeinträchtigen geeignet sind, aber den Wettbewerb im Sinne des Artikels 81 Abs. 1 des Vertrags nicht einschränken oder die Bedingungen des Artikels 81 Abs. 3 des Vertrags erfüllen oder durch eine Verordnung zur Anwendung von Art. 81 Abs. 3 des Vertrags erfasst sind. Den Mitgliedstaaten wird durch diese Verordnung nicht verwehrt, in ihrem Hoheitsgebiet strengere innerstaatliche Vorschriften zur Unterbindung oder Ahndung einseitiger Handlungen von Unternehmen zu erlassen oder anzuwenden.**

(3) **Die Absätze 1 und 2 gelten unbeschadet der allgemeinen Grundsätze und sonstigen Vorschriften des Gemeinschaftsrechts nicht, wenn die Wettbewerbsbehörden und Gerichte der Mitgliedstaaten einzelstaatliche Gesetze über die Kontrolle von Unternehmenszusammenschlüssen anwenden, und stehen auch nicht der Anwendung von Bestimmungen des einzelstaatlichen Rechts entgegen, die überwiegend ein von den Artikeln 81 und 82 des Vertrags abweichendes Ziel verfolgen.**

---

[27] Vgl. EuGH U. v. 7. 9. 2006 Rs. C-526/04 – *Laboratoires Boiron SA/Union de recouvrement des cotisations des sécurité sociale et d'allocations familiales (Urssaf) de Lyon* Slg. 2006 I-7529.

[28] Vgl. EuGH U. v. 13. 7. 2006 Rs. C-295/04 bis C-298/04 – *Manfredi/Lloyd Adriatico Assicurazioni* Slg. 2006 I- 6619, WuW EU-R 1107.

[29] Vgl. Komm. Weißbuch Schadensersatzklagen wegen Verletzung des EG-Wettbewerbsrechts (Kom (2008) 165 endg.); Komm., Staff Working Paper accompanying the White Paper on Damages actions for breach of the EC antitrust rules, 23 f.

[30] Vgl. *Hirsch* ZWeR 2003, 233, 241; *Hossenberger/Lutz* WuW 2003, 118, 119; *Weitbrecht* EuZW 2003, 69, 72.

Übersicht

	Rn.		Rn.
I. Sinn und Zweck der Regelung	1	IV. Rechtsfolgen	
II. Praktische Bedeutung	3	1. Verpflichtung zur parallelen Anwendung des EG-Wettbewerbsrechts	15
III. Tatbestand		2. Kein Ausschluss mitgliedstaatlicher sektoraler Regelungen	18
1. Art. 81 EG	5		
2. Art. 82 EG	6		
3. Eignung zur Beeinträchtigung des Handels zwischen den Mitgliedstaaten	7	3. Kein Ausschluss des nationalen Fusionskontrollrechts	19
4. Spürbarkeit	9	4. Verbleibender Anwendungsbereich des nationalen Wettbewerbsrechts	20

I. Sinn und Zweck der Regelung

1   Art. 3 stellt eine neue durch den Wechsel zu einem System der Legalausnahme notwendig gewordene Regelung dar, die in der VO Nr. 17/62 keine Entsprechung hatte. Während das Weißbuch der Kommission zur Modernisierung der EG-Wettbewerbsregeln keine Aussagen zu dem **Verhältnis von europäischem und nationalem Kartellrecht** enthielt, wurde dieser Gesichtspunkt in dem Verordnungsentwurf einer expliziten Regelung unterworfen. Mit dem ursprünglichen Vorschlag der Kommission im Verordnungsentwurf sollte die bestehende Möglichkeit der parallelen Anwendung von nationalem und europäischem Kartellrecht abgeschafft werden und jeweils nur noch eine Rechtsordnung Anwendung finden. Dieser Vorschlag wurde vielfach kritisiert, weil ein **Bedeutungsverlust der nationalen Kartellrechtsordnungen** befürchtet wurde. Die jetzige Regelung des Art. 3 stellt einen unglücklichen Kompromiss zwischen beiden Auffassungen dar, der um ein Vielfaches komplizierter ist als der ursprüngliche Kommissionsvorschlag, ohne dass die wesentlichen Bedenken gegen diesen Vorschlag zerstreut werden konnten.[1]

2   Das ursprüngliche Ziel der Kommission, durch die Anwendung einheitlicher Regeln einheitliche Wettbewerbsbedingungen in der Gemeinschaft zu fördern und die Kosten für Behörden und Unternehmen zu senken,[2] kann mit dieser Regelung nur bedingt erreicht werden. Im Hinblick auf wettbewerbsbeschränkende Vereinbarungen wird – wenn Eignung zur Beeinträchtigung des Handels zwischen den Mitgliedstaaten besteht – der Rückgriff auf nationales Kartellrecht jedoch nur noch dann vorgenommen werden, wenn die nationale Regelung weitergehende Rechtsfolgen hat als die europäische. Im Bereich der einseitigen Verhaltensweisen behält das nationale Recht seine Bedeutung und es bleibt bei der Möglichkeit der Anwendung strengeren nationalen Rechts.

II. Praktische Bedeutung

3   Die praktische Bedeutung des Art. 3 kann kaum überschätzt werden. Zum einen führt Art. 3 – obwohl die klare Trennung der Anwendungsbereiche der europäischen und der nationalen Wettbewerbsregeln in der Endfassung aufgegeben wurde – grundsätzlich zu einer **vereinfachten Beurteilung** von Vereinbarungen. Insbesondere bei Verträgen, die Berührungspunkte zu mehreren Mitgliedstaaten haben, müssen Unternehmen in Zukunft eine **parallele Überprüfung** anhand des europäischen Rechts und der jeweiligen nationalen Wettbewerbsrechte regelmäßig nicht mehr vornehmen. Zwar bleibt gemäß Art. 3 eine parallele Anwendung des nationalen Rechts grundsätzlich noch möglich; eine solche Anwendung darf allerdings nicht zu einem anderen Ergebnis führen als die Anwendung des Art. 81 EG. Im Bereich der einseitigen Verhaltensweisen müssen aber weiterhin neben Art. 82 EG auch eventuell strengere Regelungen der nationalen Rechtsordnungen

---

[1] A. A. *Klocker* WuW 2002, 1151.
[2] Komm., Vorschlag für eine Verordnung des Rates zur Durchführung der in den Artikeln 81 und 82 EG-Vertrag niedergelegten Wettbewerbsregeln, KOM (2000) 582 endgültig, S. 17.

beachtet werden. Insoweit bleibt Art. 82 EG der kartellrechtliche Mindeststandard in der EU.

Eine weitere Konsequenz der Neuregelung ist, dass nationale Rechtsordnungen, die im Bereich der wettbewerbsbeschränkenden Vereinbarungen i.S. von Art. 81 EG strengere Maßstäbe anlegen als das europäische Wettbewerbsrecht, in Zukunft praktisch nur noch für Vereinbarungen gelten werden, die keine Auswirkungen auf den Handel zwischen den Mitgliedstaaten haben. Eine solche Differenzierung, die wirtschaftlich weniger bedeutende Vereinbarungen strengeren Regeln unterwirft, wird auf Dauer nur schwer rechtzufertigen sein. Dabei darf allerdings nicht außer Acht gelassen werden, dass diese Problematik auch schon vor Einführung des Art. 3, wenn auch nicht in der Schärfe, bestand. 4

III. Tatbestand

1. Art. 81 EG

Gemäß Art. 3 müssen die Gerichte und Wettbewerbsbehörden der Mitgliedstaaten alle Vereinbarungen zwischen Unternehmen, Beschlüsse von Unternehmensvereinigungen und aufeinander abgestimmte Verhaltensweisen, die geeignet sind, den Handel zwischen Mitgliedstaaten zu beeinträchtigen, nun zumindest auch nach dem Wettbewerbsrecht der Gemeinschaft beurteilen. Eine isolierte Anwendung nationalen Rechts ist nicht mehr möglich. Soweit auch mitgliedstaatliches Recht angewendet wird, darf die Anwendung dieses Rechts zu keinem anderen Ergebnis führen als die Anwendung des Art. 81 EG. Ohne Belang ist dabei, ob die Vereinbarungen spürbare Wettbewerbsbeschränkungen i.S. des Art. 81 EG enthalten.[3] Dieser absolute Vorrang des europäischen Wettbewerbsrechts ist somit bei Vereinbarungen, Beschlüssen und abgestimmten Verhaltensweisen nur an die **Eignung zur Beeinträchtigung des Handels zwischen den Mitgliedstaaten** gebunden.[4] Dem liegt auch das Bestreben der Kommission zugrunde, die Konsequenz der bisherigen Praxis gemäß der *Walt Wilhelm*-Rechtsprechung[5] zu vermeiden, dass grenzüberschreitende Vereinbarungen, die nach europäischem Recht nicht als wettbewerbsbeschränkend angesehen werden, wieder nach strengerem nationalen Recht beurteilt werden können. Bei Fällen, die nach nationalem Wettbewerbsrecht einseitige Handlungen darstellen, nach EG-Wettbewerbsrecht allerdings als Fälle des Art. 81 EG gesehen werden können, bleibt es ebenfalls bei diesem Vorrang des europäischen Rechts.[6] 5

2. Art. 82 EG

In Fällen der missbräuchlichen Ausnutzung einer beherrschenden Stellung im Sinne von Art. 82 EG, die geeignet sind, den Handel zwischen den Mitgliedstaaten zu beeinträchtigen, kann innerstaatliches Kartellrecht noch angewendet werden, daneben muss aber immer auch Art. 82 EG angewendet werden, Art. 3 Abs. 1 S. 2. Den Behörden und Gerichten steht es frei, strengeres nationales Recht anzuwenden. Soweit die einseitige Verhaltensweise nicht den Tatbestand eines Missbrauchs i.S. des Art. 82 EG erfüllt, entfällt die Verpflichtung zur parallelen Anwendung des europäischen Rechts. Dabei ist nach den Grundsätzen des europäischen Rechts zu bestimmen, ob eine **einseitige Verhaltensweise** vorliegt.[7] Dabei ist die insgesamt sehr großzügige Auslegung des Tatbestandsmerkmals „Abrede" in Art. 81 Abs. 1 EG durch EuGH und Kommission zu berücksichti- 6

---

[3] *Hossenfelder/Lutz* WuW 2003, 118, 121 verlangen unter Verweis auf Begründungserwägung 8 S. 4 jedoch zusätzlich ein Bezwecken oder Bewirken einer Koordinierung des Marktverhaltens.
[4] Komm., Vorschlag für eine Verordnung des Rates zur Durchführung der in den Artikeln 81 und 82 EG-Vertrag niedergelegten Wettbewerbsregeln, KOM (2000) 582 endgültig, S. 16.
[5] EuGH U. v. 13. 2. 1969 Rs. 14/68 – *Walt Wilhelm u. a. gegen Bundeskartellamt* Slg. 1969, 1.
[6] Vgl. auch Begründungserwägung 8.
[7] Vgl. auch *Hirsch* ZWeR 2003, 233, 244; differenzierend *Eilmansberger* ZWeR 2004, 285, 302.

gen.⁸ Als offen muss gelten, ob diese teilweise Preisgabe des absoluten Vorrangs des EG-Wettbewerbsrechts auch dann gelten kann, wenn das einseitige Verhalten auch in einer Vereinbarung, einem Beschluss oder einer abgestimmten Verhaltensweise Ausdruck gefunden hat (wie es z. B. im Rahmen des § 20 GWB häufig vorkommt).⁹ Begründungserwägung 8, die ausdrücklich auf missbräuchliches Verhalten gegenüber abhängigen Unternehmen Bezug nimmt, legt nahe, dass die Ausnahme des Art. 3 Abs. 2 S. 2 auch auf solche Verhaltensweisen Anwendung finden kann.¹⁰

3. Eignung zur Beeinträchtigung des Handels zwischen den Mitgliedstaaten

7   Der Eignung zur Beeinträchtigung des Handels zwischen den Mitgliedstaaten kommt in Zukunft – ähnlich wie der Frage der gemeinschaftsweiten Bedeutung eines Zusammenschlusses im Bereich der Fusionskontrolle – zumindest für die Beurteilung wettbewerbsbeschränkender Vereinbarungen überragende Bedeutung für die Kartellrechtsanwendung zu, da sie die **entscheidende Kollisionsnorm** darstellt. Die Kommission hat deswegen eine Bekanntmachung „Leitlinien über den Begriff der Beeinträchtigung des zwischenstaatlichen Handels in den Artikeln 81 und 82 EG-Vertrag"¹¹ veröffentlicht, um die Rechtsanwender in dieser entscheidenden Frage zu unterstützen.

8   Nach Ansicht des EuGH ist die Eignung zur Beeinträchtigung des Handels zwischen den Mitgliedstaaten gegeben, wenn sich anhand einer Gesamtheit objektiver rechtlicher oder tatsächlicher Umstände mit **hinreichender Wahrscheinlichkeit** voraussehen lässt, dass die Vereinbarung unmittelbar oder mittelbar, tatsächlich oder der Möglichkeit nach **geeignet ist,** die Freiheit des Handels zwischen Mitliedstaaten in einer Weise zu gefährden, die der **Verwirklichung der Ziele eines einheitlichen zwischenstaatlichen Marktes** nachteilig sein kann.¹² Auch im Rahmen des Art. 82 EG wird die Eignung zur Beeinträchtigung des Handels vom EuGH ähnlich definiert, da es unerheblich ist, ob der Handel zwischen den Mitgliedstaaten durch eine zweiseitige Vereinbarung oder durch einseitiges Verhalten beeinträchtigt wird.¹³ Die neuere EuGH-Rechtsprechung deutet darauf hin, dass zumindest Vereinbarungen, die im wesentlichen Unternehmen und Verbraucher in einem Mitgliedstaat betreffen, nicht ohne weiteres zu einer Beeinträchtigung des Handels zwischen den Mitgliedstaaten geeignet sind.¹⁴ Die Leitlinien der Kommission ent-

---

⁸ Vgl. EuGH U. v. 25. 10. 1983 Rs. 107/82 – *AEG* Slg. 1983, 3151 Rn. 37, NJW 1984, 1281; EuGH U. v. 7. 6. 1983 verb. Rs. 100 bis 103/80 – *SA Musique diffusion Francaise/Kommission* Slg. 1983, 1825 Rn. 75; einschränkend: EuGH U. v. 6. 1. 2004 verb. Rs. C-2/01 P und C-3/01 P – *Bundesverband der Arzneimittel-Importeure e. V./Kommission* Slg. 2004 I-64, DB 2004, 245; EuG U. v. 26. 10. 2000 Rs. T-41/96 – *Bayer* Slg. 2000, II-3383 Rn. 66. Vgl. Eilmansberger ZWeR 2004, 285, 302; *Glöckner* WRP 2003, 1327, 1330.

⁹ Vgl. *Eilmansberger* ZWeR 2006, 64, 75; *Hossenfelder/Lutz* WuW 2003, 118, 121; *Wirtz* WuW 2003, 1039; *Rehbinder* in: Wirtschafts- und Privatrecht im Spannungsfeld von Privatautonomie, Wettbewerb und Regulierung, S. 303, 313.

¹⁰ So *Weitbrecht* EuZW 2003, 69, 72; *Harte-Bavendamm/Kreutzmann* WRP 2003, 682, 688; unklar *Koenigs* DB 2003, 755, 758. Differenzierend: *Rehbinder* in: Wirtschafts- und Privatrecht im Spannungsfeld von Privatautonomie, Wettbewerb und Regulierung, 303, 313. Mit bedenkenswerten Gründen ablehnend *Wirtz* WuW 2003, 1039, 1044.

¹¹ ABl. 2004 C101/81.

¹² EuGH U. v. 13. 7. 1966 verb. Rs. 56 und 58/64 – *Grundig/Consten* Slg. 1966, 321, 389; EuGH U. v. 30. 6. 1966 Rs. 56/65 – *Société Technique Minière/Maschinenbau Ulm* Slg. 1966, 281, 303, GRUR Ausl. 1966, 586.

¹³ EuGH U. v. 23. 4. 1991 Rs. C-41/90 – *Höfner und Elser/Macotron* Slg. 1991, I-1979 Rn. 32, NJW 1991, 2891.

¹⁴ EuGH U. v. 21. 1. 1999 verb. Rs. C-215/96 und C-216/96 – *Bagnasco/Banca Popolare di Novara s. c. a.* Slg. 1999, I-135 Rn. 51; vgl. *Venit,* in: European Competition Law Annual 2000: The Modernisation of EU Competition Law, S. 457.

Art. 3. Verhältnis zwischen den Artikeln 81 und 82   9–11   Art. 3 VerfVO

halten detaillierte Ausführungen zu den verschiedenen Konstellationen. Angesichts der Komplexität der verbundenen Fragen und der fehlenden Bindungswirkung der Leitlinien verbleibt jedoch eine nicht zu unterschätzende Rechtsunsicherheit.

4. Spürbarkeit

Nach der Rechtsprechung des EuGH ist weitere Voraussetzung der Anwendung des Art. 81 EG, dass die tatsächliche oder mögliche Beeinträchtigung des Handels **spürbar** ist.[15] Diese Spürbarkeit kann insbesondere unter Bezugnahme auf die Stellung und Bedeutung der betreffenden Unternehmen auf dem Markt der fraglichen Produkte ermittelt werden.[16] Dieses ungeschriebene Tatbestandsmerkmal der Spürbarkeit ist grundsätzlich **unabhängig** von dem weiteren Erfordernis der **Spürbarkeit der Wettbewerbsbeschränkung** zu beurteilen. Da erst die Spürbarkeit der Beeinträchtigung des Handels zwischen den Mitgliedstaaten den sachlichen Anwendungsbereich des EG-Wettbewerbsrechts eröffnet, kann auch nur die spürbare Beeinträchtigung des Handels die Anwendung strengeren nationalen Kartellrechts gemäß Art. 3 Abs. 2 S. 1 ausschließen.   9

Bislang konnte die Feststellung der Eignung zur Beeinträchtigung des zwischenstaatlichen Handels insbesondere bei Vereinbarungen, an denen nur Unternehmen aus einem Mitgliedstaat beteiligt waren, größere Probleme verursachen. Teilweise wurde die Frage der spürbaren Beeinträchtigung des Handels auch mit der Frage der Spürbarkeit der Wettbewerbsbeschränkung vermengt. Diese Ebenen müssen jedoch nunmehr genau unterschieden werden, da die Spürbarkeit der Wettbewerbsbeschränkung **keine Voraussetzung des Ausschlusses der Anwendbarkeit strengeren nationalen Kartellrechts** gemäß Art. 3 Abs. 2 S. 1 ist.[17] In der bis Ende 2001 geltenden Fassung der Bekanntmachung der Kommission über Vereinbarungen von geringer Bedeutung (Bagatellbekanntmachung) wurden beide Aspekte der Spürbarkeit noch zusammengefasst. Die neue Fassung der Bagatellbekanntmachung stellt jedoch klar, dass die Bekanntmachung nur die Frage der Spürbarkeit der Wettbewerbsbeschränkung, nicht aber die Frage der spürbaren Beeinträchtigung des Handels behandelt.[18] Die Frage der Spürbarkeit einer Beeinträchtigung des Handels zwischen den Mitgliedstaaten wird nunmehr in den Leitlinien über den Begriff der Beeinträchtigung des zwischenstaatlichen Handels in den Artikeln 81 und 82 EG-Vertrag behandelt.   10

Nach Ansicht der Kommission sind nach der sog. **NAAT-Regel** (No appreciable affectation of trade) Vereinbarungen grundsätzlich **nicht geeignet,** den **Handel** zwischen den Mitgliedstaaten **spürbar zu beeinträchtigen,** wenn folgende Voraussetzungen kumulativ erfüllt sind: (i) der gemeinsame Marktanteil der Parteien überschreitet auf keinem von der Vereinbarung betroffenen relevanten Markt innerhalb der Gemeinschaft 5%; und (ii) im Fall horizontaler Vereinbarungen überschreitet der gesamte Jahresumsatz der beteiligten Unternehmen mit den von Vereinbarung erfassten Produkten innerhalb der Gemeinschaft nicht EUR 40 Mio. Im Falle vertikaler Vereinbarungen darf der entsprechende Umsatz des Lieferanten (bzw. wenn Nachfragemacht möglich erscheint, der Umsatz des Käufers) EUR 40 Mio. nicht übersteigen. Bei Lizenzvereinbarungen wird der gesamte Umsatz der   11

---

[15] EuGH U. v. 17. 7. 1997 Rs. C-219/95 – *Ferriere Nord/Kommission* Slg. 1997, I-4411 Rn. 19; EuGH U. v. 21. 1. 1999 verb. Rs. C-215/96 und C-216/96 – *Bagnasco/Banca Popolare di Novara s. c. a.* Slg. 1999, I-135 Rn. 48. Siehe auch Leitlinien über den Begriff der Beeinträchtigung des zwischenstaatlichen Handels in den Artikeln 81 und 82 EG-Vertrag, ABl. 2004 C101/81 Rn. 13 f.

[16] Siehe auch Leitlinien über den Begriff der Beeinträchtigung des zwischenstaatlichen Handels in den Artikeln 81 und 82 EG-Vertrag, ABl. 2004 C101/81 Rn. 44 f.

[17] Vgl. dazu auch Leitlinien über den Begriff der Beeinträchtigung des zwischenstaatlichen Handels in den Artikeln 81 und 82 EG-Vertrag, ABl. C101/81 Rn 10.

[18] ABl. 2001 C 368/13 Rn. 3.

Lizenznehmer mit den Produkten der lizenzierten Technik sowie der entsprechende Umsatz des Lizenzgebers zugrunde gelegt.[19]

12 Die Kommission führt des Weiteren aus, dass Vereinbarungen zwischen **kleinen und mittleren Unternehmen** (KMU) i. S. der Empfehlung 96/280/EG der Kommission[20] **selten geeignet seien,** den Handel zwischen den Mitgliedstaaten spürbar zu beeinträchtigen.[21] Dies gelte aber nicht uneingeschränkt, wenn KMU grenzüberschreitend tätig werden. Aufgrund der mit dieser Aussage verbundenen Unsicherheit werden KMU auch in Zukunft gezwungen, bei Vereinbarungen mit grenzüberschreitendem Charakter neben dem europäischen Kartellrecht auch die betroffenen nationalen Kartellrechtsordnungen in Betracht zu ziehen.[22]

13 Die bisherige Praxis der Kommission, die nicht immer scharf zwischen Spürbarkeit der Wettbewerbsbeschränkung und Spürbarkeit der Beeinträchtigung des Handels zwischen den Mitgliedstaaten unterschied, sowie die Tatsache, dass die Bekanntmachungen und Leitlinien der Kommission weder die nationalen Gerichte noch den EuGH oder das EuG binden können, tragen dazu bei, dass es – auch soweit nicht lediglich KMU beteiligt sind – in der Praxis eine große Anzahl von Vereinbarungen geben wird, bei denen nicht abschließend beurteilt werden kann, welcher oder welchen Kartellrechtsordnungen sie unterliegen. Die bislang übliche **Doppelprüfung anhand nationalen und europäischen Wettbewerbsrechts** wird somit bis zur befriedigenden Klärung der Abgrenzungskriterien zunächst in vielen Fällen weiterhin notwendig bleiben.

14 Die Frage der Eignung zur Beeinträchtigung des Handels zwischen den Mitgliedstaaten kann sich grundsätzlich auch bei Verträgen stellen, an denen nur Unternehmen aus einem Mitgliedstaat beteiligt sind. Insbesondere bei Vertikalvereinbarung muss dann auch die **kumulative Wirkung eines Bündels von Vereinbarungen** bewertet werden.[23] Diese komplexe Beurteilung ist somit nicht nur für die Bewertung der Spürbarkeit der Wettbewerbsbeschränkung notwendig, sondern auch für die Abgrenzung der Anwendungsbereiche des nationalen und europäischen Wettbewerbsrechts.

IV. Rechtsfolgen

1. Verpflichtung zur parallelen Anwendung des EG-Wettbewerbsrechts

15 Soweit Vereinbarungen, Beschlüsse von Unternehmensvereinigungen, abgestimmte Verhaltensweisen i. S. des Art. 81 EG oder missbräuchliche Verhaltensweisen i. S. des Art. 82 EG geeignet sind, den Handel zwischen den Mitgliedstaaten zu beeinträchtigen, können sie nur noch dann nach nationalem Kartellrecht beurteilt werden, wenn gleichzeitig EG-Wettbewerbsrecht angewandt wird. Bei der Beurteilung vertikaler und horizontaler Vereinbarungen darf nationales Recht weder strenger noch milder als EG-Wettbewerbsrecht sein und verliert somit eigenständige Bedeutung. Im Bereich der missbräuchlichen Verhaltensweisen i. S. des Art. 82 EG bleibt die Anwendung strengeren nationalen Kartellrechts möglich. Soweit kein Missbrauch i. S. des Art. 82 EG gegeben ist, besteht zudem bei einseitigen Verhaltensweisen keine Pflicht zur gleichzeitigen Anwendung des EG-Wettbewerbsrecht. Die im Vergleich zu Art. 82 EG detaillierteren und teilweise weitergehenden Regelungen

---

[19] Leitlinien über den Begriff der Beeinträchtigung des zwischenstaatlichen Handels in den Artikeln 81 und 82 EG-Vertrag, ABl. 2004 C101/81 Rn. 52. Zur Anwendung der Leitlinien bei der Beurteilung eines Mittelstandkartells vgl. BKartA B. v. 25. 10. 2005 Az. B1-248/04.
[20] ABl. 1996 L 107/4.
[21] Bagatellbekanntmachung, ABl. 2001 C 368/13 Rn. 3; Leitlinien über den Begriff der Beeinträchtigung des zwischenstaatlichen Handels in den Artikeln 81 und 82 EG-Vertrag, ABl. 2004 C101/81 Rn. 50.
[22] Vgl. *Wimmer-Leonhardt* WuW 2006, 486; *Bechtold* DB 2004, 235, 237.
[23] Leitlinien über den Begriff der Beeinträchtigung des zwischenstaatlichen Handels in den Artikeln 81 und 82 EG-Vertrag, ABl. 2004 C101/81 Rn. 87.

des Missbrauchs und der Diskriminierung in den §§ 19, 20 GWB bleiben also auf missbräuchliche Verhaltensweisen, die Auswirkungen auf den Handel zwischen den Mitgliedstaaten haben können, anwendbar.

Die in Entscheidungen der nationalen Kartellbehörden teilweise **verwendete Technik** **der doppelten Begründung** anhand nationalen und europäischen Kartellrechts bleibt ebenfalls möglich, wird aber zumindest im Bereich der wettbewerbsbeschränkenden Vereinbarungen letztlich nur dann sinnvoll sein, wenn die Eignung zur Beeinträchtigung des Handels zwischen den Mitgliedstaaten zweifelhaft erscheint.[24] Das von nationalen Behörden und Gerichten anzuwendende Verfahrensrecht wird von Art. 3 nicht berührt.

Als unklar muss gelten, ob die Verpflichtung zur parallelen Anwendung europäischen Wettbewerbsrechts auch dann gilt, wenn ein deutsches Strafgericht eine Verurteilung wegen **Submissionsbetruges, § 298 StGB,** ausspricht. Begründungserwägung 8 führt aus, dass die Verordnung nicht für innerstaatliche Rechtsvorschriften gilt, mit denen natürlichen Personen strafrechtliche Sanktionen auferlegt werden, außer wenn solche Sanktionen als Mittel dienen, um die für Unternehmen geltenden Wettbewerbsregeln durchzusetzen. Angesichts der Tatsache, dass sich § 298 StGB in dem durch das Gesetz zur Bekämpfung der Korruption vom 13. August 1997 neugeschaffenen Abschnitt „Straftaten gegen den Wettbewerb" befindet und der Gesetzgeber durch die §§ 298–302 den freien Wettbewerb, der für eine funktionierende soziale Marktwirtschaft unerlässlich sei, schützen wollte,[25] sprechen die besseren Gründe dafür, Art. 3 auch auf entsprechende Verfahren vor Strafgerichten anzuwenden.[26] Praktisch wird dies keine Bedeutung haben, da eine Freistellung gemäß Art. 81 Abs. 3 EG in diesen Fällen ausgeschlossen ist.

2. Kein Ausschluss mitgliedstaatlicher sektoraler Regelungen

Die Anwendung **mitgliedstaatlicher Regelungen für bestimmte Wirtschaftsbereiche,** wie z.B. Spezialregeln für den Telekommunikations-, Post- und Energiebereich, wird durch Art. 3 nicht ausgeschlossen. Dies muss zumindest für solche Bestimmungen gelten, die – wie z.B. die Regelungen zum Netzzugang des EnWG – zur Umsetzung von EG-Richtlinien erlassen wurden, da sich aus Art. 83 Abs. 2 lit. e EG keine ausreichende Rechtsgrundlage für eine Neuregelung von Bereichen findet, die der Gemeinschaftsgesetzgeber auf anderer Grundlage geregelt hat.[27] Eine Abgrenzung kann im Einzelfall schwierig sein, zumal sich hieraus auch ein Anreiz für die nationalen Gesetzgeber ergeben mag, sektorspezifische Regelungen zu erlassen. Ebenfalls grundsätzlich unberührt bleiben Bestimmungen des nationalen Rechts über den **unlauteren Wettbewerb.**[28]

3. Kein Ausschluss des nationalen Fusionskontrollrechts

Art. 3 berührt auch nicht das Recht der Wettbewerbsbehörden der Mitgliedstaaten, ihr nationales Fusionskontrollrecht auf Vereinbarungen anzuwenden, die geeignet sind, den Handel zwischen den Mitgliedstaaten zu beeinträchtigen, wie in Art. 3 Abs. 3 nochmals klargestellt wird.[29] Diese Klarstellung ist besonders bedeutsam für den Bereich der Minderheitsbeteiligungen an Wettbewerbern, die sowohl der nationalen Fusionskontrolle als auch Art. 81 EG unterfallen können. In Hinblick auf die Fusionskontrolle ist zudem zu beach-

---

[24] Vgl. dazu *Bechtold* DB 2004, 235, 237.
[25] Vgl. *Wolters* JuS 1998, 1100, 1101.
[26] So auch *Rehbinder* in Münchener Kommentar zum Deutschen und Europäischen Kartellrecht, Art. 3 Rz. 50.
[27] So Monopolkommission, Folgeprobleme der europäischen Kartellverfahrensreform, Sondergutachten 32, Rn. 27.
[28] Vgl. Begründungserwägung 9.
[29] A.A. *Röhling* GRUR 2003, 1019, 1022.

ten, dass gem. Art. 21 Abs. 1 FKVO die gesamte VO 1/2003 (und somit auch die Vorrangregelung des Art. 3) keine Anwendung auf Zusammenschlüsse i. S. des Art. 3 FKVO findet, unabhängig davon, ob der Zusammenschluss gemeinschaftsweite Bedeutung hat oder nicht. Eine Ausnahme gilt gem. Art. 21 Abs. 1 a. E. FKVO nur für kooperative Gemeinschaftsunternehmen ohne gemeinschaftsweite Bedeutung i. S. des Art. 1 FKVO, auf die die VO 1/2003 weiterhin anwendbar bleibt.

4. Verbleibender Anwendungsbereich des nationalen Kartellrechts

20 Der Hauptanwendungsbereich des nationalen Kartellrechts liegt somit – außerhalb der Missbrauchskontrolle – in der Beurteilung von Verhaltensweisen, die nicht über die nationalen Grenzen hinauswirken. Im Bereich der wettbewerbsbeschränkenden Vereinbarungen bleibt das nationale Kartellrecht zwar auch auf grenzüberschreitende Sachverhalte anwendbar, behält jedoch neben Art. 81 EG keine selbstständige Bedeutung mehr. Damit stellt sich die Frage der **Legitimation strengerer nationaler Regeln,** da diese weitgehend nur noch auf wirtschaftlich unbedeutendere Vereinbarungen angewendet werden können. EG-Wettbewerbsrecht kann – zumindest im Bereich des Art. 81 EG – nicht länger als wettbewerbsrechtlicher Mindeststandard angesehen werden, der von einzelnen Mitgliedstaaten überschritten werden kann. Die einzelnen Mitgliedstaaten werden langfristig keine strengeren Regeln durchsetzen können als diejenigen, die auf europäischer Ebene gelten, wenn nicht die **wirtschaftlich unbedeutenderen Verhaltensweisen strenger behandelt** werden sollen als Verhaltensweisen mit europaweiter Bedeutung. Die Monopolkommission sieht entsprechend Art. 3 als „Hebel zur Angleichung nationaler Besonderheiten".[30]

Art. 4. Zuständigkeit der Kommission

Zur Anwendung der Art. 81 und 82 EG verfügt die Kommission über die in dieser Verordnung vorgesehenen Befugnisse.

Übersicht

	Rn.		Rn.
I. Prinzip der begrenzten Einzelermächtigung	1	c) Einstweilige Maßnahmen	18
II. Die Befugnisse der Kommission im Überblick	5	d) Feststellung der Nichtanwendbarkeit	22
1. Entscheidungsbefugnisse	7	e) Sanktionsentscheidungen	25
a) Feststellungsentscheidung und Abstellungsentscheidung	7	2. Ermittlungsbefugnisse	28
b) Verpflichtungsentscheidung	12	3. Weitere Befugnisse	34

I. Prinzip der begrenzten Einzelermächtigung

1 Art. 4 der Verordnung im Kapitel über die Zuständigkeiten legt zunächst fest, dass (auch) die Kommission für die Anwendung der Art. 81 und 82 EG/Art. 101 und 102 VAEU zuständig ist, neben den nationalen Wettbewerbsbehörden und den nationalen Gerichten. Dabei verfügt die Kommission über die in dieser Verordnung vorgesehenen Befugnisse.

2 Art. 4 bringt damit eine Grundregel des Gemeinschaftsrechts zum Ausdruck, nämlich das Prinzip der begrenzten Einzelermächtigung nach Art. 5 EUV. Die Kommission verfügt, wie jedes Organ der EG/EU, nur über diejenigen Aufgaben und Befugnisse, die im Ge-

---

[30] Monopolkommission, Hauptgutachten 14, Rn. 87. *Rittner,* in: Wirtschafts- und Privatrecht im Spannungsfeld von Privatautonomie, Wettbewerb und Regulierung, S. 319, 325 sieht eine „Gleichschaltung".

meinschafts- bzw. Unionsrecht niedergelegt sind. Für die Anwendung des EU-Kartellrechts sind das diejenigen Kompetenzen, die die neue Kartellverfahrensverordnung VO 1/2003 enthält. Auf diese Befugnisse ist die Kommission beschränkt.

Die Regelung, dass die EU nur die in der Verordnung geregelten Befugnisse besitzt, entspricht auch dem Vorbehalt des Gesetzes, der für Ermittlungsmaßnahmen von Behörden eine legislative Grundlage fordert.

Die Zuständigkeit der Kommission zum Vollzug der Art. 81 und 82 EG/Art. 101 und 102 VAEU besteht sowohl von Amts wegen als auch auf eine Beschwerde von Unternehmen hin. Die Verordnung 1/2003 beschränkt das Tätigwerden der Kommission insoweit nicht, vgl. Art. 7 I.

II. Die Befugnisse der Kommission im Überblick

Die Befugnisse der Kommission gemäß der Verordnung 1/2003 lassen sich in **Entscheidungsbefugnisse** und **Ermittlungsbefugnisse** unterteilen. Erstere sind in Kapitel III ab Art. 7 und als Sanktionsbefugnisse in Kapitel VI, Art. 23 und 24 geregelt, letztere in Kapitel V ab Art. 17. Hinzu kommen in **einzelnen** weiteren Bestimmungen verankerte **weitere Zuständigkeiten** wie die zur Übernahme der Ermittlungen nach Art. 11 VI.

Bei den Entscheidungsbefugnissen handelt es sich in erster Linie um Entscheidungen in Einzelfällen. Die Kommission behält damit eine eigenständige Durchführungsbefugnis, die sie neben der Verfolgung von Zuwiderhandlungen dazu nutzen wird, um wettbewerbspolitische Vorgaben zu entwickeln und die einheitliche Anwendung des EG-Wettbewerbsrechts sicherzustellen. Nachfolgend werden die Befugnisse der Kommission kurz im Überblick vorgestellt. Eine detaillierte Analyse ist den Kommentierungen der einschlägigen Artikel zu finden.

1. Entscheidungsbefugnisse

a) Feststellungsentscheidung und Abstellungsentscheidung. Art. 7 Abs. 1 ermächtigt die Kommission dazu, Zuwiderhandlungen gegen Art. 81 oder Art. 82 EG/Art. 101 oder 102 VAEU festzustellen (Feststellungsentscheidung) und ihre Abstellung zu verfügen (Abstellungsentscheidung). Die Feststellung, anders als die Abstellungsverfügung, kann auch noch im Nachhinein ergehen, Art. 7 Abs. 1 Satz 4, und zwar wenn hierzu ein berechtigtes Interesse gegeben ist. Dies kann dann der Fall sein, wenn beim Adressaten die Gefahr einer Wiederholung besteht oder der Fall neue Fragen aufwirft, deren Klärung im öffentlichen Interesse liegt.[1]

Art. 7 Abs. 1 stellt auch klar, dass die Kommission von Amts wegen oder infolge einer Beschwerde seitens natürlicher oder juristischer Personen, die ein berechtigtes Interesse darlegen, oder seitens eines Mitgliedstaats (Art. 7 Abs. 2; dazu näher Art. 7, Rn. 11 ff.) tätig wird. Ihre Entscheidungsbefugnisse sind in beiden Fällen dieselben. Diese Regelung entspricht der alten Bestimmung in Art. 3 Abs. 2 VO 17/62.

Der Wortlaut der Norm regelt nicht eindeutig, ob die Kommission stets verpflichtet ist, eine Entscheidung zu treffen oder ob sie aus Opportunitätsgründen die Feststellung einer Zuwiderhandlung trotz bestehender Anzeichen unterlassen darf. Zumindest für die Abstellungsentscheidung deutet der Wortlaut des Art. 7 Abs. 1 Satz 1 darauf hin („kann"), dass die Kommission insoweit über ein Ermessen verfügt, das sich nicht nur auf den Inhalt der Entscheidung, sondern auch auf ihren Erlass überhaupt bezieht. Nach der alten VO 17/62 verfügte die Kommission über ein Ermessen, ob sie bei Anhaltspunkten für eine Zuwiderhandlung gegen das Kartellrecht durch Entscheidung das Vorliegen eines Verstoßes feststellte. Die Kommission war nicht zum Einschreiten gegen jede vermutete Zuwiderhandlung verpflich-

---

[1] EuGH, Rs. 7/82 – *GVL* Slg. 1983, 483.

tet; es galt das Opportunitätsprinzip.² Daran hat sich durch die Neufassung nichts geändert, zumal sonst die erfolgte Dezentralisierung des Kartellrechtsvollzugs sinnlos würde.

10 Für die Abstellung des Verstoßes darf die Kommission den beteiligten Unternehmen und -vereinigungen alle dazu erforderlichen Maßnahmen vorschreiben, unabhängig davon, ob sie sich auf das Verhalten der Beteiligten oder auf Strukturen beziehen. Strukturelle Maßnahmen können etwa die Anordnung von Entäußerungen und Entflechtungen sein.³ Diese recht weit gefasste Kompetenz der Kommission findet ihre Schranke in der Verhältnismäßigkeit: Art. 7 Abs. 1 Satz 2 gibt vor, dass die Anordnungen wirksam und erforderlich sein müssen und in einem angemessenen Verhältnis zur festgestellten Zuwiderhandlung stehen müssen. Ferner sind nach Art. 7 Abs. 1 Satz 3 verhaltensorientierte Abhilfemaßnahmen grundsätzlich vorrangig, da strukturelle Maßnahmen typischerweise eine erheblich stärkere Eingriffsintensität entfalten.

11 Die neue Verordnung bestätigt damit durch eine ausdrückliche und recht detaillierte Regelung eine der Kommission auch nach bisherigem Recht zuerkannte Befugnis, den Unternehmen bestimmte Anweisungen bezüglich der Rückabwicklung und Abstellung der Zuwiderhandlung zu geben. Diese Befugnis war in Art. 3 der VO 17/62 nicht explizit enthalten, da Art. 3 Abs. 3 nur Empfehlungen zur Abstellung vor Ergehen der förmlichen Entscheidung nach Art. 3 Abs. 1 VO 17/62 vorsah, war aber bereits in Art. 85 Abs. 2 a. E. EG/Art. 105 Abs. 2 VAEU angelegt. Dementsprechend wurde Art. 3 der VO 17/62 von Kommission und EuGH dahingehend angewandt und ausgelegt, dass die Kommission Handlungen bestimmt, die unterlassen oder vorgenommen werden müssen, um die Zuwiderhandlung zu beenden.⁴

12 **b) Verpflichtungsentscheidung.** Eng mit der Möglichkeit, durch eine Abstellungsentscheidung Details der Beendigung der Zuwiderhandlung anzuordnen, zusammen hängt die Kompetenz der Kommission nach Art. 9, Verpflichtungen der an einer wahrscheinlichen Zuwiderhandlung beteiligten Unternehmen für verbindlich zu erklären. Ein vergleichbares Instrument findet sich in der Fusionskontrollverordnung, vgl. Art. 6 Abs. 2, Art. 8 Abs. 2, Art. 23 Abs. 1 lit. c) VO 139/2004.

13 Unternehmen, die Adressat einer kartellrechtlichen Ermittlung der Kommission geworden sind, mögen schon in einem frühen Verfahrensstadium vor endgültiger Klärung der Vorwürfe den Wunsch haben, den Bedenken der Kommission hinsichtlich der Kartellrechtskonformität ihres Verhaltens durch freiwillige Zusagen entgegenzukommen. Art. 9 Abs. 1 gibt der Kommission dann die Befugnis, diese Zusagen der Unternehmen etwa bezüglich künftigen Wohlverhaltens durch eine Entscheidung für verbindlich zu erklären. Eine solche Entscheidung führt dann zum Ende der Ermittlungen durch die Kommission. Daher darf sich eine solche Verpflichtungszusage der Kommission nur auf solche Verpflichtungen beziehen, die geeignet sind, die kartellrechtlichen Bedenken der Kommission auszuräumen. Denn nur dann kann aus ihrer Sicht die Zuwiderhandlung abgestellt werden. Die Entscheidung nach Art. 9 Abs. 1 beantwortet aber nicht die Frage, ob ein Kartellrechtsverstoß auch wirklich vorgelegen hat oder dann trotz Einhaltung der Zusagen objektiv noch vorliegt. Denn die Verpflichtungszusage bindet die nationalen Stellen nicht, so ausdrücklich Rn. 13 und 22 der Präambel der VO 1/2003. Nur die Kommission ist daran gebunden und gehindert, weitere Entscheidungen zu treffen.

---

² Vgl. EuGH, Rs. 125/78 – *GEMA* Slg. 1979, 3173, Rn. 18; EuG, Rs. T-305/94 – *Limburgse Vinyl Maatschappij* Slg. 1999, II-931, Rn. 148; zur alten Rechtslage *de Bronett*, in: Schröter/Jakob/Mederer (Hg.), Kommentar zum Europäischen Wettbewerbsrecht, 2003, Verordnung Nr. 17, Art. 3, Rn. 1; *Ritter*, in: Immenga/Mestmäcker (Hg.), EG-WbR, Bd. II, Art. 3 VO 17, Rn. 3.
³ *Weitbrecht* EuZW 2003, 71.
⁴ Vgl. EuGH, Rs. C-279/95 P, Slg. 1998, I-5609, Rn. 78; EuG, Slg. 1991, II-485 (528, Rn. 97) – *RTE*; *de Bronett* in: Schröter/Jakob/Mederer, Kommentar zum Europäischen Wettbewerbsrecht, 2003, Verordnung Nr. 17, Art. 3, Rn. 3; *Kerse/Khan*, EC Antitrust Procedure, Rn. 6-019.

Allerdings regelt Art. 9 Abs. 2 für den Fall einer Verpflichtungszusage die Möglichkeit 14 der Kommission, die kartellrechtlichen Ermittlungen wieder aufzunehmen, und beschränkt diese zugleich auf die wesentliche Änderung der tatsächlichen Verhältnisse, auf die Nichteinhaltung der Verpflichtungen durch die Unternehmen selbst und auf fehlerhafte oder irreführende Angaben der Parteien.

Letzteres dürfte insbesondere dann relevant werden, wenn die beteiligten Unternehmen 15 schon frühzeitig der Kommission solche Verpflichtungen vorschlagen, um einem Aufdecken der ganzen Wahrheit durch die Ermittlungen der Kommission zuvorzukommen. Denn dann dürften die eingegangenen Verpflichtungen nicht genügen, um alle Kartellrechtsverstöße zu beseitigen.

Art. 9 formalisiert damit eine bisher informelle Möglichkeit zur Verfahrenseinstellung 16 durch die Kommission.[5] Darüber hinaus besteht nunmehr die Möglichkeit, die Nichtbefolgung der verbindlich gewordenen Verpflichtungszusagen selbst mit Sanktionen zu ahnden, vgl. Art. 23 Abs. 2 lit. c), Art. 24 Abs. 1 lit. c) VO 1/2003.

Nicht geregelt ist in der Verordnung die **Wirkung der Verpflichtungsentscheidung** 17 **gegenüber Dritten,** insbesondere die zivilrechtliche Wirkung für Dritte. Die im Entwurf noch vorgesehene Möglichkeit Dritter, sich auf Zusagen zu berufen, ist nicht aufgenommen worden.[6] Nach einer jüngsten EuG-Entscheidung kann die Verpflichtungsentscheidung Rechtswirkungen gegenüber Dritten entfalten.[7]

c) **Einstweilige Maßnahmen.** Art. 8 gewährt der Kommission die Befugnis, in drin- 18 genden Fällen, die durch die Gefahr eines ernsten, nicht wieder gut zu machenden Schadens für den Wettbewerb (Dringlichkeit) charakterisiert sind, einstweilige Maßnahmen anzuordnen. Eines dahingehenden Antrags bedarf es nicht. Die Kommission kann damit vorläufig bis zur endgültigen Klärung des Vorliegens einer Zuwiderhandlung Maßnahmen zur Abwehr weiterer Beeinträchtigungen des Wettbewerbs ergreifen. Eine Beeinträchtigung des Wettbewerbs liegt vor, wenn dem Wettbewerbs selbst eine ernste Gefahr droht oder aber einem Wettbewerber. Der Maßstab des schweren, nicht wiedergutzumachenden Schadens ist erforderlich im Interesse des Schutzes der Rechte des beschuldigten Unternehmens und entspricht den auch sonst üblichen gemeinschaftsrechtlichen Anforderungen an die Zulässigkeit einstweiligen Rechtsschutzes. Für die einstweilige Maßnahme ist neben dieser Dringlichkeit nur noch Voraussetzung, dass eine Zuwiderhandlung nach einem prima facie Maßstab vorzuliegen scheint.

Die Kommission kann – dem einstweiligen Charakter der Anordnung entsprechend – 19 die Maßnahme nur befristet anordnen. Eine Verlängerung der Befristung unterliegt wiederum der Verhältnismäßigkeitsprüfung, vgl. Art. 8 Abs. 2. Das wurde nun im Vergleich zum ursprünglichen Vorschlag ausdrücklich verankert.

Bereits nach früher geltendem Recht verfügte die Kommission über die Befugnis zu 20 einstweiligen Maßnahmen. Sie war zwar nicht ausdrücklich in der VO 17/62 enthalten, wurde aber richterrechtlich in weiter Auslegung des Art. 3 VO 17/62 entwickelt[8] und fand sich auch schon in Art. 66 § 5 EGKSV. Diese Möglichkeit zu vorläufigen Maßnahmen wurde nun ausdrücklich geregelt, wobei genau die vom EuGH postulierten Voraussetzungen (Dringlichkeit wegen einer nicht wiedergutzumachenden Schadens und Vorliegen einer Zuwiderhandlung nach dem ersten Anschein)[9] in den Text eingeflossen sind.

---

[5] Vgl. etwa den XVII. Wettbewerbsbericht, S. 34.
[6] *Hossenfelder/Lutz* WuW 2003, 122.
[7] EuG, U. v. 11. 7. 2007 Rs. T-170/06 – *Alrosa*, Rn. 88.
[8] EuGH U. v. 17. 1. 1980, Rs. 729/79 R – *Camera Care* Slg. 1980, 119 (131); EuG – *La Cinq* Slg. 1992, II-1 (13 ff.).
[9] Vgl. EuGH U. v. 17. 1. 1980 Rs. 729/79 R – *Camera Care* Slg. 1980, 119; EuG, Rs. T-23/90, – *Peugeot* Slg. 1991, II-653, Rn. 61 ff., 72 ff.

21 Nach der Rechtsprechung des EuGH darf die Kommission nur solche Maßnahmen einstweilig anordnen, die unerlässlich sind, damit die Kommission ihre Befugnisse effektiv ausüben kann. Damit soll verhindert werden, dass die von der Kommission erst noch zu treffenden Entscheidungen zu spät kommen und die Auswirkungen der Zuwiderhandlungen nicht mehr beseitigen können.

22 **d) Feststellung der Nichtanwendbarkeit.** Ein Ermittlungsverfahren wegen kartellrechtlicher Zuwiderhandlungen kann auch zur Feststellung führen, dass eine Vereinbarung keine Bedenken aufwirft. Art. 10 gibt für diese Fälle die Möglichkeit, statt das Verfahren formlos einzustellen, die Nichtanwendbarkeit der Art. 81 und 82 EG/Art. 101 und 102 VAEU explizit festzustellen, falls das öffentliche Interesse das erfordert. Eine solche Entscheidung kann ergehen, wenn entweder Art. 81 Abs. 1 EG/Art. 101 Abs. 1 VAEU oder Art. 82 EG/Art. 102 VAEU tatbestandlich gar nicht einschlägig sind oder wenn die Maßnahme zwar Art. 81 Abs. 1 EG/Art. 101 Abs. 1 VAEU verletzt, indes nach Art. 81 Abs. 3 EG/Art. 101 Abs. 3 VAEU erlaubt ist. In allen diesen Fällen ist zumindest im Ergebnis die Maßnahme mit Art. 81 f. EG/Art. 101 f. VAEU vereinbar. Art. 10 ermöglicht nunmehr eine positive Entscheidung über die Vereinbarkeit der Maßnahme mit dem EG-Kartellrecht (Positiventscheidung), die die frühere Möglichkeit des Negativattests mit aufnimmt. Desweiteren werden auch die früheren Einzelfreistellungen mit aufgenommen, da die Kommission die Möglichkeit hat, über Art. 10 auch das Vorliegen der Voraussetzungen nach Art. 81 Abs. 3 EG/Art. 101 Abs. 3 VAEU festzustellen. Allerdings ergeht die Positiventscheidung nur mehr von Amts wegen und anders als das Negativattest oder eine Einzelfreistellung nicht mehr infolge eines Antrags des Unternehmens. Ferner hat, da die Feststellung ausschließlich im öffentlichen Interesse ergeht, ein Unternehmen darauf keinen Anspruch, auch keinen auf eine ermessenfehlerfreie Entscheidung.[10]

23 Die Befugnis nach Art. 10 gibt der Kommission auch die Möglichkeit, bei neuartigen Vereinbarungen, zu denen noch keine Entscheidungspraxis vorliegt und deren kartellrechtliche Bewertung Schwierigkeiten aufwirft, durch Nichtanwendbarkeitsfeststellungen zur Klärung beizutragen. Gerade in solchen Fällen dürfte ohne weiteres die Anforderung erfüllt sein, dass das öffentliche Interesse die Feststellung erfordert.

24 Zweifelhaft ist der Rechtscharakter dieser Feststellung. Einerseits soll diese als Entscheidung ergehen, so dass sie gemäß Art. 249 Abs. 4 EG (künftig sieht Art. 288 Abs. 4 VAEU einen Beschluss vor) Bindungswirkung haben dürfte, und zwar im Sinne des Art. 16 VO 1/2003. Für Bindungswirkung gegenüber allen anderen Stellen, insbesondere den nationalen Kartellbehörden und Gerichten, spricht ferner, dass durch diese Positiventscheidung eine einheitliche Rechtsanwendung in der EG sichergestellt werden soll.[11] Andererseits wird die Entscheidung aber als deklaratorisch bezeichnet (Rn. 14 der Begründungserwägungen). Das Weißbuch der Kommission hatte den Positivattesten die Rechtswirkung der Negativatteste zugebilligt.[12] Die Negativatteste entfalten indes keine Bindungswirkung für nationale Stellen.[13] Die Bezeichnung der Positivatteste als deklaratorisch könnte aber auch nur meinen, dass dadurch die primärrechtlichen Anforderungen der Art. 81 f. EG nicht

---

[10] *Niggemann* in: Streinz, EUV/EGV, KartVO nach Art. 83 EGV. Rn. 29.
[11] Für Bindungswirkung daher *Hossenfelder/Lutz* WuW 2003, 122 f.; *Bauer* in *Münchner Kommentar*, Europäisches und Deutsches Wettbewerbsrecht, 2007, Art. 10 VO 1/2003, Rn. 17.
[12] Weißbuch über die Modernisierung der Vorschriften zur Anwendung der Art. 85 und 86 EGV, ABl. 1999, Nr. C 132/1, Rn. 89.
[13] *Brinker* in: Schwarze, EU-Kommentar, Art. 83, Rn. 25; *Weiß* in: Calliess/Ruffert, Kommentar zum EU-Vertrag und EG-Vertrag, 2. Aufl. 2002, Art. 81, Rn. 26 ff.; a. A. *de Bronett* in: Schröter/Jakob/Mederer, Kommentar zum Europäischen Wettbewerbsrecht, 2003, Durchführungsvorschriften, Verordnung Nr. 17, Art. 2, Rn. 3 mit falschem Hinweis auf EuGH U. v. 14. 12. 2000 Rs. C-344/98 – *Masterfoods* Slg. 2000, I-11369, Rn. 52. Der EuGH spricht dort nur über Entscheidungen allgemein und nicht speziell über Negativatteste; auch ging es in dem zu entscheidenden Sachverhalt nicht um ein Negativattest, sondern um die Feststellung einer Verletzung des EG-Kartellrechts.

verändert werden können. Das versteht sich jedoch von selbst. Die Positivatteste als Entscheidungen der Kommission können ohnehin nur vorbehaltlich der gerichtlichen Überprüfung und Bestätigung durch den EuGH gelten. Letztlich lässt sich der Rechtscharakter der Positivatteste auf dem Boden der neuen Rechtslage nicht abschließend bestimmen. Die Entwicklung der Rechtsprechung bleibt abzuwarten. Sinn und Zweck der Positivatteste, die Rechtslage zu klären, als auch der Entscheidungscharakter sprechen für eine Bindungswirkung für nationale Stellen bei der Anwendung des EG-Kartellrechts. Schließlich sind Nichtanwendbarkeitsfeststellungen – im Gegensatz zu den früheren Negativatteste – Entscheidungen der Kommission, die im Vollzug des EG-Kartellrechts ergingen, weil sie feststellen, dass die Voraussetzungen des Art. 81 Abs. 1 oder 82 nicht vorliegen bzw. die des Art. 81 Abs. 3 EG erfüllt sind, während ein Negativattest nur mitteilte, dass die Kommission keinen Anlass zum Einschreiten sieht (vgl. Art. 2 VO 17/62). Als Vollzugsentscheidungen haben die Positivatteste Anteil am Vorrang des EG-Rechts. Geht man von der Verbindlichkeit der Nichtanwendbarkeitsentscheidungen aus, dann lässt sich aber nicht nachvollziehen, warum fehlerhafte oder gar absichtlich falsche Angaben, die zu einer Entscheidung nach Art. 10 führten, keinerlei Sanktionen zur Folge haben. Art. 23 sieht in diesem Fall keine Geldbuße vor.

e) Sanktionsentscheidungen. Kapitel VI regelt in Art. 23 und 24 die Geldbußen und Zwangsgelder, die die Kommission durch Entscheidung verhängen kann. Im Vergleich zur alten Rechtslage nach Art. 15 und 16 VO 17/62 bringt die Neuregelung kaum Neues. Allerdings wird der Sanktionsrahmen pauschal ausgeweitet bei Geldbußen auf bis zu 10% des Jahresumsatzes für materielle Verstöße und 1% bei Verstößen gegen Ermittlungsmaßnahmen und bei Zwangsgeldern auf 5% des Tagesumsatzes. Hinsichtlich der Geldbußen für Verstöße gegen Verfahrensvorschriften und Zwangsgelder wurde damit der Sanktionsrahmen drastisch erhöht.[14] Ferner finden sich die erweiterten Ermittlungsbefugnisse in den Sanktionsbestimmungen wieder.

Die Geldbußen können zum einen wegen Verstößen gegen Verfahrenspflichten (etwa unrichtige Auskünfte), zum anderen wegen Verletzungen des materiellen EG-Kartellrechts und schließlich wegen Zuwiderhandlungen gegen verbindliche Entscheidungen der Kommission verhängt werden. Infolge der im Vergleich zur VO 17/62 ausgeweiteten Ermittlungsbefugnisse der Kommission können Geldbußen nun auch für unrichtige oder unvollständige Antworten oder für Siegelbruch verhängt werden, vgl. Art. 23 Abs. 1 lit. d), e). Art. 23 Abs. 2 und Abs. 3 enthalten nähere allgemeine Regelungen für die Bestimmung der Bußgeldhöhe. Wie schon in Art. 15 Abs. 4 der VO 17/62 vorgesehen, legt Art. 23 Abs. 5 fest, dass die Geldbuße keinen strafrechtlichen Charakter habe. Dies verhindert aber ihre Einordnung als strafrechtliche Sanktion im weiteren Sinne nicht, zumal hinsichtlich der Schwere der angedrohten Sanktion (bis zu 10% des Umsatzes), ihres repressiven Charakters und ihrer präventiven Funktion keine Veränderung erfolgte.[15]

Die Zwangsgelder dienen anders als die Geldbußen nicht dazu, vergangenes Unrecht zu ahnden, sondern zielen vorrangig darauf, den Delinquenten zum erwünschten Verhalten zu motivieren. Sie können verhängt werden, wenn Entscheidungen der EG-Kommission hinsichtlich des materiellen Rechts oder hinsichtlich von Ermittlungsmaßnahmen nicht befolgt werden und zielen auf die Abstellung von Kartellrechtsverstößen. Als Tatbestände im Vergleich zur VO 17/62 neu hinzugekommen sind die Zwangsgeldbewehrungen der einstweiligen Maßnahmen und der Verpflichtungszusagen, Art. 24 Abs. 1 lit. b) c).

---

[14] *Niggemann* in: Streinz, EUV/EGV, KartVO nach Art. 83 EGV. Rn. 55; *Weitbrecht* EuZW 2003, 71.
[15] *Dannecker/Biermann* in: Immenga/Mestmäcker (Hg.), Wettbewerbsrecht, EG/Teil 2, Art. 23 VO 1/2003, Rn. 290 ff; *Vocke*, Die Ermittlungsbefugnisse der EG-Kommission im kartellrechtlichen Voruntersuchungsverfahren, 2006, 100 ff.

2. Ermittlungsbefugnisse

28 Die Ermittlungsbefugnisse, die nun ein eigenes Kapitel der Verordnung ausmachen (Kapitel V, Art. 17–22), sind im Vergleich zur alten Rechtslage nach der VO 17/62 sehr viel umfangreicher und auch differenzierter verankert. Die **Ermittlungsbefugnisse** wurden **erweitert**, einige – wie etwa das Recht zur Zeugenvernehmung, Art. 19 – neu verankert.

29 Im einzelnen stehen der Kommission wie bisher **Auskunftsverlangen** nach Art. 18 und **Nachprüfungen** nach Art. 20 zu. Beide Kompetenzen werden aber im Vergleich zur bisherigen Rechtslage **detaillierter geregelt** und weiten die Befugnisse der Kommission aus. So darf sie nunmehr bei Nachprüfungen die Räume versiegeln (Art. 20 Abs. 2 lit. d). Ferner sind die Möglichkeiten zur Zeugenvernehmung im Rahmen von Nachprüfungen ausgeweitet worden. Die Kommission kann nunmehr anders als bisher bei Nachprüfungen Erläuterungen auch zu Tatsachen verlangen und somit angelegentlich der Nachprüfungen Zeugenaussagen einholen (Art. 20 Abs. 2 lit. e).[16] Hinsichtlich der Auskunftsverlangen fehlt nach wie vor ein Recht des Beschuldigten, selbstbelastende Aussagen zu verweigern. Leitend für die Verweigerung der Zuerkennung eines umfassenden **Aussageverweigerungsrechts** ist die Sicherstellung der praktischen Wirksamkeit der Ermittlungsbefugnisse. Das Unternehmen darf nach der im Lichte des Art. 6 EMRK kritikwürdigen Rechtsprechung des EuGH nur nicht gezwungen werden, Verstöße zuzugeben.[17] Diese Verweigerungshaltung, mit den Anforderungen des Art. 6 EMRK ernst zu machen, steht in einem seltsamen Gegensatz dazu, dass der EuGH in jüngster Zeit auch die nationalen Gerichte auf umfassende Beachtung der Anforderungen des Art. 6 EMRK in Anspruch nimmt.[18] Ob unter der neuen VO 1/2003 an dieser Rechtsprechung festgehalten werden kann, ist sehr zweifelhaft, da die VO 1/2003 in Art. 27 sich zur vollen Wahrung der Verteidigungsrechte bekennt und daher diese nicht mehr wie bisher unter Hinweis auf die Effizienz der Ermittlungsmaßnahmen der Kommission verkürzt werden dürfen (s. Art. 27, Rn. 4). Eine Abwägung gegen die Effizienz der Ermittlungsbefugnisse verbietet sich nunmehr.

30 Die **Nachprüfungen** werden durch Art. 21 nunmehr ausgeweitet auf **andere Räumlichkeiten** als die der Unternehmen. Damit wird praktischen Bedürfnissen Rechnung getragen, da belastende Unterlagen den Nachprüfungen der Kommission gemäß Art. 20 durch Auslagerung, etwa bei Managern, auf einfache Weise entzogen werden konnten. Anders als für die Nachprüfungen in Räumlichkeiten des Unternehmens (vgl. Art. 20 Abs. 7) ist für die Nachprüfung in den anderen Räumlichkeiten zwingend die vorherige Genehmigung der Ermittlungsmaßnahme durch eine nationales Gericht vorgeschrieben, Art. 21 Abs. 3. Hier tritt der Richtervorbehalt für Durchsuchungen hervor. Doch steht dem nationalen Richter auch insofern nur eine sehr eingeschränkte Kontrollkompetenz zu, die sich von der nach Art. 20 Abs. 7 nicht unterscheidet. Insbesondere darf der nationale Richter weder die Notwendigkeit der Nachprüfungen beurteilen noch die Übermittlung der Informationen der Kommission fordern.

31 Gänzlich neu geschaffen wurde die Kompetenz zur **Zeugenvernehmung** nach Art. 19. Das Auskunftsverlangen nach Art. 18 deckt nur die Befragung von Unternehmen und Unternehmensvereinigungen ab, die sich an deren Vertretungsberechtigte richtet. Es erfasst zwar neben dem beschuldigten Unternehmen selbst auch dritte und deckt sich insoweit mit

---

[16] *Niggemann* in: Streinz, EUV/EGV, KartVO nach Art. 83 EGV. Rn. 60 f.; *Weitbrecht* EuZW 2003, 71.

[17] Vgl. EuG, Rs. T-112/98 – *Mannesmannröhren-Werke* Slg. 2001, II-729, Rn. 57 ff., 64 f. Kritisch dazu *Niggemann* in: Streinz, EUV/EGV, KartVO nach Art. 83 EGV. Rn. 66; *Weiß*, Die Verteidigungsrechte im EG-Kartellverfahren, 1996, 357 ff.; *ders.,* EWS 1997, 253; *ders.,* in Terhechte (Hg.), Internationales Kartell- und Fusionskontrollverfahrensrecht, 2008, Rn. 72.217; *Willis,* ECLR 2001, 313.

[18] Vgl. EuGH, Rs. C-276/01, Slg. 2003, I-3735.

einer Befugnis zur Zeugenbefragung. Doch bezieht es sich nicht auf natürliche oder juristische Personen, die keine Unternehmen oder -vereinigungen sind. Der Kommission fehlte die Möglichkeit zur Zeugenvernehmung; sie konnte nur im Rahmen der Gewährung rechtlichen Gehörs Personen hören, die von den beschuldigten Unternehmen benannt wurden.[19] Die Neuregelung in Art. 19 schließt diese Lücke.[20] Nun können beliebige Personen befragt werden. Die Kommission hat aber keine Möglichkeit, Zeugenaussagen zu erzwingen. Umgekehrt gebietet es das rechtliche Gehör grundsätzlich, Zeugen anzuhören, die von einem beschuldigten Unternehmen als Beweismittel angeboten werden.[21]

Wie bisher ist die Kommission befugt, **einzelne Wirtschaftszweige zu untersuchen,** 32 ohne dass ein konkreter Verdacht einer Zuwiderhandlung durch ein bestimmtes Unternehmen besteht. Allerdings wurde diese Kompetenz zur Sektorenuntersuchung ausgeweitet auf die Prüfung bestimmter Arten von Vereinbarungen, Art. 17 Abs. 1.

In diesen Rahmen fand die in Art. 4 Abs. 2 des Entwurfs der Verordnung 1/2003 ent- 33 haltene Verpflichtung zur Registrierung von Vereinbarungen, Beschlüssen und aufeinander abgestimmten Verhaltensweisen Eingang. In Art. 4 Abs. 2 war eine Befugnis der Kommission vorgesehen, durch Verordnung die Eintragung bestimmter Arten von Vereinbarungen, Beschlüssen oder Verhaltensweisen, die unter das Verbot des Artikels 81 Abs. 1 EG fallen und von keiner Gruppenfreistellungsverordnung erfasst werden, in ein Register vorzuschreiben. Die Kommission sollte die Einzelheiten einer solchen Registrierungspflicht unter näheren Bedingungen in einer Verordnung festlegen, die gegebenenfalls auch Sanktionen für die Nichteinhaltung der Verpflichtung enthalten konnte. Das ist nicht Recht geworden. Nach Art. 17 Abs. 1 Unterabs. 2 kann die Kommission von Unternehmen und -vereinigungen eine Unterrichtung über sämtliche Vereinbarungen, Beschlüsse und aufeinander abgestimmte Verhaltensweisen fordern. Eine solche Unterrichtung hat keine Auswirkung auf die materiell-rechtliche Frage der Kartellrechtskonformität der übermittelten Vereinbarungen.

Die Ermittlungsbefugnisse der Kommission sind angesichts ihrer nunmehr sehr detail- 34 lierten Regelung und vor dem Hintergrund des Bekenntnisses zur vollen Wahrung der Verteidigungsrechte in Art. 27 Abs. 2 **nicht extensiv auszulegen** (dazu oben Rn. 29; Art. 27, Rn. 4).

3. Weitere Befugnisse

Schließlich sei abschließend noch auf weitere Zuständigkeiten der Kommission im Be- 35 reich der Anwendung von Art. 81 und 82 EG hingewiesen. So hat sie ein **Selbsteintrittsrecht** nach Art. 11 Abs. 6, kraft dessen sie bei nationalen Behörden anhängige Verfahren an sich ziehen kann. Damit kann die Kommission letztlich umfangreiche Aufsicht über die nationalen Behörden ausüben. Das hat aber keine Konsequenz für die Zuständigkeit von Gerichten als Rechtsmittelinstanzen, Art. 35 Abs. 3 Satz 2.

Ferner hat die Kommission die ausschließliche Zuständigkeit, **Gruppenfreistellungs-** 36 **verordnungen** zu erlassen. Bei ihrer Ausarbeitung kann sich die Kommission auf die Erfahrung stützen, die sie aus der Befassung mit konkreten Fällen gewonnen hat. Aufgrund von Art. 11 und 12 ist die Kommission auch über die Anwendung der Art. 81 und 82 EG/Art. 101 und 102 VAEU durch die nationalen Stellen zu unterrichten. Sie ist daher am besten dazu in der Lage, darüber zu befinden, in welchen Bereichen Gruppenfreistellungsverordnungen eingeführt oder überarbeitet werden müssen, damit neuen Entwicklungen und den sich rasch wandelnden Marktbedingungen Rechnung getragen wird. Hierbei arbeitet die Kommission eng mit den Wettbewerbsbehörden der Mitgliedstaaten zusammen.

---

[19] Näher *Weiß*, Die Verteidigungsrechte im EG-Kartellverfahren, 1996, 318f.
[20] Vgl. auch Burrichter, in Immenga/Mestmäcker (Hg.), Wettbewerbsrecht, EG/Teil 2, Art. 19 VO 1/2003, Rn. 1.
[21] *Weitbrecht* EuZW 2003, 71.

Art. 5 VerfVO

37 Die Kompetenz zum Erlass einer Gruppenfreistellungsverordnung ergibt sich indes nicht aus der VO 1/2003, sondern aus anderen Rechtsgrundlagen. Die ursprünglich im Entwurf vorgesehene umfassende Kompetenz der Kommission zum Erlass von Gruppenfreistellungsverordnungen wurde wegen ihrer großen Unbestimmtheit zu Recht fallen gelassen. Allerdings findet sich nun eine vereinheitlichte Kompetenz der Kommission, den Rechtsvorteil von Gruppenfreistellungen im Einzelfall zu entziehen, sofern die Wirkungen einer Vereinbarung von der Freistellung nicht gedeckt sind, Art. 29 Abs. 1. Dafür ist die Kommission aber nicht ausschließlich zuständig. Art. 29 Abs. 2 ermöglicht es im Sinne einer dezentralisierten, aber einheitlichen Anwendung des EG-Wettbewerbsrechts auch den nationalen Behörden, in bestimmten Fällen den Vorteil einer Gruppenfreistellungsverordnung zu entziehen, wenn der relevante räumliche Markt nicht größer ist als das Staatsgebiet des betreffenden Mitgliedstaats. Entsprechende Entscheidungen sind jedoch dem Konsultationsverfahren gemäß Art. 11 Abs. 4 unterworfen.

38 Des weiteren bleibt die Kommission kompetent, die europäische **Wettbewerbspolitik** durch ihre Anwendungshinweise, Mitteilungen und Bekanntmachungen zu dirigieren und damit auch für die Praxis die Auslegung und Anwendung von Art. 81 und 82 EG/Art. 101 und 102 VAEU zu leiten. Diese Zuständigkeit der Kommission ist zwar in der VO 1/2003 nicht verankert, findet ihre Grundlage aber in ihrer allgemeinen Zuständigkeit nach Art. 211, 2. Spiegelstrich EG/Art. 17 Abs. 1 EUV (in der Fassung nach Lissabon) als Hüterin des Vertrags und konkret im Hinblick auf das Kartellrecht in Art. 85 EG/Art. 105 VAEU. Diese primärrechtliche Zuständigkeit der Kommission als Verantwortliche für die Wettbewerbspolitik[22] wird durch die sekundärrechtliche Regelung des Art. 4 nicht abbedungen.

39 Aus diesem Grunde kann die Kommission auch ein Unternehmen bei neu auftretenden Fragen zur Anwendung des Kartellrechts **beraten.** Die Kommission hat in ihrer Bekanntmachung über informelle Beratung bei neuartigen Fragen zu den Artikeln 81 und 82 EG/Art. 101 und 102 VAEU, die in Einzelfällen auftreten, die Möglichkeit zu solchen Beratungsschreiben und ihre Verfahrensweise insoweit festgelegt.[23] Diese **Beratungsschreiben** haben demnach aber keinerlei rechtliche Bindungswirkung; sie dienen den Unternehmen nur als erste Orientierung und greifen der Auslegung des EG-Rechts durch Gerichte und nationale Stellen nicht vor. Die Kommission will sogar eine Bindung für sich selbst ausschließen. Allerdings muss das Vorliegen einer Beratung, die dem Unternehmen die Unbedenklichkeit signalisierte, in solchen Fällen, in denen die Kommission dann doch einen Verstoß gegen Art. 81 oder 82 EG/Art. 101 und 102 VAEU erkennt und verfolgt, die Sanktionsmöglichkeit ausschließen, sofern die Sach- und Rechtslage unverändert ist. Das Vorliegen einer Beratung ist dann eine **negative Bedingung der Strafbarkeit.** Das fordert das rechtsstaatliche Verbot widersprüchlichen Verhaltens. Insoweit ist eine Selbstbindung der Kommission anzunehmen. Ohnehin dürfte infolge des Systemwechsels zur Legalausnahme (s. Art. 1, Rn. 4, 19 ff) eine Bußgeldverhängung nur noch in Fällen eindeutiger und offensichtlicher Verletzung des EU-Kartellrechts in Frage kommen.[24]

Art. 5. Zuständigkeit der Wettbewerbsbehörden der Mitgliedstaaten

Die Wettbewerbsbehörden der Mitgliedstaaten sind für die Anwendung der Art. 81 und 82 des Vertrags in Einzelfällen zuständig. Sie können hierzu von Amts wegen oder aufgrund einer Beschwerde Entscheidungen erlassen, mit denen

---

[22] EuGH, Rs. C-344/98 – *Masterfoods* Slg. 2000, I-11 369, Rn. 46.
[23] ABl. 2004, Nr. C 101, S. 78; Entwurfsfassung COMP/2003/1773/3/0.
[24] *Dannecker/Biermann*, in Immenga/Mestmäcker (Hg.), Wettbewerbsrecht, EG/Teil 2, 2007, Art. 23 VO 1/2003, Rn. 75.

Art. 5. Zuständigkeit d. Wettbewerbsbehörden d. Mitgliedstaaten **1, 2** **Art. 5 VerfVO**

– die Abstellung von Zuwiderhandlungen angeordnet wird,
– einstweilige Maßnahmen angeordnet werden,
– Verpflichtungszusagen angenommen werden oder
– Geldbußen, Zwangsgelder oder sonstige im innerstaatlichen Recht vorgesehene Sanktionen verhängt werden.

Sind die Voraussetzungen für ein Verbot nach den ihnen vorliegenden Informationen nicht gegeben, so können sie auch entscheiden, dass für sie kein Grund besteht, tätig zu werden.

Übersicht

	Rn.		Rn.
I. Sinn und Zweck der Regelung	1	III. Tatbestand	7
1. Einführung	1	1. Wettbewerbsbehörden der Mitgliedstaaten	7
2. Dezentrale Anwendung von Art. 81, 82 EG	2	2. Zuständigkeit für die Anwendung von Art. 81, 82 EG	8
3. Zuständigkeit	3	3. Wirkung und Reichweite von Entscheidungen mitgliedstaatlicher Behörden	12
4. Definition der Entscheidungsarten	4		
II. Praktische Bedeutung	6	4. Entscheidungsarten	14

I. Sinn und Zweck der Regelung

1. Einführung

Art. 5 erklärt die Wettbewerbsbehörden der Mitgliedstaaten grundsätzlich zuständig für **1** die Anwendung der Art. 81, 82 EG, ohne diese Zuständigkeit auf einzelne materielle Vorschriften zu beschränken, wie dies in Art. 9 Abs. 1 VO Nr. 17/62 der Fall ist. Damit kommt eines der besonders betonten Ziele der Verordnung, nämlich die **Dezentralisierung der Anwendung von Art. 81, 82 EG,** in diesem Art. mit Nachdruck zum Ausdruck. Seine Grenzen findet die Zuständigkeit der mitgliedstaatlichen Wettbewerbsbehörden nur, wenn die Kommission ein Verfahren einleitet. In diesem Fall soll wie bisher die Zuständigkeit aller mitgliedstaatlicher Behörden enden.[1] Schließlich definiert Art. 5 die **Entscheidungsarten,** die die Wettbewerbsbehörden der Mitgliedstaaten bei der Anwendung von Art. 81, 82 EG erlassen können. Damit schafft Art. 5 einen rechtlichen Rahmen, in dem sich der mitgliedstaatliche Gesetzgeber bei der Ausgestaltung des mitgliedstaatlichen Rechts, soweit es um die Anwendung von Art. 81, 82 EG geht, bewegen muss.

2. Dezentrale Anwendung von Art. 81, 82 EG

Vor der Verabschiedung der Verordnung lag das Monopol für die Anwendung von **2** Art. 81 Abs. 3 EG bei der Kommission. Dieses Anwendungsmonopol machte die Anwendung des europäischen Kartellrechts für die mitgliedstaatlichen Wettbewerbsbehörden und Gerichte wenig attraktiv, weil ein wesentlicher Teil des Instrumentariums nicht zur Verfügung stand. Angesichts der wachsenden Zahl mitgliedstaatlicher Wettbewerbsbehörden, von denen die Mehrzahl durchaus die Befugnis zur Anwendung der Art. 81, 82 EG hatte, und der Menge nicht abgeschlossener Kommissionsverfahren, wurde das Anwendungsmonopol zunehmend als unzeitgemäß kritisiert.[2] Durch die **Aufhebung des Anwendungsmonopols** wird dem Umstand Rechnung getragen, dass dieses die effektive Durchsetzung der europäischen Wettbewerbsregeln durch die mitgliedstaatlichen Wettbewerbsbehörden und Gerichte verhindert hat, obwohl die Kommission selbst nicht in der Lage war, in allen Fällen die Verantwortung für die Einhaltung der Wettbewerbsregeln zu tragen.[3]

---

[1] Vgl. Art. 11 Abs. 6.
[2] *Wolf/Fink* WuW 1994 289; Bundeskartellamt WuW 1998, 1173.
[3] Verordnungsvorschlag 2000, S. 1.

3. Zuständigkeit und Befugnis

3 Art. 5 ist Teil des Kapitels II der Verordnung und normiert wie Art. 4 für die Kommission und Art. 6 für die mitgliedstaatlichen Gerichte entsprechend die Zuständigkeit der mitgliedstaatlichen Wettbewerbsbehörden.[4] Diese **Zuständigkeit indiziert jedoch für sich genommen noch keine Befugnis** der mitgliedstaatlichen Wettbewerbsbehörden. Vielmehr setzt Art. 5 einen Rahmen innerhalb dessen die mitgliedstaatlichen Gesetzgeber ihren jeweiligen Behörden Entscheidungsbefugnisse zur Anwendung der Art. 81, 82 EG einräumen können.[5] Damit unterscheidet sich Art. 5 von Art. 29 Abs. 1, der eine unmittelbare Befugnis der mitgliedstaatlichen Wettbewerbsbehörden zum Entzug des Vorteils einer Gruppenfreistellungsverordnung schafft, unabhängig davon, ob diese Befugnis im mitgliedstaatlichen Recht nachvollzogen wird.

4. Definition der Entscheidungsarten

4 Der Katalog von Arten von Entscheidungen, die die Wettbewerbsbehörden der Mitgliedstaaten erlassen können, zeigt, dass die mitgliedstaatlichen Behörden sich auf das **Abstellen bzw. die Ahndung von Verstößen** gegen Art. 81, 82 EG konzentrieren sollen. Hierzu stehen den mitgliedstaatlichen Behörden sämtliche Möglichkeiten zu, die auch der Kommission selbst durch die Verordnung eingeräumt werden. Neben Entscheidungen, mit denen die Abstellung einer Zuwiderhandlung angeordnet wird, Bußgeldentscheidungen und Entscheidungen zum Erlass einstweiliger Maßnahmen gehören dazu auch sogenannte Verpflichtungsentscheidungen in Anlehnung an den entsprechenden neuen Entscheidungstyp, welcher der Kommission in Art. 9 eingeräumt wird.

5 Art. 5 regelt damit ebenfalls, dass die Wettbewerbsbehörden der Mitgliedstaaten hinsichtlich einzelner Verhaltensweisen **keine förmlichen positiven Entscheidungen** erlassen können.[6] Hiermit soll sichergestellt werden, dass die mitgliedstaatlichen Behörden keine konstitutiven Freistellungsentscheidungen erlassen können.[7] Allerdings bietet Art. 5 S. 3 den mitgliedstaatlichen Behörden die Möglichkeit, in einer Entscheidung festzustellen, dass für sie kein Grund besteht, tätig zu werden, wenn die Voraussetzungen für ein Verbot des Art. 81 Abs. 1 oder 82 EG nach den ihnen vorliegenden Informationen nicht vorliegen. Satz 3 ist zunächst insbesondere für die Mitgliedstaaten von Bedeutung, in denen die Wettbewerbsbehörde durch mitgliedstaatliches Verfahrensrecht verpflichtet ist, ein aufgrund einer Beschwerde eingeleitetes Verfahren förmlich (mit anfechtbarer Entscheidung) einzustellen, wenn der Beschwerdeführer seine Beschwerde nicht zurückzieht. Darüber hinaus bietet Art. 5 S. 3 allen Wettbewerbsbehörden der Mitgliedstaaten die Möglichkeit, sich in der Entscheidungsbegründung mit dem Geltungsbereich des Art. 81 Abs. 3 EG auseinander zu setzen, ohne allerdings im Tenor selbst entsprechende Schlussfolgerungen ziehen zu können.

---

[4] Auf diese Zuständigkeit beruft sich das BKartA etwa in der Entscheidung B9–55/03.
[5] Ebenso *Schwarze/Weitbrecht,* Europäisches Kartellverfahrensrecht, 2004 S. 164; *Gippini-Fournier,* S. 97 ff.; *Bauer* in: MünchKommEuWettbR VO 1/2003 Art. 5 Rz. 3; *Ritter* in: Immenge/Mestmäcker VO 1/2003 Art. 5 Rz. 1, der allerdings auf gerichtlich bestätigte Entscheidung verweist, in der sich die italienische KartB bei der Verhängung einstweiliger Maßnehmen unmittelbar auf Art. 5 berufen hat; a. A. *Klees* 2006, § 7, Rz. 37; *Sura* in: Langen/Bunte VO Nr. 1/2003 Art. 5, Rz. 1, allerdings wird hier zu Unrecht die Entscheidung des BKartA vom 11. 2. 2005, Deutsche Post AG, B9–55/03 als Beleg herangezogen.
[6] Ebenso *Schütz* in: Gemeinschaftskommentar VO 1/2003 Art. 5, Rn. 4; a. A. *Kerse/Khan* 2000, S. 261.
[7] Verordnungsvorschlag *2000,* S. 14.

II. Praktische Bedeutung

Die Bedeutung der Regelung zeigt sich insbesondere im Zusammenhang mit den Artikeln 1, 3, 11 Abs. 6 und 35. Art. 5 stellt die aus der Legalausnahme folgenden Auswirkungen für das Handeln der mitgliedstaatlichen Wettbewerbsbehörden klar, in dem ihre **Zuständigkeit für die Anwendung aller Bestandteile der Art. 81 und 82 EG** geregelt wird. Die aus Art. 3 resultierende Verpflichtung der mitgliedstaatlichen Behörden zur Anwendung der Art. 81, 82 EG, soweit sie anwendbar sind, wird durch Art. 5 mit einer Klarstellung der (möglichen) Entscheidungsarten flankiert. Die mitgliedstaatlichen Gesetzgeber können ihre jeweiligen mitgliedstaatlichen Behörden mit allen der Kommission zustehenden Eingriffsbefugnissen zur Ahndung und Abstellung von Verstößen gegen Art. 81, 82 EG ausstatten. Mit der 7. GWB-Novelle wurden sämtliche nach Art. 5 mögliche Entscheidungsarten für die Anwendung von europäischem und mitgliedstaatlichem Recht für die deutschen Kartellbehörden eingeführt.[8] Auch in vielen anderen Mitgliedstaaten sind vergleichbare Gesetzesänderungen in Kraft getreten.[9]

6

III. Tatbestand

1. Wettbewerbsbehörden der Mitgliedstaaten

Art. 5 S. 1 beschränkt die Zuständigkeit zur Anwendung der Art. 81, 82 EG auf diejenigen mitgliedstaatlichen Behörden, die die Mitgliedstaaten aufgrund der entsprechenden Verpflichtung in Art. 35 als für die Anwendung des europäischen Kartellrechts zuständig bestimmt haben. Hierdurch ist gewährleistet, dass nur die mitgliedstaatlichen Behörden Art. 81, 82 EG anwenden, die auch an die Verpflichtungen der Verordnung gebunden sind.

7

2. Zuständigkeit für die Anwendung von Art. 81, 82 EG

Für die Anwendung der Art. 81, 82 EG sind neben der Kommission die mitgliedstaatlichen Wettbewerbsbehörden zuständig. Damit ist ein System der **parallelen Zuständigkeit** aller gemäß Art. 35 bestimmten mitgliedstaatlichen Behörden und der Kommission definiert. Eine Regel über eine Abgrenzung von Zuständigkeiten ist damit nicht gegeben. Lediglich die förmliche Einleitung eines Verfahrens durch die Kommission beendet die Zuständigkeit der mitgliedstaatlichen Wettbewerbsbehörden.[10] Dieser Verzicht auf eine klare Regelung zur Definition der Zuständigkeit in einem Einzelfall kann „forum shopping", aber auch Rechtsunsicherheit der Unternehmen zur Folge haben.[11] Mit der Bekanntmachung der Kommission über die Zusammenarbeit innerhalb des Netzes der Wettbewerbsbehörden sollen „forum-shopping" und Rechtsunsicherheit weitgehend ausgeschlossen werden.[12]

8

Da die parallele Zuständigkeit der mitgliedstaatlichen Behörden nicht begrenzt ist, sind **parallele Verfahren in einem und demselben Fall möglich.** Zwar soll soweit möglich nur eine Behörde in einem Fall tätig werden;[13] hierzu stellt die Verordnung wichtige Voraussetzungen zur Verfügung wie den Austausch vertraulicher Informationen (Art. 12), Amtshilfe bei Ermittlungen (Art. 22) und die Befugnis zur Einstellung eines Verfahrens, weil eine andere Behörde den zugrundeliegenden Verstoß bereits bearbeitet (Art. 13). Dennoch wird es Fälle geben, in denen eine einzelne mitgliedstaatliche Wettbewerbsbe-

9

---

[8] GWB (BGBl. I S. 1954) in der ab 1. 5. 2005 geltenden Fassung, §§ 32–32 d.
[9] Siehe http://ec.europa.eu/competition/een/index_en.html.
[10] Siehe Art. 11 Rn. 28 ff.
[11] So auch Monopolkommission, Folgeprobleme der europäischen Kartellverfahrensreform, Sondergutachten 32, Rn. 33 ff.
[12] Siehe Art. 11 Rn. 4 ff.
[13] Verordnungsvorschlag 2000, S. 7, Gemeinsame Erklärung Rn. 16.

hörde nicht in der Lage sein wird, das beanstandete Verhalten wirkungsvoll zu ahnden, und die Kommission kein förmliches Verfahren einleitet. Insbesondere in Bußgeldverfahren, in denen die Wettbewerbsbehörde eines Mitgliedstaates nur die Auswirkungen eines Verstoßes auf seinem Hoheitsgebiet ahnden kann, werden parallele Verfahren erforderlich sein.[14]

10 Mit der Verordnung ist **keine Harmonisierung des Verfahrensrechts** beabsichtigt.[15] Vielmehr werden nur bestimmte verfahrensrechtliche Aspekte für alle Behörden, die die Art. 81, 82 EG anwenden, zentral in der Verordnung geregelt.[16] Daher normiert die Verordnung für die mitgliedstaatlichen Wettbewerbsbehörden **keinen verpflichtenden Entscheidungskatalog**, sondern überlässt dies dem mitgliedstaatlichen Gesetzgeber. Gleichwohl erfordert die Dezentralisierung der Anwendung der Art. 81, 82 EG, insbesondere aber die Verpflichtung zu deren Anwendung gemäß Art. 3, angesichts der allgemeinen Grundsätze des Gemeinschaftsrechts, dass den mitgliedstaatlichen Wettbewerbsbehörden hinreichende Befugnisse zu einer wirksamen Ahndung von verbotenen Verhaltensweisen eingeräumt werden.[17] Die Sicherstellung einer wirksamen Ahndung erfordert allerdings nicht zwingend eine Harmonisierung der einzelstaatlichen Sanktionen, sodass es bei der bestehenden Vielfalt der Sanktionssysteme bleiben wird.

11 Die Feststellung der Zuständigkeit bedeutet für die mitgliedstaatlichen Wettbewerbsbehörden ebenso wie für die Kommission **keine Verpflichtung zum Eingreifen in Einzelfällen**. Das Aufgreifermessen der am Netzwerk beteiligten Wettbewerbsbehörden wird damit durch die Verordnung nicht eingeschränkt.

3. Wirkung und Reichweite von Entscheidungen mitgliedstaatlicher Behörden

12 Die Verordnung enthält **keine Regelung zur der Wirkung der verschiedenen möglichen Entscheidungsarten innerhalb des Hoheitsgebiets** des jeweiligen Mitgliedstaates. Damit bleibt es mitgliedstaatlichem Recht überlassen, welche Auswirkungen die Entscheidungen der mitgliedstaatlichen Wettbewerbsbehörde auf ein parallellaufendes zivilrechtliches Verfahren hat.[18] Die Entscheidung einer mitgliedstaatlichen Wettbewerbsbehörde, dass für sie kein Grund besteht, tätig zu werden, bindet allerdings nur die entsprechende Behörde selbst, sodass einem Beschwerdeführer in jedem Fall der Zivilrechtsweg offen bleibt.

13 Die Verordnung enthält ebenfalls **keine Regelung zur territorialen Reichweite von Entscheidungen mitgliedstaatlicher Wettbewerbsbehörden**.[19] Dieser Umstand kann unter Berücksichtigung der Begründung des Verordnungsvorschlags, in der eine extraterritoriale Wirkung mitgliedstaatlicher Entscheidungen gemäß Art. 81, 82 EG explizit ausgeschlossen wird,[20] wohl nur so interpretiert werden, dass die bestehenden völkerrechtlichen Begrenzungen des hoheitlichen Handelns einzelner mitgliedstaatlicher Wettbewerbsbehörden nicht verändert werden.[21] Entscheidungen der mitgliedstaatlichen Wettbewerbsbehörden binden weder die Kommission noch die anderen mitgliedstaatlichen Wettbewerbsbehörden. Kommissionsentscheidungen sind dahingegen bindend für die mitgliedstaatlichen Wettbewerbsbehörden und Gerichte.[22]

---

[14] Netzbekanntmachung, Rn. 12.
[15] Verordnungsvorschlag *2000*, S. 14.
[16] Hierzu gehören jedenfalls die Artikel 2, 5 i. V. m. 35, sowie 12, 13, 15, 28 und 29.
[17] Verordnungsvorschlag *2000*, S. 19.
[18] *Eilsmansberger*, S. 371, *Lampert* u. a., 2004, Rn. 129.
[19] Ausführlich hierzu *Dalheimer/Fedderson/Miersch* VO 1/2003 Art. 5 Rn. 20 ff.
[20] Verordnungsvorschlag *2000*, S. 19; kritisch *Kingston* E. C. L. R. 2001, 340, 344, *Mavroides/Neven*, Legal Issues of Economic Integration, 2001, 151, 157.
[21] Ähnlich *Schütz* in: Gemeinschaftskommentar 2004, Art. 5, Rn. 9; *Schwarze/Weitrecht*, 2004, S. 192; *Lampert* u. a, 2004, Rn. 255, *Dekeyser/Gauer*, 2004, S. 563.
[22] Siehe Rn. 13 ff. Art. 16. Den mitgliedstaatlichen Gerichten bleibt allerdings gemäß Art. 234 EG die Möglichkeit eines Vorabentscheidungsersuchens an den EuGH.

4. Entscheidungsarten

Alle in Art. 5 S. 2 vorgesehenen Entscheidungsarten stehen durch die Verordnung auch der Kommission zu. Gemäß Art. 7 kann die Kommission eine **Zuwiderhandlung gegen Art. 81 oder 82 EG feststellen** und die beteiligten Unternehmen zur **Abstellung der Zuwiderhandlung verpflichten.** Art. 8 ermächtigt die Kommission unter bestimmten Bedingungen zum **Erlass einstweiliger Maßnahmen.** Art. 9 führt einen neuen Entscheidungstyp ein, mit dem die Kommission Unternehmen an von ihnen freiwillig angebotene Zusagen rechtlich binden kann und im Gegenzug dazu auf eine Feststellung eines Verstoßes verzichtet (**Verpflichtungszusagen**). Schließlich verschaffen Art. 23 und 24 der Kommission eine umfassende Rechtsgrundlage zur Verhängung von Bußgelder und/oder Zwangsgelder gegen Unternehmen, die gegen Art. 81 oder 82 EG verstoßen oder sonst einen in der Verordnung genannten bußgeldbewährten Verstoß begangen haben.

14

Art. 5 umfasst alle Befugnisse, die der Kommission in den Artt. 7–9 eingeräumt werden. Dies beinhaltet auch die Befugnis zur Feststellung, dass ein bestimmtes beendetes Verhalten einen Verstoß darstellt.[23] Zwar fehlt die explizite Benennung dieser Befugnis im Wortlaut von Art. 5. Die Feststellung eines Verstoßes ist allerdings ein Teil der Abstellung und Ahndung von Verstößen anzusehen. Der Wortlaut des Art. 5 hindert mitgliedstaatliche Wettbewerbsbehörden jedenfalls nicht daran, Entscheidungen zur Feststellung von Verstößen zu treffen, wenn sie dafür ein berechtigtes Interesse i.S. der Entscheidungspraxis der Europäischen Gerichte haben.[24]

15

Ob und vor allem unter welchen Bedingungen die mitgliedstaatlichen Behörden diese Entscheidungsarten anwenden dürfen, bleibt dem mitgliedstaatlichen Gesetzgeber überlassen. So ist es denkbar, dass einzelne Mitgliedstaaten ihren Wettbewerbsbehörden die Befugnis zum Erlass struktureller Auflagen einräumen, dabei aber die Bedingungen anders definieren, die erfüllt sein müssen, bevor eine derartige Maßnahme als angemessen anzusehen ist. Eine entsprechende Bandbreite von denkbaren unterschiedlichen Bedingungen gibt es bei den übrigen Entscheidungsarten auch und wird hinsichtlich solcher Sanktionen, die über Geldbußen und Zwangsgelder hinausgehen, im vierten Spiegelstrich der Vorschrift sogar explizit bekräftigt. Auch wenn Art. 5 also einen gewissen Rahmen durch die Benennung einer abschließenden Liste von Entscheidungsarten setzt, bleibt **Spielraum für eine einzelstaatlich unterschiedliche Ausgestaltung** der zugrundeliegenden Verfahren.[25]

16

Art. 6. Zuständigkeit der Gerichte der Mitgliedstaaten

Die einzelstaatlichen Gerichte für die Anwendung der Art. 81 und 82 des Vertrags zuständig.

Übersicht

	Rn.		Rn.
I. Sinn und Zweck der Regelung	1	IV. Rechtsfolgen	
II. Praktische Bedeutung	3	1. Unmittelbare Anwendung des Art. 81 Abs. 3 EG	8
III. Tatbestand		2. Weiterhin bestehende ausschließliche Zuständigkeit der Kommission	9
1. Einzelstaatliche Gerichte	6		
2. Zuständigkeit	7		

---

[23] OLG Düsseldorf, Beschl. v. 20. 6. 2008, Rs VI-2 Kart 1/06 (V) – *EON Ruhrgas;* WuW/E DE-R 1757, 1772.
[24] *Gippini-Fournier,* S. 107.
[25] So auch *Zinsmeister/Lienemeyer* WuW 2002, 331, 339.

I. Sinn und Zweck der Regelung

1 Der Art. stellt – gemeinsam mit Art. 1 Abs. 2 – hinsichtlich der Anwendung des Art. 81 Abs. 3 EG eine radikale Abkehr von der bisherigen Rechtslage dar und enthält einen der wesentlichen Punkte der Neuregelung des EG-Wettbewerbsrechts. In bezug auf die Anwendung des Art. 82 EG entspricht die Regelung des Art. 6 der nach der VO 17/62 Rechtslage. Art. 9 Abs. 1 VO Nr. 17/62 sah jedoch noch eine **ausschließliche Zuständigkeit der Kommission** zur Anwendung des Art. 81 Abs. 3 EG vor. Diese Zuständigkeit teilte sich die Kommission nur in den Fällen der Art. 84, 85 EG mit den Behörden der Mitgliedstaaten, soweit es sich um die Freistellung von Vereinbarungen handelte, die nicht dem Anwendungsbereich einer Durchführungsverordnung zu Art. 81 EG unterfielen. Hingegen hatten die Gerichte der Mitgliedstaaten nur die Befugnis und Verpflichtung, Art. 81 Abs. 1 und Abs. 2 EG anzuwenden.[1] Eine Freistellung gemäß Art. 81 Abs. 3 EG setzte deswegen immer einen Akt der Kommission, entweder als Einzelentscheidung oder als Gruppenfreistellung in Form einer Verordnung voraus. Diese eingeschränkte und gleichsam asymmetrische Befugnis der Gerichte der Mitgliedstaaten zur Anwendung des Art. 81 EG erwies sich als problematisch, da die Kommission nur in geringem Maße von ihrer Kompetenz zum Erlass von Einzelfreistellungen Gebrauch machte.[2]

2 Das Weißbuch zur Modernisierung brachte in Bezug auf diese Frage eine Kehrtwende der Kommission. Aus der Sicht der Kommission wurde es notwendig, auch **nationalen Gerichten und Kartellbehörden** die **Anwendung des Art. 81 Abs. 3 EG** zu erlauben. Damit sollte zum einen das bisherige Vollzugsdefizit der Kommission im Bereich der Einzelfreistellungen ausgeglichen werden, zum anderen sollten durch den Wegfall der Anmeldungsbearbeitung bei der Generaldirektion Wettbewerb die notwendigen Ressourcen zur Bekämpfung von sog. *hard-core* Kartellen freigesetzt werden.[3]

II. Praktische Bedeutung

3 Die praktische Bedeutung des Art. 6 liegt zunächst darin, dass **freistellungsfähige**, aber tatsächlich nicht freigestellte **Vereinbarungen** von den Gerichten **als wirksam** und nicht als (schwebend) unwirksam oder nichtig angesehen werden müssen. Diese sich nach früherer Rechtslage ergebende Rechtsfolge war wegen des Vollzugsdefizit der Kommission problematisch; die Kommission schloss einen Großteil der angemeldeten Fälle nicht durch förmliche Entscheidung, sondern nur durch **formloses Verwaltungsschreiben** ab.

4 Es ist nicht zu erwarten, dass mit der Einführung des Art. 6 die Zahl der Zivilverfahren, in denen europäisches Wettbewerbsrecht geltend gemacht wird, ansteigt. In Bezug auf Art. 82 EG ergibt sich das schon daraus, dass die Gerichte auch vorher befugt und verpflichtet waren, diese Vorschrift anzuwenden. Soweit Art. 81 EG betroffen ist, muss zwischen zwei Arten von Verfahren unterschieden werden: Zum einen die Verfahren, in denen **Art. 81 Abs. 1 EG als Einwendung** gegen einen geltend gemachten Anspruch vorgebracht wird, also der Verteidigung dient, zum anderen die Verfahren, in denen **Art. 81 EG als Grundlage eines Schadensersatz oder Belieferungsanspruches** geltend gemacht wird, also gleichsam Angriffsmittel ist. Die ersteren Verfahren sind bislang im Bereich der Zivilgerichtsbarkeit die bei weitem häufigsten. Insoweit ist zu erwarten, dass

---

[1] EuGH U. v. 30. 1. 1974 Rs. 127/73 – *BRT/SABAM I* Slg. 1974, 51 Rn. 18/23, WuW/E MUV 309; EuGH U. v. 28. 2. 1991 Rs. C-234/89 – *Delimitis/Henninger Bräu* Slg. 1991, I-935 Rn. 44 f., WuW/E EWG/MUV 911.
[2] *Bechtold* ZHR 160 (1996), 660, 667.
[3] Komm., Weißbuch zur Modernisierung, ABl. 1999, C 132/1 Rn. 13. Zu den v. a. aus Deutschland geäußerten Bedenken gegen den Systemwechsel *Monopolkommission,* Sondergutachten 28; *Möschel* JZ 2000, 61; *v. Bogdandy/Buchhold* GRUR 2001, 798, 801 f.

die Möglichkeit der Zivilgerichte, auch Art. 81 Abs. 3 EG unmittelbar anzuwenden, einer Berufung auf Art. 81 Abs. 1 EG aus rein prozesstaktischen Gründen ihre praktische Wirkung nehmen wird.[4] Dagegen wird die unmittelbare Anwendbarkeit des Art. 81 Abs. 3 EG wohl kaum Auswirkungen auf die Häufigkeit von Schadensersatzklagen auf der Grundlage des Art. 81 Abs. 1 EG haben. Die Förderung der privatrechtlichen Durchsetzung des EG-Kartellrechts ist deswegen auch Gegenstand weiterer Konsultationen der Kommission, bei denen ergänzende Maßnahmen diskutiert werden, die die Attraktivität der privatrechtlichen Durchsetzung steigern sollen.

Teilweise wurde an der **Fähigkeit der Gerichte** gezweifelt, die zur Anwendung des Art. 81 Abs. 3 EG notwendigen Erwägungen, die zudem zum Teil **politisch-diskretionärer Art**[5] seien, anzustellen. Dabei wird auch darauf hingewiesen, dass selbst die europäischen Gerichte der Kommission bei der Anwendung des Art. 81 Abs. 3 EG ein nicht gerichtlich überprüfbares Ermessen auf Tatbestandsseite zugestehen.[6] Allerdings ist zu bedenken, dass die Anwendung der Art. 81 Abs. 1, 82 und 86 EG, die den nationalen Gerichten schon immer obliegt, ebenfalls **schwierige tatsächliche und rechtliche Fragen** aufwirft, zu deren Beantwortung man die Gerichte bislang in der Lage sah.[7] Der Verweis auf die begrenzte Überprüfung der Freigabeentscheidungen der Kommission durch die europäischen Gerichte übersieht zudem, dass diese begrenzte Überprüfung auch dem Einfluss des französischen Verwaltungsrechts auf die Formulierung der Anfechtungsgründe des Art. 230 EG geschuldet ist.[8] Die Kommission hat, um die Rechtsanwendung zu erleichtern, detaillierte Leitlinien zur Anwendung des Art. 81 Abs. 3 EG erlassen, die natürlich keine unmittelbare rechtliche Bindungswirkung entfalten können.[9]

III. Tatbestand

1. Einzelstaatliche Gerichte

Die Befugnis zur Anwendung des Art. 81 Abs. 3 EG steht grundsätzlich **allen Gerichten der Mitgliedstaaten** zu. Auch wenn in erster Linie Zivilgerichte betroffen sein werden, kann Art. 81 EG in Verfahren aller Gerichtsbarkeiten eine Rolle spielen. Zudem obliegt die Anwendung des Art. 81 Abs. 3 EG auch **Schiedsgerichten,**[10] die Verfahren behandeln, in denen EG-Wettbewerbsrecht eine Rolle spielt. Die Nichtbeachtung der Art. 81, 82 EG durch ein Schiedsgericht stellt einen Verstoß gegen den *ordre public* dar, der zur Aufhebung des Schiedsspruchs durch nationale Gerichte berechtigt.[11] Da allerdings nach Rechtsprechung des EuGH Schiedsgerichte nicht berechtigt sind gemäß Art. 234 EG vorzulegen,[12] ergibt sich die Konsequenz, dass Fragen der Auslegung des Art. 81 Abs. 3 EG

---

[4] Vgl. dazu auch *Töpel* GRUR 2000, 985, 987.

[5] Vgl. *Möschel* JZ 2000, 61, 62; *Deselaers/Obst,* EWS 2000, 41, 43; *Gröning* in: European Competition Law Annual 2000: The Modernization of EU Competition Law, S. 579.

[6] EuGH U. v. 25. 3. 1996 Rs. C-137/95P – *SPO/Kommission* Slg. 1996, I-1612 Rn. 41; EuG U. v. 21. 2. 1995 Rs. T-29/92 – *SPO/Kommission* Slg. 1995, II-289; *Mestmäcker* EuZW 1999, 523, 526.

[7] *Ehlermann* CML Rev. 37 (2000), 537, 557; *K. Schmidt* BB 2003, 1237, 1240; *Burrichter* in: European Competition Law Annual 2000: The Modernization of EU Competition Law, S. 539; aus amerikanischer Sicht: *Vance* in: European Competition Law Annual 2000: The Modernization of EU Competition Law, S. 617.

[8] Vgl. dazu auch *Hirsch* ZWeR 2003, 233, 239 Fn. 16.

[9] Vgl. Leitlinien zur Anwendung von Artikel 81 Absatz 3 EG-Vertrag, ABl. 2004 C101/97.

[10] Eingehend zur Anwendung des Kartellrechts durch Schiedsgerichte *K. Schmidt* ZWeR 2007, 394, 414f.

[11] EuGH U. v. 1. 6. 1999 Rs. C-126/97 – *Eco Swiss China Time Ltd/Benetton International NV* Slg. 1999, I-3055, WuW/E EU-R 203; OLG Düsseldorf WuW/E DE-R 997 – *Züricher Schiedsspruch.*

[12] EuGH U. v. 3. 3. 1982 Rs. 102/81 – *Nordsee Deutsche Hochseefischerei/Reederei Mond* Slg. 1982, 1095.

erst im Rahmen der Vollstreckung oder Anerkennung des Schiedsspruchs – und somit zu spät – durch Vorlage an den EuGH geklärt werden können.[13]

2. Zuständigkeit

7   Die Zuständigkeit der einzelstaatlichen Gerichte bedeutet, wie sich aus der EuGH-Rechtsprechung ergibt, dass die Art. 81 und 82 EG von den nationalen Gerichten **von Amts wegen** zu beachten sind und dass es insoweit **keiner Berufung einer Partei auf diese Vorschriften** bedarf.[14] Ein Gericht darf also nicht zur Erfüllung einer kartellrechtswidrigen Vereinbarung verurteilen, selbst wenn die Vereinbarung von beiden Parteien als wirksam angesehen wird. In dem ursprünglichen Kommissionsvorschlag für die Verfahrensverordnung war in Art. 6 dagegen noch missverständlich von der „Geltendmachung" des Verbots des Art. 81 Abs. 1 EG durch eine Partei die Rede.

IV. Rechtsfolgen

1. Unmittelbare Anwendung der Art. 81 und 82 EG

8   Nationale Gerichte haben nunmehr nicht nur Art. 82 EG, sondern auch Art. 81 EG in seiner Gesamtheit anzuwenden. Mit dieser Befugnis entfällt nunmehr auch grundsätzlich die Notwendigkeit einer Annahme **vorläufiger Gültigkeit** bestimmter Vereinbarungen, auf die das Verbot des Art. 81 Abs. 1 EG erst dann angewendet werden kann, wenn sich die Kommission zu der Vereinbarung geäußert hat.[15] Auch Altkartelle[16] und Beitrittskartelle unterliegen nunmehr den gleichen Regeln wie alle anderen Vereinbarungen. Allerdings ist gem. Art. 21 Abs. 1 FKVO die Anwendung der Verfahrensverordnung auch auf Zusammenschlüsse i. S. der FKVO ausgeschlossen, so dass insbesondere für die Anwendung des Art. 81 EG auf Zusammenschlüsse ohne gemeinschaftsweite Bedeutung die alten Grundsätze der EuGH-Rechtsprechung zur „vorläufigen Gültigkeit" angewendet werden müssten.[17]

2. Weiterhin bestehende ausschließliche Zuständigkeiten der Kommission

9   Die Kommission behält im Bereich des Art. 81 EG weiterhin die ausschließliche Zuständigkeit zur Anwendung der Freistellung des **Art. 2 Abs. 1 VO Nr. 26/62**,[18] die für den Bereich der **Landwirtschaft** gilt. Die Wettbewerbsregeln des EG-Vertrages gelten in diesem Bereich nur soweit der Rat dies bestimmt, Art. 42 EG. Aufgrund dieser Vorschrift erließ der Rat die VO Nr. 26/62, nach deren Art. 1 die Wettbewerbsregeln nur vorbehaltlich des Artikels 2 dieser VO Anwendung auf Vereinbarungen bezüglich der Produktion und des Handels mit landwirtschaftlichen Erzeugnissen finden sollen. Mit Art. 2 Abs. 1 VO Nr. 26/62 besteht somit eine weitere Ausnahmenorm zu Art. 81 Abs. 1 EG. Das bedeutet allerdings nicht, dass nationale Gerichte Art. 81 Abs. 1 EG auf eine Vereinbarung im Be-

---

[13] Zum Umfang der kartellrechtlichen Überprüfung des Schiedsspruchs im Anerkennungsverfahren vgl. Thüringer OLG WuW DE-R 2219 – *Schott; K. Schmidt* ZWeR 2007, 394, 417.

[14] Vgl. EuGH U. v. 14. 12. 1995 verb. Rs. C-430/93 und C-431/93 – *van Schijndel und van Veen/ Pensionsfonds* Slg. 1995, I-4705.

[15] So z. B. EuGH U. v. 9. 7. 1969 Rs. 10/69 – *Portelange/Smith Corona Marchant International* Slg. 1969, 309 Rn. 15/16, WuW/E MUV 213; EuGH U. v. 10. 7. 1980 Rs. 99/79 – *Lancôme u. a./Etos BV und Albert Heyn Supermart BV* Slg. 1980, 2511 Rn. 18, WuW/E MUV 485; EuGH U. v. 24. 4. 1997 Rs. C-39/96 – *Koninklijke Vereeniging/Free Record Shop* Slg. 1997, I-2303.

[16] Vgl. hierzu EuGH U. v. 6. 2. 1973 Rs. 48/72 – *Brasserie de Haecht/Wilkin-Janssen (II)* Slg. 1973, 77 Rn. 8 WuW MUV 303.

[17] Vgl. dazu EuGH U. v. 11. 4. 1989 Rs. 66/86 – *Ahmed Saeed Flugreisen u. a./Zentrale zur Bekämpfung des unlauteren Wettbewerbs e. V.* Slg 1989, 803 Rn. 29, WuW/E MUV 841.

[18] Vgl. Komm., Weißbuch zur Modernisierung, ABl. 1999, C132/1 Rn. 130; *Monti*, Rede Helsinki 13. 11. 2003, Kommissionsdokument SPEECH/03/537.

reich der Landwirtschaft erst dann anwenden können, wenn die Kommission die Anwendung von Art. 2 Abs. 1 VO Nr. 26/62 abgelehnt hat.[19] Auch hier bleibt die Anwendung des Art. 81 EG durch nationale Gerichte von einer vorherigen Entscheidung der Kommission unabhängig.[20]

Art. 7. Feststellung und Abstellung von Zuwiderhandlungen

(1) [1] Stellt die Kommission auf eine Beschwerde hin oder von Amts wegen eine Zuwiderhandlung gegen Art. 81 oder Art. 82 des Vertrags fest, so kann sie die beteiligten Unternehmen und Unternehmensvereinigungen durch Entscheidung verpflichten, die festgestellte Zuwiderhandlung abzustellen. [2] Sie kann ihnen hierzu alle erforderlichen Abhilfemaßnahmen verhaltensorientierter oder struktureller Art vorschreiben, die gegenüber der festgestellten Zuwiderhandlung verhältnismäßig und für eine wirksame Abstellung der Zuwiderhandlung erforderlich sind. [3] Abhilfemaßnahmen struktureller Art können nur in Ermangelung einer verhaltensorientierten Abhilfemaßnahme von gleicher Wirksamkeit festgelegt werden, oder wenn letztere im Vergleich zu Abhilfemaßnahmen struktureller Art mit einer größeren Belastung für die beteiligten Unternehmen verbunden wäre. [4] Soweit die Kommission ein berechtigtes Interesse hat, kann sie auch eine Zuwiderhandlung feststellen, nachdem diese beendet ist.

(2) Zur Einreichung einer Beschwerde im Sinne von Abs. 1 befugt sind natürliche und juristische Personen, die ein berechtigtes Interesse darlegen, sowie die Mitgliedstaaten.

Übersicht

	Rn.		Rn.
I. Allgemein	1	6. Nichtigkeitsklage gegen eine Zurückweisungsentscheidung	42
II. Änderungen gegenüber der VO 17/62	3	7. Keine Bindungswirkung einer Zurückweisungsentscheidung	44
III. Tätigwerden von Amts wegen	7	V. Inhalt der Entscheidung	45
IV. Tätigwerden aufgrund einer Beschwerde	11	1. Feststellung einer Zuwiderhandlung	45
1. Voraussetzungen für die Erhebung von Beschwerden	11	a) Bedeutung	45
a) Berechtigtes Interesse	12	b) Bereits beendete Zuwiderhandlung (Abs. 1 S. 4)	46
b) Gegenstand	15	2. Abhilfemaßnahmen (Abs. 1 S. 2 und 3)	48
c) Richtiger Adressat	16	a) Allgemein	48
d) Form	20	b) Verhaltensorientierte Maßnahmen	49
2. Prüfungspflicht der Kommission	23	c) Strukturelle Maßnahmen	57
3. Gemeinschaftsinteresse an der Verfolgung einer Beschwerde	27	d) Grenzen der Kommissionsbefugnisse (Verhältnismäßigkeit)	61
a) Allgemein	27	VI. Sanktionen	64
b) Einzelne Beurteilungskriterien	28	VII. Rechtsschutz	65
c) Begründungszwang	34	1. Nichtigkeitsklage des Adressaten	65
4. Ablauf der Prüfung einer Beschwerde	35	2. Aussetzung des Vollzugs	66
5. Rechte des Beschwerdeführers nach Einleitung eines Verfahrens	40		

I. Allgemein

Nach der VO 1/2003 kann die Kommission **drei Arten von formellen Entscheidungen** i. S. d. Art. 249 EG erlassen, um ein Verfahren abzuschließen: (i) Entscheidungen nach Art. 7, in denen eine Verletzung der EG-Wettbewerbsregeln festgestellt wird und die entweder als Untersagungsentscheidungen (gegebenenfalls verbunden mit einer Abstellungsanordnung und einer Geldbuße) oder als reine Feststellungsentscheidungen ergehen; (ii) Entscheidungen nach Art. 9 Abs. 1, welche die von den Unternehmen angebotenen

---

[19] Vgl. dazu die Vorlagefragen in EuGH U. v. 12. 12. 1995 verb. Rs. C-319/93, C-40/94 und C-224/94 – *Hendrik Evert Dijkstra/Friesland (Frico Dorno) Coöperatie* Slg. 1995, I-4471 Rn. 11.
[20] EuGH U. v. 12. 12. 1995 verb. Rs. C-319/93, C-40/94 und C-224/94 – *Hendrik Evert Dijkstra/Friesland (Frico Dorno) Coöperatie* Slg. 1995, I-4471 Rn. 24, 32 f.

Verpflichtungszusagen für bindend erklären und darüber hinaus die Feststellung treffen, dass aufgrund der Zusagen kein Anlass mehr für ein Tätigwerden der Kommission wegen einer Zuwiderhandlung gegen Art. 81 oder 82 EG besteht; (iii) Positiventscheidungen gemäß Art. 10, in denen die Kommission in bestimmten Ausnahmefällen, nämlich bei Vorliegen eines öffentlichen Interesses, feststellt, dass eine Vereinbarung oder abgestimmte Verhaltensweise keine Verletzung der Art. 81 oder 82 EG darstellt. Die Positiventscheidung ist an die Stelle des Negativattests (Art. 2 VO 17/62) und der Einzelfreistellungsentscheidung (Art. 9 VO 17/62) getreten. Da es nach der VO 1/2003 kein Anmeldesystem mehr gibt, sondern ein **Legalausnahmesystem,** hat eine Positiventscheidung nur deklaratorische Wirkung.[1] Durch das Instrument der Positiventscheidung wird kein neues Anmeldesystem „durch die Hintertür" eingeführt, da der Einzelne keinen Anspruch auf Erlass einer solchen Entscheidung hat.[2] Positiventscheidungen werden von der Kommission nur von Amts wegen getroffen. Im Übrigen ist ihr Anwendungsbereich nach der 14. Begründungserwägung der VO 1/2003 auf Ausnahmefälle begrenzt. Bislang hat die Kommission von der Ermächtigung zum Erlass von Positiventscheidungen noch keinen Gebrauch gemacht.

2   Die VO 1/2003 überträgt die Anwendung der Art. 81, 82 EG in erster Linie den nationalen Wettbewerbsbehörden und Gerichten. Die Kommission will sich vor allem auf die Verfolgung und Ahndung von **Hard-Core-Wettbewerbsbeschränkungen** konzentrieren (z. B. Preiskartelle, Aufteilungen von Märkten). Verfahrensabschlüssen nach Art. 7 dürfte daher in der Entscheidungspraxis der Kommission eine erhebliche größere Bedeutung zukommen als denen nach Art. 9 oder 10. Die Bedeutung des Beschwerderechts für natürliche und juristische Personen in Art. 7 Abs. 2 wird dabei noch dadurch erhöht, dass es für Private nach der VO 1/2003 keine andere Möglichkeit mehr gibt, die Kommission mit der Anwendung der Art. 81, 82 EG zu befassen und zu einer gerichtlich nachprüfbaren Entscheidung zu zwingen.[3] Die von Wettbewerbsbeschränkungen Betroffenen sind mithin auch unter dem Regime der VO 1/2003 nicht allein auf Zivilprozesse vor nationalen Gerichten angewiesen. Sie haben vielmehr mit dem Beschwerderecht eine Möglichkeit, in gemeinschaftsrechtlich abgesicherter Weise auf die Anwendung der EG-Wettbewerbsregeln durch die Kommission hinzuwirken.

II. Änderungen gegenüber der VO 17/62

3   Art. 7 entspricht inhaltlich dem Art. 3 VO 17/62. Die Begründungserwägungen 11 und 12 belegen, dass der Gemeinschaftsgesetzgeber die Befugnisse, die der Kommission unter der Geltung von Art. 3 VO 17/62 zustanden, durch Art. 7 nicht erweitern, sondern **lediglich präzisieren** wollte. Die zu Art. 3 VO 17/62 ergangene Rechtsprechung und Literatur behalten auch im Rahmen des Art. 7 ihre Bedeutung.[4] Art. 7 enthält allerdings keine dem Art. 3 Abs. 3 VO 17/62 entsprechende Regelung mehr, wonach die Kommission vor Erlass einer förmlichen Entscheidung an die beteiligten Unternehmen Empfehlungen zur Abstellung der beanstandeten Zuwiderhandlung richten kann. Zweck dieser Vorschrift war es, der Kommission zu ermöglichen, die beteiligten Unternehmen über die Rechtslage zu unterrichten und sie auch ohne unmittelbaren rechtlichen Zwang zu veranlassen, sich nach der Rechtsauffassung der Kommission zu verhalten.[5] Da diese Möglichkeit in der Praxis der Kommission keine nennenswerte Bedeutung erlangt hat, wurde in der VO 1/2003 auf eine solche Regelung von vornherein verzichtet.

4   Die neue Bestimmung des Art. 7 enthält in Abs. 1 S. 2 und 3 eine Präzisierung hinsichtlich der Maßnahmen, die die Kommission anordnen kann, um eine Zuwiderhandlung ge-

---

[1] 14. Begründungserwägung zur VO 1/2003.
[2] *Modrall,* Global Competition Review 2003, 29, 31.
[3] *Mestmäcker/Schweizer,* Europäisches Wettbewerbsrecht, 2. Aufl. 2004, § 20 Rn. 3.
[4] *Mestmäcker/Schweizer* a. a. O. § 20 Rn. 1.
[5] EuGH B. v. 17. 1. 1980 Rs. 792/79 R. – *Camera Care/Komm.* Slg 1980, 119 Rn. 13, 16.

gen Art. 81 oder Art. 82 EG abzustellen. Sie ist befugt, den Adressaten der Entscheidung Abhilfemaßnahmen verhaltensorientierter oder struktureller Art aufzuerlegen. Es war zumindest zweifelhaft, ob die Befugnisse der Kommission nach Art. 3 VO 17/62 bereits **strukturelle Abhilfemaßnahmen** umfassten, da Art. 3 VO 17/62 im Gegensatz zu Art. 7 keine Arten von Abhilfemaßnahmen aufführte. In der 12. Begründungserwägung zur VO 1/2003 betont der Gemeinschaftsgesetzgeber, dass der Kommission „ausdrücklich" die Befugnis übertragen werden sollte, auch strukturelle Maßnahmen festzulegen, die zur effektiven Abstellung einer Zuwiderhandlung erforderlich sind. Mit dieser Formulierung geht der Gemeinschaftsgesetzgeber in Anlehnung an die Rechtsprechung des EuGH[6] davon aus, dass eine derartige Befugnis bereits unter der Geltung des Art. 3 VO 17/62 existierte.[7]

Der Vorrang von verhaltensorientierten gegenüber strukturellen Maßnahmen, der in Art. 7 Abs. 1 S. 3 angeordnet wird, folgt aus dem Grundsatz der **Verhältnismäßigkeit**, dessen ausdrückliche Erwähnung in Art. 7 Abs. 1 S. 2 nur deklaratorische Bedeutung hat. Es handelt sich nach der EuGH-Rechtsprechung um einen allgemeinen Grundsatz des Gemeinschaftsrechts, der als höherrangiges Primärrecht bei der Auslegung des sekundären Gemeinschaftsrechts ohnehin stets zu beachten ist.[8]

Schließlich wird in Art. 7 Abs. 1 S. 4 nun ausdrücklich klargestellt, dass die Kommission nicht nur dann zur Feststellung einer Zuwiderhandlung befugt ist, wenn sie in der betreffenden Entscheidung zugleich deren Abstellung anordnet bzw. eine Geldbuße verhängt, sondern auch dann, wenn die **Zuwiderhandlung bereits beendet** ist und die Kommission keine Geldbuße auferlegt. Der Inhalt der Entscheidung beschränkt sich in diesem Fall auf die bloße Feststellung, dass eine Zuwiderhandlung in der Vergangenheit vorgelegen hat. Eine diesbezügliche Befugnis der Kommission hat der EuGH bereits im Jahr 1983 anerkannt.[9]

III. Tätigwerden von Amts wegen

Die Kommission kann gemäß Art. 7 Abs. 1 S. 1 auf eine Beschwerde hin oder von Amts wegen eine Zuwiderhandlung gegen Art. 81 oder 82 EG untersuchen. Vielfach werden Unternehmen, die Opfer einer wettbewerbsbeschränkenden Verhaltensweise geworden sind, aus **Angst vor Vergeltungsmaßnahmen** zögern, eine formelle Beschwerde gegen den Verletzer bei der Kommission einzulegen.[10] Dies gilt insbesondere in Fällen, in denen Unternehmen ihre marktbeherrschende Stellung gegenüber ihren Abnehmern missbrauchen. Leitet die Kommission nämlich auf eine Beschwerde hin ein Verfahren ein und versendet Beschwerdepunkte an das der Zuwiderhandlung verdächtigte Unternehmen, so kann dieses nach Art. 15 Abs. 1 VO 773/2004[11] Akteneinsicht bei der Kommission beantragen. Zwar darf die Kommission Geschäftsgeheimnisse des Beschwerdeführers und sonstige ihn betreffende vertrauliche Informationen dem Adressaten der Beschwerdepunkte grundsätzlich nicht zugänglich machen (Art. 16 Abs. 1 VO 773/2004) und sie ist auch grundsätzlich dazu verpflichtet, einen begründeten Wunsch nach vertraulicher Behandlung

---

[6] EuGH U. v. 6. 3. 1974 verb. Rs. 6 und 7/73 – *Commercial Solvents/Komm.* Slg. 1974, 223 Rn. 45; EuGH U. v. 6. 4. 1995 verb. Rs. C-241/91 P und C-242/91 P – *RTE und ITP/Komm.* Slg. 1995, I-743 Rn. 90.
[7] A. A. *Haus* WuW 2001, 659, 663 f., wonach die Entflechtung als Aktionsparameter des Europäischen Kartellrechts neues Gemeinschaftsrecht darstelle und sich daher nicht als bloße Durchführungsvorschrift des Kartellverbots oder des Missbrauchsverbots begreifen lasse.
[8] Z. B. EuGH U. v. 13. 12. 1979 Rs. 44/79 – *Hauer/Land Rheinland-Pfalz* Slg 1979, 3727, Rn. 23; zur primärrechtskonformen Auslegung des sekundären Gemeinschaftsrechts vgl. *Anweiler*, Die Auslegungsmethoden der Gerichtshofs der Europäischen Gemeinschaften, Diss. Göttingen 1997, S. 185 ff.
[9] EuGH U. v. 2. 3. 1983 Rs. 7/82 – *GVL/Komm.* Slg. 1983, 483 Rn. 23.
[10] *Mestmäcker/Schweizer,* Europäisches Wettbewerbsrecht, § 20 Rn. 11.
[11] Verordnung Nr. 773/2004 der Kommission über die Durchführung von Verfahren auf der Grundlage der Art. 81 und 82 EG-Vertrag durch die Kommission, ABl. 2004 L 123/18.

der Identität zu respektieren, dies alles wird jedoch nicht immer ausreichen, einem Unternehmen die Angst vor Vergeltungsmaßnahmen zu nehmen. Die Einstufung von Informationen als vertraulich hindert die Kommission nämlich nicht daran, diese offen zu legen, wenn dies zum Nachweis einer Zuwiderhandlung erforderlich ist.[12] Die Kommission muss in einem solchen Fall allerdings bei jedem einzelnen Schriftstück prüfen, ob das Bedürfnis, es offen zu legen, größer ist als der Schaden, der aus dieser Offenlegung entstehen könnte.[13] Die Kommission ist auf Informationen von den durch Wettbewerbsverstöße betroffenen Unternehmen angewiesen, um schwerwiegende Zuwiderhandlungen, die oft nur schwer nachweisbar sind, aufdecken zu können. In ihrer Bekanntmachung über die Behandlung von Beschwerden gibt die Kommission den Unternehmen deshalb die Möglichkeit, zwischen der Einlegung einer formellen Beschwerde i. S. d. Art. 7 Abs. 2 und der Einreichung einer formlosen Anzeige zu **wählen**.

8 Letztere Möglichkeit wird im EG-Sprachgebrauch als Zurverfügungstellung von **Marktinformationen** bezeichnet.[14] Diese können den Ausgangspunkt für eine von Amts wegen eingeleitete Untersuchung der Kommission bilden. Die Kommission hat für Bürger, Unternehmen oder deren Verbände, die sie über mutmaßliche Zuwiderhandlungen informieren wollen, eine eigene Internetseite eingerichtet.[15] Entscheidet sich das von einer Zuwiderhandlung betroffene Unternehmen für diese Möglichkeit, so kann es ein Verfahren der Kommission auch dann anregen, wenn es beantragt, die von ihm gemachten Angaben insgesamt als vertraulich zu behandeln und nicht gegenüber dem beschuldigten Unternehmen zu verwerten und hierdurch zu erkennen gibt, dass es nicht an der Einlegung einer formellen Beschwerde interessiert ist.[16] Das anzeigende Unternehmen verliert dann zwar die Beteiligungsrechte eines formellen Beschwerdeführers aus Art. 6 VO 773/2004,[17] weil das gegebenenfalls von der Kommission eingeleitete Verfahren von Amts wegen geführt wird. Dafür ist die Kommission aber zur Geheimhaltung verpflichtet und darf alle in der Anzeige enthaltenen Angaben nicht ohne die Zustimmung des anzeigenden Unternehmens verwerten.

9 Besondere Voraussetzungen für ein Tätigwerden der Kommission von Amts wegen bestehen nicht. Die Kommission ist insbesondere nicht verpflichtet, jedem Fall eines angeblichen Verstoßes gegen Art. 81 oder 82 EG nachzugehen, von dem sie Kenntnis erlangt. Es gilt der Grundsatz des Aufgreifermessens **(Opportunitätsprinzip)**.[18] Die Kommission „kann" in die Untersuchung des Sachverhalts eintreten. Selbst wenn ihre Ermittlungen ergeben, dass ein Wettbewerbsverstoß vorliegt, liegt es in ihrem Ermessen, ein Verfahren zur Abstellung der Zuwiderhandlung zu eröffnen.

10 Die Befugnis, ein Verfahren von Amts wegen einzuleiten, besteht auch dann, wenn die Kommission in derselben Sache das Beschwerderecht eines Unternehmens mangels Nachweises eines berechtigten Interesses ablehnt.[19]

IV. Tätigwerden aufgrund einer Beschwerde

1. Voraussetzungen für die Erhebung von Beschwerden

11 Beschwerden stellen eine wesentliche Informationsquelle zur Aufdeckung von Zuwiderhandlungen gegen das EG-Wettbewerbsrecht dar. Gemäß Art. 7 Abs. 2 sind zur Einrei-

---

[12] Art. 27 Abs. 2 VO 1/2003.
[13] Nr. 67 der Bekanntmachung der Kommission über die Behandlung von Beschwerden durch die Kommission gemäß Art. 81 und 82 EG, ABl. 2004 C 101/65.
[14] Nr. 4 der Bekanntmachung a. a. O.
[15] http://ec.europa.eu/comm/competition/contacts/antitrust_mail.html
[16] *Mestmäcker/Schweizer*, Europäisches Wettbewerbsrecht, § 20 Rn. 11.
[17] Näher dazu unten Rn. 23 ff.
[18] *Ritter* in: Immenga/Mestmäcker, EG-WbR Bd. II, S. 1647.
[19] EuG U. v. 16. 9. 1998 Rs. T-133/95 und T-204/95 – *IECC/Komm*. Slg. 1998, II-3645 Rn. 79.

chung einer Beschwerde natürliche und juristische Personen befugt, die ein berechtigtes Interesse darlegen. Darunter fallen z. B. Kunden, aktuelle oder potentielle Wettbewerber, Unternehmen, die auf vor- oder nachgelagerten Märkten tätig sind, Verbraucher oder Verbraucherverbände, Gewerkschaften sowie lokale/regionale Behörden/Regierungsstellen oder politische Parteien in ihrer Eigenschaft als Abnehmer oder Nutzer von Waren oder Dienstleistungen. Beschwerdebefugt sind darüber hinaus die Mitgliedstaaten der Gemeinschaft. Sie brauchen kein berechtigtes Interesse darzulegen.[20] Das Bestehen eines berechtigten Interesses wird bei ihnen vermutet.

a) Berechtigtes Interesse. Ein berechtigtes Interesse ist gegeben, wenn eine natürliche oder juristische Person durch eine Wettbewerbsbeschränkung oder die missbräuchliche Ausnutzung einer marktbeherrschenden Stellung **betroffen ist oder sein kann**. Maßgeblich ist die Nähe und Intensität des dem Beschwerdeführer durch die Verletzung der Wettbewerbsregeln drohenden Schadens.[21] Unternehmen können (selbst oder durch Verbände, die ihre Interessen wahrnehmen) ein berechtigtes Interesse geltend machen, sofern sie auf dem relevanten Markt tätig sind oder das beanstandete Verhalten geeignet ist, sie in ihren Interessen unmittelbar zu verletzen.[22] Auch die an einer Wettbewerbsbeschränkung beteiligten Unternehmen sind beschwerdeberechtigt.[23] Nicht ausreichend ist hingegen, wenn sich Personen oder Organisationen auf das Gemeinwohl berufen, ohne darzutun, dass die Zuwiderhandlung geeignet ist, sie oder ihre Mitglieder unmittelbar zu verletzen.[24]

Gemäß Art. 5 Abs. 1 der VO 773/2004 bzw. Nr. 40 der Kommissionsbekanntmachung über die Behandlung von Beschwerden muss der Beschwerdeführer sein berechtigtes Interesse **darlegen und nachweisen,** d. h. er muss Tatsachen vortragen, aus denen sich ergibt, dass ein Verstoß gegen die EG-Wettbewerbsregeln vorliegen kann und in welcher Weise er von diesem Verstoß betroffen ist. Ist er dazu nicht in der Lage, so ist die Kommission unbeschadet ihres Rechts auf Einleitung eines Verfahrens von Amts wegen berechtigt, die Beschwerde nicht weiter zu verfolgen. Die Kommission kann das Fehlen des berechtigten Interesses in jeder Phase ihrer Ermittlungen feststellen.[25]

Leitet die Kommission auf eine Beschwerde hin allerdings ein Verfahren ein, so ist es ohne Bedeutung, ob der Beschwerdeführer tatsächlich ein berechtigtes Interesse hat oder nicht, denn die Kommission wäre auch befugt gewesen, das Verfahren von Amts wegen einzuleiten.[26] Die Feststellung des berechtigten Interesses spielt folglich in der Praxis nur dann eine Rolle, wenn die Kommission auf eine Beschwerde nicht oder nicht antragsgemäß tätig geworden ist und der Beschwerdeführer daraufhin beim EuG eine Untätigkeitsklage gemäß Art. 232 EG erhebt.[27]

b) Gegenstand. Anders als der Wortlaut des Art. 7 Abs. 1 S. 1 nahe legt, bezieht sich das Beschwerderecht auf den **Erlass einer Abstellungsverfügung** durch die Kommission und nicht etwa auf die isolierte Feststellung, dass eine Zuwiderhandlung vorliegt.[28] Die Kommission würde sonst der Durchsetzung individueller Interessen dienen, was gerade nicht ihre Aufgabe ist. Aus Art. 3g EG folgt, dass die Aufgabe der Kommission in erster Linie darin besteht, den Wettbewerb als Institution und nicht die Rechte des Einzelnen zu

---

[20] Vgl. *Ritter* (Fn. 18) S. 1647.
[21] *Kerse*, Rn. 2.29.
[22] Nr. 36 der Bekanntmachung der Kommission über die Behandlung von Beschwerden durch die Kommission gemäß Art. 81 und 82 EGV, ABl. 2004 C 101/65.
[23] Z. B. Komm. E. v. 25. 7. 1974 *FRUBO* ABl. 1974 L 237/16; EuG U. v. 15. 1. 1997 Rs. T-77/95 – *SFEI* u. a./Komm. Slg 1997, II-1 Rn. 29, 55.
[24] Nr. 38 der Bekanntmachung (Fn. 22).
[25] EuG U. v. 16. 9. 1998 Rs. T-133/95 und T-204/95 – *IECC/Komm.* Slg. 1998, II-3645 Rn. 79.
[26] EuGH U. v. 12. 7. 1979 verb. Rs. 32/78 und 36 bis 82/78 – *BMW/Komm.* Slg. 1979, 2435 Rn. 18.
[27] *Mestmäcker/Schweizer,* Europäisches Wettbewerbsrecht, § 20 Rn. 8.
[28] *de Bronett* WuW 1997, 865, 867.

schützen. Der eigentliche Sinn eines Beschwerderechts, das auf die Feststellung einer Zuwiderhandlung gerichtet wäre, würde darin bestehen, es Personen und Personenvereinigungen zu erleichtern, unter Hinweis auf die von der Kommission getroffene Feststellung Schadensersatzansprüche vor nationalen Gerichten zu führen.

16 **c) Richtiger Adressat.** Je nach **Art seines Anliegens** kann ein potentieller Beschwerdeführer entweder bei einem einzelstaatlichen Gericht oder bei einer Wettbewerbsbehörde, die für die Durchsetzung des Wettbewerbsrechts im öffentlichen Interesse zuständig ist, vorstellig werden. Die Ziffern 7 ff. der Bekanntmachung über die Behandlung von Beschwerden[29] durch die Kommission unterstützen potentielle Beschwerdeführer bei der Entscheidung, ob sie eine Beschwerde an die Kommission oder an eine Wettbewerbsbehörde der Mitgliedstaaten richten oder vor einem einzelstaatlichen Gericht Klage erheben sollen.

17 Für die Kommission ist die Tatsache, dass ein Beschwerdeführer den Schutz seiner Rechte durch eine **Klage vor einem einzelstaatlichen Gericht** sichern kann, ein wichtiges Element, das sie bei ihrer Prüfung des Gemeinschaftsinteresses[30] an der Verfolgung einer Beschwerde berücksichtigen kann. In der Bekanntmachung wird daher in Ziffer 16 darauf hingewiesen, dass es Sache der einzelstaatlichen Gerichte ist, die zivilrechtliche Rechtsfolge einer Nichtigkeit gemäß Art. 81 Abs. 2 EG auf Vertragsverhältnisse zur Anwendung zu bringen. Dabei können die Gerichte insbesondere auch anhand des einzelstaatlichen Rechts den **Umfang und die Folgen der Ungültigkeit bestimmter Vertragsbestimmungen** unter Berücksichtigung aller sonstigen in der Vereinbarung geregelten Fragen beurteilen. Ferner können sie für infolge einer Zuwiderhandlung entstandene Verluste **Schadensersatz** zusprechen oder im Zusammenhang mit Vereinbarungen, die sie nach Maßgabe von Art. 81 EG prüfen, über **Zahlungsforderungen** und andere Klagen auf **Einhaltung vertraglicher Verpflichtungen** entscheiden. Zudem können die nationalen Gerichte in der Regel der obsiegenden Partei die **Erstattung von Verfahrenskosten** zusprechen. In den Verwaltungsverfahren der Kommission ist dies hingegen ausgeschlossen.

18 Ein Beschwerdeführer muss darüber hinaus entscheiden, ob er die Beschwerde bei einer **nationalen Wettbewerbsbehörde oder bei der Kommission** einreichen soll. Die VO 1/2003 begründet parallele Zuständigkeiten für die Anwendung von Art. 81 und 82 EG, indem sie die Wettbewerbsbehörden der Mitgliedstaaten zur Anwendung dieser Bestimmungen in ihrer Gesamtheit ermächtigt. Eine einzelne nationale Wettbewerbsbehörde ist im Regelfall gut geeignet, Vereinbarungen oder Verhaltensweisen zu behandeln, die den Wettbewerb **hauptsächlich innerhalb ihres Hoheitsgebiets** wesentlich beeinträchtigen. Die Kommission ist demgegenüber besonders gut geeignet, sich eines Falles anzunehmen, wenn einer oder mehrere Vereinbarungen oder Verhaltensweisen, darunter auch Netze ähnlicher Vereinbarungen oder Verhaltensweisen, **in mehr als drei Mitgliedstaaten Auswirkungen auf den Wettbewerb** haben.[31]

19 Innerhalb des **Europäischen Netzes der Wettbewerbsbehörden** (ECN) werden die anderen ECN-Mitglieder vor oder unverzüglich nach Einleitung der ersten förmlichen Ermittlungshandlung **über eine Beschwerde informiert** (Art. 11 Abs. 2 und 3).[32] Wenn dieselbe Beschwerde bei mehreren Behörden anhängig ist oder eine Beschwerde nicht bei einer Behörde eingereicht wird, die sich des Falles gut annehmen kann, versuchen die ECN-Mitglieder, innerhalb einer indikativen Frist von zwei Monaten die Behörde oder

---

[29] Bekanntmachung der Kommission über die Behandlung von Beschwerden durch die Kommission gemäß Art. 81 und 82 EGV, ABl. 2004 C 101/65.
[30] Näher dazu unten Rn. 25.
[31] Nr. 22 der Bekanntmachung der Kommission über die Behandlung von Beschwerden durch die Kommission gemäß Art. 81 und 82 EGV, ABl. 2004 C 101/65.
[32] Nr. 23 der Bekanntmachung a. a. O.

Behörden zu bestimmen, die den Fall weiterverfolgen sollen. Die Beschwerdeführer können daher selbst einen wichtigen Beitrag zur **Vermeidung einer möglichen Weitergabe** ihres Falles leisten, indem sie die oben genannten Grundsätze heranziehen, bevor sie entscheiden, bei welcher Stelle sie die Beschwerde einlegen.[33]

d) Form. Die Kommission hat von ihrer Rechtsetzungsbefugnis gemäß Art. 33 Abs. 1 a 20 Gebrauch gemacht und mit den Artikeln 5 bis 9 VO 773/2004[34] Vorschriften bzgl. Form, und Inhalt einer Beschwerde erlassen. Beschwerden i. S. d. Art. 7 Abs. 2 müssen nach Art. 5 Abs. 1 VO 773/2004 sämtliche Angaben enthalten, die in dem in ihrem Anhang beigefügten **Formblatt C** enthalten sind. Dies sind insbesondere Angaben über den Beschwerdeführer und das Unternehmen gegen dessen Verhalten sich die Beschwerde richtet, Angaben zu der mutmaßlichen Zuwiderhandlung (Beschreibung der Produkte, Handelsbeziehungen, Marktstellung der Unternehmen etc.), Beweismittel für die Zuwiderhandlung (z. B. Texte von Vereinbarungen, Sitzungsprotokolle, Namen und Anschriften von Zeugen), das Ziel, das mit der Beschwerde erreicht werden soll, Angaben wie die Kommission den behaupteten Missstand beseitigen soll und Angaben zu dem berechtigten Interesse des Beschwerdeführers. Die Kommission kann von der Vorlage eines Teils der im Formblatt C geforderten Angaben absehen. Gemäß den Absätzen 2 und 3 des Art. 5 VO 773/2004 ist die Beschwerde in einer Amtssprache der Gemeinschaft abzufassen und in dreifacher Ausfertigung auf Papier sowie nach Möglichkeit in elektronischer Form bei der Kommission, Generaldirektion Wettbewerb, einzureichen. Darüber hinaus muss der Beschwerdeführer eine nicht vertrauliche Fassung seiner Beschwerde vorlegen, falls er für einen Teil der Beschwerde, z. B. seine Geschäftsgeheimnisse, Vertraulichkeitsschutz geltend machen will.

Eine Beschwerde, die an sich die Anforderungen des Formblatts C erfüllt, kann von der 21 Kommission zurückgewiesen werden, wenn die behauptete Zuwiderhandlung **nicht hinreichend belegt** wird.[35] Die Kommission ist bei der Zurückweisung nicht verpflichtet, Umstände zu berücksichtigen, die ihr vom Beschwerdeführer nicht angezeigt wurden und die sie nur durch eine eigene Untersuchung hätte herausfinden könnte.[36] In der Praxis bedeutet dies, dass der Beschwerdeführer u. U. umfangreiche **eigene Ermittlungen** anstellen muss. Er muss sich bemühen, hinreichende Beweismittel in der Beschwerde zusammenzutragen, wenn er sichergehen will, dass diese Erfolg haben wird. Er kann sich nicht auf die Schilderung von Vermutungen beschränken und darauf vertrauen, dass die Kommission die nötigen Beweise für die Zuwiderhandlung bei einer etwaigen Untersuchung (z. B. einer Nachprüfung bei dem angezeigten Unternehmen) schon selbst finden wird. Bei der Abfassung einer Beschwerde ist daher Sorgfalt geboten. In ihrer Bekanntmachung über die Behandlung von Beschwerden empfiehlt die Kommission potentiellen Beschwerdeführern zudem, vorab eine eigene rechtliche Würdigung des Sachverhalts vorzunehmen und sich dabei insbesondere der Rechtsprechung der Gemeinschaftsgerichte, der Entscheidungspraxis der Kommission sowie der Orientierungshilfen zu bedienen, die auf der Internetseite der Generaldirektion Wettbewerb veröffentlicht sind (z. B. Bekanntmachungen, Gruppenfreistellungsverordnungen).[37]

Nur wenn eine Beschwerde den Anforderungen des Art. 5 VO 773/2004 und des 22 Formblatts C entspricht, nimmt der Beschwerdeführer an dem Verfahren gemäß Art. 7 teil,

---

[33] Nr. 24 der Bekanntmachung (Fn. 31).
[34] VO 773/2004 über die Durchführung von Verfahren auf der Grundlage der Art. 81 und 82 EG-Vertrag durch die Kommission, ABl. 2004 L 123/18.
[35] Nr. 47 der Bekanntmachung (Fn. 31) vgl. EuGH U. v. 28. 3. 1995 Rs. 298/83 – *CICCE/Komm*. Slg. 1995, I-1105 Rn. 21 ff.
[36] EuG U. v. 4. 3. 2003 Rs. T-319/99 – *FENIN/Komm*. Rn. 43.
[37] Nr. 48 der Bekanntmachung (Fn. 31). Der Pfad zu der Internetseite lautet: http://ec.europa.eu/comm/competition/index_de.html

d. h er kommt in den Genuss des **Akteneinsichts- sowie des Anhörungsrechts** aus Art. 6 VO 773/2004.[38] Eingaben an die Kommission, die nicht diesen Anforderungen entsprechen, sind zwar nicht unzulässig. Sie sind aber keine Beschwerden i. S. d. Art. 7 Abs. 2 und gewähren daher keine Teilnahmerechte am Verfahren, sondern werden von der Kommission als sog. Marktinformationen angesehen, welche gegebenenfalls zu Ermittlungen und der Einleitung eines Verfahrens von Amts wegen führen können.[39]

2. Prüfungspflicht der Kommission

23 Wird die Kommission von **privaten Beschwerdeführern** mit einer Beschwerde befasst, ist sie nach der Rechtsprechung des EuGH weder verpflichtet, ein Verfahren zwecks Abstellung der behaupteten Zuwiderhandlung einzuleiten und eine Untersuchung durchzuführen noch eine Entscheidung darüber zu erlassen, ob die Zuwiderhandlung vorliegt oder nicht.[40] Die Kommission könne nämlich nicht zur Durchführung einer Untersuchung verpflichtet sein, deren Ziel die Ermittlung von Beweisen für das Vorliegen oder Nichtvorliegen einer Zuwiderhandlung wäre, gegen die sie nicht einschreiten muss. Fraglich ist, ob sich dieses **weite Aufgreif- und Verfolgungsermessen** nicht in extremen Fällen einer Wettbewerbsstörung auf null reduziert, d. h. eine Pflicht zum Einschreiten begründet.[41] So wird vertreten, dass eine Beschwerde begründet sei, wenn die der Kommission bekannten Tatsachen einen Verdacht auf das Vorliegen einer Zuwiderhandlung gegen die EG-Wettbewerbsregeln begründen und es seitens der Kommission ermessensfehlerhaft wäre, ein Verfahren zwecks Abstellung der Zuwiderhandlung nicht durchzuführen.[42]

24 Anders ist dies bei **Beschwerden eines Mitgliedstaats.** Hier ist die Kommission nach Art. 85 Abs. 1 S. 2 EG ausdrücklich verpflichtet, eine Untersuchung durchzuführen. Wird dabei eine Zuwiderhandlung festgestellt, so hat die Kommission geeignete Mittel vorzuschlagen, um diese abzustellen (Art. 85 Abs. 1 S. 3 EG).[43]

25 Die Verfahrensgarantien der Art. 6 und 7 VO 773/2004 verpflichten die Kommission allerdings, die ihr von Beschwerdeführern vorgetragenen tatsächlichen und rechtlichen Gesichtspunkte **aufmerksam zu prüfen** um festzustellen, ob diese eine Verhaltensweise erkennen lassen, die geeignet ist, den Wettbewerb innerhalb des gemeinsamen Marktes zu verfälschen und den Handel zwischen den Mitgliedstaaten zu beeinträchtigen.[44] Diese Prüfung ermöglicht es der Kommission, das **Gemeinschaftsinteresse an der Weiterverfolgung des Falles** beurteilen zu können.[45]

26 Darüber hinaus ist die Kommission nach der Rechtsprechung verpflichtet, innerhalb eines **angemessenen Zeitraums** über eine Beschwerde zu befinden.[46] Wird dem Beschwerdeführer innerhalb dieses Zeitraums trotz Aufforderung an die Kommission keine entsprechende Mitteilung übersandt, kann er gemäß Art. 232 EG Untätigkeitsklage erheben.[47] Was ein angemessener Zeitraum ist, hängt von den Umständen des Einzelfalls ab.

---

[38] Näher dazu unten Rn. 37.
[39] Siehe oben Rn. 8.
[40] Nr. 53 der Bekanntmachung (Fn. 31); EuG U. v. 18. 9. 1992 Rs. T-24/90 *Automec/Komm.* Slg 1992, II-2223 Rn. 74, 76.
[41] Vgl. *Schwarze/Weitbrecht* § 5 Rn. 48.
[42] *de Bronett* WuW 1997, 865, 869.
[43] Nach Nr. 6 der Bekanntmachung der Kommission über die Behandlung von Beschwerden durch die Kommission gemäß Art. 81 und 82 EGV, ABl. 2004 C 101/65, findet diese Bekanntmachung auf Beschwerden, die von Mitgliedstaaten erhoben werden, keine Anwendung.
[44] Vgl. EuGH U. v. 17. 11. 1987 verb. Rs. 142 und 156/84 – BAT und *Reynolds/Komm.* Slg 1987, 4487 Rn. 20; EuG U. v. 18. 9. 1992 Rs. T-24/90 – *Automec/Komm.* Slg 1992, II-2223 Rn. 79.
[45] Vgl. EuGH U. v. 4. 3. 1999 Rs. C-119/97 P – *Ufex/Komm.* Slg. 1999, I-1341 Rn. 86.
[46] EuG U. v. 18. 9. 1992 Rs. 28/90 – *Asia Motor France/Komm.* Slg. 1992, II-2285 Rn. 29; U. v. 10. 7. 1997 T-38/96 – *Guerin Automobiles/Komm.* Slg. 1997, II-1223 Rn. 25.
[47] EuG U. v. 10. 7. 1997 Rs. T-38/96 – *Guerin Automobiles/Komm.* Slg 1997, II-1223 Rn. 26.

Grundsätzlich wird sich die Kommission bemühen, dem Beschwerdeführer innerhalb von vier Monaten nach Eingang der Beschwerde mitzuteilen, ob sie beabsichtigt, der Beschwerde weiter nachzugehen.[48] Damit eine Beschwerde so schnell wie möglich bearbeitet werden kann, ist der Beschwerdeführer gehalten, die Kommission insbesondere über neue Entwicklungen auf dem Laufenden halten.[49]

3. Gemeinschaftsinteresse an der Verfolgung einer Beschwerde

a) **Allgemein.** Die Kommission ist im Bereich des Wettbewerbsrechts mit einer weiten und allgemeinen Überwachungs- und Kontrollaufgabe bedacht worden. Sie verstößt nicht gegen ihre Verpflichtungen aus dem EG-Vertrag, wenn sie selbst die **Prioritäten** ihres Verwaltungshandelns festlegt bzw. den bei ihr anhängigen Vorgängen unterschiedliche Prioritäten zuweist.[50] Nach der Rechtsprechung des EuGH ist es daher legitim, dass die Kommission bei der Festlegung der Priorität eines bei ihr anhängigen Verfahrens auf das Gemeinschaftsinteresse an einer Sache als Kriterium für die (mangelnde) Priorität abstellt.[51] Die Kommission handelt nicht ermessensfehlerhaft, wenn sie bei Bestehen eines Verdachts oder sogar im Fall einer tatsächlichen Zuwiderhandlung eine Beschwerde aufgrund mangelnden Gemeinschaftsinteresses zurückweist. Sie ist nicht nur vor Einleitung einer Untersuchung, sondern auch nach Durchführung von Untersuchungsmaßnahmen noch berechtigt, eine Beschwerde mangels ausreichenden Gemeinschaftsinteresses nicht weiterzuverfolgen, wenn sie sich in diesem Stadium des Verfahrens zu dieser Entscheidung bewogen sieht.[52] Bei der Würdigung des Gemeinschaftsinteresses an der Untersuchung einer Sache muss die Kommission die Umstände des konkreten Falles und insbesondere die **tatsächlichen und rechtlichen Gesichtspunkte** berücksichtigen, die in der Beschwerde vorgebracht werden.[53] Die Zahl der Beurteilungskriterien, die die Kommission heranziehen kann, ist weder eingeschränkt noch ist die Kommission verpflichtet, sich ausschließlich auf bestimmte Kriterien zu beziehen. Gegebenenfalls kann sie einzelnen Kriterien den Vorrang einräumen. Die Kommission hat insbesondere die Bedeutung der behaupteten Zuwiderhandlung für das Funktionieren des Gemeinsamen Marktes, die Wahrscheinlichkeit des Nachweises ihres Vorliegens sowie den Umfang der notwendigen Ermittlungsmaßnahmen gegeneinander **abzuwägen,** um ihre Aufgabe der Überwachung der Einhaltung der Art. 81 und 82 EG bestmöglich zu erfüllen.[54]

b) **Einzelne Beurteilungskriterien.** Die Kommission hat sich bei einer Entscheidung über die Prioritäten bei der Behandlung der ihr vorliegenden Beschwerden in jedem Fall ein Urteil über die **Schwere** der geltend gemachten Beeinträchtigungen des Wettbewerbs und deren **fortdauernde Wirkungen** zu bilden.[55] Diese Verpflichtung ist insbesondere darauf gerichtet, die Dauer und das Gewicht der beanstandeten Zuwiderhandlungen sowie deren Auswirkung auf die Wettbewerbsverhältnisse in der Gemeinschaft zu berücksichtigen. Zielt eine Beschwerde auf die Feststellung einer Zuwiderhandlung ab, die von den beteiligten Unternehmen **bereits beendet** worden ist, so ist ein hinreichendes Gemein-

---

[48] Nr. 61 der Bekanntmachung der Kommission über die Behandlung von Beschwerden durch die Kommission gemäß Art. 81 und 82 EGV, ABl. 2004 C 101/65.
[49] Nr. 63 der Bekanntmachung a. a. O.
[50] EuG U. v. 18. 9. 1992 Rs. T-24/90 – *Automec/Komm.* Slg 1992, II-2223 Rn. 75 f.; EuGH U. v. 18. 10. 1979 Rs. 125/78 – *GEMA/Komm.* Slg 1979, 3173 Rn. 17 f.
[51] EuG U. v. 18. 9. 1992 Rs. T-24/90 – *Automec/Komm.* Slg 1992, II-2223 Rn. 84 f.; EuG U. v. 15. 1. 1997 Rs. T-77/95 – *SFEI u. a./Komm.* Slg 1997, II-1 Rn. 55.
[52] EuG U. v. 16. 9. 1998 T-110/95 – *IECC/Komm.* Slg 1998, II-3605 Rn. 49.
[53] EuG U. v. 18. 9. 1995 Rs. T-548/93 – *Ladbroke/Komm.* Slg 1995, II-2565 Rn. 50.
[54] EuG U. v. 18. 9. 1992 Rs. T-24/90 – *Automec/Komm.* Slg 1992, II-2223 Rn. 86; EuG U. v. 24. 1. 1995 Rs. T-5/93 Tremblay u. a./Komm. Slg 1995, II 185 Rn. 62.
[55] *Dieckmann* in: Wiedemann, Handbuch des Kartellrechts, § 47 Rn. 11.

schaftsinteresse dann zu verneinen, wenn das Ziel eines solchen Verfahrens im wesentlichen darin bestünde, es dem Beschwerdeführer zu erleichtern, im Hinblick auf die Erlangung von Schadensersatz vor den nationalen Gerichten ein Fehlverhalten zu beweisen.[56] Dauern wettbewerbswidrige Wirkungen nach der Einstellung der sie verursachenden Praktiken jedoch noch an, so ist die Kommission nach den Artikeln 2, 3g und 82 EG weiterhin dafür zuständig, zu ihrer Beseitigung oder Neutralisierung tätig zu werden. Die Kommission darf jedenfalls nicht unter Berufung auf die bloße Tatsache, dass angeblich vertragswidrige Praktiken eingestellt worden sind, die Behandlung einer diese Praktiken beanstandenden Beschwerde wegen Fehlen eines Gemeinschaftsinteresses einstellen, **ohne geklärt zu haben, dass keine wettbewerbswidrigen Wirkungen fortdauern** und dass der Beschwerde kein Gemeinschaftsinteresse aufgrund der Schwere der geltend gemachten Beeinträchtigungen des Wettbewerbs oder deren fortdauernden Wirkungen zukommt.[57]

29 Weiter ist zu berücksichtigen, dass eine Verwaltungsbehörde wie die Kommission im Gegensatz zu einem Gericht, das die subjektiven Rechte von Privatpersonen in ihren wechselseitigen Beziehungen zu wahren hat, im öffentlichen Interesse tätig wird. Wenn Individualinteressen betroffen sind und die Möglichkeit besteht, **den Streitfall durch die nationalen Gerichte entscheiden zu lassen,** besteht kein Gemeinschaftsinteresse an einem Tätigwerden der Kommission.[58] Nach ständiger Rechtsprechung des Gerichtshofs erzeugen Art. 81 Abs. 1 und 82 EG unmittelbare Wirkung in den Beziehungen zwischen Einzelnen und lassen in deren Person Rechte entstehen, die die nationalen Gerichte zu wahren haben.[59] Es ist sachgerecht, dass die Kommission bei der Prüfung des Gemeinschaftsinteresses im Rahmen einer Beschwerde nicht nur die Schwere der geltend gemachten Beeinträchtigung und das Ausmaß der Untersuchungsmaßnahmen berücksichtigt, die erforderlich sind, um das Vorliegen des Verstoßes feststellen zu können, sondern auch, ob es **erforderlich ist, die Rechtslage hinsichtlich der mit der Beschwerde gerügten Verhaltensweise zu klären** und die Rechte und Pflichten der verschiedenen von diesem Verhalten betroffenen Wirtschaftsteilnehmer im Hinblick auf das gemeinschaftliche Wettbewerbsrecht zu bestimmen. Wenn diese jeweiligen Rechte durch Gruppenfreistellungsverordnungen oder durch die Rechtsprechung des Gerichts bzw. des Gerichtshofes bereits hinreichend festgelegt und erläutert wurden, darf die Kommission – ohne einen offensichtlichen Beurteilungsfehler zu begehen – davon ausgehen, dass die nationalen Gerichte und Behörden in der Lage sein werden, die in der Beschwerde der Klägerin behaupteten Verstöße zu untersuchen und deren Rechte, die sich aus dem Gemeinschaftsrecht ergeben, zu schützen.

30 Das Gemeinschaftsinteresse fehlt ferner in Fällen von geringer wirtschaftlicher Bedeutung i. S. d. **„Bagatellbekanntmachung".**[60] Eine Beschwerde kann also zurückgewiesen werden, wenn eine etwaige Zuwiderhandlung auf Gemeinschaftsebene lediglich eine begrenzte wirtschaftliche Bedeutung haben würde.[61]

31 Ein weiterer Gesichtspunkt, den die Kommission bei der Beurteilung des Gemeinschaftsinteresses an der Einleitung einer Untersuchung berücksichtigen darf, ist ferner, ob der betreffende Sachverhalt in den Geltungsbereich einer **Gruppenfreistellungsver-**

---

[56] EuG U. v. 15. 1. 1997 Rs. T-77/95 – *SFEI u. a./Komm.* Slg 1997, II-1 Rn. 58.
[57] EuGH U. v. 4. 3. 1999 Rs. C-119/97 P – *Ufex u. a./Komm.* Slg 1999, I-1341 Rn. 93 ff.
[58] EuG U. v. 9. 1. 1996 Rs. T-575/93 – *Koelman/Komm.* Slg 1996, II-1 Rn. 78 f.; *Dieckmann* in: Wiedemann, Handbuch des Kartellrechts, § 47 Rn. 11.
[59] EuG U. v. 18. 9. 1992 Rs. T-24/90 – *Automec/Komm.* Slg 1992, II-2223 Rn. 90; EuGH U. v. 27. 3. 1974 Rs. 127/73 – *BRT/SABAM* und – *FONIOR* Slg 1974, 313 Rn. 15.
[60] Bekanntmachung der Kommission über Vereinbarungen von geringer Bedeutung, die den Wettbewerb gemäß Artikel 81 Absatz 1 des Vertrags zur Gründung der Europäischen Gemeinschaft nicht spürbar beschränken (de minimis), ABl. 2001 C 368/13.
[61] EuG U. v. 17. 2. 2000 Rs. T-241/97 – *Stork/Komm.* Slg 2000, II-309 Rn. 76.

ordnung (GVO) fällt.[62] Hauptzweck einer GVO ist es nämlich, die Notwendigkeit der Einzelprüfung von Vertriebsverträgen in dem betreffenden Tätigkeitsbereich zu begrenzen.

Wenn zahlreiche Anhaltspunkte für die Annahme wettbewerbswidriger Verhaltensweisen mehrerer großer Unternehmen sprechen, die dem selben Wirtschaftszweig angehören, ist die Kommission befugt, ihre **Bemühungen auf eines der betroffenen Unternehmen zu konzentrieren** und zugleich die Wirtschaftsteilnehmer, die etwa durch die verbotene Verhaltensweise der anderen Zuwiderhandelnden Schäden erlitten haben, darauf hinzuweisen, dass ihnen der Weg zu den nationalen Gerichten offen steht. Anderenfalls wäre die Kommission gezwungen, ihre Ressourcen auf mehrere umfangreiche Untersuchungen aufzuteilen, was die Gefahr zur Folge haben könnte, dass keine dieser Untersuchungen zu Ende geführt werden kann.[63] 32

In der Rechtssache „IECC/Komm." hat das Gericht die Auffassung der Kommission gebilligt, wonach es an einem Gemeinschaftsinteresse fehlen kann, wenn die in der Beschwerde genannten Unternehmen **das beanstandete Verhalten in dem von der Kommission befürworteten Sinne ändern.**[64] Sofern sie eine solche Entscheidung begründet, kann die Kommission beschließen, dass es nicht zweckmäßig ist, einer Beschwerde aufgrund Art. 81 oder 82 EG zuwiderlaufender Praktiken stattzugeben, wenn der untersuchte Sachverhalt die Annahme zulässt, dass das Verhalten der betroffenen Unternehmen in einem im öffentlichen Interesse liegenden Sinne geändert werden wird. Im konkreten Fall durfte die Kommission es angesichts ihrer begrenzten Mittel vorziehen, die laufende Reform eines Endvergütungssystems für die Zustellung grenzüberschreitender Postsendungen durch öffentliche Postbetreiber zu fördern, anstatt gegen das Endvergütungssystem durch Erlass einer formellen Entscheidung vorzugehen. 33

c) Begründungszwang. Das Abstellen der Kommission auf das Gemeinschaftsinteresse bei der Zurückweisung einer Beschwerde oder bei der Festlegung der Priorität einzelner bei ihr anhängigen Verfahren unterliegt der **Kontrolle durch den Gemeinschaftsrichter.** Die Kommission kann sich in Hinblick auf den in Art. 253 EG vorgeschriebenen Begründungszwang nicht damit begnügen, sich abstrakt auf das Fehlen eines Gemeinschaftsinteresses zu berufen.[65] Sie hat vielmehr die tatsächlichen und rechtlichen Erwägungen darzulegen, die sie zu dem Ergebnis geführt haben, dass ein ausreichendes Gemeinschaftsinteresse an der Einleitung oder Fortführung von Untersuchungsmaßnahmen nicht bestehe.[66] Die Begründung muss so genau und detailliert sein, dass der Gemeinschaftsrichter die Ausübung des Ermessens der Kommission bei der Festlegung der Prioritäten wirksam überprüfen kann.[67] Diese Überprüfung darf allerdings nicht dazu führen, dass der Gemeinschaftsrichter seine Auffassung vom Gemeinschaftsinteresse an die Stelle derjenigen der Kommission setzt. Er hat vielmehr zu ermitteln, ob die streitige Entscheidung auf unzutreffenden Tatsachen beruht oder einen Rechtsfehler, einen offensichtlichen Beurteilungsfehler oder einen Ermessensmissbrauch aufweist.[68] Weist die Kommission zur Begründung ihrer Entscheidung, eine Beschwerde zu den Akten zu legen, auf eine für den Beschwerde- 34

---

[62] *Ritter* in: Immenga/Mestmäcker, EG-WbR Bd. II, S. 1652 f.; EuG U. v. 9. 1. 1996 Rs. T-575/93 – *Koelman/Komm.* Slg 1996, II-1 Rn. 40.
[63] EuG U. v. 13. 12. 1999 verb. Rs. T-189/95, T-39/96 und T-123/96 – *SGA/Komm.* Slg 1999, II-3587 Rn. 59.
[64] EuG U. v. 16. 9. 1998 T-110/95 – *IECC/Komm.* Slg 1998, II-3605 Rn. 57 f.
[65] EuG U. v. 18. 5. 1994 Rs. T-37/92 – *BEUC u. a./Komm.* Slg. 1994, II-285 Rn. 47.
[66] EuG U. v. 15. 1. 1997 Rs. T-77/95 – *SFEI u. a./Komm.* Slg. 1997, II-1 Rn. 29; *Dieckmann* in: Wiedemann, Handbuch des Kartellrechts, § 47 Rn. 10.
[67] EuG U. v. 24. 1. 1995 Rs. T-114/92 – *BEMIM/Komm.* Slg 1995, II-147 Rn. 41.
[68] EuG U. v. 13. 12. 1999 verb. Rs. T-189/95, T-39/96 und T-123/96 – *SGA/Komm.* Slg 1999, II-3587 Rn. 41.

führer bestehende Möglichkeit hin, seine Rechte vor einem nationalen Gericht geltend zu machen, so muss der Gemeinschaftsrichter, der mit der Prüfung der Rechtmäßigkeit dieser Einstellungsverfügung befasst wird, prüfen, ob der Umfang des Schutzes, den die nationalen Gerichte den Rechten des Beschwerdeführers aus den EG-Vertragsbestimmungen gewähren können, von der Kommission zutreffend beurteilt worden ist.

4. Ablauf der Prüfung einer Beschwerde

35 Es sind drei aufeinander folgende Phasen zu unterscheiden: Während der **ersten Phase** nach der Einreichung der Beschwerde ermittelt die Kommission die Umstände, die ihr die Entscheidung darüber ermöglichen, wie sie die Beschwerde weiter behandeln soll. Diese Phase kann insbesondere einen informellen **Meinungs- und Informationsaustausch** zwischen der Kommission und dem Beschwerdeführer umfassen, durch den die tatsächlichen und die rechtlichen Umstände, die Gegenstand der Beschwerde sind, geklärt werden sollen.[69] Ferner erhält der Beschwerdeführer die Möglichkeit, seinen Standpunkt zu präzisieren, gegebenenfalls unter Berücksichtigung einer ersten Reaktion der Kommission. Vorläufige Äußerungen der Dienststellen der Kommission im Rahmen dieser informellen Kontakte stellen keine anfechtbaren Maßnahmen dar.[70]

36 In einer **zweiten Phase** kann die Kommission den Fall einer eingehenderen Prüfung unterziehen, um gegebenenfalls ein Verfahren nach Art. 7 Abs. 1 gegen die betreffenden Unternehmen einzuleiten.[71] Ist die Kommission hingegen der Auffassung, dass keine ausreichenden Gründe für eine Verfolgung der Beschwerde vorliegen, übersendet sie dem Beschwerdeführer gemäß Art. 7 Abs. 1 VO 773/2004 eine **Mitteilung,** in der sie ihm die Gründe für ihre vorläufige Einschätzung darlegt und ihm Gelegenheit gibt, innerhalb einer von ihr festgesetzten Frist dazu schriftlich Stellung zu nehmen. Diese Frist muss nach Art. 17 Abs. 2 VO 773/2004 mindestens vier Wochen betragen. Auf einen entsprechenden Antrag des Beschwerdeführers kann die Frist verlängert werden.[72] Äußert sich der Beschwerdeführer innerhalb der von der Kommission vorgegebenen Frist nicht, so **gilt die Beschwerde als zurückgezogen** (Art. 7 Abs. 3 VO 773/2004). Auf diese für ihn nachteilige Rechtsfolge weist die Kommission den Beschwerdeführer in ihrer Mitteilung hin.[73]

37 Nach Erhalt der Mitteilung hat der Beschwerdeführer gemäß Art. 8 Abs. 1 VO 773/2004 das **Recht, Einsicht in die Unterlagen zu verlangen,** die der vorläufigen Beurteilung der Kommission zugrunde liegen. Diese Vorschrift geht in Richtung einer Gleichstellung von Beschwerdeführern mit verfahrensbetroffenen Unternehmen, da die Mitteilung der Kommission, sie beabsichtige die Beschwerde zurückzuweisen, funktional mit der Übermittlung von Beschwerdepunkten an verfahrensbetroffene Unternehmen vergleichbar ist.[74] In der Regel erfolgt die Einsichtnahme, indem der Mitteilung der Kommission eine Kopie der relevanten Unterlagen als Anlage beigefügt wird.[75] Anschließend kann der Beschwerdeführer der Kommission schriftlich seine Argumente darlegen, warum die Beschwerde nicht zurückgewiesen, sondern ein Verfahren gegen die betroffenen Unternehmen eingeleitet werden sollte. Die Prüfung der Beschwerde geht damit in die nächste Phase.

38 In der **dritten Phase** des Verfahrens nimmt die Kommission von den Ausführungen des Beschwerdeführers Kenntnis, die dieser auf die Mitteilung der Kommission vorbringt. Ver-

---

[69] Nr. 55 der Bekanntmachung der Kommission über die Behandlung von Beschwerden durch die Kommission gemäß Art. 81 und 82 EG, ABl. 2004 C 101/65.
[70] EuGH U. v. 11. 11. 1981 Rs. 60/81 – *IBM/Komm.* Slg 1981, 2639 Rn. 10.
[71] Nr. 56 der Bekanntmachung (Fn. 69).
[72] Nr. 71 der Bekanntmachung (Fn. 69).
[73] Nr. 68 der Bekanntmachung (Fn. 69).
[74] *Schwarze/Weitbrecht,* § 5 Rn. 44.
[75] Nr. 69 der Bekanntmachung (Fn. 69).

anlassen diese die Kommission nicht zu einer Änderung ihres beabsichtigten Vorgehens, weist die Kommission die Beschwerde gemäß Art. 7 Abs. 2 VO 773/2004 durch eine **formelle Entscheidung** zurück. In diesem Fall kann der Beschwerdeführer nur dann eine **erneute Prüfung durch die Kommission** verlangen, wenn er neue wesentliche Beweise beibringt. Es handelt sich dann um eine neue Beschwerde.[76] Die Kommission ist aber grundsätzlich auch befugt, ein Prüfungsverfahren, welches sie eingestellt hatte, wiederzueröffnen.[77] In einem solchen Fall hat die Kommission die Änderung ihres Standpunkts ausdrücklich zu begründen. Eine Entscheidung über die Wiedereröffnung muss darauf gestützt werden, dass neue, tatsächliche oder rechtliche Umstände vorgelegen haben, die eine Überprüfung der Angelegenheit rechtfertigen oder dass solche Umstände bekannt geworden sind.[78]

Führt die Stellungnahme des Beschwerdeführers hingegen zu einer **anderen Bewertung,** so kann die Kommission der Beschwerde stattgeben, ein Verfahren zum Erlass einer Entscheidung nach Art. 7 einleiten und gegebenenfalls Beschwerdepunkte an die betroffenen Unternehmen versenden.

5. Rechte des Beschwerdeführers nach Einleitung eines Verfahrens

Der Beschwerdeführer nimmt an dem gegebenenfalls von der Kommission eingeleiteten Verfahren teil. Nach der 7. Begründungserwägung der VO 773/2004 soll er mit dem Verfahren eng verbunden bleiben und kommt deshalb in den Genuss der Rechte aus Art. 6 Abs. 1 und 2 VO 773/2004: Ergeht in dem betreffenden Fall eine Mitteilung der Beschwerdepunkte, so übermittelt ihm die Kommission eine **Kopie der nichtvertraulichen Fassung der Beschwerdepunkte** und setzt ihm eine Frist zur schriftlichen Stellungnahme. Da den Beschwerdepunkten in der Regel die wichtigsten Dokumente aus der Kommissionsakte als Anlage beigefügt sind, bedeutet dies ein beschränktes Akteneinsichtsrecht für den Beschwerdeführer.[79] Darüber hinaus kann die Kommission dem Beschwerdeführer Gelegenheit geben, seine Argumente im Rahmen einer etwaigen **Anhörung** der Parteien vorzubringen, sofern er dies in seinen schriftlichen Ausführungen beantragt hat.

Die Kommission ist zudem verpflichtet, das Ersuchen eines Beschwerdeführers um **Anonymität** zu respektieren, soweit der Antrag nicht offensichtlich unbegründet ist.[80] Eine vertrauliche Behandlung der Identität des Beschwerdeführers kommt z. B. bei einer berechtigten Furcht vor Repressalien in Betracht.[81]

6. Nichtigkeitsklage gegen eine Zurückweisungsentscheidung

Gegen die Entscheidung, mit der die Kommission eine Beschwerde gemäß Art. 7 Abs. 2 VO 773/2004 zurückweist, kann der Beschwerdeführer nach Art. 230 EG eine Nichtigkeitsklage bei den Gemeinschaftsgerichten erheben.[82] Die Rechtmäßigkeitskontrolle beschränkt sich dabei auf die Prüfung, ob die Entscheidung nicht auf **unzutreffenden Tatsachen** beruht und weder einen **Rechtsfehler** noch einen **offensichtlichen Beurteilungsfehler** oder einen **Ermessensmissbrauch** aufweist.[83] Das Gericht hat zunächst zu prüfen, ob die

---

[76] Nr. 78 der Bekanntmachung (Fn. 69).
[77] EuGH U. v. 28. 3. 1985 Rs. 298/83 – *CICCE/Komm.* Slg 1985, 1105 Rn. 29.
[78] EuG U. v. 17. 2. 2000 Rs. T-241/97 – *Stork/Komm.* Slg 2000, II-309 Rn. 76 f.
[79] *Schwarze/Weitbrecht* § 5 Rn. 44.
[80] Nr. 81 der Bekanntmachung der Kommission über die Behandlung von Beschwerden durch die Kommission gemäß Art. 81 und 82 EG, ABl. 2004 C 101/65.
[81] *Schwarze/Weitbrecht* § 5 Rn. 46.
[82] EuG U. v. 29. 6. 1993 Rs. T-7/92 – *Asia Motor France u. a./Komm.* Slg 1993, II-669 Rn. 30 ff.
[83] EuG U. v. 18. 9. 1992 Rs. T-24/90 – *Automec/Komm.* Slg. 1992, II-2223 Rn. 80; EuGH U. v. 15. 6. 1993 Rs. C-225/91 – *Matra/Komm.* Slg 1993, 3203 Rn. 23, 25.

Kommission die ihr obliegende Prüfung der Beschwerde vorgenommen und hierbei die von dem Beschwerdeführer angeführten tatsächlichen und rechtlichen Gesichtspunkte mit der erforderlichen Aufmerksamkeit gewürdigt hat.[84] Für eine sorgfältige Prüfung spricht, wenn die Kommission nicht nur die in der Beschwerde selbst vorgetragenen tatsächlichen und rechtlichen Gesichtspunkte berücksichtigt hat, sondern einen informellen Meinungs- und Informationsaustausch mit dem Beschwerdeführer geführt hat. Ferner hat das Gericht zu prüfen, ob die Kommission ihre Entscheidung, das Verfahren einzustellen, ordnungsgemäß begründet hat, indem sie sich auf ihre Befugnis zur „Setzung unterschiedlicher Prioritäten bei der Weiterführung der bei ihr anhängigen Verfahren" und auf das Gemeinschaftsinteresse an der vorliegenden Sache als Prioritätskriterium berufen hat.[85]

43 War die Zurückweisung der Beschwerde rechtswidrig, so hat die Nichtigkeitsklage Erfolg. Die Gemeinschaftsgerichte sind jedoch nicht befugt, die Kommission durch Urteil zu verpflichten, einer Beschwerde stattzugeben oder die beantragte Maßnahme etwa selbst zu erlassen.[86] Vielmehr ist Gegenstand der gerichtlichen Entscheidung die Nichtigerklärung der Entscheidung, mit der die Kommission die Beschwerde zurückgewiesen hat. Die Kommission hat die Beschwerde sodann **neu zu bescheiden**.[87]

7. Keine Bindungswirkung einer Zurückweisungsentscheidung

44 Eine Entscheidung zur Abweisung einer Beschwerde stellt auch dann, wenn die Kommission den Sachverhalt auf der Grundlage von Art. 81 oder 82 EG geprüft hat, keine endgültige Entscheidung darüber dar, ob eine Zuwiderhandlung gegen diese Bestimmungen vorgelegen hat.[88] Die Feststellungen der Kommission hindern die **Gerichte oder Wettbewerbsbehörden** der Mitgliedstaaten daher nicht bei der Anwendung der EG-Wettbewerbsregeln auf die ihnen zur Kenntnis gebrachten Vereinbarungen und Verhaltensweisen. Die in der Kommissionsentscheidung enthaltenen Beurteilungen stellen allerdings **tatsächliche Umstände** dar, die bei der Prüfung der Frage, ob ein Verstoß gegen Art. 81 oder 82 EG gegeben ist, Berücksichtigung finden können.[89]

V. Inhalt der Entscheidung

1. Feststellung einer Zuwiderhandlung

45 **a) Bedeutung.** Feststellen i. S. d. Art. 7 Abs. 1 bedeutet, dass der Kommission im Wege des rechtlich vorgeschriebenen Verfahrens[90] der **Nachweis** gelingt, dass die Tatbestandsvoraussetzungen des Art. 81 oder 82 EG erfüllt sind.[91] Eine Beschwerde hat aber in erster Linie nicht die Feststellung einer Zuwiderhandlung zum Ziel. Vielmehr begehrt der Beschwerdeführer eine Entscheidung der Kommission, ein bestimmtes Unternehmen oder eine Unternehmensvereinigung zu verpflichten, eine (festgestellte) Zuwiderhandlung abzustellen (Abstellungs- oder Untersagungsverfügung). Die Kommission leitet daher im Rahmen von Art. 7 Abs. 1 Verfahren zur **Abstellung von Zuwiderhandlungen** ein. Bedeu-

---

[84] EuG U. v. 29. 6. 1993 Rs. T-7/92 – *Asia Motor France u. a./Komm.* Slg 1993, 669 Rn. 36 f.; EuGH U. v. 28. 3. 1985 Rs. 298/83 – *CICCE/Komm.* Slg 1985, 1105 Rn. 18.
[85] EuG U. v. 18. 9. 1992 Rs. T-24/90 – *Automec/Komm.* Slg. 1992, II-2223 Rn. 81 f.
[86] EuG U. v. 24. 1. 1995 Rs. T-114/92 – *BEMIM/Komm.* Slg. 1995, II-147 Rn. 33 f.
[87] Vgl. EuGH B. v. 16. 9. 1997 Rs. C-59/96 – *P. Koelman/Komm.* Slg 1997, I-4809 Rn. 38; *de Bronett* WuW 1997, 865, 870.
[88] Nr. 79 der Bekanntmachung der Kommission über die Behandlung von Beschwerden durch die Kommission gemäß Art. 81 und 82 EG, ABl. 2004 C 101/65.
[89] EuG U. v. 17. 2. 2000 Rs. T-241/97 – *Stork/Komm.* Slg 2000, II-309 Rn. 84.
[90] Zum Verfahren (Versendung der Beschwerdepunkte, Stellungnahmen der Betroffenen, Akteneinsicht) siehe die Kommentierung zu Art. 27.
[91] *de Bronett* WuW 1997, 865, 868.

tung kann die isolierte Feststellung einer Zuwiderhandlung durch die Kommission in Fällen erlangen, in denen eine Abstellungsentscheidung ins Leere gehen würde, weil das betroffene Unternehmen die Zuwiderhandlung bereits von sich aus eingestellt hat, etwa im Hinblick auf ein gegen es laufendes Verfahren vor einem nationalen Gericht.

b) Bereits beendete Zuwiderhandlung (Abs. 1 S. 4). Die Kommission darf bei Bestehen eines **berechtigten Interesses** durch formelle Entscheidung eine Zuwiderhandlung feststellen, selbst wenn diese von dem betroffenen Unternehmen bereits vor Ergehen der Entscheidung beendet worden ist. Diese Befugnis der Kommission wurde bereits im Jahr 1983 vom EuGH im Urteil „GVL/Kommission" ausdrücklich anerkannt.[92] Beendet ist eine Zuwiderhandlung nicht schon dann, wenn die betreffenden wettbewerbswidrigen Verhaltensweisen eingestellt worden sind, sondern erst dann, wenn nach ihrer Einstellung keine wettbewerbswidrigen Wirkungen mehr zu verzeichnen sind.[93] Die Kommission muss das Bestehen des berechtigten Interesses hinreichend nachweisen.[94] Ein solches Interesse kommt insbesondere in Betracht, wenn beim Adressaten die **tatsächliche Gefahr einer Wiederholung der Zuwiderhandlung** besteht und deshalb eine Klarstellung der Rechtslage geboten erscheint. In dem genannten Urteil bejahte der EuGH ein solches Interesse der Kommission, weil die Klägerin, die deutsche Gesellschaft zur Verwertung von Leistungsschutzrechten ausübender Künstler (GVL), sowohl im Verwaltungsverfahren vor der Kommission als auch später im Verfahren vor dem Gerichtshof erklärt hatte, dass sie gemeinschaftsrechtlich nicht zur Abänderung ihrer Musterverträge verpflichtet gewesen sei, die sie vor dem Hintergrund der gegen sie gerichteten Ermittlungen der Kommission von sich aus vorgenommen hatte. Die GVL vertrat die Auffassung, es stehe ihr frei, jederzeit zu ihrer früheren, von der Kommission beanstandeten Praxis zurückzukehren. In Anbetracht dieser Äußerungen der GVL durfte die Kommission nach Auffassung des EuGH davon ausgehen, dass die Gefahr einer Wiederaufnahme dieser Praxis tatsächlich bestand, wenn die Verpflichtung, diese Praxis abzustellen, nicht formell in einer Kommissionsentscheidung bekräftigt würde. Der EuGH stellte daher fest, dass eine Klarstellung der Rechtslage durch eine formelle Entscheidung geboten war.[95] Dem GVL-Urteil folgend ist das Bestehen eines berechtigten Interesses zu verneinen, wenn lediglich abstrakt die Gefahr der Wiederholung einer Zuwiderhandlung besteht. Die Kommission muss vielmehr konkrete Anhaltspunkte für eine Wiederholung darlegen und beweisen, z. B. anhand mehrfach geäußerter Absichtsbekundungen des betreffenden Unternehmens.

Von Fällen der Wiederholungsgefahr abgesehen, kann ein berechtigtes Interesse der Kommission anzunehmen sein, wenn der konkrete Fall **neue Rechtsfragen** aufwirft, deren Klärung im Hinblick auf zu erwartende ähnlich gelagerte Fälle im öffentlichen Interesse liegt oder wenn eine förmliche Entscheidung zur Wahrung einer kohärenten Rechtsanwendung geboten erscheint.[96] Private Interessen am Erlass einer Entscheidung nach Abs. 1 Satz 4, etwa um die Durchsetzung von Schadensersatzansprüchen zu erleichtern, reichen nicht aus.[97]

---

[92] EuGH U. v. 2. 3. 1983 Rs. 7/82 – *GVL/Komm.* Slg. 1983, 483 Rn. 23.
[93] EuGH U. v. 4. 3. 1999 Rs. C-119/97 P – *Ufex u. a./Komm.* Slg 1999, I-1341 Rn. 93 ff.; *Sura* in: Langen/Bunte, Kommentar zum deutschen und europäischen Kartellrecht, 10. Aufl. 2006, VO Nr. 1/2003, Art. 7 Rn. 3.
[94] Vgl. EuGH U. v. 2. 3. 1983 Rs. 7/82 – *GVL/Komm.* Slg. 1983, 483 Rn. 28.
[95] EuGH U. v. 2. 3. 1983 Rs. 7/82 – *GVL/Komm.* Slg 1983, 483, Rn. 27.
[96] Siehe die Begründungserwägungen der Kommission zu Art. 7 des Vorschlags für eine Verordnung des Rates zur Durchführung der in den Artikeln 81 und 82 EG-Vertrag niedergelegten Wettbewerbsregeln vom 27. 9. 2000, KOM(2000) 582 endgültig, S. 20; vgl. *Sura* in: Langen/Bunte, Kommentar zum deutschen und europäischen Kartellrecht, VO Nr. 1/2003, Art. 7 Rn. 3.
[97] *Bauer* in: Hirsch, G./Montag, F./Säcker, F.J. (Hrsg.), Competition Law: European Community Practice and Procedure, 2008, Part 4 Art. 7, Rn. 4–7-044.

2. Abhilfemaßnahmen (Abs. 1 S. 2 und 3)

48 **a) Allgemein.** Die der Kommission eingeräumte Befugnis, die betroffenen Unternehmen zu verpflichten, die festgestellte Zuwiderhandlung abzustellen, umfasst das Recht, diesen aufzugeben, bestimmte Handlungen vorzunehmen oder zu unterlassen.[98] Die den Unternehmen auferlegten Verpflichtungen bestimmen sich unter **Berücksichtigung des jeweiligen Einzelfalls** nach den Erfordernissen der **Wiederherstellung der Legalität**.[99] Nach der Rechtsprechung des EuGH muss die Kommission in der Lage sein, die ihr durch Art. 7 Abs. 1 verliehene Entscheidungsbefugnis auf die wirksamste und den Umständen des Einzelfalls am ehesten angemessene Weise auszuüben.[100] Dabei kann die Kommission auch den **Umfang** der Verpflichtungen angeben, die die betroffenen Unternehmen erfüllen müssen, um die Zuwiderhandlung abzustellen.

49 **b) Verhaltensbedingte Maßnahmen.** Die einfachste Maßnahme zur Beendigung eines Verstoßes gegen die EG-Wettbewerbsregeln ist der Erlass einer **Unterlassungsanordnung,** welche die Unternehmen verpflichtet, die beanstandeten Verhaltensweisen abzustellen und weder zu wiederholen noch Maßnahmen gleicher Wirkung zu erlassen.[101]

50 Die Kommission kann den Unternehmen auch ein **positives Handeln** vorschreiben.[102] Dies kann sowohl die **Vornahme bestimmter Änderungen** umfassen als auch die **Bekanntmachung** der Änderungen. So kann sie die an einem Verstoß beteiligten Unternehmen dazu verpflichten, die Kommission, Kunden oder Dritte über bestimmte Veränderungen (z.B. die Vornahme einer Änderung der Allgemeinen Geschäftsbedingungen) zu informieren.[103]

51 In der Entscheidung „Tetra Pak II" wurde das Unternehmen aufgefordert, den festgestellten Verstoß gegen Art. 82 EG u.a. durch die **Änderung bzw. Streichung bestimmter Vertragsbestimmungen** abzustellen. Darüber hinaus wurde das Unternehmen verpflichtet, die **neuen Verträge der Kommission vorzulegen.**

52 In der Entscheidung „United Brands" ordnete die Kommission an, dass das Unternehmen, welches einen Verstoß gegen Art. 82 EG begangen hatte, bestimmten Vertriebshändlern die Aufhebung des rechtswidrigen Weiterverkaufsverbots mitzuteilen und die Kommission hierüber zu informieren habe.[104]

53 Die Kommission kann Unternehmen, die nach ihrer Ansicht **missbräuchliche Preis- oder Rabattsysteme** verwenden, zu einer entsprechenden Änderung ihrer Geschäftspraktiken verpflichten. Hierzu kann die Kommission den Unternehmen zwar **deutliche Hinweise** geben, die es diesen erlauben, mit ausreichender Sicherheit festzustellen, durch welches Verhalten es die Zuwiderhandlung abstellen kann. Die Kommission ist jedoch keinesfalls befugt, an Stelle des Unternehmens dessen Verkaufspreise oder Rabatte festzusetzen. In der Entscheidung „United Brands" schlug die Kommission daher dem betroffenen Unternehmen vor, die gegenüber bestimmten Kunden angewandten Preise auf ein um durchschnittlich mindestens 15% niedrigeres Preisniveau zu senken.[105]

---

[98] *Ritter* in: Immenga/Mestmäcker, EG-WbR Bd. II, S. 1656f und 1658f.
[99] EuG U. v. 10.7.1991 Rs. T-76/89 – *ITP/Komm*. Slg 1991, II-575 Rn. 70.
[100] EuGH B. v. 17.1.1980 Rs. 792/79 R. – *Camera Care/Komm*. Slg 1980, 119, Rn. 17.
[101] Z.B. Komm. E. v. 14.5.1997 – *Irish Sugar* ABl. 1997 L 258, 1ff.; E. v. 14.1.1998 – *Flughafen Frankfurt*, ABl. 1998 L 72, 30ff.
[102] Ausführlich zur Praxis der Kommission Schwarze/Weitbrecht § 6 Rn. 20ff.
[103] Vgl. Komm. E. v. 24.7.1991 – *Tetra Pak II*, ABl. 1992 L 72, 1ff.; bestätigt durch EuG U. v. 6.10.1994 Rs. T-83/91 – *Tetra Pak II* Slg. 1994, II-755 und EuGH U. v. 14.11.1996 Rs. C-333/94 P – *Tetra Pak II* Slg. 1996, I-5951.
[104] Komm. E. v. 17.12.1975 – *United Brands* ABl. 1976 L 95/1; vgl. E. v. 23.12.1992 *Astra* ABl. 1993 L 20/23 Rn. 33.
[105] Komm. E. v. 17.12.1975 – *United Brands* ABl. 1976 L 95/1, 19.

Art. 7. Feststellung und Abstellung von Zuwiderhandlungen 54–56 **Art. 7 VerfVO**

Die Kommission kann von den betroffenen Unternehmen auch verlangen, eine Zuwi- 54
derhandlung durch **Gewährung von Lizenzen oder Gewährung von Zugang zu bestimmten Informationen oder Infrastruktureinrichtungen** abzustellen. In der „Magill"-Entscheidung verpflichtete die Kommission die an dem Verstoß beteiligten Unternehmen ITP, BBC und RTE dazu, sich gegenseitig und dritten Parteien auf Anfrage und auf einer nicht diskriminierenden Basis ihre jeweiligen vorausschauenden wöchentlichen Fernsehprogrammlisten zur Verfügung zu stellen und die Veröffentlichung durch diese Parteien zu gestatten.[106] Sollte der Zugang zu den Programmlisten über Lizenzen geregelt werden, so verpflichtete die Kommission die betroffenen Unternehmen dazu, gegen Bezahlung einer angemessenen Lizenzgebühr solche Lizenzen zu erteilen. Die Kommission gestattete ITP, BBC und RTE, in die Lizenzen, die sie dritten Parteien erteilen, diejenigen Bestimmungen aufzunehmen, die sie für erforderlich halten, um eine umfassende und hochwertige Wiedergabe aller ihrer Programme sicherzustellen. Die Unternehmen wurden darüber hinaus aufgefordert, der Kommission innerhalb von zwei Monaten nach Bekanntgabe der Entscheidung Vorschläge über die Bedingungen, zu denen dritten Parteien die Veröffentlichung der Programmlisten gestattet werden solle, zur Zustimmung zu unterbreiten.

In der Entscheidung „Microsoft"[107] kam die Kommission zu dem Schluss, dass das Un- 55
ternehmen durch eine Ausdehnung ihres Quasi-Monopols bei Betriebssystemen für Personalcomputer auf den Markt für Betriebssysteme für Arbeitsgruppenserver einerseits und den Markt für Medienabspielprogramme andererseits gegen Art. 82 EG verstoßen habe. Zur Beendigung des Missbrauchs ordnete die Kommission an, dass Microsoft diejenigen **Interoperabilitätsinformationen offenlegen** müsse, die erforderlich seien, damit die Arbeitsgruppenserver der Microsoft-Konkurrenten problemlos mit den Windows-PCs und Windows-Servern „kommunizieren" könnten. Außerdem verlangte die Kommission, dass Microsoft eine **Version ihres Betriebssystems Windows ohne den Windows Media Player anbieten** müsse. Die Rechtmäßigkeit dieser beiden Abhilfemaßnahmen wurde vom EuG, das Microsoft zur Überprüfung der Kommissionsentscheidung angerufen hatte, bestätigt.[108] Allerdings hob das Gericht die Entscheidung der Kommission insoweit auf, als diese anordnete, dass Microsoft einen Vorschlag für einen mit Überwachungsaufgaben betrauten Treuhänder („monitoring trustee") zu machen habe, der unabhängig von der Kommission Zugang zu Microsofts Assistenz, Informationen, Dokumenten, Geschäftsräumen und Quellcodes der relevanten Microsoft-Produkte haben müsse und dass Microsoft sämtliche mit der Einsetzung des Treuhänders verbundenen Kosten einschließlich seiner Vergütung zu tragen habe. Das EuG stellte fest, dass die Kommission Microsoft nicht dazu verpflichten könne, auf einen Treuhänder Kompetenzen zu übertragen, welche die Kommission ihrerseits nicht befugt sei, auf einen Dritten zu übertragen. Darüber hinaus vertrat das Gericht die Auffassung, dass es keine Vorschrift im Gemeinschaftsrecht gebe, die die Kommission dazu berechtige, von einem Unternehmen die Übernahme derjenigen Kosten zu verlangen, welche die Kommission im Rahmen der ihr obliegenden Aufgabe, zu überwachen, ob das betreffende Unternehmen die ihm auferlegten Abhilfemaßnahmen durchführt, selbst zu tragen habe.[109]

In der Entscheidung „Commercial Solvents" wurde ein Unternehmen, das seine markt- 56
beherrschende Stellung durch die Verhängung eines Lieferstopps missbrauchte, sowohl dazu verpflichtet, **umgehend bestimmte Produktmengen zu liefern** als auch binnen

---

[106] Komm. E. v. 21. 12. 1988 – *Magill TV-Guide/ITP, BBC* und *RTE* ABl. 1989 L 78, 43ff., Art. 2; bestätigt durch EuG U. v. 10. 7. 1991 Rs. T-69/89 *RTE/Komm.* Slg. 1991, II-485ff. und EuGH U. v. 6. 4. 1995 verb. Rs. 241 und 242/91 – P *RTE* und *ITP/Komm.* Slg. 1995, I-743ff.
[107] Komm. E. v. 24. 5. 2004 – *Microsoft* ABL. 2007 L 32/23.
[108] EuG U. v. 17. 9. 2007 Rs. T-201/04 – *Microsoft/Komm.* ABl. 2007 C 296/45.
[109] EuG U. v. 17. 9. 2007 Rs. T-201/04 – *Microsoft/Komm.* Rn. 1278.

Anweiler

einer bestimmten Frist der Kommission **Vorschläge über die Wiederaufnahme der Belieferung** des vom Lieferstopp betroffenen Unternehmens zu unterbreiten.[110]

57 c) **Strukturelle Maßnahmen.** Die Kommission kann den Adressaten einer Entscheidung auch Abhilfemaßnahmen struktureller Art aufgeben, um die Zuwiderhandlung abzustellen. Abs. 1 S. 2 beinhaltet damit eine echte Befugnis der Kommission zur **Entflechtung** von Unternehmen. Dieses Instrument ist explizit im EG- wie auch im deutschen Kartellrecht bislang allein in der **Fusionskontrolle** geregelt gewesen. Ein kartellrechtswidriger, aber bereits vollzogener Zusammenschluss darf aufgelöst werden (Art. 8 Abs. 4 FKVO, § 41 Abs. 2 S. 1 GWB). Größere Bedeutung als die Rückgängigmachung von Zusammenschlüssen haben Entflechtungsauflagen (besser: Veräußerungszusagen der Unternehmen), die wettbewerbliche Bedenken der Fusionskontrollbehörden ausräumen sollen, um doch noch eine Genehmigung des Zusammenschlussvorhabens zu ermöglichen.

58 Soweit die Kommission vor Inkrafttreten der Fusionskontrollverordnung im Jahr 1989 auf der Basis von Art. 81 und 82 EG Unternehmenszusammenschlüsse geprüft hat, hat sie eine **Kompetenz für strukturelle Abhilfemaßnahmen aus Art. 3 VO 17/62** hergeleitet. In der „Gillette"-Entscheidung verpflichtete die Kommission das betroffene Unternehmen, einen Verstoß innerhalb einer gesetzten Frist durch **Aufgabe einer Kapitalbeteiligung** und der Gläubigerstellung bei einem anderen Unternehmen zu beenden; anderenfalls sollte Gillette mit Zustimmung der Kommission einen unabhängigen Dritten mit der Aufgabe der Beteiligung betrauen. Ferner sollte Gillette zur Abstellung der Zuwiderhandlung die **Rückübertragung bestimmter gewerblicher Schutzrechte** veranlassen.[111]

59 Die Anordnung struktureller Maßnahmen zur Abstellung einer Zuwiderhandlung ist insbesondere aus dem **US-Antitrustrecht** bekannt.[112] In den achtziger Jahren wurde die US-Telefongesellschaft AT&T zerschlagen und in mehrere Gesellschaften aufgeteilt, um auf diese Weise Wettbewerb herzustellen. AT&T hielt seinerzeit ein Monopol sowohl bei Orts- als auch bei Ferngesprächen. Ferner wurde von den US-Behörden eine Zerschlagung des Software-Unternehmens Microsoft erwogen, insbesondere eine Aufteilung in eine Gesellschaft für Betriebssoftware und eine Gesellschaft für Anwendersoftware. Die Behörden haben sich damit jedoch nicht durchsetzen können.

60 Die Anordnung struktureller Abhilfemaßnahmen als Antwort auf einen Verstoß gegen die verhaltensorientierten Vorschriften der Art. 81 und 82 EG stellt eine außergewöhnliche Maßnahme dar, die nur in den seltensten Fällen verhältnismäßig sein dürfte.[113] Der Gemeinschaftsgesetzgeber hat daher in Abs. 1 Satz 3 ausdrücklich festgelegt, dass Abhilfemaßnahmen struktureller Art nur in Ermangelung einer verhaltensorientierten Abhilfemaßnahme von gleicher Wirksamkeit festgelegt werden dürfen oder wenn letztere im Vergleich zu Abhilfemaßnahmen struktureller Art mit einer größeren Belastung für die beteiligten Unternehmen verbunden wäre. Nach Ansicht der Kommission können strukturelle Abhilfen in Form der **Veräußerung bestimmter Gegenstände des Betriebsvermögens** bei bestimmten Kooperationsvereinbarungen im Rahmen von Art. 81 EG und in Fällen des Missbrauchs einer marktbeherrschenden Stellung i. S. d. Art. 82 EG für die wirksame Beendigung einer Zuwiderhandlung erforderlich sein.[114]

61 d) **Grenzen der Kommissionsbefugnisse (Verhältnismäßigkeit).** Die Grenzen der Entscheidungsbefugnisse der Kommission nach Art. 7 lassen sich mit der allgemeinen Ver-

---

[110] Komm. E. v. 14. 12. 1972 – *Commercial Solvents* ABl. 1972 L 299/51; bestätigt durch EuGH verb. Rs. 6/73 u. 7/73 – *Commercial Solvents* Slg. 1974, 223 Rn. 45.
[111] Komm. E. v. 10. 11. 1992 – *Warner-Lambert/Gillette* und *BIC/Gillette* ABl. 1993 L 116/21.
[112] *Schwarze/Weitbrecht* § 6 Rn. 42 m. w. N.
[113] *Schwarze/Weitbrecht* § 6 Rn. 43.
[114] Begründungserwägungen der Kommission zu Art. 7 des Vorschlags für eine Verordnung des Rates zur Durchführung der in den Artikeln 81 und 82 EG-Vertrag niedergelegten Wettbewerbsregeln vom 27. 9. 2000, KOM(2000) 582 endgültig, S. 20.

pflichtung erklären, stets das Verhältnismäßigkeitsprinzip zu beachten. Der Grundsatz der Verhältnismäßigkeit erfordert es, dass eine Anordnung der Kommission geeignet, erforderlich und angemessen ist.[115]

Das EuG hat in der Rechtsache „Automec/Kommission", in der die Klägerin die Aufnahme in ein von BMW eingerichtetes Vertriebsnetz begehrte, festgestellt, dass Art. 3 Abs. 1 VO 17/62 i. V. m. Art. 82 Abs. 1 EG die Kommission nicht ermächtige, Unternehmen durch Entscheidung zur **Begründung vertraglicher Beziehungen** zu verpflichten, da die Vertragsfreiheit der Unternehmen die Regel bleiben müsse.[116] Eine Einschränkung der Vertragsfreiheit könne nicht gerechtfertigt werden, weil es in der Regel mehrere **andere Mittel** gebe, eine Zuwiderhandlung abzustellen, die sich bei der Durchführung eines Vertriebssystems ereigne, z. B. die Aufgabe oder eine Änderung des Vertriebssystems. Das EuG stellte fest, dass die Kommission unter solchen Umständen zwar befugt sei, die Zuwiderhandlung festzustellen und den betroffenen Parteien die Abstellung aufzugeben, es stehe der Kommission indes nicht zu, den Parteien bezüglich der verschiedenen möglichen, allesamt dem EG-Vertrag entsprechenden Verhaltensweisen **ihre eigene Wahl aufzuzwingen**. Folglich sei die Kommission nicht befugt gewesen, die spezifischen Anordnungen zu treffen und BMW zu verpflichten, die Klägerin zu beliefern und dieser die Benutzung ihrer Warenzeichen zu gestatten.

Im Urteil „Langnese-Iglo" stellte das EuG fest, dass die Kommission die ihr durch Art. 3 VO 17/62 eingeräumten Befugnisse dadurch überschritten habe, dass sie dem betroffenen Unternehmen den Freistellungsvorteil aus der Gruppenfreistellungsverordnung 1984/83 nicht nur für seine bestehenden, sondern auch für seine **zukünftigen** Alleinbezugsverträge entzogen habe.[117] Die Kommission hatte angeordnet, dass Langnese-Iglo für einen Zeitraum von fünf Jahren keine den kartellrechtswidrigen Verträgen ähnlichen Verträge abschließen dürfe.[118]

VI. Sanktionen

In einer Entscheidung nach Art. 7 kann die Kommission nicht nur eine Zuwiderhandlung gegen Art. 81 oder 82 EG feststellen und deren Abstellung anordnen, sondern darüber hinaus gemäß Art. 23 Abs. 2 lit. a ein **Bußgeld** gegen das betroffene Unternehmen verhängen, sofern dieses vorsätzlich oder fahrlässig gehandelt hat. Darüber hinaus ist die Kommission gemäß Art. 24 Abs. 1 lit. a befugt, **Zwangsgelder** festzusetzen, um die Adressaten einer Entscheidung dazu zu zwingen, die Zuwiderhandlung abzustellen.

VII. Rechtsschutz

1. Nichtigkeitsklage des Adressaten

Gegen Entscheidungen nach Art. 7, die gegen sie ergangen sind, können die betroffenen Unternehmen im Wege einer Nichtigkeitsklage beim EuG gemäß Art. 230 Abs. 4 EG vorgehen. Allerdings hat eine solche Klage gemäß Art. 242 EG keine aufschiebende Wirkung. Der Vollzug der Entscheidung wird bis zum Erlass des Urteils nicht gehindert.

2. Aussetzung des Vollzugs der Entscheidung

Nach Art. 242 EG können der Gerichtshof oder das EuG die Durchführung der Entscheidung aussetzen. Für den Adressaten besteht daher die Möglichkeit, beim EuG einen **Antrag auf Aussetzung des Vollzugs gemäß § 104 VerfO-EuG** zu stellen. Dieser ist

---

[115] *Schwarze/Weitbrecht* § 6 Rn. 39.
[116] EuG U. v. 18. 9. 1992 Rs. T-24/90 – *Automec/Komm.* Slg 1992, II-2223 Rn. 51 ff.
[117] EuG U. v. 8. 6. 1995 Rs. T-7/93 – *Langnese-Iglo* Slg. 1995, II-1533 Rn. 205 ff.
[118] Komm. E. v. 23. 12. 1992 – *Langnese-Iglo* ABl. 1993 L 183/19.

nur zulässig, wenn der Antragsteller die Entscheidung zugleich im Wege der Nichtigkeitsklage angefochten hat. Gegenstand des Antrags ist die Aussetzung des Vollzugs der angefochtenen Entscheidung bis zum Erlass des Urteils des EuG in der Hauptsache.

Art. 8. Einstweilige Maßnahmen

(1) **Die Kommission kann in dringenden Fällen, wenn die Gefahr eines ernsten, nicht wieder gutzumachenden Schadens für den Wettbewerb besteht, von Amts wegen auf der Grundlage einer prima facie festgestellten Zuwiderhandlung durch Entscheidung einstweilige Maßnahmen anordnen.**

(2) **Die Entscheidung gemäß Abs. 1 hat eine befristete Geltungsdauer und ist – sofern erforderlich und angemessen – verlängerbar.**

Übersicht

	Rn.		Rn.
I. Zweck der Vorschrift	1	b) Interessenabwägung	15
II. Verfahren		c) Beispiele	17
1. Erlaß von Amts wegen	3	IV. Auswahlermessen	20
2. Recht zur Stellungnahme und Anhörung	5	V. Befristete Geltungsdauer der Entscheidung (8 Abs. 2)	22
III. Voraussetzungen der Anordnung einstweiliger Maßnahmen		VI. Sanktionen	24
1. Allgemein	7	VII. Rechtsschutz gegen einstweilige Maßnahmen	
2. Prima facie festgestellte Zuwiderhandlung	8	1. Nichtigkeitsklage	25
3. Gefahr eines ernsten, nicht wieder gutzumachenden Schadens für den Wettbewerb	12	2. Vorläufiger Rechtsschutz	26
a) Korrektur der Rechtsprechung	13	3. Rechtsschutz Dritter	30

I. Zweck der Vorschrift

1   In bestimmten Fällen genügt es nicht, Unternehmen durch die generelle oder die in einer Mitteilung der Beschwerdepunkte konkretisierte Androhung von Geldbußen von der Fortsetzung eines Verstoßes gegen die Wettbewerbsregeln abzuhalten. Die Verfahren, die die Kommission gemäß Art. 7 zur Verfolgung von Zuwiderhandlungen gegen Art. 81 oder 82 EG einleitet, können sich unter Umständen über Jahre hinziehen. Dadurch kann den durch eine Wettbewerbsbeschränkung oder einen Missbrauch betroffenen Wirtschaftskreisen ein nicht wieder gutzumachender Schaden entstehen. Eine das Verfahren nach Jahren abschließende Untersagungs- bzw. Bußgeldentscheidung der Kommission würde dann ins Leere gehen. Art. 8 ermächtigt daher die Kommission zur Anordnung einstweiliger Maßnahmen, wenn die Gefahr eines ernsten, nicht wieder gutzumachenden Schadens für den Wettbewerb besteht und eine Zuwiderhandlung prima facie festzustellen ist. Die Anordnung der einstweiligen Maßnahmen erfolgt durch förmliche Entscheidung i. S. d. Art. 249 EG, die in einem **beschleunigten Verwaltungsverfahren** ergeht und gemäß Art. 30 im Amtsblatt zu veröffentlichen ist. Die Entscheidung kann die Erhebung eines Zwangsgeldes vorsehen, falls das betreffende Unternehmen der Entscheidung nicht nachkommt.

2   In der VO 17/62 fand die Befugnis der Kommission zum Erlass einstweiliger Maßnahmen keine ausdrückliche Erwähnung. Der Gerichtshof hat aber aus **Art. 3 VO 17/62** eine solche Befugnis abgeleitet. Diese Bestimmung ermächtige die Kommission vor dem Erlass förmlicher Entscheidungen zur Abgabe von Empfehlungen und damit zu vorläufigen, den bestehenden Zustand bewahrenden Maßnahmen.[1] Die Kommission sei befugt, diejenigen einstweiligen Maßnahmen zu treffen, die unerlässlich sind, um ihr die wirksame Erfüllung ihrer Aufgaben zu ermöglichen und die **praktische Wirksamkeit** der Entscheidungen zu gewährleisten, durch die die Unternehmen gegebenenfalls verpflichtet werden,

---

[1] EuGH B. v. 17. 1. 1980 Rs. 792/79 – *Camera Care/Komm.* Slg 1980, 119 Rn. 18.

die festgestellte Zuwiderhandlung abzustellen. Das Recht, einstweilige Anordnungen zu erlassen, folge aus der Notwendigkeit, Benachteiligungen für andere betroffene Unternehmen zu vermeiden und die Ziele der Wettbewerbspolitik nicht zu gefährden, wenn solchen Benachteiligungen oder Gefährdungen durch rechtzeitiges Eingreifen vorgebeugt werden kann.[2]

II. Verfahren

1. Erlass von Amts wegen

Im Gegensatz zu Art. 7, der ein Tätigwerden der Kommission sowohl aufgrund von Beschwerden als auch von Amts wegen vorsieht, beinhaltet Art. 8 keinen Erlass von einstweiligen Maßnahmen auf Beschwerden hin, die von natürlichen oder juristischen Personen bzw. Mitgliedstaaten eingelegt werden. Vielmehr wird die Kommission ausschließlich von Amts wegen tätig. Hierdurch wird klar zum Ausdruck gebracht, dass die Kommission beim Erlass einstweiliger Maßnahmen im öffentlichen Interesse und nicht im Interesse einzelner Unternehmen tätig wird.[3]

Es stellt sich die Frage, ob der Gemeinschaftsgesetzgeber der bisherigen, von der Rechtsprechung gebilligten Praxis ein Ende setzen wollte, nach der die Kommission im Rahmen des Art. 3 VO 17/62 einstweilige Maßnahmen anordnen konnte, wenn ein Beschwerdeführer dies beantragt und glaubhaft gemacht hatte, dass die Voraussetzungen für ihren Erlass erfüllt sind.[4] In den bisherigen Fällen, in denen die Kommission einstweilige Maßnahmen erlassen hat, geschah dies stets aufgrund von Beschwerden. Man wird aus der **Nichterwähnung von Beschwerden** in Art. 8 sicherlich nicht den Schluss ziehen können, dass künftig Beschwerden, in denen Unternehmen den Erlass einstweiliger Maßnahmen begehren, von vornherein nicht beachtet werden. Wenn ein Beschwerdeführer glaubhaft machen kann, dass ohne den Erlass einstweiliger Maßnahmen nicht nur ihm selbst, sondern dem gesamten Wettbewerb auf dem betroffenen Markt ein ernster, nicht wieder gutzumachender Schaden droht, kommt ein Tätigwerden der Kommission entsprechend dem Beschwerdeschreiben durchaus in Betracht. Beschwerdeführer haben also im Rahmen des Art. 8 zwar kein Antragsrecht mehr, können aber den Erlass einstweiliger Maßnahmen zumindest anregen. Allerdings haben Beschwerdeführer **keine Möglichkeit mehr, eine Klage zu erheben,** falls die Kommission ihrem Begehren nicht entspricht.[5] Die Kommission ist gemäß Art. 8 nicht verpflichtet, auf eine Beschwerde im Wege einer (ablehnenden) Stellungnahme zu reagieren, welche dann von den Beschwerdeführern gegebenenfalls im Wege einer Nichtigkeitsklage angefochten werden könnte. Nach der bisherigen Rechtsprechung zu Art. 3 VO 17/62 war dies anders. Wurde der Antrag auf Erlass einstweiliger Maßnahmen von der Kommission abgelehnt, so konnte das antragstellende Unternehmen die Zurückweisung im Wege der Nichtigkeitsklage durch den Gemeinschaftsrichter überprüfen lassen.[6]

2. Recht zur Stellungnahme und Anhörung

Auch wenn einstweilige Maßnahmen der Kommission aus Gründen der Dringlichkeit in einem **beschleunigten Verfahren** erlassen werden, muss die Kommission **wesentliche**

---

[2] EuG U. v. 13. 12. 1999 verb. Rs. T-189/95, T-39/96 und T-123/96 – *SGA/Komm.* Slg 1999, II-3587 Rn. 66.
[3] Vgl. Begründungserwägungen der Kommission zu Art. 8 des Vorschlags für eine Verordnung des Rates zur Durchführung der in den Artikeln 81 und 82 EG-Vertrag niedergelegten Wettbewerbsregeln vom 27. 9. 2000, KOM(2000) 582 endgültig, S. 20.
[4] EuG U. v. 13. 12. 1999 verb. Rs. T-189/95, T-39/96 und T-123/96 – *SGA/Komm.* Slg 1999, II-3587 Rn. 67.
[5] Schwarze/Weitbrecht § 6 Rn. 48.
[6] EuGH B. v. 17. 1. 1980 Rs. 792/79 – *Camera Care/Komm.* Slg 1980 119 Rn. 20.

Verfahrensgrundsätze beachten.[7] Gemäß Art. 27 Abs. 1 gibt die Kommission vor Erlass einer Entscheidung i. S. d. Art. 8 Unternehmen und Unternehmensvereinigungen, gegen die sich das von ihr betriebene Verfahren richtet, Gelegenheit, sich zu den Beschwerdepunkten zu äußern, die die Kommission in Betracht gezogen hat. Dem Erlass einer solchen Entscheidung geht somit ein vollständiges Verwaltungsverfahren voraus.[8] Zunächst verlangt die Kommission in der Regel von den betroffenen Unternehmen Auskünfte über die streitige Wettbewerbspraxis. Anschließend teilt sie ihnen gegebenenfalls die Beschwerdepunkte und ihre Absicht mit, einstweilige Maßnahmen zu erlassen und gibt ihnen Gelegenheit zur Stellungnahme. Die Frist für diese Stellungnahme kann von der Kommission gemäß Art. 17 Abs. 2 Satz 2 VO 773/2004[9] auf eine Woche begrenzt werden. Nach dem schriftlichen Verfahren findet eine mündliche Anhörung statt. Gem. Art. 27 Abs. 3 ist dem Antrag Dritter, angehört zu werden, stattzugeben, wenn diese ein ausreichendes Interesse nachweisen. Schließlich ist gem. Art. 14 Abs. 1 der Beratende Ausschuss für Kartell- und Monopolfragen vor dem Erlass der Entscheidung anzuhören.

6   Die Verpflichtung, die wesentlichen Verfahrensgarantien einzuhalten, führt dazu, dass Entscheidungen zur Anordnung einstweiliger Maßnahmen in der Regel erst mit einer gewissen Zeitverzögerung erlassen werden. Nach der bisherigen Praxis der Kommission vergehen im Durchschnitt **zwischen drei und acht Monate bis zum Erlass einer Entscheidung.**[10]

III. Voraussetzungen der Anordnung einstweiliger Maßnahmen

1. Allgemein

7   Der Erlass einstweiliger Maßnahmen ist gerechtfertigt, wenn **zwei Voraussetzungen** erfüllt sind: Erstens müssen die Verhaltensweisen bestimmter Unternehmen dem ersten Anschein nach (prima facie) einen Verstoß gegen Art. 81 oder 82 EG darstellen, der durch eine Entscheidung der Kommission zu ahnden wäre. Zweitens dürfen einstweilige Maßnahmen nur ergriffen werden, um einer Situation zu begegnen, die geeignet ist, dem Wettbewerb einen ernsten und nicht wieder gutzumachenden Schaden zuzufügen. Durch die Formulierung in Art. 8 Abs. 1 stellt der Gemeinschaftsgesetzgeber klar, dass die **Dringlichkeit nicht als eine dritte Tatbestandsvoraussetzung** für den Erlass einstweiliger Maßnahmen anzusehen ist: Ein dringender Fall liegt vor, wenn die Gefahr eines schweren und nicht wieder gutzumachenden Schadens besteht. Die Rechtsprechung geht ebenfalls davon aus, dass bei Bestehen der Gefahr eines schweren und nicht wieder gutzumachenden Schadens gleichzeitig zwangsläufig die Dringlichkeit gegeben ist.[11]

2. Prima facie festgestellte Zuwiderhandlung

8   Die Anordnung einstweiliger Maßnahmen durch die Kommission muss auf der Grundlage einer prima facie festgestellten Zuwiderhandlung gegen Art. 81 oder 82 EG ergehen. Der Gemeinschaftsgesetzgeber folgt insoweit der bisherigen Rechtsprechung. Danach können einstweilige Maßnahmen ergriffen werden, wenn die streitigen Praktiken **auf den ersten Blick** einen Verstoß gegen die EG-Wettbewerbsregeln darstellen können, der durch eine endgültige Entscheidung der Kommission nach Art. 7 geahndet werden

---

[7] So schon GA Slynn in den Schlussanträgen zu EuGH U. v. 28. 2. 1984 verb. Rs. 228 und 229/82 – Ford/Komm. Slg. 1984, 1129, 1168.
[8] *Schwarze/Weitbrecht* § 6 Rn. 56.
[9] Verordnung Nr. 773/2004 der Kommission über die Durchführung von Verfahren auf der Grundlage der Art. 81 und 82 EG-Vertrag durch die Kommission, ABl. 2004 L 123/18.
[10] *Navarro/González* ECLR 2002, 512, 514.
[11] EuG B. v. 26. 10. 2001 Rs. T-184/01 R – *IMS Health/Komm.* Slg 2001, II-3193 Rn. 54.

kann.¹² Die Anforderungen an die Feststellung einer prima facie Zuwiderhandlung können nicht dem Erfordernis der Gewissheit gleichgestellt werden, dem eine endgültige Entscheidung i. S. d. Art. 7 genügen muss. Die Kommission darf einstweilige Maßnahmen nach dem EuG-Urteil „La Cinq/Kommission" auch dann ergreifen, wenn ihre erste summarische Prüfung des Sachverhalts kein Vorliegen einer eindeutigen und offenkundigen Zuwiderhandlung ergibt.¹³

In der Rechtssache „Peugeot/Kommission" wies das EuG zudem die Argumentation der Klägerin zurück, die Kommission sei nicht befugt gewesen, einstweilige Maßnahmen zu treffen, da die Rechtslage nicht hinreichend klar gewesen sei und die Kommission nicht nachgewiesen habe, dass **höchstwahrscheinlich** eine Zuwiderhandlung vorliege. Die Kommission habe vielmehr zu Recht davon ausgehen können, dass das streitige Rundschreiben, in dem Peugeot ihre Vertragshändler in mehreren EG-Mitgliedstaaten aufgefordert hatte, ihre Lieferungen an das Unternehmen ECO einzustellen, auf den ersten Blick **ernsthafte Zweifel** an seiner Vereinbarkeit mit den Wettbewerbsregeln des Vertrages weckte, was der Kommission die Befugnis gab, bis zum Erlass einer Entscheidung in der Hauptsache einstweilige Maßnahmen zu treffen.¹⁴

Etwaige **Auslegungsprobleme im Zusammenhang mit kartellrechtlichen Begriffen** lassen nicht in jedem Fall die Feststellung einer prima facie vorliegenden Zuwiderhandlung zu. Dies zeigt das Verfahren des vorläufigen Rechtsschutzes in der Rechtssache „**IMS Health/Kommission**".¹⁵ IMS Health ist der führende Anbieter von Informationsprodukten (insbesondere Absatzdaten) für die Pharma- und Gesundheitsindustrie. In Deutschland beruht der von dem Unternehmen angebotene Absatzdatendienst auf einer Bausteinstruktur mit der Bezeichnung „Struktur 1860 Bausteine". Mit Entscheidung vom 3. 7. 2001 erließ die Kommission auf die Beschwerde des Wettbewerbers NDC Health hin einstweilige Maßnahmen, mit denen IMS Health auferlegt wurde, allen Unternehmen, die auf dem deutschen Markt für Absatzdatendienste tätig sind, auf deren Antrag hin unverzüglich gegen Gebühr eine Lizenz für die Verwendung der Bausteinstruktur zu erteilen.¹⁶ Die Kommission war zu der Schlussfolgerung gelangt, dass eine ausreichende Anscheinsvermutung dafür bestehe, dass die Weigerung von IMS Health, Wettbewerbern eine Lizenz zur Nutzung der Bausteinstruktur zu erteilen, den Missbrauch einer beherrschenden Stellung gemäß Art. 82 EG darstelle.

IMS Health erhob daraufhin in der Hauptsache Nichtigkeitsklage gegen die Entscheidung beim EuG und begehrte darüber hinaus im **Verfahren des vorläufigen Rechtsschutzes** die Aussetzung des Vollzugs der einstweiligen Maßnahmen. Der Richter der einstweiligen Anordnung folgte der Auffassung der Antragstellerin, es sei dem ersten Anschein nach gerade nicht rechtswidrig, wenn sich ein marktbeherrschendes Unternehmen weigere, mit Wettbewerbern einen Wettbewerbsvorteil in Form seines geistigen Eigentums an einer Bausteinstruktur auf genau dem Markt zu teilen, auf den sich dieses geistige

---

¹² Zu Art. 3 VO 17/62 vgl. EuG B. v. 26. 10. 2001 Rs. T-184/01 R – *IMS Health/Komm.* Slg 2001, II-3193 Rn. 53.
¹³ Vgl. EuG U. v. 24. 1. 1992 Rs. T-44/90 – *La Cinq/Komm.* Slg 1992, II-1 Rn. 60 f.
¹⁴ EuG U. v. 12. 7. 1991 Rs. T-23/90 – *Peugeot/Komm.* Slg 1991, II-653 Rn. 63.
¹⁵ EuG B. v. 26. 10. 2001 Rs. T-184/01 R – *IMS Health/Komm.* Slg 2001, II-3193 ff.
¹⁶ Komm. E. v. 3. 7. 2001 – NDC *Health/IMS Health* Einstweilige Anordnung ABl. 2002 L 59/18 ff. Am 7. 8. 2003 hat die Kommission ihre Entscheidung zurückgezogen, weil keine Dringlichkeit mehr bestehe. Im Zuge eines Urteils des OLG Frankfurts vom September 2002, wonach die Struktur 1860 Bausteine zwar durch das deutsche Urheberrecht geschützt werde, andere Unternehmen dadurch aber nicht daran gehindert seien, eine der Struktur 1860 Bausteine sehr ähnliche Bausteinstruktur zu entwickeln, könne NDC Health inzwischen eine eigene Bausteinstruktur nutzen, welche den Kundenanforderungen entspreche. Ein Eingreifen der Kommission, damit NDC Health den Wettbewerb mit IMS Health aufnehmen könne, sei daher nicht mehr erforderlich (Pressemitteilung vom 7. 8. 2003 IP/03/1159).

Eigentum beziehe. Nach dem Magill-Urteil des EuGH[17] könne die Ausübung eines ausschließlichen Rechts durch den Inhaber nämlich nur unter außergewöhnlichen Umständen ein missbräuchliches Verhalten i. S. d. Art. 82 EG darstellen. Der Gemeinschaftsrichter stellte fest, dass die vorläufige Schlussfolgerung der Kommission, wonach die Verhinderung des Entstehens eines neuen Produktes kein unerlässlicher Bestandteil des Begriffs „außergewöhnliche Umstände" sei, den der Gerichtshof im Urteil Magill entwickelt habe, auf den ersten Blick eine sehr weite Auslegung dieses Begriffes darstelle. Den bezüglich der Richtigkeit dieser Auslegung bestehenden ernsthaften Meinungsverschiedenheiten stehe auf den ersten Blick ein klares öffentliches Interesse von IMS Health gegenüber, den spezifischen Gegenstand ihres Urheberrechts an der Bausteinstruktur durchzusetzen und zu nutzen.[18] In einem solchen Fall verlange es der **Ausnahmecharakter** der Befugnis zum Erlass einstweiliger Maßnahmen, dass das Verhalten, dessen Abstellung oder Änderung durch solche Maßnahmen bezweckt wird, eindeutig in den Anwendungsbereich der Wettbewerbsregeln des Vertrags falle. Im konkreten Fall hänge jedoch die Qualifizierung der streitigen Verweigerung einer Lizenz als missbräuchlich dem ersten Anschein nach davon ab, **ob die Kommission die Aussagen des Magill-Urteils betreffend die Voraussetzungen der „außergewöhnlichen Umstände" zutreffend ausgelegt habe und sei daher im Ergebnis nicht offenkundig.**[19] Der Richter der einstweiligen Anordnung verneinte daher das Vorliegen einer prima facie Zuwiderhandlung.[20] Der Vollzug der Entscheidung der Kommission, mit der IMS Health verpflichtet worden war, ihren Wettbewerbern Zwangslizenzen zu erteilen, wurde bis zum Erlass des Endurteils ausgesetzt. Das von NDC Health gegen den Beschluss eingelegte Rechtsmittel wurde zurückgewiesen.[21]

3. Gefahr eines ernsten, nicht wieder gutzumachenden Schadens für den Wettbewerb

12 Ein dringender Fall i. S. d. Art. 8 Abs. 1 liegt vor, wenn die Gefahr eines ernsten, nicht wieder gutzumachenden Schadens für den Wettbewerb besteht. In Anlehnung an die Rechtsprechung ist nicht zu fordern, dass der Schaden für den Wettbewerb sich überhaupt nicht wieder gutmachen lässt; ausreichend ist ein Schaden, der durch eine etwaige Untersagungs- bzw. Abstellungsentscheidung am **Ende des Verwaltungsverfahrens** bei der Kommission nicht wieder gutgemacht werden könnte.[22] Dass der Schaden durch ein späteres Urteil des EuG behoben werden könnte, steht der Bejahung eines nicht wieder gutzumachenden Schadens nicht entgegen.[23] Die Voraussetzung eines Schadens für den Wettbewerb macht deutlich, dass die Kommission beim Erlass einstweiliger Maßnahmen im öffentlichen Interesse und nicht im Interesse einzelner Unternehmen tätig wird.[24] Die Unternehmen können sich jederzeit an die nationalen Gerichte wenden, deren Funktion es ist, die Individualrechte zu schützen.

13 **a) Korrektur der Rechtsprechung.** Art. 8 ist **restriktiver als die frühere Rechtsprechung** zu Art. 3 VO 17/62. So entschied der EuGH in der Rechtssache „Camera

---

[17] EuGH B. v. 11. 5. 1989 Rs. C-76, 77 und 91/89 – R RTE u. a./Komm. Slg 1989, 1141 ff.
[18] EuG B. v. 26. 10. 2001 Rs. T-184/01 R – IMS Health/Komm. Slg 2001, II-3193 Rn. 102.
[19] EuG B. v. 26. 10. 2001 Rs. T-184/01 R – IMS Health/Komm. Slg 2001, II-3193 Rn. 144.
[20] Insoweit ergibt sich eine Abweichung zu dem EuG-Urteil „La Cinq/Kommission", nach dem einstweilige Maßnahmen selbst dann getroffen werden können, wenn das Vorliegen einer Zuwiderhandlung bei summarischer Prüfung nicht offenkundig ist (siehe oben Rn. 8).
[21] EuGH B. v. 11. 4. 2002 Rs. C-481/01 P(R) – NDC Health/IMS Health und Komm. Slg. 2002, I-3405 ff.
[22] EuG U. v. 24. 1. 1992 Rs. T-44/90 – La Cinq/Komm. Slg 1992, II-1 Rn. 80.
[23] Navarro/Gonzalez ECLR 2002, 512, 513.
[24] Vgl. die Begründungserwägungen der Kommission zu Art. 8 des Vorschlags für eine Verordnung des Rates zur Durchführung der in den Artikeln 81 und 82 EG-Vertrag niedergelegten Wettbewerbsregeln vom 27. 9. 2000, KOM(2000) 582 endgültig, S. 20.

Care/Kommission", dass ein Bedürfnis für die Ergreifung einstweiliger Maßnahmen bestehen könne, wenn die Wettbewerbspraktiken gewisser Unternehmen dazu führten, dass die Belange bestimmter Mitgliedstaaten beeinträchtigt werden, andere Unternehmen geschädigt werden oder die Wettbewerbsordnung der Gemeinschaft in unannehmbarer Weise in Frage gestellt werde.[25] Nach anderen Urteilen war der Erlass einstweiliger Maßnahmen gerechtfertigt, um einer Situation zu begegnen, die entweder geeignet ist, **der die Maßnahmen beantragenden Partei** einen schweren und nicht wieder gutzumachenden Schaden zuzufügen, oder die für die Allgemeinheit unerträglich ist.[26]

Diese Rechtsprechung steht mit dem Wortlaut des Art. 8 nicht mehr in Einklang. Es reicht für die Dringlichkeit nicht aus, wenn lediglich einem Beschwerdeführer, der den Erlass einstweiliger Maßnahmen angeregt hat, ein nicht wieder gutzumachender Schaden droht. Etwas anderes kann gelten, wenn neben dem Beschwerdeführer noch weitere Unternehmen gefährdet sind. Die Gefährdung eines **einzelnen Unternehmens** reicht jedenfalls nicht aus, um einen Schaden für den Wettbewerb i. S. d. Art. 8 anzunehmen.[27] Auch die Betroffenheit der Belange eines einzigen Mitgliedstaats dürften den Erlass einstweiliger Maßnahmen durch die Kommission nicht rechtfertigen.

b) Interessenabwägung. Im Rahmen der Beurteilung der Dringlichkeit nimmt die Kommission eine Interessenabwägung vor, bei der das **öffentliche Interesse** an der Durchsetzung der Wettbewerbsregeln, das Interesse der von einer Wettbewerbsbeschränkung **Betroffenen,** die bei Nichterlass einer einstweiligen Anordnung einen ernsten und nicht wieder gutzumachenden Schaden erleiden könnten, und das Interesse der **Urheber** der fraglichen Wettbewerbsbeschränkung, die durch den Erlass einer einstweiligen Anordnung in ihren Rechten beeinträchtigt werden könnten, berücksichtigt werden.[28] In der Entscheidung „**IMS Health/Kommission**" bejahte die Kommission die Gefahr eines schweren nicht wieder gutzumachenden Schadens sowohl für den Beschwerdeführer, NDC Health, als auch für das öffentliche Interesse.[29] Da es sich bei der Bausteinstruktur um eine De facto-Industrienorm handelte, hindere die Weigerung von IMS Health, Wettbewerbern die Struktur zur Verfügung zu stellen, diese daran, in den deutschen Markt für Informationsdienste betreffend den Absatz und die Verschreibung von Arzneimitteln einzutreten oder darin zu verbleiben. Dadurch entstehe ein schwerer und nicht wieder gutzumachender Schaden für das öffentliche Interesse. Auch NDC Health drohe bis zum endgültigen Erlass der Entscheidung der Geschäftszusammenbruch. Die Interessenabwägung der Kommission fiel daher zugunsten des Antragstellers aus.[30]

Der Richter der einstweiligen Anordnung beanstandete jedoch, dass sich das von der Kommission geltend gemachte öffentliche Interesse im Kern vorrangig auf die Interessen der Wettbewerber von IMS Health bezog.[31] Es sei daher zumindest dem ersten Eindruck nach nicht auszuschließen, dass die von der Kommission vorgenommene Interessenabwägung, die die Interessen der beiden Wettbewerber von IMS Health mit den Interessen des Wettbewerbs gleichzusetzen schien, den Hauptzweck des Art. 82 EG verkenne, der darin bestehe, Wettbewerbsverzerrungen zu verhindern und insbesondere die Interessen der Verbraucher zu wahren und nicht darin, die Situation einzelner Wettbewerber zu schützen. Der Richter der einstweiligen Anordnung gelangte zu dem Ergebnis, dass IMS

---

[25] EuGH B. v. 17. 1. 1980 Rs. 792/79 R – *Camera Care/Komm.* Slg 1980, 119 Rn. 14.
[26] EuG U. v. 13. 12. 1999 verb. Rs. T-189/95, T-39/96 und T-123/96 – *SGA/Komm.* Slg 1999, II-3587 Rn. 66; EuG U. v. 24. 1. 1992 Rs. T-44/90 – *La Cinq/Komm.* Slg 1992, II-1 Rn. 28.
[27] *Schwarze/Weitbrecht* § 6 Rn. 51; a. A. *Sura* in Langen/Bunte, Kommentar zum deutschen und europäischen Kartellrecht, VO Nr. 1/2003, Art. 7 Rn. 5.
[28] Komm. E. v. 3. 7. 2001 – *NDC Health/IMS Health* ABl. 2002 L 59/45 Rn. 199.
[29] Komm. E. v. 3. 7. 2001 – *NDC Health/IMS Health* ABl. 2002 L 59/44 Rn. 187 ff., 195.
[30] Komm. E. v. 3. 7. 2001 – *NDC Health/IMS Health* ABl. 2002 L 59/44 Rn. 199.
[31] EuG B. v. 26. 10. 2001 Rs. T-184/01 R – *IMS Health/Komm.* Slg 2001, II-3193 Rn. 145.

Health ein schwerer und nicht wieder gutzumachender Schaden entstehen würde, wenn das Unternehmen **bis zum Ergehen einer Entscheidung in der Hauptsache gezwungen wäre, seinen Wettbewerbern Lizenzen** zu erteilen. Er setzte daher in seinem Beschluss den Vollzug der einstweiligen Maßnahmen aus. Das Rechtsmittel, welches NDC Health geg8en den Beschluss des Richters der einstweiligen Anordnung einlegte, hatte im Ergebnis zwar keinen Erfolg. Der Präsident des Gerichtshofs stellte in seinem Zurückweisungsbeschluss jedoch fest, dass er den Ausführungen des Richters der einstweiligen Anordnung jedenfalls insoweit nicht vorbehaltlos zustimmen könne, als sie dahin verstanden werden könnten, dass sie den Schutz der Interessen der Wettbewerber aus dem in Art. 82 EG verfolgten Zweck ausschließen, obwohl sich solche Interessen von der Aufrechterhaltung der Struktur des tatsächlichen Wettbewerbs nicht trennen ließen.[32]

17   **c) Beispiele.** In einer Entscheidung betreffend den **Hafen von Roscoff**[33] (Bretagne) hat die Kommission die Betreiberin des Hafens, die Chambre de Commerce et d'Industrie de Morlaix, im Wege der Anordnung einstweiliger Maßnahmen verpflichtet, dem Fährdienstbetreiber Irish Continental Group Zugang zu den Hafenanlagen zu gewähren. Die Entscheidung wurde auf die im Bereich des Art. 82 EG geltende „Essential-facilities" Doktrin gestützt. Der Hafen von Roscoff wurde von der Kommission als wesentliche Einrichtung für die Erbringung von Fährdiensten zwischen Frankreich und Irland angesehen. Die Dringlichkeit folgte für die Kommission daraus, dass die Ferienzeit unmittelbar bevorstand. Eine Verweigerung des Hafenzugangs während der Hauptreisezeit hätte der Irish Continental Group nach Ansicht der Kommission einen ernsten, nicht wieder gutzumachenden Schaden zugefügt. Unter der Geltung des Art. 8 müsste die Kommission nunmehr darauf abstellen, dass die Verweigerung des Zugangs nicht nur einen Schaden für das betroffene Unternehmen bedeutet, sondern einen Schaden für den Wettbewerb auf dem betroffenen Markt für die Erbringung von Fährdienstleistungen zwischen Frankreich und Irland.

18   In den Entscheidungen **Schöller**[34] und **Langnese-Iglo**[35] erließ die Kommission auf Beschwerden des Wettbewerbers Mars hin einstweilige Maßnahmen gegen die Speiseeishersteller Schöller und Langnese, weil deren Liefervereinbarungen mit Einzelhändlern in Deutschland Ausschließlichkeitsbindungen (Kühltruhenexklusivität und Verkaufsstellenexklusivität) enthielten, die Wettbewerbern den Zugang zum deutschen Markt für Impulseis erschwerte. Die Dringlichkeit wurde mit der Erwägung begründet, dass es sich bei Impulseis um ein saisonales Produkt handele.

19   In der Entscheidung **Ford**[36] ging die Kommission mit einstweiligen Maßnahmen gegen die Einstellung des Vertriebs rechtsgelenkter Fahrzeuge der Marke Ford in Deutschland vor. Viele Kunden aus Großbritannien hatten rechtsgelenkte Ford-Fahrzeuge bei deutschen Händlern erworben, weil diese Fahrzeuge in Deutschland erheblich günstiger angeboten wurden als in Großbritannien. Um diesem Käuferverhalten entgegenzuwirken, verschickte Ford Rundschreiben an seine deutschen Händler und teilte darin mit, dass Ford Bestellungen von rechtsgelenkten Fahrzeugen künftig nicht mehr ausführen werde. Durch Entscheidung verpflichtete die Kommission Ford, das Rundschreiben zurückzunehmen und seine deutschen Händler zu informieren, dass rechtsgelenkte Fahrzeuge weiterhin zum Lieferprogramm gehörten. Die Dringlichkeit begründete die Kommission damit, dass der Kauf eines Kfz vielfach zeitgebunden sei. Es könne dem Verbraucher nicht zugemutet werden,

---

[32] EuGH B. v. 11. 4. 2002 Rs. C-481/01 P (R) – *NDC Health/Komm.* und *IMS Health* Slg 2002, I-3401 Rn. 84 f.
[33] Vgl. Kommission, Pressemitteilung IP 95/492 v. 16. 5. 1995.
[34] Komm. E. v. 23. 12. 1992 – *Schöller* ABl. 1993 L 183/1.
[35] Komm. E. v. 23. 12. 1992 – *Langnese-Iglo* ABl. 1993 L 183/19.
[36] Komm. E. v. 18. 12. 1982 – *Ford* ABl. 1982 L 256/20.

mit dem Kauf eines rechtsgelenkten Ford-Fahrzeugs bis zum Erlass einer endgültigen Entscheidung der Kommission zu warten.[37]

IV. Auswahlermessen

Einstweilige Maßnahmen, die die Kommission den Adressaten einer Entscheidung nach Art. 8 auferlegt, können in einem **Tätigwerden** (z. B. Rücknahme eines Schreibens, in dem ein Lieferstop enthalten ist und Belieferung des betroffenen Unternehmens mit einem bestimmten Kontingent pro Jahr)[38] oder einem **Unterlassen** (z. B. Verbot, Verdrängungspreise zu verwenden)[39] bestehen.[40]

Die Rechtsprechung billigt der Kommission bei der Entscheidung darüber, welche einstweiligen Maßnahmen angezeigt sind, ein **weites Ermessen** zu.[41] Die Kommission hat dabei jedoch den **Grundsatz der Verhältnismäßigkeit** zu beachten. Sie darf diejenigen einstweiligen Maßnahmen anordnen, die unerlässlich sind, um ihr die wirksame Erfüllung ihrer Aufgaben zu ermöglichen und insbesondere die praktische Wirksamkeit der Entscheidungen nach Art. 7 zu gewährleisten, durch welche die Unternehmen gegebenenfalls verpflichtet werden, die festgestellten Zuwiderhandlungen abzustellen.[42] Einstweilige Maßnahmen dürfen nur unter Berücksichtigung der legitimen Interessen des betroffenen Unternehmens ergriffen werden. Die Maßnahmen müssen **vorläufiger** und **sichernder Art** sein und **auf das in der gegebenen Sachlage Notwendige beschränkt** bleiben. Sie dürfen eine **spätere Untersagungs- bzw. Abstellungsentscheidung (Art. 7) nicht vorwegnehmen** und nicht über deren Rahmen hinausgehen. Von mehreren gleichermaßen in Betracht kommenden einstweiligen Maßnahmen sind diejenigen zu wählen, die das betroffene Unternehmen am wenigsten belasten.[43]

V. Befristete Geltungsdauer der Entscheidung (8 Abs. 2)

Eine Entscheidung, mit der die Kommission einstweilige Maßnahmen anordnet, muss befristet sein. Der ursprüngliche Verordnungsvorschlag der Kommission vom 27. 9. 2000 sah eine Geltungsdauer der Entscheidung von bis zu einem Jahr mit Verlängerungsmöglichkeit vor.[44] Art. 8 Abs. 2 gewährt der Kommission eine größere Flexibilität. Eine Verlängerung der Geltungsdauer erfordert allerdings eine neue Entscheidung, die wieder alle Voraussetzungen des Art. 8 Abs. 1 erfüllen muss. Die Kommission muss also eine erneute, vollständige Prüfung vornehmen.[45] Zudem muss die Verlängerung verhältnismäßig, d. h. erforderlich und angemessen sein. Dies darf jedoch nicht dazu führen, dass die Kommission von vornherein in ihrer Entscheidung eine überlange Geltungsdauer anordnet. Vielmehr ist Art. 8 Abs. 2 dahingehend auszulegen, dass sich die **Verhältnismäßigkeitprüfung nicht nur auf die Verlängerungsmöglichkeit, sondern auch auf die ursprüngliche Befristung bezieht.** Die Kommission muss nicht nur bei der Entscheidung, ob und welche

---

[37] Komm. E. v. 18. 12. 1982 – Ford ABl. 1982 L 256/20 Rn. 44.
[38] Komm. E. v. 4. 12. 1991 – Eco System/Peugeot ABl. 1992 L 66/1 ff.
[39] Komm. E. v. 29. 7. 1983 – ECS/AKZO ABl. L 252/13 ff.
[40] Ausführlich zu den Beispielen aus der Kommissionspraxis – Navarro/Gonzalez ECLR 2002, 512, 514 ff.
[41] EuG B. v. 26. 10. 2001 Rs. T-184/01 R – IMS Health/Komm. Slg 2001, II-3193 Rn. 120.
[42] EuGH B. v. 17. 1. 1980 Rs. 792/79 R – Camera Care/Komm. Slg 1980, 119 Rn. 18 f.
[43] Navarro/Gonzalez ECLR 2002, 512, 513.
[44] Vorschlag der Kommission für eine Verordnung des Rates zur Durchführung der in den Artikeln 81 und 82 EG-Vertrag niedergelegten Wettbewerbsregeln vom 27. 9. 2000, KOM(2000) 582 endgültig.
[45] Bauer in: Hirsch, G./Montag, F./Säcker, F. J. (Hrsg.), Competition Law: European Community Practice and Procedure, 2008, Part 4, Art. 8 Rn. 4–8-019; Sura in: Langen/Bunte, Kommentar zum deutschen und europäischen Kartellrecht, 10. Aufl. 2006, VO Nr. 1/2003, Art. 7 Rn. 5.

einstweiligen Maßnahmen sie anordnet, den Grundsatz der Verhältnismäßigkeit beachten, sondern auch bei der Befristung der einstweiligen Maßnahmen.

23 Einstweilige Maßnahmen bleiben ohnehin nur **solange in Kraft,** bis die Kommission eine abschließende Entscheidung i. S. d. Art. 7 getroffen hat oder bis die Entscheidung über die Anordnung der einstweiligen Maßnahmen vom EuG für nichtig erklärt worden ist. Fallen die Voraussetzungen, die den Erlass einstweiliger Maßnahmen ursprünglich gerechtfertigt haben, später weg, so ist die Kommission verpflichtet, die Anordnung der Maßnahmen zurückzuziehen.[46]

VI. Sanktionen

24 Die Kommission kann gemäß Art. 23 Abs. 2 lit. b durch Entscheidung **Bußgelder** verhängen, wenn Unternehmen einer Entscheidung zur Anordnung einstweiliger Maßnahmen zuwiderhandeln. Darüber hinaus ist die Kommission gemäß Art. 24 Abs. 1 lit. b befugt, **Zwangsgelder** festzusetzen, um die Adressaten einer Entscheidung i. S. d. Art. 8 dazu anzuhalten, diese zu befolgen.

VII. Rechtsschutz gegen einstweilige Maßnahmen

1. Nichtigkeitsklage

25 Gegen Entscheidungen, mit denen die Kommission einstweilige Maßnahmen anordnet, besteht für die **betroffenen Unternehmen** die Möglichkeit, eine Nichtigkeitsklage gemäß Art. 230 EG zu erheben. Allerdings hat eine solche Klage gemäß Art. 242 EG keine aufschiebende Wirkung. Der Vollzug der einstweiligen Maßnahmen wird bis zum Erlass des Urteils nicht gehindert.

2. Vorläufiger Rechtsschutz

26 Nach Art. 242 und 243 EG können der Gerichtshof oder das EuG die Durchführung einer angefochtenen Handlung aussetzen oder die erforderlichen einstweiligen Anordnungen treffen. Für ein vom Erlass einstweiliger Maßnahmen betroffenes Unternehmen besteht die Möglichkeit, beim EuG einen **Antrag auf einstweilige Anordnung gemäß § 104 VerfO-EuG** zu stellen. Das Unternehmen kann beantragen, den Vollzug der einstweiligen Maßnahmen bis zum Erlass des Urteils des EuG in der Hauptsache auszusetzen. Gemäß Art. 104 § 1 VerfO-EuG ist der Antrag nur zulässig, wenn der Antragsteller die Entscheidung der Kommission gleichzeitig im Wege der Nichtigkeitsklage angefochten hat. Nach Art. 104 § 2 VerfO-EuG müssen Anträge auf einstweilige Anordnungen die Umstände anführen, aus denen sich die Dringlichkeit ergibt; ferner ist die Notwendigkeit der beantragten gerichtlichen Anordnung in tatsächlicher und rechtlicher Hinsicht glaubhaft zu machen.

27 Der Antragsteller muss **glaubhaft** machen, dass **ernsthafte Gründe** bestehen, die an der Richtigkeit der Beurteilung von zumindest einer der beiden Voraussetzungen für den Erlass einstweiliger Maßnahmen Zweifel aufkommen lassen.[47] Es ist hingegen nicht erforderlich, glaubhaft zu machen, dass der Kommission offensichtliche Ermessensfehler unterlaufen sind.

28 Die **Dringlichkeit** einer einstweiligen Anordnung ist danach zu beurteilen, ob die Gewährung vorläufigen Rechtsschutzes erforderlich ist, um zu verhindern, dass dem Antragsteller ein schwerer und nicht wieder gutzumachender Schaden entsteht.[48] Es ist Sache des Antragstellers den schweren und nicht wieder gutzumachenden Schaden darzulegen

---

[46] So geschehen etwa im Fall *IMS Health* (s. o. Fn. 16); *Bauer* in: Competition Law: European Community Practice and Procedure, Part 4, Art. 8 Rn. 4–8-020.
[47] EuG B. v. 26. 10. 2001 Rs. T-184/01 R – *IMS Health/Komm.* Slg 2001, II-3193 Rn. 90, 93.
[48] EuG B. v. 26. 10. 2001 Rs. T-184/01 R – *IMS Health/Komm.* Slg 2001, II-3193 Rn. 116.

und zu beweisen. Bei der Entscheidung über die Dringlichkeit berücksichtigt der Richter der einstweiligen Anordnung, dass die angefochtene Entscheidung selbst eine vorläufige ist, die die Kommission während einer noch nicht abgeschlossenen Untersuchung getroffen hat.[49] Er prüft, ob die ernsthafte Gefahr besteht, dass die nachteiligen Wirkungen der angefochtenen Entscheidung, wenn diese sofort durchgeführt würde, über diejenigen einer sichernden Maßnahme hinausgehen und in der Zwischenzeit zu Schäden führen, die erheblich größer sind als die unvermeidlichen, aber vorübergehenden negativen Begleiterscheinungen einer einstweiligen Maßnahme.

Ist der Richter der einstweiligen Anordnung davon überzeugt, dass die in den Art. 242 EG und 243 EG sowie in Art. 104 VerfO-EuG vorgesehenen Voraussetzungen erfüllt sind, so muss er die **Interessen**, auf die sich die Kommission zur Begründung ihrer Entscheidung gestützt hat, gegen diejenigen, die der Antragsteller zugunsten der einstweiligen Anordnung geltend macht, **abwägen.**[50] Die Aussetzung des Vollzugs muss zur Verhinderung eines schweren und nicht wieder gutzumachenden Schadens für die Interessen des Antragstellers bereits vor der Entscheidung zur Hauptsache erforderlich und vorläufig in dem Sinne sein, dass sie dieser Entscheidung **nicht vorgreift** und deren Folgen nicht im voraus neutralisiert.[51] Eine Aussetzung des Vollzugs kommt etwa dann in Betracht, wenn der Richter der einstweiligen Anordnung feststellt, dass ernsthafte Gründe für die Annahme bestehen, dass viele der Marktentwicklungen, zu denen der sofortige Vollzug der einstweiligen Maßnahmen wahrscheinlich führen würde (z. B. Abwandern von Kunden, Umschwenken der Kunden auf andere Produkte), nur sehr schwer oder überhaupt nicht wieder rückgängig gemacht werden könnten, falls der Klage stattgegeben würde.[52]

3. Rechtsschutz Dritter

Der Rechtsschutz Dritter gegen einstweilige Maßnahmen, die gegenüber einem anderen Unternehmen erlassen wurden, richtet sich nach Art. 230 Abs. 4 EG. Ein Dritter kann eine Nichtigkeitsklage gegen die Entscheidung der Kommission erheben, sofern er durch diese unmittelbar und individuell betroffen wird. Diese Voraussetzungen können erfüllt sein, wenn der Dritte in dem Verfahren zum Erlass der einstweiligen Maßnahme auf seinen Antrag hin von der Kommission **angehört** worden ist (Art. 27 Abs. 3), er sich also am Verfahren beteiligt hat.

Art. 9. Verpflichtungszusagen

(1) ¹Beabsichtigt die Kommission, eine Entscheidung zur Abstellung einer Zuwiderhandlung zu erlassen, und bieten die beteiligten Unternehmen an, Verpflichtungen einzugehen, die geeignet sind, die ihnen von der Kommission nach ihrer vorläufigen Beurteilung mitgeteilten Bedenken auszuräumen, so kann die Kommission diese Verpflichtungszusagen im Wege einer Entscheidung für bindend für die Unternehmen erklären. ²Die Entscheidung kann befristet sein und muss besagen, dass für ein Tätigwerden der Kommission kein Anlass mehr besteht.

(2) **Die Kommission kann auf Antrag oder von Amts wegen das Verfahren wieder aufnehmen,**

a) **wenn sich die tatsächlichen Verhältnisse in einem für die Entscheidung wesentlichen Punkt geändert haben,**

b) **wenn die beteiligten Unternehmen ihre Verpflichtungen nicht einhalten oder**

---

[49] EuG B. v. 26. 10. 2001 Rs. T-184/01 R – *IMS Health/Komm.* Slg 2001, II-3193 Rn. 117.
[50] EuG B. v. 26. 10. 2001 Rs. T-184/01 R – *IMS Health/Komm.* Slg 2001, II-3193 Rn. 47, 133.
[51] EuGH B. v. 11. 5. 1989 Rs. C-76, 77 und 91/89 R *RTE u. a./Komm.* Slg 1989, 1141, Rn. 12; EuG B. v. 26. 10. 2001 Rs. T-184/01 R – *IMS Health/Komm.* Slg 2001, II-3193 Rn. 47.
[52] Vgl. EuG B. v. 26. 10. 2001 Rs. T-184/01 R – *IMS Health/Komm.* Slg 2001, II-3193 Rn. 129.

c) wenn die Entscheidung auf unvollständigen, unwichtigen oder irreführenden Angaben der Parteien beruht.

Übersicht

	Rn.		Rn.
I. Einführung	1	2. Prima facie festgestellte Zuwiderhandlung	19
II. Entstehungsgeschichte		3. Mögliche Zusagen	21
1. Parallele zur FKVO	2	4. Feststellung, dass für ein Tätigwerden der Kommission kein Anlass mehr besteht	23
2. Zusagenpraxis nach der VO 17/62	3	5. Möglichkeit zur Befristung der Entscheidung	25
III. Anwendungsbereich			
1. Beabsichtigte Entscheidungen nach Art. 7	4	VI. Wirkung der Entscheidung	
2. Ungeeignetheit im Fall von Bußgeldentscheidungen	8	1. Bindung des Unternehmen	30
		2. Bindung der Kommission	32
IV. Voraussetzungen für den Erlass einer Entscheidung		3. Zivilrechtliche Drittwirkung der Verpflichtungszusagen	33
1. Angebot von Verpflichtungszusagen	10	4. Keine Bindungswirkung für nationale Gerichte und Wettbewerbsbehörden gemäß Art. 16	34
2. Eignung zur Ausräumung der Bedenken der Kommission	11		
3. Pflicht der Kommission zur Beachtung des Grundsatzes der Verhältnismäßigkeit	13	VII. Wiederaufnahme des Verfahrens (Art. 9 Abs. 2)	36
4. Vorherige Veröffentlichung im Amtsblatt	17		
V. Inhalt der Entscheidung		VIII. Rechtsschutz	39
1. Allgemein	18		

I. Einführung

1 In ihrer Begründung zu Art. 9 ihres Verordnungsvorschlags zur VO 1/2003 vom 27. 9. 2000[1] hat die Kommission darauf hingewiesen, dass durch Art. 9 Abs. 1 ein **neues Instrument** eingeführt wird: Die Kommission wird befugt, durch Entscheidung Verpflichtungszusagen anzunehmen, die von Unternehmen in Zusammenhang mit einem Verfahren angeboten werden, bei dem die Kommission eine Entscheidung zur Abstellung einer Zuwiderhandlung (Art. 7) ins Auge fasst. Die Betonung liegt dabei auf den Worten **„durch Entscheidung"**, denn bereits unter der Geltung der VO 17/62 hat die Kommission in einer Reihe von Fällen Verpflichtungszusagen, die ihr von den Unternehmen zur Abstellung einer etwaigen Zuwiderhandlung angeboten wurden, als Mittel einer Verfahrensbeendigung akzeptiert. Die neue Befugnis, Zusagen durch formelle Entscheidung i. S. d. Art. 249 EG für bindend zu erklären, **beendet Unsicherheiten, die hinsichtlich der Rechtsverbindlichkeit und Durchsetzung** von Zusagen unter dem Regime der VO 17/62 bestanden hatten.[2] Unter der Geltung der VO 17/62 akzeptierte die Kommission Verpflichtungszusagen, ohne diesbezüglich eine förmliche und damit die Unternehmen bindende Entscheidung zu erlassen.[3] Die Annahme von Zusagen durch die Kommission führte zu keiner rechtlich verbindlichen Vereinbarung, etwa im Sinne eines öffentlich-rechtlichen Vertrages.[4] Wurde die Zusage von den betreffenden Unternehmen nicht eingehalten, so konnte die Kommission dies nicht unmittelbar mit der Auferlegung von Zwangsgeldern oder Geldbußen ahnden.[5] Dies ist durch Art. 9 geändert worden. Die Zu-

---

[1] Kommission, Vorschlag vom 27. 9. 2000 für eine Verordnung des Rates zur Durchführung der in den Artikeln 81 und 82 EG-Vertrag niedergelegten Wettbewerbsregeln und zur Änderung der Verordnungen (EWG) Nr. 1017/68, (EWG) Nr. 2988/74, (EWG) Nr. 4056/86 und (EWG) Nr. 3975/87 („Durchführungsverordnung zu den Artikeln 81 und 82 EG-Vertrag"), KOM(2000) 582 endgültig, S. 20.
[2] *Modrall,* Global Competition Review 2003, 29, 30; näher unter II. 2.
[3] *Dieckmann* in: Wiedemann, Handbuch des Kartellrechts, § 45 Rn. 15.
[4] *Dieckmann* (Fn. 4) § 45 Rn. 16.
[5] Anders war dies nur in Fällen, in denen Zusagen gemäß Art. 8 Abs. 1 VO 17/62 zum Gegenstand einer Bedingung oder Auflage im Rahmen einer Einzelfreistellungsentscheidung gemacht wurden.

sagen sind für die Adressaten einer Entscheidung i. S. d. Art. 9, d. h für die Unternehmen, die die Zusagen abgegeben haben, verbindlich (Art. 249 EG). Die Kommission kann die Nichteinhaltung von Zusagen, die sie durch Entscheidung für bindend erklärt hat, nun unmittelbar mit Bußgeldern (Art. 23 Abs. 2 c) oder Zwangsgeldern (Art. 24 Abs. 1 c) ahnden. Im Prinzip kann die Kommission zwar auch wie früher Zusagen akzeptieren, ohne diese gemäß Art. 9 durch eine Entscheidung für bindend zu erklären. In der Praxis wird sie aber in aller Regel nicht mehr bereit sein, auf eine solche Verbindlicherklärung zu verzichten.[6] Zweck des Art. 9 ist es, der Kommission eine effektive – und damit nicht zuletzt auch beschleunigte – Bearbeitung derjenigen Verfahren zu ermöglichen, in denen die betroffenen Unternehmen dazu bereit sind, geeignete Zusagen abzugeben, die kein weiteres Tätigwerden der Kommission erfordern. Die Unternehmen können sich durch das Angebot von Zusagen unter Umständen ein langwieriges Verwaltungsverfahren ersparen.

II. Entstehungsgeschichte

1. Parallele zur FKVO

Art. 9 entspricht inhaltlich im wesentlichen der Regelung in Art. 8 Abs. 2 FKVO. Nach dieser Vorschrift hat die Kommission bei der Frage, ob ein angemeldeter Zusammenschluss mit dem gemeinsamen Markt für vereinbar zu erklären ist, gegebenenfalls von den beteiligten Unternehmen unterbreitete Änderungen zu berücksichtigen. Diese Änderungen werden regelmäßig in Form von sogenannten Verpflichtungszusagen („Commitments") unterbreitet. Den Unternehmen ist somit durch die FKVO ein Instrument zur Verfügung gestellt worden, um einen in seiner ursprünglich beabsichtigten Form nicht genehmigungsfähigen Zusammenschluss genehmigungsfähig zu machen. Die Kommission kann Entscheidungen, mit denen sie einen Zusammenschluss genehmigt, mit Bedingungen oder Auflagen verbinden, um **sicherzustellen,** dass die beteiligten Unternehmen den Verpflichtungen nachkommen, die sie gegenüber der Kommission hinsichtlich einer mit dem gemeinsamen Markt zu vereinbarenden Gestaltung des Zusammenschlusses eingegangen sind. Die von der Kommission gemäß Art. 8 Abs. 2 FKVO formulierten Bedingungen und Auflagen haben den verfahrensmäßigen Zweck, die Einhaltung der abgegebenen Verpflichtungszusagen abzusichern.[7] Den selben Sicherungszweck verfolgt der Gemeinschaftsgesetzgeber auch mit Art. 9.

2. Zusagenpraxis nach der VO 17/62

Auch wenn die VO 17/62 keine ausdrückliche Ermächtigung vorsah, hatte die Kommission in einer Reihe von Fällen die Abgabe von Verpflichtungserklärungen akzeptiert, in erster Linie in Fällen des Missbrauchs einer marktbeherrschenden Stellung nach Art. 82 EG.[8] Da die Kommission keinem Offizialprinzip unterworfen ist, konnte sie ein Verfahren einstellen, wenn eine ursprünglich wettbewerbsbeschränkende Vereinbarung geändert und in Einklang mit Art. 81 oder 82 EG gebracht oder ganz aufgehoben worden war. Der EuGH hat diese Praxis gebilligt und im „Zellstoff"-Urteil die Entgegennahme von Zusagen als ein zulässiges Mittel anerkannt, um eine Verletzung der EG-Wettbewerbsregeln zu beheben.[9] Der EuGH setzte dabei Zusagen mit Maßnahmen gleich, die eine Zuwiderhandlung im Sinne von Art 3 VO 17/62 abstellen.

---

[6] Allerdings hat die Kommission im März 2005 im Fall „Luftfahrtversicherungen" Verpflichtungen der Branchenverbände der Luftfahrtversicherer akzeptiert, ohne eine Artikel 9-Entscheidung zu erlassen, vgl. Kommission, Pressemitteilung IP/05/361.
[7] Vgl. *Schwarze* EuZW 2002, 741.
[8] Ausführlich dazu *Dieckmann* in: Wiedemann, Handbuch des Kartellrechts, § 45 Rn. 14 ff.
[9] EuGH U. v. 31. 3. 1993 verb. Rs. C 89, 104, 114, 116, 117 und 125–129/85 – *Ahlström Osakeyhtiö u. a./Komm.* Slg. 1993 I-1575 Rn. 178 ff.

III. Anwendungsbereich

1. Beabsichtigte Entscheidungen nach Art. 7

4 Zusagenentscheidungen i. S. d. Art. 9 kommen im Rahmen von Verfahren in Betracht, in denen die Kommission gemäß Art. 7 eine Entscheidung zur Untersagung bzw. Abstellung von Zuwiderhandlungen gegen Art. 81, 82 EG ins Auge fasst.[10] Sie eignen sich insbesondere für Verfahren wegen Verletzung des Art. 82 EG, in denen eine Änderung des Verhaltens des marktbeherrschenden Unternehmens den Wettbewerbsverstoß beseitigen kann.[11]

5 Nach dem Wortlaut des Art. 9 Abs. 1 sowie der Begründungserwägung 13 setzt der Erlass einer Zusagenentscheidung voraus, dass die Kommission (i) bereits ein **Verfahren eingeleitet** und (ii) den betroffenen Unternehmen die nach ihrer vorläufigen Beurteilung bestehenden **Bedenken mitgeteilt** hat. Die Verfahrenseinleitung geschieht durch einen Beschluss der Kommission und muss vor Übermittlung der vorläufigen Beurteilung erfolgen.[12] Mit der vorläufigen Beurteilung ist nicht gemeint, dass die Kommission den betreffenden Unternehmen bereits eine Mitteilung der Beschwerdepunkte nach Art. 27 Abs. 1 übersandt haben muss.[13] Dies ergibt sich daraus, dass Art. 2 Abs. 1 VO 773/2004 zwischen der vorläufigen Beurteilung gemäß Art. 9 und der Mitteilung der Beschwerdepunkte unterscheidet. Die vorläufige Beurteilung ist ein „Minus" gegenüber einer Mitteilung der Beschwerdepunkte und kann daher durch letztere ersetzt werden.[14] Die vorläufige Beurteilung muss die Bedenken der Kommission bereits so genau wiedergeben, dass die betroffenen Unternehmen in die Lage versetzt werden, geeignete Verpflichtungszusagen auszuarbeiten. Die Übermittlung der vorläufigen Beurteilung dient den Interessen der betroffenen Unternehmen. Diese können anhand der ihnen vorgeworfenen Umstände die Stärken und Schwächen der Argumentation der Kommission abschätzen und so letztlich entscheiden, ob sie im Wege einer Verpflichtungszusage mit der Kommission zusammenwirken oder sich stattdessen gegen den Vorwurf eines Wettbewerbsverstoßes zur Wehr setzen wollen.[15] Falls ein Unternehmen von der Rechtmäßigkeit seines Verhaltens überzeugt ist, so sollte es sich nicht auf das relativ schnelle Verfahren nach Art. 9 einlassen, sondern eine endgültige Entscheidung der Kommission nach Art. 7 abwarten und diese u. U. anfechten.[16]

6 Es spricht nichts dagegen, dass die Kommission auch vorbeugende Verpflichtungszusagen, die ein Unternehmen bereits **vor Erhalt** einer vorläufigen Beurteilung angeboten hat, berücksichtigen kann.[17]

7 Art. 9 ist auch in Betracht zu ziehen, wenn die Kommission die **Anordnung von einstweiligen Maßnahmen** gemäß Art. 8 beabsichtigt, da einstweilige Maßnahmen die praktische Wirksamkeit von späteren Entscheidungen zur Abstellung einer Zuwiderhand-

---

[10] Vgl. Begründungserwägung Nr. 13 S. 1 zur VO 1/2003, ABl. 2003 L 1/1 ff.

[11] Vgl. *Dieckmann* in: Wiedemann, Handbuch des Kartellrechts, § 45 Rn. 14. Zu einzelnen Fallgruppen gemäß Art. 81, 82 EG, die sich für Zusagenentscheidungen eignen, siehe *Temple Lang* ECLR 2003, 347, 352 ff.

[12] Vgl. Art. 2 Abs. 1 der Durchführungsverordnung Nr. 773/2004, ABl. 2004, L123/18.

[13] *Busse/Leopold*, Entscheidungen über Verpflichtungszusagen nach Art. 9 VO (EG) Nr. 1/2003, WuW 2005, 146, 147; *Sura* in: Langen/Bunte, Kommentar zum deutschen und europäischen Kartellrecht, 10. Aufl. 2006, VO No. 1/2003, Art. 9 Rn. 5; a. A. *Temple Lang* ECLR 2003, 347, der eine vorherige Mitteilung der Beschwerdepunkte für erforderlich hält.

[14] *Sura* in: Langen/Bunte, Kommentar zum deutschen und europäischen Kartellrecht, VO No. 1/2003 Art. 9 Rn. 5.

[15] *Schwarze/Weitbrecht* § 6 Rn. 78.

[16] *Schwarze/Weitbrecht* § 6 Rn. 85.

[17] *Sura* in: Langen/Bunte, Kommentar zum deutschen und europäischen Kartellrecht, VO No. 1/2003 Art. 9 Rn. 6.

lung gewährleisten sollen.[18] Ein Beispiel dafür, dass die Eingehung von Zusagen zur Vermeidung einer Anordnung von einstweiligen Maßnahmen in Betracht kommt, ist die Kommissionsentscheidung „Seacontainers/Stena Sealink".[19]

2. Ungeeignetheit im Fall von Bußgeldentscheidungen

Satz 4 der Begründungserwägung Nr. 13 zur VO Nr. 1/2003 besagt, dass Entscheidungen bezüglich Verpflichtungszusagen für solche Fälle **ungeeignet** sind, in denen die Kommission eine **Geldbuße aufzuerlegen beabsichtigt**.[20] Hiermit könnte gemeint sein, dass die Kommission innerhalb eines Verfahrens, das sich gegen mehrere Unternehmen richtet, nicht gegenüber einem Beteiligten eine Zusagenentscheidung erlassen darf, während sie gegenüber den anderen beteiligten Unternehmen Geldbußen ausspricht.[21] Damit würde der Kommission in Zukunft allerdings wohl keine Möglichkeit mehr zu einer Verfahrensbeendigung gelassen wie im Fall der angeblichen Preisabsprachen einiger deutscher und niederländischer Bankinstitute in Zusammenhang mit der Erhebung von Bankgebühren für den Umtausch von Währungen der Euro-Zone in der Übergangszeit bis zur Einführung der Euro-Banknoten und -Münzen am 1. 1. 2002.[22] Der Fall aus dem Jahr 2001 hatte gezeigt, dass selbst bei der Untersuchung von Preisabsprachen in Ausnahmefällen eine Einstellung des Verfahrens gegen Zusagen in Betracht kommen kann. Eine Kartelluntersuchung der Kommission hatte ergeben, dass Ende 1997 mehrere deutsche und niederländische Banken angeblich eine Vereinbarung über eine Gebühr von rund 3% für den An- und Verkauf von Banknoten des Eurogebiets für einen Zeitraum von drei Jahren bis zur Einführung der Euro-Banknoten und -Münzen geschlossen hatten. In den Mitteilungen der Beschwerdepunkte, die im August 2000 an die betroffenen Banken versandt wurden, traf die Kommission die Feststellung, dass sie nach Anhörung der Banken den Erlass einer Bußgeldentscheidung beabsichtige. Zwischen April und Sommer 2001 gaben einige der von der Untersuchung betroffenen Banken gegenüber der Kommission die Zusage ab, ihre Gebühren zu senken und sie ab Oktober 2001 ganz abzuschaffen. Indem diese Banken ihr angebliches Kartellverhalten beendeten, sah sich die Kommission veranlasst, das Verfahren gegen sie einzustellen, weil eine sofortige und erhebliche Senkung der Gebühren im Interesse der Verbraucher gelegen habe. Die Kommission wies in einer Pressemitteilung darauf hin, dass es sich um ein ungewöhnliches Vorgehen ihrerseits gehandelt habe, welches durch die besonderen Umstände des Falles gerechtfertigt gewesen sei. Da die Einführung der Euro-Banknoten und -Münzen im Januar 2002 unmittelbar bevorgestanden habe, wäre das angenommene Kartellverhalten der Banken dadurch automatisch beendet worden.[23] Diejenigen Banken hingegen, die zur Abgabe der genannten Zusage nicht bereit gewesen waren, wurden von der Kommission wegen ihrer angeblichen Beteiligung an den Preisabsprachen mit Geldbußen belegt.

Da der Gemeinschaftsgesetzgeber die Befugnisse der Kommission mit der VO 1/2003 aber im Zweifel erweitern und nicht einschränken wollte, dürfte Satz 4 der Begründungserwägung Nr. 13 wohl eher als ein allgemeiner Hinweis an die Kommission zu verstehen sein, dass in allen Fällen, in denen ein Bußgeld angezeigt ist (insbesondere bei schwerwiegenden Wettbewerbsbeschränkungen wie Preisabsprachen oder Marktaufteilungen) der Erlass einer Zusagenentscheidung in der Regel nicht in Betracht kommt. Grundsätzlich

---

[18] Zu Zusagen als Mittel zur Verhinderung einstweiliger Maßnahmen siehe *Navarro/Gonzalez* ECLR 2002, 512, 517.
[19] Komm. E. v. 21. 12. 1993 – *Seacontainers/Stena Sealink* ABl. 1994 L 15/8 ff.; vgl. auch Komm. E. v. 22. 12. 1987 – *Eurofix-Bauco/Hilti* ABl. 1988, L 65/19 ff.
[20] Vgl. Begründungserwägung Nr. 13 S. 4 zur VO 1/2003, ABl. 2003 L 1/1 ff.
[21] A. A. *Temple Lang* ECLR 2003, 347.
[22] Pressemitteilung vom 11. Dezember 2001 IP/01/1796.
[23] Pressemitteilung a. a. O.

dürften Zusagenentscheidungen nur dann ein geeignetes Mittel sein, wenn es **allein um die Abstellung eines wettbewerbswidrigen Verhaltens** im Sinne der Art. 81 oder 82 geht, nicht hingegen, wenn darüber hinaus eine Sanktion in Form einer Geldbuße erforderlich ist.[24]

IV. Voraussetzungen für den Erlass einer Entscheidung

1. Angebot von Verpflichtungszusagen

10   Im Rahmen des gegen sie laufenden Verfahrens können die betroffenen Unternehmen der Kommission anbieten, bestimmte Verpflichtungen einzugehen, um dadurch einer Abstellungsanordnung nach Art. 7 zu entgehen. Die Kommission kann Verpflichtungszusagen nicht einseitig verhängen, sondern die **Initiative muss von den betroffenen Unternehmen ausgehen.** Erscheinen der Kommission die angebotenen Zusagen als ungenügend, so kann sie Nachbesserungen durchsetzen, indem sie mit dem Erlass einer Untersagungsentscheidung nach Art. 7 droht.[25] Ähnlich wie Art. 8 Abs. 2 FKVO, der den Unternehmen mit der Möglichkeit, Zusagen abzugeben, ein Instrument zur Verfügung stellt, um einen in seiner ursprünglich beabsichtigten Form nicht genehmigungsfähigen Zusammenschluss genehmigungsfähig zu machen, ist auch Art. 9 als ein **Angebot des Gemeinschaftsgesetzgebers an die Unternehmen** zu verstehen. Die Regelung bietet Unternehmen den Vorteil, ein möglicherweise langwieriges Verwaltungsverfahren durch die Eingehung von Verpflichtungszusagen abzukürzen. Da Zusagenentscheidungen keine Feststellung in Bezug auf das Vorliegen einer Zuwiderhandlung beinhalten, haben Artikel 9-Entscheidungen für die Unternehmen den weiteren Vorteil, dass Marktteilnehmer den Inhalt einer derartigen Entscheidung kaum für die Erhebung einer zivilrechtlichen „Follow-on"-Schadensersatzklage nutzen können.

2. Eignung zur Ausräumung der Bedenken der Kommission

11   Die an der mutmaßlichen Zuwiderhandlung gegen Art. 81, 82 EG beteiligten Unternehmen müssen der Kommission anbieten, Verpflichtungen eingehen zu wollen, die geeignet sind, die ihnen von der Kommission nach ihrer vorläufigen Beurteilung mitgeteilten Bedenken auszuräumen. Die Kommission muss beurteilen, ob die angebotenen Verpflichtungen diese Eignung aufweisen, und sie muss diese Eignung auch in der Zusagenentscheidung begründen. Dabei wird man ihr ein weites Ermessen zuzubilligen haben. Eine **gerichtliche Überprüfung** der Beurteilung dieser Eignung durch das EuG kommt insbesondere dann in Betracht, wenn Dritte, die von der Zusagenentscheidung unmittelbar und individuell betroffen sind, diese gemäß Art. 230 Abs. 4 EG anfechten. Auch dann, wenn die Kommission das Angebot von Zusagen durch ein Unternehmen und damit den Erlass einer Zusagenentscheidung ablehnt und stattdessen eine Abstellungsanordnung nach Art. 7 trifft, kann der Gemeinschaftsrichter mit der Überprüfung der Eignung der angebotenen Zusagen befasst werden. Der Adressat kann die Abstellungsanordnung im Wege einer Nichtigkeitsklage mit der Begründung angreifen, dass die Kommission verpflichtet gewesen wäre, stattdessen eine die Klägerin weniger belastende Entscheidung nach Art. 9 zu erlassen.

12   Die Kommission braucht, wie es auch im deutschen Verwaltungsrecht beim Angebot eines Austauschmittels anerkannt ist, nur auf geeignete Abhilfemaßnahmen einzugehen. Dies kann jedoch nicht dazu führen, die **Beweislast** für die Eignung der angebotenen Ver-

---

[24] Für die Abwendung von Geldbußen ist die Mitteilung der Kommission über den Erlass und die Ermäßigung von Geldbußen in Kartellsachen heranzuziehen, ABl. 2002 C 45/3 ff.
[25] *Sura* in: Langen/Bunte, Kommentar zum deutschen und europäischen Kartellrecht, VO No. 1/2003 Art. 9 Rn. 8.

pflichtungszusagen vollständig den Unternehmen aufzubürden.[26] Es gelten vielmehr die allgemeinen Grundsätze der Beweislastverteilung, wie sie der EuGH im Fall „BAT und Reynolds/Kommission" angewendet hat. In dieser Entscheidung hat der EuGH in bezug auf Art. 81 und 82 EG die **der Kommission grundsätzlich obliegende Pflicht zur Beweisführung** im Hinblick auf das Vorliegen eines Verstoßes auch bei Abgabe von Verpflichtungserklärungen nicht abgeändert oder eingeschränkt.[27] Trifft die Kommission somit eine Abstellungsanordnung nach Art. 7 anstelle einer Zusagenentscheidung, so muss sie darlegen, warum ihr die von den betroffenen Unternehmen angebotenen Verpflichtungszusagen nicht geeignet erschienen sind, die Bedenken in bezug auf die mutmaßliche Zuwiderhandlung auszuräumen und dem Gemeinschaftsrichter insoweit eine Rechtmäßigkeitskontrolle ermöglichen.

3. Pflicht der Kommission zur Beachtung des Grundsatzes der Verhältnismäßigkeit

Art. 9 Abs. 1 liegt der Gedanke zugrunde, dass die Kommission eine Entscheidung zur Abstellung einer Zuwiderhandlung nur dann treffen soll, wenn das **mildere Mittel der Annahme von Verpflichtungszusagen** keinen Erfolg verspricht. Die Bestimmung ist insoweit vom **Grundsatz der Verhältnismäßigkeit** geprägt, der aus Art. 5 Abs. 3 EG abgeleitet wird und darüber hinaus als ungeschriebener, allgemeiner Rechtsgrundsatz Primärrechtscharakter im EG-Recht besitzt. Der Grundsatz der Verhältnismäßigkeit verlangt, dass die Rechtsakte der Gemeinschaftsorgane nicht die Grenzen dessen überschreiten, was für die Erreichung des Zieles angemessen und erforderlich ist; dabei ist, wenn mehrere geeignete Maßnahmen zur Wahl stehen, die am wenigsten belastende zu wählen.[28] Als höherrangiges Gemeinschaftsrecht ist der Grundsatz der Verhältnismäßigkeit bei der Auslegung von Sekundärrechtsbestimmungen wie Art. 9 stets zu beachten.[29]

Bieten die beteiligten Unternehmen etwas an, das geeignet ist, die Bedenken der Kommission auszuräumen, so verlangt der Grundsatz der Verhältnismäßigkeit, dass die Kommission die angebotenen Zusagen annehmen muss und insoweit nicht nach Überlegungen der Opportunität verfahren darf.[30] Soweit Art. 9 Abs. 1 S. 1 der Kommission mit der Formulierung „kann" ein Ermessen einräumt, betrifft dies nicht die Annahme der Verpflichtungserklärungen der Unternehmen, sondern allein die Frage, ob die Kommission die Einhaltung der von den beteiligten Unternehmen eingegangenen Verpflichtungen durch den Erlass einer förmlichen Entscheidung absichern soll.

Der Grundsatz der Verhältnismäßigkeit verstärkt die rechtliche Position, die ein Unternehmen beim Angebot von Verpflichtungszusagen im Hinblick auf die Vermeidung einer Entscheidung zur Abstellung einer Zuwiderhandlung gegen Art. 81 oder 82 hat. Eine Entscheidung i. S. d. Art. 7 darf, wenn Verpflichtungszusagen von den beteiligten Unternehmen angeboten wurden, nur dann ergehen, wenn die angebotenen Zusagen nicht geeignet sind, die Zuwiderhandlung zu beseitigen und daher ein milderes Mittel in Form einer Zusagenentscheidung i. S. d. Art. 9 nicht in Betracht kommt.

Das Gericht erster Instanz hat die Geltung des Grundsatzes der Verhältnismäßigkeit im Rahmen des Art. 9 in seinem Urteil vom 11. 7. 2007 in der Sache „**Alrosa/Kommission**" bestätigt.[31] Gegenstand dieses Urteils war erstmals die Rechtmäßigkeit einer Ent-

---

[26] Vgl. *Schwarze* EuZW 2002, 741, 746.
[27] EuGH U. v. 17. 11. 1987 verb. Rs. 142 und 156/84 – *BAT* und *Reynolds/Komm*. Slg 1987, 4487 Rn. 45 ff; vgl. *Schwarze* EuZW 2002, 741, 746.
[28] EuG U. v. 22. 11. 2001 Rs. T 9/98 – *Mitteldeutsche Erdöl-Raffinerie/Komm*. Slg. 2001, II-3367 Rn. 115.
[29] EuGH U. v. 11. 7. 1989 Rs. 265/87 – *Schräder/Hauptzollamt Gronau* Slg. 1989, 2237 Rn. 21.
[30] Vgl. *Schwarze* EuZW 2002, 741, 745.
[31] EuG U. v. 11. 7. 2007 Rs. T-170/06 – *Alrosa/Komm*. Rn. 92.

scheidung nach Art. 9. Das EuG erklärte die Entscheidung der Kommission vom 22. Februar 2006 für nichtig, in der diese individuelle Verpflichtungszusagen von De Beers, wonach das Unternehmen jeden Bezug von Rohdiamanten von Alrosa ab dem Jahr 2009 einstellen werde, für bindend erklärt hatte. Die russische Gesellschaft Alrosa und die Gesellschaft Luxemburgischen Rechts De Beers sind beide auf dem Weltmarkt für die Herstellung und Lieferung von Rohdiamanten tätig und nehmen dort den 1. und den 2. Platz ein. Im Jahr 2002 – also noch unter der Geltung der VO 17/62 – teilten die beiden Unternehmen der Kommission einen für die Dauer von fünf Jahren geschlossenen Kaufvertrag mit, in dem sich Alrosa verpflichtete, De Beers Rohdiamanten im Wert von US$ 800 Mio. pro Jahr zu liefern. Die Kommission leitete daraufhin zwei Verfahren ein, von denen eines auf Art. 81 EG gestützt wurde, das andere auf Art. 82 EG. Das erstgenannte Verfahren richtete sich gegen beide Gesellschaften, das zweite nur gegen De Beers. Im Dezember 2004, d. h. nach Inkrafttreten der VO 1/2003, boten Alrosa und De Beers der Kommission gemeinsame Verpflichtungszusagen über die schrittweise Reduzierung der Mengen an Rohdiamanten an, die Alrosa an De Beers zu veräußern beabsichtigte. Der Verkaufswert sollte dabei von US$ 700 Mio. im Jahr 2005 auf US$ 275 Mio. im Jahr 2010 zurückgehen und anschließend auf diesem Niveau begrenzt bleiben. Im Januar 2006 bot De Beers der Kommission jedoch im Rahmen des nach Art. 82 EG eingeleiteten Verfahrens individuell neue Verpflichtungszusagen dahingehend an, dass De Beers nach der Phase einer schrittweisen Reduzierung in den Jahren 2006 bis 2008 ab 2009 endgültig keine Rohdiamanten mehr von Alrosa beziehen werde. Diese individuellen Verpflichtungszusagen De Beers wurden von der Kommission in einer Entscheidung nach Art. 9 Abs. 1 für bindend erklärt. Alrosa erhob eine Nichtigkeitsklage gegen diese Entscheidung und hatte Erfolg. Das EuG führte aus, dass die Kommission zwar über ein Ermessen verfüge, wenn sie entsprechend der ihr mit der Verordnung 1/2003 eingeräumten Befugnis entscheide, ob sie die von den betroffenen Unternehmen angebotenen Verpflichtungszusagen für bindend erklärt und dazu eine Entscheidung nach Art. 9 erlässt oder nach Art. 7 Abs. 1 vorgeht, der die Feststellung einer Zuwiderhandlung gegen die Wettbewerbsvorschriften des EG-Vertrags verlangt. In beiden Fällen sei die Kommission deswegen aber unabhängig von dem freiwilligen Charakter der von den betroffenen Unternehmen angebotenen Verpflichtungszusagen und den Besonderheiten des Verfahrens nach Art. 9 Abs. 1 nicht von der Verpflichtung befreit, den Grundsatz der Verhältnismäßigkeit zu beachten.[32] Die diesbezügliche Prüfung der Kommission unterliege in vollem Umfang der Kontrolle durch das EuG. Dabei seien die Geeignetheit und die Erforderlichkeit der angefochtenen Entscheidung im Hinblick auf das von dem Organ verfolgte Ziel zu beurteilen. Das Gericht kam zu dem Ergebnis, dass das absolute Verbot jeder Geschäftsbeziehung zwischen den beiden Parteien ab 2009 offensichtlich unverhältnismäßig sei und nur außergewöhnliche Umstände, wie insbesondere eine eventuelle gemeinsame beherrschende Stellung, die Aufhebung der Vertragsfreiheit der Parteien für die Zukunft hätten rechtfertigen können.[33] Die Kommission hatte ihre Entscheidung jedoch ausschließlich auf die beherrschende Stellung von De Beers allein gestützt. Ferner stellte das Gericht fest, dass sich die Kommission nicht damit begnügen durfte, die von De Beers angebotenen Verpflichtungszusagen als solche zu akzeptieren, ohne andere Lösungen in Betracht zu ziehen, bei denen die Vertragsfreiheit der Parteien eher gewahrt bleibe.

4. Vorherige Veröffentlichung im Amtsblatt

17 Vor Erlass einer Entscheidung nach Art. 9 ist die Kommission gemäß Art. 27 Abs. 4 verpflichtet, eine kurze **Zusammenfassung des Falles** und den wesentlichen **Inhalt der**

---

[32] EuG U. v. 11. 7. 2007 Rs. T-170/06 – *Alrosa/Komm.* Rn. 100 ff.
[33] EuG U. v. 11. 7. 2007 Rs. T-170/06 – *Alrosa/Komm.* Rn. 141.

betreffenden **Verpflichtungszusagen** im Amtsblatt zu veröffentlichen. Interessierte Dritte, wie z.B. Wettbewerber oder Kunden, können ihre Bemerkungen dazu innerhalb einer Frist abgeben, die von der Kommission in der Veröffentlichung festgelegt wird und die mindestens einen Monat betragen muss. Bei der Veröffentlichung ist dem berechtigten Interesse der Unternehmen an der Wahrung ihrer Geschäftsgeheimnisse Rechnung zu tragen.

V. Inhalt der Entscheidung

1. Allgemein

In Entscheidungen, mit denen Verpflichtungszusagen angenommen werden, stellt die Kommission den wesentlichen Sachverhalt, den prima facie-Nachweis für die vermutete Zuwiderhandlung gegen die Wettbewerbsregeln und die angenommenen Verpflichtungszusagen dar.[34] Sie muss ferner darlegen, warum diese Zusagen nach ihrer Ansicht geeignet sind, die Bedenken der Kommission auszuräumen und sie muss feststellen, dass aus Sicht der Kommission kein Anlass mehr für ein Einschreiten besteht.[35]

2. Prima facie festgestellte Zuwiderhandlung

Die Beweisanforderungen, die für den Erlass einer Entscheidung nach Art. 9 an die Kommission zu stellen sind, sind geringer als bei Entscheidungen nach Art. 7. Während die Kommission bei Art. 7 die Zuwiderhandlung gegen Art. 81 oder 82 EG nachweisen muss, steht der Gemeinschaftsgesetzgeber gemäß Satz 2 der Begründungserwägung Nr. 13 auf dem Standpunkt, dass die Frage, ob eine Zuwiderhandlung vorgelegen hat oder noch vorliegt, in einer Entscheidung nach Art. 9 **unbeantwortet** bleiben sollte. Der Grund hierfür dürfte darin liegen zu verhindern, dass Dritte die Zusagenentscheidung in einem möglichen Schadensersatzprozess vor nationalen Gerichten als Beweis für das Vorliegen einer Zuwiderhandlung benutzen können.[36] Dadurch soll die Bereitschaft der Unternehmen zur Eingehung von Zusagen erhöht werden. Zusagenentscheidungen beinhalten **kein Eingeständnis der Unternehmen,** dass die zugrundeliegenden Verhaltensweisen Zuwiderhandlungen gegen die EG-Wettbewerbsvorschriften darstellen.[37]

Es darf gleichwohl nicht übersehen werden, dass auch eine Zusagenentscheidung eine den Adressaten belastende Maßnahme der Kommission ist. Es ist daher zu fordern, dass die Kommission in der Entscheidung darlegt, dass prima facie eine Zuwiderhandlung gegeben ist. Die Kommission muss daher die Umstände anführen, aus denen sich bei vorläufiger Beurteilung (prima facie) das Vorliegen einer Zuwiderhandlung ergibt. Damit bestehen diesbezüglich dieselben Beweisanforderungen wie bei der Anordnung von einstweiligen Maßnahmen nach Art. 8.[38]

3. Mögliche Zusagen

In Betracht kommt die Eingehung von Verpflichtungen zu einem **Tun oder Unterlassen** (verhaltensbedingte Zusagen), z.B. die Wiederaufnahme einer Belieferung, das Unterlassen des Abschlusses von Ausschließlichkeitsverträgen oder die Änderung bzw. Neugestal-

---

[34] Vgl. die Begründung der Kommission zu Art. 9 des Vorschlags für eine Verordnung des Rates zur Durchführung der in den Artikeln 81 und 82 EG-Vertrag niedergelegten Wettbewerbsregeln und zur Änderung der Verordnungen (EWG) Nr. 1017/68, (EWG) Nr. 2988/74, (EWG) Nr. 4056/86 und (EWG) Nr. 3975/87 („Durchführungsverordnung zu den Artikeln 81 und 82 EG-Vertrag"), KOM(2000) 582 endgültig, S. 20.
[35] *Temple Lang* ECLR 2003, 347, 348.
[36] *Temple Lang* ECLR 2003, 347, 349.
[37] *Temple Lang* ECLR, 347, 350.
[38] Zur prima facie festgestellten Zuwiderhandlung siehe oben Art. 8 Rn. 8 ff.

tung von Vertriebs- oder Lizenzverträgen.[39] Die bislang von der Kommission akzeptierten und gemäß Artikel 9 für verbindlich erklärten Zusagen waren verhaltensbezogen. Sie betrafen z. B. Umgestaltungen der Preis-, Rabatt- und Lizenzierungspolitik der betroffenen Unternehmen („Deutsche Bundesliga"), die Festlegung eines Höchstwertes für bestimmte Lieferungen („De Beers/Alrosa") oder Verpflichtungen, ein möglicherweise missbräuchliches Verhalten u. a. durch den Verzicht auf Ausschließlichkeitsbindungen für Kunden, Zielrabatte und Kopplungsvereinbarungen zukünftig zu unterlassen („Coca Cola").[40] Grundsätzlich kann die Kommission zwar auch strukturelle Zusagen für bindend erklären, allerdings ist auch im Rahmen des Artikel 9 die in Artikel 7 enthaltene Wertung zu beachten, wonach verhaltensbezogenen Zusagen ein Vorrang gegenüber strukturellen Zusagen einzuräumen ist. Dies ist insbesondere in den Fällen von Bedeutung, in denen Unternehmen der Kommission alternativ Verhaltens- und strukturelle Zusagen anbieten.[41]

22   In der Literatur wird verschiedentlich vertreten, die durch Entscheidung fixierten Zusagen könnten unter Umständen sogar über das hinausgehen, was den Unternehmen im Rahmen einer Verfügung nach Art. 7 hätte auferlegt werden können.[42] Das Urteil des EuG in der Sache „Alrosa/Kommission", in dem das Gericht die Parallelen zwischen Art. 9 und Art. 7 betont, stellt jedoch klar, dass die Kommission **nicht dazu befugt ist, den Parteien nahezulegen, ihr Verpflichtungszusagen zu unterbreiten, die weiter gehen als eine Entscheidung, die die Kommission gemäß Art. 7 hätte erlassen können.**[43] Die Kommission darf daher die ihr in Art. 9 eingeräumte Kompetenz gerade nicht dazu benutzen, die Eingehung von Zusagen zu verlangen, die sie den Unternehmen im Rahmen einer Entscheidung nach Art. 7 gar nicht rechtmäßig auferlegen könnte.

4. Feststellung, dass für ein Tätigwerden der Kommission kein Anlass mehr besteht

23   Die Kommission muss gemäß Art. 9 Abs. 1 S. 2 in der Entscheidung die Feststellung treffen, dass aufgrund der abgegebenen Zusagen für ein Tätigwerden kein Anlass mehr besteht. Die Kommission muss begründen, aus welchen Gründen die Zusagen ausreichen, um die wettbewerblichen Bedenken der Kommission zu zerstreuen. Dabei dürfte es nicht ausreichen, dass die Kommission ein Tätigwerden deshalb nicht mehr für erforderlich hält, weil sie dem betreffenden Verfahren keine Priorität mehr zuweist.[44] Die Kommission muss vielmehr zu der Überzeugung gelangen, dass nach Erfüllung der Zusagen durch das betreffende Unternehmen gewährleistet ist, dass die Prima facie festgestellte Zuwiderhandlung beendet wird. Dies setzt auch voraus, dass die Kommission in der Entscheidung die wettbewerblichen Probleme ausführlich erläutert.[45]

24   Dieses Tatbestandsmerkmal bringt zum Ausdruck, dass durch den Erlass der Zusagenentscheidung eine **Beendigung des Verfahrens** herbeigeführt wird. Der ursprüngliche Verordnungsvorschlag der Kommission vom 27. 9. 2000 stellte dies in Art. 9 Abs. 2 noch aus-

---

[39] Vgl. *Ritter* in: Immenga/Mestmäcker, EG-WbR Bd. II, S. 1655; *Dieckmann* in: Wiedemann, Handbuch des Kartellrechts, § 45 Rn. 14.
[40] Vgl. *Sura* in: Langen/Bunte, Kommentar zum deutschen und europäischen Kartellrecht, VO No. 1/2003 Art. 9 Rn. 9.
[41] *Bauer* in: Hirsch, G./Montag, F./Säcker, F.J. (Hrsg.), Competition Law: European Community Practice and Procedure, 2008, Part 4, Art. 9, 4–9-035.
[42] *Busse/Leopold,* Entscheidung über Verpflichtungszusagen nach Art. 9 VO (EG) No. 1/2003, WuW 2005, 146, 148; *Sura* in: Langen/Bunte, Kommentar zum deutschen und europäischen Kartellrecht, VO No. 1/2003 Art. 9 Rn. 8.
[43] EuG U. v. 11. 7. 2007 Rs. T-170/06 – *Alrosa/Komm*. Rn. 140; zum Urteil s. o. Rn. 16.
[44] Vgl. EuGH U. v. 18. 9. 1992 Rs. T-24/90 – *Automec/Komm*. Slg. 1992, II-2223 Rn. 77.
[45] *Temple Lang* ECLR 2003, 347, 348.

drücklich fest.⁴⁶ Auch wenn eine Zusagenentscheidung keine abschließende Aussage über das Vorliegen einer Zuwiderhandlung enthält, so kommt doch die Feststellung, dass für ein Tätigwerden der Kommission kein Anlass mehr besteht, im Ergebnis der Feststellung der Nichtanwendbarkeit der Art. 81, 82 EG nahezu gleich. Folglich beinhaltet eine Entscheidung nach Art. 9 zumindest implizit die Feststellung, dass aus Sicht der Kommission durch die von den Unternehmen abgegebenen Verpflichtungszusagen die betreffenden Vereinbarungen oder Verhaltensweisen aus dem Anwendungsbereich der Art. 81, 82 EG herausgenommen werden.⁴⁷ Da Zusagenentscheidungen keine Bindungswirkung nach Art. 16 entfalten, berühren sie nicht die Befugnisse der Gerichte oder Wettbewerbsbehörden der Mitgliedstaaten, Art. 81 und 82 EG anzuwenden und gegebenenfalls eine Zuwiderhandlung festzustellen. Die tatsächliche oder potenzielle Zuwiderhandlung wird also beendet.⁴⁷ᵃ

5. Möglichkeit zur Befristung der Entscheidung

Im Gegensatz zu Art. 8, der ausdrücklich vorsieht, dass die Anordnung einstweiliger Maßnahmen eine befristete Geltungsdauer hat, steht die Befristung von Zusagenentscheidungen im Ermessen der Kommission. Sie kann Entscheidungen gemäß Art. 9 Abs. 1 S. 2 zeitlich begrenzen, muss dies aber nicht. 25

Der ursprüngliche Verordnungsvorschlag der Kommission vom 27. 9. 2000 sah in Art. 9 Abs. 1 S. 2 noch vor, dass Entscheidungen über Verpflichtungszusagen generell eine befristete Geltungsdauer haben müssen, um zu gewährleisten, dass die betreffenden Unternehmen nicht auf unbestimmte Zeit an die Einhaltung ihrer Verpflichtungszusagen gebunden sind und der Kommission erforderlichenfalls zu ermöglichen, die betreffende Vereinbarung bzw. Verhaltensweise nach Ablauf der Frist einer erneuten Prüfung zu unterziehen.⁴⁸ Warum der Gemeinschaftsgesetzgeber diesen Vorschlag nicht übernommen hat, ist nicht recht nachvollziehbar. 26

Für die Unternehmen stellt sich daher die Frage, wie sie sich im Falle einer **unbefristeten Entscheidung** von den gegebenen Zusagen wieder **lösen** können. In Betracht kommt ein Antrag des Unternehmens bei der Kommission auf Wiederaufnahme des Verfahrens gemäß Art. 9 Abs. 2a. Dieser hat aber nur Aussicht auf Erfolg, wenn sich die tatsächlichen Verhältnisse in einem für die Entscheidung wesentlichen Punkt geändert haben. Das Unternehmen wird in vielen Fällen nicht überblicken können, ob eine solche Veränderung (z. B. in bezug auf Wettbewerbsverhältnisse auf dem betroffenen Markt) eingetreten ist oder nicht. 27

Verpflichtungszusagen können von den Unternehmen jedenfalls **nicht einseitig gekündigt** werden, es sei denn, dass die Kommission diese Möglichkeit ausdrücklich in der Entscheidung vorsieht.⁴⁹ Eine Verpflichtungszusage ist nämlich nicht nur ein einseitiger Akt des Unternehmens. Der EuGH hat im „Zellstoff"-Urteil festgestellt, dass ein Unternehmen durch Übernahme der Verpflichtungen einer Entscheidung der Kommission zustimmt, zu deren einseitigem Erlass die Kommission befugt gewesen wäre.⁵⁰ 28

---

⁴⁶ Art. 9 Abs. 2 des Vorschlags vom 27. 9. 2000 lautete: „Das Verfahren wird durch die Entscheidung beendet, unbeschadet der Frage, ob eine Zuwiderhandlung gegen Art. 81 oder 82 EG-Vertrag bestanden hat oder noch besteht."

⁴⁷ *Montag/Rosenfeld* ZWeR 2003, 107, 132.

⁴⁷ᵃ EuG U. v. 11. 7. 2007 Rs. T-170/06 – *Alrosa/Komm*. Rn. 87.

⁴⁸ Kommission, Vorschlag für eine Verordnung des Rates zur Durchführung der in den Artikeln 81 und 82 EG-Vertrag niedergelegten Wettbewerbsregeln und zur Änderung der Verordnungen (EWG) Nr. 1017/68, (EWG) Nr. 2988/74, (EWG) Nr. 4056/86 und (EWG) Nr. 3975/87 („Durchführungsverordnung zu den Artikeln 81 und 82 EG-Vertrag"), KOM(2000) 582 endgültig, S. 20.

⁴⁹ *Ritter* in: Immenga/Mestmäcker, EG-WbR Bd. II, S. 1655 f.

⁵⁰ EuGH U. v. 31. 3. 1993 verb. Rs. C 89, 104, 114, 116, 117 und 125–129/85 – *Ahlström Osakeyhtiö u. a./Komm*. Slg 1993, I-1575 Rn. 181.

29 Eine Entscheidung nach Art. 9, die die Unternehmen für eine unbegrenzte Dauer an den Zusagen festhält, kann eine unzumutbare Belastung für die Unternehmen darstellen und wegen Verstoßes gegen den Grundsatz der Verhältnismäßigkeit nichtig sein. In einer unbefristeten Zusagenentscheidung sollte die Kommission daher von Amts wegen in regelmäßigen Zeitabständen eine Überprüfung der Erforderlichkeit der Zusagen vorsehen. An der Aufrechterhaltung von Verpflichtungszusagen, die nicht mehr erforderlich sind, um eine Zuwiderhandlung abzustellen, besteht kein Gemeinschaftsinteresse. In solchen Fällen wird man dem betroffenen Unternehmen einen Anspruch darauf zubilligen müssen, dass die Kommission das Verfahren gemäß Art. 9 Abs. 2a wieder aufnimmt und die Zusagenentscheidung widerruft. Das der Kommission in Art. 9 Abs. 2 in bezug auf die Wiederaufnahme eingeräumte Ermessen ist insoweit reduziert.

VI. Wirkung der Entscheidung

1. Bindung des Unternehmen

30 Durch eine Entscheidung nach Art. 9 erklärt die Kommission Verpflichtungszusagen, die ein Unternehmen der Kommission gegenüber abgegeben hat, für das betreffende Unternehmen für bindend. Das Unternehmen ist also gegenüber der Kommission zur Einhaltung der Zusagen verpflichtet. Die Einhaltung wird von der Kommission von Amts wegen überprüft.[51] Kommt das Unternehmen den eingegangenen Verpflichtungen vorsätzlich oder fahrlässig nicht nach, so kann die Kommission gemäß Art. 23 Abs. 2c durch Entscheidung ein **Bußgeld** in Höhe von bis zu 10% seines im letzten Geschäftsjahr erzielten Gesamtumsatzes verhängen. Darüber hinaus kann die Kommission durch Entscheidung nach Art. 24 Abs. 1c ein solches Unternehmen durch Auferlegung eines **Zwangsgeldes** in Höhe von 5% seines Tagesumsatzes für jeden Tag des Verzugs festsetzen, um das Unternehmen zu zwingen, die Verpflichtungszusagen einzuhalten.

31 Werden die Zusagen nicht eingehalten, so kann die Kommission oder eine nationale Wettbewerbsbehörde oder ein nationales Gericht Schritte ergreifen, um die Zusagen durchzusetzen, ohne dabei prüfen zu müssen, ob die den Zusagen zugrundeliegenden Vereinbarungen oder abgestimmten Verhaltensweisen rechtmäßig waren oder nicht. Es braucht nur nachgewiesen werden, dass das betreffende Unternehmen sich in einer Weise verhält, die mit den abgegebenen Zusagen nicht in Übereinstimmung steht. Die Existenz einer Zusagenentscheidung dürfte damit auch die Anordnung einstweiliger Maßnahmen erleichtern, falls diese notwendig sein sollten.[52]

2. Bindung der Kommission

32 Die Kommission ist an die Feststellung gebunden, dass für ein Tätigwerden ihrerseits, d.h. den Erlass einer Untersagungs- bzw. Abstellungsanordnung i.S.d. Art. 7 kein Anlass mehr besteht. Insoweit gewährt eine Entscheidung nach Art. 9 den Unternehmen, die Verpflichtungszusagen abgeben, **Rechtssicherheit** gegenüber der Kommission. Eine Wiederaufnahme des Verfahrens durch die Kommission kommt ausschließlich in den in Art. 9 Abs. 2 genannten Fällen in Betracht.

3. Zivilrechtliche Drittwirkung der Verpflichtungszusagen

33 Nach der Begründung der Kommission zu Art. 9 ihres Verordnungsvorschlags vom 27.9.2000 sollten Dritte vor einem nationalen Gericht die Einhaltung der Verpflichtungszusagen einklagen können.[53] Diese Passage wurde jedoch vom Gemeinschaftsgesetzgeber

---

[51] *Ritter* in: Immenga/Mestmäcker, EG-WbR Bd. II, S. 1655.
[52] *Temple Lang* ECLR 2003, 347, 349.
[53] Kommission, Begründung zu Art. 9 des Vorschlags für eine Verordnung des Rates zur Durchführung der in den Artikeln 81 und 82 EG-Vertrag niedergelegten Wettbewerbsregeln und zur Änderung

nicht übernommen. Die VO 1/2003 überlässt damit die Frage einer etwaigen zivilrechtlichen Drittwirkung von Verpflichtungszusagen allein der Rechtsprechung.[54] Auch wenn es sich bei den Zusagen im Endeffekt um Versprechen gegenüber der Kommission handelt, dürften Dritte, falls erforderlich in der Lage sein, in Gerichtsverfahren die Vorteile aus diesen Zusagen einzuklagen. Eine Zusage, die ausschließlich auf Initiative der Kommission durchgesetzt werden kann, wäre nicht viel wert. Daher sollten Zusagen sowohl durch nationale Wettbewerbsbehörden als auch durch Dritte, die vor nationalen Gerichten klagen, durchgesetzt werden können. Der Kreis der Kläger, die vor den nationalen Gerichten die Vorteile, die für sie aus der Zusagenentscheidung resultieren, einklagen können, muss dazu von der Kommission in der Entscheidung hinreichend klar bezeichnet werden.[55]

4. Keine Bindungswirkung für nationale Gerichte und Wettbewerbsbehörden gemäß Art. 16

Haben Gerichte oder Wettbewerbsbehörden der Mitgliedstaaten Vereinbarungen oder Verhaltensweisen nach Art. 81 oder 82 EG zu beurteilen, die bereits Gegenstand einer Entscheidung der Kommission gewesen sind, so dürfen die nationalen Instanzen gemäß Art. 16 keine Entscheidungen erlassen, die der Entscheidung der Kommission zuwiderlaufen. Eine Zusagenentscheidung stellt jedoch nach dem Willen des Gemeinschaftsgesetzgebers keine Entscheidung im Sinne des Art. 16 dar, die die nationalen Gerichte und Wettbewerbsbehörden zu binden vermag. Dies ergibt sich aus den Begründungserwägungen Nr. 13 und 22 der VO 1/2003. Danach lassen Entscheidungen nach Art. 9 die Befugnisse der Wettbewerbsbehörden und der Gerichte der Mitgliedstaaten **unberührt**, das Vorliegen einer Zuwiderhandlung gegen Art. 81 oder 82 EG festzustellen und über den Fall zu entscheiden. Dies ist insofern konsequent, als die Kommission in einer Zusagenentscheidung die Frage, ob eine Zuwiderhandlung vorliegt oder nicht, gerade offen lässt. Die Feststellung in der Zusagenentscheidung, dass kein Anlass mehr für ein Tätigwerden der Kommission besteht, soll die nationalen Gerichte und Wettbewerbsbehörden also nicht daran hindern, eine Abstellungsanordnung auszusprechen, wenn diese nationalen Instanzen zu dem Ergebnis gelangen, dass eine Zuwiderhandlung gegen Art. 81 oder 82 EG vorliegt. Dies ist aus Sicht der Unternehmen, die die Zusagen abgegeben haben, unbefriedigend, weil ihnen die Entscheidung der Kommission keine Rechtssicherheit gegenüber nationalen Instanzen gibt. Die Begründungserwägung Nr. 22 zur VO 1/2003 macht aber deutlich, dass die Kommission im Rahmen einer Art. 9-Entscheidung keine Sachentscheidung trifft. Insofern kann auch insoweit keine Bindungswirkung bestehen, dass ein Wettbewerbsverstoß des Unternehmens für die Zukunft so lange ausgeschlossen sei, wie es sich an die von ihm eingegangen Zusagen hält.[56]

Auch unter der Geltung der VO 17/62 war die Einstellung eines Verfahrens gegen Eingehung von Zusagen **Dritten gegenüber nicht wirksam** und hinderte nationale Instanzen nicht, die betreffenden Vereinbarungen oder abgestimmten Verhaltensweisen, die Gegenstand des Verfahrens vor der Kommission gewesen waren, als Verstoß gegen Art. 81 oder 82 EG zu bewerten.[57] Die Verfahrenseinstellung durch die Kommission stellte daher nach der bisherigen EuGH-Rechtsprechung lediglich einen **tatsächlichen Umstand** dar, den die nationalen Gerichte oder Wettbewerbsbehörden im Rahmen ihrer Prüfung be-

---

der Verordnungen (EWG) Nr. 1017/68, (EWG) Nr. 2988/74, (EWG) Nr. 4056/86 und (EWG) Nr. 3975/87 („Durchführungsverordnung zu den Artikeln 81 und 82 EG-Vertrag"), KOM(2000) 582 endgültig, S. 20.

[54] *Hossenfelder/Lutz* WuW 2003, 118, 122.
[55] *Temple Lang* ECLR 2003, 347, 351.
[56] *Sura* in: Langen/Bunte, Kommentar zum deutschen und zum europäischen Kartellrecht, VO No. 1/2003, Art. 9 Rn. 11 m.w.N.
[57] EuGH U. v. 11. 12. 1980 Rs. 31/80 – *L'Oréal/De Nieuwe Amck* Slg. 1980, 3775 Rn. 12.

rücksichtigen konnten.[58] Da die Kommission in einer Entscheidung nach Art. 9 jedenfalls implizit feststellt, dass die Zusagen geeignet sind, die auf den ersten Blick bestehenden Zuwiderhandlungen zu beenden, hat eine Zusagenentscheidung durchaus einen faktischen Aussagewert, der eine Beachtung durch die nationalen Wettbewerbsbehörden und Gerichte zumindest nahe legt.

VII. Wiederaufnahme des Verfahrens (Art. 9 Abs. 2)

36 Eine Entscheidung der Kommission nach Art. 9 Abs. 1 führt zur Beendigung des Verfahrens, das die Kommission zur Abstellung der mutmaßlichen Zuwiderhandlung eingeleitet hat. Nach Art. 9 Abs. 2 kann die Kommission das Verfahren **auf Antrag oder von Amts wegen nur in drei Fällen** wieder aufnehmen: (i) wenn sich die tatsächlichen Verhältnisse, aufgrund derer die Kommission die Verpflichtungszusagen angenommen hat, in einem wesentlichen Punkt geändert haben, (ii) wenn die Zusagenentscheidung auf unvollständigen, unrichtigen oder irreführenden Angaben beruht oder (iii) wenn die Unternehmen die eingegangenen Verpflichtungen nicht einhalten.

37 Für die **Unternehmen, die die Verpflichtungszusagen eingegangen sind,** besteht damit die Möglichkeit, von der Kommission eine Überprüfung zu verlangen, ob die eingegangenen Verpflichtungen noch erforderlich sind, um eine mutmaßliche Zuwiderhandlung abzustellen (Art. 9 Abs. 2a). Wenn sich die tatsächlichen Verhältnisse dahingehend geändert haben, dass eine Zuwiderhandlung gegen Art. 81, 82 EG ausgeschlossen ist, kann das Unternehmen auf diesem Weg die Aufhebung der Zusagenentscheidung erreichen. Dies kommt z. B. in Betracht, wenn die bei Erlass der Zusagenentscheidung bestehende marktbeherrschende Stellung des Unternehmens durch Marktzutritte oder Marktanteilsgewinne von Wettbewerbern später wegfällt, so dass ein Verstoß gegen Art. 82 EG ausscheidet.

38 Auf der anderen Seite können **Dritte** (z. B. Wettbewerber) durch einen Antrag bei der Kommission erreichen, dass diese nach Art. 9 Abs. 2c) das Verfahren wieder aufnimmt, wenn sich ein Unternehmen weigert, die von ihm abgegebenen Verpflichtungszusagen einzuhalten. Dies ermöglicht der Kommission eine effektivere Kontrolle der Einhaltung von Zusagen.

VIII. Rechtsschutz

39 Erfolgreicher Rechtsschutz des gebundenen Unternehmens in Gestalt einer Nichtigkeitsklage gegen die Zusagenentscheidung gemäß Art. 230 Abs. 4 EG dürfte in der Regel ausscheiden, da das Unternehmen die Verpflichtungszusagen im Grundsatz freiwillig anbietet und sich bei Zweifeln am Vorgehen der Kommission auf ein Untersagungsverfahren nach Art. 7 einlassen könnte, das mit einer anfechtbaren Entscheidung endet.[59] Ein Rechtsschutz Dritter gegen Zusagenentscheidungen im Wege der Nichtigkeitsklage ist hingegen durchaus denkbar, etwa wenn die Zusagen nicht weit genug gehen oder nicht geeignet sind, den von der Kommission befürchteten Wettbewerbsverstoß zu vermeiden und Dritte dadurch in ihrem wettbewerblichen Interessen berührt sind.[60]

Art. 10. Feststellung der Nichtanwendbarkeit

(1) Ist es aus Gründen des öffentlichen Interesses der Gemeinschaft im Bereich der Anwendung der Art. 81 und 82 des Vertrags erforderlich, so kann die Kommission von Amts wegen durch Entscheidung feststellen, dass Art. 81 des Vertrags auf eine

---

[58] EuGH U. v. 11. 12. 1980 Rs. 31/80 – *L'Oréal/De Nieuwe Amck* Slg. 1980, 3775 Rn. 12.
[59] *Sura* in: Langen/Bunte, Kommentar zum deutschen und zum europäischen Kartellrecht, VO No. 1/2003, Art. 9 Rn. 11.
[60] *Busse/Leopold*, WuW 005, 146, 154; *Bauer* in: Hirsch, G./Montag, F./Säcker, F.J. (Hrsg.), Competition Law: European Community Practice and Procedure, Part 4, Art. 9, Rn. 4–9-051.

Vereinbarung, einen Beschluss einer Unternehmensvereinigung oder einer abgestimmten Verhaltensweise keine Anwendung findet, weil die Voraussetzungen des Art. 81 Abs. 1 des Vertrags nicht vorliegen oder weil die Voraussetzungen des Art. 81 Abs. 3 des Vertrags erfüllt sind.

(2) Die Kommission kann eine solche Feststellung auch in bezug auf Art. 82 des Vertrags treffen.

Übersicht

	Rn.		Rn.
I. Zweck der Vorschrift	1	b) Mögliche Fallgruppen	13
II. Verfahren		c) Subsidiarität gegenüber einer Problemlösung innerhalb des ECN	17
1. Erlass von Amts wegen	4		
2. Beteiligungsrechte für Unternehmen	6	IV. Bindungswirkung einer Positiventscheidung	19
III. Voraussetzung für den Erlass einer Positiventscheidung		V. Rechtsschutz	20
		VI. Sonstige Handlungsformen der Kommission	
1. Ausnahmecharakter des Art. 10	7	1. Erteilung von Beratungsschreiben	
2. Öffentliches Interesse der Gemeinschaft	9	a) Bedeutung	21
a) Beeinträchtigung der einheitlichen Anwendung der EG-Wettbewerbsregeln	10	b) Voraussetzungen für die Erteilung	24
		2. Informelle Beratungen	26

I. Zweck der Vorschrift

In dem durch VO 1/2003 geschaffenen Legalausnahmesystem bestehen die Hauptaufgaben der Kommission darin, Zuwiderhandlungen gemäß Art. 7 zu verfolgen und durch allgemeine Maßnahmen wie Gruppenfreistellungsverordnungen und Leitlinien die Wettbewerbspolitik weiter zu entwickeln und die Anwendung der Wettbewerbsregeln zu fördern. Art. 10 überträgt der Kommission jedoch auch die Befugnis, durch eine sog. Positiventscheidung festzustellen, dass **die Verbote in Art. 81 oder 82 EG keine Anwendung** finden. Nach dem Prinzip der Legalausnahme ergibt sich dies bereits ex lege. Die Positiventscheidung hat daher lediglich deklaratorische Wirkung. Sie tritt gewissermaßen an die Stelle der Freistellungsentscheidungen (bzw. Comfort Letters) und Negativatteste nach der VO 17/62, ohne diese jedoch zu ersetzen.[1] In allen diesen Fällen fand der Verfahrensabschluss auf Antrag der betroffenen Unternehmen statt, die vorab von der Kommission eine konstitutive Unbedenklichkeitsbescheinigung erhalten wollten. Eine solche ist nach dem neuen System der Legalausnahme nicht mehr erforderlich und auch nicht vom Gemeinschaftsgesetzgeber gewollt. Nach der 14. Begründungserwägung der VO 1/2003 wollte der Gemeinschaftsgesetzgeber der Kommission durch Art. 10 lediglich in Ausnahmefällen, wenn es das öffentliche Interesse der Gemeinschaft gebietet, die Befugnis einräumen, **von Amts wegen** eine Entscheidung deklaratorischer Art zu erlassen, mit der die Nichtanwendung der in den Art. 81 oder Art. 82 EG verankerten Verbote festgestellt wird, um die **Rechtslage zu klären und eine einheitliche Rechtsanwendung in der Gemeinschaft sicherzustellen.** Unternehmen haben mangels eines Antragsrechts keinen Anspruch auf Erlass einer Positiventscheidung, wenngleich sie eine solche natürlich anregen können.

Die Vorschrift des Art. 10 ist vor dem Hintergrund zu sehen, dass die Kommission in dem dezentralisierten System der VO 1/2003 als Hüterin der Verträge und Zentralbehörde eine besondere Rolle zu spielen hat, indem sie wettbewerbspolitische Vorgaben entwickelt und gewährleistet, dass die Art. 81 und 82 EG überall im Binnenmarkt einheitlich angewandt werden. In seinem Urteil vom 14. 12. 2000 in der Rechtssache „Masterfoods/HB Ice Cream" hat der EuGH diese Rolle betont.[2] Die Kommission, der nach Art. 85

---
[1] *Schwarze/Weitbrecht* § 6 Rn. 98.
[2] EuGH, U. v. 14. 12. 2000 Rs. C-344/98 – *Masterfoods/HB Ice Cream* Slg. 2001, I-11369 Rn. 48.

Abs. 1 EG die Aufgabe zukomme, auf die Verwirklichung der in den Art. 81 und 82 EG niedergelegten Grundsätze zu achten, habe die Wettbewerbspolitik der Gemeinschaft festzulegen und gemäß ihrer Ausrichtung durchzuführen.

3 Die Kommission teilt die Befugnis zur Anwendung der Art. 81 und 82 EG seit Inkrafttreten der VO 1/2004 in vollem Umfang mit den nationalen Gerichten und Wettbewerbsbehörden. Ungeachtet dieser Zuständigkeitsverteilung kann die Kommission bei der Erfüllung der ihr durch den Vertrag zugewiesenen Aufgabe nicht an eine Entscheidung gebunden sein, die ein nationales Gericht in Anwendung der Art. 81 und 82 EG erlässt. Die Kommission ist somit befugt, jederzeit Einzelentscheidungen zur Anwendung der Art. 81 und 81 zu treffen, auch wenn eine Vereinbarung oder Verhaltensweise bereits Gegenstand einer Entscheidung eines nationalen Gerichts gewesen ist und die von der Kommission ins Auge gefasste Entscheidung zu dieser in Widerspruch steht.[3] Ebenso kann die Kommission Entscheidungen treffen, die mit den bereits getroffenen Entscheidungen der nationalen Wettbewerbsbehörden in Widerspruch stehen. Positivscheidungen ergehen im Gegensatz zu einem Negativattest nach Art. 2 VO 17/62 im öffentlichen Interesse und nehmen deshalb am **Vorrang** der zur Anwendung des Gemeinschaftsrechts ergehenden Entscheidungen der Kommission teil.[4] Die nationalen Behörden und Gerichte sind damit an die Entscheidung der Kommission gebunden.

II. Verfahren

1. Erlass von Amts wegen

4 Da das Hauptziel der VO 1/2003 darin besteht, die Tätigkeit sowohl der nationalen Wettbehörden als auch der Kommission auf das zu konzentrieren, was **verboten** ist, regelt Art. 10, dass Positiventscheidungen von der Kommission ausschließlich von Amts wegen und nur aus Gründen des öffentlichen Interesses der Gemeinschaft erlassen werden können. Der Erlass einer Positiventscheidung kann von den Unternehmen also nicht bei der Kommission beantragt werden. Gleichwohl dürften betroffene Unternehmen in der Praxis vielfach die Anregungen zum Erlass einer solchen Entscheidung geben.[5]

5 Art. 10 kann und soll die Rechtssicherheit, die für die Unternehmen in dem unter der VO 17/62 geltenden System der Anmeldung und Genehmigung bestand, nicht ersetzen. Unternehmen, die vor Abschluss einer Vereinbarung wissen wollen, ob diese zivilrechtliche Gültigkeit beanspruchen kann, verfügen im Rahmen des Art. 10 über **kein Antragsrecht** und besitzen daher nicht die Möglichkeit, selbst ein Verfahren einzuleiten, an dessen Ende eine verbindliche rechtliche Aussage der Kommission steht.[6] Unter der Geltung der VO 17/62 konnten Vereinbarungen oder Beschlüsse, die unter das Verbot des Art. 81 Abs. 1 EG fielen, demgegenüber nur wirksam – d.h. zivilrechtlich durchsetzbar – werden, wenn sie bei der Kommission angemeldet und von dieser durch Entscheidung vom Verbot freigestellt wurden. Die Unternehmen machten sehr häufig von der Möglichkeit Gebrauch, ihre Vereinbarungen bei der Kommission anzumelden und ein Negativattest bzw. eine Einzelfreistellung zu beantragen. Dies führte in den neunziger Jahren zu einer erheblichen Arbeitsüberlastung der Kommission. Die Praxis der Einzelfreistellungen nach der VO 17/62 war die eigentliche Triebfeder für die Reform des Kartellrechts in Gestalt der VO 1/2003. Die Verfahren über die Einzelfreistellung waren langwierig und endeten in Regelfall auch nicht mit der von den Unternehmen begehrten förmlichen Entscheidung (Negativattest oder Einzelfreistellung), sondern meist mit der Erteilung eines sog. Comfort Letters, einem Verwaltungsschreiben, dass keine förmliche Bindungswirkung gegenüber nationalen

---

[3] EuGH, U. v. 14. 12. 2000 Rs. C-344/98 – *Masterfoods/HB Ice Cream* Slg. 2001, I-11369 Rn. 48.
[4] *Mestmäcker/Schweizer*, Europäisches Wettbewerbsrecht, § 19 Rn. 10.
[5] *Schwarze/Weitbrecht* § 6 Rn. 99.
[6] Vgl. *Bartosch* EuZW 2001, 101, 105.

Gerichten und Wettbewerbsbehörden hatte. All dies soll es im Rahmen des Art. 10 gerade nicht mehr geben.

2. Beteiligungsrechte für Unternehmen

Beabsichtigt die Kommission den Erlass einer Positiventscheidung, so veröffentlicht sie zuvor nach Art. 27 Abs. 4 eine **kurze Zusammenfassung des Falles** im Amtsblatt. Interessierte Dritte, z. B. Konkurrenten des Unternehmens, das durch die Positiventscheidung begünstigt werden soll, können innerhalb einer von der Kommission festgelegten Frist von mindestens einem Monat eine Stellungnahme hierzu abgeben. Sonstige Beteiligungsrechte sind in Art. 27 nicht normiert.[7] Gleichwohl sollten Konkurrenten von der Kommission auf ihren Antrag hin auch in Verfahren nach Art. 10 angehört werden, weil sie durch den Erlass einer Positiventscheidung in ihren Rechten beeinträchtigt werden können.[8]

III. Voraussetzung für den Erlass einer Positiventscheidung

1. Ausnahmecharakter des Art. 10

Art. 10 dient der einheitlichen Anwendung des Gemeinschaftsrechts. Die Bestimmung darf nicht dazu führen, dass ein Anmeldesystem gewissermaßen durch die Hintertür wieder eingeführt wird. Unter dem Regime der VO 1/2003, das eine Arbeitsteilung zwischen den nationalen Gerichten, den nationalen Wettbewerbsbehörden und der Kommission begründet hat, muss das Eingreifen der Kommission auf das begrenzt werden, was nötig ist, um für Rechtsklarheit zu sorgen und eine einheitliche Anwendung der EG-Wettbewerbsregeln zu gewährleisten.[9] Positiventscheidungen sollen nach dem Willen des Gemeinschaftsgesetzgebers deshalb nur in Ausnahmefällen ergehen, insbesondere wenn zu neuen Formen von Vereinbarungen oder Verhaltensweisen noch keine Rechtsprechung oder Verwaltungspraxis vorliegt.[10] Befürchtungen, die Kommission könne das Institut der Positiventscheidung missbrauchen, um industriepolitische Entscheidungen zu treffen, haben sich nicht bestätigt. Die Kommission hat von der **Ermächtigung in Art. 10 bislang noch keinen Gebrauch gemacht.** Insofern bestätigt sich, dass die Kommission offenbar gewillt ist, derartige Entscheidungen wirklich nur in absoluten Ausnahmefällen zu erlassen. Es kann davon ausgegangen werden, dass die Kommission Positiventscheidungen nicht zur Legitimierung individueller Vereinbarungen ohne übergeordnete Bedeutung für die Gesamtwirtschaft erlassen wird.

Ein denkbarer Fall für den Erlass einer Positiventscheidung könnte sein, dass eine nationale Behörde ein bestimmtes Wettbewerbsverhalten verboten hat oder beabsichtigt, dies zu tun, während die Kommission das Verhalten als zulässig erachtet. Dann könnte die Kommission eine gemäß Art. 16 für die Mitgliedstaaten verbindliche Entscheidung erlassen, dass das betreffende Verhalten nicht gegen Art. 81, 82 EG verstößt. Mit Recht wird jedoch darauf hingewiesen, dass es nicht dem Ausnahmecharakter des Artikels 10 entspricht, wenn die Kommission auf diese Weise in **Einzelfälle** vor den nationalen Behörden eingreift.[11] Für die Kommission besteht nämlich prinzipiell die Möglichkeit, ein **Verfahren gemäß Art. 11 Abs. 6 an sich zu ziehen** und zu beenden.

---

[7] Zur Kritik vgl. *Eilmansberger* JZ 2001, 365, 373.
[8] *Schwarze/Weitbrecht* § 6 Rn. 105.
[9] Vgl. Nr. 5 Commission Staff Working Paper „The Proposal for a new Regulation implementing Art. 81 and 82 EC: The notion of community public interest in Art. 10", vom 13. 11. 2001, SEC (2001) 1828.
[10] 14. Begründungserwägung der VO 1/2003.
[11] *Schwarze/Weitbrecht* § 6 Rn. 100.

2. Öffentliches Interesse der Gemeinschaft

9 Die einzige Voraussetzung, die erfüllt sein muss, damit die Kommission zum Erlass einer Entscheidung nach Art. 10 befugt ist, ist das Bestehen eines öffentlichen Interesses der Gemeinschaft. Diese Tatbestandsvoraussetzung ist Ausdruck des Ausnahmecharakters der Vorschrift.[12] Das Wort „öffentlich" wurde offenbar eingefügt, um deutlich zu machen, dass die Interessen einzelner Unternehmen nicht ausreichend sind, um ein Verfahren zum Erlass einer Entscheidung in Gang zu setzen.[13]

10 **a) Beeinträchtigung der einheitlichen Anwendung der EG-Wettbewerbsregeln.** Ein Gemeinschaftsinteresse dürfte insbesondere dann gegeben sein, wenn eine Entscheidung der Kommission erforderlich ist, um die Einheitlichkeit der Anwendung der Art. 81 und 82 EG sicherzustellen oder zu vergrößern. Starke Unterschiede in der Auslegung der Art. 81 und 82 EG zwischen den Mitgliedstaaten würden in Widerspruch zu einem System stehen, das den Wettbewerb innerhalb des Binnenmarkts vor Verfälschungen schützt (Art. 3 Abs. 1 g EG). Der Gerichtshof hat daher die Bedeutung einer einheitlichen Anwendung der Wettbewerbsbestimmungen, die aus dem allgemeinen Prinzip der Rechtssicherheit folgt, wiederholt hervorgehoben.[14] Art. 10 wurde offenbar geschaffen, weil **eine über einen längeren Zeitraum andauernde uneinheitliche Anwendung der EG-Wettbewerbsregeln** zu einer ungleichen Behandlung der Unternehmen und damit zu uneinheitlichen Wettbewerbsbedingungen führen würde. Die Einführung von gemeinschaftsweiten Geschäftsstrategien, die mit dem EG-Wettbewerbsrecht vereinbar sind, kann dadurch behindert werden. Dies wiederum kann zur Folge haben, dass die Verbraucher nicht mehr in den Genuss von innovativen Produkten oder Dienstleistungen kommen. Das Prinzip des **unverfälschten Wettbewerbs im Binnenmarkt,** das eindeutig ein öffentliches Interesse der Gemeinschaft darstellt, würde darunter leiden.[15]

11 Ebenso könnte die **Effektivität der Durchsetzung** des Gemeinschaftsrechts beeinträchtigt werden. Falls sich in bezug auf ein ganz bestimmtes Wettbewerbsverhalten eine unterschiedliche Entscheidungspraxis in den Mitgliedstaaten herausbilden würde, so könnte dies Vollstreckungsmaßnahmen erschweren. In Staaten, in denen das Verhalten als Verstoß gegen das EG-Wettbewerbsrecht angesehen wird, kann das Unternehmen das Verhalten nicht durchsetzen, während dies in anderen Mitgliedstaaten, in denen von der kartellrechtlichen Zulässigkeit ausgegangen wird, möglich ist. Außerdem könnten nationale Wettbewerbsbehörden davon abgehalten werden, im Hinblick auf dieses Wettbewerbsverhalten effektiv im Netz der Wettbewerbsbehörden (ECN) zu kooperieren. Eine uneinheitliche Anwendung der EG-Wettbewerbsregeln könnte ferner dazu führen, dass nationale Wettbewerbsbehörden sich selbst dann de facto oder de jure an die Rechtsprechung der Obergerichte ihres eigenen Mitgliedstaats gebunden fühlen, wenn diese Rechtsprechung nicht mit der Entscheidungspraxis der anderen Wettbewerbsbehörden im ECN übereinstimmt.

12 In derartigen Fällen dürfte Art. 10 die Kommission durch die Befugnis zum Erlass einer Positiventscheidung in die Lage versetzen, ein einheitliches Vorgehen im Netzwerk wiederherzustellen, indem die betreffende Verhaltensweise für mit dem EG-Wettbewerbsrecht

---

[12] Vgl. Nr. 14 Commission Staff Working Paper „The Proposal for a new Regulation implementing Art. 81 and 82 EC: The notion of community public interest in Art. 10", vom 13. 11. 2001, SEC (2001) 1828.

[13] Nr. 16 Commission Staff Working Paper „The Proposal for a new Regulation implementing Art. 81 and 82 EC: The notion of community public interest in Art. 10", vom 13. 11. 2001, SEC (2001) 1828.

[14] EuGH U. v. 28. 2. 1991 Rs. C-234/89 – *Delimitis* Slg. 1991, I-935 Rn. 47.

[15] Vgl. Nr. 22 Commission Staff Working Paper „The Proposal for a new Regulation implementing Art. 81 and 82 EC: The notion of community public interest in Art. 10", vom 13. 11. 2001, SEC (2001) 1828.

vereinbar erklärt wird.[16] Im Hinblick darauf, dass die Anwendung des Art. 10 auf Ausnahmefälle beschränkt ist, wird man den Begriff des öffentlichen Interesses der Gemeinschaft wohl dahingehend auszulegen haben, dass die Beeinträchtigung der einheitlichen Anwendung im konkreten Fall **besonders schwerwiegend für das Funktionieren des Wettbewerbs im gemeinsamen Markt** sein muss. Geringe Abweichungen bei der Interpretation der Art. 81 und 82 EG zwischen den Mitgliedstaaten oder Abweichungen, die lediglich eine geringe Auswirkung auf das Funktionieren des gemeinsamen Marktes haben, dürften den Erlass einer Positiventscheidung nicht rechtfertigen.[17]

b) Mögliche Fallgruppen. Der eindeutigste Fall einer uneinheitlichen Anwendung dürfte vorliegen, wenn die Entscheidungspraxis – also nicht lediglich eine Einzelentscheidung – einer nationalen Wettbewerbsbehörde oder die ständige Rechtsprechung der Gerichte eines Mitgliedstaats nicht in Einklang mit der ständigen Rechtsprechung der Europäischen Gerichte, der Entscheidungspraxis der Kommission oder den EG-Leitlinien steht. Ein Beispiel wäre etwa das Verbot eines qualitativen selektiven Vertriebssystems, das nach der bestehenden Praxis eindeutig mit Art. 81 EG in Einklang steht. Die Wahrscheinlichkeit, dass eine derartige Situation auftritt, dürfte sehr gering sein. In einem derartigen Fall sollte die Kommission allerdings das Recht haben, eine Positiventscheidung zu erlassen, um die Einheitlichkeit der Rechtsanwendung wieder herzustellen und im Hinblick auf zukünftige Fälle Rechtsklarheit zu schaffen. 13

Abgesehen von dem Abweichen von einer bereits bestehenden Entscheidungspraxis dürfte Art. 10 anwendbar sein, wenn es zu **gewichtigen Abweichungen bei der Behandlung gleich gelagerter oder identischer Fälle** durch verschiedene nationale Gerichte in der Gemeinschaft kommt, etwa weil es sich um **neuartige Verhaltensweisen** im Wettbewerb handelt, zu der sich noch keine Entscheidungspraxis herausgebildet hat.[18] Derartige Konstellationen können möglicherweise nach einer **Erweiterung der EG** auftreten, sofern es in dem betreffenden neuen Mitgliedstaat zu einer abweichenden wettbewerbsrechtlichen Beurteilungspraxis kommt. Dem sollte die Kommission durch den Erlass einer die Rechtslage klarstellenden Positiventscheidung gegebenenfalls entgegenwirken können. 14

Beeinträchtigungen der einheitlichen Anwendung des EG-Wettbewerbsrechts können ferner in bezug auf **etablierte Verhaltensweisen** auftreten, zu der es bisher erst wenig Rechtsprechung oder Kommissionsentscheidungen gibt, so dass sich noch keine einheitliche europäische Linie herausgebildet hat oder dann, wenn die wettbewerblichen Auswirkungen einer seit langem bekannten Verhaltensweise einer **Neubewertung** unterzogen werden: Eine Verhaltensweise, die von der Kommission bisher als Verstoß gegen das EG-Wettbewerbsrecht angesehen wurde, wird aufgrund einer Änderung der Verhältnisse nunmehr als rechtmäßig angesehen.[19] 15

In all diesen Fallgruppen kann sich die Frage einer Klarstellung der Rechtslage durch den Erlass einer Positiventscheidung stellen. Die Anwendbarkeit des Art. 10 sollte daher nicht auf neuartige Formen von Vereinbarungen oder Verhaltensweisen beschränkt werden, auch wenn diese in der 14. Begründungserwägung der VO 1/2004 ausdrücklich genannt werden. Die Verwendung des Begriffs „insbesondere" durch den Gemeinschaftsgesetzgeber belegt, dass es sich dabei lediglich um eine von mehreren denkbaren Anwendungsfällen des Art. 10 handelt. 16

c) Subsidiarität gegenüber einer Problemlösung innerhalb des ECN. Liegt eine der oben genannten Fallkonstellationen vor, so muss dies noch nicht bedeuten, dass eine Entscheidung nach Art. 10 unbedingt erforderlich ist.[20] Gerade bei neuartigen Formen von Ver- 17

---

[16] Vgl. Nr. 23 Commission Staff Working Paper a. a. O.
[17] Vgl. Nr. 24 Commission Staff Working Paper (Fn. 15).
[18] Vgl. Nr. 27 Commission Staff Working Paper (Fn. 15).
[19] Vgl. Nr. 29 Commission Staff Working Paper (Fn. 15).
[20] Vgl. Nr. 30 Commission Staff Working Paper (Fn. 15).

einbarungen und Verhaltensweisen wird die Kommission oft ohne den Erlass einer Positiventscheidung auskommen. Im Zuge der Verbreitung der neuartigen Geschäftspraxis werden Streitigkeiten zwischen den beteiligten Unternehmen oder zwischen ihnen und Dritten auftreten, es wird zu Beschwerden, Klageerhebungen oder Anträgen auf Erlass von einstweiligen Maßnahmen vor den nationalen Gerichten oder Behörden kommen. In den meisten Fällen dürfte es im Laufe der Zeit zu einer hinreichenden Übereinstimmung der Beurteilungen in den Mitgliedstaaten kommen. Dies wird dadurch erleichtert, dass die nationalen Behörden und Gerichte sich gemäß Art. 12 laufend über die in ihrem Bereich auftretenden Angelegenheiten informieren. Das durch die VO 1/2003 geschaffene Netz der Wettbewerbsbehörden (ECN) stellt mithin einen Rahmen bereit, der die besten Voraussetzungen für die Entwicklung einheitlicher Beurteilungsmaßstäbe in den Mitgliedstaaten schafft.

18   Die Kommission sollte daher nicht bereits in einem frühen Stadium in diesen Entwicklungsprozess durch den Erlass einer Positiventscheidung eingreifen, sondern zunächst die Lösungen abwarten, die aus der Zusammenarbeit im ECN resultieren. Es obliegt in einem dezentralisierten System, in dem Kommission, nationale Wettbewerbsbehörden und Gerichte gleichberechtigt das EG-Wettbewerbsrecht anwenden, in erster Linie dem ECN, beim Auftreten neuartiger Verhaltensweisen Lösungsmöglichkeiten im Hinblick auf eine einheitliche Anwendung der Art. 81 und 82 EG zu entwickeln. Insoweit hat die Kommission den **Grundsatz der Subsidiarität** aus Art. 5 EG zu beachten. Sie ist im Rahmen des Art. 10 **nicht auf ein Eingreifen im Frühstadium beschränkt.** Sie sollte daher nicht unnötig in nationale Verfahren eingreifen, um vorschnell Rechtsklarheit zu schaffen, wenn es in den Mitgliedstaaten zu ersten Abweichungen in der Entscheidungspraxis kommt. Erst wenn sich innerhalb des ECN nach einiger Zeit herausstellt, dass mit einer hinreichenden Übereinstimmung bei der Beurteilung der neuartigen Verhaltensweisen nicht zu rechnen ist, erscheint der Erlass einer Positiventscheidung gerechtfertigt.

IV. Bindungswirkung einer Positiventscheidung

19   Ursprünglich war von der Kommission vorgesehen, den Positiventscheidungen dieselben Rechtswirkungen zuzubilligen wie den Negativattesten gemäß Art. 2 VO 17/62.[21] Die rechtliche Bindungswirkung gegenüber den nationalen Behörden und Gerichten wäre damit strittig geblieben. Dies hätte jedoch dem Zweck der Neuregelung widersprochen. Positiventscheidungen nach Art. 10 sollen bei der nun dezentralen Anwendung des Kartellrechts ausdrücklich die Rechtslage klären und die Rechtseinheitlichkeit sicherstellen. Sie sind daher für die Mitgliedstaaten **gemäß Art. 16 verbindlich.**[22] Eine Gegenauffassung lehnt die Bindungswirkung nach Art. 16 ab und schließt insbesondere aus der Begründungserwägung 14 zur VO 1/2003, dass Positiventscheidungen nationale Behörden und Gerichte nicht rechtlich, sondern allenfalls faktisch binden können.[23] Da derartige Entscheidungen jedoch eine Feststellung in Bezug auf die Nichtanwendbarkeit von Art. 81 bzw. 82 EG treffen und es sich um verbindliche Gemeinschaftsrechtsakte handelt, sprechen die besseren Gründe dafür, dass ihnen eine Bindungswirkung i. S. d. Art. 16 zukommt.[24]

---

[21] Vgl. Weißbuch der Kommission über die Modernisierung der Vorschriften zur Anwendung der Art. 85 und 86 EG-Vertrag, ABl. 1999 C-132/01 Rn. 89; *Hossenfelder/Lutz* WuW 2003, 118, 122.

[22] *Eilmansberger* JZ 2001, 365, 373; *Hossenfelder/Lutz* WuW 2003, 118, 123; *Sura* in: Langen/Bunte, Kommentar zum deutschen und europäischen Kartellrecht, VO Nr. 1/2003, Art. 9 Rn. 8; *Bauer* in: Hirsch, G./Montag, F./Säcker, F.J. (Hrsg.), Competition Law: European Community Practice and Procedure, 2008, Part 4, Art. 10 Rn. 4–10–017.

[23] Vgl. *Schmidt, K.*, Umdenken im Kartellverfahrensrecht! – Gedanken zur europäischen VO No. 1/2003, BB 2003, 1237, 1241 f.; *Montag/Rosenfeld*, A Solution to the Problems? Regulation 1/2003 and the Modernisation of Competition Procedure, ZWeR 2003, 107, 115.

[24] Vgl. *Sura* in: Langen/Bunte, Kommentar zum deutschen und europäischen Kartellrecht, VO No. 1/2003, Rn. 8.

Daher dürfen nationale Gerichte oder Kartellbehörden bei der Beurteilung eines konkreten Sachverhalts, welcher Gegenstand einer Positiventscheidung der Kommission gewesen ist, nicht zu einem Verstoß gegen Art. 81 oder Art. 82 EG kommen.

V. Rechtsschutz

Positiventscheidungen sind Rechtsakte im Sinne des Art. 249 Abs. 4 EG. Sie können daher gemäß Art. 230 Abs. 4 EG im Wege der Nichtigkeitsklage angefochten werden. Es liegt auf der Hand, dass die Unternehmen, deren Marktverhalten durch eine Positiventscheidung gebilligt wird, kein Interesse an einer Anfechtung der Entscheidung haben werden. Anders ist dies möglicherweise bei **Konkurrenzunternehmen,** die Wettbewerbseinbußen aufgrund des durch die Positiventscheidung gebilligten Marktverhaltens ihres Konkurrenten befürchten. Es stellt sich jedoch die Frage, ob das Konkurrenzunternehmen durch die Entscheidung unmittelbar und individuell betroffen ist. Bei einer Positiventscheidung handelt es sich aus Sicht des Konkurrenten um eine Entscheidung, die zwar im öffentlichen Interesse getroffen wird, aber Dritte begünstigt.[25] Der Konkurrent muss daher darlegen, dass die angegriffene Maßnahme ihn wegen bestimmter persönlicher Eigenschaften oder besonderer Umstände ähnlich individuell betrifft wie einen Adressaten. Eine individuelle Betroffenheit kann sich durch **tatsächliche Verfahrensbeteiligung** ergeben, wenn der Konkurrent im Verfahren zum Erlass der Positiventscheidung als interessierter Dritter eine Stellungnahme zu dem im Amtsblatt veröffentlichen Entscheidungsentwurf abgegeben (Art. 27 Abs. 4) und die Kommission diese Stellungnahme in der Positiventscheidung berücksichtigt hat.[26]

VI. Sonstige Handlungsmöglichkeiten der Kommission

1. Erteilung von Beratungsschreiben

a) Bedeutung. Die Tatsache, dass Positiventscheidungen nach Art. 10 ausschließlich von Amts wegen getroffen werden und mithin nicht von den Unternehmen beantragt werden können, bedeutet nicht, dass die Kommission nicht auch weiterhin bereit sein wird, einzelne Fälle mit den beteiligten Unternehmen **informell zu erörtern.** Bereits der Verordnungsvorschlag vom 27. 9. 2000 stellte ausdrücklich fest, dass die Kommission den Unternehmen zu Vereinbarungen, Beschlüssen oder abgestimmten Verhaltensweisen, die **noch nicht geklärte, grundsätzlich neue Auslegungsfragen** aufwerfen, zusätzliche Orientierung geben wird. In diesem Vorschlag kündigte die Kommission daher eine Bekanntmachung an, in der sie darlegt, unter welchen Bedingungen sie gegebenenfalls eine mit Gründen versehene Stellungnahme abgeben werde. Diese Bekanntmachung über informelle Beratung[27] wurde im April 2004 erlassen.

Die Bekanntmachung bringt in der Nr. 5 deutlich zum Ausdruck, dass lediglich in Fällen, in denen aufgrund neuer oder ungelöster Auslegungsfragen **noch ernsthafte Rechtsunsicherheit** besteht, eine informelle Beratung der Kommission erfolgen kann. Sollte die von den Unternehmen aufgeworfene Frage bereits Gegenstand eines Verfahrens vor dem EuG, dem EuGH, der Kommission oder einem Gericht oder einer Wettbewerbsbehörde eines Mitgliedstaates gewesen sein, so zieht die Kommission ein Beratungsschreiben nicht in Betracht.[28] Da Art. 10 als eine Ausnahmebestimmung anzusehen ist, dürfte

---

[25] *Schwarze/Weitbrecht* § 6 Rn. 110.
[26] Ausführlich zum Rechtsschutz *Schwarze/Weitbrecht* § 6 Rn. 108 ff.
[27] Bekanntmachung der Kommission über informelle Beratung bei neuartigen Fragen zu den Art. 81 und 82 des Vertrages, die in neuartigen Fällen auftreten (Beratungsschreiben) ABl. 2004 C 101/78.
[28] Nr. 9 der Bekanntmachung a. a. O.

auch die Abgabe einer mit Gründen versehenen Stellungnahme durch die Kommission lediglich in Ausnahmefällen in Betracht kommen.

23 Das informelle Tätigwerden der Kommission im Wege von Beratungsschreiben gewährt Unternehmen **kein Recht auf die Erlangung einer Stellungnahme.** Dies würde auch der VO 1/2003 zuwiderlaufen, weil dies der Wiedereinführung einer Art Anmeldesystem gleichkäme. Beratungsschreiben der Kommission dienen in erster Linie dazu, die Unternehmen bei ihrer eigenen Beurteilung der Vereinbarungen zu unterstützen. Sie stellen keine formelle Entscheidung der Kommission dar, binden die Gerichte der Gemeinschaft nicht und vermitteln demzufolge keine Rechtssicherheit. Die Kommission ist der Auffassung, dass sie in einer etwaigen späteren Würdigung derselben Frage an die Feststellungen in einem Beratungsschreiben nicht gebunden ist.[29] Dennoch wird man davon ausgehen können, dass den Beratungsschreiben eine **erhebliche faktische Wirkung** zukommen wird, solange und soweit der darin beschriebene Sachverhalt besteht.[30]

24 **b) Voraussetzungen für die Erteilung.** Ein Beratungsschreiben kann nach der Bekanntmachung von der Kommission erteilt werden, wenn (i) eine Frage der Rechtsanwendung aufgeworfen wird, die weder durch den bestehenden EG-Rechtsrahmen einschließlich der Rechtsprechung der Gemeinschaftsgerichte noch durch die allgemein verfügbaren Orientierungshilfen, die Entscheidungspraxis der Kommission oder frühere Beratungsschreiben geklärt ist und (ii) eine prima facie-Bewertung des Sachverhalts und der Hintergründe es nahe legen, dass eine Klärung im Wege eines Beratungsschreibens **zweckmäßig** ist. Bei dieser zweiten Voraussetzung wird die Kommission als Anhaltspunkte die wirtschaftliche Bedeutung der von der Vereinbarung oder der Verhaltensweise betroffenen Waren oder Dienstleistungen aus Sicht der Verbraucher, das Ausmaß, in dem die Vereinbarung oder Verhaltensweise einer im Markt verbreiteten Gepflogenheit entspricht oder voraussichtlich entsprechen wird, den Umfang der mit der Transaktion einhergehenden Investitionen im Verhältnis zur Größe der beteiligten Unternehmen und/oder die Verbindung der Transaktionen mit einem strukturellen Vorgang wie z. B. der Gründung eines Teilfunktions-Gemeinschaftsunternehmens berücksichtigen.[31]

25 Die Kommission beabsichtigt, Beratungsschreiben nur dann zu verfassen, wenn eine **weitere Tatsachenfeststellung nicht erforderlich** ist. Ermittlungen der Kommission finden zwar nicht statt, allerdings kann sie sich aus öffentlichen Quellen oder früheren Verfahren unterrichten und entsprechende Informationen beiziehen. Die Kommission behält sich vor, die ihr von den Unternehmen vorgelegten Informationen mit den Wettbewerbsbehörden der Mitgliedstaaten inhaltlich zu teilen und zu erörtern.[32] Entscheidet sich die Kommission dafür, kein Beratungsschreiben zu versenden, so teilt sie dies den Unternehmen mit.[33]

2. Informelle Beratungen

26 Nach dem 38. Erwägungsgrund der VO 1/2003 kann die Kommission den Unternehmen und ihren Beratern auch für informelle Beratungen zur Verfügung stehen, die **nicht** auf die Erteilung eines schriftlichen Beratungsschreibens gerichtet sind. Dies erlaubt es den Unternehmen, die Beurteilung von Sachverhalten anhand der Art. 81 und 82 EG mit Beamten der Generaldirektion Wettbewerb zu erörtern. Ein Rechtsanspruch auf eine solche informelle Beratung besteht jedoch nicht.[34]

---

[29] Nr. 24 der Bekanntmachung (Fn. 27).
[30] *Schwarze/Weitbrecht* § 6 Rn. 134.
[31] Nr. 8 der Bekanntmachung (Fn. 27).
[32] Nr. 16 der Bekanntmachung (Fn. 27).
[33] Nr. 17 der Bekanntmachung (Fn. 27).
[34] Näher *Schwarze/Weitbrecht* § 6 Rn. 136.

Art. 11. Zusammenarb. d. Kommission u. d. Mitgliedstaaten **Art. 11 VerfVO**

Art. 11. Zusammenarbeit zwischen der Kommission und den Wettbewerbsbehörden der Mitgliedstaaten

(1) Die Kommission und die Wettbewerbsbehörden der Mitgliedstaaten arbeiten bei der Anwendung der Wettbewerbsregeln der Gemeinschaft eng zusammen.

(2) Die Kommission übermittelt den Wettbewerbsbehörden der Mitgliedstaaten eine Kopie der wichtigsten Schriftstücke, die sie zur Anwendung der Artikel 7, 8, 9, 10 und 29 Absatz 1 zusammengetragen hat. Die Kommission übermittelt der Wettbewerbsbehörde eines Mitgliedstaats auf Ersuchen eine Kopie anderer bestehender Unterlagen, die für die Beurteilung des Falles erforderlich sind.

(3) Werden die Wettbewerbsbehörden der Mitgliedstaaten aufgrund von Artikel 81 oder Artikel 82 des Vertrags tätig, so unterrichten sie hierüber schriftlich die Kommission vor Beginn oder unverzüglich nach Einleitung der ersten förmlichen Ermittlungshandlung. Diese Unterrichtung kann auch den Wettbewerbsbehörden der anderen Mitgliedstaaten zugänglich gemacht werden.

(4) Spätestens 30 Tage vor Erlass einer Entscheidung, mit der die Abstellung einer Zuwiderhandlung angeordnet wird, Verpflichtungszusagen angenommen werden oder der Rechtsvorteil einer Gruppenfreistellungsverordnung entzogen wird, unterrichten die Wettbewerbsbehörden der Mitgliedstaaten die Kommission. Zu diesem Zweck übermitteln sie der Kommission eine zusammenfassende Darstellung des Falles, die in Aussicht genommene Entscheidung oder, soweit diese Unterlage noch nicht vorliegt, jede sonstige Unterlage, der die geplante Vorgehensweise zu entnehmen ist. Diese Informationen können auch den Wettbewerbsbehörden der anderen Mitgliedstaaten zugänglich gemacht werden. Auf Ersuchen der Kommission stellt die handelnde Wettbewerbsbehörde der Kommission sonstige ihr vorliegende Unterlagen zur Verfügung, die für die Beurteilung des Falls erforderlich sind. Die der Kommission übermittelten Informationen können den Wettbewerbsbehörden der anderen Mitgliedstaaten zugänglich gemacht werden. Die einzelstaatlichen Wettbewerbsbehörden können zudem Informationen untereinander austauschen, die zur Beurteilung eines von ihnen nach Artikel 81 und 82 des Vertrags behandelten Falls erforderlich sind.

(5) Die Wettbewerbsbehörden der Mitgliedstaaten können die Kommission zu jedem Fall, in dem es um die Anwendung des Gemeinschaftsrechts geht, konsultieren.

(6) Leitet die Kommission ein Verfahren zum Erlass einer Entscheidung nach Kapitel III ein, so entfällt damit die Zuständigkeit der Wettbewerbsbehörden der Mitgliedstaaten für die Anwendung der Artikel 81 und 82 des Vertrags. Ist eine Wettbewerbsbehörde eines Mitgliedstaates in einem Fall bereits tätig, so leitet die Kommission ein Verfahren erst ein, nachdem sie diese Wettbewerbsbehörde konsultiert hat.

Übersicht

	Rn.
I. Sinn und Zweck der Regelung	1
1. Einführung	1
2. Gemeinsame Erklärung von Rat und Kommission	3
3. Bekanntmachung der Kommission über die Zusammenarbeit innerhalb des Netzes der Wettbewerbsbehörden	4
4. Parallele oder aufeinander folgende Verfahren und der Grundsatz ne bis in idem	10
II. Praktische Bedeutung	13
III. Tatbestand	17
1. Enge Zusammenarbeit im Netzwerk der Wettbewerbsbehörden	17
2. Übermittlung von Informationen über Verfahren der Kommission an die mitgliedstaatlichen Wettbewerbsbehörden	19
3. Unterrichtung über die Einleitung von Verfahren durch mitgliedstaatliche Wettbewerbsbehörden	21
4. Unterrichtung über mitgliedstaatliche Entscheidungsvorhaben	26
5. Sonstige Fälle der Anwendung des Gemeinschaftsrechts	34
6. Zuständigkeit der Kommission	35
IV. Verhältnis zu anderen Vorschriften	44

I. Sinn und Zweck der Regelung

1. Einführung

1 Innerhalb der Verordnung bildet Art. 11 das Rückgrat des Netzwerks der Wettbewerbsbehörden, das nach Abschaffung des Monopols der Kommission zur Anwendung von Art. 81 Abs. 3 EG die Durchsetzung der europäischen Wettbewerbsregeln gewährleisten soll. Die Regelung behält einige Elemente des Art. 10 VO 17/62 bei und passt sie dem neuen Anwendungskonzept an. So bleibt die Informationspflicht der Kommission über ihre Verfahren gegenüber den Wettbewerbsbehörden der Mitgliedstaaten gemäß Art. 10 VO 17/62 bestehen (Art. 11 Abs. 2)[1] und wird um Informationsverpflichtungen der mitgliedstaatlichen Wettbewerbsbehörden über deren Verfahren zur Anwendung der Art. 81, 82 EG gegenüber der Kommission ergänzt (Art. 11 Abs. 3 und 4). Art. 11 Abs. 6 löst die Regelung des Art. 9 Abs. 3 VO 17/62 ab, wonach die Zuständigkeit der mitgliedstaatlichen Wettbewerbsbehörden zur Anwendung der Art. 81, 82 EG in einem Einzelfall entfällt, wenn die Kommission ein Verfahren einleitet.

2 Die **Einbeziehung der mitgliedstaatlichen Wettbewerbsbehörden** und Gerichte in die Anwendung der europäischen Wettbewerbsregeln ist ein wesentliches Element zur Erzielung eines verbesserten Wettbewerbsschutzes durch die neue Verordnung. Die Wettbewerbsbehörden und die Kommission bilden hierzu ein **Netzwerk,** das die Infrastruktur für die neuen Instrumente der Zusammenarbeit bereitstellt und für eine optimale Verteilung der Fälle sorgt gemäß dem Grundsatz, dass ein Vorgang von einer dafür gut geeigneten Behörde bearbeitet wird.[2] Art. 11 enthält als Rechtsgrundlage für dieses Netzwerk Regeln über gegenseitige Information und Konsultation im Netzwerk, die auch zur Sicherung der einheitlichen Anwendung der europäischen Wettbewerbsregeln dienen. Hierzu gehören Informationspflichten, gemäß derer die mitgliedstaatlichen Behörden die Kommission über eingeleitete Ermittlungen und beabsichtigte Entscheidungen mit unmittelbaren Auswirkungen für die jeweiligen Adressaten vorab unterrichten. Umgekehrt informiert die Kommission die Mitgliedstaaten ihrerseits – wie bisher – entsprechend. Die Beibehaltung der bisherigen Regelung, wonach die Zuständigkeit der mitgliedstaatlichen Wettbewerbsbehörden entfällt, wenn die Kommission ein Verfahren eröffnet, soll die kohärente Anwendung und die optimale Fallverteilung sicherstellen.[3] Weitere Einzelheiten der Zusammenarbeit innerhalb des Netzwerks legt die Kommission in enger Abstimmung mit den Mitgliedstaaten fest.[4]

2. Gemeinsame Erklärung von Rat und Kommission zur Funktionsweise des Netzwerkes

3 Die *Gemeinsame Erklärung* ist als Protokollerklärung zur Verordnung Ausdruck eines Kompromisses und geht auf das Begehren einer großen Zahl von Mitgliedstaaten zurück, zumindest Rahmenregeln über die Funktionsweise des Netzwerkes in die Verordnung aufzunehmen.[5] Zwar begründet diese *Gemeinsame Erklärung* keine einklagbaren Rechte für Kommission, Mitgliedstaaten oder Unternehmen, jedoch stellt sie das gemeinsame Verständnis von Kommission und Mitgliedstaaten dar, wie diese jeweils ihre Rolle in der durch die Verordnung selbst wenig konkretisierten Zusammenarbeit der Behörden in einem Sys-

---

[1] Andere Elemente des Art. 10 VO 17/62 sind nunmehr in den Art. 14 und 18 enthalten.
[2] Gemeinsame Erklärung des Rates und der Kommission zur Arbeitsweise des Netzes der Wettbewerbsbehörden als Protokollerklärung zur VO 1/2003, abrufbar unter: http://ec.europa.eu/competition/een/documents.html, hier Rn. 15ff.
[3] Vgl. Erwägungsgrund 17.
[4] Vgl. Erwägungsgrund 15.
[5] *Böge/Scheidgen* EWS 2002 201, 202; dies wurde auch von anderer Seite gefordert, vgl. *Monopolkommission,* Folgeprobleme der europäischen Kartellverfahrensreform, Sondergutachten 32, Rn. 30ff.; *Bartosch* EuZW 2001 101, 106; *Bourgeois/Humpe* E.C.L.R. 2002 43, 47.

tem der parallelen Zuständigkeit zur Anwendung der Art. 81, 82 EG sehen.[6] Die *Gemeinsame Erklärung* enthält neben allgemeinen Grundsätzen über den Charakter der Erklärung und das Selbstverständnis der Netzwerkteilnehmer Aussagen zur Verteilung der Arbeit innerhalb des Netzwerkes und zur Ausübung der Kompetenz der Kommission, gemäß Art. 11 Abs. 6 ein Verfahren an sich zu ziehen, wenn eine (oder mehrere) mitgliedstaatliche Wettbewerbsbehörden den Fall bereits bearbeiten.

3. Bekanntmachung über die Zusammenarbeit innerhalb des Netzes der Wettbewerbsbehörden

Die *Netzbekanntmachung* ist auf der Grundlage der Verordnung und der *Gemeinsamen Erklärung* gemeinsam von Kommission und mitgliedstaatlichen Wettbewerbsbehörden (auch aus den neuen Mitgliedstaaten) erarbeitet worden und stellt damit ein erstes Arbeitsergebnis des **European Competition Network** (ECN) dar, das wiederum in der *Netzbekanntmachung* seinen Namen erhält.[7] Zwar ist das Dokument eine Bekanntmachung der Kommission, die (allermeisten) mitgliedstaatlichen Behörden haben aber die Erklärung in der Anlage zu der Bekanntmachung unterschrieben, wodurch sie die in der *Netzbekanntmachung* ausgeführten Grundsätze anerkennen.[8] Die *Netzbekanntmachung* enthält Konkretisierungen zur Verteilung der Arbeit sowie zur Nutzung der Instrumente der Zusammenarbeit (neben Art. 11 auch zu den Art. 12, 13 und 22), zur Rechtsstellung von Unternehmen insbesondere im Zusammenhang mit der Inanspruchnahme von Bonusprogrammen, zur kohärenten Anwendung der europäischen Wettbewerbsregeln sowie zur Rolle und Funktionsweise des Beratenden Ausschusses. Die *Netzbekanntmachung* bezweckt einerseits eine weitere Verständigung innerhalb des ECN, andererseits größere Transparenz für die Unternehmen über die Arbeitsweise des ECN.

Hinsichtlich der **Grundsätze der Fallverteilung** führt die *Netzbekanntmachung* auf der Grundlage der *Gemeinsamen Erklärung* aus, wann eine Behörde als geeignet für die Bearbeitung eines Falles anzusehen ist, und enthält praktische Beispiele, die es den Unternehmen ermöglichen sollen, zu entscheiden, an welche Behörde sie sich am besten mit einer Beschwerde oder bei Diskussionsbedarf über bestimmte Vorhaben richten. Danach ist **eine Behörde zur Bearbeitung eines Falles geeignet,** wenn erstens ein Verstoß wesentliche unmittelbare tatsächliche oder absehbare Auswirkungen auf den Wettbewerb innerhalb des jeweiligen Mitgliedstaates hat, wenn zweitens die Behörde in der Lage ist, den Verstoß wirksam zu beenden und gegebenenfalls angemessen zu ahnden, und wenn drittens die Behörde in der Lage ist – unter Umständen mit Unterstützung einer anderen Behörde – die erforderlichen Beweismittel zu sammeln.[9] Damit ist klargestellt, dass ein Fall **wettbewerbliche Auswirkung in einem Mitgliedstaat** haben muss, damit die jeweilige mitgliedstaatliche Behörde als geeignet für die Bearbeitung eines Falles angesehen wird,[10] während die Kommission immer alle drei Kriterien erfüllt.

Die in der *Netzbekanntmachung* nachfolgend angeführten Beispielsfälle zeigen allerdings, dass sich die mitgliedstaatlichen Wettbewerbsbehörden grundsätzlich der Verstöße annehmen sollen, deren Auswirkungen hauptsächlich den **Wettbewerb innerhalb ihres jeweiligen Hoheitsgebietes** beeinträchtigen.[11] Das alleinige Tätigwerden einer Behörde kann

---

[6] Gemeinsame Erklärung Rn. 1–10, siehe Fußnote 2.
[7] Bekanntmachung der Kommission über die Arbeitsweise des Netzes der Wettbewerbsbehörden (Netzbekanntmachung), ABl. 2004 C 101/43, hier Rn. 1.
[8] Netzbekanntmachung Rn. 72 und Anlage (vgl. Fußnote 7); siehe auch die Liste der Behörden, die unterzeichnet haben http://ec.europa.eu/competition/antitrust/legislation/network.html.
[9] Gemeinsame Erklärung Rn. 15–19 (siehe Fußnote 2), Netzbekanntmachung Rn. 8 (siehe Fußnote 7).
[10] Netzbekanntmachung Rn. 9 (siehe Fußnote 7).
[11] Netzbekanntmachung Rn. 10 (siehe Fußnote 7).

auch angemessen sein, wenn sich der Verstoß zwar in mehreren Mitgliedstaaten auswirkt, aber dennoch die **Entscheidung einer Behörde ausreicht,** um die gesamte Zuwiderhandlung zu beenden.[12] Wird ein solcher Fall durch nur eine Behörde bearbeitet, ist eine enge Abstimmung mit der oder den Behörden des bzw. der ebenfalls betroffenen Mitgliedstaaten erforderlich. Gleichzeitig zeigt das Beispiel, dass Fälle so weit möglich nur durch eine Behörde bearbeitet werden sollen.[13]

7   Hat ein Verstoß wesentliche Auswirkungen auf den Wettbewerb in zwei oder drei Mitgliedstaaten, kann ein **paralleles Vorgehen durch zwei oder drei Behörden** angemessen sein, wenn das Vorgehen durch nur eine mitgliedstaatliche Behörde nicht ausreichen würde, um die gesamte Zuwiderhandlung abzustellen und gegebenenfalls angemessen zu ahnden. Da die Verordnung mitgliedstaatlichen Entscheidungen zur Durchsetzung der Art. 81, 82 EG keine extraterritoriale Wirkung zuerkennt,[14] wird ein paralleles Vorgehen insbesondere in **Bußgeldfällen** angemessen sein, um sicherzustellen, dass die gesamten Auswirkungen des Verstoßes geahndet werden. Bei paralleler Bearbeitung eines Verstoßes werden sich die befassten Behörden um ein abgestimmtes Vorgehen bemühen, soweit dies erforderlich ist. Zur Erleichterung der Abstimmung kann eine federführende Behörde bestimmt werden.[15]

8   Die **Kommission ist besonders geeignet** zur Bearbeitung von Fällen, die den Wettbewerb in mehr als drei Mitgliedstaaten wesentlich beeinflussen. Darüber hinaus soll sie sich Fällen widmen, die enge Zusammenhänge mit anderen ausschließlich oder effizienter von der Kommission anzuwendenden Gemeinschaftsvorschriften aufweisen (z. B. Beihilferegeln).[16] Außerdem ist die Kommission besonders geeignet, wenn eine neue Wettbewerbsfrage auftritt oder eine Kommissionsentscheidung zur Gewährleistung der wirksamen Durchsetzung der Wettbewerbsregeln erforderlich ist.[17] Dies bedeutet jedoch nicht, dass jede neue Rechtsfrage zunächst von der Kommission zu behandeln ist.[18]

9   Diese Grundsätze zur Fallverteilung sind ausdrücklich **keine Zuständigkeitsregeln,** sondern Kriterien für eine Arbeitsverteilung zwischen zuständigen Behörden, von denen einige darauf verzichten, tätig zu werden.[19] Die Kriterien sind flexibel, weil sie auf die verschiedenartigsten Konstellationen in einem System paralleler Zuständigkeiten mit Behörden, die über sehr unterschiedliche Ausstattung, Erfahrung und Durchsetzungsbefugnisse verfügen, anwendbar sein müssen. Die Grundsätze stellen **anzustrebende Ergebnisse** dar. Greift eine Behörde eine Zuwiderhandlung nicht auf, obwohl sie nach den dargestellten Kriterien dazu geeignet wäre, sind **andere Behörden nicht gehindert,** ein Verfahren zu führen. Denkbar ist daher auch, dass mehr als drei Behörden parallel tätig werden. Unternehmen können aus den dargestellten Kriterien keine Rechte auf die Bearbeitung eines Falles durch eine bestimmte Behörde ableiten.[20]

Zu einer Überprüfung der Bekanntmachung aufgrund der gewonnenen Erfahrungen ist es entgegen der vorgesehenen Frist von drei Jahren nach Annahme nicht gekommen.[21]

---

[12] Netzbekanntmachung Rn. 1 (siehe Fußnote 7).
[13] Netzbekanntmachung Rn. 7 (siehe Fußnote 7).
[14] Siehe Art. 5 Rn. 13.
[15] Netzbekanntmachung Rn. 13 (siehe Fußnote 7).
[16] Auch in solchen Fällen bleibt Arbeitsteilung möglich, wenn etwa die Kommission ein Verfahren nach Art. 86 EG gegen einen Mitgliedstaat und die mitgliedstaatliche Wettbewerbsbehörde ein Verfahren nach Art. 82 EG gegen das betroffene Unternehmen führt; vgl. Entsch. d. Kom. vom 20. 10. 2004 (BdKEP-Beschränkungen bei Postvorbereitung, WuW/E EU-V 455) und Entsch. BKartA vom 11. 2. 2005 8B9-55/03 (WuW/E DE-V 433).
[17] Netzbekanntmachung Rn. 14, 15 (siehe Fußnote 7).
[18] Netzbekanntmachung Rn. 43 (siehe Fußnote 7).
[19] So auch *Lampert* u. a., 2004, Rn. 204.
[20] Netzbekanntmachung Rn. 31 (siehe Fußnote 7).
[21] Netzbekanntmachung Rn. 70 (siehe Fußnote 7).

4. Parallele oder aufeinander folgende Verfahren und der Grundsatz „ne bis in idem"

Die Pflicht zur Anwendung des europäischen Kartellrechts gemäß Art. 3 wird nicht begleitet von einer expliziten Befugnis oder gar Pflicht der mitgliedstaatlichen Wettbewerbsbehörden zur Ahndung der gesamten gemeinschaftsweiten Wirkung von Verstößen. Auch fehlt es an bindenden Kriterien und Verfahren zur Feststellung einer eindeutig zuständigen Behörde in jedem Einzelfall sowie zur Beteiligung von Behörden aus gegebenenfalls auch betroffenen Mitgliedstaaten. Dies zeigt, dass sowohl die Kommission bei der Vorlage des Verordnungsentwurfs als auch der Rat bei der Verabschiedung der Verordnung davon ausgegangen sind, dass das Prinzip „ne bis in idem" auch im neuen System nur dann verletzt wird, wenn eine Wettbewerbsbehörde die Auswirkungen eines bestimmten Verstoßes in einem bestimmten Mitgliedstaat bereits bebußt hat.

Die bisherige Rechtsprechung der Gemeinschaftsgerichte steht dieser Auffassung nicht entgegen. Danach ist die Anwendung des Prinzips „ne bis in idem" davon abhängig, dass der Verstoß, der Zuwiderhandelnde und das geschützte Rechtsgut identisch sind.[22] Dabei liegen bislang zu den folgenden Fallkonstellationen Urteile vor: Erstens verletzen aufeinander folgende Verfahren einer mitgliedstaatlichen Behörde nach mitgliedstaatlichem und der Kommission nach europäischem Recht den Grundsatz „ne bis in idem" nicht, weil die angewendeten Gesetze unterschiedliche Schutzzwecke haben.[23] Dies gilt zweitens erst recht für aufeinander folgende Entscheidungen einer Behörde außerhalb der EU und der Kommission.[24] Im Fall Archer Daniels Midland u. a./Kommission hat der EuGH nunmehr das Urteil der Vorinstanz bestätigt und dabei klargestellt, dass keine Identität der Handlungen gegeben ist, wenn die im Drittstaat verhängte Sanktion nur die Durchführung oder die Auswirkungen des Kartells auf dem Markt dieses Staates und die Gemeinschaftssanktion nur die Durchführung oder Auswirkungen auf dem Markt der Gemeinschaft betrifft.[25]

Bei parallelen Verfahren mitgliedstaatlicher Behörden aufgrund von Verstößen gegen Art. 81 oder 82 EG dürfte dieselbe Überlegung wie in den Drittstaaten-Fällen gelten, wonach es an einem „idem" fehlt, wenn sich die Entscheidungen der Behörden jeweils nur auf die Auswirkungen der Verstöße innerhalb ihres jeweiligen Territoriums beziehen.[26]

II. Praktische Bedeutung

Art. 11 schafft eine **Rechtsgrundlage für die gegenseitige Information** aller Netzwerkteilnehmer über eingeleitete Verfahren und beabsichtigte Verfahrensabschlüsse. Durch die Ausgestaltung der Regelung als Verpflichtung gegenüber der Kommission und als Be-

---

[22] EuGH U. v. 7. 1. 2004 verb. Rs. C-204/00 P – *Aalborg Portland u. a./Kommission* Slg. 2004 I-123.

[23] EuGH U. v. 13. 2. 1969 Rs. 14/68 – *Walt Wilhelm u. a./Bundeskartellamt*, Slg. 1969, 1.

[24] EuG U. v. 29. 4. 2004 verb. Rs. T-236/01 – *Tokai u. a./Kommission*, Slg. 2004 II-1181, WuW/E EU-R 847; EuG U. v. 9. 7. 2003 Rs. T-224/00 – *Archer Daniels Midland u. a./Kommission*, Slg. 2003 II-2597, WuW/E EU-R 673; EuGH U. v. 7. 1. 2004 verb. Rs. C-204/00 P – *Aalborg Portland u. a./Kommission* Slg. 2004 I-123; EuGH U. v. 14. 12. 1972 Rs. 7/72 – *Boehringer/Kommission*, Slg. 1972, 1281. Ferner steht der Grundsatz „ne bis in idem" einer erneuten materiellen Entscheidung der Kommission nicht entgegen, wenn eine erste Entscheidung aus rein verfahrensrechtlichen Gründen im Beschwerdeverfahren aufgehoben wurde, vgl. insoweit EuGH U. v. 15. 10. 2002 verb. Rs. C-238/99 P – *LVM/Kommission* Slg. I-8375, WuW/E EU-R 601.

[25] EuGH U. v. 18. 5. 2006 Rs. C-397/03 P – *Archer Daniels Midland u. a./Kommission*, Slg. 2006 I-4429, WuW/E EU-R 1205 Rn. 6; siehe auch EuGH U. v. 10. 5. 2007 Rs. C-328/05 P – *SGL Carbon/Kommission* Rn. 24–29, abrufbar unter http://ec.europa.eu/comm/competition/court/index.html.

[26] Siehe hierzu ausführlich *Dekeyser/Gauer* Fordham 2004, 537, 562 ff.; *Bardong* in: MünchKomm-EuWettbR VO1/2003 Art. 11 Rn 109 f.; *Dalheimer/Fedderson/Miersch* VO 1/2003 vor Art. 11 Rn. 27 ff.; im Ergebnis zu „ne bis in idem" ähnlich *Lampert* u. a. 2004 Art. 11 Rn. 206 f.; andere Auffassung *Schwarze/Weitbrecht* 2004, 153 ff. m. w. N.; *Klees* 2006, 1229 f.

fugnis gegenüber den mitgliedstaatlichen Wettbewerbsbehörden wird ein umfassendes Informationsregime ermöglicht. Damit verbessern sich die Bedingungen für die **Aufdeckung und das Abstellen von Verstößen** gegen die Wettbewerbsregeln, weil die grenzüberschreitenden Dimensionen der Verstöße transparent werden. Gleichzeitig sind diese grundlegenden Informationen eine notwendige Voraussetzung für eine effektive Durchsetzung der Wettbewerbsregeln in einem System paralleler Zuständigkeit, insbesondere für eine **sachgerechte Fallverteilung**. In der Praxis sollen grundsätzlich alle Informationen, die gemäß Art. 11 übermittelt werden, in ein Intranet, das nur den ECN Mitgliedern zugänglich ist, eingestellt werden.

14 Die *Gemeinsame Erklärung* und die von den mitgliedstaatlichen Wettbewerbsbehörden unterstützte *Netzbekanntmachung* bewirken vor allem eine Verständigung aller Netzwerkteilnehmer auf einige **Grundregeln zur Verteilung der Arbeit**. Eine Bekanntmachung der Kommission allein könnte kein vergleichbares Engagement begründen und damit das Risiko von unfruchtbaren Konflikten zwischen den Netzwerkteilnehmern weniger wirkungsvoll verringern.

15 Die Kommission wird durch Art. 11 Abs. 3 und 4 i. V. m. Art. 3 über alle wesentlichen EG-kartellrechtlich relevanten Aktivitäten der mitgliedstaatlichen Wettbewerbsbehörden in den Bereichen Kartellbekämpfung und Missbrauchsaufsicht informiert sein und verfügt mit Art. 11 Abs. 6 über ein weitreichendes Instrument zur **Sicherstellung einer kohärenten Anwendung** der europäischen Wettbewerbsregeln.

16 Erste praktische Erfahrungen zeigen, dass es gemessen an den im Netzwerk gemeldeten Fällen nur selten dazu kommt, dass ein Fall von einer zunächst tätig gewordenen Behörde zu einer anderen Behörde wandert.[27] Als besonders bedeutsam hat sich die Zusammenarbeit im Netzwerk im Vorfeld von Ermittlungsmaßnahmen einschließlich Durchsuchungen in Verdachtsfällen von Kartellabsprachen gezeigt.[28] Darüber hinaus wird das Netzwerk zum Austausch von Erfahrungen in bestimmten Fallkonstellation sowie von Rechtsauffassungen genutzt. Im Rahmen verschiedener Sektorarbeitsgruppen wird dieser Austausch weiter vertieft.[29] Schließlich wird auch das Netzwerk und seine Funktionsfähigkeit ständig weiter entwickelt; dies zeigt sich beispielhaft an der Entwicklung des ECN-Model-Leniency-Programm.[30]

III. Tatbestand

1. Enge Zusammenarbeit bei der Anwendung der Wettbewerbsregeln

17 Art. 11 Abs. 1 ersetzt den bisherigen Art. 10 Abs. 2 VO 17/62 und löst damit die auf vertikale Kooperation zwischen einzelnen mitgliedstaatlichen Wettbewerbsbehörden und Kommission ausgerichtete Formulierung durch eine generelle Verpflichtung aller Netzwerkmitglieder zu einer engen Zusammenarbeit bei der Anwendung der Wettbewerbsregeln der Gemeinschaft ab. Erstes Ergebnis der engen Zusammenarbeit nach Art. 11 Abs. 1 ist die Verständigung auf die *Netzbekanntmachung*. Für die Erleichterung der Zusammenarbeit und insbesondere die in den nachfolgenden Absätzen normierten gegenseitigen Informationspflichten wurde ein Internet basiertes Intranet installiert, das es erlaubt, diese Pflichten relativ unbürokratisch mit Hilfe elektronischer Formblätter zu erfüllen.[31]

18 Die Pflicht zur loyalen Zusammenarbeit verpflichtet die Kommission nicht, in einem Fall, in dem eine nationale Behörde tätig ist, auf die Durchführung eigener Ermittlungsmaßnahmen zu verzichten. Vielmehr folgt aus dem Erfordernis zur Zusammnarbeit gerade,

---

[27] Wettbewerbsbericht der Kommission 2005 Rn. 211; TB Bundeskartellamt 2005/06 BT-Drs. 16/5710 S. 47.
[28] Wettbewerbsbericht der Kommission 2005 Rn. 212f.
[29] TB Bundeskartellamt 2005/06 BT-Drs. 16/5710 S. 47f.
[30] Siehe unter http://ec.europa.eu/competition/antitrust/legislation/network.html.
[31] *Dekeyser/Dalheimer* 2005, S. 5.

dass Kommission und mitgliedsstaatliche Wettbewerbsbehörde zumindest im Anfangsstadium wie bei den Ermittlungen nebeneinander tätig werden können.[32]

2. Übermittlung von Informationen über Verfahren der Kommission an die mitgliedstaatlichen Wettbewerbsbehörden

Art. 11 Abs. 2 verpflichtet die Kommission, den mitgliedstaatlichen Wettbewerbsbehörden Kopien der wichtigsten Schriftstücke, die sie zur Anwendung der Art. 7, 8, 9, 10 und 29 Abs. 1 zusammengetragen hat, zu übermitteln. Die Formulierung geht auf Art. 10 Abs. 1 VO 17/62 zurück und bezog sich in der alten Fassung insbesondere auf Anträge, Anmeldungen und Beschwerden. Zu den ‚wichtigsten Schriftstücken' gehören nach ständiger Praxis auch die Beschwerdepunkte. Im System der Legalausnahme wird es sich bei den ‚wichtigsten Schriftstücken' zu Beginn eines Verfahrens insbesondere um Beschwerden handeln. Die bisherige Praxis der Versendung von Beschwerdepunkten wird beibehalten werden. Die mitgliedstaatlichen Wettbewerbsbehörden erhalten auf Anfrage weitere Dokumente, die für die Beurteilung eines Falles von Bedeutung sind. Zwar erwähnt Art. 11 Abs. 2 nicht ausdrücklich, dass die Kommission alle mitgliedstaatlichen Wettbewerbsbehörden informiert, **sobald sie in einem Fall Ermittlungen** durchführt. Gemäß der *Netzbekanntmachung* gelten aber für die Kommission aufgrund von Art. 11 Abs. 2 die gleichen Informationspflichten gegenüber den mitgliedstaatlichen Wettbewerbsbehörden wie die in Art. 11 Abs. 3 normierten Pflichten der mitgliedstaatlichen Wettbewerbsbehörden gegenüber der Kommission.[33]

Die Verordnung enthält an anderer Stelle **weitere Verpflichtungen der Kommission zur Information** der mitgliedstaatlichen Wettbewerbsbehörden, die bereits in der VO 17/62 bestanden. So übermittelt die Kommission gemäß Art. 18 Abs. 5 Auskunftsersuchen an die Behörden, wenn das befragte Unternehmen seinen Sitz in dem betreffenden Mitgliedstaat hat oder dessen Territorium in sonstiger Weise betroffen ist. Gemäß Art. 14 Abs. 1 wird der Beratende Ausschuss vor jeder Entscheidung der Kommission gehört; zur Vorbereitung erhalten die mitgliedstaatlichen Wettbewerbsbehörden eine Zusammenfassung des Falles, eine Übersicht über die wichtigsten Schriftstücke sowie einen vorläufigen Entscheidungsentwurf.

3. Unterrichtung über Ermittlungen durch mitgliedstaatliche Wettbewerbsbehörden

Gemäß Art. 11 Abs. 3 unterrichten die mitgliedstaatlichen Wettbewerbsbehörden die Kommission über Verfahren nach Art. 81, 82 EG vor Beginn oder unverzüglich nach einer ersten förmlichen Ermittlungsmaßnahme. Zwar besteht die Informationspflicht formal nur gegenüber der Kommission, gleichwohl werden grundsätzlich alle gemäß Art. 11 übermittelten Informationen unmittelbar allen Netzwerkmitgliedern zugänglich sein.[34]

Die Unterrichtung des Netzwerks enthält **grundlegende Informationen über den Fall:** Die tätige Behörde, die betroffenen Produkte und Gebiete, die am mutmaßlichen Verstoß Beteiligten, die Art und Dauer des mutmaßlichen Verstoßes sowie der Anlass für das Tätigwerden. Wichtige Änderungen werden im weiteren Verlauf des Verfahrens mitgeteilt.[35]

Aus Art. 11 Abs. 3 geht hervor, dass nicht jede Beschwerde oder jeder Anfangsverdacht sofort dem Netzwerk mitgeteilt werden muss. Damit beruht die Vorschrift auf der Er-

---

[32] EuG, Urt. v. 8. 3. 2007, Rs. T-340/04 – *France-Télécom/Kommission*, Rn. 128 f.; abrufbar unter: http://ec.europa.eu/comm./competition/court/index.html.
[33] Netzbekanntmachung Rn. 17 (siehe Fußnote 7).
[34] Gemeinsame Erklärung Rn. 10 (siehe Fußnote 2); Netzbekanntmachung Rn. 17 (siehe Fußnote 7).
[35] Netzbekanntmachung Rn. 17 (siehe Fußnote 7).

kenntnis, dass nicht allen Beschwerden ein verfolgungswürdiger Fall zugrunde liegt. Das Netzwerk soll nur über ernsthafte Fälle unterrichtet werden. Von einem ernsthaften Fall wird demnach ausgegangen, wenn eine **förmliche Ermittlungsmaßnahme** eingeleitet wird. Mit diesem Begriff wird der Versuch unternommen, angesichts der Beibehaltung mitgliedstaatlichen Verfahrensrecht und der daraus resultierenden Vielfalt des Begriffes der Einleitung eines Verfahrens ein Kriterium zu entwickeln, das zur Übermittlung aller für die Verteilung von Fällen wesentlichen Informationen zu einem geeigneten Zeitpunkt führt. Als Maßstab für die Beurteilung, was eine förmliche Ermittlungsmaßnahme ist, können die **Ermittlungsbefugnisse der Kommission** selbst herangezogen werden.[36] Demnach sind solche mitgliedstaatliche Maßnahmen, die den Maßnahmen der Kommission gemäß den Artikeln 18, 19, 20 und 21 vergleichbar sind, als förmliche Ermittlungsmaßnahmen im Sinne des Art. 11 Abs. 3 anzusehen.

24 Ergibt sich nach der Mitteilung über einen Fall ein Bedarf nach **Umverteilung des Falles,** etwa weil ein Abgleich von Informationen unter den Wettbewerbsbehörden über den mutmaßlichen Verstoß darauf hinweist, dass eine andere Behörde besser geeignet ist, den Fall zu bearbeiten oder dass der Fall nicht sinnvoll von einer Behörde allein bearbeitet werden kann, so soll dies **im Regelfall innerhalb eines Zeitraumes von zwei Monaten** nach der erstmaligen Unterrichtung des Netzwerks abgeschlossen sein.[37] Grundsätzlich soll(en) die Behörde(n), die nach Ablauf der Zweimonatsfrist mit dem Fall befasst sind, dies auch bis zum Abschluss des Verfahrens bleiben. Abweichungen von dieser Regel sollten sich auf solche Fällen beschränken, in denen erst nach Ablauf der Zweimonatsfrist neue Informationen auf eine andere geeignete Behörde hinweisen.[38]

25 Grundsätzlich dienen Informationen gemäß Art. 11 Abs. 2 und 3 der gegenseitigen Unterrichtung über beabsichtigte oder eingeleitete Verfahren. Dies schließt jedoch nicht aus, dass solche Informationen Indizien darstellen, die von anderen Netzwerkbehörden gegebenenfalls berücksichtigt werden können, um die Einleitung eines eigenen Verfahrens zu begründen.[39] Um die Wirksamkeit der **Bonus-Programme** der Kommission und vieler mitgliedstaatlicher Wettbewerbsbehörden bei der Aufdeckung von Kartellen aufrechtzuerhalten, haben sich die Netzwerkmitglieder verpflichtet, Informationen nach Art. 11 Abs. 2 und 3 in Fällen, die auf **Bonus-Anträge** zurückgehen, nicht als Anfangsverdacht für eigene Ermittlungen zu verwenden.[40] Diejenigen Netzwerkbehörden, die sich bislang der Erklärung zur *Netzbekanntmachung* der Kommission nicht angeschlossen haben, werden keinen Zugang zu Informationen nach Art. 11 Abs. 3 erhalten, wenn der zugrundeliegende Fall auf einen Bonus-Antrag zurückgeht.[41]

4. Unterrichtung über mitgliedstaatliche Entscheidungsvorhaben

26 Art. 11 Abs. 4 verpflichtet die mitgliedstaatlichen Wettbewerbsbehörden zur **Unterrichtung der Kommission** über Entscheidungsvorhaben, die auf die Abstellung einer Zuwiderhandlung (Untersagungs- oder Bußgeldentscheidung), den Erlass einer Verpflichtungsentscheidung oder den Entzug des Vorteils einer Gruppenfreistellung hinauslaufen. Damit besteht die Unterrichtungspflicht bei allen Entscheidungen, die unmittelbar in die Rechtsposition der Adressaten eingreifen. Demnach bleiben aus der Liste der möglichen Entscheidungsarten, die die mitgliedstaatlichen Wettbewerbsbehörden bei der Anwendung der

---

[36] Netzbekanntmachung Rn. 17 (siehe Fußnote 7).
[37] Netzbekanntmachung Rn. 18 (siehe Fußnote 7). Die Gemeinsame Erklärung Rn. 12 (siehe Fußnote 2), enthält eine Höchstfrist von drei Monaten.
[38] Netzbekanntmachung Rn. 19 (siehe Fußnote 7).
[39] EuGH U. v. 16. 7. 1992 Rs. C-67/91 – *AEB* u. a. Slg. 1992 I-4820 Rn. 39–43, abrufbar unter http://ec.europa.eu/comm/competition/court/index.html.
[40] Netzbekanntmachung Rn. 39 und 72 sowie Anlage zu der Bekanntmachung (siehe Fußnote 7).
[41] Netzbekanntmachung Rn. 42 (siehe Fußnote 7).

Art. 81, 82 EG treffen können, Entscheidungen zur Festsetzung einstweiliger Maßnahmen sowie zur Einstellung eines Verfahrens aus Mangel an Gründen um tätig zu werden von der Unterrichtungspflicht ausgenommen.[42]

Eine **Unterrichtung der anderen Netzwerkmitglieder** ist in Art. 11 Abs. 4 ebenso als Möglichkeit vorgesehen wie Art. 11 Abs. 3. In der Praxis werden allen Netzwerkmitgliedern die der Kommission übermittelten Informationen über das ECN-Intranet ebenfalls zur Verfügung stehen.

Übermittelt werden muss eine **zusammenfassende Darstellung des Sachverhaltes und die in Aussicht genommene Entscheidung** oder, soweit ein solches Dokument noch nicht vorliegt, jede sonstige Unterlage, der die geplante Vorgehensweise zu entnehmen ist. Diese flexible Formulierung trägt dem Umstand Rechnung, dass die konkreten Verfahrensregeln auf mitgliedstaatlicher Ebene unterschiedlich sind. In der Praxis wird es sich in aller Regel um die Übermittlung eines Dokumentes handeln, dass den Beschwerdepunkten in den Verfahren der Kommission entspricht.[43]

Die Zusammenfassung sowie der Entscheidungsentwurf oder das Dokument, dem die geplante Vorgehensweise zu entnehmen ist, müssen **30 Tage vor Erlass einer Entscheidung** übermittelt werden. Die Pflicht zur Information besteht ausdrücklich nur gegenüber der Kommission, sodass die genannte Frist bezwecken soll, dass die Kommission genügend Zeit haben soll, den Fall gegebenenfalls genauer zu prüfen.

Art. 11 Abs. 4 legt den mitgliedstaatlichen Wettbewerbsbehörden ausdrücklich **keine Pflicht zur Konsultation der Kommission** in jedem Einzelfall vor.[44] Demnach kann eine nationale Behörde nach Ablauf der 30 Tage die beabsichtigte Entscheidung erlassen, wenn nicht die Kommission in der Zwischenzeit ein eigenes Verfahren eingeleitet hat.[45]

Eine mitgliedstaatliche Behörde kann die Kommission ersuchen, die **30 Tage-Frist zu verkürzen,** wenn eine Entscheidung wegen besonderer Umstände innerhalb kürzerer Zeit erfolgen muss.[46] Dies kann in dringenden Fällen für eine effektive Durchsetzung der Wettbewerbsregeln, in denen eine entgültige Entscheidung dem Erlass einstweiliger Maßnahmen vorzuziehen ist, erforderlich sein. Eine Entscheidung vor Ablauf der 30 Tage-Frist kann nur ergehen, wenn die Kommission auf das Ersuchen eingegangen ist.

Analog zu der Möglichkeit der mitgliedstaatlichen Wettbewerbsbehörden, von der Kommission **Kopien von weiteren Unterlagen zu erhalten** (Art. 11 Abs. 2), kann sich auch die Kommission von den mitgliedstaatlichen Wettbewerbsbehörden sonstige Unterlagen vorlegen lassen. Dabei müssen die Mitgliedstaaten alle Unterlagen zur Verfügung stellen, die für die Beurteilung eines Falles erforderlich sind. Art. 11 Abs. 4 sieht im Übrigen vor, dass diese Informationen allen Netzwerkmitgliedern zugänglich gemacht werden können und dass ein Austausch von für einen Fall relevanten Informationen auch unmittelbar zwischen den einzelstaatlichen Wettbewerbsbehörden möglich ist.

5. Sonstige Fälle der Anwendung des Gemeinschaftsrechts

Art. 11 Abs. 5 dient der Klarstellung, dass die mitgliedstaatlichen Wettbewerbsbehörden die Kommission auch in jedem Fall konsultieren können, in dem es nicht um eine der in Art. 11 Abs. 4 genannten Entscheidungstypen geht. Diese Konsultation ist freiwillig. Art. 11 Abs. 5 bietet damit eine Grundlage für die gegenseitige Information über Fälle, die anders als mit einer Untersagung, einem Bußgeld oder mit Verpflichtungszusagen abgeschlossen werden. Grundsätzlich werden sich die Netzmitglieder über den Abschluss sämt-

---

[42] Siehe Rn. 14 zu Art. 5.
[43] So auch *Gippini-Fournier,* S. 83 ff.
[44] Der ursprüngliche Entwurf zu Art. 11 Abs. 4 sah dies noch vor, siehe Verordnungsvorschlag 2000; kritisch hierzu auch *Eilmansberger* JZ 2001, 365, 371.
[45] Netzbekanntmachung, Rn. 46 (siehe Fußnote 7).
[46] Netzbekanntmachung, Rn. 47 (siehe Fußnote 7).

licher Verfahren unterrichten, die sie dem Netzwerk nach Art. 11 Abs. 2 oder 3 mitgeteilt haben.[47]

6. Zuständigkeit der Kommission

34 Art. 11 Abs. 6 S. 1 übernimmt die Regelung des Art. 9 Abs. 3 VO 17/62. Nach der neuen Fassung der Regelung entfällt die Zuständigkeit der mitgliedstaatlichen Wettbewerbsbehörden für die Anwendung der Art. 81, 82 EG, wenn die Kommission ein Verfahren zum Erlass einer Entscheidung gemäß Kapitel III einleitet. Art. 11 Abs. 6 S. 2 enthält eine Verpflichtung der Kommission, die betroffene(n) mitgliedstaatliche(n) Wettbewerbsbehörde(n), die den spezifischen Fall bereits prüft, vor einer Verfahrenseinleitung zu konsultieren.

35 Die **Wirkung der Verfahrenseinleitung durch die Kommission** auf die Kompetenzen der mitgliedstaatlichen Wettbewerbsbehörden geht weiter als gemäß Art. 9 Abs. 3 VO 17/62, da den mitgliedstaatlichen Behörden hierdurch im neuen System nicht nur die Zuständigkeit zur Anwendung des EG-Rechts, sondern de facto auch die Zuständigkeit zur Anwendung mitgliedstaatlichen Rechts entzogen wird. Denn die mitgliedstaatlichen Wettbewerbsbehörden können gemäß Art. 3 mitgliedstaatliches Recht in allen Fällen, in denen EG-Recht anwendbar ist, nur noch gemeinsam mit EG-Recht anwenden.

36 Für einen Entzug der Zuständigkeit muss die Kommission ein Verfahren zum Erlass einer Entscheidung nach Kapitel III der Verordnung einleiten. Demnach löst ein Verfahren der Kommission zur **Zurückweisung einer Beschwerde** gemäß Art. 13 oder aus anderen Gründen[48] **keinen Entzug der Zuständigkeit** aus. Die Durchführung von Ermittlungshandlungen durch die Kommission, einschließlich Nachprüfungen gemäß Art. 20, 21 sind parallel zu Ermittlungen mitgliedstaatlicher Behörden möglich und lösen für sich genommen ebenfalls noch keine Zuständigkeitsfolge aus.[49] Die alleinige Zuständigkeit der Kommission endet formal nach Abschluss des Verfahrens durch Entscheidung. Aufgrund des durch die Rechtsprechung bereits entwickelten[50] und nunmehr auch in Art. 16 Abs. 2 kodifizierten Vorrangs von Entscheidungen der Kommission ist allerdings auch eine **nachträgliche abweichende Entscheidung** einer mitgliedstaatlichen Behörde **ausgeschlossen.** Die Verordnung hindert jedoch die mitgliedstaatlichen Behörden nicht daran, Art. 81, 82 EG in solchen Fällen anzuwenden, in denen die Kommission eine Verpflichtungszusage gemäß Art. 9 durch Entscheidung für verbindlich erklärt hat.[51]

37 Die Wirkungen des Art. 11 Abs. 6 treten ein, wenn die Kommission ein Verfahren (zum Erlass einer Entscheidung nach Kapitel III der Verordnung) einleitet. Die Verordnung enthält zwar keine Regeln über die **Einleitung eines Verfahrens** durch die Kommission. Die Kommission hat jedoch ihre bisherige Fallpraxis und die durch die Rechtsprechung entwickelten **Grundsätze für die Verfahrenseinleitung**[52] in einer Durchführungsverordnung festgehalten, zu deren Erlass sie nach Art. 33 Abs. 1 ermächtigt ist. Art. 2 der Durchführungsverordnung regelt die Einleitung des Verfahrens. Danach kann die Kommission jederzeit die Einleitung eines Verfahrens zum Erlass einer Entscheidung gemäß Kapitel III der Verordnung beschließen.[53] Damit erfordert die Verfahrenseinleitung wie bisher einen förm-

---

[47] Gemeinsame Erklärung, Rn. 24 (siehe Fußnote 7); Netzbekanntmachung, Rn. 49 (siehe Fußnote 7).
[48] Erwägungsgrund 18.
[49] EuG, Urt. v. 8. 3. 2007, Rs. T-340/04, *France Télécom/Kommission,* Rn. 129, abrufbar unter http://ec.europa.eu/comm/competition/court/index.html.
[50] Insbesondere zuletzt EuGH U. v. 14. 12. 2000 Rs. C-344/98 – *Masterfoods/HB Ice Cream* Slg. I-11 412.
[51] Erwägungsgrund 22.
[52] EuGH U. v. 10. 7. 1980 Rs. 37/79 – *Anne Marty SA/Estée Lauder* SA Slg. 1980, 2481 Rn. 15.
[53] Art. 2 Abs. 1 DurchführungsVO 2004.

lichen Akt der Kommission, in welchem die Absicht zum Erlass einer der in Kapitel III aufgeführten Entscheidungsarten zum Ausdruck kommt.[54] Die Kommission kann die Verfahrenseinleitung in geeigneter Weise bekannt machen und die Parteien davon in Kenntnis setzen.[55] Sie ist nicht daran gehindert, ohne Verfahreneinleitung von ihren Ermittlungsbefugnissen Gebrauch zu machen oder eine Beschwerde abzuweisen.[56] Vor Inkrafttreten der VerfVO hat die Kommission das Verfahren häufig erst nach Abschluss der Ermittlungen förmlich eingeleitet und dies mit der Versendung der Beschwerdepunkte verbunden. Zukünftig wird sie das Verfahren zu dem Zeitpunkt förmlich einleiten, zu dem sie die **alleinige Zuständigkeit** für einen Fall anstrebt. Dies sollte daher weit vor dem Zeitpunkt der Versendung von Beschwerdepunkten erfolgen.[57]

Art. 11 Abs. 6 hat aufgrund seiner Wirkung für die mitgliedstaatlichen Wettbewerbsbehörden **weitreichende praktische Bedeutung für die Fallverteilung** im Netzwerk. Die Ausübung der Kompetenz der Kommission zum Entzug von Verfahren ist nicht spezifisch begrenzt, die Kommission muss nach dem Wortlaut des Verordnungstextes ein solches Eingreifen nicht begründen.[58] Dies gilt gemäß der Norm grundsätzlich sowohl dann, wenn die Kommission als Erste ein Verfahren einleitet, als auch wenn eine (oder mehrere) nationale Wettbewerbsbehörde(n) bereits mit dem Fall befasst sind.

Der **Rahmen für die Einleitung des Verfahrens** durch die Kommission ist durch die ‚Gemeinsame Erklärung' von Rat und Kommission und die *Netzbekanntmachung* gesteckt. Danach ist die Kommission grundsätzlich nie daran gehindert, als Erste ein Verfahren einzuleiten. Sie erfüllt regelmäßig die Anforderungen an eine gut geeignete Behörde, wie sie im Rahmen der Grundsätze zur Fallverteilung aufgestellt sind.[59] Nach den Grundsätzen für die Fallverteilung ist jedoch davon auszugehen, dass die mitgliedstaatlichen Wettbewerbsbehörden diejenigen sein sollen, die Fälle mit im Wesentlichen mitgliedstaatlicher Bedeutung aufgreifen.[60] Über die Kriterien für die Fallverteilung hinaus sind keine Grundsätze entwickelt worden, die auf eine Eingrenzung des Aufgreifens eines Falles durch die Kommission während der Fallverteilungsphase von zwei Monaten nach der ersten Information an das Netzwerk zielen.[61] **Nach Ablauf der Fallverteilungsphase** sollte die Kommission allerdings Art. 11 Abs. 6 **im Prinzip nur noch in Ausnahmefällen** anwenden. Genannt werden Situationen, in denen Mitglieder des Netzwerkes in einem Fall einander widersprechende Entscheidungen zu treffen beabsichtigen oder eine Entscheidung treffen wollen, die offensichtlich der gefestigten Praxis entgegensteht. Darüber hinaus soll die Kommission eingreifen können, wenn sich ein mitgliedstaatliches Verfahren zeitlich über Gebühr hinauszögert. Schließlich kann die Kommission tätig werden, wenn aus ihrer Sicht eine Kommissionsentscheidung zur Weiterentwicklung der Wettbewerbspolitik der Gemeinschaft erforderlich ist, insbesondere wenn ähnliche Wettbewerbsprobleme in mehreren Mitgliedstaaten auftreten. Unproblematisch ist die Verfahrenseinleitung immer dann, wenn die betroffenen mitgliedstaatlichen Wettbewerbsbehörden hiergegen keine Einwände erheben.[62]

---

[54] EuGH U. v. 6. 2. 1973 Rs. 48/72 *Brasserie de Haecht* (Nr. 2) Slg. 1973, 77 Rn. 16, 18; siehe auch Netzbekanntmachung Rn. 52 (siehe Fußnote 7).
[55] Art. 2 Abs. 2 DurchführungsVO 2004.
[56] Art. 2 Abs. 3 und 4 DurchführungsVO 2004.
[57] Erwägungsgrund 2 DurchführungsVO 2004. Dies wird auch von anderen erwartet, vgl. *Faull/Nikpay* 2007, S. 161, Fn. 221. Allerdings ist dies bislang in der Praxis der Kommission nicht zu beobachten.
[58] Hierzu kritisch *Kingston* E. C. L. R. 2001, 340, 344.
[59] Netzbekanntmachung Rn. 8 (siehe Fußnote 7).
[60] Netzbekanntmachung Rn. 9, 10 (siehe Fußnote 7).
[61] Netzbekanntmachung Rn. 54 Satz 2 (siehe Fußnote 7).
[62] Gemeinsame Erklärung Rn. 20–24 (siehe Fußnote 2); Netzbekanntmachung Rn. 54 Satz 3 (siehe Fußnote 7).

Art. 12 VerfVO 8. Teil. Kartellverfahrensverordnung

40   Ist bereits eine mitgliedstaatliche Wettbewerbsbehörde mit dem Fall befasst, **konsultiert die Kommission diese Behörde,** bevor sie ein Verfahren einleitet. Damit erhält die betroffene mitgliedstaatliche Wettbewerbsbehörde die Gelegenheit, den Fall gemäß Art. 14 Abs. 7 S. 3 vor der Verfahrenseinleitung durch die Kommission im Beratenden Ausschuss zur Diskussion zu stellen.[63]

41   Die Kommission wird, nachdem eine mitgliedstaatliche Behörde unter Beachtung aller Informationsverpflichtungen nach Art. 11 Abs. 3 und 4 eine Entscheidung erlassen hat, im Prinzip **keine Entscheidung erlassen, die im Widerspruch zu der Entscheidung der mitgliedstaatlichen Behörde steht.**[64] Sie behält sich mithin ausdrücklich vor, die Entscheidung einer mitgliedstaatlichen Behörde durch eine Kommissionsentscheidung zu bekräftigen und ihr gemeinschaftsweite Geltung zu verschaffen.

42   Weiterer Aufschluss über die Wirkungsweise und Funktion von Art. 11 Abs. 6 ist von dem Bericht der Kommission an das Europäische Parlament über diese Norm zu erwarten, der fünf Jahre nach Inkrafttreten der Verordnung zu erfolgen hat.[65]

IV. Verhältnis zu anderen Vorschriften

43   Die Bereitstellung von Informationen der Kommission an die Wettbewerbsbehörden der Mitgliedstaaten (Art. 11 Abs. 2) und umgekehrt (Art. 11 Abs. 3 und 4) ist **zu unterscheiden von einem Informationsaustausch gemäß Art. 12.** Art. 11 dient letztlich der Herstellung von Transparenz im Netzwerk der Wettbewerbsbehörden, wodurch eine sinnvolle Verteilung der Arbeit sowie gegebenenfalls die Einleitung von Maßnahmen zur Sicherstellung der kohärenten Rechtsanwendung gewährleistet werden soll. Entsprechend stellen die Regelungen des Art. 11 Verpflichtungen dar. Nach Art. 11 bereitgestellte Informationen können nicht als Beweismittel in anderen Verfahren verwendet werden.[66] Dahingegen zielt der Informationsaustausch gemäß Art. 12 auf die Verwendung als Beweismittel in eigenen Verfahren und stellt eine Kompetenz, aber keine Verpflichtung dar.

44   Eine Weitergabe von nach Art. 11 erhaltenen Informationen an andere Behörden oder Dienststellen, die nicht mit der Anwendung von Art. 81, 82 EG befasst sind, ist auch aufgrund der in **Art. 28** enthaltenen Regelungen über die **Wahrung des Berufsgeheimnisses** unzulässig. Art. 28 schafft insoweit einen einheitlichen Standard für innerhalb des Behördennetzes ausgetauschte Informationen.

Art. 12. Informationsaustausch

(1) **Für die Zwecke der Anwendung der Artikel 81 und 82 des Vertrags sind die Kommission und die Wettbewerbsbehörden der Mitgliedstaaten befugt, einander tatsächliche oder rechtliche Umstände einschließlich vertraulicher Angaben mitzuteilen und diese Informationen als Beweismittel zu verwenden.**

(2) Die ausgetauschten Informationen werden nur zum Zweck der Anwendung der Artikel 81 oder 82 des Vertrags sowie in Bezug auf den Untersuchungsgegenstand als Beweismittel verwendet, für den sie von der übermittelnden Behörde erhoben wurden. Wird das einzelstaatliche Wettbewerbsrecht jedoch im gleichen Fall und parallel zum gemeinschaftlichen Wettbewerbsrecht angewandt und führt es nicht zu anderen Ergebnissen, so können nach diesem Artikel ausgetauschte Informationen auch für die Anwendung des einzelstaatlichen Wettbewerbsrechts verwendet werden.

(3) **Nach Absatz 1 ausgetauschte Informationen können nur dann als Beweismittel** verwendet werden, um Sanktionen gegen natürliche Personen zu verhängen, wenn

---

[63] Netzbekanntmachung, Rn. 55, 56 (siehe Fußnote 7).
[64] Gemeinsame Erklärung Rn. 23 (siehe Fußnote 2), Netzbekanntmachung Rn. 57 (siehe Fußnote 7).
[65] Art. 44 Satz 1.
[66] EuGH U. v. 16. 7. 1992 Rs. C-67/91 – *AEB u. a.* Slg. 1992, I-4820 Rn. 29 ff.

- das Recht der übermittelnden Wettbewerbsbehörde ähnlich geartete Sanktionen in Bezug auf Verstöße gegen Artikel 81 oder 82 des Vertrags vorsieht oder, falls dies nicht der Fall ist, wenn
- die Informationen in einer Weise erhoben worden sind, die hinsichtlich der Wahrung der Verteidigungsrechte natürlicher Personen das gleiche Schutzniveau wie nach dem für die empfangende Behörde geltenden innerstaatlichen Recht gewährleistet. Jedoch dürfen in diesem Falle die ausgetauschten Informationen von der empfangenden Behörde nicht verwendet werden, um Haftstrafen zu verhängen.

Übersicht

	Rn.		Rn.
I. Sinn und Zweck der Regelung	1	1. Unmittelbar geltende Befugnis	8
1. Einführung	1	2. Keine Verpflichtung zur Übermittlung	9
2. Rechtslage vor Geltung der VO 1/2003	2	3. Austausch von Informationen	
3. Vorrang vor entgegenstehendem mitgliedstaatlichen Recht	4	4. Beschränkung der Verwendung als Beweismittel	10
4. Angemessener verfahrensrechtlicher Schutz	5	5. Rechtsmittel	15
5. Sicherung bestehender Ermittlungsbefugnisse gegen juristische Personen	6	6. Besonderheiten in Fällen mit Leniency-Anträgen	16
II. Praktische Bedeutung	7	7. Übergangsfragen	19
III. Tatbestand	8	IV. Verhältnis zu anderen Vorschriften	20

I. Sinn und Zweck der Regelung

1. Einführung

Art. 12 ist ein Kernstück des mit der VerfVO verknüpften Konzeptes zur dezentralen Durchsetzung der europäischen Wettbewerbsregeln. Diese Vorschrift schafft eine unmittelbar anwendbare Rechtsgrundlage für den Austausch von Informationen einschließlich solcher, die vertraulich zu behandeln sind, zum Zwecke der Verwendung als Beweismittel in Verfahren zur Durchsetzung der Art. 81, 82 EG. Ohne dieses Instrument wäre eine effektive Verteilung der Fälle innerhalb des Behördennetzwerks[1] kaum möglich, weil die Behörde, die zentrale Beweisstücke ermittelt hat, als einzige befugt wäre, diese Information auch als Beweismittel in einem Verfahren zu verwenden.[2] Art. 12 stellt damit auch eine notwendige Ergänzung zu der ebenfalls neuen Befugnis zur Ermittlung ‚im Namen und für Rechnung' der Wettbewerbsbehörde eines anderen Mitgliedstaates gemäß Art. 22 dar. Art. 12 entspricht Empfehlungen des Competition Committee der OECD für den Austausch von Informationen zwischen Wettbewerbsbehörden in Kartellfällen.[3]

2. Rechtslage vor der Geltung der Verordnung 1/2003

Die Kommission konnte schon gemäß Art. 11 Abs. 1 VO 17/62 zur Erfüllung der ihr in Vorschriften nach Art. 85 EG übertragenen Aufgaben von den Regierungen und den zuständigen Behörden der Mitgliedstaaten alle erforderlichen Auskünfte einholen.[4] Die Mitgliedstaaten konnten allerdings keine von der Kommission im Rahmen der aufgrund von Art. 10 VO 17/62 erhaltenen Informationen als Beweismittel in mitgliedstaatlichen Verfahren zur Durchsetzung von Art. 81, 82 EG verwenden.[5]

---

[1] Vgl. Kommentierung zu Art. 11.
[2] Verordnungsvorschlag 2000, S. 23.
[3] OECD Competition Committee, Best practices for the formal exchange of information between comptition authorities in hardcore cartel investigations, Oktober 2005, www.oecd.org/dataoecd/1/33/35590548.pdf.
[4] Vgl. zur Reichweite der Auskunftsverpflichtungen der Mitgliedstaaten *Sauter* in: Langen/Bunte Kommentar zum deutschen und europäischen Kartellrecht, 9. Aufl. VO 17/62 Art. 11.
[5] EuGH U. v. 16. 7. 1992 Rs. C-67/91 – *AEB u. a.* Slg. 1992, I-4820 Rn. 47–55.

3 Hinsichtlich des Austausches vertraulicher Informationen zwischen den Wettbewerbsbehörden der Mitgliedstaaten bei der Anwendung von mitgliedstaatlichem oder europäischem Kartellrecht gab es nur unzulängliche Möglichkeiten. So beinhalten einige mitgliedstaatlichen Wettbewerbsgesetze Regelungen für den Austausch von Beweismitteln, wobei die Herausgabe der Informationen an Bedingungen geknüpft sein kann, beispielsweise dass die empfangende Behörde ebenfalls zur Herausgabe vertraulicher Informationen befugt ist[6] oder aber dass die Herausgabe im Interesse der mitgliedstaatlichen Wirtschaft ist.[7] Auch haben Dänemark, Island und Norwegen eine gemeinsame vertragliche Grundlage zum Austausch vertraulicher Informationen.[8] Das deutsche GWB enthielt bis zur GWB-Novelle keinerlei Regelungen für den Austausch von Beweismitteln mit Behörden außerhalb Deutschlands.[9] Eine flächendeckende Austauschmöglichkeit zwischen den europäischen Wettbewerbsbehörden war damit nicht gesichert.

3. Vorrang vor entgegenstehendem mitgliedstaatlichen Recht

4 Art. 12 kann weder insgesamt noch teilweise durch mitgliedstaatliches Recht eingeschränkt werden. Bestehen rechtliche Hindernisse auf mitgliedstaatlicher Ebene, die Art. 12 oder einzelnen Bestandteilen dieser Regel entgegenstehen, geht Art. 12 vor.[10] Weder die in Art. 12 vorgesehene Weitergabe von Informationen noch deren Verwendung als Beweismitteln kann durch mitgliedstaatliche Regelungen verhindert werden. Mithin gelten weiter bestehende einschränkende Regelungen in mitgliedstaatlichen Gesetzen nicht in Fällen, in denen Art. 81, 82 EG zur Anwendung kommen.

4. Angemessener verfahrensrechtlicher Schutz

5 Art. 12 Abs. 1 ermöglicht zunächst grundsätzlich den Austausch von Informationen und deren Verwendung als Beweismittel. In den beiden folgenden Absätzen wird die Verwendung eingegrenzt, um sicherzustellen, dass betroffene Unternehmen einen angemessenen verfahrensrechtlichen Schutz genießen.[11] Dabei geht es in Art. 12 Abs. 2 zum einen um eine Beschränkung der Verwendung auf Verfahren, in denen jedenfalls Art. 81 oder 82 EG angewendet werden, selbst wenn möglicherweise parallel auch mitgliedstaatliches Recht angewendet wird. Zum anderen ist die Verwendung ausgetauschter Beweismittel nur in Bezug auf den Untersuchungsgegenstand möglich, für den sie von der übermittelnden Behörde erhoben wurde. Schließlich wird mit Art. 12 Abs. 3 die Verwendung ausgetauschter Informationen hinsichtlich der Verwendung in Verfahren gegen natürliche Personen beschränkt. Damit wird sichergestellt, dass die in der Regel weitergehenden Verteidigungsrechte natürlicher Personen gewahrt bleiben.[12]

5. Sicherung bestehender Ermittlungsbefugnisse gegen juristische Personen

6 Die Beschränkung der Verwendung ausgetauschter Informationen gemäß Art. 12 Abs. 3 in Verfahren gegen natürliche Personen dient außerdem der Sicherstellung der (zumeist weitergehenden) Ermittlungsbefugnisse derjenigen Wettbewerbsbehörden, die keine Sank-

---

[6] So Art. 18 a des dänischen Wettbewerbsgesetzes, eingestellt in (Dezember 2008) www.ks.dk/.
[7] So Art. 91 Abs. 1 des niederländischen ‚Mededingingsrecht', eingestellt in (Dezember 2008) http://www.nmanet.nl/engels/home/Index.asp.
[8] Agreement between Denmark, Iceland and Norway on co-operation in competition cases, eingestellt in (Dezember 2008) http://www.ks.dk/en/competition/international-cooperation/.
[9] Mit den im Rahmen der 7. GWB-Novelle neu eingefügten §§ 50a–50c GWB wurde dies geändert.
[10] Bekanntmachung der Kommission über die Arbeitsweise des Netzes der Wettbewerbsbehörden (Netzbekanntmachung) ABl. 2004 C 101/43, hier Rn. 27.
[11] Verordnungsvorschlag 2000, S. 23.
[12] Netzbekanntmachung (siehe Fußnote 10) Rn. 28 c.

tionen gegen natürliche Personen verhängen können oder die in Verfahren gegen juristische Personen über andere Ermittlungsbefugnisse verfügen als in Verfahren gegen natürliche Personen. Denn ohne eine solche Beschränkung könnten Unternehmen sich möglicherweise mit Verweis auf die Sicherung des Grundrechtsschutz ihrer Organmitglieder der Beantwortung von Auskunftsersuchen der Kommission entziehen.[13]

II. Praktische Bedeutung

Art. 12 schafft eine **wesentliche Voraussetzung für eine effektive Zusammenarbeit** innerhalb des Netzwerks der Wettbewerbsbehörden. Erstmals ist es möglich, unmittelbar Informationen zur Verwendung als Beweismittel zu übermitteln. Die praktische Relevanz der Vorschrift wird sich im Laufe der Zeit zeigen. So stellt Art. 12 nur eine Befugnis dar. Keine Wettbewerbsbehörde ist verpflichtet, anderen Behörden relevante Informationen zur Verfügung zu stellen. Die praktische Bedeutung wird damit wesentlich davon abhängen, wie die Regelung genutzt werden wird. Faktoren, die hierfür ausschlaggebend sein können, sind die Häufigkeit und Art von Anfragen, die gegenseitige Bereitschaft zur Unterstützung sowie inwieweit der Umgang mit den einmal ausgetauschten Informationen die berechtigten Interessen der übermittelnden Behörde berücksichtigt. Zu ersten Anwendungsfällen ist es bereits gekommen. So hat die österreichische Bundeswettbewerbsbehörde auf Anfrage des Bundeskartellamtes,[14] das Bundeskartellamt auf Anfrage der italienischen Wettbewerbsbehörde[15] und die schwedische Wettbewerbsbehörde auf Anfrage des Bundeskartellamtes[16] nach Art. 22 Abs. 1 Ermittlungen durchgeführt und nach Art. 12 die Ergebnisse übermittelt.

Insgesamt wird von der Vorschrift weniger Gebrauch gemacht als einige dies zunächst angenommen haben. Zum einen hängt dies mit der geringen Zahl an tatsächlich im Netzwerk umverteilten Fällen zusammen.[17] Dies beschränkt die Zahl der Fälle, in denen es zum Austausch bereits erhobener Beweismittel kommt. Bei der Anfrage an eine Nachbarbehörde, nach Art. 22 Ermittlungen durchzuführen und dann auszutauschen, konzentrieren sich die Netzmitglieder auf solche Fälle, in denen das im Ausland befindliche Beweismittel erforderlich ist, um einen Verstoß nachzuweisen.

III. Tatbestand

1. Unmittelbar geltende Befugnis

Nicht nur für die Kommission selbst, sondern auch für die mitgliedstaatlichen Wettbewerbsbehörden stellt Art. 12 eine unmittelbar anwendbare Befugnis dar. Es ist nicht zwingend erforderlich, diese ins mitgliedstaatliche Recht zu übernehmen; entgegenstehende nationale Vorschriften beschränken die Befugnis nicht.[18] Der Informationsaustausch gemäß Art. 12 kann unmittelbar zwischen der übermittelnden und der empfangenden Behörde erfolgen.

2. Keine Verpflichtung zur Übermittlung

Art. 12 schafft eine Befugnis, keine Verpflichtung zum Austausch von Informationen zum Zweck der Verwendung als Beweismittel. Die Übermittlung geschieht **auf Anfrage**

---

[13] Zur Reichweite der Auskunftsverpflichtungen von Unternehmen gegenüber der Kommission vgl. EuG U. v. 20. 2. 2001 Rs. T-112/98 – *Mannesmannröhren-Werke v. Kommission* Slg. 2001 II-732.
[14] Siehe Pressemeldung des Bundeskartellamtes vom 25. Mai 2004.
[15] Siehe Pressemeldung der Autorità Garante della Concorrenza e del Mercato vom 15. Juli 2004.
[16] Siehe Pressemeldung des Bundeskartellamtes vom 5. Februar 2008.
[17] Vgl. Kommentierung zu Art. 11 Rn. 17.
[18] Erwägungsgrund 16; das deutsche GWB enthält mit § 50a mittlerweile eine vergleichbare Norm.

der begehrenden Wettbewerbsbehörde; die übermittelnde Wettbewerbsbehörde entscheidet nach eigenem Ermessen über die Herausgabe von Informationen.[19] Eine gewisse Verpflichtung zur Kooperation im Netzwerk ergibt sich aber aus Art. 11 Abs. 1 sowie aus der *Gemeinsamen Erklärung* und aus der *Netzbekanntmachung*, sowie letztendlich aus Art. 10 EG.[20] Diese Verpflichtung hat allerdings Grenzen, etwa wenn der Austausch die Aufgabenerfüllung der übermittelnden Behörde beeinträchtigen könnte, sei es aufgrund von Kapazitätsengpässen oder weil der Schutz von Informanten nicht gewährleistet werden kann.[21]

3. Austausch von Informationen

10 Von Art. 12 sind alle Informationen umfasst, die bei der Kommission im Rahmen ihrer Tätigkeit als Wettbewerbsbehörde oder bei den mitgliedstaatlichen Wettbewerbsbehörden anfallen und die Anwendung von Art. 81, 82 EG betreffen. Dabei handelt es sich etwa um Eingaben von Verfahrenbeteiligten, Ermittlungsergebnisse der Behörden über allgemeine Marktumstände und unternehmensindividuelle Umstände, vertrauliche ebenso wie öffentlich zugängliche Angaben. Unerheblich ist ferner die Form, in der die Informationen vorliegen (schriftlich, elektronisch, mündlich, als Kopie oder im Original) und wie die Ursprungsbehörde die erlangt hat.[22]

4. Beschränkungen der Verwendung als Beweismittel

11 Die Verwendung der ausgetauschten Informationen als Beweismittel setzt voraus, dass die empfangende Behörde sie **in einem Verfahren aufgrund eines Verstoßes gegen Art. 81 oder 82 EG** einsetzt. Bei paralleler Anwendung mitgliedstaatlichen Wettbewerbsrechts gemäß Art. 3 Abs. 1 können die ausgetauschten Informationen auch für die Anwendung mitgliedstaatlichen Rechts verwendet werden. Allerdings darf hierbei die Anwendung des EG-Rechts einerseits und des mitgliedstaatlichen Rechts andererseits in dem betreffenden Fall nicht zu unterschiedlichen Ergebnissen führen. Dies bedeutet ein Beweisverwertungsverbot hinsichtlich ausgetauschter Informationen, wenn eine mitgliedstaatliche Behörde neben Art. 81 oder 82 EG auch weitergehendes mitgliedstaatliches Wettbewerbsrecht im Bereich der Missbrauchsaufsicht anwenden will.

Die Verwendung ausgetauschter Informationen ist zudem beschränkt auf den Untersuchungsgegenstand, der den Ermittlungen der Informationen durch die herausgebende Wettbewerbsbehörde zugrunde lag. Demnach ermöglicht Art. 12 **keine verfahrensübergreifende Beweisverwertung.** Die Verwendungsbreite der ausgetauschten Information dürfte daher wesentlich durch die Definition des Untersuchungsgegenstandes durch die ermittelnde Wettbewerbsbehörde bestimmt sein.[23]

12 Ausgetauschte Informationen können grundsätzlich nur dann in **Sanktionsverfahren gegen natürliche Personen** eingesetzt werden, wenn eine von zwei Bedingungen erfüllt ist. Entweder muss das Gesetz, das die übermittelnde Behörde anwendet, ebenfalls **ähnlich geartete Sanktionen** gegen natürliche Personen für Verstöße gegen Art. 81 oder 82 EG vorsehen, oder die Ermittlungen müssen im Einzelfall auf eine Art und Weise durchgeführt werden, dass die **Verteidigungsrechte der natürlichen Personen** in gleichem Maße

---

[19] Kritisch hierzu *Kingston* E.C.L.R. 2001, 340, 345, Monopolkommission, Folgeprobleme der europäischen Kartellverfahrensreform, Sondergutachten, Rn. 53.
[20] Siehe auch Art. 22, Rn. 9.
[21] *Bardong* in: MünchKommEuWettbR VO 1/2003 Art. 12 Rn. 50; *Faull/Nikpay* Rn. 2.165.
[22] *Dalheimer/Fedderson/Miersch* VO 1/2003 Art. 12 Rn 10 ff.; *Bardong* in: MünchKommEuWettbR VO 1/2003 Art. 12 Rn. 20.
[23] Zustimmend *Faull/Nikpay* Rn. 2.179 f.; *Ritter* in: Immenga/Mestmäcker VO 1/2003 Art. 12 Rn. 13; *Sura* in: Langen/Bunte VO Nr. 1/2003 Art. 12 Rn. 8; *Gippini-Fournier*, S. 80 f.; mit weitergehenden Überlegungen zu einer Auslegung nach Sinn und Zweck der Vorschrift vgl. *Bardong* in: MünchKommEuWettbR VO 1/2003 Art. 12 Rn. 65–84.

gewahrt werden wie dies im mitgliedstaatlichen Recht der empfangenden Behörde vorgesehen ist. Von ähnlich gearteten Sanktionen kann ausgegangen werden, wenn in beiden Mitgliedstaaten[24] Geldbußen gegen Verantwortliche in Unternehmen verhängt werden können. Auf die Einstufung der Sanktion (verwaltungs- oder strafrechtliche Sanktion) nach mitgliedstaatlichem Recht kommt es dabei nicht an. Eine Verwendung ausgetauschter Informationen zur Verhängung einer Haftstrafe ist nur möglich, wenn in beiden Mitgliedstaaten eine solche verhängt werden kann.

Es gibt **keine weiteren Beschränkungen zur Verwendung** von nach Art. 12 ausgetauschten Informationen in Verfahren gegen juristische Personen.[25] Dies bedeutet, dass die Verordnung grundsätzlich die Verwertung ausgetauschter Beweismittel zulässt, auch wenn sie aufgrund von Ermittlungsbefugnissen erhoben wurden, die der empfangenden Behörde nach ihrem mitgliedstaatlichen Verfahrensrecht nicht eröffnet sind.[26] Unterschiede zwischen deutschem und europäischem Recht werden etwa bei den Auskunftsverweigerungsrechten der juristischer Personen ausgemacht. Allerdings besteht in Deutschland, wie im europäischen Kartellverfahrensrecht, kein grundsätzlicher Schutz vor einem Zwang zur Selbstbezichtigung für juristische Personen.[27]

Nach **deutschem Recht** ist Voraussetzung für die Verhängung einer Geldbuße gegen eine juristische Person gemäß § 30 Abs. 1 OWiG, dass deren vertretungsberechtigtes Organ oder Vorstand eine Ordnungswidrigkeit begangen hat. Verstöße gegen Art. 81 und 82 EG sind mit der 7. GWB-Novelle in den Bußgeldkatalog des § 81 Abs. 1 GWB aufgenommen werden. Nach § 50 a Abs. 3 S. 3 GWB steht das Beweisverwertungsverbot im Satz 1 dieser Vorschrift (Beschränkung mit Blick auf natürliche Personen) einer Verwendung der Beweise gegen juristische Personen nicht entgegen. Gemäß § 30 Abs. 4 OWiG kann eine Geldbuße gegen ein Unternehmen auch im selbständigen Verfahren festgesetzt werden. Voraussetzung bleibt aber auch hier die verfolgbare Ordnungswidrigkeit einer natürlichen Person, § 30 Abs. 4 S. 3 OWiG. Von einer verfolgbaren Ordnungswidrigkeit ist auszugehen, wenn kein Verfolgungshindernis vorliegt. Art. 12 Abs. 3 regelt nach seinem Wortlaut kein Verfolgungshindernis, sondern vielmehr die Verwertbarkeit von Informationen als Beweismittel gegen eine natürliche Person; eine Beschränkung der Verwertung derselben Information gegen das betroffene Unternehmen ist hingegen nicht vorgesehen. Hierfür spricht insbesondere der Wortlaut des Art. 12 Abs. 1, aber auch der Erwägungsgrund 16, wonach der Austausch und die Verwendung von Informationen zwischen den Mitgliedern des Netzwerkes ungeachtet anders lautender einzelstaatlicher Vorschriften zugelassen sein soll und die Verwendung gegen Unternehmen neben den in Art. 12 Abs. 2 genannten keinen weiteren Beschränkungen unterliegt. Soweit demnach Art. 12 Abs. 3 zu einem Beweisverwertungsverbot gegen eine natürliche Person führt, gilt dieses nicht im selbständigen Verfahren gegen eine juristische Person.

5. Rechtsmittel

Ob die austauschten Informationen von der übermittelnden Behörde rechtmäßig erhoben wurden, bestimmt sich nach dem für diese Behörde geltenden Recht.[28] Entsprechend müssen Rechtsmittel, die auf eine **Überprüfung der Rechtmäßigkeit der Ermittlungen** zielen, im Ursprungsland eingelegt werden. Sollte eine Rechtsschutzmöglichkeit im

---

[24] Die Kommission kann keine Geldbußen gegen natürliche Personen verhängen, siehe auch Netzbekanntmachung, Rn. 28 c.
[25] Erwägungsgrund 16;
[26] *Bardong* in: MünchKommEuWettbR VO 1/2003 Art. 12 Rn 32 betont, dass es keine Zweischrankenregel gibt, nach der nur Beweismittel verwendet werden dürfen, die von der empfangenden Behörde selbst hätten erhoben werden können; aA. *Ritter* in: Immenga/Mestmäcker VO 1/2003 Art. 12 Rn. 11; *Kerse/Khan,* 2004, S. 269 ff.
[27] BVerfG 26. Februar 1997 1 BvR 2172/96; andere Auffassung *Heger/Kuhn* WuW 2004, 880, 892.
[28] Netzbekanntmachung (siehe Fußnote 10) Rn. 27.

Ursprungsland nicht bestehen, können Einwände gegen die Rechtmäßigkeit der Ermittlungsmaßnahme ggf. im Rahmen der Anfechtung der verfahrensabschließenden Entscheidung vorgetragen werden, die dann vom Rechtsmittelgericht im empfangenden Land an den Anforderungen des Ursprungslandes zu prüfen wären.[29]

6. Besonderheiten in Fällen mit Bonus-Anträgen

16 Mit der Netzbekanntmachung der Kommission, die von der übergroßen Zahl der mitgliedstaatlichen Wettbewerbsbehörden mittels einer Erklärung gestützt wird,[30] soll dem Umstand Rechnung getragen werden, dass der Austausch und die Verwendung von Beweismitteln gemäß Art. 12 die Wirksamkeit der bestehenden Bonus-Programme zur Aufdeckung von Kartellabsprachen beeinträchtigen könnte. Bonusprogramme werden definiert als Programme, bei denen einem Kartellmitglied entweder völlige Sanktionsfreiheit oder aber eine wesentliche Reduzierung der Sanktionen gewährt wird, wenn es als Gegenleistung uneingeschränkt aus freien Stücken Informationen über das Kartell offen legt, und die Offenlegung bestimmten Kriterien vor oder während der Ermittlungsphase des Verfahrens genügt.[31] Im September 2006 haben sich die Netzwerkbehörden auf das ECN-Modell-Leniency-Programm verständigt, das einheitliche Standards für die Behandlung von Bonus-Anträgen vorsieht.[32]

17 Die Netzbekanntmachung sieht vor, dass eine Übermittlung nach Art. 12 von im Rahmen eines Bonus-Programmes freiwillig vorgelegten Informationen nur mit **Einverständnis des Bonus-Antragstellers** an eine andere Behörde im Netz erfolgen wird. Dies gilt auch für alle Beweise, die im Rahmen von solchen Maßnahmen zur Sachverhaltsaufklärung erhoben wurden, die nur infolge des Bonus-Antrages durchgeführt werden konnten.[33]

18 Von dieser Regel sind **drei Ausnahmen** vorgesehen. Das Einverständnis des Antragstellers ist nicht erforderlich, wenn entweder erstens der Antragsteller bei sowohl der empfangenden Behörde als auch der übermittelnden Behörde in bezug auf dieselbe Zuwiderhandlung einen Bonus-Antrag gestellt hat, oder wenn zweitens die empfangende Behörde eine schriftliche Erklärung abgegeben hat, dass sie weder die übermittelten Informationen noch die nach der Übermittlung dieser Informationen selbst erhobenen Beweismittel gegen den Antragsteller verwenden wird, um Sanktionen zu verhängen. Und drittens können solche Informationen ohne Einverständnis des Bonus-Antragstellers ausgetauscht werden, die eine Behörde im Rahmen der Amtshilfe gemäß Art. 22 für diejenige Behörde erhoben hat, bei der der Bonus-Antrag eingegangen ist.[34]

7. Übergangsfragen

19 Die Befugnisse nach Art. 12 gelten seit dem Inkrafttreten der VO 1/2003 auch für Beweismittel, die vor dem 1. Mai 2004 erhoben wurden, sowie für Sachverhalte, die vor dem 1. Mai 2004 stattgefunden haben, und in Verfahren, die vor dem 1. Mai 2004 eingeleitet wurden. Art. 12 ist eine reine Verfahrensvorschrift. Nach ständiger Rechtsprechung der Europäischen Gerichte finden Verfahrensvorschriften auf alle Verfahren Anwendung, die zum Zeitpunkt des Inkrafttretens der Regelung anhängig sind, wenn es keine ausdrück-

---

[29] *Dalheimer/Fedderson/Miersch* VO 1/2003 Art. 12 Rn. 9.
[30] Netzbekanntmachung (siehe Fußnote 10), insbesondere Rn. 72 und Anlage; Liste der unterstützenden Behörden, eingestellt in: http://ec.europa.eu/competition/antitrust/legislation/network.html.
[31] Netzbekanntmachung (siehe Fußnote 10) Rn. 37, dort Fn. 14. Die englische Fassung ist hier verständlicher.
[32] Modell-Leniency-Programm, siehe http://ec.europa.eu/comm/competition/ecn/.
[33] Netzbekanntmachung (siehe Fußnote 10) Rn. 40.
[34] Netzbekanntmachung (siehe Fußnote 10) Rn. 41. Zu weiteren Einzelheiten siehe *Blake/Schnichels* EuZW 2004, 551.

Art. 13. Aussetzung und Einstellung des Verfahrens **Art. 13 VerfVO**

liche Übergangsregel gibt.[35] Da Art. 12 keine Übergangsregel vorsieht, ist die Vorschrift auch andwendbar auf Sachverhalte, die vor dem Inkrafttreten der Regelung stattgefunden haben.

IV. Verhältnis zu anderen Vorschriften

Der Informationsaustausch gemäß Art. 12 ist zu unterscheiden von der **Bereitstellung** 20 **von Informationen** der Kommission an die mitgliedstaatlichen Wettbewerbsbehörden **(Art. 11 Abs. 2, Art. 14 Abs. 1, Art. 18 Abs. 5)**, der mitgliedstaatlichen Behörden an die Kommission oder der mitgliedstaatlichen Behörden untereinander **(Art. 11 Abs. 3 und 4)**. Der Austausch gemäß Art. 12 dient der Verwendung als Beweismittel in Verfahren der empfangenden Behörde. Die Regelung räumt eine Befugnis ein und stellt keine Verpflichtung dar. Dahingegen dient die verpflichtete Bereitstellung von Informationen gemäß Art. 11 der Herstellung von Transparenz im Netzwerk der Wettbewerbsbehörden, wodurch eine sinnvolle Verteilung der Arbeit sowie gegebenenfalls die Einleitung von Maßnahmen zur Sicherstellung der kohärenten Rechtsanwendung gewährleistet werden soll. Informationen, die eine Wettbewerbsbehörde im Netzwerk aufgrund von Art. 11 enthalten hat, können nicht als Beweismittel verwendet werden.

Eine Verwendung von Beweismitteln über die in Art. 12 genannten Zwecke hinaus ein- 21 schließlich der Weitergabe an andere Behörden oder Dienststellen, die nicht mit der Anwendung von Art. 81, 82 EG befasst sind, ist auch aufgrund der in **Art. 28** enthaltenen Regelungen über die **Wahrung des Berufsgeheimnisses** unzulässig. Art. 28 schafft insoweit einen einheitlichen Standard für innerhalb des Behördennetzes ausgetauschte Informationen.

Art. 13. Aussetzung und Einstellung des Verfahrens

(1) **Sind die Wettbewerbsbehörden mehrerer Mitgliedstaaten aufgrund einer Beschwerde oder von Amts wegen mit einem Verfahren gemäß Artikel 81 oder 82 des Vertrags gegen dieselbe Vereinbarung, denselben Beschluss oder dieselbe Verhaltensweise befasst, so stellt der Umstand, dass eine Behörde den Fall bereits bearbeitet, für die übrigen Behörden einen hinreichenden Grund dar, ihr Verfahren auszusetzen oder die Beschwerde zurückzuweisen. Auch die Kommission kann eine Beschwerde mit der Begründung zurückweisen, dass sich bereits eine Wettbewerbsbehörde eines Mitgliedstaats mit dieser Beschwerde befasst.**

(2) **Ist eine einzelstaatliche Wettbewerbsbehörde oder die Kommission mit einer Beschwerde gegen eine Vereinbarung, einen Beschluss oder eine Verhaltensweise befasst, die bereits von einer anderen Wettbewerbsbehörde behandelt worden ist, so kann die Beschwerde abgewiesen werden.**

Übersicht

	Rn.		Rn.
I. Sinn und Zweck der Regelung	1	4. Laufende oder abgeschlossene Bearbeitung eines Falles	7
II. Praktische Bedeutung	3	5. Aussetzung des Verfahrens oder Zurückweisung einer Beschwerde	8
III. Tatbestand	4		
1. Unmittelbare Geltung	4	6. Parallele oder aufeinander folgende Verfahren	9
2. Befugnis	5		
3. Dieselbe Vereinbarung, derselbe Beschluss oder dieselbe Verhaltensweise	6	IV. Verhältnis zu anderen Vorschriften	12

---

[35] EuGH U. v. 6. 7. 1993 verb. Rs. C-121/91 u. C-122/91 – *CT Control (Rotterdam)* und – *JCT Benelux v. Kommission* Slg. 1993, I-3873 Rn. 22; EuGH U. v. 7. 9. 1999 Rs. C-61/98 – *De Haan Beheer v. Inspecteur of the communities* Slg. 1999, I-5003 Rn. 12 ff.

I. Sinn und Zweck der Regelung

1 Art. 13 stellt den Wettbewerbsbehörden der Mitgliedstaaten ein **Instrument zur Aussetzung von Verfahren oder Zurückweisung von Beschwerden** (letzteres gilt auch für die Kommission) zur Verfügung, wenn eine andere Behörde denselben Fall (dieselbe Vereinbarung, denselben Beschluss, dieselbe Verhaltensweise) bereits bearbeitet (Abs. 1) oder aber die Bearbeitung bereits abgeschlossen hat (Abs. 2). Hiermit soll angesichts des Ziels, dass jeder Fall soweit möglich nur von einer Behörde bearbeitet wird, vorrangig eine **optimale Arbeitsverteilung** innerhalb des Netzwerkes sichergestellt werden.[1] Insbesondere soll auf diese Weise die Gefahr von unnötiger Doppelarbeit und etwaig bestehende Anreize zu Mehrfachbeschwerden beseitigt werden.[2]

2 Die Regelung ist erforderlich, weil das jeweilige mitgliedstaatliche Verfahrensrecht Wettbewerbsbehörden verschiedener Mitgliedstaaten dazu verpflichtet, über jede eingegangene Beschwerde materiellrechtlich zu entscheiden.[3] Dies gilt aufgrund von Art. 232 EG auch für die Kommission selbst. Art. 13 schafft für diese Behörden einen **förmlichen Zurückweisungsgrund**.
Allerdings Kommission und mitgliedstaatliche Wettbewerbsbehörden **verschiedene Befugnisse**. Nach dem Wortlaut der Vorschrift ist es der Kommission nicht möglich, die Bearbeitung einer Beschwerde auszusetzen, wenn eine mitgliedstaatliche Behörde mit derselben Beschwerde befasst ist.[4] Die mitgliedstaatlichen Wettbewerbsbehörden können wiederum eine Beschwerde dann nicht zurückweisen, wenn die Kommission mit derselben Beschwerde befasst ist, aber noch nicht förmlich ein Verfahren eingeleitet hat und damit noch nicht ausschließliche Zuständigkeit (Art. 11 Abs. 6) erlangt hat.

II. Praktische Bedeutung

3 Die praktische Bedeutung dieser Vorschrift ist ganz wesentlich davon abhängig, ob Unternehmen, die sich über das Verhalten anderer Marktteilnehmer beschweren wollen, versuchen werden, ‚**forum shopping**' zu betreiben. Hierbei sind verschiedene Szenarien denkbar. So könnten sich Beschwerdeführer an Behörden wenden, von denen sie meinen dass sie besonders zupackend sind, unabhängig davon ob diese auch die am besten geeignete Behörde innerhalb des Netzwerkes ist, um den Fall wirkungsvoll zu bearbeiten. Oder es wendet sich ein Beschwerdeführer an mehrere oder gar alle Wettbewerbsbehörden gleichzeitig, um das eigene Anliegen besonders zu betonen. Schließlich könnte ein Beschwerdeführer versuchen, nach der Abweisung seiner Beschwerde durch eine Wettbewerbsbehörde gleiche Beschwerden bei allen anderen Behörden des Netzwerkes einzureichen. Für solche Fälle bietet Art. 13 eine Grundlage zur Aussetzung oder Einstellung des Verfahrens, ohne sich neben einer anderen Behörde oder erneut in materieller Hinsicht mit dem Fall auseinandersetzen zu müssen.

III. Tatbestand

1. Unmittelbare Geltung

4 Art. 13 schafft eine Rechtsgrundlage zur Aussetzung eines Verfahrens und zur Zurückweisung von Beschwerden, wenn eine andere Wettbewerbsbehörde des Netzwerkes bereits mit einem Verfahren gegen dasselbe Verhalten befasst ist. Dies gilt für laufende (Abs. 1)

---

[1] Siehe Erwägungsgrund 18 und Gemeinsame Erklärung des Rates und der Kommission zur Arbeitsweise des Netzes der Wettbewerbsbehörden als Protokollerklärung zur VO 1/2003, abrufbar unter: http://ec.europa.eu/competition/een/documents.html, hier Rn. 16.
[2] Verordnungsvorschlag 2000, S. 23.
[3] Verordnungsvorschlag 2000, S. 17.
[4] Auf diesen Unterschied weist *Schneider* in: MünchKommEuWettbR VO 1/2003 Art. 13 Rn. 14.

sowie für abgeschlossene Verfahren (Abs. 2). Damit können sich die mitgliedstaatlichen Wettbewerbsbehörden bei der Zurückweisung einer Beschwerde direkt auf Art. 13 berufen, unabhängig davon, ob ein vergleichbarer Zurückweisungsgrund im mitgliedstaatlichen Verfahrensrecht vorgesehen ist.[5]

2. Befugnis

Art 13 schafft die Befugnis, **keine Verpflichtung zur Aussetzung oder Einstellung eines Verfahrens,** wenn eine andere Behörde bereits mit derselben Vereinbarung usw. befasst ist oder war. Damit stellt Art 13 keine Beschränkung der in Art. 5 geregelten parallelen Zuständigkeit zur Anwendung von Art. 81, 82 EG dar.[6] Mithin bleibt es möglich, dass eine mitgliedstaatliche Wettbewerbsbehörde ein Verfahren führt, obwohl eine andere mitgliedstaatliche Wettbewerbsbehörde bereits aufgrund desselben Verhaltens ein Verfahren führt oder geführt hat. Dies entspricht auch der territorialen Reichweite von Entscheidungen mitgliedstaatlicher Wettbewerbsbehörden, die nicht über das eigene Hoheitsgebiet hinaus geht.[7]

3. Dieselbe Vereinbarung, derselbe Beschluss oder dieselbe Verhaltensweise

Die Verordnung und ihre Begründung enthalten keine Hinweise, wie die Begriffe ‚dieselbe Vereinbarung' usw. auszufüllen sind. Die Netzbekanntmachung erläutert, dass Art. 13 angewendet werden kann, wenn eine Vereinbarung dieselbe Zuwiderhandlung auf den selben sachlichen und räumlichen Märkte betrifft.[8] Faktisch muss die tätige Wettbewerbsbehörde in der Lage sein, das vom Beschwerdeführer beanstandete Verhalten wirkungsvoll abzustellen, damit sich eine andere Behörde im Netzwerk auf Art. 13 berufen kann. Hierzu ist es nicht erforderlich, dass der Beschwerdeführer bei der tätigen Wettbewerbsbehörden identisch ist mit demjenigen bei der beschwerdeabweisenden Behörde.[9]

4. Laufende oder abgeschlossene Bearbeitung eines Falles

Voraussetzung für die Aussetzung eines Verfahrens oder die Zurückweisung einer Beschwerde gemäß Art. 13 ist, dass eine andere Wettbewerbsbehörde den zugrundeliegenden Fall bereits bearbeitet, sei es aufgrund einer Beschwerde oder von Amts wegen, (Abs. 1) oder behandelt hat (Abs. 2). Für eine Berufung auf Art. 13 ist es nicht ausreichend, dass eine Beschwerde bei einer anderen Behörde eingereicht wurde. Von einer **laufende Bearbeitung** kann erst ausgegangen werden, wenn die tätige Wettbewerbsbehörde in besagtem Fall ermittelt. Dies erfordert allerdings keine förmliche Einleitung eines Verfahrens. Ein **abgeschlossenes Verfahren** setzt nicht per se eine Entscheidung voraus. Das Verfahren kann auch eingestellt worden sein, etwa weil die Beschwerde abgewiesen wurde.

5. Aussetzung des Verfahrens oder Zurückweisung einer Beschwerde

Art. 13 nennt die Befugnis, das Verfahren auszusetzen oder aber die Beschwerde zurückzuweisen. Diese beiden Handlungsoptionen der Wettbewerbsbehörden sind nicht an unterschiedliche Tatbestandsvoraussetzungen geknüpft. Von der Befugnis zur **Aussetzung eines Verfahrens** kann eine Wettbewerbsbehörde Gebrauch machen, wenn eine andere Wettbewerbsbehörde das beanstandete Verhalten bereits untersucht und die aussetzende Behörde das Ergebnis der Prüfung abwarten will. Die **Zurückweisung einer Beschwerde** liegt

---

[5] Verordnungsvorschlag 2000, S. 23.
[6] Kritisch hierzu *Bourgeois/Humpe* E. C. L. R 2002 43, 47.
[7] Verordnungsvorschlag 2000, S. 19.
[8] Bekanntmachung der Kommission über die Arbeitsweise des Netzes der Wettbewerbsbehörden (Netzbekanntmachung), ABl. 2004 C 101/43, hier Rn. 21.
[9] Netzbekanntmachung (siehe Fußnote 7) Rn. 21.

nahe, wenn das Verfahren der tätig gewordenen Wettbewerbsbehörde bereits abgeschlossen ist oder die mit einer Beschwerde konfrontierte Wettbewerbsbehörde keine Notwendigkeit sieht, das noch laufende Verfahren der tätigen Wettbewerbsbehörde abzuwarten.[10]

Ohne erkennbaren Grund können mitgliedstaatliche Wettbewerbsbehörden eine Beschwerde nicht zurückweisen, mit der die Kommission befasst ist, ohne bereits ein förmliches Verfahren eröffnet zu haben. Diese **Einschränkung** kann nicht mit den Wirkungen von Art. 11 Abs. 6 begründet werden, denn von einer Befassung im Sinne der Vorschrift wird bereits vor der förmlichen Einleitung von Verfahren ausgegangen.[11] Im Ergebnis kann sich eine mitgliedstaatliche Behörde, die Beschwerden förmlich zurückweisen muss, nicht auf Art. 13 berufen, wenn die Kommission bereits mit derselben Beschwerde – aber ohne förmliche Verfahrenseröffnung – befasst ist. Erst mit einer förmlichen Verfahrenseröffnung durch die Kommission kann die mitgliedstaatliche Behörde dem Beschwerdeführer mitteilen, dass sie nunmehr aufgrund von Art. 11 Abs. 6 nicht mehr zuständig ist.

6. Parallele oder aufeinanderfolgende Verfahren

9   Eine Häufung von parallelen oder aufeinander folgenden Verfahren durch mehrere Wettbewerbsbehörden ist dann nicht zu erwarten, wenn die Grundvereinbarungen zur Funktionsweise des Netzwerkes von allen beteiligten Wettbewerbsbehörden beachtet werden. Denn bereits die Verständigung auf Grundregeln über die Verteilung der Fälle zeigt, dass der gemeinsame Wille zur Einhaltung des ‚one-stop-shop' Prinzips besteht, soweit dies möglich ist. Dem würde eine grundsätzliche Weiterführung paralleler Verfahren in den Fällen entgegenstehen, die von einer Wettbewerbsbehörde allein effektiv bearbeitet werden können. Auch die Kommission wird im Normalfall keine Entscheidung treffen, die zu einer Entscheidung einer mitgliedstaatlichen Wettbewerbsbehörde im Widerspruch steht.[12]

10 **Parallele Verfahren** durch mehrere mitgliedstaatliche Wettbewerbsbehörden werden dann erforderlich sein, wenn ein Verstoß den Wettbewerb in mehreren Mitgliedstaaten beeinträchtigt, der nicht durch eine Behörde erfolgreich sanktioniert und/oder abgestellt werden kann, und wenn die Kommission den Fall aus Ermessensgründen nicht aufgreift.[13]

11 **Aufeinanderfolgende Verfahren** sind insbesondere zu erwarten, wenn eine mitgliedstaatliche Wettbewerbsbehörde oder die Kommission aufgrund des bestehenden Aufgreifermessens eine Beschwerde zurückweist oder ein von Amts wegen eingeleitetes Verfahren einstellt, und eine andere mitgliedstaatliche Wettbewerbsbehörde oder die Kommission der Auffassung ist, der Fall erfordere ein administratives Eingreifen. Hier zeigt sich, dass die grundsätzliche parallele Zuständigkeit zur Anwendung der Art. 81, 82 EG sicherstellt, dass die Durchsetzung kartellrechtlicher Normen nicht letztlich von den Ressourcen oder der Prioritätensetzung der zunächst tätig gewordenen Wettbewerbsbehörde abhängt.[14]

IV. Verhältnis zu anderen Vorschriften

12 Art. 13 schafft eine zusätzliche Befugnis zur Einstellung oder Aussetzung von Verfahren neben anderen bestehenden Rechtsgrundlagen, die weiterhin anwendbar bleiben.[15] Für die Kommission bedeutet dies entsprechend keine Beschränkungen der durch die Rechtsprechung des Europäisches Gerichtshofs zuerkannten Möglichkeiten, eine Beschwerde wegen

---

[10] Netzbekanntmachung (siehe Fußnote 7) Rn. 22.
[11] So ordnen *Dalheimer/Fedderson/Miersch*, VO 1/2003 (Kartellverordnung), Art. 13 Rn. 8, diese Diskrepanz bei den Befugnissen von mitgliedstaatlichen Behörden und Kommission ein.
[12] Gemeinsame Erklärung (siehe Fußnote 1) Rn. 23.
[13] Gemeinsame Erklärung (siehe Fußnote 1) Rn. 15–19.
[14] Monopolkommission, Folgeprobleme der europäischen Kartellverfahrensreform, Sondergutachten 32, Rn. 40; *Mavroides/Neven*, Legal Issues of Economic Integration, 2001, 151, 161.
[15] Verordnungsvorschlag 2000, S. 23; Netzbekanntmachung, Rn. 25.

fehlenden Gemeinschaftsinteresses zurückzuweisen, selbst wenn keine andere Wettbewerbsbehörde die Absicht bekundet hat, sich des Falles anzunehmen.[16] Für die mitgliedstaatlichen Wettbewerbsbehörden bleiben entsprechende im mitgliedstaatlichen Recht vorgesehene Befugnisse bestehen.

Art. 14. Beratender Ausschuss

(1) **Vor jeder Entscheidung, die nach Maßgabe der Art. 7, 8, 9, 10 und 23, Art. 24 II und Art. 29 I ergeht, hört die Kommission einen Beratenden Ausschuss für Kartell- und Monopolfragen.**

(2) **Für die Erörterung von Einzelfällen setzt der Beratende Ausschuss sich aus Vertretern der Wettbewerbsbehörden der Mitgliedstaaten zusammen. Für Sitzungen, in denen andere Fragen als Einzelfälle zur Erörterung stehen, kann ein weiterer für Wettbewerbsfragen zuständiger Vertreter des jeweiligen Mitgliedstaats bestimmt werden. Die Vertreter können im Falle der Verhinderung durch andere Vertreter ersetzt werden.**

(3) **Die Anhörung kann in einer von der Kommission einberufenen Sitzung, in der die Kommission den Vorsitz führt, frühestens 14 Tage nach Absendung der Einberufung, der eine Darstellung des Sachverhalts unter Angabe der wichtigsten Schriftstücke sowie ein vorläufiger Entscheidungsvorschlag beigefügt wird, erfolgen. Bei Entscheidungen nach Art. 8 kann die Sitzung sieben Tage nach Absendung des verfügenden Teils eines Entscheidungsentwurfs abgehalten werden. Enthält eine von der Kommission abgesendete Einberufung zu einer Sitzung eine kürzere Ladungsfrist als die vorerwähnten Fristen, so kann die Sitzung zum vorgeschlagenen Zeitpunkt stattfinden, wenn kein Mitgliedstaat einen Einwand erhebt. Der Beratende Ausschuss nimmt zu dem vorläufigen Entscheidungsvorschlag der Kommission schriftlich Stellung. Er kann seine Stellungnahme auch dann abgeben, wenn einzelne Mitglieder des Ausschusses nicht anwesend und nicht vertreten sind. Auf Antrag eines oder mehrerer Mitglieder werden die in der Stellungnahme aufgeführten Standpunkte mit einer Begründung versehen.**

(4) **Die Anhörung kann auch im Wege des schriftlichen Verfahrens erfolgen. Die Kommission muss jedoch eine Sitzung einberufen, wenn ein Mitgliedstaat dies beantragt. Im Fall eines schriftlichen Verfahrens setzt die Kommission den Mitgliedstaaten eine Frist von mindestens 14 Tagen für die Übermittlung ihrer Bemerkungen, die an die anderen Mitgliedstaaten weitergeleitet werden. In Bezug auf Entscheidungen nach Art. 8 gilt eine Frist von sieben anstatt von 14 Tagen. Legt die Kommission für das schriftliche Verfahren eine kürzere Frist als die vorerwähnten Fristen fest, so gilt die vorgeschlagene Frist, sofern kein Einwand seitens der Mitgliedstaaten erhoben wird.**

(5) **Die Kommission berücksichtigt soweit möglich die Stellungnahme des Ausschusses. Sie unterrichtet den Ausschuss darüber, inwieweit sie seine Stellungnahme berücksichtigt hat.**

(6) **Gibt der Beratende Ausschuss eine schriftliche Stellungnahme ab, so wird diese Stellungnahme dem Entscheidungsentwurf beigefügt. Empfiehlt der Beratende Ausschuss die Veröffentlichung der Stellungnahme, so trägt die Kommission bei der Veröffentlichung dem berechtigten Interesse der Unternehmen an der Wahrung ihrer Geschäftsgeheimnisse Rechnung.**

(7) **Die Kommission setzt auf Antrag der Wettbewerbsbehörde eines Mitgliedstaats Fälle, die nach Art. 81 und 82 EG von einer Wettbewerbsbehörde eines Mitgliedstaats behandelt werden, auf die Tagesordnung des Beratenden Ausschusses. Die Kommis-**

---

[16] Erwägungsgrund 18; für eine ausführliche Darstellung der entsprechenden Möglichkeiten der Kommission siehe *Schneider* in: MünchKommEuWettbR VO 1/2003 Art. 13 Rn. 1–11.

sion kann dies auch aus eigener Initiative tun. In beiden Fällen wird die betreffende Wettbewerbsbehörde von ihr vorab unterrichtet.

Ein entsprechender Antrag kann insbesondere von der Wettbewerbsbehörde eines Mitgliedstaats gestellt werden, wenn es sich um einen Fall handelt, bei dem die Kommission die Einleitung eines Verfahrens mit den Wirkungen des Art. 11 VI beabsichtigt.

Zu den Fällen, die von den Wettbewerbsbehörden der Mitgliedstaaten behandelt werden, gibt der Beratende Ausschuss keine Stellungnahme ab. Der Beratende Ausschuss kann auch allgemeine Fragen des gemeinschaftlichen Wettbewerbsrechts erörtern.

Übersicht

	Rn.		Rn.
I. Einleitung	1	3. Wettbewerbspolitische Erörterungen	8
II. Rolle und Bedeutung des Beratenden Ausschusses	3	4. Zusammensetzung des Beratenden Ausschusses	10
1. Institution der Zusammenarbeit	3	III. Durchführung der Anhörung	14
2. Anhörung zu Entscheidungs- und Verordnungsentwürfen der Kommission	5	IV. Behandlung der Stellungnahme	19

I. Einleitung

1 Der Beratende Ausschuss für Kartell- und Monopolfragen war bereits durch die VO 17/62 eingerichtet worden. Wegen seiner sehr zufriedenstellenden Funktionsweise blieb er auch in der Neufassung des Kartellverfahrensrechts erhalten und stellt neben dem Netz Europäischer Wettbewerbsbehörden die zweite institutionelle Ausprägung des **Verwaltungsverbundes** zwischen EU und Mitgliedstaaten im Bereich des Kartellrechts[1] dar. Art. 14 Abs. 1 bis 3 entsprechen weitgehend Art. 10 Abs. 3 bis 6 VO 17/62. Allerdings wurde die **Zusammensetzung** des Beratenden Ausschusses und seine **Funktionsweise detaillierter geregelt,** und es wurden in Art. 14 Abs. 4 bis 7 weitere Regelungen über das schriftliche Verfahren, den Stellenwert der Stellungnahme des Ausschusses und – insoweit neu – die Befassung des Ausschusses mit Fällen, die bei nationalen Wettbewerbsbehörden anhängig sind, angefügt (dazu näher Rn. 8).

2 Die Novelle beseitigt auch die speziellen Beratenden Ausschüsse, die für den Landverkehrssektor, den See- und Luftverkehr gemäß den einschlägigen Spezialregelungen bestanden, vgl. die Änderungen der speziellen Verordnungen durch Art. 36, 38, 39. Es gibt nunmehr nur noch einen einheitlichen Beratenden Ausschuss für alle Fragen der Kartellrechtsanwendung.

II. Rolle und Bedeutung des Beratenden Ausschusses

1. Institution der Zusammenarbeit

3 Der Beratende Ausschuss für Kartell- und Monopolfragen institutionalisierte bereits in der VO 17/62 eine enge und stetige Verbindung zwischen der Kommission und den nationalen Kartellbehörden und war greifbarer Ausdruck des Informationsaustausches und der Kooperation.

4 Da diese Zusammenarbeit in der neuen Verfahrensverordnung eine neue Akzentuierung und intensivere Ausgestaltung als Netzwerk der Wettbewerbsbehörden erfährt und ihr ein eigenes Kapitel IV gewidmet ist, ist die Rolle des Beratenden Ausschusses eher noch bedeutsamer für die Zusammenarbeit der nationalen Kartellbehörden und der Kommission.

---

[1] Dazu näher *Weiß,* Europäisches Wettbewerbsverwaltungsrecht, in Terhechte (Hg.), Verwaltungsrecht der EU, 2009, Rn. 84 ff.

2. Anhörung zu Entscheidungs- und Verordnungsentwürfen der Kommission

Wie schon nach der alten Rechtlage, ist der Beratende Ausschuss von der Kommission 5 immer dann anzuhören, wenn die Kommission **verfahrenabschließende Entscheidungen** trifft. Allerdings wurde der Katalog der anhörungspflichtigen Entscheidungen erweitert. Die Anhörungspflicht erstreckt sich nunmehr neben Feststellungs- und Abstellungsentscheidungen auch auf einstweilige Maßnahmen nach Art. 8 (insoweit wird die Praxis unter VO 17/62 verankert),[2] Verpflichtungszusagen nach Art. 9, Nichtanwendbarkeitsfeststellungen nach Art. 10, Sanktionsverhängungen nach Art. 23, 24 Abs. 2 (insoweit bestand schon nach der alten Regelung eine Anhörungspflicht, vgl. Art. 15 Abs. 3, 16 Abs. 3 VO 17/62) und auf den Widerruf von Vorteilen der Gruppenfreistellungsverordnungen, Art. 29 Abs. 1. Der Ausschuss ist ferner vor dem Erlass von **Durchführungsvorschriften** zur Verfahrensverordnung gemäß Art. 33 und vor der Untersuchung einzelner Wirtschaftszweige oder Arten von Vereinbarungen nach Art. 17 zu hören. Auch vor Erlass von **Gruppenfreistellungsverordnungen** ist in den einschlägigen Rechtsgrundlagen eine Anhörung des Ausschusses vorgesehen.[3]

Nicht angehört wird der Ausschuss vor Ermittlungsmaßnahmen und vor der Anordnung 6 (im Gegensatz zur konkreten Festsetzung) von Zwangsgeld. Der Verweis für die Anhörungspflicht nur auf Art. 24 Abs. 2 und nicht auf Art. 24 Abs. 1 stellt letzteres klar und entspricht den Mindestanforderungen der Rechtsprechung.[4]

Art. 14 Abs. 3 sieht vor, dass der Ausschuss zu den vorläufigen Entscheidungsvorschlägen 7 bzw. Entscheidungsentwürfen der Kommission gehört wird. Diese Anhörung ist eine wesentliche Formvorschrift im Sinne von Art. 230 EG/Art. 263 VAEU; ihr Fehlen oder ihrer unrichtige Durchführung führt zur Rechtswidrigkeit der getroffenen Entscheidung.[5] Die inhaltlich neue Bestimmung des Art. 14 Abs. 5 verpflichtet die Kommission darauf, die Stellungnahme soweit wie möglich bei ihrer Entscheidung zu berücksichtigen. Darüber hat die Kommission den Ausschuss zu unterrichten. Damit wird die Stellungnahme aufgewertet, weil sich die Anhörung nicht auf eine bloße Formalie beschränkt, sondern die Stellungnahme des Ausschusses auch inhaltlich beachtet werden muss, wenn sie auch nicht das Entscheidungsergebnis mitzuprägen braucht. Insbesondere ist die Stellungnahme des Ausschusses nicht bindend für die Kommission. Ferner dient die Unterrichtungspflicht der Rechenschaftslegung der Kommission gegenüber dem Beratenden Ausschuss.

3. Wettbewerbspolitische Erörterungen

Der Ausschuss kann sich ferner mit **bei nationalen Kartellbehörden anhängigen** 8 **Fällen** befassen, wenn die Kommission oder ein Mitgliedstaat (nicht notwendig der betroffene) dies wünschen. Diese Zuständigkeit wurde neu in VO 1/2003 aufgenommen, um den Tätigkeitskreis des Beratenden Ausschusses auszuweiten. Das wird vor allem für die Fälle einschlägig sein, in denen die Kommission eine Übernahme der Zuständigkeit nach Art. 11 Abs. 6 beabsichtigt.[6] Dieser Fall wurde daher explizit in Art. 14 Abs. 7 Unterabs. 2 genannt. Der Ausschuss gibt aber – anders als bei der Anhörung zu Entscheidungsentwürfen der Kommission – zu nationalen Fällen keine Stellungnahme ab. Seine Rolle be-

---

[2] S. auch *Kerse/Khan*, EC Antitrust Procedure, Rn. 5–040 mit Fn. 98.

[3] Art. 6 VO 19/65 (Vertikal- und Lizenzverträge), Art. 6 VO 3976/87 (Luftverkehr), Art. 6 VO 479/92 (Seeverkehr) und Art. 6 VO 1534/91 (Versicherungen).

[4] Vgl. EuGH, Rs. 46/87 und 227/88 – *Hoechst* Slg. 1989, 2859, Rn. 55 f.

[5] EuG, Rs. T-25/95 u. a., – *Cimenteries CBR SA u. a.* Slg. 2000, II-491, Rn. 742; *de Bronnett* in: Schröter/Jakob/Mederer, Kommentar zum Europäischen Wettbewerbsrecht, 2003, Durchführungsvorschriften Verordnung Nr. 17, Art. 10, Rn. 6.

[6] *Hossenfelder/Lutz* WuW 2003, 125.

schränkt sich hier auf die reine Erörterung,[7] die der Abstimmung der Wettbewerbspolitik dient und eine einheitliche Anwendung des EG-Kartellrechts ermöglicht.

9 Schließlich kann der Beratende Ausschuss auch **allgemeine Fragen** des gemeinschaftlichen Wettbewerbsrechts erörtern. Auch hier ist eine förmliche Stellungnahme nicht vorgesehen. Auf diesem Wege können die Mitgliedstaaten sich bei der Formulierung der europäischen Wettbewerbspolitik einbringen, um eine **Einheitlichkeit** wettbewerbspolitischer Bewertungen und auch der künftigen Kartellrechtsanwendung zu sichern. Art. 14 Abs. 7 a. E. verankert damit die bisherige Praxis, nach der die Kommission die Vertreter der Mitgliedstaaten zu allgemeinen Kartellkonferenzen einlädt und zu Gesetzesvorhaben und Bekanntmachungen hört.

4. Zusammensetzung des Beratenden Ausschusses

10 Die Zusammensetzung des Ausschusses ist im Vergleich zur früheren Regelung und auch anders als noch im Entwurf differenzierter ausgestaltet. Gemäß Art. 14 Abs. 2 besteht der Beratende Ausschuss aus Vertretern der Kartellbehörden der Mitgliedstaaten. Üblicherweise ist das je Mitgliedstaaten einer; in der Praxis widersetzt sich die Kommission aber auch der Anwesenheit mehrerer Vertreter nicht. Diese Praxis scheint in der offenen Formulierung des neuen Art. 14 Abs. 2 Eingang gefunden zu haben.

11 Durch die Anforderung, dass es **Vertreter der Kartellbehörde** sind, wird nicht nur im allseitigen Interesse die einschlägige Qualifikation der Vertreter sichergestellt, sondern dient der Funktionsfähigkeit des Netzwerks zwischen Kommission und nationalen Kartellbehörden.

12 Für den Fall, dass im Ausschuss nicht nur konkrete Fälle erörtert werden, ist bestimmt, dass jeder Mitgliedstaat einen **weiteren für Wettbewerbsfragen zuständigen Vertreter** entsenden kann. Dieser muss kein Beamter der Kartellbehörde sein. Das erscheint sinnvoll, weil es dann nicht um Einzelfragen, sondern um grundsätzliche Aspekte der **Ausrichtung der Wettbewerbspolitik** geht.

13 Im Falle der Verhinderung eines Vertreters kann der Mitgliedstaat einen anderen entsenden. Die Vertreter werden von jedem Mitgliedstaat in eigener Verantwortung bestimmt.

III. Durchführung der Anhörung

14 Die obligatorische Anhörung zu Entwürfen von Kommissionsentscheidungen erfolgt in einer dazu einberufenen **gemeinsamen, nichtöffentlichen Sitzung**. Eine Sitzung kann sich mit mehreren Fällen befassen. Die Modalitäten der Einberufung der Sitzung und der Stellungnahme sind in Art. 14 Abs. 3 geregelt. Danach beträgt die Ladungsfrist regelmäßig 14 Tage, bei einstweiligen Maßnahmen wegen ihrer Eilbedürftigkeit sieben Tage. Kürzere Fristen sind möglich, sofern kein Mitgliedstaat widerspricht. Das EuG hatte zur alten VO 17/62 entschieden, dass die Frist von 14 Tagen eine rein interne Verfahrensregel darstellt, deren Nichtbeachtung nur unter ganz besonderen Situationen den Ausgang der Anhörung beeinflusst, etwa wenn der Ausschuss nicht genügend Zeit hatte, von den wesentlichen Einzelheiten der Sache Kenntnis zu nehmen.[8]

15 Der Einladung sind wie bisher eine Darstellung des Sachverhalts unter Angabe der wichtigsten Schriftstücke sowie ein vorläufiger Entscheidungsvorschlag beizufügen, und zwar in der jeweiligen Landessprache. Durch diese Unterlagen wird eine sinnvolle Gestaltung der Anhörung erst möglich. Lagen dem Ausschuss wesentliche Unterlagen nicht vor und konnte der Ausschuss daher seine Stellungnahme nicht in voller Sachkenntnis abgeben, ist

---

[7] *Klees*, Europäisches Kartellverfahrensrecht, 2005, § 7 Rn. 228 spricht von „Gesprächsplattform".
[8] EuG, Rs. T-69/89 – *RTE* Slg. 1991, II-485, Rn. 27.

die Anhörung nicht ordentlich durchgeführt.⁹ Als wesentliche Unterlagen zählen dabei diejenigen, die den Ausschuss in die Lage versetzen, in voller Kenntnis der Umstände seine Empfehlung abzugeben. Dazu zählt die Niederschrift über die Anhörung der Unternehmen, wenn diese wichtige Informationen enthalten.¹⁰ Nach einem Beschluss der Kommission vom 23. 5. 2001 ist auch der Abschlußbericht des Anhörungsbeauftragten vorzulegen.¹¹

In der Praxis fungiert ein Mitglied des Ausschusses als Berichterstatter, das dazu vom Ausschuss bestimmt wurde. Er informiert den Ausschuss über den jeweiligen Fall und weist auf wesentliche Fragen hin. Der Vertreter der Kommission hat nur die Rolle des Sitzungsleiters.¹² Die Vertreter der Mitgliedstaaten erörtern nach dem Bericht des Berichterstatters die relevanten Fragen. Regelmäßig geht es um die Anwendung von Art. 81 und 82 EG/ Art. 101 und 102 VAEU und das Ob und Wie einer Sanktionierung. Anschließend wird eine Stellungnahme formuliert, die die Blickpunkte aller Mitgliedstaaten enthält, zunächst der Mehrheits- und dann der Minderheitsauffassung.

Ausnahmsweise kann die Anhörung nach der Neufassung auch im Wege eines **schriftlichen Verfahrens** stattfinden, Art. 14 Abs. 4. Dieser Weg kann aber nicht beschritten werden, wenn auch nur ein Mitgliedstaat eine Sitzung beantragt. Auch für das schriftliche Verfahren gelten die bereits benannten (Rn. 14) Fristen von 14 bzw. sieben Tagen. Das schriftliche Verfahren kann zu einer Beschleunigung der Anhörung der Mitgliedstaaten beitragen, hat aber den Nachteil, dass sie eine gemeinsame Position des Ausschusses erschwert, weil die Mitgliedstaaten jeweils nur ihre eigene Position formulieren.

Der Ausschuss gibt seine – nicht notwendig einheitliche¹³ – Stellungnahme schriftlich ab und versieht die von ihm in der Stellungnahme eingenommenen Standpunkte mit Gründen, sofern ein Mitglied das verlangt. Die Abgabe der Stellungnahme wird nicht durch die Abwesenheit von Mitgliedern verhindert. Die Mitgliedstaaten können somit nicht durch eine Politik des leeren Stuhls die Arbeit des Ausschusses behindern.

IV. Behandlung der Stellungnahme

Wie schon angesprochen, muss die Kommission soweit wie möglich die – nicht bindende – Stellungnahme des Ausschusses berücksichtigen und dem Ausschuss darüber Rechenschaft ablegen, Art. 14 Abs. 5. Diese **Berücksichtigungspflicht** stellt sicher, dass die Kommission die Stellungnahme inhaltlich würdigt und sie nicht zu einer bloßen Förmelei ohne Entscheidungsrelevanz wird. Allerdings ist die Kommission nicht verpflichtet, der Stellungnahme des Ausschusses zu folgen.

Die schriftliche Stellungnahme des Ausschusses ist dem Entscheidungsentwurf beizufügen, über den die Kommission berät.

Anders als früher (s. Art. 10 Abs. 6 a. E. VO 17/62) ist eine **Veröffentlichung** der Stellungnahme des Beratenden Ausschusses nicht ausgeschlossen, vgl. Art. 14 Abs. 6. Vielmehr kann sein Votum auf seine Empfehlung hin veröffentlicht werden. In der Fusionskontrolle ist die Stellungnahme des Beratenden Ausschusses zu veröffentlichen (Art. 19 Abs. 7 VO 139/2004). Die Kommission trägt dann dafür Sorge, dass die **Geschäftsgeheimnisse** der Unternehmen bei der Veröffentlichung gewahrt werden.

---

⁹ EuG, Rs. T-25/95 u. a. – *Cimenteries CBR SA u. a.* Slg. 2000, II-491, Rn. 742.
¹⁰ Vgl. EuG, Rs. T-69/89 – *RTE* Slg. 1991, II-485, *Kerse*, EC Antitrust Procedure, § 5.23.
¹¹ *de Bronnet* in: Schröter/Jakob/Mederer, Kommentar zum Europäischen Wettbewerbsrecht, 2003, Durchführungsvorschriften Verordnung Nr. 17, Art. 10, Rn. 5.
¹² *Ritter* in: Immenga/Mestmäcker (Hg.), Wettbewerbsrecht, EG/Teil 2, Art. 14 VO 1/2003, Rn. 9.
¹³ *Klees*, Europäisches Kartellverfahrensrecht, 2005, § 7, Rn. 235.

Art. 15. Zusammenarbeit mit Gerichten der Mitgliedstaaten

(1) Im Rahmen von Verfahren, in denen Artikel 81 oder 82 des Vertrags zur Anwendung kommen, können die Gerichte der Mitgliedstaaten die Kommission um Informationen, die sich in ihrem Besitz befinden, oder um Stellungnahmen zu Fragen bitten, die die Anwendung der Wettbewerbsregeln der Gemeinschaft betreffen.

(2) Die Mitgliedstaaten übermitteln der Kommission eine Kopie jedes schriftlichen Urteils eines einzelstaatlichen Gerichts über die Anwendung des Artikels 81 oder 82 des Vertrags. Die betreffende Kopie wird unverzüglich übermittelt, nachdem das vollständige schriftliche Urteil den Parteien zugestellt wurde.

(3) Die einzelstaatlichen Wettbewerbsbehörden können von sich aus den Gerichten ihres Mitgliedstaats schriftliche Stellungnahmen zur Anwendung der Artikel 81 oder 82 des Vertrags übermitteln. Mit Erlaubnis des betreffenden Gerichts können sie vor den Gerichten ihres Mitgliedstaats auch mündlich Stellung nehmen. Sofern es die kohärente Anwendung der Artikel 81 oder 82 des Vertrags erfordert, kann die Kommission aus eigener Initiative den Gerichten der Mitgliedstaaten schriftliche Stellungnahmen übermitteln. Sie kann mit Erlaubnis des betreffenden Gerichts auch mündlich Stellung nehmen.

Zum ausschließlichen Zweck der Ausarbeitung ihrer Stellungnahmen können die Wettbewerbsbehörden der Mitgliedstaaten und die Kommission das betreffende Gericht des Mitgliedstaats ersuchen, ihnen alle zur Beurteilung des Falles notwendigen Schriftstücke zu übermitteln oder für deren Übermittlung zu sorgen.

(4) Umfassendere Befugnisse zur Abgabe von Stellungnahmen vor einem Gericht, die den Wettbewerbsbehörden der Mitgliedstaaten nach ihrem einzelstaatlichen Recht zustehen, werden durch diesen Artikel nicht berührt.

Übersicht

	Rn.		Rn.
I. Sinn und Zweck der Regelung	1	4. Übermittlung von Urteilen und weiteren Schriftstücken	17
II. Praktische Bedeutung		5. Beteiligung aus Gründen des öffentlichen Interesses	18
1. Bisherige Erfahrungen mit der Beteiligung der Kommission an nationalen Gerichtsverfahren	4	6. Beteiligung der nationalen Kartellbehörden	21
2. Zusätzliche Befugnisse der Kommission gemäß Abs. 2 und Abs. 3	6	IV. Rechtsfolgen	
		1. Keine Bindungswirkung der Kommissionsstellungnahmen	23
3. Konflikt mit der richterlichen Unabhängigkeit	7	2. Verwertbarkeit des tatsächlichen Vortrages der Kommission	24
III. Tatbestand		3. Schutz der Geschäftsgeheimnisse	26
1. Gerichte der Mitgliedstaaten	8	4. Verpflichtung zu Stellungnahme	27
2. Informationen	11		
3. Stellungnahmen	15		

I. Sinn und Zweck der Regelung

1   Art. 15, der keine Entsprechung in der VO Nr. 17/62 hatte, enthält verschiedene Regelungen, die alle dem Zweck dienen, innerhalb eines Systems der konkurrierenden Zuständigkeiten von Gerichten und Wettbewerbsbehörden und im Rahmen der dezentralen Anwendung des EG-Wettbewerbsrechts die **Kohärenz und Einheitlichkeit der Rechtsanwendung** zu gewährleisten. Die Probleme, denen Art. 15 abhelfen soll, bestanden auch schon bevor den nationalen Gerichten die Kompetenz zur Anwendung des Art. 81 Abs. 3 EG verliehen wurde. Entsprechend wird mit der Regelung in Art. 15 Abs. 1 nur die durch den EuGH in verschiedenen Urteilen entwickelte[1] und bereits 1993 in der ersten Be-

---

[1] EuGH U. v. 28. 2. 1991 Rs. C-234/89 – *Delimitis/Henninger Bräu* Slg. 1991, I-935 Rn. 53, WuW/E EWG/MUV 911; EuG U. v. 18. 9. 1996 Rs. T-353/94 – *Postbank NV/Kommission* Slg. 1996, II-921 Rn. 64.

kanntmachung über die Zusammenarbeit mit den nationalen Gerichten[2] niedergelegte Pflicht der Kommission zur Unterstützung der nationalen Gerichte bei der Anwendung des EG-Wettbewerbsrechts in die Verordnung aufgenommen. Bislang wurde diese Pflicht vor allem mit Art. 10 Abs. 2 EG und der daraus abgeleiteten **Verpflichtung zur loyalen Zusammenarbeit** zwischen den Organen der Gemeinschaft und den Gerichten der Mitgliedstaaten begründet.[3] Art. 15 Abs. 2 hingegen geht über die bestehenden Verpflichtungen zur Zusammenarbeit hinaus und stellt eine neue Regelung dar, die gewährleisten soll, dass die Kommission über alle Verfahren zur Anwendung der Art. 81, 82 EG vor nationalen Gerichten zumindest informiert wird. Ebenso erweitert die Regelung in Abs. 3 die Möglichkeiten der Kommission zur Beteiligung an nationalen Gerichtsverfahren, da der **Kommission** ein eigenes Recht eingeräumt wird, sich (schriftlich) als *amicus curiae* zu beteiligen, ohne dazu von dem Gericht selbst aufgefordert worden zu sein. Art. 15 Abs. 3 entspricht im Wesentlichen der Regelung der Befugnisse des Bundeskartellamtes in § 90 GWB. Ähnliche Befugnisse der Kartellbehörden finden sich auch im französischen und U. S.-Kartellrecht.[4]

Gemeinsamer Ausgangspunkt aller Regelungen zur Beteiligung von Kartellbehörden an Kartellzivilprozessen ist es, durch **prozessuale Beteiligungsrechte** zu gewährleisten, dass das **Allgemeininteresse** bei kartellrechtlichen Streitigkeiten Privater nicht unberücksichtigt bleibt. Soweit bei Kartellzivilprozessen in letzter Instanz dieselben Gerichte urteilen, die auch über die Rechtmäßigkeit von Entscheidungen der Kartellbehörde zu befinden haben (wie z. B. in Deutschland, Frankreich und den Vereinigten Staaten), ergibt sich auch daraus ein Interesse der Kartellbehörden, in Kartellzivilprozessen ihre Sicht der Dinge darlegen zu können. 2

Die vorher geltenden Regelungen zur Beteiligung der Kommission an Zivilprozessen und insbesondere die Bekanntmachung zur Zusammenarbeit[5] waren hauptsächlich von dem Bestreben getragen, den Gerichten der Mitgliedstaaten, die über Kartellstreitigkeiten zu entscheiden haben, **Hilfestellung bei der Anwendung der Wettbewerbsregeln** zu geben und insbesondere eine **Prognose zur Wahrscheinlichkeit einer Freistellung** gemäß Art. 81 Abs. 3 EG zu ermöglichen. Art. 15 Abs. 2 und 3 stellen dazu eine wichtige Ergänzung und Erweiterung dar. 3

II. Praktische Bedeutung

1. Bisherige Erfahrungen mit der Beteiligung der Kommission an nationalen Gerichtsverfahren

Die Bekanntmachung zur Zusammenarbeit der Kommission mit den Gerichten der Mitgliedstaaten wurde im Jahre 1993 veröffentlicht. Die seit diesem Zeitpunkt erfolgten Stellungnahmen der Kommission gegenüber den nationalen Gerichten wurden in den Wettbewerbsberichten der Kommission jeweils kurz dargestellt.[6] Insgesamt wurden bis einschließlich 2007 **76 Anfragen nationaler Gerichte** berichtet, die von Gerichten aus 4

---

[2] ABl. 1993 C 39/6.
[3] Vgl. zu diesem Grundsatz EuGH U. v. 13. 7. 1990 Rs. C-2/88 Imm. – *J. J. Zwartveld/Europäisches Parlament* Slg. 1990, I-3367 Rn. 17; EuGH U. v. 28. 2. 1991 Rs. C 234/89 – *Delimitis/Henninger Bräu* Slg. 1991, I-935 Rn. 53, WuW/E EWG/MUV 911. Zu dem Versuch, eine andere rechtliche Grundlage für die Zusammenarbeit zu finden, vgl. *Pietrek* RIW 1990, 611, 617; *Metzlaff* EWS 1994, 373, 378.
[4] Ausführlich dazu *Zuber,* Die Kommission als amicus curiae, S. 96 f.
[5] ABl. 1993 C 39/6.
[6] Vgl. 24. WB 1994 Rn. 48–51; 25. WB 1995, Rn. 93; 26. WB 1996, 373 f.; 27. WB 1997, 335 f.; 28. WB 1998, 392 f.; 29. WB 1999, 405; 30. WB 2000, 382 f.; 31. WB 2001, 408 f.; 32. WB 2002, 369 f.; 33. WB 2003, 298; 34. WB 2004, 55; 35. WB 2005, 77; 36. WB 2006, 89; 37. WB 2007, 25.

Österreich, Belgien, Spanien, Frankreich, Deutschland, Litauen, den Niederlanden, Schweden und Großbritannien stammten. Dabei handelte es sich **nicht ausschließlich um Zivilgerichte,** in zahlreichen Fällen waren die Gerichte mit der Anfechtung von Behördenentscheidungen befasst.[7] Unter den „Gerichten" befand sich auch ein Schiedsgericht.[8] Soweit ersichtlich, handelte es sich bei den Gerichten, die sich bislang an die Kommission gewandt haben, zum größten Teil um Gerichte der ersten Instanz. Bei der Bewertung der bisherigen Zahl von 76 Anfragen muss berücksichtigt werden, dass zahlreiche Anfragen im Wesentlichen denselben Sachverhalt betrafen, der Gegenstand mehrerer nationaler Verfahren war.[9] Die Zahl der Vorlagefragen gemäß Art. 234 EG zur Auslegung der Art. 81, 82, 86 EG war im gleichen Zeitraum wesentlich höher.

5   Die bisherige Regelung krankte daran, dass **lediglich die Pflicht** der Kommission bestand, auf Anfragen der nationalen Gerichte zu antworten, der Kommission aber **kein Recht** zustand, sich an Kartellzivilprozessen vor nationalen Gerichten aus eigener Entscheidung zu beteiligen. Die bisherigen Verfahren, in denen die Kommission Stellung nehmen konnte, stellen somit kaum diejenigen nationalen Verfahren dar, die im Hinblick auf die Einheit der Rechtsanwendung oder die Weiterentwicklung des europäischen Wettbewerbsrechts besonders bedeutend waren.

2. Zusätzliche Befugnisse der Kommission gemäß Abs. 2 und Abs. 3

6   Durch die Informationspflicht der Gerichte gemäß Abs. 2 und das nicht von einer Zustimmung des nationalen Gerichtes abhängige Beteiligungsrecht gemäß Abs. 3 wird der Kommission ermöglicht, einen **umfassenden Überblick über die Anwendung der EG-Wettbewerbsregeln** durch nationale Gerichte zu gewinnen und ihrer Rechtsauffassung in nationalen Verfahren Gehör zu verschaffen, wenn sie das für notwendig hält. Durch diese Informations- und Beteiligungsrechte ist es der Kommission nunmehr möglich, uneinheitliche Anwendung des EG-Wettbewerbsrechts durch nationale Gerichte zu erkennen und eine **größere Transparenz der Kartellrechtsanwendung** der nationalen Gerichte zu schaffen. Es ist zu erwarten, dass die Kommission – ähnlich wie das Bundeskartellamt bei der Wahrnehmung der Aufgaben aus § 90 GWB[10] – ihre Beteiligung auf die letztinstanzlichen Gerichte der Mitgliedstaaten konzentrieren wird und nur in Ausnahmefällen in Verfahren vor den Instanzgerichten Stellung nehmen wird. Die Kommission hat 2006 zum ersten Mal von ihrem Recht Gebrauch gemacht und vor der französischen Cour d'appel in Paris eine schriftliche Stellungnahme zu der Auslegung der VO 1400/2002 abgegeben.[11] Im Jahr 2007 hat sich die Kommission an einem niederländischen Verfahren zu der Frage der steuerlichen Berücksichtigung von Kartellbußen als amicus curial beteiligt.[12] Diese Beteiligung veranlasste den Gerechtshof Amsterdam dazu, mit Beschluss vom 12. 9. 2007 (Az. 06/00252) dem EuGH die Frage vorzulegen, ob die Kommission auch berechtigt sei, sich in Verfahren als amicus curiae zu äußern, die nur mittelbar mit der Anwendung der Art. 81, 82 EG zu tun haben.[13] Soweit durch die *amicus curiae*-Beteiligung der Kommission eine Divergenz in der Auslegung der Art. 81, 82 EG durch nationales Gericht und Kommission offenbar wird, wird man zumindest die letztinstanzlichen Gerichte gemäß

---

[7] Vgl. High Court of Justice, 24. WB 1994, 43; Audiencia Nacional, 26. WB 1996, 375, 28. WB 1998, 392 und 29. WB 1999, 405; College van Beroep vorr het Bedrijfsleven s-Gravenhage, 27. WB 1997, 335.
[8] Vgl. 26. WB 1996, 375.
[9] Vgl. die Anfragen der spanischen Gerichte in 28. WB 1998, 395; 29. WB 1999, 405; 30. WB 2000, 382 f.; 31. WB 2001, 408 f., 32. WB 2002, 369 f.; 33. WB 2003, 298, 34. WB 2004, 55.
[10] Vgl. dazu *Topel* GRUR 2000, 985, 988.
[11] Vgl. 36. WB 2006, 90.
[12] 37. WB 2007 Rz. 469.
[13] Gerechtshof Amsterdam (Belasting) B. v. 12. 9. 2007 (Az. 06/00252).

Art. 234 EG zu einer Vorlage der Frage zum EuGH verpflichtet ansehen müssen.[14] Während der Entwurf der Verordnung allerdings noch ein uneingeschränktes Recht der Kommission zur Beteiligung vorsah, ist dieses Recht in der Endfassung auf Fälle beschränkt, in denen die kohärente Rechtsanwendung in Frage steht. Die Beteiligung der Kommission an der mündlichen Verhandlung soll zudem nur mit Erlaubnis des betroffenen Gerichts möglich sein.

3. Konflikt mit der richterlichen Unabhängigkeit

Schon die bisherige Bekanntmachung über die Zusammenarbeit zwischen Kommission und Gerichten der Mitgliedstaaten hat in verschiedenen Mitgliedstaaten zu Zweifeln daran geführt, ob sich eine Beteiligung einer Verwaltungsbehörde an einem gerichtlichen Verfahren mit der **Unabhängigkeit der Gerichte** vereinbaren lässt.[15] Entsprechende Bedenken wurden auch in Deutschland geäußert, obwohl es in Deutschland mit § 90 GWB entsprechende Befugnisse des Bundeskartellamts schon seit Inkrafttreten des GWB gibt.[16] Die bisherige Praxis der Kommission war – wohl auch aufgrund dieser Bedenken – von **großer Zurückhaltung** geprägt. Es bleibt abzuwarten, ob die weitergehenden Befugnisse der Kommission gemäß Art. 15 von Gerichten in allen Mitgliedstaaten akzeptiert werden. Die Erfordernis einer gerichtlichen Erlaubnis für die Teilnahme an der mündlichen Verhandlung in Art. 15 wurde nicht zuletzt deshalb aufgenommen, um entsprechende Konflikte zu vermeiden.

III. Tatbestand

1. Gerichte der Mitgliedstaaten

Auch wenn durch die Regelung vor allem die Stärkung der Rechtseinheitlichkeit der Entscheidungspraxis der Kommission und der Zivilgerichte der Mitgliedstaaten bezweckt wird, geht der Anwendungsbereich des Art. 15 darüber hinaus. Die Rechte und Pflichten treffen grundsätzlich **alle Gerichte der Mitgliedstaaten** und somit – wie auch in Begründungserwägung 21 der Verordnung ausgeführt – auch die Gerichte, die über die Rechtmäßigkeit von Verwaltungsentscheidungen der nationalen Kartellbehörden zu entscheiden haben. Soweit in einzelnen Mitgliedstaaten Gerichte als Wettbewerbsbehörden tätig sind, kann nach der *Syfait*-Entscheidung des EuGH[17] Art. 15 auf diese Gerichte keine Anwendung mehr finden.[18] Der EuGH hatte die fehlende Vorlageberechtigung gemäß Art. 234 EG der gerichtsähnlich organisierten griechischen Wettbewerbsbehörde u.a. damit begründet, dass die Kommission diesen Gerichten gemäß Art. 11 Abs. 6 die Zuständigkeit entziehen kann.[19] Anderes sollte für die Gerichte, die über die Rechtmäßigkeit von Verwaltungsentscheidungen der nationalen Kartellbehörden zu entscheiden haben, gelten. Auch diese Gerichte waren zwar gemäß der Rechtsprechung des EuGH zu Art. 9 Abs. 3 VO Nr. 17/62 den Behörden der Mitgliedstaaten gleichgestellt,[20] es findet sich jedoch kein Grund, sie bei der Anwendung des Art. 15 auszunehmen; dies entspricht auch der bisherigen Praxis der Kommission zur Bekanntmachung zur Zusammenarbeit von

---

[14] Vgl. EuGH U. v. 6. 10. 1982 Rs. 283/81 – *C. I. L. F. I. T. u. a./Ministero del sanità* Slg. 1982, 3415 Rn. 16, NJW 1983, 1257.

[15] Komm., Summary of the Observations on the White Paper, 2001, S. 15.

[16] Darauf weist auch *Jaeger* WuW 2000, 1063, 1070 hin.

[17] EuGH U. v. 31. 5. 2005 Rs. C-53/03 – *Synetairismos Farmakopoion Aitolias & Akarnanias (Syfait)/ GlaxoSmithKline plc* Slg. 2005, I-4609.

[18] Vgl. dazu *Nothdurft* in Münchener Kommentar zum Kartellrecht, Art. 15 EGVerfVO.

[19] EuGH U. v. 31. 5. 2005 Rs. C-53/03 – *Synetairismos Farmakopoion Aitolias & Akarnanias (Syfait)/ GlaxoSmithKline plc* Slg. 2005, I-4609 Rn. 51.

[20] EuGH U. v. 30. 1. 1974 Rs. 127/73 – *BRT/SABAM I* Slg. 1974, 51 Rn. 18/23, WuW/E MUV 309.

1993.²¹ Eine Einbeziehung auch dieser Gerichte fördert die **Kohärenz der Anwendung** der EG-Wettbewerbsregeln. Allerdings ist nicht vollkommen klar, ob in Bezug auf diese Gerichte ausschließlich Art. 15 oder sowohl Art. 15 als auch Art. 11 Anwendung finden sollen. Art. 35 Abs. 3 deutet darauf hin, dass tatsächlich beide Vorschriften auf derartige Gerichte Anwendung finden können.²²

9   Ob die nationalen Gerichte tatsächliche und rechtliche Stellungnahmen der Kommission einholen können, richtet sich zunächst nach dem jeweiligen **nationalen Prozessrecht**. Unproblematisch wird das zumindest in denjenigen Mitgliedstaaten sein, in denen eine entsprechende Einbeziehung der nationalen Kartellbehörden möglich ist (wie z. B. in Frankreich gemäß Art. L.462–3 Code de commerce). In Deutschland kann ein Zivilgericht gemäß § 273 Abs. 2 Nr. 2 ZPO durch Verfügung eine Behörde um Auskünfte und die Übermittlung von Urkunden bitten, ohne dass es eines entsprechenden Antrages der Parteien bedarf.²³ Ein solches Vorgehen von Amts wegen wird man zumindest in Bezug auf Informationen zu dem Stand eines Verfahrens der Kommission für zulässig halten können. Aufgrund des **zivilprozessualen Beibringungsgrundsatzes** kann ein solches Vorgehen jedoch nur die Ausnahme sein.²⁴ Regelmäßig werden tatsächliche Auskünfte der Kommission im deutschen Zivilprozess nur aufgrund eines Beweisantrages einer Partei eingeholt werden können.²⁵ Soweit sich eine der Parteien zum Beweis auf tatsächliche Auskünfte der Kommission bezieht, kann ein entsprechender Beweisbeschluss erlassen werden, §§ 358 a Nr. 2, 432 ZPO. § 432 ZPO sieht dies ausdrücklich für Urkunden vor, die in den Händen einer Behörde sind und die die Parteien nicht ohne Mitwirkung des Gerichts beschaffen können. Jedoch verpflichtet **bloßes pauschales Verweisen** auf Informationen der Kommission durch eine Partei ein Gericht nicht zum Erlass eines Beweisbeschlusses.²⁶ Auch genügt es nicht, die Vorlegung einer Akte schlechthin zu verlangen.²⁷

10   Dagegen kann nach anderer Ansicht tatsächliches Vorbringen der Kommission nur dadurch in den Prozess eingeführt werden, dass der **Richter gemäß § 139 ZPO** die Parteien **zur Beibringung** bestimmter Angaben mit Hilfe von Kommissionsunterlagen auffordert.²⁸ Gleichzeitig müsse das Gericht eine Verfügung erlassen, in der die geforderten Angaben für entscheidungserheblich erklärt werden und die dann der Kommission vorgelegt werden kann.²⁹ Vorzugswürdig erscheint es jedoch, wie oben dargestellt, in Anlehnung an §§ 358 a Nr. 2, 432 ZPO einen **Beweisbeschluss des Gerichts** für notwendig, aber auch ausreichend zu halten.³⁰

---

²¹ Vgl. die Anfragen der spanischen Audiencia Nacional, 26. WB 1996, 375, 28. WB 1998, 392 und 29. WB 1999, 405.

²² Siehe auch die Bekanntmachung der Kommission über die Zusammenarbeit zwischen der Kommission und den Gerichten der EU-Mitgliedstaaten bei der Anwendung der Artikel 81 und 82 EG-Vertrag, ABl. 2004 C101/54 Rn. 2.

²³ Vgl. dazu Münchener Kommentar zur ZPO-*Lüke*, Einl. Rn. 190; *Lampert/Weidenbach* WRP 2007, 154, 160.

²⁴ Vgl. dazu *Hirsch* ZWeR 2003, 233, 240.

²⁵ Zu dieser Möglichkeit vgl. BGH WuW/E BGH 2183, 2186 – *Grundig-Vertriebsbindungssystem*; *Baur/Weyer* in FK, Art. 81 – Zivilrechtsfolgen Rn. 221.

²⁶ Vgl. *Baumbach/Lauterbach/Albers/Hartmann*, § 432 ZPO Rn. 3; *Thomas/Putzo*, § 432 ZPO Rn. 2; OLG Stuttgart WuW/E OLG E 4214, 4215 – *City-Reisebüro*.

²⁷ So BGH NJW 1994, 3295, 3296; *Thomas/Putzo*, Vorbem. § 415 ZPO Rn. 2.

²⁸ So *Bornkamm*, Schwerpunkte des Kartellrechts 92/93, S. 51, 59; in Anschluss daran *Ebenroth/Birk* Beilage 2 zu EWS 11/1996, 1, 4;

²⁹ So *Bornkamm*, Schwerpunkte des Kartellrechts 92/93, S. 51, 59; *Odersky* in: FS Mestmäcker, S. 699, 709; in Anschluss daran *Ebenroth/Birk*, Beilage 2 zu EWS 11/1996, 1, 4; *Ackermann*, Art. 85 Abs. 1 EGV und die rule of reason, S. 144. Kritisch dazu *Esser-Wellié* WuW 1995, 457, 472, der darin eine Überdehnung der Hinweispflicht aus § 139 ZPO sieht.

³⁰ So auch *Canenbley/Klingbeil*, in: Die Anwendung der Artikel 85 und 86 des EG-Vertrages durch nationale Gerichte, S. 142, 166.

Art. 15. Zusammenarbeit mit Gerichten der Mitgliedstaaten 11, 12 **Art. 15 VerfVO**

2. Informationen

Die Regelung in Abs. 1 greift die bisherige Praxis der Kommission nach der Bekannt- 11
machung über die Zusammenarbeit auf. Der EuGH hatte in *Delimitis* das Recht der nationalen Gerichte anerkannt, bei der Kommission **Auskünfte über den Verfahrensstand** vor der Kommission und, wenn die konkrete Anwendung des Art. 81 und 82 besondere Schwierigkeiten bereitet, wirtschaftliche und rechtliche Auskünfte einzuholen.[31] Durch Abs. 1 wird klargestellt, dass die Kommission nicht verpflichtet ist, für die nationalen Gerichte ermittelnd tätig zu werden, sondern nur die Informationen weitergeben muss, über die sie bereits verfügt. Zu diesen Informationen können neben allgemeinen Studien auch **Dokumente aus der Verfahrensakte** der Kommission gehören.[32] Dies ergibt sich aus dem *Postbank N. V.*-Urteil, in dem das EuG ausführt, dass die Unterstützung, die die Kommission aufgrund des Grundsatzes der loyalen Zusammenarbeit gemäß Art. 10 EG den nationalen Gerichten gewähren muss, auch darin bestehen kann, dass die Kommission Unterlagen, die sie in Wahrung ihrer Aufgaben gesammelt hat, an die nationalen Gerichte übermittelt.[33] Diese Verpflichtung erstreckt sich nach Ansicht des EuG auch auf Unterlagen, die **Geschäftsgeheimnisse** enthalten, da die Wahrung der Geschäftsgeheimnisse dann grundsätzlich Aufgabe des anfragenden Gerichtes sei.[34] Diese Auffassung wird nunmehr auch von Art. 28 Abs. 1 gestützt, der die Tätigkeit der Kommission gemäß Art. 15 vom Schutz der Berufsgeheimnisse ausnimmt. Dies scheint bedenklich, da ein wirksamer Schutz der Geschäftsgeheimnisse auf nationaler Ebene nicht ohne weiteres vorausgesetzt werden kann und – entgegen der Ansicht des EuG[35] – das Bestehen einer europarechtlichen Pflicht der nationalen Gerichte zur Wahrung der Geschäftsgeheimnisse zumindest zweifelhaft erscheinen muss.[36] Die Kommission zeigte sich bislang auch **zurückhaltend.** In zwei Anfragen spanischer Zivilgerichte wurde sie um die Übersendung der gesamten Verfahrensakte gebeten, lehnte dies aber ab, da die Übermittlung einer Kopie sämtlicher Unterlagen zur Anmeldung, die im vorliegenden Fall acht Bände umfassten, „kein übliches Verfahren der Zusammenarbeit mit den nationalen Gerichtsbehörden darstelle".[37] Zumindest im Rahmen der VO Nr. 1049/2001 über den Zugang der Öffentlichkeit zu Dokumenten des Europäischen Parlamentes, des Rates und der Kommission („Transparenzverordnung"), die auch den Zugang zu Kartellverfahrensakten umfasst, wäre eine solche pauschale Begründung der Verweigerung der Vorlage der Unterlagen allerdings nicht ausreichend.[38] Es scheint jedoch schwer begründbar, dass im Rahmen der Zusammenarbeit mit den nationalen Gerichten strengere Maßstäbe gelten sollen als im Rahmen der Transparenzverordnung, die einen Akteneinsichtsanspruch für jedermann statuiert.

Die neue Bekanntmachung über die Zusammenarbeit sieht vor, dass die Kommission 12
vor der Übermittlung von Geschäftsgeheimnissen zunächst bei dem Gericht **nachfragt,** „ob es den Schutz von vertraulichen Informationen und Geschäftsgeheimnissen gewährleisten kann und wird." Nur wenn diese Gewähr geboten werden kann, will die

---

[31] EuGH U. v. 28. 2. 1991 Rs. C-234/89 – *Delimitis/Henninger Bräu* Slg. 1991, I-935 Rn. 53, WuW/E EWG/MUV 911.
[32] So auch *Kerse* CML Rev. 34 (1997) 1481, 1489.
[33] EuG U. v. 18. 9. 1996 Rs. T-353/94 – *Postbank NV/Kommission* Slg. 1996, II-921 Rn. 64.
[34] EuG U. v. 18. 9. 1996 Rs. T-353/94 – *Postbank NV/Kommission* Slg. 1996, II-921 Rn. 89.
[35] EuG U. v. 18. 9. 1996 Rs. T-353/94 – *Postbank NV/Kommission* Slg. 1996, II-921 Rn. 69.
[36] Ausführlich hierzu *Zuber,* Die Kommission als amicus curiae, S. 123 f. Vgl. aber jetzt für den Bereich des Vergaberechts EuGH U. v. 14. 2. 2008 Rs. C-450/06 – *Varec SA/Belgien* – noch nicht veröffentlicht.
[37] Anfragen des Juzgado de Primera Instancia Madrid und des Juzgado de Primera Instancia Baeza, vgl. 28. WB 1998, 395.
[38] EuG U. v. 13. 4. 2005 Rs. T-2/03 – *Verein für Konsumenteninformation/Kommission* Slg. 2005, II-1121 Tz. 82; vgl. *Lampert/Weidenbach* WRP 2007, 152, 154.

Art. 15 VerfVO 13, 14   8. Teil. Kartellverfahrensverordnung

Kommission die Geschäftsgeheimnisse weiterleiten.[39] Dieses Vorgehen ist aus pragmatischen Gründen zu begrüßen. Im deutschen Recht stellt sich die Frage, ob Tatsachen, die den Prozessparteien nicht offenbart werden, überhaupt einen Einfluss auf die Urteilsfindung haben können. Da es weder im deutschen Zivilprozess noch im deutschen Verwaltungsprozess **Geheimverfahren** gibt, können die nicht zugänglichen Dokumente auch nicht der Urteilsfindung zugrunde gelegt werden.[40] Zumindest im deutschen Verwaltungsprozess (und insbesondere im Kartellverwaltungsverfahren) gilt deswegen der Schutz der Geschäftsgeheimnisse nicht absolut, sondern das Interesse an der Geheimhaltung der Geschäftsgeheimnisse muss gegen die **anderen betroffenen Interessen abgewogen** werden.[41] Inwieweit ein solcher Schutz der Geschäftsgeheimnisse, der nicht absolut gilt, für die Kommission als genügende Gewähr genügt, muss noch als offen gelten.

13   Wie auch in der Bekanntmachung über die Zusammenarbeit innerhalb des Netzes der Wettbewerbsbehörden[42] ist im Rahmen der Zusammenarbeit zwischen der Kommission und den nationalen Gerichten ein Ausschluss der Weitergabe der im Rahmen eines Antrages auf **Kronzeugenbehandlung freiwillig vorgelegten Beweismittel** vorgesehen.[43] Eine Verweigerung der Weitergabe wird in diesen Fällen grundsätzlich auch nach der Rechtsprechung des EuG gerechtfertigt sein.[44]

14   Bevor die Kommission einem nationalen Gericht Geschäftsgeheimnisse eines Unternehmens übermittelt, ist sie grundsätzlich dazu verpflichtet, dem Unternehmen vorher **Gelegenheit zur Stellungnahme** zu geben.[45] Die Entscheidung, die Dokumente zu übermitteln, ist dem betroffenen Unternehmen mitzuteilen und kann Gegenstand einer **Nichtigkeitsklage gemäß Art. 230 Abs. 4 EG** sein.[46] Dies war auch in dem Entwurf der Verordnung (EG) Nr. 773/2004 über die Durchführung von Verfahren auf der Grundlage der Art. 81 und 82 EG durch die Kommission ausdrücklich vorgesehen;[47] die entspre-

---

[39] Bekanntmachung der Kommission über die Zusammenarbeit zwischen der Kommission und den Gerichten der EU-Mitgliedstaaten bei der Anwendung der Artikel 81 und 82 EG-Vertrag, ABl. 2004 C-101/54 Rn. 25 f. Vgl. EuG U. v. 18. 9. 1996 Rs. T-353/94 – *Postbank NV/Kommission* Slg. 1996, II-921 Rn. 92 f.

[40] So BGHZ 116, 47, 58; BVerwG NVwZ 2004, 105; *Kürschner* NJW 1992, 1804; a. A. für das verwaltungsgerichtliche Verfahren *Mayen* NVwZ 2003, 537.

[41] Vgl. § 72 Abs. 2 S. 4 GWB; BVerwG NVwZ 2004, 105; OLG Lüneburg NVwZ 2003, 629; BVerfGE 101, 106. Vgl. auch BVerfG EuGRZ 2006, 159 zu den bei der Abwägungsentscheidung zu berücksichtigenden Interessen des betroffenen Unternehmens.

[42] Bekanntmachung der Kommission über die Zusammenarbeit innerhalb des Netzes der Wettbewerbsbehörden, ABl. 2004 C-101/43 Rz. 40 f.

[43] Bekanntmachung der Kommission über die Zusammenarbeit zwischen der Kommission und den Gerichten der EU-Mitgliedstaaten bei der Anwendung der Artikel 81 und 82 EG-Vertrag, ABl. 2004 C-101/54 Rn. 25. Vgl. dazu ausführlich Commission Staff Working Paper accompanying the White Paper on Damages actions for breach of the EC antitrust rules, 81 f; *Lampert/Weidenbach* WRP 2007, 152, 160 f; *Jüngten* WuW 2007, 128, 132.

[44] Vgl. EuG U. v. 18. 9. 1996 Rs. T-353/94 – *Postbank NV/Kommission* Slg. 1996, II-921 Rn. 93 unter Verweis auf EuGH U. v. 7. 11. 1985 Rs 145/83 – *Adams* Slg. 1985, 3539.

[45] Vgl. EuGH U. v. 24. 6. 1986 Rs. 53/85 – *AKZO Chemie/Kommission* Slg. 1986, 1965 Rn. 29, WuW/E MUV 735; vgl. auch Bekanntmachung der Kommission über die Zusammenarbeit zwischen der Kommission und den Gerichten der EU-Mitgliedstaaten bei der Anwendung der Artikel 81 und 82 EG-Vertrag, ABl. 2004 C-101/54 Rn. 22.

[46] Vgl. EuGH U. v. 24. 6. 1986 Rs. 53/85 *AKZO/Kommission* Slg. 1986, 1965 Rn. 17 f.; Präsident des EuG, B. v. 1. 12. 1994 Rs. T-353/94R – *Postbank NV/Kommission* Slg. 1994, II-1141; EuG B. v. 2. 5. 1997 Rs. T-90/96 – *Peugeot/Kommission* Slg. 1997, II-663 Rn. 34, 36; Präsident des EuG B. v. 20. 12. 2001 Rs. T-213/01 R – *Österreichische Postsparkasse/Kommission* Slg. 2001, II-3963 Rn. 49. Vgl. auch Art. 9 des Beschlusses der Kommission über das Mandat von Anhörungsbeauftragten, ABl. 2001 L 162/1.

[47] Art. 17 Entwurf der Verordnung über das Verfahren der Kommission, ABl. 2003 C-243/3.

chende Bestimmung wurde in der endgültigen Fassung jedoch gestrichen.[48] Trotz dieser Streichung wird man im Einklang mit der Rechtsprechung der europäischen Gerichte weiterhin davon ausgehen können, dass die Entscheidung, Geschäftsgeheimnisse zu übermitteln, dem betroffenen Unternehmen mitzuteilen ist und von diesem gemäß Art. 230 Abs. 4 EG angefochten werden kann. Der Fall *Postbank NV* macht zudem deutlich, dass das EuG in einem solchen Fall einstweiligen Rechtsschutz gewähren wird, wenn die Kommission dieses Verfahren missachten sollte.[49]

3. Stellungnahmen

Die Kommission ist zudem gemäß Abs. 1 verpflichtet, auf Wunsch der nationalen Gerichte **Stellungnahmen zur rechtlichen Bewertung** eines Falles abzugeben. Auch diese Verpflichtung ergibt sich nach der Rechtsprechung des EuGH schon aus Art. 10 EG. Von verschiedener Seite wurde in der entsprechenden Tätigkeit der Kommission eine Usurpation von Kompetenzen des EuGH durch Einrichtung eines **„kleinen Vorlageverfahrens"** gesehen, der EuGH hat allerdings bislang an dieser Tätigkeit der Kommission als „Rechtssachverständige" in nationalen Verfahren keinen Anstoß genommen.[50] 15

Die bisherigen rechtlichen Stellungnahmen der Kommission waren – soweit ersichtlich – eher **vorsichtig formuliert.** Zum einen wurde in Verfahren, die Vereinbarungen betrafen, die auch Gegenstand eines Kommissionsverfahrens waren, von seiten der Kommission darauf geachtet, durch die Stellungnahme für das nationale Gericht nicht das eigene Verfahren zu präjudizieren.[51] Zum anderen wurden die Stellungnahmen ausdrücklich unter den Vorbehalt einer abweichenden Entscheidung des EuGH gestellt, bzw. es wurde von der Kommission eine **Vorlage gemäß Art. 234 EG angeregt.**[52] 16

4. Übermittlung von Urteilen und weiteren Schriftstücken

Die Regelung des Abs. 2 begründet eine Pflicht der Mitgliedstaaten zur **Übersendung von Urteilen.** Anders als in der entsprechenden Vorschrift des deutschen Kartellrechts, § 90 Abs. 1 GWB, wird keine vorherige Information über anhängige Verfahren verlangt. Es ist jedoch davon auszugehen, dass die Übermittlung von Urteilen dem Informationsbedürfnis der Kommission genügt, da nicht zu erwarten ist, dass die Kommission sich an erstinstanzlichen Verfahren beteiligen wird. Durch Abs. 3 Unterabsatz 2 wird zudem gewährleistet, dass die Kommission sich **umfassend** über den Rechtsstreit **informieren** kann, wenn sie beabsichtigt, eine Stellungnahme in einem Verfahren abzugeben. Die so erlangten Informationen können von Kommission und nationalen Kartellbehörden allerdings nur für die Vorbereitung der Stellungnahmen genutzt werden. Eine entsprechende Einschränkung gibt es bei den Beteiligungsrechten des Bundeskartellamtes gemäß § 90 GWB (die durch Art. 15 nicht eingeschränkt werden, vgl. Abs. 4) nicht.[53] 17

5. Beteiligung zur Wahrung der Kohärenz der Rechtsanwendung

Die Kommission kann nicht als Streithelfer einer Partei tätig werden, sondern ist nur befugt, aus **Gründen des Gemeinschaftsinteresses** Stellungnahmen in nationalen Ge- 18

---

[48] ABl. 2004 L 123/18.
[49] Vgl. Präsident des EuG B. v. 1. 12. 1994 Rs. T-353/94R – *Postbank NV/Kommission* Slg. 1994, II-1141.
[50] Vgl. EuGH U. v. 11. 1. 2000 verb. Rs. C-174/98 P und C-189/98 P – *Niederlande/van der Wal/Kommission* Slg. 2000, I-47 Rn. 23f., WuW EU-R 280, 283.
[51] Vgl. Stellungnahmen gegenüber Cour d'appel Paris und OLG München, 26. WB 1996, 374f.; dazu auch *Töpel* GRUR 2000, 985, 987.
[52] Vgl. die Antwort auf die Anfrage des LG Offenburg, 27. WB 1997, 335 sowie 31. WB 2001, 409f.
[53] KG WuW/E OLG 2446, 2448 – *Heizölhandel.*

richtsverfahren abzugeben. Art. 15 Abs. 3 S. 3 konkretisiert das Gemeinschaftsinteresse noch, da nur eine Beteiligung zur Wahrung der kohärenten Anwendung der Art. 81 und 82 EG vorgesehen wird. Dabei darf allerdings nicht übersehen werden, dass jede Stellungnahme in einem Zivilprozess notwendigerweise für eine Partei günstig und für die andere ungünstig sein wird. Es ist selbstverständlich, dass das Gemeinschaftsinteresse oft mit bestimmten Individualinteressen übereinstimmen wird, ohne dass daraus folgen würde, dass der Kommission eine Beteiligung an nationalen Gerichtsverfahren in diesen Fällen verwehrt wäre. Gleichwohl muss darauf geachtet werden, den **Schein der Parteilichkeit** zu vermeiden.[54] Ein europarechtlicher Anspruch einer Partei auf eine Stellungnahme der Kommission in einem Gerichtsverfahren besteht nicht.

19 Die Kommission wird im Rahmen der Zusammenarbeit die beteiligten Parteien **nicht anhören** und, soweit Kontakte zu einer der Parteien bestehen, das Gericht über diese Kontakte informieren.[55] Die **Wahrung der Verfahrensrechte** der Parteien obliegt dem einzelstaatlichen Gericht im nationalen Verfahren.[56]

20 Anders als in den Fällen, in denen die Kommission eine Beschwerde aufgrund mangelnden öffentlichen Interesses zurückweisen will,[57] kann sich das Gemeinschaftsinteresse an einer Beteiligung an einem mitgliedstaatlichen Verfahren nur aus der **rechtlichen** und nicht aus der **wirtschaftlichen Bedeutung** eines Falles ergeben. Man wird aber davon ausgehen müssen, dass die Kommission für die Beurteilung, ob eine Beteiligung zur Wahrung der kohärenten Anwendung der Art. 81, 82 EG notwendig ist, über ein weites Ermessen verfügt. Ob den Bedenken der *Monopolkommission,* die aufgrund des ursprünglichen Vorschlages, eine Beteiligung im öffentlichen Interesse zuzulassen, ein mögliches **Einfallstor für industriepolitische Einflüsse** befürchtete,[58] durch das Kriterium der Wahrung der kohärenten Anwendung der Art. 81, 82 EG abgeholfen wird, mag deswegen dahinstehen. Die Grenze des Zulässigen wird zumindest dann überschritten sein, wenn offensichtlich sachfremde oder parteiische Erwägungen Grund für eine Beteiligung sind.[59]

6. Beteiligung der nationalen Kartellbehörden

21 Abs. 3 eröffnet zum einen die Möglichkeit, dass sich die Kommission vor den nationalen Gerichten von nationalen Kartellbehörden vertreten lässt. Daneben verschafft Abs. 3 den **nationalen Wettbewerbsbehörden** jedoch auch ein **eigenständiges Recht,** sich an Verfahren zur Anwendung der Art. 81, 82 EG vor den Gerichten ihres Mitgliedstaates zu beteiligen, unabhängig davon, ob eine solche Berechtigung schon nach nationalem Recht besteht (z. B. gemäß § 90 GWB in Deutschland oder gemäß Art. L.470–6 Code de commerce in Frankreich). Durch Abs. 4 wird zudem klargestellt, dass umfassendere Beteiligungsrechte der nationalen Kartellbehörden nach nationalem Recht durch die Regelung in Art. 15 nicht eingeschränkt werden sollen.

---

[54] Vgl. Bekanntmachung der Kommission über die Zusammenarbeit zwischen der Kommission und den Gerichten der EU-Mitgliedstaaten bei der Anwendung der Artikel 81 und 82 EG-Vertrag, ABl. 2004 C-101/54 Rn. 19. Zu der entsprechenden Problematik im deutschen Recht: KG WuW/E OLG 2446, 2448 – *Heizölhandel.*

[55] Vgl. Bekanntmachung der Kommission über die Zusammenarbeit zwischen der Kommission und den Gerichten der EU-Mitgliedstaaten bei der Anwendung der Artikel 81 und 82 EG-Vertrag, ABl. 2004 C-101/54 Rn. 19.

[56] Vgl. EuG U. v. 18. 9. 1996 Rs. T-353/94 – *Postbank NV/Kommission* Slg. 1996, II-921 Rn. 68 f.

[57] EuGH U. v. 24. 10. 1996 Rs. C-91/95P – *Tremblay/Kommission* Slg. 1996, I-5547; EuGH U. v. 4. 3. 1999 Rs. C-119/97 P – *Union française de l'express (Ufex)/Kommission* Slg. 1999, I-1341, WuW EU-R 169; EuG U. v. 18. 9. 1992 Rs. T-24/90 – *Automec/Kommission (II)* Slg 1992, II-2223.

[58] So Monopolkommission, Sondergutachten 32, S. 54.

[59] Vgl. dazu auch die Vorlage des Gerechtshof Amsterdam v. 12. 9. 2007, die in Rn. 6 dargestellt wurde.

Abs. 3 begründet allerdings kein Recht nationaler Wettbewerbsbehörden, sich an **Ge-** 22
richtsverfahren anderer Mitgliedstaaten zu beteiligen, noch begründet er eine Verpflichtung nationaler Wettbewerbsbehörden, entsprechende Anfragen von Gerichten anderer Mitgliedstaaten zu beantworten. Die Zulässigkeit solcher Begehren richtet sich weiterhin ausschließlich nach nationalem Recht. Zumindest in Deutschland kann ein Zivilgericht amtliche Auskünfte auch von ausländischen Behörden anfordern,[60] ohne dass eine Verpflichtung dieser Behörden zur Beantwortung besteht.

IV. Rechtsfolgen

1. Keine Bindungswirkung der Kommissionsstellungnahmen

Die rechtlichen Stellungnahmen der Kommission entfalten keine **Bindungswirkung für** 23
die nationalen Gerichte. Die Gerichte bleiben in ihrer Entscheidungsfindung vollkommen frei; der Kommission kommt keine vorrangige Befugnis zur Auslegung der Art. 81, 82 EG zu. Zumindest von den **letztinstanzlichen Gerichten** wird man jedoch verlangen müssen, dass sie, bevor sie von einer rechtlichen Stellungnahme der Kommission abweichen, bei Entscheidungserheblichkeit dem EuGH die Frage gemäß **Art. 234 EG vorlegen.** Wenn ein Gemeinschaftsorgan eine andere Auslegung des Gemeinschaftsrechts vertritt, ist die vom nationalen Gerichte vorgenommene Auslegung des EG-Rechtes eben nicht „derart offenkundig ist, dass für einen vernünftigen Zweifel keinerlei Raum mehr bleibt".[61]

2. Verwertbarkeit des tatsächlichen Vortrages der Kommission

Der Beweiswert und die prinzipielle Verwertbarkeit der Kommissionsstellungnahmen in 24
nationalen Verfahren richten sich grundsätzlich **nach den Vorschriften des nationalen**
Verfahrensrechts, zumindest solange eine entsprechende Regelung auf europäischer Ebene fehlt. Europarechtlich besteht lediglich die Pflicht, Auskünfte der Kommission nicht ungünstiger zu behandeln als vergleichbare Stellungnahmen nationaler Behörden.[62] Des Weiteren dürfen die nationalen Regeln eine Beteiligung der Kommission nicht grundsätzlich unmöglich oder praktisch sinnlos machen. Aus Sicht des EuGH sind die Stellungnahmen der Kommission mit **Gutachten** vergleichbar, die von **Sachverständigen** für das Gericht erstellt wurden.[63] Ohne Regelung auf europäischer Ebene lässt sich die Frage jedoch nur für jeden Mitgliedstaat separat beantworten.

Im deutschen Zivilprozess erscheint es angemessen, das Vorbringen der Kommission – 25
soweit nicht ohnehin die Vorschriften über den Urkundsbeweis anwendbar sind – als **amtliche Auskunft** anzusehen, die grundsätzlich entweder als Zeugen- oder Sachverständigenbeweis zu betrachten ist.[64] Entsprechend verfahren deutsche Gerichte bereits in Bezug auf Stellungnahmen ausländischer Behörden.[65] Der Ansatz des BGH, amtliche Stellungnahmen grundsätzlich als Zeugen- oder Sachverständigenbeweis zu betrachten, die entsprechenden Vorschriften der ZPO allerdings nur angepasst anzuwenden,[66] scheint flexibel genug, um im Einzelfall zu einem angemessenen Ergebnis zu kommen. Das Gericht kann im Rahmen der **Beweiswürdigung der Stellungnahme** prüfen, inwieweit die Auskunft

---

[60] Vgl. BGH NJW 1992, 3106, 3107.
[61] Vgl. EuGH U. v. 6. 10. 1982 Rs. 283/81 – *C. I. L. F. I. T u. a./Ministero del sanità* Slg. 1982, 3415 Rn. 16.
[62] Vgl. EuGH U. v. 16. 12. 1976 Rs. 33/76 – *REWE Zentralfinanz u. a./Landwirtschaftskammer für das Saarland* Slg. 1976, 1989 Rn. 5.
[63] EuGH U. v. 11. 1. 2000 verb. Rs. C-174/98 P und C-189/98 P – *Niederlande/van der Wal/Kommission* Slg. 2000, I-47 Rn. 25, WuW EU-R 280, 283.
[64] Vgl. *Jaeger* WuW 2000, 1062, 1073; zur amtlichen Auskunft als Beweismittel: BGHZ 62, 93, 95.
[65] Vgl. BGH NJW 1992, 3106, 3107; vgl. auch BGH BB 1976, 480; BGH MDR 1964, 223.
[66] So BGHZ 62, 93, 95.

durch bestimmte außerrechtliche Interessen der Behörde oder einzelner Beamten beeinträchtigt ist, wenn tatsächlich Anhaltspunkte für eine solche Beeinträchtigung bestehen.[67] Die Wettbewerbspolitik der Kommission kann aber nicht als eine solche Beeinträchtigung angesehen werden.[68]

3. Schutz der Geschäftsgeheimnisse

26 Soweit die Auskünfte der Kommission Geschäftsgeheimnisse enthalten, ist das nationale Gericht dazu berufen, diese **Geschäftsgeheimnisse zu wahren.** Zumindest im Rahmen des deutschen Zivilprozessrechts wäre ein Gericht gehalten, als vertraulich gekennzeichnete Teile eines übermittelten amtlichen Dokuments den Parteien nicht zugänglich zu machen.[69] Die nicht zugänglichen Dokumente können dann aber auch nicht der Urteilsfindung zugrunde gelegt werden.[70]

4. Verpflichtung zur Stellungnahme

27 Art. 15 Abs. 1 enthält nicht ausdrücklich eine Pflicht der Kommission, auf Anfragen nationaler Gerichte zu antworten. Deswegen ist verschiedentlich gefordert worden, eine entsprechende Verpflichtung in Art. 15 aufzunehmen.[71] Durch die Rechtsprechung des EuGH und des EuG ist jedoch hinreichend geklärt, dass sich die **Verpflichtung zu dieser Zusammenarbeit** mit den nationalen Gerichten direkt aus **Art. 10 EG** ergibt,[72] so dass eine ausdrückliche Regelung entbehrlich erscheint. Die Kommission hat sich in der neuen Bekanntmachung zur Zusammenarbeit im Rahmen einer Selbstverpflichtung **Fristen** für die Beantwortung der Anfragen gegeben, die allerdings nicht rechtlich bindend sind.[73] Die jüngsten Fälle zeigen jedoch, dass die Kommission Anfragen von Gerichten nunmehr relativ zügig, teilweise sogar innerhalb eines Monats, beantwortet.[74]

28 Die Kommission kann allerdings die **Übermittlung von Informationen** an einzelstaatliche Gerichte verweigern, soweit dies aus Gründen der notwendigen Sicherung der Gemeinschaftsinteressen notwendig ist, oder um einen Eingriff in die Funktionsabläufe und die Unabhängigkeit der Kommission, vor allem durch Gefährdung der Erfüllung der ihr übertragenen Aufgaben zu unterbinden (zu der Verweigerung der Übermittlung zum Schutz von vertraulichen Informationen s. oben Rn. 12).[75] Die Rechtsprechung der Gemeinschaftsgerichte macht jedoch deutlich, dass eine Verweigerung nur in **seltenen Fällen** berechtigt sein wird.[76]

---

[67] So auch BGH MDR 1964, 223.
[68] A. A. *Braun,* EC Competition Rules in National Courts, Pt. III, Germany, S. 463.
[69] So *Zöller* § 432 ZPO Rn. 3; BGH NJW 1952, 305.
[70] So BGHZ 116, 47, 58; *Kürschner* NJW 1992, 1804. Vgl. oben Rn. 12.
[71] So Monopolkommission, Sondergutachten 32, S. 58.
[72] Vgl. EuGH U. v. 13. 7. 1990 Rs. C-2/88 Imm. – *J. J. Zwartveld u. a./Europäisches Parlament* Slg. 1990, I-3367 Rn. 17; EuGH U. v. 28. 2. 1991 Rs. C-234/89 – *Delimitis/Henninger Bräu* Slg. 1991, I-935 Rn. 53, WuW/E EWG/MUV 911; EuG U. v. 18. 9. 1996 Rs. T-353/94 – *Postbank NV/Kommission* Slg. 1996, II-921 Rn. 64.
[73] Bekanntmachung der Kommission über die Zusammenarbeit zwischen der Kommission und den Gerichten der EU-Mitgliedstaaten bei der Anwendung der Artikel 81 und 82 EG-Vertrag, ABl. 2004 C101/54 Rn. 22, 28.
[74] Vgl. die Fälle in 31. WB 2001, 408 f.; 32. WB 2002, 369 f.
[75] Bekanntmachung der Kommission über die Zusammenarbeit zwischen der Kommission und den Gerichten der EU-Mitgliedstaaten bei der Anwendung der Artikel 81 und 82 EG-Vertrag, ABl. 2004 C101/54 Rn. 26.
[76] Vgl. EuGH U. v. 13. 7. 1990 Rs. C-2/88 Imm. – *J. J. Zwartveld/Europäisches Parlament* Slg. 1990, I-3367 Rn. 17; EuG U. v. 18. 9. 1996 Rs.T-353/94 – *Postbank NV/Kommission* Slg. 1996, II-921 Rn. 92 f.; EuGH U. v. 11. 1. 2000 verb. Rs. C-174/98 P und C-189/98 P – *Niederlande/van der Wal/Kommission* Slg. 2000, I-47, WuW EU-R 280.

Art. 16. Einheitliche Anwendung des gemeinschaftlichen Wettbewerbsrechts

(1) Wenn Gerichte der Mitgliedstaaten nach Artikel 81 oder 82 des Vertrags über Vereinbarungen, Beschlüsse oder Verhaltensweisen zu befinden haben, die bereits Gegenstand einer Entscheidung der Kommission sind, dürfen sie keine Entscheidungen erlassen, die der Entscheidung der Kommission zuwiderlaufen. Sie müssen es auch vermeiden, Entscheidungen zu erlassen, die einer Entscheidung zuwiderlaufen, die die Kommission in einem von ihr eingeleiteten Verfahren zu erlassen beabsichtigt. Zu diesem Zweck kann das einzelstaatliche Gericht prüfen, ob es notwendig ist, das vor ihm anhängige Verfahren auszusetzen. Diese Verpflichtung gilt unbeschadet der Rechte und Pflichten nach Artikel 234 des Vertrags.

(2) Wenn Wettbewerbsbehörden der Mitgliedstaaten nach Artikel 81 oder 82 des Vertrags über Vereinbarungen, Beschlüsse oder Verhaltensweisen zu befinden haben, die bereits Gegenstand einer Entscheidung der Kommission sind, dürfen sie keine Entscheidungen treffen, die der von der Kommission erlassenen Entscheidung zuwiderlaufen würden.

Übersicht

	Rn.		Rn.
I. Sinn und Zweck der Regelung	1	3. Widerspruch zu einer Entscheidung der Kommission	13
II. Praktische Bedeutung	5		
III. Tatbestand		4. Vermeidung von Entscheidungswidersprüchen schon vor Erlass einer Kommissionsentscheidung	18
1. Entscheidungen der Kommission	8		
2. Gerichte und Wettbewerbsbehörden der Mitgliedstaaten	11	IV. Rechtsfolgen	19

I. Sinn und Zweck der Regelung

Die Regelung des Art. 16 soll in dem System **paralleler Zuständigkeiten** von Kommission, nationalen Wettbewerbsbehörden und nationalen Gerichten dazu beitragen, die **Kohärenz der Rechtsanwendung** zu wahren. 1

Der EuGH hat bereits vor Inkrafttreten der VO 1/2003 in verschiedenen Urteilen auf der Grundlage von Art. 10 Abs. 2 EG die **Pflicht** der nationalen Gerichte betont, **Entscheidungswidersprüche zu vermeiden,** und diese Pflicht nicht allein auf den Fall bezogen, dass ein Gerichtsurteil durch eine nachträglich und mit Rückwirkung ergehende Freistellungsentscheidung unrichtig werden könnte.[1] Der EuGH versuchte das Problem der drohenden Entscheidungswidersprüche zwischen Kommission und nationalen Gerichten in diesen Fällen nicht durch eine klare Kollisionsregel, sondern **durch prozessuale Gestaltungen** zu lösen. So legte der EuGH den nationalen Gerichten die **Möglichkeit der Verfahrensaussetzung** nahe, wenn die Gefahr einer späteren widersprechenden Kommissionsentscheidung bestand, und verwies weiterhin auf die Möglichkeit, die Kommission um rechtliche oder tatsächliche Informationen zu bitten.[2] 2

Die Frage der Reichweite der Pflichten der nationalen Gerichte bekam allerdings im Jahre 2000 nochmals einen etwas anderen Akzent, da der EuGH im *Masterfoods*-Urteil[3] zum ersten Mal Gelegenheit hatte, sich zu der Frage eines konkreten Widerspruchs zwi- 3

---

[1] EuGH U. v. 28. 2. 1991 Rs. C-234/89 – *Delimitis/Henninger Bräu* Slg. 1991, I-935, WuW/E EWG/MUV 911; EuGH U. v. 12. 12. 1995 verb. Rs. C-319/93, C-40/94 und C-224/94 – *Hendrik Evert Dijkstra/Friesland (Frico Dorno) Coöperatie* Slg. 1995, I-4471; EuGH U. v. 15. 12. 1994 Rs. C-250/92 – *Goettrup-Klim/DLG* Slg. 1994, I-5641; *Metzlaff* EWS 1994, 373, 376.

[2] EuGH U. v. 28. 2. 1991 Rs. C-234/89 – *Delimitis/Henninger Bräu* Slg. 1991, I-935, WuW/E EWG/MUV 911.

[3] EuGH U. v. 14. 12. 2000 Rs. C-344/98 – *Masterfoods/HB Ice Cream Ltd.* Slg. 2000, I-11369; WuW EU-R 389.

Art. 16 VerfVO 4, 5

schen einer Kommissions- und einer nationalen Gerichtsentscheidung zu äußern. Der EuGH stellte fest, dass ein **nationales Gericht,** das zu einer Vereinbarung oder einer Verhaltensweise Stellung nimmt, deren Vereinbarkeit mit den Art. 81, 82 EG bereits Gegenstand einer Entscheidung der Kommission war, **keine Entscheidung erlassen darf,** die der Entscheidung der Kommission zuwiderläuft. Der Wortlaut des Art. 16 wurde in Anlehnung an dieses Urteil formuliert.

4   Die weitere, im Rahmen der Debatte um das Weißbuch der Kommission ebenfalls umstrittene Frage, inwieweit die Kommission in Bezug auf Vereinbarungen oder Verhaltensweisen tätig werden kann, die **bereits Gegenstand nationaler Gerichts- oder Verwaltungsverfahren** waren,[4] wurde in der Verordnung nicht ausdrücklich geregelt, ist jedoch Gegenstand einer gemeinsamen Erklärung des Rates und der Kommission zu der neuen Durchführungsverordnung.

II. Praktische Bedeutung

5   Direkte **Konflikte zwischen Entscheidungen nationaler Gerichte und Entscheidungen der Kommission** scheinen – abgesehen von dem irischen *Masterfoods*-Verfahren[5] und dem deutschen *IMS Health*-Verfahren[6] – bislang eher selten gewesen zu sein. Dagegen darf die Zahl der Verfahren, die Sachverhalte betreffen, mit denen auch die Kommission in der einen oder anderen Weise bereits befasst war, nicht unterschätzt werden.[7] Neben zahlreichen Verfahren, die Vereinbarungen betrafen, die bereits Gegenstand von Verwaltungsschreiben der Kommission waren, wurden auch schon verschiedentlich **Verbotsentscheidungen** der Kommission als Grundlage für **Schadensersatzklagen betroffener Wettbewerber oder Abnehmer** genommen.[8] Der Grund für das Fehlen einer größeren Zahl von entsprechenden veröffentlichten Gerichtsentscheidungen ist darin zu sehen, dass diese Fälle zumeist durch Vergleiche erledigt werden. § 33 Abs. 4 GWB, der Schadensersatzklagen erleichtern soll und neben der Bindung der Gerichte an Verbotsentscheidungen der Kommission auch eine Bindung an Entscheidungen des Bundeskartellamts und anderer Kartellbehörden der Mitgliedstaaten vorsieht, wird langfristig zu einer Zunahme dieser Verfahrensgestaltungen in Deutschland führen.[9]

---

[4] Vgl. dazu *Jaeger* WuW 2000, 1062, 1069; *Schütz* WuW 2000, 686, 694.

[5] Vgl. EuGH U. v. 14. 12. 2000 Rs. C-344/98 – *Masterfoods/HB Ice Cream Ltd.* Slg. 2000, I-11369 WuW EU-R 389; EuG B. v. 7. 7. 1998 Rs. T-65/98 R – *Van den Bergh Foods Ltd./Kommission* Slg. 1998, II-2641, WuW EU-R 163; EuG U. v. 23. 10. 2003 Rs. T-65/98 *Van den Bergh Foods Ltd./Kommission* Slg. 2003 II-4653; WuW EU-R 765; Supreme Court of Ireland Urteil v. 16. 6. 1998 – *Masterfoods Ltd v. HB Ice Cream Ltd,* Competition 7 (1998) 78, 79 per Chief Justice *Liam Hamilton*.

[6] Vgl. EuGH B. v. 11. 4. 2002 Rs. C-481/01 P (R) – *NDC Health Corporation und NDC Health GmbH & Co. KG/IMS Health Inc. und Kommission* Slg. 2002 I-3401, GRUR Int. 2002, 852; EuG B. v. 26. 10. 2001 Rs. T-184/01 R – *IMS Health/Kommission* Slg. 2001, II-3193, GRUR Int. 2002, 67; *GA Tizzano* Schlussanträge vom 2. 10. 2003 Rs. C-418/01 *IMS Health GmbH & Co. OHG/NDC Health GmbH & Co. KG* und OLG Frankfurt MMR 2003, 45, 49; OLG Frankfurt MMR 2002, 687, 689. Die Kommission hat ihre Entscheidung inzwischen zurückgezogen, Komm. E. v. 13. 8. 2003 – *NDC Health/IMS Health* ABl. 2003 L268/69, vgl. *Conde* GRUR Int. 2003, 876.

[7] Vgl. dazu die Beispiele bei *Zuber,* Die Kommission als amicus curiae, S. 27.

[8] Vgl. im Anschluss an Komm. E. v. 5. 12. 1988 *BPB Industries plc* ABl. 1989 L 10/50, berichtigt ABl. 1989 L 52/42, WuW/E EV 1388: High Court U. v. 8. 4. 1996 – *Iberian UK v. BPB Industries Plc* [1996] 2 CMLR. 601; im Anschluss an Komm. E. v. 4. 12. 1991 – *Eco System/Peugeot* ABl. 1991, L 66/1: Tribunal de commerce Paris U. v. 22. 10. 1996 – *Sté Ecosystem c. Peugeot Europe,* Dec 1996, no. 471; im Anschluss an Komm. E. v. 22. 11. 2001 – *Vitaminkartell* ABl. 2003 L6/1: LG Mannheim GRUR 2004, 182; LG Mainz NJW-RR 2004, 478, OLG Karlsruhe NJW 2004, 2243 und High Court U. v. 2. 5. 2003 – *Roche Products Limited et. al. v Provimi Ltd* [2003] EWHC 961 (Comm). Zu den deutschen Verfahren *Beninca* WuW 2004, 604; *Bulst* NJW 2004, 2201.

[9] Zur sog. Follow on-Klage, vgl. *Hempel* WuW 2005, 137; *Bechtold* DB 2004, 235, 239; Monopolkommission, Sondergutachten 41, S. 19 f.

Da mit dem Ende des Freistellungsmonopols der Kommission die Anzahl der Kommis- 6
sionsverfahren drastisch sinken wird, wird auch die Zahl der Parallelverfahren vor Kommission und nationalen Gerichten stark zurückgehen. **Direkte Konflikte** zwischen der Beurteilung der Kommission und der nationalen Gerichte werden somit wohl auch in Zukunft die **Ausnahme** bleiben.[10]

Entscheidungen nationaler Wettbewerbsbehörden auf der Grundlage der Art. 81, 7
82 EG, **die Entscheidungen der Kommission widersprechen,** waren bisher nur schwer vorstellbar, da die nationalen Behörden gemäß Art. 9 Abs. 3 VO Nr. 17/62 mit der Eröffnung eines Kommissionsverfahrens die Kompetenz zur Anwendung des EG-Wettbewerbsrechts verloren. Da dieser Grundsatz in Art. 11 Abs. 6 beibehalten wird, ist auch in Zukunft nicht mit derartigen direkten Konflikten zu rechnen.[11]

III. Tatbestand

1. Entscheidungen der Kommission

Gemäß Art. 16 dürfen die Wettbewerbsbehörden und Gerichte der Mitgliedstaaten kei- 8
ne Entscheidungen erlassen, die den Entscheidungen der Kommission zuwiderlaufen. **Formelle Entscheidungen** der Kommission sind nunmehr im Wesentlichen **Feststellung und Abstellung von Zuwiderhandlungen** (Art. 7) und **Feststellung der Nichtanwendbarkeit** (sog. „Positiventscheidung", Art. 10). In Begründungserwägung 22 wird klargestellt, dass **Entscheidungen über Verpflichtungszusagen** gemäß Art. 9 nicht die Befugnis der Gerichte und Wettbewerbsbehörden berühren, Art. 81, 82 EG anzuwenden.[12] Das Angebot von Zusagen zur Vermeidung einer Verbotsentscheidung kann also insbesondere in Fällen, in denen auch mit Schadensersatzklagen zu rechnen ist, sinnvoll sein, um eine Bindung der Gerichte gemäß Art. 16 zu verhindern. Gleiches gilt auch nach §§ 32b, 33 Abs. 4 GWB für Verfahren vor dem Bundeskartellamt. Art. 16 geht in Bezug auf Entscheidungen der Kommission jedoch weiter als § 33 Abs. 4 GWB, da die Verpflichtung der Gerichte hier schon vor Bestandskraft und ggf. auch schon vor Erlass der Entscheidung besteht und nicht lediglich Verbotsentscheidungen der Kommission betrifft.

Im Anschluss an die frühere Bewertung der Negativatteste[13] wird teilweise bezweifelt, ob 9
Entscheidungen gemäß Art. 10 auch der Bindungswirkung gem. Art. 16 unterliegen. Die **Feststellung der Nichtanwendbarkeit** sei eine rein deklaratorische Entscheidung und könne als solche die Gerichte und Behörden nicht stärker binden als Negativatteste nach der VO Nr. 17/62.[14] Die durch diese Ansicht vorgenommene Einschränkung der Bindungswirkung gemäß Art. 16 auf Verbotsentscheidungen findet allerdings keine Stütze im Wortlaut der Vorschrift.[15] Zudem waren nationale Gerichte bereits bislang nach der Rechtsprechung des EuGH gehalten, Entscheidungswidersprüche auch in Bezug auf Negativatteste zu vermeiden.[16] Auch diejenigen, die an der Anwendbarkeit des Art. 16 auf Entschei-

---

[10] Vgl. dazu auch *Gröning* in: European Competition Law Annual 2000: The Modernization of EU Competition Law, S. 579.

[11] Vgl. hierzu auch die Grundsätze in der Gemeinsamen Protokollerklärung des Rates und der Kommission.

[12] So auch *Busse/Leopold* WuW 2005, 146, 151; *K. Schmidt* BB 2003, 1237, 1242; a. A. *Montag/Rosenfeld* ZWeR 2003, 107, 132.

[13] Vgl. dazu *Bornkamm,* Schwerpunkte des Kartellrechts 92/93, S. 51, 55; *Ehricke* ZHR 158 (1994), 170, 179.

[14] So *Röhling* GRUR 2003, 1019, 1023.

[15] So auch *Hossenfelder/Lutz* WuW 2003, 118, 123; *Hirsch* ZWeR 2003, 233, 251; zweifelnd *K. Schmidt* BB 2003, 1237, 1242.

[16] Vgl. EuGH U. v. 15. 12. 1994 Rs. C-250/92 – *Goettrup-Klim/DLG* Slg. 1994, I-5641 Rn. 57 f.

Art. 16 VerfVO   10–14   8. Teil. Kartellverfahrensverordnung

dungen gemäß Art. 10 zweifeln, gehen jedoch zumindest von einer „faktischen" Bindungswirkung für Gerichte aus.[17]

10   Bei Entscheidungen über **Buß- oder Zwangsgelder** (Art. 22, 23) erscheint ein Konflikt zwischen Kommissions- und nationalen Entscheidungen dagegen nur schwer denkbar.[18] Soweit die Kommission in Zukunft im Einzelfall **informelle Beratungsschreiben** zu einzelnen Vereinbarungen versendet,[19] trifft die nationalen Wettbewerbsbehörden und Gerichte keine Pflicht gemäß Art. 16. Auch hier besteht jedoch die Pflicht zur loyalen Zusammenarbeit gemäß Art. 10 Abs. 2 EG.

Soweit die Kommission eine Beschwerde durch Entscheidung zurückweist, kommt dem keine materielle Bindungswirkung zu.[20] Das folgt schon daraus, dass eine Beschwerde wegen mangelnden Gemeinschaftsinteresses zurückgewiesen werden kann, wenn die Rechte des Beschwerdeführers auch durch nationale Kartell- oder Gerichtsverfahren gewahrt werden können. Die Ausführungen in der **Zurückweisung der Beschwerde** binden den nationalen Richter nicht, sind jedoch ein tatsächlicher Gesichtspunkt, der vom Richter beachtet werden kann.[21]

2. Wettbewerbsbehörden und Gerichte der Mitgliedstaaten

11   Art. 16 soll gewährleisten, dass auch bei der weitgehenden Dezentralisierung der Anwendung der Wettbewerbsregeln des EG-Vertrages, die durch die Reform erreicht werden soll, **Entscheidungen der Kommission** nicht durch Maßnahmen der Mitgliedstaaten **in ihrer Wirksamkeit beeinträchtigt** werden können. Deswegen ist der Adressatenkreis des Art. 16 weit zu fassen; die Verpflichtung trifft alle Behörden und Gerichte, die befugt oder verpflichtet sind, Art. 81, 82 EG anzuwenden. In Bezug auf nationale Gerichte, die Aufgaben von Wettbewerbsbehörden wahrnehmen, kann es im Einzelfall schwierig sein zu bestimmen, ob Abs. 1 oder Abs. 2 des Art. 16 auf sie Anwendung fin-det. Die Durchführungsverordnung ordnet diese Gerichte teilweise den Gerichten und teilweise den Wettbewerbsbehörden zu (vgl. Begründungserwägung 21 und Art. 35 Abs. 3).

12   Art. 16 gilt nicht unmittelbar für **Schiedsgerichte.** Da es Gerichten der Mitgliedstaaten allerdings gemäß Art. 16 verwehrt ist, Schiedssprüche für vollstreckbar zu erklären, die im Widerspruch zu einer Kommissionsentscheidung stehen,[22] sollten auch Schiedsgerichte Art. 16 beachten.

3. Widerspruch zu einer Entscheidung der Kommission

13   Durch Art. 16 soll laut der Begründung der Kommission verhindert werden, dass sich auf der Grundlage derselben Rechtsvorschriften widersprüchliche Entscheidungen etablieren. In der Begründung wird darauf hingewiesen, dass das Potential für widersprüchliche Entscheidungen vom **Tenor** der Kommissionsentscheidung und dem **Sachverhalt** abhängt, auf den sie sich stützt.

14   Grundsätzlich können zwei Situationen unterschieden werden: Zum einen können die nationalen Behörden oder das nationale Gericht in bezug auf eine bestimmte Verhaltensweise oder Vereinbarung von der **rechtlichen Wertung** der Kommission in einer vorher-

---

[17] *Röhling* GRUR 2003, 1019, 1023; *K. Schmidt* BB 2003, 1237, 1242.

[18] Zu parallelen Bußgeldverfahren und Schadensersatzklagen nach deutschem Recht vgl. OLG Düsseldorf B. v. 3. 5. 2006 Az. VI-W (Kart) 6/06 Tz. 16 – nicht veröffentlicht.

[19] Vgl. dazu Bekanntmachung der Kommission über informelle Beratung bei neuartigen Fragen zu den Artikeln 81 und 82 EG-Vertrag, die in Einzelfällen auftreten (Beratungsschreiben), ABl. 2004 C-101/78.

[20] Vgl. *Zuber,* Die EG-Kommission als amicus curiae, S. 72.

[21] EuG U. v. 9. 1. 1996 Rs. T-575/93 – *Casper Koelmann* Slg. 1996 II-1 Rn. 43.

[22] Vgl. hierzu auch EuGH U. v. 1. 6. 1999 Rs. C-126/97 – *Eco Swiss China Time Ltd/Benetton International NV* Slg. 1999, I-3055; OLG Düsseldorf, WuW/E DE-R 997 – *Züricher Schiedsspruch.*

gehenden Entscheidung abweichen. Zum anderen können die nationalen Behörden oder das nationale Gericht bei einer Entscheidung über eine Verhaltensweise oder eine Vereinbarung von einer **anderen tatsächlichen Grundlage** ausgehen als die Kommission in einer vorhergehenden Entscheidung. In beiden Fällen kann es zu einem Widerspruch zwischen nationaler und Kommissionsentscheidung kommen.

Wenn ein nationales Gericht über eine Verhaltensweise oder Vereinbarung zu entscheiden hat, die bereits Gegenstand einer Kommissionsentscheidung war, ist es grundsätzlich an die Beurteilung der Kommission in der Entscheidung gebunden und kann insoweit keine abweichende Bewertung mehr vornehmen.[23] Dies ergibt sich in Bezug auf bestandskräftige Verbotsentscheidungen der Kommission bereits aus § 33 Abs. 4 GWB.

Soweit die **Rechtsauffassung** der Kommission nicht von den europäischen Gerichten bestätigt worden ist, kann sie für **nationale Gerichte** nicht bindend sein. Auch ohne die ausdrückliche Erwähnung in Art. 16 Abs. 1 S. 4 verstünde es sich von selbst, dass Art. 16 das Recht der nationalen Gerichte, gemäß Art. 234 EG eine Vorabentscheidung des EuGH zur Auslegung des Gemeinschaftsrechts einzuholen, nicht einschränken kann. Soweit letztinstanzliche Gerichte von der Rechtsauffassung der Kommission abweichen wollen und die Frage entscheidungserheblich ist, sind diese Gerichte zu einer **Vorlage zum EuGH gemäß Art. 234 EG** sogar verpflichtet. Zumindest bei **bestandskräftigen** Kommissionsentscheidungen kann allerdings die Vorlage gemäß Art. 234 EG auf der Grundlage der TWD-Entscheidung des EuGH ausgeschlossen sein.[24] Gemäß dieser Entscheidung kann sich eine Partei in einem nationalen Rechtsstreit nicht mehr auf die Unwirksamkeit einer Entscheidung der Kommission berufen, wenn sie die Entscheidung nicht fristgemäß angefochten hat, obwohl sie unstreitig klagebefugt war.[25]

Wenn die Entscheidung der Kommission vor den europäischen Gerichten angefochten wurde, kann das nationale Gericht, das von einer Rechtsauffassung der Kommission in einer Entscheidung zu demselben Sachverhalt abweichen will, zur Vermeidung von Entscheidungswidersprüchen auch das **Verfahren aussetzen**.

Dagegen stellt ein Urteil, mit dem z. B. ein Schadensersatzanspruch wegen eines von der Kommission festgestellten Kartellverstoßes abgelehnt wird, nicht notwendigerweise einen Widerspruch zur Kommissionsentscheidung dar.[26] Die Feststellung eines Verstoßes gegen EG-Wettbewerbsrecht ist in solchen Fällen immer nur eine Vorfrage; das Bestehen eines Anspruches hängt immer noch von weiteren, durch nationales Recht vorgegebenen Voraussetzungen ab.[27] Insoweit kann die Entscheidung der Kommission ein nationales Gericht auch nicht binden.

4. Vermeidung von Entscheidungswidersprüchen schon vor Erlass einer Kommissionsentscheidung

Art. 16 Abs. 1 S. 1 behandelt den Fall, dass bereits eine Kommissionsentscheidung zu einem bestimmten Sachverhalt vorliegt. In Art. 16 Abs. 1 S. 2 wird die Verpflichtung der Gerichte auf die Fälle ausgedehnt, in denen die Kommission noch keine Entscheidung erlassen hat, einen solchen Erlass jedoch beabsichtigt. Darin ist ein Verweis auf die Pflicht

---

[23] Zu einer differenzierten Sichtweise vor Inkrafttreten des § 33 Abs. 4 GWB, vgl. die Kommentierung in der 1. Auflage; *K. Schmidt* ZWeR 2007, 394, 413; *Bornkamm/Becker* ZWeR 2005, 213, 220.
[24] EuGH U. v. 9. 3. 1994 Rs. C-188/92 – *Textilwerke Deggendorf/Bundesrepublik Deutschland* Slg. 1994, I-833. vgl. *Berrisch/Burianski* WuW 2005, 878, 882.
[25] Vgl. *Berrisch/Burianski* WuW 2005, 878, 882.
[26] Vgl. LG Mainz NJW-RR 2004, 478, 479; *Bornkamm* ZWeR 2003, 73, 83; *Zuber*, Die Kommission als amicus curiae, S. 67 f.
[27] Vgl. dazu Komm., Staff Working Paper accompanying the White Paper on Damages actions for breach of the EC antitrust rules, 46 f.; LG Mannheim GRUR 2004, 182, 183; *Köhler* GRUR 2004, 99, 100 f.

der Kommission, vor Erlass einer Entscheidung gemäß Art. 9, 10, die Absicht des Erlasses zu veröffentlichen, Art. 27 Abs. 4, zu sehen.[28] Die Pflicht der nationalen Gerichte zur Vermeidung von Entscheidungswidersprüchen besteht nach der Rechtsprechung des EuGH zu Art. 10 Abs. 2 EG jedoch grundsätzlich immer, wenn die Gefahr besteht, dass ein Urteil im **Widerspruch** zu einer **später erlassenen Kommissionsentscheidung** steht, unabhängig davon, ob die Kommission die Absicht, eine bestimmte Entscheidung zu erlassen, erklärt hat.[29] Da durch Art. 16 die Verpflichtungen der Gerichte jedenfalls nicht eingeschränkt werden sollten, besteht die Pflicht zur Vermeidung von Entscheidungswidersprüchen auch, wenn nicht ausgeschlossen werden kann, dass die Kommission erst später eine Entscheidung zu demselben Sachverhalt erlässt. Dies wird vor allem dann der Fall sein, wenn bereits ein Kommissionsverfahren eröffnet worden ist. Art. 16 enthält keine korrespondierende Pflicht der nationalen Wettbewerbsbehörden; gemäß Art. 11 Abs. 6 verlieren nationale Wettbewerbsbehörden jedoch ohnehin ihre Zuständigkeit, wenn die Kommission ein Verfahren eröffnet.[30]

IV. Rechtsfolgen

19   Gemäß Art. 16 dürfen die Gerichte und Wettbewerbsbehörden der Mitgliedstaaten keine Entscheidungen erlassen, die Entscheidungen der Kommission zuwiderlaufen. Damit wird die bereits in verschiedenen EuGH-Urteilen festgestellte, bislang auf Art. 10 Abs. 2 EG gestützte Pflicht zur Vermeidung von Entscheidungswidersprüchen auch in der Durchführungsverordnung verankert. Man wird von den Gerichten der Mitgliedstaaten verlangen müssen, dass sie in den Fällen, in denen ein Widerspruch mit einer Kommissionsentscheidung entstehen könnte, die prozessualen Möglichkeiten nutzen, die helfen können, einen solchen Widerspruch zu vermeiden. Dazu gehört die **Zusammenarbeit mit der Kommission** gemäß Art. 15 sowie die **Möglichkeit der Verfahrensaussetzung,** wenn die Entscheidung der Kommission vor den europäischen Gerichten angefochten wurde. Die nationalen Gerichte haben zudem in geeigneten Fällen die Möglichkeit, den EuGH um eine **Vorabentscheidung** gemäß Art. 234 EG anzugehen.

20   Soweit ein nationales Gericht **seinen Verpflichtungen** aus Art. 16 **nicht nachkommt,** kann die betroffene Prozesspartei dies im Rahmen eines Rechtsmittels gegen das Urteil geltend machen. Es ist anzunehmen, dass sich die Kommission in einer solchen Konstellation gemäß Art. 15 an dem nationalen Verfahren beteiligen wird. Soweit allerdings auch das letztinstanzliche Gericht seinen Loyalitätspflichten gemäß Art. 16 nicht genügt und auch nicht den EuGH gemäß Art. 234 EG anruft, – was dann einer offenen Konfrontation mit der Kommission gleichkommt – bestehen keine Möglichkeiten, das Gericht zur Beachtung des Art. 16 zu zwingen. In Deutschland ist, wenn sich das Verhalten des letztinstanzlichen Gerichts als willkürliche Unterlassung der Vorlage gemäß Art. 234 EG darstellt, lediglich noch die Möglichkeit der **Urteilsverfassungsbeschwerde** wegen Verstoßes gegen Art. 101 Abs. 1 S. 1 GG gegeben.[31] Des weiteren können nach neuester EuGH-Rechtsprechung Staatshaftungsansprüche bestehen, wenn ein Gerichtsurteil offenkundig gegen Gemeinschaftsrecht verstößt.[32]

---

[28] Vgl. *Bornkamm* ZWeR 2003, 73, 84 Fn. 39.
[29] Vgl. EuGH U. v. 28. 2. 1991 Rs. C-234/89 – *Delimitis/Henninger Bräu* Slg. 1991, I-935, WuW/E EWG/MUV 911; EuGH Urteil v. 12. 12. 1995 verb. Rs. C-319/93, C-40/94 und C-224/94 – *Hendrik Evert Dijkstra/Friesland (Frico Dorno) Coöperatie* Slg. 1995, I-4471; EuGH U. v. 15. 12. 1994 Rs. C-250/92 – *Goettrup-Klim/DLG* Slg. 1994, I-5641.
[30] Vgl. zu der Rechtslage nach VO Nr. 17/62 auch die Bekanntmachung der Kommission über die Zusammenarbeit mit den Wettbewerbsbehörden der Mitgliedstaaten, ABl. 1997 C 313/3 Rn. 48 f.
[31] Vgl. BVerfG NJW 1988, 1456 – *Denkavit*.
[32] EuGH U. v. 30. 9. 2003 Rs. C-224/01 – *Gerhard Köbler/Republik Österreich* Slg. 2003, I-10239; EuZW 2003, 718.

Grundsätzlich hätte die Kommission die Möglichkeit, in Fällen der vorsätzlichen Nicht- 21
beachtung des Art. 16 durch die nationalen Gerichte ein **Vertragsverletzungsverfahren
gemäß Art. 226 EG** gegen den betroffenen Mitgliedstaat einzuleiten.[33] Dass ein Staat für
das Fehlverhalten seiner Gerichte haftet, auch wenn er deren Verhalten aufgrund der richterlichen Unabhängigkeit nicht beeinflussen kann, entspricht völkerrechtlichen Grundsätzen.[34] Wie aber die Zurückhaltung der Kommission in vergleichbaren Fallgestaltungen
(z. B. der Weigerung letztinstanzlicher Gerichte bestimmter Mitgliedstaaten, gemäß
Art. 234 EG vorzulegen) zeigt,[35] erscheint die Einleitung derartiger Vertragsverletzungsverfahren nicht sehr wahrscheinlich.

Art. 17. Untersuchung einzelner Wirtschaftszweige und einzelner Arten von Vereinbarungen

(1) **Lassen die Entwicklung des Handels zwischen Mitgliedstaaten, Preisstarrheiten oder andere Umstände vermuten, dass der Wettbewerb im Gemeinsamen Markt möglicherweise eingeschränkt oder verfälscht ist, so kann die Kommission die Untersuchung eines bestimmten Wirtschaftszweigs oder – Sektor übergreifend – einer bestimmten Art von Vereinbarungen durchführen. Im Rahmen dieser Untersuchung kann die Kommission von den betreffenden Unternehmen oder Unternehmensvereinigungen die Auskünfte verlangen, die zur Durchsetzung von Artikel 81 und 82 des Vertrags notwendig sind, und die dazu notwendigen Nachprüfungen vornehmen.**

Die Kommission kann insbesondere von den betreffenden Unternehmen und Unternehmensvereinigungen verlangen, sie von sämtlichen Vereinbarungen, Beschlüssen und aufeinander abgestimmten Verhaltensweisen zu unterrichten.

Die Kommission kann einen Bericht über die Ergebnisse ihrer Untersuchung bestimmter Wirtschaftszweige oder – Sektor übergreifend – bestimmter Arten von Vereinbarungen veröffentlichen und interessierte Parteien um Stellungnahme bitten.

(2) **Die Artikel 14, 18, 19, 20, 22, 23 und 24 gelten entsprechend.**

Übersicht

	Rn.		Rn.
I. Sinn und Zweck der Regelung	1	2. Ermittlungsbefugnisse	10
II. Praktische Bedeutung der Regelung	4	3. Sanktionen	11
III. Tatbestand	5	4. Berichterstattung/weitere Maßnahmen	12
IV. Rechtsfolgen	8	V. Verhältnis zu anderen Vorschriften	13
1. Verfahrenseinleitung	8		

I. Sinn und Zweck der Regelung

Die Vorschrift dient der **Aufdeckung von wettbewerbsschädlichen Praktiken** in der 1
Gemeinschaft. Art. 17 ermächtigt die Kommission hierfür zur Durchführung von sektorspezifischen Untersuchungen und – Sektor übergreifend – zur Untersuchung von bestimmten Arten von Vereinbarungen.

Für die Einleitung der Untersuchung genügt es, dass ein **allgemeiner Verdacht** auf 2
Wettbewerbsbeschränkungen oder -verfälschungen vorliegt, ein konkreter Verdacht gegen
einzelne Unternehmen oder Unternehmensvereinigungen ist nicht erforderlich. Allgemein
bietet sich das Verfahren nach Art. 17 bei der Prüfung von Märkten an, in denen augenscheinlich eingeschränkter Wettbewerb herrscht, aber keine konkreten Verdachtsmomente

---

[33] Kritisch zu dieser Möglichkeit: *Geiger* EuZW 2001, 116, 117.
[34] Unter dem Gesichtspunkt der Staatshaftung: EuGH U. v. 30. 9. 2003 Rs. C-224/01 – *Gerhard Köbler/Republik Österreich* Slg. 2003, I-10239; EuZW 2003, 718.
[35] Vgl. auch *Breuer* EuZW 2004, 199, 201.

gegen einzelne Unternehmen vorliegen. Mit der gemäß Art. 17 erteilten Befugnis können möglicherweise wettbewerbswidrige Verhaltensweisen systematisch und transparent durchleuchtet werden.[1] Die Vorschrift ist nach Ansicht der Kommission besonders geeignet für Untersuchungen in etablierten oligopolistischen Märkten, wo die geringe Zahl großer Anbieter ein aufeinander abgestimmtes Verhalten erleichtert.[2] Zudem kann sie für die Untersuchung von sich noch entwickelnden Wirtschaftszweigen geeignet sein, in denen die Marktstruktur droht, durch bestimmte Vertragsarten geschädigt zu werden, so dass ein frühzeitiges Verständnis der branchenweiten Wettbewerbsbedingungen für die „richtige" Weichenstellung von gesteigerter Bedeutung ist.[3] Insbesondere in diesem Anwendungsbereich können in den Sektorenuntersuchungen erfasste Daten und Erkenntnisse auch dazu beitragen, präzise Marktabgrenzungen in (späteren) Kartell- und Fusionskontrollverfahren zu erleichtern.[4] Untersuchungsgegenstand können auch Praktiken sein, die nur deshalb wettbewerbsschädliche Wirkungen entfalten, weil sie weit verbreitet sind, z. B. in einem bestimmten Wirtschaftssektor verbreitete exklusive Lieferverträge.[5]

3   Wie bereits Art. 83 EG (deklaratorisch bestätigt in Art. 17 Abs. 1 Unterabs. 1 Satz 2) vorgibt, können auf Art. 17 nur Untersuchungen gestützt werden, die der Aufdeckung von Verstößen gegen Art. 81 und 82 EG dienen. Für andere Zwecke fehlt die rechtliche Grundlage.[6]

II. Praktische Bedeutung der Regelung

4   Die Untersuchung von Wirtschaftszweigen aufgrund der Vorgängervorschrift Art. 12 VO 17/62 hatte in der **Vergangenheit zunächst kaum Bedeutung.** Zwischen 1962 und 1999 stützte die Kommission insgesamt nur zwei Untersuchungen auf diese Vorschrift.[7] Zwischen 1999 und dem Inkrafttreten der VO 1/2003 am 1. Mai 2004 folgten Untersuchungen in zwei weiteren Sektoren.[8] Seit Inkrafttreten der VO 1/2003 hat die Kommission

---

[1] So die Kommission in der Pressemitteilung IP/04/134 v. 30. 1. 2004 zur Verfahrenseinleitung (noch nach Art. 12 VO 17/62) in der Rs. COMP/38.788 – *PO/Sector Inquiry New Media I*.

[2] Als Beispiel können der Energiesektor, in dem die Kommission im Jahr 2005 Untersuchungen einleitete (Rs. COMP/39.172–173), sowie der Telekommunikationssektor, in dem die Kommission im Jahr 1999 Untersuchungen auf der Grundlage des Art. 12 VO 17/62 einleitete (Rs. IV/37.638–37.640), herangezogen werden.

[3] So im Bereich der Inhalte für neue Medien und UMTS, in dem die Kommission Anfang 2004 eine auf die Vorgängernorm Art. 12 VO 17/62 gestützte Untersuchung einleitete (siehe Fn. 1).

[4] *Burrichter* in: Immenga/Mestmäcker, Art. 17, Rn. 7, 43 m. w. N.

[5] So im Brauereisektor, der Ende der 60er Jahre Gegenstand einer Untersuchung nach Art. 12 VO 17/62 war (Ermittlungen des Ausmaßes von Bierlieferungs-Vertragssystemen, ABl. 1969 C 148/3).

[6] So auch *Burrichter* in: Immenga/Mestmäcker, Vorbemerkung zu Art. 17–22, Rn. 12, Art. 17, Rn. 17; vgl. aber Kommission, Energy sector competition inquiry – frequently asked questions, MEMO/05/203, vorletzte Frage, wo die Kommission erläutert, dass die erhaltenen Informationen auch zur Analyse der – in den Artikeln 87 ff. EG geregelten – staatlichen Beihilfen herangezogen werden.

[7] In den 60er Jahren erfolgten Untersuchungen im Brauereisektor (Ermittlungen des Ausmaßes von Bierlieferungs-Vertragssystemen, Untersuchungsbeschluss v. 9. 10. 1969, ABl. 1969 C 148/3) und im Bereich des Handels mit Margarine (Ermittlungen der Ursachen für den geringen Umfang des zwischenstaatlichen Handels mit Margarine, vgl. WuW 1970, 670, wo auf einen Untersuchungsbeschluss der Kommission v. 23. 6. 1965 verwiesen wird).

[8] Am 27. 7. 1999 beschloss die Kommission eine gemeinschaftsweite Untersuchung in drei spezifischen Bereichen im Telekommunikationssektor: (1) Mietleitungen (Rs. IV/37.638 –*PO/Sector Inquiry (LEASED LINES)*), (2) Roaming-Dienste (Rs. IV/37.639 – *PO/Sector Inquiry (ROAMING)*) und (3) Zugang und Nutzung der Ortsnetze (Rs. IV/37.640 – *PO/Sector Inquiry (LOCAL LOOP)*). Am 30. 1. 2004 wurde eine Untersuchung des Verkaufs von Sportrechten an Internet-Anbieter und Betreiber von Mobilfunknetzen der dritten Generation beschlossen (UMTS) (Rs. COMP/38.788 – *PO/Sector Inquiry New Media I*).

hingegen von der Befugnis bereits in fünf Fällen in den Bereichen Energie, Finanzdienstleistungen und pharmazeutische Industrie Gebrauch gemacht.[9] Dies entspricht der Ankündigung der Kommission, dass die Überwachung von Märkten und Vertragstypen auf der Grundlage des Art. 17 im mit der VO 1/2003 eingeführten System der **Legalausnahme** eine **gesteigerte Bedeutung** haben wird, was sich einerseits mit frei werdenden Ressourcen bei der Kommission und andererseits einem Informationsdefizit aufgrund des Fortfalls der Einzelanmeldungen begründen lässt.[10] Ein System der Legalausnahme bedarf danach einer verstärkten Überwachung der Märkte.[11] Informationen über die seit 1999 erfolgten Sektoruntersuchungen sind auf der Webseite der Kommission abrufbar (vgl. Fn. 33).

III. Tatbestand

Nach Art. 17 kann die Kommission verdächtigen Preisstrukturen oder sonstigen Umständen nachgehen, die die **Vermutung möglicher wettbewerbswidriger Situationen** rechtfertigen. Es bedarf also eines **Anfangsverdachts**. Die verdächtige wettbewerbswidrige Situation kann sich allgemein auf einen bestimmten Wirtschaftszweig oder – Sektor übergreifend – auf bestimmte Vertragstypen beziehen.

Die **Eingriffsschwelle** für eine Untersuchung nach Art. 17 ist niedrig. Ohne dass Hinweise auf einen konkreten Verstoß gegen Wettbewerbsregeln durch einzelne Unternehmen oder Unternehmensvereinigungen vorliegen müssen, genügt eine Vermutung für das mögliche Bestehen wettbewerbswidriger Verhaltensweisen. Aufgrund des gegenüber der Vorgängervorschrift Art. 12 VO 17/62 geänderten Wortlauts, wonach nunmehr (nur) eine Vermutung verlangt wird, dass der *„Wettbewerb im Gemeinsamen Markt möglicherweise eingeschränkt oder verfälscht ist"*, wird teilweise eine gegenüber der alten Rechtslage abgesenkte Eingriffsschwelle angenommen.[12] Dem ist nicht zu folgen. Der nach wie vor tatbestandlichen „Vermutung" ist immanent, dass der Bezugsgegenstand nicht erwiesen ist. Die Hinzufügung des Wortes „möglicherweise" ändert hieran nichts.[13]

Grundlage der Vermutung müssen **Tatsachen** sein. Ein allgemeines Enquête-Recht der Kommission besteht nicht.[14] Neben den in Art. 17 genannten „Preisstarrheiten"[15] stützte die Kommission ihre Vermutung bisher u.a. auf folgende Umstände: Marktfragmentierung,[16] hohe Marktkonzentration,[17] Zugangsschranken,[18] Fehlen von Wahlmöglichkeiten

---

[9] Komm. Beschluss v. 13. 5. 2005, Rs. COMP/39.172 – *Electricity Sector Inquiry* und COMP/39.173 – *Gas Sector Inquiry*; Komm. Beschluss v. 13. 6. 2005, Rs. COMP/39.190 – *Financial Services Sector Inquiry – Retail banking* und COMP/39.191 – *Financial Services Sector Inquiry – Business Insurance*, sowie zuletzt Komm. Beschluss v. 15. 1. 2008, Rs. COMP/D 1/39.514 – *Pharmaceuticals Sector Inquiry*.

[10] Grünbuch zur EG-Wettbewerbspolitik gegenüber vertikalen Wettbewerbsbeschränkungen, Brüssel 1997, erhältlich unter www.europa.eu.int/comm/competition/antitrust/96721de_de.pdf, Rn. 188.

[11] Weißbuch über die Modernisierung der Vorschriften zur Anwendung der Artikel 85 und 86 EG-Vertrag – Arbeitsprogramm der Kommission Nr. 99/027, KOM(1999) 101, ABl. 1999 C 132/1, erhältlich unter www.europa.eu.int/comm/competition/antitrust/ wp_modern_de.pdf, Rn. 108.

[12] *Schwarze/Weitbrecht*, Grundzüge des europäischen Kartellverfahrensrechtes, 2. Teil, § 4, Rn. 5; *Hossenfelder/Lutz* WuW 2003, 118 (126); *Sura* in: Langen/Bunte, Art. 17, Rn. 1, 5.

[13] Ebenso *Schnelle/Bartosch/Hübner*, Das neue EU-Kartellverfahrensrecht, Seite 131; *Burrichter* in: Immenga/Mestmäcker, Art. 17, Rn. 10–12.

[14] *Burrichter* in: Immenga/Mestmäcker Art. 17, Rn. 13, 15f.; a.A. wohl *Sura* in: Langen/Bunte, Art. 17, Rn. 1.

[15] Vgl. Pressemitteilungen IP/99/786 v. 22. 10. 1999 und IP/00/111 v. 4. 2. 2000 zur Untersuchung der Telekommunikationsbranche.

[16] Komm. Beschluss v. 13. 6. 2005 in der Rs. COMP/39.190 – *Financial Services Sector Inquiry – Retail Banking*, Rn. 3.

[17] Komm. Beschluss v. 13. 5. 2005 in den Rs. COMP/39.172 – *Electricity Sector Inquiry* und COMP/39.173 – *Gas Sector Inquiry*, Rn. 3.

[18] Komm. Beschluss v. 13. 6. 2005 in der Rs. COMP/39.190 – *Financial Services Sector Inquiry – Retail Banking*, Rn. 3; Komm. Beschluss v. 13. 5. 2005 in den Rs. COMP/39.172 – *Electricity Sector*

seitens der Nachfrageseite, Bestehen von branchenüblichen Vertragsbedingungen, die der Nachfrageseite nur begrenzten Raum lassen, Vertragsbedingungen individuell auszuhandeln, Hinweise auf eine unzulässige Zusammenarbeit von Wettbewerbern in Verbänden,[19] große Preisdiskrepanzen zwischen den Mitgliedstaaten,[20] deutliche Preisanstiege,[21] die Anfälligkeit der Branche für wettbewerbswidrige Verhaltensweisen,[22] Geschäftspraktiken, die auf wettbewerbsbeschränkende Strategien hinsichtlich der Erlangung und Ausübung von Patenten hindeuten, Innovationsrückgang,[23] sowie informelle Beschwerden von Marktteilnehmern u. a. über Preisdiskriminierung, unterschiedliche Behandlung von Kunden, verzögerte Bedienung, Weigerung von Vertragsabschlüssen und Qualität der Leistungen.[24] Die Kommission stützte ihre Vermutung bisher immer auf mehrere der genannten Umstände. Rechtsprechung hinsichtlich der erforderlichen Konkretheit oder Dichte der für die Vermutung erforderlichen Umstände gibt es nicht.

IV. Rechtsfolgen

1. Verfahrenseinleitung

8 Liegt eine entsprechende Vermutung vor, steht es im **Ermessen** der Kommission, ob sie eine Untersuchung nach Art. 17 vornimmt. Ein Rechtsanspruch auf Einleitung einer Untersuchung besteht nicht. Eine Ermessensreduzierung mit der Folge einer Pflicht der Kommission zur Einleitung einer Untersuchung nach Art. 17 ist schwer denkbar. Liegen ausreichend Anhaltspunkte für einen konkreten Verstoß gegen die Wettbewerbsregeln vor, kommt regelmäßig eine Einleitung von Verfahren gegen die betroffenen einzelnen Unternehmen oder Unternehmensvereinigungen in Betracht.

9 Das Verfahren nach Art. 17 wird durch einen **förmlichen Beschluss** der Kommission eingeleitet. Während die Vorgängervorschrift Art. 12 Abs. 1 VO 17/62 ausdrücklich vorsah, dass die Kommission die Einleitung einer Untersuchung „beschließen" kann, spricht der neue Wortlaut nur davon, dass die Kommission eine Untersuchung durchführen kann. Ein förmlicher Einleitungsbeschluss wird aber in Anbetracht der mit der Untersuchung verbundenen Eingriffe in die Rechte der betroffenen Unternehmen und Unternehmensvereinigungen nach wie vor zu fordern sein.[25] Auch der Verweis in Abs. 2 auf Art. 14 und damit die notwendige **Anhörung des Beratenden Ausschusses** legt dies nahe. Die bis-

---

inquiry und COMP/39.173 – *Gas Sector Inquiry*, Rn. 4; Komm. Beschluss v. 15. 1. 2008 in der Rs. COMP/39.514 – *Pharmaceuticals Sector Inquiry*, Rn. 3.

[19] Komm. Beschluss v. 13. 6. 2005 in der Rs. COMP/39.191 – *Financial Services Sector Inquiry – Business Insurance*, Rn. 3.

[20] Vgl. Pressemitteilung IP/99/786 v. 22. 10. 1999 zur Untersuchung der Telekommunikationsbranche.

[21] Komm. Beschluss v. 5.2005 in den Rs. COMP/39.172 – *Electricity Sector Inquiry* und COMP/39.173 – *Gas Sector Inquiry*, Rn. 3.

[22] Pressemitteilung IP/04/134 v. 30. 1. 2004 zur Untersuchung des Verkaufs von Sportrechten an Internet-Anbieter und Betreiber von Mobilfunknetzen der dritten Generation: „[d]ie bisherigen einschlägigen Erfahrungen hätten gezeigt, dass die Branche für möglicherweise wettbewerbswidrige Vereinbarungen und Verhaltensweisen durchaus anfällig sei." Hinsichtlich der „einschlägigen Erfahrungen" verwies die Kommission auf Verfahren, in denen sie sich mit typischen Praktiken der Branche auseinandersetzen musste (u. a. COMP/C.2/37.398 – *UEFA*; COMP/C.2/37.576 – *UEFA-Übertragungsregelung*; COMP/C.2/37.214 – *DFB*; COMP/38.828 – *PO/FA Premier League Limited + British Sky Broadcasting*).

[23] Komm. Beschluss v. 15. 1. 2008 in der Rs. COMP/39.514 – *Pharmaceuticals Sector Inquiry*, Rn. 3f.

[24] Vgl. Pressemitteilungen IP/99/786 v. 22. 10. 1999 und IP/00/111 v. 4. 2. 2000 zur Untersuchung der Telekommunikationsbranche.

[25] Davon gehen auch *Lampert/Niejahr/Kübler*/Weidenbach, EG-KartellVO, Art. 17, Rn. 359, aus.

herige Praxis der Kommission bestätigt dies. Zudem wurden die Einleitungsbeschlüsse, entgegen der Praxis zur Vorgängervorschrift Art. 12 VO 17/62,[26] veröffentlicht.[27] Da der Beschluss keine individuellen Adressaten hat, scheidet eine **Anfechtung** – mangels unmittelbaren Betroffenseins – regelmäßig aus. Unternehmen und Unternehmensvereinigungen können allerdings Klage gegen anfechtbare individuelle Ermittlungshandlungen erheben, die infolge des Einleitungsbeschlusses erfolgen. Die Rechtmäßigkeit des Einleitungsbeschlusses (als Rechtsgrund für die Ermittlungsmaßnahmen) kann dann inzident überprüft werden.[28] Dementsprechend ist zu fordern, dass der Beschluss den Adressaten von Ermittlungsmaßnahmen nach Art. 17 mitgeteilt wird, da ansonsten eine Prüfung seiner Rechtmäßigkeit nicht möglich ist.[29]

2. Ermittlungsbefugnisse

Hat die Kommission durch Beschluss ein Verfahren nach Art. 17 eingeleitet, verfügt sie gemäß Abs. 2 über **sämtliche** der im 5. Kapitel der Verordnung vorgesehenen **Ermittlungsbefugnisse,** einschließlich Auskunftsverlangen (Art. 18), Befugnis zur (freiwilligen) Befragung (Art. 19), Nachprüfungen in Betriebs- und Geschäftsräumen (Art. 20), aber **ausschließlich** der in Art. 21 vorgesehenen Nachprüfung in anderen Räumlichkeiten. Damit ist klargestellt, dass aufgrund der hohen Eingriffsintensität eine Nachprüfung in Privaträumen (Wohnungen) nicht auf eine unspezifische Vermutung möglicher wettbewerbsschädlicher Praktiken in einem ganzen Wirtschaftszweig (oder generell hinsichtlich einer Art von Vereinbarungen) gestützt werden kann. Auch wenn der Kommission nach Art. 17 damit außer der Befugnis nach Art. 21 sämtliche Ermittlungsbefugnisse der VO 1/2003 zustehen, sollte nach dem Grundsatz der Verhältnismäßigkeit von der Befugnis zur Nachprüfung nach Art. 20 aufgrund der höheren Eingriffsintensität zurückhaltend Gebrauch gemacht werden. Bisher führte die Kommission lediglich in einer der erfolgten Untersuchungen am Anfang der Untersuchung Nachprüfungen durch.[30] In den anderen vier Fällen beschränkte sich die Kommission auf die Versendung von Auskunftsverlangen nach Art. 18. Rechtsgrund für die Ermittlungsmaßnahmen ist der Untersuchungsbeschluss nach Art. 17. Dieser bestimmt auch den Gegenstand und den Zweck der Ermittlungsmaßnahmen. Nach Abs. 1 Unterabs. 2 besteht auf Verlangen der Kommission insbesondere eine Pflicht der Unternehmen und Unternehmensvereinigungen, die Kommission von *„sämtlichen Vereinbarungen, Beschlüssen und aufeinander abgestimmten Verhaltensweisen zu unterrichten"*. Trotz dieses uneingeschränkten Wortlauts wird diese zusätzliche Befugnis einschränkend dahingehend zu interpretieren sein, dass die betroffenen Vereinbarungen, Beschlüsse und

---

[26] Im Zusammenhang mit den beiden letzten Untersuchungen auf der Grundlage der VO 17/62 veröffentlichte die Kommission allerdings Pressemitteilungen, IP/99/786 v. 22. 10. 1999 (Rs. IV/ 37.638–640) und IP/04/134 v. 30. 1. 2004 (vgl. Fn. 1).

[27] Vgl. die auf der Webseite der Kommission unter http://ec.europa.eu/comm/competition/antitrust/sector_inquiries.html veröffentlichten Eröffnungsbeschlüsse. Vier der Beschlüsse sind mit dem Begriff „Entscheidung" überschrieben. Richtigerweise handelt es sich aber rechtstechnisch um Beschlüsse, da Entscheidungen gemäß Art. 249 UA 4 EG einen bestimmten Adressaten haben, der von diesen unmittelbar betroffen ist (so auch *Miersch* in: Dalheimer/Feddersen/Miersch, EGV nach Art. 83, Art. 17, Rn. 9; *Burrichter* in: Immenga/Mestmäcker, Art. 17, Rn. 26). Den richtigen Begriff verwendete die Kommission zuletzt in der Einleitung der Sektoruntersuchung des pharmazeutischen Wirtschaftszweigs.

[28] *Burrichter* in: Immenga/Mestmäcker, Art. 17, Rn. 54.

[29] *De Bronett,* Art. 17, Rn. 3.

[30] COMP/39.514 – *Pharmaceutical Sector Inquiry.* Nach der Pressemitteilung IP/08/49 v. 16. 1. 2008 erfolgten die Nachprüfungen, um zu gewährleisten, dass *„die Kommission unmittelbaren Zugang zu einschlägigen Informationen hat, [...], die in Unternehmen in der Regel als streng vertraulich gelten. Da derartige Informationen leicht zurückgehalten, verschleiert oder zerstört werden können, wurde es als angemessen erachtet, Nachprüfungen in den Unternehmen vorzunehmen".*

abgestimmten Verhaltensweisen für die Anwendbarkeit von Art. 81 oder 82 EG zumindest relevant sein können.[31] Sofern eine große Zahl von weitgehend identischen Einzelvereinbarungen betroffen ist, sollte in der Regel die Zusendung von Musterverträgen ausreichen.[32]

3. Sanktionen

11 Abs. 2 verweist auch auf die **Sanktionsvorschriften** der Art. 23 und 24. Sofern die Voraussetzungen dieser Vorschriften vorliegen, kann die Kommission daher Geldbußen erlassen und Zwangsgelder verhängen (vgl. Art. 23 Abs. 1 lit. a und lit. b sowie Art. 24 Abs. 1 lit. d).

4. Berichterstattung/weitere Maßnahmen

12 Nach Art. 17 Abs. 1 Unterabs. 3 kann die Kommission die Ergebnisse ihrer Untersuchung in einem Bericht veröffentlichen. Interessierte Parteien können zu einer Stellungnahme aufgefordert werden. In den bisher durchgeführten Verfahren veröffentlichte die Kommission zunächst jeweils vorläufige Berichte, führte anschließend öffentliche Konsultationen durch, bevor sie unter Einbeziehung der Konsultation endgültige Berichte veröffentlichte.[33] Die Veröffentlichung eines vorläufigen Berichts hat in erster Linie das Ziel, eine einheitliche Grundlage für nachfolgende Diskussionen im Rahmen öffentlicher Konsultationen mit interessierten Parteien zu schaffen.[34] Auf der Basis der endgültigen Ergebnisse des Prozesses entscheidet die Kommission dann über die Erforderlichkeit und den Umfang weiterer Maßnahmen,[35] wobei insbesondere die Überprüfung und Anpassung bestehender Rechtsvorschriften,[36] neue Gesetzesinitiativen,[37] und/oder die Einleitung von Einzelprüfverfahren[38] in Betracht kommen. Angesichts der Zweckgebundenheit dürfen allerdings nur solche Maßnahmen ergriffen werden, die der Durchsetzung der Art. 81, 82 EG zumindest mittelbar dienen.[39] Die Verwendung für andere als wettbewerbsregulierende Zwecke darf allerdings auf solchen Informationen basieren, die beispielsweise im Rahmen der Berichterstattung zulässigerweise veröffentlicht wurden.[40] Sofern Bedenken der Kom-

---

[31] So auch Gemeinschaftskommentar/*Schütz*, Artikel 17, Rn. 10.

[32] So auch *Burrichter* in: Immenga/Mestmäcker, Art. 17, Rn. 21.

[33] In den Rs. COMP/39.172 – *Electricity Sector Inquiry* und COMP/39.173 – *Gas Sector Inquiry* veröffentlichte die Kommission vor dem vorläufigen Bericht zunächst vorläufige Ergebnisse. In der Rs. COMP/39.190 – *Financial Services Sector Inquiry – Retail Banking* erfolgte zudem eine öffentliche Anhörung. Sämtliche Informationen sind auf der Webseite der Kommission unter http://ec.europa.eu/comm/competition/ antitrust/sector_inquiries.html erhältlich.

[34] So die Einleitung in dem als „*working document*" titulierten, vorläufigen Bericht der Kommission v. 8. 9. 2000 „*on the initial results of the leased lines sector inquiry*" in der Rs. IV/37.638 – *PO/Sector Inquiry (LEASED LINES)*, erhältlich unter www.europa.eu.int/comm/competition/antitrust/others/sector_inquiries/leased_lines/working_document_on_initial_results.pdf.

[35] So ausdrücklich in dem „*working document*" in der Rs. IV/37.638 (a. a. O. (Fn. 34), S. 1); *Burrichter* in: Immenga/Mestmäcker, Art. 17, Rn. 49 m. w. N.

[36] So in der Rs. COMP/D1/39.191 – *Business Insurance Sector Inquiry*, vgl. Pressemitteilung IP/07/1390 v. 25. 9. 2007.

[37] So in den Rs. COMP/39.172 – *Electricity Sector Inquiry* und COMP/39.173 – *Gas Sector Inquiry*, vgl. IP/07/1361 v. 19. 9. 2007 (Verabschiedung des sog. dritten Legislativpakets als Gesetzesvorschläge).

[38] Vgl. nachfolgend Rn. 13, Fn. 42.

[39] *Burrichter* in: Immenga/Mestmäcker, Art. 17, Rn. 50 und 52, wo in diesem Zusammenhang darauf hingewiesen wird, dass nicht ausgeschlossen werden kann, dass die gewonnenen Informationen Dritten zur privaten Rechtsdurchsetzung im Rahmen der Akteneinsicht zur Verfügung gestellt werden müssen.

[40] *Burrichter* in: Immenga/Mestmäcker, Art. 17, Rn. 50–51.

mission ausgeräumt wurden, beendete die Kommission die Untersuchungen auch bereits vorzeitig.[41]

V. Verhältnis zu anderen Vorschriften

Einzelprüfverfahren. Sofern (zusätzliche) Anzeichen für konkrete Zuwiderhandlungen gegen Art. 81 oder 82 EG bestehen oder im Rahmen der Untersuchung nach Art. 17 aufgedeckt werden, kann die Kommission zugleich (oder zeitlich versetzt) Verfahren gegen einzelne Unternehmen oder Unternehmensvereinigungen einleiten.[42] Die Ermittlungsbefugnisse des 5. Kapitels der Verordnung sind dann unmittelbar anwendbar, ebenso die im 6. Kapitel vorgesehenen Sanktions- und Zwangsmaßnahmen. In Einzelprüfverfahren kann die Kommission die im Rahmen der Sektoruntersuchung erlangten Beweismittel verwerten, jedenfalls sofern diese die der Untersuchung zugrunde liegende Vermutung belegen.[43] Der Gegenansicht[44] ist nicht zu folgen, da ansonsten die Kommission zu einer nicht nachvollziehbaren Doppelarbeit bei der Sachverhaltsermittlung verpflichtet wäre.[45] Die Kommission nutzte diese Möglichkeit, soweit ersichtlich, bisher allerdings nicht. So wies sie in der *Retail Banking* Sektoruntersuchung ausdrücklich darauf hin, dass sie bisher im Rahmen von Sektoruntersuchungen erlangte Beweismittel nicht in Einzelprüfverfahren nutzte.[46]

Sektoruntersuchungen nach anderen Vorschriften. Art. 17 schließt die Untersuchung von Wirtschaftszweigen nach anderen Vorschriften nicht aus. So führt die Kommission beispielsweise auf der Grundlage der Kfz-GVO (Art. 11 VO 1400/2002) regelmäßig gemeinschaftsweite Untersuchungen im Kfz-Sektor durch.[47]

---

[41] Rs. IV/37.638 – *PO/Sector Inquiry (LEASED LINES),* Pressemitteilung IP/01/1852 v. 11. 12. 2002.

[42] *GA Jacobs,* Schlussantrag v. 15. 12. 1993, Rs. C-36/92 – *NV Samenwerkende Elektriciteits-Produktiebedrijven (SEP)/Kommission („SEP")* Slg. 1994, I-1914, Rn. 38 und EuGH Entsch. v. 19. 5. 1994, Rs. 36/92 – *SEP* Slg. 1994, I-1911, Rn. 21, unter Bezugnahme auf den Schlussantrag. So leitete die Kommission aufgrund der Untersuchungen im Telekommunikationssektor (vgl. Fn. 2) Verfahren gegen mehrere Telekommunikationsbetreiber ein (u. a. die Rs. IV/38.097 und IV/38.098 sowie vgl. die Pressemitteilungen der Kommission IP/04/994 – betreffend Vodafone und O2 und IP/05/161 – betreffend T-Mobile und Vodafone). In Rs. COMP/39.190 – *Financial Services Sector Inquiry – Retail Banking* führte die Untersuchung unter anderem zu Einzelprüfverfahren gegen MasterCard und Visa (vgl. MEMO/06/260 v. 30. 6. 2006 in der Rs. COMP/34.579 – *Europay (Eurocard-MasterCard)* und MEMO/08/170 v. 26. 3. 2008 im Verfahren gegen Visa Europe Limited).

[43] So auch *Burrichter* in: Immenga/Mestmäcker, Art. 17, Rn. 46; *Ritter* in: Immenga/Mestmäcker, Art. 28, Rn. 11; *de Bronett* in: von der Groeben/Schwarze, VO Nr. 17, Rn. 20; *de Bronett* in: Schröter/Jakob/Mederer, VO Nr. 17, Art. 12, Rn. 1.

[44] *Bischke* in: MüKo, Art. 17, Rn. 7; *Niggemann* in: Streinz, KartVO nach Art. 83 EGV, Rn. 33; *Lampert/Niejahr/Kübler/Weidenbach,* EG-KartellVO, Art. 17, Rn. 360. Unter Verweis auf Art. 28 Abs. 1 (bzw. Art. 20 VO 17/62) und die Rechtsprechung des EuGH (z. B. Entsch. v. 17. 10. 1989, Rs. 85/87 – *DOW Benelux NV/Kommission* Slg. 1989, S. 3137, Rn. 17 f.) können nach dieser Ansicht die Informationen nur als Indiz für die Einleitung eines Einzelprüfverfahrens herangezogen werden (mittelbare Verwertung), in denen erneut Beweise erhoben werden müssen.

[45] So jedenfalls, wenn der Gegenstand der Sektoruntersuchung hinreichend eng eingegrenzt ist. Bei einem zu weit festgelegten Untersuchungsgegenstand kann dagegen eine Beeinträchtigung der vom *EuGH* in der Rechtssache *DOW Benelux NV/Kommission* (vgl. Fn. 44) anerkannten Verteidigungsrechte der Unternehmen in Betracht kommen.

[46] Kommission, Competition – Final report on retail banking inquiry – frequently asked questions, MEMO/07/40 v. 31. 1. 2007, Seite 1 und Seite 10.

[47] Vgl. die umfassende Dokumentation hierzu unter http://ec.europa.eu/comm/competition/sectors/motor_vehicles/prices/report.html.

Art. 18 VerfVO

Art. 18. Auskunftsverlangen

(1) Die Kommission kann zur Erfüllung der ihr durch diese Verordnung übertragenen Aufgaben durch einfaches Auskunftsverlangen oder durch Entscheidung von Unternehmen und Unternehmensvereinigungen verlangen, dass sie alle erforderlichen Auskünfte erteilen.

(2) Bei der Versendung eines einfachen Auskunftsverlangens an ein Unternehmen oder eine Unternehmensvereinigung gibt die Kommission die Rechtsgrundlage, den Zweck des Auskunftsverlangens und die benötigten Auskünfte an, legt die Frist für die Übermittlung der Auskünfte fest und weist auf die in Artikel 23 für den Fall der Erteilung einer unrichtigen oder irreführenden Auskunft vorgesehenen Sanktionen hin.

(3) Wenn die Kommission durch Entscheidung Unternehmen und Unternehmensvereinigungen zur Erteilung von Auskünften verpflichtet, gibt sie die Rechtsgrundlage, den Zweck des Auskunftsverlangens und die geforderten Auskünfte an und legt die Frist für die Erteilung der Auskünfte fest. Die betreffende Entscheidung enthält ferner einen Hinweis auf die in Artikel 23 vorgesehenen Sanktionen und weist entweder auf die in Artikel 24 vorgesehenen Sanktionen hin oder erlegt diese auf. Außerdem weist sie auf das Recht hin, vor dem Gerichtshof gegen die Entscheidung Klage zu erheben.

(4) Die Inhaber der Unternehmen oder deren Vertreter oder – im Fall von juristischen Personen, Gesellschaften und Vereinigungen ohne Rechtspersönlichkeit – die nach Gesetz oder Satzung zur Vertretung berufenen Personen erteilen die verlangten Auskünfte im Namen des betreffenden Unternehmens bzw. der Unternehmensvereinigung. Ordnungsgemäß bevollmächtigte Rechtsanwälte können die Auskünfte im Namen ihrer Mandanten erteilen. Letztere bleiben in vollem Umfang dafür verantwortlich, dass die erteilten Auskünfte vollständig, sachlich richtig und nicht irreführend sind.

(5) Die Kommission übermittelt der Wettbewerbsbehörde des Mitgliedstaats, in dessen Hoheitsgebiet sich der Sitz des Unternehmens bzw. der Unternehmensvereinigung befindet, sowie der Wettbewerbsbehörde des Mitgliedstaats, dessen Hoheitsgebiet betroffen ist, unverzüglich eine Kopie des einfachen Auskunftsverlangens oder der Entscheidung.

(6) Die Regierungen und Wettbewerbsbehörden der Mitgliedstaaten erteilen der Kommission auf Verlangen alle Auskünfte, die sie zur Erfüllung der ihr mit dieser Verordnung übertragenen Aufgaben benötigt.

Übersicht

	Rn.
I. Sinn und Zweck der Regelung	1
II. Praktische Bedeutung	3
III. Tatbestand	4
1. Allgemeine Anforderungen an Auskunftsverlangen	4
a) Anfangsverdacht	5
b) Begründung (Rechtsgrundlage, Zweck, Gegenstand)	6
c) Formelle Anforderungen (Form, Frist, Sprache, Verweis auf Rechtsfolgen)	11
2. Zusätzliche Anforderungen an verbindliche Auskunftsentscheidungen	16
3. Verhältnis zwischen einfachem und verbindlichem Auskunftsverlangen	17
4. Adressaten eines Auskunftsverlangens	18
5. Auskunftpflicht von Regierungen und Wettbewerbsbehörden (Abs. 6)	22
IV. Rechtsfolgen	23
1. Einfaches Auskunftsverlangen (Abs. 2)	23
2. Verbindliches Auskunftsverlangen (Abs. 3)	26
3. Auskunftspflichtige Personen innerhalb der Unternehmen (Abs. 4)	28
4. Umfang und Grenzen von Auskunftsverlangen	31
a) Gegenstand (Auskünfte und Unterlagen)	32
b) Erforderlichkeit	37
c) Verhältnismäßigkeit	38
d) Verbot des Zwangs zur Selbstbezichtigung	41
e) Geschäftsgeheimnisse	49
f) Legal Privilege	50
g) Pflichtenkollision	51
5. Rechtsschutz	52

	Rn.		Rn.
6. Mitteilung an die Wettbewerbsbehörden der Mitgliedstaaten (Abs. 5)	54	2. Art. 17	57
7. Veröffentlichung von Auskunftsentscheidungen	55	3. Art. 19	58
		4. Art. 20, Art. 21	59
V. Verhältnis zu anderen Vorschriften	56	5. Art. 11 VO 139/2004	60
1. Art. 11, Art. 12	56	6. Informelle Auskunftsverlangen	61
		7. Kronzeugenregelung	62

I. Sinn und Zweck der Regelung

Art. 18 gibt der Kommission eine Ermittlungsbefugnis an die Hand, Verstöße gegen Art. 81 und 82 EG aufzudecken.[1] Während die Ermittlungsbefugnisse nach Art. 20 und 21 (Nachprüfungen) die physische Anwesenheit von Beamten oder Bediensteten einer Wettbewerbsbehörde vor Ort voraussetzen und Art. 19 (Befragungen) regelmäßig einen persönlichen Kontakt erfordert, handelt es sich bei einem Auskunftsverlangen nach Art. 18 um ein **schriftliches Verfahren**, in dessen Rahmen die Kommission **Auskünfte und Unterlagen** anfordern kann. Im Zusammenspiel mit den anderen Ermittlungsbefugnissen des fünften Kapitels der VO 1/2003 (Art. 17–22) dient Art. 18 der Verwirklichung des in Art. 3 lit. g EG niedergelegten Ziels eines Systems des unverfälschten Wettbewerbs innerhalb des Binnenmarktes.[2] 1

Art. 18 unterscheidet zwischen **unverbindlichen** Auskunftsverlangen nach Abs. 2 und **verbindlichen** Auskunftsentscheidungen nach Abs. 3. Dabei ist es in das Ermessen der Kommission gestellt, ob sie sogleich eine verbindliche Auskunftsentscheidung erlässt. 2

II. Praktische Bedeutung

Die praktische Bedeutung von Art. 18 ist groß. Auskunftsverlangen sind neben Nachprüfungen (Art. 20 und 21) die wichtigsten Instrumente der Kommission zur Sachverhaltsaufklärung und Aufdeckung von Wettbewerbsverstößen. Während die Kommission normalerweise nur bei Verdacht auf schwere und eindeutige Kartellrechtsverstöße (wie Kartelle oder Exportverbote) wegen des damit verbundenen Überraschungsmomentes zunächst zum Mittel der Nachprüfung nach Art. 20 und/oder 21 greift *(Dawn Raids)*, stellt das Auskunftsverlangen in praktisch jedem Verfahren die zentrale Ermittlungsmaßnahme dar. Auch wenn zunächst eine Nachprüfung durchgeführt wurde, schließen sich dieser regelmäßig ein oder mehrere Auskunftsverlangen an. Auskunftsverlangen werden dabei häufig, wenn nicht regelmäßig, nicht nur an die des Kartellrechtsverstoßes verdächtigten Unternehmen und Unternehmensvereinigungen gerichtet, sondern auch an Dritte, die sachdienliche Informationen beisteuern können. Zunehmend zielen die nachgefragten Informationen nicht nur auf die Feststellung der kartellrechtswidrigen Handlungen selbst, sondern auch auf eine umfassende Ermittlung des Marktumfeldes. Um den in der jüngeren Rechtsprechung betonten Anforderungen an den Nachweis der wettbewerbsschädlichen Auswirkungen von möglicherweise kartellrechtswidrigem Handeln gerecht zu werden, muss sich die Kommission eine detaillierte Kenntnis des Funktionierens der betroffenen Märkte beschaffen.[3] 3

---

[1] S. Erwägungsgrund 23 VO 1/2003.
[2] EuG Entsch. v. 11. 12. 2003, Rs. T-59/99 – *Ventouris Group Enterprises SA/Kommission* Rn. 116; Rs. T-65/99 – *Strintzis Lines Shipping SA/Kommission* Rn. 36; T-66/99 – *Minoan Lines SA/Kommission* Rn. 46.
[3] Vgl. EuG Entsch. v. 17. 9. 2007, Rs. T-201/04 – *Microsoft/Kommission,* Rn. 14; im Bereich der Fusionskontrolle vgl. EuG Entsch. v. 22. 10. 2002, Rs. T-310/01 – *Schneider Electric SA/Kommission* Slg. 2002, II-4071; Entsch. v. 25. 10. 2002, Rs. T-5/02 – *Tetra Laval BV/Kommission* Slg. 2002, II-4381, wo ausdrücklich eine umfassende Analyse der wettbewerblichen Auswirkungen gefordert wurde – erst recht ist dies im Anwendungsbereich der möglicherweise mit Bußgeld sanktionierten Verhaltenskontrolle nach Art. 81 und 82 EG erforderlich.

III. Tatbestand

1. Allgemeine Anforderungen an Auskunftsverlangen

4 Art. 18 enthält eine Reihe von Anforderungen, die gleichermaßen einfache (freiwillige) Auskunftsverlangen nach Art. 18 Abs. 2 wie förmliche (verbindliche) Auskunftsverlangen nach Art. 18 Abs. 3 betreffen. Insbesondere hat jedes Auskunftsverlangen die Rechtsgrundlage, den Zweck des Auskunftsverlangens, die benötigten Auskünfte, die Frist zur Beantwortung und einen Hinweis auf die möglichen Sanktionen zu enthalten. Zusätzlich besteht das ungeschriebene Erfordernis des Vorliegens eines Anfangsverdachts.

5 **a) Anfangsverdacht.** Als formelle Ermittlungsmaßnahme mit Eingriffscharakter ist ein Auskunftsverlangen nach Art. 18 nur zulässig, wenn ein hinreichender Anfangsverdacht einer Verletzung der Art. 81 oder 82 EG durch einzelne Unternehmen oder Unternehmensvereinigungen vorliegt.[4] Ermittlungen „ins Blaue hinein" sind damit nicht zulässig.[5] Auch wenn aussagekräftige Rechtsprechung zu dieser Frage bisher nicht vorliegt, wird man allerdings **keine gesteigerten Anforderungen** an die erforderlichen Verdachtsmomente stellen dürfen. Aufgrund der – im Vergleich zu einer Nachprüfung – geringeren Grundrechtsintensität eines schriftlichen Auskunftsverlangens werden wenige konkrete Anhaltspunkte genügen, dass das Verhalten eines Unternehmens kartellrechtlich relevant sein könnte. Häufig wird sich ein Anfangsverdacht aus einer förmlichen oder informellen Beschwerde eines Dritten ergeben. Offensichtlich unglaubhafte oder zu vage gehaltene Beschwerden können allerdings nicht Anlass für ein Auskunftsersuchen sein.[6]

6 **b) Begründung (Rechtsgrundlage, Zweck, Gegenstand).** Ein Auskunftsverlangen ist zu begründen. Nach Art. 18 Abs. 2 (für das einfache Verlangen) und Abs. 3 (für das verbindliche Verlangen) muss in der Begründung die **Rechtsgrundlage** und der **Zweck** der Ermittlungsmaßnahme angegeben werden. Die im Rahmen anderer Ermittlungsmaßnahmen[7] ausdrücklich geforderte Bezeichnung des **Gegenstandes der Ermittlung** ist einem schriftlichen Auskunftsverlangen nach Art. 18 immanent; der Gegenstand wird durch die in dem Auskunftsverlangen gestellten Fragen und/oder die Bezeichnung der angeforderten Dokumente und Unterlagen bestimmt.

7 Die Angabe der **Rechtsgrundlage** des Auskunftsverlangens erfolgt durch den Verweis auf die Vorschrift des Art. 18 Abs. 2 (einfaches Verlangen) bzw. Abs. 3 (verbindliches Verlangen).

8 Der Angabe des **Zwecks** des Auskunftsverlangens kommt eine zentrale Bedeutung zu. Nur die Kenntnis des Zwecks ermöglicht es den betroffenen Unternehmen, ihre **Verteidigungsrechte** zu wahren und ihre **Mitwirkungspflichten** zu bestimmen. Die Kenntnis des Zwecks ist für die Entscheidung notwendig, ob einem einfachen Auskunftsverlangen Folge geleistet oder eine verbindliche Auskunftsentscheidung gerichtlich angefochten werden soll.[8] Vor allem am Maßstab des angegebenen Zwecks der Ermittlungsmaßnahme

---

[4] In der Rechtsprechung ist wiederholt die Rede von „Informationen, die den Verdacht begründen" oder „vermuteten Zuwiderhandlungen", vgl. nur EuGH Entsch. v. 21. 9. 1989, verb. Rs. 46/87 und 227/88 – *Hoechst/Kommission* Slg. 1989, 2859, Rn. 41 f. (hinsichtlich einer Nachprüfung); EuG Entsch. v. 8. 3. 1995, Rs. T-34/93 – *Société Générale/Kommission* Slg. 1995 II-545, Rn. 63.

[5] *Burrichter* in: Immenga/Mestmäcker, Art. 18, Rn. 9.

[6] *Schwarze/Weitbrecht*, Grundzüge des europäischen Kartellverfahrensrechts, 2. Teil, 1. Abschnitt, § 4, I., Rn. 4; *Burrichter* in: Immenga/Mestmäcker, Art. 18, Rn. 9 m.w.N.; vgl. die Kommentierung zu Art. 20, Rn. 52.

[7] Vgl. Art. 19 Abs. 1, Art. 20 Abs. 3 und 4, Art. 21 Abs. 2.

[8] EuGH – *Hoechst/Kommission* a.a.O. (Fn. 4), Rn. 29; EuGH Entsch. v. 22. 10. 2002, Rs. C-94/00 – *Roquette Frères SA* Slg. 2002, I-9011 Rn. 47; vgl. die Broschüre der Kommission „Dealing with the Commission" (erhältlich unter http://ec.europa.eu/comm/competition/publications/dealen1_en.pdf), Kapitel 4.1., S. 28.

können die betroffenen Unternehmen – und im Fall der gerichtlichen Kontrolle das Gericht – zudem das **Kriterium der Erforderlichkeit** der verlangten Auskünfte (vgl. hierzu nachfolgend Rn. 37) überprüfen.[9] Schließlich legt der Zweck des Auskunftsverlangens die **Verwertbarkeit** der erlangten Informationen fest (vgl. Art. 28 Abs. 1).

Trotz dieser zentralen Bedeutung der Angabe des Zwecks wird dieser von der Kommission in der Praxis häufig nur vage und generell umschrieben. Auch der *EuGH* lässt bereits sehr knappe Angaben zur Beschreibung des Zwecks genügen.[10] Als Mindestanforderung kann das vom *EuGH* bestätigte Vorbringen des *Generalanwalts Jacobs* in der Rechtssache *SEP/Kommission* angesehen werden. Danach beinhaltet die Verpflichtung der Kommission zur Zweckbenennung *„daß sie die vermutete Verletzung der Wettbewerbsregeln konkret nennen muß. Der Zweck ist mit hinreichender Genauigkeit anzugeben, da sonst nicht festgestellt werden kann, ob die Auskünfte notwendig sind, und der Gerichtshof seine Nachprüfung nicht vornehmen kann."*[11] Die Kommission muss dem Adressaten zwar nicht alle ihr vorliegenden Informationen über die vermuteten Zuwiderhandlungen übermitteln oder gar eine strenge rechtliche Qualifizierung vornehmen;[12] sie hat aber klar anzugeben, welchen Vermutungen sie bezüglich welcher Verhaltensweisen nachgeht.[13] Hierzu dürfte zumindest eine Angabe der betroffenen Produkte oder Dienstleistungen und des vermuteten wettbewerbswidrigen Verhaltens (z.B. Preisabsprachen) erforderlich sein. Schließlich hat die Kommission deutlich zu machen, ob sich die Ermittlungen gegen den Adressaten des Auskunftsverlangens richten, oder ob dieser nur Dritter ist.[14]

Durch die in dem schriftlichen Ersuchen aufgelisteten „benötigten Auskünfte" wird der **Gegenstand** der Ermittlungsmaßnahme bestimmt. Die Kommission hat die verlangten Auskünfte dabei klar zu umschreiben, so dass eine konkrete Antwort möglich ist.[15] Im Hinblick auf die gebotene Präzisierung kann in der Praxis ein – nicht immer vermeidbares – Spannungsfeld dergestalt entstehen, dass die Kommission noch nicht über ausreichende Informationen verfügt, um die benötigten Auskünfte hinreichend konkret zu bezeichnen, andererseits eine möglichst konkrete Bezeichnung für die Adressaten aber notwendig ist, um das Bestehen und den Umfang ihrer Beantwortungspflicht feststellen und – im Fall der Beantwortung – vollständige, richtige und unmissverständliche Auskünfte geben zu können. Vor diesem Hintergrund kommt wiederum der Angabe des Zwecks der Ermittlungsmaßnahme als Beurteilungsmaßstab eine entscheidende Bedeutung zu (vgl. Rn. 8). **Unklarheiten in einem Auskunftsverlangen** können grundsätzlich mit der

---

[9] *GA Jacobs* Schlussantrag v. 15.12.1993, Rs. C-36/92 – *SEP/Kommission* Slg. 1994, I-1911 Rn. 30, 34 und EuGH Entsch. v. 19.5.1994 in derselben Sache, Rn. 21 unter Bezugnahme auf den Schlussantrag.

[10] EuGH U. v. 26.6.1980 Rs. 136/79 – *National Panasonic/Kommission* Slg. 1980, 2033, Rn. 26; EuGH – *Hoechst/Kommission* a.a.O. (Fn. 4), Rn. 42; vgl. auch *Burrichter* in: Immenga/Mestmäcker, Art. 18, Rn. 32 m.w.N.

[11] *GA Jacobs* und EuGH – *SEP/Kommission* a.a.O. (Fn. 9).

[12] EuGH – *Hoechst/Kommission* a.a.O. (Fn. 4), Rn. 41; EuG – *Société Générale/Kommission* a.a.O. (Fn. 4), Rn. 63; Entsch. v. 17.10.1989, Rs. 85/87 – *Dow Benelux/Kommission* Slg. 1989, 3137, Rn. 10 (keine Notwendigkeit der Angabe einer Marktabgrenzung, der *„exakten rechtlichen Qualifizierung"* oder des Zeitraums der angeblichen Zuwiderhandlungen).

[13] EuGH – *Hoechst/Kommission* a.a.O. (Fn. 4), Rn. 42: *„Wenngleich die Begründung [...] in sehr allgemeinen Wendungen abgefasst ist, die durchaus hätten präzisiert werden können, und insofern kritisiert werden kann, enthält sie doch die [...] vorgeschriebenen wesentlichen Angaben. In dieser Entscheidung ist nämlich insbesondere von Informationen die Rede, die den Verdacht begründen, daß in der EG zwischen gewissen Herstellern und Händlern von PVC und Polyäthylen [...] für diese Erzeugnisse Vereinbarungen oder aufeinander abgestimmte Verhaltensweisen bezüglich fester oder anzustrebender Verkaufspreise und Lieferquoten abgeschlossen und durchgeführt worden seien [unter Beteiligung des Adressaten]. Ferner heisst es dort, solche Absprachen könnten einen schwerwiegenden Verstoß gegen Artikel 85 Absatz 1 EWG-Vertrag darstellen."*

[14] *de Bronett*, Art. 18, Rn. 5.

[15] *Schriefers* WuW 1993, 98 (100).

Kommission geklärt werden.[16] Aus praktischer Sicht bringt dies jedoch häufig die „Gefahr" mit sich, dass die Erörterung verschiedener Interpretationsmöglichkeiten einer Frage zu vielfältigen weiteren Nachfragen und Präzisierungen der Kommission führt. Insbesondere aus der Sicht eines Unternehmens, gegen das sich die Ermittlung richtet, mag sich daher empfehlen, vor der eigentlichen Beantwortung das eigene Verständnis der Frage klarzustellen, um sich nicht potentiell einem Vorwurf der Irreführung auszusetzen (Rn. 24). Dann noch verbleibende Missverständnisse aufgrund unklarer Fragestellungen dürften jedenfalls nicht den Unternehmen und Unternehmensvereinigungen angelastet werden.[17]

11 c) **Formelle Anforderungen (Form, Frist, Sprache, Verweis auf Rechtsfolgen).** Das Auskunftsverlangen erfolgt grundsätzlich **schriftlich**.[18] Dies ergibt sich auch hinsichtlich des einfachen Auskunftsverlangens aus dem Wortlaut des Abs. 2 („Versendung").[19] Als einfache laufende Angelegenheit im Rahmen einer Ermittlung werden unverbindliche Auskunftsverlangen innerhalb der Kommission regelmäßig von dem zuständigen Direktor *(Director)* oder einem Referatsleiter *(Head of Unit)* erlassen.[20] Verbindliche Auskunftsentscheidungen nach Abs. 3 werden regelmäßig im Ermächtigungsverfahren durch den Kommissar für Wettbewerbsangelegenheiten erlassen.[21] Vor dem Erlass werden weder die Beteiligten noch Dritte oder der Beratende Ausschuss angehört.[22]

12 Dem Adressaten ist in dem Auskunftsverlangen eine **angemessene Frist** für die Beantwortung des Auskunftsverlangens mitzuteilen. Dies ergibt sich aus dem ungeschriebenen Grundsatz des Gemeinschaftsrechts, die Verteidigungsrechte der betroffenen Unternehmen zu wahren.[23] Da diese Rechte bereits im Rahmen eines einfachen Auskunftsverlangens berührt sein können, hat die Kommission auch in einem einfachen Auskunftsersuchen das Kriterium der Angemessenheit bei der Bemessung der Frist zu berücksichtigen. Was dabei im Einzelfall noch als angemessen anzusehen ist, richtet sich insbesondere nach dem **Umfang und der Art der verlangten Informationen unter Berücksichtigung der individuellen Situation des Adressaten.**[24] Anders als in der Fusionskontrolle gibt es in den Verfahren nach der VO 1/2003 keine engen Entscheidungsfristen, die die Kommission zwingend einzuhalten hat. Bei einfachen Auskunftsverlangen sind Fristen von zwei bis vier Wochen, bei verbindlichen Entscheidungen von drei bis acht Wochen üblich.[25] Häufig wer-

---

[16] Die Kommission weist in aller Regel in dem Auskunftsverlangen auf die Möglichkeit einer Kontaktaufnahme zur Klärung bestehender Fragen hin.

[17] Einschränkend *Burrichter* in: Immenga/Mestmäcker, Art. 18, Rn. 35, der gegebenenfalls eine Verpflichtung der Unternehmen annimmt, die Kommission um Klärung zu ersuchen.

[18] Es ist allerdings nicht ausgeschlossen, dass Auskünfte ausnahmsweise mündlich zu Protokoll der Kommission erteilt werden können, EuG U. v. 28. 4. 1999, Rs. T-221/95 – *Endemol/Kommission* Slg. 1999, II-1299 Rn. 84; vgl. *de Bronett,* Art 18, Rn. 1.

[19] So auch die Kommission in *Dealing with the Commission* a. a. O. (Fn. 8), Abschnitt 4.2; vgl. auch Abs. 5, wonach betroffenen Wettbewerbsbehörden der Mitgliedstaaten eine Kopie des einfachen Auskunftsverlangens oder der Entscheidung zu übermitteln ist.

[20] Vgl. GK/*Schütz,* Artikel 18, Rn. 7; *de Bronett* in: Schröter/Jakob/Mederer, VO Nr. 17, Vorbemerkung, Rn. 16, Art. 11, Rn. 1; der Erlass erfolgt im Ermächtigungs- bzw. Delegationsverfahren nach Art. 13, 14 GO der Kommission, ABl. 2000 L 308/26 (zuletzt geändert durch Komm. Beschluss v. 15. 12. 2006 Abl. 2007 L 32/144); zudem kommt eine Übertragung der Zeichnungsberechtigung in Betracht, *EuG* Entsch. v. 20. 4. 1999, verb. Rs. T-305–307/94, T-318/94, T-325/94, T-329/94 und T-335/94 – *Limburgse Vinyl Maatschappij NV (LVM) u. a./Kommission* Slg. 1999, II-931, Rn. 330.

[21] EuGH Entsch. v. 23. 9. 1986, Rs. 5/85 – *Akzo Chemie/Kommission* Slg. 1986, 2585, Rn. 35–37; v. 15. 6. 1994, Rs. C-137/92 – *Kommission/BASF AG, Limburgse Vinyl Maatschappij NV, DSM NV u. a. („PVC")* Slg. 1994, S. I-2555, Rn. 71; vgl. Art. 13, 14 GO der Kommission, a. a. O. (Fn. 20); GK/*Schütz,* Artikel 18, Rn. 8.

[22] *de Bronett,* Art. 18, Rn. 4.

[23] *Kerse/Khan,* Chapter 3-011.

[24] *Kerse/Khan,* Chapter 3-011.

[25] Vgl. *Dealing with the Commission* a. a. O. (Fn. 8), unter 4.3., S. 29; *Ortiz Blanco,* Rn. 7.34.

den die vorgegebenen Fristen von den betroffenen Unternehmen als zu kurz empfunden, insbesondere in Anbetracht der Fülle von Informationen, die in vielen Fällen abgefragt wird. Sofern Adressaten sich nicht in der Lage sehen, binnen der vorgegebenen Frist die verlangten Auskünfte zu erteilen, sollte dies der Kommission kommuniziert und um eine **Fristverlängerung** gebeten werden. Normalerweise gibt die Kommission Anfragen, in denen nachvollziehbare Gründe für eine Verlängerung aufgeführt werden, statt.[26] In manchen Fällen ist es auch möglich, sich auf eine sukzessive Beantwortung verschiedener Fragen zu einigen.

Auch wenn Vorgaben im Hinblick auf die im Rahmen des Auskunftsverlangens zu verwendende **Sprache** der VO 1/2003 nicht zu entnehmen sind, hat die Kommission das Auskunftsverlangen in der Gemeinschaftssprache des Mitgliedstaates abzufassen, in dem der Adressat seinen Sitz hat (Amtssprache des Landes).[27] Ist das Auskunftsverlangen in einer anderen Sprache abgefasst oder ist nur das Anschreiben einschließlich der förmlichen Erfordernisse (Erwähnung des Zwecks, der Rechtsgrundlage und möglicher Sanktionsfolgen sowie Bestimmung einer Frist) in der Landessprache abgefasst, die eigentliche Fragenliste dagegen in einer anderen Sprache, hat der Adressat Anspruch auf eine Übersetzung.[28] In jedem Fall kann der Adressat in der Amtssprache seines Landes antworten. Das Risiko sprachlicher Missverständnisse dürfte in all den Fällen, in denen dem Adressaten keine Fassung des kompletten Auskunftsverlangens in seiner Amtssprache vorliegt, bei der Kommission liegen.[29] 13

Im Hinblick auf Art. 16 der Durchführungsverordnung 773/2004[30] werden die Adressaten zudem regelmäßig darauf hingewiesen, dass Auskünfte, die vertrauliche Informationen enthalten, in den Schutzbereich des Art. 28 Abs. 2 fallen, und deshalb gebeten, im Hinblick auf eine später Dritten zu gewährende Akteneinsicht eine nicht-vertrauliche Version der Antworten, einschließlich einer Begründung für die Einstufung bestimmter Teile als vertraulich, einzureichen. 14

Nach Art. 18 Abs. 2 bzw. Abs. 3 muss das Auskunftsverlangen einen **Hinweis auf die möglichen Sanktionen** enthalten. Diese ergeben sich für einfache Auskunftsverlangen aus Art. 23 Abs. 1 lit. a) (Verbot unrichtiger oder irreführender Angaben), für verbindliche Auskunftsverlangen aus Art. 23 Abs. 1 lit. b) (Verbot unrichtiger, unvollständiger oder irreführender Angaben und nicht fristgemäße Beantwortung). Fehlt der Hinweis, besteht ein Sanktionsverbot. 15

2. Zusätzliche Anforderungen an verbindliche Auskunftsentscheidungen

Verbindliche Auskunftsverlangen durch förmliche Entscheidung der Kommission erfordern keine weitreichendere Begründung als einfache unverbindliche.[31] Neben dem Hin- 16

---

[26] *Dealing with the Commission* a. a. O. (Fn. 8), unter 4.3., S. 29.
[27] Art. 3 VO Nr. 1 d. Rates vom 15. 4. 1958 zur Regelung der Sprachenfrage für die Europäische Wirtschaftsgemeinschaft, ABl. B17/385, zuletzt geändert durch VO (EG) Nr. 1791/2006 d. Rates v. 20. 11. 2006, ABl. 2006 L 363/1.
[28] In der Praxis wird der eigentliche Fragenkatalog aus Zeitgründen teilweise in der Verfahrenssprache des Kommissionsverfahrens abgefasst. Dies ist vor allem bei Auskunftsverlangen der Fall, die im Rahmen fristengebundener Fusionskontrollverfahren (also nicht auf Grundlage der VO 1/2003, sondern der VO 139/2004) ergehen. Die Kommission weist in diesen Fällen zumeist darauf hin, dass eine Beantwortung in der gewählten Sprache hilfreich wäre, dass der Adressat aber auch in einer anderen Gemeinschaftssprache antworten und eine Übersetzung des Auskunftsverlangens verlangen kann.
[29] GK/*Schütz*, Artikel 18, Rn. 7; vgl. auch *Wagemann* in: Wiedemann, Handbuch des Kartellrechts, § 17 Rn. 73.
[30] VO (EG) Nr. 773/2004 der Komm. v. 7. 4. 2004 über die Durchführung von Verfahren auf der Grundlage der Artikel 81 und 82 EG-Vertrag durch die Kommission, ABl. 2004 L 123/18, zuletzt geändert durch VO (EG) Nr. 1792/2006 d. Rates v. 23. 10. 2006, ABl. 2006 L 362/1.
[31] EuGH – *National Panasonic/Kommission* a. a. O. (Fn. 10), Rn. 26–27; EuGH – *Hoechst/Kommission* a. a. O. (Fn. 4), Rn. 42.

weis auf die Möglichkeit der Bebußung unvollständiger oder nicht fristgerechter Antworten (s. Rn. 26) hat die verbindliche Auskunftsentscheidung auch einen Hinweis auf die Möglichkeit der Erzwingung der Beantwortung durch Festsetzung von Zwangsgeldern gemäß Art. 24 Abs. 1 lit. d) zu enthalten, wenn sie nicht bereits eine solche Sanktion festsetzt. Schließlich ist eine **Rechtsmittelbelehrung** aufzunehmen, die den Adressaten darauf hinweist, dass er gegen die verbindliche Auskunftsentscheidung Klage vor dem Gerichtshof erheben kann (vgl. Rn. 53).

3. Verhältnis zwischen einfachem und verbindlichem Auskunftsverlangen

17 Es steht grundsätzlich im **Ermessen** der Kommission, ob sie ein einfaches **unverbindliches** Auskunftsverlangen nach Art. 18 Abs. 2 oder eine **verbindliche** Auskunftsentscheidung nach Abs. 3 an Unternehmen und Unternehmensvereinigungen richtet. Hinsichtlich der Auswahl zwischen einem unverbindlichen und einem verbindlichen Auskunftsersuchen wird man der Kommission einen weiten Ermessensspielraum zugestehen müssen, der sich rechtlich nach den Gesichtspunkten der Zweck- und Verhältnismäßigkeit zu richten hat.[32] Insbesondere ist nicht *per se* ein reduziertes Ermessen der Kommission dergestalt anzunehmen, dass im Regelfall zunächst ein einfaches Auskunftsverlangen ergehen muss.[33] Allerdings weist eine verbindliche Entscheidung aufgrund der gegenüber einem unverbindlichen Auskunftsverlangen verschärften Sanktions- und Zwangsgeldandrohung eine höhere Eingriffsintensität auf, so dass der Adressat ein berechtigtes Interesse hat, dass die Kommission nicht ohne jeglichen Grund eine verbindliche Entscheidung erlässt.[34] So kommt der unmittelbare Erlass einer verbindlichen Auskunftsentscheidung insbesondere dann in Betracht, wenn Hinweise vorliegen, dass der Adressat ein einfaches Auskunftsverlangen nicht vollumfänglich erfüllen würde.[35]

4. Adressaten eines Auskunftsverlangens

18 Adressaten eines Auskunftsverlangens können **nur Unternehmen und Unternehmensvereinigungen** sein. Natürliche Personen, einschließlich abberufener Vorstands- bzw. Organmitglieder, sind keine geeigneten Adressaten eines Auskunftsverlangens nach Art. 18. Neben formlosen Anfragen steht gegenüber natürlichen Personen damit lediglich die Möglichkeit der Befragung nach Art. 19 zur Verfügung (die allerdings freiwillig ist).

19 Neben den Unternehmen, gegen die sich das Verfahren richtet, können auch jegliche **dritte Unternehmen** Adressaten eines Auskunftsverlangens sein. Dies betrifft in der Praxis insbesondere Wettbewerber, Kunden oder Lieferanten des Unternehmens, gegen das ermittelt wird.[36] Auch an **Beschwerdeführer,** die ein Verfahren überhaupt erst in Gang

---

[32] Im Rahmen einer Nachprüfung (Wahl zwischen einfacher Nachprüfung nach Art. 20 Abs. 3 und Nachprüfung durch Entscheidung nach Art. 20 Abs. 4) betonte der *EuGH,* dass die Auswahl den *„Erfordernissen einer den Besonderheiten des Einzelfalls angemessenen Untersuchung"* genügen muss (EuGH – *National Panasonic/Kommission* a. a. O. (Fn. 10), Rn. 29); *Burrichter* in: Immenga/Mestmäcker, Art. 18, Rn. 19.

[33] S. – im Fall einer Nachprüfung – EuGH – *National Panasonic/Kommission* a. a. O. (Fn. 10), Rn. 12.

[34] EuG Entsch. v. 9. 11. 1994, Rs. T-46/92 – *Scottish Football Association/Kommission,* Slg. 1994, II-1039, Rn. 13.

[35] Ähnlich *Schnelle/Bartosch/Hübner,* Das neue EU-Kartellverfahrensrecht, Seite 135 f.; *Schwarze/Weitbrecht* a. a. O. (Fn. 6), 2. Teil, § 4, Rn. 10; *Burrichter* in: Immenga/Mestmäcker, Art. 18, Rn. 19.

[36] Kommission Entsch. v. 25. 7. 2001, Rs. COMP/C-1/36 915 – *Deutsche Post AG – Aufhaltung grenzüberschreitender Postsendungen* ABl. 2001 L 331/40 Rn. 79 (Wettbewerber; Entsch. v. 13. 12. 1989 Rs. IV/32 026 – *Bayo-n-ox* ABl. 1990 L 21/71 Rn. 32 (Kunde); Entsch. v. 11. 6. 2002, Rs. COMP/36 571/D-1 – *Österreichische Banken („Lombard Club")* ABl. 2004 L 56/1 Rn. 18 (u. a. Wettbewerber); *Dealing with the Commission* a. a. O. (Fn. 8), unter 3.1.

gebracht haben, können Auskunftsverlangen gesandt werden (und werden es auch in der Praxis).[37] Auch sonstige **Dritte**, einschließlich Wirtschaftsprüfer, Banken und Anwälte (die im Rahmen ihrer Tätigkeit als Unternehmen i. S. d. europäischen Wettbewerbsrechts gelten[38]), können grundsätzlich Adressaten von Auskunftsverlangen sein,[39] wobei zugunsten von Anwälten allerdings regelmäßig **Auskunftsverweigerungsrechte** unter dem Aspekt des *Legal Privilege* bestehen werden (vgl. hierzu nachfolgend Rn. 50).

Entsprechend der Reichweite der Ermittlungsbefugnisse der Kommission und der territorialen Souveränität anderer Nationen können durch Art. 18 nur Unternehmen und Unternehmensvereinigungen verpflichtet werden, die ihren **Sitz in der Gemeinschaft** haben[40] oder in Ländern ansässig sind, die mit der Europäischen Gemeinschaft Kooperationsabkommen abgeschlossen haben.[41] Dies schließt allerdings nicht aus, dass die Kommission einfache Auskunftsverlangen auch an Unternehmen und Unternehmensvereinigungen in anderen Ländern richtet.[42] Solche Anfragen sind allerdings ohne Sanktionsfolge.[43] Häufig werden Unternehmen außerhalb der Gemeinschaft sich aus *corporate policy* Gründen dafür entscheiden, mit der Kommission zu kooperieren, und Auskunftsverlangen beantworten. Freiwillig erteilte Auskünfte können ohne Einschränkung im weiteren Verlauf eines Verfahrens verwertet werden. Hat ein Unternehmen mit Sitz außerhalb der Gemeinschaft eine Tochtergesellschaft in der Gemeinschaft, so kann letztere selbstverständlich Adressat eines (verbindlichen) Auskunftsverlangens sein. Zur Problematik der Einbeziehung verbundener Unternehmen mit Sitz außerhalb der Gemeinschaft, s. Rn. 36.

Bei Unternehmen mit Sitz in der Gemeinschaft ist es dagegen nicht relevant, ob sich die für die Erteilung und Vorlage erforderlichen Informationen und Unterlagen innerhalb oder außerhalb des Gemeinschaftsgebietes befinden. Sofern die Gemeinschaftsorgane Hoheitsgewalt über Unternehmen und Unternehmensvereinigungen mit Sitz innerhalb der Gemeinschaft haben, die Verfügungsgewalt über bestimmte Informationen und Unterlagen haben, ist der tatsächliche **Ort der Aufbewahrung** im Hinblick auf die Pflicht zur Auskunftserteilung bzw. Vorlage **unbeachtlich**.[44]

---

[37] EuGH – Entsch. v. 28. 3. 1985, Rs. 298/83 – *Comité des Industries Cinématographiques des Communautés Européennes (C. I. C. C. E.)/Kommission* Slg. 1985, 1105 Rn. 5; *Dealing with the Commission* a. a. O. (Fn. 8), unter 3.1.

[38] EuGH – Entsch. v. 19. 2. 2002, Rs. C-309/99 – *J. C. J. Wouters u. a./Algemene Raad van de Nederlandse Orde van Advocaten* Slg. 2002, I-1577, Rn. 49; vgl. Streinz/*Eilmannsberger*, EGV vor Art. 81, Rn. 24.

[39] Komm. Entsch. v. 31. 1. 1979, Rs. A F IV/372 – *FIDES, Unione Fiduciaria, Mailand*, ABl. 1979 L 57/33; *Kerse/Khan*, Chapter 3-007, die diese Quellen als „*secondary*" sources bezeichnen; *Burrichter* in: Immenga/Mestmäcker, Art. 18, Rn. 14.

[40] S. Erwägungsgrund 23 der VO 1/2003; vgl. auch *Kerse/Khan*, Chapter 3-030.

[41] Für Unternehmen in Norwegen, Island und Liechtenstein bestimmt Art. 8 des Protokolls 23 über die Zusammenarbeit zwischen den Überwachungsorganen im Europäischen Wirtschaftsraum (basierend auf Art. 58 des Abkommens über den Europäischen Wirtschaftsraum), dass Auskunftsersuchen der Kommission in diesen Ländern zulässig sind (ABl. 1994 L 1/186). Im Bereich Luftverkehr besteht eine Vereinbarung mit der Schweiz, vgl. Art. 11 und Anhang Nr. 2 des Abkommens zwischen der Schweizerischen Eidgenossenschaft und der Europäischen Gemeinschaft über den Luftverkehr, abrufbar unter http://www.admin.ch/ch/d/as/2002/1705.pdf; vgl. zu den Kompetenzen der Gemeinschaftsorgane in Drittstaaten zudem *Kerse/Khan*, Chapters 7-12 ff., 7-30.

[42] Kommission Entsch. v. 8. 12. 1999, Rs. IV/E-1/35 860-B – *Nahtlose Stahlrohre* ABl. 2003 L 140/1, Rn. 4 und Art. 6 der Entscheidung; die Kommission informiert dann regelmäßig die Wettbewerbsbehörde des Empfängerstaates.

[43] *Dealing with the Commission* a. a. O. (Fn. 8), unter 3.1.: „*the Community can – and does – send out requests for information, but it cannot impose sanctions if a firm* [located outside the bounds of the Community's territorial competence] *fails to comply.*"; *Kerse/Khan*, Chapter 3-030; *Dieckmann* in: Wiedemann, Handbuch des Kartellrechts, § 42 Rn. 15.

[44] *Kerse/Khan*, Chapter 3-031; *Burrichter* in: Immenga/Mestmäcker, Art. 18, Rn. 15.

5. Auskunftspflicht von Regierungen und Wettbewerbsbehörden (Abs. 6)

22 Nach Art. 18 Abs. 6 sind auch **Regierungen und Wettbewerbsbehörden der Mitgliedstaaten** verpflichtet, der Kommission auf Verlangen alle Auskünfte zu erteilen, die sie zur Erfüllung ihrer Befugnisse nach der VO 1/2003 benötigt.[45] Die Norm ist eine Konkretisierung des in Art. 10 EG festgelegten Grundsatzes der Förderungspflichten der Mitgliedstaaten gegenüber den Organen der Gemeinschaft im Hinblick auf die effektive Anwendung des Gemeinschaftsrechts (hier Art. 81 und 82 EG).[46] Bei einem Auskunftsverlangen nach Abs. 6 gegenüber den mitgliedstaatlichen Instanzen handelt es sich um ein selbstständiges Instrument. Demgemäß sind verbindliche Entscheidungen nach Abs. 3 mit den darin bezeichneten Rechtsfolgen (Geldbußen, Zwangsgelder) nicht möglich.[47] Zur Durchsetzung kommt allenfalls ein Vertragsverletzungsverfahren nach Art. 226 EG in Betracht.[48] Sofern die Wettbewerbsbehörden der Mitgliedstaaten Adressaten eines Auskunftsersuchens sind und Informationen an die Kommission weiterleiten, ist Art. 12 zu beachten (s. Rn. 56).

IV. Rechtsfolgen

1. Einfaches Auskunftsverlangen (Art. 18 Abs. 2)

23 Es besteht **keine Pflicht zur Beantwortung** eines **einfachen Auskunftsverlangens**; die vollständige oder teilweise Weigerung, ein einfaches Auskunftsverlangen zu beantworten, ist nicht zwangs- oder bußgeldbewehrt (vgl. Art. 23 Abs. 1 lit. a – die Norm bebußt nicht die ausbleibende oder unvollständige Auskunftserteilung). Es steht dem Adressaten somit frei, nur zu einzelnen Fragen Stellung zu beziehen oder nur einen Teil der verlangten Unterlagen und Dokumente vorzulegen (sofern hierdurch kein irreführender Eindruck erzeugt wird, vgl. nachfolgend Rn. 24). Ebenso zieht das Verstreichenlassen der nach Abs. 2 bestimmten Frist zur Übermittlung der verlangten Auskünfte keine unmittelbaren Folgen nach sich. Allerdings mag sich die Kommission veranlasst sehen, eine verbindliche Auskunftsentscheidung nach Art. 18 Abs. 3 zu erlassen.

24 Sofern sich das betroffene Unternehmen entscheidet, Auskünfte auf ein Ersuchen nach Abs. 2 zu erteilen, dürfen die Angaben **nicht unrichtig oder irreführend** sein (vgl. die **Bußgeldsanktion** in Art. 23 Abs. 1 lit. a). Unrichtig bzw. irreführend ist nach Ansicht der Kommission *„jede Auskunft, die den wahren Sachverhalt in einem verzerrten Bild erscheinen lässt, welches von der Wirklichkeit in erheblichen Punkten stark abweicht"*. Die Auskunft darf nicht *„falsch oder derart unvollständig [sein], daß die Antwort in ihrer Gesamtheit die Kommission über den wahren Sachverhalt zu täuschen geeignet ist ..."*.[49] Nach Ansicht der Kommission hat ein Unternehmen, das Adressat eines Auskunftsverlangens ist, eine **Interpretationspflicht** dergestalt, dass es bei der Beantwortung den Sachzusammenhang und den Zweck der Untersuchung sorgfältig mit berücksichtigen muss. Dies kann nach Auffassung der Kommission dazu führen, dass ein Adressat im Einzelfall verpflichtet ist, nicht nur beschränkt auf

---

[45] Vgl. beispielsweise Kommission Entsch. v. 17. 10. 1983, Rs. IV/30 064 – *Gusseisen- und Gussstahlwalzen*, wo die Kommission gemäß Art. 11 Abs. 1 VO 17/62 (die Vorgängerbestimmung des Art. 18 Abs. 6) Auskünfte vom Bundeskartellamt einholte.

[46] Vgl. *de Bronett*, Art. 18, Rn. 9; Lenz/Borchardt/*Lenz*, Art. 10, Rn. 6; *Burrichter* in: Immenga/Mestmäcker, Art. 18, Rn. 80 mit dem Hinweis, dass Regierungen im Zweifel verpflichtet sein werden, Kenntnisse nachgeordneter Behörden – gegenüber denen die Befugnis nach Art. 18 Abs. 6 nicht direkt besteht – mitzuteilen.

[47] GK/*Schütz*, Artikel 18, Rn. 1; a. A. wohl Schwarze/Weitbrecht a. a. O. (Fn. 6), 2. Teil 1. Abschnitt, § 4, III. Rn. 6.

[48] *Burrichter* in: Immenga/Mestmäcker, Art. 18, Rn. 79.

[49] Kommission Entsch. v. 25. 11. 1981, Rs. IV/29 895 – *Telos* ABl. 1982 L 58/19, Rn. 21; s. auch Entsch. v. 25. 9. 1986, Rs. IV/31 143 – *Peugeot* ABl. 1986 L 295/19, Rn. 30; vgl. zudem Art. 23, Rn. 12; *Kerse/Khan*, Chapter 3-012.

die konkret gestellten Fragen Antworten zu erteilen, sondern auch solche (ergänzenden) Informationen oder Hinweise zu geben, nach denen zwar nicht ausdrücklich gefragt wurde, die aber erforderlich sind, um die Kommission nicht auf eine falsche Fährte zu führen.[50] Diese Auffassung der Kommission ist im Hinblick auf die möglichen Sanktionen vor dem Hintergrund des gemeinschaftsrechtlich anerkannten Bestimmtheitsgebots[51] nicht unbedenklich. Wenngleich ein Unternehmen sich nicht immer streng an den Wortlaut einer Frage halten darf, so kann das geforderte Gebot zum „Mitdenken" allenfalls die Mitteilung solcher zusätzlichen Hinweise gebieten, die sich einem verständigen Empfänger des Auskunftsverlangens geradezu aufdrängen. Mit *Burrichter* ist zu verlangen, dass über den Sinngehalt der Fragen hinausgehende Auskünfte jedenfalls nicht geschuldet sind.[52] Zudem zieht das Verbot des Zwangs zur Selbstbezichtigung (s. Rn. 41) der von der Kommission statuierten Kooperationspflicht eine gemeinschaftsrechtlich gebotene Grenze.[53]

Die Auskunftserteilung wird grundsätzlich in **Schriftform** erfolgen, wobei eine Übermittlung per Telefax durchaus üblich ist. In der Vergangenheit wurde von der Kommission – im konkreten Fall im Rahmen eines Fusionskontrollverfahrens – auch bereits eine **telefonische Auskunftserteilung** auf ein Auskunftsersuchen akzeptiert, was vom *EuGH* gebilligt wurde.[54] Zunehmend akzeptiert die Kommission auch eine Übermittlung der Antworten allein per E-mail.[55]   **25**

2. Verbindliches Auskunftsverlangen (Art. 18 Abs. 3)

Sofern die Kommission eine verbindliche Auskunftsentscheidung nach Art. 18 Abs. 3 erlässt, besteht für den Adressaten grundsätzlich die **Pflicht zur Beantwortung der Fragen und Vorlage der verlangten Unterlagen und Dokumente** (zu Umfang und Grenzen des Inhalts eines Auskunftsverlangens, vgl. Rn. 31 ff.). Dabei dürfen die gegebenen Antworten ebenso wie beim einfachen Auskunftsverlangen nicht unrichtig oder irreführend sein (s. Rn. 24). Im Fall des verbindlichen Auskunftsverlangens nach Abs. 3 ist zusätzlich die Erteilung **unvollständiger Auskünfte** sowie die **verfristete Beantwortung** bußgeldbewehrt (Art. 23 Abs. 1 lit. b). Ebenso wie eine – isoliert betrachtet – richtige Antwort auf eine Einzelfrage nach Ansicht der Kommission irreführend sein kann, bewertet die Kommission ein Auskunftsverlangen nicht bereits dann zwangsläufig als vollständig, wenn alle gestellten Einzelfragen beantwortet wurden. Im Hinblick auf die von der Kommission geforderte **Interpretationspflicht** dürfte auch diesbezüglich der Sachzusammenhang und der Zweck der Untersuchung sorgfältig mit zu berücksichtigen sein (vgl. hierzu bereits die Kritik unter Rn. 24).   **26**

Die Pflicht zur vollständigen, fristgemäßen und richtigen Auskunft kann mit einem **Zwangsgeld** durchgesetzt werden, das entweder bereits in der Auskunftsentscheidung selbst für den Fall der nicht frist- und ordnungsgemäßen Auskunft[56] oder separat nachträglich auferlegt werden kann (vgl. Abs. 3 i.V.m. Art. 24 Abs. 1 lit. d). In der Vergangenheit   **27**

---

[50] *Dealing with the Commission* a.a.O. (Fn. 8), unter 4.5.: Dort heißt es aber auch: „*Sometimes giving too much information will mislead the Commission and consequently attract the threat of a fine.*" S. auch *Kerse/Khan*, Chapter 3-012.

[51] *Streinz*, GR-Charta Art. 49, Rn. 3 mit Verweis auf EuGH – *Hoechst/Kommission* a.a.O. (Fn. 4), Rn. 19.

[52] Vgl. *Burrichter* in: Immenga/Mestmäcker, Art. 18, Rn. 73 – sofern (freiwillig) überschießende Antworten geliefert werden, müssen diese allerdings richtig sein, vgl. Rn. 74 m.w.N. bei *Burrichter*.

[53] *Kerse/Khan*, Chapter 3-012.

[54] EuG Entsch. v. 28. 4. 1999, Rs. T-221/95 – *Endemol Entertainment Holding BV/Kommission* Slg. 1999, II-01299 Rn. 84.

[55] Vgl. z.B. Komm. Entsch. v. 10. 11. 2005 Rs. COMP/37.792 – *Microsoft* Rn. 20.

[56] In der Praxis erfolgt dann ein Hinweis, dass ein tägliches Zwangsgeld in bestimmter Höhe fällig wird, sobald die Frist abgelaufen ist, ohne dass das Unternehmen die verlangten Auskünfte erteilt hat.

wurden auch unbeteiligte Drittunternehmen mit Geldbuße und Zwangsgeld für unterbliebene Auskünfte belegt.[57]

3. Auskunftspflichtige Personen innerhalb der Unternehmen (Art. 18 Abs. 4)

28 Zur Auskunft verpflichtet sind nach Abs. 4 Satz 1 im Fall von juristischen Personen, Gesellschaften und nicht rechtsfähigen Vereinen ausschließlich die nach Gesetz und Satzung zur Vertretung berufenen Personen. Insbesondere ist eine rechtsgeschäftliche Vertretungsmacht nach dem Wortlaut der Norm nicht ausreichend.[58] Bei Unternehmen, die nicht in die genannten Kategorien fallen (in Deutschland in erster Linie Einzelkaufleute), ist der Inhaber selbst zur Auskunftserteilung verpflichtet oder aber dessen „Vertreter". Dies ist restriktiv auszulegen. Ebenso wie im Fall juristischer Personen, Gesellschaften und nicht rechtsfähigen Vereinen ist eine rechtsgeschäftliche Vertretungsmacht nicht ausreichend. Als Vertreter kommt damit neben dem Vormund eines Einzelkaufmanns regelmäßig nur eine mit der Geschäftsführung insgesamt beauftragte und nach außen über die gleichen Befugnisse wie der Inhaber verfügende Person in Betracht. Bei einem Handlungsbevollmächtigten oder Prokuristen ist das nicht der Fall.[59] In der Praxis hinterfragt die Kommission die Vertretungsbefugnis selten.[60] Handelt ein Dritter, kommt eine – auch stillschweigende – Genehmigung mit der Folge der Erfüllungswirkung in Betracht. Erfolgt eine solche nicht, darf die Unrichtigkeit der erteilten Auskunft allerdings für das Unternehmen keine Folgen nach sich ziehen.[61]

29 Ungeachtet der Frage der Verantwortlichkeit nach Art. 18 Abs. 4 muss das Auskunftsverlangen an das Unternehmen selbst gerichtet werden und nicht an die zur Auskunft verpflichteten Personen. Ebenso wird die Antwort im Namen des betroffenen Unternehmens gegeben, wie in Abs. 4 ausdrücklich bestimmt ist. Die Konsequenzen unzutreffender, irreführender oder unvollständiger Auskünfte treffen daher auch allein das Unternehmen, nicht die Auskunft gebenden Personen.

30 Nach Abs. 4 Satz 2 können auch ordnungsgemäß bevollmächtigte Rechtsanwälte im Namen ihrer Mandanten auf Auskunftsverlangen antworten.

4. Umfang und Grenzen von Auskunftsverlangen

31 Art. 18 Abs. 1 berechtigt die Kommission, zur Erfüllung der ihr unter der VO 1/2003 übertragenen Aufgaben von Unternehmen und Unternehmensvereinigungen zu verlangen, „*dass sie alle erforderlichen Auskünfte erteilen*". Dabei ist der Umfang dessen, was die Kommission tatsächlich erfragen und verlangen kann, unter verschiedenen Aspekten begrenzt. Neben Fragen der Erforderlichkeit und Verhältnismäßigkeit ziehen insbesondere die zu den allgemeinen Grundsätzen des Gemeinschaftsrechts zählenden Verteidigungsrechte der betroffenen Unternehmen der Auskunftspflicht Grenzen.[62]

---

[57] Im Rahmen eines Fusionskontrollverfahrens: Komm. Entsch. v. 12. 7. 2000, Rs. IV/M.1634 – *Mitsubishi Heavy Industries,* WuW/E EU-V 543, Rn. 22 f.

[58] A. A. *Miersch* in Dalheimer/Feddersen/Miersch, Art. 18, Rn. 24.

[59] Str., vgl. *Burrichter* in: Immenga/Mestmäcker, Art. 18, Rn. 51 m. w. N.; GK/*Schütz*, Art. 18, Rn. 6.

[60] Dies gilt vor allem, wenn die erlangten Auskünfte nicht als Beweismittel gegen Unternehmen und Unternehmensvereinigungen herangezogen werden; vgl. *Dieckmann* in: Wiedemann, § 42 Rn. 17; *Kerse/Khan*, Chapter 3-008.

[61] So auch *Burrichter* in: Immenga/Mestmäcker, Art. 18, Rn. 52; a. A. *Miersch* in Dalheimer/ Feddersen/Miersch, Art. 18, Rn. 24 der – begründet mit einem Organisationsverschulden – die Aussage dann gelten lassen will, wenn das Auskunftsersuchen dem Unternehmen ordnungsgemäß zugegangen ist und die Auskunft nicht fristgemäß richtig gestellt wird.

[62] Vgl. ausführlich Art. 20, Rn. 2–6, allgemeine Ausführungen zum Grundrechtsschutz erfolgen in Art. 20, Rn. 11 ff., zu den Verteidigungsrechten in Art. 20, Rn. 16.

a) Gegenstand (Auskünfte und Unterlagen). Obwohl der Wortlaut der Vorschrift nur von „Auskünften" spricht, hat der *EuGH* bestätigt, dass die Kommission auf der Grundlage eines Auskunftsersuchens neben Antworten auf Fragen (d.h. Auskünften im engeren Sinn) auch die **Übersendung von Dokumenten und Unterlagen** verlangen kann.[63] Zwar wird dadurch die Grenze zur Nachprüfung nach Art. 20 verwischt; es ist aber zuzugestehen, dass es unter dem Grundsatz der (größtmöglichen) praktischen Wirksamkeit („*effet-utile*"-Prinzip) geboten ist, dass die Kommission im Rahmen ihrer Ermittlungsbefugnisse die Vorlage von Dokumenten und Unterlagen auch per Übersendung anordnen kann, ohne eine aufwendige – und regelmäßig grundrechtsintensivere – Vor-Ort-Ermittlungsmaßnahme vornehmen zu müssen. Es ist den Unternehmen allerdings zuzubilligen, Bestandteile der Dokumente und Unterlagen zu schwärzen, die mit dem Auskunftsverlangen nicht im Zusammenhang stehen.[64] Vor Zugang eines Auskunftsverlangens besteht aus kartellrechtlicher Sicht grundsätzlich keine **Aufbewahrungspflicht** bezüglich Dokumenten und Unterlagen, selbst wenn diese für Wettbewerbsbehörden offensichtlich für den Nachweis eines Wettbewerbsverstoßes von Interesse sind.[65] Eine entsprechende Pflicht wird grundsätzlich erst mit dem Zugang eines Auskunftsverlangens (oder der Einleitung einer anderen Ermittlungsmaßnahme) begründet.[66] Eine vorherige Vernichtung von Unterlagen und Dokumenten kann jedoch dann als ein erschwerender Umstand im Sinne der Bußgeldleitlinien angesehen werden, wenn sie Teil eines systematischen Verschleierungsplans ist.[67]

Auch wenn aussagekräftige Rechtsprechung hierzu nicht vorliegt, fallen unter den Begriff der Auskünfte im Sinne des Art. 18 nur **Informationen tatsächlicher Art** (z.B. Absatz- oder Umsatzzahlen, Produktionsdaten, zeitliche Abläufe von Ereignissen, Termine etc.). Daher kann die Kommission **keine Werturteile oder Meinungen** abfragen.[68] Zulässig sind aber Fragen nach **Schätzungen,** wobei der Adressat naturgemäß Kenntnis der zur Abgabe der Schätzung notwendigen Tatsachen haben muss.[69]

Abgefragte Tatsachen können sich grundsätzlich sowohl auf den Adressaten beziehen als auch auf **Dritte.**[70] Die entgegenstehende Ansicht[71] findet im Wortlaut von Art. 18 keine Grundlage. Eine Grenze mag hier allenfalls der Grundsatz der Verhältnismäßigkeit

---

[63] EuGH Entsch. v. 18. 10. 1989, Rs. 374/87 – *Orkem/Kommission* Slg. 1989, S. 3283, Rn. 14, 34; *Kerse/Khan,* Chapter 3-009; Erwägungsgrund 23 zu VO (EG) 1/2003; kritisch GK/*Schütz,* Artikel 18, Rn. 5 und *Burrichter* in: Immenga/Mestmäcker, Art. 18, Rn. 59 f., jeweils m. w. N.

[64] So *Burrichter* in: Immenga/Mestmäcker, Art. 18, Rn. 60; *Bischke* in MüKo, Art. 18, Rn. 11.

[65] Schlussanträge des Generalanwalts Geelhoed v. 19. 1. 2006, Rs. C-308/04 – SGL *Carbon,* Rn. 83. Der EuGH ging in seiner Entscheidung auf die Frage des Bestehens einer Aufbewahrungspflicht nicht ein.

[66] Vgl. EuG Entsch. v. 16. 12. 2003, Rs. T-5/00 und T 6/00 – *Nederlandse Federative Vereniging voor de Groothandel op Elektrotechnisch Gebied und Technische Unie BV* Slg. 2003 II-5761, Rn. 87.

[67] So Generalanwalts Geelhoed a. a. O. (Fn. 65) mit Verweis auf EuG Entsch. v. 14. 5. 1998, Rs. T-334/94 – *Sarrió* Slg. 1998 II 1439, Rn. 318 ff. In *Sarrió* stand zwar nicht die Vernichtung von Unterlagen und Dokumenten zur Debatte, das Gerichte stellte aber klar, das Handlungen, die auf eine bewusste Verschleierung eines bestehenden Kartells zielten, als erschwerende Umstände gewertet werden können.

[68] Angedeutet in *EuGH Orkem/Kommission* a. a. O. (Fn. 63), Rn. 34; *Burrichter* in: Immenga/Mestmäcker, Art. 18, Rn. 54.

[69] Welche Elemente zur Abgabe einer Schätzung notwendig sind, mag im Einzelfall naturgemäß zweifelhaft sein. Normalerweise akzeptiert die Kommission allerdings, wenn ein Unternehmen in nachvollziehbarer Weise darlegt, nicht zu einer belastbaren Schätzung in der Lage zu sein.

[70] EuGH Entsch. v. 7. 1. 2004, verb. Rs. C-204/00 P, C-205/00 P, C-211/00 P, C-213/00 P, C-217/00 P und C-219/00 P – *Aalborg Portland A/S u. a./Kommission,* Rn. 207, wonach die Kommission berechtigt ist, ein „*Unternehmen, das Gegenstand einer Untersuchung ist, zu den Handlungen aller übrigen betroffenen Unternehmen zu befragen."*

[71] Einschränkend *Burrichter* in: Immenga/Mestmäcker, Art. 18, Rn. 55.

(Rn. 38 f.) ziehen. Dementsprechend können auch **Unternehmensvereinigungen** verpflichtet werden, Informationen und Daten hinsichtlich ihrer Mitglieder mitzuteilen.[72]

35 Im Hinblick auf die Bereitstellung der verlangten Auskünfte hat der *EuGH* anerkannt, dass die Unternehmen nicht nur zu einer Duldung der Ermittlungsmaßnahme verpflichtet sind (was im Rahmen eines Auskunftsverlangens auch wenig zielführend wäre), sondern auch eine **Pflicht zur aktiven Mitwirkung** haben.[73] Grundsätzlich beinhaltet diese Pflicht, in der Sphäre des Unternehmens vorhandene Informationen zu recherchieren und in der von der Kommission geforderten Form aufzubereiten.[74] Ungeklärt ist in der Rechtsprechung,[75] wie weit diese Mitwirkungspflicht geht, insbesondere, ob die Kommission die (arbeits- und kostenintensive) Aus-, Um- oder Aufarbeitung von bei den Unternehmen vorhandenen Daten verlangen kann. Die zulässige Grenze dürfte dann überschritten sein, wenn das begehrte Arbeitsergebnis einen völlig neuen, von dem betroffenen Unternehmen nicht für die eigenen geschäftlichen Zwecke benötigten Aussagegehalt hat. Dies dürfte auch unter dem Blickwinkel der Verhältnismäßigkeit (Rn. 39) geboten sein.

36 Während eigene interne Recherchen und eine Bereitstellung von unternehmenseigenen Informationen (gleich ob sie sich auf das Unternehmen selbst oder auf Dritte beziehen) zur Beantwortung eines Auskunftsverlangens verlangt werden können, können **Ermittlungen außerhalb des betroffenen Unternehmens** nicht verlangt werden.[76] Insbesondere werden durch ein Auskunftsverlangen grundsätzlich nur die Unternehmen verpflichtet, die konkret als Adressaten benannt sind. Dementsprechend sind Informationen, Unterlagen und Dokumente, die sich ausschließlich im Besitz eines **verbundenen Unternehmens** des Adressaten befinden, unmittelbar bei dem verbundenen Unternehmen anzufordern.[77] Streitig ist, ob dies auch dann gilt, wenn gegenüber dem verbundenen Unternehmen ein Weisungsrecht besteht, aufgrund dessen der Adressat des Auskunftsersuchens die betreffen-

---

[72] Vgl. EuGH – *Aalborg Portland A/S u. a./Kommission* a. a. O. (Fn. 70), Rn. 208.

[73] EuGH – *Orkem/Kommission* a. a. O. (Fn. 63), Rn. 22 und 27; EuG – *Scottish Football Association/Kommission* a. a. O. (Fn. 34), Rn. 31; *Société Générale/Kommission* a. a. O. (Fn. 4), Rn. 72; v. 20. 2. 2001, Rs. T-112/98 – *Mannesmannröhren-Werke/Kommission* Slg. 2001, II-729, Rn. 62.

[74] *Burrichter* in: Immenga/Mestmäcker, Art. 18, Rn. 58 m.w. N. So kann die Kommission beispielsweise verlangen, dass Kontaktanschriften von und Umsätze mit Kunden und Lieferanten bestimmten Produkten und Ländern zugeordnet werden, selbst wenn der Adressat eine solche Auflistung aktuell nicht nutzt.

[75] Wörtlich heißt es beispielsweise im Urteil des EuG in der Sache *Mannesmannröhren-Werke AG/Kommission* a. a. O. (Fn. 73), Rn. 62: Die Verordnung legt dem Unternehmen „*eine Verpflichtung zur aktiven Mitwirkung auf, aufgrund deren es alle den Gegenstand der Untersuchung betreffenden Informationen für die Kommission bereithalten muss*". In der englischen Fassung heißt es dagegen: The Regulation „*places the undertaking under a duty of active cooperation, which means that it must be prepared to make available to the Commission any information relating to the subject-matter of the investigation*" (Unterstreichung hinzugefügt), woraus auch eine Pflicht zur „Erstellung" von „neuen" Informationen abgeleitet werden könnte.

[76] *Burrichter* in: Immenga/Mestmäcker, Art. 18, Rn. 15, 58; *Schriefers* WuW 1993, 98 (101), a. A. wohl *Ortiz Blanco*, Rn. 7.38.

[77] *Burrichter* in: Immenga/Mestmäcker, Art. 18, Rn. 56; a. A. *Kerse/Khan*, Chapter 3-030, mit dem Verweis auf den EuGH in der Rs. *Imperial Chemical Industries Ltd./Commission* (Entsch. v. 14. 7. 1972, Rs. 48–69, Slg. 1972, S. 619, Rn. 39/43), wonach eine Zustellung an eine Gesellschaft außerhalb der Gemeinschaft durch eine Zustellung an eine 100%ige Tochtergesellschaft in der Gemeinschaft wirksam bewirkt werden könne. Der EuGH hat in der Entscheidung allerdings lediglich bestätigt, dass es im Einzelfall unerheblich sein kann, ob eine Zustellung fehlerhaft war, wenn ein Adressat unstreitig vollständige Kenntnis vom Inhalt eines Schriftstückes erlangt hat. Damit ist aber nicht gesagt, dass die Zustellung eines Auskunftsverlangens an eine juristische Person grundsätzlich wirksam über eine 100%ige Tochter bewirkt werden kann.

Art. 18. Auskunftsverlangen 37–39 **Art. 18 VerfVO**

den Informationen bzw. Unterlagen anfordern könnte.[78] Richtigerweise wird eine Beschaffungspflicht auch in diesem Falle abzulehnen sein, da es sich bei dem verbundenen Unternehmen aus verfahrensrechtlicher Sicht um eine selbstständige juristische Person handelt, der nach dem jeweiligen nationalen Recht oder nach Gemeinschaftsrecht eigene Verteidigungsrechte zustehen können, die andernfalls unterlaufen werden könnten.[79] Praktisch relevant dürfte die Frage ohnehin nur dann werden, wenn sich das verbundene Unternehmen außerhalb des Wirkungsbereichs der Kommission (Rn. 20) befindet, da ansonsten die Kommission umgehend ein weiteres Auskunftsverlangen erstellen kann.

b) Erforderlichkeit. Nach Art. 18 Abs. 1 sind Unternehmen und Unternehmensvereinigungen nur verpflichtet, alle *„erforderlichen"* Auskünfte zu erteilen. Die **Erforderlichkeit** ist dabei an dem Zweck der Untersuchung zu messen. Die Beurteilung, ob eine Auskunft in diesem Sinne erforderlich ist, obliegt grundsätzlich der Kommission.[80] Rechtsdogmatisch handelt es sich bei dem Merkmal der Erforderlichkeit aber um einen **unbestimmten Rechtsbegriff,** der in vollem Umfang von den Gerichten der Gemeinschaft überprüft werden kann.[81] Allerdings beschränkt sich die richterliche Kontrolle auf die Frage, ob aus der Sicht der Kommission zum Zeitpunkt des Auskunftsverlangens *„hinreichende Gründe für die Annahme einer Beziehung zwischen dem Verlangen und der vermuteten Zuwiderhandlung"* sprachen[82] und ob die Kommission zum Zeitpunkt des Auskunftsverlangens vernünftigerweise davon ausgehen konnte, dass der verlangte Gegenstand des Auskunftsverlangens ihr bei der Prüfung, ob die vermutete Zuwiderhandlung tatsächlich vorgelegen hat, *„nützlich"* sein würde.[83] Auskunftsverlangen, die auf der Kommission bereits bekannte Tatsachen gerichtet sind, sind regelmäßig nicht erforderlich. Das schließt nach der Rechtsprechung des *EuGH* allerdings nicht aus, dass die Kommission zusätzliche Auskünfte für erforderlich erachten darf, die es ihr ermöglichen, das Ausmaß der Zuwiderhandlung, ihre Dauer oder den Kreis der daran beteiligten Unternehmen genauer zu bestimmen, selbst wenn ihr hierfür bereits Indizien oder gar Beweise vorliegen.[84] 37

c) Verhältnismäßigkeit. Nach Art. 18 Abs. 1 *„kann"* die Kommission (einfache oder verbindliche) Auskunftsverlangen erlassen. Das der Kommission damit eingeräumte **Ermessen** unterliegt dem gemeinschaftsrechtlich in Art. 5 EG anerkannten **Grundsatz der Verhältnismäßigkeit,**[85] durch den zum einen der zulässige Umfang eines Auskunftsverlangens und zum anderen die Auswahl der Adressaten begrenzt sein kann. 38

Umfang des Auskunftsverlangens. Der (über die Jahre tendenziell erheblich gestiegene) Umfang und die Komplexität von Auskunftsverlangen der Kommission bedeuten für die auskunftsverpflichteten Unternehmen häufig eine erhebliche Belastung, insbesondere 39

---

[78] Bejahend wohl *Burrichter* in: Immenga/Mestmäcker, Art. 18, Rn. 15; *Kühlhorn* WuW 1986, 7 (25); *Mirsch* lässt die faktische Möglichkeit der Beschaffung ausreichen (in Dalheimer/Feddersen/Miersch, Art. 18, Rn. 11).

[79] *Kühlhorn* WuW 1986, 7 (25), führt beispielhaft sanktionsbewehrte *„blocking statutes"* in einigen Ländern an, die es Unternehmen untersagen, „fremde" Ermittlungstätigkeiten zu unterstützen; vgl. hierzu allerdings die Argumentation der Kommission im Fall einer Pflichtenkollision (Rn. 51).

[80] EuGH – *Orkem/Kommission* a.a.O. (Fn. 63), Rn. 15 f.; *Roquette Frères SA* a.a.O. (Fn. 8), Rn. 78.

[81] *Burrichter* in: Immenga/Mestmäcker, Aret. 18, Rn. 12. m.w.N., auch mit Hinweis auf die a.A., die der Kommission einen nur eingeschränkt gerichtlich überprüfbaren Beurteilungsspielraum zubilligt (z.B. *Sura* in: Langen/Bunte, Art. 18, Rn. 11); aufgrund der weiten Auslegung des Begriffs „erforderlich" dürfte der Streit geringe praktische Bedeutung haben.

[82] EuG Entsch. v. 12. 12. 1991, Rs. T-39/90 – *SEP/Kommission* Slg. 1991, II-1497, Rn. 29.

[83] So ausdrücklich *GA Jacobs* Schlussantrag in *SEP/Kommission* a.a.O. (Fn. 9), Rn. 21, ausdrücklich bestätigt durch *EuGH* Entsch. v. 19. 5. 1994 in derselben Sache, Rn. 21.

[84] EuGH – *Orkem/Kommission* a.a.O. (Fn. 63), Rn. 15.

[85] EuGH – *National Panasonic/Kommission* a.a.O. (Fn. 10), Rn. 28; EuG – *SEP/Kommission* a.a.O. (Fn. 82), Rn. 90; *Scottish Football Association/Kommission* a.a.O. (Fn. 34), Rn. 29–34; Kommission in *Dealing with the Commission,* a.a.O. (Fn. 8), unter 1.4, 3.1. und 4.1.

im Hinblick auf die erforderlichen personellen (und damit auch finanziellen) Ressourcen zur Zusammenstellung und Erteilung der Auskünfte. Nicht selten erfordert eine ordnungsgemäße Beantwortung eines Auskunftsersuchens das Abstellen von mehreren Mitarbeitern für Tage, wenn nicht gar Wochen, was in Anbetracht der i. d. R. knapp gefassten Fristen auch logistische Schwierigkeiten schafft, denen die Kommission z. T. nur unzureichend durch entsprechende Fristverlängerungen begegnet. Ob die hiermit verbundene Belastung hinzunehmen ist, richtet sich danach, ob dem betroffenen Unternehmen eine **im Verhältnis zum Ermittlungszweck unverhältnismäßige Last** auferlegt wird.[86] Auch wenn das System des unverfälschten Wettbewerbs – und damit der mit den Ermittlungsmaßnahmen nach der VO 1/2003 verfolgte Zweck – im Wertesystem der Gemeinschaft eine herausragende Rolle spielt (vgl. Art. 3 Abs. 1 lit. g EG), ist die Zulässigkeit jeder Ermittlungsmaßnahme unter dem Verhältnismäßigkeitsgrundsatz in jedem Einzelfall zu prüfen. Dabei sind vom *EuGH* anerkannte Gesichtspunkte, die im Rahmen der Verhältnismäßigkeit zu berücksichtigen sind, die Schwere der vermuteten Zuwiderhandlung, die Natur der vermuteten Verwicklung des betroffenen Unternehmens und die vermutete Bedeutung der verlangten Auskünfte und Unterlagen für das Verfahren, insbesondere für den Nachweis einer vermuteten Zuwiderhandlung.[87] Bei Unternehmen, die einer schweren Zuwiderhandlung gegen die Wettbewerbsvorschriften verdächtig sind, wird die Schwelle des zulässigen Umfangs verlangter Auskünfte damit höher liegen als bei am Verstoß unbeteiligten Marktteilnehmern. Konkrete Anhaltspunkte für den noch zulässigen Umfang von Auskunftsersuchen sind der Rechtsprechung der Gemeinschaftsgerichte bisher nicht zu entnehmen. Auskünfte, die direkt den vermuteten Wettbewerbsverstoß betreffen (also z. B. zur Feststellung, ob Preisabsprachen getroffen wurden), dürften in der Regel nicht als unverhältnismäßig angesehen werden. Differenzierter sind wohl aber Fragen zu den allgemeinen Marktverhältnissen (etwa hinsichtlich der Auswirkungen eines Kartells oder des Bestehens einer marktbeherrschenden Stellung) zu sehen. Die Grenze wird aber auch hier relativ weit zu ziehen sein.

40 **Auswahlermessen.** Der Grundsatz der Verhältnismäßigkeit kann schließlich auch die zulässige **Auswahl der Adressaten eines Auskunftsersuchens** beschränken. So hat der *EuGH* in der Rechtssache *Roquette Frères* anerkannt, dass „*die Natur der Verwicklung des betroffenen Unternehmens*" grundsätzlich im Rahmen der Verhältnismäßigkeitsprüfung einer Ermittlungsmaßnahme zu berücksichtigen ist.[88] Dementsprechend dürfen an einem Verstoß unbeteiligte Dritte mit einem Auskunftsersuchen nur dann belastet werden, wenn sachliche Gründe vorliegen, weshalb die betreffenden Auskünfte nicht gleichermaßen von den verfahrensbetroffenen Unternehmen eingeholt werden können (etwa weil Zweifel an der Richtigkeit der Auskünfte bestehen, oder wenn die Auskünfte nur mit unverhältnismäßigem Aufwand zu erlangen sind).[89]

41 **d) Verbot des Zwangs zur Selbstbezichtigung.**[90] Nach der Rechtsprechung der Gemeinschaftsgerichte besteht **kein absolutes Auskunftsverweigerungsrecht** eines verdächtigten oder beschuldigten Unternehmens, so dass auch solche Unternehmen grund-

---

[86] So EuG – *SEP/Kommission* a. a. O. (Fn. 82), Rn. 51; s. auch EuGH – *National Panasonic/Kommission* a. a. O. (Fn. 10), Rn. 30 und *Hoechst/Kommission* a. a. O. (Fn. 4), Rn. 19.
[87] Vgl. EuGH – *Roquette Frères SA* a. a. O. (Fn. 8), Rn. 79 (zur Verhältnismäßigkeitsprüfung im Rahmen einer Nachprüfung).
[88] EuGH – *Roquette Frères SA* a. a. O. (Fn. 8), Rn. 79; a. A. wohl (zuvor) die Kommission, vgl. *Burrichter* in: Immenga/Mestmäcker, Art. 18, Rn. 17.
[89] *De Bronett* in: Schröter/Jakob/Mederer, VO Nr. 17, Vorbemerkung zu den Artikeln 11 bis 14, Rn. 3; vgl. *Burrichter* in: Immenga/Mestmäcker, Art. 18, Rn. 17, wo verlangt wird, dass grundsätzlich zunächst verdächtige Unternehmen zu befragen sind, bevor von unbeteiligten Unternehmen Auskünfte verlangt werden. A. A. insoweit *Miersch* in Dalheimer/Feddersen/Miersch, Art. 18, Rn. 8.
[90] Vgl. auch die ausführliche Kommentierung zu Art. 20, Rn. 36–41; zudem *Ortiz Blanco*, Rn. 7.24 und 7.41 ff.; *Burrichter* in: Immenga/Mestmäcker, Vorbemerkung zu Art. 17–22, Rn. 23 ff.

Art. 18. Auskunftsverlangen   42 **Art. 18 VerfVO**

sätzlich verpflichtet sind, Ermittlungsmaßnahmen der Kommission, einschließlich verbindlicher Auskunftsentscheidungen, Folge zu leisten.[91] Ebenso ist allerdings das **Verbot des Zwangs zur Selbstbezichtigung** gemeinschaftsrechtlich anerkannt,[92] welches den Unternehmen ein Auskunftsverweigerungsrecht (hinsichtlich der betroffenen Fragen) einräumt und von der Kommission bei der Abfassung von Auskunftsverlangen zu beachten ist. In der insoweit grundlegenden Sache *Orkem/Kommission* löste der *EuGH* das Spannungsfeld zwischen Verwaltungseffektivität und Verteidigungsrechten der betroffenen Unternehmen, indem die Kommission einerseits für berechtigt gehalten wurde, *„das Unternehmen zu verpflichten, ihr alle erforderlichen Auskünfte über ihm eventuell bekannte Tatsachen zu erteilen und ihr erforderlichenfalls die in seinem Besitz befindlichen Schriftstücke, die sich hierauf beziehen, zu übermitteln, selbst wenn sie dazu verwendet werden können, den Beweis für ein wettbewerbswidriges Verhalten des betreffenden oder eines anderen Unternehmens zu erbringen".*[93] Andererseits darf die Kommission dem betroffenen Unternehmen nicht die Verpflichtung auferlegen, *„Antworten zu erteilen, durch die es das Vorliegen einer Zuwiderhandlung eingestehen müsste, für die die Kommission den Beweis zu erbringen hat".*[94] Dieser Abgrenzung liegt die – von den Gemeinschaftsgerichten wiederholt ausgesprochene – Wertung zugrunde, dass die Verpflichtung zur Beantwortung rein tatsächlicher Fragen und zur Vorlage vorhandener Unterlagen den Grundsatz der Wahrung der Verteidigungsrechte (und damit das Verbot des Zwangs zur Selbstbezichtigung) und den Anspruch auf einen fairen Prozess nicht verletzen kann, da der Adressat nicht gehindert ist, später im Verwaltungsverfahren oder in einem Verfahren vor dem Gemeinschaftsrichter seine Verteidigungsrechte auszuüben und zu beweisen, dass die in den Antworten mitgeteilten Tatsachen oder die übermittelten Unterlagen eine andere als die ihnen von der Kommission beigemessene Bedeutung haben.[95]

Allgemein ist nach der Rechtsprechung des *EuGH* das Anfordern von vorhandenen **Unterlagen** und **Dokumenten** *per se* keine Verletzung des Verbots des Zwangs zur Selbstbezichtigung und daher **zulässig**, selbst wenn diese Unterlagen und Dokumente direkt den Beweis für ein wettbewerbswidriges Verhalten des betreffenden Unternehmens erbringen.[96] So hielt der *EuGH* bereits in der Sache *Orkem/Kommission* die Übermittlung von Schriftstücken (Einladungen, Protokolle, Notizen), die sich auf Zusammenkünfte der verdächtigen Hersteller bezogen, für zulässig.[97] In der Sache *Mannesmannröhren-Werke/Kommission* bestätigte der *EuG* u. a. ein Auskunftsersuchen der Kommission im Rahmen eines Verfahrens wegen eines Kartellverdachts zur Vorlage von vorhandenen Unterlagen hinsichtlich der Zusammenkünfte zwischen den verdächtigen Unternehmen.[98] Die – zwischenzeitlich

42

---

[91] EuGH – *Orkem/Kommission* a.a.O. (Fn. 63), Rn. 29; *Kerse/Khan,* Chapter 3-016; Art. 20, Rn. 37.
[92] EuGH – *Orkem/Kommission* a.a.O. (Fn. 63), Rn. 35; ebenso in EuG – *Mannesmannröhren-Werke/Kommission* a.a.O. (Fn. 73), Rn. 70; *Société Générale/Kommission* a.a.O. (Fn. 4), Rn. 74f.; Entsch. v. 29. 4. 2004 verb. Rs. T-236/01, T-239/01, T-244/01 bis T-246/01, T-251/01 u. T-252/01 – *Tokai Carbon u.a./Kommission,* Rn. 402f. (insoweit nicht durch das Urteil des EuGH in dieser Sache berührt).
[93] EuGH – *Orkem/Kommission* a.a.O. (Fn. 63), Rn. 34; ebenso EuGH Entsch. v. 18. 10. 1989, Rs. 27/88 *Solvay/Kommission* Slg. 1989, 3355, Leitsatz 2.
[94] EuGH – *Orkem/Kommission* a.a.O. (Fn. 63), Rn. 35; bestätigt grundsätzlich in *EuG Mannesmannröhren-Werke/Kommission* a.a.O. (Fn. 73), Rn. 70; *Société Générale/Kommission* a.a.O. (Fn. 4), Rn. 74f.; *Tokai Carbon u.a./Kommission* a.a.O. (Fn. 92), Rn. 402f. (insoweit nicht durch das Urteil des EuGH in dieser Sache berührt).
[95] EuGH U. v. 29. 6. 2006, Rs. C-301/04 P – *Kommission/SGL Carbon AG* Slg.2006, I-5915, Rn. 49; EuG – *Mannesmannröhren-Werke/Kommission* a.a.O. (Fn. 73), Rn. 78; *Société Générale/Kommission* a.a.O. (Fn. 4), Rn. 74f.
[96] Vgl. Art. 20, Rn. 41 m.w.N.; *de Bronett,* Vorbemerkungen Artikel 17–22, Rn. 7; Art. 18, Rn. 6.
[97] EuGH – *Orkem/Kommission* a.a.O. (Fn. 63), Rn. 37, 38, 40.
[98] EuG – *Mannesmannröhren-Werke/Kommission* a.a.O. (Fn. 73), Rn. 6, 70.

umstrittene (s. Rn. 46) – uneingeschränkte Pflicht zur Vorlage vorhandener Dokumente und Unterlagen bestätigte der *EuGH* in der Sache *Kommission/SGL Carbon* im Juni 2006 nochmals ausdrücklich. Hiernach besteht – entgegen der Ansicht des *EuG*[99] in der Vorinstanz – eine uneingeschränkte Pflicht zur „*Vorlage der Protokolle dieser Treffen und der sie betreffenden Arbeitsunterlagen und vorbereitenden Unterlagen, handschriftlichen Aufzeichnungen, Notizen und Schlussfolgerungen sowie von Planungsdokumenten, Diskussionspapieren und Entwürfen zur Durchführung von Preiserhöhungen.*"[100]

43 **Fragen** der Kommission nach **Tatsachen** werden grundsätzlich ebenfalls für zulässig gehalten.[101] Allerdings kann die Abgrenzung im konkreten Einzelfall sehr schwierig sein, was eine Frage nach einer Tatsache ist und was eine Aufforderung zum Geständnis darstellt. In der Sache *Orkem/Kommission* hielt der *EuGH* u. a. Fragen zu den Zusammenkünften der verdächtigen Hersteller für **zulässig,** die auf die Erlangung von Informationen über die Zusammenkünfte, über Identität und Stellung der Teilnehmer abzielten. Auch die Frage nach Mitteilungen des betroffenen Unternehmens an andere Hersteller über die Produktion und den Verkauf des fraglichen Erzeugnisses wurde nicht beanstandet, ebenso wenig wie Fragen zu tatsächlichen Angaben über Gegenstand und Modalitäten von Initiativen, die zur Festlegung und Aufrechterhaltung eines bestimmten Preisniveaus ergriffen wurden.[102]

44 Als **unzulässig** bewertete der *EuGH* in der Sache *Orkem/Kommission* dagegen Fragen nach dem **Zweck** der unternommenen Schritte und nach dem mit den Initiativen verfolgten **Ziel** sowie Fragen danach, welche Maßnahmen *„ins Auge gefasst oder beschlossen"* wurden, um bestimmte Preisinitiativen zu unterstützen. Beanstandet wurden auch Fragen nach „*Einzelheiten jedes Systems oder jeder Methode, wonach den Teilnehmern Verkaufsziele oder -quoten zugeteilt werden konnten",* sowie nach zugehörigen Kontrollmechanismen. Der *EuGH* sah in diesen Fragen einen unzulässigen Zwang zum Eingeständnis der Beteiligung an einer Vereinbarung, durch die die Produktions- oder Absatzmengen beschränkt oder kontrolliert oder die Märkte aufgeteilt wurden.[103] In der Sache *Mannesmannröhren-Werke/Kommission* beanstandete das *EuG* die Forderung der Kommission, für Zusammenkünfte, hinsichtlich derer keine einschlägigen Unterlagen vorhanden waren, mitzuteilen, welche Themen besprochen und Entscheidungen angenommen wurden und welche Art von Unterlagen die Unternehmen vor und nach der Zusammenkunft ausgeteilt haben. Ebenfalls als unzulässig wurde eine Frage nach der Beziehung bestimmter Vereinbarungen (u. a. Quotenvereinbarung, Preisvereinbarung) und bestimmter regelmäßiger Treffen der verdächtigen Unternehmen eingestuft, da die Beantwortung der Frage eine Interpretation der Unterlagen erfordere, die auf die Feststellung der möglichen Kartellrechtswidrigkeit hinzielte.[104] Zudem ist ein Unternehmen nicht verpflichtet, der Kommission mitzuteilen, dass es andere Unternehmen vor bevorstehenden Nachprüfungen durch die Kommission gewarnt hatte, da eine solche Warnung die Schwere der Zuwiderhandlung des Unternehmens erhöhe und zu einer höheren Geldbuße (Abschreckung) führen könne.[105]

45 Nach der Rechtsprechung des *EuGH* reduziert sich das Verbot des Zwangs zur Selbstbezichtigung damit auf ein relativ eng auszulegendes **Geständnisverweigerungsrecht**[106]

---

[99] EuG – *Tokai Carbon u. a./Kommission* a. a. O. (Fn. 92), Rn. 407–409.

[100] EuGH – *Kommission/SGL Carbon AG* a. a. O. (Fn. 95), Rn. 35.

[101] Vgl. Art. 20, Rn. 41 m. w. N.; *de Bronett,* Vorbemerkungen Artikel 17–22, Rn. 7; Art. 18, Rn. 6.

[102] EuGH – *Orkem/Kommission* a. a. O. (Fn. 63), Rn. 37, 38, 40.

[103] EuGH – *Orkem/Kommission* a. a. O. (Fn. 63), Rn. 37–40.

[104] EuG – *Mannesmannröhren-Werke/Kommission* a. a. O. (Fn. 73), Rn. 6, 71–74.

[105] EuG – *Tokai Carbon u. a./Kommission* a. a. O. (Fn. 92), Rn. 412 (insoweit nicht durch das Urteil des EuGH in dieser Sache berührt).

[106] So auch *Burrichter* in: Immenga/Mestmäcker, Vorbemerkung zu Art. 17–22, Rn. 26, 36.

und dies auch nur insoweit, als hiervon Auskünfte betroffen sind, die nicht bereits in Unterlagen und Dokumenten festgehalten sind (für die der *EuGH* eine uneingeschränkte Vorlagepflicht annimmt, s. Rn. 42).

Im Ergebnis lässt sich festhalten, dass der *EuGH* das Interesse an der Erhaltung funktionsfähigen Wettbewerbs grundsätzlich höher einstuft als das Interesse des einzelnen Unternehmens, sich nicht selbst belasten zu müssen.[107] Insbesondere erteilte der *EuGH* mit der im Juni 2006 ergangenen Entscheidung in der Sache *Kommission/SGL Carbon*[108] Erwartungen eine **Absage,** die – gestützt auf zwischenzeitlich ergangene Entscheidungen des *EuGH*[109] und des *EuG*[110] – auf eine **mögliche Erweiterung des Verbots des Zwangs zur Selbstbezichtigung** im Lichte der Rechtsprechung des Europäischen Gerichtshofs für Menschenrechte hindeuteten (vgl. hierzu auch eingehend die Vorauflage, Art. 18, Rn. 45 f.). In der Tat erscheint die Beibehaltung der Rechtsprechung dem EuGH, und insbesondere die uneingeschränkte Vorlagepflicht von Unterlagen und Dokumenten, kritikwürdig.[111] Richtigerweise sollte sich die Zulässigkeit danach richten, ob die Beantwortung der Frage bzw. die Vorlage der angeforderten Dokumente und Unterlagen bei wertender Betrachtung ohne weiteres dem Eingeständnis einer Zuwiderhandlung gegen die Wettbewerbsvorschriften gleichkommt.[112]

46

Ein **Verwertungsverbot** für Auskünfte, die unter dem Grundsatz des Verbots des Zwangs zur Selbstbezichtigung nicht hätten erteilt werden müssen, besteht nur, wenn die Auskünfte im Rahmen einer sanktionsbewehrten[113] verbindlichen Auskunftsentscheidung erteilt wurden, nicht dagegen wenn sie – auch im Rahmen eines einfachen Auskunftsersuchens nach Art. 18 Abs. 2 – freiwillig erteilt wurden.[114]

47

Eine Beantwortung von Fragen in einfachen Auskunftsverlangen, im Hinblick auf die der Betroffene sich auf das Verbot des Zwangs zur Selbstbezichtigung hätte berufen können, ist allerdings als freiwillige Zusammenarbeit des Unternehmens mit der Kommission für die Zwecke der Mitteilung über den Erlass und die Ermäßigung von Geldbußen in Kartellsachen (**„Kronzeugenregelung")**[115] anzusehen, die zu einer Reduzierung der Geldbuße führen kann.[116] Die Kronzeugenregelung setzt keine Freiwilligkeit der Zusammenarbeit in dem Sinne voraus, dass die Zusammenarbeit allein auf Initiative des betroffe-

48

---

[107] *Burrichter* in: Immenga/Mestmäcker, Vorbemerkung zu Art. 17–22, Rn. 46.
[108] EuGH – *Kommission/SGL Carbon AG* a. a. O. (Fn. 95), Rn. 43 f.
[109] EuGH Entsch. v. 15. 10. 2002, verb. Rs. C-238/99, C-244/99, C-245/99, C-247/99, C-250/99 bis C-252/99 und C-254/99 – Limburgse Vinyl Maatschappij NV (LVM) u. a./Kommission Slg. 2002, I-8375, Rn. 274, mit Verweis auf die drei Urteile des *Europäischen Gerichtshofes für Menschenrechte* in Sachen *Funke, Saunders/Vereinigtes Königreich* und *J. B./Schweiz;* vgl. hierzu Art. 20, Rn. 28; *Kerse/Khan,* Chapter 3018–3020.
[110] EuG – *Tokai Carbon u. a./Kommission* a. a. O. (Fn. 92), Rn. 408.
[111] Vgl. auch *Schnelle/Bartosch/Hübner,* Das neue EU-Kartellverfahrensrecht, S. 133; *Burrichter* in: Immenga/Mestmäcker, Vorbemerkung zu Art. 17–22, Rn. 40 ff.
[112] Die Zulässigkeit einer wertenden Betrachtung legt auch die Bekanntmachung der Kommission über die Zusammenarbeit innerhalb des Netzes der Wettbewerbsbehörden (ABl. 2004 C 101/43) in Rn. 28 lit. c nahe, wenn es dort heißt, dass Unternehmen die Beantwortung von Fragen verweigern können, *„wenn sie damit eine Zuwiderhandlung zugeben würden."* Vgl. auch EuGH – *LVM u. a./Kommission* a. a. O. (Fn. 109), Rn. 273.
[113] Da bereits eine verfristete und unvollständige Auskunftserteilung bußgeldbewehrt ist, reicht die drohende Rechtsfolge des Art. 23 als Zwangswirkung aus; das Verhängen eines zusätzlichen Zwangsgeldes nach Art. 24 ist insoweit nicht nötig.
[114] EuGH – *LVM u. a./Kommission* a. a. O. (Fn. 109), Rn. 275 f.; Vorinstanz EuG – *LVM u. a./Kommission* a. a. O. (Fn. 20), Rn. 455 f.; *Schnelle/Bartosch/Hübner,* Das neue EU-Kartellverfahrensrecht, S. 133.
[115] ABl. 2006 C 298/17.
[116] EuG – *Tokai Carbon u. a./Kommission* a. a. O. (Fn. 92), Rn. 409 (insoweit nicht durch das Urteil des EuGH in dieser Sache berührt).

nen Unternehmens vorgenommen wird.[117] In der Praxis ist betroffenen Unternehmen allerdings in diesen Fällen anzuraten, freiwillig erteilten Antworten einen ausdrücklichen Hinweis beizufügen, dass nach Auffassung des Unternehmens eine Beantwortung wegen der Gefahr der Selbstbezichtigung verweigert werden könnte und die Auskünfte in Kooperation mit der Kommission „freiwillig" gegeben werden.[118] Um in den Genuss einer Bußgeldermäßigung zu kommen, muss das Verhalten des Unternehmens zudem insgesamt als *„Zeichen eines echten Geistes der Zusammenarbeit"* angesehen werden können, was regelmäßig nicht der Fall ist, wenn Auskünfte — auch unter an sich legitimer Berufung auf das Verbot des Zwangs zur Selbstbezichtigung — im Ergebnis nur unvollständig oder irreführend erteilt werden.[119]

49 **e) Geschäftsgeheimnisse.** Die Vertraulichkeit von Informationen, insbesondere die Tatsache, dass es sich um Geschäftsgeheimnisse handelt, berechtigen den Verpflichteten nicht, die Auskunft oder Herausgabe an die Kommission zu verweigern. Art. 28 gewährleistet insoweit einen ausreichenden Schutz der Unternehmen.[120] Sofern die Antwort auf ein Auskunftsverlangen vertrauliche Informationen enthält und im Laufe eines Verfahrens möglicherweise Dritten zugänglich gemacht wird (z.B. im Rahmen einer Anhörung oder Akteneinsicht Dritter), empfiehlt es sich, der Kommission zusätzlich eine **nicht vertrauliche Version** der Antwort zu übersenden, in der Geschäftsgeheimnisse unkenntlich gemacht wurden. Zumeist enthält bereits das Auskunftsverlangen der Kommission einen Hinweis, dass Geschäftsgeheimnisse und sonstige vertrauliche Informationen zu kennzeichnen sind, die Gründe für die Vertraulichkeit anzugeben sind und eine nicht vertrauliche Fassung der Antwort auf das Auskunftsverlangen zusätzlich einzureichen ist.[121]

50 **f) Legal Privilege.** Soweit in einem Auskunftsverlangen die Vorlage von Unterlagen, Dokumenten oder Schriftstücken gefordert wird, kann der Pflicht zur Herausgabe der Anspruch auf Wahrung der Vertraulichkeit des Schriftverkehrs zwischen Anwalt und Mandant entgegenstehen (auch bezeichnet als *Legal Privilege* oder *Legal Professional Privilege*). Erfasst wird von dieser Privilegierung die Kommunikation zwischen einem in einem Mitgliedsstaat des Europäischen Wirtschaftsraumes zugelassen Anwalt[122] und dem Mandant sowie unternehmensinterne Schriftstücke, sofern darin der Schriftverkehr zwischen Anwalt und Mandant wiedergegeben wird.[123] Neben Dokumenten, die **nach dem Beginn eines**

---

[117] EuG — *Tokai Carbon u.a./Kommission* a.a.O. (Fn. 92), Rn. 410 (insoweit nicht durch das Urteil des EuGH in dieser Sache berührt).

[118] Vgl. EuG — *LVM u.a./Kommission* a.a.O. (Fn. 20), Rn. 456.

[119] EuGH — *Kommission/SGL Carbon AG* a.a.O. (Fn. 95), Rn. 66ff.; U. v. 28. 6. 2005, verb. Rs. C-189/02 P, C-202/02 P, C-205/02 P to C-208/02 P und C-213/02 P — *Dansk Rørindustri u.a./Kommission*, Rn. 395ff. *Lampert/Niejahr/Kübler/Weidenbach*, EG-KartellVO, Art. 18, Rn. 368 merken diesbezüglich an, dass Unternehmen, die auf unverbindliche Auskunftsverlangen antworten, das Recht aufgeben würden, sich nicht selbst belasten zu müssen.

[120] EuG — *SEP/Kommission* a.a.O. (Fn. 82), Rn. 53, 60; insoweit bestätigt durch EuGH — *SEP/Kommission* a.a.O. (Fn. 9), Rn. 22f.

[121] Art. 16 der Verordnung (EG) Nr. 773/2004 der Kommission vom 7. April 2004 über die Durchführung von Verfahren auf der Grundlage der Artikel 81 und 82 EG-Vertrag (ABl. 2004 L 123/18) befasst sich näher mit der Kenntlichmachung und dem Schutz vertraulicher Informationen in Verfahren nach der VO 1/2003.

[122] EuGH U. v. 18. 5. 1982, Rs. 155/79 — *A.M. & S. Europe Limited/Kommission* Slg. 1982, 1575, Rn. 25; vgl. *Burrichter* in: Immenga/Mestmäcker, Vorbemerkung zu Art. 17–22, Rn. 51.

[123] EuG Entsch. v. 4. 4. 1990, Rs. T-30/89 — *Hilti/Kommission* Slg. 1990, II-163, Rn. 13 und 18; bestätigt durch EuGH Entsch. v. 2. 3. 1994, Rs. C-53/92 — *Hilti/Kommission* Slg. 1994, I-667; Präsident des EuG Entsch. v. 30. 10. 2003, Rs. T-125/03 und T-253/03 — *Akzo/Kommission* Rn. 102, 113, wo angedeutet wurde, ohne die Frage zu entscheiden, dass es möglicherweise genügen kann, wenn das Unternehmen Ermittlungen der Wettbewerbsbehörden bezüglich eines Sachverhalts vernünftigerweise befürchten oder voraussahen durfte und dies als Anlass für den (schriftlichen) Entwurf einer Strategie zur Verteidigung nahm, in die ein Anwalt eingebunden werden sollte.

Verfahrens durch die Kommission zwischen Anwalt und Mandant ausgetauscht werden, kann auch Schriftverkehr, der **früher** angefertigt und ausgetauscht wurde und im **Zusammenhang mit dem Gegenstand eines späteren Verfahrens** steht, geschützt sein.[124] Der Schutz kann sich dabei neben der eigentlichen Korrespondenz auch auf von Unternehmen erstellte Arbeitsdokumente und Zusammenfassungen erstrecken, allerdings nur sofern diese Unterlagen **ausschließlich** dem Zweck dienen, Rechtsrat von einem externen Anwalt einzuholen.[125] Es ist gleichgültig, wer im Besitz eines geschützten Dokuments ist – der Anwalt, der Mandant oder – jedoch eingeschränkt (vgl. nachfolgend) – Dritte[126] –, entscheidend ist allein, ob das Dokument hinsichtlich Autor oder Adressat und Inhalt vom Anwaltsprivileg erfasst ist. Ein **Verzicht** auf das *Legal Privilege* kann nur von dem Mandanten, nicht von dem Anwalt wirksam vorgenommen werden.[127] Die Weitergabe von Unterlagen an Dritte durch den Mandanten oder mit dessen Zustimmung wird dabei allerdings regelmäßig als Verzicht auf die Vertraulichkeit zu werten sein.[128] Nicht abschließend geklärt ist nach wie vor die Frage, ob auch die **Korrespondenz mit Unternehmensjuristen** bzw. **Syndikusanwälten** des Unternehmens dem Anwaltsprivileg unterliegt. Während die frühere Rechtsprechung des EuGH eine Beschränkung des Anwaltsprivilegs auf externe Anwälte vorsah,[129] hatte der *Präsident des EuG* mit seinen Ausführungen in dem einstweiligen Verfügungsverfahren *Akzo/Kommission* unter Hinweis auf zwischenzeitliche Änderungen der Rechtslage in verschiedenen Mitgliedstaaten Zweifel an der Richtigkeit dieser Beschränkung genährt und angedeutet, dass das Anwaltsprivileg möglicherweise auch auf Anwälte, die bei einem Unternehmen angestellt sind, auszuweiten sei, sofern diese als Rechtsanwalt zugelassen seien oder – in anderen Mitgliedstaaten – Berufsgruppen angehörten, die vergleichbaren standesrechtlichen Regeln unterliegen.[130] Der EuG hat diese Erwartungen in seiner Hauptsacheentscheidung im Fall *Akzo/Kommission* allerdings enttäuscht und die frühere Rechtsprechung des EuGH bestätigt, nach der nur Kommunikation mit einem externen Anwalt privilegiert ist.[131] Der Rechtsstreit ist derzeit beim EuGH anhängig, der sich damit erneut mit der Frage befassen wird.[132] Positiv zu bewerten ist in jedem Fall die angekündigte Praxis der Kommission, Rechtsgutachten von Unternehmensjuristen künftig nicht zur Begründung eines erhöhten Bußgeldes heranzuziehen.[133] Da Fragen zur Reichweite des *Legal Privilege* zumeist im Zusammenhang mit Nachprüfungen der Kommission (Art. 20 und 21) Bedeutung erlangen, wird hinsichtlich weiterer Einzelheiten auf die Kommentierung zu Art. 20 unter Rn. 34 und 35 verwiesen.[134] Zur Möglichkeit des sogenannten *Sealed Enevlope* Verfahrens in Zweifelsfällen, s. unten Rn. 53.

---

[124] EuGH – *Hoechst/Kommission* a.a.O. (Fn. 4), Rn. 16; EuGH – *A.M. & S. Europe Limited/Kommission* a.a.O. (Fn. 122), Rn. 23; *Kerse/Khan,* Chapter 3-023; zum Begriff des Zusammenhangs vgl. *Burrichter* in: Immenga/Mestmäcker, Vorbemerkung zu Art. 17–22, Rn. 59 f.

[125] EuG U. v. 17. 9. 2007, Rs. T-125 und T-253/03 – *Akzo Nobel Chemicals Ltd u. a./Kommission,* Rn. 117 ff., insbesondere 122 ff.

[126] *Kerse/Khan,* Chapter 3-023; *Burrichter* in: Immenga/Mestmäcker, Vorbemerkung zu Art. 17–22, Rn. 52.

[127] *Kerse/Khan,* Chapter 3-029.

[128] *Burrichter* in: Immenga/Mestmäcker, Vorbemerkung zu Art. 17–22, Rn. 55.

[129] EuGH – *A.M. & S. Europe Limited/Kommission* a.a.O. (Fn. 124), Rn. 27.

[130] Präsident des EuG – *Akzo/Kommission* a.a.O. (Fn. 123), Rn. 120–122, 129. Der Beschluss wurde zwar vom EuGH später aufgehoben – dies betraf allerdings nicht die Ausführungen des Präsidenten zu diesem Punkt, vgl. EuGH U. v. 27. 9. 2004, Rs. C-7/04 – *Commission/Akzo Chemical and Akros Chemicals,* Rn. 36–40.

[131] EuG – *Akzo Nobel Chemicals Ltd u. a./Kommission* a.a.O (Fn. 125), Rn. 165–177.

[132] Rs. C-550/07.

[133] So *Burrichter* in: Immenga/Mestmäcker, Vorbemerkung zu Art. 17–22, Rn. 50 m. w. N.

[134] Vgl. auch *Kerse/Khan,* Chapter 3-022–029; *Kapp/Roth,* Fällt eine weitere Beschränkung des europarechtlichen Legal Privilege?, RIW 2003, 946; *Kapp,* Vertraulichkeit der Anwaltskorrespondenz

51   **g) Pflichtenkollision.** In der Rechtssache *CSV* vertrat die Kommission die Ansicht, dass der Adressat eines Auskunftsverlangens sich nicht darauf berufen kann, dass die Herausgabe der betroffenen Informationen oder Schriftstücke an die Kommission nach dem anwendbaren Recht eines Drittstaates strafrechtlich sanktioniert ist (z. B. Geheimnisverrat).[135] Die Gemeinschaftsgerichte hatten bisher noch keine Gelegenheit, zu einer solchen Pflichtenkollision Stellung zu beziehen. Es ist in jedem Fall zu fordern, dass die Zwangslage im Rahmen der Festsetzung einer Sanktion von der Kommission oder dem Drittstaat – je nachdem für welche Pflichtverletzung sich der Adressat „entscheidet" – angemessen berücksichtigt wird.[136]

5. Rechtsschutz

52   Das **einfache Auskunftsverlangen** nach Art. 18 Abs. 2 ist nicht anfechtbar, da es den Adressaten nicht zur Beantwortung verpflichtet. Die mögliche Rechtswidrigkeit eines solchen Auskunftsverlangens kann allenfalls im Rahmen einer Nichtigkeitsklage gegen die verfahrensabschließende Entscheidung der Kommission geltend gemacht werden.[137]

53   Gegen eine **verbindliche Auskunftsentscheidung** nach Art. 18 Abs. 3 kann der Adressat vor dem *EuG* Nichtigkeitsklage nach Art. 230 Abs. 4 EG erheben, wobei die Entscheidung des *EuG* der weiteren rechtlichen Kontrolle durch den *EuGH* unterliegt. In Anbetracht der fehlenden aufschiebenden Wirkung kann nach Art. 242 EG die Aussetzung des Vollzugs beantragt werden, wobei die europäischen Gerichte hinsichtlich der Gewähr einstweiligen Rechtsschutzes tendenziell zurückhaltend sind.[138] Allerdings lässt die Beantwortung des Auskunftsverlangens grundsätzlich nicht das Rechtsschutzinteresse für eine Klage entfallen, so dass der Adressat die Auskunftsentscheidung auch nach Beantwortung binnen der Klagefrist[139] anfechten kann. Ist die Nichtigkeitsklage gegen eine rechtswidrige Ermittlungsmaßnahme der Kommission erfolgreich, sind die Betroffenen durch ein **Beweisverwertungsverbot** geschützt. Sofern mit der Weitergabe ein unmittelbarer Rechtsverlust droht, ist zudem jedenfalls im Hinblick auf die Vorlage von Dokumenten und Unterlagen eine Schwärzung bestimmter Abschnitte (vgl. Rn. 32) oder notfalls das im Rahmen der Nachprüfung für die Geltendmachung des *Legal Privileges* entwickelte *„sealed envelope"* **Verfahren**[140] in Betracht zu ziehen[141] – und zwar nicht nur, wenn die Reich-

---

im Kartellverfahren, WuW 2003, 142; *Berg*, Rechtsprechung vom EuGH und EuG im Jahr 2004, EWS 2005, 49 (53).

[135] Kommission Entsch. v. 25. 6. 1976, Rs. IV/26 186 – *C. S. V.* ABl. 1976 L 192/27, S. 28. Im konkreten Fall behauptete C.S.V., dass die Weiterleitung möglicherweise gegen Schweizer Strafrechtsvorschriften verstieße; vgl. *Kerse/Khan*, Chapter 3-032.

[136] *Kerse/Khan*, Chapter 3-032; *Sauter* in: Langen/Bunte, 9. Auflage, VO Nr. 17/62, Art. 11, Rn. 17, wobei *Sauter* offenbar davon ausgeht, dass sich der Adressat zwangsläufig für eine Kooperation mit der Kommission und damit gegen die Einhaltung der nach dem Recht des Drittstaates bestehenden Pflicht entscheidet. Die Überlegung muss aber auch im umgekehrten Fall gelten.

[137] EuG – *LVM u. a./Kommission* a.a.O. (Fn. 20), Rn. 412; GK/*Schütz*, Art 18, Rn. 8; *Burrichter* in Immenga/Mestmäcker, Art. 18, Rn. 77.

[138] *Gaitanides* in: Groeben/Schwarze, Artikel 242 und 243 EG, Rn. 2; Art. 20, Rn. 100.

[139] Grds. zwei Monate (Art. 230 Abs. 5), hinzuzurechnen ist eine pauschale Entfernungsfrist von 10 Tagen nach Art. 81 § 2 VerfO EuGH und Art. 102 § 2 VerfO EuG.

[140] EuG – *Akzo Nobel Chemicals and Akcros Chemicals/Commission* a.a.O. (Fn. 125), Rn. 83 ff. – hierbei werden Dokumente und Unterlagen, hinsichtlich derer der Betroffene sich auf ein – von der Kommission bestrittenes – Vorlageverweigerungsrecht beruft, ggf. bis zur Entscheidung durch das EuG in einem verschlossenen Umschlag bei der Kommission aufbewahrt; vgl. hierzu *Burrichter* in Immenga/Mestmäcker, Art. 20, Rn. 54 ff.

[141] A. A. wohl *Mirsch* in Dalheimer/Feddersen/Miersch, Art. 18, Rn. 5 f., der meint, dass ein Unternehmen die Frage der Erforderlichkeit vor dem EuG zwar klären kann, dies das Unternehmen aber nicht berechtigt, die Auskünfte bis zur Klärung zurückzuhalten.

Art. 18. Auskunftsverlangen 54–56 **Art. 18 VerfVO**

weite des *Legal Privileges* in Frage steht, sondern u. U. auch, wenn streitig ist, ob die Vorlage von Dokumenten und Unterlagen aus anderen Gründen verweigert werden kann. Hat die Kommission bereits eine verfahrensabschließende Entscheidung unter Einbeziehung der betroffenen Beweise erlassen, muss die Rechtmäßigkeit der Entscheidung der Kommission durch das Gericht ohne die rechtswidrig erlangten Beweise beurteilt werden.[142] Die Rechtmäßigkeit einer verbindlichen Auskunftsentscheidung kann allerdings auch nur durch eine fristgemäße Klage gegen die Entscheidung selbst angegriffen werden; im Rahmen einer Nichtigkeitsklage gegen die verfahrensabschließende Entscheidung der Kommission kann sich der Adressat grundsätzlich nicht mehr darauf berufen, dass die Ermittlungsentscheidung selbst rechtswidrig war.[143]

6. Mitteilung an die Wettbewerbsbehörden der Mitgliedstaaten (Art. 18 Abs. 5)

Nach Art. 18 Abs. 5 hat die Kommission eine Kopie des einfachen Auskunftsverlangens 54 oder der verbindlichen Auskunftsentscheidung unverzüglich an die Wettbewerbsbehörde des Mitgliedstaats zu richten, in dem der Adressat seinen Sitz hat. Im Rahmen eines Auskunftsverlangens wird dies zumeist auch das von der Ermittlungsmaßnahme betroffene Hoheitsgebiet sein. Sofern das ausnahmsweise nicht der Fall ist, das Auskunftsverlangen also neben dem Sitzstaat noch andere Mitgliedstaaten berührt, ist auch an die dortigen Wettbewerbsbehörden eine Kopie des Ersuchens zu senden.

7. Veröffentlichung von Auskunftsentscheidungen

Obgleich dies nicht vorgeschrieben ist, veröffentlicht die Kommission gelegentlich ver- 55 bindliche Auskunftsentscheidungen.[144]

V. Verhältnis zu anderen Vorschriften

1. Art. 11, Art. 12

Art. 18 Abs. 6 verpflichtet Regierungen und Wettbewerbsbehörden der Mitgliedstaaten 56 auf Verlangen der Kommission zur Mitteilung von Auskünften, die die Kommission zur Erfüllung der ihr mit der VO 1/2003 übertragenen Aufgaben, also zur Durchsetzung der gemeinschaftlichen Wettbewerbsregeln, benötigt (vgl. Rn. 22). Die Vorschrift ergänzt bzw. überschneidet sich damit – soweit die Wettbewerbsbehörden der Mitgliedstaaten betroffen sind – mit Art. 11 Abs. 4 Satz 4, der die Übermittlung von Unterlagen betrifft. Zudem normiert Art. 12 die allgemeine Befugnis (aber nicht Verpflichtung) der Wettbewerbsbehörden zum Informationsaustausch. Die Vorschriften sind Konkretisierungen des in Art. 10 EG festgelegten Grundsatzes der **Förderungspflichten der Mitgliedstaaten** gegenüber den Organen der Gemeinschaft im Hinblick auf die effektive Anwendung des Gemeinschaftsrechts (hier Art. 81 und 82 EG).[145] Auch wenn dies nicht ausdrücklich in der VO 1/2003 bestimmt ist, ist zu verlangen, dass über den „Umweg" des Art. 18 Abs. 6 nicht die in Art. 12 Abs. 2 und Abs. 3 zugunsten der Unternehmen und natürlichen Personen vorgesehenen Beschränkungen umgangen werden, so dass auch nach Art. 18 Abs. 6 gegebene Auskünfte den Beschränkungen in Art. 12 unterliegen. Art. 12 ist insoweit als eine vorran-

---

[142] EuGH – *Roquette Frères SA* a. a. O. (Fn. 8), Rn. 49 m. w. N.; EuGH Entsch. v. 25. 10. 1983, Rs. 107/82 – *AEG-Telefunken/Kommission* Slg. 1983, S. 3151, Rn. 22 f.; EuG – *LVM u. a./Kommission* a. a. O. (Fn. 20), Rn. 395; Art. 20, Rn. 100.
[143] EuG – *LVM u. a./Kommission* a. a. O. (Fn. 20), Rn. 408–410 mit Verweis auf EuGH Entsch. v. 30. 1. 1997, Rs. C-178/95 – *Wiljo NV/Belgische Staat* Slg. 1997, I-585, Rn. 19 m. w. N.; Präsident des EuG, *Akzo/Kommission* a. a. O. (Fn. 123), Rn. 69; vgl. auch Art. 20, Rn. 99 ff.
[144] Kommission, *Dealing with the Commission*, a. a. O. (Fn. 8), unter 4.3., S. 29.
[145] Vgl. *de Bronett*, Art. 18, Rn. 9; *Lenz* in: Lenz/Borchardt, Art. 10, Rn. 6.

gige Spezialvorschrift anzusehen, die den Informationsaustausch zwischen den Wettbewerbsbehörden als Kompromiss aus Verwaltungseffektivität und Individualschutz von Unternehmen und handelnden Personen interessengerecht bestimmt.

2. Art. 17

57 Im Anwendungsbereich einer (nicht gegen individuelle Unternehmen gerichteten) **Sektoruntersuchung** (Art. 17) kann die Kommission ebenfalls Auskunftsverlangen nach Art. 18 an Unternehmen und Unternehmensvereinigungen richten. Da diesbezüglich als Anfangsverdacht lediglich eine Vermutung für das mögliche Bestehen wettbewerbswidriger Verhaltensweisen vorliegen muss, ist die Eingriffsschwelle im Fall des Art. 17 (nochmals) geringer als im Fall der unmittelbaren Anwendung des Art. 18.[146]

3. Art. 19

58 Art. 19 regelt die Möglichkeit der Befragung natürlicher und juristischer Personen, die allerdings deren Zustimmung erfordert. Da eine Befragung auch „elektronisch" erfolgen kann (Art. 3 Abs. 2 VO 773/2004, vgl. Art. 19, Rn. 7), ist der Übergang zur schriftlichen Auskunft fließend, jedenfalls sofern man unter dem Begriff „elektronisch" auch eine Kommunikation per E-mail oder Internet-Formular versteht. An natürliche Personen kann kein förmliches Auskunftsverlangen nach Art. 18 gerichtet werden (vgl. Rn. 18); neben einer nicht förmlichen schriftlichen Anfrage ist die Befragung nach Art. 19 hier die Ermittlungsbefugnis der Wahl.

4. Art. 20, Art. 21

59 Während die Ermittlungsbefugnisse nach Art. 20 und 21 (Nachprüfungen) die physische Anwesenheit von Beamten oder Bediensteten einer Wettbewerbsbehörde vor Ort voraussetzen, handelt es sich bei einem Auskunftsverlangen nach Art. 18 um ein schriftliches Verfahren. Entgegen dem Wortlaut der Vorschrift kann die Kommission auf der Grundlage von Art. 18 – ebenso wie im Rahmen von Nachprüfungen – auch die Herausgabe von Dokumenten, Unterlagen und Schriftstücken verlangen (vgl. Rn. 32). Art. 20 Abs. 1 lit. e berechtigt die Kommission, im Rahmen einer Nachprüfung von Vertretern oder Mitgliedern der Belegschaft des betroffenen Unternehmens „Erläuterungen zu Tatsachen oder Unterlagen zu verlangen, die mit Gegenstand und Zweck der Nachprüfung in Zusammenhang stehen". Die Bestimmung betrifft insofern zwar auch die Einholung von (allerdings mündlichen) Auskünften („Erläuterungen"), ist aber wesentlich enger, da die Auskünfte sich auf im Rahmen der Nachprüfung ermittelte Tatsachen oder Unterlagen beziehen müssen (vgl. im Einzelnen Art. 20, Rn. 75 und 76).

5. Art. 11 VO 139/2004

60 Art. 18 ist nahezu identisch mit der in Art. 11 VO 139/2004 für das Fusionskontrollverfahren vorgesehenen Ermittlungsbefugnis.

6. Informelle Auskunftsverlangen

61 Neben auf Art. 18 gestützten förmlichen Auskunftsverlangen ist es der Kommission unbenommen, Auskünfte auf nicht förmliche Art und Weise – allerdings ohne Sanktionsgewalt – anzufordern.[147] Dies kann sich insbesondere anbieten bei schriftlichen Anfragen an natürliche Personen, von denen vermutet wird, dass sie zur Aufklärung einer Zuwiderhandlung etwas beitragen können, im Rahmen einer „kooperativen" Zusammenarbeit mit

---

[146] Vgl. Rn. 5 und die Kommentierung zu Art. 17, Rn. 7f.
[147] *Burrichter* in: Immenga/Mestmäcker, Art. 18, Rn. 20; *Sura* in: Langen/Bunte, Art. 18, Rn. 1.

der Kommission oder bei Anfragen an Unternehmen und Unternehmensvereinigungen mit Sitz außerhalb der Gemeinschaft. Im letzteren Fall informiert die Kommission zumeist die Wettbewerbsbehörde des Sitzstaates der betroffenen Unternehmen und Unternehmensvereinigungen.[148]

7. Kronzeugenregelung

Sofern ein Unternehmen oder eine Unternehmensvereinigung auf ein unverbindliches Auskunftsverlangen nach Art. 18 Abs. 2 Auskünfte erteilt und Dokumente vorlegt, die den Nachweis einer Beteiligung des Adressaten an einer Verletzung der Wettbewerbsvorschriften der Art. 81 und 82 EG erbringen, kommt eine Reduzierung der Geldbuße nach der Mitteilung der Kommission über den Erlass und die Ermäßigung von Geldbußen in Kartellsachen[149] in Betracht (vgl. Rn. 48). **62**

Art. 19. Befugnis zur Befragung

(1) **Zur Erfüllung der ihr durch diese Verordnung übertragenen Aufgaben kann die Kommission alle natürlichen und juristischen Personen befragen, die der Befragung zum Zweck der Einholung von Information, die sich auf den Gegenstand einer Untersuchung bezieht, zustimmen.**

(2) **Findet eine Befragung nach Absatz 1 in den Räumen eines Unternehmens statt, so informiert die Kommission die Wettbewerbsbehörde des Mitgliedstaats, in dessen Hoheitsgebiet die Befragung erfolgt. Auf Verlangen der Wettbewerbsbehörde dieses Mitgliedstaats können deren Bedienstete die Bediensteten der Kommission und die anderen von der Kommission ermächtigten Begleitpersonen bei der Durchführung der Befragung unterstützen.**

Übersicht

	Rn.		Rn.
I. Sinn und Zweck der Regelung	1	4. Unterstützung durch nationale Wettbewerbsbehörden (Abs. 2)	9
II. Praktische Bedeutung der Regelung	3	5. Keine Sanktionsmöglichkeiten	10
III. Tatbestand	4	V. Verhältnis zu anderen Vorschriften	11
1. Voraussetzung einer Befragung	4	1. Art. 3 VO 773/2004	11
2. Recht auf Befragung	5	2. Art. 20 Abs. 2 lit. e	12
IV. Rechtsfolgen	6	3. Art. 18	13
1. Umfang der Befragung	6	4. Art. 11 Abs. 7 VO 139/2004	14
2. Durchführung der Befragung	7		
3. Protokollierung, Genehmigung, Berichtigung der Aussage	8		

I. Sinn und Zweck der Regelung

Die Vorschrift schafft eine rechtliche Grundlage, auf der die Kommission im Rahmen einer Untersuchung natürliche und juristische Personen – Verfahrensbeteiligte oder nicht – befragen und anhören kann. Damit können **mündliche Erklärungen** als **Beweismittel** im Verfahren verwendet werden (Zeugenaussagen). **1**

Die Befragung nach Art. 19 ist abhängig von der **Zustimmung** der zu befragenden Person, also freiwillig.[1] **2**

---

[148] *Ortiz Blanco,* European Community Competition Procedure, erste Auflage, S. 104.
[149] ABl. 2006 C 298/17.
[1] Die Kommission forderte ursprünglich die weiterreichende Befugnis, Zeugen, die über den Gegenstand der Untersuchung Auskunft geben können, auch gegen deren Willen laden und vernehmen zu können (Weißbuch über die Modernisierung der Vorschriften zur Anwendung der Artikel 85 und 86 EG-Vertrag – Arbeitsprogramm der Kommission Nr. 99/027, KOM(1999) 101, ABl. 1999

II. Praktische Bedeutung der Regelung

3 Aufgrund der Freiwilligkeit der Befragung sowie der Tatsache, dass unrichtige, irreführende und unvollständige Angaben nicht bußgeldbewehrt sind (vgl. nachfolgend Rn. 10), hat Art. 19 in der Praxis nur beschränkte Bedeutung. Bedeutung hat die Vorschrift im Wesentlichen für die im Rahmen der **Kronzeugenregelung**[2] entwickelte Praxis, wonach Unternehmen ihre beweiskräftigen **Geständnisse** von Kartellrechtsverstößen zur Erlangung voller oder teilweiser **Immunität** in Form von Aussagen tätigen, die von der Kommission nur schriftlich protokolliert und i. d. R. nicht von Unternehmensvertretern unterschrieben werden. Damit soll insbesondere vermieden werden, dass ein schriftliches Geständnis im Rahmen einer in einem US-amerikanischen Zivilverfahren angeordneten *Document Discovery* zivilrechtlichen Klägern vorgelegt werden muss.[3] Zudem bietet sich die Zeugenvernehmung an, kurzfristig, beispielsweise auch per Telefon, mit der Kommission in Kontakt zu treten, um eine rangwahrende Stellung (sog. **Marker**) hinsichtlich der Immunität zu erlangen.[4]

III. Tatbestand

1. Voraussetzungen einer Befragung

4 Art. 19 ermöglicht die Befragung natürlicher oder juristischer Personen, von denen zu erwarten ist, dass sie über für den Untersuchungsgegenstand nützliche Informationen verfügen. Die Befragung erfolgt freiwillig und setzt die **Zustimmung des Befragten** voraus. Im Fall der Befragung eines Unternehmens ist nicht die Zustimmung der tatsächlich befragten Person, sondern die des Unternehmens maßgeblich.[5] Fehlt es an einer Zustimmung durch das Unternehmen kommt allerdings – deren Zustimmung vorausgesetzt – eine Befragung der natürlichen Person in ihrer Eigenschaft als natürliche Person in Betracht.[6] Die Kommission hat demnach keine Möglichkeit, eine Zeugenaussage zu erzwingen. Die Zustimmung kann jederzeit **widerrufen** werden. Dies ergibt sich neben dem grundsätzlichen Freiwilligkeitserfordernis auch daraus, dass die VO 1/2003 keine Sanktionsmöglichkeit für mangelnde Mitwirkung trotz vorheriger Zustimmung vorsieht (siehe nachfolgend Rn. 10). Allerdings dürfte ein Widerruf einer zunächst erteilten Zustimmung keine Rückwirkung haben, so dass bis dahin getätigte Aussagen weiter verwertbar bleiben.[7]

2. Recht auf Befragung

5 Sofern ein (schriftliches) Auskunftsverlangen nach Art. 18 nicht in Betracht kommt (z. B. weil eine natürliche Person über sachdienliche Hinweise verfügt), kann die Kommission

---

C 132/1, Rn. 114). Diese Forderung setzte sich nicht durch. In diesem Zusammenhang weisen *Schwarze/Weitbrecht* (Grundzüge des europäischen Kartellverfahrensrechtes, 2. Teil § 4 Rn. 12) auf das mit einer Aussageverpflichtung verbundene (und im EG-Verfahrensrecht ungelöste) Problem der Existenz, des Inhalts und des Umfangs von Zeugnisverweigerungsrechten hin.

[2] Mitteilung der Kommission über den Erlass und die Ermäßigung von Geldbußen in Kartellsachen, ABl. 2006 C 298/17.

[3] Vgl. *Ortiz Blanco*, Rn. 7.52; Streinz/*Niggemann*, nach Art. 83 EGV, Rn. 61; *Nordlander* [2004] E.C.L.R., 646 (647) m.w.N.

[4] *Burrichter* in: Immenga/Mestmäcker, Art. 19, Rn. 5.

[5] *Miersch* in: Dalheimer/Feddersen/Miersch, Art. 19, Rn. 6; *Burrichter* in: Immenga/Mestmäcker, Art. 19, Rn. 13.

[6] *Burrichter* in: Immenga/Mestmäcker, Art. 19, Rn. 13; a.A. wohl *Bischke* in: MüKo, Art. 19, Rn. 4.

[7] So auch *Bechtold/Brinker/Bosch/Hirsbrunner*, Art. 19, Rn. 4; *Burrichter* in: Immenga/Mestmäcker, Art. 19, Rn. 14, jedenfalls bei zunächst fehlerfrei erteilter Zustimmung.

verpflichtet sein, aussagebereite Zeugen anzuhören, die von einem Unternehmen oder einer Unternehmensvereinigung als Beweismittel im Rahmen des Untersuchungsgegenstandes angeboten werden. Diese Pflicht ist gegenüber Unternehmen und Unternehmensvereinigungen, gegen die sich ein Verfahren richtet, aus dem Gebot einer rechtsstaatlichen Verfahrensführung, insbesondere der Wahrung der in Art. 27 Abs. 2 Satz 1 VO 1/2003 i. V. m. Art. 10 Abs. 3 Satz 4, Art. 11 und Art. 12 VO 773/2004[8] bestätigten Verteidigungsrechte von Unternehmen, abzuleiten.[9]

IV. Rechtsfolgen

1. Umfang der Befragung

Im Rahmen des festgelegten Untersuchungsgegenstandes können sämtliche Umstände, die geeignet sind, Verstöße gegen Art. 81 und 82 EG zu beweisen, Gegenstand der Befragung sein. Fragen, die über den Untersuchungsgegenstand hinausgehen, sind dagegen unzulässig, und hinsichtlich der hierauf erteilten Auskünfte besteht ein Verwertungsverbot.[10] Wegen der Freiwilligkeit der Aussage und den fehlenden Sanktionsmitteln bei mangelnder Mitwirkung (siehe Rn. 10) kann der Zeuge die Aussage zu einzelnen Fragen oder Themengebieten ohne Angabe von Gründen verweigern. Es ist allerdings zu fordern, dass auch Aussageverweigerungen und deren Umstände zu protokollieren sind, um durch die Aussage belasteten Unternehmen (sowie Kommission und Gerichten) die Möglichkeit zu geben, den Beweiswert der Zeugenaussage zu beurteilen.

2. Durchführung der Befragung

Art. 3 VO 773/2004 enthält nähere Regelungen zur Durchführung einer Befragung. So bestimmt Art. 3 Abs. 1 VO 773/2004, dass der Zeuge zu Beginn der Befragung über die folgenden Dinge zu **belehren** ist: Die Rechtsgrundlage (d. h. Art. 19), den Zweck,[11] die Freiwilligkeit sowie die Tatsache der Aufzeichnung der Befragung. Da nach Art. 19 nur Personen befragt werden können, *„die der Befragung zum Zweck der Einholung von Information, die sich auf den Gegenstand einer Untersuchung bezieht, zustimmen"*, muss zudem der Gegenstand der Untersuchung bezeichnet werden, um eine rechtswirksame Zustimmung zu erhalten.[12] Nach Art. 3 Abs. 2 VO 773/2004 kann die Befragung auch **telefonisch** oder **elektronisch**[13] erfolgen. Die Frage, ob der Zeuge Anspruch auf die **Anwesenheit eines**

---

[8] Verordnung (EG) Nr. 773/2004 der Kommission vom 7. 4. 2004 über die Durchführung von Verfahren auf der Grundlage der Artikel 81 und 82 EG-Vertrag, ABl. 2004 L 123/18.

[9] *Schnelle/Bartosch/Hübner,* Das neue EU-Kartellverfahrensrecht, S. 137 f. (die allerdings noch auf die alte Anhörungsverordnung VO 99/63 verweisen); vorsichtiger: *Weitbrecht* EuZW 2003, 69 (71); *Schwarze/Weitbrecht,* Grundzüge des europäischen Kartellverfahrensrechtes, 2. Teil, § 4 Rn. 12; GK/*Schütz,* Artikel 19, Rn. 3; einschränkend *Burrichter* in: Immenga/Mestmäcker, Art. 19, Rn. 8 f., der aus Art. 11 VO 773/2004 ableitet, dass eine Pflicht der Kommission erst nach Mitteilung der Beschwerdepunkte in Betracht kommt (ebenso *Sura* in: Langen/Bunte, Art. 19, Rn. 11).

[10] So auch *Burrichter* in: Immenga/Mestmäcker, Art. 19, Rn. 19.

[11] Vgl. zum „Zweck" einer Ermittlungsmaßnahme die Kommentierung zu Art. 18, Rn. 8; Art. 20, Rn. 56.

[12] Vgl. zum „Gegenstand" einer Ermittlungsmaßnahme Art. 20, Rn. 56.

[13] Es ist unklar, was mit „elektronischer" Befragung gemeint ist. Sollte damit neben z. B. Kommunikation per Videokonferenz der Austausch von E-mails oder die Beantwortung von Internet-Formularen gemeint sein, würde die Grenze zum schriftlichen Auskunftsverlangen nach Art. 18 verwischt. *Burrichter* (in: Immenga/Mestmäcker, Art. 19, Rn. 20) hält i. E. eine schriftliche Befragung für zulässig, während *Miersch* (in Dalheimer/Feddersen/Miersch, Art. 19, Rn. 7) und *Bechtold/Brinker/Bosch/Hirsbrunner,* Art. 19, Rn. 2, nur mündliche Auskünfte von Art. 19 erfasst sehen.

Rechtsanwalts hat, ist kaum von praktischer Bedeutung, da die Befragung die Zustimmung des Zeugen voraussetzt und diese verweigert werden kann, wenn die Teilnahme eines Anwalts nicht gestattet wird. Im Hinblick auf das Gebot einer rechtsstaatlichen Verfahrensführung, insbesondere im Hinblick auf potentiell betroffene Verteidigungsrechte eines Zeugen, wird man die Frage allerdings grundsätzlich bejahen müssen.

3. Protokollierung, Genehmigung, Berichtigung der Aussage

8   Nach Art. 3 Abs. 3 VO 773/2004 „kann" die Kommission die Aussagen des Befragten auf einen beliebigen Träger aufzeichnen. Praktisch wird sie dies im Hinblick auf die spätere Verwendung als Beweismittel in dem vom **Schriftlichkeitsgrundsatz** bestimmten Kommissionsverfahren[14] sowie zur Vermeidung von falschen bzw. ungenauen Darstellungen des Inhalts der Befragung regelmäßig müssen. Erfolgt eine Aufzeichnung, ist dem Zeugen gemäß Art. 3 Abs. 3 VO 773/2004 eine Kopie der Aufzeichnung zur **Genehmigung** zu überlassen. Dabei kann die Kommission eine Frist bestimmen, binnen derer der Zeuge seine protokollierte Aussage berichtigen kann. Nachdem Art. 3 Abs. 3 VO 773/2004 ausdrücklich davon spricht, dass die „Aussage", und nicht nur die Aufzeichnung, berichtigt werden kann, dürfte der Zeuge auch zu **inhaltlichen Korrekturen** tatsächlich gemachter (und etwa auf Tonband aufgezeichneter) Aussagen berechtigt sein.[15] Anhaltspunkte für die Länge der Frist zur Korrektur sind in Art. 17 Abs. 1 und 3 VO 773/2004 bestimmt (*„mindestens zwei Wochen"*). Nach Art. 17 Abs. 4 VO 773/2004 kann die Frist verlängert werden. Sanktionsmöglichkeiten sind an die Verletzung der Frist nicht geknüpft. Nicht geregelt ist die Folge einer schlichten Verweigerung der Genehmigung. Dies dürfte an der grundsätzlichen Verwertbarkeit der bereits getätigten Aussagen nichts ändern (vgl. Rn. 4 a. E.).[16] Dies folgt aus dem Zweck der Genehmigung, der lediglich der Gewährleistung der Richtigkeit der dokumentierten Aussagen des Befragten dient.[17] Allerdings sind etwaige inhaltliche Zweifel und die Umstände und Hintergründe des Ausbleibens der Genehmigung im Rahmen der Beweiswürdigung zu berücksichtigen. Von Bedeutung sind mündliche Aussagen, die ohne förmliche Genehmigung allein in internen Vermerken der Kommission festgehalten sind, für das Verfahren im Rahmen der Kronzeugenregelung (vgl. Rn. 3). Die so überlieferten Informationen werden in der Regel vor allem dazu genutzt, belastbarere weitere Beweismittel für den Nachweis der Zuwiderhandlung zu finden.[18]

4. Unterstützung durch nationale Wettbewerbsbehörden

9   Nach Art. 19 Abs. 2 besteht eine Informationspflicht hinsichtlich einer anstehenden Befragung gegenüber nationalen Wettbewerbsbehörden,[19] wenn die Befragung in den

---

[14] Vgl. *de Bronett*, Art. 19, Rn. 2; *Burrichter* in: Immenga/Mestmäcker, Art. 19, Rn. 23; *Kerse/Khan*, Chapter 3-070.

[15] A. A. wohl *Kerse/Khan*, Chapter 3-070 am Ende.

[16] A. A. *Burrichter* in: Immenga/Mestmäcker, Art. 19, Rn. 24, 26, der davon ausgeht, dass die Verwertung der Aufzeichnung bei fehlender Genehmigung ausscheidet und damit nur eine – aufgrund des Schriftlichkeitserfordernisses praktisch bedeutungslose – Wertung als Zeugenaussage vom Hörensagen in Betracht kommt.

[17] *Miersch* in: Dalheimer/Feddersen/Miersch, Art. 18, Rn. 9; *Burrichter* in: Immenga/Mestmäcker, Art. 19, Rn. 27.

[18] Vgl. *EuG* Entsch. v. 29. 4. 2004 verb. Rs. T-236/01, T-239/01, T-244/01 bis T-246/01, T-251/01 u. T-252/01 – *Tokai Carbon u. a./Kommission*, Rn. 430 ff. (insoweit nicht durch das Urteil des EuGH in dieser Sache berührt); *Bischke* in: MüKo, Art. 19, Rn. 7; *Burrichter* in: Immenga/Mestmäcker, Art. 19, Rn. 28, der grundsätzlich von einer gegenüber genehmigten Aufzeichnungen geringeren Beweiskraft ausgeht.

[19] Nach § 50 Abs. 3 GWB ist in Deutschland das Bundeskartellamt zuständig.

Art. 19. Befugnis zur Befragung   10, 11   **Art. 19 VerfVO**

Räumen eines Unternehmens im Hoheitsgebiet nationaler Wettbewerbsbehörden stattfindet. Aus Abs. 2 Satz 2 ergibt sich, dass die Mitteilung der beabsichtigten Befragung durch die Kommission an die nationale Wettbewerbsbehörde rechtzeitig vor dem vereinbarten Termin der Befragung zu erfolgen hat, um der nationalen Behörde zu ermöglichen, Bedienstete zu der Befragung zu entsenden und die Kommissionsbeamten zu „unterstützen". Gemeint ist wohl insbesondere eine Anwesenheit und Teilnahme bei der eigentlichen Befragung; ob die Bediensteten der nationalen Behörde dabei tatsächlich unterstützend tätig sind oder nur passive Zuhörer, dürfte unmaßgeblich sein. Ob eine Unterstützung durch die nationalen Wettbewerbsbehörden erfolgt, liegt nicht im Ermessen der Kommission. Vielmehr hat die nationale Behörde ein Recht, Unterstützung zu leisten. Umgekehrt fehlt der Kommission das Recht, eine Unterstützung anzufordern, da Art. 22 Abs. 2 eine Pflicht zur Amtshilfe lediglich bei Nachprüfungen nach Art. 20 statuiert. Die Mitteilungspflicht und Teilnahmeberechtigung der nationalen Behörde kann nach dem Wortlaut der Bestimmung allerdings leicht umgangen werden, indem eine Befragung außerhalb der Räumlichkeiten eines Unternehmens vereinbart wird (z. B. in einem Hotel).[20] Unter dem Aspekt der Umgehung sollte aber jedenfalls dann eine Mitteilungspflicht, und ein „Unterstützungsrecht", angenommen werden, wenn Mitarbeiter eines in dem Mitgliedsstaat ansässigen Unternehmens außerhalb der Räumlichkeiten des Unternehmens befragt werden.[21] Zudem bewirkt das Erfordernis der Zustimmung des Zeugen zur Befragung, dass dieser indirekt die Zusammensetzung der Vernehmenden beeinflussen kann.

5. Keine Sanktionsmöglichkeiten

Art. 23 (Geldbußen) und Art. 24 (Zwangsgelder) nehmen nicht auf Art. 19 Bezug. Aussagen (auch zu einzelnen Fragen oder Themenkomplexen) können daher nicht zwangsweise durchgesetzt werden (was bereits der Freiwilligkeit widerspräche). Zudem besteht keine Möglichkeit nach der VO 1/2003, unrichtige, irreführende oder unvollständige Angaben zu sanktionieren oder eine Richtigstellung oder Vervollständigung zu verlangen (was allerdings nicht mit dem Freiwilligkeitserfordernis begründet werden kann).[22] Bei der Würdigung der Aussagen kann dieses **Sanktionsdefizit** zu beachten sein.[23] Gegebenenfalls wird die Kommission zweifelhafte Aussagen mittels anderer Ermittlungsbefugnisse zu verifizieren haben.

10

V. Verhältnis zu anderen Vorschriften

1. Art. 3 VO 773/2004

Die sich auf Art. 33 stützende Durchführungsverordnung 773/2004 bestimmt in Art. 3 Einzelheiten hinsichtlich der **Durchführung einer Befragung** nach Art. 19 (s. Rn. 7–8).

11

---

[20] So i. E. *Burrichter* in: Immenga/Mestmäcker, Art. 19, Rn. 30–33; *de Bronett*, Art. 19, Rn. 5.
[21] Vgl. *Miersch* in: Dalheimer/Feddersen/Miersch, Art. 19, Rn. 12; *Bischke* in: MüKo, Art. 19, Rn. 9, die generell eine Mitteilungspflicht und Teilnahmeberechtigung auch außerhalb der Räumlichkeiten eines Unternehmens annehmen. Diese Ansicht findet Rückhalt in der später formulierten entsprechenden Regelung in der Fusionskontrollverordnung (Art. 11 Abs. 7 VO 139/2004), wonach eine Mitteilungspflicht (und die Möglichkeit der Teilnahme) besteht, wenn die Befragung weder in den Räumen der Kommission noch telefonisch oder mit anderen elektronischen Mitteln stattfindet.
[22] Vgl. *Lampert/Niejahr/Kübler/Weidenbach*, EG-KartellVO, Art. 19, Rn. 376.
[23] *Burrichter* in: Immenga/Mestmäcker, Art. 19, Rn. 2; *Ortiz Blanco*, Rn. 7.51 mit Hinweis auf mögliche Sanktionen nach nationalen Vorschriften (die bei der Würdigung ebenfalls Eingang finden können).

2. Art. 20 Abs. 2 lit. e

12 Im **Rahmen einer Nachprüfung** nach Art. 20 wird der Kommission ebenfalls eine Befugnis zur Befragung eingeräumt. Die Vorschrift ist enger insoweit sie nur die Befragung von Vertretern und Mitarbeitern der Unternehmen und Unternehmensvereinigungen vorsieht, gegen die sich die Nachprüfung richtet. Zudem verpflichtet die Vorschrift nur zur Erläuterung vorgefundener Tatsachen und Unterlagen.[24] Anders als Art. 19 setzt die Befragung nach Art. 20 Abs. 2 lit. e keine Zustimmung der Betroffenen voraus, sondern kann erzwungen werden. Ebenso können unrichtige und irreführende Angaben mit Bußgeld geahndet werden.[25]

3. Art. 18

13 Für **schriftliche Befragungen** steht das Auskunftsverlangen nach Art. 18 zur Verfügung. Adressaten eines solchen Verlangens können allerdings nur Unternehmen und Unternehmensvereinigungen sein. Da unrichtige und irreführende Angaben auf Auskunftsverlangen nach Art. 18 bußgeldbewehrt sind, dürfte aus der Sicht der Kommission ein Vorgehen nach Art. 18 gegenüber Unternehmen und Unternehmensvereinigungen – sofern nicht Gründe gegen die Schriftform sprechen (vgl. Rn. 3) – regelmäßig dem Verfahren nach Art. 19 vorzuziehen sein.[26]

4. Art. 11 Abs. 7 VO 139/2004

14 Die **Fusionskontrollverordnung VO 139/2004** sieht in Art. 11 Abs. 7 eine Befugnis zur Befragung vor, die Art. 19 VO 1/2003 und Art. 3 VO 773/2004 nachgebildet wurde.

Art. 20. Nachprüfungsbefugnisse der Kommission

(1) **Die Kommission kann zur Erfüllung der ihr durch diese Verordnung übertragenen Aufgaben bei Unternehmen und Unternehmensvereinigungen alle erforderlichen Nachprüfungen vornehmen.**

(2) **Die mit den Nachprüfungen beauftragten Bediensteten der Kommission und die anderen von ihr ermächtigten Begleitpersonen sind befugt,**

a) alle Räumlichkeiten, Grundstücke und Transportmittel von Unternehmen und Unternehmensvereinigungen zu betreten;

b) die Bücher und sonstigen Geschäftsunterlagen, unabhängig davon, in welcher Form sie vorliegen, zu prüfen;

c) Kopien oder Auszüge gleich welcher Art aus diesen Büchern und Unterlagen anzufertigen oder zu erlangen;

d) betriebliche Räumlichkeiten und Bücher oder Unterlagen jeder Art für die Dauer und in dem Ausmaß zu versiegeln, wie es für die Nachprüfung erforderlich ist;

e) von allen Vertretern oder Mitgliedern der Belegschaft des Unternehmens oder der Unternehmensvereinigung Erläuterungen zu Tatsachen oder Unterlagen zu verlangen, die mit Gegenstand und Zweck der Nachprüfung in Zusammenhang stehen, und ihre Antworten zu Protokoll zu nehmen.

(3) Die mit Nachprüfungen betrauten Bediensteten der Kommission und die anderen von ihr ermächtigten Begleitpersonen üben ihre Befugnisse unter Vorlage eines

---

[24] Vgl. Art. 20, Rn. 75 f.
[25] Zu den Einzelheiten, siehe die Kommentierung zu Art. 20, Art. 23 und Art. 24.
[26] *Burrichter* in: Immenga/Mestmäcker, Art. 19, Rn. 3. Es ist allerdings nicht ausgeschlossen, dass Auskünfte auf ein Auskunftsverlangen nach Art. 18 ausnahmsweise mündlich zu Protokoll der Kommission erteilt werden können, EuG U. v. 28. 4. 1999, Rs. T-221/95 – *Endemol/Kommission* Slg. 1999, II-1299, Rn. 84; vgl. *de Bronett*, Art 18, Rn. 1.

schriftlichen Auftrags aus, in dem der Gegenstand und der Zweck der Nachprüfung bezeichnet sind und auf die in Artikel 23 vorgesehenen Sanktionen für den Fall hingewiesen wird, dass die angeforderten Bücher oder sonstigen Geschäftsunterlagen nicht vollständig vorgelegt werden oder die Antworten auf die nach Maßgabe von Absatz 2 des vorliegenden Artikels gestellten Fragen unrichtig oder irreführend sind. Die Kommission unterrichtet die Wettbewerbsbehörde des Mitgliedstaats, in dessen Hoheitsgebiet die Nachprüfung vorgenommen werden soll, über die Nachprüfung rechtzeitig vor deren Beginn.

(4) Die Unternehmen und Unternehmensvereinigungen sind verpflichtet, die Nachprüfungen zu dulden, die die Kommission durch Entscheidung angeordnet hat. Die Entscheidung bezeichnet den Gegenstand und den Zweck der Nachprüfung, bestimmt den Zeitpunkt des Beginns der Nachprüfung und weist auf die in Artikel 23 und Artikel 24 vorgesehenen Sanktionen sowie auf das Recht hin, vor dem Gerichtshof Klage gegen die Entscheidung zu erheben. Die Kommission erlässt diese Entscheidung nach Anhörung der Wettbewerbsbehörde des Mitgliedstaats, in dessen Hoheitsgebiet die Nachprüfung vorgenommen werden soll.

(5) Die Bediensteten der Wettbewerbsbehörde des Mitgliedstaats, in dessen Hoheitsgebiet die Nachprüfung vorgenommen werden soll, oder von dieser Behörde entsprechend ermächtigte oder benannte Personen unterstützen auf Ersuchen dieser Behörde oder der Kommission die Bediensteten der Kommission und die anderen von ihr ermächtigten Begleitpersonen aktiv. Sie verfügen hierzu über die in Absatz 2 genannten Befugnisse.

(6) Stellen die beauftragten Bediensteten der Kommission und die anderen von ihr ermächtigten Begleitpersonen fest, dass sich ein Unternehmen einer nach Maßgabe dieses Artikels angeordneten Nachprüfung widersetzt, so gewährt der betreffende Mitgliedstaat die erforderliche Unterstützung, gegebenenfalls unter Einsatz von Polizeikräften oder einer entsprechenden vollziehenden Behörde, damit die Bediensteten der Kommission ihren Nachprüfungsauftrag erfüllen können.

(7) Setzt die Unterstützung nach Absatz 6 nach einzelstaatlichem Recht eine Genehmigung eines Gerichts voraus, so ist diese zu beantragen. Die Genehmigung kann auch vorsorglich beantragt werden.

(8) Wird die in Absatz 7 genannte Genehmigung beantragt, so prüft das einzelstaatliche Gericht die Echtheit der Entscheidung der Kommission sowie, ob die beantragten Zwangsmaßnahmen nicht willkürlich und, gemessen am Gegenstand der Nachprüfung, nicht unverhältnismäßig sind. Bei der Prüfung der Verhältnismäßigkeit der Zwangsmaßnahmen kann das einzelstaatliche Gericht von der Kommission unmittelbar oder über die Wettbewerbsbehörde des betreffenden Mitgliedstaats ausführliche Erläuterungen anfordern, und zwar insbesondere zu den Gründen, die die Kommission veranlasst haben, das Unternehmen einer Zuwiderhandlung gegen Artikel 81 oder 82 des Vertrags zu verdächtigen, sowie zur Schwere der behaupteten Zuwiderhandlung und zur Art der Beteiligung des betreffenden Unternehmens. Das einzelstaatliche Gericht darf jedoch weder die Notwendigkeit der Nachprüfung in Frage stellen noch die Übermittlung der in den Akten der Kommission enthaltenen Informationen verlangen. Die Prüfung der Rechtmäßigkeit der Kommissionsentscheidung ist dem Gerichtshof vorbehalten.

Übersicht

	Rn.		Rn.
I. Sinn und Zweck der Regelung	1	1. Nachprüfungsbefugnisse „vor Ort" als grundrechtsintensive Ermittlungsbefugnisse formeller Art	7
II. Praktische Bedeutung unter besonderer Berücksichtigung des Spannungsverhältnisses zwischen Verwaltungseffektivität und Grundrechtsschutz		2. Grundlagen des Grundrechtsschutzes in der EU	11

Art. 20 VerfVO 1

	Rn.		Rn.
3. Gemeinschaftsverfassungsrechtlich garantierter Grundrechtsschutz im Nachprüfungsverfahren	16	4. Unterscheidung zwischen Nachprüfungsauftrag und Nachprüfungsentscheidung	58
a) Schutz vor willkürlichen oder unverhältnismäßigen Eingriffen der öffentlichen Gewalt in die Sphäre der privaten Betätigung	17	a) Nachprüfung auf Grund eines schriftlichen Prüfungsauftrags	59
		b) Nachprüfung auf Grund einer formellen Entscheidung	61
b) Schutz der Unverletzlichkeit von Privatwohnungen	23	5. Art und Umfang der einzelnen Nachprüfungsbefugnisse	64
c) Schutz der Unverletzlichkeit von Geschäftsräumen	25	a) Betretungsrecht (Räumlichkeiten, Grundstücke, Transportmittel)	65
d) Gemeinschaftsgrundrecht auf juristischen Beistand und „Legal Privilege"	33	b) Prüfungsrecht (Bücher und sonstige Geschäftsunterlagen)	68
e) Beschränktes Aussage- bzw. Auskunftsverweigerungsrecht	36	c) Anfertigung und Erlangung von Kopien und Auszügen	73
f) Beschränkte Bedeutung der Unschuldsvermutung und des Anspruchs auf rechtliches Gehör im Nachprüfungsverfahren	42	d) Versiegelung betrieblicher Räumlichkeiten, Bücher und Unterlagen	74
		e) Einholung und Protokollierung mündlicher Erläuterungen	75
4. Konsequenzen für die Auslegung und Anwendung des Art. 20 VO 1/2003	47	6. Unterstützung der Kommission durch mitgliedstaatliche Behörden	78
III. Tatbestand		7. Rolle und Befugnisse mitgliedstaatlicher Gerichte im Nachprüfungsverfahren	84
1. Erforderlichkeit der Nachprüfungen und Anfangsverdacht	49	IV. Rechtsfolgen	95
2. Adressaten und Zeitpunkt der Nachprüfungsmaßnahmen	54	1. Sanktionen in Form von Zwangsgeldern und Geldbußen	96
3. Bezeichnung des Gegenstands und des Zwecks der Nachprüfung	56	2. Gerichtlicher Rechtsschutz der betroffenen Unternehmen und Unternehmensvereinigungen	98
		V. Verhältnis zu anderen Vorschriften	103

I. Sinn und Zweck der Regelung

1 Art. 20 VO 1/2003 ermächtigt die Kommission zur Vornahme aller erforderlichen Nachprüfungen bei Unternehmen und Unternehmensvereinigungen, damit sie die ihr durch die VO 1/2003[1] übertragenen Aufgaben i. R. der in Art. 4 VO 1/2003 angesprochenen „Anwendung der Artikel 81 und 82 des Vertrags" erfüllen kann. Zu ihren zentralen Aufgaben gehört dabei die primär im Allgemeininteresse liegende **Aufdeckung von Zuwiderhandlungen gegen die Art. 81 und 82 EG**,[2] die u. a. durch Art. 20 VO 1/2003 ermöglicht werden soll.[3] Dieser Hauptzweck des Art. 20 VO 1/2003 wird v. a. im 24. Erwägungsgrund der VO 1/2003 unterstrichen, wonach die Kommission die Befugnis haben sollte, „die Nachprüfungen vorzunehmen, die notwendig sind, um gemäß Artikel 81 des Vertrags verbotene Vereinbarungen, Beschlüsse und aufeinander abgestimmte Verhaltensweisen sowie die nach Artikel 82 des Vertrags untersagte missbräuchliche Ausnutzung einer beherrschenden Stellung aufzudecken". Das in Art. 20 VO 1/2003 geregelte Nachprüfungsverfahren, das selbst nicht die Abstellung einer Zuwiderhandlung oder die Feststellung einer Rechtswidrigkeit betrifft,[4] soll es der Kommission, die hinsichtlich der von ihr festge-

---

[1] Verordnung (EG) Nr. 1/2003 des Rates vom 16. 12. 2002 zur Durchführung der in den Artikeln 81 und 82 des Vertrags niedergelegten Wettbewerbsregeln, ABl. 2003 L 1/1 ff.
[2] Ähnlich vgl. EuG U. v. 6. 10. 2005 verb. Rs. T-22/02 u. T-23/02 – *Sumitomo Chemical Co. Ltd u. a./Kommission* Slg. 2005, II-4065 Rn. 34 f.; zur auch individualschützenden Funktion dieser Aufgabe siehe unter Rn. 5.
[3] Ähnlich *Seitz/Berg/Lohrberg* WuW 2007, 716 (717), wonach der Zweck der Nachprüfung die Ermittlung eines vermuteten Kartellrechtsverstoßes in einem konkreten Fall sei.
[4] So (bzgl. Art. 14 VO 17) EuGH U. v. 26. 6. 1980 Rs. 136/79 – *National Panasonic/Kommission* Slg. 1980, 2033 Rn. 21; EuG B. v. 9. 6. 1997 Rs. T-9/97 – *Elf Atochem/Kommission* Slg. 1997, II-909 Rn. 22.

Art. 20. Nachprüfungsbefugnisse der Kommission   2, 3 **Art. 20 VerfVO**

stellten Zuwiderhandlungen gegen die gemeinschaftlichen Wettbewerbsregeln die Beweislast trägt,[5] ermöglichen, die Unterlagen zusammenzustellen, deren sie zur Überprüfung der Richtigkeit und der Tragweite einer bestimmten Sach- und Rechtslage bzw. zur Feststellung des Sachverhalts und seiner rechtlichen Würdigung bedarf.[6]

Im Verbund mit allen anderen in Art. 17–21 VO 1/2003 geregelten Ermittlungsbefugnissen konkretisiert Art. 20 VO 1/2003 die in **Art. 284 EG** enthaltene Regelung, wonach die Kommission zur Erfüllung der ihr übertragenen Aufgaben „alle erforderlichen Auskünfte einholen und alle erforderlichen Nachprüfungen vornehmen" kann; „der Rahmen und die nähere Maßgabe hierfür werden vom Rat gemäß den Bestimmungen dieses Vertrags festgelegt". In Anwendung dieser primärrechtlichen Konkretisierungsbefugnis hat der Gemeinschaftsgesetzgeber in Art. 20 VO 1/2003 v. a. Art und Umfang der einzelnen Nachprüfungsbefugnisse vor Ort (Abs. 2), Formen und Verfahren der Nachprüfung (Abs. 3–4) sowie die nachprüfungsspezifische Aufgabenverteilung zwischen der Kommission, mitgliedstaatlichen Behörden und Gerichten (Abs. 5–8) präzisiert. Von der in Art. 284 EG niedergelegten Konkretisierungsbefugnis hatte der Rat bereits mit Erlass der VO Nr. 17[7] Gebrauch gemacht. Diese enthielt u. a. Vorschriften über die Einholung von Auskünften (Art. 11 VO 17), die Untersuchung von Wirtschaftszweigen (Art. 12 VO 17) und die Vornahme von Nachprüfungen (Art. 14 VO 17). Diese sekundärrechtliche Ausgestaltung kartellverfahrensrechtlicher Ermittlungsbefugnisse, die durch Kapitel V der VO 1/2003 ersetzt worden ist, hat auf Grund ihrer Regelungsdichte bereits frühzeitig das in **Art. 85 Abs. 1 Satz 2 EG** kodifizierte – heute nur noch für die wenigen von der VO 1/2003 ausgenommenen Bereiche relevante – Untersuchungsrecht der Kommission auf dem Gebiet des EG-Kartellrechts verdrängt.[8] Unter Aufrechterhaltung dieser Situation zielt Art. 20 VO 1/2003 nunmehr vor allem auf die **Präzisierung und Erweiterung der** zuvor in Art. 14 VO 17 niedergelegten **Nachprüfungsbefugnisse**[9] ab.

Die zuvor in Art. 14 Abs. 1 VO 17 geregelten Befugnisse, „die Bücher und sonstigen Geschäftsunterlagen zu prüfen" (lit. a), „Abschriften oder Auszüge aus Büchern und Geschäftsunterlagen anzufertigen" (lit. b) und „alle Räumlichkeiten, Grundstücke und Transportmittel der Unternehmen zu betreten" (lit. d), sind – mit leicht veränderter Reihenfolge – in Art. 20 Abs. 2 VO 1/2003 übernommen worden. Eine Präzisierung dieser

---

[5] Vgl. nur EuG U. v. 25. 10. 2005 Rs. T-38/02 – *Groupe Danone/Kommission* Slg. 2005, II-4407 Rn. 215; EuG U. v. 5. 4. 2006 Rs. T-279/02 – *Degussa AG/Kommission* Slg. 2006, II-897 Rn. 114; EuG U. v. 16. 11. 2006 Rs. T-120/04 – *Peróxidos Orgánicos SA/Kommission* Slg. 2006, II-4441 Rn. 50 ff.; EuG U. v. 5. 12. 2006 Rs. T-303/02 – *Westfalen Gassen Nederland BV/Kommission* Slg. 2006, II-4567 Rn. 74; EuG U. v. 26. 4. 2007 verb. Rs. T-109/02, T-118/02, T-122/02, T-125/02, T-126/02, T-128/02, T-129/02, T-132/02 u. T-136/02 – *Bolloré SA/Kommission* Slg. 2007, II-947 Rn. 256 ff.

[6] Vgl. nur EuGH U. v. 26. 6. 1980 Rs. 136/79 – *National Panasonic/Kommission* Slg. 1980, 2033 Rn. 13 u. 21; EuGH U. v. 18. 10. 1989 Rs. 374/87 – *Orkem/Kommission* Slg. 1989, 3283 Rn. 21.

[7] Verordnung Nr. 17 – Erste Durchführungsverordnung zu den Artikeln 85 und 86 des Vertrags [jetzt: Art. 81 u. 82 EG], ABl. P 13 vom 21. 2. 1962, S. 204 (nachfolgend: VO 17).

[8] Zutr. *Brinker* in: Schwarze (Hrsg.), EU-Kommentar, 2000, Art. 85 EGV Rn. 1; *Eilmansberger* in: Streinz (Hrsg.), EUV/EGV-Kommentar, 2003, Art. 85 EGV Rn. 2; *Jung* in: Calliess/Ruffert (Hrsg.), EUV/EGV-Kommentar, 3. Aufl. 2007, Art. 85 EGV Rn. 1 ff.; *Ritter* in: Immenga/Mestmäcker (Hrsg.), Wettbewerbsrecht, Bd. 1, 4. Aufl. 2007, Art. 85 EGV Rn. 2; näher zu diesem in Art. 85 Abs. 1 Satz 2 EG niedergelegten Untersuchungsrecht der Kommission vgl. im Übrigen *Schröter* in: v. d. Groeben/Schwarze (Hrsg.), EUV/EGV-Kommentar, Bd. 2, 6. Aufl. 2003, Art. 85 EGV Rn. 10 ff.; *Stadler* in: Langen/Bunte (Hrsg.), Kommentar zum deutschen und europäischen Kartellrecht, Bd. 2, 10. Aufl. 2006, Art. 85 EGV Rn. 6 ff.

[9] Näher zu den ursprünglichen Nachprüfungsbefugnissen gemäß § 14 VO 17 vgl. nur *Jahn*, Das Durchsuchungsrecht der Kommission im System der Nachprüfungsbefugnisse des europäischen Wettbewerbsrechts, 2003, S. 36 ff.

bewährten Nachprüfungsbefugnisse nimmt diese Vorschrift insoweit vor, als sich das Betretungsrecht nunmehr auf alle Räumlichkeiten, Grundstücke und Transportmittel von Unternehmen „und Unternehmensvereinigungen" erstreckt (Art. 20 Abs. 2 lit. a VO 1/2003). Zum anderen ist die Kommission weiterhin zur Prüfung von Büchern und Geschäftsunterlagen befugt; dies jetzt aber „unabhängig davon, in welcher Form sie vorliegen" (Art. 20 Abs. 2 lit. b VO 1/2003), d.h. unter Einschluss elektronisch gespeicherter Daten und deren Träger. Das auf Bücher und Geschäftsunterlagen bezogene Recht der Kommission, Kopien oder Auszüge nicht nur – wie einst in Art. 14 Abs. 1 lit. b VO 17 vorgesehen – „anzufertigen", sondern auch „zu erlangen", erstreckt sich gemäß Art. 20 Abs. 2 lit. c VO 1/2003 ebenfalls auf Kopien und Auszüge „gleich welcher Art". Das ursprünglich in Art. 14 Abs. 1 lit. c VO 17 geregelte Recht der Kommission, „mündliche Erklärungen an Ort und Stelle anzufordern", ist durch die in Art. 20 Abs. 2 lit. e VO 1/2003 niedergelegte Befugnis ersetzt worden, von allen Vertretern oder Mitgliedern der Belegschaft des Nachprüfungsadressaten Erläuterungen zu Tatsachen oder Unterlagen zu verlangen, die mit Gegenstand und Zweck der Nachprüfung in Zusammenhang stehen, und ihre Antworten zu Protokoll zu nehmen. Eine weitere Neuerung, die der **Effektuierung der Ermittlungsmaßnahmen** dient, stellt die in Art. 20 Abs. 2 lit. d VO 1/2003 geregelte Befugnis dar, „betriebliche Räumlichkeiten und Bücher oder Unterlagen jeder Art für die Dauer und in dem Ausmaß zu versiegeln, wie es für die Nachprüfung erforderlich ist".

4   Die mit den vorgenannten Neuerungen bezweckte Stärkung der Ermittlungsbefugnisse der Kommission im Nachprüfungsverfahren wird im 25. Erwägungsgrund der VO 1/2003 wie folgt begründet: „Da es zunehmend schwieriger wird, Verstöße gegen die Wettbewerbsregeln aufzudecken, ist es für einen wirksamen Schutz des Wettbewerbs notwendig, die Ermittlungsbefugnisse der Kommission zu ergänzen". Dieser einem wirksamen Wettbewerbsschutz dienende Zweck kartellbehördlicher Nachprüfungsbefugnisse ist auch in der Rechtsprechung der Gemeinschaftsgerichte zur „Vorgängerregelung" des Art. 14 VO 17 immer wieder hervorgehoben worden. So traf der EuGH bereits in seinem Urteil in der Rs. *National Panasonic* die später vielfach bestätigte Feststellung, dass die Ausübung der der Kommission übertragenen Nachprüfungsbefugnisse der **„Aufrechterhaltung der vom Vertrag gewollten Wettbewerbsordnung"** dient, „die die Unternehmen unbedingt zu beachten haben".[10] Dementsprechend hat auch das EuG in mehreren jüngeren Urteilen unterstrichen, dass die der Kommission zur Verfügung stehenden Nachprüfungsbefugnisse v.a. der Erreichung des in Art. 3 Abs. 1 lit. g EG angesprochenen Ziels dienen,[11] d.h. der Errichtung und Aufrechterhaltung eines Systems, „das den Wettbewerb innerhalb des Binnenmarkts vor Verfälschungen schützt".

5   In seinem *Roquette Frères*-Urteil bestätigte der EuGH die vorgenannte Zwecksetzung, indem er ausführte, dass die der Kommission übertragenen Nachprüfungsbefugnisse „ihr die Erfüllung ihres Auftrags ermöglichen sollen, über die Beachtung der Wettbewerbsregeln im Gemeinsamen Markt zu wachen, wobei diese Regeln verhindern sollen, dass der Wettbewerb entgegen dem öffentlichen Interesse sowie zum Schaden der einzelnen Unternehmen und der Verbraucher verfälscht wird".[12] Hiermit unterstreicht der EuGH

---

[10] EuGH U. v. 26. 6. 1980 Rs. 136/79 – *National Panasonic/Kommission* Slg. 1980, 2033 Rn. 20; bestätigt u.a. in EuGH U. v. 21. 9. 1989 verb. Rs. 46/87 u. 227/88 – *Hoechst/Kommission* Slg. 1989, 2859 Rn. 25; EuGH U. v. 17. 10. 1989 Rs. 85/87 – *Dow Benelux/Kommission* Slg. 1989, 3137 Rn. 36; EuGH U. v. 17. 10. 1989 verb. Rs. 97–99/87 – *Dow Chemical Ibérica u. a./Kommission* Slg. 1989, 3165 Rn. 22.

[11] EuG U. v. 11. 12. 2003 Rs. T-59/99 – *Ventouris Group Enterprises SA/Kommission* Slg. 2003, II-5257 Rn. 116; EuG U. v. 11. 12. 2003 Rs. T-65/99 – *Strintzis Lines Shipping SA/Kommission* Slg. 2003, II-5433 Rn. 36; EuG U. v. 11. 12. 2003 Rs. T-66/99 – *Minoan Lines SA/Kommission* Slg. 2003, II-5515 Rn. 46.

[12] EuGH U. v. 22. 10. 2002 Rs. C-94/00 – *Roquette Frères SA/Directeur général de la concurrence, de la consommation et de la répression des fraudes* Slg. 2002, I-9011 Rn. 42.

zugleich, dass die der Kommission zur Verfügung stehenden Nachprüfungsbefugnisse nicht allein dem im Allgemeininteresse liegenden **Schutz der Institution Wettbewerb** dienen, sondern auch eine bedeutsame Schutzfunktion im Hinblick auf die individualrechtliche – teils aus der unmittelbaren Anwendbarkeit der Art. 81 Abs. 1 und 82 EG, teils aus den Gemeinschaftsgrundrechten der Berufsfreiheit bzw. der unternehmerischen Freiheit hergeleitete – Wirtschafts- und Wettbewerbsfreiheit[13] der sog. Drittbetroffenen übernehmen.

Die obigen Ausführungen erlauben einerseits die Feststellung, dass der auch im gemeinschaftlichen Kartellverfahrensrecht bedeutsame und dort für eine weite Auslegung der in Art. 20 Abs. 2 VO 1/2003 geregelten Nachprüfungsbefugnisse sprechende Grundsatz der effektiven bzw. leistungsfähigen Verwaltung kein Selbstzweck ist, sondern auch **drittschützende Wirkung** entfaltet, die dem Erfordernis der praktischen Wirksamkeit des Art. 20 Abs. 2 VO 1/2003 eine zusätzliche Legitimation verschafft.[14] Andererseits ist der Grundsatz der Verwaltungseffektivität im EG-kartellrechtlichen Nachprüfungsverfahren mit gegenläufigen Gemeinschaftsgrundrechten bzw. Verteidigungsrechten der hauptbetroffenen Unternehmen und Unternehmensvereinigungen i. S. praktischer Konkordanz zu einem möglichst optimalen Ausgleich zu bringen. Diese Problematik steht zunächst im Vordergrund der nachfolgenden Ausführungen zur praktischen Bedeutung des Art. 20 VO 1/2003, da bei dessen Anwendung und Auslegung die den Nachprüfungsadressaten zur Seite stehenden Gemeinschaftsgrundrechte eine entscheidende Rolle spielen.

II. Praktische Bedeutung unter besonderer Berücksichtigung des Spannungsverhältnisses zwischen Verwaltungseffektivität und Grundrechtsschutz

1. Nachprüfungsbefugnisse „vor Ort" als grundrechtsintensive Ermittlungsbefugnisse formeller Art

Die in Art. 20 VO 1/2003 geregelten Nachprüfungsbefugnisse „vor Ort", die sich nach der bislang zu Art. 14 VO 17 ergangenen Rechtsprechung des Gemeinschaftsrichters auch für die Aufdeckung wettbewerbsrechtlicher Zuwiderhandlungen nutzbar machen lassen, die vor dem Beitritt neuer Mitgliedstaaten stattgefunden haben,[15] stehen der Kommission unabhängig davon zur Verfügung, ob es um die „Feststellung und Abstellung von Zuwiderhandlungen" gemäß Art. 7 VO 1/2003 oder um die „Feststellung der Nichtanwendbarkeit" gemäß Art. 10 VO 1/2003 geht. Diese zuvor in Art. 14 VO 17 und nunmehr in Art. 20 VO 1/2003 geregelten Nachprüfungsbefugnisse bilden insbesondere im Verfahren der Feststellung und Abstellung von Zuwiderhandlungen eine praktisch überaus bedeutsame – von der Kommission sehr häufig genutzte – **Teilgruppe besonders grundrechtsintensiver kartellverfahrensrechtlicher Ermittlungsbefugnisse** formeller Art.

---

[13] Zu den verschiedenen Herleitungen dieser subjektivrechtlichen Wirtschafts- und Wettbewerbsfreiheit vgl. jeweils m. w. N. *Drexl*, Wettbewerbsverfassung, in: von Bogdandy, Europäisches Verfassungsrecht – Theoretische und dogmatische Grundzüge, 2003, S. 747 (769 ff.); *Frenz*, Handbuch Europarecht, Bd. 1: Europäische Grundfreiheiten, 2004, § 1 Rn. 18 ff.; *Nowak*, Wirtschaftsgrundrechte und Wirtschaftsverfassung in Deutschland und Europa, in: Bruha/Nowak/Petzold, Grundrechtsschutz für Unternehmen im europäischen Binnenmarkt, 2004, S. 45 (62 ff.); *ders.* in: Heselhaus/Nowak, Handbuch der Europäischen Grundrechte, 2006, § 31 Rn. 1 ff.

[14] In diesem Sinne jetzt auch *Vocke*, Die Ermittlungsbefugnisse der EG-Kommission im kartellrechtlichen Voruntersuchungsverfahren – Eine Untersuchung zur Auslegung der Ermittlungsrechte im Spannungsfeld zwischen öffentlichen und Individualinteressen, 2006, S. 24.

[15] Grdlg. EuGH U. v. 17. 10. 1989 verb. Rs. 97–99/87 – *Dow Chemical Iberica u. a./Kommission* Slg. 1989, 3165 Rn. 61–63.

Art. 20 VerfVO 8, 9

Sie ergänzen sowohl die sonstigen Aufklärungs- bzw. Untersuchungsmöglichkeiten der Kommission[16] als auch die in Art. 17 VO 1/2003 geregelte Befugnis der Kommission zur Untersuchung einzelner Wirtschaftszweige und einzelner Arten von Vereinbarungen, das in Art. 18 VO 1/2003 geregelte Auskunftsverlangen sowie die in Art. 19 VO 1/2003 niedergelegte Befugnis zur Befragung natürlicher oder juristischer Personen. Zusätzlich abgesichert und in räumlicher Hinsicht erweitert werden die in Art. 20 VO 1/2003 geregelten Nachprüfungsbefugnisse, die sich auf alle Räumlichkeiten, Grundstücke und Transportmittel von Unternehmen und Unternehmensvereinigungen beziehen, nunmehr erstmals durch die in Art. 21 VO 1/2003 niedergelegte Befugnis der Kommission zu Nachprüfungen in anderen Räumlichkeiten, auf anderen Grundstücken oder in anderen Transportmitteln, die auch Privatwohnungen von Unternehmensleitern und sonstigen Mitarbeitern der betreffenden Unternehmen und Unternehmensvereinigungen einschließen.

8 Die vorgenannten Ermittlungsbefugnisse eröffnen der Kommission alternative, von einander unabhängige und nicht hierarchisch geordnete Handlungsmöglichkeiten, deren Auswahl – abgesehen von dem gemäß Art. 20 Abs. 1 VO 1/2003 zu beachtenden Erforderlichkeitskriterium – in ihrem Ermessen steht.[17] Von all diesen Ermittlungsbefugnissen greifen die in Art. 20 und 21 VO 1/2003 geregelten Nachprüfungsbefugnisse „vor Ort" am unmittelbarsten und am stärksten in die **Unternehmenssphäre** bzw. in die **Sphäre der privaten Betätigung** ein. Hierbei erreichen wiederum die durch eine Entscheidung i. S. des Art. 20 Abs. 4 Satz 1 VO 1/2003 angeordneten Nachprüfungen eine höhere Eingriffsintensität als die unter Vorlage eines „schriftlichen Auftrags" vorgenommenen Nachprüfungen i. S. des Art. 20 Abs. 3 VO 1/2003, da die betreffenden Unternehmen und Unternehmensvereinigungen nur im erstgenannten Fall verpflichtet sind, die von der Kommission vorgenommenen Nachprüfungen zu dulden (Art. 20 Abs. 4 Satz 1).[18]

9 Ein zweistufiges Vorgehen der Kommission in dem Sinne, dass sie vor Erlass einer formellen Nachprüfungsentscheidung i. S. des Art. 20 Abs. 4 VO 1/2003 zunächst einmal auf der Grundlage eines schriftlichen Prüfungsauftrags i. S. des Art. 20 Abs. 3 VO 1/2003 ermitteln müsste, ist nach der bislang zu Art. 14 VO 17 ergangenen und auf Art. 20 VO 1/2003 übertragbaren Rechtsprechung der Gemeinschaftsgerichte – anders als ursprünglich beim Auskunftsverlangen gemäß Art. 11 VO 17[19] – trotz der **erhöhten Eingriffsintensität** einer Nachprüfungsentscheidung grundsätzlich nicht obligatorisch.[20] Die Bindung der

---

[16] Die Kommission kann sich – teils auf informellen, teils auf formellen Wege – aus jeder nur erdenklichen Quelle ermittlungsrelevante Erkenntnisse verschaffen, so z. B. kartellrechtsrelevante Informationen von Beteiligten eines Zivilprozesses, vgl. EuGH U. v. 10. 11. 1993 Rs. C-60/92 – *Otto BV/Postbank* Slg. 1993, I-5683 Rn. 20; weitere wichtige Erkenntnisquellen sind Beschwerden i. S. des Art. 7 VO 1/2003, informelle Gespräche mit haupt- und drittbetroffenen Unternehmen, Presseberichte sowie formelle Anhörungen i. S. des Art. 27 VO 1/2003.

[17] So in Ansehung des Verhältnisses zwischen Art. 11 VO 17 (Auskunftsverlangen) und Art. 14 VO 17 (Nachprüfungen) grdlg. EuGH U. v. 26. 6. 1980 Rs. 136/79 – *National Panasonic/Kommission* Slg. 1980, 2033 Rn. 8–16; diese Rspr. ist auf die in der VO 1/2003 geregelten Ermittlungsbefugnisse übertragbar.

[18] Näher zur Unterscheidung zwischen Nachprüfungsauftrag und -entscheidung unter Rn. 58–63.

[19] Nach der zu Art. 11 VO 17 ergangenen Rspr. der Gemeinschaftsgerichte konnte die Kommission die betreffenden Unternehmen erst dann durch eine Entscheidung zur Erteilung von Auskünften verpflichten, wenn sie zuvor versucht hat, die Auskünfte im Wege eines einfachen Auskunftsverlangens zu bekommen, vgl. nur EuGH U. v. 26. 6. 1980 Rs. 136/79 – *National Panasonic/Kommission* Slg. 1980, 2033 Rn. 10; u. a. bestätigt in EuG U. v. 9. 11. 1994 Rs. T-46/92 – *The Scottish Football Association/Kommission* Slg. 1994, II-1039 Rn. 30. Diese im Anwendungsbereich des Art. 11 VO 17 einst zu beachtende Pflicht zu einem zweistufigen Vorgehen ist durch die Neufassung des Auskunftsverlangens in Art. 18 VO 1/2003 entfallen.

[20] Vgl. nur EuGH U. v. 21. 9. 1989 verb. Rs. 46/87 u. 227/88 – *Hoechst/Kommission* Slg. 1989, 2859 Rn. 22; EuGH U. v. 17. 10. 1989 Rs. 85/87 – *Dow Benelux/Kommission* Slg. 1989, 3137

Kommission an den auch bei der Auswahl und Durchführung kartellverfahrensrechtlicher Ermittlungsbefugnisse und -formen prinzipiell zu beachtenden Verhältnismäßigkeitsgrundsatz,[21] der eine partielle Erwähnung in dem in Art. 20 Abs. 1 VO 1/2003 angesprochenen Erforderlichkeitskriterium findet,[22] bleibt hiervon unberührt.

Auf Grund ihrer hohen Eingriffsintensität bilden die in Art. 20 Abs. 2 VO 1/2003 geregelten Nachprüfungsbefugnisse einen zentralen Kristallisationspunkt für das im EG-Kartellverfahrensrecht seit jeher zu bewältigende Spannungsverhältnis zwischen der eng mit dem Ziel einer effektiven administrativen Durchsetzung des materiellen Kartellrechts (Art. 81 f. EG) verbundenen Effektivität der Verwaltung auf der einen Seite und dem effektiven (Grund-)Rechtsschutz der betreffenden Unternehmen und Unternehmensvereinigungen auf der anderen Seite.[23] Diesem Spannungsverhältnis tragen die Gemeinschaftsgerichte in ihrer die Nachprüfungsbefugnisse der Kommission betreffenden Rechtsprechung seit langem Rechnung. So hat etwa der EuGH mehrfach deutlich gemacht, dass sekundärrechtliche Ermächtigungsgrundlagen für die Durchführung kartellverfahrensrechtlicher Nachprüfungen – wie etwa Art. 14 VO 17 und nunmehr Art. 20 VO 1/2003 – nicht in einer Weise ausgelegt werden dürfen, „die zu Ergebnissen führen würde, die mit den allgemeinen Grundsätzen des Gemeinschaftsrechts und insbesondere mit den Grundrechten unvereinbar wären".[24] Das bereits hier angesprochene und in einigen jüngeren Entscheidungen zusätzlich bestätigte **Gebot der** unions- bzw. gemeinschafts**grundrechtskonformen Auslegung sekundären Gemeinschaftsrechts**[25] ist in einer rechtsstaatlichen Anforderungen gerecht werdenden Rechtsgemeinschaft, wie derjenigen der EU/EG,[26] unverzichtbar und wirft die Frage auf, welche (Gemeinschafts- bzw. Unions-)Grundrechte konkret bei der Auslegung des Art. 20 VO 1/2003 und bei der Rechtmäßigkeitsprüfung der auf der Grundlage dieser Vorschrift vorgenommenen Nachprüfungsmaßnahmen von Bedeutung sind. Zum besseren Verständnis der diesbezüglich zu erörternden Rechtsprechung der Gemeinschaftsgerichte (Rn. 16 ff.), die bereits zu einer weitreichenden **Konstitutionalisierung des EG-Kartellverfahrensrechts** und anderer gemeinschaftlicher Verfahrensordnungen geführt hat,[27] sind vorab (Rn. 11–15) die wesentlichen Grundlagen des Grundrechtsschutzes in der EU zu skizzieren.

Rn. 33; EuGH U. v. 17. 10. 1989 verb. Rs. 97–99/87 – *Dow Chemical Ibérica u. a./Kommission* Slg. 1989, 3165 Rn. 19.

[21] EuGH U. v. 26. 6. 1980 Rs. 136/79 – *National Panasonic/Kommission* Slg. 1980, 2033 Rn. 29 f.; EuG U. v. 12. 12. 1991 Rs. T-39/90 – *SEP/Kommission* Slg. 1991, II-1497 Rn. 51 ff.

[22] Ähnlich *Seitz/Berg/Lohrberg* WuW 2007, 716 (718), wonach das in Art. 20 Abs. 1 VO 1/2003 angesprochene Merkmal der *Erforderlichkeit* als Teilaspekt der allg. Verhältnismäßigkeitsprüfung erscheint.

[23] So jetzt auch *Vocke* (Fn. 14), S. 20.

[24] Grdlg. EuGH U. v. 21. 9. 1989 verb. Rs. 46/87 u. 227/88 – *Hoechst/Kommission* Slg. 1989, 2859 Rn. 12; bestätigt u. a. in EuGH U. v. 17. 10. 1989 Rs. 85/87 – *Dow Benelux/Kommission* Slg. 1989, 3137 Rn. 23; EuGH U. v. 17. 10. 1989 verb. Rs. 97–99/87 – *Dow Chemical Ibérica u. a./Kommission* Slg. 1989, 3165 Rn. 9; EuGH U. v. 18. 10. 1989 Rs. 374/87 – *Orkem/Kommission* Slg. 1989, 3283 Rn. 28.

[25] Exemplarisch vgl. EuG U. v. 6. 10. 2005 verb. Rs. T-22/02 u. T-23/02 – *Sumitomo Chemical Co. Ltd u. a./Kommission* Slg. 2005, II-4065 Rn. 77; sowie EuG U. v. 27. 9. 2006 Rs. T-59/02 – *Archer Daniels Midland Co./Kommission* Slg. 2006, II-3627 Rn. 262, wonach „alle gemeinschaftsrechtlichen Bestimmungen" im Lichte der zu den allgemeinen Grundsätzen des Gemeinschaftsrechts gehörenden Grundrechte „auszulegen sind".

[26] Zu dem auf der supranationalen Gemeinschaftsebene dem Rechtsstaatsprinzip entsprechenden Konzept der Rechtsgemeinschaft vgl. m. w. N. *Nicolaysen*, Rechtsgemeinschaft, Gemeinschaftsgerichtsbarkeit und Individuum, in: Nowak/Cremer, Individualrechtsschutz in der EG und der WTO, 2002, S. 17 ff.; *Pache* in: Heselhaus/Nowak (Fn. 13), § 4 Rn. 93 ff.

[27] Näher dazu *Nehl*, Europäisches Verwaltungsverfahren und Gemeinschaftsverfassung, 2002, S. 223 ff.; *Oeter*, ZaöRV 1999, 901 ff.

2. Grundlagen des Grundrechtsschutzes in der EU

11 Die Unions- bzw. Gemeinschaftsgrundrechte bilden nach ständiger Rechtsprechung des EuGH eine bedeutsame Teilgruppe der sog. „allgemeinen Rechtsgrundsätze des Gemeinschaftsrechts", die „der Gerichtshof im Einklang mit den gemeinsamen Verfassungsüberlieferungen der Mitgliedstaaten und den völkerrechtlichen Verträgen, an deren Abschluss die Mitgliedstaaten beteiligt waren oder denen sie beigetreten sind, zu wahren hat".[28] Eine „besondere Bedeutung" attestieren die Gemeinschaftsgerichte dabei immer wieder der **Europäischen Konvention zum Schutz der Menschenrechte und Grundfreiheiten (EMRK)**,[29] auch wenn die Gemeinschaftsorgane nicht unmittelbar an diese Konvention gebunden sind[30] und damit auch die Rechtmäßigkeit einer wettbewerbsrechtlichen Untersuchung durch die Kommission nicht direkt anhand der Bestimmungen der EMRK beurteilt werden kann,[31] solange die EU – wie dies gemäß Art. I-9 Abs. 2 des Vertrags über eine Verfassung für Europa[32] bzw. nunmehr gemäß Art. 6 Abs. 2 Satz 1 EU i. d. F. des Lissaboner Reformvertrags[33] angestrebt werden soll – nicht der EMRK beigetreten ist. Die „besondere Bedeutung" der EMRK bei der Entwicklung des gemeinschaftsrechtlichen Grundrechtsstandards[34] hat mit Gründung der Europäischen Union ihren primärrechtlichen Niederschlag in Art. 6 Abs. 2 EU gefunden, wonach die Union die Grundrechte achtet, „wie sie in der am 4. November 1950 in Rom unterzeichneten Europäischen Konvention zum Schutze der Menschenrechte und Grundfreiheiten gewährleistet sind und wie sie sich aus den gemeinsamen Verfassungsüberlieferungen der Mitgliedstaaten als allgemeine Grundsätze des Gemeinschaftsrechts ergeben".[35]

---

[28] Vgl. nur EuGH U. v. 22. 10. 2002 Rs. C-94/00 – *Roquette Frères/Directeur général de la concurrence, de la consommation et de la répression des fraudes* Slg. 2002, I-9011 Rn. 23; sowie zuletzt EuG U. v. 8. 10. 2008 Rs. T-69/04 – *Schunk GmbH u. a./Kommission* noch nicht in der amtl. Slg. veröffentlicht (Rn. 30).

[29] EuGH U. v. 15. 5. 1986 Rs. 222/84 – *Johnston/Chief Constable of the RUC* Slg. 1986, 1651 Rn. 18; EuGH U. v. 21. 9. 1989 verb. Rs. 46/87 u. 227/88 – *Hoechst/Kommission* Slg. 1989, 2859 Rn. 13; EuG U. v. 20. 2. 2001 Rs. T-112/98 – *Mannesmannröhren-Werke/Kommission* Slg. 2001, II-729 Rn. 60; instruktiv zur besonderen Bedeutung der EMRK auf dem Gebiet des Europäischen Wettbewerbsrechts vgl. ferner *Scheer* ZEuS 2004, 663 ff.; sowie EuG U. v. 27. 9. 2006 Rs. T-43/02 – *Jungbunzlauer AG/Kommission* Slg. 2006, II-3435 Rn. 74; EuG U. v. 8. 7. 2008 Rs. T-99/04, noch nicht in der amtl. Slg. veröffentlicht (Rn. 45) – *AC-Treuhand AG/Kommission*.

[30] Vgl. EuG U. v. 20. 2. 2001 Rs. T-112/98 – *Mannesmannröhren-Werke/Kommission* Slg. 2001, II-729 Rn. 59; EuG U. v. 27. 9. 2006 Rs. T-43/02 – *Jungbunzlauer AG/Kommission* Slg. 2006, II-3435 Rn. 78; *Ehlers* in: ders., Europäische Grundrechte und Grundfreiheiten, 2. Aufl. 2005, § 2 Rn. 9; *Grabenwarter*, Europäische Menschenrechtskonvention, 3. Aufl. 2008, § 4 Rn. 2.

[31] Vgl. nur EuG U. v. 8. 7. 2008 Rs. T-99/04 – *AC-Treuhand AG/Kommission* noch nicht in der amtl. Slg. veröffentlicht (Rn. 45).

[32] ABl. 2004 C 310/1 ff.

[33] Zur Ersetzung des vorgenannten Verfassungsvertrags durch den am 13. 12. 2007 unterzeichneten und derzeit noch ratifizierungsbedürftigen Reformvertrag von Lissabon (abgdr. in: ABl. 2007 C 306/1 ff.) sowie zu den mit diesem Reformvertrag einhergehenden Änderungen des EU-Vertrags und des – fortan nicht mehr so heißenden – EG-Vertrags vgl. mit ersten Stellungnahmen und Übersichten *Bergmann* DÖV 2008, 305 ff.; *Hatje* NJW 2008, 1761 ff.; *Lengauer* ZfRV 2008, 4 ff.; *Müller-Graff* integration 2008, 123 ff.; *Oppermann* DVBl. 2008, 473 ff.; *Pache* NVwZ 2008, 473 ff.; *Rabe* NJW 2007, 3153 ff.; *Richter* EuZW 2007, 631 ff.; *Schiffauer* EuGRZ 2008, 1 ff.; *Terhechte* EuR 2008, 143 ff.; *Weber* EuZW 2008, 7 ff.; *Hofmann/Wessels* integration 2008, 3 ff.

[34] Näher zum starken Einfluss der EMRK auf die Unions- bzw. Gemeinschaftsgrundrechte vgl. nur jeweils m. w. N. *Giegerich* in: Grote/Marauhn (Hrsg.), EMRK/GG, Konkordanzkommentar, Kap. 2 Rn. 27 ff.; *Szczekalla* in: Heselhaus/Nowak (Rn. 13), § 2 III Rn. 21 ff.

[35] Etwas anders vgl. nunmehr Art. 6 Abs. 3 EU i. d. F. des Lissaboner Reformvertrags (Fn. 33), wo es heißt: „Die Grundrechte, wie sie in der [EMRK] gewährleistet sind und wie sie sich aus den gemeinsamen Verfassungsüberlieferungen der Mitgliedstaaten ergeben, sind als allgemeine Grundsätze Teil des Unionsrechts."

Seit der feierlichen Proklamation der **Charta der Grundrechte der Europäischen Union**[36] am 7. Dezember 2000 in Nizza verfügt die EU nunmehr auch über einen eigenen Grundrechtekatalog, der den Unionsbürgern und -bürgerinnen v. a. im Interesse der Transparenz die im Wege der wertenden Rechtsvergleichung vom EuGH bereits anerkannten Gemeinschaftsgrundrechte sichtbarer machen soll.[37] Diese derzeit (noch) nicht rechtsverbindliche Grundrechtecharta, die als zusätzliche Rechtserkenntnisquelle bereits häufiger in den Schlussanträgen der beim EuGH tätigen Generalanwälte,[38] in den Erwägungsgründen einzelner Sekundärrechtsakte – wie etwa im 37. Erwägungsgrund der VO 1/2003 und im 36. Erwägungsgrund der neuen Fusionskontroll-VO 139/2004[39] – sowie in mehreren Urteilen des EuG,[40] des EuGH[41] und sogar des BVerfG[42] herangezogen worden ist, würde im Falle des In-Kraft-Tretens des o. g. Reformvertrags von Lissabon insoweit eindeutig rechtsverbindlich werden, als die „Union" nach Art. 6 Abs. 1 Satz 1 EU i. d. F. dieses Reformvertrags „die Rechte, Freiheiten und Grundsätze an[erkennt], die in der Charta der Grundrechte der Europäischen Union vom 7. Dezember 2000 in der am 12. Dezember 2007 in Straßburg angepassten Fassung niedergelegt sind; die Charta der Grundrechte und die Verträge sind rechtlich gleichrangig".[43]

12

Die in der EU-Grundrechtecharta (GRC) und die in der EMRK enthaltenen Grundrechte stehen keineswegs beziehungslos nebeneinander. Dies unterstreicht u. a. Art. 52 Abs. 3 GRC, wonach die in dieser Charta enthaltenen Rechte, die den durch die EMRK garantierten Rechten entsprechen, sowohl auf der Schutzbereichs- als auch auf der Schrankenebene die gleiche Bedeutung und Tragweite haben, wie sie ihnen in der EMRK verliehen wird. Ein „vorauseilender Gehorsam" lässt sich hinsichtlich des auf die **Gewährleistung eines möglichst kohärenten Grundrechtsschutzes in Europa** abzielenden Regelungsgehalts des Art. 52 Abs. 3 GRC in der bisherigen Rechtsprechung der Gemeinschaftsgerichte indes nicht nachweisen. Die Gemeinschaftsgerichte betonen zwar immer wieder, dass sie der Rechtsprechung des EGMR bei der Auslegung von Gemeinschafts-

13

---

[36] ABl. 2000 C 364/1 ff.; mit Erläuterungen des Konventspräsidiums abgdr. in EuGRZ 2000, 559 ff.

[37] Näher zur Entstehung und zu den Inhalten dieser Charta vgl. nur *Barriga*, Die Entstehung der Charta der Grundrechte der Europäischen Union, 2003, pass.; *Jarass*, EU-Grundrechte, 2005, pass.; *Meyer* (Hrsg.), Charta der Grundrechte der Europäischen Union, 2. Aufl. 2006, pass.; *Rengeling/Szczekalla* (Hrsg.), Grundrechte in der Europäischen Union, 2004, pass.; *Tettinger/Stern* (Hrsg.), Kölner Gemeinschafts-Kommentar: Europäische Grundrechte-Charta, 2006, pass.; *Zimmermann*, Die Charta der Grundrechte der Europäischen Union zwischen Gemeinschaftsrecht, Grundgesetz und EMRK, 2002, pass.

[38] Vgl. nur die Schlussanträge von GA *Léger* v. 10. 7. 2001 Rs. C-353/99 P – *Rat/Hautala* Slg. 2001, I-9567 Ziff. 51 u. 73 ff.; von GA *Jacobs* v. 21. 3. 2002 Rs. C-50/00 P – *Union de Pequeños Agricultores/Rat der EU* Slg. 2002, I-6681 Ziff. 39; und von GA *Colomer* v. 11. 2. 2003 Rs. C-217/00 P – *Buzzi Unicem/Kommission* Slg. 2004, I-267 Ziff. 30.

[39] Fusionskontroll-VO (EG) Nr. 139/2004 des Rates v. 20. 1. 2004, ABl. 2004 L 24/1 ff.

[40] Exempl. vgl. EuG U. v. 30. 1. 2002 Rs. T-54/99 – *max.mobil Telekommunikation/Kommission;* Slg. 2002, II-313 Rn. 48 u. 56 f., mit Anm. *Nowak* EuZW 2002, 191 f.; EuG U. v. 3. 5. 2002 Rs. T-177/01 – *Jégo-Quéré/Kommission* Slg. 2002, II-2365 Rn. 47; EuG U. v. 5. 8. 2003 verb. Rs. T-116 u. 118/01 – *P&Q European Ferries u. a./Kommission* Slg. 2003, II-2957 Rn. 209; EuG U. v. 12. 10. 2007 Rs. T-474/04 – *Pergan Hilfsstoffe für industrielle Prozesse GmbH/Kommission* Slg. 2007, II-4225 Rn. 75.

[41] Vgl. zuletzt EuGH, U. v. 14. 2. 2008 Rs. C-450/06 – *Varec SA/Belgien* noch nicht in der amtl. Slg. veröffentlicht (Rn. 48) = EuZW 2008, 209 (211); zuvor bereits EuGH, U. v. 27. 6. 2006 Rs. C-540/03 – *Europäisches Parlament/Rat der EU* Slg. 2006, I-5769 Rn. 38; mit Anm. *Szczekalla* NVwZ 2006, 1019 ff.

[42] Zu den gelegentlichen Bezugnahmen auch des BVerfG auf diese Charta vgl. BVerfG, NJW 2002, 885; BVerfG, NJW 2003, 1924 (1926); BVerfG, NJW 2004, 2887.

[43] Näher zu dieser neuen Regelung vgl. nur *Streinz/Ohler/Herrmann*, Der Vertrag von Lissabon zur Reform der EU, 2. Aufl. 2008, S. 96 ff.; sowie *Pache* NVwZ 2008, 473 (474 f.).

grundrechten „Rechnung zu tragen haben".[44] Hiermit soll aber offenbar lediglich an Art. 6 Abs. 2 EU erinnert werden, da sich die Gemeinschaftsgerichte über die Anerkennung der besonderen Bedeutung der EMRK hinaus nicht verpflichtet sehen, den gemeinschaftsrechtlichen Grundrechtsstandard allein an den grundrechtlichen Vorgaben der EMRK und des EGMR auszurichten. Dieser Befund stützt sich nicht nur auf das nachfolgend noch näher zu erörternde *Roquette Frères*-Urteil,[45] in dem es u. a. um die Frage der Existenz eines dem Art. 8 Abs. 1 EMRK entsprechenden Gemeinschaftsgrundrechts der Unverletzlichkeit von Geschäftsräumen ging,[46] sondern auch auf die umfangreiche Rechtsprechung der Gemeinschaftsgerichte zu den gemeinschaftsrechtlichen Verteidigungsrechten.[47] Diese Rechtsprechung nimmt zwar immer wieder Impulse der progressiven Rechtsprechung des EGMR zu den Verfahrensgarantien nach Art. 6 EMRK auf; dass sich die Gemeinschaftsgerichte dabei aber nicht dem „Diktat" des EGMR unterwerfen, illustriert v. a. ihre im weiteren Verlauf anzusprechende Rechtsprechung zum gemeinschaftsrechtlichen Aussage- bzw. Auskunftsverweigerungsrecht.[48]

14   Erwähnung verdient im Zusammenhang mit dem in Art. 20 VO 1/2003 geregelten Nachprüfungsverfahren schließlich das in Art. 47 GRC niedergelegte **Grundrecht auf effektiven** (gerichtlichen) **Rechtsschutz.** Der EuGH hat dieses Gemeinschaftsgrundrecht unter Rückgriff auf die gemeinsamen Verfassungstraditionen der Mitgliedstaaten und auf Art. 6 und 13 EMRK erstmals explizit in seinem *Johnston*-Urteil vom 15. Mai 1986 als einen allgemeinen – später sogar als „fundamental" bezeichneten[49] – Rechtsgrundsatz des Gemeinschaftsrechts anerkannt.[50] Dieses in zahlreichen nachfolgenden Urteilen des EuGH und des EuG bestätigte Unions- bzw. Gemeinschaftsgrundrecht verleiht natürlichen und juristischen Personen im Falle der Beeinträchtigung (anderer) subjektiver Gemeinschaftsrechte zunächst einmal einen – gerade auch im Zusammenhang mit formellen Nachprüfungsentscheidungen der Kommission gemäß Art. 20 Abs. 4 VO 1/2003 relevanten – Anspruch auf Zugang zu einem Gericht i. S. einer **Rechtsweggarantie.**[51] Darüber hinaus stellt der gemeinschaftsverfassungsrechtliche Grundsatz effektiven Rechtsschutzes individualschützende Anforderungen an die Durchführung und den Abschluss von Verwaltungsverfahren mit gemeinschaftsrechtlichem Bezug,[52] wobei diese Anforderungen durch weitere

---

[44] EuGH U. v. 15. 10. 2002 verb. Rs. C-238/99 P, C-244/99 P, C-245/99 P, C-247/99 P, C-250–252/99 P und C-254/99 P – *Limburgse Vinyl Maatschappij u. a./Kommission* Slg. 2002, I-8375 Rn. 274, ähnlich EuG U. v. 29. 4. 2004 verb. Rs. T-236/01, T-239/01, T-244/01 bis T-246/01, T-251/01 u. T-252/01 – *Tokai Carbon u. a./Kommission* Slg. 2004, II-1181 Rn. 405.

[45] EuGH U. v. 22. 10. 2002 Rs. C-94/00 – *Roquette Frères/Directeur général de la concurrence, de la consommation et de la répression des fraudes* Slg. 2002, I-9011 ff.

[46] Näher dazu unter Rn. 25 ff. und Rn. 85 ff.

[47] Näher dazu *Due* CDE 1987, 383 ff.; *Friedmann*, Die Geltung rechtsstaatlicher Grundsätze im kartellrechtlichen Bußgeldverfahren der Europäischen Gemeinschaft, 2005, S. 138 ff.; *Gumbel*, Grundrechte im EG-Kartellverfahren nach der VO 17/62, 2001; *Lenaerts/Vanhamme* CMLRev. 34 (1997), 531 ff.; *Lenz/Mölls* WuW 1991, 771 ff.; *Nowak*, Grundrechtsschutz im Europäischen Wettbewerbsrecht, in: Behrens/Braun/Nowak, Europäisches Wettbewerbsrecht im Umbruch, 2004, S. 23 ff.; *Pliakos*, Les droits de la défense et le droit communautaire de la concurrence, 1987, pass.; *Weiß*, Die Verteidigungsrechte im EG-Kartellverfahren, 1996, pass.

[48] Näher dazu unter Rn. 36 ff.

[49] EuGH U. v. 3. 5. 1996 Rs. C-399/95 R – *Deutschland/Kommission* Slg. 1996, I-2441 Rn. 47.

[50] EuGH U. v. 15. 5. 1986 Rs. 222/84 – *Johnston/Chief Constable of the RUC* Slg. 1986, 1651 Rn. 18.

[51] Vgl. nur EuGH U. v. 15. 5. 1986 Rs. 222/84 – *Johnston/Chief Constable of the RUC* Slg. 1986, 1651 Rn. 19; EuGH U. v. 15. 10. 1987 Rs. 222/86 – *Unectef/Heylens* Slg. 1987, 4097 Rn. 14; EuG U. v. 5. 4. 2006 Rs. T-279/02 – *Degussa AG/Kommission* Slg. 2006, II-897 Rn. 421; m. w. N. *Nowak* in: Heselhaus/Nowak (Fn. 13), § 51 Rn. 1 ff.

[52] Vgl. EuGH U. v. 15. 10. 1987 Rs. 222/86 – *Unectef/Heylens* Slg. 1987, 4097 Rn. 15; EuGH U. v. 7. 5. 1992 Rs. C-104/91 – *Collegio Oficial de API/Aguirre Borell u. a.* Slg. 1992, I-3003 Rn. 15.

höchstrichterlich anerkannte Verteidigungsrechte und Verfahrensgarantien – wie etwa den **Grundsatz der angemessenen Verfahrensdauer**[53] – verstärkt werden. In diesem Kontext werfen insbesondere mehrstufige Verwaltungsverfahren die wichtige Frage auf, in welchem konkreten Verfahrensstadium der **Grundsatz effektiven verwaltungsverfahrensrechtlichen Rechtsschutzes** zu beachten und ernst zu nehmen ist.[54] Diese Frage stellt sich auch im EG-Kartellverfahren, in dem die Ermittlungsphase von der – gelegentlich „streitiges Verfahren" bezeichneten[55] – Phase zu unterscheiden ist, in welcher der Erlass verfahrensabschließender Entscheidungen konkret vorbereitet wird und in der die Mitteilung der Beschwerdepunkte sowie die Anhörung haupt- und drittbetroffener Unternehmen oder Unternehmensvereinigungen im Vordergrund stehen.

Nach der insoweit einschlägigen Rechtsprechung der Gemeinschaftsgerichte müssen die **15** Verteidigungsrechte zwar in erster Linie in solchen Verfahren beachtet werden, die – wie etwa das mit der Mitteilung der Beschwerpunkte beginnende Anhörungsverfahren vor Erlass verfahrensabschließender Untersagungs- und Bußgeldentscheidungen – zu Sanktionen führen können; gleichwohl verlangt die Beachtung bzw. **Wahrung der Verteidigungsrechte,** die der Gemeinschaftsrichter bereits für sich genommen als einen fundamentalen Grundsatz des Gemeinschaftsrechts einstuft,[56] dass bestimmte dieser Rechte **schon im Stadium der Voruntersuchung** beachtet werden, damit verhindert wird, dass diese Rechte in nicht wiedergutzumachender Weise in bestimmten Voruntersuchungsverfahren beeinträchtigt werden, die – wie etwa das in Art. 20 VO 1/2003 geregelte Nachprüfungsverfahren – für die Feststellung der Rechtswidrigkeit der Verhaltensweisen von Unternehmen von entscheidender Bedeutung sein können.[57]

---

[53] Zur höchstricherlichen Anerkennung dieses gelegentlich auch als Anspruch auf „Einhaltung einer angemessenen Frist (bzw. eines angemessenen Zeitraums) bei der Abwicklung der Verwaltungsverfahren auf dem Gebiet der Wettbewerbspolitik bezeichneten" Grundsatzes und dessen Bedeutung speziell im EG-Kartellverfahrensrecht vgl. etwa EuGH U. v. 21. 9. 2006 Rs. C-105/04 P – *Nederlandse Federatieve Vereniging voor de Groothandel op Elektrotechnisch Gebied u. a./Kommission* Slg. 2006, I-8725 Rn. 35 ff.; EuGH U. v. 21. 9. 2006 Rs. C-113/04 P – *Technische Unie BV/Kommission* Slg. 2006, I-8831 Rn. 40 ff.; EuGH U. v. 21. 9. 2006 Rs. C-167/04 P – *JCB Service/Kommission* Slg. 2006, I-8935 Rn. 60 ff. sowie zuletzt EuG U. v. 8. 7. 2008 Rs. T-52/03 – *Knauf Gips KG/Kommission* noch nicht in der amtl. Slg. veröffentlicht (Rn. 478 ff.).

[54] Näher hierzu vgl. *Nehl* in: Heselhaus/Nowak (Fn. 13), § 54 Rn. 22 ff.

[55] Vgl. nur EuGH U. v. 18. 10. 1989 Rs. 374/87 – *Orkem/Kommission* Slg. 1989, 3283 Rn. 24.

[56] Vgl. EuGH U. v. 29. 6. 2006 Rs. C-289/04 P – *Showa Denko KK/Kommission* Slg. 2006, I-5859 Rn. 68; EuGH U. v. 29. 6. 2006 Rs. C-308/04 P – *SGL Carbon AG/Kommission* Slg. 2006, I-5977 Rn. 94; EuGH U. v. 21. 9. 2006 Rs. C-105/04 P – *Nederlandse Federatieve Vereniging voor de Groothandel op Elektrotechnisch Gebied u. a./Kommission* Slg. 2006, I-8725 Rn. 50; EuGH U. v. 21. 9. 2006 Rs. C-113/04 P – *Technische Unie BV/Kommission* Slg. 2006, I-8831 Rn. 55; EuGH U. v. 8. 2. 2007 Rs. C-3/06 P – *Groupe Danone/Kommission* Slg. 2007, I-1331 Rn. 68; EuGH U. v. 10. 5. 2007 Rs. C-328/05 P – *SGL Carbon AG/Kommission* Slg. 2007, I-3921 Rn. 70; EuG U. v. 15. 3. 2006 Rs. T-15/02 – *BASF AG/Kommission* Slg. 2006, II-497 Rn. 44; ähnlich EuG U. v. 13. 12. 2006 verb. Rs. T-217/03 u. T-245/03 – *Fédération nationale de la coopération bétail et viande u. a./Kommission* Slg. 2006, II-4987 Rn. 217 ; sowie EuG U. v. 18. 6. 2008 Rs. T-410/03 – *Hoechst GmbH/Kommission* noch nicht in der amtl. Slg. veröffentlicht (Rn. 420), wo diesbzgl. jeweils von einem „tragenden Grundsatz des Gemeinschaftsrechts" die Rede ist; etwas anders vgl. indes EuG U. v. 27. 9. 2006 Rs. T-314/01 – *Coöperatieve Verkoop en Productievereniging van Aardappelmeel en Derivaten Avebe BA/Kommission* Slg. 2006, II-3085 Rn. 49; EuG U. v. 26. 4. 2007 verb. Rs. T-109/02, T-118/02, T-122/02, T-125/02, T-126/02, T-128/02, T-129/02, T-132/02 u. T-136/02 – *Bolloré SA/Kommission* Slg. 2007, II-947 Rn. 66, wo die Wahrung der Verteidigungsrechte jeweils als ein „Grundprinzip des Gemeinschaftsrechts" eingestuft wird.

[57] So etwa EuGH U. v. 21. 9. 1989 verb. Rs. 46/87 u. 227/88 – *Hoechst/Kommission* Slg. 1989, 2859 Rn. 15; EuGH U. v. 17. 10. 1989 verb. Rs. 97–99/87 – *Dow Chemical Ibérica u. a./Kommission* Slg. 1989, 3165 Rn. 12; EuG U. v. 8. 3. 1995 Rs. T-34/93 – *Société Générale/Kommission* Slg. 1995, II-545 Rn. 73.

3. Gemeinschaftsverfassungsrechtlich garantierter Grundrechtsschutz im Nachprüfungsverfahren

16 Besondere Bedeutung kommt bei Nachprüfungen i. S. des Art. 20 VO 1/2003 zunächst einmal dem grundrechtlich fundierten Schutz vor willkürlichen oder unverhältnismäßigen Eingriffen der öffentlichen Gewalt in die Sphäre der privaten Betätigung natürlicher oder juristischer Personen (a), dem gemeinschaftsgrundrechtlich fundierten Schutz der Unverletzlichkeit von Privatwohnungen (b) sowie der Unverletzlichkeit von Geschäftsräumen (c) zu. Eine wichtige Rolle spielen im EG-kartellrechtlichen Nachprüfungsverfahren ferner einige ebenfalls zu den Gemeinschaftsgrundrechten zählende Verteidigungsrechte,[58] deren „Wahrung" nach der Rechtsprechung des EuG wiederum als ein eigenständiger gemeinschaftsrechtlicher „Grundsatz von fundamentaler Bedeutung"[59] bzw. als eine „wesentliche Formvorschrift"[60] anzusehen ist. Zu diesen im Kontext des Art. 20 VO 1/2003 bedeutsamen Verteidigungsrechten gehören sowohl der Anspruch auf juristischen Beistand und der die englische Kurzbezeichnung „Legal (Professional) Privilege" tragende Schutz der Vertraulichkeit des Schriftverkehrs zwischen Mandant und Rechtsanwalt (d), als auch das aus den Verteidigungsrechten abgeleitete (beschränkte) Aussage- bzw. Auskunftsverweigerungsrecht (e). Weniger bedeutsam sind im Nachprüfungsverfahren hingegen das Gemeinschaftsgrundrecht der Unschuldsvermutung sowie der gemeinschaftsverfassungsrechtliche Anspruch auf rechtliches Gehör (f).

17 **a) Schutz vor willkürlichen oder unverhältnismäßigen Eingriffen der öffentlichen Gewalt in die Sphäre der privaten Betätigung.** Zu den allgemeinen Grundsätzen des Gemeinschaftsrechts, unter deren Berücksichtigung Art und Umfang der – einst in Art. 14 VO 17 und nunmehr in Art. 20 VO 1/2003 geregelten – Nachprüfungsbefugnisse der Kommission zu prüfen sind, gehört zunächst einmal der erstmals im vieldiskutierten *Hoechst*-Urteil anerkannte[61] und in zahlreichen Folge-Urteilen der Gemeinschaftsgerichte[62] bestätigte Schutz gegen willkürliche oder unverhältnismäßige Eingriffe der öffentlichen Gewalt in die **Sphäre der privaten Betätigung jeder natürlichen oder juristischen Person.** Der EuGH hat das Erfordernis eines solchen Schutzes als allgemeinen Grundsatz des Gemeinschaftsrechts anerkannt, da zur Zeit des *Hoechst*-Urteils derartige Eingriffe in allen Rechtsordnungen der Mitgliedstaaten einer Rechtsgrundlage bedurften und aus den gesetzlich vorgesehenen Gründen gerechtfertigt sein mussten.[63]

18 Mit dem vorgenannten „allgemeinen Grundsatz des Gemeinschaftsrechts" hat der EuGH unbestritten eine gemeinschaftsverfassungsrechtliche **Garantie des Gesetzesvorbehalts**

---

[58] Zur gemeinschafts*grundrechtlichen* Einordnung dieser Verteidigungsrechte vgl. EuGH U. v. 7. 1. 2004 verb. Rs. C-204, 205, 211, 213, 217 u. 219/00 P – *Aalborg Portland u. a./Kommission* Slg. 2004, I-123 Rn. 64; EuG U. v. 8. 7. 2008 Rs. T-99/04 – *AC-Treuhand AG/Kommission* noch nicht in der amtl. Slg. veröffentlicht (Rn. 46); sowie *Nehl* in: Heselhaus/Nowak (Fn. 13), § 54 Rn. 1.

[59] EuG U. v. 14. 5. 1998 Rs. T-348/94 – *Enso Española/Kommission* Slg. 1998, II-1875 Rn. 80.

[60] EuG U. v. 10. 5. 2001 verb. Rs. T-186/97 u. a. – *Kaufring u. a./Kommission* Slg. 2001, II-1337 Rn. 134.

[61] EuGH U. v. 21. 9. 1989 verb. Rs. 46/87 u. 227/88 – *Hoechst/Kommission* Slg. 1989, 2859 Rn. 19; ausführlich zu diesem Urteil vgl. nur *Kamburoglou/Pirrwitz* RIW 1990, 263 ff.; *Kulka* DB 1989, 2115 ff.; *Ress/Ukrow* EuZW 1990, 499 ff.; *Scholz* WuW 1990, 99 ff.; *v. Winterfeld* RIW 1992, 524 ff.

[62] Vgl. EuGH U. v. 17. 10. 1989 Rs. 85/87 – *Dow Benelux/Kommission* Slg. 1989, 3137 Rn. 30; EuGH U. v. 17. 10. 1989 verb. Rs. 97–99/87 – *Dow Chemical Ibérica u. a./Kommission* Slg. 1989, 3165 Rn. 16; EuG U. v. 11. 12. 2003 Rs. T-65/99 – *Strintzis Lines Shipping SA/Kommission* Slg. 2003, II-5433 Rn. 39; EuG U. v. 11. 12. 2003 Rs. T-59/99 – *Ventouris Group Enterprises SA/Kommission* Slg. 2003, II-5257 Rn. 119.

[63] So EuGH U. v. 21. 9. 1989 verb. Rs. 46/87 u. 227/88 – *Hoechst/Kommission* Slg. 1989, 2859 Rn. 19; bestätigt u. a. in EuGH U. v. 17. 10. 1989 Rs. 85/87 – *Dow Benelux/Kommission* Slg. 1989, 3137 Rn. 30.

anerkannt,[64] die als ein allgemeiner Rechtsgrundsatz des Gemeinschaftsrechts ganz generell bei hoheitlichen Eingriffen in Unions- bzw. Gemeinschaftsgrundrechte zu beachten ist.[65] Darüber hinaus wird der vom EuGH anerkannte Schutz gegen willkürliche oder unverhältnismäßige Eingriffe der öffentlichen Gewalt in die Sphäre der privaten Betätigung natürlicher oder juristischer Person vielfach – teils explizit, teils implizit – als höchstrichterliche Bestätigung eines Gemeinschaftsgrundrechts der allgemeinen Handlungsfreiheit interpretiert,[66] weshalb der im *Hoechst*-Urteil anerkannte „allgemeine Gesetzesvorbehalt" für Grundrechtseingriffe funktional der allgemeinen Handlungsfreiheit des Art. 2 Abs. 1 GG entspreche.[67] Diese Deutung der *Hoechst*-Rechtsprechung steht aber nach wie vor auf einem unsicheren Fundament, weil die „allgemeine Handlungsfreiheit" als ein eigenständiges Gemeinschaftsgrundrecht explizit lediglich im *Rau*-Urteil angesprochen[68] und in der nachfolgenden Rechtsprechung nicht mehr „bemüht" worden ist; ein Umstand, der zugleich erklären könnte, warum die allgemeine Handlungsfreiheit keinen Eingang in die o. g. EU-Grundrechtecharta gefunden hat.

Insoweit könnte sich der im *Hoechst*-Urteil angesprochene „Eingriff" in die Sphäre der privaten Betätigung jeder natürlichen oder juristischen Person auch auf eines der vom EuGH anerkannten Wirtschaftsgrundrechte beziehen, zu denen neben der Eigentumsfreiheit[69] auch die vom EuGH anerkannte – teils als „wirtschaftliche Handlungsfreiheit" bezeichnete[70] – unternehmerische Wirtschafts- bzw. wirtschaftliche Betätigungsfreiheit[71] sowie die Handels-,[72] Vertrags-[73] und Wettbewerbsfreiheit[74] gehören, die nach der bisherigen Rechtsprechung der Gemeinschaftsgerichte eher als spezielle Teilgewährleistungen des Gemeinschaftsgrundrechts der Berufsfreiheit zu qualifizieren sind.[75] **19**

Unabhängig davon, welche der beiden o. g. Deutungsvarianten den Vorzug verdient, stellt sich im Zusammenhang mit Art. 20 VO 1/2003 die sowohl in der Rechtsprechung als auch im Schrifttum bislang recht „stiefmütterlich" behandelte Frage, wann kartellverfah- **20**

---

[64] In diesem Sinne vgl. statt vieler *Hilf/Hörmann* NJW 2003, 1 (6).
[65] Näher zu dieser Garantie vgl. m.w. N. *Szczekalla* in: Heselhaus/Nowak (Fn. 13), § 7 Rn. 31.
[66] Explizit *Bernsdorff* in: Meyer (Fn. 37), Art. 7 Rn. 15; *Haratsch* in: Heselhaus/Nowak (Fn. 13), § 18 Rn. 12; *Schilling* EuGRZ 2000, 3 (14); implizit *Lecheler* ZEuS 2003, 337 (342); vorsichtiger *Pernice/Mayer* in: Grabitz/Hilf, Das Recht der Europäischen Union, Bd. I, Losebl. (Stand: 10/2007), nach Art. 6 EUV Rn. 75; *Szczekalla* DVBl. 2005, 286 (287).
[67] So *Lecheler* ZEuS 2003, 337 (342); ähnlich *Streinz* in: ders. (Fn. 8), GR-Charta Art. 6 Rn. 5.
[68] EuGH U. v. 21. 5. 1987 verb. Rs. 133-136/85 – *Walter Rau Lebensmittelwerke u. a./Bundesanstalt für landwirtschaftliche Marktordnung* Slg. 1987, 2289 Rn. 15 f. u. 19.
[69] Grdlg. EuGH U. v. 14. 5. 1974 Rs. 4/73 – *Nold/Kommission* Slg. 1974, 491 Rn. 12 ff.; EuGH U. v. 13. 10. 1979 Rs. 44/79 – *Hauer/Land Rheinland Pfalz* Slg. 1979, 3727 Rn. 17 ff.; m.w. N. *Heselhaus* in: Heselhaus/Nowak (Fn. 13), § 32 Rn. 1 ff.
[70] So etwa EuGH U. v. 29. 4. 2004, Rs. C-418/01 – *IMS Health/NDC Health* Slg. 2004, I-5039 Rn. 48; ebenso GA *Tesauro*, Schlussanträge v. 22. 1. 1998, Rs. C-200/96 – *Metronome Musik GmbH/Music Point Hokamp GmbH* Slg. 1998, I-1956 Ziff. 32.
[71] EuGH U. v. 19. 9. 1985 verb. Rs. 63 u. 147/84 – *Finsider/Kommission* Slg. 1985, 2857 Rn. 23 f.; m. w. N. *Nowak* in: Heselhaus/Nowak (Fn. 13), § 31 Rn. 1 ff.
[72] EuGH U. v. 7. 2. 1985 Rs. 240/83 – *Procureur de la République/ADBHU* Slg. 1985, 531 Rn. 11; m. w. N. *Nowak* in: Heselhaus/Nowak (Fn. 13), § 31 Rn. 32.
[73] EuGH U. v. 16. 1. 1979 Rs. 151/78 – *Sukkerfabriken Nykøbing/Landwirtschaftsministerium* Slg. 1979, 1 Rn. 20; EuGH U. v. 5. 10. 1999 Rs. C-240/97 – *Spanien/Kommission* Slg. 1999, I-6571 Rn. 99; m. w. N. *Nowak* in: Heselhaus/Nowak (Fn. 13), § 31 Rn. 33.
[74] EuGH U. v. 7. 2. 1985 Rs. 240/83 – *Procureur de la République/ADBHU* Slg. 1985, 531 Rn. 9 ff.; EuGH U. v. 21. 5. 1987 verb. Rs. 133-136/85 – *Rau u. a./BALM* Slg. 1987, 2289 Rn. 15 ff.; EuGH U. v. 5. 10. 1994 Rs. C-280/93 *Deutschland/Rat* Slg. 1994, I-4973 Rn. 58 ff.; m.w.N. *Nowak* in: Heselhaus/Nowak (Fn. 13), § 31 Rn. 34 f.
[75] Näher dazu vgl. m. w. N. *Nowak* in: Behrens/Braun/Nowak (Fn. 47), S. 28 ff.; ders. in: Heselhaus/Nowak (Fn. 13), § 30 Rn. 43 i.V. m. § 31 Rn. 1 ff.

rensrechtliche Nachprüfungsmaßnahmen konkret den Charakter eines „Eingriffs" in die allgemeine oder wirtschaftliche Handlungsfreiheit bzw. in die wirtschaftliche Betätigungsfreiheit annehmen, der geeignet wäre, den an eine Beeinträchtigung subjektiver Gemeinschaftsrechte anknüpfenden **Rechtsgrundsatz effektiven Rechtsschutzes** zu aktivieren.[76] Diesbezüglich ist grundsätzlich zwischen Nachprüfungen auf Grund eines schriftlichen (einfachen) Prüfungsauftrages i. S. des Art. 20 Abs. 3 VO 1/2003 und den einschneidenderen Nachprüfungen auf Grund einer formellen Nachprüfungsentscheidung i. S. des Art. 20 Abs. 4 VO 1/2003 zu unterscheiden, da sich die in den persönlichen Schutzbereich der vorgenannten Gemeinschaftsgrundrechte fallenden Nachprüfungsadressaten den erstgenannten Nachprüfungen problemlos entziehen können, während sie bei den letztgenannten Nachprüfungen zur Duldung und zur aktiven Mitwirkung[77] verpflichtet sind.

21   Für die insbesondere durch das *PVC*-Urteil des EuGH und die entsprechende Rechtsmittelentscheidung des EuGH erhärtete[78] These, dass lediglich die auf der Grundlage einer formellen Nachprüfungsentscheidung vorgenommenen Nachprüfungen in die vorgenannten Wirtschaftsgrundrechte bzw. in die allgemeine Handlungsfreiheit „eingreifen" können[79] und insoweit den grundrechtlich fundierten Schutz gegen willkürliche oder unverhältnismäßige Eingriffe der öffentlichen Gewalt in die Sphäre der privaten Betätigung jeder natürlichen oder juristischen Person aktivieren, spricht auch die Rechtsprechung der Gemeinschaftsgerichte zur **Anfechtbarkeit formeller Nachprüfungsentscheidungen**.[80] Da die auf der Grundlage derartiger Entscheidungen vorgenommenen Nachprüfungen nach obigen Ausführungen geeignet sind, den im *Hoechst*-Urteil grundrechtlich fundierten Schutz gegen willkürliche oder unverhältnismäßige Eingriffe der öffentlichen Gewalt in die Sphäre der privaten Betätigung zu beeinträchtigen, ist die von den Gemeinschaftsgerichten anerkannte Anfechtbarkeit formeller Nachprüfungsentscheidungen im Lichte des gemeinschaftsrechtlichen Grundsatzes effektiven Rechtsschutz Schutz zwingend geboten.

22   Umgekehrt lässt sich die bisherige Rechtsprechung der Gemeinschaftsgerichte zur **Unanfechtbarkeit einfacher Prüfungsaufträge**[81] im Lichte des Grundsatzes effektiven Rechtsschutzes dahingehend interpretieren, dass Nachprüfungen auf der Grundlage eines solchen einfachen Auftrags eingedenk der vorausgesetzten Freiwilligkeit der Mitwirkung des Nachprüfungsadressaten *per se* keine materiellen Gemeinschaftsgrundrechte beeinträchtigen und damit auch nicht das Annexgrundrecht effektiven Rechtsschutzes aktivieren können. Würde man hingegen – wozu keine Veranlassung bestehen dürfte – auch die auf der Grundlage eines schriftlichen (einfachen) Prüfungsauftrages vorgenommenen Nachprüfungen als Eingriff in den grundrechtlich fundierten Schutz gegen willkürliche oder unverhältnismäßige Eingriffe der öffentlichen Gewalt in die Sphäre der privaten Betätigung jeder natürlichen oder juristischen Person qualifizieren, so wäre die bisherige Rechtsprechung zur Unanfechtbarkeit derartiger Prüfungsaufträge im Lichte des Gemeinschaftsgrundrechts auf effektiven Rechtsschutz korrekturbedürftig.

---

[76] Zum Rechtsgrundsatz effektiven Rechtsschutzes bzw. zur unionsgrundrechtlichen Rechtsweg- und Rechtsschutzgarantie vgl. bereits m. w. N. unter Rn. 14.

[77] Vgl. nur EuGH U. v. 18. 10. 1989 Rs. 374/87 – *Orkem/Kommission* Slg. 1989, 3283 Rn. 22 i.V. m. 27; EuG U. v. 9. 11. 1994 Rs. T-46/92 – *The Scottish Football Association/Kommission* Slg. 1994, II-1039 Rn. 31; EuG U. v. 8. 3. 1995 Rs. T-34/93 – *Société Générale/Kommission* Slg. 1995, II-545 Rn. 72.

[78] Vgl. EuG U. v. 20. 4. 1999 verb. Rs. T-305–307/94, T-313-316/94, T-318/94, T-325/94, T-328/94, T-329/94 u. T-335/94 – *Limburgse Vinyl Maatschappij u. a./Kommission* Slg. 1999, II-931 Rn. 422; bestätigt durch EuGH U. v. 15. 10. 2002 verb. Rs. C-238/99 P, C-244/99 P, C-245/99 P, C-247/99 P, C-250–252/99 P u. C-254/99 P – *Limburgse Vinyl Maatschappij u. a./Kommission* Slg. 2002, I-8375 Rn. 252 ff.

[79] So im Ergebnis auch *Vocke* (Fn. 14), S. 66.

[80] Zu dieser Rechtsprechung vgl. m. w. N. unter Rn. 98–102.

[81] Zu dieser Rechtsprechung vgl. m. w. N. unter Rn. 99.

b) Schutz der Unverletzlichkeit von Privaträumen. Eindeutig anerkannt hat der EuGH in seinem *Hoechst*-Urteil das später mehrfach bestätigte Gemeinschaftsgrundrecht der Unverletzlichkeit der Privatwohnung natürlicher Personen,[82] in das die gemeinschaftliche Hoheitsgewalt nur unter Beachtung der gemeinschaftsrechtlichen Grundsätze der Verhältnismäßigkeit[83], der Wesensgehaltsgarantie[84] sowie des allgemeinen Gesetzesvorbehalts[85] eingreifen darf. Einen derartigen Grundrechtseingriff gestattet der Kommission in gewissen Grenzen erstmals Art. 21 VO 1/2003, der insoweit wiederum im Lichte des Gemeinschaftsgrundrechts der Unverletzlichkeit von Privaträumen auszulegen ist.[86] 23

Während das **Gemeinschaftsgrundrecht der Unverletzlichkeit von Privaträumen** bei Nachprüfungen auf der Grundlage des Art. 21 VO 1/2003 naturgemäß von herausragender Bedeutung ist, kann dieses Grundrecht bei Nachprüfungen auf der Grundlage des Art. 20 VO 1/2003 ausnahmsweise nur dann tangiert und verletzt werden, wenn die Kommission die tatbestandsmäßigen Grenzen dieser Vorschrift missachtet, indem sie sich im konkreten Einzelfall ausnahmsweise nicht auf das Betreten betrieblicher oder geschäftlich genutzter „Räumlichkeiten, Grundstücke und Transportmittel von Unternehmen und Unternehmensvereinigungen" beschränkt. Daher stellt sich im Anwendungsbereich des Art. 20 VO 1/2003 allein bzw. in erster Linie die Frage, ob sich die betroffenen Nachprüfungsadressaten i. S. des Art. 20 Abs. 1 VO 1/2003 auf ein Gemeinschaftsgrundrecht der Unverletzlichkeit von Geschäftsräumen berufen können, dem ggf. erhebliche Bedeutung bei der Auslegung und Anwendung des Art. 20 VO 1/2003 zukommen würde. 24

c) Schutz der Unverletzlichkeit von Geschäftsräumen. Einem sowohl über die Erfordernisse des Schutzes gegen willkürliche oder unverhältnismäßige Eingriffe der öffentlichen Gewalt in die Sphäre der privaten Betätigung jeder natürlichen oder juristischen Person als auch über das vom EuGH anerkannte Gemeinschaftsgrundrecht der Unverletzlichkeit der Privaträume natürlicher Personen hinaus gehenden Gemeinschaftsgrundrecht der Unverletzlichkeit von Geschäftsräumen, das in etwa dem nach der Rechtsprechung des BVerfG in Art. 13 GG verankerten Grundrecht der Unverletzlichkeit der Geschäftsräume[87] entsprechen würde, hat der EuGH im *Hoechst*-Urteil – anders als GA *Mischo* in seinen einschlägigen Schlussanträgen vom 21. Februar 1989[88] – zunächst die Anerkennung verweigert, „da die Rechtsordnungen der Mitgliedstaaten in bezug auf Art und Umfang des Schutzes von Geschäftsräumen gegen behördliche Eingriffe nicht unerhebliche Unterschie- 25

---

[82] Vgl. nur EuGH U. v. 21. 9. 1989 verb. Rs. 46/87 u. 227/88 – *Hoechst/Kommission* Slg. 1989, 2859 Rn. 17; EuGH U. v. 17. 10. 1989 Rs. 85/87 – *Dow Benelux/Kommission* Slg. 1989, 3137 Rn. 28; EuGH U. v. 17. 10. 1989 verb. Rs. 97–99/87 – *Dow Chemical Ibérica u. a./Kommission* Slg. 1989, 3165 Rn. 14.

[83] Näher zu dieser gemeinschaftsgrundrechtlichen „Schranken-Schranke" vgl. nur *von Danwitz* EWS 2003, 393 ff.; *Kischel* EuR 35 (2000), 380 ff.; *Pache* NVwZ 1999, 1033 ff.; sowie m. w. N. *Szczekalla* in: Heselhaus/Nowak (Fn. 13), § 7 Rn. 41 ff.

[84] Zu den in der EuGH-Rspr. noch nicht vollständig beseitigten Unklarheiten im Hinblick auf Inhalt, Funktion und Wirkungsweise dieser Garantie vgl. etwa *Kühling*, Grundrechte, in: von Bogdandy (Fn. 13), S. 583 (624 f.); sowie m. w. N. *Szczekalla* in: Heselhaus/Nowak (Fn. 13), § 7 Rn. 49 ff.

[85] Zur Anerkennung des gemeinschaftsrechtlichen Gesetzesvorbehalts durch den EuGH vgl. Rn. 18.

[86] Zum Gebot der grundrechtskonformen Auslegung sekundären Gemeinschaftsrechts vgl. Rn. 10.

[87] Näher dazu vgl. m. w. N. *Hermes* in: Dreier, GG-Kommentar, 2. Aufl. 2004, Art. 13 Rn. 28; *Jarass* in: ders./Pieroth, GG-Kommentar, 8. Aufl. 2006, Art. 13 Rn. 2 a; *Kühne* in: Sachs, GG-Kommentar, 3. Aufl. 2003, Art. 13 Rn. 4.

[88] Vgl. die Schlussanträge von GA *Mischo* v. 21. 2. 1989 verb. Rs. 46/87 u. 227/88 – *Hoechst/Kommission* Slg. 1989, 2875 Ziff. 103, in denen er dem EuGH auf Grund einer „allgemeinen Tendenz" zugunsten einer Gleichstellung von Privat- und Geschäftsräumen im nationalen Recht vorschlug, „ausdrücklich die Existenz eines gemeinschaftsrechtlichen Grundrechts der Unverletzlichkeit von Geschäftsräumen anzuerkennen".

de aufweisen".[89] Auch Art. 8 EMRK, nach dessen Absatz 1 „jedermann [...] Anspruch auf Achtung seines Privat- und Familienlebens, seiner Wohnung und seines Briefverkehrs" hat, konnte den EuGH seinerzeit nicht zur Anerkennung eines solchen Gemeinschaftsgrundrechts bewegen, da der Schutzbereich dieses Artikels nach der im *Hoechst*-Urteil vertretenen Auffassung des EuGH ausschließlich die freie Entfaltung der Persönlichkeit betreffe und sich daher nicht auf Geschäftsräume ausdehnen lasse.[90]

26   Die im *Hoechst*-Urteil einst **unterbliebene Anerkennung eines Gemeinschaftsgrundrechts der Unverletzlichkeit von Geschäftsräumen,** die im Schrifttum vielfach kritisiert wurde[91] und an der in nachfolgenden Urteilen dennoch zunächst uneingeschränkt festgehalten worden ist,[92] lässt sich retrospektiv durchaus als „verfassungspolitischer Missgriff" bezeichnen,[93] da der EGMR bereits wenige Monate vor dem *Hoechst*-Urteil des EuGH die Anwendbarkeit des Art. 8 Abs. 1 EMRK auf die Durchsuchung eines Hauses bejaht hatte, in dem sich sowohl Betriebs- als auch Geschäftsräume befanden.[94] In seinem *Niemitz*-Urteil aus dem Jahre 1992 unterstellte der EGMR sodann die Geschäftsräume einer Anwaltskanzlei ausdrücklich dem Schutz des Art. 8 Abs. 1 EMRK.[95] Mit dem *Colas Est*-Urteil vom 16. April 2002[96] erreichte die grundrechtsdogmatische Divergenz zwischen der *Hoechst*-Rechtsprechung des EuGH und der die Unverletzlichkeit von Geschäftsräumen anerkennenden EGMR-Rechtsprechung eine neue Dimension. In diesem Urteil hat der EGMR nämlich nicht nur entschieden, dass eine dynamische und weite Bestimmung des Schutzbereichs des Grundrechts auf Unverletzlichkeit der Wohnung erforderlich ist und insoweit auch die Geschäftsräume juristischer Personen vom Schutzbereich des Art. 8 Abs. 1 EMRK erfasst werden. Vielmehr hat der EGMR in dieser Entscheidung auch deutlich gemacht, dass eine Nachprüfung in den Geschäftsräumen eines Unternehmens selbst dann als Eingriff in Art. 8 Abs. 1 EMRK anzusehen ist, wenn sich dessen Personal der Nachprüfung nicht widersetzt bzw. darin einwilligt.[97] Angesichts dieser Fortentwicklungen, aus denen das EuG in seinem *PVC*-Urteil vom 20. April 1999 – mit recht fadenscheiniger Begründung – noch keine in die Anerkennung eines Gemeinschaftsgrundrechts der Unverletzlichkeit von Geschäftsräumen einmündenden Konsequenzen ziehen zu müssen meinte,[98] stellte sich bis zum Oktober 2002 die Frage, wie der EuGH künftig unter Berücksichtigung der progressiven EGMR-Rechtsprechung über die (Nicht-)Existenz eines Gemeinschaftsgrundrechts der Unverletzlichkeit von Geschäftsräumen entscheiden würde.

---

[89] EuGH U. v. 21. 9. 1989 verb. Rs. 46/87 u. 227/88 – *Hoechst/Kommission* Slg. 1989, 2859 Rn. 17.
[90] EuGH ebd. (Rn. 18), mit dem weiteren Hinweis, dass hierzu keine EGMR-Rechtsprechung vorliege.
[91] Kritisch *Klocker* WuW 1990, 109ff.; *Kulka* DB 1989, 2115ff.; *Ress/Ukrow* EuZW 1990, 499ff.; *Scholz* WuW 1990, 99ff.; dem EuGH diesbzgl. zustimmend *Kamburoglou/Pirrwitz* RIW 1990, 263ff.
[92] Vgl. insb. EuG U. v. 20. 4. 1999 verb. Rs. T-305–307/94, T-313–316/94, T-318/94, T-325/94, T-328/94, T-329/94 u. T-335/94 – *Limburgse Vinyl Maatschappij u. a./Kommission* Slg. 1999, II-931 Rn. 419 f.
[93] Zutr. *Nehl*, Nachprüfungsbefugnisse der Kommission aus gemeinschaftsverfassungsrechtlicher Perspektive, in: Behrens/Braun/Nowak (Hrsg.), Europäisches Wettbewerbsrecht im Umbruch, 2004, S. 73 (84).
[94] EGMR U. v. 30. 5. 1989 – *Chappell* Serie A, Nr. 152-A, S. 21 ff.
[95] EGMR U. v. 16. 12. 1992 – *Niemitz* Serie A, Nr. 251-B, S. 34 f.
[96] EGMR U. v. 16. 4. 2002 – *Sociétés Colas Est/Frankreich* Serie A, Nr. 37 971/97.
[97] Zu dem hiervon abweichenden grundrechtsdogmatischen Ansatz des EuGH vgl. Rn. 20–22.
[98] Vgl. EuG U. v. 20. 4. 1999 verb. Rs. T-305–307/94, T-313–316/94, T-318/94, T-325/94, T-328/94, T-329/94 u. T-335/94 – *Limburgse Vinyl Maatschappij u. a./Kommission* Slg. 1999, II-931 Rn. 419.

Eine erste gute Gelegenheit zur Klärung dieser Frage hat der EuGH in seiner *PVC*- 27
Rechtsmittelentscheidung vom 15. Oktober 2002 ungenutzt verstreichen lassen.[99] Eine
zweite – vermutlich ganz bewusst nicht genutzte – Gelegenheit zur Klärung dieser Frage
gab dem EuGH eine Woche später das **Vorabentscheidungsurteil in der Rs.** *Roquette*
Frères.[100] In dieser Rs. hatte das französische Gericht des Ausgangsverfahrens den EuGH
zwar u.a. danach gefragt, ob er angesichts der neueren, oben skizzierten EGMR-Rechtsprechung an seiner bisherigen *Hoechst*-Rechtsprechung festhalten wolle. Im Hinblick auf
die Frage nach der heutigen Existenz eines Gemeinschaftsgrundrechts der Unverletzlichkeit von Geschäftsräumen juristischer Personen hat der EuGH in seinem *Roquette Frères*-Urteil jedoch eine klare Antwort vermissen lassen. Vielmehr erinnerte er zunächst daran, dass das im *Hoechst*-Urteil seinerzeit hervorgehobene Erfordernis eines Schutzes vor
willkürlichen oder unverhältnismäßigen Eingriffen der öffentlichen Gewalt in die Sphäre
der privaten Betätigung natürlicher oder juristischer Personen einen allgemeinen Grundsatz des Gemeinschaftsrechts darstellt.[101] Anknüpfend an diese **Bestätigung der *Hoechst*-Rechtsprechung** führte der EuGH sodann in mehrdeutiger Weise aus, dass bei „der
Bestimmung der Tragweite dieses Grundsatzes hinsichtlich des Schutzes der Geschäftsräume von Unternehmen [...] die nach dem Urteil Hoechst/Kommission ergangene
Rechtsprechung des [EGMR] zu berücksichtigen [ist], aus der sich zum einen ergibt,
dass der Schutz der Wohnung, um den es in Artikel 8 EMRK geht, unter bestimmten Umständen auf Geschäftsräume ausgedehnt werden kann [...], und zum anderen,
dass der Eingriffsvorbehalt nach Artikel 8 Absatz 2 EMRK bei beruflichen oder geschäftlichen Tätigkeiten oder Räumen sehr wohl weiter gehen könnte als in anderen Fällen
[...]".[102]

Mit diesen – einerseits das *Hoechst*-Urteil bestätigenden, andererseits auf neuere Grund- 28
rechtsentwicklungen im EMRK-Bereich rekurrierenden – Ausführungen bestätigt der
EuGH zwar seine bereits in früheren Entscheidungen angekündigte Bereitschaft, progressiven **Fortentwicklungen in der EGMR-Rechtsprechung** „Rechnung zu tragen".[103]
Die im *Roquette Frères*-Urteil zur Kenntnis genommene Einbeziehung von Geschäftsräumen in den Schutzbereich des Art. 8 Abs. 1 EMRK und der ergänzende Hinweis auf den
weitreichenden Eingriffsvorbehalt nach Art. 8 Abs. 2 EMRK führen in der Sache jedoch
kaum weiter, da der EuGH nicht deutlich machte, ob er sich die vom EGMR vorgenommene Schutzbereichserweiterung nunmehr in Ansehung des Gemeinschaftsgrundrechts der
Unverletzlichkeit von Privaträumen wirklich zu eigen macht und wie sich diese EMRK-rechtlichen Fortentwicklungen konkret bei der Bestimmung der Tragweite des im *Hoechst*-Urteil anerkannten allgemeinen Gesetzesvorbehalts auswirken sollen.

Ein über den bekannten bzw. herkömmlichen „*Hoechst*-Grundsatz" hinausgehendes (eigen- 29
ständiges) Unions- bzw. Gemeinschaftsgrundrecht der Unverletzlichkeit von Geschäfträumen, dass vor allem bei der gemäß Art. 20 Abs. 8 VO 1/2003 unter gewissen Umständen
auch von mitgliedstaatlichen Gerichten zu leistenden[104] Abwägung i.R. der Verhältnismäßigkeitsprüfung zu einer Gewichtsverschiebung zugunsten der Nachprüfungsadressaten

---

[99] EuGH U. v. 15. 10. 2002 verb. Rs. C-238/99 P, C-244/99 P, C-245/99 P, C-247/99 P, C-250-252/99 P u. C-254/99 P – *Limburgse Vinyl Maatschappij u.a./Kommission* Slg. 2002, I-8375 Rn. 236 ff., insb. Rn. 251.

[100] EuGH U. v. 22. 10. 2002 Rs. C-94/00 *Roquette Frères/Directeur général de la concurrence, de la consommation et de la répression des fraudes* Slg. 2002, I-9011 ff.

[101] EuGH ebd. (Rn. 27 f.).

[102] EuGH ebd. (Rn. 29).

[103] So etwa EuGH U. v. 15. 10. 2002 verb. Rs. C-238/99 P, C-244/99 P, C-245/99 P, C-247/99 P, C-250-252/99 P u. C-254/99 P – *Limburgse Vinyl Maatschappij u.a./Kommission* Slg. 2002, I-8375 Rn. 274; ähnlich EuG U. v. 29. 4. 2004 verb. Rs. T-236/01, T-239/01, T-244/01 bis T-246/01, T-251/01 u. T-252/01 – *Tokai Carbon u.a./Kommission* Slg. 2004, II-1181 Rn. 405.

[104] Näher zur Rolle mitgliedstaatlicher Gerichte im Nachprüfungsverfahren siehe Rn. 84–94.

führen könnte,[105] hat der EuGH im *Roquette Frères*-Urteil weder explizit anerkannt[106] noch ausgeschlossen.[107] Vermutlich hat der EuGH die Frage nach der Existenz eines eigenständigen Gemeinschaftsgrundrechts der Unverletzlichkeit von Geschäftsräumen seinerzeit sogar ganz bewusst offen gelassen,[108] wie er dies beispielsweise auch im Zusammenhang mit der umstrittenen Frage nach der Existenz eines Gemeinschaftsgrundrechts auf Dokumentenzugangsfreiheit bis zuletzt getan hat.[109]

30 Mit dieser defensiven Vorgehensweise, die einen latenten Unwillen erkennen ließ, die eigene Rechtsprechung klar zu revidieren,[110] ist der EuGH seiner herausragenden verfassungsgerichtlichen Rolle i.R. des europäischen Verfassungsverbundes in diesem speziellen Bereich nur bedingt gerecht geworden. Das EuG hat das im *Roquette Frères*-Urteil im Hinblick auf die fragliche Existenz eines eigenständigen Gemeinschaftsgrundrechts der Unverletzlichkeit von Geschäftsräumen hinterlassene Vakuum später nicht gefüllt; vielmehr hat es in drei nachfolgenden Entscheidungen, in denen es um die Frage der Rechtmäßigkeit bestimmter Nachprüfungen der Kommission in Geschäftsräumen von juristischen Personen ging, maßgeblich auf die im *Roquette Frères*-Urteil bestätigte *Hoechst*-Rechtsprechung rekurriert, ohne dabei auch nur ansatzweise von einem Gemeinschaftsgrundrecht der Unverletzlichkeit von Geschäftsräumen zu sprechen.[111]

31 Der Umstand, dass sich der EuGH im *Roquette Frères*-Urteil nicht zu einer Einbeziehung von Geschäftsräumen in den Schutzbereich des von ihm bereits anerkannten Gemeinschaftsgrundrechts der Unverletzlichkeit von Privatwohnungen hat durchringen können,[112] schließt die Existenz eines über den allgemeinen Gesetzesvorbehalt i.S. der *Hoechst*-Rechtsprechung hinausgehenden (eigenständigen) Gemeinschaftsgrundrechts der Unverletzlichkeit von Geschäftsräumen gleichwohl nicht aus, da die Existenz eines Gemeinschaftsgrundrechts nicht dessen explizite höchstrichterliche Bestätigung bzw. Anerkennung voraussetzt. Vielmehr kommt es bei der Ermittlung der zu den allgemeinen Rechtsgrundsätzen des Gemeinschaftsrechts gehörenden Gemeinschaftsgrundrechte gemäß Art. 6 Abs. 2 EU und gemäß der hiermit weitgehend übereinstimmenden **Methode der wertenden Rechtsvergleichung** entscheidend darauf an, ob sich aus der EMRK und aus den mitgliedstaatlichen Verfassungstraditionen Hinweise für die Existenz eines entsprechenden „allgemeinen Rechtsgrundsatzes" entnehmen lassen und ob sich ein solcher – im Wege der rechtsvergleichenden Gesamtschau auffindbarer – Grundsatz als Gemeinschaftsgrundrecht in die Ziele und Strukturen der Gemeinschaftsrechtsordnung einfügt.[113]

---

[105] Zutr. *Schwarze/Weitbrecht*, Grundzüge des europäischen Kartellverfahrensrechts, 2004, § 5 Rn. 22.
[106] Offensichtlich a. A. vgl. *Lienemeyer/Waelbroeck* CMLRev. 2003, 1481 (1482).
[107] Ähnlich *Meyer/Kuhn* WuW 2004, 880 (881 f.), wonach der EuGH die Formulierung eines speziellen Gemeinschaftsgrundrechts der Unverletzlichkeit von Geschäftsräumen juristischer Personen bislang vermieden habe; ähnlich *Vocke* (Fn. 14), S. 60. Die Existenz eines *eigenständigen* Unions- bzw. Gemeinschaftsgrundrechts der Unverletzlichkeit von Geschäftsräumen vor diesem Hintergrund ebenfalls in Zweifel ziehend vgl. *Haratsch* in: Heselhaus/Nowak (Fn. 13), § 18 Rn. 15, der dieses Grundrecht allerdings als vom Unions- bzw. Gemeinschaftsgrundrecht der allgemeinen Handlungsfreiheit umfasst ansieht; zu gleichwohl bestehenden Zweifeln an der Existenz eines Unions- bzw. Gemeinschaftsgrundrechts der allgemeinen Handlungsfreiheit siehe bereits oben Rn. 18.
[108] So *Nehl* in: Behrens/Braun/Nowak (Fn. 93), S. 85 f.
[109] Näher dazu mit einschlägigen Rspr.nachw. *Nowak*, DVBl. 2004, 272 (279 f.).
[110] Zutr. *Nehl* in: Behrens/Braun/Nowak (Fn. 93), S. 86.
[111] Vgl. EuG U. v. 11. 12. 2003 Rs. T-59/99 – *Ventouris Group Enterprises/Kommission* Slg. 2003 II-5257 Rn. 119 ff.; EuG U. v. 11. 12. 2003 Rs. T-65/99 – *Strintzis Lines Shipping/Kommission* Slg. 2003, II-5433 Rn. 39 ff.; EuG U. v. 11. 12. 2003 Rs. T-66/99 – *Minoan Lines/Kommission* Slg. 2003, II-5515 Rn. 49 ff.
[112] Zutr. *Hilf/Hörmann* NJW 2003, 8.
[113] In diesem Sinne vgl. nur *Ehlers* (Fn. 30), § 14 Rn. 9; *Szczekalla* in: Rengeling, Handbuch zum europäischen und deutschen Umweltrecht, Bd. I, 2. Aufl. 2003, § 11 Rn. 8 ff. i.V.m. § 12 Rn. 8 ff.

Nach den oben geschilderten Fortentwicklungen in der Art. 8 EMRK betreffenden **32** EGMR-Rechtsprechung spricht die EMRK heute – anders als noch zu Zeiten des *Hoechst*-Urteils – eindeutig für die Anerkennung eines eigenständigen Gemeinschaftsgrundrechts der Unverletzlichkeit von Geschäftsräumen. Darüber hinaus wird die Frage nach der Ziel- und Strukturkonformität eines solchen Gemeinschaftsgrundrechts durch Art. 7 GRC i. V. m. Art. 52 Abs. 3 GRC im positiven Sinne beantwortet: Art. 7 GRC gewährleistet seinem Wortlaut nach zwar lediglich das jeder „Person" zustehende „Recht auf Achtung ihres Privat- und Familienlebens, ihrer Wohnung sowie ihrer Kommunikation". Die Bezugnahme auf Art. 8 EMRK in den Erläuterungen des Konventspräsidiums zu Art. 7 GRC,[114] Art. 52 Abs. 3 GRC sowie der Art. 7 GRC betreffende Diskussionsverlauf im Konvent[115] verdeutlichen jedoch, dass die oben skizzierte EGMR-Rechtsprechung zu Art. 8 EMRK in Art. 7 GRC übernommen und der Wohnungsbegriff auf Betriebs- und Geschäftsräume ausgedehnt werden sollte.[116] Im Übrigen spricht für die Ziel- und Strukturkonformität eines insoweit anerkennungsfähigen und anerkennungsbedürftigen Gemeinschaftsgrundrechts der Unverletzlichkeit von Geschäftsräumen der Umstand, dass die Nachprüfungsbefugnisse der Kommission mit Ersetzung der VO 17 durch die VO 1/2003 erheblich erweitert worden sind und dass die hiermit bewirkte Stärkung der Kommission im Interesse der auch vom Gemeinschaftsrichter eingeforderten Waffengleichheit[117] und Verfahrensfairness[118] einer umfassenderen gemeinschaftsgrundrechtlichen Eingrenzung bedarf[119], die den seinerzeit im *Hoechst*-Urteil entwickelten allgemeinen Gesetzesvorbehalt und die nachfolgend anzusprechenden Verteidigungsrechte ergänzt. Vor diesem Hintergrund ist es durchaus erfreulich, dass der EuGH kürzlich in spezieller Ansehung des Art. 8 EMRK und des Art. 7 GRC immerhin zu erkennen gegeben hat, dass er offenbar bereit ist, den oben und andernorts[120] eingeforderten **Rechtsprechungswandel** endlich vorzunehmen oder wenigstens einzuleiten. Hierfür spricht jedenfalls sein kürzlich in der primär vergaberechtlichen Rs. *Varec* ergangenes Urteil, in dem der EuGH unter Bezugnahme auf Art. 7 GRC sowie auf Art. 8 EMRK und die dazugehörige EGMR-Rechtsprechung immerhin schon einmal feststellte, dass „aus der Rechtsprechung des EGMR hervor[geht], dass der Begriff Privatleben nicht dahin ausgelegt werden darf, dass die beruflichen und geschäftlichen Tätigkeiten natürlicher und juristischer Personen hiervon ausgeschlossen sind".[121]

---

[114] Ein Abdruck dieser Erläuterungen findet sich u. a. in EuGRZ 2000, 559 ff.
[115] Näher dazu *Bernsdorff* (Fn. 66), Art. 7 Rn. 6 ff.
[116] Zutr. *Schwarze/Weitbrecht* (Fn. 105), § 5 Rn. 21; *Vocke* (Fn. 14), S. 64; ähnlich *Jahn* (Fn. 9), S. 312; *Lampert/Niejahr/Kübler/Weidenbach*, EG-KartellVO – Praxiskommentar, 2004, Art. 20 Rn. 393.
[117] EuG U. v. 20. 3. 2002 Rs. T-16/99 – *Lögstör Rör (Dt.)/Kommission* Slg. 2002, II-1633 Rn. 142; EuG U. v. 27. 9. 2006 Rs. T-314/01 – *Coöperatieve Verkoop- en Productievereniging van Aardappelmeel en Derivaten Avebe BA/Kommission* Slg. 2006, II-3085 Rn. 66; EuG U. v. 12. 9. 2007 Rs. T-36/04 – *Association de la presse internationale ASBL/Kommission* Slg. 2007, II-3201 Rn. 79.
[118] EuG U. v. 20. 3. 2002 Rs. T-21/99 – *Dansk Rørindustrie/Kommission* Slg. 2002, II-1681 Rn. 155 f.; zur höchstrichterlichen Anerkennung des Unions- bzw. Gemeinschaftsgrundrechts auf ein faires Verfahren vgl. ferner EuGH U. v. 25. 1. 2007 Rs. C-407/04 P – *Dalmine SpA/Kommission* Slg. 2007, I-829 Rn. 58; EuGH U. v. 25. 1. 2007 Rs. C-411/04 P – *Salzgitter Mannesmann GmbH/Kommission* Slg. 2007, I-959 Rn. 40; EuG U. v. 12. 9. 2007 Rs. T-36/04 – *Association de la presse internationale ASBL/Kommission* Slg. 2007, II-3201 Rn. 63; EuGH, U. v. 14. 2. 2008 Rs. C-450/06 – *Varec SA/Belgien* noch nicht in der amtl. Slg. veröffentlicht (Rn. 52) = EuZW 2008, 209 (211); m. w. N. und näher zu diesem Grundrecht vgl. *Schorkopf* in: Heselhaus/Nowak (Fn. 13), § 53 Rn. 1 ff.
[119] Sehr ähnlich jetzt auch *Vocke* (Fn. 14), S. 65.
[120] Vgl. *Meyer/Kuhn* WuW 2004, 880 (883), die es ebenfalls „begrüßen" würden, wenn der EuGH hier den Schritt zur EMRK vollziehen und seine Rechtsprechung ausdrücklich an der EMRK orientieren würde.
[121] EuGH, U. v. 14. 2. 2008 Rs. C-450/06 – *Varec SA/Belgien* noch nicht in der amtl. Slg. veröffentlicht (Rn. 48) = EuZW 2008, 209 (211).

33 d) Gemeinschaftsgrundrecht auf juristischen Beistand und „Legal Privilege".
Zu den im *Hoechst*-Urteil anerkannten allgemeinen Grundsätzen des Gemeinschaftsrechts, die nach der gefestigten Rechtsprechung zu den bereits im Nachprüfungsverfahren zu beachtenden „Verteidigungsrechten" gehören, zählt auch das **Recht auf Hinzuziehung eines juristischen Beistands**.[122] Dieses Recht ist Ausdruck der gemeinsamen Rechtstraditionen der Mitgliedstaaten, nach welcher der Anwalt als ein Mitgestalter der Rechtspflege in völliger Unabhängigkeit dem Mandanten die rechtliche Unterstützung zu gewähren hat, die dieser benötigt.[123] Folglich kann ein Nachprüfungsadressat vor Beginn kartellverfahrensrechtlicher Nachprüfungsmaßnahmen darauf bestehen, einen Anwalt seiner Wahl zu informieren und zu konsultieren. Einen Anspruch darauf, dass die Ermittler bei unangekündigten Nachprüfungen mit deren Beginn bis zum Eintreffen des Anwalts warten, verleiht dieses Recht nach vorherrschender Auffassung zwar nicht.[124] Gleichwohl gesteht die Kommission den betreffenden Unternehmen und Unternehmensvereinigungen in diesen Fällen eine begrenzte Wartezeit zu, sofern die Nachprüfung hierdurch nicht unangemessen verzögert wird[125] und der Nachprüfungsadressat versichert, die jeweiligen Geschäftsunterlagen an dem Ort und in dem Zustand zu belassen, wo und wie sie sich bei der Ankunft der Ermittler befunden haben.

34 Einen weiteren allgemeinen (subjektivrechtlichen) Grundsatz des Gemeinschaftsrechts, der das Verhältnis zwischen dem Nachprüfungsadressaten und seinem Rechtsbeistand betrifft und der ebenfalls zu den bereits im Nachprüfungsverfahren zu beachtenden Verteidigungsrechten gehört, stellt der erstmals in der *AM&S*-Entscheidung des EuGH anerkannte Anspruch auf Wahrung der Vertraulichkeit des Schriftverkehrs zwischen Anwalt und Mandant[126] dar, der insbesondere das in Art. 20 Abs. 2 lit. b VO 1/2003 geregelte Recht der Kommission zur Prüfung von Büchern und sonstigen Geschäftsunterlagen begrenzt. Dieser meist unter der Kurzbezeichnung **„Legal Privilege"** bzw. **„Legal Professional Privilege"** thematisierte Vertraulichkeitsschutz, der auch auf mitgliedstaatlicher Ebene von großer Bedeutung ist,[127] setzt nach herkömmlicher Rechtsprechung zweierlei voraus: Erstens muss der betreffende Schriftwechsel i. R. und im Interesse des Rechts des Mandanten auf Verteidigung geführt worden sein, wobei sich dieses Erfordernis auf den gesamten Schriftwechsel bezieht, der entweder nach Eröffnung eines kartellrechtlichen Verwaltungsverfahrens oder aber bereits früher geführt worden ist und mit dem Gegenstand dieses Verfahrens im Zusammenhang steht;[128] zweitens muss der betreffende

---

[122] EuGH U. v. 21. 9. 1989 verb. Rs. 46/87 u. 227/88 – *Hoechst/Kommission* Slg. 1989, 2859 Rn. 16; bestätigt u. a. in EuGH U. v. 17. 10. 1989 Rs. 85/87 – *Dow Benelux/Kommission* Slg. 1989, 3137 Rn. 27; EuGH U. v. 22. 10. 2002 Rs. C-94/00 – *Roquette Frères/Directeur général de la concurrence, de la consommation et de la répression des fraudes* Slg. 2002, I-9011 Rn. 46.

[123] EuGH U. v. 18. 5. 1982 Rs. 155/79 – *AM&S/Kommission* Slg. 1982, 1575 Rn. 24.

[124] Statt vieler vgl. nur *Schwarze/Weitbrecht* (Fn. 105), § 5 Rn. 31; *Vocke* (Fn. 14), S. 86 f.; *v. Winterfeld* RIW 1992, 524 (527).

[125] Vgl. nur *Burrichter/Hauschild* in: Immenga/Mestmäcker, EG-WbR Bd. II, S. 1749 m. w. N.; sowie *Meyer/Kuhn* WuW 2004, 880 (885), wonach das Warten auf einen Anwalt in diesem Kontext nicht länger als ca. 45–60 Minuten in Anspruch nehmen sollte.

[126] Grdlg. EuGH U. v. 18. 5. 1982 Rs. 155/79 – *AM&S/Kommission* Slg. 1982, 1575 ff.; u. a. bestätigt in EuGH U. v. 17. 10. 1989 verb. Rs. 97–99/87 – *Dow Chemical Ibérica u. a./Kommission* Slg. 1989, 3165 Rn. 13; EuGH U. v. 22. 10. 2002 Rs. C-94/00 – *Roquette Frères/Directeur général de la concurrence, de la consommation et de la répression des fraudes* Slg. 2002, I-9011 Rn. 46; ausführlich zur *AM&S*-Entscheidung vgl. statt vieler *Beutler* RIW 1982, 820 ff.; *Forrester* CMLRev. 20 (1983), 75 ff.

[127] Näher dazu, in spezieller Ansehung des rechtlichen Schutzes des Vertrauensverhältnisses zw. Rechtsanwalt und Mandant i. R. der deutschen Rechtsordnung, vgl. zuletzt *Buntscheck* WuW 2007, 229 (233 ff.); *Ignor* NJW 2007, 3403 ff.

[128] EuGH U. v. 18. 5. 1982 Rs. 155/79 – *AM&S/Kommission* Slg. 1982, 1575 Rn. 21 i. V. m. 23. Ein „direkter" Zusammenhang wird allg. nicht verlangt; demnach unterfallen auch solche Schrift-

Schriftwechsel von unabhängigen Rechtsanwälten ausgehen, d. h. von solchen Anwälten, die nicht durch einen Dienstvertrag bzw. ein Beschäftigungsverhältnis an den Mandanten gebunden sind.[129] Die letztgenannte Voraussetzung beruht nach Ansicht des EuGH auf der spezifischen Vorstellung von der Funktion des Anwalts als eines Mitgestalters der Rechtspflege, der in völliger Unabhängigkeit und in deren vorrangigem Interesse dem Mandanten die rechtliche Unterstützung zu gewähren hat, die dieser benötigt.[130] Unabhängig davon, in welchem Mitgliedstaat sich der Mandant befindet, kommt der gemeinschaftsrechtliche Schutz des Schriftverkehrs zwischen Anwalt und Mandant unterschiedslos allen **unabhängigen Rechtsanwälten** zu, die in einem Mitgliedstaat zugelassen sind;[131] folglich ist der Schriftverkehr zwischen Mandanten und Rechtsanwälten aus Drittstaaten grundsätzlich nicht vom „Legal (Professional) Privilege" umfasst,[132] sofern es nicht um Rechtsanwälte aus EWR-Staaten geht, die EG-Anwälten diesbezüglich gleichgestellt sind.[133]

In der Folge der *AM&S*-Rechtsprechung des EuGH erweiterte das EuG in der Rs. *Hilti* **35** den durch das „Legal (Professional) Privilege" gewährleisteten Vertraulichkeitsschutz auf **unternehmensinterne Schriftstücke,** soweit darin der Inhalt der anwaltlichen Kommunikation zum Zwecke der unternehmensinternen Verbreitung festgehalten ist.[134] Abgesehen hiervon erwies sich die bisherige Rechtsprechung der Gemeinschaftsgerichte zum „Legal (Professional) Privilege" insbesondere im Hinblick auf die vielfach kritisierte Ausgrenzung angestellter Syndikusanwälte bzw. Unternehmensjuristen aus dessen Schutzbereich[135] bis zuletzt als weitgehend „veränderungsfest". So hat zwar der Präsident des EuG in seinem – ein Verfahren des einstweiligen Rechtsschutzes betreffenden – Beschluss vom 30. Oktober 2003 in den verbundenen Rs. *Akzo Nobel Chemicals* und *Akcros Chemicals* die zunächst auf einen möglichen Rechtsprechungswandel hindeutende Ansicht vertreten, dass das „Legal Privilege" auch auf die Korrespondenz zwischen dem Nachprüfungsadressaten und internen Rechtsberatern erstreckt werden könnte, sofern die jeweiligen **Unternehmensjuristen** denselben strengen Berufsstandsregeln unterliegen wie externe Rechtsberater.[136] In einen echten Rechtsprechungswandel konnte der vorgenannte Beschluss jedoch nicht einmünden, da sich das EuG nunmehr in seiner Hauptsacheentscheidung vom 17. 9. 2007 auf die herkömmliche Rechtsprechungslinie zurückgezogen hat, wonach der Schutz der Vertraulichkeit der Kommunikation zwischen Anwalt und Mandant nach wie vor nur gilt,

---

stücke dem Vertraulichkeitsschutz, welche die anwaltliche Einschätzung der Vereinbarkeit bestimmter Entwürfe oder Verhaltensweisen mit dem Kartellrecht oder die Prognose hinsichtlich eines zu erwartenden Bußgeldrisikos betreffen, so *Kapp* WuW 2003, 142 ff.; *ders./Schröder* WuW 2002, 555 ff.; *ders./Roth* RIW 2003, 946 ff.

[129] EuGH U. v. 18. 5. 1982 Rs. 155/79 – *AM&S/Kommission* Slg. 1982, 1575 Rn. 21 i. V. m. 27.

[130] EuGH ebd. (Rn. 24).

[131] EuGH ebd. (Rn. 25).

[132] Zutr. vgl. m.w.N. *Klees,* Europäisches Kartellverfahrensrecht – mit Fusionskontrollverfahren, 2005, § 9 Rn. 88.

[133] Vgl. *Dieckmann* in: Wiedemann, Handbuch des Kartellrechts, 1999, § 42 Rn. 45.

[134] EuG B. v. 4. 4. 1990 Rs. T-30/89 – *Hilti/Kommission* Slg. 1990, II-163 Rn. 13 i. V. m. 18; bestätigt durch EuGH U. v. 2. 3. 1994 Rs. C-53/92 P – *Hilti/Kommission* Slg. 1994, I-667 ff.

[135] Krit. dazu vgl. nur *Brinker* Verfahrensgrundrechte für Unternehmen, in: Schwarze (Hrsg.), Wirtschaftsverfassungsrechtliche Garantien für Unternehmen im europäischen Binnenmarkt, 2002, S. 177 (197); sowie *Burrichter/Hauschild* (Fn. 125), S. 1747; die Berechtigung dieser Kritik relativierend vgl. *Schwarze/Weitbrecht* (Fn. 105), § 5 Rn. 30; für eine Einbeziehung der zwischen Mandanten und Syndikusanwälten geführten Korrespondenz in den Schutzbereich des *Legal (Professional) Privilege* vgl. ferner *Vocke* (Fn. 14), S. 90 f.; sowie *Buntscheck* WuW 2007, 229 (232).

[136] EuG B. v. 30. 10. 2003 verb. Rs. T-125/03 R u. T-253/03 R – *Akzo Nobel Chemicals ua./Kommission* Slg. 2003, II-4771 Rn. 119 ff.; näher hierzu vgl. nur *Seitz* EuZW 2004, 231 ff.

Art. 20 VerfVO 36, 37

„soweit es sich um unabhängige, d. h. nicht durch ein Beschäftigungsverhältnis an ihre Mandanten gebundene Rechtsanwälte handelt".[137]

36 **e) Beschränktes Aussage- bzw. Auskunftsverweigerungsrecht.** Der 23. Erwägungsgrund der VO 1/2003, der sich auf die Befugnis der Kommission bezieht, die für die Aufdeckung der gegen Art. 81 f. EG verstoßenden Verhaltensweisen notwendigen Auskünfte zu verlangen, weist explizit darauf hin, dass Unternehmen zum einen nicht gezwungen werden können, eine Zuwiderhandlung einzugestehen, zum anderen aber auf jeden Fall verpflichtet sind, Fragen nach Tatsachen zu beantworten und Unterlagen vorzulegen, auch wenn die betreffenden Auskünfte dazu verwendet werden können, den Beweis einer Zuwiderhandlung durch die betreffenden Unternehmen oder andere Unternehmen zu erbringen. Diese weder in Art. 20 VO 1/2003 noch in den anderen Verordnungsvorschriften wieder explizit aufgegriffenen Erwägungen knüpfen an die bisherige Rechtsprechung der Gemeinschaftsgerichte zum (beschränkten) gemeinschaftsrechtlichen Aussagebzw. Auskunftsverweigerungsrecht an,[138] das sowohl in der Rechtsprechung als auch im Schrifttum überwiegend im Zusammenhang mit dem verpflichtenden bzw. förmlichen Auskunftsverlangen i. S. des Art. 11 Abs. 5 VO 17 bzw. Art. 18 Abs. 3 VO 1/2003 behandelt wird. Da jedoch zumindest die von der Kommission verlangten „Erläuterungen" i. S. des Art. 20 Abs. 2 lit. e) VO 1/2003 den aus der vorgenannten Rechtsprechung ableitbaren **Schutz vor Selbstbezichtigung** tangieren können, stellt sich nicht nur im Anwendungsbereich des Art. 18 VO 1/2003, sondern auch im Zusammenhang mit Art. 20 VO 1/2003 die unions- bzw. gemeinschaftsverfassungsrechtliche Frage, ob und ggf. inwieweit sich ein Nachprüfungsadressat zur Vermeidung einer nachteiligen Selbstbezichtigung bestimmten Nachprüfungsmaßnahmen widersetzen darf.

37 Nach der bisherigen EuGH-Rechtsprechung stellt das gemeinschaftsrechtliche Aussagebzw. Auskunftsverweigerungsrecht **kein eigenständiges Gemeinschaftsgrundrecht** dar, dass sich etwa im Wege der wertenden Rechtsvergleichung aus den gemeinsamen Verfassungsüberlieferungen der Mitgliedstaaten und/oder aus der EMRK bzw. anderen völkerrechtlichen Verträgen extrahieren ließe. Dies ergibt sich insbesondere aus dem insoweit vielfach kritisierten[139] *Orkem*-Urteil, in dem der EuGH feststellte, dass die Rechtsordnungen der Mitgliedstaaten ein Recht zur Verweigerung der Zeugenaussage gegen sich selbst allgemein nur natürlichen Personen zuerkennen, die i. R. eines Strafverfahrens einer Straftat beschuldigt werden; insofern rechtfertige die vergleichende Untersuchung der nationalen Rechtsordnungen nicht den Schluss, dass „ein solcher dem Recht der Mitgliedstaaten gemeinsamer Grundsatz zugunsten juristischer Personen und in Bezug auf Zuwiderhandlungen wirtschaftlicher Art, insbesondere auf dem Gebiet des Wettbewerbsrechts, bestünde".[140] Darüber hinaus lasse sich weder aus dem Wortlaut der EMRK bzw. des Internationalen Paktes über bürgerliche und politische Rechte noch aus der Rechtsprechung des

---

[137] Vgl. EuG U. v. 17. 9. 2007 verb. Rs. T-125/03 u. T-253/03 – *Akzo Nobel Chemicals u. a./ Kommission* Slg. 2007, II-3523 Rn. 166 ff.; näher und jeweils krit. dazu vgl. etwa *Seitz* EuZW 2008, 204 ff.; sowie *Meyer* EWS 2007, 455 f.
[138] Zur weitgehenden Übereinstimmung zw. dem 23. Erwägungsgrund der VO 1/2003 und der diesbezüglichen EuGH-Rechtsprechung vgl. etwa EuGH U. v. 29. 6. 2006 Rs. C-301/04 P – *Kommission/SGL Carbon AG u. a.* Slg. 2006, I-5915 Rn. 40 ff.; sowie EuGH U. v. 25. 1. 2007 Rs. C-407/04 P – *Dalmine SpA/Kommission* Slg. 2007, I-829 Rn. 34, wonach die Kommission einerseits berechtigt ist, ein Unternehmen ggf. durch Entscheidung zu verpflichten, ihr alle erforderlichen Auskünfte über ihm evtl. bekannten Tatsachen zu erteilen, andererseits aber beachten muss, dass sie dem Unternehmen nicht die Verpflichtung auferlegt, Antworten zu geben, durch die es die Zuwiderhandlung eingestehen müsste, für die die Kommission den Beweis zu erbringen hat.
[139] Statt vieler vgl. *Schohe* NJW 2002, 492 ff.; m. w. N. *Schuler* JR 2003, 265 (269).
[140] EuGH U. v. 18. 10. 1989 Rs. 374/87 – *Orkem/Kommission* Slg. 1989, 3283 Rn. 29; so auch EuGH U. v. 18. 10. 1989 Rs. 27/88 – *Solvay & Cie/Kommission* Slg. 1989, 3355 (abgekürzte Veröff., Leitsatz 2).

Straßburger EGMR ableiten, dass die EMRK ein Recht anerkenne, nicht gegen sich selbst als Zeuge auszusagen.[141]

Im Schrifttum ist zutreffend darauf hingewiesen worden, dass der auf der vorgenannten Argumentation des EuGH aufbauenden **Ablehnung eines generellen Auskunftsverweigerungsrechts** mit dem *Funke*-Urteil des EGMR vom 25. Februar 1992 zumindest partiell die Grundlage entzogen worden ist.[142] In diesem Urteil sah der EGMR das Verbot der Selbstbezichtigung als in Art. 6 Abs. 1 EMRK verankert an und stellte indirekt klar, dass das auf dieser Vorschrift basierende – auch juristischen Personen zustehende – Auskunftsverweigerungsrecht über den engeren strafverfahrensrechtlichen Bereich hinaus auch i.R. von Verwaltungsverfahren Geltung beanspruchen kann.[143] Die Gemeinschaftsgerichte nehmen diese EMRK-rechtlichen Weiterentwicklungen zwar zur Kenntnis und beteuern, dass sie dieser Rechtsprechung des EGMR bei der Auslegung von Gemeinschaftsgrundrechten „Rechnung zu tragen haben".[144] Zu einem Rechtsprechungswandel, der dem *Funke*-Urteil vollumfänglich Rechnung trägt, sahen sich die Gemeinschaftsgerichte bislang jedoch nicht veranlasst. Zur Begründung führen sie an, dass die Rechtsprechung des EGMR zu dem aus Art. 6 Abs. 1 EMRK abgeleiteten Verbot der Selbstbezichtigung und diejenige der Gemeinschaftsgerichte zu dem aus dem gemeinschaftsrechtlichen Grundsatz der Wahrung der Verteidigungsrechte abgeleiteten Selbstbezichtigungsschutz, der dem durch Art. 6 EMRK gewährten Schutz gleichwertig sei, angeblich ohnehin weitgehend übereinstimmen würden.[145] Dem kann jedoch – wie im Folgenden zu zeigen ist – nicht ohne weiteres zugestimmt werden.

Nach der Rechtsprechung des EuGH ändert das von ihm festgestellte Fehlen eines eigenständigen gemeinschaftsgrundrechtlichen Aussage- bzw. Auskunftsverweigerungsrechts juristischer Personen nichts daran, dass sich immerhin aus dem **Erfordernis der Wahrung der Verteidigungsrechte** gewisse – einen begrenzten Schutz vor Selbstbezichtigungen gewährleistende – Beschränkungen der Untersuchungsbefugnisse der Kommission während der Voruntersuchungen ergeben.[146] In seinen Urteilen in den Rs. *Orkem* und *Solvay* löste der EuGH das zwischen dem Ziel der Erhaltung der praktischen Wirksamkeit kartellverfahrensrechtlicher Ermittlungsmaßnahmen und der Wahrung der Verteidigungsrechte bestehende Spannungsverhältnis wie folgt auf: Im Interesse der Erhaltung der praktischen Wirksamkeit kartellverfahrensrechtlicher Ermittlungsmaßnahmen erklärte der EuGH die Kommission einerseits für berechtigt, „das Unternehmen zu verpflichten, ihr alle erforderlichen Auskünfte über ihm eventuell bekannte Tatsachen zu erteilen und ihr erforderlichenfalls die in seinem Besitz befindlichen Schriftstücke, die sich hierauf beziehen, zu übermitteln, selbst wenn sie dazu verwendet werden können, den Beweis für ein wettbewerbswidriges Verhalten des betreffenden oder eines anderen Unternehmens zu erbringen".[147]

---

[141] Vgl. nur EuGH U. v. 18. 10. 1989 Rs. 374/87 – *Orkem/Kommission* Slg. 1989, 3283 Rn. 30; näher zu diesem Urteil vgl. statt vieler *Schorkopf* in: Heselhaus/Nowak (Fn. 13), § 53 Rn. 59 ff.

[142] So *Burrichter/Hauschild* (Fn. 125), S. 1748 f.; *Niggemann* in: Streinz (Fn. 8), KartVO nach Art. 83 EGV Rn. 66; *Schwarze/Weitbrecht* (Fn. 105), § 5 Rn. 33.

[143] EGMR 1993 *Funke/Frankreich* Serie A, Nr. 256-A; ähnl. EGMR 2001, *J. B./Schweiz* NJW 2002, 499; näher zum *Funke*-Urt. vgl. nur *Overbeek* ECLR 1994, 127 ff.; sowie *Weiß* NJW 1999, 2236 f.

[144] Vgl. nur EuGH U. v. 15. 10. 2002 verb. Rs. C-238/99 P, C-244/99 P, C-245/99 P, C-247/99 P, C-250-252/99 P u. C-254/99 P – *Limburgse Vinyl Maatschappij u. a./Kommission* Slg. 2002, I-8375 Rn. 274.

[145] EuGH ebd. (Rn. 275 f.); sowie EuG U. v. 29. 4. 2004 verb. Rs. T-236/01, T-239/01, T-244-246/01, T-251/01 u. T-252/01 – *Tokai Carbon u. a./Kommission* Slg. 2004, II-1181 Rn. 405 f.

[146] EuGH U. v. 18. 10. 1989 Rs. 374/87 – *Orkem/Kommission* Slg. 1989, 3283 Rn. 32 f.

[147] EuGH U. v. 18. 10. 1989 Rs. 374/87 – *Orkem/Kommission* Slg. 1989, 3283 Rn. 34; so auch EuGH U. v. 18. 10. 1989 Rs. 27/88 – *Solvay & Cie/Kommission* Slg. 1989, 3355 (abgekürzte Veröff., Leitsatz 2).

Andererseits begrenzt der Grundsatz der Wahrung der Verteidigungsrechte diese Befugnis insoweit, als die Kommission diesem Unternehmen nicht die Verpflichtung auferlegen darf, „Antworten zu erteilen, durch die es das Vorliegen einer Zuwiderhandlung eingestehen müsste, für die die Kommission den Beweis zu erbringen hat".[148]

40 Bei dieser vom EuGH bislang nicht revidierten und vom EuG – mit einigen Präzisierungen[149] – mehrfach bestätigten[150] Rechtsprechung zum **beschränkten Auskunfts- bzw. Aussageverweigerungsrecht** handelt es sich um den Versuch des Gemeinschaftsrichters, die Ermittlungsbefugnisse und die Beweislast der Kommission mit den ermittlungsspezifischen Mitwirkungspflichten der betreffenden Unternehmen und Unternehmensvereinigungen sowie mit deren Verteidigungsrechten zu einem möglichst fairen Ausgleich zu bringen. Dies stehe nach gefestigter Rechtsprechung des EuG zunächst einmal der Anerkennung eines „absoluten Auskunftsverweigerungsrechts" entgegen, da eine solche Anerkennung zu einer ungerechtfertigten Behinderung der Kommission bei der Erfüllung der ihr durch Art. 85 EG übertragenen Aufgaben führe, die Einhaltung der Wettbewerbsregeln im Gemeinsamen Markt zu überwachen.[151]

41 Die stattdessen **von den Gemeinschaftsgerichten entwickelte Lösung** ist dahin gehend zu interpretieren, dass sowohl die auf Tatsachen bzw. tatsächliche Gegebenheiten abzielenden Auskunftsverlangen der Kommission als auch die Anforderung und Prüfung vorhandener Unterlagen *per se* zulässig sind,[152] d. h. von vornherein keine Verletzung des gemeinschaftsrechtlichen Selbstbezichtigungsschutzes darstellen, ohne dass es in diesen Fällen noch auf die Frage ankäme, ob die jeweiligen Ermittlungsmaßnahmen zu einem Eingeständnis einer Zuwiderhandlung gegen die Wettbewerbsregeln führen und insoweit die Gefahr einer Selbstbezichtigung begründen.[153] Daher kann der etwaige Einwand eines Nachprüfungsadressaten, ein verpflichtendes Auskunftsverlangen der Kommission zwinge ihn zu einem Eingeständnis einer Zuwiderhandlung und verletze daher seinen gemeinschaftsrechtlich begründeten Selbstbezichtigungsschutz, an sich nur dann durchgreifen, wenn die Kommission Auskünfte verlangt, die sich nicht auf Tatsachen bzw. auf tatsächliche Gegebenheiten beziehen. In diesem Zusammenhang deutete das *Tokai*-Urteil des EuG zwar auf eine für die Kommission durchaus nachteilige Beschränkung der unter „Tatsachen" bzw. „tatsächliche Gegebenheiten" subsumierbaren Informationen hin.[154] Eine

---

[148] EuGH U. v. 18. 10. 1989 Rs. 374/87 – *Orkem/Kommission* Slg. 1989, 3283 Rn. 35.

[149] Vgl. EuG U. v. 20. 2. 2001 Rs. T-112/98 – *Mannesmannröhren-Werke/Kommission* Slg. 2001, II-729 Rn. 71 ff., wonach sich ein Auskunftsverlangen der Kommission dann nicht mehr auf Tatsachen beziehen würde, wenn sie danach fragt, über welche „Themen" bei bestimmten Zusammenkünften gesprochen und welche „Entscheidungen" dort getroffen worden seien; ausführlich hierzu *Nehl* in: Behrens/Braun/Nowak (Fn. 93), S. 80 ff.; *Pache* EuZW 2001, 351 f.; *Willis* ECLR 2001, 313 ff.

[150] Vgl. nur EuG U. v. 8. 3. 1995 Rs. T-34/93 – *Société Générale/Kommission* Slg. 1995, II-545 Rn. 74 ff.; EuG U. v. 29. 4. 2004 verb. Rs. T-236/01, T-239/01, T-244/01 bis T-246/01, T-251/01 u. T-252/01 – *Tokai Carbon u. a./Kommission* Slg. 2004, II-1181 Rn. 402 ff.; EuG U. v. 14. 12. 2006 verb. Rs. T-259/02 bis T-264/02 u. T-271/02 – *Raiffeisen Zentralbank Österreich AG u. a./Kommission* Slg. 2006, II-5169 Rn. 539 ff.

[151] EuG U. v. 20. 2. 2001 Rs. T-112/98 – *Mannesmannröhren-Werke/Kommission* Slg. 2001, II-729 Rn. 66; EuG U. v. 29. 4. 2004 verb. Rs. T-236/01, T-239/01, T-244/01 bis T-246/01, T-251/01 u. T-252/01 – *Tokai Carbon u. a./Kommission* Slg. 2004, II-1181 Rn. 402.

[152] Deutlich EuG U. v. 8. 3. 1995 Rs. T-34/93 – *Société Générale/Kommission* Slg. 1995, II-545 Rn. 75 f., wonach die Pflicht zur Erteilung von „Antworten rein tatsächlicher Art" nicht mit dem Auskunftsverweigerungsrecht kollidiere bzw. keine unzulässige „Selbstbeschuldigung" darstelle.

[153] Zutr. *Hilf/Hörmann* NJW 2003, 7; so im Ergebnis auch *de Bronett* in: Schröter/Jakob/Mederer, Kommentar zum Europäischen Wettbewerbsrecht, 2003, S. 1069 (Rn. 5); a. A. offenbar *Burrichter/Hauschild* (Fn. 125), Art. 14 Rn. 25, wonach das Recht, ein Geständnis zu verweigern, auch insoweit anzuerkennen sei, als es um die Vorlage von Geschäftsunterlagen geht.

[154] EuG U. v. 29. 4. 2004 verb. Rs. T-236/01, T-239/01, T-244/01 bis T-246/01, T-251/01 u. T-252/01 – *Tokai Carbon u. a./Kommission* Slg. 2004, II-1181 Rn. 407 f.

Rechtsprechungsänderung dergestalt, dass künftig auch die Wahrnehmung des in Art. 20 Abs. 2 lit. b VO 1/2003 geregelten Prüfungsrechts am Maßstab des gemeinschaftsrechtlichen Selbstbezichtigungsschutzes zu prüfen wäre, kann jedoch diesem Urteil nicht entnommen werden, zumal der EuGH in seiner das vorgenannte *Tokai*-Urteil betreffenden Rechtsmittelentscheidung[155] dem EuG im wesentlichen Punkten nicht gefolgt ist.[156]

f) Beschränkte Bedeutung der Unschuldsvermutung und des Anspruchs auf rechtliches Gehör im Nachprüfungsverfahren. Anders als der Schutz vor willkürlichen oder unverhältnismäßigen Eingriffen der gemeinschaftlichen Hoheitsgewalt in die Sphäre der privaten Betätigung und auch anders als das Gemeinschaftsgrundrecht auf juristischen Beistand, das „Legal Privilege" und das beschränkte Aussage- bzw. Auskunftsverweigerungsrecht kommt sowohl der gemeinschaftsgrundrechtlichen Unschuldsvermutung als auch dem gemeinschaftsgrundrechtlichen Anspruch auf rechtliches Gehör im Nachprüfungsverfahren nur begrenzte Bedeutung zu. 42

Die **gemeinschaftsgrundrechtlich fundierte Unschuldsvermutung**,[157] die sich als allgemeiner Rechtsgrundsatz des Gemeinschaftsrechts aus den gemeinsamen Verfassungstraditionen der Mitgliedstaaten, aus Art. 6 Abs. 2 EMRK und aus Art. 48 Abs. 1 GRC speist, führt im bisherigen Schrifttum zu den Verteidigungs- und Verfahrensgrundrechten im EG-Kartellverfahren ein Schattendasein. Regelmäßig ausgeblendet wird die Frage nach Geltung und Bedeutung der Unschuldsvermutung im EG-kartellrechtlichen Nachprüfungsverfahren offenbar deshalb, weil die dahinter stehenden Grundfragen der Geltung grundlegender Garantien des Straf(verfahrens)rechts im EG-Wettbewerbsrecht und in anderen gemeinschaftsrechtlichen Verfahrensordnungen bislang weder von der Rechtswissenschaft noch von den Gemeinschaftsgerichten klar beantwortet worden sind.[158] Eine Klärung dieser Grundfragen würde an dieser Stelle zu weit führen. Hingewiesen werden soll aber zum einen immerhin auf das die kartellverfahrensrechtlichen Nachprüfungsbefugnisse der Kommission betreffende Urteil in der Rs. *Dow Chemical Ibérica,* in dem der EuGH in Ansehung des Art. 14 VO 17 deutlich machte, dass die Kommission jedenfalls dann nicht das Grundrecht der Unschuldsvermutung verletzt, wenn sie in ihrer Nachprüfungsentscheidung von „Vermutungen" statt von bereits vorliegenden „Beweisen" spricht.[159] Zum anderen ist darauf hinzuweisen, dass der gemeinschaftsgrundrechtlich fundierten Unschuldsvermutung immerhin bei der Veröffentlichung verfahrensabschließender Entscheidungen eine besondere Bedeutung zukommen kann.[160] 43

Ebenfalls an dieser Stelle kurz aufzuwerfen ist die Frage, ob der zu den Unions- bzw. Gemeinschaftsgrundrechten gehörende (gemeinschaftsverfassungsrechtliche) **Anspruch auf rechtliches Gehör,**[161] der wiederum recht eng mit dem Unions- bzw. Gemein- 44

---

[155] EuGH U. v. 29. 6. 2006 Rs. C-301/04 P – *Kommission/SGL Carbon AG u. a.* Slg. 2006, I-5915 ff.

[156] Kritisch dazu vgl. *Soyez* EWS 2006, 389 ff.

[157] Zum unumstr. Grundrechtscharakter dieses Grundsatzes der Unschuldsvermutung vgl. nur EuGH U. v. 8. 7. 1999 Rs. C-188/92 P – *Hüls/Kommission* Slg. 1999, I-4287 Rn. 149; EuG U. v. 6. 10. 2005 verb. Rs. T-22/02 u. T-23/02 – *Sumitomo Chemical Co. Ltd u. a./Kommission* Slg. 2005, II-4065 Rn. 104; EuG U. v. 25. 10. 2005 Rs. T-38/02 – *Groupe Danone/Kommission* Slg. 2005, II-4407 Rn. 216; EuG U. v. 5. 4. 2006 Rs. T-279/02 – *Degussa AG/Kommission* Slg. 2006, II-897 Rn. 115; EuG U. v. 27. 9. 2006 verb. Rs. T-44/02 OP, T-54/02 OP, T-56/02 OP, T-60/02 OP u. T-61/02 OP – *Dresdner Bank AG u. a./Kommission* Slg. 2006, II-3567 Rn. 61; ferner vgl. dazu m. w. N. *Szczekalla* in: Heselhaus/Nowak (Fn. 13), § 52 Rn. 1 ff.

[158] Instruktiv dazu *Schwarze* EuZW 2003, 261 ff.

[159] EuGH U. v. 17. 10. 1989 verb. Rs. 97–99/87 – *Dow Chemical Ibérica u. a./Kommission* Slg. 1989, 3165 Rn. 55 f.

[160] Instruktiv dazu vgl. EuG U. v. 12. 10. 2007 Rs. T-474/04 – *Pergan Hilfsstoffe für industrielle Prozesse GmbH/Kommission* Slg. 2007, II-4225 Rn. 75 ff.

[161] Zur höchstrichterlichen Anerkennung und Einordnung des Anspruchs auf rechtliches Gehör als Gemeinschaftsgrundrecht von fundamentaler Bedeutung vgl. insb. *Nehl* in: Heselhaus/Nowak

Art. 20 VerfVO 45   8. Teil. Kartellverfahrensverordnung

schaftsgrundrecht auf eine gute bzw. ordnungsgemäße Verwaltung[162] verbunden ist, bereits im Voruntersuchungs- bzw. Nachprüfungsverfahren mit der Folge beachtet werden muss, dass ein Nachprüfungsadressat vor der Vorlage eines schriftlichen Prüfungsauftrages bzw. vor Erlass einer formellen Nachprüfungsentscheidung anzuhören wäre. Dies ist im Ergebnis zu verneinen, auch wenn die diesbezügliche Rechtsprechung nicht ganz widerspruchsfrei ist: Im *National Panasonic*-Urteil hatte der EuGH die Geltung des Anspruchs auf rechtliches Gehör im Nachprüfungsverfahren zunächst mit dem Hinweis darauf in Abrede gestellt, dass dieser Anspruch im Wesentlichen in den auf die Abstellung einer Zuwiderhandlung oder auf die Feststellung einer Rechtswidrigkeit gerichteten Verwaltungs- oder Gerichtsverfahren gegeben sei und dass das Nachprüfungsverfahren gerade kein solches Verfahren darstelle.[163] Später stellte der EuGH dann aber mehrfach fest, dass der Anspruch auf rechtliches Gehör (auch) in Voruntersuchungsverfahren nicht irreversibel beeinträchtigt werden darf und dass bei der Auslegung des Art. 14 VO 17 v. a. die Erfordernisse zu berücksichtigen sind, „die sich aus der Wahrung des Anspruchs auf rechtliches Gehör ergeben".[164]

45   Ob der EuGH in den vorgenannten Urteilen – insbesondere in seinen Urteilen vom 17. Oktober 1989 in den Rs. *Dow Benelux* und *Dow Chemical Ibérica* – den Anspruch auf rechtliches Gehör i. S. eines Anhörungsrechts verstanden wissen wollte, ist zum einen mit Blick auf das nur einen Tag später erlassene *Orkem*-Urteil zweifelhaft, das sich als eine höchstrichterliche Beschränkung des kartellverfahrensrechtlichen Anhörungsrechts auf das der Voruntersuchungs- bzw. Nachprüfungsphase nachfolgende und durch die Mitteilung der Beschwerdepunkte geprägte „streitige Verfahren" interpretieren lässt.[165] Zum anderen wird der Anspruch auf rechtliches Gehör in der Rechtsprechung nicht selten mit dem **Grundsatz der Wahrung der Verteidigungsrechte** gleichgesetzt,[166] so dass der EuGH in den vorgenannten Urteilen auch den letztgenannten Grundsatz gemeint haben könnte, der den Schutz verschiedenster Verteidigungsrechte – wie etwa das unstreitig im Nachprüfungsverfahren geltende „Legal (Professional) Privilege" sowie den Anspruch auf juristischen Beistand – umfasst und daher nicht notwendigerweise die Anerkennung des Anspruchs auf rechtliches Gehör bereits im Voruntersuchungs- bzw. Nachprüfungsverfahren impliziert.

(Fn. 13), § 54 Rn. 1 ff.; sowie jeweils m. w. N. *Heselhaus*, in: ders./Nowak (Fn. 13), § 57 Rn. 79 ff.; *Nowak* (Fn. 47), S. 23 (35 ff.); *Schorkopf* in: Heselhaus/Nowak (Fn. 13), § 53 Rn. 27 f.

[162] Ausführlich zu diesem Grundrecht vgl. zuletzt m. w. N. *Classen*, Gute Verwaltung im Recht der Europäischen Union – Eine Untersuchung zu Herkunft, Entstehung und Bedeutung des Art. 41 Abs. 1 und 2 der Europäischen Grundrechtecharta, 2008, S. 28 ff.; sowie *Heselhaus* in: ders./Nowak (Fn. 13), § 57 Rn. 1 ff.; zur grds. Beachtung dieses Rechts bzw. Grundsatzes in der kartellverfahrensrechtlichen Rechtsprechung des Gemeinschaftsrichter vgl. etwa EuG U. v. 15. 3. 2006 Rs. T-15/02 – *BASF AG/Kommission* Slg. 2006, II-497 Rn. 502; EuG U. v. 5. 4. 2006 Rs. T-279/02 – *Degussa AG/Kommission* Slg. 2006, II-897 Rn. 411; EuG U. v. 8. 3. 2007 Rs. T-339/04 – *France Télécom SA/Kommission* Slg. 2007, II-521 Rn. 94 ff.; EuG U. v. 26. 4. 2007 verb. Rs. T-109/02, T-118/02, T-122/02, T-125/02, T-126/02, T-128/02, T-129/02, T-132/02 u. T-136/02 – *Bolloré SA/Kommission* Slg. 2007, II-947 Rn. 90 ff., 108 ff. u. 117 ff.; EuG U. v. 12. 12. 2007 verb. Rs. T-101/05 u. T-111/05 – *BASF AG u. a./Kommission* Slg. 2007, II-4949 Rn. 96; EuG U. v. 18. 6. 2008 Rs. T-410/03 – *Hoechst GmbH/Kommission* noch nicht in der amtl. Slg. veröffentlicht (Rn. 129).

[163] EuGH U. v. 26. 6. 1980 Rs. 136/79 – *National Panasonic/Kommission* Slg. 1980, 2033 Rn. 21.

[164] So etwa EuGH U. v. 21. 9. 1989 verb. Rs. 46/87 u. 227/88 – *Hoechst/Kommission* Slg. 1989, 2859 Rn. 14 f.; EuGH U. v. 17. 10. 1989 Rs. 85/87 – *Dow Benelux/Kommission* Slg. 1989, 3137 Rn. 25 f.; EuGH U. v. 17. 10. 1989 verb. Rs. 97–99/87 – *Dow Chemical Ibérica u. a./Kommission* Slg. 1989, 3165 Rn. 11 f.

[165] Vgl. EuGH U. v. 18. 10. 1989 Rs. 374/87 – *Orkem/Kommission* Slg. 1989, 3283 Rn. 24–26.

[166] Zutr. *Nehl* (Fn. 27), S. 227 ff.; *ders.*, in: Heselhaus/Nowak (Fn. 13), § 54 Rn. 39.

Die im Ergebnis aus der o. g. EuGH-Rechtsprechung sowie aus einigen weiteren Urteilen des EuG[167] ableitbare Versagung eines Anhörungsanspruchs des Nachprüfungsadressaten vor Aushändigung eines schriftlichen Prüfungsauftrages bzw. vor Erlass einer Nachprüfungsentscheidung ist aus gemeinschaftsverfassungsrechtlicher Perspektive nicht zu beanstanden. Denn der nicht zuletzt auch in der Ermöglichung überraschender Nachprüfungen liegende Zweck des Art. 20 VO 1/2003 wäre gefährdet, müsste die Kommission den Nachprüfungsadressaten bereits vor Erlass der Nachprüfungsentscheidung anhören oder die Nachprüfung ankündigen. Insoweit dürfte sich der gemeinschaftsverfassungsrechtliche Anspruch auf rechtliches Gehörs, den die Kommission primär im Rahmen der Mitteilung der Beschwerdepunkte erfüllt,[168] im Nachprüfungsverfahren in der nach Art. 20 Abs. 3 und 4 VO 1/2003 vorgeschriebenen Bezeichnung des Gegenstands und Zwecks der Nachprüfung erschöpfen – ein Erfordernis, das sich für formelle Nachprüfungsentscheidungen allerdings bereits aus der in Art. 253 EG kodifizierten Begründungspflicht ableiten lässt, die nach ständiger Rechtsprechung der Gemeinschaftsgerichte den Zweck verfolgt, dem Gemeinschaftsrichter die Prüfung der Rechtmäßigkeit der Entscheidung zu ermöglichen und den Betroffenen so ausreichend zu unterrichten, dass er erkennen kann, ob die Entscheidung begründet oder eventuell mit einem Mangel behaftet ist, der diese Entscheidung anfechtbar macht.[169]

4. Konsequenzen für die Auslegung und Anwendung des Art. 20 VO 1/2003

Nach ständiger Rechtsprechung des EuGH dürfen sekundärrechtliche Ermächtigungsgrundlagen für die Durchführung kartellverfahrensrechtlicher Nachprüfungen nicht in einer Weise ausgelegt werden, die zu Ergebnissen führen würde, die mit den Unions- bzw. Gemeinschaftsgrundrechten unvereinbar wären.[170] Zu diesen Grundrechten, die bei der **grundrechtskonformen Auslegung und Anwendung des Art. 20 VO 1/2003** ohne Zweifel von maßgeblicher Bedeutung sind, gehören nach obigen Ausführungen zum einen der Schutz des Nachprüfungsadressaten vor willkürlichen oder unverhältnismäßigen Eingriffen der gemeinschaftlichen Hoheitsgewalt in die Sphäre der privaten Betätigung und das Gemeinschaftsgrundrecht auf juristischen Beistand im Zuge von Nachprüfungsmaßnahmen. Gleiches gilt für das insbesondere bei Nachprüfungsmaßnahmen i. S. des Art. 20 Abs. 2 lit. b VO 1/2003 zu beachtende „Legal (Professional) Privilege" sowie für das bei Nachprüfungsmaßnahmen i. S. Art. 20 Abs. 2 lit. e VO 1/2003 relevant werdende Aussage- bzw. Auskunftsverweigerungsrecht.

Während das an sich nur bei Nachprüfungen i. S. des Art. 21 VO 1/2003 relevant werdende Gemeinschaftsgrundrecht der Unverletzlichkeit von Privatwohnungen frühzeitig vom Gemeinschaftsrichter anerkannt wurde, war lange Zeit zweifelhaft, ob sich die Auslegung und Anwendung des Art. 20 VO 1/2003 auch am Maßstab eines eigenständigen **Gemein-**

---

[167] Vgl. insb. EuG U. v. 8. 7. 2004 Rs. T-50/00 – *Dalmine/Kommission* Slg. 2004, II-2395 Rn. 110; EuG U. v. 8. 7. 2008 Rs. T-99/04 – *AC-Treuhand AG/Kommission* noch nicht in der amtl. Slg. veröffentlicht (Rn. 48).

[168] Vgl. dazu etwa EuGH U. v. 10. 5. 2007 Rs. C-328/05 P – *SGL Carbon AG/Kommission* Slg. 2007, I-3921 (Rn. 56), wonach die Kommission ihre Verpflichtung zur Wahrung des Anhörungsrechts der Unternehmen unter der Bedingung erfüllt, dass sie in der Mitteilung der Beschwerdepunkte die für die etwaige Festsetzung einer Geldbuße wesentlichen tatsächlichen und rechtlichen Gesichtspunkte wie Schwere und Dauer der vermuteten Zuwiderhandlung anführt und darlegt, ob diese vorsätzlich oder fahrlässig begangen worden ist; ähnlich EuG U. v. 10. 4. 2008 Rs. T-271/03 – *Deutsche Telekom AG/Kommission* noch nicht in der amtl. Slg. veröffentlicht (Rn. 277); näher zu den vorgenannten Kriterien vgl. die Kommentierung zu Art. 23 VO 1/2003.

[169] Vgl. nur EuG U. v. 8. 3. 2007 Rs. T-339/04 – *France Télécom SA/Kommission* Slg. 2007, II-521 Rn. 105 m. w. N.

[170] Vgl. m. w. N. unter Rn. 10.

schaftsgrundrechts der Unverletzlichkeit von Geschäftsräumen zu orientieren hat, das im *Roquette Frères*-Urteil des EuGH weder explizit anerkannt noch – abweichend vom *Hoechst*-Urteil – explizit abgelehnt worden ist. Da die besseren Gründe heute für die – zuletzt auch vom EuGH in seinem Urteil in der Rs. *Varec* angedeutete – Anerkennung bzw. Existenz eines solchen Gemeinschaftsgrundrechts sprechen[171] und dieses Grundrecht in rechtsvergleichender Perspektive das Erfordernis einer richterlichen Genehmigung der gegen den Willen des Nachprüfungsadressaten stattfindenden Durchsuchungsmaßnahmen impliziert,[172] ist die in Art. 20 Abs. 7 VO 1/2003 getroffene Regelung, die den Richtervorbehalt – anders als Art. 21 VO 1/2003 – als eine ausschließliche Angelegenheit des „einzelstaatlichen Rechts" erscheinen lässt, nicht unproblematisch.[173]

III. Tatbestand

1. Erforderlichkeit der Nachprüfungen und Anfangsverdacht

49 Die Kommission kann gemäß Art. 20 Abs. 1 VO 1/2003 zur Erfüllung der ihr durch diese Verordnung übertragenen Aufgaben alle „erforderlichen" Nachprüfungen vornehmen. Nicht erforderliche Nachprüfungen[174] sind insoweit rechtswidrig.[175] Im Schrifttum wird die Erforderlichkeit kartellverfahrensrechtlicher Nachprüfungen meist unter der Voraussetzung bejaht, dass die Möglichkeit eines Zusammenhangs zwischen den der Nachprüfung unterliegenden Geschäftsunterlagen und dem Verfahrensziel bzw. dem Zweck und Gegenstand der Nachprüfung im konkreten Einzelfall unter Berücksichtigung des Verfahrensstandes bei objektiver Beurteilung nicht ausgeschlossen werden kann.[176] Diese Ansicht knüpft an die nachfolgend kurz anzusprechende Rechtsprechung der Gemeinschaftsgerichte an, die dem zuvor auch in Art. 14 Abs. 1 VO 17 bereits enthaltenen Erforderlichkeitskriterium bislang allerdings keine allzu klaren Konturen verliehen haben.

50 So hat das EuG in seinem – ein Auskunftsverlangen der Kommission betreffenden – *SEP*-Urteil die Ansicht vertreten, dass bei der **Auslegung des Merkmals der Erforderlichkeit** vom Zweck der Untersuchung auszugehen sei,[177] dessen Darlegung sowohl im schriftlichen Prüfungsauftrag als auch in einer formellen Nachprüfungsentscheidung zwin-

---

[171] Näher dazu vgl. oben unter Rn. 31 f.
[172] Zu der aus der EGMR-Rspr. indirekt abzuleitenden Notwendigkeit eines Richtervorbehalts bei Eingriffen in die von Art. 8 Abs. 1 EMRK umfasste Unverletzlichkeit von Geschäftsräumen vgl. *Lienemeyer/Waelbroeck* CMLRev. 40 (2003), 1496; ferner vgl. *Grabenwarter* (Fn. 30), § 22 Rn. 46, wonach die Anordnung der Durchsuchung durch einen Richter ein wesentliches Element der Absicherung des Verfahrens darstelle und der EGMR die Verhältnismäßigkeit der Durchsuchung dort besonders aufmerksam prüfe, wo es an einem Richtervorbehalt fehlt. Zur verfassungsrechtlichen und/oder einfachgesetzlichen Normierung entspr. Richtervorbehalte in Belgien, Dänemark, Deutschland, Frankreich, Griechenland, Großbritannien, Irland, Luxemburg, Portugal, Schweden und Spanien vgl. *Europäische Kommission,* Weißbuch über die Modernisierung der Vorschriften zur Anwendung der Artikel 85 und 86 [jetzt: Art. 81 u. 82 EG], ABl. 1999 C 132/1 (Rn. 110); *Schwarze/Weitbrecht* (Fn. 105), § 4 Rn. 11.
[173] Vgl. dazu auch *Seitz/Berg/Lohrberg* WuW 2007, 716 (726), wonach Nachprüfungsmaßnahmen [im Anwendungsbereich der VO 1/2007] daher dem „Gemeinschaftsrichtervorbehalt" unterliegen – also vom Gemeinschaftsrichter angeordnet werden – sollten.
[174] Dazu vgl. *Seitz/Berg/Lohrberg* WuW 2007, 716 (723), wonach Nachprüfungen dann nicht erforderlich seien, wenn die Kommission die geforderten Informationen auf andere, das Unternehmen weniger belastende Weise beschaffen kann, wie z. B. durch Auswertung vorhandener Unterlagen.
[175] Zutr. *de Bronett* in: Schröter/Jakob/Mederer (Fn. 153), S. 1079 Rn. 3.
[176] So *de Bronett* (ebd.), S. 1078 f. Rn. 3; *Niggemann* in: Streinz (Fn. 8), KartVO nach Art. 83 EGV Rn. 31; *Sura* in: Langen/Bunte (Fn. 8), Art. 20 VO Nr. 1/2003 Rn. 5; knapper vgl. *Weiß* (Fn. 47), S. 128: „Erforderlich ist alles, was der Kommission zur Aufklärung dient".
[177] EuG U. v. 12. 12. 1991 Rs. T-39/90 – *SEP/Kommission* Slg. 1991, II-1497 Rn. 25.

gend vorgeschrieben ist.[178] Dem EuG scheint dabei bereits ein Zusammenhang zwischen den von der Kommission verlangten Auskünften und der untersuchten Zuwiderhandlung zu reichen,[179] wobei das Erfordernis eines solchen Zusammenhangs wiederum dann erfüllt sei, „wenn in diesem Stadium des Verfahrens hinreichende Gründe für die Annahme einer Beziehung zwischen dem Verlangen und der vermuteten Zuwiderhandlung sprechen".[180] Der EuGH hat sich in seiner Rechtsmittelentscheidung allerdings die in den Schlussanträgen des GA *Jacobs* vertretene Auffassung zu eigen gemacht, wonach „eine bloße Beziehung" zwischen einem Schriftstück und der vermuteten Zuwiderhandlung nicht genüge, „um ein Verlangen nach Vorlage des Schriftstücks zu rechtfertigen; die Beziehung muss vielmehr dergestalt sein, dass die Kommission zum Zeitpunkt des Verlangens vernünftigerweise davon ausgehen konnte, dass das Schriftstück ihr bei der Prüfung, ob die vermutete Zuwiderhandlung tatsächlich vorgelegen hat, nützen würde".[181]

Nach ständiger Rechtsprechung ist es grundsätzlich Sache der Kommission – und nicht etwa Sache des Nachprüfungsadressaten oder eines Dritten – darüber zu entscheiden, ob die Einholung von Auskünften bzw. die Vorlage von Geschäftsunterlagen „erforderlich ist, um ermitteln zu können, ob eine Zuwiderhandlung gegen die Wettbewerbsregeln vorliegt".[182] Selbst wenn die Kommission bereits Indizien oder gar Beweise vorliegen, könne sie es nach Ansicht des Gemeinschaftsrichters zu Recht für erforderlich halten, zusätzliche Nachprüfungen anzuordnen, die es ihr ermöglichen, die jeweilige Zuwiderhandlung oder deren Dauer genauer zu bestimmen.[183] Damit wird der Kommission hinsichtlich der Erforderlichkeit kartellverfahrensrechtlicher Nachprüfungen ein **weiter Ermessens- bzw. Beurteilungsspielraum** zugebilligt,[184] der sich insbesondere in einer diesbezüglich reduzierten gerichtlichen Kontrolldichte niederschlägt.[185] Die Weite dieses Spielraums zeigt sich u. a. darin, dass die Kommission bestimmte Nachprüfungen selbst dann rechtmäßiger Weise für erforderlich halten kann, wenn ihr im Hinblick auf eine Zuwiderhandlung gegen Art. 81 und/oder 82 EG bereits Indizien oder gar Beweise vorliegen.[186] 51

Der an dieser Stelle überaus weite Ermessens- bzw. Beurteilungsspielraum der Kommission wird zumindest ein stückweit dadurch begrenzt, dass formelle Ermittlungshandlungen – wie etwa Nachprüfungsmaßnahmen i. S. des Art. 20 VO 1/2003 – allgemein nur dann als zulässig angesehen werden, wenn ein **Anfangsverdacht** vorliegt;[187] Ermittlungen „ins Blaue hinein" bzw. sog. „fishing expeditions" vertrügen sich hingegen nicht mit dem 52

---

[178] Zu diesem Erfordernis siehe unter Rn. 56 f.
[179] EuG U. v. 12. 12. 1991 Rs. T-39/90 – *SEP/Kommission* Slg. 1991, II-1497 Rn. 25.
[180] EuG ebd. (Rn. 29).
[181] Vgl. EuGH U. v. 19. 5. 1994 Rs. C-36/92 P – *SEP/Kommission* Slg. 1994, I-1911 Rn. 21 i. V. m. Ziff. 21 der genannten Schlussanträge von GA *Jacobs* (Slg. 1994, I-1919).
[182] Vgl. nur EuGH U. v. 18. 5. 1982 Rs. 155/79 – *AM&S/Kommission* Slg. 1982, 1575 Rn. 17; EuGH U. v. 18. 10. 1989 Rs. 374/87 – *Orkem/Kommission* Slg. 1989, 3283 Rn. 15; EuG U. v. 8. 3. 2007 Rs. T-340/04 – *France Télécom SA/Kommission* Slg. 2007, II-573 Rn. 148.
[183] Vgl. nur EuG U. v. 8. 3. 2007 Rs. T-339/04 – *France Télécom SA/Kommission* Slg. 2007, II-521 Rn. 119; EuG U. v. 8. 3. 2007 Rs. T-340/04 – *France Télécom SA/Kommission* Slg. 2007, II-573 Rn. 148.
[184] Zutr. *Lavoie* ELRev. 17 (1992), 20 (27); überzeugend *Krück/Sauter* in: Dauses, Handbuch des EU-Wirtschaftsrechts, Bd. 2, 2003 (EL 10) H.I § 3 Rn. 69, wonach an die Erforderlichkeit kartellverfahrensrechtlicher Nachprüfungen ein höherer Maßstab als an die Erforderlichkeit von Auskunftsersuchen anzulegen ist, da Nachprüfungen stärker in die Unternehmenssphäre eingreifen; dazu auch oben Rn. 8 f.
[185] Exempl. EuGH U. v. 18. 10. 1989 Rs. 374/87 – *Orkem/Kommission* Slg. 1989, 3283 Rn. 16.
[186] So im Hinblick auf die Erforderlichkeit eines kartellverfahrensrechtlichen Auskunftsersuchens EuGH U. v. 18. 10. 1989 Rs. 374/87 – *Orkem/Kommission* Slg. 1989, 3283 Rn. 15.
[187] Vgl. nur *Burrichter/Hauschild* (Fn. 125), Art. 14 Rn. 1; *Dieckmann* (Fn. 133), § 42 Rn. 4; *Niggemann* in: Streinz (Fn. 8), KartVO nach Art. 83 EGV Rn. 20; m. w. N. *Weiß* (Fn. 47), S. 128 u. 131.

Art. 20 VerfVO 53

Willkürverbot[188] und seien daher unzulässig.[189] Ob der im überwiegenden Schrifttum bei Ermittlungsmaßnahmen der Kommission – aus rechtsstaatlichen bzw. rechtsgemeinschaftlichen Gründen zu Recht – zwingend vorausgesetzte Anfangsverdacht einen integralen Bestandteil des in Art. 20 Abs. 1 VO 1/2003 angesprochenen Erforderlichkeitskriteriums bildet oder aber zu der auch im Bereich kartellverfahrensrechtlicher Nachprüfungen gebotenen Willkürfreiheit gehört, ist nach der bisherigen Rechtsprechung der Gemeinschaftsgerichte indes unklar. Unabhängig davon herrscht weitgehende Einigkeit darin, dass die Kommission einen konkreten (Anfangs-)Verdacht haben muss,[190] wofür insbesondere die oben skizzierte Grundrechtsrelevanz kartellverfahrensrechtlicher Nachprüfungen streitet.[191] Gleichwohl werden an das Erfordernis eines bestehenden Anfangsverdachts, der beispielsweise durch eine substantiierte Beschwerde i. S. des Art. 7 VO 1/2003 oder auch durch Presse- und Branchenveröffentlichungen begründet werden kann,[192] keine allzu hohen Anforderungen gestellt;[193] vorliegen müssten insoweit lediglich hinreichende Anhaltspunkte dafür, dass ein Sachverhalt kartellrechtlich relevant ist.[194]

53 Das in Art. 20 Abs. 1 VO 1/2003 angesprochene **Erforderlichkeitskriterium** ist letztendlich ein zu den anderen Kriterien der Geeignetheit und der Proportionalität im engeren Sinne hinzutretender Teilaspekt i. R. der Prüfung des gemeinschaftsrechtlichen Verhältnismäßigkeitsgrundsatzes, der von der Kommission bei der Auswahl und Durchführung kartellverfahrensrechtlicher Ermittlungsmaßnahmen zu beachten ist.[195] Zumindest ist das Erforderlichkeitskriterium nach der bislang zu Art. 14 VO 17 ergangenen Rechtsprechung des EuGH überaus eng mit dem gemeinschaftsverfassungsrechtlichen **Verhältnismäßigkeitsgrundsatz**[196] verbunden, da beispielsweise die Frage, ob sich die Kommission für Nachprüfungen durch schlichten Auftrag oder für eine in einer formellen Entscheidung angeordnete Nachprüfungen entscheidet, maßgeblich „von den Erfordernissen einer den Besonderheiten des Einzelfalls *angemessenen* Untersuchung" abhängt.[197] Das EuG ist dieser frühzeitigen Vorgabe des EuGH gefolgt, indem es beispielsweise in seinem *SEP*-Urteil entschied, „dass die Verpflichtung zur Auskunftserteilung für das betreffende Unternehmen

---

[188] In diesem Sinne vgl. *Niggemann* in: Streinz (Fn. 8), KartVO nach Art. 83 EGV Rn. 20; *Schwarze/Weitbrecht* (Fn. 105), § 4 Rn. 4.

[189] *Dieckmann* (Fn. 133), § 42 Rn. 4; *Krück/Sauter* (Fn. 184), § 3 Rn. 70; *Niggemann* in: Streinz (Fn. 8), KartVO nach Art. 83 EGV Rn. 41; *Schriefers* WuW 1993, 102; *Seitz/Berg/Lohrberg* WuW 2007, 716 (718 f. u. 722); *Weiß* (Fn. 47), S. 131.

[190] So etwa von *Weiß* (ebd.), S. 129; und *Schwarze/Weitbrecht* (Fn. 105), § 4 Rn. 4.

[191] Vgl. oben Rn. 11 ff.

[192] Dies bezweifelnd vgl. indes *Seitz/Berg/Lohrberg* WuW 2007, 716 (719).

[193] Statt vieler vgl. m. w. N. *Weiß* (Fn. 47), S. 129, wonach der Verdacht „nur sehr allgemein und nicht nach Zeit, Ort oder dergleichen umrissen sein" müsse.

[194] So *Dieckmann* (Fn. 133), § 42 Rn. 4; *Niggemann* in: Streinz (Fn. 8), KartVO nach Art. 83 EGV Rn. 20; *Seitz/Berg/Lohrberg* WuW 2007, 716 (722); ähnlich *Schwarze/Weitbrecht* (Fn. 105), § 4 Rn. 4.

[195] EuGH U. v. 26. 6. 1980 Rs. 136/79 – *National Panasonic/Kommission* Slg. 1980, 2033 Rn. 29 f.; EuGH U. v. 21. 9. 1989 verb. Rs. 46/87 u. 227/88 – *Hoechst/Kommission* Slg. 1989, 2859 Rn. 19; EuG U. v. 12. 12. 1991 Rs. T-39/90 – *SEP/Kommission* Slg. 1991, II-1497 Rn. 51 ff.; EuG U. v. 8. 3. 2007 Rs. T-339/04 – *France Télécom SA/Kommission* Slg. 2007, II-521 Rn. 117 ff.

[196] Nach diesem zu den allgemeinen Grundsätzen des Gemeinschaftsrechts gehörenden Grundsatz dürfen Handlungen der Gemeinschaftsorgane nicht über die Grenzen dessen hinausgehen, was zur Erreichung des verfolgten Ziels geeignet und erforderlich ist, wobei wenn mehrere geeignete Maßnahmen zur Auswahl stehen, die am wenigsten belastende zu wählen ist; so vgl. nur EuGH U. v. 14. 7. 2005 Rs. C-180/00 – *Niederlande/Kommission* Slg. 2005, I-6603 Rn. 103; EuG U. v. 8. 3. 2007 Rs. T-339/04 – *France Télécom SA/Kommission* Slg. 2007, II-521 Rn. 117.

[197] EuGH U. v. 26. 6. 1980 Rs. 136/79 – *National Panasonic/Kommission* Slg. 1980, 2033 Rn. 29; kursive Hervorhebung von Verf. hinzugefügt; näher und m. w. N. zur Bedeutung des gemeinschaftsrechtlichen Verhältnismäßigkeitsgrundsatzes im Bereich der kartellverfahrensrechtlichen Ermittlungsbefugnisse der Kommission vgl. *Vocke* (Fn. 14), S. 38 ff.

keine Belastung darstellt, die zu den Erfordernissen der Untersuchung außer Verhältnis steht".[198] Hinsichtlich einer geltend gemachten Verletzung des gemeinschaftsrechtlichen Verhältnismäßigkeitsgrundsatzes erreicht die gerichtliche Kontrolldichte im Falle der Anfechtung einer Nachprüfungsentscheidung jedoch keine höhere Intensität als bei der reduzierten gerichtlichen Überprüfung der Erforderlichkeit kartellverfahrensrechtlicher Nachprüfungen.[199]

2. Adressaten und Zeitpunkt der Nachprüfungsmaßnahmen

Nach Art. 20 Abs. 1 VO 1/2003 richten sich die Nachprüfungsmaßnahmen der Kommission gegen Unternehmen und Unternehmensvereinigungen, nicht aber etwa gegen natürliche Personen, die für die betreffenden Unternehmen oder Unternehmensvereinigungen handeln. Zu den **Adressaten** kartellverfahrensrechtlicher Nachprüfungsmaßnahmen gehören insofern zunächst einmal hauptbetroffene Unternehmen und Unternehmensvereinigungen i. S. der Art. 81 Abs. 1 und 82 EG, gegen die sich das jeweilige Kartellverfahren richtet, d. h. gegen die „Parteien" i. S. des Art. 27 Abs. 1 u. 2 VO 1/2003. Hierbei ist anzunehmen, dass auch sämtliche Tochtergesellschaften den jeweiligen Nachprüfungshandlungen unterliegen, wenn Nachprüfungsaufträge oder -entscheidungen an die Muttergesellschaft gerichtet werden.[200] Darüber hinaus kommen als Adressaten kartellverfahrensrechtlicher Nachprüfungsmaßnahmen nach ganz überwiegender Auffassung auch Dritte bzw. Drittbetroffene, wie etwa konkurrierende Unternehmen, in Betracht,[201] sofern anzunehmen ist, dass sie im Besitz von Geschäftsunterlagen oder sonstigen verfahrensrelevanten Informationen sind, die einen Bezug zum Verfahrens- bzw. Untersuchungsgegenstand aufweisen.[202] 54

Im Hinblick auf den zulässigen **Zeitpunkt der Nachprüfung** macht Art. 20 VO 1/2003 der Kommission keine Vorgaben. In der Regel finden kartellverfahrensrechtliche Nachprüfungsmaßnahmen zu den üblichen Büro- bzw. Geschäftszeiten zwar nach der im Beschlusswege erfolgenden förmlichen Verfahrenseinleitung[203] und vor Erlass der verfahrensabschließenden Entscheidung statt. Vorausgesetzt wird eine vorangehende förmliche Verfahrenseinleitung jedoch nicht. Dies ergibt sich insbesondere aus Art. 2 Abs. 3 VO 733/2004, wonach die Kommission von ihren Ermittlungsbefugnissen gemäß Kapitel V der VO 1/2003 auch Gebrauch machen kann, „bevor sie ein Verfahren einleitet". Dass die Kommission selbst nach Erlass einer verfahrensabschließenden Entscheidung (noch einmal) auf ihre Nachprüfungsbefugnisse zurückgreifen kann, ergibt sich aus der bisherigen Rechtsprechung des EuG zu Art. 14 VO 17, wonach ihr diese „Befugnisse zur Untersuchung eines Sachverhalts, der dem in einer Entscheidung missbilligten Sachverhalt zeitlich nachfolgt, nicht genommen werden [können], selbst wenn dieser Sachverhalt dem in der Entscheidung behandelten Sachverhalt entspricht".[204] 55

---

[198] EuG U. v. 12. 12. 1991 Rs. T-39/90 – *SEP/Kommission* Slg. 1991, II-1497 Rn. 51.

[199] Vgl. nur EuGH U. v. 26. 6. 1980 Rs. 136/79 – *National Panasonic/Kommission* Slg. 1980, 2033 Rn. 30; EuG U. v. 12. 12. 1991 Rs. T-39/90 – *SEP/Kommission* Slg. 1991, II-1497 Rn. 51 ff.

[200] So auch für Art. 14 VO 17 *de Bronett* in: Schröter/Jakob/Mederer (Fn. 153), S. 1068 Rn. 4.

[201] Vgl. nur die Kommissionsentscheidung v. 31. 1. 1979 in der Kartellsache *FIDES*, ABl. 1979 L 57/33; zur allg. bejahten Einbeziehung Drittbetroffener in den Kreis der Nachprüfungsadressaten vgl. nur *Burrichter/Hauschild* (Fn. 125), Art. 14 Rn. 2; *Dieckmann* (Fn. 133), § 42 Rn. 6; *Krück/Sauter* (Fn. 184), § 3 Rn. 67; *Ortiz Blanco*, EC Competition Procedure, 1996, S. 103 f.; *Schriefers* WuW 1993, 100.

[202] In diesem Sinne vgl. *de Bronett* in: Schröter/Jakob/Mederer (Fn. 153), S. 1069 Rn. 4; *Burrichter/Hauschild* (Fn. 125), Vorb. zu Art. 11–14 Rn. 4.

[203] Vgl. Art. 2 Abs. 1 VO (EG) Nr. 773/2004 der Kommission v. 7. 4. 2004 über die Durchführung von Verfahren auf der Grundlage der Artikel 81 und 82 EG-Vertrag durch die Kommission, ABl. 2004 L 123/18.

[204] EuG U. v. 8. 3. 1995 Rs. T-34/93 – *Société Générale/Kommission* Slg. 1995, II-545 Rn. 77.

3. Bezeichnung des Gegenstands und des Zwecks der Nachprüfung

56 Unabhängig davon, ob die Kommission kartellverfahrensrechtliche Nachprüfungen auf der Grundlage eines schriftlichen Prüfungsauftrags oder einer formellen Nachprüfungsentscheidung vornimmt,[205] ist sie gemäß Art. 20 Abs. 3 und 4 VO 1/2003 verpflichtet, im schriftlichen Prüfungsauftrag oder aber in ihrer Nachprüfungsentscheidung den Gegenstand und Zweck der jeweiligen Nachprüfung zu bezeichnen. Die **Bezeichnung des Zwecks** der Nachprüfung konkretisiert die Aufgabe, für deren Erfüllung die Aufklärung des Sachverhalts i. S. des Art. 20 Abs. 1 VO 1/2003 „erforderlich" ist.[206] Nach der Rechtsprechung des EuGH reicht hierbei bereits die Angabe der Kommission, dass die Umstände nachgeprüft werden sollen, aus denen sich das Vorliegen eines vertragswidrigen Verhaltens ergeben könnte.[207] Die **Bezeichnung des Gegenstandes** der Nachprüfung könnte hingegen die Handlung beschreiben, die den (Anfangs-)Verdacht eines Verstoßes gegen Art. 81/82 EG begründet.[208] Für die sehr viel mehr auf die Wahrung der Verteidigungsrechte achtende und somit überzeugendere Gegenauffassung, dass mit der Bezeichnung des Gegenstandes in erster Linie das (körperliche) Zielobjekt der jeweiligen Nachprüfungsmaßnahme, also die konkreten Unterlagen, auf die sich die Nachprüfung beziehen soll, und die in diesem Zusammenhang abzugebenden mündlichen Erklärungen gemeint sein dürften,[209] gibt es in der Rechtsprechung der Gemeinschaftsgerichte insoweit einen Anhaltspunkt, als der EuGH in diesem Zusammenhang bereits mehrfach deutlich gemacht hat, dass die Kommission in ihrer Nachprüfungsentscheidung im Interesse der Wahrung der Verteidigungsrechte zumindest „möglichst genau anzugehen [hat], wonach gesucht wird, und die Punkte aufzuführen hat, auf die sich die Nachprüfung beziehen soll.[210] Gleichwohl müssen Art und Inhalt der gesuchten Unterlagen und Dokumente nicht im Vorhinein konkret benannt werden,[211] da die Nachprüfungen nicht lediglich der Überprüfung eines bereits vollständig ermittelten Sachverhalts, sondern der Sachverhaltsermittlung und damit auch der Suche nach bislang nicht vorhandenen Beweisen dienen.

57 Bei der nach Art. 20 Abs. 3 und 4 VO 1/2003 vorgeschriebenen Bezeichnung des Gegenstands und des Zwecks der Nachprüfung handelt es sich um eine sekundärrechtliche Ausprägung des in Art. 253 EG kodifizierten Begründungserfordernisses,[212] dessen Beachtung den jeweiligen Nachprüfungsadressaten die Berechtigung des beabsichtigten Eingriffs

---

[205] Näher zu diesen beiden unterschiedlichen Vorgehensweisen unter Rn. 58–63.
[206] So *de Bronett* in: von der Groeben/Schwarze (Fn. 8), nach Art. 83 EGV – Durchführungsvorschriften Rn. 21, mit dem Hinweis, dass sich diese Aufgabe wiederum im Verfahrensgegenstand konkretisiert; ähnlich *Burrichter/Hauschild* (Fn. 125), Art. 14 Rn. 5.
[207] In diesem Sinne vgl. EuGH U. v. 18. 10. 1989 Rs. 374/87 – *Orkem/Kommission* Slg. 1989, 3283 Rn. 10.
[208] So im Hinblick auf Art. 14 VO 17 *de Bronett* in: Schröter/Jakob/Mederer (Fn. 153), S. 1082 Rn. 9; ähnlich jetzt mit Blick auf Art. 20 VO 172003 vgl. *Vocke* (Fn. 14), S. 213, wonach davon auszugehen sei, dass mit dem hier angesprochenen Gegenstand der Nachprüfung „allein die Bezeichnung des relevanten Lebenssachverhalts gemeint ist, der den Verdacht der Verletzung der europäischen Wettbewerbsregeln begründet".
[209] So etwa *Burrichter/Hauschild* (Fn. 125), S. 1730 f.
[210] Vgl. nur EuGH U. v. 22. 10. 2002 Rs. C-94/00 – *Roquette Frères/Directeur général de la concurrence, de la consommation et de la répression des fraudes* Slg. 2002, I-9011 Rn. 48.
[211] EuGH, ebd. (Rn. 84).
[212] In diesem Sinne EuGH U. v. 26. 6. 1980 Rs. 136/79 – *National Panasonic/Kommission* Slg. 1980, 2033 Rn. 25; EuGH U. v. 21. 9. 1989 verb. Rs. 46/87 u. 227/88 – *Hoechst/Kommission* Slg. 1989, 2859 Rn. 40; anders vgl. *Seitz/Berg/Lohrberg* WuW 2007, 716 (723), wonach Art. 20 Abs. 4 Satz 2 VO 1/2003 das „Bestimmtheitsgebot als Ausprägung des Grundsatzes der Rechtssicherheit" sekundärrechtlich konkretisiere.

aufzeigen²¹³ und sie ferner in die Lage versetzen soll, den Umfang ihrer **Mitwirkungspflichten** zu erkennen und zugleich ihre **Verteidigungsrechte** zu wahren.²¹⁴ Insofern gilt zunächst einmal, dass für die Nachprüfungsadressaten erkennbar sein muss, welchem vermuteten Vorwurf bzw. Anfangsverdacht die Kommission mit ihren Ermittlungen nachgeht,²¹⁵ und dass der Umfang der von Kommission an dieser Stelle anzugebenden Informationen grundsätzlich nicht auf Grund von Erwägungen eingeschränkt sein kann, die die Wirksamkeit der Untersuchung betreffen.²¹⁶ Da aber die Wahrnehmung der Nachprüfungsbefugnisse erst zur Aufdeckung einer Zuwiderhandlung bzw. zur Aufklärung des kartellrechtlich relevanten Sachverhalts führen soll, ist die Kommission bei der Bezeichnung des Gegenstands und des Zwecks der Nachprüfung nicht dazu verpflichtet, eine strenge bzw. exakte rechtliche Qualifizierung der (vermuteten) Zuwiderhandlung vorzunehmen.²¹⁷ Gleiches gilt im Hinblick auf die Abgrenzung des relevanten Marktes sowie auf den Zeitraum, in dem die Zuwiderhandlung angeblich begangen worden ist.²¹⁸ Die Kommission muss auch nicht alle ihr bereits vorliegenden Informationen über vermutete Zuwiderhandlungen übermitteln,²¹⁹ da sonst der Ermittlungszweck gefährdet werden könnte. Vielmehr hat die Kommission in diesem Verfahrensstadium lediglich – aber immerhin – anzugeben, welchen Vermutungen sie nachzugehen beabsichtigt²²⁰ und wonach gesucht wird bzw. auf welche Punkte sich die Nachprüfung beziehen soll.²²¹ Ausreichend ist insoweit die Angabe der Kommission, Umstände nachprüfen zu wollen, aus denen sich eine Verletzung der Art. 81 und/oder 82 EG ergeben kann.²²²

4. Unterscheidung zwischen Nachprüfungsauftrag und Nachprüfungsentscheidung

Art. 20 VO 1/2003 hält an der zuvor in Art. 14 VO 17 getroffenen Unterscheidung **58** zwischen schriftlichen Prüfungsaufträgen einerseits und formellen Nachprüfungsentscheidungen andererseits fest. Insoweit ist auch weiterhin zwischen Nachprüfungen auf Grund eines einfachen „schriftlichen Auftrags" (Art. 20 Abs. 3 Satz 1 VO 1/2003) und Nachprüfungen auf Grund einer formellen Entscheidung (Art. 20 Abs. 4 VO 1/2003) i. S. des

---

²¹³ EuGH U. v. 17. 10. 1989 verb. Rs. 97–99/87 – *Dow Chemical Ibérica u. a./Kommission* Slg. 1989, 3165 Rn. 26.
²¹⁴ EuGH U. v. 21. 9. 1989 verb. Rs. 46/87 u. 227/88 – *Hoechst/Kommission* Slg. 1989, 2859 Rn. 41; EuGH U. v. 22. 10. 2002 Rs. C-94/00 – *Roquette Frères/Directeur général de la concurrence, de la consommation et de la répression des fraudes* Slg. 2002, I-9011 Rn. 47; EuG U. v. 11. 12. 2003 Rs. T-65/99 – *Strintzis Lines Shipping SA/Kommission* Slg. 2003, II-5433 Rn. 44; EuGH U. v. 8. 3. 2007 Rs. T-339/04 – *France Télécom SA/Kommission* Slg. 2007, II-521 Rn. 57 f.
²¹⁵ Zutr. *Niggemann* in: Streinz (Fn. 8), KartVO nach Art. 83 EGV Rn. 39.
²¹⁶ EuGH U. v. 17. 10. 1989 Rs. 85/87 – *Dow Benelux/Kommission* Slg. 1989, 3137 Rn. 8; EuGH U. v. 17. 10. 1989 verb. Rs. 97–99/87 – *Dow Chemical Ibérica u. a./Kommission* Slg. 1989, 3165 Rn. 45; EuG U. v. 8. 3. 2007 Rs. T-339/04 – *France Télécom SA/Kommission* Slg. 2007, II-521 Rn. 58.
²¹⁷ EuGH U. v. 21. 9. 1989 verb. Rs. 46/87 u. 227/88 – *Hoechst/Kommission* Slg. 1989, 2859 Rn. 41; EuG U. v. 8. 3. 1995 Rs. T-34/93 – *Société Générale/Kommission* Slg. 1995, II-547 Rn. 63.
²¹⁸ EuGH U. v. 17. 10. 1989 Rs. 85/87 – *Dow Benelux/Kommission* Slg. 1989, 3137 Rn. 10; EuGH U. v. 17. 10. 1989 verb. Rs. 97–99/87 – *Dow Chemical Ibérica u. a./Kommission* Slg. 1989, 3165 Rn. 46.
²¹⁹ EuGH U. v. 21. 9. 1989 verb. Rs. 46/87 u. 227/88 – *Hoechst/Kommission* Slg. 1989, 2859 Rn. 41; EuG U. v. 8. 3. 1995 Rs. T-34/93 – *Société Générale/Kommission* Slg. 1995, II-545 Rn. 63.
²²⁰ EuGH U. v. 21. 9. 1989 verb. Rs. 46/87 u. 227/88 – *Hoechst/Kommission* Slg. 1989, 2859 Rn. 41; EuGH U. v. 17. 10. 1989 Rs. 85/87 – *Dow Benelux/Kommission* Slg. 1989, 3137 Rn. 9.
²²¹ So vgl. nur EuG U. v. 8. 3. 2007 Rs. T-339/04 – *France Télécom SA/Kommission* Slg. 2007, II-521 Rn. 58 f.
²²² EuGH, U. v. 18. 10. 1989 Rs. 374/87 – *Orkem/Kommission* Slg. 1989, 3283 Rn. 11; EuG U. v. 8. 3. 1995 Rs. T-34/93 – *Société Générale/Kommission* Slg. 1995, II-545 Rn. 64.

Art. 249 EG zu differenzieren. Gemeinsam ist beiden Nachprüfungsformen zum einen, dass die Kommission sowohl in schriftlichen Prüfungsaufträgen als auch in Nachprüfungsentscheidungen stets den Gegenstand und den Zweck der Nachprüfung „bezeichnen" muss.[223] Zum anderen sind die Nachprüfungsbefugnisse der Kommission[224] in beiden Fällen identisch. Der Hauptunterschied zwischen einem schriftlichem Prüfungsauftrag (a) und einer formellen Nachprüfungsentscheidung (b) liegt daher eher in verfahrensrechtlichen Details sowie insbesondere darin, dass nur die formelle Nachprüfungsentscheidung eine Verpflichtung zur Duldung der Nachprüfung begründet:

59 **a) Nachprüfung auf Grund eines schriftlichen Prüfungsauftrags.** Die mit Nachprüfungen beauftragten Bediensteten der Kommission und andere von ihr ermächtigte Begleitpersonen können ihre Nachprüfungsbefugnisse unter Vorlage eines „schriftlichen Auftrags" ausüben, der in der Praxis vom Generaldirektor der Wettbewerbsdirektion unterzeichnet wird. In diesem Fall setzt die Durchführung der Nachprüfung voraus, dass ihr der Nachprüfungsadressat zustimmt. Folglich ist der Nachprüfungsadressat ohne **Zustimmung** zwar nicht zur Duldung der Nachprüfung auf der Grundlage eines einfachen Prüfungsauftrags verpflichtet. Duldet er jedoch die auf der Grundlage eines schriftlichen Auftrages vorgenommenen Nachprüfungsmaßnahmen und macht er später unvollständige oder unzutreffende Angaben, droht ihm gemäß Art. 23 Abs. 1 VO 1/2003 die Festsetzung einer Geldbuße.[225] Aus diesem Grund sieht Art. 20 Abs. 3 Satz 1 VO 1/2003 vor, dass im schriftlichen Prüfungsauftrag u. a. auf die in Art. 23 VO 1/2003 vorgesehenen Sanktionen für den Fall hinzuweisen ist, dass die angeforderten Bücher oder sonstigen Geschäftsunterlagen nicht vollständig vorgelegt werden oder die Antworten auf die nach Maßgabe von Art. 20 Abs. 2 lit. e VO 1/2003 gestellten Fragen unrichtig oder irreführend sind.

60 Das o. g. Zustimmungserfordernis bringt es in der Praxis mit sich, dass die Kommission ihre Nachprüfungsmaßnahmen auf Grund eines einfachen Prüfungsauftrages häufig erst nach vorheriger **Kontaktaufnahme mit den Nachprüfungsadressaten** durchführt,[226] auch wenn ihr dies nicht vorgeschrieben ist. Für eine vorherige Ankündigung spricht in dieser Konstellation zweierlei: zum einen kann durch eine solche Ankündigung insbesondere bei kleinen und mittleren Unternehmen ein etwaiger Widerstand gegen die Nachprüfung vorsorglich vermieden und sichergestellt werden, dass bei Ankunft der Kommissionsbediensteten ein verantwortlicher und sachkundiger Unternehmensvertreter anwesend ist; zum anderen soll das Unternehmen dadurch in die Lage versetzt werden, eventuell erforderliche Vorbereitungen zu treffen, um die Effektivität und zügige Durchführung der Nachprüfung auch im eigenen Interesse zu gewährleisten.[227] Bei Nachprüfungen auf Grund eines schriftlichen Prüfungsauftrages ist die Kommission gemäß Art. 20 Abs. 3 Satz 2 VO 1/2003 allerdings verpflichtet, die Wettbewerbsbehörde des Mitgliedstaats, in dessen Hoheitsgebiet die jeweilige Nachprüfung vorgenommen werden soll, über die Nachprüfung rechtzeitig vor deren Beginn zu unterrichten.

61 **b) Nachprüfung auf Grund einer formellen Entscheidung.** Die Kommission nimmt ihre Nachprüfung auf Grund einer nach dem sog. Ermächtigungsverfahren[228] zu erlassenden Nachprüfungsentscheidung i. S. des Art. 20 Abs. 4 VO 1/2003 vor, wenn die

---

[223] Näher dazu bereits unter Rn. 56 f.
[224] Ausführlich zu diesen in Art. 20 Abs. 2 VO 1/2003 geregelten Befugnissen unter Rn. 64–77.
[225] Näher zu diesen Sanktionen vgl. Rn. 96–97 sowie die Kommentierung zu Art. 23 VO 1/2003.
[226] Exempl. EuG B. v. 9. 6. 1997 Rs. T-9/97 – *Elf Atochem/Kommission* Slg. 1997, II-909 Rn. 1.
[227] Näher dazu *Burrichter/Hauschild* (Fn. 125), S. 1731 f.; sowie *Kreis* RIW 1981, 281 (287).
[228] In diesem Verfahren können formelle Nachprüfungsentscheidungen von dem für Wettbewerbsfragen zuständigen Kommissionsmitglied im Namen und unter Verantwortung der Kommission erlassen werden; nach EuGH U. v. 23. 9. 1986 Rs. 5/85 – *AKZO Chemie/Kommission* Slg. 1986, 2585 Rn. 28 ff., verletzt dieses Verfahren nicht den institutionell-gemeinschaftsrechtlichen Kollegialitätsgrundsatz.

Gefahr besteht, dass bestimmte Unterlagen vom Nachprüfungsadressaten vernichtet bzw. beiseite geschafft werden (könnten), und/oder wenn zweifelhaft ist, ob dieser seine Zustimmung zu einer einfachen Nachprüfung erteilt. Eine vorherige Kontaktaufnahme mit dem Nachprüfungsadressaten, die bei Ermittlungen auf Grund eines einfachen Prüfungsauftrages in der Regel erfolgt, wird bei Nachprüfungen auf Grund einer formellen Entscheidung grundsätzlich vermieden und ist auch nicht erforderlich. Insoweit kann die Kommission auch überraschende Nachprüfungen (sog. *dawn-raids*) vornehmen, wobei der EuGH in dem Umstand, dass eine solche Nachprüfung ohne vorherige Mitteilung erfolgt, kein Grundrechtsproblem sieht.[229]

Nachprüfungsentscheidungen verpflichten die Nachprüfungsadressaten gemäß Art. 20 Abs. 4 Satz 1 VO 1/2003 zur Duldung der jeweiligen Nachprüfungsmaßnahmen. Handelt der Nachprüfungsadressat dieser mit der ordnungsgemäßen Bekanntgabe der Entscheidung[230] i. S. des Art. 254 Abs. 3 EG beginnenden **Duldungsverpflichtung** vorsätzlich oder fahrlässig zuwider, kann die Kommission gegen ihn sowohl Geldbußen (Art. 23 Abs. 1 lit. c VO 1/2003) als auch Zwangsgelder (Art. 24 Abs. 1 lit. e VO 1/2003) festsetzen. Über weitere autonome Zwangsmittel verfügt sie in diesen Fällen zwar nicht. Stellen aber die beauftragten Bediensteten der Kommission und die anderen von ihr ermächtigten Begleitpersonen fest, dass sich ein Unternehmen einer nach Maßgabe des Art. 20 VO 1/2003 angeordneten Nachprüfung widersetzt, so hat der betreffende Mitgliedstaat gemäß Art. 20 Abs. 6 VO 1/2003 die erforderliche Unterstützung zu gewähren, damit die Bediensteten der Kommission ihren Nachprüfungsauftrag erfüllen können.[231] **62**

Abgesehen davon, dass in einer solchen Nachprüfungsentscheidung – wie beim schriftlichen Prüfungsauftrag – der Gegenstand und der Zweck der Nachprüfung zu bezeichnen ist, muss in ihr – anders als beim schriftlichen Prüfungsauftrag – auch der Zeitpunkt des Beginns der Nachprüfung bestimmt werden (Art. 20 Abs. 4 Satz 2 VO 1/2003). Im Unterschied zur einfachen Nachprüfung i. S. Art. 20 Abs. 3 VO 1/2003 ist die Kommission bei Nachprüfungen auf Grund einer formellen Entscheidung nicht lediglich zur Unterrichtung mitgliedstaatlicher Wettbewerbsbehörden verpflichtet. Vielmehr hat die Kommission die Wettbewerbsbehörde des Mitgliedstaats, in dessen Hoheitsgebiet die Nachprüfung vorgenommen werden soll, vor Erlass ihrer Nachprüfungsentscheidung anzuhören (Art. 20 Abs. 4 Satz 3 VO 1/2003), wobei selbst formlose (z. B. telefonische) Kontakte allgemein als ausreichend erachtet werden.[232] **63**

5. Art und Umfang der einzelnen Nachprüfungsbefugnisse

Art. 20 Abs. 2 VO 1/2003 verleiht der Kommission zum einen ein auf alle Räumlichkeiten, Grundstücke und Transportmittel von Unternehmen und Unternehmensvereinigungen bezogenes Betretungsrecht (lit. a), damit sie ihr auf Bücher und sonstige Geschäftsunterlagen bezogenes Prüfungsrecht (lit. b) wahrnehmen kann. Zum anderen ermächtigt diese Vorschrift die Kommission zur Anfertigung und Erlangung von Kopien und Auszügen (lit. c), zur Versiegelung betrieblicher Räumlichkeiten, Bücher und Unterlagen (lit. d) sowie zur Einholung und Protokollierung mündlicher Erläuterungen (lit. e). **64**

a) Betretungsrecht (Räumlichkeiten, Grundstücke und Transportmittel). Art. 20 Abs. 2 lit. a VO 1/2003 ermächtigt die mit den Nachprüfungen beauftragten Bediensteten der Kommission und die anderen von ihr ermächtigten Begleitpersonen zum Betreten aller Räumlichkeiten, Grundstücke und Transportmittel von Unternehmen und Unterneh- **65**

---

[229] EuGH U. v. 26. 6. 1980 Rs. 136/79 – *National Panasonic/Kommission* Slg. 1980, 2033 Rn. 20.
[230] Nach EuGH U. v. 18. 10. 1989 Rs. 374/87 – *Orkem/Kommission* Slg. 1989, 3283 Rn. 6, ist eine Entscheidung ordnungsgemäß bekannt gegeben, wenn sie demjenigen, für den sie bestimmt ist, übermittelt und dieser in die Lage versetzt worden ist, von ihr Kenntnis zu nehmen.
[231] Näher zur Unterstützung der Kommission durch mitgliedstaatliche Behörden unter Rn. 78–83.
[232] Vgl. EuGH U. v. 23. 9. 1986 Rs. 5/85 – *AKZO Chemie/Kommission* Slg. 1986, 2585 Rn. 24.

Art. 20 VerfVO 66, 67

mensvereinigungen. Diesem zuvor auch in Art. 14 VO 17 vorgesehenen Betretungsrecht kommt nach der Rechtsprechung des EuGH „insofern besondere Bedeutung zu, als es der Kommission damit ermöglicht werden soll, das Beweismaterial für Zuwiderhandlungen gegen die Wettbewerbsregeln an den Orten zu sammeln, an denen es sich normalerweise befindet, d. h. in den Geschäftsräumen der Unternehmen".[233] Anders als Art. 20 Abs. 2 lit. d VO 1/2003, der in Bezug auf die dort geregelte Versiegelungsbefugnis von „betrieblichen Räumlichkeiten" spricht, beschränkt sich das in Art. 20 Abs. 2 lit. a VO 1/2003 geregelte Betretungsrecht nicht explizit auf betriebliche bzw. **geschäftlich genutzte Räumlichkeiten,** Grundstücke und Transportmittel, auch wenn diese in Art. 20 Abs. 2 lit. a VO 1/2003 in erster Linie gemeint sein dürften. In Abgrenzung zu Art. 21 VO 1/2003 erstreckt sich das in Art. 20 Abs. 2 lit. a VO 1/2003 geregelte Betretungsrecht somit auf alle betrieblichen, geschäftlich genutzten und sogar stillgelegten bzw. brachliegenden Räumlichkeiten, Grundstücke und Transportmittel von Unternehmen und Unternehmensvereinigungen, soweit es sich nicht um „andere Räumlichkeiten, Grundstücke und Transportmittel" – wie etwa Wohnungen von Unternehmensleitern oder sonstigen Mitarbeitern – handelt, die abschließend von Art. 21 VO 1/2003 erfasst werden.

66 Bei der Beantwortung der Frage, welche Räumlichkeiten, Grundstücke und Transportmittel konkret von dem in Art. 20 Abs. 2 lit. a VO 1/2003 geregelten Betretungsrecht umfasst sind, kommt es nach überwiegender Auffassung nicht maßgeblich auf die jeweiligen Eigentums- oder Besitzverhältnisse an; für entscheidend wird vielmehr die **funktionale Zuordnung zum Unternehmen** bzw. zur Unternehmensvereinigung gehalten sowie deren tatsächliche Möglichkeit, den Prüfern bzw. Ermittlern den gewünschten Zutritt zu verschaffen.[234] Unter bestimmten Umständen ist die Kommission sogar befugt, auch die Geschäftsräume einer anderen rechtlichen Einheit als dem Adressaten der Nachprüfungsentscheidung aufzusuchen. Insoweit wäre es nach der jüngeren Rechtsprechung des EuG zwar unverhältnismäßig und verstieße gegen tragende Rechtsgrundsätze, würde der Kommission auf der Grundlage einer an eine bestimmte rechtliche Einheit gerichteten Nachprüfungsentscheidung ein „allgemeines Recht" zuerkannt, die Räumlichkeiten einer anderen rechtlichen Einheit zu betreten und dort Nachprüfungen durchzuführen, nur weil diese angeblich mit dem Adressaten der Nachprüfungsentscheidung eng verbunden ist oder die Kommission glaubt, sie könne dort Unterlagen des Adressaten finden.[235] Hat aber die Kommission sorgfältig und unter umfassender Beachtung ihrer Pflicht gehandelt, sich vor der Nachprüfung i. R. des Möglichen zu vergewissern, dass die Geschäftsräume, die sie durchsuchen wollte, tatsächlich die Geschäftsräume derjenigen rechtlichen Einheit waren, der ihre Ermittlungen galten, so kann die Kommission ihre irrtümlich beim Nichtadressaten begonnenen Nachprüfungen fortsetzen, ohne dabei gezwungen zu sein, zunächst einmal den Ort zu verlassen und mit einer Nachprüfungsentscheidung zurückzukehren.[236]

67 Das in Art. 20 Abs. 2 lit. a VO 1/2003 geregelte Betretungsrecht hat im Hinblick auf das in lit. b dieser Vorschrift vorgesehene Recht zur Prüfung von Büchern und sonstigen Ge-

---

[233] Vgl. nur EuGH U. v. 21. 9. 1989 verb. Rs. 46/87 u. 227/88 – *Hoechst/Kommission* Slg. 1989, 2859 Rn. 26; EuG U. v. 11. 12. 2003 Rs. T-65/99 – *Strintzis Lines Shipping SA/Kommission* 2003, II-5433 Rn. 41.
[234] Vgl. nur die *Akzo*-Entscheidung der Kommission v. 14. 10. 1994, ABl. 1994 L 294/31 (insb. Ziff. 12); sowie *Meyer/Kuhn* WuW 2004, 880 (881); *Sura* in: Langen/Bunte (Fn. 8), Art. 20 VO Nr. 1/2003 Rn. 11; *Vocke* (Fn. 14), S. 215 f.; so auch (in Bezug auf Art. 14 VO 17) *de Bronett* in: Schröter/Jakob/Mederer (Fn. 153), S. 1081 (Rn. 7).
[235] Vgl. nur EuG U. v. 11. 12. 2003 Rs. T-59/99 – *Ventouris Group Enterprises SA/Kommission* Slg. 2003, II-5257 Rn. 151; EuG U. v. 11. 12. 2003 Rs. T-65/99 – *Strintzis Lines Shipping SA/Kommission* Slg. 2003, II-5433 Rn. 71.
[236] Vgl. nur EuG U. v. 11. 12. 2003 Rs. T-65/99 – *Strintzis Lines Shipping SA/Kommission* Slg. 2003, II-5433 Rn. 72–78; EuG U. v. 11. 12. 2003 Rs. T-66/99 – *Minoan Lines SA/Kommission* Slg. 2003, II-5515 Rn. 84–90.

schäftsunterlagen eine bedeutsame Hilfsfunktion, da es den Ermittlern v. a. ermöglichen soll, sich über den Bestand der vorhandenen Unterlagen zu überzeugen und diese am Ort ihrer gewöhnlichen Aufbewahrung zu prüfen. Dieser enge Zusammenhang zwischen dem Betretungsrecht und dem nachfolgend zu erörternden Prüfungsrecht gemäß Art. 20 Abs. 2 lit. b VO 1/2003 ist unter umgekehrten Vorzeichen auch im *Hoechst*-Urteil des EuGH unterstrichen worden, wonach das Betretungsrecht „nutzlos" wäre, „wenn sich die Bediensteten der Kommission darauf beschränken müssten, die Vorlage von Unterlagen und Akten zu verlangen, die sie schon vorher genau bezeichnen können;[237] insoweit impliziere ein solches Betretungsrecht, sowohl „die Befugnis, nach anderen Informationsquellen zu suchen, die noch nicht bekannt oder vollständig bezeichnet sind",[238] als auch das Recht der Kommission, sich den Inhalt der von ihr angegebenen Möbel zeigen zu lassen.[239] Art. 20 VO 1/2003 verleiht der Kommission jedoch **kein** ohne Einwilligung des Nachprüfungsadressaten bzw. ohne Unterstützung mitgliedstaatlicher Behörden durchsetzbares **autonomes Durchsuchungsrecht,**[240] da sich die Ermittler die gewünschten Bücher und Geschäftsunterlagen grundsätzlich vorlegen lassen müssen[241] und sie sich weder gewaltsam Zugang zu den anvisierten Räumen oder Möbeln verschaffen[242] noch die Beschäftigten des Nachprüfungsadressaten zwingen können, ihnen den Zugang hierzu zu gewähren.[243] Handelt der Nachprüfungsadressat hierbei allerdings seiner in der Rechtsprechung der Gemeinschaftsgerichte entwickelten **Pflicht zur aktiven Mitwirkung**[244] zuwider, so kommt neben der Festsetzung von Geldbußen und Zwangsgeldern eine zu den zentralen Unterstützungshandlungen mitgliedstaatlicher Behörden gehörende Durchsuchung nach den einschlägigen Regeln des nationalen Rechts in Betracht, die es den Bediensteten der Kommission dann ermöglicht, nach allen für die Nachprüfung notwendigen bzw. erforderlichen Informationsquellen zu suchen.[245]

b) Prüfungsrecht (Bücher und sonstige Geschäftsunterlagen). Nach Art. 20 Abs. 2 lit. b VO 1/2003 sind die mit den Nachprüfungen beauftragten Bediensteten der

---

[237] EuGH U. v. 17. 10. 1989 Rs. 85/87 – *Dow Benelux/Kommission* Slg. 1989, 3137 Rn. 38.
[238] So explizit EuGH U. v. 21. 9. 1989 verb. Rs. 46/87 u. 227/88 – *Hoechst/Kommission* Slg. 1989, 2859 Rn. 27, und EuGH U. v. 17. 10. 1989 verb. Rs. 97–99/87 – *Dow Chemical Ibérica u. a./Kommission* Slg. 1989, 3165 Rn. 24, jeweils mit dem weiteren Hinweis, dass es der Kommission ohne eine solche Befugnis unmöglich wäre, „die für die Nachprüfung erforderlichen Informationen einzuholen, falls die betroffenen Unternehmen die Mitwirkung verweigern oder eine obstruktive Haltung einnehmen".
[239] EuGH U. v. 21. 9. 1989 verb. Rs. 46/87 u. 227/88 – *Hoechst/Kommission* Slg. 1989, 2859 Rn. 31; EuGH U. v. 17. 10. 1989 Rs. 85/87 – *Dow Benelux/Kommission* Slg. 1989, 3137 Rn. 42; EuGH U. v. 17. 10. 1989 verb. Rs. 97–99/87 – *Dow Chemical Ibérica u. a./Kommission* Slg. 1989, 3165 Rn. 28.
[240] EuGH U. v. 21. 9. 1989 verb. Rs. 46/87 u. 227/88 – *Hoechst/Kommission* Slg. 1989, 2859 Rn. 37, und EuGH U. v. 17. 10. 1989 Rs. 85/87 – *Dow Benelux/Kommission* Slg. 1989, 3137 Rn. 48; EuGH U. v. 17. 10. 1989 verb. Rs. 97–99/87 – *Dow Chemical Ibérica u. a./Kommission* Slg. 1989, 3165 Rn. 34, wo die entgegengesetzte – von der Kommission geäußerte – Ansicht vom EuGH als „irrig" bezeichnet wurde.
[241] EuGH U. v. 21. 9. 1989 verb. Rs. 46/87 u. 227/88 – *Hoechst/Kommission* Slg. 1989, 2859 Rn. 31.
[242] Vgl. nur EuGH U. v. 17. 10. 1989 Rs. 85/87 – *Dow Benelux/Kommission* Slg. 1989, 3137 Rn. 42.
[243] EuGH U. v. 21. 9. 1989 verb. Rs. 46/87 u. 227/88 – *Hoechst/Kommission* Slg. 1989, 2859 Rn. 31.
[244] EuGH U. v. 18. 10. 1989 Rs. 374/87 – *Orkem/Kommission* Slg. 1989, 3283 Rn. 22 i. V. m. 27; bestätigt u. a. in EuG U. v. 9. 11. 1994 Rs. T-46/92 – *The Scottish Football Association/Kommission* Slg. 1994, II-1039 Rn. 31; EuG U. v. 8. 3. 1995 Rs. T-34/93 – *Société Générale/Kommission* Slg. 1995, II-545 Rn. 72.
[245] EuGH U. v. 17. 10. 1989 Rs. 85/87 – *Dow Benelux/Kommission* Slg. 1989, 3137 Rn. 43 f.

Kommission und andere von ihr ermächtigte Begleitpersonen befugt, die Bücher und sonstige Geschäftsunterlagen zu prüfen. Dieses Prüfungsrecht, dessen Ausübung sich streng an dem im Prüfungsauftrag bzw. in der Nachprüfungsentscheidung bezeichneten Nachprüfungsgegenstand orientieren muss,[246] hatte der Kommission bereits Art. 14 Abs. 1 lit. a VO 17 verliehen. Abweichend von dieser Vorschrift macht Art. 20 Abs. 2 lit. b VO 1/2003 nunmehr deutlich, dass der Kommission dieses Prüfungsrecht unabhängig davon zusteht, in welcher Form die Bücher und Geschäftsunterlagen vorliegen. Mit dieser Neuerung kodifiziert der Verordnungsgeber die bisherige Praxis, in der die maßgeblichen Begriffe „Bücher" und „Geschäftsunterlagen" überaus weit in dem Sinne ausgelegt worden sind, dass sie grundsätzlich alle mit den geschäftlichen Aktivitäten von Unternehmen und Unternehmensvereinigungen zusammenhängenden Unterlagen bzw. Dokumente sowohl offizieller als auch inoffizieller Art erfassen.[247] Ausgeschlossen sind von dem Bereich, in dem die Kommission ermitteln darf, somit lediglich Privatunterlagen bzw. Unterlagen nicht geschäftlicher Art, d. h. Unterlagen, die sich nicht auf die Tätigkeit des Unternehmens auf dem Markt beziehen.[248]

69 Nach überwiegender Auffassung erfassen die Begriffe **Bücher und Geschäftsunterlagen** zum einen alle in Papierform vorliegenden – mit dem jeweiligen Nachprüfungsgegenstand im Zusammenhang stehenden – geschäftlichen Unterlagen bzw. Informationsquellen, wie etwa Verträge, Briefwechsel, im Geschäftsverkehr verfasste bzw. erstellte Dokumente, interne Vermerke und Notizen, Protokolle, Abrechnungsbelege, Buchführungsunterlagen und Terminkalender.[249] Zum anderen erstreckt sich dieses Prüfungsrecht auf alle weiteren mit dem jeweiligen Nachprüfungsgegenstand im Zusammenhang stehenden Informationen, die z. B. auf Mikrofiche, Cassetten, Tonbändern oder elektronischen **Datenträgern** gespeichert sind und auf Verlangen der Kommissionsbediensteten lesbar bzw. einsichtbar gemacht werden müssen.[250] Sind bestimmte Unterlagen – wie etwa der in den letzten Jahren immer bedeutsamer gewordene E-Mail-Verkehr – in elektronischer Form gespeichert, so sei auch der Zugang zu den entsprechenden Datenverarbeitungsanlagen zu gewähren,[251] was bei Computern oder Notebooks die Bekanntgabe des „passwords" einschließe.[252] Verschlossene Schränke oder Behältnisse anderer Art seien auf Wunsch der Ermittler zu öffnen, damit sie sich vom Charakter und ggf. vom Inhalt der darin aufbewahrten Unterlagen überzeugen können.[253]

70 Gegenstand der Nachprüfung können indes nur **vorhandene Unterlagen** sein,[254] die mit dem im Prüfungsauftrag bzw. in der Nachprüfungsentscheidung zu bezeichnenden Nachprüfungsgegenstand im Zusammenhang stehen; eine Pflicht des Nachprüfungsadressaten zur Erstellung von Unterlagen, etwa von Übersichten oder Statistiken, besteht insoweit nicht. Auch die Einsichtnahme in **private Unterlagen** muss nicht vom Nachprüfungsad-

---

[246] Zutr. *Niggemann* in: Streinz (Fn. 8), KartVO nach Art. 83 EGV Rn. 41.
[247] So etwa *Lavoie* ELRev. 17 (1992), 20 (23); ähnlich *Burrichter/Hauschild* (Fn. 125), Art. 14 Rn. 10; *Kreis* RIW 1981, 281 (289). Dieses seit langem vorherrschende (weite) Begriffsverständnis deckt sich weitgehend mit EuGH U. v. 18. 5. 1982 Rs. 155/79 – *AM&S/Kommission* Slg. 1982, 1575 Rn. 16, wonach es sich bei „Geschäftsunterlagen" um solche Unterlagen handelt „die sich auf die Tätigkeit des Unternehmens auf dem Markt, vor allem was die Beachtung der Wettbewerbsregeln anbelangt, beziehen".
[248] So explizit EuGH U. v. 22. 10. 2002 Rs. C-94/00 – *Roquette Frères/Directeur général de la concurrence, de la consommation et de la répression des fraudes* Slg. 2002, I-9011 Rn. 45.
[249] *Dieckmann* (Fn. 133), § 42 Rn. 38; *Niggemann* in: Streinz (Fn. 8), KartVO nach Art. 83 EGV Rn. 42; *Weiß* (Fn. 47), S. 132.
[250] *Burrichter/Hauschild* (Fn. 125), S. 1735; *Weiß* (Fn. 47), S. 131.
[251] *Niggemann*, in: Streinz (Fn. 8), KartVO nach Art. 83 EGV Rn. 42.
[252] *Dieckmann* (Fn. 133), § 42 Rn. 39.
[253] *Dieckmann* (ebd.), Rn. 41.
[254] *Burrichter/Hauschild* (Fn. 125), S. 1736 f.; *Dieckmann* (Fn. 133), § 42 Rn. 38.

ressaten geduldet werden;²⁵⁵ diesbezüglich ist es den Ermittlern jedoch zu ermöglichen, dass sie sich vom privaten Charakter dieser Unterlagen überzeugen können, zumal hinsichtlich der in Geschäftsräumen anzufindenden Bücher und Unterlagen (widerleglich) vermutet werden kann, dass es sich hierbei um geschäftliche Dokumente handelt.²⁵⁶

Dass es sich bei den angeforderten Unterlagen um **Betriebs- oder Geschäftsgeheimnisse** handelt bzw. handeln könnte, berechtigt den Nachprüfungsadressaten auf Grund des einst in Art. 20 VO 17 und nunmehr in Art. 28 VO 1/2003 geregelten Schutzregimes für „Berufsgeheimnisse" grundsätzlich nicht, sich dem in Art. 20 Abs. 2 lit. b VO 1/2003 geregelten Prüfungsrecht zu widersetzen.²⁵⁷ In diesem Zusammenhang ist allerdings an die sog. „*AKZO*-Doktrin" zu erinnern, nach der die Kommission vor einer Weiterleitung der nach Ansicht des jeweiligen Unternehmens Geschäftsgeheimnisse enthaltenen Unterlagen zur vorherigen Anhörung dieses Unternehmens verpflichtet ist und angesichts des außerordentlich schweren Schadens, der aus der unzulässigen Weiterleitung solcher Unterlagen an Wettbewerber entstehen kann, dem Unternehmen vor Vollzug ihrer Weiterleitungsentscheidung die Möglichkeit geben muss, den Gerichtshof anzurufen.²⁵⁸

Eine gemeinschaftsverfassungsrechtliche Schranke findet das in Art. 20 Abs. 2 lit. b VO 1/2003 geregelte Prüfungsrecht im o. g. **Legal (Professional) Privilege**.²⁵⁹ Nach dem im *AM&S*-Urteil entwickelten Schutzregime kann sich der Nachprüfungsadressat dem Prüfungsrecht der Kommission zwar nicht einfach mit der bloßen Behauptung entziehen, dass einem bestimmten Dokument der Vertraulichkeitsschutz i. S. des Legal Privilege zukomme. Weigert sich der Nachprüfungsadressat unter Berufung auf den Schutz der Vertraulichkeit, Einsicht in den mit seinem Anwalt geführten Schriftverkehr zu gewähren, der sich unter den von der Kommission verlangten Geschäftsunterlagen befindet, so hat er den beauftragten Kommissionsbediensteten – ohne hierbei schon gleich zur Offenbarung des Inhalts der betreffenden Korrespondenz verpflichtet zu sein – zunächst alle zweckdienlichen Angaben zu machen, mit denen dargelegt werden kann, dass der Schriftverkehr die Voraussetzungen für den Vertraulichkeitsschutz erfüllt.²⁶⁰ Hierbei ist das betreffende Unternehmen nach der jüngsten Rechtsprechung des EuG sogar berechtigt, den Kommissionsbediensteten eine auch nur summarische Durchsicht der Schriftstücke zu verweigern, für die es den Vertraulichkeitsschutz geltend macht, sofern eine solche summarische Prüfung seiner Meinung nach ohne Offenbarung des Inhalts der Schriftstücke nicht möglich wäre und sofern es dies gegenüber den Kommissionsbediensteten angemessen begründet.²⁶¹ Ist dann die Kommission der Ansicht, dass das Vorbringen des Unternehmens nicht geeignet ist, den vertraulichen Charakter der Dokumente darzustellen, so dürfen ihre Bediensteten eine Kopie des Schriftstücks in einen zu versiegelnden Umschlag legen und diesen im Hinblick auf die spätere Entscheidung über die Meinungsverschiedenheit mit sich nehmen.²⁶² Eingedenk des Umstands, dass der Grundsatz des Schutzes der Vertraulichkeit der Kommunikation zwischen Anwalt und Mandant bereits dadurch verletzt wird, dass die Kommission vom

---

²⁵⁵ *Burrichter/Hauschild* (Fn. 125), S. 1735 f.; *Schriefers* WuW 1993, 101.
²⁵⁶ *Dieckmann* (Fn. 133), § 42 Rn. 40, Ortiz Blanco, EC Competition Procedure, 1996, S. 131.
²⁵⁷ So (bzgl. Art. 11 u. 20 VO 17) EuG U. v. 12. 12. 1991 Rs. T-39/90 – *SEP/Kommission* Slg. 1991, II-1519 Rn. 53 ff.; zum Schutz der Berufsgeheimnisse vgl. die Kommentierung zu Art. 28 VO 1/2003.
²⁵⁸ EuGH U. v. 24. 6. 1986 Rs. 53/85 – *AKZO Chemie/Kommission* Slg. 1986, 1965 Rn. 29; bestätigt u. a. in EuGH U. v. 19. 5. 1994 Rs. C-36/92 P – *SEP/Kommission* Slg. 1994, I-1911 Rn. 38.
²⁵⁹ Zur Anerkennung und zu den Voraussetzungen dieses Schutzanspruchs siehe unter Rn. 34 f.
²⁶⁰ EuGH U. v. 18. 5. 1982 Rs. 155/79 – *AM&S/Kommission* Slg. 1982, 1575 Rn. 29.
²⁶¹ Vgl. EuG U. v. 17. 9. 2007 verb. Rs. T-125/03 u. T-253/03 – *Akzo Nobel Chemicals u. a./Kommission* Slg. 2007, II-3523 Rn. 82; näher dazu vgl. etwa *Seitz*, EuZW 2008, 204 ff.; sowie *Meyer* EWS 2007, 455 f.
²⁶² EuG, ebd. (Rn. 83).

Inhalt eines vertraulichen Schriftstücks Kenntnis nimmt,[263] weist das EuG bei dieser Gelegenheit in einer unausgesprochen dem gemeinschaftsgrundrechtlichen Anspruch auf effektiven Rechtsschutz[264] Rechnung tragenden Weise ergänzend darauf hin, dass die Kommission vom Inhalt des jeweiligen Schriftstücks nicht Kenntnis nehmen darf, bevor sie eine Entscheidung erlassen hat, die dem betroffenen Unternehmen eine sachdienliche Anrufung des Gerichts ermöglicht.[265]

73 **c) Anfertigung und Erlangung von Kopien und Auszügen.** Nach Art. 20 Abs. 2 lit. c VO 1/2003 sind die mit den Nachprüfungen beauftragten Bediensteten der Kommission und die anderen von ihr ermächtigten Begleitpersonen befugt, Kopien oder Auszüge gleich welcher Art aus den o. g. Büchern und Unterlagen anzufertigen oder zu erlangen. Die von dieser Befugnis umfassten Bücher und Unterlagen sind mit denen identisch, auf die sich das in Art. 20 Abs. 2 lit. b VO 1/2003 geregelte Prüfungsrecht bezieht. Die Art und Weise des Anfertigens von Kopien und Auszügen ist in Art. 20 Abs. 2 lit. c VO 1/2003 offen gelassen worden. Gleichwohl besteht weitgehende Einigkeit zum einen darin, dass Informationen von der Kommission auf Papier fotokopiert, mit der Hand abgeschrieben, elektronisch gescannt oder auch photographiert und dass elektronisch gespeicherte Informationen kopiert oder ausgedruckt werden können.[266] Zum anderen ist allgemein anerkannt, dass die Kommissionsbeamten die in Rede stehenden Kopien und Originale mitnehmen dürfen[267] und dass die Nachprüfungsadressaten die Kopierkosten auf Antrag von der Kommission ersetzt bekommen,[268] wenn sie – was in der Regel geschieht und für beide Seiten vorteilhaft ist – ihre eigenen Kopiergeräte zur Verfügung stellen.[269] Umstritten und vom Gemeinschaftsrichter – soweit ersichtlich – noch nicht entschieden ist indes, ob die Unternehmen in diesem Kontext ihre Kopiergeräte der Kommission zur Verfügung stellen müssen[270] und ob die Unternehmen dabei zugleich verpflichtet sind, Kopien für die Kommission zu erstellen.[271]

74 **d) Versiegelung betrieblicher Räumlichkeiten, Bücher und Unterlagen.** Nach Art. 20 Abs. 2 lit. d VO 1/2003 sind die mit den Nachprüfungen beauftragten Bediensteten der Kommission und andere von ihr ermächtigte Begleitpersonen (erstmals) befugt, „betriebliche Räumlichkeiten und Bücher oder Unterlagen jeder Art für die Dauer und in dem Ausmaß zu versiegeln, wie es für die Nachprüfung erforderlich ist". Hinsichtlich dieser auch in der VO 773/2004 nicht näher präzisierten Versiegelungsbefugnis, die v. a. der effizienten Durchführung bzw. Absicherung mehrtägiger Nachprüfungen dient, wird im 25. Erwägungsgrund zur VO 1/2003 ausgeführt, dass die Versiegelung in der Regel nicht länger als 72 Stunden dauern sollte. Eine sich über mehr als drei Tage erstreckende Versiegelung ist demnach zwar nicht kategorisch ausgeschlossen, aber in stärkerem Maße rechtfertigungsbedürftig. Ein vorsätzlicher oder fahrlässiger Siegelbruch kann gemäß Art. 23 Abs. 1 lit. e VO 1/2003 mit der Festsetzung eines Bußgeldes geahndet werden.[272]

75 **e) Einholung und Protokollierung mündlicher Erläuterungen.** Nach Art. 20 Abs. 2 lit. e VO 1/2003 sind die mit den Nachprüfungen beauftragten Bediensteten der

---

[263] EuG, ebd. (Rn. 86).
[264] Näher zu diesem Anspruch bzw. Gemeinschaftsgrundrecht siehe oben m. w. N. unter Rn. 14.
[265] Vgl. EuG U. v. 17. 9. 2007 verb. Rs. T-125/03 u. T-253/03 – *Akzo Nobel Chemicals u. a./Kommission* Slg. 2007, II-3523 Rn. 85 i. V. m. Rn. 88.
[266] So (in Bezug auf Art. 14 VO 17) *de Bronett* in: Schröter/Jakob/Mederer (Fn. 153), S. 1080 Rn. 5.
[267] So vgl. etwa *Meyer/Kuhn* WuW 2004, 880 (885).
[268] So auch *Vocke* (Fn. 14), S. 222.
[269] Näher dazu *Burrichter/Hauschild* (Fn. 125), S. 1737; *Vocke* (Fn. 14), S. 221.
[270] So etwa *Vocke* (Fn. 14), S. 221.
[271] So etwa *Vocke* (Fn. 14), S. 221; a. A. *Sura* in: Langen/Bunte (Fn. 8), Art. 20 VO Nr. 1/2003 Rn. 19.
[272] Dazu unter Rn. 97.

Kommission und die von ihr ermächtigten Begleitpersonen schließlich befugt, „von allen Vertretern oder Mitgliedern der Belegschaft des Unternehmens oder der Unternehmensvereinigung Erläuterungen zu Tatsachen oder Unterlagen zu verlangen, die mit dem Gegenstand und dem Zweck der Nachprüfung in Zusammenhang stehen, und ihre Antworten zu Protokoll zu nehmen". Während die Kommission natürliche und juristische Personen gemäß Art. 19 Abs. 1 VO 1/2003 zum Zwecke der Einholung von Informationen außerhalb von Nachprüfungen befragen darf, sofern diese Personen zustimmen, verleiht Art. 20 Abs. 2 lit. e VO 1/2003 der Kommission erstmals ein i. R. von Nachprüfungen durchsetzbares und sanktionsbewehrtes[273] **Frage- bzw. Befragungsrecht.** Im Vergleich zu der ursprünglich in Art. 14 Abs. 1 lit. c VO 17 geregelten Befugnis zur Anforderung mündlicher Erklärungen an Ort und Stelle, die es den Ermittlern primär ermöglichen sollte, den Ort der Aufbewahrung von Geschäftsunterlagen zu erfahren bzw. zu bestimmen und bei der Prüfung von Unterlagen deren Inhalt zu verstehen,[274] ist das in Art. 20 Abs. 2 lit. e VO 1/2003 geregelte Fragerecht etwas präziser formuliert worden, da die Reichweite des ursprünglich in Art. 14 Abs. 1 lit. c VO 17 geregelten Fragerechts bis zuletzt unklar und umstritten war.

Der vorgenannte Streit knüpfte an das Urteil in der Rs. *National Panasonic* an, in dem der EuGH die Bediensteten der Kommission für befugt erklärte, bei der Nachprüfung „Auskünfte zu besonderen konkreten Fragen" zu verlangen, „die sich aus den von ihnen geprüften Büchern und Geschäftsunterlagen ergeben".[275] Umstritten geblieben ist auch nach diesem Urteil, ob sich dieses Fragerecht allein auf das Verständnis der vorgelegten Unterlagen bezog[276] oder ob es auch Anschlussfragen gestattete, die nicht allein der Erläuterung des Materials dienten.[277] Gerade diese Frage wird in Art. 20 Abs. 2 lit. e VO 1/2003 jedoch nicht hinreichend klar beantwortet.[278] So spricht diese Vorschrift zwar von Erläuterungen zu Tatsachen oder Unterlagen, „die mit Gegenstand und Zweck der Nachprüfung im Zusammenhang stehen"; eine klare Grenze für das Fragerecht ergibt sich aus dem Wortlaut dieser Vorschrift jedoch nicht. Ob die Gemeinschaftsgerichte der im Schrifttum zum Teil vertretenen Ansicht folgen werden, wonach Art. 20 Abs. 2 lit. e VO 1/2003 im Interesse einer klaren Abgrenzung von dem in Art. 18 VO 1/2003 geregelten Auskunftsverlangen dahingehend ausgelegt werden sollte, dass die Kommission nur Erläuterungen zu solchen Umständen verlangen kann, die sich direkt aus den aufgefundenen Unterlagen bzw. Dokumenten ergeben oder die im unmittelbaren Zusammenhang mit der Durchführung der Nachprüfung stehen,[279] bleibt abzuwarten.

Hinsichtlich der in Art. 20 Abs. 2 lit. e VO 1/2003 ebenfalls angesprochenen **Protokollierungsbefugnis** finden sich nähere Konkretisierungen allein in Art. 4 VO 773/2004. So sieht der erste Absatz dieser Vorschrift vor, dass die Erläuterungen, die Bedienstete der

---

[273] Vgl. Art. 23 Abs. 1 lit. d VO 1/2003; näher hierzu unter Rn. 97.

[274] So *de Bronett* in: Schröter/Jakob/Mederer (Fn. 153), S. 1080 Rn. 6; ähnlich *Niggemann* in: Streinz (Fn. 8), KartVO nach Art. 83 EGV Rn. 42.

[275] EuGH U. v. 26. 6. 1980 Rs. 136/79 – *National Panasonic/Kommission* Slg. 1980, 2033 Rn. 15; so auch EuG B. v. 9. 6. 1997 Rs. T-9/97 – *Elf Atochem/Kommission* Slg. 1997, II-909 Rn. 23.

[276] So etwa *Burrichter/Hauschild* (Fn. 125), S. 1737 f.

[277] *Europäische Kommission,* Die Untersuchungsbefugnisse der Kommission der EG auf dem Gebiet des Wettbewerbs, 1985, S. 46.

[278] Ausführlicher hierzu vgl. *Klees* (Fn. 132), § 9 Rn. 95 ff.

[279] So *Schwarze/Weitbrecht* (Fn. 105), § 4 Rn. 14; dieser engen Auslegung der in Art. 20 Abs. 2 lit. e VO 1/2003 geregelten Kommissionsbefugnis grundsätzlich zustimmend vgl. *Bischke* in: Hirsch/Montag/Säcker (Hrsg.), Münchener Kommentar zum Europäischen und Deutschen Wettbewerbsrecht (Kartellrecht), Bd. 1 (Europäisches Wettbewerbsrecht), 2007, Art. 20 VO 1/2003 Rn. 16; *Sura* in: Langen/Bunte (Fn. 8), Art. 20 VO Nr. 1/2003 Rn. 24; *Vocke* (Fn. 14), S. 226; gegen eine Beschränkung dieses Fragerechts vgl. indes *Frenz,* Handbuch Europarecht, Bd. 2 (Europäisches Kartellrecht), 2006, Rn. 1493.

Kommission oder ermächtigte Begleitpersonen gemäß Art. 20 Abs. 2 lit. e VO 1/2003 von Vertretern oder Mitgliedern der Belegschaft eines Unternehmens oder einer Unternehmensvereinigung verlangt haben, „auf einem beliebigen Träger aufgezeichnet werden" können. Nach Abs. 2 dieser Vorschrift wird den betreffenden Unternehmen oder Unternehmensvereinigungen dann „nach der Nachprüfung eine Kopie der gemäß Absatz 1 angefertigten Aufzeichnung überlassen". Für den Fall, dass ein Mitglied der Belegschaft eines Unternehmens oder einer Unternehmensvereinigung um Erläuterungen gebeten wurde, das seitens des Unternehmens oder der Unternehmensvereinigung nicht ermächtigt ist oder war, Erläuterungen in seinem oder ihrem Namen abzugeben, hat die Kommission gemäß Art. 4 Abs. 3 Satz 1 VO 733/2004 eine Frist zu setzen, bis zu deren Ablauf das Unternehmen oder die Unternehmensvereinigung der Kommission Richtigstellungen, Änderungen oder Zusätze zu den Erläuterungen dieses Belegschaftsmitglieds übermitteln kann. Diese Richtigstellungen, Änderungen oder Zusätze sind dann wiederum nach Art. 4 Abs. 3 Satz 2 VO 733/2004 den gemäß Absatz 1 aufgezeichneten Erläuterungen beizufügen.

6. Unterstützung der Kommission durch mitgliedstaatliche Behörden

78 Spezielle – kartellverfahrensrechtliche Nachprüfungen betreffende – Ausprägungen der allgemein in Art. 11 VO 1/2003 geregelten Zusammenarbeit zwischen der Kommission und den Wettbewerbsbehörden der Mitgliedstaaten finden sich in Art. 20 Abs. 6 und 7 VO 1/2003 sowie in Art. 22 VO 1/2003. Während sich die letztgenannte Vorschrift auf Ermittlungs- und Nachprüfungsmaßnahmen mitgliedstaatlicher Wettbewerbsbehörden bezieht und dabei die Regelungen zur Amtshilfe zwischen diesen Behörden untereinander sowie zwischen diesen Behörden und der Kommission bei der Durchsetzung des europäischen Wettbewerbsrechts zusammenfasst,[280] enthält Art. 20 VO 1/2003 mehr oder we-niger detaillierte Vorgaben über Art und Ausmaß der Beteiligung und Unterstützung mitgliedstaatlicher Behörden bei Nachprüfungen der Kommission. Nicht angesprochen werden in Art. 20 VO 1/2003 hingegen nachprüfungsrelevante Beteiligungen und Unterstützungshandlungen drittstaatlicher Behörden, die stattdessen im EWR-Abkommen[281] und in einigen bilateralen Abkommen[282] geregelt sind.

79 Nach Art. 20 Abs. 3 Satz 2 VO 1/2003 hat die Kommission die Wettbewerbsbehörde des Mitgliedstaats, in dessen Hoheitsgebiet eine auf einem schriftlichen Prüfungsauftrag i. S. des Art. 20 Abs. 3 Satz 1 VO 1/2003 basierende Nachprüfung vorgenommen werden soll, über die Nachprüfung rechtzeitig vor deren Beginn zu unterrichten. Über den Umfang dieser Unterrichtung schweigt sich Art. 20 Abs. 3 Satz 2 VO 1/2003 – anders als die „Vorgängerregelung" des Art. 14 Abs. 2 Satz 2 VO 17 – allerdings aus. Im Unterschied zum vorgenannten Unterrichtungsanspruch haben mitgliedstaatliche Wettbewerbsbehörden, in deren Hoheitsgebiet eine auf einer formellen Nachprüfungsentscheidung basierende Nach-

---

[280] Näher hierzu vgl. die Kommentierung zu Art. 22 VO 1/2003.
[281] Abkommen über den Europäischen Wirtschaftsraum (EWRA), ABl. 1994 L 1/3, insb. Art. 55 Abs. 2 u. Art. 58 i. V. m. Art. 8 des 23. Protokolls (ABl. 1994 L 1/186); ferner vgl. Art. 5 Abs. 2 VO (EG) Nr. 2894/94 des Rates v. 28. 11. 1994 „mit Durchführungsvorschriften zum [EWRA]", ABl. 1994 L 305/6.
[282] Vgl. insb. das Abkommen zwischen den Europäischen Gemeinschaften und der Regierung der Vereinigten Staaten von Amerika über die Anwendung ihrer Wettbewerbsregeln, ABl. 1995 L 95/47, i. V. m. deren Abkommen über die Anwendung der „Positive Comity"-Grundsätze bei der Durchsetzung ihrer Wettbewerbsregeln, ABl. 1998 L 173/28; näher zu den o. g. Abkommen vgl. etwa *Lampert* EuZW 1999, 107 ff.; des Weiteren vgl. das Abkommen zwischen den Europäischen Gemeinschaften und der Regierung von Kanada über die Anwendung ihres Wettbewerbsrechts, ABl. 1999 L 175/50, sowie Art. 39 i. V. m. Anhang XV des Beschlusses Nr. 2/2000 des gemischten Rates EG-Mexiko v. 23. 3. 2000, ABl. 2000 L 157/10 i. V. m. ABl. 2000 L 245/1154.

prüfung vorgenommen werden soll, einen in Art. 20 Abs. 4 Satz 3 VO 1/2003 kodifizierten **Anhörungsanspruch**, mit dem der Verordnungsgeber der höheren Eingriffsintensität dieser Nachprüfungen Rechnung trägt. Eine Anhörung des in Art. 14 VO 1/2003 angesprochenen Beratenden Ausschusses ist allerdings nicht vorgesehen.

Art. 20 Abs. 5 VO 1/2003 gibt der Wettbewerbsbehörde, in deren Hoheitsgebiet die Nachprüfung vorgenommen werden soll, sodann die Möglichkeit, dass deren Bedienstete oder die von ihr ermächtigten bzw. ernannten Personen die Bediensteten der Kommission bzw. die von der Kommission ermächtigten Begleitpersonen aktiv unterstützen können. Eine solche **aktive Unterstützung** ist nach dieser Vorschrift sowohl auf Ersuchen der jeweiligen mitgliedstaatlichen Wettbewerbsbehörde als auch auf Ersuchen der Kommission zu gewähren. Im Unterschied zu Art. 14 Abs. 5 VO 17, der übrigens nicht von einer „aktiven" Unterstützung sprach und in dem nicht von einem „Ersuchen", sondern von einem „Antrag" die Rede war, ist in Art. 20 Abs. 5 VO 1/2003 erstmals explizit klargestellt worden, dass die Bediensteten der jeweiligen mitgliedstaatlichen Wettbewerbsbehörde i. R. der aktiven Unterstützung über dieselben Befugnisse verfügen wie die Bediensteten der Kommission bzw. die von ihr ermächtigten Begleitpersonen.

Neben den vorgenannten Unterrichtungs-, Anhörungs- und Beteiligungsrechten bedarf es weiterer Regelungen, die speziell die Unterstützung der Kommission durch mitgliedstaatliche Behörden bei der auf den Widerstand eines Nachprüfungsadressaten treffenden Durchsetzung formeller Nachprüfungsentscheidungen näher ausgestalten. Derartige Regelungen, die dem Umstand Rechnung tragen, dass die Kommission nach ständiger Rechtsprechung der Gemeinschaftsgerichte selbst keinen unmittelbaren Zwang anwenden bzw. ausüben darf,[283] finden sich in **Art. 20 Abs. 6 und 7 VO 1/2003**. Nach Art. 20 Abs. 6 VO 1/2003 gewährt der betreffende Mitgliedstaat dann, wenn ein Unternehmen oder eine Unternehmensvereinigung einer nach Maßgabe des Art. 20 VO 1/2003 angeordneten Nachprüfung widersetzt, die erforderliche Unterstützung, gegebenenfalls unter Einsatz von Polizeikräften oder einer entsprechenden Vollzugsbehörde, damit die Bediensteten der Kommission ihren Nachprüfungsauftrag erfüllen können. Diesbezüglich müssen die Mitgliedstaaten im Interesse der wirksamen Durchsetzung der Nachprüfungen durch geeignete Unterstützungsmaßnahmen gewährleisten, dass etwaige Widerstände der betreffenden Nachprüfungsadressaten **unter Beachtung innerstaatlicher Verfahrensgarantien** überwunden werden können.[284] Umgekehrt hat die Kommission, wenn sie mit Unterstützung der nationalen Behörden Nachprüfungsmaßnahmen vornehmen will, die nicht auf der Mitwirkung der betroffenen Unternehmen beruhen, die im nationalen Recht vorgesehenen Verfahrensgarantien zu beachten.[285]

Nach der bislang zu Art. 14 VO 17 ergangenen EuGH-Rechtsprechung ist davon auszugehen, dass die in Art. 20 Abs. 6 VO 1/2003 angesprochene Unterstützung mitgliedstaatlicher Behörden auch vorsorglich zu dem Zweck angefordert werden kann, sich über einen etwaigen bzw. erwarteten Widerstand des Nachprüfungsadressaten hinwegsetzen zu können.[286] Diesbezüglich hat der EuGH im *Roquette Frères*-Urteil allerdings einschränkend hinzugefügt, dass ein solches **vorsorgliches Ersuchen um Zwangsmaßnahmen** nur

---

[283] EuGH U. v. 21. 9. 1989 verb. Rs. 46/87 u. 227/88 – *Hoechst/Kommission* Slg. 1989, 2859 Rn. 31.

[284] EuGH U. v. 21. 9. 1989 verb. Rs. 46/87 u. 227/88 – *Hoechst/Kommission* Slg. 1989, 2859 Rn. 33; EuGH U. v. 17. 10. 1989 Rs. 85/87 – *Dow Benelux/Kommission* Slg. 1989, 3137 Rn. 44.

[285] EuGH U. v. 21. 9. 1989 verb. Rs. 46/87 u. 227/88 – *Hoechst/Kommission* Slg. 1989, 2859 Rn. 34; EuGH U. v. 17. 10. 1989 Rs. 85/87 – *Dow Benelux/Kommission* Slg. 1989, 3137 Rn. 45; EuGH U. v. 17. 10. 1989 verb. Rs. 97–99/87 – *Dow Chemical Ibérica u. a./Kommission* Slg. 1989, 3165 Rn. 31.

[286] EuGH U. v. 21. 9. 1989 verb. Rs. 46/87 u. 227/88 – *Hoechst/Kommission* Slg. 1989, 2859 Rn. 32.

zulässig ist, soweit es Gründe für die Annahme gibt, dass der Nachprüfung widersprochen und versucht werden könnte, Beweise zu verbergen und dem Zugriff zu entziehen, wenn dem betroffenen Unternehmen eine im Wege einer formellen Nachprüfungsentscheidung angeordnete Nachprüfung angekündigt wird.[287]

83 Setzen die vorgenannten Unterstützungsmaßnahmen i. S. des Art. 20 Abs. 6 VO 1/2003 nach einzelstaatlichem Recht eine **Genehmigung eines mitgliedstaatlichen Gerichts** voraus, so ist diese gemäß Art. 20 Abs. 7 Satz 1 VO 1/2003 zu beantragen. Nach Satz 2 dieser Vorschrift kann diese Genehmigung auch vorsorglich beantragt werden. Im Rahmen der in Art. 20 Abs. 6 und 7 VO 1/2003 angesprochenen Unterstützungshandlungen dürfen mitgliedstaatliche Behörden nach ständiger Rechtsprechung des EuGH nicht die Beurteilung der Notwendigkeit der angeordneten Nachprüfungen durch die Kommission, deren Sach- und Rechtserwägungen ausschließlich seiner Rechtmäßigkeitskontrolle unterliegen, durch ihre eigenen Beurteilungen ersetzen.[288] Vielmehr dürfen diese Behörden, die bei der Durchführung der jeweiligen Zwangsmaßnahmen für die Wahrung innerstaatlicher Verfahrensgarantien zu sorgen haben, nach Feststellung der Echtheit der Nachprüfungsentscheidung in diesen Konstellationen lediglich prüfen, ob die beabsichtigten Zwangsmaßnahmen nicht willkürlich oder, gemessen am Gegenstand der Nachprüfung, unverhältnismäßig sind.[289] Was dies konkret bedeutet, hat der EuGH in seinem *Roquette Frères*-Urteil[290] in Ansehung des nachfolgend im Vordergrund stehenden Kooperationsverhältnisses zwischen der Kommission und mitgliedstaatlichen Gerichten näher präzisiert.

7. Rolle und Befugnisse mitgliedstaatlicher Gerichte im Nachprüfungsverfahren

84 In Konkretisierung des die Zusammenarbeit zwischen der Kommission und mitgliedstaatlichen Gerichten betreffenden Art. 15 VO 1/2003 regelt Art. 20 Abs. 8 VO 1/2003 die Rolle und die Befugnisse „einzelstaatlicher Gerichte" der Mitgliedstaaten i. R. der gemäß Art. 20 Abs. 6 und 7 VO 1/2003 unter Einschaltung mitgliedstaatlicher Behörden erfolgenden Durchsetzung der in Art. 20 Abs. 2 VO 1/2003 kodifizierten Nachprüfungsbefugnisse. Den engen Zusammenhang zwischen Art. 15 und 20 Abs. 8 VO 1/2003 unterstreicht nicht zuletzt die erläuternde „Bekanntmachung über die Zusammenarbeit der Kommission und den Gerichten der EU-Mitgliedstaaten bei der Anwendung der Artikel 81 und 82 des Vertrags",[291] die sich in Ziff. 38–41 mit der „Rolle einzelstaatlicher Gerichte bei einer Nachprüfung durch die Kommission" befasst.

85 Mit Art. 20 Abs. 8 VO 1/2003 hat der Verordnungsgeber quasi „in letzter Minute" die Vorgaben kodifiziert, die der EuGH hinsichtlich der Rolle und der Kontrollbefugnisse mitgliedstaatlicher Gerichte in seinem *Roquette Frères*-**Urteil** vom 22. Oktober 2002[292] formuliert hat. Die dort ausführlich thematisierte Frage nach der Reichweite dieser gerichtlichen Kontrollbefugnisse stellt sich dann, wenn die zuständige Behörde des betreffenden Mitgliedstaats i. R. ihrer in Art. 20 Abs. 6 VO 1/2003 geregelten Unterstützung der

---

[287] EuGH U. v. 22. 10. 2002 Rs. C-94/00 – *Roquette Frères/Directeur général de la concurrence, de la consommation et de la répression des fraudes* Slg. 2002, I-9011 Rn. 74.

[288] EuGH U. v. 17. 10. 1989 Rs. 85/87 – *Dow Benelux/Kommission* Slg. 1989, 3137 Rn. 46; EuGH U. v. 17. 10. 1989 verb. Rs. 97–99/87 – *Dow Chemical Ibérica u. a./Kommission* Slg. 1989, 3165 Rn. 32.

[289] EuGH U. v. 21. 9. 1989 verb. Rs. 46/87 u. 227/88 – *Hoechst/Kommission* Slg. 1989, 2859 Rn. 35.

[290] EuGH U. v. 22. 10. 2002 Rs. C-94/00 – *Roquette Frères/Directeur général de la concurrence, de la consommation et de la répression des fraudes* Slg. 2002, I-9011 ff.

[291] ABl. 2004 C 101/54.

[292] EuGH U. v. 22. 10. 2002 Rs. C-94/00 – *Roquette Frères/Directeur général de la concurrence, de la consommation et de la répression des fraudes* Slg. 2002, I-9011 ff.

Kommission eine gerichtliche Genehmigung i. S. des Art. 20 Abs. 7 VO 1/2003 beantragt hat. Diesbezüglich ist der Verordnungsgeber davon ausgegangen, dass sich die Frage nach dem Erfordernis eines Richtervorbehalts in dieser Konstellation – anders als bei Nachprüfungen in Privatwohnungen gemäß Art. 21 VO 1/2003, für die eine vorherige gerichtliche Genehmigung zwingend (gemeinschaftsrechtlich) vorgeschrieben ist[293] – allein nach dem einzelstaatlichen Recht des jeweiligen Mitgliedstaats beantwortet.[294]

Nach einer im Schrifttum vertretenen Auffassung habe der Verordnungsgeber mit der vorgenannten Regelung erkennen lassen, dass er das *Roquette Frères*-Urteil des EuGH in gemeinschaftsgrundrechtlicher Hinsicht nicht richtig verstanden habe; aus diesem Urteil ließe sich nämlich die vom EuGH (angeblich) vorgenommene Einbeziehung von Geschäftsräumen in das Gemeinschaftsgrundrecht der Unverletzlichkeit von Privatwohnungen ableiten, welches den Mitgliedstaaten wiederum die Einführung eines auch bei Nachprüfungen in Geschäftsräumen – d. h. nicht nur bei Nachprüfungen in Privatwohnungen – greifenden Richtervorbehalts zwingend vorschreibe.[295] Dieser Ansicht, die vor allem den Gesetzgeber in solchen Mitgliedstaaten herausfordert, die bislang noch keinen Richtervorbehalt im Zusammenhang mit den im Anwendungsbereich des Art. 20 VO 1/2003 zu treffenden Zwangsmaßnahmen eingeführt haben, ist zwar insoweit zuzustimmen, als sich aus einem für existent gehaltenen Gemeinschaftsgrundrecht der Unverletzlichkeit von Geschäftsräumen aus rechtsvergleichender Perspektive in der Tat das Erfordernis eines solchen Richtervorbehalts ableiten ließe.[296] Gleichwohl ist der dieser Ansicht zugrundeliegenden Annahme, der EuGH habe im *Roquette Frères*-Urteil ein **Gemeinschaftsgrundrecht der Unverletzlichkeit von Geschäftsräumen** anerkannt, aus den bereits genannten Gründen (leider) zu widersprechen.[297]

Insoweit bleibt nur zu hoffen, dass der EuGH, der die Frage nach der Existenz eines über den Schutz vor willkürlichen oder unverhältnismäßigen Eingriffen der gemeinschaftlichen Hoheitsgewalt in die Sphäre der privaten Betätigung natürlicher oder juristischer Personen hinausgehenden Gemeinschaftsgrundrechts der Unverletzlichkeit von Geschäftsräumen noch nicht abschließend beantwortet hat,[298] möglichst bald – entweder anlässlich geeigneter Rechtsmittelverfahren oder künftiger Vorabentscheidungsverfahren gemäß Art. 234 EGV – die erneute Gelegenheit erhält, diese aus guten Gründen zu bejahende[299] Frage klar und möglichst im positiven Sinne zu beantworten. Ein weiteres Offenlassen dieser Frage wäre nicht nur der diesbezüglich zwingend erforderlichen **Herstellung von Rechtssicherheit** abträglich, sondern stünde letztendlich auch einer exakten Bestimmung der konkreten Reichweite der Kontrollbefugnis mitgliedstaatlicher Gerichte im Anwendungsbereich des Art. 20 Abs. 8 VO 1/2003 entgegen, die der EuGH in seinem *Roquette Frères*-Urteil (vorerst) wie folgt präzisierte:

Die im *Roquette Frères*-Urteil vorgenommene Präzisierung der Rolle und der Kontrollbefugnis mitgliedstaatlicher Gerichte, die ihren Niederschlag in weitem Umfang in Art. 20 Abs. 8 VO 1/2003 gefunden hat, findet ihren Ausgangspunkt in der keineswegs neuen

---

[293] Vgl. Art. 21 Abs. 3 Satz 1 VO 1/2003; näher hierzu vgl. die Kommentierung zu Art. 21 VO 1/2003.
[294] Vgl. Art. 20 Abs. 7 Satz 1 VO 1/2003.
[295] So *Lienemeyer/Waelbroeck* CMLRev. 40 (2003), 1493 ff.
[296] M. w. N. unter Rn. 48.
[297] Ausführlich dazu unter Rn. 25–32.
[298] Diese Frage offen lassend vgl. EuGH U. v. 15. 10. 2002 verb. Rs. C-238/99 P, C-244/99 P, C-245/99 P, C-247/99 P, C-250–252/99 P u. C-254/99 P – *Limburgse Vinyl Maatschappij u. a./Kommission* Slg. 2002, I-8375 Rn. 236 ff., insbes. Rn. 251, sowie EuGH U. v. 22. 10. 2002 Rs. C-94/00 – *Roquette Frères/Directeur général de la concurrence, de la consommation et de la répression des fraudes* Slg. 2002, I-9011 Rn. 29, i. V. m. mit den obigen Ausführungen unter Rn. 27 f. ; zu neueren Entwicklungen in diesem Bereich in spezieller Ansehung des EuGH-Urteils in der Rs. *Varec* siehe oben Rn. 32.
[299] Zu diesen Gründen siehe unter Rn. 31 f.

Art. 20 VerfVO 89

Feststellung des EuGH, dass die zuständigen nationalen Stellen – seien es mitgliedstaatliche Behörden[300] oder Gerichte – bei der Ausübung ihrer Kontrollbefugnis nicht die Beurteilung der Notwendigkeit der angeordneten Nachprüfungen durch die Kommission, deren Sach- und Rechtserwägungen lediglich der Rechtmäßigkeitskontrolle durch den Gemeinschaftsrichter unterliegen, durch ihre eigenen Beurteilungen ersetzen dürfen.[301] Dementsprechend sieht Art. 20 Abs. 8 Satz 3 VO 1/2003 vor, dass das einzelstaatliche Gericht nicht die Notwendigkeit der von der Kommission angeordneten Nachprüfung in Frage stellen darf; zum anderen stellt Satz 4 dieser Vorschrift im Einklang mit der vorgenannten Rechtsprechung klar, dass die Prüfung der Rechtmäßigkeit der die Nachprüfung anordnenden Kommissionsentscheidung dem Gemeinschaftsrichter vorbehalten ist.[302] Insoweit erschöpft sich die **Kontrollbefugnis mitgliedstaatlicher Gerichte** in diesen Konstellationen auf die beantragten Zwangsmaßnahmen, wobei sich diese Kontrolle nach Ansicht des EuGH – in Anknüpfung an den im *Hoechst*-Urteil entwickelten Schutz vor willkürlichen oder unverhältnismäßigen Eingriffen in die Sphäre der privaten Betätigung natürlicher oder juristischer Personen – wiederum allein darauf beziehen dürfe, ob die jeweilige Zwangsmaßnahme (nicht) willkürlich und/oder, gemessen am Gegenstand der Nachprüfung, (un-)verhältnismäßig ist.[303] Dementsprechend sieht Art. 20 Abs. 8 Satz 1 VO 1/2003 vor, dass das einzelstaatliche Gericht dann, wenn die in Art. 20 Abs. 7 VO 1/2003 angesprochene Genehmigung beantragt wird, neben der **Echtheit der Kommissionsentscheidung** nur prüft, ob die beantragten Zwangsmaßnahmen nicht willkürlich und, gemessen am Gegenstand der Nachprüfung, nicht unverhältnismäßig sind.

89 Die den mitgliedstaatlichen Gerichten obliegende **Kontrolle der Willkürfreiheit** der jeweils angeordneten Zwangsmaßnahme verlangt nach Auffassung des EuGH „im Wesentlichen, dass das zuständige nationale Gericht sich vergewissert, dass ernsthafte Indizien vorliegen, die für den Verdacht eines Verstoßes gegen die Wettbewerbsregeln durch das betroffene Unternehmen ausreichen".[304] Folglich hat die Kommission – was Art. 20 Abs. 8 VO 1/2003 selbst nicht hinreichend klar zum Ausdruck bringt – dem zuständigen nationalen Gericht, damit es sich von der Willkürfreiheit der beantragten Zwangsmaßnahme überzeugen kann, Erläuterungen zu geben, in denen substantiiert dargelegt wird, dass sie in ihren Akten über ernsthafte Informationen und Hinweise verfügt, die den Verdacht von Verstößen gegen die Wettbewerbsregeln durch das betroffene Unternehmen begründen.[305] Der Einhaltung dieser **Informationspflicht der Kommission** kommt i. R. der „Willkürkontrolle" größte Bedeutung zu, da das mitgliedstaatliche Gericht selbst nicht die Übermittlung der in den Akten der Kommission enthaltenen Informationen und Indizien verlangen kann, auf denen ihr Verdacht beruht;[306] einen der Informationspflicht der Kommission korrespondierenden Informationszugangsanspruch mitgliedstaatlicher Gerichte, der auch dem Grundrechtsschutz des Nachprüfungsadressaten dienlich wäre, erkennt der EuGH somit nicht an. Letzteres begründet der EuGH in erster Linie damit, dass anderenfalls sowohl die praktische Wirksamkeit des Vorgehens der Kommission als auch die Anonymität bestimmter Informationsquellen gefährdet wären.[307] Damit löst der EuGH das zwischen der administrativen Effizienz bzw. Leistungsfähigkeit und dem Informationsinteresse mit-

---

[300] Siehe Rn. 83.
[301] EuGH U. v. 22. 10. 2002 Rs. C-94/00 – *Roquette Frères/Directeur général de la concurrence, de la consommation et de la répression des fraudes* Slg. 2002, I-9011 Rn. 39 i. V. m. Rn. 51.
[302] Zu den hier angesprochenen Rechtsschutzmöglichkeiten des Nachprüfungsadressaten s. Rn. 98–102.
[303] EuGH U. v. 22. 10. 2002 Rs. C-94/00 – *Roquette Frères/Directeur général de la concurrence, de la consommation et de la répression des fraudes* Slg. 2002, I-9011 Rn. 40.
[304] EuGH ebd. (Rn. 54).
[305] EuGH ebd. (Rn. 61).
[306] So explizit EuGH ebd. (Rn. 62).
[307] EuGH ebd. (Rn. 63-66).

gliedstaatlicher Gerichte bestehende Spannungsverhältnis auch zu Lasten des Nachprüfungsadressaten weitgehend zugunsten der Kommission auf,[308] soweit es um die Kontrolle der Willkürfreiheit der angeordneten Zwangsmaßnahmen geht.

Im Hinblick auf die den mitgliedstaatlichen Gerichten ebenfalls obliegende **Verhältnismäßigkeitsprüfung** stellte der EuGH in seinem *Roquette Fréres*-Urteil fest, dass sich diese Prüfung zum einen darauf erstreckt, ob die angeordneten Zwangsmaßnahmen geeignet sind, die Durchführung der Nachprüfung sicherzustellen.[309] In diesem Zusammenhang erweiterte der EuGH die oben bereits unter dem Aspekt der Kontrolle der Willkürfreiheit angesprochene **Informationspflicht der Kommission,** indem er ausführte, dass es Sache der Kommission ist, „dem zuständigen nationalen Gericht Erläuterungen zu geben, anhand deren dieses Gericht sich davon überzeugen kann, dass der Nachweis des als Zuwiderhandlung eingestuften Sachverhalts nicht möglich oder erheblich erschwert wäre, wenn die Kommission nicht vorsorglich über die angeforderte Unterstützung verfügen könnte, um sich über einen etwaigen Widerspruch des Unternehmens hinwegsetzen zu können".[310] Diese Ausführungen, denen nicht hinreichend genau zu entnehmen ist, ob es dem EuGH hier um die gleichermaßen i. R. der gemeinschaftsrechtlichen Verhältnismäßigkeitsprüfung vorzunehmende Prüfung der Geeignetheit oder Erforderlichkeit geht, beziehen sich genau genommen nur auf solche Fälle, in denen die nach Art. 20 Abs. 6 VO 1/2003 mögliche Unterstützung mitgliedstaatlicher Behörden vorsorglich angefordert worden ist.[311] In allen anderen Fällen, in denen die Unterstützung mitgliedstaatlicher Behörden erst dann angefordert wird, nachdem sich der Nachprüfungsadressat ausdrücklich den von der Kommission angeordneten Nachprüfungsmaßnahmen widersetzt hat, dürfte nach dem *Roquette Fréres*-Urteil davon auszugehen sein, dass der EuGH die jeweiligen Zwangsmaßnahmen *per se* für geeignet bzw. erforderlich hält und keine allzu hohen Anforderungen an die hinsichtlich der Geeignetheit bzw. Erforderlichkeit der jeweiligen Zwangsmaßnahmen vorgetragenen Erläuterungen der Kommission stellt.

Die gemeinschaftsrechtliche Verhältnismäßigkeitsprüfung lässt sich jedoch nicht auf eine bloße Geeignetheits- und/oder Erforderlichkeitsprüfung reduzieren. Vielmehr erfordert die Kontrolle der Verhältnismäßigkeit der beabsichtigten Zwangsmaßnahmen – gemessen am Gegenstand der Nachprüfung – den Nachweis, dass solche Maßnahmen nicht zu Nachteilen führen, die angesichts der mit der Nachprüfung verfolgten Ziele unverhältnismäßig und untragbar sind.[312] Um zu vermeiden, dass die dem zuständigen mitgliedstaatlichen Gericht obliegende Verhältnismäßigkeitskontrolle bedeutungslos wird und der mit dem Einsatz staatlicher Zwangsmittel verbundene **Eingriff in die Privatsphäre des Nachprüfungsadressaten** außer Acht gerät, machte der EuGH in seinem *Roquette Fréres*-Urteil sodann klar, dass dieses Gericht bei der Kontrolle der Verhältnismäßigkeit einer Zwangsmaßnahme immerhin Gesichtspunkte wie die Schwere der behaupteten Zuwiderhandlung, die Natur der Verwicklung des betroffenen Unternehmens oder die Bedeutung dessen, wonach gesucht wird, „nicht unberücksichtigt lassen" darf.[313] Insoweit muss das zuständige nationale Gericht die beantragten Zwangsmaßnahmen verweigern können, wenn die behauptete Beeinträchtigung des Wettbewerbs zu gering, das wahrscheinliche Ausmaß der Verwicklung des betroffenen Unternehmens zu klein oder der Gegenstand der Suche zu neben-

---

[308] Kritisch dazu *Feddersen* EuZW 2003, 22 f.; dem EuGH im Ergebnis zustimmend *Brei* ZWeR 2004, 115; differenzierter *Lienemeyer/Waelbroeck*, CMLRev. 40 (2003), 1486 ff.
[309] EuGH U. v. 22. 10. 2002 Rs. C-94/00 – *Roquette Fréres/Directeur général de la concurrence, de la consommation et de la répression des fraudes* Slg. 2002, I-9011 Rn. 71.
[310] EuGH ebd. (Rn. 75).
[311] Zur Möglichkeit des vorsorglichen Unterstützungsersuchens siehe unter Rn. 82.
[312] EuGH U. v. 22. 10. 2002 Rs. C-94/00 – *Roquette Fréres/Directeur général de la concurrence, de la consommation et de la répression des fraudes* Slg. 2002, I-9011 Rn. 76.
[313] EuGH ebd. (Rn. 79).

sächlich ist, als dass der Eingriff in die Sphäre der privaten Betätigung einer juristischen Person nicht angesichts der mit der Nachprüfung verfolgten Ziele unverhältnismäßig und untragbar erschiene.[314] Konsequenterweise erinnerte der EuGH in diesem Zusammenhang erneut an die o. g. **Informationspflicht der Kommission,** in dem er ausführte, dass die Kommission das zuständige Gericht „grundsätzlich über die wesentlichen Merkmale der behaupteten Zuwiderhandlung informieren muss, um ihm zu ermöglichen, deren Schwere zu beurteilen, indem sie den ihrer Ansicht nach relevanten Markt und die Natur der behaupteten Wettbewerbsbeschränkungen sowie das Ausmaß der vermuteten Verwicklung des betroffenen Unternehmens angibt".[315]

92 Schließlich finden sich im *Roquette Frères*-Urteil einige Antworten auf die Frage, wie zu verfahren ist, wenn einem mitgliedstaatlichen Gericht die vorliegenden Informationen bzw. Erläuterungen der Kommission nicht ausreichen. Eine vorschnelle Zurückweisung des gestellten Antrags auf Erlass einer richterlichen Genehmigung untersagt der EuGH mitgliedstaatlichen Gerichten ausdrücklich;[316] stattdessen müssen diese Gerichte und die Kommission gemäß der **Pflicht zur loyalen Zusammenarbeit** zusammenwirken, um die bei der Durchführung der von der Kommission durch Entscheidung angeordneten Nachprüfung aufgetretenen Schwierigkeiten zu überwinden.[317] Um dieser Pflicht nachzukommen und pflichtgemäß dazu beizutragen, die Wirksamkeit des Vorgehens der Kommission sicherzustellen, hat das zuständige mitgliedstaatliche Gericht daher zunächst einmal die Kommission oder die nationale Behörde, von der es auf das Ersuchen der Kommission hin befasst wurde, unverzüglich über die aufgetretenen Schwierigkeiten zu unterrichten und gegebenenfalls die ergänzenden Informationen anzufordern, die es ihm ermöglichen, die ihm obliegende Kontrolle auszuüben.[318] Diese höchstrichterlichen Vorgaben haben ihren Niederschlag in Art. 20 Abs. 8 Satz 2 VO 1/2003 gefunden.

93 Umgekehrt hat die Kommission im Rahmen der loyalen Zusammenarbeit dafür Sorge zu tragen, dass die vom zuständigen mitgliedstaatlichen Gericht angeforderten ergänzenden Informationen – in welcher Form auch immer[319] – unverzüglich übermittelt werden.[320] Erst dann, wenn dem zuständigen mitgliedstaatlichen Gericht solche etwaigen Klarstellungen vorliegen oder wenn seine Anfrage von der Kommission nicht sachdienlich beantwortet wurde, darf das Gericht die Gewährung der beantragten Unterstützung bzw. die Genehmigung ablehnen, sofern nicht die ihm bereits zur Verfügung stehenden Informationen den Schluss zulassen, dass die beabsichtigten Zwangsmaßnahmen nicht willkürlich und – gemessen am Gegenstand der Nachprüfung – nicht unverhältnismäßig sind.[321]

94 Die vorgenannten Vorgaben des EuGH, die weitgehenden Eingang in Art. 20 Abs. 8 VO 1/2003 gefunden haben, sind sicherlich nicht geeignet, potentielle **Konflikte zwischen einzelstaatlichen Gerichten und der Kommission** restlos auszuschließen.[322] Diesbezüglich dürfte insoweit mit weiteren Vorabentscheidungsersuchen mitgliedstaatlicher Gerichte i. S. des Art. 234 EG zu rechnen sein, in denen der EuGH u. a. auch beharrlich nach der Existenz eines eigenständigen Gemeinschaftsgrundrechts der Unverletzlichkeit von Geschäftsräumen gefragt werden sollte, dessen explizite Anerkennung durchaus zu einer dem Nachprüfungsadressaten zugute kommenden Gewichtsverschiebung i. R. der den mitgliedstaatlichen Gerichten in diesen Konstellationen obliegenden Verhältnismäßig-

---

[314] EuGH ebd. (Rn. 80).
[315] EuGH ebd. (Rn. 81).
[316] EuGH ebd. (Rn. 90).
[317] EuGH ebd. (Rn. 91).
[318] EuGH ebd. (Rn. 92).
[319] EuGH ebd. (Rn. 98).
[320] EuGH ebd. (Rn. 93).
[321] EuGH ebd. (Rn. 94).
[322] Zutr. *Mestmäcker/Schweitzer,* Europäisches Wettbewerbsrecht, 2. Aufl. 2004, § 19 Rn. 18.

keitsprüfung führen könnte.³²³ Immerhin ist es aber dem EuGH im *Roquette Frères*-Urteil gelungen, in recht konsequenter Fortführung und Präzisierung des damaligen *Hoechst*-Urteils einen durchaus ausgewogenen Ausgleich zwischen der praktischen Wirksamkeit des Nachprüfungsverfahrens einerseits und dem Kontrollanspruch mitgliedstaatlicher Gerichte andererseits herzustellen.³²⁴ Die Darlegungs- und Informationspflichten, denen die Kommission im Verhältnis zu den im Kontext EG-kartellverfahrensrechtlicher Nachprüfungen zuständigen mitgliedstaatlichen Gerichten nunmehr gerecht werden muss, sind jedenfalls gegenüber der früheren Rechtsprechung deutlich erhöht worden. Dass die Kommission ihre Erläuterungen nicht mit unmittelbaren Beweismitteln unterlegen muss, kann zwar dazu führen, dass die nationalen Richter bei ihrer Entscheidungsfindung gewissermaßen auf *second hand*-Informationen verwiesen werden; übertrieben zu sein scheint jedoch die Befürchtung, dass mitgliedstaatliche Gerichte angesichts ihrer beschränkten Prüfungsbefugnis und ihres nur mittelbaren Zugangs zu den relevanten Informationen zu „Erfüllungsgehilfen der Kommission degradiert" werden.³²⁵ Soweit in Teilen der Literatur durchaus mit Recht beklagt wird, dass der EuGH in diesem Urteil einen Systemfehler zementiert habe, weil effektiver Rechtsschutz in diesen Fällen letztlich nur nachträglich im Wege der Anfechtung der Nachprüfungsentscheidung zu erreichen sei,³²⁶ ist darauf hinzuweisen, dass die gelegentlich vorgeschlagene Alternativlösung, wonach im Wege einer Vertragsänderung ein **Ermittlungsrichter bei den Gemeinschaftsgerichten** in Luxemburg einzurichten sei,³²⁷ bisher keine Gefolgschaft bei den für eine Vertragsänderung zuständigen EU-Mitgliedstaaten gefunden hat und auch in dem zur Zeit noch nicht in allen EU-Mitgliedstaaten ratifizierten Reformvertrag von Lissabon³²⁸ nicht vorgesehen ist.

IV. Rechtsfolgen

Bei den im Kontext des Art. 20 VO 1/2003 anzusprechenden Rechtsfolgen ist zwischen Sanktionen zulasten des Nachprüfungsadressaten (1.) und den gerichtlichen Rechtsschutzmöglichkeiten des Nachprüfungsadressaten im Falle unzulässiger Nachprüfungsentscheidungen bzw. -maßnahmen (2.) zu unterscheiden.

1. Sanktionen in Form von Zwangsgeldern und Geldbußen

Gemäß Art. 24 Abs. 1 lit. e VO 1/2003 kann die Kommission gegen den jeweiligen Nachprüfungsadressaten durch Entscheidung **Zwangsgelder** bis zu einem Höchstbetrag von 5% des im vorausgegangenen Geschäftsjahr erzielten durchschnittlichen Tagesumsatzes für jeden Tag des Verzugs von dem in ihrer Entscheidung bestimmten Zeitpunkt an festsetzen, um ihn zu zwingen, eine Nachprüfung zu dulden, die die Kommission in einer formellen Nachprüfungsentscheidung i. S. des Art. 20 Abs. 3 VO 1/2003 angeordnet hat. Eine weitere Sanktionsmöglichkeit, die sich schwerpunktmäßig – aber nicht allein – auf durch formelle Entscheidungen angeordnete Nachprüfungen bezieht, wird der Kommission in Art. 23 Abs. 1 lit. c VO 1/2003 zur Verfügung gestellt. Nach dieser Vorschrift kann die Kommission gegen die jeweiligen Nachprüfungsadressaten durch Entscheidung **Geldbußen** bis zu einem Höchstbetrag von 1% des im vorausgegangenen Geschäftsjahr erzielten Gesamtumsatzes festsetzen, wenn sie bei Nachprüfungen nach Art. 20 VO 1/2003 vorsätzlich oder fahrlässig die angeforderten Bücher oder sonstigen Geschäftsunterlagen nicht

---

³²³ Zutr. *Schwarze/Weitbrecht* (Fn. 105), § 5 Rn. 22.
³²⁴ Zutr. *Brei* ZWeR 2004, 124; *Nehl* in: Behrens/Braun/Nowak (Fn. 93), S. 93.
³²⁵ So aber *Schwarze/Weitbrecht* (Fn. 105), § 4 Rn. 24.
³²⁶ So *Feddersen* EuZW 2003, 22 f.; näher zum Rechtsschutz in diesen Fällen unter Rn. 98–102.
³²⁷ So bereits GA *Mischo*, Schlussanträge v. 21. 2. 1989, verb. Rs. 46/87 u. 227/88 – *Hoechst/Kommission* Slg. 1989, 2875 Rn. 147, so auch *Feddersen* EuZW 2003, 23; *Hilf/Hörmann* NJW 2003, 6.
³²⁸ Zu diesem Reformvertrag siehe bereits m. w. N. Fn. 11 f.

vollständig vorlegen oder in einer Entscheidung nach Art. 20 Abs. 4 VO 1/2003 angeordnete Nachprüfungen nicht dulden. Demnach kann eine unvollständige Vorlage der von der Kommission angeforderten Bücher oder Geschäftsunterlagen somit auch bei Nachprüfungen auf Grund eines einfachen Prüfungsauftrages i. S. des Art. 20 Abs. 3 VO 1/2003 mit der Festsetzung einer Geldbuße geahndet werden, sofern der Nachprüfungsadressat diesen Nachprüfungen zunächst zugestimmt hat und später zu einem obstruktiven Verhalten übergeht.

97 Zwei **spezielle Bußgeldtatbestände,** die das in Art. 20 Abs. 2 lit. e VO 1/2003 geregelte Fragerecht bzw. die in Art. 20 Abs. 2 lit. d VO 1/2003 geregelte Versiegelungsbefugnis betreffen, finden sich in Art. 23 Abs. 1 lit. d VO 1/2003 und für den Siegelbruch in Art. 23 Abs. 1 lit. e VO 1/2003. Nach Art. 23 Abs. 1 lit. d VO 1/2003 kann die Kommission bis zu einem Höchstbetrag von 1% des im vorausgegangenen Geschäftsjahr erzielten Gesamtumsatzes gegen den jeweiligen Nachprüfungsadressaten eine Geldbuße festsetzen, wenn er vorsätzlich oder fahrlässig eine unrichtige oder irreführende Antwort erteilt (1. Option), wenn er eine von einem Belegschaftsmitglied erteilte unrichtige, unvollständige oder irreführende Antwort nicht innerhalb einer von der Kommission gesetzten Frist berichtigt (2. Option) oder wenn er in Bezug auf Tatsachen, die mit dem Gegenstand und dem Zweck einer durch eine formelle Entscheidung angeordneten Nachprüfung in Zusammenhang stehen, keine vollständige Antwort erteilt oder eine vollständige Antwort verweigert (3. Option). Ob die vorgenannte Bußgeldandrohung für Unternehmen und Unternehmensvereinigungen wegen fehlerhafter Aussagen seiner Mitarbeiter bereits deshalb „rechtsstaatlich bedenklich" ist, weil das in Art. 19 VO 1/2003 geregelte Zeugenvernehmungsrecht unbestreitbar nicht mit Sanktionsmöglichkeiten versehen ist,[329] muss bezweifelt werden. Zuzugeben ist aber, dass die Auferlegung eines Bußgeldes zulasten des Nachprüfungsadressaten in diesen Konstellationen dann unvertretbar und zu unterlassen ist, wenn dessen Mitarbeiter – gestützt auf das gemeinschaftsrechtliche Auskunfts- bzw. Aussageverweigerungsrecht[330] – berechtigterweise die Aussage verweigern, um sich nicht der Gefahr einer in manchen Mitgliedstaaten eventuell sogar zu einer strafrechtlichen Verfolgung führenden Selbstbezichtigung auszusetzen.[331]

2. Gerichtlicher Rechtsschutz der betroffenen Unternehmen und Unternehmensvereinigungen

98 Von dem durch verschiedene Verteidigungsrechte bzw. Verfahrensgrundrechte gewährleisteten Rechtsschutz des Nachprüfungsadressaten im laufenden Nachprüfungsverfahren[332] ist der gerichtliche Rechtsschutz des Nachprüfungsadressaten gegen (angeblich) unzulässige bzw. rechtswidrige Nachprüfungsentscheidungen bzw. -maßnahmen zu unterscheiden, der erstinstanzlich in den Zuständigkeitsbereich des EuG fällt,[333] das im Rechtsmittelverfahren wiederum der Kontrolle des EuGH unterliegt. Während die Prüfung der Rechtmäßigkeit einer Nachprüfungsentscheidung i. S. des Art. 20 Abs. 4 VO 1/2003 ausschließlich dem Gemeinschaftsrichter vorbehalten ist, ist es Aufgabe allein des mitgliedstaatlichen Gerichts, bei dem gemäß Art. 20 Abs. 7 VO 1/2003 der Antrag auf Genehmigung des Erlasses von Zwangsmaßnahmen gestellt wird, gegebenenfalls mit Unterstützung des EuGH i. R. eines Vorabentscheidungsverfahrens gemäß Art. 234 EG und unbeschadet eventueller nationaler Rechtsbehelfe festzustellen, ob die von der Kommission i. R. dieses Antrags übermittelten

---

[329] So *Schwarze/Weitbrecht* (Fn. 105), § 4 Rn. 15.
[330] Ausführlich zu diesem Recht vgl. Rn. 36–41.
[331] Zutr. *Schwarze/Weitbrecht* (Fn. 105), § 4 Rn. 15.
[332] Vgl. dazu oben Abschnitt II.
[333] Zur erstinstanzlichen Zuständigkeit des EuG für den (zentralen) Individualrechtsschutz vgl. den Beschl. des Rates v. 24. 10. 1988 zur Errichtung eines EuG (ABl. 1988 L 319/1) i. V. m. den späteren Zuständigkeitserweiterungen in ABl. 1993 L 144/21 u. ABl. 1994 L 66/29.

Informationes es ihm ermöglichen, die ihm nach Art. 20 Abs. 8 VO 1/2003 obliegende Kontrolle[334] auszuüben, und es somit in die Lage versetzen, sachdienlich über den ihm vorgelegten Antrag zu entscheiden.[335]

Beim gerichtlichen Rechtsschutz des Nachprüfungsadressaten kommt es zunächst einmal maßgeblich darauf an, ob die Kommission die in Art. 20 Abs. 2 VO 1/2003 geregelten Nachprüfungsbefugnisse auf der Grundlage eines einfachen (unanfechtbaren) Prüfungsauftrags gemäß Art. 20 Abs. 3 VO 1/2003 oder auf der Grundlage einer (anfechtbaren) Nachprüfungsentscheidung gemäß Art. 20 Abs. 4 VO 1/2003 wahrnimmt: **Einfache Prüfungsaufträge** i.S. des Art. 20 Abs. 3 VO 1/2003 können nach der bislang zu Art. 14 Abs. 2 VO 17 ergangenen Rechtsprechung nicht mit der Nichtigkeitsklage gemäß Art. 230 Abs. 4 EG angefochten werden, sodass die (angebliche) Rechtswidrigkeit derartiger Prüfungsaufträge nur i.R. einer Nichtigkeitsklage gegen die jeweilige (verfahrensabschließende) Endentscheidung der Kommission geltend gemacht werden kann.[336] **Formelle Nachprüfungsentscheidungen** der Kommission i.S. des Art. 20 Abs. 4 VO 1/2003 sind hingegen Rechtsakte, die von ihren Adressaten binnen einer zweimonatigen Klagefrist mit der Nichtigkeitsklage gemäß Art. 230 Abs. 4 EG angefochten werden können,[337] ohne dass es dabei auf die unmittelbare oder individuelle Betroffenheit des Klägers ankommt, deren Fehlen bei zahlreichen Individualklagen – insbesondere bei Nichtigkeitsklagen gegen Richtlinien und Verordnungen sowie bei Nichtigkeitsklagen drittbetroffener Nichtadressaten – zur Unzulässigkeit einer solchen Nichtigkeitsklage führt.[338]

Da die gegen eine formelle Nachprüfungsentscheidung erhobene Nichtigkeitsklage gemäß Art. 242 Satz 1 EG **keine aufschiebende Wirkung** entfaltet und der auf eine vorläufige Aussetzung des Vollzugs abzielende einstweilige Rechtsschutz im Wege des Art. 242 Satz 2 EG nach wie vor nur eine geringe Erfolgsquote aufweist,[339] erfolgt der gerichtliche Individualrechtsschutz gegen Nachprüfungsentscheidungen in der Praxis meist erst nach Abschluss der jeweiligen Nachprüfungsmaßnahmen.[340] Die somit in zeitlicher Hinsicht bestehenden Defizite im Bereich des gerichtlichen Individualrechtsschutzes gegen Nachprüfungsentscheidungen sind zwar im Hinblick auf den gemeinschaftsverfassungsrechtlichen Grundsatz effektiven (zeitnahen) Rechtsschutzes nicht unproblematisch.[341] Diese Defizite werden jedoch in gewisser Weise dadurch kompensiert, dass die betroffenen Unternehmen und Unternehmensvereinigungen durch ein höchstrichterlich anerkanntes – von der Kommission beim Erlass verfahrensabschließender Entscheidungen zu beachtendes – **Beweisverwertungsverbot** geschützt sind, wenn sich die Nachprüfungsentschei-

---

[334] Zu den hier bestehenden Kontrollmöglichkeiten u. Kontrollpflichten mitgliedstaatlicher Gerichte s. o. Rn. 84 ff.

[335] Vgl. nur EuG U. v. 8. 3. 2007 Rs. T-339/04 – *France Télécom SA/Kommission* Slg. 2007, II-521 Rn. 51.

[336] So EuG U. v. 20. 4. 1999 verb. Rs. T-305–307/94, T-313-316/94, T-318/94, T-325/94, T-328/94, T-329/94 u. T-335/94 – *Limburgse Vinyl Maatschappij u. a./Kommission*, Slg. 1999, II-931 Rn. 412.

[337] Vgl. nur EuGH U. v. 22. 10. 2002 Rs. C-94/00 – *Roquette Frères/Directeur général de la concurrence, de la consommation et de la répression des fraudes* Slg. 2002, I-9011 Rn. 49; EuG U. v. 20. 4. 1999 verb. Rs. T-305–307/94, T-313-316/94, T-318/94, T-325/94, T-328/94, T-329/94 u. T-335/94 – *Limburgse Vinyl Maatschappij u. a./Kommission*, Slg. 1999, II-931 Rn. 408; EuG U. v. 11. 12. 2003 Rs. T-65/99 – *Strintzis Lines Shipping SA/Kommission* 2003, II-5433 Rn. 46.

[338] Näher dazu m. w. N. *Cremer* in: Nowak/Cremer (Fn. 26), S. 27 ff.; *Nowak* EuR 35 (2000), 724 ff.; *Pache*, in: Heselhaus/Nowak (Fn. 13), § 8 Rn. 41 ff.

[339] Zutr. *Gaitainidis* in: v. der Groeben/Schwarze (Fn. 8), Bd. 4, 6. Aufl. 2004, Art. 242/243 Rn. 2.

[340] Zutr. *Burrichter/Hauschild* (Fn. 125), S. 1749 f.; *Dieckmann* (Fn. 133), § 42 Rn. 48; *Niggemann* in: Streinz (Fn. 8), KartVO nach Art. 83 EGV Rn. 74; *Seitz/Berg/Lohrberg* WuW 2007, 716 (724); ferner vgl. *Schwarze/Weitbrecht* (Fn. 105), § 4 Rn. 23, wonach einstweiliger Rechtsschutz vor Durchführung einer Nachprüfung nicht erreichbar ist.

[341] Zum Gemeinschaftsgrundrecht auf effektiven Rechtsschutz vgl. m. w. N. Rn. 14.

dung als rechtswidrig erweist.³⁴² Falls nämlich die Nachprüfungsentscheidung vom Gemeinschaftsrichter für nichtig erklärt würde, wäre die Kommission dadurch nach ständiger Rechtsprechung gehindert, Unterlagen oder Beweisstücke, die sie sich im Zuge der Nachprüfung verschafft hat, im Verfahren wegen eines Verstoßes gegen die Wettbewerbsregeln der Gemeinschaft zu verwenden; „anderenfalls liefe sie Gefahr, dass die Entscheidung über den Wettbewerbsverstoß vom Gemeinschaftsrichter für nichtig erklärt würde, soweit sie auf derartige Beweismittel gestützt wäre".³⁴³ Im Übrigen kann sich der Nachprüfungsadressat – allerdings nur unter Inkaufnahme recht empfindlicher Zwangsgelder und Geldbußen³⁴⁴ – einer Nachprüfung zunächst einmal widersetzen, was in einigen Mitgliedstaaten – wie etwa in der Bundesrepublik Deutschland – in der Folge eine gerichtliche Genehmigung der beantragten Zwangsmaßnahmen i. S. des Art. 20 Abs. 7 VO 1/2003 erforderlich werden lässt, die dem zuständigen mitgliedstaatlichen Gericht dann immerhin die im *Roquette Frères*-Urteil³⁴⁵ präzisierte Gelegenheit gibt, neben der Echtheit der Kommissionsentscheidung insbesondere die Verhältnismäßigkeit und die Willkürfreiheit der beantragten Zwangsmaßnahmen zu kontrollieren.³⁴⁶

101 Im Rahmen der **Begründetheitsstation** einer gegen eine formelle Nachprüfungsentscheidung der Kommission gerichteten Nichtigkeitsklage geht es ausschließlich um die allein vom EuG und in etwaigen Rechtsmittelverfahren vom EuGH zu beantwortende Frage der Rechtmäßigkeit der jeweiligen Entscheidung, wobei Fragen der Erforderlichkeit bzw. Verhältnismäßigkeit und der hinreichenden Begründung im Vordergrund stehen. In diesem Zusammenhang ist insbesondere auf die Rechtsprechung des EuGH hinzuweisen, wonach die Rechtmäßigkeit der angefochtenen Nachprüfungsentscheidung für sich genommen nicht in Frage gestellt werden kann, wenn beispielsweise das einer solchen Entscheidung nachfolgende Verhalten der Kommissionsbediensteten bzw. einzelne Nachprüfungsmaßnahmen der Kommission nicht durch ihre Nachprüfungsbefugnisse oder durch die jeweilige Nachprüfungsentscheidung gedeckt waren.³⁴⁷

102 **Einzelne Nachprüfungshandlungen,** wie etwa die durch Art. 20 Abs. 2 lit. e VO 1/2003 ermöglichte Protokollierung mündlicher Erklärungen, können nach der bislang zu Art. 14 VO 17 ergangenen Rechtsprechung der Gemeinschaftsgerichte grundsätzlich nicht isoliert mit einer Nichtigkeitsklage i. S. Art. 230 Abs. 4 EG angefochten werden, da derartige Handlungen zu den nicht anfechtbaren Zwischenmaßnahmen bzw. „vorbereitenden Maßnahmen" gezählt werden, die keine die Interessen des Klägers beeinträchtigenden Rechtswirkungen erzeugten bzw. gegen deren (angebliche) Rechtswidrigkeit eine Klage gegen die das Verfahren abschließende Entscheidung hinreichenden Schutz für die Betroffenen bieten würde;³⁴⁸ demnach können die mit der Art und Weise der jeweiligen Nach-

---

³⁴² Diesem Kompensationsgedanken zustimmend *Seitz/Berg/Lohrberg* WuW 2007, 716 (725).

³⁴³ So m. w. N. EuGH U. v. 22. 10. 2002 Rs. C-94/00 – *Roquette Frères/Directeur général de la concurrence, de la consommation et de la répression des fraudes* Slg. 2002, I-9011 Rn. 49; EuG U. v. 11. 12. 2003 Rs. T-59/99 – *Ventouris Group Enterprises SA/Kommission* Slg. 2003, II-5257 Rn. 126; EuG U. v. 11. 12. 2003 Rs. T-65/99 – *Strintzis Lines Shipping SA/Kommission* Slg. 2003, II-5433 Rn. 46; EuG U. v. 11. 12. 2003 Rs. T-66/99 – *Minoan Lines SA/Kommission* Slg. 2003, II-5515 Rn. 56.

³⁴⁴ Vgl. oben unter Rn. 96–97.

³⁴⁵ EuGH U. v. 22. 10. 2002 Rs. C-94/00 – *Roquette Frères/Directeur général de la concurrence, de la consommation et de la répression des fraudes* Slg. 2002, I-9011 ff.

³⁴⁶ Ausführlich hierzu unter Rn. 84–94.

³⁴⁷ Vgl. nur EuGH U. v. 17. 10. 1989 Rs. 85/87 – *Dow Benelux/Kommission* Slg. 1989, 3137 Rn. 49.

³⁴⁸ Zur grds. Nichtanfechtbarkeit vorbereitender Maßnahmen im Wege der Nichtigkeitsklage gem. Art. 230 Abs. 4 EG vgl. EuGH U. v. 11. 11. 1981 Rs. 60/81 – *IBM/Kommission* Slg. 1981, 2639 Rn. 10 ff.; EuG U. v. 10. 7. 1990 Rs. T-64/89 – *Automec/Kommission* Slg. 1990, II-367 Rn. 42; EuG U. v. 18. 12. 1992 verb. Rs. T-10–12/92 u. T-15/92 – *Cimenteries u. a./Kommission* Slg. 1992, II-2667 Rn. 31; eine Ausnahme stellt die bereits unter Rn. 71 f. angesprochene *AKZO*-Doktrin dar.

prüfung zusammenhängenden Fragen bzw. die (angebliche) Rechtswidrigkeit des Ablaufs des Nachprüfungsverfahrens grundsätzlich erst i. R. einer Klage gegen eine verfahrensabschließende Entscheidung der Kommission gerichtlich geprüft werden.[349] Eine wichtige individualschützende Ausnahme davon stellt das oben erwähnte verfahrensrechtliche Schutzregime im Zusammenhang mit dem Legal Privilege dar,[350] das auch die Möglichkeit eines effektiven einstweiligen Rechtsschutzes i. S. der Art. 242 f. EG einschließt.[351]

V. Verhältnis zu anderen Vorschriften

Art. 20 VO 1/2003 weist zahlreiche Berührungspunkte mit anderen Vorschriften dieser Verordnung auf. Während beispielsweise die in Art. 20 Abs. 5 bis 7 VO 1/2003 geregelte Unterstützung mitgliedstaatlicher Behörden als eine spezielle Ausprägung der in **Art. 11 VO 1/2003** geregelten „Zusammenarbeit zwischen der Kommission und den Wettbewerbsbehörden der Mitgliedstaaten" anzusehen ist, stellt das in Art. 20 Abs. 8 VO 1/2003 am Maßstab des *Roquette Frères*-Urteils[352] näher ausgestaltete „Zusammenspiel" zwischen der Kommission und mitgliedstaatlichen Gerichten eine nachprüfungsspezifische Konkretisierung der in **Art. 15 VO 1/2003** geregelten „Zusammenarbeit mit den Gerichten der Mitgliedstaaten" dar. Ein enger Zusammenhang besteht ferner zwischen Art. 20 VO 1/2003 und Art. 28 VO 1/2003, wonach die gemäß Art. 17–22 VO 1/2003 erlangten Informationen – unbeschadet der Art. 12 und 15 VO 1/2003 – nur zu dem Zweck verwertet werden dürfen, zu dem sie eingeholt wurden. Schwierige Grundrechtsfragen wirft dabei insbesondere der durch **Art. 12 VO 1/2003** ermöglichte Informationsaustausch zwischen der Kommission und mitgliedstaatlichen Wettbewerbsbehörden auf,[353] der auch die bei Nachprüfungen i. S. Art. 20 VO 1/2003 erlangten Informationen einschließt.

103

Besonders eng ist das Verhältnis zwischen Art. 20 VO 1/2003 und den anderen in Kapitel V dieser Verordnung geregelten Ermittlungsbefugnissen, die in ihrer Gesamtheit die primärrechtlich in Art. 284 EG angesprochenen Ermittlungsbefugnisse der Kommission konkretisieren und darüber hinaus das in Art. 85 Abs. 1 Satz 2 EG geregelte Durchsuchungsrecht der Kommission verdrängen bzw. obsolet machen. Ein ganz besonders enger Zusammenhang besteht dabei vor allem zwischen Art. 20 VO 1/2003 und **Art. 21 VO 1/2003,** der die Kommission unter bestimmten Voraussetzungen zu Nachprüfungen in anderen Räumlichkeiten, auf anderen Grundstücken und in anderen Transportmitteln ermächtigt, um zu gewährleisten, dass das in Art. 20 Abs. 2 lit. b VO 1/2003 geregelte Nachprüfungsrecht fortan nicht mehr bzw. nicht mehr so leicht durch eine in „manchen Fällen" offenbar festgestellte Auslagerung von Geschäftsunterlagen etwa in Privatwohnungen von Führungskräften und sonstigen Mitarbeitern des Nachprüfungsadressaten konterkariert werden kann.[354]

104

---

[349] EuGH, U. v. 17. 10. 1989 Rs. 85/87 – *Dow Benelux/Kommission* Slg. 1989, 3137 Rn. 49; EuG B. v. 9. 6. 1997 Rs. T-9/97 – *Elf Atochem/Kommission* Slg. 1997, II-909 Rn. 25; EuG U. v. 20. 4. 1999 verb. Rs. T-305–307/94, T-313–316/94, T-318/94, T-325/94, T-328/94, T-329/94 u. T-335/94 – *Limburgse Vinyl Maatschappij u. a./Kommission,* Slg. 1999, II-931 Rn. 413.

[350] Näher hierzu unter Rn. 72.

[351] Dies unterstreicht insb. EuG B. v. 30. 10. 2003 verb. Rs. T-125/03 R u. T-253/03 R – *Akzo Nobel Chemicals u. a./Kommission* Slg. 2003, II-4771 Rn. 55 ff.

[352] EuGH U. v. 22. 10. 2002 Rs. C-94/00 – *Roquette Frères/Directeur général de la concurrence, de la consommation et de la répression des fraudes* Slg. 2002, I-9011 ff.

[353] Näher dazu die Kommentierung zu Art. 12 VO 1/2003; zur gemeinschaftsgrundrechtlichen Dimension und Brisanz dieser Vorschrift vgl. insbes. Nehl in: Behrens/Braun/Nowak (Fn. 93), S. 99 ff.

[354] Dieser Zweck lässt sich insbes. aus dem 26. Erwägungsgrund der VO 1/2003 ableiten; siehe hierzu die Kommentierung zu Art. 21 VO 1/2003.

Art. 21 VerfVO

Art. 21. Nachprüfungen in anderen Räumlichkeiten

(1) Besteht ein begründeter Verdacht, dass Bücher oder sonstige Geschäftsunterlagen, die sich auf den Gegenstand der Nachprüfung beziehen und die als Beweismittel für einen schweren Verstoß gegen Artikel 81 oder 82 des Vertrags von Bedeutung sein könnten, in anderen Räumlichkeiten, auf anderen Grundstücken oder in anderen Transportmitteln – darunter auch die Wohnungen von Unternehmensleitern und Mitgliedern der Aufsichts- und Leitungsorgane sowie sonstigen Mitarbeitern der betreffenden Unternehmen und Unternehmensvereinigungen – aufbewahrt werden, so kann die Kommission durch Entscheidung eine Nachprüfung in diesen anderen Räumlichkeiten, auf diesen anderen Grundstücken oder in diesen anderen Transportmitteln anordnen.

(2) Die Entscheidung bezeichnet den Gegenstand und den Zweck der Nachprüfung, bestimmt den Zeitpunkt ihres Beginns und weist auf das Recht hin, vor dem Gerichtshof gegen die Entscheidung Klage zu erheben. Insbesondere werden die Gründe genannt, die die Kommission zu der Annahme veranlasst haben, dass ein Verdacht im Sinne von Absatz 1 besteht. Die Kommission trifft die Entscheidungen nach Anhörung der Wettbewerbsbehörde des Mitgliedstaats, in dessen Hoheitsgebiet die Nachprüfung durchgeführt werden soll.

(3) Eine gemäß Absatz 1 getroffene Entscheidung kann nur mit der vorherigen Genehmigung des einzelstaatlichen Gerichts des betreffenden Mitgliedstaats vollzogen werden. Das einzelstaatliche Gericht prüft die Echtheit der Entscheidung der Kommission und dass die beabsichtigten Zwangsmaßnahmen weder willkürlich noch unverhältnismäßig sind – insbesondere gemessen an der Schwere der zur Last gelegten Zuwiderhandlung, der Wichtigkeit des gesuchten Beweismaterials, der Beteiligung des betreffenden Unternehmens und der begründeten Wahrscheinlichkeit, dass Bücher und Geschäftsunterlagen, die sich auf den Gegenstand der Nachprüfung beziehen, in den Räumlichkeiten aufbewahrt werden, für die die Genehmigung beantragt wird. Das einzelstaatliche Gericht kann die Kommission unmittelbar oder über die Wettbewerbsbehörde des betreffenden Mitgliedstaats um ausführliche Erläuterungen zu den Punkten ersuchen, deren Kenntnis zur Prüfung der Verhältnismäßigkeit der beabsichtigten Zwangsmaßnahmen erforderlich ist.

Das einzelstaatliche Gericht darf jedoch weder die Notwendigkeit der Nachprüfung in Frage stellen noch die Übermittlung der in den Akten der Kommission enthaltenen Informationen verlangen. Die Prüfung der Rechtmäßigkeit der Kommissionsentscheidung ist dem Gerichtshof vorbehalten.

(4) Die von der Kommission mit der Durchführung einer gemäß Absatz 1 angeordneten Nachprüfung beauftragten Bediensteten und die anderen von ihr ermächtigten Begleitpersonen haben die in Artikel 20 Absatz 2 Buchstaben a), b) und c) aufgeführten Befugnisse. Artikel 20 Absätze 5 und 6 gilt entsprechend.

Übersicht

	Rn.
I. Sinn und Zweck der Regelung	1
II. Praktische Bedeutung	4
III. Tatbestand	
1. Gemeinsamkeiten und Unterschiede zwischen Art. 21 und 20 VO 1/2003 im Überblick	6
2. Begründeter Verdacht der Aufbewahrung bestimmter Unterlagen in Privaträumen oder anderswo	7
3. Nachprüfungen gemäß Art. 21 VO 1/2003 nur durch Entscheidung: Adressatenfrage, Mindestanforderungen und Begründungserfordernis	10
4. Art und Umfang der einzelnen Nachprüfungsbefugnisse	14
5. Unterstützung der Kommission durch mitgliedstaatliche Behörden	15
6. Erfordernis der vorherigen gerichtlichen Genehmigung	16
7. Kontrollbefugnisse mitgliedstaatlicher Gerichte	17
IV. Rechtsfolgen	19
V. Verhältnis zu anderen Vorschriften	21

I. Sinn und Zweck der Regelung

Art. 21 VO 1/2003 gibt den mit der jeweiligen Nachprüfung beauftragten Bediensteten der Kommission und den anderen von ihr ermächtigten Begleitpersonen erstmals die Möglichkeit, „andere" – d. h. nicht von Art. 20 VO 1/2003 erfasste – Räumlichkeiten, Grundstücke oder Transportmittel zu betreten und dort aufbewahrte Bücher und sonstige Geschäftsunterlagen von Unternehmen oder Unternehmensvereinigungen zu prüfen. Deutlicher als jede andere Vorschrift in der VO 1/2003 veranschaulicht die in Art. 21 VO 1/2003 vorgenommene **räumliche Erweiterung der** in Art. 20 Abs. 2 lit. a bis c VO 1/2003 geregelten **Nachprüfungsbefugnisse**[1] das auch in Art. 18 Abs. 1,[2] Art. 19[3] und Art. 20 Abs. 2 lit. d[4] und lit. e[5] VO 1/2003 erkennbar werdende Bemühen des Verordnungsgebers, die kartellverfahrensrechtlichen Ermittlungsbefugnisse der Kommission im Interesse der effektiven administrativen Durchsetzung der Art. 81 f. EG auszudehnen und die praktische Wirksamkeit kartellverfahrensrechtlicher Nachprüfungen zu erhöhen.

Zu den in Art. 21 Abs. 1 VO 1/2003 nicht abschließend aufgeführten „anderen" Räumlichkeiten, Grundstücken oder Transportmitteln gehören insbesondere Wohnungen von Unternehmensleitern, von Mitgliedern der Aufsichts- und Leitungsorgane sowie von sonstigen Mitarbeitern der betreffenden Unternehmen und Unternehmensvereinigungen, die in den sachlichen **Schutzbereich des** vom EuGH anerkannten **Gemeinschaftsgrundrechts der Unverletzlichkeit von Privaträumen**[6] fallen. Wegen der insoweit unübersehbaren Grundrechtsrelevanz der auf der Grundlage des Art. 21 VO 1/2003 durchführbaren Nachprüfungsmaßnahmen[7] hat der Verordnungsgeber in Absatz 1 dieser Vorschrift einschränkend klargestellt, dass derartige Nachprüfungen nur dann erlaubt sind, wenn ein „begründeter Verdacht" besteht, dass die auf den Gegenstand der Nachprüfungen bezogenen Bücher und Geschäftsunterlagen, die als Beweismittel für einen „schweren Verstoß" gegen Art. 81 oder 82 EG von Bedeutung sein könnten, in anderen Räumlichkeiten, auf anderen Grundstücken oder in anderen Transportmitteln aufbewahrt werden. Hieraus ergibt sich zugleich der eigentliche **Hauptzweck des Art. 21 VO 1/2003,** nämlich zu verhindern, dass die praktische Wirksamkeit der durch Art. 20 VO 1/2003 ermöglichten Nachprüfungen in bzw. auf den von Unternehmen oder Unternehmensvereinigun-

---

[1] Näher zu diesen Nachprüfungsbefugnissen siehe die Kommentierung zu Art. 20 VO 1/2003 Rn. 64–77.

[2] Zur dort erfolgten Preis- bzw. Aufgabe der einst in Art. 11 VO 17 festgelegten Zweistufigkeit von einfachen und den durch Entscheidung angeordneten Auskunftsverlangen vgl. die Kommentierung zu Art. 18 VO 1/2003.

[3] Zur erstmaligen Kodifizierung dieses der Kommission außerhalb von Nachprüfungen zustehenden Zeugenvernehmungsrechts vgl. die Kommentierung zu Art. 19 VO 1/2003.

[4] Zu dieser neuartigen Versiegelungsbefugnis vgl. die Kommentierung zu Art. 20 VO 1/2003 Rn. 74.

[5] Zur hier eingeführten Protokollierungsbefugnis vgl. die Kommentierung zu Art. 20 VO 1/2003 Rn. 77.

[6] Vgl. insb. EuGH U. v. 21. 9. 1989 verb. Rs. 46/87 u. 227/88 – *Hoechst/Kommission* Slg. 1989, 2859 Rn. 17; EuGH U. v. 17. 10. 1989 Rs. 85/87 – *Dow Benelux/Kommission* Slg. 1989, 3137 Rn. 28; EuGH U. v. 17. 10. 1989 verb. Rs. 97–99/87 – *Dow Chemical Ibérica u. a./Kommission* Slg. 1989, 3165 Rn. 14; sowie *Marauhn* in: Heselhaus/Nowak, Handbuch der Europäischen Grundrechte, 2006, § 19 Rn. 24 ff.; m. w. N. zur Herleitung dieses Gemeinschaftsgrundrechts aus den mitgliedstaatlichen Verfassungstraditionen, der EMRK und der EU-Grundrechtecharta vgl. *Déal* CDE 2004, 157; *Schwarze/Weitbrecht,* Grundzüge des europäischen Kartellverfahrensrechts, 2004, § 4 Rn. 26; zur generellen Bedeutung der vorgenannten Erkenntnisquellen für die Entwicklung des EU/EG-Grundrechtsstandards vgl. die Kommentierung zu Art. 20 VO 1/2003 Rn. 11–15.

[7] Zu dieser Grundrechtsrelevanz vgl. auch *Frenz*, Handbuch Europarecht, Bd. 2 (Europäisches Kartellrecht), 2006, Rn. 1508; *Vocke*, Die Ermittlungsbefugnisse der EG-Kommission im kartellrechtlichen Voruntersuchungsverfahren – Eine Untersuchung zur Auslegung der Ermittlungsrechte im Spannungsfeld zwischen öffentlichen und Individualinteressen, 2006, S. 77 ff.

gen genutzten Räumlichkeiten, Grundstücken und Transportmitteln durch ein Verbergen von Büchern oder Geschäftsunterlagen in Privatwohnungen oder anderswo konterkariert wird.

3 Der o.g. eigenständige Hauptzweck des Art. 21 VO 1/2003 wird insbesondere im 26. Erwägungsgrund der VO 1/2003 unterstrichen, wonach die „Erfahrung" gezeigt habe, „dass in manchen Fällen Geschäftsunterlagen in der Wohnung von Führungskräften und Mitarbeitern der Unternehmen aufbewahrt werden. Im Interesse effizienter Nachprüfungen sollten daher die Bediensteten der Kommission und die anderen von ihr ermächtigten Personen zum Betreten aller Räumlichkeiten befugt sein, in denen sich Geschäftsunterlagen befinden können, einschließlich Privatwohnungen". Darüber hinaus dient Art. 21 VO 1/2003 selbstverständlich auch der Erreichung der bereits von Art. 20 VO 1/2003 verfolgten Ziele, wozu insbesondere die Ermöglichung der Aufdeckung von Zuwiderhandlungen gegen die Art. 81 und 82 EG[8] sowie die Gewährleistung eines wirksamen Wettbewerbsschutzes[9] bzw. die **Aufrechterhaltung der vom EG-Vertrag gewollten Wettbewerbsordnung** gehören, die die Unternehmen unbedingt zu beachten haben.[10]

II. Praktische Bedeutung

4 Ob und ggf. in welchem Umfang die Kommission bislang von Art. 21 VO 1/2003 Gebrauch gemacht hat, ist nicht leicht in Erfahrung zu bringen. Unklar ist auch, ob diese Vorschrift in der künftigen Nachprüfungspraxis der Kommission wirklich eine bedeutsame Rolle spielen wird. Diese Unklarheiten beruhen insbesondere auf der oben erwähnten **Grundrechtsrelevanz** der durch Art. 21 VO 1/2003 ermöglichten Nachprüfungen in Privatwohnungen, die nach Maßgabe des vom EuGH anerkannten Gebots der gemeinschaftsgrundrechtskonformen Auslegung sekundären Gemeinschaftsrechts[11] bei der Anwendung und Auslegung dieser Vorschrift zu beachten ist und insofern zu einer über den Wortlaut des Art. 21 VO 1/2003 hinaus gehenden Beschränkung des diesbezüglichen Entscheidungs- und Handlungsspielraums der Kommission führen kann.

5 Klarheit besteht allenfalls insoweit, als Art. 21 VO 1/2003 der Kommission erstmals eine dem allgemeinen Gesetzesvorbehalt[12] Rechnung tragende gemeinschaftsrechtliche Rechtsgrundlage für nachprüfungsspezifische Eingriffe der gemeinschaftlichen Hoheitsgewalt in das **Gemeinschaftsgrundrecht der Unverletzlichkeit von Privaträumen** zur Verfügung stellt, deren Wahrnehmung nicht willkürlich sein darf und mit dem gemeinschafts-

---

[8] Vgl. dazu m.w.N. die Kommentierung zu Art. 20 VO 1/2003 Rn. 1.

[9] EuGH U. v. 22. 10. 2002 Rs. C-94/00 – *Roquette Frères/Directeur général de la concurrence, de la consommation et de la répression des fraudes* Slg. 2002, I-9011 Rn. 42; ferner vgl. den 25. Erwägungsgrund zur VO 1/2003 i. V. m. Rn. 4 der Kommentierung zu Art. 20 VO 1/2003.

[10] So u. a. (in Ansehung des Art. 14 VO 17) explizit EuGH U. v. 26. 6. 1980 Rs. 136/79 – *National Panasonic/Kommission* Slg. 1980, 2033 Rn. 20; bestätigt u. a. in EuGH U. v. 21. 9. 1989 verb. Rs. 46/87 u. 227/88 – *Hoechst/Kommission* Slg. 1989, 2859 Rn. 25; EuGH U. v. 17. 10. 1989 verb. Rs. 97–99/87 – *Dow Chemical Ibérica u. a./Kommission* Slg. 1989, 3165 Rn. 22; zur auch individual- bzw. drittschützenden Dimension der vorgenannten Ziele bzw. Zwecke siehe die Kommentierung zu Art. 20 VO 1/2003 Rn. 6.

[11] Grdlg. EuGH U. v. 21. 9. 1989 verb. Rs. 46/87 u. 227/88 – *Hoechst/Kommission* Slg. 1989, 2859 Rn. 12; bestätigt u. a. in EuGH U. v. 17. 10. 1989 Rs. 85/87 – *Dow Benelux/Kommission* Slg. 1989, 3137 Rn. 23; EuGH U. v. 18. 10. 1989 Rs. 374/87 – *Orkem/Kommission* Slg. 1989, 3283 Rn. 28; EuG U. v. 6. 10. 2005 verb. Rs. T-22/02 u. T-23/02 – *Sumitomo Chemical Co. Ltd u. a./Kommission* Slg. 2005, II-4065 Rn. 77; sowie EuG U. v. 27. 9. 2006 Rs. T-59/02 – *Archer Daniels Midland Co./Kommission* Slg. 2006, II-3627 Rn. 262.

[12] Zur Anerkennung dieses Gesetzesvorbehalts durch den EuGH vgl. m. w. N. die Kommentierung zu Art. 20 VO 1/2003 Rn. 18; sowie *Hilf/Classen*, Der Vorbehalt des Gesetzes im Recht der Europäischen Union in: FS Selmer, 2004, S. 71 ff.; *Szczekalla* in: Heselhaus/Nowak (Fn. 6), § 7 Rn. 31 f.

Art. 21. Nachprüfungen in anderen Räumlichkeiten   6 **Art. 21 VerfVO**

rechtsrechtlichen Verhältnismäßigkeitsgrundsatz vereinbar sein muss.[13] Insoweit dürfte sich Art. 21 VO 1/2003 – neben Art. 20 VO 1/2003 – in Zukunft zu einem weiteren zentralen Kristallisationspunkt des im EG-Kartellverfahrensrecht seit jeher zu bewältigenden Spannungsverhältnisses zwischen der eng mit dem Ziel der effektiven administrativen Durchsetzung des materiellen Kartellrechts (Art. 81 f. EG) verbundenen Effektivität der Verwaltung und dem effektiven Grundrechtsschutz insbesondere natürlicher Personen entwickeln, dessen Befriedung im Falle einer tatsächlichen Aktivierung des Art. 21 VO 1/2003 durch die Kommission in erster Linie den Gemeinschaftsgerichten obliegen wird.[14] Der Verordnungsgeber hat dem vorgenannten Spannungsverhältnis auf der nachfolgend zu erörternden Tatbestandsebene wie folgt Rechnung getragen:

III. Tatbestand

1. Gemeinsamkeiten und Unterschiede zwischen Art. 21 und 20 VO 1/2003 im Überblick

Art. 21 VO 1/2003 enthält einige dem Art. 20 VO 1/2003 entsprechende und einige 6 von der letztgenannten Vorschrift abweichende Regelungen. Bemerkenswert ist zunächst einmal, dass Art. 21 VO 1/2003, anders als Art. 20 VO 1/2003, die jeweilige Nachprüfung nicht explizit unter den Vorbehalt der Erforderlichkeit[15] stellt, sondern vielmehr einen begründeten Verdacht im Hinblick auf die in anderen Räumlichkeiten, auf anderen Grundstücken oder in anderen Transportmitteln erfolgte Aufbewahrung solcher Bücher und Geschäftsunterlagen verlangt, die als Beweismittel für einen schweren Verstoß gegen Art. 81 oder 82 EG von Bedeutung sein können (dazu unter 2.). Ebenfalls anders als Art. 20 VO 1/2003 eröffnet Art. 21 VO 1/2003 der Kommission keine Wahlfreiheit hinsichtlich eines Vorgehens auf der Grundlage eines einfachen Prüfungsauftrags oder einer formellen Entscheidung;[16] vielmehr ist sie im Anwendungsbereich des Art. 21 VO 1/2003 gezwungen, die jeweilige Nachprüfung durch eine formelle Entscheidung anzuordnen, wobei Art. 21 VO 1/2003 nicht deutlich werden lässt, an wen genau eine solche Entscheidung zu adressieren ist (3.). Ein weiterer Unterschied zu Art. 20 VO 1/2003 besteht in der Reduktion der der Kommission im Anwendungsbereich des Art. 21 VO 1/2003 zur Verfügung stehenden Nachprüfungsbefugnisse (4.). Die Mitwirkungsrechte und Unterstützungspflichten mitgliedstaatlicher Behörden sind in Art. 21 und 20 VO 1/2003 nahezu identisch (5.). Während der Verordnungsgeber insoweit von Art. 20 VO 1/2003 abgewichen ist, als Art. 21 Abs. 3 Satz 1 VO 1/2003 eine vorherige richterliche Genehmigung obligatorisch macht (6.), hat er sich bei der Ausgestaltung der in diesem Bereich einschlägigen Kontrollbefugnisse mitgliedstaatlicher Gerichte weitgehend an Art. 20 Abs. 8 VO 1/2003 orientiert, mit dem die im *Roquette Frères*-Urteil[17] präzisierten Vorgaben des EuGH umgesetzt worden sind (7.).

---

[13] Zu dem vom EuGH anerkannten Schutz gegen willkürliche oder unverhältnismäßige Eingriffe der gemeinschaftlichen Hoheitsgewalt in die Sphäre der privaten Betätigung natürlicher oder juristischer Personen vgl. m. w. N. die Kommentierung zu Art. 20 VO 1/2003 Rn. 17–22.

[14] Zutr. *Nehl* in: Behrens/Braun/Nowak, Europäisches Wettbewerbsrecht im Umbruch, 2004, S. 73 (97); ähnlich *Brei* ZWeR 2004, 107 (127).

[15] Zu diesem eng mit dem Erfordernis eines Anfangsverdachts und dem Verhältnismäßigkeitsgrundsatz zusammenhängenden Erforderlichkeitskriterium vgl. die Kommentierung zu Art. 20 VO 1/2003 Rn. 49–53.

[16] Zu dieser im Anwendungsbereich des Art. 20 VO 1/2003 bestehenden (grundsätzlichen) Wahlfreiheit vgl. die Kommentierung zu Art. 20 VO 1/2003 Rn. 9.

[17] EuGH U. v. 22. 10. 2002 Rs. C-94/00 – *Roquette Frères/Directeur général de la concurrence, de la consommation et de la répression des fraudes* Slg. 2002, I-9011 ff.

2. Begründeter Verdacht der Aufbewahrung bestimmter Unterlagen in Privatwohnungen oder anderswo

7 Eine erste Beschränkung des der Kommission im Anwendungsbereich des Art. 21 VO 1/2003 zustehenden Handlungs- und Entscheidungsspielraums, die dem gemeinschaftsgrundrechtlich fundierten Schutz der Privatsphäre[18] Rechnung trägt, findet sich zugunsten der Betroffenen in Absatz 1 dieser Vorschrift. Demnach muss ein „begründeter Verdacht" bestehen, dass bestimmte Bücher oder sonstige Geschäftsunterlagen, die sich auf den Gegenstand der Nachprüfung beziehen und die als Beweismittel für einen „schweren Verstoß" gegen Art. 81 oder 82 EG von Bedeutung sein könnten, in „anderen", d. h. nicht bereits von Art. 20 VO 1/2003 erfassten Räumlichkeiten – wie etwa Privatwohnungen von Unternehmensleitern, von Mitgliedern der Aufsichts- und Leitungsorgane sowie von sonstigen Mitarbeitern der betreffenden Unternehmen und Unternehmensvereinigungen – aufbewahrt werden. Diese in die Nachprüfungsentscheidung bzw. in deren Begründung einfließenden[19] qualifizierenden Voraussetzungen müssen kumulativ erfüllt sein.[20]

8 Die o. g. **Voraussetzung des Bestehens eines begründeten Verdachts** ist weder in Art. 21 VO 1/2003 noch anderswo, d. h. auch nicht in der VO 773/2004,[21] näher konkretisiert worden.[22] Stattdessen hat sich der Verordnungsgeber zum Zwecke der Vermeidung einer auf der Grundlage eines unbegründeten Verdachts stattfindenden Nachprüfung für eine prozedurale Absicherung dieser Voraussetzung entschieden, indem er der Kommission in Art. 20 Abs. 3 VO 1/2003 aufgegeben hat, das für die Erteilung einer vorherigen Genehmigung zuständige mitgliedstaatliche Gericht von der begründeten Wahrscheinlichkeit zu überzeugen, dass Bücher und Geschäftsunterlagen, die sich auf den Gegenstand der Nachprüfung beziehen, in den o. g. Räumlichkeiten aufbewahrt werden. An die Annahme eines begründeten Verdachts bzw. einer begründeten Wahrscheinlichkeit sind wegen der oben erwähnten Grundrechtsrelevanz erhöhte Anforderungen zu stellen, die allerdings im Interesse der praktischen Wirksamkeit der auf der Grundlage des Art. 21 VO 1/2003 durchzuführenden Nachprüfungen nicht zur potentiellen Erfolglosigkeit dieser Nachprüfungsmaßnahmen führen dürfen. Vor diesem Hintergrund kann zwar auf der einen Seite sicherlich verlangt werden, dass sich der notwendige „begründete Verdacht" stets auf glaubhafte konkrete Hinweise zurückführen lassen muss, die sich etwa aus Zeugenaussagen oder daraus ergeben können, dass die Nachprüfungsbeamten bei vorangegangenen Nachprüfungen in Geschäftsräumen auf der Grundlage des Art. 20 VO 1/2003 konkrete Anhaltspunkte für eine Aufbewahrung bestimmter Geschäftsunterlagen außerhalb der untersuchten Geschäftsräume gefunden haben.[23] Auf der anderen Seite dürfte jedoch nicht zu verlangen sein, dass sich die beauftragten Bediensteten der Kommission oder die anderen von ihr ermächtigten Begleitpersonen stets vorab auf der Grundlage des Art. 20 VO 1/2003 davon überzeugen müssen, dass sich bestimmte Bücher oder sonstige Geschäftsunterlagen nicht (mehr) in den Räumlichkeiten, auf den Grundstücken oder in den Transportmitteln der betreffenden Unternehmen oder Unternehmensvereinigungen befinden.

---

[18] Vgl. dazu m. w. N. Rn. 2 u. 4f.

[19] Nach Art. 21 Abs. 2 Satz 2 VO 1/2003 sind in der Nachprüfungsentscheidung die Gründe anzugeben, die die Kommission zu der Annahme veranlasst haben, dass ein Verdacht im o. g. Sinne besteht.

[20] Zutr. *Nehl* in: Behrens/Braun/Nowak (Fn. 14), S. 97.

[21] Verordnung (EG) Nr. 773/2004 der Kommission v. 7. 4. 2004 über die Durchführung von Verfahren auf der Grundlage der Artikel 81 und 82 EG-Vertrag durch die Kommission, ABl. 2004 L 123/18.

[22] Zum dadurch hervorgerufenen Streit über die zutreffende Auslegung dieses Tatbestandsmerkmals vgl. nur *Vocke* (Fn. 7), S. 230 m. w. N.

[23] In diesem Sinne vgl. etwa *Sura* in: Langen/Bunte (Hrsg.), Kommentar zum deutschen und europäischen Kartellrecht, Bd. 2, 10. Aufl. 2006, Art. 21 VO Nr. 1/2003 Rn. 6.

Art. 21. Nachprüfungen in anderen Räumlichkeiten 9 **Art. 21 VerfVO**

Welche Umstände im konkreten Einzelfall für die Annahme eines begründeten Verdachts ausreichen, wird in der künftigen Entscheidungspraxis der Kommission und der Gemeinschaftsgerichte unter Berücksichtigung des Spannungsverhältnisses zwischen dem Ziel der praktischen Wirksamkeit der auf Art. 21 VO 1/2003 beruhenden Nachprüfungen und dem Gemeinschaftsgrundrecht der Unverletzlichkeit von Privaträumen noch näher zu konkretisieren sein.

Zu den qualifizierenden Voraussetzungen gehört ferner, dass es im konkreten Fall um 9
Bücher oder sonstige Geschäftsunterlagen gehen muss, die als **Beweismittel für einen schweren Verstoß gegen Art. 81 oder 82 EG** von Bedeutung sein könnten. Ob die genannten Unterlagen tatsächlich als Beweismittel von Bedeutung sind, ist demnach unerheblich. Hinsichtlich der allein interessierenden Frage, ob bestimmte Unterlagen als Beweismittel im o. g. Sinne „von Bedeutung sein könnten", wird man der Kommission in Anlehnung an die das Erforderlichkeitskriterium i. S. des Art. 20 Abs. 1 VO 1/2003 betreffende Rechtsprechung der Gemeinschaftsgerichte einen Beurteilungsspielraum zubilligen müssen,[24] der am nachhaltigsten durch das gerichtlich voll nachprüfbare Tatbestandsmerkmal des „schweren Verstoßes" eingeschränkt wird. Bei der Auslegung dieses Tatbestandsmerkmals kann insbesondere an die reichhaltige Entscheidungspraxis der Kommission und der Gemeinschaftsgerichte zu der ursprünglich in Art. 14 Abs. 2 VO 17 und nunmehr in Art. 23 Abs. 3 VO 1/2003 angesprochenen „Schwere der Zuwiderhandlung" angeknüpft werden, die sich ihrerseits durch die zwischenzeitlich allerdings ersetzten „Leitlinien für das Verfahren zur Festsetzung von Geldbußen, die gemäß Artikel 15 Absatz 2 der Verordnung Nr. 17 und gemäß Artikel 65 Absatz 5 EGKS-Vertrag festgesetzt werden",[25] konkretisieren lässt.[26] Nach Gliederungspunkt 1. A. (2. Spiegelstrich) dieser auch vom Gemeinschaftsrichter zur näheren Bestimmung eines „schweren Verstoßes" herangezogenen Leitlinien[27] handelt es sich bei „schweren Verstößen" – in **Abgrenzung zu minder schweren Verstößen,** bei denen es sich i. d. R. um vertikale Beschränkungen des Handels mit begrenzten Auswirkungen auf den Markt handelt, „die zwar einen wesentlichen, jedoch relativ engen Teil des Gemeinschaftsmarkts betreffen"[28] – in den meisten Fällen um horizontale oder vertikale Beschränkungen der gleichen Art wie in dem vorangehenden Fall, die jedoch entschlossener angewandt werden, deren Auswirkungen auf den Markt umfassender sind und die in einem größeren Teil des Gemeinsamen Marktes zum Tragen kommen.[29]

---

[24] Zum Beurteilungsspielraum der Kommission im Kontext des in Art. 20 Abs. 1 VO 1/2003 angesprochenen Erforderlichkeitskriteriums siehe die Kommentierung zu Art. 20 VO 1/2003 Rn. 51.

[25] ABl. 1998 C 9/3 ff.; zu der im Jahre 2006 erfolgten Ersetzung dieser Leitlinien durch neue Bußgeldleitlinien der Kommission siehe die Kommentierung zu Art. 23 VO 1/2003 Rn. 29 u. 36.

[26] So auch *Bischke* in: Hirsch/Montag/Säcker (Hrsg.), Münchener Kommentar zum Europäischen und Deutschen Wettbewerbsrecht (Kartellrecht), Bd. 1 (Europäisches Wettbewerbsrecht), 2007, Art. 21 VO 1/2003 Rn. 2; *Vocke* (Fn. 7), S. 231; a. A. offenbar *Miersch* in Grabitz/Hilf (Hrsg.), Das Recht der Europäischen Union – Kommentar, Bd. II (Losebl., Stand: 10/2007), nach Art. 83 EGV/Art. 21 Rn. 6, wonach die Schwere des Verstoßes eher auf Grund der (qualitativen und quantitativen) Gesamtumstände zu ermitteln sei; differenzierend *Klees,* Europäisches Kartellverfahrensrecht – mit Fusionskontrollverfahren, 2005, § 9 Rn. 127, wonach sowohl die o. g. Leitlinien als auch die Rechtsprechung der Gemeinschaftsgerichte im Hinblick auf die Schwere einer Zuwiderhandlung bei der Überprüfung von Bußgeldentscheidungen „nur in vorsichtiger Analogie" für die Beurteilung der Schwere eines Verstoßes gegen die EG-Wettbewerbsregeln i. R. des Art. 21 VO 1/2003 herangezogen werden könnten.

[27] Exempl. dazu vgl. EuG U. v. 10. 4. 2008 Rs. T-271/03 – *Deutsche Telekom AG/Kommission* noch nicht in der amtl. Slg. veröffentlicht (Rn. 310).

[28] Vgl. die Ausführungen unter Gliederungspunkt 1. A. (1. Spiegelstrich) der vorgenannten Leitlinien.

[29] Nach Gliederungspunkt 1. A. (2. Spiegelstrich, letzter Satz) dieser Leitlinien kann es sich dabei nicht nur um Zuwiderhandlungen gegen Art. 81 Abs. 1 EG handeln, sondern auch um den Missbrauch marktbeherrschender Stellungen i. S. des Art. 82 EG.

3. Nachprüfungen gemäß Art. 21 VO 1/2003 nur durch Entscheidung: Adressatenfrage, Mindestanforderungen und Begründungserfordernis

10 Anders als Art. 20 Abs. 3 und 4 VO 1/2003, der es der Kommission freistellt, ihre Nachprüfungen bei den betreffenden Unternehmen und Unternehmensvereinigungen auf der Grundlage eines einfachen Prüfungsauftrags oder auf der Grundlage einer formellen Nachprüfungsentscheidung durchzuführen,[30] eröffnet Art. 21 VO 1/2003 der Kommission **keine Wahlfreiheit zwischen Prüfungsauftrag und Nachprüfungsentscheidung.** Vielmehr hat sie im Anwendungsbereich des Art. 21 VO 1/2003 ausschließlich auf der Grundlage formeller Nachprüfungsentscheidungen zu agieren, bei denen es sich – anders als bei einfachen Prüfungsaufträgen – um mit der Nichtigkeitsklage gemäß Art. 230 Abs. 4 EG anfechtbare Rechtsakte handelt.[31] Insoweit ist dem Art. 21 Abs. 1 VO 1/2003 eine dem gemeinschaftsverfassungsrechtlichen Grundsatz effektiven Rechtsschutzes[32] gerecht werdende Garantie gerichtlichen Rechtsschutzes immanent, die der Grundrechtsrelevanz einer auf der Grundlage dieser Vorschrift erfolgenden Nachprüfung Rechnung trägt.[33]

11 Bedauerlicherweise hat der Verordnungsgeber jedoch darauf verzichtet, deutlich zu machen, ob die Verfügungsberechtigten der von Art. 21 VO 1/2003 erfassten Räumlichkeiten in einem gegenwärtigen Rechtsverhältnis zu dem jeweiligen Unternehmen stehen müssen[34] und vor allem wer genau **Adressat** einer auf der Grundlage des Art. 21 VO 1/2003 getroffenen Nachprüfungsentscheidung sein soll. Stellt man auf den engen funktionalen Zusammenhang zwischen Art. 21 und 20 VO 1/2003 ab,[35] so könnten vordergründig zum einen die betreffenden Unternehmen und Unternehmensvereinigungen als Adressaten einer solchen Nachprüfungsentscheidung in Betracht gezogen werden. In diesem Fall wären die von Nachprüfungen i. S. des Art. 21 VO 1/2003 direkt betroffenen Personen zwar als Drittbetroffene zu qualifizieren; auf Grund der in diesen Fällen zweifellos zu bejahenden „unmittelbaren und individuellen Betroffenheit" i. S. des Art. 230 Abs. 4 EG wäre aber deren Klagebefugnis nicht in Frage gestellt.[36] Der mit Nachprüfungen i. S. des Art. 21 VO 1/2003 verbundene zielgerichtete Eingriff in das Gemeinschaftsgrundrecht der Unverletzlichkeit von Privaträumen dürfte gleichwohl dafür sprechen, diejenige Person als Adressat einer auf Art. 21 Abs. 1 VO 1/2003 beruhenden Nachprüfungsentscheidung anzusehen, in deren Privatsphäre tatsächlich ermittelt werden soll.[37] Insoweit wäre diese Person als

---

[30] Zu diesen beiden Vorgehensweisen vgl. die Kommentierung zu Art. 20 VO 1/2003 Rn. 58–63.

[31] Zur Anfechtbarkeit formeller Nachprüfungsentscheidungen und zur Nichtanfechtbarkeit einfacher Prüfungsaufträge vgl. m. w. N. die Kommentierung zu Art. 20 VO 1/2003 Rn. 99 f.

[32] Näher zu diesem – zu den vom EuGH explizit anerkannten Gemeinschaftsgrundrechten gehörenden – Rechtsgrundsatz vgl. m. w. N. die Kommentierung zu Art. 20 VO 1/2003 Rn. 14 i. V. m. 20 f.

[33] Zu dieser am Gemeinschaftsgrundrecht der Unverletzlichkeit von Privaträumen anknüpfenden Grundrechtsrelevanz siehe m. w. N. unter Rn. 2 u. 4 f.

[34] In diesem Sinne vgl. *Vocke* (Fn. 7), S. 229, mit der Anschlussthese auf S. 230, dass sich die in Art. 21 VO 1003 geregelte Nachprüfungsbefugnis daher nicht auf Räumlichkeiten ehemaliger Mitarbeiter des jeweiligen Unternehmens beziehe.

[35] Zu diesem engen funktionalen Zusammenhang siehe bereits Rn. 1 f.

[36] Zu der v. a. bei der Anfechtung von Kommissionsentscheidungen zu beachtenden Notwendigkeit, die Tatbestandsmerkmale des Art. 230 Abs. 4 EG in einer mit dem Gemeinschaftsgrundrecht effektiven Rechtsschutzes konformen Weise auszulegen, vgl. nur *Cremer*, Individualrechtsschutz gegen Rechtsakte der Gemeinschaft: Grundlagen und neuere Entwicklungen, in: Nowak/Cremer, Individualrechtsschutz in der EG und der WTO, 2002, S. 27 (42 f.); *Nowak* DVBl. 2000, 20 ff.; ders. EuR 35 (2000), 724 ff.

[37] So im Ergebnis auch *Vocke* (Fn. 7), S. 232 f.); ähnlich *Sura* (Fn. 23), Art. 21 VO Nr. 1/2003 Rn. 5, wonach eine Nachprüfungsentscheidungen an diejenige natürliche oder juristische Person zu richten sei, in deren Machtbereich sich möglicherweise Geschäftsunterlagen befinden, die sich auf den Gegenstand der Nachprüfung beziehen.

Entscheidungsadressat unabhängig vom Vorliegen der unmittelbaren und individuellen Betroffenheit i. S. des Art. 230 Abs. 4 EG klagebefugt, während die ebenfalls von derartigen Nachprüfungen betroffenen Unternehmen und Unternehmensvereinigungen als Nichtadressaten eine unmittelbare und individuelle Betroffenheit i. S. des Art. 230 Abs. 4 EG darzulegen hätten, sofern (auch) sie eine derartige Nachprüfungsentscheidung i. S. des Art. 21 VO 1/2003 anfechten wollen.

Die vorgenannte Adressatenfrage wirft die vom Verordnungsgeber ebenfalls nicht beantwortete Anschlussfrage nach den Modalitäten einer **rechtsfehlerfreien Bekanntgabe** bzw. Zustellung einer auf der Grundlage des Art. 21 Abs. 1 VO 1/2003 erlassenen Nachprüfungsentscheidung auf. Nach Art. 254 Abs. 3 EG müssen derartige Entscheidungen denjenigen bekannt gegeben werden, für die sie bestimmt sind. Da hiermit die Adressaten und nicht etwa Personen gemeint sind, die möglicherweise in dem Rechtsakt erwähnt oder deren Rechts- und Interessenkreis durch ihn berührt werden,[38] zieht die vom Verordnungsgeber offen gelassene Adressatenfrage nicht nur die o. g. Rechtsschutzfragen nach sich, sondern produziert auch Zustellungs- bzw. Bekanntgabeprobleme, deren Lösung der Verordnungsgeber offenbar der Praxis überantworten wollte. Nach Art. 254 Abs. 3 EG werden Entscheidungen nur durch die Bekanntgabe wirksam, wobei die Form der Bekanntgabe bzw. der Zustellung dort ungeregelt geblieben ist.[39] Mit dem Begriff der „Bekanntgabe" ist nach allgemeiner Auffassung die Möglichkeit der Kenntnisnahme bzw. der **Zugang des** jeweiligen **Rechtsakts** bei dem bzw. den Adressaten gemeint.[40] Von einem erfolgten Zugang bzw. einer ordnungsgemäßen Zustellung ist nach ständiger Rechtsprechung dann auszugehen, wenn der jeweilige Rechtsakt in einer Weise in den Machtbereich des Empfängers gelangt ist, die es ihm erlaubt, von seinem Inhalt Kenntnis zu nehmen.[41] Nach der bisherigen Rechtsprechung kann sich der Adressat zwar nicht darauf berufen, dass er die Kenntnisnahme verweigert hat.[42] Wie aber zu verfahren ist, wenn der Eigentümer oder Besitzer „anderer Räumlichkeiten" i. S. des Art. 21 VO 1/2003, in dessen Privatsphäre ermittelt werden soll, etwa aus Gründen urlaubsbedingter Abwesenheit keine Kenntnis von der Nachprüfungsentscheidung der Kommission erlangen konnte, muss von den Gemeinschaftsgerichten noch geklärt werden.

Nach Art. 21 Abs. 2 Satz 1 VO 1/2003 hat die jeweilige Nachprüfungsentscheidung den **Gegenstand und den Zweck der Nachprüfung** zu bezeichnen, den Zeitpunkt ihres Beginns zu bestimmen und im Sinne einer Rechtsbehelfsbelehrung auf das Recht hinzuweisen, vor dem Gerichtshof gegen diese Entscheidung Klage zu erheben.[43] Anders als nach Art. 20 Abs. 4 Satz 2 VO 1/2003 ist in einer Nachprüfungsentscheidung i. S. des

---

[38] Vgl. nur *Schmidt* in: v. d. Groeben/Schwarze, EUV/EGV-Kommentar, Bd. 4, 6. Aufl. 2004, Art. 254 Rn. 17.

[39] Zutr. *Ruffert* in: Calliess/Ruffert, EUV/EGV-Kommentar, 3. Aufl. 2007, Art. 254 Rn. 12; ferner vgl. EuGH U. v. 14. 7. 1972 Rs. 48/69 – *ICI/Kommission* Slg. 1972, 619 Rn. 39/43, wonach etwaige Unregelmäßigkeiten bei der Zustellung einer Entscheidung nicht die Entscheidung selbst berühren und daher auch nicht deren Rechtmäßigkeit (sondern nur die Klagefrist) zu beeinträchtigen vermögen.

[40] In diesem Sinne vgl. nur, jeweils m. w. N., *Gellermann* in: Streinz, EUV/EGV-Kommentar, 2003, Art. 254 Rn. 8; *Ruffert* (Fn. 39), Art. 254 Rn. 12.

[41] Vgl. EuGH U. v. 14. 7. 1972 Rs. 48/69 – *ICI/Kommission* Slg. 1972, 619 Rn. 39/43; EuGH U. v. 21. 2. 1973 Rs. 6/72 – *Europemballage u. Continental Can/Kommission* Slg. 1973, 215 Rn. 10; EuGH U. v. 26. 11. 1985 Rs. 42/85 – *Cockerill-Sambre/Kommission* Slg. 1985, 3749 Rn. 11; EuG U. v. 7. 7. 1994 Rs. T-43/92 – *Dunlop Slazenger/Kommission* Slg. 1994, II-441 Rn. 25.

[42] Vgl. nur EuGH U. v. 21. 2. 1973 Rs. 6/72 – *Europemballage u. Continental Can/Kommission* Slg. 1973, 215 Rn. 10.

[43] Dies entspricht den in Art. 20 Abs. 4 VO 1/2003 aufgestellten Mindestanforderungen, so dass insoweit auf die Kommentierung zu Art. 20 VO 1/2003 (dort insbes. Rn. 56 f. i. V. m. 61 ff.) verwiesen werden kann.

Art. 21 VO 1/2003 nicht auf Sanktionen in Form von Geldbußen und/oder Zwangsgeldern hinzuweisen, da sich die Art. 23 und 24 VO 1/2003 weder auf Nachprüfungen in anderen Räumlichkeiten und Transportmitteln noch auf Nachprüfungen auf anderen Grundstücken i. S. des Art. 21 VO 1/2003 beziehen. Stattdessen ist in Art. 21 Abs. 2 Satz 2 VO 1/2003 – abweichend von Art. 20 Abs. 4 VO 1/2003 und in Ergänzung des in Art. 253 EG geregelten Begründungserfordernisses – vorgesehen, dass in einer auf der Grundlage des Art. 21 Abs. 1 VO 1/2003 erlassenen Nachprüfungsentscheidung die Gründe genannt werden müssen, die die Kommission zu der Annahme veranlasst haben, dass ein begründeter Verdacht der Aufbewahrung von Büchern oder Geschäftsunterlagen in anderen Räumlichkeiten, auf anderen Grundstücken oder in anderen Transportmitteln besteht. Soweit in Art. 21 Abs. 2 Satz 3 VO 1/2003 ferner vorgesehen ist, dass die Kommission derartige Nachprüfungsentscheidungen erst nach Anhörung der Wettbewerbsbehörde des Mitgliedstaats trifft, in dessen Hoheitsgebiet die Nachprüfung durchgeführt werden soll, entspricht dies wiederum voll und ganz der in Art. 20 Abs. 4 Satz 3 VO 1/2003 niedergelegten Anhörungspflicht.[44]

4. Art und Umfang der einzelnen Nachprüfungsbefugnisse

14   Nach Art. 21 Abs. 4 Satz 1 VO 1/2003 haben die mit der Durchführung einer gemäß Absatz 1 dieser Vorschrift angeordneten Nachprüfung beauftragten Bediensteten und die anderen von ihr ermächtigten Begleitpersonen (nur) die in Art. **20 Abs. 2 lit. a bis c VO 1/2003** aufgeführten Befugnisse.[45] Daher stehen der Kommission im Anwendungsbereich des Art. 21 VO 1/2003 weder die in Art. 20 Abs. 2 lit. d VO 1/2003 geregelte Versiegelungsbefugnis noch das in Art. 20 Abs. 2 lit. e VO 1/2003 kodifizierte Fragerecht zur Verfügung,[46] so dass die für einen etwaigen Siegelbruch und für unrichtige oder irreführende Antworten vorgesehenen Sanktionen gemäß Art. 23 Abs. 1 VO 1/2003 hier obsolet sind.

5. Unterstützung der Kommission durch mitgliedstaatliche Behörden

15   Nach Art. 21 Abs. 4 Satz 2 VO 1/2003 gelten die Absätze 5 und 6 des Art. 20 VO 1/2003 im Anwendungsbereich des Art. 21 VO 1/2003 entsprechend. Insoweit sind die Mitwirkungsrechte und Unterstützungspflichten mitgliedstaatlicher Behörden in Art. 20 und 21 VO 1/2003 identisch,[47] sofern man von dem im Anwendungsbereich des Art. 21 VO 1/2003 obsoleten Art. 20 Abs. 7 VO 1/2003 absieht, der die zuständigen mitgliedstaatlichen Behörden zur Beantragung einer – im Anwendungsbereich des Art. 21 VO 1/2003 zwingend vorab zu beantragenden – gerichtlichen Genehmigung verpflichtet.

6. Erfordernis der vorherigen gerichtlichen Genehmigung

16   Nach Art. 21 Abs. 3 Satz 1 VO 1/2003 kann eine Nachprüfungsentscheidung i. S. des Art. 21 Abs. 1 VO 1/2003 nur mit vorheriger Genehmigung des jeweils zuständigen einzelstaatlichen Gerichts des betreffenden Mitgliedstaats vollzogen werden. Dies gilt im Unterschied zu Art. 20 Abs. 7 VO 1/2003 unabhängig davon, ob das mitgliedstaatliche Recht eine entsprechende Entscheidungsbefugnis des Gerichts vorsieht oder nicht. Nach Art. 21

---

[44] Näher zu dieser Anhörungspflicht, die sich nicht auf den Nachprüfungsadressaten erstreckt, vgl. m. w. N. die Kommentierung zu Art. 20 VO 1/2003 Rn. 63 i. V. m. 44–46.
[45] Näher zu den dort geregelten Betretungs- und Prüfungsbefugnissen vgl. die Kommentierung zu Art. 20 VO 1/2003 Rn. 65–73.
[46] Zu diesen beiden Befugnissen vgl. die Kommentierung zu Art. 20 VO 1/2003 Rn. 74–77.
[47] Näher zu diesen Rechten u. Pflichten vgl. die Kommentierung zu Art. 20 VO 1/2003 Rn. 78–83.

Abs. 3 Satz 1 VO 1/2003 sind die Mitgliedstaaten insoweit zur partiellen **Harmonisierung innerstaatlichen Gerichtsverfahrensrechts** verpflichtet, soweit es im Interesse des gemeinschaftlichen Grundrechtsschutzes um die Genehmigung des Vollzugs von Nachprüfungsentscheidungen der Kommission in Bezug auf Privatwohnungen und/oder andere der Privatsphäre zuzurechnende Örtlichkeiten geht. Kommt der mitgliedstaatliche Gesetzgeber dieser Verpflichtung nicht nach, dürfte Art. 21 Abs. 3 VO 1/2003 auf Grund seiner unmittelbaren Geltung und Anwendbarkeit das Fehlen innerstaatlicher Regelungen überwinden.[48]

7. Kontrollbefugnisse mitgliedstaatlicher Gerichte

Die in Art. 21 Abs. 3 Sätze 2–5 VO 1/2003 geregelten (eingeschränkten) Kontrollbefugnisse mitgliedstaatlicher Gerichte sind vom Verordnungsgeber in enger Anlehnung an die im *Roquette Frères*-Urteil[49] formulierten Vorgaben des EuGH ausgestaltet worden, die auch Eingang in Art. 20 Abs. 8 VO 1/2003 gefunden haben.[50] Insoweit sind die in Art. 21 Abs. 3 und Art. 20 Abs. 8 VO 1/2003 geregelten Kontrollbefugnisse mitgliedstaatlicher Gerichte im Kontext der Genehmigungserteilung nahezu identisch. Auch im Anwendungsbereich des Art. 21 VO 1/2003 ist die **Prüfung der Rechtmäßigkeit und Notwendigkeit der Kommissionsentscheidung allein dem Gerichtshof vorbehalten,**[51] so dass sich die Kontrollbefugnisse einzelstaatlicher Gerichte in diesem Bereich lediglich auf die Prüfung der Echtheit der Nachprüfungsentscheidung sowie darauf erstrecken, dass bzw. ob die beabsichtigten Zwangsmaßnahmen nicht willkürlich und nicht unverhältnismäßig sind.[52] Nach Art. 21 Abs. 3 Satz 2 VO 1/2003 hat sich die diesen Gerichten obliegende Verhältnismäßigkeitsprüfung an der Schwere der zur Last gelegten Zuwiderhandlung, an der Wichtigkeit des gesuchten Beweismaterials, an der Beteiligung des betreffenden Unternehmens sowie an der begründeten Wahrscheinlichkeit zu orientieren, dass Bücher und Geschäftsunterlagen, die sich auf den Gegenstand der Nachprüfung beziehen, in den von Art. 21 VO 1/2003 erfassten Räumlichkeiten aufbewahrt werden. Diesbezüglich kann das mitgliedstaatliche Gericht die – mit einer gegenüber Art. 20 Abs. 8 VO 1/2003 erhöhten Substantiierungspflicht[53] konfrontierten – Kommission gemäß Art. 21 Abs. 3 Satz 3 VO 1/2003 zwar um ausführliche Erläuterungen ersuchen, die sich insbesondere auf die Verdachtsgründe der Kommission, auf die Schwere der behaupteten Zuwiderhandlung und auf die Art der Beteiligung des betreffenden Unternehmens beziehen können.[54] Eine Übermittlung der in den Akten der Kommission enthaltenen Informationen kann es jedoch gemäß Art. 21 Abs. 3 Satz 4 VO 1/2003 nicht verlangen.

Die vorgenannten Kontrollbefugnisse ermöglichen zwar einen recht effektiven (präventiv-gerichtlichen) **Grundrechtsschutz** gegenüber Zwangsmaßnahmen in Gestalt der Durchsuchung von Privatwohnungen, sofern die jeweils zuständigen mitgliedstaatlichen Gerichte in verantwortungsvoller Weise von ihrer durch Art. 21 Abs. 3 VO 1/2003 garantierten Kontrollbefugnis Gebrauch machen.[55] Fraglich und von den Gemeinschaftsgerich-

---

[48] In diesem Sinne vgl. auch *Nehl* in: Behrens/Braun/Nowak (Fn. 14), S. 97.
[49] EuGH U. v. 22. 10. 2002 Rs. C-94/00 – *Roquette Frères/Directeur général de la concurrence, de la consommation et de la répression des fraudes* Slg. 2002, I-9011 ff.
[50] Ausführlich zu diesen Vorgaben vgl. die Kommentierung zu Art. 20 VO 1/2003 Rn. 84–94.
[51] So explizit Art. 21 Abs. 3 Satz 4 u. 5 VO 1/2003.
[52] Vgl. Art. 21 Abs. 3 Satz 2 VO 1/2003.
[53] Zutr. *Nehl* in: Behrens/Braun/Nowak (Fn. 14), S. 98.
[54] Vgl. nur EuG U. v. 8. 3. 2007 Rs. T-339/04 – *France Télécom SA/Kommission* Slg. 2007, II-521 Rn. 52; EuG U. v. 8. 3. 2007 Rs. T-340/04 – *France Télécom SA/Kommission* Slg. 2007, II-573 Rn. 124.
[55] Zutr. *Nehl* in: Behrens/Braun/Nowak (Fn. 14), S. 98.

ten bei nächster Gelegenheit zu klären bleibt jedoch, ob die beschränkten Kontrollbefugnisse mitgliedstaatlicher Gerichte im Anwendungsbereich des Art. 21 VO 1/2003 den besonderen Anforderungen gerecht werden, die das in diesem Bereich zu beachtende Gemeinschaftsgrundrecht der Unverletzlichkeit von Privaträumen[56] sowie Art. 8 EMRK an die Auslegung und Anwendung des Art. 21 VO 1/2003 stellen.[57]

IV. Rechtsfolgen

19 Im Unterschied zu Nachprüfungen gemäß Art. 20 VO 1/2003 können Nachprüfungen auf der Grundlage des Art. 21 VO 1/2003 **keine Zwangsgelder** i. S. des Art. 24 VO 1/2003 und auch **keine Geldbußen** i. S. des Art. 23 VO 1/2003 nach sich ziehen.[58]

20 Der erstinstanzlich in den Zuständigkeitsbereich des EuG fallende gerichtliche Individualrechtsschutz gegen die mit der Nichtigkeitsklage gemäß Art. 230 Abs. 4 EG anfechtbaren Nachprüfungsentscheidungen i. S. des Art. 21 Abs. 1 VO 1/2003 entspricht – auch was das zeitliche Defizit sowie die grundsätzlich nicht mögliche (isolierte) Anfechtung einzelner Nachprüfungshandlungen betrifft – weitgehend dem gerichtlichen **Individualrechtsschutz** gegen Nachprüfungsentscheidungen i. S. des Art. 20 Abs. 4 VO 1/2003.[59] In der künftigen Entscheidungspraxis der Gemeinschaftsgerichte wird allerdings noch zu klären sein, wer zu den Adressaten einer auf der Grundlage des Art. 21 Abs. 1 VO 21/2003 getroffenen Nachprüfungsentscheidung und wer zu den Nichtadressaten gehört,[60] die eine solche Entscheidung nur unter der Voraussetzung ihrer „unmittelbaren und individuellen Betroffenheit" i. S. des Art. 230 Abs. 4 EG anfechten können.

V. Verhältnis zu anderen Vorschriften

21 Besonders eng ist das Verhältnis zwischen Art. 21 VO 1/2003 und **Art. 20 VO 1/2003**, da Art. 21 VO 1/2003 für eine räumliche Erweiterung der in Art. 20 Abs. 2 lit. a bis c VO 1/2003 geregelten Nachprüfungsbefugnisse sorgt. Ein zwischen diesen beiden Vorschriften bestehendes Stufenverhältnis in dem Sinne, dass vor der Aktivierung des Art. 21 VO 1/2003 zunächst einmal im Wege einer Nachprüfung auf der Grundlage des Art. 20 VO 1/2003 von der Kommission festzustellen wäre, dass sich bestimmte Bücher oder sonstige Geschäftsunterlagen nicht (mehr) bei den jeweiligen Unternehmen oder Unternehmensvereinigungen befinden, ist nicht anzunehmen.[61] Hinsichtlich der zwischen Art. 21 VO 1/2003 einerseits und den Art. 11, 15, 17–19, 22 und 28 VO 1/2003 sowie den Art. 85 Abs. 1 Satz 2 und 284 EG andererseits feststellbaren Berührungspunkten bestehen keine Unterschiede zu Art. 20 VO 1/2003.[62]

---

[56] Vgl. m. w. N. unter Rn. 2 u. 4 f. i. V. m. der Kommentierung zu Art. 20 VO 1/2003 Rn. 11 ff. u. 23 f.

[57] Zutr. *Schwarze/Weitbrecht* (Fn. 6), § 4 Rn. 27, mit der weiteren These in Rn. 29, dass Art. 21 VO 1/2003 insoweit einen „Rückschritt für den gemeinschaftsrechtlichen Grundrechtsschutzes" darstelle; mit ähnlichen – an Art. 8 EMRK anknüpfenden – Zweifeln vgl. *Lampert/Niejahr/Kübler/Weidenbach,* EG-KartellVO – Praxiskommentar, 2004, Art. 201 Rn. 415.

[58] Vgl. dazu bereits Rn. 13 f.; zu den Zwangs- und Bußgeldrisiken im Anwendungsbereich des Art. 20 VO 1/2003 vgl. die Kommentierung zu Art. 20 VO 1/2003 Rn. 96 f.

[59] Insoweit ist diesbezüglich auf die Kommentierung zu Art. 20 VO 21/2003 Rn. 98–102 zu verweisen.

[60] Näher dazu bereits unter Rn. 11.

[61] Siehe oben unter Rn. 8.

[62] Insoweit kann diesbzgl. auf die Kommentierung zu Art. 20 VO 1/2003 Rn. 103 f. verwiesen werden.

Art. 22. Ermittlungen durch Wettbewerbsbehörden der Mitgliedstaaten

(1) Die Wettbewerbsbehörde eines Mitgliedstaats darf im Hoheitsgebiet dieses Mitgliedstaats nach Maßgabe des innerstaatlichen Rechts im Namen und für Rechnung der Wettbewerbsbehörde eines anderen Mitgliedstaats alle Nachprüfungen und sonstigen Maßnahmen zur Sachverhaltsaufklärung durchführen, um festzustellen, ob eine Zuwiderhandlung gegen Artikel 81 oder 82 des Vertrags vorliegt. Der Austausch und die Verwendung der erhobenen Informationen erfolgen gemäß Artikel 12.

(2) Auf Ersuchen der Kommission nehmen die Wettbewerbsbehörden der Mitgliedstaaten die Nachprüfungen vor, die die Kommission gemäß Artikel 20 Absatz 1 für erforderlich hält oder die sie durch Entscheidung gemäß Artikel 20 Absatz 4 angeordnet hat. Die für die Durchführung dieser Nachprüfungen verantwortlichen Bediensteten der einzelstaatlichen Wettbewerbsbehörden sowie die von ihnen ermächtigten oder benannten Personen üben ihre Befugnisse nach Maßgabe ihrer innerstaatlichen Rechtsvorschriften aus.

Die Bediensteten der Kommission und andere von ihr ermächtigte Begleitpersonen können auf Verlangen der Kommission oder der Wettbewerbsbehörde des Mitgliedstaats, in dessen Hoheitsgebiet die Nachprüfung vorgenommen werden soll, die Bediensteten dieser Behörde unterstützen.

Übersicht

	Rn.		Rn.
I. Sinn und Zweck der Regelung	1	c) Tätigkeit im Namen und für Rechnung	19
II. Praktische Bedeutung	3	d) Sanktionen und Zwangsmaßnahmen	20
III. Tatbestand	6	e) Weiterleitung der ermittelten Informationen	21
1. Voraussetzungen der „horizontalen" Zusammenarbeit (Abs. 1)	6	f) Rechtsschutz	22
a) Voraussetzungen des Ersuchens	7	g) Unterrichtung der Kommission	23
b) Form und Inhalt des Ersuchens	8	2. „Vertikale" Zusammenarbeit (Abs. 2)	24
c) Ermessen der ersuchten Behörde	9	a) Durchführung der Nachprüfungen	25
d) Eingriffsvoraussetzungen der ersuchten Behörde	10	b) Mitwirkung von Kommissionsbediensteten	26
e) Durchsetzbarkeit	11	c) Sanktionen und Zwangsmaßnahmen	27
2. Voraussetzungen der „vertikalen" Zusammenarbeit (Abs. 2)	12	d) Weiterleitung der ermittelten Informationen	28
a) Ersuchen der Kommission	13	e) Rechtsschutz	29
b) Pflicht zur Amtshilfe	14	V. Verhältnis zu anderen Vorschriften	30
c) Durchsetzbarkeit der Pflicht	15	1. Netzbekanntmachung	30
IV. Rechtsfolgen	16	2. Art. 12, allgemeine Grundsätze des Gemeinschaftsrechts	31
1. „Horizontale" Zusammenarbeit (Abs. 1)	16	3. Andere Formen der Zusammenarbeit	34
a) Ermittlungen nach nationalem Recht	17	4. Nationale Vorschriften	35
b) Mitwirkung der ersuchenden Behörde	18		

I. Sinn und Zweck der Regelung

Wirksames Eingreifen bei Wettbewerbsverstößen, Dezentralisierung. Art. 22 regelt die Amtshilfe zwischen den Wettbewerbsbehörden in der EU und dient der mit der VO 1/2003 intendierten **dezentralen Anwendung der Wettbewerbsvorschriften** in der Gemeinschaft. Abs. 1 bildet die Grundlage für Ersuchen einer nationalen Wettbewerbsbehörde an die Wettbewerbsbehörden anderer Mitgliedstaaten, (sämtliche) nach Maßgabe ihres innerstaatlichen Rechts vorgesehenen Ermittlungsmaßnahmen durchzuführen (ohne dass die ersuchte Behörde hierzu verpflichtet wäre). Abs. 2 enthält die grundsätzliche Verpflichtung der Wettbewerbsbehörden der Mitgliedstaaten, in ihrem Hoheitsgebiet Nachprüfungen (aber nur diese) auf Verlangen für die Kommission durchzuführen.

2 Die in Abs. 1 vorgesehene[1] Kooperationsmöglichkeit zwischen nationalen Wettbewerbsbehörden zielt im Sinne der Dezentralisierung auf ein wirksames **Eingreifen** auch der **nationalen Wettbewerbsbehörden bei** – mit den mit der fortschreitenden Marktintegration zunehmenden – **grenzüberschreitenden Verstößen** gegen Art. 81 und 82 EG.[2] Die Befugnis, einander bei der Ermittlungstätigkeit unter Nutzung aller unter dem jeweiligen nationalen Recht verfügbaren Mittel zu unterstützen, soll es nationalen Wettbewerbsbehörden ermöglichen, die für eine vollständige Ermittlung kartellrechtsrelevanter Sachverhalte erforderlichen Auskünfte und Unterlagen zu erlangen, auch wenn diese in einem anderen Mitgliedstaat gelagert sind.[3] Im Ergebnis wird mit der Kooperationsbefugnis des Art. 22 (insbesondere im Zusammenspiel mit dem in Art. 12 normierten Informationsaustausch zwischen den Wettbewerbsbehörden) dem in Art. 5 EGV niedergelegten Grundsatz Rechnung getragen, dass stets auf der Ebene gehandelt werden soll, auf der die größte Wirkung erreicht werden kann (Subsidiaritätsprinzip).[4]

II. Praktische Bedeutung

3 Hinsichtlich der in Abs. 1 geregelten **„horizontalen" Zusammenarbeit zwischen den nationalen Wettbewerbsbehörden** besteht lediglich eine Befugnis – aber keine Pflicht – der ersuchten Wettbewerbsbehörde zur Hilfeleistung. Die ersuchte Behörde wird im Rahmen ihres Ermessensspielraums allerdings die im EG verankerten Förderungspflichten der Mitgliedstaaten untereinander zu beachten haben (vgl. nachfolgend Rn. 9).

4 Aus der Sicht eines Unternehmens, das beabsichtigt, eine **Beschwerde** gegen ein anderes Unternehmen wegen Kartellrechtsverstößen einzulegen, die mehrere Mitgliedstaaten betreffen, eröffnet Art. 22 Abs. 1 nunmehr die **Wahlmöglichkeit** zwischen einer Einreichung bei der Kommission oder bei einer nationalen Wettbewerbsbehörde, die dann über die Behörden in anderen Mitgliedstaaten auch dort Ermittlungen vornehmen kann. Wie praktikabel und effizient das letztere Vorgehen ist, wird sich allerdings erst noch zeigen müssen. **Problematisch** bleibt ohnehin die **begrenzte Eingriffskompetenz** nationaler Wettbewerbsbehörden hinsichtlich ausländischer Sachverhalte und insbesondere die Frage, wie Entscheidungen, die (auch) einen ausländischen Sachverhalt regeln, **im Ausland vollstreckt** werden können.[5] Es ist daher anzunehmen, dass Art. 22 Abs. 1 insbesondere bei Sachverhalten zur Anwendung kommt, deren Schwerpunkt in einem Mitgliedstaat liegt, dessen Behörde auch tätig wird, bei denen aber zur Vervollständigung des Sachverhalts auch Ermittlungen in anderen Mitgliedstaaten erforderlich oder förderlich sind. Bei wirklich internationalen Sachverhalten wird in der Regel nach wie vor eine Einschaltung der Kommission (so sie denn bereit ist, sich der Sache anzunehmen) schneller und effektiver zum Ziel führen. In einem ersten Bericht im Mai 2005, dem „mehrere Fälle" der horizontalen Zusammenarbeit zugrunde lagen, zogen Kommissionsbeamte – wie im Fall der verti-

---

[1] Mitgliedstaaten war es bereits zuvor unbenommen, Amtshilfe zu leisten. Art. 22 Abs. 1 fordert die Mitgliedstaaten nunmehr auf, ihr innerstaatliches Verfahren so auszugestalten, dass Amtshilfe tatsächlich effektiv erfolgen kann, vgl. *Burrichter* in: Immenga/Mestmäcker, Art. 22, Rn. 5; *Miersch* in: Dalheimer/Feddersen/Miersch, Art. 22, Rn. 3.

[2] 28. Erwägungsgrund zu VO 1/2003.

[3] S. auch das 32. Sondergutachten der Monopolkommission (Oktober 2001, Folgeprobleme der europäischen Kartellverfahrensreform, S. 36).

[4] Begründung zu KOM(2000) 582 endg., ABl. 2000 C 365 E, 284, Vorschlag für eine Verordnung des Rates zur Durchführung der in den Artikeln 81 und 82 EG-Vertrag niedergelegten Wettbewerbsregeln und zur Änderung der Verordnungen (EWG) Nr. 1017/68, (EWG) Nr. 2988/74, (EWG) Nr. 4056/86 und (EWG) Nr. 3975/87, S. 13, 29.

[5] S. auch 32. Sondergutachten der Monopolkommission (Fn. 3), in dem die Monopolkommission kritisiert, dass Art. 22 Abs. 1 auf Unterstützungshandlungen im Rahmen von Ermittlungen beschränkt ist und keine Regelungen für Zustellungs- und Vollstreckungsmaßnahmen vorsieht.

kalen Zusammenarbeit (Rn. 5) – eine positive Zwischenbilanz.[6] Das Bundeskartellamt hat von der Möglichkeit der „horizontalen" Zusammenarbeit in den ersten drei Jahren seit In-Kraft-Treten der VO 1/2003 am 1. Mai 2004 zwei mal als ersuchende Behörde[7] und drei mal als ersuchte Behörde[8] Gebrauch gemacht.

Die Kommission hat von der in Abs. 2 normierten Möglichkeit, nationale Wettbewerbsbehörden im Rahmen der **„vertikalen" Amtshilfe** in Anspruch zu nehmen, in der Vergangenheit **kaum Gebrauch** gemacht, was angesichts ihrer begrenzten personellen Ressourcen verwundert. Als Ursache wurde schon früher darauf verwiesen, dass die Kommission in zahlreichen Verfahren Anlass zur Einschaltung mehrerer nationaler Wettbewerbsbehörden hatte und es zur Vermeidung von Koordinationsschwierigkeiten und potentiellen Ungleichbehandlungen vorzog, die erforderlichen Nachprüfungen selbst vorzunehmen.[9] Unter diesem Blickwinkel dürfte die Vorschrift in einer auf 27 Mitgliedsländer angewachsenen Gemeinschaft – verbunden mit eher zu- als abnehmenden Koordinationsschwierigkeiten und Gefahren von Ungleichbehandlungen – auch künftig ein Schattendasein führen.[10] Allerdings wurde mit dem neuen Netz der Europäischen Wettbewerbsbehörden (European Competition Network – ECN) ein Forum geschaffen, das geeignet sein sollte, jedenfalls mittelfristig die Koordinationsprobleme zu verringern.[11] Auch deuten seit Gründung des Netzes im Oktober 2002 veröffentlichte Bekundungen von Kommissionsbeamten darauf hin, dass die Kommission im Rahmen der Modernisierung des Kartellverfahrens zu einem „Mentalitätswechsel" bereit ist.[12] Ob es tatsächlich zu einem verstärkten

---

[6] Vgl. *Dekeyser/Dalheimer*, Cooperation within the European Competition Network – taking stock after 10 months of case practice, conference paper anlässlich der „Joint EU Commission/IBA Conference on Antitrust Reform in Europe: a Year in Practice" am 10./11. 3. 2005 in Brüssel, S. 11 f.

[7] So wurde die österreichische Bundeswettbewerbsbehörde im Mai 2004 auf Ersuchen des Bundeskartellamts im Rahmen eines Verfahrens wegen eines Kartellverdachts gegen verschiedene Papierhersteller tätig (vgl. die Pressemeldung des Bundeskartellamts vom 25. 5. 2004, „Neue Dimension der Kartellbekämpfung in Europa", abrufbar unter http://www.bundeskartellamt.de/wDeutsch/archiv/PressemeldArchiv/2004/2004_05_25.shtml). Zudem führte die Schwedische Wettbewerbsbehörde im November 2007 auf Ersuchen des Bundeskartellamts im Rahmen eines Verfahrens wegen eines Kartellverdachts gegen Dekorpapierhersteller Nachprüfungen in Schweden durch (vgl. die Pressemeldung des Bundeskartellamtes vom 5. 2. 2008, abrufbar unter http://www.bundeskartellamt.de/wDeutsch/aktuelles/presse/2008_02_05.php).

[8] Als ersuchte Behörde wurde das Bundeskartellamt (ebenso wie die Wettbewerbsbehörden in Frankreich und Spanien) auf Ersuchen der italienischen Wettbewerbsbehörde (Autorità Garante della Concorrenza e del Mercato) im Zusammenhang mit Ermittlungen wegen eines Kartellverdachts gegen Hersteller von Babymilch tätig (vgl. Pressemitteilung der italienischen Wettbewerbsbehörde vom 15. 7. 2004, abrufbar unter http://www.agcm.it/eng/indes.htm.). Zwei weitere Fälle sind im Tätigkeitsbericht des Bundeskartellamtes für den Zeitraum 2005/2006 (S. 9, 47) angedeutet: eine Nachprüfung und eine schriftliche Zeugenbefragung jeweils für die italienische Wettbewerbsbehörde.

[9] S. die 1997 erschienene Broschüre *„Dealing with the Commission"* (erhältlich unter www.europa.eu.int/comm/competition/publications/dealen1_en.pdf); vgl. auch *Grill* in: Lenz/Borchardt, EU- und EG-Vertrag, Art. 83 EGV, Rn. 25; *Burrichter* in: Immenga/Mestmäcker, Art. 22, Rn. 6.

[10] So *Miersch* in: Dalheimer/Feddersen/Miersch, Art. 22, Rn. 8; *Sura* in: Langen/Bunte, Art. 22, Rn. 1.

[11] Bekanntmachung der Kommission über die Zusammenarbeit innerhalb des Netzes der Wettbewerbsbehörden (ABl. 2004 C 101/43, „Netzbekanntmachung"), Rn. 1: *„Das Netz ist ein Diskussions- und Kooperationsforum für die Anwendung und Durchsetzung der EG-Wettbewerbspolitik."*

[12] Z. B. *Lowe*, Manuskript einer Rede vom 5. 3. 2003, XXXVI. FIW Symposium in Innsbruck, Die Wende in der europäischen Wettbewerbspolitik, erhältlich unter www.europa.eu.int/comm/competition/speeches/text/sp2003_052_de.pdf; *Schaub/Dohms* WuW 1999, 1055 f.; im 24. Erwägungsgrund VO 1/2003 wird gefordert, dass die Wettbewerbsbehörden der Mitgliedstaaten bei der Ausübung der Nachprüfungen aktiv mitwirken sollen. Die Netzbekanntmachung (Fn. 11) enthält dagegen keine weiteren Einzelheiten hinsichtlich der in Art. 22 Abs. 2 vorgesehenen Zusammenarbeit (vgl. Rn. 29 f. und 41 der Netzbekanntmachung); ebenso geht die Gemeinsame Erklärung des Rates

Einsatz dieses Instruments kommen wird, bleibt weiterhin abzuwarten. Während ein erster Zwischenbericht von Kommissionsbeamten im May 2005, dem „mehrere Fälle" der vertikalen Zusammenarbeit zugrunde lagen, zunächst eine positive Bilanz andeutete,[13] scheint die Kommission tatsächlich weiterhin nur zurückhaltend von der in Art. 22 Abs. 2 vorgesehen Möglichkeit Gebrauch zu machen.[14] In den drei Jahren nach In-Kraft-Treten der VO 1/2003 am 1. Mai 2004 wurde das Bundeskartellamt nur einmal unter der Vorschrift in Anspruch genommen.[15]

III. Tatbestand

1. Voraussetzungen der „horizontalen" Zusammenarbeit

6   Nach Art. 22 Abs. 1 kann auf Ersuchen der Wettbewerbsbehörde eines Mitgliedstaats die Behörde eines anderen Mitgliedstaats Ermittlungen zur Feststellung von Zuwiderhandlungen gegen Art. 81 und 82 EGV nach Maßgabe ihres innerstaatlichen Rechts vornehmen.

7   a) **Voraussetzungen des Ersuchens.** Die VO 1/2003 selbst enthält keine Vorgaben, wann eine nationale Wettbewerbsbehörde ein solches Ersuchen stellen darf. Diesbezüglich wird das Vorliegen der **Voraussetzungen für einen entsprechenden innerstaatlichen Ermittlungsakt nach dem nationalen Recht der ersuchenden Behörde** zu fordern sein (insbesondere etwa ein Anfangsverdacht), da ansonsten die Veranlassung von Ermittlungsakten im Ausland niedrigeren Anforderungen unterliegen würde als bei Ermittlungsakten im Inland.[16]

8   b) **Form und Inhalt des Ersuchens.** Vorgaben hinsichtlich der Form und des Inhalts des Ersuchens einer nationalen Wettbewerbsbehörde um Amtshilfe enthalten weder die VO 1/2003, noch die Durchführungsverordnung VO 773/2004[17] oder die Bekanntmachung der Kommission über die Zusammenarbeit innerhalb des Netzes der Wettbewerbsbehörden.[18] **Formerfordernisse** sind daher grundsätzlich zu verneinen.[19] Allerdings ist im Interesse eines effektiven Rechtsschutzes eine Übermittlung in einer der dauerhaften Speicherung zugänglichen Form zu fordern.[20] Hinsichtlich des **Inhalts** wird die ersuchende Wettbewerbsbehörde Angaben zu sämtlichen Umständen zu machen haben, die nach dem nationalen Recht der ersuchten Behörde erforderlich sind, um das Vorliegen der danach benötigten Eingriffsvoraussetzungen prüfen zu können (vgl. Rn. 10). In der Praxis werden damit jedenfalls die betroffenen Unternehmen sowie Hinweise auf einen **Anfangsverdacht**, der **Gegenstand** und der **Zweck** der Untersuchung zu spezifizieren sein.[21] Es

---

und der Kommission zum ECN (*Joint Statement of the Council and the Commission on the functioning of the Network of Competition Authorities*, 25. 11. 2002, erhältlich unter http://register.consilium.eu.int/pdf/en/02/st15/15435-a1en2.pdf) mit keinem Wort auf die Thematik von Art. 22 Abs. 2 ein.

[13] *Dekeyser/Dalheimer* a. a. O. (Fn. 6), S. 12.
[14] Auskunft der Kommission im April 2008 (COMP.A. 5).
[15] Auskunft des Bundeskartellamts im April 2008 (G1).
[16] Vgl. *Dekeyser/Dalheimer* a. a. O. (Fn. 6), S. 12; *Burrichter* in: Immenga/Mestmäcker, Art. 22, Rn. 10.
[17] Verordnung (EG) Nr. 773/2004 der Kommission vom 7. April 2004 über die Durchführung von Verfahren auf der Grundlage der Artikel 81 und 82 EG-Vertrag, ABl. 2004 L 123/18.
[18] Netzbekanntmachung a. a. O. Fn. 11.
[19] Zum Fehlen von Formvorgaben beim Informationsaustausch im Falle eines richterlichen Prüfungsvorbehalts bei einer Zwangsmaßnahme nach Art. 14 Abs. 6 VO 17/62 (jetzt Art. 20 Abs. 6–8), vgl. das Urteil des EuGH, U. v. 22. 10. 2002 Rs. C-94/00 – *Roquette Frères SA* Slg. 2002, I-9011 Rn. 98.
[20] *Burrichter* in: Immenga/Mestmäcker, Art. 22, Rn. 13.
[21] Vgl. zum Gegenstand und Zweck einer Ermittlungsmaßnahme Art. 18, Rn. 8–10, Art. 20, Rn. 56–57.

bleibt der Absprache zwischen den Behörden vorbehalten, wie diese (und ggf. welche weiteren) Angaben zu übermitteln sind.[22] Dabei gebietet die Pflicht zur loyalen Zusammenarbeit, dass die ersuchte Behörde sich nicht damit begnügen darf, das Ersuchen zurückzuweisen, wenn sie der Auffassung ist, dass die erteilten Informationen für den Nachweis des Vorliegens der nationalen Eingriffsvoraussetzungen unzureichend sind. Vielmehr hat sie der ersuchenden Behörde ihre Bedenken mitzuteilen – mit der Zielsetzung eines ergänzenden Informationsaustausches.[23]

c) **Ermessen der ersuchten Behörde.** Hinsichtlich der Frage des Einschreitens nach Art. 22 Abs. 1 wird der **ersuchten Behörde** ein **Ermessensspielraum** eingeräumt („darf"). Bei der Ermessensabwägung wird allerdings zu fordern sein, dass der aus **Art. 10 EGV** abzuleitende Grundsatz der Förderungspflichten der Mitgliedstaaten untereinander (Pflicht zur loyalen Zusammenarbeit) im Hinblick auf die effektive Anwendung des Gemeinschaftsrechts (hier Art. 81 und 82 EGV) angemessen berücksichtigt wird.[24] Rechtlich wird das Ermessen damit **regelmäßig reduziert** sein.[25]

9

d) **Eingriffsvoraussetzungen der ersuchten Behörde.** Unabhängig von der Frage der Ermessensausübung darf die ersuchte Behörde auf jeden Fall nur dann tätig werden, wenn die **Eingriffsvoraussetzungen der betreffenden Ermittlungsmaßnahme nach** ihrem **nationalen Recht** vorliegen, insbesondere ein dem nationalen Recht genügender Anfangsverdacht gegeben ist. Der Verweis in Art. 22 Abs. 1 auf das Tätigwerden der ersuchten Behörde „nach Maßgabe des innerstaatlichen Rechts" ist nicht als reiner Rechtsfolgenverweis zu verstehen.[26] Das Ersuchen kann nicht *per se* das Vorliegen der Eingriffsvoraussetzungen ersetzen,[27] vielmehr müssen sich diese daraus ergeben. Da die Voraussetzungen für Ermittlungsmaßnahmen in den Mitgliedstaaten unterschiedlich sein können, bestünde ansonsten die Möglichkeit, dass in einem Mitgliedstaat eine in die Rechte des betroffenen Unternehmens eingreifende Ermittlungsmaßnahme durchgeführt wird, obwohl die Eingriffsvoraussetzungen nach dem dort gültigen Recht des Mitgliedstaats nicht

10

---

[22] *Burrichter* in: Immenga/Mestmäcker, Art. 22, Rn. 14; *Sauter* (in: Langen/Bunte, 9. Auflage, Art. 13 VO Nr. 17/62, Rn. 2) verweist im Zusammenhang mit der vertikalen Amtshilfe darauf (die horizontale Zusammenarbeit war noch nicht Gegenstand der Kommentierung), dass es regelmäßig im ureigensten Interesse der Kommission sein wird, sämtliche Informationen an die ersuchte Behörde zu übermitteln, um eine erfolgreiche und ordnungsgemäße Ermittlungsmaßnahme zu ermöglichen. Für die horizontale Zusammenarbeit ist dies nicht anders.

[23] So auch *Burrichter* in: Immenga/Mestmäcker, Art. 22, Rn. 16; eine entsprechende Pflicht hat der EuGH jedenfalls im Falle eines richterlichen Prüfungsvorbehalts bei einer Zwangsmaßnahme nach Art. 14 Abs. 6 VO 17/62 (jetzt Art. 20 Abs. 6–8) angenommen (*Roquette Frères SA* a.a.O. (Fn. 19), Rn. 90f.).

[24] Vgl. EuGH v. 11. 6. 1991 Rs. C-251/89 – *Athanasopoulos/Bundesanstalt für Arbeit* Slg. 1991, I-2797 Rn. 57; *Lenz* in: Lenz/Borchard, EU- und EG-Vertrag, Art. 10, Rn. 9, wonach aus Art. 10 EGV auch Pflichten im Verhältnis der Mitgliedstaaten untereinander ableitbar sind.

[25] Ebenso *Bischke* in MüKo, Art. 22, Rn. 3; *Lampert/Niejahr/Kübler/Weidenbach,* EG-KartellVO, Art. 22, Rn. 421; a.A. *Zwiener,* Die Auswirkungen der Verordnung Nr. 1/2003 auf das europäische und deutsche Kartellverfahren, S. 183. Aus dem Äquivalenzgebot des Art. 10 EGV (hierzu *Streinz,* Art. 10 EGV, Rn. 27) dürfte jedenfalls zu fordern sein, dass die ersuchte Behörde hinsichtlich der Ermessensfrage, ob dem Ersuchen Folge geleistet wird, keine strengeren Anforderungen als im Zusammenhang mit der Einleitung und Durchführung eines rein nationalen Ermittlungsverfahrens stellt. Vgl. auch *Burrichter* in: Immenga/Mestmäcker, Art. 22, Rn. 17–23, u.a. mit Gründen, die im Rahmen der Pflicht zur fehlerfreien Ermessensausübung zur Ablehnung des Ersuchens auf Amtshilfe herangezogen werden können.

[26] Netzbekanntmachung, a.a.O. (Fn. 11), Rn. 29 a.E.; *Burrichter* in: Immenga/Mestmäcker, Art. 22, Rn. 15; *Miersch* in: Dalheimer/Feddersen/Miersch, Art. 22, Rn. 4.

[27] A.A. wohl *Lampert/Niejahr/Kübler/Weidenbach,* EG-KartellVO, Art. 22, Rn. 422, wonach die ersuchte Behörde an die Entscheidung der Ausgangsbehörde hinsichtlich der Notwendigkeit der erbetenen Amtshilfe gebunden sei.

vorliegen.[28] Zudem ist das Vorliegen der Eingriffsvoraussetzungen nach dem Recht der ersuchenden Behörde nur eingeschränkt oder gar nicht rechtlich überprüfbar (s. Rn. 22).

11   **e) Durchsetzbarkeit.** Sofern eine ersuchte Behörde (ermessensfehlerhaft) keine Kooperationsbereitschaft zeigt und das Ersuchen ablehnt, bestehen praktisch **keine Möglichkeiten der Durchsetzung.** Allerdings kann die Kommission – nach Abstimmung mit der erfolglos ersuchenden nationalen Wettbewerbsbehörde – das Verfahren nach Art. 11 Abs. 6 an sich ziehen und dann entweder selbst Ermittlungsmaßnahmen einleiten oder nach Art. 22 Abs. 2 die nationale Wettbewerbsbehörde – in diesem Fall ohne Ermessensspielraum – zu Nachprüfungshandlungen nach Art. 20 einschalten.[29]

2. Voraussetzungen der „vertikalen" Zusammenarbeit

12   Nach Art. 22 Abs. 2 muss die Kommission **Nachprüfungen,** die sie gemäß Art. 20 Abs. 1 für erforderlich hält (Fall des für die betroffenen Unternehmen nicht bindenden Nachprüfungsauftrags) oder die sie durch Entscheidung gemäß Art. 20 Abs. 4 angeordnet hat (Fall der verbindlichen Nachprüfungsentscheidung), nicht durch eigene Bedienstete durchführen, sondern kann sich hierzu Bediensteter der zuständigen nationalen Wettbewerbsbehörden bedienen.[30]

13   **a) Ersuchen der Kommission.** Materiell ist das Ersuchen an die **Eingriffsvoraussetzungen des Art. 20 Abs. 1 i. V. m. Abs. 3 bzw. Abs. 4** geknüpft. Es steht im **Ermessen der Kommission,** ob sie von der Möglichkeit der Unterstützung durch nationale Wettbewerbsbehörden Gebrauch macht. Hinsichtlich **Form und Inhalt des Ersuchens** der Kommission um Amtshilfe kann auf die Ausführungen zum Ersuchen um „horizontale" Zusammenarbeit verwiesen werden (Rn. 8).

14   **b) Pflicht zur Amtshilfe.** Geht bei einer nationalen Wettbewerbsbehörde ein Ersuchen der Kommission nach Art. 22 Abs. 2 ein, ist diese grundsätzlich verpflichtet, dem Ersuchen um Amtshilfe nachzukommen.[31] Die Pflicht zur Amtshilfe schließt ein (stark) **eingeschränktes Prüfungsrecht der ersuchten Behörde** allerdings nicht aus. Dies folgt aus dem gemeinschaftsrechtlich anerkannten Grundrechtsschutz vor **willkürlichen und unverhältnismäßigen Eingriffen** der öffentlichen Gewalt in die Sphäre der privaten Betätigung.[32] Kein (eigenes) Prüfungsrecht verbleibt dagegen der nationalen Wettbewerbsbe-

---

[28] S. auch den Bericht der Kommissionsbeamten *Dekeyser/Dalheimer* a. a. O. (Fn. 6), S. 12: „*The early experience also highlighted the diversity in national procedures with regard to the threshold that has to be met when conducting an inspection. As a consequence, the authorities who requested assistance had to supply sufficient information to enable the authorities that they had requested assistance from to carry out inspections in accordance with the laws of their Member State, independent of the standard applicable in the requesting authority's own law.*"

[29] Die Netzbekanntmachung (Fn. 11) bestimmt in Rn. 54, dass die Kommission ein Verfahren an sich ziehen kann, wenn (lit. c) Netzmitglieder ein Verfahren unangemessen in die Länge ziehen oder (lit. e) wenn die betroffenen nationalen Wettbewerbsbehörden keine Einwände erheben; *Burrichter* in: Immenga/Mestmäcker, Art. 22, Rn. 47 f.; *Lampert/Niejahr/Kübler/Weidenbach* (EG-KartellVO, Art. 22, Rn. 423) weisen zudem auf die Möglichkeit von Vertragsverletzungsverfahren nach Art. 226 und 227 EGV aufgrund einer ermessensfehlerhaften Weigerung der Zusammenarbeit hin. Praktisch dürfte ein solches Verfahren kaum Bedeutung haben, allenfalls wenn eine nationale Behörde sich ohne erkennbaren Grund wiederholt weigert, Ersuchen nach Art. 22 Abs. 1 Folge zu leisten. Theoretisch mag auch die von *Lampert/Niejahr/Kübler/Weidenbach* erwähnte Möglichkeit der Durchsetzung der Zusammenarbeit vor nationalen Gerichten in Betracht kommen, praktisch dürfte dies aufgrund gegenseitiger politischer Rücksichtnahme in der Gemeinschaft aber ebenfalls kaum relevant werden.

[30] Die Netzbekanntmachung (Fn. 11) spricht in Rn. 30 von einer „einfachen Bitte" – hiermit ist das einfache Nachprüfungsersuchen gemäß Art. 20 Abs. 3 gemeint (so auch *Burrichter* in: Immenga/Mestmäcker, Art. 22, Rn. 35).

[31] *Burrichter* in: Immenga/Mestmäcker, Art. 22, Rn. 38.

[32] Vgl. Urteil des EuGH in der Rs. *Roquette Frères SA* a. a. O. (Fn. 19), Rn. 27 sowie U v. 21. 9. 1989 verb. Rs. 46/87 und 227/88 – *Hoechst/Kommission* Slg. 1989, S. 2859, Rn. 19, 35; *Brei,* ZWeR

hörde, soweit eine richterliche Genehmigung im Rahmen einer Nachprüfungsentscheidung nach Art. 20 Abs. 4 erforderlich ist und erteilt wurde (vgl. Art. 20 Abs. 6–8). In diesem Fall ist allein das nationale Gericht befugt, eine eingeschränkte Prüfung der in Art. 20 Abs. 8 bestimmten Vorgaben vorzunehmen.[33]

c) **Durchsetzbarkeit der Pflicht.** Praktisch durchsetzbar wird die Pflicht zur Amtshilfe regelmäßig nicht sein.[34] In Betracht kommt allerdings ein Vertragsverletzungsverfahren nach Art. 226 EGV mit dem Vorwurf einer Verletzung der in Art. 10 (insbesondere in Abs. 1 Satz 1) EGV verankerten (und in Art. 22 Abs. 2 VO 1/2003 konkretisierten) Unterstützungspflichten.[35]

IV. Rechtsfolgen

1. „Horizontale" Zusammenarbeit (Abs. 1)

Gibt eine ersuchte nationale Wettbewerbsbehörde dem Ersuchen einer anderen nationalen Wettbewerbsbehörde auf Durchführung einer Ermittlungsmaßnahme statt, führt sie die Ermittlungen nach Maßgabe ihres innerstaatlichen Rechts durch.

a) **Ermittlungen nach nationalem Recht.** Die ersuchte Behörde kann **sämtliche** im Hinblick auf den Zweck und den Gegenstand der Untersuchung erforderlichen **Ermittlungsmaßnahmen** vornehmen, zu denen sie **nach ihrem innerstaatlichen Recht** befugt ist.[36] Die Ermittlungsbefugnis hat sich streng an den Inhalt des Ersuchens zu richten. Weitergehende Fragestellungen oder andere Sachkomplexe dürfen nicht zum Gegenstand einer Ermittlungsmaßnahme auf der Grundlage des Art. 22 Abs. 1 gemacht werden.[37] Die Durchführung der Ermittlungen richtet sich ebenfalls nach dem nationalen Recht der ermittelnden Behörde.[38] Zu möglichen Einschränkungen der nationalen Ermittlungsbefugnisse aufgrund der allgemeinen Grundsätze des Gemeinschaftsrechts, s. Rn. 31 f.

b) **Mitwirkung der ersuchenden Behörde.** Im Gegensatz zur „vertikalen" Amtshilfe (s. Rn. 26) ist in der VO 1/2003 nicht geregelt, ob im Fall der „horizontalen" Zusammenarbeit Bedienstete der ersuchenden Wettbewerbsbehörde an den Ermittlungsmaßnahmen der ersuchten Behörde teilnehmen können. Regeln hierzu bleiben den nationalen Vorschriften vorbehalten.[39]

2004, 107 (114 f.); vgl. auch Art. 20, Rn. 16 f. Geboten ist jedenfalls eine *„Kontrolle der wirklich offensichtlichen Verstöße gegen die Rechte der betroffenen Unternehmen [...]"*, eine Kontrolle des *„offenkundigen Irrtums"* (so die Wortwahl des Generalanwalts Mischo im Zusammenhang mit der Kontrolle einer Nachprüfungsentscheidung durch den nationalen Richter im Schlussantrag v. 20. 9. 2001 Rs. C-94/00 – *Roquette Frères SA* a. a. O. (Fn. 19), Rn. 85). Eine Prüfungsbefugnis anhand dieses Maßstabs ist auch nationalen Wettbewerbsbehörden im Rahmen des Art. 22 Abs. 2 zuzugestehen; ebenso *Burrichter* in: Immenga/Mestmäcker, Art. 22, Rn. 38.

[33] Vgl. hierzu Erwägungsgrund 27 und Art. 20, Rn. 84 f.; ebenso *Burrichter* in: Immenga/Mestmäcker, Art. 22, Rn. 38.

[34] Denkbar ist die Durchsetzung der Zusammenarbeit vor nationalen Gerichten. Praktisch dürfte dies aufgrund gegenseitiger politischer Rücksichtnahme in der Gemeinschaft allerdings keine Bedeutung haben.

[35] Vgl. *Streinz*, Art. 10 EGV, Rn. 5, 14, 24 m. w. N.; *Burrichter* in: Immenga/Mestmäcker, Art. 22, Rn. 49 f. mit dem zutreffenden Hinweis, dass die Kommission die Nachprüfung im Zweifel selbst durchführen wird.

[36] So klarstellend die Netzbekanntmachung (Fn. 11), Rn. 29. Der in Abs. 1 verwendete Begriff der „Nachprüfung" verweist somit nicht auf die in Art. 20 vorgesehenen „Nachprüfungsbefugnisse der Kommission", sondern auf entsprechende nach nationalem Recht zulässige Ermittlungsmaßnahmen.

[37] *Burrichter* in: Immenga/Mestmäcker, Art. 22, Rn. 28.

[38] Netzbekanntmachung (Fn. 11), Rn. 29; *Burrichter* in: Immenga/Mestmäcker, Art. 22, Rn. 26.

[39] Nach § 50 Abs. 4 GWB steht dies im Anwendungsbereich des GWB im Ermessen des Bundeskartellamts.

19 **c) Tätigkeit im Namen und für Rechnung.** Nach Art. 22 Abs. 1 erfolgen die Ermittlungen im Namen und für Rechnung der ersuchenden Behörde. Somit kann die ersuchte Behörde **Ersatz der Kosten** der Ermittlungsmaßnahmen von der ersuchenden Behörde verlangen, wobei deren Berechnung unklar ist.[40] Weniger offensichtlich ist, welche Bedeutung und Auswirkungen das Tätigwerden „**im Namen**" der ausländischen Behörde hat.[41] Auf jeden Fall wird die ermittelnde Behörde den betroffenen Unternehmen offen legen müssen, dass sie auf der Grundlage eines Ersuchens einer anderen Wettbewerbsbehörde nach Art. 22 Abs. 1 tätig wird, damit dies von dem Unternehmen bei der Erlangung möglichen Rechtsschutzes berücksichtigt werden kann.[42] Weitergehende Auswirkungen, etwa dass sich Rechtsschutzmaßnahmen auch hinsichtlich der Durchführung der Ermittlungsmaßnahme gegen die ersuchende Behörde zu richten haben, wird man wegen des Prinzips des effektiven Rechtsschutzes verneinen müssen (vgl. Rn. 22).

20 **d) Sanktionen und Zwangsmaßnahmen.** Sanktionen und Zwangsmaßnahmen im Zusammenhang mit der Durchführung der Ermittlungsmaßnahmen richten sich – ebenso wie die Ermittlungsmaßnahmen selbst – nach den nationalen Vorschriften des ermittelnden Mitgliedstaats.

21 **e) Weiterleitung der ermittelten Informationen.** Gemäß Art. 22 Abs. 1 Satz 2 richtet sich der Austausch und die Verwendung der Informationen, die eine ersuchte Behörde im Rahmen der Ermittlungen erlangt hat, nach Maßgabe des Art. 12. Dabei legt Art. 12 Abs. 1 den Wettbewerbsbehörden keine Pflicht auf, Informationen auszutauschen, sondern eröffnet nur die Möglichkeit hierzu.[43] Im Ergebnis dürfte aber aus dem Sinn und Zweck des Art. 22 Abs. 1 sowie der **Pflicht zur loyalen Zusammenarbeit** folgen, dass die ersuchte Behörde, die ja überhaupt erst auf Ersuchen der anderen Behörde (in deren Namen und auf deren Kosten die Ermittlungen vorgenommen werden) tätig wurde, die Ergebnisse dieser Untersuchung auch weiterzuleiten hat.[44] Der Verweis in Art. 22 Abs. 1 auf Art. 12 dürfte damit insbesondere als Verweis auf Art. 12 Abs. 2 und 3 zu verstehen sein, in denen der Umgang mit übermittelten Informationen geregelt ist. Zu möglichen weiteren (ungeschriebenen) Einschränkungen der Beweisverwertung durch die ersuchende Behörde, s. Rn. 31 f.

---

[40] *Miersch* in: Dalheimer/Feddersen/Miersch, Art. 22, Rn. 5 schlägt vor, dass Grundsätze der Kostenerstattung im ECN erarbeitet werden sollten. Nach *Burrichter* in: Immenga/Mestmäcker, Art. 22, Rn. 25 dürfte die Regelung praktisch ohne Bedeutung bleiben, da zu erwarten sei, dass Wettbewerbsbehörden in Erwartung einer gegenseitigen Unterstützung von einer Geltendmachung von Kosten absehen würden.

[41] Bei einem Handeln einer Behörde im Namen einer anderen liegt nach deutschem Verwaltungsverständnis begrifflich ein sog. „Mandat" vor (vgl. *Kopp/Ramsauer*, VwVfG, § 4 Rn. 10). Allerdings wird in der deutschen Fassung der Bekanntmachung der Kommission über die Zusammenarbeit innerhalb des Netzes der Wettbewerbsbehörden (Fn. 11), Rn. 29, von Amtshilfe gesprochen. Da die VO 1/2003 die Voraussetzungen dieser „Amtshilfe im Wettbewerbsrecht" weitgehend vorgibt, kann die genaue Einordnung nach deutschem Verständnis letztlich dahinstehen.

[42] Ebenso *Miersch* in: Dalheimer/Feddersen/Miersch, Art. 22, Rn. 5; *Burrichter* in: Immenga/Mestmäcker, Art. 22, Rn. 24.

[43] Art. 12, Rn. 9. Die Ergebnisse der Ermittlungen können – wie in Art. 12 Abs. 1 vorgesehen – im gesamten ECN ausgetauscht werden, vgl. *Burrichter* in: Immenga/Mestmäcker, Art. 22, Rn. 31 und *Sura* in: Langen/Bunte, Art. 22, Rn. 4 jeweils mit Verweis auf den anderslautenden Verordnungsvorschlag (Art. 21 Abs. 1 Satz 2 des Entwurfs der VO 1/2003, ABl. 2000 C 365/284), der nicht übernommen wurde; ebenso Miersch in Dalheimer/Feddersen/Miersch, Art. 22, Rn. 3.

[44] So auch *Sura* in Langen/Bunte, Art. 22, Rn. 5; GK/*Schütz*, Artikel 22, Rn. 5; a. A. *Burrichter* in: Immenga/Mestmäcker, Art. 22, Rn. 31 m. w. N.; nach *Woude* (Exchange of Information within the European Competition Network: Scope and Limits, unter III.2) kann der vollumfängliche Verweis in Art. 22 Abs. 1 auf Art. 12 jedenfalls als Argument gegen eine Pflicht zur Weiterleitung aufgeführt werden.

f) Rechtsschutz. Das Ersuchen einer nationalen Wettbewerbsbehörde an eine andere **22** um Vornahme von Ermittlungshandlungen nach Art. 22 Abs. 1 erfordert das Vorliegen der Eingriffsvoraussetzungen nach dem Recht der ersuchenden Behörde (s. oben Rn. 7). Möglicher **Rechtsschutz gegen das Ersuchen** richtet sich daher gegen die ersuchende Behörde und beurteilt sich nach dem auf sie anwendbaren Recht. Mangels Außenwirkung des Ersuchens dürfte unmittelbarer Rechtsschutz gegen das Ersuchen indes regelmäßig fraglich sein. Allerdings kann die Rechtmäßigkeit des Ersuchens wohl im Rahmen der Anfechtung einer späteren Entscheidung der ersuchenden Behörde überprüft werden, in der die betroffenen Beweismittel verwendet werden.[45] **Rechtsschutz gegen die Ausführung der Ermittlungen,** insbesondere gegen die Auswahl sowie die Art und Weise der Ausführung der Ermittlungs- und Zwangsmaßnahmen, richtet sich gegen die ermittelnde Behörde. Fragen im Zusammenhang mit der Beweiserhebung sind damit ausschließlich vor den nationalen Gerichten der ersuchten Behörde zu klären.[46] Stellt das nationale Gericht die Rechtswidrigkeit der Ermittlungsmaßnahme fest, besteht ein Beweisverwertungsverbot hinsichtlich der unrechtmäßig erworbenen Beweise, gleichgültig ob diese bereits an die ersuchende Behörde weitergeleitet wurden oder nicht.[47]

g) Unterrichtung der Kommission. Nach Art. 11 Abs. 3 haben die mitgliedstaatli- **23** chen Wettbewerbsbehörden die Kommission über die Einleitung von Ermittlungsmaßnahmen zu informieren. Dies gilt nicht nur für die ersuchende Behörde zum Zeitpunkt der Verfahrenseinleitung, sondern auch für die ersuchte Behörde, wenn diese aufgrund eines Ersuchens Ermittlungsmaßnahmen einleitet.[48]

2. „Vertikale" Zusammenarbeit (Abs. 2)

Auf Ersuchen der Kommission hat die nationale Wettbewerbsbehörde Nachprüfungen **24** gemäß Art. 22 Abs. 2 durchzuführen.

a) Durchführung der Nachprüfungen. Auch im Rahmen der „vertikalen" Amtshilfe **25** richtet sich die Durchführung der Nachprüfung nach **nationalem Recht.**[49] Dies ist (im Gegensatz zur Vorgängernorm Art. 13 VO 17/62) nunmehr auch im Text von Art. 22 Abs. 2 klargestellt.[50] Gestrichen wurden zudem die in der Vorgängernorm enthaltenen Anforderungen an die Präsentation des Nachprüfungsauftrages gegenüber dem betroffenen Unternehmen. Hinsichtlich etwaiger Formerfordernisse und der Ermittlungskompetenzen ist somit nunmehr (ausschließlich) das nationale Recht maßgeblich. **Unterschiede zwischen den Ermittlungsbefugnissen nach nationalem Recht und nach Art. 20**[51] sind dahin gehend zu lösen, dass die nationale Behörde einerseits die in Art. 20 vorgesehenen Kompetenzen nicht überschreiten darf (und gemeinschaftsrechtliche Einschränkungen

---

[45] Ebenso *Burrichter* in: Immenga/Mestmäcker, Art. 22, Rn. 51.
[46] *Dekeyser/Dalheimer* a. a. O. (Fn. 6), S. 12; *Klocker* WuW 1990, 109 (113); *Burrichter* in: Immenga/Mestmäcker, Art. 22, Rn. 52.
[47] *Dekeyser/Dalheimer* a. a. O. (Fn. 6), S. 12.
[48] So auch *Schnelle/Bartosch/Hübner,* Das neue EU-Kartellverfahrensrecht, S. 149.
[49] In Deutschland also dem GWB, vgl. § 50 Abs. 3 GWB sowie insbesondere die Ermittlungsbefugnisse nach §§ 57–59 GWB.
[50] Vgl. bereits zur alten Rechtslage EuGH U. v. 16. 7. 1992 Rs. C-67/91 – *Dirección General de Defensa de la Competencia/Asociación Española de Banca Privada* Slg. 1992, I-4785 (nachfolgend „*Spanische Banken*"), Rn. 32; *de Bronett* in: Schröter/Jakob/Mederer, VO 17/62, Art. 13, Rn. 2.
[51] In Deutschland beispielsweise berechtigen die Ermittlungsbefugnisse nach dem GWB das Bundeskartellamt zu den meisten Ermittlungshandlungen, die in Art. 20 vorgesehen sind. Die wichtigste Einschränkung ist die fehlende Befugnis nach deutschem Recht, zwangsweise „*von allen Vertretern oder Mitgliedern der Belegschaft des Unternehmens oder der Unternehmensvereinigung Erläuterungen zu Tatsachen oder Unterlagen zu verlangen, die mit Gegenstand und Zweck der Nachprüfung in Zusammenhang stehen, [...]"*. (vgl. Art. 20 Abs. 2 lit. e); vgl. *Bechtold* § 50 GWB, Rn. 9.

der Ermittlungsbefugnis respektieren muss, vgl. Rn. 33),[52] andererseits weitergehende Befugnisse unter Art. 20 – die im nationalen Recht keine Entsprechung haben – nicht nutzen darf.[53]

26 **b) Mitwirkung von Kommissionsbediensteten.** Gemäß Art. 22 Abs. 2 Unterabs. 2 kann die Kommission die ersuchte nationale Wettbewerbsbehörde bei der Durchführung der Ermittlungen mit eigenen Bediensteten unterstützen. Ob eine solche Unterstützung durch die Kommission erfolgt, liegt nicht im Ermessen der ersuchten nationalen Behörde. Vielmehr hat die Kommission ein Recht, Unterstützung zu leisten. Die ersuchte nationale Behörde kann die Kommission ebenfalls um Unterstützung bitten. Strittig wegen des unklaren Wortlauts der Vorschrift ist, ob die Kommission verpflichtet oder nur berechtigt ist, der Anfrage nachzukommen, wobei ersterer Ansicht der Vorzug zu geben ist.[54] Nicht näher geregelt ist zudem, was genau die „Unterstützung" beinhaltet. Gemeint ist wohl insbesondere eine Anwesenheit und Teilnahme bei der eigentlichen Ermittlungsmaßnahme; ob die Bediensteten der Kommission dabei tatsächlich unterstützend tätig sind oder nur passive Teilnehmer, dürfte jedenfalls bei einer Unterstützung auf Verlangen der Kommission unmaßgeblich sein. Verlangt dagegen die durchführende Behörde Unterstützung von der Kommission, so werden die Bediensteten der Kommission gehalten sein, aktiv ihre Verfahrenskenntnis zum Nutzen der Nachprüfung einzubringen.[55]

27 **c) Sanktionen und Zwangsmaßnahmen.** Wegen des Verweises auf die Ausübung der Befugnisse auf die innerstaatlichen Rechtsvorschriften der durchführenden Behörde ist diese befugt, **Zwangs- und Sanktionsmittel** im Zusammenhang mit einer Nachprüfung nach Art. 22 Abs. 2 **nach ihrem nationalen Recht** anzuwenden. **Unklarer** erscheint, ob daneben auch noch die **Kommission Sanktionen nach Art. 23 (Geldbußen) und Art. 24 (Zwangsgelder)** verhängen darf. In Art. 23 wird nicht auf Art. 22 Abs. 2 verwiesen. Dies war in der Vorgänger-VO 17/62 anders.[56] Dort verwies Art. 15 Abs. 1 lit. c VO 17/62 (entspricht ansonsten der Bußgeldvorschrift des Art. 23 Abs. 1 lit. c VO 1/2003) auf Art. 13 VO 17/62 (die Vorgängernorm zu Art. 22 Abs. 2). Dies spricht dafür, dass sich

---

[52] *Bischke* in MüKo, Art. 22, Rn. 6; *de Bronett*, Art. 22, Rn. 4f.; a.A. *Burrichter* in: Immenga/Mestmäcker, Art. 22, Rn. 42 m.w.N., der die Ermittlungsbefugnisse der nationalen Behörde nicht einschränkt, sondern nur ein Verwertungsverbot für Informationen fordert, die die Kommission im Rahmen ihrer eigenen Ermittlungen nicht hätte erlangen können: ebenso wohl *Miersch* in: Dalheimer/Feddersen/Miersch, Art. 22, Rn. 10; *Bischke* in: MüKo, Art. 22, Rn. 6.
[53] So auch *Leopold*, Rechtsprobleme der Zusammenarbeit im Netzwerk der Wettbewerbsbehörden nach der Verordnung (EG) Nr. 1/2003, S. 148; a.A. *de Bronett*, Art. 22, Rn. 4f. wonach eine gemeinschaftskonforme Auslegung zu dem Ergebnis führe, dass die gemeinschaftsrechtlichen Befugnisse des Art. 20(2) zur Verfügung stünden; *de Bronett* in: Schröter/Jakob/Mederer, VO 17/62, Art. 13, Rn. 2, noch zur alten Rechtslage, sieht die Mitgliedstaaten verpflichtet, die Voraussetzungen für Art. 20 entsprechende Nachprüfungsmaßnahmen zu schaffen.
[54] Der Wortlaut der Vorschrift ist widersprüchlich, wenn es heißt, *„[d]ie Bediensteten der Kommission [...] können auf Verlangen [...] der Wettbewerbsbehörde des Mitgliedstaats, [...], die Bediensteten dieser Behörde unterstützen"*. *Schütz* (in: GK, § 22, Rn. 4) hält die Rechtslage deshalb für zweifelhaft; *Burrichter* in: Immenga/Mestmäcker, Art. 22, Rn. 44 verneint unter Verweis auf den Wortlaut der Netzbekanntmachung (dort Rn. 30) und dem Wortlaut der Norm („können") eine Pflicht; nach *Miersch* in: Dalheimer/Feddersen/Miersch, Art. 22, Rn. 13 besteht dagegen eine Pflicht – letzteres dürfte sich aus der Verwendung des Wortes „Verlangen" ergeben. Die Frage dürfte indes geringe praktische Relevanz haben. Da es sich weiterhin um ein Ermittlungsverfahren der Kommission handelt, ist davon auszugehen, dass die Kommission regelmäßig einem entsprechenden Ersuchen einer nationalen Wettbewerbsbehörde aus ureigenstem Interesse Folge leisten wird.
[55] *Miersch* in: Dalheimer/Feddersen/Miersch, Art. 22, Rn. 13 weist zudem darauf hin, dass mit dem Begriff „unterstützen" klar gestellt wird, dass die Bediensteten der Kommission ihre Befugnisse nur angepasst an die Vorgaben des nationalen Rechts ausüben dürfen.
[56] Gründe für die geänderte Fassung der Sanktionsvorschrift sind den Gesetzesmaterialien nicht zu entnehmen.

Sanktionen (ebenso wie Zwangsmaßnahmen) im Zusammenhang mit Ermittlungsmaßnahmen nach Art. 22 Abs. 2 nunmehr allein nach den nationalen Vorschriften des betroffenen Mitgliedstaats richten sollen. Allerdings knüpft die Sanktionsvorschrift des Art. 23 Abs. 1 lit. c (ebenso die neuen Sanktionsvorschriften in Art. 23 Abs. 1 lit. d und lit. e) an ein von den Modalitäten der Durchführung der Nachprüfung weitgehend unabhängiges Verhalten an, so dass nach dem Wortlaut eine Sanktion durch die Kommission ungeachtet der Frage der handelnden Behörde (unmittelbar die Kommissionsbediensteten oder per Amtshilfe eine nationale Wettbewerbsbehörde) möglich wäre. Dennoch erscheint die Beschränkung auf nationale Sanktions- und Zwangsvorschriften systemkonformer. Art. 22 Abs. 2 stellt klar, dass die Nachprüfung nach den nationalen Vorschriften durchzuführen ist. Gleiches gilt für die horizontale Amtshilfe nach Art. 22 Abs. 1, hinsichtlich derer klar sein dürfte, dass sich auch Sanktionen und Zwangsmaßnahmen nur nach dem nationalen Recht des ermittelnden Mitgliedstaats richten können (Rn. 20).[57] Zudem würde eine Sanktionierung durch die Kommission nach Art. 23 von Verstößen im Zusammenhang mit durch nationale Behörden durchgeführten Nachprüfungen zu einer nicht wünschenswerten Aufspaltung des Verfahrens führen (so hätten etwa die europäischen Gerichte im Rahmen einer gerichtlichen Überprüfung eines nach Art. 23 verhängten Bußgelds die Rechtmäßigkeit des Vorgehens der nationalen Behörde nach nationalem Recht zu prüfen). Demnach richten sich Sanktionen und Zwangsmaßnahmen allein nach dem Recht der durchführenden Behörde.

d) Weiterleitung der ermittelten Informationen. Es besteht grundsätzlich eine 28 Pflicht der ersuchten Behörde zur Weiterleitung sämtlicher im Rahmen der Nachprüfung erlangter Informationen an die Kommission. Die in Abs. 2 bestimmte Pflicht zur Amtshilfe liefe ansonsten ins Leere.[58]

e) Rechtsschutz. Das **Ersuchen der Kommission,** eine Nachprüfung nach Art. 22 29 Abs. 2 durchzuführen, ist mit selbstständigen Rechtsbehelfen **nicht angreifbar.**[59] Die **Nachprüfungsentscheidung** nach Art. 20 Abs. 4 (und nur diese ist verbindlich und berechtigt die nationale Behörde zur Anwendung von Sanktions- und Zwangsmaßnahmen) selbst ist beim *EuG* nach Art. 230 Abs. 4 EGV anfechtbar. Der Rechtsschutz gegen die Art und Weise der **Durchführung** der Ermittlungsmaßnahme richtet sich gegen die durchführende Behörde und nach **nationalem Recht.**[60]

V. Verhältnis zu anderen Vorschriften

1. Netzbekanntmachung

Die Bekanntmachung der Kommission über die Zusammenarbeit innerhalb des Netzes 30 der Wettbewerbsbehörden[61] enthält Konkretisierungen zur Arbeitsverteilung innerhalb des Netzes sowie hinsichtlich der verschiedenen Instrumente der Verwaltungskooperation, deren Grundnorm Art. 11 Abs. 1 bildet. Zu Art. 22 finden sich in den Rn. 29–30, 39 und 41 der Netzbekanntmachung äußerst knapp gehaltene Hinweise.[62]

---

[57] Was sich allerdings schon aus der mangelnden Sanktionskompetenz des ausländischen Mitgliedstaats ergeben dürfte.

[58] Ebenso *Burrichter* in: Immenga/Mestmäcker, Art. 22, Rn. 43; vgl. aber nachfolgend Rn. 33 zur Beachtung gemeinschaftsrechtlicher Einschränkungen der Ermittlungs- und Verwertungsbefugnisse.

[59] *Burrichter* in: Immenga/Mestmäcker, Art. 22, Rn. 51.

[60] *Miersch* in: Dalheimer/Feddersen/Miersch, Art. 22, Rn. 12; *Burrichter* in: Immenga/Mestmäcker, Art. 22, Rn. 51; *Klocker* WuW 1990, 109 (113). Nach dem *EuGH* kann hier auch die Echtheit der Nachprüfungsentscheidung in Frage gestellt werden (*Hoechst/Kommission* a. a. O. (Fn. 32), Rn. 35).

[61] A. a. O. Fn. 11.

[62] S. auch Art. 11, Rn. 4f.

2. Art. 12, allgemeine Grundsätze des Gemeinschaftsrechts

31 Art. 12 regelt die Weiterleitung und Verwendung von nach Art. 22 Abs. 1 erhobenen Beweismitteln (Art. 22 Abs. 1 Satz 2, vgl. bereits Rn. 21). In diesem Zusammenhang stellt sich die Frage nach den **Auswirkungen von Unterschieden bei den Ermittlungsbefugnissen in den beteiligten Mitgliedstaaten,** insbesondere hinsichtlich von Privilegierungen und anderen Einschränkungen aufgrund der Verteidigungsrechte der betroffenen Unternehmen. Konkret fragt sich, ob sich Ermittlungsmaßnahmen auf Beweismittel erstrecken dürfen, die zwar nach dem bei der Ermittlung anzuwendenden nationalen Recht der ersuchten Behörde rechtmäßig erhoben werden können, die aber nach dem nationalen Recht der ersuchenden Behörde, beispielsweise weil sie in den Schutzbereich eines **Anwaltsprivilegs** fallen, von der ersuchenden Behörde selbst nicht erhoben werden dürften. Auch die Rechtmäßigkeit der Weiterleitung der Beweismittel an die ersuchende Behörde und der nachfolgenden Verwertung der Beweismittel durch diese erweist sich in solchen Fällen als fraglich. Der ausdrückliche Verweis in Art. 22 Abs. 1 auf die Anwendung des Rechts der ersuchten Behörde und das Fehlen von Einschränkungen hinsichtlich der Übermittlung und Verwertung von Beweismitteln in Art. 12[63] – mit Ausnahme der zum Schutz natürlicher Personen in Art. 12 Abs. 3 enthaltenen Vorgaben (welche im Umkehrschluss die einschränkungslose Verwertbarkeit von Beweismitteln für andere Zwecke indizieren) – könnte dahin gehend interpretiert werden, dass bei einem Vorgehen nach Art. 22 Abs. 1 grundsätzlich nur Beschränkungen bzw. Privilegierungen im Recht der ersuchten/ermittelnden Behörde zu beachten sind. Die ersuchende Behörde würde dann **keinerlei Beschränkungen hinsichtlich der Verwertung der Beweismittel** unterliegen, selbst wenn diese nach ihrem eigenen Recht nicht erhebbar wären.[64]

32 Der Ansicht der einschränkungslosen Übermittlung und Verwertung von Beweismitteln nach Art. 12 ist zumindest **im Zusammenhang mit der Erhebung von Beweismitteln nach Art. 22 Abs. 1 nicht zu folgen.** Zunächst ist die der einschränkungslosen Verwertung zugrunde liegende und in Erwägungsgrund 16 geäußerte Ansicht, dass die Verteidigungsrechte, die Unternehmen in den Rechtssystemen der einzelnen Mitgliedstaaten zustehen, als „hinreichend gleichwertig" angesehen werden können, in tatsächlicher Hinsicht zu hinterfragen. Es bestehen jedenfalls aus der Sicht eines betroffenen Unternehmens **erhebliche Unterschiede in den Verteidigungsrechten** in den verschiedenen Mitgliedstaaten. Als Beispiele seien nur Auskunftsverweigerungsrechte und der Schutz des Anwaltsprivilegs genannt.[65] Aus gemeinschaftsrechtlicher Sicht erscheint die schrankenlose Übermittlung und Verwertung von Beweismitteln jedenfalls dann **unzulässig, wenn das in dem ermittelnden Mitgliedstaat vorhandene Schutzniveau nicht die als allgemeine Grundsätze des Gemeinschaftsrechts anerkannten Verteidigungsrechte berücksichtigt.**[66] Eine den allgemeinen Grundsätzen des Gemeinschaftsrechts entsprechende Schutzvorschrift, die in einem Verfahren im Staat der ersuchenden Behörde zu beachten ist, steht daher der Verwertung von Beweismitteln entgegen, selbst wenn die Beweismittel nach dem nationalen Recht des ersuchten Staates – aufgrund eines dortigen niedrigeren

---

[63] Ebenso fehlen solche Einschränkungen in Rn. 28 der Netzbekanntmachung, a. a. O. (Fn. 11).

[64] So auch die Kommentierung zu Art. 12, Rn. 13.

[65] Vgl. *Sauter* in: Langen/Bunte, Art. 11 VO Nr. 17/62, Rn. 16 (hinsichtlich des Umfangs von Auskunftsverweigerungsrechten); *Kapp*, Vertraulichkeit der Anwaltskorrespondenz in Kartellverfahren, WuW 2003, 142; *Bechtold/Buntscheck*, Die Entwicklung des deutschen Kartellrechts 2001 bis 2003, NJW 2003, 2866 (2873) (jeweils hinsichtlich des Umfangs von Anwaltsprivilegien).

[66] Vgl. EuGH U. v. 10. 11. 1993 Rs. C-60/92 – *Otto/Postbank* Slg. 1993, I-5683 Rn. 16, 20, dort hinsichtlich des Verbots der Verpflichtung juristischer Personen, im Verwaltungsverfahren Antworten zu erteilen, durch die das Vorliegen einer Zuwiderhandlung gegen Art. 81, 82 EGV eingestanden werden müsste, mit Verweis auf U. v. 18. 10. 1989 Rs. 374/87 – *Orkem/Kommission* Slg. 1989, S. 3283 Rn. 35.

Schutzniveaus – rechtmäßig erhoben werden könnten.[67] In der Tat sind die allgemeinen Grundsätze des Gemeinschaftsrechts bei jeglicher Tätigkeit auf der Grundlage der gemeinschaftsrechtlichen Regelungen von Art. 22 Abs. 1 und Art. 12 zu beachten, also sowohl bei der Erhebung von Beweismitteln als auch bei deren Weiterleitung und Verwendung, und zwar unabhängig von dem in den beteiligten Mitgliedstaaten vorhandenen Schutzniveau.[68] Zudem ist eine Verwertung (und bereits das Ersuchen selbst) unzulässig, wenn die ersuchende Behörde die Befugnis nach Art. 22 gezielt einsetzt, um das **Schutzniveau** im eigenen Land zu **umgehen**.[69]

Aus den gleichen Gründen sind die **allgemeinen Grundsätze des Gemeinschaftsrechts,** einschließlich der als solche anerkannten Verteidigungsrechte der Unternehmen (wie etwa das gemeinschaftsrechtliche *Legal Privilege*), auch **im Rahmen der „vertikalen Amtshilfe"** nach Art. 22 Abs. 2 **zu beachten,** und zwar sowohl von der nationalen Behörde bei ihren Ermittlungen[70] (vgl. Rn. 25) als auch von der Kommission hinsichtlich der Verwertung der Ermittlungsergebnisse.[71]

3. Andere Formen der Zusammenarbeit

Bedienstete der nationalen Wettbewerbsbehörden können (bzw. müssen) der Kommission Unterstützung im Rahmen von Ermittlungsmaßnahmen, die von der Kommission durchgeführt werden, gewähren. Dies gilt gemäß Art. 20 Abs. 5 und 6 bei Nachprüfungen in Geschäfts- und Betriebsräumen, gemäß Art. 21 Abs. 4 Satz 2 bei Nachprüfungen in anderen Räumlichkeiten und gemäß Art. 19 Abs. 2 bei Befragungen.

---

[67] So auch *Kerse/Khan,* Chapter 5-013 a. E. (auch mit Hinweis auf Erwägungsgrund 37 und den dort enthaltenen Verweis auf die Charta der Grundrechte der Europäischen Union); *Woude,* Exchange of Information within the European Competition Network: Scope and Limits, unter IV.2.1. Sowohl *Kerse/Khan* als auch *Woude* verweisen darauf, dass möglicherweise sogar generell das jeweils höchste Schutzniveau zu berücksichtigen sei. Diese Ansicht dürfte allerdings schwer mit dem Wortlaut des Art. 12 i. V. m. Art. 22 Abs. 1 Satz 2 zu vereinbaren und auch nicht aus den allgemeinen Grundsätzen des Gemeinschaftsrechts ableitbar sein. Nach *Bischke* in: MüKo, Art. 22, Rn. 2 *„kommt eine Einschränkung der Ermittlungsbefugnisse, jedenfalls aber ein Verwertungsverbot in Betracht",* wenn die ermittelnde Behörde über weitergehende Befugnisse als die ersuchende Behörde verfügt.

[68] Vgl. EuGH – *Otto/Postbank* a. a. O. (Fn. 66), Rn. 20, wo ausdrücklich im Hinblick auf entgegen den allgemeinen Grundsätzen des Gemeinschaftsrechts erlangte Informationen angemerkt wird, dass *„die Kommission ‚wie übrigens auch staatliche Behörden' diese Informationen nicht als Beweis für einen Verstoß gegen die Wettbewerbsvorschriften im Rahmen eines Verfahrens, das zu Sanktionen führen kann, oder als Indiz, das die Einleitung einer einem solchen Verfahren vorausgehenden Untersuchung rechtfertigen könnte, verwerten darf."*

[69] *Kerse/Khan,* Chapter 5-014; *Woude,* Exchange of Information within the European Competition Network: Scope and Limits, unter IV.2.1.

[70] Vgl. EuGH – *Otto/Postbank* a. a. O. (Fn. 66), Rn. 20; a. A. das Bundeskartellamt im Tätigkeitsbericht 2001/2002, S. 58, mit einem allerdings unzutreffenden Verweis auf einen Beschluss des *AG Bonn* vom 24. 8. 2001 (Aktenzeichen 51 Gs 673/01) im Zusammenhang mit einer richterlichen Bestätigung einer Beschlagnahmeanordnung durch das Bundeskartellamt zur Unterstützung von Verfahren der Kommission nach Art. 14 Abs. 5 und 6 der Vorgänger-VO 17/62 (nunmehr Art. 20 Abs. 6). Anders als die Ausführungen des Bundeskartellamts im Tätigkeitsbereich nahe legen, enthält der Beschluss des AG Bonn keine Aussage dahingehend, dass nur das (eingeschränkte) Verteidigerprivileg des deutschen Rechts zu beachten sei, nicht aber die Rechtsprechung des EuGH zum *Legal Privilege* in eigenen Verfahren der Kommission. Das Gericht stellt vielmehr fest, dass es nicht befugt sei, über die Frage zu entscheiden, ob bestimmte Dokumente unter das *Legal Privilege* fielen, sondern dass diese Frage auf Gemeinschaftsebene durch die Gerichte zu klären sei. Maßstab dieser Beurteilung ist dann allerdings allein die Rechtsprechung des EuGH zum *Legal Privilege.* Aus den gleichen Gründen ist der Verweis auf das Urteil des AG Bonn bei *Bechtold/Buntscheck,* NJW 2003, 2866 (2873) unzutreffend.

[71] AG Bonn Beschluss v. 24. 8. 2001 a. a. O. (Fn. 70).

4. Nationale Vorschriften

35 Es ist Sache der Mitgliedstaaten, im Einklang mit der VO 1/2003 die Bedingungen zu regeln, unter denen ihre nationalen Wettbewerbsbehörden der Kommission und anderen mitgliedstaatlichen Wettbewerbsbehörden Unterstützung gewähren. Dabei sind sowohl die Wirksamkeit des Vorgehens gegen die Wettbewerbsbeschränkungen als auch die Rechte der Unternehmen durch geeignete Verfahrensmodalitäten zu gewährleisten.[72]

Art. 23. Geldbußen

(1) **Die Kommission kann gegen Unternehmen und Unternehmensvereinigungen durch Entscheidung Geldbußen bis zu einem Höchstbetrag von 1% des im vorausgegangenen Geschäftsjahr erzielten Gesamtumsatzes festsetzen, wenn sie vorsätzlich oder fahrlässig**

a) bei der Erteilung einer nach Artikel 17 oder Artikel 18 Absatz 2 verlangten Auskunft unrichtige oder irreführende Angaben machen;

b) bei der Erteilung einer durch Entscheidung gemäß Artikel 17 oder Artikel 18 Absatz 3 verlangten Auskunft unrichtige, unvollständige oder irreführende Angaben machen oder die Angaben nicht innerhalb der gesetzten Frist machen;

c) bei Nachprüfungen nach Artikel 20 die angeforderten Bücher oder sonstigen Geschäftsunterlagen nicht vollständig vorlegen oder in einer Entscheidung nach Artikel 20 Absatz 4 angeordnete Nachprüfungen nicht dulden;

d) in Beantwortung einer nach Artikel 20 Absatz 2 Buchstabe e) gestellten Frage
 – eine unrichtige oder irreführende Antwort erteilen oder
 – eine von einem Mitglied der Belegschaft erteilte unrichtige, unvollständige oder irreführende Antwort nicht innerhalb einer von der Kommission gesetzten Frist berichtigen oder
 – in Bezug auf Tatsachen, die mit dem Gegenstand und dem Zweck einer durch Entscheidung nach Artikel 20 Absatz 4 angeordneten Nachprüfung in Zusammenhang stehen, keine vollständige Antwort erteilen oder eine vollständige Antwort verweigern;

e) die von Bediensteten der Kommission oder anderen von ihr ermächtigten Begleitpersonen nach Artikel 20 Absatz 2 Buchstabe d) angebrachten Siegel erbrochen haben.

(2) **Die Kommission kann gegen Unternehmen und Unternehmensvereinigungen durch Entscheidung Geldbußen verhängen, wenn sie vorsätzlich oder fahrlässig**

a) gegen Artikel 81 oder Artikel 82 des Vertrags verstoßen oder

b) einer nach Artikel 8 erlassenen Entscheidung zur Anordnung einstweiliger Maßnahmen zuwiderhandeln oder

c) durch Entscheidung gemäß Artikel 9 für bindend erklärte Verpflichtungszusagen nicht einhalten.

Die Geldbuße für jedes an der Zuwiderhandlung beteiligte Unternehmen oder jede beteiligte Unternehmensvereinigung darf 10% seines bzw. ihres jeweiligen im vorausgegangenen Geschäftsjahr erzielten Gesamtumsatzes nicht übersteigen.

Steht die Zuwiderhandlung einer Unternehmensvereinigung mit der Tätigkeit ihrer Mitglieder im Zusammenhang, so darf die Geldbuße 10% der Summe der Gesamtumsätze derjenigen Mitglieder, die auf dem Markt tätig waren, auf dem sich die Zuwiderhandlung der Vereinigung auswirkte, nicht übersteigen.

---

[72] Vgl. *Miersch* in: Dalheimer/Feddersen/Miersch, Art. 22, Rn. 3; zur „vertikalen" Amtshilfe *EuGH Hoechst/Kommission* a.a.O. (Fn. 32), Rn. 19, 33; *de Bronett* in: Schröter/Jakob/Mederer, VO 17/62, Art. 13, Rn. 2. Im deutschen Recht sind Vorgaben für die Amtshilfe nach Art. 22 Abs. 2 in §§ 50–50c GWB vorgesehen. Hinsichtlich der Bestimmung der Wettbewerbsbehörden der Mitgliedstaaten, vgl. Art. 35.

(3) **Bei der Festsetzung der Höhe der Geldbuße ist sowohl die Schwere der Zuwiderhandlung als auch deren Dauer zu berücksichtigen.**

(4) **Wird gegen eine Unternehmensvereinigung eine Geldbuße unter Berücksichtigung des Umsatzes ihrer Mitglieder verhängt und ist die Unternehmensvereinigung selbst nicht zahlungsfähig, so ist sie verpflichtet, von ihren Mitgliedern Beiträge zur Deckung des Betrags dieser Geldbuße zu fordern.**

Werden diese Beiträge innerhalb einer von der Kommission gesetzten Frist nicht geleistet, so kann die Kommission die Zahlung der Geldbuße unmittelbar von jedem Unternehmen verlangen, dessen Vertreter Mitglieder in den betreffenden Entscheidungsgremien der Vereinigung waren.

Nachdem die Kommission die Zahlung gemäß Unterabsatz 2 verlangt hat, kann sie, soweit es zur vollständigen Zahlung der Geldbuße erforderlich ist, die Zahlung des Restbetrags von jedem Mitglied der Vereinigung verlangen, das auf dem Markt tätig war, auf dem die Zuwiderhandlung erfolgte.

Die Kommission darf jedoch Zahlungen gemäß Unterabsatz 2 oder 3 nicht von Unternehmen verlangen, die nachweisen, dass sie den die Zuwiderhandlung begründenden Beschluss der Vereinigung nicht umgesetzt haben und entweder von dessen Existenz keine Kenntnis hatten oder sich aktiv davon distanziert haben, noch ehe die Kommission mit der Untersuchung des Falls begonnen hat.

Die finanzielle Haftung eines Unternehmens für die Zahlung der Geldbuße darf 10% seines im letzten Geschäftsjahr erzielten Gesamtumsatzes nicht übersteigen.

(5) **Die nach den Absätzen 1 und 2 getroffenen Entscheidungen haben keinen strafrechtlichen Charakter.**

Übersicht

	Rn.		Rn.
I. Sinn und Zweck der Regelung	1	b) Ermessenskonkretisierende Leitlinien der Kommission	29
II. Praktische Bedeutung	7	c) Kronzeugenregelung	37
III. Tatbestand		d) Verbot der Doppelbestrafung und Anrechnungsprinzip	48
1. Bußgeldbedrohte Zuwiderhandlungen und Bußgeldrahmen	11	5. Geldbußen als Sanktionen „nicht strafrechtlicher Art"	50
a) Zuwiderhandlung verfahrensrechtlicher Art	12	IV. Rechtsfolgen	52
b) Zuwiderhandlung materiellrechtlicher Art	15	1. Zahlungsverpflichtung und Zahlungsmodalitäten	53
2. Adressaten, Zurechnung und Verschulden	17	2. Gerichtlicher Individualrechtsschutz des Bußgeldadressaten	55
3. Spezielle Haftungsregeln für zahlungsunfähige Unternehmensvereinigungen	21	3. Unbeschränkte Nachprüfung durch den Gerichtshof	58
4. Bemessung der Geldbuße	25	V. Verhältnis zu anderen Vorschriften	60
a) Bemessungskriterien: Schwere und Dauer der Zuwiderhandlung	26		

I. Sinn und Zweck der Regelung

Art. 23 VO 1/2003 verleiht der Kommission die Befugnis, bestimmte rechts- oder pflichtwidrige Verhaltensweisen von Unternehmen oder Unternehmensvereinigungen im Wege der **Festsetzung von Geldbußen** zu sanktionieren. Diese **Sanktionsbefugnis** ist im Hinblick auf die administrative Durchsetzung der in Art. 81 Abs. 1 und 82 EG niedergelegten Verbotstatbestände unverzichtbar.[1] Die in Art. 7 VO 1/2003 geregelte Befugnis 1

---

[1] Ähnlich vgl. beispielsweise EuG U. v. 29. 11. 2005 Rs. T-33/02 – *Britannia Alloys & Chemicals Ltd/Kommission* Slg. 2005, II-4973 Rn. 36; EuG U. v. 29. 11. 2005 Rs. T-64/02 – *Dr. Hans Heubach GmbH & Co. KG/Kommission* Slg. 2005, II-5137 Rn. 179; sowie EuG U. v. 27. 9. 2006 Rs. T-43/02 – *Jungbunzlauer AG/Kommission* Slg. 2006, II-3435 Rn. 297, wonach die kartellverfahrensrechtliche Befugnis der Kommission zur Verhängung von Geldbußen „zu den Befugnissen gehört, die der

Art. 23 VerfVO 2   8. Teil. Kartellverfahrensverordnung

der Kommission zur Feststellung und Abstellung von Zuwiderhandlungen einzelner Unternehmen oder Unternehmensvereinigungen gegen die wettbewerbsrechtlichen Verbotstatbestände, die in Art. 81 Abs. 2 EG kodifizierte Nichtigkeitsfolge und die dezentralen Rechtsschutzmöglichkeiten in Gestalt zivilprozessualer Schadensersatz- und Unterlassungsklagen vor mitgliedstaatlichen Gerichten[2] reichen allein nicht aus, um die Beachtung der Art. 81 und 82 EG sicherzustellen. Aus diesem Grund ermächtigt und verpflichtet Art. 83 Abs. 1 EG den auf dem Gebiet des EG-Kartellrechts tätigen Gemeinschaftsgesetzgeber zum Erlass „zweckdienlicher Verordnungen", deren Vorschriften gemäß **Art. 83 Abs. 2 lit. a EG** insbesondere bezwecken sollen, die Beachtung der in Art. 81 Abs. 1 und 82 EG genannten Verbote durch die Einführung von Geldbußen und Zwangsgeldern zu gewährleisten". Dieser Verpflichtung ist der Verordnungsgeber bereits mit Erlass der Art. 15 und 16 VO 17[3] nachgekommen, die durch die Art. 23 und 24 VO 1/2003 ersetzt worden sind.

2   Der **gemeinsame Zweck der Art. 23 und 24 VO 1/2003** besteht darin, zu gewährleisten, dass sowohl die Beachtung der Art. 81 und 82 EG als auch die Erfüllung der den Unternehmen und Unternehmensvereinigungen in Anwendung der VO 1/2003 auferlegten Pflichten durch die Festsetzung von Geldbußen und Zwangsgeldern sichergestellt werden kann.[4] Über den lediglich auf die Beachtung der Art. 81 und 82 EG rekurrierenden Wortlaut des vorgenannten Art. 83 Abs. 2 lit. a EG hinaus bedarf es insbesondere auch dann wirksamer Sanktionsmöglichkeiten, wenn Unternehmen oder Unternehmensvereinigungen einer nach Art. 8 VO 1/2003 erlassenen Entscheidung zur Anordnung einstweiliger Maßnahmen[5] zuwiderhandeln, wenn sie durch Entscheidung gemäß Art. 9 Abs. 1 VO 1/2003 für bindend erklärte Verpflichtungszusagen[6] nicht einhalten oder wenn sie ihren kartellverfahrensrechtlichen Duldungs- oder Mitwirkungspflichten[7] zuwiderhandeln. Aus diesen Gründen verleiht Art. 23 VO 1/2003 – wie im letzten Satz des 29. Erwägungsgrundes der VO 1/2003 angekündigt – der Kommission die umfassende Befugnis, neben festgestellten Verstößen gegen die Art. 81 und 82 EG auch die letztgenannten Zuwiderhandlungen mit der Festsetzung von Geldbußen zu sanktionieren, sofern diese schuldhaft, d. h. fahrlässig oder vorsätzlich[8] begangen wurden.

Kommission eingeräumt worden sind, um sie in die Lage zu versetzen, die ihr durch das Gemeinschaftsrecht übertragene Überwachungsaufgabe zu erfüllen"; ferner vgl. EuG U. v. 8. 10. 2008 Rs. T-69/04 – *Schunk GmbH u. a./Kommission* noch nicht in der amtl. Slg. veröffentlicht (Rn. 39), wonach diese Sanktionen ein zentrales Instrument darstellen, das der Kommission zur Verfügung steht, um für die Schaffung eines Systems unverfälschten Wettbewerbs i. S. des Art. 3 I lit. g EG in der Gemeinschaft Sorge zu tragen.

[2] Zu diesen zivilrechtlichen (dezentralen) Rechtsschutzmöglichkeiten vgl. nur EuGH U. v. 20. 9. 2001 Rs. C-453/99 – *Courage/Crehan* Slg. 2001, I-6297 m. Anm. *Nowak* EuZW 2001, 717 ff.; sowie jeweils m. w. N. *Baur* EuR 23 (1988), 257; *Jones*, Private Enforcement of Antitrust Law in the EU, UK and USA, 1999, pass.; *Komninos* CMLRev. 2002, 447; *Lettl* ZHR 167 (2003), 473; *Mäsch* EuR 38 (2003), 825; *Odudu/Edelman* ELRev. 27 (2003), 327; *Weyer* ZEuP 2003, 318; *Wurmnest* Private Durchsetzung des EG-Kartellrechts nach der Reform der VO Nr. 17, in: Behrens/Braun/Nowak (Hrsg.), Europäisches Wettbewerbsrecht im Umbruch, 2004, S. 213 ff.; zu den jeweiligen Stärken und Schwächen der administrativen oder privatrechtlichen Durchsetzung des EG-Kartellrechts vgl. *Möschel* WuW 2007, 483 ff.

[3] Verordnung Nr. 17 – Erste Durchführungsverordnung zu den Artikeln 85 und 86 des Vertrags [jetzt: Art. 81 u. 82 EG], ABl. P 13 vom 21. 2. 1962, S. 204.

[4] In diesem Sinne vgl. den 29. Erwägungsgrund der VO 1/2003.

[5] Zu dieser Befugnis der Kommission vgl. die Kommentierung zu Art. 8 VO 1/2003.

[6] Näher zu dieser Entscheidungsbefugnis vgl. die Kommentierung zu Art. 9 VO 1/2003.

[7] Näher zu diesen insbesondere i. R. von Nachprüfungen bestehenden Duldungs- und Mitwirkungspflichten der jeweiligen Nachprüfungsadressaten vgl. die Kommentierung zu Art. 20 VO 1/2003.

[8] Näher zu diesen beiden Anwendungsvoraussetzungen unter Rn. 20.

Art. 23. Geldbußen 3, 4 **Art. 23 VerfVO**

Neben dem gemeinsamen Zweck der Art. 23 und 24 VO 1/2003 sind auch **normspe-** 3
zifische Zielsetzungen zu beachten, die eine auf zwei Vorschriften verteilte Ausgestaltung der Befugnis zur Festsetzung von Geldbußen einerseits und von Zwangsgeldern andererseits sinnvoll erscheinen lässt. Nach ständiger Rechtsprechung gehört die Befugnis der Kommission, Geldbußen gegen Unternehmen zu verhängen, die vorsätzlich oder fahrlässig gegen Art. 81 Abs. 1 oder 82 EG verstoßen, zu den Befugnissen, die der Kommission eingeräumt worden sind, um sie in die Lage zu versetzen, die ihr durch das Gemeinschaftsrecht übertragene Überwachungsaufgabe zu erfüllen.[9] Während die in Art. 24 VO 1/2003 geregelte Befugnis der Kommission zur Festsetzung von Zwangsgeldern primär der Durchsetzung kartellverfahrensrechtlicher Verwaltungsentscheidungen der Kommission dient,[10] besteht der umfassendere Zweck einer Geldbuße nach vorherrschender Auffassung vor allem darin, unerlaubte Handlungen materiellrechtlicher und verfahrensrechtlicher Art zu ahnden, ihrer Wiederholung vorzubeugen und abschreckend zu wirken.[11] Aus Gründen der **Abschreckung** wird z.B. die Befugnis der Kommission zur Festsetzung von Geldbußen nicht etwa dadurch in Frage gestellt, dass das die jeweilige Zuwiderhandlung begründende Unternehmensverhalten und die Möglichkeit nachteiliger Auswirkungen zur Zeit der Bußgeldentscheidung nicht mehr bestehen.[12] Auch die Tatsache, dass ein Unternehmen aus der jeweiligen Zuwiderhandlung keinen Vorteil gezogen hat, steht „der Verhängung einer Geldbuße nicht entgegen, soll diese ihren abschreckenden Charakter nicht verlieren".[13]

Die zurückliegende Entscheidungspraxis der Gemeinschaftsgerichte und der Kommis- 4
sion zu der ursprünglich in Art. 15 VO 17 geregelten Befugnis der Kommission zur Festsetzung von Geldbußen zwingt zu der Schlussfolgerung, dass auch die auf der Grundlage des Art. 23 VO 1/2003 festzusetzenden Geldbußen – neben dem Ziel der Gewinnabschöpfung[14] – insbesondere **präventive und repressive Zwecke** verfolgen.[15] Hierbei steht die negative Generalprävention i. S. der durch die Androhung hoher Geldbußen bewirkten Abschreckung im Vordergrund,[16] die durch spezialpräventive Effek-

---

[9] EuG U. v. 9. 7. 2003 Rs. T-224/00 – *Archer Daniels Midland Company u. a./Kommission* Slg. 2003, II-2597 Rn. 105; EuG U. v. 29. 4. 2004 verb. Rs. T-236/01, T-239/01, T-244 bis 246/01, T-251/01 u. T-252/01 – *Tokai Carbon u. a./Kommission* Slg. 2004, II-1181 Rn. 144; EuG U. v. 27. 9. 2006 Rs. T-43/02 – *Jungbunzlauer AG/Kommission* Slg. 2006, II-3435 Rn. 297.

[10] Näher hierzu vgl. die Kommentierung zu Art. 24 VO 1/2003.

[11] Vgl. nur EuGH U. v. 7. 6. 2007 Rs. C-76/06 P – *Britannia Alloys & Chemicals Ltd/Kommission* Slg. 2007, I-4405 Rn. 22 i.V.m. Rn. 30; EuG U. v. 15. 3. 2006 Rs. T-15/02 – *BASF AG/Kommission* Slg. 2006, II-497 Rn. 218; EuG U. v. 12. 12. 2007 verb. Rs. T-101/05 u. T-111/05 – *BASF AG u. a./Kommission* Slg. 2007, II-4949 Rn. 43.

[12] Grdlg. EuGH U. v. 15. 7. 1970 Rs. 41/69 – *ACF Chemiefarma/Kommission* Slg. 1970, 661 Rn. 172/176; EuGH U. v. 15. 7. 1970 Rs. 44/69 – *Buchler/Kommission* Slg. 1970, 733 Rn. 49.

[13] EuG U. v. 19. 3. 2003 Rs. T-213/00 – *CMA CGM u. a./Kommission* Slg. 2003, II-913 Rn. 340.

[14] Näher dazu jeweils m. w. N. *Dannecker* in: Immenga/Mestmäcker, EG-WbR Bd. II, S. 1759; *Scholz/Haus* EuZW 2002, 682ff.

[15] EuGH U. v. 15. 7. 1970 Rs. 41/69 – *ACF Chemiefarma/Kommission* Slg. 1970, 661 Rn. 172/176; EuGH U. v. 15. 7. 1970 Rs. 45/69 – *Boehringer/Kommission* Slg. 1970, 769 Rn. 53; so auch die allg. Auffassung im Schrifttum, vgl. nur *de Bronett* in: Schröter/Jakob/Mederer, Kommentar zum Europäischen Wettbewerbsrecht, 2003, S. 1085 (Rn. 2); *Dannecker* in: Immenga/Mestmäcker (Fn. 14), Vorbem. Art. 15 Rn. 24; *Schwarze/Weitbrecht* Grundzüge des europäischen Kartellverfahrensrechts, 2004, § 7 Rn. 17.

[16] Vgl. EuGH U. v. 7. 6. 1983 verb. Rs. 100–103/80 – *Musique Diffusion Française u. a./Kommission* Slg. 1983, 1825 Rn. 106; EuG U. v. 30. 9. 2003 Rs. T-203/01 – *Manufacture française des pneumatiques Michelin/Kommission* Slg. 2003, II-4071 Rn. 254 u. 293; sowie die Kommissionsentscheidungen v. 21. 10. 1998 *Fernwärmetechnik-Kartell* ABl. 1999 L 24/1 Ziff. 166; v. 22. 11. 2001 – *Vitamin-Kartell* ABl. 2003 L 6/1 Ziff. 680; v. 5. 12. 2001 – *Luxemburgische Brauereien* ABl. 2002 L 253/21 Ziff. 94; instruktiv vgl. ferner EuG U. v. 27. 9. 2006 Rs. T-59/02 – *Archer Daniels Midland Co./Kommission* Slg.

Art. 23 VerfVO 5

te[17] sowie durch die Figur der positiven Generalprävention i. S. der Bestätigung der Gemeinschaftsrechtsordnung bzw. der Aufrechterhaltung eines Systems unverfälschten Wettbewerbs i. S. des Art. 3 Abs. 1 lit. g EG ergänzt wird.[18]

5   Der in der Ahndung festgestellter Zuwiderhandlung erkennbar werdende repressive Zweck verleiht den auf der Grundlage des Art. 23 VO 1/2003 festzusetzenden Geldbußen zumindest ab einer gewissen Größenordnung zugleich einen **Strafcharakter,**[19] der zum einen zu einer strafrechtlichen bzw. strafrechtsähnlichen Einordnung der gemeinschaftsrechtlichen Kartellgeldbußen und des Art. 23 VO 1/2003 veranlasst. Zum anderen spricht der punitive Charakter der Geldbußen dafür, dass die Geltung grundlegender strafrechtlicher bzw. strafverfahrensrechtlicher Garantien gemeinschaftsverfassungsrechtlicher Art auch im Bereich des gemeinschaftlichen Kartellverfahrensrechts anzuerkennen ist,[20] selbst wenn der dem Art. 15 Abs. 4 VO 17 nachgebildete Art. 23 Abs. 5 VO 1/2003 in mehrdeutiger Weise bestimmt, dass die nach den Absätzen 1 und 2 getroffenen Entscheidungen „keinen strafrechtlichen Charakter" hätten.[21] Zu diesen auch im EG-Kartellverfahrensrecht zu beachtenden Garantien gehören zum einen der vom EuGH anerkannte *nullum crimen sine lege*-Grundsatz[22] und der Grundsatz *nulla poena sine lege*[23] („keine Strafe ohne Gesetz"), die allerdings nach Ansicht des EuG im kartellverfahrensrechtlichen Kontext nicht unbedingt dieselbe Tragweite haben müssen wie im Fall ihrer Anwendung auf eine Situation, die dem Strafrecht im strikten Sinne unterliegt.[24] Zum anderen gehören zu den im EG-Kartellverfahrensrecht zu beachtenden Garantien das gemeinschaftsrechtliche Verbot der Rückwirkung von Strafbestimmungen oder Strafvorschriften,[25] das strafrechtliche Bestimmtheitsge-

---

2006, II-3627 Rn. 129, wonach „die Abschreckung eine der Haupterwägungen ist, von denen sich die Kommission bei der Bußgeldzumessung leiten lassen muss"; diesbzgl. etwas zurückhaltender vgl. EuGH U. v. 29. 6. 2006 Rs. C-289/04 P – *Showa Denko KK/Kommission* Slg. 2006, I-5859 Rn. 16, wonach der „Begriff der Abschreckung" einen bei der Bußgeldberechnung zu berücksichtigenden Gesichtspunkt darstellt; ähnlich EuG U. v. 25. 10. 2005 Rs. T-38/02 – *Groupe Danone/Kommission* Slg. 2005, II-4407 Rn. 168 u. Rn. 346; EuG U. v. 15. 3. 2006 Rs. T-15/02 – *BASF AG/Kommission* Slg. 2006, II-497 Rn. 219.

[17] Siehe dazu etwa die jüngsten Leitlinien der Kommission für das Verfahren zur Festsetzung von Geldbußen gemäß Art. 23 Abs. 2 lit. a VO 1/2003, ABl. 2006 C 210/2 ff; näher dazu unter Rn. 36.

[18] Zutr. *Dannecker* in: Immenga/Mestmäcker (Fn. 14), Vorbem. Art. 15 Rn. 23.

[19] Zutr. m. w. N. *Schwarze/Weitbrecht* (Fn. 15), § 7 Rn. 17 f. i. V. m. Rn. 37; ähnlich *Meyer/Kuhn* WuW 2004, 880 (890).

[20] Zutr. *Schwarze* EuZW 2003, 261 ff.; *ders./Weitbrecht* (Fn. 15), § 7 Rn. 17 f. i. V. m. Rn. 37.

[21] Näher zu dieser Bestimmung unter Rn. 50 f.

[22] EuGH U. v. 7. 1. 2004 Rs. C-60/02 *Strafverfahren gegen X* Slg. 2004, I-651 Rn. 63; zum „Grundsatz der Gesetzmäßigkeit der Strafen" vgl. ferner EuG U. v. 5. 4. 2006 Rs. T-279/02 – *Degussa AG/Kommission* Slg. 2006, II-897 Rn. 66 ff.; sowie zuletzt EuG U. v. 8. 10. 2008 Rs. T-69/04 *Schunk GmbH u. a./Kommission* noch nicht in der amtl. Slg. veröffentlicht (Rn. 28 ff.); zur gelegentlichen – insbesondere an der Geltung dieses Grundsatzes anknüpfenden – Kritik an der rudimentären Ausgestaltung der Bußgeldbemessung in Art. 23 VO 1/2003 näher unter Rn. 9.

[23] Zur höchstrichterlichen Anerkennung und zur EG-kartellverfahrensrechtlichen Bedeutung dieses Grundsatzes vgl. etwa EuGH U. v. 8. 2. 2007 Rs. C-3/06 P – *Groupe Danone/Kommission* Slg. 2007, I-1331 Rn. 30; EuGH, U. v. 22. 5. 2008 Rs. C-266/06 P – *Evonik Degussa GmBH/Kommission* noch nicht in der amtl. Slg. veröffentlicht (Rn. 38); sowie EuG U. v. 25. 10. 2005 Rs. T-38/02 – *Groupe Danone/Kommission* Slg. 2005, II-4407 Rn. 351.

[24] Vgl. EuG U. v. 8. 7. 2008 Rs. T-99/04 – *AC-Treuhand AG/Kommission* noch nicht in der amtl. Slg. veröffentlicht (Rn. 113).

[25] Vgl. EuG U. v. 9. 7. 2003 Rs. T-220/00 *Cheil Jedang/Kommission* Slg. 2003, II-2473 Rn. 43; EuG U. v. 29. 11. 2005 Rs. T-64/02 – *Dr. Hans Heubach GmbH & Co. KG/Kommission* Slg. 2005, II-5137 Rn. 205; EuG U. v. 27. 9. 2006 Rs. T-59/02 – *Archer Daniels Midland Co./Kommission* Slg. 2006, II-3627 Rn. 41; EuGH U. v. 8. 2. 2007 Rs. C-3/06 P – *Groupe Danone/Kommission* Slg. 2007, I-1331 Rn. 87.

bot,[26] der Grundsatz der Individualität der Strafen und Sanktionen[27] und das ebenfalls höchstrichterlich anerkannte Verbot der Doppelbestrafung,[28] die die zahlreichen anderen subjektivrechtlichen Verfahrensgrundrechte bzw. Verteidigungsrechte[29] einschließlich der ebenfalls bei der Bußgeldfestsetzung zu beachtenden Grundsätze der Gleichbehandlung und der Rechtssicherheit[30] sowie des Vertrauensschutzes[31] und der Verhältnismäßigkeit[32] ergänzen.

Der vorgenannte **nullum crimen (nulla poena) sine lege**-Grundsatz streitet nicht nur für die gesetzgeberische bzw. sekundärrechtliche Kodifizierung der einzelnen Bußgeldtatbestände, sondern auch dafür, dass der Gemeinschaftsgesetzgeber – und nicht etwa die Exekutive allein – über die (ungefähre) Höhe der zu erwartenden Geldbuße sowie über die bei der Festsetzung der jeweiligen Geldbuße maßgeblichen Bemessungskriterien entscheidet.[33] Ob die in Art. 23 Abs. 3 VO 1/2003 vorgenommene (rudimentäre) Ausgestaltung der bei der Bemessung der Geldbuße zu berücksichtigenden Kriterien insoweit rechtsgemeinschaftlichen[34] Anforderungen genügt,[35] ist auf Grund der permanent schärfer werdenden Bußgeldpraxis der Kommission (dazu sogleich unter Rn. 8 ff.) nach wie vor umstritten.

II. Praktische Bedeutung

In Anwendung des Art. 15 VO 17, der mit einigen Änderungen in Art. 23 VO 1/2003 übernommen wurde, hat sich die der Kommission obliegende Festsetzung von Geldbußen gegen materiell- und verfahrensrechtliche Zuwiderhandlungen in den letzten Jahrzehnten zu einem immer einschneidenderen **Instrument der gemeinschaftlichen Wettbewerbspolitik** entwickelt. Nachdem die Kommission in den Anfangsjahren der europäischen Integration nur relativ geringe kartellverfahrensrechtliche Geldbußen verhängt hatte,

---

[26] Vgl. EuG U. v. 8. 7. 2008 Rs. T-99/04 – *AC-Treuhand AG/Kommission* noch nicht in der amtl. Slg. veröffentlicht (Rn. 167).

[27] Vgl. EuG U. v. 25. 10. 2005 Rs. T-38/02 – *Groupe Danone/Kommission* Slg. 2005, II-4407 Rn. 278, wonach ein Unternehmen nach diesem Grundsatz nur für Handlungen bestraft werden darf, die ihm individuell zur Last gelegt werden und wonach dieser Grundsatz für alle Verwaltungsverfahren gilt, die zu Sanktionen nach den Wettbewerbsregeln der Gemeinschaft führen können.

[28] Näher dazu unter Rn. 48 f.

[29] Näher zu diesen – zu den Unions- bzw. Gemeinschaftsgrundrechten gehörenden – Verteidigungsrechten vgl. die Kommentierung zu Art. 20 VO 1/2003 Rn. 13 ff., 33 f., 39 f., 45, 57 u. 98.

[30] Zur grds. Relevanz des Gleichbehandlungsgrundsatzes u. des Grundsatzes der Rechtssicherheit bei der Bußgeldfestsetzung durch die Kommission vgl. etwa EuGH U. v. 7. 6. 2007 Rs. C-76/06 P – *Britannia Alloys & Chemicals Ltd/Kommission* Slg. 2007, I-4405 Rn. 40 ff. i. V. m. Rn. 79 ff.; sowie EuG U. v. 29. 11. 2005 Rs. T-33/02 – *Britannia Alloys & Chemicals Ltd/Kommission* Slg. 2005, II-4973 Rn. 53 ff. u. Rn. 69 ff.; EuG U. v. 5. 4. 2006 Rs. T-279/02 – *Degussa AG/Kommission* Slg. 2006, II-897 Rn. 66 ff. u. 323 ff.; EuGH U. v. 8. 2. 2007 Rs. C-3/06 P – *Groupe Danone/Kommission* Slg. 2007, I-1331 Rn. 32 ff.

[31] Vgl. nur EuG U. v. 27. 9. 2006 Rs. T-59/02 – *Archer Daniels Midland Co./Kommission* Slg. 2006, II-3627 Rn. 384 ff.

[32] Zur grds. Bedeutung des Verhältnismäßigkeitsgrundsatzes bei der Bußgeldfestsetzung durch die Kommission vgl. nur EuG U. v. 27. 9. 2006 Rs. T-43/02 – *Jungbunzlauer AG/Kommission* Slg. 2006, II-3435 Rn. 87; sowie zuletzt EuG U. v. 8. 10. 2008 Rs. T-68/04 – *SGL Carbon AG/Kommission* noch nicht in der amtl. Slg. veröffentlicht (Rn. 68 ff.).

[33] Zutr. *Schwarze/Weitbrecht* (Fn. 15), § 7 Rn. 20.

[34] Zu dem auf der supranationalen Gemeinschaftsebene dem Rechtsstaatsprinzip entsprechenden Konzept der Rechtsgemeinschaft vgl. jeweils m. w. N. *Nicolaysen* Rechtsgemeinschaft, Gemeinschaftsgerichtsbarkeit und Individuum, in: Nowak/Cremer (Hrsg.), Individualrechtsschutz in der EG und der WTO, 2002, S. 17 ff.; *Pache* in: Heselhaus/Nowak, Handbuch der Europäischen Grundrechte, 2006, § 4 Rn. 93 ff.

[35] Zweifelnd *Schütz* in: Hootz, Gesetz gegen Wettbewerbsbeschränkungen und Europäisches Kartellrecht – Gemeinschaftskommentar, 5. Aufl. 2004, Art. 23 VO 1/2003 Rn. 3 ff.; *Schwarze/Weitbrecht* (Fn. 15), § 7 Rn. 20 ff.

Art. 23 VerfVO 8   8. Teil. Kartellverfahrensverordnung

markierte ihre *Pioneer*-Entscheidung aus dem Jahre 1979[36] einen ersten signifikanten Anstieg der in dieser und nachfolgenden Entscheidungen festgesetzten Bußgeldhöhen; diese Trendwende ist kurze Zeit später vom EuGH ausdrücklich aus Abschreckungsgründen gebilligt worden.[37] Zu einem noch deutlicheren Anstieg der von der Kommission festzusetzenden Bußgeldhöhen führten sodann die Anfang 1998 von ihr veröffentlichten Leitlinien für das Verfahren zur Festsetzung von Geldbußen,[38] die einen vieldiskutierten – vom EuG u. a. in seinen *Lysin*-Urteilen vom 9. Juli 2003 explizit gebilligten[39] – Wechsel von der bis dato praktizierten umsatzproportionalen Bebußung hin zu einer vom individuellen Umsatz der betreffenden Unternehmen losgelösten Bebußung eingeleitet haben.[40] Diese Leitlinien sind mit Wirkung zum 1. September 2006 durch neue Bußgeldleitlinien der Kommission ersetzt worden.[41]

8   Auf der Grundlage der oben genannten – aus dem Jahre 1998 stammenden – **Leitlinien für das Verfahren zur Festsetzung von Geldbußen,** in denen unter Berücksichtigung erschwerender und mildernder Umstände insbesondere die einst in Art. 15 Abs. 2 VO 17 und nunmehr in Art. 23 Abs. 3 VO 1/2003 festgelegten Bemessungskriterien der Schwere und Dauer der jeweiligen Zuwiderhandlungen[42] fallgruppenspezifisch konkretisiert wurden, verhängte die Kommission beispielsweise im Jahre 2001 Bußgelder in Höhe von insgesamt rund 1,8 Mrd. EURO, wobei der höchste Anteil (rd. 855 Mio. EURO) auf das sog. *Vitamin*-Kartell entfiel.[43] Überaus hohe Geldbußen wurden in der jüngeren Vergangenheit beispielsweise auch im sog. *Graphitelektroden*-Fall (insgesamt rd. 218 Mio. EURO),[44] im sog. *Selbstdurchschreibepapier*-Fall (insgesamt rd. 313 Mio. EURO),[45] im sog. *Reißverschlusshersteller*-Fall (insgesamt rd. 329 Mio. EURO)[46] sowie im sog. *Flachglass*-Fall (insgesamt rd. 487 Mio. EURO)[47] verhängt. Ein vorläufiges „Rekordbußgeld" in Höhe von fast 500 Mio. EURO verhängte die Kommission sodann im Jahre 2004 gegen das Unternehmen *Microsoft* wegen eines von der Kommission festgestellten Missbrauchs einer marktbeherrschenden Stellung i. S. des Art. 82 EG.[48] Der mit den vorgenannten Leitlinien verbundene Anstieg des Bußgeldniveaus ist in der Rechtsprechung nicht beanstandet worden.[49] Vielmehr unterstreicht das EuG unter ausrücklicher Billigung des EuGH immer wieder, dass die Kommission das Niveau der Geldbußen im Interesse der wirksamen Anwendung der Wettbewerbsregeln der Gemeinschaft jederzeit den Erfordernissen ihrer Wettbewerbspolitik

---

[36] Kommissionsentscheidung v. 14. 12. 1979 – *Pioneer Hi-Fi-Geräte* ABl. 1980 L 60/21 insbes. Rn. 104.

[37] EuGH U. v. 7. 6. 1983 Rs. 100–103/80 – *Musique Diffusion Française u. a./Kommission* Slg. 1983, 1825 Rn. 109; in diesem Sinne vgl. auch EuG U. v. 12. 7. 2001 verb. Rs. T-202/98, T-204/98 u. T-207/98 – *Tate & Lyle u. a./Kommission* Slg. 2001, II-2035 Rn. 134.

[38] Leitlinien für das Verfahren zur Festsetzung von Geldbußen, die gemäß Art. 15 Absatz 2 der Verordnung Nr. 17 und gemäß Artikel 65 Absatz 5 EGKS-Vertrag festgesetzt werden, ABl. 1998 C 9/3; näher zu diesen Leitlinien unter Rn. 29–36.

[39] Vgl. EuG U. v. 9. 7. 2003 Rs. T-224/00 – *Archer Daniels Midland Company u. a./Kommission* Slg. 2003, II-2597 Rn. 42 u. 52; sowie EuG U. v. 27. 9. 2006 Rs. T-59/02 – *Archer Daniels Midland Co./Kommission* Slg. 2006, II-3627 Rn. 41 ff.

[40] Näher dazu m. w. N. unter Rn. 29–35.

[41] Näher dazu siehe unter Rn. 36.

[42] Näher zu diesen beiden Bemessungskriterien siehe unter Rn. 26–28.

[43] Entscheidung der Kommission v. 22. 11. 2001 – *Vitamin-Kartell* ABl. 2003 L 6/1 ff.

[44] Entscheidung der Kommission v. 18. 7. 2001 – *Graphitelektroden* ABl. 2002 L 100/1 ff.; vgl. dazu EuG U. v. 29. 4. 2004 verb. Rs. T-236/01, T-239/01, T-244–246/01, T-251/01 u. T-252/01 – *Tokai Carbon u. a./Kommission* Slg. 2004, II-1181 ff.

[45] Entscheidung der Kommission v. 20. 12. 2001 – *Selbstdurchschreibepapier* ABl. 2004 L 115/1 ff.

[46] Vgl. dazu nur die Mitteilung in EuZW 2007, 619.

[47] Vgl. die entspr. Pressemitteilung der Kommission v. 28. 11. 2007 (IP/07/1781).

[48] Entscheidung der Kommission v. 24. 5. 2004 – *Microsoft* ABl. 2007 L 32/23 ff.

[49] Vgl. m.w. N. EuG U. v. 18. 7. 2005 Rs. T-241/01 – *SAS/Kommission* Slg. 2005, II-2917 Rn. 75.

anpassen kann.⁵⁰ Folglich können Unternehmen, die von einem Verwaltungsverfahren betroffen sind, das zu einer Geldbuße führen kann, nicht darauf vertrauen, dass die Kommission das zuvor praktizierte Bußgeldniveau nicht überschreiten wird.⁵¹ Dem folgt der EuGH insoweit, als er in seiner jüngeren Rechtsprechung deutlich machte, dass sich die Unternehmen bewusst sein müssen, „dass die Kommission jederzeit beschließen kann, das Niveau der Geldbußen gegenüber dem in der in der Vergangenheit praktizierten Niveau anzuheben.⁵² Vor einer solchen Anhebung ist der jeweilige Bußgeldadressat nach der jüngsten Rechtsprechung des Gemeinschaftsrichters weder durch den allgemeinen Gleichbehandlungsgrundsatz und den Grundsatz *nullum crimen, nulla poena sine lege* noch durch den Grundsatz der Rechtssicherheit oder das gemeinschaftsverfassungsrechtliche Rückwirkungsverbot hinreichend geschützt.⁵³

Das permanent **ansteigende Bußgeldniveau,** dem durch die bisherigen Mitteilungen der Kommission über den Erlass und die Ermäßigung von Geldbußen in Kartellsachen⁵⁴ nur begrenzt Einhalt geboten wird, intensivierte die seit Erlass der o. g. Leitlinien im Schrifttum geführte Diskussion⁵⁵ über die von einigen Autoren immer wieder betonte Notwendigkeit einer umfassenderen bzw. präziseren Ausgestaltung der bußgeldbezogenen Bemessungskriterien durch den Gemeinschaftsgesetzgeber, d. h. in der jeweiligen Kartellverfahrensverordnung selbst und nicht etwa in „untergesetzlichen" Verwaltungsrichtlinien bzw. Leitlinien.⁵⁶ Offenbar unbeeindruckt von dieser Diskussion hat sich der Verordnungsgeber mit Erlass der VO 1/2003 dafür entschieden, die mit bestimmten Höchstsätzen und mit den konkretisierungsbedürftigen Bemessungskriterien der „Dauer und Schwere der Zuwiderhandlung" operierenden Regelungen des Art. 15 VO 17 in Art. 23 VO 1/2003 zu übernehmen.⁵⁷ Da die letztgenannte Vorschrift insoweit im Wesentlichen dem Art. 15 VO

9

---

⁵⁰ Vgl. nur EuG U. v. 14. 5. 1998 Rs. T-352/94 – *Mo och Domsjö/Kommission* Slg. 1998, II-1989 Rn. 355; EuG U. v. 9. 7. 2003 Rs. T-224/00 – *Archer Daniels Midland Company u. a./Kommission* Slg. 2003, II-2597 Rn. 56; EuG U. v. 9. 7. 2003 Rs. T-220/00 *Cheil Jedang/Kommission* Slg. 2003, II-2473 Rn. 35; EuG U. v. 25. 10. 2005 Rs. T-38/02 – *Groupe Danone/Kommission* Slg. 2005, II-4407 Rn. 135; EuG U. v. 5. 4. 2006 Rs. T-279/02 – *Degussa AG/Kommission* Slg. 2006, II-897 Rn. 81; EuG U. v. 12. 9. 2007 Rs. T-30/05 – *William Prym GmbH & Co. KG/Kommission* Slg. 2007, II-107 Rn. 167; EuG U. v. 10. 4. 2008 Rs. T-271/03 – *Deutsche Telekom AG/Kommission* noch nicht in der amtl. Slg. veröffentlicht (Rn. 316); dem zustimmend vgl. etwa EuGH U. v. 28. 6. 2005 Rs. C-189/02 P, C-202/02 P, C-205/02 P bis C-208/02 P und C-213/02 P – *Dansk Rørindustri u. a./Kommission* Slg. 2005, I-5425 Rn. 169; EuGH U. v. 18. 5. 2006 Rs. C-397/03 P – *Archer Daniels Midland Co. u. a./Kommission* Slg. 2006, I-4429 Rn. 21.

⁵¹ Vgl. nur EuG U. v. 26. 4. 2007 verb. Rs. T-109/02, T-118/02, T-122/02, T-125/02, T-126/02, T-128/02, T-129/02, T-132/02 u. T-136/02 – *Bolloré SA/Kommission* Slg. 2007, II-947 Rn. 376 u. 407.

⁵² Vgl. nur EuGH U. v. 28. 6. 2005 Rs. C-189/02 P, C-202/02 P, C-205/02 P bis C-208/02 P und C-213/02 P – *Dansk Rørindustri u. a./Kommission* Slg. 2005, I-5425 Rn. 228 f.

⁵³ Vgl. EuGH U. v. 28. 6. 2005 Rs. C-189/02 P, C-202/02 P, C-205/02 P bis C-208/02 P und C-213/02 P – *Dansk Rørindustri u. a./Kommission* Slg. 2005, I-5425 Rn. 169 ff. u. Rn. 232; EuGH U. v. 8. 2. 2007 Rs. C-3/06 P – *Groupe Danone/Kommission* Slg. 2007, I-1331 Rn. 23 ff., 36 ff. u. 87 ff.; EuGH U. v. 7. 6. 2007 Rs. C-76/06 P – *Britannia Alloys & Chemicals Ltd/Kommission* Slg. 2007, I-4405 Rn. 40 ff. i. V. m. Rn. 79 ff.; sowie EuG U. v. 29. 11. 2005 Rs. T-64/02 – *Dr. Hans Heubach GmbH & Co. KG/Kommission* Slg. 2005, II-5137 Rn. 205 ff.; EuG U. v. 26. 4. 2007 verb. Rs. T-109/02, T-118/02, T-122/02, T-125/02, T-126/02, T-128/02, T-129/02, T-132/02 u. T-136/02 – *Bolloré SA/Kommission* Slg. 2007, II-947 Rn. 409.

⁵⁴ ABl. 2002 C 45/3; zu den hier angesprochenen „Kronzeugenregelungen" siehe Rn. 37–47.

⁵⁵ Vgl. nur *Hellmann* WuW 1999, 333 (335 u. 338); ders. WuW 2002, 944 (947); *Kallmeyer/Haupt* EuZW 2002, 677 ff.; *Weitbrecht* EuZW 1998, 677 (684).

⁵⁶ Vgl. nur *Schwarze/Weitbrecht* (Fn. 15), § 7 Rn. 1 ff.; *Soltész/Steinle/Bielesz* EuZW 2003, 202 ff.; kritisch ferner *Hellmann* WuW 2002, 944 ff.

⁵⁷ Näher zu diesen Höchstsätzen und Bemessungskriterien siehe unter Rn. 25–28.

Art. 23 VerfVO 10, 11   8. Teil. Kartellverfahrensverordnung

17 entspricht und Art. 23 VO 1/2003 nur wenige Neuerungen vorsieht, entfaltet diese Vorschrift im Ergebnis keine die bisherige Bußgeldpolitik stärker disziplinierende bzw. legitimierende Wirkung.

10 Zu den vorgenannten „wenigen Neuerungen" gehört zum einen die in Art. 23 Abs. 1 VO 1/2003 vorgenommene **Änderung des Sanktionsrahmens,** der für Geldbußen im Falle von Zuwiderhandlungen einzelner Unternehmen oder Unternehmensvereinigungen gegen verfahrensrechtliche Mitwirkungs- und Duldungspflichten gilt.[58] Neu ist ferner die in Art. 23 Abs. 4 VO 1/2003 enthaltene Regelung, wonach die Mitglieder einer Unternehmensvereinigung für die gegen diese Vereinigung ausgesprochene Geldbuße gesamtschuldnerisch haften, wenn die betreffende Unternehmensvereinigung selbst nicht zahlungsfähig ist.[59] Schließlich ist auf den Wegfall der einst in Art. 15 Abs. 5 VO 17 geregelten Bußgeldimmunität im Kontext angemeldeter Kartellvereinbarungen hinzuweisen,[60] die durch den mit der VO 1/2003 bewerkstelligten Systemwechsel[61] von einem Kartellverbot mit Erlaubnisvorbehalt hin zu einer – das ursprünglich in Art. 4–8 VO 17 geregelte Freistellungsverfahren erübrigenden – unmittelbar anwendbaren Legalausnahme (Art. 81 Abs. 3 EG) obsolet geworden ist.

III. Tatbestand

1. Bußgeldbedrohte Zuwiderhandlungen und Bußgeldrahmen

11 Bei der Festsetzung von Geldbußen ist nach Art. 23 Abs. 1 und 2 VO 1/2003 – wie zuvor nach Art. 15 Abs. 1 und 2 VO 17 – zwischen Zuwiderhandlungen gegen verfahrensrechtliche Mitwirkungs- und Duldungspflichten einerseits (a) und materiellrechtlichen Zuwiderhandlungen andererseits (b) zu unterscheiden. Für die Sanktionierung der erstgenannten Zuwiderhandlungen ist in Art. 23 Abs. 1 VO 1/2003 ein **Höchstbetrag von 1%** des im vorausgegangenen Geschäftsjahr erzielten Gesamtumsatzes[62] vorgesehen, der gegenüber dem zuvor in Art. 15 VO 17 festgelegten Höchstbetrag in Höhe von „einhundert bis fünftausend Rechnungseinheiten" aus Abschreckungsgründen deutlich erhöht wurde. Unverändert geblieben ist hingegen der gemäß Art. 23 Abs. 2 VO 1/2003 für materielle Zu-

---

[58] Näher dazu unter Rn. 12–14.
[59] Näher dazu unter Rn. 21–24.
[60] Zum Sinn und Zweck dieser damaligen Regelung vgl. etwa EuG U. v. 14. 12. 2006 verb. Rs. T-259/02 bis T-264/02 u. T-271/02 – *Raiffaisen Zentralbank Österreich AG u. a./Kommission* Slg. 2006, II-5169 Rn. 213.
[61] Ausführlich zu diesem Systemwechsel vgl. *Bartosch* WuW 2000, 462 ff.; *Braun* Der Systemwechsel im europäischen (und deutschen) Kartellrecht (VO 1/2003) – Vorschläge für die Unternehmenspraxis, in: Behrens/dies./Nowak, Europäisches Wettbewerbsrecht im Umbruch, 2004, S. 167 ff.; *Hossenfelder/Lutz* WuW 2003, 118 ff.; *Kamann/Bergmann* BB 2003, 1743 ff.; *Möschel* JZ 2000, 61 ff.; *Schmidt* BB 2003, 1237 ff.; *Weitbrecht* EuZW 2003, 69 ff.
[62] Nach Ziff. 5.a) der nachfolgend unter Rn. 29–36 näher behandelten Leitlinien für das Verfahren zur Festsetzung von Geldbußen (ABl. 1998 C 9/3) sollte das für den Gesamtumsatz zugrunde zu legende Geschäftsjahr soweit wie möglich das dem Jahr des Erlasses der Entscheidung vorausgehende Geschäftsjahr oder, falls Angaben zu diesem Jahr nicht verfügbar sind, das unmittelbar vorausgehende Geschäftsjahr sein; zur Umsatzberechnung siehe EuG U. v. 23. 3. 1994 verb. Rs. T-39/92 u. T-40/92 – *Groupement des cartes bancaires u. Europay International/Kommission* Slg. 1994, II-49 Rn. 137–139; instruktiv zu dem ursprünglich in Art. 15 Abs. 2 Uabs. 1 VO 17 enthaltenen Begriff „letztes Geschäftsjahr" vgl. EuGH U. v. 7. 6. 2007 Rs. C-76/06 P – *Britannia Alloys & Chemicals Ltd/Kommission* Slg. 2007, I-4405 Rn. 19 ff. (insb. Rn. 30, wo es heißt: „Hat das betroffene Unternehmen [...] im letzten Geschäftsjahr vor Erlass der Entscheidung der Kommission keinen Umsatz erzielt, ist diese [...] berechtigt, ein anderes Geschäftsjahr heranzuziehen, um die finanziellen Mittel dieses Unternehmens richtig bewerten zu können und um sicherzustellen, dass die Geldbuße eine ausreichende abschreckende Wirkung entfaltet.").

widerhandlungen grundsätzlich geltende **Höchstbetrag von 10%** des im vorausgegangenen Geschäftsjahr erzielten Gesamtumsatzes.[63] Die einst in Art. 15 Abs. 2 VO 17 zusätzlich vorgesehene Untergrenze in Höhe von „eintausend bis einer Million Rechnungseinheiten", über die die Kommission in der zurückliegenden Bußgeldpraxis ohnehin regelmäßig weit hinausgegangen ist,[64] hat in Art. 23 Abs. 2 VO 1/2003 keinen Eingang gefunden.

a) **Zuwiderhandlungen verfahrensrechtlicher Art.** Nach Art. 23 Abs. 1 lit. a und b VO 1/2003 kann die Kommission gegen Unternehmen und Unternehmensvereinigungen durch Entscheidung zum einen dann Geldbußen bis zu einem Höchstbetrag von 1% des im vorausgegangenen Geschäftsjahr erzielten Gesamtumsatzes festsetzen, wenn sie i. R. der Untersuchung einzelner Wirtschaftszweige und einzelner Arten von Vereinbarungen i. S. des Art. 17 VO 1/2003 oder im Zuge von **Auskunftsverlangen** i. S. des Art. 18 VO 1/2003 vorsätzlich oder fahrlässig bei der Erteilung einer nach Art. 17 oder 18 Abs. 2 VO 1/2003 verlangten Auskunft unrichtige oder irreführende Angaben machen (lit. a) oder wenn sie bei der Erteilung einer durch Entscheidung gemäß Art. 17 oder 18 Abs. 3 VO 1/2003 verlangten Auskunft unrichtige, unvollständige oder irreführende Angaben machen oder die Angaben nicht innerhalb der gesetzten Frist machen (lit. b). Diese beiden Bußgeldtatbestände erweitern den Kreis sanktionierbarer Zuwiderhandlungen in erheblicher Weise, da sich die ebenfalls auf die Untersuchung von Wirtschaftszweigen und Auskunftsersuchen zugeschnittene Vorgängerregelung des Art. 15 Abs. 1 lit. b VO 17 einst auf die Sanktionierung unrichtiger und nicht fristgerecht erteilter Auskünfte beschränkte. 12

Zum anderen kann die Kommission gemäß Art. 23 Abs. 1 lit. c VO 1/2003 Geldbußen bis zu einem Höchstbetrag von 1% des im vorausgegangenen Geschäftsjahr erzielten Gesamtumsatzes festsetzen, wenn die betreffenden Unternehmen und Unternehmensvereinigungen bei **Nachprüfungen** i. S. des Art. 20 VO 1/2003 die angeforderten Bücher oder sonstigen Geschäftsunterlagen nicht vollständig vorlegen oder in einer Entscheidung nach Art. 20 Abs. 4 VO 1/2003 angeordnete Nachprüfungen nicht dulden (lit. c). Dieser Bußgeldtatbestand stimmt weitgehend mit der Vorgängerregelung des Art. 15 Abs. 1 lit. c VO 17 überein, der sich allerdings im Unterschied zu Art. 23 Abs. 1 lit. VO 1/2003 explizit auch auf Nachprüfungen mitgliedstaatlicher Behörden bezog. 13

Darüber hinaus gilt der o. g. Höchstsatz von 1% des im vorausgegangenen Geschäftsjahr erzielten Gesamtumsatzes gemäß Art. 23 Abs. 1 lit. d und e VO 1/2003 für Zuwiderhandlungen im Kontext des in Art. 20 Abs. 2 lit. e VO 1/2003 geregelten Befragungsrechts sowie für den Bruch eines auf der Grundlage des Art. 20 Abs. 2 lit. d VO 1/2003 angebrachten Siegels. Diese beiden Bußgeldtatbestände kannte Art. 15 VO 17 noch nicht, da der Kommission sowohl das **Befragungsrecht** als auch die **Versiegelungsbefugnis** erst seit dem In-Kraft-Treten der VO 1/2003 zur Verfügung stehen. Der einst in Art. 15 Abs. 1 lit. a VO 17 enthaltene Bußgeldtatbestand, der sich auf unrichtige oder entstellte Angaben im Zusammenhang mit Anträgen auf Erteilung von Negativattesten i. S. Art. 2 VO 17 und von Einzelfreistellungsentscheidungen i. S. der Art. 4, 6 und 8 VO 17 bezog, ist auf Grund des oben bereits erwähnten Systemwechsels[65] obsolet geworden und deshalb nicht in Art. 23 Abs. 1 VO 1/2003 übernommen worden. 14

---

[63] Zum Sinn und Zweck einer solchen (sekundärrechtlichen) Höchstbetragsfestsetzung vgl. EuGH U. v. 7. 6. 2007 Rs. C-76/06 P – *Britannia Alloys & Chemicals Ltd/Kommission* Slg. 2007, I-4405 Rn. 24, wo es in Ansehung des damaligen Art. 15 Abs. 2 UAbs. 2 VO 17 heißt, „dass durch die auf den Umsatz bezogene Obergrenze [...] verhindert werden soll, dass die von der Kommission verhängten Geldbußen außer Verhältnis zur Größe des betreffenden Unternehmens stehen"; so auch bereits EuG U. v. 29. 11. 2005 Rs. T-33/02 – *Britannia Alloys & Chemicals Ltd/Kommission* Slg. 2005, II-4973 Rn. 35; EuG U. v. 29. 11. 2005 Rs. T-52/02 – *Société nouvelle des couleurs zinciques SA/Kommission* Slg. 2005, II-5005 Rn. 96; näher zur Ausgestaltung dieser „Kappungsgrenze" und deren *pendant* im dt. Kartellrecht vgl. *Buntscheck* EuZW 2007, 423 ff.

[64] Dazu siehe bereits oben unter Rn. 8 ff.

[65] Siehe oben Rn. 10.

Art. 23 VerfVO 15–17   8. Teil. Kartellverfahrensverordnung

15   **b) Zuwiderhandlungen materiellrechtlicher Art.** Nach Art. 23 Abs. 2 Uabs. 1 lit. a VO 1/2003 kann die Kommission – wie zuvor nach Art. 15 Abs. 2 lit. a VO 17 – gegen Unternehmen und Unternehmensvereinigungen durch Entscheidung zum einen dann Geldbußen bis zu einem Höchstbetrag von 10% des im vorausgegangenen Geschäftsjahr erzielten Gesamtumsatzes[66] festsetzen, wenn sie vorsätzlich der fahrlässig gegen **Art. 81 oder 82 EG** verstoßen. Der ursprünglich in Art. 15 Abs. 2 lit. b VO 17 enthaltene Bußgeldtatbestand, der sich auf Zuwiderhandlungen gegen eine im Zusammenhang mit dem Erlass einer Einzelfreistellungsentscheidung erteilte Auflage bezog, ist auf Grund des o. g. Systemwechsels, der mit einem Wegfall des Einzelfreistellungsverfahrens verbunden ist, obsolet geworden. Stattdessen bestimmt Art. 23 Abs. 2 Uabs. 1 VO 1/2003, dass die Kommission auch dann gegen Unternehmen und Unternehmensvereinigungen Geldbußen bis zu einem Höchstbetrag von 10% des im vorausgegangenen Geschäftsjahr erzielten Gesamtumsatzes festsetzen kann, wenn sie einer nach Art. 8 VO 1/2003 erlassenen Entscheidung zur Anordnung einstweiliger Maßnahmen zuwiderhandeln (lit. b) oder wenn sie eine durch Entscheidung gemäß Art. 9 VO 1/2003 für bindend erklärte Verpflichtungszusage nicht einhalten (lit. c).

16   Für die in Art. 23 Abs. 2 Uabs. 1 lit. a–c VO 1/2003 aufgeführten Zuwiderhandlungen bestimmt Uabs. 2 dieser Vorschrift grundsätzlich, dass die Geldbuße für jedes an der Zuwiderhandlung beteiligte Unternehmen oder jede beteiligte Unternehmensvereinigung 10% seines bzw. ihres im vorausgegangenen Geschäftsjahr erzielten Gesamtumsatzes nicht übersteigen darf. Eine neuartige – dem Art. 15 VO 17 noch fremde – **Sonderregelung** enthält indes Art. 23 Abs. 2 Uabs. 3 VO 1/2003 für bestimmte Zuwiderhandlungen einer Unternehmensvereinigung, die mit der Tätigkeit ihrer Mitglieder im Zusammenhang stehen. In einer solchen Konstellation darf die von der Kommission festzusetzende Geldbuße auf keinen Fall 10% der Summe der Gesamtumsätze derjenigen Mitglieder übersteigen, die auf dem Markt tätig waren, auf dem sich die jeweilige Zuwiderhandlung der betreffenden Unternehmensvereinigung auswirkte.

2. Adressaten, Zurechnung und Verschulden

17   Die Bußgeldandrohung des Art. 23 VO 1/2003 gilt nach Abs. 1 dieser Vorschrift nur für **Unternehmen und Unternehmensvereinigungen.**[67] Insoweit stimmen die Normadressaten des Art. 23 VO 1/2003 und der Art. 81 und 82 EG grundsätzlich überein.[68] Diese

---

[66] Näher zum Begriff des Gesamtumsatzes vgl. *Buntscheck* EuZW 2007, 423 (424 m.w.N.); sowie EuG U. v. 12. 12. 2007 Rs. T-112/05 – *Akzo Nobel NV u. a./Kommission* Slg. 2007, II-5049 Rn. 90, wonach die in dieser Bestimmung festgelegte Obergrenze von 10% anhand des gesamten Umsatzes aller Gesellschaften zu ermitteln ist, aus denen die als Unternehmen i. S. von Art. 81 EG auftretende wirtschaftliche Einheit besteht, da nur der Gesamtumsatz der zu dieser Einheit gehörenden Gesellschaften die Größe und die Wirtschaftskraft des fraglichen Unternehmens widerspiegeln kann; zum vorgenannten Konzept der „wirtschaftlichen Einheit" siehe auch Fn. 68.

[67] Zum denkbaren Haftungsübergang auf deren Rechtsnachfolger vgl. zum einen die Kommissionsentscheidung v. 2. 7. 2002 – *Methionin* ABl. 2003 L 255/1 Ziff. 235; zum anderen vgl. EuGH U. v. 11. 12. 2007 Rs. C-280/06 *Autorità Garante della Concorrenza e del Mercato/Ente tabacchi italiani u. a.* Slg. 2007, I-10893 Rn. 43, wonach die Verhängung der Sanktion gegen den Rechtsnachfolger nicht allein deshalb ausgeschlossen sei, weil dieser in einer anderen Rechtsform und nach anderen Modalitäten tätig ist als der Vorgänger.

[68] Zu den Tatbestandsmerkmalen „Unternehmen" u. „Unternehmensvereinigungen" vgl. die Kommentierungen zu Art. 81 Abs. 1 EG u. Art. 82 EG sowie EuGH U. v. 11. 12. 2007 Rs. C-280/06 *Autorità Garante della Concorrenza e del Mercato/Ente tabacchi italiani u. a.* Slg. 2007, I-10893 Rn. 38, wonach „der Begriff des Unternehmens [...] jede eine wirtschaftliche Tätigkeit ausübende Einrichtung unabhängig von ihrer Rechtsform und der Art ihrer Finanzierung [umfasst]"; so auch EuGH, U. v. 1. 7. 2008 Rs. C-49/07 – *MOTEO/Elliniko Dimosio* noch nicht in der amtl. Slg. veröffentlicht (Rn. 21); EuGH U. v. 28. 6. 2005 verb. Rs. C-189/02 P, Rs. C-202/02 P, Rs. C-205/02 P

Normadressaten handeln durch ihre Angestellten oder sonstigen Vertreter, deren Verhalten ihnen zugerechnet wird.[69] Gleiches gilt im Hinblick auf das **Verschulden**, d. h. hinsichtlich der in Art. 23 Abs. 1 und 2 VO 1/2003 enthaltenen subjektiven Tatbestandsmerkmale „vorsätzlich" und „fahrlässig", die sich nur auf das Verhalten natürlicher Personen beziehen bzw. nur bei diesen Personen vorliegen können.[70] Insofern verwirklicht ein Unternehmen oder eine Unternehmensvereinigung einen der o. g. Bußgeldtatbestände, wenn das rechtswidrige Verhalten zu den dienstlichen Aufgaben des jeweils handelnden Bediensteten gehört[71] bzw. wenn dieses Verhalten auf einer dienstlichen Weisung beruht[72] und die handelnde Person dabei eine oder mehrere der in Art. 23 Abs. 1 und 2 VO 1/2003 aufgeführten Zuwiderhandlungen vorsätzlich oder fahrlässig begeht. Auf eine spezielle Vertretungsbefugnis der handelnden Person kommt es dabei ebenso wenig an[73] wie auf die etwaige Kenntnis der Inhaber oder Geschäftsführer der betreffenden Normadressaten.[74]

Die soeben angesprochene Verhaltenszurechnung auf Grund von Weisungen gilt grundsätzlich auch im Verhältnis von Unternehmen zueinander. Ist beispielsweise ein Unternehmen einem anderen Unternehmen gegenüber weisungsbefugt – wie dies i. d. R. im **Verhältnis zwischen Mutter- und Tochtergesellschaften** der Fall ist – und handelt das letztgenannte Unternehmen den Weisungen entsprechend, so kann die jeweilige Zuwiderhandlung dem erstgenannten Unternehmen nach ständiger Rechtsprechung des Gemeinschaftsrichters mit der Folge zugerechnet werden, dass es selbst Bußgeldadressat ist.[75] Eine (widerlegbare) Vermutung dafür, dass die Tochtergesellschaft tatsächlich auf Grund von Weisungen gehandelt hat bzw. dass die Muttergesellschaft einen bestimmenden Einfluss auf das

---

bis Rs. C-208/02 P u. C-213/02 P – *Dansk Rørindustri u. a./Kommission* Slg. 2005, I-5425 Rn. 112; EuG U. v. 13. 12. 2006 verb. Rs. T-217/03 u. T-245/03 – *Fédération nationale de la coopération bétail et viande u. a./Kommission* Slg. 2006, II-4987 Rn. 52; ferner vgl. EuG U. v. 12. 12. 2007 Rs. T-112/05 – *Akzo Nobel NV u. a./Kommission* Slg. 2007, II-5049 Rn. 57 f., wonach der Begriff des Unternehmens i. S. von Art. 81 EG wirtschaftliche Einheiten umfasst, die jeweils in einer einheitlichen Organisation persönlicher, materieller und immaterieller Mittel bestehen, mit der dauerhaft ein bestimmter wirtschaftlicher Zweck verfolgt wird, und wonach verschiedene Gesellschaften, die zum selben Konzern gehören, eine wirtschaftliche Einheit und somit ein Unternehmen darstellen, wenn sie ihr Marktverhalten nicht selbständig bestimmen; zur Möglichkeit, dass zwei Gesellschaften mit je eigener Rechtspersönlichkeit ein und dasselbe Unternehmen i. S. von Art. 81 Abs. 1 EG bilden, vgl. etwa EuG U. v. 15. 9. 2005 Rs. T-325/01 – *DaimlerChrysler AG/Kommission* Slg. 2005, II-3319 Rn. 85.

[69] Vgl. nur EuG U. v. 15. 3. 2000 verb. Rs. T-25/95 u. a. – *Cimenteries CBR u. a./Kommission* Slg. 2000, II-495 Rn. 1318, 1351 u. 1360.

[70] Zutr. *Mestmäcker/Schweitzer*, Europäisches Wettbewerbsrecht, 2. Aufl. 2004, § 21 Rn. 17.

[71] Vgl. *de Bronett* in: Schröter/Jakob/Mederer (Fn. 15), S. 1087 (Rn. 6).

[72] EuGH U. v. 7. 6. 1983 verb. Rs. 100–103/80 – *Musique Diffusion Française u. a./Kommission* Slg. 1983, 1825 Rn. 97 f.

[73] Vgl. EuG U. v. 29. 4. 2004 verb. Rs. T-236/01, T-239/01, T-244–246/01, T-251/01 u. T-252/01 – *Tokai Carbon u. a./Kommission* Slg. 2004, II-1181 Rn. 277, wonach es auf die rechtswidrige Handlung einer Person ankomme, die im Allgemeinen berechtigt ist, für das Unternehmen tätig zu werden.

[74] Vgl. nur EuGH U. v. 7. 6. 1983 verb. Rs. 100–103/80 – *Musique Diffusion Française u. a./Kommission* Slg. 1983, 1825 Rn. 97; EuGH U. v. 18. 9. 2003 Rs. C-338/00 P – *Volkswagen/Kommission* Slg. 2003, I-9189 Rn. 98.

[75] EuGH U. v. 14. 7. 1972 Rs. 48/69 – *ICI/Kommission*, Slg. 1972, 619 Rn. 132/135; EuGH U. v. 16. 11. 2000 Rs. C-294/98 P – *Metsä-Serla u. a./Kommission* Slg. 2000, I-10065 Rn. 27; EuG U. v. 13. 12. 2001 verb. Rs. T-45 u. 47/98 – *Krupp Thyssen Stainless u. a./Kommission* Slg. 2001, II-3757 Rn. 189; EuG U. v. 4. 7. 2006 Rs. T-304/02 – *Hoek Loos NV/Kommission* Slg. 2006, II-1887 Rn. 117; sowie EuG U. v. 14. 12. 2006 verb. Rs. T-259/02 bis T-264/02 u. T-271/02 – *Raiffeisen Zentralbank Österreich AG u. a./Kommission* Slg. 2006, II-5169 Rn. 330 f., mit der weiteren Klarstellung, dass diese „Möglichkeit, der Muttergesellschaft die Sanktion für das rechtswidrige Verhalten der Tochtergesellschaft aufzuerlegen, [...] der Verhängung einer Sanktion gegen die Tochtergesellschaft selbst nicht entgegen[steht]".

Art. 23 VerfVO 19

Verhalten seines Tochterunternehmens ausübt und insoweit beide ein einziges Unternehmen darstellen, besteht nach ständiger Rechtsprechung der Gemeinschaftsgerichte jedenfalls dann, wenn das jeweilige Gesellschaftskapital zu 100% im Besitz der Muttergesellschaft ist bzw. wenn das Kapital der Tochtergesellschaft zu 100% von ihrer Muttergesellschaft gehalten wird.[76] In diesem Sinne wird die Tatsache, dass die Muttergesellschaft 100% des Kapitals der Tochtergesellschaft hält, als ein „starkes Indiz" dafür angesehen, dass sie entscheidenden Einfluss auf das Marktverhalten der Tochtergesellschaft ausüben kann.[77] Als „Beleg" für einen solchen Einfluss bzw. für eine solche Kontrolle durch die Muttergesellschaft reicht das Halten von 100% des Kapitals einer Tochtergesellschaft für sich genommen allerdings nicht aus.[78] Hieraus ergibt sich in Fällen, in denen eine solche Muttergesellschaft vor dem Gemeinschaftsrichter gegen eine Entscheidung der Kommission vorgeht, mit der ihr für ein Verhalten ihrer Tochtergesellschaft eine Geldbuße auferlegt wird, die Konsequenz, dass es dann dieser Muttergesellschaft obliegt, die vorgenannte Vermutung durch Beweise zu entkräften, die geeignet sind, die Selbständigkeit ihrer Tochtergesellschaft zu belegen.[79]

19 Das oben angesprochene Konzept der „wirtschaftlichen Einheit", das die Zurechnung wettbewerbswidrigen Verhaltens im Verhältnis von Mutter- und Tochtergesellschaften ermöglicht, ist nach der Rechtsprechung des EuGH nicht „eins zu eins" auf das **Verhältnis zwischen eigenständigen Konzerngesellschaften** zu übertragen. Diesbezüglich hat der EuGH in seinem *Aristrain*-Urteil deutlich gemacht, dass das wettbewerbswidrige Verhalten eines Konzernunternehmens einem anderen Konzernunternehmen nur dann zugerechnet werden kann, wenn das erstgenannte Unternehmen sein Marktverhalten nicht selbständig bestimmt, sondern vor allem wegen der wirtschaftlichen und sozialen Bindungen zwischen ihnen im Wesentlichen die Weisungen des letztgenannten Unternehmens befolgt hat.[80] Die bloße Tatsache jedoch, dass das Gesellschaftskapital von zwei eigenständigen Handelsgesellschaften derselben Person oder Familie gehört, reicht nach Ansicht des EuGH nicht für die Annahme aus, dass diese beiden Gesellschaften eine wirtschaftliche Einheit mit der Folge bilden, dass die Handlungen einer von ihnen der anderen zugerechnet werden können und dass die eine zur Zahlung einer Geldbuße für die andere verpflichtet werden kann.[81]

---

[76] EuGH U. v. 25. 10. 1983 Rs. 107/82 – *AEG/Kommission* Slg. 1983, 3151 Rn. 50; EuG, U. v. 1. 4. 1993 Rs. T-65/89 – *BPB Industries u. British Gypsum/Kommission* Slg. 1993, II-389 Rn. 149; bestätigt in EuGH U. v. 6. 4. 1995 Rs. C-310/93 P – *BPB Industries u. British Gypsum/Kommission* Slg. 1995, I-865 Rn. 11; EuG U. v. 27. 9. 2006 Rs. T-330/01 – *Akzo Nobel NV/Kommission* Slg. 2006, II-3389 Rn. 83; EuG U. v. 12. 12. 2007 verb. Rs. T-112/05 – *Akzo Nobel NV u. a./Kommission* Slg. 2007, II-5049 Rn. 60.

[77] So EuG U. v. 26. 4. 2007 verb. Rs. T-109/02, T-118/02, T-122/02, T-125/02, T-126/02, T-128/02, T-129/02, T-132/02 u. T-136/02 – *Bolloré SA/Kommission* Slg. 2007, II-947 Rn. 132, mit dem ergänzenden Hinweis, dass dieses starke Indiz jedoch für sich genommen nicht ausreiche, um die Muttergesellschaft für das Verhalten der Tochtergesellschaft verantwortlich machen zu können, weshalb ein „zusätzliches Element" neben dem Beteiligungsgrad erforderlich bliebe, welches wiederum in Indizien bestehen könne.

[78] Vgl. nur EuG, Urt. v. 15. 9. 2005 Rs. T-325/01 – *DaimlerChrysler AG/Kommission* Slg. 2005, II-3319 Rn. 218.

[79] Vgl. EuG U. v. 27. 9. 2006 Rs. T-314/01 – *Avebe/Kommission* Slg. 2006, II-3085 Rn. 136; EuG U. v. 27. 9. 2006 Rs. T-330/01 – *Akzo Nobel NV/Kommission* Slg. 2006, II-3389 Rn. 83; EuG U. v. 12. 9. 2007 Rs. T-30/05 – *William Prym GmbH & Co. KG/Kommission* Slg. 2007, II-107 Rn. 146; EuG U. v. 12. 12. 2007 verb. Rs. T-112/05 – *Akzo Nobel NV u. a./Kommission* Slg. 2007, II-5049 Rn. 60; sowie EuG U. v. 8. 10. 2008 Rs. T-69/04 *Schunk GmbH u. a./Kommission* noch nicht in der amtl. Slg. veröffentlicht (Rn. 56).

[80] EuGH U. v. 2. 10. 2003 Rs. C-196/99 P *Siderúrgica Aristrain Madrid/Kommission* Slg. 2003, I-11005 Rn. 96; näher zu Fragen der Haftungszurechnung und -befreiung im Konzernverbund vgl. jeweils m. w. N. *Bauer/Reisner* WuW 2007, 737 ff.; *Zimmer/Paul* WuW 2007, 970 ff.

[81] EuGH U. v. 2. 10. 2003 Rs. C-196/99 P *Siderúrgica Aristrain Madrid/Kommission* Slg. 2003, I-11005 Rn. 99; ausführlich hierzu *Steinle* EWS 2004, 118 ff.

Die bereits in Art. 15 Abs. 1 und 2 VO 17 vorgenommene Unterscheidung zwischen 20 Vorsatz und Fahrlässigkeit, die in der diese beiden Anwendungsvoraussetzungen betreffenden Rechtsprechung des Gemeinschaftsrichters gelegentlich etwas nivelliert wird,[82] ist in Art. 23 Abs. 1 und 2 VO 1/2003 beibehalten worden. **Vorsatz** ist in diesem Kontext zu bejahen, wenn die für den jeweiligen Normadressaten handelnde Person die jeweilige Zuwiderhandlung erkannt hat[83] oder sich jedenfalls nicht in Unkenntnis darüber befinden konnte, dass das jeweilige Verhalten in materiell- oder verfahrensrechtlicher Hinsicht zu beanstanden ist.[84] Unerheblich ist damit also, ob sich der Bußgeldadressat der jeweiligen Zuwiderhandlung tatsächlich bewusst gewesen ist.[85] Dass ein etwaiger Verbotsirrtum den Vorwurf schuldhaften Verhaltens grundsätzlich unberührt lässt,[86] schließt nicht aus, dass nachvollziehbare Irrtümer bei der Bußgeldbemessung berücksichtigt werden.[87] **Fahrlässigkeit** i. S. des Art. 23 Abs. 1 und 2 VO 1/2003 ist dann anzunehmen, wenn die handelnde Person die jeweilige Zuwiderhandlung hätte erkennen müssen.[88] Die etwaige Berufung auf eine Unkenntnis der Rechtslage ist auch hier normalerweise ausgeschlossen.[89] Ausnahmsweise kann aber zu berücksichtigen sein, dass die beanstandeten Verhaltensweisen zur Tatzeit in der Entscheidungspraxis der Kommission nicht klar als solche erkennbar waren.[90] Im Übrigen ist das Verschulden zu verneinen, wenn der jeweilige Normadressat auf Grund innerstaatlicher Vorschriften gezwungen war, die jeweilige Zuwiderhandlung zu begehen.[91]

---

[82] Vgl. etwa EuG U. v. 10. 4. 2008 Rs. T-271/03 – *Deutsche Telekom AG/Kommission* noch nicht in der amtl. Slg. veröffentlicht (Rn. 295), wonach die Voraussetzung einer vorsätzlichen oder fahrlässigen Begehung einer Zuwiderhandlung dann erfüllt sei, wenn sich das betroffene Unternehmen über die Wettbewerbswidrigkeit seines Verhaltens nicht im Unklaren sein kann, gleichviel, ob ihm dabei bewusst ist, dass es gegen die Wettbewerbsregeln des EG-Vertrags verstößt.
[83] EuGH U. v. 8. 11. 1983 verb. Rs. 96–102, 104, 105, 108 u. 110/82 – *IAZ u. a./Kommission* Slg. 1983, 3369 Rn. 45; EuG U. v. 6. 10. 1994 Rs. T-83/91 – *Tetra Pak/Kommission* Slg. 1994, II-755 Rn. 238 f.
[84] EuGH U. v. 1. 2. 1978 Rs. 19/77 – *Miller/Kommission* Slg. 1978, 131 Rn. 18; EuGH U. v. 11. 7. 1989 Rs. 246/86 – *Belasco u. a./Kommission* Slg. 1989, 2117 Rn. 41; EuG U. v. 2. 7. 1992 Rs. T-61/89 – *Dansk Pelsdyravlerforening/Kommission* Slg. 1992, II-1931 Rn. 157; EuG U. v. 21. 2. 1995 Rs. T-29/92 – *SPO u. a./Kommission* Slg. 1995, II-289 Rn. 356; EuG U. v. 29. 11. 2005 Rs. T-52/02 – *Société nouvelle des couleurs zinciques SA/Kommission* Slg. 2005, II-5005 Rn. 83; so auch die Kommission in ihrer Entscheidung v. 5. 12. 2001 – *Interbrew u. Alken-Maes* ABl. 2003 L 200/1 Rn. 332.
[85] Vgl. EuG U. v. 6. 4. 1995 Rs. T-143/89 – *Ferriere Nord/Kommission* Slg. 1995, II-917 Rn. 41; EuG U. v. 13. 12. 2001 verb. Rs. T-45/98 u. T-47/98 – *Krupp Thyssen Stainless u. a./Kommission* Slg. 2001, II-3757 Rn. 200; EuG U. v. 27. 7. 2005 verb. Rs. T-49/02 bis T-51/02 – *Brasserie nationale SA u. a./Kommission* Slg. 2005, II-3033 Rn. 155; EuG U. v. 14. 12. 2006 verb. Rs. T-259/02 bis T-264/02 u. T-271/02 – *Raiffaisen Zentralbank Österreich AG u. a./Kommission* Slg. 2006, II-5169 Rn. 205 f.
[86] Vgl. dazu etwa die Kommissionsentscheidung v. 11. 6. 2002 – *Österreichische Banken – „Lombard Club"* ABl. 2004 L 56/1 Ziff. 494 ff.; EuG U. v. 6. 7. 2000 Rs. T-62/98 – *Volkswagen/Kommission* Slg. 2000, II-2707 Rn. 334; ausführlich zu dieser Irrtumsproblematik unter der neuen VO 1/2003 vgl. *Dreher/Thomas* WuW 2004, 8 ff.
[87] Vgl. nur die Kommissionsentscheidung v. 20. 3. 2001 – *Deutsche Post AG* ABl. 2001 L 125/27 Rn. 47.
[88] Vgl. nur EuGH U. v. 14. 2. 1978 Rs. 27/76 – *United Brands/Kommission* Slg. 1978, 207 Rn. 299/301.
[89] Vgl. nur EuGH U. v. 9. 11. 1983 Rs. 322/81 – *Michelin/Kommission* Slg. 1983, 3461 Rn. 107.
[90] EuGH U. v. 3. 7. 1991 Rs. C-62/86 – *AKZO/Kommission* Slg. 1991, I-3359 Rn. 163; EuG U. v. 7. 7. 1994 Rs. T-43/92 – *Dunlop Slazenger International/Kommission* Slg. 1994, II-441 Rn. 143.
[91] Näher dazu jeweils m. w. N. *Dannecker* in: Immenga/Mestmäcker (Fn. 14), S. 1814; *de Bronett* in: Schröter/Jakob/Mederer (Fn. 15), S. 1090 (Rn. 9).

3. Spezielle Haftungsregeln für zahlungsunfähige Unternehmensvereinigungen

21 In vielen Fällen sind Unternehmen und deren Vereinigungen gemeinsam für die o. g. Zuwiderhandlungen verantwortlich. Diesbezüglich hat die Kommission bereits in ihren früheren Leitlinien für das Verfahren zur Festsetzung von Geldbußen[92] deutlich gemacht, dass die zu erlassenden Bußgeldentscheidungen bei Vorgängen, an denen Unternehmensvereinigungen beteiligt sind, soweit wie möglich an die Mitgliedsunternehmen dieser Vereinigung gerichtet und die Geldbußen gegen die beteiligten Unternehmen einzeln festgesetzt werden sollten. In Fällen, in denen diese Vorgehensweise z. B. auf Grund der Existenz zu vieler Mitgliedsunternehmen nicht möglich oder unpraktikabel ist, favorisiert die Kommission jedoch die Festsetzung einer die jeweilige Unternehmensvereinigung treffenden Gesamtgeldbuße, die dem Gesamtbetrag der Einzelgeldbußen entspricht, die sonst gegenüber jedem einzelnen Mitgliedsunternehmen hätten festgesetzt werden müssen.[93] Vor diesem Hintergrund entschied sich der Verordnungsgeber nicht nur für die Einführung der in Art. 23 Abs. 2 Satz 3 VO 1/2003 enthaltenen Sonderregelung für Zuwiderhandlungen einer Unternehmensvereinigung, die mit der Tätigkeit ihrer Mitglieder im Zusammenhang stehen,[94] sondern auch für die in Art. 23 Abs. 4 VO 1/2003 geregelte **gesamtschuldnerische Haftung** im Falle der Zahlungsunfähigkeit einer Unternehmensvereinigung.

22 Den Ausgangspunkt dieser recht detaillierten Neuregelung bildet Art. 23 Abs. 4 Uabs. 1 VO 1/2003. Nach dieser Vorschrift ist die jeweilige Unternehmensvereinigung dann, wenn die Kommission gegen sie eine Geldbuße unter Berücksichtigung des Umsatzes ihrer Mitglieder verhängt und wenn sie selbst zahlungsunfähig ist, zunächst einmal verpflichtet, die zur Deckung des Betrags dieser Geldbuße erforderlichen Beträge von ihren Mitgliedern einzufordern. Werden diese Beiträge daraufhin nicht innerhalb einer von der Kommission gesetzten Frist geleistet, so kann die Kommission gemäß Uabs. 2 dieser Vorschrift die Zahlung unmittelbar von jedem Unternehmen verlangen, dessen Vertreter in den betreffenden Entscheidungsgremien der Vereinigung waren. Als **primäre Ausfallschuldner** sind somit von der Kommission diejenigen Unternehmen in Anspruch zu nehmen, die in den Entscheidungsgremien der jeweiligen Vereinigung vertreten waren.

23 Reicht der Rückgriff auf die primären Ausfallschuldner nicht aus, um die vollständige Zahlung der Geldbuße zu gewährleisten, kann die Kommission nach Art. 23 Abs. 4 Uabs. 3 VO 1/2003 auf diverse **Restschuldner** zurückgreifen, zu denen nach dieser Vorschrift prinzipiell alle Mitglieder der Vereinigung gehören, die auf dem Markt tätig waren, auf dem die jeweilige Zuwiderhandlung erfolgte. Das diesbezügliche Auswahlermessen der Kommission ist zum einen insoweit reduziert, als sie nach dem 30. Erwägungsgrund der VO 1/2003 insbesondere der Lage der kleinen und mittleren Unternehmen Rechnung tragen sollte. Zum anderen darf die Kommission gemäß Art. 23 Abs. 4 Uabs. 4 VO 1/2003 bestimmte Unternehmen weder als primäre Ausfallschuldner noch als Restschuldner in Anspruch nehmen, sofern diese den Nachweis erbringen können, dass sie den die jeweilige Zuwiderhandlung begründenden Beschluss der Vereinigung nicht umgesetzt haben und entweder von dessen Existenz keine Kenntnis hatten oder sich aktiv davon distanziert haben, noch ehe die Kommission mit der Untersuchung des Falls begonnen hat.

24 Da die Kommission gemäß Art. 23 Abs. 2 Uabs. 3 VO 1/2003 gegen Unternehmensvereinigungen Geldbußen in einer Höhe von bis zu 10% der Gesamtumsätze aller Mitgliedsunternehmen fordern kann, die auf dem von der Zuwiderhandlung betroffenen Markt tätig waren, bedarf es einer zusätzlichen Regelung, die verhindert, dass gegen einen der o. g. Ausfall- oder Restschuldner auf der Basis der gesamtschuldnerischen Haftung eine

---

[92] ABl. 1998 C 9/3, Ziff. 5.b) Satz 1; näher zu diesen Leitlinien siehe unter Rn. 29 ff.; zur Ersetzung dieser Leitlinien durch neue Bußgeldleitlinien siehe unter Rn. 36.
[93] Ebd., Ziff. 5.b) Satz 2.
[94] Vgl. oben Rn. 16.

Geldbuße festgesetzt wird, die über die in Art. 23 Abs. 2 Uabs. 2 VO 1/2003 geregelte Höchstgrenze von 10% seines im vorausgegangenen Geschäftsjahr erzielten Gesamtumsatzes hinausgeht. Eine solche Sicherung findet sich in Art. 23 Abs. 4 Uabs. 5 VO 1/2003.

4. Bemessung der Geldbuße

Für die Festsetzung der Höhe der jeweiligen Geldbuße, die im konkreten Einzelfall nicht über die in Art. 23 Abs. 1, Abs. 2 Uabs. 2 und 3 sowie Abs. 4 Uabs. 5 VO 1/2003 genannten Höchstbeträge hinausgehen darf, sieht Art. 23 Abs. 3 VO 1/2003 – wie zuvor Art. 15 Abs. 2 VO 17 – mit der „Schwere der Zuwiderhandlung" und deren „Dauer" zwei Bemessungskriterien vor, die in der zurückliegenden Entscheidungspraxis der Kommission und der Gemeinschaftsgerichte hinreichend konkretisiert worden sind (a). Auf dieser Grundlage hat die Kommission im Jahre 1998 ermessenskonkretisierende und zugleich zu einer Selbstbindung der Kommission bzw. zu einer Selbstbeschränkung ihres Ermessens führende[95] Leitlinien für das Verfahren zur Festsetzung von Geldbußen veröffentlicht, die mit Wirkung zum 1. September 2006 durch neue Bußgeldleitlinien ersetzt worden sind (b). Besondere Erwähnung verdient im Kontext der Bußgeldbemessung schließlich die häufig als „Kronzeugenregelung" bezeichnete „Mitteilung der Kommission über den Erlass und die Ermäßigung von Geldbußen in Kartellsachen" (c.) sowie die bisherige Rechtsprechung zum gemeinschaftsrechtlichen Verbot der Doppelbestrafung (d).

a) Bemessungskriterien: Schwere und Dauer der Zuwiderhandlung. Unterhalb der o. g. Höchstwerte[96] liegt die Festsetzung der Höhe einer Geldbuße im pflichtgemäßen **Ermessen der Kommission,**[97] das auf gemeinschaftsverfassungsrechtlicher Ebene insbesondere durch den Verhältnismäßigkeitsgrundsatz,[98] den Grundsatz der Gleichbehandlung[99] und durch den eng mit dem allgemeinen Gleichheitsgrundsatz verbundenen Gedanken der Selbstbindung der Verwaltung[100] begrenzt wird. Auf der einfachgesetzlich-sekundärrechtlichen Ebene wird der diesbezügliche Ermessensspielraum der Kommission in erster Linie

---

[95] Vgl. etwa EuG U. v. 9. 7. 2003 Rs. T-230/00 – *Daesang/Kommission* Slg. 2003, II-2733 Rn. 38; EuG U. v. 29. 4. 2004 verb. Rs. T-236/01, T-239/01, T-244–246/01, T-251/01 u. T-252/01 – *Tokai Carbon u. a./Kommission* Slg. 2004, II-1181 Rn. 157; EuG U. v. 8. 7. 2004 verb. Rs. T-67/00, T-68/00, T-71/00 u. T-78/00 – *JFE Engineering u. a./Kommission* Slg. 2004, II-2501 Rn. 538; EuG U. v. 25. 10. 2005 Rs. T-38/02 – *Groupe Danone/Kommission* Slg. 2005, II-4407 Rn. 138; EuG U. v. 15. 3. 2006 Rs. T-15/02 – *BASF AG/Kommission* Slg. 2006, II-497 Rn. 119; EuG U. v. 15. 3. 2006 Rs. T-26/02 – *Daiichi Pharmaceutical Co. Ltd/Kommission* Slg. 2006, II-713 Rn. 49; EuG U. v. 27. 9. 2006 Rs. T-59/02 – *Archer Daniels Midland Co./Kommission* Slg. 2006, II-3627 Rn. 43.

[96] Vgl. oben Rn. 11.

[97] Vgl. nur EuG U. v. 11. 12. 1996 Rs. T-49/95 – *van Megen Sports Group/Kommission* Slg. 1996, II-1799 Rn. 53; EuG U. v. 21. 10. 1997 Rs. T-229/94 – *Deutsche Post AG/Kommission* Slg. 1997, II-1689 Rn. 127; EuG U. v. 9. 7. 2003 Rs. T-224/00 – *Archer Daniels Midland Company u. a./Kommission* Slg. 2003, II-2597 Rn. 56; EuG U. v. 4. 7. 2006 Rs. T-304/02 – *Hoek Loos NV/Kommission* Slg. 2006, II-1887 Rn. 68.

[98] Zur Bedeutung des Verhältnismäßigkeitsgrundsatzes bei der Bußgeldbemessung im EG-Kartellverfahrensrecht vgl. EuG U. v. 11. 12. 2003 Rs. T-61/99 – *Adriatica di Navigazione/Kommission* Slg. 2003, II-5349 Rn. 191; EuG U. v. 29. 4. 2004 verb. Rs. T-236/01, T-239/01, T-244–246/01, T-251/01 u. T-252/01 – *Tokai Carbon u. a./Kommission* Slg. 2004, II-1181 Rn. 244 ff.; EuG U. v. 12. 9. 2007 Rs. T-30/05 – *William Prym GmbH & Co. KG/Kommission* Slg. 2007, II-107 Rn. 233 ff.

[99] Vgl. nur EuG U. v. 12. 9. 2007 Rs. T-30/05 – *William Prym GmbH & Co. KG/Kommission* Slg. 2007, II-107 Rn. 205.

[100] Vgl. EuG U. v. 14. 5. 1998 Rs. T-347/94 – *Mayr-Melnhof Kartongesellschaft/Kommission* Slg. 1998, II-1751 Rn. 352; EuG U. v. 9. 7. 2003 Rs. T-224/00 – *Archer Daniels Midland Company u. a./Kommission* Slg. 2003, II-2597 Rn. 182; EuG U. v. 13. 1. 2004 Rs. T-67/01 – *JCB Service/Kommission* Slg. 2004, II-49 Rn. 187; sowie EuG U. v. 14. 12. 2006 verb. Rs. T-259/02 bis T-264/02 u. T-271/02 – *Raiffeisen Zentralbank Österreich AG u. a./Kommission* Slg. 2006, II-5169 Rn. 221 ff.

Art. 23 VerfVO 27

durch Art. 23 Abs. 3 VO 1/2003 eingegrenzt, da diese Vorschrift explizit bestimmt, dass bei der Festsetzung der Höhe einer Geldbuße sowohl die Schwere der Zuwiderhandlung als auch deren Dauer zu berücksichtigen ist. Eine Verpflichtung der Kommission, bei der i. R. des ihr zustehenden Ermessensspielraums erfolgenden Festsetzung der Bußgeldhöhe eine genaue mathematische Formel anzuwenden, besteht nach ständiger Rechtsprechung allerdings nicht.[101]

27   Die **Schwere der Zuwiderhandlung** ist nach ständiger Rechtsprechung anhand einer Vielzahl von Gesichtspunkten bzw. Faktoren zu ermitteln,[102] „hinsichtlich deren die Kommission über ein Ermessen verfügt".[103] Zu den maßgeblichen Gesichtspunkten und Faktoren im vorgenannten Sinne gehören zum einen die Art der Wettbewerbsbeschränkung sowie der normative und wirtschaftliche Zusammenhang, in den sich die beanstandete Verhaltensweise einfügt;[104] zum anderen gehören dazu die besonderen Umstände der (Rechts-)Sache, ihr Kontext und die Abschreckungswirkung der Geldbußen,[105] ohne dass es dabei eine zwingende oder abschließende Liste von Kriterien gäbe, die auf jeden Fall berücksichtigt werden müssten.[106] Zu den in ständiger Rechtsprechung der Gemeinschaftsgerichte anerkannten Faktoren, die bei der erforderlichen Beurteilung der Schwere der Zuwiderhandlung von maßgeblicher Bedeutung sind, gehören daher auch das Verhalten jedes einzelnen Unternehmens, d. h. die Anzahl und Bedeutung der Handlungen, durch die das Unternehmen an den unerlaubten Verhaltensweisen teilgenommen hat, die Rolle, die jedes Unternehmen bei der Abstimmung der Verhaltensweisen gespielt hat bzw. die Marktverhältnisse im jeweiligen Kartell, der Gewinn, den die Unternehmen aus den unerlaubten Verhaltensweisen ziehen konnten, ihre Größe und der Wert der betroffenen Waren sowie die Gefahr, die derartige Zuwiderhandlungen für die Ziele der Gemeinschaft be-

---

[101] Vgl. nur EuG U. v. 14. 5. 1998 Rs. T-352/94 – *Mo och Domsjö/Kommission* Slg. 1998, II-1989 Rn. 268; EuG U. v. 14. 5. 1998 Rs. T-308/94 – *Cascades/Kommission* Slg. 1998, II-925 Rn. 210.

[102] So vgl. EuGH U. v. 28. 6. 2005 Rs. C-189/02 P, C-202/02 P, C-205/02 P bis C-208/02 P und C-213/02 P – *Dansk Rørindustri u. a./Kommission* Slg. 2005, I-5425 Rn. 241; EuG U. v. 15. 3. 2006 Rs. T-15/02 – *BASF AG/Kommission* Slg. 2006, II-497 Rn. 146; EuG U. v. 27. 9. 2006 Rs. T-322/01 – *Roquette Frères SA/Kommission* Slg. 2006, II-3137 Rn. 58 ; EuG U. v. 27. 9. 2006 Rs. T-43/02 – *Jungbunzlauer AG/Kommission* Slg. 2006, II-3435 Rn. 136 u. Rn. 213; EuG U. v. 27. 9. 2006 Rs. T-59/02 – *Archer Daniels Midland Co./Kommission* Slg. 2006, II-3627 Rn. 98.

[103] Vgl. etwa EuGH U. v. 29. 6. 2006 Rs. C-289/04 P – *Showa Denko KK/Kommission* Slg. 2006, I-5859 Rn. 36; EuGH U. v. 10. 5. 2007 Rs. C-328/05 P – *SGL Carbon AG/Kommission* Slg. 2007, I-3921 Rn. 43; u. a. bestätigt in EuG U. v. 12. 12. 2007 verb. Rs. T-101/05 u. T-111/05 – *BASF AG u. a./Kommission* Slg. 2007, II-4949 Rn. 65.

[104] Vgl. nur EuG U. v. 26. 4. 2007 verb. Rs. T-109/02, T-118/02, T-122/02, T-125/02, T-126/02, T-128/02, T-129/02, T-132/02 u. T-136/02 – *Bolloré SA/Kommission* Slg. 2007, II-947 Rn. 434 u. 446 m. w. N.

[105] Zu diesen drei maßgeblichen Gesichtspunkten vgl. nur EuGH U. v. 25. 1. 2007 Rs. C-407/04 P – *Dalmine SpA/Kommission* Slg. 2007, I-829 Rn. 129; EuGH U. v. 8. 2. 2007 Rs. C-3/06 P – *Groupe Danone/Kommission* Slg. 2007, I-1331 Rn. 37; EuG U. v. 14. 12. 2006 verb. Rs. T-259/02 bis T-264/02 u. T-271/02 – *Raiffaisen Zentralbank Österreich AG u. a./Kommission* Slg. 2006, II-5169 Rn. 238; EuG U. v. 12. 12. 2007 verb. Rs. T-101/05 u. T-111/05 – *BASF AG u. a./Kommission* Slg. 2007, II-4949 Rn. 45.

[106] Vgl. EuG U. v. 19. 3. 2003 Rs. T-213/00 – *CMA CGM u. a./Kommission* Slg. 2003, II-913 Rn. 390; EuG U. v. 21. 10. 2003 Rs. T-368/00 – *General Motors Nederlands u. a./Kommission* Slg. 2003, II-4491 Rn. 189; EuG U. v. 25. 10. 2005 Rs. T-38/02 – *Groupe Danone/Kommission* Slg. 2005, II-4407 Rn. 137; EuG U. v. 27. 9. 2006 Rs. T-59/02 – *Archer Daniels Midland Co./Kommission* Slg. 2006, II-3627 Rn. 140; EuGH U. v. 8. 2. 2007 Rs. C-3/06 P – *Groupe Danone/Kommission* Slg. 2007, I-1331 Rn. 37; EuG U. v. 26. 4. 2007 verb. Rs. T-109/02, T-118/02, T-122/02, T-125/02, T-126/02, T-128/02, T-129/02, T-132/02 u. T-136/02 – *Bolloré SA/Kommission* Slg. 2007, II-947 Rn. 481; EuG U. v. 18. 6. 2008 Rs. T-410/03 – *Hoechst GmbH/Kommission* noch nicht in der amtl. Slg. veröffentlicht (Rn. 344).

deuten.¹⁰⁷ Zu berücksichtigen sind dabei auch weitere objektive Gesichtspunkte wie etwa die Macht der Abnehmer,¹⁰⁸ die Marktanteile der verantwortlichen Unternehmen, deren Wirtschaftskraft sowie etwaige Wiederholungs- bzw. Rückfälle.¹⁰⁹ Wurde eine Zuwiderhandlung von mehreren Unternehmen begangen, so müsse nach Auffassung des Gemeinschaftsrichters im Rahmen der Bußgeldbemessung geprüft werden, welches relative Gewicht der Beteiligung jedes einzelnen der Unternehmen zukommt, wofür insbesondere ihre jeweilige Rolle bei der Zuwiderhandlung während der Dauer ihrer Beteiligung daran zu ermitteln sei.¹¹⁰

Für die Berechnung der **Dauer der Zuwiderhandlung,** die eine Einschränkung des Wettbewerbs bezweckt, muss lediglich bestimmt werden, wie lange die jeweilige Vereinbarung bestanden hat, d. h. der Zeitraum von ihrem Abschluss bis zu ihrer Beendigung.¹¹¹ Eine kurze Dauer der Zuwiderhandlung berührt zwar nach Ansicht des EuG in keiner Weise deren Schwere.¹¹² Umgekehrt stellen jedoch länger andauernde Marktbeeinflussungen grundsätzlich schwerere Zuwiderhandlungen als solche von kürzerer Dauer dar.¹¹³ Die insoweit nicht beziehungslos nebeneinander stehen Bemessungskriterien der Schwere und Dauer sind auf der Grundlage einer jahrzehntelangen Entscheidungspraxis der Gemeinschaftsgerichte und der Kommission näher in den nachfolgend anzusprechenden Leitlinien für das Verfahren zur Festsetzung von Geldbußen konkretisiert worden, die ausweislich ihrer Einleitung insbesondere dazu beitragen sollen, die Transparenz und Objektivität der Kommissionsentscheidungen sowohl gegenüber den Bußgeldadressaten als auch gegenüber dem Gerichtshof zu erhöhen. In diesem Sinne sieht auch der Gemeinschaftsrichter diese Leitlinien als ein Instrument an, mit dem sich die Unternehmen eine klarere Vorstellung

---

¹⁰⁷ Vgl. etwa EuGH U. v. 7. 6. 1983 verb. Rs. 100–103/80 – *Musique Diffusion Française u. a. / Kommission* Slg. 1983, 1825 Rn. 129; EuG U. v. 14. 5. 1998 Rs. T-352/94 – *Mo och Domsjö/Kommission* Slg. 1998, II-1989 Rn. 421; EuGH U. v. 25. 1. 2007 Rs. C-407/04 P – *Dalmine SpA/Kommission* Slg. 2007, I-829 Rn. 130; EuGH U. v. 10. 5. 2007 Rs. C-328/05 P – *SGL Carbon AG/Kommission* Slg. 2007, I-3921 Rn. 44; EuGH U. v. 26. 4. 2007 verb. Rs. T-109/02, T-118/02, T-122/02, T-125/02, T-126/02, T-128/02, T-129/02, T-132/02 u. T-136/02 – *Bolloré SA/Kommission* Slg. 2007, II-947 Rn. 468; EuG U. v. 12. 12. 2007 verb. Rs. T-101/05 u. T-111/05 – *BASF AG u. a. / Kommission* Slg. 2007, II-4949 Rn. 47.

¹⁰⁸ EuG U. v. 27. 9. 2006 Rs. T-322/01 – *Roquette Frères SA/Kommission* Slg. 2006, II-3137 Rn. 148 ff.

¹⁰⁹ Vgl. nur die Entscheidungen der Kommission v. 10. 12. 2003 – *Organische Peroxide* ABl. 2005 L 110/44 (Ziff. 20); v. 9. 12. 2004 – *Cholinchlorid* ABl. 2005 L 190/22 (Ziff. 15); und v. 3. 5. 2006 – *Wasserstoffperoxid u. Perborat* ABl. 2006 L 353/54 (Ziff. 23); sowie EuG U. v. 19. 3. 2003 Rs. T-213/00 – *CMA CGM u. a. /Kommission* Slg. 2003, II-913 Rn. 390; EuG U. v. 30. 9. 2003 Rs. T-203/01 – *Manufacture française des pneumatiques Michelin/Kommission* Slg. 2003, II-4071 Rn. 293; EuGH U. v. 7. 1. 2004 verb. Rs. C-204/00 P, C-205/00 P, C-211/00 P, C-213/00 P, C-217/00 P u. C-219/00 P – *Aalborg Portland u. a. / Kommission* Slg. 2004, I-123 Rn. 91 ; EuG U. v. 25. 10. 2005 Rs. T-38/02 – *Groupe Danone/Kommission* Slg. 2005, II-4407 Rn. 348; EuG U. v. 12. 12. 2007 verb. Rs. T-101/05 u. T-111/05 – *BASF AG u. a. /Kommission* Slg. 2007, II-4949 Rn. 66; EuG U. v. 18. 6. 2008 Rs. T-410/03 – *Hoechst GmbH/Kommission* noch nicht in der amtl. Slg. veröffentlicht (Rn. 459 ff.); ferner vgl. *Seitz* EuZW 2007, 304 f.

¹¹⁰ So EuG U. v. 26. 4. 2007 verb. Rs. T-109/02, T-118/02, T-122/02, T-125/02, T-126/02, T-128/02, T-129/02, T-132/02 u. T-136/02 – *Bolloré SA/Kommission* Slg. 2007, II-947 Rn. 561, mit der weiteren These, dass insoweit für die Berechnung des Bußgeldbetrags auch die von einem oder mehreren Unternehmen i. R. eines Kartells eingenommene Rolle als „Anführer" berücksichtigt werden muss, da Unternehmen, die eine solche Rolle spielen, im Vergleich zu den anderen Unternehmen eine besondere Verantwortung tragen.

¹¹¹ Vgl. EuG U. v. 19. 3. 2003 Rs. T-213/00 – *CMA CGM u. a. /Kommission* Slg. 2003, II-913 Rn. 280.

¹¹² EuG, ebd. (Rn. 283).

¹¹³ Vgl. etwa EuG U. v. 14. 5. 1998 Rs. T-338/94 – *Finnboard/Kommission* Slg. 1998, II-1617 Rn. 341.

Art. 23 VerfVO 29

von der Wettbewerbspolitik machen können, die die Kommission verfolgen will, um Transparenz und Objektivität ihrer Geldbußenentscheidungen zu erhöhen.[114]

29 **b) Ermessenskonkretisierende Leitlinien der Kommission.** Bei der Ausübung ihrer Befugnis zur Verhängung von Geldbußen verfügt die Kommission über einen Ermessensspielraum, dessen Wahrnehmung bzw. Ausübung im Interesse der Transparenz und der Objektivität der Kommissionsentscheidungen nachvollziehbar sein muss. Aus diesem Grund hat die Kommission bereits im Jahre 1998 ermessenskonkretisierende – bzw. die Anwendung des damals noch geltenden Art. 15 Abs. 2 VO 17 erläuternde – Leitlinien für das Verfahren zur Festsetzung von Geldbußen veröffentlicht,[115] die mit Wirkung zum 1. September 2006 durch neue **Leitlinien für das Verfahren zur Festsetzung von Geldbußen** gemäß Artikel 23 Absatz 2 Buchstabe a) der Verordnung (EG) Nr. 1/2003[116] ersetzt worden sind.[117] Die ursprünglichen Leitlinien aus dem Jahre 1998 hatten zunächst einen grundlegenden Wechsel von der bis *dato* praktizierten umsatzproportionalen Bebußung hin zu einer vom individuellen Umsatz der betreffenden Unternehmen losgelösten Bebußung herbeigeführt.[118] Nach diesen eine gewisse Selbstbindung der Kommission begründenden Leitlinien,[119] die nach Auffassung des EuG nicht über den in Art. 15 VO 17 bzw. Art. 23 VO 1/203 vorgegebenen rechtlichen Rahmen für Sanktionen hinausgingen[120] und die trotz ihres anderslautenden Titels im Wege der Analogie auch für die Berechnung der Geldbußen im Rahmen der Verordnungen Nr. 4056/86[121] und Nr. 1017/68[122] angewendet werden konnten,[123] war zum Zwecke der Festsetzung der jeweiligen Bußgeldhöhe zunächst einmal ein **Grundbetrag** nach Maßgabe der Schwere der Zuwiderhandlung festzulegen. Das Kriterium der Dauer der Zuwiderhandlung stand demgegenüber bei der Festsetzung eines etwaigen Auf- bzw. Zuschlages im Vordergrund. Der auf diese Weise – mit oder ohne **Zuschlag** – festgesetzte Grundbetrag konnte dann in einem letzten Schritt

---

[114] Vgl. EuG U. v. 18. 7. 2005 Rs. T-241/01 – *SAS/Kommission* Slg. 2005, II-2917 Rn. 75.

[115] ABl. 1998 C 9/3 ff.; zur Erläuterungsfunktion derartiger Leitlinien vgl. EuGH U. v. 8. 2. 2007 Rs. C-3/06 P – *Groupe Danone/Kommission* Slg. 2007, I-1331 Rn. 28, mit dem ergänzenden Hinweis darauf, dass diese Leitlinien – anders als einst Art. 15 Abs. 2 VO 17 und heute Art. 23 Abs. 2 VO 1/2003 – selbst nicht die Rechtsgrundlage für die Festsetzung der Höhe der Geldbuße darstellen; so auch bzw. sehr ähnlich EuGH U. v. 21. 9. 2006 Rs. C-167/04 P – *JCB Service/Kommission* Slg. 2006, I-8935 Rn. 207; EuG U. v. 29. 11. 2005 Rs. T-64/02 – *Dr. Hans Heubach GmbH & Co. KG/Kommission* Slg. 2005, II-5137 Rn. 35; EuG U. v. 5. 4. 2006 Rs. T-279/02 – *Degussa AG/Kommission* Slg. 2006, II-897 Rn. 82; EuG U. v. 13 12. 2006 verb. Rs. T-217/03 u. T-245/03 – *Fédération nationale de la coopération bétail et viande u. a./Kommission* Slg. 2006, II-4987 Rn. 250; sowie EuG U. v. 12. 9. 2007 Rs. T-30/05 – *William Prym GmbH & Co. KG/Kommission* Slg. 2007, II-107 Rn. 164.

[116] ABl. 2006 C 210/2 ff.; näher zu diesen jüngsten Bußgeldleitlinien der Kommission vgl. etwa *Engelsing* WuW 2007, 470 ff.; *Soyez* EuZW 2007, 596 ff.; *Sünner* EuZW 2007, 8 ff.

[117] Zu den damit einhergehenden Neuerungen siehe unten Rn. 36.

[118] Ausführlich dazu *Arhold* EuZW 1999, 165 ff.; *Kallmayer/Haupt* EuZW 2002, 766; *Korthals/Bangard* BB 1998, 1013 ff.; *Hellmann* WuW 1999, 333 ff.; *ders*. WuW 2002, 944 (947); *Kallmeyer/Haupt* EuZW 2002, 677 ff.; *Richardson* ECLR 1999, 360 ff.; *Weitbrecht/Tepe* EWS 2001, 220 ff.

[119] Zu dieser Selbstbindung bzw. „Selbstbeschränkung des Ermessens der Kommission" vgl. nur EuG U. v. 14. 12. 2006 verb. Rs. T-259/02 bis T-264/02 u. T-271/02 – *Raiffaisen Zentralbank Österreich AG u. a./Kommission* Slg. 2006, II-5169 Rn. 221 ff.

[120] So EuG U. v. 29. 4. 2004 verb. Rs. T-236/01, T-239/01, T-244–246/01, T-251/01 u. T-252/01 *Tokai Carbon u. a./Kommission* Slg. 2004, II-1181 Rn. 189 f.

[121] VO (EWG) Nr. 4056/86 des Rates v. 22. 12. 1986 über die Einzelheiten der Anwendung der Artikel [81 und 82 EG] auf den Seeverkehr, ABl. 1986 L 378/4.

[122] VO (EWG) Nr. 1017/68 des Rates v. 19. 7. 1968 über die Anwendung von Wettbewerbsregeln auf dem Gebiet des Eisenbahn-, Straßen- und Binnenschiffsverkehrs, ABl. 1968 L 175/1.

[123] So EuG U. v. 19. 3. 2003 Rs. T-213/00 – *CMA CGM u. a./Kommission* Slg. 2003, II-913 Rn. 242; EuG U. v. 11. 12. 2003 Rs. T-66/99 – *Minoan Lines/Kommission* Slg. 2003, II-5515 Rn. 270.

noch einmal erhöht oder aber verringert werden, sofern im konkreten Fall erschwerende oder mildernde Umstände vorlagen.

Hinsichtlich der für die „Errechnung" des Grundbetrags erforderlichen Ermittlung der **30 Schwere der Zuwiderhandlung** orientierten sich die aus dem Jahre 1998 stammenden Leitlinien der Kommission zunächst einmal an der Art des Verstoßes und seinen konkreten Auswirkungen auf den Markt, sofern diese messbar sind; im Übrigen wurde betont, dass auch der Umfang des betreffenden räumlichen Marktes zu berücksichtigen ist. Sodann differenzierten diese Leitlinien im Kontext der Errechnung des festzusetzenden Grundbetrags zwischen minder schweren Verstößen, schweren Verstößen und besonders schweren Verstößen. Bei den **minder schweren Verstößen,** für die in diesen Leitlinien ein „voraussichtlicher (Grund-)Betrag" in Höhe von 1000 EURO bis 1 Mio. EURO vorgesehen war, handelte es sich in der Regel „um vertikale Beschränkungen des Handels mit begrenzten Auswirkungen auf den Markt, die zwar einen wesentlichen, jedoch relativ engen Teil des Gemeinschaftsmarkts betreffen".[124] Bei **schweren Verstößen,** für die in diesen Leitlinien ein „voraussichtlicher Betrag" in Höhe von 1 Mio. bis 20 Mio. EURO vorgesehen war, handelte es sich demgegenüber „in den meisten Fällen um horizontale oder vertikale Beschränkungen der gleichen Art wie in dem vorangehenden Fall, die jedoch entschlossener angewandt werden, deren Auswirkungen auf dem Markt umfassender sind und die in einem größeren Teil des Gemeinsamen Marktes zum Tragen kommen".[125] Als **besonders schwere Verstöße,** für die ein nicht weiter eingegrenzter Betrag oberhalb von 20 Mio. EURO vorgesehen war, wurden schließlich horizontale Beschränkungen wie z. B. Preiskartelle bzw. Preisabsprachen,[126] Marktaufteilungsquoten und sonstige Beschränkungen des Funktionsweise des Binnenmarktes, wie z. B. die Abschottung der nationalen Märkte oder Missbräuche marktbeherrschender Stellungen von Unternehmen in Quasi-Monopolstellung aufgeführt.[127]

Innerhalb der vorgenannten Kategorien war es nach diesen früheren Leitlinien[128] ferner **31** nötig, die tatsächliche wirtschaftliche Fähigkeit der Urheber der Verstöße, Wettbewerber und den Verbraucher wirtschaftlich in erheblichem Umfang zu schädigen, zu berücksichtigen und die Geldbuße auf einen Betrag festzusetzen, der eine hinreichend abschreckende Wirkung entfaltete. Darüber hinaus konnte auch der Tatsache Rechnung getragen werden, dass Großunternehmen in den meisten Fällen über juristischen und wirtschaftlichen Sach-

---

[124] So unter Ziff. 1. A. (1. Spiegelstr.), ABl. 1998 C 9/3.

[125] So unter Ziff. 1. A. (2. Spiegelstr.), ABl. 1998 C 9/3, mit dem weiteren Hinweis, dass es sich hierbei auch um den Missbrauch marktbeherrschender Stellungen (Verkaufsverweigerung, Diskriminierungen, Ausschließungen, Treuerabatte von einer beherrschenden Firma in der Absicht, Wettbewerber auszuschließen usw.) i. S. Art. 82 EG handeln kann.

[126] Vgl. dazu jüngst EuG U. v. 8. 7. 2008 Rs. T-52/03 – *Knauf Gips KG/Kommission* noch nicht in der amtl. Slg. veröffentlicht (Rn. 410), wonach horizontale Preisabsprachen zu den „schwersten Verstößen gegen das Wettbewerbsrecht der Gemeinschaft gehören".

[127] So unter Ziff. 1. A. (3. Spiegelstr.), ABl. 1998 C 9/3; dieser Einstufung weitgehend folgend vgl. EuG U. v. 27. 7. 2005 verb. Rs. T-49/02 bis T-51/02 – *Brasserie nationale SA u. a./Kommission* Slg. 2005, II-3033 Rn. 174; EuG U. v. 14. 12. 2006 verb. Rs. T-259/02 bis T-264/02 u. T-271/02 – *Raiffaisen Zentralbank Österreich AG u. a./Kommission* Slg. 2006, II-5169 Rn. 249; zur nicht selten vorkommenden Annahme eines „besonders schweren Verstoßes" durch die Kommission vgl. nur ihre Entscheidungen v. 10. 12. 2003 – *Organische Peroxide* ABl. 2005 L 110/44 ff.; v. 20. 10. 2004 – *Rohtabak* ABl. 2007 L 102/14 (unter 9.1.); v. 21. 12. 2005 – *Kautschukchemikalien* ABl. 2006 L 353/50 (Ziff. 15); v. 3. 5. 2006 – *Wasserstoffperoxid u. Perborat* ABl. 2006 L 353/54 (Ziff. 17); v. 31. 5. 2006 – *Methacrylat* ABl. 2006 L 322/20 (Ziff. 11); v. 13. 9. 2006 – *Bitumen* ABl. 2007 L 196/40 (Ziff. 12); und v. 20. 9. 2006 – *Fittings* ABl. 2007 L 283/63 (Ziff. 13); zur Unterscheidung zwischen schweren und besonders schweren Verstößen vgl. insb. die Kommissionsentscheidung v. 21. 5. 2003 – *Deutsche Telekom AG* ABl. 2003 L 263/9 Ziff. 204–206; sowie EuG U. v. 18. 7. 2005 Rs. T-241/01 – *SAS/Kommission* Slg. 2005, II-2917 Rn. 86 ff.

[128] Vgl. die vier letzten Absätze am Ende von Ziff. 1. A., ABl. 1998 C 9/3.

verstand und Ressourcen verfügen, anhand deren sie besser erkennen können, in welchem Maß ihre Vorgehensweise einen Verstoß darstellt und welche Folgen aus wettbewerbsrechtlicher Sicht zu gewärtigen sind.[129] Im Übrigen sollten bei Verstößen, an denen mehrere Unternehmen beteiligt sind, in bestimmten Fällen die innerhalb der einzelnen vorstehend beschriebenen Gruppen festgesetzten Beträge gewichtet werden, um das jeweilige Gewicht und damit die tatsächliche Auswirkung des Verstoßes jedes einzelnen Unternehmens auf den Wettbewerb zu berücksichtigen, vor allem wenn an einem Verstoß der selben Art Unternehmen von sehr unterschiedlicher Größe beteiligt waren. Insoweit konnte der hier angesprochene **Grundsatz der Strafgleichheit** für die gleiche Verhaltensweise ggf. dazu führen, dass abgestufte Beträge gegenüber den beteiligten Unternehmen festgesetzt wurden,[130] wobei dieser Abstufung wiederum keine arithmetische Formel zugrunde lag.

32   Hinsichtlich der bei der **Festsetzung eines** etwaigen **Auf- bzw. Zuschlags** maßgeblichen Dauer der Zuwiderhandlung differenzierten die Leitlinien aus dem Jahre 1998 zwischen den drei folgenden Kategorien: Verstöße von kurzer Dauer (i. d. R. weniger als ein Jahr) zogen zunächst einmal keinen Aufschlag nach sich.[131] Für Verstöße von mittlerer Dauer (i. d. R. zwischen einem und fünf Jahren) war ein Aufschlag von bis zu 50% des für die Schwere der Zuwiderhandlung ermittelten Betrags vorgesehen.[132] Bei Verstößen von langer Dauer (i. d. R. mehr als 5 Jahre) konnten schließlich für jedes Jahr des Verstoßes bis zu 10% des für die Schwere des Verstoßes ermittelten Betrags aufgeschlagen werden.[133] Hinsichtlich der letztgenannten Kategorie wurde in diesen Leitlinien ergänzend ausgeführt, dass der Aufschlag gegenüber der vor 1998 geübten Praxis spürbar erhöht werden sollte, um die Wettbewerbsbeschränkungen, die sich auf die Verbraucher dauerhaft schädlich ausgewirkt haben, wirksam zu ahnden. Dieses Vorgehen wurde in diesen Leitlinien insoweit mit der kartellverfahrensrechtlichen „Kronzeugenregelung" aus dem Jahre 1996[134] in Zusammenhang gebracht, als die Drohung eines spürbaren Aufschlags entsprechend der Dauer des Verstoßes den Anreiz erhöhen werde, diese Zuwiderhandlungen anzuzeigen oder mit der Kommission zusammenzuarbeiten.[135] Der nach Maßgabe der Schwere und Dauer der Zuwiderhandlung festgesetzte Grundbetrag konnte schließlich unter Berücksichtigung erschwerender und/oder mildernder Umstände erhöht oder verringert werden, die nicht abschließender Art[136] waren:

33   Zu den **erschwerenden Umständen** zählte nicht nur die Begehung eines erneuten, gleichartigen Verstoßes desselben Unternehmens bzw. derselben Unternehmensvereini-

---

[129] Exempl. hierzu vgl. die Kommissionsentscheidung v. 5. 12. 2001 – *Interbrew u. Alken-Maes* ABl. 2003 L 200/1 Ziff. 306.

[130] Zu dieser Kommissionspraxis vgl. nur ihre Entscheidungen v. 21. 12. 1988 – *LDPE* ABl. 1989 L 74/21 Ziff. 66; und v. 23. 4. 1986 – *Polypropylen* ABl. 1986 L 230/1 Ziff. 83 i. V. m. 109; ferner vgl. dazu EuG U. v. 8. 10. 1996 verb. Rs. T-24/93, T-25/93, T-26/93 u. T-28/93 – *Compagnie maritime belge transports SA u. a./Kommission* Slg. 1996, II-1201 Rn. 234.

[131] Vgl. Ziff. 1.B. (1. Spiegelstr.), ABl. 1998 C 9/3.

[132] Vgl. Ziff. 1.B. (2. Spiegelstr.), ABl. 1998 C 9/3.

[133] Vgl. Ziff. 1.B. (3. Spiegelstr.), ABl. 1998 C 9/3; zur Anwendung dieser Regelung in der Praxis vgl. nur die Kommissionsentscheidung v. 28. 1. 1998 – *Volkswagen* ABl. 1998 L 124/60 Ziff. 217.

[134] ABl. 1996 C 207/4; näher dazu *Hornsby/Hunter* ECLR 1997, 38 ff.; *Weitbrecht* EuZW 1997, 555 ff.

[135] Näher zu den heute einschlägigen Kronzeugenregelungen siehe unter Rn. 37 ff.

[136] Vgl. Ziff. 2. (6. Spiegelstr.), ABl. 1998 C 9/3, wo von sonstigen (nicht näher spezifizierten) erschwerenden Umständen die Rede ist; zum nicht abschließenden Charakter dieser Umstände vgl. EuG U. v. 21. 10. 2003 Rs. T-368/00 – *General Motors Nederlands u. a./Kommission* Slg. 2003, II-4491 Rn. 186; zur Berücksichtigung sonstiger erschwerender Umstände wie etwa hohe Marktanteile oder subjektive Elemente z. B. in Gestalt „nachdrücklichen Handelns" oder „größter Geheimhaltung" – vgl. nur die Kommissionsentscheidungen v. 12. 12. 1978 – *Kawasaki* ABl. 1979 L 16/9 Ziff. 60; v. 23. 4. 1986 – *Polypropylen* ABl. 1986 L 230/1 Ziff. 108; v. 27. 7. 1994 *PVC* ABl. 1994 L 239/14 Ziff. 52; und v. 28. 1. 1998 – *Volkswagen* ABl. 1998 L 124/60 Ziff. 212.

gung,[137] sondern auch die Verweigerung der Zusammenarbeit oder Behinderungsversuche während des Untersuchungsverlaufs.[138] Die Rolle als Anführer oder Anstifter des Verstoßes wurde in den aus dem Jahre 1998 stammenden Leitlinien genauso als erschwerender Umstand gewertet[139] wie Vergeltungsmaßnahmen gegenüber anderen Unternehmen, die vorgenommen wurden, um die „Einhaltung" der beschlossenen Verstöße durchzusetzen.[140] Schließlich konnte die Erhöhung des Grundbetrags von der Kommission für erforderlich gehalten werden, um den Betrag der auf Grund der jeweiligen Verstöße unrechtmäßig erzielten Gewinne zu übertreffen, sofern sich dieser Betrag objektiv ermitteln ließ.[141]

Zu den ebenfalls nicht abschließend aufgeführten **mildernden Umständen**,[142] die auf der Grundlage der aus dem Jahre 1998 stammenden Leitlinien zu einer Verringerung des Grundbetrags führen konnten, zählten beispielsweise die ausschließlich passive Mitwirkung oder reines Mitläufertum,[143] die tatsächliche Nichtanwendung der Vereinbarungen über Verstöße,[144] die Beendigung der Verstöße nach dem ersten Eingreifen der Kommission insbesondere im Wege von Nachprüfungen,[145] der Nachweis berechtigter Zweifel des Unternehmens an der Rechtswidrigkeit seines wettbewerbswidrigen Verhaltens,[146] der Abschluss wettbewerbswidriger Vereinbarungen auf Grund von Empfehlungen oder Druck eines Ministers,[147] die Realisierung fahrlässiger bzw. unvorsätzlich begangener Verstöße[148] und schließlich die aktive Mitwirkung des Unternehmens an dem Verfahren außerhalb der o. g. Kronzeugenregelung.[149] Auf den letztgenannten Umstand konnte sich ein Unternehmen jedoch dann nicht berufen, wenn es seine wettbewerbsbeschränkenden Verhaltensweisen im Verlauf des Verwaltungsverfahrens intensivierte.[150] Gleiches galt nach Auffassung der Kommission dann, wenn ein Unternehmen nur wegen seiner Mitarbeit in einer anderen

---

[137] Vgl. Ziff. 2. (1. Spiegelstr.), ABl. 1998 C 9/3; exempl. hierzu vgl. die Kommissionsentscheidungen v. 5. 12. 2001 – *Interbrew u. Alken-Maes* ABl. 2003 L 200/1 Ziff. 314, und v. 16. 12. 2003 – *Industrierohre* ABl. 2004 L 125/50 Ziff. 19.

[138] Vgl. Ziff. 2. (2. Spiegelstr.), ABl. 1998 C 9/3; exempl. hierzu vgl. die Kommissionsentscheidung v. 21. 10. 1998 – *Fernwärmetechnik* ABl. 1999 L 24/1 Ziff. 179.

[139] Vgl. Ziff. 2. (3. Spiegelstr.), ABl. 1998 C 9/3; exempl. hierzu vgl. die Kommissionsentscheidung v. 30. 10. 2002 – *Nintendo* ABl. 2003 L 255/33 Ziff. 406; näher zum Kriterium der Anführerrolle vgl. ferner EuG U. v. 15. 3. 2006 Rs. T-15/02 – *BASF AG/Kommission* Slg. 2006, II-497 Rn. 280 ff.; EuG U. v. 18. 6. 2008 Rs. T-410/03 – *Hoechst GmbH/Kommission* noch nicht in der amtl. Slg. veröffentlicht (Rn. 423 ff.).

[140] Vgl. Ziff. 2. (4. Spiegelstr.), ABl. 1998 C 9/3; exempl. hierzu vgl. die Kommissionsentscheidung v. 29. 6. 2001 – *Volkswagen* ABl. 2001 L 262/14 Ziff. 121.

[141] Vgl. Ziff. 2. (5. Spiegelstr.), ABl. 1998 C 9/3.

[142] Zum nicht abschließenden Charakter dieser Auflistung vgl. Ziff. 3 (7. Spiegelstr.), ABl. 1998 C 9/3.

[143] Ziff. 3 (1. Spiegelstr.), ABl. 1998 C 9/3; hierzu vgl. die Kommissionsentscheidungen v. 22. 11. 2001 – *Vitamin-Kartell* ABl. 2003 L 6/1 Ziff. 719 ff., und v. 30. 10. 2002 – *Nintendo* ABl. 2003 L 255/33 Ziff. 421.

[144] Ziff. 3 (2. Spiegelstr.), ABl. 1998 C 9/3; vgl. dazu etwa die Kommissionsentscheidung v. 18. 7. 2001 – *Graphitelektroden* ABl. 2002 L 100/1 Ziff. 235.

[145] Ziff. 3 (3. Spiegelstr.), ABl. 1998 C 9/3; vgl. dazu nur die Kommissionsentscheidung v. 7. 6. 2000 – *Aminosäuren* ABl. 2001 L 152/24 Ziff. 381 ff.

[146] Ziff. 3 (4. Spiegelstr.), ABl. 1998 C 9/3; vgl. dazu etwa Kommissionsentscheidung v. 5. 12. 2001 – *Luxemburgische Brauereien* ABl. 2002 L 253/21 Ziff. 100.

[147] Vgl. dazu insbes. die Kommissionsentscheidung v. 2. 4. 2003 – *Viandes bovines française* ABl. 2003 L 209/12 Ziff. 176.

[148] Ziff. 3 (5. Spiegelstr.), ABl. 1998 C 9/3.

[149] Ziff. 3. (6. Spiegelstr.), ABl. 1998 C 9/3; zur Berücksichtigung dieses Kriteriums vgl. etwa die Kommissionsentscheidung v. 16. 12. 2003 – *Industrierohre* ABl. 2004 L 125/50 Ziff. 19.

[150] Vgl. EuG U. v. 17. 12. 2003 Rs. T-219/99 – *British Airways/Kommission* Slg. 2003, II-5917 Rn. 315.

Kartellsache eine niedrige Geldbuße erhalten wollte.[151] Auch die Tatsache, dass es sich nach Angaben des Bußgeldadressaten beim jeweiligen Wettbewerbsverstoß um die erste Zuwiderhandlung in der betreffenden Branche handelte, konnte nach ständiger Rechtsprechung nicht als ein mildernder Umstand berücksichtigt werden, da das Fehlen einer früheren Zuwiderhandlung den Normalfall darstelle[152] bzw. darstellen sollte. Eine stagnierende oder rückläufige Marktentwicklung wurde schließlich von der Kommission ebenso wenig als mildernder Umstand anerkannt wie die – von ihr durchaus gutgeheißene[153] – Einleitung bzw. Einführung eines unternehmensinternen Programms zur Gewährleistung eines (zukünftigen) wettbewerbskonformen Geschäftsverhaltens.[154] Auch die Nichterzielung eines Vorteils aus einem Kartell oder das Erleiden wirtschaftlicher Schäden infolge der Beteiligung an einem Kartell konnten grundsätzlich nicht als mildernde Umstände qualifiziert werden.[155] Im Übrigen sah sich die Kommission auch nicht als verpflichtet an, bei der Bemessung der Geldbuße die schlechte Finanzlage eines betroffenen Unternehmens zu berücksichtigen, da die Anerkennung einer solchen Verpflichtung darauf hinausliefe, den am wenigsten den Marktbedingungen angepassten Unternehmen einen ungerechtfertigten Wettbewerbsvorteil zu verschaffen.[156] Diesbezüglich hat der EuGH der Kommission auch in jüngerer Zeit noch einmal ausdrücklich zugestimmt.[157]

35 Unter der Rubrik „Allgemeines" wurde in den damaligen Leitlinien von 1998 schließlich darauf hingewiesen, dass es nach Durchführung der vorstehenden Berechnungen je nach Fall angezeigt sein konnte, im Hinblick auf die entsprechende Anpassung der vorgesehenen Geldbußen einige **objektive Faktoren** zu berücksichtigen, wie z. B. ein besonderer wirtschaftlicher Zusammenhang, die von den Beteiligten an dem Verstoß eventuell erzielten wirtschaftlichen oder finanziellen Vorteile und die besonderen Merkmale der betreffenden Unternehmen wie z. B. ihre tatsächliche Steuerkraft in einem gegebenen sozialen Umfeld. Auf der Grundlage dieser Regelung hat die Kommission beispielsweise in einer Bußgeldentscheidung, welche die gegen Art. 81 Abs. 1 EG verstoßende Honorarordnung der belgischen Architektenkammer betrifft, eine überaus großzügige Bußgeldermäßigung vorgenommen, um dem „besonderen Zusammenhang dieses Falles" Rechnung zu tragen.[158] Darüber hinaus steht es der Kommission nach der Rechtsprechung des EuG frei, eine **Herabsetzung der Geldbuße aus Gründen der Billigkeit** vorzunehmen, wenn das Kartellverfahren von beträchtlicher Dauer war.[159] Schließlich behielt sich die

---

[151] Vgl. die Kommissionsentscheidung v. 27. 11. 2002 – *Methylglukamin* ABl. 2004 L 38/18 Ziff. 242.

[152] So u. a. EuG U. v. 14. 5. 1998 Rs. T-347/94 – *Mayr-Melnhof Kartongesellschaft/Kommission* Slg. 1998, II-1751 Rn. 370.

[153] Vgl. die Kommissionsentscheidung v. 11. 12. 2001 – *Zinkphosphat* ABl. 2003 L 153/1 Ziff. 332.

[154] Vgl. die Kommissionsentscheidung v. 27. 11. 2002 – *Methylglukamin* ABl. 2004 L 38/18 Ziff. 253 u. 260.

[155] Vgl. die Kommissionsentscheidung v. 11. 12. 2001 – *Zinkphosphat* ABl. 2003 L 153/1 Ziff. 329 f.

[156] Vgl. dazu nur die Kommissionsentscheidungen v. 5. 12. 2001 – *Interbrew u. Alken-Maes* ABl. 2003 L 200/1 Ziff. 306, und v. 11. 6. 2002 – *Österreichische Banken – „Lombard Club"* ABl. 2004 L 56/1 Ziff. 527; sowie EuG U. v. 20. 3. 2002 Rs. T-9/99 – *HFB Holding u. a./Kommission* Slg. 2002, II-1487 Rn. 596; EuG U. v. 19. 3. 2003 Rs. T-213/00 – *CMA CGM u. a./Kommission* Slg. 2003, II-913 Rn. 351; EuG U. v. 25. 10. 2005 Rs. T-38/02 – *Groupe Danone/Kommission* Slg. 2005, II-4407 Rn. 413; EuG U. v. 12. 9. 2007 Rs. T-30/05 – *William Prym GmbH & Co. KG/Kommission* Slg. 2007, II-107 Rn. 230.

[157] Vgl. jeweils m. w. N. EuGH U. v. 28. 6. 2005 Rs. C-189/02 P, C-202/02 P, C-205/02 P bis C-208/02 P und C-213/02 P – *Dansk Rørindustri u. a./Kommission* Slg. 2005, I-5425 Rn. 327; EuGH U. v. 29. 6. 2006 Rs. C-308/04 P – *SGL Carbon AG/Kommission* Slg. 2006, I-5977 Rn. 105.

[158] Kommissionsentscheidung v. 24. 6. 2004 COMP/38 549 – PO – *Honorarordnung der belgischen Architektenkammer* EuZW 2004, 561 Rn. 137.

[159] EuG U. v. 19. 3. 2003 Rs. T-213/00 – *CMA CGM u. a./Kommission* Slg. 2003, II-913 Rn. 325.

Kommission am Ende dieser Leitlinien die Möglichkeit vor, in bestimmten Fällen eine symbolische Geldbuße in Höhe von 1000 EURO festzusetzen, die nicht anhand der Dauer oder der erschwerenden bzw. mildernden Umstände ermittelt worden ist und die im Text der Entscheidung näher begründet werden musste.[160]

Mit Wirkung zum 1. September 2006 sind vorgenannten Leitlinien aus dem Jahre 1998 durch **neue Leitlinien für das Verfahren zur Festsetzung von Geldbußen** gemäß Art. 23 Abs. 2 lit. a VO 1/2003[161] ersetzt worden, die ihrerseits erheblichen Einfluss auf den Erlass und die Ausgestaltung jüngerer Bußgeldleitlinien mitgliedstaatlicher Wettbewerbsbehörden ausgeübt haben.[162] Bei dem im Herbst 2006 erfolgten Leitlinienaustausch ging es der Kommission um eine Weiterentwicklung und Verfeinerung ihrer Geldbußenpolitik auf der Grundlage von Erfahrungen, die sie in den acht Jahren der Anwendung der Vorgängerleitlinien aus dem Jahre 1998 in der Praxis gesammelt hatte.[163] Beibehalten wird in den neuen Leitlinien aus dem Jahre 2006 zwar eine **zweistufige Berechnungsmethode,** in deren Rahmen auf der ersten Stufe ein Grundbetrag und auf der zweiten Stufe eine Anpassung des jeweiligen Betrags nach oben oder unten erfolgt. Hinsichtlich der Ermittlung des Grundbetrags weichen die neuen Leitlinien jedoch erheblich von den Vorgängerleitlinien insoweit ab, als sich der Grundbetrag nunmehr nach dem Wert der verkauften Waren oder Dienstleistungen richtet.[164] In diesem Sinne verwendet die Kommission für die auf der **1. Stufe** vorzunehmenden Festsetzung des Grundbetrags der Geldbuße nunmehr den Wert der von dem betreffenden Unternehmen im relevanten raäumlichen Markt innerhalb des EWR verkauften Waren oder Dienstleistungen, die mit dem jeweiligen Verstoß gegen die wettbewerbsrechtlichen Verbotstatbestände des primärrechtlichen Kartellrechts in einem unmittelbaren oder mittelbaren Zusammenhang stehen.[165] Zur Bestimmung dieses Grundbetrags wird dann ein bestimmter Anteil am Umsatz, der sich nach der Schwere des Verstoßes richtet, mit der Anzahl der Jahre der Zuwiderhandlung multipliziert,[166] wobei hierbei grundsätzlich ein Betrag von bis zu 30% des Umsatzes festgesetzt werden kann.[167] Auf der **2. Stufe** berücksichtigt die Kommission bei der Bestimmung der Höhe der Geldbuße sodann – soweit vorhanden – verschiedene erschwerende und/oder mildernde Umstände, die sich gleichermaßen auf den Unrechtsgehalt des individuellen Verhaltens des betreffenden Unternehmens beziehen[168] und dabei zu einer Erhöhung oder Ermäßigung des festgesetzten Grundbetrags führen können.[169] Während eine Erhöhung des Grundbetrags in Betracht kommt, wenn die Kommission erschwerende Umstände[170] fest-

---

[160] Zur Anwendung dieser Regelung in der Entscheidungspraxis der Kommission vgl. nur ihre Entscheidung v. 10. 12. 2003 Comp/37 857, Pressemitteilung IP/03/1700.

[161] ABl. 2006 C 210/2 ff.; näher zu diesen jüngsten Bußgeldleitlinien der Kommission vgl. etwa *Engelsing* WuW 2007, 470 ff.; *Soyez* EuZW 2007, 596 ff.; *Sünner* EuZW 2007, 8 ff.

[162] Näher dazu, jeweils in spezieller Ansehung der neuen Bußgeldleitlinien des deutschen BKartA, vgl. *Mundt* WuW 2007, 458 ff.; sowie *Vollmer* ZWeR 2007, 168 ff.

[163] Vgl. Rn. 3 bzw. die dritte Begründungserwägung zu diesen Leitlinien, ABl. 2006 C 210/2 ff.

[164] Vgl. Rn. 12 dieser Leitlinien, ABl. 2006 C 210/2 ff.

[165] In diesem Sinne vgl. Rn. 13 dieser Leitlinien, ABl. 2006 C 210/2 ff.

[166] Vgl. Rn. 19 dieser Leitlinien, ABl. 2006 C 210/2 ff.

[167] Vgl. Rn. 21 dieser Leitlinien, ABl. 2006 C 210/2 ff.

[168] In diesem Sinne vgl. auch EuG U. v. 14. 12. 2006 verb. Rs. T-259/02 bis T-264/02 u. T-271/02 – *Raiffeisen Zentralbank Österreich AG u. a./Kommission* Slg. 2006, II-5169 Rn. 232.

[169] Vgl. Rn. 27 dieser Leitlinien, ABl. 2006 C 210/2 ff.

[170] Vgl. Rn. 28 dieser Leitlinien, ABl. 2006 C 210/2 ff., wo die folgenden – nicht abschließenden – „erschwerenden Umstände" aufgeführt werden: „Fortsetzung einer Zuwiderhandlung oder erneutes Begehen einer gleichartigen oder ähnlichen Zuwiderhandlung, nachdem die Kommission oder eine einzelstaatliche Wettbewerbsbehörde festgestellt hat, dass das Unternehmen gegen Art. 81 oder 82 EG verstoßen hatte [...]; Verweigerung der Zusammenarbeit mit oder Behinderung der Untersuchung durch die Kommission; Rolle als Anführer oder Anstifter des Verstoßes; die Kommission würdigt ferner insbesondere Maßnahmen, mit denen andere Unternehmen zur Beteiligung an der Zuwider-

stellt,[171] hängt die Ermäßigung des Grundbetrags vom Vorliegen mildernder Umstände[172] ab, die vom Gemeinschaftsrichter allerdings nicht grenzenlos akzeptiert bzw. recht eng ausgelegt werden.[173] Diesbezüglich kann exemplarisch auf die gefestigte Rechtsprechung des Gemeinschaftsrichters hingewiesen werden, wonach ein Unternehmen, das mit anderen Unternehmen an wettbewerbswidrigen Handlungen teilnimmt, nicht geltend machen könne, diese Teilnahme beruhe auf von den anderen Beteiligten ausgeführtem bzw. ausgeübtem Zwang.[174] Darüber hinaus sehen die neuen Leitlinien vor, dass die Kommission auf Antrag „unter außergewöhnlichen Umständen" die Leistungsfähigkeit eines Unternehmens in einem gegebenen sozialen und ökonomischen Umfeld berücksichtigen kann, wobei sie jedoch keine Ermäßigung wegen der bloßen Tatsache einer nachteiligen oder defizitären Finanzlage gewährt.[175] Dies entspricht im Übrigen der ständigen Rechtsprechung des Gemeinschaftsrichters, wonach die Kommission nicht verpflichtet ist, bei der Bemessung der Geldbuße die wirtschaftliche Lage bzw. finanzielle Schwierigkeiten des betroffenen Unternehmens zu berücksichtigen, da die Anerkennung einer solchen Verpflichtung darauf hin-

---

handlung gezwungen werden sollten, und/oder Vergeltungsmaßnahmen gegenüber anderen Unternehmen, mit denen die Einhaltung des rechtswidrigen Verhaltens durchgesetzt werden sollte". Ferner vgl. EuG U. v. 25. 10. 2005 Rs. T-38/02 – *Groupe Danone/Kommission* Slg. 2005, II-4407 Rn. 281, wonach ein erschwerender Umstand auch dann vorliegt, wenn ein an einem Kartell beteiligtes Unternehmen einen anderen Kartellteilnehmer zwingt, das Kartell auszuweiten, indem es ihm Vergeltungsmaßnahmen für den Fall einer Verweigerung androht.

[171] Zur grds. Befugnis der Kommission, in diesem Kontext erschwerende Umstände zu berücksichtigen, vgl. EuGH U. v. 8. 2. 2007 Rs. C-3/06 P – *Groupe Danone/Kommission* Slg. 2007, I-1331 Rn. 25, wonach die Berücksichtigung erschwerender Umstände bei der Festsetzung der Geldbuße im Einklang steht mit der Aufgabe der Kommission, die Übereinstimmung mit den Wettbewerbsregeln zu gewährleisten.

[172] Vgl. Rn. 29 dieser Leitlinien, ABl. 2006 C 210/2 ff., wo die folgenden– nicht abschließenden – „mildernden Umstände" aufgeführt werden: 1.) Vom Unternehmen nachgewiesene Beendigung des Verstoßes nach dem ersten Eingreifen der Kommission [...]; 2.) vom Unternehmen beigebrachte Beweise, dass die Zuwiderhandlung aus Fahrlässigkeit begangen wurde; 3.) vom Unternehmen beigebrachte Beweise, dass die eigene Beteiligung sehr geringfügig war und sich das Unternehmen der Durchführung der gegen die Wettbewerbsregeln verstoßenden Vereinbarungen in dem Zeitraum, in dem sie ihnen beigetreten war, in Wirklichkeit durch eigenes Wettbewerbsverhalten auf dem Markt entzogen hat [...]; 4.) aktive Zusammenarbeit des Unternehmens mit der Kommission außerhalb des Anwendungsbereichs der [Kronzeugenregelung; siehe dazu unten Rn. 37 ff.]; 5.) Genehmigung oder Ermutigung des wettbewerbswidrigen Verhaltens durch die Behörden oder geltende Vorschriften.

[173] Exempl. vgl. zum einen EuG U. v. 26. 4. 2007 verb. Rs. T-109/02, T-118/02, T-122/02, T-125/02, T-126/02, T-128/02, T-129/02, T-132/02 u. T-136/02 – *Bolloré SA/Kommission* Slg. 2007, II-947 Rn. 671, wonach die Tatsache, dass ein Unternehmen aus der jeweiligen Zuwiderhandlung keinen Vorteil gezogen hat, der Verhängung einer Geldbuße nicht entgegensteht, da diese sonst ihren abschreckenden Charakter verlieren würde; zum anderen vgl. EuG U. v. 12. 12. 2007 verb. Rs. T-101/05 u. T-111/05 – *BASF AG u. a./Kommission* Slg. 2007, II-4949 Rn. 129, wonach z. B. die Entlassung der leitenden Mitarbeiter, die bei der Zuwiderhandlung eine entscheidende Rolle gespielt haben, keine Handlung darstellt, die die Herabsetzung der verhängten Geldbuße rechtfertigt; ähnlich restriktiv vgl. EuG U. v. 25. 10. 2005 Rs. T-38/02 – *Groupe Danone/Kommission* Slg. 2005, II-4407 Rn. 382 ff.; EuG U. v. 6. 12. 2005 Rs. T-48/02 – *Brouwerij Haacht NV/Kommission* Slg. 2005, II-5259 Rn. 74 ff.; EuG U. v. 27. 9. 2006 Rs. T-59/02 – *Archer Daniels Midland Co./Kommission* Slg. 2006, II-3627 Rn. 331 ff.

[174] Vgl. nur EuG U. v. 25. 10. 2005 Rs. T-38/02 – *Groupe Danone/Kommission* Slg. 2005, II-4407 Rn. 164.

[175] So Rn. 35 dieser Leitlinien, ABl. 2006 C 210/2 ff., mit dem weiteren Hinweis, dass eine solche Ermäßigung nur dann möglich ist, wenn eindeutig nachgewiesen wird, dass die Verhängung einer Geldbuße gemäß diesen Leitlinien die wirtschaftliche Überlebensfähigkeit des Unternehmens unwiderruflich gefährden und ihre Aktiva jeglichen Wertes berauben würde.

auslaufen würde, den am wenigsten den Marktbedingungen angepassten Unternehmen einen ungerechtfertigten Wettbewerbsvorteil zu verschaffen.[176]

c) Kronzeugenregelung. Die für die Aufdeckung und Abstellung wettbewerbswidrigen Marktverhaltens im europäischen Binnenmarkt zuständige Kommission ist bereits seit mehr als zwanzig Jahren im Interesse der effektiven Durchsetzung der in Art. 81 und 82 EG niedergelegten Verbotstatbestände dazu bereit, die Mitwirkung der betroffenen Unternehmen an der Aufklärung des jeweils in Rede stehenden Sachverhalts bei der Bemessung der zu verhängenden Geldbuße zu berücksichtigen.[177] Eine gewisse **Formalisierung der** anfänglich rein informellen **Kronzeugenpolitik** bewirkte sodann die im Jahre 1996 von der Kommission veröffentlichte „Mitteilung über die Nichtfestsetzung oder niedrigere Festsetzung von Geldbußen in Kartellsachen",[178] die sich in der Folge zu einem gleichermaßen bedeutsamen wie umstrittenen Instrument der Kartellbekämpfung auf europäischer Ebene entwickelte.[179] Diese vielfach als „Kronzeugenregelung" oder auch als „Kronzeugenmitteilung" bezeichnete Kommissionsmitteilung, die einen mit einer Geldbußenermäßigung honorierten Anreiz zum Ausstieg kartellbeteiligter Unternehmen aus dem Kartell und zur Kooperation mit der Kommission schaffen sollte und zugleich eine gewisse **Selbstbindung der Kommission** begründete[180] bzw. eine „Selbstbeschränkung" ihres Ermessens bewirkte,[181] ist nach einer etwas mehr als fünfjährigen Anwendungspraxis im Jahre 2002 durch die „Mitteilung der Kommission über den Erlass und die Ermäßigung von Geldbußen in Kartellsachen"[182] ersetzt worden, um die Bedingungen für einen Erlass oder eine Ermäßigung der Geldbuße (noch) transparenter und berechenbarer zu machen.[183] Zu diesem Zweck wurden in dieser zweiten Kronzeugenmitteilung nicht nur die Bedingung *en detail* aufgeführt, die im Falle eines Bußgelderlasses oder einer – über die oben erwähnten Leitlinien für das Verfahren zur Festsetzung von Geldbußen[184] hinausge-

---

[176] Vgl. nur EuG U. v. 25. 10. 2005 Rs. T-38/02 – *Groupe Danone/Kommission* Slg. 2005, II-4407 Rn. 413; EuG U. v. 29. 11. 2005 Rs. T-64/02 – *Dr. Hans Heubach GmbH & Co. KG/Kommission* Slg. 2005, II-5137 Rn. 139 u. Rn. 161; EuGH U. v. 10. 5. 2007 Rs. C-328/05 P – *SGL Carbon AG/Kommission* Slg. 2007, I-3921 Rn. 100; EuG U. v. 12. 9. 2007 Rs. T-30/05 – *William Prym GmbH & Co. KG/Kommission* Slg. 2007, II-107 Rn. 230.

[177] Vgl. dazu etwa die Kommissionsentscheidungen v. 6. 8. 1984 – *Zinc Producer Group* ABl. 1984 L 220/27 Ziff. 104; und v. 19. 12. 1984 – *Zellstoff* ABl. 1985 L 85/1 Ziff. 148; m.w.N. *Albrecht* WRP 2007, 417 (418).

[178] ABl. 1996 C 207/4.

[179] Zu dieser ersten EG-kartellverfahrensrechtlichen Kronzeugenregelung vgl. nur *Dieckmann* in: Wiedemann, Handbuch des Kartellrechts, 1999, § 46 Rn. 18 ff.; *Hornsby/Hunter* ECLR 1997, 38 ff.; *Weitbrecht* EuZW 1997, 555 ff.

[180] In diesem Sinne vgl. etwa EuG U. v. 27. 9. 2006 Rs. T-59/02 – *Archer Daniels Midland Co./Kommission* Slg. 2006, II-3627 Rn. 409; sowie EuG U. v. 12. 12. 2007 verb. Rs. T-101/05 u. T-111/05 – *BASF AG u. a./Kommission* Slg. 2007, II-4949 Rn. 89, wonach die Kommission angesichts des berechtigten Vertrauens, das die zur Zusammenarbeit mit der Kommission bereiten Unternehmen aus dieser Mitteilung ableiten konnten, verpflichtet ist, sich bei der Beurteilung der Kooperation des betreffenden Unternehmens i. R. der Bemessung der gegen dieses verhängten Geldbuße an die Mitteilung zu halten.

[181] Vgl. nur EuG U. v. 27. 9. 2006 Rs. T-322/01 – *Roquette Frères SA/Kommission* Slg. 2006, II-3137 Rn. 223.

[182] ABl. 2002 C 45/3; näher zu dieser Kronzeugenregelung aus dem Jahre 2002 vgl. nur *Brokx* ECLR 2001, 35 ff.; *Häberle*, Die Kronzeugenmitteilung der Europäischen Kommission im EG-Kartellrecht, 2005, S. 59 ff.; *Hetzel*, Kronzeugenregelungen im Kartellrecht – Anwendung und Auslegung von Vorschriften über den Erlass oder die Ermäßigung von Geldbußen im Lichte elementarer Rechtsgrundsätze, 2004, S. 83 ff.; *Klees* WuW 2002, 1056 ff.; *ders.*, Europäisches Kartellverfahrensrecht – mit Fusionskontrollverfahren, 2005, § 10 Rn. 68 ff.; *Polley/Seeliger* EuZW 2002, 397 ff.; *Soltész* EWS 2000, 240 ff.

[183] Vgl. Rn. 5 dieser Mitteilung, ABl. 2002 C 45/3.

[184] Näher zu diesen Leitlinien bereits unter Rn. 29–36.

henden – Bußgeldermäßigung erfüllt sein mussten, sondern auch die verfahrensrechtlichen Modalitäten, die von den betreffenden Unternehmen in diesem Kontext zu beachten waren. Die vorgenannte Kronzeugenmitteilung aus dem Jahre 2002 ist nunmehr durch eine neue Mitteilung der Kommission über den Erlass und die Ermäßigung von Geldbußen in Kartellsachen[185] modernisert bzw. ersetzt worden. Mit dieser jüngsten **Kronzeugenmitteilung aus dem Jahre 2006** sind zum einen die nachfolgend etwas näher darzustellenden Voraussetzungen für einen vollständigen Bußgelderlass bzw. für eine Bußgeldermäßigung weiter konkretisiert und gewisse Schwächen der Vorgängerregelung behoben worden. Zum anderen bezweckt diese am 8. Dezember 2006 in Kraft getretene Kronzeugenmitteilung einen verbesserten Schutz der betroffenen Unternehmen vor einer etwaigen Offenlegung diesbezüglicher Unternehmenserklärungen in zivilrechtlichen Schadensersatzprozessen und reagiert damit zugleich auf das sog. Kronzeugenmodell des Europäischen Wettbewerbsnetzes vom 29. September 2006.[186]

38 Die geltende Kronzeugenregelung aus dem Jahre 2006, die von der Kommission unter Beachtung einiger zu den Vorgängerregelungen ergangener EuGH-Urteile anzuwenden ist,[187] enthält im Einklang mit den oben genannten Vorgängerregelungen aus den Jahren 1996 und 2002 zunächst einmal einige Regelungen für den **Totalerlass von Geldbußen**. In der bisherigen Praxis sind bereits einige Unternehmen tatsächlich in den Genuss eines derartigen Totalerlasses gekommen,[188] obwohl im Einzelfall doch recht anspruchsvolle Voraussetzungen erfüllt sein müssen, um einen vollständigen Bußgelderlass durch die Kommission zu rechtfertigen. Diesbezüglich lassen sich zwei alternative Grundbedingungen von einander unterscheiden, deren Erfüllung nur dann zu einem Totalerlass der an sich zu verhängenden Geldbuße führt, wenn der jeweilige „Kronzeuge" diverse kumulativ zu beachtende Zusatzbedingungen erfüllt:

39 Die **erste Grundbedingung** ist nach Rn. 8 lit. a dieser Kronzeugenmitteilung (2006) prinzipiell dann erfüllt, wenn das betreffende Unternehmen als erstes Informationen und Beweismittel vorlegt, die es der Kommission ihrer Auffassung nach ermöglichen, gezielte Nachprüfungen[189] im Zusammenhang mit dem mutmaßlichen Kartell durchzuführen.[190]

---

[185] ABl. 2006 C 298/17 ff.; jeweils mit recht guten Überblicken über diese am 8. 12. 2006 in Kraft getretene Kronzeugenmitteilung der Kommission vgl. *Albrecht* WRP 2007, 417 ff.; *Incardona* ELF 2007, I-39 ff.

[186] Dieses ergänzende ECN-Kronzeugenmodell vom 29. 9. 2006 ist im Internet abrufbar unter http://ec.europa.eu/comm/competition/ecn/model_leniency_en.pdf.

[187] Vgl. dazu nur EuGH U. v. 10. 5. 2007 Rs. C-328/05 P – *SGL Carbon AG/Kommission* Slg. 2007, I-3921 Ziff. 83, wonach die Zusammenarbeit eines Unternehmens mit der Kommission eine Herabsetzung der Geldbuße nach der jeweils geltenden Kronzeugenregelung nur rechtfertigen könne, wenn diese Zusammenarbeit der Kommission die Erfüllung ihrer Aufgabe, eine Zuwiderhandlung festzustellen und ihr ein Ende zu setzen, tatsächlich ermögliche.

[188] So z. B. das am „Vitamin"-Kartell beteiligte Unternehmen *Aventis* per Kommissionsentscheidung v. 22. 11. 2001 – *Vitamin-Kartell* ABl. 2003 L 6/1 (Ziff. 742); ferner vgl. die Kommissionsentscheidungen v. 2. 7. 2002 – *Methionin* ABl. 2003 L 255/1 (Ziff. 340); v. 30. 10. 2002 – *Kunstauktionshäuser* ABl. 2005 L 200/92 (Ziff. 21 ff.); v. 27. 11. 2002 – *Methylglukamin* ABl. 2004 L 38/18 (Ziff. 264, 268 u. 272); v. 17. 12. 2002 – *Geschmacksverstärker* ABl. 2004 L 75/1 (Ziff. 287); v. 1. 10. 2003 – *Sorbate* ABl. 2005 L 182/20 (Ziff. 46); v. 3. 12. 2003 – *Elektrotechnische u. mechanische Kohlenstoff- u. Graphitprodukte* ABl. 2004 L 125/45 (Ziff. 13); v. 10. 12. 2003 – *Organische Peroxide* ABl. 2005 L 110/44 (Ziff. 26); v. 3. 9 2004 – *Kupferinstallationsrohre* ABl. 2006 L 192/21 (Ziff. 39); v. 19. 1. 2005 – *MCE* ABl. 2006 L 353/12 (Ziff. 28); v. 30. 11. 2005 – *Industriesäcke* ABl. 2007 L 282/41 (Ziff. 35, unter a); v. 21. 12. 2005 – *Kautschukchemikalien* ABl. 2006 L 353/50 (Ziff. 23); v. 3. 5. 2006 – *Wasserstoffperoxid u. Perborate* ABl. 2006 L 353/54 (Ziff. 28); v. 31. 5. 2006 – *Methacrylat* ABl. 2006 L 322/20 (Ziff. 21); v. 13. 9. 2006 – *Bitumen* ABl. 2007 L 196/70 (Ziff. 22); und v. 20. 9. 2006 – *Fittings* ABl. 2007 L 283/63 (Ziff. 30).

[189] Näher zu diesen Nachprüfungen vgl. die Kommentierungen zu Art. 20 u. 21 VO 1/2003.

[190] Vgl. Rn. 8 lit. a) dieser Mitteilung (ABl. 2006 C 298/17 ff.), wo ferner zum einen darauf hingewiesen wird, dass die o. g. Informationen *ex ante* zu bewerten sind, d. h. unabhängig davon, ob die

Auf dieser Grundlage kommt ein Geldbußenerlass gleichwohl nur dann in Betracht, wenn sich der Antragsteller an die in Rn. 9 dieser Mitteilung enthaltenen Vorgaben im Hinblick auf die grundsätzlich gebotene Vorlage einer Unternehmenserklärung und weiterer Beweismittel für das mutmaßliche Kartell hält[191] und wenn die Kommission zum Zeitpunkt der Vorlage der vorgenannten Erklärung und Beweismittel nicht bereits über ausreichende Beweismittel verfügte, um eine Nachprüfung im Zusammenhang mit dem mutmaßlichen Kartell anzuordnen oder eine solche Nachprüfung bereits durchgeführt hat.[192] Die **zweite (alternative) Grundbedingung,** deren Erfüllung für sich genommen ebenfalls noch nicht automatisch zu einem Geldbußenerlass führt, ist dann erfüllt, wenn das betreffende Unternehmen als erstes Informationen und Beweismittel vorlegt, die es der Kommission ihrer Auffassung nach ermöglichen, im Zusammenhang mit dem mutmaßlichen Kartell eine Zuwiderhandlung gegen Art. 81 EG festzustellen.[193] In diesem Fall wird ein Geldbußenerlass allerdings nur unter den zusätzlichen (kumulativen) Bedingungen gewährt, dass die Kommission zum Zeitpunkt der Vorlage der o. g. Erklärungen und Beweismittel nicht über ausreichende Beweismittel verfügte, um eine Zuwiderhandlung gegen Art. 81 EG bezüglich des mutmaßlichen Kartells feststellen zu können, und dass keinem Unternehmen in derselben Sache ein bedingter Geldbußenerlass nach Rn. 8 lit. a dieser Kronzeugenregelung gewährt worden ist.[194]

Neben einer der beiden vorgenannten Grundbedingungen muss der jeweilige Kronzeuge, der in den Genuss eines Geldbußenerlasses kommen möchte, ferner die **vier** folgenden **Zusatzbedingungen** erfüllen: Erstens muss er ab dem Zeitpunkt der Antragstellung während des gesamten Verwaltungsverfahrens ernsthaft, in vollem Umfang, kontinuierlich und zügig mit der Kommission zusammenarbeiten.[195] Zweitens muss der jeweilige Kronzeuge seine Teilnahme an dem mutmaßlichen Kartell im Grundsatz unmittelbar nach der Antragstellung beendet haben.[196] Drittens darf er weder Beweise für das mutmaßliche Kartell vernichtet, verfälscht oder unterdrückt noch etwas über die Stellung und den Inhalt des Antrags auf Geldbußenerlass offengelegt haben, sofern Letzteres nicht gegenüber einer anderen Wettbewerbsbehörde erfolgte.[197] Und viertens setzt der Erlass einer Geldbuße voraus, dass der Kronzeuge andere Unternehmen nicht zur Aufnahme oder Weiterführung der Beteiligung an dem Kartell gezwungen hat.[198]

40

Das in der Kronzeugenregelung aus dem Jahre 2006 noch detaillierter als in den o. g. Vorgängermitteilungen aus den Jahren 1996 und 2002 geregelte **Verfahren zum Erlass einer Geldbuße**[199] beginnt grundsätzlich damit, dass sich der Kronzeuge mit der Generaldirektion Wettbewerb der Kommission in Verbindung setzt.[200] Hierbei kann das betreffende Unternehmen bei der Kommission entweder zunächst einen sog. *Marker* beantragen[201]

41

---

entsprechende Nachprüfung erfolgreich war oder nicht bzw. ob eine Nachprüfung vorgenommen wurde oder nicht; zum anderen wird hier ergänzend deutlich gemacht, dass die vorgenannte Bewertung ausschließlich auf der Grundlage der Art und der Qualität der vom Antragsteller übermittelten Informationen erfolgt.

[191] Vgl. Rn. 9 lit. a und b dieser Mitteilung, ABl. 2006 C 298/17 ff.
[192] Vgl. Rn. 10 dieser Mitteilung, ABl. 2006 C 298/17 ff.
[193] Vgl. Rn. 8 lit. b) dieser Mitteilung, ABl. 2006 C 298/17 ff.
[194] Vgl. Rn. 11 dieser Mitteilung, ABl. 2006 C 298/17 ff.
[195] Vgl. Rn. 12 lit. a dieser Mitteilung, ABl. 2006 C 298/17 ff.; zur weiteren Konkretisierung dieser Kooperationsobliegenheit vgl. die Spiegelstriche 1–5 in der vorgenannten Rn. 12 lit. a).
[196] Vgl. Rn. 12 lit. b) dieser Mitteilung, ABl. 2006 C 298/17 ff.
[197] Vgl. Rn. 12 lit. c) dieser Mitteilung, ABl. 2006 C 298/17 ff.
[198] Vgl. Rn. 13 dieser Mitteilung, ABl. 2006 C 298/17 ff.
[199] Vgl. Rn. 14–22 dieser Mitteilung, ABl. 2006 C 298/17 ff.
[200] Vgl. Rn. 14 Satz 1 dieser Mitteilung, ABl. 2006 C 298/17 ff.
[201] Zum Sinn und Zweck eines solchen *Markers* sowie zu den für die Gewährung eines *Markers* verlangten Angaben des Antragstellers vgl. Rn. 15 dieser Mitteilung, ABl. 2006 C 298/17 ff.

Art. 23 VerfVO 42

oder aber sofort einen förmlichen Antrag auf Erlass der Geldbuße stellen.[202] Im letztgenannten Fall hat der Antragsteller alle oben bereits genannten Informationen und Beweismittel vorzulegen,[203] was unter bestimmten Umständen zunächst auch „in hypothetischer Form" geschehen kann.[204] Der Antragsteller hat nunmehr auch die Möglichkeit, von der Generaldirektion Wettbewerb der Kommission eine Empfangsbestätigung für seinen Antrag auf Erlass der Geldbuße zu erhalten.[205] Sobald die Kommission die vom Antragsteller vorzulegenden Informationen erhalten und festgestellt hat, dass die o. g. Grund- und Zusatzbedingungen[206] erfüllt sind, gewährt sie dem Unternehmen schriftlich einen bedingten Erlass der Geldbuße,[207] der erst mit der endgültigen Entscheidung der Kommission in einen unbedingten Geldbußenerlass umschlägt. Sollte sich hingegen herausstellen, dass die oben erläuterten Grund- und/oder Zusatzbedingungen nicht erfüllt sind – etwa weil dem betreffenden Unternehmen bereits ein anderer Kronzeuge zuvor gekommen ist oder weil die Kommission bereits über hinreichende Beweismittel verfügte –, wird der Antragsteller schriftlich davon in Kenntnis gesetzt, dass ein Geldbußenerlass in dem betreffenden Fall nicht möglich ist.[208]

42 Für die in der Kronzeugenregelung aus dem Jahre 2006 ebenfalls geregelte **Ermäßigung von Geldbußen**[209] müssen – im Vergleich zum oben erörterten Geldbußenerlass – weniger Voraussetzungen erfüllt sein. Erforderlich ist lediglich – aber immerhin – die Vorlage von Beweismitteln, die gegenüber den bereits im Besitz der Kommission befindlichen Beweismitteln einen erheblichen Mehrwert darstellen, und dass der jeweilige Kronzeuge die ersten drei der oben in Rn. 40 erwähnten Zusatzbedingungen erfüllt.[210] Der insoweit maßgebliche Begriff „Mehrwert" bezieht sich auf das Ausmaß, in dem die vorgelegten Beweismittel auf Grund ihrer Eigenschaft und/oder ihrer Ausführlichkeit der Kommission dazu verhelfen, das mutmaßliche Kartell nachzuweisen.[211] Insofern ist die Herabsetzung einer Geldbuße, die gegen ein Unternehmen wegen Zuwiderhandlung gegen die Wettbewerbsregeln verhängt wird, in diesem Kontext nach ständiger Rechtsprechung des Gemeinschaftsrichters nur dann gerechtfertigt, wenn das Verhalten des fraglichen Unternehmens es der Kommission ermöglicht hat, eine Zuwiderhandlung leichter festzustellen[212] und sie gegebenenfalls zu beenden.[213] Umgekehrt kommt eine Herabsetzung der Geldbuße dann nicht in Betracht, wenn die Mitarbeit des betreffenden Unternehmens nicht über das hinausgegangen ist, wozu es nach den kartellverfahrensrechtlichen Vorschriften ohnehin verpflichtet war.[214] In diesem Sinne verlangt also der Gemeinschaftsrichter, dass die von

---

[202] Vgl. Rn. 14 Satz 2 dieser Mitteilung, ABl. 2006 C 298/17 ff.
[203] Näher dazu siehe auch Rn. 16 lit. a und Rn. 17 dieser Mitteilung, ABl. 2006 C 298/17 ff.
[204] Näher dazu siehe Rn. 16 lit. b und Rn. 19 dieser Mitteilung, ABl. 2006 C 298/17 ff.
[205] Siehe Rn. 17 dieser Mitteilung. ABl. 2006 C 298/17 ff.
[206] Siehe oben Rn. 39 f.
[207] Siehe Rn. 18 dieser Mitteilung. ABl. 2006 C 298/17 ff.
[208] Siehe Rn. 20 dieser Mitteilung, ABl. 2006 C 298/17 ff.
[209] Vgl. Rn. 23–30 dieser Mitteilung, ABl. 2006 C 298/17 ff.
[210] Vgl. dazu auch Rn. 24 dieser Mitteilung, ABl. 2006 C 298/17 ff.
[211] Vgl. Rn. 25 dieser Mitteilung, ABl. 2006 C 298/17 ff.
[212] Vgl. EuG U. v. 14. 5. 1998 Rs. T-347/94 – *Mayr-Melnhof/Kommission* Slg. 1998, II-1751 Rn. 309 u. 330; EuG U. v. 6. 12. 2005 Rs. T-48/02 – *Brouwerij Haacht NV/Kommission* Slg. 2005, II-5259 Rn. 104; EuG U. v. 12. 9. 2007 Rs. T-30/05 – *William Prym GmbH & Co. KG/Kommission* Slg. 2007, II-107 Rn. 251.
[213] Mit diesem Zusatz vgl. etwa EuG U. v. 6. 12. 2005 Rs. T-48/02 – *Brouwerij Haacht NV/Kommission* Slg. 2005, II-5259 Rn. 104; EuG U. v. 26. 4. 2007 verb. Rs. T-109/02, T-118/02, T-122/02, T-125/02, T-126/02, T-128/02, T-129/02, T-132/02 u. T-136/02 – *Bolloré SA/Kommission* Slg. 2007, II-947 Rn. 677 u. 716.
[214] So vgl. nur m.w.N. EuG U. v. 25. 10. 2005 Rs. T-38/02 – *Groupe Danone/Kommission* Slg. 2005, II-4407 Rn. 451; ähnlich EuG U. v. 6. 12. 2005 Rs. T-48/02 – *Brouwerij Haacht NV/Kommission* Slg. 2005, II-5259 Rn. 106.

dem betreffenden Unternehmen gelieferten Informationen sowie sein sonstiges Verhalten insoweit als „Zeichen einer echten Zusammenarbeit des Unternehmens" bzw. als „Zeichen eines echten Geistes der Zusammenarbeit des betreffenden Unternehmens" angesehen werden können.[215]

Das in dieser Kronzeugenregelung ebenfalls näher geregelte **Verfahren zur Ermäßigung von Geldbußen**[216] beginnt mit der Stellung eines förmlichen Antrags und der damit einhergehenden Vorlage der vorgenannten Beweismittel.[217] Auf Verlangen stellt die Generaldirektion Wettbewerb dem Antragsteller eine Empfangsbestätigung aus.[218] Gelangt die Kommission im Laufe dieses Verfahrens zu dem vorläufigen Ergebnis, dass die Beweismittel des Unternehmens tatsächlich einen „erheblichen Mehrwert" im o. g. Sinne darstellen und dass dieses Unternehmen die für eine Bußgeldermäßigung erforderlichen Voraussetzungen[219] erfüllt, teilt sie dem Unternehmen spätestens zum Zeitpunkt der Zustellung der Mitteilung der Beschwerdepunkte i. S. des Art. 27 Abs. 1 VO 1/2003 schriftlich ihre Absicht mit, die Geldbuße innerhalb einer bestimmten Bandbreite[220] zu ermäßigen;[221] über die endgültige Ermäßigung der Geldbuße bestimmt die Kommission indes erst in ihrer verfahrensabschließenden Entscheidung.[222] In dieser Endentscheidung ist von der Kommission nicht nur darüber zu befinden, ob die vorgelegten Beweismittel einen Mehrwert im o. g. Sinne aufweisen, sondern auch, ob die o. g. Ermäßigungsvoraussetzungen[223] erfüllt sind und in welchem Umfang die Geldbuße ermäßigt wird.[224] 43

Im Zusammenhang mit dem **Umfang der** im vorgenannten Verfahren in Betracht zu ziehenden **Geldbußenermäßigung** sind drei verschiedene Konstellationen zu unterscheiden: Für das erste Unternehmen, das Beweismittel mit einem erheblichen Mehrwert im o. g. Sinne vorlegt, ist eine Ermäßigung zwischen 30% und 50% vorgesehen. Für das zweite Unternehmen, das diese vorgenannte Voraussetzung erfüllt, kommt eine Ermäßigung zwischen 20% und 30% in Betracht. Alle anderen Kronzeugen müssen sich hingegen mit einer Ermäßigung von maximal 20% zufrieden geben. Innerhalb der vorgenannten Bandbreiten verfügt die Kommission über einen recht weiten Ermessensspielraum, der ansatzweise in Rn. 26 dieser Kronzeugenregelung eingegrenzt wird. Demnach hat die Kommission bei der i. R. der vorgenannten Bandbreiten erfolgenden Bestimmung des Umfangs der Geldbußenermäßigung in erster Linie den Umfang des mit dem vorgelegten Beweismittel verbundenen Mehrwerts und zum anderen den Zeitpunkt zu berücksichtigen, zu dem das jeweilige Beweismittel vorgelegt wurde. 44

Das **Geheimhaltungsinteresse der Unternehmen,** die der Kommission auf der Grundlage der Kronzeugenregelung belastende Beweismittel vorlegen, ist in den o. g. Vor- 45

---

[215] Vgl. EuGH U. v. 28. 6. 2005 Rs. C-189/02 P, C-202/02 P, C-205/02 P bis C-208/02 P und C-213/02 P – *Dansk Rørindustri u. a./Kommission* Slg. 2005, I-5425 Rn. 395; EuGH U. v. 29. 6. 2006 Rs. C-301/04 P – *Kommission/SGL Carbon AG u. a.* Slg. 2006, I-5915 Rn. 68; EuG U. v. 14. 12. 2006 verb. Rs. T-259/02 bis T-264/02 u. T-271/02 – *Raiffaisen Zentralbank Österreich AG u. a./Kommission* Slg. 2006, II-5169 Rn. 530; sowie EuG U. v. 12. 12. 2007 verb. Rs. T-101/05 u. T-111/05 – *BASF AG u. a./Kommission* Slg. 2007, II-4949 Rn. 92, mit dem weiteren Hinweis, dass es nicht als „Ausdruck eines solchen Geistes der Zusammenarbeit" angesehen werden könne, wenn das betreffende Unternehmen auf eine Frage der Kommission in unvollständiger und irreführender Weise geantwortet hat, auch wenn es zu deren Beantwortung nicht verpflichtet war.
[216] Vgl. Rn. 27 ff. dieser Mitteilung, ABl. 2006 C 298/17 ff.
[217] Vgl. Rn. 27 dieser Mitteilung, ABl. 2006 C 298/17 ff.
[218] Vgl. Rn. 28 dieser Mitteilung, ABl. 2006 C 298/17 ff.
[219] Siehe dazu oben unter Rn. 42.
[220] Siehe dazu unten unter Rn. 44.
[221] Vgl. Rn. 29 dieser Mitteilung, ABl. 2006 C 298/17 ff.
[222] Vgl. Rn. 26 i. V. m. Rn. 30 dieser Mitteilung, ABl. 2006 C 298/17 ff.
[223] Zu diesen Voraussetzungen siehe oben Rn. 42.
[224] Vgl. Rn. 30 dieser Mitteilung, ABl. 2006 C 298/17 ff.

gängermitteilungen aus den Jahren 1996 und 2002[225] zunächst nur ansatzweise berücksichtigt worden. Nach der ursprünglich in der Kronzeugenregelung aus dem Jahre 2002 zum Ausdruck gebrachten Auffassung der Kommission steht zwar die Offenlegung von Unterlagen, die sie auf der Grundlage dieser Mitteilung erhalten hat, im Allgemeinen dem Schutz des Zwecks von Inspektions- und Untersuchungstätigkeiten i. S. von Art. 4 Abs. 2 VO 1049/2001[226] entgegen,[227] so dass andere natürliche oder juristische Personen grundsätzlich keinen Zugang zu diesen Unterlagen bekommen können. Die insbesondere durch den in Art. 12 VO 1/2003 vorgesehenen Informationsaustausch aufgeworfene Frage, ob die Kronzeugen der Kommission auch vor einer Weitergabe der auf der Grundlage der Kronzeugenregelung vorgelegten Unterlagen an mitgliedstaatliche Wettbewerbsbehörden geschützt sind,[228] wurde jedoch weder in Art. 12 und 23 VO 1/2003 noch in der Kronzeugenregelung aus dem Jahre 2002 klar beantwortet. Vor diesem Hintergrund ist es grundsätzlich zu begrüßen, dass sich die Kommission mit der vorgenannten Frage zunächst einmal in ihrer **Bekanntmachung über die Zusammenarbeit innerhalb des Netzes der Wettbewerbsbehörden**[229] näher befasste. Nach Ziff. 40 dieser Bekanntmachung werden die i. R. eines Antrags auf Kronzeugenbehandlung vom Antragsteller freiwillig vorgelegten Informationen grundsätzlich nur mit dessen Einverständnis einem anderen Netzmitglied nach Art. 12 VO 1/2003 übermittelt. Ausnahmsweise wird eine derartige Informationsübermittlung jedoch von der Kommission auch ohne Einverständnis des Antragstellers für möglich gehalten. So sei zum einen dann kein Einverständnis erforderlich, wenn bei der empfangenden Behörde von demselben Antragsteller ebenfalls ein Antrag auf Kronzeugenbehandlung wie bei der übermittelnden Behörde eingegangen ist und dieser sich auf ein und dieselbe Zuwiderhandlung bezieht, sofern es dem Antragsteller zu dem Zeitpunkt, zu dem die Information weitergeleitet wird, nicht freisteht, die der empfangenen Behörde vorgelegten Informationen zurückzuziehen.[230] Zum anderen hält die Kommission ein solches Einverständnis dann für nicht erforderlich, wenn die empfangene Behörde eine schriftliche Verpflichtungszusage abgegeben hat, dass weder die ihr übermittelten Informationen noch sonstige Informationen, die sie möglicherweise nach dem von der übermittelnden Behörde angegebenen Datum und Zeitpunkt der Übermittlung erlangt, von ihr oder einer anderen Behörde, an die Informationen nachfolgend weitergegeben werden, dazu verwendet werden, um gegen bestimmte Personen[231] Sanktionen zu verhängen.

46 In Ergänzung der vorgenannten Regelungen sieht die modernisierte Kronzeugenmitteilung aus dem Jahre 2006 einen besonderen **Schutzmechanismus** vor, der auch im Interesse der effektiven administrativen Durchsetzung des in Art. 81 Abs. 1 EG niedergelegten Kartellverbots gewährleisten soll, dass der jeweilige Antragsteller, der an der Unter-

---

[225] Siehe dazu oben unter Rn. 37.
[226] Verordnung (EG) Nr. 1049/2001 über den Zugang der Öffentlichkeit zu Dokumenten des Europäischen Parlaments, des Rates und der Kommission, ABl. 2001 L 145/43; näher zu dieser sog. „Transparenz"-VO und ihrer Anwendung im Europäischen Wettbewerbs- bzw. Kartellverfahrensrecht vgl. jeweils m. w. N. *Kleine* ZWeR 2007, 303 ff.; *Nowak* DVBl. 2004, 272 ff.; *Tietje/Nowrot* EWS 2006, 486 ff.
[227] Vgl. Rn. 32 dieser Mitteilung, ABl. 2002 C 45/3.
[228] Ausführlich hierzu *Blake/Schnichels* EuZW 2004, 551 ff.; *Klusmann* WuW 2001, 820 ff.; instruktiv zu den im *European Competition Network* bestehenden Rechtsschutz- und Grundrechtsproblemen vgl. ferner *Reichelt* CMLRev. 2005, 745 ff.
[229] ABl. 2004 C 101/43.
[230] Vgl. Ziff. 41 dieser Bekanntmachung, ABl. 2004 C 101/43.
[231] Zu diesen Personen gehören nach Ziff. 41 der vorgenannten Bekanntmachung nicht nur der Antragsteller (lit. a), sondern auch jede andere juristische oder natürliche Person, die durch die begünstigende Behandlung abgedeckt ist, welche die übermittelnde Behörde aufgrund der Beantragung einer Kronzeugenbehandlung gewährt (lit. b). Gleiches gilt nach Ziff. 41 lit. c) für jeden Mitarbeiter oder ehemaligen Mitarbeiter der unter lit. a) und b) fallenden Personen.

suchung der Kommission mitarbeitet, im Rahmen zivilprozessualer Verfahren nicht schlechter dasteht als solche Unternehmen, die nicht auf diese Weise mit der Kommission kooperiert haben.[232] Im Mittelpunkt steht dabei das Instrument der sog. **Unternehmenserklärung,** bei der es sich um eine freiwillige Darlegung seitens oder im Namen des Unternehmens gegenüber der Kommission bezüglich seines Wissens über ein Kartell und seine Beteiligung daran handelt, die speziell für die Zwecke dieser Kronzeugenmitteilung erfolgt.[233] Einsicht in solche Unternehmenserklärungen, die unter bestimmten Umständen auch in mündlicher Form zugelassen sind,[234] wird nur den Adressaten der Mitteilung der Beschwerdepunkte gewährt, sofern sie – und der Rechtsbeistand, dem in ihrem Namen Einsicht gewährt wird – sich verpflichten, Informationen aus der Unternehmenserklärung, in die ihnen Einsicht gewährt wird, nicht mit mechanischen oder elektronischen Mitteln zu kopieren[235] und sicherzustellen, dass die Informationen aus dieser Erklärung ausschließlich für Zwecke der Rechts- und Verwaltungsverfahren i. R. der Wettbewerbsregeln der Gemeinschaft verwendet werden.[236] Desweiteren wird in der Kronzeugenmitteilung aus dem Jahre 2006 deutlich gemacht, dass die auf der Grundlage dieser Mitteilung abgegebenen Unternehmenserklärungen nur noch dann den mitgliedstaatlichen Wettbewerbsbehörden gemäß Art. 12 VO 1/2003 übermittelt werden, wenn die in der o. g. Bekanntmachung über die Zusammenarbeit im *European Competition Network* festgelegten Bedingungen erfüllt sind und das von der empfangenden Wettbewerbsbehörde gewährte Schutzniveau vor Offenlegung jenem der Kommission entspricht.[237]

Unter der Rubrik „Allgemeines" finden sich in der modernisierten Kronzeugenregelung aus dem Jahre 2006 schließlich noch einige Schlussbestimmungen. Besondere Erwähnung verdient dabei zum einen das eine **Selbstbindung der Kommission** akzeptierende Bekenntnis, wonach diese Mitteilung über den Erlass und die Ermäßigung von Geldbußen in Kartellsachen berechtigte Erwartungen begründet, auf die sich die Unternehmen, die der Kommission das Bestehen eines Kartells darlegen, berufen können.[238] Zum anderen wird aus Klarstellungsgründen u. a. darauf hingewiesen, dass die Gewährung eines Geldbußenerlasses oder einer Geldbußenermäßigung die zivilrechtlichen Folgen für ein Unternehmen wegen seiner Beteiligung an einer Zuwiderhandlung gegen Art. 81 EG unberührt lässt.[239] Abschließend weist die Kommission in dieser Mitteilung schließlich darauf hin, dass ihrer Ansicht nach die öffentliche Bekanntmachung von Unterlagen sowie schriftlichen und aufgezeichneten Erklärungen, die die Kommission auf der Grundlage dieser Mitteilung erhalten hat, nicht nur vor, sondern auch nach Fällung einer verfahrensabschließenden Entscheidung gewissen öffentlichen und privaten Interessen – wie etwa dem Schutz des Zwecks von Inspektions- und Untersuchungstätigkeiten – im Sinne von Art. 4 VO 1049/2001[240] entgegensteht.[241] **47**

d) **Verbot der Doppelbestrafung und Anrechnungsprinzip.** Im Gegensatz zu den o. g. Leitlinien und Kronzeugenregelungen sorgt das Verbot der Doppelbestrafung, das der Gemeinschaftsrichter als einen allgemeinen und sogar „tragenden" bzw. „fundamentalen" **48**

---

[232] Instruktiv zum Problem der drohenden Verwertung von Kronzeugenerklärungen in Zivilprozessen vgl. *Jüntgen* WuW 2007, 128 ff.

[233] Vgl. Rn. 31 dieser Mitteilung, ABl. 2006 C 298/17 ff.; näher zu dieser Neuerung vgl. auch *Albrecht* WRP 2007, 417 (425); sowie *Incardona* ELF 2007, I-39 (I-41).

[234] Vgl. Rn. 32 dieser Mitteilung, ABl. 2006 C 298/17 ff.

[235] Vgl. Rn. 33 dieser Mitteilung, ABl. 2006 C 298/17 ff.

[236] Vgl. Rn. 34 dieser Mitteilung, ABl. 2006 C 298/17 ff.

[237] Vgl. Rn. 35 dieser Mitteilung, ABl. 2006 C 298/17 ff.

[238] Vgl. Rn. 38 dieser Mitteilung, ABl. 2006 C 298/17 ff.

[239] Vgl. Rn. 39 dieser Mitteilung, ABl. 2006 C 298/17 ff.

[240] M. w. N. dazu siehe bereits Fußn. 226.

[241] Vgl. Rn. 40 dieser Mitteilung, ABl. 2006 C 298/17 ff.

Art. 23 VerfVO 48

Grundsatz des Gemeinschaftsrechts anerkannt hat,[242] dessen Wahrung der Gemeinschaftsrichter zu beachten und zu sichern hat,[243] für eine partielle *gemeinschaftsverfassungsrechtliche* Eingrenzung des der Kommission im Bereich der Bußgeldfestsetzung zustehenden Ermessensspielraums.[244] Die **Anwendung dieses *ne bis in idem*-Grundsatzes** hängt von der dreifachen – kumulativ geltenden – Voraussetzung der Identität des Sachverhalts, des Zuwiderhandelnden und des geschützten Rechtsguts ab.[245] Insoweit verbietet dieser Grundsatz zwar in Bezug auf kartellrechtliche Sanktionen der Kommission, dass ein Unternehmen wegen eines wettbewerbswidrigen Verhaltens, für das es in einer früheren, nicht mehr anfechtbaren Entscheidung sanktioniert oder für nicht verantwortlich erklärt wurde, erneut verurteilt oder verfolgt wird.[246] Im Verhältnis von europäischen und nationalen Kartellsanktionen gilt dieser Grundsatz jedoch nach der bisherigen Rechtsprechung der Gemeinschaftsgerichte nicht, weil das europäische Kartellrecht und dasjenige der Mitgliedstaaten die jeweils auf dem Prüfstand stehenden Kartelle „nicht nach den gleichen Grundsätzen" beurteilen.[247] Gleiches gilt nach der bisherigen Rechtsprechung der Gemeinschaftsgerichte im Übrigen auch für das Verhältnis von europäischen und internationalen – etwa U.S.-amerikanischen und/oder kanadischen – Kartellsanktionen.[248] In diesem Sinne hat der

---

[242] EuGH U. v. 5. 5. 1966 verb. Rs. 18 u. 35/65 – *Gutmann/Kommission* Slg. 1966, 153 Rn. 178; EuGH U. v. 15. 10. 2002 verb. Rs. C-238/99 P, C-244/99 P, C-245/99 P, C-247/99 P, C-250–252/99 P und C-254/99 P – *Limburgse Vinyl Maatschappij u. a./Kommission* Slg. 2002, I-8375 Rn. 59; EuG B. v. 25. 2. 2003 Rs. T-15/02 – *BASF/Kommission* Slg. 2003, II-213 Rn. 35; EuGH U. v. 9. 3. 2006 Rs. C-436/04 – *Leopold Henri Van Esbroeck* Slg. 2006, I-2333 Rn. 40; EuGH U. v. 29. 6. 2006 Rs. C-289/04 P – *Showa Denko KK/Kommission* Slg. 2006, I-5859 Rn. 50; EuGH U. v. 29. 6. 2006 Rs. C-308/04 P – *SGL Carbon AG/Kommission* Slg. 2006, I-5977 Rn. 26; EuGH U. v. 18. 7. 2007 Rs. C-367/05 – *Strafverfahren gg. N. Kraaijenbrink* Slg. 2007, I-6619 Rn. 22; EuG U. v. 18. 6. 2008 Rs. T-410/03 – *Hoechst GmbH/Kommission* noch nicht in der amtl. Slg. veröffentlicht (Rn. 598).

[243] EuGH U. v. 29. 6. 2006 Rs. C-289/04 P – *Showa Denko KK/Kommission* Slg. 2006, I-5859 Rn. 50; EuG U. v. 29. 4. 2004 verb. Rs. T-236/01, T-239/01, T-244–246/01, T-251/01 u. T-252/01 – *Tokai Carbon u. a./Kommission* Slg. 2004, II-1181 Rn. 130; EuG U. v. 27. 9. 2006 Rs. T-322/01 – *Roquette Frères SA/Kommission* Slg. 2006, II-3137 Rn. 278; EuG U. v. 13. 12. 2006 verb. Rs. T-217/03 u. T-245/03 – *Fédération nationale de la coopération bétail et viande u. a./Kommission* Slg. 2006, II-4987 Rn. 340.

[244] Zur Geltung und zu den Grenzen des *ne bis in idem*-Grundsatzes im europäischen Kartellrecht vgl. ferner *Immenga/Jüttner*, ZWeR 2006, 400 ff.

[245] EuGH U. v. 7. 1. 2004 verb. Rs. C-204/00 P, C-205/00 P, C-211/00 P, C-213/00 P, C-217/00 P u. C-219/00 P – *Aalborg Portland u. a./Kommission* Slg. 2004, I-123 Rn. 338; EuGH U. v. 29. 4. 2004 verb. Rs. T-236/01, T-239/01, T-244–246/01, T-251/01 u. T-252/01 – *Tokai Carbon u. a./Kommission* Slg. 2004, II-1181 Rn. 133; EuG U. v. 27. 9. 2006 Rs. T-43/02 – *Jungbunzlauer AG/Kommission* Slg. 2006, II-3435 Rn. 285; EuG U. v. 27. 9. 2006 Rs. T-59/02 – *Archer Daniels Midland Co./Kommission* Slg. 2006, II-3627 Rn. 61.

[246] Vgl. nur EuGH U. v. 15. 10. 2002 verb. Rs. C-238/99 P, C-244/99 P, C-245/99 P, C-247/99 P, C-250–252/99 P und C-254/99 P – *Limburgse Vinyl Maatschappij u. a./Kommission* Slg. 2002, I-8375 (Rn. 61); EuG U. v. 25. 10. 2005 Rs. T-38/02 – *Groupe Danone/Kommission* Slg. 2005, II-4407 Rn. 185; EuG U. v. 27. 9. 2006 Rs. T-322/01 – *Roquette Frères SA/Kommission* Slg. 2006, II-3137 Rn. 278 ; EuG U. v. 13 12. 2006 verb. Rs. T-217/03 u. T-245/03 – *Fédération nationale de la coopération bétail et viande u. a./Kommission* Slg. 2006, II-4987 Rn. 340.

[247] Grdlg. EuGH U. v. 13. 2. 1969 Rs. 14/68 – *Walt Wilhelm u. a./BKartA* Slg. 1969, 1 Rn. 11; kritisch dazu m. w. N. *Kuck* WuW 2002, 689 ff.

[248] Zur bisherigen Ablehnung der Geltung des *ne bis in idem*-Grundsatzes auch im Verhältnis von europäischen und U. S.-amerikanischen bzw. kanadischen Kartellsanktionen vgl. nur EuG U. v. 9. 7. 2003 Rs. T-224/00 – *Archer Daniels Midland Company/Kommission* Slg. 2003, II-2597 Rn. 87 ff.; EuG U. v. 29. 4. 2004 verb. Rs. T-236/01, T-239/01, T-244–246/01, T-251/01 u. T-252/01 – *Tokai Carbon u. a./Kommission* Slg. 2004, II-1181 Rn. 133 f.; EuG U. v. 27. 9. 2006 Rs. T-322/01 – *Roquette Frères SA/Kommission* Slg. 2006, II-3137 Rn. 281 ; EuG U. v. 27. 9. 2006 Rs. T-43/02 – *Jungbunzlauer AG/Kommission* Slg. 2006, II-3435 Rn. 136 u. Rn. 287; EuG U. v. 27. 9. 2006 Rs. T-59/02 – *Archer*

EuGH auch kürzlich noch einmal explizit festgestellt, dass der Grundsatz *ne bis in idem* nicht für Sachverhalte gilt, in denen die Rechtsordnungen und die Wettbewerbsbehörden von Drittstaaten i. R. ihrer eigenen Zuständigkeiten eine Rolle gespielt haben und die Kommission ihre Befugnisse auf Grund des Gemeinschaftsrechts ausübt.[249]

In Ansehung des Verhältnisses von europäischen und mitgliedstaatlichen Kartellsanktionen hat der EuGH jedoch aus Billigkeitsgründen immerhin das sog. **Anrechnungsprinzip** anerkannt,[250] das als Ausprägung eines auch vom EuG anerkannten „allgemeinen Billigkeitsgedankens" bzw. „Billigkeitsgrundsatzes",[251] welcher nach der bisherigen Rechtsprechung des Gemeinschaftsrichters nicht zwingend auch im Verhältnis von europäischen und amerikanischen bzw. kanadischen Kartellsanktionen gelten müsse,[252] immerhin eine wechselseitige Anrechnung derartiger Kartellsanktionen verlangt.[253] Wenden hingegen mehrere mitgliedstaatliche Wettbewerbsbehörden parallel Art. 81 und/oder 82 EG an, so wird man in dieser Konstellation wiederum von der Geltung des *ne bis in idem*-Grundsatzes ausgehen dürfen.[254]

5. Geldbußen als Sanktionen „nicht strafrechtlicher Art"

Nach Art. 23 Abs. 5 VO 1/2003 haben die nach den Absätzen 1 und 2 getroffenen Bußgeldentscheidungen „keinen strafrechtlichen Charakter". Diese in ähnlicher Form bereits in Art. 15 Abs. 4 VO 17 enthaltene Formulierung beruht nach allgemeiner Auffassung insbesondere auf der Einschätzung, dass die Mitgliedstaaten im EG-Vertrag keine strafrechtlichen Kompetenzen auf die Gemeinschaft übertragen haben, d. h. dass sich die Mitgliedstaaten ihrer Souveränität auf dem besonders grundrechtssensiblen Gebiet des Kriminalstrafrechts nicht entäußern wollten.[255] Vor diesem Hintergrund besteht heute zwar weitgehende Einigkeit darin, dass EG-kartellverfahrensrechtliche **Geldbußen nicht kriminalstrafrechtlicher Art** oder Natur sind,[256] zumal es sich bei dem Kartellverfahren vor

49

50

Daniels Midland Co./Kommission Slg. 2006, II-3627 Rn. 63; ferner vgl. zuletzt EuGH U. v. 10. 5. 2007 Rs. C-328/05 P – *SGL Carbon AG/Kommission* Slg. 2007, I-3921 Rn. 29, wonach „der Grundsatz *ne bis in idem* nicht zur Anwendung kommen" könne, „wenn die Kommission ihre Befugnisse aufgrund des Gemeinschaftsrechts ausübt, auch wenn gegen das betreffende Unternehmen von den Behörden eines Drittstaats bereits Sanktionen wegen Verstoßes gegen die dort geltenden Wettbewerbsregeln verhängt worden sind".

[249] EuGH U. v. 29. 6. 2006 Rs. C-289/04 P – *Showa Denko KK/Kommission* Slg. 2006, I-5859 Rn. 56; EuGH U. v. 29. 6. 2006 Rs. C-308/04 P – *SGL Carbon AG/Kommission* Slg. 2006, I-5977 Rn. 32; EuGH U. v. 10. 5. 2007 Rs. C-328/05 P – *SGL Carbon AG/Kommission* Slg. 2007, I-3921 Rn. 27 f.

[250] Zutr. *Mestmäcker/Schweitzer* (Fn. 70), § 21 Rn. 34 f.

[251] Vgl. nur EuG U. v. 27. 9. 2006 Rs. T-322/01 – *Roquette Frères SA/Kommission* Slg. 2006, II-3137 Rn. 279; EuG U. v. 27. 9. 2006 Rs. T-43/02 – *Jungbunzlauer AG/Kommission* Slg. 2006, II-3435 Rn. 289 f.

[252] Diese Frage offen lassend vgl. EuG U. v. 27. 9. 2006 Rs. T-43/02 – *Jungbunzlauer AG/Kommission* Slg. 2006, II-3435 Rn. 291 ff.; EuG U. v. 27. 9. 2006 Rs. T-322/01 – *Roquette Frères SA/Kommission* Slg. 2006, II-3137 Rn. 286 ff.; EuG U. v. 27. 9. 2006 Rs. T-59/02 – *Archer Daniels Midland Co./Kommission* Slg. 2006, II-3627 Rn. 66; zur ausdrücklichen Zurückweisung von Billigkeitserwägungen in diesem Kontext vgl. nunmehr indes EuG U. v. 18. 6. 2008 Rs. T-410/03 – *Hoechst GmbH/Kommission* noch nicht in der amtl. Slg. veröffentlicht (Rn. 605).

[253] EuGH U. v. 14. 12. 1972 Rs. 7/72 – *Boehringer/Kommission* Slg. 1972, 1281 Rn. 3; EuGH U. v. 6. 4. 1995 Rs. T-149/89 – *Sotralentz/Kommission* Slg. 1995, II-1127 Rn. 29; EuG U. v. 9. 7. 2003 Rs. T-224/00 – *Archer Daniels Midland Company u. a./Kommission* Slg. 2003, II-2597 Rn. 87.

[254] Näher dazu *Schwarze/Weitbrecht* (Fn. 15), § 7 Rn. 26 ff.

[255] In diesem Sinne vgl. m. w. N. *Schwarze/Weitbrecht* (Fn. 15), § 7 Rn. 16.

[256] Vgl. dazu nur *Biermann* ZWeR 2007, 1 (11); *Dannecker* in: Immenga/Mestmäcker (Fn. 14), S. 1822 f.; *Lampert/Niejahr/Kübler/Weidenbach*, EG-KartellVO – Praxiskommentar, 2004, Art. 23 Rn. 478.

Art. 23 VerfVO 51   8. Teil. Kartellverfahrensverordnung

der Kommission um „ein reines Verwaltungsverfahren" handeln soll.[257] Die präventiven und repressiven Zwecke dieser Geldbußen,[258] die gegen ihre rein verwaltungsrechtliche Einordnung sprechen, lassen es aber zu, die auf der Grundlage des Art. 23 VO 1/2003 festzusetzenden Geldbußen, die teilweise auch als „quasi-kriminelle Sanktionsmaßnahmen" bzw. als „Sanktionsinstrumente *sui generis*" bezeichnet werden,[259] dem (Verwaltungs-)Strafrecht im weiteren Sinne zuzurechnen.[260]

51   Für die Beantwortung der durch Art. 23 Abs. 5 VO 1/2003 aufgeworfenen Frage der Geltung grundlegender strafrechtlicher bzw. strafverfahrensrechtlicher Garantien gemeinschaftsverfassungsrechtlicher Art im EG-Kartellverfahrensrecht scheint eine Festlegung auf den strafrechtlichen, strafrechtsähnlichen oder aber verwaltungsrechtlichen Charakter der nach Art. 23 Abs. 1 und 2 VO 1/2003 festzusetzenden Geldbußen heute nicht mehr zwingend erforderlich zu sein, da der EuGH bereits in seinen das *Polypropylen*-Kartell betreffenden Urteilen vom 8. Juli 1999 unter Berücksichtigung der einschlägigen EGMR-Rechtsprechung hinreichend deutlich gemacht hat, dass auch im Verfahren zur Verhängung von Sanktionen im Wettbewerbsrecht der Gemeinschaft die **strafrechtlichen Garantien** beachtet werden müssen, die sich aus der EMRK ergeben.[261] Diese in der EMRK enthaltenen Garantien haben ihrerseits Eingang in die EU-Grundrechtecharta gefunden, der wiederum im 37. Erwägungsgrund der VO 1/2003 eine besondere Bedeutung für das EG-Kartellverfahrensrecht bzw. für die Auslegung der in dieser Verordnung enthaltenen Vorschriften zugesprochen wird.[262]

---

[257] So jedenfalls EuG U. v. 8. 7. 2008 Rs. T-99/04 – *AC-Treuhand AG/Kommission* noch nicht in der amtl. Slg. veröffentlicht (Rn. 113).

[258] Näher zu diesen beiden Zwecken siehe bereits unter Rn. 4 f.

[259] So etwa von *Engelsing/Schneider* in: Hirsch/Montag/Säcker (Hrsg.), Münchener Kommentar zum Europäischen und Deutschen Wettbewerbsrecht (Kartellrecht), Bd. 1 (Europäisches Wettbewerbsrecht), 2007, Art. 23 VO 1/2003 Rn. 14 f.

[260] Zutr. *Dannecker* in: Immenga/Mestmäcker (Fn. 14), S. 1823; *Feddersen* in Grabitz/Hilf (Hrsg.), Das Recht der Europäischen Union – Kommentar, Bd. II (Losebl., Stand: 10/2007), nach Art. 83 EGV/Art. 23 Rn. 12; ähnlich *Friedmann*, Die Geltung rechtsstaatlicher Grundsätze im kartellrechtlichen Bußgeldverfahren der Europäischen Gemeinschaft, 2005, S. 44 ff.; *Schwarze/Weitbrecht* (Fn. 15), § 7 Rn. 16 ff.; vgl. auch GA *Colomer*, Schlussanträge v. 11. 2. 2003 Rs. C-217/00 P – *Buzzi Unicem/Kommission* Ziff. 29, wonach das Verfahren zur Ermittlung von Zuwiderhandlungen gegen die Art. 81 und 82 EG „strafrechtlichen Charakter" habe; ähnlich *Vocke*, Die Ermittlungsbefugnisse der EG-Kommission im kartellrechtlichen Voruntersuchungsverfahren – Eine Untersuchung zur Auslegung der Ermittlungsrechte im Spannungsfeld zwischen öffentlichen und Individualinteressen, 2006, S. 100 ff.; sowie *Meyer/Kuhn* WuW 2004, 880 (890), wonach „die Bußgeldrechtsfolge des Kartellverfahrens im Kern Straffunktionen" erfülle; anders *Dieckmann* in: Wiedemann (Fn. 179), § 46 Rn. 1; zu aktuellen Diskussionen und Reformüberlegungen im Hinblick auf eine stärkere Kriminalisierung von Kartellrechtsverstößen vgl. *Biermann* ZWeR 2007, 1 ff.

[261] Vgl. EuGH U. v. 8. 7. 1999 Rs. C-199/92 P – *Hüls/Kommission* Slg. 1999, I-4287 Rn. 149 f.; EuGH, U. v. 8. 7. 1999 Rs. C-235/92 P – *Montecatini/Kommission* Slg. 1999, I-4539 Rn. 175 f.; ähnlich EuG U. v. 9. 7. 2003 Rs. T-220/00 – *Cheil Jedang/Kommission* Slg. 2003, II-2473 Rn. 44; näher zu dieser EuGH-Rechtsprechung vgl. m. w. N. *Vocke* (Fn. 260), S. 115 ff.; zu diesen aus der EMRK ableitbaren Garantien, zu denen u. a. der *ne bis in idem*-Grundsatz und der Grundsatz *nullum crimen sine lege* gehören, siehe m. w. N. oben Rn. 5 f. und Rn. 48 f.; zur Ansicht des EuG, wonach diese Garantien im kartellverfahrensrechtlichen Kontext nicht unbedingt dieselbe Tragweite haben müssen wie im Fall ihrer Anwendung auf eine Situation, die dem Strafrecht im strikten Sinne unterliegt, vgl. jetzt EuG U. v. 8. 7. 2008 Rs. T-99/04 – *AC-Treuhand AG/Kommission* noch nicht in der amtl. Slg. veröffentlicht (Rn. 113).

[262] Näher zur Bedeutung der EU-Grundrechtecharta und der EMRK im EG-Kartellverfahrensrecht vgl. m. w. N. die Kommentierung zu Art. 20 VO 1/2003 Rn. 11 ff.

IV. Rechtsfolgen

Bei Bußgeldentscheidungen der Kommission, die zu den gemäß Art. 30 Abs. 1 VO **52** 1/2003 veröffentlichungsbedürftigen Kommissionsentscheidungen gehören[263] und die eine entsprechende Zahlungsverpflichtung des Adressaten auslösen (1.), handelt es sich um mit der Nichtigkeitsklage gemäß Art. 230 Abs. 4 EG anfechtbare Rechtsakte (2.), die trotz des weiten Ermessensspielraums der Kommission einer unbeschränkten Kontrolle durch den Gemeinschaftsrichter unterliegen (3.).

1. Zahlungsverpflichtung und Zahlungsmodalitäten

Bußgeldentscheidungen der Kommission sind vollstreckbare Titel i. S. des Art. 256 **53** Abs. 1 EG[264] und lösen eine entsprechende Zahlungsverpflichtung des Bußgeldadressaten aus. Dabei umfasst die Befugnis der Kommission zum Erlass von Bußgeldentscheidungen gemäß Art. 23 Abs. 1 und 2 VO 1/2003 nach ständiger Rechtsprechung der Gemeinschaftsgerichte das ungeschriebene Recht, den **Fälligkeitstermin** für Geldbußen und den Beginn der Laufzeit der **Verzugszinsen** zu bestimmen sowie den Zinssatz für diese Zinsen und die Einzelheiten der Durchführung ihrer Entscheidung festzulegen,[265] wobei die Kommission gegebenenfalls die Stellung einer Bankbürgschaft verlangen kann, die die Hauptforderung und die Zinsen für die festgesetzten Geldbußen abdeckt.[266] Die Anerkennung dieser Befugnis ist überzeugend, da die Unternehmen anderenfalls aus der verspäteten Zahlung der Geldbußen einen Vorteil ziehen könnten, wodurch wiederum die Sanktionen abgeschwächt würden, die die Kommission i. R. ihrer Aufgabe, über die Anwendung der Wettbewerbsregeln zu wachen, verhängt hat.[267] Im Übrigen wird die der Kommission zugestandene Berechnung von Verzugszinsen, die nach der Rechtsprechung grundsätzlich in Höhe des Marktzinses zuzüglich 3,5% und im Falle der Stellung einer Bankbürgschaft in Höhe des Markzinses zuzüglich 1,5% angesetzt werden dürfen,[268] als gerechtfertigt ange-

---

[263] Zu der i. R. einer solchen Veröffentlichung gebotenen Beachtung der gemeinschaftsgrundrechtlichen Unschuldsvermutung einschließlich des Rufs und der Würde des Betroffenen vgl. zuletzt EuG U. v. 12. 10. 2007 Rs. T-474/04 – *Pergan Hilfsstoffe für industrielle Prozesse GmbH/Kommission* Slg. 2007, II-4225 Rn. 75 ff.; näher zu dieser gemeinschaftsgrundrechtlichen Unschuldsvermutung siehe m. w. N. die Kommentierung zu Art. 20 VO 1/2003 Rn. 43.

[264] Näher dazu vgl. m. w. N. die Kommentierung zu Art. 26 VO 1/2003.

[265] Vgl. nur EuGH U. v. 10. 5. 2007 Rs. C-328/05 P – *SGL Carbon AG/Kommission* Slg. 2007, I-3921 Rn. 109; diese auf die Vorgängerregelung des Art. 15 Abs. 2 VO 17 bezogene Feststellung ist „eins zu eins" auf Art. 23 VO 1/2003 zu übertragen; stünden nämlich der Kommission solche ergänzenden Befugnisse nicht zu, könnten die Unternehmen aus verspäteten Zahlungen Vorteile ziehen, was die Wirkung der Sanktionen schwächen würde.

[266] Vgl. nur EuGH U. v. 25. 10. 1983 Rs. 107/82 – *AEG/Kommission* Slg. 1983, 3151 Rn. 141–143; EuG U. v. 14. 7. 1995 Rs. T-275/94 – *Groupement des cartes bancaire/Kommission* Slg. 1995, II-2169 Rn. 46–49; EuG U. v. 20. 3. 2002 Rs. T-23/99 – *LR AF 1998/Kommission* Slg. 2002, II-1705 Rn. 395 f.; instruktiv zur recht restriktiv ausgestalteten Möglichkeit der Erhebung von Schadensersatzklagen im Kontext der außervertraglichen Haftung der Gemeinschaft in solchen Fällen, in denen ein Unternehmen die Erstattung von Bankbürgschaftskosten begehrt, die ihm auf Grund einer gerichtlich aufgehobenen Geldbuße entstanden sind, vgl. EuG U. v. 21. 4. 2005 Rs. T-28/03 – *Holcim (Deutschland) AG/Kommission* Slg. 2005, II-1357 Rn. 86 ff.

[267] So auch EuGH U. v. 29. 6. 2006 Rs. C-308/04 P – *SGL Carbon AG/Kommission* Slg. 2006, I-5977 Rn. 114; EuG U. v. 8. 7. 2008 Rs. T-52/03 – *Knauf Gips KG/Kommission* noch nicht in der amtl. Slg. veröffentlicht (Rn. 495).

[268] Vgl. nur EuG U. v. 14. 7. 1995 Rs. T-275/94 – *Groupement des cartes bancaire/Kommission* Slg. 1995, II-2169 Rn. 54; EuG U. v. 20. 3. 2002 Rs. T-23/99 – *LR AF 1998/Kommission* Slg. 2002, II-1705 Rn. 397; sowie EuG U. v. 8. 10. 2008 Rs. T-68/04 – *SGL Carbon AG/Kommission* noch nicht in der amtl. Slg. veröffentlicht (Rn. 144 f.), mit dem weiteren Hinweis, dass dies nunmehr auch

sehen, da auf diese Weise verhindert werden kann, dass die praktische Wirksamkeit des EG-Vertrags durch einseitiges Verhalten von Unternehmen unterlaufen wird, die die Zahlung der Geldbußen hinauszögern, zu denen sie „verurteilt" worden sind, und um auszuschließen, dass diese Unternehmen gegenüber den Unternehmen einen Vorteil erlangen, die ihre Geldbußen zum festgesetzten Fälligkeitstermin zahlen.[269]

54 Die von der Kommission festgesetzten Bußgeldbeträge sind grundsätzlich sofort auf eines der gewöhnlichen Geschäftskonten der Kommission zu überweisen.[270] Legt der Bußgeldadressat gegen die Entscheidung der Kommission eine Nichtigkeitsklage gemäß Art. 230 Abs. 4 EG ein, so kann er – statt den Betrag sofort zu überweisen – zunächst eine **Bankbürgschaft** stellen, sofern die Kommission ihm dies ermöglicht.[271] Entscheidet sich der klagende Bußgeldadressat hingegen für eine sofortige Zahlung, so überweist die Kommission den gezahlten Betrag auf ein verzinstes Bankkonto, das die Kommission zu diesem Zweck eröffnet hat.[272]

2. Gerichtlicher Individualrechtsschutz des Bußgeldadressaten

55 Von dem durch verschiedene Verteidigungsrechte bzw. Verfahrensgrundrechte und strafverfahrensrechtliche Garantien gewährleisteten Rechtsschutz des Bußgeldadressaten im Kartellverfahren[273] ist der *gerichtliche* Rechtsschutz des Bußgeldadressaten gegen Bußgeldentscheidungen zu unterscheiden, der erstinstanzlich in den Zuständigkeitsbereich des EuG fällt,[274] das im Rechtsmittelverfahren wiederum der Kontrolle des EuGH unterliegt. Zweifel daran, dass Bußgeldentscheidungen der Kommission vom jeweiligen Bußgeldadressaten im Einklang mit dem Unions- bzw. **Gemeinschaftsgrundrecht auf effektiven Rechtsschutz**[275] mit der Nichtigkeitsklage i. S. des Art. 230 Abs. 4 EG angefochten werden können, lässt die Rechtsprechungspraxis nicht zu. Vielmehr gilt der allgemeine Grundsatz des Gemeinschaftsrechts, dass jedermann **Anspruch auf einen fairen Prozess** und insbesondere auf einen Prozess innerhalb einer angemessenen Frist hat, unstreitig auch für eine Klage gegen eine Entscheidung der Kommission, mit der diese gegen ein Unternehmen wegen Verstoßes gegen das Wettbewerbsrecht Geldbußen verhängt.[276]

56 Die Ausübung des Rechts, gemäß **Art. 230 Abs. 4 EG** vor dem Gemeinschaftsrichter eine **Nichtigkeitsklage** gegen eine Bußgeldentscheidung zu erheben, wird durch ein etwaiges ausdrückliches oder stillschweigendes Eingeständnis tatsächlicher oder rechtlicher Gesichtspunkte durch eine Unternehmen während des Verwaltungsverfahrens vor der Kommis-

---

eine normative Grundlage in der VO (EG, Euratom) Nr. 2342/2002 der Kommission vom 23. 12. 2002 (ABl. 2002 L 357/1 ff.) findet.

[269] So EuG U. v. 29. 4. 2004 verb. Rs. T-236/01, T-239/01, T-244–246/01, T-251/01 u. T-252/01 – *Tokai Carbon u. a./Kommission* Slg. 2004, II-1181 Rn. 475.

[270] Vgl. *de Bronett* in: Schröter/Jakob/Mederer (Fn. 15), S. 1091 (Rn. 10); *Semrau* EWS 1999, 43 ff.

[271] EuG U. v. 14. 7. 1995 Rs. T-275/94 – *Groupement des cartes bancaire/Kommission* Slg. 1995, II-2169 Rn. 54.

[272] Vgl. *de Bronett* in: Schröter/Jakob/Mederer (Fn. 15), S. 1091 (Rn. 10).

[273] Näher zum verwaltungsverfahrensrechtlichen Individualrechtsschutz im EG-Kartellverfahren vgl. *Nowak* Grundrechtsschutz im Europäischen Wettbewerbsrecht, in: Behrens/Braun/ders. (Hrsg.), Europäisches Wettbewerbsrecht im Umbruch, 2004, S. 23 ff.; sowie die Kommentierung zu Art. 20 VO 1/2003 (dort insbes. Abschnitt II.).

[274] Zur erstinstanzlichen Zuständigkeit des EuG für den (zentralen) Individualrechtsschutz vgl. den Beschl. des Rates v. 24. 10. 1988 zur Errichtung eines EuG (ABl. 1988 L 319/1) i. V. m. den späteren Zuständigkeitserweiterungen in ABl. 1993 L 144/21 u. ABl. 1994 L 66/29.

[275] Zu diesem Grundrecht siehe m. w. N. die Kommentierung zu Art. 20 VO 1/2003 Rn. 14.

[276] Vgl. nur EuGH U. v. 2. 10. 2003 Rs. C-194/99 P – *Thyssen Stahl/Kommission* Slg. 2003, I-10821 Rn. 154; EuGH U. v. 2. 10. 2003 Rs. C-195/99 P – *Krupp Hoesch Stahl/Kommission* Slg. 2003, I-10937 Rn. 121; EuGH U. v. 2. 10. 2003 Rs. C-199/99 P – *Corus UK/Kommission* Slg. 2003, I-11177 Rn. 41.

sion nach ständiger Rechtsprechung der Gemeinschaftsgerichte nicht eingeschränkt.[277] Diese vor allem im Hinblick auf die verfahrensrechtliche Mitwirkung des Bußgeldadressaten auf der Grundlage der oben erwähnten Kronzeugenregelung[278] relevante Rechtsprechung trägt in überzeugender Weise den gemeinschaftsverfassungsrechtlichen Grundsätzen effektiven Rechtsschutzes und der Wahrung der Verteidigungsrechte Rechnung.[279]

Im Falle eines Nichtigkeitsurteils hat die Kommission gemäß Art. 233 EG die sich aus diesem Urteil ergebenden Maßnahmen zu ergreifen. Zu diesen Maßnahmen gehört im Falle eines Urteils, mit dem die gegen ein Unternehmen wegen Zuwiderhandlung gegen die Wettbewerbsregeln des EG-Vertrags verhängte Geldbuße für nichtig erklärt oder herabgesetzt wird,[280] dass dem betroffenen Unternehmen die gezahlte Geldbuße ganz oder teilweise insoweit zurückzuerstatten ist, wie diese Zahlung wegen der Nichtigkeitsentscheidung als rechtsgrundlos anzusehen ist; diese Verpflichtung umfasst nicht nur den Hauptbetrag der rechtsgrundlos geleisteten Geldbuße, sondern auch die Verzugszinsen auf diesen Betrag.[281]

3. Unbeschränkte Nachprüfung durch den Gerichtshof

Im Zusammenhang mit der vorgenannten Möglichkeit der Erhebung einer Nichtigkeitsklage gemäß Art. 230 Abs. 4 EG ist vor allem auf die in Art. 31 Satz 1 VO 1/2003 geregelte und auf Art. 229 EG zurückzuführende Besonderheit hinzuweisen, wonach der Gerichtshof bei Klagen gegen Bußgeld- und/oder Zwangsgeldentscheidungen i. S. der Art. 23 und 24 VO 1/2003 die Befugnis zu unbeschränkter Nachprüfung der Entscheidung hat. Diese **Befugnis zu unbeschränkter Ermessensnachprüfung**[282] bedeutet, dass der Gerichtshof bzw. das Gericht erster Instanz bei der Abänderung des angefochtenen Rechtsakts durch eine Neubeziffung der von der Kommission verhängten Geldbußen alle relevanten Umstände des Sachverhalts berücksichtigen müssen.[283] Dabei greifen weder das Ermessen der Kommission noch die der Kommission durch die erörterten Leitlinien gezogenen Ermessensgrenzen[284] der Ausübung dieser dem Gemeinschaftsrichter zustehenden Befugnis vor.[285] Die gerichtliche Befugnis zur unbeschränkten Ermessensnachprüfung erstreckt sich v. a. auf die Beurteilung der Verhältnismäßigkeit einer nach Maßgabe der Schwere und Dauer der Zuwiderhandlung festgesetzten Geldbuße[286] und der ordnungsgemäßen Begründung der jeweiligen Bußgeldentscheidung.[287] Diese Beurteilungen

---

[277] Vgl. nur EuG U. v. 14. 5. 1998 Rs. T-354/94 – *Stora Kopparsbergs Bergslags/Kommission* Slg. 1998, II-2111 Rn. 50.
[278] Näher dazu unter Rn. 37–47.
[279] Näher zu diesen beiden Grundsätzen bzw. Gemeinschaftsgrundrechten vgl. die Kommentierung zu Art. 20 VO 1/2003 dort insbes. Rn. 14 f., 20 u. 45.
[280] Näher zu dieser Herabsetzungsmöglichkeit unter Rn. 59.
[281] EuG U. v. 10. 10. 2001 Rs. T-171/99 – *Corus UK/Kommission* Slg. 2001, II-2967 Rn. 53; EuG U. v. 8. 7. 2004 Rs. T-48/00 – *Corus UK/Kommission* Slg. 2004, II-2325 Rn. 223.
[282] Näher hierzu vgl. die Kommentierung zu Art. 31 VO 1/2003 sowie *Schmidt*, Die Befugnis des Gemeinschaftsrichters zur unbeschränkter Ermessensnachprüfung, 2004, pass.; *v. Alemann* EuZW 2006, S. 487 ff.; EuG U. v. 4. 7. 2006 Rs. T-304/02 – *Hoek Loos NV/Kommission* Slg. 2006, II-1887 Rn. 69 ff.
[283] Vgl. nur EuG U. v. 8. 7. 2004 Rs. T-48/00 – *Corus UK/Kommission* Slg. 2004, II-2325 Rn. 131.
[284] Zu diesen Grenzen vgl. Rn. 29–36.
[285] Vgl. nur EuG U. v. 8. 7. 2004 verb. Rs. T-67/00, T-68/00, T-71/00 u. T-78/00 – *JFE Engineering u. a./Kommission* Slg. 2004, II-2501 Rn. 539; EuG U. v. 12. 12. 2007 verb. Rs. T-101/05 u. T-111/05 – *BASF AG u. a./Kommission* Slg. 2007, II-4949 Rn. 213.
[286] EuGH U. v. 7. 1. 2004 verb. Rs. C-204/00 P, C-205/00 P, C-211/00 P, C-213/00 P, C-217/00 P u. C-219/00 P – *Aalborg Portland u. a./Kommission* Slg. 2004, I-123 Rn. 364; EuG U. v. 9. 7. 2003 Rs. T-230/00 – *Daesang/Kommission* Slg. 2003, II-2733 Rn. 54; sowie EuG U. v. 29. 11. 2005 Rs. T-52/02 – *Société nouvelle des couleurs zinciques SA/Kommission* Slg. 2005, II-5005 Rn. 58 ff.
[287] Zur gerichtlichen Überprüfung von Bußgeldentscheidungen der Kommission am Maßstab des in Art. 253 EG geregelten Begründungserfordernisses vgl. etwa EuG U. v. 19. 3. 2003 Rs. T-213/

können auch die Vorlage und Heranziehung zusätzlicher Informationen erfordern, die an sich nicht in der Entscheidung erwähnt zu werden brauchen, damit diese dem in Art. 253 EG niedergelegten Begründungserfordernis genügt.[288]

59 Darüber hinaus kann der Gerichtshof gemäß Art. 31 Satz 2 VO 1/2003 die von der Kommission festgesetzte Geldbuße oder das von ihr festgesetzte Zwangsgeld aufheben, herabsetzen oder erhöhen.[289] Die Ausübung dieser Befugnis, von der das EuG und der EuGH – mit Ausnahme der möglichen Erhöhung[290] – nicht selten zu Gunsten der betroffenen Unternehmen Gebrauch machen,[291] darf unter keinen Umständen dazu führen, dass Unternehmen, die an einer gegen Art. 81 Abs. 1 EG verstoßenden Vereinbarung beteiligt waren, bei der Ermittlung der Höhe ihrer Geldbußen ungleich behandelt werden.[292] Darüber hinaus muss das Gericht, wenn es speziell gegenüber einem dieser Unternehmen von der Berechnungsmethode abweichen will, der die Kommission gefolgt ist, dies in seinem Urteil erläutern.[293] Die bloße Tatsache, dass ein Unternehmen, das im vorangehenden Kartellverfahren mit der Kommission zusammengearbeitet hat und dessen Geldbuße deshalb herabgesetzt wurde, mit einer Klage Erfolg hat, kann im Übrigen keine Neubewertung des Umfangs der bei ihm vorgenommenen Herabsetzung rechtfertigen.[294]

---

00 – *CMA CGM u.a./Kommission* Slg. 2003, II-913 Rn. 268 ff.; EuG U. v. 16.12.2003 verb. Rs. T-5/00 u. T-6/00 – *FEG u.a./Kommission* Slg. 2003, II-5761 Rn. 421 ff.; EuG U. v. 25.10.2005 Rs. T-38/02 – *Groupe Danone/Kommission* Slg. 2005, II-4407 Rn. 95 ff.; EuG U. v. 6.12.2005 Rs. T-48/02 – *Brouwerij Haacht NV/Kommission* Slg. 2005, II-5259 Rn. 44 ff.; EuG U. v. 15.3.2006 Rs. T-15/02 – *BASF AG/Kommission* Slg. 2006, II-497 Rn. 205 ff.; EuG U. v. 5.4.2006 Rs. T-279/02 – *Degussa AG/Kommission* Slg. 2006, II-897 Rn. 192 ff.; EuG U. v. 4.7.2006 Rs. T-304/02 – *Hoek Loos NV/Kommission* Slg. 2006, II-1887 Rn. 54 ff.; EuG U. v. 14.12.2006 verb. Rs. T-259/02 bis T-264/02 u. T-271/02 – *Raiffaisen Zentralbank Österreich AG u.a./Kommission* Slg. 2006, II-5169 Rn. 413 ff.; EuG U. v. 18.6.2008 Rs. T-410/03 – *Hoechst GmbH/Kommission* noch nicht in der amtl. Slg. veröffentlicht (Rn. 253 ff.); EuG U. v. 8.7.2008 Rs. T-52/03 – *Knauf Gips KG/Kommission* noch nicht in der amtl. Slg. veröffentlicht (Rn. 369 ff.).

[288] So vgl. nur EuG U. v. 9.7.2003 Rs. T-220/00 – *Cheil Jedang/Kommission* Slg. 2003, II-2473 Rn. 215.

[289] Vgl. nur EuG U. v. 12.9.2007 Rs. T-30/05 – *William Prym GmbH & Co.KG/Kommission* Slg. 2007, II-107 Rn. 259; EuG U. v. 12.12.2007 verb. Rs. T-101/05 u. T-111/05 – *BASF AG u.a./Kommission* Slg. 2007, II-4949 Rn. 213.

[290] Als Beispiel der eher seltenen gerichtlichen Bußgelderhöhung vgl. EuG U. v. 29.4.2004 verb. Rs. T-236/01, T-239/01, T-244–246/01, T-251/01 u. T-252/01 *Tokai Carbon u.a./Kommission* Slg. 2004, II-1181 Rn. 122; EuG U. v. 27.9.2006 Rs. T-322/01 – *Roquette Frères SA/Kommission* Slg. 2006, II-3137 Rn. 315; zur Möglichkeit der Kommission, vor dem Gemeinschaftsrichter eine Erhöhung der Geldbuße zu beantragen vgl. EuG U. v. 8.10.2008 Rs. T-69/04 – *Schunk GmbH u.a./Kommission* noch nicht in der amtl. Slg. veröffentlicht (Rn. 244).

[291] Exempl. EuG U. v. 9.7.2003 Rs. T-230/00 – *Daesang/Kommission* Slg. 2003, II-2733 Rn. 155; EuG U. v. 13.1.2004 Rs. T-67/01 – *JCB Service/Kommission* Slg. 2004, II-49 Rn. 194; EuG U. v. 8.7.2004 Rs. T-48/00 – *Corus UK/Kommission* Slg. 2004, II-2325 Rn. 219; EuG U. v. 8.7.2004 Rs. T-50/00 – *Dalmine/Kommission* Slg. 2004, II-2395 Rn. 347; EuG U. v. 8.7.2004 verb. Rs. T-67/00, T-68/00, T-71/00 u. T-78/00 – *JFE Engineering u.a./Kommission* Slg. 2004, II-2501 Rn. 589; EuG U. v. 13.12.2006 verb. Rs. T-217/03 u. T-245/03 – *Fédération nationale de la coopération bétail et viande u.a./Kommission* Slg. 2006, II-4987 Rn. 364; EuG U. v. 12.9.2007 Rs. T-36/05 – *Coats Holdings Ltd u.a./Kommission* Slg. 2007, II-110 Rn. 215.

[292] So vgl. etwa EuGH U. v. 25.1.2007 Rs. C-407/04 P – *Dalmine SpA/Kommission* Slg. 2007, I-829 Rn. 152; EuGH U. v. 25.1.2007 Rs. C-411/04 P – *Salzgitter Mannesmann GmbH/Kommission* Slg. 2007, I-959 Rn. 68.

[293] EuGH U. v. 18.9.2003 Rs. C-338/00 P – *Volkswagen/Kommission* Slg. 2003, I-9189 Rn. 146.

[294] Vgl. EuG U. v. 11.12.2003 Rs. T-61/99 – *Adriatica di Navigazione/Kommission* Slg. 2003, II-5349 Rn. 209; EuG U. v. 11.12.2003 Rs. T-66/99 – *Minoan Lines/Kommission* Slg. 2003, II-5515 Rn. 358.

V. Verhältnis zu anderen Vorschriften

In sanktionsrechtlicher Hinsicht ergänzt Art. 23 VO 1/2003 die in **Art. 24 VO 1/2003** geregelte Befugnis zur Festsetzung von Zwangsgeldern.[295] Ein Konkurrenzverhältnis besteht zwischen den beiden vorgenannten – unterschiedlichen Zwecken dienenden[296] – Vorschriften nicht. Die auf der unmittelbaren Anwendbarkeit der Art. 81 Abs. 1 und 82 EG beruhende private Durchsetzung der in den vorgenannten Wettbewerbsvorschriften niedergelegten Verbotstatbestände z. B. im Wege von Schadensersatzklagen Dritter vor mitgliedstaatlichen Gerichten[297] bleibt von der (Nicht-)Festsetzung einer Geldbuße durch die Kommission unberührt. 60

Eine besonders enge Verbindung besteht darüber hinaus zwischen Art. 23 VO 1/2003 einerseits sowie zwischen den die Vollstreckung und die Vollstreckungsverjährung betreffenden **Art. 256 EG** und **Art. 26 VO 1/2003** andererseits.[298] Zwischen Art. 23 VO 1/2003 und der in Art. 27 Abs. 1 VO 1/2003 i. V.m. Art. 10 VO 773/2004[299] geregelten Mitteilung der Beschwerdepunkte besteht schließlich insoweit ein enger Zusammenhang, als die Kommission im Stadium dieser Mitteilung im Interesse der Wahrung der Verteidigungsrechte des Bußgeldadressaten verpflichtet ist, auf der Grundlage der ihr zur Verfügung stehenden Unterlagen hinreichende Angaben zur Dauer und Schwere der behaupteten Zuwiderhandlung[300] sowie zur Frage der Vorsätzlichkeit oder Fahrlässigkeit[301] zu machen.[302] Abschließend ist ergänzend darauf hinzuweisen, dass Art. 23 VO 1/2003 mit **Art. 30 Abs. 1 VO 1/2003** insoweit in Verbindung steht, als die Kommission nach Art. 30 VO 1/2003 auch zur Veröffentlichung der auf der Grundlage des Art. 23 VO 1/2003 ergangenen Entscheidungen verpflichtet ist.[303] 61

Art. 24. Zwangsgelder

(1) Die Kommission kann gegen Unternehmen und Unternehmensvereinigungen durch Entscheidung Zwangsgelder bis zu einem Höchstbetrag von 5% des im vorausgegangenen Geschäftsjahr erzielten durchschnittlichen Tagesumsatzes für jeden Tag des Verzugs von dem in ihrer Entscheidung bestimmten Zeitpunkt an festsetzen, um sie zu zwingen,

a) eine Zuwiderhandlung gegen Art. 81 oder Art. 82 EG gemäß einer nach Art. 7 getroffenen Entscheidung abzustellen;
b) einer gemäß Art. 8 erlassenen Entscheidung zur Anordnung einstweiliger Maßnahmen nachzukommen;
c) durch Entscheidung gemäß Art. 9 für bindend erklärte Verpflichtungszusagen einzuhalten;

---

[295] Näher zu dieser Befugnis vgl. die nachfolgende Kommentierung zu Art. 24 VO 1/2003.
[296] Vgl. oben Rn. 3.
[297] M. w. N. zu diesem „private enforcement" vgl. oben Fn. 2.
[298] Näher hierzu vgl. die Kommentierung zu Art. 26 VO 1/2003.
[299] VO (EG) Nr. 773/2004 der Kommission v. 7. 4. 2004 über die Durchführung von Verfahren auf der Grundlage der Artikel 81 und 82 EG-Vertrag durch die Kommission, ABl. 2004 L 123/18.
[300] Zu diesen zentralen Bemessungskriterien vgl. Rn. 26–28.
[301] Zu diesen beiden Tatbestandsmerkmalen vgl. Rn. 20.
[302] Vgl. nur EuG U. v. 8. 7. 2004 Rs. T-48/00 – *Corus UK/Kommission* Slg. 2004, II-2325 Rn. 144; EuG U. v. 10. 4. 2008 Rs. T-271/03 – *Deutsche Telekom AG/Kommission* noch nicht in der amtl. Slg. veröffentlicht (Rn. 277).
[303] Instruktiv zur dabei u. a. gebotenen Beachtung der gemeinschaftsgrundrechtlich fundierten Unschuldsvermutung einschließlich des Rufs und der Würde des Betroffenen vgl. zuletzt EuG U. v. 12. 10. 2007 Rs. T-474/04 – *Pergan Hilfsstoffe für industrielle Prozesse GmbH/Kommission* Slg. 2007, II-4225 Rn. 75 ff.

d) eine Auskunft vollständig und genau zu erteilen, die die Kommission durch Entscheidung gemäß Art. 17 oder 18 III angefordert hat;
e) eine Nachprüfung zu dulden, die die Kommission in einer Entscheidung nach Art. 20 IV angeordnet hat.

(2) Sind die Unternehmen oder Unternehmensvereinigungen der Verpflichtung nachgekommen, zu deren Erfüllung das Zwangsgeld festgesetzt worden war, so kann die Kommission die endgültige Höhe des Zwangsgelds auf einen Betrag festsetzen, der unter dem Betrag liegt, der sich aus der ursprünglichen Entscheidung ergeben würde. Art. 23 IV gilt entsprechend.

Übersicht

	Rn.		Rn.
I. Einleitung	1	2. Zuwiderhandlung gegen Verfahrensentscheidungen	13
II. Zum Sanktionscharakter des Zwangsgeldes	5	IV. Die Verhängung des Zwangsgeldes	16
III. Die Zwangsgeldtatbestände	8	1. Zweistufiges Sanktionsverfahren	16
1. Zuwiderhandlung gegen Entscheidungen in der Sache	9	2. Sanktionshöhe	19
		V. Die Beitreibung des Zwangsgeldes	23

I. Einleitung

1 Art. 24 ermöglicht wie bisher Art. 16 VO 17/62, die Nichtbefolgung von Sach- oder Verfahrensentscheidungen der Kommission mit Zwangsgeldern zu ahnden, um Unternehmen oder Unternehmensvereinigung zum gebotenen Verhalten zu bewegen. Das Zwangsgeld kann für jeden Tag der Nichtbefolgung verhängt werden.

2 Die Novellierung der Zwangsgeldbestimmung in der VO 1/2003 bringt **drei Neuerungen:** Zum ersten wird der **Sanktionsrahmen** von bisher 50 bis 1000 € **angehoben** auf bis zu 5% des täglichen Umsatzes für jeden Tag der Verzögerung. Damit wird die Sanktionshöhe nach Art. 47 EGKSV übernommen. Diese Neuregelung bringt eine drastische Verschärfung der Sanktionsmöglichkeiten und erfolgt in der Absicht, den Entscheidungen der Kommission eine höhere Beachtung zu sichern.

3 Zum zweiten werden die **Sanktionstatbestände erweitert.** Das Zwangsgeld kann nunmehr auch für die Nichteinhaltung von verbindlichen Verpflichtungszusagen nach Art. 9 und die Nichtbefolgung von einstweiligen Maßnahmen der Kommission nach Art. 8 verhängt werden.

4 Zum dritten führt Art. 24 eine neue Regel ein hinsichtlich der Zuwiderhandlungen, die von **Unternehmensvereinigungen** begangen werden. Durch den Verweis auf Art. 23 Abs. 4 stellt Art. 24 Abs. 2 a. E. sicher, dass die **Mitgliedsunternehmen** für die Sanktionszahlung **subsidiär haften** (näher Rn. 24). Damit wurde nunmehr sichergestellt, dass die Sanktionen, die gegen Unternehmensvereinigungen für von diesen begangene Zuwiderhandlungen verhängt wurden, nicht ins Leere laufen. Bisher war das regelmäßig der Fall, da die Vereinigungen selbst nicht über hinreichende finanzielle Mittel verfügten, eine Möglichkeit zum Durchgriff auf die Mitgliedsunternehmen und deren Vermögen aber rechtlich nicht zur Verfügung gestanden hatte.

II. Zum Sanktionscharakter des Zwangsgelds

5 Zwangsgeldfestsetzungen stellen eine Sanktion dar, die die Nichtbefolgung von Entscheidungen der Kommission ahndet. Anders als bei Geldbußen geht es nicht darum, vergangenes Fehlverhalten zu sanktionieren, sondern den Adressaten zu einem bestimmten Verhalten für die Zukunft zu zwingen, vgl. Art. 24 Abs. 1. Während Geldbußen Sanktionen für bereits begangene Rechtsverstöße darstellen und ein Verschulden voraussetzen, dienen Zwangsgelder dazu, gegenwärtige oder künftige Rechtsverletzungen, sei es in be-

zug auf materielles oder in bezug auf formelles Recht, zu unterbinden, indem die Unternehmen durch die Vermeidung von weiteren Nachteilen zur Rechtstreue angehalten werden.[1] Zwangsgelder haben daher anders als Geldbußen auch keinen punitiven Charakter, sondern sind ein **Instrument des Verwaltungszwangs.** Die Kommission hat keine andere Möglichkeit, die Befolgung von Entscheidungen, mit denen sie Unternehmen ein Verhalten aufgibt, durchzusetzen. Die Anordnung von Zwangsgeld ist insoweit das einzige Mittel der Verwaltungsvollstreckung, da Ersatzvornahme und unmittelbarer Zwang aufgrund der Nichtvertretbarkeit der von den Unternehmen vorzunehmenden Handlungen und infolge der fehlenden unmittelbaren Zwangsgewalt der EU-Kommission ausscheiden. Auch wenn sich Unternehmen einer durch Entscheidung angeordneten Nachprüfung widersetzen, etwa sich den Beamten der Kommission in den Weg stellen, kann die Kommission nicht im Wege unmittelbaren Zwangs den Widerstand brechen und ihre Nachprüfungsentscheidung durchsetzen. Vielmehr bedarf sie insoweit der Hilfeleistung durch nationale Stellen (Art. 20 Abs. 6).

Da es sich bei Zwangsgeld um bloß wirtschaftliche Sanktionen für die Nichtbefolgung 6 von Kommissionsentscheidungen handelt, wird es demgemäss für jeden Tag fällig, mit dem der Adressat mit der Befolgung der Entscheidung in Verzug bleibt. Das gilt, bis der Adressat die Entscheidung befolgt und das gewünschte Verhalten zeigt. Dafür besteht keine zeitliche Obergrenze.

Aufgrund der unterschiedlichen Zwecke können **Geldbußen und Zwangsgelder ne-** 7 **beneinander und unabhängig voneinander** verhängt werden. So kann etwa eine unrichtig erteilte Auskunft mit Geldbuße bestraft werden und das Ausbleiben der richtigen Auskunft zusätzlich für jeden Tag des Verzugs mit Zwangsgeld belegt werden.

III. Die Zwangsgeldtatbestände

Art. 24 ermöglicht Zwangsgeldsanktionen zum einen bei der Nichtbefolgung von mate- 8 riell-rechtlichen Entscheidungen der Kommission (vgl. Art. 24 Abs. 1 lit. a) bis c), zum anderen bei der Nichtbeachtung von durch Entscheidung förmlich angeordneten Ermittlungsmaßnahmen, also von Verfahrensentscheidungen (vgl. Art. 24 Abs. 1 lit. d), e)).

1. Zuwiderhandlung gegen Entscheidungen in der Sache

Nach Art. 24 Abs. 1 lit. a) können Zwangsgelder dazu benutzt werden, die Beendigung 9 von Zuwiderhandlungen gegen Art. 81 oder 82 EG/Art. 101 und 102 VAEU durchzusetzen, deren **Abstellung** die Kommission durch Entscheidung nach Art. 7 angeordnet hat. Diese Möglichkeit schließt die in der bisherigen VO 17/62 geregelten Tatbestände der Zwangsgeldbewehrung zum Teil mit ein. Nach Art. 16 Abs. 1 lit. a) und b) VO 17/62 konnte die Kommission mit Zwangsgeldern nicht nur die Beendigung von Kartellrechtsverstößen durchsetzen, sondern auch die **Befolgung von Nebenbestimmungen** ihrer Entscheidungen und die Abgabe korrekter Angaben in Anmeldungen erzwingen. Ersteres ist jetzt von lit. a) erfasst, da bei Nichteinhaltung der **Feststellungs- oder Abstellungsentscheidung** der Kommission nach Art. 7 der Kartellrechtsverstoß fortbesteht. Letzteres musste nach dem Systemwechsel im Vollzug des Art. 81 Abs. 3 EG/Art. 101 Abs. 3 VAEU (s. Art. 1, Rn. 2) entfallen; da es die Möglichkeit zur Freistellung von Vereinbarungen nicht mehr gibt, können die Unternehmen insoweit auch keine falschen Angaben machen.

Art. 24 Abs. 1 lit. b) ermöglicht eine Zwangsgeldanordnung im Interesse der Durchset- 10 zung von der Kommission erlassenen **einstweiligen Maßnahmen** nach Art. 8.

---

[1] *Dannecker/Biermann,* in Immenga/Mestmäcker (Hrsg.), Wettbewerbsrecht, EG/Teil 2, Art. 24 VO 1/2003, Rn. 6ff.; *Reidlinger* in: Streinz (Hrsg.), EUV/EGV, Art. 83, Rn. 20.

Art. 24 VerfVO 11–15   8. Teil. Kartellverfahrensverordnung

11 Art. 24 Abs. 1 lit. c) schließlich sieht vor, dass die Kommission durch Entscheidung für verbindlich erklärte **Verpflichtungszusagen** (Art. 9) durch Zwangsgeldanordnungen erzwingen kann.

12 **Nicht zwangsgeld- und auch nicht bußgeldbewehrt** ist es, wenn ein Unternehmen falsche Angaben macht, um eine **Nichtanwendbarkeitsfeststellung** nach Art. 10 zu erschleichen. In diesem Fall kann die Kommission – abgesehen von Sanktionen infolge von Ermittlungsmaßnahmen – erst dann Sanktionen ergreifen, wenn die Behörde zuvor formal eine Zuwiderhandlung gegen das Kartellrecht durch Entscheidung nach Art. 7 festgestellt hat oder einstweilige Maßnahmen nach Art. 8 erlassen hat (s. Art. 24 Abs. 1 lit. b). Die fehlende Sanktionierung mag sich teilweise durch den Umstand erklären, dass Positiventscheidungen nach Art. 10 nur von Amts wegen ergehen, nicht auf Antrag. Dennoch kann sich auch bei einer Entscheidung von Amts wegen ein sanktionsbedürftiges Verhalten einstellen, da die Kommission bei ihrer Entscheidung auf Angaben der jeweils betroffenen Unternehmen zurückgreift und auch das Tätigwerden von Amts wegen nicht ausschließt, dass die Kommission erst auf Anstoß durch ein Unternehmen hin tätig geworden ist.

2. Zuwiderhandlung gegen Verfahrensentscheidungen

13 Die Kommission kann gemäß Art. 24 Abs. 1 lit. d) die **vollständige und genaue Auskunftserteilung** durch Zwangsgeldanordnungen durchsetzen. Entscheidungen, mit denen die Kommission im Rahmen von Untersuchungen von Wirtschaftszweigen oder von bestimmten Arten von Vereinbarungen nach Art. 17 Auskünfte verlangt oder mit denen sie gemäß Art. 18 Abs. 3 förmliche Auskünfte in Ermittlungsverfahren gegen einzelne Unternehmen fordert, können mit Zwangsgeldandrohungen versehen werden. Zwangsgelder werden dann im Falle der unvollständigen oder ungenauen Auskunftserteilung fällig. Eine unrichtige Auskunft ist als ungenau, eine völlig fehlende als unvollständig anzusehen. **Nicht zwangsgeldbewehrt** sind bloße **einfache Auskunftsersuchen** nach Art. 18 Abs. 1 und 2, die der Kommission üblicherweise aber infolge der regelmäßig kooperativen Haltung der Unternehmen genügen. Die Kommission muss den formalen Weg beschritten haben, um Zwangsmittel zur Verfügung zu haben.

14 Widersetzt sich ein Unternehmen einer **Nachprüfung,** die die Kommission durch Entscheidung nach Art. 20 Abs. 4 formal angeordnet hat, so kann die Kommission auch hiergegen mit Zwangsgeld vorgehen, Art. 24 Abs. 1 lit. e). Sie kann nicht physischen Widerstand gegen eine angeordnete Nachprüfung durch unmittelbaren Zwang brechen. Insoweit bleiben die nationalen Behörden zuständig, Art. 20 Abs. 6.

15 Art. 24 Abs. 1 lit. d) und e) sind identisch mit der einschlägigen Regel des Art. 16 Abs. 1 lit. c) und d) der VO 17/62. Was die Zwangsgeldbewehrung von **Ermittlungsmaßnahmen** angeht, brachte die Neuregelung des Verfahrensrechts nichts Neues. Die neuen Ermittlungsbefugnisse nach Art. 19 zur Zeugenbefragung wurden nicht zwangsgeldbewehrt und sind auch nicht Gegenstand einer Geldbuße. Gleiches gilt für die erweiterte Möglichkeit, im Rahmen von Nachprüfungen Zeugenaussagen einzuholen gemäß Art. 20 Abs. 2 lit. e). Die Kommission hat daher keine Möglichkeit, **Zeugenbefragungen** zwangsweise durchzusetzen. Dies erscheint systemwidrig, da die ungenaue, falsche oder unterbliebene Aussage eines Zeugen die Ermittlungen der Kommission ebenso behindern kann wie die eines beschuldigten Unternehmens, die aber zumindest mit Geldbuße sanktioniert ist (Art. 23 Abs. 1 lit. a).[2] Hintergrund für die fehlende Sanktionierung der Ermittlungskompetenz nach Art. 19 dürften aber zum einen **Kompetenzprobleme** sein. Die Kommission hat nur die Kompetenz, durch Zwangsgelder und Geldbußen die Beachtung des materiellen Kartellrechts nach Art. 81 f. EG/Art. 101 f. VAEU zu gewährleisten

---

[2] Vgl. auch *Niggemann* in: Streinz (Hrsg.), EUV/EGV, KartVO nach Art. 83 EGV. Rn. 55.

(vgl. Art. 83 Abs. 2 lit. a) EG/Art. 103 Abs. 2 lit. a) VAEU). Von dieser Kompetenz mag die Zwangsgeld- und Geldbußbewehrung von Ermittlungsmaßnahmen gegen Unternehmen und -vereinigungen noch umfasst sein. Die Anordnung von Zwangsmaßnahmen gegen Einzelpersonen ginge aber darüber hinaus. Die EG/EU hat keine Kompetenz zur zwangsweisen Durchsetzung von Entscheidungen, die an einzelne gerichtet sind. Zum anderen trägt die fehlende Durchsetzbarkeit einer Zeugenvernehmung dazu bei, die Spannung, die die Novellierung der Kartellverfahrensverordnung nach wie vor zu den Verteidigungsrechten zeigt (dazu Art. 27, Rn. 4), zu mildern: Da im Kartellverfahrensrecht bislang ein Recht, selbstbelastende Auskünfte zu verweigern, fehlt, würde eine Durchsetzbarkeit von Zeugenbefragungen die Notwendigkeit eines solchen Rechtes steigern. Da die Durchsetzbarkeit fehlt, bedarf es insoweit keines anerkannten Auskunftsverweigerungsrechts.

IV. Die Verhängung des Zwangsgeldes

1. Zweistufiges Sanktionsverfahren

Die Verhängung des Zwangsgeldes erfolgt in **zwei Schritten.** Zunächst ordnet die Kommission in der Entscheidung, deren Nichtbefolgung sie bewehren will, die Sanktion an und gibt dabei die Höhe des im Falle der Nichtbefolgung der Entscheidung für jeden einzelnen Tag des Verzugs fällig werdenden Zwangsgeldes an. Eine Zwangsgeldanordnung setzt somit den Erlass einer Entscheidung voraus, die das vom Adressaten zu prästierende Verhalten möglichst konkret und bestimmt angibt, zu dem die Zwangsgeldandrohung den Adressaten bewegen will. Insbesondere bedarf es der Benennung eines Zeitpunkts, ab dem der Adressat das geforderte Verhalten zu zeigen hat; die Entscheidung muss einen bestimmten Zeitpunkt festsetzen, von dem an das tägliche Zwangsgeld fällig wird. Die **Zwangsgeldanordnung** ist üblicherweise Bestandteil der Kommissionsentscheidung, kann aber auch zunächst unterbleiben und nachträglich separat ergehen. Die Zwangsgeldanordnung selbst ist in jedem Falle keine eigenständige Entscheidung; sie kann nicht selbständig angefochten werden, weil sie nur einen Verfahrensschritt darstellt und – mangels Festlegung einer konkreten Sanktion – nicht vollstreckbar ist.[3]

In einem zweiten Schritt erfolgt dann, wenn der Adressat die Entscheidung nicht befolgt hat, die exakte **Festlegung der Sanktionshöhe** durch die Kommission in einer weiteren förmlichen Entscheidung, die, da sie (anders als die Androhung des Zwangsgeldes) eine konkrete Summe benennt, vollstreckbar und daher auch anfechtbar ist. Die Anfechtung führt aber nicht zu einer vorläufigen Außervollzugsetzung. Diese muß gemäß Art. 242 EG/Art. 278 VAEU eigens beantragt werden. Die Kommission setzt anders als bei Geldbußen die Vollstreckung des Zwangsgeldes nicht von sich aus aus.[4]

In dieser zweiten Phase muss der **Beratende Ausschuss angehört** werden (Art. 14, Rn. 6), und zwar selbstverständlich, bevor die endgültige Zwangsgeldsumme bestimmt wird. Die Rechtsprechung fordert auch eine Anhörung des betroffenen Unternehmens erst vor Ergehen der endgültigen Festsetzungsentscheidung, um es – ebenso wie den Beratenden Ausschuss – in die Lage zu versetzen, zu allen Erwägungen, die die Kommission bei der Festlegung der Zwangsgeldhöhe leiten, Stellung zu nehmen.[5] Die Anhörung der Unternehmen erst auf der zweiten Stufe wurde nunmehr in Art. 27 Abs. 1 verankert. Eine Anhörung des Beratenden Ausschusses oder des betroffenen Unternehmens bereits bei der ersten Stufe ist nicht notwendig, weil damit die Effektivität der Ermittlungsmaßnahme verzögert würde und ohnehin über die endgültige Höhe des Zwangsgeldes noch nicht

---

[3] EuG Rs. T-596/97 – *Dalmine SpA* Slg. 1998, II-2383.

[4] *Dannecker/Biermann,* in Immenga/Mestmäcker (Hg.), Wettbewerbsrecht, EG/Teil 2, 2007, Art. 24 VO 1/2003, Rn. 10 mit Fn. 8.

[5] EuG Rs. T-596/97 – *Dalmine SpA* Slg. 1998, II-2383.

entschieden ist.⁶ Dies gilt umso mehr, als die Kommission gemäß Art. 24 Abs. 2 über die Möglichkeit verfügt, die Summe niedriger festzusetzen. Unterbleiben die Anhörungen, ist die Festsetzungsentscheidung rechtswidrig.

2. Sanktionshöhe

19 Die auf der ersten Stufe (oben Rn. 16) angeordnete Höhe des täglichen Zwangsgelds wird von der Kommission in Ausübung ihres Ermessens und unter Beachtung der maximalen Obergrenze von 5% des täglichen Umsatzes festgelegt. Aufgrund der unterschiedlichen Zwecke zieht die Kommission bei der Bestimmung der Zwangsgeldhöhe nicht dieselben Kriterien heran wie bei der Bestimmung von Geldbußen. Schließlich geht es nicht um die Ahndung der Dauer oder der Schwere einer erfolgten Zuwiderhandlung, sondern es geht darum, die Rechtbefolgung zu erreichen. Das ermöglicht es aber, die Zwangsgeldhöhe ansteigen zu lassen. Außerdem muss sich auch die wirtschaftliche Bedeutung der unterlassenen Rechtbefolgung in der Zwangsgeldhöhe wiederfinden.

20 Hinsichtlich der endgültigen Festlegung der Zwangsgeldsumme (2. Stufe, oben Rn. 17) ermöglicht Art. 24 Abs. 2, dass die Kommission die endgültig zu zahlende Summe niedriger festlegt als sich an sich rechnerisch aus der Multiplikation der Androhung mit der Anzahl der Verzugstage ergeben würde. Die Kommission kann somit die **endgültige Sanktion geringer** ausfallen lassen als zunächst angedroht. Eine Erhöhung ist selbstverständlich nicht möglich. In der Praxis setzt die Kommission häufig aus verschiedensten Gründen die Zwangsgeldsumme niedriger an als den rein rechnerisch möglichen Betrag. So nimmt sie Rücksicht auf unübersichtliche Verfahrensgestaltungen und beachtet, dass der Adressat ein kleines oder mittleres Unternehmen ist oder dass er sich den Ermittlungen der Kommission nicht grundsätzlich entgegenstellt.⁷

21 Die Kommission verfügt sowohl hinsichtlich der Frage, ob die Befolgung einer Entscheidung mit Zwangsgeld bewehrt wird, als auch für die Höhe des angeordneten und des festgesetzten Zwangsgelds über ein **Ermessen,** das durch die gesetzlich festgelegte **Maximalhöhe** des täglichen Zwangsgeld begrenzt wird und dem **Verhältnismäßigkeitsgrundsatz** unterliegt. Die angeordnete Sanktion muss in einem angemessenen Verhältnis zur Bedeutung der von der Entscheidung dem Unternehmen auferlegten Pflicht für die Beachtung des materiellen Kartellrechts stehen. Andererseits muss die Zwangsgeldanordnung auch hinreichend **effektiv** sein, um die Unternehmen zum Rechtsgehorsam zu motivieren. Infolge dessen hat die Kommission die angeordneten Zwangsgeldbeträge zunehmend erhöht. Dies bisherige Höchstsumme von 1000 € war für ein Großunternehmen vernachlässigbar.

22 Insoweit lässt sich überlegen, ob die Kommission für den Fall, dass sie von der Auferlegung einer Geldbuße absieht – etwa weil das Unternehmen als **Kronzeuge** dient und mit der Kommission kooperiert – noch ermessengerecht agiert, wenn sie dann Zwangsgelder festlegte. Zumindest dürfte das dann nicht mehr möglich sein, wenn die Kooperation des Unternehmens deutlich wird. In der Praxis dürfte in solchen Fällen aber dann ohnehin kein Anlass für Zwangsgeldfestsetzungen mehr bestehen.

V. Die Beitreibung des Zwangsgeldes

23 Die Festsetzungsentscheidung der Kommission ist eine vollstreckbare Urkunde. Die Kommission kann damit die Zwangsvollstreckung in das Vermögen der betreffenden Unternehmen betreiben, gemäß den Regeln des jeweils einschlägigen nationalen Rechts.

---

⁶ EuGH Rs. C-46/87 und C-227/88 – *Hoechst* Slg. 1989, 2859.
⁷ Siehe etwa die Kommissionsentscheidung 91/213/EWG (IV/33 300), ABl. 1991, Nr. L 97/16 – *Baccarat*.

Art. 25. Verfolgungsverjährung   **Art. 25 VerfVO**

Für den Fall, dass es sich um **Unternehmensvereinigungen** handelt, denen die Zu- 24
widerhandlung gegen die Kommissionsentscheidung vorgeworfen wird, ermöglicht Art. 24
Abs. 2 Satz 2 durch den Verweis auf Art. 23 Abs. 4, dass für das gegen eine Unternehmensvereinigung festgesetzte Zwangsgeld diejenigen Unternehmen, die Mitglieder der Vereinigung sind, in Anspruch genommen werden. Dabei ist anders als noch im Entwurf der Verordnung, der pauschal die Haftung aller Mitgliedsunternehmen vorsah, genau festgelegt, in welcher Reihenfolge sich die Kommission an die Mitgliedsunternehmen wenden kann. Nach dieser Regelung kann die Kommission im Falle der Zahlungsunfähigkeit der Unternehmensvereinigung das Zwangsgeld unmittelbar von den Unternehmen fordern, die Vertreter in die Entscheidungsgremien der Vereinigung entsenden. Subsidiär haften die übrigen Mitglieder der Vereinigung, die auf dem Markt tätig sind, auf dem die Zuwiderhandlung erfolgte. Unternehmen sind von der Haftung für ihre Vereinigung nur dann ausgenommen, wenn sie nachweisen, dass sie den die Zuwiderhandlung begründenden Beschluss nicht umgesetzt haben, weil sie davon nichts wussten oder aber sich bereits vor Einleitung der Untersuchung durch die Kommission aktiv von ihm distanziert hatten. Für die Details dieser Regelung wird auf die einschlägige Kommentierung des Art. 23 Abs. 4 verwiesen. Da Art. 23 Abs. 4 nur entsprechend gilt, ist die Haftungshöchstsumme, mit der Unternehmen für ihre Vereinigung einstehen, in analoger Weise wie bei Art. 23 Abs. 4 auf die maximale Sanktionshöhe, die das Unternehmen selbst treffen könnte, zu begrenzen, also auf 5% des Tagesumsatzes für jeden Tag des Verzugs der Vereinigung.

Art. 25. Verfolgungsverjährung

(1) **Die Befugnis der Kommission nach den Artikeln 23 und 24 verjährt**
a) in drei Jahren bei Zuwiderhandlungen gegen Vorschriften über die Einholung von Auskünften oder die Vornahme von Nachprüfungen;
b) in fünf Jahren bei den übrigen Zuwiderhandlungen.

(2) **Die Verjährungsfrist beginnt mit dem Tag, an dem die Zuwiderhandlung begangen worden ist. Bei dauernden oder fortgesetzten Zuwiderhandlungen beginnt die Verjährung jedoch erst mit dem Tag, an dem die Zuwiderhandlung beendet ist.**

(3) **Die Verjährung der Befugnis zur Festsetzung von Geldbußen oder Zwangsgeldern wird durch jede auf Ermittlung oder Verfolgung der Zuwiderhandlung gerichtete Handlung der Kommission oder der Wettbewerbsbehörde eines Mitgliedstaats unterbrochen. Die Unterbrechung tritt mit dem Tag ein, an dem die Handlung mindestens einem an der Zuwiderhandlung beteiligten Unternehmen oder einer beteiligten Unternehmensvereinigung bekannt gegeben wird. Die Verjährung wird unter anderem durch folgende Handlungen unterbrochen:**
a) schriftliche Auskunftsverlangen der Kommission oder der Wettbewerbsbehörde eines Mitgliedstaats,
b) schriftliche Nachprüfungsaufträge, die die Kommission oder die Wettbewerbsbehörde eines Mitgliedstaats ihren Bediensteten erteilen,
c) die Einleitung eines Verfahrens durch die Kommission oder durch die Wettbewerbsbehörde eines Mitgliedstaats,
d) die Mitteilung der von der Kommission oder der Wettbewerbsbehörde eines Mitgliedstaats in Betracht gezogenen Beschwerdepunkte.

(4) **Die Unterbrechung wirkt gegenüber allen an der Zuwiderhandlung beteiligten Unternehmen und Unternehmensvereinigungen.**

(5) **Nach jeder Unterbrechung beginnt die Verjährung von neuem. Die Verjährung tritt jedoch spätestens mit dem Tag ein, an dem die doppelte Verjährungsfrist verstrichen ist, ohne dass die Kommission eine Geldbuße oder ein Zwangsgeld festgesetzt hat. Diese Frist verlängert sich um den Zeitraum, in dem die Verjährung gemäß Absatz 6 ruht.**

(6) **Die Verfolgungsverjährung ruht, solange wegen der Entscheidung der Kommission ein Verfahren vor dem Gerichtshof anhängig ist.**

Übersicht

	Rn.		Rn.
I. Sinn und Zweck der Regelung	1	2. Unterbrechung der Verfolgungsverjährung	9
II. Praktische Bedeutung	4	3. Ruhen der Verfolgungsverjährung	12
III. Tatbestand		IV. Rechtsfolgen	13
1. Zwei unterschiedliche Verjährungsfristen, Beginn und maximale Dauer	6	V. Verhältnis zu anderen Vorschriften	14

I. Sinn und Zweck der Regelung

1 In Bezug auf die in Art. 23 und 24 VO 1/2003 geregelten Befugnisse der Kommission zur Festsetzung von Geldbußen und Zwangsgeldern wegen Zuwiderhandlungen einzelner Unternehmen oder Unternehmensvereinigungen gegen verfahrensrechtliche Vorschriften sowie gegen die in Art. 81 Abs. 1 und 82 EG niedergelegten materiellrechtlichen Verbotstatbestände enthält die VO 1/2003 zwei verschiedene Verjährungsregelungen: Während Art. 26 VO 1/2003 die Verjährung der Befugnis regelt, die in Anwendung der Art. 23 und 24 VO 1/2003 erlassenen Entscheidungen zu vollstrecken (Vollstreckungsverjährung), regelt Art. 25 VO 1/2003 die Einzelheiten, die mit der **Verfolgungsverjährung** verbunden sind. Hierbei geht es nicht um die Verjährung der o. g. Zuwiderhandlungen, sondern um die Verjährung der Befugnis der Kommission zur Festsetzung von Geldbußen und Zwangsgeldern i. S. der Art. 23 und 24 VO 1/2003.

2 Die durch die VO 1/2003 ersetzte Durchführungs-VO Nr. 17[1] enthielt selbst keine die Verfolgungsverjährung betreffenden Vorschriften. Nachdem der EuGH jedoch in seinem aus dem Jahre 1970 stammenden Urteil in der Rs. *ACF Chemiefarma* deutlich gemacht hatte, dass das Fehlen derartiger Regelungen nicht durch einen allgemeinen Rechtsgrundsatz der Verjährung kompensiert wird, sondern dass es vielmehr Sache des Gemeinschaftsgesetzgebers ist, die Dauer etwaiger Verjährungsfristen sowie die Einzelheiten ihrer Anwendung zu regeln,[2] erließ der Rat die Verordnung (EWG) Nr. 2988/74 vom 26. November 1974 „über die Verfolgungs- und Vollstreckungsverjährung im Verkehrs- und Wettbewerbsrecht der Europäischen Wirtschaftsgemeinschaft",[3] die sodann auch im Anwendungsbereich der VO 17 zu beachten war. Die in der VO 2988/74 enthaltenen Verjährungsregelungen,[4] die in leicht modifizierter Form nunmehr Eingang in Art. 25 und 26 VO 1/2003 gefunden haben, sollen nach dem 2. Erwägungsgrund der VO 2988/74 in erster Linie der **Herstellung von Rechtssicherheit** dienen.[5] Diesen in ständiger Recht-

---

[1] Verordnung Nr. 17 – Erste Durchführungsverordnung zu den Artikeln 85 und 86 des Vertrags [jetzt: Art. 81 u. 82 EG], ABl. P 13 vom 21. 2. 1962, S. 204.

[2] EuGH U. v. 15. 7. 1970 Rs. 41/69 – *ACF Chemiefarma/Kommission* Slg. 1970, 661 Rn. 18/20; bestätigt u. a. in EuGH U. v. 14. 7. 1972 Rs. 48/69 – *ICI/Kommission* Slg. 1972, 619 Rn. 46/49.

[3] ABl. 1974 L 319/1.

[4] Zu diesen im EG-Kartellverfahrensrecht nunmehr durch Art. 25f. VO 1/2003 verdrängten (sekundärrechtlichen) Vorgängerregelungen und deren Anwendung in der Praxis vgl. nur EuG U. v. 16. 11. 2006 Rs. T-120/04 – *Peróxidos Orgánicos SA/Kommission* Slg. 2006, II-4441 Rn. 46ff.; sowie *Dannecker* in: Immenga/Mestmäcker, EG-WbR Bd. II, S. 1796ff.; *Dieckmann* in: Wiedemann, Handbuch des Kartellrechts, 1999, § 46 Rn. 34ff.; *Krück/Sauter* in: Dauses, Handbuch des EU-Wirtschaftsrechts, Bd. 2, 2003 (EL 18) H.I § 3 Rn. 123ff.; *Niggemann* in: Streinz, EUV/EGV-Kommentar, 2003, EGV nach Art. 83 KartVO Rn. 67ff.

[5] Dort heißt es: „Im Interesse der Rechtssicherheit ist es geboten, den Grundsatz der Verjährung einzuführen und die Einzelheiten seiner Anwendung zu regeln. Eine solche Regelung muß, um vollständig zu sein, sowohl die Befugnis zur Festsetzung von Geldbußen und Sanktionen als auch die Befugnis zur Vollstreckung der Entscheidung erfassen, durch die Geldbußen, Sanktionen und

sprechung des Gemeinschaftsrichters bestätigten Hauptzweck gemeinschafts- bzw. kartellverfahrensrechtlicher Verjährungsregeln[6] erfüllt für den speziellen Aspekt der Verfolgungsverjährung nunmehr Art. 25 VO 1/2003.

Mit der Überführung bzw. Einfügung der ursprünglich in der VO 2988/74 enthaltenen Verjährungsregelungen in die VO 1/2003 wird ferner der Zweck verfolgt, den Rechtsrahmen der Vollstreckungs- und Verfolgungsverjährung klarer, d. h. einfacher und übersichtlicher zu machen. Dieser zusätzliche Zweck des Art. 25 VO 1/2003 ergibt sich insbesondere aus dem 31. Erwägungsgrund der VO 1/2003, wonach es sich **im Interesse einer klareren Gestaltung des Rechtsrahmens** empfehle, die VO 2988/74 nunmehr „so zu ändern, dass sie im Anwendungsbereich der vorliegenden Verordnung [hier: VO 1/2003] keine Anwendung findet, und die Verjährung in der vorgenannten Verordnung zu regeln". 3

II. Praktische Bedeutung

Die in Art. 25 VO 1/2003 vorgenommene Ausgestaltung der Verfolgungsverjährung entspricht im Wesentlichen den Art. 1–3 VO 2988/74.[7] Insofern ist bei der Klärung etwaiger Fragen im Zusammenhang mit der Anwendung und Auslegung des Art. 25 VO 1/2003 stets auch die bislang zu den Art. 1–3 VO 2988/74 ergangene Rechtsprechung des Gemeinschaftsrichters[8] im Auge zu behalten. In praktischer Hinsicht dürfte sich im Bereich der Verfolgungsverjährung somit kaum etwas durch Art. 25 VO 1/2003 ändern,[9] zumal gerade die nachfolgend anzusprechenden Verjährungsfristen[10] und die zur Unterbrechung der Verfolgungsverjährung führenden Handlungen der Kommission und mitgliedstaatlicher Wettbewerbsbehörden[11] nicht modifiziert worden sind. 4

Hinzuweisen ist an dieser Stelle jedoch auf eine die **Verjährungsunterbrechung betreffende Neuerung,** die im Verbund mit zahlreichen anderen Vorschriften der VO 1/2003[12] die Aufwertung mitgliedstaatlicher Wettbewerbsbehörden i. R. des durch die VO 1/2003 geschaffenen „Europäischen Wettbewerbsnetzes" widerspiegelt und unterstreicht:[13] Bereits nach Art. 2 Abs. 1 VO 2988/74 konnte die Verfolgungsverjährung nicht nur durch „jede auf die Ermittlung oder Verfolgung der Zuwiderhandlung gerichtete Handlung der Kommission" unterbrochen werden, sondern auch durch entsprechende Handlungen mitgliedstaatlicher Behörden; letzteres galt allerdings nur dann, wenn die Kommission derartige Handlungen mitgliedstaatlicher Behörden beantragt hatte. Im Unterschied dazu bestimmt Art. 25 Abs. 3 Satz 1 VO 1/2003 nunmehr explizit, dass die Verjährung der Befugnis zur Festsetzung von Geldbußen oder Zwangsgeldern durch jede auf Ermittlung oder 5

Zwangsgelder festgesetzt werden. In ihr sind die Dauer der Verjährungsfrist, der Zeitpunkt, an dem die Verjährung beginnt, sowie die Handlungen zu bestimmen, welche zur Unterbrechung oder zum Ruhen der Verjährung führen. Dabei ist einerseits den Interessen der Unternehmen und Unternehmensvereinigungen, andererseits den Bedürfnissen der Verwaltungspraxis Rechnung zu tragen".

[6] EuG U. v. 25. 10. 2005 Rs. T-38/02 – *Groupe Danone/Kommission* Slg. 2005, II-4407 Rn. 352.
[7] Zutr. *Niggemann* in: Streinz, EUV/EGV-Kommentar, 2003, EGV nach Art. 83 KartVO Rn. 70.
[8] Exemplarisch vgl. EuG U. v. 18. 6. 2008 Rs. T-410/03 – *Hoechst GmbH/Kommission* noch nicht in der amtl. Slg. veröffentlicht (Rn. 219 ff.).
[9] Ähnlich *Engelsing/Schneider* in: Hirsch/Montag/Säcker (Hrsg.), Münchener Kommentar zum Europäischen und Deutschen Wettbewerbsrecht (Kartellrecht), Bd. 1 (Europäisches Wettbewerbsrecht), 2007, Art. 25 VO 1/2003 Rn. 3.
[10] Zu diesen zwischen verschiedenen Zuwiderhandlungen differenzierenden Fristen siehe Rn. 6–8.
[11] Näher zu diesen Handlungen siehe Rn. 9–11.
[12] Damit sind insbesondere die Art. 5, 11, 12, 14, 20 Abs. 5–7, 21 Abs. 4 und 22 VO 1/2003 gemeint.
[13] Ganz in diesem Sinne vgl. auch den 31. Erwägungsgrund zur VO 1/2003 (Satz 2), wo es heißt: „In einem System paralleler Zuständigkeiten müssen zu den Handlungen, die die Verjährung unterbrechen können, auch eigenständige Verfahrenshandlungen der Wettbewerbsbehörden der Mitgliedstaaten gerechnet werden".

Verfolgung der Zuwiderhandlung gerichtete Handlung der Kommission „oder der Wettbewerbsbehörde eines Mitgliedstaats unterbrochen" wird; auf ein vorheriges „Ersuchen" der Kommission i. S. der Art. 20 Abs. 5 und 22 Abs. 2 VO 1/2003 kommt es bei der Unterbrechung der Verfolgungsverjährung also nicht (mehr) an.

III. Tatbestand

1. Zwei unterschiedliche Verjährungsfristen, Beginn und maximale Dauer

6   Nach Art. 25 Abs. 1 lit. a VO 1/2003 verjährt die Befugnis der Kommission zur Festsetzung von Geldbußen und Zwangsgeldern i. S. der Art. 23 und 24 VO 1/2003 **in drei Jahren,** sofern es um die in Art. 23 Abs. 1 und Art. 24 Abs. 1 lit. d und e VO 1/2003 angesprochenen Zuwiderhandlungen gegen Vorschriften über die Einholung von Auskünften oder die Vornahme von Nachprüfungen geht. Bei allen anderen Zuwiderhandlungen, insbesondere bei Verstößen gegen Art. 81 Abs. 1 und 82 EG, verjährt diese Befugnis gemäß Art. 25 Abs. 1 lit. b VO 1/2003 erst **in fünf Jahren.**

7   Nach Art. 25 Abs. 2 Satz 1 VO 1/2003 beginnen die o. g. Verjährungsfristen in der Regel mit dem Tag, an dem die jeweilige Zuwiderhandlung begangen worden ist. Eine dem Art. 1 Abs. 2 VO 2988/74 entsprechende Sonderregelung enthält Art. 25 Abs. 2 Satz 2 VO 1/2003 für **dauernde oder fortgesetzte Zuwiderhandlungen** insoweit, als die Verjährung bei diesen Zuwiderhandlungen[14] erst mit dem Tag beginnt, an dem die jeweilige Zuwiderhandlung beendet ist.[15] Weitere Einzelheiten der Fristberechnung sind (nach wie vor) in der VO Nr. 1182/71[16] geregelt.

8   Nach jeder Unterbrechung der Verfolgungsverjährung[17] beginnen die Verjährungsfristen gemäß Art. 25 Abs. 5 Satz 1 VO 1/2003 von neuem. Folglich kann die Verfolgungsverjährung im Interesse der Kommission und mitgliedstaatlicher Wettbewerbsbehörden in manchen Fällen tatsächlich erst sehr viel später als nach drei bzw. fünf Jahren eintreten. Im gegenläufigen Interesse der Rechtssicherheit hat aber der Verordnungsgeber – dem Vorbild des Art. 2 Abs. 3 Satz 2 VO 2988/74 entsprechend – in Art. 25 Abs. 5 Satz 2 VO 1/2003 eine **maximale Dauer der Verjährungsfrist** vorgesehen; demnach tritt die Verjährung spätestens mit dem Tag ein, an dem die doppelte – ggf. noch um den Zeitraum des Ruhens der Verfolgungsverjährung verlängerbare[18] – Verjährungsfrist verstrichen ist, ohne dass die Kommission eine Geldbuße oder ein Zwangsgeld i. S. der Art. 23 und 24 VO 1/2003 festgesetzt hat.

2. Unterbrechung der Verfolgungsverjährung

9   Wie auch bereits in Art. 2 Abs. 1 VO 2988/74 vorgesehen, wird die Verfolgungsverjährung gemäß Art. 25 Abs. 3 Satz 1 VO 1/2003 durch jede auf Ermittlung oder Ver-

---

[14] Zur Einstufung bestimmter Wettbewerbsverstöße als „einzige und fortgesetzte Zuwiderhandlung" vgl. etwa EuG U. v. 5. 4. 2006 Rs. T-279/02 – *Degussa AG/Kommission* Slg. 2006, II-897 Rn. 155 ff.; EuG U. v. 12. 12. 2007 verb. Rs. T-101/05 u. T-111/05 – *BASF AG u. a./Kommission* Slg. 2007, II-4949 Rn. 158 ff.

[15] Exempl. zur Einstufung einer Honorarordnung der belgischen Architektenkammer aus dem Jahre 1967 (!) als „dauernde Zuwiderhandlung" i. S. des Art. 25 Abs. 1 Satz 2 VO 1/2003 vgl. die Kommissionsentscheidung v. 24. 6. 2004 COMP/38 549 – PO *Honorarordnung der belgischen Architektenkammer* EuZW 2004, 561; näher zu dieser bereits in Art. 1 Abs. 2 VO 2988/74 vorgesehenen Sonderregelung sowie zu den damit verbundenen Fragen des Fortsetzungszusammenhangs und der Unterscheidung von Zustands- und Dauerdelikten vgl. m. w. N. *Dannecker* (Fn. 4), S. 1797 ff.; *Dieckmann* (Fn. 4), § 46 Rn. 35.

[16] ABl. 1971 L 124/1.

[17] Näher zur Verjährungsunterbrechung unter Rn. 9–11.

[18] Vgl. Art. 25 Abs. 5 Satz 3 VO 1/2003; zum „Ruhen der Verfolgungsverjährung" siehe Rn. 12.

folgung der Zuwiderhandlung gerichtete Handlung der Kommission oder der Wettbewerbsbehörde eines Mitgliedstaats unterbrochen.[19] Als nicht abschließende **Regelbeispiele** derartiger Handlungen werden in Satz 3 dieser Vorschrift schriftliche Auskunftsverlangen i. S. des Art. 18 VO 1/2003, schriftliche Nachprüfungsaufträge i. S. des Art. 20 Abs. 3 VO 1/2003, die Einleitung eines Verfahrens i. S. des Art. 2 VO 774/2004[20] sowie die Mitteilung der Beschwerdepunkte i. S. des Art. 27 Abs. 1 VO 1/2003 i. V. m. Art. 10 VO 774/2004 aufgeführt. Wesentliche Folge einer durch derartige Handlungen bewirkten Unterbrechung der Verfolgungsverjährung ist, dass die o. g. Verjährungsfristen von neuem beginnen.[21]

Nach Art. 25 Abs. 3 Satz 2 VO 1/2003 tritt die durch eine der vorgenannten Handlungen bewirkte Unterbrechung, die nach Absatz 4 dieser Vorschrift gegenüber allen an der jeweiligen Zuwiderhandlung beteiligten Unternehmen und Unternehmensvereinigungen wirkt,[22] mit dem Tag ein, an dem die Handlung – d. h. das die Unterbrechung der Verfolgungsverjährung bewirkende Ereignis – mindestens einem an dieser Zuwiderhandlung beteiligten Unternehmen oder einer beteiligten Unternehmensvereinigung bekannt gegeben wird. Dabei setzt eine ordnungsgemäße Bekanntgabe nach ständiger Rechtsprechung der Gemeinschaftsgerichte lediglich voraus, dass der Adressat in die Lage versetzt worden ist, von der zur Unterbrechung der Verfolgungsverjährung führenden Handlung Kenntnis zu nehmen.[23]

Nach der bislang zur VO 2988/74 ergangenen Rechtsprechung stellt eine Unterbrechung der Verfolgungsverjährung gemäß Art. 2 dieser Verordnung eine **Ausnahme** vom Grundsatz der fünfjährigen Verjährung nach Art. 1 Abs. 1 lit. b dieser Verordnung dar und ist daher **eng auszulegen**.[24] Aus dieser auf Art. 25 VO 1/2003 übertragbaren Rechtsprechung ergibt sich, dass die einschlägigen Verjährungsfristen[25] nur dann durch die oben genannten Unterbrechungshandlungen[26] unterbrochen werden können, wenn diese für die Ermittlung oder die Verfolgung der Zuwiderhandlung erforderlich sind. Unzulässig ist aus diesem Grund beispielsweise die Übermittlung von Auskunftsverlangen i. S. des Art. 18 VO 1/2003, die allein dazu dienen, die Verjährungsfrist künstlich zu verlängern, um sich die Befugnis zur Verhängung von Geldbußen zu erhalten.[27]

3. Ruhen der Verfolgungsverjährung

Nach Art. 25 Abs. 6 VO 1/2003, der Art. 3 VO 2988/74 entspricht, ruht die Verfolgungsverjährung, solange wegen der „Entscheidung" der Kommission ein **Verfahren vor**

---

[19] Bei entsprechenden Handlungen mitgliedstaatlicher Wettbewerbsbehörden ist es für die Unterbrechung der Verfolgungsverjährung nunmehr unerheblich, ob diese Handlungen auf Antrag oder auf Ersuchen der Kommission vorgenommen worden sind; dazu siehe bereits Rn. 5.

[20] VO (EG) Nr. 773/2004 der Kommission v. 7. 4. 2004 über die Durchführung von Verfahren auf der Grundlage der Artikel 81 und 82 EG-Vertrag durch die Kommission, ABl. 2004 L 123/18.

[21] Dazu vgl. bereits Rn. 8.

[22] Zur Relevanz dieser Regelung etwa in Fällen, in denen ein Unternehmen i. R. der Kronzeugenregelung der Kommission bestimmte Beweise über ein Kartell vorlegt, vgl. *Lampert/Niejahr/Kübler/Weidenbach*, EG-KartellVO – Praxiskommentar, 2004, Art. 25 Rn. 488, wonach die Verjährung in diesen Fällen dann auch für die anderen Kartellmitglieder unterbrochen werde, wenn die Kommission entsprechende Ermittlungen aufnimmt.

[23] In diesem Sinne vgl. EuGH U. v. 18. 10. 1989 Rs. 374/87 – *Orkem/Kommission* Slg. 1989, 3283 Rn. 6.

[24] EuG U. v. 19. 3. 2003 Rs. T-213/00 – *CMA CGM u. a./Kommission* Slg. 2003, II-913 Rn. 484.

[25] Siehe oben Rn. 6.

[26] Siehe oben Rn. 9.

[27] In diesem Sinne vgl. m. w. N. EuG U. v. 19. 3. 2003 Rs. T-213/00 *CMA CGM u. a./Kommission* Slg. 2003, II-913 Rn. 488.

dem Gerichtshof – d.h. vor dem EuGH oder dem EuG – anhängig ist.[28] Diesbezüglich hat der EuGH in seiner *PVC*-Rechtsmittelentscheidung vom 15. Oktober 2002 klargestellt, dass zu den in den vorgenannten Vorschriften angesprochenen Entscheidungen nicht nur die zur Verjährungsunterbrechung führenden Handlungen i.S. des Art. 25 Abs. 3 VO 1/2003 gehören, soweit diese überhaupt anfechtbar sind,[29] sondern auch – mit Sanktionen verbundene – verfahrensabschließende Entscheidungen, in denen die Kommission eine Zuwiderhandlungen gegen Art. 81 und/oder 82 EG feststellt.[30] Folglich ruht bei einer Klage gegen eine mit Sanktionen verbundene abschließende Entscheidung die Verfolgungsverjährung, bis der Gemeinschaftsrichter endgültig über die jeweilige Klage entschieden hat.[31] Im Übrigen hat der EuGH in der o.g. Entscheidung deutlich gemacht, dass allein die Anhängigkeit einer Klage vor dem EuG oder dem EuGH und nicht das Ergebnis, zu dem diese in ihrem Urteil kommen, das Ruhen der Verjährung rechtfertigt.[32]

IV. Rechtsfolgen

13   Mit Eintritt der Verfolgungsverjährung ist die Kommission nach Art. 25 VO 1/2003 (nur) daran gehindert, von ihren in Art. 23 und 24 VO 1/2003 geregelten Befugnissen zur Festsetzung von Geldbußen und/oder Zwangsgeldern Gebrauch zu machen. Eine nach Eintritt der Verfolgungsverjährung erlassene Geldbußenentscheidung wäre rechtswidrig.[33] Die in Art. 7 VO 1/2003 geregelte Befugnis der Kommission zur Feststellung von Zuwiderhandlungen gegen die Art. 81 und/oder 82 EG bleibt davon unberührt.

V. Verhältnis zu anderen Vorschriften

14   Im Hinblick auf das EG-Kartellverfahrensrecht ersetzt Art. 25 VO 1/2003 die in Art. 1–3 VO 2988/74 enthaltenen Regelungen über die Verfolgungsverjährung, die im Verkehrsbereich weiterhin Anwendung finden. Abzugrenzen ist die in Art. 25 VO 1/2003 geregelte Verfolgungsverjährung insbesondere von der Vollstreckungsverjährung, die – in Ersetzung der Art. 4–6 VO 2988/74 – nunmehr in Art. 26 VO 1/2003 geregelt ist.[34]

Art. 26. Vollstreckungsverjährung

(1) Die Befugnis der Kommission zur Vollstreckung von in Anwendung der Artikel 23 und 24 erlassenen Entscheidungen verjährt in fünf Jahren.

---

[28] Zur vorherrschenden Meinung, wonach das Ruhen der Verfolgungsverjährung nur gegenüber der Partei oder den Parteien des jeweiligen Gerichtsverfahrens eintrete, vgl. in Ansehung der VO 2988/74 *de Bronett* in: Schröter/Jakob/Mederer, Kommentar zum Europäischen Wettbewerbsrecht, 2003, S. 1101 Rn. 27.

[29] Zur Nichtanfechtbarkeit einfacher schriftlicher Nachprüfungsaufträge vgl. die Kommentierung zu Art. 20 VO 1/2003 Rn. 99.

[30] EuGH U. v. 15. 10. 2002 verb. Rs. C-238/99 P, C-244/99 P, C-245/99 P, C-247/99 P, C-250-252/99 P und C-254/99 P – *Limburgse Vinyl Maatschappij u.a./Kommission* Slg. 2002, I-8375 Rn. 146.

[31] EuGH U. v. 15. 10. 2002 verb. Rs. C-238/99 P, C-244/99 P, C-245/99 P, C-247/99 P, C-250-252/99 P und C-254/99 P – *Limburgse Vinyl Maatschappij u.a./Kommission* Slg. 2002, I-8375 Rn. 147; zu der in diesem Zusammenhang zu beachtenden Befugnis des Gerichtshofs zur unbeschränkten Nachprüfung dieser Kommissionsentscheidungen siehe die Kommentierung zu Art. 31 VO 1/2003 Rn. 1 ff. sowie die Kommentierung zu Art. 23 VO 1/2003 Rn. 58 f.

[32] EuGH U. v. 15. 10. 2002 verb. Rs. C-238/99 P, C-244/99 P, C-245/99 P, C-247/99 P, C-250-252/99 P und C-254/99 P – *Limburgse Vinyl Maatschappij u.a./Kommission* Slg. 2002, I-8375 Rn. 153.

[33] Vgl. nur EuG U. v. 19. 3. 2003 Rs. T-213/00 – *CMA CGM u.a./Kommission* Slg. 2003, II-913 Rn. 482 i.V.m. 517.

[34] Näher hierzu vgl. die nachfolgende Kommentierung zu Art. 26 VO 1/2003.

(2) Die Verjährung beginnt mit dem Tag, an dem die Entscheidung bestandskräftig geworden ist.

(3) Die Vollstreckungsverjährung wird unterbrochen
a) durch die Bekanntgabe einer Entscheidung, durch die der ursprüngliche Betrag der Geldbuße oder des Zwangsgelds geändert oder ein Antrag auf eine solche Änderung abgelehnt wird,
b) durch jede auf zwangsweise Beitreibung der Geldbuße oder des Zwangsgelds gerichtete Handlung der Kommission oder eines Mitgliedstaats auf Antrag der Kommission.

(4) Nach jeder Unterbrechung beginnt die Verjährung von neuem.

(5) Die Vollstreckungsverjährung ruht,
a) solange eine Zahlungserleichterung bewilligt ist,
b) solange die Zwangsvollstreckung durch eine Entscheidung des Gerichtshofs ausgesetzt ist.

Übersicht

	Rn.		Rn.
I. Sinn und Zweck der Regelung	1	2. Unterbrechung der Vollstreckungsverjährung	6
II. Praktische Bedeutung	3	3. Ruhen der Vollstreckungsverjährung	9
III. Tatbestand		IV. Rechtsfolgen	10
1. Verjährungsfrist und deren Beginn	4	V. Verhältnis zu anderen Vorschriften	11

I. Sinn und Zweck der Regelung

In Ergänzung der in Art. 25 VO 1/2003 geregelten Verfolgungsverjährung[1] regelt Art. 26 VO 1/2003 die mit der **Vollstreckungsverjährung** verbundenen Einzelheiten. Hierbei geht es um die Verjährung der Befugnis der Kommission, die in Anwendung der Art. 23 und 24 VO 1/2003 erlassenen Bußgeld- und Zwangsgeldentscheidungen zu vollstrecken. Bei diesen Entscheidungen handelt es sich um vollstreckbare Titel i. S. des Art. 256 EG,[2] der im Übrigen die weiteren Einzelheiten der nach den mitgliedstaatlichen Vorschriften des Zivilprozessrechts erfolgenden Zwangsvollstreckung regelt.[3]

Die durch die VO 1/2003 ersetzte VO Nr. 17[4] enthielt selbst keine die Vollstreckungsverjährung betreffenden Vorschriften. Nachdem der EuGH jedoch in seinem *ACF Chemiefarma*-Urteil deutlich gemacht hatte, dass das Fehlen derartiger Regelungen nicht durch einen allgemeinen Rechtsgrundsatz der Verjährung kompensiert wird, sondern dass es vielmehr Sache des Gemeinschaftsgesetzgebers ist, die Dauer etwaiger Verjährungsfristen sowie die Einzelheiten ihrer Anwendung zu regeln,[5] erließ der Rat die Verordnung (EWG) Nr. 2988/74 vom 26. November 1974 „über die Verfolgungs- und Vollstreckungsverjäh-

---

[1] Näher hierzu vgl. die Kommentierung zu Art. 25 VO 1/2003.
[2] Zutr. *Krück/Sauter* in: Dauses, Handbuch des EU-Wirtschaftsrechts, Bd. 2, 2003 (EL 10) H.I § 3 Rn. 121; *Mestmäcker/Schweitzer*, Europäisches Wettbewerbsrecht, 2. Aufl. 2004, § 21 Rn. 32; *Schütz* in: Hootz, Gesetz gegen Wettbewerbsbeschränkungen und Europäisches Kartellrecht – Gemeinschaftskommentar, 5. Aufl. 2004, Art. 26 VO 1/2003 Rn. 2.
[3] Näher hierzu *Gellermann* in: Streinz, EUV/EGV-Kommentar, 2003, Art. 256 EG Rn. 1 ff.; *Pernice* RIW 1986, 353 ff.; *Ruffert* in: Calliess/Ruffert, EUV/EGV-Kommentar, 3. Aufl. 2007 Art. 256 Rn. 1 ff.; *Terhechte* EuZW 2004, 235 ff.
[4] Verordnung Nr. 17 – Erste Durchführungsverordnung zu den Artikeln 85 und 86 des Vertrags [jetzt: Art. 81 u. 82 EG], ABl. P 13 vom 21. 2. 1962, S. 204.
[5] EuGH U. v. 15. 7. 1970 Rs. 41/69 – *ACF Chemiefarma/Kommission* Slg. 1970, 661 Rn. 18/20; bestätigt u. a. in EuGH U. v. 14. 7. 1972 Rs. 48/69 – *ICI/Kommission* Slg. 1972, 619 Rn. 46/49.

rung im Verkehrs- und Wettbewerbsrecht der Europäischen Wirtschaftsgemeinschaft",[6] die sodann auch im Anwendungsbereich der VO 17 zu beachten war. Die in der VO 2988/74 enthaltenen Verjährungsregelungen, die im Interesse einer klareren Gestaltung des Rechtsrahmens[7] – in leicht modifizierter Form – nunmehr in Art. 25 und 26 VO 1/2003 untergebracht worden sind, sollen nach dem 2. Erwägungsgrund der VO 2988/74 in erster Linie der **Herstellung von Rechtssicherheit** dienen.[8] Diesen Zweck erfüllt für den Einzelaspekt der Vollstreckungsverjährung nunmehr Art. 26 VO 1/2003.

II. Praktische Bedeutung

3   Die in Art. 26 VO 1/2003 erfolgte Ausgestaltung der **Vollstreckungsverjährung** entspricht im Wesentlichen den Art. 4–6 VO 2988/74. Insofern ist bei der Klärung etwaiger Fragen im Zusammenhang mit der Anwendung und Auslegung des Art. 26 VO 1/2003 stets auch die bislang zu den Art. 4–6 VO 2988/74 ergangene Rechtsprechung des Gemeinschaftsrichters[9] zu beachten. In praktischer Hinsicht dürfte sich im Bereich der Vollstreckungsverjährung kaum etwas durch Art. 26 VO 1/2003 ändern, zumal der Verordnungsgeber sowohl die nachfolgend anzusprechende Verjährungsfrist[10] und die zur Unterbrechung der Vollstreckungsverjährung führenden Handlungen[11] als auch die das Ruhen der Vollstreckungsverjährung betreffenden Regelungen[12] gegenüber den Art. 4–6 VO 2988/74 nur marginal modifiziert hat.

III. Tatbestand

1. Verjährungsfrist und deren Beginn

4   Nach Art. 26 Abs. 1 VO 1/2003 verjährt die Befugnis der Kommission zur Vollstreckung der in Anwendung der Art. 23 und 24 VO 1/2003 erlassenen Buß- und Zwangsgeldentscheidungen – wie auch bereits in Art. 4 Abs. 1 VO 2988/74 vorgesehen – **in fünf Jahren.** Dies gilt – abweichend von Art. 25 Abs. 1 VO 1/2003[13] – unabhängig davon, ob die jeweilige Bußgeld- oder Zwangsgeldentscheidung an eine Zuwiderhandlungen gegen verfahrensrechtliche oder an eine Zuwiderhandlung gegen materiellrechtliche Vorschriften anknüpft.

5   Die Vollstreckungsverjährung beginnt gemäß Art. 26 Abs. 2 VO 1/2003 mit dem Tag, an dem die jeweilige – in Anwendung der Art. 23 oder 24 VO 1/2003 erlassene – Entscheidung **bestandskräftig** geworden ist. Hiermit löst sich der Verordnungsgeber ausnahmsweise von den die Vollstreckungsverjährung betreffenden „Vorgängerregelungen" der

---

[6] ABl. 1974 L 319/1.

[7] Näher zu diesem – hinter der Integration der in der VO 2988/74 enthaltenen Verjährungsregelungen in Art. 25 u. 26 VO 1/2003 stehenden – Interesse vgl. die Kommentierung zu Art. 25 VO 1/2003 Rn. 3.

[8] Näher zu dieser Zielsetzung vgl. die Kommentierung zu Art. 25 VO 1/2003 Rn. 2; sowie EuG U. v. 6. 10. 2005 verb. Rs. T-22/02 u. T-23/02 – *Sumitomo Chemical Co. Ltd u. a./Kommission* Slg. 2005, II-4065 Rn. 81; EuG U. v. 25. 10. 2005 Rs. T-38/02 – *Groupe Danone/Kommission* Slg. 2005, II-4407 Rn. 352.

[9] Exemplarisch vgl. EuG U. v. 6. 10. 2005 verb. Rs. T-22/02 u- T-23/02 – *Sumitomo Chemical Co. Ltd u. a./Kommission* Slg. 2005, II-4065 Rn. 55 f.; EuG U. v. 27. 9. 2006 Rs. T-153/04 – *Ferriere Nord SpA/Kommission* Slg. 2006, II-3889 Rn. 37 ff.

[10] Näher dazu siehe unter Rn. 4.

[11] Näher dazu siehe unter Rn. 6.

[12] Näher dazu siehe unter Rn. 9.

[13] Zu den unterschiedlichen Verjährungsfristen i. R. der Verfolgungsverjährung gemäß Art. 25 Abs. 1 VO 1/2003 vgl. die Kommentierung zu Art. 25 VO 1/2003 Rn. 6.

VO 2988/74, die den Beginn der Vollstreckungsverjährung in ihrem Art. 4 Abs. 2 an den Tag koppelt, an dem die jeweilige Kommissionsentscheidung unanfechtbar geworden ist. Die formelle Bestandskraft i. S. des Art. 26 Abs. 2 VO 1/2003 tritt entweder dann ein, wenn die in Anwendung der Art. 23 und 24 VO 1/2003 erlassenen Entscheidungen der Kommission mit Ablauf der zweimonatigen Klagefrist gemäß Art. 230 Abs. 5 EG unanfechtbar geworden sind oder wenn das EuG im erstinstanzlichen Verfahren oder aber der EuGH im etwaigen Rechtsmittelverfahren die Rechtmäßigkeit der jeweiligen Kommissionsentscheidung festgestellt hat. Im Übrigen gilt für die Fristberechnung dasselbe wie zu § 25 VO 1/2003.[14]

2. Unterbrechung der Vollstreckungsverjährung

Wie auch bereits in Art. 5 Abs. 1 VO 2988/74 vorgesehen, wird die Vollstreckungsverjährung gemäß Art. 26 Abs. 3 VO 1/2003 durch **zwei alternativ mögliche Ereignisse** unterbrochen: Nach Art. 26 Abs. 3 lit. a VO 1/2003 wird die Vollstreckungsverjährung zum einen durch die Bekanntgabe einer Entscheidung unterbrochen, durch die der ursprüngliche Betrag der Geldbuße oder des Zwangsgelds geändert oder ein Antrag auf eine solche Änderung abgelehnt wird. Zum anderen führt gemäß Art. 26 Abs. 3 lit. b VO 1/2003 jede auf zwangsweise Beitreibung der Geldbuße oder des Zwangsgelds gerichtete Handlung der Kommission oder eines Mitgliedstaats zur Unterbrechung der Vollstreckungsverjährung. Anders als bei der in Art. 25 VO 1/2003 geregelten Verfolgungsverjährung führen die auf eine zwangsweise Beitreibung der Geldbuße oder des Zwangsgelds gerichteten Handlungen der Mitgliedstaaten bzw. mitgliedstaatlicher Stellen jedoch nur dann zur Verjährungsunterbrechung i. S. des Art. 26 Abs. 3 lit. b VO 1/2003, wenn letztere auf Antrag der Kommission tätig geworden sind.[15]

6

Die **wesentliche Folge einer** jeden **Unterbrechung** im o. g. Sinne ist gemäß Art. 26 Abs. 4 VO 1/2003, dass die Verjährung – mit einer Frist von fünf Jahren[16] – von neuem beginnt.[17] Folglich kann die Vollstreckungsverjährung insbesondere im Interesse der Kommission in manchen Fällen tatsächlich erst sehr viel später als nach fünf Jahren eintreten. Auf die Regelung einer dem gegenläufigen Interesse der Rechtssicherheit Rechnung tragenden Maximaldauer der Verjährungsfrist hat der Verordnungsgeber in Art. 26 VO 1/2003 – wie auch in der VO 2988/74 – verzichtet.[18] Insoweit ist auch eine dem Art. 25 Abs. 5 Satz 3 VO 1/2003 entsprechende Regelung, die im Zusammenhang mit der Verfolgungsverjährung explizit bestimmt, dass sich die im Anwendungsbereich des Art. 25 VO 1/2003 maximal mögliche Verjährungsfrist von 6 bzw. 10 Jahren jeweils um den Zeitraum verlängert, in dem die Verjährung ruht,[19] in Art. 26 VO 1/2003 nicht erforderlich und daher sinnvoller Weise unterblieben.

7

Im Umkehrschluss zu Art. 25 Abs. 4 VO 1/2003, der explizit bestimmt, dass die Unterbrechung der Verfolgungsverjährung gegenüber allen an der jeweiligen Zuwiderhandlung beteiligten Unternehmen und Unternehmensvereinigungen wirkt, ist mangels einer entsprechenden Regelung in Art. 26 VO 1/2003 davon auszugehen, dass die Unterbrechung der Vollstreckungsverjährung nur gegenüber demjenigen wirkt, gegen den die Vollstreckung i. S. des Art. 256 EG betrieben wird.

8

---

[14] Vgl. dazu die Kommentierung zu Art. 25 VO 1/2003 Rn. 7.
[15] Zum davon abweichenden Wegfall des Antragserfordernisses i. R. der Verfolgungsverjährung vgl. die Kommentierung zu Art. 25 VO 1/2003 Rn. 5 i. V. m. Rn. 9.
[16] Siehe oben unter Rn. 4.
[17] So auch bereits Art. 5 Abs. 2 VO 2988/74.
[18] Zur davon abweichenden Maximalfrist im Kontext der Verfolgungsverjährung (Art. 25 Abs. 5 Satz 2 VO 1/2003) vgl. die Kommentierung zu Art. 25 VO 1/2003 Rn. 8.
[19] Siehe dazu die Kommentierung zu Art. 25 VO 1/2003 Rn. 8 i. V. m. Rn. 12.

Art. 27 VerfVO

3. Ruhen der Vollstreckungsverjährung

9   Nach Art. 26 Abs. 5 VO 1/2003, der Art. 6 VO 2988/74 entspricht, ruht die Vollstreckungsverjährung, solange eine Zahlungserleichterung bewilligt ist (lit. a) oder solange die Zwangsvollstreckung durch eine Entscheidung des Gerichtshofs ausgesetzt ist (lit. b). Die letztgenannte Befugnis des Gerichtshofs ergibt sich aus Art. 256 Abs. 4 EG.[20] Bei dieser ausschließlich dem Gerichtshof vorbehaltenen **Aussetzung der Zwangsvollstreckung,** die sowohl im Rahmen eines beim EuGH oder beim EuG anhängigen Verfahrens als auch nach der Unanfechtbarkeit der jeweiligen Kommissionsentscheidung möglich ist, handelt es sich um einen vorläufigen – bislang nur selten von Erfolg gekrönten – Rechtsbehelf, der immer dann in Betracht kommt, wenn nachträglich entstandene Einwände gegen den Inhalt des Titels erhoben werden.[21]

IV. Rechtsfolgen

10   Mit Eintritt der Vollstreckungsverjährung ist die Kommission nach Art. 26 Abs. 1 VO 1/2003 daran gehindert, die in Anwendung von Art. 23 und 24 VO 1/2003 erlassenen Buß- und Zwangsgeldentscheidungen auf der Grundlage des Art. 256 EG i. V. m. den einschlägigen zivilprozessualen Vorschriften des jeweiligen Mitgliedstaats zu vollstrecken. Hinsichtlich einer erst nach Verjährungseintritt erfolgenden Vollstreckung derartiger Kommissionsentscheidung sieht der EG-Vertrag zwar keine speziellen Rechtsschutzmöglichkeiten natürlicher oder juristischer Personen vor. Existiert jedoch für die Verjährung des Titels im innerstaatlichen Recht des betreffenden Mitgliedstaats ein **zivilprozessualer Rechtsbehelf,** so dürfte dieser auch im Falle einer eingetretenen Vollstreckungsverjährung i. S. des Art. 26 VO 1/2003 geltend gemacht werden können.[22]

V. Verhältnis zu anderen Bestimmungen

11   Im Hinblick auf das EG-Kartellverfahrensrecht ersetzt Art. 26 VO 1/2003 die in Art. 4–6 VO 2988/74 enthaltenen Regelungen über die Vollstreckungsverjährung, die im Verkehrsbereich weiterhin Anwendung finden. Abzugrenzen ist die in Art. 26 VO 1/2003 geregelte Vollstreckungsverjährung insbesondere von der Verfolgungsverjährung, die – in Ersetzung der Art. 1–3 VO 2988/74 – nunmehr in Art. 25 VO 1/2003 geregelt ist.

Art. 27. Anhörung der Parteien, der Beschwerdeführer und sonstiger Dritter

> (1) **Vor einer Entscheidung gemäß den Art. 7, 8, 23 oder 24 II gibt die Kommission den Unternehmen und Unternehmensvereinigungen, gegen die sich das von ihr betriebene Verfahren richtet, Gelegenheit, sich zu den Beschwerdepunkten zu äußern,** die sie in Betracht gezogen hat. Die Kommission stützt ihre Entscheidung nur auf die Beschwerdepunkte, zu denen sich die Parteien äußern konnten. Die Beschwerdeführer werden eng in das Verfahren einbezogen.
>
> (2) **Die Verteidigungsrechte der Parteien müssen während des Verfahrens in vollem Umfang gewahrt werden. Die Parteien haben Recht auf Einsicht in die Akten der Kommission, vorbehaltlich des berechtigten Interesses von Unternehmen an der Wahrung ihrer Geschäftsgeheimnisse.** Von der Akteneinsicht ausgenommen sind ver-

---

[20] Näher hierzu vgl. m.w. N. *Gellermann* (Fn. 3), Art. 256 EG Rn. 12 f.; *Ruffert* (Fn. 3), Art. 256 EG Rn. 4.

[21] Näher dazu vgl. *Gellermann* (Fn. 3), Art. 256 EG Rn. 13; *Schoo* in: Schwarze, EU-Kommentar, 2000, Art. 256 EG Rn. 14 f.; instruktiv zum Verhältnis zwischen den in Art. 256 Abs. 4 EG und Art. 230 Abs. 4 EG niedergelegten Rechtsschutzmöglichkeiten vgl. EuGH U. v. 6. 12. 2007 Rs. C-516/06 P – *Ferriere Nord/Kommission* noch nicht in der amtl. Slg. veröffentlicht (Rn. 23 ff.).

[22] Näher hierzu vgl. *Terhechte* EuZW 2004, 235 ff. (insbes. S. 239 f.).

trauliche Informationen sowie interne Schriftstücke der Kommission und der Wettbewerbsbehörden der Mitgliedstaaten. Insbesondere ist die Korrespondenz zwischen der Kommission und den Wettbewerbsbehörden der Mitgliedstaaten oder zwischen den Letztgenannten, einschließlich der gemäß Art. 11 und Art. 14 erstellten Schriftstücke, von der Akteneinsicht ausgenommen. Die Regelung dieses Absatzes steht der Offenlegung und Nutzung der für den Nachweis einer Zuwiderhandlung notwendigen Informationen durch die Kommission in keiner Weise entgegen.

(3) Soweit die Kommission es für erforderlich hält, kann sie auch andere natürliche oder juristische Personen anhören. Dem Antrag natürlicher oder juristischer Personen angehört zu werden, ist stattzugeben, wenn sie ein ausreichendes Interesse nachweisen. Außerdem können die Wettbewerbsbehörden der Mitgliedstaaten bei der Kommission die Anhörung anderer natürlicher oder juristischer Personen beantragen.

(4) Beabsichtigt die Kommission eine Entscheidung gemäß Art. 9 oder 10 zu erlassen, so veröffentlicht sie zuvor eine kurze Zusammenfassung des Falls und den wesentlichen Inhalt der betreffenden Verpflichtungszusagen oder der geplanten Vorgehensweise. Interessierte Dritte können ihre Bemerkungen hierzu binnen einer Frist abgeben, die von der Kommission in ihrer Veröffentlichung festgelegt wird und die mindestens einen Monat betragen muss. Bei der Veröffentlichung ist dem berechtigten Interesse der Unternehmen an der Wahrung ihrer Geschäftsgeheimnisse Rechnung zu tragen.

Übersicht

	Rn.		Rn.
I. Die Bedeutung der Verteidigungsrechte	1	III. Schutz der Geschäftsgeheimnisse	23
II. Das rechtliche Gehör	5	1. Die Bedeutung des Schutzes von Geschäftsgeheimnissen	23
1. Anhörung vor belastenden Entscheidungen in der Sache	5	2. Insbesondere: Akteneinsicht und Geschäftsgeheimnisse	26
a) Bedeutung der Anhörung	5	IV. Beteiligung Dritter	29
b) Durchführung der Anhörung Beschuldigter	8	1. Anhörungen nach Art. 27 III	29
c) Beschwerdeführer und Anhörung	16	2. Stellungnahmen nach Art. 27 IV	33
2. Akteneinsicht	18	V. Bewertung	35
a) Bedeutung und Umfang der Akteneinsicht	18		
b) Durchführung der Akteneinsicht	21		

I. Die Bedeutung der Verteidigungsrechte

Art. 27 im Kapitel über Anhörungen und Berufsgeheimnis regelt nicht nur die notwendigen Anhörungen, die vor Erlass einer Entscheidung der Kommission vorzunehmen sind, sondern enthält erstmals im Kartellverfahrensrecht eine ausdrückliche Anerkennung der Notwendigkeit, die Verteidigungsrechte, also die Rechte der beschuldigten Unternehmen, gegen die die Kommission ermittelt, und anderer Verfahrensbeteiligter zu respektieren. Sie sind gemäß Art. 27 Abs. 2 in vollem Umfang zu wahren. Die Wahrung der Verteidigungsrechte in allen Verfahren, die zu Sanktionen führen können, namentlich zu Zwangsgeldern und Geldbußen, ist ein fundamentaler Grundsatz des Gemeinschaftsrechts, der auch in Verwaltungsverfahren beachtet werden muss.[1] Diese richterrechtlich entwickelte Bedeutung des Respekts vor den Verteidigungsrechten wurde durch die Neufassung der VO 1/2003 explizit verankert, allerdings nur im Kontext des rechtlichen Gehörs, was zu kurz greift. Die Verankerung der Verteidigungsrechte ist **primärrechtlich** gestützt, da das Gemeinschaftsrecht die Grundrechte des einzelnen schützt, vgl. Art. 6 Abs. 2 EUV und die

---

[1] Vgl. bzgl. des rechtlichen Gehörs EuGH – *Hoffmann LaRoche* Slg. 1979, 461, Rn. 9.

Art. 27 VerfVO 2–4

feierlich proklamierte **Grundrechtecharta** der EU. Zu den Grundrechten zählen auch die Verfahrensrechte im Rahmen von Verwaltungsverfahren, die zu belastenden Entscheidungen und gar zu Sanktionen führen können, wie es beim Vollzug des Kartellrechts der Fall ist. Art. 48 Abs. 2 der Grundrechtecharta schützt ausdrücklich die Verteidigungsrechte. Die Grundrechtecharta ist infolge des Verweises im 37. Erwägungsgrund im Kartellverfahren verbindlich zu beachten.[2]

2   Die in Art. 27 im übrigen geregelten Fragen der Anhörung betreffen insoweit nur einen Teilaspekt der Verteidigungsrechte, nämlich die Wahrung des rechtlichen Gehörs. Zu letzterem zählt auch das in Art. 27 Abs. 2 Satz 2 ausdrücklich anerkannte Recht auf Akteneinsicht. Das Akteneinsichtsrecht musste sich ebenfalls erst durch richterrechtliche Annäherungen im System der Verfahrensrechte im EG-Kartellverfahren etablieren,[3] ehe es durch die Neufassung der Kartellverfahrensverordnung nunmehr ausdrückliche *lex lata* geworden ist. Zunächst hatte der EuGH einem umfassenden Akteneinsichtsrecht ablehnend gegenüber gestanden und es für genügend befunden, dem Unternehmen diejenigen Beschwerdepunkte mitzuteilen, auf die die Kommission ihren Vorwurf einer Zuwiderhandlung stützte; die Rechtsprechung des EuG wandte sich indes zunehmend einem Akteneinsichtsrecht zu.[4]

3   Ausweislich der Regelungsgegenstände des Art. 27 zählt ferner noch der Schutz der **Geschäftsgeheimnisse** zu den Verteidigungsrechten. Darüber hinaus sind das Recht auf **Rechtsbehelfsbelehrung** (vgl. etwa Art. 18 Abs. 3 a. E.),[5] die **Unschuldsvermutung,**[6] das **Rückwirkungsverbot,** das **Aussageverweigerungsrecht** und die **Vertraulichkeit des Verkehrs mit dem Anwalt**[7] dazu zu rechnen, ferner die **Begründungspflicht,** die nach der Rechtsprechung erfordert, dass die Begründung die Überlegungen der Kommission so klar und deutlich zum Ausdruck bringen muss, dass ihr der Betroffene die Gründe für die Maßnahme entnehmen und das EuG seine Kontrollaufgabe wahrnehmen kann.[8] Auch der Grundsatz des **ne bis in idem** (Art. 6 Abs. 2 EUV; Art. 50 Grundrechtecharta) gehört hierher, den der EuGH auch für das EG-Kartellrecht schon lange festgeschrieben hat.[9] Ferner zählen hierzu das generelle Recht auf ein faires Verfahren, der Schutz vor unverhältnismäßigen Maßnahmen und Durchsuchungen und das Gebot angemessner Verfahrensdauer.[10]

4   Das ausdrückliche Bekenntnis zu den Verteidigungsrechten führt dazu, die Bestimmungen der VO 1/2003 im Zweifel zugunsten der Verteidigungsrechte auszulegen.[11] Denn

---

[2] *Roth*, Ensuring that Effectiveness of Enforcement Does Not Prejudice Legal Protection. Rights of Defence. Fundamental Rights Concerns, in Ehlermann/Anastasiu (Hg.), European Competition Law Annual 2006: Enforcement of Prohibition of Cartels, 2007, 627 (630). Vgl. auch GA *Kokott* in Schlussanträgen zu Rs. C-105/04 P – *Nederlandse Federatieve Vereniging voor de Groothandel op Elektrotechnisch Gebied*, Slg. 2006, I-8730, Fn. 59, die von einer Selbstbindung ausgeht. Nicht ganz eindeutig EuG, U. v. 11. 7. 2007 Rs. T-170/06 – *Alrosa*, Rn. 188.

[3] Vgl. zu diesem Prozess *Weiß*, Die Verteidigungsrechte im EG-Kartellverfahren, 1996, S. 198 ff.

[4] Beginnend mit EuG – *Hercules Chemicals* Slg. 1991, II-1711, Rn. 53 f.

[5] Das Gemeinschaftsrecht kennt grundsätzlich ein solches Recht auf eine Rechtsbehelfsbelehrung nicht, EuGH Rs. C-153/98 P – *Guérin* Slg. 1999, I-1451.

[6] EuG Rs. T-279/02 – *Degussa* Slg. 2006, II-897, Rn. 411.

[7] EuGH Rs. 155/79 – *AM&S* Slg. 1982, 1575, Rn. 21. Dazu *Weiß*, Die Verteidigungsrechte im EG-Kartellverfahren, 1996, 401 ff.

[8] EuG verb. Rs. T-25/95 – *Cimenteries CBR SA u. a.* Slg. 2000, II-491, Rn. 4725.

[9] EuGH Rs. C-238/99 P u. a. – *Limburgse Vinyl Maatschappij* Slg. 2002, I-8375, Rn. 59 ff.; EuG, Rs. T-322/01 – *Roquette Frères,* Slg. 2006, II-3137, Rn. 277 ff. Dazu näher *Dannecker/Biermann,* in Immenga/Mestmächer (Hg.), Wettbewerbsrecht, EG/Teil 2, 4. Aufl. 2007, Vorbemerkung zu Art. 23 ff VO 1/2003, Rn. 228 ff.

[10] S. *Roth/Rose* (Hg.), Bellamy&Child: European Community Law of Competition, 6. Auflage 2008, Rn. 13.028.

[11] Vgl. auch EuG, U. v. 11. 7. 2007 Rs T-170/06 – *Alrosa,* Rn. 188 ff., in dem das EuG das rechtliche Gehör auch jenseits der expliziten Regelung in Art. 27 hoch hält, u. a. unter Hinweis auf die im 37. Erwägungsgrund der VO 1/2003 einbezogene Grundrechtecharta.

Art. 27 Abs. 2 ordnet an, dass die Verteidigungsrechte in vollem Umfang gewahrt werden sollen. Das verbietet eine extensive Auslegung der Ermittlungsbefugnisse und eine einseitige Betonung der Effizienz der Ermittlungsbefugnisse der Kommission. Das dürfte Konsequenzen haben in bezug auf das bisher auch von der Rechtsprechung verweigerte Aussageverweigerungsrecht (dazu noch unten Rn. 35; Art. 4, Rn. 29).

II. Das rechtliche Gehör

1. Anhörung vor belastenden Entscheidungen in der Sache

a) Bedeutung der Anhörung. Das rechtliche Gehör gebietet, vor belastenden verfahrensabschließenden Entscheidungen die davon Betroffenen zu den gegen sie erhobenen Vorwürfen anzuhören. Demgemäß muss die Kommission nach Art. 27 Abs. 1 vor Entscheidungen nach Art. 7, 8, 23, 24 Abs. 2 die beschuldigten Unternehmen und -vereinigungen zu den Beschwerdepunkten anhören. Die Bestimmung nennt dabei nur die Entscheidungen nach Art. 7 (Feststellung und Abstellung von Zuwiderhandlungen), Art. 8 (einstweilige Maßnahmen), Art. 23 (Verhängung von Geldbußen) und Art. 24 Abs. 2 (Festsetzung von Zwangsgeldern). Die Entscheidungen nach Art. 9 und 10 der Verordnung (Verbindlicherklärung von Verpflichtungszusagen, Nichtanwendbarkeitsfeststellung) entfalten keine belastenden Wirkungen für die beteiligten Unternehmen und setzen schon deren Mitwirkung voraus, so dass ihre formale Anhörung nicht nötig ist; allerdings stellt sich insoweit die Frage der Anhörung interessierter Dritter, die in Art. 27 Abs. 4 geregelt ist (dazu unten Rn. 33 f.). Eine Anhörung vor Ermittlungsmaßnahmen ist mit Rücksicht auf die Effizienz der Verfahrensbefugnisse der Kommission nicht vorgesehen, was keine rechtsstaatlichen Bedenken hervorruft, da die Verteidigungsrechte in vollem Umfang hinsichtlich der belastenden Sachentscheidung zur Verfügung stehen.

Die Anhörung der Kommission hat zu den Beschwerdepunkten zu erfolgen, die die Kommission den Betroffenen zuvor mitgeteilt hat. Die Kommission ist im Verfahren auf die mitgeteilten Beschwerdepunkte dann auch beschränkt; sie darf ihre Sachentscheidung nicht auf andere stützen, zu denen die Unternehmen nicht angehört wurden; das ist in Art. 11 Abs. 2 der auf Art. 33 VO 1/2003 gestützten Durchführungsverordnung 773/2004 der Kommission für das Verfahren (nachfolgend: Verfahrensverordnung)[12] klargestellt. Denn andernfalls hätte das Unternehmen keine Gelegenheit, sich gegen Vorwürfe zur Wehr zu setzen. Diese Beschränkung auf die mitgeteilten Beschwerdepunkte bedeutet konkret, dass die Kommission kein anderes als das darin gerügte Verhalten zum Gegenstand ihrer Entscheidung machen darf und dass sie ihre Entscheidung nicht auf andere als die in den Beschwerdepunkten mitgeteilten Umstände und Tatsachen stützen darf. Die Beschwerdepunkte müssen sowohl vollständig als auch hinreichend präzise mitgeteilt werden und in ihrem Zusammenhang bewertet werden (EuG, U. v. 18. 6. 2008, Rs. T-410/03 – *Hoechst*, Rn. 424, 436). Ferner muss die Kommission ihre Absicht, eventuell Zwangs- oder Bußgelder zu verhängen, bereits hier mitteilen, damit sich das Unternehmen auch hierzu äußern kann.[13] Dazu muss die Kommission auch die für die etwaige Festsetzung einer Geldbuße wesentlichen tatsächlichen und rechtlichen Gesichtspunkte wie Schwere und Dauer der

---

[12] Verordnung 773/2004 der Kommission über die Durchführung von Verfahren auf der Grundlage der Art. 81 und 82 EGV durch die Kommission, ABl. 2004, Nr. L 123, S. 18; Entwurf: ABl. 2003, Nr. C 243, S. 3.
[13] EuG Rs. T-25/95 u. a. – *Cementeries CBR SA u. a.* Slg. 2000, II-491, Rn. 480. Angaben zur voraussichtlichen Höhe der Geldbußen oder Zwangsgelder sind aber in diesem frühen Verfahrensstadium noch nicht erforderlich, weil dies die Entscheidung der Kommission vorwegnehmen würde, EuGH Rs. 322/81, Slg. 1983, 3461 Rn. 19 – *Michelin*. Außerdem verfügen die Unternehmen hier über die zusätzliche Garantie der unbeschränkten Nachprüfung der Sanktionen durch den EuGH.

vermuteten Zuwiderhandlung sowie den Umstand anführt, ob diese vorsätzlich oder fahrlässig begangen worden sei. Denn diese Angaben benötigen die Unternehmen für ihre Verteidigung nicht nur gegen die Feststellung einer Zuwiderhandlung, sondern auch gegen die Festsetzung einer Geldbuße. Eine Erläuterung der bei der Berechnung der Geldbußen angewandten Methode ist nicht erforderlich, ebenso wenig dass sie neue Methoden anwenden werde, die uU. zu höheren Geldbußen als bisher führen würden. Auf die Möglichkeit einer Änderung ihrer Politik bezüglich des Niveaus der Geldbußen muss die Kommission nicht hinzuweisen, da diese Möglichkeit von allgemeinen wettbewerbspolitischen Erwägungen abhängt, die mit den Besonderheiten der konkreten Fälle nicht in unmittelbarem Zusammenhang stehen.[14] Die Bestimmung des Art. 27 Abs. 1 VO 1/2003 lässt es ferner durchaus zu, dass die Kommission im Laufe des Verfahrens noch neue Umstände in einer Ergänzung der Beschwerdepunkte nachführt und auch insoweit dann eine Anhörung durchführt.[15]

7   Die neue **Verfahrensverordnung 773/2004**[16] gibt den Unternehmen ausdrücklich einen Anspruch auf rechtliches Gehör und auch ein Recht auf eine mündliche Anhörung, wenn sie diese beantragen, vgl. Art. 11 und 12. Das **rechtliche Gehör** wird damit tendenziell **aufgewertet**, auch wenn die Unterschiede im Vergleich zur bisherigen Rechtslage eher geringfügig sind. Auch wird weiterhin gemäß der bisherigen Rechtsprechung des EuGH **nicht jede unterbliebene Anhörung oder verweigerte Akteneinsicht** zur **Rechtswidrigkeit der Entscheidung** führen, sondern nur wenn im Ergebnis die Verteidigungsrechte nicht gewahrt wurden. Es kommt auf die Umstände des Einzelfalles an. Eine Entscheidung ist jedenfalls dann aufzuheben, wenn sie auf Dokumente gestützt ist, die den Beschuldigten nicht zugänglich gemacht wurden oder wenn die unterlassene Offenlegung den Verfahrensablauf, die Möglichkeit zur Verteidigung oder den Inhalt der Entscheidung nachteilig beeinflusste.[17] Eine solche Verletzung der Verteidigungsrechte ist bereits dann zu erkennen, wenn die auch nur geringe Möglichkeit besteht, dass das Verfahren zu einem anderen Ergebnis gekommen wäre, hätte der Beschuldigte ein nicht vorgelegtes Schriftstück heranziehen können.[18]

8   b) **Durchführung der Anhörung Beschuldigter.** Die Anhörung der Beschuldigten erfolgt grundsätzlich in einem zweistufigen Verfahren. Zuerst können die Unternehmen ihre Angaben schriftlich machen. Sodann wird ihnen Gelegenheit gegeben, ihre Angaben mündlich zu erörtern. Der Schwerpunkt liegt auf dem schriftlichen Verfahren. Die mündliche Anhörung ist regelmäßig auf die Erörterung streitiger Fragen beschränkt und gibt den Beteiligten zugleich nochmals Gelegenheit, die für sie wesentlichen Aspekte herauszustellen. Die mündliche Anhörung ist keine mündliche Verhandlung der Sache.[19]

9   Die schriftliche Anhörung läuft in der Weise ab, dass die Kommission zunächst den beschuldigten Unternehmen die sog. Beschwerdepunkte übermittelt. Darin teilt die Kommission den Unternehmen im einzelnen die Vorwürfe hinsichtlich der Verletzung von Art. 81 f. EG so präzise mit, dass die Unternehmen sich dagegen verteidigen können (s. EuG, U. v. 18. 6. 2008, Rs. T-410/03 – *Hoechst*, Rn. 421, 436). Die Mitteilungen enthalten üblicherweise nach einer Darstellung der Tatsachen eine rechtliche Würdigung und

---

[14] EuG, Rs. T-15/99 – *Brugg Rohrsysteme GmbH* Slg. 2002, II-1613, Rn. 83 ff.
[15] Vgl. nur EuG Rs. T-25/95 u. a. – *Cementeries CBR SA u. a.* Slg. 2000, II-491, Rn. 480.
[16] ABl. 2004, Nr. L123, S. 18.
[17] Näher *Kerse/Khan*, EC Antitrust Procedure, Rn. 4-038 ff; EuG, Rs. T-210/01 – *General Electric* Slg. 2005, II-5575, Rn. 632. Allgemein EuG Rs. T-279/02 – *Degussa* Slg. 2006, II-897, Rn. 416 f.
[18] Vgl. EuGH, Rs. C-204/00 P u. a. – *Aalborg Portland A/S u. a.*, Slg. 2004, I-123, Rn. 74–77, 100 ff., insb. 117, 131 ff.; EuG, Rs. T-210/01 – *General Electric* Slg. 2005, II-5575, Rn. 659 f.; T-170/06 – *Alrosa*, Rn. 203; *de Bronett* in: Schröter/Jakob/Mederer, Kommentar zum Europäischen Wettbewerbsrecht, 2003, Durchführungsvorschriften, VO Nr. 17, Art. 19, Rn. 19 m. w. N.
[19] *de Bronett* a. a. O, VO Nr. 17, Art. 19, Rn. 24.

Art. 27. Anhörung der Parteien		10–13 **Art. 27 VerfVO**

eventuell Erwägungen zur Bemessung eines Buß- oder Zwangsgelds. Teilweise werden auch belastende Dokumente in Kopie übermittelt. Anders als bisher soll die Möglichkeit, die Mitteilung durch öffentliche Bekanntmachung im Amtsblatt der EG vorzunehmen, nicht mehr bestehen.[20]

In der Mitteilung der Beschwerdepunkte setzt die Kommission den Unternehmen eine 10 Frist (regelmäßig mindestens vier Wochen; bei einstweiligen Maßnahmen nach Art. 8 eine Woche, vgl. Art. 17 Abs. 2 der Verfahrensverordnung 773/2004,[21] der auch bestimmt, dass die Fristbemessung sich nach dem für die Ausarbeitung erforderlichen Aufwand, der sich wiederum nach der Komplexität des Einzelfalles bemisst, und der Dringlichkeit des Falles richten muss)[22] zur schriftlichen Stellungnahme; nur fristgemäß eingegangene Stellungnahmen muss die Kommission beachten. Die Unternehmen müssen nach Art. 10 Abs. 3 der Verfahrensverordnung ihre Angaben und die zweckdienlichen Unterlagen sowohl in schriftlicher als auch in elektronischer Form einreichen. Falls eine elektronische Form nicht möglich ist, sind die schriftlichen Unterlagen in 28-facher Ausfertigung vorzulegen.

Ferner dürfen die Unternehmen die Anhörung von Personen durch die Kommission 11 vorschlagen, die die in ihren Ausführungen vorgetragenen Tatsachen bestätigen können. Diese Möglichkeit zur Benennung von Entlastungszeugen gehört zwingend zum rechtlichen Gehör, da sie für die Wahrung der Rechte der Verteidigung essentiell ist. Dies muss die Kommission bei der Behandlung solcher Anträge beachten. Solchen Anträgen darf daher nur bei Vorliegen qualifizierter sachlicher Gründe nicht stattgegeben werden, also etwa bei offenkundig fehlender Sachdienlichkeit oder fehlender Entscheidungserheblichkeit. Die Ablehnung darf nicht ins Ermessen der Kommission gestellt sein, zumal die Kommission beliebig Personen anhören kann. Die prozessuale Waffengleichheit – dieser Grundsatz wurde vom EuGH schon verschiedentlich im Rahmen des rechtlichen Gehörs, insbesondere zur Bestimmung der Reichweite der Akteneinsicht herangezogen[23] – gebietet daher ein grundsätzlich positives Eingehen auf den Antrag der Beschuldigten auf Vernehmung von Entlastungszeugen (s. auch Barthelmeß, Art. 19, Rn. 5).[24]

Schließlich können die Beschuldigten auch eine mündliche Anhörung beantragen, die 12 ihnen auf ihren Antrag hin auch gewährt wird, vgl. Art. 12 der Verfahrensverordnung. Dies ist ausweislich der Überschrift zu Art. 12 nun als Recht auf mündliche Anhörung ausgestaltet. Das Nähere zum Ablauf der mündlichen Anhörung regelt Art. 14 der Verfahrensverordnung, der im wesentlichen die Bestimmungen der Verordnung 2842/98/EG über die Anhörung in bestimmten Verfahren nach Art. 85 und 86 EG[25] übernimmt.

Danach wird die mündliche Anhörung in voller Unabhängigkeit und in eigener Verant- 13 wortung von einem Bediensteten der EG-Kommission, der hierzu eigens ernannt wurde, nämlich dem **Anhörungsbeauftragen** in nicht öffentlicher Sitzung durchgeführt. Geladen werden zur mündlichen Anhörung neben den Kommissionsdienststellen und nationalen Behörden nicht nur die Beschuldigten selbst, sondern auch eventuelle Beschwerdeführer und Dritte. Der Anhörungsbeauftragte kann die Anhörung durch ein Schema (etwa Anhörung zu den einzelnen Beschwerdepunkten in ihrer Reihenfolge) näher strukturieren; dies verletzt nicht die Verteidigungsrechte, auch wenn dadurch die Gestaltung der Äuße-

---

[20] Art. 10 der Verfahrensverordnung 773/2004, ABl. 2004, Nr. L 123, S. 18, enthält die in Art. 3 II der VO 2842/98 bestehende Möglichkeit zur Publikation nicht mehr.
[21] Fundstelle siehe letzte Fn.
[22] Vgl. auch EuG, Rs. T-25/95 u.a. – *Cementeries CBR SA u.a.* Slg. 2000, II-491, Rn. 653. Für umfangreiche und rechtlich schwierige Fälle dürften zwei Monate genügen, vgl. EuGH, Rs. 40/73 u.a. – *Suiker Unie* Slg. 1975, 1663, Rn. 96 ff. EuGH Rs. 27/76 – *United Brands* Slg. 1978, 207 Rn. 270/273.
[23] Vgl. EuG Rs. T-30/91 – *Solvay* Slg. 1995, II-1775, Rn. 83, EuG Rs. T-25/95 u.a. – *Cimenteries CBR SA u.a.* Slg. 2000, II-495, Rn. 143.
[24] Dazu näher *Weiß*, Verteidigungsrechte im EG-Kartellverfahren, 1996, 317 ff., 332 f.
[25] ABl. 1998, Nr. L 354, S. 18.

rungen der Beteiligten eingeschränkt wird.[26] Der Termin und die Dauer wird nach bisheriger Praxis vom Anhörungsbeauftragten bestimmt (in der Verfahrensverordnung der Kommission ist nunmehr aber in Art. 14 Abs. 2 vorgesehen, dass die Kommission den Anhörungstermin bestimmt; ob das in der praktischen Umsetzung eine Veränderung herbeiführt, wird man abzuwarten haben; denn auch der Anhörungsbeauftragte ist Teil der Kommission); dabei ist den Beteiligten hinreichend Zeit zur Vorbereitung ihrer Stellungnahmen einzuräumen.[27] Alle Anwesenden können Fragen stellen; ihre Ausführungen werden aufgezeichnet und den Teilnehmern gemäß Art. 14 Abs. 8 der Verfahrensverordnung zur Verfügung gestellt. Üblicherweise erfolgen die Erörterungen in Gegenwart aller Geladenen; nur sofern Geschäftsgeheimnisse offen gelegt werden, geschieht die mündliche Anhörung unter Ausschluss der übrigen Beteiligten, vgl. Art. 14 Abs. 6 der Verfahrensverordnung. Die ständige Anwesenheit und Beteiligungsmöglichkeit insbesondere der Beschuldigten ist sicherzustellen im Interesse ihrer Rechte auf Verteidigung.[28]

14 Um die Anhörung gut vorzubereiten und insbesondere den Sachverhalt soweit wie möglich zu klären, kann der Anhörungsbeauftragte gemäß Art. 11 seines Mandats[29] nach Rücksprache mit dem zuständigen Kommissionsdirektor den zu der Anhörung Geladenen vorher eine Liste der Fragen übermitteln, zu denen eine ausführliche Stellungnahme gewünscht wird. Der Anhörungsbeauftragte kann nach Rücksprache mit dem zuständigen Kommissionsdirektor eine Sitzung zwecks Vorbereitung der Anhörung einberufen, an der die zu der Anhörung Geladenen und gegebenenfalls auch die zuständigen Kommissionsbediensteten teilnehmen. Der Anhörungsbeauftragte kann außerdem von den zu der Anhörung Geladenen verlangen, dass ihm der wesentliche Inhalt der Erklärungen von Personen, deren Anhörung sie vorschlagen, zuvor schriftlich übermittelt wird.

15 Der Anhörungsbeauftragte erstattet dem zuständigen Kommissionsmitglied gemäß Art. 13 seines Mandats über den Ablauf der Anhörung und seine Schlussfolgerungen in Bezug auf die Ausübung des Anhörungsrechts Bericht. Ferner erstellt der Anhörungsbeauftragte gemäß Art. 15 seines Mandats anhand des Entscheidungsentwurfs, der dem beratenden Ausschuss vorzulegen ist, einen schriftlichen Abschlussbericht über die Wahrung des Rechts auf Anhörung, wobei er auch darauf einzugehen hat, ob der Entscheidungsentwurf ausschließlich Beschwerdepunkte behandelt, zu denen sich die Parteien haben äußern können. Der Abschlussbericht wird dem der Kommission vorgelegten Entscheidungsentwurf beigefügt, damit diese ihre Entscheidung in voller Kenntnis aller sachdienlichen Informationen über den Ablauf des Verfahrens und die Ausübung des Anhörungsrechts treffen kann. Der Abschlussbericht kann von dem Anhörungsbeauftragten im Lichte von Änderungen des Entscheidungsentwurfs bis zum Erlass der Entscheidung durch die Kommission geändert werden. Die Kommission übermittelt dann den Abschlussbericht zusammen mit der Entscheidung an die Adressaten der Entscheidung. Sie veröffentlicht den Abschlussbericht im Amtsblatt der Europäischen Gemeinschaften gemeinsam mit der Entscheidung

16 **c) Beschwerdeführer und Anhörung.** Eventuelle Beschwerdeführer sind nach Art. 27 Abs. 1 Satz 3 der VO 1/2003 eng in das Verfahren einbezogen. Sie nehmen daher an dem Ermittlungsverfahren, das auf ihre Beschwerde hin zustande kommt teil. Der

---

[26] Vgl. EuG Rs. T-25/95 – *Cementeries CBR SA u. a.* Slg. 2000, II-491, Rn. 663, wonach eine Verletzung nur dann vorliegt, wenn die Betroffenen durch die Organisation der Anhörungen gehindert waren, an diesen teilzunehmen, soweit sie an sie gerichtete Beschwerdepunkte betreffen, oder sich zu diesen Beschwerdepunkten mündlich zu äußern.

[27] Vgl. EuG Rs. T-86/95 – *Compagnie Générale Maritime* Slg. 2002, II-1011, Rn. 464 f.

[28] Vgl. für kontradiktorische Verfahren im Beamtenrecht, EuGH Rs. 141/85 – *Henri de Compte* Slg. 1985, 151, Rn. 16 f.

[29] Vgl. den Beschluss 2001/462/EG,EGKS der Kommission vom 23. Mai 2001 über das Mandat von Anhörungsbeauftragten in bestimmten Wettbewerbsverfahren, ABl. 2001, Nr. L 162, S. 21. Dieser Beschluss war vom Anhörungsbeauftragten auch auf laufende Verfahren anzuwenden, EuG Rs. T-210/01 *General Electric* Slg. 2005, II-5575, Rn. 720 f.

EuGH hat ihr Recht auf Beteiligung an dem Verfahren festgestellt.[30] Ihnen werden daher die Beschwerdepunkte, die den beschuldigten Unternehmen übersandt wurden, ebenfalls übermittelt. Sie haben dazu binnen einer Frist von grundsätzlich mindestens vier Wochen Stellung zu beziehen. Auf seinen Antrag hin kann der Beschwerdeführer an der mündlichen Anhörung teilnehmen, s. Art. 6 der Verfahrensverordnung.

Führt die Beschwerde nicht zur Einleitung eines Ermittlungsverfahrens, so teilt die Kommission dem Beschwerdeführer die Gründe hierfür mit und gewährt ihm eine Frist zur Stellungnahme. Diese Mitteilung ist der Mitteilung von Beschwerdepunkten an Beschuldigte vergleichbar.[31] Zur Akteneinsicht in solchen Fällen s. unten Rn. 22. Nach einer Würdigung der Einwände weist die Kommission die Beschwerde durch förmliche Entscheidung zurück, Art. 7 Abs. 2 Verfahrensverordnung. Die Ablehnung seiner Beschwerde löst somit ein Anhörungsrecht für den Beschwerdeführer aus, das aber nur ausnahmsweise sich auch auf eine mündliche Anhörung bezieht. Die verfahrensmäßigen Rechte der Beschwerdeführer gehen nicht so weit wie der Anspruch beschuldigter Unternehmen auf rechtliches Gehör.[32]

2. Akteneinsicht

a) Bedeutung und Umfang der Akteneinsicht. Das rechtliche Gehör fordert nicht nur eine Anhörung zu den erhobenen Vorwürfen, sondern im Interesse einer effektiven Verteidigung auch die Möglichkeit zur Akteneinsicht. Art. 27 Abs. 2 VO 1/2003 verankert dies nun als Recht der Parteien. Dabei muss gemäß dem Wortlaut sich die Einsicht auf die Akten der Kommission, also auf alle in der zum Verfahren gehörenden Akte enthaltenen Schriftstücke beziehen, nicht nur auf die belastenden, von der Kommission zum Beleg ihres Vorwurf verwandten Dokumente, sondern auch auf die in der Akte der Kommission aufzufindenden entlastenden Unterlagen. Sinn der Akteneinsicht ist es auch, den Beschuldigten zu ermöglichen, entlastende Schriftstücke in der Kommissionsakte zu finden.[33] Die Akteneinsicht ist umfassend zu gewähren. Art. 27 Abs. 2 Satz 2 schränkt die Akteneinsicht nicht ein.[34] Diese Regelung wird ergänzt durch Art. 8 und 15 der Verfahrensverordnung der Kommission. Allerdings zählen zur Akte in diesem Sinne nicht unbedingt Schriftstücke, die in Akten zu anderen Kartellverfahren enthalten sind oder über die die Kommission in anderen Bereichen ihrer Tätigkeit verfügt. Auch die Erwiderung Dritter, etwa des Beschwerdeführers oder anderer Beschuldigter auf die Beschwerdepunkte zählt nicht sogleich zur Akte. Maßgeblich dafür ist aber weniger, dass die Akteneinsicht sich auf den Zustand der Akte zum Zeitpunkt der Mitteilung der Beschwerdepunkte bezieht,[35] sondern vielmehr, dass die konkreten Schriftstücke wegen fehlenden Zusammenhangs mit der angefochtenen Entscheidung gegen den betreffenden Kläger nicht für die Verteidigung nützlich sein können. Das bedeutet andererseits, dass wenn die Kommission sich etwa im weiteren Verfahren auf in solchen Erwiderungen enthaltene Angaben stützen will, sie ebenso zu-

---

[30] Vgl. EuGH, Rs. C-282/95 P – *Guérin*, Slg. 1997, I-1503, Rn. 35 ff. Zur Rechtsstellung des Beschwerdeführers näher Weiß, in Terhechte (Hg.), Internationales Kartell- und Fusionskontrollverfahrensrecht, 2008, Rn. 72.175 ff.

[31] EuG, Rs. T-64/89, Slg. 1990, II-367, Rn. 46 – *Automec*.

[32] EuG a. a. O.

[33] de Bronett (Fn. 18), VO Nr. 17, Art. 19, Rn. 15. EuG Rs. T-210/01 *General Electric* Slg. 2005, II-5575, Rn. 649 will – für ein Verfahren vor Inkrafttreten der VO 1/2003 – bezüglich belastender Unterlagen die Einsicht auf die wirklich verwerteten beschränken.

[34] EuGH, Rs. C-204/00 P u. a. – *Aalborg Portland*, Slg. 2004, I-123, Rn. 68. Zur Gebotenheit umfassender Akteneinsicht näher *Weiß*, Verteidigungsrechte im EG-Kartellverfahren, 192 ff., 246 ff., 304 ff. So auch mit Blick auf die Waffengleichheit EuG Rs. T-25/95 – *Cementeries CBR SA u. a.* Slg. 2000, II-491, Rn. 144.

[35] So aber *de Bronett* (Fn. 18) VO Nr. 17, Art. 19, Rn. 18.

gänglich zu machen sind. Das gleiche gilt bei konkreten Hinweisen auf entlastende Angaben.[36] Zu den Folgen einer verweigerten Akteneinsicht s. bereits oben Rn. 7.

19 Die Akteneinsicht gilt vorbehaltlich der berechtigten Geheimnisschutzinteressen anderer Unternehmen. Demgemäss nimmt Art. 27 Abs. 2 Satz 3 vertrauliche Informationen von der Akteneinsicht aus. Darüber hinaus werden aber auch noch interne Schriftstücke der Kommission und nationaler Behörden (also Entwürfe, Stellungnahmen, Bearbeitungsvermerke, Vorschläge und Anweisungen des bearbeitenden Beamten), insbesondere im Rahmen des Netzwerks der Kartellbehörden erstellte Schreiben von der Akteneinsicht ausgenommen. Das mag zweifelhaft erscheinen, weil dann nicht sichergestellt sein könnte, dass dem Beschuldigten alle belastenden Unterlagen, auf die die Vorwürfe gestützt werden, zugänglich gemacht werden können. Da Art. 27 Abs. 2 Satz 4 jedoch klarstellt, dass alle Informationen, die für den Nachweis einer Kartellrechtsverletzung benötigt werden, dennoch genutzt und offengelegt werden können, sind diese Bedenken im Ergebnis nicht berechtigt.[37] Denn dadurch wird deutlich gemacht, dass ein Schriftstück nur dann gegen ein Unternehmen verwendet werden kann, wenn es diesem offengelegt wurde. Zumindest muss im Interesse der Wahrung der Verteidigungsrechte Art. 27 Abs. 2 Satz 4 dahingehend ausgelegt werden (s. oben Rn. 4).

20 Die apodiktische Formulierung von Art. 27 Abs. 2 Satz 4 weckt nur Zweifel hinsichtlich des Schutzes der Geschäftgeheimnisse von Unternehmen; denn auch insoweit ordnet Art. 27 Abs. 2 Satz 4 an, dass dieser der Nutzung und Offenlegung für den Nachweis notwendiger Informationen nicht entgegensteht. Das kann indes auch angesichts des herausgestellten Bekenntnisses zu den Verteidigungsrechten – wozu auch der Schutz der Geschäftsgeheimnisse zählt – in dieser Weise nicht ohne weiteres gelten. Müsste die Kommission zum Nachweis einer Zuwiderhandlung die Geschäftgeheimnisse anderer Unternehmen einem Beschuldigten offen legen, so steht grundsätzlich der Schutz der Geschäftsgeheimnisse der Offenlegung und damit der Nutzung als Beweismittel vor. Somit sind Schriftstücke nur dann als Beweismittel verwertbar, wenn diese auch offengelegt werden können. Widerspräche dies dem Schutz der Vertraulichkeit oder der Geschäftsgeheimnisse, darf der Vorwurf nicht auf diese Schriftstücke gestützt werden; sie dürften im Verfahren keine weitere Verwendung finden (s. näher unten Rn. 24).

21 **b) Durchführung der Akteneinsicht.** Die Akteneinsicht durch beschuldigte Unternehmen ist in Art. 15 der Verfahrensverordnung 773/2004 geregelt. Danach erhalten die Beschuldigten nach der Mitteilung der Beschwerdepunkte Akteneinsicht. Interne Unterlagen, Geschäftsgeheimnisse und Korrespondenz mit nationalen Wettbewerbsbehörden sind von der Akteneinsicht ausgenommen, es sei denn sie sind zum Nachweise einer Zuwiderhandlung erforderlich. Denn Beweismaterial darf Beschuldigten nicht vorenthalten werden (s. oben Rn. 19f.).[38] In der Praxis stellt sich das Problem, dass bei komplexen Verfahren die Frist zur schriftlichen Stellungnahme auf die Beschwerdepunkte (Rn. 10), in der auch die Sichtung der Kommissionsakte erfolgen muss, nicht genügt.

22 Akteneinsicht steht nach Art. 8 der Verfahrensverordnung 773/2004 der Kommission auch Beschwerdeführern offen, also solchen Unternehmen, die in einer Beschwerde Kartellrechtsverstöße anderer Unternehmen angezeigt hatten. Die Beschwerdeführer können nach der Mitteilung durch die Kommission, dass ihre Beschwerde abgewiesen wird, Einsicht in die Unterlagen, und zwar wohl in alle, fordern, wiederum mit Ausnahme vertraulicher Unterlagen und von Geschäftsgeheimnissen. Nicht unproblematisch ist aber die Ge-

---

[36] Vgl. dazu insgesamt EuG Rs. T-255 u. a. – *Cementeries CBR SA u. a.* Slg. 2000, II-491, Rn. 404 ff.

[37] In außergewöhnlichen Fällen war schon nach alter Rechtslage die Einsicht in Interna möglich, EuG Rs. T-236/01 – *Tokai Carbon* Slg. 2004, II-1181, Rn. 40 f.

[38] EuG Rs. T-255 u. a. – *Cementeries CBR SA u. a.* Slg. 2000, II-491, Rn. 143 f. Vgl. für weitere Details auch die Mitteilung der Kommission über die Akteneinsicht, ABl. 2005, Nr. C 325, S. 3.

fahr, dass die Beschwerdeführer auf diese Weise Informationen erhalten, die sie auch für andere Zwecke nutzen. Das will Art. 8 Abs. 2 Verfahrensverordnung zwar verbieten, doch ist das bloße Verbot wenig durchsetzungsfähig. Es fehlt an effektiven Sanktionen eines Missbrauchs erlangter Information. Hier wäre eine Nachbesserung wünschenswert, etwa durch eine Verpflichtung der Mitgliedstaaten, einen Missbrauch unter Strafe zu stellen.

III. Schutz der Geschäftsgeheimnisse

1. Die Bedeutung des Schutzes von Geschäftsgeheimnissen

Der Mitteilung von Beweismitteln an beteiligte Unternehmen und der Publikation von Verfahrensunterlagen und abschließenden Entscheidungen können die berechtigten Interessen von beteiligten oder dritten Unternehmen an der Wahrung ihrer Geschäftsgeheimnisse entgegenstehen. Die VO 1/2003 bemüht sich, diese Interessen zu wahren. Sie enthält Bestimmungen zum Schutz von Geschäftsgeheimnissen bei der Akteneinsicht (Art. 27 Abs. 2), bei der Veröffentlichung von beabsichtigten Verpflichtungszusagen nach Art. 9 VO 1/2003 und Nichtanwendbarkeitsfeststellungen nach Art. 10 VO 1/2003 (Art. 27 Abs. 4) als auch bei der Veröffentlichung abschließender Entscheidungen (Art. 30 Abs. 2) und bei der Publizierung der Stellungnahme des beratenden Ausschusses (Art. 14 Abs. 6) und der Übermittlung des Anhörungsprotokolls (Art. 14 Abs. 8 Verfahrensverordnung). Dasselbe gilt für die weiteren Durchführungsbestimmungen, wie etwa die Entscheidung über das Mandat des Anhörungsbeauftragten, vgl. dessen Art. 16 Abs. 3.

Diese Bestimmungen sind von großer Bedeutung, da nur so sichergestellt werden kann, dass Unternehmen nicht ihre Konkurrenten anschwärzen, um im Laufe der Ermittlungsverfahren Kenntnisse über deren Geschäftsgeheimnisse zu erhalten. Es besteht die Gefahr, dass der Zweck der kartellrechtlichen Verfahren, Verletzungen des Wettbewerbsrechts zu ahnden, bei einem nicht streng gehandhabten Schutz von Geschäftsgeheimnissen geradezu in sein Gegenteil verkehrt würde: Die Ermittlungen würden dazu führen, den Wettbewerb durch Offenlegung von Geschäftsgeheimnissen zu schwächen und dadurch rechtmäßig erlangte Wettbewerbsvorteile entwerten. Dennoch vertrat die Kommission bereits früher die Auffassung, zum Zwecke des Nachweises eines Kartellverstoßes könnten Geschäftsgeheimnisse offen gelegt werden.[39] Der EuGH bekannte sich bereits in seiner Rechtsprechung zur alten VO 17/62 zu einem absoluten Schutz der Geschäftsgeheimnisse (nicht aber anderer vertraulicher Informationen) vor Offenlegung, auch wenn die Geschäftsgeheimnisse als Beweismittel notwendig waren und daher dem beschuldigten Unternehmen offen zu legen waren, weil anders der Nachweis eines Kartellverstoßes nicht geführt werden kann.[40] Dennoch besteht Raum für eine Abwägung des öffentlichen Interesses an Abstellung der Zuwiderhandlung gegenüber dem privaten Interesse an Wahrung der Geschäftsgeheimnisse, da beide Interessen Primärrang haben und Verfahren denkbar sind, die beiden Interessen dienen, etwa eine Offenlegung im Wege einer nicht-vertraulichen Zusammenfassung oder eine Einsichtgewährung nur an die Anwälte.[41] Die strikte Geheimhal-

---

[39] So etwa im 18. Wettbewerbsbericht der Kommission, Tz. 43. Vgl. jetzt die 14. Begründungserwägung zur VO 773/2004 wo die Kommission die Ansicht äußert, dass falls Geschäftsgeheimnisse zum Nachweis einer Zuwiderhandlung erforderlich seien, die Kommission das Interesse am Schutz gegen das Interesse an der Beendigung der Zuwiderhandlung abzuwägen habe.
[40] EuGH Rs. 53/85 – *Akzo* Slg. 1986, 1965 Rn. 28. Vgl. auch EuGH Rs. 85/76 – *Hoffmann LaRoche* Slg. 1979, 461 Rn. 14; zum Antidumpingrecht EuGH Rs. 264/82 – *Timex* Slg. 1985, 849 Rn. 30. Zum absoluten Schutz der Geschäftsgeheimnisse näher auch *Weiß*, Verteidigungsrechte im EG-Kartellverfahren, 1996, S. 304 ff.
[41] Vgl. etwa EuG Rs. T-210/01 *General Electric* Slg. 2005, II-5575, Rn. 631, 650 ff. Näher dazu *Weiß*, Die Verteidigungsrechte im EG-Kartellverfahren, 1996, S. 272, 315. Für Abwägung auch *de Bronett*, (Fn. 18) VO Nr. 17, Art. 19, Rn. 3; *Kerse/Khan*, EC Antitrust Procedure, Rn. 4–036 f.

tung der Geschäftsgeheimnisse, die der EuGH fordert, wird flexibleren Ansätzen nicht gerecht und lässt sich weder mit Sekundär- noch mit Primärrecht rechtfertigen. Man könnte allenfalls erwägen, ob sich die Rechtslage nunmehr geändert hat wegen der neuen und erstmaligen Betonung der vollen Achtung der Verteidigungsrechte, die (vgl. oben Rn. 4) dahin gewertet werden muss, dass die Verteidigungsrechte nicht gegen die Effizienz der Kartellrechtsdurchsetzung ausgespielt werden dürfen. Doch kann man hier dieses Argument nicht heranziehen wegen des relativ klaren Wortlauts des Art. 27 Abs. 2 a. E. VO 1/2003, der eine Durchbrechung des Geheimnisschutzes – allerdings nicht auf Kosten der Verteidigungsrechte – ermöglicht. Hier stellt sich kein Widerspruch zwischen den Verteidigungsrechten und dem Schutz der Geschäftsgeheimnisse ein, da die Durchbrechung gerade in Offenlegung der Geschäftsgeheimnisse an die Beschuldigten zur Wahrung ihrer Verteidigungsrechte erfolgt. Anders ist es allerdings, wenn der Beschwerdeführer durch Akteneinsicht Kenntnis von den Geschäftsgeheimnissen des angeschwärzten Konkurrenten nehmen will. Dies ist in der Tat strikt zu unterbinden. Die flexiblere Auffassung der Kommission ist daher der strengen Auffassung des EuGH vorzuziehen.

25   Als Geschäftsgeheimnisse müssen daher alle Angaben und Daten gesehen werden, die von wirtschaftlichem Wert sind und nicht allgemein bekannt sind.

2. Insbesondere: Akteneinsicht und Geschäftsgeheimnisse

26   Aus Art. 27 Abs. 2 folgt, dass die berechtigten Interessen von Unternehmen an der Wahrung ihrer Geschäftsgeheimnisse bei der Gewährung der Akteneinsicht beachtet werden müssen. Das Akteneinsichtsrecht findet hier seine Grenze; die dadurch herbeigeführte Nichtverwertbarkeit beschränkt dann die Nutzbarkeit der schutzwürdigen Informationen zum Zwecke des Nachweises eines Kartellverstoßes. Der Schutz der Geschäftsgeheimnisse und sonst vertraulicher Angaben gelangt auch in anderen Regelungen der VO 1/2003 zum Ausdruck. So ist bei der Veröffentlichung der Stellungnahme des Beratenden Ausschusses ebenfalls den Geschäftsgeheimnissen Rechnung zu tragen, Art. 14 Abs. 6.

27   Die näheren Details des Schutzes der Geschäftsgeheimnisse regelt Art. 16 der Verfahrensverordnung 773/2004 der Kommission. Danach werden Unterlagen, insoweit sie Geschäftsgeheimnisse und vertrauliche Angaben enthalten, von der Kommission nicht mitgeteilt oder zugänglich gemacht. Machen Unternehmen Erklärungen, so kann die Kommission verlangen, dass die Unternehmen die Geschäftsgeheimnisse kenntlich machen. Die Unternehmen sind dazu und zur Abgabe nicht-vertraulicher Zusammenfassungen ohnehin verpflichtet nach Art. 16 Abs. 2 und werden dies schon aus eigenem Interesse tun. Die Kommission kann den Unternehmen auch eine Frist (von mindestens zwei Wochen, so Art. 17 Abs. 3 Verfahrensverordnung) setzen, binnen der die Unternehmen die Gründe für das Vorliegen eines Geschäftsgeheimnisses angeben müssen oder nicht vertrauliche Zusammenfassungen vorlegen müssen. Halten die Unternehmen sich nicht an ihre Verpflichtungen, darf die Kommission davon ausgehen, dass keine Geschäftsgeheimnisse vorliegen, so Art. 16 Abs. 4 Verfahrensverordnung. Allerdings besteht unabhängig von einer durch den Fristablauf ermöglichten Offenlegung mitgeteilter Angaben eine Pflicht der Kommission von Amts wegen, Geschäftsgeheimnisse nicht zu verletzen (Art 16 Abs. 1 Verfahrensverordnung). Kann die Kommission somit von sich aus erkennen, dass sensible Daten mitgeteilt wurden, kann sie sich nicht auf den Fristablauf berufen, um sich aus einer denkbaren Haftung zu befreien.

28   Kommt es über die Frage des Vorliegens von Geschäftsgeheimnissen zu Meinungsverschiedenheiten zwischen den Unternehmen und der Kommission, so findet das bisher schon praktizierte Verfahren[42] Anwendung, das den von einer Offenlegung betroffenen

---

[42] Vgl. Art. 9 der Kommissionsentscheidung 2001/462/EG vom 23. Mai 2001 über das Mandat des Anhörungsbeauftragten, ABl. 2001, Nr. L 162, S. 21.

Unternehmen ein Anhörungsrecht gewährt. Beabsichtigt die Kommission, Informationen offen zu legen, die von dem Unternehmen, das sie vorgelegt hat, als vertraulich angesehen werden, unterrichtet die Kommission zunächst das Unternehmen davon schriftlich unter Angabe von Gründen, wobei sie eine Frist von mindestens zwei Wochen setzt, innerhalb deren das Unternehmen sich schriftlich dazu äußern kann. Hält das Unternehmen seinen Einwand gegen die Offenlegung der Informationen aufrecht, erlässt die Kommission eine dem betreffenden Unternehmen zuzustellende Entscheidung über die Offenlegung der betreffenden Informationen. Es liegt dann an dem Unternehmen, gegen diese Entscheidung im Klagewege vorzugehen, unter Umständen im Wege einstweiligen Rechtsschutzes (Aussetzung des Vollzugs nach Art. 242 EG/Art. 278 VAEU). Dieses Verfahren war ausdrücklich in Art. 17 des Entwurfs der Verfahrensverordnung[43] geregelt worden; diese Regelung wurde aber nicht Bestandteil der inkraftgetretenen Fassung.

IV. Beteiligung Dritter

1. Anhörungen nach Art. 27 Abs. 3

Art. 27 Abs. 3 ermöglicht der Kommission die Anhörung von Dritten, also von Zeugen und Sachverständigen, im Verfahren. Dies können natürliche oder juristische Personen sein. Damit führt die VO 1/2003 die schon nach Art. 19 Abs. 2 der VO 17/62 bestehende Möglichkeit weiter. 29

Anregungen und Vorschläge zur Anhörung Dritter können ferner von den nationalen Wettbewerbsbehörden kommen (Art. 27 Abs. 3 Satz 3), darüber hinaus von den beschuldigten Unternehmen oder -vereinigungen (das ist Bestandteil ihres Rechts auf rechtliches Gehör, s. oben Rn. 5) und von interessierten Dritten, die sich selbst äußern möchten und ein ausreichendes Interesse nachweisen (Art. 27 Abs. 3 Satz 2). 30

Die Anhörung interessierter Dritter ist in Art. 13 der Verfahrensverordnung der Kommission näher geregelt, die insoweit der bisherigen Rechtslage nach Art 9 der VO 2842/98[44] weitgehend nachgebildet ist. Allerdings ist nunmehr explizit vorgesehen, dass die Kommission die Dritten bei der mündlichen Anhörung laden kann. Die Anhörung ist also nicht immer auf eine schriftliche Stellungnahme beschränkt. Damit ist auch bezüglich interessierter Dritter ein zweistufiger Anhörungsprozess (erst die schriftliche Stellungnahme, dann mündliche Anhörung) möglich. Hinsichtlich der Frist, die die Kommission interessierten Dritten für ihre Stellungnahme setzt, enthält die Verfahrensverordnung der Kommission weder in Art. 13 noch in Art. 17 eine nähere Festlegung. 31

Das von den interessierten Dritten nachzuweisende ausreichende Interesse liegt vor, wenn ein wirtschaftliches oder rechtliches Interesse von dem Kartellrechtsverstoß oder zumindest dem Ergebnis des Verfahrens betroffen sein kann. Das bloße Interesse an der Klarstellung der Rechtslage und an der Durchsetzung des Rechts genügt nicht.[45] Ein Beschwerdeführer hat stets dieses ausreichende Interesse.[46] Ob das ausreichende Interesse vorliegt, wird vom Anhörungsbeauftragen zusammen mit dem zuständigen Kommissionsdirektor entschieden. Falls der Antragsteller nach ihrer Ansicht kein ausreichendes Interesse an einer Anhörung dargetan hat, werden ihm die Gründe hierfür schriftlich mitgeteilt. Gleichzeitig wird ihm eine Frist zur Mitteilung etwaiger weiterer schriftlicher Bemerkungen gesetzt.[47] 32

---

[43] ABl. 2003, Nr. C 243, S. 3.
[44] ABl. 1998, Nr. L 354, S. 18.
[45] *Kerse/Khan*, EC Antitrust Procedure, Rn. 4-007.
[46] *Kerse/Khan*, EC Antitrust Procedure, Rn. 4-006.
[47] Vgl. Art. 6 III des Beschlusses 2001/462/EG, EGKS der Kommission vom 23. Mai 2001 über das Mandat von Anhörungsbeauftragten in bestimmten Wettbewerbsverfahren, ABl. 2001, Nr. L 162, S. 21.

2. Stellungnahmen nach Art. 27 Abs. 4

33 Art. 27 Abs. 4 der VO 1/2003 regelt die Anhörung interessierter Dritter in den Fällen, in denen die Kommission beabsichtigt, eine Entscheidung nach Art. 9 oder 10 VO 1/2003, also eine Verbindlicherklärung einer Verpflichtungszusage oder eine Nichtanwendungsfeststellung zu erlassen. Dafür ist vorgesehen, dass die Kommission zuvor den Fall und den wesentlichen Inhalt der Zusagen und Bewertungen im Amtsblatt, Teil C, publiziert und dadurch interessierten Dritten ermöglicht, Erklärungen binnen einer Frist von mindestens einem Monat abzugeben. Bei der Veröffentlichung sind wiederum die Geschäftsgeheimnisse zu wahren, so dass die Kommission insoweit betroffenen Unternehmen vor der Veröffentlichung den Entwurf der Mitteilung zusendet, um sie dazu anzuhören (dazu oben Rn. 28). Die Regelung des Art. 27 Abs. 4 entspricht dem früheren Art. 19 Abs. 3 VO 17/62.

34 Wer in solchen Fällen als interessierter Dritter anzusehen ist, ist weder in Art. 27 Abs. 4 geregelt noch in der Durchführungsordnung spezifiziert. In Art. 13 der Verfahrensverordnung 773/2004 der Kommission ist für die Anhörung Dritter allgemein vorgesehen, dass diese ein ausreichendes Interesse darlegen müssen; das bezieht sich auf die Anhörung nach Art. 27 Abs. 3 Satz 2 VO 1/2003. Die Anhörung nach Art. 27 Abs. 3 Satz 2 VO 1/2003 ist von der nach Art. 27 Abs. 4 indes zu unterscheiden. Denn durch die Stellungnahmen, die die Kommission nach Art. 27 Abs. 4 erhält, werden die interessierten Dritten nicht zu am Verfahren Beteiligten; sie erhalten zu ihrer Eingabe keinen Bescheid.[48] Zweck jener Anhörung ist, die Kommission von Umständen, die ihr eventuell entgangen waren, in Kenntnis zu setzen. Will ein interessierter Dritter darüber hinausgehend nicht nur eine Stellungnahme zu den publizierten Angaben abgeben, sondern zum Fall angehört werden, muss er gemäß Art. 27 Abs. 3 Satz 2 seine Anhörung beantragen und ein ausreichendes Interesse belegen. Daher ist der Begriff des interessierten Dritten im Sinne von Art. 27 Abs. 4 nicht so zu verstehen, dass er ein ausreichendes Interesse forderte. Interessierter Dritter ist vielmehr jeder, der eine Stellungnahme, aus welchen Gründen auch immer, abgibt.

V. Bewertung

35 Trotz der ausdrücklichen Regelung des Respekts vor den Verteidigungsrechten in Art. 27 Abs. 2 und einiger erfreulicher Klarstellungen in der Verfahrensverordnung der Kommission bleibt die Bestimmung des Art. 27 wie die gesamte VO 1/2003 insgesamt gesehen insoweit hinter dem rechtsstaatlich Wünschenswerten zurück. Die textuellen Fortschritte der Verordnungen können nicht verbergen, dass die Kommission die Rechtsstellung der Betroffenen im Verfahren nur insoweit verankert hat, wie es die Rechtsprechung des EuGH fordert. Eine Verbesserung ist nicht erfolgt. Die Kommission nutzte die Novelle, um ihre Ermittlungsbefugnisse auszuweiten und neue Befugnisse einzuführen (Art. 19), ohne aber die Verteidigungsrechte konkret zu verbessern. Schmerzlich zu vermissen ist insbesondere ein Aussageverweigerungsrecht für die Beschuldigten und ein Recht, Selbstbelastungen zu verweigern, das auch von der Rechtsprechung bisher verweigert wird.[49]

Art. 28. Berufsgeheimnis

(1) **Unbeschadet der Artikel 12 und 15 dürfen die gemäß den Artikeln 17 bis 22 erlangten Informationen nur zu dem Zweck verwertet werden, zu dem sie eingeholt wurden.**

(2) **Unbeschadet des Austauschs und der Verwendung der Informationen gemäß den Artikeln 11, 12, 14, 15 und 27 sind die Kommission und die Wettbewerbsbehörden der Mitgliedstaaten und ihre Beamten, ihre Bediensteten und andere unter ihrer**

---

[48] *de Bronett* (Fn. 18) VO Nr. 17, Art. 19, Rn. 27.
[49] Dazu näher Art. 4, Rn. 29.

Aufsicht tätigen Personen sowie die Beamten und sonstigen Bediensteten anderer Behörden der Mitgliedstaaten verpflichtet, keine Informationen preiszugeben, die sie bei der Anwendung dieser Verordnung erlangt oder ausgetauscht haben und die ihrem Wesen nach unter das Berufsgeheimnis fallen. Diese Verpflichtung gilt auch für alle Vertreter und Experten der Mitgliedstaaten, die an Sitzungen des Beratenden Ausschusses nach Artikel 14 teilnehmen.

Übersicht

	Rn.		Rn.
Einleitung	1	2. Dem besonderen Vertraulichkeitsschutz unterfallende Informationen	23
A. Art. 28 Abs. 1 (Verwertungsbeschränkung)		a) Geschäftsgeheimnisse	25
I. Sinn und Zweck der Regelung	2	b) Sonstige vertrauliche Informationen	28
II. Praktische Bedeutung	3	3. Verpflichtete	29
III. Tatbestand	4	IV. Rechtsfolgen	30
1. Betroffene Informationen	4	1. Allgemeiner Vertraulichkeitsschutz	30
2. Adressatenkreis	7	2. Besonderer Vertraulichkeitsschutz	31
IV. Rechtsfolge	9	3. Verfahren	34
1. Verwertungsbeschränkung	9	4. Rechtsschutz	35
2. Zufallsfunde	10	5. Schadensersatzpflicht	36
3. Weiterleitungsverbot	11	V. Verhältnis zu anderen Vorschriften	37
4. Einschränkung des Weiterleitungsverbots	13	1. Art. 30 – Veröffentlichung von Entscheidungen	37
V. Verhältnis zu anderen Vorschriften	14	2. Art. 11, 12, 14, 15 und 27 – besonderer Vertraulichkeitsschutz	38
1. Art. 12 und 15 – Informationsaustausch	14	3. Parallelvorschriften	39
2. Parallelvorschriften	15		
B. Art. 28 Abs. 2 (Amtsverschwiegenheit)			
I. Sinn und Zweck der Regelung	16		
II. Praktische Bedeutung	18		
III. Tatbestand	19		
1. Dem allgemeinen Vertraulichkeitsschutz unterfallende Informationen	19		
a) Art der geschützten Informationen	20		
b) Herkunft der Informationen	22		

Einleitung

Art. 28 befasst sich in seinen beiden Absätzen mit unterschiedlichen, aber zusammenhängenden Regelungsgegenständen, die beide durch die Artikelüberschrift „Berufsgeheimnis" schlecht umschrieben werden (vgl. Rn. 2 und 17). Art. 28 Abs. 1 beschränkt die Verwertungsmöglichkeiten von mittels der VO 1/2003 eingeholten Informationen. Abs. 2 befasst sich mit der Pflicht zur Amtsverschwiegenheit, also der Behandlung vertraulicher Informationen – insbesondere von Geschäftsgeheimnissen – im kartellrechtlichen Verfahren. Die beiden Regelungen überschneiden sich zum Teil, u. a. insofern, als sich aus dem Verbot der Offenlegung vertraulicher Informationen auch Einschränkungen hinsichtlich deren Verwertung ergeben. 1

A. Art. 28 Abs. 1 (Verwertungsbeschränkung)

I. Sinn und Zweck der Regelung

Art. 28 Abs. 1 beschränkt die **Verwertungsmöglichkeiten** der im Rahmen von Ermittlungsmaßnahmen nach dem fünften Kapitel der VO 1/2003 (Art. 17–22) erzielten Informationen. Die Norm ist eine **Ausprägung des** zu den allgemeinen Grundsätzen des Gemeinschaftsrechts[1] zählenden **Gebots der Wahrung der Verteidigungsrechte**[2] der 2

---

[1] S. die Erläuterungen hierzu in Art. 20, Rn. 11.
[2] S. hierzu allg. Art. 20, Rn. 13 und dort Fn. 32.

betroffenen Unternehmen und Unternehmensvereinigungen im Hinblick auf den jeder Ermittlungsmaßnahme (jedenfalls potentiell) anhaftenden Eingriffscharakter. Die Einschränkung hinsichtlich der speziellen Vorschriften der Art. 12 und 15 lässt im Interesse des Funktionierens der Zusammenarbeit im Netz der Europäischen Wettbewerbsbehörden (*European Competition Network* – ECN) und zur Stärkung der dezentralen Anwendung der Wettbewerbsvorschriften einen Informationsaustausch zwischen den Wettbewerbsbehörden untereinander (Art. 12) und zwischen den Wettbewerbsbehörden und den nationalen Gerichten (Art. 15) zu.[3] Die Artikelüberschrift **„Berufsgeheimnis"** ist im Hinblick auf den Anwendungsbereich des Abs. 1 unpassend. Passender wäre die Bezeichnung „Verwertungsbeschränkung" oder „Zweckbindung erlangter Informationen".

II. Praktische Bedeutung

3   Die praktische Bedeutung der Vorschrift des Art. 28 Abs. 1 liegt zum einen im Bereich der Behandlung von **Zufallsfunden,** d.h. der Behandlung von Informationen, die im Rahmen von Ermittlungshandlungen, insbesondere von Nachprüfungen, erlangt wurden, aber nicht von dem Gegenstand und Zweck der Ermittlungsmaßnahme erfasst werden (s. Rn. 10). Daneben ist die Bestimmung von Bedeutung in Fällen, in denen kartellrechtlich relevante Sachverhalte auch Anlass für anderweitige zivilrechtliche oder behördliche Verfahren (etwa Steuer- oder Strafverfahren) geben, und die Frage entschieden werden muss, inwieweit die von der Wettbewerbsbehörde ermittelten Informationen diesbezüglich einem **Weiterleitungsverbot** unterliegen (s. Rn. 11 f.).

III. Tatbestand

1. Betroffene Informationen

4   Art. 28 Abs. 1 verweist hinsichtlich der Verwertungsbeschränkung auf Informationen, die durch Ermittlungsmaßnahmen nach Art. 17–22 erlangt wurden. In den Schutzbereich des Art. 28 Abs. 1 fallen damit neben im Rahmen von Nachprüfungen und Auskunftsersuchen erhaltenen Informationen insbesondere auch **im Rahmen eines Antrags auf Kronzeugenbehandlung** abgegebene mündliche Erklärungen nach Art. 19 (*leniency statements,* vgl. hierzu Art. 19, Rn. 3 und nachfolgend Rn. 7). Darüber hinaus können auch im Rahmen eines Ermittlungsverfahrens anderweitig eingeholte Informationen einer Verwertungsbeschränkung unterfallen, insbesondere **freiwillig übermittelte vertrauliche Informationen.**[4] Dies ergibt sich zum einen daraus, dass Art. 28 Abs. 1 eine Ausprägung des allgemeinen Gebots der Wahrung der Verteidigungsrechte ist (vgl. Rn. 2), zum anderen aus dem Gebot der Amtsverschwiegenheit (Art. 28 Abs. 2). Hinsichtlich **unrechtmäßig erworbener Informationen** besteht hingegen nicht nur eine Verwertungsbeschränkung nach Art. 28 Abs. 1; der EuGH hat vielmehr wiederholt klargestellt, dass die Kommission überhaupt daran gehindert ist, unrechtmäßig erworbene Informationen zu Lasten eines Unternehmens zu verwerten.[5]

5   Nicht erfasst werden Informationen, die mitgliedstaatliche Wettbewerbsbehörden in rein nationalen Verfahren erlangen, selbst wenn diese Verfahren (vermutete) Wettbewerbsverstöße nach Art. 81 und 82 EG zum Gegenstand haben.[6]

---

[3] Vgl. die Kommentierungen zu Art. 12 und Art. 15 sowie nachfolgend Rn. 7 f.
[4] Ebenso *de Bronett*, Art. 28, Rn. 3; *Sura* in: Langen/Bunte, Art. 28, Rn. 3; *Ritter* in: Immenga/Mestmäcker, Art. 28, Rn. 3; differenziert *Miersch* in: Dalheimer/Feddersen/Miersch, Art. 28, Rn. 3.
[5] Beschlüsse des Präsidenten des EuGH vom 26. 3. 1987, Rs. 46/87 – *Hoechst/Kommission* Slg. 1987, S. 1549 Rn. 34; vom 28. 10. 1987, Rs. 85/87 – *DOW Chemical Nederland/Kommission* Slg. 1987, S. 4367, Rn. 17.
[6] Zur Situation nach deutschem Recht, vgl. *Werner* in: Wiedemann, Handbuch des Kartellrechts, § 52, Rn. 43 f.

Der Schutz des Abs. 1 steht zur **Disposition** der betroffenen Unternehmen, die damit generell oder hinsichtlich bestimmter Informationen auf die Geltung des Verwertungsverbotes verzichten können. Dies folgt aus den geschützten Rechtsgütern, dem Schutz von vertraulichen Informationen und der Wahrung der Verteidigungsrechte.[7]

2. Adressatenkreis

Art. 28 Abs. 1 benennt keine konkreten Adressaten der darin enthaltenen Verwendungsbeschränkung. Nachdem er aber ausdrücklich auf die gemäß Art. 17–22 erlangten Informationen Bezug nimmt, richtet er sich in erster Linie an die gemäß diesen Vorschriften ermittelnden Behörden, also die Kommission und im Fall des Art. 22 die mitgliedstaatlichen Wettbewerbsbehörden. Mit Blick auf die **dezentrale Anwendung der Art. 81 und 82 EG** ist der **Kreis der (potenziellen) Empfänger** der erlangten Informationen durch die spezielleren und Art. 28 Abs. 1 vorgehenden Vorschriften der Art. 12 und Art. 15 jedoch **erweitert.** Dementsprechend enthält zumindest Art. 12 in Abs. 2 eine eigene, allerdings weniger eng gefasste Verwendungsbeschränkung. Im Ergebnis lässt Art. 28 Abs. 1 i. V. m. Art. 12 die Verwertung der betroffenen Informationen durch sämtliche Mitglieder des Netzes der Wettbewerbsbehörden zu – allerdings nur zu den in Art. 12 Abs. 2 genannten Zwecken (Verfolgung von Verstößen gegen Art. 81 und 82 EG oder nationale Parallelschriften).[8] Innerhalb des Netzes sind damit nach der VO 1/2003 die vom EuGH zur Vorgängerverordnung VO 17/62 aufgestellten Grundsätze, wonach die mitgliedstaatlichen Behörden keine von der Kommission erlangten Informationen als Beweismittel verwerten dürfen[9] und die Kommission keine Informationen verwerten darf, die nicht durch Ermittlungsmaßnahmen nach der VO 17/62 erlangt wurden,[10] aufgehoben.[11] Entgegen dem Wortlaut des Art. 12, auf den Abs. 1 ohne Einschränkung verweist, werden nach der Netzbekanntmachung der Kommission[12] bei einem Antrag auf **Kronzeugenbehandlung** freiwillig nach Art. 19 gemachte Aussagen einem anderen Netzmitglied allerdings grundsätzlich nur mit dem Einverständnis des Antragstellers übermittelt (Rn. 40 der Netzbekanntmachung).[13]

Weiterhin vom Verwertungsverbot des Art. 28 Abs. 1 ausgenommen ist die **Weiterleitung** von Informationen **an nationale Gerichte** zur Verwendung im Rahmen von Verfahren nach Art. 81 oder 82 EG (vgl. Art. 15 Abs. 1). Neben diesem Hinweis auf den Ver-

---

[7] Vgl. EuGH U. v. 17. 10. 1989, Rs. 85/87 – *DOW Benelux NV/Kommission* Slg. 1989, S. 3137, Rn. 19; so i. E. auch *Lampert/Niejahr/Kübler/Weidenbach,* EG-KartellVO, Art. 28, Rn. 564; *Sura* in: Langen/Bunte, Art. 28, Rn. 2.

[8] Vgl. hierzu Art. 12, Rn. 10 f.

[9] EuGH U. v. 16. 7. 1992, Rs. C-67/91 – *Dirección General de Defensa de la Competencia/Asociación Española de Banca Privada* Slg. 1992, I-4785 (nachfolgend *Spanische Banken*), Rn. 42; *EuG* U. v. 20. 2. 2001, Rs. T-112/98 – *Mannesmannröhren-Werke AG/Kommission* Slg. 2001, II-729, Rn. 85 f.

[10] EuGH U. v. 10. 11. 1993, Rs. C-60/92 – *OTTO BV/Postbank NV* Slg. 1993, I-5683, Rn. 20. Soweit die so erlangten Informationen nicht in den Schutzbereich des Art. 28 Abs. 1 fallen (weil sie nicht im Rahmen einer Zusammenarbeit nach Art. 22 erlangt wurden, sondern durch rein nationale Ermittlungsmaßnahmen), ergibt sich diese Änderung unmittelbar aus Art. 12. Bedenken gegen diese Auflockerung des Verwertungsverbotes äußern *Schwarze/Weitbrecht* in: Grundzüge des europäischen Kartellverfahrensrechtes, 2. Teil, § 5, Rn. 28. Zu folgen ist den Autoren, wenn sie fordern, dass die neuen Regeln, soweit sie eine Relativierung des Verwertungsverbots bedeuten können, einschränkend zu interpretieren sind. Dies gebietet die primärrechtlich in Art. 287 EG verankerte Pflicht zur Wahrung des Berufsgeheimnisses und das zu den allgemeinen Grundsätzen des Gemeinschaftsrechts zählende Gebot der Wahrung der Verteidigungsrechte.

[11] *Miersch* in: Dalheimer/Feddersen/Miersch, Art. 28, Rn. 9.

[12] Bekanntmachung der Kommission über die Zusammenarbeit innerhalb des Netzes der Wettbewerbsbehörden („Netzbekanntmachung"), ABl. 2004 C 101/43.

[13] Ausnahmen vom Erfordernis des Einverständnisses sind in Rn. 41 der Netzbekanntmachung bestimmt; vgl. hierzu Art. 12, Rn. 16 f.

fahrensgegenstand enthält Art. 15 allerdings keine konkretere Regelung hinsichtlich der möglichen Verwertung der an ein Gericht übermittelten Informationen, was unter dem Aspekt des Vertraulichkeitsschutzes nach Art. 28 Abs. 2 nicht unbedenklich ist. Die Kommission hat sich deshalb eine Selbstbeschränkung auferlegt, wonach sie vor der Übermittlung Erkundigungen hinsichtlich des Schutzes und der Verwertung vertraulicher Informationen einholt und von einer Übermittlung absieht, wenn adäquater Schutz nicht gewährleistet ist.[14]

IV. Rechtsfolge

1. Verwertungsbeschränkung

9   Informationen, die in den Anwendungsbereich des Abs. 1 fallen, unterliegen einer engen **Zweckbindung.** Diese wird nicht durch den allgemeinen mit der VO 1/2003 verfolgten Zweck der Durchsetzung von Art. 81 und 82 EG umschrieben, sondern ist enger und bestimmt sich nach dem **Zweck der konkreten Ermittlungsmaßnahme,** welcher wiederum **im Zusammenhang mit dem Gegenstand** der Ermittlungsmaßnahme steht.[15] Die einer Ermittlungsmaßnahme zugrunde liegende (förmliche oder formlose) Entscheidung der Kommission (bzw. im Fall des Art. 22 Abs. 1 der nationalen Wettbewerbsbehörde) legt somit – durch die Bezeichnung des Gegenstands und des Zwecks – die Verwertungsmöglichkeiten der erlangten Informationen fest.[16] Insbesondere dürfen die erlangten Informationen nicht in einem anderen, parallel oder zeitlich versetzt anhängigen Verfahren als Beweismittel gegen die betroffenen Unternehmen verwendet werden. Um diese enge Zweckbindung im Hinblick auf die abverlangten Mitwirkungspflichten der Unternehmen und Unternehmensvereinigungen sowie deren Verteidigungsrechte nicht auszuhöhlen, **müssen Gegenstand und Zweck** der Ermittlungsmaßnahme in den betreffenden Beschlüssen oder Entscheidungen **hinreichend klar bestimmt sein.**[17] Im Fall der freiwilligen Übermittlung von Informationen (vgl. Rn. 4), beispielsweise im Rahmen einer

---

[14] Rn. 25 der Bekanntmachung der Kommission über die Zusammenarbeit zwischen der Kommission und den Gerichten der EU-Mitgliedstaaten bei der Anwendung der Artikel 81 und 82 des Vertrags, ABl. 2004 C 101/54. Danach wird die Kommission *„vor der Übermittlung von Informationen, die unter das Berufsgeheimnis fallen, das einzelstaatliche Gericht darauf hinweisen, dass es nach dem Gemeinschaftsrecht zur Wahrung der Rechte verpflichtet ist, die natürlichen und juristischen Personen durch Artikel 287 des Vertrags verliehen werden, und das Gericht danach fragen, ob es den Schutz von vertraulichen Informationen und Geschäftsgeheimnissen gewährleisten kann und wird. Kann das einzelstaatliche Gericht diese Gewähr nicht bieten, so wird die Kommission die unter das Berufsgeheimnis fallenden Informationen nicht an das einzelstaatliche Gericht weiterleiten."* Vgl. auch EuGH U. v. 6. 12. 1990, Rs. 2/88 – Zwartveld Slg. 1990, 4405 Rn. 10 f., wo darauf hingewiesen wird, dass die Gemeinschaftsorgane zur loyalen Zusammenarbeit mit den Gerichten der Mitgliedstaaten verpflichtet seien, und dass die Weigerung, einem nationalen Gericht bestimmte Schriftstücke zu übermitteln, durch sachliche Gründe gerechtfertigt sein muss. Die fehlende Gewähr eines Schutzes von vertraulichen Informationen ist als ein solcher Grund einzustufen. Nach *Lampert/Niejahr/Kübler/Weidenbach,* EG-KartellVO, Art. 15, Rn. 302 ist die Selbstbeschränkung der Kommission primärrechtlich geboten (Art. 287 EG); vgl. *Miersch* in: Dalheimer/Feddersen/Miersch, Art. 28, Rn. 9; *Sura* in: Langen/Bunte, Art. 28, Rn. 7; vgl. die Kommentierung zu Art. 15, Rn. 11 f., 26.

[15] *Bischke* in: MüKo, Art. 28, Rn. 3; vgl. die Bezugnahme auf Gegenstand und Zweck in Art. 18 Abs. 2 (der Gegenstand ist zwangsläufig durch die verlangten Auskünfte bestimmt); Art. 19 Abs. 1 i. V. m. Art. 3 Abs. 3 VO 773/2004; Art. 20 Abs. 3 Satz 1; Art. 20 Abs. 4 Satz 2; Art. 21 Abs. 2 Satz 1; vgl. zum Begriff des Gegenstands und Zwecks einer Ermittlungsmaßnahme die Kommentierung zu Art. 18, Rn. 8, 10; Art. 20, Rn. 56 f.

[16] EuGH – *DOW Benelux NV/Kommission* a. a. O. (Fn. 7), Rn. 17 f.; *Woude,* Exchange of Information within the European Competition Network: Scope and Limits, unter III.3.

[17] Vgl. hierzu Art. 18, Rn. 8, 10; Art. 20, Rn. 56 f.; zur Zweckbindung siehe *Sura* in: Langen/Bunte, Art. 28, Rn. 4 f.; *Miersch* in: Dalheimer/Feddersen/Miersch, Art. 28, Rn. 6 f.

Beschwerde oder als Antwort auf eine informelle Anfrage der Kommission, ergibt sich die Zweckbindung entsprechend aus dem intendierten Untersuchungsgegenstand.[18]

2. Zufallsfunde

Eine Behörde ist allerdings nicht verpflichtet, aufgrund der engen Zweckbindung nicht verwertbare Informationen, die sie durch eine Ermittlungsmaßnahme erhalten hat („Zufallsfunde"), völlig aus dem Gedächtnis zu verbannen. Ungeachtet der praktischen Unmöglichkeit der Durchsetzung einer solchen Pflicht zur „akuten Amnesie"[19] ist vom *EuGH* anerkannt, dass die Kommission diese Informationen zum **Anlass** nehmen darf, um sie im Rahmen **eines neuen Untersuchungsverfahrens** auf ihre Richtigkeit zu überprüfen oder zu vervollständigen, wenn sie einen Hinweis auf einen Verstoß gegen Wettbewerbsvorschriften liefern.[20] Nach Ansicht des *EuGH* ginge ein dem entgegenstehendes Verbot über das hinaus, was zum Schutz der **Geheimhaltungsinteressen** und der **Verteidigungsrechte** der betroffenen Unternehmen notwendig ist, und würde die Kommission (ebenso eine nationale Wettbewerbsbehörde) in unzulässiger Weise bei der Erfüllung ihrer Aufgabe behindern, über die Einhaltung der Wettbewerbsregeln im Gemeinsamen Markt zu wachen.[21] Der gleiche Grundsatz gilt nach Ansicht des *EuGH*, wenn es sich um übermittelte Informationen und nicht um von der Wettbewerbsbehörde selbst ermittelte Informationen handelt.[22]

3. Weiterleitungsverbot

Allerdings stellte der *EuGH* auch klar, dass die zuständigen nationalen Wettbewerbsbehörden (gleiches gilt für die Kommission) gemäß Art. 287 EG (und in seinem Anwendungsbereich auch gemäß Art. 28) *„darauf zu achten [haben], daß sie unter das Berufsgeheimnis fallende Informationen nicht an andere nationale Behörden oder Dritte weitergeben."*[23] Danach sind die Wettbewerbsbehörden grundsätzlich nicht befugt, unter den Vertraulichkeitsschutz nach Art. 28 Abs. 2 fallende Informationen (s. Rn. 20) an **andere Behörden** (beispielsweise Finanz-, Strafverfolgungs- und Zollbehörden) weiterzuleiten, selbst wenn diese Informationen einen Anfangsverdacht zur Einleitung eines Verfahrens durch diese Behörden stützen (vgl. aber nachfolgend Rn. 12).[24] Im Verhältnis zu den Wettbewerbsbehörden der USA hat das Verbot der Weiterleitung von nach Art. 28 (vormals Art. 20 VO 17/62) geschützten Informationen Eingang in einen „Interpretativen Schriftwechsel" gefunden.[25]

---

[18] *Sura* in: Langen/Bunte, Art. 28, Rn. 4.
[19] So der EuGH in *Spanische Banken* (a. a. O. Fn. 9), Rn. 39 mit Verweis auf die Wortwahl der Kommission und des vorlegenden *Tribunal de Defensa de la Competencia*.
[20] EuGH – *DOW Benelux NV/Kommission* (a. a. O. Fn. 7), Rn. 19; *Spanische Banken* (a. a. O. Fn. 9), Rn. 39; EuG U. v. 18. 9. 1996, Rs. T-353/94 – *Postbank* Slg. 1996, II-921, Rn. 70; GK/*Schütz*, Art. 28, Rn. 3; *Ritter* in: Immenga/Mestmäcker, Art. 28, Rn. 9.
[21] EuGH – *DOW Benelux NV/Kommission* a. a. O. (Fn. 7), Rn. 19; vgl. *Bischke* in: MüKo, Art. 28, Rn. 3.
[22] EuGH – *Spanische Banken* a. a. O. (Fn. 9), Rn. 39; EuG U. v. 18. 9. 1996, Rs. T-353/94 – *Postbank NV/Kommission* Slg. 1996, II-921 Rn. 70: „[…] nur als Verdachtsgründe verwerten, die die Einleitung eines nationalen Verfahrens rechtfertigen".
[23] EuGH – *Spanische Banken* a. a. O. (Fn. 9), Rn. 41 f.
[24] Ebenso *Grützner/Reimann/Wissel*, Richtiges Verhalten bei Kartellamtsermittlungen in Unternehmen, S. 153 (Rn. 231); *Miersch* in: Dalheimer/Feddersen/Miersch, Art. 28, Rn. 8 – der allerdings eine Weiterleitung an andere Dienststellen der Kommission zwecks Einleitung neuer Ermittlungen für legitim hält und nur die unmittelbare Verwendung als Beweismittel für unzulässig hält (vgl. auch Rn. 30).
[25] Abkommen zwischen den Europäischen Gemeinschaften und der Regierung der Vereinigten Staaten von Amerika über die Anwendung ihrer Wettbewerbsregeln – Interpretativer Briefwechsel, ABl. 1995 L 95/47: „*in order to ensure a clear understanding of the European Communities' interpretation of the Agreement, we set out below two interpretative statements: 1. […] Article VIII (1)* [Bestimmung über die

12 Das Weiterleitungsverbot an andere Behörden besteht selbst in Fällen, in denen Informationen gleichzeitig auf die Verwirklichung von Art. 81 oder 82 EG als auch einer **kartellrechtlichen Strafvorschrift** hindeuten, sofern in solchen Fällen eine von den nationalen Wettbewerbsbehörden unabhängige Behörde (z. B. die Staatsanwaltschaft) für die Strafverfolgung zuständig ist.[26]

4. Einschränkung des Weiterleitungsverbots

13 Da das Verbot der Weiterleitung sich auch aus der Pflicht zur Amtsverschwiegenheit nach Art. 28 Abs. 2 ergibt, fallen darunter nur nach dieser Vorschrift geschützte Informationen, also Geschäftsgeheimnisse und sonstige vertrauliche Informationen (s. Rn. 20, 23 ff.). Andere tatsächliche Informationen (z. B. Zufallsfunde auf einem Computer, die auf Kapitalverbrechen oder Sexualdelikte eines Angestellten hindeuten), dürfen dagegen an die zuständigen Stellen weitergeleitet werden (vgl. hierzu nachfolgend Rn. 21).

V. Verhältnis zu anderen Vorschriften

1. Art. 12 und 15 – Informationsaustausch

14 Art. 28 Abs. 1 steht unter dem Vorbehalt der Art. 12 und 15. Danach ist der in Art. 12 geregelte **Austausch von Informationen zwischen den nationalen Wettbewerbsbehörden und der Kommission** zulässig. Allerdings enthält Art. 12 Abs. 2 und 3 ebenfalls eine **enge Zweckbindung,** nach der die Verwertung der übermittelten Informationen auf die Durchsetzung von Art. 81 und 82 EG sowie von nationalen Parallelvorschriften durch die nationalen Wettbewerbsbehörden beschränkt ist.[27] Art. 15 regelt die **Weitergabe von Informationen an mitgliedstaatliche Gerichte,** die mit Verfahren nach Art. 81 oder 82 EG befasst sind. Die Möglichkeiten und Grenzen der Verwertung übermittelter Informationen durch die Gerichte sind in Art. 15 nicht konkret geregelt, was nicht unbedenklich ist (vgl. die Kommentierung zu Art. 15, Rn. 11 f., 26 und oben Rn. 8).

2. Parallelvorschriften

15 In Art. 9 des Protokolls 23 über die Zusammenarbeit zwischen den Überwachungsorganen im **Europäischen Wirtschaftsraum** (basierend auf Art. 58 des Abkommens über den Europäischen Wirtschaftsraum),[28] Art. 9 des Protokolls 24 über die Zusammenarbeit im Bereich der **Kontrolle von Unternehmenszusammenschlüssen** im Europäischen Wirtschaftsraum (ebenfalls basierend auf Art. 58 des Abkommens über den Europäischen Wirtschaftsraum),[29] Art. 24 VO 4056/86[30] und Art. 17 VO 139/2004[31] sind entsprechende Vorschriften enthalten, die eine Verwertung von Informationen einschränken.

Behandlung vertraulicher Informationen] *should be understood to mean that the information covered by the provisions of Article 20 of Council Regulation 17/62 may not under any circumstances be communicated by the Commission to the US antitrust authorities, save with the express agreement of the source concerned. Similarly, the information referred to in Articles II (6) and III of the Agreement* [Bestimmungen über den Austausch von Informationen] *may not include information covered by Article 20 of Regulation 17/62 nor by similar provisions of regulations of equivalent application save with the express agreement of the source concerned.*"

[26] So kann ein Kartell nach Art. 81 EG Handlungen umfassen, die in Deutschland zugleich den Tatbestand des Submissionsbetrugs nach § 298 StGB erfüllen.

[27] Vgl. bereits Rn. 7 und die Kommentierung zu Art. 12, Rn. 5.

[28] ABl. 1994 L 1/186.

[29] ABl. 1994 L 1/188.

[30] Verordnung (EWG) Nr. 4056/86 des Rates vom 22. 12. 1986 über die Einzelheiten der Anwendung der Artikel 8[1] und 8[2] des Vertrages auf den Seeverkehr, ABl. 1986 L 378/4.

[31] Verordnung (EG) Nr. 139/2004 des Rates vom 20. 1. 2004 über die Kontrolle von Unternehmenszusammenschlüssen („EG-Fusionskontrollverordnung"), ABl. 2004 L 24/1.

B. Art. 28 Abs. 2 (Amtsverschwiegenheit)

I. Sinn und Zweck der Regelung

Art. 28 Abs. 2 zielt auf den **Schutz vertraulicher Informationen** und stellt, jedenfalls soweit Bedienstete der Gemeinschaftsorgane betroffen sind, eine Konkretisierung der in Art. 287 EG primärrechtlich bestimmten **Geheimhaltungspflicht bzw. Pflicht zur Amtsverschwiegenheit** für Verfahren zur Anwendung von Art. 81 und 82 EG dar.[32] Allerdings zeigt der Verweis auf den Vorrang der Art. 11, 14, 15, 27 und insbesondere des Art. 12, dass die Weiterleitung auch von vertraulichen Informationen (insbesondere innerhalb des Netzes der Wettbewerbsbehörden[33]) im System der dezentralen Anwendung der Wettbewerbsregeln eine zentrale Rolle spielen soll. Dem trägt Art. 28 Abs. 2 zum einen dadurch Rechnung, dass die nationalen Wettbewerbsbehörden ausdrücklich als Adressaten der Verschwiegenheitspflicht genannt und hervorgehoben werden, zum anderen dadurch, dass auch alle (nach Art. 12) ausgetauschten Informationen geschützt sind (selbst wenn die Kommission nicht am Austausch beteiligt war und die betroffene Information nach nationalen Vorschriften eingeholt wurde). Wenngleich damit der Schutz vertraulicher Informationen zwar regelungstechnisch gewährleistet bleibt, stellt sich die Frage, ob Vertraulichkeit aus praktischer Sicht tatsächlich gewährleistet werden kann, wenn Informationen an Wettbewerbsbehörden in 27 Mitgliedstaaten verteilt werden. 16

Sowohl die (aus Art. 287 EG stammende) Artikelüberschrift „**Berufsgeheimnis**" als auch die Verwendung dieses Begriffes in Art. 28 Abs. 2 sind irreführend und spiegeln – jedenfalls nach deutschem Verständnis – nur höchst unvollständig die aufgezeigte Zielrichtung und Bedeutung der Vorschrift wider. Passender wäre die Bezeichnung Pflicht zur „Amtsverschwiegenheit".[34] 17

II. Praktische Bedeutung

Die sich aus Art. 28 Abs. 2 ergebende Verschwiegenheitspflicht hat große praktische Bedeutung. In fast allen Verfahren zum Vollzug von Art. 81 und 82 EG spielen vertrauliche Informationen der verschiedenen Beteiligten eine wichtige Rolle. Oft ergeben sich hinsichtlich des Schutzes solcher vertraulicher Informationen **Interessengegensätze zwischen den Beteiligten** (Behörde, Beschuldigte und Dritte), die nach Art. 28 Abs. 2 und den damit in Zusammenhang stehenden Vorschriften zu lösen sind. Für das Verständnis des Schutzes und der Behandlung vertraulicher Informationen im praktischen Verfahren ist die **Unterscheidung** wichtig zwischen dem **allgemeinen Vertraulichkeitsschutz,** der in Art. 28 Abs. 2 geregelt ist (Informationen, die ihrem „Wesen nach unter das Berufsgeheimnis fallen"), und dem **besonderen Vertraulichkeitsschutz,** der in verschiedenen anderen Bestimmungen geregelt ist – insbesondere in den Vorschriften, die in Art. 28 Abs. 2 als vorrangig vor dem allgemeinen Vertraulichkeitsschutz angeführt sind. Während der allgemeine Vertraulichkeitsschutz sehr weitreichend Informationen umfasst, aber nur 18

---

[32] EuGH U. v. 24. 6. 1986 Rs. 53/85 – *AKZO Chemie/Kommission* Slg. 1986, 1985 Rn. 26; GK/*Schütz*, Art. 28, Rn. 1 m. w. N.

[33] Vgl. die Netzbekanntmachung a. a. O. (Fn. 12).

[34] In der Rs. 53/85 – *AKZO Chemie/Kommission* stellte Generalanwalt Lenz im Schlussantrag fest (Slg. 1986, S. 1966 (1977)): „*Begrifflich ist der Ausdruck ‚Berufsgeheimnis' allerdings zu eng – da er zumindest im Deutschen nur die standesrechtlichen Verschwiegenheitspflichten der sogenannten freien Berufe erfassen würde. Dieser Begriff ist deswegen umfassender als ‚Amtsgeheimnis' oder als ‚Amtsverschwiegenheit' aufzufassen.*" Netzbekanntmachung, a. a. O. (Fn. 12), Rn. 28 lit. a: „*Der in Artikel 28 […] verwendete Ausdruck „Berufsgeheimnis" ist ein Begriff des Gemeinschaftsrechts, der insbesondere Geschäftsgeheimnisse und andere vertrauliche Informationen umfasst.*" Ebenso *Sura* in: Langen/Bunte, Art. 28, vor Rn. 8; *Ritter* in: Immenga/Mestmäcker, Art. 28, vor Rn. 18.

ein geringes Schutzniveau gewährt, ist der besondere Vertraulichkeitsschutz im Wesentlichen auf den **Schutz von Geschäftsgeheimnissen** beschränkt, gewährt dafür aber ein hohes Schutzniveau. In der Praxis spielt der Bereich des besonderen Vertraulichkeitsschutzes die wesentlich wichtigere Rolle, insbesondere die Frage, ob bestimmte Informationen als Geschäftsgeheimnis einzustufen sind und, falls ja, wann und in welcher Weise sie dennoch offen gelegt werden können.

III. Tatbestand

1. Dem allgemeinen Vertraulichkeitsschutz unterfallende Informationen

19 Nach dem Wortlaut von Art. 28 Abs. 2 werden in Konkretisierung von Art. 287 EG Informationen geschützt, die von der Kommission oder einer mitgliedstaatlichen Wettbewerbsbehörde bei der Anwendung der Verordnung 1/2003 erlangt oder ausgetauscht wurden und *„die ihrem Wesen nach unter das Berufsgeheimnis fallen"*.

20 a) **Art der geschützten Informationen.** Der zentrale Begriff des **Berufsgeheimnisses**, der darüber entscheidet, ob eine Information unter den Schutz des Abs. 2 fällt oder nicht, ist **irreführend** und zu eng. Er bezieht sich insbesondere nicht auf Verschwiegenheitspflichten, die auf bestimmte Berufsgruppen (standesrechtlich) anwendbar sind, was der deutsche Sprachgebrauch nahe legen würde.[35] Der *EuGH* hat bisher zur Reichweite des allgemeinen Vertraulichkeitsschutzes noch kaum konkret Stellung bezogen. Allerdings steht fest, dass jedenfalls Geschäftsgeheimnisse (s. Rn. 25 f.) Informationen sind, die ihrem Wesen nach unter das Berufsgeheimnis fallen.[36] Die Kommission versteht den Begriff sehr weit als alle Informationen umfassend, die nicht *„so belanglos sind, daß sie keine Vertraulichkeit verdienen."*[37] Im Ergebnis werden damit **alle Informationen geschützt, die nicht jedermann zugänglich sind.**[38] Neben Geschäftsgeheimnissen und „sonstigen vertraulichen Informationen", die zudem im Bereich des besonderen Vertraulichkeitsschutzes Schutz genießen (s. Rn. 23 f.), schützt Art. 28 Abs. 2 damit auch andere, nicht öffentlich zugängliche Informationen. Dabei kann es sich z.B. um die **Namen von Unternehmen und Unternehmensvereinigungen** handeln, gegen die sich eine Untersuchung richtet.[39] Sofern Unternehmen oder natürliche Personen einer Wettbewerbsbehörde Informationen **freiwillig** zur Verfügung stellen und dabei ausdrücklich auf den **Vorbehalt der Vertraulichkeit hinweisen**, ist die Behörde im Rahmen des Art. 28 Abs. 2 an die Vertraulichkeit gebunden, wenn sie die Informationen entgegennimmt.[40] Hinsichtlich freiwilliger Angaben von Verfahrensbetroffenen, gegen die sich ein Verfahren richtet, dürfte dies allerdings einschränkend nur für tatsächlich vertrauliche Informationen gelten.[41]

21 Nicht in den Schutzbereich des Abs. 2 fallen Informationen, die **objektiv** nicht **schutzwürdig** sind.[42] So genießen beispielsweise im Rahmen einer Nachprüfung erlangte Zufallsfunde auf einem Computer, die auf Sexualdelikte oder Kapitalverbrechen eines Angestellten

---

[35] Vgl. bereits Rn. 17 und Fn. 34.
[36] S. z.B. EuGH – *AKZO Chemie/Kommission* a.a.O. (Fn. 32), Rn. 28.
[37] *Kommission* Entsch. v. 13. 7. 1994, IV/C/33 833, ABl. 1994 L 243/1 – *Karton* Rn. 124.
[38] Zum Begriff des Berufsgeheimnisses vgl. *Sura* in: Langen/Bunte, Art. 28, Rn. 9; GK/*Schütz*, Art. 28, Rn. 6–8; *Kerse/Khan,* Chapter 2–071 f.; *Schwarze/Weitbrecht,* Grundzüge des europäischen Kartellverfahrensrechtes, 2. Teil, § 5, Rn. 26, jeweils m.w.N.
[39] Vgl. z.B. Kommission Antwort v. 6. 5. 1980, ABl. 1980 C 140/15.
[40] EuGH U. v. 7. 11. 1985, Rs. 145/83 – *Stanley Adams/Kommission* Slg. 1985, S. 3534 Rn. 34.
[41] So *Ritter* in: Immenga/Mestmäcker, 3. Auflage, EG-WbR Bd. II, S. 1885, mit Hinweis darauf, dass ansonsten beschuldigte Unternehmen durch freiwillige Übermittlung von Informationen deren Geheimhaltung bewirken könnten.
[42] *Zimmerling* in: Lenz/Borchardt, EU- und EG-Vertrag, Art. 287 EG, Rn. 7; Streinz/*Steinle,* EG Art. 287, Rn. 3.

hindeuten, zumindest hinsichtlich der Weiterleitung an Strafverfolgungsbehörden keinen Schutz (s. Rn. 13).

b) Herkunft der Informationen. Erfasst werden nach Art. 28 Abs. 2 nicht nur im Rahmen von Ermittlungsmaßnahmen nach den Art. 17–22 erlangte Informationen, sondern beispielsweise auch Informationen, die nach nationalen Verfahrensvorschriften erlangt und nach Art. 12 ausgetauscht wurden. Im Ergebnis fallen sämtliche Informationen in den Schutzbereich des Art. 28 Abs. 2, die der verpflichtete Personenkreis (Rn. 29) bei der Anwendung der VO 1/2003 erlangt. 22

2. Dem besonderen Vertraulichkeitsschutz unterfallende Informationen

Der allgemeine Vertraulichkeitsschutz des Art. 28 Abs. 2 steht ausdrücklich unter dem Vorbehalt des Austauschs und der Verwendung von Informationen gemäß Art. 11, 12, 14, 15 und 27. Insbesondere aus dem Verweis auf Art. 27, der Anhörungen und Akteneinsichten regelt, ergibt sich eine Einschränkung des in Art. 28 Abs. 2 normierten allgemeinen Vertraulichkeitsschutzes. So hat der *EuGH* in der Sache *AKZO Chemie/Kommission* eine **Einschränkung der allgemeinen Verschwiegenheitspflicht gegenüber Dritten, die im Rahmen des Verfahrens zu hören sind,** anerkannt, insbesondere gegenüber Beschwerdeführern. Gegenüber solchen Dritten kann die Kommission im Rahmen einer **Anhörung bzw. Akteneinsicht** bestimmte unter das Berufsgeheimnis fallende Auskünfte offen legen, soweit dies für den ordnungsgemäßen Ablauf der Untersuchung erforderlich ist.[43] Gleiches gilt im Rahmen der (zu veröffentlichenden) **schriftlichen Stellungnahmen des Beratenden Ausschusses** nach Art. 14 sowie der **Veröffentlichung von Entscheidungen** nach Art. 30 (obwohl Art. 30 in Art. 28 Abs. 2 nicht ausdrücklich genannt wird).[44] Über den Verweis auf Art. 27, der die Anhörung (im weiteren Sinn) der Parteien, der Beschwerdeführer und sonstiger Dritter bestimmt,[45] wird man zudem eine Einschränkung der Amtsverschwiegenheit in den Fällen der Art. 8 und Art. 15 VO 773/2004[46] (die Vorschriften konkretisieren die Akteneinsichtsrechte von Beschwerdeführern und Parteien) sowie des Art. 14 VO 773/2004 (die Vorschrift konkretisiert die Durchführung von Anhörungen) in Betracht ziehen müssen (vgl. Rn. 30–33). 23

Sämtliche der genannten Bestimmungen enthalten **eigene Regelungen zum Vertraulichkeitsschutz,** die dem allgemeinen Vertraulichkeitsschutz nach Art. 28 Abs. 2 vorgehen und die Geltung des Art. 287 EG und gegenläufige andere primärrechtliche Gebote (insbesondere Art. 3 Abs. 1 lit. g und 255 EG) im Rahmen der jeweiligen Verfahrenshandlungen zu einem angemessenen Ausgleich bringen. Gemeinsam ist all diesen Bestimmungen,[47] dass sie an den Begriff des **Geschäftsgeheimnisses** anknüpfen, ergänzt in den meisten Fällen durch den Hinweis auf **sonstige vertrauliche Informationen,** wobei die sonstigen vertraulichen Informationen – ebenso wie Geschäftsgeheimnisse – enger zu verstehen sind als der allgemeine Begriff der unter das Berufsgeheimnis fallenden Informationen in Art. 28 Abs. 2 (Rn. 20). Wenngleich die Begriffe Geschäftsgeheimnisse und sonstige vertrauliche Informationen in Art. 28 Abs. 2 nicht erwähnt sind, stehen sie doch in einem unmittelbaren Sachzusammenhang mit der Vorschrift und sind für deren Verständnis von Bedeutung. 24

---

[43] EuGH – *AKZO Chemie/Kommission* a. a. O. (Fn. 32), Rn. 27; U. v. 17. 11. 1987, verb. Rs. 142 und 156/84 – *BAT und Reynolds/Kommission* Slg. 1987, S. 4487 Rn. 21.
[44] Hinsichtlich des fehlenden Verweises auf Art. 30, vgl. Rn. 37.
[45] Vgl. die Kommentierung zu Art. 27, Rn. 2, 5 ff., 29 ff.
[46] Verordnung (EG) Nr. 773/2004 der Kommission vom 7. April 2004 über die Durchführung von Verfahren auf der Grundlage der Artikel 81 und 82 EG-Vertrag, ABl. 2004 L 123/18. Die Verordnung stützt sich insbesondere auf die Ermächtigung in Art. 33 VO 1/2003.
[47] Vgl. Art. 14 Abs. 6, Art. 27 Abs. 2 Satz 2 und Abs. 4 Satz 3, Art. 30 Abs. 2 VO 1/2003 sowie Art. 8 Abs. 1, Art. 14 Abs. 6 und 8, Art. 15 Abs. 2 und Art. 16 Abs. 1 VO 773/2004.

25 **a) Geschäftsgeheimnisse.** Der Begriff des Geschäftsgeheimnisses wird in Art. 28 selbst nicht erwähnt. Weder die VO 1/2003 noch die Durchführungsverordnung 773/2004 definiert oder konkretisiert den Begriff. Das *EuG* beschreibt Geschäftsgeheimnisse als *„Informationen, durch deren Preisgabe die Interessen des Auskunftgebers nicht nur dann, wenn sie an die Öffentlichkeit erfolgt, sondern auch bei bloßer Weitergabe an einen Dritten schwer beeinträchtigt werden können."*[48] Noch konkreter wird man sagen können, dass der Begriff jedenfalls **Informationen** umfasst, die ein Unternehmen einem Wettbewerber, Lieferanten, Abnehmer oder Verbraucher in der Regel nicht zugänglich macht, und **deren Kenntnis** für mögliche Empfänger **einen Vorteil im Wettbewerb oder in der Geschäftsbeziehung darstellt.** Die Mitteilung von Geschäftsgeheimnissen verringert regelmäßig eine dem Wettbewerb immanente Unsicherheit über das künftige Marktverhalten eines anderen Marktteilnehmers und beeinträchtigt damit – im Widerspruch zur Zielsetzung des Wettbewerbsrechts – die Selbständigkeit der unternehmerischen Marktstrategie.[49] Die Mitteilung der Kommission zur Akteneinsicht enthält Beispiele von Informationen, die in der Regel als Geschäftsgeheimnisse anzusehen sind.[50] Genannt sind technische und/oder finanzielle Angaben in Bezug auf das Know-how eines Unternehmens, Kostenrechnungsmethoden, Produktionsgeheimnisse und -verfahren, Bezugsquellen, produzierte und verkaufte Mengen, Marktanteile, Kunden- und Händlerlisten, Vermarktungspläne, Kosten- und Preisstrukturen oder Absatzstrategien.

26 Die Schutzbedürftigkeit einer Information kann hinsichtlich unterschiedlicher Marktteilnehmer verschieden sein und sich zudem im Laufe der Zeit ändern. So gelten **historische Marktdaten** in der Regel nicht als Geschäftsgeheimnisse, wobei die Kommission bei umsatz-, absatz- oder marktanteilsbezogenen Angaben diesbezüglich von einem schützenswerten Zeitraum von fünf Jahren auszugehen scheint.[51] Man wird allerdings im Einzelfall zu prüfen haben, ob und inwieweit einer älteren Information nach wie vor wirtschaftliche Bedeutung zukommt, die ihren Schutz rechtfertigt.[52]

27 Der Begriff des Geschäftsgeheimnisses ist – ebenso wie der weiter gefasste Begriff der Informationen, die unter das Berufsgeheimnis und damit den allgemeinen Vertraulichkeitsschutz des Art. 28 Abs. 2 fallen, – ein **objektiver Begriff,** der nicht vom Willen oder der subjektiven Einschätzung der Parteien (oder der Wettbewerbsbehörden) abhängt, sondern von der Verkehrsauffassung der beteiligten Marktteilnehmer bestimmt wird.[53] In der Praxis entscheiden allerdings (vorbehaltlich gerichtlicher Kontrolle, s. Rn. 35) die Wettbewerbsbehörden über diese Frage.[54] Dabei kommt der zuvor einzuholenden Einschätzung durch die betroffenen Unternehmen aber eine wichtige Indizfunktion zu.[55]

28 **b) Sonstige vertrauliche Informationen.** Auch der Begriff der „sonstigen vertraulichen Informationen" taucht in Art. 28 nicht auf, sondern nur in den verschiedenen Bestimmungen, auf die in Art. 28 Abs. 2 verwiesen wird (Rn. 24, Fn. 47). Nach Erwägungsgrund 13 zur Durchführungsverordnung 773/2004 umfasst der Begriff *„Informationen, die*

---

[48] EuG – *Postbank* a. a. O. (Fn. 20), Rn. 87.
[49] Vgl. *Sura* in: Langen/Bunte, Art. 28, Rn. 13–15; GK/*Schütz*, Art. 28, Rn. 10.
[50] Mitteilung der Kommission über die Regeln für die Einsicht in Kommissionsakten in Fällen einer Anwendung der Artikel 81 und 82 EG-Vertrag, Artikel 53, 54 und 57 des EWR-Abkommens und der Verordnung (EG) Nr. 139/2004, ABl. 2005 C 325/7 (nachfolgend „Mitteilung zur Akteneinsicht"), Rn. 18; weitere Nachweise bei *Kerse/Khan*, Chapter 2-072.
[51] Mitteilung zur Akteneinsicht, a. a. O. (Fn. 50), Rn. 23.
[52] EuG U. v. 19. 6. 1996 verb. Rs. T-134, 136, 141, 145, 147–8, 151, 156–7/94 – *NMH Stahlwerke u. a./Kommission* Slg. 1996, II-537 Rn. 25, 28 *(„Es kann nicht ausgeschlossen werden, daß diese Namen noch eine geschäftliche Bedeutung haben, obwohl die betreffenden Daten aus den Jahren 1987 und 1988 stammen."),* 32; *Kerse/Khan*, Chapter 2-072 m. w. N.
[53] GK/*Schütz*, Art. 28, Rn. 10.
[54] EuGH U. v. 19. 5. 1994, Rs. C-36/92 – *NV Samenwerkende Elektriciteits-Produktiebedrijven (SEP)/ Kommission* Slg. 1994, I-1911 Rn. 38; zum Verfahren im Einzelnen, vgl. Rn. 34.
[55] GK/*Schütz*, Art. 28, Rn. 6.

keine *Geschäftsgeheimnisse sind, aber insoweit als vertraulich angesehen werden können, als ein Unternehmen oder eine Person durch ihre Offenlegung erheblich geschädigt werden können"*.[56] In der Praxis sind insbesondere Angaben als „sonstige vertrauliche Informationen" einzustufen, mittels derer Beschwerdeführer oder sonstige Dritte identifiziert werden können und deren Offenlegung die Gefahr von Vergeltungsmaßnahmen (z. B. durch marktbeherrschende Unternehmen gegenüber Abnehmern oder durch Arbeitgeber gegenüber Arbeitnehmern) begründet.[57]

3. Verpflichtete

Von der Verschwiegenheitspflicht werden nicht nur die bereits nach Art. 287 EG primärrechtlich zur Geheimhaltung verpflichteten **Mitglieder der Kommission, Mitglieder des Beratenden Ausschusses sowie Beamten und sonstigen Bediensteten der Kommission** erfasst, sondern auch die **nationalen Wettbewerbsbehörden und ihre Bediensteten sowie die Bediensteten anderer nationaler Behörden** (sofern sie Zugang zu Informationen gemäß den Bestimmungen der VO 1/2003 haben). Die Verpflichtung erstreckt sich auch auf unter Aufsicht der bezeichneten Personen tätige Personen wie beispielsweise die **Begleitpersonen** im Fall von Ermittlungen nach Art. 19 Abs. 2 (Befragung), Art. 20 Abs. 2, 3, 5 und 6 (Nachprüfung) oder Art. 21 Abs. 4 (Nachprüfung in Wohnungen). Nach Art. 28 Abs. 2 Satz 2 erstreckt sich die Verpflichtung auch auf Vertreter und Experten der Mitgliedstaaten, die an Sitzungen des Beratenden Ausschusses teilnehmen. Der sehr weite zur Amtsverschwiegenheit verpflichtete Adressatenkreis korrespondiert mit dem Kreis der möglichen Empfänger geschützter Informationen unter der VO 1/2003, insbesondere nach Art. 11 und 12 (beide Vorschriften betreffen den Informationsaustausch zwischen der Kommission und den Wettbewerbsbehörden der Mitgliedstaaten) und Art. 14 (Informationsfluss im Rahmen des Beratenden Ausschusses).

IV. Rechtsfolgen

1. Allgemeiner Vertraulichkeitsschutz

Art. 28 Abs. 2 verbietet die Preisgabe der dem Berufsgeheimnis, also dem allgemeinen Vertraulichkeitsschutz unterfallenden Informationen. Das Verbot ist dem Schutzzweck der Norm entsprechend weit auszulegen und umfasst nicht nur die Veröffentlichung oder Mitteilung an unberechtigte Dritte von betroffenen Informationen, sondern auch alle anderen Handlungen, mittels derer geschützte Informationen der Öffentlichkeit oder einzelnen Dritten zugänglich gemacht werden können.[58] Neben der Bekanntgabe an Personen außerhalb des Verwaltungsbereiches, einschließlich Wettbewerbsbehörden und Gerichte außerhalb der Gemeinschaft, ist auch die Bekanntgabe an andere mitgliedstaatliche Behörden (z. B. Finanz-, Strafverfolgungs- und Zollbehörden) verboten.[59] Sogar eine behördeninterne

---

[56] A. a. O. (Fn. 46); ebenso Mitteilung zur Akteneinsicht, a. a. O. (Fn. 50), Rn. 19.

[57] EuGH – *Stanley Adams*/Kommission a. a. O. (Fn. 40), Rn. 34; U. v. 6. 4. 1995 Rs. C-310/93 – *BPB Industries Plc und British Gypsum Ltd/Kommission* Slg. 1995, I-865, Rn. 26; EuG U. v. 25. 10. 2002 Rs. T-5/02 – *Tetra Laval BV/Kommission* Slg. 2002, II-4381 Rn. 98, jeweils hinsichtlich der Gefahr von Vergeltungsmaßnahmen durch marktbeherrschende Unternehmen bei Offenlegung der Namen. S. auch Mitteilung zur Akteneinsicht (Fn. 50), Rn. 19.

[58] Vgl. den tragischen Fall *Stanley Adams/Kommission,* a. a. O. (Fn. 40), Rn. 40 f., hinsichtlich der Übergabe von Dokumenten, aus denen die Identität eines Informanten ermittelt werden konnte. In dem Fall wurde ein Informant der Kommission nach schweizerischem Recht wegen Wirtschaftsspionage und Verrat von Geschäftsgeheimnissen in Untersuchungshaft genommen. Neun Tage nach der Verhaftung beging seine Frau, Mutter von drei Kindern, Selbstmord.

[59] Vgl. bereits Rn. 11; GK/*Schütz*, Art. 28, Rn. 2; *Miersch* in: Dalheimer/Feddersen/Miersch, Art. 28, Rn. 18.

Weiterleitung kann gegen das Gebot der Amtsverschwiegenheit nach Art. 28 Abs. 2 verstoßen.[60] Informationen, die dem allgemeinen – aber nicht zugleich dem besonderen (vgl. nachfolgend Rn. 31) – Vertraulichkeitsschutz unterfallen, genießen allerdings nur ein **geringes Schutzniveau**. So besteht beispielsweise nach der Verordnung über den Zugang der Öffentlichkeit zu Dokumenten der Organe der EU[61] regelmäßig ein Zugangsrecht zu nicht vertraulichen Dokumenten in Kommissionsakten, einschließlich solchen die im Rahmen der Anwendung der VO 1/2003 erlangt wurden,[62] obwohl diese der Amtsverschwiegenheit des Art. 28 Abs. 2 unterfallen können.[63] Für die private Durchsetzung von Schadensersatzklagen wegen einer Verletzung der Art. 81 und 82 EG, insbesondere in sog. *Follow-on* Verfahren (d. h. dem Erlass einer behördlichen Entscheidung folgenden privaten Schadensersatzklagen), kann dies von Bedeutung sein.

2. Besonderer Vertraulichkeitsschutz

31 Der besondere Vertraulichkeitsschutz (s. Rn. 23f.) richtet sich nach den in Art. 28 Abs. 2 genannten – und Vorrang beanspruchenden – Spezialbestimmungen (s. Fn. 47). Die Vorschriften konkretisieren den vom *EuGH* anerkannten **Grundsatz, dass Geschäftsgeheimnisse auch im Rahmen von Verfahren zur Durchsetzung von Art. 81 und 82 EG besonders weitgehend geschützt werden** müssen.[64] Dieser Schutz besteht im Grundsatz darin, dass Geschäftsgeheimnisse (und sonstige vertrauliche Informationen) auch im Rahmen des Verwaltungsverfahrens nicht Dritten (oder gar der Öffentlichkeit) gegenüber offen gelegt werden dürfen.[65] In Erwägungsgrund 32 der VO 1/2003 wird der Schutz der Geschäftsgeheimnisse als *"unerlässlich"* bezeichnet.

32 **Relativierung des Schutzes von Geschäftsgeheimnissen?** Die den besonderen Vertraulichkeitsschutz konkretisierenden Vorschriften sprechen regelmäßig davon, dass (nur) die **"berechtigten Interessen"** an der Wahrung der Geschäftsgeheimnisse zu berücksichtigen sind.[66] Zudem scheint Art. 27 Abs. 2 Satz 5 ebenso wie Art. 15 Abs. 3 der Durchführungsverordnung 773/2004 die Kommission dazu zu berechtigen, **zum Nachweis einer**

---

[60] EuGH – *SEP/Kommission* a. a. O. (Fn. 54), Rn. 30 f. In dem Fall war die holländische Behörde als Empfängerin der vertraulichen Informationen gleichzeitig zuständig für die Verwaltung einer staatlichen Beteiligung an einem Wettbewerber (Gasunie) eines Vertragspartners (Statoil) des beschuldigten Unternehmens (SEP). Die vertraulichen Informationen beinhalteten auch eine „sensible" Vertragsdokumentation zwischen SEP und Statoil. Im Ergebnis kann Art. 28 damit Einfluss auf die Bestimmung und Organisation der für die Anwendung der Art. 81 und 82 EG zuständigen mitgliedstaatlichen Behörden nach Art. 35 haben; vgl. hierzu *Woude*, Exchange of Information within the European Competition Network: Scope and Limits, unter III.1. und 2; *Kerse/Khan*, Chapter 5-010; *Miersch* in: Dalheimer/Feddersen/Miersch, Art. 28, Rn. 18 mit dem Hinweis, dass eine Weitergabe an andere Generaldirektionen der Kommission grundsätzlich zulässig sein sollte (a.A. insoweit *Ritter/Brown*, S. 1083).

[61] VO (EG) Nr. 1049/2001 des Europäischen Parlaments und des Rates vom 30. Mai 2001 über den Zugang der Öffentlichkeit zu Dokumenten des Europäischen Parlaments, des Rates und der Kommission, ABl. 2001 L 145/43. Die Verordnung basiert auf dem in Art. 255 EG vorgesehen Recht von Unionsbürgern auf Zugang zu Dokumenten der Organe der EU.

[62] Der EuG, U. v. 13. 4. 2005, Rs. T-2/03 – *Verein der Konsumenteninformation/Österreichische Banken*, Slg. 2005, II-1121 Rn. 74, 88, 92 fordert zwar eine konkrete und individuelle Abwägung (die im konkreten Fall nicht erfolgte). Diese dürfte aber regelmäßig zugunsten der Zugangspflicht ausfallen.

[63] Vgl. *Miersch* in: Dalheimer/Feddersen/Miersch, Art. 28, Rn. 20 m. w. N.

[64] EuGH – *AKZO Chemie/Kommission* a. a. O. (Fn. 32), Rn. 28; *SEP/Kommission* a. a. O. (Fn. 54), Rn. 36; EuG – *Postbank* a. a. O. (Fn. 20), Rn. 87.

[65] So ausdrücklich zur Frage der Offenlegung gegenüber einem Beschwerdeführer EuGH – *AKZO Chemie/Kommission* a. a. O. (Fn. 32), Rn. 28.

[66] Vgl. Art. 14 Abs. 6, Art. 27 Abs. 2 Satz 2 und Art. 27 Abs. 4 Satz 3 sowie Art. 30 Abs. 2 VO 1/2003.

Zuwiderhandlung gegen die Wettbewerbsvorschriften notwendige Informationen offen legen und nutzen zu dürfen, selbst wenn diese als Geschäftsgeheimnis einzustufen sind.[67] In Erwägungsgrund 14 zu VO 773/2004 weist die Kommission diesbezüglich auf die Notwendigkeit hin, das Bedürfnis an der Offenlegung eines Geschäftsgeheimnisses zum Nachweis eines Kartellverstoßes und den mit einer Offenlegung verbundenen Schaden gegeneinander abzuwägen.[68] Diese Bestimmungen weisen auf eine **Relativierung des strikten Schutzes von Geschäftsgeheimnissen zu Gunsten des Verfolgungsinteresses der Wettbewerbsbehörden** hin. Eine solche Relativierung findet aber in der Rechtsprechung der europäischen Gerichte keine Grundlage. Vielmehr finden sich Belege, dass die Notwendigkeit zum Nachweis eines kartellrechtlichen Verstoßes jedenfalls per se nicht zur Offenlegung von Geschäftsgeheimnissen berechtigt. So hat der *EuGH* in allerdings älteren Entscheidungen mehrfach festgestellt, dass Geschäftsgeheimnisse von Beschwerdeführern oder Dritten einem beschuldigten Unternehmen gegenüber nicht offen gelegt werden dürfen, und ausdrücklich auf die damit verbundene Konsequenz hingewiesen, dass die betroffenen Geschäftsgeheimnisse nicht als Beweismittel verwandt werden dürfen,[69] wenn sich das beschuldigte Unternehmen wegen der Geheimhaltung nicht ordnungsgemäß verteidigen kann.[70] Ähnlich wurde zur umgekehrten Situation in *AKZO Chemie/Kommission* von der Kommission geltend gemacht, dass die Offenlegung der betroffenen Geschäftsgeheimnisse des beschuldigten Unternehmens gegenüber einem Beschwerdeführer zum Nachweis des Verstoßes notwendig gewesen sei. Dennoch entschied der *EuGH*, ohne auf das Vorbringen der Kommission einzugehen und unter Anführung der *„berechtigten Interessen der Unternehmen an der Wahrung ihrer Geschäftsgeheimnisse"*, dass *„an einen Beschwerdeführer in keinem Fall Unterlagen weitergeleitet werden [dürfen], die Geschäftsgeheimnisse enthalten".*[71] Allenfalls der Entscheidung des *EuGH* in der Sache *Leeuwarder Papierwarenfabrik BV/Kommission* lässt sich ein Hinweis auf eine mögliche Relativierung entnehmen, allerdings eher bezüglich der Frage der Einordnung bestimmter Informationen als Geschäftsgeheimnis als hinsichtlich der Offenlegung eindeutiger Geschäftsgeheimnisse.[72]

33 Es ist daher zweifelhaft, ob die Kommission den Konflikt zwischen öffentlichem Interesse an der Beendigung und Sanktionierung von Wettbewerbsverstößen und dem Interesse der Betroffenen oder von Dritten an der Wahrung von Geschäftsgeheimnissen überhaupt zu Lasten letzterer lösen darf.[73] Dies wird – wenn überhaupt – nur **ausnahmsweise** zuzu-

---

[67] Vgl. hierzu die Kommentierung zu Art. 27, Rn. 23 ff.

[68] VO 773/2004 a.a.O. (Fn. 46), Erwägungsgrund 14: *„Sind Geschäftsgeheimnisse oder vertrauliche Informationen zum Nachweis einer Zuwiderhandlung erforderlich, sollte die Kommission bei jedem einzelnen Schriftstück prüfen, ob das Bedürfnis, es offen zu legen, größer ist als der Schaden, der aus dieser Offenlegung entstehen könnte."* Ähnlich Mitteilung zur Akteneinsicht, a.a.O. (Fn. 50), Rn. 24. Vgl. auch *Durnade/Kellerbauer*, Der Anhörungsbeauftragte in EG-Wettbewerbsverfahren, WuW 2007, 865, 877 mit einem Verweis auf die allerdings nicht eindeutige Entscheidung des EuG vom 29. Juni 1995 in Rs. T-36/91 – *Imperial Chemical Industries plc/Kommission* Slg. 1995 II-1847, Rn. 98.

[69] Vgl. Art. 27 Abs. 1 Satz 2, wonach die Kommission eine belastende Entscheidung nur auf Beweise stützen darf, zu denen das Unternehmen, gegen das sich die Entscheidung richtet, Stellung beziehen konnte (Anspruch auf rechtliches Gehör).

[70] Vgl. EuGH U. v. 9. 11. 1983 Rs. 322/81 – *N.V. Nederlandsche Banden Industrie Michelin/Kommission* Slg. 1983, S. 3461 Rn. 8; U. v. 13. 2. 1979, Rs. 85/76 – *Hoffmann-La Roche/Kommission* Slg. 1979, S. 461 Rn. 14; U. v. 15. 7. 1970; Rs. 41/69 – *ACF Chemiefarma NV/Kommission* Slg. 1970, S. 661 Rn. 32 f.

[71] EuGH – *AKZO Chemie/Kommission*, a.a.O. (Fn. 32), Rn. 25 und 28.

[72] EuGH U. v. 13. 3. 1985 verb. Rs. 296 und 318/82 – *Leeuwarder Papierwarenfabrik B. V./Kommission* Slg. 1985, S. 809 Rn. 27. Danach kann die Verpflichtung zur Wahrung von Geschäftsgeheimnissen *„nicht so extensiv ausgelegt werden, daß dadurch das Erfordernis der betroffenen Marktteilnehmer auf rechtliches Gehör ausgehöhlt wird".*

[73] So auch *de Bronett* in: v. der Groeben/Schwarze, nach Artikel 83 EG Durchführungsvorschriften, Verordnung Nr. 17, Rn. 12; vgl. auch die Kommentierung zu Art. 27, Rn. 24.

lassen sein.⁷⁴ Im Konfliktfall mit Geschäftsgeheimnissen hat das öffentliche Interesse jedenfalls an einer **Sanktionierung eines Wettbewerbsverstoßes** stets zurückzustehen. Dies sollte ebenfalls für das öffentliche Interesse an einer Stärkung der **privaten Durchsetzung von Schadensersatzklagen** wegen einer Verletzung der Art. 81 und 82 EG durch einen erleichterten Zugang zu Dokumenten in den Akten der Wettbewerbsbehörden gelten. Die Interessenabwägung muss hier angesichts des primärrechtlich durch Art. 287 EG abgesicherten Schutzes von Geschäftsgeheimnissen im Regelfall zugunsten des Schutzes der Geschäftsgeheimnisse ausfallen.⁷⁵ Allenfalls in einem Konfliktfall zwischen Geschäftsgeheimnissen und dem öffentlichen Interesse an der **Beendigung eines Wettbewerbsverstoßes**, der zu erheblichen Schäden bei Unternehmen oder Verbrauchern führt, kann an eine Offenlegung von Geschäftsgeheimnissen gedacht werden, wenn andernfalls eine Fortsetzung des Wettbewerbsverstoßes nicht unterbunden werden kann und der durch die Offenlegung des Geschäftsgeheimnisses verursachte Schaden vergleichsweise geringfügig ist.⁷⁶ Im Rahmen einer solchen Abwägung wird den Geschäftsgeheimnissen Dritter größerer Wert und Schutz beizumessen sein als den Geschäftsgeheimnissen beschuldigter Unternehmen.

3. Verfahren

34 Beabsichtigt die Kommission die Weiterleitung oder Offenlegung von Dokumenten, die (möglicherweise) vertrauliche Informationen enthalten, hat sie zunächst dem Schutzberechtigten **Gelegenheit zur Stellungnahme** zu geben. Die Durchführungsverordnung 773/2004 enthält hierzu in Art. 16 Verfahrensvorgaben.⁷⁷ Aus der Sicht der Unternehmen ist dabei insbesondere auf die **drohende Folge des Art. 16 Abs. 4 VO 773/2004** zu achten, wonach die Kommission davon ausgehen darf, dass die betreffenden Unterlagen oder Erklärungen keine vertraulichen Informationen enthalten, wenn die Unternehmen eine von der Kommission gesetzte Frist zur Kenntlichmachung solcher Informationen verstreichen lassen. Allerdings dürfte die Kommission auch in diesem Fall gehindert sein, offensichtlich als Geschäftsgeheimnisse erkennbare Informationen preiszugeben, da der auf Art. 287 EG basierende Schutz von Geschäftsgeheimnissen grundsätzlich unabhängig von einer Mitwirkung der Betroffenen besteht. Besteht Streit zwischen der Kommission und dem Schutzberechtigten über die Frage, ob eine bestimmte Information als Geschäftsgeheimnis einzustufen ist, wird es häufig möglich sein, sich mit der Kommission auf eine Modifizierung der betroffenen Information zu einigen, die den Interessen des Geheimnisträgers Rechnung trägt, gleichzeitig aber die weitere Verwendung im Verfahren erlaubt.⁷⁸ Lässt sich der Konflikt nicht auf diese Weise lösen, hat die Kom-

---

⁷⁴ Ebenso GK/*Schütz*, Art. 28, Rn. 11, der nur die „missbräuchliche Berufung" auf Geschäftsgeheimnisse vom Schutz ausklammern will.

⁷⁵ So auch *Miersch* in: Dalheimer/Feddersen/Miersch, Art. 28, Rn. 20; a. A. *Ritter* in: Immenga/Mestmäcker, Art. 28, Rn. 23. Das Weissbuch der Kommission zu Schadenersatzklagen wegen Verletzung des EG-Wettbewerbsrechts (KOM(2008)165 v. 2. 4. 2008) diskutiert zwar den erleichterten Zugang zu Beweismitteln, adressiert das Thema Geschäftsgeheimnisse – anders als das Grünbuch (KOM(2005)672 v. 19. 12. 2005, Option 6 und 7) – dabei aber nicht.

⁷⁶ So auch *de Bronett*, Art. 28, 6; *Sura* in: Langen/Bunte, Art. 28, Rn. 16, die den Grundsatz des umfassenden Schutzes von Geschäftsgeheimnissen dann ausnahmsweise eingeschränkt sehen, wenn ein öffentliches Interesse an der „*Abstellung einer Zuwiderhandlung*" gegeben ist.

⁷⁷ A. a. O. (Fn. 46). Weitere Einzelheiten hinsichtlich der Behandlung von Geschäftsgeheimnissen in Verfahren zur Akteneinsicht sind in der Mitteilung zur Akteneinsicht (a.a.O., Fn. 50), Rn. 17 ff. enthalten.

⁷⁸ So bietet sich beispielsweise bei Zahlen regelmäßig die Angabe eines Rahmens [10%–30%] an, ohne dass der Aussagewert darunter leiden dürfte, vgl. die 1997 erschienene Broschüre der Kommission „Dealing with the Commission" erhältlich unter www.europa.eu.int/comm/competition/publications/dealen1_en.pdf, S. 49.

mission vor der Weiterleitung der betroffenen Unterlagen an Dritte eine hinreichend **begründete Entscheidung** zu erlassen,[79] gegen die (einstweiliger) Rechtsschutz gesucht werden kann (s. Rn. 35).[80] In Bezug auf Anhörungsverfahren im weiteren Sinne (einschließlich der Gewährung von Akteneinsicht) sowie Veröffentlichungen von Informationen im Amtsblatt der Europäischen Gemeinschaften entscheidet der Anhörungsbeauftragte.[81]

4. Rechtsschutz

Angesichts des drohenden Schadens, der aus der unzulässigen Weiterleitung von Informationen und Unterlagen an Dritte, insbesondere an andere Marktteilnehmer, entstehen kann, muss die Kommission den Betroffenen vor der Weiterleitung umstrittener Informationen oder Unterlagen die Möglichkeit geben, das *EuG* anzurufen, um die vorgenommenen Beurteilungen überprüfen zu lassen und die Weiterleitung zu verhindern.[82] Für Anhörungen sowie die Veröffentlichung von Informationen im Amtsblatt der Europäischen Gemeinschaften ist vor diesem Hintergrund in dem Mandat des Anhörungsbeauftragten bestimmt, dass die Weiterleitung frühestens eine Woche nach der Mitteilung der begründeten Entscheidung der Kommission erfolgen darf.[83] Räumt die Kommission diese **Rechtsschutzmöglichkeit** nicht ein, ist die Entscheidung der Kommission zur Weiterleitung nichtig und aufzuheben, ohne dass zu prüfen wäre, ob die weitergeleiteten Unterlagen tatsächlich Geschäftsgeheimnisse enthalten.[84] 35

5. Schadensersatzpflicht

Verstoßen Organe der Gemeinschaft oder deren Bedienstete gegen die Pflicht zur Amtsverschwiegenheit nach Art. 28 Abs. 2 oder gegen die dieser Norm vorgehenden spezielleren Vorschriften (Fn. 47), kann dies eine Schadensersatzpflicht der Europäischen Gemeinschaft nach Art. 288 Abs. 2 EG auslösen.[85] Sofern Organe oder Bedienstete der Mitgliedstaaten gegen die in Art. 28 Abs. 2 verankerte Pflicht verstoßen, bestimmt sich ein Schadensersatzanspruch nach nationalem Recht.[86] 36

---

[79] EuGH – *AKZO Chemie/Kommission* a.a.O. (Fn. 32), Rn. 29.

[80] Als praktische zeit- und kostensparende Alternative hat die Kommission in einzelnen Fällen auch den Abschluss eines sog. File Access Agreements vorgeschlagen. Darin erklärt sich der Schutzberechtigte damit einverstanden, dass vertrauliche Fassungen aller Dokumente und Unterlagen an den Beschuldigten weitergeleitet werden, der sich wiederum dazu verpflichtet, nur einem beschränkten Personenkreis (regelmäßig Anwälte, Ökonomen und/oder namentlich benannte Unternehmensjuristen) Zugang zu den vertraulichen Fassungen zu gewähren.

[81] Beschluss der Kommission vom 23. 5. 2001 über das Mandat von Anhörungsbeauftragten in bestimmten Wettbewerbsverfahren, ABl. 2001 L 162/21, der in Art. 9 noch weitere Verfahrensregelungen enthält; vgl. auch *Sura* in: Langen/Bunte, Art. 28, Rn. 16; *Heidenreich*, Anhörungsrechte im EG-Kartell- und Fusionskontrollverfahren, S. 207 f.; *de Bronett*, Art. 28, Rn. 7.

[82] EuGH – *AKZO Chemie/Kommission* a.a.O. (Fn. 32), Rn. 29; *SEP/Kommission* a.a.O. (Fn. 54), Rn. 38, vgl. Streinz/*Niggemann*, nach Art. 83 KartVO, Rn. 64; GK/*Schütz*, Art. 28, Rn. 12.

[83] A.a.O. (Fn. 81), Art. 9 Abs. 2 Satz 3.

[84] EuGH – *AKZO Chemie/Kommission* a.a.O. (Fn. 32), Rn. 31; vgl. *Sura* in: Langen/Bunte, Art. 28, Rn. 17, zum Zusammenhang zwischen einer Verletzung der in Art. 28 Abs. 1 und 2 vorgesehen Pflichten und der Rechtmäßigkeit der behördlichen Entscheidung.

[85] EuGH – *Stanley Adams/Kommission* a.a.O. (Fn. 40), Rn. 53; *Kerse/Khan,* Chapter 2-069; *Sura* in: Langen/Bunte, Art. 28, Rn. 17.

[86] GK/*Schütz*, Art. 28, Rn. 8; *Sura* in: Langen/Bunte, Art. 28, Rn. 17; *Bischke* in: MüKo, Art. 28, Rn. 11; in Deutschland kommt in erster Linie die Amtshaftung nach § 839 BGB i. V. m. Art. 34 GG in Betracht.

V. Verhältnis zu anderen Vorschriften

1. Art. 30 – Veröffentlichung von Entscheidungen

37 Nach Art. 20 Abs. 2 VO 17/62 (die Vorläuferbestimmung zu Art. 28 Abs. 2) blieb die Vorschrift des Art. 21 VO 17/62 (die Vorläuferbestimmung zu Art. 30) über die Veröffentlichung von Entscheidungen unberührt. Es war damit ausdrücklich klargestellt, dass die allgemeine Pflicht zur Amtsverschwiegenheit hinsichtlich der **Veröffentlichung von Entscheidungen** eingeschränkt und die zulässige Grenze des Inhalts veröffentlichter Entscheidungen (nur) durch die berechtigten Interessen der Unternehmen an der Wahrung ihrer **Geschäftsgeheimnisse** bestimmt war. Ein ausdrücklicher Vorbehalt zu Gunsten von Art. 30 wurde in Art. 28 Abs. 2 nicht aufgenommen. Art. 30 enthält jedoch eine eigene Geheimhaltungsregel in Abs. 2, nach der die Veröffentlichung dem berechtigten Interesse der Unternehmen an der Wahrung ihrer Geschäftsgeheimnisse Rechnung tragen muss. Da Art. 28 Abs. 2 auf zahlreiche andere Vorschriften verweist, die „unbeschadet" gelten, ist das Fehlen eines Verweises auf Art. 30 zwar unglücklich, bedeutet aber aufgrund der eigenen Geheimhaltungsregel in Abs. 2 der Sache nach keine Änderung des Schutzniveaus gegenüber der VO 17/62.

2. Art. 11, 12, 14, 15 und 27 – besonderer Vertraulichkeitsschutz

38 Art. 28 Abs. 2 bestimmt ausdrücklich, dass die in ihm statuierte Verschwiegenheitspflicht vorbehaltlich der Art. 11, 12, 14, 15 und 27 gilt. Die Bestimmungen schränken den allgemeinen Vertraulichkeitsschutz des Art. 28 Abs. 2 ein, enthalten jedoch eigene Geheimhaltungsregelungen in Bezug auf Geschäftsgeheimnisse und sonstige vertrauliche Informationen, die einen besonderen Schutz der Vertraulichkeit genießen; vgl. ausführlicher Rn. 23–28 und 31–33.

3. Parallelvorschriften

39 Hinsichtlich entsprechender Vorschriften zum Schutz von Informationen, die unter das „Berufsgeheimnis" fallen, vgl. bereits Rn. 15.

Art. 29. Entzug des Rechtsvorteils in Einzelfällen

(1) **Hat die Kommission aufgrund der ihr durch eine Verordnung des Rates wie z. B. den Verordnungen Nr. 19/65/EWG, (EWG) Nr. 2821/71, (EWG) Nr. 3976/87, (EWG) Nr. 1534/91 oder (EWG) Nr. 479/92 eingeräumten Befugnis, Artikel 81 Absatz 3 des Vertrags durch Verordnung anzuwenden, Artikel 81 Absatz 1 des Vertrags für nicht anwendbar auf bestimmte Gruppen von Vereinbarungen, Beschlüssen von Unternehmensvereinigungen oder aufeinander abgestimmten Verhaltensweisen erklärt, so kann sie von Amts wegen oder auf eine Beschwerde hin den Rechtsvorteil einer entsprechenden Gruppenfreistellungsverordnung entziehen, wenn sie in einem bestimmten Fall feststellt, dass eine Vereinbarung, ein Beschluss oder eine abgestimmte Verhaltensweise, für die die Gruppenfreistellungsverordnung gilt, Wirkungen hat, die mit Artikel 81 Absatz 3 des Vertrags unvereinbar sind.**

(2) **Wenn Vereinbarungen, Beschlüsse von Unternehmensvereinigungen oder aufeinander abgestimmte Verhaltensweisen, die unter eine Verordnung der Kommission im Sinne des Absatzes 1 fallen, in einem bestimmten Fall Wirkungen haben, die mit Artikel 81 Absatz 3 des Vertrags unvereinbar sind und im Gebiet eines Mitgliedstaats oder in einem Teilgebiet dieses Mitgliedstaats, das alle Merkmale eines gesonderten räumlichen Marktes aufweist, auftreten, so kann die Wettbewerbsbehörde dieses Mitgliedstaats den Rechtsvorteil der Gruppenfreistellungsverordnung in diesem Gebiet entziehen.**

Art. 29. Entzug des Rechtsvorteils in Einzelfällen   1–4 **Art. 29 VerfVO**

Übersicht

	Rn.		Rn.
I. Entstehungsgeschichte	1	III. Voraussetzungen und Rechtsfolgen	
II. Anwendungsbereich		1. Einheitliche Rechtsgrundlage	5
1. Gruppenfreistellungen nach der Reform	2	2. Feststellung von mit Artikel 81, Absatz 3 unvereinbaren Wirkungen	6
2. Anwendung auf bestehende Gruppenfreistellungsverordnungen	4	3. Verfahren	8
		4. Entzug des Rechtsvorteils der Freistellung	9

I. Entstehungsgeschichte

Der Vorschlag der Kommission für eine neue Durchführungsverordnung vom 27. September 2000[1] sah eine umfassende Rechtsgrundlage für den Erlass von Gruppenfreistellungsverordnungen durch die Kommission vor (Artikel 28 des Vorschlags). Diese Bestimmung fand im Rat keine Mehrheit und wurde daher zu Ende des Gesetzgebungsverfahrens gestrichen. Lediglich eine einheitliche Bestimmung zum Entzug von Gruppenfreistellungen in Einzelfällen wurde beibehalten (Artikel 29 des Vorschlags). 1

II. Anwendungsbereich

1. Gruppenfreistellungen nach der Reform

Der Übergang zu einem System der Legalausnahme schließt den Erlass von Gruppenfreistellungsverordnungen durch die Kommission nicht aus, soweit der Rat die Kommission hierzu ermächtigt hat.[2] Derzeit ist die Kommission vom Rat ermächtigt, Gruppenfreistellungsverordnungen in den Bereichen Vertikalvereinbarungen, Vereinbarungen über Rechte an geistigem Eigentum, Spezialisierungsvereinbarungen, Forschungs- und Entwicklungsvereinbarungen sowie Vereinbarungen in der Versicherungswirtschaft und in bestimmten Sparten der Verkehrswirtschaft zu erlassen.[3] Artikel 83 des Vertrags (insbesondere des Absatz 2, Buchstabe b) stellt auch weiterhin die primärrechtliche Grundlage für derartige Ermächtigungen dar. Die Zuweisung dieser Aufgabe an die Kommission ist insbesondere deshalb zulässig, weil der Erlass von Gruppenfreistellungsverordnungen ein Teil der Rechtsanwendung ist. Artikel 81 ist selbst die maßgebliche Rechtsregel, die Kommission kann in keinem Falle etwas freistellen, das nach dem Vertrag verboten ist. 2

Gruppenfreistellungsverordnungen der Kommission schaffen verbindliches und unmittelbar in den Mitgliedstaaten geltendes Recht (Art. 249, Abs. 2 des Vertrags). 3

2. Anwendung auf bestehende Gruppenfreistellungsverordnungen

Art. 29 ist insbesondere auf die folgenden Gruppenfreistellungsverordnungen anwendbar: 4

---

[1] Vorschlag für eine Verordnung des Rates zur Durchführung der in den Artikeln 81 und 82 EG-Vertrag niedergelegten Wettbewerbsregeln und zur Änderung der Verordnungen (EWG) Nr. 1017/68, (EWG) Nr. 2988/74, (EWG) Nr. 4056/86 und (EWG) Nr. 3975/87 („Durchführungsverordnung zu den Artikeln 81 und 82 EG-Vertrag"), ABl. Nr. C 365 E vom 19. Dezember 2000, S. 284.

[2] *Fuchs*, ZWeR 2005, 1. Dies war in der Reformdiskussion allerdings umstritten. Kritiker hielten konstitutive Gruppenfreistellungen für nicht mehr denkbar, da die Kommission auch keine Einzelfreistellungen nach Artikel 81, Absatz 3 mehr treffen könne. Gruppenfreistellungen seien daher rein deklaratorisch und ohne bindende Wirkung. Siehe etwa *Deringer* EUZW 2000, S. 7.

[3] Verordnungen des Rats Nr. 19/65/EWG, (EWG) Nr. 2821/71, (EWG) Nr. 3976/87, (EWG) Nr. 1534/91 und (EWG) Nr. 479/92.

- Verordnung (EG) Nr. 2790/1999 der Kommission vom 22. Dezember 1999 über die Anwendung von Art. 81 Abs. 3 des Vertrages auf Gruppen von vertikalen Vereinbarungen und aufeinander abgestimmten Verhaltensweisen[4]
- Verordnung (EG) Nr. 1400/2002 der Kommission vom 31. Juli 2002 über die Anwendung von Art. 81 Abs. 3 des Vertrags auf Gruppen von vertikalen Vereinbarungen und aufeinander abgestimmten Verhaltensweisen im Kraftfahrzeugsektor[5]
- Verordnung (EG) Nr. 772/2004 der Kommission vom 27. April 2004 über die Anwendung von Artikel 81 Absatz 3 EG-Vertrag auf Gruppen von Technologietransfer-Vereinbarungen.[6]
- Verordnung (EG) Nr. 2658/2000 der Kommission vom 29. November 2000 über die Anwendung von Art. 81 Abs. 3 des Vertrages auf Gruppen von Spezialisierungsvereinbarungen[7]
- Verordnung (EG) Nr. 2659/2000 der Kommission vom 29. November 2000 über die Anwendung von Art. 81 Abs. 3 des Vertrages auf Gruppen von Vereinbarungen über Forschung und Entwicklung[8]

III. Voraussetzungen und Rechtsfolgen

1. Einheitliche Rechtsgrundlage

5   Artikel 29 schafft eine einheitliche Rechtsgrundlage für den Entzug des Rechtsvorteils einer Gruppenfreistellungsverordnung, die entsprechende Bestimmungen in den einzelnen Verordnungen des Rates ersetzt (vergleiche Art. 40).

2. Feststellung von mit Art. 81 Abs. 3 unvereinbaren Wirkungen

6   Der Entzug setzt die Prüfung und Feststellung voraus, dass in einem bestimmten Einzelfall Wirkungen bestehen, die mit Art. 81, Abs. 3 nicht (mehr) vereinbar sind. Zuständig für diese Feststellung sind die Kommission und die Wettbewerbsbehörden der Mitgliedstaaten, letztere allerdings nur, soweit sich die mit Artikel 81, Absatz 3 unvereinbaren Wirkungen auf das Gebiet oder Teilgebiet eines Mitgliedstaats beschränken, das alle Merkmale eines gesonderte räumlichen Marktes aufweist.

7   Bei der Bestimmung eines **gesonderten räumlichen Marktes** sind die allgemeinen Kriterien der Marktabgrenzung heranzuziehen.[9] Der Begriff des gesonderten Marktes sollte dabei als gleichbedeutend mit dem des Referenzmarktes oder relevanten Marktes verstanden werden. Der relevante Markt darf somit nicht größer als das Gebiet eines Mitgliedstaates sein.

3. Verfahren

8   Der Entzug kann von Amts wegen oder aufgrund einer **Beschwerde** erfolgen. Auf Beschwerden bei der Kommission (Art. 29 Abs. 1) dürften die Voraussetzungen des Art. 7 Abs. 2 und das in den Durchführungsbestimmungen vorgesehen Beschwerdeverfahren anzuwenden sein. Beschwerden vor nationalen Wettbewerbsbehörden richten sich nach dem Verfahrensrecht des jeweiligen Mitgliedstaats.[10]

---

[4] ABl. Nr. L 336 vom 29. Dezember 1999 S. 21.
[5] ABl. Nr. L 203 vom 1. August 2002 S. 30.
[6] ABl. Nr. L 123 vom 17. April 2004 S. 11.
[7] ABl. Nr. L 304 vom 5. Dezember 2000 S. 3.
[8] ABl. Nr. L 304 vom 5. Dezember 2000 S. 7.
[9] Vergleiche die Bekanntmachung der Kommission über die Definition des relevanten Marktes im Sinne des Wettbewerbsrechts der Gemeinschaft, ABl. C 372 vom 9. Dezember 1997 S. 5.
[10] Ausführlich auch Langen/Bunte/Sura VO 1/2003 Art. 29 Rn. 1.

4. Entzug der Rechtsvorteils der Freistellung

Der Entzug der Freistellung beruht auf der Feststellung der Unvereinbarkeit einer Vereinbarung, eines Beschlusses einer Unternehmensvereinigung oder einer abgestimmten Verhaltensweise mit Art. 81, Abs. 3 und ist mit der entsprechenden Abstellverfügung gemeinsam zu erlassen.[11] Die Rechtsfolge ist daher das Verbot der Vereinbarung, des Beschusses oder der abgestimmten Verhaltensweise (Art. 1 Abs. 1).

9

Art. 30. Veröffentlichung von Entscheidungen

(1) **Die Kommission veröffentlicht die Entscheidungen, die sie nach den Art. 7 bis 10 sowie den Art. 23 und 24 erlässt.**

(2) **Die Veröffentlichung erfolgt unter Angabe der Beteiligten und des wesentlichen Inhalts der Entscheidung einschließlich der verhängten Sanktionen. Sie muss dem berechtigten Interesse der Unternehmen an der Wahrung ihrer Geschäftsgeheimnisse Rechnung tragen.**

Übersicht

	Rn.		Rn.
I. Veröffentlichung von verfahrensabschließenden Entscheidungen	1	2. Umfang der Veröffentlichungspflicht	6
1. Veröffentlichungsbefugnisse der Kommission .	1	II. Schutz der Geschäftsgeheimnisse und Wahrung des Berufsgeheimnisses	7

I. Veröffentlichung von verfahrensabschließenden Entscheidungen

1. Veröffentlichungsbefugnisse der Kommission

Art. 30 übernimmt die Regelung des Art. 21 VO 17/62 über die Publizierung verfahrensabschließender Entscheidungen. Allerdings wurde der Kreis **zu veröffentlichender Entscheidungen erweitert.** Sanktionsentscheidungen sind nunmehr zwingend zu veröffentlichen. Bereits unter der VO 17/62 wurden Sanktionsentscheidungen publiziert, obgleich sie nicht in Art. 21 VO 17/62 genannt waren, da ein Verweis auf Art. 15 und 16 VO 17/62 fehlte.[1] Dass diese vom EuGH abgesegnete Praxis durch Art. 30 der VO 1/2003 eine rechtliche Grundlage gefunden hat, ist zu begrüßen. Die Publikationsverpflichtung erstreckt sich nunmehr infolge der Veränderung der Entscheidungsbefugnisse auf Verpflichtungsentscheidungen nach Art. 9 und auf einstweilige Maßnahmen nach Art. 8. Verfahrensentscheidungen im Ermittlungsverfahren müssen nach wie vor nicht publiziert werden.

1

Sinn und Zweck der Veröffentlichung der Entscheidungen insbesondere bei Sanktionsverhängung ist der abschreckende, **generalpräventive Effekt.** Den Unternehmen soll dadurch die Effizienz des europäischen Kartellrechts vor Augen geführt werden. Dadurch wird zweifelsohne ein wichtiger Beitrag zur Einhaltung und Beachtung des EG-Kartellrechts geleistet. Ferner dient die Veröffentlichung der Information der Öffentlichkeit, der Transparenz und der Unterrichtung Dritter, deren Interessen berührt wurden und die erst infolge der Veröffentlichung sie rechtlich wahren können.[2]

2

Der EuGH hatte zum alten Art. 21 VO 17/62 entschieden, dass auch andere, in der Bestimmung nicht genannten Entscheidungen der Kommission veröffentlicht werden dürften,

3

---

[11] Die bisher einzige berichtete Entscheidung ist KOM v. 22. 12. 1992 ABl. 1993 L 183/19 Lagnese/Iglo; bestätigt durch EuG U. v. 8. 6. 1995 Rs T 7/93 Lagnese-Iglo Slg 1995, II-1533 und EuGH U. v. 1. 10. 1998, Rs. C 279/95 P – Langnese-Iglo/Kommission. In Eco System /Peugeot ABl 1992 L 66/1 ist ein bedingter Entzug ausgesprochen.
[1] Vgl. EuGH Rs. 41/69 – *ACF Chemiefarma NV* Slg. 1970, 661 Rn. 101, 104.
[2] *Ritter,* in Immenga/Mestmäcker (Hg.) Wettbewerbsrecht, EG/Teil 2, Art. 30 VerfVO, Rn. 1.

Art. 30 VerfVO 4–7

solange dadurch keine Geschäftsgeheimnisse verbreitet würden und zumindest solange durch die Publizität die Einhaltung der Wettbewerbsregeln gewährleistet würde.[3] Der EuGH schien damit nur Geschäftsgeheimnisse als Schranke der Veröffentlichung anzusehen. Das EuG geht hier mit Recht weiter (dazu Rn. 7).

4 Mit der Ausweitung wird indes verkannt, dass die Veröffentlichung von belastenden Entscheidungen, insbesondere bei der Verhängung von Sanktionen, die **Interessen der betroffenen Unternehmen** erheblich beeinträchtigt. Die Offenlegung von Vergehen und Rechtsverstößen unter voller Namensnennung (s. unten Rn. 6) ist kein vernachlässigbarer Eingriff in deren Persönlichkeitsrechte und insbesondere der **Rechte auf informationelle Selbstbestimmung,** sondern stellt eine Nebensanktion für die Verletzung des Kartellrechts dar. Die zu beachtende (s. Art. 27, Rn. 1) Grundrechtecharta schützt die Kommunikation in Art. 7 (wozu auch das Recht zählen dürfte, über die eigene Außenwahrnehmung selbst zu bestimmen) und die personenbezogenen Daten in Art. 8;[4] vgl. auch Art. 286 EG/Art. 16 VAEU. Solche Grundrechtseingriffe bedürfen daher der gesetzlichen Grundlage. Der Vorbehalt des Gesetzes für Grundrechtseingriffe gilt auch im Gemeinschaftsrecht (Art. 52 Grundrechtecharta). Soweit daher eine spezielle rechtliche Regelung über den Umfang der **individualisierbaren** Veröffentlichung von Entscheidungen fehlt, hat diese zu unterbleiben. Dem trägt die Rechtsprechung bislang nicht Rechnung.[5] Der Durchsetzung des Kartellrechts, der Transparenz und der Information der Öffentlichkeit wird auch durch eine anonymisierte Veröffentlichung gedient. Kritisch sind daher auch Pressemitteilungen und andere Veröffentlichungen zu sehen.[6]

5 Die Publikation der Entscheidungen erfolgt im **Amtblatt** der EU, Abteilung L. Zahlreiche Entscheidungen sind auch über die Website der Generaldirektion Wettbewerb zugänglich (http://ec.europa.eu/comm/competition/antitrust/overview_en.html).

2. Umfang der Veröffentlichungspflicht

6 Gemäß Art. 30 sind die Beteiligten zu nennen und der wesentliche Inhalt der Entscheidungen wiederzugeben. Als Beteiligte sind die Adressaten der betreffenden Entscheidung anzusehen, nicht die sonst daran Beteiligten.[7] Üblicherweise publiziert die Kommission die Entscheidungen in vollem Umfange, abgesehen von Geschäftsgeheimnissen (Rn. 7). Hinzu gefügt wurde infolge der Erweiterung der Publikationsverpflichtung auf Sanktionsentscheide die Angabe der verhängten Sanktionen.

II. Schutz der Geschäftsgeheimnisse und Wahrung des Berufsgeheimnisses

7 Bei der Veröffentlichung von Entscheidungen sind die Interessen der Unternehmen an Wahrung ihrer **Geschäftsgeheimnisse** umfassend zu wahren. Daher müssen die Betroffenen vor der Veröffentlichung konsultiert werden.[8] Der Schutz der Geschäftsgeheimnisse ist ein so hochstehendes Gut, dass die Publikationsinteressen hier zurückzustehen haben. In-

---

[3] Vgl. EuGH, a. a. O. (Fn. 1).

[4] Dieser Schutz gilt nicht nur für natürliche Personen, sondern auch für juristische. Schließlich kann ein Unternehmen im Sinne des EG-Kartellrechts auch eine natürliche Person als Unternehmer sein. Außerdem ist nicht auszuschließen, dass bei der Publizierung von an eine juristische Person gerichteten Entscheidungen auch Namen und Handlungen natürlicher Personen, insbesondere solcher, die ihren Organen angehörten oder für sie gehandelt haben, offengelegt werden.

[5] EuG, Rs. T-198/03 – *Bank Austria*, Slg. 2006, II-1429, Rn. 68f., 87f.

[6] Die vorherrschende Sichtweise fordert demgegenüber nur eine vorherige Unterrichtung der Betroffenen, s. etwa *Ritter*, in Immenga/Mestmäcker (Hg.), Wettbewerbsrecht, EG/Teil 2, Art. 30 VerfVO, Rn. 9.

[7] *de Bronett* in: Schröter/Jakob/Mederer, Kommentar zum Europäischen Wettbewerbsrecht, 2003, Durchführungsvorschriften, Verordnung Nr. 17, Art. 21, Rn. 2.

[8] *Ritter,* in Immenga/Mestmäcker (Hg.), Wettbewerbsrecht, EG/Teil 2, Art. 30 VerfVO, Rn. 6.

folge Art. 287 EGV (Art. 339 VAEU) stellen ferner die **Berufsgeheimnisse** eine Schranke für die Veröffentlichung dar.[9] Als Berufsgeheimnis wird die Identität Beschuldigter und Art und Höhe vorgeschlagener Sanktionen angesehen, solange die Verhängung noch nicht rechtskräftig ist. Somit fließen hier Aspekte der Unschuldvermutung ein.[10] Näher zum Schutz der Geschäftsgeheimnisse Art. 27, Rn. 23 ff., zum Schutz des Berufsgeheimnisses Art. 28.

Art. 31. Nachprüfung durch den EuGH

Bei Klagen gegen Entscheidungen, mit denen die Kommission eine Geldbuße oder ein Zwangsgeld festgesetzt hat, hat der EuGH die Befugnis zu unbeschränkter Nachprüfung der Entscheidung. Er kann die festgesetzte Geldbuße oder das festgesetzte Zwangsgeld aufheben, herabsetzen oder erhöhen.

Übersicht

	Rn.		Rn.
I. Einleitung	1	2. Ausübung der unbeschränkten Nachprüfungsbefugnis	5
II. Befugnis zur unbeschränkten Nachprüfung	3	3. Nachprüfung bei Rechtsmitteln zum EuGH	9
1. Grundlage und Bedeutung	3		

I. Einleitung

Art. 31 der VO 1/2003 entspricht Art. 17 der VO 17/62. Die Befugnis zur umfassenden Kontrolle durch den EuGH hatte sich bewährt und wurde daher beibehalten. 1

Als EuGH zählt dabei der **EuGH** selbst als auch das **EuG,** das gemäß Art. 225 EG/Art. 256 VAEU durch einen Ratsbeschluss vom 24. 10. 1988[1] errichtet wurde und bei Klagen gegen Entscheidungen der Kommission in **Kartellsachen** die **erste Instanz** darstellt. Der EuGH fungiert als Rechtsmittelgericht gegen Entscheidungen des EuG, die binnen zwei Monaten beim EuGH angefochten werden können, und ist weiterhin für Vorlagen nationaler Gerichte in Kartellsachen gemäß Art. 234 EG/Art. 267 VAEU zuständig. Die Möglichkeit, insoweit die Zuständigkeit dem EuG zu übertragen (Art. 225 Abs. 3 EG/Art. 256 Abs. 3 VAEU) wurde bislang nicht aktualisiert, was angesichts der Expertise des EuG in Kartellsachen bedauerlich ist.[2] Allerdings besteht auch weiterhin die Möglichkeit nach Art. 225 a EG/Art. 257 VAEU, ein **Fachgericht für Wettbewerbssachen** einzurichten, für das dann das EuG als Rechtsmittelgericht fungieren würde. 2

II. Befugnis zur unbeschränkten Nachprüfung

1. Grundlage und Bedeutung

Grundlage für die Befugnis des EuG/EuGH zur unbeschränkten Nachprüfung der Entscheidung ist Art. 229 EG/Art. 261 VAEU, wonach dem Gerichtshof in vom Rat erlassenen Verordnungen hinsichtlich der darin vorgesehenen Zwangsmaßnahmen eine Zuständigkeit übertragen werden kann, welche die **Befugnis zu unbeschränkter Ermessensnachprüfung** und zur **Änderung oder Verhängung solcher Maßnahmen** umfasst. Von dieser Möglichkeit machte der Rat in Art. 31 VO 1/2003 Gebrauch. 3

---

[9] Vgl. zuletzt EuG, U. v. 12. 10. 2007 Rs. T-474/04 – *Pergan* Slg. 2007, 4225 Rn. 62.
[10] EuG, U. v. 12. 10. 2007 Rs. T-474/04 – *Pergan* Slg. 2007, 4225 Rn. 76, 78; Rs. T-15/02 – *BASF,* Slg. 2006, II-497, Rn. 604. S. auch Rs. T-198/03 – *Bank Austria,* Slg. 2006, II-1429, Rn. 74 f.
[1] Entscheidung des Rats 88/591/EWG/EAG/EGKS, ABl. 1988, Nr. L 319, S. 1.
[2] *Ehlermann/Atanasiu* ECLR 2002, 79.

4 Unbeschränkte Nachprüfung bedeutet, dass der EuGH/das EuG bei der Kontrolle der Wahrnehmung von Ermessens- oder Beurteilungsspielräumen durch die Kommission **nicht auf die bloße Nachprüfung der Ermessensausübung durch die Kommission beschränkt** sind (so dass sie nur die Schlüssigkeit der Begründung, die Richtigkeit der Sachverhaltsermittlung, die Beachtung von Verfahrensnormen und das Fehlen offensichtlicher Beurteilungsfehler und von Ermessensmissbrauch nachprüfen könnten),[3] sondern ihre **eigene Einschätzung** an die Stelle der der Kommission setzen können. EuGH und EuG können daher die Festsetzung von Zwangsgeld und Geldbußen durch die Kommission nicht nur aufheben, sondern sie in Ausübung **eigenen Sanktionsermessens** herabsetzen oder erhöhen. Allerdings ist es ihnen ausweislich des klaren Wortlauts des Art. 31 VO 1/2003 (insoweit enger als Art. 229 EG/Art. 261 VAEU) verwehrt, erstmals solche Sanktionen anzuordnen.[4] Das Gericht kann bei seiner Nachprüfung zwar neue Informationen und Umstände beiziehen, beschränkt dies aber aus Gründen der Wahrung des institutionellen Gleichgewichts auf solche, die vor dem Erlass der angefochtenen Entscheidung eingetreten sind und die die Kommission daher hätte kennen können.[5] Das ist wenig überzeugend, da die Befugnis zu unbeschränkter Nachprüfung den Gerichten gerade zusteht.

5 Art. 31 zieht den Rechtsschutz gegen Entscheidungen der Kommission gemäß Art. 230 EG/Art. 262 VAEU über den dort vorgesehenen Rahmen der Nachprüfung der Rechtmäßigkeit der Entscheidung hinaus. Art. 230 EG/Art. 262 VAEU ermöglicht es Adressaten von Entscheidungen der Kommission oder solchen Personen, die selbst und unmittelbar davon betroffen sind, diese durch Nichtigkeitsklage anzufechten, wobei die Anfechtung allerdings keine aufschiebende Wirkung entfaltet.[6] Der Rechtsschutz erfasst infolge Art. 31 VO 1/2003 auch die Angemessenheit und Zweckmäßigkeit der Sanktionen. EuGH und EuG sind an die Berechnungsmethode der Kommission nicht gebunden, sondern können eine eigene Sanktionspolitik verfolgen.

2. Ausübung der unbeschränkten Nachprüfungsbefugnis

6 Allerdings haben beide Gerichte bisher noch keine eigene Sanktionspolitik verfolgt, sondern grundsätzlich die Sanktionsentscheidungen der Kommission anerkannt, wenn die Entscheidungen hinsichtlich ihrer Rechtmäßigkeit unbeanstandet geblieben waren.[7] Gelang der Kommission nicht für die volle Dauer der vorgeworfenen Zuwiderhandlung der Nachweis, so setzte das EuG die Sanktion in Anwendung der Berechnungsmethode der Kommission herab.[8] Desweiteren korrigieren EuGH und EuG den Sanktionsausspruch bei diskriminierender Sanktionsverhängung unter dem Aspekt der Gleichbehandlung[9] oder

---

[3] Zur Kontrolldichte durch den EuGH näher *Adam,* Die Kontrolldichtekonzeption des EuGH und deutscher Gerichte, 1993; *Herdegen/Richter,* Die Rechtslage in den EG, in: *Frowein,* Die Kontrolldichte bei der gerichtlichen Überprüfung von Handlungen der Verwaltung, 1993, S. 209 ff.; *Pache* DVBl. 1998, S. 380 ff.; *Weiß,* Verteidigungsrechte im EG-Kartellverfahren, 1996, S. 234 ff.

[4] So auch *Dannecker/Biermann,* in Immenga/Mestmäcker (Hg.), Wettbewerbsrecht, EG/Teil 2, Art. 31 VerfVO, Rn. 29.

[5] EuG, Rs. T-322/01 – Roquette Frères Slg. 2006, II-3137, Rn. 327.

[6] Diese kann nur infolge eines eigenständigen Antrags bei Gericht nach Art. 243 EGV hergestellt werden. Allerdings ist die Kommission in der Praxis bereit, bei Anfechtung von sich aus auf die Vollstreckung einstweilen zu verzichten, sofern eine Bankgarantie über die Geldbuße vorgelegt wird und das Unternehmen sich zu Zinszahlungen im Falle des Unterliegens bereit erklärt.

[7] *de Bronett,* in Schröter/Jakob/Mederer, Kommentar zum Europäischen Wettbewerbsrecht, 2003 Durchführungsvorschriften, Verordnung Nr. 17, Art. 17, Rn. 2. S. auch *Dannecker/Biermann,* in Immenga/Mestmäcker (Hg.), Wettbewerbsrecht, EG/Teil 2, Art. 31 VerfVO, Rn. 16.

[8] EuG Rs. T-25/95 u. a. – *Cementeries CBR* Slg. 2000, II-491, Rn. 4815.

[9] EuG Rs. T-45/98 und T-475/98 – *Krupp Thyssen u. a.* Slg. 2001, II-3757, Rn. 281; EuG Rs. T-308/94 – *Cascades* Slg. 2002, II-813, Rn. 65; Rs. T-67/00 u. a. – *JFE Engeneering,* Slg. 2004, II-2508, Rn. 579.

reduzieren die Geldbuße bei bestimmten Verfahrensfehlern wie etwa bei Verletzung der Grundsätze ordnungsgemäßer Verwaltung oder des rechtlichen Gehörs oder bei abweichender tatsächlicher Bewertung, wobei sie jedoch die Berechnungsmethode der Kommission zum Ausgangspunkt nehmen.[10] In der Judikatur finden sich zahlreiche Fälle, in denen die Gerichte die Sanktionen reduziert haben.[11]

Eine vollständige Aufhebung der Sanktionsverhängung erfolgt, wenn sich die zugrundeliegende Feststellung eines Kartellrechtsverstoßes als unzutreffend oder als nicht hinreichend bewiesen erweist. 7

Da Art. 31 EuG/EuGH berechtigt, die Sanktionen anzuheben, ist eine **reformatio in peius** möglich, zu der jedoch die Parteien zuvor anzuhören wären.[12] Bislang haben EuG und EuGH die von der Kommission verhängten Sanktionen kaum je angehoben.[13] Allerdings finden sich Fälle einer indirekten Anhebung der Sanktionen, nämlich wenn die Gerichte zwar die Entscheidung der Kommission teilweise aufheben, die Sanktionshöhe aber unverändert lassen.[14] 8

3. Nachprüfung bei Rechtmitteln zum EuGH

Ist der EuGH – wie in Kartellsachen üblicherweise der Fall – als Rechtsmittelgericht tätig, so sieht er es nicht als seine Sache an, die Beurteilung des EuG, das in Ausübung seiner unbeschränkten Nachprüfungsbefugnis über den Betrag der gegen Unternehmen festgesetzten Geldbußen entscheidet, aus Gründen der Billigkeit durch seine eigene Beurteilung zu ersetzen, da er bei seiner Entscheidung im Rahmen eines Rechtsmittels sich nur mit Rechtsfragen befasst. Der EuGH übt hier zurecht seine Befugnis zur umfassenden Nachprüfung der Kommissionsentscheidung nicht aus, weil er als Rechtsmittelinstanz nur zur Kontrolle der Entscheidung des EuG auf Rechtsfragen berufen ist. Allerdings kann er bei Rechtverletzungen eingreifen. So darf die Ausübung einer Befugnis zu unbeschränkter Nachprüfung durch das EuG nicht dazu führen, dass Unternehmen, die an einer Vereinbarung oder abgestimmten Verhaltensweise beteiligt waren, bei der Ermittlung der Höhe ihrer Geldbußen ungleich behandelt werden. Das erfordert, dass das EuG in seinem Urteil, wenn es eine von der Kommission in einem Verfahren angewandte Berechnungsmethode nicht in Frage stellt, eine Abweichung von der Berechnungsmethode gegenüber einem Unternehmen erläutern muss. Sonst ist der Grundsatz der Gleichbehandlung verletzt. In Korrektur dieses Rechtfehlers setzt der EuGH dann die Geldbuße herab. Wenn die Rechtssache zur Entscheidung reif ist, kann der EuGH über die Höhe der gegen die Rechtsmittelführerin festzusetzenden Geldbuße endgültig entscheiden.[15] 9

Art. 32 *(aufgehoben)*

---

[10] Vgl. EuG Rs. T-134/94 – *NMH Stahlwerke GmbH* Slg. 1999, II-239, Rn. 53 ff.; Rs. T-136/94 – *ARBED SA* Slg. 1999, II-303, Rn. 40 ff.; Rs. T-325/01 Slg. 2005, I-3319 – *DaimlerChrysler*, Rn. 230 ff.; EuG, Rs. T-410/03, U. v. 18. 6. 2008 – *Hoechst*, Rn. 137, 433, 438, 582, 607, 608.

[11] Vgl. etwa EuG Rs. T-25/95 u. a. – *Cimenteries CBR* Slg. 2000, II-491; EuGH Rs. 277/87 – *Sandoz prodotti farmaceutici SpA* Slg. 1990, I-45.

[12] EuG, Rs. T-67/00 u. a. – *JFE Engeneering*, Slg. 2004, II-2501, Rn. 578.

[13] Beispiel für Erhöhung EuG, Rs. T-236/01 u. a. – *Tokai Carbon*, Slg. 2004, II-1181, Rn. 112; zuletzt EuG, Rs. T-112/05 v. 12. 12. 2007 – *Akzo Nobel* Slg. 2007, II-5049.

[14] S. etwa EuG Rs. T-138/94 – *COCKERILL-SAMBRE SA* Slg. 1999, II-333.

[15] EuGH Rs. C-291/98 P – *Sarrio SA* Slg. 2000, I-9991, Rn. 96 ff.; Rs. C-204/00 P u. a. – *Aalborg Portland*, Slg. 2004, I-123, Rn. 384 f.

Art. 33. Erlass von Durchführungsvorschriften

(1) Die Kommission ist befugt, alle sachdienlichen Vorschriften zur Durchführung dieser Verordnung zu erlassen. Diese können unter anderem Folgendes zum Gegenstand haben:
a) Form, Inhalt und sonstige Modalitäten der Beschwerden gem. Art. 7 sowie das Verfahren zur Abweisung einer Beschwerde,
b) die praktische Durchführung des Informationsaustauschs und der Konsultation nach Art. 11,
c) die praktische Durchführung der Anhörungen gem. Art. 27.

(2) Vor dem Erlass von Maßnahmen nach Abs. 1 veröffentlicht die Kommission einen Entwurf dieser Maßnahmen und fordert alle Beteiligten auf, innerhalb einer von ihr gesetzten Frist, die einen Monat nicht unterschreiten darf, zu dem Entwurf Stellung zu nehmen. Vor der Veröffentlichung des Entwurfs einer Maßnahme und vor ihrem Erlass hört die Kommission den Beratenden Ausschuss für Kartell- und Monopolfragen.

Übersicht

	Rn.
I. Befugnisse der Kommission	1
II. Durchführungsbestimmungen	5
III. Verfahrensfragen	7

I. Befugnisse der Kommission

1 Wie Art. 24 der VO 17/62, so enthält auch die VO 1/2003 mit ihrem Art. 33 eine Ermächtigung an die Kommission, Durchführungsvorschriften zu erlassen. Dabei entsprechen Art. 33 Abs. 1 lit. a) und c) dem bislang geltenden Art. 24 VO 17/62, da auch dort der Erlass von Durchführungsbestimmungen über Form, Inhalt und sonstige Modalitäten der Beschwerden (allerdings ohne das Verfahren für ihre Abweisung einzubeziehen) und über die Anhörungen vorgesehen war.

2 Entsprechend der Novellierung des Verfahrensrechts wurden nunmehr neu aufgenommen der Erlass von Durchführungsbestimmungen über die praktische Durchführung des Informationsaustauschs und der Konsultation nach Art. 11, vgl. Art. 33 Abs. 1 lit. b). Andererseits konnte infolge des Wegfalls der Einzelfreistellung die Ermächtigung zum Erlass von Ausführungsbestimmungen zu den diesbezüglichen Anmeldungen entfallen.

3 Entfallen ist ferner die Befugnis der Kommission zum Erlass von Durchführungsbestimmungen zu Negativattesten und zu Verbotsentscheidungen. Während sich der Wegfall ersterer aus der Novellierung des Kartellverfahrensrechts erklärt (das frühere Negativattest wurde durch die Möglichkeit zur Nichtanwendbarkeitsfeststellung nach Art. 10 ersetzt, die aber nicht auf Antrag, sondern nur von Amts wegen ergeht, vgl. Art. 4, Rn. 22), bliebe eine Befugnis der Kommission zum Erlass von Durchführungsbestimmungen zu Verbotsentscheidungen durchaus sinnvoll. Allerdings regelt die VO 1/2003 die diesbezüglichen Fragen schon recht detailliert.

4 **Neu** aufgenommen wurde eine Ermächtigung zur näheren rechtlichen Regelung des **Informationsaustausches und der Konsultationen zwischen der Kommission und den nationalen Wettbewerbsbehörden** nach Art. 11 VO 1/2003, der die Zusammenarbeit dieser Stellen näher regelt und insoweit eine gegenseitige Unterrichtung vorsieht. Eine weitergehende, allgemeine Regelung des Informationsaustausches enthält Art. 12 VO 1/2003, der indes in Art. 33 nicht in bezug genommen ist. Allerdings befasst sich Art. 12 vor allem mit der Offenlegung und Verwertung vertraulicher Angaben, die die Behörden untereinander austauschen. Die Kommission hat die Fragen der Zusammenarbeit zwischen

den nationalen Behörden und der EG-Kommission im Rahmen des Vollzugs des EG-Kartellrechts bislang in einer Mitteilung erläutert, die keinen verbindlichen Rechtscharakter hat, aber für die Praxis nicht weniger bedeutsam ist.[1] Nunmehr ist die Kommission sogar zum Erlass diesbezüglicher Rechtsnormen befugt.

II. Durchführungsbestimmungen

Auf Art. 33 gestützt wurde die Verordnung 773/2004 der Kommission über Verfahren der Kommission auf der Grundlage der Art. 81 und 82 EG (Verfahrensverordnung).[2] Sie regelt gemäß lit. a) Näheres zur Erhebung von Beschwerden und gibt diesbezüglich ein Formblatt C zur **Einreichung der Beschwerden** vor (Art. 5–9 Verfahrensverordnung). Ferner enthält sie in ihren Art. 10–16 Bestimmungen über die praktische **Durchführung der Anhörungen** gemäß Art. 27 VO 1/2003. Damit machte die Kommission von ihren Befugnissen gemäß lit. c) Gebrauch.[3] Damit wird die bisherige Verordnung zu Anhörungsfragen (VO 2842/98) aufgehoben. Gleichfalls aufgehoben wird die Verordnung über Anmeldungen 3385/94, die nach dem Wegfall der Einzelfreistellungen überflüssig geworden ist. Seit kurzem enthält die VO 773/2004 auch Regelungen über **Vergleichsverfahren**.[4]

Hinsichtlich des **Informationsaustausches und der Konsultationen** zwischen Kommission und nationalen Behörden nach lit. b) plant die Kommission soweit ersichtlich derzeit nicht den Erlass eines Rechtsaktes. Vielmehr wurden die näheren Details in der in Rn. 4 schon erwähnten Bekanntmachung geklärt.

III. Verfahrensfragen

Gemäß Art. 33 Abs. 2 VO 1/2003 hat die Kommission, bevor sie von ihren Befugnissen zum Erlass von Durchführungsbestimmungen nach Abs. 1 Gebrauch macht, zunächst den Entwurf dem **Beratenden Ausschuss** vorzulegen. Erst dann darf sie den Entwurf bekanntmachen. In der **Bekanntmachung des Entwurfs** setzt die Kommission dann eine Frist von mindestens einem Monat, damit interessierte Kreise sich dazu äußern können. Nach Eingang der Äußerungen kann die Kommission die beabsichtigten Bestimmungen erlassen, hat zuvor aber erneut den Beratenden Ausschuss anzuhören. Dieses Verfahren ermöglicht eine **breite Öffentlichkeitsbeteiligung** und sichert die umfassende Beteiligung des Beratenden Ausschusses bei der Annahme von Durchführungsbestimmungen durch die Kommission.

In der Praxis hat die Kommission vor Erlass ihrer Verfahrensverordnung 773/2004 (s. oben Rn. 5) den Beteiligten eine Anhörungsfrist von acht Wochen gegeben. Die Kommission veröffentlicht auch die Beiträge, die sie im Rahmen von Konsultationen erhält, wobei sie die Vertraulichkeit von Angaben wahrt. Die Beteiligten haben dazu auf ihren Eingaben deutlich zu vermerken, dass sie einer Veröffentlichung nicht zustimmen und sollen dann eine nichtvertrauliche Angabe zu Zwecken der Veröffentlichung beilegen.[5]

---

[1] S. die Bekanntmachung der Kommission über die Zusammenarbeit innerhalb des Netzes der Wettbewerbsbehörden, ABl. 2004, Nr. C 101, S. 43. Näher zu dieser verwaltungsrechtlichen Regelsetzung *Hofmann*, CMLRev 2006, 153.

[2] ABl. 2004, Nr. L 123, S. 18; Entwurf: ABl. 2003, Nr. C 243, S. 3. Nachfolgende Änderungen durch VO 622/2008 zur Durchführung von Vergleichsverfahren, ABl. 2008 Nr. L 171/3.

[3] In diesen Kontext gehört auch die Mitteilung der Kommission über die Akteneinsicht, ABl. 2005, Nr. C 325, S. 3.

[4] Dazu auch die Mitteilung der Kommission über die Durchführung von Vergleichsverfahren, ABl. 2008, Nr. C 167/1.

[5] Vgl. die Bekanntmachung der Kommission über die Zusammenarbeit innerhalb des Netzes der Wettbewerbsbehörden, ABl. 2004, Nr. C 101, S. 43.

Art. 34. Übergangsbestimmungen

(1) **Bei der Kommission nach Art. 2 Verordnung (EWG) Nr. 17/62 gestellte Anträge, Anmeldungen gem. den Art. 4 und 5 Verordnung (EWG) Nr. 17/62 sowie entsprechende Anträge und Anmeldungen gem. den Verordnungen (EWG) Nr. 1017/68, (EWG) Nr. 4056/86 und (EWG) Nr. 3975/87 werden mit der Anwendbarkeit der vorliegenden Verordnung unwirksam.**

(2) **Die Wirksamkeit von nach Maßgabe der Verordnung (EWG) Nr. 17/62 und der Verordnungen (EWG) Nr. 1017/68, (EWG) Nr. 4056/87 und (EWG) Nr. 3975/87 vorgenommenen Verfahrensschritten bleibt für die Anwendung der vorliegenden Verordnung unberührt.**

Übersicht

	Rn.
I. Unwirksamwerden von Anträgen und Anmeldungen	1
II. Fortgeltung von Verfahrensschritten	3
III. Zur Fortgeltung von Einzelfreistellungen	4

I. Unwirksamwerden von Anträgen und Anmeldungen

1   Art. 34 Abs. 1 führt dazu, dass noch unter den alten Durchführungsbestimmungen wie etwa der VO 17/62 gemachte Anträge und Anmeldungen, etwa auf Erteilung einer Freistellung oder eines Negativattestes mit Wirkung ab dem 1. 5. 2004 unwirksam werden. Die diesbezüglichen Verfahren werden dann von Amts wegen eingestellt. Weiterhin wirksam bleiben aber infolge der fehlenden Nennung von Art. 3 VO 17/62 die Beschwerden von Unternehmen, die an der Aufnahme von Ermittlungen ein berechtigtes Interesse haben.

2   Insbesondere für beantragte Einzelfreistellungen ergibt sich mit Inkrafttreten der VO 1/2003, dass diese nicht mehr ergehen. Die durch die sekundärrechtliche Novelle herbeigeführte unmittelbare Anwendbarkeit von Art. 81 Abs. 3 EG/Art. 101 Abs. 3 VAEU (vgl. Art. 1) hat zur Folge, dass deren Freistellungswirkung unmittelbar von Rechts wegen eintritt, so dass es einer Entscheidung durch die Kommission nicht mehr bedarf.

II. Fortgeltung von Verfahrensschritten

3   Art. 34 Abs. 2 ordnet die Fortgeltung von gemäß den alten Durchführungsverordnungen vorgenommenen Verfahrensschritten an. Die Kommission kann daher unter den alten Bestimmungen begonnene Ermittlungsverfahren unbeeinträchtigt weiterführen; allerdings sind ab dem 1. 5. 2004 die neuen Vorschriften anzuwenden. Erlassene Ermittlungsentscheidungen gelten fort.

III. Zur Fortgeltung von Einzelfreistellungen

4   Nicht eindeutig geklärt ist die Frage, welche rechtliche Bedeutung die **bereits erteilten Einzelfreistellungen** ab dem 1. 5. 2004 haben. Die unmittelbare Anwendbarkeit von Art. 81 Abs. 3 EG/Art. 101 Abs. 3 VAEU könnte die Konsequenz entfalten, dass deren Rechtswirkungen ab dem 1. 5. 2004 entfallen. Der Wegfall der rechtlichen Wirkungen von Einzelfreistellungsentscheidungen könnte mit dem normhierarchischen Vorrang der VO 1/2003 vor einer Einzelfreistellungsentscheidung begründet werden. Denn gemäß Art. 1 der VO 1/2003 sind Vereinbarungen im Sinne des Art. 81 Abs. 1 EG/Art. 101 Abs. 1 VAEU, die nicht die Voraussetzungen des Art. 81 Abs. 3 EG/Art. 101 Abs. 3 VAEU erfüllen, verboten. Bei dieser Beurteilung fließt eine bislang bestehende Einzelfreistellung nicht ein. Dementsprechend war in Art. 35 Abs. 1 UAbs. 2 des ursprünglichen Entwurfs

Art. 35. Bestimmung der Wettbewerbsbehörden   **Art. 35**

der Verordnung 1/2003 noch eindeutig geregelt, dass die Einzelfreistellungen mit Inkrafttreten der VO 1/2003 außer Kraft treten. Diese Regelung fehlt nun.

Allerdings ordnet Art. 43 der VO 1/2003 an, dass Art. 8 Abs. 3 VO 17/62 weiter gilt. 5
Art. 8 Abs. 3 VO 17/62 bestimmte die Voraussetzungen, unter denen Einzelfreistellungsentscheidungen zurückgenommen oder abgeändert werden können. Aus der Weitergeltung dieser Bestimmung (zusammen mit dem Weglassen der beabsichtigten Regelung über die Beendigung der Entscheidungswirkungen) wird gefolgert, dass alte Einzelfreistellungsentscheidungen ihre **Gültigkeit behalten,** natürlich beschränkt auf den in der Entscheidung angegebenen Zeitraum[1] (s. auch Ost, Art. 43, Rn. 2). Indes erscheint dies, wenn auch von der Kommission so wohl beabsichtigt, nicht eindeutig in der angeführten Bestimmung der VO 1/2003 geregelt. Dass die beabsichtigte eindeutige Klärung der Frage in die eine Richtung unterblieb, ist kein Argument dafür, die Problematik nun als in die andere Richtung geregelt anzusehen, jedenfalls solange die VO 1/2003 dazu keine Aussage trifft. Die angeordnete Fortgeltung von Art. 8 Abs. 3 VO 17/62 klärt die Problematik nicht wirklich, da Art. 8 Abs. 3 VO 17/62 nicht die Fortgeltung der Einzelfreistellungen regelt, sondern Befugnisse der Kommission zur Änderung und Rücknahme von Entscheidungen vorsieht. Art. 8 Abs. 3 VO 17/62 spricht allgemein von Entscheidungen der Kommission. Dass Art. 8 Abs. 3 VO 17/62 sich auf die Einzelfreistellung bezieht, ergibt sich abgesehen von lit. d) erst aus dem Zusammenhang mit Art. 8 Abs. 1 und 2 und aus der Überschrift des Art. 8 VO 17/62. Deren Weitergeltung ist in Art. 43 VO 1/2003 indes nicht angeordnet. Der Weitergeltung des Art. 8 Abs. 3 VO 17/62 kann man auch einen anderen Sinn geben, denn sie ist von allgemeinem Interesse für den Vollzug des Kartellrechts auch nach der neuen VO 1/2003, weil die VO 1/2003 keine Bestimmung zur Rücknahme oder Änderung von Kommissionsentscheidungen enthält.

Die Problematik der Weitergeltung der alten Einzelfreistellungen hat in der vorliegenden 6
Verordnung somit keine wirklich zweifelsfreie Regelung erfahren. Dass der Verordnungsgeber dort, wo eine Einzelfreistellung besteht, will, dass insoweit Art. 1 VO 1/2003 als die zentrale Norm der VO 1/2003 nicht gilt, hätte deutlicher zum Ausdruck kommen müssen. Im Interesse der Rechtssicherheit wäre es zu begrüßen, wenn der Rat die Frage eindeutig regeln würde.

Falls eine Vereinbarung trotz erfolgter Freistellung als mit Art. 81 EG/Art. 101 VAEU 7
unvereinbar behandelt würde, müsste aber jedenfalls von **Sanktionsfolgen abgesehen** werden. Das fordert der **Vertrauensschutz** der beteiligten Unternehmen.

Art. 35. Bestimmung der Wettbewerbsbehörden der Mitgliedstaaten

(1) **Die Mitgliedstaaten bestimmen die für die Anwendung der Art. 81 und 82 EG zuständige(n) Wettbewerbsbehörde(n) so, dass die Bestimmungen dieser Verordnung wirksam angewandt werden. Sei ergreifen vor dem 1. 5. 2004 die notwendigen Maßnahmen, um diesen Behörden die Befugnis zur Anwendung der genannten Artikel zu übertragen. Zu den bestimmten Behörden können auch Gerichte gehören.**

(2) **Werden einzelstaatliche Verwaltungsbehörden und Gerichte mit der Durchsetzung des Wettbewerbsrechts der Gemeinschaft betraut, so können die Mitgliedstaaten diesen unterschiedliche Befugnisse und Aufgaben zuweisen.**

(3) **Die Wirkung von Art. 11 VI erstreckt sich auf die von den Mitgliedstaaten bestimmten Wettbewerbsbehörden, einschließlich der Gerichte, die Aufgaben in bezug auf die Vorbereitung und den Erlass der in Art. 5 vorgesehenen Arten von Entscheidungen wahrnehmen. Die Wirkung von Art. 11 VI erstreckt sich nicht auf Gerichte,**

---

[1] So *Böge/Bardong*, in Münchner Kommentar, Europäisches und Deutsches Wettbewerbsrecht, Band 1, 2007, Art. 1 VO 1/2003, Rn. 30; *Bischke*, ebda., Art. 43 VO 1/2003, Rn. 1; *Hossenfelder/Lutz* WuW 2003, 128; *Klees*, Europäisches Kartellverfahrensrecht, 2005, § 1, Rn. 33 m. w. N.

insoweit diese als Rechtsmittelinstanzen in bezug auf die in Art. 5 vorgesehenen Arten von Entscheidungen tätig werden.

(4) **Unbeschadet des Abs. 3** ist in den Mitgliedstaaten, in denen im Hinblick auf den Erlass bestimmter Arten von Entscheidungen nach Art. 5 eine Behörde Fälle vor ein separates und von der verfolgenden Behörde verschiedenes Gericht bringt, bei Einhaltung der Bestimmungen dieses Absatzes die Wirkung von Art. 11 VI auf die mit der Verfolgung des betreffenden Falles betraute Behörde begrenzt, die ihren Antrag bei dem Gericht zurückzieht, wenn die Kommission ein Verfahren eröffnet; mit der Zurücknahme des Antrags wird das nationale Verfahren vollständig beendet.

Übersicht

	Rn.		Rn.
I. Bestimmung der nationalen Kartellbehörden ...	1	III. Kompetenzen der Gerichte und Vollzugsübernahme durch die Kommission	8
II. Befugnisse von nationalen Behörden und Gerichten	5		

I. Bestimmung der nationalen Kartellbehörden

1 Art. 35 trifft einige Regelungen, die infolge der Novellierung der Vollziehung des EG-Kartellrechts notwendig wurden. Die Einführung des dezentralen Durchführungssystems, wie es die Kommission durch die Neuregelung zu verwirklichen beabsichtigt, führt zu einer **Aufwertung der Bedeutung der nationalen Behörden** beim Vollzug der Art. 81 und 82 EG/Art. 101 und 102 VAEU, da diese zum umfassenden Vollzug der Art. 81 f. berufen sind (Art. 5 VO 1/2003 schließt nur die Nichtanwendbarkeitsfeststellung aus). Daraus ergibt sich die Notwendigkeit, dass die Mitgliedstaaten diese **Behörden bestimmen.** Andernfalls könnten Fälle nicht wie vorgesehen verteilt werden, so dass die Kommission gezwungen wäre, eine überproportional große Zahl von Fällen zu übernehmen, die inländische Märkte betreffen.[1] Art. 35 Abs. 1 verpflichtet demzufolge die Mitgliedstaaten, ihre nationalen Wettbewerbsbehörden zu bestimmen, denen die Anwendung der Art. 81, 82 EG-Vertrag zukommen soll. Damit wird der Vollzugsautonomie der Mitgliedstaaten Rechnung getragen, die selbst entscheiden, welche Stellen für den Vollzug von EG-Recht zuständig sind.

2 Ständiger Rechtsprechung entspricht, dass auch **nationale Gerichte** zu den einzelstaatlichen Wettbewerbsbehörden zählen;[2] deren Befugnis zur integralen Anwendung von Art. 81 EG-Vertrag ergibt sich auch aus Art. 6 (siehe hierzu Art. 6 Rn. 7). Anders als die nationalen Behörden oder die Kommission, die im öffentlichen Interesse handeln, haben die nationalen Gerichte die Aufgabe, die Rechte des Einzelnen zu schützen. Der Vorschlag der Kommission zielt gerade darauf ab, die Durchsetzung der Wettbewerbsregeln über Klagen Einzelner bei den nationalen Gerichten zu verstärken. Infolge der durch die Novelle herbeigeführten unmittelbaren Anwendbarkeit von Art. 81 Abs. 1 als auch Art. 81 Abs. 3 EG entstehen dem Einzelnen Rechte, die von den nationalen Gerichten geschützt werden müssen. Sie müssen bei der Verletzung des EG-Kartellrechts Schadenersatz zusprechen[3] und haben die Durchführung oder Nichtdurchführung von Verträgen anzuordnen. Ihre Tätigkeit ist eine notwendige Ergänzung zum Vorgehen der Behörden.[4]

3 Art. 35 Abs. 1 VO 1/2003 verpflichtet damit alle Mitgliedstaaten im Interesse der Effizienz des EG-Kartellrechts, Wettbewerbsbehörden einzurichten und diesen die uneinge-

---

[1] S. die Begründung zu Art. 36 des Vorschlags zur VO 1/2003, Dok. KOM (2000) 582 endg.; *Eilmansberger* JZ 2001, 371.
[2] EuGH Rs. 12/73 – *BRT/SABAM I* Slg. 1974, 313 Rn. 19; verb. Rs. 209–213/84 – *Nouvelles frontieres* Slg. 1986, 4125, Rn. 55 f.
[3] EuGH Rs. C-453/99 – *Courage v. Crehan* Slg. 2001, I-6297 Rn. 25 f.
[4] So die Kommission, Dok KOM (2000) 582 endg. unter C. 1. a).

schränkte Anwendung des EG-Kartellrechts zu übertragen, vgl. Art. 35 Abs. 1 Satz 2. Das vorgesehene Netz an Wettbewerbsbehörden wäre andernfalls lückenhaft. Das ist eine entscheidende Abkehr von der früheren Rechtslage. Nach 9 Abs. 3 VO 17/62 waren zwar die einzelstaatlichen Wettbewerbsbehörden zur Anwendung von Art. 81 Abs. 1 und Art. 82 EG auch schon zuständig, solange die Kommission kein Verfahren einleitete. Diese Anwendungskompetenz hing allerdings von einer entsprechenden Ermächtigung durch die einschlägigen nationalen Rechtsvorschriften ab.[5]

Nur zehn der früheren fünfzehn Mitgliedstaaten der EU hatten ihren nationalen Wettbewerbsbehörden früher eine entsprechende Anwendungsermächtigung erteilt (Belgien, Dänemark, Deutschland, Frankreich, Griechenland, Italien, die Niederlande, Portugal, Schweden und Spanien).[6] In den übrigen Mitgliedstaaten ist die Schaffung einer nationalen Wettbewerbsbehörde mit ausdrücklicher Kompetenz zur Anwendung des gemeinschaftlichen Wettbewerbsrechts mittlerweile erfolgt; im Vereinigten Königreich gehorcht die Anwendung der Art. 81 und Art. 82 EG-Vertrag – durch insgesamt acht sektorspezifische Behörden – individuellen Eigenheiten.[7] Der unterschiedliche Befund in den EU-Mitgliedstaaten erleichterte eine gleichmäßige, dezentralisierte Anwendung des gemeinschaftlichen Wettbewerbsrechts nicht.[8] Verschärft wird die Situation noch durch die neuen Mitgliedstaaten, die teilweise erst seit kurzem effiziente Wettbewerbsbehörden errichtet haben. Besondere Probleme bereitet der Umstand, dass es in den zehn neuen EU-Mitgliedstaaten an einer entsprechenden Anwendungstradition fehlt.[9] Aus politischer Warte lässt sich eine unterschiedliche Behandlung dieser Staaten nicht rechtfertigen, andererseits ist einzugestehen, dass die Vorstellungen über eine „richtige" Kartellaufsicht selbst in den alten Mitgliedstaaten immer noch divergieren.[10]

II. Befugnisse von nationalen Behörden und Gerichten

Wenn das Gemeinschaftsrecht von nationalen Stellen vollzogen wird, genießen die EU-Mitgliedstaaten grundsätzlich Vollzugsautonomie. Das bedeutet, dass die Regelung der behördlichen Zuständigkeiten, Befugnisse, Verfahren und der Entscheidungen, durch die die nationalen Stellen das EG-Recht vollziehen, grundsätzlich allein in den Händen der Mitgliedstaaten liegt.[11] Die Regelung der behördlichen Ermittlungsbefugnisse durch die nationale Rechtsordnung der Mitgliedstaaten etwa ist vom EG-Recht nur insoweit determiniert, als die Mitgliedstaaten aus Art. 10 EG/Art. 4 Abs. 3 EUV (in der Fassung von Lissabon) verpflichtet sind, für eine effiziente Anwendung des EG-Rechts Sorge zu tragen. Das wird in Art. 35 Abs. 1 Satz 2 bestätigt. Es ist Pflicht der Mitgliedstaaten, ihren jeweiligen nationalen Wettbewerbsstellen die Befugnisse zu verleihen, die sie benötigen für eine uneingeschränkte Anwendung der Art. 81, 82 EG/Art. 101 und 102 VAEU. Insbesondere sind die Mitgliedstaaten verpflichtet, diejenigen nationalen Maßnahmen zu ergreifen, die zusätzlich zur grundsätzlichen Anwendungszuständigkeit der Wettbewerbsbehörden und Gerichte der Mitgliedstaaten, wie sie in Art. 5 und Art. 6 statuiert ist, notwendig sein soll-

---

[5] Zur alten Rechtslage: *Kommission*, Bekanntmachung über die Zusammenarbeit zwischen der Kommission und den Wettbewerbsbehörden der Mitgliedstaaten bei der Bearbeitung von Fällen im Anwendungsbereich der Artikel 85 und 86 EG-Vertrag, ABl. 1997, Nr. C 313, S. 3, Rn. 5; *Zinsmeister* WuW 1999, 119.
[6] *Zinsmeister/Lienemeyer* WuW 2002, 333; *Kingston* ECLR 2001, 342.
[7] *Zinsmeister/Lienemeyer* WuW 2002, 334; *Zinsmeister/Rikkers/Jones* ECLR 1999, 278.
[8] *Zinsmeister/Lienemeyer* WuW 2002, 334; hierzu eingehend *Jones* ECLR 2001, 406 ff.
[9] *Geiger* EuZW 2000, 168; *Schütz*, WuW 2000, 692.
[10] *Schütz* WuW 2000, 692.
[11] Allerdings nimmt vorliegend Art. 5 durch die klare Regelung, welche Entscheidungsbefugnisse die nationalen Verwaltungsbehörden haben, den Mitgliedstaaten zulässigerweise etwas von ihrer Vollzugsautonomie.

ten. Das musste bis zum 1. 5. 2004 sichergestellt sein, damit die nationalen Stellen zugleich mit der Kommission ihre Tätigkeit gemäß dem neuen dezentralen Kartellrechtsvollzug aufnehmen konnten.

6 Außerhalb dieser Bindungen durch die Effizienzanforderungen ist es den Mitgliedstaaten unbenommen, die Befugnisse ihrer Stellen unterschiedlich zu regeln. Dieser Vollzugsautonomie der Mitgliedstaaten trägt Art. 35 Abs. 2 Rechnung, wonach die Mitgliedstaaten, wenn sie Behörden und Gerichte mit der Durchsetzung der Art. 81 f. EG betrauen, diesen Stellen unterschiedliche Befugnisse gewähren können. Art. 35 Abs. 2 lässt es dementsprechend zu, dass die Mitgliedstaaten den nationalen Verwaltungsstellen andere Befugnisse und Aufgaben zuweisen als ihren Gerichten. Damit wird auch dem Umstand Rechnung getragen, dass Verwaltungsstellen und Gerichte funktionell für unterschiedliche Aufgaben ausgestattet sind; die Aufgabe der Gerichte liegt stärker in der Kontrolle von Verwaltungsentscheidungen als in der Anordnung von Verbotsentscheidungen. Dadurch, dass auch die Gerichte in Art. 6 VO 1/2003 als Vollzugsinstanzen des EG-Kartellrechts vorgesehen sind (ohne allerdings – wie in Art. 5 für die Verwaltungsstellen – der ihnen zustehenden Entscheidungen vorzugeben), soll diese Aufgabenverteilung zwischen Gerichten und Behörden nicht aufgehoben werden. Sie bleibt nach Maßgabe des nationalen Rechts weiterhin möglich.

7 So ist es einem Mitgliedstaat etwa überlassen, für bestimmte Entscheidungen im Sinne des Art. 5 VO 1/2003 wie die Verhängung von Geldbußen nicht die nationalen Verwaltungsstellen als zuständig zu erklären, sondern (etwa wegen des quasi strafrechtlichen Charakters der Geldbußen) die nationalen Strafgerichte, denen die Kartellverwaltungsbehörden etwa im Wege einer Anklage die betreffenden Sachverhalte zur Kenntnis bringen müssen.

III. Kompetenzen der Gerichte und Vollzugsübernahme durch die Kommission

8 Die parallele Zuständigkeit der nationalen Stellen und der EG-Kommission bedingt klare Regelungen, wie die Zuständigkeiten für den Fall paralleler Ermittlungstätigkeit abgegrenzt werden können. Insoweit ordnet Art. 11 Abs. 6 VO 1/2003 an, dass die nationalen Verwaltungsstellen ihre Zuständigkeit verlieren, sowie die Kommission ein Verfahren an sich zieht.[12] In Art. 11 Abs. 6 ist nicht geregelt, wie sich diese Zuständigkeitsüberleitung auf nationale Gerichte auswirkt, die Vollzugsaufgaben wahrnehmen oder bei denen ein gerichtliches Verfahren gegen bereits erlassene Entscheidungen der nationalen Kartellbehörde anhängig ist.

9 Insofern gibt Art. 35 Abs. 3 vor, dass die Überleitung auch die Gerichte trifft, soweit sie in die Vorbereitung oder den Erlass der in Art. 5 genannten Entscheidungen einbezogen oder dafür zuständig sind. Allerdings gilt das nicht, sofern die Gerichte als Rechtsmittelinstanzen tätig sind. Ein bei einem nationalen Gericht anhängiges Verfahren gegen die Entscheidung einer nationalen Kartellbehörde kommt somit mit der Zuständigkeitsübernahme durch die Kommission nicht schon per se zum Erliegen. Damit wird dem Umstand Rechnung getragen, dass die Entscheidung der Behörde existiert; Rechtsschutz gegen sie muss möglich bleiben. Allerdings erscheint er nicht mehr sonderlich sinnvoll, nachdem die Zuständigkeit an die Kommission überging. Es müsste daher zulässig sein, wenn nationale Gerichte einen anhängigen Rechtsbehelf für erledigt erklären. Die Zuständigkeitsüberlei-

---

[12] Zur Zuständigkeitsabgrenzung der nationalen Behörden untereinander vgl. Art. 13. Nähere Festlegungen zur Zuständigkeitsabgrenzung zwischen den nationalen Kartellbehörden und den nationalen Behörden und der Kommission trifft die Gemeinsame Erklärung von Rat und Kommission zur Arbeitsweise des Netzes der Wettbewerbsbehörden, Ratsdokument 15 432/02 ADD 1 und die einschlägige Bekanntmachung, ABl. 2004, Nr. C 101, S. 43.

tung hat von Gemeinschafts wegen aber auf die gerichtliche Zuständigkeit und Funktion als Rechtsmittelinstanz keine unmittelbare Auswirkung.

Art. 35 Abs. 4 schließlich regelt den Fall, dass der Erlass von Entscheidungen im Sinne des Art. 5 (Verbot und Abstellung, einstweilige Maßnahme, Sanktionsverhängung, Annahme von Verpflichtungszusagen) durch Gerichte erfolgt, denen nationale Kartellbehörden den entsprechenden Fall vorlegen. Damit werden nationale Vollzugsmodelle erfasst, die den Ausspruch bestimmter Entscheidungen (etwa die Festsetzung von Sanktionen) den Gerichten zuweisen (s. zur Zuweisung unterschiedlicher Aufgaben oben Rn. 6). Für diesen Fall beschränkt die Zuständigkeitsüberleitung ihre Wirkung ebenfalls auf die Verwaltungsstelle. Diese wird in Art. 35 Abs. 4 verpflichtet, ihren verfahrenseinleitenden Antrag beim nationalen Gericht zurückzuziehen. Art. 35 Abs. 4 a. E. ordnet dann an, dass mit der Zurücknahme eines Antrags das nationale Verfahren vollständig beendet ist. Die Zurücknahme des Antrags muss sich somit auf das Gerichtsverfahren auswirken. Art. 35 Abs. 4 beeinträchtigt insoweit die Vollzugsautonomie der Mitgliedstaaten. Dies gilt indes unbeschadet des Art. 35 Abs. 3. Letzteres bedeutet, dass soweit bereits Rechtsmittelinstanzen mit den getroffenen Entscheidungen befasst worden sind, für diese die verfahrensbeendigende Wirkung nicht gilt. 10

Art. 36 bis 42 *(Änderungen und Aufhebungen anderer Verordnungen)*

Art. 43. Aufhebung der Verordnungen Nrn. 17 und 141

(1) **Die Verordnung Nr. 17 wird mit Ausnahme von Artikel 8 Absatz 3 aufgehoben, der für Entscheidungen, die nach Artikel 81 Absatz 3 des Vertrags vor dem Beginn der Anwendbarkeit der vorliegenden Verordnung angenommen wurden, bis zum Ende der Gültigkeitsdauer dieser Entscheidungen weiterhin gilt.**

(2) **Die Verordnung Nr. 141 wird aufgehoben.**

(3) **Bezugnahmen auf die aufgehobenen Verordnungen gelten als Bezugnahmen auf die vorliegende Verordnung.**

Die Vorschrift betrifft die Aufhebung der bisherigen Durchführungsverordnung Nr. 17 zu den Art. 81 und 82 des Vertrags[1] sowie der Verordnung des Rats über die Nichtanwendung der Verordnung Nr. 17 des Rats auf den Verkehr.[2] 1

Da unter der bisherigen Durchführungsverordnung Nr. 17 erlassene Freistellungsentscheidungen (Art. 81, Abs. 3 des Vertrags) für die in ihnen bestimmte Gültigkeitsdauer wirksam bleiben, erklärt Absatz 1 die Aufhebungs- und Änderungsbefugnis des Artikel 8, Absatz 3 der Verordnung Nr. 17 weiterhin für anwendbar. 2

Art. 44. Berichterstattung über die Anwendung der vorliegenden Verordnung

Die Kommission erstattet dem Europäischen Parlament und dem Rat fünf Jahre nach Inkrafttreten dieser Verordnung Bericht über das Funktionieren der Verordnung, insbesondere über die Anwendung von Artikel 11 Absatz 6 und Artikel 17.
Auf der Grundlage dieses Berichts schätzt die Kommission ein, ob es zweckmäßig ist, dem Rat eine Überarbeitung dieser Verordnung vorzuschlagen.

Diese Vorschrift enthält eine Berichtspflicht der Kommission gegenüber dem Europäischen Parlament und dem Rat. Das legislative Initiativrecht der Kommission ist davon nicht 1

---

[1] Erste Durchführungsverordnung zu den Artikeln 85 und 86 des Vertrages, ABl. Nr. P 013 vom 21. Februar 1962, S. 204.
[2] ABl. Nr. B 124 vom 28. November 1962 S. 2751.

Art. 45 VerfVO 1   8. Teil. Kartellverfahrensverordnung

berührt. Durch ein redaktionelles Versehen ist die Übersetzung im Deutschen irreführend. Es muss „fünf Jahre seit erstem Geltungstag" heißen, d. h. der Bericht ist zum 1. 5. 2009 fällig.

Art. 45. Inkrafttreten

**Diese Verordnung tritt am zwanzigsten Tag nach ihrer Veröffentlichung im Amtsblatt der Europäischen Gemeinschaften in Kraft.
Sie gilt ab dem 1. Mai 2004.**

1   Die Verordnung wurde am 4. Januar 2003 im Amtsblatt der Europäischen Gemeinschaften veröffentlicht.[1]

---

[1] ABl. Nr. L 1 vom 4. Januar 2003, S. 1.

9. Teil. Fusionskontrollverordnung

Einführung

Übersicht

	Rn.		Rn.
I. Entstehungsgeschichte	1	VI. Die Abgrenzung der Entscheidungsbefugnisse zwischen der Kommission und den Mitgliedsstaaten	44
1. Die Verordnung von 1989	1		
2. Die Novelle von 1997	11		
3. Die Neufassung von 2004	13	VII. Das Verfahren	51
II. Rechtsgrundlage	17	VIII. Weitere relevante Rechtstexte	59
III. Geltungsbereich	18	1. Durchführungsverordnung	59
1. Gemeinschaftsweite Bedeutung/Schwellenwert	20	2. Die Mitteilungen der Kommission	61
		a) Mitteilungen zu Zuständigkeitsfragen	62
2. Zusammenschlusstatbestand	24	b) Mitteilungen zu Verfahrensfragen	67
3. Extraterritorialität	28	c) Mitteilungen zu inhaltlichen Fragen	69
IV. Prinzip der präventiven Fusionskontrolle	30	IX. Statistik	74
V. Beurteilungskriterium	33		

Schrifttum: *Albers,* Auslegungsfragen und praktische Anwendung der europäischen Fusionskontrolle, Schwerpunkte 1990/91, 99; *Alfter,* Untersagungskriterien in der Fusionskontrolle, WuW 2003, 20; *Axter,* Gemeinschaftsunternehmen als Kooperations- oder Konzentrationstatbestand im EG-Recht, in: FS Gaeddertz, 1992, S. 1 ff.; *Baccaro,* Failing Firm Defence and Lack of Causality: Doctrine and Practice in Europe of Two Closely Related Concepts, ECLR 2004, 11; *Bach,* Der Marktbeherrschungsbegriff in der EG-Fusionskontrolle auch im Vergleich zum deutschen Kartellrecht, WuW 1993, 805; *Bartosch,* Welche Dimension hat das „Neue" im Airtours-Urteil des EuG? EuZW 2002, 645; *Bechtold,* Die Grundzüge der neuen EWG Fusionskontrolle, RIW 1990, 251; *ders.,* Zwischenbilanz zum EG-Fusionskontrollrecht, EuZW 1994, 653; *ders.,* Abwägung zwischen wettbewerblichen Vor- und Nachteilen eines Zusammenschlusses in der europäischen Fusionskontrolle, EuZW 1996, 389; *Berg,* The New EC Merger Regulation: A First Assessment of ist Pracitcal Impact, Northwestern Journal of International Law & Business 2004, 683; *Biro/Parker/Etten/Riechmann,* Die Berücksichtigung von Asymmetrien bei der Analyse kollektiver Marktbeherrschung, WuW 2004, 1269; *Bishop/Lofaro,* Assessing Unilateral Effekts in Practice, ECLR 2005, 203; *Böge,* Reform der Europäischen Fusionskontrolle, WuW 2004, 138; *ders./Müller,* From the Market Dominance Test to the SLC Test: Are There Any Reasons for a Change, ECLR 2002, 495; *Canenbly,* Die Abgrenzung des geographisch relevanten Marktes in der EWG-Fusionskontrolle, in: FS Deringer, 1993, S. 226; *Dirksen/Barber,* Kontrollpflichtige Zusammenschlüsse durch Anteilserwerb, EWS 1992, 98; *Dittert,* Die Reform des Verfahrens in der neuen EG-Fusionskontrollverordnung, WuW 2004, 148; *Drauz/Schröder,* Praxis der Europäischen Fusionskontrolle, 3. Aufl. 1995; *Ebenroth/Rösler,* Die Anwendbarkeit des Zusammenschlußbegriffs nach Art. 3 FKVO auf Lean Production Strukturen, RIW 1994, 533; *Ehlermann,* Die Europäische Fusionskontrolle – erste Erfahrungen, WuW 1991, 534; *Einsele,* Auswirkungen der europäischen Fusionskontrollverordnung auf Gemeinschaftsunternehmen, RIW Beilage 2 zu Heft 8/1992; *Fountoukakos/Ryan,* A New Substantive Test for EU Merger Control, ECLR 2005, 277; *Gerwing,* Kooperative Gemeinschaftsunternehmen im EWG-Kartellrecht unter besonderer Berücksichtigung der Abgrenzungsfrage, 1994; *Gonzalez Diaz,* The Reform of European Merger Control: Quid Novi Sub Sole? Word Competition 27 (2), 177, 1994; *Gotts/Goldman,* The Role of Efficiencies in M & A Global Antitrust Review: Still in Flux? Fordham Corporate Law Institute, 2002, S. 201; *Hahn,* Oligopolistische Marktbeherrschung in der Europäischen Fusionskontrolle, Diss. Berlin 2001; *Haupt,* Kollektive Marktbeherrschung in der europäischen Mißbrauchs- und Fusionskontrolle nach dem Airtours-Urteil des Gerichts erster Instanz, EWS 2002, 361; *Hawk,* Joint Ventures under EC Law, Fordham Corporate Law Institute, 1993, 557; *ders.,* A Brigth Line Shareholding Test to End the Nightmare Under the EEC Merger Regulation, (1993) 30 CMLR 1155; *Heidenhain,* Europäische Fusionskontrolle für Zusammenschlüsse ohne gemeinschaftsweite Bedeutung, EuZW 1990, 84; *Hirsbrunner,* Verweisung von Unternehmenszusammenschlüssen nach Artikel 9 der EG-Fusionskontrollverordnung, EWG 1998, 233; *ders.*, Referral of Mergers in E.C. Merger Control, E.C.L.R. 1999, 372; *Immenga/Fuchs,* Art. 85 EWG-Vertrag als Grenze für Unternehmensbeteiligungen, NJW 1988, 3052; *Jaeger,* Mitregierungsvarianten an Gemeinschaftsunternehmen, EuZW 1995, 203; *Jaenicke,* EG-Fusionskontrolle auf dem Weg zur praktischen Umsetzung, WuW 1990, 196; *Janicki,* Inhalt und Praxis der Rückverweisungsvorschriften in Art. 9 EG-Fusionskontrollverordnung, in: Schwerpunkte des Kartellrechts, 1992/93 (1994), S. 63; *Jickeli,* Marktzutrittsschranken im EG-Kartellrecht, WuW 1992, 101, 195; *Johnson,* The EEC Merger Control Regulation. Referral to Member States under Article 9, World Competition 1993, Vol. 17 No. 2, 108; *Jones/Gonzalez Diaz,* The EEC Merger Regulation, London 1992; *Joshua,* Requests for Information in EEC Factfinding Procedures, ECLR 1982, 173; *ders.,* The element of surprise: EEC Competition Investigations under Article 14 (3) of Regulation 17, ELR 1983, 3; *Karl,* Der Zusammenschlußbegriff in der Europäischen Fusionskontrollverordnung, 1996; *ders.,* Der Zusammenschlußbegriff in der Europäischen Fusionskontrollverordnung. Eine Untersuchung unter Berücksichtigung der Entscheidungspraxis der Kommission der Europäischen Gemeinschaften, 1996; *Kerber,* Die Europäische Fusionskontrollpraxis und die Wettbewerbskonzeption der EG; *Kleemann,* Enthält Art. 2 der EG-Fusionskontrollverordnung eine wettbewerbliche Abwägungsklausel?, in: FS Lieberknecht, 1997, S. 379; *Kleinmann,* Die Anwendbarkeit der EG-Fusionskontrollverordnung auf Gemeinschaftsunternehmen, RIW 1990, 605; *Köhler,* „Gemeinsame Kontrolle" von Unternehmen aufgrund von Minderheitsbeteiligungen im Europäischen Kartellrecht, EuZW 1992, 634; *Körber,* Gerichtlicher Rechtschutz in der europäischen Fusionskontrolle, RIW 1998, 910; *Krimphove,* Europäische Fusionskontrolle, 1992; *Lampert,* Die Anwendbarkeit der EG-Fusionskontrollverordnung im Verhältnis zum Fusionskontrollrecht der Mitgliedstaaten, FIW-Schriftenreihe Bd. 161, Diss. 1995; *ders.,* Kompetenzabgrenzung zwischen nationaler und europäischer Fusionskontrolle, WuW 2002, 449; *Lindemann,* Freistellungspraxis von Unternehmenskooperationen nach deutschem und europäischen Wettbewerbsrecht, in: Umbruch der Wettbewerbsordnung in Europa, FIW-Schriftenreihe Heft 165 (1995), 87; *Lohse,* Gemeinschaftsunternehmen nach Inkrafttreten der Fusionskontrollverordnung, ZHR 159 (1995), 164; *Mälzer,* Die Stellung des Gemeinschaftsunternehmens im europäischen Wettbewerbsrecht, WuW 1992, 705; *Mano,* For the costumers sake: The competitive effects of efficiencies in European merger control, Enterprise Papers No. 11 2002; *Maudhuit/Soames,* Changes in EU Merger Control, ECLR 2005, 75; *Meessen,* Gemeinschaftsunternehmen im EG-Wettbewerbsrecht, WuW 1993, 901; *Monopolkommission,* Hauptgutachten 1998/99, Wettbewerbspolitik in Netzstrukturen, Kooperationen im Rahmen von Gemeinschaftsunternehmen, S 266 ff.; *Monopolkommission,* Konzeption einer europäischen Fusionskontrolle, Sondergutachten 17, 1989; *Montag,* Strukturelle kooperative Gemeinschaftsunternehmen, RIW 1994, 918; *Montag/Dohms,* Minderheitsbeteiligungen im deutschen und EG-Kartellrecht, WuW 1993, 13; *Montag/Kaessner,* Neuere Entwicklungen in der Fallpraxis der europäischen Fusionskontrolle, WuW 1997, 781; *Niederleithinger,* Das Verhältnis nationaler und europäischer Kontrolle von Zusammenschlüssen WuW 1990, 721; *Niewiarra,* Rechtsfragen der sog. Holländischen Klausel, in: FS Lieberknecht, 1997, S. 431; *Nordemann,* Gegenmacht und Fusionskontrolle; *O'Keefe,* Merger Regulation Thresholds: An Analysis of the Communitydimension Threshold in Regulation 4046/89, ECLR 1994, 21; *Pifofsky,* EU and U.S approaches to international mergers – Views from the U.S. Federal Trade Commission, in: EC Merger Control: The Years On, IBA 2001, 47; *Quack,* Vermögenserwerb als Zusammenschlußtatbestand in der Fusionskontrollverordnung des Rates der Europäischen Gemeinschaften vom 21. 12. 1989, in: FS Traub, 1994, S. 321; *Rehmann,* Zur Vollstreckung einer Nachprüfungsentscheidung der Kommission der EG, NJW 1987, 3061; *Riesenkampff,* Perspektiven und Probleme der europäischen Fusionskontrolle, in: FS Rittner, 1991, S. 491; *ders.,* The New E.C. Merger Control Test under Article 2 of the Merger Control Regulation, Northwestern Journal of International Law & Business 2004, 715; *Röller/Stennek/Verboven,* Efficiency Gains form Mergers. Diskussionspapier des Wissenschaftszentrums Berlin Nr. FS IV 00–09, WZB, 2000; *Rösler,* Der relevante Markt in der europäischen Fusionskontrolle, NZG 2000, 761; *ders.,* Der Begriff der marktbeherrschenden Stellung in der europäischen Fusionskontrolle, NZG 2000, 855; *Sauter,* Ein Nachwort zur europäischen Fusionskontrolle, in: FS Quack, 1991, S. 656; *Schmidt,* Europäische Fusionskontrolle im System des Rechts gegen Wettbewerbsbeschränkungen, BB 1990, 719; *ders.,* Die Entwicklung des technischen und wirtschaftlichen Fortschritts, Diss. Göttingen 1991; *Scherf,* Konzentrative und kooperative Gemeinschaftsunternehmen im europäischen Kartellrecht, AG 1992, 245; *Schroth,* Sanktionsbewehrte Pflichtstellungen in der geplanten EWG-Fusionskontrollverordnung, WuW 1989, 103; *Schwarze,* Die extraterritoriale Anwendbarkeit des EG-Wettbewerbsrechts – Vom Durchführungsprinzip zum Prinzip der qualifizierten Auswirkung, WuW 2001, 1190; *Semrau,* Bezahlung und Erstattung von Bußgeldern im

Einführung

EG-Kartellrecht, EWS 1999, 43; *Simon,* Wird SLC marktbeherrschend? Die materiellrechtliche Reform der europäischen Fusionskontrolle, FIW-Schriftenreihe Bd. 201, 2005; *Staebe/Denzel,* Die neue Europäische Fusionskontrollverordnung, EWS 2004, 194; *Staudenmeyer,* Der Zusammenschlußbegriff in Art. 3 der EG-FusionskontrollVO, FIW-Schriftenreihe 189, 2002; *Steindorff,* Kooperativer Unternehmenszusammenschluß und Kartellverbot – Erste Bemerkungen zum Rothmann-Morris-Urteil des EuGH, ZHR 152 (1988), 57; *Temple Lang,* International Joint Ventures under Community Law, Fordham Corporate Law Institute, 1999, S. 381; *Veelken/Karl/Richter,* Die Europäische Fusionskontrolle. Grundzüge und Einzelfragen der Verordnung (EWG) Nr. 4064/89, 1992; *Venit,* The Treatment of Joint Ventures under the EC Merger Regulation – Almost Through the Thicket, Fordham Corporate Law Institute, 1999, S. 465; *Weitbrecht,* EU Merger Control in 2004, ECLR 2005, 67; *Wiedemann,* Drittstaaten-Zusammenschlüsse und EG-Fusionskontrollverordnung, in: FS Lieberknecht, 1997, S. 625; *Wirz,* Der Mitteilungsentwurf der Kommission zur Beurteilung horizontaler Zusammenschlüsse, EWS 2003, 146.

Erwägungsgründe:

DER RAT DER EUROPÄISCHEN UNION –

gestützt auf den Vertrag zur Gründung der Europäischen Gemeinschaft, insbesondere auf die Artikel 83 und 308, auf Vorschlag der Kommission,[1]
nach Stellungnahme des Europäischen Parlaments,[2]
nach Stellungnahme des Europäischen Wirtschafts- und Sozialausschusses,[3]
in Erwägung nachstehender Gründe:

(1) Die Verordnung (EWG) Nr. 4064/89 des Rates vom 21. Dezember 1989 über die Kontrolle von Unternehmenszusammenschlüssen[4] ist in wesentlichen Punkten geändert worden. Es empfiehlt sich daher aus Gründen der Klarheit, im Rahmen der jetzt anstehenden Änderungen eine Neufassung dieser Verordnung vorzunehmen.

(2) Zur Verwirklichung der allgemeinen Ziele des Vertrags ist der Gemeinschaft in Artikel 3 Absatz 1 Buchstabe g) die Aufgabe übertragen worden, ein System zu errichten, das den Wettbewerb innerhalb des Binnenmarkts vor Verfälschungen schützt. Nach Artikel 4 Absatz 1 des Vertrags ist die Tätigkeit der Mitgliedstaaten und der Gemeinschaft dem Grundsatz einer offenen Marktwirtschaft mit freiem Wettbewerb verpflichtet. Diese Grundsätze sind für die Fortentwicklung des Binnenmarkts wesentlich.

(3) Die Vollendung des Binnenmarkts und der Wirtschafts- und Währungsunion, die Erweiterung der Europäischen Union und die Reduzierung der internationalen Handels- und Investitionshemmnisse werden auch weiterhin erhebliche Strukturveränderungen bei den Unternehmen, insbesondere durch Zusammenschlüsse, bewirken.

(4) Diese Strukturveränderungen sind zu begrüßen, soweit sie den Erfordernissen eines dynamischen Wettbewerbs entsprechen und geeignet sind, zu einer Steigerung der Wettbewerbsfähigkeit der europäischen Industrie, zu einer Verbesserung der Wachstumsbedingungen sowie zur Anhebung des Lebensstandards in der Gemeinschaft zu führen.

(5) Allerdings ist zu gewährleisten, dass der Umstrukturierungsprozess nicht eine dauerhafte Schädigung des Wettbewerbs verursacht. Das Gemeinschaftsrecht muss deshalb Vorschriften für solche Zusammenschlüsse enthalten, die geeignet sind, wirksamen Wettbewerb im Gemeinsamen Markt oder in einem wesentlichen Teil desselben erheblich zu beeinträchtigen.

---

[1] **Amtl. Anm.:** ABl. C 20 vom 28. 1. 2003, S. 4.
[2] **Amtl. Anm.:** Stellungnahme vom 9. Oktober 2003 (noch nicht im Amtsblatt veröffentlicht).
[3] **Amtl. Anm.:** Stellungnahme vom 24. Oktober 2003 (noch nicht im Amtsblatt veröffentlicht).
[4] **Amtl. Anm.:** ABl. L 395 vom 30. 12. 1989, S. 1. Berichtigte Fassung im ABl. L 257 vom 21. 9. 1990, S. 13. Verordnung zuletzt geändert durch die Verordnung (EG) Nr. 1310/97 (ABl. L 180 vom 9. 7. 1997, S. 1), Berichtigung im ABl. L 40 vom 13. 2. 1998, S. 17.

(6) Daher ist ein besonderes Rechtsinstrument erforderlich, das eine wirksame Kontrolle sämtlicher Zusammenschlüsse im Hinblick auf ihre Auswirkungen auf die Wettbewerbsstruktur in der Gemeinschaft ermöglicht und das zugleich das einzige auf derartige Zusammenschlüsse anwendbare Instrument ist. Mit der Verordnung (EWG) Nr. 4064/89 konnte eine Gemeinschaftspolitik in diesem Bereich entwickelt werden. Es ist jedoch nunmehr an der Zeit, vor dem Hintergrund der gewonnenen Erfahrung die genannte Verordnung neu zu fassen, um den Herausforderungen eines stärker integrierten Markts und der künftigen Erweiterung der Europäischen Union besser gerecht werden. Im Einklang mit dem Subsidiaritätsprinzip und dem Grundsatz der Verhältnismäßigkeit nach Artikel 5 des Vertrags geht die vorliegende Verordnung nicht über das zur Erreichung ihres Ziels, der Gewährleistung eines unverfälschten Wettbewerbs im Gemeinsamen Markt entsprechend dem Grundsatz einer offenen Marktwirtschaft mit freiem Wettbewerb, erforderliche Maß hinaus.

(7) Die Artikel 81 und 82 des Vertrags sind zwar nach der Rechtsprechung des Gerichtshofs auf bestimmte Zusammenschlüsse anwendbar, reichen jedoch nicht aus, um alle Zusammenschlüsse zu erfassen, die sich als unvereinbar mit dem vom Vertrag geforderten System des unverfälschten Wettbewerbs erweisen könnten. Diese Verordnung ist daher nicht nur auf Artikel 83, sondern vor allem auf Artikel 308 des Vertrags zu stützen, wonach sich die Gemeinschaft für die Verwirklichung ihrer Ziele zusätzliche Befugnisse geben kann; dies gilt auch für Zusammenschlüsse auf den Märkten für landwirtschaftliche Erzeugnisse im Sinne des Anhangs I des Vertrags.

(8) Die Vorschriften dieser Verordnung sollten für bedeutsame Strukturveränderungen gelten, deren Auswirkungen auf den Markt die Grenzen eines Mitgliedstaats überschreiten. Solche Zusammenschlüsse sollten grundsätzlich nach dem Prinzip der einzigen Anlaufstelle und im Einklang mit dem Subsidiaritätsprinzip ausschließlich auf Gemeinschaftsebene geprüft werden. Unternehmenszusammenschlüsse, die nicht im Anwendungsbereich dieser Verordnung liegen, fallen grundsätzlich in die Zuständigkeit der Mitgliedtaaten.

(9) Der Anwendungsbereich dieser Verordnung sollte anhand des geografischen Tätigkeitsbereichs der beteiligten Unternehmen bestimmt und durch Schwellenwerte eingegrenzt werden, damit Zusammenschlüsse von gemeinschaftsweiter Bedeutung erfasst werden können. Die Kommission sollte dem Rat über die Anwendung der Schwellenwerte und Kriterien Bericht erstatten, damit dieser sie ebenso wie die Vorschriften für Verweisungen vor einer Anmeldung gemäß Artikel 202 des Vertrags regelmäßig anhand der gewonnenen Erfahrungen überprüfen kann. Hierzu ist es erforderlich, dass die Mitgliedstaaten der Kommission statistische Angaben übermitteln, auf deren Grundlage die Kommission ihre Berichte erstellen und etwaige Änderungen vorschlagen kann. Die Berichte und Vorschläge der Kommission sollten sich auf die von den Mitgliedstaaten regelmäßig übermittelten Angaben stützen.

(10) Ein Zusammenschluss von gemeinschaftsweiter Bedeutung sollte dann als gegeben gelten, wenn der Gesamtumsatz der beteiligten Unternehmen die festgelegten Schwellenwerte überschreitet und sie in erheblichem Umfang in der Gemeinschaft tätig sind, unabhängig davon, ob der Sitz der beteiligten Unternehmen sich in der Gemeinschaft befindet oder diese dort ihr Hauptgeschäft ausüben.

(11) Die Regeln für die Verweisung von Zusammenschlüssen von der Kommission an die Mitgliedstaaten und von den Mitgliedstaaten an die Kommission sollten angesichts des Subsidiaritätsprinzips als wirksames Korrektiv wirken. Diese Regeln wahren in angemessener Weise die Wettbewerbsinteressen der Mitgliedstaaten und tragen dem Bedürfnis nach Rechtssicherheit sowie dem Grundsatz einer einzigen Anlaufstelle Rechnung.

(12) Zusammenschlüsse können in den Zuständigkeitsbereich mehrerer nationaler Fusionskontrollregelungen fallen, wenn sie die in dieser Verordnung genannten Schwellenwerte nicht erreichen. Die mehrfache Anmeldung desselben Vorhabens erhöht die Rechtsunsicherheit, die Arbeitsbelastung und die Kosten der beteiligten Unternehmen und kann

Einführung   Einf FKVO

zu widersprüchlichen Beurteilungen führen. Das System, nach dem die betreffenden Mitgliedstaaten Zusammenschlüsse an die Kommission verweisen können, sollte daher weiterentwickelt werden.

(13) Die Kommission sollte in enger und stetiger Verbindung mit den zuständigen Behörden der Mitgliedstaaten handeln und deren Bemerkungen und Mitteilungen entgegennehmen.

(14) Die Kommission sollte gemeinsam mit den zuständigen Behörden der Mitgliedstaaten ein Netz von Behörden bilden, die ihre jeweiligen Zuständigkeiten in enger Zusammenarbeit durch effiziente Regelungen für Informationsaustausch und Konsultation wahrnehmen, um sicherzustellen, dass jeder Fall unter Beachtung des Subsidiaritätsprinzips von der für ihn am besten geeigneten Behörde behandelt wird und um Mehrfachanmeldungen weitestgehend auszuschließen. Verweisungen von Zusammenschlüssen von der Kommission an die Mitgliedstaaten und von den Mitgliedstaaten an die Kommission sollten in einer effizienten Weise erfolgen, die weitestgehend ausschließt, dass ein Zusammenschluss sowohl vor als auch nach seiner Anmeldung von einer Stelle an eine andere verwiesen wird.

(15) Die Kommission sollte einen angemeldeten Zusammenschluss mit gemeinschaftsweiter Bedeutung an einen Mitgliedstaat verweisen können, wenn er den Wettbewerb in einem Markt innerhalb dieses Mitgliedstaats, der alle Merkmale eines gesonderten Marktes aufweist, erheblich zu beeinträchtigen droht. Beeinträchtigt der Zusammenschluss den Wettbewerb auf einem solchen Markt und stellt dieser keinen wesentlichen Teil des gemeinsamen Marktes dar, sollte die Kommission verpflichtet sein, den Fall ganz oder teilweise auf Antrag an den betroffenen Mitgliedstaat zu verweisen. Ein Mitgliedstaat sollte einen Zusammenschluss ohne gemeinschaftsweite Bedeutung an die Kommission verweisen können, wenn er den Handel zwischen den Mitgliedstaaten beeinträchtigt und den Wettbewerb in seinem Hoheitsgebiet erheblich zu beeinträchtigen droht. Weitere Mitgliedstaaten, die für die Prüfung des Zusammenschlusses ebenfalls zuständig sind, sollten die Möglichkeit haben, dem Antrag beizutreten. In diesem Fall sollten nationale Fristen ausgesetzt werden, bis eine Entscheidung über die Verweisung des Falles getroffen wurde, um die Effizienz und Berechenbarkeit des Systems sicherzustellen. Die Kommission sollte befugt sein, einen Zusammenschluss für einen antragstellenden Mitgliedstaat oder mehrere antragstellende Mitgliedstaaten zu prüfen und zu behandeln.

(16) Um das System der Fusionskontrolle innerhalb der Gemeinschaft noch effizienter zu gestalten, sollten die beteiligten Unternehmen die Möglichkeit erhalten, vor Anmeldung eines Zusammenschlusses die Verweisung an die Kommission oder an einen Mitgliedstaat zu beantragen. Um die Effizienz des Systems sicherzustellen, sollten die Kommission und die einzelstaatlichen Wettbewerbsbehörden in einem solchen Fall innerhalb einer kurzen, genau festgelegten Frist entscheiden, ob der Fall an die Kommission oder an den betreffenden Mitgliedstaat verwiesen werden sollte. Auf Antrag der beteiligten Unternehmen sollte die Kommission einen Zusammenschluss mit gemeinschaftsweiter Bedeutung an einen Mitgliedstaat verweisen können, wenn der Zusammenschluss den Wettbewerb auf einem Markt innerhalb dieses Mitgliedstaats, der alle Merkmale eines gesonderten Marktes aufweist, erheblich beeinträchtigen könnte, ohne dass dazu von den beteiligten Unternehmen der Nachweis verlangt werden sollte, dass die Auswirkungen des Zusammenschlusses wettbewerbsschädlich sein würden. Die Kommission sollte einen Zusammenschluss nicht an einen Mitgliedstaat verweisen dürfen, wenn dieser eine solche Verweisung abgelehnt hat. Die beteiligten Unternehmen sollten ferner vor der Anmeldung bei einer einzelstaatlichen Behörde beantragen dürfen, dass ein Zusammenschluss ohne gemeinschaftsweite Bedeutung, der nach dem innerstaatlichen Wettbewerbsrecht mindestens dreier Mitgliedstaaten geprüft werden könnte, an die Kommission verwiesen wird. Solche Anträge auf eine Verweisung vor der Anmeldung an die Kommission wären insbesondere dann angebracht, wenn der betreffende Zusammenschluss den Wettbewerb über das Hoheitsgebiet eines

Mitgliedstaats hinaus beeinträchtigen würde. Wird ein Zusammenschluss, der nach dem Wettbewerbsrecht mindestens dreier Mitgliedstaaten geprüft werden könnte, vor seiner Anmeldung bei einer einzelstaatlichen Behörde an die Kommission verwiesen, so sollte die ausschließliche Zuständigkeit für die Prüfung dieses Zusammenschlusses auf die Kommission übergehen, wenn keiner der für die Prüfung des betreffenden Falls zuständigen Mitgliedstaaten sich dagegen ausspricht; für diesen Zusammenschluss sollte dann die Vermutung der gemeinschaftsweiten Bedeutung gelten. Ein Zusammenschluss sollte jedoch nicht vor seiner Anmeldung von den Mitgliedstaaten an die Kommission verwiesen werden, wenn mindestens einer der für die Prüfung des Falles zuständigen Mitgliedstaaten eine solche Verweisung abgelehnt hat.

(17) Der Kommission ist vorbehaltlich der Nachprüfung ihrer Entscheidungen durch den Gerichtshof die ausschließliche Zuständigkeit für die Anwendung dieser Verordnung zu übertragen.

(18) Die Mitgliedstaaten dürfen auf Zusammenschlüsse von gemeinschaftsweiter Bedeutung ihr innerstaatliches Wettbewerbsrecht nur anwenden, soweit es in dieser Verordnung vorgesehen ist. Die entsprechenden Befugnisse der einzelstaatlichen Behörden sind auf die Fälle zu beschränken, in denen ohne ein Tätigwerden der Kommission wirksamer Wettbewerb im Gebiet eines Mitgliedstaats erheblich behindert werden könnte und die Wettbewerbsinteressen dieses Mitgliedstaats sonst durch diese Verordnung nicht hinreichend geschützt würden. Die betroffenen Mitgliedstaaten müssen in derartigen Fällen so schnell wie möglich handeln. Diese Verordnung kann jedoch wegen der Unterschiede zwischen den innerstaatlichen Rechtsvorschriften keine einheitliche Frist für den Erlass endgültiger Entscheidungen nach innerstaatlichem Recht vorschreiben.

(19) Im Übrigen hindert die ausschließliche Anwendung dieser Verordnung auf Zusammenschlüsse von gemeinschaftsweiter Bedeutung die Mitgliedstaaten unbeschadet des Artikels 296 des Vertrags nicht daran, geeignete Maßnahmen zum Schutz anderer berechtigter Interessen als derjenigen zu ergreifen, die in dieser Verordnung berücksichtigt werden, sofern diese Maßnahmen mit den allgemeinen Grundsätzen und den sonstigen Bestimmungen des Gemeinschaftsrechts vereinbar sind.

(20) Der Begriff des Zusammenschlusses ist so zu definieren, dass er Vorgänge erfasst, die zu einer dauerhaften Veränderung der Kontrolle an den beteiligten Unternehmen und damit an der Marktstruktur führen. In den Anwendungsbereich dieser Verordnung sollten daher auch alle Gemeinschaftsunternehmen einbezogen werden, die auf Dauer alle Funktionen einer selbstständigen wirtschaftlichen Einheit erfüllen. Ferner sollten Erwerbsvorgänge, die eng miteinander verknüpft sind, weil sie durch eine Bedingung miteinander verbunden sind oder in Form einer Reihe von innerhalb eines gebührend kurzen Zeitraums getätigten Rechtsgeschäften mit Wertpapieren stattfinden, als ein einziger Zusammenschluss behandelt werden.

(21) Diese Verordnung ist auch dann anwendbar, wenn die beteiligten Unternehmen sich Einschränkungen unterwerfen, die mit der Durchführung des Zusammenschlusses unmittelbar verbunden und dafür notwendig sind. Eine Entscheidung der Kommission, mit der ein Zusammenschluss in Anwendung dieser Verordnung für mit dem Gemeinsamen Markt vereinbar erklärt wird, sollte automatisch auch alle derartigen Einschränkungen abdecken, ohne dass die Kommission diese im Einzelfall zu prüfen hätte. Auf Antrag der beteiligten Unternehmen sollte die Kommission allerdings im Fall neuer oder ungelöster Fragen, die zu ernsthafter Rechtsunsicherheit führen können, gesondert prüfen, ob eine Einschränkung mit der Durchführung des Zusammenschlusses unmittelbar verbunden und dafür notwendig ist. Ein Fall wirft dann eine neue oder ungelöste Frage auf, die zu ernsthafter Rechtsunsicherheit führen kann, wenn sie nicht durch die entsprechende Bekanntmachung der Kommission oder eine veröffentlichte Entscheidung der Kommission geregelt ist.

(22) Bei der Regelung der Kontrolle von Unternehmenszusammenschlüssen ist unbeschadet des Artikels 86 Absatz 2 des Vertrags der Grundsatz der Nichtdiskriminierung zwischen dem öffentlichen und dem privaten Sektor zu beachten. Daher sind im öffentlichen Sektor bei der Berechnung des Umsatzes eines am Zusammenschluss beteiligten Unternehmens unabhängig von den Eigentumsverhältnissen oder von den für sie geltenden Regeln der verwaltungsmäßigen Zuordnung die Unternehmen zu berücksichtigen, die eine mit einer autonomen Entscheidungsbefugnis ausgestattete wirtschaftliche Einheit bilden.

(23) Es ist festzustellen, ob die Zusammenschlüsse von gemeinschaftsweiter Bedeutung mit dem Gemeinsamen Markt vereinbar sind; dabei ist von dem Erfordernis auszugehen, im Gemeinsamen Markt wirksamen Wettbewerb aufrechtzuerhalten und zu entwickeln. Die Kommission muss sich bei ihrer Beurteilung an dem allgemeinen Rahmen der Verwirklichung der grundlegenden Ziele der Gemeinschaft gemäß Artikel 2 des Vertrags zur Gründung der Europäischen Gemeinschaft und Artikel 2 des Vertrags über die Europäische Union orientieren.

(24) Zur Gewährleistung eines unverfälschten Wettbewerbs im Gemeinsamen Markt im Rahmen der Fortführung einer Politik, die auf dem Grundsatz einer offenen Marktwirtschaft mit freiem Wettbewerb beruht, muss diese Verordnung eine wirksame Kontrolle sämtlicher Zusammenschlüsse entsprechend ihren Auswirkungen auf den Wettbewerb in der Gemeinschaft ermöglichen. Entsprechend wurde in der Verordnung (EWG) Nr. 4064/89 der Grundsatz aufgestellt, dass Zusammenschlüsse von gemeinschaftsweiter Bedeutung, die eine beherrschende Stellung begründen oder verstärken, durch welche ein wirksamer Wettbewerb im Gemeinsamen Markt oder in einem wesentlichen Teil desselben in erheblichem Ausmaß behindert wird, für mit dem Gemeinsamen Markt unvereinbar zu erklären sind.

(25) In Anbetracht der Auswirkungen, die Zusammenschlüsse in oligopolistischen Marktstrukturen haben können, ist die Aufrechterhaltung wirksamen Wettbewerbs in solchen Märkten umso mehr geboten. Viele oligopolistische Märkte lassen ein gesundes Maß an Wettbewerb erkennen. Unter bestimmten Umständen können Zusammenschlüsse, in deren Folge der beträchtliche Wettbewerbsdruck beseitigt wird, den die fusionierenden Unternehmen aufeinander ausgeübt haben, sowie der Wettbewerbsdruck auf die verbleibenden Wettbewerber gemindert wird, zu einer erheblichen Behinderung wirksamen Wettbewerbs führen, auch wenn eine Koordinierung zwischen Oligopolmitgliedern unwahrscheinlich ist. Die Gerichte der Gemeinschaft haben jedoch bisher die Verordnung (EWG) Nr. 4064/89 nicht ausdrücklich dahingehend ausgelegt, dass Zusammenschlüsse, die solche nicht koordinierten Auswirkungen haben, für mit dem Gemeinsamen Markt unvereinbar zu erklären sind. Daher sollte im Interesse der Rechtssicherheit klargestellt werden, dass diese Verordnung eine wirksame Kontrolle solcher Zusammenschlüsse dadurch vorsieht, dass grundsätzlich jeder Zusammenschluss, der einen wirksamen Wettbewerb im Gemeinsamen Markt oder einem wesentlichen Teil desselben erheblich behindern würde, für mit dem Gemeinsamen Markt unvereinbar zu erklären ist. Für die Anwendung der Bestimmungen des Artikels 2 Absätze 2 und 3 wird beabsichtigt, den Begriff „erhebliche Behinderung wirksamen Wettbewerbs" dahin gehend auszulegen, dass er sich über das Konzept der Marktbeherrschung hinaus ausschließlich auf diejenigen wettbewerbsschädigenden Auswirkungen eines Zusammenschlusses erstreckt, die sich aus nicht koordiniertem Verhalten von Unternehmen ergeben, die auf dem jeweiligen Markt keine beherrschende Stellung haben würden.

(26) Eine erhebliche Behinderung wirksamen Wettbewerbs resultiert im Allgemeinen aus der Begründung oder Stärkung einer beherrschenden Stellung. Im Hinblick darauf, dass frühere Urteile der europäischen Gerichte und die Entscheidungen der Kommission gemäß der Verordnung (EWG) Nr. 4064/89 weiterhin als Orientierung dienen sollten und gleichzeitig die Übereinstimmung mit den Kriterien für einen Wettbewerbsschaden, die die Kommission und die Gerichte der Gemeinschaft bei der Prüfung der Vereinbarkeit eines Zusammenschlusses mit dem Gemeinsamen Markt angewendet haben, gewahrt werden

sollte, sollte diese Verordnung dementsprechend den Grundsatz aufstellen, dass Zusammenschlüsse von gemeinschaftsweiter Bedeutung, die wirksamen Wettbewerb im Gemeinsamen Markt oder in einem wesentlichen Teil desselben erheblich behindern würden, insbesondere infolge der Begründung oder Stärkung einer beherrschenden Stellung, für mit dem Gemeinsamen Markt unvereinbar zu erklären sind.

(27) Außerdem sollten die Kriterien in Artikel 81 Absätze 1 und 3 des Vertrags auf Gemeinschaftsunternehmen, die auf Dauer alle Funktionen einer selbstständigen wirtschaftlichen Einheit erfüllen, insoweit angewandt werden, als ihre Gründung eine spürbare Einschränkung des Wettbewerbs zwischen unabhängig bleibenden Unternehmen zur Folge hat.

(28) Um deutlich zu machen und zu erläutern, wie die Kommission Zusammenschlüsse nach dieser Verordnung beurteilt, sollte sie Leitlinien veröffentlichen, die einen soliden wirtschaftlichen Rahmen für die Beurteilung der Vereinbarkeit von Zusammenschlüssen mit dem Gemeinsamen Markt bieten sollten.

(29) Um die Auswirkungen eines Zusammenschlusses auf den Wettbewerb im Gemeinsamen Markt bestimmen zu können, sollte begründeten und wahrscheinlichen Effizienzvorteilen Rechnung getragen werden, die von den beteiligten Unternehmen dargelegt werden. Es ist möglich, dass die durch einen Zusammenschluss bewirkten Effizienzvorteile die Auswirkungen des Zusammenschlusses auf den Wettbewerb, insbesondere den möglichen Schaden für die Verbraucher, ausgleichen, so dass durch den Zusammenschluss wirksamer Wettbewerb im Gemeinsamen Markt oder in einem wesentlichen Teil desselben, insbesondere durch Begründung oder Stärkung einer beherrschenden Stellung, nicht erheblich behindert würde. Die Kommission sollte Leitlinien veröffentlichen, in denen sie die Bedingungen darlegt, unter denen sie Effizienzvorteile bei der Prüfung eines Zusammenschlusses berücksichtigen kann.

(30) Ändern die beteiligten Unternehmen einen angemeldeten Zusammenschluss, indem sie insbesondere anbieten, Verpflichtungen einzugehen, die den Zusammenschluss mit dem Gemeinsamen Markt vereinbar machen, sollte die Kommission den Zusammenschluss in seiner geänderten Form für mit dem Gemeinsamen Markt vereinbar erklären können. Diese Verpflichtungen müssen in angemessenem Verhältnis zu dem Wettbewerbsproblem stehen und dieses vollständig beseitigen. Es ist ebenfalls zweckmäßig, Verpflichtungen vor der Einleitung des Verfahrens zu akzeptieren, wenn das Wettbewerbsproblem klar umrissen ist und leicht gelöst werden kann. Es sollte ausdrücklich vorgesehen werden, dass die Kommission ihre Entscheidung an Bedingungen und Auflagen knüpfen kann, um sicherzustellen, dass die beteiligten Unternehmen ihren Verpflichtungen so effektiv und rechtzeitig nachkommen, dass der Zusammenschluss mit dem Gemeinsamen Markt vereinbar wird. Während des gesamten Verfahrens sollte für Transparenz und eine wirksame Konsultation der Mitgliedstaaten und betroffener Dritter gesorgt werden.

(31) Die Kommission sollte über geeignete Instrumente verfügen, damit sie die Durchsetzung der Verpflichtungen sicherstellen und auf Situationen reagieren kann, in denen die Verpflichtungen nicht eingehalten werden. Wird eine Bedingung nicht erfüllt, unter der die Entscheidung über die Vereinbarkeit des Zusammenschlusses mit dem Gemeinsamen Markt ergangen ist, so tritt der Zustand der Vereinbarkeit des Zusammenschlusses mit dem Gemeinsamen Markt nicht ein, so dass der Zusammenschluss damit in der vollzogenen Form von der Kommission nicht genehmigt ist. Wird der Zusammenschluss vollzogen, sollte er folglich ebenso behandelt werden wie ein nicht angemeldeter und ohne Genehmigung vollzogener Zusammenschluss. Außerdem sollte die Kommission die Auflösung eines Zusammenschlusses direkt anordnen dürfen, um den vor dem Vollzug des Zusammenschlusses bestehenden Zustand wieder herzustellen, wenn sie bereits zu dem Ergebnis gekommen ist, dass der Zusammenschluss ohne die Bedingung mit dem Gemeinsamen Markt unvereinbar wäre. Wird eine Auflage nicht erfüllt, mit der die Entscheidung über die Vereinbarkeit eines Zusammenschlusses mit dem Gemeinsamen Markt ergangen ist,

sollte die Kommission ihre Entscheidung widerrufen können. Ferner sollte die Kommission angemessene finanzielle Sanktionen verhängen können, wenn Bedingungen oder Auflagen nicht eingehalten werden.

(32) Bei Zusammenschlüssen, die wegen des begrenzten Marktanteils der beteiligten Unternehmen nicht geeignet sind, wirksamen Wettbewerb zu behindern, kann davon ausgegangen werden, dass sie mit dem Gemeinsamen Markt vereinbar sind. Unbeschadet der Artikel 81 und 82 des Vertrags besteht ein solches Indiz insbesondere dann, wenn der Marktanteil der beteiligten Unternehmen im Gemeinsamen Markt oder in einem wesentlichen Teil desselben 25 % nicht überschreitet.

(33) Der Kommission ist die Aufgabe zu übertragen, alle Entscheidungen über die Vereinbarkeit oder Unvereinbarkeit der Zusammenschlüsse von gemeinschaftsweiter Bedeutung mit dem Gemeinsamen Markt sowie Entscheidungen, die der Wiederherstellung des Zustands vor dem Vollzug eines für mit dem Gemeinsamen Markt unvereinbar erklärten Zusammenschlusses dienen, zu treffen.

(34) Um eine wirksame Überwachung zu gewährleisten, sind die Unternehmen zu verpflichten, Zusammenschlüsse von gemeinschaftsweiter Bedeutung nach Vertragsabschluss, Veröffentlichung des Übernahmeangebots oder des Erwerbs einer die Kontrolle begründenden Beteiligung und vor ihrem Vollzug anzumelden. Eine Anmeldung sollte auch dann möglich sein, wenn die beteiligten Unternehmen der Kommission gegenüber ihre Absicht glaubhaft machen, einen Vertrag über einen beabsichtigten Zusammenschluss zu schließen und ihr beispielsweise anhand einer von allen beteiligten Unternehmen unterzeichneten Grundsatzvereinbarung, Übereinkunft oder Absichtserklärung darlegen, dass der Plan für den beabsichtigten Zusammenschluss ausreichend konkret ist, oder im Fall eines Übernahmeangebots öffentlich ihre Absicht zur Abgabe eines solchen Angebots bekundet haben, sofern der beabsichtigte Vertrag oder das beabsichtigte Angebot zu einem Zusammenschluss von gemeinschaftsweiter Bedeutung führen würde. Der Vollzug eines Zusammenschlusses sollte bis zum Erlass der abschließenden Entscheidung der Kommission ausgesetzt werden. Auf Antrag der beteiligten Unternehmen sollte es jedoch gegebenenfalls möglich sein, hiervon abzuweichen. Bei der Entscheidung hierüber sollte die Kommission alle relevanten Faktoren, wie die Art und die Schwere des Schadens für die beteiligten Unternehmen oder Dritte sowie die Bedrohung des Wettbewerbs durch den Zusammenschluss, berücksichtigen. Im Interesse der Rechtssicherheit ist die Wirksamkeit von Rechtsgeschäften zu schützen, soweit dies erforderlich ist.

(35) Es ist eine Frist festzulegen, innerhalb derer die Kommission wegen eines angemeldeten Zusammenschlusses das Verfahren einzuleiten hat; ferner sind Fristen vorzusehen, innerhalb derer die Kommission abschließend zu entscheiden hat, ob ein Zusammenschluss mit dem Gemeinsamen Markt vereinbar oder unvereinbar ist. Wenn die beteiligten Unternehmen anbieten, Verpflichtungen einzugehen, um den Zusammenschluss mit dem Gemeinsamen Markt vereinbar zu machen, sollten diese Fristen verlängert werden, damit ausreichend Zeit für die Prüfung dieser Angebote, den Markttest und für die Konsultation der Mitgliedstaaten und interessierter Dritter bleibt. Darüber hinaus sollte in begrenztem Umfang eine Verlängerung der Frist, innerhalb derer die Kommission abschließend entscheiden muss, möglich sein, damit ausreichend Zeit für die Untersuchung des Falls und für die Überprüfung der gegenüber der Kommission vorgetragenen Tatsachen und Argumente zur Verfügung steht.

(36) Die Gemeinschaft achtet die Grundrechte und Grundsätze, die insbesondere mit der Charta der Grundrechte der Europäischen Union[5] anerkannt wurden. Diese Verordnung sollte daher im Einklang mit diesen Rechten und Grundsätzen ausgelegt und angewandt werden.

---

[5] **Amtl. Anm.:** ABl. C 364 vom 18. 12. 2000, S. 1.

(37) Die beteiligten Unternehmen müssen das Recht erhalten, von der Kommission gehört zu werden, sobald das Verfahren eingeleitet worden ist. Auch den Mitgliedern der geschäftsführenden und aufsichtsführenden Organe sowie den anerkannten Vertretern der Arbeitnehmer der beteiligten Unternehmen und betroffenen Dritten ist Gelegenheit zur Äußerung zu geben.

(38) Um Zusammenschlüsse ordnungsgemäß beurteilen zu können, sollte die Kommission alle erforderlichen Auskünfte einholen und alle erforderlichen Nachprüfungen in der Gemeinschaft vornehmen können. Zu diesem Zweck und im Interesse eines wirksamen Wettbewerbsschutzes müssen die Untersuchungsbefugnisse der Kommission ausgeweitet werden. Die Kommission sollte insbesondere alle Personen, die eventuell über sachdienliche Informationen verfügen, befragen und deren Aussagen zu Protokoll nehmen können.

(39) Wenn beauftragte Bedienstete der Kommission Nachprüfungen vornehmen, sollten sie alle Auskünfte im Zusammenhang mit Gegenstand und Zweck der Nachprüfung einholen dürfen. Sie sollten ferner bei Nachprüfungen Versiegelungen vornehmen dürfen, insbesondere wenn triftige Gründe für die Annahme vorliegen, dass ein Zusammenschluss ohne vorherige Anmeldung vollzogen wurde, dass der Kommission unrichtige, unvollständige oder irreführende Angaben gemacht wurden oder dass die betreffenden Unternehmen oder Personen Bedingungen oder Auflagen einer Entscheidung der Kommission nicht eingehalten haben. Eine Versiegelung sollte in jedem Fall nur unter außergewöhnlichen Umständen und nur während der für die Nachprüfung unbedingt erforderlichen Dauer, d. h. normalerweise nicht länger als 48 Stunden, vorgenommen werden.

(40) Unbeschadet der Rechtsprechung des Gerichtshofs ist es auch zweckmäßig, den Umfang der Kontrolle zu bestimmen, die ein einzelstaatliches Gericht ausüben kann, wenn es nach Maßgabe des einzelstaatlichen Rechts vorsorglich die Unterstützung durch die Vollzugsorgane für den Fall genehmigt, dass ein Unternehmen sich weigern sollte, eine durch Entscheidung der Kommission angeordnete Nachprüfung oder Versiegelung zu dulden. Nach ständiger Rechtsprechung kann das einzelstaatliche Gericht die Kommission insbesondere um weitere Auskünfte bitten, die für die Ausübung seiner Kontrolle erforderlich sind und in Ermangelung dieser Auskünfte die Genehmigung verweigern. Des Weiteren sind die einzelstaatlichen Gerichte nach ständiger Rechtsprechung für die Kontrolle der Anwendung der einzelstaatlichen Vorschriften für die Vollstreckung von Zwangsmaßnahmen zuständig. Die zuständigen Behörden der Mitgliedstaaten sollten bei der Ausübung der Untersuchungsbefugnisse der Kommission aktiv mitwirken.

(41) Wenn Unternehmen oder natürliche Personen Entscheidungen der Kommission nachkommen, können sie nicht gezwungen werden, Zuwiderhandlungen einzugestehen; sie sind jedoch in jedem Fall verpflichtet, Sachfragen zu beantworten und Unterlagen beizubringen, auch wenn diese Informationen gegen sie oder gegen andere als Beweis für eine begangene Zuwiderhandlung verwendet werden können.

(42) Im Interesse der Transparenz sollten alle Entscheidungen der Kommission, die nicht rein verfahrensrechtlicher Art sind, auf breiter Ebene bekannt gemacht werden. Ebenso unerlässlich wie die Wahrung der Verteidigungsrechte der beteiligten Unternehmen, insbesondere des Rechts auf Akteneinsicht, ist der Schutz von Geschäftsgeheimnissen. Die Vertraulichkeit der innerhalb des Netzes sowie mit den zuständigen Behörden von Drittländern ausgetauschten Informationen sollte gleichfalls gewahrt werden.

(43) Die Einhaltung dieser Verordnung sollte, soweit erforderlich, durch Geldbußen und Zwangsgelder sichergestellt werden. Dabei sollte dem Gerichtshof nach Artikel 229 des Vertrags die Befugnis zu unbeschränkter Ermessensnachprüfung übertragen werden.

(44) Die Bedingungen, unter denen Zusammenschlüsse in Drittländern durchgeführt werden, an denen Unternehmen beteiligt sind, die ihren Sitz oder ihr Hauptgeschäft in der Gemeinschaft haben, sollten aufmerksam verfolgt werden; es sollte die Möglichkeit vorge-

sehen werden, dass die Kommission vom Rat ein Verhandlungsmandat mit dem Ziel erhalten kann, eine nichtdiskriminierende Behandlung für solche Unternehmen zu erreichen.

(45) Diese Verordnung berührt in keiner Weise die in den beteiligten Unternehmen anerkannten kollektiven Rechte der Arbeitnehmer, insbesondere im Hinblick auf die nach Gemeinschaftsrecht oder nach innerstaatlichem Recht bestehende Pflicht, die anerkannten Arbeitnehmervertreter zu unterrichten oder anzuhören.

(46) Die Kommission sollte ausführliche Vorschriften für die Durchführung dieser Verordnung entsprechend den Modalitäten für die Ausübung der der Kommission übertragenen Durchführungsbefugnisse festlegen können. Beim Erlass solcher Durchführungsbestimmungen sollte sie durch einen Beratenden Ausschuss unterstützt werden, der gemäß Artikel 23 aus Vertretern der Mitgliedstaaten besteht –

HAT FOLGENDE VERORDNUNG ERLASSEN:

I. Entstehungsgeschichte

1. Die Verordnung von 1989

Die Fusionskontrollverordnung (FKVO)[6] wurde am 21. Dezember 1989 vom Rat verabschiedet und trat am 21. September 1990 in Kraft. Ähnlich wie das deutsche GWB von 1957 enthielt der EWG-Vertrag – im Gegensatz zu Artikel 66 EGKS-Vertrag von 1951 – keine explizite Fusionskontrolle. Zum Zeitpunkt des Inkrafttretens des EWG-Vertrags gab es aber in keinem der damals sechs Mitgliedsstaaten eine Fusionskontrolle. Deutschland führte sie erst mit der 2. Novelle des GWB im Jahre 1973 ein. Mittlerweile haben alle Mitgliedsstaaten der EU außer Luxemburg eine eigenständige Fusionskontrolle eingeführt.[7]

Allerdings ermöglichte Art. 3 Abs. 1 lit. g EG, wonach ein System errichtet werden soll, „das den Wettbewerb innerhalb des Gemeinsamen Marktes vor Verfälschungen schützt", eine – begrenzte – Abhilfe. Dieser Grundsatzartikel wurde vom EuGH herangezogen, um die Anwendbarkeit der Art. 81 und 82 EG auf Unternehmenskonzentrationen auszudehnen.

Die Diskussion um die Einführung einer eigenständigen Fusionskontrolle auf europäischer Ebene begann 1966 in der EG-Kommission mit einer Denkschrift über „Das Problem der Unternehmenskonzentration im Gemeinsamen Markt."[8] In dieser Denkschrift wird zwar konstatiert, dass der entstehende Binnenmarkt größere Unternehmen hervorbringen müsse, dass aber andererseits keine Zusammenschlüsse wünschenswert seien, die zu engen Oligopolen oder gar Monopolen führten. Daher wurde bereits in diesem Memorandum ein Wettbewerbsrecht gefordert, in dem auch Zusammenschlüsse auf ihre Vereinbarkeit mit dem Binnenmarkt geprüft werden können. 1971 befasste sich auch das Europäische Parlament in einer Entschließung mit diesem Thema, in der es die Mitgliedstaaten zur Einführung einer Europäischen Fusionskontrolle aufrief.[9]

In dasselbe Jahr 1971 fällt auch die **Continental-Can**-Entscheidung der Kommission, in der zum ersten Mal ein Zusammenschluss untersagt wurde. Die Untersagung erfolgte in einem Missbrauchsverfahren nach Art. 82 EG. Die Kommission stellte fest, dass eine mit Art. 82 des EG-Vertrages unvereinbare Verhaltensweise vorliege, wenn ein marktbeherrschendes Unternehmen seine Stellung durch einen Zusammenschluss mit einem ande-

---

[6] Verordnung (EG) Nr. 139/2004 des Rates über die Kontrolle von Unternehmenszusammenschlüssen.

[7] Luxemburg verfügt über ein Gesetz betreffend den Wettbewerb aus dem Jahre 2004, zuletzt geändert 2008, das keine explizite Fusionskontrolle enthält (http://www.concurrence.public.lu). Die Artikel 3 bis 5 des Gesetzes entsprechen Artikel 81 und 82 EGV und könnten wohl ähnlich der Continental- und der Philip-Morris-Entscheidung eine nachträgliche Fusionskontrolle ermöglichen.

[8] Abgedruckt in der WuW 4/1966, S. 330–347.

[9] ABl. C 66/1971, S. 11–13.

ren Unternehmen derart verstärke, dass der Rest-Wettbewerb, der trotz der anfänglichen beherrschenden Stellung tatsächlich oder potentiell fortbestanden hat, für die betreffenden Waren in einem wesentlichen Teil des Gemeinsamen Marktes praktisch ausgeschaltet wird.[10]

4 Diese Entscheidung wurde vom EuGH 1973 zwar wegen fehlerhafter Marktabgrenzungen aufgehoben, die Anwendbarkeit des Art. 82 EG auf Unternehmenszusammenschlüsse jedoch bestätigt.[11] Der EuGH führte zur Begründung aus, dass Art. 82 EG Teil der Wettbewerbspolitik der Gemeinschaft sei, die auf Art. 3 Abs. 1 lit. g EG basiere. Art. 3 Abs. 1 lit. g EG erklärt es als ein Ziel der Gemeinschaft, ein System zu errichten, das den Wettbewerb im Binnenmarkt vor Verfälschungen schützt. Daher könne es nicht sein, dass es der EG-Vertrag in Art. 82 EG Unternehmen erlaube, durch eine Fusion eine derartige Stufe von Marktmacht zu erreichen, dass jeder ernsthafte Wettbewerb unmöglich wird. Der EuGH machte somit durch sein *Continental-Can*-Urteil den Weg frei, auch ohne ein klares Mandat zur Prüfung von Fusionen zumindest solche Zusammenschlüsse zu prüfen, die eine bereits bestehende marktbeherrschende Stellung noch zu verstärken drohen. Eine solche Fusion konnte demnach einen Missbrauch einer marktbeherrschenden Stellung im Sinne von Art. 82 EG darstellen.

5 Auch wenn das *Continental-Can*-Urteil die Auffassung der Kommission hinsichtlich der Anwendbarkeit von Art. 82 EG auf Fusionen bestätigte, so war es doch zu wenig, um daraus ein wirksames Instrument zur Kontrolle von Zusammenschlüssen abzuleiten. Insbesondere bestand keine Möglichkeit, die Entstehung einer marktbeherrschenden Stellung zu unterbinden. Die Kommission versuchte daher in der Folge, durch Vorschläge für eine Ratsverordnung ein echtes Mandat für die Fusionskontrolle zu erhalten. Zwischen dem ersten Vorschlag der Kommission im Jahre 1973[12] und dem Erlass der FKVO 1989 sollten aber 16 Jahren vergehen. Nach Jahren ohne erkennbare Fortschritte gewann das Vorhaben der Kommission erst ab Mitte der achtziger Jahre wieder an Schwung. Dafür gab es im Wesentlichen drei Gründe. Zum einen sah der durch die Einheitliche Europäische Akte von 1985 in den Vertrag eingefügte Art. 8a die Schaffung eines einheitlichen Binnenmarktes bis 1992 vor, zu dem auch einheitliche Rahmenbedingungen für Unternehmen gehörten. Zum anderen nahmen Fusionen sprunghaft zu. Allein zwischen 1987 und 1989 verdreifachte sich die Zahl der Zusammenschlüsse, bei denen mindestens ein Unternehmen mit Sitz in der Gemeinschaft das Übernahmeziel war.[13] Und drittens stellte das Urteil des EuGH in der Sache *Philip-Morris*[14] aus dem Jahre 1987 einen weiteren Meilenstein auf dem Weg zu einer eigenständigen europäischen Fusionskontrolle dar.

6 Die Kommission hatte 1984 den Erwerb einer 30%igen Beteiligung verbunden mit 24,9% der Stimmrechte am Konkurrenten *Rothmans* durch **Philip Morris** in einem Verfahren nach Art. 81 EG akzeptiert. Dagegen klagten zwei Konkurrenten vor dem EuGH. Der EuGH wies die Klage ab, gelangte aber zur Auffassung, dass Art. 81 Abs. 1 EG auch auf Verträge anwendbar sei, die eine Kapitalbeteiligung an einem Konkurrenzunternehmen zum Inhalt haben. Der Erwerb einer Kapitalbeteiligung sei zwar für sich genommen noch kein wettbewerbsschädliches Verhalten; der Erwerb einer Beteiligung könne aber durchaus geeignet sein, das geschäftliche Verhalten des Konkurrenten zu beeinflussen und damit den Wettbewerb zu beschränken.[15] Dies sei insbesondere der Fall, wenn das investierende Un-

---

[10] Komm. E. v. 9. 12. 1971 Rs. IV/26 811 – *Continental Can Company,* ABl. L 7/1992, 25–39, Para 23.
[11] EuGH Rs. 6/72 – *Europemballage Corporation and Continental Can Company* v. Kommission Slg. 1973, 215.
[12] Vorschlag der Kommission vom 20. Juli 1973, ABl. C 92 vom 31. 10. 1973, 1–7.
[13] Europäische Wirtschaft, Beiheft A Wirtschaftsanalysen, Nr. 7/1996, S. 4.
[14] EuGH Rs. C 142 und 156/84 – *BAT und RJ Reynolds* v. *Kommission* Slg. 1987, 4487.
[15] EuGH Rs. C 142 und 156/84 – *BAT und RJ Reynolds* v. *Kommission* Slg. 1987, 4487.

ternehmen durch den Erwerb der Beteiligung oder durch Nebenklauseln der Vereinbarung rechtlich oder faktisch die Kontrolle über das geschäftliche Verhalten des anderen Unternehmens erlange.[16]

Mit diesem Urteil im Rücken war es der Kommission nun möglich, auch das Entstehen einer marktbeherrschenden Stellung zu prüfen und gegebenenfalls zu untersagen. Ob mit diesem Urteil aber bereits die Voraussetzungen für eine generelle Fusionskontrolle auf Basis des Art. 81 EG geschaffen war, war umstritten.[17] Nach verbreiteter Meinung hatte das *Philip-Morris*-Urteil keine echte Fusionskontrolle geschaffen.[18] Das *Philip-Morris*-Urteil zeigte aber, dass auch der EuGH das Fehlen einer Fusionskontrolle bemängelte und bereit war, diese Lücke durch Auslegung der Art. 81 und 82 EG zu schließen.

Allerdings hätte eine Fusionskontrolle auf Basis der Art. 81 und 82 entscheidende Mängel gehabt. So fehlte es an der präventiven Kontrolle durch Anmeldepflicht und Suspensivwirkung. Dazu gab es kein klares Verfahren im Hinblick auf Entscheidungsfristen der Kommission oder mögliche Abänderungen eines geplanten Zusammenschlusses, um eine Genehmigung durch die Kommission zu erhalten.

Die Kommission legte daher im Anschluss an das *Philip-Morris*-Urteil im April 1988 einen neuen Entwurf einer Ratsverordnung vor, der sowohl materielle als auch verfahrenstechnische Neuerungen enthielt.[19] Dieser Entwurf, der bereits die grundlegenden Elemente der späteren FKVO hinsichtlich der formellen und materiellen Kriterien sowie des zweistufigen Verfahrens mit Voranmeldung enthielt, wurde er ebenso wie ein zweiter, im November 1988 vorgelegter Entwurf[20] vom Rat zunächst verworfen. Während auf der einen Seite insbesondere Deutschland darum kämpfte, die Schwellenwerte nicht zu niedrig zu setzen, um ein zu starkes Abwandern von Fällen nach Brüssel zu verhindern, lag Frankreich daran, auch andere Kriterien als den Schutz des Wettbewerbs, so vor allem soziale und industriepolitische Ziele, in die Verordnung einfließen zu lassen. Für all diese divergierenden Vorstellungen konnten jedoch Kompromisslösungen gefunden werden, so dass auf der Ratssitzung am 21. Dezember 1989 die FKVO einstimmig angenommen werden konnte.

Dieser Kompromiss bestand in einer präventiven Fusionskontrolle, bei der die Umsatzschwellen mit mindestens 5 Mrd. EUR addiertem Weltumsatz aller beteiligten Unternehmen und mindestens 250 Mio. EUR Umsatz im EWR von jeweils mindestens zwei beteiligten Unternehmen relativ hoch waren. Als Korrektiv bestand die Möglichkeit, Fälle nach Anmeldung bei der Kommission an einen oder mehrere Mitgliedsstaaten zu verweisen, sofern sie ihren Schwerpunkt eindeutig dort hatten, und Fälle, die in den Bereich der nationalen Fusionskontrolle fielen, an die Kommission zu verweisen. Als Beurteilungskriterium einigte man sich auf das rein wettbewerbliche Kriterium der Marktbeherrschung, während andere Kriterien lediglich zu „berücksichtigen" waren. Die weiterhin rechtlich mögliche Anwendung der Artikel 81 und 82 EG wurde für die Kommission praktisch dadurch ausgeschlossen, dass Art. 22 Abs. 1 bestimmte, dass die Durchführungsverordnung 17/62 auf Fusionen nicht anwendbar ist.[21] Gemäß des 1997 eingefügten Abs. 4 des Art. 2

---

[16] EuGH Rs. C 142 und 156/84 – *BAT und RJ Reynolds v. Kommission* Slg. 1987, 4487.

[17] Der damalige Wettbewerbskommissar Peter Sutherland äußerte sich unmittelbar nach dem Urteil dahingehend, dass die Kommission nun notfalls auch ohne explizite Fusionskontrollbefugnis auf Basis von Art. 81 und 82 Zusammenschlüsse kontrollieren könne. WuW 11/1987, 876.

[18] *Immenga/Fuchs* NJW 1988, 3059; *Steindorff* ZHR 152 (1988), 60.

[19] ABl. C 130, 19. 5. 1988, 4–11.

[20] ABl. C 22, 28. 1. 1989, 14–22; In diesem Entwurf wurde das quantitative Kriterium eines gemeinschaftsweiten Gesamtumsatzes von mindestens zwei beteiligten Unternehmen eingeführt (jeweils mehr als 100 Mio. EUR).

[21] Art. 21 in der neugefassten FKVO 139/2004 mit Bezug auf die neue Durchführungsverordnung 1/2003. Rein rechtlich besteht jedoch für die Kommission weiterhin die Möglichkeit, auf Basis von Art. 85 EG die Art. 81 und 82 auf Fusionen anzuwenden.

FKVO wird jedoch Art. 81 EG im Rahmen der Fusionskontrolle angewendet, wenn es um Gemeinschaftsunternehmen geht, bei denen die Mutterunternehmen im selben Markt wie das Gemeinschaftsunternehmen oder in einem diesem vor- oder nachgelagerten Markt tätig sind.

2. Die Novelle von 1997

11   Der 1989 angenommene Text der FKVO sah in zwei Artikeln eine Überprüfung der Verordnung vor Ablauf des vierten Jahres nach Erlass vor. Art. 1 Abs. 3 bestimmte, dass der Rat die Schwellenwerte auf Vorschlag der Kommission überprüft. Nach Art. 9 Abs. 10 war eine Überprüfung der Verweisungsklausel vorgesehen. Die Revisionsklauseln waren das Ergebnis des Kompromisses hinsichtlich der Schwellenwerte und der Möglichkeit, in Brüssel anmeldepflichtige Zusammenschlüsse an einen Mitgliedsstaat zu verweisen.

12   Während die meisten Änderungsvorschläge der Kommission auf Akzeptanz stießen, wurden die Schwellenwerte bis ins Jahr 1997 hinein diskutiert. Die schließlich am 30. Juni 1997 vom Rat angenommene Änderungsverordnung 1310/97[22] enthielt eine komplizierte zweite Aufgreifschwelle, die nur auf Umsatzschwellen, nicht aber auf die Anmeldepflicht in mindestens drei Mitgliedsstaaten abstellt, wie von der Kommission zunächst vorgeschlagen.[23] Art. 9 wurde durch die Novelle nur leicht modifiziert wurde (u. a. Kodifizierung der teilweisen Verweisung). Weitere Änderungen betrafen die Anwendung der FKVO auf alle Vollfunktionsgemeinschaftsunternehmen[24] sowie eine einfachere Befreiung vom Vollzugsverbot. Die Änderungsverordnung trat am 1. März 1998 in Kraft.

3. Die Neufassung von 2004

13   In der Novelle von 1997 war festgelegt, dass die Anwendung der Schwellen des Art. 1 sowie die Verweisungspraxis nach Art. 9 vor dem 1. Juli 2000 erneut überprüft werden sollten. Dieser Bericht der Kommission an den Rat[25] diente als Grundlage für das am 11. Dezember 2001 veröffentlichte Grünbuch der Kommission über eine Revision der FKVO,[26] dem ein Jahr später, am 11. Dezember 2002, ein Vorschlag für eine neugefasste FKVO folgte.[27] Der Schwerpunkt der Änderungsvorschläge des Grünbuchs lag daher bei einer Neuordnung der **Zuständigkeiten** bei der Prüfung von Zusammenschlüssen. So sollte der bei der letzten Revision eingefügte Abs. 3 des Art. 1 revidiert werden, da er sein eigentliches Ziel, die Vermeidung von Mehrfachanmeldungen, nicht erreicht hatte. Anstelle der komplizierten fünfstufigen Umsatzschwellenprüfung sollten alle Zusammenschlüsse, die in mehr als drei Mitgliedsstaaten anmeldepflichtig sind, unabhängig von ihrem gemeinschaftsweiten Umsatz nach der FKVO geprüft werden (sog. verbindliches 3+-System). Sowohl dem verbindlichen als auch dem später diskutierten fakultativen 3+-System war wie schon 1997 kein Erfolg beschieden. Beide wurden von der Kommission bereits im Entwurf vom Dezember 2002 verworfen. Stattdessen wurde das alte Verweisungssystem zwischen der Kommission und den Mitgliedsstaaten nach Art. 9 und Art. 22 gestrafft, vereinheitlicht und um die Möglichkeit, beide Verweisungswege bereits vor einer Anmeldung zu beschreiten, erweitert.

---

[22] Verordnung Nr. 1310/97 EG des Rates vom 30. Juni 1997 zur Änderung der Verordnung Nr. 4046/89 EWG des Rates über die Kontrolle von Unternehmenszusammenschlüssen; ABl. L 180 vom 9. 7. 1997; Berichtigung im ABl. L 40 vom 13. 2. 1998, 17.

[23] Mitteilung der Kommission an den Rat und das Europäische Parlament betreffend die Änderung der Fusionskontrollverordnung vom 12. 9. 1996. ABl. C 350, 21. 11. 1996, 8–13.

[24] Der neu eingefügte Artikel 2(4) sah als Beurteilungsmaßstab für Gemeinschaftsunternehmen mit möglichen kooperativen Wirkungen Art. 81 vor.

[25] COM (2000) 399 end. vom 28. Juni 2000.

[26] COM (2001) 745/6 endg. vom 11. Dezember 2001.

[27] COM (2002) 711 endg.; ABl. C 20 vom 28. 1. 2003.

Der neu eingefügte Art. 4 Abs. 4 sieht vor, dass ein Zusammenschluss auf Antrag der Parteien bereits vor Anmeldung an einen Mitgliedstaat (oder mehrere) verwiesen werden kann, was bisher gemäß Art. 9 nur nach der Anmeldung möglich war. Gemäß Art. 4 Abs. 5 kann ein Zusammenschluss, der keine gemeinschaftsweite Bedeutung hat und in mindestens drei Mitgliedstaaten anmeldefähig ist, auf Antrag der Parteien in Brüssel geprüft werden, sofern nicht ein an sich zuständiger Mitgliedstaat ein Veto einlegt.

Neben Fragen der Zuständigkeit enthielt das Grünbuch von 2001 auch ein Kapitel über materiellrechtliche Fragen, in dem es in erster Linie um das **Beurteilungskriterium** ging. Die EU prüfte, ebenso wie die meisten Mitgliedstaaten, in materiell-rechtlicher Hinsicht die Entstehung oder Verstärkung einer marktbeherrschenden Stellung. In den Vereinigten Staaten, in Kanada und seit 2002 auch in Großbritannien und Irland werden dagegen Zusammenschlüsse nach dem Kriterium der wesentlichen Verminderung des Wettbewerbs, englisch „substantial lessening of competition (SLC)", beurteilt. Dieses Kriterium gilt als flexibler und weniger auf die Strukturkontrolle ausgerichtet als das Kriterium der Marktbeherrschung. War zunächst überhaupt nicht daran gedacht worden, das Beurteilungskriterium im Grünbuch zur Diskussion zu stellen, so war später zumindest klar, dass eine Umstellung der FKVO auf den SLC-Test, wie von Großbritannien und Irland favorisiert, nicht die beste Lösung sein konnte, zumal damit die in Jahrzehnten durch Gerichtsurteile gewachsene Rechtssicherheit darüber, was unter Marktbeherrschung zu verstehen ist, aufgegeben worden wäre. Das schließlich in die revidierte FKVO aufgenommene neuformulierte Kriterium einer *„erheblichen Behinderung wirksamen Wettbewerbs, insbesondere durch Begründung oder Verstärkung einer marktbeherrschenden Stellung"* behält denn auch Marktbeherrschung als Hauptkriterium bei, wie die Erwägungsgründe 25 und 26 klarstellen.

Das dritte große Kapitel des Grünbuchs betraf **verfahrenstechnische Fragen.** Die wichtigsten Änderungen, die später in der revidierten FKVO berücksichtigt wurden, betreffen die vereinfachte Anmeldefähigkeit und den Wegfall der Wochenfrist für die Anmeldung, die Festlegung der Fristen, insbesondere für die Vorlage und Bewertung von Verpflichtungszusagen, die Möglichkeit, einen Zusammenschluss bereits auf der Grundlage einer Absichtserklärung und damit wesentlich früher anzumelden, verschärfte Sanktionsmöglichkeiten durch umsatzgebundene Buß- und Zwangsgelder sowie die weitgehende Aufgabe der Einzelfallprüfung von Nebenabreden.

Die am 27. 11. 2003 vom Rat angenommene revidierte und neugefasste FKVO 139/ 2004[28] trat am 1. 5. 2004 in Kraft.

II. Rechtsgrundlage

Als Rechtsgrundlage für den Erlass der FKVO kommt zunächst Art. 83 EG in Betracht. Dieser ermöglicht es dem Rat, auf Vorschlag der Kommission und nach Anhörung des Parlaments Verordnungen oder Richtlinien zur Verwirklichung der in Art. 81 und 82 EG niedergelegten Grundsätze zu beschließen. Wäre die FKVO vollständig aus den Grundsätzen der Art. 81 und 82 EG ableitbar, reichte Art. 83 EG in der Tat als Rechtsgrundlage aus. Die FKVO geht aber in ihren Grundsätzen über den vom EuGH in seinen Entscheidungen *Continental Can* und *Philip Morris* weitgesteckten Rahmen hinaus. Art. 83 EG ist daher für sich allein genommen für den Erlass der FKVO nicht ausreichend.[29] Als weitere Rechtsgrundlage kommen Art. 308 EG und Art. 48 EUV (ex-236 EGV) in Betracht. Art. 48 EUV sieht die Änderung des EG-Vertrages auf Antrag eines Mitgliedstaates oder der Kommission vor. Es wäre aber nur dann nötig, sich auf Art. 48 EUV zu stützen, wenn die FKVO über die inhaltlichen Ziele des bestehenden Vertrages hinausginge. Da aber

---

[28] Verordnung (EG) Nr. 139/2004 des Rates vom 20. Januar 2004 über die Kontrolle von Unternehmenszusammenschlüssen; ABl. L 24 vom 29. 1. 2004, 1–22.

[29] Siehe Erwägungsgrund 7 der FKVO.

Art. 3 Abs. 1 lit. g den Rahmen für eine Wettbewerbspolitik inklusive Fusionskontrolle darstellt, wie der EuGH in seiner Entscheidung *Continental Can* feststellte,[30] ist dies nicht der Fall. Art. 308 EG erlaubt es dem Rat, geeignete Vorschriften zur Verwirklichung der Ziele im Rahmen des Gemeinsamen Marktes zu erlassen, sofern es im Vertrag keine dafür erforderlichen Befugnisse gibt. Dementsprechend stützt sich die FKVO neben Art. 83 EG auf Art. 308 EG.

III. Geltungsbereich

18 Die FKVO kommt grundsätzlich bei allen Zusammenschlüssen von gemeinschaftsweiter Bedeutung zur Anwendung. Gemeinschaftsweite Bedeutung haben alle Zusammenschlüsse im Sinne von Art. 3, die die in Art. 1 vorgesehenen Schwellenwerte überschreiten. Die Sonderregelungen des EGKS für Zusammenschlüsse im Bereich Kohle und Stahl sind 2002 durch das Auslaufen des EGKS-Vertrages obsolet geworden. Lediglich im Rüstungssektor hat die Kommission gemäß Art. 296 EG in früheren Fällen unter bestimmten Voraussetzungen die Nichtanwendbarkeit der FKVO akzeptiert. Die Kommission ist jedoch inzwischen zu der Auffassung gelangt, dass ein Zusammenschluss im Rüstungssektor dem Geltungsbereich der FKVO nicht entzogen werden kann.[31]

19 Die FKVO kann auch dann zur Anwendung gelangen, wenn die Schwellenwerte des Art. 1 nicht erreicht werden und somit kein Zusammenschluss von gemeinschaftsweiter Bedeutung vorliegt. Voraussetzung ist, dass entweder die beteiligten Unternehmen oder einer oder mehrere Mitgliedsstaaten eine Verweisung gemäß Art. 4 Abs. 5 bzw. Art. 22 beantragen.

1. Gemeinschaftsweite Bedeutung/Schwellenwerte

20 Durch die Umsatz-Schwellenwerte wird die Zuständigkeit zwischen den Mitgliedstaaten und der EU für die Fusionskontrolle abgegrenzt. Zusammenschlüsse, die die in Art. 1 niedergelegten Umsatzwerte erreichen und damit eine gemeinschaftsweite Bedeutung haben, fallen in die ausschließliche Zuständigkeit der Kommission. Diese Ausschließlichkeit wird allerdings in drei Fällen durchbrochen. Gemäß Art. 9 können Zusammenschlüsse oder auch Teilaspekte eines in Brüssel anmeldepflichtigen Zusammenschlusses innerhalb von 15 Arbeitstagen nach Anmeldung an Mitgliedsstaaten zurückverwiesen werden. Eine solche Verweisung kann gemäß Art. 4 Abs. 4 bereits vor der Anmeldung erfolgen. Schließlich können Mitgliedsstaaten gemäß Art. 21 Abs. 3 über die Beurteilung durch die Kommission hinausgehende geeignete Maßnahmen zum Schutz öffentlicher Güter wie Sicherheit und Medienvielfalt ergreifen.

21 Die gemeinschaftsweite Bedeutung wird gemäß **Art. 1 Abs. 2** anhand von drei kumulativ geltenden Kriterien ermittelt. Der addierte weltweite Gesamtumsatz aller beteiligter Unternehmen muss mehr als 5 Mrd. EUR betragen. Damit soll sichergestellt werden, dass nur Großfusionen von der FKVO erfasst werden. Darüber hinaus müssen mindestens zwei der beteiligten Unternehmen für sich allein einen gemeinschaftsweiten Umsatz von mehr als 250 Mio. EUR erreichen. Durch diese Bestimmung werden Zusammenschlüsse von der Anwendung der FKVO ausgenommen, bei denen sich bis auf ein beteiligtes Unternehmen nur mittelgroße Unternehmen oder Unternehmen mit geringem EU-Umsatz zusammenschließen.

22 Durch die Revision von 1997 wurde in **Art. 1 Abs. 3** eine alternative Umsatz-Schwelle eingefügt. Die komplizierte Regelung mit fünf kumulativ geltenden Kriterien war das Er-

---

[30] EuGH Rs. 6/72 – *Europemballage Corporation and Continental Can Company* v. Kommission Slg. 1973, 215 Rn. 25.
[31] Siehe hierzu Komm. E. v. 10. 12. 2004 Rs. COMP/M.3596 – *ThyssenKrupp/HDW.* Skeptisch *Hirsch/Montag/Säcker/Koch* Art. 1 FKVO Rn 49.

gebnis eines Kompromisses zwischen dem Interesse der Mitgliedsstaaten, nicht zu viel Kompetenz an Brüssel abzugeben, und dem Wunsch der Unternehmen, möglichst eine EU-weit gültige Genehmigung zu erreichen. Der neue Abs. 3 versucht, Mehrfachanmeldungen zu reduzieren, indem neben abgesenkten Mindest-Welt- und Gemeinschaftsumsätzen auch auf die Umsätze in mindestens drei Mitgliedsstaaten abgestellt wird. Setzen nämlich mindestens zwei der beteiligten Unternehmen in mindestens drei Mitgliedsstaaten mehr als 25 Mio. EUR um und addiert sich der Umsatz aller beteiligten Unternehmen in diesen drei Mitgliedsstaaten auf mehr als 100 Mio. EUR, dann hat der Zusammenschluss bereits eine gemeinschaftsweite Bedeutung, wenn alle beteiligten Unternehmen zusammen nur 2 Mrd. EUR Welt- und mindestens zwei beteiligte Unternehmen mindestens 100 Mio. EUR Gemeinschaftsumsatz erzielen.

Für beide Berechnungen der gemeinschaftsweiten Bedeutung nach Abs. 2 und Abs. 3 gilt die **Einschränkung,** dass alle beteiligten Unternehmen nicht mehr als zwei Drittel ihres gemeinschaftsweiten Umsatzes in ein und demselben Mitgliedsstaat erzielen dürfen. Dadurch sollen Zusammenschlüsse, die ihren Schwerpunkt so eindeutig in einem Mitgliedsstaat haben, auch dort beurteilt werden. **23**

2. Zusammenschlusstatbestand

Gemäß Art. 3 Abs. 1 gibt es zwei grundsätzliche Arten, einen Zusammenschluss im Sinne der FKVO herbeizuführen: Entweder fusionieren zwei oder mehr bisher voneinander unabhängige Unternehmen (lit. a), oder eine oder mehrere Personen bzw. Unternehmen erwerben dauerhaft die Kontrolle über eines oder mehrere Unternehmen (lit. b). **24**

Der Begriff der **Fusion** gemäß Art. 3 Abs. 1 lit. a ist nicht auf die rechtliche Figur der Verschmelzung der beteiligten Unternehmen auf ein bestehendes oder neuzugründendes Unternehmen (vgl. § 2 des deutschen Umwandlungsgesetzes) beschränkt. Beispiele für Zusammenschlüsse im Sinne des Art. 3 Abs. 1 lit. a durch Verschmelzung auf ein bestehendes oder neuzugründendes Unternehmen in der Praxis der Kommission sind die Fälle *Repola/Kymmene (UPM-Kymmene)*[32] und *Ciba Geigy/Sandoz (Novartis)*.[33] **25**

Der Begriff der Fusion gemäß Art. 3 Abs. 1 lit. a. umfasst auch die Idee der Gleichordnung. Diese entsteht, wenn sich zwei oder mehr Unternehmen einer einheitlichen wirtschaftlichen Leitung unterstellen, ohne ihre Rechtspersönlichkeit aufzugeben (Gleichordnungskonzern).[34] Ähnlich gelagert ist der Fall, bei dem keine neue Dachgesellschaft gegründet wird, sondern wie im Fall *Renault/Volvo* die Gesellschaften weiterbestehen, jedoch unter eine einheitliche Leitung kommen und, als weiteres Kriterium, durch eine Überkreuzbeteiligung verbunden werden.[35] **26**

In der ganz überwiegenden Zahl der Fälle geht es jedoch nicht um Gleichordnung, sondern Unterordnung. Ein oder mehrere Unternehmen erwerben dauerhaft **Kontrolle** über ein anderes Unternehmen gemäß Art. 3 Abs. 1 lit. b. Erwirbt nur ein Unternehmen Kontrolle, handelt es sich um alleinige Kontrolle. Üben mehrere Unternehmen Kontrolle aus, handelt es sich um gemeinsame Kontrolle, und das kontrollierte Unternehmen ist ein Gemeinschaftsunternehmen. Unter Kontrolle im Sinne der FKVO wird die Möglichkeit verstanden, einen „bestimmenden Einfluss" auf die Tätigkeit eines Unternehmens auszuüben (Art. 3 Abs. 2). **27**

---

[32] Komm. E. v. 30. 10. 1995 Rs. IV/M.646 – *Repola/Kymmene (UPM – Kymmene)*.
[33] Komm. E. v. 17. 7. 1996 Rs. IV/M.737 – *Ciba Geigy/Sandoz (Novartis)*, ABl. L 201 v. 29. 7. 1997, 1–47.
[34] Rn. 10 der konsolidierten Mitteilung der Kommission zu Zuständigkeitsfragen gemäß der FKVO.
[35] Dies galt im betreffenden Fall jedoch nur für die Bus-Sparte und LKW-Sparte. Siehe Komm. E. v. 7. 11. 1990 Rs. IV/M.004 – *Renault/Volvo* Rn. 5.

3. Extraterritorialität

28 Die FKVO gilt für alle Zusammenschlüsse mit gemeinschaftsweiter Bedeutung (Art. 1 Abs. 1). Die gemeinschaftsweite Bedeutung wird im Erwägungsgrund 10 der FKVO als Tätigkeit in der Gemeinschaft in erheblichem Umfang beschrieben und knüpft an die Umsatzschwellen des Art. 1 Abs. 2 und Abs. 3 an. Es ist unerheblich, ob die beteiligten Unternehmen über einen juristischen Sitz oder Betriebsstätten innerhalb der Europäischen Union verfügen. Dies hat das EuGEI in seiner Entscheidung *Gencor/Lonrho* festgestellt.[36] Das Gericht führte aus, dass eine Tätigkeit in erheblichem Umfang, wie in Erwägungsgrund 10 festgehalten, nicht, wie vom Kläger *Gencor* eingewandt, auf die Produktion innerhalb der Gemeinschaft abstellt, sondern vielmehr auf den in der Gemeinschaft erzielten Umsatz.[37] Damit wurde die Kommission bestätigt, die schon sehr früh in ihrer Entscheidungspraxis für die Anwendbarkeit der FKVO auf das Auswirkungsprinzip abstellte.[38]

29 Die Anwendbarkeit der FKVO ist allerdings in Situationen zweifelhaft, bei denen ein Zusammenschluss zwar gemeinschaftsweite Bedeutung gemäß Art. 1 hat, es aber dennoch an einer nennenswerten Auswirkung des beabsichtigten Zusammenschlusses in der Gemeinschaft mangelt. Zu denken ist hier vor allem an die Gründung von Gemeinschaftsunternehmen außerhalb der EU, die keinerlei oder nur sehr geringe wirtschaftliche Aktivität in der EU entfalten.[39] Die Kommission ist in ihrer Praxis dennoch von der Anwendbarkeit der FKVO ausgegangen. Die Betätigung der Muttergesellschaften in der Gemeinschaft wurde in diesen Fällen als völkerrechtlich hinreichender Anknüpfungspunkt für die Zuständigkeit angesehen. In der Literatur wurde demgegenüber diskutiert, ob nicht ein zusätzliches Kriterium der sofortigen und spürbaren Wirkung in der Gemeinschaft in Art. 1 aufgenommen werden müsse.[40] Inzwischen hat das EuG in der *Gencor*-Entscheidung festgestellt, dass die Anwendung der FKVO völkerrechtlich (nur) dann gerechtfertigt ist, wenn der geplante Zusammenschluss eine sofortige und spürbare Auswirkung auf die Gemeinschaft hat.[41] Hat also ein Zusammenschluss wie im Fall *JCSAT/SAJAC* keine sofortigen Auswirkungen,[42] müsste die Kommission nach diesem Prinzip eine Art. 6 Abs. 1 lit. a-Entscheidung erlassen. Im Ergebnis ist aber für die beteiligten Unternehmen nicht viel gewonnen, denn die Kommission ist, wie das Gericht im selben Urteil feststellt, berechtigt, zur Feststellung der Nichtanwendbarkeit eines Zusammenschlusses von den Parteien einen Anmeldung zu verlangen.[43] Diese Anmeldung kann dann zwar in aller Regel in Kurzform eingereicht werden, zieht aber ein Vollzugsverbot gemäß Art. 7 Abs. 1 nach sich.

---

[36] Allerdings steht eine Bestätigung durch den EuGH noch aus. Vgl. *Schwarze* WuW 2001, 1200.

[37] Komm. E. v. 25. 3. 1999 Rs. T-102/86 – *Gencor Ltd. gegen Europäische Kommission* Slg. 1999, II-753 Rn. 85.

[38] Die Reihe reiner Auslandszusammenschlüsse, bei denen alle beteiligten Unternehmen ihren Hauptsitz und ihre Hauptaktivitäten außerhalb des EU hatten, begann mit Komm. E. v. 4. 1. 1991 Rs. IV/M.024 – *Mitsubishi/Ucar*. Bekannt geworden ist vor allem der Fall Rs. IV/M.877 – *Boeing/McDonell – Douglas*, ABl. L 336 v. 8. 12. 1997, 16–47.

[39] Der erste Fall dieser Art war Komm. E. v. 4. 2. 1991 Rs. IV/M.021 – *BNP/Dresdner Bank,* bei der es um die gemeinsame Gründung einer Bank in Ungarn ging. Derartige Fälle werden im Regelfall im vereinfachten Verfahren entschieden, siehe Rs. COMP/M.2527 – *Telenor East Invest/Eco Telecom/OJS C Vimpel Communications* (Gründung einer Telefongesellschaft in Russland), Entscheidung gemäß vereinfachtem Verfahren vom 21. 9. 2001.

[40] *Bechthold* EuZW 1994, 658; *Wiedemann* in: FS Lieberknecht, S. 635; *Montag/Kaessner* WuW 1997, S. 785 f.

[41] Komm. E. v. 25. 3. 1999 Rs. T-102/96 – *Gencor Ltd. gegen Europäische Kommission* Slg. 1999, II-753 Rn. 90.

[42] So die Kommission wörtlich in Komm. E. v. 30. 4. 1993 Rs. IV/M.346 – *JCSAT/SAJAC* Rn. 11.

[43] Komm. E. v. 25. 3. 1999 Rs. T-102/96 – *Gencor Ltd. gegen Europäische Kommission* Slg. 1999, II-753 Rn. 76.

IV. Prinzip der präventiven Fusionskontrolle

Zusammenschlüsse, die in den Geltungsbereich der FKVO fallen, müssen bei der Kommission angemeldet werden und unterliegen dem grundsätzlichen Vollzugsverbot des Art. 7 Abs. 1. Das Prinzip der präventiven Fusionskontrolle war bei den Vorarbeiten zur FKVO nicht unumstritten. Insbesondere Frankreich, Spanien und Italien vertraten die Auffassung, dass Fusionen im Anwendungsbereich der FKVO grundsätzlich vollziehbar sein sollten.[44]

Das Vollzugsverbot ist durch die Revision der FKVO 1997 verschärft worden und besteht solange, bis die Kommission eine abschließende Entscheidung gemäß Art. 6 oder Art. 8 gefällt oder auf Antrag eine Befreiung gemäß Art. 7 Abs. 3 ausgesprochen hat.[45] Das Vollzugsverbot ist auch dann aufgehoben, wenn die Kommission gemäß Art. 10 Abs. 6 die Frist für die entsprechende abschließende Entscheidung hat verstreichen lassen.

Die Nichtbeachtung des Vollzugsverbots hat zweierlei Rechtsfolgen: Zum einen kann die Kommission gemäß Art. 14 Abs. 2 Bußgelder in Höhe von bis zu 10% des Gesamtumsatzes der beteiligten Unternehmen verhängen. Zum anderen sind der Fusionsvertrag und alle damit zusammenhängenden Vollzugsgeschäfte schwebend unwirksam.

V. Beurteilungskriterium

Das Beurteilungskriterium für die Prüfung der Genehmigungsfähigkeit eines Zusammenschlusses war lange umstritten. Der erste Vorschlag der Kommission für eine Fusionskontrollverordnung aus dem Jahre 1973 nannte als Beurteilungskriterium das Verhindern eines wirksamen Wettbewerbs.[46] Das Kriterium der **„Verhinderung wirksamen Wettbewerbs"** war kurz zuvor vom EuGH in seiner *Continental-Can*-Entscheidung verwendet worden.[47] Diese Formulierung ist mit der des EGKS-Vertrags vergleichbar. Dieser bestimmte in Art. 66, dass eine Fusion dann nicht zu genehmigen ist, wenn das fusionierte Unternehmen in der Lage wäre, die Preise zu bestimmen, die Verteilung zu kontrollieren oder zu beschränken oder einen wirklichen Wettbewerb zu verhindern.

Die Verhinderung wirksamen oder wirklichen Wettbewerbs als Beurteilungskriterium hielt sich bis 1988. Erst im Aprilentwurf von 1988[48] wurde das Beurteilungskriterium entscheidend geändert. Nunmehr sollten gemäß Art. 2 Abs. 2 dieses Entwurfs Zusammenschlüsse darauf geprüft werden, ob sie eine beherrschende Stellung im Gemeinsame Markt oder einem wesentlichen Teil desselben begründen oder verstärken. Der Novemberentwurf[49] kombiniert in Art. 2 Abs. 2 schließlich beide Kriterien zur Begründung oder Verstärkung einer **marktbeherrschenden Stellung,** durch die wirksamer Wettbewerb behindert wird. Diese Formulierung wurde in den endgültigen Text der FKVO übernommen. Das Kriterium der Marktbeherrschung ist auch auf Fälle einer oligopolistischen Marktbeherrschung anwendbar.[50]

Nicht übernommen wurde dagegen eine **de-minimis-Schwelle.** Der April-Entwurf von 1988 sah in Art. 2 Abs. 3 vor, dass Zusammenschlüsse, bei denen der Marktanteil der beteiligten Unternehmen weniger als 20% beträgt, mit dem Gemeinsamen Markt vereinbar

---

[44] Monopolkommission, Sondergutachten 17, Rn. 60.
[45] Früher bestand ein Vollzugsverbot nach dem Gesetzeswortlaut lediglich bis zu drei Wochen nach Einreichen der vollständigen Anmeldung, sofern die Kommission nicht die Fortgeltung des Vollzugsverbots anordnete. Dies geschah allerdings regelmäßig.
[46] Art. 1 des Vorschlags der Kommission vom 20. Juli 1973, ABl. C 92 vom 31. 10. 1973, 1–7.
[47] EuGH Rs. 6/72 – *Europemballage Corporation and Continental Can Company gegen Kommission* Slg. 1973, 215 Rn. 26.
[48] ABl. C 130, 19. 5. 1988, 4–11.
[49] ABl. C 22, 28. 1. 1989, 14–22.
[50] Verbundene Sachen Rs. C-68/94 und C-30/95 – *Frankreich und andere gegen Europäische Kommission (Kali und Salz)* Slg. 1998, I-1453 Rn. 178.

seien. Stattdessen enthält Erwägungsgrund 32 der FKVO die Vermutung, dass bei einem Marktanteil von nicht mehr als 25% die Vereinbarkeit gegeben ist.

Auch wenn im Text der FKVO von 1989 das Kriterium eine Mischung aus Marktbeherrschung und Verhinderung wirksamen Wettbewerbs darstellte, war in der Praxis der Kommission nur das Kriterium der Marktbeherrschung bedeutsam.[51] Damit herrschte bis zur Revision von 2004 Übereinstimmung zwischen der FKVO und der deutschen Fusionskontrolle.

36 Das Kriterium der Marktbeherrschung ist im Gegensatz zur Forderung, dass wirksamer Wettbewerb bestehen bleibt, wesentlich struktureller. Marktbeherrschung setzt voraus, dass das fragliche Unternehmen Marktführer ist, also den größten Marktanteil hat, bzw. dass im Oligopolfall die fraglichen Unternehmen gemeinsam den größten Marktanteil haben. Das Kriterium der Verhinderung eines wirksamen Wettbewerbes ist weniger strukturbezogen und daher wesentlich flexibler. Bei diesem Beurteilungskriterium könnte beispielweise auch eine Fusion zur Nummer 2 im Markt untersagt werden, ohne dass ein marktbeherrschendes Oligopol bemüht werden muss.[52] In solchen Fällen handelt es sich in aller Regel um oligopolistische Märkte mit differenzierten Produkten. Die sich zusammenschließenden Unternehmen sind einander die härtesten Konkurrenten, werden aber nicht neuer Marktführer und erhöhen auch nicht das Risiko einer oligopolistischen Marktbeherrschung. Mit einem Kriterium der Verhinderung wirksamen Wettbewerbs, das dem US-amerikanischen Test der substanziellen Reduzierung des Wettbewerbs (**Substantial Lessening of Competition,** SLC") verwandt ist, lassen sich diese Fälle besser beurteilen als mit dem Kriterium der Marktbeherrschung.

37 Daher wurde im Grünbuch von 2001 angeregt, darüber nachzudenken, ob nicht ein Wechsel vom bisherigen Marktbeherrschungstest zum amerikanischen S LC-Test mit gleichzeitiger Einführung eines expliziten Effizienzkriteriums die mögliche Lücke bei der Beurteilung unkoordinierter Effekte in einem Oligopol schließen könnte.[53] Zudem sollte geprüft werden, ob dem generellen Bestreben, die europäische Wettbewerbspolitik mehr nach ökonomischen Kriterien auszurichten, mit der Einführung des SLC-Tests besser gedient wäre.

38 Die Neufassung des Entscheidungskriteriums sollte sich als der schwierigste Teil der Verhandlungen erweisen, um den bis zur letzten Minute gerungen wurde. In ihrem Vorschlag vom Dezember 2002 nahm die Kommission Bezug auf die Formulierung des Art. 66 EGKS.[54] Das Kriterium sollte wirtschaftliche Macht sein, die Preise und andere Wettbewerbsparameter spürbar zu beeinflussen oder den Wettbewerb spürbar zu beschränken. Die letztlich gefundene Formulierung kehrt den bisherigen Text um. Demnach sind „*Zusammenschlüsse, durch die wirksamer Wettbewerb im Gemeinsamen Markt oder in einem wesentlichen Teil desselben erheblich behindert würde, insbesondere als Ergebnis der Begründung oder Verstärkung einer beherrschenden Stellung, [...] für mit dem Gemeinsamen Markt unvereinbar zu erklären.*" Dieser nach seiner englischen Wortwahl auch als **SIEC (Significant Impediment of Effective Competition)** bezeichnete Test kann als Rückkehr zu den Ursprüngen gesehen werden, bei denen die (erhebliche) Behinderung wirksamen Wettbewerbs im Vordergrund

---

[51] Die Kommission selbst bezieht sich in ihren Anmerkungen zu Art. 2 der FKVO nur auf „Marktbeherrschung". Abgedruckt in „Die Fusionskontrolle in der Europäischen Union", Brüssel/Luxemburg 1999, S. 53.

[52] Diese Konstellation lag dem sogenannten Babyfood-Fall zugrunde. Die Nummer zwei und drei im amerikanischen Markt für Säuglingsnahrung wollten sich zur neuen, größeren Nummer zwei zusammenschließen, um den unbestrittenen Marktführer angreifen zu können. Vgl. *FTC v H J Heinz & Co and Milnot Holding Corp.,* DC Circuit Civil Action Nr. 00–1688. 14. Juli 2000. Para. 12(e) www.ftc.gov/os/2000/07/heinz.htm.

[53] Grünbuch KOM(2001) 745 endg., Rn. 159–172.

[54] Vgl. *Simon,* Wird S LC marktbeherrschend?, 160.

Einführung

stand und Marktbeherrschung erst später dazu kam. Zu beachten ist aber, dass die Erwägungsgründe 25 und 26 klarstellen, dass Marktbeherrschung nicht nur ein Beispiel der erheblichen Behinderung wirksamen Wettbewerbs darstellt, sondern mit ihr, bis auf die Ausnahme unkoordinierter Effekte im Oligopol, gleichzusetzen ist.

39 Untrennbar verbunden mit der Diskussion über die Einführung eines neuen Tests waren die Überlegungen, ein explizites **Effizienzkriterium** einzuführen.[55] Ein solches Effizienzkriterium, das es in den US-amerikanischen Fusionsrichtlinien gibt, sollte es ermöglichen, Zusammenschlüsse freizugeben, die, insbesondere durch eine marktbeherrschende Stellung, wirksamen Wettbewerb erheblich zu behindern drohen, sofern die zu erwartenden Effizienzgewinne den voraussichtlichen Verlust an Wettbewerb übertreffen.

40 Die Diskussion um andere als rein wettbewerbliche Ziele ist nicht neu. Neben dem wettbewerbspolitischen Ziel wirksamen Wettbewerbs bzw. der Verhinderung von Marktbeherrschung enthielten bereits die Entwürfe zur FKVO bis ins Jahr 1988 hinein auch andere Ziele. Im ersten Entwurf von 1973 wird dies besonders deutlich. Nach Art. 1 Abs. 3 des Entwurfs sollten Zusammenschlüsse, die aus wettbewerblicher Sicht zu untersagen gewesen wären, dennoch vollzogen werden können, sofern sie „für die Verwirklichung eines in allgemeinen Interesse der Gemeinschaft liegenden vorangingen Zieles unerlässlich sind." Solche Ziele waren bestimmte Erfordernisse der Industrie-, Technologie-, Sozial- oder Regionalpolitik der Gemeinschaft.[56]

41 Hinter diesen Formulierungen verbargen sich die divergierenden Ansichten einzelner Mitgliedstaaten hinsichtlich der Unterordnung wettbewerbspolitischer unter industrie- und sozialpolitische Ziele des Vertrages.

42 In der endgültigen Formulierung des Art. 2 in der Fassung von 1989 dominiert jedoch ein rein wettbewerbliches Beurteilungskriterium. Andere Gesichtspunkte wie den technischen oder wirtschaftlichen Fortschritt, der normalerweise Effizienzsteigerungen möglich macht, muss die Kommission lediglich berücksichtigen. Sie hat dies beispielsweise in der Entscheidung *Kali+Salz* getan, in der sie unter Hinweis auf den damaligen Erwägungsgrund 13 zu dem Ergebnis kam, dass die Freigabe unter Auflagen auch mit dem grundlegenden Ziel der Stärkung des wirtschaftlichen und sozialen Zusammenhalts der Gemeinschaft in Einklang stehe.[57]

43 Die Kommission war in ihrem Vorschlag vom Dezember 2002 für eine revidierte FKVO der Ansicht, dass der bisherige Art. 2 Abs. 1 lit. b bereits als Rechtsgrundlage für die Berücksichtigung von Effizienzvorteilen im Rahmen der materiellrechtlichen Prüfung eines Zusammenschlusses ausreicht.[58] Die neugefasste FKVO wurde daher auch nicht geändert. Neu ist jedoch der Erwägungsgrund 29, der besagt, dass begründeten Effizienzargumenten der beteiligten Unternehmen Rechnung getragen werden soll. Dabei wird ein integrierter Ansatz verfolgt, das heißt, Effizienzvorteile werden nur dann berücksichtigt, wenn sie dazu führen, dass ein Zusammenschluss nicht zu einer erheblichen Behinderung wirksamen Wettbewerbs führt. Für die Details wird auf Leitlinien der Kommission verwiesen. In den Leitlinien für die Beurteilung horizontaler Zusammenschlüsse werden drei Bedingungen genannt, die kumulativ erfüllt sein müssen, um Effizienzgewinne im Rahmen der Gesamtwürdigung berücksichtigen zu können:[59] sie müssen dem Verbraucher zugute kommen,

---

[55] COM (2001) 745/6 end. vom 11. Dezember 2001, Rn. 170–172.
[56] 3. Bericht über die Wettbewerbspolitik, Brüssel-Luxemburg 1974, Rn. 29.
[57] Rs. IV/M.308 – *Kali + Salz/MdK/Treuhand*, ABl. L 186 vom 21. 7. 1994, 38–56.
[58] Rn. 60 der Begründung des Vorschlags für eine Verordnung des Rates über die Kontrolle von Unternehmenszusammenschlüssen (EG-Fusionskontrollverordnung) vom 11. 12. 2002, ABl. C 20 vom 28. 1. 2003, S. 4 ff.
[59] Leitlinien der Kommission zur Bewertung horizontaler Zusammenschlüsse gemäß der Ratsverordnung über die Kontrolle von Unternehmenszusammenschlüssen vom 16. 12. 2003, ABl. C 31 vom 5. 2. 2004, S. 5 ff., Rn. 78.

fusionsspezifisch, d. h. nicht auch ohne Fusion erreichbar, und überprüfbar sein. Die amerikanische Praxis zeigt aber, dass auch nach Überarbeitung des entsprechenden Passus in den US-Fusionsrichtlinien 1997 das Effizienzkriterium bislang keine entscheidende Rolle gespielt hat.[60]

VI. Die Abgrenzung der Entscheidungsbefugnisse zwischen der Kommission und den Mitgliedsstaaten

44 Um für die betroffenen Unternehmen Rechtssicherheit zu schaffen, folgt die FKVO gemäß Art. 21 Abs. 2 dem Prinzip der ausschließlichen Entscheidungsbefugnis der Kommission für Zusammenschlüsse mit gemeinschaftsweiter Bedeutung. Diese **ausschließliche Kompetenz der Kommission** gemäß Art. 21 Abs. 2 verhindert, dass die Mitgliedsstaaten ihr innerstaatliches Wettbewerbsrecht auf Zusammenschlüsse mit gemeinschaftsweiter Bedeutung anwenden. Die Mitgliedsstaaten sind aber in das Prüfungsverfahren der Kommission eingebunden. Dieses Prinzip der Kooperation ist in Art. 19 verankert. Dieser sieht vor, dass die Mitgliedsstaaten eine Kopie der Anmeldung erhalten, während des Verfahrens auf dem laufenden gehalten und bei einem Hauptprüfverfahren im Wege des Beratenden Ausschusses angehört werden müssen. Darüber hinaus gibt es drei als Optionen ausgestaltete Durchbrechungen der sonst klaren Abgrenzung der Kompetenzen.

45 Die erste Ausnahme ist die Verweisung eines Zusammenschlusses, der gemeinschaftsweite Bedeutung hätte, an einen oder mehrere Mitgliedsstaaten **vor Anmeldung** bei der Kommission. Unternehmen haben gemäß **Art. 4 Abs. 4** diese Möglichkeit der Verweisung, wenn sie vor der eigentlichen Anmeldung einen Antrag bei der Kommission stellen.

46 Die zweite, hauptsächlich auf deutsche Initiative in die FKVO aufgenommene Ausnahme ist die Verweisung eines Zusammenschlusses an einen Mitgliedsstaat **nach Anmeldung** bei der Kommission. Der als „deutsche Klausel" bekannt gewordene **Art. 9** erlaubt es der Kommission, auf Antrag eines Mitgliedsstaates Zusammenschlüsse, die eigentlich der europäischen Fusionskontrolle unterfallen, an die zuständigen Behörden des betreffenden Mitgliedsstaates zu verweisen.

47 Voraussetzung für die Verweisungen nach Art. 4 Abs. 4 und Art. 9 ist, dass der angemeldete Zusammenschluss den Wettbewerb auf einem Markt in einem Mitgliedsstaat, der alle Merkmale eines gesonderten Markts aufweist, erheblich beeinträchtigen könnte. Für ein Antrag nach Art. 4 Abs. 4 reicht jedoch der Nachweis eines betroffenen Marktes.[61] Das Unternehmen muss nicht nachweisen, dass der geplante Zusammenschluss zu einer erheblichen Beeinträchtigung des Wettbewerbs führen könnte. Gelangt die Kommission zu der Auffassung, dass ein Zusammenschluss zu verweisen ist, darf der Mitgliedsstaat gemäß Art. 9 Abs. 8 nur solche Maßnahmen ergreifen, die der Aufrechterhaltung oder Wiederherstellung wirksamen Wettbewerbs dienen. Art. 9 Abs. 8 beschränkt somit die materiellrechtliche Prüfung der Mitgliedsstaaten auf wettbewerbliche Kriterien.[62] Die Mitgliedsstaaten dürfen Beurteilungskriterien wie zum Beispiel Arbeitsmarktsituation oder Versorgungssicherheit nicht zu einer Verbotsentscheidung bzw. zur Rechtfertigung von Auflagen heranziehen und sind zudem zur Regelung des Falls auf ihr Territorium beschränkt.

48 Die dritte Durchbrechung des Prinzips der ausschließlichen Beurteilungskompetenz der Kommission ist in **Art. 21 Abs. 4** enthalten, wonach die Mitgliedsstaaten geeignete Maßnahmen zum Schutz anderer berechtigter Interessen als derjenigen treffen dürfen, die in der FKVO berücksichtigt werden. Als berechtigte Interessen gelten die öffentliche Sicher-

---

[60] *Pitofsky*, EU and U.S. approaches to international mergers, 52 f.
[61] Mitteilung „Verweisungssystem", ABl. C 56 vom 5. 3. 2005, 2–23, Rn. 17.
[62] *Mestmäcker* in: Immenga/Mestmäcker, GWB, 2. Aufl. 1992, Vor § 23 Rn. 105; *Immenga* in: Immenga/Mestmäcker, EG-WbR Bd. I, S. 1029; *Jones/Gonzalez Diaz*, The EEC Merger Regulation, 1992 S. 40 f.

heit insbesondere bei Zusammenschlüssen im Rüstungssektor, die Medienvielfalt und die (Banken- und Versicherungs-)Aufsichtsregeln.

Demgegenüber enthalten Art. 4 Abs. 5 und Art. 22 Abs. 3 keine Ausnahme von der ausschließlichen Zuständigkeit der Kommission im Bereich der Fusionskontrolle, sondern ermöglicht es den am Zusammenschluss beteiligten Unternehmen bzw. den Mitgliedstaaten, die Zuständigkeit der Kommission für Zusammenschlüsse herbeizuführen, die an sich nicht in den Zuständigkeitsbereich der Kommission fallen würden. Gemäß **Art. 4 Abs. 5** kann ein Zusammenschluss, der keine gemeinschaftsweite Bedeutung hat, aber in mindestens drei Mitgliedstaaten anmeldefähig ist, auf Antrag der Parteien in Brüssel geprüft werden, sofern nicht ein an sich zuständiger Mitgliedsstaat ein Veto einlegt. **49**

Die Vorschrift des **Art. 22** ist bei Erlass der FKVO 1989 auf die Initiative von Mitgliedsstaaten ohne eigene Fusionskontrolle, insbesondere den Niederlanden, zustande gekommen (daher sog. **„niederländische Klausel"**). Verweisungen waren in der bisherigen Praxis der FKVO sehr selten. Bekannt wurde die Verbotsentscheidung im Fall *Tesko/Tuko*,[63] der von Finnland an die Kommission verwiesen wurde. Im Zuge der Revision von 1997 ist Art. 22 dahingehend geändert worden, dass nun auch mehrere Mitgliedstaaten gemeinsam einen Fall an die Kommission verweisen können. Davon ist – nicht zuletzt wegen der damit verbundenen Verfahrensschwierigkeiten – erst in fünf Fällen Gebrauch gemacht worden.[64] Dagegen wird Art. 4 Abs. 5 häufig genutzt. Bereits ein halbes Jahr nach Inkrafttreten der neugefassten FKVO sind mehr Zusammenschlüsse gemäß Art. 4 Abs. 5 nach Brüssel verwiesen worden als in den 14 Jahren davor, als es nur Art. 22 gab. **50**

VII. Das Verfahren

Zusammenschlüsse von gemeinschaftsweiter Bedeutung sind gemäß Art. 4 vor ihrem Vollzug bei der Kommission anzumelden. **Anmeldefähig** sind Zusammenschlüsse grundsätzlich nach Vertragsabschluss, der Veröffentlichung eines Kauf- oder Tauschangebots oder dem Erwerb von Rechten, die eine Kontrolle eines Unternehmens begründen. Die Kommission akzeptiert jedoch seit der Revision 2004 gemäß Art. 4 Abs. 1 Unterabsatz 2 auch Anmeldungen auf der Basis einer Absichtserklärung, eines Vorvertrages einer Grundsatzvereinbarung oder ähnlichem, sofern die Unternehmen der Kommission gegenüber glaubhaft machen, dass sie gewillt sind, einen Vertrag abzuschließen oder ein Angebot zu veröffentlichen. **51**

Für die Anmeldung gibt es gemäß Art. 2 Abs. 1 der Durchführungsverordnung (DVO)[65] zwei Formblätter, das Formblatt CO (COncentration) und das Vereinfachte Formblatt. In der Praxis ist es empfehlenswert, vor der Anmeldung mit der zuständigen Generaldirektion Wettbewerb in Kontakt zu treten und zunächst einen Entwurf der Anmeldung zu besprechen.[66] Ist die Anmeldung vollständig, wird die Anmeldung gemäß Art. 5 DVO am Tag ihres Eingangs bei der Kommission wirksam und im Amtsblatt veröffentlicht. **52**

---

[63] Rs. IV/M.784 – *Tesko/Tuko,* ABl. L 100 vom 26. 4. 1997, 53–76; Eine Klage beim EuG wg. u. a. der fehlenden Zuständigkeit der Kommission blieb erfolglos, Rs. T-22/97 Slg. 1999, II-3775. Die anderen 3 bisherigen Fälle waren Rs. IV/M.533 – *Veronica/RTL/Endemol (HMG)* und Rs. IV/M.890 – *Blokker/Toys „R" Us,* die von Holland an die Kommission verwiesen wurden, sowie Rs. IV/M.278 – *British Airways/Dan Air,* der von Belgien an die Kommission verwiesen wurde.

[64] Rs. COMP/M.2698 – *Promatech/Sulzer.* Dieser erste Fall war in vier Mitgliedstaaten (Deutschland, Großbritannien, Italien und Spanien) anmeldepflichtig. Rs. COMP/M.2738 – *GE/Unison;* Rs. COMP/M.3099 – *Areva/Urenco/ETC/JC;* Rs. COMP/M.3136 – *GE/AGFA* – Rs. COMP/ 3796 *Omya/Huber.*

[65] Verordnung (EG) Nr. 802/2004 der Kommission von 7. April 2004 zur Durchführung der Verordnung (EG) Nr. 139/2004 des Rates über die Kontrolle von Unternehmenszusammenschlüssen, ABl. L 133 vom 30. 4. 2004, 1–39.

[66] Siehe hierzu die Leitlinien für Vorgespräche mit der Kommission unter http://ec.europa.eu/ competition/mergers/legislation/proceedings.pdf.

Einf FKVO 53–59

53 Die Kommission beginnt unmittelbar nach Eingang der vollständigen Anmeldung mit der Vorprüfung. Grundsätzlich werden alle Fristen nach (Kommissions-)Arbeitstagen (AT) bemessen. Die **Vorprüfung bzw. erste Prüfungsphase** dauert grundsätzlich 25 AT ab dem Tag, der dem Tag der Anmeldung folgt, und kann zu drei möglichen Entscheidungen führen. Zunächst wird geprüft, ob die formalen Voraussetzungen gegeben sind. Sind die Schwellenwerte nicht erreicht oder handelt es sich nicht um einen Zusammenschluss im Sinne des Art. 3, stellt die Kommission durch eine Entscheidung nach **Art. 6 Abs. 1 lit. a** fest, dass der angemeldete Zusammenschluss nicht unter die Verordnung fällt.

54 Sind die formalen Voraussetzungen erfüllt und ergibt die Vorprüfung, dass der angemeldete Zusammenschluss keinen Anlass zu ernsthaften Bedenken hinsichtlich seiner Vereinbarkeit mit dem Gemeinsamen Markt gibt, wird der Zusammenschluss durch eine Entscheidung nach **Art. 6 Abs. 1 lit. b** freigegeben.

55 Bestehen jedoch ernsthafte Bedenken hinsichtlich der Vereinbarkeit des Zusammenschlusses mit dem Gemeinsamen Markt, stellt die Kommission das durch eine Entscheidung nach **Art. 6 Abs. 1 lit. c** fest, die den Übergang in die sog. zweite Phase, das Hauptprüfverfahren, bewirkt. Die anmeldenden Parteien haben jedoch zuvor die Möglichkeit, das Hauptprüfverfahren zu vermeiden, in dem sie durch Änderungen des zunächst angemeldeten Zusammenschlusses die Bedenken der Kommission ausräumen. Die Kommission hat in diesem Fall statt der ursprünglichen Frist von 25 AT insgesamt 35 AT Zeit, um diese Änderungen zu prüfen. Die Frist verlängert sich auch dann auf 35 AT, wenn bei der Kommission ein Verweisungsantrag eines Mitgliedstaats nach Art. 9 eingeht.
Im Falle von Zusagen genehmigt die Kommission den Zusammenschluss durch Entscheidung nach Art. 6 Abs. 1 lit. b in Verbindung mit Art. 6 Abs. 2, wenn die Zusagen geeignet sind, die wettbewerblichen Bedenken der Kommission auszuräumen.

56 Reichen die vorgeschlagenen Änderungen nicht aus, um die ernsthaften Bedenken der Kommission auszuräumen, beginnt das **Hauptprüfverfahren.** Die Kommission hat nun weitere 90 AT Zeit, um zu einer abschließenden Entscheidung zu kommen. Gemäß Art. 8 sind drei Entscheidungen möglich, um das Verfahren zu beenden: Freigabe ohne Abänderungen des Vorhabens, Freigabe mit Zusagen über Abänderungen und Untersagung.

57 In der zweiten, 90-tägigen Prüfungsphase besteht zweimal die Möglichkeit einer **Fristverlängerung.** Eine Verlängerung um 15 AT erfolgt gemäß Art. 10 Abs. 3 Unterabsatz 1 automatisch, wenn Verpflichtungszusagen später als 54 AT nach Einleitung der vertieften Prüfung gemacht werden. Die Frist verlängert sich gemäß Art. 10 Abs. 3 Unterabsatz 2 um bis zu weitere 20 AT, wenn die Parteien innerhalb von 15 Tagen nach Einleitung der zweiten Prüfungsphase dies beantragen bzw. einem entsprechenden Vorschlag der Kommission zustimmen. Damit dauert die zweite Prüfungsphase insgesamt bis zu 125 AT. Zusammen mit den maximal 35 AT der ersten Prüfungsphase entspricht dies ungefähr acht Monaten. Da aber auch noch gemäß Art. 9 DVO die Frist durch nicht oder nicht vollständig beantwortete Auskunftsersuchen bzw. durch Kommissionsentscheidungen, Auskünfte anzufordern, gehemmt werden können, kann eine Prüfung in seltenen Fällen auch länger dauern.[67]

58 Die europäische Fusionskontrolle ist ein **Verwaltungsverfahren.** Gegen Entscheidungen der Europäischen Kommission kann beim Europäischen Gericht geklagt werden.

VIII. Weitere relevante Rechtstexte

1. Durchführungsverordnung

59 Art. 23 ermächtigt die Kommission, Durchführungsbestimmungen über Form, Inhalt und andere Einzelheiten hinsichtlich der Anmeldung, der Fristen und der Anhörung zu erlassen. Die zusammen mit der FKVO 1990 in Kraft getretene erste Durchführungsver-

---

[67] Im bisher langwierigsten Fall Rs. COMP/M.3216 – *Oracle/Peoplesoft* lag zwischen der Anmeldung am 14. 10. 2003 und der Entscheidung am 26. 10. 2004 mehr als ein Jahr.

ordnung (DVO) war 1994 überarbeitet worden.[68] Die Revision der FKVO 1997 machte eine erneute Überarbeitung nötig. Die dritte DVO trat am 2. März 1998, einen Tag nach der revidierten FKVO, in Kraft.[69] Die nunmehr gültige vierte DVO trat zusammen mit der FKVO 139/2004 am 1. Mai 2004 in Kraft.[70]

Die DVO regelt die Anmeldung eines Zusammenschlusses, wer befugt ist, anzumelden, in welcher Form, wie viele Exemplare eingereicht werden müssen, wann die Anmeldung wirksam wird sowie die Folgen unvollständiger, unrichtiger oder irreführender Angaben. Darüber hinaus enthält sie Regelungen zur Berechnung der in der FKVO vorgesehenen Fristen und der Fristhemmung durch beispielsweise verspätet beantwortete Auskunftsverlangen. Von besonderer Bedeutung sind auch die Rechte der Parteien auf rechtliches Gehör sowie Akteneinsicht und Schutz vertraulicher Angaben.

2. Die Mitteilungen der Kommission

Die Kommission hat seit dem Inkrafttreten der FKVO eine Reihe von Mitteilungen zu Einzelfragen der FKVO veröffentlicht. Mitteilungen, Bekanntmachungen oder auch Leitlinien der Kommission gehören nicht zu den verbindlichen Rechtsakten, wie sie der EG-Vertrag in Art. 249 vorsieht. Zweck der Mitteilungen ist es, die Auslegung und Anwendung der Vorschriften der FKVO durch die Kommission darzustellen. Diese Mitteilungen sind daher eher im Sinne der Stellungnahmen und Empfehlungen gemäß Art. 249 Abs. 4 zu sehen und binden die Kommission bei der Auslegung der FKVO. Zurzeit gibt es sieben **Mitteilungen,** die speziell im Bereich der Fusionskontrolle Anwendung finden. Darüber hinaus sind die Mitteilungen zur Marktabgrenzung[71] und zur Akteneinsicht[72] von Belang, die auch für andere Bereiche des Kartellrechts gelten. Neben diesen Mitteilungen gibt es auch noch Kodifizierungen bewährter Verfahrenspraxis im täglichen Umgang mit den Dienststellen der GD Wettbewerb [73] und eine Informationsnotiz zur Aufgabe von Zusammenschlussvorhaben.[74]

a) Mitteilungen zu Zuständigkeitsfragen. Im Jahr 2007 hat die Kommission die bisherigen vier Mitteilungen über die Begriffe des Vollfunktionsgemeinschaftsunternehmens, des Zusammenschlusses und des beteiligten Unternehmens sowie die Berechnung des Umsatzes in einer **Mitteilung zu Zuständigkeitsfragen** zusammengefasst.[75] Sogenannte VollfunktionsGU unterfallen immer der FKVO. Sollte es bei einem VollfunktionsGU auch noch kooperative Aspekte geben, werden diese nach Art. 2 Abs. 4 anhand der Kriterien des Art. 81 Abs. 3 EG geprüft.

Der Abschnitt über den Begriff des Zusammenschlusses dient der Auslegung des Zusammenschlusstatbestands des Art. 3. Die Mitteilung erläutert insbesondere, unter welchen

---

[68] Verordnung (EG) Nr. 2367/90 der Kommission vom 25. 7. 1990 über die Anmeldungen, über die Fristen sowie die Anhörung nach der FKVO, ABl. L 219 vom 14. 8. 1990, 5–25, geändert durch die Verordnung Nr. 3384/94 vom 2. 12. 1994, ABl. L 377 vom 31. 12. 1994, 1–27.

[69] Verordnung (EG) Nr. 447/98 der Kommission von 1. März 1998 über die Anmeldungen, über die Fristen sowie die Anhörung nach der Verordnung (EWG) Nr. 4064/89 des Rates über die Kontrolle von Unternehmenszusammenschlüssen, ABl. L 61 vom 2. 3. 1998, 1–28.

[70] Verordnung (EG) Nr. 802/2004 der Kommission von 7. April 2004 zur Durchführung der Verordnung (EG) Nr. 139/2004 des Rates über die Kontrolle von Unternehmenszusammenschlüssen. ABl. L 133 vom 30. 4. 2004, 1–39.

[71] ABl. C 372 vom 9. 12. 1997, 5–13.

[72] ABL C 325 vom 22. 12. 2005, 7–15.

[73] Best practices on the conduct of EC merger control proceedings, abrufbar unter http://ec.europa.eu/comm/competition/mergers/legislation/proceedings.pdf.

[74] DG Competition note on Art. 6(1)c 2nd sentence of Regulation 139/2004 (Abandonment of concentrations), abrufbar unter http://ec.europa.eu/comm/competition/mergers/legislation/abandonment.pdf.

[75] ABl. C 95 vom 16. 4. 2008, 1–48.

Umständen Kontrolle erlangt wird, die zu einer dauerhaften Änderung der Marktstruktur führt, sowie die Ausnahmen, bei denen der Erwerb einer Kontrollmöglichkeit nicht zu einem Zusammenschluss im Sinne der FKVO führt.

64 Der Begriff des „beteiligten Unternehmens" spielt in den Art. 1 und 5 eine zentrale Rolle. In der Mitteilung wird erläutert, welches die an einer Fusion oder an einem Kontrollerwerb beteiligten Unternehmen sind.

65 Sobald die beteiligten Unternehmen ermittelt sind, erfolgt die Berechnung des Umsatzes, von der die gemeinschaftsweite Bedeutung eines Zusammenschlusses abhängt.

66 Eine weitere Mitteilung zu Zuständigkeitsfragen betrifft das neugestaltete **Verweisungssystem**.[76] Die Mitteilung erläutert die Voraussetzungen und das Verfahren für Verweisungen sowohl vor der eigentlichen Anmeldung gemäß Art. 4 Abs. 4 und 5 als auch nach einer Anmeldung gemäß Art. 9 an einen oder mehrere Mitgliedsstaaten oder gemäß Art. 22 an die Kommission.

67 **b) Mitteilungen zu Verfahrensfragen.** Die erste Mitteilung zu Verfahrensfragen betrifft das **vereinfachte Verfahren** für bestimmte Zusammenschlüsse,[77] bei denen keine Wettbewerbsprobleme zu erwarten sind. Dies wird vermutet, wenn gemeinsame Kontrolle über ein Unternehmen mit weniger als 100 Mio. EUR Umsatz oder weniger als 100 Mio. EUR Aktiven erworben wird, keine oder nur geringfügige Überschneidungen entstehen oder aus gemeinsamer Kontrolle alleinige Kontrolle wird. Ist eine dieser vier Voraussetzungen erfüllt, kann ein vereinfachtes Formblatt[78] zur Anmeldung verwendet werden. Das vereinfachte Verfahren wurde im Jahre 2000 eingeführt[79] und führt im Normalfall zu einer Freigabe gemäß Art. 6 Abs. 1 lit. b in Kurzform, die keine eigentliche Bewertung des Zusammenschlusses enthält.

68 Die zweite Mitteilung betrifft die **Akteneinsicht.** Die Kommission ist verpflichtet, vor Erlass einer Entscheidung gemäß Artikel 6 Absatz 3, Artikel 7 Absatz 3, Artikel 8 Absätze 2 bis 6, Artikel 14 und Artikel 15 der Fusionskontrollverordnung den jeweiligen Parteien Gelegenheit zu geben, zu den gegen sie vorgebrachten Beschwerdepunkten Stellung zu nehmen und Einsicht in die Akten der Kommission zu nehmen, damit ihre Verteidigungsrechte während des Verfahrens vollständig gewahrt werden. Mit dieser Mitteilung wird der Rahmen für die Ausübung der in diesen Bestimmungen genannten Rechte festgelegt.

69 **c) Mitteilungen zu inhaltlichen Fragen.** In inhaltlicher Sicht sind zunächst die „Leitlinien für die **Beurteilung horizontaler Zusammenschlüsse**"[80] zu nennen, die sich auf den neuen Erwägungsgrund 28 stützt. Diese Leitlinien erläutern das materiellrechtliche Kriterium der erheblichen Behinderung wirksamen Wettbewerbs, die entweder durch nicht-koordinierte oder durch koordinierte Effekte bewirkt werden kann. Sie enthalten mittels Herfindahl-Hirschman-Index (HHI) gemessene Schwellenwerte, unterhalb derer Wettbewerbsprobleme unwahrscheinlich sind, und erläutern, unter welchen Umständen die Geltendmachung von Effizienzgewinnen Aussicht auf Erfolg haben kann.

70 Eine weitere Mitteilung betrifft **konglomerate und vertikale Fusionen.**[81] In der Regel führen vertikale und konglomerate Fusionen seltener zu Wettbewerbsbedenken als horizontale Zusammenschlüsse. Außerdem können die Unternehmen im Falle der verti-

---

[76] ABl. C 56 vom 5. 3. 2005, 2–23
[77] ABl. C 56/2005 vom 5. 3. 2005, 32–35.
[78] Anhang II zur DVO.
[79] ABl. C 217 vom 29. 7. 2000, 32–34, ersetzt durch ABl. C 56 vom 5. 3. 2005, 32–35.
[80] Leitlinien der Kommission zur Bewertung horizontaler Zusammenschlüsse gemäß der Ratsverordnung über die Kontrolle von Unternehmenszusammenschlüssen vom 16. 12. 2003, ABl. C 31 vom 5. 2. 2004, 5–18.
[81] Leitlinien zur Bewertung nichthorizontaler Zusammenschlüsse, aABl. C 265 vom 18. 10 2008, 6–25.

kalen und der konglomeraten Fusion durch bessere Koordinierung der einzelnen Produktionsstufen ihre Effizienz steigern. Die Leitlinien erläutern, wann derartige Fusionen dennoch insbesondere durch Marktabschottung oder Koordinierung zu einer erheblichen Behinderung wirksamen Wettbewerbs führen können.

Eine weitere Mitteilung betrifft die **Definition des relevanten Marktes**.[82] In der FKVO selbst wird nur der räumlich relevante Markt in Art. 9 definiert, nicht aber der sachliche. Die Kommission stellt für die Definition des sachlich relevanten Marktes auf die Substituierbarkeit der fraglichen Produkte sowohl auf der Nachfrage- als auch der Anbieterseite ab. Darüber hinaus berücksichtigt sie den amerikanischen sogenannten SSNIP-Test (Small but Significant Non-transitory Increase in Price) und akzeptiert potentiellen Wettbewerb nur als Element der wettbewerblichen Beurteilung, nicht aber hinsichtlich der Marktdefinition. 71

Grundlegend überarbeitet wurde die Mitteilung über **Nebenabreden**.[83] Waren in der aus dem Jahre 1990 stammenden ersten Bekanntmachung zu diesem Thema noch recht detaillierte Erläuterungen über die Zulässigkeit und Dauer verschiedener mit einem Zusammenschluss unmittelbar verbundener und für diesen notwendige Einschränkungen des Wettbewerbs enthalten, so erklärte eine neue Mitteilung aus dem Jahre 2001,[84] dass die Kommission bei ihren fusionskontrollrechtlichen Entscheidungen von der expliziten Beurteilung der Nebenabreden in Zukunft absieht. Zur Begründung hieß es, dass eine solche Beurteilung von Nebenabreden lediglich deklaratorischen Charakter habe und diese durch eine Entscheidung nach Art. 6 Abs. 1 lit. b oder Art. 8 Abs. 2 bereits von Rechts wegen genehmigt seien. Dieser Ansatz wurde aber durch das *Lagardère*-Urteil[85] zunächst verworfen, in dem das EuG der Kommission auftrug, auch weiterhin Nebenabreden explizit zu prüfen. Erst die neugefassten Art. 6 und 8 der FKVO ermöglichten 2004, wieder zur Politik von 2001 zurückzukehren. Allerdings lässt Erwägungsgrund 21 eine Möglichkeit für eine Einzelfallprüfung offen, sofern eine geplante Nebenabrede neue oder ungelöste Fragen aufwirft, die zu ernsthafter Rechtsunsicherheit führen könnte. 72

Schließlich ist die Mitteilung über **zulässige Abhilfemaßnahmen** aus dem Jahre 2008 zu nennen.[86] Die FKVO sieht ausdrücklich vor, dass die Kommission einen angemeldeten Zusammenschluss nach Abänderung durch die Parteien genehmigen kann. Die Mitteilung erläutert, welche Änderungen bzw. Abhilfemaßnahmen die Kommission akzeptiert, um wettbewerbliche Bedenken auszuräumen. Die Mitteilung wird noch durch eine Kodifizierung bewährter Praktiken (Best practices) ergänzt, die vor allem Formularverträge für Verkaufszusagen und Treuhandmandate enthält.[87] 73

IX. Statistik (Stand 31. 12. 2008)

Seit Inkrafttreten der FKVO wurden 4015 Zusammenschlüsse angemeldet und 3860 Entscheidungen nach Art. 6 oder 8 erlassen. 1991, im ersten vollen Jahr der FKVO, wurden 63 Zusammenschlüsse angemeldet und 60 Entscheidungen erlassen. Bis 1993 schwankten diese Zahlen um 60, stiegen aber ab 1994 kontinuierlich an und erreichten mit 335 Anmeldungen und 330 Entscheidungen im Jahre 2001 einen ersten Höhepunkt. Nach einem kurzzeitigen Rückgang der Anmeldungen wurde 2007 der bisherige Höchststand mit 402 Anmeldungen und 398 Entscheidungen erreicht. 74

In 52 Fällen wurde festgestellt, dass der angemeldete Zusammenschluss nicht unter die Verordnung fiel. In 3472 Fällen wurde der angemeldete Zusammenschluss bereits im Vor- 75

---

[82] ABl. C 372 vom 9. 12. 1997, 5–13.
[83] ABl. C 56 vom 5. 3. 2005, 24–31.
[84] ABl. C 188 vom 4. 7. 2001, S. 5–11.
[85] EuGH Rs. T-251/00 – *Lagardère und Canal + gegen Kommission* Slg. 2002, II–4825 Rn. 90.
[86] ABl. C 267 vom 22. 10. 2008, 1–27.
[87] Abrufbar unter http://ec.europa.eu/comm/competition/mergers/legislation/note.pdf.

prüfungsverfahren ohne Auflagen freigegeben. Das entspricht 90% aller Entscheidungen gemäß Art. 6 Abs. 1 lit. b und Art. 8. Weitere 178 Zusammenschlüsse wurden im Vorprüfungsverfahren unter Auflagen freigegeben.

76 In 186 Fällen eröffnete die Kommission im Anschluss an die erste Prüfungsphase das Hauptprüfverfahren. In 46 Fällen wurden nach Abschluss des Hauptprüfverfahrens ohne Auflagen, in 88 mit Auflagen freigegeben. Nur in 20 Fällen erging eine Verbotsentscheidung, d. h. in weniger als 1% aller Entscheidungen. Unter Einbezug der im Hauptprüfverfahren aufgegebenen 33 Vorhaben hat die Kommission in rund 8% der Anmeldungen das ursprüngliche Fusionsvorhaben nicht gebilligt.

77 Zusammenschlüsse wurden gemäß Art. 9 an Mitgliedsstaaten verwiesen. Davon waren 38 teilweise Verweisungen, 33 Verweisungen betrafen den gesamten Fall, Umgekehrt gab es nur 19 Fälle, in denen Zusammenschlüsse von Mitgliedsstaaten gemäß Art. 22 an die Kommission verwiesen wurden. Die meisten Verweisungen gab es auf Basis der Artikel 4(4) und 4(5). So wurden 40 Fälle ganz oder teilweise an Mitgliedsstaaten und 151 Fälle von den Mitgliedsstaaten an die Kommission verwiesen.

Art. 1. Anwendungsbereich

(1) **Unbeschadet des Artikels 4 Absatz 5 und des Artikel 22 gilt diese Verordnung für alle Zusammenschlüsse von gemeinschaftsweiter Bedeutung im Sinne dieses Artikels.**

(2) Ein Zusammenschluß hat gemeinschaftsweite Bedeutung, wenn folgende Umsätze erzielt werden:

a) ein weltweiter Gesamtumsatz aller beteiligten Unternehmen zusammen von mehr als 5 Milliarden EUR und

b) ein gemeinschaftsweiter Gesamtumsatz von mindestens zwei beteiligten Unternehmen von jeweils mehr als 250 Millionen EUR; dies gilt nicht, wenn die am Zusammenschluß beteiligten Unternehmen jeweils mehr als zwei Drittel ihres gemeinschaftsweiten Gesamtumsatzes in ein und demselben Mitgliedstaat erzielen.

(3) Ein Zusammenschluß, der die in Absatz 2 vorgesehenen Schwellen nicht erreicht, hat im Sinne dieser Verordnung gemeinschaftsweite Bedeutung, wenn

a) der weltweite Gesamtumsatz aller beteiligten Unternehmen zusammen mehr als 2,5 Milliarden EUR beträgt,

b) der Gesamtumsatz aller beteiligten Unternehmen in mindestens drei Mitgliedstaaten jeweils 100 Millionen EUR übersteigt,

c) in jedem von mindestens drei von Buchstabe b) erfaßten Mitgliedstaaten der Gesamtumsatz von mindestens zwei beteiligten Unternehmen jeweils mehr als 25 Millionen EUR beträgt und

d) der gemeinschaftsweite Gesamtumsatz von mindestens zwei beteiligten Unternehmen jeweils 100 Millionen EUR übersteigt;

dies gilt nicht, wenn die beteiligten Unternehmen jeweils mehr als zwei Drittel ihres gemeinschaftsweiten Gesamtumsatzes in ein und demselben Mitgliedstaat erzielen.

(4) Vor dem 1. Juli 2009 erstattet die Kommission dem Rat auf der Grundlage statistischer Angaben, die die Mitgliedstaaten regelmäßig übermitteln können, über die Anwendung der in den Absätzen 2 und 3 vorgesehenen Schwellen und Kriterien Bericht, wobei sie Vorschläge gemäß Absatz 5 unterbreiten kann.

(5) Der Rat kann im Anschluß an den in Absatz 4 genannten Bericht auf Vorschlag der Kommission mit qualifizierter Mehrheit die in Absatz 3 aufgeführten Schwellen und Kriterien ändern.

Übersicht

	Rn.		Rn.
I. Sinn und Zweck	1	1. Die Umsatzschwellen des Abs. 2	17
II. Beteiligte Unternehmen	4	2. Die Umsatzschwellen des Abs. 3	21
III. Gemeinschaftsweite Bedeutung	11	3. Erneute Überprüfung 2009	24

I. Sinn und Zweck

Nach Art. 1 Abs. 1 der FKVO findet die Verordnung auf alle Zusammenschlüsse von gemeinschaftsweiter Bedeutung Anwendung. Zunächst wird durch den in Artikel 3 definierten Zusammenschlusstatbestand bestimmt, welche Unternehmen am Zusammenschluss beteiligt sind. Nur deren Umsätze sind für die Ermittlung der gemeinschaftsweiten Bedeutung zu berücksichtigen. Die **gemeinschaftsweite Bedeutung** bestimmt sich anhand der in Art. 1 Abs. 2 und Art. 1 Abs. 3 festgelegten Umsatzkriterien. Daher ist außer dem Art. 1 selbst auch noch Art. 5, der die Berechnung der Umsätze festlegt, von Bedeutung. 1

Art. 1 grenzt die EU-Fusionskontrolle von den Fusionskontrollen der Mitgliedsstaaten ab und trägt dem völkerrechtlichen Auswirkungsprinzip Rechnung. Für die Beurteilung von Zusammenschlüssen, die die Umsatzschwellen des Art. 1 erreichen, gilt der in Art. 21 Abs. 1 und 2 niedergelegte Grundsatz der ausschließlichen Zuständigkeit der europäischen Kommission. Es gibt jedoch **drei Ausnahmen** von diesem Grundsatz. Zum einen kann ein Mitgliedsstaat gemäß Art. 21 Abs. 4 geeignete Maßnahmen zum Schutz anderer berechtigter Interessen treffen, z.B. im Hinblick auf die Medienvielfalt und das nationale Sicherheitsinteresse. Zum anderen kann die Kommission gemäß Art. 9 einen Zusammenschluss ganz oder teilweise an Mitgliedsstaaten verweisen. Und schließlich können die Fusionsparteien gemäß Art. 4 Abs. 4 eine Verweisung eines Fusionsfalles mit gemeinschaftsweiter Bedeutung an einen oder mehrere Mitgliedsstaaten vor der Anmeldung beantragen. Keine Ausnahme von dem Grundsatz der ausschließlichen Zuständigkeit, sondern im Gegenteil eine Erweiterung des Zuständigkeitsbereiches der Kommission ist darin zu sehen, dass die Kommission gemäß Art. 22 Abs. 1 auf Antrag eines oder mehrerer Mitgliedsstaaten bzw. gemäß Art. 4 Abs. 5 auf Antrag der Fusionsparteien einen Zusammenschluss prüfen kann, der über keine gemeinschaftsweite Bedeutung verfügt. 2

Schließlich ist noch auf die **Sonderregelung** für Waffen, Munition und anderes Kriegsmaterial des **Art. 296 EG** hinzuweisen. Die Regelung gilt für das gesamte Gemeinschaftsrecht und erlaubt es den Mitgliedsstaaten, geeignete Maßnahmen zu ergreifen, um ihre Sicherheitsinteressen zu wahren. Eine solche Maßnahme besteht zum Beispiel darin, die betroffenen Rüstungsunternehmen anzuweisen, die militärischen Aspekte eines Zusammenschlusses nicht anzumelden.[1] Haben derartige Zusammenschlüsse aber auch zivile Produkte oder sogenannte Janusgüter, die sowohl zivilen als auch militärischen Zwecken dienen, zum Gegenstand, müssen diese Bereiche angemeldet werden. Die Kommission ist jedoch inzwischen zu der Auffassung gelangt, dass Art. 296 EG eine Ausnahme im Vertrag darstellt, die eng auszulegen ist.[2] Daher ist der gesamte Zusammenschluss anzumelden und von der Kommission zu prüfen. Dies berührt nicht die Möglichkeit, Maßnahmen gemäß Art. 296 EG im Anschluss an die Prüfung durch die Kommission zu ergreifen. Dementsprechend wurde in der Sache *MMS/DASA/Astrium* sowohl der militärische als auch der zivile Teil des Zusammenschlusses angemeldet und von der Kommission erst freigegeben, nachdem die anmeldenden Parteien Zusagen gemacht hatten, von denen eine den militärischen Teil betraf.[3] 3

---

[1] Zu den Voraussetzungen siehe Komm. E. v. 24. 11. 1994 Rs. IV/M.528 – *British Aerospace/VSEL* Rn. 10.
[2] Siehe hierzu Komm. E. v. 10. 12. 2004 Rs. COMP/M.3596 – *ThyssenKrupp/HDW*.
[3] Komm. E. v. 21. 3. 2000 Rs. COMP/M.1636 – *MMS/DASA/Astrium*.

II. Beteiligte Unternehmen

4 Art. 1 stellt zur Ermittlung der gemeinschaftsweiten Bedeutung auf das Erreichen der Schwellenwerte durch die beteiligten Unternehmen[4] ab. Die Frage, wer beteiligtes Unternehmen ist, ist daher für die Berechnung des Umsatzes und damit für die gemeinschaftsweite Bedeutung eines Zusammenschlusses entscheidend. Da der zentrale Begriff des beteiligten Unternehmens in der FKVO selbst nicht definiert wird, hat die Kommission ihn in einer Mitteilung näher erläutert.[5] Diese Mitteilung befasst sich nur mit den beteiligten Unternehmen zum Zwecke der Ermittlung der gemeinschaftsweiten Bedeutung in Art. 1 und 5. Davon zu unterscheiden sind die Verfahrensbeteiligten.

5 In der Mitteilung werden zunächst generell die direkten Teilnehmer an einer Fusion oder an einem Kontrollerwerb[6] als beteiligte Unternehmen bezeichnet. Bei einer **Fusion** nach Art. 3 Abs. 1 lit. a sind die beteiligten Unternehmen die fusionierenden Unternehmen.[7] Darüber hinaus sind gemäß Art. 5 Abs. 4 auch die Umsätze der mit diesen Unternehmen verbundenen Unternehmen, d.h. der gesamte Konzernumsatz, einzubeziehen.

6 Beim Erwerb der Kontrolle nach Art. 3 Abs. 1 lit. b wird grundsätzlich jedes Unternehmen, das Kontrolle erwirbt, und jedes Unternehmen, über das Kontrolle erworben wird, als am Zusammenschluss beteiligt angesehen. Beim Erwerb der **alleinigen Kontrolle** sind die beteiligten Unternehmen der Käufer und das zu übernehmende Unternehmen bzw. diejenigen Teile eines Unternehmens, die erworben werden. Nach Art. 5 Abs. 4 FKVO sind auch hier neben den unmittelbar beteiligten Unternehmen jeweils die Umsätze der gesamten Unternehmensgruppen, denen die beteiligten Unternehmen angehören, einzubeziehen.

7 Beim Erwerb der **gemeinsamen Kontrolle** sind für die Feststellung, wer beteiligtes Unternehmen ist, mehrere Konstellationen zu unterscheiden. Beim Erwerb der gemeinsamen Kontrolle über ein neugegründetes Unternehmen sind diejenigen Unternehmen, die die gemeinsame Kontrolle erwerben, die beteiligten Unternehmen. Das neugegründete Unternehmen selbst ist kein beteiligtes Unternehmen, da es noch nicht besteht und noch keinen eigenen Umsatz erzielt.[8] Besteht das Unternehmen oder der Geschäftsbereich, über das zwei oder mehr Unternehmen gemeinsame Kontrolle erwerben wollen, jedoch bereits, ist es ebenfalls beteiligtes Unternehmen.[9] Dies gilt auch für Fälle, in denen ein Wechsel unter den Gesellschaftern, die Kontrolle ausüben, stattfindet, sei es, dass neue Unternehmen hinzukommen, die gemeinsame Kontrolle ausüben, oder eine mitkontrollierendes Unternehmen durch ein anderes ersetzt wird.[10] In diesen Fallkonstellationen ist darauf zu achten, dass Doppelzählungen vermieden werden, wenn gemäß Art. 5 Abs. 4 die Gruppenumsätze einbezogen werden.

8 Ein bereits bestehendes Unternehmen, das der alleinigen Kontrolle eines anderen Unternehmens untersteht, kann durch den Einstieg eines oder mehrerer Unternehmen, die Mitkontrolle erwerben, zu einem Gemeinschaftsunternehmen (GU) werden. In diesem Fall

---

[4] Unternehmen können auch Privatpersonen sein. Siehe Komm. E. v. 25. 10. 2000 Rs. COMP/M.2155 – *France Télécom/Schmid/Mobilcom*. Zum Unternehmensbegriff vgl. die Ausführungen zu Art. 81.

[5] Konsolidierte Mitteilung der Kommission zu Zuständigkeitsfragen gemäß der Verordnung (EG) Nr. 139/2004 des Rates über die Kontrolle von Unternehmenszusammenschlüssen vom 10. Juli 2007, ABl. C 95 vom 16. 4. 2008, 1–48, Rn. 129–153.

[6] Mitteilung der Kommission (Fn. 5) Rn. 129.

[7] Mitteilung der Kommission (Fn. 5) Rn. 132.

[8] Mitteilung der Kommission (Fn. 5) Rn. 139.

[9] Mitteilung der Kommission (Fn. 5) Rn. 140.

[10] Mitteilung der Kommission (Fn. 5) Rn. 143.

sind die ursprüngliche Muttergesellschaft und die neu eingestiegenen Unternehmen, die gemeinsame Kontrolle erwerben, beteiligte Unternehmen, nicht aber das GU selbst.[11] Andernfalls würden Unternehmen, die derselben Gruppe angehören, als zwei beteiligte Unternehmen und die Umsätze doppelt gezählt.[12] Umgekehrt verhält es sich beim Übergang von gemeinsamer zu alleiniger Kontrolle. In diesem Fall ist, neben der verbleibenden Muttergesellschaft, auch das GU beteiligtes Unternehmen.[13]

Die dritte wichtige Fallgruppe bei Gemeinschaftsunternehmen betrifft das Auftreten des GU als Erwerber. Beim **Erwerb der Kontrolle durch ein Gemeinschaftsunternehmen** ist grundsätzlich das GU selbst als Käufer beteiligtes Unternehmen. Anders sieht es jedoch aus, wenn das als Erwerber auftretende GU einzig zu dem Zweck gegründet wurde, ein anderes Unternehmen zu kaufen (Vehikel), oder es sich beim erwerbenden GU um ein Unternehmen handelt, das zwar bereits besteht, aber nur minimale Umsätze aufweist und in einer völlig anderen Branche tätig ist als das zu übernehmende. Andernfalls ließe sich erreichen, dass das übernehmende GU unter 250 Mio. Euro Umsatz gemäß Abs. 2 bzw. unter 100 Mio. Euro Umsatz gemäß Abs. 3 aufweist und der Zusammenschluss keine gemeinschaftsweite Bedeutung hat, da es an zwei Unternehmen fehlt, die jeweils mindestens 250 Mio. Euro bzw. 100 Mio. Euro in der Gemeinschaft umsetzen. In diesen Fällen betrachtet die Kommission das GU lediglich als Transaktionsvehikel und an Stelle des erwerbenden GU die Mutterunternehmen als beteiligte Unternehmen.[14]

Kein beteiligtes Unternehmen ist der **Verkäufer.** Er gibt seine Kontrolle auf, ist wirtschaftlich nicht mehr beteiligt und daher lediglich Verfahrensbeteiligter mit zum Beispiel dem Recht auf Anhörung gemäß Art. 11 DVO. Dies kann dazu führen, dass ein Zusammenschluss nicht mehr der FKVO unterfällt. Der angemeldete Verkauf der Anteile von VRT (Gemeinschaftsunternehmen von *Veba* und *RWE*) an dem deutschen Mobilfunkbetreiber *E-Plus* an *Bell South* hatte keine gemeinschaftsweite Bedeutung, da von den beiden beteiligten Unternehmen *Bell South* und *E-Plus* nur das letztere die Kriterien des Art. 1 erfüllte.[15]

III. Gemeinschaftsweite Bedeutung

Ist die Frage der beteiligten Unternehmen geklärt, errechnet sich aus deren Umsätzen die gemeinschaftsweite Bedeutung. Die gemeinschaftsweite Bedeutung knüpft ausschließlich an den Umsatz der beteiligten Unternehmen und damit an **quantitative Kriterien** an. Auf andere Kriterien wie Marktanteile oder die Beeinträchtigung des Handels zwischen den Mitgliedsstaaten wie in Art. 81 und 82 EG wurde verzichtet. Die quantitativen Kriterien des Art. 1 sollen drei Dinge sicherstellen: Zum einen sollen nur wirtschaftlich bedeutsame Strukturveränderungen erfasst werden. Zum anderen sollen sie einen Bezug zum Gemeinsamen Markt herstellen und darüber hinaus solche Zusammenschlüsse herausfiltern, die vorwiegend nationale Bedeutung haben. Dies lässt sich mit umsatzbezogenen Kriterien wie den Schwellenwerten des Art. 1 relativ eindeutig und einfach bestimmen. Diese eher schematische Prüfung der gemeinschaftsweiten Bedeutung ermöglicht auch, zwischen dem Anwendungsbereich der FKVO und der materiellen Beurteilung des Zusammenschlusses klar zu trennen, was bei Marktanteilen als Kriterium nicht möglich wäre.

Darüber hinaus ist die am Umsatz gemessene gemeinschaftsweite Bedeutung auch noch relevant für das **völkerrechtliche Auswirkungsprinzip.** Es ist unerheblich, ob die beteiligten Unternehmen über einen juristischen Sitz oder Betriebsstätten innerhalb der Euro-

---

[11] Mitteilung der Kommission (Fn. 5) Rn. 139.
[12] 26. Wettbewerbsbericht 1996, Europäische Kommission, Brüssel-Luxemburg: 1997, S. 185.
[13] Mitteilung der Kommission (Fn. 5) Rn. 138.
[14] Mitteilung der Kommission (Fn. 5) Rn. 26.
[15] Komm. E. v. 31. 1. 2000 Rs. COMP/M.1821 – *Bell South/VRT (E-Plus)*.

päischen Union verfügen. Das EuGEI hat in seiner Entscheidung *Gencor/Lonrho* festgestellt, dass eine Tätigkeit in erheblichem Umfang, wie in Erwägungsgrund 10 der FKVO festgehalten, nicht, wie vom Kläger *Gencor* eingewandt, auf die Produktion innerhalb der Gemeinschaft abstellt, sondern viel mehr auf den in der Gemeinschaft erzielten Umsatz.[16] Demnach ist bei Vorliegen der Gemeinschaftsumsätze gemäß Art. 1 dem völkerrechtlichen Auswirkungsprinzip Genüge getan.

13 Es gab jedoch auch zwei Versuche der Kommission, das **Problem der Mehrfachanmeldungen** durch ein nicht umsatzbezogenes Aufgreifkriterium zu beheben. Ausgangspunkt der Überlegungen der Kommission war, dass bei Fusionsfällen, die in mehreren Mitgliedstaaten anzumelden sind, die Vermutung besteht, dass es sich um Fälle mit gemeinschaftsweiter Bedeutung handelt. In ihrem Grünbuch zur Revision der FKVO aus dem Jahre 2001[17] hatte die Kommission daher vorgeschlagen, die Umsatzschwellen des Abs. 3 durch die Anmeldepflicht in mindestens drei Mitgliedstaaten zu ersetzen. Diesem Vorschlag lag der Bericht der Kommission an den Rat gemäß Art. 1 Abs. 4 über die Anwendung der Schwellenwerte zugrunde, demzufolge im Berichtszeitraum eine weitaus höhere Zahl an Fällen (70) bei drei und mehr nationalen Wettbewerbsbehörden angemeldet worden war, als Fälle gemäß Art. 1 Abs. 3 bei der Kommission (45).[18] Die neue Schwelle des Abs. 3 hatte also das Problem der Mehrfachanmeldungen für eine bedeutende Anzahl Fälle nicht gelöst. Die Zahl der Anmeldungen nach Abs. 3 lag zwar im Rahmen der ursprünglichen Erwartungen, die zwischen acht und 63 lagen.[19] Im Jahre 1999 waren es 34, im Jahre 2000 nur 20. Auf der anderen Seite gab es im Jahre 2000 75 Zusammenschlüsse, die Anmeldungen in drei oder mehr Mitgliedstaaten nötig machten und nicht von der FKVO erfasst wurden. Im Hinblick auf die Osterweiterung gelangte die Kommission daher in ihrem Grünbuch 2001 zu der Auffassung, dass die 1998 eingeführten Schwellen des Abs. 3 ihren Zweck nicht erfüllt haben. Sie schlug daher in ihrem Grünbuch vor, Abs. 3 neu zu fassen. Anstelle der umsatzbezogenen Kriterien sollte ein Zusammenschluss gemeinschaftsweite Bedeutung haben, wenn er in mindestens drei Mitgliedstaaten anmeldepflichtig wäre.

14 Anstelle der komplizierten fünfstufigen Umsatzschwellenprüfung sollten alle Zusammenschlüsse, die in mehr als drei Mitgliedstaaten anmeldepflichtig sind, unabhängig von ihrem gemeinschaftsweiten Umsatz nach der FKVO geprüft werden (sog. verbindliches 3+-System). Dies wäre die bisher konsequenteste Umsetzung des Prinzips der Einmalanmeldung in der EU und eine Abkehr von der bislang ausschließlich an die Höhe der Umsätze der beteiligten Unternehmen gekoppelten Zuständigkeit Brüssels gewesen. Die Kommission griff mit diesem Vorschlag auf eine Idee zurück, die sie bereits in ihrem Grünbuch 1996 vorgetragen hatte.[20] Damals sollte das Aufgreifkriterium eine Mischung aus Umsatzschwellen und mehr als drei nationalen Anmeldungen sein.

15 Letztlich konnte sich der Vorschlag im Grünbuch 2001, Abs. 3 von Umsatzschwellen auf die Anmeldepflicht in mehr als drei Mitgliedstaaten umzustellen, wie schon 1997 nicht durchsetzen. Bereits im Verordnungsvorschlag der Kommission vom Dezember 2002 wurde diese Idee wie auch die modifizierte Version eines fakultativen 3+-Systems verworfen. Die Gründe lagen im Wesentlichen darin, dass der Nachweis des Gemeinschaftsinteresses mit einem solchen System nicht unbedingt erbracht ist, da in einigen Mitgliedstaaten sehr niedrige Anmeldeschwellen gelten.

---

[16] Komm. E. v. 25. 3. 1999 Rs. T-102/96 – *Gencor Ltd. gegen Europäische Kommission* Slg. 1999, II-753 Rn. 85.
[17] Grünbuch über die Revision der Verordnung (EWG) Nr. 4046/89 des Rates COM (2001) 745/6 end. vom 11. Dezember 2001, Rn. 57.
[18] Bericht KOM (2000) 399 endg. vom 28. 6. 2000, Rn. 38.
[19] Baron WuW 1997, 584 f.
[20] Grünbuch der Kommission über die Revision der FKVO vom 31. 1. 1996, KOM(96) 19 endg.

Marktanteilsschwellen als Aufgreifkriterien führen zu Rechtsunsicherheiten über die Zuständigkeiten, und im Falle des fakultativen Systems besteht die Gefahr des „forum shoppings".

1. Die Umsatzschwellen des Abs. 2

Abs. 2 enthält drei Kriterien, die kumulativ erfüllt sein müssen. Eine wirtschaftlich bedeutsame Strukturveränderung wird angenommen, wenn der **weltweite Umsatz** aller am Zusammenschluss beteiligten Unternehmen zusammengerechnet **5 Mrd. Euro** übersteigt. Bei der Berechnung dieses Gesamtumsatzes aller beteiligten Unternehmen ist, wie bei allen anderen Umsatzberechnungen des Art. 1 auch, die Verbundklausel des Art. 5 Abs. 4 zu berücksichtigen. Gehört ein beteiligtes Unternehmen zu einem Konzern, werden auch die Umsätze des gesamten Konzerns addiert. Durch die Gesamtumsatzschwelle von 5 Mrd. Euro wird de facto erreicht, dass mindestens ein beteiligtes Unternehmen ein Großkonzern ist.

Das zweite Kriterium stellt den Bezug zum Gemeinsamen Markt her. Danach muss der gemeinschaftsweite Umsatz von mindestens zwei beteiligten Unternehmen jeweils mehr als **250 Mio. Euro** betragen. Es wird also ein Mindestumsatz der am Zusammenschluss beteiligten Unternehmen von 500 Mio. Euro **im Gemeinsamen Markt** verlangt, um hinreichende Auswirkungen für eine Kontrolle auf Gemeinschaftsebene zu rechtfertigen. Gleichzeitig soll das Kriterium der Gemeinschaftsumsätze bewirken, dass beim häufigsten Fall, dem Zusammenschluss zweier Unternehmen, das eine nicht ein Kleinunternehmen ist.

Das dritte Kriterium dient dazu, Zusammenschlüsse mit eindeutig nationalem Schwerpunkt in der Zuständigkeit der Mitgliedstaaten zu belassen. Selbst wenn die beiden ersten Kriterien erfüllt sind, hat ein Zusammenschluss keine gemeinschaftsweite Dimension, wenn jedes der am Zusammenschluss beteiligten Unternehmen mehr als **zwei Drittel** seines Umsatzes in ein und demselben Mitgliedstaat erzielt. In diesem Fall wird angenommen, dass der Schwerpunkt des Zusammenschlusses in dem betreffenden Mitgliedstaat liegt. Diese Regelung kann daher als Umsetzung des Subsidiaritätsgedankens gemäß Art. 5 EG gesehen werden.

Die Umsatzschwellen des Abs. 1 führen jedoch nicht immer zu einer sachgerechten Erfassung von Zusammenschlüssen mit gemeinschaftsweiter Bedeutung. Trotz des Erfordernisses, dass mindestens zwei Beteiligte einen Umsatz von jeweils mindestens 250 Mio. Euro in der Gemeinschaft erzielen, kommt es immer wieder dazu, dass Zusammenschlüsse in den Anwendungsbereich der FKVO fallen, die keine spürbare Auswirkung in der Gemeinschaft haben. Wenn zwei europäische Unternehmen ein Unternehmen in einem Drittstaat kaufen oder ein GU außerhalb der Gemeinschaft gründen, hat dieser Vorgang gemeinschaftsweite Bedeutung, wenn die Erwerber bzw. die Mütter des GU die Umsatzschwellen erfüllen, obwohl es keine oder keine spürbaren Auswirkungen auf die EU geben dürfte.

Eine andere Ungereimtheit kann bei Anwendung der Zwei-Drittel-Klausel entstehen: Schließen sich Großkonzerne zusammen, kann die Zwei-Drittel-Regel dazu führen, dass der Zusammenschluss auf nationaler Ebene geprüft wird, obwohl die in der Gemeinschaft erzielten jeweiligen Umsatzdrittel für sich genommen höher sind als bei vielen Zusammenschlüssen, die von der Kommission geprüft werden.[21]

---

[21] Anläßlich des Falles Endesa/Gas Natural, der auf Grund der ²/₃-Regel nicht in den Anwendungsbereich der FKVO fiel (siehe IP/05/1425), kündigte Kommissarin Kroes eine Überarbeitung dieser Regel an (siehe, Rede vom 31. 1. 2006 vor dem Wirtschafts- und Währungsausschuß des Europäischen Parlaments SPEECH/06/60). Eine solche Reform bedarf jedoch der Einstimmigkeit der Mitgliedstaaten und ist daher auf absehbare Zeit ohne Aussicht auf Erfolg.

2. Die Umsatzschwellen des Abs. 3

21 Die Umsatzschwellen des Abs. 3 wurden 1997 durch die Änderung der FKVO in Art. 1 eingefügt und traten am 1. März 1998 in Kraft.[22] Die Kommission hatte sich ursprünglich in ihrem Grünbuch von 1996 dafür ausgesprochen, die Schwellenwerte generell abzusenken, um die beträchtliche Anzahl Fälle, die die hohen Schwellenwerte des Abs. 2 nicht erreichen, aber dennoch eine gemeinschaftsweite Bedeutung haben, der Kontrolle auf Gemeinschaftsebene zu unterwerfen.[23] Dies war auch der Wunsch der Industrie gewesen, die die höheren Kosten und die höhere Rechtsunsicherheit der Mehrfachanmeldungen in einzelnen Mitgliedstaaten vermeiden wollten. Eine generelle Absenkung der Schwellenwerte von 5 Mrd. Euro auf 2 Mrd. Euro für den Weltumsatz und von 250 Mio. Euro auf 100 Mio. Euro für den gemeinschaftsweiten Umsatz war jedoch nicht durchsetzbar. Abs. 2 blieb unverändert und kann nun auch nicht mehr – wie noch in der Fassung der FKVO von 1989 – mit qualifizierter Mehrheit des Rates geändert werden.

22 Als Alternative zur allgemeinen Absenkung hatte die Kommission in ihrem Grünbuch von 1996 vorgeschlagen, solche Zusammenschlüsse auf Gemeinschaftsebene zu prüfen, bei denen der Weltumsatz aller beteiligten Unternehmen 2 Mrd. Euro und der gemeinschaftsweite Umsatz mindesten zweier beteiligter Unternehmen 100 Mio. Euro erreicht, wenn sie in mindestens zwei Mitgliedstaaten anmeldepflichtig sind.[24] Zusammenschlüsse, die in mehreren Mitgliedstaaten anmeldepflichtig sind, haben in aller Regel erhebliche grenzüberschreitende Auswirkungen. Der schließlich gefundene Kompromiss griff diese alternative Lösung der Kommission auf, ersetzte das Kriterium der Anmeldepflicht in Mitgliedstaaten allerdings durch zwei neue umsatzbezogenen Kriterien.

23 Der neu eingefügte Abs. 3 enthält **fünf Kriterien,** die kumulativ erfüllt sein müssen. Das Ziel, Mehrfachanmeldungen zu vermeiden, wird dabei durch zwei neue Kriterien konkretisiert, die sich auf die Umsätze in mindestens drei Mitgliedstaaten beziehen. Danach müssen mindestens zwei der beteiligten Unternehmen in drei Mitgliedstaaten einen Gesamtumsatz von **25 Mio. Euro** erzielen und der Gesamtumsatz aller beteiligten Unternehmen in diesen drei Mitgliedstaaten zusammengenommen mindestens **100 Mio. Euro** betragen. Ist dies der Fall, gelten gegenüber Abs. 2 abgesenkte Schwellenwerte für den weltweiten bzw. gemeinschaftsweiten Umsatz. Statt 5 Mrd. Euro reichen dann bereits **2,5 Mrd. Euro** als weltweiter Gesamtumsatz aller beteiligten Unternehmen und **100 Mio. Euro** statt 250 Mio. Euro von mindestens zwei beteiligten Unternehmen für den gemeinschaftsweiten Umsatz, damit der geplante Zusammenschluss eine gemeinschaftsweite Bedeutung hat. Das fünfte Kriterium ist wie in Abs. 2 die **Zwei-Drittel-Klausel,** wonach ein Zusammenschluss trotz Erfüllung der ersten vier Kriterien keine gemeinschaftsweite Bedeutung hat, wenn alle beteiligten Unternehmen zwei Drittel ihres Umsatzes in ein und demselben Mitgliedstaat erzielen.

3. Erneute Überprüfung 2009

24 Abs. 4 der geltenden, revidierten FKVO sieht vor, dass die Kommission bis zum 1. Juli 2009 an den Rat Bericht über die Anwendung der Schwellen der Abs. 2 und 3 erstattet. Auf Grundlage dieses Berichts kann die Kommission dem Rat einen Vorschlag zur Änderung der Schwellen des Art. 3 unterbreiten, den dieser mit qualifizierter Mehrheit annehmen kann. Eine Änderung der Schwellen nach Abs. 2 ist dagegen nur möglich, wenn der Rat einen entsprechenden Vorschlag der Kommission einstimmig beschließt.

---

[22] Verordnung Nr. 1310/97 EG des Rates vom 30. Juni 1997 zur Änderung der Verordnung Nr. 4046/89 EWG des Rates über die Kontrolle von Unternehmenszusammenschlüssen; ABl. L 180 vom 9. 7. 1997; Berichtigung im ABl. L 40 vom 13. 2. 1998, 17.
[23] Grünbuch der Kommission über die Revision der FKVO vom 31. 1. 1996, KOM(96) 19 endg., Rn. 58.
[24] Grünbuch 1996, Rn. 77–80.

Art. 2. Beurteilung von Zusammenschlüssen

(1) Zusammenschlüsse im Sinne dieser Verordnung sind nach Maßgabe der Ziele dieser Verordnung und der folgenden Bestimmungen auf ihre Vereinbarkeit mit dem Gemeinsamen Markt zu prüfen. Bei dieser Prüfung berücksichtigt die Kommission:

a) die Notwendigkeit, im Gemeinsamen Markt wirksamen Wettbewerb aufrechtzuerhalten und zu entwickeln, insbesondere im Hinblick auf die Struktur aller betroffenen Märkte und den tatsächlichen oder potenziellen Wettbewerb durch innerhalb oder außerhalb der Gemeinschaft ansässige Unternehmen;

b) die Marktstellung sowie die wirtschaftliche Macht und die Finanzkraft der beteiligten Unternehmen, die Wahlmöglichkeiten der Lieferanten und Abnehmer, ihren Zugang zu den Beschaffungs- und Absatzmärkten, rechtliche oder tatsächliche Marktzutrittsschranken, die Entwicklung des Angebots und der Nachfrage bei den jeweiligen Erzeugnissen und Dienstleistungen, die Interessen der Zwischen- und Endverbraucher sowie die Entwicklung des technischen und wirtschaftlichen Fortschritts, sofern diese dem Verbraucher dient und den Wettbewerb nicht behindert.

(2) Zusammenschlüsse, durch die wirksamer Wettbewerb im Gemeinsamen Markt oder in einem wesentlichen Teil desselben nicht erheblich behindert würde, insbesondere durch Begründung oder Verstärkung einer beherrschenden Stellung, sind für mit dem Gemeinsamen Markt vereinbar zu erklären.

(3) Zusammenschlüsse, durch die wirksamer Wettbewerb im Gemeinsamen Markt oder in einem wesentlichen Teil desselben erheblich behindert würde, insbesondere durch Begründung oder Verstärkung einer beherrschenden Stellung, sind für mit dem Gemeinsamen Markt unvereinbar zu erklären.

(4) Soweit die Gründung eines Gemeinschaftsunternehmens, das einen Zusammenschluss gemäß Artikel 3 darstellt, die Koordinierung des Wettbewerbsverhaltens unabhängig bleibender Unternehmen bezweckt oder bewirkt, wird eine solche Koordinierung nach den Kriterien des Artikels 81 Absätze 1 und 3 des Vertrags beurteilt, um festzustellen, ob das Vorhaben mit dem Gemeinsamen Markt vereinbar ist.

(5) Bei dieser Beurteilung berücksichtigt die Kommission insbesondere, ob
- es auf dem Markt des Gemeinschaftsunternehmens oder auf einem diesem vor- oder nachgelagerten Markt oder auf einem benachbarten oder eng mit ihm verknüpften Markt eine nennenswerte und gleichzeitige Präsenz von zwei oder mehr Gründerunternehmen gibt;
- die unmittelbar aus der Gründung des Gemeinschaftsunternehmens erwachsende Koordinierung den beteiligten Unternehmen die Möglichkeit eröffnet, für einen wesentlichen Teil der betreffenden Waren und Dienstleistungen den Wettbewerb auszuschalten.

Übersicht

	Rn.		Rn.
I. Einführung	1	d) Wesentlicher Teil des Gemeinsamen Marktes	49
1. Allgemeines	1	4. Zeitliche Perspektive	51
2. Sinn und Zweck	3	III. Erhebliche Behinderung wirksamen Wettbewerbs	53
3. Regelungsstruktur	5	1. Definition und Bedeutung	53
4. Vorgehensweise der Kommission	9	2. Fallgruppen	61
II. Marktabgrenzung	10	3. Einzelmarktbeherrschung	67
1. Allgemeines	10	a) Allgemeines	67
2. Sachlicher Markt	13	b) Kriterien	71
a) Allgemeines	13	c) Begründung oder Verstärkung	117
b) Kriterien und Vorgehensweise	21	4. Kollektive Marktbeherrschung	137
3. Räumlicher Markt	31	a) Allgemeines	137
a) Allgemeines	31	b) Voraussetzungen	139
b) Kriterien	34		
c) Einzelne Märkte	43		

	Rn.		Rn.
c) Kriterien	145	V. Koordinierungseffekte bei Vollfunktions-Gemeinschaftsunternehmen (Art. 2 Abs. 3 und 5 FKVO)	186
d) Begründung oder Verstärkung	154		
e) Verteilung der Beweislast	158		
5. Unilaterale Effekte im Oligopol	159	1. Besonderheiten des Verfahrens	186
a) Allgemeines	159	2. Gegenstand der Prüfung	187
b) Oligopolistische Marktstruktur	162	3. Zu prüfende Märkte – „Candidate Markets"	188
c) Unilaterale Effekte	163		
IV. Rechtfertigungsgründe	165	4. Tätigkeit der Muttergesellschaften auf den gleichen räumlichen und sachlichen Märkten	189
1. Allgemeines	165		
2. Sanierungsfusion	166		
a) failing firm defence	167	5. Tätigkeit auf vor- oder nachgelagerten Märkten	190
b) failing division defence	174		
c) Prüfung und Beweislast	175	6. Tätigkeit auf benachbarten oder eng verknüpften Märkten	191
3. Effizienzen	177		
a) Allgemeines	177	7. Wahrscheinlichkeit der Koordination	192
b) Vorteile für die Verbraucher	179	8. Spürbarkeit	193
c) Kausalität	182	9. Kausalität	194
d) Nachprüfbarkeit	183	10. Anwendung von Art. 81 Abs. 3	195
4. Internationale Wettbewerbfähigkeit und Kohäsionseinwand	184		
5. Abwägungsklausel	185		

I. Einführung

1. Allgemeines

1 Art. 2 der Fusionskontrollverordnung enthält den **materiellen Beurteilungsmaßstab für Zusammenschlüsse mit gemeinschaftsweiter Bedeutung.** Ein Zusammenschluss ist nach der in Art. 2 Abs. 3 getroffenen zentralen Regelung der Fusionskontrollverordnung für unvereinbar mit dem Gemeinsamen Markt zu erklären, d. h. zu untersagen, wenn dieser wirksamen Wettbewerb im Gemeinsamen Markt oder in einem wesentlichem Teil desselben erheblich behindern würde, insbesondere durch die Begründung oder Verstärkung einer beherrschenden Stellung. Alleiniges Untersagungskriterium der neuen Fusionskontrollverordnung Nr. 139/2004 ist somit die erhebliche Behinderung wirksamen Wettbewerbs. Die englische Fassung des Art. 2 Abs. 3 „**S**ignificant **I**mpediment to **E**ffective **C**ompetition" hat dem Untersagungskriterium die Abkürzung „SIEC-Test" gegeben. Die Begründung oder Verstärkung einer beherrschenden Stellung wird nunmehr – im Gegensatz zur Verordnung Nr. 4064/89[1] – nur noch als Regelbeispiel genannt.

2 Mit der Neufassung des Untersagungstatbestandes wurden vor allem drei Ziele verfolgt:[2] Erstens sollte eine vermeintliche Lücke des Marktbeherrschungstests bei bestimmten Zusammenschlüssen im Oligopol geschlossen werden.[3] Zweitens sollte der Untersagungstatbestand dem US-amerikanischen Substantial Lessening of Competition Test (SLC-Test) angeglichen werden, um divergierende Entscheidungen beiderseits des Atlantiks zu vermeiden. Schließlich sollte drittens mit der Nennung der Begründung oder Verstärkung einer beherrschenden Stellung als Regelbeispiel die Rechtssicherheit dadurch gewährleistet werden, dass die bisherige umfangreiche Praxis unter der Verordnung Nr. 4064/89 weiter-

---

[1] Die Begründung oder Verstärkung einer beherrschenden Stellung war unter der Fusionskontrollverordnung Nr. 4064/89 notwendige Voraussetzung für eine Untersagungsentscheidung. Dem – in seiner Bedeutung umstrittenen – Merkmal der erheblichen Behinderung wirksamen Wettbewerbs kam indes nach der Praxis der Kommission nur in Ausnahmefällen eine eigenständige Bedeutung zu; Komm. E. v. 2. 10. 1991 Az. IV/M. 35 – *Aerospatiale/de Havilland* = WUW/E EV 1644; Komm. E. v. 12. 11. 1992 Az. IV/M. 222 – *Mannesmann/Hoesch*, Tz. 113 ff.

[2] Vgl. hierzu *Riesenkampff*, Northwestern Journal of International Law & Business 2004, 718 ff.; ausführlich *Fountoukakos/Ryan*, ECLR 2005, 277.

[3] Erwägungsgrund Nr. 25 der Verordnung Nr. 139/2004.

hin als Orientierung zur Beurteilung von Zusammenschlüssen dienen kann.[4] Der SIEC-Test ist im übrigen Ausdruck der Verfolgung eines „more economic approach" und damit der verstärkten Anwendung industrieökonomischer Modelle und quantitativer Analysen im Rahmen der Fusionskontrolle durch die EU.[5]

2. Sinn und Zweck

Die Fusionskontrolle dient nach ihrem Erwägungsgrund Nr. 2 dem **Zweck,** das in Art. 3 lit. g EG formulierte Ziel, „ein System zu errichten, das den Wettbewerb innerhalb des Gemeinsamen Marktes vor Verfälschungen schützt", zu verwirklichen.[6] Zweck der präventiven Fusionskontrolle ist es, ausgewogene Marktstrukturen zu erhalten. Es soll verhindert werden, dass externes Wachstum der Unternehmen zu einer Vermachtung der Märkte führt.[7] Durch die Sicherung kompetitiver Marktstrukturen soll gewährleistet werden, dass der Wettbewerb seine Funktionen erfüllt und Vorteile für die Verbraucher – zum Beispiel in Form von niedrigen Preisen, hochwertigen Produkten, einer großen Auswahl an Waren und Dienstleistungen und Innovationen – erbringt.[8] Die Fusionskontrolle ist neben dem Kartellverbot (Art. 81 EG) und dem Verbot der missbräuchlichen Ausnutzung einer marktbeherrschenden Stellung (Art. 82 EG) die dritte Säule, auf die sich der gemeinschaftliche Schutz des Wettbewerbs stützt.

Ob die Fusionskontrolle neben den wettbewerbspolitischen Zielen auch noch **soziale und industriepolitische Ziele** verfolgen sollte, war bei den Verhandlungen zur alten Fusionskontrollverordnung Nr. 4064/89 heftig umstritten.[9] Die neue Fusionskontrollverordnung Nr. 139/2004 gibt dieser Diskussion insoweit neuen Auftrieb, als es nach dem Wortlaut des Art. 2 Abs. 1 Satz 1 nunmehr explizit heißt, dass ein Zusammenschlussvorhaben **„nach Maßgabe der Ziele dieser Verordnung – und –** der folgenden Bestimmungen auf ihre Vereinbarkeit mit dem Gemeinsamen Markt zu prüfen" ist. Diese, dem Wortlaut des 23. Erwägungsgrund entsprechende Formulierung impliziert, dass die Ziele der FKVO im Rahmen der Prüfung des Art. 2 Abs. 2 bzw. Art. 3 als immanentes Tatbestandsmerkmal mitzuprüfen sind.[10] Ziele der FKVO sind die Vertragsziele des Art. 2 EGV.[11] Allerdings lässt sich dem 4. Erwägungsgrund eine Beschränkung des Prüfungsumfangs auf die wesentlichen Ziele des Art. 2 EGV entnehmen; namentlich die Steigerung der Wettbewerbsfähigkeit der europäischen Industrie, die Verbesserung der Wachstumsbedingungen sowie die Anhebung des Lebensstandards in der Gemeinschaft.[12] Die immanente Prüfungspflicht der wesentlichen Vertragsziele verhindert mithin auch in Zukunft, dass Vorhaben, durch die Unternehmen die Möglichkeit erlangen oder verstärken, einen wirksamen Wettbewerb zu verhindern, ausnahmsweise für vereinbar mit dem Gemeinsamen Markt erklärt werden,

---

[4] Erwägungsgrund Nr. 26 der Verordnung Nr. 139/2004.
[5] Vgl. *Wrase*, Europäische Fusionskontrolle, S. 157 ff.; instruktiv hierzu auch *Baron*, in: FS Bechtold, S. 6 ff.
[6] Zur Entstehungsgeschichte der europäischen Zusammenschlusskontrolle siehe *Bechtold/Bosch/Brinker/Hirsbrunner*, EG-KartellR, 2005, Einf. FKVO Rn. 1–8.
[7] *Wagemann* in: Wiedemann § 16 Rn. 4.
[8] Bekanntmachung der Kommission, Leitlinien zur Bewertung horizontaler Zusammenschlüsse gemäß der Ratsverordnung über die Kontrolle von Unternehmenszusammenschlüssen, vom 28. 1. 2004, ABl. 2004 Nr. C 31/5 (im folgenden Horizontal-Leitlinien), Tz. 8.
[9] *Janicki* WuW 1990, 195; *Sauter* in: FS Quack, S. 657.
[10] *Althoff*, Die europäische Fusionskontrolle als Instrument zur Realisierung nichtwettbewerblicher Ziele, Baden-Baden 2007, S. 227 f.; *Rittner/Kulka*, Wettbewerbs- und Kartellrecht, 7. Aufl. 2008, § 13 Rn. 50.
[11] Erwägungsgrund 23 der Verordnung Nr. 139/2004. Allgemeine Ziele des EU-Vertrages gem. Art. 2 EUV finden demgegenüber keine Berücksichtigung; dem für die Auslegung zuständigen Gerichtshof fehlt hierfür gem. Art. 46 lit. d) EUV die Kompetenz.
[12] Erwägungsgrund 4 der Verordnung Nr. 139/2004.

weil etwa der Zusammenschluss für die Steigerung der Wettbewerbsfähigkeit oder die Anhebung des Lebensstandards in der Gemeinschaft unerlässlich ist.[13]

3. Regelungsstruktur

5 Die zentrale **Regelungsstruktur** des Art. 2 wird in seinem **Abs. 3** zum Ausdruck gebracht; danach ist ein Zusammenschluss dann zu untersagen, wenn er wirksamen Wettbewerb im Gemeinsamen Markt oder in einem wesentlichen Teil desselben erheblich behindern würde, insbesondere durch die Begründung oder Verstärkung einer beherrschenden Stellung. In **Abs. 2** wird spiegelbildlich zu Abs. 3 klargestellt, dass Zusammenschlüsse, die den wirksamen Wettbewerb im Gemeinsamen Markt oder in einem wesentlichen Teil desselben nicht erheblich behindern würden, insbesondere durch Begründung oder Verstärkung einer beherrschenden Stellung, für vereinbar mit dem Gemeinsamen Markt zu erklären sind.

6 Nach Abs. 1 hat die Kommission bei der Prüfung von Zusammenschlüssen die Ziele der Verordnung und die Bestimmungen des Art. 2 zu berücksichtigen. **Abs. 1 lit. a** enthält im ersten Halbsatz den Prüfungsmaßstab der Aufrechterhaltung und Entwicklung eines wirksamen Wettbewerbs im Gemeinsamen Markt. Im 2. Halbsatz wird beispielhaft aufgezählt, dass zur Verwirklichung dieses Ziels die Struktur aller betroffenen Märkte geprüft werden soll. Hierdurch wird hervorgehoben, dass die Prüfung markt- und strukturbezogen zu erfolgen hat; prüfungsrelevant sind indes nur die innergemeinschaftlichen Märkte, während Märkte in Drittstaaten nicht Schutzgegenstand der FKVO sind.[14] Mit der Erwähnung der Wettbewerbsbeziehungen zwischen den sich zusammenschließenden Unternehmen und ihren Konkurrenten wird die Gleichrangigkeit von potentiellem und aktuellem Wettbewerb sowie von Importwettbewerb und dem Wettbewerb von in der Gemeinschaft ansässigen Unternehmen bei der Beurteilung von Zusammenschlüssen betont.

7 In **Abs. 1 lit. b** werden einige Beurteilungskriterien für die Prüfung der Vereinbarkeit mit dem Gemeinsamen Markt aufgezählt. Bei den Kriterien handelt es sich sowohl um unternehmensbezogene (z.B. wirtschaftliche Macht und Finanzkraft) als auch um marktbezogene Kriterien (z.B. rechtliche und tatsächliche Marktzutrittsschranken). Die beispielhafte Aufzählung macht deutlich, dass die Beurteilung von Zusammenschlüssen immer in einer Gesamtschau aller Beurteilungskriterien vorzunehmen ist.[15]

8 Der durch die Änderungsverordnung Nr. 1310/97 in die Verordnung Nr. 4064/89 eingeführte **Abs. 4** bestimmt, dass Gemeinschaftsunternehmen, die der Fusionskontrolle unterliegen, soweit sie kooperative Elemente enthalten, zusätzlich nach Art. 81 Abs. 1 und Abs. 3 EG zu beurteilen sind. Hinsichtlich ihrer konzentrativen Elemente bemisst sich die Vereinbarkeit mit dem Gemeinsamen Markt nach Abs. 1 bis 3 des Art. 2.[16]

---

[13] Anders noch der erste Verordnungsentwurf aus dem Jahr 1973; danach konnte ein Zusammenschluss, durch den die Unternehmen die Möglichkeit erlangen oder verstärken, einen wirksamen Wettbewerb zu verhindern, für vereinbar mit dem Gemeinsamen Markt erklärt werden, wenn er für die Verwirklichung eines im allgemeinen Interesse der Gemeinschaft liegenden vorrangigen Ziels unerlässlich ist. Auch der Entwurf vom April 1988 sah in seinem Artikel 2 Abs. 3 eine weitgehende Ausnahmeregelung vor. In der schließlich verabschiedeten Fassung der Verordnung Nr. 4064/89 war eine solche Ausnahmeregelung nicht mehr enthalten.

[14] Vgl. Komm. E. v. 26. 8. 1991 Az. M.124 – *BNP/Dresdner Bank (CS)*, Tz. 6; *Immenga/Körber* in: Immenga/Mestmäcker, EG-WbR Teil I/2, S. 348; *Albers/Hacker* in: Schröter/Jakob/Mederer, Kommentar zum Europäischen Wettbewerbsrecht, Art. 2 FKVO Rn. 11. A. A. noch die Kommission in ihrer Protokollerklärung zur alten Verordnung Nr. 4064/89 (WuW 1990, 241), wonach mit dem Begriff „Struktur aller betroffenen Märkte" sowohl Märkte innerhalb als auch außerhalb der Gemeinschaft gemeint sein sollten.

[15] *Zeise* in: Schulte Handbuch Fusionskontrolle Rn. 1225.

[16] Siehe dazu Rn. 186.

4. Vorgehensweise bei der Prüfung

Die materielle Prüfung von Zusammenschlüssen mit gemeinschaftsweiter Bedeutung nach Art. 2 erfolgt nach allgemeiner Meinung in zwei Schritten.[17] Zunächst wird der **relevante Markt** in sachlicher und räumlicher Hinsicht bestimmt, um zu ermitteln, welchen Wettbewerbskräften die beteiligten Unternehmen ausgesetzt sind. In einem zweiten Schritt wird dann geprüft, ob der Zusammenschluss auf den zuvor bestimmten relevanten Märkten **wirksamen Wettbewerb erheblich behindern würde**. Bei kooperativen Vollfunktionsgemeinschaftsunternehmen, die unter die Fusionskontrolle fallen, sind anschließend etwaige Koordinierungseffekte nach Art. 81 Abs. 1 und 3 EG zu prüfen.

II. Marktabgrenzung

1. Allgemeines

Zweck der Marktabgrenzung ist es, den Markt zu bestimmen, auf dem Unternehmen miteinander im Wettbewerb stehen, um auf dieser Grundlage die Wettbewerbskräfte zu ermitteln, denen sich die am Zusammenschluss beteiligten Unternehmen zu stellen haben.[18] Die Bestimmung der relevanten Märkte ist des Weiteren Voraussetzung für die Prüfung der Marktmacht.[19] So können erst auf der Grundlage des relevanten Marktes die Marktanteile und der Konzentrationsgrad von Angebot und Nachfrage ermittelt werden. Die Marktabgrenzung ist häufig ausschlaggebend für die materielle Beurteilung des Zusammenschlusses.[20] Je enger der relevante Markt abgegrenzt wird, desto höher sind tendenziell die Marktanteile der am Zusammenschluss beteiligten Unternehmen. Die Kommission neigt zu engen Marktabgrenzungen.[21]

Die Marktabgrenzung der Fusionskontrolle knüpft an die Praxis zur **Marktabgrenzung des Art. 82 EG** an. Fusionskontrolle und Art. 82 EG dienen jedoch unterschiedlichen Zwecken. Im Unterschied zu Art. 82 EG ist die Fusionskontrolle eine Strukturkontrolle; sie ist im wesentlichen zukunftsbezogen und berücksichtigt auch dynamische Elemente.[22] So kann es für ein gleiches Produkt durch den unterschiedlichen Zeithorizont der Fusionskontrolle zu einer anderen Marktabgrenzung kommen als bei einer Marktabgrenzung nach Art. 82 EG.[23]

Der Markt kann nach sachlichen und räumlichen Kriterien abgegrenzt werden;[24] eine theoretisch denkbare Abgrenzung in zeitlicher Hinsicht ist in der Fusionskontrolle nicht von Relevanz.[25] Die sachliche Marktabgrenzung erfolgt notwendig vor der räumlichen Marktabgrenzung, da zuerst festgestellt werden muss, welche Produkte zu einem Markt gehören, bevor die räumliche Ausdehnung des Marktes bestimmt werden kann.

---

[17] EuGH U. v. 31. 3. 1998 verb. Rs. C-68/94 und C-30/95 – *Frankreich/Komm.* Slg 1998 I-1375, Tz. 143; *Albers/Hacker* in: Schröter/Jakob/Mederer (Fn. 11) Art. 2 FKVO Rn. 26.

[18] Bekanntmachung der Kommission zur Definition des relevanten Marktes im Wettbewerbsrecht, ABl. 1997 C 372 Tz. 2.

[19] EuGH U. v. 31. 3. 1998 Rs. C-68/94 und C-30/95 Slg. 1998, I-1375 – *Kali + Salz*, Tz. 143.

[20] Bekanntmachung der Kommission zur Definition des relevanten Marktes im Wettbewerbsrecht, ABl. 1997 C 372 Tz. 4; *Immenga/Körber* in: Immenga/Mestmäcker EG-WbR Teil 2, S. 277; *Schütz* in GK Art. 2 FKVO Rn. 7.

[21] *Kerber*, S. 28.

[22] *Rösler* in FK Art. 2 FKVO Rn. 17.

[23] Bekanntmachung der Kommission zur Definition des relevanten Marktes im Wettbewerbsrecht, ABl. 1997 C 372 Tz. 12.

[24] EuGH U. v. 14. 12. 1978 Rs. 27/76 – *United Brands/Komm.* Slg. 1978, 207, Tz. 10, 11.

[25] *Immenga/Körber* in: Immenga/Mestmäcker EG-WbR I/Teil 2, S. 278.

2. Sachlicher Markt

13 **a) Allgemeines.** Die Fusionskontrollverordnung enthält keine ausdrückliche **Definition** des relevanten Marktes, eine solche hat sich jedoch in der Verwaltungspraxis der Kommission herausgebildet. Danach gehören all diejenigen Produkte oder Leistungen zum sachlich relevanten Markt, die von den Abnehmern hinsichtlich ihrer Eigenschaften, Preise und ihres vorgesehenen Verwendungszwecks als austauschbar angesehen werden.[26] Diese Definition folgt dem **Bedarfsmarktkonzept.** Entscheidendes Kriterium ist die Austauschbarkeit der Produkte/Leistungen aus Sicht der Marktgegenseite.

14 Um die **Austauschbarkeit** eines Produktes aus Sicht der Marktgegenseite zu bestimmen, muss zunächst geklärt werden, welche Erzeugnisse oder Leistungen die an dem Zusammenschluss beteiligten Unternehmen anbieten. In den meisten Fällen ist dies unproblematisch. Bei komplexeren Leistungen oder Produkten, zu denen zusätzlich auch Dienstleistungen (Service-, Vertriebsleistungen etc.) angeboten werden, ist deren detaillierte Erfassung notwendig, um einen korrekten Ausgangspunkt für die eigentliche Prüfung der Austauschbarkeit zu erhalten.[27]

15 Im Rahmen dieser Prüfung ist zu untersuchen, ob die Produkte, welche die am Zusammenschluss beteiligten Unternehmen anbieten, auf der Nachfrageseite durch andere Produkte austauschbar sind, sog. **Nachfragesubstituierbarkeit.** Damit zwei Produkte austauschbar sind, muss es für die Nachfrager eine realistische und rationale Möglichkeit geben, sich innerhalb relativ kurzer Zeit von einem Produkt auf ein anderes Produkt umzustellen.[28] Hierfür müssen kumulativ mehrere Kriterien wie Verwendungszweck, Preis, Eigenschaften des Produkts und Verbraucherpräferenzen herangezogen werden.[29] Die Kommission räumt den Produkteigenschaften,[30] dem Verwendungszweck[31] und dem Preis[32] bei der Beurteilung eine entscheidende Bedeutung ein.

16 Bei der Prüfung, ob zwei Produkte/Leistungen miteinander austauschbar sind, sind auch Verbrauchergewohnheiten zu berücksichtigen.[33] Die Abgrenzung der Märkte darf aber nicht von rein subjektiven Vorstellungen einzelner Abnehmer beeinflusst werden. Es ist daher auf die Sicht eines vernünftigen und typischen **Durchschnittsnachfragers** abzustellen.[34]

17 Eine eindeutige Entscheidung über die Austauschbarkeit aus Sicht der Nachfrager lässt sich nur dann fällen, wenn die Nachfrager eine hinreichend homogene Gruppe bilden.[35] Bestehen zwei oder mehrere gesonderte Nachfragergruppen, so unterscheidet die Kommission sog. **Teilmärkte,** die dann die sachlich relevanten Märkte bilden.[36] Voraussetzung

---

[26] Formblatt CO Abschnitt 6 Anhang zur Verordnung Nr. 802/2004 ABl. EG 2004 Nr. L 133/9; Bekanntmachung der Kommission zur Definition des relevanten Marktes im Wettbewerbsrecht, ABl. 1997 C 372 Tz. 7; Komm. E. v. 2. 10. 1991 Az. IV/M. 35 – *Aerospatiale/de Havilland* Tz. 10 = WUW/E EV 1644.

[27] *Immenga/Körber* in: Immenga/Mestmäcker, EG-WbR I/Teil 2, S. 280 f.

[28] Komm. E. v. 30. 9. 1992 Az. IV/M. 214 – *Du Pont/ICI* Tz. 23.

[29] EuG U. v. 30. 1. 2007, T-340/03 – *France Télécom/Kommission* = WuW/E EU-R 1225.

[30] Komm. E. v. 17. 10. 1998 Az. M. 222 – *Mannesmann/Boge,* Tz. 9–11.

[31] Komm. E. v. 12. 11. 1992 Az. M. 222 – *Mannesmann/Hoesch.*

[32] Bekanntmachung der Kommission zur Definition des relevanten Marktes im Wettbewerbsrecht, ABl. 1997 C 372 Tz. 15.

[33] Bekanntmachung der Kommission zur Definition des relevanten Marktes im Wettbewerbsrecht, ABl. 1997 C 372 Tz. 41.

[34] Formblatt CO Abschnitt 8.6 Anhang zur Verordnung Nr. 802/2004 ABl. EG 2004 Nr. L 133/9, wonach Beschreibung des „typischen Kunden"; *Schütz* in GK Art. 2 Rn. 19.

[35] Vgl. Bekanntmachung der Kommission zur Definition des relevanten Marktes im Wettbewerbsrecht, ABl. 1997 C 372 Tz. 43.

[36] Formblatt CO Tz. 8.7, Anhang zur Verordnung Nr. 802/2004 ABl. EG 2004 Nr. L 133/9.

hierfür ist, dass sich die Abnehmerseite in unterscheidbare Gruppen unterteilen lässt, die dauerhaft differenzierenden Angebotsstrategien ausgesetzt werden können.[37] So hat die Kommission bei Zusammenschlüssen von Automobilzulieferern den Markt für Starterbatterien für Automobilhersteller und für den unabhängigen Handel als zwei von einander getrennte Teilmärkte angesehen.[38]

Umgekehrt fasst die Kommission im Einzelfall aber auch Produkte, die aufgrund ihrer unterschiedlichen Eigenschaften, Preise oder Verwendungszwecke eigenständige Märkte bilden würden, zu einer **Produktgruppe** zusammen, um so alle Wettbewerbsbedingungen berücksichtigen zu können. Die Produkte dieser Gruppe bilden dann den relevanten Markt. Die Kommission fasste demgemäß im Fall *McCormick/CPC/Rabobank/Ostman* die einzelnen Gewürze zu den Produktgruppen für frische, luftgetrocknete, gefriergetrocknete und tiefgekühlte Gewürze zusammen, da nur so eine vernünftige Marktanalyse vorgenommen werden konnte. In dieselbe Richtung weist der sog. **Sortimentsgedanke.** Danach gehören unterschiedliche Waren zum selben sachlich relevanten Markt, wenn der Abnehmer – wie etwa im Lebensmitteleinzelhandel[39] – das Vorhandensein eines Produktsortiments beim Anbieter erwartet. 18

Ergänzend zur Nachfragesubstituierbarkeit wird die **Substituierbarkeit auf der Angebotsseite** geprüft.[40] Letztere ist gegeben, wenn die Anbieter in der Lage sind, kurzfristig und ohne erheblichen Aufwand und Kosten ein mit den Erzeugnissen der sich zusammenschließenden Unternehmen identisches oder austauschbares Produkt auf dem Markt anzubieten.[41] Trotz fehlender Austauschbarkeit aus Verbrauchersicht – etwa Druckerpapier einerseits und hochwertiges Schreibpapier andererseits – ist demnach von einem sachlich relevanten Markt auszugehen, wenn aus Sicht der Anbieter eine Angebotsumstellung ohne weiteres möglich ist.[42] Hierbei bleibt der Aspekt der Umstellungsrentabilität im Hinblick auf künftigen Wettbewerb durch andere Unternehmen unberücksichtigt; der potentielle Wettbewerb wird erst bei der Beurteilung der Auswirkungen des Zusammenschlusses berücksichtigt.[43] Der sachlich relevante Markt umfasst mithin alle Produkte, die von der Nachfrage oder vom Angebot her substituierbar sind.[44] Die Kommission ermittelt den Gesamtabsatz dieser Produkte, um den Gesamtwert oder den Gesamtumfang des Markts zu errechnen. 19

Die Kommission nimmt im ersten Schritt eine **grobe Eingrenzung** des Marktes anhand bereits vorliegender sowie bei der Anmeldung durch die Zusammenschlussbeteiligten übermittelter Informationen vor.[45] Genauere **Nachweise** erhebt die Kommission dann durch die Befragung wichtiger Kunden und Unternehmen des betreffenden Wirtschaftszweiges.[46] Ferner befragt sie betroffene Berufs- und Wirtschaftsverbände und Unterneh- 20

---

[37] Bekanntmachung der Kommission zur Definition des relevanten Marktes im Wettbewerbsrecht, ABl. 1997 C 372 Tz. 43.
[38] Komm. E. v. 31. 7. 1991 Az. IV/M. 12 – *Varta/Bosch* ABl. 1991 L 320/26, Tz. 12 ff.
[39] Komm. E. v. 27. 8. 1996 Az. IV/M. 803 – *Rewe/Billa,* Tz. 11 ff.
[40] Bekanntmachung der Kommission zur Definition des relevanten Marktes im Wettbewerbsrecht, ABl. 1997 C 372 Tz. 20 ff.
[41] Bekanntmachung der Kommission zur Definition des relevanten Marktes im Wettbewerbsrecht, ABl. 1997 C 372 Tz. 20; Komm. E. v. 22. 7. 1992 Az. IV/M. 190 – *Nestlé/Perrier* Tz. 20 = WUW E EV 1903.
[42] Komm. E. v. 24. 2. 1992 Az. IV/M. 166 – *Torras/Sarrio,* Tz. 18 ff.
[43] Bekanntmachung der Kommission zur Definition des relevanten Marktes im Wettbewerbsrecht, ABl. 1997 C 372 Tz. 33. Siehe zum potentiellen Wettbewerb Rn. 91 ff.
[44] Bekanntmachung der Kommission zur Definition des relevanten Marktes im Wettbewerbsrecht, ABl. 1997 C 372 Tz. 21.
[45] Bekanntmachung der Kommission zur Definition des relevanten Marktes im Wettbewerbsrecht, ABl. 1997 C 372 Tz. 24.
[46] Komm. E. v. 19. 7. 1991 Az. IV/M. 68 – *Tetra Pak/Alfa-Laval,* Tz. 2. = WUW/E EV 1644.

men in vor- und nachgelagerten Märkten.⁴⁷ Hat die Kommission auf diese Weise alle Informationen erhoben, nimmt sie eine Gesamtbetrachtung vor, um den relevanten Markt zu ermitteln.

21 **b) Kriterien und Vorgehensweise.** Nachfolgend werden Kriterien erläutert, die die Kommission im Rahmen der Marktabgrenzung heranzieht. Die Erörterung beschränkt sich auf die wichtigsten **Kriterien,** um einen schnellen Überblick über die maßgeblichen Gesichtspunkte für die Marktabgrenzung zu geben.

22 Entscheidend ist zunächst der **Verwendungszweck;** können unterschiedliche Produkte oder Leistungen zum gleichen Zweck verwendet werden, werden diese von den Nachfragern in der Regel als austauschbar angesehen. Allein die objektiv funktionale Austauschbarkeit führt indes nicht automatisch zur Annahme eines gemeinsamen sachlichen Marktes, da bei der Wahl eines Produktes weitere Kriterien, wie etwa das Image eines Produktes, Umrüstkosten oder staatliche bzw. regulatorische Hindernisse, ausschlaggebend sein können.⁴⁸ Die Kommission legt einen eng umgrenzten Verwendungszweck zu Grunde.⁴⁹

23 Im Fall *Nestlé/Perrier* nahm die Kommission getrennte Märkte für Brunnenwasser und Erfrischungsgetränke an. Brunnenwasser diene der Deckung des Grundbedarfs an Getränken, wohingegen Erfrischungsgetränke nur sporadisch zum Durstlöschen eingesetzt würden.⁵⁰ Im Fall *Du Pont/ICI* ging die Kommission unter anderem von zwei getrennten Märkten für Nylonfasern und Polypropylenfasern aus, da die Teppichhersteller mit Teppichen aus Nylonfasern eine höhere Wertschöpfung erreichen konnten als mit Teppichen aus Polypropylenfasern.⁵¹ Der Verwendungszweck war auch entscheidend für die Marktabgrenzung bei Kabeln. Hier bestehen nach Ansicht der Kommission jeweils eigene Märkte für Telekommunikationskabel, Starkstromkabel, Installationskabel sowie für Lack- und Wickeldraht unabhängig davon, aus welchem Material die Kabel hergestellt wurden.⁵² Einen weiteren Markt bilden Freileitungen.⁵³ Den Markt für Omnibusse über 8 t zulässiges Gesamtgewicht teilte die Kommission nach dem Verwendungszweck in unterschiedliche sachliche Märkte für Stadtbusse, Überlandbusse und Reisebusse auf.⁵⁴ Schließlich nahm die Kommission für direkte Passagierlinienflüge je Direktstrecke getrennte Märkte an, da die Kunden verschiedene Flüge nur dann als austauschbar betrachten, wenn Abflug- und Zielort in ihrem Einzugsgebiet liegen, wobei Abflug- und/oder Zielort jeweils zwei oder mehr Flughäfen sein können.⁵⁵

24 Ein weiteres Kriterium zur Bestimmung des sachlich relevanten Marktes bilden die **Produkteigenschaften.** Bei Waren sind in erster Linie die technisch-physikalischen Eigenschaften oder die chemische Zusammensetzung des Produkts maßgeblich.⁵⁶ So bilden Glasflaschen und Kartonverpackungen für Flüssigkeiten getrennte Märkte. Kartonverpackungen

---

⁴⁷ Bekanntmachung der Kommission zur Definition des relevanten Marktes im Wettbewerbsrecht, ABl. 1997 C 372 Tz. 33.
⁴⁸ Bekanntmachung der Kommission zur Definition des relevanten Marktes im Wettbewerbsrecht, ABl. 1997 C 372 Tz. 36 und 42.
⁴⁹ Vgl. Komm. E. v. 19. 7. 1991 Az. IV/M 068 – *Tetra Pak/Alfa-Lava*, Tz. 2.2. = WUW/E EV 1644; Komm. E. v. 2. 10. 1991 Az. IV/M 053 – *Aerospatiale – Alenia/de Havilland*, Tz. 17 f. = WUW/E EV 1675.
⁵⁰ Komm. E. v. 22. 7. 1992 Az. IV/M. 190 – *Nestlé/Perrier* Tz. 11 f. Vgl. auch Komm. E. v. 12. 4. 2006 Az. COMP/M.4174 – *Coca Cola/Coca-Cola Hellenic Bottling/Fonti del Vulture*.
⁵¹ Komm. E. v. 30. 9. 1992 Az. IV/M. 214 – *Du Pont/ICI* Tz. 22.
⁵² Komm. E. v. 18. 12. 1991 Az. IV/M. 165 – *Alcatel/AEG Kabel*, Tz. 11 = WuW/E EV 1740.
⁵³ Komm. E. v. 18. 12. 1991 Az. IV/M. 165 – *Alcatel/AEG Kabel*, Tz. 11 = WuW/E EV 1740.
⁵⁴ Komm. E. v. 14. 2. 1995 Az. IV/M. 1672 – *Mercedes/Kässborer*, Tz. 9 ff.; Komm. E. v. 20. 6. 2001 Az. COMP/M. 2201 – *MAN/Auwärter*, Tz. 13 ff.
⁵⁵ Komm. E. v. 27. 6. 2007 Az. COMP/M. 4439 – *Ryanair/Aer Lingus*, Tz. 22.
⁵⁶ *Rösler* in FK Art. 2 FKVO Rn. 28; vgl. Komm. E. v. 29. 3. 2006 Az. COMP/M. 3975 – *Cargill/Degussa*, Tz. 29, 73.

sind leichter als Glasflaschen und können aufgrund ihrer eckigen Form platzschonender gestapelt werden; sie weisen daher im Vergleich zu Glasflaschen wesentlich niedrigere Transportkosten auf.[57] Aufgrund unterschiedlicher chemischer Eigenschaften nahm die Kommission im Fall *Nestlé/Novartis* für Mittel zur künstlichen Ernährung, die über den Magen-Darm-Trakt und solche, die über die Blutbahn zugeführt werden jeweils getrennte Märkte an. Aufgrund der unterschiedlichen chemischen Eigenschaften der Produkte können Patienten, die von einer Nahrungsaufnahme über die Blutbahn abhängig sind, nicht zu Nahrungsmitteln wechseln, die über den Magen-Darm-Trakt zugeführt werden.[58] Demgegenüber sind Produkte verschiedener Hersteller, die eine weitgehend identische Beschaffenheit aufweisen, sogenannte homogene Produkte, in der Regel ohne weiteres gegeneinander austauschbar und daher grundsätzlich zu ein und demselben sachlichen Markt zu zählen. Als homogene Produkte hat die Kommission unter anderem Kalisalze[59] angesehen; auch Strom ist nach Auffassung der Kommission ein homogenes Produkt.[60]

Im Einzelfall kann jedoch eine Vielzahl weiterer Kriterien eine Rolle spielen. So nahm die Kommission im Fall *Bayer/Schering* unter Hinweis auf die unterschiedlichen **Vertriebswege** und **Zulassungsvorschriften** für rezeptpflichtige und nicht rezeptpflichtige Pharmazeutika jeweils getrennte Produktmärkte an.[61] 25

Der **Preis** kann auf verschiedene Weise zur Marktabgrenzung herangezogen werden. Zum einen beeinflusst der Preis einer Ware deren Austauschbarkeit aus der Sicht der Nachfrager. Ein hoher **absoluter Preisunterschied** zwischen zwei Produkten spricht somit für die Annahme getrennter Märkte. So nahm die Kommission jeweils eigene Märkte für Turboprop Maschinen und Düsenflugzeuge an, da letztere sehr viel höhere Aufwendungen sowohl beim Kauf als auch beim Unterhalt verursachen.[62] Aus demselben Grund nahm die Kommission getrennte Märkte für herkömmliches lineares Fernsehen und nicht-lineare Dienste, wie Video on Demand (VoD) und Pay Per View an.[63] Ebenso kann die frühere **Preisentwicklung** verschiedener Produkte oder Leistungen Aufschluss über deren Austauschbarkeit geben.[64] Zum anderen können die Auswirkungen von Preisänderungen auf die Nachfrage Hinweise auf die Austauschbarkeit eines Produkts geben. Hierzu wird das Verhältnis zwischen der Nachfrage nach einem Produkt und einer Veränderung des Preises für dieses Produkt, die sogenannte **Preiselastizität,** ermittelt. Die Preiselastizität ist definiert als die prozentuale Veränderung der nachgefragten Menge eines Produkts im Verhältnis zur prozentualen Veränderung des Preises dieses Produkts. Die **Kreuzpreiselastizität** 26

---

[57] Komm. E. v. 19. 7. 1991 Az. IV/M. 068 – *Tetra Pak/Alfa-Laval*, Tz. 2.2. = WuW/E EV 1644.
[58] Komm. E. v. 4. 6. 2007 Az. COMP/M.4540 – *Nestlé/Novartis*.
[59] Komm. E. v. 14.12. 1993 Az. IV/M. 308 – *Kali und Salz/MDK/Treuhand*, ABl. 1994 L 186, Tz. 12.
[60] Komm. E. v. 13. 6. 2000 Az. COMP/M. 1673 – *Veba/Viag*, ABl. 2001 L 188, Tz. 10 ff.
[61] Komm. E. v. 24. 5. 2006 Az. COMP/M. 4198 – *Bayer/Schering*, Tz. 7.
[62] Komm. E. v. 2. 10. 1991 Az. IV/M. 053 – *Aerospatiale – Alenia/de Havilland* Tz. 8 = WUW/E EV 1675.
[63] Komm. E. v. 18. 7. 2007 Az. COMP/M. 4505 – *SRF/Télé 2 France*.
[64] Komm. E. v. 30. 9. 1992 Az. IV/M. 214 – *Du Pont/ICI* Tz. 25 ff. Demgegenüber ist eine Prüfung der Nachfragesubstituierbarkeit allein anhand hypothetischer Preiserhöhungen, unter Zuhilfenahme des hypothetischen Monopol- oder SSNIP-Tests („Small but Significant Non-transitory Increase in Price"), abzulehnen; er führt in den seltensten Fällen zu verlässlichen Ergebnissen. Im Rahmen des SSNIP-Tests wird untersucht, wie die Nachfrager reagieren würden, wenn alle Anbieter im relevanten Markt ihre Preise um einen bestimmten Prozentsatz erhöhen würden. Wechseln die Nachfrager zu vergleichbaren Produkten oder anderen Anbietern, gehören diese zum gleichen Markt. Berücksichtigung fand der SSNIP-Test bspw. in Komm. E. v. 22. 11. 2002 COMP/M. 2854 – *RAG/Degussa*, Tz. 20; Komm. E. v. 2. 7. 2007 COMP/M. 38.784 – *Wanadoo España/Telefónica*, Tz. 163 ff.; ausführlich zum SSNIP-Test in Theorie und Anwendungspraxis *Schwalbe/Zimmer*, Kartellrecht und Ökonomie, S. 104 ff.

drückt den voraussichtlichen Nachfragezuwachs eines dritten Unternehmens als Reaktion auf eine Erhöhung der Preise durch die Zusammenschlussbeteiligten aus.[65] Zur Ermittlung der Preiselastizitäten sind jedoch genaue Marktinformationen nötig, die typischerweise nur bei Massenprodukten vorhanden sind.[66] Die Kommission nahm bei einem zwei- bis dreimal so hohen Preis für Erfrischungsgetränke im Vergleich zu Brunnenwasser zwei voneinander getrennte Märkte an, da eine spürbare Preiserhöhung bei Brunnenwasser nicht zu einer Nachfrageverlagerung auf Erfrischungsgetränke führen würde.[67] Ist trotz steigender Preise für ein Produkt und sinkender Preise für das mögliche Substitut keine Nachfrageverschiebung zu verzeichnen, so ist dies ein Hinweis auf zwei voneinander getrennte Märkte.[68]

27 Auch **Verbraucherpräferenzen** können die Marktabgrenzung beeinflussen. So nahm die Kommission in Fall *Adidas/Reebok* das Image von Sportschuhen als trendige Freizeitbekleidung zum Anlass, eine Abgrenzung der sachlich relevanten Märkte nach Sportarten ernsthaft in Frage zustellen.[69] Nationale Besonderheiten, die ihre Ursache zum Beispiel in einem unterschiedlichen ästhetischen Empfinden haben, können zu abweichenden Marktabgrenzungen in den einzelnen Mitgliedstaaten führen[70] ebenso wie die unterschiedliche Art der Beschaffung. So hat die Kommission im Fall *Danone/Numico* getrennte Märkte für Markenprodukte und Handelsmarken bei Babynahrung angenommen, da unterschiedliche Fütterungsgewohnheiten in den einzelnen Mitgliedstaaten bestehen, die einzelnen Vertriebskanäle (Apotheken, Einzelhandel) unterschiedliche Bedeutung haben und die Marktpräsenz und Marken in den Mitgliedstaaten unterschiedlich sind.[71]

28 Bei der Ermittlung der **Angebotsumstellungsflexibilität** wird untersucht, ob die Produktionsanlagen eines Herstellers schnell und ohne erhebliche Kosten von einem Produkt auf ein anderes umgestellt werden können. Die Fähigkeit zur Umstellung der Produktion innerhalb eines Jahres wurde von der Kommission als ausreichend schnell erachtet.[72] So wurde im Fall *Sea-Invest/EMO-EKOM* der Markt für Umschlagleistungen in die drei Hauptgüterarten nämlich Packgut, trockene und nasse Massengüter geteilt, weil ein Wechsel zwischen den Gütern beträchtliche Investitionen erfordere und zudem die Gefahr der Produktverunreinigung berge. Unterschiedliche gesetzliche Anforderungen an Produktion und Vertrieb sprechen gegen eine ausreichende Angebotsumstellungsflexibilität.[73] In ihrer Entscheidung *Torras/Sarrio* stellte die Kommission zunächst fest, dass für den Abnehmer hochwertiges Papier und normales Schreibpapier nicht austauschbar sind. Die Papierfabriken seien aber in der Lage, unterschiedliche Qualitäten herzustellen und ihre Produktion mit vernachlässigbar geringen Kosten und in kürzester Frist umzustellen. Sie nahm daher einen gemeinsamen Markt für holzfreies Papier an.[74] Die Kommission wendet in

---

[65] Bekanntmachung der Kommission zur Definition des relevanten Marktes im Wettbewerbsrecht, ABl. 1997 C 372 Tz. 39 Fn. 5.
[66] Als weitere quantitative Tests zur Marktabgrenzung kommt die Preiskorrelationsanalyse in Betracht, welche teilweise mit weiteren ökonomischen Tests, wie dem sog. Granger-Kausalitätstest oder der Kointegrationsanalyse kombiniert werden; vgl. hierzu Komm. E. v. 13. 7. 2005 Az. COMP/M. 3625 – *Blackstone/Acetex*, Tz. 35.
[67] Komm. E. v. 22. 7. 1992 Az. IV/M. 190 – *Nestlé/Perrier* Tz. 13 = WuW/E EV 1903.
[68] Komm. E. v. 22. 7. 1992 Az. IV/M. 190 – *Nestlé/Perrier* Tz. 13 = WuW/E EV 1903; Komm. E. v. 30. 9. 1992 Az. IV/M. 214 – *Du Pont/ICI* Tz. 28.
[69] Komm. E. v. 24. 1. 2006 Az. COMP/M. 3942 – *Adidas/Reebok* Tz. 19.
[70] Komm. E. v. 26. 6. 2002 Az. IV/M. 2650 – *Haniel/Cementbouw* Tz. 46 ff.
[71] Komm. E. v. 31. 10. 2007 Az. COMP/M. 4842 – *Danone/Numico*.
[72] Komm. E. v. 9. 12. 1991 Az. IV/M. 149 – *Lucas/Eaton* Tz. 21 = WUW/E EV 1783.
[73] Komm. E. v. 22. 7. 1992 Az. IV/M. 190 – *Nestlé/Perrier* Tz. 15 = WuW/E EV 1903.
[74] Komm. E. v. 24. 2. 1992 Az. IV/M. 166 – *Torras/Sarrio* Tz. 18 ff; vgl. auch Bekanntmachung der Kommission zur Definition des relevanten Marktes im Wettbewerbsrecht ABl. 1997 C 372 Tz. 22.

der Praxis das Kriterium der Angebotsumstellungsflexibilität nur sehr zurückhaltend an. In ihrer Entscheidung *Valeo/ITT* nahm die Kommission getrennte Märkte für Elektromotoren für Front- und Heckscheibenwischer für leichte Kraftfahrzeuge an.[75] Hier wäre unter dem Gesichtspunkt der Angebotsumstellungsflexibilität auch die Annahme eines einheitlichen Marktes vertretbar gewesen.[76]

Ferner kann die Produktklassifizierung der Anbieter zur Marktabgrenzung herangezogen werden. So hat die Kommission den Umstand, dass ein Flugzeughersteller zwei Regionalflugzeugtypen mit unterschiedlicher Anzahl von Sitzen herstellte, als Hinweis auf das Bestehen getrennter Märkte für Regionalflugzeuge mit 20–39 Sitzen, Regionalflugzeuge mit 40–59 Sitzen und Regionalflugzeuge mit über 59 Sitzen betrachtet. Es sei unwahrscheinlich, dass ein Hersteller sich selbst Konkurrenz mache, indem er zwei Flugzeugtypen herstelle, die direkt miteinander im Wettbewerb stünden.[77] 29

Bei der Beurteilung einer möglichen marktbeherrschenden Stellung auf **Nachfragemärkten** ist maßgeblich auf die Angebotsumstellungsflexibilität abzustellen.[78] Sind die Anbieter in der Lage, ihre Produktion schnell und ohne große Kosten von einem Produkt auf ein anderes umzustellen, so können sie der Nachfragemacht ausweichen. 30

3. Räumlicher Markt

a) Allgemeines. Der räumlich relevante Markt ist der geographische Bereich, auf den sich die Nachfrage für ein bestimmtes Produkt erstreckt. Art. 2 enthält selbst keine **Definition** des räumlich relevanten Marktes. In Art. 9 Abs. 7 wird jedoch der räumliche Referenzmarkt als das Gebiet definiert, „auf dem die betroffenen Unternehmen als Anbieter oder Nachfrager von Waren oder Dienstleistungen auftreten, in dem die Wettbewerbsbedingungen hinreichend homogen sind und das sich von den benachbarten Gebieten unterscheidet; dies trifft insbesondere dann zu, wenn die darin herrschenden Wettbewerbsbedingungen sich von denen in den letztgenannten Gebieten deutlich unterscheiden". Dieser Definition folgt die Kommission in ständiger Praxis;[79] sie ist von der Rechtsprechung bestätigt worden.[80] 31

Die Kommission nimmt die Abgrenzung des räumlich relevanten Marktes in zwei Schritten vor. In einem ersten Schritt prüft die Kommission, ob in dem **Absatzgebiet** der sich zusammenschließenden Unternehmen homogene Wettbewerbsbedingungen herrschen. Ist dies der Fall, so bildet das gesamte Absatzgebiet den räumlich relevanten Markt. Ergibt die Untersuchung in Teilen des Absatzgebiets erhebliche Unterschiede, so bilden diejenigen Teile des Absatzgebiets, in denen hinreichend homogene Wettbewerbsbedingungen herrschen, den räumlich relevanten Markt. In einem zweiten Schritt prüft die Kommission, ob die Wettbewerbsbedingungen in den vorläufig abgegrenzten Gebieten erhebliche Unterschiede zu den an sie **angrenzenden Nachbargebieten** aufweisen. Ist dies der Fall, so bleibt es bei dem im ersten Schritt gewonnenen Ergebnis. Weisen die Nachbargebiete keine erheblichen Unterschiede in den Wettbewerbsbedingungen auf, so sind diese auch zum räumlich relevanten Markt hinzuzuzählen. 32

---

[75] Komm. E. v. 30. 7. 1998 Az. IV/M. 1245 – *Valeo/ITT* = WuW/E EU-V 119.
[76] Kritisch auch *Schütz* in GK Art. 2 Rn. 26.
[77] Komm. E. v. 2. 10. 1991 Az. IV/M. 53 – *Aerospatiale – Alenia/de Havilland,* Tz. 13 = WUW/E EV 1675.
[78] *Schütz* in GK Art. 2 Rn. 42.
[79] Vgl. Bekanntmachung der Kommission zur Definition des relevanten Marktes im Wettbewerbsrecht ABl. 1997 C 372 Rn. 8; Komm. E. v. 31. 1. 2001 Az. IV/M. 2097 – *SCA/Metsä Tissue,* Tz. 47; Komm. E. v. 11. 6. 2003 Az. COMP/M 2947 – *Verbund/Energie Allianz,* Tz. 55; Komm. E. v. 19. 7. 2006 Az. COMP/M. 3796 – *Omya/Huber,* Tz. 236.
[80] EuGH U. v. 31. 3. 1998 verb RS C-68/94 und C-30/95 *Frankreich/Komm.* Slg 1998, I-1375; EuG U. v. 22. 10. 2002 Rs. T-310/01 – *Schneider Electric/Komm.* Tz. 154 = WuW/E EU-R 627.

33 Die Schaffung eines **einheitlichen Binnenmarktes** führt zu einer Angleichung der Wettbewerbsbedingungen in Europa. Die fortschreitende Integration nationaler Märkte zu einem gemeinschaftsweiten Markt kann daher auch in die Abgrenzung des räumlich relevanten Marktes einfließen.[81]

34 **b) Kriterien.** Im Rahmen der Bestimmung des räumlich relevanten Marktes kann zwischen Marktergebnis- und Marktstrukturtest unterschieden werden. Zunächst ermittelt die Kommission anhand von Marktdaten wie unterschiedlichen Preisen, Marktanteilen und Handelsströmen ein Gebiet, in dem homogene Wettbewerbsbedingungen herrschen. Anschließend ist diese Arbeitshypothese anhand von Strukturkriterien wie Transportkosten, nationalen Besonderheiten, Verbraucherpräferenzen oder unterschiedlichen Vertriebssystemen zu überprüfen, um zu ermitteln, in welchem Umfang den Abnehmern tatsächlich ortsfremde Anbieter als alternative Lieferquelle zur Verfügung stehen. Dabei kommt es maßgeblich darauf an, inwieweit die Abnehmer in der Lage sind, ihre Nachfrage kurzfristig und zu wirtschaftlichen Bedingungen auf Anbieter an anderen Standorten umzustellen.[82]

35 Erhebliche **Preisunterschiede** zwischen den einzelnen Mitgliedstaaten deuten auf das Bestehen nationaler Märkte hin.[83] In der Kommissionspraxis spielt dieses Kriterium eine erhebliche Rolle.[84] Da Preisunterschiede auch auf die unterschiedliche Kaufkraft in den einzelnen Mitgliedsstaaten zurückzuführen sein können, sollte ihnen jedoch nur eine bedingte Indizwirkung beigelegt werden.[85] Unterschiedliche Entwicklungen historischer Preise in den abzugrenzenden Gebieten können ebenfalls als Indiz für räumlich getrennte Märkte gewertet werden.[86]

36 Auch starke Abweichungen der **Marktanteile** der Unternehmen in den einzelnen Mitgliedstaaten sprechen nach Meinung der Kommission für das Bestehen nationaler Märkte.[87] Allerdings müssen diese nicht zwangsläufig durch unterschiedliche Wettbewerbsbedingungen verursacht sein; sie sollten daher höchstens als Anhaltspunkt für eine Marktabgrenzung herangezogen werden.[88]

37 Ein weiteres Abgrenzungskriterium ist der **grenzüberschreitende Handel.** Herrscht ein reger Handel zwischen zwei Gebieten, so liegt die Vermutung nahe, dass diese beiden Gebiete einen einheitlichen Markt bilden. Findet dagegen kein Austausch statt, so ist dies ein Indiz für zwei getrennte Märkte.[89] Im Fall *Kali und Salz* verzeichneten alle Mitgliedstaaten bei Kali eine Importquote zwischen 16 und 76 Prozent. Allein der deutsche Markt wies keine nennenswerte Importquote auf. Die Kommission hat dementsprechend

---

[81] Bekanntmachung der Kommission zur Definition des relevanten Marktes im Wettbewerbsrecht, ABl. 1997 C 372 Rn. 32; siehe auch unten Rn. 51 f.

[82] Bekanntmachung der Kommission zur Definition des relevanten Marktes im Wettbewerbsrecht, ABl. 1997 C 372 Rn. 29.

[83] Komm. E. v. 29. 5. 1991 Az. IV/M. 43 – *CEAC/Magneti Marelli*, Tz. 16; Komm. E. v. 23. 9. 1991 Az. IV/M. 134 – *Mannesmann/Boge*, Tz. 16.

[84] Komm. E. v. 23. 2. 1992 Az. IV/M. 186 – *Henkel/Nobel*, Tz. 12; Komm. E. v. 23. 9. 1991 Az. IV/M. 134 – *Mannesmann/Boge*, Tz. 16; Komm. E. 15. 3. 2000 Az. IV/M. 1672 – *Volvo/Scania*, Tz. 38 ff.

[85] Vgl. zur Kritik *Canenbley* in: FS Deringer, S. 243; *Kerber*, S. 46 ff.

[86] Komm. E. v. 11. 7. 2001 Az. COMP/M. 2314 – *BASF/Eurodiol/Pantochim*, Tz. 57.

[87] Komm. E. v. 29. 5. 1991 Az. IV/M. 43 – *CEAC/Magneti Marelli*, Tz. 18; Komm. E. v. 2. 12. 1991 Az. IV/M. 102 *TNT/GD NET*, Tz. 31; Komm E. v. 30. 4. 2003 Az. COMP/M 2861 – *Siemens/Drägerwerk/JV*, Tz. 36 ff.

[88] Vgl. zur Kritik *Immenga/Körber* in: Immenga/Mestmäcker, EG-WbR Bd. I/Teil 2, S. 349; *Kerber*, S. 46 ff.

[89] Bekanntmachung der Kommission zur Definition des relevanten Marktes im Wettbewerbsrecht ABl. 1997 C 372 Rn. 13 und 29. Vgl. auch Komm. E. v. 18. 7. 2007 Az. COMP/M. 4504 – *SFR/Télé 2 France*, Tz. 48.

einen Markt für Deutschland und einen Markt für den Rest der Gemeinschaft angenommen.[90]

Marktzutrittsschranken verwehren, erschweren oder verzögern Anbietern den Marktzutritt und können dadurch räumliche Märkte begrenzen.[91] Art. 2 Abs. 1 lit. b FKVO unterscheidet zwischen rechtlichen Marktzutrittsschranken einerseits, zu denen alle staatlichen und administrativen Schranken gehören, und tatsächlichen Marktzutrittsschranken, d. h. allen ökonomischen und technischen Hindernissen, andererseits.[92] Einzelne Marktzutrittsschranken sind im folgenden wegen ihrer hohen praktischen Bedeutung beispielhaft dargestellt. 38

Nationale rechtliche Regelungen und nationale Standards können zu national unterschiedlichen Wettbewerbsbedingungen und somit zu unterschiedlichen räumlichen Märkten führen. So nahm die Kommission im Bereich der Pauschalreisevermittlung nationale Märkte an, da für die Verbraucher das Risiko bestehe, bei Mängeln gegen einen Veranstalter in einem anderen Mitgliedstaat mit einer anderen Rechtsordnung und Sprache vorgehen zu müssen.[93] Auch die freiwillige Verwendung technischer Standards in den Industrien der Mitgliedstaaten kann zu erheblichen Anpassungskosten führen, so dass eine Abgrenzung des räumlich relevanten Marktes entlang der nationalen Grenzen vorzunehmen ist.[94] Andererseits können etablierte internationale Standards die Annahme gemeinschaftsweiter oder weltweiter Märkte begründen.[95] Als ein gewichtiges Indiz für einen einheitlichen Markt betrachtet die Kommission das Fehlen von Handelsbeschränkungen.[96] 39

Die Bedeutung von **Transportkosten** ist oft ein ausschlaggebendes Kriterium für die Abgrenzung der räumlich relevanten Märkte.[97] Im Verhältnis zum Wert des betroffenen Gutes hohe Transportkosten haben eine regionale Begrenzung des Marktes zur Folge.[98] Auch eine beschränkte Transportfähigkeit eines Gutes, etwa wegen kurzer Haltbarkeit oder besonderer Gefährlichkeit, kann zu einer engen räumlichen Marktabgrenzung führen.[99] Daher handelt es sich bei den Märkten für Fernwärme wegen der geringen Transportfähigkeit der Wärme um lokale Märkte.[100] 40

Unterschiedliche **Verbraucherpräferenzen** können eine Unterscheidung verschiedener räumlich relevanter Märkte rechtfertigen. Im Bereich der Lebensversicherungen hat die Kommission aufgrund der unterschiedlichen Gewohnheiten der Verbraucher in Frankreich und im Vereinigten Königreich zwei von einander getrennte Märkte angenommen.[101] Bei Marken-Papiertüchern hat die Kommission aufgrund unterschiedlicher Verbraucherpräferenzen und **Sprachunterschieden** ebenfalls getrennte nationale Märkte angenommen.[102] Unterschiedliche länderspezifische Ansätze bei der Anästhesie und der künstlichen Beat- 41

---

[90] Komm. E. v. 14. 12. 1993 Az. IV/M 308 – *Kali und Salz/MDK/Treuhand* ABl. 1994 L 186, Tz. 32.
[91] *Albers/Hacker* in: Schröter/Jakob/Mederer, Kommentar zum Europäischen Wettbewerbsrecht, Art. 2 FKVO Rn. 113.
[92] *Albers/Hacker* in: Schröter/Jakob/Mederer a. a. O. Art. 2 FKVO Rn. 116.
[93] Komm. E. v. 14. 7. 1992 Az. IV/M. 229 – *Thomas Cook/LTU/WestLB,* Tz. 14 f.
[94] Komm. E. v. 12. 4. 1991 Az. IV/M. 24 – *Alcatell/Telettra* ABl. 1991 L 122, Tz. 30 = WuW/E EV 1616.
[95] Komm. E. v. 18. 12. 1991 Az. IV/M. 165 – *Alcatel/AEG Kabel,* Tz. 15 ff.
[96] Komm. E. v. 29. 7. 1991 Az. IV/M. 111 – *BP/PETROMED,* Tz. 9 ff.
[97] *Immenga/Körber* in: Immenga/Mestmäcker, EG-WbR Bd. I/Teil 2, S. 328; Komm. E. v. 19. 7. 2006 Az. COMP/M 3796 – *Omya/Huber,* Tz. 237.
[98] Komm. E. v. 22. 7. 1992 Az. IV/M. 190 – *Nestlé/Perrier,* Tz. 25 ff. = WuW/E EV 1903.
[99] Komm E. v. 19. 7. 2006 Az. COMP/M. 3796 – *Omya/Huber,* Tz. 241.
[100] Komm. E. v. 20. 1. 1999 Az. IV/M. 1402 – *Gaz de France/BEWAG/GASAG,* Tz. 21 = WUE/E EU-V 368.
[101] Komm. E. v. 11. 11. 1991 Az. IV/M. 141 – *UAP/Transantlantic/Sun Life,* Tz. 21.
[102] Komm. E. v. 5. 9. 2007 Az. COMP/M. 4533 – *SCA/P & G.*

Art. 2 FKVO 42–46   9. Teil. Fusionskontrollverordnung

mung wertete die Kommission als Anhaltspunkt für nationale räumliche Märkte bei medizinischen Therapiegeräten.[103] Auch unterschiedliche Nachfragestrukturen können zu getrennten räumlichen Märkten führen.[104]

42   Unterschiedliche nationale **Vertriebsstrukturen** können Marktzutrittsschranken bilden, die getrennte räumliche Märkte zur Folge haben.[105] Insbesondere bei Versicherungen[106] und in den sogenannten Batteriefällen[107] hat die Kommission sich bei ihrer Argumentation für getrennte räumliche Märkte auf die verschiedenen Vertriebssysteme gestützt.

43   **c) Einzelne Märkte.** Die Kommission hat in ihrer Praxis weltweite, europaweite, nationale und regionale Märkte angenommen. Die Bestimmung des räumlich relevanten Marktes erfolgt nach dem Maßstab der ökonomischen Realität.[108] Oft steht die Abgrenzung zwischen einem nationalen Markt und einem gemeinschaftsweiten Markt im Mittelpunkt.[109] Dieser Schwerpunkt ist bedingt durch die Verwirklichung des Binnenmarktes, die in vielen Fällen den Übergang von einem nationalen Markt zu einem gemeinschaftsweiten Markt zur Folge hat.

44   Die Kommission hat der ökonomischen Abgrenzung folgend Märkte angenommen, die in ihrer räumlichen Ausdehnung über das Gebiet der Gemeinschaft hinausgehen.[110] Diese Vorgehensweise hat das EuG inzidenter in einer Entscheidung bestätigt.[111] In Deutschland nimmt nunmehr auch der BGH unter Aufgabe seiner früheren Rechtsprechung Märkte an, die über den Geltungsbereich des GWB hinausreichen.[112] Die Kommission geht vom größten denkbaren räumlichen Markt, dem **Weltmarkt**, aus, wenn weltweit keine geographischen Marktzutrittsschranken bestehen und eine weltweite Marktdurchdringung zu erkennen ist.[113] Einen Weltmarkt hat die Kommission unter anderem für an der Börse notierte Rohstoffe,[114] Zivilhubschrauber[115] oder Rückversicherungen[116] angenommen.

45   Nach Inkrafttreten des Abkommens über den **Europäischen Wirtschaftsraum** hat die Kommission bei vielen Dienstleistungen und Produkten den EWR als den räumlich relevanten Markt definiert. Der EWR umfasst neben den EU-Staaten auch Norwegen, Liechtenstein und Island. Den EWR als räumlich relevanten Markt hat die Kommission unter anderem bei Kfz-Zuliefermärkten[117] und Nylonfasern[118] angenommen.

46   Die Kommission legt üblicherweise einen **gemeinschaftsweiten Markt** zugrunde, wenn nicht besondere Umstände eine andere Marktabgrenzung rechtfertigen. Die Kom-

---

[103] Komm. E. v. 30. 4. 2003 Az. COMP/M 2861 – *Siemens/Drägerwerk/JV,* Tz. 59 ff.

[104] Komm. E. v. 12. 11. 1992 Az. IV/M. 222 – *Mannesmann/Hoesch,* Tz. 77 = WuW 1993, 35 (Kurzfassung).

[105] Komm. E. v. 30. 4. 2003 Az. COMP/M 2861 – *Siemens/Drägerwerk/JV,* Tz. 41 ff.; Komm E. v. 4. 6. 2007 Az. COMP/M. 4600 – *TUI/First Choice,* Tz. 49.

[106] Komm. E, 11. 11. 1991 Az. IV/M. 141 – *UAP/Transatlantic/Sun Life,* Tz. 21; Komm. E. v. 14. 1. 1992 Az. IV/M 183 – *Schweizer Rück/Elvia,* Tz. 10.

[107] Komm. E. v. 29. 5. 1991 Az. IV/M. 43 – *CEAC/Magneti Marelli,* Tz. 16.

[108] Ehlermann WuW 1991, 534, 541.

[109] Kerber, S. 36; Rösler, FK Art. 2 FKVO Rn. 103.

[110] Komm. E. v. 2. 10. 1991 Az. IV/M. 053 – *Aerospatiale – Alenia/de Havilland* = WUW/E EV 1675.

[111] EuG U. v. 25. 3. 1999 Rs. T-102/96 – *Gencor/Kom.* Slg. 1999 II 753, Tz. 98.

[112] BGH, Beschluß vom 5. 10. 2004 = WuW/E DR-R 1355 unter Aufgabe von BGHZ 131, 107 = WuW/E BGH 3026.

[113] Komm. E. v. 25. 2. 1991 Az. IV/M. 17 – *MBB/Aerospatiale,* Tz. 18.

[114] Komm. E. v. 24. 4. 1996 Az. IV/M 619 – *Gencor/Lonrho,* Tz. 68 ff; Komm. E. 6. 8. 1997 Az. IV/M. 723 – *Norsk Alcoa/Elkem,* Tz. 16.

[115] Komm. E. v. 25. 2. 1991 Az. IV/M. 17 – *MBB/Aerospatiale,* Tz. 18, nationale Märkte aber für Militärhubschrauber, Tz. 12.

[116] Komm. E. v. 14. 1. 1992 Az. IV/M. 183 – *Schweizer Rück/Elvia* Tz. 9.

[117] Komm. E. v. 22. 7. 1997 Az. IV/M. 937 – *Lear/Keiper* = WuW 1997, 807 (Kurzfassung).

[118] Komm. E. v. 8. 9. 1993 Az. IV/M. 355 – *Rhône-Poulenc/SNIA,* Tz. 19.

mission zieht vor allem Kriterien wie die Gleichheit der Preise innerhalb der Europäischen Union, das Bestehen einheitlicher technischer Standards, die Präsenz der wesentlichen Anbieter in allen Mitgliedstaaten oder die internationale Einkaufspolitik der Nachfrager zur Begründung eines gemeinschaftsweiten Marktes heran. Die Kommission hat gemeinschaftsweite Märkte unter anderem bei Zellstoffen/Papier[119] und Latex[120] angenommen.

Nationale Gesetzgebung[121] und nationale Verbraucherpräferenzen[122] können als Gründe für einen **nationalen Markt** herangezogen werden. Die Kommission stellt vor allem auf unterschiedliche Marktanteile und unterschiedliche Preise in den einzelnen Mitgliedstaaten zur Begründung nationaler Märkte ab.[123] Aber auch die Begrenzung der faktischen Geschäftstätigkeit der beteiligten Unternehmen auf nur ein Staatsgebiet wird von der Kommission als Indiz für einen nationalen Markt angesehen.[124] Die Kommission hat nationale Märkte unter anderem bei Arzneimitteln[125] und Getränken[126] angenommen. 47

Regionale oder **lokale Märkte** nimmt die Kommission bei transportkostenintensiven Gütern wie Baustoffen[127] und Produkten mit begrenzter Haltbarkeit wie Lebensmitteln[128] oder begrenzter Transportfähigkeit wie Fernwärme[129] an. 48

d) Wesentlicher Teil des Gemeinsamen Marktes. Nach Art. 2 Abs. 3 FKVO kann die Kommission einen Zusammenschluss nur dann für unvereinbar mit dem Gemeinsamen Markt erklären, wenn wirksamer Wettbewerb im Gemeinsamen Markt oder in einem wesentlichen Teil desselben erheblich behindert wird. Die wettbewerblichen Folgen eines Zusammenschlusses entfalten ihre Wirkung auf den jeweils relevanten Märkten. Der räumlich relevante Markt muss daher zumindest einen wesentlichen Teil des Gemeinsamen Marktes umfassen. Andernfalls kann die Kommission den Zusammenschluss nicht untersagen. Mit dem Erfordernis des wesentlichen Teils des Gemeinsamen Marktes wird auf **Art. 82 EG** Bezug genommen. Es können daher die anhand des Art. 82 EG entwickelten Grundsätze übernommen werden.[130] 49

Der Gemeinsame Markt besteht aus dem in Art. 299 EG bezeichneten Gebiet der Mitgliedstaaten. Ein Gebiet stellt dann einen wesentlichen Teil des Gemeinsamen Marktes dar, wenn es für die Verwirklichung der Ziele des EG-Vertrages von hinreichender Bedeutung ist. Hierbei sind vor allem die Struktur sowie die Größe und der Umfang der Produktion und der Nachfrage zu berücksichtigen.[131] Die Anforderungen an die wirtschaftliche Bedeutung eines Teilmarktes sind eher gering. Auf die räumliche Größe des Teilmarktes kommt es nicht entscheidend an. So sind als wesentlicher Teil des Gemeinsamen Marktes nicht nur Teile einzelner Mitgliedstaaten angesehen worden, sondern sogar auch einzelne Städte.[132] 50

---

[119] Komm. E. v. 24. 2. 1992 Az. IV/M 166 – *Torras/Sarrio*, Tz. 27 und 34.
[120] Komm. E. v. 8. 11. 1991 Az. IV/M. 146 – *Metallgesellschaft/ Safic Alcan*, Tz. 20 f.
[121] Komm. E. v. 14. 1. 1992 Az. IV/M. 183 – *Schweizer Rück/ELVIA*, Tz. 10 f.
[122] Komm. E. v. 18. 4. 1994 Az. IV/M. 426 – *Rhône Poulenc /Cooper*, Tz. 18.
[123] Komm. E. v. 29. 10. 1993 Az. IV/M. – *McCormick/CPC/Rabobank/Ostmann*, Tz. 41 ff.
[124] Komm. E. v. 18. 7. 2007 Az. COMP/M. 4504 – *SFR/Télé 2*, Tz. 48.
[125] Komm. E. v. 21. 11. 2006 Az. COMP/M. 4402 – *UCB/Schwarz*, Tz. 12 ; Komm. E.V. 24. 5. 2006 Az. COMP/M. 4198 – *Bayer/Schering*, Tz. 23.
[126] Komm. E. v. 11. 9. 1997 Az. IV/M. 833 – *Coca Cola Company/Carlsberg* ABl. EG 1998 L 145/41, Tz. 44.
[127] Komm. E. v. 6. 9. 2006 Az. COMP/M. 4298 – *Aggregate Industries/Foster Yeoman*, wonach ein Lieferradius von rund 50 km angenommen wird.
[128] Komm. E. v. 19. 4. 1993 Az. IV/M. 320 – *Ahold/Jeronimo/Martins/Inovacao*, Tz. 17.
[129] Komm. E. v. 20. 1. 1999 Az. IV/M. 1402 – *Gaz de France/BEWAG/GASAG*, Tz. 21.
[130] Vgl. hierzu Art. 82 Rn. 142 f.
[131] *Immenga/Körber* in: Immenga/Mestmäcker, EG-WbR Bd. I/Teil 2, S. 321.
[132] EuGH U. v. 10. 12. 1991 Rs. C-179/90 *Merci Conventionali Porto di Genova/Siderurgica Gabrielli* Slg. 1991 I, 5923, Tz. 15.

4. Zeitliche Perspektive

51 Eine zeitliche Begrenzung temporärer Märkte wie z. B. im Falle von Sportveranstaltungen, Messen oder Ausstellungen ist für die Fusionskontrolle – anders als bei der Anwendung von Art. 82 EG – auch nicht in Einzelfällen relevant, da die Fusionskontrolle im Unterschied zu dem Verbot der missbräuchlichen Ausnutzung einer marktbeherrschenden Stellung nach Art. 82 EG nicht ein gegenwärtiges Verhalten von Unternehmen, sondern die Entwicklung der Marktstrukturen während eines relevanten Prognosezeitraumes zum Gegenstand hat.[133]

52 Trotz der zukunftsgerichteten Perspektive der Fusionskontrolle berücksichtigt die Kommission dynamische Veränderungen der Marktbedingungen grundsätzlich erst im Rahmen der Beurteilung der Marktmacht und geht bei der Marktabgrenzung von einer eher statischen Betrachtung aus.[134] Bei der Diskussion gemeinschaftsweiter Märkte bietet die fortschreitende Verwirklichung des Binnenmarkts in gewissem Umfang gleichwohl Raum für eine zukunftsgerichtete Betrachtung.[135]

III. Erhebliche Behinderung wirksamen Wettbewerbs

1. Definition und Bedeutung

53 Die erhebliche Behinderung wirksamen Wettbewerbs ist seit der Neufassung der Fusionskontrollverordnung Nr. 139/2004 im Mai 2004 alleiniges Untersagungskriterium. Eine Legaldefinition der erheblichen Behinderung findet sich in der FKVO indes nicht. Auch fehlt es derzeit noch an Gerichts- oder aussagekräftigen Kommissionsentscheidungen. Allerdings kann eine Definition anhand des Ziels der Fusionskontrollverordnung sowie anhand der Leitlinien zur Bewertung horizontaler Zusammenschlüsse[136] (im Folgenden: Horizontal-Leitlinien) sowie anhand der Leitlinien zur Bewertung nicht-horizontaler Zusammenschlüsse[137] (im Folgenden: Nicht-Horizontal-Leitlinien) gewonnen werden. Ziel der Fusionskontrollverordnung ist es, wettbewerbliche Marktstrukturen zu erhalten und so zur Förderung der allgemeinen Wohlfahrt im Gemeinsamen Markt beizutragen.[138] Dementsprechend stellt die Kommission in ihren Horizontal-[139] und Nicht-Horizontal-Leitlinien[140] fest, dass wirksamer Wettbewerb zu Vorteilen für die Verbraucher zum Beispiel in Form niedriger Preise, hochwertiger Produkte, einer gossen Auswahl an Waren und Dienstleistungen und Innovationen führe. Mit der Fusionskontrolle seien Zusammenschlüsse zu verhindern, die geeignet wären, den Verbrauchern diese Vorteile vorzuenthalten, indem die Marktmacht der Unternehmen spürbar erhöht würde.

---

[133] Vgl. Bekanntmachung der Kommission zur Definition des relevanten Marktes im Wettbewerbsrecht, ABl. 1997 C 372 Rn. 12.

[134] *Albers/Hacker* in: Schröter/Jakob/Mederer (Fn. 71) Art. 2 FKVO Rn. 31.

[135] Bekanntmachung der Kommission zur Definition des relevanten Marktes im Wettbewerbsrecht, ABl. 1997 C 372 Rn. 32; *Rösler*, FK Art. 2 FKVO Rn. 103.

[136] Bekanntmachung der Kommission, Leitlinien zur Bewertung horizontaler Zusammenschlüsse gemäß Ratsverordnung über die Kontrolle von Unternehmenszusammenschlüssen vom 28. 1. 2004, ABl. 2004 Nr. C 31/5.

[137] Bekanntmachung der Kommission, Leitlinien zur Bewertung nichthorizontaler Zusammenschlüsse gemäß der Ratsverordnung über die Kontrolle von Unternehmenszusammenschlüssen vom 28. 11. 2007 (IP/07/1780), abrufbar unter http://ec.europa.eu/comm/competition/mergers/legislation/nonhorizontalguidelines_de.pdf; eine übersichtliche Darstellung der Leitlinien und eine dezidierte Kritik finden sich bei *Körber*, Nicht-horizontale Zusammenschlüsse, WuW 5/2008, S. 522 ff.

[138] Vgl. Rn. 3.

[139] *Kommission*, Horizontal-Leitlinien Tz. 8.

[140] *Kommission*, Nicht-Horizontal-Leitlinien Tz. 10.

Erhöhte **Marktmacht** definiert die Kommission ähnlich wie die US-amerikanischen Wettbewerbsbehörden[141] als die Fähigkeit eines oder mehrerer Unternehmen, gewinnbringend Preise zu erhöhen, den Absatz, die Auswahl oder Qualität der Waren oder Dienstleistungen zu verringern, die Innovation einzuschränken oder die Wettbewerbsparameter auf andere Weise negativ zu beeinflussen.[142] Wann ein Unternehmen über einen entsprechenden Verhaltensspielraum verfügt, lässt sich nicht pauschal beantworten. Allerdings hat die Kommission für nicht-horizontale Fusionen, seien sie koordiniert oder nicht koordiniert, festgestellt, dass eine Marktmacht sich zumindest dann kaum einstellen wird, wenn der Marktanteil der neuen Einheit nach der Fusion in jedem der betroffenen Märkte unterhalb von 30% und der HH-Index unterhalb von 2000 liegt.[143] 54

Eine **erhebliche** Behinderung wirksamen Wettbewerbs liegt nicht schon bei jeder Möglichkeit zur einseitigen Preiserhöhung oder der bloßen Erleichterung koordinierten Verhaltens vor.[144] Vielmehr muss es durch den Zusammenschluss zu einer spürbaren Schlechterstellung der übrigen Marktteilnehmer kommen. Speziell bei konglomeraten Fusionen ist eine Behinderung beispielsweise nur dann erheblich sein, wenn ein ausreichend großer Teil des Marktausstoßes von der Abschottung betroffen ist. Wenn demgegenüber in beiden Märkten wirksame Einproduktanbieter verbleiben, ist es unwahrscheinlich, dass der Wettbewerb nach einer konglomeralen Fusion beeinträchtigt wird. Das Gleiche gilt, wenn nur wenige Einproduktwettbewerber fortbestehen, diese jedoch die Fähigkeit und den Anreiz haben, ihre Produktion zu erweitern.[145] 55

Zusammenfassend lässt sich festhalten, dass nach den Leitlinien eine erhebliche Behinderung wirksamen Wettbewerbs vorliegt, wenn vor dem Zusammenschluss wirksamer Wettbewerb bestand, welcher durch die Fusion zum Nachteil der Verbraucher gestört wird, weil der Zusammenschluss die Marktmacht der beteiligten Unternehmen spürbar erhöht.

Mit Einführung des vorstehend definierten Kriteriums der erheblichen Behinderung wirksamen Wettbewerbs[146] wurde der nach der alten Verordnung Nr. 4064/89 allein gültigen Marktbeherrschungstest zugleich zum Regelbeispiel herabgestuft.[147] Der SIEC-Test ist insoweit eine Kombination aus Marktherrschungskriterium und der US-amerikanischen Regelung in Sec. 7 Clayton Act,[148] wonach Zusammenschlüsse zu untersagen sind, wenn sie zu einer wesentlichen Verringerung des Wettbewerbs führen (sog. „SLC-Test"). Rein faktisch hat die Implementierung des SIEC-Tests zur Folge, dass der amerikanische SLC-Standard nunmehr auch im EG-Recht existiert.[149] Ziel des Systemwechsels war es, die ökonomische Funktion des Wettbewerbs zum Wohle der Verbraucher (sog. „more economic approach") in den Vordergrund zu stellen. Zugleich sollte dem Vorwurf begegnet werden, der Marktbeherrschungstest sei zu eng, weil er die Konstellationen nicht erfassen könne, in denen zwar keine Marktbeherrschung gegeben sei, der Zusammenschluss aber gleichwohl in der Lage sei, die Wettbewerbsbedingungen zu verschlechtern, ohne dass dieses Verhalten durch die Wettbewerber noch hinreichend kontrolliert würde. 56

Mit Blick auf den Wortlaut des Art. 2 Abs. 3, wonach Zusammenschlüsse zu untersagen sind, durch die wirksamer Wettbewerb erheblich behindert wird, insbesondere durch Be- 57

---

[141] US Department of Justice and Federal Trade Commission, Horizontal Merger Guidelines Tz. 0.1.
[142] *Kommission,* Horizontal-Leitlinien Tz. 8; *Kommission,* Nicht-Horizontal-Leitlinien Tz. 10.
[143] *Kommission,* Nicht-Horizontal-Leitlinien Tz. 25.
[144] *Montag/v. Bonin* in: Münchener Kommentar, EU-Kartellrecht Band 1, FKVO Art. 2 Rn. 42.
[145] *Kommission,* Nicht-Horizontal-Leitlinien Tz. 113.
[146] Engl. „Significant Impediment to Effective Competition"; kurz: „SIEC-Test".
[147] *Rittner/Kulka,* Wettbewerbs- und Kartellrecht, 7. Aufl. 2008, § 13 Rn. 54; *Schulte/Zeise,* Handbuch der Fusionskontrolle, C. III., Rn. 1217.
[148] 15 U. S. C. § 18.
[149] *Rittner/Dreher,* Europäisches und deutsches Wirtschaftsrecht, 3. Aufl., § 22 Rn. 19.

gründung einer marktbeherrschenden Stellung,[150] sowie die Entstehungsgeschichte wird deutlich, dass es nicht um die Abschaffung des Marktbeherrschungskriteriums, sondern um dessen Ergänzung ging. Liegt, was der Regelfall sein dürfte,[151] eine Einzelmarktbeherrschung oder kollektive Marktbeherrschung vor, ist die erhebliche Behinderung indiziert. Das SIEC-Kriterium erlangt grundsätzlich nur dann eigenständige Bedeutung, wenn ein Sonderfall vorliegt, in dem eine Marktbeherrschung ausnahmsweise nicht nachweisbar ist, der Zusammenschluss aber dennoch zu einer erheblichen Behinderung führt. Die Kommission ist indes künftig nicht mehr gezwungen, das Vorliegen einer marktbeherrschenden Stellung zu prüfen. Es reicht vielmehr aus, wenn der Zusammenschluss durch die Erhöhung der Marktmacht der Unternehmen zu einer Verschlechterung der ökonomischen Funktionen des Wettbewerbs führt, so dass den Verbrauchern Nachteile, zum Beispiel durch höhere Preise oder durch eine Verringerung des Angebots, entstehen.[152]

58 Letzteres wurde in der Kommissions-Entscheidung *Siemens/VA Tech*[153] deutlich. Der Fall betraf die Übernahme des österreichischen Technologiekonzerns VA Tech durch Siemens. Die Marktuntersuchung der Kommission hatte ergeben, dass der Zusammenschluss angesichts der Minderheitsbeteiligung von Siemens an dem bedeutendsten Konkurrenten von VA Tech zu einer erheblichen Verminderung des Wettbewerbsdrucks auf die fusionierte Einheit geführt hätte. Die Möglichkeit das wettbewerbliche Verhalten des bedeutendsten Wettbewerbers antizipieren zu können und die Tatsache, dass von dritten Unternehmen kein hinreichender Wettbewerbsdruck ausgegangen wäre, hätten eine erhebliche Beeinträchtigung wirksamen Wettbewerbs zur Folge gehabt. Ob der entsprechende Marktvorsprung zu einer marktbeherrschenden Stellung geführt hätte, ließ die Kommission indes offen.[154]

59 Entscheidungserheblich wurde das Tatbestandsmerkmal der Behinderung wirksamen Wettbewerbs erstmals im Fall *T-Mobile Austria/Tele.ring*.[155] Der Zusammenschluss beinhaltete die Übernahme sämtlicher Anteile der alleinigen Gesellschafterin der tele.ring-Unternehmensgruppe durch T-Mobile. T-Mobile und tele.ring betreiben Mobilfunknetze in Österreich. Das Ausscheiden von tele.ring als unabhängigem Netzbetreiber hätte eine Marktstruktur mit zwei ähnlich großen Wettbewerbern, einem erheblich kleineren und einem sehr kleinen Wettbewerber zur Folge gehabt. Die Kommission führte aus, dass der Zusammenschluss auch dann zu nicht-koordinierten Effekten führen würde, „wenn T-Mobile nach der Transaktion nicht das Unternehmen mit dem größten Marktanteil wird".[156] Dies zeigt, dass eine erhebliche Behinderung des Wettbewerbs auch ohne Entstehung oder Verstärkung einer marktbeherrschenden Stellung bejaht werden kann.

60 Auch im Fall *Toshiba/Westinghouse*[157] hat die Kommission trotz Fehlens einer marktbeherrschenden Stellung der neuen Einheit auf den verschiedenen Märkten für Reaktortech-

---

[150] Mit einer beherrschenden Stellung im Sinne von Art. 2 FKVO ist die wirtschaftliche Machtstellung eines oder mehrerer Unternehmen gemeint, die diese in die Lage versetzt, die Aufrechterhaltung eines wirksamen Wettbewerbs auf dem relevanten Markt zu verhindern, indem sie ihnen die Möglichkeit verschafft, sich ihren Konkurrenten, ihren Kunden und letztlich den Verbrauchern gegenüber in nennenswertem Umfang unabhängig zu verhalten; vgl. Kommission, Horizontal-Leitlinien Tz. 2; EuG U. v. 23. 2. 2006 Rs. T-282/02 – *Cementbouw Handel & Industrie BV/Kommission*.

[151] Kommission, Horizontal-Leitlinien Tz. 4.

[152] In diesem Zusammenhang finden, aufgrund des rechtlichen Spielraumes, den der SIEC-Test diesbezüglich eröffnet, verstärkt empirische Analysemethoden Anwendung, die ursprünglich lediglich im Rahmen der Marktabgrenzung eingesetzt wurden; vgl. hierzu und mit einer Darstellung der Anwendungspraxis in diesem Zusammenhang *Schwalbe/Zimmer*, Kartellrecht und Ökonomie, S. 221 ff.; ferner Komm. E. v. 26. 10. 2004 COMP/M.3216 – *Oracle/Peoplesoft*, Tz. 136 und 191 ff.

[153] Komm. E. v. 13. 7. 2005 COMP/M. 3653 – *Siemens/VA Tech*.

[154] Komm. E. v. 13. 7. 2005 COMP/M. 3653 – *Siemens/VA Tech*, Tz. 334 ff.

[155] Komm. E. v. 26. 4. 2006 COMP/M. 3916 – *T-Mobile Austria/Tele.ring*.

[156] Komm. E. v. 26. 4. 2006 COMP/M. 3916 – *T-Mobile Austria/Tele.ring*, Tz. 40.

[157] Komm. E. v. 19. 6. 2006 COMP/M. 4153 – *Toshiba/Westinghouse*, Tz. 72.

nologie eine erhebliche Behinderung wirksamen Wettbewerbs bejaht. Der Zusammenschluss beinhaltete den Erwerb der alleinigen Kontrolle über Westinghouse durch Toshiba. Westinghouse war, im Gegensatz zu Toshiba, auf einem bestimmten Markt für Reaktortechnologie tätig. Toshiba war bereits an GNF, einem Gemeinschaftsunternehmen mit GE als Hauptanteilseigner, minderheitsbeteiligt. GE und GNF waren u. a. auf demselben Markt für Reaktortechnologie tätig wie Westinghouse. Durch Zusammenschluss mit Westinghouse wäre Toshiba zum direkten Wettbewerber von GE auf dem relevanten Markt geworden. Über die mit der Minderheitsbeteiligung an GNF verbundenen Veto- und Informationsrechte hätte Toshiba ihren Wettbewerber GE in seiner Geschäftstätigkeit behindern können. Nach dem Zusammenschluss hätte Toshiba als Wettbewerber von GE auch einen Anreiz gehabt, von dieser Möglichkeit Gebrauch zu machen. In dieser Konstellation sah die Kommission die Gefahr einer künftigen Verbraucherbenachteiligung.

2. Fallgruppen

61 Die Kommission unterscheidet sowohl in ihren Leitlinien zur Bewertung horizontaler Zusammenschlüsse als auch in ihren Leitlinien zur Bewertung nicht-horizontaler Zusammenschlüsse zwischen **koordinierten Wirkungen** und **nicht koordinierten Wirkungen** von Zusammenschlüssen, durch die der Wettbewerb erheblich behindert werden kann.[158] Dem liegt die Überlegung zugrunde, dass Zusammenschlüsse zwischen Wettbewerbern entweder zu einer Erhöhung der individuellen Marktmacht führen, die Unternehmen unabhängig voneinander ausüben können, oder es den Unternehmen ermöglichen, ihr Verhalten zu koordinieren. Bei Zusammenschlüssen zwischen Nicht-Wettbewerbern besteht die Gefahr, dass es entweder zu einer Abschottung des Marktzugangs kommt oder ebenfalls ein Anreiz zur Koordinierung des Wettbewerbsverhaltens geschaffen oder verstärkt wird.

62 Der Begriff der koordinierten Wirkungen im Sinne der Leitlinien der Kommission bezieht sich jedoch nicht auf abgestimmte Verhaltensweisen im Sinne des Art. 81 EG.[159] Als koordiniertes Verhalten wird autonomes Parallelverhalten von Unternehmen bezeichnet, das kein abgestimmtes Verhalten im Sinne des Art. 81 EG darstellt. Dieses Parallelverhalten wird im Rahmen der Fusionskontrolle und in den Wirtschaftswissenschaften auch als „tacit collusion" bezeichnet. Ein Zusammenschluss kann die Wettbewerbsbedingungen derart verändern, dass Unternehmen, die zuvor ihr Verhalten nicht koordiniert haben, nach dem Zusammenschluss geneigt sind, in einem koordinierten Vorgehen ihre Preise zu erhöhen oder auf andere Weise den Wettbewerb zu schädigen. Haben die Unternehmen ihr Verhalten bereits vor dem Zusammenschluss koordiniert, so kann der Zusammenschluss den Wettbewerb dadurch erheblich behindern, dass er die Koordinierung erleichtert, stabilisiert oder sie erfolgreicher macht **(koordinierte Wirkungen/koordinierte Effekte)**.[160]

63 Ein Zusammenschluss kann zu einer Verringerung des Wettbewerbsdrucks und damit zu einer Erhöhung der Marktmacht eines oder mehrerer Unternehmen führen, ohne dass die Unternehmen auf ein koordiniertes Verhalten zurückgreifen müssen **(nicht koordinierte Wirkungen/unilaterale Effekte)**.[161] In den meisten Fällen werden nicht koordinierte Wirkungen eines Zusammenschlusses darauf zurückzuführen sein, dass ein Unternehmen

---

[158] *Kommission*, Horizontal-Leitlinien Tz. 22; *Kommission*, Nicht-Horizontal-Leitlinien Tz. 17–19; Komm. E. v. 4. 5. 2007 Az. COMP/M. 4601 – *KarstadtQuelle/MyTravel*, Tz. 51 ff.; vgl. auch US Department of Justice und Federal Trade Commission, Horizontal Merger Guidelines Tz. 2.1 und 2.2.

[159] *Kommission*, Nicht-Horizontal-Leitlinien Tz. 81.

[160] *Kommission*, Horizontal-Leitlinien Tz. 22; *Kommission*, Nicht-Horizontal-Leitlinien Tz. 79. Die koordinierten Wirkungen von Zusammenschlüssen wurden von der Entscheidungspraxis der Kommission und der europäischen Gerichte unter der alten Verordnung Nr. 4064/89 als „Fälle kollektiver Marktbeherrschung" erfasst; vgl. Rn. 121 ff.

[161] *Kommission*, Horizontal-Leitlinien Tz. 22.

nach dem Zusammenschluss über eine so große Marktmacht verfügt, dass es sich unabhängig gegenüber seinen Wettbewerbern, Abnehmern und letztlich den Verbrauchern verhalten kann. Das Unternehmen verfügt in diesem Fall über eine **marktbeherrschende Stellung.**

64 In einem **oligopolistischen Markt** können nicht koordinierte Wirkungen von Zusammenschlüssen aber wirksamen Wettbewerb auch erheblich behindern, indem die Marktmacht der verbliebenen Wettbewerber, zum Beispiel zur Erhöhung von Preisen oder einer Beschränkung des Produktangebots, verstärkt wird, ohne dass ein einzelnes Unternehmen über eine marktbeherrschende Stellung verfügt.[162] Unter der alten Verordnung Nr. 4064/89 bestand Unsicherheit darüber, ob solche Zusammenschlüsse untersagt werden konnten, da sie weder eine Einzelmarktbeherrschung noch eine kollektive Marktbeherrschung begründen oder verstärken.[163] Wie Erwägungsgrund Nr. 25 der Verordnung Nr. 139/2004 klarstellt, erfasst der neue Test des Art. 2 nunmehr diese Zusammenschlüsse, da sie zu einer schlechteren Erfüllung der Wettbewerbsfunktionen führen und daher den wirksamen Wettbewerb erheblich behindern. Hierin liegt die eigentliche Neuerung des neuen materiellen Tests der Verordnung Nr. 139/2004 gegenüber dem alten Marktbeherrschungstest der Verordnung Nr. 4064/89. Die Begründung oder Verstärkung einer beherrschenden Stellung ist in Art. 2 der neuen Fusionskontrollverordnung demgegenüber nur noch als Regelbeispiel aufgezählt. Es sind daher nach dem Wortlaut des Artikels Zusammenschlüsse möglich, die den Wettbewerb erheblich behindern, aber keine marktbeherrschende Stellung begründen oder verstärken. Der erst kurz vor Verabschiedung der Verordnung Nr. 139/2004 eingefügte letzte Satz des Erwägungsgrunds Nr. 25 begrenzt jedoch den Anwendungsbereich des neuen Untersagungstatbestands außerhalb der Fälle der Marktbeherrschung auf unilaterale Effekte in oligopolistischen Märkten. Er lautet: „Für die Anwendung der Bestimmungen des Artikels 2 Absätze 2 und 3 wird beabsichtigt, den Begriff „erhebliche Behinderung wirksamen Wettbewerbs" dahin gehend auszulegen, dass er sich über das Konzept der Marktbeherrschung hinaus *ausschließlich* auf diejenigen wettbewerbsschädigenden Auswirkungen eines Zusammenschlusses erstreckt, die sich aus nicht koordiniertem Verhalten von Unternehmen ergeben, die auf dem jeweiligen Markt keine beherrschende Stellung haben würden."

65 Die Wirkungen von Zusammenschlüssen können somit hinsichtlich einer von ihnen ausgehenden erheblichen Behinderung wirksamen Wettbewerbs in drei Fallgruppen gegliedert werden. Erstens kann ein Zusammenschluss eine **Einzelmarktbeherrschung** begründen oder verstärken. Zweitens kann eine **gemeinsame marktbeherrschende Stellung** durch **koordinierte Wirkungen** eines Zusammenschlusses begründet oder verstärkt werden. Drittens kann ein Zusammenschluss durch **nicht koordinierte Wirkungen im Oligopol** wirksamen Wettbewerb erheblich behindern.

66 Die Gliederung der Kommentierung folgt diesen drei Fallgruppen. Die Reihenfolge ihrer Erörterung entspricht nicht nur ihrer Bedeutung in der Praxis, sondern sie sollte auch bei der Prüfung eines Zusammenschlusses eingehalten werden. Artikel 2 nennt die Begründung oder Verstärkung einer beherrschenden Stellung – sei es in Form einer Einzelmarktbeherrschung oder einer kollektiven Marktbeherrschung – als Regelbeispiel für eine erhebliche Behinderung wirksamen Wettbewerbs. Ist das Regelbeispiel erfüllt, so ist grundsätzlich auch eine erhebliche Behinderung wirksamen Wettbewerbs indiziert. Nur im Ausnahmefall, wenn besondere Rechtfertigungsgründe vorliegen,[164] wird es trotz Erfüllung des Regelbeispiels an einer erheblichen Behinderung wirksamen Wettbewerbs fehlen können. Fehlt es an einer Marktbeherrschung, so wird das Tatbestandsmerkmal der erheblichen Behinderung bedeutsam.

---

[162] *Kommission,* Horizontal-Leitlinien Tz. 25.
[163] Siehe hierzu im einzelnen Rn. 159 ff.
[164] Vgl. hierzu unter Rn. 165 ff.

3. Einzelmarktbeherrschung

a) Allgemeines. Wann ein Unternehmen über eine marktbeherrschende Stellung im 67 Sinne des Art. 2 Abs. 3 verfügt, ist in der Fusionskontrollverordnung nicht definiert. Nach ständiger Praxis der Kommission und der Rechtsprechung verfügt ein einzelnes Unternehmen dann über eine marktbeherrschende Stellung, wenn es die Entfaltung wirksamen Wettbewerbs auf dem betroffenen Markt verhindern kann, weil es in der Lage ist, sich seinen Wettbewerbern, Abnehmern und letztlich den Verbrauchern gegenüber in einem nennenswerten Umfang unabhängig zu verhalten.[165] Das Unternehmen muss nicht in der Lage sein, den Wettbewerb gänzlich zu verhindern. Ein gewisser Restwettbewerb steht der Annahme einer marktbeherrschenden Stellung nicht entgegen.[166] Das Wesen der Marktbeherrschung besteht in einem unabhängigen Verhaltensspielraum des marktbeherrschenden Unternehmens. Diese Definition ist aus dem, an die wirtschaftswissenschaftlichen Grundsätze anknüpfenden, Begriff der Einzelmarktbeherrschung des Art. 82 EG abgeleitet worden.[167] Die Fusionskontrolle ist als Strukturkontrolle jedoch im Gegensatz zu Art. 82 EG in die Zukunft gerichtet. Daher schließt die Feststellung einer marktbeherrschenden Stellung eine Prognoseentscheidung darüber ein, dass die durch den Zusammenschluss bewirkte Änderung der Marktstruktur auf Dauer angelegt ist und nicht nur vorübergehenden Charakter hat. So hat die Kommission im Fall *Mannesmann/Hoesch* zwar angenommen, dass die an dem Zusammenschluss beteiligten Unternehmen zum Zeitpunkt ihrer Entscheidung über eine marktbeherrschende Stellung verfügen würden, den Zusammenschluss jedoch freigegeben, da durch den Eintritt potentieller Wettbewerber in den Markt zukünftig kein unabhängiger Verhaltensspielraum mehr bestehen werde.[168]

Der Zusammenschluss muss eine beherrschende Stellung **begründen oder verstärken.** 68 Entsteht erst durch den Zusammenschluss eine marktbeherrschende Stellung, ist die Alternative der „Begründung" erfüllt. Besteht bereits eine marktbeherrschende Stellung, soll durch die Alternative der „Verstärkung" der Restwettbewerb geschützt werden. Der Zusammenschluss der beteiligten Unternehmen muss kausal für die Begründung oder Verstärkung der marktbeherrschenden Stellung sein. Die Kausalität ist in aller Regel gegeben. Lediglich im Fall der Sanierungsfusion kann es an der Kausalität fehlen.[169]

Nach Ansicht der Kommission muss der Zusammenschluss nicht unbedingt zu einer 69 marktbeherrschenden Stellung der beteiligten Unternehmen selbst führen. Es reiche vielmehr aus, wenn eine marktbeherrschende Stellung **bei Dritten begründet** wird.[170] Es müssten keine strukturellen Verbindungen zwischen den am Zusammenschluss beteiligten und den dritten Unternehmen bestehen. Die Kommission begründet diese Anwendung mit dem Wortlaut des Art. 2 Abs. 3 der Verordnung Nr. 4064/89, der nur eine Kausalität zwischen dem Zusammenschluss und der Begründung bzw. Verstärkung einer marktbeherrschenden Stellung fordert, unabhängig davon, bei welchem Unternehmen die marktbeherrschende Stellung begründet oder verstärkt wird. Die Kommission stützt sich ferner

---

[165] *Kommission,* Horizontal-Leitlinien Tz. 2; EuG U. v. 23. 2. 2006 Rs. T-282/02 – *Cementbouw Handel & Industrie BV/Kommission*; EuG U. v. 21. 9. 2005, T-87/05, Rn. 48 – *EDP-Energias de Portugal SA/Kommission*; Komm. E. v. 6. 10. 2004, ABl. 2006 Nr. 61/11, S. 13f. Tz. 14ff. – *Areva/Urenco*; Komm. E. v. 7. 11. 1990 Az. IV/M. 4 – *Renault/Volvo*, Tz. 14; Komm. E. v. 12. 4. 1991 Az. IV/M. 42 – *Alcatel/Telettra* Abl. 1991 L 122, Tz. 48 = WuW/E EV 1616; zu Art. 86 EGV (jetzt 82 EG) EuGH U. v. 14. 2. 1978 Rs. 27/76 – *United Brands/Kom.* Slg. 1978, 207.

[166] Vgl. EuGH U. v. 14. 2. 1978 Rs. 27/76 – *United Brands/Kom*. Slg. 1978, 207; Komm. E. v. 11. 6. 2003 Az. COMP/M 2947 – *Verbund/Energie Allianz*, Tz. 105.

[167] Vgl. dazu *Albers/Hacker* in: Schröter/Jakob/Mederer Art. 2 FKVO Rn. 156.

[168] Komm. E. v. 12. 11. 1992 Az. IV/M. 222 – *Mannesmann/Hoesch*, Tz. 91 = WuW 1993, 35 (Kurzfassung).

[169] Siehe dazu unter Rn. 166 ff.

[170] Komm. E. v. 29. 9. 1999 Az. IV/M. 1383 – *Exxon/Mobile*, Tz. 225.

auf das Urteil *Frankreich/Kommission*[171] des EuGH, in dem dieser zur Frage der Anwendbarkeit der Fusionskontrolle auf kollektive Marktbeherrschung feststellt, dass eine Lücke im Schutz des Wettbewerbs entstünde, wenn die Fusionskontrolle nur die Begründung oder Verstärkung einer marktbeherrschenden Stellung bei den beteiligten Unternehmen erfassen würde.

70 Die Begründung oder Verstärkung einer marktbeherrschenden Stellung in einem bestimmten räumlich relevanten Markt darf grundsätzlich nur anhand von Indizien für wirtschaftliche Macht festgestellt werden, die in Bezug auf diesen räumlichen Markt vorliegen. Nur wenn der Nachweis einer grenzüberschreitenden Wirkung gelingt, kann die Begründung bzw. Verstärkung der marktbeherrschenden Stellung auf anderen räumlichen Märkten angenommen werden.[172] An einen solchen Nachweis grenzüberschreitender Wirkungen sind jedoch hohe Anforderungen zu stellen.

71 **b) Kriterien.** Die Begriffsbestimmung der Marktbeherrschung als eines wettbewerblich nicht kontrollierten Verhaltensspielraums ist für sich allein genommen nicht ausreichend, um eine Prognose der voraussichtlichen Veränderungen der Marktstruktur infolge des Zusammenschlusses zu ermöglichen. Es bedarf mithin weiterer Beurteilungsmaßstäbe.[173] Art. 2 Abs. 1 enthält eine nicht abschließende Aufzählung maßgeblicher Kriterien. Die Beurteilung ist anhand einer Gesamtschau der relevanten Gesichtspunkte vorzunehmen, die im Einzelfall unterschiedlich gewichtet werden können.[174] Die Prüfung der Marktbeherrschung durch die Kommission umfasst zumeist vier Hauptbestandteile. Als erstes wird die Marktstellung der sich zusammenschließenden Unternehmen untersucht, dann die Angebotsstruktur, des weiteren die Nachfragestruktur und schließlich der potentielle Wettbewerb und die Marktzutrittsschranken.[175]

72 **aa) Marktanteil und Marktkonzentration.** Als erstes Kriterium zur Beurteilung von Zusammenschlüssen nennt Art. 2 Abs. 1 lit. b die **Marktstellung** der beteiligten Unternehmen. Zur Beurteilung der Marktstellung ist vor allem auf die Anteile der Unternehmen am Markt abzustellen.[176] Im Marktanteil spiegeln sich im allgemeinen der Gesamterfolg der Absatzbemühungen eines Unternehmens und seine Bewertung durch die Abnehmer wider.[177] Der Marktanteil ist in der Praxis der Kommission der Ausgangspunkt jeder Marktmachtprüfung. Er bildet zusammen mit dem Gesichtspunkt des potentiellen Wettbewerbs das wichtigste Beurteilungskriterium für das Vorliegen einer marktbeherrschenden Stellung.[178] So stellt der EuGH in seinem Urteil *Hoffmann-La Roche/Kommission* fest: „Ein Unternehmen, das während langer Zeit einen besonders hohen Marktanteil innehat, befindet sich allein durch den Umfang seiner Produktion und seines Angebots in einer Position der Stärke, die es zu einem nicht zu übergehenden Geschäftspartner macht und ihm bereits deswegen, jedenfalls während relativ langer Zeit, die Unabhängigkeit des Verhaltens sichert, die für eine beherrschende Stellung kennzeichnend ist."[179]

73 **(1) Berechnung von Marktanteilen.** Unter einem Marktanteil wird der Teil des Absatzes einer bestimmten Ware oder Dienstleistung verstanden, den ein Anbieter in einem

---

[171] EuGH U. v. 31. 3. 1998 verb RS C-68/94 und C-30/95 – *Frankreich/Komm.* Slg 1998, I-1375, Tz. 171.
[172] EuG U. v. 22. 10. 2002 Rs. T-310/01 – *Schneider Electric/Komm.* Tz. 171 ff. = WuW/E EU-R 627.
[173] *Bach,* WuW 1993 805, 808.
[174] EuGH U. v. 14. 2. 1978 Rs. 27/76 – *United Brands/Komm.* Slg. 1978, 207, Tz. 58.
[175] Kommission 22. Wettbewerbsbericht Tz. 246; *Wagemann* in: Wiedemann § 16 Rn. 7.
[176] Vgl. Horizontal-Leitlinien, Rn. 14 ff.; Nicht-Horizontal-Leitlinien, Rn. 24; *Immenga/Körber* in: Immenga/Mestmäcker, EG-WbR Bd. I, S. 866 f.
[177] Komm. E. v. 12. 11. 1992 Az. IV/M. 222 – *Mannesmann/Hoesch,* Tz. 91 = WuW 1993, 35 (Kurzfassung); *Bach* WuW 1993, 805, 809.
[178] *Albers/Hacker* in: Schröter/Jakob/Mederer (Fn. 91) Art. 2 FKVO Rn. 170.
[179] EuGH U. v. 13. 2. 1979 Rs. 85/76 – *Hoffmann-La Roche/Komm.* Slg 1979, 461 Tz. 41.

bestimmten Zeitraum zum wertmäßigen Gesamtumsatz oder mengenmäßigen Volumen des betroffenen Marktes beisteuert.[180] Zur Berechnung ist zunächst die Größe des betroffenen Marktes festzustellen, danach ist der Anteil der betroffenen Unternehmen an diesem Markt zu bestimmen.

Der Umsatzwert oder das **Volumen eines Marktes** errechnet sich aus der Gesamterzeugung aller Anbieter vermindert um ihre Ausfuhr in andere räumliche Märkte und erhöht um die Einfuhr in den betreffenden räumlichen Markt.[181] Grundlage der Berechnung bilden in der Regel nur die tatsächlich verbrauchten oder gelieferten Waren, bloße Bestellungen oder Optionen werden nicht in das Marktvolumen mit einbezogen. In einem Markt mit niedrigen Absatzzahlen können auch konkrete Bestellungen in das Marktvolumen einzubeziehen sein, um die Schwankungen auszugleichen, die sich aus dem ungleichmäßigen Rhythmus von Aufträgen ergeben können.[182] **Konzerninterne Produktion** und Lieferungen, die der Deckung des **eigenen Bedarfs** dienen (sog. captive use), sind bei der Berechnung des Marktvolumens grundsätzlich nicht zu berücksichtigen, da die entsprechenden Mengen nicht auf dem freien Markt verfügbar sind.[183] 74

Die Berechnung des Marktanteils kann entweder anhand der **Menge der Produkte** oder anhand des **Gesamtwerts der Produkte** erfolgen. Im Fall *T-Mobile/Austria/telering* hat die Kommission den Marktanteil zusätzlich anhand der Kundenzahl ermittelt.[184] Die Kommission stellt in ihrer Praxis oft einen Vergleich beider Bezugsgrößen an.[185] In aller Regel erfolgt die Berechnung nach dem Wert der Produkte. Insbesondere wenn Produkte wesentliche Differenzierungen in Preis und Qualität aufweisen, ist die Berechnung nach dem Wert der Produkte der Berechnung nach der Menge vorzuziehen, um die Bedeutung teurerer Produkte gegenüber billigeren Produkten angemessen berücksichtigen zu können.[186] 75

Als **Berechnungszeitraum** wird grundsätzlich das letzte Geschäftsjahr zugrunde gelegt.[187] Je nach Produkt und Marktgegebenheiten werden auch längere Zeiträume berücksichtigt. Insbesondere bei Produkten, die jährlich nur in geringer Anzahl hergestellt werden oder deren Herstellung länger als ein Jahr dauert, werden längerfristige Zeiträume in die Berechnung mit einbezogen.[188] 76

Die Marktanteile der mit den beteiligten Unternehmen **verbundenen Unternehmen** sind diesen zuzurechnen. Zwar fehlt der FKVO eine dem § 36 Abs. 2 GWB entsprechende Regelung, insbesondere gilt Art. 5 Abs. 4 nur für die Umsatzberechnung im Zusammenhang mit der Prüfung der Schwellenwerte.[189] Gleichwohl wendet die Praxis als Zurechnungsmaßstab den Kontrollerwerbstatbestand des Art. 3 FKVO an. Danach sind verbundene Unternehmen solche, die zum gleichen Konzern oder zur gleichen Gruppe gehören. 77

---

[180] *Albers/Hacker* in: Schröter/Jakob/Mederer (Fn. 71) Art. 2 FKVO Rn. 172.
[181] Formblatt CO Abschnitt 7 Fn. 2. Anhang zur Verordnung Nr. 802/2004 ABl. EG 2004 Nr. L 133/9.
[182] Komm. E. v. 2. 10. 1991 Az. IV/M. 053 – *Aerospatiale – Alenia/de Havilland*, Tz. 21 = WUW/E EV 1675; Komm. E. v. 1. 12. 1999 Az. COMP/M. 1601 *Allied Signal/Honeywell*, Tz. 62.
[183] Komm. E. v. 30. 9. 1992 Az. IV/M. 214 – *Du Pont/ICI*, Tz. 31; EuG v. 28. 4. 1999 Rs. T 221/95 *Endemol/Komm.* Tz. 109; EuG U. v. 22. 10. 2002, Rs. T-310/01, Slg. 2002, II-4071, Tz. 282 – *Schneider Electric*.
[184] Komm. E. v. 26. 4. 2006 Az. COMP/M.3916 – *T-Mobile/Austria/telering* = WuW/E EU-V 1153, 1154.
[185] Komm. E. v. 22. 7. 1992 Az. IV/M. 190 – *Nestlé/Perrier*, Tz. 35 ff. = WuW/ E EV 1903.
[186] Komm. E. v. 30. 9. 1992 Az. IV/M. 214 – *Du Pont/ICI*, Tz. 31; Komm. E. v. 22. 7. 1992 Rs. IV/M 190 – *Nestlé/Perrier*, Tz. 40 = WuW/E EV 1903.
[187] Abschnitt 7 Formblatt CO, ABl. EU 2004 Nr. L 133, S. 9.
[188] Komm. E. v. 29. 7. 1994 Az. IV/M. 478 – *Voith/Sulzer*, Tz. 28; Komm. E. v. 30. 7. 1997 Az. IV/M. 877, ABl. EG 1997 Nr. L 336, S. 18 Tz. 28 ff. – *Boeing/McDonnell Douglas*.
[189] Vgl. Immenga/Körber in: Immenga/Mestmäcker, EG-WbR Bd. I/2, S. 351.

Darüber hinaus sind die Marktanteile aller im Sinne von Art. 3 Abs. 3 direkt oder indirekt kontrollierten Unternehmen zu je 100% hinzuzurechnen. Handelt es sich um Minderheitsbeteiligungen, so kommt es nur dann zu einer Zurechnung von Marktanteilen, wenn eine faktische Beherrschung, etwa durch Vetorechte, gegeben ist. Die Marktanteile des Gemeinschaftsunternehmens werden der Muttergesellschaft nur zurechnet, wenn eine gemeinsame Beherrschung gegeben ist.[190]

78 **(2) Marktanteilshöhen.** Ausgangspunkt der Marktbeherrschungsprüfung sind regelmäßig die gegenwärtigen Marktanteile der beteiligten Unternehmen. Im Einzelfall können jedoch für die Prüfung der Marktbeherrschung Anpassungen erforderlich sein, um zu erwartenden Marktein- oder -austritten oder zukünftigem Wachstum angemessen Rechnung zu tragen.[191] Die Marktanteile der Unternehmen werden, wenn sie auf demselben Markt tätig sind, grundsätzlich einfach addiert.[192] Ein hoher Marktanteil lässt im allgemeinen auf einen unabhängigen Verhaltensspielraum der Unternehmen schließen, da ein Anbieter mit einem hohen Marktanteil bei einer Erhöhung seiner Preise mit gemessen am Gesamtabsatz relativ geringeren Absatzeinbußen rechnen muss als kleinere Anbieter.[193] Zugleich ist ein Anbieter, der über einen hohen Marktanteil verfügt, in der Regel unempfindlicher gegenüber Absatzausweitungen kleinerer Anbieter.[194]

79 Im deutschen GWB besteht nach § 19 Abs. 3 bei einem Marktanteil von einem Drittel eine Einzelmarktbeherrschungsvermutung. Die amerikanischen Merger Guidelines vermuten eine marktbeherrschende Stellung ab einem Marktanteil von 35%. Solche Vermutungen kennt die europäische Fusionskontrollverordnung nicht. Es lassen sich jedoch auch in der europäischen Fusionskontrolle für bestimmte Marktanteile einige generelle Aussagen treffen.

80 Bei einem sehr hohen **Marktanteil von über 70%** ist tendenziell eine marktbeherrschende Stellung zu bejahen.[195] Die Kommission nimmt sehr hohe Marktanteile als klaren Hinweis für das Vorliegen einer marktbeherrschenden Stellung.[196] Sie betont jedoch regelmäßig in ihren Entscheidungen, dass kein Automatismus zwischen hohen Marktanteilen und der Annahme einer marktbeherrschenden Stellung besteht, sondern dass die Berücksichtigung weiterer relevanter Faktoren wie etwa der Marktmacht der Nachfrager oder des potentiellen Wettbewerbs zu einer Verneinung der marktbeherrschenden Stellung führen können.[197]

81 Bei **Marktanteilen von 25–70%** lässt sich aus der Entscheidungspraxis der Kommission keine eindeutige Tendenz ableiten. Marktanteile in dieser Höhe können eine marktbeherrschende Stellung begründen. In der Regel werden zur Feststellung der Marktbeherrschung jedoch zusätzliche Umstände herangezogen. Die Kommission hat in einigen Fällen festgestellt, dass Marktanteile von 45% bis 60% für das Vorliegen von Marktbeherrschung sprechen.[198] In ihren Leitlinien weist sie darauf hin, dass Marktanteile von 50%

---

[190] Komm. E. v. 3. 6. 1991 Az. M.92, Tz. 4f. – *RVI/VBC/Heuliez*.

[191] *Kommission*, Horizontal-Leitlinien, Tz. 15.

[192] *Kommission*, Horizontal-Leitlinien, Tz. 15.

[193] *Albers/Hacker* in: Schröter/Jakob/Mederer, Kommentar zum Europäischen Wettbewerbsrecht, Art. 2 FKVO Rn. 181.

[194] *Albers/Hacker* in: Schröter/Jakob/Mederer, Kommentar zum Europäischen Wettbewerbsrecht, Art. 2 FKVO Rn. 181.

[195] *Immenga/Körber* in: Immenga/Mestmäcker, EG-WbR Bd. I/2, S. 354.

[196] Komm. E. v. 19. 7. 1991 Az. IV/M. 68 – *Tetra Pak/Alfa-Laval*, Tz. 3.3 = WUW/E EV 1644; Komm. E. v. 12. 11. 1992 Az. IV/M. 222 – *Mannesmann/Hoesch*, Tz. 112 = WuW 1993, 35 (Kurzfassung); Komm. E. v. 15. 3. 2000, COMP/M. 1672, Tz. 105 ff. – *Volvo/Scania*; Komm. E. v. 20. 9. 2001, COMP/M. 2187, Tz. 140 ff. – *CVC/Lenzing*.

[197] Komm. E. v. 12. 4. 1991 Az. IV/M. 42 – *Alcatel/Telettra*, Tz. 38 = WuW/E EV 1616; Komm. E. v. 28. 4. 1992 Az. IV/M. 126 – *ACCOR/Waggons-Lits*, Tz. 25 = WUW/E EV 1961.

[198] Komm. E. v. 12. 11. 1992 Az. IV/M. 222 – *Mannesmann/Hoesch*, Tz. 112 = WuW 1993, 35 (Kurzfassung).

Art. 2. Beurteilung von Zusammenschlüssen   82–84   **Art. 2 FKVO**

oder mehr auch für sich alleine als Nachweis einer marktbeherrschenden Stellung ausreichen können.[199]

Das Formblatt CO[200] sieht einen Markt nur dann als einen betroffenen Markt an, zu dem detaillierte Angaben zu unterbreiten sind, wenn bei einem horizontalen Zusammenschluss die Unternehmen zusammen auf einen **Marktanteil von mindestens 15%** oder bei einem vertikalen Zusammenschluss auf einen Marktanteil von mindestens 25% kommen. Ferner ist im Erwägungsgrund Nr. 32 zur Fusionskontrollverordnung festgehalten, dass bei Zusammenschlüssen, die wegen des begrenzten Marktanteils der beteiligten Unternehmen nicht geeignet sind, wirksamen Wettbewerb zu behindern, von der Vereinbarkeit mit dem Gemeinsamen Markt ausgegangen werden kann. Ein solches Indiz bestehe dann, wenn der gemeinsame **Marktanteil** der beteiligten Unternehmen 25% nicht überschreitet.[201] Die Kommission hat in ihrer bisherigen Praxis noch nie eine beherrschende Stellung angenommen, bei der die sich zusammenschließenden Unternehmen nur über einen gemeinsamen Marktanteil von unter 25% verfügten. Der Grundsatz, dass unterhalb dieser Marktanteilsgrenze in der Regel keine Marktbeherrschung vorliegt, bezieht sich nur auf die Feststellung einer Einzelmarktbeherrschung durch die am Zusammenschluss beteiligten Unternehmen. Er gilt nicht für die Entstehung oder Verstärkung einer gemeinsamen marktbeherrschenden Stellung der zusammengeschlossenen Unternehmen zusammen mit einem oder mehreren dritten Unternehmen.[202]

82

(3) Marktanteilsabstand. Bei der Betrachtung der Marktanteile der an einem Zusammenschluss beteiligten Unternehmen müssen auch die Abstände zu den Marktanteilen der Wettbewerber mit berücksichtigt werden.[203] Der Marktanteilsabstand ist ein Indiz für die Möglichkeiten der Wettbewerber, auf Absatzeinschränkungen des Marktführers zum Zwecke der Preiserhöhung mit einer Ausweitung ihrer Produktion zu reagieren und damit sein Verhalten wettbewerblich kontrollieren zu können.[204] Ein großer Abstand zwischen den Marktanteilen der beteiligten Unternehmen und den übrigen Wettbewerbern unterstützt die Annahme einer Marktbeherrschung; ein geringer Abstand spricht gegen eine Einzelmarktbeherrschung.[205] In diesem Fall kann jedoch eine gemeinsame marktbeherrschende Stellung mehrerer Wettbewerber mit ähnlich hohen Marktanteilen vorliegen.

83

(4) Marktanteilsentwicklung. Die Aussagekraft des jeweiligen Marktanteils kann erhöht werden, wenn die Marktanteilsentwicklung in die Beurteilung einbezogen wird.[206] Schwankende Marktanteile sind Ausdruck wirksamen Wettbewerbs und sprechen gegen eine marktbeherrschende Stellung.[207] Starke Marktanteilsschwankungen relativieren daher die Indizwirkung hoher Marktanteile. Stabile Marktanteile auf hohem Niveau unterstützen dagegen die Vermutung der Marktbeherrschung. Auf stark wachsenden, innovativen Märkten, wie z.B. bei neuartigen Technologien, haben hohe Marktanteile eine geringere Aussagekraft als bei bereits gesättigten Märkten.[208] Jedoch kann auch auf Märkten in ihrer Ent-

84

---

[199] *Kommission,* Horizontal-Leitlinien, Tz. 17. Vgl. auch Komm. E. v. 23. 5. 2006 Az. CMOP/M. 4151, Tz. 49 – *Orica/Dyno.* Vgl. auch *Rittner/Kulka,* Wettbewerbs- und Kartellrecht, 7. Aufl. 2008, § 13 Rn. 55.
[200] Formblatt CO 6. Abschnitt Ziff. III, Anhang zur Verordnung Nr. 802/2004 ABl. EG 2004 Nr. L 133/9.
[201] Vgl. auch *Kommission,* Horizontal-Leitlinien Tz. 18.
[202] *Kommission,* Horizontal-Leitlinien Tz. 18, Fn. 24.
[203] Komm. E. v. 4. 6. 2007 Az. COMP/M. 4600 – *TUI/First Choice.*
[204] EuGH U. v. 14. 12. 1978 Rs. 27/76 – *United Brands/Komm.* Slg. 1978, 207, Tz. 10.
[205] Komm. E. v. 29. 5. 1991 Az. IV/M. 43 – *Magneti Marelli/CEAC,* Tz. 16; Komm. E. v. 31. 7. 1991 Az. IV/M. 12 – *Varta/Bosch* ABl. 1991 L 320/26, Tz. 62.
[206] Vgl. Kommission 22. Wettbewerbsbericht Tz. 249.
[207] Komm. E. v. 20. 6. 2001 Az. COMP/M. 2201 – *MAN/Auwärter,* Tz. 24.
[208] Komm. E. v. 22. 2. 1991 Az. IV/M. 57 – *Digital/Kienzle,* Tz. 20; Komm. E. v. 2. 9. 1991 Az. IV/M. 129 – *Digital/Philips,* Tz. 18.

Art. 2 FKVO 85–87   9. Teil. Fusionskontrollverordnung

stehungsphase eine marktbeherrschende Stellung begründet werden, wenn die am Zusammenschluss beteiligten Unternehmen über eine so starke Stellung verfügten, dass sie in der Lage wären, den Markt auch in Zukunft gegenüber anderen Konkurrenten abzuschotten.[209]

85 **(5) Relative Aussagekraft des Marktanteils.** Der Marktanteil ist zwar ein bedeutendes Kriterium bei der Beurteilung einer Marktbeherrschung, er ist jedoch immer nur ein Teil innerhalb einer vorzunehmenden Gesamtschau.[210] So hat die Kommission im Fall *SCA/Procter & Gamble* trotz eines addierten Marktanteils von über 70% bei Haushaltstüchern und über 60% bei Toilettenpapier eine Marktbeherrschung mit der Begründung verneint, dass bei diesen Produkten ein Wechsel der Verbraucher von den Marken- zu den Handelsmarkenprodukten und damit ein steigender Wettbewerbsdruck durch Handelsmarken zu beobachten sei, ein hoher Marktanteil spiegele hier die reale Marktstellung nicht wider.[211] Gerade der potentielle Wettbewerb kann die Bedeutung des Marktanteils einschränken. Der zu erwartende Eintritt neuer, starker Wettbewerber in den relevanten Markt relativiert die Marktmacht, die in den aktuellen Marktanteilen der an dem Zusammenschluss beteiligten Unternehmen zum Ausdruck kommt.[212] Nach Auffassung der Kommission kann auch eine starke Marktgegenseite dazu führen, dass trotz hoher Marktanteile keine beherrschende Stellung angenommen werden kann, da die Macht der Nachfrager den Verhaltensspielraum der Anbieter hinreichend beschränkt.[213]

86 Auf differenzierten Produktmärkten kommt dem Marktanteil im allgemeinen eine geringere Aussagekraft zu als bei homogenen Produktmärkten.[214] Auch wenn Produkte zu demselben Markt gehören, können sie unterschiedlich gut miteinander substituierbar sein. Schließen sich zwei Unternehmen zusammen, ist darauf zu achten, in welchem Maße ihre Produkte untereinander austauschbar sind. Bilden ihre Produkte die engsten Substitute auf dem Markt, so fällt für die Abnehmer mit dem Zusammenschluss die beste Ausweichmöglichkeit weg. Ein solcher Zusammenschluss erhöht daher den Verhaltensspielraum der beteiligten Unternehmen in einem größeren Umfang als eine entsprechende Addition von Marktanteilen bei einem Zusammenschluss von Unternehmen, die nur relativ weite Substitute herstellen. Im Fall *Siemens/Drägerwerke* bildeten nach der Marktuntersuchung der Kommission die Beatmungsgeräte von Dräger für die Abnehmer die beste Alternative zu den Beatmungsgeräten von Siemens. Die Kommission folgerte aus diesem Umstand, dass das neue Gemeinschaftsunternehmen von Siemens und Dräger in der Lage sein werde, höhere Preise am Markt durchzusetzen, da der bei weitem bedeutendste Wettbewerber der jeweiligen Partei durch den Zusammenschluss eliminiert werde.[215]

87 Auf **Ausschreibungsmärkten** sind Marktanteile nur von bedingter Bedeutung, da bei Ausschreibungsmärkten Marktanteilsangaben nur die Wettbewerbsaktivität der Unternehmen widerspiegeln, die den Zuschlag für einen bestimmten Auftrag erhalten haben, aber nichts darüber aussagen, wie viele ernsthafte Konkurrenten ebenfalls ein Angebot eingereicht haben und damit Wettbewerbsdruck ausgeübt haben.[216] Aussagekräftiger sind in solchen Fällen daher Informationen über die Rolle der Marktteilnehmer im Vergabeverfahren, z. B. durch Erfolgsstatistiken. Trotzdem kommt auch bei Ausschreibungsmärkten den Marktanteilen eine gewisse Indizwirkung zu.[217]

---

[209] Vgl. Komm. E. v. 9. 11. 1994 Az. IV/M. 469 – *MSG-Media Service*, Tz. 55 = WuW/E EV 2231.
[210] *Rittner/Kulka*, Wettbewerbs- und Kartellrecht, § 13 Rn. 55.
[211] Komm. E. v. 5. 9. 2007 Az. COMP/M. 4533 – *SCA/P & G*, ABl. EG 2007 C 154, S. 24.
[212] *Immenga/Körber* in: Immenga/Mestmäcker, EG-WbR Bd. I/Teil 2, S. 357.
[213] Komm. E. v. 12. 4. 1991 – *Alcatel/Telettra* 12. 4. 1991 Az. IV/M. 42, Tz. 38 = WuW/E EV 1616.
[214] Vgl. dazu *Alfter* WuW 2003, 23 f.
[215] Komm. E. v. 30. 4. 2003 Az. COMP/M 2861 – *Siemens/Drägerwerk/JV*, Tz. 103.
[216] Komm. E. v. 3. 4. 2001 Az. COMP/M. 2139 – *Bombardier/Altranz*, Tz. 39.
[217] Komm. E. v. 20. F6. 2001 Az. COMP/M. 2201 – *MAN/Auwärter*, Tz. 32.

(6) Marktkonzentration Neben der absoluten Höhe der Marktanteile der Zusammen- **88** schlussbeteiligten und ihrer Wettbewerber berücksichtigt die Kommission auch den **Konzentrationsgrad eines Marktes.**[218] Zur Feststellung der Marktkonzentration hat die Kommission – der Praxis der amerikanischen Kartellbehörden folgend[219] – in jüngerer Zeit verstärkt den Herfindahl-Hirschmann Index (HHI) herangezogen.[220] Der HHI ergibt sich aus der Summe der mit sich selbst multiplizierten einzelnen Marktanteile sämtlicher Marktteilnehmer. Durch diese Berechnungsart werden höhere Marktanteile proportional stärker gewichtet als niedrige Marktanteile. Der HHI kann von 0 bei einem völlig atomisierten Markt bis zu 10 000 im Falle eines reinen Monopols reichen. Anhand der absoluten Höhe des HHI kann eine erste Aussage über den Wettbewerbsdruck auf dem Markt getroffen werden. Die Veränderung des HHI durch den Zusammenschluss (auch als Deltawert bezeichnet) gibt einen Hinweis auf die durch den Zusammenschluss unmittelbar verursachte Änderung der Marktkonzentration.[221]

Nach den Leitlinien der Kommission zur Bewertung horizontaler Zusammenschlüsse **89** deutet ein HHI von weniger als 1000 nach dem Zusammenschluss darauf hin, dass keine horizontalen Wettbewerbsbedenken bestehen.[222] Gleiches gilt für Märkte, bei denen der HHI nach dem Zusammenschluss zwischen 1000 und 2000 und der Delta-Wert unterhalb von 250 liegt, oder wenn der HHI oberhalb von 2000 und der Deltawert unter 150 liegt, sofern nicht besondere Umstände bestehen.[223] Solche Umstände können beispielsweise vorliegen, wenn an dem Zusammenschluss ein Unternehmen mit einem Marktanteil von mindestens 50%, ein potentieller Wettbewerber oder ein Unternehmen mit einem kleinen Marktanteil, das vor kurzem in den Markt eingetreten ist, beteiligt sind. Als ein besonderer Umstand kann auch das Innovationspotential der beteiligten Unternehmen gesehen werden, wenn sich dieses nicht in den Marktanteilen niederschlägt.[224]

bb) Wirtschaftliche Macht und Finanzkraft. Dieses Kriterium umfasst die Ge- **90** samtheit der finanziellen Mittel und Möglichkeiten eines Unternehmens einschließlich seiner Möglichkeiten zur Eigen- und Fremdfinanzierung, insbesondere des Zugangs zu den internationalen Kapitalmärkten.[225] Das Merkmal der wirtschaftlichen Macht und der Finanzkraft spielt in der Praxis der Kommission eine eher untergeordnete Rolle. Im Falle **konglomerater Zusammenschlüsse** kann dem Umfang der verfügbaren wirtschaftlichen Ressourcen jedoch gerade im Zusammenhang mit der Feststellung der Verstärkung einer marktbeherrschenden Stellung entscheidende Bedeutung zukommen.[226]

Bei der Finanzkraft kommt es aus wettbewerblicher Sicht auf die **Ressourcen** an, die **91** kurzfristig im Wettbewerb eingesetzt werden können.[227] Der Umsatz eines Unternehmens kann zwar als Ausgangspunkt für die Bestimmung der Finanzkraft dienen, er hat jedoch nur eine geringe Aussagekraft für die dem Unternehmen kurzfristig zur Verfügung stehenden tatsächlichen Mittel. Die Kommission stützt sich daher vor allem auf den Cash-flow als

---

[218] *Kommission,* Horizontal-Leitlinien, Tz. 16. Vgl. auch *Rittner/Kulka,* Wettbewerbs- und Kartellrecht, 7. Aufl. 2008, § 13 Rn. 55.

[219] US Department of Justice und Federal Trade Commission, Horizontal Merger Guidelines Tz. 1.5.

[220] Vgl. Komm. E. v. 13. 6. 2007, COMP/M. 4596, Tz. 23 f. – *Wärtsilä/Hyundä/JV;* Komm. E. v. 4. 5. 2007, COMP/M. 4601 – *Karstadt/Quelle/MyTravel;* Komm. E. v. 26. 4. 2006, COMP/M. 3916, Tz. 44 f. – *T-Mobile Austria/telering.*

[221] Vgl. hierzu auch *Kommission,* Horizontal-Leitlinien Tz. 16.

[222] *Kommission,* Horizontal-Leitlinien Tz. 19, 21.

[223] *Kommission,* Horizontal-Leitlinien Tz. 20.

[224] *Kommission,* Horizontal-Leitlinien Tz. 21.

[225] *Rösler* NZG 2000, 861.

[226] Siehe auch *Albers/Hacker* in: Schröter/Jakob/Mederer, a. a. O., Art. 2 Rn. 389.

[227] *Immenga/Körber* in: Immenga/Mestmäcker, EG-WbR Bd. I/Teil 2, S. 363.

Kennziffer für die Finanzkraft eines Unternehmens.[228] Daneben können Kriterien wie Umsatzrendite, Gewinn, Dividende, Abschreibungsvolumen, Bilanzsumme, Eigenkapital und Bankverbindungen herangezogen werden.[229]

92 Aus einer überlegenen Finanzkraft können sich **wettbewerbliche Vorteile** gegenüber anderen Wettbewerbern ergeben, soweit die Ressourcen ungleich verteilt sind. Die Kommission hat sich bisher vor allem im Urteil *Boeing/McDonnell Douglas*[230] ausführlich mit den wettbewerblichen Auswirkungen überlegener Finanzressourcen beschäftigt. In dieser Entscheidung war die Finanzkraft jedoch nur eines von mehreren Kriterien, die zur Feststellung einer marktbeherrschenden Stellung führten. Große finanzielle und personelle Ressourcen ermöglichen es einem Unternehmen, bei rasch ansteigender Nachfrage schnell zu reagieren, um die Nachfrage befriedigen zu können.[231] Eine überlegene Finanzkraft verbessert auch die Möglichkeiten zum Abschluss langfristiger Exklusivverträge, da der Anbieter über bessere Möglichkeiten verfügt, um unerwarteten Lieferbedarf kurzfristig zu befriedigen.[232] Gerade im Bereich von Forschung und Entwicklung können größere finanzielle Ressourcen einem Unternehmen zu einem Vorsprung gegenüber seinen Wettbewerbern verhelfen. Darüber hinaus können überlegene finanzielle Ressourcen auch eine generell abschreckende Wirkung auf Wettbewerber erzeugen. Gleichwohl ist dieses Kriterium nicht überzubewerten. So fand die „deep pocket"-Theorie in den jüngsten Leitlinien der Kommission für nicht-horizontale Zusammenschlüsse gerade keine Erwähnung.

93 cc) **Wahlmöglichkeiten für Lieferanten und Abnehmer.** Dieses Kriterium bezieht die vertikalen Beziehungen der Unternehmen zu vor- und nachgelagerten Wirtschaftsstufen in die Prüfung mit ein.[233] Erst die tatsächliche Möglichkeit, auf alternative Lieferanten oder Abnehmer auszuweichen, versetzt die Unternehmen der Marktgegenseite in die Lage, wettbewerblichen Druck auf die sich zusammenschließenden Unternehmen auszuüben, indem sie z. B. Lieferanten gegeneinander ausspielen oder ihre Nachfragemacht auf andere Weise – etwa durch eine gemeinschaftsweite Einkaufspolitik – zur Geltung bringen.[234] Solche Möglichkeiten können jedoch bestimmten Unternehmen – z. B. Großabnehmern – in stärkerem Maße zur Verfügung stehen als anderen oder durch Umstände beschränkt sein, die einen Wechsel des Marktpartners erschweren wie etwa Investitionen in bestimmte Technologien, die im Falle einer Umstellung auf einen anderen Lieferanten nicht weiter genutzt werden können.

94 dd) **Zugang zu den Beschaffungs- und Absatzmärkten.** Dieses Kriterium bezieht den Zugang der Unternehmen zu dem relevanten Markt vorgelagerten Märkten (Lieferanten) und nachgelagerten Märkten (Abnehmer) in die Marktbeherrschungsprüfung ein. Grundsätzlich hat ein Unternehmen, welches den Einkauf und Verkauf seiner Produkte besser steuern kann als seine Konkurrenten, diesen gegenüber einen Wettbewerbsvorteil. Die Verbindung von Unternehmen auf vor- bzw. nachgelagerten Märkten kann zu erheblichen Effizienzvorteilen führen.[235] Das Entstehen solcher Vorteile kann zur Feststellung einer marktbeherrschenden Stellung herangezogen werden. Effizienzvorteile können jedoch auch als Verteidigungseinwand geltend gemacht werden.[236]

---

[228] Komm. E. v. 30. 7. 1997 Az. IV/M. 877 – *Boeing/McDonnell Douglas*, Tz. 73 ff = WuW/E EU-V 7.
[229] *Rösler* NZG 2000, 861
[230] Komm. E. v. 30. 7. 1997 Az. IV/M. 877 – *Boeing/McDonnell Douglas* = WuW/E EU-V 7.
[231] Komm. E. v. 30. 7. 1997 Az. IV/M. 877 – *Boeing/McDonnell Douglas*, Tz. 67 = WuW/E EU-V 7.
[232] Komm. E. v. 30. 7. 1997 Az. IV/M. 877 – *Boeing/McDonnell Douglas*, Tz. 70 = WuW/E EU-V 7.
[233] *Bechtold* RIW 1990, 257.
[234] *Rösler* FK Art. 2 FKVO Rn. 177.
[235] Vgl. dazu Monopolkommission 5. Hauptgutachten Tz. 720 ff. Vgl. auch *Kommission*, Nicht-Horizontal-Leitlinien Tz. 13.
[236] Siehe dazu Rn. 176 ff.

Den Möglichkeiten des Zugangs zu Beschaffungs- und Absatzmärkten kommt bei der 95
Beurteilung vertikaler Zusammenschlüsse eine entscheidende Bedeutung zu.[237] Eine vertikale Integration hat vor allem dann erhebliche wettbewerbliche Auswirkungen, wenn sich zwei auf ihrer jeweiligen Marktstufe marktstarke Unternehmen zusammenschließen. Dadurch können Marktschließungseffekte entstehen, wenn das integrierte Unternehmen in der Lage ist, den Zugang seiner Wettbewerber zu Beschaffungs- oder Absatzmärkten zu erschweren oder zu verteuern, weil nicht in ausreichendem Maße unabhängige Lieferanten oder Abnehmer zur Verfügung stehen.

ee) Verflechtungen. Verflechtungen von Unternehmen sind in Art. 2 nicht ausdrücklich erwähnt. Die Kommission hat sie jedoch in einigen Fällen bei der Prüfung von Zusammenschlüssen berücksichtigt.[238] Verflechtungen können auf vertraglichen, personellen und vor allem aus kapitalmäßigen Verbindungen der Unternehmen, insbesondere in Form von Minderheitsbeteiligungen, Gemeinschaftsunternehmen oder Kooperationen, beruhen. Horizontale Verflechtungen zwischen Wettbewerbern führen regelmäßig zu einer gegenseitigen Rücksichtsnahme der verflochtenen Unternehmen. Dadurch wird die Intensität des Wettbewerbs verringert.[239] Vertikale Verflechtungen zwischen Unternehmen und ihren Lieferanten oder Abnehmern können vor allem Marktabschottungseffekte zur Folge haben. Unternehmensverbindungen, die die Intensität eines Zusammenschlusses gemäß Art. 3 erreichen, führen anders als die hier betrachteten Verflechtungen zu einer wirtschaftlichen Einheit der Unternehmen mit der Folge, dass ihre Marktstellung zusammen betrachtet wird und ihre Marktanteile zusammengerechnet werden. 96

ff) Entwicklung von Angebot und Nachfrage. Angebot und Nachfrage stehen sich 97
in einem Markt nicht statisch gegenüber. Märkte befinden sich vielmehr in einem dynamischen Entwicklungsprozess. Die Entwicklung von Angebot und Nachfrage kann in groben Zügen in einem Marktphasenschema erfasst werden. Das Formblatt CO unterscheidet zwischen der Anlauf-, Wachstums-, Reifungs- und Rückbildungsphase eines Marktes.[240] Allgemein ist davon auszugehen, dass ein rückläufiges Marktvolumen den Wettbewerb zwischen den Unternehmen des Sektors grundsätzlich fördert.[241] Die Marktphase, die der Markt gerade durchläuft, kann in verschiedener Weise die einzelnen Kriterien zur Feststellung der Marktbeherrschung beeinflussen.[242]

gg) Potentieller Wettbewerb und Marktzutrittsschranken. Das Ausmaß potentiellen Wettbewerbs und das Bestehen von Marktzutrittsschranken prüft die Kommission in fast jeder ihrer Entscheidungen.[243] Marktzutrittsschranken sind sowohl bei der räumlichen Marktabgrenzung[244] als auch bei der Prüfung der Marktmacht zu berücksichtigen. In der Praxis der Kommission kommt den Marktzutrittsschranken und dem potentiellen Wettbewerb neben den Marktanteilen die entscheidende Bedeutung zu.[245] 98

Potentieller Wettbewerb und Marktzutrittsschranken stehen in einer engen wechselseitigen Beziehung. Marktzutrittsschranken sind objektive Kriterien bei der Beurteilung eines 99

---

[237] Vgl. dazu Rn. 122 f.
[238] Vgl. Komm. E. v. 31. 7. 1991 Az. IV/M. 12 – *Varta/Bosch* ABl. 1991 L 320/26, Tz. 53; Komm. E. v. 2. 10. 1991 Az. IV/M. 53 – *Aerospatiale – Alenia/de Havilland*, Tz. 41 = WUW/E EV 1675; Komm. 21. Wettbewerbsbericht, 409.
[239] Komm. E. v. 31. 7. 1991 Az. IV/M. 12 – *Varta/Bosch* ABl. 1991 L 320/26, Tz. 53.
[240] Formblatt CO Tz. 8.7, Anhang zur Verordnung Nr. 802/2004 ABl. EG 2004 Nr. L 133/9.
[241] EuGH U. v. 31. 3. 1998 verb. Rs. C-68/94 und C-30/95 – *Frankreich/Komm.* Slg 1998, I-1375, Tz 238.
[242] Siehe hierzu für Marktanteile Rn. 84, für potentiellen Wettbewerb/Marktzutrittsschranken Rn. 102, 107.
[243] Siehe beispielsweise Komm. E. v. 20. 2. 2007 Az. COMP/M.44494 – *Evraz/Highveld*; Komm. E. v. 27. 6. 2007 Az. COMP/M. 4439 – *Ryanair/Aer Lingus*.
[244] Siehe dazu unter Rn. 38.
[245] *Kommission*, 21. Wettbewerbsbericht S. 414, 416.

möglichen Markteintritts potentieller Wettbewerber. Auf besonders leicht zugänglichen Märkten reicht schon das bloße Risiko eines Markteintritts aus, um die fusionierenden Unternehmen von der Ausübung von Marktmacht abzuhalten.[246] Bei der Bewertung von Marktzutrittsschranken ist zu berücksichtigen, dass die Marktzutrittsschranken nicht gegenüber allen Unternehmen die gleiche Wirkung entfalten; Marktzutrittsschranken wirken vielmehr **unternehmensspezifisch.** Zur Bestimmung des potentiellen Wettbewerbs ist neben den Marktzutrittsschranken auch die subjektive Bereitschaft der Unternehmen zu einem Markteintritt zu berücksichtigen.[247] Die Kommission prüft den potentiellen Wettbewerb und die Marktzutrittsschranken zusammen in einem einzigen Prüfungspunkt. Hier sollen, dem Text des Art. 2 folgend, zuerst der potentielle Wettbewerb und dann die Marktzutrittsschranken erörtert werden.

100 **(1) Potentieller Wettbewerb.** Die Kommission hat in ihrer Entscheidung *Nestlé/Perrier* festgestellt, dass für die Beurteilung potentiellen Wettbewerbs zu prüfen ist, ob ein Markteintritt möglich und wahrscheinlich ist, ob er wettbewerbsrelevant und wirksam wäre und ob er kurzfristig genug erfolgen könnte, um die verbliebenen Wettbewerber davon abzuhalten, ihre Marktmacht auszunutzen.[248]

101 Der Markteintritt, durch welchen die Marktmacht der verbliebenen Wettbewerber beschränkt werden könnte, ist dann **erheblich,** wenn Preise und Mengen des Angebots den Verhaltensspielraum der Unternehmen im betroffenen Markt wirksam begrenzen können.[249] Der Markteintritt muss sich auf den gesamten Markt auswirken und darf nicht nur eine Marktnische betreffen.[250] Die **Möglichkeit eines erheblichen Markteintritts** wird bestimmt durch die dem potentiellen Wettbewerber hierbei im Wege stehenden Marktzutrittsschranken. Wettbewerbsdruck kann daher vor allem von Unternehmen ausgehen, die bereits auf räumlich benachbarten Märkten aktiv sind.[251] Ebenso wird Unternehmen, die auf sachlich benachbarten Märkten tätig sind, ein Markteintritt grundsätzlich eher möglich sein als Unternehmen, die in keiner Beziehung zu dem betroffenen Markt stehen.[252] Einen erheblichen Markteintritt absoluter Newcomer betrachtet die Kommission daher als relativ unwahrscheinlich. Eine nur vage Hoffnung auf mögliche neue Wettbewerber ist nicht zu berücksichtigen.[253]

102 Die **Wahrscheinlichkeit des Markteintritts** hängt von der subjektiven Bereitschaft der Unternehmen ab, in den betroffenen Markt einzusteigen.[254] Die Kommission berücksichtigt zur Einschätzung der Wahrscheinlichkeit sowohl Äußerungen der Unternehmen über einen möglichen Markteintritt[255] als auch frühere Versuche, in dem betroffenen Markt Fuß zu fassen.[256] Ferner sind die Rentabilitätsaussichten eines Markteintritts zu berücksich-

---

[246] Vgl. *Kommission,* Horizontal-Leitlinien, Tz. 68.
[247] *Immenga/Körber* in: Immenga/Mestmäcker, EG-WbR Bd. I/Teil 2, S. 372; Kommission 24. Wettbewerbsbericht Tz. 311.
[248] Komm. E. v. 22. 7. 1992 Az. IV/M. 190 – *Nestlé/Perrier,* Tz. 91 = WUW/E EV 1903. Vgl. auch *Kommission,* Leitlinien Tz. 68 ff.
[249] Komm. E. v. 22. 7. 1992 Az. IV/M. 190 – *Nestlé/Perrier,* Tz. 91 = WUW/E EV 1903.
[250] *Albers/Hacker* in: Schröter/Jakob/Mederer (Fn. 193) Art. 2 FKVO Rn. 223.
[251] Komm. E. v. 12. 4. 1991 Az. IV/M. 42 – *Alcatel/Telettra,* Tz. 25 = WuW/E EV 1616; Komm. E. v. 22. 1. 1992 Az. IV/M. 133 – *Ericsson/Kolbe,* Tz. 24; Komm. E. v. 3. 5. 2005 Az. COMP/M. 3178 – *Bertelsmann/Springer/JV.*
[252] Komm. E. v. 9. 12. 1991 Az. IV/M. 149 – *Lucas/Eaton,* Tz. 37 = WUW/E EV 1783.
[253] Komm. E. v. 2. 10. 1991 Az. IV/M. 53 – *Aerospatiale – Alenia/de Havilland,* Tz. 57 = WUW/E EV 1675; *Immenga/Körber* in: Immenga/Mestmäcker, EG-WbR Bd. I/Teil 2, S. 371.
[254] *Immenga/Körber* in: Immenga/Mestmäcker, EG-WbR Bd. I/Teil 2, S. 371.
[255] Komm. E. v. 2. 10. 1991 Az. IV/M. 53 – *Aerospatiale – Alenia/de Havilland,* Tz. 57 = WUW/E EV 1675; Komm. E. v. 22. 7. 1992 Az. IV/M. 190 – *Nestlé/Perrier,* Tz. 100 = WUW/E EV 1903.
[256] Komm. E. v. 22. 7. 1992 Az. IV/M. 190 – *Nestlé/Perrier,* Tz. 103 = WUW/E EV 1903; Komm. E. v. 10. 1. 1994 Az. IV/M. 390 – *AKZO/Nobel Industries,* Tz. 31.

tigen.²⁵⁷ So hat die Kommission im Fall *Omya/Huber* die Wahrscheinlichkeit eines Markteintritts danach beurteilt, ob der potentielle Wettbewerber bereits eine Technologie entwickelt hat, die Technologie kommerziell nutzbar ist, ausreichende Kapazitäten zum Markteintritt verfügbar gemacht werden können und die verlorenen Kosten relativ gering sein werden.²⁵⁸ Grundsätzlich sind in Märkten mit hohen Wachstumsraten Markteintritte wahrscheinlicher als in voraussichtlich rückläufigen Märkten.²⁵⁹ Strukturelle oder familiäre Verbindungen zwischen dem durch den Zusammenschluss entstehenden Unternehmen und potentiellen Wettbewerbern können gegen einen Markteintritt sprechen.²⁶⁰

Der Markteintritt muss auch innerhalb einer ausreichend **kurzen Zeit** zu erwarten sein, um die dauerhafte Ausübung von Marktmacht verhindern zu können. Welchen Zeitraum die Kommission als ausreichend ansieht, hängt von den Merkmalen und der Dynamik des betroffenen Marktes und den einschlägigen Fähigkeiten der potentiellen Wettbewerber ab.²⁶¹ Ein Markteintritt wird in der Regel nur rechtzeitig sein, wenn er innerhalb von zwei Jahren zu erwarten ist.²⁶² **103**

(2) Marktzutrittsschranken. Marktzutrittsschranken verhindern, erschweren oder verzögern den Markteintritt potentieller Wettbewerber.²⁶³ Zur Systematik der Marktzutrittsschranken werden verschiedene Ansätze vertreten.²⁶⁴ Bei der folgenden Erläuterung einiger wichtiger Marktzutrittsschranken soll der Unterscheidung des Art. 2 Abs. 1 lit. b zwischen rechtlichen und tatsächlichen Marktzutrittsschranken gefolgt werden. **104**

Zu den **rechtlichen Marktzutrittsschranken** gehören alle staatlichen Regulierungen, die den Markteintritt neuer Wettbewerber verhindern, verteuern oder auf sonstige Weise beschränken. Hierzu gehören insbesondere Einfuhrabgaben und andere Handelshemmnisse.²⁶⁵ Auch nationale DIN Normen erschweren den Markteintritt.²⁶⁶ Speziell im Flugverkehr wird der Marktzutritt durch die Vergabe der streng limitierten Slots begrenzt.²⁶⁷ Ferner kann die Anzahl der Marktteilnehmer durch Konzessionsbeschränkungen begrenzt sein.²⁶⁸ Rechtliche Marktzutrittsschranken können auch zu einer gänzlichen Marktabschottung führen. So ist zum Beispiel der Markt für Autobahnverpflegung durch hohe rechtliche Marktzutrittsschranken wie fehlende Niederlassungsfreiheit, lange Laufzeiten der Konzessionen und umfangreiche behördliche Auflagen für Newcomer weitgehend abgeschottet.²⁶⁹ **105**

Zu den **tatsächlichen Marktzutrittsschranken** können alle Formen ökonomischer Hindernisse für einen Markteintritt gerechnet werden, seien sie kommerzieller, technischer oder strategischer Art.²⁷⁰ **106**

---

²⁵⁷ Komm. E. v. 25. 11. 1998 Az. IV/M. 1225 – *Enso/Stora* ABl. 1999 L 254/9 = WuW/E EU-V 339.
²⁵⁸ Komm. E. v. 19. 7. 2996 Az. COMP/M.3796 – *Omya/Huber* = WuW/E EU-V 1177, 1181 f.
²⁵⁹ *Kommission,* Leitlinien Tz. 72.
²⁶⁰ Komm. E. v. 9. 11. 1994 Az. IV/M. 469 – *MSG- Media Service,* Tz. 65 = WuW/E EV 2231.
²⁶¹ *Kommission,* Leitlinien Tz. 74.
²⁶² *Kommission,* Leitlinien Tz. 74.
²⁶³ *Albers/Hacker* in: Schröter/Jakob/Mederer (Fn. 193) Art. 2 FKVO Rn. 133.
²⁶⁴ Vgl. dazu *Jickeli* WuW 1992 101 ff.
²⁶⁵ Komm. E. v. 30. 9. 1992 Az. IV/M. 214 – *Du Pont/ICI,* Tz. 29.
²⁶⁶ Komm. E. v. 12. 11. 1992 Az. IV/M. 222 – *Mannesmann/Hoesch,* Tz. 79 ff. = WuW 1993, 35 (Kurzfassung).
²⁶⁷ Komm. E. v. 7. 4. 2004 Az. COMP/38.284/D2 – *Air France/Alitalia.*
²⁶⁸ Komm. E. v. 21. 5. 1999 Az. IV/M. 1430 – *Vodafone/Airtouch,* Tz. 27; Komm. E. v. 11. 8. 2000 Az. IV/M. – 2016 *Airtours Telecom/Orange* Tz. 33.
²⁶⁹ Komm. E. v. 28. 4. 1992 Az. IV/M. 126 – *ACCOR/Wagons-Lits,* Tz. 25 = WuW/E EV 1961.
²⁷⁰ *Albers/Hacker* in: Schröter/Jakob/Mederer Art. 2 FKVO Rn. 228; Vgl. *Kommission,* Leitlinien Tz. 71.

107 So können **Entwicklungs- und Investitionskosten** potentielle Wettbewerber von einem Marktzutritt abhalten.[271] Forschungs- und Entwicklungstätigkeiten können sowohl einen hohen Kapitaleinsatz als auch einen gewissen Zeitaufwand erfordern und dadurch den Markteintritt erschweren.[272] Hierbei kommt es nicht in erster Linie auf die Höhe der aufzuwendenden Investitionen an, sondern vor allem auf den Anteil der irreversiblen Kosten (sog. **versunkene Kosten**). Unter versunkenen Kosten werden Ausgaben verstanden, die nach einem fehlgeschlagenen Markteintritt abgeschrieben werden müssen, weil die getätigte Investition von den Unternehmen für keinen anderen Markt verwendet werden kann.[273] Im Fall von reifen Märkten oder Märkten mit Überkapazitäten ist der Kapitalbedarf bei der Marktbeherrschungsprüfung besonders zu beachten.[274] Des weiteren kann der Schutz von Produkten oder Verfahren durch **Patente** den Markteintritt potentieller Wettbewerber verzögern oder vereiteln.[275]

108 Die **Betriebsgröße** der auf dem betroffenen Markt bereits aktiven Unternehmen kann den Markteintritt erschweren. Betriebsgrößenvorteile können sich ergeben, wenn die durchschnittlichen Kosten mit ansteigender Gütermenge sinken. Je größer die Gütermenge ist, von der ab der ein Newcomer über die gleichen Betriebsvorteile verfügt wie etablierte Wettbewerber, desto schwieriger und risikoreicher wird der Markteintritt.[276] Aus der Möglichkeit eines Unternehmens, infolge seiner Größe ein breiteres Produktsortiment anzubieten, können sich für die Kunden Kostenvorteile ergeben, die eine Bindung an den Lieferanten bewirken, aufgrund derer die Absatzchancen neuer Wettbewerber verringert werden.[277]

109 Die Kontrolle etablierter Anbieter über **wesentliche Infrastruktureinrichtungen** beschränkt die Möglichkeiten des Markteintritts potentieller Wettbewerber.[278] So hat das EuG im Fall *easyJet/Kommission* bestätigt, dass der fehlende Zugang zu Zeitnischen (sog. Slots) eine eindeutige physische Marktzutrittsschranke für die Fluggesellschaften darstellt.[279] Ebenso können langfristige Liefer- oder Vertriebsverträge den Absatz für Newcomer erschweren.[280] Auch der **Goodwill** etablierter Marktteilnehmer kann eine Marktzutrittsschranke bilden.[281] Kunden ziehen Produkte, die sie durch Werbung oder andere Verkaufsförderungsmaßnahmen der Unternehmen kennen, unbekannten Produkten grundsätzlich vor. Ein bereits bekanntes und marktstarkes Unternehmen muss im Verhältnis weniger Mittel für Werbung aufwenden als ein Newcomer.[282] Werbungskosten können bei einem Fehlschlag nur bedingt für andere Produkte verwendet werden. Sie bilden daher zum Großteil versunkene Kosten.[283] Goodwill kann sich aus den bisherigen guten Erfahrungen mit den Produkten etablierter Unternehmen ergeben. Gerade bei technisch anspruchsvollen Produkten, bei denen eine Fehlfunktion einen hohen Schaden zur Folge hat, setzen Kunden auf bereits ausgereifte und bewährte Produkte.[284]

---

[271] Vgl. Komm. E. v. 4. 12. 1996 Az. IV/M. 774 – *Saint Gobain/Wacker-Chemie/NOM*, Tz. 184 ff.

[272] Vgl. etwa Komm. E. v. 2. 10. 1991 Az. IV/M. 53 – *Aerospatiale – Alenia/de Havilland*, Tz. 54 ff. = WUW/E EV 1675; Komm. E. v. 27. 6. 2007 Az. COMP/M. 4439 – *Ryanair/Aer Lingus*.

[273] *Albers/Hacker* in: Schröter/Jakob/Mederer (Fn. 193) Art. 2 FKVO Rn. 228.

[274] *Jickeli* WuW 1992 195, 202.

[275] Komm. E. v. 24. 4. 1996 Az. IV/M 269 – *Shell/Montecatini* Tz. 32.

[276] *Albers/Hacker* in: Schröter/Jakob/Mederer (Fn. 193) Art. 2 FKVO Rn. 232.

[277] Komm. E. v. 2. 10. 1991 Az. IV/M. 53 – *Aerospatiale – Alenia/de Havilland*, Tz. 54 ff. = WUW/E EV 1675; *Jickeli* WuW 1992, 195, 197.

[278] Komm. E v. 9. 12. 2004 Az. COMP/M. 3440 *EDP/ENI/GDP*.

[279] EuG U. v. 4. 7. 2006, T-177/04 – *easyJet/Kommission* = WuW/E EU-R 1079, 1089.

[280] *Kommission*, Horizontal-Leitlinien Tz. 71.

[281] Komm. E. v. 1. 12. 1999 Az. COMP/M. 1601 *AlliedSignal/Honeywell* Tz. 99; *Albers/Hacker* in: Schröter/Jakob/Mederer (Fn. 193) Art. 2 FKVO Rn. 235.

[282] *Kommission*, Horizontal-Leitlinien Tz. 71.

[283] Vgl. Komm. E. v. 22. 7. 1992 Az. IV/M. 190 – *Nestlé/Perrier*, Tz. 33 = WUW/E EV 1903.

[284] Komm. E. v. 19. 7. 1991 Az. IV/M. 68 – *Tetra Pak/Alfa-Laval*, Tz. 3.4 = WUW/E EV 1644.

hh) **Marktmacht der Marktgegenseite/Nachfragemacht.**[285] Die Marktstellung des **110** fusionierten Unternehmens wird maßgeblich von der Marktstruktur der Marktgegenseite beeinflusst. Unter bestimmten Voraussetzungen kann eine starke Nachfragemacht einen marktmächtigen Anbieter daran hindern, sich unabhängig von seinen Abnehmern zu verhalten. Die Kommission versteht unter Nachfragemacht die Verhandlungsmacht, die ein Käufer gegenüber seinem Lieferanten angesichts seiner Größe, seiner wirtschaftlichen Bedeutung für den Verkäufer und seiner Fähigkeit ausspielen kann, zu anderen Lieferanten überzuwechseln.[286] Die Nachfragemacht wird in Art. 2 nicht ausdrücklich erwähnt. Man kann dieses Prüfungskriterium jedoch als Element der in Art. 2 Abs. 1 lit. b genannten Marktstellung betrachten.[287]

Voraussetzung für die Berücksichtigung von Nachfragemacht ist zunächst, dass den **111** Anbietern ein Nachfrageoligopol oder ein Nachfragemonopol gegenübersteht, das einen unabhängigen Verhaltensspielraum der an dem Zusammenschluss beteiligten Anbieter ausschließt. Hierfür ist es jedoch erforderlich, dass die Nachfragemacht nicht nur die wettbewerblichen Verhaltensspielräume der Anbieter im Verhältnis zu den Mitgliedern des Oligopols bzw. zu dem Monopolisten, sondern auch gegenüber den Nachfragern begrenzt, die nicht dem Oligopol bzw. Monopol angehören.[288] So hat die Kommission im Fall *Glatfelter/Crompton* die Nachfragemacht der Abnehmer für unzureichend erachtet, um Druck auf die Anbieterin auszuüben.[289] Obwohl in den relevanten Bereichen für Teefiltervliese und nassgelegte Vliese jeweils 50–60% des Absatzes von Glatfelter auf die fünf bzw. drei größten Kunden des Unternehmens entfielen, wurde eine hinreichend starke Nachfragemacht unter Hinweis auf die kleinen Marktanteile der übrigen Abnehmer verneint. Letzteren könne keine Nachfragermacht zuerkannt werden. Die Nachfragermacht sei daher insgesamt verhältnismäßig gering, weshalb diese allein *Glatfelter/Crompton* nicht daran hindern könne, die Produktion zu beschränken und die Preise zu erhöhen.

Weitere Voraussetzung für die Annahme von Nachfragemacht ist die tatsächliche **Aus-** **112** **weichmöglichkeit** der Nachfrager auf andere Anbieter. Nur wenn die Abnehmer in der Lage sind, auf andere Lieferanten auszuweichen, können sie ihre Nachfragemacht auch zur Geltung bringen. Eine Ausweichmöglichkeit besteht vor allem dann nicht, wenn die anderen Anbieter keine ausreichenden Kapazitäten haben und keine potentiellen Wettbewerber in Sicht sind. Einem Ausweichen auf alternative Anbieter kann ferner eine starke Kundenbindung infolge der mit einem Anbieterwechsel verbundenen Kosten oder der Ersparnisse des Bezugs mehrerer Produkte aus einer Hand entgegenstehen.[290] Eine Abhängigkeit kann auch durch Präferenzen von Endverbrauchern entstehen, aufgrund derer Unternehmen auf der Einzelhandelsstufe bei der Entfernung eines Produktes aus dem Sortiment Kunden verlieren und dadurch Umsatzeinbußen auch bei anderen Produkten erleiden.[291]

Die **wettbewerbliche Wirkung** der Nachfragemacht besteht darin, wettbewerbliche **113** Verhaltensspielräume marktmächtiger Anbieter zu begrenzen. Die Nachfragemacht spielt

---

[285] Die Kommission spricht in ihren Entscheidungen lediglich von Nachfragemacht anstatt von Marktmacht der Marktgegenseite, da in den zu entscheidenden Fällen jeweils die Begründung oder Verstärkung einer marktbeherrschenden Stellung auf Angebotsseite drohte. Diese Begriffsbestimmung hat sich weitgehend durchgesetzt; ihr soll daher im Folgenden gefolgt werden.

[286] *Kommission,* Horizontal-Leitlinien Tz. 64; vgl. auch Komm. E. v. 9. 3. 1999 Az. IV/M. 1313 – *Danish/Crown/Vestjyske Slagterier,* ABl. 2000 L 20/1 Tz. 171 ff.

[287] *Immenga/Körber* in: Immenga/Mestmäcker, EG-WbR Bd. I, S. 381 f.

[288] Komm. E. v. 22. 7. 1992 Az. IV/M. 190 – *Nestlé/Perrier,* Tz. 78 = WUW/E EV 1903; Komm. E. v. 25. 11. 1998 Az. IV/M. 1225 – *Enso/Stora* ABl. 1999 L 254/9, Tz. 93 = WuW/E EU-V 339.

[289] Komm. E. v. 20. 12. 2006 Az. COMP/M. 4215 – *Glatfelter/Crompton* = WuW/E EU-V 1221, 1223.

[290] Komm. E. v. 2. 10. 1991 Az. IV/M. 53 – *Aerospatiale – Alenia/de Havilland,* Tz. 45 = WUW/E EV 1675.

[291] Komm. E. v. 22. 7. 1992 Az. IV/M. 190 – *Nestlé/Perrier,* Tz. 81 = WUW/E EV 1903.

typischerweise eine wesentliche Rolle bei Beschaffungsmärkten z. B. im Bereich der Automobilindustrie, der Getränkeindustrie oder der Telekommunikation.[292] Die Kommission hat die Nachfragemacht in einer Vielzahl von Fällen berücksichtigt, bislang jedoch lediglich in zwei Entscheidungen auf eine starke Nachfragemacht als den maßgeblichen Grund für die Genehmigung eines Zusammenschlusses abgestellt. Im Fall *Alcatel/Telettra* wurde die diversifizierte Beschaffungspolitik des Nachfragers Telefonica zur Begründung einer ausreichenden Nachfragemacht herangezogen.[293] Im Fall *Enso/Stora* stellte die Kommission darauf ab, dass es dem marktmächtigen Nachfrager Tetra Pak bereits in der Vergangenheit gelungen war, andere Unternehmen zu Anbietern von Tetra Pak nachgefragter Produkte zu entwickeln.[294] Ferner standen den Nachfragern in beiden Fällen andere Anbieter mit freien Kapazitäten als Ausweichmöglichkeit zur Verfügung.

114 **ii) Interessen der Zwischen- und Endverbraucher.** Durch die Erwähnung der Verbraucherinteressen in Art. 2 wird klargestellt, dass der Schutz der Verbraucher unmittelbares Ziel der Fusionskontrolle ist und nicht nur mittelbar durch die Freiheit des Wettbewerbs verfolgt werden soll. Die Interessen der Zwischen- und Endverbraucher sind nicht nur ein Fernziel der Fusionskontrolle, sondern sie sind zugleich auch ein Gesichtspunkt, der bei der Entscheidung über die Freigabe oder Untersagung eines Zusammenschlusses zu berücksichtigen ist. Ein Zusammenschluss ist zu untersagen, wenn er die Marktmacht der Unternehmen spürbar erhöht und es ihnen dadurch ermöglicht, den Verbrauchern die Vorteile des Wettbewerbs vorzuenthalten, zum Beispiel durch Preiserhöhungen, durch eine Verringerung des Absatzes, der Qualität oder Auswahl von Waren oder Dienstleistungen, sowie durch eine Beschränkung der Innovationen.[295]

115 **jj) Entwicklung des technischen und wirtschaftlichen Fortschritts.** Die Kommission hat nach Art. 2 Abs. 1 lit. b auch die Entwicklung des technischen und wirtschaftlichen Fortschritts zu berücksichtigen, sofern diese dem Verbraucher dient und den Wettbewerb nicht behindert. In ihrer Erklärung zur Auslegung der Fusionskontrolle hat die Kommission mitgeteilt, dass sie dieses Merkmal im Sinne des Art. 85 Abs. 3 EGV (jetzt Art. 81 Abs. 3 EG) als **Rechtfertigungsgrund** auslegen werde.[296] Für diese Auslegung spricht auch die Einschränkung in Art. 2 Abs. 1 lit. b, dass der wirtschaftliche und technische Fortschritt nur berücksichtigt werden darf, wenn er den Verbrauchern dient und den Wettbewerb nicht behindert. Die Kommission hat dementsprechend in ihren bisherigen Entscheidungen das Kriterium der Entwicklung des technischen und wirtschaftlichen Fortschritts niemals zur Begründung einer marktbeherrschenden Stellung herangezogen.

116 Bereits mit dem Erwägungsgrund Nr. 29 der Verordnung Nr. 139/ 2004 war klarstellt worden, dass **Effizienzgewinne** bei der Beurteilung von Zusammenschlüssen zu berücksichtigen sind und diese mögliche Nachteile für die Verbraucher ausgleichen können.[297] Die Leitlinien zur Bewertung nicht-horizontaler Zusammenschlüssen stellen nochmals klar, dass die Integration komplementärer Tätigkeiten und Produkte in einem Unternehmen erhebliche Effizienzgewinne mit sich bringen kann, was es bei der Beurteilung von Zusammenschlüssen zu berücksichtigen gilt.[298]

117 **c) Begründung oder Verstärkung.** Bei der Prüfung des Zusammenschlusses ist eine Prognoseentscheidung darüber zu treffen, ob durch den Zusammenschluss eine marktbe-

---

[292] *Albers/Hacker* in: Schröter/Jakob/Mederer (Fn. 193) Art. 2 FKVO Rn. 241.
[293] Komm. E. v. 12. 4. 1991 Az. IV/M. 24 – *Alcatel/Telettra*.
[294] Komm. E. v. 25. 11. 1998 Az. IV/M. 1225 – *Enso/Stora* Tz. 89.
[295] *Kommission*, Horizontal-Leitlinien Tz. 8.
[296] Kommission, Erklärung für das Ratsprotokoll vom 19. 12. 1989 Tz. 3. lit. a = WuW 1990, 241.
[297] Erwägungsgrund Nr. 29 der Verordnung Nr. 139/2004. Zum früheren Streit zur Berücksichtigungsfähigkeit der Entwicklung des technischen und wirtschaftlichen Fortschritts siehe *Albers/Hacker* in: Schröter/Jakob/Mederer, Kommentar zum Europäischen Wettbewerbsrecht, Art. 2 FKVO Rn. 429 ff.
[298] Vgl. *Kommission*, Nicht-Horizontal-Leitlinien Tz. 13.

herrschende Stellung **begründet** oder **verstärkt** wird. Hierfür sind die voraussichtlichen Wettbewerbsbedingungen nach dem Zusammenschluss mit denen zu vergleichen, die auf dem Markt herrschen würden, wenn der Zusammenschluss nicht zustande käme.[299] Der bei dieser Prognose zu berücksichtigende Zeitraum bemisst sich danach, inwieweit zum Zeitpunkt der Entscheidung künftige Entwicklungen der Wettbewerbsverhältnisse des relevanten Marktes erkennbar sind. In der Regel wird auf kurz- bis mittelfristige Zeiträume abgestellt.[300] Eine marktbeherrschende Stellung wird dann begründet, wenn durch den Zusammenschluss anstelle einer Marktstruktur, die wirksamen Wettbewerb gewährleistet, eine Struktur geschaffen wird, die es den zusammengeschlossenen Unternehmen dauerhaft ermöglicht, sich gegenüber Wettbewerbern, Abnehmern und letztlich den Verbrauchern in einem wesentlichen Umfang unabhängig zu verhalten. Eine marktbeherrschende Stellung wird verstärkt, wenn durch den Zusammenschluss ein bereits bestehender unabhängiger Verhaltensspielraum ausgebaut würde.

Zusammenschlüsse können ihrer Art nach in **horizontale, vertikale und konglomerate** Zusammenschlüsse unterschieden werden. In der Praxis weist ein Zusammenschluss oft nicht nur horizontale oder vertikale Wirkungen auf, sondern beinhaltet sowohl horizontale als auch vertikale und konglomerate Elemente. Die verschiedenen Kriterien für die Feststellung einer marktbeherrschenden Stellung sind für die verschiedenen **Arten von Zusammenschlüssen** von unterschiedlicher Bedeutung. Nach den Leitlinien zur Beurteilung horizontaler Zusammenschlüsse hat die Kommission nun auch Leitlinien zur Beurteilung nichthorizontaler Zusammenschlüsse[301] veröffentlicht. Im Folgenden sollen einige Beispiele aus der Fallpraxis erläutert werden.

aa) Horizontale Zusammenschlüsse. Horizontale Zusammenschlüssen sind Zusammenschlüsse, bei denen die beteiligten Unternehmen auf demselben relevanten Markt Waren oder Dienstleistungen verkaufen oder dort potentielle Wettbewerber sind.[302] Bei einem Zusammenschluss aktueller Wettbewerber ist die Zusammenfassung der Marktanteile und des gemeinsamen Wettbewerbspotentials der wesentliche Faktor bei der Beurteilung des Zusammenschlusses. Bei einem Zusammenschluss mit einem potentiellen Wettbewerber ist meist der Wegfall des Wettbewerbsdrucks, der durch den potentiellen Wettbewerber ausgeübt wurde, der ausschlaggebende Gesichtspunkt.

Die erste Untersagungsentscheidung der Kommission im Fall *Aerospatiale – Alenia/de Havilland*[303] betraf einen horizontalen Zusammenschluss. In dieser Entscheidung stützte die Kommission ihre Untersagung im wesentlichen auf vier Begründungselemente: Zunächst stellte die Kommission fest, dass das Vorhaben die Marktstellung der beteiligten Unternehmen erheblich verstärken würde, da (i) eine Erhöhung von Marktanteilen eintreten würde, (ii) de Havilland als potentieller Wettbewerber auf dem relevanten Markt ausgeschaltet würde, (iii) die beteiligten Unternehmen eine umfassende Produktpalette von Regionalflugzeugen würden anbieten können und (iv) der Kundenstamm beträchtlich erweitert würde. Des weiteren gelangte sie zu der Feststellung, dass weder die übrigen Wettbewerber noch die Nachfrager über ausreichend Marktmacht verfügten, um die Entstehung wettbewerblich nicht kontrollierter Verhaltensspielräume der Zusammenschlussbeteiligten zu verhindern. Schließlich berücksichtigte die Kommission, dass ein Markteintritt neuer Wettbewerber erheblichen Zeitaufwand erfordern würde und mit extrem hohen Kosten, insbesondere hohen versunkenen Entwicklungskosten verbunden wäre und daher nicht wahrscheinlich sei.

---

[299] Vgl. *Kommission,* Horizontal-Leitlinien Tz. 9.
[300] Komm. E. v. 8. 6. 1994 Az. IV/M. 269 – *Shell/Montecatini,* Tz. 85. *Albers/Hacker* in: Schröter/Jakob/Mederer (Fn. 297) Art. 2 FKVO Rn. 261.
[301] Vgl. oben Rn. 53.
[302] *Kommission,* Horizontal-Leitlinien Tz. 5.
[303] Komm. E. v. 2. 10. 1991 Az. IV/M. 53 – *Aerospatiale – Alenia/de Havilland* = WUW/E EV 1675.

121 Im Fall *Glatfelter/Crompton*[304] wurde deutlich, dass potentieller Wettbewerbsdruck, als Aspekt, den es im Rahmen der Beurteilung horizontaler Zusammenschlüsse zu berücksichtigen gilt, an Bedeutung gewonnen hat. So hat die Kommission trotz eines addierten Weltmarkanteils der fusionierten Einheit von 60–70% eine Behinderung wirksamen Wettbewerbs i. S. d. Art. 2 Abs. 2 FKVO abgelehnt. Die Kommission hielt es für wahrscheinlich, dass ein Wettbewerber mit einem derzeitigen Weltmarktanteil von 20–30% bei einer Preiserhöhung von 10–30% versuchen würde, sein Produktionsvolumen und/oder seine Kapazität zu erhöhen. Auch von einem Wettbewerber, der derzeit über 12% Marktanteil verfügt und bereits Investitionen in Produktion und Vertrieb getätigt hatte, ginge erheblicher Wettbewerbsdruck aus. Andere kleinere bzw. potentielle Hersteller verfügten zudem über Produktionskapazitäten, die ohne erhebliche Investitionen auf die Produktion des sachlich relevanten Produktes umgestellt werden könnten. Branchenkundige Großkunden, hätten damit die Möglichkeit, zu vergleichbaren Produkten und anderen Herstellern zu wechseln.

122 **bb) Vertikale Zusammenschlüsse.** Ein vertikaler Zusammenschluss liegt nach den Nicht-Horizontal-Leitlinien vor, wenn zwei Unternehmen sich zusammenschließen, die auf einander vor- oder nachgelagerten Ebenen des Produktionsprozesses tätig sind. Vertikale Zusammenschlüssen dienen in der Regel dazu, Bezugs- und Absatzwege zu sichern. Das ist beispielsweise der Fall, wenn sich ein Stahlhersteller mit einem Eisenerzlieferant oder ein Glashersteller mit einem Vertriebshändler seines Produkts zusammenschließt. Vertikale Zusammenschlüsse geben grundsätzlich weniger Anlass zu Wettbewerbsbedenken als horizontale Fusionen.[305] Ein Grund hierfür ist, dass sich bei rein vertikalen Zusammenschlüssen die Tätigkeitsgebiete der beteiligten Unternehmen nicht überschneiden und es mithin nicht zur Marktanteilsaddition kommt; ein Verlust an direktem Wettbewerb zwischen den fusionierenden Unternehmen steht insofern nicht zu befürchten. Etwas anderes gilt nur, wenn eines der fusionierenden Unternehmen ein potentieller Wettbewerber in dem relevanten Markt ist, in dem das andere fusionierende Unternehmen tätig ist.[306] Als weiteren Grund für die Besserstellung nicht-horizontaler Fusionen nennt die Kommission den hier vorhandenen Spielraum für Effizienzgewinne, welcher für die Verbraucher vorteilhaft sein könne, da die beteiligten Unternehmen typischerweise komplementäre Funktionen zusammenlegen.[307]

123 Allerdings können von solchen Zusammenschlüssen auch nachteilige Wirkungen ausgehen. Die hauptsächliche Gefahr besteht im drohenden Verdrängungswettbewerb auf den vor- und nachgelagerten Märkten, sog. Marktschließungseffekte. Durch einen vertikalen Zusammenschluss werden die Absatz- bzw. Bezugsmöglichkeiten der beteiligten Unternehmen intensiviert, während gleichzeitig die Absatz- und Bezugsmöglichkeiten der Wettbewerber dementsprechend gemindert werden.[308] Potentiellen Wettbewerbern kann der Eintritt in Märkte mit vertikal integrierten Anbietern erschwert werden, wenn zur Wettbewerbsfähigkeit in dem betroffenen Markt der Eintritt in vor- oder nachgelagerte Märkte erforderlich ist.[309] Erhebliche Marktschließungseffekte können jedoch nur dann eintreten, wenn die beteiligten Unternehmen über eine zumindest marktstarke Stellung in dem Absatz- bzw. Beschaffungsmarkt verfügen und der Zugang zu diesem Markt wesentlich für die Wettbewerbsfähigkeit in dem betroffenen Markt ist. Keine wettbewerblichen Bedenken sollen nach den Nicht-Horizontal-Leitlinien bestehen, wenn sich der Marktanteil der neu-

---

[304] Komm. E. v. 20. 12. 2006 Az. COMP/M. 4215 – *Glatfelter/Crompton* = WuW/E EU-V 1221, 1223.
[305] *Kommission*, Nicht-Horizontal-Leitlinien, Tz. 11.
[306] *Kommission*, Nicht-Horizontal-Leitlinien, Tz. 12.
[307] *Kommission*, Nicht-Horizontal-Leitlinien, Tz. 13.
[308] Monopolkommission 5. Hauptgutachten Tz. 725.
[309] Monopolkommission 5. Hauptgutachten Tz. 727.

en Einheit auf allen betroffenen Märkten auf weniger als 30% beläuft und wenn der HH-Index unterhalb von 2000 liegt.[310] Wird die Schwelle nicht erreicht, dann wird die Kommission nur unter besonderen Umständen Untersuchungen anstellen, etwa dann, wenn ein Unternehmen am Zusammenschluss beteiligt ist, das seine Geschäftstätigkeit wegen Neuentwicklungen in Zukunft ausweiten wird, oder wenn zwischen den Beteiligten beträchtliche Überkreuzlieferungen erfolgen.[311]

Bei der Frage, ob ein Wettbewerbsverstoß vorliegt, nimmt die Kommission eine 3-stufige Prüfung vor: erstens wird geprüft, ob für das zusammengeschlossene Unternehmen die Möglichkeit besteht, Wettbewerber zu verdrängen; zweitens, welche Anreize für eine solche Verdrängung bestehen, und drittens, welche sonstigen Auswirkungen auf den Wettbewerb zu erwarten sind.[312]

So hat die Kommission im Fall *SFR/Télé2 France*[313] die Behinderung wirksamen Wettbewerbs angenommen. Bei dem Zusammenschlussvorhaben ging es um den Erwerb der alleinigen Kontrolle (durch Aktienkauf) über das Internetzugangs- und Festnetztelefonie-Geschäft des Unternehmens Télé2 France durch das Unternehmen SFR S. A., das gemeinsam von Vivendi S. A. und der Vodafone Group kontrolliert wird. Vivendi hat eine starke Stellung innerhalb des Pay-TV-Marktes in Frankreich inne. Da Pay-TV-Programme auch über DSL angeboten werden, Vivendi selbst jedoch nicht über eine DSL-Infrastruktur verfügte, war das Unternehmen darauf angewiesen, auch auf DSL-Anbieter zurückzugreifen. Als DSL-Anbieter stand Télé2 France dabei mit anderen Anbietern beim Pay-TV-Vertrieb im Wettbewerb. Durch den Zusammenschluss mit Télé2 France wäre Vivendi an einem Wettbewerber der DSL-Anbieter auf dem nachgelagerten Markt für den Pay-TV-Vertrieb beteiligt. Dies begründe einen Anreiz für Vivendi, seine starke Stellung auf dem Pay-TV-Markt dazu einzusetzen, Télé2 France beim Zugang zu den Senderechten gegenüber anderen DSL-Anbietern zu bevorzugen. Hierdurch würde der von den DSL-Anbietern auf aktuellen oder potentiellen Pay-TV-Vertriebsmärkten ausgeübte Wettbewerbsdruck erheblich geschwächt, so dass höhere Preise und ein schlechteres Angebot zu erwarten seien.

Im Fall *De Beers/LVMH*[314] plante De Beers zusammen mit LVMH die Gründung eines Gemeinschaftsunternehmens zum Vertrieb u. a. von Schmuckdiamanten unter den Marken von De Beers auf der Einzelhandelsstufe. Hier verneinte die Kommission eine Verstärkung der beherrschenden Stellung von De Beers als Anbieter von Rohdiamanten, da die Gründung des Gemeinschaftsunternehmens auf der Stufe des Einzelhandels mit Schmuckdiamanten nicht geeignet sei, die Struktur des vorgelagerten Marktes für den Verkauf von Rohdiamanten erheblich zu beeinflussen. Im übrigen fehle es auch an einem ursächlichen Zusammenhang zwischen der Verbindung von De Beers und LVMH auf der Einzelhandelsebene und der Marktstellung von De Beers, da De Beers auch aus eigener Kraft in der Lage sei, Schmuckdiamanten unter eigenen Marken im Markt zu positionieren.

cc) Konglomerate Zusammenschlüsse. Konglomerate Zusammenschlüsse sind nach der Definition der Nicht-Horizontal-Leitlinien[315] Fusionen zwischen Unternehmen, deren Beziehung zueinander weder rein horizontal (als Wettbewerber auf demselben relevanten Markt) noch rein vertikal (als Lieferant oder Kunde) ist. Hauptsächlich handelt es sich hierbei um Zusammenschlüsse von Unternehmen, die in eng benachbarten Märkten tätig sind. Das Fehlen von Überschneidungen der Tätigkeitsbereiche führt dazu, dass konglomerate Zusammenschlüsse nur selten wettbewerbswidrige Auswirkungen haben.[316] Sie lassen viel-

---

[310] *Kommission,* Nicht-Horizontal-Leitlinien, Tz. 25.
[311] *Kommission,* Nicht-Horizontal-Leitlinien, Tz. 26.
[312] *Kommission,* Nicht-Horizontal-Leitlinien, Tz. 32.
[313] Komm. E. v. 18. 7. 2007 Az. COMP/M. 4504 – *SFR/Télé2 France.*
[314] Komm. E. v. 25. 7. 2002 Az. COMP/M. - 2333 *De Beers/LVMH.*
[315] Nicht-Horizontal-Leitlinien, Tz. 5 und 91.
[316] Nicht-Horizontal-Leitlinien, Tz. 11, und 92.

mehr sogar Raum für Effizienzgewinne, etwa durch die bessere Koordinierung des Herstellungs- und Vertriebsprozesses. Unter bestimmen Voraussetzungen können konglomerate Zusammenschlüsse allerdings wettbewerbswidrige Auswirkungen haben.[317] Dies ist dann denkbar, wenn die beteiligten Unternehmen auf benachbarten Märkten tätig sind und ähnliche oder vergleichbare Produkte herstellen. Die Gefahr einer Behinderung des Wettbewerbs besteht insbesondere dann, wenn die beteiligten Unternehmen die Möglichkeit haben, ihr Angebot oder ihre Nachfrage zu bündeln. Auch die Beteiligung eines marktmächtigen Unternehmens an einem konglomeraten Zusammenschluss erhöht die Wahrscheinlichkeit wettbewerbsbehindernder Auswirkungen. Seit der Entscheidung des EuG in Sachen *Schneider/Legrand*[318] ist bestätigt, dass die geografische Ausdehnung, die eine fusionierte Einheit durch den Zusammenschluss erlangt, kartellrechtlich relevant sein kann.

128   In den Leitlinien zur Bewertung nicht-horizontaler Zusammenschlüsse führt die Kommission aus, dass die Hauptbedenken bei konglomeraten Fusionen in möglichen **Marktschließungseffekten** (sog. **foreclosure**) bestehen.[319] Durch die Kombination von Produkten benachbarter Märkte erlangt die fusionierte Einheit die Fähigkeit und den Anreiz, unter Ausnutzung ihrer starken Marktstellung in einem Markt durch Koppelungs- oder Bündelungsstrategien den Absatz eines Produkts auf einem anderen Markt zu erhöhen, sog. **Hebelwirkung** oder **leverage effects**.

129   In Abweichung von ihrer früheren Verwaltungspraxis[320] stellt die Kommission in den neuen Nicht-Horizontal-Leitlinien nunmehr klar, dass sog. **Portfolioeffekte** keine eigenständige Rolle spielen. Allein die Größe der Produktpalette kann als solche nicht für die Begründung der Wettbewerbswidrigkeit ausreichen. Vielmehr hebt die Kommission sogar die effizienzsteigernden und wettbewerbsfördernden Möglichkeiten eines verbreiterten Produktportfolios hervor.[321] Gänzlich irrelevant ist der Portfolioeffekt dennoch nicht. Soweit durch das erweiterte Portfolio Praktiken möglich werden, die tatsächlich zu einer Erhöhung der Kosten für die Wettbewerber führen, können diese auch unter den neuen Nicht-Horizontal-Leitlinien als Behinderungsmissbrauch erfasst werden. Voraussetzung ist danach, dass das fusionierte Unternehmen über ein deutliches Maß an Marktmacht verfügt[322] und ein breiteres Produkt- und Markenportfolio für den wettbewerblichen Erfolg überhaupt von entscheidender Bedeutung ist.[323] Letzteres ist ausgeschlossen, wenn ein breites Portfolio überhaupt nicht geeignet ist, Dritte vom Markt auszuschließen.[324]

130   Nach Art. 2 Abs. 1 lit. b FKVO sind die wirtschaftliche Macht und Finanzkraft der Zusammenschlussbeteiligten bei der Beurteilung der Begründung oder Verstärkung einer marktbeherrschenden Stellung zu berücksichtigen (sog. deep pocket doctrine). In den Nicht-Horizontal-Leitlinien wird der Aspekt der Ressourcenverstärkung indes nicht erwähnt. Ob die Finanzkraft überhaupt Einfluss auf den Markterfolg eines Unternehmens

---

[317] EuG U. v. 25. 10. 2002 Rs. T-5/02 und T-80/02 *Tetra Laval BV/Komm*. Tz. 142 = WuW/E EU-R 585. Vgl. auch Nicht-Horizontal-Leitlinien, Tz. 92; vgl. *Immenga/Körber*, in: Immenga/Mestmäcker, EG-WbR Bd. I/Teil 2, S. 448.

[318] EuG U. v. 22. 10. 2002 Rs. T-310/01 – *Schneider/Legrand*, Tz. 170f., 178. Das Rechtsmittel gegen die Entscheidung des EuG ist durch Beschluss des EuGH vom 9. März 2007 (Rs. C-188/06 P) als unzulässig abgewiesen worden, Slg. 2007, I-0035.

[319] *Kommission,* Nicht-Horizontal-Leitlinien, Tz. 93.

[320] Vgl. Komm. E. v. 11. 9. 1997, ABl. EG 1998 Nr. L 145/41 – *Coca-Cola/Carlsberg*; Komm. E. v. 15. 10. 1997 Az. IV/M 938, ABl. EG 1998 Nr. L 228/24 – *Guiness/Grand Metropolitan*; Komm. E. v. 8. 5. 2001, ABl. EG 2002 Nr. C 16/13 – *Pernod Ricard/Diageo/Seagram Spirits*.

[321] *Kommission,* Nicht-Horizontal-Leitlinien, Tz. 104. Siehe auch bereits Komm. E. v. 18. 10. 2001 Az. COMP/M.2608, Tz. 34 – *INA/FAG*.

[322] *Kommission,* Nicht-Horizontal-Leitlinien, Tz. 23, 25.

[323] Vgl. EuG U. v. 22. 10. 2002 Rs. T-310/01, Slg. 2002, II-4071 ff., Tz. 248 – *Schneider Electric*.

[324] Dies verneinend EuG U. v. 22. 10. 2002 Rs. T-310/01, Az. COMP/M. 3799 – *Pernod Ricard/Allied Domecq*.

haben kann, hängt unter anderem von der Finanzkraft der aktuellen und potentiellen Wettbewerber ab.[325] Schließlich können auch sog. **Spill over-Effekte** mit zu berücksichtigen sein; dies setzt allerdings voraus, dass genügend Gemeinsamkeiten zwischen den Geschäftstätigkeiten der fusionierten Unternehmen vorliegen, die ein Profitieren vom Know-how und von Infrastrukturen des anderen Unternehmens überhaupt erst ermöglichen.[326]

Für die Prüfung von Marktschließungseffekten und Hebelwirkungen hat die Kommission in ihren Nicht-Horizontal-Leitlinien eine 3-stufigen Test vorgesehen. Danach ist zu prüfen, ob die fusionierte Einheit die Fähigkeit hätte, ihre Wettbewerber vom Markt abzuschotten, ob sie hierfür einen wirtschaftlichen Anreiz hätte und drittens, ob eine Abschottungsstrategie spürbare schädigende Auswirkungen auf den Wettbewerb hätte und damit den Verbrauchern Schaden zufügen würde.[327] Die Abschottung erfolgt dabei durch Bündelung von Produkten verschiedener Märkte, wobei zwischen reiner Koppelung, bei welcher die Produkte ausschließlich gemeinsam in einem festgelegten Verhältnis zueinander verkauft werden, und gemischter Koppelung, bei der einander ergänzende Produkte gemeinsam zu einem reduzierten Preis, aber auch einzeln zum Normalpreis verkauft werden, zu unterscheiden ist.[328] **131**

Die **Fähigkeit zur Abschottung** des Marktes durch Verknüpfung von Produkten verschiedener Märkte zum Zwecke des Absatzes setzt nach Auffassung der Kommission ein deutliches Maß an Marktmacht der fusionierten Einheit voraus, denn nur dann ist eine Übertragung von Marktmacht auf einen anderen Markt denkbar. Hierbei ist indes Marktmacht nicht mit Marktbeherrschung gleichzusetzen.[329] Marktmacht ist vielmehr grundsätzlich nur dann ausgeschlossen, wenn die neue Einheit einen Marktanteil von unter 30% hat und kumulativ der HH-Index unter 2000 liegt, sog. safe harbour.[330] Weiterhin ist Voraussetzung, dass wenigsten eines der verknüpften Produkte für die Kunden besonders wichtig ist. Besonders wahrscheinlich sind Auswirkungen auf das Kaufverhalten, wenn die Produkte komplementär oder substituierbar sind.[331] **132**

Der **Anreiz** zur Marktabschottung hängt von der Profitabilität ab. Es sind die Kosten für die Koppelung sowie mögliche Umsatzverluste den möglichen Gewinnen aus Marktanteilssteigerungen und/oder Preiserhöhungen gegenüberzustellen.[332] Zusätzlich zu berücksichtigen sind den Anreiz fördernde und verringernde Faktoren; letzteres gilt etwa für solche, die möglicherweise einen Verstoß gegen das Wettbewerbs- oder Kartellrecht darstellen.[333] **133**

Das Vorliegen spürbar **schädigender Auswirkungen** auf den Wettbewerb zum Nachteil der Verbraucher kann nicht allein mit einem etwaigen Absatz- oder Umsatzrückgang begründet werden.[334] Durch diese Klarstellung distanziert sich die Kommission von ihrer früheren Entscheidung in Sachen *General Electric/Honeywell*.[335] Die Kommission hatte darin eine Verstärkung der marktbeherrschenden Stellung von General Electric bei der Herstellung und dem Verkauf von Triebwerken angenommen, da das neu fusionierte Unternehmen in der Lage sein würde, ihre komplementären Produkte, d.h. die Triebwerke von General Electric und die Avionikprodukte von Honeywell, zu Paketangeboten zu bündeln.[336] **134**

---

[325] Vgl. Monopolkommission, Hauptgutachten VI, Tz. 460.
[326] Komm. E. v. 30. 7. 1997 Az. IV/M. 877 – *Boeing/McDonnell Douglas*.
[327] *Kommission,* Nicht-Horizontal-Leitlinien, Tz. 94.
[328] *Kommission,* Nicht-Horizontal-Leitlinien, Tz. 96.
[329] *Kommission,* Nicht-Horizontal-Leitlinien, Tz. 99.
[330] *Kommission,* Nicht-Horizontal-Leitlinien, Tz. 25.
[331] *Kommission,* Nicht-Horizontal-Leitlinien, Tz. 100.
[332] *Kommission,* Nicht-Horizontal-Leitlinien, Tz. 105 f.
[333] *Kommission,* Nicht-Horizontal-Leitlinien, Tz. 109 f.
[334] *Kommission,* Nicht-Horizontal-Leitlinien, Tz. 111.
[335] Komm. E. v. 3. 7. 2001 Az. COMP/M. 2220 – *General Electric/Honeywell;* eine anschauliche Besprechung des Urteils findet sich bei *Montag,* in: FS Bechtold, S. 339 ff.
[336] Komm. E. v. 3. 7. 2001 Az. COMP/M. 2220 – *General Electric/Honeywell* Tz. 412.

Dadurch entstünden Preisvorteile, die die Abnehmer dazu veranlassen könnten, künftig nur noch bei der *General Electric/Honeywell* zu kaufen.[337] Das EuG[338] bestätigte die Entscheidung zwar im Ergebnis, allerdings wurde das Verbot ausschließlich mit den klassischen horizontalen Wirkungen des Zusammenschlusses begründet.[339] Die Gefahr einer Koppelung von Triebwerken (GE) mit elektronischen Startern (Honeywell) sah das EuG als nicht erwiesen an, da Triebwerke sehr teuer und elektronische Starter demgegenüber vergleichsweise geringwertig seien.[340] Damit erkannte das EuG die Gefahr von Bündeleffekten zwar generell an, stellte an den Tatsachennachweis solcher Effekte indes hohe Anforderungen.

135 Die Kommission hat klargestellt, dass im Rahmen der Beurteilung der Auswirkung von Produktkoppelungen auf den Wettbewerb auch Gegenkräfte, wie etwa das Vorhandensein von Nachfragemacht, die Möglichkeit des Marktzutritts potentieller Wettbewerber und das Vorliegen von Effizienzvorteilen, zu berücksichtigen sind. Insbesondere ist bei konglomeraten Zusammenschlüssen zu prüfen, ob sich die Preissenkung des einen Produkts auch positiv auf die Nachfrage bezüglich des anderen Produkts auswirkt. Eine gegenüber Wettbewerbern breitere Produktpalette bietet Unternehmen zudem die Möglichkeit, über Preisnachlässe auf gebündelte Produkte größere Mengen aller geführten Produkte abzusetzen, sog. Cournot-Effekt der Produktbündelung.[341] Die Nachteile geringerer Gewinnspannen je Produkt werden durch die Vorteile höherer Marktanteile kompensiert.

136 An die Annahme, eine fusionierte Einheit werde die Fähigkeit realisieren, eine Hebelwirkung (sog. leverage effect) auszuüben, werden hohe **Begründungsanforderungen** gestellt.[342] So hatte das EuG in Sachen *Tetra Laval/Sidel*[343] die Untersagung des Zusammenschlusses durch die Kommission[344] aufgehoben, weil ein überzeugender Beweis („convincing evidence") dafür, dass die befürchteten zukünftigen leverage-Effekte eintreten würden, nicht geführt worden sei. Der EuGH hat das EuG in dieser Ansicht bestätigt.[345] Erforderlich ist danach, dass die Ausübung einer Hebelwirkung wahrscheinlich ist und dass plausibel gemacht wird, dass die Ausübung zur Entstehung oder Verstärkung einer beherrschenden Stellung bzw. erheblichen Behinderung des wirksamen Wettbewerbs führen kann. Auch nach Erlass der Leitlinien für nicht-horizontale Zusammenschlüsse scheint sich an den strengen Beweisanforderungen nichts zu ändern. So wird in den Schlussanträgen in Sachen *Bertelsmann/Impala* vom 13. Dezember 2007 klargestellt, dass schon deshalb hohe Anforderungen an die Begründung zu stellen seien, weil der Kommission bei der Beurteilung komplexer wirtschaftlicher Zusammenhänge ein beträchtlicher Beurteilungsspielraum zusteht.[346]

4. Kollektive Marktbeherrschung

137 **a) Allgemeines.** Art. 2 erfasst auch Fälle, in denen eine kollektive Marktbeherrschung vorliegt.[347] Mit der Figur der kollektiven Marktbeherrschung werden die **koordinierten**

---

[337] Komm. E. v. 3. 7. 2001 Az. COMP/M. 2220 – *General Electric/Honeywell* Tz. 376.
[338] EuG U. v. 14. 12. 2005, Rs. T-210/01, WuW/E EU-R 977 – *General Electric/Kommission*.
[339] Vgl. auch Nicht-Horizontal-Leitlinien, Tz. 119.
[340] EuG U. v. 14. 12. 2005, Rs. T-210/01, WuW/E EU-R 977, Tz. 439 ff. – *General Electric/Kommission*.
[341] *Kommission*, Nicht-Horizontal-Leitlinien, Tz. 114, 117.
[342] Zum leverage effect siehe oben Rn. 128.
[343] EuG U. v. 25. 10. 2002 Rs. T-5/02 und T-80/02 – *Tetra Laval BV/Komm*. Tz. 336 = WuW/E EU-R 585.
[344] Komm. E. v. 30. 10. 2001 Az. COMP/M. 2416 – *Tetra Laval/Sidel*.
[345] EuGH U. v. 15. 2. 2005 Rs. C-12/03 P, Slg. 2005, I-987 Tz. 19 ff. – *Tetra Laval/Sidel*.
[346] EuGH, Schlussanträge der Generalanwältin Juliane Kokett vom 13. 12. 2007 Rs. C-413/06, BeckRS 2007 71066.
[347] *Rittner/Kulka*, Wettbewerbs- und Kartellrecht, 7. Aufl. 2008, § 13 Rn. 55.

Wirkungen[348] eines Zusammenschlusses erfasst. Kollektive Marktbeherrschung liegt vor, wenn die zusammengeschlossenen Unternehmen zusammen mit einem oder mehreren dritten Unternehmen – insbesondere aufgrund der zwischen ihnen bestehenden verbindenden Faktoren – die Macht haben, ihr Marktverhalten zu koordinieren (Innenverhältnis) und dadurch die Möglichkeit haben, sich unabhängig von anderen Wettbewerbern, von ihrer Kundschaft und letztlich von den Verbrauchern zu verhalten (Außenverhältnis).[349] Die Begriffe kollektive Marktbeherrschung, gemeinsame Marktbeherrschung, oligopolistische Marktbeherrschung oder kollektive Effekte werden synonym füreinander gebraucht.[350]

Unter **oligopolistischen Märkten** versteht man Märkte mit einem hohen Konzentrationsgrad, auf denen nur eine begrenzte Anzahl bedeutender Wettbewerber tätig ist, so dass Änderungen des Verhaltens jedes einzelnen oligopolistischen Unternehmens sich spürbar auf die Bedingungen des Gesamtmarkts auswirken.[351] Preis- oder Mengenänderungen eines Oligopolmitglieds erzeugen daher Rückwirkungen auf die Absatzsituation der anderen Mitglieder, die sich den geänderten Bedingungen anpassen. Oligopolistische Märkte zeichnen sich somit durch die **Reaktionsverbundenheit** der Mitglieder des Oligopols aus, die ihr Verhalten an dem wahrscheinlichen Verhalten der anderen Oligopolmitglieder in der Überzeugung ausrichten, damit auch deren Verhalten beeinflussen zu können. Bei entsprechender Transparenz der wettbewerblichen Verhaltensparameter muss jedes Mitglied des Oligopols damit rechnen, dass Preissenkungen oder sonstige Wettbewerbsvorstöße von den anderen Oligopolisten mit entsprechenden Maßnahmen beantwortet werden, mit der Folge einer allgemeinen Absenkung des Preisniveaus, ohne dass der Vorstoß zu einem spürbaren Marktanteilsgewinn führt. Unter derartigen Marktbedingungen kann die Reaktionsverbundenheit des Oligopols daher dazu führen, dass es für die Mitglieder erkennbar wirtschaftlich vernünftig ist, unter Verzicht auf wettbewerbliche Aktionen einheitlich im Markt vorzugehen, um durch parallele Festsetzung höherer Preise oder Produktionseinschränkungen ihre Gewinnsituation zu verbessern. Oligopolistische Strukturen können daher zu überhöhten Preisen, zu vermindertem Qualitäts- und Innovationswettbewerb und zur Entwicklung ineffizienter Unternehmensstrukturen führen.[352] Da sich jedoch bei Ungewissheit über das Marktverhalten und die Reaktionen der anderen Anbieter eine Gewinnmaximierung nicht durch stillschweigendes Parallelverhalten der Oligopolmitglieder verwirklichen lässt, kann in einem Oligopol ebenso gut intensiver Wettbewerb herrschen. Ausschlaggebend für die Beurteilung oligopolistischer Märkte ist daher, ob unter den strukturellen Gegebenheiten des relevanten Marktes eine stillschweigende Verhaltenskoordinierung oder Wettbewerb unter den Oligopolisten zu erwarten ist.[353] Die Koordinierung kann sich dabei auf die Aufrechterhaltung von Preisen oberhalb des Wettbewerbsniveaus, die Beschränkung der Produktion, die Aufteilung von Märkten oder andere Wettbewerbsparameter beziehen.[354]

b) Voraussetzungen. Ebenso wie bei der Einzelmarktbeherrschung wird auch für die kollektive Marktbeherrschung auf das Vorliegen eines wettbewerblich nicht kontrollierten Verhaltensspielraums abgestellt. Hierfür ist zum einen erforderlich, dass zwischen den am Oligopol beteiligten Unternehmen kein wirksamer **Innenwettbewerb** besteht. Zum anderen müssen sie gemeinsam die Macht haben, ihr Verhalten unabhängig von anderen Wettbewerbern und der Marktgegenseite durchzusetzen. Sie dürfen also keinem wesent-

---

[348] Vgl. zum Begriff der koordinierten Wirkungen Rn. 55.
[349] EuG U. v. 6. 6. 2002 Rs. T-342/1999 *Airtours/Komm.* Slg 2002 – II 2585, Tz. 59; Komm. E. v. 13. 6. 2007 Az. COMP/M 4596 – *Wärtsilä/Hyundai/JV,* Tz. 20 ff.
[350] *Haupt* EWS 2002, 362.
[351] Vgl. *Kommission,* Horizontal-Leitlinien Tz. 25, Fn. 29.
[352] Vgl. *Albers/Hacker* in: Schröter/Jakob/Mederer (Fn. 297) Art. 2 FKVO Rn. 314.
[353] *Haupt* EWS 2002, 362.
[354] *Kommission,* Horizontal-Leitlinien Tz. 40.

lichen **Außenwettbewerb** ausgesetzt sein.³⁵⁵ Diese beiden Elemente kollektiver Marktbeherrschung stehen zueinander in einem Abhängigkeitsverhältnis: Starker Außenwettbewerb erschwert die Beschränkung des Wettbewerbs innerhalb des Oligopols. Bei nur schwach ausgeprägtem Wettbewerb dritter Unternehmen sind die Mitglieder des Oligopols hingegen eher in der Lage, den Wettbewerb untereinander auszuschließen.

140   Für die Prüfung, ob das Oligopol einem wirksamen **Außenwettbewerb** ausgesetzt ist, ist auf die allgemeinen Marktbeherrschungskriterien zurückzugreifen, d. h. es ist festzustellen, ob die Oligopolmitglieder zusammen in der Lage sind, sich in nennenswertem Umfang unabhängig von den Wettbewerbern, der Marktgegenseite und den Verbrauchern zu verhalten. Das Maß der Unabhängigkeit hängt entscheidend von der Reaktionssensibilität der Oligopol-Außenseiter ab. So hat die Kommission im Fall *TUI/First Choice* festgestellt, dass die verbleibenden Wettbewerber ausführliche Preisvergleiche durchführten und sehr preissensibel seien, so dass diese einen beträchtlichen Wettbewerbsdruck ausübten und insofern koordinierte Wirkungen nicht zu erwarten seien.³⁵⁶ Der **Innenwettbewerb** zwischen den Oligopolmitgliedern kann zum einen durch Vereinbarungen oder ein abgestimmtes Verhalten der Oligopolisten im Sinne des Art. 81 EG ausgeschlossen sein. Wirksamer Innenwettbewerb fehlt aber auch dann, wenn es aufgrund der Merkmale des relevanten Marktes, insbesondere im Hinblick auf die Konzentration, die Transparenz und die Homogenität der Produkte, für jedes Mitglied des Oligopols in Wahrnehmung der gemeinsamen Interessen möglich, wirtschaftlich vernünftig und daher ratsam erscheint, dauerhaft einheitlich auf dem Markt vorzugehen, um seine Produkte zu höheren als den Wettbewerbspreisen zu verkaufen, ohne eine Vereinbarung im Sinne des Art. 81 EG zu treffen.³⁵⁷

141   Das EuG hat in seinen Urteilen *Gencor/Kommission*,³⁵⁸ *Airtours/Kommission*³⁵⁹ und *Impala/Kommission*³⁶⁰ drei Voraussetzungen für das Vorliegen von kollektiver Marktbeherrschung aufgestellt. Diese Voraussetzungen hat die Kommission in ihren Leitlinien über die Bewertung horizontaler Zusammenschlüsse aufgegriffen und erläutert.³⁶¹

142   Als erstes muss jedes Mitglied des beherrschenden Oligopols in der Lage sein, das Marktverhalten der anderen Mitglieder in Erfahrung zu bringen, um festzustellen, ob sie einheitlich vorgehen oder nicht. Diese Voraussetzung wird in aller Regel nur dann erfüllt sein, wenn der Markt ein hinreichendes Maß an **Transparenz** aufweist, das es jedem Mitglied des beherrschenden Oligopols ermöglicht, mit der erforderlichen Genauigkeit und Schnelligkeit die Entwicklung des Verhaltens aller anderen Mitglieder auf dem Markt in Erfahrung zu bringen und das eigene Verhalten entsprechend anzupassen.³⁶²

143   Zweitens muss die stillschweigende Koordinierung **auf Dauer** erfolgen können. Hierfür muss es einen Anreiz geben, nicht von dem gemeinsamen Vorgehen auf dem Markt abzuweichen. Eine kollektive beherrschende Stellung hat nur dann Bestand, wenn genügend **Abschreckungsmittel** langfristig für einen Anreiz sorgen, nicht vom gemeinsamen Vorgehen abzuweichen. Dieses setzt voraus, dass jedes Mitglied des beherrschenden Oligopols sich bewusst ist, dass jede auf Vergrößerung seines Marktanteils gerichtete, stark wettbewerbsorientierte Maßnahme entsprechende Maßnahmen seitens der anderen Mitglieder auslösen würde, so dass es keinerlei Vorteil aus seiner Initiative ziehen könnte. Nicht erforderlich ist, dass bereits entsprechende Sanktionen der Oligopolisten gegeneinander ver-

---

³⁵⁵ Komm. E. v. 4. 6. 2007 Az. COMP/M. 4600 – *TUI/First Choice*.
³⁵⁶ Komm. E. v. 4. 6. 2007 Az. COMP/M. 4600 – *TUI/First Choice*.
³⁵⁷ EuG U v. 6. 6. 2002 Rs. T-342/1999 – *Airtours/Komm*. Tz. 61.
³⁵⁸ EuG U. v. 25. 3. 1999 Rs. T-102/96 – *Gencor/Komm*. Slg. 1999, II-753 Tz. 276 ff.
³⁵⁹ EuG U. v. 6. 6. 2002 Rs. T-342/1999 – *Airtours/Komm*. Tz. 62.
³⁶⁰ EuG U. v. 13. 7. 2006 Rs. T-464/04 – *Impala/Komm*. = WuW/E EU-R 1091 f.
³⁶¹ *Kommission*, Horizontal-Leitlinien Tz. 39 ff.
³⁶² EuG U. v. 9. 7. 2007 Rs. T-282/06 – *Sun Chemical/Kommission*.

hängt worden sind. Ausreichend ist – wie das EuG im Fall *Impala/Kommission*[363] klargestellt hat – die bloß konkrete Möglichkeit solcher Sanktionen in der Zukunft. Eine Abschreckung kann insbesondere dadurch erreicht werden, dass es für jedes Mitglied des Oligopols klar auf der Hand liegt, dass eine eigene Preissenkung unmittelbar eine Preissenkung der anderen Mitglieder zur Folge hätte, so dass das Abweichen von dem gemeinsamen wettbewerblichen Vorgehen keinen Vorteil verspricht.[364] Die Vergeltungsmaßnahmen müssen innerhalb eines überschaubaren Zeitraums umsetzbar sein, damit sie eine disziplinierende Wirkung auf die Oligopolmitglieder entfalten können. Insoweit besteht ein Zusammenhang mit der Transparenz des Marktes, da zeitnahe Vergeltungsmaßnahmen nur möglich sind, wenn das Vorgehen eines Marktteilnehmers von seinen Wettbewerbern ohne wesentliche Verzögerung erkennbar ist. Die Vergeltungsmaßnahmen können in einem anderen Markt erfolgen als das abweichende Verhalten.[365] Sie müssen aber im Verhältnis zu den Vorteilen eines abweichenden Verhaltens hinreichend gewiss und schwerwiegend sein, um eine ausreichende Abschreckungswirkung zu entfalten.

Schließlich dürfen die voraussichtlichen Reaktionen der tatsächlichen und potentiellen **144** Konkurrenten sowie der Verbraucher die erwarteten Ergebnisse des gemeinsamen Vorgehens nicht in Frage stellen. Dritte Voraussetzung ist also der fehlende **Außenwettbewerb**.

c) Kriterien. Die Kommission muss in einer Prognoseentscheidung feststellen, ob der **145** Zusammenschluss in Zukunft eine kollektive Marktbeherrschung begründet oder verstärkt. Die einzelnen Kriterien hierfür sind nicht für sich allein zu betrachten, sondern stehen in einer Wechselwirkung. Bei der Beurteilung ist daher immer eine Gesamtschau vorzunehmen. Die Kommission untersucht zuerst die Marktkonzentration und prüft dann anhand von markt- und unternehmensbezogenen Merkmalen, ob durch den Zusammenschluss ein koordiniertes Verhalten der Mitglieder des Oligopols gefördert wird. Hierbei berücksichtigt sie insbesondere Markttransparenz, Produkthomogenität, Marktphasen, strukturelle und wirtschaftliche Verbindungen, Kostenstrukturen, Nachfrageelastizität, Marktzutrittsschranken und Marktmacht der Marktgegenseite. Diese Kriterien überschneiden sich weitgehend mit den Kriterien, die zur Beurteilung einer Einzelmarktbeherrschung herangezogen werden.[366] Im Folgenden werden nur die spezifischen Gesichtspunkte für das Vorliegen einer kollektiven Marktbeherrschung gesondert erörtert.

aa) Marktkonzentration. Ausgangspunkt und primäres Beurteilungskriterium ist der **146** Konzentrationsgrad des relevanten Marktes. Je enger ein Oligopol ist, also je geringer die Anzahl der Oligopolisten ist, desto stärker ist die Reaktionsverbundenheit zwischen den Oligopolmitgliedern. Erst in einem engen Oligopol werden die Unternehmen in einem Maße in die Lage versetzt, gegenseitig ihr Verhalten zu überwachen und wirksame Vergeltungsmaßnahmen für Wettbewerbsvorstöße einzelner Oligopolmitglieder zu ergreifen, das eine dauerhafte stillschweigende Verhaltensabstimmung erwarten lässt.[367] In einem weiten Oligopol hingegen ist eine gemeinsame Marktbeherrschung aufgrund des komplexen Beziehungsgeflechts zwischen den Mitgliedern und der damit verbundenen Anreize zu abweichendem Verhalten unwahrscheinlich.[368] Die Kommission prüfte das Vorliegen kollektiver Marktmacht auch bei Oligopolen mit vier oder fünf Teilnehmern, die zusammen über einen Marktanteil von über 70% verfügten. Sie kam jedoch in allen Fällen aufgrund fehlender Markttransparenz oder starkem potentiellem Wettbewerb zu der Entscheidung,

---

[363] EuG U. v. 13. 7. 2006 Rs. T-464/04 – *Impala/Komm.* = WuW/E EU-R 1091 f.
[364] In diesem Sinne auch *Bartosch* EuZW 2002, 645, 647 f.
[365] *Kommission*, Horizontal-Leitlinien Tz. 53 ff.
[366] Vgl. Rn. 71 ff.; für eine ausführliche Darstellung von der Kommission und den Gerichten für relevant erachteter Marktstrukturkriterien siehe *Schürnbrand*, Kollektive Marktbeherrschung in der Europäischen Fusionskontrolle, S. 193 ff.
[367] Vgl. auch *Albers/Hacker* in: Schröter/Jakob/Mederer (Fn. 297) Art. 2 FKVO Rn. 326.
[368] Komm. E. v. 20. 5. 1998 Az. IV/M. 1016 – *Price Waterhouse/Coopers & Lybrand*, Tz. 103.

dass keine kollektive Marktbeherrschung vorlag.[369] Im Fall *Airtours/First Choice* untersagte die Kommission zwar erstmals die Entstehung eines marktbeherrschenden Oligopols aus drei Unternehmen, die einen Marktanteil von über 60% auf sich vereinigten.[370] Das EuG sah die strukturellen Merkmale einer kollektiven Marktbeherrschung jedoch als nicht ausreichend nachgewiesen an und hob die Entscheidung daher wieder auf.[371] Zusammenschlüsse, die zu einem Duopol geführt hätten, sind von der Kommission in mehreren Fällen untersagt worden.[372] Es ist davon auszugehen, dass die Kommission Zusammenschlüssen, die zu einem Duopol mit über 50% Marktanteil führen oder ein solches verstärken, in aller Regel kritisch gegenüberstehen wird.[373] Dies gilt auch dann, wenn der gemeinsame Marktanteil der am Zusammenschluss beteiligten Unternehmen 25% nicht übersteigt, da der für die Einzelmarktbeherrschung geltende Grundsatz, dass unterhalb dieser Grenze wirksamer Wettbewerb nicht erheblich behindert wird, auf die Begründung oder Verstärkung einer gemeinsamen marktbeherrschenden Stellung nicht anwendbar ist.[374] Bei Zusammenschlüssen, die zu einem Oligopol aus drei oder mehr Mitgliedern führen, prüft die Kommission die Begründung oder Verstärkung einer kollektiven Marktbeherrschung im Allgemeinen erst, wenn das Oligopol einen Marktanteil von mindestens 60% auf sich vereint.

147 Neben den Marktanteilshöhen berücksichtigt die Kommission zur Beurteilung der Marktkonzentration den Herfindahl-Hirschmann Index (HHI).[375] Nach den Leitlinien der Kommission zur Beurteilung von horizontalen Zusammenschlüssen sind Zusammenschlüsse, die zu einer Erhöhung des HHI um höchstens 250 Punkte auf bis zu 2000 Punkte oder zu einer Erhöhung um nicht mehr als 150 Punkte führen, in der Regel mit dem Gemeinsamen Markt vereinbar.[376] Dieser Grundsatz soll jedoch nicht gelten, wenn bestimmte Faktoren vorliegen. Hierzu gehören neben dem Bestehen von Überkreuzbeteiligungen zwischen den Marktteilnehmern und Anzeichen einer Koordinierung im Markt insbesondere Marktanteile von mindestens 50% oder ein überproportionales Innovationspotential eines Zusammenschlussbeteiligten und die Beteiligung potentieller oder neu in den Markt eingetretener Wettbewerber sowie die Zusammenschlussbeteiligung von Außenseitern, die ein koordiniertes Verhalten der Wettbewerber voraussichtlich verhindert hätten.[377]

148 **bb) Marktanteilsentwicklung** Des weiteren kann die **Entwicklung der Marktanteile** in der Vergangenheit Aufschluss über die Wettbewerbsintensität des Oligopols geben. **Stabile Marktanteile** der Oligopolisten sind ein Indiz für eine gemeinsame Marktbeherrschung. Die Stabilität der historischen Marktanteile begünstigt die Entwicklung einer stillschweigenden Kollusion, da sie es den Unternehmen erleichtert, den Markt untereinander aufzuteilen, indem jedes Unternehmen seine Produktionsmengen entsprechend des in der Vergangenheit gehaltenen Marktanteils festlegt.[378] Insbesondere deutet es auf eine gemeinsame Marktbeherrschung hin, wenn die Marktanteile bei erheblichen Veränderungen der

---

[369] Komm. E. v. 25. 9. 1992 Az. IV/M. 258 *CCIE/GTE*, Tz. 23; Komm. E. v. 27. 4. 1992 Az. IV/M. 202 – *Thorn EMI/Virgin*, Tz. 23; Komm. E. v. 25. 11. 1998 Az. IV/M. 1225 – *Enso/Stora* ABl. 1999 L 254/9, Tz. 68.
[370] Komm. E. v. 22. 9. 1999 Az. IV/M. 1524 – *Airtours/First Choice* ABl. 2000 L 93/1, Tz. 32.
[371] EuG U. v. 6. 6. 2002 Rs. T-342/1999 – *Airtours/Komm.* Slg. 1999 II 753.
[372] Komm. E. v. 22. 7. 1992 Az. IV/M. 190 – *Nestlé/Perrier*, Tz. 20 = WUW/ E EV 1903; Komm. E. v. 24. 4. 1996 Az. IV/M. 619 – *Gencor/Lonrho*; verneinend: Komm. E. v. 20. 6. 2001 Az. COMP/M. 2201 – *MAN*/Auwärter ABl. 2002 L 93/1.
[373] So hat die Kommission im Fall *TUI/First Choice* (E. v. 4. 6. 2007 Az. COMP/M. 4600) ein Duopol mit einem addierten Marktanteil von 60% als kritisch angesehen.
[374] *Kommission,* Horizontal-Leitlinien Tz. 18 Fußnote 24.
[375] Vgl. zum Herfindahl-Hirschmann Index Rn. 81.
[376] *Kommission,* Horizontal-Leitlinien Tz. 20.
[377] *Kommission,* Horizontal-Leitlinien Tz. 20.
[378] EuG U. v. 6. 6. 2002 Rs. T-342/1999 – *Airtours/Kom.* Tz. 111.

äußeren Marktumstände, wie zum Beispiel einem starken Nachfragerückgang, konstant geblieben sind.[379] Schwankende Marktanteile sind dagegen ein Anzeichen für das Bestehen von Wettbewerb zwischen den Mitgliedern des Oligopols.[380] Das EuG hat im Fall *Airtours/First Choice* entgegen der von der Kommission in ihrer Untersagungsentscheidung vertretenen Auffassung auch Veränderungen der Marktanteile, die sich aus externem Wachstum der Unternehmen ergaben, als Zeichen für intensiven Wettbewerb gewertet.[381]

cc) Markttransparenz. Die Transparenz des Marktes ist ein wichtiges Kriterium bei der Beurteilung einer kollektiven Marktbeherrschung.[382] Nur bei hinreichender Vorhersehbarkeit des Verhaltens ihrer Wettbewerber können die Mitglieder des Oligopols ihr Verhalten gegenseitig anpassen und kann ein etwaiges Abweichen eines Unternehmens von der gemeinsamen Linie entdeckt und sanktioniert werden. Je komplexer die Marktverhältnisse sind, desto mehr Transparenz der für das Marktverhalten relevanten Informationen ist erforderlich, um ein gemeinsames Vorgehen auf dem Markt zu ermöglichen.[383] Eine besondere Rolle spielt hierbei die Verfügbarkeit von Informationen über Preise und Mengen, Absatzstrategien, Produktionskapazitäten und Bezugsquellen.[384] Um ein koordiniertes Verhalten zu fördern, müssen die Marktinformationen auch aktuell sein. Markttransparenz kann auf unterschiedliche Weise entstehen. Sie kann so z. B. durch die Veröffentlichung von Durchschnittspreisen in der Fachpresse,[385] durch den Handel mit den relevanten Produkten an der Börse oder aus Veröffentlichungen von Produktions- oder Absatzstatistiken der entsprechenden Branche.[386] In einem engen Oligopol herrscht im Allgemeinen eine höhere Markttransparenz, da die Marktbeziehungen mit der Verringerung der Zahl der Wettbewerber leichter überschaubar werden. Auch die Homogenität der Produkte und eine hohe Marktkonzentration können zu einer Transparenz des Marktes beitragen.[387]

dd) Produkthomogenität. Unter homogenen Produkten versteht man Produkte mit weitgehend gleichen physischen und subjektiven Eigenschaften.[388] Die weitgehend identische Beschaffenheit homogener Produkte beschränkt die Anzahl der den Anbietern zur Verfügung stehenden Wettbewerbsparameter und erleichtert dadurch die stillschweigende Verhaltenskoordination im Oligopol. So müssen sich die Oligopolmitglieder bei einem homogenen Produkt wie Benzin grundsätzlich nur über den Preis verständigen.[389] Zwar kann der Preis als der wesentliche Wettbewerbsparameter auf konzentrierten Märkten zunächst zu einer hohen Wettbewerbsintensität führen. Da die Marktteilnehmer durch jede Preisunterbietung Gewinneinbußen erleiden, steigt jedoch ihr Interesse an einer Vermeidung des Preiswettbewerbs.[390] Heterogene Produkte mit hoher Produktdifferenzierung erschweren hingegen die Koordinierung, da sie die Vorhersehbarkeit des Marktverhaltens der Wettbewerber erschweren. So hat die Kommission im Fall *TUI/First Choice* die Produktpalette bei Kurzstrecken- und Langstrecken-Pauschalreisen für zu groß erachtet, um

---

[379] Komm. E. v. 14. 12. 1993 Az. IV/M. 308 – *Kali und Salz/MDK/Treuhand* ABl. 1994 L 186.
[380] Komm. E. v. 21. 12. 1993 – *Pilkington-Techint/SIV,* Tz. 28.
[381] EuG U. v. 6. 6. 2002 Az. T-342/1999 – *Airtours/Kom,* Tz. 111 ff.
[382] EuG U. v. 6. 6. 2002 Rs. T-342/1999 – *Airtours/Kom* Tz. 62; vgl. auch Komm. E. v. 4. 12. 2000 Rs. COMP/ECS C 1342 – *Outokumpu/Avesta Sheffield,* Tz. 31; Komm. E. v. 4. 6. 2007 Az. COMP/M. 4600 – *TUI/First Choice.*
[383] *Kommission,* Horizontal-Leitlinien Tz. 47.
[384] Vgl. *Albers/Hacker* in: Schröter/Jakob/Mederer, Kommentar zum Europäischen Wettbewerbsrecht, Art. 2 FKVO Rn. 341 f.
[385] Komm. E. v. 22. 7. 1992 Az. IV/M. 190 – *Nestlé/Perrier,* Tz. 20 = WUW/ E EV 1903.
[386] Komm. E. v. 24. 4. 1996 Az. IV/M. 619 – *Gerncor/Lonrho,* Tz. 144 ff. ABl. 1997 L 11/30; Komm. E. v. 9. 3. 1999 Az. COMP/M. 1313 – *Crown/Vestjyske Slagterier,* Tz. 176 ff.
[387] EuG U. v. 13. 7. 2006 Rs. T-464/04 – *Impala/Komm.* = WuW/E EU-R 1091 f.
[388] Komm. E. v. 13. 6. 2000 Az. COMP/M. 1673 – *Veba/Viag* ABl. 2001 L 188, Tz. 71.
[389] Komm. E. v. 29. 9. 1999 Az.. IV/M. 1383 – *Exxon/Mobile,* Tz. 462.
[390] Komm. E. v. 13. 6. 2000 Az. COMP/M. 1673 – *Veba/Viag* ABl. 2001 L 188, Tz. 73.

eine Koordinierung zu ermöglichen.[391] Ein hoher Grad an **Produkthomogenität** spricht im Allgemeinen für eine eher geringe Wettbewerbsintensität im Oligopol.[392] Für sich betrachtet kann jedoch die Homogenität oder Heterogenität der betroffenen Produkte alleine die Möglichkeit eines stillschweigenden Parallelverhaltens der Oligopolisten weder begründen noch ausschließen.

151 **ee) Strukturelle Verbindungen.** Strukturelle Verbindungen zwischen den Mitgliedern des Oligopols erhöhen die Wahrscheinlichkeit einer Koordinierung.[393] Strukturelle Verbindungen können personeller, kapitalmäßiger oder auch vertraglicher Art sein. Sie können beispielsweise durch Kooperationsvereinbarungen in Forschung und Entwicklung oder anderen Bereichen, durch Lizenzverträge, Gemeinschaftsunternehmen oder die Vertretung in Branchenorganen begründet sein. Die Förderung koordinierten Verhaltens resultiert daraus, dass strukturelle Verbindungen von Marktteilnehmern deren Interesse am gegenseitigen Erfolg erhöhen und ihnen den Zugang zu Informationen über die anderen Marktteilnehmer ermöglichen.[394] Voraussetzung ist allerdings, dass sich die Tätigkeiten der von der Verbindung betroffenen Unternehmen überlappen. So sah es die Kommission im Fall *Wärtsilä/Hyundai/JV* als unwahrscheinlich an, dass die Gesellschafter eines Gemeinschaftsunternehmens für Zwei-Treibstoff-Schiffsantriebe, das ausschließlich den koreanischen, chinesischen und taiwanesischen Schiffsbaumarkt beliefern soll, ihr Verhalten in dem Markt für Vier-Takt-Schiffsantriebe, in dem sie zusammen weltweit einen Marktanteil von 50–60% halten, koordinieren werden.[395] Seit dem Urteil des EuG in Fall *Gencor/Kommission* ist für die Fusionskontrolle geklärt, dass strukturelle Verbindungen zwar wichtige Hinweise auf das Vorliegen einer kollektiven Marktbeherrschung geben können, jedoch keine notwendige Bedingung zur Bejahung einer kollektiven Marktbeherrschung sind.[396] Die Kommission hat die Feststellung oligopolistischer Marktbeherrschung ungeachtet dessen auch weiterhin maßgeblich mit strukturellen Verflechtungen der Oligopolteilnehmer begründet.[397] Es ist daher davon auszugehen, dass dieses Kriterium auch künftig seine Bedeutung behalten wird.

152 **ff) Wettbewerbsverhalten in der Vergangenheit.** Ferner berücksichtigt die Kommission bei ihrer Prognoseentscheidung die Entwicklung des Wettbewerbsverhaltens der Marktteilnehmer in der Vergangenheit bis zum Untersuchungszeitpunkt.[398] In ihrem Entwurf einer Mitteilung über die Kontrolle von horizontalen Zusammenschlüssen erklärte die Kommission noch, die Genehmigung eines Zusammenschlusses sei unwahrscheinlich, wenn die Anbieter schon vorher ihr Verhalten koordinierten, es sei denn die Koordinierung würde durch den Zusammenschluss voraussichtlich beendet.[399] In den veröffentlichten Leitlinien heißt es nunmehr, dass Nachweise für ein koordiniertes Verhalten in der Vergangenheit von Bedeutung sind, wenn sich die Merkmale des relevanten Marktes nicht spürbar verändert haben und sich in naher Zukunft auch voraussichtlich nicht ändern werden.[400] Trotz dieser abgeschwächten Formulierung ist davon auszugehen, dass die Kommis-

---

[391] Komm. E. v. 4. 6. 2007 Az. COMP/M. 4600 – *TUI/First Choice*.
[392] Komm. E. v. 21. 12. 1993 Az. IV/M. 358 – *Pilinkton/Techint/SIV* ABl. 1994 L 158/24, Tz. 42.
[393] Vgl. zum Beispiel Komm. E. v. 13. 6. 2000 Az. COMP/M. 1673 – *VEBA/VIAG*, Tz. 78 f.; Komm. E. v. 8. 11. 2001 Az. COMP/M. 2567 – *Nordbanken/Postgiro*, Tz. 54 f.; Komm. E. v. 21. 12. 1993 Az. IV/M. 358 – *Pilinkton/Techint/SIV* ABl. 1994 L 158/24, Tz. 37 ff.; Komm. E. v. 12. 1. 2001 Az. COMP/M 2060 – *Bosch/Rexroth*, Tz. 78 ff.
[394] Komm. E. v. 29. 9. 1999 Az. IV/M. 1383 – *Exxon/Mobile*, Tz. 480.
[395] Komm. E. v. 13. 6. 2007 Az. COMP/M. 4596 – *Wärtsilä/Hyundai/JV*, Tz. 26.
[396] EuG U. v. 25. 3. 1999 Rs. T-102/96 – *Gencor/Komm. Slg.* 1999 II 753, Tz. 273 ff.
[397] Komm. E. v. 29. 9. 1999 Az. IV/M. 1383 – *Exxon/Mobile*, Tz. 480.
[398] Komm. E. v. 22. 7. 1992 Az. IV/M. 190 – *Nestlé/Perrier*, Tz. 117 f. = WUW/E EV 1903.
[399] Komm. Entwurf einer Mitteilung der Kommission über die Kontrolle horizontaler Zusammenschlüsse gemäß der Fusionskontrollverordnung 11. 12. 2002 Tz. 41.
[400] *Kommission*, Horizontal-Leitlinien Tz. 43.

sion aus einer Verhaltenskoordinierung der Oligopolmitglieder in der Vergangenheit in aller Regel auf das Fehlen wirksamen Wettbewerbs im Oligopol auch für die Zukunft schließen wird.

gg) Weitere Kriterien. Ein wichtiges Kriterium ist ferner, ob sich die Oligopolteilnehmer in Größe und Struktur so ähnlich sind, dass eine Koordinierung erleichtert wird.[401] Insbesondere **gleiche oder ähnliche Kostenstrukturen** begünstigen ein zukünftiges koordiniertes Verhalten.[402] Von Unternehmen mit unterschiedlichen Kostenstrukturen ist anzunehmen, dass sie unterschiedliche Vorstellungen von den Preisen haben, die sie auf dem Markt durchsetzen wollen und in unterschiedlichem Maße in der Lage und geneigt sind, eine aggressive Preispolitik zu praktizieren; dies erschwert ein kollusives Parallelverhalten.[403] Auch eine weitgehend gleiche **vertikale Integration** der Oligopolmitglieder fördert kollusives Parallelverhalten. Vertikale Zusammenschlüsse, durch die der Grad der vertikalen Integration der einzelnen Mitglieder im Oligopol angeglichen wird, können daher die Reaktionsverbundenheit verstärken und so zu einer kollektiven Marktbeherrschung führen.[404] Auch die **Marktphase** beeinflusst den Anreiz zu einer Koordinierung des Verhaltens im Oligopol. Bei ausgereiften Märkten mit niedrigen Wachstumsraten ist es einfacher, das Wettbewerbsverhalten abzustimmen als in Märkten mit hohen Wachstumsraten, die auf einen starken Strukturwandel hindeuten, der ein einheitliches Vorgehen erschwert.[405] Hohe **Marktzutrittschranken** – insbesondere irreversible Kosten – erleichtern ein gemeinsames Vorgehen der Oligopolmitglieder. Aggressive Wettbewerbsstrategien haben geringere Aussicht auf Erfolg, da die auf dem Markt bereits aktiven Unternehmen wegen ihrer hohen Aufwendungen für den Markteintritt nicht ohne weiteres wieder vom Markt weichen werden.[406]

d) Begründung oder Verstärkung. Bei der zu treffenden Prognoseentscheidung vergleicht die Kommission die Marktstruktur, wie sie in Zukunft ohne den Zusammenschluss bestehen würde, mit der Marktstruktur, wie sie sich nach dem Vollzug des Zusammenschlusses darstellen würde. Ein Zusammenschluss **begründet** eine kollektive marktbeherrschende Stellung, wenn durch den Zusammenschluss an Stelle einer Wettbewerbsstruktur, die wirksamen Wettbewerb gewährleistet, eine Wettbewerbsstruktur geschaffen wird, die es den Mitgliedern des Oligopols erlaubt, gemeinsam sich gegenüber Wettbewerbern, Abnehmern und letztlich den Verbrauchern in einem wesentlichen Umfang unabhängig zu verhalten. Eine marktbeherrschende Stellung wird dann **verstärkt,** wenn eine bereits bestehende kollektive marktbeherrschende Stellung durch den Zusammenschluss ausgebaut würde, indem die Bedingungen für die stillschweigende Koordinierung der Mitglieder des marktbeherrschenden Oligopols verbessert oder der Außenwettbewerb weiter geschwächt wird. Mit der Alternative des Verstärkens soll der verbleibende Restwettbewerb auf dem Markt geschützt werden. Dementsprechend erfordert diese Tatbestandsalternative eine geringere Verschlechterung der Marktstruktur infolge des Zusammenschlusses als die Begründung einer kollektiven Marktbeherrschung. Tendenziell gilt dies auch für oligopolistische Märkte mit bloß geschwächter Wettbewerbsstruktur, in denen die Kommission die verbliebenen Wettbewerbselemente als besonders schutzwürdig gegenüber möglichen weiteren Beeinträchtigungen als Folge eines Zusammenschlusses betrachtet.[407]

---

[401] Komm. E. v. 20. 6. 2001 Az. COMP/M. 2201 – *MAN/Auwärter* ABl. 2002 L 93/1.

[402] EuG U. v. 25. 3. 1999 Rs. T-102/96 – *Gencor/Kom.* Slg. 1999 II 753, Tz. 222; Komm. E. v. 13. 6. 2000 Az. COMP/M. 1673 *Veba/Viag* ABl. 2001 L 188, Tz. 75; vgl. *Biro/Parker/Etten/Riechmann,* WuW 2004, 1269.

[403] Komm. E. v. 22. 7. 1992 Az. IV/M. 190 – *Nestlé/Perrier,* Tz. 125 = WUW/ E EV 1903.

[404] *Immenga/Körber* in: Immenga/Mestmäcker, EG-WbR Bd. I/Teil 2, S. 411.

[405] Komm. E. v. 9. 3. 1999 Az. IV/M. 1313 – *Danish/Crown/Vestjyske Slagterier,* ABl. 2000 L 20/1.

[406] *Albers/Hacker* in: Schröter/Jakob/Mederer (Fn. 384) Art. 2 FKVO Rn. 368.

[407] Komm. E. v. 22. 7. 1992 Az. IV/M. 190 – *Nestlé/Perrier,* Tz. 118 = WUW/ E EV 1903.

155 Die wettbewerbliche Wirkung einer sogenannten **Aufholfusion** ist ambivalent. Unter einer Aufholfusion versteht man eine Fusion, bei der zwei Marktteilnehmer fusionieren und dadurch ihre Marktstellung der des bisherigen Marktführer annähern. Diese Fusion kann die Marktmacht des bisherigen Marktführers beschränken, sie kann aber auch zur Begründung oder Verstärkung einer kollektiven Marktmacht führen.[408]

156 Größte praktische Relevanz hat das Entstehen oder Verstärken einer kollektiven marktbeherrschenden Stellung durch **horizontale Zusammenschlüsse**.[409] Eine kollektive Marktbeherrschung kann vor allem dadurch begründet oder verstärkt werden, dass in einem bereits konzentrierten Markt die Zahl der Anbieter verringert wird. Die Kommission hat dies vor allem bei einer Reduzierung von drei auf zwei Anbieter angenommen.[410] Eine Koordinierung des Verhaltens der Oligopolmitglieder kann auch dadurch erleichtert werden, dass an der Fusion ein Unternehmen beteiligt ist, das zuvor regelmäßig zu niedrigeren Preisen angeboten hat als seine Konkurrenten. Durch den fusionsbedingten Wegfall eines solchen Außenseiters kann den übrigen Unternehmen eine Koordinierung im Hinblick auf ein wünschenswertes Preisniveau leichter fallen.[411]

157 Bei der Begründung oder Verstärkung von kollektiver Marktmacht spielen **vertikale und konglomerate Zusammenschlüsse** nur eine untergeordnete Rolle. Diese Zusammenschlüsse können vor allem die Größe und Struktur der Oligopolmitglieder untereinander angleichen, indem sie zu einer ähnlichen vertikalen Integration, Kostenstruktur oder Auslastung der Oligopolmitglieder führen und dadurch die Koordinierung zwischen den Oligopolmitgliedern vereinfachen.[412]

158 **e) Verteilung der Beweislast.** Bereits in der Entscheidung *Kali + Salz*[413] hat der EuGH klargestellt, dass bei Zusammenschlüssen, die möglicherweise zu einer kollektiven Marktbeherrschung führen können, erhöhte Beweisanforderungen für die Kommission gelten. In der Rechtssache *Tetra Laval* forderte das EuG sodann auch für den Fall konglomerater Zusammenschlüsse „eindeutige Beweise" seitens der Kommission, um eine Untersagung zu rechtfertigen.[414] Der EuGH hat die hohen Beweisanforderungen für beide Fälle bestätigt.[415] Eine Beweiserleichterung hat das Gericht erster Instanz im Fall *Impala/ Kommission* erstmals für den Nachweis des Vorliegens einer marktbeherrschenden Stellung eingeräumt.[416] Der Entscheidung lag das Vorhaben der Medienhäuser Bertelsmann AG und Sony zugrunde, das weltweite Schallplatten- bzw. CD-Musikgeschäft zusammenzulegen. Gegen die Freigabe dieses Zusammenschlusses durch die Kommission hatte sich der unabhängige Musikproduzent Impala unter Verweis auf die starke Marktstellung beider Unternehmen gewandt. Das EuG urteilte in diesem Kontext erstmals, dass eine kollektive Marktbeherrschung auch indirekt mit Hilfe von Indizien nachgewiesen werden kann.[417] Dies gilt aber nur bei einer bereits vorhandenen marktbeherrschenden Stellung, die nur verstärkt wird, nicht für den Nachweis der Begründung einer marktbeherrschenden Stellung. Hinzu kommt, dass die Kommission auch in Zukunft die vom Gericht geforderten Indizien, die auf eine marktbeherrschende Stellung hindeuten, konkret nachwiesen muss. Nur bei Gelingen dieses Nachweises hilft die EuG-Rechtsprechung in Sachen Impala mit

---

[408] Vgl. zur Aufholfusion *Kerber* S. 121 f.
[409] Vgl. zum Begriff des horizontalen Zusammenschlusses Rn. 111.
[410] Komm. E. v. 22. 7. 1992 Az. IV/M. 190 – *Nestlé/Perrier* Tz. 20 = WUW/E EV 1903; Komm. E. v. 24. 4. 1996 Az. IV/M. 619 – *Gencor/Lonrho*; Komm. E. v. 4. 6. 2007 Az. COMP/M: 4600 – *TUI/First Choice*.
[411] *Kommission*, Horizontal-Leitlinien Tz. 42.
[412] *Kommission*, Horizontal-Leitlinien Tz. 48.
[413] EuGH U. v. 31. 3. 1998 Rs. C-68/94, Slg. 1998, I-1375 – *Kali + Salz*.
[414] EuG U. v. 25. 10. 2002 Rs. T-5/02, Slg. 2002, II-4381 Tz. 155 – *Tetra Laval/Kommission*.
[415] EuGH U. v. 15. 2. 2005 R. C-12/03, Slg. 2005, I-987 – *Kommission/Tetra Laval*.
[416] EuG U. v. 13. 7. 2006 Ts. T-464/04 – *Impala/Kommission* = WuW/E EU-R 1091 f.
[417] EuG U. v. 13. 7. 2006 Ts. T-464/04 – *Impala/Kommission* Tz. 251, 252 f.

einer Vermutung zu Gunsten des Vorliegens einer kollektiven Marktbeherrschung.[418] Die Rechtsprechung des EuG ist vom EuGH bestätigt worden.[419] Damit sind auch weiterhin hohe Anforderungen an den Nachweis kollektiver Marktbeherrschung zu stellen.

5. Unilaterale Effekte im Oligopol

a) Allgemeines. Ein Zusammenschluss zwischen Wettbewerbern kann dazu führen, dass Wettbewerbsdruck, den diese bislang gegeneinander und auf die übrigen Wettbewerber ausgeübt haben, ganz oder teilweise beseitigt und dadurch die Marktmacht der verbleibenden Wettbewerber erhöht wird, ohne dass hierzu eine Verhaltenskoordinierung erforderlich wäre.[420] Solche, auch als unilaterale Effekte bezeichneten, nicht koordinierten Wirkungen eines Zusammenschlusses können wirksamen Wettbewerb einerseits erheblich behindern, indem eine beherrschende Stellung der zusammengeschlossenen Unternehmen begründet oder verstärkt wird.[421] Darüber hinaus kann in oligopolistischen Märkten die Verringerung des Wettbewerbsdrucks es den verbleibenden Wettbewerbern ermöglichen, individuell und unabhängig voneinander eine verstärkte Marktmacht, beispielsweise in Gestalt von Preiserhöhungen oder Verringerungen des Angebots auszuüben, ohne zu diesem Zweck ihr Verhalten stillschweigend koordinieren zu müssen.[422] Die Fälle dieser sogenannten **unilateralen Effekte im Oligopol** betreffen somit Zusammenschlüsse, die wirksamen Wettbewerb erheblich behindern, aber keine marktbeherrschende Stellung eines oder mehrerer Unternehmen begründen oder verstärken. Die Kommission hat in ihrer Entscheidungspraxis unilaterale Effekte bereits unter der alten Verordnung 4064/89 im Rahmen des Marktbeherrschungstests berücksichtigt.[423] Nach der Rechtsprechung des EuGH und des EuG, wonach die Annahme kollektiver Marktbeherrschung ein einheitliches Vorgehen der Oligopolmitglieder – also das Vorliegen von koordinierten Effekten – voraussetzt,[424] war es jedoch zumindest zweifelhaft, ob unter der alten Verordnung Zusammenschlüsse alleine aufgrund unilateraler Effekte unterhalb der Schwelle der gemeinsamen Marktbeherrschung untersagt werden konnten.[425] Ob insoweit tatsächlich eine Gesetzeslücke vorlag, die eine Änderung des Untersagungskriteriums erforderlich machte, war im Zuge der Reform der Fusionskontrollverordnung allerdings heftig umstritten. Insbesondere das Bundeskartellamt vertrat die Ansicht, dass mit dem Marktbeherrschungstest alle wettbewerbswidrigen Zusammenschlüsse untersagt werden könnten.[426] Dagegen wurde vor allem in Irland und Großbritannien darauf hingewiesen, dass mit dem Marktbeherrschungstest Zusammenschlüsse in Oligopolen nicht angemessen beurteilt werden könnten.

In Erwägungsgrund 25 der Verordnung 139/2004 und den Horizontal-Leitlinien wird nunmehr die Anwendbarkeit der Fusionskontrollverordnung auf unilaterale Effekte im Oligopol klargestellt. Danach können Zusammenschlüsse in oligopolistischen Märkten, durch die der Wettbewerbsdruck, den die fusionierenden Unternehmen aufeinander oder auf Wettbewerber ausgeübt haben, beseitigt wird, zu einer erheblichen Behinderung wirk-

---

[418] Siehe auch *Frenz* EuZW 2006, 545.
[419] EuGH U. v. 10. 7. 2008 Rs. C-413/06 P – *Bertelsmann und Sony/Impala* Tz. 104 ff.
[420] *Kommission,* Horizontal-Leitlinien Tz. 22.
[421] *Kommission,* Horizontal-Leitlinien Tz. 24.
[422] *Kommission,* Horizontal-Leitlinien Tz. 25.
[423] Komm. E. v. 2. 9. 2003 Az. COMP/M. 3083 – *GE/Instrumentarium,* Tz. 217. *Bishop/Lofaro* ECLR 2005, 203–206.
[424] EuGH U. v. 31. 3. 1998 verb. Rs. C-68/94 und C-30/95 – *Frankreich/Kom.* Slg 1998, I-1375, Tz. 221; EuG U. v. 6. 6. 2002 Rs. T-342/1999 – *Airtours/Komm.* Slg 2002 – II 2585, Tz. 59, 61; EuG U. v. 25. 3. 1999 Rs. T-102/96 *Gencor/Komm.* Slg. 1999, II-753 Tz.163, 277.
[425] *Weitbrecht* ECLR 2005, 67, 68; *Fountoukakos/Ryan* ECLR 2005, 277; *Staebe/Denzel* EWS 2004, 194, 199.
[426] *Böge/Müller* ECLR 2002, 495 mit weiteren Nachweisen.

samen Wettbewerbs führen, auch wenn eine Koordinierung des Verhaltens zwischen Oligopolmitgliedern unwahrscheinlich ist und damit eine gemeinsame Marktbeherrschung ausscheidet.

161 Die Herausarbeitung der tatbestandlichen Voraussetzungen dieser Fallgruppe gestaltet sich gleichwohl schwierig, da es bislang an aussagekräftiger Fallpraxis fehlt und auch die Leitlinien der Kommission die für die Beurteilung relevanten Gesichtspunkte nicht erschöpfend darstellen.[427] Eine Untersagung eines Zusammenschlusses, der keine beherrschende Stellung begründet oder verstärkt, wird jedoch nur unter folgenden zwei Voraussetzungen möglich sein: Erstens muss der relevante Markt durch eine oligopolistische Struktur gekennzeichnet sein oder es muss eine solche Struktur durch den Zusammenschluss entstehen. Zweitens muss der Zusammenschluss nicht koordinierte Auswirkungen im Verhältnis zwischen den zusammengeschlossenen Unternehmen und den anderen Oligopolmitgliedern haben, durch die ein wirksamer Wettbewerb erheblich behindert wird.

162 **b) Oligopolistische Marktstruktur.** Voraussetzung für eine Untersagung ist somit zunächst eine bereits bestehende oligopolistische Struktur des relevanten Markts oder die Entstehung einer solchen Marktstruktur infolge des Zusammenschlusses. Eine oligopolistische Marktstruktur ist nach den Leitlinien der Kommission gekennzeichnet durch eine begrenzte Zahl bedeutender Wettbewerber, die in ihrem Marktverhalten voneinander abhängen, da ihr Verhalten spürbare Auswirkungen auf den Gesamtmarkt und damit indirekt auf alle Mitglieder des Oligopols hat.[428] Die Leitlinien enthalten keine weitere Konkretisierung dieser Merkmale. Insoweit ergeben sich aber Anhaltspunkte aus der Entscheidungspraxis zur kollektiven Marktbeherrschung und den zur Feststellung einer gemeinsamen marktbeherrschenden Stellung herangezogenen Kriterien.[429] Dabei sind an die oligopolistische Prägung des Marktes geringere Anforderungen zu stellen als bei der Feststellung gemeinsamer Marktbeherrschung, da eine oligopolistische Marktstruktur weder den Ausschluss wirksamen Binnenwettbewerbs im Oligopol noch das Fehlen von Außenwettbewerb voraussetzt.

163 **c) Unilaterale Effekte.** Des weiteren muss der Zusammenschluss **spürbare nicht koordinierte Wirkungen** erwarten lassen.[430] Die Kommission behandelt in ihren Leitlinien einige unternehmens- und marktbezogene Faktoren, die das Eintreten nicht koordinierter Wirkungen beeinflussen können. Danach bietet der Umfang der durch den Zusammenschluss bewirkten **Marktanteilsaddition** einen ersten Anhaltspunkt, da die Wahrscheinlichkeit der Ausübung von Marktmacht, beispielsweise durch die Erhöhung von Preisen, mit der Erhöhung des Marktanteils steige.[431] Ebenso steigt die Wahrscheinlichkeit spürbarer Preiserhöhungen in Märkten mit differenzierten Produkten mit **zunehmender Substituierbarkeit** zwischen den Produkten der sich zusammenschließenden Unternehmen. Dagegen ist eine erhebliche Behinderung des Wettbewerbs weniger wahrscheinlich, wenn Wettbewerber **nahe Substitute** zu den Produkten der zusammengeschlossenen Unternehmen anbieten und dadurch den Anreiz zu Preiserhöhungen einschränken.[432] Eine erhebliche Behinderung des Wettbewerbs ist auch dann unwahrscheinlich, wenn die konkurrierenden Unternehmen über genügend **freie Kapazitäten** verfügen und in der Lage sind, bei einer Reduzierung der Angebotsmenge durch das fusionierte Unternehmen die freiwerdende Nachfrage zu befriedigen. Wenn hingegen die anderen Anbieter ihre Produktion nicht oder nur unter hohen Kosten ausweiten können, bietet sich für die zusammengeschlossenen Unternehmen ein Anreiz, ihre Preise zu erhöhen, da den Abnehmern keine

---

[427] Vgl. *Kommission*, Horizontal-Leitlinien Tz. 26. So auch *Böge* WuW 2004, 144.
[428] *Kommission*, Horizontal-Leitlinien Tz. 25, Fn. 29; im einzelnen dazu Rn. 122.
[429] Vgl. Rn. 129 ff. Komm. E. v. 9. 8. 2004 Az. COMP/M. 619 – *Gencor/Lonrho*, Tz. 141 f.
[430] *Kommission*, Horizontal-Leitlinien Tz. 26.
[431] *Kommission*, Horizontal-Leitlinien Tz. 27.
[432] *Kommission*, Horizontal-Leitlinien Tz. 28.

Ausweichmöglichkeiten auf Produkte anderer Anbieter zur Verfügung stehen.[433] Die Möglichkeit, zu anderen Anbietern zu wechseln, kann auch durch erhebliche **Umstellungskosten** beschränkt sein.[434] Eine spürbare Behinderung des Wettbewerbs ist auch zu erwarten, wenn der Zusammenschluss es dem fusionierten Unternehmen ermöglicht, den Markteintritt oder die Wettbewerbsfähigkeit von Wettbewerbern zu beschränken, insbesondere durch die Kontrolle über die Bezugspolitik von Abnehmern, über Vertriebsmöglichkeiten, wichtige Schutzrechte oder Infrastrukturen.[435] Schließlich kann auch der Zusammenschluss zwischen Unternehmen mit einem Innovationsvorsprung gegenüber ihren Wettbewerbern oder unter Beteiligung eines überproportional wettbewerbsaktiven Unternehmens die Wettbewerbsdynamik in einem konzentrierten Markt spürbar beschränken.[436]

Maßgeblich für die Beurteilung, ob ein Zusammenschluss spürbare nicht koordinierte Wirkungen hat, ist eine Gesamtbetrachtung der gegebenen Marktbedingungen, bei der neben oder anstelle der in den Leitlinien der Kommission erörterten Faktoren weitere Umstände eine Rolle spielen können.[437] Anhaltspunkte zur Konkretisierung der Spürbarkeitsschwelle lassen sich den Leitlinien nicht entnehmen. Insoweit wird man sich an dem allgemeinen Untersagungskriterium des Art. 2 Abs. 3 der Verordnung Nr. 139/2004 orientieren müssen. Eine erhebliche Behinderung wirksamen Wettbewerbs im Sinne dieser Bestimmung ist dann zu erwarten, wenn die Wettbewerbsfunktionen bei einer Untersagung des Zusammenschlusses besser erfüllt wären als im Falle einer Genehmigung.[438] Eine Untersagung aufgrund spürbarer nicht koordinierter Wirkungen setzt daher voraus, dass die nicht koordinierten Wirkungen des Zusammenschlusses zu einer Verschlechterung der ökonomischen Wettbewerbsfunktionen und damit zu Nachteilen für die Verbraucher führen.[439]

IV. Rechtfertigungsgründe

1. Allgemeines

Unter dem Begriff der Rechtfertigungsgründe werden besondere Umstände zusammengefasst, die von den Unternehmen im Einzelfall gegenüber der Feststellung der Untersagungsvoraussetzungen gemäß Art. 2 Abs. 3 eingewandt werden können. Der Begriff der Rechtfertigungsgründe ist daher nicht in einem rechtstechnischen Sinn zu verstehen, sondern als Oberbegriff für verschiedene Fallgestaltungen, die im Einzelfall die Freigabe eines Zusammenschlusses ermöglichen können, der ansonsten zu untersagen wäre. Dogmatisch können diese Ausnahmefälle auf das Fehlen der Kausalität zwischen Zusammenschluss und einer Verschlechterung der Marktstruktur (Sanierungsfusion), auf positive Auswirkungen in anderen Märkten (Abwägungsklausel) oder auf eine Entwicklung des technischen oder wirtschaftlichen Fortschritts (Effizienz) gestützt werden. Der Einwand der Sanierungsfusion und der Effizienzeinwand können dazu führen, dass ein Zusammenschluss den wirksamen Wettbewerb nicht erheblich behindert, obwohl er eine beherrschende Stellung begründet oder verstärkt. Ungeachtet dieser unterschiedlichen Ansatzpunkte haben alle diese Fälle gemeinsam, dass sie eine Ausnahme bilden, deren Voraussetzungen die Unternehmen nachweisen müssen.

2. Sanierungsfusion

Als Sanierungsfusionen bezeichnet man Zusammenschlüsse unter Beteiligung mindestens eines Unternehmens, das ohne den Zusammenschluss aus dem Markt ausscheiden

---
[433] *Kommission*, Horizontal-Leitlinien Tz. 33, 34.
[434] *Kommission*, Horizontal-Leitlinien Tz. 31.
[435] *Kommission*, Horizontal-Leitlinien Tz. 36.
[436] *Kommission*, Horizontal-Leitlinien Tz. 37.
[437] *Kommission*, Horizontal-Leitlinien Tz. 26.
[438] Vgl. Rn. 53.
[439] Vgl. Rn. 54.

würde, so dass die Marktstruktur unabhängig von der Durchführung des Zusammenschlusses verschlechtert würde.[440] Bei Sanierungsfusionen fehlt somit die Kausalität zwischen der Verschlechterung der Wettbewerbsstruktur und dem Zusammenschluss, der deswegen freizugeben ist, wenn bestimmte Voraussetzungen erfüllt sind. Die Figur der Sanierungsfusion ist von der Kommission in der Entscheidung *Kali + Salz*[441] in die Fusionskontrolle eingeführt worden. Die Entscheidung der Kommission ist vom EuGH bestätigt worden.[442] Bisher hat die Kommission vier Zusammenschlüsse aufgrund des Einwands der Sanierungsfusion für vereinbar mit dem Gemeinsamen Markt erklärt.[443] Sowohl die Kommission als auch der EuGH stützen die Anwendung des Konzepts der Sanierungsfusion auf die **fehlende Kausalität** zwischen dem Zusammenschluss und der Verschlechterung der Marktstruktur. Die **Beweislast** für den fehlenden Kausalzusammenhang tragen die Unternehmen.[444] Ausweislich der Leitlinien über horizontale Zusammenschlüsse mangelt es dann an einem Kausalzusammenhang, wenn sich die Wettbewerbsstruktur des Marktes auch ohne den Zusammenschluss zumindest in gleichem Ausmaß verschlechtern würde.[445] Als besonders wichtige Kriterien in diesem Zusammenhang nennt die Kommission die in der *BASF/Eurodiol/Pantochim* Entscheidung als Kriterien für das Vorliegen einer Sanierungsfusion herangezogenen Voraussetzungen: 1. das sanierungsbedürftige Unternehmen würde in naher Zukunft aus dem Markt ausscheiden, wenn es nicht durch ein anderes Unternehmen übernommen wird; 2. zu dem angemeldeten Zusammenschluss gibt es keine weniger wettbewerbswidrige Verkaufsalternative; 3. die Vermögenswerte des gescheiterten Unternehmens würden ohne den Zusammenschluss zwangsläufig aus dem Markt genommen.[446] Diese Voraussetzungen können, wie die Formulierung in den Leitlinien unterstreicht, jedoch nicht als abschließend betrachtet werden. Maßgeblich für die Berücksichtigungsfähigkeit des Sanierungseinwands ist vielmehr, ob die voraussichtliche Entwicklung der Marktstruktur bei Durchführung des Zusammenschlusses keine schlechteren Wettbewerbsbedingungen erwarten lässt als im Falle einer Untersagung.[447] Seinen Ursprung hat das Konzept der Sanierungsfusion im amerikanischen Wettbewerbsrecht.[448] Dort wird zwischen der Situation eines konkursbedrohten Unternehmens (failing firm defence) und eines unrentablen Geschäftsbereichs (failing division defence) unterschieden.[449]

167 **a) failing firm defence.** In seinem Urteil *Kali + Salz*[450] hat der EuGH die von der Kommission in der vorausgegangenen Entscheidung aufgestellten Voraussetzungen bestätigt,

---

[440] *Kommission*, Horizontal-Leitlinien Tz. 89. Keine Sanierungsfusion liegt dagegen vor, wenn es bereits an einer möglichen Behinderung des Wettbewerbs i. S. d. Art. 2 Abs. 2 FKVO fehlt; in diesem Fall kommt es auf den etwaigen Rechtfertigungsgrund der Sanierungsfusion nicht mehr an. So hat die Kommission im Fall der Insolvenz des Spezialpapierherstellers Crompton, die Freigabe der Übernahme wesentlicher Aktiva des Unternehmens durch Glatfelter mangels einer Behinderung wirksamen Wettbewerbs erteilt. Durch den Zusammenschluss blieb die Zahl der Wettbewerber unverändert, die Gesamtkapazität des Marktes stieg und das Ungleichgewicht zwischen den Marktanteilen, den ungenutzten Kapazitäten und den Kostenstrukturen der Wettbewerber verstärkte sich; *Glatfelter/Crompton*, E. v. 20. 12. 2006 Az. COMP/M. 4215.
[441] Komm. E. v. 14. 12. 1993 Az. IV/M. 308 – *Kali+Salz/MdK/Treuhand* ABl. 1994 Nr. L 186/38.
[442] EuGH U. v. 31. 3. 1998 Rs. C-68/94 – *Frankreich/Komm*. Slg 1998 I-1375, Tz. 90 ff.
[443] Komm. E. v. 14. 12. 1993 Az. IV/M. 308 – *Kali+Salz/MdK/Treuhand* ABl. 1994 Nr. L 186/38; Komm. E. v. 11. 7. 2001 Az. COMP/M. 2314 – *BASF/Eurodiol/Pantochim*; Komm. E. v. 1. 7. 2002 Az. IV/M. 2810 – *Deloitte & Touche/Andersen (UK)*; Komm. E. v. 5. 9. 2002 Az. IV/M. 2816 – *Ernst & Young France/Andersen France*.
[444] Komm. E. v. 3. 2. 1999 Az. IV/M 1221 – *Rewe/Meinl* Tz. 64.
[445] *Kommission*, Horizontal-Leitlinien Tz. 89.
[446] *Kommission*, Horizontal-Leitlinien Tz. 90.
[447] Vgl. dazu ausführlich *Baccaro* ECLR 2004, 11 ff.
[448] Vgl. Supreme Court E. v. 6. 1. 1930, 208 US *International Shoe Company/FTC*.
[449] US Department of Justice und Federal Trade Commission, Horizontal Merger Guidelines Tz. 5.
[450] EuGH U. v. 31. 3. 1998 Rs. C-68/94 – *Frankreich/Komm* Slg 1998 I-1375, Tz. 90 ff.

bei deren Vorliegen die Verschlechterung der Wettbewerbsstruktur infolge des Zusammenschlusses auch ohne diesen in gleicher Weise eintreten würde. Die Kommission hat in einigen weiteren Fällen diese Voraussetzungen angewandt und teilweise weiterentwickelt.[451]

Erste Voraussetzung ist, dass das zu übernehmende Unternehmen ohne Übernahme **168** durch ein anderes Unternehmen **kurzfristig aus dem Markt ausscheiden** würde.[452] Dies kann immer dann angenommen werden, wenn das Unternehmen bereits Konkurs anmelden musste. Auch eine konkrete Konkursgefahr kann schon für die Annahme eines kurzfristigen Ausscheidens aus dem Markt ausreichen.[453]

Zweitens darf es **keine weniger wettbewerbschädliche Erwerbsalternative** geben. **169** Diese Voraussetzung ist aus dem Verhältnismäßigkeitsgrundsatz abgeleitet. Danach können sich die am Zusammenschluss beteiligten Unternehmen nicht auf den Sanierungseinwand berufen, wenn die Übernahme des konkursbedrohten Unternehmens durch einen alternativen Erwerber möglich ist und dieser Zusammenschluss geringere wettbewerbsschädliche Auswirkungen hätte.[454] Die Zusammenschlussbeteiligten können jedoch Abänderungen ihres Zusammenschlussvorhabens vorschlagen, um das Ausmaß der zu erwartenden Wettbewerbsbeschränkungen zu verringern und so einer Untersagung aufgrund des Verhältnismäßigkeitsgrundsatzes zu entgehen.

Dritte Bedingung ist nach der *Kali + Salz* Entscheidung der Kommission, dass die **170** **Marktanteile** des zu erwerbenden Unternehmens im Falle seines Ausscheidens aus dem Markt dem erwerbenden Unternehmen hätten **zuwachsen** müssen. Dies kann beispielsweise dann der Fall sein, wenn der Erwerber eine monopolartige Stellung besitzt, so dass eine Übernahme der Marktanteile des ausscheidenden Unternehmens durch einen anderen Wettbewerber nicht in Frage kommt.[455]

In ihrer Entscheidung *BASF/Eurodiol/Pantochim* hat die Kommission festgestellt, dass es **171** auf das Erfordernis eines automatischen Zuwachsens der Marktanteile des konkursbedrohten Unternehmens dann nicht ankomme, wenn dessen Produktions- und Vertriebsanlagen ohne den Zusammenschluss unvermeidlich stillgelegt würden und damit aus dem Markt ausschieden, da in diesem Falle ein Erwerb der Anlagen durch andere Wettbewerber als weniger wettbewerbsschädliche Alternative ausgeschlossen werden könne.[456] In Anbetracht der bei einem Verlust der Produktionskapazitäten zu erwartenden erheblichen Kapazitätsengpässe und deren negativer Auswirkungen auf die Marktverhältnisse kam die Kommission zu dem Schluss, dass die voraussichtlichen Marktbedingungen nach dem Zusammenschluss günstiger sein würden als bei einem Ausscheiden der zu übernehmenden Produktionsmittel im Falle einer Untersagung.[457]

In ihren beiden Entscheidungen zu den *Andersen-Fällen* musste sich die Kommission mit **172** dem Einwand der Sanierungsfusion bei drohender kollektiver Marktbeherrschung auseinandersetzen.[458] Die Kommission stellte zwei Voraussetzungen auf, unter denen ein Zu-

---

[451] Komm. E. v. 4. 12. 1996 Az. IV/M. 774 – *Saint Gobain/Wacker-Chemie/NOM*; Komm. E. v. 26. 6. 1997 Az. IV/M. 890 – *Blokker/Toys „R" Us; Rewe/Meinl*, Tz. 65; Komm. E. v. 27. 5. 1998 Az. IV/M 993 – *Bertelsmann/Kirch/Premiere*, Tz. 71. = WuW/E EU-V 223; Komm. E. v. 3. 2. 1999 Az. IV/M. 1221 – *Rewe/Meinl*; Komm. E. v. 11. 7. 2001 Az. COMP/M. 2314 – *BASF/Eurodiol/Pantochim*; Komm. E. v. 1. 7. 2002 Az. IV/M. 2810 – *Deloitte & Touche/Andersen (UK)*; Komm. E. v. 5. 9. 2002 Az. IV/M. 2816 – *Ernst & Young France/Andersen France*.
[452] EuGH U. v. 31. 3. 1998 Rs. C-68/94 – *Frankreich/Komm*. Tz. 111.
[453] Komm. E. v. 11. 7. 2001 Az. COMP/M. 2314 – *BASF/Eurodiol/Pantochim*, Tz. 144.
[454] Komm. E. v. 14. 12. 1993 Az. IV/M. 308 – *Kali+Salz/MdK/Treuhand* ABl. 1994 Nr. L 186/38, Tz. 71.
[455] Komm. E. v. 14. 12. 1993 Az. IV/M. 308 – *Kali+Salz/MdK/Treuhand*, Tz. 71.
[456] Komm. E. v. 11. 7. 2001 Az. COMP/M. 2314 – *BASF/Eurodiol/Pantochim*, Tz. 151.
[457] Komm. E. v. 11. 7. 2001 Az. COMP/M. 2314 – *BASF/Eurodiol/Pantochim*, Tz. 163.
[458] Komm. E. v. 1. 7. 2002 Az. IV/M. 2810 – *Deloitte & Touche/Andersen (UK)*; Komm. E. v. 5. 9. 2002 Az. IV/M. 2816 – *Ernst & Young France/Andersen France*.

sammenschluss nicht kausal für eine kollektive Marktbeherrschung ist. Erstens müsse die Verringerung der Anzahl der Oligopolmitglieder unausweichlich sein und zweitens dürfe es kein weniger wettbewerbsschädliches Szenario geben, als das Szenario, welches sich bei dem geplanten Zusammenschluss ergeben würde. Im Fall *Andersen UK* stellte sich die Frage, ob der Erwerb von Andersen (UK) durch Deloitte & Touche zu einer kollektiven Marktbeherrschung auf dem Markt für Abschlussprüfungs- und Buchführungsdienste für große Unternehmen durch die großen Prüfungsgesellschaften Deloitte & Touche/Andersen UK, PWC, KPMG und Ernst & Young) führen würde. Die Kommission sah in diesem Fall die erste Voraussetzung, dass die Reduzierung der Oligopolmitglieder unausweichlich ist, als gegeben an, da Andersen (UK) ohne das weltweite Netzwerk von Andersen Worldwide nicht mehr in der Lage sei, Abschlusspüfungs- und Buchführungsdienste für große Unternehmen anzubieten.[459] Des weiteren kam die Kommission zu dem Ergebnis, dass es auch kein weniger wettbewerbschädliches Szenario gebe, da im Falle einer Auflösung von Andersen (UK) und der zu erwartenden Übernahme ihrer Mitarbeiter durch die vier verbleibenden großen Prüfungsgesellschaften personelle Verflechtungen entstehen würden, die eher als kollusives Verhalten der Oligopolmitglieder fördern würden als eine Fusion von Andersen (UK) und Deloitte & Touche.[460] Die Kommission gab daher den Zusammenschluss frei.

173 **b) failing division defence.** Ähnlich wie bei der Übernahme eines konkursbedrohten Unternehmens kann auch beim Ausscheiden eines einzelnen Geschäftsbereichs argumentiert werden. Man spricht dann, der Unterscheidung der amerikanischen Horizontal Merger Guidelines[461] folgend, nicht von einer failing firm defence, sondern von einer failing division defence. Die Kommission stellt hier besonders hohe Anforderungen an den Nachweis der fehlenden Kausalität, da andernfalls jeder Zusammenschluss, bei dem es um die Veräußerung eines angeblich unrentablen Geschäftsbereichs geht, mit der Behauptung des Veräußerers gerechtfertigt werden könne, diesen Bereich seiner geschäftlichen Aktivitäten einstellen zu müssen, wenn der Zusammenschluss mit dem Erwerber untersagt werde.[462]

174 **c) Prüfung und Beweislast.** Wie bei der Prüfung eines jeden Zusammenschlussvorhabens sind auch im Fall einer Sanierungsfusion die voraussichtlichen Wettbewerbsbedingungen im Falle einer Freigabe des Zusammenschlusses mit denen zu vergleichen, die bei einer Untersagung zu erwarten wären.[463] Die Besonderheit der Sanierungsfusion besteht jedoch darin, dass sich die zukünftigen Wettbewerbsbedingungen aufgrund der Insolvenz eines der beteiligten Unternehmen auch im Fall einer Untersagung des Zusammenschlusses erheblich von den zum Zeitpunkt des Zusammenschlusses herrschenden Bedingungen unterscheiden. Daher können – anders als im Normalfall[464] – für den Vergleich nicht die Wettbewerbsbedingungen zum Zeitpunkt des Zusammenschlusses als Maßstab herangezogen werden, sondern es muss die voraussichtliche Marktstruktur unter Berücksichtigung des insolvenzbedingten Ausscheidens des beteiligten Unternehmens ermittelt werden.

175 Nach dem Urteil des EuGH im Fall *Kali + Salz* und nach den Leitlinien der Kommission müssen die Unternehmen beweisen, dass sich die Wettbewerbsbedingungen auch im Fall einer Untersagung des Zusammenschlusses verschlechtern würden. Dieser Beweislastverteilung ist im Ergebnis zuzustimmen, da die relevanten Daten, anhand derer die Kom-

---

[459] Komm. E. v. 1. 7. 2002 Az. IV/M. 2810 – *Deloitte & Touche/Andersen (UK)*, Tz. 47 f.
[460] Komm. E. v. 1. 7. 2002 Az. IV/M. 2810 – *Deloitte & Touche/Andersen (UK)*, Tz. 55 f.
[461] US Department of Justice und Federal Trade Commission, Horizontal Merger Guidelines Tz. 5.
[462] Komm. E. v. 3. 2. 1999 Az. IV/M. 1221 – Rewe/Meinl, Tz. 65. *Rewe/Meinl*, Tz. 65; Komm. E. v. 27. 5. 1998 Az. IV/M 993 – *Bertelsmann/Kirch/Premiere*, Tz. 71. = WuW/E EU-V 223.
[463] *Kommission*, Horizontal-Leitlinien Tz. 9 und 89.
[464] *Kommission*, Horizontal-Leitlinien Tz. 9.

mission das Nichtvorliegen der Voraussetzungen einer Sanierungsfusion beweisen müsste, sich im Besitz der Unternehmen befinden.

3. Effizienzen

a) Allgemeines. Ziel jeder Wettbewerbsordnung ist es, die effiziente Verteilung von 176 Ressourcen in einer freien Marktwirtschaft zu gewährleisten. Dadurch sollen niedrigere Preise, höhere Qualität und eine bessere Produktauswahl für die Verbraucher sichergestellt werden.[465] Bereits diese Zielsetzung legt es nahe, durch eine Fusion erzielte Effizienzvorteile bei der materiellen Prüfung eines Zusammenschlusses zu berücksichtigen. Spätestens aber mit Erlass der Nicht-Horizontal-Leitlinien[466] am 28. November 2007 kann das Ziel der Verbraucherwohlfahrt nicht mehr ernsthaft bestritten werden. So hat die Kommission hierin ausdrücklich festgestellt, dass vertikale und konglomerate Zusammenschlüsse – anders als horizontale Fusionen – erheblichen Spielraum für Effizienzgewinne bieten, da sich die Tätigkeiten/Produkte der beteiligten Unternehmen typischerweise ergänzen.[467]

Gleichwohl sind auch bei der Bewertung horizontaler Zusammenschlüsse die Effizienz- 177 vorteile gem. Art. 2 Abs. 1 lit. b FKVO zu berücksichtigen. Dies ergibt sich aus dem durch die Neufassung der Fusionskontrollverordnung eingeführten Erwägungsgrund Nr. 29. Danach soll bei der Beurteilung der Auswirkungen eines Zusammenschlusses auf den Wettbewerb den begründeten und wahrscheinlichen Effizienzvorteilen Rechnung getragen werden, da Effizienzvorteile die wettbewerbsschädlichen Auswirkungen des Zusammenschlusses ausgleichen können, so dass im Ergebnis der wirksame Wettbewerb nicht erheblich behindert würde.[468] In ihren Horizontal-Leitlinien erklärt die Kommission, dass die mit einem Zusammenschluss bewirkten Effizienzgewinne dazu führen können, dass ein Vorhaben für mit dem Gemeinsamen Markt vereinbar erklärt werden kann, wenn sie geeignet sind, die Fähigkeit und den Anreiz des fusionierten Unternehmens zu verstärken, den Wettbewerb zum Vorteil für die Verbraucher zu beleben. Berücksichtigungsfähig seien dabei solche Effizienzvorteile, die den Verbrauchern zu gute kommen, fusionsspezifisch und überprüfbar sind.[469] Im Weiteren geben die Leitlinien Anhaltspunkte dafür, unter welchen Umständen diese Voraussetzungen vorliegen.

b) Vorteile für die Verbraucher. Zentrale Voraussetzung für die Genehmigung eines 178 Zusammenschlusses aufgrund von Effizienzvorteilen ist, dass diese zu Vorteilen für die Verbraucher führen oder zumindest die durch den Zusammenschluss befürchteten Nachteile für die Verbraucher ausgleichen.[470] Diese Bedingung ergibt sich bereits aus dem Wortlaut des Art. 2 Abs. 1 lit. b, nach dem die Entwicklung des technischen und wirtschaftlichen Fortschritts nur berücksichtigt werden darf, wenn sie auch dem **Verbraucher dient.** Die möglichen Effizienzvorteile, die sich aus einem Zusammenschluss ergeben können, divergieren ihrer Art nach sehr stark, je nachdem, welcher Zusammenschlusstatbestand erfüllt wird. So können bei horizontalen Zusammenschlüssen beispielsweise Kosteneinsparungen bei der Produktion oder dem Vertrieb der fusionierten Einheit den Anreiz verschaffen,

---

[465] OCDE, General Distribution 1996 (56) Competition Policy and Efficienty Claims in Horizontal Agreements S. 5.
[466] Leitlinien zur Bewertung nichthorizontaler Zusammenschlüsse gemäß der Ratsverordnung über die Kontrolle von Unternehmenszusammenschlüssen, abrufbar unter http://ec.europa.eu/comm/competition/mergers/legislation/nonhorizontalguidelines_de.pdf.
[467] *Kommission,* Nicht-Horizontal-Leitlinien Tz. 13.
[468] Erwägungsgrund Nr. 29; ausgehend von der Überlegung, dass Effizienzvorteile geeignet sein könnten, die Freigabe eines Zusammenschlussvorhabens zu rechtfertigen, wird der Nachweis von Effizienzen als efficiency defence bezeichnet.
[469] *Kommission,* Horizontal-Leitlinien Tz. 77.
[470] *Kommission,* Horizontal-Leitlinien Tz. 79 ff.; *Albers/Hacker* in: Schröter/Jakob/Mederer, Kommentar zum Europäischen Wettbewerbsrecht, Art. 2 FKVO Rn. 452.

diese Vorteile in Form niedrigerer Preise an die Kunden weiterzugeben.[471] Als Beispiel für Effizienzvorteile von vertikalen Zusammenschlüssen nennt die Kommission die bessere Koordinierung von Produktion und Vertriebsprozessen und dadurch bedingte Einsparungen bei den Lagerhaltungskosten.[472] Konglomerate Zusammenschlüsse können Kosteneinsparungen in Form von Verbundvorteilen bewirken. Für die beteiligten Unternehmen kann es effizient sein, Produkte gekoppelt auf den Markt zu bringen. Verbraucher profitieren dabei von einer besseren Kompatibilität und einer Qualitätssicherung bei den sich ergänzenden Produktbestandteilen.[473]

179   Die Effizienzgewinne müssen **umfangreich** sein und **ohne größere Verzögerung** eintreten, damit die Verbraucher an ihnen partizipieren können.[474] Kostenreduzierungen bei variablen und Grenzkosten haben stärkeres Gewicht als eine Senkung der Fixkosten, da erstere grundsätzlich eher zu einem niedrigeren Preisniveau auf dem Markt führen.[475] Ferner sind nur solche Effizienzen erheblich, die dem Markt eintreten, auf dem ohne die Effizienzgewinne Wettbewerbsbedenken bestünden.[476]

180   Eine Weitergabe der Effizienzvorteile an die Verbraucher ist jedoch grundsätzlich nur dann zu erwarten, wenn noch ein gewisser Wettbewerbsdruck die Unternehmen zwingt, die Abnehmer an den Effizienzvorteilen teilhaben zu lassen. Es ist daher unwahrscheinlich, dass die Kommission einen Zusammenschluss aufgrund von Effizienzgewinnen für mit dem Gemeinsamen Markt vereinbar erklärt, der zu einer nahezu monopolistischen Stellung führen würde.[477] Es ist jedoch nicht ausgeschlossen, dass ein Zusammenschluss, der eine beherrschende Stellung begründet oder verstärkt, im Einzelfall durch sehr umfangreiche Effizienzgewinne zu Vorteilen für die Verbraucher führt und daher für mit dem Gemeinsamen Markt vereinbar zu erklären ist, obwohl er das Regelbeispiel des Art. 2 Abs. 3 erfüllt.[478]

181   c) **Kausalität.** Effizienzvorteile sind nur dann zu berücksichtigen, wenn sie fusionsspezifisch sind. Der Zusammenschluss der beteiligten Unternehmen muss für die Erzielung der Effizienzvorteile kausal sein. Davon ist auszugehen, wenn die Effizienzvorteile sich unmittelbar aus der Fusion ergeben und es keine weniger wettbewerbswidrigen, realistischen und erreichbaren Alternativen gibt, die behaupteten Effizienzvorteile in einem gleichen Umfang zu erzielen.[479] Dies dürfte nur selten der Fall sein. So hat die Kommission beispielsweise im Fall *Ryanair/Aer Lingus* die Kausalität zwischen dem Zusammenschluss und der Reduktion von Treibstoff- und Personalkosten negiert.[480] Die Kommission will bei dieser Beurteilung die gängige Branchenpraxis sowie die jeweiligen Fähigkeiten der fusionierenden Unternehmen berücksichtigen.[481]

182   d) **Nachprüfbarkeit.** Die Effizienzgewinne müssen für die Kommission nachprüfbar sein.[482] Die Effizienzgewinne und die daraus resultierenden Vorteile für die Verbraucher sollten daher nach Auffassung der Kommission nach Möglichkeit mit genauen Daten und Zahlenangaben untermauert werden.[483] Die **Beweislast** für die Berücksichtigungsfähigkeit der geltend gemachten Effizienzvorteile und für ihre Eignung, den nachteiligen Wirkungen des Zusammenschlusses entgegenzuwirken, tragen die Unternehmen, da nur sie im Besitz

---

[471] *Kommission*, Horizontal-Leitlinien Tz. 80.
[472] *Kommission*, Nicht-Horizontal-Leitlinien Tz. 56.
[473] *Kommission*, Nicht-Horizontal-Leitlinien Tz. 117 f.
[474] *Kommission*, Horizontal-Leitlinien Tz. 79 und 83.
[475] *Kommission*, Horizontal-Leitlinien Tz. 80.
[476] *Kommission*, Horizontal-Leitlinien Tz. 79.
[477] *Kommission*, Horizontal-Leitlinien Tz. 84.
[478] Vgl. *Mano*, S. 19 ff.; *Bechtold/Bosch/Brinker/Hirsbrunner*, EG-Kartellrecht, FKVO, Art. 2 Rn. 24.
[479] *Kommission*, Horizontal-Leitlinien Tz. 85.
[480] Komm. E. v. 27. 6. 2007 Az. COMP/M. 4439 – *Ryanair/Aer Lingus*.
[481] *Kommission*, Horizontal-Leitlinien Tz. 85.
[482] Kommission, Horizontal-Leitlinien Tz. 86; *Kommission*, Nicht-Horizontal-Leitlinien Tz. 92.
[483] *Kommission*, Horizontal-Leitlinien Tz. 86.

Art. 2. Beurteilung von Zusammenschlüssen 183 **Art. 2 FKVO**

der erforderlichen Informationen sind.[484] Dem Strengbeweis unterliegt dieser Nachweis freilich nicht. Dementsprechend soll es nach den Nicht-Horizontal-Leitlinien ausreichen, wenn hinreichende **Indizien** vorliegen, dass die mit der Fusion bewirkten Effizienzgewinne die Fähigkeit und den Anreiz für die fusionierte Einheit verstärken können, wettbewerbsfördernd zum Vorteil der Verbraucher zu handeln, wodurch den ansonsten nachteiligen Auswirkungen der Fusion auf den Wettbewerb entgegengewirkt würde.[485] Fraglich bleibt jedoch, wie hoch die Anforderungen an den Indizienbeweis in der Praxis tatsächlich sein werden und ob dieser Nachweis überhaupt gelingen kann.[486] In der Vergangenheit jedenfalls wurde in keinem Fall ein Zusammenschluss, der ansonsten die Untersagungsvoraussetzungen erfüllte, unter Rückgriff auf die von den beteiligten Unternehmen vorgetragenen Effizienzgesichtspunkte freigegeben.[487] Dennoch deuten die Entscheidungen *GE/Honeywell* und *BASF/Eurodiol/Pantochim* darauf hin, dass sich die zukünftige Entscheidungspraxis stärker auch an Effizienzgesichtspunkten orientieren wird. Das Urteil *GE/Honeywell* stellt klar, dass jedenfalls die bloß abstrakte Möglichkeit, Effizienzgewinne zum Nachteil der Wettbewerber ausnutzen zu können, nicht genügt, um einen Zusammenschluss zu untersagen. Vielmehr hat die Kommission aussagekräftige Beweise dafür zu erbringen, dass das entstehende Unternehmen mit hoher Wahrscheinlichkeit z.B. durch entsprechende Paketangebote Wettbewerber vom Markt verdrängen wird.[488] Auch im Rahmen der Freigabe *BASF/Eurodiol/Pantochim* berücksichtigte die Kommission trotz der Entstehung einer marktbeherrschenden Stellung die Vorteile, die sich für die Marktgegenseite aus einem entsprechenden Zusammenschluss ergeben würden.[489]

4. Internationale Wettbewerbsfähigkeit und Kohäsionseinwand

Ausgehend von Erwägungsgrund Nr. 13 der alten Fusionskontrollverordnung Nr. 4064/89 und den in Art. 2 EG normierten Zielen des EG-Vertrages ist eine mögliche Rechtfertigung von Zusammenschlüssen, die eine marktbeherrschende Stellung begründen oder verstärken, unter dem Gesichtspunkt der Wettbewerbsfähigkeit der europäischen Wirtschaft und der Angleichung der Wettbewerbsfähigkeit der einzelnen Regionen im Gemeinsamen Markt diskutiert worden.[490] Nach dem Erwägungsgrund Nr. 13 der Fusionskontrollverordnung muss die Kommission sich bei der Beurteilung eines Zusammenschlusses an den grundlegenden **Zielen des EG-Vertrages** orientieren. Die Förderung der Wettbewerbsfähigkeit der Industrie in der Gemeinschaft gehört seit dem Vertrag von Amsterdam nach

---

[484] Erwägungsgrund Nr. 29 der Verordnung Nr. 139/2004; *Kommission,* Horizontal-Leitlinien Tz. 85. A.A.: *Bechthold/Bosch/Brinker/Hirsbrunner,* EG-kartellrecht, FKVO, Art. 2 Rn. 25; *Kling/Thomas,* Kartellrecht, 2007, § 9 Rn. 299. Danach soll es wegen des Amtsermittlungsgrundsatzes der Kommission obliegen, Ermittlungen anzustellen und Informationen einzuholen.
[485] *Kommission,* Nicht-Horizontal-Leitlinien Tz. 52.
[486] *Staebe/Denzel* EWS 2004, 194, 200f.; *Langen/Bunte/Baron,* FKVO, Art. 2 Rn. 203; *Kling/Thomas,* Kartellrecht, 2007, § 9 Rn. 299.
[487] Komm. E. v. 2.10. 1991 Az. IV/M. 53 – *Aerospatiale – Alenia/de Havilland,* Tz. 65ff. = WUW/E EV 1675; Komm. E. v. 9.11. 1994 Az. IV/M. 469 – *MSG- Media Service,* Tz. 100 = WuW/E EV 2231; Komm. E. v. 19.7. 1995 Az. IV/M 490 – *Nordic Satellite Distribution* = WuW 1995, 814 (Kurzfassung); Komm. E. v. 24.4. 1996 Az. IV/M 619 – *Gencor/Lonrho,* Tz. 213 f.; Komm. E. v. 4. 12. 1996 Az. IV/M 774 – *Saint-Gobain/Wacker-Chemie/NOM,* Tz. 244ff.; Komm. E. v. 27. 5. 1998 Az. IV/M 993 – *Bertelsmann/Kirch/Premiere* Tz. 119ff. = WuW/E EU-V 223: Komm. E. v. 27. 6. 2007 Az. COMP/M. 4439 – *Ryanair/Aer Lingus;* die efficiency defence ist daher weitgehend totes Recht, *Rittner/Dreher,* Europäisches und deutsches Wirtschaftsrecht, 3. Aufl., § 22 Rn. 19.
[488] EuG U. v. 14. 12. 2005, T-210/01 – GE/Kommission, T-210/01 – WuW/E EU-R 469ff.
[489] Komm. E. v. 11. 7. 2001 COMP/M.2314 – *BASF/Eurodiol/Pantochim,* Tz. 134 zur marktbeherrschenden Stellung und Tz. 160 zur Berücksichtigung wirtschaftlicher Interessen der Marktgegenseite; so auch *Klumpp,* Die „Efficiency Defense" in der Fusionskontrolle, S. 228.
[490] *Albers/Hacker* in: Schröter/Jakob/Mederer (Fn. 470) Art. 2 FKVO Rn. 457ff.

Art. 2 und Art. 3 lit. m EG zu den Zielen der Gemeinschaft. In Art. 158 EG wird die Stärkung des wirtschaftlichen und sozialen Zusammenhalts in der Gemeinschaft sowie die Angleichung des Entwicklungsstadiums der einzelnen Regionen zum Ziel erklärt (Kohäsion). Das EuG stellte in seinem Urteil v. 27. 4. 1995 unter Hinweis auf die Ziele des EG-Vertrages fest, dass die Kommission bei der Beurteilung eines Zusammenschlusses berücksichtigen kann, ob der Zusammenschluss unmittelbare oder mittelbare Auswirkungen auf die Lage der Arbeitnehmer in den beteiligten Unternehmen haben kann, die den Beschäftigungsgrad und die Beschäftigungsbedingungen in der Gemeinschaft beeinflussen.[491] In der übrigen Praxis finden soziale oder industriepolitische Gesichtspunkte keine Berücksichtigung bei der materiellen Beurteilung eines Zusammenschlusses. Die Förderung der Wettbewerbsfähigkeit erfolgt, wie in Art. 157 EG festgelegt ist, in einem System offener und wettbewerbsorientierter Märkte. Die wettbewerbsrechtliche Ausrichtung der Fusionskontrolle wird daher nicht durch die Ziele des EG-Vertrages modifiziert.[492] Eine Rechtfertigung eines Zusammenschlusses aufgrund von nichtwettbewerblichen Gesichtspunkten wie der internationalen Wettbewerbsfähigkeit der europäischen Unternehmen oder der Angleichung der sozialen Standards innerhalb der Gemeinschaft ist daher abzulehnen.

5. Abwägungsklausel

184 Ein Zusammenschluss ist nach Art. 2 Abs. 3 zu untersagen, wenn er den wirksamen Wettbewerb im Gemeinsamen Markt oder in einem wesentlichen Teil desselben erheblich behindert, insbesondere durch Begründung oder Verstärkung einer beherrschenden Stellung. Diese Voraussetzung scheint erfüllt zu sein, sobald der wirksame Wettbewerb auf einem relevanten Markt, der zumindest einen wesentlichen Teil des Gemeinsamen Marktes darstellt, erheblich behindert würde. Ein Zusammenschluss kann aber, obwohl er auf einem Markt den Wettbewerb behindert, auf einem anderen Markt wettbewerbsfördernd wirken, etwa indem dort dem bisher marktbeherrschenden Unternehmen aufgrund des Zusammenschlusses ein ernsthafter Konkurrent erwächst.[493] Das deutsche GWB enthält daher in § 36 Abs. 1 Satz 2 eine Abwägungsklausel, nach der ein Zusammenschluss nicht untersagt werden kann, wenn die Unternehmen nachweisen, dass durch den Zusammenschluss Verbesserungen der Wettbewerbsbedingungen auf einem anderen Markt eintreten und dass diese Verbesserungen die Nachteile der Marktbeherrschung überwiegen. Die Fusionskontrollverordnung enthält keine solche ausdrückliche Abwägungsklausel. Nach Art. 2 Abs. 1 lit. a hat aber die Kommission die Notwendigkeit zu berücksichtigen, im Gemeinsamen Markt wirksamen Wettbewerb aufrechtzuerhalten und zu entwickeln, insbesondere im Hinblick auf die **Struktur aller betroffenen Märkte.** Hieraus folgern die Befürworter einer Abwägungsklausel, dass die Kommission die möglichen positiven Auswirkungen eines Zusammenschlusses auf einen relevanten Markt gegen die Verschlechterung der Wettbewerbsstruktur eines anderen relevanten Marktes abzuwägen hat.[494] Hierbei sollen ausschließlich wettbewerbliche Gesichtspunkte und nicht etwaige sonstige Vorteile einzubeziehen sein.

185 In der Praxis haben jedoch weder der EuGH und das EuG noch die Kommission eine wettbewerbliche Abwägung der Auswirkungen eines Zusammenschlusses auf verschiedenen Märkten vorgenommen. Die Kommission hat in ihren Leitlinien zur Beurteilung horizontaler Zusammenschlüsse erklärt, dass sie Effizienzvorteile nur berücksichtigen will,

---

[491] EuG U. v. 27. 4. 1995 Rs. T-12/93 *Comite Central d'Enterprise de la Societe Anonyme Vittel und Comite d'Etablissement de Pierval und Federation Generale Agroalimentaire/Komm.* Slg. 1995 II 1247.
[492] *Immenga/Körber* in: Immenga/Mestmäcker, EG-WbR Bd. I/Teil 2, S. 291; *Schmidt*, S. 128.
[493] *Bechtold* EuZW 1996, S. 391.
[494] *Schütz* in GK Art. 2 FKVO Rn. 158 ff.; *Immenga/Körber* in: Immenga/Mestmäcker, EG-WbR Bd. I/Teil 2, S. 394 f.; *Bechtold* EuZW 1996, 389 ff.; *Kleemann* in: FS Lieberknecht, S. 381 ff.; *Rösler* NZG 2000, 859.

wenn sie sich auf dem Markt auswirken, auf dem ansonsten Wettbewerbsbedenken bestünden.⁴⁹⁵ Wenn die Kommission Effizienzen auf anderen Märkten ausdrücklich nicht berücksichtigen will, erscheint es ebenso unwahrscheinlich, dass sie wettbewerbliche Vorteile eines Zusammenschlusses gegen nachteilige Auswirkungen auf anderen Märkten abwägen wird. Erkennt man trotzdem eine Abwägungsklausel an, so sind dieser zumindest **enge Grenzen** zu ziehen. Die wettbewerblichen Vorteile müssen dann die wettbewerblichen Nachteile eindeutig überwiegen und nicht ohne die Verschlechterung der Wettbewerbsstruktur in dem anderen Markt erzielbar sein. Die Beweislast für diese Voraussetzungen müssen die beteiligten Unternehmen tragen.⁴⁹⁶

V. Koordinierungseffekte bei Vollfunktions-Gemeinschaftsunternehmen (Abs. 4 und 5)

1. Besonderheiten des Verfahrens

Durch die Änderung der Fusionskontroll-Verordnung im Jahre 1997⁴⁹⁷ finden deren Regelungen auf alle Vollfunktions-Gemeinschaftsunternehmen Anwendung, selbst wenn die Gründung des Gemeinschaftsunternehmens eine Koordinierung der Muttergesellschaften bezweckt oder bewirkt. Diese Koordinierung wird gemäß Art. 2 Abs. 4 FKVO nach den Kriterien des Art. 81 Abs. 1 und 3 beurteilt. Die Prüfung geschieht allerdings im gleichen Verfahren wie die Prüfung nach Art. 2 Abs. 1–3 FKVO; insbesondere gelten dafür auch die Fristen des Art. 10 FKVO. In materieller Hinsicht handelt es sich dabei um eine Doppelkontrolle. Der Zusammenschluss selbst wird allerdings nur nach den Kriterien des Art. 2 Abs. 1–3 FKVO geprüft; lediglich für eine zusätzlich bezweckte oder bewirkte Koordinierungswirkung des Zusammenschlusses erfolgt eine Prüfung nach Art. 81 Abs. 1 und 3.⁴⁹⁸ Dementsprechend geschieht die Prüfung in zwei Schritten: Zunächst werden gemäß Art. 2 Abs. 1–3 FKVO die konzentrativen Aspekte geprüft, nämlich ob der Zusammenschluss geeignet ist, wirksamen Wettbewerb erheblich zu behindern. Ist das nicht der Fall, so werden in einem zweiten Schritt die kooperativen Aspekte geprüft, nämlich ob durch den Zusammenschluss in dem Gemeinschaftsunternehmen die Koordinierung unabhängig bleibender Unternehmen bezweckt oder bewirkt wird.⁴⁹⁹ Dabei werden nur diese mit der

---

⁴⁹⁵ *Kommission,* Horizontal-Leitlinien Tz. 79.
⁴⁹⁶ So auch *Kleemann* in: FS Lieberknecht, S. 383 ff.; *Albers/Hacker* in: Schröter/Jakob/Mederer (Fn. 381) Art. 2 FKVO Rn. 452; *Rösler* NZG 2000, 859 a. A. *Bechtold* EuZW 1996, 391; *Schütz* in: GK Art. 2 FKVO Rn. 159.
⁴⁹⁷ Siehe dazu unten FKVO Art. 3 Rn. 40.
⁴⁹⁸ Vgl. *Baron* in: Langen/Bunte FKVO Art 2 Rn. 210; *Mestmäcker/Schweitzer,* Europäisches Wettbewerbsrecht, 2. Aufl. 2004, § 24 Rn. 69.
⁴⁹⁹ Vgl. *Albers/Hacker* in: Schröter/Jakob/Mederer, Kommentar zum Europäischen Wettbewerbsrecht, Art. 2 FKVO Rn. 466 ff.; *Baron* in: Langen/Bunte, Art 2 FKVO Rn. 219 ff.; *Henschen* in: Schulte, Handbuch Fusionskontrolle Rn. 1574 ff.; *Hirsbrunner* in: Schröter/Jakob/Mederer, Kommentar zum Europäischen Wettbewerbsrecht, Art. 2 FKVO Rn. 482 ff.; *Immenga/Körber* in: Immenga/Mestmäcker, EG-Wettbewerbsrecht, Bd. I Art. 2 FKVO Rn. 532 ff.; *Mestmäcker/Schweitzer,* Europäisches Wettbewerbsrecht. § 24 Rn. 72; *Montag/v. Bonin* in: Münchner Kommentar, Europäisches Wettbewerbsrecht, Art. 2 FKVO Rn. 433 ff.; *Pohlmann,* Doppelkontrolle von Gemeinschaftsunternehmen im europäischen Kartellrecht, WuW 2003, 473 ff.; *Schroeder,* Schnittstellen der Kooperations- und Oligopolanalyse im Fusionskontrollrecht, WuW 2004, 893 ff.; *van Bael/Bellis,* Competition Law of the European Community, 4th Ed. 2005, § 7.21 (2) – (S. 832 f.); vgl. als Beispiele hierfür: Komm. E. v. 15. 9. 2004 Rs. Comp/M. 3512 – *VNU/WPP/JV;* Komm. E. v. 27. 5. 1998 – *Telia/Telenor/Schibsted,* ABl. C 220 v. 31. 7. 1999, 28; Komm. E. v. 10. 5. 1999 – *Singapore Airlines/Rolls Royce,* ABl. C 176 vom 22. 6. 1999, 11; Komm. E. v. 30. 9. 1999 – *Fujitsu/Siemens,* ABl. C 318 v. 5. 11. 1999, 15; Komm. E. v. 11. 8. 1999 – *KLM/Alitalia,* ABl. C 96 v. 5. 4. 2000, 5; Komm. E. v. 3. 5. 2000 – *Hitachi/NEC – DRAM/JV,* ABl. C 153 v. 1. 6. 2000, 8; Komm. E. v. 21. 3. 2000 – *BSKYB/Kirch Pay TV,* ABl. C 110 vom 15. 4. 2000, 45; Komm. E. v. 22. 12. 2000 – *Stora Enso/Assidomän/JV,* ABl. C 49 v.

Gründung des Gemeinschaftsunternehmens (bzw. der gemeinsamen Beteiligung an einem bereits bestehenden Unternehmen) verbundenen Gruppeneffekte („spill-over-effects") nach Art. 2 Abs. 4 und 5 FKVO in dem Verfahren der Fusionskontrolle geprüft; für die Prüfung anderer Nebenabreden nach Art. 81 gelten die Verfahrensvorschriften der VO 1/2003.[500] Das Formblatt CO zur Anmeldung eines Zusammenschlusses bei der Kommission[501] enthält in Abschnitt 10 entsprechende Fragen zu den kooperativen Wirkungen eines Gemeinschaftsunternehmens.

2. Gegenstand der Prüfung

187 Die Prüfung nach Art. 2 Abs. 4 und 5 FKVO hat die Koordinierung des Wettbewerbsverhaltens unabhängig bleibender Unternehmen durch den Zusammenschluss in dem Gemeinschaftsunternehmen zum Gegenstand. Diese Prüfung betrifft nur den Wettbewerb zwischen den Obergesellschaften, nicht dagegen den zwischen den herrschenden Unternehmen und der (gemeinsam beherrschten) Untergesellschaft; denn diese ist insoweit kein unabhängiges Unternehmen.[502] Eine solche Koordinierungswirkung kommt nach Art. 2 Abs. 5 FKVO dann in Betracht, wenn mindestens zwei Obergesellschaften auf dem Markt des Gemeinschaftsunternehmen oder aber auf einem diesem vor- bzw. nachgelagerten oder benachbarten oder eng mit ihm verknüpften Markt präsent sind. Art. 2 Abs. 5 FKVO setzt dabei eine nennenswerte Präsenz voraus. Hinsichtlich der Koordinierungswirkungen ist eine Prognose zu stellen: eine Koordinierung der Obergesellschaften muss **wahrscheinlich** und **spürbar** sein, und das Gemeinschaftsunternehmen muss für die Koordinierung **kausal** sein.[503]

3. Zu prüfende Märkte – „Candidate Markets"

188 Die Kommission prüft gemäß Art. 2 Abs. 4 und 5 FKVO, ob die Muttergesellschaften des Gemeinschaftsunternehmens auf dem Markt des Gemeinschaftsunternehmens bzw. auf vor- oder nachgelagerten bzw. benachbarten oder eng verknüpften Märkten tätig sind. Diese Märkte bezeichnet sie als „candidate markets";[504] sie beschränkt ihre Prüfung dabei auf diese in Art. 2 Abs. 5 genannten Märkte.[505] Das Formblatt CO zur Anmeldung eines Zusammenschlusses bei der Kommission[506] enthält in Abschnitt 10 entsprechende Fragen zu den „candidate markets", nämlich ob mindestens zwei Muttergesellschaften auf dem Markt des Gemeinschaftsunternehmens oder eng mit ihm verknüpften oder vor- bzw.

---

15. 2. 2001, 5; Komm. E. v. 13. 9. 2004, M. 3522 – *Danish Crown/HK Ruokatalo/Sokolow;* Komm. E. v. 28. 4. 2005 M. 3680 – *Alcatel/Finmeccanica/Alcatel Alenia Space & Telespacio;* Komm. E. v. 3. 5. 2005, M. 3178 – *Bertelsmann/Springer/JV.*

[500] Vgl. *Mestmäcker/Schweitzer* (Fn. 499), § 24 Rn. 75; *Schroer* in: FK, EG-Kartellrecht, FKVO Art. 2 Rn. 236.

[501] ABl. L 133 vom 30. 4. 2004, 9 ff.

[502] *Mestmäcker/Schweitzer* (Fn. 499) § 24 Rn. 75.

[503] *Baron* in: Langen Bunte FKVO Art 2 Rn. 212; *Mestmäcker/Schweitzer* (Fn. 499), § 24 Rn. 76; *Schroer* in: FK, EG-Kartellrecht, FKVO Art. 2 Rn. 240; Komm. E. v. 27. 5. 1998 – *Telia/Telenor/Schibsted,* ABl. C 220 v. 31. 7. 1999, 28.

[504] Vgl. *Immenga/Körber* in Immenga/Mestmäcker, EG-Wettbewerbsrecht, Bd. I Art. 2 FKVO Rn. 542 ff.; Komm. E. v. 3. 12. 1998 – *NC/Canal+/CDPQ/Bank America,* ABl. C 233 v. 14. 8. 1999, 21; Komm. E. v. 10. 5. 1999 – *Singapore Airlines/Rolls Royce,* ABl. C 176 vom 22. 6. 1999, 11; Komm. E. v. 27. 5. 1998 – *Telia/Telenor/Schibsted,* ABl. C 220 v. 31. 7. 1999, 28; Komm. E. v. 30. 9. 1999 – *Fujitsu/Siemens,* ABl. C 318 v. 5. 11. 1999, 15; Komm. E. v. 22. 12. 2000 – *Stora Enso/Assidomän/JV,* ABl. C 49 vom 15. 2. 2001, 5; Komm. E. v. 21. 3. 2000 – *BSKY B/Kirch Pay TV,* ABl. C 110 v. 15. 4. 2000, 45; Komm. E. v. 3. 5. 2000 – *Hitachi/NEC – DRAM/JV,* ABl. C 153 v. 1. 6. 2000, 8.

[505] Vgl. *Baron* in: Langen/Bunte, FKVO Art 2 Rn. 211.

[506] ABl. L 133 vom 30. 4. 2004, 9 ff.

nachgelagerten oder benachbarten Märkten tätig sind. Für diese Märkte sind die Umsätze der Muttergesellschaften auf diesen Märkten, die wirtschaftliche Bedeutung der Tätigkeiten des Gemeinschaftsunternehmens zu diesem Umsatz und die Marktanteile der einzelnen Muttergesellschaften anzugeben. Anhand dieser Angaben prüft die Kommission dann die Koordinierungsauswirkungen auf die „candidate markets". Ist nur eine Muttergesellschaft auf dem Märkten des Gemeinschaftsunternehmens oder auf vor- oder nachgelagerten Märkten tätig, so fehlt es in der Regel an „candidate markets"; etwas anderes gilt dann, wenn durch die Gründung des Gemeinschaftsunternehmens der potentielle Wettbewerb der anderen Muttergesellschaft ausgeschaltet werden soll.[507] Fehlt es an „candidate markets", so beendet die Kommission die Prüfung mit einer entsprechenden Feststellung.[508]

4. Tätigkeit der Muttergesellschaften auf den gleichen räumlichen und sachlichen Märkten

Bei **paralleler Tätigkeit** der Muttergesellschaften auf dem Markt des Gemeinschaftsunternehmens wird eine spürbare Koordinierungswirkung umso eher angenommen je höher der Marktanteil der Muttergesellschaften und des Gemeinschaftsunternehmens insgesamt ist und je größere Bedeutung dabei das Gemeinschaftsunternehmen hat.[509] Haben die Mutterunternehmen zusammen nicht mehr als 40% Marktanteil, so wird ein Koordinierungseffekt nicht sehr wahrscheinlich sein.[510]

5. Tätigkeit auf vor- oder nachgelagerten Märkten

Bei **vor- oder nachgelagerten und Märkten** kommt eine Koordinierungswirkung insbesondere dann in Betracht, wenn der Umsatz mit dem Gemeinschaftsunternehmen einen erheblichen Anteil am Umsatz der Muttergesellschaften hat. Bei vom Gemeinschaftsunternehmen bezogenen Vorprodukten kommt es zum einen darauf an, welchen Anteil die Kosten dieses Vorprodukts an den Gesamtkosten des Endprodukts haben, zum anderen, welchen Anteil ihres Bedarfs die Muttergesellschaften bei dem Gemeinschaftsunternehmen decken. Bei geringen Marktanteilen der Muttergesellschaften auf den Folgemärkten ist nach Auffassung der Kommission ein Koordinierungswirkung ausgeschlossen.[511] Und selbst bei einem Kostenanteil von 50% hat die Kommission eine koordinierende Wirkung verneint, wenn die Gründerunternehmen ihren Bedarf nur zu 15–40% bei dem Gemeinschaftsunternehmen decken.[512]

6. Tätigkeit auf benachbarten oder eng verknüpften Märkten

Bei **benachbarten oder eng verknüpften Märkten** ist ebenfalls zu prüfen, welche Bedeutung der Markt des Gemeinschaftsunternehmens für die verwandten Märkte der

---

[507] Vgl. *Immenga/Körber* in: Immenga/Mestmäcker, EG-Wettbewerbsrecht, Bd. I Art. 2 FKVO Rn. 552; *Henschen* in: Schulte, Handbuch Fusionskontrolle Rn. 1602.

[508] Vgl. *Immenga/Körber* in: Immenga/Mestmäcker, EG-Wettbewerbsrecht, Bd. I Art. 2 FKVO Rn. 543; *Schroeder,* Schnittstellen der Kooperations- und Oligopolanalyse im Fusionskontrollrecht, WuW 2004, 893, 898; Beispiele für das Fehlen von „candidate markets": Komm. E. v. 1. 12. 1999 Rs. COMP/JV.26 – *Freecom/Dangaard.*

[509] Vgl. Komm. E. v. 30. 9. 1999 – *Fujitsu/Siemens,* ABl. C 318 v. 5. 11. 1999, 15.

[510] Vgl. Komm. E. v. 28. 4. 2005, M. 3680 – *Alcatel/Finmeccanica/Alcatel Alenia Space & Telespazio*; Komm. E. v. 3. 5. 2005, M. 3178 – *Bertelsmann/Springer/JV*; Komm. E. v. 30. 9. 1999 – *Fujitsu/Siemens,* ABl. C 318/15 v. 5. 11. 1999; Komm. E. v. 11. 8. 1999 – *KLM/Alitalia,* ABl. C 96/5 v. 5. 4. 2000; *Immenga/Körber* in: Immenga/Mestmäcker, EG-WbR Bd. I Art. 2 FKVO Rn. 557; *Mestmäcker/Schweitzer* (Fn. 498), § 24 Rn. 88.

[511] Komm. E. v. 3. 5. 2000 – *Hitachi/NEC – DRAM/JV,* ABl. C 153/8 v. 1. 6. 2000.

[512] Komm. E. v. 22. 12. 2000 – *Stora Enso/Assidomän/JV,* ABl. C 49/5 vom 15. 2. 2001.

Muttergesellschaften hat und welche Marktanteile die Muttergesellschaften auf diesen verwandten Märkten haben; sind die Marktanteile nur gering, so ist der Koordinierungseffekt ebenfalls zu verneinen.[513]

7. Wahrscheinlichkeit der Koordination

192 Bei der Prüfung, ob eine Verhaltenskoordinierung durch das Gemeinschaftsunternehmen oder über das Gemeinschaftsunternehmen wahrscheinlich ist, stellt es die Kommission in erster Linie auf die Marktstruktur ab. Ein geringes Risiko besteht, wenn der Markt sehr wettbewerblich strukturiert ist (z. B. wegen niedriger Marktzutrittsschranken, hoher Wachstumsraten).[514] Haben die Mutterunternehmen dagegen auf dem betreffenden Markt eine starke Stellung, so ist ein Koordinierungsrisiko eher anzunehmen. Dabei spielt insbesondere auch die wirtschaftliche Bedeutung der Aktivitäten des Gemeinschaftsunternehmens für die Mutterunternehmen eine Rolle; je größer die Bedeutung ist, desto eher ist ein Koordinierungsinteresse anzunehmen[515]

8. Spürbarkeit

193 Weitere Voraussetzung ist, dass die Verhaltenskoordinierung spürbare Wirkungen hat, und zwar sowohl auf den Handel zwischen den Mitgliedstaaten als auch als eine Beschränkung des Wettbewerbs.[516] Die Spürbarkeit der Wettbewerbsbeschränkung ist dabei nach den Kriterien der Bagatellbekanntmachung[517] zu beurteilen und damit im Wesentlichen nach bestimmten Marktanteilsschwellen (10% für horizontale Beziehungen, 15% für vertikale).[518]

9. Kausalität

194 Der Zusammenschluss im Gemeinschaftsunternehmen muss für die Koordinierung kausal sein. Eine bereits bestehende Koordinierung zwischen den Muttergesellschaften reicht für die Anwendung von Art. 2 Abs. 4 FKVO nicht aus.[519] Dementsprechend hat die Kommission die Kausalität verneint, wenn unabhängig von dem Zusammenschluss in dem Gemeinschaftsunternehmen bereits vorher Anreize zur Koordinierung bestanden.[520] Auch wenn auf Grund einer Kooperationsvereinbarung schon vor dem Zusammenschluss kein intensiver Wettbewerb zwischen den Muttergesellschaften stattfand, fehlt es an der Kausalität des Zusammenschlusses für eine Koordinierung der Muttergesellschaften.[521] Weitere Voraussetzung ist, dass die Koordinierung auch durchsetzbar ist.[522] Dafür müssen die Un-

---

[513] *Mestmäcker/Schweitzer* (Fn. 499), § 24 Rn. 79; Komm. E. v. 28. 2. 2000 – Bertelsmann/Planeta/NEB, ABl. C 125/10 v. 4. 5. 2000.
[514] Vgl. Komm. E. v. 27. 5. 1998, IV/JV.1 – *Telia/Telenor/Schibsted* (Fn. 504).
[515] Vgl. *Henschen* in: Schulte, Handbuch Fusionskontrolle Rn. 1602.
[516] Vgl. *Baron* in: Langen/Bunte FKVO Art 2 Rn. 214.
[517] ABl. C 368/13 vom 22. 12. 2001.
[518] Vgl. *Baron* in: Langen/Bunte FKVO Art 2 Rn. 214; Komm. E. v. 4. 8. 1998, IV/JV.5 – *Cegetel/Canal+/AOL/Bertelsmann*; (keine Spürbarkeit bei nicht mehr als 10% Marktanteil); Komm. E. 30. 9. 1999, IV/JV – *Fujitsu/Siemens* (Spürbarkeit bei 20% Marktanteil), s. Fn. 509.
[519] *Baron* in: Langen/Bunte, FKVO Art 2 Rn. 214; *Henschen* in: Schulte, Handbuch Fusionskontrolle Rn. 1633.
[520] Komm. E. v. 21. 3. 2000 – *BSkyB/Kirch Pay TV*, ABl. C 110/45 vom 15. 4. 2000.
[521] Komm. E. v. 17. 12. 1999 – *Telefonica/Portugal Telecom/Medi Telecom*, ABl. C 22/11 v. 26. 1. 2000; kritisch dazu *Pohlmann*, WuW 2003, 489 Fn. 12; weitere Fälle bei *Henschen* in: Schulte, Handbuch Fusionskontrolle Rn. 1637.
[522] *Baron* in: Langen/Bunte FKVO Art 2 Rn. 213; *Henschen* in: Schulte, Handbuch Fusionskontrolle Rn. 1614 f.

ternehmen über hinreichende Marktmacht verfügen, um den Wettbewerb auf dem betreffenden Markt zu koordinieren.[523]

10. Anwendung von Art. 81 Abs. 3

Im Fusionskontrollverfahren ist nach Art. 2 Abs. 4 FKVO auch über die Freistellungsvoraussetzungen **nach Art. 81 Abs. 3** zu entscheiden. Da Art. 81 Abs. 3 durch die VO 1/2003 zur Legalausnahme umgestaltet wurde, wird keine ausdrückliche Freistellungsentscheidung mehr getroffen. Vielmehr wird zusammen mit dem Ergebnis der Prüfung nach Art. 2 Abs. 1–3 FKVO eine einheitliche Entscheidung darüber getroffen, ob der Zusammenschluss mit dem gemeinsamen Markt vereinbar ist oder nicht. Allerdings können sich bei der Prüfung der Voraussetzungen des Art. 81 Abs. 3 im Hinblick auf einen Zusammenschluss bei einzelnen Kriterien Schwierigkeiten ergeben, und zwar insbesondere hinsichtlich der angemessenen Verbraucherbeteiligung und der Unerlässlichkeit. Wenn die Muttergesellschaften auf vor- oder nachgelagerten bzw. benachbarten Märkten tätig sind, kommen die Vorteile des Zusammenschlusses möglicherweise anderen Verbrauchern zugute als denjenigen, auf deren Märkten die Beschränkung durch die Koordinierungswirkung eintritt.[524] Man könnte dazu aus der Formulierung des Art. 2 Abs. 5, 2. Spiegelstrich FKVO folgern, dass nach Art. 2 Abs. 4 FKVO i. V. m. Art. 81 Abs. 1 und 3 nur noch zu prüfen sei, ob durch die Koordinierung die Möglichkeit eröffnet wird, für einen wesentlichen Teil der betreffenden Waren und Dienstleistungen den Wettbewerb auszuschalten; denn nur dieses von den insgesamt vier Kriterien des Art. 81 Abs. 3 wird im Art. 2 Abs. 5, 2. Spiegelstrich FKVO erwähnt.[525] Dieses wäre allerdings eine unzulässige Einschränkung des Art. 81 Abs. 3; dieser geht als höherrangiges Recht dem Art. 2 Abs. 5 FKVO vor.[526] Es bleibt also dabei, dass auch im Rahmen der Prüfung nach Art. 2 Abs. 4 und 5 sämtliche vier Kriterien des Art. 81 Abs. 3 zu berücksichtigen sind.[527] Allerdings hat die Kommission in ihrer bisherigen Praxis bei der Prüfung der Koordinierungswirkungen nach Art 2 Abs. 4 und 5 FKVO i. V. m. Art. 81 Abs. 1 und 3 es vor allem auf die Marktmacht der Muttergesellschaften abgestellt.[528] Sie hat eine relevante Wettbewerbsbeschränkung im Wesentlichen nur dann angenommen, wenn die Muttergesellschaften gemeinsam über eine marktbeherrschende Stellung verfügten.[529] Eine ausdrückliche Prüfung des Art 81 Abs. 3 enthalten die bisherigen Entscheidungen der Kommission nicht. In kritischen Fällen sind mögliche Probleme der Verhaltenskoordinierung durch Zusagen der Unternehmen ausgeräumt worden.[530]

Fraglich ist, welche **Bestandskraft** eine Entscheidung im Fusionskontrollverfahren nach Art. 2 Abs. 4 FKVO i. V. m. Art. 81 Abs. 1 und 3 hat. Erweist sich im Rahmen der Fusionskontrolle eine Entscheidung nachträglich als falsch, weil entgegen der Prognose durch den Zusammenschluss eine erhebliche Behinderung wesentlichen Wettbewerbs eintritt, so kann die Kommission dennoch diese nur unter den engen Voraussetzungen des Art. 6 Abs. 3 bzw. Art. 8 Abs. 6 FKVO widerrufen. Stellt sich nachträglich heraus, dass entgegen der Prognose eine spürbare Koordinierungswirkung eintritt und die Voraussetzungen

---

[523] Vgl. Komm. E. vom 17. 8. 1999, IV/JV.21 – Skandia/Storebrand/Pohjola.
[524] Vgl. Faull/Nickpay Rn. 4.78; Mestmäcker/Schweitzer (Fn. 499), § 24 Rn. 81.
[525] Ähnlich wohl van Bael/Bellis, Competition Law of the European Community, 4th Ed. 2005, § 7.21 (S. 836).
[526] Vgl. Mestmäcker/Schweitzer (Fn. 499), § 24 Rn. 67 und 82.
[527] Mestmäcker/Schweitzer (Fn. 499) § 24 Rn. 67 und 82.
[528] Mestmäcker/Schweitzer (Fn. 499) § 24 Rn. 89.
[529] Vgl. z. B. Komm. E. v. 30. 3. 1999 Rs. IV/JV.15 – BT/AT & T; Komm. E. v. 3. 12. 1998 – NC/Canal+/CDPQ/Bank America, ABl. C 233/21 v. 14. 8. 1999.
[530] Vgl. Baron in: Langen/Bunte, FKVO Art 2 Rn. 216; Henschen in: Schulte, Handbuch Fusionskontrolle Rn. 1643.

des Art. 81 Abs. 3 nicht erfüllt werden, so fragt sich, ob hierfür die gleichen Regelungen gelten. Dieses wird zum Teil bejaht,[531] von der Kommission aber wohl anders gesehen.[532] Es macht jedoch wenig Sinn, die Beurteilung der Koordinierungswirkungen einerseits in das Fusionskontrollverfahren einzubeziehen, andererseits diese hinsichtlich der Bestandskraft anders zu behandeln.

Art. 3. Definition des Zusammenschlusses

(1) Ein Zusammenschluß wird dadurch bewirkt, daß eine dauerhafte Veränderung der Kontrolle in der Weise stattfindet, daß

a) zwei oder mehr bisher voneinander unabhängige Unternehmen oder Unternehmensteile fusionieren oder daß

b) – eine oder mehrere Personen, die bereits mindestens ein Unternehmen kontrollieren, oder ein oder mehrere Unternehmen durch den Erwerb von Anteilsrechten oder Vermögenswerten, durch Vertrag oder in sonstiger Weise die unmittelbare oder mittelbare Kontrolle über die Gesamtheit oder über Teile eines oder mehrerer anderer Unternehmen erwerben.

(2) Die Kontrolle wird durch Rechte, Verträge oder andere Mittel begründet, die einzeln oder zusammen unter Berücksichtigung aller tatsächlichen oder rechtlichen Umstände die Möglichkeit gewähren, einen bestimmenden Einfluß auf die Tätigkeit eines Unternehmens auszuüben, insbesondere durch:

a) Eigentums- oder Nutzungsrechte an der Gesamtheit oder an Teilen des Vermögens des Unternehmens;

b) Rechte oder Verträge, die einen bestimmenden Einfluß auf die Zusammensetzung, die Beratungen oder Beschlüsse der Organe des Unternehmens gewähren.

(3) Die Kontrolle wird für die Personen oder Unternehmen begründet,

a) die aus diesen Rechten oder Verträgen selbst berechtigt sind, oder

b) die, obwohl sie aus diesen Rechten oder Verträgen selbst berechtigt sind, die Befugnis haben, die sich daraus ergebenden Rechte auszuüben.

(4) Die Gründung eines Gemeinschaftsunternehmens, das auf Dauer alle Funktionen einer selbständigen wirtschaftlichen Einheit erfüllt, stellt einen Zusammenschluß im Sinne von Absatz 1 Buchstabe b) dar.

(5) Ein Zusammenschluß wird nicht bewirkt,

a) wenn Kreditinstitute, sonstige Finanzinstitute oder Versicherungsgesellschaften, deren normale Tätigkeit Geschäfte und den Handel mit Wertpapieren für eigene oder fremde Rechnung einschließt, vorübergehend Anteile an einem Unternehmen zum Zwecke der Veräußerung erwerben, sofern sie die mit den Anteilen verbundenen Stimmrechte nicht ausüben, um das Wettbewerbsverhalten des Unternehmens zu bestimmen, und nur ausüben, um die Veräußerung der Gesamtheit oder von Teilen des Unternehmens oder seiner Vermögenswerte oder die Veräußerung der Anteile vorzubereiten, und sofern die Veräußerung innerhalb eines Jahres nach dem Zeitpunkt des Erwerbs erfolgt; diese Frist kann von der Kommission auf Antrag verlängert werden, wenn die genannten Institute oder Gesellschaften nachweisen, daß die Veräußerung innerhalb der vorgeschriebenen Frist unzumutbar war;

b) wenn der Träger eines öffentlichen Mandats aufgrund der Gesetzgebung eines Mitgliedstaates über die Auflösung von Unternehmen, die Insolvenz, die Zahlungseinstellung, den Vergleich oder ähnliche Verfahren die Kontrolle erwirbt;

---

[531] *Immenga/Körber* in: Immenga/Mestmäcker, EG-Wettbewerbsrecht, Bd. I, Art. 2 FKVO Rn. 577.
[532] *Mestmäcker/Schweitzer* (Fn. 499), § 24 Rn. 84 mit weiteren Hinweisen.

c) wenn die in Absatz 1 Buchstabe b) bezeichneten Handlungen von Beteiligungsgesellschaften im Sinne von Artikel 5 Absatz 3 der Vierten Richtlinie 78/660 EWG des Rates vom 25. Juli 1978 aufgrund von Artikel 54 Absatz 3 Buchstabe g) des Vertrages über den Jahresabschluß von Gesellschaften bestimmter Rechtsformen vorgenommen werden, jedoch mit der Einschränkung, daß die mit den erworbenen Anteilen verbundenen Stimmrechte, insbesondere wenn sie zur Ernennung der Mitglieder der geschäftsführenden oder aufsichtsführenden Organe der Unternehmen ausgeübt werden, an denen die Beteiligungsgesellschaften Anteile halten, nur zur Erhaltung des vollen Wertes der Investitionen und nicht dazu benutzt werden, unmittelbar oder mittelbar das Wettbewerbsverhalten zu bestimmen.

Übersicht

	Rn.		Rn.
I. Überblick	1	b) Definition und Bedeutung	41
II. Die Zusammenschlusstatbestände	11	c) Vollfunktionsunternehmen	43
1. Fusion	12	d) Änderung des Tätigkeitsbereichs eines Gemeinschaftsunternehmens	56
2. Kontrollerwerb	17	e) Prüfungsmaßstab und -umfang bei Vollfunktions-Gemeinschaftsunternehmen	57
a) Kontrolle	17	f) Konsequenzen für die Praxis	60
b) Erwerber der Kontrolle	18	III. Ausnahmen	62
c) Mittelbare Kontrolle	22	1. Bankenklausel (Abs. 5 lit. a)	63
d) Gegenstand der Kontrolle	24	2. Insolvenzklausel (Abs. 5 lit. b)	70
e) Formen des Kontrollerwerbs	25	3. Beteiligungsgesellschaften (Luxemburgische Klausel)	71
f) Alleinige Kontrolle	29		
g) Gemeinsame Kontrolle	33	4. Militärische Klausel (Art. 296 Abs. 1 lit. b EG)	72
h) Änderungen der Struktur der Kontrolle	37		
3. Gemeinschaftsunternehmen	40		
a) Überblick	40		

I. Überblick

Art. 3 ist seit Inkrafttreten der FKVO am 21. 9. 1990 im Wesentlichen unverändert geblieben. Allerdings wurde mit ihrer Novellierung, die am 1. 3. 1998 in Kraft getreten ist, in Art. 3 Abs. 2 (jetzt Abs. 4) auch die Gründung von kooperativen Gemeinschaftsunternehmen, sofern sie nur eine selbständige wirtschaftliche Einheit bilden, der Zusammenschlusskontrolle durch die Kommission unterworfen.[1] Die neue Verordnung Nr. 139/2004 hat den Text des Art. 3 der alten Verordnung Nr. 4064/1998 bis auf marginale Änderungen übernommen. So wurde im Abs. 1 S. 1 klargestellt, dass ein Zusammenschluss im Sinne der FKVO stets eine dauerhafte Veränderung der Kontrolle voraussetzt. 1

Das Vorliegen eines Zusammenschlusses ist eine der tatbestandlichen Voraussetzungen für die Anwendbarkeit der Fusionskontrolle. Danach ist zunächst zu prüfen, ob ein Vorhaben einen Zusammenschlusstatbestand gemäß Art. 3 Abs. 1a) oder b) erfüllt. Ist dies der Fall, kann sodann geprüft werden, welche Unternehmen an dem Zusammenschluss beteiligt sind, so dass anschließend festgestellt werden kann, ob die Umsatzerlöse der beteiligten Unternehmen die Schwellenwerte von Art. 1 erreichen. Die FKVO findet nur Anwendung auf Zusammenschlüsse im Sinne des Art. 3 Abs. 1, die eine gemeinschaftsweite Bedeutung im Sinne von Art. 1 haben oder nach Art. 4 Abs. 5 oder Art. 22 an die Kommission verwiesen werden. 2

Der Aufgabe der Zusammenschlusskontrolle entsprechend, Veränderungen der Marktstruktur einer präventiven Kontrolle durch die Kommission zu unterwerfen, ist gemäß Abs. 1 S. 1 allgemeine Voraussetzung für das Vorliegen eines Zusammenschlusses – gleich ob in Form der Fusion nach Abs. 1 lit. a[2] oder des Kontrollerwerbs nach Abs. 1 lit. b –, 3

---

[1] Vgl. bereits *Riesenkampff* in: FS Rittner, 1991, S. 499 ff.
[2] Der Begriff Fusion ist anders als im deutschen Recht kein Synonym für den Begriff Zusammenschluss.

dass das Vorhaben zu einer **dauerhaften Veränderung der Kontrolle an den beteiligten Unternehmen und damit der Marktstruktur** führt.[3] An einer dauerhaften Strukturveränderung wird es häufig in den Fällen tatsächlicher Einflussmöglichkeiten aufgrund rein wirtschaftlicher Beziehungen zwischen Unternehmen fehlen, vgl. unten Rn. 28. Auch der Einfluss, der über ein Geschäftsführungsmandat ausgeübt wird, ist für das Bejahen eines Zusammenschlusses nicht ausreichend, wenn der Einfluss nicht hinreichend dauerhaft und abgesichert ist.[4] In den übrigen Fällen wie Vermögens- und Anteilserwerb oder bei Unternehmensverträgen besteht regelmäßig keine zeitliche Begrenzung des Zusammenschlusses, so dass an der Dauerhaftigkeit der Strukturveränderung selten Zweifel bestehen werden. An einer dauerhaften Veränderung der Marktstruktur fehlt es hingegen bei Transaktionen, die lediglich einen Schritt zur Verwirklichung eines aus mehreren, aufeinander folgenden Transaktionen bestehenden Gesamtvorgangs darstellen. Der gemeinsame Erwerb eines Unternehmens durch mehrere Unternehmen zum Zwecke der Aufteilung unter den Erwerbern stellt daher nach der Ansicht der Kommission keinen eigenständigen Zusammenschluss, sondern einen Erwerb der Kontrolle an den einzelnen Teilen des Zielunternehmens durch den endgültigen Erwerber dar, wenn die spätere Aufteilung zwischen den Erwerbern rechtsverbindlich vereinbart ist und die Aufteilung des erworbenen Vermögens innerhalb kurzer Zeit nach dem ersten Erwerbsvorgang erfolgt.[5] Gleichermaßen soll es an einer dauerhaften Veränderung der Kontrolle fehlen, wenn gemeinsame Kontrolle lediglich für eine Anlaufzeit erworben wird und danach einer der Anteilseigner auf der Grundlage rechtsverbindlicher Vereinbarungen, die alleinige Kontrolle übernimmt. Während nach früherer Praxis generell eine Anlaufzeit von bis zu drei Jahren akzeptiert wurde,[6] ist nach der Konsolidierten Mitteilung nunmehr eine Höchstdauer von einem Jahr zugrunde zu legen.[7] Wird ein Unternehmen durch einen zwischengeschalteten Käufer zum Weiterverkauf an einen Dritten erworben, der den größten Teil des wirtschaftlichen Risikos des Zwischenerwerbs trägt, betrachtet die Kommission den Zwischenerwerb als (unselbständigen) ersten Schritt des Erwerbs der dauerhaften Kontrolle durch den endgültigen Erwerber.[8]

4 Mit dem Begriff der Kontrolle knüpft Art. 3 nicht an formelle Kriterien, sondern an materielle bzw. qualitative[9] Gesichtspunkte an, die auf die Wirkung des Zusammenschlusses auf die Unabhängigkeit der beteiligten Unternehmen abstellen. Dadurch wird der Zusammenschlussbegriff von gesellschaftsrechtlichen Konstruktionen und Rechtsformen unabhängig. Die erforderliche Auslegung des Zusammenschlussbegriffs ist durch die langjährige Entscheidungspraxis der Kommission nunmehr in den wesentlichen Punkten gefestigt. Wichtige Auslegungsfragen werden in der konsolidierten Mitteilung der Kommission zu Zuständigkeitsfragen (konsolidierte Mitteilung) ausführlich behandelt.[10]

---

[3] S. Erwägungsgrund 20.
[4] FK-*Schröer* Art. 3 FKVO Rn. 23.
[5] Konsolidierte Mitteilung, Rn. 31; danach soll die Vermögensaufteilung in der Regel innerhalb eines Jahres abgeschlossen sein, vgl. Komm. E. v. 24. 6. 2005, Az. COMP/M. 3779 – *Pernaud Ricard/Allied Domecq;* E. v. 10. 6. 2005, Az. COMP/M. 3813 – *Fortune Brands/Allied Domecq* (Aufteilung innerhalb von 6 Monaten).
[6] Vgl. Komm. E. v. 28. 3. 1994 Az. IV/M. 425 – *British Telecom/Banco Santander.*
[7] Konsolidierte Mitteilung, Rz. 34.
[8] Konsolidierte Mitteilung, Rz. 35.
[9] *Immenga/Körber* in: Immenga/Mestmäcker, EG-WbR Bd. I, Art. 3 FKVO Rn. 5.
[10] Konsolidierte Mitteilung der Kommission zu Zuständigkeitsfragen gemäß der Verordnung (EG) Nr. 139/2004 des Rates über die Kontrolle von Unternehmenszusammenschlüssen vom 10. 7. 2007; zuvor Bekanntmachung der Kommission über den Begriff des Zusammenschlusses der Verordnung (EWG) Nr. 4064/89 des Rates über die Kontrolle von Unternehmenszusammenschlüssen, ABl. EG 1998 Nr. C 66/5; Bekanntmachung der Kommission über den Begriff des Vollfunktions-Gemein-

Art. 3. Definition des Zusammenschlusses   5–7 **Art. 3 FKVO**

Art. 3 erfasst nur Zusammenschlüsse zwischen voneinander unabhängigen Unternehmen. Interne Reorganisationsmaßnahmen innerhalb einer Unternehmensgruppe wie Zusammenschlüsse oder Fusionen zwischen verschiedenen Tochtergesellschaften begründen daher keinen Zusammenschluss im Sinne von Art. 3 Abs. 1. Gleiches gilt für die Erhöhung bestehender Beteiligungen, wenn dadurch keine Änderung der Kontrolle über das Beteiligungsunternehmen herbeigeführt wird.[11] Dagegen liegt ein Zusammenschluss vor, wenn die Transaktion zu einer Änderung der Art der Kontrolle an einem Unternehmen führt. Dies ist insbesondere beim Erwerb der alleinigen Kontrolle über ein bislang gemeinsam kontrolliertes Unternehmen der Fall.[12] Ein gemeinsam kontrolliertes Unternehmen ist insoweit als von der einzelnen Muttergesellschaft unabhängig anzusehen.[13]

Inwieweit Zusammenschlussvorgänge zwischen **staatlichen Unternehmen** oder Unternehmen einer **öffentlich-rechtlichen Körperschaft** einen Zusammenschluss im Sinne von Art. 3 Abs. 1 begründen, bestimmt sich danach, ob die beteiligten Unternehmen vor der Transaktion unterschiedliche wirtschaftliche Einheiten mit autonomen Entscheidungsbefugnissen bilden.[14] Ist dies nicht der Fall, liegt lediglich eine interne Reorganisation vor. Das gleiche gilt, wenn die einzelnen wirtschaftlichen Einheiten auch nach dem Vorgang weiterhin eine autonome Entscheidungsbefugnis besitzen, selbst wenn die Anteile von der gleichen Holdinggesellschaft gehalten werden.[15] Auch soweit der Staat in Ausübung hoheitsrechtlicher Befugnisse handelt und die Ausübung eines bestimmenden Einflusses weder bezweckt noch bewirkt wird, liegt kein Zusammenschluss im Sinne von Art. 3 vor.[16]

Mehrere zeitlich, sachlich und personell eng zusammenhängende Transaktionen können einen einzigen Zusammenschluss begründen, wenn sie Teile eines einheitlichen Vorgangs sind. Voraussetzung hierfür ist, dass zwischen den Transaktionen ein **Abhängigkeitsverhältnis** dergestalt besteht, dass die eine Transaktion nicht ohne die andere durchgeführt würde und dass letztlich die Kontrolle von dem bzw. denselben Unternehmen übernommen wird.[17] Bei der Aufspaltung von Gemeinschaftsunternehmen oder dem Tausch von Vermögenswerten begründet dagegen, auch wenn die Transaktionen voneinander abhängig sind, jeder Erwerbsvorgang einen eigenen Zusammenschlusstatbestand, da verschiedene Unternehmen die Kontrolle über unterschiedliche Vermögenswerte erwerben. Auch der Erwerb verschiedener Arten von Kontrolle – z. B. der Erwerb gemeinsamer Kontrolle über einen Unternehmensteil und alleiniger Kontrolle über einen anderen – führt grundsätzlich zu separaten Zusammenschlüssen. Ein einheitlicher Zusammenschluss liegt in diesem Fall nur dann vor, wenn die Transaktionen sich gegenseitig bedingen und dasselbe Unternehmen sowohl die alleinige Kontrolle als auch die gemeinsame Kontrolle erwirbt.[18] Mehrere Transaktionen werden in der Regel als voneinander abhängig betrachtet, wenn sie rechtlich miteinander verbunden sind oder wenn jede einzelne Transaktion wirtschaftlich notwendigerweise vom Abschluss der anderen abhängt.[19] Werden die Transaktionen nicht weitgehend gleichzeitig durchgeführt, spricht dies nach Auffassung der Kommission gegen eine

---

schaftsunternehmens nach der Verordnung (EWG) Nr. 4064/89 des Rates über die Kontrolle von Unternehmenszusammenschlüssen, Amtsblatt EG Nr. C 66/01.

[11] Konsolidierte Mitteilung, Rz. 51.
[12] Siehe unten Rn. 38.
[13] *Bruhn* in Schröter/Jakob/Mederer, Kommentar zum Europäischen Wettbewerbsrecht, FKVO Art. 3, Rn. 11.
[14] Vgl. Erwägungsgrund 22.
[15] Konsolidierte Mitteilung, Rz. 52.
[16] Konsolidierte Mitteilung, Rz. 53; Komm. E. v. 1. 9. 1994, Az. IV/M. 493 – *Tractebel/Distragaz II*.
[17] Konsolidierte Mitteilung, Rz. 38 ff.; EG, Rechtssache T-282/02 *Cementbouw*, Sammlung 2006, S. II-319, Rn. 107. Komm. E. v. 3. 2. 2000, Az. IV/MJ. 825 – *Suzuki Motor/Suzuki FG/Fafin*; Komm. E. v. 5. 1. 2000, Az. IV/M. 1720 – *Fortum/Elektrizitätswerk Wesertal*.
[18] Konsolidierte Mitteilung, Rz. 41 f.
[19] EG, Rechtssache T-282/02 – *Cementbouw*, a. a. O., Rn. 131 ff.

Art. 3 FKVO 8–12

8 gegenseitige Abhängigkeit.[20] Der Erwerb der Kontrolle über ein anderes Unternehmen durch eine Reihe von Wertpapierkäufen innerhalb eines kurzen Zeitraums kann ebenfalls einen einzigen Zusammenschluss darstellen, der nach Auffassung der Kommission sämtliche Käufe innerhalb des fraglichen Zeitraums umfasst.[21]

8 Ein entsprechender Hinweis findet sich nun im Erwägungsgrund 20. Die noch in dem Kommissionsentwurf zur Neuregelung der Fusionskontrolle vom 11. 12. 2002 vorgesehene Aufnahme einer Regelung in Art. 3 Abs. 4 FKVO, wonach zwei oder mehrere Erwerbsvorgänge, die in einem Bedingungszusammenhang zueinander stehen oder wirtschaftlich eng miteinander verknüpft sind, generell zu einem Zusammenschluss zusammengefasst werden sollten, wurde im Gesetzgebungsverfahren wieder verworfen.

9 Mehrere Erwerbsvorgänge, die jedoch keinen einheitlichen Zusammenschlusstatbestand im Sinne von Art. 3 darstellen, können nach Art. 5 Abs. 2 S. 2 gleichwohl zum Zwecke der Ermittlung des Umsatzes der beteiligten Unternehmen als ein Zusammenschluss behandelt werden, wenn sie innerhalb von zwei Jahren zwischen denselben Personen oder Unternehmen – bezogen auf die jeweiligen Konzerne – durchgeführt werden.[22] Damit sollen Umgehungen der Fusionskontrolle durch die künstliche Aufteilung wirtschaftlich zusammengehöriger Erwerbsvorgänge verhindert werden.[23]

10 Bei einer Zusammenfassung mehrerer Transaktionen nach Art. 3 oder Art. 5 Abs. 2 S. 2 stellt sich die Frage, ob das Vollzugsverbot des Art. 7 jeweils den gesamten Vorgang oder aber nur den zur Verwirklichung des (endgültigen) Kontrollerwerbs führenden, letzten Teilschritt erfasst. Da bei einem einheitlichen Vorgang nur ein einziger Zusammenschlusstatbestand im Sinne von Art. 3 vorliegt, dürfte dieser insgesamt – d. h. einschließlich aller Teiltransaktionen – vom Vollzugsverbot erfasst werden. Dem widerspricht aber, dass bis zur Grenze des Kontrollerwerbs kein Zusammenschlusstatbestand verwirklicht und daher ein fusionskontrollfreier Erwerb möglich ist. Im Gegensatz hierzu liegt bei einer Zusammenfassung nach Art. 5 Abs. 2 kein einheitlicher Zusammenschluss vor, so dass die ersten Teilschritte nicht unter das Vollzugsverbot fallen.[24]

II. Die Zusammenschlusstatbestände

11 Das europäische Recht kennt nur zwei Zusammenschlusstatbestände. In Art. 3 Abs. 1 lit. a ist der Fall einer Fusion im rechtlichen wie im wirtschaftlichen Sinne geregelt, in lit. b der Fall des Kontrollerwerbs. Die Kontrolle über ein Unternehmen kann durch ein einzelnes Unternehmen (alleinige Kontrolle) oder durch eine Mehrheit von Unternehmen (gemeinsame Kontrolle) erworben werden. Praktische Bedeutung hat vor allem der Kontrollerwerb erlangt. Die Tatbestandsalternative der Fusion ist hingegen nur in relativ wenigen Fällen zur Anwendung gekommen.[25]

1. Fusion

12 Nach Art. 3 Abs. 1 a) wird ein Zusammenschluss dadurch bewirkt, dass zwei oder mehr unabhängige Unternehmen miteinander fusionieren. Das Vorliegen einer Fusion im Sinne

---

[20] Konsolidierte Mitteilung, Rz. 43.
[21] Konsolidierte Mitteilung, Rz. 48.
[22] Konsolidierte Mitteilung, Rz. 49.
[23] EG, Rechtssache T-282/02, *Cementbouw*, Rn. 118.
[24] *Wessely/Wiegner* in MünchKomm., FKVO Art. 3 Rn. 75.
[25] Vgl. u. a. Komm. E. v. 21. 11. 1990, Az. IV/M.018 – *AG/Amov*, WuW/E EV 1547; Komm. E. v. 18. 12. 1991, Az. IV/M.147 – *Eurocom/RSCG*; Komm. E. v. 7. 3. 1991, Az. IV/M.069 – *Kyowa/Saitama Banks*, WuW/E EV 1591; Komm. E. v. 24. 10. 1991, Az. IV/M.137 – *Bank America/Security Pacific*, WuW/E EV 1772; Komm. E. v. 6. 7. 1998, Az. IV/M.1140 – *Halliburton/Dresser*, WuW/E EU-V 71; Komm. E. v. 8. 7. 1998, ABl. EG 1999 Nr. L 116/1 – *WorldCom/MCI*.

des Abs. 1 lit. a setzt also stets voraus, dass die sich zusammenschließenden Unternehmen zuvor unabhängig gewesen sind.[26]

Der Tatbestand der Fusion ist nicht auf Fusionen im gesellschaftsrechtlichen Sinn beschränkt. In der Praxis haben sich zwei relevante Arten von Fusionen herauskristallisiert. Sie werden als „rechtliche" und „wirtschaftliche" Fusion bezeichnet.[27] **13**

Unter einer **rechtlichen Fusion** ist der Fall zu verstehen, dass zwei oder mehr bisher voneinander unabhängige Unternehmen zu einem neuen Unternehmen verschmelzen und nach der Verschmelzung keine eigene Rechtspersönlichkeit mehr bilden (vgl. im deutschen Recht die Verschmelzung durch Neugründung, §§ 2, 36 ff. UmwG). Zu einer rechtlichen Fusion kommt es auch, wenn ein Unternehmen in einem anderen Unternehmen aufgeht, wobei das letztere seine Rechtspersönlichkeit behält, während das erstere als juristische Person untergeht (vgl. im deutschen Recht die Verschmelzung durch Aufnahme, §§ 2, 4 ff. UmwG).[28] Dagegen liegt keine Fusion im Sinne von Abs. 1 a) vor, wenn das Zielunternehmen mit einer Tochtergesellschaft des Erwerbers fusioniert und der Erwerber auf diese Weise die Kontrolle über das Zielunternehmen gemäß Abs. 1 b) erwirbt. Ebenfalls eine rechtliche Fusion ist daher auch die Anwachsung einer Personengesellschaft auf eine andere Gesellschaft.[29] **14**

Ein Zusammenschluss durch **wirtschaftliche Fusion** liegt demgegenüber vor, wenn zuvor unabhängige Unternehmen ihre Aktivitäten so zusammenlegen, dass eine wirtschaftliche Einheit entsteht, ohne dass rechtlich von einer Fusion gesprochen werden kann.[30] Dies ist der Fall, wenn die Unternehmen vertraglich vereinbaren, sich einer gemeinsamen Leitung zu unterstellen, ohne ihre Rechtspersönlichkeit aufzugeben. Nach deutschem Recht wird dies etwa beim Gleichordnungskonzern gemäß § 18 Abs. 2 AktG der Fall sein. Aber nur dann, wenn die Bildung eines Gleichordnungskonzerns tatsächlich zur Entstehung einer echten wirtschaftlichen Einheit führt, ist der Vorgang als Fusion anzusehen.[31] Im Einzelfall kann es an einer solchen wirtschaftlichen Einheit fehlen, wenn keine ausreichende strukturelle Verfestigung des Gleichordnungskonzerns besteht.[32] **15**

Eine **wirtschaftliche Einheit** liegt vor, wenn eine dauerhafte einheitliche Leitung besteht. Im Falle einer einheitlichen Leitung auf vertraglicher Basis setzt dies voraus, dass der zugrunde liegende Vertrag nicht kurzfristig kündbar ist. Die Möglichkeit zur Kündigung aus wichtigem Grund ist insoweit jedoch unschädlich.[33] Weitere Kriterien können interner Gewinn- und Verlustausgleich zwischen Konzernunternehmen und ihre gesamtschuldnerische Haftung nach außen sowie gegebenenfalls eine zusätzliche Kapitalverflechtung der beteiligten Unternehmen sein. Die Kommission hat die Entstehung einer wirtschaftlichen Einheit aufgrund der Vereinheitlichung der Managementstruktur durch Bildung gemeinsamer Verwaltungsräte bei den beteiligten Unternehmen sowie der Angleichung der wirtschaftlichen Interessen der Gesellschafter durch Harmonisierung der Dividenden- und Kapitalausschüttungen angenommen.[34] **16**

---

[26] S. o. Rn. 5.
[27] Vgl. FK-*Schröer*, Art. 3 FKVO, Rn. 7 ff.; *Immenga/Körber* (Fn. 9), Art. 3 FKVO Rn. 17.
[28] Konsolidierte Mitteilung, Rz. 9; Komm. E. v. 24. 9. 2001, Az. COMP/M. 2510 – *Cendant/Gatile*.
[29] FK-*Schröer* Art. 3 FKVO Rn. 7.
[30] Konsolidierte Mitteilung, Rz. 10.
[31] Konsolidierte Mitteilung, Rz. 10.
[32] *Immenga/Körber* (Fn. 9), Art. 3 FKVO Rn. 22.
[33] Komm. E. v. 27. 8. 2002 Az. COMP/M. 2824 – *Ernst & Young/Andersen Germany*, FK-*Schröer* Art. 3 FKVO Rn. 11; a. A. *Immenga* a. a. O., Rn. 24.
[34] Komm. E. v. 7. 12. 1995 – *RTZ/CRA*.

2. Kontrollerwerb

17 **a) Kontrolle.** Nach Abs. 1 lit. b liegt ein Zusammenschluss im Falle des Erwerbs der Kontrolle über die Gesamtheit oder Teile eines oder mehrerer anderer Unternehmen vor. In Abs. 2 wird Kontrolle definiert als die Möglichkeit, einen bestimmenden Einfluss auf die Tätigkeit eines Unternehmens auszuüben. Hierbei sind alle tatsächlichen oder rechtlichen Umstände zu berücksichtigen. Die Kontrolle kann durch Rechte, Verträge oder andere Mittel begründet werden. Dazu gehören nach Abs. 2 lit. a Eigentums- oder Nutzungsrechte an dem Vermögen des Unternehmens oder Teilen davon und nach Abs. 2 lit. b Rechte oder Verträge, die einen bestimmenden Einfluss auf die Organe des Unternehmens gewähren. Zur Erlangung der Kontrolle genügt ein bestimmender Einfluss auf die wesentlichen unternehmerischen, strategischen und personellen Entscheidungen. Dabei muss dieser Einfluss nicht tatsächlich ausgeübt werden. Es reicht bereits die **Möglichkeit** seiner Geltendmachung.[35] Wie auch bei der Fusion setzt der Kontrollerwerb voraus, dass die sich zusammenschließenden Unternehmen zuvor unabhängig gewesen sind. Die Kontrolle muss deshalb in andere Hände übergehen. Eine bloß **interne Reorganisation** in einer Unternehmensgruppe begründet daher keinen Erwerb der Kontrolle im Sinne von Abs. 1 b).[36]

18 **b) Erwerber der Kontrolle.** Nach Abs. 1 b) liegt ein Zusammenschluss vor beim Erwerb der Kontrolle durch ein oder mehrere Unternehmen oder durch eine oder mehrere Personen, die bereits mindestens ein Unternehmen kontrollieren. Ein Unternehmen ist nach der Rechtsprechung des EuGH jede eine wirtschaftliche Tätigkeit ausübende Einheit unabhängig von ihrer Rechtsform und der Art ihrer Finanzierung.[37] Auch natürliche Personen sind daher Unternehmen im Sinne von Art. 3, wenn sie selbst wirtschaftliche Tätigkeiten ausüben.[38] Der Kontrollerwerb durch juristische oder natürliche Personen, denen nicht selbst Unternehmenseigenschaft zukommt, bewirkt nur dann einen Zusammenschluss im Sinne von Abs. 1, wenn diese Personen bereits mindestens ein anderes Unternehmen kontrollieren.[39]

19 Ein Kontrollerwerb durch Personen liegt vor, wenn im Rahmen eines **Management Buy-Out** das Management die Kontrolle über ein Unternehmen erwirbt. Wird die Managementbeteiligung durch ein zwischengeschaltetes Erwerbsvehikel übernommen, kann dieses beteiligtes Unternehmen sein. Es liegt dann gegebenenfalls ein Erwerb indirekter Kontrolle durch die Mitglieder des Managements vor.[40] Soweit sich neben den Mitgliedern des Managements auch Unternehmen – z. B. Beteiligungsgesellschaften – als Investoren beteiligen, ist zu prüfen, ob diese Unternehmen aufgrund ihrer Stimmrechte oder ihnen im Zusammenhang mit ihrer Beteiligung eingeräumter zusätzlicher Rechte Kontrolle erwerben und demzufolge ebenfalls an dem Zusammenschluss beteiligt sind.[41]

20 Bei einem Kontrollerwerb durch einen **Investmentfonds** übt häufig nicht der Investmentfonds die Kontrolle aus, sondern die den Fonds über die organisatorische Struktur – bei als Kommanditgesellschaften organisierten Fonds als dessen Komplementärin oder im Wege vertraglicher Vereinbarungen (z. B. Beratungs- oder Verwaltungsverträge) – beherrschende Investmentgesellschaft. Dies gilt insbesondere, wenn der Fonds nicht über die zur Führung der Beteiligungsunternehmen erforderlichen Ressourcen verfügt. Die Kontrollverhältnisse sind jedoch anhand der Umstände des Einzelfalls festzustellen.[42]

---

[35] Konsolidierte Mitteilung, Rz. 16.
[36] Konsolidierte Mitteilung, Rz. 5; s. o. Rn. 5.
[37] EuGH, Urteil vom 19. 1. 1994, Rs. C-364/92 – *Eurocontrol,* Slg. 1994, 1–43 ff., Tz. 18.
[38] Konsolidierte Mitteilung, Rz. 151.
[39] Komm. E. v. 16. Mai 1991, Az. IV/M. 82 – *Asko/Jakobs/Adia;* Komm. E. v. 16. Juli 2005, Az. COMP/M. 3762 – *Apax/Travelex;* Konsolidierte Mitteilung, Rz. 12.
[40] S. u. Rn. 22.
[41] Bekanntmachung beteiligte Unternehmen, Rn. 53 f.
[42] Konsolidierte Mitteilung, Rz. 15.

Inhaber der Kontrolle kann auch ein **staatliches Unternehmen** sein. Ein Kontroller- 21
werb zwischen zwei Unternehmen, die dem Staat oder derselben öffentlich-rechtlichen
Körperschaft angehören, kann einen Zusammenschluss zwischen den beteiligten Unternehmen darstellen, wenn diese zu verschiedenen, mit autonomen Entscheidungsbefugnissen ausgestatteten, wirtschaftlichen Einheiten gehören.[43]

c) Mittelbare Kontrolle. Ein Kontrollerwerb liegt nach dem Wortlaut von Abs. 1 lit. b 22
auch vor, wenn ein Unternehmen über ein anderes nur die **mittelbare Kontrolle** erwirbt. Einen mittelbaren Erwerb stellt insbesondere der Kontrollerwerb durch eine eigens zu diesem Zweck gegründete Beteiligungsgesellschaft oder Zwischenholding dar. Wenn sie durch eine Muttergesellschaft im Sinne von Abs. 1 lit. b kontrolliert wird, liegt ein mittelbarer Kontrollerwerb der Muttergesellschaft an dem von ihrer (Tochter-)Beteiligungsgesellschaft erworbenen Unternehmen vor.[44] Der Tatbestand des mittelbaren Erwerbs überschneidet sich mit dem in Abs. 3 lit. b genannten Fall, dass eine Person oder ein Unternehmen auch dann die Kontrolle erwirbt, wenn sie nicht aus den die Kontrolle begründenden Verträgen oder Rechten selbst berechtigt ist, aber die Befugnis hat, die sich daraus ergebenden Rechte auszuüben.[45]

Die Kontrolle wird gemäß Abs. 3 lit. a für die Personen oder Unternehmen begründet, 23
die aus den die Kontrolle vermittelnden Rechten oder Verträgen selbst berechtigt sind, gemäß Abs. 3 lit. b aber auch für diejenigen, die nicht selbst aus Verträgen oder Rechten berechtigt sind, sondern nur die **Befugnis zur Ausübung der Rechte** haben. Dementsprechend werden Kontrolle begründende Rechtspositionen von Konzernunternehmen normalerweise dem oder den Unternehmen zugeordnet, die die formellen Rechteinhaber kontrollieren.[46] Daneben erfasst Abs. 3 lit. b Fälle, in denen ein Unternehmen ein anderes Unternehmen oder eine Person vorschiebt, um eine Beteiligung zu erwerben und die Kontrolle über das formal beteiligte Unternehmen bzw. die formal beteiligte Person ausübt. Hier liege in Wirklichkeit eine faktische Kontrolle durch das Unternehmen im Hintergrund vor.[47] Dies ist u. a. von Bedeutung für Fälle einer dauerhaften Bevollmächtigung oder Treuhandkonstruktionen. Hier kommt es entscheidend darauf an, wer tatsächlich dauerhaft und ausschließlich die Kontrollrechte wahrnimmt. Das Bestehen von Weisungsrechten des Vollmacht- bzw. Treugebers wird dabei in der Regel einem Kontrollerwerb des Bevollmächtigten bzw. Treuhänders entgegenstehen.

d) Gegenstand der Kontrolle. Ein Zusammenschluss wird bewirkt durch den Erwerb 24
der Kontrolle über die Gesamtheit oder über Teile eines oder mehrerer anderer Unternehmen, Abs. 1 lit b). Der Begriff des Unternehmens erfordert lediglich das Vorliegen einer wirtschaftlichen Tätigkeit.[48] Die Rechtsfähigkeit wird nicht vorausgesetzt. Darüber hinaus können auch Teile eines Unternehmens, d. h. einzelne Vermögensgüter Gegenstand eines Kontrollerwerbs sein, wenn sie einen Geschäftsbereich mit eigener Marktpräsenz bilden, dem eindeutig ein Marktumsatz zugeordnet werden kann.[49] Unter diesen Voraussetzungen können die Übertragung der Kundenbeziehungen oder gewerblicher Schutzrechte Gegenstand eines Kontrollerwerbs sein. Nach den gleichen Grundsätzen kann das Auslagern zuvor unternehmensintern durchgeführter Dienstleistungen oder Fertigungstätigkei-

---

[43] Komm. E. v. 22. 2. 1993, Az. IV/M.216 – *CEA Industrie/France Télécom/Finmeccanica/SGS-Thomson*; Konsolidierte Mitteilung, Rz. 52; s. o. Rn. 6.
[44] *Krimphove*, S. 295; FK-*Schröer* Art. 3 FKVO Rn. 39.
[45] S. nachstehend Rn. 23.
[46] EuG I, Rs. T-282/02 – *Cementbouw*, Slg. 2006, S. II-319, Rn. 72; Konsolidierte Mitteilung, Rn. 13.
[47] Konsolidierte Mitteilung, Rz. 13.
[48] Siehe vorstehend Rn. 18.
[49] Konsolidierte Mitteilung, Rz. 24; nach Ansicht *Wessely/Wiegner* in MünchKomm, FKVO Art. 3, Rn. 57, die auf die Eignung der erworbenen Vermögensgegenstände zur Stärkung der Marktposition des Erwerbers abstellen.

ten (Outsourcing) einen Zusammenschluss begründen, wenn der Outsourcing-Dienstleister durch die Übernahme der mit der übertragenen Tätigkeit verbundenen Vermögenswerte oder personellen Ressourcen in die Lage versetzt wird, die übernommenen Leistungen kurzfristig auch an Dritte zu erbringen und eine Marktpräsenz aufzubauen.[50]

25 **e) Formen des Kontrollerwerbs.** Gemäß Abs. 1 lit. b kann die Kontrolle durch den Erwerb von Anteilsrechten oder Vermögenswerten, durch Vertrag oder in sonstiger Weise erworben werden. Eine auf den Erwerb der Kontrolle gerichtete Absicht der Parteien ist dabei ebenso wenig erforderlich wie ein aktives Handeln des Erwerbers.[51] Die in der Praxis bei weitem häufigsten Formen des Kontrollerwerbs sind der **Anteilserwerb** und der **Vermögenserwerb**. Die rechtliche Grundlage des Erwerbs ist dabei ohne Belang. Maßgeblich dafür, ob ein Erwerb von Anteilen an einem Unternehmen Kontrolle begründet, sind regelmäßig die durch die Anteile gewährten Stimmrechte.

26 Wie sich aus Abs. 2 lit. a ergibt, setzt der Tatbestand des Vermögenserwerbs nicht den Erwerb des Eigentums an dem Vermögen des anderen Unternehmens voraus. Ausreichend ist auch die Einräumung von Nutzungsrechten, z. B. im Wege der Unternehmenspacht.[52]

27 Voraussetzung für einen Erwerb der Kontrolle **auf vertraglicher Grundlage** ist, dass der Vertrag die Kontrolle über die Leitung und die Ressourcen des anderen Unternehmens in ähnlicher Weise vermittelt wie der Erwerb von Anteilsrechten oder Vermögenswerten. Darüber hinaus muss der Vertrag sehr langfristig abgeschlossen sein und darf der, die vertraglichen Rechte einräumenden Partei keine Kündigungsmöglichkeit einräumen.[53] Nach Auffassung der Kommission können diese Voraussetzungen erfüllt sein bei langfristigen Managementvereinbarungen,[54] gesellschaftsrechtlichen Beherrschungsverträgen, Betriebspachtverträgen oder anderen Verträgen, die dem Erwerber die Kontrolle über Unternehmensleitung und Ressourcen übertragen.[55] In Frage kommen auch öffentlich-rechtliche Verträge.[56] Der bestimmende Einfluss kann auch vertraglich auf Teilbereiche eines Unternehmens begrenzt sein. Dies reicht dann für die Annahme eines Zusammenschlusses aus, wenn die Marktstruktur nicht nur unwesentlich beeinflusst wird. Ein Zusammenschluss liegt jedoch nur dann vor, wenn die Verträge die Kontrolle begründen und nicht lediglich eine bereits bestehende Kontrolle verstärken. Der Abschluss eines Beherrschungsvertrages mit einem Unternehmen, an dem bereits eine Stimmrechtsmehrheit erworben wurde, bewirkt daher keinen erneuten Zusammenschluss. Gewinnverwendungs- und Gewinnabführungsverträge führen ohne einen gleichzeitig bestehenden Beherrschungsvertrag nicht ohne weiteres zum Erwerb einer Kontrolle im Sinne des Abs. 1 lit. b. Allerdings wird allein durch die Gewinnabführung ein erheblicher Einfluss des begünstigten Unternehmens auf Investitionsentscheidungen gegeben sein. Dies kann für einen Kontrollerwerb ausreichend sein.[57] Demgegenüber vermitteln Franchiseverträge in der Regel keine Kontrolle.[58] Auch Sale and Lease Back Transaktionen mit vereinbartem Rückkauf nach Vertragsablauf bewirken normalerweise keinen Zusammenschluss, da die Kontrolle über die Unternehmensleitung und Ressourcen beim Veräußerer verbleibt.[59]

---

[50] Konsolidierte Mitteilung, Rz. 26.
[51] Konsoldierte Mitteilung, Rz. 21.
[52] *Quack* in: FS Traub, S. 325.
[53] Konsolidierte Mitteilung, Rz. 18.
[54] Komm. E. v. 20. 7. 2005, Az. COMP/M. 3858 – *Lehman Brothers/SCG Starwood/Le Meridien*.
[55] Komm. E. v. 12. 1. 2001, Az. COMP/M. 2060 – *Busch/Rexrodt*; Komm. E. v. 5. 12. 2003, Az. COMP/M. 3136 – *GE/Agfa NDT*; Komm. E. v. 11. 2. 2002, Az. COMP/M. 2632 – *Deutsche Bahn/ICT International/United Depots/JV*.
[56] *Krimphove*, S. 243.
[57] Vgl. im einzelnen *Stockenhuber*, S. 129 ff.
[58] Komm. E. v. 6. 6. 2006, Az. COMP/M. 4220 – *Food Service Project/Tele Pizza*; Konsolidierte Mitteilung, Rz. 19.
[59] Konsolidierte Mitteilung, Rz. 18.

Unter bestimmten Voraussetzungen kann eine Kontrolle auch durch rein **wirtschaftliche Beziehungen** entstehen. Die Kommission nimmt eine solche faktische Erlangung der Kontrolle ausnahmsweise an, wenn beispielsweise langfristige Lieferverträge oder Lieferantenkredite in Verbindung mit strukturellen Verflechtungen einen bestimmenden Einfluss gewähren.[60] Neben einer langen Vertragslaufzeit muss die Intensität der Geschäftsverbindung einen bestimmenden Einfluss auf das Marktverhalten des Geschäftspartners eröffnen. Dies setzt in der Regel voraus, dass ein Abbruch der Geschäftsbeziehungen den Vertragspartner vor ernsthafte wirtschaftliche Probleme stellen würde.

f) Alleinige Kontrolle. Die Kontrolle kann von einem Inhaber alleine oder mehreren Inhabern gemeinsam ausgeübt werden. Alleinige Kontrolle liegt vor, wenn ein Unternehmen alleine einen bestimmenden Einfluss auf ein anderes Unternehmen ausüben kann. Der bestimmende Einfluss kann rechtliche oder faktische Grundlagen haben. Alleinige Kontrolle kann insbesondere durch den Erwerb einer Mehrheit der Stimmrechte an einem anderen Unternehmen begründet werden. Dabei ist es grundsätzlich ohne Bedeutung, ob die Stimmrechtsmehrheit nur knapp über 50% oder bei 100% liegt, soweit nur die gesetzlichen oder gesellschaftsvertraglich festgelegten Mehrheitserfordernisse erreicht werden. Der Erwerb einer Mehrheit der Kapitalanteile führt hingegen alleine nicht zur Erlangung der Kontrolle, da die Anteile ohne Stimmrechte keinen rechtlichen Einfluss auf die Willensbildung des Unternehmens ermöglichen. Auch eine Minderheitsbeteiligung kann aber alleinige Kontrolle vermitteln, wenn damit – z. B. aufgrund stimmrechtsloser Vorzugsaktien anderer Aktionäre – die Mehrheit der Stimmrechte erworben wird.

Eine Beteiligung mit einer Minderheit der Stimmrechte begründet alleinige Kontrolle, wenn zusätzliche vertragliche Vereinbarungen bestehen, die einen bestimmenden Einfluss auf die Willensbildung eines anderen Unternehmens sichern, etwa durch die Befugnis zur Bestimmung der Mehrheit der Mitglieder der Entscheidungs- oder Aufsichtsgremien. Umgekehrt führt aber auch der Erwerb einer Stimmrechtsmehrheit nicht zu alleiniger Kontrolle, wenn aufgrund von Vereinbarungen der Gesellschafter oder qualifizierter Mehrheitserfordernisse wesentliche unternehmerische Entscheidungen der Zustimmung von Minderheitsgesellschaftern bedürfen.[61]

Ein Minderheitsgesellschafter kann auch **faktisch** alleinige Kontrolle innehaben, wenn er mit einer Mehrheit in der Hauptversammlung rechnen kann, weil sich die restlichen Anteile in Streubesitz befinden und es daher unwahrscheinlich ist, dass alle Kleinaktionäre in der Hauptversammlung vertreten sind.[62] Wenn ein Minderheitsgesellschafter auf der Grundlage der Hauptversammlungspräsenz in der Vergangenheit eine gesicherte Stimmenmehrheit hat, dann ist anzunehmen, dass er das Unternehmen allein kontrolliert.[63] Ausschlaggebend ist, ob der Minderheitsgesellschafter angesichts seiner Beteiligung, des früheren Stimmverhaltens und der Position anderer Gesellschafter in der Hauptversammlung bei einer zukunftsgerichteten Analyse unter Berücksichtigung der Auswirkungen der Transaktion voraussichtlich weiterhin über eine stabile Stimmrechtsmehrheit verfügen wird.[64] Die Kommission hat in der Vergangenheit regelmäßig auf die Verhältnisse in den letzten drei Jahren abgestellt.[65]

Alleinige Kontrolle liegt auch dann vor, wenn ein Gesellschafter zwar nicht in der Lage ist, strategische Entscheidungen in einem Unternehmen alleine durchzusetzen, sie jedoch

---

[60] Konsolidierte Mitteilung, Rz. 20.
[61] S. hierzu unten Rn. 35.
[62] Komm. E. v. 10. 12. 1990, Az. IV/M.025 – *Arjomari/Wiggins Teape*.
[63] Komm. E. v. 3. 8. 1993, Az. IV/M.343 – *Société Générale de Belgique/Générale de Banque*; Komm. E. v. 23. 4. 1997 – *Anglo American Corp./Lonrho*, ABl. EG 1998 Nr. L 149/21; Bekanntmachung Zusammenschlussbegriff, ABl. EG 1998 Nr. C 66, Rn. 14.
[64] Konsolidierte Mitteilung, Rz. 59.
[65] Komm. E. v. 19. 5. 2006, Az. COMP/M. 3998 – *Axalto/Gemplus*, Rn. 5.

durch sein Veto verhindern kann. Diese Form so genannter **negativer alleiniger Kontrolle**[66] ist vergleichbar mit der gemeinsamen Kontrolle,[67] mit dem Unterschied, dass im Falle der alleinigen negativen Kontrolle nur ein einzelner Gesellschafter strategische Entscheidungen blockieren kann. Da es sich um eine Form der alleinigen Kontrolle handelt, führt ein Wechsel von negativer zu „positiver" alleiniger Kontrolle, etwa durch eine Erhöhung der Beteiligung, nach Auffassung der Kommission zu keiner Änderung der Art der Kontrolle und daher auch zu keinem Zusammenschlusstatbestand.[68] Bei einem Einstimmigkeitserfordernis für strategische Entscheidungen liegt entgegen der von der Kommission in ihrer konsolidierten Mitteilung vertretenen Auffassung[69] keine negative alleinige Kontrolle, sondern gemeinsame Kontrolle vor, da dann jeder Gesellschafter ein Vetorecht ausüben kann.

33 **g) Gemeinsame Kontrolle.** Gemäß Abs. 1 lit. b liegt gemeinsame Kontrolle vor, wenn zwei oder mehr Personen oder Unternehmen die Möglichkeit haben, einen bestimmenden Einfluss auf ein anderes Unternehmen auszuüben. Anders als bei der alleinigen Kontrolle ist im Falle der gemeinsamen Kontrolle kein Gesellschafter in der Lage, die strategischen Entscheidungen im Unternehmen alleine zu bestimmen. Die gemeinsame Kontrolle zeichnet sich vielmehr dadurch aus, dass zwei oder mehrere Anteilseigner in der Lage sind, Maßnahmen, durch die das strategische Wirtschaftsverhalten eines Unternehmens bestimmt wird, zu blockieren, so dass die Anteilseigner gezwungen sind, hinsichtlich solcher Maßnahmen Einvernehmen untereinander zu erzielen.[70]

34 Anhand der Entscheidungspraxis der Kommission lassen sich verschiedene Fallkonstellationen gemeinsamer Kontrolle herausarbeiten. Im Falle einer **paritätischen Beteiligung** zweier Unternehmen an einem dritten ist eine gemeinsame Kontrolle immer anzunehmen, wenn keine entgegenstehenden Vereinbarungen bestehen, aufgrund derer eine Muttergesellschaft alleine einen bestimmenden Einfluss auf das Gemeinschaftsunternehmen ausüben kann.[71] Gemeinsame Kontrolle kann auch durch eine paritätische **Besetzung der Entscheidungsgremien** dergestalt entstehen, dass jede Muttergesellschaft die gleiche Zahl von Vertretern in die Unternehmensleitung oder die Entscheidungsorgane des Unternehmens entsendet, ohne dass eines der Mitglieder des Leitungsorgans mit seiner Stimme den Ausschlag geben kann.[72] Die ausschlaggebende Stimme einer Muttergesellschaft in den Entscheidungsgremien schließt in der Regel das Bestehen gemeinsamer Kontrolle aus. Dies soll jedoch nicht gelten, wenn der Einsatz der ausschlaggebenden Stimme unter den gegebenen Umständen z.B. infolge vorgeschalteter Einigungs- oder Schlichtungsverfahren, erheblicher finanzieller Auswirkungen oder gegenseitiger Abhängigkeiten unwahrscheinlich ist oder aus anderen Gründen praktisch keine Bedeutung hat.[73] Haben die herrschenden Unternehmen dagegen keine paritätische Beteiligung, so kann dennoch eine gemeinsame Kontrolle bestehen, wenn **Vereinbarungen** zwischen den Gesellschaftern einen gleichgewichtigen Einfluss herbeiführen.[74]

35 Besteht keine Stimmrechtsgleichheit oder gleich starke Vertretung in den Entscheidungsorganen oder sind mehr als zwei Muttergesellschafter an den Unternehmen beteiligt,

---

[66] Konsolidierte Mitteilung, Rz. 54; Komm. E. v. 25. 9. 1992, Az. IV/M 258 – *CCIE/GTT.*
[67] Siehe dazu unten Rn. 35.
[68] Konsolidierte Mitteilung, Rz. 83; *Lübking,* Competition Policy Newsletter 3/2007, S. 3.
[69] Konsolidierte Mitteilung, Rz. 58.
[70] Bekanntmachung Zusammenschlussbegriff, ABl. EG 1998 Nr. C 66, Rn. 18 f.; konsolidierte Mitteilung, Rn. 62.
[71] Bekanntmachung Zusammenschlussbegriff, Rn. 20.
[72] Komm. E. v. 17. 3. 1993, Az. IV/M.272 – *Matra/CAP Gemini Sogeti,* WuW/E EV 2041; Bekanntmachung Zusammenschlussbegriff, ABl. EG 1998 Nr. C 66, Rn. 20.
[73] Konsolidierte Mitteilung, Rz. 82.
[74] Komm. E. v. 5. 4. 1993, Az. IV/M.317 – *Degussa/Ciba-Geigy;* Komm. E. v. 18. 1. 1993, Az. IV/M.293 – *Philips/Thomson.*

kann gleichwohl gemeinsame Kontrolle bestehen, wenn Minderheitsgesellschafter über **Vetorechte** verfügen, die es ihnen ermöglichen, Entscheidungen, die für das strategische Wirtschaftsverhalten des Gemeinschaftsunternehmens wesentlich sind, zu blockieren.[75] Diese Vetorechte können in der Satzung des Gemeinschaftsunternehmens verankert sein oder auf Vereinbarungen der Muttergesellschaften beruhen. Sie können sich z. B. aus Regelungen ergeben, wonach Beschlüsse der Gesellschaftsorgane über strategische Entscheidungen einer qualifizierten Mehrheit oder der Zustimmung der gemeinsam kontrollierenden Gesellschafter oder der von ihnen entsandten Vertreter bedürfen. Sie müssen jedoch über die gewöhnlich einem Minderheitsgesellschafter zum Schutz seiner finanziellen Interessen eingeräumten Vetorechte in Bezug auf Satzungsänderungen, Kapitalerhöhungen und -herabsetzungen oder Liquidation des Gemeinschaftsunternehmens hinausgehen. Dagegen kann gemeinsame Kontrolle insbesondere begründet werden durch Vetorechte, die die Besetzung der Unternehmensleitung, das Budget, die Finanz- und Geschäftsplanung oder größere Investitionen des Gemeinschaftsunternehmens betreffen. Darüber hinaus können marktspezifische Rechte, z. B. hinsichtlich der Entwicklung oder Nutzung neuer Technologien oder Produkte, eine Rolle spielen. Ein bestimmender Einfluss auf die Alltagsgeschäfte ist aber nicht erforderlich. Es müssen auch nicht alle o. g. Vetorechte vorliegen. Abhängig von den Umständen des Einzelfalls kann bereits ein einzelnes dieser Rechte ausreichend sein. Maßgeblich ist eine Gesamtbetrachtung.[76] Auch hier genügt die bloße Möglichkeit, das strategische Wirtschaftsverhalten zu bestimmen, so dass bereits das Bestehen der Vetorechte ausreicht, ohne dass es auf die tatsächliche Ausübung ankommt.

Gemeinsame Kontrolle kann auch entstehen, wenn mehrere Minderheitsgesellschafter **36** zusammen über eine Stimmenmehrheit oder die Möglichkeit verfügen, strategische Entscheidungen zu blockieren und bei der **Ausübung der Stimmrechte gemeinsam** handeln.[77] Grundlage hierfür können entsprechende Vereinbarungen unter den Minderheitsgesellschaftern sein, die sie zur gemeinsamen Ausübung der Stimmrechte verpflichten. Typische Beispiele sind die Übertragung der Beteiligungen der Minderheitsgesellschafter auf eine Holdinggesellschaft oder Poolvereinbarungen, die die Minderheitsgesellschafter zu einheitlicher Stimmrechtsausübung verpflichten. In Ausnahmefällen kann gemeinsame Kontrolle auch ohne vertragliche Bindungen entstehen, wenn aufgrund starker gemeinsamer Interessen nach den tatsächlichen Umständen erwartet werden muss, dass die Minderheitsgesellschafter ihre Stimmrechte nicht gegeneinander ausüben.[78] Die gegenseitige Abhängigkeit mehrerer Muttergesellschaften, von denen jede einen lebenswichtigen Beitrag für die Verwirklichung der Ziele des Gemeinschaftsunternehmens leistet, oder die Abhängigkeit eines Mehrheitsgesellschafters von dem für den Betrieb des Gemeinschaftsunternehmens erforderlichen Know-how eines Minderheitsgesellschafters können die Muttergesellschaften auch ohne ausdrückliche Vetorechte zu einer dauerhaften Zusammenarbeit zwingen, die zu einer faktisch gemeinsamen Kontrolle führt.[79] Soweit weder verbindliche Vereinbarungen noch eine starke Interessengemeinschaft zwischen den Minderheitsgesellschaftern bestehen, ist jedoch regelmäßig davon auszugehen, dass die Möglichkeit wechselnder Mehrheiten unter den Minderheitsgesellschaftern die Entstehung gemeinsamer Kontrolle verhindert.[80]

h) Änderungen der Struktur der Kontrolle. Art. 3 Abs. 1 umfasst – anders als § 37 **37** Abs. 1 GWB im deutschen Recht – nicht mehrere Zusammenschlusstatbestände, die zueinander in einem Stufenverhältnis stehen. Da eine Verstärkung bereits bestehender Kont-

---

[75] Konsolidierte Mitteilung, Rz. 65.
[76] Konsolidierte Mitteilung, Rz. 67 f.
[77] *Wessely/Wiegner* in MünchKomm., Art. 3 FKVO Rn. 99.
[78] Komm. E. v. 13. 2. 2006, COMP/M. 4085 – *Arcelor/Oyek/Erdemir*.
[79] Konsolidierte Mitteilung, Rz. 77 f.
[80] Konsolidierte Mitteilung, Rz. 80.

rolle somit keinen weiteren Zusammenschlusstatbestand erfüllen kann,[81] sind mehrfache Zusammenschlüsse zwischen denselben Unternehmen an sich nicht möglich. Ein Zusammenschluss im Sinne des Abs. 1 lit b liegt jedoch vor, wenn die bestehende Unternehmensverbindung derart modifiziert wird, dass sich die **Struktur der Kontrolle** ändert.

38 Dies ist der Fall beim **Wechsel zwischen alleiniger und gemeinsamer Kontrolle**, z. B. wenn nach dem Ausscheiden einer oder mehrerer kontrollierender Muttergesellschaften nur noch ein kontrollierender Gesellschafter verbleibt oder im Falle der Auflösung eines Gemeinschaftsunternehmens, bei der an die Stelle der gemeinsamen Kontrolle über das Gemeinschaftsunternehmen die alleinige Kontrolle über dessen aufgeteilte Vermögenswerte durch die ehemaligen Muttergesellschaften tritt[82] (Übergang von gemeinsamer zu alleiniger Kontrolle). Umgekehrt kann ein fusionskontrollpflichtiger Übergang von alleiniger zu gemeinsamer Kontrolle durch das Hinzutreten neuer kontrollierender Gesellschafter bewirkt werden. Bei bereits bestehender gemeinsamer Kontrolle bewirkt der Erwerb der gemeinsamen Kontrolle durch bislang nicht an der Kontrolle beteiligte Anteilseigner – z. B. im Falle des Zugangs oder des Wechsels kontrollierender Anteilseigner – eine Änderung des Kreises der kontrollierenden Gesellschafter. Da die Beschaffenheit der Kontrolle auch durch die Zusammensetzung der Gruppe der gemeinsam kontrollierenden Gesellschafter bestimmt wird, wird hierdurch ebenfalls ein Zusammenschlusstatbestand begründet.[83]

39 Der Übergang von negativer alleiniger Kontrolle auf der Grundlage von Vetorechten zu positiver alleiniger Kontrolle, z. B. durch Erlangen einer Stimmrechtsmehrheit, führt nach der Konsolidierten Mitteilung nicht zu einer Änderung der Art der Kontrolle, da auch eine negative Kontrolle ausübender Gesellschafter nicht unbedingt mit anderen Gesellschaftern zusammenarbeiten müsse, so dass der Wechsel zu positiver Kontrolle sich weder auf die Interessenlage des kontrollierenden Gesellschafters noch auf die Art der Kontrollstruktur auswirke.[84]

3. Gemeinschaftsunternehmen (Art. 3 Abs. 4)

40 **a) Überblick.** Gemeinschaftsunternehmen (GU) treten im Wirtschaftsleben in vielfältiger Form auf; sie dienen sehr unterschiedlichen Zwecken. Es kann sich um Kooperationen für einen sehr begrenzten Zweck handeln, z. B. für den gemeinsamen Einkauf über e-commerce, aber auch um Unternehmen mit einem vollständigen Programm für die Entwicklung, die Fertigung und den Vertrieb von Produkten. Für die kartellrechtliche Behandlung ergibt sich daraus die Schwierigkeit zu beurteilen, ob diese Unternehmen mehr der **Verhaltenskoordinierung** am Markt dienen oder aber eine **Veränderung der Marktstruktur** bewirken.[85] Auf eine Verhaltenskoordinierung finden normalerweise die Vorschriften über Kartelle (Art. 81) Anwendung, auf eine Strukturveränderung die der Fusionskontrolle (FKVO). Da Gemeinschaftsunternehmen meist sowohl Elemente einer Verhaltenskoordinierung als auch einer Strukturveränderung enthalten, wäre es eine mög-

---

[81] *Krimphove*, S. 271 f.; *Dirksen/Barber*, EWS 1992, 98,103; *Kirchhoff*, BB 1990, Beil. 14, 2; *Koch*, EWS 1990, 65, 67.

[82] Bekanntmachung beteiligte Unternehmen, ABl. EG 1998, Nr. C 66/14, Rn. 46.

[83] Für eine Änderung der Anzahl: Komm. E. v. 27. 5. 1998, Az. IV/M. 993 – *Bertelsmann/Kirch/Premiere*, WuW/E EU-V 222; Komm. E. v. 21. 3. 2000 – *CLT-UFA/Canal+/Vox* ABl. EG 2000 Nr. C 134/13; für die Auswechslung: Komm. E. v. 22. 10. 1993, Az. IV/M. 376 – *Synthomer/Yule Catto*; vgl. auch Konsolidierte Mitteilung, Rn. 87.

[84] Konsolidierte Mitteilung, Rz. 83; in den Fällen COMP/M. 3198 – *VW-Audi/VW-Audivertriebszentren* (29. 7. 2003) und COMP/M. 3768 – *BBVA/BNL* (27. 4. 2005) hat die Kommission jedoch den Übergang von negativer alleiniger Kontrolle zu positiver alleiniger Kontrolle als Zusammenschlusstatbestand betrachtet.

[85] Dazu *Henschen* in: Schulte, Handbuch Fusionskontrolle, Rn. 1509 ff.; *Kleemann* in: Schröter/Jakob/Mederer, Europäisches Wettbewerbsrecht, FKVO Art. 3 Rn. 63 ff.

Art. 3. Definition des Zusammenschlusses   **Art. 3 FKVO**

liche – wenn gleich nicht unbedingt sachgerechte – Lösung, grundsätzlich beide Regelungen auf Gemeinschaftsunternehmen anzuwenden. Für diese Lösung hat sich – zumindest teilweise – der deutsche Gesetzgeber entschieden: auf kooperative Gemeinschaftsunternehmen finden neben den Vorschriften über Kartelle auch die der Fusionskontrolle Anwendung. Das EG-Kartellrecht hat dem gegenüber eine **Trennung** vollzogen: Auf Gemeinschaftsunternehmen werden in der Regel entweder nur die Vorschriften des Art. 81 oder die der Fusionskontrolle angewendet.[86] Dabei unterschied man im EG-Kartellrecht zunächst zwischen **kooperativen** und **konzentrativen** Gemeinschaftsunternehmen; auf die kooperativen Gemeinschaftsunternehmen fand nur Art. 81 Anwendung, auf die konzentrativen nur die Fusionskontrollverordnung. Ein kooperatives Gemeinschaftsunternehmen ist immer dann gegeben, wenn das Gemeinschaftsunternehmen zu einer **Verhaltenskoordinierung** der Muttergesellschaften führt.[87] Es hat sich jedoch gezeigt, dass auch kooperative Gemeinschaftsunternehmen, wenn sie alle Funktionen eines selbständigen Unternehmens erfüllen, meist eine **Veränderung der Marktstruktur** bewirken und daher sachgerechter im Verfahren der Fusionskontrolle zu beurteilen sind. Deshalb sind bei der Änderung der FKVO im Jahre 1997[88] durch eine Neufassung des Art. 3 Abs. 2 (jetzt Art. 3 Abs. 4) auch die „**kooperativen Vollfunktionsunternehmen**" der Fusionskontrolle unterstellt worden.[89]

Dem weitergehenden Vorschlag, alle „**strukturellen**" kooperativen Gemeinschaftsunternehmen der Fusionskontrolle zu unterstellen, mochte sich die EU-Kommission nicht anschließen; sie befürchtete offenbar Schwierigkeiten bei der Abgrenzung der strukturellen von den nicht strukturellen Gemeinschaftsunternehmen. Gemeint sind mit den „strukturellen" kooperativen Gemeinschaftsunternehmen solche, die zwar nicht unbedingt alle Funktionen einer selbständigen wirtschaftlichen Einheit erfüllen, die aber erhebliche Investitionen erfordern (wie z.B. ein Werk für die gemeinsame Fertigung von Kraftfahrzeugen, die von den Muttergesellschaften dann unter deren eigener Marke vertrieben werden); solche Gemeinschaftsunternehmen bewirken meist auch eine Änderung der Marktstruktur.[90] Für die Beurteilung solcher Gemeinschaftsunternehmen scheint das Verfahren der Fusionskontrolle angemessener als das jetzige nach der VO 1/2003, vor allem wegen der fehlenden Möglichkeit, das Vorliegen der Voraussetzungen des Art. 81 Abs. 3 prüfen zu lassen und damit Rechtssicherheit für oft erhebliche Investitionen zu erlangen.

b) Definition und Bedeutung. Für die Anwendbarkeit der Fusionskontrolle muss ein Gemeinschaftsunternehmen zunächst einmal die Voraussetzungen des **Unternehmensbegriffs** erfüllen. Der gemeinschaftsrechtliche Unternehmensbegriff erfasst eine Zusammenfassung von personellen und sachlichen Mitteln, mit denen auf Dauer ein bestimmter wirtschaftlicher Zweck verfolgt wird.[91] Auch für die das Gemeinschaftsunternehmen beherrschenden Anteilseigner gilt, dass zumindest zwei von ihnen Unternehmen sein müssen (oder natürliche Personen, die bereits mindestens ein anderes Unternehmen kontrollieren).[92]

---

[86] Eine Ausnahme gilt seit der Änderung der FKVO im Jahre 1997 für die „kooperativen" Vollfunktions-Gemeinschaftsunternehmen nach Art. 2 Abs. 4 und 5 FKVO. S. dazu Rn. 186 zu Art. 2 FKVO und unten Rn. 43.

[87] Siehe dazu die frühere Bekanntmachung der Kommission über die Unterscheidung zwischen konzentrativen und kooperativen Gemeinschaftsunternehmen, ABl. 1994 C 385, 1 ff.

[88] VO (EG) Nr. 1310/97 vom 30. 6. 1997, ABl. 1997 Nr. L 180, 1 ff.

[89] Ausführlich zur Entwicklung der Behandlung von Gemeinschaftsunternehmen im EG-Kartellrecht *Henschen* in: Schulte, Handbuch Fusionskontrolle, Rn. 1519 ff.; *Mestmäcker/Schweitzer*, Europäisches Wettbewerbsrecht, § 24 Rn. 48 ff.

[90] Vgl. dazu *Montag*, Strukturelle kooperative Gemeinschaftsunternehmen, RIW 1994, 918.

[91] *Schröer* in: FK, EG-Kartellrecht, FKVO Art. 3 Rn. 83; *Immenga/Körber* in: Immenga/Mestmäcker, EG-Wettbewerbsrecht, Bd. I, Teil 2 FKVO Art. 3 Rn. 6 ff.

[92] Vgl. § 3 Abs. 1 FKVO, siehe auch oben Rn. 18 ff.

Art. 3 FKVO 42, 43

Als **Gemeinschaftsunternehmen** sind nach EG-Kartellrecht solche Unternehmen anzusehen, die von mehreren (mindestens zwei) anderen Unternehmen (oder natürlichen Personen, die bereits mindestens ein anderes Unternehmen kontrollieren) **gemeinsam kontrolliert** werden.[93] Dabei spielt es keine Rolle, ob diese gemeinsame Kontrolle bereits bei der Gründung des Unternehmens oder erst nachträglich begründet wird bzw. ob die (Mit-)Kontrolle von den Muttergesellschaften gleichzeitig oder nacheinander erworben wird. Art. 3 Abs. 4 spricht zwar nur von der Gründung eines Gemeinschaftsunternehmens, findet aber ebenso auf den späteren Erwerb der gemeinsamen Kontrolle über ein Unternehmen Anwendung.[94] Fehlt es an der gemeinsamen Kontrolle, so liegt kein Gemeinschaftsunternehmen i. S. d. FKVO vor. Darin unterscheidet sich die EU-Fusionskontrolle von der deutschen Regelung, die ein Gemeinschaftsunternehmen auch unterhalb der Schwelle der gemeinsamen Kontrolle bereits bei einer Beteiligung ab 25% entstehen lässt (vgl. § 37 Abs. 1 Ziffer 3 Satz 3 GWB).

42 Gemeinschaftsunternehmen haben in der Fusionskontrolle der EU-Kommission eine **große Bedeutung:** von 1996 bis 2005 betrafen etwa 40% der Entscheidungen in Fusionskontrollverfahren Gemeinschaftsunternehmen bzw. Fälle gemeinsamer Kontrolle.[95] Bei der Mehrzahl der angemeldeten Gemeinschaftsunternehmen wurde der **konzentrative** Charakter bzw. die Eigenschaft eines **Vollfunktionsunternehmens** und damit die Anwendbarkeit der Fusionskontrollvorschriften von der Kommission bejaht. Das heißt aber noch nicht, dass auch die Mehrzahl der in der Praxis vorkommenden Gemeinschaftsunternehmen die Voraussetzungen eines Vollfunktionsunternehmens erfüllt. Liegen die Voraussetzungen für ein Vollfunktionsunternehmen offensichtlich nicht vor, so werden die Beteiligten auch keine Anmeldung nach Art. 4 FKVO vornehmen. In Zweifelsfällen werden sie versuchen, in einem Vorgespräch mit der Generaldirektion Wettbewerb deren Meinung einzuholen. Zur Entscheidung kommen daher nur die zweifelhaften Fälle. Dabei ergeht eine Entscheidung nach Art. 6 Abs. 1 lit. a) FKVO, wenn die Kommission die Voraussetzungen für ein Vollfunktions-Gemeinschaftsunternehmen verneint.[96] Fehlten die Voraussetzungen für ein Vollfunktions-Gemeinschaftsunternehmen, so konnte früher die Anmeldung nach Art. 5 der Durchführungs-VO Nr. 447/98[97] als eine solche nach der VO Nr. 17/62[98] behandelt werden. Da ab 1. Mai 2004 die Notwendigkeit (und Möglichkeit) einer Anmeldung für Freistellungen nach Art. 81 Abs. 3 aufgrund der VO 1/2003[99] entfallen ist, sieht die neue Durchführungs-VO Nr. 802/2004[100] Entsprechendes nicht mehr vor.

43 **c) Vollfunktionsunternehmen.** Während nach deutschem Recht grundsätzlich alle Arten von Gemeinschaftsunternehmen unter die Fusionskontrolle fallen können, ist dieses nach Art. 3 Abs. 4 FKVO nur der Fall, wenn es sich bei dem Gemeinschaftsunternehmen um ein Vollfunktionsunternehmen handelt. Werden dagegen nur einzelne unternehmerische Funktionen durch das Gemeinschaftsunternehmen ausgeübt oder koordiniert, so liegt

---

[93] *Bruhn* in: Schröter/Jakob/Mederer, Europäisches Wettbewerbsrecht, FKVO Art. 3 Rn. 33 ff.; *Henschen* in: Schulte, Handbuch Fusionskontrolle, Rn. 1538 ff.; *Hirsbrunner* in: Bechtold/Bosch/Brinker/Hirsbrunner, EG-Kartellrecht, FKVO Art. 3 Rn. 18; *Mestmäcker/Schweitzer*, Europäisches Wettbewerbsrecht, § 24 Rn. 29 f.; *Schröer* in: FK, EG-Kartellrecht, FKVO Art. 3 Rn. 82; *Wessely/Wegner* in: Münchener Kommentar, Band 1: Europäisches Wettbewerbsrecht FKVO Art. 3 Rn. 90; zu den Einzelheiten der gemeinsamen Kontrolle siehe oben Rn. 33.
[94] *Hirsbrunner* in: Bechtold/Bosch/Brinker/Hirsbrunner, EG-Kartellrecht, FKVO Art. 3 Rn. 19; *Schröer* in: FK, EG-Kartellrecht, Art. 3 FKVO Rn. 82; *Wessely/Wegner* in: Münchener Kommentar, Band 1: Europäisches Wettbewerbsrecht FKVO Art. 3 Rn. 90.
[95] Siehe Bericht über die Wettbewerbspolitik 2005 der Europäischen Union, S. 127.
[96] Siehe Erläuterungen zu Art. 6 FKVO.
[97] ABl. L 61 vom 2. 3. 1998, S. 1.
[98] VO Nr. 17 vom 6. 2. 1962, ABl. 13 vom 21. 2. 1962, S. 204.
[99] VO (EG) Nr. 1/2003 vom 16. 12. 2002, ABl. L 1 vom 4. 1. 2003, S. 1.
[100] VO (EG) Nr. 802/2004 vom 7. 4. 2004, ABl. L 133 vom 30. 4. 2004, S. 1.

darin allein oder überwiegend eine Verhaltenskoordinierung, nicht dagegen ein strukturverändernder Zusammenschluss.[101] Allerdings werden seit der Änderung der FKVO im Jahre 1997 neben den ausschließlich konzentrativen Gemeinschaftsunternehmen auch die kooperativen Gemeinschaftsunternehmen, die auf Dauer alle Funktionen einer selbständigen wirtschaftlichen Einheit erfüllen, nach dem neu gefassten Art. 3 Abs. 4 FKVO von der Fusionskontrolle erfasst; denn bei einem solchen Vollfunktionsunternehmen steht die Strukturveränderung im Vordergrund, selbst wenn durch das Gemeinschaftsunternehmen daneben auch eine Verhaltenskoordinierung der Muttergesellschaften bezweckt oder bewirkt wird.[102]

Die EU-Kommission hatte die Kriterien, die ihrer Auffassung nach für die Abgrenzung im Rahmen des Art. 3 Abs. 4 FKVO maßgeblich sind, in der **Mitteilung über den Begriff des Vollfunktionsgemeinschaftsunternehmens**[103] bekannt gemacht. An deren Stelle ist 2007 die **Konsolidierte Mitteilung der Kommission zu Zuständigkeitsfragen**[104] getreten.

Im Einzelnen sind im Rahmen des Art. 3 Abs. 4 FKVO folgende Voraussetzungen zu prüfen:
1) Liegt **gemeinsame Kontrolle** vor?
2) Hat das Gemeinschaftsunternehmen **ausreichende Ressourcen für eine eigenständige Marktpräsenz**?
3) Erfüllt das Gemeinschaftsunternehmen **mehr als nur spezifische Funktionen für die Muttergesellschaften**?
4) Verfolgt das Gemeinschaftsunternehmen eine **auf Dauer** angelegte Wirtschafttätigkeit?

Zu 1) Gemeinsame Kontrolle. Die gemeinsame Kontrolle[105] ist Voraussetzung dafür, dass es sich um ein Gemeinschaftsunternehmen i. S. d. Art. 3 Abs. 4 FKVO handelt. So fällt z. B. ein Gemeinschaftsunternehmen, an dem die Muttergesellschaften nur mit je 25% beteiligt sind und bei dem nicht mindestens zwei der Muttergesellschaften über wesentliche Kontrollrechte verfügen, nicht unter die EU-Fusionskontrolle. Nach dem GWB fällt ein solches Gemeinschaftsunternehmen trotz Fehlens gemeinsamer Kontrolle unter den Zusammenschlussbegriff, so dass möglicherweise in Deutschland eine Anmeldepflicht im Rahmen der Fusionskontrolle besteht.[106] Unbeachtlich ist, ob die gemeinsame Kontrolle

---

[101] Vgl. *Immenga/Körber* in: Immenga/Mestmäcker, EG-Wettbewerbsrecht, Bd. I Teil 2 FKVO Art. 3 Rn. 112.

[102] Früher fielen Gemeinschaftsunternehmen, selbst wenn sie Vollfunktions-Gemeinschaftsunternehmen waren, immer dann nicht unter die Fusionskontrolle, wenn sie zu einer Verhaltenskoordinierung der Muttergesellschaften führten (vgl. Art. 3 Abs. 2 a. F. FKVO). Eine solche Verhaltenskoordinierung wurde insbesondere dann angenommen, wenn mindestens zwei Muttergesellschaften auf dem Tätigkeitsgebiet des Gemeinschaftsunternehmen oder auf vor- bzw. nachgelagerten Märkten Wettbewerber blieben. Nach der Einbeziehung der kooperativen Vollfunktions-Gemeinschaftsunternehmen in die Fusionskontrolle findet jedoch weiterhin neben der Prüfung nach Art. 2 Abs. 1–3 FKVO auch eine Prüfung der Verhaltenskoordinierung nach Art. 81 Abs. 1 im Rahmen des Fusionskontrollverfahren statt (Art. 2 Abs. 4 und 5 FKVO), siehe dazu im Einzelnen Anh. 2 zu Art. 81 Rn. 5 ff. und Art. 2 FKVO Rn. 186 ff.

[103] ABl. C 66 v. 2. 3. 1998, 1 ff.

[104] Konsolidierte Mitteilung der Kommission zu Zuständigkeitsfragen gemäß der Verordnung (EG) Nr. 139/2004 des Rates über die Kontrolle von Unternehmenszusammenschlüssen, ABl. C 95, 1 v. 16. 4. 2008 – nachstehend „**Konsolidierte Mitteilung Zuständigkeit**" genannt.

[105] Zu den Voraussetzungen für eine gemeinsame Kontrolle siehe oben Rn. 33 ff.; Konsolidierte Mitteilung Zuständigkeit (s. Fn. 104) Ziffer 62 ff.; *Bruhn* in: Schröter/Jakob/Mederer, Kommentar zum Europäischen Wettbewerbsrecht, FKVO Art. 3 Rn. 33 ff.; *Henschen* in: Schulte, Handbuch Fusionskontrolle, Rn. 966 ff., 1538 ff.; *Immenga/Körber* in: Immenga/Mestmäcker, EG-Wettbewerbsrecht, Bd. I Teil 2 FKVO Art. 3 Rn. 79 ff.; *Wessely/Wegner* in: Münchener Kommentar, Band 1: Europäisches Wettbewerbsrecht, FKVO Art. 3 Rn. 91 ff.

[106] S. dazu Erläuterungen zu GWB § 37.

bereits bei der Gründung des Gemeinschaftsunternehmens oder erst später an einem bereits bestehenden Unternehmen begründet wird;[107] beide Fälle sind als Gründung eines Gemeinschaftsunternehmens im Sinne des Art. 3 Abs. 4 FKVO anzusehen.

Der Übergang von der **Mitkontrolle** zur **alleinigen Kontrolle** bei einem Gemeinschaftsunternehmen stellt einen neuen Zusammenschluss dar; das gleiche gilt, wenn weitere Gesellschafter die Mitkontrolle erlangen.[108] Dagegen bedeutet das Ausscheiden mitkontrollierender Gesellschafter keinen erneuten Zusammenschluss, solange noch mindestens zwei Gesellschafter gemeinsam die Kontrolle ausüben können; anderes gilt, wenn durch das Ausscheiden eines Gesellschafters andere Gesellschafter erstmals die Mitkontrolle erlangen.

46 Zu 2) **Hat das Gemeinschaftsunternehmen ausreichende Ressourcen für eine eigenständige Marktpräsenz?** Bei der Schaffung des Gemeinschaftsunternehmen muss es sich um eine wesentliche Änderung der **Marktstruktur** handeln.[109] Das ist nach Art. 3 Abs. 4 FKVO nur dann der Fall, wenn das Gemeinschaftsunternehmen im wesentlichen **alle Funktionen** hat, die auch andere Unternehmen auf dem betreffenden Markt erfüllen.[110] Dabei ist die Beurteilung sehr stark von der Art des betroffenen Unternehmens und des betreffenden Marktes abhängig.; es ist also auf die Branchenüblichkeit abzustellen.[111] So werden zu einem **Produktionsunternehmen** in der Regel auch die Entwicklung und der Vertrieb gehören. Es gibt aber auch Märkte, auf denen sich Unternehmen auf die **Entwicklung** beschränken und ihre Entwicklungsergebnisse anderen Unternehmen gegen Entgelt für die Verwertung zur Verfügung stellen. Auch die bloße **Fertigung** (ohne eigene Entwicklung und Vertrieb) gehört auf bestimmten Märkten zum Tätigkeitsgebiet selbständiger Unternehmen (z.B. die Fertigung von Mobiltelefonen im Auftrag anderer Unternehmen, sog. Produktionsservices). Gerade diese Art von Unternehmen, die anderen Unternehmen die Fertigung als Service anbieten, nimmt in letzter Zeit immer mehr zu. Ebenso gibt es Märkte, auf denen Unternehmen die **Planung und Ausschreibung** von Projekten anbieten, ohne selbst mit der Lieferung oder Durchführung im einzelnen befasst zu sein. Gleiches gilt auch für den **Vertrieb von Waren,** insbesondere für Handelsunternehmen. Maßgeblich ist daher, ob auf dem betreffenden Markt ein ähnlicher Leistungsumfang auch von anderen Unternehmen angeboten wird.

47 Das Gemeinschaftsunternehmen muss dabei über die für eine selbständige und langfristige Betätigung notwendigen **Ressourcen** verfügen, also über die für seine Tätigkeit erforderliche **finanzielle, sachliche und personelle** Ausstattung.[112] Dazu gehört i.d.R.

---

[107] *Immenga/Körber* in: Immenga/Mestmäcker, EG-Wettbewerbsrecht, Bd. I Teil 2 FKVO Art. 3 Rn. 110; *Kleemann* in: Schröter/Jakob/Mederer, Europäisches Wettbewerbsrecht, FKVO Art. 3 Rn. 99; *Wessely/Wegner* in: Münchener Kommentar Band 1 Europäisches Wettbewerbsrecht FKVO Art. 3 Rn. 90.

[108] S. dazu oben Rn. 37 und Konsolidierte Mitteilung Zuständigkeit (s. Fn. 104) Ziffer 83 ff.; Komm. E. v. 9. 12. 2004, COMP/M.3440 – *ENI/EDP/GDP.*

[109] Vgl. Erwägungsgrund Nr. 20 zur FKVO.

[110] Vgl. *Baron* in: Langen/Bunte, FKVO Art. 3 Rn. 37 ff.; *Mestmäcker/Schweitzer,* Europäisches Wettbewerbsrecht, § 24 Rn. 63; *Riesenkampff* in: FS Rittner, 1991, S. 500; Komm. E. v. 30. 4. 2003, *Siemens/Drägerwerke/JV,* ABl. L 291 v. 8. 11. 2003, 24.

[111] *Immenga/Körber* in: Immenga/Mestmäcker, EG-Wettbewerbsrecht, Bd. I Teil 2 FKVO Art. 3 Rn. 118.

[112] Vgl. Konsolidierte Mitteilung Zuständigkeit (s. Fn. 104) Ziffer 94; *Hirsbrunner* in: Bechtold/Bosch/Brinker/Hirsbrunner, EG-Kartellrecht, FKVO Art. 3 Rn. 21; Komm. E. v. 2. 12. 1994 – *Thomson CSF/Deutsche Aerospace,* ABl. C 65 vom 16. 3. 1995, 4; Komm. E. v. 11. 5. 1995 – *EDS/Lufthansa,* ABl. C 163 v. 29. 6. 1995, 8; Komm. E. v. 7. 9. 1995 – *VAI/Davy International,* ABl. C 246 v. 22. 9. 1995, 2; Komm. E. v. 5. 2. 1996 – *Nokia/Autoliv,* ABl. C 69 v. 7. 3. 1996, 3; Komm. E. v. 7. 10. 1996 – *British Gas Trading/Group 4 Utility Services,* ABl. C 374 v. 11. 12. 1996, 8; Komm. E. vom 14. 10. 1999 – *Castrol/Carless/JV,* ABl. C 16 v. 20. 1. 2000, 5; Komm. E. v. 21. 10. 1999 – *France Télécom/STI/SRD,* ABl. C 335 v. 23. 11. 1999, S. 3; Komm. E. v. 4. 11. 1999 – *Dana/GKN,*

Art. 3. Definition des Zusammenschlusses   48 **Art. 3 FKVO**

ein eigenes sich dem Tagesgeschäft widmendes **Management**[113] und das erforderliche **Personal**. Fehlt es an eigenem Personal, so kann das dafür sprechen, dass das Gemeinschaftsunternehmen nur Hilfsfunktionen für die Muttergesellschaften erfüllt.[114] Wenn es allerdings in dem Wirtschaftszweig, in dem das Gemeinschaftsunternehmen tätig ist, üblich ist, kann es ausreichen, wenn Dritte das Personal im Rahmen einer Vereinbarung bereitstellen oder wenn das Personal von einer Zeitarbeitsagentur vermittelt wird.[115] Es ist auch möglich, dass die Muttergesellschaften Personal abstellen, solange dieses nur während der Anlaufphase geschieht oder das Gemeinschaftsunternehmen zu den Muttergesellschaften ähnliche Beziehungen unterhält wie zu Ditten, d. h. das Gemeinschaftsunternehmen muss zu den Muttergesellschaften marktübliche Beziehungen unterhalten und frei sein, eigenes Personal einzustellen oder von Dritten zu erhalten,[116] Werden dagegen die wesentlichen **technischen und administrativen Aufgaben** von den Muttergesellschaften wahrgenommen, so wird es meist an der notwendigen Substanz für ein Vollfunktions-Gemeinschaftsunternehmen fehlen.[117] Wesentlich ist auch die **Kapitalausstattung** des Gemeinschaftsunternehmens, insbesondere die für eine selbständige Tätigkeit notwendige Kapitaldecke.[118] Garantien der Muttergesellschaften reichen dafür u. U. nicht aus.[119]

Die Überlassung von **Betriebsmitteln** durch die Muttergesellschaften nur zur Miete steht der Annahme eines Vollfunktionsunternehmens nicht entgegen, wenn diese Betriebsmittel dem Gemeinschaftsunternehmen dauerhaft und zu marktüblichen Konditionen zur Verfügung stehen.[120] Oft ist es auch gar nicht möglich, die von dem Gemeinschaftsunternehmen benutzten Anlagen auf das Gemeinschaftsunternehmen zu übertragen, insbesondere wenn diese auch für andere Produkte der Muttergesellschaften benötigt werden; hier kann es ausreichend sein, dass anstelle einer Übertragung Verträge über die Lohnfertigung oder Zulieferung geschlossen werden.[121] Entscheidend ist, dass das Gemeinschaftsunternehmen einen gesicherten Zugriff auf die erforderlichen Vermögensgegenstände 48

ABl. C 9 v. 13. 1. 2000, 10; Komm. E. v. 20. 12. 2002, M.2992 – *Brenntag/Biesterfeld/JV*; Komm. E. v. 14. 10. 2005, M3884 – *ADM Poland/CEFETRA/BTZ*; Komm. E. v. 24. 11. 2005, M.3944 – *Behr/Hella/JV*; Komm. E. v. 22. 12. 2005, M.4042 – *Toepfer/Invivo/Soulès*; Beispiel für nicht genügend Ressourcen: Komm. E. v. 15. 10. 1998, M.1315 – *ENV/Eastern*.

[113] Konsolidierte Mitteilung Zuständigkeit (s. Fn. 104) Ziffer 94; Komm. E. v. 2. 2. 2000 – *General Electric/Thomson CSF/JV*, ABl. C 61 v. 3. 3. 2000, S. 6.

[114] Komm. E. v. 2. 4. 1997 – *RSB/Tenex/Fuel Logistic*, WuW 1997, 502; vgl. auch Komm. E. v. 15. 4. 1996 – *Téneo/Meryll Lynch/Bankers Trust*, WuW 1996, 994.

[115] Konsolidierte Mitteilung Zuständigkeit (s. Fn. 104) Ziffer 94.

[116] Konsolidierte Mitteilung Zuständigkeit (s. Fn. 104) Ziffer 94.

[117] Komm. E. v. 25. 3. 1996 – *Generali/Unicredito*, WuW 1996, 993.

[118] Vgl. *Wessely/Wegner* in: Münchener Kommentar, Band 1: Europäisches Wettbewerbsrecht, FKVO Art. 3 Rn. 115; Komm. E. v. 13. 4. 1992 – *Flachglas/Vegla*, WuW/E EV 1832 und E. v. 15. 10. 1998 – *ENW/Eastern*, WuW 1998, 1181 (kein Vollfunktions-Gemeinschaftsunternehmen bei nur begrenzter sachlicher oder finanzieller Ausstattung); Komm. E. v. 12. 11. 1992 – *Mannesmann/Hoesch*, ABl. 1993 L 114, 34 Rn. 8 (bei Nachschusspflicht ausreichende finanzielle Selbständigkeit); Komm. E. v. 1. 8. 2000 – *Blackstone/CDPQ/Kabel Baden-Württemberg*, ABl. C 323 v. 14. 11. 2000, 4 (Ausreichendes Investment).

[119] Komm. E. v. 15. 10. 1998, M.1315 – *ENW/Eastern*.

[120] Komm. E. v. 19. 7. 1995 – *Nordic Satellite Distribution*, WuW/E EV 2343, 2346; E. v. 22. 12. 1994, COMP/M.475 – Shell/*Elf Atochem*; E. v. 7. 8. 1996, COMP/M.727 – *BP/Mobil*.

[121] *Immenga/Körber* in: Immenga/Mestmäcker, EG-Wettbewerbsrecht, Bd. I Teil 2 FKVO Art. 3 Rn. 115; *Kleemann* in: Schröter/Jakob/Mederer, Europäisches Wettbewerbsrecht, FKVO Art. 3 Rn. 105; Komm. E. v. 29. 4. 1993 – *Harrisons & Crosfield/AKZO*, ABl. C 128 v. 8. 5. 1993; Komm. E. v. 19. 12. 1991 – *Courtaulds/SNIA*, ABl. C 333 v. 24. 12. 1991; Komm. E. v. 8. 9. 1993 – *Rhône-Poulenc/SNIA*, ABl. C 272 v. 8. 10. 1993, 16; E. v. 21. 2. 1996, COMP/M.663 DuPont/DOW.

Art. 3 FKVO 49

erhält.[122] **Marken, Patente und Know-how** müssen dem Gemeinschaftsunternehmen zumindest durch langfristige **Lizenzverträge** dauerhaft zur Verfügung stehen,[123] nach Auffassung der Kommission wohl meist auch unbegrenzt, unwiderruflich und ausschließlich.[124] Allerdings ist auch hier entscheidend, ob das Gemeinschaftsunternehmen in die Lage versetzt wird, seine Funktionen wie andere Unternehmen am Markt auszufüllen;[125] dazu kann es auch genügen, wenn weniger umfassende Lizenzen erteilt werden. Ist das Gemeinschaftsunternehmen allerdings in besonderem Maße auf den Zugang zur Technologie der Muttergesellschaften angewiesen und sind ihm die Lizenzen für Patente nur widerruflich und für einen kürzeren Zeitraum als möglich eingeräumt, so spricht das gegen die Selbständigkeit des Gemeinschaftsunternehmen.[126] Es genügt aber auch, wenn die Übertragung der Ressourcen auf das Gemeinschaftsunternehmen stufenweise erfolgt, sofern dieses hinreichend konkretisiert ist und in engem zeitlichen Zusammenhang mit der Gründung des Gemeinschaftsunternehmens erfolgen soll, oder wenn das Gemeinschaftsunternehmen diese Ressourcen nur für eine Übergangszeit benutzt.[127] Dabei muss das **Tätigkeitsgebiet** des Gemeinschaftsunternehmen über eine gewisse Substanz verfügen; ist dieses zu vage, so verneint die Kommission das Vorliegen eines Vollfunktions-Gemeinschaftsunternehmen.[128]

Die Feststellung, dass das Gemeinschaftsunternehmens mit hinreichenden materiellen und immateriellen Ressourcen ausgestattet ist, ist meist einfacher zu treffen, wenn **bestehende Aktivitäten** der Muttergesellschaften auf das Gemeinschaftsunternehmen übertragen werden. Schwieriger gestaltet sich die Feststellung, wenn das Gemeinschaftsunternehmen ein **neues Tätigkeitsgebiet** aufnehmen soll, für das bei den Muttergesellschaften noch keine Aktivitäten vorhanden sind. Hier wird die Kapitalausstattung des Gemeinschaftsunternehmens eine wesentliche Rolle spielen, insbesondere auch eine Nachschusspflicht der Muttergesellschaften.[129] Hinweise können sich vor allem aus dem **Geschäftsplan** des Gemeinschaftsunternehmens ergeben, der meist Aussagen zum Kapitalbedarf und der geplanten Umsatz- und Ergebnisentwicklung enthalten wird.[130]

49 **Zu 3) Erfüllt das Gemeinschaftsunternehmen mehr als nur spezifische Funktionen für die Muttergesellschaften?** Voraussetzung für ein Vollfunktions-Gemeinschaftsunternehmen ist, dass das Unternehmen einen **eigenen Zugang zum Markt** hat und nicht nur im wesentlichen **Hilfsfunktionen** für die Muttergesellschaften erbringt.[131] So ist ein Gemeinschaftsunternehmen, das hauptsächlich **Entwicklungsarbeiten** für die

---

[122] *Wessely/Wegner* in: Münchener Kommentar, Band 1 Europ. Wettbewerbsrecht FKVO Art. 3 Rn. 119.

[123] *Wiedemann*, Handbuch des Kartellrechts, § 15 Rn. 61; *Baron* in: Langen/Bunte, FKVO Art. 3 Rn. 40.

[124] Komm. E. v. 9. 12. 1991 – *Lucas/Eaton*, WuW/E EV 1783 ff.; Komm. E. v. 28. 7. 1992 – *Elf Atochem/Rohm & Haas*, ABl. C 201 v. 8. 8. 1992; Komm. E. v. 29. 10. 1993 – *McComick/CPC/Radobank/Ostmann*, WuW/E EV 2157, Rn. 24; vgl. auch Komm. E. v. 8. 7. 1992 – *Ericsson/Ascom*, WuW/E EV 1995; Komm. E. v. 2. 12. 1994 – *Thomson CSF/Deutsche Aerospace*, ABl. C 65 vom 16. 3. 1995, 4; Komm. E. v. 2. 2. 2000 – *General Electric/Thomson CSF/JV*, ABl. C 61 v. 3. 3. 2000, 6.

[125] *Kleemann* in: Schröter/Jakob/Mederer, Europäisches Wettbewerbsrecht, FKVO Art. 3 Rn. 106.

[126] Komm. E. v. 6. 2. 1991 – *Baxter/Nestlé/Salvia*, WuW/E EV 1579 ff.

[127] Komm. E. v. 24. 10. 1997, COMP/M.994 – *DuPont/Hitachi*.

[128] Komm. E. vom 25. 7. 1995 – *ATR/BAe*, WuW 1996, 215.

[129] S. oben Rn. 47.

[130] *Kleemann* in: Schröter/Jakob/Mederer, Kommentar zum Europäischen Wettbewerbsrecht, FKVO Art. 3 Rn. 108; Komm. E. v. 9. 11. 1994 – *MSG Media Service*, ABl. L 364 v. 31. 12. 1994, 1.

[131] Konsolidierte Mitteilung Zuständigkeit (s. Fn. 104) Ziffer 95 f.; Komm. E. v. 13. 4. 1992 – *Flachglas/Vegla*, WuW/E EV 1832 (Bezug des Vormaterials zur Hälfte von den Muttergesellschaften – kein Vollfunktionsunternehmen); Komm. E. v. 23. 12. 1997 – *BASF/Shell II*, WuW 1998/157 (Freiheit beim Bezug des Vormaterials – als Vollfunktionsunternehmen anerkannt); Komm. E. v. 28. 8. 1995 – *Frantschach/Bischof-Klein*, WuW 1995, 1009 (trotz hoher Bezüge bei den Muttergesellschaften als konzentrativ anerkannt); ähnlich auch Komm. E. v. 12. 11. 1992 – *Mannesmann/Hoesch*, ABl. L 114, 34 ff.

Art. 3. Definition des Zusammenschlusses   **50, 51 Art. 3 FKVO**

Muttergesellschaften erbringt, kein Vollfunktionsunternehmen. Auch ist ein Gemeinschaftsunternehmen für die Fertigung von Produkten (z. B. Großraum-Limousinen) dann kein Vollfunktions-Gemeinschaftsunternehmen, wenn der Vertrieb ausschließlich durch die Muttergesellschaften unter deren Marke erfolgt und das Gemeinschaftsunternehmen selbst nicht über den Vertrieb entscheiden kann.[132]

Etwas anderes gilt, wenn sich das Gemeinschaftsunternehmen lediglich der **Vertriebsorganisation** der Muttergesellschaften bedient, die unternehmerische Entscheidung über den Vertrieb aber bei dem Gemeinschaftsunternehmen liegt;[133] das gilt insbesondere, wenn der Vertrieb im Namen und für Rechnung des Gemeinschaftsunternehmens erfolgt.[134] Es spricht für die Eigenständigkeit des Gemeinschaftsunternehmen, wenn dieses mit seinen Kunden selbst verhandelt und kontrahiert.[135] Schwierig abzugrenzen sind die Fälle, in denen das Gemeinschaftsunternehmen sowohl Funktionen für die Muttergesellschaften erfüllt als auch selbständig am Markt auftritt (z. B. ein Rechenzentrum, das sowohl für die Muttergesellschaft als auch für Dritte Leistungen erbringt oder eine Produktionsgesellschaft, die sowohl für die Muttergesellschaft als auch für Dritte Vorprodukte herstellt). Hier wird man es darauf abstellen müssen, **welcher Anteil** der Leistungen für Dritte erbracht wird und ob das Gemeinschaftsunternehmen die Leistungen an seine Muttergesellschaften zu **marktüblichen Konditionen** erbringt.

Ist das Gemeinschaftsunternehmen überwiegend als **Vorlieferant** oder **Dienstleister** für 50 die Muttergesellschaften tätig oder bezieht es überwiegend von den Muttergesellschaften, so ist es in der Regel kein Vollfunktions-Gemeinschaftsunternehmen.[136] Ist es dagegen überwiegend für Dritte tätig, dann erfüllt es die Vorraussetzung für ein Vollfunktions-Gemeinschaftsunternehmen. Bei Ausgründung bestimmter Tätigkeiten aus einem oder mehreren Unternehmen in ein Gemeinschaftsunternehmen wird es oft vorkommen, dass das Gemeinschaftsunternehmen vorübergehend noch überwiegend von den Muttergesellschaften bezieht oder an diese liefert oder leistet. Ist dies nur für eine **Übergangszeit** geplant und ist damit zu rechnen, dass nach Ablauf der Übergangszeit das Gemeinschaftsunternehmen überwiegend von Dritten bezieht oder an diese liefert oder leistet, so spricht das für die Annahme eines Vollfunktions-Gemeinschaftsunternehmens. Fraglich ist, wie lange diese Übergangsfrist dauern darf; hierfür wird meist ein Zeitraum von bis zu drei Jahren als unschädlich für die Einstufung als Vollfunktions-Gemeinschaftsunternehmen angesehen,[137] in besonderen Fällen aber auch ein längerer Zeitraum.[138]

Bei **Bezügen** des Gemeinschaftsunternehmen von den Muttergesellschaften spielt es nach 51 Ansicht der Kommission auch eine Rolle, wie hoch die eigene **Wertschöpfung** des Ge-

---

[132] Vgl. Komm. E. v. 13. 9. 1993 – *British Telekom/MCI*, WuW 1994, 39.

[133] Komm. E. v. 2. 12. 1991 – *TNT/Canada Post/DBP Postdienst/La Poste/PTT Post/Sweden Post*, ABl. C 322 v. 13. 12. 1991; Komm. E. v. 9. 12. 1991 – *Lucas/Eaton*, WuW/E EV 1783 ff.; Komm. E. v. 20. 6. 1994 – *Daimler-Benz/RWE*, WuW/E EV 2148 f.; Komm. E. v. 17. 5. 1995 – *CLT/Disney/Super RTL*, WuW 1996, 27; Komm. E. v. 10. 2. 1995 – *Akzo Nobel-Kuagtextil/TWD*, WuW 1995, 584; Komm. E. v. 19. 7. 1995 – *Nordic Satellite Distribution*, WuW/E EV 2343, 2346; Komm. E. v. 19. 2. 1996 – *SKF/INA/WPB*, WuW 1997, 38.

[134] Vgl. *Hirsbrunner* in: Bechtold/Bosch/Brinker/Hirsbrunner, EG-Kartellrecht, FKVO Art. 3 Rn. 23; *Wessely/Wegner* in: Münchener Kommentar, Band 1: Europäisches Wettbewerbsrecht FKVO Art. 3 Rn. 129; Komm. E. vom 11. 2. 2000 – *Neusiedler/American Israeli Paper Mills/JV*, ABl. C 89 v. 28. 3. 2000, 3.

[135] Komm. E. v. 20. 12. 1999 – *Electrolux/Ericsson*, ABl. C 37 v. 9. 2. 2002, 10.

[136] Komm. E. v. 1. 10. 1997 – *Preussag/Voest-Alpine*, WuW/E EU-V 6; E. v. 6. 11. 1995, COMP/M.544, *Unisource/Telefonica*; s. aber auch unten Rn. 51.

[137] Konsolidierte Mitteilung Zuständigkeit (s. Fn. 104) Ziffer 97; siehe auch Komm. E. v. 11. 5. 1995 – *EDS/Lufthansa*, ABl. C 163 v. 29. 6. 1995, 8; E. v. 5. 2. 1996 – *Nokia/Autoliv*, ABl. C 69 v. 7. 3. 1996, 3; Komm. E. v. 2. 4. 1997 – *RSB/Tenex/Fuel Logistics*, ABl. C 168 v. 3. 6. 1997, 5; Komm. E. v. 10. 10. 1997 – *Preussag/Voest-Alpine*; ABl. C 314 v. 16. 10. 1997, 6.

[138] Komm. E. v. 22. 12. 1993 – *Mannesmann/RWE/Deutsche Bank*, ABl. C 9 v. 13. 1. 1994, Rn. 10.

meinschaftsunternehmen ist.[139] Eine sehr geringe Wertschöpfung spricht dafür, dass das Gemeinschaftsunternehmen eher als eine gemeinsame Verkaufsagentur und damit nicht als Vollfunktions-Gemeinschaftsunternehmen anzusehen ist. Umgekehrt kann eine hohe Wertschöpfung ein Vollfunktions-Gemeinschaftsunternehmen begründen, selbst wenn in erheblichem Umfange Bezüge von den Muttergesellschaften erfolgen.[140] Sollen die Verkäufe des Gemeinschaftsunternehmens an die Muttergesellschaften auf dauerhafter Grundlage erfolgen, ist die entscheidende Frage, ob das Gemeinschaftsunternehmen trotz dieser Verkäufe dazu bestimmt ist, eine aktive Rolle im Markt zu spielen, und in operativer Hinsicht als wirtschaftlich selbstständig angesehen werden kann; erzielt das Gemeinschaftsunternehmen mehr als die Hälfte seines Umsatzes mit Dritten, so ist dieses typischerweise ein Indiz für Vollfunktion. Unterhalb dieser Schwelle muss jeweils im Einzelfall untersucht werden, ob die Beziehungen zwischen dem Gemeinschaftsunternehmen und seinen Muttergesellschaften echten geschäftlichen Charakter haben und das Gemeinschaftsunternehmen in operativer Hinsicht selbstständig ist.[141] Wichtig ist dabei, ob das Unternehmen auch mit seinen Muttergesellschaften marktübliche Beziehungen auf der Grundlage der normalen Geschäftsbedingungen unterhält. Ist dieses der Fall, so kann es nach Ansicht der Kommission ausreichen, dass wenigstens 20% des voraussichtlichen Umsatzes mit Dritten erzielt werden.[142] Bei Gemeinschaftsunternehmen im **Handelsbereich** kommt es ebenfalls darauf an, ob das Gemeinschaftsunternehmen einen wesentlichen Teil seiner Waren von Dritten beziehen kann.[143] Auch bei **Outsourcing-Vereinbarungen,** bei denen ein Unternehmen bestimmte Funktionen (z.B. den IT-Service) ausgründet und in ein Gemeinschaftsunternehmen mit einem Dienstleister einbringt, kommt es darauf an, in welchem Umfang das Gemeinschaftsunternehmen auch für Dritte tätig werden soll. Wird der Umsatz mit Dritten im Vergleich zu der Haupttätigkeit des Gemeinschaftsunternehmens für die ausgründende Muttergesellschaft voraussichtlich von untergeordneter Bedeutung sein und die Beziehungen zu den Muttergesellschaften nicht auf der Grundlage normaler Marktbedingungen erfolgen, so wird es sich in der Regel nicht um ein Vollfunktions-Gemeinschaftsunternehmen handeln.[144]

52 Ebenso gilt für den **Transport-** und **Dienstleistungssektor,** dass das Gemeinschaftsunternehmen selbständig als Anbieter gegenüber Dritten auftreten muss,[145] um als Vollfunktions-Gemeinschaftsunternehmen anerkannt zu werden. Hat das Gemeinschaftsunternehmen nur die Funktion einer **Auftragsammelstelle** der Muttergesellschaften zur Erzielung

---

[139] Konsolidierte Mitteilung Zuständigkeit (s. Fn. 104) Ziffer 101; Komm. E. v. 11. 4. 1995 – *Hoogovens/Klöckner & Co.,* ABl. C 243 v. 20. 9. 1995, 5; Komm. E. v 17. 4. 2000 – *Reuters/Equant Project Proton,* ABl. C 183 v. 30. 6. 2000, 8.

[140] Vgl. *Immenga/Körber* in: Immenga/Mestmäcker, EG-Wettbewerbsrecht, Bd. I Teil 2 FKVO Art. 3 Rn. 131; *Kleemann* in: Schröter/Jakob/Mederer, Europäisches Wettbewerbsrecht, FKVO Art. 3 Rn. 112f.; Komm. E. v. 22. 12. 1994 – *Shell Chimie/Elf Atochem,* ABl. C 35 v. 11. 2. 1995, 4; Komm. E. v. 23. 5. 1995 – *Saudi Aramco/MOH,* ABl. C 158 v. 24. 6. 1995,4; Komm. E. v. 28. 8. 1995 – *Frantschach/Bischof-Klein,* WuW 1995, 1009; vgl. auch Komm. E. v. 12. 11. 1992 – *Mannesmann/Hoesch,* ABl. L 114, 34 ff.

[141] Konsolidierte Mitteilung Zuständigkeit (s. Fn. 104) Ziffer 98.

[142] Konsolidierte Mitteilung Zuständigkeit (s. Fn. 104) Ziffer 98.

[143] Konsolidierte Mitteilung Zuständigkeit (s. Fn. 104) Ziffer 102; *Hirsbrunner* in: Bechtold/Bosch/Brinker/Hirsbrunner, EG-Kartellrecht, FKVO Art. 3 Rn. 22; Komm. E. v. 3. 2. 1992, *Spar/Dansk Supermarket,* WuW/E EV 1810; Komm. E. v. 9. 1. 1995 – *Texaco/Norsk Hydro,* WuW 1995, 486; Komm. E. v. 3. 9. 1996 – IV/M. 788 – *AgrEvo/Marubeni;* vgl. auch Komm. E. v. 7. 11. 1994 – *British Steel/Svenskt Stal/NSD,* ABl. C 350 v. 10. 12. 1994, 3; Komm. E. v. 20. 9. 1999 – *Allied Signal/MTU,* ABl. C 11 v. 14. 1. 2000, 3.

[144] Konsolidierte Mitteilung Zuständigkeit (s. Fn. 104) Ziffer 100.

[145] Vgl. Komm. E. v. 19. 12. 1996 – *P&O/Nedlloyd,* ABl. C 110 v. 9. 4. 1997, 7; Komm. E. v. 5. 3. 1996 – *GTS/Hermes Inc.,* WuW 1996, 40; Komm. E. v. 19. 5. 1998 – *Belgacom/Tele Danmark/Tulip,* ABl. C 213 v. 9. 7. 1998, 3; Komm. E. v. 26. 5. 1998 – *GKN/Brambles/SKP,* ABl. C 177 v. 10. 6. 1998, 14.

höherer Rabatte[146] oder erfüllt es im wesentlichen nur die Funktion einer **Vertriebsstelle**[147] oder handelt es sich um eine **geografisch begrenzte Zusammenfassung** von Aktivitäten der Muttergesellschaften,[148] so fehlt es an dem Vollfunktionscharakter. Sowohl bei den Bezügen des Gemeinschaftsunternehmen von den Muttergesellschaften als auch bei den Lieferungen des Gemeinschaftsunternehmen an die Muttergesellschaften kommt es jeweils darauf an, ob diese zu **marktüblichen Bedingungen** („at arm's length") erfolgen: ist dieses der Fall, so spricht dieses eher für ein Vollfunktionsunternehmen;[149] ist es dagegen nicht der Fall, so fehlt es wahrscheinlich an der Eigenständigkeit.[150] Schwierig kann die Beurteilung bei Gemeinschaftsunternehmen sein, für deren Leistungen noch kein eigener Markt besteht; hier ist eine Prognose über die Entwicklung von Zukunftsmärkten anzustellen.[151]

Zu 4) Dauer des Gemeinschaftsunternehmens. Nach Art. 3 Abs. 4 muss das Gemeinschaftsunternehmen **auf Dauer** alle Funktionen einer selbständigen wirtschaftlichen Einheit erfüllen. Oft spricht die Übertragung von **erheblichen Ressourcen** bereits dafür, dass das Gemeinschaftsunternehmen auf Dauer angelegt ist.[152] Bei einem unbefristeten Gesellschaftsvertrag wird die Kommission in der Regel von einem auf Dauer angelegten Gemeinschaftsunternehmen ausgehen.[153] **Befristungen** der Dauer in der Satzung oder in den Gründungsverträgen des Gemeinschaftsunternehmen sind dann unschädlich, wenn sie ausreichend lang sind, um eine dauerhafte Veränderung in der Struktur der betroffenen Unternehmen herbeizuführen.[154] Wie lang die Mindestfrist sein muss, für die der Bestand des Gemeinschaftsunternehmen festgelegt ist, lässt sich nicht allgemein beantworten. Es kommt insbesondere auch darauf an, was im Falle einer Kündigung durch Gesellschafter geschieht; ist eine Fortsetzung durch die anderen Gesellschafter vorgesehen, so wird auch eine kürzere Frist nicht schaden. Die Kommission hat Fristen zwischen sieben Jahren und fünfzehn Jahren für ausreichend erachtet,[155] insbesondere wenn anschließend eine Neustrukturierung vorgesehen ist.[156] Auch fünf Jahre reichen nach Ansicht der Kommission aus, wenn eine automatische Verlängerung bei Nichtkündigung vorgesehen ist.[157]

53

---

[146] Komm. E. v. 12. 10. 1992 – *VTG/BPTL*, WuW 1992, 1014.
[147] Komm. E. v. 25. 7. 1995 – *ATR/BAe*, WuW 1996, 215.
[148] Komm. E. v. 5. 7. 1993 – *Pasteur-Mérieux/Merck*, WuW 1994, 83.
[149] Vgl. *Immenga/Körber* in: Immenga/Mestmäcker, EG-Wettbewerbsrecht. Bd. I Teil 2 FKVO Art. 3 Rn. 132; *Kleemann* in: Schröter/Jakob/Mederer, Europäisches Wettbewerbsrecht, FKVO Art. 3 Rn. 111; Komm. E. v. 20. 6. 1994 – *Daimler-Benz/RWE*, WuW/E EV 2148 f.
[150] Komm. E. v. 9. 4. 1996 – *Zeneca/Vanderhave*, ABl. C 188 v. 28. 6. 1996, 10; E. v. 3. 7. 1996 – *Bayer/Hüls*, ABl. C 271 v. 17. 9. 1996, 16; Komm. E. v. 18. 1. 1993 – *Philips/Thomson/Sagem*, ABl. C 22 v. 26. 1. 1993.
[151] Vgl. Komm. E. v. 9. 11. 1994 – *MSG Media Service*, Abl. L 364 v. 31. 12. 1994, 1.
[152] Vgl. Konsolidierte Mitteilung Zuständigkeit (s. Fn. 104) Ziffer 103.
[153] *Hirsbrunner* in: Bechtold/Bosch/Brinker/Hirsbrunner EG-Kartellrecht FKVO Art. 3 Rn. 24; *Kleemann* in: Schröter/Jacob/Mederer, Kommentar zum Europäischen Wettbewerbsrecht, FKVO Art. 3 Rn. 117; Komm. E. v. 28. 7. 1992 – *Elf/Atochem/Röhm & Haas*, WuW/E EV 2001; Komm. E. v. 4. 1. 1991 – *Mitsubishi/Ucar*; ABl. C 5 v. 9. 1. 1991; Komm. E. v. 8. 9. 1993 – *Rhone Poulenc/SNIA*, ABl. C 272 v. 8. 10. 1993; Komm. E. v. 20. 6. 1994 – *Daimler-Benz/RWE*, ABl. C 178 v. 30. 6. 1994, Rn. 16.
[154] Konsolidierte Mitteilung Zuständigkeit (s. Fn. 104) Ziffer 103; Komm. E. v. 7. 10. 1996 – *British Gas Trading/Group 4 Utility Services*, ABl. C 374 v. 11. 12. 1996, 7.
[155] Vgl. dazu auch Rn. 41 oben.
[156] Komm. E. v. 17. 2. 1992 – *BSN-Nestlé/Cocoladovny*, WuW 1992, 497; vgl. auch Komm. E. v. 27. 11. 1992 – *British Airways/TAT*, WuW 1993, 37; E. v. 30. 4. 2003, COMP/M.2903 – *Daimler-Chrysler/Deutsche Telekom/JV* (12 Jahre); E. v. 11. 2. 2002, COMP/M.2632 – *Deutsche Bahn/ECT International/United Depots/JV* (8 Jahre); E. v. 20. 7. 2005, COMP/M.3858 – *Lehman Brothers/Starwood/Le Meridien* (10–15 Jahre, nicht ausreichend: 3 Jahre).
[157] Komm. E. v. 14. 1. 1992 – *Volvo/Atlas*, WuW/E EV 1775; vgl. auch Komm. E. v. 6. 5. 1998 – *TKS/ITW Signode/Titan*, ABl. L 316 v. 25. 11. 1998, 33.

54 Eine Dauer von **weniger als fünf Jahren** dürfte allerdings selbst dann problematisch sein, wenn eine automatische Verlängerung vorgesehen ist.[158] Regelungen, die für den Fall des Konkurses, der Überfremdung oder Meinungsverschiedenheiten zwischen den Muttergesellschaften oder den Nichteintritt bestimmter Voraussetzungen eine Kündigungsmöglichkeit, die Auflösung des Gemeinschaftsunternehmen oder das Ausscheiden von Muttergesellschaften vorsehen, schließen allein noch nicht aus, dass es sich um ein auf Dauer angelegtes Gemeinschaftsunternehmen handelt.[159] An einer ausreichenden dauerhaften Tätigkeit des Gemeinschaftsunternehmens fehlt es nach neuerer Auffassung der Kommission allerdings, wenn die Aufnahme der Tätigkeit wesentlich von noch **ausstehenden Entscheidungen** Dritter abhängt, sofern diese Entscheidungen über reine Formalitäten hinausgehen und deren Ausgang normalerweise unsicher ist.[160] Das soll z.B. für die noch offene Auftragsvergabe bei Ausschreibungen, die Lizenzvergabe (z.B. im Mobilfunksektor) oder die Gewährung von Rechten (z.B. zur Exploration von Erdöl- oder Erdgasvorkommen) gelten. Solange diese Voraussetzungen nicht vorliegen, bleibt nach Auffassung der Kommission unklar, ob das Gemeinschaftsunternehmen eine dauerhafte Tätigkeit aufnehmen wird. Sobald jedoch eine Entscheidung gefallen sei, sei dieses Kriterium erfüllt und es liege ein Zusammenschluss vor. Unklar bleibt, wie bei dieser Behandlung das Vollzugsverbot gehandhabt werden soll, denn für die Teilnahme an der Ausschreibung muss das Gemeinschaftsunternehmen meist bereits existieren, und mit der Auftragserteilung wird es zu einem Vollfunktionsunternehmen, dessen Gründung bereits vollzogen ist. Ist dagegen das Gemeinschaftsunternehmen nur für ein bestimmtes, **zeitlich befristetes Projekt** (z.B. die Errichtung eines Bauwerks oder einer Anlage) gegründet, so ist es als nicht auf Dauer angelegt anzusehen.[161] Auch die Gestaltung als Gemeinschaftsunternehmen muss auf Dauer angelegt sein. Ist die Beherrschung durch mehrere Unternehmen nur für einen kurzen Zeitraum vorgesehen, so fehlt es an dieser Voraussetzung.[162]

55 Ob die Einräumung von Optionsrechten **(Call- oder Put-Optionen)** gegen die Dauerhaftigkeit des Gemeinschaftsunternehmens spricht, ist sehr von der Ausgestaltung im einzelnen abhängig. Einerseits kann trotz einer solchen Gestaltung durchaus eine dauerhafte Strukturänderung vorliegen, vor allem wenn die Optionsrechte erst nach einem längeren Zeitraum ausgeübt werden können.[163] Andererseits können zu kurzfristige Call- oder Put-Optionen bedeuten, dass es sich in Wirklichkeit nicht um ein auf Dauer gemeinsam beherrschtes Unternehmen handelt, sondern um eine Übernahme der alleinigen Kontrolle in Raten.[164]

56 **d) Änderung des Tätigkeitsbereichs eines Gemeinschaftsunternehmens.** Wird die **Tätigkeit** eines bereits bestehenden Gemeinschaftsunternehmens **ausgeweitet** oder

---

[158] Komm. E. v. 15. 4. 1996 – *Teneco/Meryll Lynch/Bankers Trust*, WuW 1996,994 (nur dreijährige Dauer vorgesehen).

[159] Komm. E. v. 28. 2. 1994 – *RWE/Mannesmann*, ABl. C 68 v. 5. 3. 1994 (Auflösung bei Nichterteilung einer Funklizenz, die für den Geschäftsbetrieb des Gemeinschaftsunternehmen Voraussetzung war); vgl. auch Komm. E. v. 23. 4. 1997 – *Deutsche Bank/Commerzbank/J. M. Voith*, ABl. C 247 v. 13. 8. 1997, 3.

[160] Konsolidierte Mitteilung Zuständigkeit (s. Fn. 104) Ziffer 105.

[161] Konsolidierte Mitteilung Zuständigkeit (s. Fn. 104) Ziffer 104.

[162] *Immenga/Körber* in: Immenga/Mestmäcker, EG-Wettbewerbsrecht, Bd. I Teil 2 FKVO Art. 3 Rn. 135; *Kleemann* in: Schröter/Jakob/Mederer, Kommentar zum Europäischen Wettbewerbsrecht, FKVO Art. 3 Rn. 119; Komm. E. v. 28. 3. 1994 – *Banco Santander/British Telecommunications*, WuW/E EV 2136 ff.; Komm. E. v. 18. 9. 1995 – *Albacum*, ABl. C 278 vom 24. 10. 1995, 8.

[163] FK-*Schröer* FKVO Art. 3 Rn. 90; Komm. E. v. 13. 9. 1996 – *Schering/GEHE-Jenapharm*, ABl. C 306 v. 15. 10. 1996, 3.

[164] Vgl. aber *Kleemann* (Fn. 162) FKVO Art. 3 Rn. 71, der auch kurzfristig ausübbare Optionsrechte für unschädlich hält; vgl. auch Komm. E. v. 27. 11. 1992 – *British Airways/TAT*, WuW 1993, 37; Komm. E. v. 14. 1. 1992 – *Volvo/Atlas*, WuW/E EV 1775.

gründet das Gemeinschaftsunternehmen Tochtergesellschaften, die auf anderen Gebieten tätig werden sollen, so liegt darin allein **kein erneuter Zusammenschluss**. Etwas anderes gilt dann, wenn mit der Ausweitung der Tätigkeit der Erwerb der Gesamtheit oder eines Teils eines anderen Unternehmens oder zusätzlicher wesentlicher Vermögenswerte von den Muttergesellschaften verbunden ist (sofern dieses für sich genommen als ein Zusammenschluss anzusehen wäre).[165] Das gilt insbesondere dann, wenn die Muttergesellschaften zusätzliche wesentliche Vermögenswerte wie Verträge, zusätzliches Know-how oder andere Rechte auf das Gemeinschaftsunternehmen übertragen und wenn diese Vermögenswerte oder Rechte die Grundlage oder Keimzelle für eine Ausdehnung der Geschäftstätigkeit auf andere sachliche oder räumliche Märkte darstellen, die ursprünglich nicht Gegenstand des Gemeinschaftsunternehmens waren.[166] Gleiches gilt, wenn ein Nicht-Vollfunktions-Gemeinschaftsunternehmen seinen Tätigkeits- oder Aufgabenbereich so ausdehnt, dass es damit zu einem Vollfunktions-Gemeinschaftsunternehmen wird.[167]

e) **Prüfungsmaßstab und -umfang bei Vollfunktions-Gemeinschaftsunternehmen.** Vollfunktionsgemeinschaftsunternehmen werden im Rahmen der Fusionskontrolle nach Art. 2 Abs. 2 und 3 FKVO geprüft. Soweit durch die Gründung eines Gemeinschaftsunternehmens wirksamer Wettbewerb im Gemeinsamen Markt oder einem wesentlichen Teil desselben behindert würde, insbesondere durch Begründung oder Verstärkung einer beherrschenden Stellung, ist diese Gründung als mit dem Gemeinsamen Markt unvereinbar zu erklären.

Die Gründung eines kooperativen Vollfunktions-Gemeinschaftsunternehmens muss also nicht die Voraussetzungen des Art. 81 Abs. 3 erfüllen, sondern wird nur nach den Kriterien des Art. 2 Abs. 3 FKVO beurteilt, soweit es sich um die konzentrativen Effekte der Gründung handelt.[168] Damit wird dem kooperativen Vollfunktions-Gemeinschaftsunternehmen das Konzentrationsprivileg zuteil, d. h. die Gründung als solche wird nur daraufhin geprüft, ob dadurch wirksamer Wettbewerb im Gemeinsamen Markt oder einem wesentlichen Teil desselben erheblich behindert würde. Es findet insoweit – anders als im deutschen Recht – keine Doppelkontrolle nach Art. 81 und Art. 2 Abs. 3 FKVO statt.[169] Allerdings sieht Art. 2 Abs. 4 und 5 FKVO vor, dass zusätzlich nach Art. 81 Abs. 1 und 3 geprüft wird, ob die Gründung des Gemeinschaftsunternehmens die Koordinierung des Wettbewerbsverhaltens unabhängiger Unternehmen (nämlich der Muttergesellschaften) bezweckt oder bewirkt. Damit unterfällt erst eine hinzutretende bezweckte oder bewirkte Koordinierung zwischen den Gründerunternehmen der Prüfung nach Art. 81 Abs. 1 und 3.[170] Nach Art. 6 Abs. 1 lit. b) Satz 2 und Art. 8 Abs. 1 Satz 2 FKVO umfasst die Entscheidung, dass der Zusammenschlusses mit dem Gemeinsamen Markt vereinbar ist, auch die Freistellung der unerlässlichen Nebenabreden („ancillary restraints") sowie der Koordinierungseffekte[171].

---

[165] Vgl. Konsolidierte Mitteilung Zuständigkeit (s. Fn. 104) Ziffer 106 ff.; Komm v. 30. 1. 2003 – Soprol/Céréol/Lesieur – Comp/M.3039; *Wessely/Wegner* in: Münchener Kommentar, Band 1: Europäisches Wettbewerbsrecht FKVO Art. 3 Rn. 107.

[166] Vgl. Konsolidierte Mitteilung Zuständigkeit (s. Fn. 104) Ziffer 107; ausführlich dazu *Polley/Grave*, Die Erweiterung eines bestehenden Gemeinschaftsunternehmens als Zusammenschluss, WuW 2003, 1010 ff.

[167] Vgl. Konsolidierte Mitteilung Zuständigkeit (s. Fn. 104) Ziffer 109; *Wessely/Wegner* in: Münchener Kommentar, Band 1: Europäisches Wettbewerbsrecht FKVO Art. 3 Rn. 107.

[168] *Albers/Hacker* in: Schröter/Jakob/Mederer, Kommentar zum Europäischen Wettbewerbsrecht, FKVO Art. 2 Rn. 468 f.

[169] *Mestmäcker/Schweitzer,* Europ. Wettbewerbsrecht, § 24 Rn. 68 f.

[170] *Immenga/Körber* in: Immenga/Mestmäcker, EG-Wettbewerbsrecht, Bd. I Teil 2 FKVO Art. 3 Rn. 538 f.; *Mestmäcker/Schweitzer* a. a. O. § 24 Rn. 70; siehe dazu im Einzelnen Rn. 187 zu Art. 2 FKVO.

[171] Siehe dazu im Einzelnen FKVO Art. 2 Rn. 186 ff.

58 Die Kommission hat in einer neueren **Bekanntmachung über wettbewerbsbeschränkende Nebenabreden**[172] dargelegt, welche Beurteilungsmaßstäbe sie dafür anwendet, ob solche wettbewerbsbeschränkenden Nebenabreden als unmittelbar mit einem Zusammenschluss verbunden und für diesen notwendig anzusehen sind. Darin behandelt sie auch die Beurteilungsgrundsätze für gängige Klauseln im Zusammenhang mit der Gründung eines Vollfunktionsgemeinschaftsunternehmens im Sinne von Art. 3 Abs. 4 FKVO. **Wettbewerbsverbote** der Gründerunternehmen im Verhältnis zu dem Gemeinschaftsunternehmen werden in der Regel für die Dauer des Gemeinschaftsunternehmens als notwendig und zulässig angesehen, soweit sie sich auf die vereinbarten oder satzungsmäßig festgelegten sachlichen und räumlichen Tätigkeitsgebiete des Gemeinschaftsunternehmens beziehen.[173] Gleiches soll für Abwerbeverbote und Vertraulichkeitsklauseln gelten. Allerdings dürfen nur diejenigen Muttergesellschaften solche Wettbewerbsbeschränkungen zugunsten des Gemeinschaftsunternehmens eingehen, die das Gemeinschaftsunternehmen mit kontrollieren.

Ähnliche Grundsätze gelten für **Lizenzvereinbarungen** zwischen Muttergesellschaften und dem Gemeinschaftsunternehmen.[174] Eine Beschränkung des Anwendungsbereichs der Lizenzen auf das Tätigkeitsgebiet des Gemeinschaftsunternehmens gilt als unmittelbar mit dem Zusammenschluss verbunden und notwendig. Auch Lizenzen des Gemeinschaftsunternehmens an die Muttergesellschaften oder wechselseitige Lizenzen zwischen dem Gemeinschaftsunternehmen und Muttergesellschaften werden ähnlich behandelt. Dagegen gelten diese Grundsätze nicht für Wettbewerbsverbote und Lizenzen der Muttergesellschaften untereinander.

59 Für **Bezugs- und Lieferverpflichtungen** zwischen den Muttergesellschaften und dem Gemeinschaftsunternehmen sollen die gleichen Grundsätze gelten wie bei der Übertragung (Veräußerung) von Unternehmen,[175] d. h. sie werden je nach Fallgestaltung als für eine Übergangszeit notwendig und gerechtfertigt angesehen. Aus diesen Regelungen ergibt sich auch eine Jurisdiktionsabgrenzung: Bei einem Gemeinschaftsunternehmen, das unter die FKVO fällt, dürfen die nationalen Kartellbehörden und Gerichte eine Prüfung nach Art. 81 nur insoweit vornehmen, als es ich nicht um unerlässliche Nebenabreden handelt.[176]

Nebenabreden, die für die Gründung des Gemeinschaftsunternehmens nicht unerlässlich sind, sind nach Art. 81 zu beurteilen. Allerdings werden diese nicht im Fusionskontrollverfahren mit geprüft; insbesondere wird nicht über die Anwendbarkeit der Legalausnahme des Art. 81 Abs. 3 entschieden.

60 **f) Konsequenzen für die Praxis.** Die bisherige Praxis der Kommission zeigt, dass die Kommission bei der Annahme von Vollfunktions-Gemeinschaftsunternehmen einen verhältnismäßig großzügigen Maßstab anlegt. Es dürfte daher in vielen Fällen nicht allzu schwer fallen, die Voraussetzungen für ein Vollfunktions-Gemeinschaftsunternehmen durch eine entsprechende Ausgestaltung der Vereinbarungen zu erfüllen. Handelt es ich um **konzentrative** Gemeinschaftsunternehmen, so sind diese nach EU-Kartellrecht deutlich günstiger gestellt als **kooperative** Gemeinschaftsunternehmen.

Das betrifft sowohl die **materielle** Behandlung als auch das **Verfahren**. Maßstab für die Beurteilung von konzentrativen Gemeinschaftsunternehmen ist nur, ob durch den Zusammenschluss wirksamer Wettbewerb im Gemeinsamen Markt oder einem wesentlichen

---

[172] Siehe dazu die Bekanntmachung der Kommission über Einschränkungen des Wettbewerbs, die mit der Durchführung von Unternehmenszusammenschlüssen unmittelbar verbunden und für diese notwendig sind, ABl. C 56 vom 5. 3. 2005, S. 24.
[173] Siehe vorstehende Bekanntmachung Ziffern 36–41.
[174] Siehe vorstehende Bekanntmachung Ziffern 42, 43.
[175] Siehe vorstehende Bekanntmachung Ziffern 44, 32–35.
[176] Vgl. *Kleemann* (Fn. 162), FKVO Art. 3 Rn. 71.

Teil desselben erheblich behindert würde (Art. 3 Abs. 2 FKVO). Dagegen unterliegen kooperative Gemeinschaftsunternehmen dem strengeren Maßstab des Art. 81 Abs. 1 und 3:[177] soweit sie den Wettbewerb beschränken, sind sie nur zulässig, wenn alle Kriterien des Art. 81 Abs. 3 erfüllt werden. Auch vom Verfahren her sind sie benachteiligt, weil normalerweise keine Möglichkeit besteht, durch Anmeldung eine Entscheidung über die Erfüllung der Voraussetzungen für eine Freistellung nach Art. 81 Abs. 3 herbeizuführen. Früher bestand diese Möglichkeit aufgrund der VO 17/62; da allerdings in der VO 17/62 keinerlei Frist für die Entscheidung vorgesehen war und die Freistellung erst aufgrund einer förmlichen Entscheidung der Kommission wirkte, blieb die Wirksamkeit der Vereinbarungen meist für lange Zeit in der Schwebe. Ab 1. Mai 2004 ist nun eine Anmeldung und eine entsprechende Entscheidung durch die Kommission nicht mehr nötig, um die Vorteile einer Freistellung nach Art. 81 Abs. 3 in Anspruch zu nehmen, denn aufgrund der VO 1/2003 ist Art. 81 Abs. 3 unmittelbar anwendbar. Allerdings ist damit auch eine erhebliche Rechtsunsicherheit verbunden, da die Voraussetzungen des Art. 81 Abs. 3 für eine Freistellung oft nur schwer festzustellen sind und sowohl nationale Gerichte als auch nationale Kartellbehörden zu einer anderen Beurteilung gelangen können, und zwar unbefristet. Das kann gerade für Gemeinschaftsunternehmen, die mit erheblichen Investitionen verbunden sind (z. B. ein gemeinsames Produktionsunternehmen), ein großer Nachteil sein. Eine weitere Erschwerung besteht darin, dass für Nichtvollfunktions-Gemeinschaftsunternehmen nicht das „one-stop-shop"-Prinzip gilt. Während auf konzentrative Gemeinschaftsunternehmen nur die Vorschriften der Fusionskontrolle Anwendung finden, finden auf kooperative Nichtvollfunktions-Gemeinschaftsunternehmen sowohl das Kartellverbot des Art. 81 als daneben u. U. auch die nationale Fusionskontrolle Anwendung (sofern diese auch Nichtvollfunktions-Gemeinschaftsunternehmen erfasst, wie dieses z.B. bei der deutschen Fusionskontrolle der Fall ist).

Daraus folgt, dass es oft günstiger sein kann, für ein Vorhaben die Gestaltung als konzentratives Gemeinschaftsunternehmen oder zumindest als kooperatives Vollfunktions-Gemeinschaftsunternehmen zu wählen. Zwar setzt dieses meist eine weitergehende Konzentration von unternehmerischen Funktionen (und damit zugleich eine weitergehende Beschränkung des Wettbewerbs) voraus als bei einem kooperativen Nichtvollfunktions-Gemeinschaftsunternehmen. Aber das Kartellrecht belohnt hier die stärkere Wettbewerbsbeschränkung, selbst wenn dieses nicht logisch erscheinen mag. Gerechtfertigt wird dieses **„Konzentrationsprivileg"** oft mit den größeren Synergieeffekten, die durch eine stärkere Konzentration entstehen.[178] Ob dieses in der Praxis wirklich die Regel ist, erscheint allerdings durchaus fraglich. **61**

III. Ausnahmen

Abs. 5 nennt drei Ausnahmen, in denen der Erwerb einer Beteiligung, die eine Kontrolle ermöglicht, keinen Zusammenschluss im Sinne der Fusionskontrollverordnung darstellt und daher nicht der Fusionskontrolle unterliegt. Lit. a und c erfassen dabei ausschließlich Fälle des Anteilserwerbs, während lit. b Fälle betrifft, bei denen die Kontrolle durch Träger eines öffentlichen Mandats aufgrund Gesetzes erworben wird. Die Ausnahmetatbestände des Abs. 5 werden von der Kommission eng ausgelegt.[179] Da Vorhaben, die unter Abs. 5 fallen, keiner Anmeldung bedürfen, existiert kaum einschlägige Entscheidungspraxis. **62**

---

[177] Siehe dazu oben Anh. 2 zu Art. 81 Abs. 1 Rn. 3ff.

[178] Vgl. dazu *Kleemann* in: Schröter/Jakob/Mederer, Kommentar zum Europäischen Wettbewerbsrecht, FKVO Art. 3 Rn. 64f.; *Scherf,* Konzentrative und kooperative Gemeinschaftsunternehmen im europäischen Kartellrecht, AG 1992, 245; siehe auch Erwägungsgrund (2) zur FKVO; kritisch: *Hawk,* A Brigth Line Shareholding Test to End the Nightmare Under the EEC Merger Regulation, (1993) 30 CMLR 1155.

[179] Vgl. Konsolidierte Mitteilung, Rz. 114.

1. Bankenklausel (Abs. 5 lit. a)

63 Nach Abs. 5 lit. a bewirkt der Erwerb von Wertpapieren durch Kreditinstitute, Finanzinstitute oder Versicherungsunternehmen, deren normale Tätigkeit Geschäfte und den Handel mit Wertpapieren für eigene und fremde Rechnung einschließt, unter den dort beschriebenen Voraussetzungen keinen Zusammenschluss. Die Kommission legt die Begriffe Kredit- und Finanzinstitut im Sinne der ersten und zweiten Bankrechtskoordinierungsrichtlinie aus. Danach sind **Kreditinstitute** Unternehmen, deren Tätigkeit darin besteht, Einlagen oder andere rückzahlbare Gelder des Publikums entgegenzunehmen und Kredite auf eigene Rechnung zu gewähren.[180] Ein Unternehmen ist dagegen als **Finanzinstitut** zu qualifizieren, wenn es als Haupttätigkeit Beteiligungen erwirbt oder eines oder mehrere der Geschäfte betreibt, die im Anhang zur Richtlinie aufgeführt sind (z. B. Ausleihungen, Finanzierungsleasing, Bürgschaften etc.).[181] Für eine Definition von **Versicherungsgesellschaften** kann auf die entsprechende Legaldefinition des § 1 Abs. 1 VAG im deutschen Recht zurückgegriffen werden. Danach ist für Versicherungsunternehmen der Betrieb von Versicherungsgeschäften charakteristisch. Sinn und Zweck der Ausnahme ist es, die genannten Unternehmen im Emissionsgeschäft und Wertpapierhandel nicht zu behindern.[182] Diese Zielsetzung und der Wortlaut der Konsolidierten Mitteilung, in der vom Erwerb von „Wertpapieren" die Rede ist, legen es nahe, den Anwendungsbereich von Abs. 5 lit. a. auf den Erwerb gehandelter Wertpapiere zu beschränken.[183] Allerdings scheint die Kommission in der Vergangenheit die Anwendung der Regelung auch auf den Erwerb von GmbH-Anteilen in Betracht gezogen zu haben.[184]

64 Voraussetzung für das Eingreifen der Bankenklausel als Ausnahme zum Zusammenschlussbegriff ist, dass
- der Erwerb im Rahmen der gewöhnlichen Tätigkeit der oben bezeichneten Unternehmen erfolgt,
- die Wertpapiere vorübergehend zum Zwecke der Veräußerung erworben werden,
- die Stimmrechte aus der Beteiligung nicht ausgeübt werden, es sei denn zur Vorbereitung der Veräußerung der Gesamtheit oder von Teilen des Unternehmens oder seiner Vermögenswerte und
- die Beteiligung innerhalb eines Jahres insoweit weiterveräußert wird, dass zumindest keine Kontrolle mehr gegeben ist.[185] Es besteht aber die Möglichkeit, die Frist auf Antrag durch die Kommission verlängern zu lassen.

65 Die **Veräußerungsabsicht** muss bereits zum Zeitpunkt des Erwerbs vorliegen. Dies ergibt sich aus dem Wortlaut der Bestimmung („zum Zwecke der Veräußerung"). Beim Erwerb von Anteilen im Rahmen des geschäftsmäßigen Wertpapierhandels wird die Veräußerungsabsicht in der Regel unterstellt.[186] Abs. 5 lit. a. gilt auch für einen Erwerb zum Zwecke der Weiterveräußerung eines bestimmten Dritten. Trägt dieser jedoch bereits die wesentlichen wirtschaftlichen Risiken, dann ist der Zwischenerwerb durch die Bank lediglich Teil des Kontrollerwerbs durch den endgültigen Käufer,[187] der nicht unter Abs. 5 lit. a. fällt.

---

[180] Erste Richtlinie 77/780/EWG des Rates vom 12. 12. 1977 zur Koordinierung der Rechts- und Verwaltungsvorschriften über die Aufnahme und Ausübung der Tätigkeit der Kreditinstitute, ABl. EG 1977 Nr. L 386.
[181] Zweite Richtlinie 89/646/EWG des Rates vom 15. 12. 1989 zur Koordinierung der Rechts- und Verwaltungsvorschriften über die Aufnahme und Ausübung der Tätigkeit der Kreditinstitute, ABl. EG 1989 Nr. L 386.
[182] *Monopolkommission*, Sondergutachten 17, Rn. 75; *Krimphove*, S. 265.
[183] Vgl. FKVO Art. 3 Rn. 140; a. A. *Lettl*, WM 2006, 256.
[184] Vgl. Komm. E. v. 23. 4. 1997, Az. IV/M. 891.
[185] Bekanntmachung Zusammenschlussbegriff, ABl. EG 1998 Nr. C 66, Rn. 42.
[186] *Wessely/Wiegner* in MünchKomm., FKVO Art. 3 Rn. 142.
[187] S. o. Rn. 23; *Bechtold/Bosch/Brinker/Hirsbrunner* FKVO Art. 3 Rn. 28; vgl. Konsolidierte Mitteilung, Rz. 114.

Die Voraussetzungen einer zur Vorbereitung einer Anteilsveräußerung ausnahmsweise **66** zulässigen **Stimmrechtsausübung** sind restriktiv auszulegen.[188] Der Erwerb der gemeinsamen Kontrolle an einem Unternehmen durch ein Bankenkonsortium im Rahmen einer Rettungsaktion zur Abwendung der Insolvenz fällt nach Auffassung der Kommission normalerweise nicht unter Abs. 5 lit. a., da die kontrollierenden Banken im Rahmen des Umstrukturierungsprogrammes regelmäßig Einfluss auf das strategische Wirtschaftsverhalten des Unternehmens nehmen werden.[189]

In der Praxis wird die Abgrenzung zu einer unzulässigen Ausübung der Stimmrechte im Hinblick auf das Wettbewerbsverhalten oft schwierig sein.[190]

Es muss eine **überwiegende Wahrscheinlichkeit** für die Veräußerung der Beteiligung **67** binnen eines Jahres bestehen.[191] Hieran kann es im Einzelfall schon dann fehlen, wenn der beabsichtigte Weiterverkauf nicht vertraglich abgesichert ist.[192]

Rechtsfolge. Liegen die Voraussetzungen der Bankenklausel vor, wird der Erwerb nicht **68** als Zusammenschluss im Sinne der FKVO angesehen und unterliegt daher nicht der materiellen Zusammenschlusskontrolle. Damit entfallen die Anmeldepflicht nach Art. 4 Abs. 1 und das präventive Zusammenschlussverbot nach Art. 7 Abs. 1, auch wenn eine gemeinschaftsweite Bedeutung nach Art. 1 zu bejahen wäre, weil es am Merkmal des Zusammenschlusses fehlt.

Fällt eine der Voraussetzungen der Bankenklausel nachträglich weg, so liegt ex nunc ein **69** Zusammenschluss vor, der vollständig der Fusionskontrolle unterliegt.[193] Vor einer beabsichtigten Ausübung der Stimmrechte muss der Erwerb daher angemeldet und durch die Kommission freigegeben werden. Gleiches gilt, wenn die Weiterveräußerung nicht innerhalb eines Jahres erfolgt.

2. Insolvenzklausel (Abs. 5 lit. b)

Abs. 5 lit. b behandelt den Fall, dass ein Träger eines öffentlichen Mandats, also nach **70** deutschem Recht der Insolvenzverwalter, aufgrund gesetzlicher Vorschriften über die Liquidation von Unternehmen, die Insolvenz, Zahlungseinstellung oder ähnliche Verfahren die Kontrolle über ein Unternehmen übernimmt. Die Insolvenzklausel findet jedoch keine Anwendung auf die Veräußerung des Unternehmens durch den Mandatsträger an Dritte.[194]

3. Beteiligungsgesellschaften nach Abs. 5 lit. c („Luxemburgische Klausel")

Nach Abs. 5 lit. c unterfällt auch der Anteilserwerb durch Beteiligungsgesellschaften **71** nicht dem Zusammenschlussbegriff, wenn die mit den erworbenen Anteilen verbundenen Stimmrechte nur zur Erhaltung des vollen Wertes der Investitionen benutzt werden. Nach dem Gesetzeswortlaut dürfen die Stimmrechte insbesondere nicht dazu benutzt werden, unmittelbar oder mittelbar das Wettbewerbsverhalten der Unternehmen zu bestimmen, deren Anteile Gegenstand des Erwerbs sind. Bei den Beteiligungsgesellschaften im Sinne von Abs. 5 lit. c muss es sich um Beteiligungsgesellschaften nach Art. 5 Abs. 3 der Vierten Richtlinie des Rates über den Jahresabschluss von Gesellschaften handeln.[195] Dies ist nur

---

[188] *Krimphove*, S. 266; zu weit FK-*Schröer* Art. 3 FKVO Rn. 103, der auch Entscheidungen, in einen bestimmten Markt einzusteigen oder aufzugeben, vom Stimmverbot ausgenommen wissen will, wenn sie ein potentieller Erwerber zur Voraussetzung des Kaufs macht.
[189] Konsolidierte Mitteilung, Rz. 116.
[190] So auch *Bos/Stuyck/Wytinck*, S. 201.
[191] Komm. E. v. 20. 8. 1991 Az. IV/M.116 – *Kelt/American Express*, WuW/E EU-V 1719.
[192] Komm. E. v. 23. 4. 1997 Az. IV/M.891 – *Deutsche Bank/Commerzbank/J. M. Voith*, WuW 1997, 595.
[193] *Krimphove*, S. 267.
[194] Komm. E. v. 11. 4. 1995 *ING/Barings*, ABl. EG 1995 Nr. C 114/6 Rn. 8.
[195] Vierte Richtlinie des Rates vom 25. 7. 1978 auf Grund von Art. 54 Abs. 3g des Vertrages über den Jahresabschluss von Gesellschaften bestimmter Rechtsformen ABl. EG 1978 Nr. L 202/11.

dann der Fall, wenn Gegenstand der Gesellschaft ausschließlich der Erwerb und die Verwaltung von Beteiligungen ist.[196] Wird beabsichtigt, das Stimmrecht zu weiter gehenden als den nach Abs. 5 lit. c zulässigen Zwecken auszuüben, so ist vor der Ausübung der Stimmrechte die Anmeldung des Beteiligungserwerbs und dessen Freigabe durch die Kommission erforderlich, sofern die übrigen Aufgreifkriterien in Art. 1 und 3 erfüllt sind. Typische Investmentfondsstrukturen erfüllen nach Auffassung der Kommission nicht die Voraussetzungen des Abs. 5 lit. c, da Investementfonds in aller Regel in die Zusammensetzung der Unternehmensleitung und der Aufsichtsorgane eingreifen.[197]

4. Militärische Klausel (Art. 296 Abs. 1 lit. b EG[198])

72 Eine vierte Ausnahme findet sich nicht unmittelbar in der FKVO, sondern im EG-Vertrag selbst. Danach können Maßnahmen, die die Produktion von Kriegsmaterial betreffen, von der Anwendung sämtlicher Bestimmungen des EG-Vertrages und damit auch der Bestimmungen der FKVO, die auf Art. 83 und v. a. auf Art. 308 EG beruht,[199] ausgenommen werden. Allerdings haben nicht die Unternehmen, sondern nur die Regierungen der Mitgliedsstaaten das Recht, eine gesonderte Behandlung des Rüstungssektors zu reklamieren. Die deutsche Bundesregierung hat bisher eine solche Sonderbehandlung nicht in Anspruch genommen, da aus ihrer Sicht die Wettbewerbsregeln auch im Rüstungsbereich voll zur Anwendung gelangen müssten.[200] Die Ausnahmeregelung ist in der Praxis bereits viermal zur Anwendung gekommen bei Zusammenschlüssen britischer und französischer Waffenproduzenten.[201] Hier wurde jeweils nur der zivile Teil der Akquisition von den Unternehmen angemeldet.

Art. 4. Vorherige Anmeldung von Zusammenschlüssen und Verweisung vor der Anmeldung auf Antrag der Anmelder

(1) Zusammenschlüsse von gemeinschaftsweiter Bedeutung im Sinne dieser Verordnung sind nach Vertragsabschluss, Veröffentlichung des Übernahmeangebots oder Erwerb einer die Kontrolle begründenden Beteiligung und vor ihrem Vollzug bei der Kommission anzumelden.

Eine Anmeldung ist auch dann möglich, wenn die beteiligten Unternehmen der Kommission gegenüber glaubhaft machen, dass sie gewillt sind, einen Vertrag zu schließen, oder im Fall eines Übernahmeangebots öffentlich ihre Absicht zur Abgabe eines solchen Angebots bekundet haben, sofern der beabsichtigte Vertrag oder das beabsichtigte Angebot zu einem Zusammenschluss von gemeinschaftsweiter Bedeutung führen würde.

---

[196] Komm. E. v. 11. 12. 1995, Az. IV/M.669, ABl. EG 1996 Nr. C 350/18.
[197] Konsolidierte Mitteilung, Rz. 115.
[198] **Art. 296 [Vorbehalt nationaler Bestimmungen]** (1) Die Vorschriften dieses Vertrags stehen folgenden Bestimmungen nicht entgegen:
a) ...
b) jeder Mitgliedsstaat kann die Maßnahmen ergreifen, die seines Erachtens für die Wahrung seiner wesentlichen Sicherheitsinteressen erforderlich sind, soweit sie die Erzeugung von Waffen, Munition und Kriegsmaterial oder den Handel damit betreffen; diese Maßnahmen dürfen auf dem Gemeinsamen Markt die Wettbewerbsbedingungen hinsichtlich der nicht eigens für militärische Zwecke bestimmten Waren nicht beeinträchtigen.
[199] Vgl. Erwägungsgrund 8 zur FKVO.
[200] Vgl. Komm. E. v. 2. 12. 1994 – *Thomson CSF/Deutsche Aerospace*, ABl. EG 1995 Nr. C 65/4.
[201] Komm. E. v. 24. 11. 1994 Az. IV/M.528 – *British Aerospace/VSEL*, ABl. EG 1994 Nr. C 348/6; WuW 1995, 391; Komm. E. v. 7. 12. 1994 Az. IV/M.529 – *GEC/VSEL*; Komm. E. v. 15. 5. 1996 Az. IV/M.724 – *GEC/Thomson-CSF*, ABl. EG 1996 Nr. C 186/2, WuW 1997; Komm. E. v. 23. 9. 1996 Az. IV/M.820 – *British Aerospace/Lagardère SCA*, WuW 1996, 908.

Im Sinne dieser Verordnung bezeichnet der Ausdruck „angemeldeter Zusammenschluss" auch beabsichtigte Zusammenschlüsse, die nach Unterabsatz 2 angemeldet werden. Für die Zwecke der Absätze 4 und 5 bezeichnet der Ausdruck „Zusammenschluss" auch beabsichtigte Zusammenschlüsse im Sinne von Unterabsatz 2.

(2) Zusammenschlüsse in Form einer Fusion im Sinne des Artikels 3 Absatz 1 Buchstabe a) oder in Form der Begründung einer gemeinsamen Kontrolle im Sinne des Artikels 3 Absatz 1 Buchstabe b) sind von den an der Fusion oder der Begründung der gemeinsamen Kontrolle Beteiligten gemeinsam anzumelden. In allen anderen Fällen ist die Anmeldung von der Person oder dem Unternehmen vorzunehmen, die oder das die Kontrolle über die Gesamtheit oder über Teile eines oder mehrerer Unternehmen erwirbt.

(3) Stellt die Kommission fest, dass ein Zusammenschluss unter diese Verordnung fällt, so veröffentlicht sie die Tatsache der Anmeldung unter Angabe der Namen der beteiligten Unternehmen, ihres Herkunftslands, der Art des Zusammenschlusses sowie der betroffenen Wirtschaftszweige. Die Kommission trägt den berechtigten Interessen der Unternehmen an der Wahrung ihrer Geschäftsgeheimnisse Rechnung.

(4) Vor der Anmeldung eines Zusammenschlusses gemäß Absatz 1 können die Personen oder Unternehmen im Sinne des Absatzes 2 der Kommission in einem begründeten Antrag mitteilen, dass der Zusammenschluss den Wettbewerb in einem Markt innerhalb eines Mitgliedstaats, der alle Merkmale eines gesonderten Marktes aufweist, erheblich beeinträchtigen könnte und deshalb ganz oder teilweise von diesem Mitgliedstaat geprüft werden sollte.

Die Kommission leitet diesen Antrag unverzüglich an alle Mitgliedstaaten weiter. Der in dem begründeten Antrag genannte Mitgliedstaat teilt innerhalb von 15 Arbeitstagen nach Erhalt dieses Antrags mit, ob er der Verweisung des Falles zustimmt oder nicht. Trifft der betreffende Mitgliedstaat eine Entscheidung nicht innerhalb dieser Frist, so gilt dies als Zustimmung.

Soweit dieser Mitgliedstaat der Verweisung nicht widerspricht, kann die Kommission, wenn sie der Auffassung ist, dass ein gesonderter Markt besteht und der Wettbewerb in diesem Markt durch den Zusammenschluss erheblich beeinträchtigt werden könnte, den gesamten Fall oder einen Teil des Falles an die zuständigen Behörden des betreffenden Mitgliedstaats verweisen, damit das Wettbewerbsrecht dieses Mitgliedstaats angewandt wird.

Die Entscheidung über die Verweisung oder Nichtverweisung des Falls gemäß Unterabsatz 3 ergeht innerhalb von 25 Arbeitstagen nach Eingang des begründeten Antrags bei der Kommission. Die Kommission teilt ihre Entscheidung den übrigen Mitgliedstaaten und den beteiligten Personen oder Unternehmen mit. Trifft die Kommission innerhalb dieser Frist keine Entscheidung, so gilt der Fall entsprechend dem von den beteiligten Personen oder Unternehmen gestellten Antrag als verwiesen.

Beschließt die Kommission die Verweisung des gesamten Falles oder gilt der Fall gemäß den Unterabsätzen 3 und 4 als verwiesen, erfolgt keine Anmeldung gemäß Absatz 1, und das Wettbewerbsrecht des betreffenden Mitgliedstaats findet Anwendung. Artikel 9 Absätze 6 bis 9 finden entsprechend Anwendung.

(5) Im Fall eines Zusammenschlusses im Sinne des Artikels 3, der keine gemeinschaftsweite Bedeutung im Sinne von Artikel 1 hat und nach dem Wettbewerbsrecht mindestens dreier Mitgliedstaaten geprüft werden könnte, können die in Absatz 2 genannten Personen oder Unternehmen vor einer Anmeldung bei den zuständigen Behörden der Kommission in einem begründeten Antrag mitteilen, dass der Zusammenschluss von der Kommission geprüft werden sollte.

Die Kommission leitet diesen Antrag unverzüglich an alle Mitgliedstaaten weiter. Jeder Mitgliedstaat, der nach seinem Wettbewerbsrecht für die Prüfung des Zusammenschlusses zuständig ist, kann innerhalb von 15 Arbeitstagen nach Erhalt dieses Antrags die beantragte Verweisung ablehnen.

Lehnt mindestens ein Mitgliedstaat gemäß Unterabsatz 3 innerhalb der Frist von 15 Arbeitstagen die beantragte Verweisung ab, so wird der Fall nicht verwiesen. Die Kommission unterrichtet unverzüglich alle Mitgliedstaaten und die beteiligten Personen oder Unternehmen von einer solchen Ablehnung. Hat kein Mitgliedstaat gemäß Unterabsatz 3 innerhalb von 15 Arbeitstagen die beantragte Verweisung abgelehnt, so wird die gemeinschaftsweite Bedeutung des Zusammenschlusses vermutet und er ist bei der Kommission gemäß den Absätzen 1 und 2 anzumelden. In diesem Fall wendet kein Mitgliedstaat sein innerstaatliches Wettbewerbsrecht auf den Zusammenschluss an.

(6) Die Kommission erstattet dem Rat spätestens bis 1. Juli 2009 Bericht über das Funktionieren der Absätze 4 und 5. Der Rat kann im Anschluss an diesen Bericht auf Vorschlag der Kommission die Absätze 4 und 5 mit qualifizierter Mehrheit ändern.

Übersicht

	Rn.		Rn.
I. Anmeldepflicht		III. Veröffentlichung, Wahrung der Geschäftsgeheimnisse	16
1. Anmeldefrist	1	IV. Rücknahme der Anmeldung	19
2. Anmeldepflichtige	4	V. Verweisungen vor Anmeldung	
3. Form und Inhalt	5	1. Allgemeines	20
4. Wirksamwerden	8	2. Form und Inhalt	22
5. Folgen der Nichtanmeldung	9	3. Rechtsfolgen einer Verweisung aufgrund eines fehlerhaften Antrags	26
II. Anmeldefähigkeit			
1. Voraussetzungen	10	4. Verweisungen von der Kommission an die Mitgliedstaaten	30
2. Aufschiebende Bedingung	13		
3. Option	14	5. Verweisung von den Mitgliedstaaten an die Kommission	36
4. Mehrere Erwerber zwischen den selben Unternehmens(gruppen)	15		

I. Anmeldepflicht

1. Anmeldefrist

1 Art. 4 Abs. 1 normiert eine **präventive** Anmeldepflicht für alle Zusammenschlüsse, die in den Anwendungsbereich der FKVO (Art. 1, Art. 3) fallen. Die Pflicht zur vorherigen Anmeldung soll die Wirksamkeit der Überwachung (vgl. Erwägungsgrund Nr. 34 FKVO) durch das Fusionskontrollsystem der Gemeinschaft sicherstellen. Zusammenschlüsse im Anwendungsbereich der FKVO dürfen vor Anmeldung und Genehmigung nicht vollzogen werden.[1]

2 In diesem Sinne bestimmt Art. 4 Abs. 1, dass Zusammenschlüsse, die in den Anwendungsbereich der FKVO fallen, nach Abschluss des Vertrages (i.d.R. Übernahme- oder Abtretungsvertrag), der Veröffentlichung des Übernahmeangebots oder des Erwerbs einer die Kontrolle begründenden Beteiligung **vor ihrem Vollzug** bei der Kommission anzumelden sind. Dies gilt auch für andere Formen des Kontrollübergangs (z. B. der Abschluss eines Syndikats- oder Poolvertrages,[2] Benennung einer Mehrheit der Mitglieder des Vorstands, Eintritt eines die Kontrolle begründenden faktischen Ereignisses),[3] die zu einem Zusammenschluss im Sinne von Art. 3 führen.

---

[1] Vgl. Art. 7 Abs. 1 FKVO (Vollzugsverbot); zu den Ausnahmen vom Vollzugsverbot siehe Kommentierung zu Art. 7 Abs. 2 und 3.

[2] Vgl. z.B. Komm. E. v. 20. 1. 1999 Rs. IV/M.1402 – *Gaz de France/Bewag/Gasag*, WuW 1999, 364 und WuW 2000, 96 ff.; vgl. auch Komm. E. v. 18. 2. 1998 Rs. IV/M.920 – *Samsung AST*, ABl. 1999 L 225/12 = WuW 1998, 576.

[3] Komm. E. v. 18. 2. 1998 Rs. IV/M.920 – *Samsung AST*, ABl. 1999 L 225/12 = WuW 1998, 576.

Die Anmeldepflicht entsteht daher mit dem Tag des die Kontrolle begründenden Ereignisses (in der Regel vertragliche Bindung, Veröffentlichung des Übernahmeangebotes sowie anderer die Kontrolle begründenden Ereignisse). Eine bestimmte Frist innerhalb der die Anmeldung zu erfolgen hat, besteht nicht,[4] da Art. 4 Abs. 1 lediglich bestimmt, dass die Anmeldung vor Vollzug zu erfolgen hat. Besonderheiten bezüglich einer Anmeldefrist ergeben sich jedoch im Zusammenhang mit **öffentlichen Übernahmeangeboten** sowie bei Handel mit Wertpapieren und Erwerb über die Börse. Soll in diesen Fällen die Ausnahme vom Vollzugsverbot nach Art. 7 Abs. 2 in Anspruch genommen werden, so hat dies zur Voraussetzung, dass das Vorhaben *„unverzüglich"* angemeldet wird. Diese Pflicht zur unverzüglichen Anmeldung wurde mit der Novelle zum 1. 5. 2004 zusätzlich in Art. 7 Abs. 2 aufgenommen. Hintergrund der Regelung ist, dass Art. 7 Abs. 2 in bestimmten Fällen eine automatische Freistellung, das heißt, ohne dass zuvor ein entsprechender Antrag seitens der Anmelder gestellt werden muss, vorsieht und daher sichergestellt werden soll, dass der Zusammenschluss ehestmöglich einer Prüfung durch die Wettbewerbsbehörden unterzogen wird. Aus diesem Grund ist der Begriff *„unverzüglich"* jedenfalls eng auszulegen. Die Kommission ist in diesem Fall so rasch als möglich über das betreffende Vorhaben zu informieren, damit mit der Aufnahme von Pränotifikationsgesprächen[5] begonnen werden kann.

2. Anmeldepflichtige

Die Anmeldepflicht trifft im Fall von **Fusionen** (Art. 3 Abs. 1 Buchstabe a) alle beteiligten Unternehmen; im Falle der Begründung **gemeinsamer Kontrolle** (Art. 3 Abs. 1 Buchstabe b) alle beteiligten Unternehmen, die die gemeinsame Kontrolle erwerben. Das bedeutet im Ergebnis, dass sowohl im Falle der Neugründung eines Gemeinschaftsunternehmens als auch im Falle des Erwerbs gemeinsamer Kontrolle über ein bestehendes Unternehmen jeweils nur die (mitkontrollierenden) Mutterunternehmen Anmelder i. S. von Art. 4 sind, nicht aber das Gemeinschaftsunternehmen. Dasselbe gilt, wenn ein Eintritt eines weiteren Anteilseigners in ein bestehendes Gemeinschaftsunternehmen erfolgt oder andere Anteilseigner ersetzt werden. Anmeldepflichtig sind hier die vorhandenen und die neu hinzukommenden Anteilseigner gemeinsam.[6] Im Falle des Erwerbs der **alleinigen Kontrolle** trifft die Anmeldepflicht die Unternehmen, die die Kontrolle erwerben, also den oder die Käufer. Der Veräußerer unterliegt anders als beispielsweise im deutschen Recht nicht der Anmeldepflicht. Auch das Zielunternehmen kann nicht als Anmelder auftreten.[7] In den Fällen, in denen ein Konzern das Zielunternehmen über eine seiner Tochtergesellschaften erwirbt, kann die Anmeldung von der betroffenen Tochtergesellschaft *oder* von ihrer Muttergesellschaft vorgenommen werden.[8] Wird die alleinige Kontrolle an einem Unternehmen auf Käuferseite durch ein Gemeinschaftsunternehmen erworben, ist darauf abzustellen, ob das Gemeinschaftsunternehmen „beteiligtes Unternehmen" i. S. der FKVO

---

[4] Vgl. auch Konsolidierte Mitteilung der Kommission zu Zuständigkeitsfragen gemäß der Verordnung (EG) Nr. 139/2004 des Rates über die Kontrolle von Unternehmenszusammenschlüssen, ABl. 2008 C 95/1, Rn 155. Demgegenüber war eine einwöchige Frist in der alten VO (EWG) Nr. 4064/89 des Rates über die Kontrolle von Unternehmenszusammenschlüssen, ABl. 1989 L 395/1, zuletzt geändert durch die VO Nr. 1310/97, ABl. 1997 L 180/1 vorgesehen.

[5] Siehe dazu Rn. 7.

[6] Vgl. Konsolidierte Mitteilung zu Zuständigkeitsfragen, Rn. 143 f. Beachte: auch wenn das Zielunternehmen in den genannten Fällen keine Anmeldepflicht trifft, hat dies keine Auswirkung auf seine Eigenschaft als materiell beteiligtes Unternehmen i. S. der Konsolidierten Mitteilung zu Zuständigkeitsfragen, Rn. 129 ff.

[7] Vgl. Komm. E. v. 13. 10. 2000 Rs. COMP/M.2050 – *Vivendi/Canal +/Seagram,* ABl. 2000 C 210/07 = WuW 2000, 1212; als beim vorliegenden Fall fälschlicherweise Seagram (als der Verkäufer) und Canal+ (als eine Schwestergesellschaft) angegeben wurden, hat die Kommission die Anmeldung sogar für unvollständig erklärt.

[8] Vgl. konsolidierte Mitteilung zu Zuständigkeitsfragen, Rn. 135.

ist.[9] Ist dies zu verneinen, trifft die Anmeldepflicht die Muttergesellschaften des Gemeinschaftsunternehmens.[10]

3. Form und Inhalt

5 Form und Inhalt der Anmeldung werden in der VO Nr. 802/2004,[11] der Durchführungsverordnung zur FKVO (nachfolgend „*DVO*") näher geregelt. Die DVO bestimmt u. a., wer zur Anmeldung befugt ist, wann diese wirksam wird und welche Angaben und Unterlagen erforderlich sind. Für die Anmeldung selbst (zum sog. case allocation request, siehe unten Rn. 7) sind die im Anhang zur DVO abgedruckten Formblätter zu verwenden (Anhang I, **Formblatt CO,** unter bestimmten Voraussetzungen Anhang II, Vereinfachtes Formblatt[12]), die jeweils im Original, in fünf Papierkopien und zweiunddreißig Kopien der Anmeldung im CD- oder DVD-ROM-Format bei der Kommission einzureichen sind.[13] Das Formblatt CO verlangt äußerst umfangreiche Angaben sowohl zu den beteiligten Unternehmen als auch zu den relevanten Märkten. Zusätzlich zum **Formblatt** müssen auch zahlreiche Unterlagen vorgelegt werden; darunter neben den dem Kontrollerwerb zugrunde liegenden Verträgen insbesondere auch Kopien von Analysen, Berichten, Studien und Erhebungen, die beispielsweise für Vorstand oder Aufsichtsrat im Hinblick auf die geplante Transaktion erstellt wurden. Das Formblatt CO ist **vollständig auszufüllen.** Sollten die in der Anmeldung enthaltenen Angaben und Unterlagen in einem wesentlichen Punkt unvollständig sein, so ist die Anmeldung unwirksam (Art. 5 Abs. 2 DVO) und die Fristen der FKVO (Art. 10 Abs. 1) beginnen nicht zu laufen. Unrichtige oder irreführende Angaben führen ebenfalls zur Unvollständigkeit der Anmeldung (Art. 5 Abs. 4 DVO).[14]

6 Für bestimmte Zusammenschlüsse ist jedoch ein **vereinfachtes Verfahren** vorgesehen, nach dem nur ein so genanntes „*Vereinfachtes Formblatt CO*", das als Anhang II zur DVO abgedruckt ist, ausgefüllt werden muss. Die Kommission hat dazu auch eine gesonderte Mitteilung *(„Mitteilung zum vereinfachten Verfahren")* erlassen.[15] Das vereinfachte Verfahren

---

[9] Dies ist i. d. R. zu bejahen, wenn das Gemeinschaftsunternehmen nicht bloß als Erwerbsvehikel der Muttergesellschaften für die betreffende Transaktion fungiert, vgl. Konsolidierte Mitteilung zu Zuständigkeitsfragen, Rn. 145 ff.

[10] Andernfalls würde die Anmeldepflicht ein nicht i. S. d. FKVO beteiligtes Unternehmen treffen. Siehe dazu auch *Schröder* in: Münchner Kommentar zum europäischen und deutschen Wettbewerbsrecht, Art. 4 FKVO, Rn. 17.

[11] VO (EG) Nr. 802/2004 vom 7. 4. 2004 zur Durchführung der VO (EG) Nr. 139/2004 des Rates für die Kontrolle von Unternehmenszusammenschlüssen, ABl. 2004 L 133/1 (nachfolgend „DVO"), geändert durch die VO (EG) Nr. 1033/2008 vom 20. 10. 2008 zur Änderung der VO (EG) Nr. 802/2004 vom 7. 4. 2004 zur Durchführung der VO (EG) Nr. 139/2004 des Rates für die Kontrolle von Unternehmenszusammenschlüssen, ABl. 2008 L 279/3 (nachfolgend „ÄnderungsVO zur DVO").

[12] Siehe dazu Rn. 6; beachte die durch die ÄnderungsVO zur DVO eingetretenen Änderungen.

[13] Die Mitteilung gemäß Art. 3 Abs. 2 der Verordnung (EG) Nr. 802/2004 der Kommission vom 7. 4. 2004 zur Durchführung der Verordnung (EG) Nr. 139/2004 des Rates über die Kontrolle von Unternehmenszusammenschlüssen, ABl. 2006 C 251/2 verlangt lediglich 30 Kopien im CD- oder DVD-ROM-Format. Die Kommission bittet jedoch auf ihrer Homepage 32 Kopien einzureichen, da wegen dem EU-Beitritt Bulgariens und Rumäniens mehr Kopien benötigt werden. Vgl. http://ec.europa.eu/comm/competition/mergers/legislation/regulations.html#impl_reg.

[14] Vgl. z. B. Komm. E. v. 14. 12. 1999 Rs. IV/M.1608 – *KLM/Martinair,* WuW 2000, 6; Komm. E. v. 13. 10. 2000 Rs. COMP/M.2050 – *Vivendi/Canal +/Seagram,* ABl. 2000 C 210/07, WuW 2000, 1212. In diesem Fall wurde die Anmeldung für unvollständig erklärt, weil die Anmelder nicht korrekt als solche bezeichnet wurden, siehe dazu auch Fn. 6; siehe zu der Frage auch Komm. E. v. 19. 6. 2002 Rs. COMP/M.2624 – *BP/Erdöl Chemie,* WuW 2002, 972.

[15] Siehe dazu die Bekanntmachung der Kommission über ein vereinfachtes Verfahren für bestimmte Zusammenschlüsse gemäß der VO Nr. 139/2004 des Rates, ABl. 2005 C 56/32; diese neue Bekanntmachung ersetzt die alte Bekanntmachung gemäß der Verordnung (EWG) Nr. 4064/89 des Rates, ABl. 2000 C 217/32.

Art. 4. Vorherige Anmeldung

kommt bei folgenden Kategorien von Zusammenschlüssen zur Anwendung: Gemeinschaftsunternehmen mit niedrigem Umsatz im EWR (unter EUR 100 Mio) und geringen Vermögenswerten (unter EUR 100 Mio im EWR); Zusammenschlüsse, bei denen es weder zu horizontalen noch zu vertikalen Überschneidungen kommt; Zusammenschlüsse, bei denen sich aufgrund einer horizontalen Überschneidung lediglich ein gemeinsamer Marktanteil von weniger als 15%, bei vertikaler Überlappung von weniger als 25% ergibt; und schließlich Zusammenschlüsse, die einen Wechsel von gemeinsamer auf alleinige Kontrolle bewirken. Die Kommission behält sich aber das Recht vor, auch dann wenn die oben genannten Voraussetzungen vorliegen, dennoch in den genannten Fällen das normale Fusionskontrollverfahren anzuwenden, wobei dann auch das Formblatt CO in seiner „Langform" ausgefüllt werden muss.[16] In diesen Fällen wird die Anmeldung erst wirksam (und beginnen die Fristen nach Art. 10 zu laufen), wenn das Formblatt CO vollständig ausgefüllt wird. Gründe für eine Anmeldung auf Formblatt CO trotz Vorliegen der Voraussetzungen des vereinfachten Verfahrens sind z.B. Fehlen einer bestehenden Entscheidungspraxis zu den relevanten Märkten, Aktivitäten der beteiligten Unternehmen auf eng verbundenen Märkten, ein hoher Konzentrationsgrad am Markt oder hohe Zutrittsschranken, Kombinierung von Know-how oder finanzieller Stärke, keine Entscheidungspraxis, etc.[17]

Es ist gefestigte Praxis, die verpflichtenden Angaben und Unterlagen im Formblatt CO, aber auch andere Fragen wie etwaige wettbewerbliche Probleme des geplanten Vorhabens in so genannten informellen **„Pränotifikationsgesprächen"**[18] mit der Kommission vorab zu erörtern. Die Kommission selbst empfiehlt ausdrücklich eine solche Vorgehensweise in ihren so genannten *„best practice guidelines";*[19] in diesen wird des weiteren auch empfohlen, zu Beginn der Pränotifikation ein kurzes Memorandum zu überreichen, in dem die wichtigsten Aspekte der Transaktion und etwaig betroffener Märkte zusammengefasst sind.[20] Neu ist, dass die Kommission diesen ersten Informationsaustausch nunmehr in Form eines *Case allocation request*[21] standardisiert hat. Die Übermittlung des Case allocation request ist per E-Mail oder Fax an die Merger Registry vorgesehen. Das erste Pränotifikations-Meeting soll dann bereits auf Basis eines Entwurfes für das Formblatt CO stattfinden.[22] Die förmliche, fristauslösende Anmeldung erfolgt dann üblicherweise erst, nachdem das case team „Grünes Licht" gibt. Grundsätzlich ist die Kommission auch berechtigt, nach Art. 4 Abs. 2 DVO die Anmelder von der Pflicht zur Vorlage bestimmter Angaben zu befreien, wenn die betreffenden Angaben für die Beurteilung des Falls nicht notwendig erscheinen. Anträge auf Befreiung von der Vorlage von Informationen (etwa weil bestimmte Informationen nicht oder nur mit unzumutbarem Aufwand beschafft werden können) sind **schriftlich** zu stellen.

4. Wirksamwerden

Anmeldungen werden entweder am Tag ihres Eingangs bei der Kommission wirksam oder bei unvollständigen Anmeldungen oder im Falle wesentlicher nach Anmeldung erfolgter Änderungen der relevanten Umstände erst **am Tag des Eingangs der vollstän-**

---

[16] Vgl. Short Formblatt CO, Anhang II zur DVO Punkt 1.11. Siehe auch Bekanntmachung über vereinfachtes Verfahren Rn. 6 ff.
[17] Vgl. Einleitung zum vereinfachten Verfahren, Abschnitt 1.1 Abs. 4 des Anhang II zur DVO; siehe auch Bekanntmachung über vereinfachtes Verfahren Rn. 15 ff.
[18] Vgl. auch Erwägungsgrund Nr. 11 DVO.
[19] Die best practice guidelines sind auf der Hompage der Kommission unter http://www.europa.eu.int/comm/competition/mergers/legislation/regulation/best_practices.pdf veröffentlicht.
[20] Best practice guidelines, Rn. 11.
[21] Der *Case allocation request* ist auf der Homepage der Kommission unter http://ec.europa.eu/comm/competition/mergers/legislation/regulations.html veröffentlicht.
[22] Best practice guidelines, Rn. 13.

digen **Angaben oder Unterlagen** (vgl. Art. 5 Abs. 1–3 der DVO). Die Frist für eine Entscheidung nach Art. 6 Abs. 1 FKVO beginnt am folgenden Arbeitstag zu laufen.

5. Folgen der Nichtanmeldung

9   Bei einem Verstoß gegen Art. 4 Abs. 1 ist nach Art. 14 die Verhängung eines **Bußgeldes** vorgesehen.[23] Ausnahmsweise wurde im Fall *Hutchinson/PCPM/ECT*, der von den Parteien ursprünglich als wettbewerbsbeschränkende Vereinbarung nach Art. 81 EG und nicht als Zusammenschluss angemeldet wurde, aufgrund der komplizierten rechtlichen und sachlichen Analyse und der Kooperation der beteiligten Unternehmen mit der Kommission kein Bußgeld verhängt. Grundsätzlich ist jedoch nach Meinung der Kommission bei Unternehmen einer Größenordnung, die den in Art. 1 FKVO festgelegten Schwellen entspricht, die Kenntnis der Vorschriften nach der FKVO vorauszusetzen, so dass eine Nichtbeachtung jedenfalls als fahrlässig bewertet wird.[24]

Zivilrechtliche Folgen bei einem Verstoß gegen das Vollzugsverbot mit Wirkung für den dem Kontrollerwerb zugrundeliegenden Vertrag über den Zusammenschluss sind im Gegensatz zu Art. 81 Absatz 2 EG in der FKVO nicht vorgesehen.[25] Allerdings hängt die Wirksamkeit von Vollzugsgeschäften von der Entscheidung über die Freigabe oder Untersagung ab (vgl. Art. 7 Abs. 4). Durchführungshandlungen sind bis zur Entscheidung der Kommission **schwebend unwirksam.** Die weiteren Rechtsfolgen bestimmen sich nach nationalem Recht.[26]

II. Anmeldefähigkeit

1. Voraussetzungen

10   Aus Zeitgründen kann es für die beteiligten Unternehmen wünschenswert sein, die Anmeldung bereits zu einem sehr frühen Zeitpunkt einzubringen.[27] Dies insbesondere auch, um die Anmeldung bei der Europäischen Kommission mit Anmeldungen in Drittstaaten zu koordinieren. In diesen Fällen stellt sich die Frage der Anmeldefähigkeit des Vorhabens.

Die FKVO bestimmt hierzu, dass eine Anmeldung bereits dann möglich ist, wenn die beteiligten Unternehmen der Kommission gegenüber *„glaubhaft machen, dass sie gewillt sind"*, einen Vertrag zu schließen oder öffentlich die Absicht zur Abgabe eines Übernahmeangebotes bekundet haben.[28] Nach Erwägungsgrund 34 kann somit eine Anmel-

---

[23] Vgl. Komm. E. v. 10. 2. 1999 Rs. IV/M.969 – *A. P. Moeller*, ABl. 1999 L 183/29 = WuW 1999, 372 und Komm. E. v. 18. 2. 1998 Rs. IV/M.920 – *Samsung/AST*, ABl. 1999 L 225/12 = WuW 1998, 576; Komm. E. v. 3. 7. 2001 Rs. COMP/JV. 55 – *Hutchinson/PCPM ECT*, WuW 2001, 844 f.; zur Bußgeldpraxis bei unrichtigen Angaben in der Anmeldung und tw. auf Auskunftsverlangen vgl. Komm. E. v. 17. 5. 1999 Rs. IV/M.1397 – *Sanofi/Sythélabo*, ABl. 2000 L 95/34; Komm. E. v. 14. 12. 1999 Rs. IV/M.1447 – *Deutsche Post/trans-o-flex*, WuW 2000, 48; Komm. E. v. 14. 12. 1999 Rs. IV/M.608 – *KLM Martinair*, WuW 2000, 48.

[24] Komm. E. v. 18. 2. 1998 – *Samsung/AST*, IV/M.920, ABl. 1999 L 225/12 = WuW 1998, 576.

[25] Vgl. jedoch Erwägungsgrund 4 der Durchführungsverordnung „Die Verletzung der Anmeldepflicht [...] kann für die Anmelder auch nachteilige Rechtsfolgen zivilrechtlicher Art mit sich bringen".

[26] *Löffler* in: *Langen/Bunte*, Kommentar zum deutschen und europäischen Kartellrecht, Art. 7 FKVO, Rn. 10; *Immenga/Körber* in: Immenga/Mestmäcker, EG-WbR Art. 7 FKVO, V., Rn. 41.

[27] Komm. E. v. 28. 11. 1990 Rs. IV/M.23 – *ICI/Tioxide*, WuW 1991, 196; Komm. E. v. 25. 4. 1994 Rs. IV/M.403 – *AGF/La Unión*, WuW 1994, 842; Komm. E. v. 22. 12. 1993 Rs. IV/M.394 – *Mannesmann/RWE/Deutsche Bank*, WuW 1994, 231; Komm. E. v. 4. 2. 1991 Rs. IV/M.21 – *Dresdner Bank/Banque Nationale d Paris*, WuW 1991, 294; Case Note von *Schröder* MCR, B 10, S. 60.

[28] So auch die Konsolidierte Mitteilung zu Zuständigkeitsfragen, Rn. 155.

dung bereits auf Grundlage einer **Grundsatzvereinbarung** oder eines *Letter of Intent* erfolgen. Bei öffentlichen Übernahmeangeboten reicht die öffentliche Bekundung der Absicht, ein Übernahmeangebot vorzulegen. *Berg* schließt aus Erwägungsgrund 34, dass eine mündliche Vereinbarung jedoch nicht ausreicht, um eine Anmeldefähigkeit zu begründen.[29] Voraussetzung ist jedenfalls, dass das Vorhaben zum Zeitpunkt der Anmeldung bereits *„ausreichend konkret"* sein muss.[30] Damit soll sichergestellt werden, dass – auch vor dem Hintergrund des erheblichen Arbeitsanfalles der Kommission in Fusionskontrollverfahren – nur Zusammenschlüsse geprüft werden, die tatsächlich realisiert werden sollen.

Welche Anforderungen an die Glaubhaftmachung des Abschlusswillens sowie der ausreichenden Konkretisierung des Vorhabens gestellt werden, ist weder der FKVO noch der Konsolidierten Mitteilung über Zuständigkeitsfragen zu entnehmen. Aus der bisherigen Praxis ergibt sich, dass die entsprechende Vereinbarung (also z. B. Letter of Intent) zumindest unterschrieben oder paraphiert sein sollte.[31] Im Fall *Mannesmann/RWE/Deutsche Bank*[32] hat die Kommission aber auch die in der Endversion vorgelegten Vertragsentwürfe als ausreichend erachtet. Auch Details der technischen Abwicklung, die Art der Finanzierung oder Bewertungsfragen, die noch nicht feststehen, hindern i. d. R. die Anmeldefähigkeit nicht.[33] **11**

Des Weiteren ist auf Basis der bisherigen Entscheidungspraxis anzunehmen, dass eine Anmeldefähigkeit nur dann gegeben ist, wenn der Kontrollerwerb bzw. das Zusammenschlussvorhaben mit hinreichender Wahrscheinlichkeit **in naher Zukunft** oder in einem überschaubaren **zeitlichen Rahmen** stattfindet.[34]

Erwähnenswert ist, dass die Kommission im Falle mehrerer potentieller Käufer bzw. Bieter im Rahmen von **Privatisierungsverfahren** auch schon bisher eine Anmeldung und Prüfung auch vor Zuschlagserteilung zuließ. So wurde im Fall des Verkaufs des viertgrößten spanischen Elektrizitäts- und Gasversorgers Hidrocántabrio ein potentieller Zusammenschluss der Hidrocántabrio sowohl mit dem ersten Bieterkonsortium (angeführt von RWE) als auch mit dem zweiten (EDF-Konsortium) quasi alternativ geprüft. Das dritte Konsortium wurde ebenfalls bei der Kommission angemeldet, jedoch aufgrund eines Antrags nach Art. 9 FKVO an die spanische Wettbewerbsbehörde verwiesen.[35] **12**

2. Aufschiebende Bedingung

Aufschiebende Bedingungen, wie z. B. die Zustimmung durch den Aufsichtsrat, führen regelmäßig nicht zum Verlust der Anmeldefähigkeit. Allerdings stellte sich in der bisherigen Entscheidungspraxis öfter das Problem des Fehlens einer **behördlichen Genehmigung**. Dies betrifft – abgesehen von dem Sonderfall der Genehmigung für den Verkauf der Mitteldeutschen Kali AG durch die Treuhandanstalt[36] – insbesondere die Fälle von Bieterkon- **13**

---

[29] *Berg*, Die neue EG-Fusionskontrollverordnung, praktische Auswirkungen der Reform, BB 2004, 561 ff.

[30] Vgl. Erwägungsgrund 34.

[31] *Immenga/Körber* in *Immenga/Mestmäcker* EG-WbR Art. 4 FKVO, III., Rn 18 f.; Vgl. demgegenüber die Entscheidungspraxis zur FKVO alt, wonach ein bloßer Vorvertrag oder ein memorandum of understanding regelmäßig nicht ausreichte; so auch *Drauz/Schröder*, S 189; *Wagemann* in: Wiedemann, EG-Fusionskontrollverordnung, § 17 Rn. 2.

[32] Komm. E. v. 22. 12. 1993 Rs. IV/M.394, WuW 1994, 231.

[33] Komm. E. v. 25. 4. 1994 Rs. IV/M.403 – *AGF/La Unión y el Fénix*, WuW 1994, 842.

[34] Vgl. insbesondere *Drauz/Schröder*, S 189 f.

[35] Komm. E. v. 16. 2. 2001 Rs. COMP/M.2352 – *RWE/Hidrocántabrio*, WuW 2001, 575; Komm. E. v. 5. 3. 2002 – Rs. COMP/M.2340 – *EDP/Cajastur/Caser/Hidrocántabrio*, Komm. Rs. COMP/M.2434 – *Mir/EnBW/RWE/Hidrocántabrio*, alle WuW 2001, 575.

[36] Komm. E. v. 14. 12. 1993 Rs. IV/M.308 – *Kali+Salz/MDK/Treuhand*, ABl. 1994 L 186/38, WuW 1994, 118.

sortien in Form von Gemeinschaftsunternehmen zur Erlangung von Konzessionen z. B. im Telekommunikationsbereich. Die Kommission ging hier bis dato i. d. R. davon aus, dass vor Zuschlagserteilung keine Vollfunktion nach Art. 3 Abs. 2 und damit auch keine Anmeldefähigkeit vorliegt.[37]

3. Option

14 Eine Option auf den Kauf von Aktien verleiht für sich genommen noch **keine Kontrolle**.[38] Wenn jedoch sicher ist, dass die Option in naher Zukunft aufgrund einer rechtlich verbindlichen Absprache ausgeübt wird, so liegt ein anmeldefähiger Sachverhalt vor.[39] Eine Option kann auch dann zu einem anmeldefähigen Vorhaben führen, wenn die Ausübung aufgrund besonderer tatsächlicher Umstände in nächster Zukunft mit hoher Wahrscheinlichkeit stattfindet.[40]

4. Mehrere Erwerbe zwischen denselben Unternehmen(sgruppen)

15 Mehrere **rechtlich eigenständige** Zusammenschlüsse zwischen denselben Beteiligten können unter bestimmten Umständen gemeinsam angemeldet werden.[41] In diesen Fällen müssen die jeweiligen Vorgänge – soweit sie nicht als *„einheitlicher Zusammenschluss"* beurteilt werden[42] – die Anwendbarkeitsvoraussetzungen der FKVO (Zusammenschluss i. S. v. Art 3, Erreichen der Umsatzschwellen nach Art. 1 Abs. 2 und 3) jeweils einzeln erfüllen. Fällt eine der angemeldeten Transaktionen nicht unter die FKVO, so erlässt die Kommission eine teilweise auf Art. 6 Buchstabe a) und teilweise auf Art. 6 Buchstabe b) gestützte Entscheidung.[43] Davon zu unterscheiden sind Vorgänge, die **in mehreren Stufen** erfolgen, aber nur einmal einen Zusammenschlusstatbestand nach der FKVO verwirklichen. In diesen Fällen liegt i. d. R. ohnehin ein einheitlicher Zusammenschluss vor.[44,45] Erfolgt ein solcher stufenweiser Erwerb **innerhalb von zwei Jahren** zwischen denselben Unternehmen(sgruppen) und werden die Schwellenwerte einzeln oder insgesamt überschritten,

---

[37] Vgl. *Wagemann* in: *Wiedemann*, Die EG-Fusionskontrollverordnung, § 17 Rn. 5; anders jedoch bei Vollfunktion vgl. oben Rn 13.

[38] Komm. E. v. 30. 5. 1991 Rs. IV/M.010 – *Conagra/Idea*, WuW 1991, 701; Komm. E. v. 29. 4. 1991 Rs. IV/M.063 – *Elf/Ertoil*, WuW 1991, 575.

[39] Mitteilung der Kommission über den Begriff des Zusammenschlusses iSd Verordnung (EWG) Nr. 4064/89 des Rates über die Kontrolle von Unternehmenszusammenschlüssen, ABl. 1998 C 66/5, nachfolgend „Mitteilung über den Begriff des Zusammenschlusses", Rn. 15; EuG U. v. 19. 5. 1994 Rs T-2/93 – *Air France*/Kom. Slg. 1994, II-323.

[40] *Wagemann* in: Wiedemann, Die EG-Fusionskontrollverordnung, § 17 Rn. 6.

[41] Komm. E. v. 30. 4. 1992 Rs. IV/M.197 – *Solvay-Laporte/Interox*, WuW 1992, 609; Komm. E. v. 18. 6. 1998 Rs. IV/M.1188 – *Kingfisher/Wegert/ProMarkt*, ABl. 1998 C 342/3; Komm. E. v. 4. 11. 1999 Rs. COMP/M.1587 – *Dana/GKN*, WuW 1999, 1194.

[42] Vgl. dazu insbesondere Konsolidierte Mitteilung zu Zuständigkeitsfragen, Rn 36 ff; zur Frage einheitlicher Zusammenschluss insbesondere auch EuG U. v. 23. 2. 2006 Rs. T-282/02 – *Cementbouw/Kommission* Slg.2006, II-319, Rn. 102 ff, 113 ff, siehe auch *Rudo*, Die Behandlung mehrerer Erwerbsvorgänge als einheitlicher Zusammenschluss im Rahmen der Umsatzberechnung nach Art. 5 Abs. 2 Fusionskontrollverordnung, RIW 1997, 641 ff.

[43] Komm. E. v. 4. 11. 1999 Rs. COMP/M.1587 – *Dana/GKN*, WuW 1999, 1194.

[44] Liegen die jeweiligen Schritte allerdings zeitlich sehr weit auseinander, so kann fraglich sein, ob diese bereits zu einem sehr frühen Zeitpunkt (etwa der Zeitpunkt des ersten Teilschrittes) angemeldet werden können. Vgl. dazu allerdings *Löffler* in: Langen/Bunte, Kommentar zum deutschen und europäischen Kartellrecht, der in diesem Zusammenhang auf den unveröffentlichten Fall *Daimler Benz/Cap Gemini Sogeti* hinweist. gl. *Rudo*, RIW 1997, 641 ff.

[45] Vgl. *Löffler* in: Langen/Bunte, Kommentar zum deutschen und europäischen Kartellrecht, der in diesem Zusammenhang auf den unveröffentlichten Fall *Daimler Benz/Cap Gemini Sogeti* hinweist.

so löst der letzte Teilschritt eine Anmeldepflicht aus.[46] In diesem Fall müssen auch der oder die vorigen Transaktionsschritte, selbst dann, wenn diese bereits zu einem früheren Zeitpunkt schon einmal angemeldet und genehmigt wurden, erneut mitangemeldet werden.[47, 48]

III. Veröffentlichung, Wahrung der Geschäftsgeheimnisse

Gemäß Art. 4 Abs. 3 ist die Tatsache der Anmeldung im Amtsblatt der Europäischen Gemeinschaften zu veröffentlichen. Die Veröffentlichung, die Angaben zu den Beteiligten, der Art des Zusammenschlusses und zu den betroffenen Wirtschaftszweigen enthalten muss, dient dazu, allen *„interessierten Unternehmen oder Personen"* vom Zusammenschlussvorhaben Kenntnis zu verschaffen. Diese können **innerhalb von 10 Tagen** eine Stellungnahme abgeben. In Abschnitt 1.2 des Formblatt CO ist von den Anmeldern eine Zusammenfassung des Zusammenschlusses (ca 500 Wörter) zur Veröffentlichung auf der Homepage der Kommission zur Verfügung zu stellen.[49]

Die Anmeldung enthält häufig sensible Unternehmensdaten und Geschäftsgeheimnisse der beteiligten Unternehmen. Art. 4 Abs. 3 Satz 2 normiert hier ausdrücklich eine Pflicht der Kommission zu Wahrung von Geschäftsgeheimnissen. Im Wesentlichen handelt es sich dabei um Informationen über das strategische Wirtschaftsverhalten der Unternehmen (verkaufte oder erzeugte Volumina, Kunden- und Lieferantendaten, Marktanteile, usw.).[50] Bei einem **berechtigten Interesse** der Unternehmen sind diese Geschäftsgeheimnisse bei der Umschreibung des Vorhabens im Amtsblatt zu berücksichtigen. Dies gilt auch für die Veröffentlichung der Entscheidung.

Die Frage, welche Informationen als Geschäftsgeheimnis anzusehen sind, ist häufig Gegenstand von Kontroversen zwischen Kommission und betroffenen Unternehmen. Kann keine Einigung erzielt werden, so wird der Anhörungsbeauftragte damit befasst, der gemäß Art. 9 des Mandats des Anhörungsbeauftragten[51] über den Umfang der Geschäftsgeheimnisse zu entscheiden hat. Der verfahrensrechtliche Umgang mit vertraulichen Informationen wie Kennzeichnung, Vorlage nicht-vertraulicher Fassungen, Fristsetzungsbefugnisse der Kommission, etc. ist in Art. 18 DVO geregelt. Zu beachten ist in dem Zusammenhang die jüngste Änderung der DVO, in der eine Art „Beweislastumkehr" bzw. Risikoverschiebung zugunsten der Kommission eingeführt wurde. Demnach kann die Kommission davon ausgehen, dass die betreffenden Unterlagen und Informationen keine Geschäftsgeheimnisse enthalten, wenn die Unternehmen die in Art. 18 Abs. 1 und 2 DVO vorgesehenen Kennzeichnungspflichten etc. nicht einhalten.[52]

---

[46] Komm. E. v. 21. 5. 1992 Rs. IV/M.224 – *Volvo/Lex,* WuW 1992, 610, und Komm. E. v. 3. 9. 1992 Rs. IV/M.261 – *Volvo/Lex (2),* WuW 1992, 921; vgl. zu alldem auch Kommentierung zu Art. 5 FKVO, Rn. 17.

[47] Vgl. Kommentierung zu Art. 5 FKVO, Rn. 17, sowie Konsolidierte Mitteilung zu Zuständigkeitsfragen, Rn. 37, 49 ff., 136 ff.

[48] Komm. E. v. 21. 5. 1992 Rs. IV/M.224 – *Volvo/Lex,* WuW 1992, 610, und Komm. E. v. 3. 9. 1992 Rs. IV/M.261 – *Volvo/Lex (2),* WuW 1992, 921; vgl. zu alldem auch Kommentierung zu Art. 5 FKVO, Rn. 17.

[49] Aufrufbar unter *„other case related information",* vgl. http://ec.europa.eu/comm/competition/mergers/cases/index/m106.html

[50] Vgl. dazu auch Kommentierung zu Art. 18, Rn. 18, 21 f., 23 ff.

[51] Vgl. Komm. B. v. 23. 5. 2001 über das Mandat des Anhörungsbeauftragten in bestimmten Wettbewerbsverfahren vor der Kommission ABl. 2001 L 162/21 (im Folgenden „Mandat des Anhörungsbeauftragten"), der Beschluss ersetzt den B. v. 12. 12. 1994 ABl. 1994 L 330/67.

[52] Vgl. ÄnderungsVO zur DVO, Artikel 1. Beachte auch den Erwägungsgrund 2 der ÄnderungsVO zur DVO, der eigentlich davon spricht, dass die Voraussetzungen, unter denen Informationen als Geschäftsgeheimnis angesehen werden können, klarer gefasst werden sollten.

IV. Rücknahme der Anmeldung

19 Eine Anmeldung kann sowohl während Phase I als auch Phase II zurückgenommen werden. Erfolgt eine solche Rücknahme in Phase I, so galt nach bisheriger Praxis damit auch das Verfahren als beendet. Eine Rücknahme in Phase II beendet das Verfahren hingegen nur, wenn die Unternehmen auch das Zusammenschlussvorhaben endgültig aufgeben und dies der Kommission glaubhaft machen (vgl Art. 6 Abs. 1 lit. c) Satz 2).[53] Damit soll verhindert werden, dass Unternehmen eine Untersagungsentscheidung zu einem sehr späten Verfahrenszeitpunkt dadurch verhindern, dass sie quasi in letzter Sekunde die Anmeldung zurückziehen.[54] Die **Neuanmeldung** eines (etwa auch durch eine Verpflichtungserklärung) modifizierten Vorhabens ist jederzeit möglich. Bis dato hat die Kommission aber auch eine erneute Anmeldung eines de facto unveränderten Vorhabens zugelassen.[55]

V. Verweisungen vor Anmeldung

1. Allgemeines

20 Gemäß Art. 4 Abs. 4 und Abs. 5 können nach dem Vorbild der Art. 9 und 22 auch Verweisungen **auf Antrag der beteiligten Unternehmen** erfolgen. Die Antragsmöglichkeit besteht bereits **vor Anmeldung** des Zusammenschlusses. Vorgesehen sind sowohl Verweisungen von der Kommission an die Mitgliedstaaten (Art. 4 Abs. 4 FKVO) in Fällen, in denen ein Zusammenschluss i. S. d. Art. 3 FKVO die Schwellenwerte des Art. 1 erfüllt, als auch Verweisungen von den Mitgliedstaaten an die Kommission (Art. 4 Abs. 5), in Fällen, die zwar den Zusammenschlussbegriff gemäß Art. 3 erfüllen, bei denen jedoch keine gemeinschaftsweite Bedeutung vorliegt. Dieses Verweisungssystem gilt im Übrigen auch für die EFTA-Staaten, die dem EWR-Abkommen beigetreten sind, also Norwegen, Island und Liechtenstein.[56]

21 Die materiellen Voraussetzungen einer Verweisung wurden von der Kommission in einer eigenen **Mitteilung für Verweisungen** in Zusammenschlussfällen näher dargelegt.[57] In dieser macht die Kommission deutlich, dass eine Verweisung prinzipiell nur die Ausnahme darstellt und streng nach dem Prinzip der Subsidiarität erfolgen soll.[58] In diesem Sinne soll von den Anmeldern jeweils berücksichtigt werden, welche Wettbewerbsbehörde am besten geeignet ist, unter den gegebenen Umständen den Fall zu behandeln. Dabei sind insbeson-

---

[53] Die Kommission hat zu den Anforderungen an eine Glaubhaftmachung eine kurze **Mitteilung zur Aufgabe von Zusammenschlüssen**, veröffentlicht auf der Homepage der Kommission, herausgegeben.

[54] So versucht im Fall *MCI WorldCom/Sprint*, Komm. E. v. 28. 6. 2000, Comp/M.1741, ABl. 2003 L 300/1, WuW 00, 989; siehe auch EuG U. v. 28. 9. 2004 Rs. T-310/00 *MCI/Kommission*, in dem die Kommission allerdings dennoch eine Verbotsentscheidung erließ, da die Unternehmen den bestehenden Fusionsvertrag aufrechterhielten; ausführlich dazu *Immenga/Körber* in: Immenga/Mestmäcker EG-WbR Art. 4 FKVO, IX., Rn. 54 ff.

[55] Vgl dazu v. a. *Schröder* in: Münchner Kommentar zum europäischen und deutschen Wettbewerbsrecht, Art. 4 FKVO, Rn. 74 ff., der die Auffassung vertritt, dass die Kommission aufgrund dieser Praxis eine Anmeldung desselben Vorhabens nur mehr bei missbräuchlicher Rücknahme und Neuanmeldung zurückweisen kann.

[56] Siehe Art. 6 des mit Entscheidung vom 8. 6. 2004, Nr. 78/2004 geänderten Protokolls 24 zum EWR-Abkommen.

[57] Mitteilung der Europäischen Kommission über die Verweisung von Fusionssachen, ABl. 2005 C 56/2.

[58] Tatsächlich wurden laut einer Statistik der Kommission zwischen 1. 5. 2004 und 31. 8. 2008 150 Anträge nach Art. 4 Abs. 5 (141 Fälle wurden an die Kommission verwiesen) und 41 Anträge nach Art. 4 Abs. 4 gestellt, wobei 37 zur Gänze und einer teilweise an die Mitgliedstaaten verwiesen wurde; vgl. http://ec.europa.eu/comm/competition/mergers/statistics.pdf.

dere neben den Charakteristiken des Falles (z. B. europaweiter oder nationaler Markt) auch die vorhandene Expertise sowie die Untersuchungsinstrumente der jeweiligen Wettbewerbsbehörde zu berücksichtigen.[59] Neben der Antragsbefugnis der Unternehmen nach Art. 4 Abs. 4 und 5 bleibt die Möglichkeit der Verweisung nach Art. 9 und 22 weiterhin aufrecht. Dies bedeutet, dass prinzipiell auch Hin- und Herverweisungen möglich sind. Allerdings hat der Verordnungsgeber in Erwägungsgrund 14 hierzu ausdrücklich bestimmt, dass Verweisungen *„in einer effizienten Weise erfolgen [sollen], die weitestgehend ausschließt, dass ein Zusammenschluss sowohl vor als auch nach seiner Anmeldung von einer Stelle an eine andere verwiesen wird".*[60]

Neben der Kommission haben auch die nationalen Wettbewerbsbehörden gemeinsame Leitlinien (**„ECA"-Prinzipien"**) für die Anwendung von Art. 4 Abs. 5 und Art. 22 herausgegeben.[61] Für die Mitgliedstaaten steht neben den von der Kommission genannten Kriterien auch im Vordergrund, ob die nationalen Wettbewerbsbehörden mit Schwierigkeiten bei der Beschaffung von Informationen oder bei der Durchsetzung von Verpflichtungszusagen rechnen, da die Betroffenen nicht in dem jeweiligen Mitgliedstaat ansässig sind, weiters ob eventuell mit dem Verweisungsantrag lediglich das Risiko einer anschließenden Rückverweisung von der Kommission gemäß Art. 9 vermieden werden soll.[62] Erwähnenswert ist noch, dass sich die nationalen Wettbewerbsbehörden jeweils von den Parteien einen Verzicht auf die Wahrung der Vertraulichkeit („confidentiality waiver") erwarten, um Beratungen zwischen den Wettbewerbsbehörden bereits vor der Verweisung zu ermöglichen.

2. Form und Inhalt

Antragsberechtigt sind diejenigen Unternehmen, die auch die Anmeldepflicht gemäß Art. 4 Abs. 2 trifft – also die eigentlichen Anmelder. Dies bedeutet, dass das Zielunternehmen oder der Veräußerer nach der FKVO keinen Einfluss auf einen solchen Verweisungsantrag haben. In Fällen des Erwerbs der gemeinsamen Kontrolle ist ein Antrag nur gemeinsam durch die die Mitkontrolle erwerbenden Unternehmen möglich.[63]

Der Antrag auf Verweisung ist bei der Kommission mittels **„Formblatt RS"** zu stellen.[64] Gemäß dem Formblatt RS sind umfangreiche Angaben, die im Abschnitt 1 bis 5 im Wesentlichen dem Formblatt CO entsprechen, vorzulegen. Sind die Angaben im Formblatt RS unvollständig, so teilt dies die Kommission den Anmeldern oder ihren Vertretern umgehend schriftlich mit. Umstritten sind die Folgen eines unvollständigen Antrages. Anders als im Falle einer Anmeldung nach Art. 4 auf Formblatt CO gilt gemäß Art. 6 Abs. 2 DVO im Falle von Verweisungsanträgen auf Formblatt RS Art. 5 Abs. 2 Satz 2 DVO (wonach im Falle der Unvollständigkeit eines Formblatt CO, der Antrag erst wirksam wird, wenn die Angaben vollständig bei der Kommission einlangen) nicht für das Form-

---

[59] Vgl. Mitteilung über Verweisungen, Rn. 8 ff. Zu den Kriterien für die Verweisung im Einzelnen siehe weiter unten unter IV. 2. und IV. 3.

[60] Siehe auch Rn. 12 der Mitteilung über Verweisungen.Zum Zusammenspiel zwischen Art. 4 Abs. 4 und 5 und den Art. 9 und 22, siehe insbesondere *Körber*, Verweisungen nach Art. 4 Abs. 4 und 5 FKVO, WuW 4/2007, 338 ff.; *Immenga/Körber* in: *Immenga/Mestmäcker* EG-WbR Art. 4 FKVO X Rn. 101 ff.

[61] „Grundsätze für die Anwendung von Artikel 4 Absatz 5 und Artikel 22 der europäischen Fusionskontrollverordnung durch die nationalen Wettbewerbsbehörden der ECA" abrufbar auf der Homepage des Bundeskartellamtes.

[62] Vgl. ECA-Prinzipien Rn. 7 ff.

[63] Vgl. Anhang III zur DVO (Formblatt RS) Einleitung Punkt C, In der Fassung der ÄnderungsVO zur DVO, mit der auch das Formblatt RS geändert wurde.

[64] Dieses ist als Anhang III zur DVO dem Formblatt CO und dem Short Formblatt CO angeschlossen.

blatt RS.[65] Dies kann zum einen bedeuten, dass aus Gründen der raschen Klärung der Zuständigkeit auf diese Bestimmung verzichtet wurde; zum anderen jedoch auch, dass der Antrag nicht ergänzt werden kann, sondern jeweils komplett neu einzureichen ist.[66] Jedenfalls ist Art. 5 Abs. 3 DVO zu beachten, wonach nach der Anmeldung bekannt gewordene neue Informationen, die die Anmelder kennen oder kennen müssen, ebenso wie Änderungen der entscheidungsrelevanten Tatsachen der Kommission unverzüglich mitzuteilen sind. Sind diese neuen Informationen oder Änderungen erheblich, kann die Kommission die Anmeldung am Tag des Eingangs der Mitteilung über die geänderten oder neuen Tatsachen als wirksam ansehen. Unrichtige oder irreführende Angaben gelten als unvollständige Angaben.[67]

24 Die Tatsache einer Antragstellung nach Art. 4 Abs. 4 und Abs. 5 wird im Unterschied zu einer Anmeldung **nicht veröffentlicht**. Ebenso wenig ist eine Veröffentlichung von Entscheidungen über Anträge nach Art. 4 Abs. 4 und 5 vorgesehen. Allerdings veröffentlicht die Kommission auf ihrer Homepage sämtliche Verweisungsentscheidungen nach Art. 4 Abs. 4.

25 Gemäß der Mitteilung zu Art. 3 Abs. 2 DVO ist das Formblatt RS im Original, sowie in fünf Papierkopien und einer elektronischen Ausfertigung (bei der auch Dateivolumen und -format zu beachten sind) einzubringen.[68]

3. Rechtsfolgen einer Verweisung aufgrund eines fehlerhaften Antrags

26 In Fällen, in denen **Verweisungen aufgrund unrichtiger oder unvollständiger Information** im Formblatt RS bereits erfolgt sind, sind neben der Verhängung eines Bußgeldes nach Art. 14 Abs. 1 Buchstabe a) auch weitere Rechtsfolgen vorgesehen. In der Einleitung zu Abschnitt B des Formblattes RS sowie in der Mitteilung zu Zuständigkeitsfragen[69] hat die Kommission Folgendes vorgesehen:

27 In den Fällen des Art. 4 Abs. 4 kann die Kommission bei einem fehlerhaften Antrag eine Anmeldung auf Formblatt CO verlangen. In Fällen, in denen eine Verweisung nach Art. 4 Abs. 5 erfolgt ist, ist vorgesehen, dass die Kommission entweder eine Unzuständigkeitsentscheidung nach Art. 6 Abs. 1 Buchstabe a) treffen[70] oder aber eine bereits erfolgte Entscheidung nach Art. 6 oder 8 gemäß Art. 6 Abs. 3 Buchstabe a) oder Art. 8 Abs. 6 Buchstabe a) widerrufen kann. In der Folge soll dann wieder nationales Wettbewerbsrecht gelten.[71] In beiden Fällen, also sowohl der Verweisungen nach Abs. 4 als auch nach Abs. 5, soll darüber hinaus auch eine erneute (Rück-)Verweisung nach Art. 9 bzw. Art. 22 durch die Kommis-

---

[65] Vgl. Art. 6 Abs. 2 in Verbindung mit Art. 5 Abs. 2 DVO. Erfolgt eine Verweisungsentscheidung aufgrund unrichtiger, irreführender oder unvollständiger Angaben, so sind verschiedene Konsequenzen (Bußgelder, Widerruf der Entscheidung in der Sache) bzw. auch eine nachträgliche „Korrektur" durch erneute (Rück)Verweisungen vorgesehen (siehe dazu unten, Rn. 26).

[66] Für ein Wirksamwerden auch eines unvollständigen Antrages, *Soyez* ZWeR 2005, 416, 434; anders *Schröder* in: Münchner Kommentar zum europäischen und deutschen Wettbewerbsrecht, Art. 4 FKVO, Rn. 82; anders auch *Immenga/Körber* in: *Immenga/Mestmäcker* EG-WbR Art. 4 FKVO, X., Rn. 78, der allerdings nicht darauf eingeht, dass Art 5 Abs. 2 Satz 2 DVO für das Formblatt RS nicht gilt.

[67] Vgl. Art. 6 in Verbindung mit Art. 5 DVO.

[68] Zu den Formerfordernissen der elektronischen Ausfertigungen (etwa Dateiformat und -größe) vgl. Mitteilung zu Art. 3 Abs. 2 DVO, ABl. 2006 C 251/2 begründete Anträge: Formblatt RS, Punkt 3 und 4).

[69] Vgl. Mitteilung über Verweisungen, Rn. 60.

[70] Vgl. Mitteilung zu Zuständigkeitsfragen, Rn. 60.

[71] Vgl. Einleitung zu Abschnitt B des Formblatt RS, Anhang 3 zur DVO geändert durch die VO (EG) Nr. 1033/2008 vom 20. 10. 2008 zur Änderung der VO (EG) Nr. 802/2004 vom 7. 4. 2004 zur Durchführung der VO (EG) Nr. 139/2004 des Rates für die Kontrolle von Unternehmenszusammenschlüssen in der Fassung der ÄnderungsVO zur DVO.

sion und/oder die Mitgliedstaaten und EFTA-Staaten möglich sein, um die aufgrund des fehlerhaften Antrags erfolgte Verweisung zu „korrigieren".

Die genannten Rechtsfolgen werfen zahlreiche Probleme auf und werden in der Literatur heftig kritisiert. So setzt nach Meinung einiger Kommentatoren im Fall der Verweisung nach Art. 4 Abs. 4 das Verlangen einer Anmeldung auf Formblatt CO eines bereits verwiesenen und von der nationalen Behörde entschiedenen Falles sowohl den Widerruf der nationalen Entscheidung als auch den Widerruf der Verweisungsentscheidung voraus. Letzterer ist jedenfalls in der FKVO nicht ausdrücklich vorgesehen, wobei eine Lösung über analoge Anwendung der Art. 6 Abs. 3 und Art. 8 Abs. 6 denkbar erscheint. Damit wäre ein Widerruf gleichzeitig auch auf Sachverhalte beschränkt, in denen die Anmelder die unrichtigen Angaben zu vertreten haben.[72] Eine nachträgliche Verweisung nach Art. 22 zur „Korrektur" der fehlerhaften Verweisung an die Kommission ist allerdings nur innerhalb von 15 Arbeitstagen nach Eingang der Anmeldung bei der nationalen Behörde möglich, sodass hier von vorneherein nur ein eingeschränkter Anwendungsbereich denkbar ist.

In den Fällen einer Verweisung nach Art. 4 Abs. 5 besteht ebenfalls das Problem, dass zwar eine Entscheidung in der Sache nach Art. 6 oder Art. 8 widerrufen werden kann (allerdings nur wegen unrichtiger Angaben, die geeignet waren, nicht nur die Verweisungsentscheidung, sondern auch die Freigabeentscheidung zu beeinflussen), ein solcher Widerruf aber nur dazu führt, dass erneut ein Hauptverfahren eingeleitet werden muss. Die Verweisungsentscheidung wird nicht beseitigt. In Frage käme allenfalls wiederum eine Widerrufsmöglichkeit der Verweisungsentscheidung im Wege der Analogie zu Art. 6 Abs. 3 Buchstabe a) und Art. 8 Abs. 6 Buchstabe a). Auch die Fällung einer Unzuständigkeitsentscheidung nach Art. 6 Abs. 1 Buchstabe a) erscheint rechtlich nicht ohne weiteres möglich, da zuvor ja die Verweisungsentscheidung erfolgte und sich daher die Frage stellt, auf welcher Grundlage eine Unzuständigkeit festgestellt werden kann. Eine Rückverweisung nach Art. 9 ist wie auch im Fall von Art. 4 Abs. 4 nur denkbar, wenn der Fehler im Formblatt RS innerhalb sehr kurzer Zeit, nämlich innerhalb der ersten 15 Arbeitstage nach Erhalt der Kopie der Anmeldung auf Formblatt CO entdeckt wird, da ansonsten die Frist des Art. 9 Abs. 2 nicht gewahrt ist und eine (Rück-)Verweisung an die Mitgliedstaaten nicht mehr möglich ist.

Obige Fragen sind insbesondere auch für den Fall relevant, dass die Zuständigkeit eines oder mehrerer Mitgliedstaaten im Antrag „vergessen" wurde. Hierzu wird die Auffassung vertreten, dass dies aus Sicht des Mitgliedstaats „hinnehmbar"[73] sei, da das Formblatt RS sämtlichen Mitgliedstaaten zugestellt wird und sich so die Chance einer Überprüfung für alle Mitgliedstaaten eröffnet. Dafür spricht, dass im Formblatt RS zumindest die Umsätze aufgeschlüsselt auf sämtliche Mitgliedstaaten angegeben werden müssen, in Fällen, in denen die Zuständigkeit allerdings von Marktanteilsschwellen abhängt, ist eine Überprüfung wohl nur schwer möglich. In der Praxis erfolgen jedenfalls auch Nachfragen von Wettbewerbsbehörden, die nicht schon von den Parteien als zuständige Behörde angegeben wurden. Letztendlich ist in dem Zusammenhang auch noch zu beachten, dass die Kommission, wenn ein Fall von den nationalen Behörden an die Kommission verwiesen wird, nicht nur nationale Märkte prüft, in denen ursprünglich eine Zuständigkeit der nationalen Wettbewerbsbehörde vorlag, sondern eine Gesamtprüfung vornimmt, sodass, sollte tatsächlich ein Mitgliedstaat im Antrag „vergessen" werden, die Märkte des betreffenden Mitgliedstaates dennoch einer Prüfung durch die Kommission unterliegen. In der Praxis kann bei der Ent-

---

[72] Vgl. zu den betreffenden Themen *Körber*, Verweisungen nach Art. 4 Abs. 4 und 5 FKVO, WuW 4/2007, 337; *Immenga/Körber* in: Immenga/Mestmäcker EG-WbR Art. 4 FKVO, IX., Rn. 89; *Hirsbrunner* EuZW 2005 519, 521; *Schröder* in: Münchner Kommentar zum europäischen und deutschen Wettbewerbsrecht, Art. 4 FKVO, Rn. 97 ff.

[73] Vg. *Immenga/Körber* in: Immenga/Mestmäcker EG-WbR Art. 4 FKVO X Rn. 100: zustimmend *Körber*, Verweisungen nach Art. 4 Abs. 4 und 5 FKVO, WuW 4/2007, 338.

scheidung, einen Verweisungsantrag an die Kommission zu stellen, auch die Frage eine Rolle spielen, ob unter Umständen betroffene Märkte in Mitgliedstaaten vorliegen, in denen bei einer bloßen nationalen Anmeldepflicht nicht einmal eine Anmeldepflicht bestehen würde.

4. Verweisungen von der Kommission an die Mitgliedstaaten

30 Art. 4 Abs. 4 sieht eine Verweisung von Zusammenschlüssen mit gemeinschaftsweiter Bedeutung von der Kommission an die Behörden der Mitgliedstaaten vor. **Voraussetzung** dafür ist gemäß Unterabsatz 1, dass
- der Zusammenschluss den Wettbewerb in einem Markt innerhalb eines Mitgliedstaates erheblich beeinträchtigen könnte; und
- dieser Markt alle Merkmale eines gesonderten Marktes aufweist.

31 Diese Voraussetzungen entsprechen Art. 9 Abs. 2. Eine Entscheidung über die Verweisung liegt letztendlich im Ermessen der Kommission, wobei hier auch Teilverweisungen möglich sind.[74] In der Mitteilung über Verweisungen hat die Kommission näher dargelegt, welche **qualitativen Kriterien** hierbei berücksichtigt werden: von besonderer Bedeutung ist die geographische Marktabgrenzung, wobei Zusammenschlüsse, die nationale oder kleinere als nationale Märkte betreffen, naturgemäß besonders geeignet für eine Verweisung sind. Dies gilt auch für Fälle, die wettbewerbliche Auswirkungen in lediglich einem einzigen Mitgliedstaat entfalten, oder – sollte sich der Zusammenschluss auf mehrere Mitgliedstaaten auswirken – jedenfalls keine übernationalen Auswirkungen aufweisen. Berücksichtigt werden kann darüber hinaus, ob der Fall koordinierte Untersuchungen in mehreren Mitgliedstaaten erfordert, wobei insgesamt auch die spezifische Expertise und die der jeweiligen Behörde zur Verfügung stehenden Nachprüfungs- und Untersuchungsinstrumente eine Rolle spielen können.[75] Die bisherige Entscheidungspraxis spiegelt im Wesentlichen obige Kriterien wider. So betrafen sämtliche Fälle nach einer vorläufigen Marktabgrenzung entweder nationale oder sogar regionale Märkte. Geringfügige Überschneidungen außerhalb des betreffenden Mitgliedsstaates schaden einer Verweisung nicht.[76]

32 Zur Frage, was unter **erheblicher Beeinträchtigung des Wettbewerbs** zu verstehen ist, wurde in der Literatur teilweise die Auffassung vertreten, dass es sich hier nicht um eine Beeinträchtigung i. S. d. Art. 9 handle, sondern lediglich gemeint sei, dass sich der Zusammenschluss auf dem betreffenden Markt auswirken kann und dies sowohl positive als auch negative Effekte mit einschließt.[77] Die bisherige Entscheidungspraxis (immerhin 41 Fälle[78]) geht hier allerdings eindeutig von einer Beeinträchtigung im Sinne einer Verminderung von Wettbewerb aus. So wurde in den bisherigen Entscheidungen jeweils im Detail im Rahmen einer wettbewerblichen Beurteilung dargelegt, warum *„nicht ausgeschlossen werden kann, dass es aufgrund des Zusammenschlusses zu einer erheblichen Beeinträchtigung des Wettbewerbs kommen kann"*. In den meisten Fällen wurde analysiert, ob betroffene Märkte im Sinne des Formblattes CO (also 15% bei horizontaler, 25% bei vertikaler Überschneidung) vorlagen. Dies kann auch in Fällen gelten, in denen weder auf nationaler noch auf europäi-

---

[74] Vgl. Komm. E. v. 1. 8. 2007 Rs. COMP/M.4611 – *BONNIER/EGMONT/COMPANY* in dem eine Verweisung sowohl an die dänische als auch an die norwegische Behörde beantragt wurde, allerdings lediglich die Verweisung an die norwegische Behörde erfolgte. Die dänische Behörde hatte der Verweisung nicht zugestimmt.

[75] Mitteilung über Verweisungen, Rn. 19 ff.

[76] Vgl. Komm. E. v. 9. 7. 2007 Rs. COMP/M.4740 – *UNICREDIT/CAPITALIA* Rn. 13.

[77] Vgl. etwa *Schröder* in: Münchner Kommentar zum europäischen und deutschen Wettbewerbsrecht, Art. 4 FKVO, Rn. 86, der sich diesbezüglich auch auf die anderen Sprachfassungen beruft.

[78] Bis zum 21. 9. 2008 wurden insgesamt 43 Anträge gestellt, davon wurde 41 Anträgen stattgegeben bzw erfolgte eine Verweisung an die nationale Behörde.

Art. 4. Vorherige Anmeldung 32 **Art. 4 FKVO**

scher Ebene weder eine horizontale noch eine vertikale Überschneidung von mehr als 15% oder 25% vorliegt, dies aber für lokale Märkte nicht ausgeschlossen werden kann.[79] Die Marktanteile der betroffenen Unternehmen bewegten sich durchschnittlich zwischen 30 und 45%.[80] In einigen (wenigen) Fällen hat die Kommission aber auch das knappe Überschreiten einer 15%-Grenze, ohne weitere wettbewerbliche Elemente anzuführen, die zu einer Beeinträchtigung führen könnten, als ausreichend angesehen.[81] In anderen Fällen, in denen entweder keine hohen Marktanteile vorlagen (16%[82]) oder solche zumindest nicht in der veröffentlichten Entscheidung aufschienen[83] bzw aufgrund enger regionaler Märkte überhaupt keine Überschneidung vorlag, wurde die Beeinträchtigung des Wettbewerbs beispielsweise darin gesehen, dass die betreffenden Parteien jeweils aktive Bieter im Hinblick auf mehrere verschiedene geographische Märkte sind. Auch Besonderheiten wie die Marktstruktur z. B. im Franchising im Eisenbahnbereich im United Kingdom, wonach der eigentliche Wettbewerb bei der Ausschreibung um das Franchise besteht, können zu einer erheblichen Beeinträchtigung i. S. von Art. 4 Abs. 4 führen.[84]

---

[79] Komm. E. v. 24. 11. 2005 Rs. COMP/M.3967 – SCHWARZ-GRUPPE/MEG; In other decisions also local monopolies were relevant such as: Komm. E. v. 3. 4. 2006 Rs. COMP/M.4117 – Dairy Crest/Arla.
[80] Komm. E. v. 14. 12. 2005 Rs. COMP/M.4012 – *SULO/Cleanaway* (horizontale Überschneidung über 15%, tw. über 30%); Komm. E. v. 21. 4. 2008 Rs. COMP/M.5022 – *NDH/STADT KREFELD/HAFEN KREFELD* (horizontale Überschneidung 20–30%); Komm. E. v. 17. 10. 2005 Rs. COMP/M.3953 – *Apollo/BC Partners/Iesy-Ish-Telecolumbus* (horizontale Überschneidung 45–55%); Komm. E. v. 2. 3. 2005 Rs. COMP/M.3684 – *BC Partners/Ish* (horizontal 40–50%); Komm. E. v. 27. 9. 2005 Rs. COMP/M.3898 – *DIA/PENNY MARKET* (horizontal 30–40% bzw. 25–30%); Komm. E. v. 7. 3. 2008 Rs. COMP/M.5036 – *G4S/GLOBAL SOLUTIONS LIMITED* (horizontal 30–40% bzw. 40–45%); Komm. E. v. 23. 5. 2008 Rs. COMP/M.5076 – *ODEON/ CINEWORLD/CSA JV* (vertikale Überschneidung 20–30%); Komm. E. v. 14. 8. 2008 Rs. COMP/M.5273 – *SCHIBSTED PRINT MEDIA AS/METRO NORDIC SWEDEN AB* (horizontale Überschneidung 10–20% bzw. 30–40% bzw. 40–50%); Komm. E. v. 9. 7. 2007 Rs. COMP/M.4740 – *UNICREDIT/CAPITALIA* (horizontale Überschneidung 20–30%); Komm. E. v. 1. 8. 2007 Rs. COMP/M.4611 – *BONNIER/EGMONT/COMPANY* (horizontale 30–über 50%); Komm. E. v. 18. 5. 2006 Rs. COMP/M.4120 – *Celesio/Tjellesen/Max Jenne* (horizontale und vertikale Überschneidungen zwischen 20–40%); Komm. E. v. 2. 8. 2006 Rs. COMP/M.4276 – *AHOLD/KONMAR* (horizontale Überschneidungen 35–45%, lokal sogar 50–100%); Komm. E. v. 18. 8. 2006 Rs. COMP/M.4320 – *O2/The Link* (horizontale Überschneidung 20–30%); Komm. E. v. 9. 11. 2006 Rs. COMP/M.4281 – *CVC/Matas* (horizontale Überschneidung 60–70%); Komm. E. v. 30. 11. 2005 Rs. COMP/M.3990 – *BOOTS/ALLIANCE UNICHEM* (bei nationaler Marktabgrenzung 20–30%, bei lokaler Marktabgrenzung sogar 40–50%); Komm. E. v. 14. 9. 2005 Rs. COMP/M.3904 – *FEM/ENTREMONT/UNICOPA* (horizontale Überschneidung 30–35%); Komm. E. v. 24. 10. 2005 Rs. COMP/M.3955 – *Southern Cross Heathcare/Cannon Capital (Ashbourne Healthcare)* (lokaler Markt 40–50%); Komm. E. v. 8. 12. 2004 Rs. COMP/M.534 – *Cargill-BCA/ABF-Allied Grain/JV* (bei nationaler Marktabgrenzung 10–20%, bei lokaler Marktabgrenzung 15–35%).
[81] Vgl. etwa Komm. E. v. 22. 4. 2008 Rs. COMP/M.4988 – *ERSTE BANK/STEIERMÄRKISCHE SPARKASSE* Rn. 25 und 26; Komm. E. v. 28. 7. 2006 Rs. COMP/M.4364 – *Metro/Wal-Mart*; Komm. E. v. 23. 5. 2008 Rs. COMP/M.5076 – *ODEON/CINEWORLD/CSA JV* (vertikale Überschneidung).
[82] Komm. E. v. 20. 9. 2007 Rs. COMP/M.4797 – *GOVIA/WEST MIDLANDS PASSENGER RAIL FRANCHISE*; Komm. E. v. 30. 1. 2006 Rs. *COMP/M.4070 – LONDON SOUTH EASTERN RAILWAY/THE INTEGRATED KENT RAIL FRANCHISE*.
[83] Komm. E. v. 24. 11. 2005 Rs. COMP/M.3967 – *SCHWARZ-GRUPPE/MEG*
[84] Vgl. Komm. E. v. 20. 9. 2007 Rs. COMP/M.4797 – *GOVIA/WEST MIDLANDS PASSENGER RAIL FRANCHISE* Rn. 19 ff. Vgl. auch Komm. E. v. 30. 1. 2006 Rs. COMP/M.4070 – *LONDON SOUTH EASTERN RAILWAY/THE INTEGRATED KENT RAILWAY FRANCHISE* Rn. 15 ff.

Art. 4 FKVO 33–35

33 Es liegt an den Unternehmen, die genannten Kriterien darzulegen (**„Darlegungslast"**). In diesem Zusammenhang stellt sich insbesondere die Frage, inwiefern die Unternehmen auch darlegen müssen, ob eine „*Beeinträchtigung*" auf dem betreffenden Markt entstehen könnte. Im Formblatt RS ist unter Punkt 6.2.4 eine entsprechende Erläuterung gefordert. In Erwägungsgrund 16 wird demgegenüber klargestellt, dass *„von den beteiligten Unternehmen [nicht] der Nachweis verlangt werden sollte, dass die Auswirkungen des Zusammenschlusses wettbewerbsschädlich sein würden"*. In der Mitteilung über Verweisungen hat die Kommission hiezu (allerdings lediglich in einer Fußnote)[85] erklärt, dass die Existenz von betroffenen Märkten im Sinne des Formblattes RS als ausreichend angesehen wird, um Art. 4 Abs. 4 anzuwenden. Auch schadet die Angabe von positiven Effekten bzw Rechtfertigungsargumenten im Antrag nicht, bzw. werden Rechtfertigungselemente von der Kommission teilweise auch in der Verweisungsentscheidung zitiert.[86] Insgesamt ist allerdings davon auszugehen, dass auch, wenn die Verweisungsentscheidung nach Art. 4 Abs. 4 kein Präjudiz für die nationale Entscheidung darstellt, die erste vorläufige Analyse der Kommission de facto von der nationalen Behörde berücksichtigt wird. Auch ist von Seiten der Anmelder davon auszugehen, dass die Argumentation zur Marktdefinition im nationalen Verfahren nicht mehr wesentlich dahingehend geändert werden kann, dass doch ein größerer Markt als lokal oder national vorliegt.

34 Wird eine Verweisung beantragt, leitet die Kommission diesen Antrag unverzüglich an alle Mitgliedstaaten weiter. Die Kommission wird versuchen, dies innerhalb eines Arbeitstages zu bewerkstelligen.[87] Die Verteilung erfolgt über das Network of Competition Authorities („NCAs"). Die in dem Antrag genannten Mitgliedstaaten müssen innerhalb einer **Frist** von 15 Arbeitstagen nach Erhalt des Antrags mitteilen, ob sie der Verweisung des Falles zustimmen. Erfolgt innerhalb von 15 Tagen keine Reaktion, gilt dies jeweils als Zustimmung des betreffenden Mitgliedstaates. Erfolgt eine Zustimmung, hat die Kommission innerhalb von 25 Arbeitstagen nach Einlangen des Formblattes RS bei der *DG Comp* über die gesamte oder teilweise Verweisung des Falles nach freiem Ermessen zu entscheiden. Trifft die Kommission keine Entscheidung, so gilt der Fall entsprechend dem Antrag als verwiesen. Hat ein Mitgliedstaat jedoch ausdrücklich seine Ablehnung mitgeteilt, ist es nicht möglich, einen Zusammenschluss an diesen Mitgliedstaat zu verweisen.[88] Eine Verweisung an andere Mitgliedstaaten ist dadurch jedoch nicht ausgeschlossen.

35 Wird der Fall aber zur Gänze verwiesen, kommt lediglich das nationale Wettbewerbsrecht der betreffenden Mitgliedstaaten zur Anwendung. Eine Anmeldung auf dem Formblatt CO bei der Europäischen Kommission erfolgt in diesem Fall nicht. Anders ist dies bei **Teilverweisung,** wo parallel dazu auch eine Anmeldung bei der Europäischen Kommission einzureichen ist. Inwiefern in der Anmeldung bei der Europäischen Kommission Angaben zu den nationalen Märkten, deren Prüfung an die nationale Behörde verwiesen wurde, unterbleiben können, wird weder in der FKVO noch in der DVO geregelt. Sachgerecht wäre ein Unterbleiben dieser Angaben, wobei die Kommission von der Möglichkeit nach Art. 4 Abs. 2 DVO Gebrauch machen und die Anmelder von der Pflicht zur Vorlage dieser Angaben befreien kann.

---

[85] Mitteilung über Verweisungen, Fn. 22.
[86] Vgl. Komm. E. v. 21. 4. 2008 Rs. COMP/M.5022 – *NDH/STADT KREFELD/HAFEN KREFELD* Rn. 19.
[87] Mitteilung über Verweisungen, Rn. 56.
[88] So hat die Kommission beispielsweise im Fall Komm. E. v. 1. 8. 2007 Rs. COMP/M.4611 – *BONNIER/EGMONT/COMPANY* die Prüfung des Zusammenschlusses für die Norwegische Transaktion an die Norwegische Behörde verwiesen, die Prüfung für Dänemark jedoch selber untersucht, nachdem die Dänische Behörde der Verweisung an sie nicht zustimmte. Vgl. auch *Böge,* Reform der Europäischen Fusionskontrolle, WuW 2/2004, 142.

3. Verweisung von den Mitgliedstaaten an die Kommission

Art. 4 Abs. 5 sieht eine Verweisung von Zusammenschlüssen **ohne gemeinschafts-** **weite Bedeutung** von den Mitgliedstaaten an die Kommission vor. Voraussetzung dafür ist neben dem Antrag der Unternehmen:
- das Vorliegen eines Zusammenschlusses im Sinne von Art. 3; und
- die Anmeldefähigkeit[89] des Zusammenschlusses in mindestens drei Mitgliedstaaten (sogenannte 3+Regelung).[90]

Der Antrag, der ebenfalls mit Formblatt RS einzubringen ist, muss umfassende Angaben zur Zuständigkeit in den einzelnen Mitgliedstaaten enthalten. Die Unternehmen müssen im Falle eines Antrags für sämtliche Mitgliedstaaten der Europäischen Union, in denen die **nationalen Anmeldevoraussetzungen** vorliegen, die jeweiligen Voraussetzungen (Schwellenwerte, Zusammenschlussbegriff, usw.) darlegen und auch entsprechend belegen. Es reicht nicht aus, dies lediglich für drei Staaten nachzuweisen.

Die Entscheidung der beteiligten Unternehmen, einen Verweisungsantrag zu stellen, muss **vor** einer Anmeldung bei den nationalen Behörden erfolgen. Bereits eine einzige Anmeldung bei einer nationalen Behörde schließt eine Verweisung an die Kommission nach Art. 4 Abs. 5 aus. Sonderfälle können sich im Zusammenhang mit dem Beitritt neuer Mitgliedstaaten ergeben. Die Kommission stellt nämlich bei der Frage, welche Mitgliedstaaten von einer Verweisung erfasst werden können, (offenbar in analoger Anwendung von Art. 26 Abs. 2) nicht auf den Zeitpunkt der Stellung des Verweisungsantrages, sondern auf den Zeitpunkt des die Anmeldeverpflichtung (nach der FKVO) auslösenden Ereignisses (Vertragsabschluss, Veröffentlichung eines Übernahmeangebotes, etc. ...)[91] ab. Liegt wie im Fall COMP/M.4525 *Kronospan/Constantia* der Vertragsabschluss noch vor dem Beitritt des betreffenden Staates (hier Rumänien) zur EU, kann der Verweisungsantrag, auch wenn er erst nach erfolgtem Beitritt gestellt wird, nur diejenigen Staaten erfassen, die zum Zeitpunkt des Vertragsabschlusses Mitglied der EU waren. Der betreffende Mitgliedstaat bleibt in diesem Fall auch nach erfolgreicher Verweisung von den anderen Mitgliedstaaten parallel zuständig. Soweit nationales Wettbewerbsrecht bestimmte Fristen für eine Anmeldung vorsieht, soll nach Meinung der Kommission, solange das Verweisungsverfahren bearbeitet wird, kein Bußgeld für einen Verstoß wegen Nichtwahrung der Frist verhängt werden.[92]

Gemäß Art. 4 Abs. 5 werden über den Nachweis hinaus, dass in mindestens drei Mitgliedstaaten eine Anmeldepflicht besteht, keine weiteren inhaltlichen Erfordernisse zur Begründung des Antrags aufgestellt. In der Mitteilung über Verweisungen hat die Kommission dennoch eine Reihe von **Kriterien** angeführt, die ihres Erachtens eine Verweisung an die Kommission rechtfertigen. So ist dies insbesondere dann der Fall, wenn übernationale, d.h. europaweite Märkte vorliegen, grenzüberschreitende Auswirkungen zu erwarten sind oder bei nationalen Märkten ähnliche wettbewerbliche Probleme in mehreren Mitgliedstaaten auftreten. Wiederum spielt die Frage des Vorliegens einer spezifischen Expertise bei der Behörde eine Rolle. Daneben will die Kommission jedoch auch bloße Zeit- und

---

[89] Anmeldefähigkeit reicht aus, da z.B. im Vereinigten Königreich eine Anmeldung nur freiwillig und nicht verpflichtend ist. Zahlreiche Unternehmen haben bereits einen solchen Antrag gestellt. Vgl. etwa Komm. E. v. 9. 8. 2004 Rs. COMP/M.3439 – *AGFA-GEVAERT/LASTRA*; Komm. E. v. 17. 8. 2004 Rs. COMP/M.3465 – *Syngenta CP/Advanta*; Komm. E. v. 10. 8. 2004 Rs. COMP/M.3483 – *voestalpine AG/Nedcon Groep N.V.*; Komm. E. v. 8. 12. 2004 Rs. COMP/M.3535 – *VanDrie/Schils*; Komm. E. v. 24. 9. 2004 Rs. COMP/M.3486 – *Magna/New Venture Gear*; Komm. E. v. 20. 8. 2004 Rs. COMP/M.3506 – *Vox Paine/Advanta*.

[90] Bei Verweisungen von einem EFTA-Staat (mit Ausnahme der Schweiz) muss zusätzlich auch die Anmeldefähigkeit in mindestens einem EFTA-Staat gegeben sein.

[91] Vgl. dazu oben Rn. 2.

[92] Mitteilung zu Verweisungen, Rn. 69.

Kostenersparnis gelten lassen.⁹³ In der Praxis übermittelt die Kommission den Mitgliedstaaten eine interne Mitteilung, in der sie darlegt, ob aus ihrer Sicht eine Verweisung des betreffenden Falles zweckmäßig ist.

38 Wie auch im Fall von Verweisungen nach Art. 4 Abs. 4 wird im Formblatt RS wiederum eine Erläuterung⁹⁴ verlangt, warum das Vorhaben von der Kommission geprüft werden soll und hier insbesondere, ob der Zusammenschluss den Wettbewerb über das Hoheitsgebiet eines Mitgliedstaates hinaus beeinträchtigen könnte. Auch hier hat die Kommission in ihrer Mitteilung über Verweisungen festgehalten, dass das Vorliegen eines betroffenen Marktes im Sinne des Formblattes RS als Angabe ausreicht.⁹⁵ Aber auch in Fällen, in denen kein betroffener Markt vorliegt, ist eine Verweisung möglich. So wurden in den ersten zehn Monaten bereits zwei Fälle verwiesen, die letztendlich im vereinfachten Verfahren abgewickelt werden konnten. Liegt kein betroffener Markt vor, kann neben qualitativen Argumenten jedenfalls auch auf die Kosten- und Zeitersparnis hingewiesen werden, die die Kommission in ihrer Mitteilung als Verweisungsgrund anerkennt.⁹⁶

39 Sobald der Antrag vollständig ist, leitet die Kommission den Antrag unverzüglich an alle Mitgliedstaaten weiter. Eine solche Weiterleitung ist unter Umständen sehr rasch, oftmals sogar innerhalb eines Arbeitstages möglich. Jeder Mitgliedstaat, der nach seinem Wettbewerbsrecht für den Zusammenschluss zuständig wäre, kann innerhalb der **Frist** von 15 Arbeitstagen nach Erhalt des Antrags ein Veto einlegen. Lehnt in diesem Sinne nur ein einziger Mitgliedstaat die beantragte Verweisung ab, so wird der gesamte Fall nicht verwiesen. Eine Teilverweisung wie nach Abs. 4 ist in diesem Fall nicht vorgesehen.

40 Hat kein Mitgliedstaat innerhalb von 15 Tagen die Verweisung abgelehnt, wird die gemeinschaftsweite Bedeutung des Zusammenschlusses vermutet und der Zusammenschluss ist, ohne dass dies noch einer Zustimmung der Kommission bedarf (gesetzliche Fiktion), bei der Europäischen Kommission auf Formblatt CO anzumelden. Die Kommission teilt dies den Unternehmen mit. Dabei kommt ihr kein Entscheidungs- und Ermessensspielraum zu. Eine selbstständige gerichtliche Anfechtung der Mitteilung, dass eine Verweisung aufgrund eines Vetos abgelehnt wurde, erscheint nicht möglich, da es sich nicht um eine Entscheidung der Kommission handelt, sondern um eine Verweisung kraft Gesetzes.⁹⁷ In der Literatur wird allerdings davon ausgegangen, dass die Kommission die Ermessensentscheidung der Mitgliedstaaten auf ihre Rechtmäßigkeit zu überprüfen hat.⁹⁸

Eine Anwendung des nationalen Wettbewerbsrechtes auf Zusammenschlüsse, die nach Art. 4 Abs. 5 verwiesen wurden, ist ausgeschlossen. Dies bedeutet auch, dass das Vollzugsverbot der FKVO für das gesamte Vorhaben gilt, weniger strenge Vorschriften (wie z.B. in Italien) kommen dann nicht (mehr) zur Anwendung.⁹⁹ Bei einer Entscheidung über die Stellung eines Verweisungsantrages ist weiters auch zu berücksichtigen, dass die FKVO einen anderen Prüfungsmaßstab, nämlich den sog. SIEC-Test,¹⁰⁰ vorsieht, während die meisten Mitgliedstaaten (noch) weitgehend den Marktbeherrschungstest anwenden.¹⁰¹

---

⁹³ Mitteilung über Verweisungen, Rn. 25 ff.
⁹⁴ Vgl. Rn. 23.
⁹⁵ Mitteilung über Verweisungen, Rn. 27, Fn. 30.
⁹⁶ Mitteilung über Verweisungen, Rn. 32.
⁹⁷ *Körber*, Verweisungen nach Art. 4 Abs. 4 und 5 FKVO, WuW 4/2007, 336; *Immenga/Körber* in *Immenga/Mestmäcker* EG-WbR Art. 4 FKVO, X, Rn. 98 m.w.N.; anders *Schröder* in: Münchner Kommentar zum europäischen und deutschen Wettbewerbsrecht, Art. 4 FKVO, Rn. 154.
⁹⁸ *Schröder* in: Münchner Kommentar zum europäischen und deutschen Wettbewerbsrecht, Art. 4 FKVO, Rn. 150. Zur Frage des Rechtsschutzes gegen das Einlegen eines Vetos eines Mitgliedstaates siehe *Soyez* ZWeR 2005, Punkt IV. 4.
⁹⁹ *Körber*, Verweisungen nach Art. 4 Abs. 4 und 5 FKVO, WuW 4/2007, 335.
¹⁰⁰ Substantial Impediment of Effective Competition, vg. Kommentierung zu Art. 2.
¹⁰¹ Siehe auch *Soyez* ZWeR 2005, Punkt IV. 4.

Art. 5. Berechnung des Umsatzes

(1) Für die Berechnung des Gesamtumsatzes im Sinne dieser Verordnung sind die Umsätze zusammenzuzählen, welche die beteiligten Unternehmen im letzten Geschäftsjahr mit Waren und Dienstleistungen erzielt haben und die dem normalen geschäftlichen Tätigkeitsbereich der Unternehmen zuzuordnen sind, unter Abzug von Erlösschmälerungen, der Mehrwertsteuer und anderer unmittelbar auf den Umsatz bezogener Steuern. Bei der Berechnung des Gesamtumsatzes eines beteiligten Unternehmens werden Umsätze zwischen den in Absatz 4 genannten Unternehmen nicht berücksichtigt.

Der in der Gemeinschaft oder in einem Mitgliedstaat erzielte Umsatz umfasst den Umsatz, der mit Waren und Dienstleistungen für Unternehmen oder Verbraucher in der Gemeinschaft oder in diesem Mitgliedstaat erzielt wird.

(2) Wird der Zusammenschluss durch den Erwerb von Teilen eines oder mehrerer Unternehmen bewirkt, so ist unabhängig davon, ob diese Teile eigene Rechtspersönlichkeit besitzen, abweichend von Absatz 1 aufseiten des Veräußerers nur der Umsatz zu berücksichtigen, der auf die veräußerten Teile entfällt.

Zwei oder mehr Erwerbsvorgänge im Sinne von Unterabsatz 1, die innerhalb von zwei Jahren zwischen denselben Personen oder Unternehmen getätigt werden, werden hingegen als ein einziger Zusammenschluss behandelt, der zum Zeitpunkt des letzten Erwerbsvorgangs stattfindet.

(3) An die Stelle des Umsatzes tritt

a) bei Kredit- und sonstigen Finanzinstituten die Summe der folgenden in der Richtlinie 86/635/EWG des Rates[1] definierten Ertragsposten gegebenenfalls nach Abzug der Mehrwertsteuer und sonstiger direkt auf diese Erträge erhobener Steuern:
   i) Zinserträge und ähnliche Erträge,
   ii) Erträge aus Wertpapieren:
      – Erträge aus Aktien, anderen Anteilsrechten und nicht festverzinslichen Wertpapieren,
      – Erträge aus Beteiligungen,
      – Erträge aus Anteilen an verbundenen Unternehmen,
   iii) Provisionserträge,
   iv) Nettoerträge aus Finanzgeschäften,
   v) sonstige betriebliche Erträge.

Der Umsatz eines Kredit- oder Finanzinstituts in der Gemeinschaft oder in einem Mitgliedstaat besteht aus den vorerwähnten Ertragsposten, die die in der Gemeinschaft oder dem betreffenden Mitgliedstaat errichtete Zweig- oder Geschäftsstelle des Instituts verbucht;

b) bei Versicherungsunternehmen die Summe der Bruttoprämien; diese Summe umfasst alle vereinnahmten sowie alle noch zu vereinnahmenden Prämien aufgrund von Versicherungsverträgen, die von diesen Unternehmen oder für ihre Rechnung abgeschlossen worden sind, einschließlich etwaiger Rückversicherungsprämien und abzüglich der aufgrund des Betrags der Prämie oder des gesamten Prämienvolumens berechneten Steuern und sonstigen Abgaben. Bei der Anwendung von Artikel 1 Absatz 2 Buchstabe b) und Absatz 3 Buchstaben b), c) und d) sowie den letzten Satzteilen der genannten beiden Absätze ist auf die Bruttoprämien abzustellen, die von in der Gemeinschaft bzw. in einem Mitgliedstaat ansässigen Personen gezahlt werden.

(4) Der Umsatz eines beteiligten Unternehmens im Sinne dieser Verordnung setzt sich unbeschadet des Absatzes 2 zusammen aus den Umsätzen

a) des beteiligten Unternehmens;

---

[1] **Amtl. Anm.:** ABl. L 372 vom 31. 12. 1986, S. 1. Richtlinie zuletzt geändert durch die Richtlinie 2003/51/EG des Europäischen Parlaments und des Rates.

b) der Unternehmen, in denen das beteiligte Unternehmen unmittelbar oder mittelbar entweder
   i) mehr als die Hälfte des Kapitals oder des Betriebsvermögens besitzt oder
   ii) über mehr als die Hälfte der Stimmrechte verfügt oder
   iii) mehr als die Hälfte der Mitglieder des Aufsichtsrats, des Verwaltungsrats oder der zur gesetzlichen Vertretung berufenen Organe bestellen kann oder
   iv) das Recht hat, die Geschäfte des Unternehmens zu führen;
c) der Unternehmen, die in dem beteiligten Unternehmen die unter Buchstabe b) bezeichneten Rechte oder Einflussmöglichkeiten haben;
d) der Unternehmen, in denen ein unter Buchstabe c) genanntes Unternehmen die unter Buchstabe b) bezeichneten Rechte oder Einflussmöglichkeiten hat;
e) der Unternehmen, in denen mehrere der unter den Buchstaben a) bis d) genannten Unternehmen jeweils gemeinsam die in Buchstabe b) bezeichneten Rechte oder Einflussmöglichkeiten haben.

(5) Haben an dem Zusammenschluss beteiligte Unternehmen gemeinsam die in Absatz 4 Buchstabe b) bezeichneten Rechte oder Einflussmöglichkeiten, so gilt für die Berechnung des Umsatzes der beteiligten Unternehmen im Sinne dieser Verordnung folgende Regelung:
a) Nicht zu berücksichtigen sind die Umsätze mit Waren und Dienstleistungen zwischen dem Gemeinschaftsunternehmen und jedem der beteiligten Unternehmen oder mit einem Unternehmen, das mit diesen im Sinne von Absatz 4 Buchstaben b) bis e) verbunden ist.
b) Zu berücksichtigen sind die Umsätze mit Waren und Dienstleistungen zwischen dem Gemeinschaftsunternehmen und jedem dritten Unternehmen. Diese Umsätze sind den beteiligten Unternehmen zu gleichen Teilen zuzurechnen.

Übersicht

	Rn.		Rn.
I. Grundlagen	1	2. Tochtergesellschaften (lit. b)	23
II. Relevante Umsätze (Art. 5 Abs. 1)		3. Muttergesellschaften (lit. c)	28
1. Umsätze mit Waren und Dienstleistungen	4	4. Schwestergesellschaften (lit. d)	30
2. Der normale geschäftliche Tätigkeitsbereich	5	5. Gemeinschaftsunternehmen im Konzern (lit. e)	31
3. Relevanter Zeitraum	7		
4. Geographische Zurechnung	9	6. Umsätze zwischen beteiligten Unternehmen und ihren Gemeinschaftsunternehmen	33
5. Innenumsätze	13	V. Branchenspezifische Regelungen	
6. Abzug von Rabatten, Steuern und Abgaben	14	1. Kredit- und sonstige Finanzinstitute (Art. 5 Abs. 3 a)	34
7. Umrechnung in EURO	15		
III. Erwerb von Unternehmensteilen (Art. 5 Abs. 2)		2. Versicherungsunternehmen (Art. 5 Abs. 3 b)	38
1. Unternehmensteile	16	VI. Unternehmen im Staatsbesitz	40
2. Gestaffelte Transaktionen	17		
IV. Umsatzberechnung bei verbundenen Unternehmen (Konzernumsätze)			
1. Beteiligte Unternehmen (lit. a)	20		

I. Grundlagen

1   Die FKVO legt in Art. 1 **umsatzbezogene** Schwellenwerte fest, die neben dem Zusammenschlussbegriff nach Art. 3 als Aufgriffskriterien für die Prüfung von Zusammenschlüssen in der Gemeinschaft dienen. Die Regeln für die Berechnung des Umsatzes sollen dabei sicherstellen, dass diejenigen wirtschaftlichen und finanziellen Ressourcen ermittelt werden, die durch den Zusammenschluss kombiniert werden und so ein getreues Bild der wirtschaftlichen Realität durch die Umsatzzahlen dargestellt wird.[2] Art. 5 ist somit von entscheidender Bedeutung für die **Anwendbarkeit** der FKVO überhaupt.

---

[2] Vgl. Konsolidierte Mitteilung der Kommission zu Zuständigkeitsfragen gemäß der Verordnung (EG) Nr. 139/2004 des Rates über die Kontrolle von Unternehmenszusammenschlüssen, ABl. 2008

Art. 5. Berechnung des Umsatzes 2–4 **Art. 5 FKVO**

Ausschlaggebend für Handhabung und Auslegung von Art. 5 ist der Grundsatz der möglichst genauen **Widerspiegelung der wirtschaftlichen Stärke** der an dem Vorhaben beteiligten Unternehmen sowie die Vermeidung von Doppelzählungen.[3] Folglich wird der gesamte Konzernumsatz der im Sinne von Art. 5 Abs. 4 verbundenen Unternehmen einbezogen ebenso wie die Umsätze aus allen Tätigkeitsbereichen der beteiligten Unternehmen, unabhängig davon, ob diese Umsätze direkt bei dem Zusammenschluss eine Rolle spielen oder nicht. Innenumsätze sind abzuziehen. 2

Detaillierte Erläuterungen und Beispiele zur Umsatzberechnung nach Art. 5 finden sich in der „**Konsolidierten Mitteilung zu Zuständigkeitsfragen**".[4] 3

II. Relevante Umsätze (Art. 5 Abs. 1)

1. Umsätze mit Waren und Dienstleistungen

Nach Art. 5 Abs. 1 Unterabsatz 1 sind für die Umsatzberechnung die im letzten Geschäftsjahr mit Waren und Dienstleistungen erzielten Umsätze heranzuziehen. Bei **Waren** sind dies die Verkaufserlöse sämtlicher Handelsgeschäfte, die eine Eigentumsübertragung implizieren. Bei **Dienstleistungen** kommt es i.d.R. auf den Gesamtbetrag der mit dem Verkauf der Dienstleistungen erzielten Verkaufserlöse an. Besonderheiten sind zu beachten, wenn nicht die gesamte Dienstleistung direkt vom Unternehmen an seine Kunden erbracht wird.[5] In diesen Fällen sind als Umsatz i.d.R. nur die erzielte **Provision** oder andere **Kommissionszahlungen**[6] heranzuziehen, auch wenn etwa von einem Vermittler dem Endkunden der gesamte Betrag in Rechnung gestellt wird. Der Begriff des Vermittlers ist nach der Rechtsprechung eng auszulegen, da grundsätzlich der Umsatz auf „der Grundlage der Gesamtheit der Verkäufe zu bestimmen ist".[7] Daher liegt keine Vermittlungstätigkeit vor, wenn ein Vertriebsunternehmen die Kosten für den **Bezug von Energie** vom Hersteller an seine Kunden insofern unverändert weitergibt als die Vergütung für die Vertriebstätigkeit amtlich geregelt ist. Ausschlaggebend ist der Eigentumsübergang, während der Umstand, dass die Vergütung der Vertriebstätigkeit der Regulierung unterliegt nicht von Relevanz ist.[8] Auch die bloße Weiterverrechnung von **Speditionsleistungen** anderer (oftmals ausländischer) Spediteure durch ein Speditionsunternehmen etwa im Bahnfrachtgeschäft führt nicht dazu, dass das Unternehmen als reiner Vermittler angesehen wird und etwa nur seine eigene Speditionsleistung als Umsatz berücksichtigt wird.[9] Bei **Pauschal-** 4

C 95/1, mit der die Mitteilung über den Begriff des Zusammenschlusses (ABl. 1998 C 66/5), die Mitteilung über den Begriff des Vollfunktionsgemeinschaftsunternehmens (ABl. 1998 C 66/1), die Mitteilung über den Begriff der beteiligten Unternehmen (ABl. 1998 C 66/14) und die Mitteilung über die Berechnung des Umsatzes (ABl. 1998 C 66/25) ersetzt wurden, im Folgenden „Konsolidierte Mitteilung zu Zuständigkeitsfragen".

[3] Mitteilung der Kommission über die Berechnung des Umsatzes i.S.d. Verordnung (EWG) Nr. 4064/89 des Rates über die Kontrolle von Unternehmenszusammenschlüssen, ABl. 1998 C 66/25, im Folgenden „Mitteilung über die Berechnung des Umsatzes alt"; vgl. auch Konsolidierte Mitteilung zu Zuständigkeitsfragen, Rn. 168 und 188; Komm. E. v. 26. 8. 1996 Rs. IV/M.806 – *British Airways/TAT(II)*, WuW 1997, 134.

[4] ABl. 2008 C 95/1, insbesondere Abschnitt IV. UMSATZ, Rn. 157 ff.

[5] Vgl. Konsolidierte Mitteilung zu Zuständigkeitsfragen, Rn. 158 f.

[6] Komm. E. v. 20. 7. 1994 Rs. IV/M.473 – *Pechiney World Trade/Minemet*, WuW 1994, 922, Rn. 10; siehe auch 24. WB 1994 Rn. 268; zur Einbeziehung von Umsätzen aus Franchise vgl. Komm. E. v. 9. 7. 1997 Rs. IV/M.940 – *UBS/Mister Minit*, WuW 1997, 805.

[7] EuG U. v. 14. 7. 2006, Rs. T-417/05 – *Endesa/Kommission*, Rn. 211.

[8] Ibid. Rn. 211 ff.

[9] Der Fall betraf das Zusammenschlussverfahren *Cargo Austria/MÁV Cargo*, das zunächst am 15. 1. 2008 bei den österreichischen und ungarischen Wettbewerbsbehörden angemeldet wurde. Nachdem die österreichische Bundeswettbewerbsbehörde die Phase II in Österreich eröffnet hatte, erfolgte ein

reisen wird nach Kommissionspraxis demgegenüber der gesamte vom Endkunden gezahlte Betrag dem Reiseveranstalter zugerechnet, da dieser i. d. R. das Reisebüro als Vertriebsnetz einsetzt. Bei **Medienagenturen** wiederum sollen dem Fernsehsender oder einer Zeitung lediglich die tatsächlich für die Werbung eingenommenen Beträge zugerechnet werden, nicht jedoch die von der Medienagentur erzielte Provision (obwohl beides dem Werbe-(end)kunden in Rechnung gestellt wird), da Medienagenturen nicht als Vertriebskanal der Fernsehsender fungieren, sondern vom Werbekunden ausgewählt werden.[10]

Besonderheiten ergeben sich bei Kreditinstituten und Versicherungen (Art. 5. Abs. 3).[11] Im Unterschied zu anderen Rechtsordnungen sind jedoch keine Sonderregeln für Medienunternehmen vorgesehen;[12] ebensowenig gibt es eine mit § 38 Abs. 2 GWB vergleichbare ³/₄-Regel für Handelsumsätze.

2. Der normale geschäftliche Tätigkeitsbereich

5   Art. 5 Abs. 1 Satz 1 bestimmt, dass nur Umsätze aus dem normalen geschäftlichen Tätigkeitsbereich der beteiligten Unternehmen heranzuziehen sind. Der Begriff wird in der FKVO nicht näher ausgeführt. Grundsätzlich ist jedoch von einer weiten Auslegung des Begriffs auszugehen. Der formale **Unternehmensgegenstand** kann wichtige Hinweise liefern, ist jedoch nicht allein ausschlaggebend. So hat die Kommission im Fall *Accor/Wagons-Lits*[13] und offenbar nunmehr auch im Fall *RCA/MÁV Cargo*[14] auch die Position „sonstige Betriebsergebnisse" (Erlöse aus Gebrauchtwagenverkäufen sowie Herstellermengenrabatte beim Kauf von Neufahrzeugen)[15] mitberücksichtigt. Ausdrücklich wird in der konsolidierten Mitteilung zu Zuständigkeitsfragen erwähnt, dass die Posten „Finanzerträge" oder „außerordentliche Erträge" (insbesondere wenn sie aus dem Verkauf von Geschäftsbereichen oder Anlagevermögen stammen) i. d. R. nicht in die Umsatzberechnung miteinzubeziehen sind.[16] In diesem Sinne entsprechen auch Erträge aus **Miete und Pacht** häufig nicht dem normalen geschäftlichen Tätigkeitsbereich und können außer Acht bleiben, wenn sie nicht vom Unternehmensgegenstand mit umfasst sind oder ihnen in Verbindung mit anderen Vermögenswerten (Arbeitsverhältnisse, Warenbestand) marktrelevanter Umsatz

---

Rückzug der nationalen Anmeldungen und eine Anmeldung auf Form CO bei der Europäischen Kommission (vgl. Pressemitteilung der österreichischen Bundeswettbewerbsbehörde („BWB") vom 15. 1. 2008 sowie vom 5. 3. 2008, abzurufen auf der Homepage der BWB unter www.bwb.gv.at/). Diese gab den Fall schließlich mit Auflagen in Phase I am 25. 11. 2008 in Phase I frei (vgl. Kommission, Press Release IP/08/1769 vom 25. 11. 2008). Neben anderen Punkten wurde die Frage behandelt, ob die im Bahnfrachtgeschäft übliche Vorgangsweise der Weiterverrechnung von Speditionsleistungen vor allem ausländischer Spediteure (im vorliegenden Fall beispielsweise Speditionsleistungen der französischen oder deutschen Bahn) als Umsatz des inländischen (hier österreichischen) Spediteurs (RCA) anzusehen sind oder nur dessen eigene Speditionsleistung als Umsatz i. S. v. Art. 5 einzubeziehen ist. Im vorliegenden Fall wurde der gesamte Umsatz, also inkl. der im Ausland zugekauften Speditionsleistungen als Umsatz des österreichischen Spediteurs angesehen, was mit dazu geführt hat, dass die Umsatzgrenze von EUR 5 Mrd. durch das Vorhaben erreicht wurde.

[10] Zur Kritik der Ungleichbehandlung von Provisionen und Handelsspanne *Immenga/Körber* in: Immenga/Mestmäcker, EG-WbR Art. 5 FKVO; V., Rn. 9.

[11] Siehe dazu unten Rn. 32f., 36f.

[12] Vgl. etwa § 38 Abs. 2 GWB; § 9 Abs. 3 KartG 2005.

[13] Komm. E. v. 28. 4. 1992 Rs. IV/M.126 – *ACCOR/Wagons-Lits*, ABl. L 204/1 = WuW 1992, 224.

[14] Vgl. Kommission, Press Release IP/08/1769 vom 25. 11. 2008; Pressemitteilung der österreichischen Bundeswettbewerbsbehörde vom 15. 1. 2008 sowie vom 5. 3. 2008.

[15] Vgl. dazu offenbar andere Meinung *Drauz/Schröder*, S. 8.

[16] Zu Besonderheiten in Fällen, in denen eine Unternehmenseinheit veräußert wird (etwa im Rahmen eines Outsourcings), die bisher nur konzerninterne Erträge hatte – siehe unten unter 5. Innenumsätze.

zugeordnet werden kann.[17] Welche Position außer Acht gelassen werden können, ist jeweils nur im Einzelfall zu beurteilen und kann bei verschiedenen Unternehmen zu unterschiedlichen Ergebnissen führen. So sind beispielsweise Mieteinnahmen von Bahnunternehmen die durch die Vermietung von Gebäuden an Bahnhöfen entstehen, dem normalen Geschäftsbereich zuzuordnen.[18] In der Praxis wird in den meisten Fällen auf den **Jahresabschluss** abgestellt, wobei häufig (aber nicht nur wie der Fall RCA/MÁV Cargo zeigt) bei Unternehmen mit Sitz außerhalb der Gemeinschaft oftmals Anpassungen notwendig sind. Bei Unternehmen aus der Gemeinschaft ist durch die Richtlinie über den Jahresabschluss[19] eine weitgehende Harmonisierung eingetreten.

In Einzelfällen kann sich die Frage der Einbeziehung von **Beihilfen** stellen. Auch hier muss die Beihilfe auf die normale geschäftliche Tätigkeit des betreffenden Unternehmens bezogen sein, sodass sie sich letztlich auf den Preis auswirkt (z. B. Verbrauchsbeihilfe). Eine Voraussetzung ist auch, dass das Unternehmen die Beihilfe selbst empfängt.[20]

3. Relevanter Zeitraum

Heranzuziehen sind die Umsätze der beteiligten Unternehmen im **letzten abgeschlossenen Geschäftsjahr vor dem Zusammenschluss.** Die Konsolidierte Mitteilung zu Zuständigkeitsfragen präzisiert hier als **Stichtag** für die Feststellung der Zuständigkeit das Datum des zuerst eintretenden der folgenden Ereignisse: Abschluss des rechtsverbindlichen Vertrages, Veröffentlichung des Übernahmeangebots, Erwerb einer Kontrollbeteiligung oder erste Anmeldung.[21] Diese Grundregel ist insbesondere auch dann von Bedeutung, wenn ein Zusammenschluss etwa knapp nach Ablauf eines Kalenderjahres vollzogen wird und sich die Frage stellt, ob zwischen Vertragsabschluss und Vollzug eine Änderung der Zuständigkeit eintreten kann etwa aufgrund der Bezugnahme auf das „jüngere" Geschäftsjahr, wenn diesen deutlich höheren oder deutlich verminderter Umsätze erzielt wurden. Diesbezügliche Unsicherheiten werden nunmehr durch die Konsolidierte Mitteilung zu Zuständigkeitsfragen beseitigt.[22]

In der Regel ist bei der Bezugnahme auf das letzte Geschäftsjahr auf den letzten geprüften Jahresabschluss abzustellen. Davon kann nur bei Vorliegen von außergewöhnlichen Umständen (für die die beteiligten Unternehmen die Beweislast tragen) abgewichen werden.[23] Der Fall *Endesa/Kommission*[24] zeigt, dass einem geprüften Abschluss besonderes Gewicht zukommt der Umsatz der betroffenen Unternehmen auf der Grundlage von „zuverlässigen, objektiven und klar erkennbaren Zahlen berechnet werden muss".[25] Abwei-

---

[17] Vgl. Komm. E. v. 26. 6. 1997 Rs. IV/M.890 – *Blokker/Toys „R" US*, ABl. 1998 L 316/1 = WuW 1999, 81.

[18] Vgl. auch den Fall *MÁV Cargo/Rail Cargo* (vgl. Kommission, E. v. 25. 11. 2008 Rs. COMP/M.5096 *RCA/MÁV Cargo*, vgl. Press Release IP/08/1769 vom 25. 11. 2008). Auch dort spielte die Frage, welche Tätigkeiten die gemäß Jahresabschluss in der Position „sonstige Betriebsergebnisse" enthalten waren dem normalen geschäftlichen Tätigkeitsbereich zugerechnet werden mussten, eine wesentliche Rolle, da sich letztendlich nur durch die Hinzurechnung einiger Positionen der sonstigen Betriebsergebnisse, knapp ein Umsatz von mehr als EUR 5 Mrd. ergab. Welche Positionen konkret strittig waren, ist leider nicht veröffentlicht.

[19] Vierte Richtlinie 78/660/EWG des Rates vom 25. Juli 1978 aufgrund von Art. 54 Abs. 3 Buchstabe g) des Vertrages über den Jahresabschluss von Gesellschaften bestimmter Rechtsformen ABl. L 222/11 vom 14. 8. 1978, zuletzt geändert durch RL 99/60 ABl. L 162/65 vom 26. 6. 1999.

[20] Vgl. Komm. E. v. 27. 11. 1991 Rs. IV/M.156 – *Cereol/Continentale Italiana*, ABl. 1992 L 204/1 = WuW 1992, 320; Konsolidierte Mitteilung zu Zuständigkeitsfragen, Rn. 162.

[21] Vgl. Konsolidierte Mitteilung zu Zuständigkeitsfragen, Rn. 156.

[22] Vgl. Konsolidierte Mitteilung zu Zuständigkeitsfragen, Rn. 154 ff.

[23] Vgl. EuGH U. v. 14. 7. 2006 Rs T-417/05 *Endesa/Kommission*, Rn. 101 ff.

[24] EuGH U. v. 14. 7. 2006 Rs. T-417/05.

[25] Ibid, Rn. 146.

chungen im Sinne der genannten außergewöhnlichen Umstände können nur berücksichtigt werden, um einer „prinzipiellen Änderung der wirtschaftlichen Lage des Unternehmens" Rechnung zu tragen[26]. Solche außergewöhnlichen Umstände sind „bedeutende und anhaltende Änderungen" der wirtschaftlichen Lage der beteiligten Unternehmen (An- und Verkäufe, Nachprüfung der Abschlüsse, Werksstilllegungen), nicht jedoch etwa eine Änderung des Rechnungslegungsstandards selbst. Anpassungen von einmal geprüften Abschlüssen sind auf das „strikt Unerlässliche" zu beschränken.[27] Liegt zum Zeitpunkt der Anmeldung noch kein geprüfter Jahresabschluss für das vorangegangene Geschäftsjahr vor, so kann auch auf das vorhergehende Jahr zurückgegriffen werden. In Einzelfällen, insbesondere wenn größere Abweichungen zwischen den Abschlüssen beider Jahre bestehen, können auch die **vorläufigen Zahlen** des letzten Jahres berücksichtigt werden.[28] In Ausnahmefällen hat die Kommission auch Schätzungen akzeptiert.[29] Dies gilt insbesondere für die geographische Zuordnung, über die die Jahresabschlüsse im Allgemeinen keinen Aufschluss geben.[30] In Sonderfällen wie Großprojekte mit sehr langer Laufzeit wurde auch erwogen, auf den Durchschnitt der letzten drei Jahre abzustellen.[31]

8   **Anpassungen** sind im Hinblick auf Übernahmen und Veräußerungen vorzunehmen, die erst nach Prüfung des Jahresabschlusses stattgefunden haben oder nicht in diese eingeflossen sind, um dauerhafte Änderungen der wirtschaftlichen Realität aber nicht etwa eine Änderung der Rechnungslegungsvorschriften entsprechend zu berücksichtigen.[32] In diesem Sinn sind Umsätze von Unternehmensteilen oder Tochtergesellschaften, die zwischen Abschlussprüfung und Anmeldung veräußert wurden, abzuziehen, während Umsätze von neu erworbenen Gesellschaften hinzugezählt werden müssen. Grundsätzlich muss der betreffende Vorgang zum Zeitpunkt der Anmeldung bereits abgeschlossen sein. Sollen Unternehmensteile erst nach Abschluss der (angemeldeten) Fusionsvereinbarung veräußert werden, so ist der auf diesen Unternehmensteil fallende Umsatz auch dann für die Anmeldung zu berücksichtigen, wenn die Veräußerung unmittelbar bevorsteht.[33] Daran ändert sich auch nichts, wenn der Verkauf des entsprechenden Unternehmensteiles, wie im Fall *MCI World Com/Sprint* oder andere Änderungen, wie im Fall *Cementbouw Handel & Industrie B. V.*[34] als Zusage im laufenden Fusionskontrollverfahren angeboten wird, da jeweils auf den Zeitpunkt der Fusionsvereinbarung abgestellt wird.[35] Ist die Veräußerung oder Stilllegung eine Voraussetzung für die Transaktion,[36] oder besteht z. B. aufgrund einer vorangegangenen Genehmigungsentscheidung kein Zweifel daran, dass der Zusammenschluss alsbald vollzogen wird,[37] so muss der Umsatz jedoch abgezogen werden. Unberücksichtigt bleiben

---

[26] Ibid, Rn. 132.
[27] Ibid, Rn. 179 f.
[28] Konsolidierte Mitteilung zu Zuständigkeitsfragen, Rn. 170.
[29] *Drauz/Schröder*, S. 16.
[30] Konsolidierte Mitteilung zu Zuständigkeitsfragen, Rn. 195.
[31] Siehe dazu auch Rn. 12.
[32] Konsolidierte Mitteilung zu Zuständigkeitsfragen, Rn. 172 ff.; vgl. Komm. E. v. 16. 6. 1997 Rs. IV/M.936 – SIEBE/APV, ABl. 1997 C 274/7 und Komm. E. v. 13. 1. 1999 Rs. IV/M.1380 – SIEBE/BTR, ABl. 1999 C 068/10.
[33] Vgl. dazu kritisch *Wessely* in: Münchner Kommentar zum europäischen und deutschen Wettbewerbsrecht, Art. 5 FKVO, Rn. 25.
[34] EuGH U. v. 26. 4. 2007, Rs C 202/06P, Rn. 31 ff.
[35] Vgl. Komm. E. v. 21. 9. 1995 Rs. IV/M.632 – *Rhône Poulenc Rorer/Fisons,* WuW 1996, 109; Komm. E. v. 28. 6. 2000 Rs. COMP/M.1741 – *MCI WorldCom/Sprint,* ABl. 2003 L 300/1 = WuW 2000, 989; siehe auch EuG U. v. 28. 9. 2004 Rs. T-310/00 – *MCI/Kommission.*
[36] EuG U. v. 24. 3. 1994 Rs T-3/93 – *Air France/Kom.* Slg. 1994, II-121; Komm. E. v. 11. 11. 1996 Rs. IV/M.812 – *Allianz/Vereinte,* WuW 1997, 136; Komm. E. v. 28. 6. 2000 Rs. Comp/M.1741 – *MCI WorldCom/Sprint,* ABl. 2003 L 300/1 = WuW 2000, 989; siehe auch EuG U. v. 28. 9. 2004 Rs. T-310/00 – *MCI/Kommission.*
[37] Komm. E. v. 31. 1. 2000 Rs. COMP/M.1821 – *BellSouth/VRT (E-Plus),* WuW 2000, 264.

dagegen vorübergehende Beeinflussungen des Umsatzes wie z. B. nachlassende Auftragseingänge oder eine Verlangsamung des Produktionsprozesses.[38]

4. Geographische Zurechnung

Die Schwellenwerte des Art. 1 unterscheiden zwischen weltweiten, gemeinschaftsweiten Umsätzen und zwischen Umsätzen, die innerhalb eines bestimmten Mitgliedstaates erzielt werden. Der Umsatz muss daher – auch zur Anwendung der Zweidrittelregel – einem bestimmten Gebiet zugerechnet werden. Dabei kommt es nach Art. 5 Abs. 1 Unterabsatz 2 auf den Ort an, an dem sich der Kunde bzw. der Käufer der Waren bzw. der Bezieher der Dienstleistungen befindet. Ausschlaggebend ist somit grundsätzlich der **Standort des Kunden.** Dieser Grundsatz ergibt sich daraus, dass der Umsatz dem Ort, an dem der Wettbewerb mit alternativen Lieferanten stattfindet, zugerechnet werden soll.[39] Fallen beim Verkauf von Waren der Ort der Rechnungsanschrift, der Lieferung und der Ort, an dem sich der Kunde zum Zeitpunkt des Vertragsabschlusses befindet auseinander, so gehen der Ort des Vertragsabschlusses und der Lieferung dem der Rechnungsanschrift vor. Im Verhältnis zwischen Ort des Vertragsabschlusses und Lieferung geht jener Ort vor, an dem der Wettbewerb beim Verkauf der Waren stattfindet.[40] Dies gilt prinzipiell auch für multinationale Unternehmen, die eine gemeinschaftsweite Einkaufsstrategie dahingehend verfolgen, dass sie ihren gesamten Bedarf an Waren oder Dienstleistungen von einem Standort aus decken. Die Tatsache, dass diese Waren oder Dienstleistungen anschließend in verschiedenen Betrieben in verschiedenen Mitgliedstaaten eingesetzt werden, ändert nichts daran, dass der Umsatz lediglich dort zugerechnet wird, wo der Gesamteinkauf vorgenommen wird.[41] Gibt es jedoch direkte Beziehungen zwischen Tochtergesellschaften und dem Verkäufer, d. h. die Waren werden direkt an die Tochtergesellschaften geliefert, ist der Umsatz den Mitgliedstaaten zuzurechnen, in denen sich die Tochtergesellschaften befinden. Auch wenn der Vertrag zentral geschlossen wird, ist im Fall der „Direktbelieferung" der Ort, an dem sich die belieferten Tochtergesellschaften befinden, ausschlaggebend.

Hinsichtlich der Erbringung von Dienstleistungen hat die Kommission in ihrer Konsolidierten Mitteilung zu Zuständigkeitsfragen eine Einteilung der Dienstleistungen mit grenzüberschreitenden Elementen in drei Kategorien vorgenommen. Der ersten Kategorie werden jene Fälle zugeordnet, in denen der Dienstleister seinen Ort verändert, der zweiten Kategorie jene Fälle, in denen der Kunde seinen Ort verändert. Im Ergebnis wird für beide Kategorien der Umsatz jenem Ort zugerechnet, an dem die Dienstleistung dann tatsächlich an den Kunden erbracht wird. Von der dritten Kategorie sind jene Fälle umfasst, in denen schließlich weder Dienstleister noch Kunde ihren Ort ändern müssen. Der Umsatz wird hier im Allgemeinen dem Ort des Kunden zugerechnet.[42]

Im Ergebnis bedeutet dies, dass mit dieser Regelung die „gemeinschaftsweite Bedeutung" eines Zusammenschlussvorhabens und damit die Begründung der Zuständigkeit nach der FKVO ausschließlich **absatzseitig** begründet wird. Nicht erfasst wird eine gemeinschaftsweite Bedeutung aufgrund der Einkaufsmacht bzw. aufgrund von Umsätzen am Beschaffungsmarkt. Schließen sich daher zwei Unternehmen zusammen, die ihre Waren ausschließlich in Deutschland verkaufen, ihre Produktionsmittel oder Waren jedoch in fünf verschiedenen Mitgliedstaaten einkaufen, werden die getätigten Umsätze ausschließlich in Deutschland und damit nur einem einzigen Mitgliedstaat zugerechnet. Die FKVO ist in diesem Fall nicht anwendbar, obwohl mehrere Mitgliedstaaten von dem Zusammenschluss betroffen sind. Umgekehrt werden jedoch Zusammenschlüsse von Unternehmen mit Sitz

---

[38] Konsolidierte Mitteilung zu Zuständigkeitsfragen, Rn. 174.
[39] Konsolidierte Mitteilung zu Zuständigkeitsfragen, Rn. 196.
[40] Konsolidierte Mitteilung zu Zuständigkeitsfragen, Rn. 197.
[41] Konsolidierte Mitteilung zu Zuständigkeitsfragen, Rn. 198.
[42] Konsolidierte Mitteilung zu Zuständigkeitsfragen, Rn. 199.

außerhalb der Gemeinschaft erfasst, wenn sie durch Exporte in die EU den entsprechenden gemeinschaftsweiten Umsatz erzielen.

11 Die geographische Zurechnung kann u. U. schwierig sein. **Sonderfälle** bilden beispielsweise Kurier- und Eilzustellungen,[43] dort wird i. d. R. auf das Land des Absenders, der zumeist den Transport bezahlt, abgestellt. Bei Pauschalreisen ist ebenfalls der Ort des Kunden, an dem auch der eigentliche Wettbewerb stattfindet, ausschlaggebend. Bei Pauschalreisen wird daher ebenso wie bei Softwarelieferungen oder Filmvertrieb, bei denen außerhalb der Gemeinschaft produziert, aber in die Gemeinschaft geliefert wird, eine Einordnung in die dritte Kategorie vorgenommen.[44] Im Bereich Luftverkehr hingegen wird nicht immer automatisch der Umsatz dem Standort des Kunden zugerechnet. Als mögliche Anknüpfungspunkte hat die Kommission bis dato den Zielort des Fluges, eine Aufteilung zwischen Herkunftsland und Bestimmungsland sowie den Ort des Ticketverkaufs in Erwägung gezogen.[45] Bei Internetgeschäften, bei denen die Ware oder Dienstleistung nicht über das Internet geliefert wird, ist der Ort der Durchführung der charakteristischen Handlung des Vertrags zugrunde zu legen.[46] Die Allokation nach dem Standort des Kunden gilt grundsätzlich auch bei Telekommunikationsdienstleistungen. Dort wird i. d. R. auf den Ort abzustellen sein, an dem die Verbindung angewählt wurde.[47] Für die Einordnung von Anrufzustelldiensten im Bereich der Telekommunikation gibt es laut Kommission Gründe, diese nicht in die dritte Kategorie einzuordnen. So sei laut Kommission in Fällen, in denen ein Anruf von einem europäischen Betreiber stammt und in die Vereinigten Staaten zugestellt wird, die Dienstleistung vom Betreiber des amerikanischen Netzes an den europäischen Betreiber in den Vereinigten Staaten erbracht. Das sei dann auch der Ort, an dem der Wettbewerb stattfindet.[48]

12 Weiters hat die Kommission in der Vergangenheit etwa bei einer Fakturierung in einem **Land außerhalb der Europäischen Union** (z. B. aus steuerlichen Gründen) den Umsatz dennoch im Gebiet der Europäischen Union zugerechnet, wenn das tatsächliche Management des Unternehmens innerhalb der Europäischen Union erfolgt.[49] Umgekehrt kann bei einer Fakturierung z. B. über einen in der Europäischen Union ansässigen Generalunternehmer für in Afrika realisierte Großbauprojekte der Umsatz bei wirtschaftlicher Betrachtung außerhalb der Europäischen Union zuzurechnen sein. Bei über mehrere Jahre laufenden Großprojekten kann auch die zeitliche Zuordnung schwierig sein, nämlich immer dann, wenn aufgrund der Langfristigkeit der Projekte der Umsatz sehr stark schwankt. In solchen Fällen kann die Lösung darin bestehen, dass auf den Durchschnitt der letzten drei Jahre abgestellt wird.[50] Besondere Regeln gelten bei der Berechnung der Umsätze von Finanzdienstleistungen und Versicherungen.[51]

---

[43] Komm. E. v. 2. 12. 1991 Rs. IV/M.102 – *TNT/GD NET,* WuW 1992, 320.

[44] Konsolidierte Mitteilung zu Zuständigkeitsfragen, Rn 200.

[45] Komm. E. v. 13. 9. 1991 Rs. IV/M.130 – *Delta Airlines/Pan Am,* WuW 1991, 892; Komm. E. v. 5. 10. 1992 Rs. IV/M.157 – *Air France/Sabena,* WuW 1992, 1015; Komm. E. v. 27. 11. 1992 Rs. IV/M.259 – *British Airways/TAT,* WuW 1993, 37; Komm. E. v. 17. 2. 1993 Rs. IV/M.111 – *British Airways/Dan Air,* WuW 1993, 286; zuletzt Komm. E. v. 23. 3. 2000 Rs. IV/M.1855 – *Singapore Airlines/Virgin Atlantic* ABl. 2002 C 110/8; *Immenga/Körber* in: Immenga/Mestmäcker EG-WbR Art. 5 FKVO, V., Rn. 30 und *Drauz/Schröder,* S. 17 für die Zugrundelegung des Orts des Ticketverkaufs.

[46] Konsolidierte Mitteilung zu Zuständigkeitsfragen, Rn. 196.

[47] Komm. E. v. 17. 11. 1997 Rs. IV/M.1037 – *Nomura/Blueslate,* Rn. 15, ABl. 1998 C 118/4; vgl. auch *Wagemann* in: Wiedemann, Die EG-Fusionskontroll-Verordnung § 15, Rn. 108.

[48] Vgl. konsolidierte Mitteilung zu Zuständigkeitsfragen, Rn. 202.

[49] Komm. E. v. 29. 9. 2000 Rs. COMP/M.1879 – *Boing/Hughes,* ABl. 2004 L 63/53 = WuW 2000, 1088.

[50] Die betreffenden Projekte wurden aus nicht in der Fusionskontrolle liegenden Gründen nicht realisiert.

[51] Vgl. Rn. 32 ff.

5. Innenumsätze

Nach Art. 5 Abs. 1 Satz 2 wird der konzerninterne Umsatz zwischen im Sinne von Abs. 4 verbundenen Unternehmen abgezogen. Für die Ermittlung der Umsätze nach Art. 1 ist daher nur der marktwirksame Umsatz heranzuziehen.[52] Eine Besonderheit ergibt sich in den Fällen, in denen eine Unternehmenseinheit verkauft wird, die bisher nur konzerninterne Erträge erzielt hat (beispielsweise im Falle eines Outsourcings). In diesen Fällen wird die Kommission den Umsatz auf der Grundlage des vorherigen konzerninternen Umsatzes oder öffentlich notierter Preise oder aber im Falle, dass keine solche Marktbewertung möglich ist, einen voraussichtlich (in der Zukunft) zu erzielenden Umsatz heranziehen.[53]

Besonderheiten sind im Falle von **Gemeinschaftsunternehmen** zu beachten. Nach Art. 5 Abs. 5 Buchstabe a) werden die Umsätze der beteiligten Unternehmen, die diese mit einem von ihnen gemeinsam kontrollierten Gemeinschaftsunternehmen tätigen, bzw. Umsätze aus Lieferungen und Leistungen zwischen dem Gemeinschaftsunternehmen und Konzernunternehmen der beteiligten Unternehmen nicht eingerechnet. Die Grundsätze sind auch auf Gemeinschaftsunternehmen zwischen beteiligten Unternehmen und Dritten (sofern der Umsatz Berücksichtigung gem. Art. 5, Abs. 4 Buchstabe b findet)[54] anwendbar, sodass auch der Umsatz zwischen einem beteiligten Unternehmen und einem mit einem Dritten gemeinsam kontrollierten Gemeinschaftsunternehmen als Innenumsatz i. S. von Art. 5 definiert wird und daher nicht zu berücksichtigen ist. Im Ergebnis bedeutet dies, dass Umsätze mit Gemeinschaftsunternehmen immer als Innenumsätze gelten und abgezogen werden können.[55]

6. Abzug von Rabatten, Steuern und Abgaben

Bei der Umsatzberechnung werden nach Art. 5 Abs. 1 Satz 1 sämtliche Erlösschmälerungen, die Mehrwertsteuer und andere unmittelbar auf den Umsatz bezogene Steuern abgezogen. Unter **Erlösschmälerungen** versteht die Kommission absatzbezogene „Abschläge, Rabatte und Vergütungen", die den Kunden gewährt werden und die „den Verkaufserlös direkt beeinflussen".[56] Darunter fallen insbesondere verschiedene Preisnachlässe, aber auch Abfindungsbeiträge und Gutschriften.[57] Zu den **umsatzbezogenen Steuern** gehören insbesondere indirekte Steuern wie Alkohol- und Getränkesteuer, Tabak- und Mineralölsteuern.[58]

7. Umrechnung in EURO

Die entsprechenden Umsatzzahlen sind in Euro anzugeben. Die Kommission weist in ihrer Mitteilung ausdrücklich darauf hin, dass die Umrechnung von Fremdwährungen **zum Durchschnittskurs**[59] der heranzuziehenden **zwölf Monate** zu erfolgen hat und nicht etwa Quartals-, Monats- oder Wochenkomponenten herangezogen werden dürfen.

---

[52] Konsolidierte Mitteilung zu Zurechnungsfragen, Rn. 167.
[53] Vgl. Konsolidierte Mitteilung zu Zuständigkeitsfragen, Rn. 163.
[54] Nach Art. 5 Abs. 5 Buchstabe b) sind die Außenumsätze zwischen Gemeinschaftsunternehmen und Dritten zu berücksichtigen und auf die beteiligten Unternehmen zu gleichen Teilen aufzuteilen.
[55] Siehe dazu unten ab Rn. 18 ff sowie Konsolidierte Mitteilung zu Zurechnungsfragen, Rn. 168.
[56] Konsolidierte Mitteilung zu Zurechnungsfragen, Rn. 165.
[57] *Löffler* in: Langen/Bunte, Kommentar zum deutschen und europäischen Kartellrecht, Art. 5 FKVO, Rn. 6; *Immenga/Körber* in: Immenga/Mestmäcker, EG-WbR Art. 5 FKVO, V., Rn. 15.
[58] Konsolidierte Mitteilung zu Zurechnungsfragen, Rn. 166; zur Frage der Abzugsfähigkeit von Mengensteuern und zum Steuerabzug auf allen Handelsstufen siehe insbesondere *Immenga/Körber* Art. 5 FKVO, Rn. 16 ff.
[59] Erhältlich auf den Internetseiten der Generaldirektion Wettbewerb.

Als Basis für die Umrechnung dient jeweils der geprüfte konsolidierte Abschluss des betreffenden Unternehmens und nicht direkt die in den verschiedenen Währungen erzielten Umsätze.[60]

III. Erwerb von Unternehmensteilen (Art. 5 Abs. 2)

1. Unternehmensteile

16 Art. 5 Abs. 2 bestimmt, dass im Falle einer Veräußerung von Unternehmensteilen nur der Umsatz zu berücksichtigen ist, der auf die veräußerten Teile entfällt.[61] Dies gilt unabhängig davon, ob der betreffende Teil eigene Rechtspersönlichkeit besitzt oder nicht. Damit werden **sowohl asset als auch share deals** erfasst.[62] Voraussetzung ist, dass dem veräußerten Unternehmensteil klar ein **marktrelevanter Umsatz** zugeordnet werden kann.

Außer Acht bleiben hingegen die verbleibenden **Umsätze des Veräußerers,** es sei denn, ihm kommt weiterhin Mitkontrolle im Sinne der gemeinsamen Kontrolle nach Art. 3 Abs. 2 zu. Behält der Veräußerer hingegen nur eine Minderheitsbeteiligung ohne Kontrollrechte, so werden seine Umsätze nicht einbezogen.[63]

2. Gestaffelte Transaktionen

17 Art. 5 Abs. 2 Unterabsatz 2 bestimmt, dass „zwei oder mehr Erwerbsvorgänge im Sinne des Unterabsatzes 1, die innerhalb von zwei Jahren zwischen denselben Personen oder Unternehmen getätigt werden, als ein einziger Zusammenschluss anzusehen sind". Damit soll verhindert werden, dass es durch die gestaffelte Umsetzung einer Transaktion („Salamitaktik"), bei der die einzelnen veräußerten Teile die Umsatzschwellen nicht erreichen, zu einer Nichtanwendung der FKVO, gegebenenfalls auch zu einer Umgehung kommt.[64] Grundsätzlich ist davon auszugehen, dass Teilerwerbe – auch wenn sie zeitlich auseinanderliegen – anzumelden sind, wenn sie zwischen denselben Personen oder Unternehmen einschließlich verbundener Unternehmen stattfinden, die Schwellenwerte insgesamt überschritten werden und die genannten Vorgänge innerhalb von zwei Jahren liegen und auch die selbe Art von Kontrolle erworben wird (also entweder alleinige oder gemeinsame Kontrolle).[65]

---

[60] Konsolidierte Mitteilung zu Zurechnungsfragen, Rn. 204 f.
[61] Vgl. dazu auch Konsolidierte Mitteilung zu Zurechnungsfragen, Rn. 136.
[62] Vgl. etwa Komm. E. v. 9. 3. 1994 Rs. IV/M.409 – *ABB/Renault Automation*, WuW 1994, 648; Komm. E. v. 14. 10. 1994 Rs. IV/M.497 – *Matra Marconi Space/Satcomms*, WuW 1995, 209.
[63] Komm. E. v. 17. 12. 1990 Rs. IV/M.27 – *Promodes/DIRSA*, WuW 1991, 196; Komm. E. v. 2. 9. 1991 Rs. IV/M.129 – *Digital/Philips*, WuW 1991, 891; Komm. E. v. 17. 8. 1992 Rs. IV/M.253 – *BTR/Pirelli*, WuW 1992, 921; Komm. E. v. 3. 4. 1995 Rs. IV/M.539 – *Allianz/Elvia/Lloyd Adriatico*, WuW 1995, 818.
[64] Vgl. dazu insbesondere Konsolidierte Mitteilung zu Zuständigkeitsfragen, Rn. 49 f., Rn. 136 f.; EuG U. v. 23. 2. 2006 Rs. T-282/02-*Cementbouw/Kommission* Slg.2006, II-319, Rn. 102 ff.
[65] Vgl. Konsolidierte Mitteilung zu Zuständigkeitsfragen, Rn. 49 f.; Komm. E. v. 24. 8. 1998 Rs. IV/M.1283 – *Volkswagen/Rolls-Royce/Cosworth*, WuW 1998, 962; Komm. E. v. 13. 9. 1993 Rs. IV/M.366 – *Alcatel/STC*, WuW 1994, 38; Komm. E. v. 30. 5. 1994 Rs. IV/M.429 – *Winterthur/DBV,* WuW 1994, 843; Komm. E. v. 22. 10. 1991 Rs. IV/M.137 – *Bank America/Security pacific,* WuW/E Ev 1772; Komm. E. v. 28. 11. 1994 Rs. IV/M.522 – *Skandinavian Project,* WuW 1995, 390; Komm. E. v. 9. 3. 1994 Rs. IV/M.409 – *ABB/Renault Automation,* WuW 1994, 648; Komm. E. v. 28. 7. 1994 Rs. IV/M.479 – *Ingersoll-Rand/MAN,* WuW 1994, 923; Komm. E. v. 3. 9. 1992 Rs. IV/M.261 – *Volvo/Lex (2),* WuW 1992, 921; Komm. E. v. 26. 2. 2002 Rs. COMP/M.2639 – *Compass/Restorama/Rail Gourmet/Gourmet NOVA,* WuW 2002, 486; Komm. E. v. 13. 12. 2002 Rs. COMP/M.3004 – *Bravida/Semco/Prenad/Totalinstallatören/Backlunds,* ABl. 2003 C 015/12.

Keine Voraussetzung dafür ist, dass die Transaktion ein und desselben Geschäftsbereich oder auch nur denselben Wirtschaftszweig betreffen.[66]

Allerdings kann es in manchen Fällen gerade im Interesse der beteiligten Unternehmen liegen, dass eine Zusammenrechnung stattfindet und so die Anwendbarkeit der FKVO begründet wird. Ausschlaggebend dafür, ob die verschiedenen Vorgänge zusammenzufassen sind, ist das Vorliegen eines **„einheitlichen Zusammenschlusses"**.[67] Ein einheitlicher Zusammenschluss kann auch dann vorliegen, wenn die Voraussetzungen des Art. 5 Abs. 2 Unterabsatz 2 nicht gegeben sind. Damit dennoch eine gemeinsame Anmeldung vorgenommen werden kann, müssen die betreffenden Vorgänge in diesem Fall durch eine Bedingung miteinander verknüpft sein. In diesem Sinne ist wohl auch Erwägungsgrund 20 FKVO zu verstehen, wo ausdrücklich festgehalten wird, dass Erwerbsvorgänge, die eng miteinander verknüpft sind, *„weil sie durch eine Bedingung miteinander verbunden sind"*, als ein einziger Erwerbsvorgang anzusehen sind. Eine einheitliche Anmeldung oder auch ein einheitliches Vertragswerk reichen aber regelmäßig nicht aus, eine Zusammenrechnung zu begründen.[68] In diesem Sinne werden bei Kontrollerwerb durch Anteilstausch oder bei der Trennung von Gemeinschaftsunternehmen i.d.R. zwei getrennte Zusammenschlüsse angenommen.[69]

Die **Anmeldepflicht entsteht mit der letzten Teiltransaktion,** die zu einem Überschreiten der Schwellenwerte führt.[70] Mit der letzten Transaktion sind frühere Zusammenschlüsse (erneut) anzumelden, wenn ein Zusammenschluss die Folge ist und die Schwellenwerte bei jeder Transaktion für sich oder zusammengenommen erreicht werden.[71] Die Prüfung der Kommission erstreckt sich in diesen Fällen nicht nur auf das letzte Teilgeschäft sondern auch auf den ersten Teil der Transaktion. Dies soll auch dann gelten, wenn der frühere Erwerbsvorgang bei nationalen Behörden[72] oder sogar bei der Europäischen Kommission selbst angemeldet wurde.[73] In den genannten Fällen wird dies jeweils wohl nur dann sinnvoll sein, wenn es sich bei den beiden Teilschritten tatsächlich um einen einheitlichen Zusammenschluss handelt.[74]

---

[66] Vgl. Vorschlag für eine Verordnung des Rates für die Kontrolle von Unternehmenszusammenschlüssen ABl. C 20/4 v. 28. 1. 2003, Art. 5; und ausdrücklich ausgeschlossen in der Konsolidierten Mitteilung zu Zuständigkeitsfragen, Rn. 50.

[67] Vgl. dazu v.a. *Rudo,* Die Behandlung mehrerer Erwerbsvorgänge als einheitlicher Zusammenschluss im Rahmen der Umsatzberechnung nach Art. 5 Abs. 2 Fusionskontrollverordnung, RIW 1997, 641 ff.

[68] Komm. E. v. 9. 3. 1994 Rs. IV/M.409 – *ABB/Renault Automation,* WuW 1994, 648; Komm. E. v. 28. 7. 1994 Rs. IV/M.479 – *Ingersoll-Rand/MAN,* WuW 1994, 923.

[69] Vgl. dazu jedoch die Bestrebungen der Kommission, den Begriff des einheitlichen Zusammenschlusses insbesondere auf die erwähnten Fälle, sowie den gleichzeitigen Erwerb alleiniger und gemeinsamer Kontrolle etwa bei Kauf eines Konzerns, auszudehnen und sogar Art. 5 Abs. 2 Unterabsatz 2 neu zu formulieren; entscheidendes Kriterium soll hier der „wirtschaftliche Gesamtzusammenhang" sein, Grünbuch über die Revision der FKVO, S 34 ff.

[70] Komm. E. v. 21. 5. 1992 Rs. IV/M.224 – *Volvo/Lex,* WuW 1992, 610; Komm. E. v. 3. 9. 1992 Rs. IV/M.261 – *Volvo/Lex (2),* WuW 1992, 921; Komm. E. v. 28. 11. 1994 Rs. IV/M.522 – *Skandinavian Project,* WuW, 95390.

[71] Vgl. Konsolidierte Mitteilung zu Zuständigkeitsfragen, Rn. 137.

[72] Vgl. Komm. E. v. 10. 1. 1994 Rs. IV/M.390 – *Akzo/Nobel Industries,* Rn. 6.

[73] Vgl. Komm. E. v. 12. 4. 1999 Rs. IV/M.1482 – *Kingfisher/Grosslabor. Wessely* macht in *Münchener Kommentar zum europäischen und deutschen Wettbewerbsrecht,* Art. 5 FKVO, Rn. 35 hier zu Recht darauf aufmerksam, dass es gerade im letzteren Fall wohl einer teleologischen Reduktion des Geltungsbereiches des Art. 5 Abs. 2 Unterabsatz 2 bedarf.

[74] Diese Einschränkung nicht vornehmend *Immenga/Körber* in: Immenga/Mestmäcker, EG-WbR Art. 5 FKVO, V., Rn. 42; *Wessely* in: Münchner Kommentar zum europäischen und deutschen Wettbewerbsrecht, Art. 5 FKVO, Rn. 37.

IV. Umsatzberechnung bei verbundenen Unternehmen (Konzernumsätze)

1. Beteiligte Unternehmen (lit. a)

20 Ausgangspunkt für die Umsatzberechnung nach Art. 5 Abs. 1 sind die Umsätze der beteiligten Unternehmen. Die Umsätze der mit ihnen **verbundenen Unternehmen** sind nach Art. 5 Abs. 4 hinzuzurechnen. Dies bedeutet zusammengefasst, dass immer dann, wenn das direkt an dem Zusammenschluss beteiligte Unternehmen zu einem Konzern gehört, jeweils der gesamte Konzernumsatz zur Berechnung der Aufgriffsschwellen der FKVO heranzuziehen ist. Welches Unternehmen als beteiligtes Unternehmen anzusehen ist, kann im Einzelfall zweifelhaft sein. Die Kommission hat den Begriff des beteiligten Unternehmens in ihrer Konsolidierten Mitteilung zu Zuständigkeitsfragen auch unter Heranziehung zahlreicher Beispiele näher erläutert.[75] An die Definition des beteiligten Unternehmens knüpfen sich insbesondere im Rahmen der Umsatzberechnung verschiedene Folgen:

21 Zum Ersten werden jeweils nur die Umsätze (einschließlich verbundener Unternehmen) der am Zusammenschluss beteiligten Unternehmen berücksichtigt. Das sind diejenigen Unternehmen, die alleinige bzw. gemeinsame Kontrolle im Sinne von Art. 3 FKVO erwerben. Die verbleibenden Umsätze des **Veräußerers** bleiben daher außer Betracht, da der Veräußerer kein beteiligtes Unternehmen ist. Berücksichtigt werden hingegen die Umsätze, die auf die veräußerten Teile (mit oder ohne eigene Rechtspersönlichkeit) entfallen (Art. 5 Abs. 2). Der Umsatz des Veräußerers ist nur einzurechnen, wenn er im Rahmen eines Gemeinschaftsunternehmens die gemeinsame Kontrolle behält.

22 Zum Zweiten kann es bei einem Erwerb durch ein **Gemeinschaftsunternehmen,** bei dem das Zielunternehmen die Schwelle von Euro 250 Mio. nicht erreicht, für die Anwendung der FKVO von entscheidender Bedeutung sein, ob das Gemeinschaftsunternehmen selbst oder seine Muttergesellschaften als beteiligte Unternehmen angesehen werden. In diesem Zusammenhang wurde von der Kommission die Figur des **transparenten Vehikels** entwickelt. Danach ist jede der Muttergesellschaften selbst als beteiligtes Unternehmen anzusehen, wenn das Gemeinschaftsunternehmen lediglich als Werkzeug bzw. „Akquisitionsvehikel"[76] für den Erwerb des Zielunternehmens durch die Muttergesellschaften dient;[77] liegt hingegen ein bereits länger am Markt tätiges Vollfunktionsgemeinschaftsunternehmen vor, das auch über entsprechende finanzielle Ressourcen verfügt, wird das Gemeinschaftsunternehmen selbst als beteiligtes Unternehmen angesehen.[78] Davon zu trennen ist die Frage, ob dem Gemeinschaftsunternehmen die Umsätze der Mutterunternehmen als verbundene Unternehmen zuzurechnen sind.[79]

2. Tochtergesellschaften (lit. b)

23 Nach Art. 5 Abs. 4 sind die Umsätze von Unternehmen mit einzubeziehen, in denen das beteiligte Unternehmen unmittelbar oder mittelbar entweder

---

[75] Vgl. bereits Fn. 2 und zum Begriff des beteiligten Unternehmens insbesondere Rn. 135, 139, 143, 145 ff., 153 der Konsolidierten Mitteilung zu Zuständigkeitsfragen.

[76] *Wagemann* in: Wiedemann, Die EG-Fusionskontroll-Verordnung § 15, Rn. 97.

[77] Komm. E. v. 2. 12. 1991 Rs. IV/M.102 – *TNT/GD NET,* WuW 1992, 320; Komm. E. v. 16. 5. 1991 Rs. IV/M.82 – *ASKO/Jacobs/ADIA,* ABl. C 132/13, WuW 1991, 576.

[78] Zur Abgrenzung zwischen transparentem Vehikel und eigenständigem Gemeinschaftsunternehmen siehe Konsolidierte Mitteilung zu Zuständigkeitsfragen, Rn. 145 ff.; vgl. auch Komm. E. v. 21. 10. 1994 Rs. IV/M.484 – *Krupp/Thyssen/Riva/Falck/Tadfin/AST,* WuW 1995, 388; Komm. E. v. 29. 2. 1996 Rs. IV/M.689 – *ADSB/Belgacom,* WuW 1997, 39.

[79] Siehe dazu unten Rn. 26.

– mehr als die Hälfte des Kapitals oder des Betriebsvermögens besitzt; oder
– über mehr als die Hälfte der Stimmrechte verfügt; oder
– mehr als die Hälfte der Mitglieder des Aufsichtsrates oder der zur gesetzlichen Vertretung berufenen Organe bestellen kann; oder
– das Recht hat, die Geschäfte des betreffenden Unternehmens zu führen.

Mit dieser sog. „**Verbundklausel**" werden eine Reihe von Kriterien festgelegt, die üblicherweise auch zur Prüfung des Vorliegens von **Kontrolle** im Sinne von Art. 3 herangezogen werden. Daran schließt sich die Frage, ob der Kontroll- bzw. Konzernbegriff in Art. 5 Abs. 4 mit dem Kontrollbegriff von Art. 3 übereinstimmt. Dies ist insbesondere für die Einbeziehung von Minderheitsbeteiligungen, die z.B. aufgrund von Vetorechten Kontrolle im Sinne von Art. 3 vermitteln, von Relevanz. Bisher hat die Kommission in ihrer Mitteilung in diesem Zusammenhang sowohl den Begriff des **beherrschenden Einflusses**[80] als auch wiederholt den Begriff der Kontrolle verwendet[81] und zu dieser Frage darauf hingewiesen, dass die Kriterien nach Art. 5 Abs. 4 „in gewisser Hinsicht" von den Kriterien für die Kontrolle nach Art. 3 Abs. 3 unterscheiden. Nunmehr weist die Kommission in der Konsolidierten Mitteilung zu Zuständigkeitsfragen ausdrücklich daraufhin, dass die Kriterien der Art. 5 Abs. 4 und Art. 3 Abs. 2 „nicht völlig deckungsgleich" sind, weil die Artikel „unterschiedlichen Zwecken dienen". Beispielhaft aufgezählt ist durch die Kommission die faktische Kontrolle, die gemäß Art. 5 Abs. 4b) bei allein kontrollierten Tochtergesellschaften nur dann berücksichtigt wird, „wenn eindeutig nachgewiesen wird, dass das beteiligte Unternehmen das Recht hat, über die Hälfte der Stimmrechte auszuüben oder mehr als die Hälfte der zur gesetzlichen Vertretung berufenen Organe einzusetzen".[82] Im Falle gemeinsam kontrollierter Unternehmen zeige sich der Unterschied darin, dass nach Art. 5 Abs. 4b) Zi. vi. auf das „Recht, Geschäfte zu führen" abzustellen ist und nicht auf eine bloße Einflussmöglichkeit, weshalb nur jene Unternehmen zu berücksichtigen sind, bei denen „die kontrollierenden Unternehmen gemeinsam das Recht haben, die Geschäfte auf der Grundlage individueller Vetorechte zu führen." Nicht darunter fallen somit Gemeinschaftsunternehmen, die bloß aufgrund eines gemeinsamen Interesses als gemeinsam kontrolliert angesehen werden.[83] Auch Fälle von bloßer alleiniger negativer Kontrolle fallen i.d.R. nicht darunter, außer in dem speziellen Fall, dass die Bedingungen von Art. 5 Abs. 4 lit. b i) bis ii) erfüllt sind.[84]

24

Aufgrund der klaren Stellungnahme in der Konsolidierten Mitteilung zu Zuständigkeitsfragen hat die Kommission eine lang anhaltende Diskussion zur Frage, ob die Zurechnung der Umsätze deckungsgleich mit der Frage der Kontrolle ist, beendet.[85] Ungeklärt bleibt

25

---

[80] Mitteilung über die Berechnung des Umsatzes, Rn. 38/1.
[81] Insbesondere in Rn. 38 vorletzter Absatz, wo die in Abs. 4 aufgestellten Kriterien als Kontrolle zusammengefasst werden; Rn. 38 2. für Schwestergesellschaften; bei Gemeinschaftsunternehmen wird offenbar ebenfalls von gemeinsamer Kontrolle im Sinn von Art. 3 ausgegangen.
[82] Konsolidierte Mitteilung zu Zuständigkeitsfragen, Rn. 184.
[83] Konsolidierte Mitteilung zu Zuständigkeitsfragen, Rn. 184.
[84] Abschließend macht die Kommission in ihrer Konsolidierten Mitteilung zu Zuständigkeitsfragen allerdings darauf aufmerksam, dass unter Umständen auch der umgekehrte Fall eintreten kann, nämlich dass Unternehmen in die Umsatzberechnung einbezogen werden müssen, in denen keine Kontrolle im Sinne von Art. 3 Abs. 2 vorliegt.
[85] Vgl. etwa die Diskussion in *Levy*, European Merger Control Law – a guide to the merger regulation, 2004 (volumes 1 and 2), § 6.08 [3] unter Hinweis auf Rn. 38 der Mitteilung über die Berechnung des Umsatzes. Siehe auch Komm. E. v. 16. 10. 2000 Rs. COMP/M.2072 – *Phillip Morris/Nabisko*, WuW 2000, 1211; für einen unterschiedlichen Kontrollbegriff nach Art. 5 und Art. 3 FKVO u.a. *Gugerbauer* Fusionskontrollverordnung Art. 5 Rn. 9; *Wagemann* in: Wiedemann, Die EG-Fusionskontroll-Verordnung § 15, Rn. 95 f. Auf die frühere uneinheitliche Anwendung ist zu verweisen. So hat die Kommission bereits in Fällen, in denen bloß Minderheitsbeteiligung vorlag, früher eine Zurechnung der Umsätze vorgenommen, wenn sich die übrigen Anteile im Streubesitz befan-

allerdings noch, ob auch Unternehmen nicht zugerechnet werden sollen, an denen lediglich faktische Kontrolle besteht, wobei der Erwerb der faktischen Kontrolle jedoch bei einer nationalen Behörde oder bei der Europäischen Kommission angemeldet wurde. Da hier kein Zweifel über die Kontrolle besteht, wären diese Umsätze jedenfalls in die Umsatzberechnung für einen neuen Zusammenschluss mit einzubeziehen.

26 In der Konsolidierten Mitteilung zu Zuständigkeitsfragen behandelt die Kommission schließlich auch Fragen im Zusammenhang mit **Investmentgesellschaften.** Dabei stellt sie klar, dass der Umsatz der Portfoliogesellschaften verschiedener Investmentfonds, die von der Investmentfondgesellschaft häufig mit unterschiedlichen Investoren auferlegt werden, i. d. R. der Gesellschaft zugerechnet werden müssen, da typischerweise eine gemeinsame Organisationsstruktur insbesondere bei Beratungsverträgen vorliegt, die der Investmentgesellschaft häufig direkt die Befugnis einräumen, Stimmrechte auszuüben, sodass es letztlich zu einem gemeinsamen „Betrieb mehrerer Fonds durch eine Investmentgesellschaft" kommt. Daher sind den Investmentgesellschaften häufig sämtliche Portfoliogesellschaften mit deren Umsatz zuzurechnen.

27 Ist das beteiligte Unternehmen zusammen mit einem dritten, an dem Zusammenschluss nicht beteiligten Unternehmen Mutter eines **Gemeinschaftsunternehmens,** so wird dem beteiligten Unternehmen unabhängig von seinem Beteiligungsgrad der **halbe Umsatz,** bei drei Muttergesellschaften ein Drittel des Umsatzes, zugerechnet. Dies ergibt sich aus einer Analogie zu Art. 5. Abs. 5 lit. b) und bezieht sich auch auf Enkel- und Urenkelgesellschaften.[86]

3. Muttergesellschaften (lit. c)

28 In die Umsatzberechnung nach Art. 5 sind auch die Umsätze der Mutterunternehmen der beteiligten Unternehmen einzurechnen. Als Mutterunternehmen sind Gesellschaften anzusehen, die im Sinne der Verbundklausel des Abs. 4 lit. b) die dort genannten Beherrschungsrechte bzw. Kontrollrechte haben. Hinsichtlich des Kontrollbegriffs gilt das zu Buchstabe b) Erörterte. Einzubeziehen sind auch diejenigen Unternehmen, die ihrerseits die Muttergesellschaften des beteiligten Unternehmens kontrollieren (Groß- und Urgroßmuttergesellschaften).[87]

29 Ist das beteiligte Unternehmen ein **Gemeinschaftsunternehmen,** so wird ihm der Umsatz der Muttergesellschaften zugerechnet, wenn diese aufgrund der Figur des transparenten Vehikels[88] nicht bereits selbst als beteiligte Unternehmen anzusehen sind. Dies geht nach mittlerweile herrschender Auffassung aus der in Buchstabe c) verwendeten Pluralform hervor.[89]

4. Schwestergesellschaften (lit. d)

30 Halten die Muttergesellschaften der beteiligten Unternehmen weitere Beteiligungen (Schwestergesellschaften der beteiligten Unternehmen) und haben sie in diesen ebenfalls im Sinne der Verbundklausel die in Buchstabe b) bezeichneten Beherrschungsrechte oder

---

den. Komm. E. v. 12. 2. 1996 Rs. IV/M.692 – *Elektrowatt/Landis & GYR,* WuW 1997, 37; Komm. E. v. 30. 7. 1991 Rs. IV/M.62 – *Eridania/IS I,* WuW 1991, 799; Komm. E. v. 18. 12. 1991 Rs. IV/M.147 – *Eurocom/RSCG,* WuW 1992, 411; Komm. E. v. 2. 3. 1992 Rs. IV/M.187 – *INFINT/EXOR,* WuW 1992, 411.

[86] Vgl. auch Konsolidierte Mitteilung zu Zuständigkeitsfragen, Rn. 187.
[87] Konsolidierte Mitteilung zu Zuständigkeitsfragen, Rn. 182.
[88] Siehe oben Rn. 21.
[89] *Immenga/Körber* in: Immenga/Mestmäcker, EG-WbR Art. 5 FKVO, V., Rn 60 mwN.; *Jones/Gonzales-DÌAZ* S. 21; *Drauz/Schröder* S. 21; Mitteilung über die Berechnung des Umsatzes, Rn. 38/3a; vgl. auch in Komm. E. v. 21. 2. 1994 Rs. IV/M.395 – *CWB/Goldmann Sachs/Tarkett,* WuW 1994, 437.

Einflussmöglichkeiten, so ist auch der Umsatz dieser Gesellschaften einzubeziehen. Dies gilt unabhängig davon, ob die Konzernspitze eine reine **Holdinggesellschaft** ist oder nicht.[90] Sollten die Mutterunternehmen von weiteren Gesellschaften (Großmutterunternehmen) kontrolliert werden, so sind auch deren Tochtergesellschaften in die Berechnung einzubeziehen. Auch „Schwesterunternehmen" ohne gemeinsame Konzernholding können als eine wirtschaftliche Einheit angesehen werden. Ihre Umsätze sind dann zusammenzurechnen. So wurden zahlreiche Fälle, in denen Partnergesellschaften wie z. B. Arthur Anderson, Deloitte & Touch, Ernst & Young beteiligt waren, für die Zwecke der Umsatzberechnung als ein Unternehmen angesehen, da sie aufgrund ihres internationalen Netzwerks in ausreichendem Maße gemeinsam geführt werden und auch ein starkes gemeinsames finanzielles Interesse haben.[91]

5. Gemeinschaftsunternehmen im Konzern (lit. e)

Nach Art. 5 Abs. 4 Buchstabe e) müssen auch Umsätze von **„konzerninternen"** Gemeinschaftsunternehmen berücksichtigt werden. Das sind Unternehmen, in denen mehrere der in Buchstabe a) bis d) genannten beteiligten oder verbundenen Unternehmen gemeinsam die in Buchstabe b) genannten Rechte haben. 31

Vom Wortlaut in Buchstabe e) nicht erfasst sind **Gemeinschaftsunternehmen von Konzerngesellschaften mit Dritten.** In Analogie zu Art. 5 Abs. 5[92] werden jedoch nach ständiger Praxis auch Gemeinschaftsunternehmen mit Dritten **anteilig** und zwar unabhängig von der prozentuellen Beteiligung am Kapital einbezogen. Ausschlaggebend ist allein, wie viele Unternehmen Kontrolle ausüben (Beispiel: bei zwei kontrollierenden Müttern unabhängig von der Kapitalbeteiligung: jeweils der halbe Umsatz, bei drei Unternehmen jeweils ein Drittel, usw.).[93] Innenumsätze mit diesen Gemeinschaftsunternehmen müssen in einem solchen Fall konsequenterweise abgezogen werden. 32

6. Umsätze zwischen den beteiligten Unternehmen und ihren Gemeinschaftsunternehmen (Art. 5 Abs. 5)

Art. 5 Abs. 5 betrifft Gemeinschaftsunternehmen zwischen den jeweils am Zusammenschluss beteiligten Unternehmen. In diesem Fall bestimmt Buchstabe a), dass die Umsätze zwischen dem Gemeinschaftsunternehmen und jedem der beteiligten Unternehmen als Innenumsätze von der Berechnung abgezogen werden müssen. Die „Außenumsätze" werden nach Buchstabe b) **paritätisch** auf die beteiligten Unternehmen **aufgeteilt**.[94] Eine Ausnahme davon hat die Kommission jedoch bei Auflösung eines Gemeinschaftsunternehmens durch Erwerb der alleinigen Kontrolle durch eine der Muttergesellschaften angenommen. In diesem Fall werden die zwischen den bisherigen Gemeinschaftsunternehmen und seinen Muttergesellschaften erzielten Umsätze als Umsätze des Gemeinschaftsunternehmens berücksichtigt. Eine Zurechung zu den Muttergesellschaften erfolgt hier nicht.[95] 33

---

[90] Vgl. *Immenga/Körber* a. a. O. Art. 5 FKVO, Rn. 61 unter Hinweis auf Komm. E. v. 12. 5. 1992 Rs. IV/M.210 – *Mondi/Frantschach*, WuW 1992, 610.

[91] Komm. E. v. 1. 7. 2002 Rs. COMP/M.2810 – *Deloite & Touchee/Anderson (UK)*, WuW 2002, 970; Komm. E. v. 27. 8. 2002 Rs. COMP/M.2824 – *Ernst & Young/Anderson Germany*, ABl. 2002 C 246/21, WuW 2002, 1080; Komm. E. v. 5. 9. 2002 Rs. COMP/M.2816 – *Ernst & Young/Anderson France*, WuW 2002, 1080.

[92] Vgl. dazu im Folgenden.

[93] Gegen eine Einbeziehung von Gemeinschaftsunternehmen zwischen Konzernunternehmen und einem Dritten *Wagemann* in: Wiedemann, Die EG-Fusionskontrollverordnung § 15 Rn. 98.

[94] Vgl. auch Konsolidierte Mitteilung zu Zuständigkeitsfragen, Rn. 181 und 187; Leitfaden II., B. II. D. und III., ABl. 1998 C-61/25; Komm. E. v. 27. 11. 1995 Rs. IV/M.648 – *Mc Dermott/ETBM*, WuW 1996, 380.

[95] Vgl. Komm. E. v. 26. 8. 1996 Rs. IV/M.806 – *British Airways/TAT*, Rn. 10 ff.

Von besonderer Bedeutung ist die in Analogie zu Abs. 5 Buchstabe b) entwickelte Grundregel der Kommission, wonach auch **Gemeinschaftsunternehmen zwischen beteiligten Unternehmen und Dritten** zu berücksichtigen sind. Auch hier wird der Umsatz anteilig in die Umsatzberechnung miteinbezogen.[96, 97]

V. Branchenspezifische Regelungen

1. Kredit- und sonstige Finanzinstitute (Art. 5 Abs. 3 lit. a)

34 Bei der Berechnung von Umsätzen von Kredit- und sonstigen Finanzinstituten wird seit der Revision der FKVO als Grundlage nicht mehr die Bilanzsumme herangezogen, sondern bestimmte ausdrücklich angeführte **Ertragsposten** (Zinserträge und ähnliche Erträge; bestimmte Erträge aus Wertpapieren; Provisionserträge; Nettoerträge aus Finanzgeschäften und sonstige betriebliche Erträge). Die genannten Posten sind in der Richtlinie 86/635/EWG über den Jahresabschluss von Banken und anderen Finanzinstituten[98] definiert.

35 Zur Bestimmung der Begriffe Kreditinstitut und Finanzinstitut bedient sich die Kommission der Richtlinie über die Aufnahme und Ausübung der Tätigkeit der Kreditinstitute, die die erste und die zweite Bankenrechtskoordinationsrichtlinie ersetzt.[99] Danach ist ein Unternehmen als **Kreditinstitut** zu qualifizieren, wenn seine Tätigkeit darin besteht, Einlagen oder andere rückzahlbare Gelder des Publikums entgegenzunehmen und Kredite auf eigene Rechnung zu gewähren[100] oder es ein E-Geld-Institut i. S. d. Richtlinie 2000/46/EG[101] ist. **Finanzinstitute** sind Unternehmen, die kein Kreditinstitut sind und deren Haupttätigkeit es ist, Beteiligungen zu erwerben oder eines oder mehrere der Geschäfte zu betreiben, die im Anhang I, Nummer 2 bis 12 zur Richtlinie aufgeführt sind (z.B. Ausleihungen, Finanzierungsleasing,[102] Bürgschaften usw.).[103]

36 Wesentlich ist, dass von der Definition des Finanzinstitutes auch Holdinggesellschaften erfasst sind. Deren Umsatz ist daher grundsätzlich nach Art. 5 Abs. 3 zu berechnen. In den Fällen, in denen die **Finanzholding** jedoch einen bestimmenden Einfluss auf die Ge-

---

[96] Siehe dazu bereits oben, Rn. 28.

[97] Siehe zur Behandlung von „partnerships" in diesem Zusammenhang insbesondere *Levy* § 6.08 [5]. *Nicholas Levy*, European Merger Control Law – a guide to the merger regulation, LexisNexis Verlag, 2004 (volumes 1 and 2).

[98] Richtlinie des Rates vom 8. 12. 1986 über den Jahresabschluss und den konsolidierten Abschluss von Banken und anderen Finanzinstituten ABl. 1986 L 372/1.

[99] Richtlinie 2000/12/EG des Europäischen Parlaments und des Rates vom 20. März 2000 über die Aufnahme und Ausübung der Tätigkeit der Kreditinstitute, ABl. L 126 vom 26. 5. 2000, S 1; geändert durch die Richtlinie 2000/28/EG des Europäischen Parlaments und des Rates vom 18. September 2000, ABl. 2000 L 275/37.

[100] Art. 1 Nr. 1 RL 2000/12/EG, entspricht Art. 1 1. Spiegelstrich Erste Richtlinie 77/780/EWG des Rates vom 12. 12. 1977 zur Koordinierung der Rechts- und Verwaltungsvorschriften über die Aufnahme und Ausübung der Tätigkeit der Kreditinstitute, ABl. L 322 vom 17. 12. 1977.

[101] Richtlinie 2000/46/EG des Europäischen Parlament und des Rates vom 18. September 2000 über die Aufnahme, Ausübung und Beaufsichtigung der Tätigkeit von E-Geld-Instituten, ABl. 2000 L 275/39.

[102] Zu Finanzierungsleasing siehe auch Konsolidierte Mitteilung zu Zuständigkeitsfragen, Rn. 211 ff.; sowie Komm. E. v. 15. 7. 1992 Rs. IV/M.234 – *GECC/Avis Lease*, WuW 1992, 835; Vgl. *Nicholas Levy*, European Merger Control Law – a guide to the merger regulation, 2004 (volumes 1 and 2), § 6.06 [4].

[103] Vgl. Konsolidierte Mitteilung zu Zuständigkeitsfragen Rn. 207 f; RL 2000/12/EG Art. 1 Nr. 5, entspricht Art. 1 Nr. 6 der ersetzten Zweiten Richtlinie 89/646/EWG des Rates vom 15. 12. 1989 zur Koordinierung der Rechts- und Verwaltungsvorschriften über die Aufnahme und Ausübung der Tätigkeit der Kreditinstitute, ABl. L 386 vom 30. 12. 1989.

schäftsführung der von ihr gehaltenen Unternehmen ausübt (Erfüllung der Kriterien des Art. 5 Abs. 4 Buchstabe b)), ist eine Umsatzberechnung nach Art. 5 Abs. 4 vorzunehmen.[104] In diesem Fall kommt es ebenso wie bei Versicherungsunternehmen zu einer gemischten Umsatzberechnung. Eine weitere Ausnahme von der grundsätzlichen Umsatzberechnung nach Art. 5 Abs. 3 sind die sogenannten operativen Leasingunternehmen, bei denen der Kaufgegenstand in der Regel nicht auf den Leasingnehmer übergeht, dafür aber Reparaturen- und Versicherungskosten vom Leasinggeber getragen werden: hier sind die allgemeinen Umsatzberechnungsregeln des Art. 5 Abs. 1 anzuwenden.[105] **Fondverwaltungsgesellschaften** unterliegen nach der Konsolidierten Mitteilung zu Zuständigkeitsfragen zumindest teilweise den Regeln über Finanzholdings.[106]

Die **geographische** Zuordnung der Umsätze von Kredit- und Finanzinstituten richtet sich nach dem Ort, an dem die Zweig- oder Geschäftsstelle des betreffenden Institutes die relevanten Ertragsposten verbucht.[107]

2. Versicherungsunternehmen (Art. 5 Abs. 3 b)

Bei Versicherungsunternehmen tritt an die Stelle des Umsatzes die Summe der **Bruttoprämien**. Die Bruttoprämien sind der Gesamtbetrag aller vereinnahmten sowie aller noch zu vereinnahmenden Prämien von Versicherungsverträgen. Dazu zählen sämtliche Verträge, die von dem betreffenden Unternehmen selbst oder für seine Rechnung abgeschlossen worden sind sowie etwaige Rückversicherungsprämien, falls das Unternehmen in diesem Bereich tätig ist. Abgezogen werden jedoch aufgrund des Betrages der Prämie oder des gesamten Prämienvolumens berechnete Steuern und sonstige Abgaben. Die Prämien beziehen sich nicht nur auf die im betreffenden Geschäftsjahr abgeschlossenen Versicherungsverträge, sondern auch auf in **zurückliegenden Jahren** abgeschlossene, jedoch zum betreffenden Zeitraum noch laufende Prämien.[108]

Nicht als Umsatz von Versicherungsunternehmen gilt ein aufgrund von **Vermögensanlagen** erwirtschaftetes Jahreseinkommen, das als Rücklage für Entschädigungsleistungen gebildet wurde (gesetzliche Verpflichtung von Versicherungsunternehmen).[109]

Halten Versicherungsunternehmen neben reinen Finanzanlagen auch Mehrheitsbeteiligungen an Unternehmen, die dazu führen, dass das Versicherungsunternehmen einen bestimmenden Einfluss auf die Geschäftsführung der Tochtergesellschaft oder der verbundenen Gesellschaft ausüben kann, so ist eine **gemischte Umsatzberechnung** nach Abs. 3 und Abs. 4 vorzunehmen. Der Umsatz des Unternehmens wird dabei mit dem aus den Prämien des Versicherungsunternehmens errechneten Umsatz addiert.[110]

Bei der **geographischen Zurechnung** des Umsatzes von Versicherungsunternehmen ist auf den Ort, an dem die Prämien zahlenden Kunden ansässig sind, abzustellen.[111]

---

[104] Konsolidierte Mitteilung zu Zuständigkeitsfragen, Rn. 217 ff.
[105] Vgl. dazu Konsolidierte Mitteilung zu Zuständigkeitsfragen, Rn. 213.
[106] Vgl. zu Investmentfonds Konsolidierte Mitteilung zu Zuständigkeitsfragen, Rn. 15, 189 ff. und FN 135.
[107] Vgl. *Immenga/Körber* in: Immenga/Mestmäcker, EG-WbR Art. 5 FKVO, V., Rn 75 f.
[108] Konsolidierte Mitteilung zu Zuständigkeitsfragen, Rn. 214 ff.
[109] Komm. E. v. 11. 11. 1996 Rs. IV/M.812 – *Allianz/Vereinte*, WuW 1997, 137; Komm. E. v. 21. 11. 1990 Rs. IV/M.018 – *AG/Amev*, ABl. 1990 C 304/0; Konsolidierte Mitteilung zu Zuständigkeitsfragen, Rn. 215.
[110] Komm. E. v. 21. 11. 1990 Rs. IV/M.018 – *AG/AMEV*, ABl. 1990 C 304/0; Konsolidierte Mitteilung zu Zuständigkeitsfragen, Rn. 215.
[111] Zur Umsatzberechnung bei Versicherungsunternehmen vgl. insbesondere Formblatt CO, Leitfaden I Berechnung des Umsatzes von Versicherungsunternehmen, ABl. 1998 L 61/25.

VI. Unternehmen im Staatsbesitz

40 Öffentliche Unternehmen, die an Zusammenschlüssen beteiligt sind, unterliegen, wenn sie die Voraussetzungen nach Art. 1 und Art. 3 FKVO erfüllen, ebenso der Fusionskontrollverordnung wie private Unternehmen.[112] Bei der Umsatzberechnung sind jedoch nicht sämtliche vom Staat gehaltenen Unternehmen zusammenzurechnen. Ausschlaggebend ist vielmehr die **wirtschaftliche Einheit**.[113] Gehört ein Staatsunternehmen nicht zu einer Holdinggesellschaft und unterliegt es **keiner Koordinierung** mit anderen vom Staat beherrschten Unternehmen, so ist der Umsatz der anderen im Besitz des betreffenden Staates befindlichen Unternehmen nicht zu berücksichtigen.[114] Hinweise für eine Zusammenrechnung sind neben einer Zusammenfassung in einer gemeinsamen Holding v.a. auch eine gemeinsame Geschäftsführung,[115] gemeinsame Geschäftspläne, Verträge, die gemeinsame Nutzung von Kapazitäten sowie die Beschäftigung der selben Arbeitnehmer.[116] In diesem Sinn wurden beispielsweise die einzelnen Direktorate des deutschen Privatisierungsinstitutes Treuhandanstalt jedenfalls als eine solche Einheit angesehen, mit der Folge, dass beim Verkauf der MDK an Kali+Salz sämtliche Unternehmen des Direktorats Bergbau in die Umsatzberechnung miteinbezogen werden mussten. In einem spanischen Fall wurden beispielsweise alle Unternehmen, die in der Generaldirektion des Nationalvermögens zusammengefasst waren, einberechnet.[117]

Art. 6. Prüfung der Anmeldung und Einleitung des Verfahrens

(1) **Die Kommission beginnt unmittelbar nach dem Eingang der Anmeldung mit deren Prüfung.**
a) **Gelangt sie zu dem Schluß, daß der angemeldete Zusammenschluß nicht unter diese Verordnung fällt, so stellt sie dies durch Entscheidung fest.**
b) **Stellt sie fest, daß der angemeldete Zusammenschluß zwar unter diese Verordnung fällt, jedoch keinen Anlaß zu ernsthaften Bedenken hinsichtlich seiner Vereinbarkeit mit dem Gemeinsamen Markt gibt, so trifft sie die Entscheidung, keine Einwände zu erheben und erklärt den Zusammenschluß für vereinbar mit dem Gemeinsamen Markt.**
   Durch eine Entscheidung, mit der der Zusammenschluß für vereinbar erklärt wird, gelten auch die mit seiner Durchführung unmittelbar verbundenen und für sie notwendigen Einschränkungen als genehmigt.
c) **Stellt die Kommission unbeschadet des Absatzes 2 fest, daß der angemeldete Zusammenschluß unter diese Verordnung fällt und Anlaß zu ernsthaften Bedenken hinsichtlich seiner Vereinbarkeit mit dem Gemeinsamen Markt gibt, so trifft sie die Entscheidung, das Verfahren einzuleiten. Diese Verfahren werden unbeschadet des Artikels 9 durch eine Entscheidung nach Artikel 8 Absätze 1 bis 4 abgeschlossen, es sei denn, die beteiligten Unternehmen haben der Kommission gegenüber glaubhaft gemacht, dass sie den Zusammenschluss aufgegeben haben.**

---

[112] Komm. E. v. 24. 2. 1992 Rs. IV/M.166 – *Torras/Sarrio*, WuW 1992, 413; Komm. E. v. 25. 2. 1991 Rs. IV/M.017 – *Aérospatiale/MBB*, ABl. 1991 C 59/13, WuW 1991, 295; Komm. E. v. 17. 2. 1992 Rs. IV/M.090 – *BSN-Nestlé/Cokoladovny*, WuW 1992, 497; Komm. E. v. 28. 5. 1992 Rs. IV/M.218 – *Eucom/Digital*, WuW 1992, 610; Komm. E. v. 5. 10. 1992 *Air France/Sabena*, WuW 1992, 1015; Konsolidierte Mitteilung zu Zuständigkeitsfragen, Rn. 192 ff.

[113] Vgl. Erwägungsgrund 22 zur FKVO.

[114] Vgl. Komm. E. v. 22. 2. 1993 Rs. IV/M.216 – *CEA Industries/France Télecom/Finmeccanica/SGS-Thomson*, WuW 1993, 287; Komm. E. v. 14. 4. 1993 Rs. IV/M.322 – *Alcan/Inespal/Palco*, WuW 1993, 489; vgl. auch die Konsolidierte Mitteilung zu Zuständigkeitsfragen, Rn. 194.

[115] Konsolidierte Mitteilung zu Zuständigkeitsfragen, Rn. 194.

[116] Siehe hiezu insbesondere *Immenga* in: FS Everling, 1995.

[117] Komm. E. v. 14. 4. 1993 Rs. IV/M.322 – *Alcan/Inespal/Palco*, WuW 1993, 489.

(2) **Stellt die Kommission fest, daß der angemeldete Zusammenschluß nach Änderungen durch die beteiligten Unternehmen keinen Anlaß mehr zu ernsthaften Bedenken im Sinne des Absatzes 1 Buchstabe c) gibt, so erklärt sie gemäß Abs. 1 Buchstabe b) den Zusammenschluß für vereinbar mit dem Gemeinsamen Markt.**

Die Kommission kann ihre Entscheidung gemäß Absatz 1 Buchstabe b) mit Bedingungen und Auflagen verbinden, um sicherzustellen, daß die beteiligten Unternehmen den Verpflichtungen nachkommen, die sie gegenüber der Kommission hinsichtlich einer mit dem Gemeinsamen Markt zu vereinbarenden Gestaltung des Zusammenschlusses eingegangen sind.

(3) **Die Kommission kann ihre Entscheidung gemäß Absatz 1 Buchstabe a) oder b) widerrufen, wenn**

a) **die Entscheidung auf unrichtigen Angaben, die von einem beteiligten Unternehmen zu vertreten sind, beruht oder arglistig herbeigeführt worden ist oder**

b) **die beteiligten Unternehmen einer in der Entscheidung vorgesehenen Auflage zuwiderhandeln.**

(4) **In den in Absatz 3 genannten Fällen kann die Kommission eine Entscheidung gemäß Absatz 1 treffen, ohne an die in Artikel 10 Absatz 1 genannten Fristen gebunden zu sein.**

(5) **Die Kommission teilt ihre Entscheidung den beteiligten Unternehmen und den zuständigen Behörden der Mitgliedstaaten unverzüglich mit.**

Übersicht

	Rn.
I. Einleitung	1
II. Art. 6 Abs. 1 lit. a): Kein Zusammenschluss i. S. der VO	7
1. Norminhalt	7
2. Anwendungsvoraussetzungen	8
3. Verhältnis zu anderen Vorschriften	9
4. Rechtsfolgen	10
5. Praktische Bedeutung	11
III. Art. 6 Abs. 1 lit. b): Genehmigung ohne Zusagen	12
1. Norminhalt	12
2. Anwendungsvoraussetzungen	13
3. Rechtsfolgen	14
4. Vereinfachtes Verfahren	15
5. Praktische Bedeutung des vereinfachten Verfahrens	18
IV. Art. 6 Abs. 2: Genehmigung mit Zusagen	19
1. Norminhalt	19
2. Definition von Zusagen	20
3. Anwendungsvoraussetzungen	21
a) Inhaltliche Kriterien	21
b) Verbesserung von Zusagen	23
c) Alternative Zusagen	24
d) Änderung von Zusagen	25
e) Fristen für die Abgabe	26
f) Formerfordernisse	27
4. Ablehnung von Zusagen	28
5. Unterscheidung von Zusagen nach ihrem Inhalt	29
a) Strukturelle Zusagen	29
b) Verhaltenszusagen	31
c) Zusagenpakete	32

	Rn.
6. Beispiele gängiger Zusagen	33
7. Exkurs: besondere Anforderungen bei Veräußerungszusagen	34
a) Das Verkaufsobjekt	34
b) Der Käufer	36
8. Durchführung von Zusagen	37
a) Aufbau des Verfahrens	37
b) Der Treuhänder	39
c) Fristen der Durchführung	42
9. Exkurs: Dauer von Zusagen	44
10. Rechtsfolgen	45
a) Bedingungen	46
b) Auflagen	47
c) Unverbindliche Erklärungen	48
11. Praktische Bedeutung	49
V. Art. 6 Abs. 1 lit. b), 2. Unterabsatz: Nebenabreden	50
1. Norminhalt	50
2. Definition	51
3. Anwendungsvoraussetzungen	53
a) Inhaltliche Kriterien	53
b) Sachliche und räumliche Grenzen	55
c) Zeitliche Grenzen	56
d) Verhältnismäßigkeitsgrundsatz	57
4. Arten von Nebenabreden	58
5. Rechtsfolgen	61
6. Verfahren	62
VI. Art. 6 Abs. 1 lit. c) Satz 1: Einleitung des Verfahrens II. Phase	63
1. Norminhalt	63
2. Anwendungsvoraussetzungen	64
3. Rechtsfolgen	65
4. Praktische Bedeutung	66

Art. 6 FKVO 1–4

	Rn.		Rn.
VII. Art. 6 Abs. 1 lit. c) Satz 2: Zurückziehen der Anmeldung	67	2. Anwendungsvoraussetzungen	70
1. Norminhalt	67	a) Unrichtige Angaben	70
2. Anwendungsvoraussetzungen	68	b) Nichteinhaltung von Zusagen	73
VIII. Art. 6 Abs. 3 Widerruf von Entscheidungen gem. Art. 6 Abs. 1 und Abs. 2	69	3. Fristen	74
		4. Ermessen	75
1. Norminhalt	69	5. Rechtsfolgen	76
		6. Verfahren	77
		7. Praktische Bedeutung	78

I. Einleitung

1 Sinn und Zweck des Verfahrens I. Phase ist es, festzustellen, ob ein Zusammenschlussvorhaben zu ernsthaften wettbewerblichen Bedenken Anlass gibt oder nicht. Unproblematische Zusammenschlussvorhaben werden im Sinne der Verfahrensökonomie (Beschleunigungsgrundsatz) und der Rechtssicherheit relativ zügig, d. h. innerhalb von 25 Arbeitstagen (AT) – bzw. im Fall von Zusagen oder eines Verweisungsantrags eines Mitgliedstaates innerhalb von längstens 35 Arbeitstagen nach Anmeldung – freigegeben.[1] Die Freigabe schließt jede weitere Prüfung des Vorhabens nach nationalem Recht der Mitgliedstaaten und den Bestimmungen der Art. 81 und 82 EG aus (sog. „one-stop-shop"-Prinzip). Das Prüfverfahren I. Phase dient ferner der Identifizierung und Aussonderung potentiell problematischer Fälle, die Anlass zu ernsthaften wettbewerblichen Bedenken geben, welche durch Zusagen innerhalb der I. Phase nicht vollständig ausgeräumt werden (können).

2 Entscheidungen nach Art. 6 trifft der Wettbewerbskommissar alleine. Alle endgültigen inhaltlichen Entscheidungen sind dem Kollegium vorbehalten.[2] Alle Entscheidungen in der I. Phase (mit Ausnahme der Entscheidung, mit der das Hauptverfahren eingeleitet wird) werden anschließend – bereinigt um Geschäftsgeheimnisse – im ABl. in der Originalsprache (Fallsprache) veröffentlicht. Die Entscheidungen werden zwei Monate nach Zustellung an die Anmelder rechtskräftig. Innerhalb dieser Frist können sie von den beteiligten Unternehmen, von betroffenen Dritten oder einem Mitgliedstaat gem. Art. 230 EG angefochten werden. Fraglich ist, ob auch Entscheidungen zur Verfahrenseinleitung gemäß Art. 6 Abs. 1 lit. c) anfechtbar sind. Dies wird wohl eher zu verneinen sein, da diese ähnlich der Übermittlung der Beschwerdepunkte (sog. „statement of objections") keine endgültige Verfügung in der Sache treffen, sondern lediglich einen Zwischenschritt im Verfahren darstellen.

3 Bei (bedingten und unbedingten) Genehmigungsentscheidungen muss die Kommission nachweisen, dass der Zusammenschluss (allenfalls nach Abgabe von Zusagen durch die Parteien) keinen Anlass mehr zu ernsthaften Bedenken gibt, sie muss überzeugend darlegen, dass die Wahrscheinlichkeit der Abwesenheit ernsthafter Bedenken überwiegt (Standard ist „morelikelythannot" oder „reasonableness"). Zur Einleitung des vertieften Prüfverfahrens muss sie umgekehrt die überwiegende Wahrscheinlichkeit ernsthafter Bedenken darlegen.

4 Exkurs: „Best Practices." Die auf der Webseite der Kommission veröffentlichen Best Practices on the conduct of EC Merger Proceedings enthalten Empfehlungen bzw. unverbindliche Verhaltensregeln,[3] die darauf abzielen, das Fusionskontrollverfahren so effizient und produktiv wie möglich zu gestalten. Diese praktischen Verhaltensgrundsätze sind unverbindlich und können nicht als Veränderung oder Erweiterung der Verfahrensrechte der Parteien oder der Kommission verstanden werden, wie sie die FKVO und die Fristenverordnung vorsehen.

---

[1] Siehe Art. 10 Abs. 1.
[2] Siehe neue Ermächtigungsregeln in der Entscheidung der Kommission vom 28. 4; 2004. Siehe auch Verfahrensregeln der Kommission vom 29. 11. 2000 ABl. L 308/25; Art. 13.
[3] http://ec.europa.eu/comm/competition/mergers/legislation/regulation/best_practices.pdf.

Die wichtigsten in den Best Practices enthaltenen Grundsätze betreffen unter anderem 5
die Kontakte zwischen Kommission und den Zusammenschlussparteien vor der Anmeldung („pre-notification contacts"), denen große Bedeutung zukommt, sowie die Vollständigkeit der Anmeldung, die Abhaltung von Treffen mit den Anmeldern („state of play-meetings") und dem Seniormanagment der Generaldirektion (GD) Wettbewerb. Die zuletzt genannten Treffen stehen den Parteien an verschiedenen kritischen Punkten des Verfahrens in erster und zweiter Phase zur Verfügung (Genaueres siehe Rn. 33 der Best Practices). Daneben gibt es auch sogenannte „triangular meetings", das sind Treffen der Kommission mit den Zusammenschlussparteien sowie interessierten Dritten. Die Kommission kann solche Treffen einberufen, wenn es der Bereinigung der Faktenlage dienlich ist (z. B. bei stark divergierenden Auskünften über wesentliche Fakten). Die genannten Treffen ersetzen nicht die in der Fristenverordnung vorgesehene mündliche Verhandlung (oral hearing, siehe Art. 14 der Verordnung 802/2004), sie finden auf freiwilliger Basis statt.

Weitere wichtige Grundsätze betreffen die Stellung und Anhörungs- bzw. Auskunfts- 6
rechte von interessierten Dritten (z. B. Kunden, Lieferanten oder Wettbewerber der Zusammenschlussbeteiligten, Verbraucherverbände etc.). Schließlich gehen die Best Practices noch auf Besonderheiten bei der Akteneinsicht in Fusionsfällen ein. Neben der regulären Akteneinsicht, die den Anmeldern auf Antrag nach Zusendung der Beschwerdepunkte zusteht,[4] haben diese auch die Gelegenheit, Dokumente einzusehen, die die Kommission zwischen den Beschwerdepunkten und der Konsultation des Beratenden Ausschusses erhalten hat. Bereits nach Einleitung des Verfahrens mit Entscheidung gem. Art. 6 Abs. 1 wird sich die Kommission bemühen, den Anmeldern auf Antrag bestimmte wichtige entscheidungsrelevante Dokumente („key documents") zugänglich zu machen. Typischerweise wird es sich dabei um belastende Schriftsätze oder sonstige Dokumente (z. B. nicht veröffentlichte Studien, Artikel, etc.) von Beschwerdeführern handeln, die der Ansicht der Anmelder entgegentreten und auf die sich die Kommission in ihrer Entscheidung zur Verfahrenseinleitung bezieht.

II. Art. 6 Abs. 1 lit. a): Kein Zusammenschluss im Sinne der Verordnung

1. Norminhalt

Mit einer Entscheidung gem. Art. 6 Abs. 1 lit. a) stellt die Kommission fest, dass der an- 7
gemeldete Zusammenschluss nicht unter die FKVO fällt, wobei die Kommission ihre diesbezügliche Auffassung begründet.

2. Anwendungsvoraussetzungen

Ist weder die Definition des Zusammenschlusses gem. Art. 3 Abs. 1 lit. a) (Fusion) noch 8
jene gem. Art. 3 Abs. 1 lit. b) (Kontrollübernahme, die zu einer dauerhaften Änderung der Kontrollstruktur) erfüllt, fehlt es an einem Zusammenschlusstatbestand im Sinne der Verordnung.[5] Dies ist z. B. der Fall, wenn Vetorechte dem Minderheitsgesellschafter eines Gemeinschaftsunternehmens (GU) keinen entscheidenden Einfluss auf das strategische Wirtschaftsverhalten des betroffenen Unternehmens geben;[6] wenn ein GU keinen Zugang zu ausreichenden finanziellen Ressourcen erhält, um auf Dauer alle Funktionen einer selbst-

---

[4] Bekanntmachung der Kommission über interne Verfahrensvorschriften für die Behandlung von Anträgen auf Akteneinsicht (ABl. C 325/7 vom 22. Dezember 2005), http://eur-lex.europa.eu/LexUriServ/LexUriServ.do?uri=OJ:C:2005:325:0007:0015:DE:PDF.

[5] Siehe auch die Mitteilung der Kommission zum Begriff des Zusammenschlusses, ABl. C 66 vom 2. 3. 1998.

[6] Siehe z. B. Komm. E. v. 11. 8. 1997 – *Stinnes/Haniel Reederei*, ABl. 1997 C 289.

ständigen Wirtschaftseinheit zu erfüllen;[7] oder wenn das beabsichtigte GU in seinen Beschaffungsentscheidungen an die Mütter gebunden ist.[8] Die Verordnung ist ferner nicht anwendbar, wenn weder die in Art. 1 Abs. 2 noch die in Art. 1 Abs. 3 vorgesehenen Umsatzschwellenwerte erreicht werden: es fehlt sodann die gemeinschaftsweite Bedeutung.[9]

3. Verhältnis zu anderen Vorschriften

9   Fällt ein bestimmter Zusammenschluss nicht unter die Verordnung, können u. U. nationale Fusionskontrollregime anwendbar sein. Daneben können Art. 81 und/oder Art. 82 EG bzw. Verordnung Nr. 1/2003[10] anwendbar sein.

4. Rechtsfolgen

10 Durch die Entscheidung wird festgestellt, dass ein bestimmtes Vorhaben nicht anmeldepflichtig ist. Die Entscheidung ist nach der Rechtsprechung des EuG[11] anfechtbar. Stellt die Kommission (nach Gesprächen mit den beteiligten Unternehmen) vor Anmeldung des Vorhabens ihre Unzuständigkeit fest, erhalten die beteiligten Unternehmen auf ihr Verlangen hin ein entsprechendes Schreiben, welches die Rechtsmeinung der Abteilung Fusionskontrolle innerhalb der GD Wettbewerb wiedergibt, die Kommission jedoch nicht bindet. Die genaue Rechtswirksamkeit dieses Schreibens ist bisher unklar. Man wird jedoch annehmen können, dass es die Parteien gegen Geldbußen gem. Art. 14 Abs. 1 lit. a) schützt, sofern die gegenüber der Kommission gemachten Angaben nicht irreführend oder unvollständig sind. Nach neuester Rechtssprechung[12] beendet allerdings nur ein Brief ohne Rechtsverzicht eine vom Antragsteller gem. Art. 232 Abs. 2 beanstandete Untätigkeit der Kommission.

5. Praktische Bedeutung

11 Entscheidungen gem. Art. 6 Abs. 1 lit. a) machen weniger als 3% aller Entscheidungen in erster Phase aus. Der Hauptgrund für die relativ geringe und immer weiter abnehmende Bedeutung der Bestimmung in der Praxis liegt darin, dass die Parteien in den meisten Fällen eventuelle Unklarheiten bezüglich der Anmeldepflichtigkeit des Vorhabens i. d. R. in einem informellen Vorgespräch mit der Abteilung Fusionskontrolle abklären können.[13] Entsprechend datieren die bislang letzten Entscheidungen gem. Art. 6 Abs. 1 lit. a) aus den Jahren 2002[14] und 2005.[15]

III. Art. 6 Abs. 1 lit. b): Genehmigung ohne Zusagen

1. Norminhalt

12 Mit Entscheidung gem. Art. 6 Abs. 1 lit. b) stellt die Kommission fest, dass das betreffende Vorhaben unter die Verordnung fällt, jedoch keinen Anlass zu ernsthaften Bedenken hinsichtlich seiner Vereinbarkeit mit dem Gemeinsamen Markt gibt.

---

[7] Siehe unter anderem Komm. E. v. 15. 10. 1998 – *ENW/Eastern*, ABl. 1998 C 344.
[8] Siehe Komm. E. v. 1. 10. 1997 – *Preussag/Voest Alpine*, ABl. 1997 C 314.
[9] Siehe u. a. Komm. E. v. 13. 7. 1992 – *Eurocard/Eurocheque/Europay*, ABl. 1992 C 182 oder Komm. E. v. 9. 7. 1997 – *UBS/Mister Minit*, ABl. 1997 C 232.
[10] Verordnung (EG) Nr. 1/2003 vom 16. 12. 2002; ABl. L 1, 4. 1. 2003.
[11] EuG E. v. 4. 3. 1999 – *Generali u. Unicredito/Kommission*, Slg. 1999, II-203.
[12] Siehe Urteil des EuGH im Fall Schlüsselverlag J. S. Moser GmbH C-170/02 P.
[13] Siehe auch die (unverbindlichen) Verhaltensrichtlinien zur Abwicklung von Fusionsverfahren (best practices: http://ec.europa.eu/comm/competition/mergers/legislation/proceedings.pdf).
[14] Siehe Komm. E. v. 23. 12. 2002 – *Electrabel/Energia Italiana/Interpower*, ABl. 2003 C 25/2.
[15] Siehe Komm. E. v. 15. 11. 2005 – *Gas Natural/Endesa*.

2. Anwendungsvoraussetzungen

Um einen Zusammenschluss in der I. Phase zu genehmigen, ist es erforderlich, ernsthafte Bedenken hinsichtlich seiner Vereinbarkeit mit dem Gemeinsamen Markt ausschließen zu können. Inhaltlich wird überprüft, ob der geplante Zusammenschluss wirksamen Wettbewerb erheblich behindern würde, insbesondere durch die Schaffung oder Verstärkung einer marktbeherrschenden Stellung.[16] Im Gegensatz zum vertieften Prüfverfahren hat die Kommission im I.-Phase-Verfahren jedoch lediglich festzustellen, ob nach Durchführung erster Vorerhebungen ernsthafte Bedenken bestehen, wonach das Vorhaben zu unilateralen oder koordinierten Effekten führen wird, durch die der wirksame Wettbewerb im Gemeinsamen Markt erheblich behindert wird. 13

3. Rechtsfolgen

Die Entscheidung gem. Art. 6 Abs. 1 lit. b) führt zur Aufhebung des Vollzugsverbotes (vgl. Art. 7 Abs. 1). Sie ist durch Klage anfechtbar.[17] 14

4. Vereinfachtes Verfahren

Bestimmte einfach gelagerte Fälle, die auf Grund der Umsatzgröße der beteiligten Unternehmen bei der Kommission anmeldepflichtig sind, augenscheinlich aber keine wettbewerblichen Probleme aufwerfen, können seit 1. September 2000 im sogenannten vereinfachten Verfahren („simplified procedure") abgehandelt werden.[18] Der wichtigste Anwendungsfall des vereinfachten Verfahrens sind Vorhaben, in denen es zu keinen horizontalen oder vertikalen Überschneidungen der Tätigkeiten der beteiligten Unternehmen kommt,[19] bzw. Vorhaben, in denen die gemeinsamen Marktanteile der Parteien bei jeder möglichen Marktdefinition auf horizontaler Ebene 15% und auf vertikaler Ebene 25% nicht übersteigen.[20] Das vereinfachte Verfahren kann ferner angewendet werden, wenn der Umsatz des GUs und/oder die in das GU eingebrachten Vermögenswerte im EWR unter 100 Mio EUR liegen und der Gesamtwert der dem GU im EWR übertragenen Vermögenswerte unter 100 Mio EUR liegt. Unabhängig vom Umsatz und den Marktanteilsadditionen werden jene Fälle im vereinfachten Verfahren behandelt, in denen es um Übergang von gemeinsamer zu alleiniger Kontrolle geht.[21] In diesen drei Fällen gilt die Vermutung der Unbedenklichkeit des Vorhabens. Sie können mit einem Minimum an Aufwand für alle Beteiligten abgehandelt werden: die Parteien werden von der Erfüllung bestimmter umfangreicher Auskunftsverpflichtungen befreit, die Kommission sieht von der Durchführung einer Marktuntersuchung sowie vom Erlass einer ausführlich begründeten Entscheidung ab, wodurch Ressourcen für problematische Fälle frei werden. 15

Die Entscheidung im vereinfachten Verfahren gem. Art. 6 Abs. 1 lit. b) enthält einen Standardtext, der den Inhalt des Zusammenschlusses, die Tätigkeit der beteiligten Unternehmen sowie die relevanten Märkte angibt und auf den relevanten Paragraphen in der 16

---

[16] Zur praktischen Auslegung des Marktbeherrschungsbegriffs siehe die Mitteilung der Kommission über die Beurteilung horizontaler Zusammenschlüsse, ABl. C 31, 5. 2. 2004.

[17] Siehe etwa jüngst EuG E. v. 13. 7. 2006, T-464/04 – *Impala/Kommission*.

[18] Siehe die Bekanntmachung der Kommission vom über ein vereinfachtes Verfahren für bestimmte Zusammenschlüsse gem. Verordnung (EG) Nr. 139/2004 des Rates vom 20. 1. 2004, ABl. 2004 L 24.

[19] Siehe Ziffer 5 lit. b) der Bekanntmachung.

[20] Siehe Ziffer 5 lit. c) der Bekanntmachung.

[21] Siehe Ziffer 5 lit. d) der Bekanntmachung; die Kommission kann jedoch das reguläre Verfahren einleiten, wenn weder sie selbst noch eine mitgliedstaatliche Behörde den vorangegangenen Erwerb gemeinsamer Kontrolle überprüft haben oder der Übergang zu alleiniger Kontrolle ein deutlicher Verlust der zuvor bestandenen Unabhängigkeit des GUs eintritt und dies zu wettbewerblichen Bedenken führen kann.

Bekanntmachung verweist, auf den sich die Anwendung des vereinfachten Verfahrens gründet. Die Standardentscheidung enthält keine Geschäftsgeheimnisse und wird im Original im ABl. der EG veröffentlicht.

17 Die Parteien haben keinen Rechtsanspruch auf die Anwendung des vereinfachten Verfahrens, diese obliegt im Einzelfall dem Ermessen der Kommission.[22] Zur Orientierung der anmeldenden Unternehmen enthält die oben zitierte Bekanntmachung eine – nicht abschließende – Liste von Fällen, in denen die Kommission beabsichtigt, trotz Vorliegens der Voraussetzungen in der Bekanntmachung von der Anwendung des vereinfachten Verfahrens Abstand zu nehmen:[23] so z. B. bei Tätigkeiten der Parteien in benachbarten Produktmärkten oder bei Zusammenschlüssen die zu einer Kombination technologischer oder finanzieller Ressourcen führen. Andere mögliche Ausnahmen sind Zusammenschlüsse in Zukunftsmärkten, auf denen Marktanteile nicht mit ausreichender Sicherheit berechnet werden können sowie Zusammenschlüsse in Märkten mit hohen Marktzutrittsschranken. Fälle, in denen die Überprüfung von Nebenabreden seitens der Unternehmen angestrebt wird, eigenen sich nach Auffassung der Kommission nicht für das vereinfachte Verfahren. Die Kommission führt ferner das reguläre Verfahren durch, sobald ein Mitgliedstaat oder ein Dritter fristgerecht begründete Bedenken vorbringt oder wenn ein Mitgliedstaat einen Verweisungsantrag stellt. Bei der Rückkehr zum regulären Verfahren beginnen die in Art. 10 Abs. 1 festgelegten Fristen von 25 bzw. 35 AT jeweils erneut zu laufen.

5. Praktische Bedeutung

18 Die praktische Bedeutung des vereinfachten Verfahrens ist beachtlich und nimmt immer mehr zu: wurden im Jahr 2004 bereits mehr als die Hälfte der Freigaben in erster Phase im vereinfachten Verfahren abgehandelt, belief sich die Quote im Jahr 2007 schon auf ca. $^2/_3$.[24] Die Verfahrensfristen decken sich mit denen des regulären Verfahrens. Die Kommission wird sich jedoch bemühen, sobald wie möglich nach Ablauf der 15 AT, die den Mitgliedstaaten zwecks Einbringung eines Verweisungsantrags gemäß Art. 9 Abs. 2 der FKVO zur Verfügung stehen, eine Entscheidung zu erlassen. Die Einführung eines verkürzten Formblatts CO[25] trägt zur weiteren Verfahrensvereinfachung für die Parteien bei.

IV. Art. 6 Abs. 2: Genehmigung mit Zusagen

1. Norminhalt

19 Mit der Entscheidung gem. Art. 6 Abs. 2 stellt die Kommission fest, dass das betreffende Vorhaben nach Änderung (= Zusagen) durch die beteiligten Unternehmen keinen Anlass zu ernsthaften Bedenken hinsichtlich seiner Vereinbarkeit mit dem Gemeinsamen Markt gibt. Die Verankerung der Zusagen in erster Phase in der FKVO geschah bereits mit VO (EG) Nr. 1310/97 vom 30. Juni 1997.[26] Zusagen in erster Phase wurden jedoch bereits vor diesem Zeitpunkt praktiziert.

2. Definition von Zusagen

20 Zusagen (auch Verpflichtungserklärungen oder englisch „commitments" bzw. „remedies") sind rechtlich verbindliche Abhilfemaßnahmen, zu deren Durchführung innerhalb

---

[22] Die Kommission ist jedoch an ihre eigene Bekanntmachung gebunden und bei Abweichungen verpflichtet, entsprechende Gründe anzugeben.
[23] Siehe Ziffern 6–13 der Bekanntmachung über Zusagen.
[24] Siehe Ziffer 77 des Berichts der Kommission über die Wettbewerbspolitik 2007.
[25] Siehe Fristenverordnung (EG) Nr. 802/2004 vom 7. 4. 2004 (ABl. L 133, 30. 4. 2004; Anhang II).
[26] ABl. L 180, 9. 7. 1997.

einer bestimmten Frist sich eines oder mehrere der beteiligten Unternehmen – nicht jedoch dritte, am Zusammenschluss nicht beteiligte Unternehmen – gegenüber der Kommission verpflichten, mit dem Ziel, den festgestellten wettbewerblichen Bedenken zu begegnen und damit eine Freigabe des Zusammenschlusses zu erwirken bzw. die Einleitung des vertieften Prüfverfahrens abzuwenden. Stellt die Kommission fest, dass durch Abgabe von Zusagen ernste wettbewerbliche Bedenken gegen das Vorhaben nicht bestehen, *muss* sie das Vorhaben freigeben. Voraussetzung hierfür ist auch nach dem Entwurf der neuen Mitteilung der Kommission[27] über zulässige Abhilfemaßnahmen, dass die Verpflichtungszusagen die Wettbewerbsbedenken gänzlich ausräumen und in jeder Hinsicht vollständig und wirksam sind. Die Mitteilung der Kommission über zulässige Abhilfemaßnahmen[28] enthält eine Reihe von inhaltlichen und Verfahrenskriterien für Zusagen an denen sich die Kommission und beteiligte Unternehmen im Einzelfall orientieren. Zur Erleichterung des Verfahrensablaufes für die beteiligten Unternehmen hat die GD Wettbewerb überdies Musterdokumente für Veräußerungszusagen (samt Verhaltensempfehlungen) sowie für das Treuhändermandat auf ihrer Homepage veröffentlicht.[29]

3. Anwendungsvoraussetzungen

a) Inhaltliche Kriterien. Zusagen können wettbewerbliche Randprobleme oder aber Kernbereiche des Vorhabens betreffen. Entscheidend ist jedoch, dass diese Probleme im I.-Phase-Prüfverfahren klar umrissen werden können und leicht zu lösen sind.[30] Kann die Dimension des Wettbewerbsproblems im Vorverfahren nicht gänzlich erfasst werden, ist das vertiefte Verfahren einzuleiten. In der Praxis hat die Kommission allerdings auch in dieser Phase bereits komplexe Zusagen akzeptiert.[31] Um Zusagen annehmen zu können, muss die Kommission zeigen, dass die Wettbewerbsprobleme ohne Zusagen zu ernsthaften Bedenken hinsichtlich der Vereinbarkeit des Vorhabens mit dem Gemeinsamen Markt führen würden. Diese Verpflichtung besteht auch, wenn die Zusagen bereits vor oder bei Anmeldung des Vorhabens abgegeben werden. Nur die Parteien können Zusagen vorschlagen. 21

Sie müssen von sich aus die Initiative ergreifen, die Kommission kann ihnen keine Zusagen auferlegen. Die Parteien müssen die Kommission davon überzeugen, dass die Zusagen die ernsthaften Bedenken der Kommission vollständig beseitigen.[32] Diese Zusagen müssen eindeutig auf die Verhinderung der Entstehung oder Verstärkung einer marktbeherrschenden Stellung ausgerichtet sein, nicht aber auf die Verhinderung des Missbrauchs einer solchen.[33] Schließlich dürfen Zusagen – zumindest prima facie – keine neuerlichen wettbewerblichen Probleme aufwerfen, d. h. sie müssen sozusagen wettbewerblich neutral sein. Diese Voraussetzung wird i. d. R. als erfüllt betrachtet, wenn ex ante davon auszugehen ist, dass die Unternehmen die für die Transaktion vorgeschriebenen behördlichen Genehmigungen erlangen werden. Durch die Abgabe von Zusagen begeben sich die Parteien grundsätzlich nicht ihres Rechts gegen die Entscheidung zu berufen. Weiterhin können die Unternehmen bereits angebotene Zusagen zurücknehmen, wenn die Kommission im 22

---

[27] Siehe http://ec.europa.eu/comm/competition/mergers/legislation/draft_remedies_notice.pdf.
[28] Mitteilung der Kommission über im Rahmen der Verordnung E(W)G Nr. 4069/89 des Rates und der Verordnung (EG) Nr. 447/98 der Kommission *zulässige Abhilfemaßnahmen* (ABl. C 68/3 v. 2. 3. 2001).
[29] http://ec.europa.eu/comm/competition/mergers/legislation/draft_remedies_notice.pdf.
[30] Siehe Erwägungsgrund 30 zur FKVO.
[31] Siehe *Baron,* in: Langen/Bunte, Kommentar zum deutschen und europäischen Kartellrecht, Band 2, FKVO, Art. 6 Rn. 11 mit Nachweisen auf die Praxis.
[32] Siehe Rn. 6 und 11 der Bekanntmachung über Zusagen.
[33] Siehe Rn. 9 der Bekanntmachung; siehe auch EuG U. v. 25. 3. 1999 Rs. T-102/96 – *Gencor/Kommission,* Slg. 1999, II-753.

Rahmen ihrer Prüfung zum Ergebnis kommt, dass der Zusammenschluss auch ohne die angebotenen Zusagen freigegeben werden kann.[34]

23 **b) Verbesserung von Zusagen.** Wenn Zusagen die grundlegenden Voraussetzungen bei Einreichung nicht erfüllen, ist eine nachträgliche Verbesserung in I. Phase zwar nicht von vornherein ausgeschlossen, jedoch nur sehr eingeschränkt möglich.[35] Geringfügigere Anpassungen (Klarstellungen, verfahrensrelevante Details, Fristen, etc.) können auch nach Einreichung noch vorgenommen werden. Aufgrund der begrenzten im I.-Phase-Prüfverfahren zur Verfügung stehenden Zeit ist allerdings eine erneute Marktuntersuchung in der Regel nicht möglich. Es ist daher erforderlich, dass die verbesserten Zusagen unter Berücksichtigung der im ersten Markttest gewonnenen Erkenntnisse die Wettbewerbsprobleme eindeutig und vollständig beseitigen.

24 **c) Alternative Zusagen.** Ist anzunehmen, dass sich die Umsetzung einer Zusage schwierig gestalten wird und mit Risiken verbunden ist, wird die Kommission diese im Allgemeinen ablehnen müssen. Um dies abzuwenden, können die Unternehmen u. U. neben der Primärzusage eine gleichwertige alternative Verpflichtung eingehen, die zum Tragen kommt, wenn erstere nicht eingehalten werden kann.[36] Eine weitere mögliche Auffangbestimmung besteht in der sogenannten „Kronjuwelen-Klausel", wonach die Parteien sich verpflichten, im Fall des Scheiterns des ursprünglich geplanten Verkaufs weitere, besonders attraktive Vermögenswerte in das Verkaufspaket aufzunehmen.[37] Insbesondere in Fällen, in denen der Erfolg der Zusage von den Eigenschaften des Käufers abhängt, könnten solche Regelungen in Zukunft verstärkt eingesetzt werden.

25 **d) Änderung von Zusagen.** Die nachträgliche Änderung bzw. Aufhebung von Zusagen kam in der Praxis bisher äußerst selten vor. Es ist aber nicht ausgeschlossen, dass sich bei der Umsetzung besondere Umstände ergeben, die eine Anpassung, Änderung oder gar Aufhebung mancher Zusagen nötig machen. Die Kommission ist daher in der Praxis dazu übergegangen, in den Zusagentext eine sog. „Revisionsklausel" aufzunehmen, welche im Wesentlichen drei Situationen abdeckt: Erstens eine möglicherweise erforderliche Erstreckung der Fristen; zweitens die Ausnahme bestimmter Teile des Verkaufsobjektes vom Verkauf (soll hauptsächlich dem Käufer Flexibilität einräumen) und drittens die Aufhebung oder materielle Änderung einer oder mehrerer Bedingungen oder Auflagen unter außergewöhnlichen Umständen.[38] Eine materielle Änderung der Zusagen wird von der Kommission äußerst restriktiv gehandhabt. Eine solche Situation wäre denkbar, wenn sich die Marktsituation im Anschluss an die Entscheidung radikal verändert hat. Es kann ferner vorkommen, dass der Zusammenschluss auch ohne Durchführung der vereinbarten Zusage keine wettbewerblichen Probleme mehr aufwirft, da die Parteien eine einschneidende Umstrukturierung ihrer Geschäfte vorgenommen haben, vor deren Hintergrund die Zusage nicht mehr erforderlich ist.[39] Materielle Voraussetzung dafür ist, dass die Kommission eine so weitgehende Veränderung der Marktstruktur festgestellt hat, dass die fehlende Einflussnahme auf das veräußerte Geschäft für die Vereinbarkeit des Zusammenschlusses mit dem Gemeinsamen Markt nicht länger notwendig ist.[40] Die Revision von Zusagen kann nur auf Grund eines begründeten Antrags der Parteien bzw. des Treuhänders erfolgen. In der Pra-

---

[34] Siehe Komm. E. v. 19. 7. 2006 – *LSG/Gate Gourmet*, WuW/E EU-V 1167–1170.
[35] Siehe Rn. 37 der Bekanntmachung über Zusagen.
[36] Siehe z. B. Komm. E. v. 11. 3. 1997 – *Bank Austria/CA* (Anhang I zur Entscheidung, Ziffer 4), ABl. 1997 C 160 oder auch Komm. E. v. 30. 6. 1998 – *Akzo Nobel/Courtaulds*, ABl. 1998 C 265 oder Komm. E. v. 8. 4. 1999 – *AXA/GRE*, ABl. 2000 C 30.
[37] Siehe z. B. Komm. E. v. 12. 7. 2000 – *Industri Kapital/Dyno*, ABl. 2001 L 154; siehe Komm. E vom 27. 7. 2001 – *Nestel/Ralston Purina*, ABl. 2001 L 239.
[38] Siehe Rn. 34 der Standardzusagen.
[39] Siehe z. B. Komm. E. v. 24. 4. 1986 – *Shell/Montecatini*, ABl. 1986 L 294.
[40] Siehe zu Veräußerungszusagen Rn. 49 der Bekanntmachung über Zusagen; siehe z. B. Komm. E vom 30. 1. 2004 – *Hoechst/Rhône Poulenc*; Komm. E. v. 26. 7. 2002 – *Vodafone/Mannesmann*.

xis beurteilt die Kommission auf der Grundlage von prima facie Beweisen ob ausreichende Anhaltspunkte für eine entscheidende Veränderung der Marktstruktur vorliegen, bevor sie einem Änderungsgesuch von Seiten der Parteien stattgibt. Die Beweislast für die Änderung der entscheidungsrelevanten Umstände trägt der Antragsteller.

e) Fristen für die Abgabe. Zusagen werden mitunter bereits vor der Anmeldung, mit Anmeldung oder kurz danach eingereicht, was die Kommission allerdings nicht von ihrer Verpflichtung entbindet, selbstständig zu untersuchen, ob bzw. zu welchen wettbewerbsrechtlichen Bedenken ein Vorhaben Anlass gibt. Spätestens sind Zusagen jedoch 20 AT nach erfolgter Anmeldung einzureichen:[41] im Gegensatz zu Zusagen im II.-Phase-Verfahren existiert hier keine Möglichkeit einer Fristverlängerung. Ebenso wenig ist es den Parteien möglich, Zeit zu gewinnen, in dem sie die ursprüngliche Anmeldung zurückziehen und in veränderter Form wieder anmelden, da dies voraussetzt, dass das ursprüngliche Vorhaben zuvor komplett aufgegeben und die zugrundeliegenden Verträge rechtswirksam beendet wurden. Verspätet eingereichte Zusagen führen dazu, dass diese von der Kommission nicht berücksichtigt werden müssen.[42] Nach Einreichung von Verpflichtungszusagen verlängert sich die Frist innerhalb derer die Kommission zu entscheiden hat automatisch von 25 auf 35 AT.[43] 26

f) Formerfordernisse. Zusagen müssen schriftlich eingereicht werden, von den Parteien oder ihren bevollmächtigten Vertretern unterzeichnet sein und alle wesentliche Aspekte für ihre Beurteilung enthalten (Beschreibung des Wettbewerbsproblems, Art und Weise und Zeitraum innerhalb dessen die Zusagen das Problem lösen sollen, die verschiedenen Etappen der Umsetzung, usw.). Ein Standarddokument für die Übermittlung von Zusagen[44] soll den Parteien die Abgabe von Zusagen und deren Vorbereitung erleichtern. Durch die Standardisierung können Zusagen nicht nur leichter und schneller verfasst werden, es wird auch ihre Überprüfbarkeit erleichtert. Ein weiterer Vorteil liegt in den mit der Standardisierung verbundenen Kohärenzeffekten. 27

4. Ablehnung von Zusagen in erster Phase

Zusagen sind abzulehnen, sofern sie inhaltlich unzulänglich und daher ungeeignet sind, die identifizierten ernsthaften Bedenken an der Vereinbarkeit des Zusammenschlusses vollständig auszuräumen. Ein weiterer Grund für die Ablehnung ist eine übermäßige Komplexität, die der wirksamen Durchführung von Zusagen entgegensteht.[45] Auch die Unfähigkeit der Parteien, die Risiken der Durchführbarkeit einer Zusage glaubhaft einzugrenzen, kann zu deren Ablehnung führen.[46] Stellt die Kommission fest, dass Zusagen im konkreten Fall nicht akzeptiert werden können, *muss* sie das vertiefte Prüfverfahren einleiten. In Phase II. können die Zusagen (manchmal vor Übermittlung der Beschwerdepunkte) mitunter verbessert werden. 28

5. Unterscheidung von Zusagen nach ihrem Inhalt

a) Strukturelle Zusagen. Diese verpflichten die Parteien zu einem bestimmten Ergebnis (i. d. R. eine Strukturveränderung im Markt). Durch strukturelle Zusagen findet ein 29

---

[41] Siehe Art. 19 (1) der Fristenverordnung.
[42] Siehe *Immenga/Körber*, in: Immenga/Mestmäcker, Wettbewerbsrecht EG/Teil 2, FKVO, Art. 6 Rn. 37.
[43] Siehe Art. 10 (1), zweiter Untersabsatz FKVO.
[44] http://europa.eu.int/comm/competition/mergers/legislation/divestiture_commitments.
[45] Komm. E. v. 8. 5. 2001 – *T-Online/TUI/C & N*, E gem. Art. 6 Abs. 1 lit. c) der FKVO, Vorhaben zurückgezogen.
[46] Komm. E. v. 10. 11. 1999 – *Alcan/Pechiney*, E gem. Art. 6 Abs. 1 lit. c) der FKVO, Vorhaben zurückgezogen.

direkter Eingriff in bestehende Marktstrukturen statt. Es handelt sich zumeist um die Veräußerung von Tochterunternehmen, Geschäftsteilen oder Beteiligungen.

30 Dem EuG[47] zufolge gebührt strukturellen Zusagen der Vorrang gegenüber anderen (wie z. B. eine durch den Zusammenschluss entstehende marktbeherrschende Stellung nicht zu missbrauchen),[48] da sie der Zielsetzung der Verordnung am ehesten gerecht werden. Dies geht vor allem aus Erwägungsgrund (6) der FKVO hervor, in dem es heißt „… Daher ist ein besonderes Rechtsinstrument erforderlich, das eine wirksame Kontrolle sämtlicher Zusammenschlüsse im Hinblick auf ihre Auswirkungen auf die Wettbewerbsstruktur in der Gemeinschaft ermöglicht …". In Erwägungsgrund (8) heißt es ferner: „… die Vorschriften dieser Verordnung sollten für die bedeutsamen Strukturveränderungen gelten, …". Strukturelle Zusagen haben den Vorteil, dass sie – im Vergleich zu Verhaltenszusagen – relativ leicht zu kontrollieren sind und nach Durchführung normalerweise keine (anhaltende) Überwachung erfordern.

31 **b) Verhaltenszusagen.** Sind strukturelle Abhilfemaßnahmen im konkreten Fall nicht möglich oder für sich allein genommen nicht ausreichend, können grundsätzlich auch Verhaltenszusagen akzeptiert werden, wie z. B. die Zusage, Wettbewerbern zu Marktkonditionen Zugang zu wesentlichen Einrichtungen zu geben.[49] Oder die Unternehmen verpflichten sich, bei der Erteilung des Zugangs zu Infrastruktureinrichtungen nicht zu diskriminieren[50] bzw. die Voraussetzungen für Parallelverhalten im Markt zu beseitigen.[51] Werden Verhaltenszusagen anstatt oder zusätzlich zu strukturellen Zusagen akzeptiert, so setzt dies voraus, dass diese eindeutig auf die Verhinderung der Entstehung oder Verstärkung einer marktbeherrschenden Stellung ausgerichtet sind. Unzulässig wäre daher z. B. die Zusage eines Unternehmens, seine marktbeherrschende Stellung nicht auszunutzen.[52] Das bedeutet, dass auch Verhaltenszusagen letztlich einen strukturellen Effekt haben und im Ergebnis zu einer strukturellen Veränderung im Markt führen müssen: hier verschwimmt der Unterschied zu strukturellen Zusagen.[53]

32 **c) Zusagenpakete.** In vielen Fällen werden Kombinationen bestehend aus strukturellen und/oder Verhaltenszusagen akzeptiert, z. B. die Einräumung exklusiver Lizenzen zusammen mit der Veräußerung einer Beteiligung[54] oder die Veräußerung von Unternehmensteilen gemeinsam mit dem Eintritt in Lieferabkommen.[55]

6. Beispiele gängiger Zusagen

33 Der überwiegende Anteil der Zusagen ist struktureller Natur, allen voran Veräußerungen von Tochterunternehmen,[56] Geschäftsteilen[57] oder kontrollierten Beteiligungen,[58] bei denen jeweils eine bestimmte Marktposition übertragen wird. Eine andere große Gruppe von strukturellen Zusagen zielt auf die Entflechtung zwischen den beteiligten Unternehmen

---

[47] Siehe z. B. Urteil des EuG in der Rs. T-102/96 – *Gencor/Kommission* Slg. 1999, II-753.
[48] Nach Meinung des EuGH (siehe Urteil in der Rs. *Tetra-Laval*) müssen jedoch Verhaltenszusagen (etwa unter Art. 82 EG) bei der Bewertung der Auswirkungen eines Zusammenschlusses mitberücksichtigt werden, s. EUGH U. v. 15. 2. 2005 Rs. C 12/03, C 13/03 – *Kommission vs. Tetra Lawal BV*.
[49] Siehe z. B. Komm. E. v. 4. 9. 1992 – *Elf Aquitaine Thyssen/Minol AG*, ABl. 1992 C 232 oder Komm. E. v. 13. 10. 2000 – *Vivendi/Canal+/Seagram*, ABl. 2000 C 311.
[50] Siehe z. B. Komm. E. v. 4. 6. 1998 – *Alcatel/Thomson/SCS*, ABl. 1992 C 272.
[51] Siehe Komm. E. v. 22. 7. 1992 – *Nestlé/Perrier*, ABl. 1992 C 356.
[52] Siehe auch EuG Urteil v. 25. 3. 1999 Rs. T-102/96 – *Gencor/Kommission*, Slg. 1999, II-753.
[53] S. Komm. E v. 20. 7. 2000 – *Vodafone/Vivendi/Kanal+*, ABl. 2003 C 118.
[54] Siehe z. B. Komm. E. v. 26. 2. 1999 – *Astra/Zeneca*, ABl. 1999 C 335.
[55] Siehe z. B. Komm. E. v. 26. 3. 1999 – *Total/Petrofina (II)*, ABl. 2001 C 325.
[56] Siehe z. B. Komm. E. v. 11. 4. 2001 – *Burhmann/Samas Office Supplies*, ABl. 2003 L 117.
[57] Komm. E. v. 4. 8. 2000 – *Metsä-Serla/Modo*, ABl. 2000 C 256 oder Komm. E. v. 19. 11. 2004 – *Bayer/Roche (OTC)*.
[58] Vgl. Komm. E. v. 11. 8. 2000 – *FT/Orange*, ABl. 2000 C 261.

und ihren Wettbewerbern ab, zumeist durch die Veräußerung von Minderheitsbeteiligungen.[59] Diese Art von Zusagen ermöglicht bzw. erleichtert den Marktzutritt anderer Wettbewerber. Gebräuchliche Entflechtungszusagen bestehen z. B. in der Beendigung exklusiver Vereinbarungen zur Beseitigung von Marktabschottungseffekten[60] bzw. von vertikalen Effekten;[61] aber auch in der Reduzierung der Dauer/des Anwendungsbereichs von exklusiven Zugangsrechten,[62] der Gewährung des angemessenen und fairen Zugangs Dritter zu bestimmten Infrastruktureinrichtungen,[63] der Einstellung bestimmter Aktivitäten,[64] der Lizenzierung immaterieller Vermögenswerte[65] sowie der Beseitigung von Konkurrenzverbotsklauseln.[66] Die hier genannten Zusagen werden mitunter von zusätzlichen Verpflichtungen begleitet, die den Käufer schützen und ihm den vollen Wert des erworbenen Vermögens sichern sollen, allen voran Wettbewerbsverbote, Abwerbeverbote aber u. U. auch begrenzte Liefer- und Abnahmeverpflichtungen.[67] Andere übliche Zusatzverpflichtungen[68] schreiben dem Veräußerer die Trennung des Verkaufsobjektes von seinen anderen Geschäftsaktivitäten vor, um die Weitergabe geschäftsinterner Informationen zu verhindern (sog. „ring fencing").

7. Exkurs: besondere Anforderungen bei Veräußerungszusagen

a) Das Verkaufsobjekt.[69] Dieses muss ein lebensfähiges, funktionierendes und selbstständiges Geschäft („viable stand-alone business") sein. Wesentlich ist, dass dieses auch nach Ausgliederung aus dem bestehenden Verbund mit den Zusammenschlussparteien als unabhängiges Unternehmen wettbewerbsfähig ist.[70] Das Geschäft wird als „going concern", d. h. mit dem dazugehörigen Personal, allen materiellen und immateriellen Vermögenswerten sowie den dazugehörigen Kundenkontakten/-verträgen veräußert.

Um ein lebensfähiges Geschäft zu erhalten ist es mitunter sogar erforderlich, zusätzliche Produkte/Geschäftsteile zu veräußern, bei denen keine Wettbewerbsprobleme identifiziert wurden.[71] Das Verkaufsobjekt muss hinreichend attraktiv sein, um Käufer anzuziehen.[72] Veräußerungszusagen können sich nicht immer exakt auf die Beseitigung des Marktanteilszuwachses beschränken. Mitunter könnte es erforderlich sein, zusätzliche Veräußerungen in

---

[59] Siehe Komm. E. v. 2. 6. 1998 – *Thyssen/Krupp,* ABl. 1998 C 252 oder Komm. E. v. 8. 5. 1998 – *Allianz/AGF,* ABl. 2000 C 246.
[60] Siehe z. B. Komm. E. v. 8. 2. 1991 – *Fiat Geotech/Ford,* ABl. 1991 C 118.
[61] Siehe Komm. E. v. 2. 6. 1998 – *Neste/Ivo,* ABl. 1998 C 218.
[62] Siehe Komm. E. v. 2. 12. 1991 – *TNT/Canada Post,* ABl. 191 C 322 oder Komm. E. v. 20. 7. 1995 – *Swissair/Sabena,* ABl. 1995 C 200.
[63] Siehe z. B. Komm. E. v. 8. 10. 2004 – *Total/Gaz de France (GDF).*
[64] Siehe Komm. E. v. 30. 10. 1995 – *Repola/Kymene,* ABl. 1995 C 318 oder Komm. E. v. 11. 3. 1997 – *Bank Austria/CA,* ABl. 1997 C 160; Komm. E. v. 11. 2. 2004 – *KLM/Air France,* ABl. 2004 C 60.
[65] Siehe Komm. E. v. 28. 2. 1995 – *Glaxo/Welcome* oder Komm. E. v. 8. 7. 1998 – *Exxon/Shell,* ABl. 1998 C 252.
[66] Siehe Komm. E. v. 2. 6. 1998 – *Thyssen/Krupp,* ABl. 1998 C 252.
[67] Siehe Komm. E. v. 15. 3. 1994 – *Unilever France/Ortiz Miko II,* ABl. 1994 C 109.
[68] Siehe ferner Ausführungen zum Unterschied zwischen Bedingungen und Auflagen, Rn. 42 ff.
[69] Siehe unter anderem Ziffer 13–18 der Bekanntmachung über Zusagen.
[70] Komm. E. v. 20. 9. 1999 – *Exxon/Mobil,* ABl. 2004 L 103.
[71] Komm. E. v. 1. 12. 1999 – *Sanitec/Sphinx,* ABl. 2000 L 294; Komm. E. v. 8. 3. 2000 – *Unilever/Amora Maille* oder Komm. E. v. 12. 3. 2001 – *Degussa/Laporte,* ABl. 2001 L 140.
[72] Auch aus diesem Grund kann die Veräußerung zusätzlicher Vermögensteile erforderlich sein, wie z. B. im Fall *BP/Amoco,* in dem sich BP zur Veräußerung bestimmter Beteiligungen an Gasleitungen in der Nordsee verpflichtet hatte. Um diese für den Käufer attraktiver zu machen entschied BP nachträglich auch *off-shore* Produktionsstätten anzubieten; Komm. E v. 11. 12. 1998, ABl. 1998 L 112.

Märkten einzubeziehen, auf denen die Kommission keine Wettbewerbsbedenken festgestellt hat, um ein lebensfähiges Geschäft zu erhalten.[73]

36 **b) Der Käufer.** Der Erwerber sollte nach Möglichkeit ein bereits existierender, von den beteiligten Unternehmen unabhängiger Wettbewerber sein. Unabhängigkeit bedeutet, dass keine direkten oder indirekten Beteiligungen oder sonstige Beziehungen zwischen dem Erwerber und den beteiligten Unternehmen bestehen. Der Erwerber muss darüber hinaus das nötige Know-how sowie die nötigen finanziellen Ressourcen besitzen, um durch den Erwerb auf den betroffenen Märkten in aktiven Wettbewerb zu den Zusammenschlussparteien treten zu können. Eine diesbezügliche Absicht muss ferner aus der den Kauf begründenden Motivation hervorgehen (z. B. durch Vorlage des Geschäftsplans oder anderer strategischer Dokumente). Idealerweise ist der Erwerber bereits in dem betreffenden oder zumindest in einem benachbarten Markt tätig oder erweitert seinen geographischen Tätigkeitsbereich. Vereinzelt hat die Kommission auch finanzielle Investoren wie z. B. Investmentbanken als Käufer akzeptiert,[74] dies zumeist im Verbund mit direkten Wettbewerbern, z. B. im Fall von GUs. Die Ablehnung eines oder mehrerer vorgeschlagener Käufer erfolgt durch Entscheidung der Kommission. Bei der Beurteilung der Käuferkriterien (z. B. Fähigkeiten des Käufers, wirksamen Wettbewerb vor allem gegenüber den Zusammenschlussparteien auszuüben oder seine Unabhängigkeit von den letzteren) ist der Kommission ein gewisses Ermessen eingeräumt, welches für die Beurteilung der zukünftigen Entwicklung der Wettbewerbssituation im Einzelfall erforderlich ist.[75]

8. Durchführung von Zusagen

37 **a) Aufbau des Verfahrens.** Das Durchführungsverfahren schließt i. d. R. direkt an die bedingte Freigabe des Vorhabens an und wird zunächst von den Parteien bestimmt, welche etwa das Recht haben, Käufer vorzuschlagen oder Lizenznehmer auszusuchen. Die Kommission überwacht indessen die Durchführung der Zusagen mit Hilfe eines Treuhänders („trustee"). Dieser berichtet in regelmäßigen Abständen über die von den Parteien gesetzten Schritte, informiert die Kommission rechtzeitig über mögliche Umsetzungsdefizite oder Unzulänglichkeiten und berät mit der Kommission das weitere Vorgehen.

38 Das Durchführungsverfahren endet mit Abberufung des Treuhänders durch die Kommission, die normalerweise im Anschluss an die wirksame Erfüllung der Zusage erfolgt, d. h. z. B. mit dem Verkauf der abzutretenden Vermögenswerte an den/die von der Kommission zuvor genehmigten Erwerber. Verhaltenszusagen müssen mitunter über einen längeren Zeitraum hindurch überwacht werden.

39 **b) Der Treuhänder.** Der Treuhänder wird von den Parteien ernannt und entlohnt. Die Kommission muss seine Person ebenso wie das ihm erteilte Mandat zuvor genehmigen. Treuhänder müssen von den Parteien hinreichend unabhängig sein; Geschäftsverhältnisse mit den Parteien dürfen keinen Interessenskonflikt auslösen. Deshalb kommt z. B. das reguläre Rechnungsprüfungsunternehmen der beteiligten Unternehmen nicht als Treuhänder in Frage. Die Unabhängigkeit bzw. Unbefangenheit ehemaliger Mitarbeiter der betreffenden Firmen ist im Anlassfall zu prüfen.

40 Dem Treuhänder kommen je nach Verfahrensphase unterschiedliche Aufgaben zu. Typischerweise betreiben die Parteien innerhalb einer gewissen Frist selbst die Veräußerung, während ein „Überwachungstreuhänder" (sog. „monitoring trustee") die Unabhängigkeit, Verkäuflichkeit und Rentabilität des Verkaufsobjektes überwacht bzw. die Weitergabe sensibler Geschäftsinformationen zwischen den beteiligten Unternehmen und dem zu ver-

---

[73] Siehe Rn. 17 der Bekanntmachung über Zusagen.
[74] Siehe Komm. E. v. 8. 3. 2000 – *Unilever/Amora Maille*, ABl. 2000 L 33 oder Komm. E. v. 25. 1. 2000 – *Carrefour/Promodes*, ABl. 2000 L 164.
[75] Siehe vor allem EuG U. v. 3. 4. 2003 Rs. T-342/00 – *Petrolessence SA v Kommission*.

äußernden Geschäft verhindert. Der Überwachungstreuhänder darf den beteiligten Unternehmen konkrete Maßnahmen zur Erreichung der oben genannten Ziele vorschlagen bzw. nach Rücksprache mit der Kommission und nach Ablauf einer Umsetzungsfrist solche Maßnahmen auch zwingend anordnen, falls die Parteien seine Ratschläge missachten. Der Überwachungstreuhänder verwaltet nicht selbst die Geschäfte des Verkaufsobjektes; dies wird von einem „Trennungstreuhänder" („hold separate manager") erledigt, der allerdings unter der Aufsicht des Überwachungstreuhänders arbeitet. Nach ergebnislosem Ablauf der den Parteien für den Verkauf zuerkannten Frist wird ein Verkaufstreuhänder (oder „divestment trustee") von den Parteien unwiderruflich zum Abstoßen der betreffenden Vermögenswerte ermächtigt. Der Verkaufstreuhänder sucht aktiv nach potentiell geeigneten Käufern und verhandelt mit diesen mit dem Ziel, für Rechnung und im Namen der Parteien in verbindliche Verkaufsverträge einzutreten.

Die Parteien sind verpflichtet, mit dem Treuhänder zusammenzuarbeiten (Kooperationsgebot) und ihm alle notwendigen Informationen zur Verfügung zu stellen. Die Zusage soll nicht in einer Bestrafung der Betreffenden resultieren, diese z.B. nicht zwingen, ihr Geschäft für einen unverhältnismäßig niedrigen Preis abzustoßen. Daher werden z.B. die für einen Verkauf in der Zusage vorgesehenen Fristen von der Veröffentlichung ausgenommen, um einer ungebührlichen Beeinträchtigung der Verhandlungsposition der Parteien vorzubeugen. Bei seinen Verhandlungen mit potentiellen Käufern hat der Treuhänder die Interessen der beteiligten Unternehmen zu berücksichtigen, soweit dies mit seiner vorrangigen Aufgabe (Umsetzung der Zusage und Erreichung des damit beabsichtigten Zieles) vereinbar ist. In diesem Sinn ist der Treuhänder nicht an einen Mindestpreis gebunden, unter dem nicht verkauft werden darf; es ist daher nicht auszuschließen, dass es zu einem sog. „firesale at no minimum price"[76] kommen kann. **41**

c) Fristen für die Durchführung. Die Durchführung der Zusagen erfolgt in der Regel nach Freigabeentscheidung bzw. nach Vollzug des genehmigten Zusammenschlusses. Die Zusagen sind ab Freigabeentscheidung wirksam und verbindlich. Dennoch gibt es (seltene) Fälle in denen zum Zeitpunkt der Entscheidung noch nicht absehbar ist, inwieweit Zusagen erforderlich sind (weil etwa die Notwendigkeit von Zusagen von der Entscheidung in einem noch nicht entscheidungsreifen Parallelfall abhängig ist). In diesem Fall wird die Zusage u.U. erst wirksam, falls ein bestimmtes Ereignis eintritt. **42**

Zusagen müssen innerhalb der in der Entscheidung festgelegten Fristen umgesetzt werden. In bestimmten Fällen ist nach dem Ermessen der Kommission eine Erstreckung der Fristen möglich, sofern ein rechtzeitiger und begründeter Antrag der Parteien bzw. des Treuhänders vorliegt und die Verzögerung nicht deren Einflussbereich entspringt. Die Kommission übt diese Möglichkeit allerdings eher restriktiv aus. Ist es im Zeitpunkt der Abgabe der Zusagen unsicher, ob ein geeigneter Käufer für die abzustoßenden Vermögenswerte gefunden werden kann, macht die Kommission die Erlaubnis zum Vollzug des Vorhabens von der erfolgreichen Durchführung der Zusagen abhängig. Die Parteien dürfen daher das Vorhaben erst ausführen, sobald sie mit einem von der Kommission genehmigten Käufer einen verbindlichen Vertrag geschlossen haben, dessen Inhalt ebenfalls von der Kommission genehmigt worden ist (sog. „upfront"-buyer-Auflage).[77] Der Vertrag wird allerdings i.d.R. nur dann als Erfüllung der Zusage anerkannt, wenn er spätestens drei Monate nach der Genehmigung des Käufers seitens der Kommission vollzogen wird. **43**

---

[76] Komm. E. v. 16.12.1998 – *ABB/Elsag Bailey*, ABl. 2001 L 273.
[77] Siehe z.B. Komm. E. v. 27.7.2001, Zusage Abschnitt C Ziffer 15 – *Nestlé/Ralston Purina*, ABl. 2001 L 239 oder Komm. E. v. 8.7.1998, Ziffer 36 der Entscheidung; – *Exxon/Shell*, ABl. 1998 C 252 oder Komm. E. v. 15.2.2002 – *Masterfoods/Royal Canin*, ABl. 2002 L 79.

9. Exkurs: Dauer von Zusagen

44 Zusagen enthalten zumeist keine Aussage über ihre Geltungsdauer. Vergangene Entscheidungen sahen vereinzelt Rückkaufsmöglichkeiten nach Ablauf einer bestimmten Zeitspanne – ohne vorherige Genehmigung der Kommission – vor.[78] Nach der derzeitigen Praxis der Kommission im Hinblick auf den strukturellen Effekt, den die Zusagen erzielen sollen, ist den Parteien ein Rückkauf bzw. Wiedererwerb der Kontrolle über die veräußerten Vermögensteile grundsätzlich nicht gestattet, es sei denn die Kommission stellt zuvor fest, dass sich die Marktsituation grundlegend verändert hat und die Zusage daher nicht mehr erforderlich ist, um die Vereinbarkeit des Zusammenschlusses mit dem Gemeinsamen Markt abzusichern.[79] Die Parteien dürfen – selbst bei Fehlen eines ausdrücklichen Rückkaufverbots in den Zusagen – in der Folge keinen Einfluss auf Teile oder Gesamtheit des veräußerten Geschäfts ausüben.[80] Dadurch soll die strukturelle Wirkung von Zusagen dadurch aufrechterhalten werden. Vereinzelt wird dem Erwerber[81] vorgeschrieben, das übernommene Geschäft eine Zeit lang nicht zu veräußern (insbesondere wenn es sich um finanzielle Investoren handelt). Es ist aber nicht auszuschließen, dass es nach einer gewissen Zeit zu Veränderungen in einem Markt kommen kann, die die Einhaltung des Rückkaufverbots nicht mehr erforderlich erscheinen lassen. In der neueren Praxis der Kommission wird grundsätzlich ein zehnjähriges Rückkaufverbot angewendet.[82] Vor Ablauf dieser Frist dürfen die im Rahmen einer Zusage veräußerten Unternehmen(steile) nur mit ausdrücklicher Genehmigung durch die Kommission zurückgekauft werden. Die Kommission kann auf Antrag der Parteien Änderungen der Zusagen genehmigen. Dies erfolgt durch eine Entscheidung zur Änderung der ursprünglichen Genehmigungsentscheidung. Die Genehmigung zur Änderung der Zusagen ist Bedingung für den rechtmäßigen Erwerb der zuvor veräußerten Vermögenswerte. Auch wenn der Rückkauf als eigenständige Transaktion von den Wettbewerbsbehörden der Mitgliedstaaten zu beurteilen ist, müssen die Parteien eine Änderung der Zusagen zunächst bei der Kommission beantragen und genehmigen lassen.

10. Rechtsfolgen

45 Grundsätzlich gilt, dass beide Zusagenarten durch die Entscheidung der Kommission für die Zusammenschlussparteien bindend werden. Hinsichtlich der Rechtsfolgen der Nichteinhaltung von Zusagen ist zwischen Bedingungen („conditions") und Auflagen („obligations") zu unterscheiden. Zur Vermeidung von Rechtsunsicherheit muss nach der Bekanntmachung über zulässige Abhilfemaßnahmen[83] in der Entscheidung jeweils genau spezifiziert werden, um welche Art von Zusagen es sich handelt.[84]

46 **a) Bedingungen** im Sinne der Europäischen Fusionskontrolle sind jene Zusagen, deren fristgerechte Erfüllung unverzichtbare Genehmigungsvoraussetzung ist. Es handelt sich typischerweise um substantielle Änderungen des angemeldeten Vorhabens, durch die sich die Struktur des Marktes so verändert, dass keine marktbeherrschende Stellung mehr entsteht oder verstärkt wird. Der von der Kommission in ihrer Mitteilung über zulässige Abhilfemaßnahmen verwendeten Begriff „Bedingung" entspricht nicht deutscher Verwaltungsrechtsdogmatik bzw. dem Begriff des § 36 VerwaltungsverfahrensG. Er ist jedoch in gewisser Weise vergleichbar mit der aufschiebenden Bedingung im technischen Sinn, deren Einhaltung erst die Wirksamkeit des Vorhabens bewirkt, während die Nichteinhaltung zum

---

[78] Siehe Komm. E. v. 22. 7. 1992 – *Nestlé/Perrier*, ABl. 1992 L 356.
[79] Siehe Komm. E. v. 9. 3. 1999 – *Danish Crown/Vestjyske Slagterier*, ABl. 2000 L 20.
[80] Siehe Rn. 49 der Bekanntmachung über Zusagen.
[81] Durch Aufnahme eine entsprechenden Klausel in den Kaufvertrag.
[82] Siehe Rn. 3 des Standardformulars für Zusagen.
[83] Siehe Rn. 12 der Bekanntmachung über Zusagen.
[84] Siehe beispielhaft E. R. – *The Post Office/TPG/SPPL*, Ziffer 165–167; Komm. E v. 13. 3. 2001, ABl. 2004 L 82.

Art. 6. Prüfung der Anmeldung und Einleitung des Verfahrens **47–49 Art. 6 FKVO**

Wegfall der Rechtsgrundlage für den Zusammenschluss führt. Bei vollständiger oder teilweiser Nichteinhaltung von Bedingungen fällt die Genehmigungsentscheidung nachträglich weg, und zwar mit dem Ablauf der für die Umsetzung der Zusage gesetzten Frist, ohne dass es hierzu einer gesonderten Entscheidung durch die Kommission bedarf.[85] Die Kommission kann (wie im Fall des Vollzugs ohne Anmeldung) Geldbußen verhängen (Art. 14 Abs. 2 lit. d). Die Kommission war bisher noch nie mit einer solchen Situation konfrontiert. Es ist jedoch zu erwarten, dass sie in einem solchen Fall aus Gründen der Rechtssicherheit eine Widerrufsentscheidung gem. Art. 6 Abs. 3 lit. b) der FKVO treffen wird (sie ist dabei nicht an die normalen Entscheidungsfristen von 25 AT gebunden). In weiterer Folge wäre das vertiefte Prüfverfahren der II. Phase einzuleiten. Der Wegfall der Genehmigungsgrundlage bedeutet allerdings noch nicht, dass der betreffende Zusammenschluss gegen Gemeinschaftsrecht verstößt und daher rechtswidrig ist. Eine solche Verfügung kann nur mit Verbotsentscheidung gem. Art. 8 Abs. 3 der FKVO getroffen werden.

b) Auflagen. Bei Auflagen („obligations") handelt es sich inhaltlich zu meist um begleitende Verpflichtungen, die zur Umsetzung der Hauptzusage notwendig sind, wie z.B. die Bestellung eines Treuhänders, die Erteilung eines Mandates, die Unterfertigung eines verbindlichen Verkaufsvertrages, usw. Diese hängen zumeist untrennbar mit den Hauptzusagen zusammen; man könnte sie daher auch als unselbstständige Zusagen bezeichnen. Im Fall der Nicht-Einhaltung einer Auflage ist die Genehmigung für den Zusammenschluss nicht automatisch hinfällig. Ein Verstoß gegen Auflagen berechtigt die Kommission grundsätzlich zum Widerruf der Entscheidung (siehe Art. 6 Abs. 3 lit. b) FKVO). Davor muss sie allerdings nach dem Grundsatz der Verhältnismäßigkeit abwägen, ob dies im konkreten Fall angemessen ist oder ob eventuell weniger einschneidende Mittel ausreichen, um die Parteien zur Einhaltung ihrer Verpflichtung zu bewegen, wie z.B. Geldbußen gem. Art. 14 Abs. 2 lit. d) oder Zwangsgelder gem. Art. 15 Abs. 1 lit. c). Bei der Wahl der Mittel der Durchsetzung wird die Kommission vor allem berücksichtigen, in wieweit die Nichteinhaltung der Auflage im konkreten Fall die Durchsetzung der Hauptzusage gefährdet bzw. verzögert. 47

c) Unverbindliche Erklärungen. Schließlich haben Parteien in verschiedenen Fällen Erklärungen abgegeben, welche die Kommission ihrer Genehmigungsentscheidung nicht zu Grunde legte, sondern lediglich zur Kenntnis nahm.[86] Dieses Vorgehen wird gewählt, wenn auch in Abwesenheit der angebotenen Verpflichtungserklärung eine marktbeherrschende Stellung nicht zu erwarten ist.[87] Das Vorgehen kommt gleichfalls zur Anwendung, wenn die angebotenen Verpflichtungen bereits nach anderen (nationalen oder gemeinschaftlichen) Rechtsvorschriften bestehen[88] oder zur Abwendung einer marktbeherrschenden Stellung ungeeignet sind. Die erwähnten Erklärungen entfalten keine rechtliche Wirkung, in vielen Fällen entsteht jedoch eine politische bzw. moralische Verpflichtung der Urheber. 48

11. Praktische Bedeutung

Schon vor der Einführung des Art. 6 Abs. 2 durch die Verordnung (EG) Nr. 1310/97[89] hatte die Kommission (unter analoger Anwendung des Art. 8 Abs. 2) zahlreiche Zusam- 49

---

[85] Mitteilung der Kommission über im Rahmen der Verordnung E(W)G Nr. 4069/89 des Rates und der Verordnung (EG) Nr. 447/98 der Kommission zulässigen Abhilfemaßnahmen (ABl. C 68/3 v. 2. 3. 2001).

[86] Siehe Komm. E. v. 25. 1. 2000 – *Carrefour/Promodes*, ABl. 2000 L 164.

[87] Siehe z.B. *Generali/INA*, ABl. 2000 C 58, in dem die beteiligten Unternehmen neben zahlreichen Veräußerungen auch die Beseitigung personeller Verknüpfungen, sog. interlocking directorships, auf Ebene des Verwaltungs- und Aufsichtsrates zusagten.

[88] Siehe z.B. Komm. E. v. 8. 11. 1996 – *PTT Post/TNT/GD Express Worldwide*, ABl. 1997 C 19 oder Komm. E. v. 26. 6. 1998 – *Deutsche Post/DHL*, ABl. 1998 C 307.

[89] Verordnung (EG) Nr. 1310/97 v. 30. 6. 1997 zur Änderung der Verordnung (EWG) Nr. 4064/89 (ABl. L 180 v. 9. 7. 1997, S. 1).

menschlüsse nach Abgabe von Zusagen genehmigt.[90] Die Schaffung einer soliden rechtlichen Grundlage für die Annahme von Zusagen in erster Phase führte zu einem deutlichen Ansteigen der Fälle, in denen von der Einleitung des vertieften Prüfverfahrens der II. Phase abgesehen werden kann. Dies hat entscheidende Vorteile sowohl für die beteiligten Unternehmen, die ihr Vorhaben bereits 35 AT nach erfolgter Anmeldung durchführen können, als auch für die Kommission, die von einer aufwändigen und langwierigen Untersuchung absehen kann. Es ist jedoch nicht ausgeschlossen, dass Zusagen in Phase II. im Ergebnis ihrem Umfang nach geringere Belastungen für die Parteien enthalten, als dies bei Zusagen in Phase I. der Fall gewesen wäre, wenn es den Unternehmen gelingt, im Verlauf des vertieften Prüfverfahrens bestimmte wettbewerbliche Bedenken der Kommission zu zerstreuen. Bedingte Freigabeentscheidungen machen im Schnitt ca. 5% aller Freigabeentscheidungen in erster Verfahrensphase aus.

V. Art. 6 Abs. 1 lit. b), 2. Unterabsatz: Nebenabreden

1. Norminhalt

50 Entscheidungen gem. Art. 6 Abs. 1 lit. b) und Abs. 2 erstrecken sich gem. Art. 6 Abs. 1 2. Unterabsatz nicht nur auf den Zusammenschluss selbst, sondern auch auf gewisse Einschränkungen, welche im Zusammenhang mit seinem Zustandekommen zwischen den beteiligten Unternehmen vereinbart werden.

2. Definition

51 Nebenabreden (oder „ancillary restraints") im Sinne der Verordnung sind bestimmte Arten von zwischen den beteiligten Unternehmen getroffene, den Wettbewerb einschränkende Vereinbarungen. Diese Vereinbarungen schränken die Tätigkeit der beteiligten Unternehmen ein,[91] sind jedoch mit der Durchführung des Zusammenschlusses unmittelbar verbunden und für diese notwendig und werden daher wie der Zusammenschluss selbst behandelt, auf den gem. Art. 21 Abs. 1 FKVO lediglich die FKVO nicht aber die Kartellrechtsinstrumente Anwendung finden. Nebenabreden werden grundsätzlich – unter gewissen Voraussetzungen und mit gewissen Einschränkungen – von der Freigabeentscheidung selbst mitumfasst, die den Zusammenschluss für gemeinschaftskonform erklärt.[92] Dabei gilt der Grundsatz der Verhältnismäßigkeit: die Parteien haben das Mittel zu wählen, welches den Wettbewerb am wenigsten einschränkt und dennoch zielführend ist. Von Nebenabreden zu unterscheiden sind jene Vereinbarungen, die den Zusammenschluss unmittelbar herbeiführen wie u. a. der Kaufvertrag, ein öffentliches Übernahmeangebot, Syndikatsverträge zwischen Anteilseignern, Call- und Put-Optionen, daneben auch Stillhalteverpflichtungen und gegenseitige Informationspflichten zur Kundenmigration. Diese sind Bestandteil des Zusammenschlusses und daher – ohne zusätzliche Voraussetzungen – in jedem Fall von der Entscheidung gedeckt. Die Bekanntmachung der Kommission über Nebenabreden vom 20. 7. 2004[93] fasst anhand praktischer Beispiele die wichtigsten Anwendungsregeln zusammen.

---

[90] Siehe z. B. Komm. E. v. 5. 6. 1997 – *Lyonnaise des Eaux/Suez*, ABl. 1997 C 207; Komm. E. v. 11. 3. 1997 – *Bank Austria/Creditanstalt*, ABl. 1997 C 160 oder Komm. E. v. 30. 10. 1995 – *Repola/Kymmene*, ABl. 1995 C 318 und viele andere.
[91] Verpflichtungen, die die Handlungsfreiheit des Kunden oder Wiederverkäufers einschränken sollen gelten nicht als Nebenabreden.
[92] Vgl. Erwägungsgrund 21 der Verordnung (EWG) Nr. 139/2004 über die Kontrolle von Unternehmenszusammenschlüssen (ABl. 2004 L 24).
[93] Die Bekanntmachung der Kommission vom 20. 7. 2004 (link) ersetzt die Bekanntmachung (ABl. C 188 v. 4. 7. 2001).

Art. 6. Prüfung der Anmeldung und Einleitung des Verfahrens   52–56   **Art. 6 FKVO**

Bei den inhaltlichen Kriterien sowie der zeitlichen und räumlichen Begrenzung von Nebenabreden wird grundsätzlich zwischen Übernahme und GU sowie zwischen Wettbewerbsverboten, Lizenzen, und Abnahme- bzw. Lieferverpflichtungen unterschieden. 52

3. Anwendungsvoraussetzungen

a) Inhaltliche Kriterien. Zunächst kommen nur solche Vereinbarungen in Frage, die mit dem Zusammenschluss unmittelbar verbunden sind.[94] Der zeitgleiche Abschluss dieser Verträge zusammen mit den den Zusammenschluss begründenden Verträgen ist ein Indiz für die Erfüllung dieses Kriteriums. Dies ist jedoch weder ausreichend noch erforderlich. Vertragliche Vereinbarungen vor Begründung der Kontrolle über das Zielunternehmen können ebenfalls als Nebenabreden gelten.[95] 53

Die Vereinbarungen müssen ferner für die Durchführung des Vorhabens notwendig sein, was bedeutet, dass in ihrer Abwesenheit der Zusammenschluss entweder gar nicht oder nur unter großer Ungewissheit bzw. mit wesentlich höheren Kosten oder mit wesentlich schlechteren Erfolgsaussichten durchgeführt werden könnte.[96] Nebenabreden können den Verkäufer und/oder Käufer belasten. Ihrem Zweck nach dienen sie jedoch i. d. R. in erster Linie dem Schutz des dem Erwerber übertragenen Vermögens.[97] Es wird z. B. sichergestellt, dass das übertragene Geschäft weiterhin mit Rohstoffen und anderen nötigen Leistungen versorgt wird.[98] Vereinbarungen zum Schutz des Veräußerers werden für gewöhnlich nicht als Nebenabreden betrachtet.[99] Sind sie jedoch ausnahmsweise vonnöten, werden ihr Anwendungsbereich und ihre Dauer stärker eingegrenzt.[100] 54

b) Sachliche und räumliche Grenzen. Nebenabreden unterliegen i. d. R. sachlichen und räumlichen Einschränkungen: Schutz gebührt dem Erwerber nur in Bezug auf räumliche und sachliche Märkte, in denen letzterer *vor* der Transaktion tätig war[101] oder in denen er bereits konkrete Schritte zum Markteintritt unternommen hatte (z. B. Produkte im fortgeschrittenen Entwicklungsstadium vor der Markteinführung oder Investitionen zur Aufnahme geschäftlicher Tätigkeiten in einem neuen geographischen Gebiet). Dasselbe gilt im Verhältnis zwischen einem GU und seinen Gründern.[102] Das Wettbewerbsverbot ist eingeschränkt auf die Märkte bzw. Produkte/Dienstleistungen, in denen das GU tätig ist oder werden soll. 55

c) Zeitliche Grenzen. Nebenabreden werden durch die Genehmigungsentscheidung der Kommission, falls sie die oben genannten Kriterien erfüllen, in der Regel nur für eine gewisse Übergangszeit[103] gedeckt, die dem Erwerber die Eingliederung des erworbenen Geschäfts in sein Unternehmen ermöglichen soll. Die dafür von den Zusammenschlussparteien vorgesehene Dauer ist im Einzelfall von diesen zu begründen.[104] So ist z. B. die Dauer 56

---

[94] Vgl. Komm. E. v. 4. 8. 1998 – *Cegetel/Canal+/AOL/Bertelsmann*, ABl. 2000 C 24.
[95] Z. B. Vereinbarung, die die Bieter an ein gemeinsames Offerte bindet oder Stillhaltevereinbarungen bis zum Abschluss der Transaktion; andere Beispiele siehe Rn. 14–16 der Bekanntmachung über Nebenabreden.
[96] Vgl. Komm. E. v. 27. 7. 1995 – *RWE-Dea/Augusta*, ABl. 1995 C 207 oder Komm. E. v. 21. 6. 1999 – *Lucchini/Ascometal*, ABl. 1999 C 236.
[97] Komm. E. v. 30. 4. 1992 – *Solvay/Laporte*, ABl. 1992 C 165.
[98] Komm. E. v. 26. 4. 2001 – *BP/Erdölchemie*, ABl. 2001 C 174.
[99] Komm. E. v. 27. 7. 1998 – *GEC/GPTH*, ABl. 1998 C 252 oder Komm. E. v. 24. 3. 2000 – *FT/Global One*, ABl. 2001 L 43.
[100] Komm. E. v. 29. 4. 1998 – *ICI/Williams*, ABl. 1998 C 218.
[101] Komm. E. v. 2. 3. 2001 – *Philips/Agilent*; oder Komm. E. v. 6. 4. 2001 – *Dow Chemicals/Enichem Polyurethanes*, ABl. 2001 138.
[102] Komm. E. v. 13. 6. 1996 – *Exxon/DAS*, ABl. 1996 C 306.
[103] Komm. E. v. 2. 7. 1997 – *Mederic/Urrpimmec/CRI/Munich Re*, ABl. 1997 C 329.
[104] Komm. E. v. 7. 8. 1996 – *Thomas Cook/Sunworld*, ABl. 1996 C 279.

von Liefer- oder Bezugsverpflichtungen im Hinblick auf die zum Übergang auf alternative Bezugs- bzw. Absatzquellen benötigte Zeit und die Bedürfnisse dritter Marktteilnehmer zu rechtfertigen.[105] Beim Wettbewerbsverbot werden im Grunde drei Jahre als angemessen erachtet, wenn Goodwill und Know-how übergeht, ansonsten nur zwei Jahre.[106] Bei Liefer- bzw. Bezugsverpflichtungen werden nach der neuen Kommissionspraxis i. d. R. fünf Jahre (beim GU für die ganze Lebensdauer) für angemessen erachtet. Im Übrigen werden bei Übertragung von Vermögensteilen und Know-how als Richtschnur Übergangszeiten von bis zu drei Jahren für angemessen erachtet; zwei Jahre hingegen, wenn nur der Kundenstamm („Goodwill") übergeht.[107] Langfristigere Beschränkungen müssen von den Unternehmen besonders gerechtfertigt werden.[108]

57 **d) Verhältnismäßigkeitsgrundsatz.** Dieser besagt, dass die beteiligten Unternehmen bei mehreren zur Wahl stehenden Nebenabreden jeweils diejenige Option wählen müssen, welche den Wettbewerb am wenigsten einschränkt.[109] Ein Mangel an Proportionalität (wie z. B. im Fall von Alleinbezugs- oder Alleinbelieferungspflichten)[110] hat zur Folge, dass die betreffenden Nebenabreden nicht (vollständig) von der Freigabeentscheidung gedeckt sind.

4. Arten von Nebenabreden

58 Die gängigsten Vereinbarungen sind Wettbewerbsverbote[111] („non-compete clauses"), wodurch sich der Veräußerer gegenüber dem Erwerber bzw. die Gründerunternehmen gegenüber dem GU verpflichten, mit dem übertragenen Geschäft weder direkt noch indirekt in Wettbewerb zu treten. Bei Gemeinschaftsunternehmen fallen darunter alle Vereinbarungen zwischen den Muttergesellschaften, die z.B. die Interessen der Mütter am GU gegen Missbräuche schützen, die sich aus dem privilegierten Zugang zu Know-how und Goodwill ergeben. Diese und andere ähnliche Nebenabreden können für die gesamte Lebensdauer des GUs geschlossen werden. Das Wettbewerbsverbot darf sich nur auf jene Produkte oder Dienstleistungen beziehen, die dem übertragenen Unternehmen zuzurechnen sind. Wettbewerbsverbote von Gründern ohne Kontrollbeteiligung (z.B. für den Fall einer Reduzierung des Anteils oder nach Auflösung des GUs[112]) werden allerdings nicht als Nebenabreden anerkannt. Das Wettbewerbsverbot kann auch Beteiligungen an dritten Unternehmen umfassen, sofern diese Beteiligungen materiellen Einfluss auf die Unternehmensgeschäfte vermitteln, z. B. durch Vertretung in Aufsichtsrat oder anderen Leitungsorganen. Das Verbot reiner Finanzbeteiligungen fällt hingegen nicht unter den Begriff der Nebenabrede, da es über das notwendige Maß an Käuferschutz hinausgeht.[113] Abwerbeverbote und Vertraulichkeitsklauseln[114] werden nach denselben Grundsätzen behandelt wie Wettbewerbsverbote.

---

[105] Siehe z. B. Komm. E. v. 13. 3. 1995 – *Union Carbide/Enichem*, ABl. 1995 C 123.
[106] Siehe Rn. 20 der Bekanntmachung über Nebenabreden.
[107] Komm. E. v. 18. 6. 1998 – *Kingfisher/Wegert/Promarkt*, ABl. 1998 C 342.
[108] Vgl. Komm. E. v. 16. 2. 1998 – *GRE/PPP*, ABl. 1998 C 168.
[109] Siehe z. B. Komm. E. v. 19. 6. 2000 – *Callahan Invest/Kabel Nordrhein-Westfalen*, ABl. 2000 C 262.
[110] Komm. E v. 30. 7. 1998 – *Valeo/ITT Industries*, ABl. 1998 C 288.
[111] Siehe z. B. Komm. E. v. 19. 5. 1999 – *UBS/Groupe Valfond*, ABl. 1999 L 155 oder Komm. E. v. 30. 4. 1997 – *Tenneco/KNP BT*, ABl. 1997 C 207.
[112] Vgl. Komm. E. v. 8. 7. 1998 – *Exxon/Shell*, ABl. 1998 C 252.
[113] Zur Proportionalität von Nebenabreden siehe auch Ziffer 9 der Mitteilung über Nebenabreden; zur Frage von Beteiligungen siehe auch Komm. E. v. 26. 2. 1999 – *La Poste/Denkhaus*, ABl. 1999 C 208 oder Komm. E. v. 4. 8. 1998 – *Wacker/Air Products*, ABl. 1998 C 324 oder Komm. E. v. 4. 2. 1993 – *Tesco/Catteau*, ABl. 1993 C 45.
[114] Siehe z. B. Komm. E. v. 5. 3. 1996 – *Hermes Europe/Railtel*, ABl. 1996 C 157 oder Komm. E. v. 22. 12. 2000 – *Stora Enso/Assidomän*, ABl. 2001 L 49.

Gebräuchlich sind ferner Bezugs- oder Lieferpflichten,[115] Dienstleistungsvereinbarungen[116] und Vertriebsvereinbarungen.[117] Diese dienen der Kontinuität des Geschäftebetriebs beim Käufer und/oder Verkäufer und ermöglichen dessen Umstellung ohne große Reibungsverluste in der Übergangszeit.[118] Das gleiche Prinzip gilt für Abkommen zwischen GU und den Muttergesellschaften. Auch für Liefer- und Bezugsvereinbarungen gibt es jedoch gewisse Grenzen. Verpflichtungen, wonach unbeschränkte Mengen zu liefern sind oder bevorzugter Lieferanten- bzw. Kundenstatus eingeräumt werden soll bzw. exklusive Verpflichtungen werden grundsätzlich nicht als notwendige Einschränkungen angesehen.[119]

Eine weitere häufige Art von Nebenabreden sind Lizenzvereinbarungen,[120] bei denen der Veräußerer das Eigentum am Know-how behält und dem Erwerber eine (zumeist ausschließliche) Lizenz einräumt, damit dieser die übertragenen Vermögenswerte oder andere geistige Rechte (z.B. Marken, Geschäftsbezeichnungen, Patente aber auch Muster- und Urheberrechte)[121] nutzen kann (das Gleiche gilt für Lizenzabkommen zwischen den Müttern eines GUs als Lizenzgeber und dem GU als Lizenznehmer, zumeist beschränkt auf die Tätigkeitsbereiche des GUs, oder umgekehrt).[122] Solche Verträge können auch integraler Bestandteil des Zusammenschlusses sein, können exklusiv oder nicht-exklusiv sein und müssen – im Gegensatz zu anderen Arten von Nebenabreden – zeitlich nicht eingegrenzt werden. Mitunter erteilt der Erwerber dem Veräußerer eine eingeschränkte Nutzungslizenz in Bezug auf bestimmte Rechte an geistigem Eigentum, die letzterer weiterhin für andere Geschäftsbereiche nutzen kann (sog. „license-back agreement").[123]

5. Rechtsfolgen

Unter der neuen FKVO gelten Vereinbarungen, welche die oben beschriebenen formellen und inhaltlichen Voraussetzungen erfüllen, als Nebenabreden ex lege und sind mit den Genehmigungsentscheidung abgedeckt.[124] Es bedarf dazu keiner gesonderten Feststellung oder Begründung durch die Kommission in der Freigabeentscheidung. Es gilt der gleiche Grundsatz wie in der Verordnung 1/2003: die Unternehmen bzw. ihre Rechtsvertreter beurteilen selbst die Frage, ob es sich bei den vereinbarten Beschränkungen um Nebenabreden im Sinne der FKVO handelt oder nicht. Ist ersteres der Fall, so gelten die Beschränkungen – mit gewissen Grenzen (siehe oben zeitliche und räumliche Einschränkungen) als Nebenabreden, d.h. es finden weder die Art. 81, 82 EG, noch die zu ihrer Umsetzung ergangenen Verordnungen,[125] noch nationales Wettbewerbsrecht Anwendung.

---

[115] Vgl. Komm. E. v. 10. 8. 1992 – *Rhône-Poulenc/SNIA*, ABl. 1993 C 212 oder Komm. E. v. 30. 1. 2001 – *Sasol/Condea*, ABl. 2001 L 107.
[116] Z.B. Komm. E. v. 30. 10. 1998 – *Texaco/Chevron*, ABl. 1999 C 130.
[117] Siehe z.B. Komm. E. v. 11. 12. 1998 – *DANA/Galcier Vanderwell*, ABl. 1999 C 25.
[118] Siehe Rn. 32–35 der Bekanntmachung über Nebenabreden.
[119] Vgl. Komm. E. v. 30. 7. 1998 – *Valeo/ITT Industries*, ABl. 1998 C 288.
[120] Vgl. Komm. E. v. 23. 12. 1997 – *BASF/Shell*, ABl. 1998 C 81 oder Komm. E. v. 24. 11. 1998 – *Elenac/Hoechst*, ABl. 1998 C 405.
[121] Neu aufgenommen durch die aktuelle Bekanntmachung über Nebenabreden.
[122] Lizenzabkommen zwischen Müttern eines GUs gelten nicht als unmittelbar verbunden und notwendig für die Durchführung eines Zusammenschlusses.
[123] Siehe z.B. Komm. E. v. 8. 7. 1998 – *Exxon/Shell*, ABl. 1998 C 252 oder Komm. E. v. 22. 7. 1997 – *Lear/Keiper*, ABl. 1997 C 275.
[124] Die Kommission war der Ansicht, das sei bereits unter der alten Verordnung der Fall gewesen. Das EuG stellte jedoch im Fall *Lagardère* fest, dass die Kommission soweit sie sich zu Beschränkungen zwischen den Zusammenschlussbeteiligten äußert, nicht lediglich ihre Meinung abgibt sondern führt ein rechtlich maßgebliche Prüfung durchführt, welche vom operativen Teil der Kommissionsentscheidung (Umfang der genehmigten Transaktionen) umfaßt wird ist; siehe Urteil des EuG vom 20. 11. 2002 in der Rs T-251/00; par. 109.
[125] Verordnung 1/2003, Verordnung 1017/68 und Verordnung 4056/86.

Handelt es sich bei den vereinbarten Beschränkungen nicht um Nebenabreden, bleiben die Art. 81, 82 samt den entsprechenden Verordnungen und/oder aber auch nationales Wettbewerbsrecht anwendbar. Damit ist jedoch nicht gesagt, dass diese Beschränkungen gegen Gemeinschaftsrecht oder nationales Recht verstoßen und daher unzulässig sind: sie können z.B. unter Art. 81 Abs. 3 EG gerechtfertigt sein oder in den Anwendungsbereich einer Gruppenfreistellungsverordnung fallen.

6. Verfahren

62 Wie bereits erwähnt müssen die Unternehmen fortan selbst einschätzen, ob und in welchem Umfang bestimmte Vereinbarungen Nebenabreden darstellen. Die neue Bekanntmachung der Kommission dient dabei als Auslegungshilfe. Nach der neuen FKVO ist die Kommission nicht verpflichtet und hat nicht die Absicht, die Nebenabreden in der Entscheidung gesondert abzuhandeln. Dieser Grundsatz wird nur durch das Auftreten neuer oder ungelöster Fragen durchbrochen, sofern diese zu ernsthafter Rechtsunsicherheit führen können.[126] Ist eine bestimmte Problematik bisher noch nicht von der Kommission (etwa in öffentlich zugänglichen Entscheidungen oder Bekanntmachungen), den nationalen Gerichten oder dem Gerichtshof entschieden worden und führt dies zu bedeutender Rechtsunsicherheit der betroffenen Unternehmen, so führt die Kommission auf Antrag eine gesonderte Prüfung durch und legt in ihrer Entscheidung dar, ob sie die Beschränkung als unmittelbar mit dem Zusammenschluss verbunden und notwendig erachtet oder nicht. Die Interpretation des Begriffes „neue oder ungelöste Fragen" lehnt sich an den Begriff der „neuen Rechtsfragen" (novel questions) der Verordnung 1/2003 an. Die Kommission wird für angemessene Publizität dieser Bewertungen sorgen (z.B. gesonderte Erwähnung in der Pressemitteilung), durch die die Prinzipien der Bekanntmachung vom 20.7.2004 weiterentwickelt und ergänzt werden. Die neue Politik der Kommission ist im Sinne des laufenden auf Vereinfachung und Modernisierung des Kartellrechts ausgerichteten Reformprozesses der EG-Wettbewerbspolitik zu verstehen. Ein anderer Grund für die neue Kommissionspraxis liegt auch darin, dass ihr im Rahmen der Fusionskontrolle nicht genügend Zeit für eine Würdigung komplexer Vereinbarungen zur Verfügung steht.

VI. Art. 6 Abs. 1 lit. c) Satz 1: Einleitung des Verfahrens II. Phase

1. Norminhalt

63 Stellt die Kommission nach dem Verfahren I. Phase fest, dass ein geplanter Zusammenschluss ernsthafte Bedenken im Hinblick auf die Gründung oder Verstärkung einer marktbeherrschenden Stellung aufwirft, die wirksamen Wettbewerb im Gemeinsamen Markt behindert, so muss sie das Hauptprüfverfahren (II. Phase) einleiten. Das Gleiche ist der Fall, wenn anzunehmen ist, dass die Gründung eines GU ernsthafte Bedenken im Hinblick auf die Koordinierung des Wettbewerbsverhaltens der Muttergesellschaften hervorruft.[127]

2. Anwendungsvoraussetzungen

64 Ausgehend vom augenscheinlichsten Überprüfungskriterium, den gemeinsamen Marktanteilen der beteiligten Unternehmen und ihrer Wettbewerber, wird jeder Zusammenschluss im Rahmen seines wirtschaftlichen Hintergrunds beurteilt. Wichtige Kriterien, die dabei überprüft werden, sind etwa der allgemeine Konzentrationsgrad auf den betroffenen Märkten, die Einkaufsposition der Kunden, der Marktanteilsabstand der fusionierenden Unternehmen zu ihren Wettbewerbern und schließlich die Möglichkeit letzterer, wirk-

---

[126] Siehe Rn. 21 zur neuen FKVO.
[127] Näheres siehe Kommentar zu Art. 2 Rn. 121 ff.

Art. 6. Prüfung der Anmeldung und Einleitung des Verfahrens   65–67   **Art. 6 FKVO**

samen Wettbewerb auszuüben. Diese Möglichkeit ist in der Regel eingeschränkt, wenn die Markteintrittsbarrieren hoch sind oder der Zusammenschluss einen wichtigen potentiellen Wettbewerber beseitigt[128] bzw. der engste Konkurrent aufgekauft wird.[129] Die Überprüfung des Vorhabens in Bezug auf die in Art. 2 Abs. 2 enthaltenen Kriterien (gemeinsame Marktanteile der beteiligten Unternehmen, ihre wirtschaftliche und Finanzmacht, Wahlmöglichkeiten von Lieferanten/Kunden, Zugang zu Beschaffungs- und Absatzmärkten, Marktzutrittsschranken, Interessen der Verbraucher und Entwicklung des technischen und wirtschaftlichen Fortschritts etc.) muss die Kommission zur Annahme führen, dass ein bestimmtes Vorhaben zu unilateralen oder koordinierten Effekten führen könnte (näheres über die hier genannten Kriterien siehe Ausführungen zu Art. 2 FKVO, Rn. 21 ff., 34 ff., 64 ff., 129 ff. und zur Mitteilung der Kommission über die Bewertung horizontaler Zusammenschlüsse, Rn. 111 ff., 140).

3. Rechtsfolgen

Mit der Einleitung des Verfahrens II. Phase, das seinerseits eine maximale Dauer von vier   65
Monaten hat, werden die Parteien automatisch einem weiteren (maximal) viermonatigem Vollzugsverbot unterworfen. Die Entscheidung greift jedoch ansonsten nicht in die Rechtsposition der Parteien ein, da sie keine endgültige inhaltliche Entscheidung über die Genehmigung oder das Verbot eines Vorhabens enthält, sondern lediglich eine verfahrenseinleitende Entscheidung darstellt und ist daher nicht anfechtbar. Die Entscheidung enthält alle zum Zeitpunkt der Verfahrenseröffnung bekannten Informationen, die Anlass zu ernsthaften Bedenken geben, die Kommission kann jedoch im Verlauf des II.-Phase-Verfahrens (bis zum Absenden der Beschwerdepunkte) weitere Punkte aufnehmen bzw. andere fallen lassen.

4. Praktische Bedeutung

Entscheidungen zur Verfahrenseinleitung ergehen im Schnitt in weniger als 5% aller an-   66
gemeldeten Vorhaben, im Jahr 2007 betrug die Quote sogar nur 2,5%. Zwischen 1999 und 2001 war jeweils eine besonders hohe Zahl an Entscheidungen gem. Art. 6 Abs. 1 lit. c) zu beobachten, seit 2002 hält die Zahl konstant bei etwa 7–10 Entscheidungen pro Jahr. Die Fälle, die im Verfahren der II. Phase entschieden werden, werfen jedoch zunehmend komplexere wettbewerbliche Probleme und Fragestellungen auf; es handelt sich z. B. immer öfter um kollektive Marktbeherrschung,[130] konglomerate Aspekte[131] oder die Koordinierung des Wettbewerbsverhaltens bei GU.[132]

VII. Art. 6 Abs. 1 lit. c) Satz 2: Zurückziehen der Anmeldung

1. Norminhalt

Die Bestimmung besagt, dass Fusionsverfahren – unbeschadet des Art. 9 – durch eine   67
Entscheidung nach Art. 8 Abs. 1 bis 4 abgeschlossen werden, es sei denn, die beteiligten Unternehmen haben der Kommission gegenüber glaubhaft gemacht, dass sie den Zusammenschluss aufgegeben haben. Hintergrund dieser durch die neue FKVO eingeführte Bestimmung ist das Urteil des EuG im Fall *MCI/Worldcom*,[133] in dem das Gericht zu dem Schluss gekommen war, dass alle von der Kommission bisher der Öffentlichkeit zugänglich

---

[128] Vgl. z. B. Komm. E. v. 26. 6. 1997 – *Blokker/Toys „R" US*, ABl. 1998 L 316.
[129] Vgl. z. B. Komm. E. v. 15. 3. 2000 – *Volvo/Scania*, ABl. 2001 L 143.
[130] Vgl. Komm. E. v. 18. 1. 2000 – *Air Liquide/BOC*, ABl. 2004 C 92 oder Komm. E. v. 22. 9. 1999 – *Airtours/First Choice*.
[131] Vgl. Komm. E. v. 3. 7. 2001 – *GE/Honeywell*, ABl. 2004 L 48.
[132] Vgl. Komm. E. v. 30. 3. 1999 – *BT/AT&T*.
[133] Siehe EuG Rs. T-310/00).

gemachten Informationen den Schluss nahe gelegt hätten, dass ein Zurückziehen der Anmeldung ausreiche, um das Einstellen des Verfahrens zu bewirken. Mit der nunmehr eingeführten Bestimmung wird klargestellt, dass das Zurückziehen der Anmeldung nicht ausreicht, um die Annahme einer endgültigen Entscheidung zu verhindern. Die Parteien müssen vielmehr die tatsächliche Aufgabe der zuvor geplanten Transaktion nachweisen.

2. Anwendungsvoraussetzungen

68 Die Bestimmung nennt nicht die genauen Anforderungen bzw. Informationen, die der Kommission vorgelegt werden müssen, um die Aufgabe des Vorhabens nachzuweisen und somit die Einstellung des Verfahrens zu erreichen. Grundsätzlich wird man jedoch davon ausgehen können, dass der Beweisstandard sich an den ursprünglich bei Anmeldung eingereichten Dokumenten orientieren wird. Mit anderen Worten, wurde ein bereits fertig verhandeltes von den Parteien unterschriebenes Abkommen vorgelegt, so werden die Parteien die rechtsverbindliche Aufgabe ebenfalls durch eine unterschriebene Vereinbarung nachweisen müssen. Bei Vorhaben, die nach dem geänderten Art. 4 Abs. 1 2. Unterabsatz in einem früheren Stadium eingereicht wurden, wird ein von den beteiligten Unternehmen unterfertigter Brief bzw. eine schriftliche Erklärung genügen, dass diese nicht beabsichtigen, ihre Verhandlungen im Hinblick auf ein verbindliches Abkommen fortzusetzen. Bei einem öffentlichen Übernahmeangebot könnte man z.B. eine öffentliche Verlautbarung der beteiligten Unternehmen heranziehen, wonach das Übernahmeangebot nicht verfolgt werden soll. Die Kommission hat jedenfalls die Pflicht die Unternehmen entsprechend anzuleiten, und unverzüglich zusätzliche Informationen (z.B. mittels eines förmlichen Auskunftsverlangens gem. Art. 11 der FKVO) einzuholen, wenn die Auskünfte der Parteien widersprüchlich sind oder keinen eindeutigen Schluss zulassen.

VIII. Art. 6 Abs. 3: Widerruf von Entscheidungen gem. Art. 6 Abs. 1 und Abs. 2

1. Norminhalt

69 Durch Entscheidung gem. Art. 6 Abs. 3 wird festgestellt, dass die zuvor ergangene Genehmigungsentscheidung gem. Art. 6 Abs. 1 lit. b), Art. 6 Abs. 2 oder eine Entscheidung gem. Art. 6 Abs. 1 lit. a) bestimmte Mängel aufweist und daher aufgehoben wird. Rechtsfolge ist nicht die Untersagung des Zusammenschlusses, sondern die nochmalige Prüfung gemäß Art. 6 Abs. 1.[134]

2. Anwendungsvoraussetzungen

70 Art. 6 Abs. 3 lit. a) Unrichtige Angaben. Hat sich die Kommission sich in ihrer Entscheidung auf unrichtige, d.h. objektiv falsche Angaben gestützt, so hat sie die Möglichkeit (nicht jedoch die Verpflichtung), diese zu widerrufen, sofern diese Angaben von einem Zusammenschlussbeteiligten zu vertreten sind. Dabei geht es nicht nur um Angaben schriftlicher Natur wie z.B. im Formblatt CO oder in der Beantwortung von Auskunftsersuchen, sondern auch um mündliche Angaben und um irreführende Angaben, die sich z.B. auf eine bestimmte Quelle stützen ohne Hinweis, dass andere Quellen substantiell unterschiedliche Ergebnisse liefern. Art. 6 Abs. 3 erfasst auch unvollständige Angaben, d.h.

---

[134] Siehe hierzu etwa die Entscheidungen der Kommission im Fall *Sanofi/Synthelabo:* Erstmalige Freigabeentscheidung gemäß Art. 6 Abs. 1 lit. b) v. 15. 3. 1999, Widerruf dieser ersten Freigabeentscheidung v. 21. 4. 1999 und zweite Freigabeentscheidung gemäß Art. 6 Abs. 1 lit. b) v. 27. 5. 1999, näheres unter Rn. 78.

Art. 6. Prüfung der Anmeldung und Einleitung des Verfahrens 71–75 **Art. 6 FKVO**

von den beteiligten Unternehmen zurückgehaltene entscheidungsrelevante Informationen, unabhängig davon, ob deren Übermittlung im Formblatt CO vorgesehen ist (z.B. Auslassen eines relevanten Marktes) oder nicht. Die Auswertung von Informationen nimmt die Kommission selbst vor, d.h. sie kann sich diesbezüglich nicht auf falsche Interpretationen der Parteien stützen.

Sie kann den Parteien aber Angaben (Zahlen, Fakten) anlasten, die sie in der Folge zu 71 einer inhaltlich inkorrekten Annahme betreffend die Beurteilung des Vorhabens geführt haben. Die unrichtigen Angaben müssen zumindest von einem der beteiligten Unternehmen – nicht von Dritten – zu vertreten sein. Hier kommt nicht nur Vorsatz in Frage, sondern wohl auch grobe Fahrlässigkeit, wenn man bedenkt, dass die Untersuchung der Kommission in erster Phase zunächst auf den von den Unternehmen selbst vorgelegten Informationen aufbaut. Die Parteien trifft eine hohe Sorgfaltspflicht, da sie ihr Vorhaben in kürzester Zeit durchführen wollen und die Kommission mit sehr kurzen Fristen arbeiten muss.[135]

Die exakte Bedeutung des Tatbestandes der Arglist ist unklar, wahrscheinlich handelt es 72 sich um Fälle, in denen eine Freigabe durch arglistige Täuschung oder gar Bestechung oder Bedrohung der Entscheidungsträger herbeigeführt wurde. Diese Bestimmung ist in der Praxis noch nie relevant geworden.

Nichteinhaltung von Zusagen. Ferner kann die Kommission Entscheidungen auf Grund 73 der Nichteinhaltung von Zusagen widerrufen. Dabei kann es sich um Bedingungen oder auch um Auflagen (zur Unterscheidung siehe Rn. 45ff.) handeln. Auch diese Bestimmung ist in der Praxis noch nie angewendet worden. Im Fall der Nichteinhaltung von Auflagen wird ein Widerruf jedenfalls erfolgen, sofern weniger belastende Mittel nicht ausreichen, um die Parteien zur Einhaltung ihrer Verpflichtungen zu bringen (z.B. Androhung von Geldbußen oder Zwangsgeldern gem. Art. 14 und 15). Bei Nichteinhaltung von Zusagen, die Bedingungen für die erfolgte Genehmigung waren, fällt die Rechtsgrundlage für den Zusammenschluss (eben die Genehmigung durch die Kommission) nachträglich weg. Die Kommission braucht ihre Entscheidung nicht zu widerrufen, sondern kann direkt das vertiefte Prüfverfahren gem. Art. 6 Abs. 1 lit. c) einleiten. In der Praxis ist anzunehmen, dass die Kommission jedoch aus Gründen der Rechtssicherheit eine Widerrufsentscheidung erlassen wird.

3. Fristen

Bei Widerrufsentscheidungen ist die Kommission nicht an die ansonsten für Entschei- 74 dungen in erster Phase geltenden Fristen gem. Art. 10 Abs. 1 der FKVO gebunden. Dies ist verständlich, da es am fristauslösenden Moment der Anmeldung fehlt und die Kommission ex officio tätig wird. Mit Rücksicht auf die Systematik der Bestimmungen des Art. 6 wäre ein solches Verfahren (falls angemessen) jedoch unmittelbar nach Kenntnisnahme des Vorliegens der Anwendungsvoraussetzungen seitens der Kommission (falsche Angaben; Verstoß gegen die Zusagen) einzuleiten, wobei das Verfahren der I. Phase Anwendung findet.[136]

4. Ermessen

Art. 6 Abs. 3 ist eine „Kann-Bestimmung", es besteht keine rechtliche Verpflichtung der 75 Kommission, sie anzuwenden. Der Kommission ist ein bestimmtes Ermessen eingeräumt,

---

[135] Ein praktisches Beispiel ist die komplette Angabe der betroffenen Märkte. Fehlen gleichwohl Angaben zu den betroffenen Märkten, in denen es zu Überschneidungen kommt, kann die Kommission diese nicht entsprechend überprüfen.

[136] Vgl. hierzu auch *Bechtold/Bosch/Brinker/Hirsbrunner*, EG-Kartellrecht, 2005, Art. 6 Rn. 14, wonach der Widerruf innerhalb eines vernünftigen Zeitraums zu erfolgen hat.

begrenzt von dem ihr gemäß der Verordnung übertragenen Auftrag der Aufrechterhaltung wirksamen Wettbewerbs. Ein Widerruf wird bona fide nur erfolgen, wenn z.B. die unrichtigen Angaben für die (bedingte) Genehmigung des Vorhabens kausal bzw. zumindest mitbegründend waren und wenn anzunehmen ist, dass die Entscheidung unter Berücksichtigung der fehlenden Sachverhalte unterschiedlich ausgefallen wäre, insbesondere dann, wenn sich u.U. ernste Zweifel an der Vereinbarkeit des Zusammenschlusses mit dem gemeinsamen Markt ergeben hätten. Bei einem Verstoß gegen Zusagen, die eine Bedingung für die Freigabeentscheidung darstellen, wird die Kommission i.d.R. ein Widerrufsverfahren einleiten müssen, falls andere Schritte erfolglos bleiben. Andernfalls könnte sie riskieren, einer Klage wegen Untätigkeit gem. Art. 232 (ex-175) EG ausgesetzt zu werden.

5. Rechtsfolgen

76 Durch die Widerrufsentscheidung wird die ursprüngliche Entscheidung der Kommission ex nunc beseitigt und das Vorhaben neu geprüft. Mit der Widerrufsentscheidung wird dem Zusammenschluss seine rechtliche Grundlage entzogen, seine Durchführung ist – wenn auch nicht rückwirkend – so jedenfalls mit Zustellung des Widerrufs unzulässig. Die Kommission kann jedoch u.U. einem Antrag auf Suspendierung vom vorläufigen Vollzugsverbot gem. Art. 7 Abs. 4 stattgeben, sofern die dort vorgesehenen Bedingungen erfüllt sind. Die Entflechtung bereits verbundener Unternehmen kann rechtsverbindlich erst mit Entscheidung gem. Art. 8 Abs. 4 FKVO angeordnet werden. Die Parteien dürfen ab Widerruf der Genehmigung jedoch keine Schritte vornehmen, die die Umsetzung der neuen Kommissionsentscheidung vereiteln könnte. Die Widerrufsentscheidung beseitigt die zuvor ergangene Genehmigungsentscheidung; sie ist keine Verbotsentscheidung und bedeutet daher nicht die Unvereinbarkeit des Zusammenschlusses mit dem Gemeinsamen Markt. Im Falle der Nichteinhaltung von Zusagen, welche Bedingungen für die Freigabe des betreffenden Vorhabens waren, hat der Widerruf allerdings deklaratorische Wirkung, da in einem solchen Fall die Genehmigungsentscheidung ex lege wegfällt (siehe Ausführungen zu Art. 6 bzw. Art. 8 Abs. 2, Rn. 46ff. und 21). Obwohl hier verfahrenstechnisch keine Widerrufsentscheidung vonnöten wäre, ist eine solche wohl mit Rücksicht auf die Rechtssicherheit für alle Beteiligten geboten.

6. Verfahren

77 Vor Zustellung der Widerrufsentscheidung wird den Parteien Gelegenheit zur Stellungnahme gegeben. Das weitere Verfahren richtet sich nach dem Grund des Widerrufs. Im Fall unrichtiger Angaben werden die Parteien gem. Art. 11 aufgefordert, die Angaben zu berichtigen bzw. die Anmeldung umgehend zu vervollständigen. Danach wird das Vorhaben erneut überprüft (die Frist läuft ab Eintreffen der vervollständigten/berichtigten Informationen), wobei dies u.U. (aber nicht zwingend) zu einem unterschiedlichen Ergebnis führen kann (z.B. Genehmigung gem. Art. 6 Abs. 2 mit Zusagen anstatt unbedingter Genehmigung gem. Art. 6 Abs. 1 lit. b) usw.).

7. Praktische Bedeutung

78 Bisher hat die Kommission lediglich in einem einzigen Fall, nämlich im Fall *Sanofi/Synthelabo*,[137] ihre Entscheidung gemäß Art. 6 Abs. 3 lit. a) widerrufen. Dabei ging es um ein Vorhaben, wonach das französische Pharmaunternehmen Sanofi, kontrolliert von Elf-Aquitaine und Synthelabo, kontrolliert von L'Oréal, sich zu einer neuen Gruppe Sanofi/Synthelabo zusammenschlossen. In diesem Fall musste die Kommission ihre ursprünglich

---

[137] Vgl. Komm. E. v. 17. 5. 1999 – *Sanofi/Synthelabo*, ABl. 2000 C 23.

unbedingte Genehmigungsentscheidung vom 15. 3. 99 widerrufen, da die Parteien es unterlassen hatten, Angaben über einen der betroffenen Märkte (im konkreten Fall handelte es sich um bestimmte Betäubungsmittel) zu machen. Die Kommission hatte nach Genehmigung des Vorhabens durch Beschwerden von Drittparteien von diesem Markt Kenntnis erhalten und festgestellt, dass die Parteien eine marktbeherrschende Stellung in Frankreich innehaben würden. Die Parteien erklärten sich jedoch umgehend bereit, jede Überschneidung der Aktivitäten in dem betreffenden Markt zu beseitigen, worauf die Kommission bereits am 17. 5. 1999 eine neuerliche Genehmigungsentscheidung, diesmal mit Zusagen, erlassen konnte. Da sich die Bedenken der Kommission auf den Markt für Morphiumpräparate konzentrierten, konnte einem Antrag auf vorläufige Suspendierung vom Vollzugsverbot hinsichtlich der übrigen vom Zusammenschluss betroffenen Geschäftsteile gem. Art. 7 Abs. 4 stattgegeben werden.

Art. 7. Aufschub des Vollzugs von Zusammenschlüssen

(1) Ein Zusammenschluss von gemeinschaftsweiter Bedeutung im Sinne des Artikels 1 oder ein Zusammenschluss, der von der Kommission gemäß Artikel 4 Absatz 5 geprüft werden soll, darf weder vor der Anmeldung noch so lange vollzogen werden, bis er aufgrund einer Entscheidung gemäß Artikel 6 Absatz 1 Buchstabe b) oder Artikel 8 Absätze 1 oder 2 oder einer Vermutung gemäß Artikel 10 Absatz 6 für vereinbar mit dem Gemeinsamen Markt erklärt worden ist.

(2) Absatz 1 steht der Verwirklichung von Vorgängen nicht entgegen, bei denen die Kontrolle im Sinne von Artikel 3 von mehreren Veräußerern entweder im Wege eines öffentlichen Übernahmeangebots oder im Wege einer Reihe von Rechtsgeschäften mit Wertpapieren, einschließlich solchen, die in andere zum Handel an einer Börse oder an einem ähnlichen Markt zugelassene Wertpapiere konvertierbar sind, erworben wird, sofern

a) der Zusammenschluss gemäß Artikel 4 unverzüglich bei der Kommission angemeldet wird und

b) der Erwerber die mit den Anteilen verbundenen Stimmrechte nicht ausübt oder nur zur Erhaltung des vollen Wertes seiner Investition aufgrund einer von der Kommission nach Absatz 3 erteilten Freistellung ausübt.

(3) Die Kommission kann auf Antrag eine Freistellung von den in Absatz 1 oder Absatz 2 bezeichneten Pflichten erteilen. Der Antrag auf Freistellung muss mit Gründen versehen sein. Die Kommission beschließt über den Antrag unter besonderer Berücksichtigung der möglichen Auswirkungen des Aufschubs des Vollzugs auf ein oder mehrere an dem Zusammenschluss beteiligte Unternehmen oder auf Dritte sowie der möglichen Gefährdung des Wettbewerbs durch den Zusammenschluss. Die Freistellung kann mit Bedingungen und Auflagen verbunden werden, um die Voraussetzungen für einen wirksamen Wettbewerb zu sichern. Sie kann jederzeit, auch vor der Anmeldung oder nach Abschluss des Rechtsgeschäfts, beantragt und erteilt werden.

(4) Die Wirksamkeit eines unter Missachtung des Absatzes 1 abgeschlossenen Rechtsgeschäfts ist von einer nach Artikel 6 Absatz 1 Buchstabe b) oder nach Artikel 8 Absätze 1, 2 oder 3 erlassenen Entscheidung oder dem Eintritt der in Artikel 10 Absatz 6 vorgesehenen Vermutung abhängig. Dieser Artikel berührt jedoch nicht die Wirksamkeit von Rechtsgeschäften mit Wertpapieren, einschließlich solcher, die in andere Wertpapiere konvertierbar sind, wenn diese Wertpapiere zum Handel an einer Börse oder an einem ähnlichen Markt zugelassen sind, es sei denn, dass die Käufer und die Verkäufer wussten oder hätten wissen müssen, dass das betreffende Rechtsgeschäft unter Missachtung des Absatzes 1 geschlossen wurde.

Übersicht

	Rn.		Rn.
I. Automatisches Vollzugsverbot		IV. Rechtsfolgen eines Verstoßes gegen das Vollzugsverbot	
1. Wirksamkeit und Dauer	1	1. Zivilrechtliche Unwirksamkeit	11
2. Durchführungshandlung	2	2. Bußgelder	13
II. Öffentliche Übernahmeangebote/Rechtsgeschäfte mit Wertpapieren	6	3. Entflechtung	14
III. Befreiung vom Vollzugsverbot	8		

I. Automatisches Vollzugsverbot

1. Wirksamkeit und Dauer

1   Das in Art. 7 Abs. 1 normierte Vollzugsverbot betrifft „den Kern des gemeinschaftlichen Fusionskontrollsystems, das verhindern soll, dass die in seinen Geltungsbereich fallenden strukturverändernden Transaktionen bleibende Wettbewerbsschäden hinterlassen."[1] Das Vollzugsverbot gilt außer im Fall einer Ausnahme nach Art. 7 Abs. 2 bis zur Freigabe des Zusammenschlusses durch die Europäische Kommission. Es dient somit ebenso wie die Anmeldepflicht nach Art. 4 dazu, die Wirksamkeit des **präventiv konzipierten Kontrollsystems** zu gewährleisten, da bereits vollzogene Zusammenschlüsse nachträglich nur sehr schwer wieder entflochten werden können („scrambled eggs-Effekt").[2]

2. Durchführungshandlung

2   Art. 7 Abs. 1 definiert nicht näher, was unter dem „Vollzug" eines Zusammenschlusses zu verstehen ist. Als **Negativdefinition** können zunächst die in Art. 4 genannten Handlungen (Vertragsabschluss, Veröffentlichung eines Übernahmeangebotes, Erwerb einer die Kontrolle begründenden Beteiligung) herangezogen werden. Diese lösen zwar die Anmeldepflicht aus, stellen i.d.R. jedoch noch keine nach Art. 7 verbotenen Durchführungshandlungen dar. In diesem Sinn kann auch zwischen der **gesellschaftsrechtlichen Gründung** eines Gemeinschaftsunternehmens und dessen **operativem Tätigwerden** unterschieden werden.[3] Diese Unterscheidung ist nicht zuletzt auch für die zivilrechtliche Wirksamkeit von Bedeutung.[4]

3   Im Sinne einer teleologischen Auslegung fallen sämtliche Durchführungshandlungen unter das Vollzugsverbot, die in irgendeiner Weise die **Marktstruktur** oder das **strategische Wirtschaftsverhalten** der neuen Einheit betreffen. Als typische Beispiele können die Umsetzung gemeinsamer Geschäftspläne, die Wahrnehmung von Kontrollrechten, organisatorische Maßnahmen, personelle Veränderungen oder andere faktische Handlungen aufgeführt werden.[5] So wurden in einigen Fällen aus dem Medienbereich beispielsweise die Vermarktung wie Werbung und Verkauf – von Decodern für eine erst neu zu gründende Pay-TV-Plattform als Durchführungshandlung angesehen.[6] Zu beachten ist, dass auch zu weit gefasste „conduct of business Klauseln" dem Verbot des Art. 7 widersprechen kön-

---

[1] Komm. E. v. 18. 2. 1998 Rs. IV/M.920 – *Samsung/AST,* ABl. 1998 L 225/12ff., WuW 1998, 576.

[2] *Löffler* in: Langen/Bunte, Kommentar zum deutschen und europäischen Kartellrecht, Art. 7 FKVO Rn. 1; *Gugerbauer,* Fusionskontrollverordnung Art. 7 Rn. 1.

[3] Komm. E. v. 15. 1. 1998 Rs. IV/M.1009 – *Georg Fischer/DISA,* ABl. 1998 C 125/7.

[4] Vgl. Kommentierung zu Art. 4 Rn. 9.

[5] *Immenga/Körber* in: Immenga/Mestmäcker, EG-WbR Art. 7 FKVO, V., Rn. 6 m.w.N.; *Löffler* (Fn. 2) Art. 7 FKVO Rn. 3.

[6] Komm. E. v. 27. 5. 1998 Rs. IV/M.993 – *Bertelsmann/Kirch/Premiere* und Rs. IV/M.1027 – *Deutsche Telekom/BetaResearch,* ABl. 1999 L 53/1 und 31 = WuW 1998, 694.

nen.[7] Zu weitgehende Rechte, die dem Käufer schon vor *closing* und damit i. d. R. vor Freigabe durch die zuständigen Wettbewerbsbehörden eingeräumt werden, werden auch als *gun jumping* bezeichnet, das eine Art „Frühstart"[8] eines Zusammenschlusses bezeichnet. Die Kommission hat im Zusammenhang mit einem solchen *Gun Jumping* erstmals sogar Hausdurchsuchungen nach Art. 13 durchgeführt, um wegen des Verdachts eines Verstoßes gegen das Vollzugsverbot und auch wegen des Verdachts des wettbewerbswidrigen Austausches von Information zu ermitteln.[9]

Nicht abschließend geklärt ist die Frage, ob Maßnahmen, die allein den **Schutz** des übertragenen Eigentums und den **Erhalt der Investition** betreffen, unter das Vollzugsverbot fallen und Abs. 2 auch analog auf andere Fälle angewandt werden kann. Der Wortlaut des Abs. 2 Buchstabe b) spricht zunächst dafür, dass auch die Ausübung von Stimmrechten zur bloßen Erhaltung des vollen Wertes des Eigentums grundsätzlich vom Vollzugsverbot erfasst sind, da eine solche Ausübung ausdrücklich nur aufgrund einer nach Abs. 3 erteilten Freistellung möglich sein soll. In diesem Fall stellt sich allerdings die Frage, worin dann die Privilegierung für die in Abs. 2 genannten Rechtsgeschäfte liegen soll, wenn eine Freistellung – noch dazu für eine sehr eingeschränkte Ausübung der Stimmrechte – ohnehin wiederum an die Bedingungen und Kriterien des Abs. 3 gebunden sein soll.[10] Dazu kommt, dass die FKVO selbst in Art. 5 Abs. 5 Buchstabe c) im Rahmen der sog. „*Luxemburgischen Klausel*" davon ausgeht, dass eine Ausübung der Stimmrechte zum bloßen Erhalt der Investition keinen Zusammenschluss bewirkt.[11]

Schließlich könnte auch die Auffassung vertreten werden, dass eine eingeschränkte Ausübung von Stimmrechten bloß über Beschlussgegenstände, die nicht das strategische Wirtschaftsverhalten des betreffenden Unternehmens und damit nicht die Kontrolle betreffen, sondern sich lediglich auf der Ebene typischer Minderheitsschutzrechte bewegen (z. B. Kapitalerhöhung, -herabsetzung usw.) entweder überhaupt nicht gegen das Vollzugsverbot verstoßen, da sie unterhalb der Schwelle der Kontrolle im Sinne von Art. 3 liegen oder aber jedenfalls eine Maßnahme zum bloßen Erhalt der Investition darstellt. Für diese Annahme könnte der im Fall *Aerlingus Group plc/Kommission* ergangene Beschluss des Gerichts sprechen, wonach die vor und im Rahmen eines Übernahmeangebotes erworbenen Stimmrechte von ca. 29% eines letztlich auf den Erwerb von 100% gerichteten, aber von

---

[7] Das sind Klauseln, die häufig in Unternehmenskaufverträgen vereinbart werden und die (für den Käufer, der bereits an den Kauf gebunden ist), sicherstellen sollen, dass zwischen dem Vertragsabschluss *(signing)*, und dem Vollzug *(closing)*, das Unternehmen keine wesentlichen Veränderungen vorgenommen wenden, die letztendlich den Wert des gekauften Unternehmens beeinträchtigen können. Typischerweise werden hier Bestimmungen vorgesehen, wonach das Unternehmen ohne Zustimmung des Käufers keine Maßnahmen außerhalb des üblichen Geschäftsbetriebes tätigen wird. Häufig wird aber auch von Käuferseite die Einräumung von weitgehenden Zustimmungserfordernissen oder sogar einer organähnlichen Stellung gewünscht, die i.d.R. nicht mit Art. 7 vereinbar sind. Vgl. zur Frage *conduct of business* clauses und Vollzugsverbot auch *Milke/Welling*, BB 2007, 277–283.2.

[8] Vgl. *Linsmeier*, BB 2008, 741–748.

[9] Der Fall betraf die geplante Übernahme von Kerling, eine Tochtergesellschaft der norwegischen Norsk Hydro ASA durch Ineos, ein Hersteller von Chemie- und Ölprodukten. Laut einer Pressemitteilung, die noch vor der Zusammenschlussanmeldung erfolgte, war ein Vollzug noch im Jahr 2007 geplant, aufgrund der Einleitung der Phase II verzögerte sich jedoch das Verfahren. Die Kommission führte die Hausdurchsuchung während offener Phase II überraschend durch. Letztendlich wurde der Fall ohne Auflagen freigegeben und auch das Verfahren wegen Verdachts des Verstoßes gegen das Vollzugsverbot sowie des Verdachts des wettbewerbswidrigen Austausches von Informationen eingestellt. Vgl. Kommission, Mitteilung vom 13. 12. 2007, MEMO/07/573, Mergers: Commission has carried out inspections in the SPVC sector; sowie MLEX, Mitteilung vom 30. 1. 2008. Der Fall ist sehr gut dokumentiert bei *Linsmeier*, BB 2008, 741–748.

[10] Zur Interessensabwägung siehe unten III.

[11] AA *Immenga/Körber* in: Immenga/Mestmäcker, EG-WbR Art. 7 FKVO, V., Rn. 9.

der Kommission verbotenen Übernahmeangebotes, ohne Verstoß gegen das Vollzugsverbot des Art. 7 ausgeübt werden dürfen.[12]

Beachtenswert sind insgesamt auch die Ausführungen der Kommission in demselben Fall, wonach sie im Zusammenhang mit anhängigen Verfahren die Parteien bittet, von der Ausübung von Stimmrechten auch dann Abstand zu nehmen, wenn lediglich die Ausübung von Stimmrechten aus einer Minderheitsbeteiligung betroffen ist. Dies habe, so die Kommission, aber nichts mit einem formalen Standpunkt zur Frage, ob in der Ausübung eines solchen Minderheitsrechtes bereits ein Verstoß gegen Art. 7 vorliege, zu tun. Zu beachten ist in diesem Zusammenhang jedenfalls, ob unter Umständen nationale Fusionskontrollvorschriften eingreifen könnten.

5   Bei Zusammenschlüssen, die **außerhalb der Gemeinschaft** realisiert werden, stellt sich die Frage, ob Durchführungshandlungen außerhalb der Gemeinschaft zulässig sein können. Im Fall *Kimberly-Clark/Scott*[13] wurde es den Parteien gestattet, den die USA betreffenden Teil des Zusammenschlusses vor Genehmigung durch die Europäische Kommission durchzuführen. Eine klare Entscheidung zu dieser Frage liegt bislang jedoch nicht vor. Zu überlegen wäre, die Frage (in Anwendung der *effects doctrine*[14]) danach zu beurteilen, ob sich die betreffende Durchführungshandlung in irgendeiner Weise in der Gemeinschaft auswirkt. Dies könnte beispielsweise dann nicht der Fall sein, wenn die Umsätze in der Gemeinschaft aus anderen als den von der Transaktion betroffenen Geschäftsfeldern stammen. Denkbar wäre u. U. auch der Abschluss sogenannter *hold-separate agreements,* mit denen in Bezug auf bestimmte Teile der Transaktion oder in Bezug auf bestimmte Durchführungshandlungen (z. B. Warenlieferungen in die oder Ausfuhren aus der Gemeinschaft, Auftreten unter einer gemeinsamen Marke) sichergestellt wird, dass die wettbewerbliche Situation in der Gemeinschaft nicht berührt wird. Dies setzt allerdings voraus, dass dies tatsächlich gewährleistet werden kann, was z. B. bei Vorliegen weltweiter Märkte regelmäßig nicht der Fall sein wird.

II. Öffentliche Übernahmeangebote/Rechtsgeschäfte mit Wertpapieren

6   Für öffentliche Übernahmeangebote oder Rechtsgeschäfte mit Wertpapieren, einschließlich dem Erwerb über die Börse sieht Art. 7 Abs. 2 Ausnahmen vom Vollzugsverbot vor.

Art. 7 Abs. 2 unterscheidet hier zwei Fälle, nämlich eine **automatische Ausnahme** sowie eine, die auf die Ausübung der Stimmrechte zum bloßen Erhalt der Investitionen beschränkt ist **(über Antrag gewährte Ausnahme).**

Die automatische Ausnahme kann in Anspruch genommen werden, sofern der Erwerber den Zusammenschluss „unverzüglich" anmeldet und die mit den Anteilen verbundenen Stimmrechte **nicht** ausübt. In diesem Sinne ist es dem Erwerber auch grundsätzlich nicht erlaubt, Mitglieder in die Entscheidungsorgane zu entsenden oder an den Sitzungen von Organen teilzunehmen.[15] Soll jedoch die Ausnahme nach Art. 7 Abs. 2 zweiter Fall in Anspruch genommen werden und möchte der Erwerber seine Stimmrechte zumindest zur Erhaltung des *vollen Wertes seiner Investition* ausüben, so muss er dem Wortlaut der Bestimmung zufolge **zusätzlich eine Freistellung** vom Vollzugsverbot gemäß Art. 7 Abs. 3 beantragen.[16] Die **Ausübung der Stimmrechte zum bloßen Erhalt der Investition**

---

[12] Vgl. B. v. 18. 3. 2008, Rs. T-411/07 R Rn. 94, 97 und 98.
[13] Komm. E. v. 16. 1. 1996 Rs. IV/M.623, ABl. 1996 L 183/1 = WuW 1996, 581.
[14] EuGH U. v. 25. 3. 1994 Rs. T-102/96 – *Gencor/Kom.* Slg. 1999, II-753.
[15] Vgl. beispielsweise Komm. E. v. 20. 12. 1999 Rs. COMP/M.1712 – *Generali/INA,* WuW 2000, 148.
[16] Siehe dazu jedoch auch Rn. 4; sowie kritisch zur Reichweite der Verweisung auf Art. 7 Abs. 3: *Immenga/Körber* in: Immenga/Mestmäcker, EG-WbR Art. 7 FKVO, V., Rn. 20.

bedeutet, dass keine nachhaltigen Eingriffe in Struktur und Aufbau des Unternehmens, wie z. B. Aufgabe von Geschäftszweigen, Schließung von Betriebsstätten oder Verkauf von Tochterunternehmen gesetzt werden dürfen. Demgegenüber sind Maßnahmen erlaubt, die dazu dienen, dass die Weiterführung des normalen Geschäftsablaufes sichergestellt wird (wie beispielsweise Entlastung des Vorstandes, Billigung der Bilanz, Ausschüttung von Dividenden).[17] Die Stimmrechtsbeschränkung bezieht sich grundsätzlich nur auf die neu zu erwerbenden Anteile. *Jones/Gonzáles*[18] verweisen jedoch darauf, dass in Fällen, in denen der Bieter bereits eine Minderheitsbeteiligung an einem Unternehmen hält, die ihm aufgrund der Suspendierung der erworbenen Stimmrechte dazu dienen kann, die Gesellschaft zu kontrollieren, das Verbot der Stimmrechtsausübung oder der eingeschränkten Ausübung zum Erhalt der Investitionen auch auf die vor dem geplanten Zusammenschluss erworbene Minderheitsbeteiligung ausgedehnt werden kann, um dem Sinn und Zweck von Art. 7 Abs. 2 gerecht zu werden.

Voraussetzung für die Inanspruchnahme der Ausnahme in beiden Fällen ist, dass der Zusammenschluss unverzüglich bei der Kommission angemeldet wird.[19] Das Kriterium der „unverzüglichen" Anmeldung als Voraussetzung für die Anwendbarkeit der Ausnahme wurde mit der Novelle der FKVO im Jahr 2004 eingeführt. Hintergrund der Regelung ist, dass im Falle einer automatischen Freistellung vom Vollzugsverbot der Fall möglichst rasch einer Prüfung durch die Wettbewerbsbehörde unterzogen werden soll. Daher ist der Begriff „unverzüglich" jedenfalls eng auszulegen und in jedem Fall sehr rasch die Kommission über das geplante Vorhaben zu informieren bzw. die Pränotifikationsphase zu beginnen.[20] Wird der Zusammenschluss später untersagt, muss der Erwerb rückabgewickelt werden. In diesem Fall ergeht eine Trennungsanordnung nach Art. 8 Abs. 4 FKVO.[21] Das finanzielle Risiko für unbedingte Übernahmeangebote ist von den beteiligten Unternehmen zu tragen.[22] Besonders darauf hinzuweisen ist, dass der Anwendungsbereich von Art. 7 Abs. 2 seit seiner Neuformulierung im Zuge der jüngsten Novelle erheblich ausgeweitet erscheint. So werden vom reinen Wortlaut nicht nur Vorgänge über die Börse, sondern sämtliche Rechtsgeschäfte mit börsenotierten Aktien oder in solche wandelbare Wertpapiere erfasst, wenn nur auf der Verkäuferseite mehrere Veräußerer beteiligt sind. Dass dieser Vorgang über die Börse erfolgt, ist keine Voraussetzung. Dies bedeutet, dass auch der Erwerb von verschiedenen Aktienpaketen von mehreren Veräußerern im Wege eines Kaufvertrages von Art. 7 Abs. 2 erfasst wäre. Ob die Kommission hier auch eine entsprechende Praxis zulässt, ist allerdings fraglich. So geht aus dem Grünbuch zur Novellierung der FKVO hervor, dass mit der Neuregelung typischerweise anonyme Vorgänge über die Börse erfasst werden sollten *(sogenannte „creeping takeovers")*. Eine allgemeine Bevorzugung von börsenotierten Unternehmen sollte nicht geschaffen werden; würde sich jedoch klar aufgrund des Wortlauts ergeben. *Immenga/Körber*[23] rechnen mit einer restriktiven Auslegung auf bloße Börsengeschäfte.

---

[17] Vgl. dazu *Drauz/Schröder*, Praxis der Europäischen Fusionskontrolle, S. 201.

[18] *Jones/Gonzáles*, EEC merger regulation, 202; vgl. dazu auch *Stoffregen* in: Schröter/Jakob/Mederer, Kommentar zum Kartellrecht, Art. 7 Rn. 6.

[19] Vgl. dazu die Regelung der FKVO vor der Revision 2004, wonach die Ausnahme nach Abs. 2 lediglich auf bereits angemeldete Zusammenschlüsse zum Tragen kam.

[20] Siehe dazu auch die Kommentierung zu Art. 4 Rn. 3; vgl. auch *Wessely* in: Münchener Kommentar zum europäischen und deutschen Wettbewerbsrecht, Art. 7 FKVO, R.N. 75, die davon ausgeht, dass eine Anmeldung „unverzüglich" ist, wenn sie ohne schuldhaftes Verzögern erfolgt.

[21] Vgl. beispielsweise Komm. E. v. 19. 2. 1997 Rs. IV/M.784 – *Kesko/Tuko*, ABl. 1997 L 174/47, WuW 1997, 32, 327; Komm. E. v. 30. 1. 2001 Rs. COMP/M.2283 – *Schneider/Legrand*, ABl. 2004 L 101/134 = WuW 2002, 254.

[22] Komm. E. v. 30. 1. 2001 Rs. COMP/M.2416 – *Tetra Laval/Sidel*, WuW 2002, 253; Komm. E. v. 30. 1. 2001 Rs. COMP/M.2283 – *Schneider/Legrand*, WuW 2002, 254.

[23] *Immenga/Körber* in: Immenga/Mestmäcker, EG-WbR Art. 7 FKVO, Rn. 15.

III. Befreiung vom Vollzugsverbot

8 Nach Art. 7 Abs. 3 kann die Kommission auf Antrag **Befreiungen vom Vollzugsverbot** nach Abs. 1 und auch von den Pflichten nach Abs. 2 (Verbot bzw. eingeschränkte Ausübung der Stimmrechte) erteilen. Seit der Revision der Fusionskontrollverordnung im Jahre 1998 ist die Voraussetzung eines drohenden schweren Schadens für eines der beteiligten Unternehmen oder eines Dritten weggefallen. Statt dessen normiert Abs. 3 eine **Interessensabwägung** zwischen möglichen **Auswirkungen des Aufschubs des Vollzugs** auf ein oder mehrere beteiligte Unternehmen oder Dritte einerseits und einer möglichen **Gefährdung des Wettbewerbs** andererseits. Auch weiterhin bedarf die Befreiung vom Vollzugsverbot einer besonderen Begründung („der *Antrag auf Befreiung muss mit Gründen versehen sein*"[24]).

9 Die vor 1998 zur alten Fassung des Art. 7 Abs. 4 (heute Abs. 3) verfolgte Politik der Kommission kann als **restriktiv** bezeichnet werden. Die Erteilung einer Befreiung war jedenfalls bereits dann ausgeschlossen, wenn die Wahrscheinlichkeit bestand, dass der Zusammenschluss nur unter Auflagen oder Bedingungen genehmigt würde.[25] Die seit der Revision angewendete Praxis ermöglicht im Sinne der vorgenannten Interessensabwägung eine größere Flexibilität. So wurde im Fall eines feindlichen Übernahmeangebotes eines Kanadischen Konzerns zum Erwerb der Air Canada eine teilweise Befreiung vom Vollzugsverbot, die die Abberufung des feindlichen Managements und die Aufhebung einer Stimmrechtsbeschränkung ermöglichte, **trotz** wettbewerblicher Bedenken (Einleitung der Phase II) erteilt.[26] Wettbewerbliche Bedenken lagen auch im Fall *SBM/Moulinex* vor, wo einem Verweisungsantrag der französischen Wettbewerbsbehörde auf Erteilung der Befreiung nach Art. 7 Abs. 3 stattgegeben wurde.[27] Weitere Befreiungen wurden wegen drohender **klarer Nachteile**[28] z. B. ernsthafte finanzielle Risiken,[29] drohende Insolvenz,[30] schwere steuerliche Nachteile[31] oder Ausschluss von einer Auktion für die Unternehmen und bedeutendem Schaden für die **Aktionäre,**[32] aber auch wegen ihrer **positiven Effekte** auf den Wettbewerb[33] erteilt. In den genannten Fällen lagen keine wettbewerblichen Bedenken vor. Anders im Fall *Rhodia/Donau Chemie/Albright & Wilson,* in dem wettbewerbliche Bedenken bestanden und wo mangels erfolgreicher Darlegung eines schweren Schadens im Sinne der Interessensabwägung keine Befreiung vom Vollzugsverbot erteilt

---

[24] Siehe Art. 7 Abs. 3 Satz 2.
[25] *Wagemann* in: Wiedemann, Die EG-Fusionskontrollverordnung, § 17 Rn. 43 unter Berufung auf die Komm. E. v. 7. 11. 1990 Rs. IV/M.4 – *Renault/Volvo,* ABl. 1990 C 281/0.
[26] Komm. E. v. 15. 10. 1999 Rs. COMP/M.1696 *Onex/Air Canada/Canadian Airlines,* WuW 1999, 1195.
[27] Komm. E. v. 8. 1. 2001 Rs. COMP/M.2521, WuW 2001, 371.
[28] Komm. E. v. 15. 1. 1999 Rs. IV/M.1419 – *Groupe Cofinga/BNP,* ABl. 1999 C 80/7, Competition policy newsletter 1999 Nr. 2, 28; Komm. E. v. 23. 9. 1999 Rs. IV/M.1667 – *BBL/BT/ISP,* ABl. 2002 C 147/20, Competition policy newsletter 2000 Nr. 1, 27; Komm. E. v. 25. 7. 2003 Rs. COMP/M.3209 – *WPP/Cordiant,* ABl. 2003 C 212/9; Komm. E. v. 27. 7. 2000 Rs. COMP/M.2008 – *AOM Air liberté/Air littoral,* ABl. 2000 C 238/9; Komm. E. v. 8. 5. 2002 Rs. COMP/M.2777 – *CINVEN Ltd./Angel Street Holdings Ltd.,* ABl. 2002 C 147/20; Komm. E. v. 8. 1. 2001 Rs. COMP/M.2521 – *SBM/Mulinex,* WuW 2001, 371.
[29] Vgl. Komm. 18. 12. 2002, COMP/M.3007 *E.ON/TXV Europe.*
[30] Vgl. etwa den Fall COMP/M.3759 – *Strabag/Dywidag.*
[31] Vgl. Komm. 30. 4. 2003, COMP/M.2903 – *Daimler/Deutsche Telekom/JV.*
[32] Komm. E. v. 17. 5. 1999 Rs. IV/M.1397 – *Sanofi/Synthélabo,* Competition policy newsletter 1999 Nr. 2.
[33] Komm. E. v. 22. 12. 1999 Rs. IV/M.1820 – *BP/JV dissolution* und Rs. IV/M.1822 – *Mobil/JV dissolution,* Competition policy newsletter 2000 Nr. 1, 26, WuW 2000, 266; IV/M.538 – *Omnitel.*

wurde.³⁴ Interessant ist der Fall *EDF/London Electricity*, (der Fall wurde nicht veröffentlicht) in dem jedoch offenbar eine Ausnahme vom Vollzugsverbot gewährt wurde, um einen Wettbewerbsnachteil von EDF, die London Electricity in einer privaten Auktion erwerben wollte, gegenüber denjenigen Bietern, die keiner Anmeldepflicht nach der FKVO unterlagen, zu verhindern.³⁵ Wenig Glück hatte demgegenüber France Telekom,³⁶ die eine beschränkte Ausnahme vom Vollzugsverbot für einige personelle Maßnahmen (Austausch des ehemaligen Managements der Deutschen Telekom durch Manager der France Telekom) mit dem Argument beantragte, eine dringend notwendige Reorganisation von Global One könne ansonsten nicht durchgeführt werden. Die Erteilung der Freistellung wurde mit der Begründung abgelehnt, dass keine Umstände dargelegt wurden, die nicht auch bei jedem anderen Zusammenschluss vorliegen. Die oben angeführten Fälle können eine erste Orientierung bilden. Insgesamt ist jedoch die Entscheidungspraxis der Kommission zu Art. 7 Abs. 3 nach wie vor sehr intransparent. Wünschenswert wäre daher eine Veröffentlichung der Entscheidungen.

Die Befreiung vom Vollzugsverbot kann auch **vor der Anmeldung** beantragt und erteilt werden,³⁷ etwa gemeinsam mit einem Verweisungsantrag nach Art. 4 Abs. 5. Die Befreiung kann **teilweise oder vollständig** erfolgen und mit **Auflagen und Bedingungen** verbunden werden. Im Falle eines Verweisungsantrags kann die Befreiung erst erteilt werden, wenn feststeht, dass der Verweisungsantrag erfolgreich war.

IV. Rechtsfolgen eines Verstoßes gegen das Vollzugsverbot

1. Zivilrechtliche Unwirksamkeit

Als Vollzug zu qualifizierende Rechtsgeschäfte sind schwebend unwirksam. Faktische Vollzugshandlungen werden in Abs. 4 nicht genannt, im Sinne einer teleologischen Auslegung sind jedenfalls sämtliche Rechtsgeschäfte, die eine Auswirkung auf den Wettbewerb haben, von Abs. 4 erfasst. Nach *Immenga/Körber*³⁸ sind nur vorbereitende Rechtsgeschäfte nicht erfasst, weil sie nicht gegen Art. 7 Abs. 1 verstoßen. Das schwebend unwirksame Rechtsgeschäft wird mit Freigabe des Zusammenschlusses ex tunc wirksam bzw. ist bei Untersagung des Zusammenschlusses als von Anfang an unwirksam zu beurteilen.

Die Rechtsfolgen bestimmen sich nach dem jeweiligen nationalen Recht.³⁹

Für **Börsentransaktionen** ist die Sonderbestimmung in Abs. 4 Unterabsatz 2 zu beachten. So wird die Wirksamkeit von Rechtsgeschäften über Wertpapiere durch einen Verstoß gegen das Vollzugsverbot dann nicht berührt, wenn Käufer und Verkäufer nicht wussten oder wissen mussten, dass das betreffende Rechtsgeschäft unter Missachtung des Art. 7 Abs. 1 abgeschlossen wurde. Dass hier eine beiderseitige Kenntnis oder grob fahrlässige Unkenntnis vorliegt, ist durch die Kommission nachzuweisen.⁴⁰

---

³⁴ Komm. E. v. 15. 6. 1999 Rs. IV/M.1517 – *Rhodia/Donau Chemie/Albright & Wilson*, Competition policy newsletter 1999 Nr. 3, 44, WuW 1999, 983.
³⁵ Komm. E. v. 27. 1. 1999 Rs. IV/M.1346 – *EDF/London Electricity* (Art. 6 Abs. 1 Buchstabe b), vgl. Competition Manual, PLC Publications, Section Transactions and Practices, 2231, WuW 1999, 365, 371 f.
³⁶ Komm. E. v. 24. 3. 2000 Rs. COMP/M.1865 – *France Telekom/Global One*, ABl. 2001 C 043/3.
³⁷ Komm. E. v. 11. 4. 1995 Rs. IV/M.573 – *ING/Barings*, WuW 1995, 587.
³⁸ *Immenga/Körber* in: Immenga/Mestmäcker, EG-WbR Art. 7 FKVO, Rn. 42 m. w. N.
³⁹ Vgl. *Wagemann* in: Wiedemann, Die EG-Fusionskontrollverordnung § 17 Rn. 10; *Immenga/Körber* in: Immenga/Mestmäcker, EG-WbR Art. 7 FKVO, V., Rn. 41 ff. m. w. N.
⁴⁰ *Immenga/Körber* in: Immenga/Mestmäcker, EG-WbR Art. 7 FKVO, V., Rn. 43 m. w. N.

2. Bußgelder

13 Gemäß Art. 14 Abs. 2 lit. b) wird der Verstoß gegen das automatische Vollzugsverbot mit einem Bußgeld gegen die beteiligten Unternehmen von bis zu 10% ihres Gesamtumsatzes besichert. Bei der Verhängung des Bußgeldes berücksichtigt die Kommission mildernde und erschwerende Umstände, wobei bislang in Bezug auf die **Dauer** das Bußgeld jeweils **pro Monat** festgesetzt wurde.[41] Die Durchsetzung von gegebenenfalls erteilten Auflagen kann darüber hinaus mittels **Zwangsgeldern** gemäß Art. 15 Abs. 1 lit. c) erfolgen. In Ausnahmefällen kann jedoch auch von der Verhängung eines Bußgeldes abgesehen werden. Im Fall *Hutchison/PCPM/ECT*, der von den Parteien ursprünglich als wettbewerbsbeschränkende Vereinbarung nach Art. 81 EG statt als Zusammenschluss angemeldet und durchgeführt worden war, wurde aufgrund der komplizierten rechtlichen und sachlichen Analyse im Hinblick auf das Vorliegen eines Zusammenschlusses und aufgrund der Kooperation der beteiligten Unternehmen mit der Kommission kein Bußgeld verhängt.[42]

3. Entflechtung

14 Art. 8 Abs. 4 sieht die Entflechtung eines **vorzeitig vollzogenen Zusammenschlusses**, der von der Kommission rechtskräftig untersagt wurde, vor.

Art. 8. Entscheidungsbefugnisse der Kommission

(1) **Stellt die Kommission fest, dass ein angemeldeter Zusammenschluss dem in Artikel 2 Absatz 2 festgelegten Kriterium und – in den in Artikel 2 Absatz 4 genannten Fällen – den Kriterien des Artikels 81 Absatz 3 des Vertrags entspricht, so erlässt sie eine Entscheidung, mit der der Zusammenschluss für vereinbar mit dem Gemeinsamen Markt erklärt wird.**

Durch eine Entscheidung, mit der ein Zusammenschluss für vereinbar erklärt wird, gelten auch die mit seiner Durchführung unmittelbar verbundenen und für sie notwendigen Einschränkungen als genehmigt.

(2) **Stellt die Kommission fest, dass ein angemeldeter Zusammenschluss nach entsprechenden Änderungen durch die beteiligten Unternehmen dem in Artikel 2 Absatz 2 festgelegten Kriterium und – in den in Artikel 2 Absatz 4 genannten Fällen – den Kriterien des Artikels 81 Absatz 3 des Vertrags entspricht, so erlässt sie eine Entscheidung, mit der der Zusammenschluss für vereinbar mit dem Gemeinsamen Markt erklärt wird.**

Die Kommission kann ihre Entscheidung mit Bedingungen und Auflagen verbinden, um sicherzustellen, dass die beteiligten Unternehmen den Verpflichtungen nachkommen, die sie gegenüber der Kommission hinsichtlich einer mit dem Gemeinsamen Markt zu vereinbarenden Gestaltung des Zusammenschlusses eingegangen sind.

Durch eine Entscheidung, mit der ein Zusammenschluss für vereinbar erklärt wird, gelten auch die mit seiner Durchführung unmittelbar verbundenen und für sie notwendigen Einschränkungen als genehmigt.

(3) **Stellt die Kommission fest, dass ein Zusammenschluss dem in Artikel 2 Absatz 3 festgelegten Kriterium entspricht oder – in den in Artikel 2 Absatz 4 genannten Fällen – den Kriterien des Artikels 81 Absatz 3 des Vertrags nicht entspricht, so**

---

[41] Komm. E. v. 10. 2. 1999 Rs. IV/M.969 – *A. P. Moeller*, ABl. 1999 L 183/29 = WuW 1999, 372 und Komm. E. v. 18. 2. 1998 Rs. IV/M.920 – *Samsung/AST*, ABl. 1998 L 225/12 = WuW 1998, 576.

[42] Komm. E. v. 3. 7. 2001 Rs. COMP/JV.55 – *Hutchison/PCPM/ECT*, WuW 2001, 844 f.

erlässt sie eine Entscheidung, mit der der Zusammenschluss für unvereinbar mit dem Gemeinsamen Markt erklärt wird.

(4) Stellt die Kommission fest, dass ein Zusammenschluss
a) bereits vollzogen wurde und dieser Zusammenschluss für unvereinbar mit dem Gemeinsamen Markt erklärt worden ist oder
b) unter Verstoß gegen eine Bedingung vollzogen wurde, unter der eine Entscheidung gemäß Absatz 2 ergangen ist, in der festgestellt wird, dass der Zusammenschluss bei Nichteinhaltung der Bedingung das Kriterium des Artikels 2 Absatz 3 erfüllen würde oder – in den in Artikel 2 Absatz 4 genannten Fällen – die Kriterien des Artikels 81 Absatz 3 des Vertrags nicht erfüllen würde,

kann sie die folgenden Maßnahmen ergreifen:
– Sie kann den beteiligten Unternehmen aufgeben, den Zusammenschluss rückgängig zu machen, insbesondere durch die Auflösung der Fusion oder die Veräußerung aller erworbenen Anteile oder Vermögensgegenstände, um den Zustand vor dem Vollzug des Zusammenschlusses wiederherzustellen. Ist es nicht möglich, den Zustand vor dem Vollzug des Zusammenschlusses dadurch wiederherzustellen, dass der Zusammenschluss rückgängig gemacht wird, so kann die Kommission jede andere geeignete Maßnahme treffen, um diesen Zustand soweit wie möglich wiederherzustellen.
– Sie kann jede andere geeignete Maßnahme anordnen, um sicherzustellen, dass die beteiligten Unternehmen den Zusammenschluss rückgängig machen oder andere Maßnahmen zur Wiederherstellung des früheren Zustands nach Maßgabe ihrer Entscheidung ergreifen.

In den in Unterabsatz 1 Buchstabe a) genannten Fällen können die dort genannten Maßnahmen entweder durch eine Entscheidung nach Absatz 3 oder durch eine gesonderte Entscheidung auferlegt werden.

(5) Die Kommission kann geeignete einstweilige Maßnahmen anordnen, um wirksamen Wettbewerb wiederherzustellen oder aufrecht zu erhalten, wenn ein Zusammenschluss
a) unter Verstoß gegen Artikel 7 vollzogen wurde und noch keine Entscheidung über die Vereinbarkeit des Zusammenschlusses mit dem Gemeinsamen Markt ergangen ist;
b) unter Verstoß gegen eine Bedingung vollzogen wurde, unter der eine Entscheidung gemäß Artikel 6 Absatz 1 Buchstabe b) oder Absatz 2 des vorliegenden Artikels ergangen ist;
c) bereits vollzogen wurde und für mit dem Gemeinsamen Markt unvereinbar erklärt wird.

(6) Die Kommission kann eine Entscheidung gemäß Absatz 1 oder Absatz 2 widerrufen, wenn
a) die Vereinbarkeitserklärung auf unrichtigen Angaben beruht, die von einem der beteiligten Unternehmen zu vertreten sind, oder arglistig herbeigeführt worden ist oder
b) die beteiligten Unternehmen einer in der Entscheidung vorgesehenen Auflage zuwiderhandeln.

(7) Die Kommission kann eine Entscheidung gemäß den Absätzen 1 bis 3 treffen, ohne an die in Artikel 10 Absatz 3 genannten Fristen gebunden zu sein, wenn
a) sie feststellt, dass ein Zusammenschluss vollzogen wurde
   i) unter Verstoß gegen eine Bedingung, unter der eine Entscheidung gemäß Artikel 6 Absatz 1 Buchstabe b) ergangen ist oder
   ii) unter Verstoß gegen eine Bedingung, unter der eine Entscheidung gemäß Absatz 2 ergangen ist, mit der in Einklang mit Artikel 10 Absatz 2 festgestellt wird, dass der Zusammenschluss bei Nichterfüllung der Bedingung Anlass zu

Art. 8 FKVO 1

ernsthaften Bedenken hinsichtlich seiner Vereinbarkeit mit dem Gemeinsamen Markt geben würde oder

b) eine Entscheidung gemäß Absatz 6 widerrufen wurde.

(8) Die Kommission teilt ihre Entscheidung den beteiligten Unternehmen und den zuständigen Behörden der Mitgliedstaaten unverzüglich mit.

Übersicht

	Rn.
I. Einleitung	1
II. Art. 8 Abs. 1: unbedingte Freigabe	4
1. Norminhalt	4
2. Anwendungsvoraussetzungen	5
3. Rechtsfolgen	6
4. Praktische Bedeutung	7
III. Art. 8 Abs. 2: Genehmigung mit Zusagen	8
1. Norminhalt	8
2. Anwendungsvoraussetzungen	9
a) Inhaltliche Kriterien	9
b) Verbesserung von Zusagen	10
c) Alternative Zusagen	11
d) Änderung von Zusagen	12
e) Fristen für die Abgabe	13
f) Formerfordernis	14
3. Ablehnung von Zusagen	15
4. Unterscheidung von Zusagen nach ihrem Inhalt	16
5. Beispiele gängiger Zusagen	17
6. Exkurs: besondere Anforderungen bei Veräußerungszusagen	18
7. Durchführung von Zusagen	19
8. Exkurs: Dauer von Zusagen	20
9. Rechtsfolgen	21
10. Praktische Bedeutung	22
IV. Art. 8 Abs. 3: Verbot	23
1. Norminhalt	23
2. Anwendungsvoraussetzungen	24
3. Verbotsbegründungen im Einzelnen	26
a) Fälle von Einzelmarktbeherrschung	26
b) Fälle von kollektiver Marktbeherrschung	27
4. Rechtsfolgen	29
5. Praktische Bedeutung	31
V. Art. 8 Abs. 4: Entflechtungsanordnung	32
1. Norminhalt	32
2. Anwendungsvoraussetzungen	37
a) Konkreter Inhalt	37
b) Verpflichtungsadressaten	38
c) Anwendungsermessen/Kriterien	39
d) Umfang	40
e) Andere geeignete Maßnahmen	41
3. Verfahren	42
4. Rechtsfolgen	44
5. Praktische Bedeutung	45
VI. Art. 8 Abs. 5: Einstweilige Maßnahmen	51
1. Norminhalt	51
2. Sinn und Zweck	52
3. Anwendungsvoraussetzungen	53
4. Praktische Bedeutung	54
VII. Art. 8 Abs. 6: Widerruf von Entscheidungen gem. Art. 8 Abs. 1 und 2	55
1. Norminhalt	55
2. Anwendungsvoraussetzungen	56
3. Verfahren	59
4. Rechtsfolgen	60
5. Praktische Bedeutung	61

I. Einleitung

1 Im Rahmen ihrer Befugnisse unter Art. 8 trifft die Kommission eine abschließende Entscheidung über die Vereinbarkeit jener Vorhaben, deren Prüfung im Vorverfahren[1] ernsthafte wettbewerbliche Bedenken ergeben haben. Sinn und Zweck dieser insgesamt höchstens viermonatigen Intensivprüfung ist es festzustellen, ob und wie ein Zusammenschluss zu wettbewerbsbehindernder Marktbeherrschung führt. Je nach dem Ergebnis dieser Prüfung trifft die Kommission entweder eine (un)bedingte Freigabeentscheidung oder aber eine Verbotsentscheidung. Die abschließende Entscheidung der Kommission schließt jede weitere Prüfung des Vorhabens nach Artt. 81, 82 EG und der in Umsetzung dieser Bestimmungen ergangenen Verordnungen oder nationalem Recht der Mitgliedsstaaten aus (sog. „one-stop-shop"-Prinzip). Entscheidungen der Kommission (mit Ausnahme der Widerrufsentscheidung) ergehen grundsätzlich spätestens 90 AT nach Einleitung des Verfahrens.[2] Im Falle von Zusagen kann sich die Frist auf 105 AT erhöhen. Abweichungen von der typischen Dauer können sich auch im Falle einer Fristverlängerung mit Zustimmung der Anmelder ergeben.

---

[1] I.-Phase-Prüfverfahren, siehe Art. 6 Rn. 1 ff.
[2] Siehe Art. 10 Abs. 3.

Die Kommission kann – wie auch in I. Phase – Genehmigungsentscheidungen unter gewissen Voraussetzungen widerrufen. Wird ein nicht-kompatibler Zusammenschluss vollzogen, kann die Kommission außerdem eine Entflechtungsanordnung treffen. Diese letztere Befugnis ergänzt die Kompetenzen der Kommission im Rahmen der (ansonsten) präventiven Fusionskontrolle und ist darauf ausgerichtet, wirksamen Wettbewerb wieder herzustellen. Das II.-Phase-Verfahren ist im Gegensatz zum Vorverfahren (siehe Art. 6 Rn. 1 ff.) von umfassenden Verfahrensgarantien[3] geprägt.

Gegen Entscheidungen gemäß Art. 8 kann gemäß Art. 230 EG (ehemaliger Art. 173) innerhalb von zwei Monaten ab Zustellung der Entscheidung an die beteiligten Unternehmen von diesen selbst, den Mitgliedstaaten oder von betroffenen Dritten Berufung beim EuG bzw. in letzter Instanz vor dem EuGH eingelegt werden. Seit Inkrafttreten der Fusionskontrollverordnung 1990 wurden ca. 20% aller Entscheidungen der Kommission in Fusionsfällen angefochten. Die relativ niedrige Zahl der Berufungen erklärt sich aus der vergleichsweise langen Dauer der Gerichtsverfahren (20 Monate im Schnitt) und der nicht aufschiebenden Wirkung der Klage. Mit Einführung des beschleunigten Verfahrens im Jahre 2002 hat das EuG die Möglichkeit, bestimmte Fälle mit Vorrang (innerhalb von weniger als 12 Monaten in einem abgekürzten Verfahren) zu entscheiden.[4]

II. Art. 8 Abs. 1: unbedingte Freigabe

1. Norminhalt

Die Kommission gibt den Zusammenschluss frei, sobald sie feststellt, dass keine ernsthaften Bedenken im Sinne von Art. 6 Abs. 1 lit. c) bestehen (bevor sie den Parteien die Beschwerdepunkte übermittelt hat), das Vorhaben nicht zu einer Behinderung wirksamen Wettbewerbs führt (die Voraussetzungen des Art. 2 Abs. 2 erfüllt) oder dass es durch ein GU nicht zur Koordinierung des Wettbewerbsverhaltens unabhängig bleibender Unternehmen kommt.[5] Sobald die Kommission dies festgestellt hat, muss sie den Zusammenschluss freigeben. Die Entscheidung der Kommission erstreckt sich auch auf die mit der Durchführung des Zusammenschlusses unmittelbar verbundenen und für sie notwendigen Einschränkungen.[6]

2. Anwendungsvoraussetzungen

Die unbedingte Freigabe setzt voraus, dass der Zusammenschluss die Kriterien des Art. 2 Abs. 2 erfüllt (bzw. die Kriterien des Art. 6 Abs. 1 lit. c) nicht vorliegen) und wirksamen Wettbewerb nicht behindert, insbesondere durch Begründung oder Verstärkung einer beherrschenden Stellung der Zusammenschlussparteien. Die Umstände, die zu unbeding-

---

[3] Einzelheiten siehe Verordnung (EG) Nr. 802/2004 vom 7. 4. 2004; ABl. L 133, 30. 4. 2004. Siehe auch die „Best Practices on conduct of merger control proceedings"; http://ec.europa.eu/comm/competition/mergers/legislation/proceedings.pdf; vgl. Art. 6 Rn. 1 ff., 15 ff.

[4] Gem. Art. 76a der Verfahrensordnung des EuG kann das Gericht bei Vorliegen von besonderer Dringlichkeit und nach den Umständen der Rs auf Antrag des Klägers oder des Beklagten – sofern es die Komplexität des Falles erlaubt – einen Fall im sog. Beschleunigten Verfahren (Urteil vor Ablauf von 12 Monaten) entscheiden. Der Schwerpunkt liegt auf der mündlichen Verhandlung, der ein stark verkürztes schriftliches Verfahren vorangeht (siehe Verfahrensordnung des EuG v. 2. 5. 1991).

[5] Auf diesen Norminhalt wird hier nicht weiter eingegangen: siehe Art. 2 Rn. 121 ff.; Art. 6 Rn. 19.

[6] Zum Thema der notwendigen Einschränkungen oder Nebenabreden siehe ausführlich Kommentar zu Art. 6 Rn. 58 ff. Die dortigen Ausführungen gelten in gleicher Weise für das Verfahren unter Art. 8.

ter Freigabe führen, nachdem die Kommission zuvor im Vorverfahren ernsthafte Bedenken geäußert hat, sind von Fall zu Fall verschieden. Es kann sich z.B. herausstellen, dass der Zusammenschluss keine Verstärkung einer bereits bestehenden Marktdominanz bewirkt;[7] oder es wird von den Parteien nachgewiesen, dass wirksamer Wettbewerb auf den betroffenen Märkten bestehen wird.[8] In mehreren Fällen meldete die Kommission Bedenken im Hinblick auf kollektive Marktbeherrschung an, stellte jedoch später das Fehlen entscheidender Elemente fest.[9] Auch die Revidierung einer auf Grundlage des Vorverfahrens angenommenen Produktmarktabgrenzung oder geographischen Marktabgrenzung kann zur unbedingten Genehmigung eines Vorhabens in II. Phase führen.[10] Schließlich hat die Kommission unbedingte Freigabeentscheidungen in Fällen getroffen, in denen die Parteien das Vorhaben während des Verfahrens so modifiziert haben, dass alle möglichen wettbewerblichen Bedenken ausgeräumt werden konnten.[11]

3. Rechtsfolgen

6 Die unbedingte Freigabeentscheidung ermächtigt die Parteien zur Durchführung des Vorhabens. Die Entscheidung, durch die die Vereinbarkeit des Zusammenschlusses festgestellt wird, ist – wie alle Entscheidungen gemäß Art. 8 Abs. 1 bis 4 – anfechtbar.

4. Praktische Bedeutung

7 Unbedingte Freigabeentscheidungen machen etwas über 20% der gesamten Entscheidungen in II. Phase und ca. 30% aller in II. Phase genehmigter Vorhaben und damit einen relativ geringen Anteil der Gesamtentscheidungen aus; wesentlich häufiger sind Genehmigungsentscheidungen mit Zusagen. Stellt sich jedoch nach intensiver Prüfung heraus, dass ein Vorhaben keine marktbeherrschende Stellung erzeugt oder verstärkt, so ist die Kommission darauf bedacht, die Annahme kosmetischer Abhilfemaßnahmen („face saving" remedies) zu vermeiden und von Zusagen gänzlich Abstand zu nehmen.

III. Art. 8 Abs. 2: Genehmigung mit Zusagen

1. Norminhalt

8 Die Kommission erlässt eine bedingte Genehmigungsentscheidung sobald sie festgestellt hat, dass das Zusammenschlussvorhaben nach Änderung durch die beteiligten Unternehmen i) keine ernsthaften Bedenken mehr aufwirft (vor der Übermittlung der Beschwerdepunkte) oder ii) die Kriterien des Art. 2 Abs. 2 erfüllt und es weder zu unilateralen Effekten (z.B. Einzelmarktbeherrschung oder kollusives Oligopol)[12] noch zu koordinierten Effekten (z.B. kollektive Marktbeherrschung der Zusammenschlussbeteiligten mit anderen Unternehmen) kommt[13] bzw. keine Koordinierung des Wettbewerbsverhaltens im Sinne

---

[7] Siehe Komm. E. v. 25. 7. 2001 – *De Beers/LVMH/JV*, ABl. 2003 L 29 oder Komm. E. v. 22. 1. 1997 – *Coca Cola Enterprises/Amalgamated Beverages GB*, ABl. 1997 L 218.

[8] Vgl. jüngst Komm. E. v. 20. 6. 2001 – *MAN/Auwärter*, ABl. 2002 L 116.

[9] Vgl. z.B. Komm. E. v. 31. 1. 1994 – *Mannesmann/Valourec/Iva*, ABl. 1994 L 102 oder Komm E. v. 21. 12. 1993 – *Pilkington/S IV*, ABl. 1994 L 158; oder Komm. E. v. 21. 11. 2001 – *UPM-Kymmene/Haindl* und *Norske Skog/Parenco/Walsum*, ABl. 2002 C 284.

[10] Vgl. Komm. E. v. 6. 5. 1998 – *ITS/Signode/Titan*, ABl. 1998 L 316 oder Komm. E. v. 19. 7. 2000 – *Pirelli/BICC*, ABl. 2003 L 70.

[11] Siehe z.B. Komm. E. v. 6. 12. 2000 – *Framatome/Siemens*, ABl. 2001 L 289.

[12] Näheres siehe die Mitteilung der Kommission zur Bewertung horizontaler Zusammenschlüsse (ABl. C 31, 5. 2. 2004).

[13] Auf diesen Norminhalt wird hier nicht weiter eingegangen: siehe Ausführungen zu Art. 2 Rn. 121 ff.

Art. 8. Entscheidungsbefugnisse der Kommission 9–13 **Art. 8 FKVO**

des Art. 2 Abs. 4 vorliegt. Damit legt die Kommission je nach Verfahrensstand unterschiedliche Beurteilungsmaßstäbe[14] zugrunde. Diese Auslegung ist nicht unproblematisch worauf *Bechtold/Bosch/Brinker/Hirsbrunner*[15] zutreffend hinweisen. Denn gemäß Art. 8 Abs. 2 hat die Kommission den Zusammenschluss freizugeben, wenn nachgewiesen ist, dass der Zusammenschluss den Voraussetzungen des Art. 2 Abs. 2 FKVO sowie ggf. den des Art. 81 Abs. 3 EG entspricht. Deshalb können für Auflagen und Bedingungen keine anderen Maßstäbe gelten. Die Entscheidung der Kommission erstreckt sich in Fall von Art. 8 Abs. 2 auch auf die mit seiner Durchführung unmittelbar verbundenen und für sie notwendigen Einschränkungen.[16]

2. Anwendungsvoraussetzungen[17]

a) Inhaltliche Kriterien. Hierzu vergleiche im Wesentlichen die Ausführungen zu 9
Art. 6 Rn. 21 ff. Im Gegensatz zur I. Phase werden Zusagen in II. Phase nicht nur bei einfachen, klar abgrenzbaren Wettbewerbsproblemen, sondern auch zur Lösung komplexerer Sachverhalte eingesetzt, da der Kommission mehr Zeit zur Untersuchung der Märkte zur Verfügung steht.

b) Verbesserung von Zusagen. Im Gegensatz zur Phase I können in Phase II mitun- 10
ter auch weitergehende Verbesserungen von Zusagen akzeptiert werden, vorausgesetzt jedoch, dass der Kommission eine angemessene Zeit für die Konsultation der Mitgliedstaaten verbleibt.[18] Die Möglichkeit der Fristenverlängerung zur Verhandlung von Zusagen vgl. Art. 6 Rn. 26. Ansonsten vergleiche Ausführungen zu Art. 6 Rn. 21 ff.

c) Alternative Zusagen. Vergleiche hierzu die Ausführungen zu Art. 6 Rn. 24. 11

d) Änderung von Zusagen. Vergleiche hierzu die Ausführungen zu Art. 6 Rn. 25. 12

e) Fristen für die Abgabe. Zusagen in II. Verfahrensphase müssen gem. Art. 10 13
Abs. 3 innerhalb von 55 AT nach Verfahrenseinleitung (durch Entscheidung gem. Art. 6 Abs. 1 lit. c) von den beteiligten Unternehmen abgegeben werden. Dadurch verlängert sich automatisch die Entscheidungsfrist der Kommission von 90 auf 105 AT. In der Praxis führen selbst diese Fristen jedoch oft zu Komplikationen, da die Parteien Zusagen knapp nach der mündlichen Anhörung einreichen müssen (manchmal parallel zum Verfassen einer Antwort auf die Beschwerdepunkte). Unter der alten Fristenverordnung (Art. 18 Abs. 2) hatte die Kommission lediglich die Möglichkeit diese Frist unter außergewöhnlichen Umständen zu verlängern.[19] Diese Situation führte in der Vergangenheit oft dazu, dass Zusagen am letzten Tag der Frist vorgelegt werden und der Kommission auf Grund ihrer umfangreichen Konsultationsverpflichtungen in Phase II. nicht genügend Zeit zu deren sorgfältiger Prüfung hatte bzw. Verbesserungen aus Zeitgründen eingeschränkt bleibt. Daher gibt der neue Art. 10 Abs. 3 2. Unterabsatz den Anmeldern nunmehr die Möglichkeit, innerhalb von 15 AT nach Einleitung des Hauptprüfverfahrens eine Verlängerung der Beurteilungsfrist von maximal 20 AT zu beantragen (die Kommission kann dies auch aus eigenem Antrieb mit Zustimmung der Anmelder tun).

---

[14] Vgl. Ziffer 18 des Entwurfs der Bekanntmachung der Kommission zu den zulässigen Abhilfemaßnahmen.
[15] *Bechtold/Bosch/Brinker/Hirsbrunner* EG-Kartellrecht, FKVO, Art. 8 Rn. 11.
[16] Zum Thema der notwendigen Einschränkungen oder Nebenabreden siehe ausführlich Kommentar zu Art. 6 Rn. 58 ff. Die dortigen Ausführungen gelten gleicherweise für das Verfahren unter Art. 8 der Verordnung.
[17] Zu den im Zusagenverfahren geltenden Rechtsgrundsätzen und zur praktischen Anwendung von Zusagen vgl. die Bekanntmachung der Kommission über zulässige Abhilfemaßnahmen; Nr. 2001/C 68/03; ABl. C 68, 2. 3. 2001.
[18] Siehe z. B. Komm. E. v. 9. 2. 2000 – *TotalFina/Elf*, ABl. 2001 L 143.
[19] Siehe z. B. Komm. E. v. 22. 9. 1999 – *Airtours/Firstchoice*, ABl. 2000 L 93, in der es der Kommission nicht möglich war die Frist zu verlängern (par.).

14 **f) Formerfordernisse.** Es gelten im Wesentlichen die Ausführungen zu Art. 6 Rn. 27 analog. Zusagen in Verfahrensphase II. müssen sich außerdem auf sämtliche in der Mitteilung der Beschwerdepunkte gem. Art. 18 enthaltenen Punkte beziehen, die nicht von der Kommission aufgegeben worden sind.

3. Ablehnung von Zusagen

15 Zu den Grundsätzen siehe Ausführungen zu Art. 6 Rn. 21 ff. Stellt die Kommission fest, dass Zusagen in Phase II ungenügend oder unvollständig sind oder nicht alle aufgezeigten Wettbewerbsprobleme beseitigen,[20] muss sie den angemeldeten Zusammenschluss untersagen. Dasselbe gilt z. B., wenn die übertragenen Vermögenswerte den Käufer bzw. Lizenznehmer nicht in die Lage versetzen, wirksamen Wettbewerb gegenüber den Zusammenschlussparteien auszuüben.[21] In Phase II wurden Zusammenschlüsse mitunter auch deshalb verboten, weil trotz der Bereitschaft der beteiligten Unternehmen geeignete Zusagen unmöglich waren. Dies geschah u. a. in Fällen, in denen die fusionierenden Unternehmen bedeutend größer waren als jeder andere Wettbewerber und es keine selbstständige Unternehmenseinheit gab, die Gegenstand eines Verkaufs hätte sein können.[22] In anderen Fällen waren Zusagen auf Grund starker vertikaler Verbindungen nicht möglich.[23] Auch in einem oligopolistischen Marktgefüge kann die Beseitigung von horizontalen Überschneidungen mitunter problematisch sein, wenn die einzigen in Frage kommenden Erwerber selbst Mitglieder des Oligopols sind. In anderen Fällen sind Zusagen zu spät angeboten bzw. zu spät verbessert worden, um von der Kommission berücksichtigt werden zu können.[24] Es ist zu erwarten, dass die Möglichkeit der Fristverlängerung auf Antrag (siehe Rn. 11 oben) dazu beitragen wird, diese Problematik in Zukunft einzuschränken.

4. Unterscheidung von Zusagen nach ihrem Inhalt

16 Für die Unterscheidung von strukturellen und Verhaltenszusagen bzw. Zusagenpaketen gelten die Ausführungen zu Art. 6 Rn. 29 ff. sinngemäß.

5. Beispiele gängiger Zusagen

17 Vergleiche hierzu im Wesentlichen die Ausführungen zu Art. 6 Rn. 33. Auch im II.-Phase-Verfahren ist die Veräußerung von Geschäftsteilen, Mehrheitsbeteiligungen oder Produktionsanlagen,[25] die auf Grund ihrer einfachen Überwachung und klaren strukturellen Ausrichtung am häufigsten akzeptierte Zusage.[26] Auch die Einschränkung des Übernahmevorhabens auf bestimmte Teile kommt vor.[27] An zweiter Stelle stehen sog. „Entflechtungszusagen", wie z. B. die Abgabe einer Minderheitsbeteiligung,[28] die Beseitigung

---

[20] Siehe z. B. Komm. E. v. 31. 1. 2001 – *Metsä/Tissue*, par. 250–255, ABl. 2002 L 57.
[21] Siehe z. B. Komm. E. v. 17. 10. 2001 – *CVC/Lenzing*, par. 264–68, ABl. 2004 L 82.
[22] Siehe z. B. Komm. E. v. 2. 10. 1991 – *Aérospatiale/Alenia/de Havilland*, ABl. 1991 L 334 oder auch Fall *Wolters Kluwer/Reed Elsevier* (Vorhaben wurde zurückgezogen).
[23] Siehe z. B. Komm. E. v. 9. 11. 1994 – *MSG Media Service*, ABl. 1994 L 364 oder E v. 27. 5. 1998 – *Bertelsmann/Kirch/Premiere*, ABl. 1999 L 53.
[24] In den Fällen *Bertelsmann Kirch/Premiere* und jüngst E v. 10. 10. 2001 – *Schneider/Legrand*, ABl. 2004 L 101.
[25] Siehe z. B. Komm. E. im Falle – *Phoenix/Continental*.
[26] Siehe Komm. E. v. 30. 4. 2003 Rs. Comp/M. – *Siemens/Drägerwerk*, ABl. 2003 L 291 (weltweite Veräußerung von Geschäftsteilen des Erwerbers; Rs. Comp/M. – *Verbund/Energieallianz* (Veräußerung von Mehrheitsanteil an Großkundengesellschaft; upfront-buyer – Auflage und Versteigerung von Stromlieferverträgen mit Kleinkunden).
[27] Siehe z. B. Komm. E. v. 3. 2. 1999 – *Rewe/Meinl*, ABl. 2001 C 91.
[28] E v. 11. 12. 1998 – *BP Amoco/Atlantic Richfield*, ABl. 1999 L 112.

von Vetorechten,[29] der Beteiligung an einem Gemeinschaftsunternehmen,[30] oder die Beseitigung personeller Verbindungen zu (potentiellen) Wettbewerbern.[31] Der Entflechtung dienen mitunter auch die Beendigung oder Lockerung von Exklusivvereinbarungen[32] oder von besonders engen Kooperationsvereinbarungen oder die Einräumung der Kündigungsmöglichkeit für Kunden.[33] Marktöffnungszusagen in II. Phase bestanden z.B. in der Gewährung von Zugang zu Schlüsseltechnologien,[34] wichtigen technischen Daten[35] oder Infrastrukturnetzen, in der Zurverfügungstellung von Produktionskapazitäten durch offene Ausschreibung,[36] der Einräumung exklusiver Lizenzen oder von Nutzungsrechten.[37] Wie in Phase I wird auch im Verfahren der II. Phase zumeist eine Kombination verschiedener Abhilfemaßnahmen akzeptiert.

6. Exkurs: besondere Anforderungen bei Veräußerungszusagen

Zu den Anforderungen an Verkaufsobjekt und Käufer siehe Ausführungen zu Art. 6 Rn. 34 ff. **18**

7. Durchführung von Zusagen

Hierzu gelten die Ausführungen zu Art. 6 Rn. 37 ff. analog. **19**

8. Exkurs: Dauer von Zusagen

Hierzu gelten die Ausführungen zu Art. 6 Rn. 44 analog. **20**

9. Rechtsfolgen

Die bedingte Freigabeentscheidung ermächtigt die Parteien zur Durchführung des Vorhabens. Die Kommission kann jedoch mittels Auflage in ihrer Genehmigungsentscheidung die Durchführung von der vorangehenden Umsetzung der Zusagen abhängig machen.[38] Bei bedingten Genehmigungsentscheidungen in Phase II gelten dieselben Grundsätze wie in Phase I: Hinsichtlich der Rechtsfolgen (Unterscheidung von Bedingungen, Auflagen und unverbindlichen Erklärungen) vergleiche daher Ausführungen zu Art. 6 Rn. 46 ff. **21**

10. Praktische Bedeutung

Die praktische Bedeutung der Bestimmung ist groß: Bedingte Genehmigungen machten 86 von insgesamt 152 der seit 30. 9. 1990 in II. Phase von der Kommission genehmigten Zusammenschlüsse aus. Die Bedeutung der Bestimmung wird noch klarer, wenn man bedenkt, dass die Kommission in deren Abwesenheit diese Zusammenschlüsse hätte verbieten müssen bzw. die Parteien die Zusammenschlussvorhaben aufgegeben hätten. Es ist anzunehmen, dass die Bedeutung von bedingten Genehmigungen mit wachsender Routine der **22**

---

[29] E v. 6. 10. 2004 – *Urenco/Areva*.
[30] E v. 3. 12. 1997 – *Veba/Degussa*, ABl. 1998 C 201.
[31] Z. B. Rückzug aus dem Vorstand bzw. Aufsichtsrat vgl. E v. 31. 7. 1991 – *Varta/Bosch*, ABl. 1991 L 320 oder E v. 26. 10. 2000 – *Magneti Marelli/CEAC*, ABl. 2001 C 174.
[32] So z. B. E v. 9. 3. 1999 – *Danish Crown/Vestjyske Slagterier*, ABl. 2000 L 20.
[33] Siehe E v. 17. 12. 2002 – *EnBW/GVS/ENI*, ABl. 2003 L 248.
[34] Vgl. E v. 11. 2. 1998 – *Agfa Gevaert/Dupont*, ABl. 1998 L 211.
[35] Siehe *Siemens/Drägerwerk* (Offenlegung der Daten für Wettbewerber, um ihre Geräte mit den Geräten der Zusammenschlussparteien kompatibel zu machen.
[36] Vgl. E v. 7. 2. 2001 – *EdF/EnBW*, ABl. 2002 L 59.
[37] E v. 16. 1. 1996 – *Kimberly-Clark/Scott Paper*, ABl. 1996 L 183.
[38] Upfront buyer – Klauseln gab es im Fall E v. 11. 6. 2003 – *Verbund/Energie Allianz*, ABl. 2004 L 92; siehe par. 143 a); E v. 12. 1. 2001 – *Bosch/Rexroth*, ABl. 2004 L 43; E v. 13. 3. 2001 – *The Post Office/TPG/SPPL*, ABl. 2004 L 82.

IV. Art. 8 Abs. 3: Verbot

1. Norminhalt

23 Die Kommission untersagt einen Zusammenschluss, wenn sie feststellt, dass dieser wirksamen Wettbewerb behindern würde und zwar insbesondere durch die Entstehung oder Verstärkung einer beherrschende Stellung auf den betroffenen Märkten. Sie kann auch feststellen, dass es durch die Gründung eines GU zur Koordinierung des Wettbewerbsverhaltens unabhängig bleibender Unternehmen kommt (dem Zweck oder der Wirkung nach).[39] Bei der Beurteilung der Vereinbarkeit eines solchen Zusammenschlusses wendet die Kommission Art. 81 Abs. 1 und 3 EG an.[40]

2. Anwendungsvoraussetzungen

24 Um einen Zusammenschluss zu verbieten muss die Kommission nachweisen, dass der Zusammenschluss wirksamen Wettbewerb im Gemeinsamen Markt oder in einem wesentlichen Teil desselben erheblich behindern würde (dass z.B. unilaterale oder koordinierte Effekte vorliegen), d.h., dass der Zusammenschluss die Kriterien des Art. 2 Abs. 3 erfüllt oder ein GU die Koordinierung des Wettbewerbsverhaltens unabhängiger Unternehmen zur Folge hätte (siehe Art. 2 Abs. 4).[41] Mit der neuen FKVO wurde klargestellt, dass es vor allem um die erhebliche Behinderung des Wettbewerbs geht. Eine solche Behinderung wird sich in den meisten Fällen durch das Entstehen oder die Verstärkung einer beherrschenden Stellung ergeben.[42] Der dabei von der Kommission angewandte Standard ist (wie bei Freigabeentscheidungen) die „Abwägung der Wahrscheinlichkeiten" („balance of probabilities"). Die FKVO kennt keine Vermutung der Vereinbarkeit oder Unvereinbarkeit von Zusammenschlüssen. Nach Ansicht einiger Autoren darf die Kommission einen Zusammenschluss allerdings nur verbieten, wenn keine bedeutenden Zweifel an einer Behinderung des Wettbewerbs bestehen, sonst muss sie ihn freigeben.[43] Einigkeit besteht jedoch darüber, dass der im Strafverfahren angewandte strenge Grundsatz des „beyond reasonable doubt" (Fehlen vernünftigen Zweifels) im Fusionskontrollverfahren nicht erfüllt sein muss.

25 Die Wettbewerbsparameter, welche die Kommission bei der Überprüfung einer marktbeherrschenden Stellung besonders berücksichtigen muss, sind Marktstellung (Marktanteile) sowie wirtschaftliche Macht und Finanzkraft der beteiligten Unternehmen, die Wahlmöglichkeiten der Lieferanten und Abnehmer und deren Zugang zu den Beschaffungs- und Absatzmärkten, die rechtlichen oder faktischen Marktzutrittsschranken, die Interessen der Zwischen- und Endverbraucher sowie die Entwicklung des dem Verbraucher dienenden technischen und wirtschaftlichen Fortschritts, etc. (siehe vor allem Kommentar zu

---

[39] Auf diesen Norminhalt wird hier nicht weiter eingegangen: siehe Ausführungen zu Art. 2 Abs. 4 unter Rn. 121 ff.

[40] Bisher wurde jedoch nur ein einziger II. Phase Fall unter dieser Bestimmung entschieden, und zwar BT/AT & T JV 15, Komm. E. v. 30. 3. 1999.

[41] Die Kommission ist bei der Untersagung (im Gegensatz zur Freigabeentscheidung) *nicht* an die vorherige Anmeldung des Zusammenschlusses gebunden ist. In der Praxis ist dies jedoch bisher nicht relevant geworden.

[42] Nähere Informationen zur Beurteilung horizontaler Zusammenschlüsse enthält die diesbezügliche Mitteilung der Kommission 2004/C31/03 vom 20. Januar 2004.

[43] Siehe z.B. *Vesterdorf* in seinem Vortrag vor der 3. BIICL Jahreskonferenz am 6. 12. 2004: „... *overall, a slight inclination towards authorising mergers in cases of significant doubts, uncertainty or inaction is built in the EC system of merger control*".

Art. 2 Rn. 36 ff., 60 ff., 121 ff.). Im Gegensatz zum Vorverfahren erfolgt jedoch im vertieften Prüfverfahren eine wesentlich umfassendere und detailliertere Marktuntersuchung und die Märkte, auf denen eine marktbeherrschende Stellung entsteht oder verstärkt wird, müssen sachlich und räumlich von der Kommission definiert werden.[44]

3. Verbotsbegründungen im Einzelnen

a) Fälle von Einzelmarktbeherrschung. In zahlreichen Verbotsfällen waren zunächst bedeutende gemeinsame Marktanteile bzw. horizontale Marktanteilsadditionen in Verbindung mit einer Erhöhung der Markteintrittsbarrieren für die Entstehung einer marktbeherrschenden Stellung ausschlaggebend.[45] In manchen Fällen hat die Kommission hohe Marktanteile in Verbindung mit besonderen Vorteilen der Parteien als entscheidend angesehen:[46] In anderen Fällen handelte es sich bei den fusionierenden Unternehmen um die einzigen Sortimentsanbieter[47] oder die Einzigen, die eine bestimmte schlüsselfertige Technologie anbieten können.[48] In einigen Fällen kam die Kommission zu dem Schluss, dass der Zusammenschluss eine bereits vorhandene marktbeherrschende Stellung der Parteien noch weiter verfestigen bzw. ausbauen würde.[49] Zu Verboten Anlass gab außerdem die Beseitigung des engsten Substitutes in einem bestimmten Produktmarkt[50] oder die Beseitigung potentiellen Wettbewerbs.[51] In mehreren Verbotsfällen hat die Kommission zudem hohe Marktanteile der beteiligten Unternehmen in Verbindung mit deren „Pförtnerrolle" („gate keeper role") hinsichtlich des Zugangs zum relevanten Markt als verbotsbegründend angesehen.[52] Nicht nur horizontale Überschneidungen zwischen den Parteien, sondern auch vertikale Effekte bzw. Marktabschottungseffekte haben in zahlreichen Fällen (insbesondere im Telekom- und pay-TV-Sektor)[53] zu Verboten geführt.[54] Weitere Gründe waren vertikale Effekte in Verbindung mit konglomeraten Aspekten, insbesondere die Übertragung einer marktbeherrschenden Stellung auf einem Produktmarkt in einen anderen benachbarten Markt[55] bzw. die Kombination von Komplementärprodukten oder die Möglichkeit von Koppelungsverkäufe („tying").

b) Fälle von kollektiver Marktbeherrschung. Die Kommission hat Zusammenschlussvorhaben an der auf Grund von kollektiver Marktbeherrschung verboten. Der Erste war der Zusammenschluss zwischen der südafrikanischen Bergbaugruppe GencorImplats und der britischen Gesellschaft Lonhro/LPD.[56] Die Fusion hätte zur Entstehung eines welt-

---

[44] Siehe vor allem auch die Bekanntmachung der Kommission über die Definition des relevanten Marktes (ABl. C 372 v. 9. 12. 1997).
[45] Siehe z. B. Komm. E. v. 31. 1. 2001 – *SCA/Metsä Tissue*, ABl. 2002 L 57 oder Komm. E. v. 10. 10. 2001; *Schneider/Legrand*, ABl. 2004 L 101; E v. 17. 10. 2001 – *CVC/Lenzing*, ABl. 2004 L 182.
[46] Siehe z. B. Komm. E. v. 20. 11. 1996 – *Kesko/Tuko*, ABl. 1997 L 110.
[47] Siehe z. B. Komm. E. v. 4. 12. 1996 – *Saint Gobain/Wacker Chemie*, ABl. 1997 L 247.
[48] Siehe z. B. Komm. E. v. 17. 10. 2001 – *CVC/Lenzing*, ABl. 2004 L 182.
[49] Siehe E v. 9. 12. 2004 Rs. COMP/M. – *GDP/EDP/ENI*; E. v. 27. 6. 2007 Rs. COMP/M 4439 – *Ryanair/Air Lingus*.
[50] Siehe z. B. Komm. E. v. 14. 3. 2000 – *Volvo/Scania*, ABl. 2001 L 143.
[51] Siehe *GDP/EDP/ENI*.
[52] Siehe z. B. Komm. E. v. 26. 6. 1997 – *Blokker/Toys R US*, ABl. 1998 L 318.
[53] Siehe z. B. Komm. E. v. 19. 7. 1995 – *Nordic Satellite Distribution (NSD)*, ABl. 1996 L 53.
[54] Siehe z. B. Komm. E. v. 16. 12. 2002 – *RTL/Veronica/Endemol*, ABl. 2002 C 320; E v. 27. 5. 1998 – *Bertelsmann/Kirch/Premiere*, ABl. 1999 L 53 und E v. 27. 5. 1998 – *Deutsche Telekom/Betaresearch*, ABl. 1999 L 35.
[55] Siehe z. B. E v. 3. 7. 2001 – *GE/Honeywell*, ABl. 2004 L 48.
[56] Komm. E. v. 24. 4. 1996 – *Gencor/Lonhro*. ABl. 1997 L 11. Die Parteien legten Berufung ein. Am 25. 3. 1999 bestätigte das EuG die Entscheidung der Kommission (EuG E. v. 25. 3. 1999 Rs. T-102/96 – *Gencor/Lonhro*.

marktbeherrschenden Duopols auf dem Markt für Platin und Rhodium geführt. Die fusionierenden Unternehmen hätten durch den Zusammenschluss gemeinsam mit ihrem stärksten Wettbewerber, Amplats (kontrolliert von der Anglo American Platinum Corporation) ca. 70% Marktanteil auf dem Markt für Platin erzielt. Während es sich bei Gencor/Lonhro um ein Duopol handelte, stellte die Kommission im Fall *Airtours/FirstChoice*[57] fest, dass die Verbindung zwischen Airtours und FirstChoice zur Entstehung einer kollektiven Marktdominanz durch die drei führenden Anbieter Airtours, Thomson und Thomas Cook und damit zur Behinderung des effektiven Wettbewerbs auf dem Markt in GB geführt hätte. Als Merkmale eines oligopolistischen Marktgefüges wurden insbesondere eine ähnliche Kostenstruktur der vier führenden Anbieter, eine Reihe kommerzieller Verbindungen sowie die mangelnde Elastizität des Angebotes angesehen. Für die führenden Anbieter gab es starke Anreize zur Verknappung des Angebots und zur Vermeidung eines Preiswettbewerbs.

28 Das EuG hob indessen mit Urteil vom 6. 6. 2002 die Entscheidung der Kommission auf. Die Kommission hatte nicht hinreichend nachgewiesen, dass alle Mitglieder des Oligopols es für möglich und wirtschaftlich sinnvoll halten, auf andauernder Basis eine gemeinsame Marktstrategie zu verfolgen, mit dem Ziel, zu höheren als den Marktpreisen zu verkaufen, und zwar ohne Einschränkungen durch den Wettbewerb anderer Anbieter. Drei wesentliche Voraussetzungen sah das EuG als entscheidend an: erstens eine hinreichende Transparenz im Markt, die es den Marktteilnehmern ermöglicht, rasch von neuen Entwicklungen im Markt Kenntnis zu erlangen; zweitens müsse die stillschweigende Koordinierung des Marktverhaltens nachhaltig sein; drittens darf auch keine Störung des Oligopols durch Dritte (Kunden oder Wettbewerber außerhalb des Oligopols) zu erwarten sein.

4. Rechtsfolgen

29 Die Verbotsentscheidung der Kommission hat zur Folge, dass der untersagte Zusammenschluss als unvereinbar mit dem Gemeinsamen Markt gilt und daher nicht durchgeführt werden darf. Das Verbot gebietet den beteiligten Unternehmen, von ihrem Vorhaben in seiner Gesamtheit[58] Abstand zunehmen. Haben die Parteien noch keine Schritte zur Umsetzung unternommen, so müssen sie i. d. R. lediglich die zugrundeliegenden Verträge rechtswirksam beenden. Wird der Zusammenschluss nach Verbotsentscheidung von den beteiligten Unternehmen vollzogen, so ist er zivilrechtlich nichtig.[59] Die Kommission hat die Möglichkeit, Geldbußen gem. Art. 14 Abs. 2 lit. c) zu verhängen.

30 Wollen die Parteien einzelne Teile des Vorhabens dennoch durchführen, so müssen sie dieses neue Vorhaben – sofern es gemeinschaftsweite Bedeutung hat – bei der Kommission oder ansonsten u. U. bei den zuständigen nationalen Behörden anmelden. Darüber entscheiden die beteiligten Unternehmen, welche nach wie vor unabhängige Wettbewerber sind, selbstständig und nach ihren jeweiligen Interessen. Wurde der Zusammenschluss bereits vor der Verbotsentscheidung vollzogen, kann es erforderlich sein, dass die Kommission die Trennung der Vermögenswerte anordnet (sog. Entflechtungsanordnung; Näheres siehe unten Rn. 32ff.).

5. Praktische Bedeutung

31 Verbotsentscheidungen machen ca. 15% der insgesamt im vertieften Prüfverfahren entschiedenen Fälle aus, jedoch weniger als 1% aller bei der Kommission angemeldeten Vor-

---

[57] E v. 22. 9. 1999 – *Airtours/Firstchoice,* ABl. 2000 L 93.
[58] Siehe hierzu auch EuG E. v. 18. 3. 2008, T-411/07 R – *Aer Lingus/Kommission,* insb. Rn. 90 bis 97 mit weiterem Verweis auf die Entscheidungen in Sachen *Tetra Laval/Sidel* und *Schneider/Legrand.*
[59] Siehe Art. 7 Abs. 4.

haben. In den meisten Fällen war Einzelmarktbeherrschung verbotsbegründend. Nur in wenigen stützte die Kommission ihr Verbot auf kollektive Marktbeherrschung.[60] Das Risiko der Verhinderung eines Zusammenschlusses, (auch genannt „mortality rate"), ist mit ca. 3% (bereits unter Berücksichtigung der in I. und II. Phase aufgegebenen Vorhaben)[61] gering.

V. Art. 8 Abs. 4: Entflechtungsanordnung

1. Norminhalt

In Fällen, in denen ein zuvor von der Kommission für unvereinbar erklärter Zusammenschluss bereits vollzogen wurde (z. B. Durchführung eines öffentlichen Übernahmeangebots gem. Art. 7 Abs. 2 oder Umsetzung auf Grund einer Derogation vom Vollzugsverbot gem. Art. 7 Abs. 4) und in Fällen, in denen die Parteien gegen die Bedingungen in einer Genehmigungsentscheidung II. Phase verstoßen haben, kann die Kommission anordnen, dass der Zusammenschluss rückgängig zu machen ist. Dazu kann sie z. B. die Auflösung der Fusion anordnen oder den Unternehmen auftragen, die bereits erworbenen Anteile am Zielunternehmen wieder zu veräußern. Das Ziel der angeordneten Maßnahmen ist stets die Wiederherstellung des Zustandes wie er vor dem Vollzug des Zusammenschlusses bestanden hat. 32

Es kann jedoch Fälle geben, in denen es nicht möglich ist, den Zustand vor dem unrechtmäßigen Vollzug durch Rückgängigmachung des Vorganges selbst wiederherzustellen. In diesem Fall kann die Kommission jede andere geeignete Maßnahme treffen, um diesen Zustand soweit wie möglich wiederherzustellen. 33

In beiden Fällen steht es der Kommission frei, Maßnahmen anzuordnen, die sicherstellen, dass der Zusammenschluss tatsächlich rückabgewickelt wird oder andere von ihr angeordnete Maßnahmen von den Unternehmen befolgt werden. 34

Im Gegensatz zum alten Art. 8 Abs. 4, der auf die Wiederherstellung des effektiven Wettbewerbs abzielte, ist in der neuen Bestimmung von der Wiederherstellung des Zustandes vor dem Zusammenschluss die Rede. Sinn und Zweck der Entscheidungen nach Art. 8 Abs. 4 ist also die Wiederherstellung des „status quo ante" wie er vor Durchführung der Transaktion bestanden hatte. Diese Lösung ist einfach, der Inhalt der Maßnahmen durch die Zielvorgabe klar umrissen. Die Kommission wird, soweit es ihr möglich, ist die Interessen der am Verfahren Beteiligten berücksichtigen. Die neue Bestimmung stellt außerdem klar, dass die Kommission zur Erreichung dieses Ziels nicht nur die Entflechtung im engeren Sinn (z. B. Auflösung der Verträge) anordnen kann, sondern auch jede andere geeignete Maßnahme. 35

Ob eine Entflechtungsanordnung erfolgt, obliegt dem Ermessen der Kommission. Nach dem Wortlaut des Art. 8 Abs. 4 ist diese – auch bei Vorliegen der Anwendungsvoraussetzungen – zum Erlass von Entflechtungsmaßnahmen nicht verpflichtet. Die beteiligten Unternehmen können ferner selbst Maßnahmen vornehmen, um diese abzuwenden. Die Möglichkeit einer Entflechtungsanordnung hat die Kommission ferner nur in Phase II und nur dann, wenn sie zuvor festgestellt hat, dass die Umsetzung des Zusammenschlusses den Wettbewerb behindern würde. Dies liegt wahrscheinlich daran, dass die Trennung der Vermögenswerte kompliziert ist und die Parteien stark belastet. Ein solcher Schritt ist regelmäßig nur dann angemessen, wenn ein Verbot des Zusammenschlusses verhängt wird oder in Abwesenheit der Zusagen verhängt worden wäre. 36

---

[60] S. Komm. E in den Fällen *Gencor/Lonhro* und *Airtours/FirstChoice*.
[61] Siehe z. B. die geplanten Zusammenschlüsse – *Bertelsmann/EMI, Wolters – Kluwer/Reed Elsevier, – KLM/Martin Air, – SEB/FSB, Hutchinson/Whampoa,* oder *Alcan/Pechiney*.

2. Anwendungsvoraussetzungen

37 **a) Konkreter Inhalt.** Inhalt von Entflechtungsanordnungen kann zunächst die Trennung von Vermögenswerten (z. B. durch Veräußerung bzw. Wiederherstellung von Vermögenswerten immaterieller oder materieller Natur) sein. Jene Vermögenswerte, die nicht mehr rückübereignet werden können, müssen auf Kosten des übernehmenden Unternehmens ersetzt werden. Inhalt der Anordnung kann ferner je nach den Erfordernissen des konkreten Falles die Beendigung bzw. Rückabwicklung aller im Namen des übernommenen Unternehmens eingegangenen Verträge (z. B. mit Kunden oder Lieferanten) sein. Der Käufer muss sich aus diesen zurückziehen, damit die Ausgangsbasis des Zielunternehmens wie vor der Übernahme wiederhergestellt wird. Bei jenen Verträgen, bei denen die Rückabwicklung nicht rechtlich durchgesetzt werden kann, muss der Erwerber sich um eine freiwillig stattfindende Rückabwicklung zumindest bemühen. Die Entflechtungsentscheidung kann ferner die Beendigung der gemeinsamen Kontrolle über ein Gemeinschaftsunternehmen (durch Aufgabe der zugrundeliegenden Verträge und Auflösung aller im Hinblick darauf erfolgter Umsetzungsschritte) beinhalten.

38 **b) Verpflichtungsadressaten.** Verpflichtungsadressaten sind die beteiligten Unternehmen (Anmelder und andere Beteiligte gem. Art. 11 Ziffer 1 lit. a)–b) der Verordnung (EG) Nr. 802/2004).[62]

39 **c) Anwendungsermessen/Kriterien.** Das Kriterium, das den Handlungsspielraum der Kommission bei der Wahl und Tragweite der angeordneten Maßnahmen bestimmt, ist die Wiederherstellung des Zustandes wie er vor dem Zusammenschluss geherrscht hat.

40 **d) Umfang.** Mit einer Entscheidung gem. Art. 8 Abs. 4 kann die Kommission nicht nur die Beendigung der (alleinigen oder gemeinsamen) Kontrolle von den Unternehmen verlangen. Sie kann auch jede andere aus ihrer Sicht geeignete Maßnahme anordnen. Hat z. B. ein Unternehmen eine Mehrheitsbeteiligung an einem anderen Unternehmen erworben, so wird durch diese Operation die Struktur des betreffenden Unternehmens nach innen und dessen Auftreten nach Außen wesentlich verändert (Austausch des Managements, Veränderung der Unternehmensziele, etc.). Diese Veränderungen lassen sich in der Regel nicht mit einer Maßnahme neutralisieren, mit der z. B. dem Übernehmer aufgetragen wird, seine Beteiligung auf unter 25% oder unter 50% abzusenken. Es besteht vielmehr bei derart großen Minderheitsbeteiligungen immer noch ein bedeutender Einfluss des Übernehmers fort, der verhindert, dass das andere Unternehmen in seinem Wettbewerbsverhalten nicht unabhängig auftreten kann. Die Kommission kann in einem solchen Fall Maßnahmen treffen, die die betreffenden Unternehmen wieder zu vollständigen Konkurrenten machen.

41 **e) Andere geeignete Maßnahmen.** Um dem Grundsatz der Verhältnismäßigkeit Rechnung zu tragen, ist es mitunter erforderlich, andere geeignete Lösungen zu prüfen, die der Wiederherstellung des Zustandes vor dem Zusammenschluss dienen und den beteiligten Unternehmen nicht unzumutbare und unnötige Belastungen auferlegen. Dies ist mitunter geboten, um den beteiligten Firmen zu erlauben, finanzielle Verluste zu minimieren. Unter diesem Gesichtspunkt ist es nicht ausgeschlossen, gewisse Teile der Transaktion von der Rückabwicklung auszunehmen. Dabei ist es jedoch entscheidend, dass die beteiligten Unternehmen jeweils unabhängige Wettbewerber bleiben und dass die Kommission die Interessen beider Zusammenschlussbeteiligten berücksichtigt. Bei der Prüfung der notwendigen Maßnahmen sollte daher u. a. darauf geachtet werden, dass das Zielunternehmen als selbstständiges Unternehmen erhalten bleibt und frei ist von Bindungen zum Erwerber, welche sein Wettbewerbsverhalten beeinflussen bzw. seine Entwicklung in den betroffenen Märkten hemmen könnten; dies kann z. B. bei Erhalt einer substantiellen, unterhalb der Kontrollschwelle liegenden Beteiligung des Erwerbers der Fall sein (siehe oben Rn. 36).

---

[62] ABl. 2004 L 133.

Auch bei Abspaltung einzelner Geschäftsbereiche sollte seine Stellung auf den von Wettbewerbsproblemen betroffenen Märkten nicht beeinträchtigt werden (z. B. in Fällen, in denen das Anbieten eines Sortiments ein wichtiges Wettbewerbskriterium ist oder sich aus diesem Kostenvorteile bzw. Skaleneffekte ergeben, welche bei einer Abtrennung verloren gehen würden).

3. Verfahren

Das Verfahren folgt den in Verordnung (EG) Nr. 802/2004[63] festgelegten Prinzipien. Die Kommission kann die Trennung der Vermögenswerte oder andere Maßnahmen gem. Art. 8 Abs. 4 entweder direkt in der Verbotsentscheidung nach Art. 8 Abs. 3 oder mittels separater Entscheidung gem. Art. 8 Abs. 4 anordnen. Im zweiten Fall haben die Parteien mindestens zwei weitere Monate Zeit, Maßnahmen auszuhandeln, die bereits im vorangehenden Verfahren Gegenstand von Zusagen hätten sein können (siehe oben Rn. 40).

Es ist grundsätzlich wünschenswert, die Entflechtungsanordnung bereits in die anlässlich der Verbotsentscheidung übermittelten Beschwerdepunkte aufzunehmen, um diese selbst dann entweder gleichzeitig mit der Verbotsentscheidung oder kurz darauf in einer getrennten Entscheidung zu treffen. In der Praxis wird ein solches Vorgehen aus Zeitgründen schwierig sein, da die Verhandlungen mit den Parteien über mögliche Zusagen bzw. der Nachweis einer marktbeherrschenden Stellung und die notwendigen Entflechtungsmaßnahmen nicht gemeinsam geführt werden können. Ein zügiges Vorgehen bei der Entscheidung gem. Art. 8 Abs. 4 ist jedoch auch im Hinblick auf die bereits vollzogenen Integrationsschritte zwischen den beteiligten Unternehmen äußerst wichtig. Eine Verzögerung der Entflechtung könnte auch im Hinblick auf die Kenntnisnahme sensibler Unternehmensinformationen bedenklich sein, die der geplante Erwerber über das Zielunternehmen erlangen könnte, was dem Wettbewerb zusätzlich schaden könnte. Die von der Kommission im Entflechtungsverfahren angeordneten Fristen sind daher in der Regel kürzer als die üblicherweise im Zusagenverfahren angewendeten; im ersten Fall ist die Bedrohung für den Wettbewerb in der Regel größer, da die betreffende Transaktion bereits seit längerer Zeit umgesetzt ist.

4. Rechtsfolgen

Die Adressaten einer Entscheidung gem. Art. 8 Abs. 4 sind angehalten, den darin getroffenen Anordnungen (etwa Beendigung der das Vorhaben begründenden Verträge, Beendigung eines Gemeinschaftsunternehmens, etc.) innerhalb der in der Entscheidung vorgesehenen Frist nachzukommen. Bei Verstoß gegen solche Anordnungen kann die Kommission gem. Art. 14 Abs. 2 lit. c) Geldbußen oder gem. Art. 15 Abs. 2 lit. b) Zwangsgelder verhängen.

5. Praktische Bedeutung

Die Kommission hat seit Inkrafttreten der neuen Bestimmung des Art. 8 Abs. 4 noch keine Entflechtungsanordnungen getroffen. Um die praktischen Aspekte der Entflechtungsanordnung zu veranschaulichen, seien jedoch die vier Fälle kurz beschrieben, welche die Kommission unter dem alten Art. 8 Abs. 4 erlassen hat. Die Kommission hat bisher in vier Fällen Entscheidungen gem. Art. 8 Abs. 4 getroffen.[64] In einem weiteren Fall *(RTL/ Veronica Endemol)* hatte die Kommission statt einer Entflechtungsanordnung eine Genehmigungsentscheidung mit Zusagen getroffen.

---

[63] ABl. 1998 L 61.
[64] Vgl. Komm. E v. 26. 2. 1997 – *Blokker/ToysRUs*; Komm. E v. 19. 2. 1997 – *Kesko/Tuko*, ABl. 1997 L 174; Komm. E v. 30. 1. 2002 – *Schneider/Legrand*, ABl. 2004 L 101; Komm. E v. 30. 1. 2002 – *Tetra/Laval*, ABl. 2004 L 38.

46 Im Fall *Kesko/Tuko* hatte Kesko bereits am 27. Mai 1996 die Mehrheit der Anteile und Stimmrechte Tukos erhalten, so dass das Unternehmen bereits Kontrolle ausübte als die Kommission am 20. 11. 96 eine Verbotsentscheidung erließ. In ihrer Entscheidung gem. Art. 8 Abs. 4 vom 19. 2. 1997 ordnete die Kommission den Verkauf der Anteile an Tuko an. Die Entscheidung ordnete ferner an, dass Kesko vor dem Verkauf sicherstellen müsste, dass die verkauften Vermögenswerte das gesamte Geschäft von Tuko betreffend den Verkauf von Gebrauchsgütern des täglichen Bedarfs umfassten. Ferner verfügte die Entscheidung, dass dieses Geschäft im gleichen Umfang und in der gleichen Wettbewerbsfähigkeit wie vor der Übernahme durch Kesko erhalten werden sollte.

47 Im zweiten Fall (*Blokker/Toys R Us*) hatten die Unternehmen bereits Vollzugsschritte gesetzt und die Kommission daher ursprünglich eine Anordnung geplant, die Transaktion sofort rückgängig zu machen. Blokker hatte jedoch in der Folge angeboten, einige wesentliche Beteiligungen an einen unabhängigen Wettbewerber zu veräußern. Nach Ansicht der Kommission wurden auf Grund des von den Parteien vereinbarten Maßnahmenpakets die Voraussetzungen für einen wirksamen Wettbewerb am Markt wiederhergestellt. Deswegen konnte das Maßnahmenpaket als eine alternative Entflechtungsanordnung gemäß Art. 8 Abs. 4 akzeptiert werden (dies geschah gemeinsam mit der Verbotsentscheidung). Dieser Fall ist ein Beispiel für die Möglichkeit der Kommission, „andere Maßnahmen" als die Entflechtung vorzusehen bzw. in einer Entscheidung gem. Art. 8 Abs. 4 zu akzeptieren.

48 Die geplante Übernahme von Legrand durch Schneider Electric war von der Kommission mit Entscheidung gem. Art. 8 Abs. 3 am vom 10. Oktober 2001 verboten worden. Schneider hatte jedoch bereit im Juli im Rahmen eines öffentlichen Tauschangebots 98% der Aktien an Legrand erworben.[65] Die Kommission trug Schneider auf, keine Beteiligung von mehr als 5% am Kapital von Legrand zu halten. Dabei überließ die Kommission dem Anmelder die Einzelheiten der Entflechtung (z. B. ob die Beteiligung and einen Dritten verkauft oder an der Börse platziert wird).[66] Die Entscheidung wurde vom EuG aufgehoben.

49 Im Fall *Tetra/Laval* erging am 18. 5. 2001 ebenfalls eine Verbotsentscheidung. Der Erwerber hatte zu dieser Zeit, ähnlich wie im Fall Schneider, ebenfalls bereits ein öffentliches Übernahmeangebot abgegeben und war im Besitz von 95% der Aktien. Ähnlich wie im Fall Schneider ordnete die Kommission die Entflechtung an,[67] wobei sie jedoch auf Tetras wirtschaftliche Interessen Rücksicht nahm und es Tetra erlaubt, die Investition soweit möglich zu rentabilisieren. Die Kommission stellte Tetra daher frei, die Form der Veräußerung (Verkauf der Anteile oder Neubegebung der Aktien) zu wählen. Auch diese Entscheidung wurde vom EuG aufgehoben.

50 Im Fall Comp/M.553-*RTL/Veronica/Endemol,* in dem die Parteien auf freiwilliger Basis entscheidende Veränderungen des Zusammenschlusses vorgenommen hatten, allen voran durch den Rückzug Endemols aus dem Gemeinschaftsunternehmen mit RTL (siehe oben Rn. 45), worauf die Kommission entschied, von einer Entflechtungsanordnung Abstand zu nehmen. Nach Prüfung des (stark modifizierten) Vorhabens traf sie schließlich eine bedingte Genehmigungsentscheidung, in die sie gleichzeitig die von den Parteien teilweise bereits freiwillig vollzogenen Zusagen in rechtlich verbindlicher Form aufnahm. Es ist nicht einsichtig, warum die Kommission im Fall *RTL/ Veronica/Endemol* ein anderes Vorgehen gewählt hat. Eine mögliche Erklärung dafür ist, dass die Parteien ja bereits zuvor begonnen hatten, die notwendigen Maßnahmen umzusetzen, um wirksamen Wettbewerb wiederherzustellen. Es war also eine Entscheidung

---

[65] Dies ist gem. FKVO zulässig, sofern die mit den Aktien erworbenen Stimmrechte nicht ausgeübt werden.
[66] Komm. E. v. 30. 1. 2001 gem. Art. 8 Abs. 4 *Schneider/Legrand*, ABl. 2004 L 101.
[67] Komm. E. v. 30. 1. 2001 gem. Art. 8 Abs. 4 *Tetra Laval/Sidel*, ABl. 2004 L 38.

der Kommission nur erforderlich, um diese Maßnahmen auch rechtlich abzusichern.[68]

VI. Art. 8 Abs. 5: Einstweilige Maßnahmen

1. Norminhalt

Manchmal kann es erforderlich sein, bereits vor Abschluss des Fusionskontrollverfahrens Maßnahmen zu treffen, durch die verhindert werden soll, dass wirksamer Wettbewerb behindert wird. Die Kommission kann auf Grundlage des neuen Art. 8 Abs. 5 einstweilige Maßnahmen anordnen. **51**

2. Sinn und Zweck

Diese neue Bestimmung soll der Kommission die Möglichkeit geben, entsprechend zu reagieren, wenn Gefahr im Verzug ist und die Parteien z.B. durch bestimmte nicht genehmigte Umsetzungshandlungen ein fait accompli im Markt schaffen oder Strukturen verändern, die sich nicht oder schwer wieder rückgängig machen lassen. Sinn und Zweck dieser neuen Bestimmung ist die Bewahrung einer effektiven Fusionskontrolle, die sicherstellt, dass die Wirksamkeit ihrer Entscheidungen nicht von den Zusammenschlussbeteiligten unterlaufen werden kann. **52**

3. Anwendungsvoraussetzungen

Die Kommission kann einstweilige Verfügungen in jenen Fällen treffen, in denen der Zusammenschluss unter Missachtung des Vollzugsverbotes in Art. 7 durchgeführt wurde, obwohl noch keine endgültige Entscheidung über die Vereinbarkeit des Zusammenschlusses ergangen ist. Einstweilige Maßnahmen kann die Kommission auch anordnen, wenn sie beabsichtigt bzw. gerade im Begriff ist, einen – wenn auch rechtmäßig – vollzogenen Zusammenschluss mit Entscheidung gem. Art. 8 Abs. 3 zu verbieten. Schließlich kann die Kommission einstweilige Maßnahmen treffen wenn die Zusammenschlussbeteiligten gegen eine Bedingung verstoßen, die die rechtliche Grundlage für die Genehmigung des Vorhabens unter Art. 6 Abs. 2 oder 8 Abs. 2 bildete. Unter „geeignete einstweilige Maßnahmen" gem. Art. 8 Abs. 5 sind u.a. alle jene Maßnahmen zu verstehen, die im vertieften Prüfverfahren als Zusagen verbotsabwendend gewirkt hätten. **53**

4. Praktische Bedeutung

Es handelt sich um eine neue Entscheidungsbefugnis der Kommission, die in der Praxis noch nie angewendet wurde. **54**

VII. Art. 8 Abs. 6: Widerruf von Entscheidungen gem. Art. 8 Abs. 1 und Abs. 2

1. Norminhalt

Die Kommission kann (bedingte und unbedingte) Entscheidungen zur Genehmigung von Zusammenschlüssen in Phase II unter bestimmten Voraussetzungen widerrufen, wenn diese auf unrichtigen Angaben beruhen, welche die beteiligten Unternehmen zu vertreten **55**

---

[68] Die Kommission sah wahrscheinlich in diesem konkreten Fall in einer Entscheidung gem. Art. 8 Abs. 2 das passendere Mittel als in einer Entflechtungsanordnung, obwohl zweifelhaft ist, auf welcher Rechtsgrundlage eine neuerliche, vom vorangehenden Verbot abweichende Entscheidung in der Hauptsache basiert.

haben, oder ein Verstoß gegen Auflagen[69] vorliegt. Der Widerruf beschränkt sich auf (bedingte oder unbedingte) Freigabeentscheidungen. Dies erklärt sich aus dem Sinn der Bestimmung, die nicht die Parteien vor falscher Selbstdarstellung schützen, sondern es der Kommission ermöglichen soll, Fehlentscheidungen, welche die Parteien zu verantworten haben, zu korrigieren. Die Befugnisse der Kommission lassen die den beteiligten Unternehmen und Dritten zur Verfügung stehenden Möglichkeiten einer Anfechtung von Kommissionsentscheidungen vor dem EuG und EuGH unberührt.

2. Anwendungsvoraussetzungen

56 Art. 8 Abs. 6 lit. a) Falsche Angaben. Siehe analog Ausführungen zu Art. 6 Rn. 70ff. Arglist/Drohung. Eine Vereinbarkeitserklärung kann auch „arglistig herbeigeführt" werden: darunter ist am ehesten qualifizierter Vorsatz (Drohung, Bestechung) zu verstehen (siehe analog Ausführungen zu Art. 6 Rn. 72).

57 Art. 8 Abs. 6 lit. b) Verstoß gegen Auflagen. Siehe analog Ausführungen zu Art. 6 Rn. 73.

58 Entscheidungsermessen. Siehe analog Ausführungen zu Art. 6 Rn. 75.

3. Verfahren

59 Bei ihrer Entscheidung ist die Kommission gem. Art. 8 Abs. 6 nicht an die sonst für II.-Phase-Entscheidungen geltende Frist von 90 AT gebunden. Die Widerrufsentscheidung wird jedoch zweckmäßigerweise unmittelbar nach Kenntnisnahme der Kommission von der Unrichtigkeit der Angaben, Anwendung der Arglist bzw. dem Verstoß der Parteien gegen Auflagen zu treffen sein. Diese Bestimmung ist nicht so auszulegen, dass dadurch die Verfahrensrechte der beteiligten Unternehmen, Dritter bzw. der Mitgliedstaaten beeinträchtigt werden. Vor der Widerrufsentscheidung ist sowohl den beteiligten Unternehmen als auch Dritten bzw. den Mitgliedstaaten nach dem Verfahren gem. Art. 13–16 der Fristenverordnung[70] Gelegenheit zur Stellungnahme zu geben.

4. Rechtsfolgen

60 Siehe analog Ausführungen zu Art. 6 Rn. 76.

5. Praktische Bedeutung

61 Die Kommission hat bisher keine Entscheidungen zum Widerruf von Genehmigungen in II. Phase getroffen. Daraus geht u.a. hervor, dass die von der Kommission akzeptierten Zusagen in der Regel von den Unternehmen umgesetzt werden. Es gab auch bisher keine Fälle in II. Phase, in denen die Kommission Entscheidungen widerrufen musste, weil die zugrunde liegenden Fakten unrichtig gewesen wären.

Art. 9. Verweisung an die zuständigen Behörden der Mitgliedstaaten

(1) **Die Kommission kann einen angemeldeten Zusammenschluss durch Entscheidung unter den folgenden Voraussetzungen an die zuständigen Behörden des betreffenden Mitgliedstaats verweisen; sie unterrichtet die beteiligten Unternehmen und die zuständigen Behörden der übrigen Mitgliedstaaten unverzüglich von dieser Entscheidung.**

(2) **Ein Mitgliedstaat kann der Kommission, die die beteiligten Unternehmen entsprechend unterrichtet, von Amts wegen oder auf Aufforderung durch die Kom-**

---

[69] Zum Unterschied zwischen Bedingungen und Auflagen vgl. Ausführungen zu Art. 6 Rn. 69ff.
[70] Verordnung (EG) Nr. 802/2004, ABl. L 133, 30. 4. 2004.

mission binnen 15 Arbeitstagen nach Erhalt der Kopie der Anmeldung mitteilen, dass

a) ein Zusammenschluss den Wettbewerb auf einem Markt in diesem Mitgliedstaat, der alle Merkmale eines gesonderten Marktes aufweist, erheblich zu beeinträchtigen droht oder
b) ein Zusammenschluss den Wettbewerb auf einem Markt in diesem Mitgliedstaat beeinträchtigen würde, der alle Merkmale eines gesonderten Marktes aufweist und keinen wesentlichen Teil des Gemeinsamen Marktes darstellt.

(3) Ist die Kommission der Auffassung, dass unter Berücksichtigung des Marktes der betreffenden Waren oder Dienstleistungen und des räumlichen Referenzmarktes im Sinne des Absatzes 7 ein solcher gesonderter Markt und eine solche Gefahr bestehen,
a) so behandelt sie entweder den Fall nach Maßgabe dieser Verordnung selbst oder
b) verweist die Gesamtheit oder einen Teil des Falls an die zuständigen Behörden des betreffenden Mitgliedstaats, damit das Wettbewerbsrecht dieses Mitgliedstaats angewandt wird.

Ist die Kommission dagegen der Auffassung, dass ein solcher gesonderter Markt oder eine solche Gefahr nicht besteht, so stellt sie dies durch Entscheidung fest, die sie an den betreffenden Mitgliedstaat richtet, und behandelt den Fall nach Maßgabe dieser Verordnung selbst.

In Fällen, in denen ein Mitgliedstaat der Kommission gemäß Absatz 2 Buchstabe b) mitteilt, dass ein Zusammenschluss in seinem Gebiet einen gesonderten Markt beeinträchtigt, der keinen wesentlichen Teil des Gemeinsamen Marktes darstellt, verweist die Kommission den gesamten Fall oder den Teil des Falls, der den gesonderten Markt betrifft, an die zuständigen Behörden des betreffenden Mitgliedstaats, wenn sie der Auffassung ist, dass ein gesonderter Markt betroffen ist.

(4) Die Entscheidung über die Verweisung oder Nichtverweisung nach Absatz 3 ergeht

a) in der Regel innerhalb der in Artikel 10 Absatz 1 Unterabsatz 2 genannten Frist, falls die Kommission das Verfahren nach Artikel 6 Absatz 1 Buchstabe b) nicht eingeleitet hat; oder
b) spätestens 65 Arbeitstage nach der Anmeldung des Zusammenschlusses, wenn die Kommission das Verfahren nach Artikel 6 Absatz 1 Buchstabe c) eingeleitet, aber keine vorbereitenden Schritte zum Erlass der nach Artikel 8 Absätze 2, 3 oder 4 erforderlichen Maßnahmen unternommen hat, um wirksamen Wettbewerb auf dem betroffenen Markt aufrechtzuerhalten oder wiederherzustellen.

(5) Hat die Kommission trotz Erinnerung durch den betreffenden Mitgliedstaat innerhalb der in Absatz 4 Buchstabe b) bezeichneten Frist von 65 Arbeitstagen weder eine Entscheidung gemäß Absatz 3 über die Verweisung oder Nichtverweisung erlassen noch die in Absatz 4 Buchstabe b) bezeichneten vorbereitenden Schritte unternommen, so gilt die unwiderlegbare Vermutung, dass sie den Fall nach Absatz 3 Buchstabe b) an den betreffenden Mitgliedstaat verwiesen hat.

(6) Die zuständigen Behörden des betreffenden Mitgliedstaats entscheiden ohne unangemessene Verzögerung über den Fall.

Innerhalb von 45 Arbeitstagen nach der Verweisung von der Kommission teilt die zuständige Behörde des betreffenden Mitgliedstaats den beteiligten Unternehmen das Ergebnis einer vorläufigen wettbewerbsrechtlichen Prüfung sowie die gegebenenfalls von ihr beabsichtigten Maßnahmen mit. Der betreffende Mitgliedstaat kann diese Frist ausnahmsweise hemmen, wenn die beteiligten Unternehmen die nach seinem innerstaatlichen Wettbewerbsrecht zu übermittelnden erforderlichen Angaben nicht gemacht haben.

Schreibt das einzelstaatliche Recht eine Anmeldung vor, so beginnt die Frist von 45 Arbeitstagen an dem Arbeitstag, der auf den Eingang der vollständigen Anmeldung bei der zuständigen Behörde des betreffenden Mitgliedstaats folgt.

(7) Der räumliche Referenzmarkt besteht aus einem Gebiet, auf dem die beteiligten Unternehmen als Anbieter oder Nachfrager von Waren oder Dienstleistungen auftreten, in dem die Wettbewerbsbedingungen hinreichend homogen sind und das sich von den benachbarten Gebieten unterscheidet; dies trifft insbesondere dann zu, wenn die in ihm herrschenden Wettbewerbsbedingungen sich von denen in den letztgenannten Gebieten deutlich unterscheiden. Bei dieser Beurteilung ist insbesondere auf die Art und die Eigenschaften der betreffenden Waren und Dienstleistungen abzustellen, ferner auf das Vorhandensein von Zutrittsschranken, auf Verbrauchergewohnheiten sowie auf das Bestehen erheblicher Unterschiede bei den Marktanteilen der Unternehmen oder auf nennenswerte Preisunterschiede zwischen dem betreffenden Gebiet und den benachbarten Gebieten.

(8) In Anwendung dieses Artikels kann der betreffende Mitgliedstaat nur die Maßnahmen ergreifen, die zur Aufrechterhaltung oder Wiederherstellung wirksamen Wettbewerbs auf dem betreffenden Markt unbedingt erforderlich sind.

(9) Zwecks Anwendung seines innerstaatlichen Wettbewerbsrechts kann jeder Mitgliedstaat nach Maßgabe der einschlägigen Vorschriften des Vertrags beim Gerichtshof Klage erheben und insbesondere die Anwendung des Artikels 243 des Vertrags beantragen.

Übersicht

	Rn.		Rn.
I. Entstehungsgeschichte und Zweck der Vorschrift	1	b) Kein wesentlicher Teil des Gemeinsamen Marktes	17
II. Voraussetzungen der Verweisung	3	2. Entscheidung der Kommission	18
1. Mitteilung	4	IV. Fristen	20
2. Materielle Verweisungsvoraussetzungen	7	V. Entscheidung des Mitgliedstaats	24
a) Gesonderter Markt	7	1. Materielle Einschränkung nationalen Rechts	24
b) Drohen erheblicher Wettbewerbsbeeinträchtigung	8	2. Nationale Verfahrensregeln	25
c) Wettbewerbsbeeinträchtigung	11	VI. Rechtsmittel	26
III. Entscheidungsermessen der Kommission	13		
1. Ermessensausübung und -begrenzung	14		
a) Wesentlicher Teil des Gemeinsamen Marktes	15		

I. Entstehungsgeschichte und Zweck der Vorschrift

1   Art. 9 ist das Ergebnis eines politischen Kompromisses bei Einführung der FKVO und geht auf eine Anregung der deutschen Bundesregierung zurück. Mit der Regelung sollte insbesondere den Bedenken einiger Mitgliedstaaten gegen eine industriepolitisch geprägte Ausrichtung der Fusionskontrolle seitens der Kommission Rechnung getragen werden.[1] Die Vorschrift stellt eine Durchbrechung des Grundsatzes der ausschließlichen Zuständigkeit der Kommission für Zusammenschlüsse mit gemeinschaftsweiter Bedeutung (sog. „one stop shop-Prinzip") dar und ist damit auch Ausfluss des **Subsidiaritätsprinzips**. Andererseits schließt die Vorschrift die Kontrolllücke der FKVO für Zusammenschlüsse, in denen zwar die Umsatzschwellen des Art. 1 Abs. 2 und 3 erreicht sind, der betroffene Markt jedoch keinen wesentlichen Teil des Gemeinsamen Marktes ausmacht. Während der Kommission in diesen Fällen nach Art. 2 Abs. 2 und 3 die Entscheidungskompetenz fehlt, da sie danach nur über Zusammenschlüsse mit Bedeutung für den Wettbewerb im Gemeinsamen Markt oder einem wesentlichen Teil desselben entscheiden kann, sind die Mitgliedstaaten gemäß Art. 21 Abs. 3 nicht befugt, über Zusammenschlüsse mit gemeinschaftsweiter Bedeutung zu entscheiden. Im Interesse eines effektiven Wettbewerbsschutzes ermöglicht die Verweisung an die zuständigen Behörden der Mitgliedstaaten daher auch eine Überprüfung

---

[1] Zur Entstehungsgeschichte vgl. *Janicki,* Schwerpunkte des Kartellrechts 1992/93, 63 f.

Art. 9. Verweisung an die zuständigen Behörden 2 **Art. 9 FKVO**

dieser Zusammenschlüsse.[2] Mit der Revision der FKVO zum 1. März 1998 wurde die Stellung der Mitgliedstaaten für solche Zusammenschlussfälle durch die neue Regelung des Art. 9 Abs. 3 Unterabs. 3 noch gestärkt.[3] Die Reform der FKVO vom November 2003, die zum 1. Mai 2004 in Kraft getreten ist, hat auch das System der Verweisung von Zusammenschlüssen maßgeblich modifiziert. Die Änderungen betreffen jedoch im Wesentlichen die neue Möglichkeit der Unternehmen, die Verweisung eines Zusammenschlussvorhabens an die zuständigen Behörden eines Mitgliedstaates oder an die Kommission bereits vor Anmeldung des Zusammenschlusses zu beantragen (Art. 4 Abs. 4 und 5) sowie die Verweisung eines Zusammenschlussvorhabens durch einen oder mehrere Mitgliedstaaten an die Kommission (Art. 22). Das Verweisungsregime in Art. 9 wurde dagegen lediglich hinsichtlich des materiellen Verweisungskriteriums sowie hinsichtlich der Fristen vergleichsweise geringfügig geändert. Insgesamt sollten bei Verweisungsentscheidungen jedoch nach wie vor auch die Vorteile des Grundsatzes der einzigen Anlaufstelle bedacht werden.[4]

In der Verwaltungspraxis entspricht die Kommission den Verweisungsanträgen der Mit- 2 gliedstaaten überwiegend zumindest teilweise.[5] Wird der Zusammenschluss nur teilweise verwiesen, entscheidet die Kommission über den Rest des Falles im üblichen Verfahren; in der Regel wird der bei der Kommission verbliebene Teil nach Art. 6 Abs. 1 lit. b abgeschlossen, wonach Zusammenschlüsse, die keinen Anlass zu ernsthaften Bedenken hinsichtlich ihrer Vereinbarkeit mit dem Gemeinsamen Markt geben, innerhalb der ersten Prüfungsphase freizugeben sind. In bisher nur vier Fällen lehnte die Kommission nach Art. 9 Abs. 3 Unterabs. 2 eine Verweisung ausdrücklich ab.[6] In den übrigen Fällen, in denen sie dem Verweisungsantrag weder stattgab noch denselben ausdrücklich ablehnte, traf sie eine Entscheidung nach Art. 6 Abs. 1 lit. a,[7] nach Art. 6 Abs. 1 lit. b[8] oder leitete gemäß Art. 6

---

[2] *Kamburoglou* WuW 1993, 279; *Niederleithinger* WuW 1990, 721/725; *Immenga/Körber* in: Immenga/Mestmäcker, EG-WbR Teil 2, Art. 9, Rn. 3; *Hirsbrunner* in: Schröter/Jakob/Mederer, Kommentar zum europäischen Wettbewerbsrecht, Art. 9 FKVO Rn. 2.

[3] Vgl. *Baron* WuW 1997, 579/589.

[4] Mitteilung der Kommission über die Verweisung von Fusionssachen, ABl. 2005 C 56/02, Rn. 11.

[5] Vgl. beispielhaft Komm. E. v. 12. 2. 1992 Rs. IV/M.180 – *Steetley/Tarmac*; E. v. 29. 10. 1993 Rs. IV/M.330 – *McCormick/CPC/Rabobank/Ostmann*, WuW/E EV 2157 ff.; E. v. 6. 7. 1994 Rs. IV/M.460 – *Holderim/Cedest*; E. v. 24. 4. 1997 Rs. IV/M.894 – *Rheinmetall/British Aerospace/STN Atlas*; E. v. 10. 11. 1997 Rs. IV/M.1001 – *Preussag/Hapag Lloyd* und Rs. IV/M.1019 – *Preussag/TUI*; E. v. 10. 3. 1998 Rs. IV/M.1086 – *Promodes/S 21/Gruppo GS*; E. v. 19. 6. 1998 Rs. IV/M.1153 – *Krauss-Maffei/Wegmann*; E. v. 6. 4. 1999 Rs. IV/M.1461 – *Rabobank-Beeck/Homann*; E. v. 13. 1. 2000 Rs. COMP/M.1779 – *Anglo American/Tarmac*; E. v. 22. 8. 2000 Rs. COMP/M.2044 – *Interbrew/Bass*; E. v. 20. 7. 2001 COMP/M.2446 – *Govia/Connex South Central*; E. v. 23. 8. 2001 Rs. COMP/ M.2389 – *Shell/DEA*; E. v. 30. 11. 2001 Rs. COMP/M.2568 – *Haniel/Ytong*; E. v. 14. 2. 2002 Rs. COMP/M.2662 – *Danish Crown/Steff-Houlberg*; E. v. 14. 8. 2002 Rs. COMP/M.2845 – *Sogecable/ Canalsatelite Digital/Via Digital*; E. v. 30. 9. 2002 Rs. COMP/M.2881 – *Koninklijke BAM NBM/ HBG*; E. v. 10. 6. 2003 Rs. COMP/M.3130 – *Arla Foods/Express Dairies*; E. v. 7. 6. 2004 M.3271 – *Kabel Deutschland/ISH*, E. v. 8. 8. 2005, Rs. COMP/3823 – *MAG/Ferrovial Aeropuertos/Exeter Airports*; E. v. 6. 9. 2006, Rs. COMP/M.4298 – *Aggregate Industries/Foster Yeoman*; E. v. 6. 2. 2007, Rs. COMP/M.4495 – *Alfa Acciai/Cronimet/Remondis/TSR*; E. v. 3. 7. 2008, Rs. COMP/M.5512 – *Rewe/Plus Discount*.

[6] Komm. E. v. 17. 12. 1991 Rs. IV/M.165 – *Alcatel/AEG Kabel*, WuW/E EV 1740 ff.; vgl. dazu *Wagemann* WuW 1992, 730; E. v. 27. 1. 1999 Rs. IV/M.1346 – *EDF/London Electricity*; E. v. 23. 7. 2003, Rs. COMP/M.2978 – *Lagardère/Natexis/VUP*; E. v. 25. 7. 2007, Rs. COMP/M.4721 – *AIG Capital Partners/Bulgarian Telecommunications Company*; vgl. www.ec.europa.eu/comm/competition/ mergers/statistics/pdf.

[7] Komm. E. v. 15. 1. 1996 Rs. IV/M.661 – *STRABAG/Bank Austria/Stuag*, WuW/E EV 2399 ff.; E. v. 25. 3. 1996 Rs. IV/M.711 – *Generali/Unicredito*.

[8] E. v. 5. 5. 2000 Rs. COMP/M.1920 – *Nabisco/United Biscuits*; E. v. 4. 6. 2004 Rs. COMP/ M.3373 – *Accor/Colony/Desseigne-Barrière*.

Abs. 1 lit. c selbst die zweite Prüfungsphase ein.[9] In einem Verfahren nahmen die beteiligten Unternehmen die Anmeldung zurück, nachdem die Kommission ihre Verweisungsabsicht hatte erkennen lassen.[10]

II. Voraussetzungen der Verweisung

3 Die Verweisung eines bei der Kommission angemeldeten Zusammenschlusses an die zuständigen Behörden eines Mitgliedstaats setzt in formeller Hinsicht eine Mitteilung (Antrag) des betreffenden Mitgliedstaats an die Kommission und in materieller Hinsicht voraus, dass der Zusammenschluss den Wettbewerb in einem gesonderten Markt des Mitgliedstaats entweder erheblich zu beeinträchtigen droht oder – sofern es sich bei dem betroffenen Markt nicht um einen wesentlichen Teil des Gemeinsamen Marktes handelt – den Wettbewerb auf diesem Markt zumindest beeinträchtigt.

1. Mitteilung

4 Die in Art. 9 Abs. 2 genannte „Mitteilung" (engl.: ‚request'; franz.: ‚demande') wird häufig auch als Antrag bezeichnet.[11] Art. 9 stellt keine besonderen Formerfordernisse für die Mitteilung auf, jedenfalls muss sie aber begründet werden und die Tatsachen darlegen, aufgrund derer eine Verweisung nach Art. 9 Abs. 3 ergehen kann. Da den Mitgliedstaaten für die Mitteilung gemäß Abs. 2 S. 1 nur eine Frist von 15 Arbeitstagen seit Erhalt der Kopie der Anmeldung zusteht (zur Fristberechnung vgl. Art. 7 bis 10, zur Definition der Arbeitstage vgl. Art. 24 der Durchführungsverordnung zur FKVO, VO (EG) Nr. 802/2004, ABl. 2004 L 133/1), dürfen an die Begründungsdichte keine allzu hohen Anforderungen gestellt werden. Eigene Ermittlungen der Mitgliedstaaten sind auch vor einer Verweisung nach Art. 21 Abs. 3 Unterabs. 2 ausdrücklich zulässig. Sobald ein Verweisungsantrag gestellt worden ist, unterrichtet die Kommission gemäß Art. 9 Abs. 2 die beteiligten Unternehmen und übersendet ihnen eine Abschrift des Verweisungsantrages zur Stellungnahme.

5 Berechtigt zur Mitteilung im Sinne des Art. 9 Abs. 2 sind die Mitgliedstaaten als solche. In Deutschland steht diese Kompetenz an sich dem Bundeswirtschaftsministerium zu, das diese jedoch auf das Bundeskartellamt delegiert hat. Gleichzeitig hat es das Bundeskartellamt angewiesen, vor einer entsprechenden Antragstellung Einvernehmen mit dem Bundeswirtschaftsministerium herzustellen.[12] Möglich sind auch parallele Verweisungsanträge verschiedener Mitgliedstaaten.[13]

---

[9] Vgl. beispielhaft Komm. E. v. 31. 7. 1991 Rs. IV/M.012 – *Varta/Bosch*, ABl. 1991 L 320/26; E. v. 12. 11. 1992 Rs. IV/M.222 – *Mannesmann/Hoesch*, ABl. 1993 L 114/34; E. v. 9. 11. 1994 Rs. IV/M.469 – *MSG Media Service*, ABl. 1994 L 364/1; E. v. 18. 10. 1995 Rs. IV/M.580 – *ABB/Daimler Benz*, ABl. 1997 L 11/1; E. v. 27. 5. 1998 Rs. IV/M.993 – *Bertelsmann/Kirch/Premiere*, ABl. 1999 L 53/1; E. v. 27. 5. 1998 Rs. IV/M.1027 – *Deutsche Telekom/Beta Research*, ABl. 1999 L 53/31; E. v. 13. 6. 2000 Rs. COMP/M.1673 – *VEBA/VIAG*, ABl. 2001 L 188/1; E. v. 26. 9. 2001 Rs. COMP/M.2434 – *Grupo Villar Mir/EnBW/Hidroelektrika del Cantabrica*; E. v. 24. 7. 2002 Rs. COMP/M.2706 – *Carnival Corporation/P&O Princess*; E. v. 5. 6. 2003 Rs. M.2978 – *Lagardère/Natexis/VUP*, vgl. Presseerklärung d. Komm. v. 6. 6. 2003 IP/03/808, abrufbar im Internet unter www.europa.eu.int.

[10] Komm., E. v. 2. 6. 1997 Rs. IV/M.892 – *Hochtief/Deutsche Bank/Holzmann*.

[11] *Baron* in: Langen/Bunte, Kommentar zum deutschen und europäischen Kartellrecht, Art. 9 FKVO Rn. 8; *Lampert* S. 110; *Wagemann* in: Wiedemann, Handbuch des Kartellrechts, § 17 Rn. 145; *Hirsbrunner* in: Groeben/Thiesing/Ehlermann, Kommentar zum EU-/EG-Vertrag, Art. 9 FKVO Rn. 14.

[12] Zu Einzelheiten vgl. *Baron* in: Langen/Bunte, Kommentar zum deutschen und europäischen Kartellrecht, Art. 9 FKVO Rn. 9.

[13] Komm. E. v. 16. 12. 1997 Rs. IV/M.1030 – *Lafarge/Redland*; E. v. 25. 1. 2000 Rs. COMP/M.1684 – *Carrefour/Promodès*; E. v. 11. 12. 2002 Rs. COMP/M.2898 – *Leroy Merlin/Brico*, in der die

Art. 9. Verweisung an die zuständigen Behörden 6–8 **Art. 9 FKVO**

Sofern kein Verweisungsantrag gestellt wird, kann die Kommission den Zusammen- 6
schluss auch dann nicht an den Mitgliedstaat verweisen, in dessen Gebiet der betroffene
Markt liegt, wenn dieser keinen wesentlichen Teil des Gemeinsamen Marktes umfasst.[14]
Aufgrund der zum 1. Mai 2004 wirksam gewordenen Reform der FKVO kann die Kommission den betroffenen Mitgliedstaat jedoch auffordern, einen Verweisungsantrag zu stellen. Es muss allerdings im Ermessen des Mitgliedstaates stehen, ob er dieser Aufforderung nachkommt oder nicht.[15]

2. Materielle Verweisungsvoraussetzungen

a) Gesonderter Markt. Der vom Zusammenschluss betroffene räumliche Markt muss 7
alle Merkmale eines gesonderten Marktes aufweisen. Abs. 7 nennt unter dem Begriff des
räumlichen Referenzmarktes – nicht abschließende – Kriterien für die Bestimmung eines
gesonderten Marktes. Entscheidend ist dabei, dass der betroffene Markt hinreichend homogene Wettbewerbsverhältnisse aufweist, sich von den benachbarten Gebieten unterscheidet und national oder regional geprägt ist. Ob eine Verweisung auch bei grenzüberschreitenden regionalen Märkten möglich ist, wurde in der Praxis bisher noch nicht
relevant, dürfte nach dem Zweck des Art. 9, den Mitgliedstaaten unter bestimmten Umständen die Kontrolle von Zusammenschlüssen zu ermöglichen, die ihren Schwerpunkt in
einem Mitgliedstaat haben, jedoch zu bejahen sein.[16] Die bisherigen Verweisungsentscheidungen betrafen in erster Linie regionale Märkte; zuletzt hat die Kommission jedoch häufiger auch solche Fälle verwiesen, die jedenfalls auch das gesamte Gebiet eines Mitgliedstaats betreffen.[17] Erfasst der räumliche Markt allerdings das gesamte Gebiet mehrerer
Mitgliedstaaten, ist nach Auffassung der Kommission eine Verweisung an nur einen Mitgliedstaat nicht zu rechtfertigen.[18] Im Übrigen deckt sich die Definition in Abs. 7 weitgehend mit der Definition des räumlichen Marktes im Formblatt CO (Abschnitt 6 II), so
dass auf die entsprechende Erläuterung zu Art. 2 verwiesen wird.

b) Drohen erheblicher Wettbewerbsbeeinträchtigung. Stellt der gesonderte Markt 8
einen wesentlichen Teil des Gemeinsamen Marktes dar, kann die Kommission den Zusammenschluss nur verweisen, wenn die Gefahr besteht, dass dadurch der Wettbewerb auf
dem gesonderten Markt erheblich beeinträchtigt wird (Art. 9 Abs. 2 lit. a). In der bis zum
30. April 2004 geltenden Fassung der FKVO kam es dagegen darauf an, ob mit dem Zusammenschluss die Gefahr der Begründung oder der Verstärkung einer marktbeherrschenden Stellung verbunden war.

Kommission zum ersten Mal die Prüfung der auf ein Land bezogenen Wettbewerbsprobleme an mehr
als zwei Mitgliedstaaten auf deren Antrag verwiesen hat, vgl. Presseerklärung d. Komm. v. 13. 12.
2002 IP/02/1881, abrufbar im Internet unter www.europa.eu.int.

[14] S. dazu *Johnson* World Competition 1993, 105/119 f.

[15] Mitteilung der Kommission über die Verweisung von Fusionssachen , ABl. 2005 C 56/02,
Rn. 50.

[16] Ebenso *Janicki,* Schwerpunkte des Kartellrechts 1992/93, 63/73; *Veelken* in: Veelken/Karl/
Richter, Die Europäische Fusionskontrolle, 1992, S. 27 f.; differenzierend *Hirsbrunner* in: Groeben/
Thiesing/Ehlermann, Kommentar zum EU-/EG-Vertrag, Art. 9 FKVO Rn. 27; *Hirsbrunner* in:
Schröter/Jakob/Mederer, Kommentar zum Europäischen Wettbewerbsrecht, Art. 9 FKVO Rn. 20;
a. A. *Jones/Gonzalez-Diaz,* The EEC Merger Regulation, 1992, p. 39; *Schild* in: MünchKomm EuWettbR, Art. 9 FKVO Rn. 43.

[17] Komm., E. v. 24. 4. 1997 Rs. IV/M.894 – *Rheinmetall/British Aerospace/STN Atlas;* E. v. 10. 11.
1997 Rs. IV/M.1001 – *Preussag/Hapag Lloyd* und Rs. IV/M.1019 – *Preussag/TUI;* E. v. 19. 6. 1998
Rs. IV/M.1153 – *Krauss-Maffei/Wegmann;* E. v. 22. 8. 2000 Rs. COMP/M.2044 – *Interbrew/Bass;*
E. v. 14. 2. 2002 Rs. COMP/M.2662 – *Danish Crown/Steff-Houlberg;* E. v. 14. 8. 2002 Rs. COMP/
M.2845 – *Sogecable Canalsatelite Digital/Via Digital;* E. v. 7. 6. 2004, Rs. COMP/M.3271 – *Kabel
Deutschland/ISH;* E v. 3. 4. 2008, COMP/M. 4999 – *Heineken/Scottish & Newcastle Assets.*

[18] Komm., E. v. 23. 7. 2003 Rs. COMP/M.2978 – *Lagardère/Natexis/VUP.*

Art. 9 FKVO 9

Ob der betroffene Markt einen **wesentlichen Teil des Gemeinsamen Marktes** ausmacht, richtet sich nach den gleichen Kriterien, die bei Anwendung des Art. 82 EG gelten.[19] Danach werden nur solche Märkte erfasst, deren Entwicklung für den Wettbewerb in der gesamten Gemeinschaft wichtig ist, wobei in erster Linie auf die Struktur des betreffenden Marktes, auf den Umfang der Produktion und den Verbrauch sowie auf die Verbrauchsgewohnheiten der Abnehmer abgestellt wird.[20] Grundsätzlich stellt das Gebiet jedes Mitgliedstaats ebenso wie bedeutende Teile größerer Mitgliedstaaten einen wesentlichen Teil des Gemeinsamen Marktes dar.[21] Selbst wenn bestimmte Produktmärkte regional strukturiert sind, fasst die Kommission in der Praxis gelegentlich mehrere regionale, sich örtlich überschneidende (Handels-) Märkte zusammen und kommt auf diese Weise zu einem einen wesentlichen Teil des Gemeinsamen Marktes umfassenden Markt.[22] Die Kommission lässt die Frage, ob es sich bei dem betroffenen Markt um einen wesentlichen Teil des Gemeinsamen Marktes handelt, zumeist offen und verweist in ihren Entscheidungen lediglich auf die wettbewerblich problematischen Auswirkungen des Zusammenschlusses.[23]

9   Der Begriff der **erheblichen Beeinträchtigung des Wettbewerbs** entspricht im Wesentlichen der erheblichen Behinderung des Wettbewerbs im Sinne des Art. 2 Abs. 2 und 3, wobei an eine Wettbewerbsbeeinträchtigung im Sinne von Art. 9 geringere Anforderungen zu stellen sind als an eine Wettbewerbsbehinderung im Sinne von Art. 2.[24] Art. 9 Abs. 2 lit. a erwähnt im Gegensatz zu Art. 2 die Begründung oder Verstärkung von Marktbeherrschung auch nicht als Regelbeispiel der erheblichen Wettbewerbsbeeinträchtigung. Dennoch dürfte die Verweisungsvoraussetzung des Art. 9 Abs. 2 lit. a jedenfalls dann erfüllt sein, wenn sich feststellen lässt, dass eine marktbeherrschende Stellung zu entstehen oder verstärkt zu werden droht.[25] Dabei wurde in der bisherigen Praxis auf die Rechtsprechung des Europäischen Gerichtshofs zu Art. 82 EG zurückgegriffen und eine marktbeherrschende Stellung angenommen, wenn sich das betroffene Unternehmen in nennenswertem Umfang unabhängig von seinen Wettbewerbern, Abnehmern und letztlich den Verbrauchern verhalten kann.[26] Erfasst werden sowohl die Einzelmarktbeherrschung als auch die oligopo-

---

[19] *Hirsbrunner* in: Groeben/Thiesing/Ehlermann (Fn. 16) Art. 9 FKVO Rn. 22; *Hirsbrunner* in: Schröter/Jakob/Mederer (Fn. 16) Art. 9 FKVO Rn. 15; vgl. dazu die Erläuterungen zu Art. 82 EG.

[20] EuGH U. v. 16. 12. 1975, verb. Rs. 40–48, 50, 54–56, 111, 113, 114/73 – *Suiker Unie* Slg. 1975, 1663/1995 f., Rn. 370 ff., 1663/2011 ff., Rn. 441 ff.; U. v. 13. 2. 1979 Rs. 85/76 – *Hoffmann-La Roche,* Slg. 1979, 461/514 ff., Rn. 21 ff.; *Jung* in: Grabitz/Hilf, Das Recht der Europäischen Union, Art. 82 Rn. 51 f; *Hellmann* in: FK Art. 9 FKVO Rn. 29.

[21] EuGH U. v. 16. 12. 1975 verb. Rs. 40–48, 50, 54–56, 111, 113, 114/73 – *Suiker Unie,* Slg. 1975, 1663/1995 f., Rn. 370 ff., 1663/2011 ff., Rn. 441 ff; Mitteilung der Kommission über die Verweisung von Fusionssachen, ABl. 2005 C 56/02, Rn. 40.

[22] Komm. E. v. 20. 11. 1996 Rs. IV/M.784 Ziff. 21 – *Kesko/Tuko,* ABl. 1997 L 110/53; E. v. 27. 8. 1996 Rs. IV/M.803 Ziff. 9 – *Rewe/Billa;* E. v. 26. 6. 1997 Rs. IV/M.890 Ziff. 38 – *Blokker/Toys „R" Us,* ABl. 1998 L 316/1.

[23] Vgl. etwa Komm. E. v. 26. 11. 1999 Rs. COMP/M.1628 – *Totalfina/Elf;* E. v. 20. 10. 2000 Rs. COMP/M.2154 – *C 3 D/Rhône/Go-Ahead;* E. v. 6. 2. 2007 Rs. COMP/M.4495 – *Alfa Acciai/ Cronimet/Remondis/TSR-Gruppe;* E. v. 3. 7. 2008 Rs COMP/M.5712 – *REWE/Plus Discount.*

[24] *Schild* in MünchKomm EUWettbR, Art. 9 FKVO Rn. 32 ff.; *Baron* in: Langen/Bunte, Kommentar zum deutschen und europäischen Kartellrecht, Art. 9 FKVO Rn. 13; *Hellmann* in: FK Art. 9 Rn. 33; Mitteilung der Kommission über die Verweisung in Fusionssachen, ABl. 2005 C 56/02 Rn. 35.

[25] *Immenga/Körber* in: Immenga/Mestmäcker EG-WbR Teil 2, Art. 9 FKVO Rn. 23.

[26] EuGH U. v. 14. 2. 1978, Rs. 27/76 – *United Brands* Slg. 1978, 207/286, Rn. 63/66 ff.; U. v. 13. 2. 1979, Rs. 85/76 – *Hoffmann-La Roche* Slg. 1979, 461/520, Rn. 38 ff.; U. v. 9. 11. 1983, Rs. 322/81 – *NBI Michelin/Kommission* Slg. 1983, 3461/3505, Rn. 37 ff.; Komm. E. v. 7. 11. 1990 Rs. IV/M.004 Ziff. 14 – *Renault/Volvo,* WuW/E EV 1542/1545 f.; E. v. 2. 10. 1991 Rs. IV/M.053 Ziff. 72 – *Aerospitale/Alenia/de Havilland,* WuW/E EV 1675/1698; wegen der Einzelheiten vgl. die Erläuterungen zu Art. 2.

listische Marktbeherrschung.[27] Die Anforderungen an den Nachweis der Marktbeherrschung richten sich nicht nach nationalem, sondern nach Gemeinschaftsrecht. Die Kommission prüft in ihrer Praxis die Wettbewerbsverhältnisse auf dem gesonderten Markt nach den gleichen Kriterien wie im Rahmen von Entscheidungen nach Art. 6 FKVO.

Eine Verweisung nach Art. 9 Abs. 3 Unterabs. 1 lit. b setzt nicht voraus, dass die erhebliche Wettbewerbsbeeinträchtigung bereits feststeht, sondern es ist ausreichend, wenn diese nach den bisherigen Ermittlungen droht. Das Drohen der erheblichen Wettbewerbsbeeinträchtigung erfordert danach eine materielle Prüfung seitens der Kommission, wobei insofern die Anforderungen zugrunde zu legen sein dürften, die an das Merkmal der „ernsthaften Bedenken" i. S. d. Art. 6 Abs. 1 lit. c gestellt werden.[28]

c) Wettbewerbsbeeinträchtigung. Umfasst der betroffene Markt keinen wesentlichen Teil des Gemeinsamen Marktes, muss die Kommission den Zusammenschluss bereits dann verweisen, wenn dieser den Wettbewerb auf dem relevanten Markt beeinträchtigen würde (Art. 9 Abs. 2 lit. b). In der bisherigen Praxis wurde nur in wenigen Fällen ausdrücklich festgestellt, dass der betroffene Markt keinen wesentlichen Teil des Gemeinsamen Marktes umfasst.[29]

Der Begriff der Wettbewerbsbeeinträchtigung hat in der bisherigen Praxis noch keine festen Konturen gewonnen. In Ansehung der englischen und französischen Textfassung der FKVO (‚affected', ‚affecté') ist aber wohl keine echte „Beeinträchtigung", sondern eher eine „Betroffenheit" des Wettbewerbs erforderlich.[30] Sofern ein Zusammenschluss – etwa durch Marktanteilsadditionen oder durch vertikale Integration – nachweisbare Auswirkungen auf die Wettbewerbsverhältnisse im relevanten Markt hat, kann daher von einer Wettbewerbsbeeinträchtigung i. S. d. Abs. 2 lit. b ausgegangen werden.[31]

III. Entscheidungsermessen der Kommission

Nach Art. 9 Abs. 1 kann die Kommission einen Zusammenschluss auf Antrag eines Mitgliedstaats an dessen zuständige Behörden verweisen. Daraus ergibt sich ein Entscheidungsermessen zugunsten der Kommission für die Fälle, in denen der betroffene Markt einen wesentlichen Teil des Gemeinsamen Marktes darstellt.[32]

---

[27] EuGH U. v. 31. 3. 1998, verb. Rs. 68/94 u. 30/95 – *Frankreich und SCPA/Kommission,* Slg. 1998, I-1375/1501, Rn. 172 ff. = WuW EU-R 31/36; Komm. E. v. 22. 7. 1992 Rs. IV/M.190 – *Nestlé/Perrier,* WuW/E EV 1903/1934, Ziff. 108 ff.; E. v. 22. 3. 1996 Rs. IV/M.716 – *Gehe/Lloyds;* E. v. 22. 8. 2000 Rs. COMP/M.2044 – *Interbrew/Bass;* E. v. 3. 4. 2008, Rs. COMP/M.4999 – *Heineken/Scottish & Newcastle Assets,* Rn. 47.

[28] *Wagemann* in: Wiedemann, Handbuch des Kartellrechts, § 17 Rn. 153 (noch zum früheren Kriterium des Drohens einer Marktbeherrschung); vgl. zum Kriterium der ernsthaften Bedenken die Erläuterungen zu Art. 6.

[29] Vgl. z. B. Komm., E. v. 1. 2. 2005 Rs. COMP/M.3669 – *Blackstone (TBG CareCo)/NHP,* Rn. 35 für lokale Märkte für häusliche Pflegeleistungen im Vereinigten Königreich; E. v. 23. 6. 2005 Rs. COMP/M.3754 – *Strabag/Dywidag,* Rn. 20 u. E. v. 14. 10. 2005 Rs. COMP/M.3864 – *FIMAG/Züblin,* Rn. 21, jeweils für lokale Asphaltmärkte in Deutschland; E. v. 22. 12. 2005 Rs. COMP/M.3905 – *TESCO/Carrefour* für Einzelhandelsmärkte in der Slowakei; siehe zur Kasuistik *Schild* in: MünchKomm EuWettbR, Art. 9 FKVO, Rn. 57.

[30] *Wagemann* in: Wiedemann, Handbuch des Kartellrechts, § 17 Rn. 152, Fn. 309; *Immenga/Körber* in: Immenga/Mestmäcker, EG-WbR Teil 2, Art. 9 FKVO Rn. 29.

[31] *Hirsbrunner* in: Groeben/Thiesing/Ehlermann, Kommentar zum EU-/EG-Vertrag, Art. 9 FKVO Rn. 24; *Schild* in: MünchKomm EuWettbR, Art. 9 FKVO, Rn. 55; *Bechtold/Brinker/Bosch/Hirsbrunner,* EG-Kartellrecht, Art. 9 Rn. 7.

[32] A. A. wohl nur *Niederleithinger* WuW 1990, 721/726, der wegen der Regelung von Verweisungsvoraussetzungen in Art. 9 bei deren Vorliegen eine Pflicht der Kommission zur Verweisung annimmt; vgl. zur Ermessensausübung und -begrenzung Rn. 14 ff.

1. Ermessensausübung und -begrenzung

14 Der in Art. 9 Abs. 1 normierte Ermessensspielraum der Kommission hinsichtlich der Verweisungsentscheidung wird einerseits durch die in Abs. 2 geregelten Verweisungsvoraussetzungen und andererseits durch die Entscheidungsvarianten nach Abs. 3 näher ausgestaltet. Liegen die Verweisungsvoraussetzungen daher nicht vor – sei es, weil nach Auffassung der Kommission kein gesonderter Markt oder keine Gefahr der (erheblichen) Wettbewerbsbeeinträchtigung gegeben ist – steht der Kommission kein Ermessen zu, sondern sie muss den Verweisungsantrag durch förmliche Entscheidung abweisen.[33] Dies gilt nicht nur für Zusammenschlüsse, die einen wesentlichen Teil des Gemeinsamen Marktes betreffen, sondern auch dann, wenn der Zusammenschluss lediglich in Märkten zu wettbewerblichen Problemen führt, die keinen wesentlichen Teil des Gemeinsamen Markts ausmachen.[34] Liegen die Verweisungsvoraussetzungen dagegen vor, muss unterschieden werden, ob der vom Zusammenschluss betroffene Markt einen wesentlichen Teil des Gemeinsamen Marktes ausmacht oder nicht.

15 **a) Wesentlicher Teil des Gemeinsamen Marktes.** Umfasst der betroffene Markt einen wesentlichen Teil des Gemeinsamen Marktes, ist die Zuständigkeit der Kommission für die Prüfung des Zusammenschlusses unproblematisch. Abs. 3 überlässt es der Ermessensausübung der Kommission, eine (Teil-) Verweisung auszusprechen oder den Fall selbst zu behandeln. Spricht die Kommission – bei Trennbarkeit des Zusammenschlusses – eine Teilverweisung aus, entscheidet sie über den restlichen Teil des Zusammenschlusses im üblichen Verfahren.

16 Der Rat und die Kommission haben in einer gemeinsamen Protokollerklärung festgestellt, dass in Fällen, in denen ein gesonderter Markt einen erheblichen Teil des Gemeinsamen Marktes darstellt, das Verweisungsverfahren nur in Ausnahmefällen angewandt werden sollte, in denen die Wettbewerbsinteressen des betreffenden Mitgliedstaats nicht auf andere Weise hinreichend geschützt werden können.[35] Diese Ermessensbegrenzung ist unter Berufung auf das Subsidiaritätsprinzip auf Bedenken gestoßen.[36] Das Gericht erster Instanz geht zwar nach wie vor von der Gültigkeit des in der Protokollerklärung genannten Ausnahmecharakters von Verweisungsentscheidungen aus; dies gelte jedoch nicht, wenn alle betroffenen Märkte von nationaler Bedeutung seien.[37] Die Kommission hat ein solches Regel-/Ausnahmeverhältnis allerdings weder in ihre Mitteilung zur Verweisung von Fusionsfällen aufgenommen noch sind Verweisungen in Fällen, die einen wesentlichen Teil des gemeinsamen Marktes betreffen, die Ausnahme. Vielmehr gibt sie der Mehrheit der Verweisungsanträge auch dann statt, wenn ein wesentlicher Teil des Gemeinsamen Marktes betroffen ist. Maßgeblich ist, ob die nationale Behörde aufgrund der Besonderheiten des Falles und mit Berücksichtigung der ihr zur Verfügung stehenden Instrumente und Exper-

---

[33] *Hirsbrunner* E.C.L.R. 1999, 372/376; *Hirsbrunner* in: Schröter/Jakob/Mederer, Art. 9 FKVO Rn. 25, 26.

[34] Ebenso *Schild* in: MünchKomm EuWettbR, Art. 9 FKVO Rn. 76.

[35] Protokollerklärung des Rates und der Kommission zu Art. 9 Ziff. 5, WuW 1990, 240/241 f.; ebenso; *Hirsbrunner*, in: Groeben/Thiesing/Ehlermann, Kommentar zum EU-/EG-Vertrag, Art. 9 FKVO Rn. 22, 28.

[36] *Immenga/Körber* in: Immenga/Mestmäcker, EG-WbR Teil 2, Art. 9 FKVO Rn 44 ff., der davon ausgeht, dass ein Zusammenschluss grundsätzlich verwiesen werden sollte, wenn dessen Auswirkungen nicht über die Grenzen eines Mitgliedstaates hinausreichen; *Immenga*, Die europäische Fusionskontrolle im wettbewerbspolitischen Kräftefeld S. 13; *Wolf* EuZW 1994, 233/235 f.; *Bartosch*, BB 2003 (Beilage 3), 4; *Schmidt*, CML Rev. 2004, 1555/1560; a. A. *Jung*, Subsidiarität im Recht der Wettbewerbsbeschränkungen, 1995, S. 180 f.

[37] EuG U. v. 3. 4. 2003, Rs. T-119/02 – *Royal Phillips Electronics NV/Kommission*, Slg. 2003 II-1433 Rn. 351 ff.; EuG U. v. 30. 9. 2003, verb. Rs. T-346 und 347/02 – *Cableuropa*, Slg. 2003 II-4251 Rn. 182 ff.

Art. 9. Verweisung an die zuständigen Behörden   17 **Art. 9 FKVO**

tise zur Bearbeitung des Falles besser geeignet ist. Die wettbewerblichen Folgen eines Zusammenschlusses sind ebenso zu berücksichtigen wie der aus einer Verweisung resultierende Verwaltungsaufwand.[38] Gründe für eine Verweisung sind etwa, dass der bei der Kommission angemeldete Zusammenschluss in einem sachlichen Zusammenhang mit einem anderen Zusammenschluss steht, der von den zuständigen Behörden des betreffenden Mitgliedstaats gerade geprüft wird oder wurde,[39] oder dass ein anderer Zusammenschluss von Wettbewerbern der beteiligten Unternehmen zuvor an den betreffenden Mitgliedstaat verwiesen wurde.[40] Das gleiche gilt, wenn das Zusammenschlussvorhaben in anderer rechtlicher Form von einer zuständigen nationalen Behörde bereits untersagt wurde[41] oder wenn der betroffene nationale Markt traditionell ausländischem Wettbewerb nur sehr eingeschränkt zugänglich ist[42] bzw. wenn bei der wettbewerblichen Beurteilung regionale Aspekte eine besondere Rolle spielen.[43] Auch die Nähe der nationalen Behörde zu den betroffenen Märkten, auf denen möglicherweise strukturelle Maßnahmen zur Beseitigung der Wettbewerbsbedenken ergriffen werden müssen, wurde als Begründung zur Verweisung genannt.[44]

b) Kein wesentlicher Teil des Gemeinsamen Marktes. Macht der betroffene Markt   17 dagegen keinen wesentlichen Teil des Gemeinsamen Marktes aus, bestimmt Art. 9 Abs. 3 Unterabs. 3, dass die Kommission den Teil des Falles an die zuständigen Behörden des betreffenden Mitgliedstaats verweist, der den gesonderten Markt betrifft. Nach dem Wortlaut des Unterabs. 3 („die Kommission verweist") steht der Kommission in dieser Fallgruppe kein Ermessen zu, sondern sie muss auf die entsprechende Mitteilung des betreffenden Mitgliedstaats hin eine Verweisungsentscheidung zwingend erlassen.[45] Auch vor Einfügung dieser Sonderregelung ging der überwiegende Teil der Literatur von einer Ermessensreduzierung für Fälle aus, die keinen wesentlichen Teil des Gemeinsamen Marktes betrafen, da Art. 2 Abs. 3 der Kommission eine Untersagungsbefugnis nur dann einräumt, wenn ein

---

[38] Mitteilung der Kommission über die Verweisung in Fusionsfällen, ABl. 2005 C 56/02, Rn. 9.
[39] Komm. E. v. 22. 8. 2000 Rs. COMP/M.2044 – *Interbrew/Brass;* E. v. 22. 3. 1996 Rs. IV/M.716 – *Gehe/Lloyds;* E. v. 10. 11. 1997 Rs. IV/M.1001 – *Preussag/Hapag Lloyd* und Rs. IV/M.1019 – *Preussag/TUI;* E. v. 23. 12. 2002 Rs. COMP/M.2857 – *ECS/IEH;* E. v. 7. 6. 2004, Rs. COMP/M.3271 – *Kabel Deutschland/Ish,* Rn. 31; E. v. 8. 8. 2005 Rs. COMP/M.3823 – *MAG/Ferrovial Aeropuertos/Exeter Airport;* anders allerdings E. v. 4. 2. 2000 Rs. COMP/M.1673 – *VEBA/VIAG,* in der die Kommission ein Verfahren nach Art. 6 Abs. 1 lit. c einleitete, obwohl das Bundeskartellamt in einem Parallelverfahren den Zusammenschluss zwischen RWE und VEW prüfte. Eine förmliche Entscheidung über die Ablehnung des Verweisungsantrages der Bundesrepublik Deutschland erging auch hier nicht.
[40] Komm. E. v. 19. 6. 1998 Rs. IV/M.1153 – *Krauss-Maffei/Wegmann;* Komm., E. v. 13. 2. 2003 Rs. COMP/M.3075 – *ECS/Intercommunale Iveka* sowie die fünf weiteren insoweit gleich gelagerten Entscheidungen der Komm. vom 13. 2. 2003 COMP/M.3076, COMP/M.3077 COMP/M.3078, COMP/M.3079, COMP/M.3080.
[41] Komm. E. v. 2. 6. 1997 Rs. IV/M.894 – *Hochtief/Deutsche Bank/Holzmann.*
[42] Komm. E. v. 24. 4. 1997 Rs. IV/M.894 – *Rheinmetall/British Aerospace/STN Atlas;* E. v. 19. 6. 1998 Rs. IV/M.1153 – *Krauss-Maffei/Wegmann.*
[43] Komm. E. v. 6. 4. 1999 Rs. IV/M.1461 – *Rabobank-Beeck/Homann;* E. v. 13. 1. 2000 Rs. COMP/M.1779 – *Anglo American/Tarmac;* E. v. 24. 3. 2000 Rs. COMP/M.1827 – *Hanson/Pioneer;* E. v. 17. 10. 2001 Rs. COMP/M.2495 – *Haniel/Fels;* E. v. 3. 4. 2008, Rs. COMP/M.4999 – *Heineke/Scottisch & Newcastle Assets,* Rn. 59; vgl. *Schild* in: MünchKomm EuWettbR, Art. 9 FKVO, Rn. 52.
[44] Komm., E. v. 7. 6. 2004, Rs. COMP/M.3271 – *Kabel Deutschland/ISH,* Rn. 30; E. v. 14. 2. 2005, Rs. COMP/M.3674 – *Iesy Repository/ISH,* Rn. 47; E. v. 3. 4. 2008, Rs. COMP/M.4999 – *Heineken/Scottish & Newcastle Assets,* Rn. 59; E. v. 6. 2. 2007, Rs. COMP/M.4495 – *Alfa Acciaci/Cronimet/Remondis/TSR,* Rn. 42, 45.
[45] Ebenso *Niewiarra* EWS 1998, 113/117; GK-*Schütz,* Art. 9 FKVO Rn. 15; Mitteilung der Kommission über die Verweisung von Fusionssachen, ABl. 2005 C 56/02, Rn. 41.

wesentlicher Teil des Gemeinsamen Marktes betroffen ist.[46] Dieser Auffassung hat sich der Rat bei der Novellierung der FKVO zum 1. März 1998 angeschlossen,[47] so dass in der Fallgruppe des Abs. 3 Unterabs. 3 von einer gebundenen Entscheidung der Kommission auszugehen ist.[48] Die Verweisung ist jedoch nur für den Markt zwingend, der keinen wesentlichen Teil des Gemeinsamen Marktes umfasst. Sollte der Zusammenschluss daneben auch Auswirkungen auf einen Markt haben, der einen wesentlichen Teil des Gemeinsamen Marktes darstellt, steht es weiterhin im Ermessen der Kommission, über diesen Teil des Zusammenschlusses selbst zu entscheiden oder ihn ebenfalls an den betreffenden Mitgliedstaat zu verweisen. Unter Praktikabilitätsgesichtspunkten dürfte eine Verweisung des gesamten Zusammenschlusses jedoch sinnvoller sein, wenn er sich nur in einem Mitgliedstaat auswirkt.[49] Auch das Gericht erster Instanz[50] und die Kommission[51] sind der Auffassung, dass eine Aufspaltung eines Falles auf mehrere Behörden soweit wie möglich vermieden werden sollte.

2. Entscheidung der Kommission

18 Entscheidet sich die Kommission, den Fall an den antragstellenden Mitgliedstaat zu verweisen, ergeht die Verweisung grundsätzlich als förmliche, ausdrückliche Entscheidung.[52] Ausnahmsweise ist jedoch auch eine stillschweigende oder fingierte Verweisung denkbar, wenn die Kommission die in Art. 9 Abs. 4 lit. b genannte Frist von 65 Arbeitstagen versäumt hat (Abs. 5). Stellt sie gemäß Art. 6 Abs. 1 lit. a fest, dass der Zusammenschluss nicht unter die FKVO fällt, ist automatisch der betreffende Mitgliedstaat zuständig, ohne dass es einer ausdrücklichen Verweisungsentscheidung bedarf.[53]

---

[46] *Bechtold* RIW 1990, 253/262; *Niederleithinger* WuW 1990, 721/725; *Janicki* WuW 1990, 195/203; *K. Westermann,* Die Einwirkungen der europäischen auf die deutsche Fusionskontrolle, S. 21; *Hirsbrunner* EWS 1989, 233/236; *Lampert* S. 117 f.; a. A. *Röhling* ZIP 1990, 1179/1184; *Kirchhoff* BB 1990 Beil. 14, S. 10 f.; *Miersch* FKVO-Komm., S. 139.

[47] Vgl. Erwägungsgrund Nr. 11 der Präambel der VO (EG) Nr. 1310/97 des Rates v. 30. 6. 1997 zur Änderung der VO (EWG) Nr. 4064/89, ABl. 1997 L 180/1, ber. ABl. 1998 L 3/16.

[48] Ebenso *Wagemann* in: Wiedemann, Handbuch des Kartellrechts, § 17 Rn. 146; *Immenga/Körber* in: Immenga/Mestmäcker, EG-WbR Teil 2, Art. 9 FKVO Rn. 52; *Schild* in: MünchKomm EuWettbR, Art. 9 FKVO Rn. 75; *Bechtold/Brinker/Bosch/Hirsbrunner*, EG-Kartellrecht, Art. 9 Rn. 3; *Hellmann* in: FK, Art. 9 FKVO Rn. 38; vgl. wohl bereits ebenso Komm., E. v. 24. 4. 2002 Rs. COMP/M.2730 – *Connex/DNVBVG;* E. v. 30. 5. 2002 Rs. COMP/M.2760 – *Nehlsen/Rethmann/BEG,* WuW/EU-V 819; so mittlerweile ausdrücklich auch Komm., E. v. 1. 2. 2005, Rs. COMP/M.3669 – *Blackstone (TBG CareCo)/NHP,* Rn. 12, 36; Mitteilung der Kommission über die Verweisung von Fusionssachen, ABl. 2005 C 56/02 Rn. 12; differenzierend aber *Hirsbrunner* in: Groeben/Thiesing/Ehlermann, Kommentar zum EU-/EG-Vertrag, Art. 9 FKVO Rn. 32, 33; *Hirsbrunner* in: Schröter/Jakob/Mederer, Art. 9 FKVO Rn. 25, 26.

[49] Ausf. hierzu *Hirsbrunner* in: Groeben/Thiesing/Ehlermann, a. a. O. Art. 9 FKVO Rn. 30; *Hirsbrunner* in: Schröter/Jakob/Mederer, a. a. O. Art. 9 FKVO Rn. 23; in diesem Sinne etwa Kommission, E. v. 1. 2. 2005, Rs. COMP/M.3669 – *Blackstone (TBG Carelo)/NHP,* Rn. 36; E. v. 10. 4. 2007 Rs. COMP/M.4522 – *Carrefour /Ahold Polska;* E. v. 3. 7. 2008 Rs. COMP/M.5112 – *REWE/Plus Discount;* vgl. aber Komm. E. v. 25. 1. 2000 Rs. COMP/M.1684 – *Carrefour/Promodès,* mit der der Zusammenschluss nur hinsichtlich bestimmter örtlicher Einzelhandelsmärkte in Frankreich und Spanien an die zuständigen nationalen Behörden verwiesen wurde.

[50] EuG U. v. 3. 4. 2003, Rs. T-119/02 – *Royal Phillips Electronics NV/Kommission,* Slg. 2003 II-1433 Rn. 350.

[51] Mitteilung der Kommission über die Verweisung von Fusionssachen, ABl. 2005 C 56/02 Rn. 12.

[52] Vgl. beispielhaft E. v. 7. 6. 2004 Rs. M.3271 – *Kabel Deutschland/ISH,* (Verweisung an das Bundeskartellamt); E. v. 19. 12. 2003 Rs. COMP/M.3318 – *ECS/Sibelga* (Verweisung an Belgien); E. v. 23. 10. 2003 Rs. COMP/M.3248 – *BAT/ETI* (Verweisung an Italien).

[53] Komm. E. v. 15. 1. 1996 Rs. IV/M.661 – *STRABAG/Bank Austria/Stuag,* WuW/E EV 2399 ff.; E. v. 25. 3. 1996 Rs. IV/M.711 – *Generali/Unicredito.*

Wenn die Kommission den Fall trotz Vorliegens der Verweisungsvoraussetzungen selbst 19 behandelt, wird sie gemäß Art. 6 Abs. 1 lit. c die zweite Prüfungsphase des Kontrollverfahrens einleiten. Grundsätzlich ist es auch denkbar, dass die Kommission einen Fall, in dem sie zunächst gemäß Art. 6 Abs. 1 lit. c das Verfahren eingeleitet hat, später (nach Art. 9 Abs. 4 lit. b innerhalb von 65 Arbeitstagen nach der Anmeldung) an den betreffenden Mitgliedstaat verweist, weil sich herausstellt, dass derselbe besser durch die nationale Behörde behandelt wird. Eine förmliche – an den betreffenden Mitgliedstaat gerichtete – Entscheidung über die Nichtverweisung ist gemäß Art. 9 Abs. 3 Unterabs. 2 nur dann erforderlich, wenn nach Auffassung der Kommission nicht sämtliche Verweisungsvoraussetzungen vorliegen. In diesem Fall kann sie den Zusammenschluss nach Art. 6 Abs. 1 lit. b freigeben, da er keinen Anlass zu ernsthaften Bedenken gibt[54] oder ebenfalls die zweite Prüfungsphase gemäß Art. 6 Abs. 1 lit. c einleiten. Unter Transparenzgesichtspunkten wäre es zwar wünschenswert, wenn die Kommission ihre Gründe für das Absehen von einer Verweisung in sämtlichen Fällen offen legte[55], im Interesse der Verfahrensökonomie ist dies jedoch meist nicht möglich.

IV. Fristen

Art. 9 Abs. 4 unterscheidet bei den Fristen für die Verweisungsentscheidung ebenfalls 20 zwischen der ersten und der zweiten Prüfungsphase. Die Vorprüfungsphase (Entscheidungen i. S. d. Art. 6 Abs. 1 lit. a–c) verlängert sich im Falle eines Verweisungsantrages gemäß Art. 10 Abs. 1 Unterabs. 2 auf 35 Arbeitstage nach Eingang der Anmeldung; innerhalb dieser Zeit soll nach Art. 9 Abs. 4 lit. a in der Regel auch über den Verweisungsantrag entschieden werden. Leitet die Kommission dagegen nach Art. 6 Abs. 1 lit. c das Hauptprüfungsverfahren ein, läuft die Frist für die Verweisungsentscheidung seit der Anmeldung des Zusammenschlusses 65 Arbeitstage (Art. 9 Abs. 4 lit. b).[56] Die genannten Fristen können nach Art. 10 Abs. 4 Unterabs. 2 gehemmt werden, wenn die Kommission nach Art. 11 Abs. 3 von den am Zusammenschluss Beteiligten oder von Dritten Auskünfte mittels einer ausdrücklichen Entscheidung anfordern oder sogar nach Art. 13 eine Nachprüfung durchführen muss.[57] Verweist die Kommission den Zusammenschluss nicht, bleibt es für ihre eigene Prüfung bei der in Art. 10 Abs. 3 Unterabs. 1 genannten Frist von grundsätzlich höchstens 90 Arbeitstagen.

Eine **Verweisungsfiktion** enthält Art. 9 Abs. 5. Danach gilt der Zusammenschluss als 21 verwiesen, wenn die Kommission innerhalb der Frist von 65 Arbeitstagen trotz Erinnerung des betreffenden Mitgliedstaats weder über den Verweisungsantrag entschieden noch vorbereitende Schritte zum Erlass der nach Art. 8 Abs. 2 Unterabs. 2 oder Art. 8 Abs. 3 oder 4 erforderlichen Maßnahmen getroffen hat. Darunter ist in erster Linie die Versendung der Beschwerdepunkte i. S. d. Art. 18 Abs. 1 zu verstehen.[58] Nach Fristablauf ist die Kommission für den Zusammenschluss nicht (mehr) zuständig, so dass später auch die Freigabefiktion des Art. 10 Abs. 6 nicht mehr eingreift. In der bisherigen Praxis hat die Verweisungsfiktion noch keine Bedeutung erlangt.

---

[54] Komm. E. v. 17. 12. 1991 Rs. IV/M.165 – *Alcatel/AEG Kabel,* WuW/E EV 1713, 1719 Rn. 9f., 32; E. v. 27. 11. 1999 Rs. IV/M.1346 – *EDF/London Electricity.*
[55] Ähnl. *Hirsbrunner* EWS 1998, 233/238.
[56] Zur Fristberechnung vgl. Art. 7 bis 10, zur Definition der Arbeitstage vgl. Art. 24 der Durchführungsverordnung zur FKVO, VO (EG) Nr. 802/2004, ABl. 2004 L 133/1.
[57] Art. 9 und Art. 11 DVO FKVO 802/2004, ABl. 2004 L 133/1; vgl. zur Fristhemmung Kommentierung zu Art. 10 Rn. 13 und ausführlich *Schild* in: MünchKomm EuWettbR, Art. 9 FKVO Rn. 92ff.
[58] Protokollerklärung der Kommission zu Art. 9 Ziff. 6, WuW 1990, 240/242; *Immenga/Körber in*: Immenga/Mestmäcker, EG-WbR Teil 2, Art. 9, Rn. 61.

22 Versäumt die Kommission in der Vorprüfungsphase die Frist des Art. 10 Abs. 1 Unterabs. 2 von 35 Arbeitstagen zur Einleitung des Hauptprüfverfahrens, greift die Freigabefiktion des Art. 10 Abs. 6 ein. Gilt der Zusammenschluss danach als freigegeben, kann die Kommission ihn an sich auch nicht mehr an den antragstellenden Mitgliedstaat verweisen.[59] Möglich wäre dies nur dann, wenn man die Formulierung in Art. 10 Abs. 6, die Freigabefiktion gelte unbeschadet des Art. 9, dahingehend versteht, dass eine Verweisung auch nach Ablauf der in Art. 10 normierten Fristen möglich sein soll[60] oder wenn man Art. 9 Abs. 5 analog auf Fälle anwendet, in denen die Kommission die 35-Arbeitstage-Frist verstreichen lässt.[61] Die Systematik des Art. 9 und Art. 10 Abs. 6 spricht jedoch eher dafür, dass die Verweisung eines Zusammenschlusses nur innerhalb der dafür ausdrücklich normierten Fristen möglich sein soll und der Geltungsvorrang von Verweisungsentscheidungen gegenüber der Genehmigungsfiktion nur nach einer ausdrücklichen Verweisung gilt.[62]

23 Ist ein Zusammenschluss von der Kommission verwiesen worden, hat der betreffende Mitgliedstaat nach Art. 9 Abs. 6 ohne unangemessene Verzögerung über den Fall zu entscheiden und den beteiligten Unternehmen innerhalb von 45 Arbeitstagen nach der Verweisung das Ergebnis der vorläufigen wettbewerbsrechtlichen Prüfung sowie die gegebenenfalls ins Auge gefassten Maßnahmen mitzuteilen. An eine Fristversäumung knüpfen sich keine Rechtsfolgen. Die Frist von 45 Arbeitstagen bezieht sich zudem nicht auf die abschließende Entscheidung des Falles durch die zuständigen Behörden des Mitgliedstaats. Dafür gelten vielmehr die jeweiligen nationalen Verfahrensregeln.[63]

V. Entscheidung des Mitgliedstaats

1. Materielle Einschränkungen nationalen Rechts

24 Die Verweisung eines Zusammenschlusses ergeht gemäß Art. 9 Abs. 3 lit. b, damit das Wettbewerbsrecht des betreffenden Mitgliedstaats angewendet wird.[64] Art. 9 Abs. 8 schränkt die Anwendung der nationalen Wettbewerbsvorschriften jedoch dahingehend ein, dass nur die Maßnahmen ergriffen werden können, die zur Aufrechterhaltung oder Wiederherstellung wirksamen Wettbewerbs auf dem betreffenden Markt unbedingt erforderlich sind. Diese Vorschrift bringt in erster Linie das Verhältnismäßigkeitsprinzip zum Ausdruck, an welches im deutschen Recht das Bundeskartellamt bei Anwendung der §§ 35 ff. GWB

---

[59] *Immenga/Körber* in: Immenga/Mestmäcker, EG-WbR Teil 2, Art. 9, Rn. 64–66; *Hirsbrunner* in: Groeben/Thiesing/Ehlermann (Fn. 48) Art. 9 FKVO Rn. 46; *Hirsbrunner* in: Schröter/Jakob/Mederer (Fn. 48) Art. 9 FKVO Rn. 38, 40.

[60] So wohl die Kommission, E. v. 29. 10. 1993 *McCormick/CPC/Rabobank/Ostmann* IV/M.330 WuW/E EV 2157 Ziff. 79, mit der ein Zusammenschluss nach Ablauf der (damaligen) Sechswochenfrist an die Bundesrepublik verwiesen wurde, nachdem die Kommission die Frist irrtümlich falsch berechnet hatte; ähnl. *Miersch* FKVO-Kommentar, S. 141.

[61] *Kirchhoff* BB 1990 Beil. 14 S. 10; *Lampert* S. 121 f.; *Baron* in: Langen/Bunte, Kommentar zum deutschen und europäischen Kartellrecht, Art. 9 FKVO Rn. 7; *Koch* EWS 1990, 65/71.

[62] Ebenso *Immenga/Körber* in: Immenga/Mestmäcker, EG-WbR Teil 2, Art. 9, Rn. 64–66; *Schild* in: MünchKomm EuWettbR, Art. 9 FKVO Rn. 84.

[63] Vgl. 27. Erwägungsgrund der bis zum 30. April 2004 geltenden FKVO; *Hirsbrunner* in: Groeben/Thiesing/Ehlermann, Kommentar zum EU-/EG-Vertrag, Art. 9 FKVO Rn. 47; *Immenga/Körber* in: Immenga/Mestmäcker, EG-WbR Teil 2, Art. 9 FKVO Rn. 70; *Wagemann* in: Wiedemann, Handbuch des Kartellrechts, § 17 Rn. 154; Schild in MünchKomm EuWettbR, Art. 9 FKVO Rn. 109; a. A. *Bechtold* Kartellgesetz, § 35 Rn. 16; *Johnson* World Competition 1993; 105/108.

[64] Zum Vorschlag, in Zukunft die Anwendung europäischen Rechts durch die Mitgliedstaaten vorzuschreiben vgl. *Baron* in: Langen/Bunte, Kommentar zum deutschen und europäischen Kartellrecht, Art. 9 FKVO Rn. 18; *Hirsbrunner* in: Schröter/Jakob/Mederer, Kommentar zum Europäischen Wettbewerbsrecht, Art. 9 FKVO Rn. 44.

ohnehin gebunden ist.⁶⁵ Darüber hinaus dürfte die Regelung zur Folge haben, dass der Zusammenschluss von den nationalen Behörden ausschließlich nach wettbewerblichen Maßstäben zu beurteilen ist, nicht jedoch nach anderen öffentlichen Interessen.⁶⁶ Für die Anwendung der §§ 35 ff. GWB bedeutet dies insbesondere, dass eine Ministererlaubnis nach § 42 GWB ausgeschlossen ist, da diese nicht auf die Aufrechterhaltung oder Wiederherstellung wirksamen Wettbewerbs gerichtet ist, sondern aus gesamtwirtschaftlichen Gründen eine Wettbewerbsbeschränkung gerade bestehen lässt.⁶⁷ Das Gleiche gilt für die Anwendung der Abwägungsklausel des § 36 Abs. 1 GWB, sofern dabei Zusammenschlusswirkungen auf anderen Märkten als dem gesonderten Markt einbezogen würden. Für diese Märkte besteht eine Entscheidungskompetenz des Bundeskartellamtes nämlich gerade nicht.⁶⁸ Positive Auswirkungen des Zusammenschlusses auf dem gesonderten Markt dagegen müssen vom Bundeskartellamt nach § 36 Abs. 1 GWB berücksichtigt werden.⁶⁹

2. Nationale Verfahrensregeln

Nach der Verweisung eines Zusammenschlusses prüft die nationale Behörde den Zusammenschluss nach den nationalen Verfahrensregeln. Eine erneute Pflicht zur Anzeige oder Anmeldung des Zusammenschlusses bei den nationalen Behörden dürfte in der Regel ausscheiden, wenn die benötigten Angaben aufgrund der Anmeldung bei der Kommission bereits vorliegen.⁷⁰ Entsprechend ist eine erneute Anmeldung beim Bundeskartellamt gemäß § 39 Abs. 4 GWB nur dann erforderlich, wenn die notwendigen Angaben nicht in deutscher Sprache vorliegen. Art. 9 schließt eine anders lautende nationale Regelung allerdings nicht aus. Die nationalen Verfahrensfristen beginnen mit dem Tag des Eingangs der Verweisungsentscheidung zu laufen, wenn die maßgeblichen Unterlagen in *deutscher* Sprache vorliegen (vgl. § 23 Abs. 3 VwVfG).⁷¹ Damit gilt auch das Vollzugsverbot des § 41 GWB. Bei der Prüfung des Zusammenschlusses nach nationalem Recht sind die zuständigen Behörden verpflichtet, das in Art. 17 geregelte Berufsgeheimnis zu beachten. Da danach die Ermittlungserkenntnisse der Kommission nur zu dem mit der Ermittlung verfolgten Zweck verwertet werden dürfen, können die nationalen Behörden die Ermittlungen der Kommission nicht ungeprüft übernehmen, sondern müssen eigene Ermittlungen anstellen.⁷²

---

⁶⁵ *Miersch* FKVO-Kommentar, S. 142; *Wagemann* in: Wiedemann, Handbuch des Kartellrechts, § 17 Rn. 154; *Immenga/Körber* in: Immenga/Mestmäcker, EG-WbR Teil 2, Art. 9 FKVO Rn. 73.
⁶⁶ *Wagemann* in: Wiedemann, Handbuch des Kartellrechts, § 17 Rn. 154; *Hirsbrunner* in: Groeben/Thiesing/Ehlermann (Fn. 63) Art. 9 FKVO Rn. 50.
⁶⁷ *Immenga/Körber* in: Immenga/Mestmäcker, EG-WbR Teil 2, Art. 9 FKVO Rn. 71; *Mestmäcker* in: Immenga/Mestmäcker, GWB 2. Aufl. 2002, Vor § 23 Rn. 105; *Hellmann* in: FK, Art. 9 FKVO Rn. 59; *K. Westermann,* Die Einwirkungen der europäischen auf die deutsche Fusionskontrolle, S. 42; a. A. *Baron* in: Langen/Bunte, Kommentar zum deutschen und europäischen Kartellrecht, Art. 9 FKVO Rn. 20; wohl auch *Hirsbrunner* in: Groeben/Thiesing/Ehlermann Art. 9 FKVO Rn. 50.
⁶⁸ *Mestmäcker* a. a. O. Vor § 23 Rn. 105; *Bach* WuW 1992, 571/577; *K. Westermann,* Die Einwirkungen der europäischen auf die deutsche Fusionskontrolle, S. 42; *Bechtold* RIW 1990, 253/262; *Immenga/ Körber* in: Immenga/Mestmäcker, EG-WbR Teil 2, Art. 9 FKVO Rn. 72.
⁶⁹ Vgl. z. B. ausdr. die Komm. E. v. 25. 7. 1997 Rs. IV/M.932 – *SEHB/VIAG/PE-BEWAG.*
⁷⁰ *Wagemann* in: Wiedemann, Handbuch des Kartellrechts, § 17 Rn. 154; *Bechtold* RIW 1990, 253/262; *Janicki,* Schwerpunkte d. KartellR 1991/92, 63/75; *Hirsbrunner* in: Groeben/Thiesing/ Ehlermann Art. 9 FKVO Rn. 51; *Hirsbrunner* in: Schröter/Jakob/Mederer, Kommentar zum Europäischen Wettbewerbsrecht, Art. 9 FKVO Rn. 45.
⁷¹ *Wagemann* in: Wiedemann, Handbuch des Kartellrechts, § 17 Rn. 154; *Immenga/Körber* in: Immenga/Mestmäcker, EG-WbR Teil 2, Art. 9 FKVO Rn. 70.
⁷² *Hirsbrunner* EuZW 1997, 748/755; *Hacker* in: Groeben/Thiesing/Ehlermann, Kommentar zum EU-/EG-Vertrag, Art. 19 FKVO Rn. 13.

VI. Rechtsmittel

26 Art. 9 Abs. 9 stellt klar, dass der betreffende Mitgliedstaat gegen eine ablehnende Verweisungsentscheidung der Kommission Nichtigkeitsklage beim EuGH nach Art. 230 Abs. 2 EG (Art. 173 EGV a. F.) erheben sowie eine einstweilige Anordnung nach Art. 243 EG (Art. 186 EGV a. F.) beantragen kann. Klageberechtigt sind danach die Mitgliedstaaten selbst, nicht jedoch deren zuständige Wettbewerbsbehörden.[73] Sofern die Kommission – wie in der Regel – keine förmliche Entscheidung über die Ablehnung des Verweisungsantrages trifft,[74] muss die stillschweigende Ablehnung des Verweisungsantrages angefochten werden. Nach der Rechtsprechung des Gerichts erster Instanz können auch konkludente Entscheidungen mit der Nichtigkeitsklage angegriffen werden, wenn es sich dabei um eine verfahrensbeendende Maßnahme handelt.[75] Bei Verfahrensbeendigung durch eine Entscheidung nach Art. 6 Abs. 1 lit. b, kann diese mit der Nichtigkeitsklage angegriffen werden. Leitet die Kommission dagegen die zweite Prüfungsphase ein, kann eine Nichtigkeitsklage frühestens nach Ablauf der Frist von 65 Tagen (Art. 9 Abs. 4 lit. b) erhoben werden, da erst zu diesem Zeitpunkt sicher feststeht, dass die Kommission den Zusammenschluss selbst entscheiden und daher nicht mehr an den Mitgliedstaat verweisen wird.[76]

27 Art. 230 Abs. 4 EG eröffnet auch natürlichen und juristischen Personen eine Klagebefugnis gegen Entscheidungen der Kommission. Voraussetzung dafür ist deren unmittelbare und individuelle Betroffenheit. Zwar wird durch eine Verweisungsentscheidung die Entscheidung der nationalen Behörde nicht präjudiziert. Die Verweisungsentscheidung bewirkt jedoch wie diejenige nach Art. 6 Abs. 1 lit. a, dass die FKVO (zumindest teilweise) nicht auf den angemeldeten Zusammenschluss angewendet wird und hat insofern verfahrensbeendenden Charakter. Sie führt dazu, dass auf den angemeldeten Zusammenschluss (teilweise) die materiellen Kriterien und das Verfahren mitgliedstaatlicher Rechtsordnungen anwendbar sind und berührt insofern die rechtliche Situation der Zusammenschlussbeteiligten und von ihren Wettbewerbern. Zudem wird insbesondere Wettbewerbern der Zusammenschlussbeteiligten durch eine Verweisungsentscheidung die Möglichkeit genommen, sich an dem Fusionskontrollverfahren der Kommission zu beteiligen. Daher sind sowohl Zusammenschlussbeteiligte als auch deren Wettbewerber im Fall einer Verweisungsentscheidung nach Art. 230 Abs. 4 EG klagebefugt.[77] Wird der Verweisungsantrag eines Mitgliedstaates hingegen abgelehnt, können Private mangels unmittelbarer und individueller Betroffenheit die Kommissionsentscheidung nicht anfechten.[78]

---

[73] Im Fall *Alcatel/AEG Kabel* entschied sich das Bundeswirtschaftsministerium z. B. gegen die vom BKartA gewünschte Klageerhebung, vgl. dazu *Wagemann* WuW 1992, 730.

[74] Vgl. oben Rn. 16.

[75] EuG U. v. 24. 3. 1994, Rs. T-3/93 Slg. 1994 II-0121 – *Air France/Kommission* Rn. 51, 55–59.

[76] Vgl. *Hirsbrunner* in: Groeben/Thiesing/Ehlermann Art. 9 FKVO Rn. 56; *ders.* in: Schröter/Jakob/Mederer, Kommentar zum Europäischen Wettbewerbsrecht, Art. 9 FKVO Rn. 49; *Immenga/Körber* in: Immenga/Mestmäcker, EG-WbR Teil 2, Art. 9 FKVO Rn. 75 halten dagegen erst die Hauptsacheentscheidung der Kommission nach Art. 8 für angreifbar.

[77] EuG U. v. 3. 4. 2003, Rs. T-119/02 – *SEB/Moulinex* Slg. 2003 II-1433 = WuW/E EU-R 647, Rn. 267 ff. für Wettbewerber der Zusammenschlussbeteiligten; vgl. auch *Hirsbrunner* in: Groeben/Thiesing/Ehlermann, Kommentar zum EU-/EG-Vertrag, Art. 9 FKVO Rn. 55; *ders.* E.C.L.R. 1999, 372/377 f.; *Wagemann* in: Wiedemann, Handbuch des Kartellrechts, § 17 Rn. 208; *Schild* in: MünchKomm EuWettbR, Art. 9 FKVO Rn. 118, 123.

[78] Vgl. *Hirsbrunner* in: Schröter/Jakob/Mederer, Kommentar zum Europäischen Wettbewerbsrecht, Art. 9 FKVO Rn. 48.

Art. 10. Fristen für die Einleitung des Verfahrens und für Entscheidungen

(1) Unbeschadet von Artikel 6 Absatz 4 ergehen die Entscheidungen nach Artikel 6 Absatz 1 innerhalb von höchstens 25 Arbeitstagen. Die Frist beginnt mit dem Arbeitstag, der auf den Tag des Eingangs der Anmeldung folgt, oder, wenn die bei der Anmeldung zu erteilenden Auskünfte unvollständig sind, mit dem Arbeitstag, der auf den Tag des Eingangs der vollständigen Auskünfte folgt.

Diese Frist beträgt 35 Arbeitstage, wenn der Kommission ein Antrag eines Mitgliedstaats gemäß Artikel 9 Absatz 2 zugeht oder wenn die beteiligten Unternehmen gemäß Artikel 6 Absatz 2 anbieten, Verpflichtungen einzugehen, um den Zusammenschluss in einer mit dem Gemeinsamen Markt zu vereinbarenden Weise zu gestalten.

(2) Entscheidungen nach Artikel 8 Absatz 1 oder 2 über angemeldete Zusammenschlüsse sind zu erlassen, sobald offenkundig ist, dass die ernsthaften Bedenken im Sinne des Artikels 6 Absatz 1 Buchstabe c) – insbesondere durch von den beteiligten Unternehmen vorgenommene Änderungen – ausgeräumt sind, spätestens jedoch vor Ablauf der nach Absatz 3 festgesetzten Frist.

(3) Unbeschadet des Artikels 8 Absatz 7 müssen die in Artikel 8 Absätze 1 bis 3 bezeichneten Entscheidungen über angemeldete Zusammenschlüsse innerhalb einer Frist von höchstens 90 Arbeitstagen nach der Einleitung des Verfahrens erlassen werden. Diese Frist erhöht sich auf 105 Arbeitstage, wenn die beteiligten Unternehmen gemäß Artikel 8 Absatz 2 Unterabsatz 2 anbieten, Verpflichtungen einzugehen, um den Zusammenschluss in einer mit dem Gemeinsamen Markt zu vereinbarenden Weise zu gestalten, es sei denn, dieses Angebot wurde weniger als 55 Arbeitstage nach Einleitung des Verfahrens unterbreitet.

Die Fristen gemäß Unterabsatz 1 werden ebenfalls verlängert, wenn die Anmelder dies spätestens 15 Arbeitstage nach Einleitung des Verfahrens gemäß Artikel 6 Absatz 1 Buchstabe c) beantragen. Die Anmelder dürfen eine solche Fristverlängerung nur einmal beantragen. Ebenso kann die Kommission die Fristen gemäß Unterabsatz 1 jederzeit nach Einleitung des Verfahrens mit Zustimmung der Anmelder verlängern. Die Gesamtdauer aller etwaigen Fristverlängerungen nach diesem Unterabsatz darf 20 Arbeitstage nicht übersteigen.

(4) Die in den Absätzen 1 und 3 genannten Fristen werden ausnahmsweise gehemmt, wenn die Kommission durch Umstände, die von einem an dem Zusammenschluss beteiligten Unternehmen zu vertreten sind, eine Auskunft im Wege einer Entscheidung nach Artikel 11 anfordern oder im Wege einer Entscheidung nach Artikel 13 eine Nachprüfung anordnen musste.

Unterabsatz 1 findet auch auf die Frist gemäß Artikel 9 Absatz 4 Buchstabe b) Anwendung.

(5) Wird eine Entscheidung der Kommission, die einer in diesem Artikel festgesetzten Frist unterliegt, durch Urteil des Gerichtshofs ganz oder teilweise für nichtig erklärt, so wird der Zusammenschluss erneut von der Kommission geprüft; die Prüfung wird mit einer Entscheidung nach Artikel 6 Absatz 1 abgeschlossen.

Der Zusammenschluss wird unter Berücksichtigung der aktuellen Marktverhältnisse erneut geprüft.

Ist die ursprüngliche Anmeldung nicht mehr vollständig, weil sich die Marktverhältnisse oder die in der Anmeldung enthaltenen Angaben geändert haben, so legen die Anmelder unverzüglich eine neue Anmeldung vor oder ergänzen ihre ursprüngliche Anmeldung. Sind keine Änderungen eingetreten, so bestätigen die Anmelder dies unverzüglich.

Die in Absatz 1 festgelegten Fristen beginnen mit dem Arbeitstag, der auf den Tag des Eingangs der vollständigen neuen Anmeldung, der Anmeldungsergänzung oder der Bestätigung im Sinne von Unterabsatz 3 folgt.

Die Unterabsätze 2 und 3 finden auch in den in Artikel 6 Absatz 4 und Artikel 8 Absatz 7 bezeichneten Fällen Anwendung.

(6) Hat die Kommission innerhalb der in Absatz 1 beziehungsweise Absatz 3 genannten Fristen keine Entscheidung nach Artikel 6 Absatz 1 Buchstabe b) oder c) oder nach Artikel 8 Absätze 1, 2 oder 3 erlassen, so gilt der Zusammenschluss unbeschadet des Artikels 9 als für mit dem Gemeinsamen Markt vereinbar erklärt.

Übersicht

	Rn.		Rn.
I. Vorprüfungsverfahren (Phase I)		4. Optionale Fristverlängerung (max. 125-Tage)	9
1. 25-Tage-Frist	1	III. Berechnung der Fristen	
2. 35-Tage-Frist	4	1. Fristbeginn	10
II. Hauptprüfungsverfahren (Phase II)		2. Fristende	12
1. 90-Tage-Frist	5	3. Fristhemmung	13
2. Frist für die Vorlage von Zusagen (65-Tage)	7	4. Fristenlauf bei Wiederaufnahme	15
3. Automatische Fristverlängerung (105-Tage)	8	IV. Freigabe aufgrund Fristablauf	16

I. Vorprüfungsphase – (Phase I)

1. 25-Tage-Frist

1 In der Fristenregelung des Art. 10 spiegelt sich der im Fusionskontrollverfahren geltende **Beschleunigungsgrundsatz**[1] wider, weshalb sämtliche Verfahrensschritte fristgebunden und i. d. R. nicht verlängerbar sind. Weiters sind die Regeln über die Fristen und deren Berechnung nach der VO Nr. 802/2004[2] der Durchführungsverordnung zur FKVO (nachfolgend „DVO") zu beachten.

2 Die sogenannte Vorprüfungsphase (Phase I) dauert grundsätzlich **25 Arbeitstage**.[3] Während dieser Phase hat die Kommission darüber zu entscheiden, ob sie das Hauptverfahren eröffnet (vgl. Art. 6 Abs. 1 lit. c), den Zusammenschluss freigibt (vgl. Art. 6 Abs. 1 lit. b) oder der angemeldete Zusammenschluss nicht unter die FKVO fällt (vgl. Art. 6 Abs. 1 lit. a). Eine Untersagung des Zusammenschlusses ist in der Vorprüfungsphase nicht möglich.

3 Die Frist beginnt erst mit dem Arbeitstag, der auf den Tag der Einbringung einer **vollständigen** Anmeldung bzw. des Eingangs der noch fehlenden Informationen folgt. Ergeben sich nach Einbringung noch wesentliche Änderungen des Zusammenschlussvorhabens, so müssen diese der Kommission mitgeteilt werden. In solchen Fällen kann die Kommission beschließen, dass die Anmeldung am Tag des Eingangs der Mitteilung der wesentlichen Änderung wirksam wird (vgl. Art. 5 Abs. 3 DVO). Die Kommission hat die Anmelder hiervon schriftlich in Kenntnis zu setzen.

---

[1] Vgl. dazu etwa EuGH v. 10. 7. 2008, RS C-413/06 P *Bertelsmann AG u. a./Kommission*, Rn. 49; Urteil des EuGH v. 18. 12. 2007, Rs C-202/06 P, *Cementbouw Handel & Industrie/Kommission*, Slg. 2007, I-0000, Rn. 39; EuG v. 14. 12. 2005 Rs. T-210/01, *General Electric Company/Kommission*, Rn. 700 f.

[2] VO (EG) Nr. 802/2004 der Kommission vom 7. 4. 2004 zur Durchführung der VO (EG) Nr. 139/2004 des Rates über die Kontrolle von Unternehmenszusammenschlüssen, ABl. 2004 L 133/1 (nachfolgend „DVO") geändert durch die VO (EG) Nr. 1033/2008 vom 20. 10. 2008 zur Änderung der VO (EG) Nr. 802/2004 vom 7. 4. 2004 zur Durchführung der VO (EG) Nr. 139/2004 des Rates für die Kontrolle von Unternehmenszusammenschlüssen ABl. 2008 L 279/3 (nachfolgend „ÄnderungsVO zur DVO").

[3] Vgl. zur Definition von Arbeitstagen unten Rn. 11.

2. 35-Tage-Frist

Eine **Verlängerung** der Entscheidungsfrist von 25 Arbeitstagen auf insgesamt 35 Arbeitstage ist nach Art. 10 Abs. 1 Unterabs 2 für zwei Fälle vorgesehen: bei Vorliegen eines Verweisungsantrages gemäß Art. 9 Abs. 2. und im Falle von Verpflichtungszusagen der Anmelder in Phase I. Letztere Regelung wurde eingeführt, um eine größere Flexibilität für die Prüfung von Zusagen bereits in Phase I zu ermöglichen.[4] Die angebotenen **Zusagen** müssen binnen 20 Arbeitstagen ab dem Datum des Eingangs der Anmeldung vorgelegt werden (vgl. Art. 19 Abs. 1 DVO). Diese Frist ist für die Parteien, nicht aber für die Kommission bindend. Diese kann begrenzte Änderungen zu bereits vorgeschlagenen Verpflichtungszusagen auch noch zu einem späteren Zeitpunkt berücksichtigen.[5]

II. Hauptprüfungsverfahren (Phase II)

1. 90-Tage-Frist

Das Hauptprüfungsverfahren dauert **höchstens 90 Arbeitstage** (vgl. Art. 10 Abs. 3). Die Frist für die Entscheidung in der Hauptsache beginnt nicht etwa mit dem Datum des Zugangs der Entscheidung nach Art. 6 sondern mit dem Arbeitstag, der auf die Entscheidung über die Einleitung des Verfahrens folgt.

Die 90-Tage-Frist muss nicht immer ausgeschöpft werden. In den Fällen, in denen eine Freigabe (z.B. aufgrund von Zusagen) **bereits früher** möglich ist, besteht nach Art 10 Abs. 2 sogar eine Verpflichtung der Kommission, eine Entscheidung nach Art 8 Abs. 2 oder Abs. 3 zu erlassen.[6] In der Regel wird die Frist aufgrund des Verwaltungsaufwandes (Abfassung der Beschwerdepunkte, Anhörung, interne Verfahrensabläufe innerhalb der Kommission usw.) jedoch fast immer ausgeschöpft. Da die Mitwirkungsrechte der Mitgliedstaaten (Anhörung des Beratenden Ausschusses) sowie Anhörungsrechte Dritter immer zu wahren sind, kann das Verfahren auch dann, wenn Verpflichtungszusagen zu einem sehr frühen Zeitpunkt vorgelegt wurden – selbst dann nicht, wenn keine Beschwerdepunkte erlassen werden – i.d.R. nicht erheblich verkürzt werden.

2. Frist für die Vorlage von Zusagen (65-Tage)

Sollen Verpflichtungszusagen zur Ausräumung wettbewerblicher Bedenken der Kommission angeboten werden, so sind diese binnen **65 Arbeitstagen** ab dem Datum der Einleitung des Verfahrens vorzulegen (Art. 19 Abs. 2 DVO).[7] Im Falle einer optionalen Verlänge-

---

[4] Vgl. Komm. E. v. 21. 4. 1998 Rs. COMP/M.1109 – *Owens Illenoy/BTR Packaging*, WuW 98, 573.

[5] Die Kommission muss dabei jedoch die Grundsätze beachten, die sie in ihrer Mitteilung über im Rahmen der Verordnung (EWG) Nr. 4064/89 des Rates und der Verordnung (EG) Nr. 447/98 der Kommission zulässige Abhilfemaßnahmen, ABl. 2001 C 68/3 (im Folgenden „Mitteilung über Abhilfemaßnahmen"), dargelegt hat. Danach sind nach Rn. 37 begrenzte Änderungen von Verpflichtungsmaßnahmen unter bestimmten Voraussetzungen möglich, vgl. EuG U. v. 3. 4. 2003, Rs. T-119/02 – *Royal Phillips Electronics NV/Kommission*, Slg. 2003 II-1433 Rn. 238ff.; vgl. auch *Ohlhoff*, der sich unter Berufung auf das EuG dafür ausspricht, dass auch verspätete Verpflichtungszusagen eine Fristverlängerung auslösen sollten, *Ohlhoff* in: Münchener Kommentar zum europäischen und deutschen Wettbewerbsrecht Art. 10 FKVO, Rn. 11.

[6] Im Fall der Prüfung von koordinativen Joint Ventures kann dies allerdings dazu führen, dass eine Anwendung von Art. 81 Abs. 3 (Freistellungsfähigkeit) gar nicht mehr geprüft wird; vgl. dazu kritisch *Hirsbrunner* EuZW/2001, 200f.

[7] Beachte den durch die ÄnderungsVO zur DVO geänderten Art. 20 DVO, in den ein neuer Abs. 1a eingefügt wurde, der bestimmt, dass gleichzeitig mit dem Verpflichtungsangebot nach Art. 6 Abs. 2 oder Art. 8 Abs. 2 ein Original und zehn weitere Ausfertigungen der im Formblatt RM betreffend Abhilfen vorgeschriebenen Information und Unterlagen vorgelegt werden müssen.

rung[8] verlängert sich auch die Frist für die Vorlage der Zusagen um max 20 Arbeitstage.[9] Schließlich sieht Art. 19 Abs. 3 letzter Satz DVO noch eine zusätzliche Verlängerung der Frist für die Vorlage von Zusagen in außergewöhnlichen Umständen vor.[10] In diesen Fällen müssen die angebotenen Zusagen jedoch *„unverzüglich und über jeden Zweifel erhaben ... die Wiederherstellung der Wettbewerbsbedingungen ... gewährleisten".*[11]

3. Automatische Verlängerung (105-Tage)

8   Haben die beteiligten Unternehmen Zusagen angeboten, sieht Art. 10 Abs. 3 Unterabsatz 1 Satz 2 eine automatische Verlängerung der Entscheidungsfrist im Hauptverfahren von 90 Arbeitstagen auf **105 Arbeitstage** vor,[12] es sei denn, das Angebot wurde weniger als 55 Arbeitstage nach Einleitung des Verfahrens unterbreitet. Dies soll als *„Motivation"* für die Unternehmen dienen, Verpflichtungszusagen zu einem möglichst frühen Zeitpunkt im Verfahren vorzulegen.[13]

4. Optionale Fristverlängerung (max. 125 Tage)

9   Zusätzlich zur automatischen Fristverlängerung bei der Vorlage von Verpflichtungszusagen wurde mit der Reform der FKVO ein völlig neues Instrument ins Fristenregime eingeführt. So sieht Art. 10 Abs. 3 Unterabsatz 2 eine Fristverlängerung um **bis zu 20 Arbeitstage** vor, die an keinerlei Anlass (wie etwa Vorlage von Verpflichtungszusagen) geknüpft ist. Eine solche Verlängerung tritt jedenfalls ein, wenn die **Anmelder** diese selbst innerhalb von 15 Arbeitstagen nach Einleitung des Hauptverfahrens **beantragen.** Weiters kann die **Kommission** eine solche Fristverlängerung **jederzeit** nach Einleitung des Verfahrens **anregen**, wobei die Verlängerung nur mit Zustimmung der Anmelder eintritt. *Dittert* macht darauf aufmerksam, dass das Interesse an einer solchen späteren Fristverlängerung nicht nur auf Seiten der Kommission, sondern insbesondere auch auf Seiten der beteiligten Unternehmen liegen kann (z. B. zur Vorbereitung eigener Gutachten usw.).[14] Andere Stimmen gehen wiederum davon aus, dass die beteiligten Unternehmen jedenfalls unter Druck geraten, die Frist zu verlängern.[15] Erfolgt sowohl eine automatische als auch eine optionale Fristverlängerung, kann die Entscheidungsfrist der Kommission in Phase II bis zu 125 Arbeitstage und somit insgesamt (d. h. vom Tag der Anmeldung) bis zu 160 Arbeitstage betragen.

---

[8] Siehe dazu Pkt 4.

[9] Vgl. Art. 19 Abs. 2 Unterabsatz 2 DVO.

[10] Vgl. auch Komm. E. v. 23. 4. 1997 Rs. IV/M.754 – *Anglo American Corp/Lonrho,* ABl. 1998, L 149/21 = WuW 1997, 597.

[11] Komm. E. v. 10. 10. 2001 Rs. COMP/M.2283 – *Schneider/Le Grand,* WuW 2002, 254; vgl. dazu auch EuG U. v. 3. 4. 2003 Rs. T-119/02 – *Royal Phillips Electonics/Kommission* Slg. 2003 II-1433, Rn. 239; EuG U. v. 3. 4. 2003 Rs T-114/02 – *BaByliss,* Slg. 2003 II-1279 Rn. 133 (EuZW 2003, 796).

[12] *Ohlhoff* vertritt wie bei der Fristverlängerung in Phase I die Auffassung, dass auch verspätete Angebote zu einer Fristverlängerung führen, vgl. *Ohohoff* in: Münchener Kommentar zum europäischen und deutschen Wettbewerbsrecht Art. 10 FKVO, Rn. 14. Tendenziell anderer Auffassung *Immenga/Körber* in: Immenga/Mestmäcker EG-WbR Art. 10 FKVO, V., Rn. 34.

[13] *Dittert* sieht darin nicht nur eine Stärkung der Verteidigungsrechte der beteiligten Unternehmen, sondern auch die Sicherstellung einer fristgerechten Konsultation des beratenden Ausschusses nach Art. 19 Abs. 5; Dittert, Die Reform des Verfahrens in der neuen EG-Fusionskontrollverordnung, WuW 2/2004, 148 ff.

[14] *Dittert,* Die Reform des Verfahrens in der neuen EG-Fusionskontrollverordnung, WuW 2/2004, 148 ff.

[15] *Berg,* Die neue EG-Fusionskontrollverordnung, Praktische Auswirkungen der Reform, BB 2004, 561.

III. Berechnung der Fristen

1. Fristbeginn

Art. 10 Abs. 1 bestimmt, dass die Frist für eine Entscheidung nach Art. 6 Abs. 1 mit dem Arbeitstag beginnt, der auf den Tag des Eingangs der Anmeldung an der Adresse der Generaldirektion Wettbewerb[16] folgt bzw. in Fällen einer unvollständigen Anmeldung mit dem Arbeitstag, der auf den Tag des Eingangs der vollständigen Auskünfte folgt (vgl. auch Art. 7 DVO). Auch der Eingang selbst kann fristwirksam nur an einem Arbeitstag erfolgen. Damit eine Registrierung der Anmeldung erfolgen kann, muss diese vor 17.00 Uhr, an Feiertagen und vor Feiertagen der Kommission vor 16.00 Uhr eintreffen.[17]

Eine Definition der **Arbeitstage** findet sich in Art. 24 DVO, wonach „alle Tage mit Ausnahme der Samstage, der Sonntage und der Feiertage der Kommission" Arbeitstage sind. Die **Feiertage der Kommission** werden für jedes Jahr im Amtsblatt veröffentlicht und sind auch auf der Website der Kommission abrufbar.[18] Beispiel: Eingang der Anmeldung: Donnerstag – gesetzlicher Feiertag: Freitag – Fristbeginn: Montag.

2. Fristende

Das Fristende wird nach Art. 8 DVO berechnet. Art. 8 DVO bestimmt, dass eine in Arbeitstagen bemessene Frist mit Ablauf des letzten Arbeitstages dieser Frist endet. Es ist ausreichend, wenn die Entscheidung innerhalb der Frist ergeht; eine Zustellung innerhalb der Frist ist nicht erforderlich (siehe Art 10 Abs 1 DVO). Fristen, die von der Kommission gesetzt werden (z.B. im Falle von Auskunftsverlangen nach Art. 11) und die auf einen bestimmten Kalendertag festgesetzt werden, enden mit Ablauf dieses Kalendertages.

3. Fristhemmung

Eine Hemmung des Fristenlaufs ist in Art. 9 Abs. 1 und Abs 2 vorgesehen, wenn (i) die Unternehmen von der Kommission verlangte Auskünfte zur Aufklärung des Sachverhalts nicht fristgerecht oder nur unvollständig erteilen *und* die Kommission die betreffenden Auskünfte mittels **förmlicher Entscheidung** nach Art. 11 Abs. 3 anfordern muss.[19] Eine Hemmung tritt weiters auch ein, wenn (ii) eine Nachprüfung mittels förmlicher Entscheidung (Art. 13 Abs. 4) durchgeführt werden muss, weil die Unternehmen sich weigern, diese zu dulden und wenn es (iii) die Anmelder unterlassen haben, Änderungen an den in der Anmeldung angegeben Tatsachen oder neue Informationen i.S.v. Art. 5 Abs. 3 DVO mitzuteilen und die Kommission deshalb eine förmliche Entscheidung nach Art. 11 treffen musste.

Eine Fristhemmung (**„stop-the-clock"**) tritt im unter (i) dargestelltem Fall nicht nur dann ein, wenn die Anmelder selbst Auskünfte nur verzögert erteilen, sondern auch, wenn

---

[16] Die Adresse wird im Amtblatt veröffentlicht, zuletzt ABl. 2004 C 139/2.

[17] Vgl. Vorbemerkung zu 1.4., Form CO, Anhang I zur DVO; zu beachten sind insbesondere auch die Hinweise der Kommission auf ihrer hompage, abzurufen unter *delivery of merger-related-documents,* http://ec.europa.eu/comm/competition/contacts/mergers_mail.html.

[18] Vgl. für 2008 ABl. 2006 C 169/3; für 2009 siehe ABl. 2007 C 171/10, dabei ist zu beachten, dass die im Amtsblatt bekanntgegebenen Feiertage nicht nur die Feiertage der Kommission, sondern auch andere Feiertage in der EG enthalten. Für die Fristberechnung sind jedoch nur die **Feiertage der Kommission** selbst heranzuziehen.

[19] Art. 9 Abs. 1 regelt den Fall, dass infolge eines nicht fristgerecht oder unvollständig beantworteten einfachen Auskunftsverlangens ein förmliches Auskunftsverlangen ergeht. Abs 2 betrifft den Fall der Übersendung eines förmlichen Auskunftsverlangens ohne vorausgehendes einfaches Auskunftsverlangen, wenn die Kommission durch die Umstände dazu veranlasst war (etwa wenn frühere Auskunftsverlangen unbegründet nicht ordnungsgemäß beantwortet wurden).

andere Beteiligte im Sinne der DVO (d.h. z.B. der Veräußerer oder das Zielunternehmen[20]) Auskünfte nicht zeitgerecht oder nicht vollständig erteilen. Dasselbe gilt, wenn **Dritte** (Kunden, Lieferanten, Wettbewerber, Mitglieder der Leitungsorgane der beteiligten Unternehmen oder sogar Verbraucherverbände) Auskünfte nicht erteilen und dies auf Umstände zurückzuführen ist, die die Anmelder oder ein anderer Beteiligter zu verantworten haben.[21] Letzteres wird von der Kommission grundsätzlich weit ausgelegt, sodass die Nichtübermittlung von Informationen durch Dritte i.d.R. zulasten der Anmelder geht. Denkbar (und tw auch praktiziert) ist aber auch, dass die Bestimmung von den Anmeldern und der Kommission einvernehmlich genutzt wird, um beispielsweise in Phase I mehr Zeit für die Vorlage von Verpflichtungszusagen zu gewinnen.

Die Hemmung der Frist **beginnt** mit dem Arbeitstag, der auf den Tag der Entstehung des Hemmnisses folgt. Die Entstehung des Hemmnisses ist i.d.R. der Tag, an dem die im Auskunftsverlangen[22] gesetzte Frist endet bzw. der Tag des gescheiterten Nachprüfungsversuches. Werden Änderungen i.S.v. Art. 5 Abs. 3 DVO nicht rechtzeitig mitgeteilt, beginnt die Hemmung der Fristen jedoch am Tag der Tatsachenänderung. Sie **endet** mit dem Ablauf des Tages der Beseitigung des Hemmnisses, das ist i.d.R. der Eingang der von der Kommission eingeforderten Informationen (Art. 9 Abs. 4 DVO).

14   Durch die DVO wird klargestellt, dass eine Fristhemmung auch bei Entscheidung über die Verweisung gemäß Art. 9 erfolgt, wenn entsprechende Auskunftsverlangen nach Art. 11 nicht fristgerecht beantwortet werden. Demgegenüber ist keine Fristhemmung vorgesehen bei Entscheidungen über eine **Verweisung vor Anmeldung** gemäß Art. 4 Abs. 4 und 5.

4. Fristenlauf bei Wiederaufnahme

15   Wurde eine **Entscheidung** der Kommission durch Urteil des Gerichtshofs ganz oder teilweise **für nichtig erklärt**, wird der Fall unter Berücksichtigung der aktuellen Marktverhältnisse von der Kommission erneut geprüft. (Art. 10 Abs. 5)

Die Anmelder haben sicherzustellen, dass ihre ursprüngliche Anmeldung im Hinblick auf die **aktuellen Marktverhältnisse** vollständig ist. Die Zuständigkeit der Kommission selbst wird jedoch nicht mehr geprüft,[23] man spricht daher auch von einem „gespaltenen Beurteilungszeitpunkt".[24] Haben sich die Marktverhältnisse oder auch andere in der Anmeldung enthaltene Angaben geändert, so müssen die Anmelder „*unverzüglich*" eine neue Anmeldung vorlegen oder ihre ursprüngliche Anmeldung ergänzen. Liegen nach Meinung der Anmelder keine solchen Änderungen vor, ist das seitens der Anmelder unverzüglich zu bestätigen.. Der Fristenlauf gemäß Art. 10 Abs. 1 beginnt dann wie im Falle einer Erstanmeldung mit dem Arbeitstag, der auf den Tag des Eingangs der vollständigen neuen An-

---

[20] Dies kann insbesondere bei feindlichen Übernahmen problematisch sein, da es dem Zielunternehmen oder dem Veräußerer (allerdings nur ihm Rahmen etwaiger nationaler Übernahmevorschriften etwa zu einer Neutralitätsverpflichtung) die Möglichkeit eröffnet, das Verfahren zu verzögern. Kritisch dazu auch *Ohlhoff* in: Münchener Kommentar zum europäischen und deutschen Wettbewerbsrecht Art. 10 FKVO, Rn. 31.

[21] Die Hemmung der Fristen kann u.U. zu einer sehr langen Verfahrensdauer führen, siehe etwa Komm E. v.19. 6. 2006 Rs. Nr. COMP/M.3796 – *Omya/Huber PCC*, Rn 5, hier erfolgte eine Aussetzung des Verfahrens um ca. 4 Monate; Komm. E. v. 26. 10. 2004 Rs. Nr. COMP/M.3216, *Oracle/Peoplesoft*, Rn 3, 6 (Unterbrechung des Verfahrens dauerte insgesamt fast 7 Monate); siehe zu diesem Fall auch *Weitbrecht* ECLR 2005, 67, 69 u 72.

[22] Im Fall des Abs. 1 die im einfachen, im Fall des Abs. 2 die im förmlichen Auskunftsverlangen genannte Frist.

[23] *Ohlhoff* in: Münchener Kommentar zum europäischen und deutschen Wettbewerbsrecht Art. 10 FKVO, Rn. 19.

[24] *Baron* in Langen/Bunte, Kommentar zum deutschen und europäischen Kartellrecht, Band 2, Art 10, Rn 7.

meldung, der Ergänzung der Anmeldung oder der Bestätigung, dass keine neuen Angaben notwendig sind, folgt. Der Nichtigerklärung einer Entscheidung der Kommission durch das Urteil des Gerichtshofs gleichgestellt sind auch die Fälle, in denen eine Entscheidung nach Art. 6 Abs. 3 oder Art. 8 Abs. 6 widerrufen wird. Auch in diesen Fällen wird das gesamte Fusionskontrollverfahren neu durchgeführt.[25]

IV. Freigabe aufgrund Fristablauf

Art. 10 Abs. 6 bestimmt, dass der Zusammenschluss als freigegeben gilt, wenn die Kommission innerhalb der vorgegebenen Fristen keine Entscheidung erlässt. Die Regelung in Abs. 6 wurde daher häufig als „Vereinbarkeitsfiktion" bezeichnet. Aus dem Urteil des Gerichtshofes in Sachen *Bertelsmann AG u. a./Kommission*[26] geht jedoch hervor, dass aus Art. 10 Abs. 6. ebenso wenig wie aus den anderen Bestimmungen der FKVO eine allgemeine Vermutung der Vereinbarkeit oder Unvereinbarkeit eines angemeldeten Zusammenschlusses mit dem Gemeinsamen Markt abgeleitet werden kann. Art. 10 Abs. 6. stelle nämlich lediglich eine spezifische Ausprägung des Beschleunigungsgebots dar.[27]

Aus Art. 10 Abs. 6 ergeben sich daher auch keine unterschiedlichen Beweismaßstäbe für Untersagung und Freigabe eines Zusammenschlusses, ebenso wenig, dass eine Freigabeentscheidung der Kommission nicht wegen mangelnder Begründung angefochten werden kann (etwa weil Art. 10 Abs. 6 bedeutet, dass ein Zusammenschluss jedenfalls zu genehmigen sei, wenn die Kommission im vorgegebenen Zeitrahmen keine ausreichenden Beweise für eine Untersagung findet). Gegen die Freigabe eines Zusammenschlusses aufgrund Fristablauf kann daher (etwa von einem Wettbewerber) Klage gem. Art. 230 EG an das EuG erhoben werden.[28]

Zu beachten ist, dass Art. 10 Abs. 6 nur unbeschadet des Art. 9 gilt. Greift die Verweisungsfiktion nach Art. 9 Abs. 5 aufgrund Untätigbleibens der Kommission,[29] geht diese Art. 10. Abs. 6 vor, dh der dann zuständige Mitgliedstaat ist an die Fristen der FKVO nicht gebunden.

Ist weder zum Zusammenschluss noch zum Verweisungsantrag eine Entscheidung der Kommission erfolgt, gilt der Zusammenschluss als an den Mitgliedstaat verwiesen. Strittig ist, ob auch nach Ablauf der Fristen des Art. 10 eine Verweisung an einen Mitgliedstaat noch möglich ist.[30]

---

[25] Vgl. EuGH U. v. 31. 3. 1998 Rs. C-68/94 u. C-30/95 – *Kali und Salz/MdK/Treuhand* Slg. 1998 I-1375. Hier hatte der EuGH die Entscheidung der Kommission (Komm. E. v. 14. 12. 1993, ABl. 1994 L 186/38) am 31. 3. 1998 aufgehoben. Die Kommission bestand hier auf einer „*Vervollständigung*" bzw. aktualisierten Anmeldung. Da die zusätzlichen Informationen erst am 8. 6. 1998 einlangten, begann die Frist erst gut zwei Monate nach Aufhebung der Entscheidung durch den Gerichtshof zu laufen, vgl. dazu kritisch *Wagemann* in: Wiedemann, EG-Fusionskontrollverordnung § 17 Rn. 56.
[26] Vgl. EuGH v. 10. 7. 2008, Rs. C-413/06 P *Bertelsmann AG u. a./Kommission*, Rn. 39 f., 49 ff., 170 ff.
[27] Siehe oben Rn 1.
[28] Vgl. EuGH v. 10. 7. 2008, Rs. C-413/06 P *Bertelsmann AG u. a./Kommission*, Rn. 39 f., 49 ff,170 ff.
[29] Vgl. dazu die Kommentierung in Artikel 9.
[30] Ablehnend *Ohohoff* in: Münchener Kommentar zum europäischen und deutschen Wettbewerbsrecht Art. 10 FKVO, Rn. 35; offen gelassen *Immenga/Körber* in: Immenga/Mestmäcker, EG-WbR Art. 10 FKVO, Rn. 42.

Art. 11. Auskunftsverlangen

(1) Die Kommission kann zur Erfüllung der ihr durch diese Verordnung übertragenen Aufgaben von den in Artikel 3 Absatz 1 Buchstabe b) bezeichneten Personen sowie von Unternehmen und Unternehmensvereinigungen durch einfaches Auskunftsverlangen oder durch Entscheidung verlangen, dass sie alle erforderlichen Auskünfte erteilen.

(2) Richtet die Kommission ein einfaches Auskunftsverlangen an eine Person, ein Unternehmen oder eine Unternehmensvereinigung, so gibt sie darin die Rechtsgrundlagen und den Zweck des Auskunftsverlangens, die Art der benötigten Auskünfte und die Frist für die Erteilung der Auskünfte an und weist auf die in Artikel 14 für den Fall der Erteilung einer unrichtigen oder irreführenden Auskunft vorgesehenen Sanktionen hin.

(3) Verpflichtet die Kommission eine Person, ein Unternehmen oder eine Unternehmensvereinigung durch Entscheidung zur Erteilung von Auskünften, so gibt sie darin die Rechtsgrundlage, den Zweck des Auskunftsverlangens, die Art der benötigten Auskünfte und die Frist für die Erteilung der Auskünfte an. In der Entscheidung ist ferner auf die in Artikel 14 beziehungsweise Artikel 15 vorgesehenen Sanktionen hinzuweisen; gegebenenfalls kann auch ein Zwangsgeld gemäß Artikel 15 festgesetzt werden. Außerdem enthält die Entscheidung einen Hinweis auf das Recht, vor dem Gerichtshof gegen die Entscheidung Klage zu erheben.

(4) Zur Erteilung der Auskünfte sind die Inhaber der Unternehmen oder deren Vertreter, bei juristischen Personen, Gesellschaften und nicht rechtsfähigen Vereinen die nach Gesetz oder Satzung zur Vertretung berufenen Personen verpflichtet. Ordnungsgemäß bevollmächtigte Personen können die Auskünfte im Namen ihrer Mandanten erteilen. Letztere bleiben in vollem Umfang dafür verantwortlich, dass die erteilten Auskünfte vollständig, sachlich richtig und nicht irreführend sind.

(5) Die Kommission übermittelt den zuständigen Behörden des Mitgliedstaates, in dessen Hoheitsgebiet sich der Wohnsitz der Person oder der Sitz des Unternehmens oder der Unternehmensvereinigung befindet, sowie der zuständigen Behörde des Mitgliedstaates, dessen Hoheitsgebiet betroffen ist, unverzüglich eine Kopie der nach Absatz 3 erlassenen Entscheidung. Die Kommission übermittelt der zuständigen Behörde eines Mitgliedstaates auch die Kopien einfacher Auskunftsverlangen in Bezug auf einen angemeldeten Zusammenschluss, wenn die betreffende Behörde diese ausdrücklich anfordert.

(6) Die Regierungen und zuständigen Behörden der Mitgliedstaaten erteilen der Kommission auf Verlangen alle Auskünfte, die sie zur Erfüllung der ihr durch diese Verordnung übertragenen Aufgaben benötigt.

(7) Zur Erfüllung der ihr durch diese Verordnung übertragenen Aufgaben kann die Kommission alle natürlichen und juristischen Personen befragen, die dieser Befragung zum Zweck der Einholung von Informationen über einen Untersuchungsgegenstand zustimmen. Zu Beginn der Befragung, die telefonisch oder mit anderen elektronischen Mitteln erfolgen kann, gibt die Kommission die Rechtsgrundlage und den Zweck der Befragung an.

Findet eine Befragung weder in den Räumen der Kommission noch telefonisch oder mit anderen elektronischen Mitteln statt, so informiert die Kommission zuvor die zuständige Behörde des Mitgliedstaates, in dessen Hoheitsgebiet die Befragung erfolgt. Auf Verlangen der zuständigen Behörde dieses Mitgliedstaats können deren Bedienstete die Bediensteten der Kommission und die anderen von der Kommission zur Durchführung der Befragung ermächtigten Personen unterstützen.

Art. 11 FKVO

Übersicht

	Rn.		Rn.
I. Einleitung	1	III. Materielle Voraussetzungen des Auskunftsverlangens	
II. Verfahren	3		
1. Einfaches Auskunftsverlangen (Abs. 2)	4	1. Auskunftsbegriff, Erforderlichkeit der Auskunft	7
2. Auskunftsverlangen durch Entscheidung (Abs. 3)	5	2. Adressaten	8
3. Mitwirkung der Mitgliedstaaten	6	3. Auskunftsverweigerungsrecht	9

I. Einleitung

Mit dem Auskunftsverlangen gibt Art. 11 der Kommission Instrumente an die Hand, sich die für die rechtliche Beurteilung von Zusammenschlüssen benötigten Informationen zu beschaffen (vgl. Erwägungsgrund 38). Die Vorschrift **entspricht in weiten Teilen Art. 18 VO 1/2003.** Auskunftsverlangen bestehen in der Praxis meist aus einem Anschreiben und einem beigefügten Fragebogen. Sie werden im Fusionskontrollverfahren von der Kommission unter Setzung deutlich kürzerer Fristen als im allgemeinen Kartellverfahren gestellt. Sie sind (jedenfalls in der ersten Prüfungsphase) häufig sogar innerhalb einer Woche zu beantworten.[1] Die knappen Fristsetzungen erklären sich aus der Kürze der Zeit, die der Kommission nach Art. 10 für die Prüfung von Zusammenschlussvorhaben zur Verfügung steht. Sofern die Kommission zur Erhebung eines Auskunftsverlangens im Wege der förmlichen Entscheidung gemäß Abs. 3 durch Umstände gezwungen ist, die ein Zusammenschlussbeteiligter zu vertreten hat, werden die in Art. 10 festgelegten Prüfungsfristen gehemmt (Art. 10 Abs. 4; siehe auch Art. 9 VO 802/2004). Hierdurch kann verhindert werden, dass Zusammenschlussbeteiligte durch obstruktives Informationsgebaren den Zeitdruck auf die Kommission zusätzlich erhöhen. 1

Auskunftsverlangen nach Art. 11 Abs. 1–3 (unten Rdn. 3 ff.) sind **abzugrenzen** gegen schlichte (auch telefonisch oder elektronisch übermittelbare) **Fragen,** welche die Kommission im Rahmen eines Fusionskontrollverfahrens auf Grundlage von **Abs. 7** an Zusammenschlussbeteiligte oder an Dritte richtet (Parallelvorschrift hierzu ist Art. 19 VO 1/2003). Diese setzen lediglich voraus, dass die Kommission den Befragungszweck und die Rechtsgrundlage der Befragung angibt. Antworten können zu Protokoll genommen werden (vgl. Erwägungsgrund 38 a. E.) und erfolgen freiwillig. Der Kommission stehen im Rahmen von Abs. 7 anders als bei Auskunftsverlangen i. S. v. Abs. 1–3 nicht die in Art. 14 bzw. Art. 15 normierten Sanktionsbefugnisse für den Fall unrichtiger, unvollständiger oder ausbleibender Antworten zu.[2] Da die Kommission sowohl bei Auskunftsverlangen iSv Abs. 1–3 als auch bei Fragen nach Abs. 7 die Rechtsgrundlage ihres Vorgehens benennen muss, kann der Adressat jeweils klar ersehen, unter welchem rechtlichen Regime die Kommission handelt und ob er rechtliche Konsequenzen zu gegenwärtigen hat.[3] – Auskünfte i. S. v. Art. 11 sind ferner von denjenigen **Angaben** zu unterscheiden, die von Zusammenschlussbeteiligten **im Rahmen der Anmeldung** zu machen sind (VO 802/ 2

---

[1] GK-*Schütz,* Art. 1 Rn. 12; *Baron* in: Langen/Bunte, Kommentar zum deutschen und europäischen Kartellrecht, Bd. 2, Art. 11, Rn. 3. In EuG U v. 22. 10. 2002, Rs. T-310/01 – *Schneider Electric,* Slg. 2002, II-4071 Tz. 79 und 94 ff. ist eine Frist von fünf Arbeitstagen für die Beantwortung von 322 Fragen nicht beanstandet worden.

[2] Ein anderslautender Vorschlag der Kommission wurde vom Rat bei Erlass der FKVO nicht aufgegriffen; siehe den ursprünglichen Kommissionsentwurf in Abl. 2003 C 20/4, S. 46.

[3] Neben die Auskunftsverlangen bzw. Befragungen i. S. v. Art. 11 treten in der Praxis „informelle Nachfragen", die von Beamten der GD Wettbewerb unabhängig von Art. 11 (i.d.R. per E-Mail) verschickt werden; *Immenga/Körber* in: Immenga/Mestmäcker, EG-WbR, Art. 11, Rn. 1. Zudem finden häufig „pre-notification contacts" statt; siehe hierzu Rn. 5 ff. der von der GD Wettbewerb 2005 herausgegebenen „Best Practises on the conduct of EC merger control proceedings"; Rn. 26 des Dokuments deutet auch die Möglichkeit von Auskunftsverlangen iSv Art. 11 in diesem Stadium an.

2004 i.V.m. Formblatt CO). Sind diese Angaben unvollständig, beginnt die Frist nach Art. 10 Abs. 1 nicht zu laufen (Art. 5 Abs. 2 Satz 2 VO 802/2004).

II. Verfahren

3 Anders als nach der früheren VO 4064/89 ist das Verfahren **nicht mehr zweistufig,** sondern nur noch **zwei**spurig ausgestaltet. Die Kommission kann das Auskunftsverlangen *entweder* in einfacher Form (Abs. 2) *oder* (was in der Praxis weit seltener geschieht) durch Erlass einer förmlichen Entscheidung stellen (Abs. 3). Das Eine ist im Gegensatz zur früheren Rechtslage nicht mehr Voraussetzung des Anderen (vgl. Abs. 1); die Kommission kann diejenige Variante wählen, die sie für zweckmäßiger hält.[4] Sie ist aber auch nicht gehindert, auf die Erfolglosigkeit eines einfachen Auskunftsverlangens mit dem Erlass einer förmlichen Auskunftsentscheidung i.S.v. Abs. 3 zu reagieren, ohne dass dabei – wie nach früherer Rechtslage – ein Verbot bestünde, zusätzliche Fragen einzuführen. Die rechtlichen Konsequenzen des durch förmliche Entscheidung gestellten Auskunftsverlangens sind für den Adressaten einschneidender. Er kann nicht nur (wie beim einfachen Auskunftsverlangen) wegen unrichtiger oder irreführender Angaben, sondern darüber hinaus auch wegen Nichtbeantwortung bzw. nicht fristgerechter Beantwortung sowie wegen unvollständiger Antworten mit einem Bußgeld belegt werden (siehe Art. 14 Abs. 1b, c); ferner ist gegen ihn gemäß Art. 15 eine Zwangsgeldfestsetzung möglich.

1. Einfaches Auskunftsverlangen (Abs. 2)

4 Die Kommission muss in dem Auskunftsverlangen dessen **Rechtsgrundlage** und **Zweck** benennen. Zur Benennung der Rechtsgrundlage genügt ein pauschaler Verweis auf Art. 11 Abs. 2. Hingegen ist der Zweck sachlich zu spezifizieren (z.B. Prüfung der Freigabefähigkeit eines Zusammenschlusses; Prüfung, ob ein anmeldepflichtiger Zusammenschluss bereits vollzogen wurde),[5] andernfalls die Verwertungsbindung des Art. 17 Abs. 1 leer liefe. Ferner muss die Kommission die **Art der benötigten Auskünfte** angeben sowie eine **Frist** für die Beantwortung setzen. Der Adressat des Auskunftsverlangens muss präzise ersehen können, welche Informationen er aus welchem Anlass innerhalb welchen Zeitrahmens der Kommission zu übermitteln hat. Angefordert werden können auch Unterlagen[6] (z.B. Kopien von Vertragsurkunden). Die Länge der Beantwortungsfrist muss in einem angemessenen Verhältnis zum Umfang der geforderten Auskünfte stehen und bei unverschuldeten Schwierigkeiten der Informationsbeschaffung verlängert werden. Schließlich muss die Kommission einen **Hinweis auf die Bußgeldandrohung des Art. 14** für unrichtige oder irreführende Auskünfte geben. Auskunftsverlangen bedürfen der **Schriftform** (Umkehrschluss aus Abs. 7). Zur vorgeschriebenen **Sprache** des Auskunftsverlangens siehe Art. 3 VO 1/1958 (Sprache des „Empfängerstaates"; bei Abweichung entfallen idR die Sanktionsbefugnisse nach Art. 14, 15[7]).

---

[4] *Dittert* WuW 2004, 154 und ihm folgend *Berg* BB 2004, 568 sowie *Immenga/Körber* in: Immenga/Mestmäcker, EG-WbR, Art. 11, Rn. 14, sprechen sich unter Hinweis auf den Verhältnismäßigkeitsgrundsatz einschränkend dafür aus, dass die Kommission bei einer Auskunftsentscheidung nach Abs. 3 begründeten Anlass zu der Annahme haben muss, dass die Beantwortung eines einfachen Auskunftsverlangens nicht erfolgen wird. Für eine solche Einschränkung gibt der Normtext jedoch nichts her. Diese klare Entscheidung des Verordnungsgebers unter Berufung auf den Verhältnismäßigkeitsgrundsatz zu überspielen, erscheint problematisch.

[5] Siehe EuG U v. 8. 3. 1995 Rs. T-34/93 – *Sté. Génerale* Slg. 1995 II, 545 Rn. 63f.

[6] EuGH U. v. 18. 10. 1989 Rs. 374/87 – *Orkem* Slg. 1989, 3343 Rn. 34; EuGH U. v. 7. 1. 2004 Rs. C-204/00 – *Aalborg Portland* Slg. 2004 I, 303 Rn. 61. Kritisch GK-*Schütz*, Art. 11 Rn. 10.

[7] So auch *Baron* in: Langen/Bunte, Kommentar zum deutschen und europäischen Kartellrecht, Bd. 2, Art. 11, Rn. 3; dort auch zur Sprachenpraxis der GD Wettbewerb (i.d.R. Versendung der Fragebögen in der Verfahrenssprache).

2. Auskunftsverlangen durch förmliche Entscheidung (Abs. 3)

Zusätzlich zu den Angaben und Hinweisen, die auch beim einfachen Auskunftsverlangen gefordert sind, muss die Kommission eine **Rechtsbehelfsbelehrung** vornehmen (da die förmliche Auskunftsentscheidung eine selbständige Belastung des Adressaten darstellt, kann sie anders als ein einfaches Auskunftsverlangen unabhängig von der Hauptsacheentscheidung mit der Nichtigkeitsklage angegriffen werden).[8] Unterlässt sie dies, beginnt die Klagefrist nicht zu laufen, ist die Entscheidung aber nicht unwirksam. Ferner muss die Kommission einen **Hinweis auf die Möglichkeit der Zwangsgeldfestsetzung gemäß Art. 15** geben. Die Kommission kann das Auskunftsverlangen aber auch bereits mit einer Zwangsgeldfestsetzung **verbinden** (Abs. 3 Satz 2, 2. HS).

3. Mitwirkung der Mitgliedstaaten

Abs. 6 erlegt den Mitgliedstaaten eine umfassende **eigene Auskunftspflicht** auf, sofern die Kommission ihnen gegenüber ein Auskunftsverlangen erhebt. Eine förmliche Auskunftsentscheidung nach Art. 11 Abs. 3 oder gar Zwangsmaßnahmen darf die Kommission in diese Fall aber nicht erlassen.[9] Verletzen Mitgliedstaaten ihre Auskunftspflicht, kann die Kommission das Vertragsverletzungsverfahren beschreiten. Entgegenstehendes nationales Recht berechtigt nur dann zur Auskunftsverweigerung, soweit eine Vorschrift des europäischen Rechts dies rechtfertigt. – Die Mitgliedstaaten ihrerseits erhalten nach Maßgabe von **Abs. 5** Kopien von Auskunftsverlangen der Kommission gegenüber Unternehmen bzw. Personen. – Auch für den Fall von Fragen an Unternehmen im Rahmen von **Abs. 7** ist eine Beteiligung von Mitgliedstaaten vorgesehen (Abs. 7 UA 2).

III. Materielle Voraussetzungen des Auskunftsverlangens

1. Auskunftsbegriff, Erforderlichkeit der Auskunft

Auskünfte sind Mitteilungen über **tatsächliche Umstände** wie etwa Preise, Produkte oder Umsätze des Befragten, keine Werturteile oder Meinungen.[10] Als tatsächliche Umstände im vorgenannten Sinne anzusehen sind aber auch ein bestimmter unternehmensinterner Planungsstand oder intern vorhandene Einschätzungen konkreter wirtschaftlicher Verhältnisse (v. a. eigener Marktanteile); die Grenzen zu reinen Werturteilen oder Meinungen sind hier freilich fließend und sollten danach gezogen werden, ob die Planungen bzw. Einschätzungen konkretisiert, insbesondere zahlenmäßig unterlegt sind oder aber sich in allgemeinen Richtungsangaben erschöpfen.[11] Nicht verlangt werden dürfen Informationen, die der Befragte sich erst selbst beschaffen muss.[12] Ferner dürfen keine Angaben über wirtschaftliche Verhältnisse Dritter verlangt werden (gegen die die Kommission ein eigenes Auskunftsverlangen richten kann), wobei verbundene Unternehmen nicht als Dritte anzusehen sind. **Erforderlich** i. S. v. Abs. 1 ist ein Auskunftsverlangen insoweit, als die Kenntnis der Umstände für die Prüfung des Falles vonnöten ist. Sofern die Prüfung sich nicht auf ein angemeldetes Zusammenschlussvorhaben, sondern auf mögliche Verstöße gegen sanktionsbewehrte Pflichten aus der FKVO (etwa Beachtung des Vollzugsverbots) richtet, folgt aus dem Erforderlichkeitsgrundsatz weiter, dass ein auf konkreten Anhaltspunkten beru-

---

[8] *Immenga/Körber* in: Immenga/Mestmäcker, EG-WbR, Art. 11, Rn. 25.
[9] *Immenga/Körber* in: Immenga/Mestmäcker, EG-WbR, Art. 11, Rn. 12 (dort zu Recht unter Hinweis darauf, dass anderes in Bezug auf Auskunftsverlangen gegenüber staatlichen Unternehmen gilt).
[10] *Immenga/Körber* in: Immenga/Mestmäcker, EG-WbR, Art. 11, Rn. 4. Siehe auch EuG U. v. 20. 2. 2001 RS T-112/98 – *Mannesmannröhren-Werke* Slg. 2001, II-729.
[11] So wohl auch GK-*Schütz*, Art. 11 Rn. 10.
[12] GK-*Schütz*, Art. 11 Rn. 10.

Art. 12 FKVO

hender Anfangsverdacht der Kommission gegeben sein muss; im Falle eines entsprechenden Verdachts wird die Kommission aber aus taktischen Gründen (Überraschungseffekt) meist zum Instrument der Nachprüfung (Art. 13) greifen. Aus dem allgemeinen, auch im Gemeinschaftsrecht geltenden Grundsatz der **Verhältnismäßigkeit**[13] lässt sich folgern, dass die gefragten Umstände nicht ohne weiteres von der Kommission selbst ermittelbar sein dürfen und dass der dem Adressaten für die Aufbereitung der Antworten entstehende Aufwand der wettbewerblichen Bedeutung des Falls angemessen sein muss.[14] Da die Relevanz der Umstände für die Prüfung des Falles aber häufig erst zu einem späteren Zeitpunkt abschließend beurteilt werden kann, wird man bezüglich der Erforderlichkeit der Kommission eine gewisse Einschätzungsprärogative zugestehen müssen.[15]

2. Adressaten

8   Bei den von Abs. 1–3 als Adressaten aufgeführten **Unternehmen bzw. Unternehmensvereinigungen** handelt es sich nicht nur um die Zusammenschlussbeteiligten. Es können Auskunftsverlangen auch gegen Wettbewerber, Lieferanten oder Abnehmer, auch gegen Unternehmen, die auf anderen Märkten tätig sind, gerichtet werden.[16] – **Natürliche Personen** können, wie sich aus dem Verweis auf Art. 3 Abs. 1 lit. b ergibt, nur dann *als solche* auskunftspflichtig sind, wenn sie ein Unternehmen kontrollieren und damit dem funktionalen Unternehmensbegriff unterfallen; *als Privatpersonen* sind sie und andere natürliche Personen auch dann nicht zur Auskunft verpflichtet, wenn sie über zusammenschlussrelevante Informationen verfügen.[17] – Hiervon zu unterscheiden ist die Verpflichtung natürlicher Personen als **Inhaber oder Vertreter von Unternehmen** nach Maßgabe von Abs. 4. Zwangs- und Bußgelder können sich allerdings nur gegen Unternehmen und nicht gegen deren Funktionsträger richten. – Erteilen ordnungsgemäß **bevollmächtigte Vertreter** (z. B. Rechtsanwälte) Auskünfte im Namen ihrer Mandanten, bleiben letztere dafür verantwortlich, dass die Auskünfte vollständig, sachlich richtig und nicht irreführend sind (siehe Abs. 4 Sätze 2 und 3).

3. Auskunftsverweigerungsrecht

9   Hinsichtlich des Auskunftsverweigerungsrechts gilt das zu Art. 18 VO 1/2003 Gesagte entsprechend (kein allgemeines Recht auf Auskunftsverweigerung in Bezug auf Geschäftsgeheimnisse, jedoch keine Beeinträchtigung von Verteidigungsrechten, insbesondere nicht des – in der gerichtlichen Praxis freilich eng ausgelegten – Verbots, eine Selbstbezichtigung zu erzwingen[18]). Ein weiterer Schutz der Adressaten ergibt sich aus den Regelungen in Art. 17 (Berufsgeheimnis). Die Kommission bittet bei Auskunftsverlangen die Adressaten in der Regel um die Kenntlichmachung von Geschäftsgeheimnissen und vertraulichen Angaben (siehe hierzu Art. 18 VO 802/2004).

Art. 12. Nachprüfungen durch Behörden der Mitgliedstaaten

(1) **Auf Ersuchen der Kommission nehmen die zuständigen Behörden der Mitgliedstaaten diejenigen Nachprüfungen vor, die die Kommission gemäß Art. 13 Absatz 1 für angezeigt hält oder die sie in einer Entscheidung gemäß Art. 13 Absatz 4 angeordnet hat. Die mit der Durchführung der Nachprüfungen beauftragten Be-**

---

[13] EuGH U. v. 20. 2. 1978 Rs. 122/78 – *Buitoni/FORMA* Slg. 1979, 677 ff. Rn. 14.
[14] *Immenga/Körber* in: Immenga/Mestmäcker, EG-WbR, Art. 11, Rn. 5.
[15] GK-*Schütz*, Art. 11 Rn. 10 unter Berufung auf EuGH U. v. 21. 9. 1989 verb. Rs. 46/87, 227/88 – Höchst Slg. 1989, 2928 Rn. 25 f.
[16] Beispiel in Komm. E. v. 12. 7. 2000 Rs. IV/M.1634 – *Mitsubishi,* WuW/E EU-V 543.
[17] *Immenga/Körber* in: Immenga/Mestmäcker, EG-WbR, Art. 11, Rn. 10.
[18] Siehe GK-*Schütz*, Art. 11, Rn. 4 ff.

Art. 13. Nachprüfungsbefugnisse der Kommission **FKVO Art. 13**

diensteten der zuständigen Behörden der Mitgliedstaaten sowie die von ihnen ermächtigten oder benannten Personen üben ihre Befugnisse nach Maßgabe ihres innerstaatlichen Rechts aus.

(2) Die Bediensteten der Kommission und andere von ihr ermächtigte Begleitpersonen können auf Anweisung der Kommission oder auf Ersuchen der zuständigen Behörde des Mitgliedstaats, in dessen Hoheitsgebiet die Nachprüfung vorgenommen werden soll, die Bediensteten dieser Behörde unterstützen.

Der (praktisch bislang weitgehend bedeutungslos gebliebene)[1] Art. 12, der weitgehend mit Art. 22 Abs. 2 VO 1/2003 übereinstimmt, verleiht der Kommission die Befugnis, mit der Durchführung von Nachprüfungen i. S. v. Art. 13 Bedienstete der zuständigen Behörde des betroffenen Mitgliedstaates zu betrauen (Amtshilfe). Ein entsprechendes Ersuchen der Kommission ist für den Mitgliedstaat bindend. Die **rechtlichen Voraussetzungen** der Nachprüfung ergeben sich auch im Fall der Einschaltung nationaler Bediensteter **aus Art. 13,** auf dessen Kommentierung insoweit verwiesen wird. Die Kommission kann sich je nach Zweckmäßigkeit frei dafür entscheiden, die Befugnis nach Art. 12 Abs. 1 in Anspruch zu nehmen oder die Nachprüfung nach Art. 13 durch eigene Bedienstete durchzuführen.[2] Gewissermaßen in der Mitte liegt die durch Art. 12 Abs. 2 eröffnete Möglichkeit, Kommissionsbedienstete an Nachprüfungen durch nationale Bedienstete teilnehmen zu lassen. Neben eigenen Bediensteten der Kommission bzw. der ersuchten nationalen Behörde können jeweils auch Hilfspersonen (z. B. Wirtschaftsprüfer, IT-Experten) eingeschaltet werden.   1

In Deutschland ist **zuständige nationale Behörde** nach § 50 GWB das **Bundeskartellamt,** dessen Befugnisse bei einem Tätigwerden im Rahmen von Art. 12 sich nach **nationalem Recht** bestimmen (ausdrücklich klargestellt durch Abs. 1 Satz 2), wobei zu Recht gefordert wird, dass die Ausübung dieser Befugnisse sich im Rahmen der gemeinschaftsrechtlichen, insbesondere durch Art. 13 gesetzten Grenzen halten muss.[3] Ob die Voraussetzungen für eine Nachprüfung nach Art. 13 vorliegen, ist vom Bundeskartellamt nicht zu überprüfen, sondern wird alleine durch die Kommission nach Maßgabe des Gemeinschaftsrechts entschieden.[4] Die Entscheidung der Kommission bindet auch nationale Gerichte, die gegen Maßnahmen nationaler Behörden i. S. v. Art. 12 Abs. 1 angerufen werden.   2

Zur erklärten Absicht der Kommission, von Art. 12 – wie von Art. 13 – nur zurückhaltend Gebrauch zu machen, siehe die Kommentierung zu Art. 13 Rn. 5 a. E.   3

Art. 13. Nachprüfungsbefugnisse der Kommission

(1) **Die Kommission kann zur Erfüllung der ihr mit dieser Verordnung übertragenen Aufgaben bei Unternehmen und Unternehmensvereinigungen alle erforderlichen Nachprüfungen vornehmen.**

(2) **Die mit den Nachprüfungen beauftragten Bediensteten der Kommission und die anderen von ihr ermächtigten Begleitpersonen sind befugt,**
a) **alle Räumlichkeiten, Grundstücke und Transportmittel der Unternehmen und Unternehmensvereinigungen zu betreten,**
b) **die Bücher und sonstigen Geschäftsunterlagen, unabhängig davon, in welcher Form sie vorliegen, zu prüfen,**

---

[1] GK-*Schütz*, Art. 12.
[2] *Baron* in: Langen/Bunte, Kommentar zum deutschen und europäischen Kartellrecht, Bd. 2, Art. 12; *Immenga/Körber* in: Immenga/Mestmäcker, EG-WbR, Art. 12, Rn. 3.
[3] Siehe näher *Immenga/Körber* in: Immenga/Mestmäcker, EG-WbR, Art. 12, Rn. 7.
[4] *Immenga/Körber* in: Immenga/Mestmäcker, EG-WbR, Art. 12, Rn. 6.

c) Kopien oder Auszüge gleich in welcher Form aus diesen Büchern und Geschäftsunterlagen anzufertigen oder zu verlangen,
d) alle Geschäftsräume und Bücher oder Unterlagen für die Dauer der Nachprüfung in dem hierfür erforderlichen Ausmaß zu versiegeln,
e) von allen Vertretern oder Beschäftigten des Unternehmens oder der Unternehmensvereinigung Erläuterungen zu Sachverhalten oder Unterlagen zu verlangen, die mit Gegenstand und Zweck der Nachprüfung in Zusammenhang stehen, und ihre Antworten aufzuzeichnen.

(3) Die mit der Nachprüfung beauftragten Bediensteten der Kommission und die anderen von ihr ermächtigten Begleitpersonen üben ihre Befugnisse unter Vorlage eines schriftlichen Auftrages aus, in dem der Gegenstand und der Zweck der Nachprüfung bezeichnet sind und in dem auf die in Artikel 14 vorgesehenen Sanktionen für den Fall hingewiesen wird, dass die angeforderten Bücher oder sonstigen Geschäftsunterlagen nicht vollständig vorgelegt werden oder die Antworten auf die nach Absatz 2 gestellten Fragen unrichtig oder irreführend sind. Die Kommission unterrichtet die zuständige Behörde des Mitgliedstaats, in dessen Hoheitsgebiet die Nachprüfung vorgenommen werden soll, rechtzeitig vor deren Beginn über den Prüfungsauftrag.

(4) Unternehmen und Unternehmensvereinigungen sind verpflichtet, die Nachprüfungen zu dulden, die die Kommission durch Entscheidung angeordnet hat. Die Entscheidung bezeichnet den Gegenstand und den Zweck der Nachprüfung, bestimmt den Zeitpunkt des Beginns der Nachprüfung und weist auf die in Artikel 14 und Artikel 15 vorgesehenen Sanktionen sowie auf das Recht hin, vor dem Gerichtshof Klage gegen die Entscheidung zu erheben. Die Kommission erlässt diese Entscheidung nach Anhörung der zuständigen Behörde des Mitgliedstaats, in dessen Hoheitsgebiet die Nachprüfung vorgenommen werden soll.

(5) Die Bediensteten der zuständigen Behörde des Mitgliedstaates, in dessen Hoheitsgebiet die Nachprüfung vorgenommen werden soll, sowie die von dieser Behörde ermächtigten oder benannten Personen unterstützen auf Anweisung dieser Behörde oder auf Ersuchen der Kommission die Bediensteten der Kommission und die anderen von ihr ermächtigten Begleitpersonen aktiv. Sie verfügen hierzu über die in Absatz 2 genannten Befugnisse.

(6) Stellen die Bediensteten der Kommission oder die anderen von ihr ermächtigten Begleitpersonen fest, dass sich ein Unternehmen oder eine Unternehmensvereinigung einer aufgrund dieses Artikels angeordneten Nachprüfung, einschließlich der Versiegelung der Geschäftsräume, Bücher oder Geschäftsunterlagen, widersetzt, so leistet der betreffende Mitgliedstaat die erforderliche Amtshilfe, gegebenenfalls unter Einsatz der Polizei oder anderer gleichwertiger Vollzugsorgane, damit die Bediensteten der Kommission und die anderen von ihr ermächtigten Begleitpersonen ihren Nachprüfungsauftrag erfüllen können.

(7) Setzt die Amtshilfe nach Absatz 6 nach einzelstaatlichem Recht eine gerichtliche Genehmigung voraus, so ist diese zu beantragen. Die Genehmigung kann auch vorsorglich beantragt werden.

(8) Wurde eine gerichtliche Genehmigung gemäß Absatz 7 beantragt, prüft das einzelstaatliche Gericht die Echtheit der Kommissionsentscheidung und vergewissert sich, dass die beabsichtigten Zwangsmaßnahmen weder willkürlich noch – gemessen am Gegenstand der Nachprüfung – unverhältnismäßig sind. Bei der Prüfung der Verhältnismäßigkeit der Zwangsmaßnahmen kann das einzelstaatliche Gericht die Kommission unmittelbar oder über die zuständige Behörde des betreffenden Mitgliedstaats um ausführliche Erläuterungen zum Gegenstand der Nachprüfung ersuchen. Das einzelstaatliche Gericht darf jedoch weder die Notwendigkeit der Nachprüfung in Frage stellen noch Auskünfte aus den Akten der Kommission verlangen. Die Prüfung der Rechtmäßigkeit der Kommissionsentscheidung ist dem Gerichtshof vorbehalten.

… Art. 13. Nachprüfungsbefugnisse der Kommission 1–3 FKVO Art. 13

Übersicht

	Rn.		Rn.
I. Einleitung	1	3. Zweckrichtung, Erforderlichkeit	5
II. Rechtliche Voraussetzungen	3	4. Verfahren	6
1. Einzelne Nachprüfungsbefugnisse	3	5. Adressaten	7
2. Durchsetzung der Nachprüfung	4		

I. Einleitung

Die Vorschrift entspricht fast wörtlich Art. 20 VO 1/2003. Die **praktische Bedeut-** 1 **samkeit** der Nachprüfung ist im Fusionskontrollverfahren freilich weit **geringer als im allgemeinen Kartellverfahren,** in dem sie ein wichtiges Mittel zur Aufdeckung wettbewerbswidriger Praktiken, insbesondere von wettbewerbsbeschränkenden Absprachen, bildet. In der Fusionskontrolle kann die Nachprüfung beispielsweise bei Ermittlungen in Bußgeldsachen (etwa Zuwiderhandlung gegen Untersagungsentscheidungen), zur Überprüfung der Anmeldepflichtigkeit eines Vorhabens[1] oder zur Überprüfung zweifelhafter Angaben in einer Anmeldung sinnvoll sein.[2] Im Verhältnis zu Art. 11 lässt sich eine grobe Funktionsverteilung dahingehend ausmachen, dass die Nachprüfung die Verifizierung der Kommission bereits vorliegender Informationen bzw. der Erhärtung eines entsprechenden Verdachts (v. a. durch Auffinden von Beweismitteln) bezweckt, während das Auskunftsverlangen meist dazu dient, eine – noch fehlende – Erkenntnislage überhaupt erst zu schaffen.[3] Wie bei Art. 11 tritt eine Hemmung der Verfahrensfristen ein, wenn die Kommission durch schuldhaftes Verhalten des Unternehmens zum Erlass einer förmlichen Nachprüfungsentscheidung gezwungen wird (Art. 10 Abs. 4; siehe auch Art. 9 VO 802/2004).

Art. 13 sieht die Durchführung von Nachprüfungen durch **eigene Bedienstete der** 2 **Kommission bzw. von ihr eingeschaltete Hilfspersonen** (z. B. Wirtschaftsprüfer, IT-Experten) vor, die nach Maßgabe von Abs. 5 durch Bedienstete der zuständigen nationalen Kartellbehörde (in Deutschland gem. § 50 GWB das Bundeskartellamt) unterstützt werden können. Alternativ eröffnet **Art. 12** der Kommission die Möglichkeit, die Nachprüfung durch nationale Behörden durchführen zu lassen (siehe Art. 12 Rn. 1).

II. Rechtliche Voraussetzungen

1. Einzelne Nachprüfungsbefugnisse

Die in **Abs. 2** enthaltene Aufzählung ist **abschließend.**[4] Die Befugnis zur Nachprüfung 3 von Büchern und sonstigen Geschäftsunterlagen (lit. b) erstreckt sich auch auf Träger elektronischer Daten sowie auf Tonträger („gleich in welcher Form sie vorliegen"). Hingegen besteht keine Befugnis zur Prüfung vertraulicher Anwaltskorrespondenz.[5] Aus lit. c (Befugnis zur Anfertigung von Kopien und Auszügen) wird im Umkehrschluss deutlich, dass die Kommission kein Beschlagnahmerecht im Hinblick auf Originalunterlagen besitzt.[6]

---

[1] So etwa bei Komm. E. v. 11. 11. 1998 Rs. IV/M.1157 Ziff. 11 – *Skanska/Scancem,* ABl. 1999 L 183/1.
[2] Vgl. *Immenga/Körber* in: Immenga/Mestmäcker, EG-WbR, Art. 13, Rn. 5.
[3] Vgl. EuGH U. v. 26. 6. 1980 Rs. 136/79 – *National Panasonic* Slg. 1980, 2055 Rn. 13 (zur VO 17/62); *Immenga/Körber* in: Immenga/Mestmäcker, EG-WbR, Art. 13, Rn. 1.
[4] GK-*Schütz,* Art. 13 Rn. 2; *Immenga/Körber* in: Immenga/Mestmäcker, EG-WbR, Art. 13, Rn. 10.
[5] Siehe im Einzelnen EuGH U. v. 18. 5. 1982 Rs. 155/79 – *AM & S;* Slg. 1982, 1575 Rn. 21; hierzu *Beutler* RIW 1982, 820 ff. sowie *Fischer/Iliopoulos* NJW 1983, 1031 ff.
[6] So auch *Immenga/Körber* in: Immenga/Mestmäcker, EG-WbR, Art. 13, Rn. 11; GK-*Schütz,* Art. 13 Rn. 3.

Lit. a (Recht zum Betreten von Räumlichkeiten, Grundstücken und Transportmitteln, hingegen nicht von Privaträumen) ist weit auszulegen. Umfasst ist auch die Befugnis, in Schränke, Schreibtische und andere Behältnisse, einschließlich Datenverarbeitungsanlagen, Einblick zu nehmen. Die Einsichtnahme in Unterlagen bzw. die Einblicknahme in Möbelstücke und sonstige Anlagen darf nicht unter Berufung auf den Vertraulichkeitsschutz verwehrt werden. Die Kommission ist jedoch nach Maßgabe von Art. 17 zum Schutz ihr zugänglich gewordener Geschäftsgeheimnisse verpflichtet.[7] Weitergehend als nach früherer Rechtslage darf die Kommission Erläuterungen zu allen Sachverhalten und Unterlagen verlangen und protokollieren, die mit Zweck und Gegenstand der Nachprüfung im Zusammenhang stehen (lit. e; zur Bußgeldbewehrung unten Rn. 6).[8] Der Kommission steht nunmehr auch die Befugnis zur Versiegelung von Geschäftsräumen (nicht von Transportmitteln), Büchern und Unterlagen zu (lit. d), wobei diese Befugnis nach Vorstellung des Verordnungsgebers restriktiv zu handhaben ist (siehe Erwägungsgrund 39, wonach eine Versiegelung nur unter außergewöhnlichen Umständen vorgenommen werden und regelmäßig nicht länger als 48 Stunden dauern soll). Der Siegelbruch ist gleichfalls bußgeldbewehrt (siehe Art. 14 Abs. 1 lit. f).

2. Durchsetzung der Nachprüfung

4 Art. 13 spricht der Kommission **keine eigenständige Befugnis zur Durchsetzung von Nachprüfungen unter Anwendung unmittelbaren Zwangs** zu. Widersetzt sich ein Unternehmen einer durch förmliche Entscheidung angeordneten Nachprüfung, bleiben der Kommission selbst nur Möglichkeiten der Zwangsgeldfestsetzung bzw. Bußgeldverhängung.[9] Im Übrigen ist die Kommission auf die Unterstützung durch **mitgliedstaatliche Behörden** angewiesen (Abs. 6). Im Falle eines entsprechenden Ersuchens der Kommission sind diese aus Abs. 6 verpflichtet, ihre nach innerstaatlichem Recht existierenden Zwangsbefugnisse einzusetzen,[10] also etwa eine zwangsweise Durchsuchung von Geschäftsräumen eines Unternehmens zu ermöglichen. Abs. 6 spricht klar aus, dass die Amtshilfepflicht auch den Einsatz der Polizei oder anderer vergleichbarer Vollzugsorgane umfassen kann. In Deutschland ist zuständige Behörde das Bundeskartellamt (§ 50 GWB). Setzt die Amtshilfe einen Gerichtsbeschluss voraus (z.B. im Falle der Durchsuchung), so muss dieser (u. U. auch vorsorglich) beantragt werden (Abs. 7). In Abs. 8 ist unter Festschreibung der einschlägigen Rechtsprechung zur VO 17/62 klargestellt, dass das nationale Gericht im Antragsverfahren die Rechtmäßigkeit der Kommissionsentscheidung nicht vollumfänglich überprüfen darf. Die Prüfung darf sich nur auf die Echtheit der Kommissionsentscheidung sowie auf die Verhältnismäßigkeit der in Aussicht genommenen Zwangsmaßnahmen erstrecken, wobei das Gericht zur Vornahme dieser Prüfung die Kommission zwar um ausführliche Erläuterungen bitten, jedoch keinen Zugang zu den Kommissionsakten verlangen darf. Die Prüfung der Rechtmäßigkeit der Kommissionsentscheidung ist dem Gerichtshof vorbehalten.[11]

---

[7] Wie bei Art. 11 dürfen sich also Unternehmen grundsätzlich einer Nachprüfung nicht unter Hinweis auf die Vertraulichkeit der Informationen widersetzen. Grenzen bestehen aber auch hier im Hinblick auf das Verbot, eine Selbstbezichtigung zu erzwingen (siehe Art. 11, Rn. 9).

[8] Nach *Immenga/Körber* in: Immenga/Mestmäcker, EG-WbR, Art. 13, Rn. 11 müssen sich die Fragen nicht zwingend auf die geprüften Unterlagen beziehen. Enger wohl GK-*Schütz*, Art. 13 Rn. 3, der mit seiner Position den recht pauschal formulierten Wortlaut der Norm gegen sich hat.

[9] Siehe im Einzelnen Rn. 6.

[10] Vgl. EuGH U. v. 21. 9. 1989 verb. Rs. 46/87, 227/88 – *Höchst* Slg. 1989, 2928 ff. Rn. 33 (zu Art. 14 VO 17/62).

[11] *Immenga/Körber* in: Immenga/Mestmäcker, EG-WbR, Art. 13, Rn. 17; GK-*Schütz*, Art. 13 Rn. 8; jeweils unter Verweis auf die einschlägige Judikatur zur VO 17/62.

3. Zweckrichtung, Erforderlichkeit

Die Nachprüfung darf nicht zu beliebigen Zwecken, sondern nur zur Erfüllung der 5 Aufgaben vorgenommen werden, die der Kommission durch die FKVO übertragen sind (Abs. 1). Zu diesen Aufgaben gehören neben der Prüfung angemeldeter Zusammenschlussvorhaben etwa auch Kontrollen dahingehend, ob Unternehmen ihrer Anmeldepflicht gemäß Art. 4 genügen oder Untersagungsentscheidungen bzw. einschränkende Bedingungen und Auflagen gem. Art. 8 Abs. 2 beachten (vgl. Erwägungsgrund 39). Rein ausforschende Nachprüfungen („fishing expeditions") sind unzulässig.[12] Die Nachprüfungsbefugnis wird allgemein durch das Merkmal der Erforderlichkeit begrenzt. Wie bei Art. 20 VO 1/2003 folgt hieraus, dass ein auf konkrete tatsächliche Anhaltspunkte gestützter **Anfangsverdacht** der Kommission gegeben sein muss (etwa: Verdacht, eine im Rahmen der Anmeldung gemachte Angabe könne unzutreffend sein; Verdacht, ein Unternehmen könne gegen das Vollzugsverbot verstoßen haben). Ebenso wie das Auskunftsersuchen nach Art. 11 unterliegt die Ausübung der Nachprüfungsbefugnis zudem auch dem Grundsatz der **Verhältnismäßigkeit.** Unverhältnismäßig sind Nachprüfungen dann, wenn die Kommission die Verifizierung ihr vorliegender Informationen auf andere, weniger belastende Weise herbeiführen kann. In diesem Zusammenhang ist zu beachten, dass im Falle von Art. 13 grundrechtliche Positionen von Unternehmen meist stärker betroffen sein werden als im Falle von Art. 11. In vielen Fällen wird die Kommission daher zum Auskunftsersuchen nach Art. 11 statt zur Nachprüfung nach Art. 13 greifen müssen; anderes kann gelten, wenn Unternehmen im Falle eines Auskunftsersuchens veranlasst sein könnten, belastendes Material zu beseitigen.[13] Die Kommission hat im Einklang mit dieser Linie in einer nach wie vor aktuellen Protokollerklärung vom 19. 12. 1989[14] die Absicht kundgetan, Nachprüfungen nur dann vorzunehmen, „wenn besondere Umstände dies erfordern".

4. Verfahren

Ähnlich wie beim Auskunftsverlangen (Art. 11) ist zwischen einem Verfahren unter 6 **freiwilliger Mitwirkung** des Unternehmens und einem Verfahren, bei dem das Unternehmen durch **förmliche Entscheidung zur Duldung verpflichtet** wird[15] (Abs. 4), zu unterscheiden; in der letztgenannten Variante kann die Nachprüfung mittels Nichtigkeitsklage selbständig angegriffen werden. Wie bei Art. 11 steht die Wahl zwischen beiden Varianten im Ermessen der Kommission; eine Rangefolge sieht der Wortlaut von Art. 13 nicht vor. Die Kommission kann demnach eine förmliche Nachprüfungsentscheidung nach Abs. 4 erlassen, ohne zuvor eine Nachprüfung auf freiwilliger Basis versucht zu haben.[16] Andernfalls könnte in vielen Fällen der Zweck der Nachprüfung auch gar nicht erreicht werden (notwendiger Überraschungseffekt, insbesondere bei Nachprüfungen zur Aufdeckung von Bußgeldtatbeständen).[17] Im Falle eines einfachen Nachprüfungsverlangens kann die Kommission ein **Bußgeld** verhängen, wenn ein Unternehmen die angeforderten Bücher oder Unterlagen nicht vollständig vorlegt oder auf Fragen falsche oder irreführende Auskünfte gibt bzw. solche Auskünfte nicht korrigiert (siehe Art. 14 Abs. 1 lit. d, e). Im Falle einer durch förmliche Entscheidung angeordneten Nachprüfung kann ein Bußgeld darüber hinaus auch verhängt werden, wenn die Nachprüfung nicht geduldet wird (Art. 14

---

[12] *Immenga/Körber* in: Immenga/Mestmäcker, EG-WbR, Art. 13, Rn. 7.
[13] Ebenso *Immenga/Körber* in: Immenga/Mestmäcker, EG-WbR, Art. 13, Rn. 4.
[14] Abgedruckt in WuW 1990, 240 ff., Nr. 8. Die Erklärung ist über die Website der GD Wettbewerb abzurufen.
[15] Wobei Art. 13 Abs. 2 lit. e die Adressaten – über die Kategorie der Duldung hinausgehend – auch zu Mitwirkungshandlungen verpflichtet.
[16] Vgl. EuGH U. v. 26. 6. 1980 Rs. 136/79 – *National Panasonic* Slg. 1980, 2033 Rn. 11 f. (zu Art. 14 VO 17/62).
[17] Vgl. GK-*Schütz*, Art. 13 Rn. 5.

Abs. 1 lit. d) oder auf Fragen keine bzw. nur unvollständige Auskünfte erteilt werden (Art. 14 Abs. 1 lit. e a. E.). Die Möglichkeit der **Zwangsgeldfestsetzung** besteht nur im Falle einer förmlichen Nachprüfungsentscheidung gem. Abs. 4 (siehe Art. 15 Abs. 1 lit. b).
– Bei beiden Varianten ist die **schriftliche Angabe des Nachprüfungsgegenstands und -zwecks**[18] sowie die **Belehrung über die möglichen Sanktionsfolgen nach Art. 14 bzw. Art. 15** vorgeschrieben. Im Falle von Abs. 4 tritt die **Rechtsbehelfsbelehrung** hinzu. Unterschiedlich ist jeweils die **Beteiligung der nationalen Behörden** ausgestaltet. Bei der Nachprüfung gem. Abs. 4 ist die Entscheidung erst nach Anhörung der nationalen Behörde zu treffen, ansonsten genügt die vorherige Unterrichtung (Abs. 3 Satz 2). Eine vorherige Anmeldung der Kommission beim Nachprüfungsadressaten bzw. dessen vorherige Anhörung ist generell nicht erforderlich.[19]

5. Adressaten

7   Zulässige Nachprüfungsadressaten sind alle Unternehmen oder Unternehmensvereinigungen, die durch Bereitstellung von Informationen dazu beitragen können, dass die Kommission eine ihr nach der FKVO übertragene Aufgabe erfüllt. Es findet keine Beschränkung auf Zusammenschlussbeteiligte bzw. auf mutmaßliche Beteiligte an Zuwiderhandlungen statt.[20] Anders als bei Art. 11 Abs. 1 sind „Personen" i. S. v. Art. 3 Abs. 1 lit. b nicht einbezogen.

Art. 14. Geldbußen

(1) **Die Kommission kann gegen die in Artikel 3 Absatz 1 Buchstabe b) bezeichneten Personen, gegen Unternehmen und Unternehmensvereinigungen durch Entscheidung Geldbußen bis zu einem Höchstbetrag von 1% des von dem beteiligten Unternehmen oder der beteiligten Unternehmensvereinigung erzielten Gesamtumsatzes im Sinne von Artikel 5 festsetzen, wenn sie vorsätzlich oder fahrlässig**

a) in einem Antrag, einer Bestätigung, einer Anmeldung oder Anmeldungsergänzung nach Artikel 4, Artikel 10 Absatz 5 oder Artikel 22 Absatz 3 unrichtige oder irreführende Angaben machen,
b) bei der Erteilung einer nach Artikel 11 Absatz 2 verlangten Auskunft unrichtige oder irreführende Angaben machen,
c) bei der Erteilung einer durch Entscheidung gemäß Artikel 11 Absatz 3 verlangten Auskunft unrichtige, unvollständige oder irreführende Angaben machen oder die Auskunft nicht innerhalb der gesetzten Frist erteilen,
d) bei Nachprüfungen nach Artikel 13 die angeforderten Bücher oder sonstigen Geschäftsunterlagen nicht vollständig vorlegen oder die in einer Entscheidung nach Artikel 13 angeordneten Nachprüfungen nicht dulden,
e) in Beantwortung einer nach Artikel 13 Absatz 2 Buchstabe e) gestellten Frage
  – eine unrichtige oder irreführende Antwort erteilen,
  – eine von einem Beschäftigten erteilte unrichtige, unvollständige oder irreführende Antwort nicht innerhalb einer von der Kommission gesetzten Frist berichtigen oder
  – in Bezug auf Fakten im Zusammenhang mit dem Gegenstand und dem Zweck einer durch Entscheidung nach Artikel 13 Absatz 4 angeordneten Nachprüfung keine vollständige Antwort erteilen oder eine vollständige Antwort verweigern,

---

[18] Vgl. EuGH U. v. 21. 9. 1989 verb. Rs. 46/87, 227/88 – *Polyathylen* Slg. 1989, 2927 ff. Rn. 29 (zu Art. 14 VO 17/62).
[19] Vgl. EuGH U. v. 26. 6. 1980 Rs. 136/79 – *National* Panasonic Slg. 1980, 2033 Rn. 21 (zu Art. 14 VO 17/62).
[20] *Immenga/Körber* in: Immenga/Mestmäcker, EG-WbR, Art. 13, Rn. 8.

f) die von den Bediensteten der Kommission oder den anderen von ihr ermächtigten Begleitpersonen nach Artikel 13 Absatz 2 Buchstabe d) angebrachten Siegel gebrochen haben.

(2) **Die Kommission kann gegen die in Artikel 3 Absatz 1 Buchstabe b) bezeichneten Personen oder die beteiligten Unternehmen durch Entscheidung Geldbußen in Höhe von bis zu 10% des von den beteiligten Unternehmen erzielten Gesamtumsatzes im Sinne von Artikel 5 festsetzen, wenn sie vorsätzlich oder fahrlässig**

a) **einen Zusammenschluss vor seinem Vollzug nicht gemäß Artikel 4 oder gemäß Artikel 22 Absatz 3 anmelden, es sei denn, dies ist ausdrücklich gemäß Artikel 7 Absatz 2 oder aufgrund einer Entscheidung gemäß Artikel 7 Absatz 3 zulässig,**

b) **einen Zusammenschluss unter Verstoß gegen Artikel 7 vollziehen,**

c) **einen durch Entscheidung nach Artikel 8 Absatz 3 für unvereinbar mit dem Gemeinsamen Markt erklärten Zusammenschluss vollziehen oder den in einer Entscheidung nach Artikel 8 Absatz 4 oder 5 angeordneten Maßnahmen nicht nachkommen,**

d) **einer durch Entscheidung nach Artikel 6 Absatz 1 Buchstabe b), Artikel 7 Absatz 3 oder Artikel 8 Absatz 2 Unterabsatz 2 auferlegten Bedingung oder Auflage zuwiderhandeln.**

(3) **Bei der Festsetzung der Höhe der Geldbuße ist die Art, die Schwere und die Dauer des Verstoßes zu berücksichtigen.**

(4) **Die Entscheidungen aufgrund der Absätze 1, 2 und 3 sind nicht strafrechtlicher Art.**

Übersicht

	Rn.
I. Einleitung	1
II. Bußgeldtatbestände	2
1. Objektive Bußgeldtatbestände, Bußgeldrahmen	2
2. Subjektiver Tatbestand	4
III. Verfahren	5

I. Einleitung

Die Verhängung von Bußgeldern bei schuldhaften Verstößen gegen die in Abs. 1, 2 aufgeführten Vorschriften steht im **Entschließungsermessen** der Kommission („kann").[1] Entscheidungen nach Art. 14 (Parallelvorschrift ist Art. 23 VO 1/2003) sind trotz der beträchtlichen Sanktionsandrohungen der Vorschrift nicht strafrechtlicher Art (siehe Abs. 4), sondern rechtsdogmatisch dem Ordnungswidrigkeitenrecht zuzurechnen. Während die Kommission in den ersten Jahren nach Inkrafttreten der FKVO zunächst Übertretungen (die allerdings zum Teil auf Anwendungsproblemen mit den neuen Vorschriften beruhten) noch sanktionslos hinnahm,[2] ist seit Ende der neunziger Jahre eine **rigidere Handhabung** 1

---

[1] *Baron* in: Langen/Bunte, Kommentar zum deutschen und europäischen Kartellrecht, Art. 14; *Immenga/Körber* in: Immenga/Mestmäcker, EG-WbR, Art. 14 Rn. 2; GK-*Schütz*, Art. 14 Rn. 19. Zur Entscheidung über die Höhe siehe unten Rn. 3.

[2] Vgl. Komm. E. v. 24. 2. 1992 Rs. IV/M.166 Ziff. 3 – *Torras/Sarrio*, WuW EV 1817 (Absehen von Sanktionierung eines Verstoßes gegen Art. 7 Abs. 1 wegen Schwierigkeiten der Umsatzberechnung im Hinblick auf die Anwendbarkeit der FKVO); Komm. E. v. 5. 10. 1992 Rs. IV/M.157 Ziff. 21 – *Air France/Sabena*, WuW EV 1948 (Bewertung des Zusammenschlusses kompliziert und Vorhaben in gutem Glauben der Kommission auf Grundlage von Art. 85 EG a. F. vorgelegt). Im (unveröffentlichten) Fall *Téléphonique/Sté. Canal+/Cablevision* leitete die Kommission zunächst ein Verfahren wegen Verstoßes gegen Art. 4 Abs. 1, Art. 7 Abs. 1 ein, verfolgte dieses aber nicht weiter, nachdem die Beteiligten ihr Vorhaben endgültig aufgaben; GK-*Schütz*, Art. 14 Rn. 7.

Art. 14 FKVO 2   9. Teil. Fusionskontrollverordnung

von Art. 14 auszumachen.[3] Die Kommission hat mittlerweile in mehreren Fällen[4] Bußgelder auf der Grundlage von Art. 14 verhängt: wegen Nichtanmeldung eines Zusammenschlusses und Verstoßes gegen das Vollzugsverbot,[5] wegen unrichtiger oder entstellter Angaben in einer Anmeldung[6] sowie wegen Nichterteilung bzw. unrichtiger Erteilung einer nach Art. 11 verlangten Auskunft.[7] Anders als das deutsche Kartellordnungswidrigkeitenrecht sieht die FKVO nicht die Verhängung von Bußgeldern gegen **natürliche Personen** vor, es sei denn, diese kontrollieren mindestens ein Unternehmen oder gehen selbst einer eigenen Wirtschaftstätigkeit nach und erfüllen damit die Anforderungen des funktionalen Unternehmensbegriffs (Art. 3 Abs. 1 lit.b).[8] Im **Konzernverbund** kann das Verhalten von Tochtergesellschaften der Konzernobergesellschaft zugerechnet werden.[9]

II. Bußgeldtatbestände

1. Objektive Bußgeldtatbestände, Bußgeldrahmen

2   Bestimmte Falschangaben bei der Anmeldung sowie Verstöße gegen Auskunfts-, Mitwirkungs- und Duldungspflichten im Verfahren können nach Maßgabe von **Abs. 1** mit Geldbußen bis zu einem Höchstbetrag von 1% des Gesamtumsatzes belegt werden (deutliche Steigerung im Vergleich zur alten Rechtslage). Als noch gravierender stuft die FKVO Verletzungen der Anmeldepflicht und des Vollzugsverbots sowie Zuwiderhandlungen gegen fusionskontrollrechtliche Kommissionsentscheidungen ein, die nach **Abs. 2** zu Geldbußen bis zur Höhe von 10% des Gesamtumsatzes sämtlicher[10] beteiligter Unternehmen führen können.[11] Im Fall *Samsung/AST* hat die Kommission ausdrücklich den Einwand

---

[3] Die „Schonfrist" der Kommission (*Immenga/Körber* in: Immenga/Mestmäcker, EG-WbR, Art. 14 Rn. 3) endete 1998 mit Komm. E. v. 18. 2. 1998 Rs. IV/M.920 – *Samsung/AST,* ABl. 1999 L 225/12, wobei in diesem Fall die Bußgeldhöhe noch moderat war.

[4] Bisher sind insgesamt 8 Bußgeldentscheidungen zwischen 1998 und 2004 ergangen (siehe sogleich Fn. 5–7); nach 2004 sind keine Bußgeldentscheidungen mehr ergangen. Siehe die statistische Übersicht auf der Website der GD Wettbewerb (Stand: 31. 3. 2008).

[5] Komm. E. v. 10. 2. 1999 Rs. IV/M.969 – *A. P. Moeller,* ABl. 1999 L 183/29; Komm. E. v. 18. 2. 1998 Rs. IV/M.920 – *Samsung/AST,* ABl. 1999 L 225/12. Ausdrücklich erwogen wurde eine Bußgeldverhängung auch in den Fällen *MAERSK/DFDS Travel* (Komm. E. v. 4. 1. 1997 Rs. IV/M.988 Ziff. 7, ABl. 1998 C 10/8), *Georg Fischer/DISA* (Komm. E. v. 10. 3. 1998 Rs. IV/M.1009 Ziff. 5, ABl. 1998 C 125/7), *Compagnie Nationale de Navigation/Sogelfa* – *CIM* (Komm. E. v. 1. 12. 1997 Rs. IV/M.1021 Ziff. 9, ABl. 1998 C 29/8). Siehe auch den 27. Wettbewerbsbericht der Kommission, Ziff. 193.

[6] Komm. E. v. 28. 7. 1999 Rs. IV/M.1543 – *Sanofi/Synthélabo,* ABl. 2000 L 95/34; Komm. E. v. 14. 12. 1999 Rs. IV/M.1608 – *KLM/Martinair;* Komm. E. v. 14. 12. 1999 Rs. IV/M.1610 – *Deutsche Post/trans-o-flex;* Komm. E. v. 19. 6. 2002 Rs. IV/M.2624 – *BP/Erdölchemie;* Komm. E. v. 7. 7. 2004 Rs. IV/M.3255 – *TETRA LAVAL/SIDEL* (dort zugleich auch Verstoß gegen Art. 11).

[7] Komm. E. v. 12. 7. 2000 Rs. IV/M.1634 – *Mitsubishi,* WuW/E EU-V 543; Komm. E. v. 14. 12. 1999 *Deutsche Post/trans-o-flex* (Fn. 4). Die Entscheidung im Fall *Mitsubishi* führte erstmals zur Bußgeldverhängung gegen ein nicht am Zusammenschluss beteiligtes Unternehmen.

[8] GK-*Schütz,* Art. 14 Rn. 3; *Immenga/Körber* in: Immenga/Mestmäcker, EG-WbR, Art. 14 Rn. 5.

[9] GK-*Schütz,* Art. 4 Rn. 23.

[10] *Wagemann* in: Wiedemann, Handbuch des Kartellrechts, § 17 H 1. Rn. 181.

[11] Hinsichtlich der einzelnen Bußgeldtatbestände wird auf die Kommentierungen zu den jeweiligen Vorschriften, die durch Abs. 1 und Abs. 2 vollinhaltlich in Bezug genommen werden, verwiesen. Im Hinblick auf ihre praktische Relevanz hervorzuheben ist die Streitfrage, ob unvollständige Auskünfte (die an sich nach Abs. 1 lit. c nur im Falle förmlicher Auskunftsentscheidungen sanktioniert werden können) ab einer gewissen Schwelle zugleich auch unrichtig i. S. v. Abs. 1 lit. b sein können (so dass sie auch im Falle einfacher Auskunftsverlangen zur Bußgeldverhängung führen würden); hierzu GK-*Schütz,* Art. 14 Rn. 12.

zurückgewiesen, bei fahrlässigem kumulativem Verstoß gegen Art. 4 Abs. 1 (Anmeldepflicht) *und* Art. 7 Abs. 1 (Vollzugsverbot) dürfe nur einer der Verstöße nach Art. 14 geahndet werden.[12] Die verschiedenen Bußgeldtatbestände können also nebeneinander zur Anwendung gelangen, wobei die Kommission jedem Verstoß einen eigenen Anteil an der Geldbuße zuordnet.[13] Die Kommission kann von einer umsatzbezogenen Bußgeldberechnung absehen und von vorneherein einen Nominalbetrag festsetzen, sofern gesichert ist, dass dieser sich unterhalb der 10%-Schwelle bewegt. Gesonderte Tatbestände der Beihilfe und der Anstiftung kennt das Gemeinschaftsrecht nicht; es gilt der **Einheitstäterbegriff**.[14] Der **Versuch** wird nicht ausdrücklich erwähnt und bleibt daher sanktionslos.[15]

In allen Fällen ist das Auswahlermessen der Kommission durch **Abs. 3** begrenzt, wonach **Art, Schwere und Dauer des Verstoßes** bei der Festsetzung der **Bußgeldhöhe** zu berücksichtigen sind. Als **Kriterien** für Art und Schwere des Verstoßes sieht die Kommission nach ihrer bisherigen Entscheidungspraxis an:[16] Vorsätzlichkeit oder Fahrlässigkeit des Verstoßes; Ausmaß der materiellen Wettbewerbsverletzung; wettbewerbliche Bedeutung des Falls; Maß der Eindeutigkeit, mit der das Vorhaben als anmeldepflichtiger Zusammenschluss nach der FKVO eingestuft werden konnte. Die freiwillige Aufdeckung des Verstoßes sowie die kooperative Haltung des Unternehmens im Verfahren werden zwar von der Kommission als **mildernde Umstände** anerkannt,[17] führen jedoch nicht zum vollständigen Verzicht auf eine Bußgeldverhängung. Die Regeln aus der Mitteilung der Kommission über den Erlass und die Ermäßigung von Geldbußen in Kartellfällen von 2002[18] kommen ebenso wenig zur Anwendung wie die von der Kommission 2006 neugefassten[19] Leitlinien für das Verfahren zur Festsetzung von Geldbußen.[20] Sowohl im Fall *Samsung/AST* als auch im Fall *A. P. Moeller*[21] sah die Kommission es als mildernden Umstand an, dass sie erstmals Bußgelder nach Art. 14 verhängte, behielt sich aber jeweils ausdrücklich vor, künftig rigider zu verfahren.[22] In den späteren Bußgeldentscheidungen[23] stellte die Kommission vielfach ein Vorliegen erschwerender Umstände fest (z. B. Täuschungsabsicht) und schöpfte den durch Art. 14 eröffneten (nach alter Rechtslage bei Abs. 1 freilich auch noch niedriger bemessenen) Bußgeldrahmen sehr weitgehend aus. Die **Verjährung** richtet sich nach der VO 2988/74 und beträgt zwischen drei und fünf Jahren; die **Vollstreckung** einer Bußgeldentscheidung muss innerhalb von fünf Jahren ab Unanfechtbarkeit der Entscheidung erfolgen,

2. Subjektiver Tatbestand

Die Bußgeldverhängung setzt nach Art. 14 eine schuldhafte, d. h. vorsätzliche oder fahrlässige Verwirklichung des objektiven Bußgeldtatbestandes voraus. **Vorsatz** setzt mindes-

---

[12] Oben Fn. 5, Ziff. 14 f.
[13] *Immenga/Körber* in: Immenga/Mestmäcker, EG-WbR, Art. 14 Rn. 6.
[14] GK-*Schütz*, Art. 1 Rn. 17.
[15] GK-*Schütz*, Art. 1 Rn. 17
[16] Siehe im Einzelnen die Begründungen zu den oben in Fn. 5–7 aufgeführten Fällen.
[17] Sofern die Aufdeckung nicht erst auf wiederholte Aufforderung der Kommission hin erfolgt; Komm. E. v. 14. 12. 1999 *Deutsche Post* (Fn. 6), Ziff. D. I. 6.
[18] ABl. 2002 L 45/3 = WuW 2002, 367.
[19] ABl. 2006 C 210/2.
[20] GK-*Schütz*, Art. 14 Rn. 21.
[21] Oben Fn. 5.
[22] Im Fall *Samsung/AST* (oben Fn. 5) beließ es die Kommission u. a. wegen dieses Umstandes bei einer Geldbuße i. H. v. 5000 ECU für den Verstoß gegen Art. 4 Abs. 1 und von 28 000 ECU für einen – immerhin 14 Monate währenden – Verstoß gegen Art. 7 Abs. 1. Im Fall *A. P. Moeller* (oben Fn. 5) beließ es die Kommission aus ähnlichen Erwägungen bei 45 000 EURO bzw. 219 000 EURO; in Frage standen hier jeweils drei selbständige Verstöße, die sich insgesamt über 29 Monate erstreckten.
[23] Oben Fn. 6, 7.

tens voraus, dass die für das Unternehmen handelnden Personen die wesentlichen Tatsachen gekannt haben, aus denen sich die Zuwiderhandlung ergibt; **Fahrlässigkeit** liegt vor, wenn sie davon hätten wissen müssen.[24] Wegen der Unternehmensgröße und der geschäftlichen Vertrautheit mit den europäischen Verhältnissen, die bei Zusammenschlussbeteiligten aufgrund der Schwellenwerte aus Art. 1 beinahe zwangsläufig vorhanden sind, wird sich bei Verstößen gegen die Anmeldepflicht und das Vollzugsverbot nur ganz ausnahmsweise der Vorwurf der Fahrlässigkeit entkräften lassen.[25] Interne Kommunikationsschwierigkeiten in großen Konzernen wirken nicht entlastend.[26]

III. Verfahren

5   Art. 18 Abs. 1 gewährt den Betroffenen ein Recht auf **Anhörung** vor Erlass der Bußgeldentscheidung (hierzu präzisierend Art. 11 ff. VO 802/2004). Die Bußgeldentscheidung darf nach Art. 18 Abs. 3 nur auf solche Beschwerdepunkte gestützt werden, zu denen der Betroffene sich äußern konnte. Nach Art. 19 Abs. 3 ist auch der Beratende Ausschuss vorher zu hören. Die Betroffenen haben nach Art. 18 Abs. 3 Satz 3 ein Recht auf **Akteneinsicht.** Anders als nach früherer Rechtslage wird die **Veröffentlichungspflicht** nach Art. 20 auch auf Bußgeldentscheidungen erstreckt. Bußgeldentscheidungen der Kommission unterliegen nach Art. 16 voller **gerichtlicher Nachprüfung.** EuG und EuGH können das von der Kommission verhängte Bußgeld aufheben, herabsetzen oder erhöhen.

Die Anhörung wird eingeleitet durch die Übermittlung der **Beschwerdepunkte** („statement of objection"). Die Kommission hat sich unter Berufung auf Art. 2 Abs. 4 VO 447/98 (abgelöst durch VO 802/2004) auf den (problematischen) Standpunkt gestellt, dass das Schreiben in der Sprache der Anmeldung abgefasst sein kann; die Verwendung der Sprache desjenigen Staates, in dem der Betroffene seinen Sitz hat, sei nicht erforderlich.[27]

Art. 15. Zwangsgelder

(1) **Die Kommission kann gegen die in Artikel 3 Absatz 1 Buchstabe b) bezeichnete Personen, gegen Unternehmen oder gegen Unternehmensvereinigungen durch Entscheidung ein Zwangsgeld bis zu einem Höchstbetrag von 5% des durchschnittlichen täglichen Gesamtumsatzes des beteiligten Unternehmens oder der beteiligten Unternehmensvereinigung im Sinne von Artikel 5 für jeden Arbeitstag des Verzugs von dem in der Entscheidung bestimmten Zeitpunkt an festsetzen, um sie zu zwingen:**

a) **eine Auskunft, die sie in einer Entscheidung nach Artikel 11 Absatz 3 angefordert hat, vollständig und sachlich richtig zu erteilen,**
b) **eine Nachprüfung zu dulden, die sie in einer Entscheidung nach Artikel 13 Absatz 4 angeordnet hat,**
c) **einer durch Entscheidung nach Artikel 6 Absatz 1 Buchstabe b), Artikel 7 Absatz 3 oder Artikel 8 Absatz 2 Unterabsatz 2 auferlegten Auflage nachzukommen oder**
d) **den in einer Entscheidung nach Artikel 8 Absatz 4 oder 5 angeordneten Maßnahmen nachzukommen.**

---

[24] *Immenga/Körber* in: Immenga/Mestmäcker, EG-WbR, Art. 14 Rn. 7. Kritisch dazu, dass das Gemeinschaftsrecht im Unterschied zum deutschen Ordnungswidrigkeitenrecht eine Zurechnung des Verhaltens beliebiger Organmitglieder und Beschäftigter an das Unternehmen vornimmt: GK-*Schütz*, Art. 14 Rn. 16.
[25] Vgl. Ziff. 12 der Entscheidung *Samsung/AST* (oben Fn. 5), Ziff. 21 der Entscheidung *Sanofi/Syntélabo* (oben Fn. 6) sowie Ziff. 104 der Entscheidung *TETRA LAVAL/SIDEL* (oben Fn. 6).
[26] Ziff. 39 der Entscheidung Rs. IV/M.2624 – *BP/Erdölchemie* (oben Fn. 6).
[27] Entscheidung *KLM/Martinair* (oben Fn. 6), Ziff. 4 ff.

(2) **Sind die in Artikel 3 Absatz 1 Buchstabe b) bezeichneten Personen, Unternehmen oder Unternehmensvereinigungen der Verpflichtung nachgekommen, zu deren Erfüllung das Zwangsgeld festgesetzt worden war, so kann die Kommission die endgültige Höhe des Zwangsgelds auf einen Betrag festsetzen, der unter dem Betrag liegt, der sich aus der ursprünglichen Entscheidung ergeben würde.**

Die Vorschrift entspricht weitgehend Art. 24 VO 1/2003. Es wird von bislang nur einem Fall der Zwangsgeldentscheidung gemäß Art. 15 berichtet.[1]

Zwangsgeldfestsetzungen sind nach **Abs. 1** möglich, um die Einhaltung von Mitwirkungspflichten im Verfahren zu erzwingen, soweit diese durch die Kommission in einer förmlichen Entscheidung angeordnet worden sind (Auskunftserteilung gem. Art. 11, Duldung einer Nachprüfung gem. Art. 13; im letztgenannten Fall ist die Zwangsgeldfestsetzung auch möglich, wenn die Entscheidung der Kommission die Vornahme der Nachprüfung durch nationale Behörden nach Art. 12 vorsieht). Sie sind weiter möglich zur Durchsetzung bestimmter in Abs. 1 in Bezug genommener materieller fusionskontrollrechtlicher Pflichten (v.a. Beachtung von Auflagen in Kommissionsentscheidungen sowie von Entflechtungsanordnungen). Die Aufzählung in Abs. 1 ist abschließend.[2] Zwangsgelder und Geldbußen (Art. 14) können kumulativ verhängt werden.[3] Die Zwangsgeldfestsetzung steht im **Ermessen** der Kommission.[4] Verschulden ist nicht vorausgesetzt.[5] Hinsichtlich der möglichen Adressaten gilt das zu Art. 14 Gesagte (siehe dort Rn. 1 a. E.).

Die Zwangsgeldfestsetzung wird in einem **zweistufigen Verfahren** vorgenommen. Im ersten Schritt erfolgt eine Entscheidung der Kommission auf Grundlage von **Abs. 1,** mit der die Höhe des Tagessatzes und der früheste Zeitpunkt bestimmt wird, von dem ab dieser anfällt; die Verhängung des Zwangsgeldes wird mittels dieser Entscheidung für den Fall angedroht, dass der Adressat der Grundentscheidung nicht nachkommt;[6] die maximale Tagessatzhöhe beträgt 5% des durchschnittlichen Tagesumsatzes der beteiligten Unternehmen. Kommt der Adressat der Grundentscheidung rechtzeitig nach, wird die Zwangsgeldfestsetzung hinfällig. Tut er dies hingegen nicht, erfolgt in einer zweiten Stufe (nach Anhörung des Betroffenen und des Beratenden Ausschusses;[7] ggfs. nach Akteneinsicht durch den Betroffenen[8]) die Festsetzung der endgültigen Höhe des Zwangsgeldes, wobei die Kommission nach **Abs. 2** mildernd berücksichtigen kann, wenn der Adressat der Grundentscheidung (später) doch nachgekommen ist. Aus der endgültigen Festsetzung kann die Kommission vollstrecken[9] (Verjährung gemäß VO 2988/74 fünf Jahre nach Unanfechtbarkeit). Entscheidungen nach Art. 15 sind zu veröffentlichen (Art. 20 Abs. 1). Sie unterliegen voller gerichtlicher Nachprüfung (Art. 16).

---

[1] Komm. E. v. 12. 7. 2000, M.1634 – *Mitsubishi Heavy Industries,* WuW/E 2000, EU/V 543; siehe *Immenga/Körber* in: Immenga/Mestmäcker, EG-WbR, Art. 15 Rn. 4. Eine Erklärung liefert GK-*Schütz,* Art. 15 Rn. 1: Soweit sich Zwangsgeldandrohungen auf Handlungen beziehen, die innerhalb laufender Verfahren vorzunehmen sind, ist das Zwangsgeldverfahren im Hinblick auf die knapp bemessenen Fristen der Fusionskontrolle wenig hilfreich.

[2] *Immenga/Körber* in: Immenga/Mestmäcker, EG-WbR, Art. 15 Rn. 1.

[3] *Baron* in: Langen/Bunte, Kommentar zum deutschen und europäischen Kartellrecht, Art. 15; *Immenga/Körber* in: Immenga/Mestmäcker, EG-WbR, Art. 15 Rn. 2.

[4] *Baron* in: Langen/Bunte, Kommentar zum deutschen und europäischen Kartellrecht, Art. 15; *Immenga/Körber* in: Immenga/Mestmäcker, EG-WbR, Art. 15 Rn. 3.

[5] GK-*Schütz,* Art. 15 Rn. 6.

[6] *Immenga/Körber* in: Immenga/Mestmäcker, EG-WbR, Art. 15 Rn. 5. Nach Art. 11 Abs. 3 kann die Zwangsgeldfestsetzung mit förmlichen Auskunftsentscheidungen verbunden werden. Für sonstige Fälle trifft die FKVO keine ausdrückliche Regelung, woraus aber nicht zu schließen ist, dass die Verbindung der Zwangsgeldfestsetzung mit der Grundentscheidung bei ihnen unzulässig wäre.

[7] Art. 18 Abs. 1, 19 Abs. 3; Art. 11 ff. VO 802/2004.

[8] Art. 18 Abs. Satz 3.

[9] *Immenga/Körber* in: Immenga/Mestmäcker, EG-WbR, Art. 15 Rn. 6.

Art. 16. Kontrolle durch den Gerichtshof

Bei Klagen gegen Entscheidungen der Kommission, in denen eine Geldbuße oder ein Zwangsgeld festgesetzt ist, hat der Gerichtshof die Befugnis zu unbeschränkter Ermessensnachprüfung der Entscheidung im Sinne von Art. 229 des Vertrags; er kann die Geldbuße oder das Zwangsgeld aufheben, herabsetzen oder erhöhen.

1   Wie der parallele Art. 31 VO 1/2003 **erweitert Art. 16 die gerichtlichen Kontroll- und Entscheidungskompetenzen** für den speziellen Fall von Klagen gegen die Festsetzung von Geldbußen (Art. 14) oder Zwangsgeldern (Art. 15). Rechtsgrundlage für solche Klagen (wie auch für Klagen gegen andere Entscheidungen im Fusionskontrollverfahren) bildet Art. 230 EG (Nichtigkeitsklage). Nach allgemeinen Grundsätzen wäre das Gericht bei Nichtigkeitsklagen auf die Prüfung der Einhaltung der gesetzlichen Ermessens*grenzen* beschränkt (vgl. Art. 230 Abs. 2 EG) und könnte sein Urteil die angefochtene Entscheidung nur für nichtig erklären oder aufrecht erhalten (vgl. Art. 231 EG). Die in Art. 16 normierte Abweichung von diesen Grundsätzen hat ihre primärrechtliche Grundlage in Art. 229 EG, wonach vom Rat erlassene Verordnungen hinsichtlich der darin vorgesehenen Zwangsmaßnahmen dem Gericht die Befugnis zu unbeschränkter Ermessensüberprüfung und zur Änderung oder Verhängung solcher Maßnahmen einräumen dürfen. Es handelt sich um einen Fall des **Übergangs der Sanktionsgewalt** von der Kommission auf das Gericht[1] (vgl. auch Art. 83 Abs. 2d EG). Im Übrigen bleibt es bei den in Art. 230 EG festgelegten Maßgaben, insbesondere was die Klagebefugnis natürlicher oder juristischer Personen betrifft (stets gegeben bei Adressaten der Bußgeld- bzw. Zwangsgeldentscheidung).

2   **Zuständig** für Klagen i. S. v. Art. 16, soweit sie von natürlichen oder juristischen Personen erhoben werden, ist wie bei Klagen gegen andere fusionskontrollrechtliche Entscheidungen das Gericht erster Instanz.

3   Die **Befugnis zu unbeschränkter Ermessensnachprüfung** (siehe EG 43) bedeutet, dass das Gericht nicht auf die Rechtmäßigkeitskontrolle der Kommissionsentscheidung beschränkt ist, sondern darüber hinaus die der Bußgeld- bzw. Zwangsgeldfestsetzung zugrundeliegenden Zumessungsgesichtspunkte durch eine **eigene Wertung** ersetzen kann. Es kann in diesem Rahmen etwa die Zweckmäßigkeit und Angemessenheit, die Schlüssigkeit wirtschaftlicher Prognosen oder auch Gesichtspunkte der allgemeinen Billigkeit abweichend beurteilen[2] und auf dieser Grundlage die Bußgeld- bzw. Zwangsgeldfestsetzung *der Höhe nach* korrigieren (auch nach oben – kein Verbot der reformatio in peius).[3] Die spezielle Befugnis nach Art. 16 ist aber auf den **Sanktionsausspruch begrenzt.** Hinsichtlich der Entscheidung im Übrigen verbleibt es zur Wahrung des institutionellen Gleichgewichts zwischen den Gemeinschaftsorganen beim Umfang der gerichtlichen Kontroll- und Entscheidungskompetenzen, wie sie von Art. 230 EG vorgegeben sind.[4] In der **Rechtsmittelinstanz** hat sich der EuGH in Kartellsachen versagt, seine eigene Bewertung des Sanktionsausspruchs an die Stelle der Bewertung des Gerichts erster Instanz zu setzen;[5] er blieb hier demnach bei einer Rechtmäßigkeitskontrolle nach allgemeinen Maßstäben.

---

[1] *Immenga/Körber* in: Immenga/Mestmäcker, EG-WbR, Art. 16 Rn. 10.
[2] Vgl. GK-*Schütz*, Art. 16 Rn. 3.
[3] *Immenga/Körber* in: Immenga/Mestmäcker, EG-WbR, Art. 16 Rn. 10.
[4] Siehe EuG U. v. 10. 3. 1992, verb. Rs. T-68, 77, 78/89 – *Vetro* Slg. 1992 II, 1403 ff. Rn. 318 ff. (zur VO 17/62); GK-*Schütz*, Art. 16, Rn. 3; *Immenga/Körber* in: Immenga/Mestmäcker, EG-WbR, Art. 15 Rn. 10.
[5] EuGH U. v. 15. 12. 1994 Rs. C-320/92 P – *Finsider* Slg. 1994 I, 5697 ff. Rn. 46; EuGH U. v. 6. 4. 1995, Rs. C-310/93 P – *BPB* Slg. 1995 I, 865 ff. Rn. 34 (beide zur VO 17/62).

Art. 17. Berufsgeheimnis

(1) Die bei Anwendung dieser Verordnung erlangten Kenntnisse dürfen nur zu dem mit der Auskunft, Ermittlung oder Anhörung verfolgten Zweck verwertet werden.

(2) Unbeschadet des Artikels 4 Absatz 3 sowie der Artikel 18 und 20 sind die Kommission und die zuständigen Behörden der Mitgliedstaaten sowie ihre Beamten und sonstigen Bediensteten, alle sonstigen, unter Aufsicht dieser Behörden handelnden Personen und die Beamten und Bediensteten anderer Behörden der Mitgliedstaaten verpflichtet, Kenntnisse nicht preiszugeben, die sie bei Anwendung dieser Verordnung erlangt haben und die ihrem Wesen nach unter das Berufsgeheimnis fallen.

(3) Die Absätze 1 und 2 stehen der Veröffentlichung von Übersichten oder Zusammenfassungen, die keine Angaben über einzelne Unternehmen oder Unternehmensvereinigungen enthalten, nicht entgegen.

Ebenso wie der weitgehend deckungsgleiche Art. 28 VO 1/2003 bindet Art. 17 die Verwertung der im Rahmen des Verfahrens gewonnenen Kenntnisse an den Zweck, der mit der Erlangung verfolgt wurde (**Verwertungsverbot,** Abs. 1). Zum anderen regelt er den Vertraulichkeitsschutz von Berufsgeheimnissen, in deren Besitz die Kommission oder mitgliedstaatliche Behörden bzw. ihre Bediensteten und Hilfspersonen im Rahmen des Verfahrens gelangen (**Weitergabeverbot bzw. Verschwiegenheitsgebot,** Abs. 2). Abs. 3 stellt klar, dass Übersichten oder Zusammenfassungen ohne spezifischen Bezug zu einem einzelnen Unternehmen nicht unter die Schutzbereiche von Abs. 1, 2 fallen. Art. 17 gilt für das gesamte Verfahren, einschließlich der Anhörung Beteiligter oder Dritter.[1] Spezielle Sanktionen für Verstöße gegen Art. 17 sieht die FKVO nicht vor. Betroffene sind daher im gegebenen Fall darauf verwiesen, Amtshaftungsverfahren einzuleiten.

Unter **Abs. 1** fallen über den Wortlaut der Norm hinaus etwa auch Informationen, die in Anmeldungen oder Anträgen nach Artt. 4, 7 oder 9 enthalten sind.[2] Nicht erforderlich ist, dass sich die Kenntnisse i. S. v. Abs. 1 auf Geschäfts- und Betriebsgeheimnisse beziehen.[3] Auszunehmen von Abs. 1 sind Informationen, die ohnehin öffentlich zugänglich sind, auch wenn sie im Rahmen des Verfahrens gesondert mitgeteilt worden sind. Adressaten von Abs. 1 sind neben der Kommission v. a. auch die mitgliedstaatlichen Kartellbehörden mitsamt ihrer jeweiligen Bediensteten und Beauftragten, einschließlich eingeschalteter externer Experten.[4] Die durch Abs. 1 statuierte **Zweckbindung** verlangt, dass die mitgeteilten Informationen weder in anderen Fusionskontrollverfahren noch in sonstigen Verfahren (etwa Beihilfeverfahren oder andere Kartellverfahren)[5] verwertet werden. Sie dürfen ausschließlich für die Zwecke des vorliegenden Verfahrens eingesetzt werden, also beispielsweise zur Prüfung der Vereinbarkeit des angemeldeten Zusammenschlussvorhabens mit dem Gemeinsamen Markt, bzw. zur Verfolgung eines sonstigen in der FKVO zugelassenen Zwecks genau dieses Verfahrens (etwa Aufklärung eines möglichen Bußgeldtatbestandes). Die Rechtsprechung hat diese enge Zweckbindung dadurch ein Stück gelockert, dass eine Verwertbarkeit in anderen Verfahren zugelassen wurde, soweit „verbindende Elemente" zwischen verschiedenen Kommissionsverfahren bestehen[6] oder es um „Zufallsfunde" geht.[7]

---

[1] *Immenga/Körber* in: Immenga/Mestmäcker, EG-WbR, Art. 17 Rn. 1.
[2] So schon für den früheren, enger gefassten Wortlaut der Vorschrift EuGH U. v. 16. 7. 1992 Rs. C-67/91 – *AEB* Slg. 1992 I, 4785 Rn. 48.
[3] GK-*Schütz,* Art 17 Rn. 3.
[4] Vgl. EuGH U. v. 16. 7. 1992 Rs. C-67/91 – *AEB* Slg. 1992 I, 4785 Rn. 38; EuGH U. v. 10. 11. 1993 Rs. C-60/92 – *Otto* Slg. 1993 I, 5683 Rn. 20; *Immenga/Körber* in: Immenga/Mestmäcker, EG-WbR, Art. 17 Rn. 3.
[5] GK-*Schütz,* Art. 17 Rn. 2.
[6] Vgl. EuG U. v. 25. 10. 2002 RS T-5/02 – *Tetra Laval,* Slg. 2002, II-4381 Rn. 322.

Art. 18 FKVO

3   Der in **Abs. 2** verwandte Begriff des „Berufsgeheimnisses" (siehe Art. 287 EG) umschließt die nach deutscher Terminologie üblichen Begriffe des Geschäfts- und Betriebsgeheimnisses (vgl. § 56 Abs. 3 GWB). Geschützt sind danach nicht öffentlich zugängliche Informationen, die ein Unternehmen üblicherweise vertraulich behandelt und deren Bekanntgabe – bei objektiver Betrachtung – dem Unternehmen schädlich sein kann[8] (z. B.: Umsatzzahlen, Marktanteile, Geschäftsbeziehungen, Kostenstruktur). Aus den Verweisen auf Artt. 4 Abs. 3 sowie 18 und 20 wird deutlich, dass die Vorschrift keinen *absoluten* Schutz des Berufsgeheimnisses normiert, sondern diesen **gegen das Erfordernis der Verfahrenstransparenz und -effektivität ausbalanciert.**[9] Erscheint – nach Abwägung der verschiedenen Interessen – die Weitergabe einer vertraulichen Angabe zur Durchführung der Fusionskontrolle unabdingbar (etwa Überprüfung einer Erkenntnis durch Nachfrage bei Wettbewerbern), steht Art. 17 ihr daher nicht entgegen. Einzelheiten des Vertraulichkeitsschutzes sind geregelt in Art. 18 VO 802/2004, in dem Beschluss der Kommission vom 23. 5. 2001 über das Mandat des Anhörungsbeauftragen in bestimmten Wettbewerbsverfahren[10] sowie in der Mitteilung der Kommission über die Regeln für die Einsicht in Kommissionsakten in Fällen einer Anwendung der Artikel 81 und 82 EG-Vertrag, Art. 53, 54 und 57 des EWR-Abkommens und der Verordnung (EG) Nr. 139/2004.[11] Bei den Veröffentlichungen der Anmeldungen sowie der Kommissionsentscheidungen werden Geschäftsgeheimnisse unkenntlich gemacht. Die Kommission bittet vor der Veröffentlichung Unternehmen darum, eventuelle Geschäftsgeheimnisse unter Angabe der Gründe zu kennzeichnen und dies zu begründen (siehe Art. 18 Abs. 2 VO 802/2004).

Art. 18. Anhörung Beteiligter und Dritter

(1) **Vor Entscheidungen nach Artikel 6 Absatz 3, Artikel 7 Absatz 3, Artikel 8 Absätze 2 bis 6, Artikel 14 und Artikel 15 gibt die Kommission den betroffenen Personen, Unternehmen und Unternehmensvereinigungen Gelegenheit, sich zu den ihnen gegenüber geltend gemachten Einwänden in allen Abschnitten des Verfahrens bis zur Anhörung des Beratenden Ausschusses zu äußern.**

(2) **Abweichend von Absatz 1 können Entscheidungen nach Artikel 7 Absatz 3 und Artikel 8 Absatz 5 vorläufig erlassen werden, ohne den betroffenen Personen, Unternehmen oder Unternehmensvereinigungen zuvor Gelegenheit zur Äußerung zu geben, sofern die Kommission dies unverzüglich nach dem Erlass ihrer Entscheidung nachholt.**

(3) **Die Kommission stützt ihre Entscheidungen nur auf die Einwände, zu denen die Betroffenen Stellung nehmen konnten. Das Recht der Betroffenen auf Verteidigung während des Verfahrens wird in vollem Umfang gewährleistet. Zumindest die unmittelbar Betroffenen haben das Recht der Akteneinsicht, wobei die berechtigten Interessen der Unternehmen an der Wahrung ihrer Geschäftsgeheimnisse zu berücksichtigen sind.**

(4) **Sofern die Kommission oder die zuständigen Behörden der Mitgliedstaaten es für erforderlich halten, können sie auch andere natürliche oder juristische Personen anhören. Wenn natürliche oder juristische Personen, die ein hinreichendes Interesse**

---

[7] Vgl. EuG U. v. 20. 4. 1999, verb. RS T-305/94 u. a. – *LVM*, Slg. 1999, II-931, Rn. 18.

[8] Vgl. EuG U. v. 27. 10. 1994 Rs. T-35/92 – *John Deere* Slg. 1994 II, 957 Rn. 81; EuG U. v. 18. 9. 1996 Rs. T-353/94 – *Postbank II* Slg. 1996 II, 921 Rn. 87. Nach GK-*Schütz*, Art. 17 Rn. 9 kommt es auf die „Verkehrsauffassung einschlägiger Unternehmenskreise" an.

[9] Vgl. *Immenga/Körber* in: Immenga/Mestmäcker, EG-WbR, Art. 17 Rn. 8.

[10] ABl. 2001 L 162/21. Danach unterrichtet die Kommission ein Unternehmen vor einer beabsichtigten Offenlegung von Geschäftsgeheimnissen und gibt diesem die Möglichkeit, Einwände vorzubringen und ggfs. einstweiligen Rechtsschutz zu suchen.

[11] ABl. 2005 C 325/07.

Art. 18. Anhörung Beteiligter und Dritter

darlegen, und insbesondere Mitglieder der Leitungsorgane der beteiligten Unternehmen oder rechtlich anerkannte Vertreter der Arbeitnehmer dieser Unternehmen einen Antrag auf Anhörung stellen, so ist ihrem Antrag stattzugeben.

Übersicht

	Rn.		Rn.
I. Rechtliches Gehör		2. Gegenstand	23
1. Grundlagen	1	3. Geschäftsgeheimnisse	25
2. Berechtigte	2	V. Anhörungsrechte Dritter	27
3. Ausgestaltung	7	1. Grundlagen	29
4. Rechte im Vorprüfungsverfahren	8	2. Berechtigte	30
5. Ausnahmen	12	3. Umfang	34
6. Rechte im Hauptprüfungsverfahren	13	4. Rechte Dritter im Vorverfahren	38
II. Mitteilung der Beschwerdepunkte	15	5. Klagebefugnis nach Art. 230 Abs. 4 EG-Vertrag	40
III. Mündliche Anhörung	18		
IV. Akteneinsicht			
1. Berechtigte	22		

I. Rechtliches Gehör

1. Grundlagen

Die Gewährleistung des rechtlichen Gehörs gehört zu den *„fundamentalen Grundsätzen"* des Gemeinschaftsrechts[1] (siehe auch Art 41 Abs 2 Charta der Grundrechte der Europäischen Union). Ebenso wie in der VO Nr. 1/2003[2] wurden daher auch im Rahmen der FKVO Anhörungs- und Verteidigungsrechte für betroffene Unternehmen vorgesehen. Die eigentliche Ausgestaltung des rechtlichen Gehörs erfolgt in den Art. 11 bis 18 VO Nr. 802/2004,[3] der **Durchführungsverordnung** zur FKVO (nachfolgend *„DVO"*). Darüber hinaus enthalten die von der Kommission auf ihrer Homepage veröffentlichten, lediglich in englischer Sprache verfügbaren *best practice guidelines*[4] eine Reihe von Verfahrensvorkehrungen, die ebenfalls eine weitere Ausgestaltung des rechtlichen Gehörs darstellen (z. B. Einsicht in sogenannte Schlüsseldokumente; gemeinsame Besprechungen mit dem Case Team, usw.). Bei den *best practice guidelines* handelt es sich um keinen verbindlichen Rechtsakt; es ist jedoch die Selbstbindung der Kommission an ihre Mitteilungen zu berücksichtigen.[5] Wohl auch aus diesem Grund hat sich die Kommission in den *best practice guidelines* vorbehalten, den jeweiligen Verfahrensgang an den individuellen Fall anzupassen.

1

---

[1] EuGH U. v. 13. 2. 1979 Rs. 85/76 – *Hoffmann-LaRoche/Komm.* Slg. 1979, I-511, Rn. 9; EuGH U. v. 21. 9. 1989 Verb. Rs. 46/87 und 227/88 *Hoechst/Komm.* Slg. 1989, I-2923, Rn. 14f.; EuG U. v. 19. 6. 1997 Rs. T-260/94 – *Air Inter/Komm.* Slg. 1997, II-997, Rn. 59; EuG U. v. 4. 3. 1999 Rs. T-87/96 *Generali/Unicredito* Slg. 1999, II-203, Rn. 88; EuG U. v. 15. 3. 2000 Rs. T-25/95 – *Cimenteries CBR*/Kommission Slg. 2000, II-491, Rn. 106.

[2] VO (EG) Nr. 1/2003 des Rates vom 16. 12. 2003 zur Durchführung der in den Art. 81 und 82 des Vertrags niedergelegten Wettbewerbsregeln, ABl. 2003 L 1/1.

[3] VO (EG) Nr. 802/2004 der Kommission vom 7. 4. 2004 zur Durchführung der VO (EG) Nr. 139/2004 des Rates über die Kontrolle von Unternehmenszusammenschlüssen, ABl. 2004 L 133/1; geändert durch die VO (EG) Nr. 1033/2008 vom 20. 10. 2008 zur Änderung der VO (EG) Nr. 802/2004 vom 7. 4. 2004 zur Durchführung der VO (EG) Nr. 139/2004 des Rates für die Kontrolle von Unternehmenszusammenschlüssen ABl. 2008 L 279/3 (nachfolgend „ÄnderungsVO zur DVO").

[4] Best practice on the conduct of EC merger control proceedings, abrufbar unter: http://ec.europa.eu/comm/competition/mergers/legislation/proceedings.pdf.

[5] Vgl. dazu Dittert, Die Reform des Verfahrens in der neuen EG-Fusionskontrollverordnung, WuW 2/2004, 161 unter Berufung auf die Urteile in Sachen *Royal Phillips Electronics* Rs. T-119/02, Slg. 2003, II-1433, Rn. 143 und EuG U. v. 3. 4. 2003, Rs T-114/02 – *BaByliss*, Slg. 2003, II-1279, Rn. 242 = EuZW 2003, 796.

2. Berechtigte

2   Die DVO definiert vier Gruppen von Berechtigten: die Anmelder, andere Beteiligte, Dritte und Adressaten von Buß- oder Zwangsgeldentscheidungen.[6] Als **Anmelder** werden jene Personen und Unternehmen bezeichnet, die die Anmeldung nach Art. 4 Abs. 2 einbringen.

3   Unter dem Begriff **andere Beteiligte** werden die übrigen Beteiligten, die nicht Anmelder sind, insbesondere auch der **Veräußerer** und das **zu übernehmende Unternehmen** in die weitreichenden Anhörungs- und Verteidigungsrechte nach Art. 18 Abs. 1 einbezogen. Als weitere „andere Beteiligte" kommen beispielsweise auch **Muttergesellschaften,** die über das anmeldende Tochterunternehmen mittelbare Kontrolle erwerben, in Frage.[7] Aber auch andere Konstellationen sind denkbar. Im Fall des gemeinsamen Übernahmeangebots von Air Products und Air Liquide für BOC, in dem vereinbart wurde, die Vermögenswerte von BOC unmittelbar nach Verwirklichung weltweit aufzuteilen, wurde das amerikanische Unternehmen Air Products als anderes beteiligtes Unternehmen anerkannt, obwohl es von der Untersuchung der Kommission weitgehend ausgenommen war.[8]

4   Die den Anmeldern und „anderen Beteiligten" gewährten Rechte im Zusammenhang mit dem rechtlichen Gehör unterscheiden sich nur im Rahmen der zu gewährenden **Akteneinsicht.** Während den Anmeldern auf Antrag Einsicht in die Verfahrensakte gewährleistet werden muss, um ihre Verteidigungsrechte zu wahren, bestimmt Art. 17 Abs. 2 DVO eine Akteneinsicht für die anderen Beteiligten nur, **soweit** dies zur Vorbereitung ihrer Äußerung erforderlich ist.

5   **Dritte** sind Personen oder Unternehmen, die ein hinreichendes Interesse an dem Ausgang des Zusammenschlussverfahrens geltend machen können, insbesondere auch **Individualpersonen** wie Mitglieder der Aufsichts- oder Leitungsorgane oder Arbeitnehmervertreter der beteiligten Unternehmen.[9] Seit 1. 5. 2004 werden hier auch ausdrücklich **Verbraucherverbände** als Dritte genannt. Ihnen kommen Anhörungsrechte zu, wenn das Zusammenschlussvorhaben von Endverbrauchern genutzte Waren oder Dienstleistungen betrifft.[10] Art. 18 Abs. 1 gewährt auch den **Adressaten von Buß- und Zwangsgeldentscheidungen** ein Recht auf rechtliches Gehör. Die DVO nennt diese ebenfalls „Beteiligte".

6   In Art. 18 Abs. 3 wird darüber hinaus der Begriff der *„unmittelbar Betroffenen"* verwendet. Art. 17 DVO stellt hier klar, dass es sich dabei um die Anmelder und die anderen Beteiligten, denen Einwände der Kommission mitgeteilt wurden, handelt. Diesen steht das Recht auf Akteneinsicht jedenfalls zu.

3. Ausgestaltung

7   Die DVO sieht verschiedene Formen der Anhörung vor, die den in der DVO definierten Gruppen in unterschiedlichem Umfang zustehen. Dazu zählen insbesondere die schriftliche und mündliche **Anhörung,** die sowohl formell als auch informell erfolgen kann und ein Informationsrecht,[11] das insbesondere in der Mitteilung der **Beschwerdepunkte,** der

---

[6] Art. 11 Abs. 1 Buchstaben a bis d der DVO.
[7] Zum Begriff der Beteiligten in der DVO und in der FKVO im vorliegenden Zusammenhang siehe *Wagemann* in: Wiedemann, Die EG-Fusionskontrollverordnung, § 17 Rn. 111 ff.
[8] Komm. E. v. 18. 1. 2000 Rs. IV/M.1630 – *Air Liquide/BOC*, ABl. 2004 L 192/1 = WuW 2000, 266, vgl. auch die Pressemeldung vom 18. 1. 2000, IP/00/46.
[9] Vgl. auch Komm. E. v. 8. 10. 1995 Rs. IV/M.580 – *ABB/Daimler-Benz*, ABl. 1997 L 11/1, Rn. 148 f. – WuW 1996, 25.
[10] Das verstärkte Engagement von Verbraucherverbänden war Gegenstand eines Verfahrens, vgl. EuG. U. v. 13. 4. 2005 Rs. T-2/03 – *Verein für Konsumenteninformation/Komm.* Slg. 2005, II-1121.
[11] *Wagemann* in: Wiedemann, Die EG-Fusionskontrollverordnung, § 17 Rn. 116.

schriftlichen Unterrichtung über Art und Gegenstand des Verfahrens sowie im Recht auf **Akteneinsicht** besteht.[12]

4. Rechte im Vorprüfungsverfahren

Art. 18 Abs. 1 bestimmt, dass das rechtliche Gehör vor Entscheidungen über die Befreiung vom Vollzugsverbot nach Art. 7 Abs. 3, vor Entscheidungen in der Hauptsache nach Art. 8, vor Entscheidungen über die Verhängung von Buß- und Zwangsgeldern sowie vor Entscheidungen nach Art. 6 Abs. 3 (Widerruf von Freigabeentscheidungen mit oder ohne Auflagen in Phase I) gewährt werden muss. Art. 18 Abs. 1 betrifft somit bis auf Art. 6 Abs. 3 das Verfahren nach Einleitung des Hauptprüfungsverfahrens (Phase II).[13]

Bereits in der Entscheidung im Fall *Generali/Unicredito*[14] hat das EuG jedoch festgestellt, dass den Betroffenen auch bereits im Vorprüfungsverfahren (Phase I) vor Erlass jeder Entscheidung, die die betroffenen Unternehmen **beschweren** kann, Anspruch auf rechtliches Gehör zukommt.[15] Eine solche Entscheidung kann nicht nur die **Einleitung des Hauptprüfungsverfahrens** gemäß Art. 6 Abs. 1 Buchstabe c) sein, sondern auch eine Entscheidung der Kommission, wodurch die **Unanwendbarkeit der FKVO** ausgesprochen wird (Art. 6 Abs. 1 Buchstabe a). Die Frage, in welchem Umfang dieses Recht besteht, ist jedoch noch nicht abschließend geklärt. In oben zitierter Entscheidung geht das EuG – gestützt auf den Erwägungsgrund Nr. 8 zur Verordnung Nr. 3384/94 – jedenfalls davon aus, dass eine »*enge Verbindung*« zu den Beteiligten aufrechtzuerhalten ist, „*um etwaige tatsächliche oder rechtliche Probleme ... mit ihnen zu erörtern und wenn möglich ... auszuräumen*". Hat die Kommission jedoch bereits einmal (z. B. in einem Auskunftsverlangen) auf das bestehende Problem aufmerksam gemacht, muss sie dies vor Erlass der Entscheidung nicht nochmals tun.[16]

Für die **Anmelder** wird das Problem gegenwärtig durch die gängige Praxis von **informellen Gesprächen** der am Zusammenschluss Beteiligten mit der Kommission zumindest teilweise entschärft. Von besonderer Bedeutung sind hier die so genannten *„state of play-meetings"* zwischen dem Case Team und den Anmeldern. Die *state of play-meetings* wurden mit den überarbeiteten *best practice guidelines*[17] zu bestimmten für das Verfahren wichtigen Zeitpunkten sowohl in Phase I als auch in Phase II eingeführt.[18] In Phase I soll das erste *state of play-meeting* bis spätestens 15 Arbeitstage nach Beginn der Phase I in den Fällen anberaumt werden, in denen wettbewerbliche Bedenken der Kommission bestehen und daher die Absicht besteht, das Hauptprüfungsverfahren einzuleiten. Die Unternehmen sollen hierbei über die vorläufigen Ergebnisse der ersten Untersuchungen informiert werden und insbesondere die Gelegenheit erhalten, Zusagen zu formulieren, um diese noch fristgerecht[19] einzureichen. Ein Recht auf **Akteneinsicht** wird jedoch grundsätzlich von der

---

[12] Siehe dazu im Folgenden.
[13] *Löffler* in: Langen/Bunte, Kommentar zum deutschen und europäischen Kartellrecht, Art. 18 FKVO Rn. 2.
[14] EuG U. v. 4. 3. 1999 Rs. T-87/96 – *Generali/Unicredito* Slg. 1999, II-203, Rn. 87 ff.
[15] Vgl. weiters EuG U. v. 20. 11. 2002 Rs. T-251/00 – *Lagardère SCA/Canal Plus/Kommission* Slg. 2002 II-4825, Rn. 93 f.; EuG U. v. 10. 5. 2001 Rs. T-186/97 und andere – *Kaufring u. a./Kommission* Slg. 2001, II-1337, Rn. 151; siehe auch die Rs., wonach es ein fundamentaler Grundsatz des Gemeinschaftsrechts ist, Adressaten eines beschwerenden Aktes vor dem Erlass rechtliches Gehör zu gewähren, hierzu *Immenga/Körber* in: Immenga/Mestmäcker, EG-WbR Art. 18 FKVO, V., Rn. 2; sowie EuGH U. v. 31. 3. 1998 verb. Rs C-68/94 und C-30/95 – *Kali & Salz* Slg. 1998, I-1375; EuGH U. v. 31. 3. 1998 Rs. C-68/94 und C-30/95 – *Frankreich u. a./Kommission* Slg. 1998, I-1375, Rn. 62.
[16] Ibid.
[17] Vgl. Fn. 4 oben.
[18] Best practice guidelines Rn. 30 ff.
[19] Vgl. dazu insbes. die Ausführungen zu Art. 10.

Art. 18 FKVO 11–13

Kommission vor Zustellung der Beschwerdepunkte und damit auch in Phase I nicht gewährt.[20]

11 In der Lehre wird überwiegend auch ein **Anhörungsrecht für Dritte** bereits im Vorprüfungsverfahren befürwortet.[21]

5. Ausnahmen

12 Art. 18 Abs. 2 sieht eine Ausnahme vom vorherigen rechtlichen Gehör für Entscheidungen über die Erteilung von Befreiungen gemäß Art. 7 Abs. 3 sowie für Entscheidungen über die Anordnung einstweiliger Maßnahmen nach Art. 8 Abs. 5 vor. Solche können **vorläufig ohne Gewährung von Anhörungsrechten** erlassen werden.[22] Eine endgültige Entscheidung, mit der die vorläufige Entscheidung aufgehoben, geändert oder bestätigt werden kann, wird erst im Anschluss an eine Äußerung der Anmelder und anderer Beteiligter erlassen. Die vorläufige Entscheidung erfüllt diesfalls die Funktion der Mitteilung der Beschwerdepunkte.[23] Art. 12 Abs. 2 Unterabsatz 2 DVO sieht vor, dass die vorläufige Entscheidung der Kommission zu einer endgültigen wird, wenn sich die Anmelder und anderen Beteiligten nicht innerhalb der ihnen gesetzten Frist äußern. Die Äußerung kann schriftlich oder mündlich erfolgen.[24]

6. Rechte im Hauptprüfungsverfahren

13 Die wesentlichsten Instrumente des rechtlichen Gehörs in Phase II sind die Mitteilung der Beschwerdepunkte (Art. 13 DVO), die förmliche mündliche Anhörung (Art. 14 DVO) sowie die Akteneinsicht (Art. 17 DVO).

Über diese gesondert geregelten Instrumente hinaus bestimmt jedoch Art. 18 Abs. 1 ausdrücklich, dass den betroffenen Unternehmen *„in allen Abschnitten des Verfahrens"* bis zur Anhörung des beratenden Ausschusses Gelegenheit zu geben ist, sich zu den vorgebrachten Einwänden zu äußern. Auch in Art. 14 der DVO heißt es, dass den Anmeldern *„auch in anderen Verfahrensstadien"* die Gelegenheit zu geben ist, ihre Argumente mündlich vorzubringen.[25] Dies bedeutet allerdings nicht, dass nach Artikel 18 quasi „abschnittsweise" Einsicht in den Kommissionsakt gewährt werden muss.[26] Tatsächlich finden in der Regel **zahlreiche informelle Gespräche und Treffen der Kommission** sowohl mit den Anmeldern und anderen Beteiligten als auch Dritten statt. In den überarbeiteten best practice guidelines ist die Kommission nunmehr noch einen Schritt weitergegangen und sieht als „best practice" zum einen die **Übermittlung von so genannten Schlüsseldokumenten** („key documents"), wie insbesondere Stellungnahmen von Wettbewerbern, Lieferanten und Abnehmern in einem frühen Stadium vor (erste Erfahrungen zeigen, dass die Kommission relativ rasch nach Einleitung des Hauptverfahrens (ca. zwei Wochen) diese key documents zur Verfügung stellt);[27] zum anderen sollen die schon bis dato häufig stattfin-

---

[20] Siehe dazu *Nicholas Levy*, European Merger Control Law – a guide to the merger regulation, 2004 (volumes 1 and 2), § 17.04 [5] der hier auf Basis der Entscheidung in Sachen *Lagardère/Canal Plus/Kommission*, davon ausgeht, dass auf einer Akteneinsicht bestanden werden könne.

[21] *Baron* in Langen/Bunte, Kommentar zum deutschen und europäischen Kartellrecht, Band 2, Art 18, Rn 7. *Ohlhoff* in: Münchener Kommentar zum europäischen und deutschen Wettbewerbsrecht, Art. 18 FKVO, Rn. 46.

[22] Vgl. Komm. E. v. 15. 6. 1999 Rs. IV/M.1517 – *Rhodia/Donau Chemie/Albright & Wilson,* Competition policy newsletter 1999 Nr. 3, 44, WuW 1999, 983.

[23] *Ohlhoff* in: Münchener Kommentar zum europäischen und deutschen Wettbewerbsrecht, Art. 18 FKVO, Rn. 30.

[24] Art. 12 Abs. 3 DVO.

[25] Art. 16 DVO bestimmt dies auch ausdrücklich für Dritte.

[26] In der Rechtssache Urteil des EuG v. 12. 12. 2005, Rs T-210/01, *General Electric Company v Kommission,* Rn 693 f.

[27] Best practice guidelines Rn. 45 f.

Art. 18. Anhörung Beteiligter und Dritter   14–16   **Art. 18 FKVO**

denden informellen Besprechungen vor bestimmten Verfahrensabschnitten regelmäßig in den Ablauf des Hauptverfahrens in Phase II eingebaut werden. Es handelt sich dabei um die bereits oben erwähnten state of play-meetings, mit denen gewährleistet werden soll, dass die beteiligten Unternehmen über den gegenwärtigen Stand der Untersuchung informiert werden und die Möglichkeit erhalten, mit höheren Kommissionsbeamten bestehende Probleme zu erörtern.[28] Solche Besprechungen zum Stand des Verfahrens finden in folgenden Verfahrensabschnitten innerhalb der Phase II statt:[29]
– innerhalb der ersten 10 Arbeitstage nach Einleitung des Hauptprüfungsverfahrens zur Besprechung der Entscheidung nach Art. 6 Abs. 1 Buchstabe c); diese Besprechung soll auch der Diskussion des Zeitplans dienen;
– vor Zustellung der Beschwerdepunkte;
– nach der Erwiderung auf die Beschwerdepunkte und der mündlichen Anhörung zur Erörterung der Erkenntnisse der Kommission und etwaigen geplanten Verpflichtungszusagen;
– vor der Sitzung des Beratenden Ausschusses zur Erörterung etwaiger Verpflichtungszusagen.

Sowohl die Akteneinsicht in sogenannte Schlüsseldokumente, als auch die state of play-meetings sollen der Stärkung der Effizienz des Verfahrens dienen, aber auch zur Erhöhung der Transparenz beitragen. Die genannten Instrumente wurden allerdings nicht in die FKVO und auch nicht in die DVO aufgenommen, sondern lediglich in die best practice guidelines der Kommission.[30] Die Nichtgewährung einer weitergehenden Akteneinsicht vor Übermittlung der Beschwerdepunkte stellt keine Beeinträchtigung der Anhörungsrechte dar, wenn die Unternehmen nach Mitteilung der BP ausreichend Gelegenheit haben sich nach Einsicht in die Verwaltungsakte der Kommission schriftlich und mündlich zur Mitteilung der Beschwerdepunkte zu äußern.   **14**

Neben den state of play-meetings sehen die best practice guidelines auch die Möglichkeit so genannter triangular meetings vor, zu denen die Kommission Anmelder und Dritte (z. B. Wettbewerber, Abnehmer, Lieferanten) gemeinsam einlädt. **Triangular meetings** sollen insbesondere zur Klärung unterschiedlicher Kerndaten bei betroffenen Märkten dienen und zu einem möglichst frühen Zeitpunkt stattfinden.[31]

II. Mitteilung der Beschwerdepunkte

Nach Abschluss ihrer Ermittlungen im Hauptprüfungsverfahren erlässt die Kommission entweder eine Entscheidung nach Art. 8 Abs. 1 und 2,[32] oder sie **fasst ihre wettbewerblichen Bedenken schriftlich zusammen** und übersendet diese als „Beschwerdepunkte" an die Anmelder und an die anderen Beteiligten (Art. 13 Abs. 2 DVO). Die Beschwerdepunkte werden darüber hinaus an die zuständigen Behörden der Mitgliedstaaten in Kopie versandt. Eine bestimmte Frist, innerhalb derer die Beschwerdepunkte übermittelt werden müssten, ist weder in der FKVO noch in der DVO vorgesehen. In der Regel wird seitens der Kommission eine Versendung der Beschwerdepunkte in einem Zeitraum von **ca. zwei Monaten nach Einleitung des Hauptverfahrens** angestrebt. In aufwändigen Fällen kann dieser Zeitraum jedoch auch erheblich überschritten werden.   **15**

Die Mitteilung der Beschwerdepunkte ist ein wesentliches Element der Verteidigungsrechte, da die Kommission ihre Entscheidung **nur auf Einwände stützen kann,** zu de-   **16**

---

[28] Best practice guidelines Rn. 30 ff.
[29] Best practice guidelines Rn. 33.
[30] Siehe hierzu kritisch *Rosenthal*, Neue Ordnung der Zuständigkeiten des Verfahrens in der Europäischen Fusionskontrolle, EuZW 2004/327.
[31] Best practice guidelines Rn. 38 f.
[32] Vgl. Komm. E. v. 17. 12. 2002 Rs. COMP/M.2822 – *ENBW/ENI/GVS*, ABl. 2003 L 248/51 = WuW 2003, 157.

nen die beteiligten Unternehmen **gehört wurden**.³³ Dies bedeutet aber nicht, dass die Endentscheidung ein genaues „Abbild"³⁴ der Beschwerdepunkte sein muss. Die Beschwerdepunkte haben auch die relevanten Beweismittel zu nennen, auf die sich die Kommission stützen möchte. Schriftstücke, die den Betroffenen nicht zur Kenntnis gebracht wurden, können in der Entscheidung nicht als Beweismittel verwendet werden. Erst jüngst hat aber der EuGH im Fall *Impala* den „vorbereitenden Charakter" der Beschwerdepunkte hervor gehoben und bekräftigt, dass diese Änderungen anlässlich einer späteren Beurteilung zugänglich sind, die die Kommission auf der Grundlage der von den Beteiligten vorgelegten Stellungnahmen und weiterer Tatsachenfeststellungen vornimmt. Die Kommission hat dabei die Ergebnisse des gesamten Verwaltungsverfahrens zum Entscheidungszeitpunkt zu berücksichtigen und ist auch nicht verpflichtet in der Endentscheidung eventuelle Unterschiede gegenüber ihrer vorläufigen Beurteilung zu erklären.³⁵ Umgekehrt können die Beschwerdepunkte aber von den Gerichten bei der Überprüfung der Tatsachenbasis herangezogen werden, sie stellen jedoch keine entscheidungstaugliche nachgewiesene Feststellung dar.³⁶

Denkbar ist auch, dass die Kommission (etwa bei Änderung der Argumentationslinie) ergänzende Beschwerdepunkte versendet.³⁷ Gemäß Art. 13 Abs. 3 DVO haben sich die Anmelder und die anderen Beteiligten innerhalb der von der Kommission festzusetzenden **Frist** zu den Einwänden der Kommission **schriftlich zu äußern**. Die Frist, die i. d. R. ca zwei Wochen beträgt, muss im Hinblick auf den erforderlichen Zeitaufwand, die Dringlichkeit des Falles und unter Berücksichtigung von Arbeitstagen und Feiertagen in dem betreffenden Empfangsland festgesetzt werden.³⁸ Gemäß Art. 13 Abs. 2 letzter Satz ist die Kommission nicht verpflichtet, nach Ablauf dieser Frist erhaltene Stellungnahmen noch zu berücksichtigen. Verlängerungen der gesetzten Frist sind auf Antrag der Unternehmen möglich, werden jedoch, wenn überhaupt, nur sehr einschränkend gewährt.³⁹ Im Gegensatz zu den Anmeldern und anderen Beteiligten können die Behörden der Mitgliedstaaten gemäß Art. 19 Abs. 3 Stellungnahmen noch bis zum Erlass einer endgültigen Entscheidung nach Art. 8 Abs. 1 bis 6 abgeben.

17 Der schriftlichen Äußerung können *„zweckdienliche"* Unterlagen (z. B. Gutachten) beigefügt werden. Vorgeschlagen werden kann darüber hinaus auch die Anhörung von Personen, die die vorgetragenen Tatsachen bestätigen können. Soll eine **förmliche mündliche Anhörung** nach Art. 14 DVO beantragt werden, so hat dies ebenfalls in der schriftlichen Äußerung zu geschehen.

III. Mündliche Anhörung

18 Die Kommission gibt den **Anmeldern** Gelegenheit, ihre Argumente in einer förmlichen mündlichen Anhörung vorzutragen, wenn sie dies in ihrer schriftlichen Äußerung auf die Beschwerdepunkte beantragt (Art. 14 Abs. 1 DVO) und ein hinreichendes Interesse

---

³³ Vgl. insbesondere Beschluss vom 18. Juni 1986, *British American Tobacco und Reynolds Industries/ Kommission*, 142/84 und 156/84, Slg. 1986, 1899, Rn. 13 und 14.

³⁴ Vgl. Immenga/Körber in Immenga/Mestmäcker, EG-WbR Art. 18 FKVO, V., Rn 19.

³⁵ Rn 63 ff.; siehe auch EuGH vom 10. 7. 2008, C-413/06 P, Zusammenschluss *Bertelsmann AG/ Sony Corporation of America*, Rn 66 ff. Insofern ist den Ausführungen *Ohhoffs*, der sich noch (zeitlich bedingt) auf die erstinstanzliche Entscheidung des EuG stützt, zu widersprechen, siehe *Ohlhoff* in: Münchener Kommentar zum europäischen und deutschen Wettbewerbsrecht, Art. 18 FKVO, Rn. 17.

³⁶ Siehe EuGH vom 10. 7. 2008, C-413/06 P, Zusammenschluss *Bertelsmann AG/Sony Corporation of America*, Rn 73.

³⁷ Vgl. dazu auch *Langeheine/Dittert* in: Schröter/Jakob/Mederer, Kommentar zum Europäischen Wettbewerbsrecht, Art. 18, Rn. 12 ff.

³⁸ Art. 21 DVO.

³⁹ Vgl. *Ohlhoff* in: Münchener Kommentar zum europäischen und deutschen Wettbewerbsrecht, Art. 18 FKVO, Rn. 22.

geltend gemacht haben. Dasselbe gilt für andere Beteiligte (insbes. übernommenes Unternehmen, Veräußerer). Liegt ein solches Interesse vor, so muss die Kommission dem Antrag stattgeben. Ein hinreichendes Interesse kann nach übereinstimmender Meinung zumindest für die am Zusammenschluss unmittelbar Beteiligten vorausgesetzt werden.[40] Dasselbe gilt grundsätzlich auch für **weitere Betroffene** im Sinne von Art. 18 Abs. 4 (natürliche oder juristische Personen, die ein hinreichendes Interesse darlegen, insbesondere Mitglieder der Leitungsorgane der beteiligten Unternehmen oder rechtlich anerkannte Vertreter der Arbeitnehmer).[41] Die **Behörden der Mitgliedstaaten** können ebenfalls einen Vertreter zur Anhörung entsenden. In der Regel nehmen auch Dritte an der Anhörung teil (ob sie ein durchsetzbares Recht zur Einberufung von Anhörungen haben, ist umstritten).[42]

Weder die Kommission noch die Mitgliedstaaten können eine förmliche mündliche Anhörung erzwingen. Tatsächlich werden immer seltener Anhörungen seitens der beteiligten Unternehmen beantragt, da der praktische Nutzen im Verhältnis zum Aufwand als eher geringfügig eingestuft wird. Kritisiert wird in diesem Zusammenhang der dadurch entstehende Mangel an Transparenz.[43]

Die Anhörung ist **nicht öffentlich.** Damit wird den Interessen der Unternehmen an der Geheimhaltung ihrer Geschäftsgeheimnisse Rechnung getragen. Die DVO sieht u. a. auch vor, dass Personen auch einzeln gehört werden können.[44]

Die förmliche Anhörung wird vom **Anhörungsbeauftragten** durchgeführt. Der Anhörungsbeauftragte kann zur Erhöhung der Effizienz und Organisation zudem eine vorbereitende Besprechung mit den Parteien und den teilnehmenden Kommissionsbeamten abhalten. Die Aufgaben des Anhörungsbeauftragten bei der Anhörung im Zusammenschlussverfahren entsprechen im Wesentlichen denen im Rahmen des Verfahrens nach der VO Nr. 1/2003.[45]

IV. Akteneinsicht

1. Berechtigte

Nach Erhalt der Beschwerdepunkte wird den *„unmittelbar Betroffenen"* das Recht auf Akteneinsicht gewährt. Die DVO stellt klar, dass es sich dabei sowohl um die Anmelder als auch um andere Beteiligte (Veräußerer, zu übernehmendes Unternehmen) handelt. Wie in den *best practice guidelines* verankert, werden den Unternehmen jedoch auch schon zu einem sehr frühen Zeitpunkt so genannte Schlüsseldokumente *(key documents),* das sind in den meisten Fällen Stellungnahmen von Wettbewerbern, Abnehmern oder Lieferanten zur Verfügung gestellt. **Dritten** steht nach der FKVO hingegen kein Recht auf Akteneinsicht zu.[46] Grundsätzlich besteht die Frage, inwiefern Akteneinsicht (sowohl für Verfahrensbeteiligte

---

[40] *Wagemann* in: Wiedemann, Die EG-Fusionskontrollverordnung § 17 Rn. 99; *Immenga/Körber* gehen von „keine[n] hohen Ansprüche[n]" bez. hinreichendem Interesse aus, vgl. Immenga/Mestmäcker, EG-WbR Art. 18 FKVO, V., Rn 21.

[41] Vgl. *Ohlhoff* in: Münchener Kommentar zum europäischen und deutschen Wettbewerbsrecht, Art. 18 FKVO, Rn. 11 ff.

[42] Vgl. unten Rn. 29 ff.

[43] *Löffler* in: Langen/Bunte, Kommentar zum deutschen und europäischen Kartellrecht, Art. 18 FKVO, Rn. 5, *Immenga/Körber* in: Immenga/Mestmäcker, EG-WbR Art. 18 FKVO, V., Rn. 8.

[44] Art. 15 Abs. 6 DVO; siehe auch Komm. E. v. 14. 2. 1995 Rs. IV/M.477 – *Mercedes-Benz/Kässbohrer,* ABl. 1995 L 211/1 = WuW 1995, 385.

[45] Vgl. auch Komm. B. v. 23. 5. 2001 über das Mandat des Anhörungsbeauftragten in bestimmten Wettbewerbsverfahren vor der Kommission ABl. 2001 L 162/21 (im Folgenden *„Mandat des Anhörungsbeauftragten"),* der Beschluss ersetzt den B. v. 12. 12. 1994 ABl. 1994 L 330/67.

[46] Vgl. zum Recht auf Akteneinsicht *Montag/Kaessner* WuW 1997, 781, 789 f; zum Akteneinsichtsrecht für Dritte vgl. *Ohlhoff* in: Münchener Kommentar zum europäischen und deutschen Wettbewerbsrecht, Art. 18 FKVO, Rn. 43 f.

Art. 18 FKVO 23, 24

als auch Dritte) aufgrund der so genannten „*Transparenz-Verordnung*"[47] besteht. Nach Meinung von *Langeheine/Dittert*[48] bestehen beide Ansprüche aus Sicht der Verfahrensbeteiligten jedenfalls nebeneinander. Das Recht auf Akteneinsicht der FKVO und das allgemeine Recht auf Zugang zu Dokumenten gemäß der Transparenz-Verordnung haben eine unterschiedliche Reichweite und dienen einem anderen Zweck, weshalb bei ihrer Auslegung darauf zu achten ist, dass keine Wertungswidersprüche entstehen. Nach *Ohlhoff* ist insbesondere darauf zu achten, dass die der FKVO bez. Akteneinsicht zugrunde liegenden Wertungen nicht durch die Transparenz-Verordnung unterlaufen werden.[49] *Immenga* macht darüber hinaus darauf aufmerksam, dass eine Einsicht in die Verfahrensakte aufgrund der Transparenz-Verordnung während des Verfahrens von der Kommission mit der Begründung verweigert werden kann, dass der laufende Entscheidungsprozess nicht beeinträchtigt wird. Zur Reichweite des Rechts auf Zugang zu Dokumenten hat das EuG bereits entschieden, dass die Kommission im Falle eines Antrags auf Zugang zu Dokumenten grundsätzlich verpflichtet ist, den Inhalt der im Antrag bezeichneten Dokumente konkret und individuell dahingehend zu prüfen ob ein Zugang gewährt werden kann.[50]

2. Gegenstand

23   Gegenstand der Akteneinsicht sind grundsätzlich alle Unterlagen und Schriftstücke der Ermittlungsakte mit Ausnahme von Geschäftsgeheimnissen, internen Dokumenten und Schriftstücken der Kommission, anderen internen Unterlagen von Behörden oder sonstigen vertraulichen Angaben.[51] Wesentlich ist, dass die Kommission sowohl in be- als auch entlastende Dokumente Akteneinsicht zu gewähren hat[52] und nicht darüber entscheiden kann, ob und inwieweit ein Schriftstück der Verteidigung eines betroffenen Unternehmens dienen kann oder nicht.[53]

24   Von besonderer Bedeutung im Rahmen der Akteneinsicht sind **Angaben von Wettbewerbern, Lieferanten und Abnehmern,** die entweder im Rahmen ihres rechtlichen Gehörs bei der Kommission eingebracht wurden oder die Antworten zu einem Auskunftsverlangen der Kommission nach Art. 11 darstellen. Im Fall *Endemol Entertainment Holding BT* entschied das EuG, dass auch Informationen, die es erlauben würden, Beschwerdeführer zu identifizieren, die ihre Identität nicht preisgeben möchten, von der Akteneinsicht ausgenommen werden können. Statt dessen ist es möglich, **einsehbare Zusammenfassungen** zu erstellen, die jedenfalls diejenigen Informationen enthalten müssen, auf die die Kommission ihre Einwände stützen will.[54] Im Fall *GI/Instrumenta-*

---

[47] VO Nr. 1049/2001 des Europäischen Parlaments und des Rates vom 30. 5. 2001 über den Zugang der Öffentlichkeit zu Dokumenten des Europäischen Parlaments, des Rates und der Kommission, ABl. 2001 L 145/43 (im Folgenden „*Transparenz-Verordnung*").

[48] *Langeheine/Dittert* in: Schröter/Jakob/Mederer, Kommentar zum Europäischen Wettbewerbsrecht, Art. 18 Rn. 18.

[49] *Ohlhoff* in: Münchener Kommentar zum europäischen und deutschen Wettbewerbsrecht, Art. 18 FKVO, Rn. 45.

[50] Vgl. EuG U. v. 13. 4. 2005 Rs. T-2/01 – *Verein für Konsumenteninformation/Kommission* Slg. 2005, II-1121, insbes. Rn. 65 f.

[51] Vgl. Art. 17 Abs. 3 DVO, Mitteilung der Kommission über die Regeln für die Einsicht in Kommissionsakten in Fällen einer Anwendung der Artikel 81 und 82 EG-Vertrag, Artikel 53, 54 und 57 des EWR-Abkommens und der Verordnung (EG) Nr. 139/42, ABl. 2005 C 325/7, Rn. 10 und 12 ff.; zur Einsicht in vertrauliche Informationen siehe unten Punkt 3.

[52] Vgl. EuG U. v. 15. 3. 2000 Rs. T-25/95 – *Cimenteries CBR/Kommission* Slg. 2000, II-491 Rn. 143.

[53] Grundlegend EuGH U. v. 25. 10. 1983 Rs. 107/82 – *AEG/Kommission* Slg. 1983, 3151 Rn. 24 ff.

[54] EuG U. v. 28. 4. 1999 Rs. T-211/95 – *Endemol Entertainment Holding BT/Kom.* Slg. 1999 II-1299.

*rium*⁵⁵ wurde darüber hinaus zur Überprüfung der umfangreichen ökonomischen Daten, auf die die Kommission ihre Bedenken stützte, die jedoch aus Gründen der Vertraulichkeit (ein Großteil der Daten stammte von Wettbewerbern) nicht an die Anmelder übermittelt werden durften, ein pragmatischer Zugang gewählt. Den von den Anmeldern beauftragten ökonomischen Gutachtern wurde, nach Unterzeichnung einer Geheimhaltungsverpflichtung, in den Räumen der Kommission Einsicht in die verwendeten Daten gewährt, die Möglichkeit, die Daten zu kopieren oder zu versenden, wurde technisch ausgeschlossen.⁵⁶

3. Geschäftsgeheimnisse

Die Kommission unterscheidet zwischen Geschäftsgeheimnissen und sonstigen vertraulichen Informationen, die jedoch beide ganz oder teilweise von der Akteneinsicht ausgenommen werden können. Grundsätzlich hat die Kommission Einsicht in die Originale oder zumindest deren nicht-vertraulichen Fassungen zu geben. Nur wenn die Vertraulichkeit dadurch nicht gewährleistet ist, steht eine Zusammenfassung zur Einsichtnahme offen.⁵⁷

Grundsätzlich obliegt es jeder Partei, **vertrauliche Informationen zu kennzeichnen** und der Kommission innerhalb einer festgesetzten Frist eine gesonderte, nicht-vertrauliche Fassung ihrer schriftlichen Äußerung vorzulegen.⁵⁸ Gegebenenfalls kann jedoch auch die Kommission selbst schriftliche Zusammenfassungen erstellen.⁵⁹

Kriterien zur Beurteilung, was unter das Geschäftsgeheimnis fällt, finden sich in der Mitteilung der Kommission vom 22. 12. 2005 über die Regeln für die Einsicht in Kommissionsakten in Fällen einer Anwendung der Artikel 81 und 82 EG-Vertrag, Artikel 53, 54 und 57 des EWR-Abkommens und der Verordnung (EG) Nr. 139/2004⁶⁰ sowie in der Rechtsprechung des Gerichtshofes und des Gerichts erster Instanz.⁶¹ Im Wesentlichen handelt es sich dabei um **wettbewerblich sensible Informationen** über das strategische Wirtschaftsverhalten wie Produktions- und Verkaufsmengen, Kunden- und Lieferantendaten, Kosten, aber auch die interne Organisation bzw. interne Entscheidungsabläufe des Unternehmens.⁶²

Bei Unstimmigkeiten über den Umfang der Vertraulichkeit wird das betreffende Unternehmen nochmals aufgefordert, seinen Standpunkt zu überprüfen und gegebenenfalls eine weitere **nicht-vertrauliche** Fassung der Schriftstücke zu übermitteln. Kann keine Einigung erzielt werden, so wird der **Anhörungsbeauftragte** damit befasst. Dasselbe gilt auch für den umgekehrten Fall, in dem die zu Akteneinsicht berechtigten Unternehmen der Auffassung sind, dass ihnen als Geschäftsgeheimnis bezeichnete Informationen der Ermittlungsakte zugänglich gemacht werden müssen.⁶³

---

⁵⁵ Komm. E. v. 2. 9. 2003 Rs. COMP/M.3083 – *GE/Instrumentarium* ABl. 2004 L 109/1 = WuW 2003, 1046.

⁵⁶ *Loriot/Rouxel/Durant, GE/Instrumentarium:* A Practical Example of the Use of Quantitative Analysis in Merger Control, Competition Policy Newsletter No. 1, 2004, 58 ff.

⁵⁷ Vgl. Mitteilung Akteneinsicht, Rn. 17.

⁵⁸ Mitteilung Akteneinsicht, Rn. 21 ff.

⁵⁹ *Loriot/Rouxel/Durant, GE/Instrumentarium:* A Practical Example of the Use of Quantitative Analysis in Merger Control, Competition Policy Newsletter No. 1, 2004, 58 ff.; vgl. auch *Drauz/Schröder,* Praxis der europäischen Fusionskontrolle, S 208.

⁶⁰ ABl. 2005 C 325/7.

⁶¹ Grundlegend dazu: EuGH U. v. 24. 6. 1986 Rs. 53/85 – *Akzo Chemie/Kommission* Slg. 1986, 1965 Rn. 24–28; EuGH U. v. 17. 11. 1987 verb. Rs. 142 und 156/84 – *BAT & Rynolds/Kom.* Slg. 1987, I-4487; EuG U. v. 28. 4. 1999 Rs T-211/95 – *Endemol Entertainment Holding BT/Komm.* Slg 1999, II-1299.

⁶² Vgl. Mitteilung Akteneinsicht, Rn. 18 und 23; *Löffler* in: Langen/Bunte, Kommentar zum deutschen und europäischen Kartellrecht, Art. 18 FKVO Rn. 7.

⁶³ Mandat des Anhörungsbeauftragten, Art. 9.

28 Wesentlich zur Wahrung der Verteidigungsrechte im Rahmen der Akteneinsicht ist in der Praxis das von der Kommission zu erstellende **Inhaltsverzeichnis** der Ermittlungsakte, das die Betroffenen erhalten.[64] Das Inhaltsverzeichnis enthält eine **Dokumentenbezeichnung**, die so gestaltet sein muss, dass die Unternehmen beurteilen können, ob ihre Rechte im vollen Umfang gewahrt wurden. Gegebenenfalls können sie aufgrund der Beschreibung des Dokumentes eine Prüfung des Vorliegens von Geschäftsgeheimnissen verlangen und den Anhörungsbeauftragten anrufen.[65]

V. Anhörungsrechte Dritter

1. Grundlagen

29 Art. 18 Abs. 4 in Verbindung mit Art. 16 DVO gewährt **Dritten** einen **Anspruch auf rechtliches Gehör.** Der Umfang dieses Rechtes wird durch die Interessen der beteiligten Unternehmen (v.a. an einer raschen Durchführung des Verfahrens) eingeschränkt[66] und entspricht daher im Zusammenschlussverfahren auch nicht dem vollen Ausmaß der Rechte Dritter im Rahmen der VO Nr. 1/2003. Insbesondere können Dritte keine Anmeldung und damit Prüfung des Zusammenschlussvorhabens erzwingen. Allerdings haben sie ein Recht darauf, dass eine diesbezügliche Beschwerde sorgfältig untersucht wird und auch Anspruch auf eine begründete Antwort.[67] Wird eine Beschwerde über die Nichtanmeldung eines Zusammenschlusses eingereicht, muss diese innerhalb einer angemessenen Frist an die Kommission gerichtet werden. Diese angemessene Frist ist an den kurzen Verfahrensfristen der FKVO selbst zu messen. In diesem Sinn wurde im Fall *Schlüsselverlag J. S. Moser GmbH* ein Zeitraum von fast vier Monaten nach Abschluss der nationalen Entscheidung jedenfalls nicht als angemessen erachtet.[68]

2. Berechtigte

30 Dritte im Sinne von Art. 18 Abs. 4 sind zunächst alle natürlichen oder juristischen Personen, die ein **hinreichendes Interesse** am Ausgang des Zusammenschlussverfahrens geltend machen können. Art. 11 Buchstabe c) DVO nennt hier beispielhaft Kunden, Lieferanten und Wettbewerber. Ausreichend ist die Geltendmachung eines wirtschaftlichen Interesses. Nachzuweisen ist, dass die Zusammenschluss-Entscheidung für den Dritten einen rechtlichen oder tatsächlichen Nachteil mit sich bringen kann.[69] Eine gesonderte Bedeutung des „hinreichenden" Interesses im Gegensatz zu dem Begriff des „ausreichenden" Interesses in Art. 19 Abs. 2 wurde durch die bisherige Praxis nicht bestätigt.

31 Art. 18 Abs. 4 räumt insbesondere den **Mitgliedern der Aufsichts- und Leitungsorgane** der beteiligten Unternehmen und rechtlich anerkannten **Vertretern der Arbeitnehmer** das Recht auf rechtliches Gehör ein, ein hinreichendes Interesse wird bei ihnen unwiderleglich vermutet.[70] Zur Frage, wer als Mitglied eines Leitungsorgans in Frage kommt, kann zunächst auf die Entscheidungspraxis im Rahmen des Kontroll-

---

[64] Vgl. Mitteilung Akteneinsicht, Rn. 45.
[65] Vgl. dazu auch *Ohlhoff* in: Münchener Kommentar zum europäischen und deutschen Wettbewerbsrecht, Art. 18 FKVO, Rn. 58 ff.
[66] EuG U. v. 27. 4. 1995 Rs. T-96/92 – *Société Générale des Grandes Sources* Slg. 1995, II-1213 und EuG U. v. 27. 11. 1997 Rs. T-290/94 – *Kaysersberg S. A./Komm.* Slg. 1997, II-2137.
[67] Siehe EuGH U. v. 25. 9. 2003 Rs. C-170/02p – *Schlüsselverlag J. S. Moser GmbH und andere/ Kommission*, Slg. 2002, II-1473, Rn. 29 ff.
[68] Ibid. Rn. 31 ff.
[69] *Immenga* in: Immenga/Mestmäcker, EG-WbR Bd. I, S. 1043.
[70] *Ohlhoff* in: Münchener Kommentar zum europäischen und deutschen Wettbewerbsrecht, Art. 18 FKVO, Rn. 12.

Art. 18. Anhörung Beteiligter und Dritter   32–35 Art. 18 FKVO

erwerbs verwiesen werden. Dort wird darauf abgestellt, wer die strategischen Entscheidungen fällt. Dies sind i. d. R. Vorstand und Geschäftsführer. Keine Anerkennung als Dritte im Zusammenschlussverfahren wurde hingegen **Aktionären** eines am Zusammenschluss beteiligten Unternehmens gewährt.[71] Bei Arbeitnehmervertretern wurde ebenfalls ein strenger Maßstab angelegt. So werden Mitglieder der **Gewerkschaften** im Unterschied zu den **gewählten Betriebsräten** nicht als Dritte im Sinne von Art. 18 Abs. 4 anerkannt.[72]

Art. 18 Abs. 4 sieht Anhörungsrechte nur für Vertreter von beteiligten Unternehmen vor. Es stellt sich die Frage, ob folglich nur **Mitglieder der Leitungsorgane und Vertreter der Arbeitnehmer** der unmittelbar am Zusammenschluss beteiligten Unternehmen einen Antrag stellen können oder ob dieses Recht auch den Leitungsorganen und Arbeitnehmervertretern von Mutter- oder Tochtergesellschaften oder des zu übernehmenden Unternehmens und des Veräußerers zusteht. Für eine weite Auslegung spricht die im Hinblick auf das Recht auf Anhörung vorgenommene Definition der anderen Beteiligten im Sinne von Art. 11 DVO. Für eine enge Interpretation spricht jedoch der im Fusionskontrollverfahren herrschende Grundsatz der Verfahrensbeschleunigung und Verfahrensökonomie. Als Maßstab kann daher die Darlegung eines hinreichenden Interesses seitens der Inhaber des Mutter- oder Zielunternehmens herangezogen werden. Verbraucherverbänden kommen Anhörungsrechte zu, wenn das Zusammenschlussvorhaben von Endverbrauchern genutzte Waren oder Dienstleistungen betrifft. 32

Art. 18 Abs. 4 bestimmt im Satz 1 darüber hinaus die Anhörung von anderen natürlichen oder juristischen Personen, sofern die Kommission oder die **zuständigen Behörden der Mitgliedstaaten** dies für erforderlich halten. Die Anhörung solcher Personen steht im Ermessen der Kommission und dient insbesondere auch ihrem eigenen Informationsinteresse. Da die genannten Personen i. d. R. kein hinreichendes Interesse am Ausgang des Zusammenschlussvorhabens haben, können ihnen auch im Fall einer Anhörung nicht dieselben Rechte wie „echten Dritten" eingeräumt werden. 33

3. Umfang

Während Art. 18 Abs. 4 nur generell von einem Recht auf Anhörung spricht, ist in Art. 16 Abs. 2 Satz 1 DVO zunächst von einer **schriftlichen** Äußerung die Rede, die innerhalb einer von der Kommission gesetzten Frist vorzulegen ist. Bereits der Antrag zur Geltendmachung der Anhörung ist schriftlich zu stellen (Art. 16 Abs. 1 DVO). 34

Hinsichtlich der Gewährung von **mündlichem** Gehör bestimmt die DVO in Art. 16 Abs. 2, dass die Kommission Dritten auf ihren Antrag hin gegebenenfalls Gelegenheit zur Teilnahme an einer förmlichen mündlichen Anhörung geben kann. Art. 18 Abs. 4 Satz 2 hingegen sieht vor, dass bei Vorliegen eines hinreichenden Interesses dem Antrag stattzugeben ist. Es stellt sich daher die Frage, ob Dritten ein durchsetzbares **Recht auf eine förmliche mündliche** Anhörung zusteht oder ob dies nur im Ermessen der Kommission liegt.[73] Sowohl *Immenga/Körber*[74] als auch *Ohlhoff*[75] gehen von einer Ermessensent- 35

---

[71] EuG U. v. 28. 10. 1993 Rs. T-83/92 – *Zunis o. a./Komm.* Slg. 1993, II-1169.
[72] EuG U. v. 27. 4. 1995 Rs. T-12/93 – *SA Vitell/Komm.* Slg. 1992, II-1247; Komm. E. v. 18. 10. 1995 Rs. IV/M.580 – *ABB/Daimler-Benz,* ABl. 1997 L-11/1, Rn. 148 = WuW 1996, 25, siehe auch Drauz/Schröder, Praxis der europäischen Fusionskontrolle, S. 216.
[73] Letzteres entspricht naturgemäß der Auffassung der Kommission, Komm. E. v. 24. 7. 2002 Rs. COMP/M.2706 – *Carnival Corporation/P & O Princess,* ABl. 2003 L 248/1 = WuW 2002, 1080, siehe auch den Abschlussbericht des Anhörungsbeauftragten vom 23. 7. 2002.
[74] *Immenga/Körber* in: Immenga/Mestmäcker, EG-WbR Art. 18 FKVO, Rn. 47 unter Berufung auf die zu Art. 19 VO 17/62 ergangene Rechtsprechung.
[75] *Ohlhoff* in: Münchener Kommentar zum europäischen und deutschen Wettbewerbsrecht, Art. 18 FKVO, Rn. 35.

scheidung der Kommission aus. *Wagemann* geht davon aus, dass Art und Umfang der Anhörung Dritter von den Umständen des Einzelfalles, insbesondere auch vom Verfahrensstadium abhängen.[76] Dem ist grundsätzlich zuzustimmen. Als Maßstab für die Gewährung eines Rechts auf mündliche Anhörung muss jedenfalls die Möglichkeit Dritter, ihre Auffassung in zweckdienlicher Weise vortragen zu können, herangezogen werden.[77] Fraglich ist, ob dieses Kriterium bereits mit der Möglichkeit der schriftlichen Äußerung erfüllt ist.[78]

36 In eingeschränktem Ausmaß wird Dritten in Ergänzung zum Anhörungsrecht auch ein **Informationsrecht**[79] gewährt. So wird in Art. 16 Abs. 1 DVO bestimmt, dass Dritte, die einen Antrag auf Anhörung stellen, von der Kommission **schriftlich** über Art und Gegenstand des Verfahrens unterrichtet werden. Der Umfang dieses Rechtes wird weder in Art. 18 noch in der DVO näher geregelt. In Frage kommt die Übersendung der Beschwerdepunkte unter Herausnahme der Geschäftsgeheimnisse, dies oftmals in gekürzter Fassung.[80] Dies entspricht auch der Praxis im Rahmen des Verfahrens nach der Verordnung Nr. 1/2003.

37 Eine Besonderheit des FKVO-Verfahrens ist die Übermittlung von **Informationen über Zusagenangebote an Dritte**.[81] Da Zusagen im Allgemeinen eine Änderung des Zusammenschlussvorhabens bedeuten, ist hier von einem echten Informationsanspruch Dritter auszugehen, da diese ansonsten ihr Anhörungsrecht nicht in vollem Umfang ausüben können. Das Informationsrecht Dritter ist jedoch beschränkt. Insbesondere wird weder durch Art. 18 Abs. 4 noch durch die Bestimmungen der DVO ein Recht zur **Akteneinsicht** gewährt. Fraglich ist, ob allenfalls im Rahmen der Transparenz-Verordnung ein Anspruch auf Zugang zum Verfahrensakt gewährt werden kann.[82]

4. Rechte Dritter im Vorverfahren

38 Nach übereinstimmender Lehrmeinung bestehen Anhörungsrechte Dritter bereits im Vorverfahren.[83] Für ein Anhörungsrecht spricht die Veröffentlichung des Zusammenschlussvorhabens im Amtsblatt der Gemeinschaft, die mit der ausdrücklichen Aufforderung an Dritte, **innerhalb von 10 Tagen eine Stellungnahme** abzugeben, verbunden ist. Auch hier zeigt die Praxis, dass Dritte insbesondere im Wege von Auskunftsverlangen häufig sehr stark in das Verfahren in Phase I einbezogen werden. Von besonderer Bedeutung ist hier auch die Praxis der Kommission, im Falle von Zusagen in Phase I diese einem **Markttest** zu unterwerfen, bei dem oftmals in sehr ausführlicher Form die angedachten Zusagen

---

[76] *Wagemann* in: Wiedemann, Die EG-Fusionskontrollverordnung Art. 18 FKVO § 17 Rn. 118; so auch *Lange*, Beteiligungsrechte Dritter im europäischen Fusionskontrollverfahren, in: FS Boujong, S 894 f.; vgl. auch EuG U. v. 27. 11. 1997 Rs. T-290/94 – *Kaysersberg S. A./Komm.* Slg. 1997, II-2137.

[77] EuG U. v. 27. 4. 1995 – *Société Générale des Grandes Sources u. A./Komm.* Slg. 1995, II-1241, Rn. 46; EuG U. v. 27. 4. 1995 Rs. T-12/93 – *Vitell u. A./Komm.* Slg. 1995, II-1276, Rn. 59.

[78] Bejahend *Ohlhoff* in: Münchener Kommentar zum europäischen und deutschen Wettbewerbsrecht, Art. 18 FKVO, Rn. 35; ablehnend *Immenga/Körber* in: Immenga/Mestmäcker, EG-WbR Art. 18 FKVO, V., Rn. 47 m. w. N.

[79] *Wagemann* (Fn. 76) § 17 Rn. 116.

[80] Vgl. dazu *Wagemann* in: Wiedemann, Die EG-Fusionskontrollverordnung § 17 Rn. 116; vgl. auch die Praxis im Rahmen der Art. 81 und 82 EGV.

[81] *Wagemann* in: Wiedemann, Die EG-Fusionskontrollverordnung § 17 Rn. 116; vgl. auch EuG U. v. 27. 11. 1997 Rs. T-290/94 – *Kaysersberg S. A./Komm.* Slg. 1997, II-2137.

[82] Vgl. dazu oben Rn. 22.

[83] *Immenga/Körber* in: Immenga/Mestmäcker, EG-WbR Art. 18 FKVO, V., Rn. 37 m.w.N., S. 1050; *Löffler* in: Langen/Bunte, Kommentar zum deutschen und europäischen Kartellrecht, Art. 18 FKVO, Rn. 9; *Wagemann* in: Wiedemann, Die EG-Fusionskontrollverordnung § 17 Rn. 120; *Drauz/Schröder*, Praxis der europäischen Fusionskontrolle, 216.

Art. 19. Verbindung mit den Behörden der Mitgliedstaaten   **Art. 19 FKVO**

betroffenen Dritten zur Stellungnahme übermittelt werden.[84] Für Anhörungsrechte im Vorverfahren spricht außerdem, dass diese Dritten die Möglichkeit eröffnen sollen, durch (wenn auch nur beschränkte) Teilnahme am Zusammenschlussverfahren ihre berechtigten Interessen zu schützen. Werden nämlich Rechte Dritter im Vorverfahren verneint, so wird unter Umständen nicht einmal ein Prüfungsverfahren eingeleitet.

Anhörungsrechte Dritter im **informellen Vorverfahren** (Pränotifikationsphase) werden hingegen regelmäßig abgelehnt.[85] Dem ist zu folgen, da, abgesehen vom Bedürfnis nach Vertraulichkeit für die Anmelder auch oftmals die Durchführung des Vorhabens noch nicht sicher ist. 39

5. Klagebefugnis nach Art. 230 Abs. 4 EG-Vertrag

Die Anhörungsrechte Dritter sind auch im Rahmen des gerichtlichen Rechtsschutzes gemäß Art. 230 Abs. 4 EG relevant. Nach ständiger Rechtsprechung des EuGH sind **Nichtadressaten** einer Entscheidung jedenfalls dann individuell durch diese betroffen, wenn sie sich aufgrund ihrer Anhörungsrechte an dem Verfahren beteiligt haben.[86] Somit dient die Beteiligung am Verfahren auch der im Rahmen von Art. 230 notwendigen **Individualisierung**.[87] Die Nichtteilnahme am Fusionskontrollverfahren führt jedoch nicht dazu, dass die Rechte nach 230 EG nicht mehr geltend gemacht werden können.[88] Die Individualisierung muss in einem solchen Fall gesondert nachgewiesen werden.[89] 40

Art. 19. Verbindung mit den Behörden der Mitgliedstaaten

(1) Die Kommission übermittelt den zuständigen Behörden der Mitgliedstaaten binnen dreier Arbeitstage eine Kopie der Anmeldungen und sobald wie möglich die wichtigsten Schriftstücke, die in Anwendung dieser Verordnung bei ihr eingereicht oder von ihr erstellt werden. Zu diesen Schriftstücken gehören auch die Verpflichtungszusagen, die die beteiligten Unternehmen der Kommission angeboten haben, um den Zusammenschluss gemäß Artikel 6 Absatz 2 oder Artikel 8 Absatz 2 Unterabsatz 2 in einer mit dem Gemeinsamen Markt zu vereinbarenden Weise zu gestalten.

(2) Die Kommission führt die in dieser Verordnung vorgesehenen Verfahren in enger und stetiger Verbindung mit den zuständigen Behörden der Mitgliedstaaten durch; diese sind berechtigt, zu diesen Verfahren Stellung zu nehmen. Im Hinblick auf die Anwendung des Artikels 9 nimmt sie die in Artikel 9 Absatz 2 bezeichneten Mitteilungen der zuständigen Behörden der Mitgliedstaaten entgegen; sie gibt ihnen

---

[84] Vgl. EuGH U. v. 3. 4. 2003 Rs. T-119/02 – *Royal Phillips Electronics NV/Kommission* Slg. 2003 II-1433 Rn. 236 ff.; vgl. auch *Langeheine/Dittert* in: Schröter/Jakob/Mederer, Kommentar zum Europäischen Wettbewerbsrecht, Art. 18, Rn. 6, 8, 17.

[85] *Immenga/Körber* in: Immenga/Mestmäcker, EG-WbR Art. 18 FKVO, V., Rn. 37 m. w. N., S. 1051; *Wagemann* in: Wiedemann, Die EG-Fusionskontrollverordnung § 17, Rn. 121 m. w. N.

[86] EuGH U. v. 31. 10. 1998 Rs. C-68/94 und C-30/95 – *Frankreich u. a./Komm.* Slg. 1998, I-1375 Rn. 48 ff.; EuG U. v. 19. 5. 1994 Rs. T-2/93 – *Air France/Komm.* Slg. 1994, II-323; EuGH U. v. 25. 10. 1977 Rs. 26/76 – *Metro I* Slg. 1977, 1875 Rn. 13.

[87] Vgl. dazu anstatt vieler *Körber*, Gerichtlicher Rechtsschutz in der europäischen Fusionskontrolle, RIW 1998, 910 ff., sowie *ders.* Konkurrentenklage in der Europäischen Fusionskontrolle EuZW 1996, 267 f.

[88] EuG B. v. 6. 7. 1993 Rs T-12/93 R – *CCE Vittel und CE Pierval/Komm*, Slg. 1993, II-785; vgl. EuG U. v. 11. 7. 1996 Rs T-528/93, 542–543/93, 546/93 – *Métropole Télévison/Kom.* Slg. 1996, 649; EuG U. v. 24. 3. 1994 Rs T-3/93 – *Air France/Kom.* Slg. 1994, II-121, zur unmittelbaren Betroffenheit des Betriebsrates.

[89] Vgl. EuGH U. v. 25. 9. 2003 Rs. C-170/02P – *Schlüsselverlag J. S. Moser GmbH und andere/Kommission*, Slg. 2002, II-1473, Rn. 27.

Gelegenheit, sich in allen Abschnitten des Verfahrens bis zum Erlass einer Entscheidung nach Artikel 9 Absatz 3 zu äußern und gewährt ihnen zu diesem Zweck Akteneinsicht.

(3) Ein Beratender Ausschuss für die Kontrolle von Unternehmenszusammenschlüssen ist vor jeder Entscheidung nach Artikel 8 Absätze 1 bis 6 und Artikel 14 oder 15, ausgenommen vorläufige Entscheidungen nach Artikel 18 Absatz 2, zu hören.

(4) Der Beratende Ausschuss setzt sich aus Vertretern der zuständigen Behörden der Mitgliedstaaten zusammen. Jeder Mitgliedstaat bestimmt einen oder zwei Vertreter, die im Fall der Verhinderung durch jeweils einen anderen Vertreter ersetzt werden können. Mindestens einer dieser Vertreter muss für Kartell- und Monopolfragen zuständig sein.

(5) Die Anhörung erfolgt in einer gemeinsamen Sitzung, die die Kommission anberaumt und in der sie den Vorsitz führt. Der Einladung zur Sitzung sind eine Darstellung des Sachverhalts unter Angabe der wichtigsten Schriftstücke sowie ein Entscheidungsentwurf für jeden zu behandelnden Fall beizufügen. Die Sitzung findet frühestens zehn Arbeitstage nach Versendung der Einladung statt. Die Kommission kann diese Frist in Ausnahmefällen entsprechend verkürzen, um schweren Schaden von einem oder mehreren an dem Zusammenschluss beteiligten Unternehmen abzuwenden.

(6) Der Beratende Ausschuss gibt seine Stellungnahme zu dem Entscheidungsentwurf der Kommission – erforderlichenfalls durch Abstimmung – ab. Der Beratende Ausschuss kann seine Stellungnahme abgeben, auch wenn Mitglieder des Ausschusses und ihre Vertreter nicht anwesend sind. Diese Stellungnahme ist schriftlich niederzulegen und dem Entscheidungsentwurf beizufügen. Die Kommission berücksichtigt soweit wie möglich die Stellungnahme des Ausschusses. Sie unterrichtet den Ausschuss darüber, inwieweit sie seine Stellungnahme berücksichtigt hat.

(7) Die Kommission übermittelt den Adressaten der Entscheidung die Stellungnahme des Beratenden Ausschusses zusammen mit der Entscheidung. Sie veröffentlicht die Stellungnahme zusammen mit der Entscheidung unter Berücksichtigung der berechtigten Interessen der Unternehmen an der Wahrung ihrer Geschäftsgeheimnisse.

Übersicht

	Rn.		Rn.
I. Übermittlung von Schriftstücken	1	III. Der Beratende Ausschuss	8
II. Zusammenarbeit mit den Behörden der Mitgliedstaaten	3	1. Aufgaben und Bedeutung	8
		2. Zusammensetzung	9
1. Stellungnahme zum Verfahren	4	3. Sitzung	10
2. Verfahren nach Art. 9	5	4. Stellungnahme	12

I. Übermittlung von Schriftstücken

1   Art. 19 entspricht im Wesentlichen Art. 11 und Art. 14 VO 1/2003 und regelt in Abs. 1 die Pflicht der Kommission, den Behörden der Mitgliedstaaten die Anmeldung von Zusammenschlussvorhaben sowie die wichtigsten bei ihr eingereichten und von ihr erstellten Schriftstücke zu übermitteln. Die Anmeldung einschließlich der Anlagen muss – anders als nach Art. 11 VO 1/2003 – innerhalb von 3 Arbeitstagen übermittelt werden und löst die Frist von 15 Arbeitstagen des Art. 9 Abs. 2 für einen Verweisungsantrag der Mitgliedstaaten aus. Die Unterlagen werden in der Regel über private Kurierpost versandt. Bisher konnte diese 3-Tages-Frist regelmäßig eingehalten werden.

2   Unter den **wichtigsten Schriftstücken** i. S. d. Art. 19 Abs. 1 sind solche Unterlagen zu verstehen, die für die Stellungnahme der Mitgliedstaaten im Beratenden Ausschuss erfor-

Art. 19. Verbindung mit den Behörden der Mitgliedstaaten **3, 4 Art. 19 FKVO**

derlich sind.¹ Darunter fallen die Entscheidungen der Kommission nach Art. 6 Abs. 1, über die Befreiung vom Vollzugsverbot nach Art. 7 Abs. 3, über die Verweisung oder Nichtverweisung eines Zusammenschlusses an die Mitgliedstaaten nach Art. 9 Abs. 3, die Beschwerdepunkte nach Art. 18 Abs. 3 sowie die Erwiderung der Parteien auf die Beschwerdepunkte.² Mit der Revision der FKVO zum 1. März 1998 wurden ausdrücklich auch die Zusagenangebote der Parteien als wichtigste Schriftstücke definiert (Art. 19 Abs. 1 S. 2). Die wichtigsten Schriftstücke müssen von der Kommission „so bald wie möglich", also unverzüglich,³ übermittelt werden.

Nicht unter den Begriff der wichtigsten Schriftstücke fallen Unterlagen, die den Entscheidungsentwurf der Kommission lediglich stützen, Einzelheiten der von der Kommission durchgeführten Ermittlungen wie z. B. Antworten auf Auskunftsverlangen oder Stellungnahmen Dritter zu den von den Parteien angebotenen Zusagen oder zu den Beschwerdepunkten. Diese werden von der Kommission in ihrem Entscheidungsentwurf gewürdigt und stehen den Mitgliedstaaten zudem im Rahmen des Akteneinsichtsrechts nach Abs. 2 zur Verfügung.⁴

II. Zusammenarbeit mit den Behörden der Mitgliedstaaten

Ebenso wie Art. 11 Abs. 1 VO 1/2003 bestimmt Art. 19 Abs. 2, dass die Kommission **3** die Prüfung von Zusammenschlussvorhaben in enger und stetiger Verbindung mit den Mitgliedstaaten durchführt. Dieser Grundsatz beeinflusst die Auslegung des Art. 19 im Rahmen sämtlicher dort vorgesehener Beteiligungsrechte der Mitgliedstaaten. Daraus wird deutlich, welcher Stellenwert der Transparenz und Nachvollziehbarkeit von Kommissionsentscheidungen im Rahmen der Zusammenschlusskontrolle⁵ sowie der effektiven und einheitlichen Anwendung der Wettbewerbsvorschriften im Gemeinsamen Markt⁶ zugemessen wird. Um diese Ziele zu gewährleisten, räumt Art. 19 Abs. 2 den Mitgliedstaaten ein Stellungnahmerecht zu den Verfahren sowie ein Mitwirkungsrecht im Rahmen des Beratenden Ausschusses ein.

1. Stellungnahme zum Verfahren

Die Mitgliedstaaten können im Rahmen der von der Kommission geführten Fusions- **4** kontrollverfahren jederzeit aus eigener Initiative Stellungnahmen abgeben, die sich auf sämtliche Auslegungsfragen der FKVO beziehen können. Denkbar ist jedoch auch die Anregung einer Verfahrenseinleitung nach Art. 6 Abs. 1 lit. c⁷ oder der Verfahrensbeendigung nach Art. 6 Abs. 1 lit. a.⁸ Die Stellungnahmen der Mitgliedstaaten sind für die Kommission

---

[1] EuGH U. v. 31. 3. 1998, verb. Rs. C-68/94 und C-30/95 – *Frankreich u. a./Kommission* Slg. 1998, I-1375/1481 Rn. 87.

[2] *Wagemann* in: Wiedemann, Handbuch des Kartellrechts, § 17 Rn. 169; *Hacker* in: Groeben/Thiesing/Ehlermann, Kommentar zum EU-/EG-Vertrag, Art. 19 FKVO Rn. 6; *Hacker* in: Schröter/Jakob/Mederer, Kommentar zum Europäischen Wettbewerbsrecht, Art. 19 FKVO Rn. 6; *Ohlhoff/Fleischmann* in: : MünchKomm EuWettbR, Art. 19 FKVO Rn. 9.

[3] *Immenga/Körber* in: Immenga/Mestmäcker, EG WbR Teil 2, Art. 19, Rn. 6.

[4] *Hacker* in: Groeben/Thiesing/Ehlermann (Fn. 2) Art. 19 FKVO Rn. 7; *Hacker* in: Schröter/Jakob/Mederer (Fn. 2) Art. 19 FKVO Rn. 7; vgl. dazu unten Rn. 6; *Baron* in Langen/Bunte Kommentar zum deutschen und europäischen Kartellrecht, Art. 19 FKVO Rn. 2; *Ohlhoff/Fleischmann* in: MünchKomm EuWettbR, Art. 19 FKVO Rn. 9; vgl. auch EuGH, U. v. 31. 3. 1998, verb. Rs. C-68/94 und C-30/95 – *Frankreich u. a./Kommission* Slg. 1998 I-1375, Rn. 87.

[5] Vgl. dazu *Monopolkommission*, IX. Hauptgutachten 1990/91 Ziff. 617 ff.

[6] *Pernice* in: Grabitz/Hilf, Das Recht der Europäischen Union, Nach Art. 87 (Art. 10 VO 17) Rn. 1.

[7] Komm. E. v. 14. 12. 1993 Rs. IV/M.308 – *Kali+Salz/MdK/Treuhand*, ABl. 1994 L 186/38.

[8] *Baron* in: Langen/Bunte, Kommentar zum deutschen und europäischen Kartellrecht, Art. 19 FKVO Rn. 4

Art. 19 FKVO 5–7

unverbindlich. Anders als bei den Stellungnahmen des Beratenden Ausschusses (Abs. 6 S. 4) ist die Kommission auch nicht ausdrücklich verpflichtet, die Stellungnahmen nach Abs. 2 bei ihrer Entscheidung zu berücksichtigen. Aufgrund der Verpflichtung zur engen und stetigen Zusammenarbeit mit den Mitgliedstaaten muss sie sich mit deren Stellungnahmen jedoch zumindest auseinandersetzen.[9]

In Deutschland ist gemäß § 50 GWB für die Stellungnahmen nach Abs. 2 das Bundeskartellamt zuständig, ohne dass es dafür der Zustimmung seitens des Bundeswirtschaftsministeriums bedarf.[10]

2. Verfahren nach Art. 9

5   Für das Verfahren nach Art. 9 enthält Art. 19 Abs. 2 S. 2 eine Sonderregelung, nach der die Mitgliedstaaten zur Stellungnahme in allen Verfahrensabschnitten bis zu einer Entscheidung über die Verweisung nach Art. 9 Abs. 3 berechtigt sind. Die Kommission nimmt die Verweisungsanträge der Mitgliedstaaten entgegen und gibt diesen Gelegenheit zur Stellungnahme.

6   Neben dem Recht auf Stellungnahme enthält Art. 19 Abs. 2 S. 2 auch ein Recht der Mitgliedstaaten auf **Akteneinsicht** in allen Verfahrensabschnitten, also auch vor der Stellung eines Verweisungsantrages. Dadurch wird sichergestellt, dass die Mitgliedstaaten in allen Verfahrensabschnitten über den gleichen Kenntnisstand wie die Kommission verfügen können. Das Einsichtsrecht besteht nur 35 bzw. 65 Arbeitstage bis zu einer Entscheidung der Kommission nach Art. 9 Abs. 3; die Mitgliedstaaten haben für einen Verweisungsantrag zuvor jedoch die Frist von 15 Arbeitstagen des Art. 9 Abs. 2 zu beachten. Schöpft der Mitgliedstaat die Frist für einen Verweisungsantrag voll aus, können sich im Hinblick auf Akteneinsicht und Stellungnahme vor Ablauf der die Kommission bindenden 35-Arbeitstage-Frist zeitliche Probleme ergeben. Solche Probleme sollten sowohl von der Kommission als auch von den betreffenden Mitgliedstaaten durch eine Verfahrensstraffung vermieden werden.[11]

7   Das Einsichtsrecht bezieht sich auf den gesamten Akteninhalt der Verfahrensakten der Kommission. Die Geheimhaltungsinteressen der Parteien werden durch die in Art. 17 auch für die nationalen Behörden geregelte Pflicht zur Wahrung von Geschäftsgeheimnissen ausreichend berücksichtigt, so dass die Kommission keine Geschäftsgeheimnisse „schwärzen" muss.[12] In Einzelfällen soll es allerdings möglich sein, auch gegenüber den Behörden der Mitgliedstaaten Geschäftsgeheimnisse zu schützen.[13]

Da das Recht auf Akteneinsicht ausdrücklich nur für das Verfahren nach Art. 9 geregelt ist, dürfte in den sonstigen Verfahren weder im Vor- noch im Hauptprüfungsverfahren der Kommission ein Akteneinsichtsrecht der Mitgliedstaaten bestehen.[14] In diesen Verfahren

---

[9] *Immenga/Körber* (Fn. 3), Art. 19, Rn. 9; *Baron* in: Langen/Bunte, Kommentar zum deutschen und europäischen Kartellrecht, Art. 19 FKVO Rn. 4; *Hacker* in: Groeben/Thiesing/Ehlermann (Fn. 2) Art. 19 FKVO Rn. 11; *Hacker* in: Schröter/Jakob/Mederer (Fn. 2) Art. 19 FKVO Rn. 11; *Ohlhoff/Fleischmann* in: MünchKomm EuWettbR, Art. 19 FKVO Rn. 13.

[10] *Baron* in: Langen/Bunte, Kommentar zum deutschen und europäischen Kartellrecht, Art. 19 FKVO Rn. 4; *Immenga/Körber* (Fn. 3), Art. 19 Rn. 9.

[11] Zu den Problemen der kurzen Fristen für die Akteneinsicht und Stellungnahmen vgl. den Fall *Alcatel/AEG Kabel*, E. v. 17. 12. 1991 Rs. IV/M.165, WuW/E EV 1713/1714; dazu *Wagemann* WuW 1992, 730/732 f.; *Monopolkommission*, IX. Hauptgutachten 1990/91 Ziff. 618 ff.; *Heithecker/Schneider* in: FK, Art. 19 FKVO Rn. 11.

[12] *Heithecker/Schneider* in: FK Art. 19 FKVO Rn. 10; *Immenga/Körber* (Fn. 3) Art. 19 Rn. 11.

[13] *Ohlhoff/Fleischmann* in: MünchKomm EuWettbR, Art. 19 FKVO Rn. 18, 10 unter Berufung auf eine Entscheidung des EuGH in einem Verfahren nach der VO 17/62.

[14] *Hacker* in: Groeben/Thiesing/Ehlermann, Kommentar zum EU-/EG-Vertrag, Art. 19 FKVO Rn. 13; *Baron* in: Langen/Bunte, Kommentar zum deutschen und europäischen Kartellrecht, Art. 19 FKVO Rn. 8; *Immenga/Körber* (Fn. 3) Art. 19 Rn. 6; Ohlhoff/Fleischmann in: MünchKomm Eu-

Art. 19. Verbindung mit den Behörden der Mitgliedstaaten   8–10 **Art. 19 FKVO**

sind die Mitgliedstaaten daher auf die Übersendung der wichtigsten Schriftstücke i. S. d. Abs. 1 beschränkt. Andererseits ist die Kommission wegen des Grundsatzes der engen und stetigen Verbindung mit den Behörden der Mitgliedstaaten nicht gehindert, auch in anderen Verfahren Akteneinsicht zu gewähren.

III. Der Beratende Ausschuss

1. Aufgaben und Bedeutung

Art. 19 Abs. 3 bis 7 regeln die Zusammensetzung und Befugnisse des Beratenden Ausschusses. Dieser ist gemäß Art. 19 Abs. 3 vor allen Entscheidungen der Kommission zur Beendigung des Hauptverfahrens (Art. 8 Abs. 1 bis 6) sowie vor Bußgeld- und Zwangsentscheidungen (Art. 14, Art. 15) anzuhören. Ausgenommen sind vorläufige Entscheidungen nach Art. 18 Abs. 2. Im Rahmen des Vorprüfungsverfahrens (Art. 6) – und damit in der weit überwiegenden Zahl der Fälle – ist die Beteiligung des Beratenden Ausschusses dagegen nicht vorgesehen. Obwohl dies angesichts der kurzen Fristen des Vorprüfungsverfahrens sinnvoll erscheint, bietet die fehlende Beteiligung des Beratenden Ausschusses einen Anreiz für die Kommission, auch wettbewerblich bedenkliche Zusammenschlussfälle bereits im Vorprüfungsverfahren zu klären, um das langfristige Hauptprüfungsverfahren zu vermeiden.[15]   8

2. Zusammensetzung

Mitglieder des Beratenden Ausschusses sind jeweils ein oder zwei Vertreter der Behörden der Mitgliedstaaten, von denen mindestens einer für Kartell- und Monopolfragen zuständig sein muss (Abs. 4 S. 3). Deutschland hat als Vertreter den Präsidenten des Bundeskartellamtes und den Leiter des Referates Fusionskontrolle des Bundeswirtschaftsministeriums bestimmt. Diese Vertreter können in den Sitzungen des Beratenden Ausschusses gemäß Abs. 4 S. 1 von anderen Vertretern ersetzt werden, was auch regelmäßig geschieht. Kleinere Mitgliedstaaten entsenden dagegen häufig nur einen Vertreter. Die gänzliche Abwesenheit eines Mitgliedstaats in einer Sitzung des Beratenden Ausschusses hindert letzteren nicht, eine Stellungnahme abzugeben (Abs. 6 S. 2).   9

3. Sitzung

Zur Vorbereitung der Sitzung des Beratenden Ausschusses, die von der Kommission anberaumt wird, muss die Kommission den Mitgliedstaaten gemäß Art. 19 Abs. 5 für jeden zu behandelnden Fall den vorläufigen Entscheidungsentwurf der Kommission und eine Sachverhaltsdarstellung übermitteln. Letztere wird üblicherweise mit einer Zusammenfassung der wettbewerblichen Würdigung des Falles in einem zusätzlichen Dokument zusammengefasst und muss weiterhin mit einer Liste der wichtigsten Schriftstücke versehen werden. Der Sitzungstermin soll nach Art. 19 Abs. 5 S. 3 nicht früher als 10 Arbeitstage nach der Versendung der Einladung stattfinden, wovon in Ausnahmefällen jedoch abgewichen werden kann. In der Praxis wird diese Frist wegen der kurzen Fristen des Fusionskontrollverfahrens inzwischen häufig nicht eingehalten. Eine derartige Fristunterschreitung   10

WettbR, Art. 19 FKVO Rn. 13; *Heithecker/Schneider* in: FK, Art. 19 FKVO Rn. 12; a. A. *Wagemann* in: Wiedemann, Handbuch des Kartellrechts, § 17 Rn. 172.
[15] Vgl. Komm. E. v. 4. 9. 1992 Rs. IV/M.235 – *Elf Aquitaine-Thyssen/Minol,* WuW/E EV 1878/1881, Ziff. 13, 15; E. v. 27. 11. 1992 Rs. IV/M.259 Ziff. 25 – *British Airways/TAT*; E. v. 20. 7. 1995 Rs. IV/M.616, Ziff. 45–49 – *Swissair/Sabena*; E. v. 5. 5. 2000 Rs. COMP/M.1920 – *Nabisco/ United Biscuits*; E. v. 17. 12. 2004 Rs. COMP/M.3558 – *Cytec/UCB-Surface Specialties*, Ziff. 38; wie hier *Immenga/Körber* in: Immenga/Mestmäcker, EG-WbR Teil 2, Art. 19, Rn. 13; *Heidenhain* EuZW 1994, 135/137.

führt jedenfalls dann nicht zur Rechtswidrigkeit der späteren Kommissionsentscheidung, wenn der Beratende Ausschuss tatsächlich genügend Zeit hatte, von den wesentlichen Einzelheiten der Sache Kenntnis zu nehmen und in voller Kenntnis dieser Umstände zu entscheiden.[16]

Verhandelt die Kommission nach der Sitzung des Beratenden Ausschusses weiterhin mit den beteiligten Unternehmen und werden dabei z. B. Zusagenangebote gemacht, sollte eine weitere Sitzung des Beratenden Ausschusses einberufen werden (Art. 19 Abs. 2 S. 3 DVO FKVO 802/2004). Denn der Beratende Ausschuss kann seine in Art. 19 garantierten Mitwirkungsrechte nicht wahrnehmen, wenn ihm in der Sitzung ein Entscheidungsentwurf zur Beratung vorgelegt wird, der aufgrund (weiterer) Zusagen der Unternehmen von der späteren Entscheidung unter Umständen erheblich abweicht.[17] Notfalls müsste der Beratende Ausschuss in solchen Fällen die Abgabe einer Stellungnahme ablehnen.

11 Den Vorsitz der Sitzung des Beratenden Ausschusses führt gemäß Art. 19 Abs. 5 S. 1 die Kommission. Dabei führt zunächst der zuständige Berichterstatter, der in alphabetischer Reihenfolge von einem Mitgliedstaat gestellt wird, in den Fall ein und stellt die wesentlichen Punkte des vorläufigen Entscheidungsentwurfs der Kommission dar. Im weiteren Sitzungsverlauf können die Vertreter der Mitgliedstaaten Fragen an die Kommission richten sowie zum Entscheidungsentwurf der Kommission Stellung nehmen.

4. Stellungnahme

12 Die abschließende Stellungnahme des Beratenden Ausschusses, mit welcher der Entscheidungsentwurf der Kommission entweder unterstützt oder abgelehnt wird, wird vom zuständigen Berichterstatter vorbereitet und muss von den Vertretern der Mitgliedstaaten unterzeichnet werden. Sind die Vertreter der Mitgliedstaaten nicht darüber einig, ob sie dem Entscheidungsentwurf der Kommission zustimmen oder bestehen Meinungsunterschiede zu einzelnen Punkten, wird gemäß Abs. 6 S. 1 über die Stellungnahme abgestimmt und sowohl die Mehrheits- als auch die Minderheitsauffassung festgehalten, allerdings ohne die einzelnen Mitgliedstaaten dabei zu nennen. Nach Art. 19 Abs. 6 S. 3 ist die Stellungnahme zwingend schriftlich niederzulegen und dem Entscheidungsvorschlag der Kommission beizufügen.

13 Finden im Rahmen der Prüfung eines Zusammenschlussvorhabens – etwa wegen der Abgabe von (weiteren) Zusagenangeboten – mehrere Sitzungen des Beratenden Ausschusses statt, gibt die Kommission dem Beratenden Ausschuss ebenfalls mehrfach Gelegenheit zur Stellungnahme.[18] In eng begrenzten Ausnahmefällen kann ein zweites Votum des Beratenden Ausschusses auch schriftlich eingeholt werden.[19]

14 Abs. 7 in der seit 1. Mai 2004 geltenden Fassung stellt die Veröffentlichung der Stellungnahme des Beratenden Ausschusses nicht mehr in das Ermessen der Kommission. Die Kommission ist vielmehr nun zur Veröffentlichung verpflichtet. Die Stellungnahme wird im Amtsblatt der EU, Serie C, veröffentlicht. Weiterhin sieht Abs. 7 vor, dass die Kommis-

---

[16] EuG U. v. 27. 11. 1997, Rs. T-290/94 – *Kaysersberg SA/Kommission* Slg. 1997 II-2137 = WuW/E EU-R 43/45 Rn. 88.

[17] *Heithecker/Schneider* in: FK, Art. 19 FKVO Rn. 20 f.; *Baron* in: Langen/Bunte, Kommentar zum deutschen und europäischen Kartellrecht, Art. 19 FKVO Rn. 14.

[18] Komm. E. v. 22. 7. 1992 Rs. IV/M.190 – *Nestlé/Perrier*, ABl. 1992 L 356/1, Votum des Ausschusses in ABl. 1992 C 319/3; E. v. 30. 9. 1992 Rs. IV/M.214 – *Du Pont/ICI*, ABl. 1993 L 7/13, Votum des Ausschusses in ABl. 1993 C 8/2; E. v. 8. 6. 1994 Rs. IV/M.269 – *Shell/Montecatini*, ABl. 1994 L 332/48, Votum des Ausschusses in ABl. 1994 C 366/3; E. v. 30. 7. 1997 Rs. IV/M.877 – *Boeing/McDonnell/Douglas*, ABl. 1997 L 336/16, Votum des Ausschusses in ABl. 1997 C 372/17 f., wobei der Beratende Ausschuss sogar zu drei Sitzungen einberufen wurde.

[19] So bei der E. v. 23. 4. 1997 Rs. IV/M.754 – *Anglo-American Corp./Lonrho*, ABl. 1998 L 149/21; Votum des Ausschusses ABl. 1998 C 155/27 f.

Art. 20. Veröffentlichung von Entscheidungen **1 Art. 20 FKVO**

sion den Adressaten der Entscheidung die Stellungnahme zusammen mit der Kommissionsentscheidung übermittelt.

Die Stellungnahme des Beratenden Ausschusses muss von der Kommission gemäß Art. 19 Abs. 6 S. 4 „soweit wie möglich berücksichtigt" werden. Daraus folgt zwar keine Bindungswirkung der Stellungnahme des Beratenden Ausschusses, da nach Art. 21 Abs. 2 allein die Kommission für Entscheidungen im Rahmen der Fusionskontrolle zuständig ist.[20] Jedenfalls dürfte die Kommission aber verpflichtet sein, den Anregungen des Beratenden Ausschusses nachzugehen und dies in ihrer Entscheidung deutlich zu machen. In einer der folgenden Sitzungen informiert die Kommission den Beratenden Ausschuss darüber, wie weit seine Stellungnahme berücksichtigt wurde (Abs. 6 S. 5). In der Praxis hat es noch keine Auseinandersetzungen zwischen der Kommission und den Mitgliedstaaten darüber gegeben, ob die Stellungnahme des Beratenden Ausschusses hinreichend berücksichtigt wurde. Dies hängt auch damit zusammen, dass die Kommission bei einer zunächst ablehnenden Haltung des Beratenden Ausschusses gelegentlich weitere Ermittlungen und Verhandlungen mit den Unternehmen durchführt, um in einer erneuten Sitzung des Beratenden Ausschusses zu einer einvernehmlichen Lösung zu kommen.[21] Bisher hat die Kommission nur sehr selten entgegen der Stellungnahme des Beratenden Ausschusses entschieden.[22] **15**

Art. 20. Veröffentlichung von Entscheidungen

(1) Die Kommission veröffentlicht die nach Artikel 8 Absätze 1 bis 6 sowie Artikel 14 und 15 erlassenen Entscheidungen, ausgenommen vorläufige Entscheidungen nach Artikel 18 Absatz 2, zusammen mit der Stellungnahme des Beratenden Ausschusses im Amtsblatt der Europäischen Union.

(2) Die Veröffentlichung erfolgt unter Angabe der Beteiligten und des wesentlichen Inhalts der Entscheidung; sie muss den berechtigten Interessen der Unternehmen an der Wahrung ihrer Geschäftsgeheimnisse Rechnung tragen.

Übersicht

	Rn.
I. Zwingende Veröffentlichung	1
II. Fakultative Veröffentlichung	3
III. Unveröffentlichte Entscheidungen	7

I. Zwingende Veröffentlichung

Entscheidungen der Kommission, die zum Abschluss des Hauptverfahrens getroffen werden (Art. 8 Abs. 1 bis 6), sowie Bußgeld- und Zwangsentscheidungen (Art. 14 und 15), nicht jedoch vorläufige Entscheidungen nach Art. 18 Abs. 2, müssen zwingend im Amtsblatt der Europäischen Union veröffentlicht werden. Die Veröffentlichungspflicht umfasst seit der zum 1. Mai 2004 in Kraft getretenen Reform der FKVO vom November 2003 auch die **1**

---

[20] Allg. Meinung, vgl. nur *Baron* in: Langen/Bunte, Kommentar zum deutschen und europäischen Kartellrecht, Art. 19 FKVO Rn. 14.
[21] So etwa E. v. 22. 7. 1992 Rs. IV/M.190 – *Nestlé/Perrier,* ABl. 1992 L 356/1, Votum des Ausschusses in ABl. 1992 C 319/3; E. v. 31. 1. 1994 Rs. IV/M.315 – *Mannesmann/Vallourec/Ilva,* ABl. 1994 L 102/15, Votum des Ausschusses ABl. 1994 C 111/6; E. v. 14. 2. 1995 Rs. IV/M.477 – *Mercedes-Benz/Kässbohrer,* ABl. 1995 L 211/1, Votum des Ausschusses ABl. 1995 C 232/2; vgl. dazu *Löffler* WuW 1995, 385.
[22] So in den E. v. 31. 1. 1994 Rs. IV/M.315 – *Mannesmann/Vallourec/Ilva,* ABl. 1994 L 102/15, Votum des Ausschusses ABl. 1994 C 111/6; E. v. 31. 7. 1991 Rs. IV/M.012 – *Varta/Bosch,* ABl. 1991 L 320/26, 31, Votum des Ausschusses ABl. 1991 C 302/6.

Art. 20 FKVO 2, 3

Stellungnahme des Beratenden Ausschusses. Eine zwingende Veröffentlichung ist weiterhin für Entscheidungen der Kommission nach Art. 22 Abs. 4 vorgesehen, mit denen auf Antrag eines Mitgliedstaats Zusammenschlussvorhaben behandelt werden, die keine gemeinschaftsweite Bedeutung haben (Art. 22 Abs. 1) sowie für den Eingang der Anmeldung (Art. 4 Abs. 3). Die Entscheidungen im Hauptprüfungsverfahren sowie Bußgeld- und Zwangsentscheidungen werden in allen Amtssprachen in der Serie L des Amtsblattes veröffentlicht. Zweck der Veröffentlichungspflicht ist die Transparenz von Fusionskontrollentscheidungen sowie die Information interessierter Wirtschaftskreise.[1]

2   Die Veröffentlichung muss die Beteiligten sowie den wesentlichen Inhalt der Entscheidung umfassen. In der Praxis wurden die Kommissionsentscheidungen nach Art. 8 bis 2004 jedoch meist im vollen Wortlaut im Amtsblatt abgedruckt. Seither wird im Amtsblatt (Serie L) in der Regel nur noch eine Zusammenfassung des wesentlichen Entscheidungsinhalts wiedergegeben. Daneben werden die meisten Entscheidungen im Wortlaut in der jeweiligen Verfahrenssprache und teilweise auch in den Arbeitssprachen der Kommission (deutsch, englisch, französisch) auf der Internetseite der GD Wettbewerb veröffentlicht.[2] Bei der Veröffentlichung sind insbesondere die **Geschäftsgeheimnisse** der beteiligten Unternehmen zu wahren.[3] Als Geschäftsgeheimnis sind sämtliche Angaben zu verstehen, an deren Geheimhaltung die betroffenen Unternehmen ein berechtigtes Interesse haben und durch deren Preisgabe die Interessen der Unternehmen schwer beeinträchtigt werden.[4] Dies können sowohl Marktanteile als auch Produktions- und Liefermengen oder Kostenrechnungsmethoden sein.[5] Sofern solche Angaben Geschäftsgeheimnisse darstellen, werden sie entweder durch Annäherungswerte ersetzt oder gänzlich weggelassen.[6] Die Beurteilung, ob bestimmte von den Unternehmen als Geschäftsgeheimnisse bezeichnete Informationen als solche zu qualifizieren sind, obliegt der Kommission, kann von der Rechtsprechung jedoch überprüft werden.[7] Grundlage für die Beurteilung der Kommission bilden die Angaben der am Zusammenschluss beteiligten Unternehmen. Diese werden nach Erhalt der Entscheidung regelmäßig aufgefordert, der Kommission die aus ihrer Sicht als Geschäftsgeheimnis zu qualifizierenden Informationen mitzuteilen.[8]

II. Fakultative Veröffentlichung

3   Keine Veröffentlichungspflicht gilt für Entscheidungen der Kommission im Vorprüfungsverfahren nach Art. 6. Lediglich der Eingang einer unter die FKVO fallenden Anmeldung eines Zusammenschlussvorhabens ist gemäß Art. 4 Abs. 3 im Amtsblatt (Serie C) zu veröffentlichen. Da fast 90% aller Zusammenschlussfälle in der ersten Prüfungsphase abgeschlossen werden, wird die von Art. 20 bezweckte Transparenz des Fusionskontrollverfahrens durch die Vorschrift selbst nur sehr eingeschränkt erreicht.[9]

---

[1] *Langeheine* in: Groeben/Thiesing/Ehlermann, Kommentar zum EU- und EG-Vertrag, Art. 20 FKVO Rn. 1; *Immenga/Körber* in: Immenga/Mestmäcker, EG-WbR Teil 2, Art. 20, Rn. 1; *Langeheine/Dittert* in: Schröter/Jakob/Mederer, Kommentar zum Europäischen Wettbewerbsrecht, Art. 20 FKVO.

[2] Internet-Adresse: http://europa.eu.int/comm/competition/mergers/cases.

[3] Vgl. hierzu auch die Erläuterungen zu Art. 17 FKVO.

[4] EuG U. v. 18. 9. 1996 Rs. T-353/94 – *Postbank/Kommission,* Slg. 1996, II-921/954f. Rn. 87.

[5] Weitere Beispiele bei *Baron* in: Langen/Bunte, Kommentar zum deutschen und europäischen Kartellrecht, Art. 18 FKVO Rn. 7.

[6] Vgl. z. B. Komm. E. v. 22. 7. 1992 Rs. IV/M.190 Ziff. 39, 46 – *Nestlé/Perrier,* ABl. 1992 L 356/1; E. v. 20. 7. 1995 Rs. IV/M.616 – *Swissair/Sabena* Rn. 27.

[7] *Heithecker/Schneider* in: FK, Art. 17 FKVO Rn. 23.

[8] Vgl. Art. 18 Abs. 3 DVO FKVO 802/2004.

[9] *Immenga/Körber* (Fn. 1), Art. 20 FKVO, Rn. 8; *Baron* in: Langen/Bunte, Kommentar zum deutschen und europäischen Kartellrecht Art. 20 FKVO Rn. 2.

Art. 21. Anwendung dieser Verordnung und Zuständigkeit **Art. 21 FKVO**

Im Amtsblatt (Serie C) wird jedoch in der Praxis eine kurze Mitteilung darüber veröffentlicht, dass die Kommission eine Entscheidung nach Art. 6 Abs. 1 lit. a bis lit. c erlassen hat. Schließlich erstellt die Kommission von Entscheidungen nach Art. 6 Abs. 1 lit. a und lit. b veröffentlichungsfähige, das heißt um Geschäftsgeheimnisse bereinigte Fassungen in der jeweiligen Verfahrenssprache, die von interessierten Dritten angefordert werden können und teilweise auch in Fachzeitschriften[10] abgedruckt werden. Außerdem werden diese Entscheidungen häufig in die EUR-Lex-Datenbank der Kommission eingestellt und sind damit auch über das Internet zugänglich.[11] Sofern sie nicht im vereinfachten Verfahren ergangen sind, werden auch die Entscheidungsgründe im Internet veröffentlicht. Kurzfassungen der Entscheidungen erscheinen im monatlichen Bulletin und im jährlichen Wettbewerbsbericht der Kommission sowie in Fachzeitschriften.[12]   4

Ebenfalls in Kurzfassung werden Entscheidungen der Kommission nach Art. 21 Abs. 4 Unterabs. 3 im Amtsblatt (Serie C) veröffentlicht. Aus diesen Kurzfassungen ergibt sich, dass die Kommission ein bestimmtes öffentliches Interesse eines Mitgliedstaats anerkannt hat, das dieser besonders schützen möchte.[13] Schließlich werden Verweisungsentscheidungen nach Art. 9 mittlerweile im Internet veröffentlicht.   5

Die Veröffentlichung einer Entscheidung hat zur Folge, dass die **Frist des Art. 230 Abs. 5 EG für Klagen gegen Entscheidungen der Kommission ausgelöst** wird, die mit der Kenntnis der Kommissionsentscheidung zu laufen beginnt. Entscheidend ist dabei der Zeitpunkt, zu dem der spätere Kläger tatsächlich von einer Entscheidung der Kommission erfährt und von dem an er den vollständigen Wortlaut der Entscheidung anfordern kann. Dies gilt auch dann, wenn er letztlich nicht über den vollen Wortlaut der Entscheidung verfügt.[14]   6

III. Unveröffentlichte Entscheidungen

Gänzlich unveröffentlicht bleiben Entscheidungen nach Art. 6 Abs. 1 lit. c über die Eröffnung des Hauptprüfverfahrens, verfahrensinterne Entwürfe der Kommission wie die Beschwerdepunkte nach Art. 18 Abs. 1 sowie Entscheidungen zur Verlängerung des bzw. zur Befreiung vom Vollzugsverbot nach Art. 7. Über die Eröffnung des Hauptprüfverfahrens wird allerdings regelmäßig durch eine Pressemitteilung unterrichtet. Entscheidungen nach Art. 9 wurden früher ebenfalls nicht veröffentlicht. Mittlerweile sind sie jedoch auf der Internetseite der GD Wettbewerb abrufbar. Zudem werden sie gelegentlich in Fachzeitschriften veröffentlicht.[15]   7

Art. 21. Anwendung dieser Verordnung und Zuständigkeit

(1) Diese Verordnung gilt allein für Zusammenschlüsse im Sinne des Art. 3; die Verordnungen (EG) Nr. 1/2003, (EWG) Nr. 1017/68, (EWG) Nr. 4056/86 und (EWG) Nr. 3975/87 des Rates gelten nicht, außer für Gemeinschaftsunternehmen, die keine gemeinschaftsweite Bedeutung haben und die Koordinierung des Wettbewerbsverhaltens unabhängig bleibender Unternehmen bezwecken oder bewirken.

---

[10] In Deutschland z. B. in der WuW/E EU-V (früher WuW/E-EV).
[11] Internet-Adresse: http://europa.eu.int/comm/competition/mergers/cases.
[12] Kurzzusammenfassungen monatlich in WuW; vgl. außerdem *Canenbley/Hölzer/Wiedemann*, EC Merger Control Monitor, Case Summaries, Comments and Legal Texts (Losebl.).
[13] Vgl. z. B. Komm. E. v. 29. 3. 1995 – *Water Industry Act*, ABl. 1995 C 94/2 = WuW/E EV 2309 ff.
[14] EuGH U. v. 6. 12. 1990 Rs. C-180/88 – *Wirtschaftsvereinigung Stahl/Kommission* Slg. 1990, I-4413/4441 Rn. 24, 29.
[15] Vgl. Komm. E. v. 17. 12. 1991 Rs. IV/M.165 – *Alcatel/AEG Kabel*, WuW/E EV 1740 ff.

(2) Vorbehaltlich der Nachprüfung durch den Gerichtshof ist die Kommission ausschließlich dafür zuständig, die in dieser Verordnung vorgesehenen Entscheidungen zu erlassen.

(3) Die Mitgliedstaaten wenden ihr innerstaatliches Wettbewerbsrecht nicht auf Zusammenschlüsse von gemeinschaftsweiter Bedeutung an.

Unterabsatz 1 berührt nicht die Befugnis der Mitgliedstaaten, die zur Anwendung des Artikels 4 Absatz 4 oder des Artikels 9 Absatz 2 erforderlichen Ermittlungen vorzunehmen und nach einer Verweisung gemäß Artikel 9 Absatz 3 Unterabsatz 1 Buchstabe b) oder Artikel 9 Absatz 5 die in Anwendung des Artikels 9 Absatz 8 unbedingt erforderlichen Maßnahmen zu ergreifen.

(4) Unbeschadet der Absätze 2 und 3 können die Mitgliedstaaten geeignete Maßnahmen zum Schutz anderer berechtigter Interessen als derjenigen treffen, welche in dieser Verordnung berücksichtigt werden, sofern diese Interessen mit den allgemeinen Grundsätzen und den übrigen Bestimmungen des Gemeinschaftsrechts vereinbar sind.

Im Sinne des Unterabsatzes 1 gelten als berechtigte Interessen die öffentliche Sicherheit, die Medienvielfalt und die Aufsichtsregeln.

Jedes andere öffentliche Interesse muss der betreffende Mitgliedstaat der Kommission mitteilen; diese muss es nach Prüfung seiner Vereinbarkeit mit den allgemeinen Grundsätzen und den sonstigen Bestimmungen des Gemeinschaftsrechts vor Anwendung der genannten Maßnahmen anerkennen. Die Kommission gibt dem betreffenden Mitgliedstaat ihre Entscheidung binnen 25 Arbeitstagen nach der entsprechenden Mitteilung bekannt.

Übersicht

	Rn.		Rn.
I. Ausschließlicher Prüfungsmaßstab für Zusammenschlüsse (Abs. 1)		III. Ausnahmen vom Ausschließlichkeitsprinzip	8
1. Regelungsgehalt	1	1. Verfahren nach Art. 4 Abs. 4 und Art. 9	9
2. Ausnahme für Vollfunktionsgemeinschaftsunternehmen	2	2. Schutz berechtigter Interessen	11
		a) Anerkannte öffentliche Interessen	12
II. Ausschließlichkeitsprinzip im Rahmen der Zuständigkeit	3	b) Andere öffentliche Interessen	17
1. Voraussetzungen	4	c) Sanktionen bei Verstoß gegen Art. 21	19
2. Reichweite	6		

I. Ausschließlicher Prüfungsmaßstab für Zusammenschlüsse (Abs. 1)

1. Regelungsgehalt

1 Während Art. 21 Abs. 2 ff. die Zuständigkeitsverteilung zwischen der Kommission und den Mitgliedstaaten betreffen, regelt Art. 21 Abs. 1 das Verhältnis der FKVO zu den Wettbewerbsregeln des EG (Art. 81, 82 EG). Auf Zusammenschlüsse im Sinne des Art. 3 findet gemäß Art. 21 Abs. 1 1. Halbsatz ausschließlich die FKVO Anwendung. Damit soll eine Doppelkontrolle von Zusammenschlüssen nach den Regeln der Fusionskontrolle und der sonstigen Wettbewerbsregeln vermieden werden. Da jedoch der Verordnungsgeber nicht die Geltung des primären Gemeinschaftsrechts ausschließen konnte und Art. 81, 82 EG unter bestimmten Voraussetzungen auch auf Zusammenschlüsse anwendbar sind,[1] schließt Art. 21 Abs. 1 2. Halbsatz lediglich die Geltung der zu Art. 81, 82 EG ergangenen Durchführungsverordnungen (insbesondere die VO 1/2003) aus. Zwar können sich Dritte danach grundsätzlich immer noch auf Art. 82 EG berufen, da diese Vorschrift auch ohne Geltung

---

[1] EuGH U. v. 21. 2. 1973 Rs. 6/72 – *Continental Can* Slg. 1973, 215/243 ff., Rn. 18 ff.; EuGH U. v. 17. 11. 1987, verb. Rs. 142 u. 156/84 – *Philipp Morris* Slg. 1987, 4487/4575 ff., Rn. 32 ff.

Art. 21. Anwendung dieser Verordnung und Zuständigkeit   2, 3   **Art. 21 FKVO**

von Durchführungsverordnungen eingreift.² Auch eine Berufung auf Art. 81 EG durch Dritte vor den Zivilgerichten dürfte möglich sein, da diese Art. 81 EG mittlerweile unmittelbar selbst anwenden können, ohne dass es dafür einer Durchführungsverordnung bedürfte.³ Der Kommission dagegen ist die Anwendung von Art. 81 und Art. 82 EG auf Zusammenschlüsse verwehrt. Möglich bleibt dies nur noch im Rahmen der Art. 84 und 85 EG (Art. 88, 89 EGV a. F.), wobei dabei an sich die Mitgliedstaaten für die Anwendung der Wettbewerbsregeln zuständig sind. Die Kommission hat daher im Rahmen ihrer Protokollerklärung bei Erlass der FKVO zum Ausdruck gebracht, dass sie „normalerweise nicht beabsichtigt", Art. 85 und 86 EGV a. F. auf Zusammenschlüsse im Sinne des Art. 3 anzuwenden.⁴

2. Ausnahme für Vollfunktionsgemeinschaftsunternehmen

Nach Art. 21 Abs. 1 1. Halbsatz ist die Geltung der Durchführungsverordnungen zu den **2** Wettbewerbsregeln des EG grundsätzlich unabhängig davon ausgeschlossen, ob der Zusammenschluss die Umsatzschwellen des Art. 1 erreicht oder nicht. Auch auf Zusammenschlüsse ohne gemeinschaftsweite Bedeutung kann die Kommission daher Art. 81, 82 EG nicht anwenden.⁵ Nachdem der Zusammenschlussbegriff des Art. 3 nach der Revision der FKVO im Jahre 1997 nunmehr auch Vollfunktionsgemeinschaftsunternehmen erfasst, die eine Koordinierung des Wettbewerbsverhaltens unabhängiger Unternehmer bezwecken oder bewirken, wurde von diesem Grundsatz eine Ausnahme erforderlich. Denn nach der Änderung des Zusammenschlussbegriffs hätten solche Gemeinschaftsunternehmen auch dann nicht nach den Regelungen der Durchführungsverordnungen behandelt werden können, wenn sie mangels gemeinschaftsweiter Bedeutung nicht in den Anwendungsbereich der FKVO gefallen wären. Daher ordnet Art. 21 Abs. 1 2. Halbsatz nun ausdrücklich an, dass auf Vollfunktionsgemeinschaftsunternehmen, die zu einer Verhaltenskoordinierung unabhängiger Unternehmen führen, die Durchführungsverordnungen zum europäischen Wettbewerbsrecht anwendbar bleiben. Erreichen solche Gemeinschaftsunternehmen die Umsatzschwellen des Art. 1, werden sie gemäß Art. 2 Abs. 4 ohnehin nach den Kriterien des Art. 81 Abs. 1 und 3 EG beurteilt. Auch dabei sind die Durchführungsverordnungen dann anwendbar.

II. Ausschließlichkeitsprinzip im Rahmen der Zuständigkeit

Art. 21 Abs. 2 ff. regeln für den Bereich der Fusionskontrolle ausdrücklich das Verhältnis **3** zwischen Gemeinschaftsrecht und nationalem Recht und damit auch die Zuständigkeitsverteilung zwischen Kommission und Mitgliedstaaten. Danach ist allein die Kommission für Zusammenschlüsse von gemeinschaftsweiter Bedeutung (Art. 1) zuständig, während die Mitgliedstaaten weder die Vorschriften der FKVO noch ihr innerstaatliches Wettbewerbsrecht auf solche Zusammenschlüsse anwenden dürfen. Anders als im Regelungsbereich der Art. 81, 82 EG kommt es im Rahmen der Fusionskontrolle für die Anwendung nationalen Rechts also nicht auf einen Konflikt zwischen beiden Rechtsordnungen, d. h. darauf an, ob die Rechtsfolgen nationaler Vorschriften mit der einheitlichen Anwendung des Gemeinschaftsrechts und der zu seinem Vollzug ergangenen Maßnahmen vereinbar sind.⁶ Für Zu-

---

² EuGH U. v. 11. 4. 1989 Rs. 66/86 – *Ahmed Saeed* Slg. 1989, 803/848, Rn. 31 ff.
³ *Schild* in: MünchKomm EuWettbR, Art. 21 FKVO Rn. 10 ff.
⁴ Protokollerklärung der Kommission zu Art. 22, Ziff. a), WuW 1990, 240/243.
⁵ *Immenga/Körber* in: Immenga/Mestmäcker, EG-WbR, Art. 21, Rn. 6; *Schild* in: MünchKomm EuWettbR, Art. 21 FKVO Rn. 14; *Baron* in: Langen/Bunte, Kommentar zum deutschen und europäischen Kartellrecht, Art. 21 FKVO Rn. 2.
⁶ Allgemein EuGH U. v. 15. 7. 1964, Rs. 6/64 – *Costa Enel* Slg. 1964, 1251/1269 ff. Rn. 8 ff.; für die Wettbewerbsregeln EuGH U. v. 13. 2. 1969, Rs. 14/68 – *Walt Wilhelm* Slg. 1968, 1/13 f., Rn. 2 ff.; vgl. zum Verhältnis zwischen Gemeinschaftsrecht und nationalem Recht auch die Erläuterungen zu Art. 3 VO 1/2003.

sammenschlüsse im Gemeinsamen Markt sind vielmehr immer nur entweder die nationalen Kartellbehörden oder die Kommission zuständig (sog. one-stop-shop-Prinzip). Das Ausschließlichkeitsprinzip ist damit einerseits Ausdruck des Vorrangs des Gemeinschaftsrechts und soll andererseits die Doppelkontrolle von Zusammenschlüssen nach nationalem und Gemeinschaftsrecht verhindern und damit ein „level-playing-field" für die beteiligten Unternehmen im Gemeinsamen Markt schaffen.[7] Eine Ausnahme vom One-stop-shop-Prinzip gilt für Fälle, in denen auf den Verweisungsantrag eines Mitgliedstaates nach Art. 9 FKVO[8] ein Teil des Zusammenschlusses an den betreffenden Mitgliedstaat verwiesen wird und der verbleibende Teil des Zusammenschlusses durch die Kommission selbst entschieden wird. Darüber hinaus ist es denkbar, dass bei fehlender gemeinschaftsweiter Bedeutung eines Zusammenschlusses mehrere Mitgliedstaaten zuständig sind.

1. Voraussetzungen

4   Voraussetzung für die ausschließliche Zuständigkeit der Kommission ist das Erreichen der in Art. 1 Abs. 2 und 3 geregelten Umsatzschwellen[9] sowie das Vorliegen eines Zusammenschlusses im Sinne des Art. 3. Sind entweder die Umsatzschwellen nicht erreicht oder erfüllt das Vorhaben nicht die Zusammenschlussvoraussetzungen des Art. 3 – etwa weil der Erwerb einer Minderheitsbeteiligung oder eines wettbewerblich erheblichen Einflusses im Sinne des § 37 Abs. 1 Nr. 3b), § 37 Abs. 1 Nr. 4 GWB nicht zum Kontrollerwerb im Sinne des Art. 3 FKVO führen –, ist das nationale Wettbewerbsrecht anwendbar. Diese Prüfung müssen auch die nationalen Wettbewerbsbehörden vornehmen, wenn bei ihnen ein Zusammenschluss angemeldet wird, der eventuell gemeinschaftsweite Bedeutung hat.[10] Wurde ein Zusammenschluss ohne gemeinschaftsweite Bedeutung bei der Kommission angemeldet, stellt diese innerhalb eines Monats durch eine Entscheidung nach Art. 6 Abs. 1 lit. a fest, dass die FKVO nicht anwendbar ist. Mit dieser Entscheidung lebt die nationale Entscheidungskompetenz wieder auf.

5   Bei der Gründung von Gemeinschaftsunternehmen ist nach Art. 3 Abs. 4 für die ausschließliche Zuständigkeit der Kommission Voraussetzung, dass das Gemeinschaftsunternehmen auf Dauer alle Funktionen einer selbständigen wirtschaftlichen Einheit erfüllt, also als Vollfunktionsunternehmen zu qualifizieren ist. Darunter fallen nach der Revision der FKVO auch sog. kooperative Gemeinschaftsunternehmen, die im Rahmen des Fusionskontrollverfahrens gemäß Art. 2 Abs. 4 nach Art. 81 Abs. 1 und 3 EG beurteilt werden.[11]

2. Reichweite

6   **Räumlich** gilt die FKVO auch für Zusammenschlüsse von Unternehmen, die ihren Sitz außerhalb der Gemeinschaft haben[12] sowie für Zusammenschlüsse, die sich ganz überwiegend oder ausschließlich in Drittstaaten auswirken.[13] Entscheidend ist allein, dass die beteiligten Unternehmen die in Art. 1 geregelten Umsatzschwellen erreichen. Demgegenüber

---

[7] *Veelken/Karl/Richter-Veelken,* Europ. Fusionskontrolle, 1/22; *Weitbrecht* EuZW 1990, 18/20; krit. zu diesem Prinzip *Krimphove,* Europ. Fusionskontrolle, 382/389.
[8] Vgl. die Kommentierung zu Art. 9, dort insbes. Rn. 15.
[9] Vgl. die Erläuterungen zu Art. 1.
[10] Ebenso *Baron* in: Langen/Bunte, Kommentar zum deutschen und europäischen Kartellrecht, Art. 21 FKVO Rn. 3.
[11] *Wagemann* in: Wiedemann, Handbuch des Kartellrechts, § 15 Rn. 47.
[12] Vgl. z.B. Komm. E. v. 18. 1. 1991 Rs. IV/M.050 – *AT&T/NCR;* E. v. 30. 6. 1993 Rs. IV/M.346 – *JCSAT/SAJAC;* E. v. 30. 7. 1997 Rs. IV/M.877 – *Boeing/McDonnell-Douglas,* ABl. 1997 L 336/16 = WuW/E EU-V 7 ff.
[13] Vgl. z.B. Komm. E. v. 26. 8. 1991 Rs. IV/M.124 – *BNP/Dresdner Bank,* WuW/E EV 1671; E. v. 22. 10. 1991 Rs. IV/M.137 – *Bank Austria/Security Pacific,* WuW/E EV 1772; E. v. 14. 12. 1997 Rs. IV/M.878 – *RTL7.*

Art. 21. Anwendung dieser Verordnung und Zuständigkeit   7–9 **Art. 21 FKVO**

wird es aus völkerrechtlichen Gründen teilweise für erforderlich gehalten, für die Zuständigkeit der Kommission neben dem Erreichen der Umsatzschwellen zusätzlich festzustellen, dass der Zusammenschluss wesentliche oder spürbare Auswirkungen in der Gemeinschaft entfaltet.[14] Allerdings kann Art. 21 FKVO selbstverständlich nur die Anwendung des nationalen Rechts der Mitgliedstaaten ausschließen. Zusammenschlüsse mit Drittstaatenbezug unterfallen daher gegebenenfalls auch dem innerstaatlichen Recht von Drittstatten, in denen sie sich auswirken.

Die ausschließliche Zuständigkeit der Kommission hindert die Mitgliedstaaten nach 7 Abs. 3 Unterabs. 1 an der **Anwendung ihres innerstaatlichen Wettbewerbsrechts**. Unter diesem Begriff sind nicht nur die nationalen Regeln zur Fusionskontrolle, sondern auch die sonstigen wettbewerbsrechtlichen Vorschriften wie das Kartellverbot und die Missbrauchskontrolle zu verstehen.[15] Gegen das dagegen vorgebrachte Argument, die FKVO diene lediglich dem Schutz einer wettbewerblichen Marktstruktur, erfasse jedoch nicht die Kontrolle wettbewerbsbeschränkenden Verhaltens,[16] spricht einerseits der eindeutige Wortlaut des Art. 21 Abs. 3, der auf das Wettbewerbsrecht insgesamt verweist und andererseits der mit dem Ausschließlichkeitsprinzip verfolgte Zweck, die Doppelkontrolle von Zusammenschlüssen mit gemeinschaftsweiter Bedeutung durch nationale und europäische Behörden zu verhindern. Dabei kann es nicht maßgeblich sein, ob die zusätzliche nationale Kontrolle anhand der fusionskontrollrechtlichen oder sonstiger wettbewerbsrechtlicher Vorschriften stattfindet. Dagegen sind **andere nationale Regelungskomplexe** wie das Steuer- oder Gesellschaftsrecht auch neben der FKVO anwendbar.[17]

III. Ausnahmen vom Ausschließlichkeitsprinzip

Art. 21 nennt zwei Ausnahmen vom Ausschließlichkeitsprinzip, nämlich die Verweisung 8 eines Zusammenschlusses an die zuständigen Behörden eines betroffenen Mitgliedstaats nach Art. 4 Abs. 4 oder Art. 9 (Art. 21 Abs. 3 Unterabs. 2) sowie die Geltendmachung berechtigter Interessen seitens der Mitgliedstaaten (Art. 21 Abs. 4). Eine weitere – allerdings „umgekehrte" – Ausnahme vom Ausschließlichkeitsprinzip regelt Art. 22. Danach kann die Kommission auf Antrag eines oder mehrerer Mitgliedstaaten auch über Zusammenschlüsse ohne gemeinschaftsweite Bedeutung entscheiden, wenn der Zusammenschluss den Handel zwischen Mitgliedstaaten beeinträchtigt.[18]

1. Verfahren nach Art. 4 Abs. 4 und Art. 9

Diese Vorschriften ermöglichen es der Kommission, einen Zusammenschluss auf Antrag 9 der Unternehmen oder des betroffenen Mitgliedstaats an diesen zu verweisen. Voraussetzung eines Antrages von Seiten der Unternehmen gemäß Art. 4 Abs. 4 ist hierbei, dass der Zusammenschluss den Wettbewerb auf einem Markt in diesem Mitgliedstaat, der alle Merkmale eines gesonderten Marktes aufweist, erheblich zu beeinträchtigen droht. Ein Antrag eines Mitgliedstaates ist gemäß Art. 9 Abs. 2 ist unter den gleichen Voraussetzungen und zusätzlich dann möglich, wenn der Zusammenschluss den Wettbewerb auf einem

---

[14] So *Bechtold* EuZW 1994, 653/658; *Montag/Kaessner* WuW 1997, 781/785 f.; *Wiedemann* in: FS Lieberknecht, S. 625/635 f.

[15] Ebenso *Immenga/Körber* in: Immenga/Mestmäcker, EG-WbR, Art. 21, Rn. 19; *Wagemann* (Fn. 9) § 15 Rn. 4; *Schild* in: MünchKomm EuWettbR, Art. 21 FKVO Rn. 21 f.; *Bechtold/Bosch/Brinker/Hirsbrunner*, EG-Kartellrecht, Art. 21 FKVO Rn. 9.

[16] *Lampert*, S. 107 ff.; *Schmidt* BB 1990, 719/723 f.; *Koch* EWS 1990, 65/71.

[17] *Langeheine* in: Groeben/Thiesing/Ehlermann, Kommentar zum EU-/EG-Vertrag, Art. 21 FKVO Rn. 2; *Langeheine/Dittert* in: Schröter/Jakob/Mederer, Kommentar zum Europäischen Wettbewerbsrecht, Art. 21 FKVO Rn. 5; *Immenga/Körber* in: Immenga/Mestmäcker, EG-WbR, Art. 21, Rn. 19.

[18] Vgl. dazu die Erläuterungen zu Art. 22.

Markt in diesem Mitgliedstaat, der alle Merkmale eines gesonderten Marktes aufweist und keinen wesentlichen Teil des Gemeinsamen Marktes darstellt, „nur" beeinträchtigen würde. Nach einer Verweisung des Zusammenschlusses können die Mitgliedstaaten ihr innerstaatliches Wettbewerbsrecht anwenden. Sie sind dabei gemäß Art. 9 Abs. 8 jedoch auf die unbedingt erforderlichen Maßnahmen beschränkt, die notwendig sind, um wirksamen Wettbewerb auf dem betreffenden Markt aufrechtzuerhalten oder wiederherzustellen. Damit ist für das GWB die Anwendung der Ministererlaubnis (§ 42 GWB) sowie der Abwägungsklausel (§ 36 Abs. 1) ausgeschlossen, sofern bei letzterer Zusammenschlusswirkungen auf anderen Märkten als dem gesonderten Markt einbezogen würden.[19]

10   Art. 21 Abs. 3 Unterabs. 2 stellt die Befugnis der Mitgliedstaaten klar, auch vor der Verweisung eines Zusammenschlusses die zur Anwendung des Art. 4 Abs. 4 oder des Art. 9 erforderlichen Ermittlungen durchzuführen. Zudem können sie die nach nationalem Recht zur Aufrechterhaltung oder Wiederherstellung des Wettbewerbs erforderlichen Maßnahmen ergreifen. Zuständig in Deutschland ist hierfür nach § 50 GWB das Bundeskartellamt.

2. Schutz berechtigter Interessen

11   Art. 21 Abs. 4 erlaubt den Mitgliedstaaten in Durchbrechung des Ausschließlichkeitsprinzips, bei Zusammenschlüssen mit gemeinschaftsweiter Bedeutung geeignete Maßnahmen zum Schutz anderer berechtigter (außerwettbewerblicher) Interessen der Mitgliedstaaten zu treffen. Voraussetzung dafür ist allerdings, dass diese Interessen entweder in Art. 21 Abs. 4 Unterabs. 2 ausdrücklich genannt oder von der Kommission auf Mitteilung des betroffenen Mitgliedstaats anerkannt worden sind; ferner müssen sie mit den allgemeinen Grundsätzen und den übrigen Bestimmungen des Gemeinschaftsrechts vereinbar sein. In der Protokollerklärung der Kommission zur Auslegung des Art. 21 wird klargestellt, dass die Vorschrift keine neuen Rechte der Mitgliedstaaten begründet, sondern lediglich Ausdruck der den Mitgliedstaaten bereits zustehenden Befugnisse ist.[20] Die Mitgliedstaaten sollen daher weder solche Gesichtspunkte geltend machen dürfen, die von der Kommission bei der Prüfung eines Zusammenschlusses selbst berücksichtigt werden, noch sind sie in Anwendung des Art. 21 Abs. 4 befugt, einen von der Kommission bereits untersagten Zusammenschluss ihrerseits zu genehmigen; sie sind vielmehr darauf beschränkt, einen von der Kommission freigegebenen Zusammenschluss zu untersagen oder den Vollzug von zusätzlichen Auflagen oder Bedingungen abhängig zu machen.[21]

12   **a) Anerkannte öffentliche Interessen.** Art. 21 Abs. 4 Unterabs. 2 nennt als anerkannte berechtigte öffentliche Interessen die öffentliche Sicherheit, die Medienvielfalt sowie die Aufsichtsregeln.

13   Unter dem Begriff der **öffentlichen Sicherheit** ist die innere und äußere Sicherheit eines Staates zu verstehen.[22] Dazu gehören nicht nur militärische Belange, die gemäß Art. 296 EG (Art. 223 EGV a. F.) ohnehin Ausnahmen von den allgemeinen Regeln des Gemeinschaftsrechts zulassen, sondern nach Auffassung der Kommission auch die in Art. 30 und Art. 297 EG n. F. (Art. 36, 224 EGV a. F.) genannten Kriterien wie die öffent-

---

[19] Vgl. dazu die Erläuterungen zu Art. 9, insbes. Rn. 24.
[20] Daraus wird teilweise abgeleitet, Art. 21 Abs. 3 habe lediglich deklaratorischen Charakter, da sich der Geltungsbereich der FKVO ohnehin nur auf die Vereinbarkeit von Zusammenschlüssen mit dem Gemeinsamen Markt in wettbewerbsrechtlicher Hinsicht beziehe; so *Wagemann* in: Wiedemann, Handbuch des Kartellrechts, § 15 Rn. 22; *Koch* in: Grabitz/Hilf, Das Recht der Europäischen Union, nach Art. 86 Rn. 49.
[21] Protokollerklärung der Kommission zu Art. 21 Ziff. 1, WuW 1990, 240/242; s. auch *Löffler* in: Langen/Bunte, Kommentar zum deutschen und europäischen Kartellrecht, Art. 21 FKVO Rn. 11; ebenso *Bechtold/Bosch/Brinker/Hirsbrunner*, EG-Kartellrecht, Art. 21 FKVO Rn. 13.
[22] *Immenga* in: Immenga/Mestmäcker, EG-WbR, Art. 21, Rn. 24.

liche Ordnung, der Gesundheits- oder Kulturgüterschutz.[23] Um sich auf die öffentliche Sicherheit berufen zu können, müssen indes erhebliche Gefahren für grundlegende gesellschaftliche öffentliche Interessen bestehen, die nur durch eine Untersagung des Zusammenschlusses verwirklicht werden können.[24]

Beruft sich ein Mitgliedstaat auf Art. 296 lit. b EG, ist die FKVO als sekundäres Gemeinschaftsrecht nicht anwendbar, so dass die Kommission die weiteren Voraussetzungen des Art. 296 EG (keine Beeinträchtigung der Wettbewerbsbedingungen hinsichtlich der nicht eigens für militärische Zwecke bestimmten Waren) im Rahmen des dafür vorgesehenen Verfahrens nach Art. 298 EG prüfen muss. Wegen einer Berufung auf Art. 296 lit. b EG kann der betroffene Mitgliedstaat die beteiligten Unternehmen anweisen, den Zusammenschluss nicht bei der Kommission anzumelden, soweit er sich auf die von Art. 296 erfassten Güter bezieht. Für den restlichen (zivilen) Teil des Zusammenschlusses verbleibt es bei der Anmeldepflicht nach der FKVO.[25] **14**

Die Anerkennung der **Medienvielfalt** als berechtigtes Interesse dient der Sicherung des Meinungs- und Ausdruckspluralismus durch Aufrechterhaltung diversifizierter Informationsquellen.[26] Da es in Deutschland an einer Gesetzgebungskompetenz des Bundes in diesem Bereich fehlt, können durch Art. 21 Abs. 4 FKVO nur landesgesetzliche Regelungen zur Geltung gebracht und damit eventuelle Freigabeentscheidungen der Kommission modifiziert werden. Dies gilt insbesondere für die Regeln der Konzentrationskontrolle im Rundfunkstaatsvertrag der Länder, in dem in § 26 eigenständige Kriterien zur Konzentrationskontrolle durch die Kommission zur Ermittlung der Konzentration im Medienbereich (KEK) geregelt sind.[27] In der bisherigen Praxis wurde das Interesse der Medienvielfalt einmal von Großbritannien geltend gemacht.[28] **15**

Unter die **Aufsichtsregeln** fallen insbesondere Regelungen im Bereich der Kredit- und Versicherungswirtschaft, die die Kreditwürdigkeit von Personen, die Regelmäßigkeit von Transaktionen und die Solvenzkriterien berühren.[29] Anerkannt hat die Kommission die zusätzliche Kontrolle eines unter die FKVO fallenden Zusammenschlusses durch mitgliedstaatliche Behörden etwa in dem – ebenfalls Großbritannien betreffenden – Zusammenschluss *Sun Alliance/Royal Insurance*.[30] Hingegen hat sie das von den portugiesischen Behörden für das Verbot der Ausübung von Stimmrechten beim Zusammenschluss *BSCH/A. Champalimaud* unter anderem geltend gemachte Interesse der Versicherungsaufsicht nicht als ausreichend anerkannt, da dieses grundsätzlich anzuerkennende Interesse durch den Zusammenschluss nicht gefährdet gewesen sei.[31] **16**

b) Andere öffentliche Interessen. Neben den in Art. 21 Abs. 4 Unterabs. 2 genannten können die Mitgliedstaaten auch andere öffentliche Interessen geltend machen; diese müssen nach Art. 21 Abs. 4 Unterabs. 3 von der Kommission jedoch binnen 25 Arbeitstagen nach der entsprechenden Mitteilung des Mitgliedstaats anerkannt werden, bevor die Mitgliedstaaten den Zusammenschluss beschränkende Maßnahmen ergreifen dür- **17**

---

[23] Protokollerklärung der Kommission zu Art. 21 Ziff. 2, WuW 1990, 240/243.
[24] Komm. E. v. 20. 12. 2006 Rs. COMP/M.4197, Ziff. 61 – *E. ON/Endesa*; E. v. 5. 12. 2007 Rs. COMP/M.4685 – *Enel/Acciona/Endesa*.
[25] Vgl. Komm. E. v. 24. 11. 1994 Rs. IV/M.528 – *British Aerospace/VSEL*; E. v. 15. 5. 1996 Rs. IV/M.724 – *GEC/Thomson II;* E. v. 7. 12. 1994 Rs. IV/M.529 – *GEC/VSEL*; ausf. hierzu *Langeheine* in: Groeben/Thiesing/Ehlermann (Fn. 17) Art. 21 FKVO Rn. 12 ff.; *Langeheine/Dittert* in: Schröter/Jakob/Mederer (Fn. 17) Art. 21 FKVO Rn. 14 ff.
[26] Protokollerklärung der Kommission zu Art. 21 Ziff. 2, WuW 1990, 240/243.
[27] Vgl. dazu Monopolkommission, Hauptgutachten XI 1994/95, Tz. 829; *Lampert*, S. 126 f.
[28] Komm., E. v. 14. 3. 1994 Rs. IV/M.423 – *Newspaper Publishing*.
[29] Protokollerklärung der Kommission zu Art. 21 Ziff. 2, WuW 1990, 240/243.
[30] Komm. E. v. 18. 6. 1996 Rs. IV/M.759, Ziff. 16 ff. – *Sun Alliance/Royal Insurance*.
[31] Komm., E. v. 20. 7. 1999 Rs. IV/M.1616, Ziff. 34 ff. – *BSCH/A. Champalimaud*; vgl. hierzu *Montag/Leibenath*, WuW 2000, 852/854.

fen.[32] Dabei hat die Kommission insbesondere zu prüfen, ob die nationale Regelung eines an sich der FKVO unterliegenden Bereichs mit den allgemeinen Grundsätzen und den sonstigen Bestimmungen des Gemeinschaftsrechts vereinbar ist. In der bisherigen Praxis wurde insbesondere untersucht, ob die bei der Durchführung von Zusammenschlüssen geplanten nationalen Beschränkungen eine willkürliche diskriminierende Maßnahme oder eine versteckte Beschränkung des Handels zwischen den Mitgliedstaaten darstellen. Zudem hat sie darauf abgestellt, ob die von den Mitgliedstaaten geltend gemachten Interessen tatsächlich nur durch den Zusammenschluss gefährdet wurden oder ob es ausreicht, wenn die nationalen Behörden das Verhalten der neuen Unternehmenseinheit aufgrund regulatorischer Vorschriften kontrollieren.[33] Sofern dies nicht der Fall ist und die nationale Regelung zudem die ausschließliche Zuständigkeit der Kommission für Zusammenschlüsse mit gemeinschaftsweiter Bedeutung nicht in Frage stellt, hat die Kommission beispielsweise das von Großbritannien geltend gemachte Interesse der gesicherten Wasserversorgung anerkannt. Allerdings hat sie die betroffenen britischen Behörden verpflichtet, sämtliche weiteren Maßnahmen mitzuteilen, damit diese auf ihre Angemessenheit, Verhältnismäßigkeit und fehlende Diskriminierungswirkung geprüft werden können.[34]

18   Als nicht schützenswert hat die Kommission dagegen das von Portugal geltend gemachte Interesse am Schutz der Entwicklungen der Eigentumsstrukturen ehemals staatseigener Betriebe, die privatisiert werden sollen, eingestuft. In diesem Fall hatte die portugiesische Regierung die nach nationalen Vorschriften erforderliche Genehmigung zum Mehrheitserwerb einer börsennotierten Gesellschaft verweigert und damit den geplanten und bei der Kommission angemeldeten Zusammenschluss blockiert, ohne dies gemäß Art. 21 Abs. 4 Unterabs. 3 der Kommission anzuzeigen. Nach der Kommissionsentscheidung ist diese Entscheidung der portugiesischen Regierung mit dem Gemeinschaftsrecht nicht vereinbar.[35] Auch das – ebenfalls von Portugal geltend gemachte – Interesse an strategischen Wirtschaftsbereichen für die nationale Volkswirtschaft sowie die Verletzung nationalen Verfahrensrechts wurde nicht als berechtigtes Interesse anerkannt.[36] Dies gilt erst Recht für das von Spanien erhobene Interesse an der Wahrung „genereller wirtschaftspolitischer Kriterien", mit dem unter anderem die Auflagen gegenüber E. ON gerechtfertigt wurden, nach der Übernahme von Endesa für fünf Jahre die Marke weiter zu führen, Tochtergesellschaften mit Vermögenswerten außerhalb Spaniens nicht zu veräußern und weiterhin in Spanien geförderte Kohle als Energieträger zu nutzen.[37]

19   **c) Sanktionen bei Verstoß gegen Art. 21.** Untersagt ein Mitgliedstaat trotz ausschließlicher Zuständigkeit der Kommission einen Zusammenschluss oder macht er dessen Vollzug von Auflagen abhängig, ohne dass die Kommission konsultiert wurde und ein berechtigtes Interesse des Mitgliedstaates anerkannt hat, kann die Kommission einen Verstoß gegen Art. 21 feststellen. Zudem kann sie Maßnahmen anordnen, um den Verstoß gegen Art. 21 rückgängig zu machen, etwa, indem sie dem Mitgliedstaat aufgibt, die erlassene Entscheidung aufzuheben. Zudem kann die Kommission ein Vertragsverletzungsverfahren

---

[32] Komm., E. v. 20. 7. 1999 Rs. IV/M.1616, Ziff. 25 – *BSCH/A. Champalimaud*; *Bechtold/Bosch/Brinker/Hirsbrunner*, EG-Kartellrecht, Art. 21 FKVO Rn. 19; *Schild* in: MünchKomm EuWettbR, Art. 21 FKVO Rn. 61; *Langeheine/Dittert* in: Schröter/Jakob/Mederer, Kommentar zum Europäischen Wettbewerbsrecht, Art. 21 FKVO Rn. 23.
[33] Vgl. etwa Komm., E. v.5. 12. 2007 Rs. COMP/M.4685, Ziff. 72 f. – *Enel/Acciona/Endesa*.
[34] Komm. E. v. 29. 3. 1995 Rs. COMP/M.205 – *UK Water Industry Act*, WuW/E EV 2309/2310 f.
[35] Komm. E. v. 22. 11. 2000 Rs. COMP/M.2054 – *SECIL/HOLDERBANK/CIMPOR*, vgl. Presseerklärung der Kommission v. 22. 11. 2000 IP/00/1338, abrufbar im Internet unter www.europa.eu.int.
[36] Komm., E. v. 20. 7. 1999 Rs. IV/M.1616, Ziff. 26 ff. – *BSCH/A. Champalimaud*.
[37] Komm. E. v. 20. 12. 2006 Rs. COMP/M.4197 – *E. ON/Endesa*; E. v. 5. 12. 2007 Rs. COMP/M.4685 – *Enel/Acciona/Endesa*.

Art. 22. Verweisung an die Kommission

nach Art. 226 EG einleiten. Von diesen – vom Gerichtshof anerkannten[38] – Möglichkeiten hat die Kommission bereits in einigen Fällen Gebrauch gemacht.[39]

Art. 22. Verweisung an die Kommission

(1) Auf Antrag eines oder mehrerer Mitgliedstaaten kann die Kommission jeden Zusammenschluss im Sinne von Artikel 3 prüfen, der keine gemeinschaftsweite Bedeutung im Sinne von Artikel 1 hat, aber den Handel zwischen Mitgliedstaaten beeinträchtigt und den Wettbewerb im Hoheitsgebiet des beziehungsweise der antragstellenden Mitgliedstaaten erheblich zu beeinträchtigen droht.
Der Antrag muss innerhalb von 15 Arbeitstagen, nachdem der Zusammenschluss bei dem betreffenden Mitgliedstaat angemeldet oder, falls eine Anmeldung nicht erforderlich ist, ihm anderweitig zur Kenntnis gebracht worden ist, gestellt werden.

(2) Die Kommission unterrichtet die zuständigen Behörden der Mitgliedstaaten und die beteiligten Unternehmen unverzüglich von einem nach Absatz 1 gestellten Antrag.
Jeder andere Mitgliedstaat kann sich dem ersten Antrag innerhalb von 15 Arbeitstagen, nachdem er von der Kommission über diesen informiert wurde, anschließen.
Alle einzelstaatlichen Fristen, die den Zusammenschluss betreffen, werden gehemmt, bis nach dem Verfahren dieses Artikels entschieden worden ist, durch wen der Zusammenschluss geprüft wird. Die Hemmung der einzelstaatlichen Fristen endet, sobald der betreffende Mitgliedstaat der Kommission und den beteiligten Unternehmen mitteilt, dass er sich dem Antrag nicht anschließt.

(3) Die Kommission kann spätestens zehn Arbeitstage nach Ablauf der Frist gemäß Absatz 2 beschließen, den Zusammenschluss zu prüfen, wenn dieser ihrer Ansicht nach den Handel zwischen Mitgliedstaaten beeinträchtigt und den Wettbewerb im Hoheitsgebiet des bzw. der Antrag stellenden Mitgliedstaaten erheblich zu beeinträchtigen droht. Trifft die Kommission innerhalb der genannten Frist keine Entscheidung, so gilt dies als Entscheidung, den Zusammenschluss gemäß dem Antrag zu prüfen.
Die Kommission unterrichtet alle Mitgliedstaaten und die beteiligten Unternehmen von ihrer Entscheidung. Sie kann eine Anmeldung gemäß Artikel 4 verlangen.
Das innerstaatliche Wettbewerbsrecht des bzw. der Mitgliedstaaten, die den Antrag gestellt haben, findet auf den Zusammenschluss nicht mehr Anwendung.

(4) Wenn die Kommission einen Zusammenschluss gemäß Absatz 3 prüft, finden Artikel 2, Artikel 4 Absätze 2 und 3, die Artikel 5 und 6 sowie die Artikel 8 bis 21 Anwendung. Artikel 7 findet Anwendung, soweit der Zusammenschluss zu dem Zeitpunkt, zu dem die Kommission den beteiligten Unternehmen mitteilt, dass ein Antrag eingegangen ist, noch nicht vollzogen worden ist.
Ist eine Anmeldung nach Artikel 4 nicht erforderlich, beginnt die Frist für die Einleitung des Verfahrens nach Artikel 10 Absatz 1 an dem Arbeitstag, der auf den Arbeitstag folgt, an dem die Kommission den beteiligten Unternehmen ihre Entscheidung mitteilt, den Zusammenschluss gemäß Absatz 3 zu prüfen.

(5) Die Kommission kann einem oder mehreren Mitgliedstaaten mitteilen, dass ein Zusammenschluss nach ihrem Dafürhalten die Kriterien des Absatzes 1 erfüllt. In

---

[38] EuGH, U. v. 22. 6. 2004 Rs. C-42/01 – *Portugiesische Republik/Kommi*ssion, Slg. 2004 I-6079, Rn. 42 ff.
[39] Komm., E. v. 20. 7. 1999 Rs. IV/M.1616 – *BSCH/A. Champalimaud*; Komm. E. v. 22. 11. 2000 Rs. COMP/M.2054 – *SECIL/HOLDERBANK/CIMPOR*; Komm. E. v. 20. 12. 2006 Rs. COMP/M.4197 – *E. ON/Endesa*; vgl. auch *Immenga/Körber* in: Immenga/Mestmäcker, EG WbR Teil 2, Art. 21, Rn. 31; *Langheine/Dittert* in: Schröter/Jakob/Mederer, Kommentar zum Europäischen Wettbewerbsrecht, Art. 21 FKVO Rn. 26 f.

diesem Fall kann die Kommission diesen Mitgliedstaaten bzw. diese Mitgliedstaaten auffordern, einen Antrag nach Absatz 1 zu stellen.

Übersicht

	Rn.		Rn.
I. Verweisung an die Kommission auf Antrag der Mitgliedstaaten	1	2. Entscheidung über die Übernahme der Prüfung	7
1. Voraussetzungen für ein Tätigwerden der Kommission	4	3. Entscheidung der Kommission über den Zusammenschluss	8

I. Verweisung an die Kommission auf Antrag der Mitgliedstaaten

1   Art. 22 regelt das Verfahren der Verweisung eines Zusammenschlusses von den Mitgliedstaaten an die Kommission. Indem die Vorschrift damit die Anwendung der FKVO auf Zusammenschlüsse ohne gemeinschaftsweite Bedeutung ermöglicht, stellt sie eine umgekehrte Durchbrechung des Ausschließlichkeitsprinzips dar. Der Normzweck besteht darin, auch solche Zusammenschlüsse der gemeinschaftsrechtlichen Fusionskontrolle unterwerfen zu können, die zwar die Umsatzschwellen des Art. 1 nicht erreichen, aber dennoch von der Kommission geprüft werden sollen, sei es, weil die davon betroffenen Mitgliedstaaten selbst nicht über nationale Regeln zur Fusionskontrolle verfügen, sei es, weil sie sich außerhalb ihres Staatsgebietes auswirken.[1] Denkbar ist ein Antrag schließlich auch, um die Inlandswirkungen eines im Ausland stattfindenden Zusammenschlusses durch die Kommission prüfen und entsprechend untersagen zu lassen. Seit Inkrafttreten der FKVO sind insgesamt 21 Verweisungsanträge nach Art. 22 gestellt worden, von denen die Kommission nur zwei abgelehnt hat.[2] Auf Antrag eines einzelnen Mitgliedstaats ist die Kommission bisher erst in vier Fällen tätig geworden.[3] Seit der Reform zum 1. März 1998 ist ein Tätigwerden der Kommission auch auf den gemeinsamen Antrag mehrerer Mitgliedstaaten hin möglich, etwa um die parallele Prüfung eines Zusammenschlusses durch verschiedene Mitgliedstaaten mit möglicherweise unterschiedlichen Prüfungsergebnissen zu vermeiden. Von dieser Möglichkeit wurde allerdings erstmalig im Jahre 2002[4] und auch später nur sporadisch Gebrauch gemacht.[5] Im Fall *Omya/JM Huber* haben sich Österreich, Schweden und Frankreich dem Antrag der finnischen Wettbewerbsbehörde angeschlossen.[6] Von der Kommission abgewiesen wurden die Anträge Portugals und Italiens bezüglich der geplanten Fusion *Endesa/ Gas Natural*. Zum einen hatte die Kommission Zweifel an der drohenden Wettbewerbsbeeinträchtigung in Portugal und Italien. Zudem meinte sie, nicht besser als die italienischen und portugiesischen Behörden zur Prüfung der Auswirkungen des Zusammenschlusses in diesen Ländern in der Lage zu sein.[7]

2   Die Vorschrift wurde auf Wunsch der Niederlande in die FKVO aufgenommen und wird daher auch als „holländische Klausel" bezeichnet.

---

[1] Zur Entstehungsgeschichte vgl. *Niewiarra* in: FS Lieberknecht, S. 431 ff.

[2] Vgl. www./ec.europa.eu/comm/competition/mergers/statistics/pdf.

[3] Komm. E. v. 17. 2. 1993 Rs. IV/M.278 – *British Airways/DanAir*; E. v. 20. 9. 1995 Rs. IV/M.553 – *RTL/Veronica/Endemol*, ABl. 1996 L 134/32; E. v. 20. 11. 1996 Rs. IV/M.784 – *Kesko/Tuko*, ABl. L 1997 110/53 und E. v. 19. 2. 1997 ABl. L 1997 174/47; E. v. 26. 6. 1997 Rs. IV/M.890 – *Blokker/Toys-R-Us*, ABl. L 1998, 316/1.

[4] Komm. E. v. 17. 4. 2002 Rs. COMP/M.2738 – *GEES/Unison*; E. v. 24. 7. 2002 Rs. COMP/M.2698 – *Promatech/Sulzer Textil*.

[5] Vgl. etwa Komm. E. v. 5. 12. 2003 Rs. COMP/M.3136 – *GE/AGFA NDT*; E. v. 14. 5. 2004 Rs. COMP/M.3099 – *Areva/Urenco/ETC JV*; zuletzt E. v. 4 .8. 2005 Rs. COMP/M.3796 – *Omya/ J. M. Huber*; vgl. Presseerklärung der Komm. v. 27. 10. 2005 IP/05/1356].

[6] Komm., E. v. 4. 8. 2005 Rs. COMP/M.3796 – *Omya/ J. M. Huber*.

[7] Komm., E. v. 27. 10. 2005 Rs. COMP/M.3986 – *Gas Natural/Endesa*; vgl. dazu Presseerklärung der Komm. v. 27. 10. 2005 IP/05/1356.

Im Zuge der Reform der FKVO mit Wirkung zum 1. Mai 2004 wurde Art. 22 nicht **3** unerheblich geändert. Sein bisheriger Abs. 1, der das Verhältnis zwischen der FKVO und den sonstigen Wettbewerbsregeln des EG regelte, findet sich nun in Art. 21 Abs. 1 wieder. Die Verweisung eines Zusammenschlusses ohne gemeinschaftsweite Bedeutung an die Kommission kann zudem seit der Reform der FKVO nicht mehr nur von den betroffenen Mitgliedstaaten beantragt werden. Vielmehr besteht gem. Art. 4 Abs. 5 auch für die beteiligten Unternehmen die Möglichkeit, bereits vor der Anmeldung die Prüfung des Zusammenschlusses durch die Kommission zu beantragen, wenn der Zusammenschluss in mindestens drei Mitgliedstaaten unter die Fusionskontrolle fällt.[8] Zudem kann die Kommission einen oder mehrere Mitgliedstaaten nach Abs. 5 von sich aus auffordern, einen Verweisungsantrag zu stellen, wenn die Voraussetzungen des Abs. 1 aus Sicht der Kommission vorliegen.

1. Voraussetzungen für ein Tätigwerden der Kommission

Das Tätigwerden der Kommission bei Zusammenschlüssen ohne gemeinschaftsweite Be- **4** deutung gemäß Art. 22 setzt formell zunächst den Antrag eines oder mehrerer Mitgliedstaaten voraus.[9] Nach Abs. 5 kann die Kommission den Mitgliedstaat bzw. die Mitgliedstaaten zur Stellung eines solchen Antrages auch auffordern. Wie bei der Verweisungsmöglichkeit des Art. 9 muss es aber auch hier im Ermessen des Mitgliedstaates stehen, ob er dieser Aufforderung nachkommt oder nicht.[10] Der Antrag kann nur innerhalb von 15 Arbeitstagen gestellt werden, nachdem der Mitgliedstaat von dem Zusammenschluss durch Anmeldung oder auf sonstige Weise Kenntnis erlangt hat. Für die Kenntniserlangung dürfte ebenso wie im Rahmen des früheren Abs. 4 S. 4 ein zielgerichtetes Handeln der Parteien oder eines Dritten erforderlich sein, da der Verordnungstext von „zur Kenntnis bringen" (bzw. „was made known"; „portée à la connaissance") spricht.[11] Die Übersendung einer Pressemitteilung an den betreffenden Mitgliedstaat reicht dabei grundsätzlich aus.[12] Allerdings muss der Mitgliedstaat über ausreichende Informationen verfügen, um die Auswirkungen des Zusammenschlusses und damit beurteilen zu können, ob die Kommission zur Entscheidung des Falles besser geeignet ist.[13] Die missglückte Regelung des früheren Abs. 4 S. 4, wonach ein Antrag nicht mehr zulässig sein sollte, wenn der Vollzug des Zusammenschlusses bereits mehr als einen Monat zurück lag, ist entfallen. Jeder weitere Mitgliedstaat kann sich dem Antrag gemäß Abs. 2 innerhalb von 15 Arbeitstagen nach einer entsprechenden Information durch die Kommission **anschließen.** Anders als im Verweisungsverfahren auf Antrag der Unternehmen nach Art. 4 Abs. 5 wird das Schweigen eines Mitgliedstaates jedoch nicht als Zustimmung zur Verweisung an die Kommission gewertet.[14]

---

[8] Vgl. hierzu Art. 4 Rn. 26 ff.

[9] In Deutschland würde ein derartiger Antrag ebenso wie bei Art. 9 FKVO durch das Bundeskartellamt im Einvernehmen mit dem Bundesministerium für Wirtschaft gestellt.

[10] Ebenso *Immenga/Körber* in: Immenga/Mestmäcker, EG WbR Teil 2, Art. 22, Rn. 16; *Bechtold/Bosch/Brinker/Hirsbrunner*, EG-Kartellrecht, Art. 22 FKVO Rn. 15; *Schild* in: MünchKomm EuWettbR, Art. 22 FKVO Rn. 33.

[11] Zu Art. 22 Abs. 4 S. 4 a. F. ebenso *Langeheine* in: Groeben/Thiesing/Ehlermann, Kommentar zum EU-/EG-Vertrag, Art. 22 FKVO Rn. 8; *Langeheine/Dittert* in: Schröter/Jakob/Mederer, Kommentar zum Europäischen Wettbewerbsrecht, Art. 22 FKVO Rn. 10; s. dazu auch *Heidenhain* EuZW 1990, 84/85.

[12] Vgl. die Fälle *RTL/Veronica/Endemol*, ABl. 1996 L 134/32, und *Kesko/Tuko*, ABl. 1997 L 110/53, in denen die zuständige niederländische bzw. finnische Behörde von den Parteien durch Presseveröffentlichung unterrichtet wurde.

[13] Mitteilung der Kommission über die Verweisung von Fusionssachen, ABl. 2005 C 56/02, Rn. 50, Fn. 43.

[14] Anders aber noch im Verordnungsentwurf der Kommission vom 11. 12. 2002, KOM (2002) 711 endg., vgl. hierzu *Böge* WuW 2004, 138/141.

5 Materiell erfordert Art. 22 Abs. 1 zum einen das Vorliegen eines Zusammenschlusses im Sinne des Art. 3, der die Schwellenwerte des Art. 1 nicht erreicht. Zum anderen ist die **Beeinträchtigung des Handels zwischen Mitgliedstaaten** erforderlich. Dieses Kriterium entspricht dem in Art. 81, 82 EG genannten,[15] so dass auf die Anmerkungen zu diesen Vorschriften verwiesen wird. Zusammenschlüsse unterhalb bestimmter Umsatzschwellen[16] hat die Kommission zwar als normalerweise nicht gemeinschaftsrelevant qualifiziert.[17] In der bisherigen Praxis haben diese Umsatzschwellen jedoch noch keine Rolle gespielt.[18] Schließlich muss der Zusammenschluss **den Wettbewerb** im Hoheitsgebiet des bzw. der Antrag stellenden Mitgliedstaaten **erheblich zu beeinträchtigen drohen**. Dieses Kriterium ist an die Stelle des Begründens oder Verstärkens einer marktbeherrschenden Stellung i. S. d. Art. 22 Abs. 3 a. F. getreten. Es gelten die gleichen Kriterien wie bei einer Verweisung an die Behörden der Mitgliedstaaten nach Art. 9 Abs. 2 lit. a).[19] Ausreichend ist daher der Nachweis durch den Antrag stellenden Mitgliedstaat, dass mit dem Vorhaben ein wirkliches Risiko von erheblichen Nachteilen für den Wettbewerb verbunden ist, wobei Anscheinsbeweise ausreichen sollen.[20] Beide Voraussetzungen müssen kumulativ vorliegen; stellt die Kommission also zwar die drohende erhebliche Beeinträchtigung des Wettbewerbs im Gebiet des Antrag stellenden Mitgliedstaats, jedoch keine Beeinträchtigung des zwischenstaatlichen Handels fest, darf sie den Zusammenschluss nicht untersagen. Das gleiche gilt selbstverständlich im umgekehrten Fall.[21]

6 Im Gegensatz zu Art. 9 stellt Art. 22 nicht auf einen „gesonderten Markt" ab, woraus geschlossen werden kann, dass der räumlich relevante Markt auch europaweit sein kann, solange er jedenfalls das Gebiet des Antrag stellenden Mitgliedstaats betrifft.[22]

2. Entscheidung über die Übernahme der Prüfung

7 Nach Ablauf der für die Mitgliedstaaten geltenden Antragsfrist hat die Kommission nach pflichtgemäßem Ermessen innerhalb von 10 Arbeitstagen zu entscheiden, ob sie den Zusammenschluss prüfen möchte. Die Kommission wird ihr Ermessen nur dann im Sinne einer Übernahme der Prüfung ausüben, wenn der Zusammenschluss eine wirkliche Gefahr für den Wettbewerb und den zwischenstaatlichen Handel darstellt, der am besten auf Gemeinschaftsebene begegnet werden kann.[23] Bis maximal zu diesem Zeitpunkt werden nach Abs. 2 Unterabs. 3 alle den Zusammenschluss betreffenden einzelstaatlichen Fristen gehemmt. Die Kommission kann den Antrag des oder der Mitgliedstaaten ablehnen, wenn beispielsweise wegen Fristablaufs oder Fehlens eines Zusammenschlusstatbestandes die Voraussetzungen des Art. 22 nicht erfüllt sind. Trifft die Kommission hingegen innerhalb der genannten Frist überhaupt keine Entscheidung, so gilt dies als Entscheidung für die antragsgemäße Übernahme der Prüfung. Diese Fiktion ist dem Wortlaut nach selbst dann

---

[15] So ausdr. Komm. E. v. 20. 9. 1995 Rs. IV/M.553 Ziff. 107 – *RTL/Veronica/Endemol*, ABl. 1996 L 134/32; ebenso *Immenga/Körber* in: Immenga/Mestmäcker, EG WbR Teil 2, Art. 22, Rn. 30.
[16] Weltweiter Gesamtumsatz der beteiligten Unternehmen von weniger als 2 Mrd. EUR bzw. gemeinschaftsweiter Umsatz von weniger als 100 Mio. EUR (vgl. Art. 1 Abs. 3 FKVO).
[17] Protokollerklärung der Kommission zu Art. 22 Ziff. a, WuW 1990, 240/243.
[18] Vgl. z. B. Komm. E. v. 20. 9. 1995 Rs. IV/M.553 Ziff. 16, 106 f., – *RTL/Veronica/Endemol*, ABl. 1996 L 134/32.
[19] Vgl. dazu die Erläuterungen zu Art. 9 Rn. 9.
[20] Mitteilung der Kommission über die Verweisung von Fusionssachen, ABl. 2005 C 56/02, Rn. 44.
[21] Ausf. noch zu Art. 22 Abs. 3 a. F. *Niewiarra* in: FS Lieberknecht, S. 431/440 f.; *Schild* in: MünchKomm EuWettbR, Art. 22 FKVO Rn. 60 f.
[22] *Wagemann* in: Wiedemann, Handbuch des Kartellrechts, § 17 Rn. 161; *Schild* in: MünchKomm EuWettbR, Art. 22 FKVO Rn. 56.
[23] Mitteilung der Kommission über die Verweisung von Fusionssachen, ABl. 2005 C 56/02, Rn. 45; *Immenga/Körber* in: Immenga/Mestmäcker, EG WbR Teil 2, Art. 22, Rn. 35 leiten daraus ab, dass eine Korrektur der Zuständigkeitsverteilung nach Art. 22 nur in Ausnahmefällen erfolgen sollte.

anzunehmen, wenn die materiellen Voraussetzungen gar nicht erfüllt sind. Hat die Kommission den Antrag des oder der Mitgliedstaaten ausdrücklich oder infolge der Fiktion angenommen, prüft sie den Zusammenschluss im üblichen Verfahren der ersten und zweiten Phase mit sämtlichen Ermittlungsbefugnissen. Gemäß Abs. 3 Unterabs. 2 S. 2 kann die Kommission eine Anmeldung nach Art. 4 verlangen. Das Vollzugsverbot des Art. 7 gilt nach Abs. 4 S. 2 nur dann, wenn der Zusammenschluss zu dem Zeitpunkt, in dem die Kommission die Parteien vom Antragseingang unterrichtet, noch nicht vollzogen ist.

3. Entscheidung der Kommission über den Zusammenschluss

Hat die Kommission i. S. d. Abs. 3 entschieden, den Zusammenschluss gemäß dem Antrag des bzw. der Mitgliedstaaten zu prüfen, hat sie nach Abs. 4 Unterabs. 1 die Frist des Art. 10 Abs. 1 (25 Arbeitstage nach Eingang der Anmeldung) für die Einleitung des Verfahrens zu beachten. Für den Fall, dass die Kommission eine Anmeldung des Zusammenschlusses nach Art. 4 nicht verlangt hat, regelt Art. 22 Abs. 4 Unterabs. 2 den Fristbeginn. Die Kommission geht in entsprechender Anwendung des Art. 10 Abs. 1 S. 2 erst bei Vorliegen aller erforderlichen Auskünfte vom Fristbeginn aus.[24] Dennoch sollte der Antrag möglichst alle relevanten Informationen enthalten, über die der Mitgliedstaat verfügt. **8**

Die Kommission kann im Rahmen ihrer Prüfung nach Art. 22 Abs. 4 Unterabs. 1 sämtliche Entscheidungen treffen, die in Art. 6 und Art. 8 vorgesehen sind. Maßstab für ihre Prüfung ist also allein die FKVO und nicht etwa das Recht des oder der Antrag stellenden Mitgliedstaaten. Diese Mitgliedstaaten haben insbesondere keinen Anspruch darauf, dass die Kommission ausschließlich diejenigen Gesichtspunkte untersucht, die Gegenstand des Verweisungsantrages waren oder das Kommissionsverfahren zu überwachen.[25] Allerdings kann die Kommission die Auswirkungen des Zusammenschlusses grundsätzlich nur im Gebiet derjenigen Mitgliedstaaten prüfen, auf deren Antrag ihre Zuständigkeit zurückgeht.[26] Nach der vor dem 1. Mai 2004 geltenden Fassung eröffnete Art. 22 Abs. 3 a. F. der Kommission im Gegensatz zu Entscheidungen nach Art. 8 ein umfassendes Ermessen, ob der Zusammenschluss mit oder ohne Auflagen freigegeben oder untersagt werden sollte. Sie war also nicht verpflichtet, einen Zusammenschluss zu untersagen, auch wenn nach ihren Feststellungen die Voraussetzungen des Art. 22 Abs. 3 a. F. vorlagen. Der Wortlaut des Art. 22 Abs. 4 Unterabs. 1 n. F. gibt hingegen keinen Anhaltspunkt mehr für ein derartiges zusätzliches Ermessen. **9**

Zusammenschlüsse, die vor der Unterrichtung der Parteien vom Antragseingang bei der Kommission vollzogen worden sind, kann die Kommission nach Art. 8 Abs. 4 entflechten.[27] Für bis dahin noch nicht vollzogene Zusammenschlüsse gilt das Vollzugsverbot des Art. 7. **10**

---

[24] Komm. E. v. 17. 2. 1993 Rs. IV/M.278 – *British Airways/DanAir;* zust. *Langeheine* in: Groeben/Thiesing/Ehlermann (Fn. 11) Art. 22 FKVO Rn. 9; *Langeheine/Dittert* in: Schröter/Jakob/Mederer (Fn. 11) Art. 22 FKVO Rn. 11.

[25] EuG, U. v. 28. 4. 1999, Rs. T-221/95 – *Endemol Entertainment/Kommission*, Slg. 1999, II-1299 Rn. 40 ff.

[26] *Schild* in: MünchKomm EuWettbR, Art. 22 FKVO Rn. 72; *Immenga/Körber* in: Immenga/Mestmäcker, EG WbR Teil 2, Art. 22, Rn. 54; *Bechtold/Bosch/Brinker/Hirsbrunner*, EG-Kartellrecht, Art. 22 FKVO Rn. 13.

[27] Vgl. Komm. E. v. 26. 6. 1997 Rs. IV/M.890 – *Blokker/Toys-R-Us,* ABl. L 1998, 316/1; E. v. 19. 12. 1997 Rs. IV/M.784 – *Kesko/Tuko,* ABl. L 1997 174/47, Ziff. 173; in der Entsch. v. 20. 9. 1995 Rs. IV/M.553 – *RTL/Veronica/Endemol,* ABl. 1996 L 134/32, hat die Kommission die Parteien dagegen zunächst in der Untersagungsentscheidung aufgefordert, geeignete Maßnahmen vorzuschlagen, um wirksamen Wettbewerb wiederherzustellen. Die geplante spätere Entflechtungsentscheidung ist nach Zusagen der Parteien nicht ergangen, sondern der Zusammenschluss wurde unter der Bedingung freigegeben, dass die Zusagen eingehalten werden, E. v. 17. 7. 1996 Rs. IV/M.553 – *RTL/Veronica/Endemol,* ABl. 1996 L 294/14.

11 Die Kommission kann auch nach der Neufassung des Art. 22 keine ausschließliche Zuständigkeit zur Prüfung des Zusammenschlusses gegen den Willen eines Mitgliedstaates erhalten. Sie wird auf den Wettbewerbsschutz im Gebiet des oder der Antrag stellenden Mitgliedstaaten beschränkt. Nur diejenigen Mitgliedstaaten, die die Kommission um Prüfung ersucht haben, dürfen ihr nationales Recht gemäß Abs. 3 Unterabs. 3 nicht mehr auf den Zusammenschluss anwenden.[28] Dementsprechend wird die Kommission in der Regel eine Teiluntersagung aussprechen bzw. die mit einer Freigabe verbundenen Auflagen auf das Gebiet des oder der Antrag stellenden Mitgliedstaaten beschränken. Sollte dies – etwa mangels Trennbarkeit des Zusammenschlussvorhabens – nicht möglich sein, muss jedoch auch eine Untersagung des gesamten Zusammenschlusses durch die Kommission zulässig sein.[29]

12 Die Beschränkung der Kommission auf den Wettbewerbsschutz im Antrag stellenden Mitgliedstaat kann dazu führen, dass für einen Zusammenschluss die Kommission und die Kartellbehörde eines anderen Mitgliedstaats parallel zuständig sind, in dessen Gebiet sich der Zusammenschluss ebenfalls auswirkt, der jedoch keinen Verweisungsantrag gestellt hat.[30] Die kartellbehördlichen Kompetenzen der Mitgliedstaaten, die keinen Verweisungsantrag gestellt haben, sind auch durch die Neufassung des Art. 22 nicht beschränkt worden.[31] Ob diese Mitgliedstaaten nach einer Freigabe oder Untersagung des (gesamten) Zusammenschlusses durch die Kommission weiterhin befugt sind, widersprechende Entscheidungen für ihr Staatsgebiet zu treffen, ist angesichts des grundsätzlichen Vorrangs des Gemeinschaftsrechts dennoch offen. Da die Kommission nach dem Zweck der Vorschrift jedoch lediglich im Interesse und damit praktisch als Sachwalter des Antrag stellenden Mitgliedstaats tätig wird, dürfte eine aufgrund von Art. 22 Abs. 4 getroffene Entscheidung der Kommission keine weitergehende Wirkung haben als die Untersagungs- bzw. Freigabeentscheidung einer mitgliedstaatlichen Kartellbehörde. Damit dürften Entscheidungen der Mitgliedstaaten, die im Widerspruch zur Entscheidung der Kommission stehen, im Rahmen von Art. 22 zulässig sein.[32]

13 Unabhängig von ihrer Untersagungsbefugnis steht der Kommission jedenfalls ein umfassendes Prüfungsrecht hinsichtlich der Auswirkungen des Zusammenschlusses in anderen Mitgliedstaaten zu. Anders ist es der Kommission nämlich nicht möglich, die in Art. 22 Abs. 3 vorausgesetzte Feststellung zu treffen, dass der Zusammenschluss den Handel zwischen Mitgliedstaaten beeinträchtigt.[33]

Art. 23. Durchführungsbestimmungen

(1) **Die Kommission ist ermächtigt, nach dem Verfahren des Absatzes 2 Folgendes festzulegen:**

a) **Durchführungsbestimmungen über Form, Inhalt und andere Einzelheiten der Anmeldungen und Anträge nach Artikel 4,**

---

[28] Anders noch der Verordnungsentwurf der Kommission vom 11. 12. 2002, KOM (2002) 711 endg., der eine ausschließliche Zuständigkeit der Kommission innerhalb des gesamten EWR annahm, wenn zumindest drei Mitgliedstaaten einen gemeinsamen Verweisungsantrag stellten, wobei das Schweigen der Mitgliedstaaten einer Aufforderung der Kommission als Zustimmung zur Verweisung gelten sollte, vgl. hierzu *Böge* WuW 2004, 138/141.

[29] Ebenso *Immenga/Körber* in: Immenga/Mestmäcker, EG WbR Teil 2, Art. 22, Rn. 54.

[30] Vgl. dazu *Heidenhain* EuZW 1990, 84/85 f.

[31] Vgl. auch Erwägungsgrund Nr. 15 zur neuen FKVO, ABl. 2004 L 24/2; vgl. zu Art. 22 a. F. die Gemeinsame Erklärung des Rates und der Kommission zu Art. 22 Ziff. c), WuW 1990, 240/244.

[32] Ebenso *Immenga/Körber* in: Immenga/Mestmäcker, EG WbR Teil 2, Art. 22, Rn. 47; Schild in: MünchKomm EuWettbR, Art. 22 FKVO Rn. 68; a. A. *Niewiarra* in: FS Lieberknecht, S. 431/444.

[33] Ebenso *Niewiarra* a. a. O. S. 431/438 ff.; *Bechtold/Bosch/Brinker/Hirsbrunner*, EG-Kartellrecht, Art. 22 FKVO Rn. 13.

Art. 23. Durchführungsbestimmungen **1 Art. 23 FKVO**

b) Durchführungsbestimmungen zu den in Artikel 4 Absätze 4 und 5 und den Artikeln 7, 9, 10 und 22 bezeichneten Fristen,
c) das Verfahren und die Fristen für das Angebot und die Umsetzung von Verpflichtungszusagen gemäß Artikel 6 Absatz 2 und Artikel 8 Absatz 2,
d) Durchführungsbestimmungen für Anhörungen nach Artikel 18.

(2) Die Kommission wird von einem Beratenden Ausschuss unterstützt, der sich aus Vertretern der Mitgliedstaaten zusammensetzt.

a) Die Kommission hört den Beratenden Ausschuss, bevor sie einen Entwurf von Durchführungsvorschriften veröffentlicht oder solche Vorschriften erlässt.
b) Die Anhörung erfolgt in einer Sitzung, die die Kommission anberaumt und in der sie den Vorsitz führt. Der Einladung zur Sitzung ist ein Entwurf der Durchführungsbestimmungen beizufügen. Die Sitzung findet frühestens zehn Arbeitstage nach Versendung der Einladung statt.
c) Der Beratende Ausschuss gibt seine Stellungnahme zu dem Entwurf der Durchführungsbestimmungen – erforderlichenfalls durch Abstimmung – ab. Die Kommission berücksichtigt die Stellungnahme des Ausschusses in größtmöglichem Umfang.

Art. 23 enthält eine Ermächtigung der Kommission zum Erlass verschiedener Durchführungsbestimmungen. Diese Ermächtigung wurde seit Inkrafttreten der FKVO im Jahre 1990 sukzessive ausgedehnt. So ist die Kommission nicht nur zum Erlass von Durchführungsbestimmungen betreffend **Form und Inhalt der Anmeldungen** nach Art. 4 (Form CO, Short Form CO)[1] und Verweisungsanträgen nach Art. 4 und 5 (Formblatt RS)[2] sowie der Berechnung der in der FKVO vorgesehen **gesetzlichen Fristen** nach den Art. 4 Abs. 4 und 5, 6, 7, 9 und 10 sowie nach Art. 22, berechtigt. Vielmehr ist die Kommission auch ermächtigt, das Verfahren für die Vorlage der **Verpflichtungszusagen** nach Art 6 Abs. 2 und Art. 8 Abs. 2 festzulegen. Ferner kann die Kommission auch Bestimmungen über die **Anhörung** Beteiligter und Dritter erlassen. Die Kommission hat zunächst im Jahre 2004 in der Neufassung der Durchführungsverordnung Nr. 802/2004[3] von dieser Ermächtigung des Art. 23 Abs. 1 umfassend Gebrauch gemacht. Vor Kurzem erfolgte eine weitere Änderung der Durchführungsverordnung,[4] die die Frage der verfahrensrechtlichen Handhabung von vertraulichen Informationen und Geschäftsgeheimnissen, die Einführung eines eigenen Formblattes (Form RM)[5] für Informationen, die im Zusammenhang mit Abhilfemaßnahmen vorgelegt werden müssen, sowie Anpassungen der bestehenden Formblätter v. a. auch vor dem Hintergrund der Beitritte von Rumänien und Bulgarien zum Inhalt hatte. Art. 23 Abs. 2 regelt, dass die entsprechenden Durchführungsbestimmungen mit Unterstützung des **Beratenden Ausschusses** für die Kontrolle von Unternehmenszusammenschlüssen erlassen werden. Dies war in der Praxis auch bis dato schon der Fall. Näher geregelt werden die

---

[1] Siehe Kommentierung zu Art. 4 Rn. 5.
[2] Siehe Kommentierung zu Art. 4 Rn. 20.
[3] VO (EG) Nr. 802/2004 vom 7. 4. 2004 zur Durchführung der VO (EG) Nr. 139/2004 des Rates für die Kontrolle von Unternehmenszusammenschlüssen, ABl. 2004 L 133/1 (nachfolgend „DVO"); die VO 802/2004 ersetzt die VO (EG) Nr. 447/98 vom 1. 3. 1998 über die Anmeldung, über die Fristen sowie über die Anhörung nach der Verordnung (EWG) Nr. 4064/89 des Rates über die Kontrolle von Unternehmenszusammenschlüssen, ABl. 1998 L 61/1; die VO Nr. 447/98 ersetzt die VO (EG) Nr. 338/94 vom 21. 12. 1994.
[4] VO (EG) Nr. 1033/2008 vom 20. 10. 2008 zur Änderung der VO (EG) Nr. 802/2004 vom 7. 4. 2004 zur Durchführung der VO (EG) Nr. 139/2004 des Rates für die Kontrolle von Unternehmenszusammenschlüssen, ABl. 2008 L 279/3.
[5] Neuer Anhang IV zur Durchführungsverordnung, Formblatt RM Informationen zu nach Artikel 6 Absatz 2 und Artikel 8 Absatz 2 der Verordnung (EG) Nr. 139/2004 angebotenen Verpflichtungen („Formblatt RM über Abhilfen").

Modalitäten der Einbeziehung des beratenden Ausschusses wie beispielsweise die Versendung eines Entwurfes mindestens 10 Tage vor der Sitzung. Ausdrücklich festgehalten wird, dass die Stellungnahmen des Ausschusses im größtmöglichen Umfang berücksichtigt werden müssen.

Art. 24. Beziehungen zu Drittländern

(1) **Die Mitgliedstaaten unterrichten die Kommission über die allgemeinen Schwierigkeiten, auf die ihre Unternehmen bei Zusammenschlüssen gemäß Artikel 3 in einem Drittland stoßen.**

(2) **Die Kommission erstellt erstmals spätestens ein Jahr nach Inkrafttreten dieser Verordnung und in der Folge regelmäßig einen Bericht, in dem die Behandlung von Unternehmen, die ihren Sitz oder ihr Hauptgeschäft in der Gemeinschaft haben, im Sinne der Absätze 3 und 4 bei Zusammenschlüssen in Drittländern untersucht wird. Die Kommission übermittelt diese Berichte dem Rat und fügt ihnen gegebenenfalls Empfehlungen bei.**

(3) **Stellt die Kommission anhand der in Absatz 2 genannten Berichte oder aufgrund anderer Informationen fest, dass ein Drittland Unternehmen, die ihren Sitz oder ihr Hauptgeschäft in der Gemeinschaft haben, nicht eine Behandlung zugesteht, die derjenigen vergleichbar ist, die die Gemeinschaft den Unternehmen dieses Drittlands zugesteht, so kann sie dem Rat Vorschläge unterbreiten, um ein geeignetes Mandat für Verhandlungen mit dem Ziel zu erhalten, für Unternehmen, die ihren Sitz oder ihr Hauptgeschäft in der Gemeinschaft haben, eine vergleichbare Behandlung zu erreichen.**

(4) **Die nach diesem Artikel getroffenen Maßnahmen müssen mit den Verpflichtungen der Gemeinschaft oder der Mitgliedstaaten vereinbar sein, die sich – unbeschadet des Artikels 307 des Vertrags – aus internationalen bilateralen oder multilateralen Vereinbarungen ergeben.**

1   Nach Erwägungsgrund 44 sollen die Bedingungen, unter denen Zusammenschlüsse von Unternehmen der Gemeinschaft (das sind Unternehmen mit Sitz in der EU, die ihr „Hauptgeschäft" in der Gemeinschaft haben) in Drittländern stattfinden, im Hinblick auf eine **diskriminierende Behandlung** „aufmerksam verfolgt werden". Zu diesem Zweck sieht Art 24 Abs. 1 und 2 ein gestaffeltes Informations- bzw. Berichtssystem durch die Mitgliedsstaaten und die Kommission vor. Ziel ist es, aufgrund der genannten Berichte oder anderer Informationen vom Rat ein **Verhandlungsmandat** für die Kommission zu erlangen, das zu Erreichung einer nichtdiskriminierenden Behandlung von Unternehmen der Gemeinschaft in Drittstaaten eingesetzt werden soll.

2   Auch wenn die vorliegende Vorschrift eindeutig Elemente einer reziproken Rechtsanwendung enthält, stellt sie doch **kein autonomes Instrument** für ein Vorgehen gegen diskriminierende Behandlung in Drittstaaten dar. Abgesehen davon sind mögliche Reaktionen bzw. Maßnahmen durch die übrigen Verpflichtungen der Gemeinschaft oder der Mitgliedstaaten aus internationalen Vereinbarungen begrenzt. Bis dato hat die Vorschrift keine praktische Bedeutung erlangt.[1]

3   Von Bedeutung ist demgegenüber die mittlerweile stark verstärkte **Kooperation der Kommission mit anderen Wettbewerbsbehörden.** Die Kooperation mit den USA

---

[1] Vgl. *Immenga* in: Immenga/Mestmäcker, EG-WbR Bd. I, S. 1065; *Briones/Folguera/Font/Navarro* el control, de concentraciones, 14.2.2.

[2] Vgl. agreement between the Government of the United States of America and the Commission of the European Communities regarding the application of their competition laws, ABl. 1995 L 95/47.

wurde auf ein eigenes Abkommen[2] gestützt und hat insbesondere im Fall *General Electrics/ Honeywell*[3] eine Rolle gespielt. Ebenfalls zu erwähnen ist das Abkommen mit der Regierung von Kanada.[4]

Art. 25. Aufhebung

(1) Die Verordnungen (EWG) Nr. 4064/89 und (EG) Nr. 1310/97 werden unbeschadet des Artikels 26 Absatz 2 mit Wirkung vom 1. Mai 2004 aufgehoben.

(2) Bezugnahmen auf die aufgehobenen Verordnungen gelten als Bezugnahmen auf die vorliegende Verordnung und sind nach Maßgabe der Entsprechungstabelle im Anhang zu lesen.

Art. 25 bestimmt die Aufhebung der VO Nr. 4064/89 (FKVO a. F.)[1] sowie der Verordnung, mit der die FKVO alt novelliert wurde (VO Nr. 1310/97), mit 1. 5. 2004.[2] Allerdings wurden Übergangsbestimmungen in Art. 26 vorgesehen, wonach die FKVO a. F. jedenfalls noch bei Zusammenschlüssen Anwendung findet, die vor dem Zeitpunkt der Anwendbarkeit der vorliegenden Verordnung Gegenstand eines Vertragsabschlusses, eines Übernahmeangebotes oder sonst Gegenstand eines Kontrollübergangs im Sinne von Art. 4 Abs. 1 FKVO a. F. waren.

Art. 25 Abs. 2 enthält lediglich eine Regelung für Verweisungen auf Artikel der FKVO a. F., die entsprechend der im Anhang zur FKVO abgedruckten Entsprechungstabelle zu lesen sind.

Art. 26. Inkrafttreten und Übergangsbestimmungen

(1) Diese Verordnung tritt am zwanzigsten Tag nach ihrer Veröffentlichung im *Amtsblatt der Europäischen Union* in Kraft.
Sie gilt ab dem 1. Mai 2004.

(2) Die Verordnung (EWG) Nr. 4064/89 findet vorbehaltlich insbesondere der Vorschriften über ihre Anwendbarkeit gemäß ihrem Artikel 25 Absätze 2 und 3 sowie vorbehaltlich des Artikels 2 der Verordnung (EWG) Nr. 1310/97 weiterhin Anwendung auf Zusammenschlüsse, die vor dem Zeitpunkt der Anwendbarkeit der vorliegenden Verordnung Gegenstand eines Vertragsabschlusses oder einer Veröffentlichung im Sinne von Artikel 4 Absatz 1 der Verordnung (EWG) Nr. 4064/89 gewesen oder durch einen Kontrollerwerb im Sinne derselben Vorschrift zustande gekommen sind.

(3) Für Zusammenschlüsse, auf die diese Verordnung infolge des Beitritts eines neuen Mitgliedstaats anwendbar ist, wird das Datum der Geltung dieser Verordnung durch das Beitrittsdatum ersetzt.

Die vorliegende Verordnung wurde am 20. 1. 2004 vom Rat verabschiedet und am 29. 1. 2004 im Amtsblatt[1] veröffentlicht. Sie ist mit 1. 5. 2004 in Kraft getreten und ersetzt die „altgediente" VO Nr. 4064/89 aus dem Jahre 1989 (FKVO a. F.).[2]

---

[3] Komm. E. v. 3. 7. 2001 Comp/M.2220.
[4] Vgl. Abkommen zwischen den Europäischen Gemeinschaften und der Regierung von Kanada über die Anwendung ihres Wettbewerbsrechts – Erklärung der Kommission – Briefwechsel, ABl. 1999 L 175/50.
[1] VO (EWG) Nr. 4064/89 des Rates über die Kontrolle von Unternehmenszusammenschlüssen, ABl. 1989 Nr. L 395/1.
[2] VO Nr. 1310/97, ABl. 1997 Nr. L 180/1, zuletzt berichtigt in ABl. Nr. 1998 L 3/16.
[1] Vgl. ABl. 2004 Nr. L 24/1.
[2] VO (EWG) Nr. 4064/89 des Rates über die Kontrolle von Unternehmenszusammenschlüssen,

2 Art. 25 Abs. 2 sieht **Übergangsbestimmungen** vor, wonach die FKVO alt jedenfalls noch bei Zusammenschlüssen Anwendung findet, die vor dem Zeitpunkt der Anwendbarkeit der vorliegenden Verordnung Gegenstand eines Vertragsabschlusses, eines Übernahmeangebotes oder sonst Gegenstand eines Kontrollübergangs im Sinne von Art. 4 Abs. 1 FKVO a. F. waren.

3 Abs. 3, der in die FKVO a. F. aufgrund der Akte über die Bedingungen des Beitritts des Königreichs Norwegen, der Republik Österreich, der Republik Finnland und des Königreichs Schweden sowie die Anpassungen der die Europäische Union begründenden Verträge eingefügt und in die geltende Fassung der FKVO übernommen wurde, trifft **Regeln über die Anwendung der Verordnung im Falle eines Beitritts.** Danach tritt für Zusammenschlüsse, die erst aufgrund des Beitritts gemeinschaftsweite Bedeutung erlangen, die FKVO mit dem Zeitpunkt des Beitritts in Kraft. Dies bedeutet, dass der oder die Märkte des neuen Mitgliedstaates sowie die von den beteiligten Unternehmen in dem betreffenden Staatsgebiet erzielten Umsätze (wobei wie auch sonst gemäß Art. 5 auf das letzte Geschäftsjahr abzustellen ist) ab diesem Zeitpunkt in die Umsatzberechnungsbeurteilung nach der FKVO einbezogen werden.

4 Art. 26 enthält aber keine Regelung darüber, welches **Ereignis** bzw. welcher Stichtag für die Bestimmung der Zuständigkeit ausschlaggebend ist. In Frage kommt insbesondere der Zeitpunkt des Vertragsabschlusses, aber auch der Vollzug des Vorhabens. Analog der Bestimmung in Art. 25, sowie in Einklang mit der konsolidierten Mittelung zu Zuständigkeitsfragen[3] ist davon auszugehen, dass auf den Zeitpunkt des Vertragsabschlusses, eines Übernahmeangebotes oder den Zeitpunkt eines sonstigen Kontrollübergangs und hier auf den Zeitpunkt des zuerst eintretenden Ereignisses, nicht aber auf den Vollzug abzustellen ist.

5 Zusammenschlüsse, die unmittelbar vor dem Beitritt auch ohne Hinzurechnung der Umsätze des neuen Mitgliedstaates die Voraussetzungen für die Anmeldepflicht nach Art. 4 erfüllen, müssen daher sowohl nach der FKVO als auch nach den Bestimmungen des betreffenden Beitrittswerberlandes angemeldet werden. Dies gilt auch in Fällen, in denen eine Verweisung nach Art. 4 Abs. 5 mittels Form RS beantragt wird. Liegt das die Anmeldepflicht auslösende Ereignis vor dem Beitritt des betreffenden neuen Mitgliedstaates kann sich ein (auch erst nach dem Beitritt) eingebrachtes Form RS nur auf die alten Mitgliedstaaten beziehen.[4]

ABl. 1989 Nr. L 395/1, zuletzt geändert durch die VO Nr. 1310/97, ABl. 1997 Nr. L 180/1, zuletzt berichtigt in ABl. Nr. 1998 L 3/16.

[3] ABl. 2008 C 95/1, Rn. 154 ff.

[4] Siehe auch die entsprechende Kommissionspraxis im Fall COMP/M.4525, *Kronospan/Constantia*, in dem der Vertragsabschluss (kurz) vor dem Beitritt Rumäniens zur Europäischen Union erfolgte und das Vorhaben, das mittels Form RS an die Kommission verwiesen wurde, daher sowohl bei der Europäischen Kommission als auch der nationalen Behörde in Rumänien angemeldet werden musste.

Deutsches Recht

10. Teil. Gesetz gegen Wettbewerbsbeschränkungen (GWB)

Erster Teil
Wettbewerbsbeschränkungen

Erster Abschnitt. Wettbewerbsbeschränkende Vereinbarungen, Beschlüsse und abgestimmte Verhaltensweisen

Vorbemerkung §§ 1 bis 3 GWB

Übersicht

	Rn.		Rn.
I. Entstehungsgeschichte	1	2. Änderungen im materiellen Recht	4
II. Systematik nach der 7. GWB-Novelle	2	3. Prinzip der Legalausnahme (kein Freistellungsverfahren)	8
1. Überblick über den Regelungsgehalt der §§ 1 bis 3 GWB	3	4. Übergangsrecht	10

Schrifttum: *Bahr*, Die Behandlung von Vertikalvereinbarungen nach der 7. GWB-Novelle, WuW 2004, 259 ff.; *Bechtold*, Grundlegende Umgestaltung des Kartellrechts: Zum Referentenentwurf der 7. GWB-Novelle, DB 2004, 235 ff.; *Fikentscher*, Das Unrecht einer Wettbewerbsbeschränkung – Kritik an Weißbuch und VO-Entwurf zu Art 81, 82 EG-Vertrag, WuW 2001, 446 ff.; *Fuchs*, Die 7. GWB-Novelle – Grundkonzeption und praktische Konsequenzen, WRP 2005, 1384 ff.; *Hartog/Noack*, Die 7. GWB-Novelle, WRP 2005, 1396 ff.; *Immenga*, Gefordertes Kartellrecht, 50 Jahre GWB, ZWeR 2008, 1 ff.; *Kahlenberg*/Haellmigk, Referentenentwurf der 7. GWB-Novelle: Tief greifende Änderungen des deutschen Kartellrechts, BB 2004, 389 ff.; *Meessen*, Die 7. GWB-Novelle – verfassungsrechtlich gesehen, WuW 2004, 733.

I. Entstehungsgeschichte

Noch in der Fassung der 6. GWB-Novelle 1999 wiesen das GWB einerseits und das 1 EU-Kartellrecht andererseits bedeutende Unterschiede bei der Regelung wettbewerbsbeschränkender Vereinbarungen, Beschlüsse und abgestimmter Verhaltensweisen auf. Im ersten Teil (Wettbewerbsbeschränkungen) trennte das GWB damals den ersten Abschnitt „Kartellvereinbarungen, Kartellbeschlüsse und abgestimmtes Verhalten" (§§ 1 bis 13 GWB a. F.) vom zweiten Abschnitt **„Vertikalvereinbarungen"** (§§ 14 bis 18 GWB a. F.). **Horizontalvereinbarungen** waren grundsätzlich nach § 1 GWB verboten; als Ausnahmetatbestände enthielt das GWB a. F. – im Gegensatz zur Generalklausel des Art. 81 Abs. 3 EG – eine Kombination zwischen Kasuistik (§§ 2 bis 6 GWB a. F.) und Generalklausel (§§ 7 und 8 GWB a. F.). Für Vertikalvereinbarungen bestand nach deutschem Recht nur eine Missbrauchsaufsicht der KartB (§ 16 GWB a. F.); lediglich Preis- und Konditionenbindungen waren mit einem grundsätzlichen Verbot bewehrt (§ 14 GWB). Für vertikale Lizenzverträge galten Sonderregelungen (§§ 17 bis 18 GWB a. F.). Art. 81 EG war diese Unterscheidung zwischen horizontalen Kartellvereinbarungen und Vertikalvereinbarungen jedoch schon immer fremd. Genauso wenig kannte das EU-Kartellrecht ein allgemeines (auch einseitiges) **Empfehlungsverbot** (§§ 22, 23 GWB a. F.) oder die Sonderregelungen für **Wettbewerbsregeln** (§ 24 bis 27 GWB a. F.). Schließlich waren ganze Branchen, sog.

Ausnahmebereiche, von den Regelungen des GWB ausgenommen (§§ 28 bis 31 GWB a. F.), obwohl für solche Ausnahmebereiche – von der Landwirtschaft abgesehen – auf europäischer Ebene keine entsprechenden Regelungen existieren.

II. Systematik nach der 7. GWB-Novelle

2 Mit in Kraft Treten des **Art. 3 VO 1/2003** wurde der grundsätzliche **Vorrang des Art. 81 EG gegenüber den deutschen Regeln** für zwischenstaatliche Sachverhalte festgeschrieben: Auch wenn GWB und Art. 81 EG noch parallel neben einander angewendet werden können, darf die Beurteilung nach GWB nicht von der Beurteilung nach Art. 81 EG abweichen. Das ist jetzt auch in § 22 Abs. 1 und Abs. 2 GWB festgehalten. Im Konfliktfall würde sich die gemeinschaftsrechtliche Regelung durchsetzen. In Fällen ohne eine Beeinträchtigung des zwischenstaatlichen Handels und damit unterhalb der Anwendungsschwelle des Art. 81 EG wäre hingegen allein nationales Recht einschlägig. Das könnte – insbesondere bei strengeren nationalen Regeln – zu einer Benachteiligung von ausschließlich im Inland tätigen kleinen und mittleren Unternehmen gegenüber gemeinschaftsweit tätigen Großunternehmen führen und erschien als Sonderregelung für Vereinbarungen mit ausschließlich regionaler Auswirkung nicht mehr sachgerecht.[1] Zudem hinge die Frage der Anwendung verschiedener Regelungskomplexe allein von der Berührung des zwischenstaatlichen Handels ab. Ein solcher gleitender Statutenwechsel erschien wegen der begrifflichen Unschärfe[2] und weiten Auslegung[3] der Zwischenstaatlichkeitsklausel sowie der Möglichkeit, durch geschickte räumliche „Positionierung" der Vereinbarung leicht einen Zwischenstaatlichkeitsbezug herzustellen,[4] als unbefriedigend. Schließlich ermöglicht eine einheitliche Rechtsanwendung auf deutscher und europäischer Ebene eine Senkung der Unternehmenskosten bei der Rechtsanwendung und verschafft ihnen ein „level playing field".[5] Nichts lag deshalb näher, als die **Regelungen des deutschen Rechts** für wettbewerbsbeschränkende Vereinbarungen, Beschlüsse und abgestimmte Verhaltensweisen **mit Art. 81 EG zu harmonisieren,** und zwar unabhängig davon, ob ein zwischenstaatlicher Sachverhalt vorliegt. Das leistete die **7. GWB-Novelle 2005.** Auch in nicht zwischenstaatlichen Sachverhalten hat das GWB damit seine „Selbstbehauptung" weitgehend aufgegeben.[6] Vor allem die langjährige und umfassende Rechtsprechung und Verwaltungspraxis zum GWB gewährt dem nationalen Recht aber weiterhin eine gewisse Eigenständigkeit gegenüber dem EU-Recht.

1. Überblick über den Regelungsgehalt der §§ 1 bis 3 GWB

3 Die Regelungen des GWB zu wettbewerbsbeschränkenden Vereinbarungen, Beschlüssen und abgestimmten Verhaltensweisen im GWB beschränken sich nach der 7. GWB-Novelle auf die §§ 1 bis 3 GWB, nachdem sie früher noch die §§ 1 bis 18 GWB a. F. umfasst hatten. Den Bestimmungen ist eine generelle Verbotsklausel vorangestellt, die ihrem Vorbild Art. 81 Abs. 1 EG nachgebildet ist. Die Anordnung der Nichtigkeit nach Art. 81 Abs. 2 EG findet seine Entsprechung in § 134 BGB. Es folgt dann eine weitere Generalklausel in § 2 Abs. 1 GWB, die ihr praktisch wortgleiches Vorbild in Art. 81 Abs. 3 EG findet. Daran schließt § 2 Abs. 2 GWB an; er soll sicherstellen, dass die europäischen Gruppenfreistellungsverordnungen, die den Anwendungsbereich des Art. 81 Abs. 3 EG konkretisieren,

---

[1] Begr. RegE 7. GWB-Novelle, BT Drucks. 15/3640, S. 21.
[2] Begr. RegE 7. GWB-Novelle, BT Drucks. 15/3640, S. 22.
[3] *Kahlenberg/Haellmigk* BB 2004, 389, 390.
[4] Monopolkommission, Das allgemeine Wettbewerbsrecht in der 7. GWB-Novelle, S. 9.
[5] Begr. RegE 7. GWB-Novelle, BT Drucks. 15/3640, S. 23; *Ehricke/Blask* JZ 2004, 722, 723.
[6] *Immenga* ZWeR 2008, 1, 13, der allerdings betont, dass nicht jegliche Eigenständigkeit aufgegeben sei.

selbst dann im deutschen Recht berücksichtigt werden, wenn europäisches Recht mangels Zwischenstaatlichkeit gar nicht angewendet werden kann. Eine Sonderregelung findet sich dann noch in § 3 GWB: § 3 GWB definiert speziell für Mittelstandskartelle, wann diese unter die Freistellung des § 2 Abs. 1 GWB fallen. Branchenspezifische Ausnahmen zum Verbot des § 1 GWB enthalten § 28 GWB (Landwirtschaft) und § 30 GWB (Zeitungen und Zeitschriften).

2. Änderungen im materiellen Recht

Die 7. GWB-Novelle 2005 hob zunächst die Unterscheidung von **(horizontalen) Kartellvereinbarungen und Vertikalvereinbarungen** auf. Jetzt fallen grundsätzlich auch sämtliche nur vertikal veranlassten Wettbewerbsbeschränkungen unter das Verbot des § 1 GWB. Ausnahmen von diesem Verbot können sich entweder aus der Generalklausel des § 2 Abs. 1 GWB oder nach § 2 Abs. 2 GWB in Verbindung mit EU-Gruppenfreistellungsverordnungen ergeben. Das GWB mag mit der Aufgabe der Zulässigkeit von großen Teilen der Vertikalvereinbarungen seine Überlegenheit gegenüber dem EU-Kartellrecht eingebüßt haben.[7] Nach In-Kraft-Treten von Art. 3 VO 1/2003 war es jedoch wichtig, ein einheitliches System nach deutschem und europäischem Recht für alle Fälle mit und ohne Zwischenstaatlichkeitsbezug zu schaffen.[8] Die ganze Generationen von deutschen Kartellrechtlern beschäftigende Abgrenzung von horizontal und vertikal veranlassten Wettbewerbsbeschränkungen hat damit viel von ihrer Bedeutung eingebüßt. Die Abgrenzung spielt nur noch für **§ 3 GWB,** der lediglich **horizontale Abreden** erfasst, und für die branchenspezifischen Ausnahmen vom Verbot der **vertikalen Preisbindungen** gemäß § 1 GWB in **§ 28 Abs. 2 GWB** (Landwirtschaft) und **§ 30 GWB** (Zeitungen und Zeitschriften) eine Rolle. Ob zumindest im Hinblick auf die Definition der Vertikalvereinbarungen die bisherige Abgrenzung nach GWB beibehalten werden kann, erscheint fraglich. Auch das EU-Recht kennt in verschiedenen Gruppenfreistellungsverordnungen die Abgrenzung zwischen horizontal und vertikal veranlassten Wettbewerbsbeschränkungen. Das gilt insbesondere für Art. 2 GVO für Vertikalvereinbarungen 2790/1999. Es spricht deshalb viel dafür, auch für die Definition einer Vertikalvereinbarung auf die Gruppenfreistellungsverordnung und nicht auf das bisherige nationale deutsche Verständnis für die Abgrenzung zurückzugreifen.[9] Auch insoweit hat es also eine Europäisierung des deutschen Rechts gegeben. Für die Definition von „horizontalen" Sachverhalten, wie sie für § 3 GWB relevant ist, gilt etwas anderes. Denn eine Definition von Horizontalvereinbarungen findet sich im EU-Recht nicht, so dass hier auf die bisherige Definition nach deutschem Recht zurückgegriffen werden kann, die im Übrigen auch regelmäßig parallel mit dem Verständnis nach EU-Recht läuft.[10]

Das nach früherem deutschen Kartellrecht bestehende (einseitige) **Empfehlungsverbot** (§ 22 Abs. 1 GWB a. F.) ist einschließlich seiner Ausnahmen (§§ 22 Abs. 2, 23 GWB a. F.) durch die 7. GWB-Novelle gestrichen worden, ebenfalls um deutsches mit EU-Kartellrecht zu harmonisieren.[11] Denn das EU-Kartellrecht, insbesondere Art. 81 EG, kennt kein Verbot einseitiger Empfehlungen wettbewerbsbeschränkender Handlungen. Das löst in Teilen eine nicht unerhebliche Liberalisierung im deutschen Kartellrecht aus.[12]

---

[7] So Monopolkommission, Das allgemeine Wettbewerbsrecht in der 7. GWB-Novelle, Tz. 12; ferner *Möschel* WuW 2003, 571.
[8] *Karsten Schmidt* BB 2003, 1243; *Kahlenberg/Haellmigk* BB 2004, 389, 390; *Bechtold* DB 2004, 235, 237.
[9] Vgl. im Einzelnen die Kommentierung zu § 30 Rn. 19 f.
[10] Vgl. im Einzelnen die Kommentierung zu § 3 Rn. 24 ff.
[11] Begr. RegE 7. GWB-Novelle, BT DS 15/3640, S. 46.
[12] Im Einzelnen sei auf die Kommentierung zu § 1 Rn. 60 verwiesen.

6 **Entfallen** sind im Zuge der Harmonisierung des deutschen mit EU-Kartellrecht Sonderregelungen für bestimmte Branchen (sog. **Ausnahmebereiche**). Für diese Ausnahmebereiche gab es im EU-Kartellrecht keine Grundlage. Gestrichen wurden mit der 7. GWB-Novelle die Sonderregeln für Verwertungsgesellschaften (§ 30 GWB a. F.)[13] und für die zentrale Vermarktung von Fernsehrechten an Sportveranstaltungen durch Sportverbände (§ 31 GWB a. F.).[14] Die Sonderregeln für die Preisbindung bei Zeitschriften und Zeitungen konnte hingegen in § 30 GWB (§ 15 GWB a. F.) beibehalten werden, weil die Preisbindung für Zeitungen und Zeitschriften oft nicht zwischenstaatlich ist. Ferner ist die Zulässigkeit der Preisbindung im Grundsatz auch im EU-Recht anerkannt; im Detail ergeben sich aber durchaus einige Unterschiede; in zwischenstaatlichen Sachverhalten setzt sich hier EU-Recht durch.[15] Für die Landwirtschaft konnte der nationale Ausnahmebereich sogar weitgehend erhalten bleiben, weil der EG-Vertrag in Verbindung mit den einschlägigen Verordnungen für den landwirtschaftlichen Sektor eine Ausnahme vom Wettbewerbsprinzip vorsieht.[16]

7 Die 7. GWB-Novelle hat ferner die **speziellen Freistellungstatbestände für Horizontalverträge abgeschafft.** Früher kannte das GWB ein grundsätzliches Verbot von Kartellen in § 1 GWB a. F. Die §§ 2 bis 8 GWB a. F. enthielten einige Ausnahmen von diesem Kartellverbot, und zwar in einer Kombination zwischen Kasuistik (§§ 2 bis 6 GWB a. F.) und Generalklausel (§§ 7 und 8 GWB a. F.). Das frühere GWB wollte damit dem Vorteil der Generalklausel, nämlich deren Flexibilität im Hinblick auf komplexe volkswirtschaftliche Zusammenhänge, ebenso Rechnung tragen wir den Vorteilen der kasuistischen Lösung, die in der größeren Rechtssicherheit und in einem an der Schwere der jeweiligen Wettbewerbsbeschränkung orientierten Zulassungsverfahren gesehen werden können.[17] Die §§ 2 bis 7 GWB a. F. sahen kasuistisch Ausnahmen vom Kartellverbot für Normen- und Typenkartelle (§ 2 Abs. 1 GWB a. F.), Konditionenkartelle (§ 2 Abs. 2 GWB a. F.), Spezialisierungskartelle (§ 3 GWB a. F.), Mittelstandskartelle (§ 4 Abs. 1 GWB a. F.), mittelständische Einkaufsgemeinschaften (§ 4 Abs. 2 GWB a. F.), Rationalisierungskartelle (§ 5 GWB a. F.) und Strukturkrisenkartelle (§ 6 GWB a. F.) vor. Eine generalklauselartige Ausnahme in Anlehnung an Art. 81 Abs. 3 EG fand sich in § 7 GWB a. F. („Sonstige Kartelle"). Eine Sonderstellung nahm die Generalklausel des § 8 GWB ein, weil es sich hier um eine Ausnahme vom Kartellverbot handelte, die nicht in die Zuständigkeit der KartB, sondern in die des Bundesministers für Wirtschaft fiel. Seit der 7. GWB-Novelle arbeitet das GWB nur noch mit einer **Generalklausel (§ 2 Abs. 1 GWB)**, die Art. 81 Abs. 3 EG fast wortgleich nachgebildet ist. Die bisherige Kasuistik zu den Ausnahmen vom (horizontalen) Kartellverbot lebt allerdings in der Auslegung dieser Generalklausel weiter.[18]

3. Prinzip der Legalausnahme (kein Freistellungsverfahren)

8 Auch verfahrenstechnisch wartet die 7. GWB-Novelle mit einer wichtigen Neuerung auf. Wie im EU-Kartellrecht seit der Verordnung 1/2003 besteht im GWB jetzt das Prinzip der Legalausnahme.[19] Das bedeutet, dass ein nach § 1 GWB eigentlich verbotenes Verhalten bereits dann automatisch von Gesetzes wegen freigestellt ist, wenn es die Voraussetzungen des § 2 GWB oder des § 3 GWB erfüllt. Früher bedurfte es für eine ausnahms-

---

[13] Dazu § 1 Rn. 231 ff.
[14] Dazu § 1 Rn. 241 ff.
[15] Siehe hierzu § 30 Rn. 86.
[16] Begr. RegE 7. GWB-Novelle, BT DS 15/3640, S. 33; zu § 28 siehe die Kommentierung zu § 28.
[17] Begr. RegE 6. GWB-Novelle BT DS 13/9720 = *Jüttner-Kramny*, GWB, WuW-Sonderheft, S. 65 f.
[18] Dazu § 2 Rn. 44 ff.
[19] Eingehend auch § 2 Rn. 5.

Vorbemerkung   9, 10 **Vor §§ 1–3 GWB**

weise Freistellung vom Verbot des § 1 GWB grundsätzlich einer Administrativentscheidung: Bei Widerspruchskartellen (§ 9 GWB a. F.) war für die Freistellungswirkung eine Anmeldung bei der KartB und deren Nicht-Widerspruch binnen einer Frist von 3 Monaten vorausgesetzt. Zu dieser Gruppe gehörten die Normen- und Typenkartelle (§ 2 Abs. 1 GWB a. F.), die Konditionenkartelle (§ 2 Abs. 2 GWB a. F.), die Spezialisierungskartelle (§ 3 GWB a. F.) sowie die Mittelstandskartelle (§ 4 Abs. 1 GWB a. F.). Mit größerer Skepsis begegnete der Gesetzgeber Rationalisierungskartellen (§ 5 GWB a. F.), Strukturkrisenkartellen (§ 6 GWB a. F.), den Sonstigen Kartellen (§ 7 GWB a. F.) und der Ministererlaubnis (§ 8 GWB a. F.). Sie wurden durch eine ausdrückliche Erlaubnis der Behörde legalisiert, vgl. § 10 GWB a. F. Nur die Einkaufskooperation nach § 4 Abs. 2 GWB a. F. war schon nach altem Recht als Legalausnahme – wenn auch mit Notifizierungspflicht gegenüber der KartB – ausgestaltet, d. h. sie bedurfte nicht der Freistellung durch ein Verfahren bei der KartB, sondern war bei Vorliegen der gesetzlichen Voraussetzungen des § 4 Abs. 2 GWB a. F. als Legalausnahme vom Verbot des § 1 GWB freigestellt.[20] Der Gesetzgeber hat jetzt dieses System der Legalausnahme durch §§ 2, 3 GWB zum generellen Prinzip erhoben. Auf eine Notifizierungspflicht hat er dabei jedoch im Unterschied zum früheren § 4 Abs. 2 GWB verzichtet.

An der deutschen Besonderheit der **Wettbewerbsregeln** (§§ 24 bis 27 GWB) hat der 9 Gesetzgeber der 7. GWB-Novelle festhalten. Die §§ 24 bis 27 GWB eröffnen für Berufs- und Wirtschaftsvereinigungen ein besonderes Verfahren, das Verhalten von Unternehmen im Wettbewerb durch die KartB rechtlich prüfen zu lassen; die Prüfungskompetenz der KartB geht dabei über das Kartellrecht hinaus und erfasst auch das UWG und verbraucherschützende Vorschriften. Das ändert aber nichts daran, dass die §§ 24 bis 27 GWB materiell-rechtlich keinen eigenständigen Freistellungstatbestand bilden. Von daher bestand auch kein materiell-rechtlicher Harmonisierungsdruck im Hinblick auf die §§ 24 bis 27 GWB. Verfahrensmäßig hat die 7. GWB-Novelle die erforderlichen Anpassungen an das System der Legalausnahme vorgenommen (vgl. § 26 Abs. 1 und Abs. 2 GWB).

4. Übergangsrecht

§ 131 GWB[21] enthält zu den früheren Ausnahmekartellen der §§ 2 bis 8 GWB a. F. de- 10 taillierte Übergangsregelungen, die allerdings inzwischen ausgelaufen sind. Widerspruchskartelle gemäß §§ 9 Abs. 1 und 3 GWB a. F. in Verbindung mit §§ 2 Abs. 1, 2 Abs. 2, 3, 4 Abs. 1 GWB a. F. waren **bis 31. Dezember 2007** unabhängig davon freigestellt, ob sie auch unter die Legalausnahmen der §§ 2 Abs. 1 oder 3 Abs. 1 GWB n. F. fallen (§ 131 Abs. 1 GWB). Für frühere Erlaubniskartelle gemäß § 10 Abs. 1 GWB a. F. in Verbindung mit §§ 5, 6, 7 oder 8 GWB a. F. galt ebenfalls eine Schonfrist bis 31. Dezember 2007, es sei denn, ihre Erlaubnis lief ohnehin früher aus; dann galt das frühere Datum (§ 131 Abs. 2 GWB). Während der Übergangsfristen galten auch die Auskunfts- und Bekanntmachungsregelungen des § 11 GWB a. F. und die Missbrauchsaufsicht gemäß § 12 GWB a. F. fort, § 131 Abs. 1 und Abs. 2 GWB. Alle in § 131 GWB nicht geregelten Wettbewerbsbeschränkungen unterfielen schon seit 1. 7. 2005 dem neuen Recht.[22]

---

[20] Begr. RegE 6. GWB-Novelle BT DS 13/9720 = *Jüttner-Kramny*, GWB, WuW-Sonderheft 1998, S. 68; a. A. offenbar *Immenga* in: Immenga/Mestmäcker, GWB (3. Aufl.), Vor § 2 Abs. 1 Rn. 3 („keine Legalausnahmen"), was allerdings nicht mit der Begründung des RegE übereinstimmt.
[21] Vgl. im Einzelnen die Kommentierung zu § 131 GWB.
[22] Siehe § 1 Rn. 273.

§ 1 GWB

§ 1 Verbot wettbewerbsbeschränkender Vereinbarungen

Vereinbarungen zwischen Unternehmen, Beschlüsse von Unternehmensvereinigungen und aufeinander abgestimmte Verhaltensweisen, die eine Verhinderung, Einschränkung oder Verfälschung des Wettbewerbs bezwecken oder bewirken, sind verboten.

Übersicht

	Rn.
A. Allgemeines	1
I. Entstehungsgeschichte	1
II. Sinn und Zweck	6
III. Systematik	10
IV. Praktische Bedeutung	14
B. Tatbestand	18
I. Unternehmen und Unternehmensvereinigungen	18
1. Übersicht	18
2. Unternehmensbegriff	19
a) Teilnahme am geschäftlichen Verkehr	19
b) Privates Handeln	21
c) Arbeitnehmer, Gewerkschaften	26
d) Arbeitnehmerähnliche Personen	28
e) Freie Berufe	29
f) Künstler, Wissenschaftler, Erfinder, Verwertungsgesellschaften	30
g) Tätigkeit der öffentlichen Hand	34
h) Konzernunternehmen	36
3. Unternehmensvereinigungen	37
II. Vereinbarungen, Beschlüsse und aufeinander abgestimmte Verhaltensweisen	40
1. Übersicht	40
2. Vereinbarungen	41
a) Ohne staatlichen Zwang	42
b) Willenseinigung	43
c) Tatsächliche Bindung	45
d) Keine Schriftform	48
e) Vereinbarungen von Unternehmensvereinigungen	49
3. Beschlüsse von Unternehmensvereinigungen	50
4. Aufeinander abgestimmte Verhaltensweisen	53
a) Allgemeines	53
aa) Ensetungsgeschichte	53
bb) Horizontale und vertikale Sachverhalte	54
cc) Verfassungsrechtliche Bedenken	55
dd) Vorbild Art. 81 EG	56
b) Abstimmung	57
aa) Rechtsprechung	57
bb) Weniger als eine Vereinbarung	58
c) Bestimmtes Marktverhalten als Erfolg?	63
d) Kausalität	64
e) Beispiel: Preiserhöhungen	65
5. Verhältnis zwischen Vereinbarung und abgestimmtem Verhalten	67
6. Beweisfragen	68
a) Allgemeines	68
b) Relevante Indizien	71
aa) Marktstruktur	71
bb) Übereinstimmende Wettbewerbsparameter	72
cc) Zeitfaktor	73
dd) Räumliche Ausdehnung	74
ee) Gemeinsame Aktionen	75
ff) Frühere Kontakte	76
c) Beendigung des verbotenen Verhaltens	77
III. Wettbewerbsbeschränkung	78
1. Übersicht	78
2. Wettbewerb	79
a) Allgemeines	79
b) Erscheinungsformen des Wettbewerbs	80
aa) Aktueller und potenzieller Wettbewerb	80
bb) Waren- und Dienstleistungswettbewerb	84
cc) Anbieter- und Nachfragerwettbewerb	85
dd) Substitutionswettbewerb	86
ee) Temporärer Wettbewerb	87
ff) Geheimwettbewerb (Informationsaustausch)	88
gg) Submissionswettbewerb (Ausschreibungswettbewerb)	91
hh) Interbrand- und Intrabrandwettbewerb	92
ii) Illegaler und regulierter Wettbewerb	93
jj) Konzerninterner Wettbewerb	94
3. Verhinderung, Einschränkung, Verfälschung	97
a) Verhinderung, Einschränkung	98
aa) Horizontalvereinbarung	99
bb) Vertikalvereinbarung	100
(1) Inhaltsbindungen (Preise, Konditionen)	101
(2) Abschlussbindungen	117
cc) Gemischt horizontal-vertikale Systeme (insb. Sternvertrag)	118
b) Verfälschung (Drittwirkungen)	122
4. Bezwecken und Bewirken	124
a) Bezweckte Wettbewerbsbeschränkung	125
b) Bewirkte Wettbewerbsbeschränkung	127
c) Verhältnis von Bezwecken und Bewirken	128
d) Gegenstandstheorie	129

	Rn.		Rn.
5. Einzelfälle Wettbewerbsbeschränkungen	130	6. Verbrauchersicherheit, Gemeinverträglichkeit	198
a) Preise	130	7. Umweltschutz, Landwirtschaft	199
b) Absatz- und Nachfragemengen	133	8. Wettbewerbsrecht	200
c) Marktaufteilung, Wettbewerbsverbot, Kundenschutz	134	9. Kartellrecht (insbesondere Gemeinschaftsunternehmen, Ausnahmebereiche, Freistellungen)	201
d) Konditionen	135	10. Vergaberecht, Buchpreisbindung	202
e) Produkt, Qualität, Kundendienst, Kulanz, Öffnungszeiten	136	IV. Immaterialgüterrechte (Geistige Eigentumsrechte)	203
f) Werbung	138	1. Ausgangspunkt	203
g) Produktion, Standort	139	2. Lösungsansätze	204
h) Forschung und Entwicklung	140	3. Patente, Gebrauchsmuster, geheimes Know-How, Sortenschutz	205
IV. Spürbarkeit	141	4. Marken und sonstige Zeichen	208
C. Tatbestandsreduktionen	147	a) Markenlizenzen	209
I. Immanenztheorie („Rule of Reason")	147	b) Lizenzen an Unternehmenskennzeichen und Titeln	212
1. Allgemeines	147	c) Vorrechts- oder Abgrenzungsvereinbarungen	213
2. Inhalt der Tatbestandsreduktion	148	d) Kollektivmarken	214
3. Bisherige Kategorien des BGH	149	5. Urheberrechte und verwandte Schutzrechte	215
4. EU-Kategorien: Nebenabreden; günstige Wettbewerbseffekte; wirtschaftliche Risiko-Fälle	151	a) Urheber	217
5. Abgrenzung von § 2 Abs. 1 GWB	152	aa) Spezifischer Schutzgegenstand	217
6. Fallgruppen	154	bb) Begrenzte Rechtseinräumung	218
a) Wettbewerbsverbote und Kundenschutz	155	cc) Konditionenbindung	221
aa) Kauf- und Lieferverträge	155	dd) Preis	222
bb) Unternehmensveräußerungen	162	(1) Vertikale Preisbindung	223
cc) Miet- und Pachtverträge	164	(2) Horizontale Preisfestsetzung	224
dd) Subunternehmerverträge	165	ee) Spürbarkeit; Freistellung	225
ee) Lizenzverträge	167	b) Ausübende Künstler	226
ff) Andere Austauschverträge	168	c) Verwerter	227
gg) Gesellschaftsverträge und sonstige Korporationen	169	d) Verwertungsgesellschaften	230
b) Vertikale Preis- und Konditionenbindungen	172	aa) Horizontale Sachverhalte	231
aa) Handelsvertreter	173	(1) Bildung von Verwertungsgesellschaften	231
bb) Kommissionäre	175	(2) Bildung von Inkasso- und Clearingstellen	236
cc) Vertragshändler	176	(3) Gegenseitigkeitsverträge	237
dd) Franchisenehmer, sonstige Verbundgruppen	177	bb) Vertikale Sachverhalte	238
ee) Sonstige Fälle von Interessenwahrung (insbesondere Treuhand, Versicherung)	178	cc) Verwertungsgesellschaften und Unternehmen, die nicht Urheber oder Leistungsschutzberechtigte sind	239
ff) Eigentumsrecht	179	6. Geschmacksmuster	240
gg) Geistiges Eigentum	180	V. Sport	241
hh) Waren- und Dienstleistungsfreiheit	181	1. Allgemeines	241
c) Sonstige Vertikale Vertriebsbindungen, Verwendungsbeschränkungen, Kopplungsbindungen	182	2. Zentralvermarktung (Gleichschaltung der Vergabe von Übertragungsrechten)	242
d) Vergleich	183	a) Kartellverbot	242
e) Arbeitsgemeinschaften (Arbeitsgemeinschaftsgedanke)	184	b) Freistellung	242
II. Wettbewerbsfördernde horizontale und vertikale Zusammenarbeit	185	3. Zentraler Rechteeinkauf, insbesondere European Broadcasting Union (EBU)	243
III. Gesetzeskonkurrenz durch staatliche Regulierung	186	4. Sonstige Gleichschaltung	244
1. Berufsrecht	186	5. Exklusivvermarktung mit Marktabschottungswirkung	245
2. Arbeitsrecht (Tarifverträge)	190	VI. Rechtsgüterabwägung	246
3. Sozialversicherungsrecht	195	D. Rechtsfolgen	247
4. Haushaltsrecht	196	I. Übersicht	247
5. (Öffentlich-rechtliche) Fürsorgepflichten	197		

§ 1 GWB

	Rn.		Rn.
II. Zivilrechtlich	248	III. Verwaltungsrechtlich	259
1. Nichtigkeit	248	IV. Straf- und bußgeldrechtlich	260
a) Teilnichtigkeit	249	E. Darlegungs- und Beweislast	261
b) Gesellschaftsverträge	253	F. Verhältnis zu anderen Vorschriften	262
c) Ausführungs- und Folgeverträge	255	G. Übergangsrecht ab 1. 7. 2005	273
2. Schwebende Unwirksamkeit	257		
3. Beseitigungs- und Unterlassungsansprüche, Schadensersatzansprüche	258		

Schrifttum: *Bahr,* Die Behandlung von Vertikalvereinbarungen nach der 7. GWB-Novelle, WuW 2004, 259 ff.; *Basedow,* Kartellrecht im Land der Kartelle, WuW 2008, 270 ff.; *Baums,* GWB-Novelle und Kartellverbot, ZIP 1998, 233 ff.; *Bartling,* Schlußfolgerungen aus Entwicklungstendenzen der Wettbewerbstheorie für die Wettbewerbspolitik, WuW 1993, 16 ff.; *Bechtold,* Grundlegende Umgestaltung des Kartellrechts: Zum Referentenentwurf der 7. GWB-Novelle, DB 2004, 235 ff.; *Bechtold/Uhlig,* Die Entwicklung des deutschen Kartellrechts 1997 bis 1999, NJW 1999, 3526 ff.; *Bechtold/Buntscheck,* Die 7. GWB-Novelle und die Entwicklung des deutschen Kartellrechts 2003 bis 2005, NJW 2005, 2966 ff.; *Bunte,* Die 6. GWB-Novelle – Das neue Gesetz gegen Wettbewerbsbeschränkungen, DB 1998, 1748 ff.; *ders.,* Abschied vom „gemeinsamen Zweck" und den „gleichgerichteten Interessen?" WuW 1997, 857 ff.; *Fuchs,* Die 7. GWB-Novelle – Grundkonzeption und praktische Konsequenzen, WRP 2005, 1384 ff.; *Hartog/Noack,* Die 7. GWB-Novelle, WRP 2005, 1396 ff.; *Immenga,* Politische Instrumentalisierung des Kartellrechts?, Tübingen 1976; *ders.,* Vertikale Verflechtungen – strategische Allianzen auf deutschen Energiemärkten – Konsequenzen für die Fusionskontrolle, ZNER 2002, 152; *ders.,* Gefordertes Kartellrecht, 50 Jahre GWB, in ZWeR 2008, 1 ff.; *Kahlenberg/Haellmigk,* Referentenentwurf der 7. GWB-Novelle: Tief greifende Änderungen des deutschen Kartellrechts, BB 2004, 389 ff.; *Kahlenberg,* Novelliertes deutsches Kartellrecht, BB 1998, 1593 ff.; *Lettl,* Kartellrecht, 2. Aufl. 2007; *Meessen,* Die 7. GWB-Novelle – verfassungsrechtlich gesehen, WuW 2004, 733; *Mestmäcker,* 50 Jahre GWB: Die Erfolgsgeschichte eines unvollkommenen Gesetzes, WuW 2008, 6 ff.; *Möschel,* Das Wirtschaftsrecht der Banken, 1972; *J. B. Nordemann,* Gegenmacht und Fusionskontrolle, 1996; *Rittner,* Keine Doppelkontrolle von Vertikalvereinbarungen!, WuW 2000, 696 ff.; *Röhling,* Die Zukunft des Kartellverbotes in Deutschland nach In-Kraft-Treten der neuen EU-Verfahrensrechtsordnung, GRUR 2003, 1019 ff.; *Ingo Schmidt,* Wettbewerbspolitik und Kartellrecht, 8. Aufl. 2005; *Karsten Schmidt,* Ausschließlichkeitsbindung, Kartellverbot und Immanenztheorie – Zum Verhältnis zwischen § 16 GWB und § 1 GWB, in: FS Sandrock, Heidelberg 2000, S. 833 ff.; *ders.,* „Altes" und „Neues" Kartellverbot – Kontinuität statt Umbruch durch die Neufassung des § 1 GWB, AG 1998, 551 ff.; *ders.,* Doppelkontrolle von Vertikalvereinbarungen nach dem GWB?, WuW 2000, 1199 ff.; *Wagner-von Papp,* Empfiehlt sich das Empfehlungsverbot?, WuW 2005, 379 ff.; *v. Weizsäcker,* Kosumentenwohlfahrt und Wettbewerbsfreiheit, WuW 2007, 1078 ff.; *Wellenhofer-Klein,* Das neue Kartellverbot und seine Abgrenzung zu den Vertikalvereinbarungen, WuW 1999, 557 ff.; *Zimmer,* Der rechtliche Rahmen für die Implementierung moderner ökonomischer Ansätze, WuW 2007, 1198 ff. Siehe im Übrigen auch die Schrifttumsangaben vor den einzelnen Abschnitten.

A. Allgemeines

I. Entstehungsgeschichte

1 Spezielles Kartellrecht für wettbewerbsbeschränkende Vereinbarungen, Beschlüsse oder abgestimmte Verhaltensweisen existiert in Deutschland erst seit In-Kraft-Treten der **KartellVO im Jahre 1923**.[1] Kartelle zwischen Wettbewerbern waren danach grundsätzlich erlaubt; die KartellVO war insoweit nur dem Missbrauchsprinzip verhaftet. Darüber hinaus beschrieb die KartellVO – ausgehend von dem Verständnis des Kartells als Gesellschaftsvertrag – einige formelle Voraussetzungen für die Wirksamkeit von Kartellen.[2] Ergänzt wurde die KartellVO später durch Regelungen für auf verschiedenen Wirtschaftsstufen bewirkte

---

[1] RGBl. I S. 1067.
[2] Vgl. eingehend *Emmerich,* Kartellrecht, § 2 Rn. 5 ff.; *Rittner/Kulka* § 5 Rn. 5 ff.; *Kling/Thomas* § 10 Rn. 1 ff.; *Karsten Schmidt,* Kartellverfahrensrecht, S. 21 ff.; *Bechtold,* GWB, Einf. Rn. 1 ff.

§ 1. Verbot wettbewerbsbeschränkender Vereinbarungen 2–4 § 1 GWB

Wettbewerbsbeschränkungen, z. B. durch die **KartellnotVO vom 3. August 1930**,[3] mit der Preisbindungen von Lieferanten gegegenüber Abnehmern aufgehoben und untersagt wurden. Nach dem Zweiten Weltkrieg brachten die alliierten Dekartellierungsgesetze eine grundlegende Wende: alle wettbewerbsbeschränkenden Abreden zwischen Wettbewerbern, aber auch zwischen verschiedenen Wirtschaftsstufen, wurden grundsätzlich verboten.[4]

Das **GWB 1958** wählte einen dritten Weg, auch wenn es sich noch nicht ganz vom Verständnis der KartellVO und der KartellnotVO lösen konnte. Das GWB 1958 unterschied zwischen **horizontal** (zwischen Wettbewerbern) und **vertikal** (zwischen verschiedenen Wirtschaftsstufen) **veranlassten Wettbewerbsbeschränkungen**. 2

Vertikal veranlasste Wettbewerbsbeschränkungen unterlagen dabei nur einer Missbrauchsaufsicht (§ 18 GWB a.F., später § 16 GWB a.F.). Nur Preis- und Konditionenbindungen zwischen verschiedenen Wirtschaftsstufen waren verboten (§ 16 GWB a.F., später § 14 GWB a.F.); dieses Verbot galt zunächst nicht für Markenartikel, wurde aber 1973 durch die 2. GWB-Novelle auch darauf ausgedehnt. Für Wettbewerbsbeschränkungen in einigen vertikalen Lizenzverträgen gab es Sonderreglungen (§§ 20, 21 GWB a.F., später §§ 17, 18 GWB a.F.). 3

Für **horizontal veranlasste Wettbewerbsbeschränkungen** ging das GWB 1958 von einem grundsätzlichen Kartellverbot in § 1 GWB a.F. aus. Dieses Kartellverbot konnte sich von seinem gesellschaftsrechtlichen Ansatz, der schon die Regelung in der KartellVO bestimmt hatte, zunächst nur schwer lösen. Seinen Ausdruck fand dies vor allem in der sogenannten Gegenstandstheorie, die für ein Kartell stets einen Vertrag „zu einem gemeinsamen Zweck" im Sinne des § 705 BGB forderte.[5] Reste des kartellrechtlichen Verständnisses der KartellVO fanden sich im GWB auch insoweit wieder, als ein „Hinwegsetzen" über die Nichtigkeit eines Kartells Voraussetzung für seine Ahndung durch die KartB war und nicht lediglich dessen Vereinbarung. Obwohl das GWB in den darauf folgenden Jahren mehrmals geändert wurde, blieb der Wortlaut des § 1 GWB von der **1. bis 5. GWB-Novelle** unverändert. Dennoch verschob sich die Anwendungspraxis des § 1 GWB entscheidend. Die Grundsätze einer **funktionalen Auslegung** des GWB brachen auch in das Kartellverbot ein und lösten es von seiner Kopplung an gesellschaftsrechtliche Vorgaben. Das führte zur **Aufgabe der Gegenstandstheorie** und zur eigenständigen Anwendung des Kartellverbotes orientiert an seinem kartellrechtlichen Schutzzweck unabhängig von der für das Kartell gewählten bürgerlich-rechtlichen Form.[6] Erst mit der **6. GWB-Novelle 1998** erfolgte eine Anpassung des Wortlautes des § 1 GWB an diese Anwendungspraxis. Das ursprünglich gesellschaftsrechtliche Merkmal von Verträgen „zu einem gemeinsamen Zweck" verschwand, und es wurde nunmehr auf „Vereinbarungen zwischen miteinander im Wettbewerb stehenden Unternehmen" abgestellt. Grundsätzlich bedingte dies nach dem Vorstehenden keine inhaltliche Änderung der Praxis. Allerdings konnte jetzt die Beschränkung von Drittwettbewerb nicht mehr erfasst werden.[7] Daneben wurde der Wortlaut des § 1 GWB a.F. verändert, um die Formulierung an Art. 81 EG anzupassen. Auch damit sollte eine inhaltliche Änderung nicht verbunden sein.[8] Lediglich die Einführung des schon aus Art. 81 EG bekannten Verbotsprinzips zeigte eine gewisse 4

---

[3] RGBl. I S. 328 in Verbindung mit der dazu gehörenden AusführungsO, RAnz vom 30. August 1930.

[4] Vgl. weiterführend *Mestmäcker* WuW 2008, 6; *Basedow* WuW 2008, 270; *Immenga* ZWeR 2008, 1, 5 ff.; *Rittner/Kulka* § 5 Rn. 14 ff., jeweils mwN.

[5] Vgl. zur Gegenstandstheorie unten Rn. 129.

[6] Vgl. zur Aufgabe der Gegenstandstheorie unten Rn. 129 sowie zur funktionalen Auslegung des GWB unten Rn. 9.

[7] Siehe dazu Rn. 122.

[8] Begr. zum RegE 6. GWB-Novelle, BT DS 13/9720 = *Jüttner-Kramny*, GWB, WuW-Sonderheft, S. 65 ff.

§ 1 GWB 5–7

praktische Bedeutung, weil die Ahndung von Kartellverstößen durch die KartB damit schon bei deren Verabredung und nicht erst bei einem Hinwegsetzen über das Kartellverbot einsetzen konnte.[9]

5   Mit der **7. GWB-Novelle 2005** (in Kraft Treten 1. 7. 2005) baute der Gesetzgeber die Regelung der wettbewerbsbeschränkenden Vereinbarungen, Beschlüsse und abgestimmten Verhaltensweisen vollständig um. **Art. 3 (EU-)Verordnung 1/2003** schreibt seit Mai 2004 den grundsätzlichen Vorrang des Art. 81 EG gegenüber den deutschen Regeln für zwischenstaatliche Sachverhalte fest: Auch wenn § 1 GWB und Art. 81 EG noch parallel nebeneinander angewendet werden können, darf die Beurteilung nach GWB nicht von der Beurteilung nach Art. 81 EG abweichen, wie jetzt auch in § 22 Abs. 1 und Abs. 2 GWB festgehalten ist. Mit der 7. GWB-Novelle 2005 wollte der Gesetzgeber deshalb die Bestimmungen des deutschen Rechts für wettbewerbsbeschränkende Vereinbarungen, Beschlüsse und abgestimmte Verhaltensweisen mit Art. 81 EG harmonisieren. Während im deutschen GWB die §§ 1 bis 13 GWB a. F. die Horizontalvereinbarungen und die §§ 14 bis 18 GWB a. F. die Vertikalvereinbarungen regelten, erfasst Art. 81 EG beide Arten von wettbewerbsbeschränkenden Vereinbarungen. Nur das frühere deutsche Recht musste daher eine Abgrenzung vornehmen, auch weil an vertikal veranlasste Wettbewerbsbeschränkungen teilweise andere Rechtsfolgen (§ 16 GWB a. F.: nur Missbrauchsaufsicht; siehe auch §§ 17, 18 GWB a. F.) gekoppelt waren als an das (horizontale) Kartellverbot (§ 1 GWB a. F. und die Ausnahmen §§ 2 bis 8 GWB a. F.). Die **Abgrenzung** erfolgte über das Merkmal „miteinander im Wettbewerb stehende" (Unternehmen), das sich konsequenterweise in Art. 81 EG nicht findet und in § 1 GWB mit der 7. GWB-Novelle 2005 **gestrichen** wurde. – **Zum Übergangsrecht** vgl. unten.[10]

II. Sinn und Zweck

6   Für die Auslegung des § 1 GWB hat die Auslegungspraxis zu **Art. 81 EG überragende Bedeutung.** Mit der 7. GWB-Novelle wollte der Gesetzgeber die Bestimmungen des deutschen Rechts für wettbewerbsbeschränkende Vereinbarungen, Beschlüsse und abgestimmte Verhaltensweisen mit Art. 81 EG harmonisieren.[11] Mithin bestimmt sich die Auslegung des § 1 GWB maßgeblich auf der Grundlage der Auslegung des Art. 81 EG; auf die bisherige deutsche Rechtsprechung und Verwaltungspraxis zu § 1 GWB kann dennoch zurückgegriffen werden, sofern sie nicht im Widerspruch zum EU-Recht steht.[12] Das ist im Regelfall nicht zu beobachten. Denn der tiefer liegende Regelungszweck des § 1 GWB und des Art. 81 Abs. 1 GWB liefen und laufen parallel.

7   Dem Wettbewerb werden vom deutschen Gesetzgeber zunächst **gesamtwirtschaftliche Vorteile** zugeschrieben.[13] Zu nennen sind **die statischen Wettbewerbsfunktionen** Gewährleistung eines Gleichgewichts von Angebot und Nachfrage, eines wirtschaftlichen Einsatzes der Produktionsmittel und gerechte Einkommensverteilung durch Belohnung der besten Leistung mit dem größten Gewinn sowie **die dynamischen Wettbewerbsfunk-**

---

[9] Vgl. zur 6. GWB-Novelle eingehend *Baums* ZIP 1998, 233 ff.; *Bechtold* NJW 1998, 2769 ff.; *Bechtold/Uhlig* NJW 1999, 3526 ff.; *Bunte* DB 1998, 1748; ders. WuW 1997, 857 ff.; *Kahlenberg* BB 1998, 1593 ff.; *Rittner* WuW 2000, 696 ff.; *Karsten Schmidt* in: FS Sandrock, S. 833 ff.; ders. AG 1998, 551 ff.; ders. WuW 2000, 1199 ff.; *Wellenhofer-Klein* WuW 1999, 557 ff.
[10] Rn. 273.
[11] Begr. RegE 7. GWB-Novelle, BT DS 15/3640, S. 21.
[12] Siehe auch Rn. 11.
[13] Vgl. Begr. zum RegE eines GWB BT DS II/1158, S. 21; Begr. zum RegE 2. GWB-Novelle, BT DS VI/2520, S. 15 f.; Begr. zum RegE 4. GWB-Novelle, BT DS 8/2136, S. 12; *Schwalbe/Zimmer*, Kartellrecht und Ökonomie, S. 3 ff.; *Ingo Schmidt*, Wettbewerbspolitik und Kartellrecht, S. 11 f.; *Emmerich*, Kartellrecht, § 1 Rn. 7 f.; *Immenga*, Politische Instrumentalisierung des Kartellrechts, S. 8; *Haucap/Stühmeier* WuW 2008, 413 ff.; *Bartling* WuW 1993, 16 ff.

tionen ständige Anpassung an die Präferenzen der Marktgegenseite sowie Gewährleistung möglichst schnellen technischen Fortschrittes.[14] Der Wettbewerb als Institution ist jedoch nichts weiter als die Summe der wettbewerblichen Handlungsfreiheiten der Marktbeteiligten.[15] Der Schutzzweck des GWB hat damit neben einer gesamtwirtschaftlichen Komponente auch eine **gesellschaftspolitische Funktion.** Da es zur Einreichung der gesamtwirtschaftlichen Vorteile grundsätzlich genügt, die gesellschaftspolitische Funktion zu gewährleisten und es ohnehin als schwierig erscheint, gesamtwirtschaftlich ideale Marktstrukturen zu beschreiben,[16] stellte das GWB von Beginn an den Schutz der **Handlungsfreiheiten der Marktbeteiligten,** also die gesellschaftspolitische Komponente in den Mittelpunkt.[17] § 1 GWB schützt danach die individuellen Handlungsfreiheiten der Marktbeteiligten, die durch wettbewerbsbeschränkende Absprachen gerade begrenzt werden sollen. Es genügt dabei, wenn nur die **Handlungsfreiheit eines Beteiligten,** z. B. eines Kartellbeteiligten, beschränkt ist.[18] Es ist aber nicht zwingend, dass die Handlungsfreiheit eines der beteiligten Unternehmen begrenzt ist, weil auch Beschränkungen der wettbewerblichen Freiheit sonstiger Marktbeteiligter, also auch der **Handlungsfreiheit an der Abrede unbeteiligter Dritter,** tatbestandsmäßig sein können, etwa bei Errichtung von Marktzutrittsschranken durch Kartelle.[19] Dieser gesellschaftspolitische Schutzzweck des GWB läuft grundsätzlich mit dem Schutzzweck des Art. 81 Abs. 1 EG parallel. Auch die Wettbewerbsregeln des EG-Vertrages beugen Beeinträchtigungen der wettbewerblichen Handlungsfreiheit der Marktbeteiligten vor;[20] daraus ergeben sich als Reflex die von Art. 81 EG gewollte ökonomische Effizienz und die parallele Funktion der Marktintegration.[21] Letztere ist allerdings für den Schutzzweck des § 1 GWB auszublenden, weil das GWB auf Grund der vollständigen Integration des deutschen Marktes keine solchen Zwecke verfolgt. **Beispiele** für die Verletzung dieses Schutzweckes des § 1 GWB sind in horizontaler Richtung Preisabsprachen zwischen Wettbewerbern, durch die mindestens ein Marktbeteiligter verpflichtet wird, den Wettbewerber nicht zu unterbieten. In vertikaler Richtung sind Preisbindungen des Abnehmers zu nennen, durch die er verpflichtet wird, die gelieferte Ware nicht unter einem bestimmten Preis weiter zu verkaufen.

Mit dem gesellschaftspolitischen, auf die Gewährleistung der Handlungsfreiheit gerichteten Schutzzweck des § 1 GWB ist es grundsätzlich **unzulässig, ökonomische Effizienz oder allgemeine öffentliche Interessen (z. B. Umweltschutz, Verbraucherschutz) isoliert zu berücksichtigen.**[22] Sie sind für § 1 GWB grundsätzlich irrelevant. Gleiches

---

[14] *Bartling* WuW 1993, 16, 17; *Schwalbe/Zimmer,* Kartellrecht und Ökonomie, S. 10ff.; *Ingo Schmidt,* Wettbewerbspolitik und Kartellrecht, S. 11 f.; *J. B. Nordemann,* Gegenmacht und Fusionskontrolle, S. 65 mwN.

[15] Vgl. dazu unten Rn. 79.

[16] Vgl. unten Rn. 79.

[17] Vgl. die umfangreichen Nachweise bei *Möschel,* Wirtschaftsrecht der Banken, S. 346 ff.; *Immenga,* Politische Instrumentalisierung des Kartellrechts, S. 9 ff. mwN.; *Emmerich,* Kartellrecht, § 1 Rn. 9 ff.

[18] Vgl. unten Rn. 98 ff.

[19] BGH WuW/E DE-R 115, 120 – *Carpartner* = NJW 1998, 2825 = GRUR 1998, 739; KG WuW/E OLG 2961, 2963 – *Rewe;* BKartA WuW/E 2192, 2201 – *S+T; Immenga* ZHR 148 (1984), 268; *Emmerich* ZHR 139 (1975), 476, 494; *Hoppmann* Betr. 1970, 93. Vgl. eingehend unten Rn. 122 f.

[20] *Mestmäcker/Schweitzer,* Europäisches Wettbewerbsrecht, § 10 Rn. 6ff.; *Koch* in: Grabitz/Hilf, Das Recht der Europäischen Union, Art. 81 Rn. 2 ff.; *J. B. Nordemann,* Gegenmacht und Fusionskontrolle, S. 69 ff.; vgl. ferner die Kommentierung zu Art. 81 Abs. 1 EG Rn. 3.

[21] Vgl. Kommentierung zu Art. 81 Abs. 1 EG Rn. 2 ff.

[22] *Zimmer* in: Immenga/Mestmäcker, GWB, § 1 Rn. 14ff. mwN.; offener aber *ders.* WuW 2007, 1198, 1206, der auf einer ersten Stufe die Einschränkung der Handlungsfreiheit genügen lässt, in einer zweiten Stufe aber eine „Effizienzverteidigung" zulassen will. Siehe auch die Kommentierung zu Art. 81 Abs. 1 EG Rn. 2 ff., 15 ff.

gilt für die Freistellungen nach § 2 GWB.²³ Die Ökonomisierung der Wettbewerbsregeln insbesondere durch die EU-Kommission ist insoweit kritisch zu sehen.²⁴ Zu einem relevanten Spannungsverhältnis mit öffentlichen Interessen und zu einer Begrenzung der Anwendung des § 1 GWB kann es allerdings kommen, wenn die öffentlichen Interessen ihrerseits auf gesetzlicher Grundlage geschützt sind und deshalb eine Abwägung zwischen den verschiedenen gesetzlichen Reglungen innerhalb und außerhalb des GWB erfolgen muss.²⁵

9 Der beschriebene gesellschaftspolitische Schutzzweck des § 1 GWB, die Handlungsfreiheit der Marktbeteiligten zu erhalten, bestimmt die Auslegung des § 1 GWB. Es findet eine an diesem Schutzzweck orientierte **funktionale Auslegung** der Tatbestandsmerkmale statt, die keine grundsätzliche Privilegierung bestimmter bürgerlichrechtlicher Kooperationsformen mehr kennt.²⁶

III. Systematik

10 § 1 GWB enthält ein grundsätzliches Verbot von wettbewerbsbeschränkenden Vereinbarungen, Beschlüssen und abgestimmten Verhaltensweisen, die schon mit ihrem Abschluss geahndet werden können.²⁷ **Eine Differenzierung zwischen horizontal und vertikal veranlassten Wettbewerbsbeschränkungen findet seit der 7. GWB-Novelle 2005 nicht mehr statt.**²⁸ Damit hat sich das GWB die Möglichkeit genommen, schon auf Rechtsfolgenseite nach dem Grad der Gefährlichkeit von Wettbewerbsbeschränkungen zu differenzieren. Es entsprach nämlich deren unterschiedlicher wettbewerblicher Gefährlichkeit, dass das GWB Horizontalvereinbarungen (zwischen aktuellen oder potentiellen Wettbewerbern) generell in **§ 1 GWB a. F.**, Vertikalvereinbarungen (zwischen Unternehmen auf verschiedenen Wirtschaftsstufen) jedoch gemäß **§§ 14 ff. GWB a. F.** nur in bestimmten Fällen mit einem Verbot belegte. Ein generelles Verbot galt nur für Inhaltsbindungen in Zweitverträgen, also Abreden, mit denen einem Vertragspartner Vorschriften gemacht wurden, wie er seine Verträge mit Dritten gestalten soll, § 14 GWB a. F. Demgegenüber waren vertikale Abschlussbindungen nur einer Missbrauchsaufsicht unterstellt; Abschlussbindungen sind Abreden, durch die ein Vertragspartner beschränkt wird, überhaupt mit einem Dritten einen Vertrag zu schließen. Solche Abreden wirken regelmäßig positiv, weil sie ein Unternehmen motivieren können, sich besonders für das Produkt oder die Leistung des Vertragspartners einzusetzen und so den Wettbewerb erst zu beleben oder überhaupt erst zu ermöglichen. Ein Beispiel sind räumliche Exklusivitätsabreden zu Gunsten eines Händlers, die für den Händler sicherstellen, das grundsätzlich seine gesamten Vertriebsanstrengungen in einem bestimmten Gebiet ihm zugute kommen. Art. 81 EG war bei Abschlussbindungen stets zurückhaltender; in dem vorgenannten Beispiel der räumlichen Exklusivität besteht aus europäischer Sicht das Problem, dass dadurch einer Abschottung nationaler Märkte Vorschub geleistet werden kann.

11 Das GWB mag mit der Aufgabe der grundsätzlichen Zulässigkeit von vertikalen Abschlussbindungen seine Überlegenheit – jedenfalls für nicht zwischenstaatliche Sachverhalte

---

²³ Dazu § 2 Rn. 3 und Rn. 40 ff.
²⁴ *Immenga* ZWeR 2008, 1, 14; *Basedow* WuW 2007, 712; *Zimmer* in: Immenga/Mestmäcker, GWB, § 1 Rn. 16 ff. A. A. aber *v. Weizsäcker* WuW 2007, 1078. Siehe auch die grundlegende Abhandlungen von *Zimmer* WuW 2007, 1198, und von *Mestmäcker*, A Legal Theory without Law, 2007, letzterer insbesondere in Auseinandersetzung mit *Posner* als prominentestem Vertreter der Ökonomisierung des Rechts; s. auch die Besprechung des Werkes *Mestmäckers* bei *Kerber* WuW 2008, 424 ff.
²⁵ Im Einzelnen unten Rn. 186 ff.
²⁶ Vgl. zum Unternehmensbegriff unten Rn. 19 ff.; zur Aufgabe der Gegenstandstheorie unten Rn. 129, zum Immanenzgedanken unten Rn. 147 ff.
²⁷ Vgl. oben Rn. 4.
²⁸ Dazu oben Rn. 2 ff.

– gegenüber dem EU-Kartellrecht aufgegeben haben.[29] Nach In-Kraft-Treten von Art. 3 VO 1/2003 war es jedoch wichtig, **ein einheitliches System nach deutschem und europäischem Recht für alle Fälle mit und ohne Zwischenstaatlichkeitsbezug** zu schaffen.[30] Art. 3 Abs. 1 (EU-) **VO 1/2003** schreibt die **parallele Anwendung von Art. 81 EG** neben dem nationalen Verbot des § 1 GWB in zwischenstaatlichen Sachverhalten vor. Auch räumt Art. 3 Abs. 2 VO 1/2003 dem gesamten **Art. 81 EG** in zwischenstaatlichen Sachverhalten **Vorrang** ein. Im GWB ergibt sich der Vorrang des Art. 81 EG für zwischenstaatliche Sachverhalte aus **§ 22 Abs. 1 und Abs. 2 GWB.** Da die Zwischenstaatlichkeitsklausel vom EuGH seit jeher sehr großzügig ausgelegt wird und durchaus sogar Abreden erfassen kann, die sich nur auf das Gebiet eines Mitgliedsstaates oder eines wesentlichen Teils davon erstrecken,[31] wäre die eigenständige Anwendung des § 1 GWB dann wohl nur noch auf wettbewerbsbeschränkende Abreden von begrenzter regionaler Bedeutung möglich. Der Gesetzgeber der 7. GWB-Novelle hat deshalb richtigerweise den verbliebenen kleinen eigenständigen Anwendungsbereich des § 1 GWB mit Art. 81 EG harmonisiert. Insbesondere die langjährige und umfassende Rechtsprechung und Verwaltungspraxis zum GWB gewährt dem nationalen Recht aber weiterhin eine gewisse Eigenständigkeit gegenüber dem EU-Recht.[32]

§ 2 Abs. 1 GWB regelt die Freistellung vom Verbot des § 1 GWB, die wettbewerblich positive Effekte von Wettbewerbsbeschränkungen erfassen kann. **§ 2 Abs. 1 GWB** ist dabei Art. 81 Abs. 3 EG nachgebildet.[33] Diese Freistellung wirkt daher wie Art. 81 Abs. 3 EG in Verbindung mit der VO 1/2003 als **Legalausnahme,** d. h. es bedarf keines administrativen Freistellungsverfahrens, um die Freistellungswirkung zu erreichen.[34] Daran schließt § 2 **Abs. 2 GWB** an. § 2 Abs. 2 GWB soll sicherstellen, dass die europäischen **Gruppenfreistellungsverordnungen** zur Konkretisierung des Anwendungsbereiches des Art. 81 Abs. 3 EG auch zur Auslegung des deutschen Rechts herangezogen werden. Das gilt selbst dann, wenn europäisches Recht und damit auch eine Gruppenfreistellungsverordnung mangels Zwischenstaatlichkeit gar keine Anwendung findet. Insbesondere Vertikalvereinbarungen sind nach EU-Gruppenfreistellungsverordnungen ganz umfassend freigestellt. Auslegungshilfen ergeben sich aus **Leitlinien und Bekanntmachungen** der EU-Kommission zu Art. 81 Abs. 1 und Abs. 3 EG sowie zu den Gruppenfreistellungsverordnungen. Leitlinien und Bekanntmachungen entfalten jedoch nach der zutreffenden herrschenden Auffassung grundsätzlich **keine rechtliche Bindungswirkung** für nationale Kartellbehörden und Gerichte;[35] das wird dadurch unterstrichen, dass der deutsche Gesetzgeber der 7. GWB-Novelle 2005 den ursprünglich im Regierungsentwurf (§ 23 GWB-RegE) vorgesehenen

---

[29] So *Monopolkommission,* Das allgemeine Wettbewerbsrecht in der 7. GWB-Novelle, Tz. 12; ferner *Möschel* WuW 2003, 571.

[30] *Karsten Schmidt* BB 2003, 1243; *Kahlenberg/Haellmigk* BB 2004, 389, 390; *Bechtold* DB 2004, 235, 237.

[31] Vgl. die Kommentierung zu Art. 81 Abs. 1 EG Rn. 193 ff.

[32] *Immenga* ZWeR 2008, 1, 13: nicht jegliche Eigenständigkeit ist aufgegeben; *Fuchs* in: Immenga/Mestmäcker, GWB, § 2 Rn. 35 ff.

[33] Im Einzelnen unten § 2 Rn. 12.

[34] Im Einzelnen unten § 2 Rn. 5.

[35] OLG Düsseldorf WuW/E DE-R 2146, 2151 f. – *Nord-KS/Xella:* „Orientierungshilfe"; OLG München WuW/E DE-R 991, 992 – *Tankstelle Gemering* für die Bagatellbekanntmachung; LG Frankfurt a. M. WuW/E DE-R 1200, 1201 – *Autovermietungsagenturen* für die Bagatellbekanntmachung; LG München I WuW/E DE-R 633, 637 – *Deggendorfer Transportbeton* für die Bagatellbekanntmachung; *Pohlmann* WuW 2005, 1005; *Hartmann-Rüppel/Wagner* ZWeR 2004, 128, 132; *Jestaedt/Bergau* WuW 1998, 119, 131; *Kulka* in: Frankfurter Kommentar Art. 81 Abs. 1, 3 EG-Vertrag Fallgruppen II.1. Rn. 121; *Bauer/de Bronett,* Die EG-Gruppenfreistellungsverordnung für vertikale Wettbewerbsbeschränkungen, Rn. 245; a. A. (für eine Bindungswirkung für nationale Behörden und Gerichte) *Schweda* WuW 2004, 1133, 1139; *Hirsch* ZWeR 2003, 233, 247.

Grundsatz des europafreundlichen Verhaltens u. a. von Gerichten, der eine gewisse Bindungswirkung an Auffassungen der EU-Kommission ausgelöst hätte, ersatzlos gestrichen hat. Jedoch ist die Gutgläubigkeit von Unternehmen im Hinblick auf Leitlinien und Bekanntmachungen selbstverständlich bei der Bußgeldbemessung zu berücksichtigen.[36] Ohnehin existiert eine faktische Bindungswirkung, weil die Praxis der deutschen Kartellbehörden und Gerichte kaum ohne Not von den Vorgaben aus Leitlinien und Bekanntmachungen der Kommission abweichen wird;[37] es entsteht wohl auch spätestens beim BGH die Pflicht, die Frage dem EuGH vorzulegen (Art. 234 EG). **§ 3 GWB** konkretisiert den Anwendungsbereich des § 2 Abs. 1 GWB weiter: § 3 GWB definiert speziell für **Mittelstandskartelle,** wann diese unter die Freistellung des § 2 Abs. 1 GWB fallen. Zu beachten sind außerdem die **branchenspezifischen Ausnahmen** zu § 1 GWB: § 28 Abs. 1 und Abs. 2 GWB **(Landwirtschaft)** und § 30 GWB **(Zeitungen und Zeitschriften).** Insgesamt ist das **Verhältnis** der Verbotsnorm des **§ 1 GWB** und der dazugehörigen Freistellung des **§ 2 GWB** aber weit weniger klar, als dies auf den ersten Blick erscheint. Der Verbotstatbestand des § 1 GWB unterliegt bereits zahlreichen **ungeschriebenen Tatbestandseinschränkungen,** die eine Anwendung des § 2 GWB überflüssig machen.[38]

13   Kartellrecht kann auch schon im **Vorfeld** der wettbewerbsbeschränkenden Vereinbarungen eingreifen. **§ 21 Abs. 2 GWB** verbietet Unternehmen die Androhung oder das Zufügen von Nachteilen, um ein anderes Unternehmen zu einem Verhalten zu veranlassen, das gegen § 1 GWB verstößt. Eine gewisse Vorfeldwirkung erzeugt auch **§ 21 Abs. 1 GWB,** der **Boykottaufforderungen** verbietet. Kommt es zur Umsetzung des Boykottaufrufes, kann § 1 GWB auf die Abstimmung zwischen Verrufer und Adressat angewendet werden. Das gilt auch bei fehlendem Wettbewerbsverhältnis zwischen beiden, weil § 1 GWB auch vertikal veranlasste Wettbewerbsbeschränkungen erfasst.[39] Für horizontal zwischen Wettbewerbern abgesprochene Boykotte gilt § 1 GWB ohnehin. Wird der Boykott zwischen mindestens zwei Beteiligten verabredet, fällt er indessen auch ohne Umsetzung unter § 1 GWB. Früher wurde § 1 GWB in § 22 Abs. 1 GWB a. F. von dem Verbot ergänzt, ein nach § 1 GWB verbotenes Verhalten zu empfehlen. Dieses **Empfehlungsverbot** kam dann zum Tragen, wenn nur eine einseitige Handlung und noch keine Vereinbarung oder kein abgestimmtes Verhalten vorlag. Die 7. GWB-Novelle 2005 hat § 22 Abs. 1 GWB a. F. beseitigt, weil sein Regelungsgehalt dem EU-Kartellrecht fremd ist. Einseitige Empfehlungen kartellrechtswidriger Absprachen lassen sich jetzt nicht mehr vom GWB erfassen.[40]

IV. Praktische Bedeutung

14   Allein für Horizontalvereinbarungen existierte bis zur 7. GWB-Novelle 2005 ein grundsätzliches Verbot (§ 1 GWB a. F.); für Vertikalvereinbarungen galt teilweise eine Missbrauchsaufsicht (§ 16 GWB a. F.), teilweise ein Verbot (§ 14 GWB a. F.).[41] § 1 GWB n. F. spricht zwar auch für Vertikalvereinbarungen ein grundsätzliches Verbot aus. Da wettbewerbsbeschränkende Vertikalvereinbarungen jedoch gemäß § 2 Abs. 1 und Abs. 2 GWB in Verbindung mit der EU-Gruppenfreistellungsvereinbarung für Vertikalvereinbarungen in

---

[36] *Dreher/Thomas* WuW 2004, 8; *Schweda* WuW 2004, 1133, 1138; ferner die Kommentierung von § 81 GWB.

[37] Vgl. nur die Berücksichtigung der „Leitlinien über die Anwendbarkeit von Art. 81 EG-Vertrag auf Vereinbarungen über horizontale Zusammenarbeit" der EU-Kommission durch das BKartA im Rahmen seines Aufgreif- und Verfolgungsermessens im Fall der Einkaufskooperation öffentlicher Hände für Dienstbekleidung, TB 2003/2004, S. 91.

[38] Vgl. dazu unten Rn. 147 ff.

[39] *Schröter* in: Schröter/Jacob/Mederer, Kommentar zum Europäischen Wettbewerbsrecht, Art. 81 Abs. 1 Rn. 190.

[40] Vgl. unten Rn. 60. Eingehend *Wagner-von Papp* WuW 2005, 379, 382 ff.

[41] Eingehend oben Rn. 2 ff.

§ 1. Verbot wettbewerbsbeschränkender Vereinbarungen 15 § 1 GWB

großen Teilen vom Kartellverbot des § 1 GWB ausgenommen sind, wird auch in Zukunft der Schwerpunkt der praktischen Relevanz von § 1 GWB auf Horizontalvereinbarungen liegen.

Für **Horizontalvereinbarungen** (§ 1 GWB a. F.) ging die Bundesregierung in ihrer Begründung zum Entwurf einer 2. GWB-Novelle 1971 davon aus, dass die Kartellierung nicht länger das kartellrechtliche Hauptproblem darstelle.[42] Jedoch ist zu beobachten, dass bis heute einige Branchen Schwierigkeiten haben, mit der teilweise schon aus Zeiten der KartellVO[43] stammenden „**Kartelltradition**"[44] zu brechen. Der Tätigkeitsbericht 2001/2002 des BKartA erwähnt 150 neue Verfahren, von denen 14 zur Aufgabe des beanstandeten Verhaltens, eines durch Untersagungsverfügung und 2 durch Bußgeldbescheide (Zufluss für die Bundeskasse 47,1 Mio. EUR) abgeschlossen wurden.[45] Die LKartBen melden 2001/2002: 235 neue Verfahren, 36 Bußgeldbescheide und eine Aufgabe des beanstandeten Verhaltens in 33 Fällen.[46] Im Berichtszeitraum 2003/2004 verhängte das BKartA knapp EUR 800 Mio. Bußgelder, davon allein EUR 700 Mio. gegen Mitglieder eines Kartells in der Zementbranche; insgesamt wurden 62 neue Verfahren in 2003 und 19 neue Verfahren in 2004 eingeleitet,[47] die LKartBen leiteten 2003/2004 128 neue Verfahren ein und erließen 41 Bußgeldbescheide.[48] 2005/2006 eröffnete das BKartA im Hinblick auf § 1 GWB über 175 Verfahren; darunter waren 7 Hardcorekartelle (Preise, Quoten, Marktaufteilung), 5 Hardcorekartelle wurden in 2005 mit insgesamt EUR 163,9 Mio. und in 2006 mit EUR 4,5 Mio. bebußt.[49] Die Fälle betrafen z. B. den Versicherungssektor, Umzugsspeditionen, Zementhersteller, Transportbetonhersteller, den Pharmagroßhandel und das Tank- und Flaschengasgeschäft,[50] also ganz verschiedene Branchen. Bei den LKartBen waren es 2005/2006 153 neue Verfahren (davon 15 Harcorekartelle) mit 8 Bußgeldbescheiden.[51] Im Jahr 2002 hat das BKartA die **Sonderkommission Kartellbekämpfung** (SKK) eingerichtet. In dieser Abteilung sind spezifische sachliche und personelle Ressourcen gebündelt, die für die erfolgreiche Vorbereitung, Durchführung und Aufbereitung der kartellbehördlichen Ermittlungen erforderlich sind.[52] 2005 wurde zudem die 11. Beschlussabteilung in eine reine Kartellabteilung umgewandelt, die branchenübergreifend Ordnungswidrigkeiten auf der Grundlage von § 1 GWB (und Art. 81 EG) verfolgt.[53] Die praktische Bedeutung des § 1 GWB ist also nach wie vor branchenübergreifend nicht zu unterschätzen, zumal Unternehmen in den Jahrzehnten, seit das Kartellverbot mit dem GWB 1958 in Kraft trat, ein erhebliches Unrechtsbewusstsein entwickelt haben. Einerseits führt das zwar dazu, dass die Unternehmen verstärkt auf „**Compliance**" setzen, wofür teilweise schon in mittleren Unternehmen ein Mitarbeiter, in größeren Unternehmen sogar ganze Abteilungen abgestellt werden; die in diesem Zusammenhang entwickelten sog. **Liniency-Programme** helfen immer öfter, verbotene Absprachen zu verhindern. Jedoch bedingt das gestiegene Unrechtsbewusstsein der Unternehmen auch, dass im Fall von unzulässigen Absprachen diese besser vor Entdeckung geschützt sind und den KartBen daher eine große Anzahl nie bekannt wird. Zusätzlich ist – gerade wegen der zunehmenden Globalisierung – das Phänomen der „**Coopetition**" aufgetreten; Unternehmen sind auf eini-

---

[42] Begr. RegE 2. GWB-Novelle BT DS VI/2520, S. 16.
[43] Dazu oben Rn. 1.
[44] Zimmer in: Immenga/Mestmäcker, GWB, § 1 Rn. 22.
[45] BKartA TB 2001/2002, S. 274.
[46] BKartA TB 1999/2000, S. 223, bzw. TB 2001/2002, S. 275.
[47] BKartA TB 2003/2004, S. 35, 230.
[48] BKartA TB 2003/2004, S. 231.
[49] BKartA TB 2005/2006, S. 32, 230.
[50] BKartA TB 2005/2006, S. 33 f.
[51] BKartA TB 2005/2006, S. 232.
[52] BKartA TB 2001/2002, S. 44 f.
[53] BKartA TB 2005/2006, S. 32.

gen Märkten Konkurrenten, auf anderen kooperieren sie, was Kartellabsprachen begünstigt.[54]

16 **Vertikalvereinbarungen** (§§ 14 bis 18 GWB a. F.) hatten demgegenüber im deutschen Recht stets eine etwas geringere Bedeutung. Naturgemäß spielte dabei das grundsätzliche Verbot von Preis- und Konditionenbindungen (§ 14 a. F.) im Vergleich zur bloßen Missbrauchsaufsicht für Abschlussbindungen (§ 16 GWB a. F.) praktisch die größere Rolle. Was ein **Preisbindungsverbot** zu leisten vermag, zeigte sich 1973: die Preise für Markenwaren sanken nach Abschaffung der Preisbindung in diesem Bereich um 20 bis 35%.[55] Anders als für horizontale Kartelle war das Unrechtsbewusstsein für das Verbot von vertikalen Preis- und Konditionenbindungen zunächst weniger stark ausgeprägt. Das BKartA verhängte immer wieder Bußgelder in namhafter Höhe wegen des Versuchs von Herstellern, mittels wirtschaftlichen Drucks ihre unverbindlichen Preisempfehlungen als gebunden Preise durchzusetzen.[56] 2003/2004 eröffnete das BKartA immerhin 16 neue Verfahren zum Preis- und Konditionenbindungsverbot, 4 Bußgeldbescheide ergingen.[57] Seit der 7. GWB-Novelle 2005 gibt es im GWB kein spezielles Verbot für Preisbindungen mehr, so dass Preisbindungen von § 1 GWB erfasst werden; insoweit gelten dann jedoch gemäß § 2 Abs. 2 GWB insbesondere gewisse Erleichterungen nach den Bestimmungen der Gruppenfreistellungsverordnung für Vertikalvereinbarungen 2790/1999. Die zurückgehende praktische Bedeutung des § 1 GWB für vertikale Preisbindungen zeigt sich daran, dass 2005/2006 schon kein Bußgeld mehr für vertikale Preisbindungen verhängt wurde.[58] – Noch stärker haben vertikale **Konditionenbindungen** an praktischer Relevanz eingebüßt. Diese fallen zwar ebenfalls unter § 1 GWB; § 2 Abs. 2 GWB in Verbindung mit der Gruppenfreistellungsverordnung für Vertikalvereinbarungen 2790/1999 stellt vertikale Konditionenbindungen jedoch in erheblichem Umfang frei.[59] – Die praktische Bedeutung der **Abschlussbindungen** war unter § 16 GWB a. F. als bloßer Missbrauchsaufsicht naturgemäß noch geringer, hat aber auch nach § 1 GWB n. F. nicht wieder zugelegt. In den Jahren 2001/2002 hat das BKartA nur 7 Verfahren auf der Grundlage der Missbrauchsaufsicht des § 16 GWB a. F. eingeleitet, ein Verfahren endete mit einer Untersagung, ein Bußgeld wurde in keinem Fall verhängt. Im Berichtszeitraum 2003/2004 bzw. 2005/2006 gab es auch keine Bußgeldbescheide.[60] Das verwundert schon deshalb nicht, weil ein ganz wesentlicher Teil der wettbewerblichen Beurteilung von Abschlussbindungen über § 2 Abs. 2 GWB in Verbindung mit **Gruppenfreistellungsverordnungen** freigestellt ist, insbesondere über die Gruppenfreistellungsverordnung für Vertikalvereinbarungen 2790/1999, die Gruppenfreistellungsverordnung für den Technologietransfer 773/2004 oder die branchenspezifischen Gruppenfreistellungsverordnung für den Kraftfahrzeugsektor 1400/2002.

17 Die eigenständige Bedeutung der deutschen Regelungen für Horizontal- und Vertikalvereinbarungen hat sich ohnehin mit Inkrafttreten der EU **VO 1/2003** zum **1. Mai 2004** drastisch reduziert. Seitdem verpflichtet Art. 3 Abs. 1 VO 1/2003 zur **parallelen Anwendung von Art. 81 EG** neben dem nationalen Verbot des § 1 GWB in zwischenstaatlichen Sachverhalten, vgl. § 22 Abs. 1 und 2 GWB. Auch räumt Art. 3 Abs. 2 VO 1/2003 dem gesamten **Art. 81 EG** in zwischenstaatlichen Sachverhalten **Vorrang** ein. Wirklich eigenständig kann § 1 GWB damit nur noch auf wettbewerbsbeschränkende Abreden von begrenzter regionaler Bedeutung[61] angewendet werden.

---

[54] Vgl. zu Gemeinschaftsunternehmen und § 1 GWB unten Rn. 201; ferner Anhang zu § 1.
[55] *Schwintowski*, Wettbewerbsrecht, VI. 1. a.
[56] Vgl. nur die beiden Beispiele in BKartA TB 2001/2002, S. 52.
[57] BKartA TB 2003/2004, S. 230; vgl. auch die referierte Fallpraxis des BKartA auf S. 41 f.
[58] BKartA TB 2005/2006, S. 230; bei den LKartBen wurde aber immerhin in 6 Fällen der wirtschaftliche Vorteil abgeschöpft, vgl. aaO. S. 232.
[59] Siehe unten § 2.
[60] BKartA TB 2003/2004, S. 230; TB 2005/2006, S. 230.
[61] Vgl. zur Zwischenstaatlichkeit Art. 81 Abs. 1 EG Rn. 178 ff. und § 3 GWB Rn. 67.

B. Tatbestand

I. Unternehmen und Unternehmensvereinigungen

Schrifttum: *Bechtold,* Die Anwendbarkeit des § 1 GWB auf Zusammenschlüsse des § 23 Abs. 2 Nr. 1–4 GWB, WuW 1977, 460 ff.; *Cramer,* Die Wettbewerbsverbote von Handelsvertretern und ihre kartellrechtliche Beurteilung, FIW-Schriftenreihe Heft 61, 1972; *A. Fuchs,* Kartellrechtliche Grenzen der Forschungskooperationen, Baden-Baden 1989; *M. Fuchs,* Festbetragsfestsetzung im Arzneimittelbereich durch Spitzenverbände der Krankenkassen verstößt nicht gegen europäisches Wettbewerbsrecht, JZ 2005, 87 ff.; *Gassner,* Arzneimittelfestbeträge – Luxemburg locuta – causa finita, WuW 2004, 1028 ff.; *Gromann,* Die Gleichordnungskonzerne im Konzern- und Wettbewerbsrecht, 1979; *Harms,* Konzerne im Recht der Wettbewerbsbeschränkungen, 1968; *Heckelmann,* Der Idealverein als Unternehmer?, AcP 179 (1979), 1 ff.; *Immenga,* Grenzen des kartellrechtlichen Ausnahmebereichs Arbeitsmarkt, München 1989; *Jaeger,* Die gesetzlichen Krankenkassen als Nachfrager im Wettbewerb, ZWeR 2005, 31 ff.; *Köhler,* Zulässigkeit von Wettbewerbsbeschränkungen beim Energievertrieb, WuW 1999, 445 ff.; *Kulka,* Kollektives Arbeitsrecht und Kartellrecht, WuW 1987, S. 5 ff.; *Löwisch,* Günstigkeitsprinzip als Kartellverbot, in: FS Rittner S. 381 ff.; *Lutz,* Die Beurteilung von Einkaufskooperationen nach deutschem Wettbewerbsrecht, WRP 2002, 47 ff.; *Nacken,* Tarifverträge über das Ende der Arbeitszeit und § 1 GWB, WuW 1988, 475 ff.; *Neumann,* Zur Festbetragsfestsetzung durch die Krankenkassen und zu Art. 81 EG, EWiR 2004, 435 ff.; *Jan Bernd Nordemann,* § 12 Kartellrecht, in: Bröcker/Czychowski/Schäfer, Handbuch Geistiges Eigentums im Internet, 2003; *Reysen/Bauer,* Health Insurance and European Competition Law, ZWeR 2004, 568 ff.; *Shoda,* Kartellrecht und Verbraucher, in: FS Rittner, S. 651 ff.; *Scholz,* Tarifautonomie, Arbeitskampf und privatwirtschaftlicher Wettbewerb, in: FS Rittner, S. 629 ff.; *Schroeder,* Die Anwendung des Kartellverbotes auf verbundene Unternehmen, WuW 1988, 274 ff.; *Steinberg,* Urheberrechtliche Klauseln in Tarifverträgen, 1998.

1. Übersicht

Normadressaten der §§ 1 bis 3 GWB sind Unternehmen und Unternehmensvereinigungen. Im Gesetzeswerk selbst findet sich keine Legaldefinition des Unternehmensbegriffs. § 130 Abs. 1 GWB bestimmt lediglich, dass das GWB auch auf Unternehmen der öffentlichen Hand Anwendung findet. Die Legaldefinition in § 14 BGB kann auch nicht direkt im GWB angewendet werden. Schon gesetzestechnisch fehlt es an einer Vorschrift, die die Anwendung des § 14 BGB im GWB anordnet. Im UWG findet sich in § 2 Abs. 2 eine solche Verknüpfung. Ohnehin wird ein einheitlicher, für die gesamte Rechtsordnung geltender Unternehmensbegriff gemeinhin abgelehnt.[62] Grund hierfür ist, dass der Unternehmensbegriff ein Zweckbegriff ist, der nur unter Berücksichtigung des spezifischen Gesetzeszweckes definiert werden kann und daher je nach Zielsetzung des Regelungswerkes variiert.[63] Ziel und Zweck des GWB ist es, die Freiheit des Wettbewerbs auf allen Wirtschaftsstufen und in sämtlichen Wirtschaftsbereichen sicherzustellen.[64] Um dies zu erreichen, knüpft die Rechtsprechung bei der Begriffsbestimmung nicht an das Unternehmen als Institution an, sondern legt einen sehr weit gefassten Unternehmensbegriff zugrunde, den sogenannten **funktionalen Unternehmensbegriff**.[65] – Der funktionale Unterneh-

---

[62] WuW/E BGH 359, 360 – *Gasglühkörper* = BGH NJW 1960, 145, 146; KG WuW/E OLG 322, 323 – *Vereidigte Buchprüfer II* = BB 1960, 385, 385 f.

[63] WuW/E BGH 359, 360 – *Gasglühkörper* = BGH NJW 1960, 145, 146; Möschel Rn. 99.

[64] WuW/E BGH 442, 449 – *Gummistrümpfe* = BGH NJW 1962, 196, 199 f.; WuW/E BGH 1469, 1469 – *Autoanalyzer* = BGH NJW 1976, 1941, 1942; BGH WuW/E DE-R 17, 18 – *Europapokalheimspiele* = BGH NJW 1998, 756, 757; BGH WuW/E DE-R 289, 291 – *Lottospielgemeinschaft* = GRUR 1999, 771, 773; vgl. dazu auch oben Rn. 6.

[65] WuW/E BGH 442, 449 – *Gummistrümpfe* = BGH NJW 1962, 196, 199 f.; WuW/E BGH 1253, 1257 – *Nahtverlegung* = DB 1973, 569, 569; WuW/E BGH 1469, 1469 – *Autoanalyzer* = BGH NJW 1976, 1941, 1942; WuW/E BGH 1474, 1477 – *Architektenkammer* = GRUR 1977, 739, 741;

mensbegriff gilt auch für Art. 81 Abs. 1 EG. Damit laufen **§ 1 GWB und Art. 81 Abs. 1 EG** insoweit **weitgehend parallel.** Es wird deshalb zunächst auf die Kommentierung zu Art. 81 Abs. 1 EG verwiesen.[66] Nachfolgend werden insbesondere deutsche Praxis oder Abweichungen vom europäischen Unternehmensbegriff dargestellt.

2. Unternehmensbegriff

19 **a) Teilnahme am geschäftlichen Verkehr.** Nach dem für das GWB maßgeblichen funktionalen Unternehmensbegriff bedarf es für die Annahme der Unternehmenseigenschaft einer selbstständigen Tätigkeit im geschäftlichen Verkehr, die auf den Austausch von Waren oder gewerblichen Leistungen gerichtet ist und sich nicht auf die Deckung des privaten Lebensbedarfs beschränkt.[67] Von zentraler Bedeutung für die Erfüllung des Tatbestandsmerkmals Unternehmen ist also die Teilnahme am geschäftlichen Verkehr. Das spezifisch unternehmerische an dieser Teilnahme liegt darin, dass eine bestimmte Leistung zu dem Zweck angeboten wird, die gewünschte Gegenleistung zu erhalten.[68] Für Art. 81 Abs. 1 EG wird auf die „wirtschaftliche Betätigung" abgestellt,[69] was gleichbedeutend ist. Ferner laufen der Unternehmensbegriff des GWB und das Tatbestandsmerkmal der (geschäftlichen) Handlung des § 2 Abs. 1 Nr. 1 UWG (früher „Handeln im geschäftlichen Verkehr" gemäß § 1 UWG a. F.) parallel. Deshalb kann die zum UWG vorliegende Fallpraxis und Literatur grundsätzlich auch für die Bestimmung des Unternehmensbegriffs der §§ 1 bis 3 GWB herangezogen werden.[70] Damit wird aber nicht der Unternehmerbegriff der §§ 2 Abs. 2 UWG, 14 BGB eingeführt, weil die geschäftliche Handlung nach § 2 Abs. 1 Nr. 1 UWG nicht deckungsgleich mit dem im UWG verwendeten Unternehmerbegriff ist.

20 Auch nach der Neufassung des GWB durch die 7. GWB-Novelle ist am **tätigkeitsbezogenen Unternehmensbegriff** festzuhalten, zumal er auch europäisch gilt.[71] Schon nach der 6. GWB-Novelle machte der BGH deutlich, dass wie bisher gilt, die Freiheit des Wettbewerbs durch ein möglichst weitgehendes Erfassen geschäftlicher Tätigkeiten durch das Kartellrecht sicherzustellen.[72] Die **Rechtsform,** in der die geschäftliche Tätigkeit ausgeübt wird, ist hierbei unerheblich, weil der funktionale Unternehmensbegriff gerade nicht an das Unternehmen als Institution anknüpft, sondern allein an das (möglicherweise situationsbedingte) Handeln im geschäftlichen Verkehr.[73] Genauso wenig kommt es für die Er-

---

WuW/E BGH 2813, 2818 – *Selbstzahler* = BGH NJW 1993, 789, 791; BGH WuW/E DE-R 17, 18f. – *Europapokalheimspiele* = BGH NJW 1998, 756, 757; BGH WuW/E DE-R 289, 291 – *Lottospielgemeinschaft* = GRUR 1999, 771, 773; *Zimmer* in: Immenga/Mestmäcker, GWB, § 1 Rn. 27; *Möschel* Rn. 100.

[66] Art. 81 Abs. 1 EG Rn. 36 ff.

[67] WuW/E BGH 442, 449 – *Gummistrümpfe* = BGH NJW 1962, 196, 199 f.; WuW/E BGH 1469, 1469 – *Autoanalyzer* = BGH NJW 1976, 1941, 1942; WuW/E BGH 1474, 1477 – *Architektenkammer* = GRUR 1977, 739, 741; BGH WuW/E DE-R 17, 18 f. – *Europapokalheimspiele* = BGH NJW 1998, 756, 757; BGH WuW/E DE-R 289, 291 – *Lottospielgemeinschaft* = GRUR 1999, 771, 773; *Zimmer* in: Immenga/Mestmäcker, GWB, § 1 Rn. 27; *Möschel* Rn. 100.

[68] *Bunte* in: Langen/Bunte, Kommentar zum deutschen und europäischen Kartellrecht, § 1 Rn. 13.

[69] Art. 81 Abs. 1 EG Rn. 38 ff.

[70] Vgl. *Köhler* in: Hefermehl/Köhler/Bornkamm, UWG, Einl. Rn. 6.13; *Nordemann*, Wettbewerbsrecht – Markenrecht, Rn. 103 ff.

[71] Art. 81 Abs. 1 EG Rn. 38 ff.

[72] Sehr deutlich BGH WuW/E DE-R 289, 291 – *Lottospielgemeinschaft* = GRUR 1999, 771, 773.

[73] WuW/E BGH 1142, 1143 – *Volksbühne II* = GRUR 1971, 171, 172; BGH WuW/E DE-R 17 18 f. – *Europapokalheimspiele* = BGH NJW 1998, 756, 757; *Zimmer* in: Immenga/Mestmäcker, GWB, § 1 Rn. 32; *Möschel* Rn. 100.

füllung des Unternehmensbegriffs auf eine **Gewinnerzielungsabsicht** an.[74] So ist beispielsweise ein Hundezuchtverband, der gemeinnützige Ziele verfolgt und dabei keine Gewinnerzielung anstrebt, auf Grund seiner umfangreichen Betätigung auf dem Gebiet von Veräußerung und Zucht als Unternehmen einzuordnen.[75] Die in Frage stehende Tätigkeit bedarf zur Annahme der Unternehmenseigenschaft **keines Mindestumfangs**[76] und muss zudem **nicht hauptberuflich** ausgeübt werden.[77] Der Hauseigentümer, der ein Geschäftslokal verpachtet, verwertet sein Eigentum im geschäftlichen Bereich. Auch wenn dies nur neben seiner eigentlichen beruflichen Tätigkeit erfolgt, nimmt er am geschäftlichen Verkehr teil.[78] Weiterhin kommt es nicht darauf an, dass die ausgeübte Tätigkeit von besonderer **Nachhaltigkeit** oder **Planmäßigkeit** ist, obgleich dies regelmäßig der Fall sein wird.[79] Es genügt daher für die Annahme des Unternehmensbegriffs der einmalige Verkauf eines Grundstücks durch eine Erbengemeinschaft.[80] Bei **stillgelegten Unternehmen** kommt es für den Fortbestand der Unternehmenseigenschaft darauf an, ob in absehbarer Zeit wieder mit einer selbstständigen Betätigung im marktwirtschaftlichen Wettbewerb zu rechnen ist oder ob zumindest eine entsprechende Betätigung möglich erscheint.[81] Der BGH hat dies für eine GmbH angenommen, die ihren eigenen Fabrikationsbetrieb stillgelegt hat, als GmbH aber fortbesteht und über die Herstellungs- und Vertriebsgemeinschaft mit einem anderen Unternehmen weiterhin am Wirtschaftsleben teilnimmt. Hierfür wurde in Rechtsprechung und Lehre der Begriff der **potentiellen Unternehmen** entwickelt, der auch diejenigen Fälle umfasst, in denen die Wettbewerbsbeschränkung gerade für die künftige Marktteilnahme vereinbart wird.[82] So hat das OLG Hamburg einen Trabrennverein, der noch keine Trabrennen veranstaltet hatte, wegen seiner Absicht, künftig Rennen zu veranstalten, als Unternehmen angesehen.[83] Allerdings reicht für die Annahme eines potentiellen Unternehmens allein die theoretische Möglichkeit des Auftretens als Marktteilnehmer nicht aus. Vielmehr ist für die Erfüllung des Unternehmensbegriffs erforderlich, dass konkret damit zu rechnen ist, dass ein solcher Wettbewerb in absehbarer Zeit auch praktisch in Erscheinung treten könnte.[84] Aus alledem folgt, dass Personen, die sich für die Zukunft verpflichten, nicht im geschäftlichen Verkehr tätig zu werden, durchaus den Unternehmensbegriff erfüllen können, da es allein auf die **Möglichkeit künftiger Marktteilnahme** ankommt. Ein Angestellter beispielsweise, der in seiner Eigenschaft als Arbeitnehmer nicht Unternehmer im Sinne des § 1 GWB ist, aber für die Zeit nach Ablauf des Arbeitsverhältnisses auf selbstständige unternehmerische Tätigkeit verzichtet, ist bezüglich dieses Konkurrenzverbotes als Unternehmen zu beurteilen.[85] Allerdings können insoweit geltende gesetzliche Wettbewerbsverbote der Beurteilung nach dem GWB aus anderen Gründen entzogen sein.[86]

---

[74] WuW/E BGH 1142, 1143 – *Volksbühne II* = GRUR 1971, 171, 172; WuW/E BGH 1725, 1726 – *Deutscher Landseer Club*; weniger klar im EU-Recht, vgl. Art. 81 Abs. 1 EG Rn. 41.
[75] WuW/E BGH 1725, 1726 – *Deutscher Landseer Club*; insb. auch KG WuW/E OLG 2028, 2030.
[76] OLG Düsseldorf WuW/E OLG 888, 889 – *Gaststättenpacht*.
[77] WuW/E BGH 1246, 1247 – *Feuerwehrschutzanzüge* = BGH NJW 1973, 94, 95; OLG Düsseldorf WuW/E OLG 1793, 1793.
[78] OLG Düsseldorf WuW/E OLG 1793, 1793.
[79] *Zimmer* in: Immenga/Mestmäcker, GWB, § 1 Rn. 36; *Möschel* Rn. 100.
[80] BGH WuW/E DE-R 349, 350 – *Beschränkte Ausschreibung* = WRP 1999, 1289, 1290.
[81] WuW/E BGH 359, 361 – *Gasglühkörper* = BGH NJW 1960, 145, 146.
[82] KG WuW/E OLG 357, 359 – *Hafenpacht*; LG Dortmund WuW/E LG/AG 467, 467; WuW/E BKartA 1389, 1392 – *Butter-Exportkontor*; *Hootz* in: Gemeinschaftskommentar § 1 Rn. 32; *Zimmer* in: Immenga/Mestmäcker, GWB, § 1 Rn. 43; *Huber/Baums* in: Frankfurter Kommentar § 1 a. F. Rn. 46.
[83] OLG Hamburg WuW/E OLG 2775, 2776 – *Hauptverband für Traberzucht und -rennen*.
[84] LG Düsseldorf WuW/E LG/AG 225, 226 – *Rinderbesamungsgenossenschaft*.
[85] *Hootz* in: Gemeinschaftskommentar § 1 Rn. 24.
[86] Vgl. dazu unten Rn. 155 ff.

21 **b) Privates Handeln.** Mit dem Abstellen auf eine „Teilnahme am geschäftlichen Verkehr" sollen in erster Linie die Bereiche des privaten Handelns und des rein hoheitlichen Handelns aus dem Anwendungsbereich des GWB herausgenommen werden.[87] Nach ständiger Rechtsprechung ist der **private Endverbraucher vom Unternehmensbegriff ausgeschlossen.** Es liefe dem Gesetzeszweck zuwider, würden private Verbraucher, deren bestmögliche persönliche Bedarfsdeckung durch das Kartellverbot gerade bezweckt wird, selbst dem Anwendungsbereich des GWB unterfallen.[88] Das hierfür erforderliche Recht des Verbrauchers auf freie und gleichberechtigte Vertragsgestaltung wird gerade durch den Wettbewerb verwirklicht.[89] So können sich beispielsweise private Endverbraucher beim Heizöleinkauf zu einer Einkaufsgemeinschaft zusammenschließen, um auf diese Weise Mengenrabatte zu erzielen, ohne dass sie dem Kartellverbot unterstellt werden.[90] Der einzelne Theaterbesucher erfüllt beim Eintrittskartenkauf nicht den Unternehmensbegriff des GWB; anders liegt der Fall aber, wenn sich die Theaterbesucher zu einer Organisation zusammenschließen, die dann große Mengen an Theaterkarten einkauft, um sie an ihre Mitglieder weiterzuverteilen.[91] So wie der Verbraucher als solcher kein Unternehmer ist, kann jedoch auch ein Interessenverband dieser Verbraucher (Verbraucherzentrale) nicht als Unternehmen angesehen werden.[92] Die Abgrenzung, ob das Verhalten einer Organisation von privaten Nachfragern noch außerhalb des Anwendungsbereichs des Kartellverbots liegt – wie bei der Verbraucherzentrale[93] – oder schon unternehmerischem Handeln zuzuordnen ist – wie bei der Theaterkartenvermittlung[94] – bestimmt sich nach Art und Umfang der Tätigkeit.[95] Es kommt entscheidend darauf an, ob die Tätigkeit ein Ausmaß erreicht, das sich von der üblichen, aus der privaten Lebensführung erwachsenden Berührung mit wirtschaftlichen Vorgängen deutlich unterscheidet.[96] Überwiegend wird angenommen, dass konzertierte Aktionen voneinander unabhängiger Privatpersonen, wie zum Beispiel ein Käuferboykott, nicht von den Vorschriften des GWB, sondern allenfalls von § 826 BGB erfasst werden.[97]

22 Für die Erfüllung des tätigkeitsbezogenen Unternehmensbegriffs in § 1 GWB kommt es **nicht** darauf an, dass die natürliche Person **in jeder Beziehung Unternehmen** ist; gerade das Abstellen auf die Tätigkeit ermöglicht es, Einzelpersonen in den Anwendungsbereich des GWB einzubeziehen, die nur im Hinblick auf eine bestimmte Tätigkeit als Unternehmen agieren, sonst aber Hoheitsträger oder Privatpersonen sein können.[98] Zum Beispiel handelt eine Musiklehrerin, die sich von einer Musikschule Unterrichtsverträge vermitteln lässt, in dieser Beziehung als Unternehmen;[99] der Betreiber eines Ein-Mann-

---

[87] WuW/E BGH 1142, 1143 – *Volksbühne II* = GRUR 1971, 171, 172; *Bechtold* § 1 Rn. 6, 10; *Zimmer* in: Immenga/Mestmäcker, GWB, § 1 Rn. 28; *Möschel* Rn. 100; *Bunte* in: Langen/Bunte, § 1 Rn. 17.

[88] WuW/E BGH 442, 449 – *Gummistrümpfe* = BGH NJW 1962, 196, 199f; WuW/E BGH 1142, 1143 – *Volksbühne II* = GRUR 1971, 171, 172; WuW/E BGH 1725, 1726 – *Deutscher Landseer Club*; KG WuW/E OLG 2028, 2029; *Zimmer* in: Immenga/Mestmäcker, GWB, § 1 Rn. 28; *Huber/Baums* in: Frankfurter Kommentar § 1 a. F. Rn. 43.

[89] *Shoda* in: FS Rittner, 1991, S. 651, 653.

[90] *Köhler* WuW 1999, 445, 458.

[91] WuW/E BGH 1142, 1143 – *Volksbühne II* = GRUR 1971, 171, 172.

[92] WuW/E BGH 1919, 1923 – *Preisvergleich* = BGH NJW 1981, 2304, 2305; OLG Hamburg WuW/E OLG 2092, 2092.

[93] WuW/E BGH 1919, 1923 – *Preisvergleich* = BGH NJW 1981, 2304, 2305; OLG Hamburg WuW/E OLG 2092, 2092.

[94] WuW/E BGH 1142, 1143 – *Volksbühne II* = GRUR 1971, 171, 172.

[95] *Möschel* Rn. 103.

[96] WuW/E BGH 1725, 1726 – *Deutscher Landseer Club*; KG WuW/E OLG 2028, 2029.

[97] *Köhler* WuW 1999, 445, 458; *Zimmer* in: Immenga/Mestmäcker, GWB, § 1 Rn. 28; *Huber/Baums* in: Frankfurter Kommentar § 1 a. F. Rn. 43.

[98] *Möschel* Rn. 102, der hier treffend den Begriff der „relativen Unternehmen" verwendet.

[99] WuW/E BGH 1661, 1663 – *Berliner Musikschule* = BGH NJW 1980, 1046, 1046.

Geschäfts für Feuerlöschgeräte[100] fällt genauso unter den Unternehmensbegriff wie der Verpächter einer Gaststätte, der einen Automatenaufstellungsvertrag abschließt, da er bezüglich der Automatenaufstellung als Nachfrager für die Automatenaufstellung auftritt und die unternehmerische Entscheidung des Gaststättenpächters damit vorwegnimmt;[101] die Witwe, die lediglich aus der Verpachtung ihrer Gaststätte ihren Lebensunterhalt zieht, betätigt sich unternehmerisch;[102] gleiches gilt für den **Patentinhaber,** der kein gewerbliches Unternehmen betreibt, sondern sich auf die Auswertung seiner Erfindungen, Kenntnisse und Erfahrungen beschränkt, da die ausgeübte Tätigkeit gewerbliche Leistungen betrifft und nicht lediglich den eigenen Bedarf als Verbraucher befriedigt.[103] Für die Unternehmenseigenschaft genügt hingegen nicht, dass der Betreffende auf einem anderen Gebiet unternehmerisch tätig ist, das weder im **rechtlichen noch in wirtschaftlichem Zusammenhang** mit der konkret zu beurteilenden Tätigkeit steht. Die Tatsache, dass jemand eine gewerbliche Autovermietung betreibt, sagt über die gleichzeitige Verpachtung eines Geschäftslokals nichts aus.[104]

Die Tätigkeit von **Idealvereinen** wird grundsätzlich dem Bereich des privaten Handelns zugeordnet und unterfällt damit nicht dem Kartellverbot des § 1 GWB. Dies gilt jedoch nur, sofern dabei allein die ideellen Interessen der Mitglieder verfolgt werden. Amateursportvereine beispielsweise nehmen solange nicht am geschäftlichen Verkehr teil, wie die Interessenvertretung der Mitglieder auf sportlichem Gebiet im Vordergrund steht.[105] Gerade **Sportvereine** betätigen sich aber in vielfältiger Weise auf dem Wirtschaftsmarkt, sei es in Form des Verkaufs von Eintrittskarten für Sportveranstaltungen, der Vergabe von Fernsehübertragungsrechten oder der Bereitstellung von Werbemöglichkeiten. In dieser Hinsicht sind sie als Unternehmen zu beurteilen.[106] **Berufssportler,** die neben sportlichen Zielen auch Erwerbszwecke verfolgen, sind als Unternehmen anzusehen.[107] Das gilt allerdings richtigerweise nur für solche Sportler, die individuell an Profi-Wettkämpfen teilnehmen. Innerhalb einer **Profi-Mannschaft** sind sie keine Unternehmen, hier ist nur der die Mannschaft tragende Verein Unternehmen. Eine Ausnahme ist aber zu machen, wenn Mannschaftssportler sich individuell betätigen, beispielsweise als Werbefigur oder im Zuge eines individuellen Wechsels von einer Mannschaft zu einer anderen.[108] Dagegen werden Amateursportler nie unternehmerisch tätig, sofern ihnen die wirtschaftliche Vermarktung ihrer sportlichen Fähigkeiten verboten ist.[109] Unternehmerisch tätig sind die **Domainregistrare** im Internetbereich wie die DENIC für die „.de-Domains"[110] oder die ICANN für internationale TOP-Level-Domains.[111] Bei **Wirtschafts- und Berufsvereinigungen** ist es eine Frage des Einzelfalls, ob sich der Verband selbst hinreichend unternehmerisch be-

---

[100] WuW/E BGH 1246, 1247 – *Feuerwehrschutzanzüge* = BGH NJW 1973, 94, 95.
[101] WuW/E BGH 1521, 1522 – *Gaststättenverpachtung.*
[102] OLG Düsseldorf WuW/E OLG 888, 888 f. – *Gaststättenpacht.*
[103] WuW/E BGH 1253, 1257 – *Nahtverlegung* = DB 1973, 569, 569.
[104] WuW/E BGH 1521, 1521 – *Gaststättenverpachtung.*
[105] OLG Frankfurt WuW/E OLG 2784, 2784 – *Aikido-Verband;* vgl. auch EuGH GA Cosmas Slg. 2000, I – 2549 Rn. 104 – *Deliège.*
[106] WuW/E BGH 2406, 2408 – *Inter-Mailand-Spiel* = BGH NJW 1987, 3007, 3008; BGH WuW/E DE-R 17, 18 – *Europapokalheimspiele* = BGH NJW 1998, 756, 757; KG WuW/E OLG 1429, 1431 – *Deutscher Fußball Bund;* Heckelmann AcP 179 (1979) 1, 7; *Schürnbrand* ZWeR 2005, 396, 405. Ferner Art. 81 Abs. 1 EG Rn. 53.
[107] WuW/E BKartA 357, 359 – *Berufsboxer.*
[108] Siehe Kommentierung Art. 81 Abs. 1 EG Rn. 53; ferner *Schürnbrand* ZWeR 2005, 396, 405 mwN.
[109] *Zimmer* in: Immenga/Mestmäcker, GWB, § 1 Rn. 59.
[110] *J. B. Nordemann* in: Czychowski/Bröcker/Schäfer, § 12 Rn. 18.
[111] *Bücking* GRUR 2002, 27, 28; *J. B. Nordemann* in: Bröcker/Czychowski/Schäfer, § 12 Rn. 189; für den Vorgänger der ICANN, das IHAC auch *J. B. Nordemann/Czychowski/Grüter* NJW 1997, 1897, 1899.

tätigt.¹¹² – Auch wenn Idealvereine selbst nicht unternehmerisch tätig sind, können sie als **Unternehmensvereinigung** Adressat des § 1 GWB sein.¹¹³

24 Für die **Gesellschaft bürgerlichen Rechts** (GbR) gemäß § 705 BGB gilt Ähnliches. Maßgeblich ist auf die Tätigkeit der Gesellschaft abzustellen. Wird ein ideeller, nicht wirtschaftlicher Zweck verfolgt, so unterfällt das Handeln der GbR nicht dem Kartellverbot. Sobald aber am geschäftlichen Verkehr teilgenommen wird, ist wiederum die Unternehmenseigenschaft zu bejahen.¹¹⁴ **Personenhandelsgesellschaften** und **Kapitalgesellschaften** sind grundsätzlich in allen Tätigkeitsbereichen Unternehmen im Sinne des GWB, da sie regelmäßig entsprechend ihres Gesellschaftszwecks am geschäftlichen Verkehr teilnehmen bzw. die konkrete Möglichkeit zur Teilnahme haben.¹¹⁵ Was die Gesellschafter selbst anbetrifft, so ist davon auszugehen, dass der einzelne **persönlich haftende Gesellschafter** zumindest als potentielles Unternehmen anzusehen ist, solange sein Handeln nicht alleine der privaten Bedarfsdeckung dient.¹¹⁶ Daher verliert auch der Einzelhandelskaufmann, der sich mit anderen zu einer Gesellschaft zusammenschließt, nicht seine Unternehmenseigenschaft.¹¹⁷ Die Vereinbarung eines Wettbewerbsverbots zwischen Gesellschaft und ausscheidendem Gesellschafter stellt eine Absprache zwischen Unternehmen dar und ist an § 1 GWB zu messen.¹¹⁸ Auch der **Kommanditist,** der nur kapitalistisch beteiligt ist, ist als Unternehmen oder zumindest als potentielles Unternehmen anzusehen, wenn zwischen ihm und der Kommanditgesellschaft ein Wettbewerbsverbot vereinbart wird.¹¹⁹ Gleiches gilt für einen **GmbH-Geschäftsführer,** der ein Wettbewerbsverbot eingeht.¹²⁰

25 Bei der Frage nach der Unternehmenseigenschaft von **Handelsvertretern** sind der Bereich der Vermittlungstätigkeit und seine Stellung als Vertragspartner des Vertretervertrages auseinander zu halten. Der Handelsvertreter wird auf dem Markt tätig, indem er zwischen seinem Geschäftsherrn und dem Nachfragenden Warenumsatzgeschäfte vermittelt. Der Handelsvertreter handelt dabei in fremdem Namen auf fremde Rechnung und ist an die Vorgaben und Weisungen des Geschäftsherrn gebunden.¹²¹ Ein solcher Handelsvertreter ist zwar rechtlich selbstständig, nicht aber wirtschaftlich. Das dürfte auch der neueren Rechtsprechung des EuG entsprechen, das Beschränkungen der Vermittlungsleistungen des Handelsvertreters durch den Prinzipal schon deshalb nicht unter Art. 81 Abs. 1 EG fassen wollte, weil der Handelsvertreter als Vertragspartner gar kein „Unternehmen" sei. Im konkreten Fall ging es um KfZ-Handelsvertretern erteilte Anweisungen, nicht (bzw. nur gegen Anzahlung) an Kunden außerhalb des Vertragsgebiets zu verkaufen, sowie um Beschränkungen bei der Belieferung von Fremdleasinggesellschaften.¹²² – Bezogen auf die Erbringung seiner Vermitt-

---

¹¹² Vgl. § 22 Rn. 201.
¹¹³ Siehe Rn. 37 ff.
¹¹⁴ *Bechtold,* GWB, § 1 Rn. 7.
¹¹⁵ *Zimmer* in: Immenga/Mestmäcker, GWB, § 1 Rn. 51.
¹¹⁶ *Zimmer* in: Immenga/Mestmäcker, GWB, § 1 Rn. 52; a. A. *Huber/Baums* in: Frankfurter Kommentar § 1 Rn. 50.
¹¹⁷ *Zimmer* in: Immenga/Mestmäcker, GWB, § 1 a. F. Rn. 52 ff.; dies lässt sich auch aus WuW/E BGH 519, 521 – *Kino* = BGH NJW 1963, 646, 649 ableiten.
¹¹⁸ WuW/E BGH 1517, 1518 – *Gabelstapler* = BGH NJW 1978, 1001; vgl. zur Beurteilung von Wettbewerbsverboten, unten Rn. 155 ff.
¹¹⁹ WuW/E BGH 519, 521 – *Kino* = BGH NJW 1963, 646, 649; *Zimmer* in: Immenga/Mestmäcker, GWB, § 1 Rn. 54.
¹²⁰ OLG Düsseldorf WuW/E DE-R 585, 587 *Kfz-Werkstätten*.
¹²¹ Im einzelnen ist die Definition, wer kartellrechtlich als Handelsvertreter anzusehen ist, insbesondere auf EU-Ebene noch unklar; siehe hierzu eingehend Rn. 174.
¹²² EuG WuW/E EU-R 933 – *DaimlerChrysler*. Dazu *Eilmansberger* ZWeR 2006, 64; *Pfeffer/Wegner* EWS 2006, 296; *Nolte* WuW 2006, 252; kritisch *Rittner* ZWeR 2006, 331. Ferner eingehend Art. 81 Abs. 1 EG Rn. 59.

lungsleistung wird der Handelsvertreter jedoch im geschäftlichen Verkehr tätig und ist damit als Unternehmen anzusehen.[123] Auf Ausschließlichkeits- und Wettbewerbsverbotsklauseln zu Lasten des Handelsvertreters kann deshalb § 1 GWB grundsätzlich angewendet werden.[124] Der Handelsvertreter ist ferner im Verhältnis zum Geschäftsherrn Unternehmen, wenn er seine Vermittlertätigkeit mit dem Ziel, einen Vertretervertrag abzuschließen, am Markt anbietet.[125] Auch bei Anwendung von § 1 GWB sind aber mögliche Tatbestandsreduktionen bzw. die Freistellungsmöglichkeit nach § 2 GWB zu beachten.[126]

c) Arbeitnehmer, Gewerkschaften. Der einzelne **Arbeitnehmer** erfüllt nicht den Unternehmensbegriff, da abhängige Arbeit keine, wie die Rechtsprechung fordert, selbstständige Tätigkeit im geschäftlichen Verkehr darstellt.[127] Im EU-Recht gilt nichts anderes.[128] Die Anwendung des tätigkeitsbezogenen funktionalen Unternehmensbegriffs führt auch im Bereich der abhängigen Arbeit dazu, dass ein Arbeitnehmer, der als solcher nicht Unternehmen ist, in anderer Beziehung, wie zum Beispiel bei einer selbstständigen Nebentätigkeit, durchaus als Unternehmen im Sinne des GWB tätig werden kann.[129]

Gewerkschaften erfüllen, sofern sie lediglich bei der Regelung der Lohn- und Arbeitsbedingungen ihrer Mitglieder tätig werden, nicht den Unternehmensbegriff des § 1 GWB.[130] Dies wird zum einen damit begründet, dass ihre Tätigkeit in diesem Bereich nicht auf den Austausch von Waren oder gewerblichen Leistungen gerichtet ist,[131] ergibt sich zum anderen aber auch aus verfassungsrechtlichen Gründen. Art. 9 Abs. 3 GG garantiert den Tarifvertragsparteien das Recht auf selbstständige Regelung der Lohn- und Arbeitsbedingungen. Soweit sich die Tätigkeit der Gewerkschaften auf diesen Kernbereich der Tarifautonomie bezieht, ist eine Anwendung des GWB ausgeschlossen.[132] Im Rahmen von **Tarifverträgen** kann das GWB daher allenfalls auf die beteiligten Arbeitgeber als Unternehmen abstellen.[133] Betätigt sich eine Gewerkschaft dahingegen auf wirtschaftlichem Gebiet durch den Austausch von Leistungen, so steht die Unternehmenseigenschaft außer Frage. Zum Beispiel handelt eine Gewerkschaft als Unternehmen, wenn sie eine Sterbekasse einrichtet, die ihren Mitgliedern bei Sterbefällen einen Zuschuss zu den Bestattungskosten gewährt. Die Tatsache, dass damit ausschließlich gemeinnützige Zwecke verfolgt werden, ist für die Erfüllung des Unternehmensbegriffs irrelevant.[134]

d) Arbeitnehmerähnliche Personen. Inwiefern **arbeitnehmerähnliche Personen** unter das GWB fallen, ist noch weitgehend ungeklärt. Teilweise wird sogar befürwortet, arbeitnehmerähnliche Personen grundsätzlich als Unternehmen einzustufen.[135] Das kann aber nicht überzeugen. Die Grundsätze über die **Anwendbarkeit des GWB** auf Arbeitnehmer gelten vielmehr auch für diejenigen Berufsgruppen, die unter dem Sammelbegriff

---

[123] *Huber/Baums* in: Frankfurter Kommentar § 1 a. F. Rn. 54; *Zimmer* in: Immenga/Mestmäcker, GWB, § 1 Rn. 55; siehe auch die Kommentierung zu Art. 81 Abs. 1 EG Rn. 59.
[124] So auch für Art. 81 Abs. 1 EuGH WuW/E EU-R 1215 Tz. 62 – *Confederación/CEPSA*. Näher Art. 81 Abs. 1 EG Rn. 59.
[125] *Cramer* S. 90.
[126] Siehe Rn. 173 f.
[127] WuW/E BGH 1841, 1842 – *Ganser-Dahlke* = BGH NJW 1981, 1512, 1513.
[128] Art. 81 Abs. 1 EG Rn. 57.
[129] *Zimmer* in: Immenga/Mestmäcker, GWB, § 1 Rn. 39; *Bunte* in: Langen/Bunte, § 1 Rn. 27; *Huber/Baums* in: Frankfurter Kommentar § 1 a. F. Rn. 52.
[130] BAG WuW/E VG 347, 348 = DB 1989, 2228, 2230; *Immenga* S. 46; *Zimmer* in: Immenga/Mestmäcker, GWB, § 1 Rn. 63; *Huber/Baums* in: Frankfurter Kommentar § 1 a. F. Rn. 76.
[131] *Huber/Baums* in: Frankfurter Kommentar § 1 a. F. Rn. 76.
[132] BAG WuW/E VG 347, 348 = DB 1989, 2228, 2230; KG WuW/E 4531, 4534 – *Ladenöffnungszeit*; auch *Immenga* S. 29 f.; *Scholz* in: FS Rittner, S. 629, 631, 633 f.
[133] Vgl. zu Tarifverträgen und § 1 unten, Rn. 190 ff. Ferner Art. 81 Abs. 1 EG Rn. 58.
[134] OLG Hamburg WuW/E OLG 79, 80 – *Gewerkschafts-Sterbekasse*. Siehe auch oben Rn. 20.
[135] *Steinberg* S. 157 f.; möglicherweise auch *Bunte* in: Langen/Bunte, § 1 Rn. 27.

der arbeitnehmerähnlichen Personen (§ 12a TVG) zusammengefasst werden, da die große Ähnlichkeit zwischen Arbeitnehmern und arbeitnehmerähnlichen Personen keine unterschiedliche Behandlung rechtfertigt.[136] Es handelt sich um Personen, die wirtschaftlich abhängig und vergleichbar einem Arbeitnehmer sozial schutzbedürftig sind.[137] Zwar werden die arbeitnehmerähnlichen Personen entsprechend der Definition in § 12a TVG nicht auf Grund eines Arbeitsvertrages, sondern auf Grund eines Dienst- oder Werkvertrages für ein Unternehmen tätig und stehen damit den freiberuflich tätigen Personen nahe. Anders als die Freiberufler sind sie aber von dem Unternehmen wie ein Arbeitnehmer wirtschaftlich abhängig, da sie einen großen Teil ihres Einkommens über ihren Auftraggeber bestreiten (§ 12a Abs. 1 Nr. 1b TVG). Die soziale Schutzbedürftigkeit der Arbeitnehmerähnlichen ergibt sich daraus, dass sie ausschließlich auf die durch ihre Tätigkeit erzielten Einkünfte zur Sicherung ihrer wirtschaftlichen Existenz angewiesen sind. Die Ähnlichkeit zwischen arbeitnehmerähnlichen Personen und Arbeitnehmern zeigt sich insbesondere darin, dass sie die geschuldete Leistung persönlich und im Wesentlichen ohne Mitarbeit von Arbeitnehmern erbringen. Was den Abschluss von **Tarifverträgen** anbetrifft, so können sich diejenigen arbeitnehmerähnlichen Personen, die in gleicher Weise wie Arbeitnehmer schutzbedürftig sind, auf die Tarifautonomie gemäß Art. 9 Abs. 3 GG berufen.[138] Dies wird durch § 12a TVG, der eine Gleichstellung von Arbeitnehmern und arbeitnehmerähnlichen Personen normiert, einfachgesetzlich konkretisiert. Aber auch hier gilt, wie schon beim Arbeitnehmerbegriff gezeigt,[139] dass Tarifverträge trotz der verfassungsrechtlichen Garantie wegen der Unternehmenseigenschaft der beteiligten Arbeitgeber nicht uneingeschränkt vom Anwendungsbereich des Kartellrechts ausgenommen sind.

29 **e) Freie Berufe.** Der Begriff der **freien Berufe** stellt keinen einheitlichen Oberbegriff für bestimmte Berufsgruppen dar.[140] Maßgebend für die freiberufliche Tätigkeit ist die selbstständige und eigenverantwortliche Ausübung des Berufs unter Einsatz eigener beruflicher Fähigkeiten außerhalb eines öffentlichen oder privaten Dienst- oder Arbeitsverhältnisses.[141] Entsprechende Tätigkeitsfelder sind vor allem im Bereich des Gesundheits- und Rechtswesens angesiedelt.[142] Hatte der BGH anfangs noch zögerlich formuliert, dass die Angehörigen freier Berufe nicht schlechthin von den Bestimmungen des GWB auszunehmen sind,[143] so ist heute nach deutschen Rechtsprechung,[144] die insoweit mit dem EU-Recht übereinstimmt,[145] davon auszugehen, dass die Angehörigen der freien Berufe grundsätzlich als Unternehmen anzusehen sind. Auch im Bereich der freiberuflichen Betätigung gilt der funktionale Unternehmensbegriff, so dass den Freiberuflern dann Unternehmernehmenseigenschaft zukommt, wenn sie mit ihren Leistungen am Wirtschaftsleben teilnehmen und untereinander oder mit Dritten in Wettbewerb treten. Als Unternehmen

---

[136] *Bunte* in: Langen/Bunte, § 1 Rn. 27, vgl. aber zum Verhältnis von Tarifverträgen arbeitnehmerähnlicher Personen zu § 1 GWB unten Rn. 190ff.
[137] § 12a Abs. 1 TVG.
[138] *Wank* in: Wiedemann § 12a TVG Rn. 5; *Kempen* in: Kempen/Zachert § 12a TVG Rn. 3.
[139] Oben Rn. 27.
[140] BVerfGE 46, 224, 225f. = BVerfG NJW 1978, 365, 367.
[141] BVerfGE 46, 224, 225f. = NJW 1978, 365, 367; *Bunte* in: Langen/Bunte, § 1 Rn. 23; *Huber/Baums* in: Frankfurter Kommentar § 1 a. F. Rn. 58.
[142] *Huber/Baums* in: Frankfurter Kommentar § 1 a. F. Rn. 58.
[143] WuW/E BGH 647, 650f. – *Rinderbesamung* = BGH NJW 1965, 500, 502; WuW/E BGH 1474, 1476 – *Architektenkammer* = GRUR 1977, 739, 741.
[144] WuW/E BGH 647, 650f. – *Rinderbesamung* = BGH NJW 1965, 500, 502; WuW/E BGH 1325, 1325f. – *Schreibvollautomat* = BGH NJW 1974, 2236; WuW/E BGH 1469, 1469f. – *Autoanalyzer* = BGH NJW 1976, 1941, 1942; WuW/E BGH 1474, 1477 – *Architektenkammer* = GRUR 1977, 739, 741; WuW/E BGH 1980, 1980 – *Ingenieurvertrag* = BGH NJW 1983, 1493, 1494; WuW/E BGH 2326, 2328 – *Guten Tag-Apotheke II* = BGH NJW-RR 1987, 485, 486.
[145] Art. 81 Abs. 1 EG Rn. 51.

§ 1. Verbot wettbewerbsbeschränkender Vereinbarungen 30 § 1 GWB

sind im Einzelnen folgende Berufsgruppen anzusehen: **Apotheker**;[146] **Ärzte**[147] bezüglich der Nachfrage nach Laborleistungen,[148] bei der Abstimmung von Gebühren untereinander[149] oder bei wettbewerbsbeschränkenden Maßnahmen gegen nicht zum Berufsstand gehörende Dritte;[150] **Architekten**;[151] **Ingenieure**, die Ingenieur- und Statikerleistungen anbieten;[152] **Rechtsanwälte** bei ihrer Nachfragetätigkeit zur Befriedigung des Bürobedarfs,[153] aber auch allgemein bei der Mandantenbetreuung;[154] **Tierärzte**;[155] **Buchprüfer und -revisoren**.[156] – Handlungen der Berufsvereinigungen der Freiberufler kann aber die Unternehmenseigenschaft fehlen, wenn sie als verlängerter Arm des nationalen Gesetzgebers auftreten.[157]

f) **Künstler, Wissenschaftler, Erfinder, Verwertungsgesellschaften.** Nach der Rechtsprechung liegt die **künstlerische Betätigung** als solche außerhalb des geschäftlichen Verkehrs und ist nicht als unternehmerisch zu qualifizieren. Erst wenn der Künstler oder Wissenschaftler das Werk wirtschaftlich verwerte, nehme er am Geschäftsverkehr teil und sei unternehmerisch tätig.[158] Das ist etwas missverständlich. Eine grundsätzliche Herausnahme der eigentlichen wissenschaftlichen oder künstlerischen Betätigung aus § 1 GWB kann damit nicht gemeint sein. Auch die Verabredung zwischen Künstlern, dass ein bestimmtes Werk gar nicht entstehen soll, z.B. weil der andere Künstler einen Preisverfall für ein eigenes Werk befürchtet, ist eine für den geschäftlichen Verkehr und den darin stattfindenden Wettbewerb eine relevante Handlung. Nur wenn eine Verwertung des Gegenstandes der Abrede zwischen Künstlern ohnehin unmöglich ist (z.B. Spontankunst, die nach dem Session sofort vernichtet wird) oder wenn die Abrede von Künstlern ihre Rechtfertigung ausschließlich im künstlerischen Bereich findet, sollte mit Rücksicht auf Art. 5 Abs. 3 GG das GWB grundsätzlich zurückstehen. Dass die Marktteilnahme im künstlerischen Bereich teilweise nur gelegentlich erfolgt, ist für die Annahme der Unternehmenseigenschaft unschädlich.[159] Ein Verstoß gegen § 1 GWB kann dann aber an der Spürbarkeit scheitern. Als Unternehmen ist beispielsweise der Rundfunkredakteur angesehen worden, der sich nebenberuflich als **Sänger** betätigt;[160] genauso eine **freischaffende Musiklehrerin**;[161] der **Inhaber** eines **Theaterbetriebes**, der die künstlerischen Leistungen seiner

---

[146] WuW/E BGH 2326, 2328 – *Guten Tag-Apotheke II* = BGH NJW-RR 1987, 485, 486; WuW/E BGH 2688, 2690 – *Warenproben in Apotheken* = GRUR 1991, 622, 623; OLG Stuttgart WuW/E OLG 545, 552 – *Rabattverbot der Apothekenkammer;* KG WuW/E OLG 4008, 4009 – *Apothekenkammer Bremen;* OLG Bremen WuW/E OLG 4367, 4368 – *Proben apothekenüblicher Waren.*
[147] EuGH WuW/E EU-R 357 – *Pavel Pavlov* = Slg. 2000, I-6451; OLG Frankfurt WuW/E OLG 1976, 1978 – *Vergütungen der Krankenhäuser für ambulante ärztliche Sachleistungen.*
[148] WuW/E BGH 1469, 1469 f. – *Autoanalyzer* = BGH NJW 1976, 1941, 1942.
[149] OLG München WuW/E OLG 3395, 3395 f. – *Orthopäden.*
[150] KG WuW/E OLG 1687, 1689 f. – *Laboruntersuchungen.*
[151] WuW/E BGH 1474, 1477 – *Architektenkammer* = GRUR 1977, 739, 741.
[152] WuW/E BGH 1980, 1980 – *Ingenieurvertrag* = BGH NJW 1983, 1493, 1494.
[153] WuW/E BGH 1325, 1325 f. – *Schreibvollautomat* = BGH NJW 1974, 2236.
[154] EuGH WuW/E EU-R 533, 537 – *Wouters* = NJW 2002, 877.
[155] WuW/E BGH 647, 650 f. – *Rinderbesamung* = BGH NJW 1965, 500, 502.
[156] KG WuW/E OLG 322, 323 f. – *Vereidigte Buchprüfer II* = BB 1960, 385, 385 f.
[157] Vgl. dazu unten Rn. 186 ff.
[158] WuW/E BGH 127, 131 – *Gesangbuch* = BGHZ 19, 72, 77 f.; WuW/E BGH 1142, 1142 – *Volksbühne* = GRUR 1971, 171, 172; KG WuW/E OLG 29, 30 – *Filmmusik;* OLG Düsseldorf WuW/E 2071, 2072 – *Düsseldorfer Volksbühne;* OLG München WuW/E OLG 2504, 2505; KG WuW/E OLG 4040, 4044 – *Wertungsverfahren;* WuW/E BKartA 704, 708 – *Verwertungsgesellschaft* = BB 1963, 916, 916; Bunte in: Langen/Bunte, § 1 Rn. 25; Zimmer in: Immenga/Mestmäcker, GWB, § 1 Rn. 68; Huber/Baums in: Frankfurter Kommentar § 1 a. F. Rn. 69.
[159] WuW/E BGH 1661, 1663 – *Berliner Musikschule* = BGH NJW 1980, 1046, 1046.
[160] OLG München WuW/E OLG 2504, 2505.
[161] WuW/E BGH 1661, 1663 – *Berliner Musikschule* = BGH NJW 1980, 1046, 1046.

Jan Bernd Nordemann

Schauspieler gegen Entgelt anbietet.[162] Unternehmenseigenschaft kommt **Komponisten** und **Textdichtern** zu, soweit ihre Tätigkeit auf die wirtschaftliche Verwertung des künstlerischen Schaffens gerichtet ist.[163] Wenn das UrhG seit der Urhebervertragsrechtreform in **§ 36 UrhG (gemeinsame Vergütungsregeln)** eine Preisabsprache zwischen Urhebern einerseits und Verwertern andererseits erlaubt, so stellt dies deshalb auch eine gesetzlich gewollte Ausnahme vom Kartellverbot dar.[164]

31   Die vorgenannten Grundsätze gelten auch für den **wissenschaftlichen Bereich.** Auch **Erfinder** erfüllen den Unternehmensbegriff, wobei wiederum entgegen etwas missverständlichen Äußerungen des BGH[165] nicht erst die Verwertung als solche, sondern auch schon die geistige Leistung eine unternehmerische Tätigkeit im Sinne des GWB darstellen.[166] Ansonsten wäre es widersinnig, Forschung und Entwicklung als eigenständigen Wettbewerbsparameter anzuerkennen.[167]

32   Die Sachlage ändert sich, wenn der Künstler, Wissenschaftler oder Erfinder seine Leistung auf Grund eines **Dienst- oder Arbeitsvertrages** erbringt. Als abhängiger Arbeitnehmer ist er in diesem Fall vom Anwendungsbereich des GWB ausgenommen.[168] So hat das Bundeskartellamt entschieden, dass Filmdarsteller, die in einem Arbeits- oder Dienstverhältnis stehen, nicht als Unternehmer anzusehen sind.[169]

33   Vereinigungen von Rechteinhabern, wie sie z. B. **Verwertungsgesellschaften (Wahrnehmungsgesellschaften)** nach dem UrhWahrnG (GEMA, VG Wort, VG Bild-Kunst, GVL etc.) darstellen, unterfallen als Unternehmensvereinigungen grundsätzlich dem Kartellverbot. Nach Abschaffung der speziellen Regelung des § 30 GWB a. F. durch die 7. GWB-Novelle 2005 sind sie im GWB nach §§ 1 bis 3 GWB zu beurteilen.[170] Außerdem sind Verwertungsgesellschaften, die ihnen (treuhänderisch) vom Berechtigten zur Wahrnehmung übertragene Rechte durch Einräumung von Nutzungsrechten gegen Entgelt auswerten, bei der Rechtevergabe als Unternehmen anzusehen.[171] Auch insoweit wurde die nach § 30 GWB a. F. bestehende Spezialregelung mit der 7. GWB-Novelle abgeschafft.

34   g) **Tätigkeit der öffentlichen Hand.**[172] Nicht im geschäftlichen Verkehr oder als Unternehmen handelt, wer amtlich oder hoheitlich am Markt teilnimmt.[173] Da hoheitliches Handeln in privater Rechtsform nicht denkbar ist, stellt sich die Frage einer Anwendbarkeit des GWB nur, wenn die öffentliche Hand in öffentlich-rechtlicher Form handelt.[174]

---

[162] WuW/E BGH 1142, 1143 – *Volksbühne II* = GRUR 1971, 171, 172; OLG Hamm WuW/E OLG 4425, 4426 – *Theaterrabatt.*
[163] WuW/E BGH 2497, 2502 – *GEMA–Wertungsverfahren* = GRUR 1988, 782, 784.
[164] Dazu unten Rn. 224.
[165] WuW/E BGH 1253/1257 *Nahtverlegung.*
[166] Gleicher Ansicht offenbar *Immenga* in: Immenga/Mestmäcker, GWB (2. Aufl.), § 1 a. F. Rn. 94, unter Verweis auf EG-Kommission WuW/E EV 678, 681 – *Reuter-BASF* = Komm. E. v. 12. 9. 1976/40 ABl. 1976 Nr. L 254.
[167] Dazu *Fuchs* S. 246 mwN.; vgl. auch unten Rn. 140.
[168] *Zimmer* in: Immenga/Mestmäcker, GWB, § 1 Rn. 69; *Huber/Baums* in: Frankfurter Kommentar § 1 a. F. Rn. 69.
[169] WuW/E BKartA 502, 506 – *Gagenstoppabkommen* = BB 1962, 978, 978.
[170] Vgl. weitergehend die Kommentierung unten Rn. 230 ff.
[171] WuW/E BGH 1069, 1070 – *Tonbandgeräte;* WuW/E BGH 2497, 2502 f. – *GEMA-Wertungsverfahren* = GRUR 1988, 782, 784; *Zimmer* in: Immenga/Mestmäcker, GWB, § 1 Rn. 71. Vgl. eingehend unten Rn. 238.
[172] Vgl. auch die Kommentierung zu § 130 Abs. 1 GWB.
[173] Vgl. zur Problematik auch die Kommentierung zu § 130 Abs. 1 GWB.
[174] BGH GRUR 1964, 210, 211 – *Landwirtschaftsausstellung;* BGH GRUR 1987, 116, 117 – *Kommunaler Bestattungswirtschaftsbetrieb I.* Ob bei bloßen Hilfsgeschäften der Verwaltung etwas anderes gilt und insbesondere eine privatrechtliche Beschaffung als Hilfsgeschäft außerhalb des Kartellrechts steht, ist zwischen deutscher und EU-Praxis streitig, vgl. Rn. 35.

§ 1. Verbot wettbewerbsbeschränkender Vereinbarungen   35   **§ 1 GWB**

Greift ein Hoheitsträger daher bei der Erfüllung seiner Aufgaben zu den Mitteln der Privatrechtsordnung, unterliegt er den gleichen Bindungen wie jeder private Wettbewerber. Die Rechtsprechung hat in einem Fall, in dem durch Abstimmung zwischen öffentlichen Unternehmen einzelne gewerbliche Spielgemeinschaften von der Teilnahme an den vom Toto- und Lottoblock angebotenen Spiel- und Wettmöglichkeiten in bestimmter Weise ausgeschlossen wurden, sowohl den Deutschen Toto- und Lottoblock als auch seine zum Teil öffentlich-rechtlich organisierten Blockgesellschafter als Unternehmen angesehen, weil in privater Rechtsform gehandelt wurde.[175]

Auch die **öffentlich-rechtliche Form des Tätigwerdens** reicht jedoch allein nicht aus, um die Anwendbarkeit des GWB auszuschließen.[176] Der funktionale Unternehmensbegriff knüpft ausschließlich an die Teilnahme am geschäftlichen Verkehr an, ungeachtet der rechtlichen Form des Tätigwerdens. Grundsätzlich scheidet eine Anwendbarkeit des GWB erst dann aus, wenn der Träger hoheitlicher Gewalt ausschließlich hoheitlich tätig wird.[177] Dafür ist auf die **Rechtsnatur der Wettbewerbsbeziehung** zu den Konkurrenten abzustellen: Kommt der öffentlichen Hand mangels entsprechender öffentlich-rechtlicher Vorschriften keine Alleinstellung auf dem Markt zu, sondern hat die Marktgegenseite eine **Wahlfreiheit** zwischen privaten Unternehmen und der öffentlichen Hand, so handelt die öffentliche Hand als Unternehmen, und § 1 GWB ist anwendbar.[178] Es genügt dann auch nicht, wenn die Teilnahme am Geschäftsverkehr unter anderem öffentlichen Interessen zu dienen bestimmt ist, um den Hoheitsträger von den Bindungen des GWB zu befreien.[179] Das GWB ist auf die Wettbewerbsbeziehungen zwischen Hoheitsträger und privaten Wettbewerbern selbst dann anwendbar, wenn dadurch ihr öffentlich-rechtlicher Tätigkeitsbereich berührt ist.[180] Denn das GWB hat sich zum Ziel gesetzt, den Wettbewerb durch möglichst umfassende Regulierung geschäftlicher Tätigkeiten durch das Kartellrecht zu schützen.[181] Die Rechtsprechung hat die Unternehmenseigenschaft beispielsweise in einem Fall bejaht, in dem eine **öffentlich-rechtliche Rundfunkanstalt** als Nachfrager von Programmmaterial am Geschäftsverkehr teilnahm. Der Umstand, dass die Programmbeschaffung Voraussetzung für die Programmtätigkeit der Rundfunkanstalt ist, die sich wiederum im öffentlich-rechtlichen Bereich vollzieht, war nicht Grund genug, die Anwendbarkeit des GWB auszuschließen.[182] Differenziert ist die **redaktionelle Tätigkeit der öffentlichen Hand,** beispielsweise im Internet, zu sehen: Verbreitet eine Kommune Veranstaltungstipps im Internet als öffentlich-rechtliche Körperschaft, so bleibt das GWB an-

35

---

[175] BGH WuW/E DE-R 289, 292 f. – *Lottospielgemeinschaft* = GRUR 1999, 771, 773 f.; bestätigt durch BGH WuW/E DE-R 2025, 2038 – *Lotto im Internet.*

[176] WuW/E BGH 1469, 1470 – *Autoanalyzer* = BGH NJW 1976, 1941, 1942; WuW/E BGH 2603, 2605 – *Neugeborenentransporte* = BGH NJW 1990, 1531, 1531 f.; BGH WuW/E DE-R 289, 291 f. – *Lottospielgemeinschaft* = GRUR 1999; 771, 774; näher hierzu Kommentierung zu § 130 GWB.

[177] BGH WuW/E DE-R 289, 291 f. – *Lottospielgemeinschaft* = GRUR 1999, 771, 773 f.; ebenso EuGH WuW/E EU-R 533, 537 – *Wouters* = NJW 2002, 877 mwN. aus der Rechtsprechung des EuGH für Art. 81 EG.

[178] GmS OGB BGHZ 102, 280, 285; BGHZ 66, 229, 233 f. – *Studentenversicherung;* BGHZ 67, 81, 86 – *Auto-Analyzer;* BGHZ 82, 375, 383 – *Brillen-Selbstabgabestellen;* BGHZ 110, 278, 284 f. – *Werbung im Programm;* vgl. zum Ganzen auch die parallele Problematik zur Anwendbarkeit des UWG, z. B. *Nordemann,* Wettbewerbsrecht – Markenrecht, Rn. 106.

[179] BGH WuW/E DE-R 289, 291, 293 – *Lottospielgemeinschaft* = GRUR 1999, 771, 774.

[180] WuW/E BGH 2584, 2586 – *Lotterievertrieb* = BGH NJW 1989, 3010, 3011; WuW/E BGH 2603, 2605 – *Neugeborenentransporte* = BGH NJW 1990, 1531, 1531 f.; WuW/E BGH 2627, 2633 – *Sportübertragungen* = BGH NJW 1990, 2815, 2817; BGH WuW/E DE-R 289, 291, 293 – *Lottospielgemeinschaft* = GRUR 1999, 771, 774.

[181] BGH WuW/E DE-R 289, 291 – *Lottospielgemeinschaft* = GRUR 1999, 771, 773.

[182] WuW/E BGH 2627, 2633 – *Sportübertragungen* = BGH NJW 1990, 2815.

wendbar, weil die Kommune insoweit im Wettbewerb mit Privaten steht. Im Hinblick auf amtliche Veröffentlichungen scheidet aber eine Anwendung des GWB mangels Wettbewerbs mit Privaten aus.[183] Das Kriterium der Wahlfreiheit aus Sicht der Marktgegenseite gilt allerdings nur, soweit die Wahlfreiheit Ausdruck wirtschaftlichen Wettbewerbs ist. Zwischen **gesetzlichen Krankenkassen** besteht insoweit schon wegen des untereinander geltenden Solidarprinzipes (Risiko- und Kostenausgleich) nach SGB V kein wirtschaftlicher Wettbewerb; trotz Wahlfreiheit für den Versicherten fehlt es danach an einer Unternehmenseigenschaft der gesetzlichen Krankenkassen jedenfalls im Hinblick auf die gesetzlichen Pflichtleistungen, weil diese gleichgeschaltet sind. Ferner fehlt die Unternehmenseigenschaft grundsätzlich auch für die Beschaffung der für die Pflichtleistungen erforderlichen Leistungen, z. B. für die gemeinsame Festlegung der Festbeträge durch Kassenverbände, zu denen Arzneimittel durch die Kassen erstattet werden,[184] oder für Kostensenkungsvorschriften wie die gemeinsame Festlegung des Ausschlusses verschreibungspflichtiger Arzneimittel (§ 34 Abs. 1 SGB V).[185] Eine Unternehmenseigenschaft und damit eine Anwendung von Art. 81 EG, § 1 GWB kommt danach wohl nur noch in Frage, wenn Sozialversicherungsträger über den Rahmen der ihnen übertragenen Aufgaben hinausgehen, z. B. wenn Sozialversicherungsträger und private Krankenkassen eine Koordinierung über Krankenhauszusatzversicherungen herbeiführen.[186]

Europäische und deutsche Rechtsprechung sind sich uneins darüber, ob eine Unternehmenseigenschaft der Hoheitsträger bei der nicht regulierten **Beschaffung** in Form der **„Hilfsgeschäfte der Verwaltung"**, also Beschaffung der Waren und Dienstleistungen gegeben ist, die für die (nicht dem Kartellrecht unterliegende) hoheitliche Aufgabenerfüllung erforderlich ist.[187] Nach dem Bundesgerichtshof kommt es entscheidend darauf an, ob auf dem Markt, auf dem die Wettbewerbsbeschränkung zu beobachten ist, die an der Wettbewerbsbeschränkung beteiligten Unternehmen wirtschaftlichem Wettbewerb ausgesetzt sind. Danach erfüllt jede Nachfragetätigkeit im Gleichordnungsverhältnis mit anderen Nachfragern die Unternehmenseigenschaft unabhängig davon, ob die öffentliche Hand auch auf dem Angebotsmarkt als Unternehmen auftritt.[188] **EuGH**[189] und in der Vorinstanz EuG[190] haben hingegen eine Unternehmenseigenschaft verneint, wenn die öffentliche Hand auf dem Absatzmarkt nicht unternehmerisch tätig wird;[191] in dem Fall ging es um die Einkaufstätigkeit eines spanischen Verbandes, der nach dem Solidaritätsprinzip funktionierte und der medizinische Erzeugnisse für Krankenhäuser einkaufte. Bei zwischenstaatlichen Sachverhalten ist diese Auffassung des EuGH gem. § 22 GWB, Art. 3 Abs. 2 S. 1 VO 1/2003 für eine Anwendung des § 1 GWB maßgeblich.[192] Auch unterhalb der Zwischen-

---

[183] KG ZUM-RD 2001, 496, 499 – *Berlin.de;* ferner *Nordemann,* Wettbewerbsrecht – Markenrecht, Rn. 106.

[184] EuGH WuW/E EU-R 801 – *AOK* = EuZW 2004, 241, 244; mit kritischer Anm. *Reysen/Bauer* ZWeR 2004, 568 ff.; eingehend auch *Jaeger* ZWeR 2005, 31, 49; *Gassner* WuW 2004, 1028 ff.; *M. Fuchs* JZ 2005, 87 ff.; *Neumann* EWiR 2004, 435, 436.

[185] *Jaeger* ZWeR 2005, 31, 51.

[186] Vgl. WuW/E BGH 1361, 1363 – *Krankenhauszusatzversicherung* = BGHZ 64, 232, 234.

[187] Siehe BGH WuW/E DE-R 2161, 2162 f. – *Tariftreueerklärung III;* darauf hinweisend auch BKartA TB 2003/2004 BT DS 15/5790 S. 40.

[188] BGH WuW/E DE-R 1087, 1090 – *Ausrüstungsgegenstände für Feuerlöschzüge* = GRUR 2003, 633; OLG Düsseldorf WuW/E DE-R 150, 151– *Löschfahrzeuge;* BKartA, TB 1999/2000, 45 f.; *Lutz* WRP 2002, 47, 53; *Bunte* WuW 1998, 1037, 1045 f.

[189] Slg. 2006, I-6295 – *FENIN/Komm* = WuW/E EU-R 1213.

[190] WuW/E EU-R 688.

[191] Eingehend Art. 81 Abs. 1 EG Rn. 48 ff.

[192] A. A. *Böge/Bardonk* in: Münchener Kommentar EU-Wettbewerbsrecht Art. 3 VO 1/2003 Rn. 54 ff., weil bei fehlender Unternehmenseigenschaft Art. 3 nicht greife. Dagegen zu Recht *Bechtold* NJW 2007, 3761, 3762.

§ 1. Verbot wettbewerbsbeschränkender Vereinbarungen   36, 37   § 1 GWB

staatlichkeitsschwelle ist wegen des erklärten Ziels des deutschen Gesetzgebers, Art. 81 EG und § 1 GWB zu harmonisieren.[193] Es ist davon auszugehen, dass der Kartellsenat des BGH seine Rechtsprechung, die vor der EuGH-Entscheidung ergangen ist, ändern wird,[194] mag das auch zu einer beklagenswerten Einengung des Anwendungsbereiches des § 1 GWB für das – eigentlich auf der Ebene der wettbewerblichen Gleichordnung mit Privaten stehende – Beschaffungsverhalten von Hoheitsträgern führen.[195] – Vgl. ferner zur Konkurrenz zwischen GWB und SGB V unten.[196]

h) Konzernunternehmen. Unproblematisch ist, dass Konzernunternehmen im Geschäftsverkehr mit Dritten, also im Außenverhältnis, Unternehmen im Sinne des GWB sind. Im Innenverhältnis bestehen aber gewisse Zweifel an der Unternehmenseigenschaft, weil Konzerngesellschaften zwar rechtlich selbstständig, wirtschaftlich aber von anderen Konzernunternehmen abhängig sein können, zwischen Ihnen also ein Wettbewerbsverhältnis fehlen kann. Die Frage nach dem Fehlen des Wettbewerbsverhältnisses ist jedoch sachnäher beim Tatbestandsmerkmal der Wettbewerbsbeschränkung anzuknüpfen.[197] 36

3. Unternehmensvereinigungen

In § 1 GWB – und gleichlautend in Art. 81 Abs. 1 EG[198] – werden neben den Unternehmen auch Vereinigungen von Unternehmen als Adressaten des Kartellverbots angeführt. Mit dieser Erweiterung des Anwendungsbereichs des § 1 GWB werden Vereinigungen von Unternehmen erfasst, die selbst nicht am Geschäftsverkehr teilnehmen. Da sie damit nicht den Unternehmensbegriff erfüllen, soll eine Umgehung des § 1 GWB verhindert werden, indem sich Unternehmen hinter der Willensbildung von Vereinigungen verstecken. Die Gleichbehandlung von Unternehmen und Unternehmensvereinigungen rechtfertigt sich dadurch, dass die Unternehmensvereinigung, auch wenn sie nicht selbst unternehmerisch tätig wird, dennoch die fremde Teilnahme am Geschäftsverkehr beeinflusst und koordiniert.[199] Die Vereinigung muss aber eine **Organisationsstruktur** aufweisen, die es ihr ermöglicht, **direkten Einfluss auf die wirtschaftliche Betätigung ihrer Mitglieder** zu nehmen[200] und deren (unternehmerische) Interessen zu bündeln.[201] Ist er so gering, dass er vernachlässigbar ist, kommt als Zurechnungsobjekt für das fragliche Handeln nur jedes einzelne Unternehmen in Betracht, nicht jedoch die Vereinigung.[202] Denn insbesondere für in der Entscheidung unterlegene Mitgliedsunternehmen kann dann nicht gesagt werden, dass die Entscheidung der Vereinigung auf sie zurechenbar wäre. Das übersieht der BGH, wenn er meint, zum Schutz der „praktischen Wirksamkeit" des Kartellverbotes auch Abreden in Unternehmensvereinigungen ohne jede faktische Verbindlichkeit als Be- 37

---

[193] Rn. 11.
[194] *Bechtold* NJW 2007, 3761, 3762. Noch offen gelassen in BGH WuW/E DE-R 2161, 2162f. – *Tariftreueerklärung III*.
[195] Selbstverständlich bleibt § 1 GWB aber auf das Verhalten der nicht öffentlich-rechtlichen Lieferanten anwendbar, so dass nach wie vor Submissionsabsprachen von § 1 GWB erfasst werden; dazu Rn. 91.
[196] Rn. 195.
[197] OLG Frankfurt WuW/E OLG 3600, 3601 – *Guy Laroche; Schroeder* WuW 1988, 274, 276; *Möschel* Rn. 191; *Zimmer* in: Immenga/Mestmäcker, GWB, § 1 Rn. 48 ff. mwN. auch zur gegenteiligen Auffassung; vgl. zur Frage des Vorliegens eines Wettbewerbsverhältnisses zwischen konzernverbundenen Unternehmen unten Rn. 94 ff.
[198] Dazu Art. 81 Abs. 1 EG Rn. 62 ff.
[199] *Bunte* in: Langen/Bunte, § 1 Rn. 30; *Zimmer* in: Immenga/Mestmäcker, GWB, § 1 Rn. 73.
[200] WuW/E BKartA 2682, 2689 – *Fußball-Fernsehübertragungsrechte I; Bunte* in: Langen/Bunte § 1 Rn. 19; *Zimmer* in: Immenga/Mestmäcker, GWB, § 1 Rn. 75.
[201] OLG Düsseldorf WuW/E DE-R 2003, 2005 – *Deutscher Lotto- und Totoblock*.
[202] *Zimmer* in: Immenga/Mestmäcker, GWB, § 1 Rn. 75, 89; ebenso für Art. 81 EG EuGH WuW/E EU-R 533, 537 – *Wouters* = NJW 2002, 877.

§ 1 GWB 38, 39   10. Teil. Gesetz gegen Wettbewerbsbeschränkungen

schlüsse von Unternehmensvereinigungen ansehen zu müssen.[203] Es kommt also im Wesentlichen auf den **Grad** der Einflussmöglichkeiten an. Genügend sind neben **rechtlichen** auch **bloß tatsächliche Einflussmöglichkeiten,** so dass selbst ein satzungswidriges Verhalten oder ein Verhalten ohne förmlichen Beschluss der Unternehmensvereinigung zugerechnet wird.[204] Zweck, Organisation, Rechtsform oder Sitz der Vereinigung sind dem gegenüber unerheblich; die Vereinigung muss noch nicht einmal eine eigene Rechtspersönlichkeit besitzen.[205] – Wird die Unternehmensvereinigung selbst auf dem Markt tätig, so ist sie schon auf Grund dieser Teilnahme am Geschäftsverkehr als Unternehmen anzusehen. Eine Prüfung des Merkmals Unternehmensvereinigung erübrigt sich dann.[206]

38   Die Vereinigung muss sich aus **mindestens zwei Unternehmen** zusammensetzen.[207] Sofern einer Vereinigung nur ein Unternehmen angehört, ist eine Vereinbarung bzw. ein Beschluss mit wettbewerbsbeschränkendem Charakter im Sinne von § 1 GWB schon denklogisch ausgeschlossen. Eine Unternehmensvereinigung liegt auch dann vor, wenn die überwiegende Zahl der Mitglieder Nichtunternehmen sind und den beteiligten Unternehmen nur eine Minderheitsposition zukommt.[208] Zum Beispiel wurde der Deutsche Fußball Bund – bezogen auf die Gruppe der Lizenzligavereine – als Vereinigung von Unternehmen angesehen, obwohl die ordentlichen Mitglieder, die selbst nicht den Unternehmensbegriff erfüllen, eine überragende Stellung im Verband einnehmen.[209] Auf diese Weise soll verhindert werden, dass sich Unternehmen mit einer größeren Zahl von Nichtunternehmen umgeben und unter dem Dach einer juristischen Person wettbewerbsbeschränkend tätig werden.[210] Setzt sich die Vereinigung ausschließlich aus Nichtunternehmen zusammen, liegt von vornherein keine Unternehmensvereinigung vor; der Zusammenschluss privater Endverbraucher, die nicht unternehmerisch tätig werden, wäre ein solcher Fall.[211]

39   Klassische Unternehmensvereinigungen sind die **Berufs- und Wirtschaftsverbände.** Die Zusammenschlüsse der Angehörigen freier Berufe, also beispielsweise die öffentlich-rechtlich organisierten Architektenkammern,[212] Apothekenkammern,[213] Ärztekammern, Anwaltskammern,[214] Industrie- und Handelskammern sowie die Handwerkskammern[215] zählen zu den Vereinigungen von Unternehmen ungeachtet der Tatsache, dass zumeist Zwangsmitgliedschaft besteht.[216] Hierbei ist allerdings zu beachten, dass die Anwendbarkeit des GWB auf die Tätigkeit von öffentlich-rechtlichen Kammern insoweit ausgeschlossen ist, als sich deren wettbewerbsbeschränkende Tätigkeit im Rahmen der gesetzlichen Ermächtigung unter zwingender Berücksichtigung von Allgemeininteressen mit staatlicher

---

[203] BGH WuW/E DE-R 2408, 2413 Tz. 27. – *Lottoblock*.
[204] OLG Düsseldorf WuW/E DE-R 2003, 2006 – *Deutscher Lotto- und Totoblock*; BKartA WuW/E DE-V 1539, 1542 – *Arzneimittelhersteller*. Siehe ausführlich auch Art. 81 Abs. 1 EG Rn. 64.
[205] OLG Düsseldorf WuW/E DE-R 2003, 2005 – *Deutscher Lotto- und Totoblock*; *Zimmer* in: Immenga/Mestmäcker, GWB, § 1 Rn. 75.
[206] *Zimmer* in: Immenga/Mestmäcker, GWB, § 1 Rn. 73. Vgl. ferner die Kommentierung zu Art. 81 Abs. 1 EG Rn. 66.
[207] *Bunte* in: Langen/Bunte, § 1 Rn. 32; *Zimmer* in: Immenga/Mestmäcker, GWB, § 1 Rn. 75.
[208] WuW/E BGH 1313, 1315 – *Stromversorgungsgenossenschaft* = BB 1974, 1221, 1221; BGH WuW/E DE-R 17, 18 – *Europapokalheimspiele* = BGH NJW 1998, 756, 757; KG WuW/E OLG 5565, 5572 – *Fernsehübertragungsrechte* = ZIP 1996, 801. Siehe auch Art. 81 Abs. 1 EG Rn. 65.
[209] BGH WuW/E DE-R 17, 18 – *Europapokalheimspiele* = BGH NJW 1998, 756, 757.
[210] BGH WuW/E DE-R 17, 18 – *Europapokalheimspiele* = BGH NJW 1998, 756, 757.
[211] WuW/E BGH 1919, 1923 – *Preisvergleich* = BGH NJW 1981, 2304; vgl. auch oben Rn. 21.
[212] WuW/E BGH 1474, 1476 f. – *Architektenkammer* = GRUR 1977, 739, 741.
[213] WuW/E BGH 2326, 2328 – *Guten Tag-Apotheke II* = BGH NJW-RR 1987, 485, 486; OLG Celle WuW/E OLG 3535, 3536 – *Apothekenwerbung für Randsortiment*; OLG Bremen WuW/E OLG 4367, 4368 – *Proben apothekenüblicher Waren*.
[214] EuGH WuW/E EU-R 533, 537 f. – *Wouters* = NJW 2002, 877 (zu Art. 81 EG).
[215] *Bunte* in: Langen/Bunte, § 1 Rn. 31.
[216] OLG Celle WuW/E OLG 3535, 3536 – *Apothekenwerbung für Randsortiment*.

§ 1. Verbot wettbewerbsbeschränkender Vereinbarungen   **40** **§ 1 GWB**

Letztentscheidungsbefugnis hält, weil sie dann nur verlängerter Arm des Gesetzgebers und keine Unternehmensvereinigung sind.[217] – Zu den Unternehmensvereinigungen rechnen auch die Arbeitgeberverbände.[218] Hingegen sind die Gewerkschaften keine Vereinigungen von Unternehmen, da ihr Mitgliederbestand aus Arbeitnehmern und damit aus Nichtunternehmern besteht.[219] Die unterschiedliche Behandlung von Arbeitgeberverbänden und Gewerkschaften erklärt sich dadurch, dass Hauptaufgabe des Arbeitgeberverbandes die Koordinierung und Optimierung der unternehmerischen Tätigkeit der Verbandsmitglieder ist, was auf Gewerkschaften nicht zutrifft.[220] Zu den Unternehmensvereinigungen sind auch die **Dachverbände** zu zählen.[221] Diese stellen zwar genau genommen Vereinigungen von Unternehmensvereinigungen dar, haben aber in ihrer Eigenschaft als übergeordnete Interessenvertretung durchaus Einfluss- und Koordinationsmöglichkeiten auf ihre Mitglieder und damit mittelbar auch auf die einzelnen Unternehmen.[222]

II. Vereinbarungen, Beschlüsse und aufeinander abgestimmte Verhaltensweisen

Schrifttum: *Baums,* GWB-Novelle und Kartellverbot, ZIP 1998, 233 ff.; *Bechtold,* Das neue Kartellgesetz, NJW 1998, 2769 ff.; *Belke,* Die vertikalen Wettbewerbsbeschränkungsverbote nach der Kartellgesetznovelle 1973, ZHR 139 (1975), 129 ff.; *Bunte,* Die 6. GWB-Novelle – Das neue Gesetz gegen Wettbewerbsbeschränkungen, DB 1998, 1748 ff.; *Dethloff,* Der Kartellbeschluß, Diss. München 1965; *Hansen,* Zur Unterscheidung von bewußtem Parallelverhalten und abgestimmten Verhaltensweisen in der kartellbehördlichen Praxis, ZHR 136 (1972) 52 ff.; *Hausmann,* Der Deutsche Fußball Bund (DFB) – Ein Kartell für Fernsehrechte? BB 1994, 1089 ff.; *Heuss,* Aufeinander abgestimmtes Verhalten – Sackgasse und Ausweg, WuW 1974, 369 ff.; *Kantzenbach,* Unternehmenskonzentration und Wettbewerb, WuW 1994, 294 ff.; *Kerber,* Evolutionäre Marktprozesse und Nachfragemacht, 1989; *Krelle,* Preistheorie, 2. Auflage 1976; *Leube,* Die kartellrechtliche Beurteilung des „Erfahrungsaustauschs" bei zwischenbetrieblicher Kooperation, BB 1974, 208 ff.; *Lübbert,* Das Verbot abgestimmten Verhaltens im deutschen und europäischen Kartellrecht, 1975; *Marx,* Zum Nachweis aufeinander abgestimmten Verhaltens, BB 1978, 331 ff.; *Mestmäcker,* Warum das Kartellverbot nicht am Privatrecht scheitert, WuW 1971, 835 ff.; *ders.,* Entgeltregulierung, Marktbeherrschung und Wettbewerb im Mobilfunk, MMR 1998, Beilage zu Heft 8, 13 ff.; *Möhring/Illert,* Teileinigung im Kartellrecht, BB 1974, 817 ff.; *Möhring,* Abgestimmtes Verhalten im Kartellrecht, NJW 1973, 777 ff.; *Müller-Uri,* Kartellrecht, Studienreihe Recht Band 10, 1989; *Jan Bernd Nordemann,* Gegenmacht und Fusionskontrolle, 1996; *Raiser,* Urteilsanmerkung, JZ 1971, 394 ff.; *Ingo Schmidt,* Wettbewerbspolitik und Kartellrecht, 8. Auflage 2005; *Karsten Schmidt,* „Altes" und „neues" Kartellverbot – Kontinuität statt Umbruch durch die Neufassung des § 1 GWB, AG 1998, 551 ff.; *ders.,* Kartellverfahrensrecht, 1977; *ders.,* Kartellverbot und „sonstige Wettbewerbsbeschränkungen", 1978; *Schneider,* Beweis und Beweiswürdigung, 5. Auflage 1994; *Schultz/Wagemann,* Kartellrechtspraxis und Kartellrechtsprechung 2000/2001, 16. Aufl. 2001; *Wagner-von Papp,* Empfiehlt sich das Empfehlungsverbot?, WuW 2005, 379 ff.; *Willoweit,* Rechtsgeschäft und einverständliches Verhalten, NJW 1971, 2045 ff.; *Zimmer,* Kartellrecht und neuere Erkenntnisse der Spieltheorie, Vorzüge und Nachteile einer alternativen Interpretation des Verbotes abgestimmten Verhaltens, ZHR 154 (1990), 470 ff.

1. Übersicht

Als Mittel für die verbotene Wettbewerbsbeschränkungen nennt § 1 GWB insgesamt **40** drei verschiedene Möglichkeiten: **Vereinbarungen, Beschlüsse** und **aufeinander abgestimmte Verhaltensweisen.** Die Aufnahme der abgestimmten Verhaltensweisen in den

---

[217] Siehe dazu unten Rn. 186. Vgl. ferner Art. 81 Abs. 1 EG Rn. 68 ff.
[218] *Zimmer* in: Immenga/Mestmäcker, GWB, § 1 Rn. 76.
[219] *Zimmer* in: Immenga/Mestmäcker, GWB, § 1 Rn. 74; vgl. eingehend oben Rn. 26 f.
[220] *Zimmer* in: Immenga/Mestmäcker, GWB, § 1 Rn. 74.
[221] WuW/E BGH 1725, 1727 – *Deutscher Landseer Club;* WuW/E BKartA 2682, 2689 – *Fußball-Fernsehübertragungsrechte I.* Siehe auch Art. 81 Abs. 1 EG Rn. 63.
[222] *Bunte* in: Langen/Bunte, § 1 Rn. 33; *Zimmer* in: Immenga/Mestmäcker, GWB, § 1 Rn. 76.

Tatbestand des § 1 GWB erfolgte erst mit der 6. GWB-Novelle 1999. Vorher war das Verbot abgestimmter Verhaltensweisen in § 25 Abs. 1 GWB a. F. verankert. Irgendeine materiell rechtliche Änderung war damit nicht verbunden. Es wurde lediglich die vorher bestehende „normative Unordnung"[223] beseitigt.

2. Vereinbarungen

41 Im Gleichlauf mit Art. 81 Abs. 1 EG spricht § 1 GWB als Mittel der Wettbewerbsbeschränkung zunächst Vereinbarungen an.[224]

42 **a) Ohne staatlichen Zwang.** Eine Vereinbarung gem. § 1 GWB kann nur vorliegen, wenn sie auf Grund der eigenen Entscheidung des Unternehmens geschlossen wurde. Zwingt der Staat die Unternehmen in die Vereinbarung, kann § 1 GWB nicht verletzt sein. Auf europäischer Ebene ist dann eine Verletzung von Art. 10, 81 EG durch den Mitgliedsstaat denkbar. Kein hinreichender Zwang liegt für das Unternehmen vor, wenn das staatliche Recht Raum für ein kartellrechtskonformes Verhalten lässt. Zum Ganzen vgl. die Kommentierung zum EU-Recht.[225] Siehe ferner zur Gesetzeskonkurrenz durch staatliche Regulierung unten.[226]

43 **b) Willenseinigung.** Eine Vereinbarung erfordert eine Willenseinigung der Parteien. Für die Frage der Willenseinigung kann auf das allgemein zivilrechtliche Verständnis zurückgegriffen werden. Dies sind insbesondere die §§ 145 ff. BGB. Danach erfordert eine Einigung Angebot und Annahme. In der Praxis kommt allerdings eine **ausdrückliche Einigung** grundsätzlich nur vor, wenn sich die Beteiligten des Verstoßes gegen das Kartellverbot nicht bewusst sind.[227] Kennen die Parteien die kartellrechtliche Problematik, wird oft versucht, die Einigung zu verschleiern. Dann kommt den Regeln des Zivilrechts über die **Auslegung** von Willenserklärungen nicht nur nach dem Wortlaut, sondern auch nach dem ihnen unter den konkreten Umständen zukommenden Sinn Bedeutung zu. Die Erklärung jedes Beteiligten ist danach so auszulegen, wie sie unter den tatsächlichen Umständen aus der Sicht des verständigen Empfängers aufzufassen war.[228] Auch **§ 151 BGB** findet Anwendung, nach dem durch schlüssiges Verhalten auf den Zugang der Annahmeerklärung verzichtet werden kann.[229] Ein Beispiel wäre das sich stets wiederholende einseitige Nennen von Preisen gegenüber einem Konkurrenten, wobei vorher zwischen den Konkurrenten klargestellt wurde, dass sich der andere an die Preise zu halten hat. Zu Gunsten der Parteien kann jedoch **§ 154 BGB** gelten. So lange sie sich noch nicht über alle Punkte eines Vertrages geeinigt haben, gilt danach der Vertrag im Zweifel als nicht geschlossen.[230] Da es sich dabei aber nur um eine Zweifelsregelung handelt, dürfte nach dem objektiven Empfängerhorizont eine Vereinbarung vorliegen, wenn im Einverständnis der Parteien trotz der noch ausstehenden Regelungen die schon getroffene Übereinkunft verwirklicht wird. Dann bekunden die Vertragspartner die grundsätzliche Geltung des Vertrages.[231] Mit dieser Einschränkung erscheint eine Anwendung des § 154 Abs. 1 BGB

---

[223] *Karsten Schmidt* AG 1998, 551, 559.
[224] Siehe zum EU-Recht eingehend Art. 81 Abs. 1 EG Rn. 78 ff.
[225] Art. 81 Abs. 1 EG Rn. 86 ff.
[226] § 1 GWB Rn. 186 ff.
[227] So zum Beispiel im Fall BGH WuW/E DE R 349 – *beschränkte Ausschreibung* = WRP 1999, 1289.
[228] *Willoweit* NJW 1971, 2045, 2049; *Mestmäcker* WuW 1971, 835, 838; *Bunte* in: Langen/Bunte, § 1 Rn. 35.
[229] *Mestmäcker* WuW 1971, 835, 838; *Raiser* JZ 1971, 394, 395; *Zimmer* in: Immenga/Mestmäcker, GWB, § 1 Rn. 81.
[230] KG WuW/E OLG 1219, 1220.
[231] *Bunte* in: Langen/Bunte, § 1 Rn. 37 unter Verweis auf *Flume,* Allgemeiner Teil des Bürgerlichen Rechts, 2. Band, S. 629.

§ 1. Verbot wettbewerbsbeschränkender Vereinbarungen 44–46 § 1 GWB

auch auf Verträge im Sinne des § 1 GWB als vertretbar.[232] Überhaupt **nicht** anwenden kann man **§ 147 BGB,** der Annahmefristen bestimmt. § 147 BGB könnte dann „inoffizielle" Vereinbarungen, die insbesondere bei Kartellabsprachen regelmäßig vorkommen, kaum sinnvoll erfassen.[233] Es spricht jedoch nichts dagegen, **§ 116 BGB** für geheime Vorbehalte von einzelnen Partnern der Vereinbarung heranzuziehen. Eine Willenseinigung liegt danach auch vor, wenn sich ein Vertragsschließender insgeheim vorbehält, den Vertrag nicht zu beachten.[234] Auch wird die erforderliche Willenseinigung nicht dadurch ausgeschlossen, dass es zu internen Rivalitäten, Konflikten und sogar zum Betrug der Beteiligten untereinander kommt; es muss nur sichergestellt sein, dass die Beteiligten fortdauernd ein gemeinsames Ziel verfolgen.[235] Die Willenseinigung muss nicht in einer isolierten Handlung liegen, sondern kann auch aus einer **Reihe von Handlungen** bestehen.[236]

Eine Willenseinigung ist hingegen **nicht** gegeben, wenn Unternehmen lediglich feststellen oder sich mitteilen, dass sie über einen wettbewerblichen Sachverhalt oder ein wettbewerbliches Verhalten gleicher Meinung sind. Ein derartiger **Meinungsaustausch,** sofern ihm wirklich kein konkludenter Konsens der Parteien innewohnt, kann aber als abgestimmtes Verhalten ebenfalls kartellrechtlich im Sinne des § 1 GWB bedenklich sein.[237] Ferner ist **ausschließlich einseitiges Verhalten** keine Vereinbarung, auch wenn es aus tatsächlichen Gründen zu Wettbewerbsbeschränkungen führt.[238] 44

c) **Tatsächliche Bindung.** Nach allgemeinem Zivilrecht muss für eine Vereinbarung neben einer Willenseinigung auch ein Rechtsfolgewillen der Parteien gegeben sein. Dieses zivilrechtliche Verständnis einer Vereinbarung kann nicht vollständig auf § 1 GWB übertragen werden. Zwar ist für eine Vereinbarung im Sinne von § 1 GWB – wie nach zivilrechtlichem Verständnis – eine Willenseinigung Voraussetzung.[239] Das zweite zivilrechtliche Element, der **Rechtsfolgewille,** kann aber **nicht verlangt** werden. Eine rechtliche Bindung wäre schon wegen der grundsätzlichen Nichtigkeit von Verträgen im Sinne des § 1 GWB nach § 134 BGB unsinnig.[240] Dementsprechend hat die Rechtsprechung unter grundsätzlicher Zustimmung der Literatur den Vertragsbegriff für das Kartellrecht auch auf rechtlich **nicht verbindliche Regelungen** ausgedehnt.[241] In Abweichung vom Vertragsbegriff des allgemeinen Zivilrechtes ist es für einen Vertrag im Sinne des § 1 GWB ausreichend, wenn die Parteien sich tatsächlich an die Willensübereinkunft gebunden fühlen.[242] Damit können auch sogenannte **gentlemen agreements** als Kartellvereinbarung erfasst werden. 45

Problematisch ist allerdings, welche **Intensität** der tatsächlichen Bindung zu verlangen ist, um den Vereinbarungsbegriff des § 1 GWB zu erfüllen. Schutzzweck des GWB ist die Gewährleistung der wettbewerblichen Entscheidungsfreiheit.[243] Mit Rücksicht auf diesen 46

---

[232] Ebenfalls einschränkend *Möhring/Illert* BB 1974, 817, 818; *Immenga* in: Immenga/Mestmäcker, GWB, § 1 a. F. Rn. 134.
[233] Gleicher Ansicht *Immenga* in: Immenga/Mestmäcker, GWB, § 1 a. F. Rn. 132.
[234] BGH WuW/E DE-R 1315, 1318 – *Berliner Transportbeton I;* KG WuW/E OLG 1738, 1740 – *Feltbase.*
[235] EU-Kommission Entscheidung vom 10. 12. 2003, COMP/E-2/37857 *Organische Peroxyde* = WuW/E EU-V 1017, 1021.
[236] EuGH WuW/E EU-R 320 – *Polypropylen* = Slg. 1999, S. I-4125 Rn. 81; EU-Kommission WuW/E EU-V 101 045, 1047 – *Rohtabak Spanien.*
[237] Vgl. dazu unten Rn. 53 ff.
[238] Siehe dazu im Einzelnen unten Rn. 60 bei abgestimmten Verhalten.
[239] Dazu Rn. 43.
[240] Vgl. unten Rn. 248 ff.
[241] KG WuW/E OLG 1018 – *Teerfarben;* KG WuW/E OLG 1739 – *Feltbase;* OLG Celle WuW/E OLG 775; *Bunte* in: Langen/Bunte, § 1 Rn. 39; *Huber/Baums* in: Frankfurter Kommentar § 1 a. F. Rn. 106.
[242] Vgl. oben Rn. 42.
[243] Vgl. oben Rn. 6.

Schutzzweck erscheint es als gerechtfertigt, dann eine ausreichende tatsächliche Bindung anzunehmen, wenn eine nicht unerhebliche Beeinträchtigung der Entscheidungsfreiheit der Beteiligten durch die Willenseinigung erzeugt wird. Dies liegt auf der Hand, wenn Unternehmen bei Nichtbeachtung der Absprache wirtschaftliche Konsequenzen, zum Beispiel den Verlust von Lieferaufträgen, befürchten müssen. Aber auch nicht unmittelbar wirtschaftlich messbare Faktoren können eine ausreichende tatsächliche Bindung entfalten. Moralischer Druck, Solidaritätsbewusstsein, wirtschaftliche Rücksichtnahme oder kaufmännisches Anstandsgefühl[244] oder die Furcht vor Enttäuschung der übrigen Beteiligten[245] kann genügen. Ein Beispiel ist der durch Produktionsmeldungen auf Mitbewerber ausgeübte Druck, sich an bestimmte Produktionsquoten zu halten.[246]

47 Die **Beweisanforderungen** sind sehr niedrig; es reicht die objektiv vorliegende Möglichkeit solcher Konsequenzen.[247] Damit ist eine hinreichende tatsächliche Bindung aber – entgegen der Praxis des EU-Kartellrechts[248] – dann abzulehnen, wenn die Beteiligten nur eine allgemeine Erwartung der Befolgung der Absprache zum Ausdruck bringen, ohne dass bei Nichtbefolgung Nachteile objektiv nahe liegen. Auch in solchen Fällen ist aber noch ein Verstoß nach § 1 GWB wegen verbotener abgestimmter Verhaltensweisen zu bedenken.[249]

48 **d) Keine Schriftform.** Mit der 6. GWB-Novelle wurde das Schriftformerfordernis für (erlaubte) Kartelle aufgehoben, das früher in § 34 S. 1 GWB a. F. enthalten war.[250] Mit der Abschaffung der Administrativfreistellung in den §§ 2 bis 8 GWB a. F. und der Einführung der Legalausnahme durch die 7. GWB-Novelle 2005[251] ist auch der Zwang entfallen, in gewissem Umfang Unterlagen über den Inhalt der Kartellabrede im Verfahren vor den KartB vorzulegen. Auch die Gruppenfreistellungsverordnungen, z. B. die Gruppenfreistellungsverordnung für Vertikalvereinbarungen, schreiben keine Schriftform vor. Jedoch empfiehlt sich auch im System der Legalausnahme die schriftliche Dokumentation von (legalen) wettbewerbsbeschränkenden Vereinbarungen. Ansonsten kann bestimmten Darlegungs- und Beweispflichten bei Streit um die Legalität kaum nachgekommen werden.[252]

49 **e) Vereinbarungen von Unternehmensvereinigungen.** Entgegen dem Wortlaut des § 1 GWB erstreckt sich das Verbot auch auf Vereinbarungen von Unternehmensvereinigungen und nicht nur auf eine Abstimmung in Beschlussform sowie auf abgestimmte Verhaltensweisen. Alles andere würde zu vom Gesetzgeber nicht gewollten Schutzlücken führen. Auch wäre es inkonsequent, abgestimmte Verhaltensweisen von Unternehmensvereinigungen in den Tatbestand des § 1 GWB fallen zu lassen, das „Mehr" in Form einer Vereinbarung[253] aber nicht. Der missglückte Wortlaut ist insoweit auf die parallele Formulierung in Art. 81 EG zurückzuführen.[254]

---

[244] BGH WuW/E DE-R 1315, 1318 – *Berliner Transportbeton I;* OLG Celle WuW/E OLG 772, 775 – *Naturstein;* WuW/E BKartA 1179, 1183 – *Farbenhersteller.*
[245] KG WuW/E OLG 1738, 1740 – *Feltbase.*
[246] BGH WuW/E DE-R 1315, 1318 – *Berliner Transportbeton I.*
[247] Vgl. KG WuW/E OLG 1449, 1451 – *Bitumenhaltige Bautenstoffmittel II.*
[248] EuG Slg. 1998 II – 1751, 1753 – *Mayr-Melnhof.*
[249] Vgl. dazu unten Rn. 53 ff.
[250] Die Aufhebung des Schriftformerfordernisses nach § 34 GWB a. F. hatte jedoch nicht zur Folge, dass unwirksame Altverträge als wirksam geheilt wurden; sie bleiben unwirksam; s. BGH WuW/E DE-R 261, 262 – *Cover-Disk;* BGH WuW/E DE-R 259 – *Markant.* Für den Fall einer treuwidrigen Berufung auf § 34 GWB a. F. BGH WuW/E DE-R 1170 – *Preisbindung durch Franchisegeber II.*
[251] Dazu im Einzelnen § 2 Rn. 5.
[252] Zu Darlegungs- und Beweisanforderungen im System der Legalausnahme unten § 2 Rn. 201.
[253] Vgl. zum Verhältnis Vereinbarung und abgestimmte Verhaltensweise unten Rn. 67.
[254] Siehe die Kommentierung zu Art. 81 Rn. 67 mwN. aus der Rspr. des EuGH.

3. Beschlüsse von Unternehmensvereinigungen

Wie sich schon aus dem Wortlaut des § 1 GWB „Beschlüsse von Unternehmungsvereinigungen" ergibt, sind hier nur Beschlüsse von Organisationen gemeint, denen mindestens zwei Unternehmen[255] angehören. Diese müssen nicht mehr miteinander im Wettbewerb stehen, seitdem § 1 GWB gleichermaßen Horizontal- und Vertikalverträge erfasst.[256] Der **Beschluss** unterscheidet sich von der Vereinbarung dadurch, dass es sich um ein **mehrseitiges, unselbstständiges Rechtsgeschäft** handelt, das auf der Grundlage einer **verbandsgemäßen Organisation** erfolgt. Daraus ergeben sich verschiedene Besonderheiten: Zum einen können Beschlüsse in **Gremien** gefasst werden, in denen die betreffenden Unternehmen möglicherweise gar keinen Sitz haben. Es ist jedoch allgemeine Auffassung, dass sich § 1 GWB nicht nur an die Mitgliederversammlung der Vereinigung wendet. Vielmehr können auch wettbewerbsbeschränkende Beschlüsse von der Mitgliederversammlung nachgeordneten, nach der Satzung aber zuständigen Organen dem Kartellverbot unterliegen.[257] Dies rechtfertigt sich schon daraus, dass grundsätzlich alle Beschlüsse von Gremien letztlich der Kontrolle der Mitgliederversammlung unterliegen, in der die Unternehmen dann Stimmrecht haben. Beschlüsse von Gremien, die die Mitgliederversammlung nicht ändert oder aufhebt, müssen als von der Mitgliederversammlung gebilligt angesehen werden.[258] Selbst wenn ausnahmsweise die Verbandssatzung keine Einflussmöglichkeit der Mitgliederversammlung vorsieht, muss den Mitgliedern die Entscheidung des Gremiums zugerechnet werden. Denn die Mitglieder haben eine solche Satzung verabschiedet. Zum anderen besteht in Vereinigungen das Problem, dass die Unternehmen **überstimmt** werden können. Auch ist denkbar, dass Unternehmen einer Vereinigung erst beitreten, nachdem ein wettbewerbsbeschränkender Beschluss gefasst wurde. Für die Zurechnung und damit die Bindungswirkung eines Beschlusses ist jedoch nicht die Zustimmung zum Beschluss entscheidend, sondern die gleichförmige und uneingeschränkte Unterwerfung des Mitgliedes unter die die Beschlussfassung regelnde Verbandsvorschrift.[259] Ansonsten wäre eine Umgehung des § 1 GWB allzu einfach, indem sich Unternehmen mit einer größeren Zahl von Mitgliedern ohne Unternehmenseigenschaft umgeben, die dann die Unternehmen regelmäßig überstimmen. Nach richtiger Auffassung kann sich das überstimmte Unternehmen zum Beispiel dadurch dem Verstoß gegen § 1 GWB entziehen, dass es aus der Vereinigung austritt. Die Majorisierung ist ein wichtiger Grund für die sofortige Kündigung der Mitgliedschaft.[260] Ohne Austritt aus der Vereinigung wird das Unternehmen nur dann aus dem Anwendungsbereich des § 1 GWB gelangen können, wenn es dem Beschluss in sichtbarer Weise zuwider handelt.

Ansonsten gelten für die Voraussetzungen eines „Beschlusses" im Sinne des § 1 GWB **entsprechend** die Ausführungen zum **Vereinbarungsbegriff**.[261] Als Pendant zur **Willensübereinkunft** bei Vereinbarungen ist bei Beschlüssen zu fordern, dass zumindest eine verbandsmäßige Übereinkunft gegeben ist. Diese muss allerdings nicht zwingend rechtlich, sondern kann auch faktischer Natur sein, so dass selbst ein satzungswidriges Verhalten oder

---

[255] Vgl. zum Unternehmensbegriff oben Rn. 38.
[256] Vgl. dazu oben Rn. 2 ff.
[257] BGH NJW 1998, 756, 757 = BGH WuW/E DE-R 17, 18 – *Europapokalheimspiele* unter Verweis auf BGH NJW 1971, 2027 = WuW/E BGH 1205, 1210 – *Verbandszeitschrift* = BGHZ 56, 327; OLG Celle WuW/E Verg 188, 189 – *Feuerwehrbedarfsartikel* = NJWE WettbR 1999, 164.
[258] *Hausmann* BB 1994, 1089, 1093.
[259] Vgl. BGH NJW 1998, 756, 757 – *Europapokalheimspiele* = BGH WuW/E DE-R 17, 18; eingehend auch *Hausmann* BB 1994, 1089, 1092; ferner *Karsten Schmidt*, Kartellverbot und sonstige Wettbewerbsbeschränkungen, S. 180 f.
[260] *Müller-Henneberg* in: Gemeinschaftskommentar § 1 a. F. Rn. 32; *Müller-Uri*, Rn. 51.
[261] Vgl. oben Rn. 42 ff. Siehe auch BGH WuW/E DE-R 2408, 2413 Tz. 27. – *Lottoblock*.

ein Verhalten ohne förmlichen Beschluss unter § 1 GWB fällt.[262] Das gibt die Praxis zu Art. 81 Abs. 1 EG vor.[263] Wenn der BGH früher gefordert hat, für einen Beschluss gem. § 1 GWB müsse das beschließende Organ überhaupt die entsprechende Kompetenz haben, einen Beschlusses kartellrechtlichen Inhalts zu fassen,[264] so dürfte das überholt sein.[265] – Wie beim Vereinbarungsbegriff des § 1 GWB ist auch für den Beschlussbegriff kein Rechtsfolgewillen der beschließenden Unternehmen erforderlich. Es genügt vielmehr eine **tatsächliche Bindung**.[266] Sofern also durch den Beschluss wettbewerbliche Handlungsfreiheiten unter den Mitgliedsunternehmen tatsächlich beeinträchtigt werden, sei es durch wirtschaftliche Nachteile, Bindung durch kaufmännische Anständigkeit oder eine sonstige bloße moralische Verpflichtung, so kann dennoch von einem Beschluss im Sinne des § 1 GWB ausgegangen werden.[267] Ohne solche faktische Bindungs- und Durchsetzungsmöglichkeiten gegenüber dem Verbandsmitglied ist allerdings ein relevanter Beschluss einer Unternehmensvereinigung insbesondere gegenüber überstimmten Mitgliedern nicht denkbar; vielmehr sind die Zuordnungsobjekte der Abrede dann die einzelnen Unternehmen.[268] Zu **Empfehlungen von Verbänden**, vgl. unten.[269] Die **Beweisanforderungen** an die tatsächliche Bindung sind ebenso gering wie die Feststellung der tatsächlichen Bindung bei Vereinbarungen.[270]

52 Die **juristische Organisationsform** der Unternehmensvereinigung ist **irrelevant**. Es sind alle denkbaren rechtlichen Formen möglich. Auch ad hoc können Beschlüsse zustande kommen.[271] Beispiele: Beschlüsse von Gesellschafterversammlungen, also Beschlüsse der Gesellschafter des deutschen Lotto- und Tottoblocks,[272] Beschlüsse von Mitgliedern von Genossenschaften, insbesondere Taxigenossenschaften,[273] Beschlüsse von Verbänden in der Rechtsform des Idealvereins, zum Beispiel eines Warenzeichenverbandes,[274] Beschlüsse von öffentlich-rechtlichen Vereinigungen, zum Beispiel Architektenkammern[275] oder von Städte- und Gemeindebünden.[276]

4. Aufeinander abgestimmte Verhaltensweisen

53 **a) Allgemeines. aa) Entstehungsgeschichte.** Nachdem das GWB bei seiner Einführung noch ohne ein Verbot der abgestimmten Verhaltensweisen ausgekommen war, führte schon die 2. GWB-Novelle 1973 ein entsprechendes Verbot in **§ 25 Abs. 1 GWB a.F.** ein. Damals forderte die Rechtsprechung zur Erfüllung des Tatbestandsmerkmals „Vertrag"

---

[262] OLG Düsseldorf WuW/E DE-R 2003, 2006 – *Deutscher Lotto- und Totoblock;* BKartA WuW/E DE-V 1539, 1542 – *Arzneimittelhersteller.* Siehe auch oben Rn. 37.
[263] Siehe ausführlich Art. 81 Abs. 1 EG Rn. 64.
[264] WuW/E BGH 1205, 1210 – *Verbandszeitschrift* = BGH NJW 1971, 2027 = BGHZ 56, 327; *Karsten Schmidt,* Kartellverbot und sonstige Wettbewerbsbeschränkungen, S. 181; *Bunte* in: Langen/Bunte § 1 Rn. 54; *Zimmer* in: Immenga/Mestmäcker, GWB, § 1 Rn. 90.
[265] Vgl. auch BGH WuW/E DE-R 2408, 2413 Tz. 27. – *Lottoblock.*
[266] Vgl. dazu oben Rn. 45 ff. Genauso im EU-Recht, vgl. Art. 81 Abs. 1 EG Rn. 103.
[267] WuW/E BGH 1707, 1708 – *Taxi-Besitzervereinigung* = BGH NJW 1980, 2813 = GRUR 1980, 940.
[268] Str., vgl. Rn. 37.
[269] Rn. 60.
[270] Vgl. dazu oben Rn. 47.
[271] *Dethloff* S. 38; *Zimmer* in: Immenga/Mestmäcker, GWB, § 1 Rn. 88.
[272] BGH WuW/E DE-R 289, 290 – *Lottospielgemeinschaft* = GRUR 1999, 771 = ZIP 1999, 1021 = LM 52 zu § 1 GWB.
[273] WuW/E BGH 2828, 2830 – *Taxigenossenschaft II;* vgl. auch WuW/E BGH 1707 – *Taxi-Besitzervereinigung* = BGH NJW 1980, 2813 = GRUR 1980, 940.
[274] WuW/E BGH 2697, 2700 – *Golden Toast* = BGH NJW 1991, 3152 = GRUR 1991, 782.
[275] WuW/E BGH 1474, 1475 – *Architektenkammer* = GRUR 1977, 739; vgl. aber unten Rn. 186 ff.
[276] OLG Celle WuW/E Verg 188, 189 – *Feuerwehrbedarfsartikel* = NJWE WettbR 1999, 164.

(heute „Vereinbarung") im Sinne des § 1 GWB, dass die Wettbewerbsbeschränkung Gegenstand des Vertrages sein musste und nicht lediglich deren Zweck oder Folge (sogenannte **Gegenstandstheorie**).[277] Dies hinterließ eine erhebliche Schutzlücke, weil das Verbot des § 1 GWB danach nur eingreifen konnte, wenn die Parteien die Wettbewerbsbeschränkung unmittelbar zum Gegenstand des Vertrages machten. Für eine Umgehung des § 1 GWB a. F. war es damals ausreichend, wenn zum Beispiel eine Bezugspflicht nicht in einen Vertrag über eine Einkaufsgemeinschaft aufgenommen wurde, aber alle Beteiligten davon ausgingen, nur über die Einkaufsgemeinschaft zu beziehen. Der Gesetzgeber wollte mit § 25 Abs. 1 GWB a. F. unter Verweis auf die Regelung in Art. 81 EG (bzw. damals Art. 85 EG) diese Lücke schließen.[278] Mit der Aufgabe der Gegenstandstheorie durch die Rechtsprechung im Jahr 1975[279] genügte es jedoch bereits, dass eine Wettbewerbsbeschränkung nur von den Parteien bezweckt oder bewirkt wurde, was seit der 6. GWB-Novelle 1999 auch Niederschlag im Wortlaut des § 1 GWB gefunden hat. Auch wurde in der Folge der Vertragsbegriff extensiv ausgelegt.[280] Ferner trugen Beweisschwierigkeiten im Hinblick auf immer geschicktere Abstimmungen bei fortschreitendem kartellrechtlichen Unrechtsbewusstsein dazu bei, dass die Bedeutung des Verbotes der abgestimmten Verhaltensweisen eher klein blieb, jedenfalls nie so groß wurde, wie bei seiner Einführung mit der 2. GWB-Novelle angenommen.

bb) Horizontale und vertikale Sachverhalte. Abgestimmtes Verhalten fällt seit der 7. GWB Novelle 2005 unabhängig davon unter § 1 GWB, ob es sich um eine Abstimmung **in horizontaler Richtung** (zwischen Wettbewerbern) oder **in vertikaler Richtung** (zwischen Unternehmen auf verschiedenen Wirtschaftsstufen) handelt.[281] Vorher existierte für vertikal abgestimmte Verhaltensweisen kein grundsätzliches Verbot und damit eine Schutzlücke,[282] die jedoch wegen der geringen praktischen Bedeutung des Abstimmungsverbotes und möglicher Lückenausfüllung durch § 22 Abs. 1 GWB a. F. nicht besonders ins Gewicht fiel. 54

cc) Verfassungsrechtliche Bedenken. Lediglich kurz nach Einführung des Verbotes der abgestimmten Verhaltensweisen wurden Bedenken geäußert, das Tatbestandsmerkmal könne zu unbestimmt sein (Artikel 103 Abs. 3 GG). Solche Bedenken wurden insbesondere wegen der Bußgeldbewehrung erhoben.[283] Letztlich kamen die Bedenken richtigerweise aber nicht zum Tragen.[284] Für jeden, der mit den Wertvorstellungen des GWB, die Freiheit des Wettbewerbs zu erhalten, vertraut ist, bietet sich ohne weiteres die Möglichkeit zu erkennen, was verboten ist. Probleme entstehen weniger durch eine mangelnd scharfe Grenzziehung für den Anwendungsbereich als durch Beweisschwierigkeiten.[285] 55

dd) Vorbild Artikel 81 EG. Im Jahre 1973 wurde die Einführung der abgestimmten Verhaltensweisen ausdrücklich auf das Vorbild in Artikel 81 EG (damals Artikel 85 EG) gestützt.[286] Dies hat bis heute zur Folge, dass die Auslegung sich eng an die Praxis zu Art. 81 Abs. 1 EG anlehnt, zumal der Gesetzgeber der 7. GWB-Novelle 2005 eine Gleichschaltung von § 1 GWB mit Art. 81 Abs. 1 GWB bezweckte.[287] Nachfolgend wird 56

---

[277] Vgl. unten Rn. 129.
[278] Vgl. *Bericht des Wirtschaftsausschusses* WuW 1973, 581, 591 = WRP 1973, 376, 384.
[279] WuW/E BGH 1367 – *Zementverkaufsstelle Niedersachen* = BGH NJW 1975, 1837 = BB 1975, 1125.
[280] Vgl. oben 42 ff.
[281] Vgl. auch oben Rn. 2 ff.
[282] *Bechtold* NJW 1998, 2769, 2770.
[283] *Möhring* NJW 1973, 777, 779; siehe auch Bericht des *Wirtschaftsausschusses* WuW 1973, 581, 591 f. und 600 = WRP 1973, 376, 385.
[284] KG WuW/E OLG 2369, 2372 – *Programmzeitschriften*; *Bunte* in: Langen/Bunte, § 1 Rn. 61.
[285] Vgl. zu Beweisschwierigkeiten unten Rn. 68 ff.
[286] Vgl. *Bericht des Wirtschaftsausschusses* WuW 1973, 581, 591 = WRP 1973, 376, 384.
[287] Rn. 10 f.

schwerpunktmäßig das deutsche Recht dargestellt; zum davon nicht abweichenden EU-Recht vgl. die Kommentierung zu Art. 81 Abs. 1 EG.[288]

57 **b) Abstimmung. aa) Rechtsprechung.** Die Rechtsprechung sieht eine „Abstimmung" als gegeben an, wenn „Unternehmen ihr Marktverhalten einverständlich aufeinander ausrichten und voneinander abhängig machen, ohne sich dem Partner gegenüber dazu zu verpflichten"[289] oder wenn „sich Unternehmen hinsichtlich der beabsichtigten, den Wettbewerb beschränkenden Maßnahme vor ihrer Durchführung mit Konkurrenzunternehmen verständigen" oder „wenn in Erwartung eines entsprechenden wettbewerbsbeschränkenden Vorgehens anderer Teilnehmer ein koordiniertes Handeln der Unternehmen stattfindet".[290] Das geht konform mit der Definition des EuGH; er beschreibt ein abgestimmtes Verhalten als Form der Koordinierung von Unternehmen ohne Vertragsabschluss im eigentlichen Sinne durch eine bewusst praktische Zusammenarbeit, um den mit Risiken verbundenen Wettbewerb zu vermeiden.[291]

58 **bb) Weniger als eine Vereinbarung.** Es besteht Übereinstimmung in der deutschen und europäischen Rechtsprechung, dass mit den vorgenannten Definitionen wesentlich geringere Anforderungen an den Begriff „Abstimmung" gestellt werden als an den Begriff der „Vereinbarung".[292]

59 Für den Tatbestand der Abstimmung wird zunächst **weniger als eine Willensübereinstimmung** gefordert. Vielmehr genügt ein gegenseitiger Informationsaustausch. Es ist also ein zielgerichteter Kontakt[293] oder besser eine **willentliche Kommunikation** zwischen den Unternehmen erforderlich. Dabei wird der Tatbestand der Kommunikation sehr weit ausgelegt. Die **Formen** der Abstimmung sind **rechtlich unerheblich.** Entscheidend ist allein, ob eine Erklärung von anderen Marktteilnehmern als Kommunikationsangebot erkannt und dann entsprechend beantwortet wird.[294] Der Inhalt der Erklärung ist nicht maßgeblich. Insbesondere die Umstände können auf einen Kommunikationswillen hinweisen. So ist es beispielsweise nicht erforderlich, dass sich das die Kommunikation anbietende Unternehmen direkt an die in die Abstimmung einzubeziehenden anderen Unternehmen richtet. Vielmehr genügt, wenn sich das die Abstimmung anbietende Unternehmen an die Öffentlichkeit richtet, zum Beispiel durch Pressemitteilungen, Pressekonferenzen, Schaltung von Werbung etc. Auch kann eine mittelbare Abstimmung dadurch erfolgen, dass nicht-verantwortlich Handelnde zu Arbeitskreisgesprächen mit Konkurrenten entsandt werden und dann deren Gesprächsergebnis Eingang in das Wettbewerbsverhalten findet.[295]

60 Allerdings muss in solchen Fällen in irgendeiner Form eine Kommunikation zwischen dem beteiligten Unternehmen stattgefunden haben, dass ein Unternehmen über solche Maßnahmen Abstimmungsangebote aussendet. **Völlig einseitige Handlungen** von Unternehmen ohne vorherige Abstimmung mit anderen Unternehmen können nicht erfasst werden. Nach **Abschaffung des Empfehlungsverbotes** in §§ 22, 23 GWB a. F. mit der

---

[288] Rn. 94 ff.
[289] BGH vom 19. April 1983 KRB 1/83 – *Rebenveredler* – nicht veröffentlicht; KG WuW/E OLG 2369, 2372 – *Programmzeitschriften;* OLG Frankfurt WuW/E OLG 4944, 4946 – *Fahrschullehrerabsprache;* OLG München NJWE WettbR 1997, 285, 286 *Tiefkühlkost.*
[290] OLG Stuttgart WuW/E OLG 3323, 3333 – *Familienzeitschrift II.*
[291] EuGH WuW/E EWG/MUV 269, 272 – *Teerfarben* = Rs. C-51/69 – *Farbenfabriken Bayer AG/Kommission* Slg. 1972, 745; EuGH WuW/E EWG/MUV 347, 355 – *Europäische Zuckerindustrie* = verb. Rs. C-40–48, 50, 54–56, 111, 113/73 – *Suiker Unie/Kommission* Slg. 1975, I-1663; EuGH Slg. 1993 I, 1575, 1601 ff. – *Zellstoff* = EuZW 1993, 377, 380.
[292] KG WuW/E OLG 2369, 2372 – *Programmzeitschriften* mit weiteren Nachweisen; EuGH WuW/E EWG/MUV 269, 272 – *Teerfarben* = Rs. C-51/69 – *Farbenfabriken Bayer AG/Kommission* Slg. 1972, 745; vgl. zum Vereinbarungsbegriff oben Rn. 42 ff. Ferner Art. 81 Abs. 1 EG Rn. 95.
[293] Bunte in: Langen/Bunte, § 1 Rn. 62; Bechtold, GWB, § 1 Rn. 15.
[294] Zimmer in: Immenga/Mestmäcker, GWB, § 1 Rn. 95 f.
[295] OLG Düsseldorf WuW/E DE-R 1429, 1431-*Kfz-Spedition.*

§ 1. Verbot wettbewerbsbeschränkender Vereinbarungen

7. GWB-Novelle 2005 gibt es im GWB auch grundsätzlich keinen Auffangtatbestand mehr.[296] Allenfalls ist an das Verbot des § 21 Abs. 2 GWB zu denken, Nachteile anzudrohen oder zuzufügen, um ein anderes Unternehmen zu einem Verhalten nach § 1 GWB zu veranlassen. Die Frage lediglich einseitigen Verhaltens stellt sich bei horizontalen Sachverhalten weniger als bei vertikalen Sachverhalten.

Regelmäßig agieren Wettbewerber auf dem Markt nebeneinander, so dass Abstimmungsangebote **in horizontaler Richtung** nur Erfolg haben, wenn der angesprochene Konkurrent auf das Angebot hin die Kommunikation aufnimmt. Dann ist der Abstimmungsbegriff aber erfüllt. Eine verbotene Abstimmung ist beispielsweise gegeben, wenn Unternehmen einem Dritten, etwa als Geschäftsführer eines Verbandes, die Ausarbeitung eines Verhaltenskodex übertragen, den sie dann selbst verwirklichen.[297] Das Verbot der abgestimmten Verhaltensweisen gilt dann für die an der Verwirklichung beteiligten Unternehmen, aber nicht für den Dritten.[298] Ein anderes Beispiel wäre die Ausarbeitung von Muster-Allgemeinen Geschäftsbedingungen für einen bestimmten Markt durch einen Rechtsanwalt, die dann in gleichförmiger Weise von allen Unternehmen auf dem Markt verwendet werden; nur wenn die Verwendung der Muster-Allgemeinen Geschäftsbedingungen des Rechtsanwaltes auf einer Kommunikation zwischen den Unternehmen beruht, liegt jedoch eine Abstimmung vor.[299] Eine Abstimmung ist auch gegeben, wenn Konkurrenten einen Arbeitskreis bilden, in dem sie über Änderungen ihrer Geschäftsbedingungen Fühlung aufnehmen und die Geschäftsbedingungen in der Folge in die gleiche Richtung geändert werden.[300] Treten konkurrierende Händler in Kontakt miteinander, um sich gegenseitig über die Einhaltung von unverbindlichen Preisempfehlungen zu verständigen, oder nehmen sie gar gemeinsam Einfluss auf den Hersteller bei der Festlegung der empfohlenen Preise, liegt ebenfalls eine Abstimmung vor. Eine nicht von § 1 GWB erfasste einseitige Handlung stellt beispielsweise ein fehlgeschlagenes Angebot an einen Konkurrenten dar, sich zu kartellieren. Früher konnte ein solcher **Versuch der Absprache** unter bestimmten Voraussetzungen unter das Empfehlungsverbot der §§ 22, 23 GWB a. F. fallen, nach dessen Abschaffung bleibt ein solcher Versuch grundsätzlich sanktionslos.[301] Auch die bloße Befolgung von einseitigen Empfehlungen erscheint noch nicht als ausreichend, wenn es an einer Kommunikation zwischen Empfehlendem und Empfehlungsempfänger fehlt. Trotz Befolgung durch die Empfänger dürfte es keine abgestimmte Verhaltensweise darstellen, wenn ein Verlag Marktpreise für die Werbewirtschaft ermittelt und sie ihm Rahmen einer entgeltlichen Publikation Werbeunternehmen empfiehlt. **Empfehlen** allerdings **Wirtschaftsvereinigungen ihren Mitgliedern** ein bestimmtes wetttbewerbliches Verhalten (z. B. eine bestimmte Preisgestaltung), so ist bei mindestens spürbarer Befolgung eine abgestimmte Verhaltensweise gegeben;[302] die erforderliche Kommunikation liegt in der verbandsmäßigen Erarbeitung der Empfehlung. Allerdings haben Verbände auch das gute Recht, ihren Mitglieder Service zu bieten, z. B. indem sie ihren Mitgliedern **Musterverträge oder Kalkulationsschemata** zur Verfügung stellen; keine Empfehlung und damit kartellrechtlich neutrales Verhalten liegt hier vor, wenn deutlich gemacht wird, dass es

---

[296] *Wagner-von Papp* WuW 2005, 379, 382 ff.; *Bechtold* DB 2004, 235, 238.
[297] BKartA Beschl. vom 27. September 2000, B9 70/00 – *Kfz-Speditionsbedingungen*, zit. nach *Schultz/Wagemann*, S. 18 f.
[298] OLG Stuttgart WuW/E OLG 3332, 3333 – *Familienzeitschrift*; *Benisch* in: Gemeinschaftskommentar § 25 a. F. Rn. 8.
[299] Vgl. auch WuW/E BGH 2923, 2925 – *Mustermietvertrag*.
[300] OLG Düsseldorf WuW/E DE-R 1429, 1431 – *Kfz-Spedition*.
[301] *Wagner-von Papp* WuW 2005, 379, 385.
[302] BKartA WuW/E DE-V 1539, 1543 f. – *Arzneimittelhersteller*; *Fuchs* in: Immenga/Mestmäcker, GWB, § 3 Rn. 28; im EU-Recht auch EuGH Slg.1983, 3369 Rn. 20 f. – *Société Anonyme I. A. Z. International Belgium*; ebenso EuGH Slg.1980, 2125 – *Van Landewyck*; siehe ferner zu Verbandsempfehlungen *Möhlenkamp* WuW 2008, 428, 437 f.

nicht um eine Beeinflussung des Wettbewerbs, also nicht um eine Empfehlung, sondern nur um Service für die autonome Wettbewerbsbetätigung des Mitglieds geht.[303]

In vertikaler Richtung sind Unternehmen nicht nebeneinander, sondern miteinander tätig. Die bloße Kommunikation kann deshalb hier nicht ausreichen, weil sie auch Teil des vertraglichen Miteinanders sein kann. Vielmehr ist ein zustimmendes Signal (dann sogar Vereinbarung und nicht nur Abstimmung)[304] oder ein Mitwirken der anderen Marktstufe Voraussetzung. Zu den Einzelheiten sei auf die Kommentierung zu Art. 81 Abs. 1 EG verwiesen,[305] abweichende deutsche Praxis existiert – soweit ersichtlich – nicht.

61   In der deutschen Literatur ist umstritten ist, ob auch ein allein **durch die Marktstruktur vorgegebenes Verhalten** als relevante Abstimmung zu werten ist (sog. „Koordinierung über den Markt").[306] Regelmäßig wird dieses Phänomen nur im Hinblick auf zwischen Wettbewerbern (horizontal) veranlasste Wettbewerbsbeschränkungen[307] diskutiert. Allein auf Grund der Marktstruktur kann auch ohne Abstimmung zwischen den Konkurrenten **im engen Oligopol** der sogenannte Binnenwettbewerb unter den Oligopolmitgliedern erlahmen. Denn mit zunehmender Konzentration steigt die Reaktionsverbundenheit der Wettbewerber, weil jeder Einsatz von Wettbewerbsparametern die Konkurrenten umso erheblicher trifft, je weniger Unternehmen am Markt agieren (sogenannte oligopolistische Interdependenz). Um alte Marktanteile nach Vorstößen anderer zurückzuerobern, werden die Wettbewerber die gleichen Parameter einsetzen, zum Beispiel ebenfalls die Preise senken. Danach verfügen alle Wettbewerber wieder über ihren Marktanteil, der Einsatz der Wettbewerbsparameter und damit die Kosten haben sich jedoch erhöht. In der Marktform des engen Oligopols und bei hoher Markttransparenz, hohen Marktzutrittsschranken, großer Produkthomogenität, gleichen Ressourcen sowie gleicher Kapazität kann sich deshalb die Einsicht durchsetzen, dass durch aggressives Marktverhalten die eigene Marktposition kaum zu verbessern ist.[308] Disziplin und Preisführerschaft sind Kennzeichen des faktischen Parallelverhaltens der Mitglieder im engen Oligopol, ohne dass zwingend dafür eine Abstimmung zwischen den Oligopolmitgliedern erforderlich wäre. Tatbestandsmäßig kann ein solches Verhalten nicht sein, weil keiner der Beteiligten das Risiko des Wettbewerbs künstlich abgesenkt hat. Wenn der Wettbewerb für sich genommen nur ein geringes Risiko bereithält, sind die Wettbewerber dafür nicht verantwortlich. Das gilt nicht nur für den Marktführer,[309] sondern auch für die Nachziehenden, die nicht das Risiko des Wettbewerbs autonom herabgesetzt haben.[310] Vor diesem Hintergrund nehmen sowohl die europäische[311] als auch die

---

[303] Instruktiv WuW/E BGH 2923, 2925 – *Mustermietvertrag;* ferner *Möhlenkamp* WuW 2008, 432, 438. Siehe auch Rn. 131.
[304] Vgl. EuGH WuW/E EU-R 769 = GRUR Int. 2004, 508, 512 – *Bundesverband der Arzneimittelimporteure ./. Kommission;* vgl. auch EuGH WuW/E 693, 698 – *Pronuptia*.
[305] Vgl. auch die Kommentierung Art. 81 Abs. 1 EG Rn. 86 ff.
[306] Dafür *Emmerich* in: Immenga/Mestmäcker, EG-WbR Bd. I, Art. 81 Abs. 1 EGV Rn. 111 f. mwN.; *Zimmer* in: Immenga/Mestmäcker, GWB, § 1 Rn. 98; *ders.* ZHR 154 (1990) 470, 483 ff.; Dagegen: *Roth* in: Frankfurter Kommentar § 25 a. F. Rn. 26 f.; *Bunte* in: Langen/Bunte, § 1 Rn. 66 f.; *Hootz* in: Gemeinschaftskommentar § 1 Rn. 79.
[307] Zur Unterscheidung zwischen horizontal und vertikal veranlassten Wettbewerbsbeschränkungen oben Rn. 2 ff.
[308] *Ingo Schmidt,* Wettbewerbspolitik und Kartellrecht, S. 64; *Schwalbe/Zimmer,* Kartellrecht und Ökonomie, S. 37 ff.; *Krelle,* Preistheorie, S. 130; *Kerber,* S. 182 ff.; *J. B. Nordemann,* Gegenmacht und Fusionskontrolle, S. 155 ff.; vgl. auch die Ausführungen der EG-Kommission WuW/E EV 1903, 1937 – *Nestlé/Perrier.*
[309] *Kling/Thomas,* Kartellrecht, § 4 Rn. 61.
[310] *Zimmer* in: Immenga/Mestmäcker, GWB, § 1 Rn. 101.
[311] Vgl. EuGH Slg. 1993 I, 1575, 1601 ff. – *Zellstoff* (Tz. 103) = EuZW 1993, 377, 383; ferner Art. 81 Abs. 1 EG Rn. 96.

deutsche³¹² Praxis **bewusstes Parallelverhalten** grundsätzlich zu Recht vom Anwendungsbereich des Kartellverbotes aus.

Allerdings darf nicht übersehen werden, dass ein hoher Konzentrationsgrad und die grundsätzlich bestehende Interessenparallelität eine kartellrechtswidrige Verhaltenskoordinierung unter den Oligopolmitgliedern erleichtert. Bei hoher Markttransparenz, großer Produkthomogenität und begrenzter Zahl der Oligoplisten ist es einfacher für die Oligopolmitglieder, ihr Parallelverhalten durch gegenseitige Verständigung abzusichern.³¹³ Auch im engen Oligopol ist daher immer danach zu fragen, ob die Oligopolmitglieder sich nur im Bewusstsein der Gegebenheiten, aber ohne Kommunikationswillen parallel verhalten oder ob die Oligopolmitglieder untereinander in Kontakt getreten sind, wobei es schon für eine verbotene Abstimmung ausreicht, wenn eine solche Abstimmung stattgefunden hat, selbst wenn sich die Verhaltensparallelität auch aus den objektiven Marktgegebenheiten erklären ließe.³¹⁴ Ohnehin liegen die Marktstrukturen, in denen eine Abstimmung „über den Markt" denkbar ist, in der Praxis selten vor. Der Marktstruktur kommt deshalb eher für Beweisfragen eine Bedeutung zu, insbesondere wenn die Marktstruktur gegen eine Abstimmung „über den Markt" spricht.³¹⁵

Weiter erfordert eine „Abstimmung" im Vergleich zum Vereinbarungsbegriff auch **weniger als eine tatsächliche Beschränkung wettbewerblicher Handlungsfreiheiten**. Irgendeine negative Konsequenz für denjenigen an der Abstimmung Beteiligten, der sich nicht daran hält, braucht nicht in Aussicht stehen. Es ist vielmehr für den Abstimmungsbegriff ausreichend, wenn die Beteiligten nur **ihr Verhalten voneinander abhängig machen**,³¹⁶ anstatt sich des Risikos des Wettbewerbs auszusetzen. Um nachteilige Konsequenzen bei Nichtbefolgung befürchten zu müssen, genügt es also für eine Abstimmung, wenn die Unternehmen die Marktgesetze selbst bestimmen, anstatt sich den Marktgesetzen unterzuordnen.³¹⁷ Jeder künstliche Einfluss von Konkurrenten auf das Wettbewerbsgeschehen ist ausreichend. Im engen Oligopol wird ein solcher künstlicher Einfluss immer dann anzunehmen sein, wenn die Beteiligten miteinander über die Bedingungen ihres Wettbewerbs kommuniziert haben. Der Einwand, man hätte sich auch ohne Kommunikation genauso auf Grund der **Marktstrukturen** verhalten müssen, kann hier nicht greifen. Denn schon die Tatsache der Abstimmung legt nahe, dass die Beteiligten zumindest die Gefahr gesehen haben, die Marktstrukturen alleine könnten das parallele Wettbewerbsverhalten nicht garantieren.³¹⁸

62

c) Bestimmtes Marktverhalten als Erfolg? Nach zutreffender Auffassung muss die Abstimmung zu keinem bestimmten Erfolg in Form eines Marktverhaltens führen. Es ist ausreichend, wenn sich Beteiligte abstimmen, auch wenn die Abstimmung dann keinen Ausdruck in ihrem Marktverhalten findet.³¹⁹ Dafür spricht entscheidend, dass Wortlaut und Systematik des § 1 GWB insoweit die Vereinbarung genauso behandeln wie die Abstim-

63

---

³¹² WuW/E BGH 2923, 2925 – *Mustermietvertrag;* OLG Celle WuW/E DE-R 327 – *Unfallersatzwagen* mwN.; KG WuW/E OLG 3051, 3080 – *Morris/Rothmans;* BKartA WuW/E DE-V 653, 660 – *BASF/NEPG.*

³¹³ Vgl. *Bundestagsausschuss für Wirtschaft,* Bericht zur zweiten GWB-Novelle, BT DS 7/765, S. 9; *Heuss* WuW 1974, 369, 373; *Zimmer* ZHR 154 (1990) 470, 474, 479 ff.

³¹⁴ KG WuW/E OLG 3387, 3390 – *Altölpreise; Mestmäcker/Schweitzer,* Europäisches Wettbewerbsrecht, § 9 Rn. 30; vgl. zum Problem der Kausalität zwischen Abstimmung und Verhalten auch unten Rn. 64, zum Beweis Rn. 68 ff.

³¹⁵ Vgl. zu Beweisfragen unten Rn. 68 ff.

³¹⁶ BGH vom 19. 4. 1983 KRB/83 – *Rebenveredler* – nicht veröffentlicht; KG WuW/E OLG 2369, 2372, 2373 – *Programmzeitschriften.*

³¹⁷ Vgl. *Zimmer* in: Immenga/Mestmäcker, GWB, § 1 Rn. 102 ff.

³¹⁸ Vgl. KG WuW/E OLG 3387, 3390 – *Altölpreise.*

³¹⁹ *Zimmer* in: Immenga/Mestmäcker, GWB, § 1 Rn. 96; wohl auch *Hootz* in: Gemeinschaftskommentar § 1 Rn. 81.

mung, insbesondere also auch das „Bezwecken" einer Wettbewerbsbeschränkung durch Abstimmung verboten ist. Die entgegenstehende deutsche Rechtsprechung zum Abstimmungsverbot des § 25 GWB a. F.[320] sollte sich durch die entgegenstehende europäische Praxis[321] erledigt haben.

64 **d) Kausalität.** Ferner müssen die **Abstimmung** und das **Marktverhalten** in einem bestimmten **Ursachenzusammenhang** zueinander stehen.[322] Damit ist aber keine Kausalität zwischen Abstimmung und Wettbewerbsbeschränkung gemeint, sondern lediglich eine Kausalität zwischen Abstimmung und nicht mehr vollständig autonomen Marktverhalten. Anderenfalls würde man die inzwischen überwundene Gegenstandstheorie[323] doch wieder einführen, weil sich die Unternehmen dann darauf berufen könnten, dass der Gegenstand der Verhaltenskoordinierung gar keine Wettbewerbsbeschränkung war.[324] Kausalität zwischen Abstimmung und nicht mehr autonomem Marktverhalten ist gegeben, wenn schon die objektiven Wettbewerbsbedingungen ein entsprechendes Verhalten der Beteiligten nahelegen würden, zum Beispiel **im engen Oligopol**.[325] Denn auch hier gilt, dass die Abstimmung zumindest kausal zu bestimmtem nicht-autonomen Marktverhalten beigetragen hat, selbst wenn sich die Beteiligten möglicherweise ohne Abstimmung auch so verhalten hätten.[326] **Voraussetzung** für eine Kausalität zwischen Abstimmung und Marktverhalten ist es jedoch, dass die Abstimmung **zeitlich vor** dem betreffenden Marktverhalten stattgefunden hat.[327] Die Kausalität soll auch nicht dadurch aufgehoben werden können, dass ein an der Abstimmung Beteiligter **später davon Abstand nimmt**.[328] Das erscheint als zweifelhaft. Auch Mitgliedern eines engen Oligopols muss es möglich sein, durch Abstandnahme von einer Abstimmung wieder rechtmäßig zu handeln. Sprechen sich beispielsweise die beiden letzten verbliebenen Wettbewerber über die gemeinsame Auslagerung (Out-Sourcing) eines wichtigen Wettbewerbsparameters auf ein drittes Unternehmen ab, nehmen dann von diesem Plan wegen kartellrechtlicher Bedenken Abstand und beauftragen in der Folge beide einen Dritten, so sollte dies solange kein abgestimmtes Verhalten darstellen, wie die Marktstruktur die einheitliche Auswahl des Dritten vorgibt, z. B. weil er beiden das beste Angebot unterbreitet hat; es muss jedoch durch geeignete Maßnahmen (z. B. Chinese Walls, Geheimhaltungsverpflichtungen in vertikaler Vereinbarung mit dem Dritten) sichergestellt sein, dass der einheitlichen Auswahl wirklich keine Abstimmung (mehr) zu Grunde liegt. Zu Beweisfragen siehe unten.[329]

65 **e) Beispiel: Preiserhöhungen.** Am Beispiel der abgestimmten Preiserhöhungen lassen sich die vorgenannten Grundsätze zum Verbot der abgestimmten Verhaltensweisen illustrieren: Die bloße Ankündigung von Preiserhöhungen durch ein Unternehmen ist kartellrechtlich als eine einseitige Maßnahme unbedenklich, selbst wenn das Unternehmen nicht ausschließen kann, dass Konkurrenten nachziehen. Anders ist es aber, wenn vor Ankün-

---

[320] Vgl. WuW/E BGH 1985 – *Familienzeitschrift* = BGH NJW 1984, 2819 = GRUR 1983, 259; WuW/E BGH 2182 – *Altölpreise* = BGH BB 1985, 1619; OLG München WuW/E OLG 3395 – *Orthopäden*.
[321] EuG WuW/E EU-R 819, 820 – *Nahtlose Stahlrohre*; EuG Slg. 1999, II 347 = WuW/E EU-R 192 – *Thyssen/Kommission*; EuG Slg. 1995, II 917 – *Ferriere Nord/Kommission*. Ferner Art. 81 Abs. 1 Rn. 100.
[322] WuW/E BGH 1985, 1987 – *Familienzeitschrift* = BGH NJW 1984, 2819 = GRUR 1983, 259.
[323] Vgl. dazu unten 129.
[324] *Lübbert* S. 59; *Bunte* in: Langen/Bunte, § 1 Rn. 68, 71; *Zimmer* in: Immenga/Mestmäcker, GWB, § 1 Rn. 94.
[325] Vgl. dazu oben Rn. 61.
[326] Vgl. KG WuW/E OLG 3387, 3390 – *Altölpreise; Mestmäcker/Schweitzer*, Europäisches Wettbewerbsrecht, § 9 Rn. 28 ff.
[327] *Benisch* in: Gemeinschaftskommentar § 25 a. F. Rn. 4.
[328] OLG Düsseldorf WuW/E OLG 2488, 2492 f. – *Heizöl-Spediteure*.
[329] Rn. 68 ff.

digung der Preisanhöhung Konkurrenten signalisieren, dass sie bei der Preiserhöhung mitziehen werden.[330] Damit wäre das notwendige Minimum an Kommunikation für das spätere parallele Verhalten erfüllt. Indirekte Kontakte über die zukünftige Preispolitik über einen Informanten genügen. Entscheidend ist, dass an der Preisabstimmung beteiligte Unternehmen sich wechselseitig und im Voraus über ihre künftige Preispolitik informieren, so dass jeder Beteiligte seine Preispolitik nicht mehr vollständig autonom ausrichtet.[331]

Es kann dabei Teil der Abstimmung sein, dass Preiserhöhungen vom **Preisführer** jeweils in Anzeigen veröffentlicht werden, dann gewartet wird auf die Anzeigen der Konkurrenten, inwiefern diese mitziehen, um dann zu einer Übereinstimmung zu kommen. Ein solches Prozedere kann aber nur als „Abstimmung" angesehen werden, wenn sich die Parteien in irgendeiner Form darauf verständigt haben, dass dies der Weg für die Preisabstimmung sein soll. Es erscheint zweifelhaft, ob konkludent eine solche Verständigung darüber erfolgen kann, dass dieses Verfahren in der Vergangenheit zu einer Preisangleichung geführt und sich deshalb als Verfahren „eingebürgert" hat. Die ständige Übung allein ist noch keine Kommunikation oder Koordination.[332] Für den – allerdings durchaus unwahrscheinlichen – Fall, dass sich die Preisabstimmung allein aus der Marktstruktur ergibt,[333] sind nämlich weder die Nachziehenden[334] noch der Preisführer nach § 1 GWB verantwortlich.

5. Verhältnis zwischen Vereinbarung und abgestimmtem Verhalten

Obwohl das Verbot der abgestimmten Verhaltensweisen als Umgehungsverbot und damit als Auffangtatbestand eingeführt wurde, entspricht dies eigentlich nicht mehr seinem wahren Charakter. Mit der Aufgabe der Gegenstandstheorie[335] für vertragliche Wettbewerbsbeschränkungen verloren der Vertragsbegriff einerseits und das Verbot der abgestimmten Verhaltensweisen andererseits ihre systematische Eigenständigkeit. Es wurde möglich, wettbewerbsbeschränkende Verträge nur noch als abgestimmtes Verhalten in einer besonderen Form, nämlich Vertragsform, anzusehen. Damit wird das **Verbot der abgestimmten Verhaltensweise** zum **Grundtatbestand** und wettbewerbsbeschränkende Vereinbarungen bzw. Beschlüsse zu einem besonderen Unterfall davon.[336] Das findet seit der 6. GWB-Novelle 1999 auch im Gesetz seinen Niederschlag durch die Zusammenführung von Grundtatbestand (§ 25 Abs. 1 a. F.) und Vertrags- bzw. Beschlussverbot (§ 1 GWB a. F.) in § 1 GWB.[337] Noch besser wäre dies durch eine Formulierung im § 1 GWB wie „Vereinbarung zwischen miteinander im Wettbewerb stehenden Unternehmen, Beschlüsse von Unternehmensvereinigungen und *sonstige* aufeinander abgestimmte Verhaltensweisen ..." zum Ausdruck gekommen. – Es kommt deshalb nicht darauf an, zwischen Vereinbarung oder abgestimmter Verhaltensweise zu unterscheiden; wie im europäischen Recht[338] können alle einer **„einzigen und andauernden Verletzung"** zugerechnet werden.

---

[330] *Bunte* in: Langen/Bunte, § 1 Rn. 76.
[331] Vgl. EuGH Rs. C-172/80, Slg. 1981, I-2021, 2031 – *Züchner/Bayrische Vereinsbank* = EuGH WuW/E EWG/MUV 515 – *Banküberweisungsgebühren;* siehe auch Komm. E. v. 23. 4. 1986 – *Polypropylen* ABl. 1986 L 230/1, 28.
[332] A. A. *Bunte* in: Langen/Bunte, § 1 Rn. 76 f.
[333] Vgl. Rn. 61.
[334] Zustimmend jetzt auch *Zimmer* in: Immenga/Mestmäcker, GWB, § 1 Rn. 101.
[335] Vgl. oben Rn. 129.
[336] *Karsten Schmidt*, Kartellverfahrensrecht S. 32 ff.; *Immenga* in: Immenga/Mestmäcker, GWB, § 25 a. F. Rn. 6; zustimmend auch *Bunte* in: Langen/Bunte, § 1 Rn. 57.
[337] Vgl. *Karsten Schmidt* AG 1998, 551, 560.
[338] Dazu ausführlich Art. 81 Abs. 1 EG Rn. 76 ff.

6. Beweisfragen[339]

68 **a) Allgemeines.** Die Darlegungs- und Beweislast für eine Zuwiderhandlung gegen § 1 GWB trägt die Partei oder Behörde, die diesen Vorwurf erhebt. Von dieser Verteilung der Darlegungs- und Beweislast unberührt bleiben der Untersuchungsgrundsatz in kartellrechtlichen Bußgeld- und Untersagungsverfahren sowie die Unschuldvermutung im Bußgeldverfahren.[340]

69 Seit der Einführung des Verbots bestimmter wettbewerbsbeschränkender Vereinbarungen und Beschlüsse und der späteren Erweiterung auf ein Abstimmungsverbot[341] sind schon Jahrzehnte vergangen. Das hat das zu Beginn teilweise noch nicht besonders ausgeprägte Unrechtsbewusstsein der Beteiligten erheblich geschärft. Heute besteht oft ein Nachweisproblem, weil die Beteiligten ihre Handlungen sorgsam verstecken. Insoweit ist zunächst darauf zu verweisen, dass bei der Darlegung und der Beweisführung die allgemeinen Regeln, insbesondere zur Erleichterung der Darlegungs- und Beweislast bei Sachverhalten aus der Sphäre des Gegners, gelten.[342] Überdies gilt eine Beweiserleichterung, wenn der Tatbestand der Abstimmung feststeht: dann gilt vorbehaltlich des Gegenbeweises die **Vermutung,** dass die an der Abstimmung beteiligten Unternehmen die Abstimmung bei ihrem **Marktverhalten** berücksichtigen (wollen), insbesondere wenn die Abstimmung regelmäßig während eines längeren Zeitraumes stattfindet.[343] Kann einem Unternehmen die Teilnahme an Sitzungen nachgewiesen werden, auf denen Wettbewerbsbeschränkungen verabredet wurden, muss das Unternehmen nachweisen, dass es gegenüber den anderen Unternehmen klargestellt hat, es werde sich nicht an die Vereinbarung halten.[344] Anderenfalls liegt ein unbeachtlicher geheimer Vorbehalt vor, § 116 BGB.[345] Geht es allein um Unterlassungsansprüche, ist zu beachten, dass keine Darlegung und kein Beweis im Hinblick auf die nachteiligen Auswirkungen der Abstimmung auf den Wettbewerb erforderlich ist. Denn § 1 GWB verbietet in der Tatbestandsalternative des „Bezweckens" einer Wettbewerbsbeschränkung auch den (erfolglosen) Versuch.[346] Der Schwerpunkt der Beweisführung liegt also in der Praxis regelmäßig bei der Frage, ob die **Abstimmung als solche** bewiesen werden kann.

70 Anscheins- und Indizienbeweis kommt für den Beweis der Abstimmung eine erhöhte Bedeutung zu. Wegen der eingeschränkten Anwendbarkeit des **Anscheinsbeweises** im Verwaltungsverfahren[347] und seines Ausschlusses für Bußgeld- und Strafverfahren[348] konzentriert sich die Praxis auf den **Indizienbeweis**. Der Bundesgerichtshof hat beispielsweise in einem Fall von einem Indizienbeweis („Beweis über Hilfstatsachen") gesprochen, obwohl das Kammergericht mehrfach das Wort „Anschein" im Rahmen der Beweiswürdigung verwendet hatte.[349] Der Indizienbeweis ist außerdem deshalb praxisgerechter, weil er nicht nur im **Zivilverfahren,** sondern auch im **Verwaltungs-, Bußgeld-** und **Strafverfahren**[350]

---

[339] Eingehend auch Art. 81 Abs. 1 EG Rn. 97 ff.
[340] RegE 7. GWB-Novelle, BT DS 15/3640, S. 23. Vgl. auch unten Rn. 261 ff.
[341] Vgl. oben Rn. 53.
[342] Siehe auch unten Rn. 261.
[343] EG Kommission WuW/E EU-V 769/773 – *Zitronensäure,* unter Berufung auf EuG WuW/E EU-R 226 – *Hüls/Kommission.*
[344] EuGH WuW/E EU-R 899, 904 – *Aalborg Portland/Kommission.*
[345] Dazu näher oben Rn. 43.
[346] EuG WuW/E EU-R 819, 820 – *Nahlose Stahlrohre;* EuG Slg. 1999, II 347 = WuW/E EU-R 192 – *Thyssen/Kommission;* EuG Slg. 1995, II 917 – *Ferriere Nord/Kommission.* Ferner unten Rn. 126.
[347] Vgl. den Amtsermittlungsgrundsatz nach §§ 54, 57 GWB, 24 VwVfG; siehe dazu die Kommentierung zu § 54 GWB.
[348] Belke ZHR 139 (1975), 129, 130 ff.; a. A. Leube BB 1974, 208, 209.
[349] WuW/E BGH 994 – *Papierfiltertüten II* = BGH NJW 1969, 1027, 1028.
[350] Siehe z. B. LG Düsseldorf WuW/E DE-R 2087, 2088 – *Polizeipräsidium Düsseldorf.*

§ 1. Verbot wettbewerbsbeschränkender Vereinbarungen 71 § 1 GWB

zulässig ist. Der Indizienbeweis setzt die Feststellung eines bestimmten Sachverhaltes voraus, der konkret den Schluss auf den zu beweisenden Sachverhalt nahelegt, ohne dass andere Schlüsse ernstlich in Betracht kommen. Der Indizienbeweis stützt sich also auf konkrete Gründe für den Schluss im Gegensatz zum Anscheinsbeweis, der auch eine abstrakte Möglichkeit ausreichen lässt.[351] Wegen der Erforderlichkeit von konkreten Gründen erfolgt deshalb beim Indizienbeweis stets eine **Gesamtschau** aller maßgeblichen Umstände,[352] so dass die nachfolgend aufgezählten Faktoren grundsätzlich nicht isoliert voneinander gesehen werden dürfen. Allerdings bestehen im Zivilverfahren und auch im Verwaltungsverfahren sehr viel geringere Anforderungen als im Bußgeld- oder Strafverfahren. Für Bußgeld- und Strafverfahren wird eine an Sicherheit grenzende Wahrscheinlichkeit verlangt.[353] Der EuG fordert eine Abstimmung als „die einzig einleuchtende Erklärung für ein Parallelverhalten auf dem Markt".[354]

b) Relevante Indizien. aa) Marktstruktur. Indizien für eine Vereinbarung, einen **71** Beschluss oder zumindest eine Abstimmung lassen sich zunächst aus der Marktstruktur gewinnen. Handelt es sich um ein Polypol (viele kleine Anbieter), ein weites Oligopol (mehrere bedeutendere Anbieter), einen Markt in der Expansionsphase, einen Markt mit großer Nachfrageelastizität, einem Markt mit geringer Transparenz oder einen Markt mit niedrigen Zutrittsschranken, spricht viel dafür, dass ein Erlahmen des Wettbewerbs auf einer von den Parteien veranlassten Wettbewerbsbeschränkung beruht. Denn die vorgenannten **Marktstrukturen** sind einem intensiven **Wettbewerb förderlich**.[355] Das BKartA erwirkte mit der Argumentation richterliche Durchsuchungsbeschlüsse, der Vergleich realer Ausschreibungsergebnisse mit der Situation, die bei unabhängigem Verhalten zu beobachten gewesen wäre, lege eine Abstimmung vor Angebotsabgabe nahe. Im Fall ging es um Ausschreibungen im Bereich der Müllentsorgung; die im Rahmen der Ausschreibung erzielten Preise für einzelne Ausschreibungsgebiete lagen um 70% höher als in anderen Gebieten, auffällig war auch, dass sich oft nur der bisherige Vertragspartner in der Ausschreibung beworben hatte, obwohl andere Unternehmen wettbewerbsfähige Angebote hätten abgeben können.[356] Allerdings kann in der Marktform des **engen Oligopols** bei geringer Nachfrageelastizität, großer Markttransparenz, hohen Zutrittsschranken und großer Produkthomogenität auch die Struktur für ein Erlahmen des Wettbewerbs sprechen (sogenannte oligopolistische Interdependenz).[357] Ein Beispiel bildet eine der *Zellstoff*-Entscheidungen des EuG: Hier meinte das Gericht, dass die Übereinstimmung der Zeitpunkte der Preisankündigungen als unmittelbare Folge der ausgeprägten Transparenz in Form eines als enges Oligopol strukturierten Marktes angesehen werden könnte und nicht als künstlich qualifiziert werden müsste.[358] Allzu stark zu Gunsten der Beteiligten darf dieses Argument aber nicht

---

[351] Vgl. Zur Abgrenzung von Indizien – und Anscheinsbeweis *Zöller/Greger*, ZPO, § 286 Rn. 9a; *Baumbach/Lauterbach/Alberg/Hartmann*, ZPO Einf. § 284 Rn. 16, 22; *Schneider*, Beweis- und Beweiswürdigung, Rn. 380 mwN.
[352] BGH WuW/E DE-R 115, 117 – *Carpartner* = BGH NJW 1998, 2825 = GRUR 1998, 739; BGH NJW 1991, 1894, 1895; BGH NJW-RR 1993, 443, 444.
[353] WuW/E BGH 1153 – *Teerfarben;* zum Beispiel BKartA WuW/E DE-V 132, 133 – *Indizien für Quotenkartell;* LG Düsseldorf WuW/E DE-R 2087, 2089 – *Polizeipräsidium Düsseldorf:* „keine vernünftigen Zweifel".
[354] EuGH Slg. 1993 I 1575, 1601 ff. (Tz. 103 ff.) – *Zellstoff* = EuZW 1993, 377, 383 ff.; EuG WuW/E EWG/MUV 1037, Rn. 79 – *Zellstoff III* = Rs. T-227/95 – *AssiDomän Kraft Products/Kommission* Slg. 1997, II-1185.
[355] Vgl. *Kantzenbach* WuW 1994, 294, 295; *Heuss* WuW 1974, 369, 372; *Hansen* ZHR 136 (1972) 52, 58; *Ingo Schmidt*, Wettbewerbspolitik und Kartellrecht, S. 64; *Zimmer* in: Immenga/Mestmäcker, GWB, § 1 Rn. 102 ff.
[356] Vgl. den Bericht aus dem BKartA bei *Böge* WuW 2004, 726, 729 f.
[357] Vgl. oben Rn. 61.
[358] EuG WuW/E EWG/MUV 1037, Rn. 80 – *Zellstoff III* = Rs. T-227/95 – *AssiDomän Kraft Products/Kommission* Slg. 1997, II-1185.

§ 1 GWB 72, 73

gewertet werden. Zunächst liegen die vorgenannten Voraussetzungen in der Realität praktisch nie gemeinsam vor. Vorhandene Produktdifferenzierungen, räumliche Unterschiede oder abweichende Kostenstrukturen schließen in der Wirklichkeit eine vollständige Interessenparallelität von Wettbewerbern oft aus.[359] In der Expansionsphase eines Marktes ist eine Interessenparallelität bei Wettbewerbern – auch im engen Oligopol – ohnehin unmöglich.[360] Außerdem ist darauf zu verweisen, dass ein hoher Konzentrationsgrad und eine annähernd bestehende Interessenparallelität eine kartellrechtswidrige Verhaltenskoordinierung unter den Oligopolmitgliedern sogar erleichtert. Durch die hohe Markttransparenz und die begrenzte Zahl der Oligopolisten erscheint es einfach für die Oligopolmitglieder, ihr Parallelverhalten durch gegenseitige Verständigung zu sichern.[361] Es ist daher problematisch, allein aus der Marktstruktur auf ein paralleles Marktverhalten ohne vorherige verbotene Abstimmung zu schließen. Das ist nur ausnahmsweise bei Vorliegen der vorgenannten **Modellvoraussetzungen** möglich. Eher spricht sogar die Marktstruktur des engen Oligopols für eine Verständigung. Das gilt insbesondere, wenn der Markt auch noch aus anderen Gründen – z.B. wegen Bestehens von wenigen Einkaufsplattformen im Internet[362] – sehr transparent ist.

72   **bb) Übereinstimmende Wettbewerbsparameter.** Es hat indizielles Gewicht, wie viele Wettbewerbsparameter gleichgeschaltet sind. Dies gilt aber nur bei Existenz komplexer Verhaltensalternativen der Wettbewerber.[363] Je identischer das Verhalten im Wettbewerb ist, desto größer ist die Indizwirkung.[364] Die *Teerfarben*-Entscheidung nennt als Indiz ein gleichförmiges Verhalten im Hinblick auf **das gesamte Sortiment der Produzenten**.[365] Ein weiteres Beispiel sind Angebote auf Ausschreibungen, die eine auffallende **Parallelität bei den Preisen** für die einzelnen Leistungspositionen aufweisen. Schon eine relativ große Nähe der Preise in Einzelangeboten kann ein Indiz für eine Absprache sein.[366] Insbesondere systematische Abweichungen verstärken diese Indizwirkung; hat beispielsweise ein Angebot in jeder Leistungsposition grundsätzlich 5% höhere Preise als ein anderes, so ist dies ein Indiz für eine Submissionsabsprache, selbst wenn sie zur Verdeckung vereinzelt willkürlich festgesetzt sind. Allein eine parallele Entwicklung der Preise genügt aber nicht, wenn sich im Übrigen die **Marktanteile ständig verschieben** und außerdem eine **nennenswerte Quote von Außenseitern,** beispielsweise im konkreten Fall 40%, das Funktionieren eines Kartells in Frage stellt; Preisparallelität lässt sich in solchen Fällen zumindest in der Marktform des engen Oligopols, hoher Markttransparenz und großer Produkthomogenität auch mit der Marktstruktur erklären,[367] so dass ein Indiz für eine verbotene Abstimmung nicht vorliegt.[368]

73   **cc) Zeitfaktor.** Ein weiteres Indiz für eine Abstimmung kann der Zeitfaktor sein. Bei **zeitlicher Parallelität** des Beginns, des Endes oder der Dauer einheitlichen Wettbewerbsverhaltens spricht viel dafür, dass dem eine künstliche Abstimmung der sich parallel verhal-

---

[359] Deutlich auch *Immenga* in: Immenga/Mestmäcker, GWB, 2. Aufl., § 25 a.F. Rn. 41.
[360] *Hansen* ZHR 136 (1972) 53, 62.
[361] Vgl. *Bundestagsausschuss für Wirtschaft,* Bericht zur zweiten GWB-Novelle, BT DS 7/765, S. 9; *Heuss* WuW 1974, 369, 373.
[362] Vgl. eingehend zur kartellrechtlichen Problematik von Interneteinkaufsplattformen *J.B. Nordemann* in: Czychowski/Bröcker/Schäfer, Handbuch Geistiges Eigentum im Internet, § 12 Rn. 75 ff.; ferner *Kirchner* WuW 2001, 1030, 1036 ff.; *Gassner* MMR 2001, 140, 142; *Jestaedt* BB 2001, 581, 583; *F.A. Immenga/Lange* RIW 2000, 733, 738.
[363] *Zimmer* in: Immenga/Mestmäcker, GWB, § 1 Rn. 104.
[364] *Belke* ZHR 139 (1975) 129, 144.
[365] EuGH WuW/E EWG/MUV 275 – *Teerfarben* = Rs. C-51/69 – *Farbenfabriken Bayer AG/Kommission* Slg. 1972, 745.
[366] LG Düsseldorf WuW/E DE-R 2087, 2088 – *Polizeipräsidium Düsseldorf.*
[367] EuGH Slg. 1993 I, 1575, 1601 ff. – *Zellstoff* = EuZW 1993, 377, 384 (Tz. 116 ff.).
[368] Streitig, siehe oben Rn. 61.

tenden Wettbewerber zu Grunde liegt. Das gilt insbesondere dann, wenn die Marktstrukturdaten auf fehlende Interessenparallelität (zum Beispiel Expansionsphase, inhomogene Produkte, Polypol)[369] hinweisen.

dd) Räumliche Ausdehnung. Auch die räumliche Ausdehnung eines Parallelverhaltens kann für eine Absprache oder Abstimmung sprechen. Auch insoweit müssen die Marktstrukturdaten gesehen werden: Herrschen auf den räumlichen Märkten völlig unterschiedliche Wettbewerbsbedingungen (zum Beispiel unterschiedliche **Substitutionskonkurrenz,** unterschiedliche **Transportkosten,** größere **Zahl von Wettbewerbern**) und stimmen die Wettbewerbsparameter, zum Beispiel der Preis, trotzdem überein, so liegt ein Indiz für eine künstliche Gleichschaltung vor. Die *Teerfarben*-Entscheidung nennt als Indiz ein gleichförmiges Verhalten auf unterschiedlich strukturierten nationalen Märkten.[370]

ee) Gemeinsame Aktionen. Gemeinsame Aktionen von Wettbewerbern können auch Indizwirkung für eine Abstimmung oder Absprache entfalten. Ein Beispiel ist die Verpflichtung eines Unternehmens zu einem Zukauf von Wettbewerbern zu Marktpreisen, wenn das Unternehmen selbst über erhebliche Überkapazitäten in der Produktion verfügt. Das spricht für eine **quotenmäßige Marktaufteilung,** also für ein Quotenkartell.[371] Auch **gemeinsamen Strafaktionen** gegen Konkurrenten (Lieferboykotte, Bezugsboykotte, Gruppenboykotte) oder gegen andere Marktstufen (z. B. in Form von Gemeinschaftsunternehmen auf einer nachgelagerten Marktstufe)[372] liegt grundsätzlich eine Abstimmung zu Grunde, weil die Unterschiedlichkeit der Interessen der Wettbewerber sonst ein solches Verhalten kaum möglich machen würde.[373]

ff) Frühere Kontakte. Breiten Raum bei der Würdigung der Indizien nehmen auch frühere Kontakte der Beteiligten ein. Am intensivsten war der Kontakt, wenn die Beteiligten früher ein (auch erlaubtes) **Kartell** bildeten. Setzten sie ihr Verhalten, sei es nach Einschreiten der Kartellbehörde oder nach Ende der Legalisierung, fort, deutet dies auf eine fortgesetzte Abstimmung hin. Es ist möglich, dann auch die frühere Abstimmung im Kartell als aktuell relevante Abstimmungshandlung anzusehen.[374] Auch frühere gemeinsame Empfehlungen können, ob damals legal oder illegal, für eine verbotene Abstimmung zu ihrer Einhaltung sprechen, wenn sie gleichmäßig und dauerhaft befolgt werden. Unternehmerische Zusammenarbeit und direkte Kontakte auf Verbandsebene können ebenfalls Indizwirkung haben,[375] insbesondere bei Institutionalisierung. Allerdings können die Unternehmen durch geeignete Maßnahmen (z. B. Chinese Walls, vertikale Geheimhaltungsverpflichtungen) für eine Widerlegung dieses Eindrucks sorgen, selbst wenn sie vorher ein Kartell gebildet oder sich sonstwie abgestimmt hatten.[376] Ein Meinungsaustausch über Unternehmenspolitik allein genügt nicht,[377] ebenso wenig ein mehrdeutiges Protokoll in einer Verbandssitzung, wenn nicht noch andere, eine bestimmte Interpretation untermauernde Beweismittel vorgelegt werden.[378] Auch der Informationsaustausch innerhalb von Unternehmenskooperationen spricht nur dann indiziell für eine Abstimmung oder Absprache, wenn entsprechende **Institutionen** geschaffen sind, die den Informationsaustausch kanali-

---

[369] Siehe dazu oben Rn. 71.
[370] EuGH WuW/E EWG/MUV 275 – *Teerfarben* = Rs. C-51/69 – *Farbenfabriken Bayer AG/Kommission* Slg. 1972, 745.
[371] BKartA WuW/E DE-V 132, 134 – *Osthafenmühle II.*
[372] BGH WuW/E DE-R 115, 117 – *Carpartner* = BGH NJW 1998, 2825 = GRUR 1998, 739.
[373] *Lübbert,* S. 109; *Bunte* in: Langen/Bunte, § 1 Rn. 81 f.; *Zimmer* in: Immenga/Mestmäcker, GWB, § 1 Rn. 103.
[374] OLG Celle WuW/E OLG 2931, 2932; *Immenga* in: Immenga/Mestmäcker, GWB, 2. Aufl., § 25 a. F. Rn. 45; kritisch *Benisch* in: Gemeinschaftskommentar § 25 a. F. Rn. 27.
[375] WuW/E BKartA 1779, 1780 *Schweißelektroden.*
[376] Siehe zur Kausalität oben Rn. 64.
[377] BKartA WuW 1980, 3 – *Bankzinsen.*
[378] EuG WuW/E EU-R 857, 861 – *Bankgebühren.*

§ 1 GWB 77

sieren, wie zum Beispiel Preismeldestellen.[379] Übereinstimmende Preisankündigungen, die nicht innerhalb (nachweisbarer) Institutionen erfolgen, sind aber kein Indiz, insbesondere wenn die hohe Markttransparenz und die Marktstruktur des engen Oligopols eine befriedigende Erklärung für die Parallelität und die Entwicklung der Preise darstellen.[380]

77 **c) Beendigung des verbotenen Verhaltens.** Liegen Beweise für eine anfängliche Abrede vor und entspricht das Verhalten der Parteien immer noch dieser Abrede, so ist damit auch der Fortbestand der Abrede bzw. ihres Praktizierens indiziert.[381] Anders liegt es aber, wenn das Verhalten der Parteien sich ändert und nicht mehr mit der ursprünglichen Abrede konform geht; im Rahmen der Amtsermittlung muss die Behörde dann ergründen, ob das Parallelverhalten auch anders als durch Abstimmung erklärbar ist.[382] Entsprechender Vortrag des Klägers dürfte insoweit auch im Zivilprozess notwendig sein.

III. Wettbewerbsbeschränkung

Schrifttum: *Böhner,* Verbot von Preisempfehlungen nach § 38 Abs. 1 Nr. 11 GWB, BB 1997, 1427 ff.; *Bosch,* Zur Anwendbarkeit des § 15 GWB auf durchgereichte Vertriebs- und Verwendungsbeschränkungen in mehrstufigen Vertriebs- und Lizenzsystemen; *Bunte,* „carpartner" und die Folgen, NJW 1999, 93 ff.; *Buntscheck,* Der Gleichordnungskonzern – Ein illegales Kartell?, WuW 2004, 374 ff.; *Busche/Keul,* GWB § 1 – Lottospielgemeinschaft, Anmerkung zum Beschluß des BGH vom 9. 3. 1999, KVR 20/97 (KG), ZIP 1999, 1021 ff.; *Flohr,* Der Franchisevertrag – Überlegungen vor dem Hintergrund der Apollo-Optik-Entscheidung des BGH, DStR 2004, 93 ff.; *Fuchs,* Kartellrechtliche Grenzen der Forschungskooperationen, 1989; *v. Gamm,* Das Verbot einer unbilligen Behinderung und einer sachlich nicht gerechtfertigten Diskriminierung, NJW 1980, 2489 ff.; *Gassner,* Internet-Handelsplattformen im Spiegel des Kartellrechts, MMR 2001, 140 ff.; *Grave,* „Zwei zum Preis von einem" und § 14 GWB: Neubewertung erforderlich?, WRP 2003, 49 ff.; *Gromann,* Die Gleichordnungskonzerne im Konzern- und Wettbewerbsrecht, 1979; *v. Hayek,* Der Wettbewerb als Entdeckungsverfahren, 1968; *Herdzina,* Bemerkungen zur wettbewerbspolitischen Konzeption des GWB, S. 3 ff., in: FS Benisch, 1989; *Herrmann/Dick,* Einkaufskooperationen zum Zwecke des gemeinsamen Einkaufs von Strom, WuW 1999, 1071 ff.; *Heuss,* Aufeinander abgestimmtes Verhalten – Sackgasse und Ausweg, WuW 1974, 369 ff.; *Hildebrand,* 30 Jahre Preisbindungsverbot – Deutschland im Wandel, WRP 2004, 470 ff.; *Hoppmann,* Marktbeherrschung und Preismissbrauch, 1983; *F. A. Immenga/Lange* Elektronische Marktplätze, RIW 2000, 733 ff.; *U. Immenga,* Wettbewerbliche Grenzen von Standortvorteilen der öffentlichen Hand, NJW 1995, 1921 ff.; *ders.,* Bietergemeinschaften im Kartellrecht – ein Problem potentiellen Wettbewerbs, DB 1984, 385 ff.; *ders.,* Vertikale Verflechtungen – Strategische Allianzen auf deutschen Energiemärkten – Konsequenzen für die Fusionskontrolle, ZNER 2002, 152 ff.; *Jaestaedt,* Funktionalität, Effizienz und Wettbewerb: B2B Marktplätze und das Kartellrecht, BB 2001, 581 ff.; *Jickeli,* Marktzutrittsschranken im Recht der Wettbewerbsbeschränkungen, 1990; *Jickeli/Stieper,* Ausschluß gewerblicher Spielgemeinschaften in den Rahmenbedingungen des Toto-Blocks (Anmerkung), WuB (Entscheidungssammlung zum Wirtschafts- und Bankrecht) V A. § 1 GWB 1.99; *Kantzenbach,* Funktionsfähigkeit des Wettbewerbs, 2. Auflage 1977; *Karenfort,* Der Informationsaustausch zwischen Wettbewerbern – Kompetitiv oder Konspirativ?, WuW 2008, 1154 ff.; *Kiethe,* Schadensersatzansprüche von Franchisenehmern gegen Franchisegeber wegen unerlaubter Preisbindungen, WRP 2004, 1004 ff.; *Kirchhain,* Die Gestaltung von innerstaatlich wirkenden Vertriebsverträgen nach der 7. GWB-Novelle, WuW 2008, 167 ff.; *Kirchner,* Internetmarktplätze, Markttransparenz und Marktinformationssysteme, WuW 2001, 1030 ff.; *Koenig/Kühling/Müller,* Marktfähigkeit, Arbeitsgemeinschaften und das Kartellverbot, WuW 2005, 126 ff.; *Kurth,* Meistbegünstigungsklauseln im Licht der GVO Vertikalvereinbarungen, WuW 2003, 28 ff.; *Lehmann,* Rechtsschutz und Verwertung von Computerprogrammen, 1993; *Lutz,* Die Beurteilung von Einkaufskooperationen nach deutschem Wettbewerbsrecht, WRP 2002, 47 ff.; *Merz,* Die Vorfeldthese, 1988; *Mestmäcker,* Der verwaltete Wett-

---

[379] Vgl. *Marx* BB 1978, 331, 334; *Leube* BB 1974, 208, 209.
[380] EuG WuW/E EWG/MUV 1037 Rn. 80 – *Zellstoff III* = Rs. T-227/95 – *AssiDomän Kraft Products/Kommission* Slg. 1997, II-1185; vgl. im Einzelnen oben Rn. 61.
[381] EU-Kommission ABl. 1979 L 286, S. 32 – *BP Kemi/DDSF;* siehe ferner Kommentierung zu Art. 81 Rn. 93 mwN.
[382] EuG Slg. 1995, II-1775 Rn. 75 f.; Kommentierung zu Art. 81 Rn. 101.

§ 1. Verbot wettbewerbsbeschränkender Vereinbarungen **78, 79 § 1 GWB**

bewerb, 1984; *Meyer,* Salto Rückwärts im Kartellrecht – Meistbegünstigungsklauseln nach der siebten GWB-Novelle, WRP 2005, 1456 ff.; *Möhlenkamp,* Verbandskartellrecht – trittfeste Pfade in unsicherem Gelände, WuW 2008, 428 ff.; *Jan Bernd Nordemann,* Gegenmacht und Fusionskontrolle, 1996; *ders.,* Wettbewerbsverzerrung durch die öffentliche Hand. Die Entdeckung des Kartellrechts, WRP 1996, 383 ff; *ders.,* in Bröcker/Czychowski/Schäfer, Praxishandbuch geistiges Eigentum im Internet, 2003, § 12 Kartellrecht; *Pfeffer,* Interbrand-Kartellverbot und Intrabrand-Vereinbarung 2003; *Schulte,* Preisbindung in Verbundgruppen, WRP 2005, 1500 ff.; *Schultz/Wagemann,* Kartellrechtspraxis und Kartellrechtsprechung 2000/2001, 16. Aufl. 2001; *Schwarz,* Kartellverträge und sonstige wettbewerbsbeschränkende Verträge, 1984; *Schwintowski,* Ordnung und Wettbewerb auf Energiemärkten, 1998; *ders.,* Wettbewerb und Ordnung auf Energiemärkten nach Wegfall der §§ 103, 103a GWB, WuW 1997, 769 ff; *Steindorff,* Bezugsbindungen und gemeinsamer Zweck in § 1 GWB, BB 1981, 377 ff.; *ders.,* Gesetzeszweck und gemeinsamer Zweck des § 1 GWB, BB 1977, 569 ff.; *Weber,* Wirtschaftliche Preisbindungen als Wettbewerbsbeschränkungen, WuW 1998, 134 ff.; *Wessely,* Schützt das Preisbindungsverbot des § 14 GWB auch die Preisgestaltungsfreiheit des Monopolisten?, BB 1999, 2569 ff.

1. Übersicht

Vereinbarungen, Beschlüsse und aufeinander abgestimmte Verhaltensweisen sind nach § 1 GWB nur verboten, wenn sie eine **Verhinderung, Einschränkung** oder **Verfälschung** des **Wettbewerbs** bezwecken oder bewirken. § 1 GWB a. F. hatte vor der 6. GWB-Novelle 1999 noch darauf abgestellt, ob der fragliche Vertrag oder Beschluss geeignet war, die Erzeugung oder die Marktverhältnisse für den Verkehr mit Waren oder gewerblichen Leistungen durch Beschränkung des Wettbewerbs zu beeinflussen. Die Neufassung seit der 6. GWB-Novelle 1999 lehnt sich bewusst an **Art. 81 EG** an. Der Gesetzgeber ging dabei davon aus, dass sich in der Praxis des § 1 GWB wenig ändern werde, weil die Auslegung des § 1 GWB schon vorher mit der Praxis zu Art. 81 EG parallel gelaufen sei.[383] Die Neufassung des Tatbestands des § 1 GWB mit der 6. GWB-Novelle erledigte die Problematik, in welchem Verhältnis die Wettbewerbsbeschränkung zum Vertrag stehen musste (Stichwort: Gegenstands-, Zweck- und Folgetheorie).[384] Erst mit der 7. GWB-Novelle 2005 erfolgte die Streichung des Tatbestandsmerkmals „miteinander im Wettbewerb stehenhende (Unternehmen)", das den Anwendungsbereich des § 1 GWB a. F. auf horizontal veranlasste Wettbewerbsbeschränkungen begrenzte.[385] Nachdem jetzt § 1 GWB genauso wie Art. 81 EG neben horizontal auch vertikal veranlasste Wettbewerbsbeschränkungen erfasst und damit ein vollständiger Gleichlauf erreicht ist, hat sich ein weiteres Problem der Anwendung des § 1 GWB gelöst. Anders als vorher sind **gegenüber außenstehenden Dritten** oder gar **auf Drittmärkten** bezweckte oder bewirkte Wettbewerbsbeschränkungen tatbestandsmäßig im Sinne von § 1 GWB n. F.[386]

2. Wettbewerb

a) Allgemeines. Keinen Erkenntnisgewinn hat es durch die Angleichung der Formulierung an Art. 81 EG mit der 6. GWB-Novelle 1999 im Hinblick auf die Definition des Begriffes „Wettbewerb" gegeben. Dies war auch nicht zu erwarten, weil bislang **alle Versuche, Wettbewerb allgemeingültig zu definieren, fehl geschlagen** sind. Ohnehin gibt es **kein Idealmodell eines funktionsfähigen Wettbewerbs** mit bestimmten Marktstrukturen, bestimmtem Marktverhalten und optimalen gesamtwirtschaftlichen Marktergebnissen.[387] Solche idealen Modelle sind in besonderen Bedingungen einzelner Industrie-

---

[383] Vgl. Begr. zum RegE 6. GWB-Novelle BT DS 13/9720 = *Jüttner-Kramny,* GWB, WuW-Sonderheft, S. 65.
[384] Vgl. dazu unten Rn. 129.
[385] Im Einzelnen oben Rn. 2 ff.
[386] Vgl. dazu unten Rn. 122 ff.
[387] So aber die so genannten Workability-Konzepte; vgl. die Nachweise bei *Ingo Schmidt,* Wettbewerbspolitik und Kartellrecht, S. 11 ff.; *Emmerich,* Kartellrecht, § 1 Rn. 22 ff.; *Möschel* Rn. 66 ff.;

zweige und Märkte falsifiziert worden.[388] Wettbewerb muss damit als **Summe der Handlungsfreiheiten auf einem Markt** beschrieben werden, in die ständig neue Aktionen und Reaktionen der Marktbeteiligten einfließen[389] und die jeden Tag neue „Entdeckungen" produzieren.[390] Deshalb schützt § 1 GWB auch nur die wettbewerbliche Handlungsfreiheit; bestimmte gesamtwirtschaftliche Ergebnisse sind nur die zweite Seite derselben Medaille und nicht für sich genommen geschützt.[391] Es gibt, weil Wettbewerb nur die Summe der Freiheiten ohne Idealstruktur ist, grundsätzlich keinen Unterschied zwischen mehr schutzwürdigem und weniger schutzwürdigem Wettbewerb. Alle Erscheinungsformen des Wettbewerbs unterfallen deshalb grundsätzlich dem Schutz des § 1 GWB.

80 **b) Erscheinungsformen des Wettbewerbs. aa) Aktueller und potentieller Wettbewerb.** Es besteht **aktueller Wettbewerb,** wenn sich zwei Unternehmen auf einem sachlich, räumlich und zeitlich identischen Markt mit ihren Waren oder Leistungen begegnen. Zur Feststellung, ob aktueller Wettbewerb zwischen den Beteiligten gegeben ist, wird deshalb grundsätzlich eine Abgrenzung des relevanten Marktes erforderlich sein.[392]

81 Daneben ist auch lediglich **potentieller Wettbewerb** für § 1 GWB relevant,[393] weil von einem potentiellen Konkurrenten **vergleichbar wettbewerbstimulierende Wirkungen** ausgehen wie von einem aktuellen Konkurrenten. Jedenfalls erscheint es als zweifelhaft, potentiellem Wettbewerb diese Wirkungen nur zuzuschreiben, wenn er ungleichmäßig auf die aktuellen Wettbewerber wirkt.[394] Die Frage kann aber letztlich dahinstehen, weil potentieller Wettbewerb grundsätzlich ungleichmäßige Wirkungen auf vorhandene Wettbewerber ausübt.[395] Denn durch Produkt- und Werbedifferenzierung teilt sich ein Markt in verschiedene Segmente und die tätigen Unternehmen in verschiedene strategische Gruppen. Bestimmte Anbieter können daher durch drohende Konkurrenz stärker betroffen sein als andere.

82 Potentieller Wettbewerb liegt vor, wenn die Parteien sich noch nicht als aktuelle Wettbewerber gegenüberstehen, jedoch ein **Marktzutritt wahrscheinlich** ist. Potentieller Wettbewerb kann in **räumlicher Hinsicht** bestehen, weil ein Unternehmen noch nicht

---

Herdzina in: FS Benisch, S. 3, 4 ff. Bedeutendster Vertreter in Deutschland ist *Kantzenbach,* Funktionsfähigkeit des Wettbewerbs, S. 46 f., 129: Er schlägt als Idealzustand ein weites Oligopol mit unvollkommener Produkthomogenität vor.

[388] *Schwintowski* ZVglRWiss 92 (1993), 4053; *Herdzina* in: FS Benisch, 1969, S. 3, 4 ff.; *Hoppmann,* S. 16 f.

[389] *Emmerich,* Kartellrecht, § 1 Rn. 2 ff.; *Herdzina* in: FS Benisch, S. 3, 7 ff.; *Möschel* Rn. 67; alle mit weiteren Nachweisen.

[390] Siehe *v. Hayek,* Wettbewerb als Entdeckungsverfahren; hierzu *Streit* ORDO Band 43 (1992), 1 ff.; *Schmidtchen,* Wettbewerbspolitik als Aufgabe, S. 122 ff.

[391] Siehe zum Schutzzweck des § 1 GWB oben Rn. 7 f.; im einzelnen str., insbesondere im Hinblick auf das „Ob" einer Berücksichtigung der ökonomischen Wirkungen („Effizienzorientierung") neben dem Erhalt der Wettbewerbsfreiheit.

[392] Vgl. nur BGH WuW/E DE-R 349, 350 – *Beschränkte Ausschreibung* = WRP 1999, 1289; auch BGH WuW/E DE-V 127, 128 – *Fleurop II;* BKartA WuW/E DE-V 209, 211 – *Stellenmarkt für Deutschland II;* vgl. zur Abgrenzung des relevanten Marktes unten die Kommentierung zu § 19.

[393] WuW/E BGH 2050, 2051 – *Bauvorhaben Schramberg* = GRUR 1984, 379 = BB 1984, 364; WuW/E BGH 1732, 1734 – *Fertigbeton II;* WuW/E BGH 726, 732 – *Klinker* = BGH NJW 1966, 842 = GRUR 1966, 456.

[394] So aber WuW/E BGH 2112, 2123 – *Gruner und Jahr/Zeit* = BGH NJW 1985, 1626 = GRUR 1985, 311; KG WuW/E OLG 3767, 3773 – *Niederrheinische Anzeigenblätter* = AG 1986, 365; KG WuW/E OLG 4095, 4107 – *W&I-Verlag/Weiß-Druck;* Monopolkommission, Hauptgutachten VIII (1988/89), Tz. 533; dagegen: *Schulze,* 1988, S. 33 f.; *Jickeli* S. 132 f.; *J. B. Nordemann,* Gegenmacht und Fusionskontrolle, S. 136; beachte aber WuW/E BGH 2425, 2430 – *Niederrheinische Anzeigenblätter* = BGH NJW 1988, 1268 = GRUR 1988, 226, der offen lässt, ob er seiner früheren Auffassung noch folgt.

[395] *Jickeli* S. 113 f. mit weiteren Nachweisen.

auf bestimmte räumliche Märkte zugetreten ist. **Sachlich** kommt potentieller Wettbewerb in Frage, wenn wahrscheinlich ist, dass ein Unternehmen identische Produkte oder Leistungen anbieten bzw. nachfragen wird. Die Beurteilung, wann ein Marktzutritt hinreichend wahrscheinlich ist, erfolgt nach der Höhe der bestehenden **Marktzutrittsschranken**.[396] Der Maßstab ist dabei stets ein objektiver. Es sind als Marktzutrittsschranken alle rechtlichen und wirtschaftlichen Hindernisse zu berücksichtigen, die den Zutritt von außenstehenden Unternehmen entgegenstehen.[397] Zu nennen sind staatliche Zugangsbeschränkungen,[398] technisch bedingte Kapazitätsgrenzen,[399] aber auch unternehmensbezogene Schranken wie Zugang zu den Absatz- und Beschaffungsmärkten (zum Beispiel Ausschließlichkeitsverträge, vertikale Integration), hoher Kapitalbedarf für den Marktzutritt.[400] Rein subjektive Umstände wie Ansichten und Pläne bleiben grundsätzlich außer Betracht, weil sie sich jeder Zeit ändern können.[401]

In gewisser Weise spielen subjektive Umstände – nach sorgfältiger Prüfung[402] – aber doch eine Rolle, weil die Prognose der Wahrscheinlichkeit des Marktzutritts auch danach bestimmt wird, ob eine Teilnahme am Markt **wirtschaftlich zweckmäßig und kaufmännisch vernünftig** ist.[403] So ist es zwar theoretisch denkbar, dass ein Bauunternehmen einen Großteil seiner Kapazitäten in einem Bauvorhaben bindet; potentieller Wettbewerber ist das Unternehmen aber nicht, weil das kaufmännisch nicht vernünftig wäre.[404] Daraus leitet der Bundesgerichtshof den sogenannten **Arbeitsgemeinschaftsgedanken** für Fälle her, in denen durch die Kooperation mehrerer selbstständiger Unternehmen und die Bündelung ihrer Leistungskraft bei gleichzeitiger Koordinierung ihres Auftretens gegenüber der Marktgegenseite überhaupt erst die Möglichkeit einer Marktteilnahme geschaffen wird.[405] Der Arbeitsgemeinschaftsgedanke findet **auch außerhalb des Baubereichs allgemein Anwendung**.[406] Für die Prüfung, was wirtschaftlich zweckmäßig und kaufmännisch vernünftig ist, kann nicht auf die rein subjektive Sicht der Unternehmen, sondern nur auf einen objektiv nachvollziehbaren Maßstab abgestellt werden.[407] Sofern die Gründe dauerhaft sind, lassen sich mit dem Arbeitsgemeinschaftsgedanken Unternehmenskooperationen nicht nur **zeitlich begrenzt,** sondern auch **dauerhaft** der Anwendung des § 1 GWB

---

[396] Vgl. im Einzelnen *Jickeli* S. 113 f.
[397] Siehe auch die Kommentierung zu § 19.
[398] KG WuW/E OLG 4811, 4827 – *Radio NRW* für den Rundfunkmarkt; WuW/E BKartA 1753, 1758 – *Bituminöses Mischgut* für Genehmigungsvorbehalt aus Gründen des Umweltschutzes.
[399] WuW/E BKartA 2391, 2394 – *DLT/Südavia* für Start- und Landezeiten auf Flughäfen.
[400] KG WuW/E OLG 3051, 3071 – *Morris Rothmans.*
[401] WuW/E BGH 1732, 1734 – *Fertigbeton II.*
[402] *Zimmer* in: Immenga/Mestmäcker, GWB, § 1 Rn. 117.
[403] BGH WuW/E DE-R 711, 717 – *Ost-Fleisch* = GRUR 2002, 99 = NJW 2001, 3782; WuW/E BGH 2050, 2051 – *Bauvorhaben Schramberg* = GRUR 1984, 379 = BB 1984, 364; WuW/E BGH 2025 – *Texaco Zerssen* = BGHZ 88, 284, 290.
[404] WuW/E BGH 2050, 2051 – *Bauvorhaben Schramberg* = GRUR 1984, 379 = BB 1984, 364.
[405] BGH WuW/E DE-R 876, 878 – *Jugend- und Frauennachtfahrten* mwN., bejahend für ein solches Angebot; BGH WuW/E DE-R 17, 22 – *Europapokalheimspiele* = BGHZ 137, 297, 310, dort allerdings abgelehnt für die Vermarktung von Fernsehübertragungsrechten; siehe auch OLG Naumburg WuW/E Verg 493, 495 – *Abschleppaufträge,* bejahend im Rahmen einer öffentlichen Ausschreibung zu Gunsten kleinerer und mittlerer Unternehmen; BKartA WuW/E DE-V 1459, 1463 ff. – *Wirtschaftsprüferhaftpflicht* für den Versicherungsbereich, dort im Einzelfall offengelassen.
[406] BGH WuW/E DE-R 876, 878 – *Jugend- und Frauennachtfahrten,* für eben solche Leistungen; abgelehnt in BGH WuW/E DE-R 17, 22 – *Europapokalheimspiele* = BGHZ 137, 297, 310, für die Vermarktung von Fernsehrechten; OLG Naumburg WuW/E Verg 493, 495 – *Abschleppaufträge,* dort bejaht für die Teilnahme an einer öffentlichen Ausschreibung für kleine und mittlere Unternehmen.
[407] OLG Frankfurt WuW/E Verg 823, 826 – *Zweckverband; Koenig/Kühling/Müller* WuW 2005, 126, 131 ff.; *Hootz* in: Gemeinschaftskommentar § 1 Rn. 149; *Bunte* in: Langen/Bunte, § 1 Rn. 147; einschränkend noch *Immenga* DB 1984, 385, 388.

entziehen.[408] Für die zulässige Bildung von Arbeitsgemeinschaften lassen sich **verschiedene Gründe** für eine „Marktunfähigkeit" anführen.[409] Zunächst sind die **Kapazitäten** der Beteiligten zu nennen; reichen sie einzeln nicht aus, ist dies der typische Fall der kartellrechtsneutralen Arbeitsgemeinschaft. Aber auch die völlige Auslastung der Kapazitäten durch einen Auftrag und ein damit erhöhtes Risiko bei Schwierigkeiten mit dem Vorhaben oder mit dem Auftraggeber (Zahlungsunfähigkeit) kann ein objektiv vernünftiger und kaufmännisch nachvollziehbarer Grund sein. Außerdem kommen **fehlendes Know-How** oder **fehlende geschäftliche Kontakte** als objektive Gründe für eine Marktunfähigkeit ohne die Arbeitsgemeinschaft in Betracht. Weiter kann eine Bildung von Arbeitsgemeinschaften auch dann für die Marktfähigkeit notwendig und damit kartellrechtsneutral sein, wenn nur bei Erreichen bestimmter **Bezugs- oder Verkaufsgrößen** eine Marktfähigkeit gegeben ist. Eine bloße Verbesserung der Erlössituation – bei schon ohne die Arbeitsgemeinschaft gegebener Marktfähigkeit – ist aber nicht ausreichend; solche Sachverhalte beurteilen sich nach der Zulässigkeit von Einkaufs- und Verkaufsgemeinschaften.[410] Insoweit erscheint es auch als zu kurz gegriffen, eine Arbeitsgemeinschaft über Synergieeffekte zu rechtfertigen, die sich nur in der Arbeitsgemeinschaft realisieren, z. B. effektivere Nutzung der beiderseitigen Infrastruktureinrichtungen oder Personaleinsparungen.[411] Der Arbeitsgemeinschaftsgedanke greift nur, wenn ohne die Arbeitsgemeinschaft die **Grenze der Marktunfähigkeit** erreicht wäre. Zeigen die Marktverhältnisse und das Verhalten anderer Wettbewerber, dass ein selbstständiges Angebot möglich wäre, so liegt ein Verstoß gegen § 1 GWB vor.[412] Beweistechnisch besteht allerdings eine Vermutung dafür, dass die Beteiligten einen Marktzutritt für hinreichend wahrscheinlich halten, wenn sie zur Verhinderung des Marktzutritts mindestens eines Beteiligten Ihr Verhalten koordinieren, so zum Beispiel durch Vereinbarungen ausschließen, dass ein Anbieter auf einen sachnahen Markt zutritt (Vollklinkerhersteller verpflichten sich, keinen Lochklinker zu produzieren,[413] räumlich benachbarte Fertigbetonhersteller schließen einen Marktzutritt vertraglich aus)[414] oder durch Gründung eines Gemeinschaftsunternehmens das Preisverhalten der Mütter gleichschalten.[415] Auch gemischte Arbeitsgemeinschaften aus marktunfähigen und ohne die Arbeitsgemeinschaft marktfähigen Unternehmen fallen nicht unter das Arbeitsgemeinschaftsprivileg,[416] weil sie zumindest das marktfähige Unternehmen in den Möglichkeiten einer eigenständigen Wettbewerbsteilnahme beschränken; solche einseitigen Wettbewerbsbeschränkungen genügen für eine Anwendung des § 1 GWB;[417] es ist jedoch eine Freistellung nach § 2 Abs. 1 oder nach § 3 GWB denkbar.

84   **bb) Waren- und Dienstleistungswettbewerb.** Geschützt nach § 1 GWB ist Wettbewerb unabhängig davon, ob **Waren oder Dienstleistungen** angeboten bzw. nachgefragt werden. § 1 GWB a. F. bezog sogar ausdrücklich Waren und gewerbliche Leistungen in den Schutzbereich mit ein, ohne dass mit der Neuformulierung seit der 6. GWB-Novelle 1999 im Hinblick auf die Einbeziehung von Waren- oder Dienstleistungen eine Änderung in § 1 GWB n. F. verbunden wäre. Allerdings muss es sich um eine geschäftliche Tätigkeit im Hinblick auf Waren oder Dienstleistungen handeln.[418]

---

[408] *Koenig/Kühling/Müller* WuW 2005, 126, 133 f.
[409] Eingehend *Koenig/Kühling/Müller* WuW 2005, 126, 131 ff.
[410] Zu Einkaufsgemeinschaften § 2 Rn. 86 ff. und § 3 Rn. 45 und zu Verkaufsgemeinschaften § 2 Rn. 103.
[411] OLG Frankfurt WuW/E Verg 823, 826 – *Zweckverband*.
[412] Vgl. BKartA TB 1989/90, S. 102.
[413] WuW/E BGH 726, 732 – *Klinker* = BGH NJW 1966, 842 = GRUR 1966, 456.
[414] WuW/E BGH 1732 – *Fertigbeton II*.
[415] BGH WuW/E DE-R 711, 717 – *Ost-Fleisch* = GRUR 2002, 99 = NJW 2001, 3782.
[416] A. A. *Koenig/Kühling/Müller* WuW 2005, 126, 135 f.
[417] Oben Rn. 7.
[418] Vgl. dazu oben zum Unternehmensbegriff Rn. 19 ff.

cc) Anbieter- und Nachfragerwettbewerb. Das gesamte GWB erfasst – wie § 1 GWB 85
– nicht nur den **Anbieterwettbewerb**, sondern auch den **Wettbewerb der Nachfrager**.
Das ist inzwischen gefestigte Meinung.[419] Erfasst werden insbesondere also der Nachfragewettbewerb von Einzelhandelsunternehmen,[420] von Herstellern bei der Materialbeschaffung,[421] aber auch von Nachfragern im Rahmen von öffentlichen Ausschreibungen.[422]

dd) Substitutionswettbewerb. Zu einem sachlichen Markt gehören Waren bzw. 86
Dienstleistungen nur dann, wenn sie aus der Sicht der Marktgegenseite austauschbar sind.[423] Allerdings können auch von einem Angebot nicht marktgleicher Waren oder Dienstleistungen Entmachtungswirkungen ausgehen, wenn ein **Ausweichen der Marktgegenseite** darauf wahrscheinlich ist. Dieser sogenannte Substitutionswettbewerb ist deshalb ebenfalls von § 1 GWB geschützt.[424] Auch wenn Kinobetreiber und Restaurantbesitzer sachlich nicht einem Markt zuzurechnen sind, dürfen sie sich danach nicht über bestimmte Schließtage absprechen, wenn im Hinblick auf die Abendunterhaltung beide in einem Substitutionswettbewerb stehen.

ee) Temporärer Wettbewerb. Relevanter Wettbewerb im Sinne von § 1 GWB kann 87
auch ein zeitlich begrenzter, also ein temporärer Markt sein. Ein Beispiel ist ein Versteigerungsverfahren zur Verwertung eines einzelnen Grundstückes oder Unternehmens,[425] in dem sich die Bieter dann nicht über ihre Angebote abstimmen dürfen.

ff) Geheimwettbewerb (Informationsaustausch). Regelmäßig sind Unternehmen 88
an einer hohen Markttransparenz und deshalb an einem Informationsaustausch **mit Wettbewerbern** interessiert, weil dies den Unternehmen ein besseres Reagieren auf Wettbewerbsbedingungen ermöglicht und so Fehlentscheidungen vorbeugt. Der Austausch von Informationen zu wichtigen Wettbewerbsparametern (zum Beispiel Preise, Konditionen, Abschlüsse) kann allerdings wettbewerbsbeschränkend wirken, wenn es zu einer Angleichung des Wettbewerbsverhaltens kommt **(Angleichungseffekt)** oder verstoßender Wettbewerb unterbleibt **(Abschreckungseffekt)**. In solchen Fällen spricht man auch von schützenswertem Geheimwettbewerb.[426] – Ob der Informationsaustausch tatsächlich wettbewerbsbeschränkend ist, hängt von einer **Einzelfallprüfung** ab.[427] Keinesfalls kann gesagt werden, dass ein Informationsaustausch unter Wettbewerbern immer wettbewerbsbeschränkend ist. Folgende Kriterien sind relevant:

Das größte Gewicht bei der Einzelfallprüfung hat die **Marktstruktur**.[428] Führt ein Informationsaustausch zu Markttransparenz, kann dies bei nicht zersplitteter, oligopolistischer

---

[419] *Lutz* WRP 2002, 47, 49 mwN.; *Mestmäcker,* Der verwaltete Wettbewerb, S. 252ff.; *Hootz* in: Gemeinschaftskommentar § 1 Rn. 86; *Bechtold* § 1 Rn. 26; *Zimmer* in: Immenga/Mestmäcker, GWB, § 1 Rn. 145.
[420] KG WuW/E OLG 2745, 2747 – *HFGE;* vgl. auch KG WuW/E OLG 3737, 3742 – *Selex/Tania*.
[421] WuW/E BGH 2049, 2050 – *Holzschutzmittel*.
[422] BGH WuW/E DE-R 349, 350f. – *Beschränkte Ausschreibung* = WRP 1999, 1289; BGH WuW/E DE-R 1087 – *Ausrüstungsgegenstände für Feuerlöschzüge* = GRUR 2003, 633; siehe auch OLG Celle WuW/E Verg. 188, 189 – *Feuerwehrbedarfsartikel;* = NJWE WettbR 1999, 164; OLG Koblenz WuW/E Verg. 184, 186 – *Feuerlöschgeräte.* Siehe aber Rn. 35.
[423] Vgl. zum sogenannten Bedarfsmarktkonzept die Kommentierung zu § 19.
[424] WuW/E BGH 2425, 2430 – *niederrheinische Anzeigenblätter* = GRUR 1984, 379 = BB 1984, 364; WuW/E BGH 2112, 2123 – *Gruner und Jahr/Zeit* = BGH NJW 1985, 1626 = GRUR 1985, 311; *Bunte* in: Langen/Bunte, Einführung Rn. 80.
[425] BGH WuW/E DE-R 349, 350 – *Beschränkte Ausschreibung* = WRP 1999, 1289; OLG Frankfurt WuW/E OLG 4475, 4476; OLG Bremen WuW/E OLG 4478, 4479 – *Versteigerung der Käuferprovision*.
[426] Zur gleichlaufenden EU-Praxis siehe die separate Kommentierung. Vgl. Art. 81 Abs. 1 EG Rn. 133, 278 ff.
[427] OLG Düsseldorf WuW/E DE-R 949 – *Transportbeton Sachsen*.
[428] WuW/E BGH 2313 – *Baumarktstatistik* = BGH NJW 1987, 1821 = GRUR 1987, 313; WuW/E BGH 1337, 1342 – *Aluminiumhalbzeug* = BGH NJW 197, 788 = GRUR 1976, 37 = BGHSt 26, 56, 65; siehe ferner eingehend, insbesondere im Hinblick auf Geheimwettbewerb und

§ 1 GWB   88

Marktstruktur, insbesondere im engen Oligopol bei hoher Produkthomogenität, dazu führen, dass sich Angleichungs- und Abschreckungseffekt einstellen und der Wettbewerb erlahmt.[429] Insoweit sind der gegenseitigen Information von Wettbewerbern kartellrechtlich enge Grenzen gezogen. Erfordert die Marktstruktur aber keinen Schutz des Geheimwettbewerbs, kann ein Informationsaustausch in der Regel auch nicht wettbewerbsbeschränkend wirken. Vielmehr kann hier sogar die erhöhte Transparenz zu einer Belebung des Wettbewerbs und zu Kosteneinsparungen für die beteiligten Unternehmen führen. Das gilt für Art. 81 Abs. 1 EG und § 1 GWB gleichermaßen.[430] Insbesondere in Fällen, in denen die Marktstruktur nicht oligopolistisch ist und es sich zusätzlich um heterogene Produkte handelt, scheiden danach ein Anscheinsbeweis oder andere Beweiserleichterungen für das Vorliegen einer Wettbewerbschränkung von vornherein aus.[431] Umgekehrt ist es in solchen Marktstrukturen, sogar wettbewerbschränkend wenn beispielsweise Mitglieder einer Einkaufsgenossenschaft vereinbaren, dass Preiswerbung unter Nennung der Einkaufkonditionen nicht stattfindet („bei uns nur 10 % über Einkaufspreis"), sofern das Angebot auf dem nachgelagerten Markt stark zersplittert ist.

Auch in Marktstrukturen, die eine wettbewerbsbeschränkende Wirkung des Informationsaustausches begünstigen, sind jedoch noch andere Kriterien relevant. Hier ist vor allem die **Art der Information** von Bedeutung. Unzulässig ist ein Informationsaustausch bei Vorliegen der vorgenannten Marktstrukturen, wenn er zur Offenlegung des Marktverhaltens einzelner Unternehmen führt. Insbesondere bei gemeinsamen Internetplattformen können deshalb durch eine **Geheimhaltung der Geschäftsabschlüsse** kartellrechtliche Probleme vermieden werden.[432] Auch wenn die Daten abstrakt bleiben und eine **Identifizierung von Unternehmen nicht möglich** ist (Daten in Aggregatform[433]), ist ein Informationsaustausch zulässig.[434] Bei Veröffentlichung von Markt- und Preisstatistiken – z. B.

Internatplattformen: *Kirchner* WuW 2001, 1030, 1036 ff.; *Gassner* MM 2001, 140, 142; *Jestaedt* BB 2001, 581, 583; *F. A. Immenga/Lange* RIW 2000, 733, 738; *J. B. Nordemann* in: Czychowski/-Bröcker/Schäfer, Handbuch Geistiges Eigentum im Internet, § 12 Rn. 79 ff. mwN.

[429] Vg. *Bundestagsausschuss für Wirtschaft,* Bericht zur zweiten GWB-Novelle, BT DS 7/765, S. 9; *Heuss* WuW 1974, 369, 373; zum europäischen Recht: EuGH WuW/E EU-R 747, 750 – *Thyssen/Kommission;* EuGH Slg. 1998, S. 13111 – *P. Deere/Kommission* = WuW/E Eu-R 75 – *Landwirtschaftliche Zugmaschinen;* ausführlich zuletzt EU-Kommission, Leitlinien Art. 81 EG-Vertrag Seeverkehrsdienstleistungen vom 1. 7. 2008. Vgl. auch oben Rn. 61.

[430] EuGH Slg. 1998, S. I 3111 – *P. Deere/Kommission* = WuW/E EU-R 75 – *Landwirtschaftliche Zugmaschinen; Karenfort* WuW 2008, 1154, 1161; zum EU-Recht auch Art. 81 Abs. 1 EG Rn. 133. Zu Internetplattformen: *Kirchner* WuW 2001, 1030, 1036 ff.; *Jestaedt* BB 2001, 581; *Gassner* MMR 2001, 140 142; *J. B. Nordemann* in: Czychowski/Bröcker/Schäfer, Handbuch Geistiges Eigentum im Internet, § 12 Rn. 78 ff.

[431] Zutreffend *Karenfort* WuW 2008, 1154, 1157 mwN.

[432] Dazu *Kirchner* WuW 2001, 1030, 1036 ff.; *Gassner* MMR 2001, 140, 142; *Jestaedt* BB 2001, 581, 583; *F. A. Immenga/Lange* RIW 2000, 733, 738; *J. B. Nordemann* in: Czychowski/Bröcker/Schäfer, Handbuch Geistiges Eigentum im Internet, § 12 Rn. 78 ff. mwN. Die Geheimhaltung einzelner Geschäftsabschlüsse kann durch entsprechende technische und organisatorische Maßnahmen gewährleistet werden wie Firewalls, Beschränkungen des physischen Zugangs, Nutzerkennungen und -verifizierungen, SSL-Verschlüsselungen sowie digitale Serverzertifikationen und Nutzerzugangsberechtigungen, begleitet von wechselseitigen Geheimhaltungsverpflichtungen der Konkurrenten; siehe WuW/E DE-V 321, 322 – *Covisint* für den Beschaffungsmarkt für Automobilzulieferteile; siehe auch BKartA, WuW/E DE-V 423, 426 – *Rubbernetwork.com;* BKartA WuW/E DE-V 479 – *Buy for Metals/Steel 24–7.*

[433] Man nennt Daten, die eine Identifizierung eines Unternehmens nicht erlauben, Daten in Aggregatform; sie stehen im Gegensatz zu individuellen Daten, die eine Identifizierung ermöglichen. Vgl. zuletzt EU-Kommission, Leitlinien Art. 81 EG-Vertrag Seeverkehrsdienstleistungen, Tz. 52.

[434] OLG Düsseldorf WuW/E DE-R 949 – *Transportbeton Sachsen;* BKartA TB 1995/96, S. 126; BKartA TB 1997/98, S. 78.

durch Verbände[435] – muss die Anzahl der teilnehmenden Unternehmen und der zugrunde gelegte Zeitraum also ausreichend bemessen sein, damit das individuelle Marktverhalten der Unternehmen nicht identifizierbar wird. Nicht mehr identifizierbar sind Einzelgeschäfte bei Mitteilung von Durchschnittspreisen und fünf oder mehr gemeldeten Einzelgeschäften.[436] Inaktuelle Daten, die nur noch historischen Wert haben, den Unternehmen aber keine Aufschlüsse für ihr aktuelles Verhalten mehr geben können (**„historische Angaben"**), dürfen ausgetauscht werden; in der Regel sind aber Informationen, die jünger als ein Jahr sind, keine historischen Angaben.[437] Auch kommt dem Umstand Bedeutung zu, **wie häufig** die Unternehmen Informationen austauschen: je häufiger eine Information erfogt, desto problematischer soll das sein.[438] Wettbewerbsbeschränkend kann ferner nur ein Austausch von Daten wirken, die **nicht allgemein bekannt** sind. Es muss sich aber nicht unbedingt um einen Austausch der üblicherweise geheim gehaltenen Preise oder Konditionen handeln. Auch der bloße Informationsaustausch, wer sich an welcher öffentlichen Ausschreibung beteiligt, kann gegen § 1 GWB verstoßen. Ist der Teilnehmer an einer Ausschreibung identifizierbar, so beeinflusst dies möglicherweise andere Unternehmen in ihrem Wettbewerbsverhalten, hält sie zum Beispiel davon ab teilzunehmen.[439] Dies gilt auch ohne ausdrückliche Meldepflicht, wenn es der gemeinsamen Zielvorstellung der Teilnehmer entspricht, dass sie sich beteiligen.[440]

Schließlich ist der **Zweck des Informationsaustausches** für die Einzelfallanalyse zu berücksichtigen. Zu unterscheiden vom bloßen Informationsaustausch mit seinen unter bestimmten Voraussetzungen eintretenden Angleichungs- und Abschreckungseffekten sind Fälle, in denen der Informationationsaustausch einem unabhängig davon kartellrechtlich missbilligten Zweck dient. Beispielsweise kann der Informationsaustausch dazu benutzt werden, um Preiserhöhungen zu kommunizieren und damit ein vorher verabredetes Preiskartell mit Leben zu erfüllen. Dann ist der Informationsaustausch schon wegen dieses kartellrechtswidrigen Zweckes unzulässig. Bei bloßen Marktinformationssystemen fehlt es aber an einer solchen von vornherein kartellrechtswidrigen Zweckbestimmung.

Erfolgt der **Informationsaustausch zwischen Nicht-Wettbewerbern,** erscheint es grundsätzlich als unmöglich, dass § 1 GWB verletzt ist, weil eine Wettbewerbsbeschränkung nicht bezweckt oder bewirkt werden kann.[441] Dies gilt insbesondere für übliche Kundeninformationen.

Gemeinsame Marktforschung können Wettbewerber nur eingeschränkt unternehmen. Hier kann nicht anderes gelten als im Bereich Forschung und Entwicklung.[442] Geht es allerdings um reine Grundlagenerhebung, die nicht produktspezifisch ist, dürfte es regelmäßig an einer Spürbarkeit[443] fehlen,[444] z. B. bei Vergabe von Marktforschungsgutachten über die allgemeine Marktentwicklung mit Erkenntnissen über Verbrauchergewohnheiten, Absatzchancen und Werbemöglichkeiten. Freistellungsmöglichkeiten bestehen nach § 2 Abs. 1 GWB als Rationalisierungskartell oder als Mittelstandkartell nach § 3 GWB.

---

[435] Eingehend zum Informationsaustasch in der Verbandsarbeit: *Möhlenkamp* WuW 2007, 428, 432 ff.
[436] OLG Düsseldorf WuW/E DE-R 949 – *Transportbeton Sachsen*.
[437] Vgl. EU-Kommission v. 26. 11. 1997, Abl. L 1 v. 3. 1. 1998, S. 10 Erwgr. 17 – *Wirtschaftsvereinigung Stahl*.
[438] EU-Kommission, Leitlinien Art. 81 EG-Vertrag Seeverkehrsdienstleistungen, Tz. 55.
[439] WuW/E BGH 2313, 2316 – *Baumarktstatistik* = BGH NJW 1987, 1821 = GRUR 1987, 313.
[440] WuW/E BGH 2313, 2317 – *Baumarktstatistik* = BGH NJW 1987, 1821 = GRUR 1987, 313.
[441] EU-Kommission, Leitlinien Horizontalvereinbarungen, Tz. 143, 146.
[442] Vgl. unten Rn. 140, bedenklich insoweit *Bunte* in: Langen/Bunte, § 1 Rn. 174.
[443] Dazu eingehend unten Rn. 142 ff.
[444] Im Ergebnis offenbar ebenso *Hootz* in: Gemeinschaftskommentar § 1 Rn. 167; LKartB Bayern, Kooperation und Wettbewerb, S. 19.

91 **gg) Submissionswettbewerb (Ausschreibungswettbewerb).** Gegenstand des von § 1 GWB geschützten Wettbewerbs sind außerdem förmliche **Ausschreibungen** (Submissionen). Eine verbotene Wettbewerbsbeschränkung liegt nicht nur bei Verzicht auf ein eigenes Angebot vor,[445] sondern auch, wenn bewusst ungünstige (Schein-)Angebote abgegeben werden, die den Zuschlag nicht erhalten sollen.[446] Es kommt nicht darauf an, ob das in der Teilnahme an der Submission beschränkte Unternehmen Aussicht hat, später selbst geschützt zu werden, weil schon durch die Begrenzung der Handlungsfreiheit eines Wettbewerbers der von § 1 GWB geschützte Submissionsmechanismus außer Kraft gesetzt wird.[447] Ist Teil der Absprache ein späterer Schutz bei weiteren Ausschreibungen, so liegt ein Verstoß gegen § 1 GWB vor, selbst wenn das zum Schein bietende Unternehmen kein Interesse hat, an der aktuellen Submission teilzunehmen.[448] Submissionsabsprachen erfüllen seit dem 20. August 1997 regelmäßig auch den Tatbestand des § 298 StGB. Im Übrigen stellt der Bundesgerichtshof förmliche Ausschreibungen mit einer freihändigen Vergabe für § 1 GWB gleich.[449]

92 **hh) Interbrand- und Intrabrand-Wettbewerb.** Wettbewerb ist von § 1 GWB unabhängig davon geschützt, ob es sich um Wettbewerb zwischen verschiedenen Waren oder Dienstleistungen (sog. Interbrand-Wettbewerb) oder ob es sich um Wettbewerb beim Vertrieb der gleichen Waren oder der gleichen Dienstleistung (sog. Intrabrand-Wettbewerb) handelt.[450] Beispielsweise kann intakter Intrabrand-Wettbewerb zu günstigeren Preisen oder zu besseren Serviceleistungen führen, auch wenn das gleiche Produkt betroffen ist. Eine Beschränkung des Intrabrand-Wettbewerbs kann jedoch so große wettbewerbsfördernde Wirkungen haben, dass der Tatbestand des § 1 GWB entsprechend reduziert[451] oder zumindest eine Freistellung nach § 2 GWB[452] gewährt wird.

93 **ii) Illegaler und regulierter Wettbewerb.** § 1 GWB schützt grundsätzlich **nur** den **legalen Wettbewerb.** Absprachen zwischen Unternehmen im Hinblick auf illegalen Wettbewerb erfasst § 1 GWB daher nicht.[453] Die Regelungen des § 1 GWB stehen hier in einem Spannungsverhältnis zur staatlichen Regulierung.[454] So ist es grundsätzlich zulässig, dass Wettbewerber verabreden, gemäß § 3 UWG unlauteren Wettbewerb zu unterlassen, oder gemeinsam Verbände zur Verfolgung von unlauteren Handlungen bilden (§ 8 Abs. 3 Nr. 2 UWG).[455] Genauso erscheint regelkonform, dass Inhaber geistiger Eigentumsrechte gemeinsam gegen Rechtsverletzer vorgehen, z.B. die Piraterieverfolgung über ihre Verbände abwickeln lassen.[456] – Der bloße Umstand, dass Wettbewerb staatlich reguliert ist, – z.B.

---

[445] BGH WuW/E DE-R 349, 351 – *beschränkte Ausschreibung* = WRP 1999, 1289; OLG Frankfurt WuW/E OLG 4475, 4476.

[446] OLG Frankfurt WuW/E DE-R 1388 – *Kommunikationstechnik;* Zimmer in: Immenga/Mestmäcker, GWB, § 1 Rn. 231, 258 mwN.

[447] BGH WuW/E DE-R 349, 351 f. – *beschränkte Ausschreibung* = WRP 1999, 1289; WuW/E BKartA 1689, 1692 – *Heizungs- und Klimaindustrie;* a.A. Hootz in: Gemeinschaftskommentar § 1 Rn. 114.

[448] WuW/E BGH 495, 497 – *Stuckateure* mit BGH WuW/E DE-R 349, 351 – *beschränkte Ausschreibung* = WRP 1999, 1289.

[449] BGH WuW/E Verg. 486 – *Flughafen München.*

[450] EuGH Slg. 1966, 429 – *Grundig/Consten;* Kommentierung zu Art. 81 Rn. 106. Eingehend zu interbrand und intrabrand-Wettbewerb: Pfeffer, Interbrand-Kartellverbot und Intrabrand-Vereinbarungen, S. 180 ff.

[451] Dazu unten Rn. 147 ff.

[452] Dazu die separate Kommentierung zur GVO Vertikalvereinbarungen.

[453] Begr. RegE GWB 1952, BT DS IV/2564, S. 31; BGHZ 36, 105, 111 *Export ohne WBS* = WuW/E BGH 451, 455; *Nordemann,* Wettbewerbsrecht – Markenrecht, Rn. 30. Das Verbot darf allerdings für sich genommen nicht höherrangiges Recht verletzen (Verfassungsrecht, EU-Recht).

[454] Eingehend unten Rn. 186 ff.

[455] Dazu unten Rn. 200.

[456] Eingehend unten Rn. 229.

§ 1. Verbot wettbewerbsbeschränkender Vereinbarungen **94, 95 § 1 GWB**

Wettbewerb nur mit staatlicher Erlaubnis – schließt jedoch eine Anwendung des GWB nicht aus. Das gilt auch dann, wenn Wettbewerb nach Erlaubnis nur von staatlichen Unternehmen betrieben werden kann, sofern diese staatlichen Unternehmen (wie z. B. die Lottogesellschaften der Länder) potenzielle Wettbewerber sind.[457] Dann kann § 1 GWB allerdings wegen der Konkurrenz zur staatlichen Regulierung zurück treten.[458] – Schon gar keine Vereinbarung liegt allerdings vor, wenn das staatliche Recht das Unternehmen zwingt, einen bestimmten (wettbewerbsbeschränkenden) Vertrag abzuschließen.[459]

jj) Konzerninterner Wettbewerb. Konzerninterner Wettbewerb kann von § 1 GWB **94** nur geschützt werden, wenn die Situation der Konzernierung den Konzernunternehmen noch wettbewerbliche Verhaltensfreiräume gewährt. Es ist also danach zu fragen, ob die Konzernunternehmen eine **wirtschaftliche Einheit ohne jegliche wettbewerbliche Freiheiten** untereinander bilden. Dafür muss der Sachverhalt der Konzernierung in jedem Einzelfall eingehend untersucht werden. Einige Sonderfragen stellen sich bei konzerninternen (vertikalen) Preis- und Konditionenbindungen, die weiter unten behandelt werden.[460]

Ein Zusammenschluss von Unternehmen, der zur Folge hat, dass eines der beteiligten **95** Unternehmen seine wirtschaftliche Selbstständigkeit aufgibt und sich der einheitlichen Leitung durch ein anderes herrschendes Unternehmen unterstellt, wird auch als **vertraglicher Unterordnungskonzern** bezeichnet (§§ 18 Abs. 1, 291 ff., 308 AktG). Er fällt anerkanntermaßen nicht unter das Kartellverbot.[461] Das gilt gleichermaßen auch im europäischen Recht.[462] Die Herausnahme aus § 1 GWB erfolgt unabhängig davon, ob sich die Beteiligten bisher als aktuelle oder potenzielle Wettbewerber gegenüberstanden. Die Aufgabe der wirtschaftlichen Selbstständigkeit ist wesentliches Kriterium für die Abgrenzung zwischen Zusammenschlusskontrolle und dem Kartelltatbestand.[463] Im Unterordnungskonzern kommt § 1 GWB auch dann nicht zur Anwendung, wenn die aus dem Unterordnungsverhältnis resultierende Weisungsmacht tatsächlich nicht ausgeübt wird,[464] denn die Weisung wird dann durch die Kartellabstimmung ersetzt. Ähnliches gilt auch für den **faktischen Unterordnungskonzern** (vgl. §§ 17 Abs. 1, 331 ff. AktG). Die tatsächliche Intensität der Gleichschaltung ist irrelevant; grundsätzlich ist jede Verhaltenskoordinierung kartellverbotsneutral.[465] Im faktischen GmbH-Konzern besteht nach § 37 Abs. 1 GmbHG sogar ein Weisungsrecht für das herrschende Unternehmen. Teilweise wird jedoch gefordert, ausnahmsweise § 1 GWB dann anzuwenden, wenn das beherrschte Unternehmen sich aktiv der Einflussnahme durch das beherrschte widersetzt und auch keine Befolgungspflicht besteht. Dadurch soll dem beherrschten Unternehmen neben den kaum praktisch relevanten §§ 311 ff. AktG Schutz gewährt werden.[466] Das ist aber abzulehnen, weil der

---

[457] BGH WuW/E DE-R 2035, 2039 – *Lotto im Internet*; BGH WuW/E DE-R 289, 293 – *Lottospielgemeinschaft*.
[458] Rn. 186 ff.
[459] Vgl. Rn. 42.
[460] Rn. 106.
[461] WuW/E BGH 359, 361 – *Gasglühkörper* = BGH NJW 1960, 145, 146; WuW/E BGH 2169, 2175 – *Mischwerke* = BGH NJW 1986, 1874, 1875; BGH WuW/E DE-R 17, 23 – *Europapokalheimspiele*; OLG Stuttgart WuW/E OLG 1083, 1088 – *Fahrschulverkauf*; *Bunte* in: Langen/Bunte § 1 GWB Rn. 263; *Huber/Baums* in: Frankfurter Kommentar § 1 GWB Rn. 234; *Zimmer* in: Immenga/Mestmäcker, GWB, § 1 Rn. 129.
[462] Siehe Art. 81 Abs. 1 EG Rn. 54 ff.
[463] OLG Stuttgart WuW/E OLG 1083, 1088 – *Fahrschulverkauf*.
[464] *Rittner* § 7 Rn. 51 unter Hinweis auf EU-Kommission WuW/E EV 303 – *Kodak*; *Hootz* in: Gemeinschaftskommentar § 1 Rn. 29; *Zimmer* in: Immenga/Mestmäcker, GWB, § 1 Rn. 136.
[465] *Fleischer* AG 1997, 491, 500; *Schütz* WuW 1998, 335, 336; *Huber/Baums* in: Frankfurter Kommentar § 1 a. F. Rn. 246; *Zimmer* in: Immenga/Mestmäcker, GWB, § 1 Rn. 138.
[466] *Zimmer* in: Immenga/Mestmäcker, GWB, § 1 Rn. 138 unter Verweis auf *Köhler* NJW 1978, 2473 ff. (für das Diskriminierungsverbot).

Schutzzweck des Kartellverbotes und der §§ 311 ff. AktG nicht parallel laufen. Das gesellschaftsrechtliche Scheitern der §§ 311 ff. AktG kann nicht über § 1 GWB ausgeglichen werden.

96 Komplex ist die kartellrechtliche Beurteilung der Bildung von **Gleichordnungskonzernen** (§ 18 Abs. 2 AktG). Die Besonderheit der Gleichordnungskonzerne besteht darin, dass sich die einzelnen Unternehmen zwar einer einheitlichen Leitung unterstellen, dabei aber nicht in ein Herrschafts- und Abhängigkeitsverhältnis zu den anderen Beteiligten treten.[467] Die Koordination des Marktverhaltens wird von einer zentralen Leitungsinstanz unter Wahrung der Unabhängigkeit des einzelnen Konzernunternehmens ausgeübt. Die gesellschaftsrechtliche Zulässigkeit solcher Konzernbildungen ergibt sich aus § 291 Abs. 2 AktG, lässt aber nicht automatisch einen Schluss auf die kartellrechtliche Zulässigkeit zu.[468] Es ginge jedoch zu weit, Gleichordnungskonzerne grundsätzlich dem Kartellverbot des § 1 GWB zu unterstellen.[469] Vielmehr besteht ein Spannungsverhältnis mit der Regulierung der Konzernbildung durch die Zusammenschlusskontrolle. Die Zusammenschlusskontrolle ist Strukturkontrolle und soll dem Erhalt wettbewerblicher Strukturen dienen. Die Verhaltenskontrolle des § 1 GWB sichert die Wettbewerbsfreiheit innerhalb dieser durch die Zusammenschlusskontrolle regulierten Strukturen.[470] Wenn der Gleichordnungskonzern zu der zusammenschlusskontrollrechtlich erlaubten Struktur führt, dass die wettbewerbsrelevanten Entscheidungen dauerhaft gleichgeschaltet sind, besteht **kein Regelungsbedarf für § 1 GWB.** Nach der zutreffenden Praxis von EU-Kommission und BKartA zu Gleichordnungskonzernen tritt deshalb das Kartellverbot zurück, wenn **erstens eine qualifizierte einheitliche Leitung zweitens dauerhaft** ausgeübt wird.[471] **Die einheitliche Leitung** muss sich dabei auf Finanzplanung, Investitionen und die wesentlichen Bereiche der wirtschaftlichen Tätigkeit der beteiligten Unternehmen wie z.B. Einkauf, Produktion, Vertrieb sowie Forschung und Entwicklung beziehen. Dazu passt, dass der Bundesgerichtshof zusammenschlusskontrollrechtlich von einer einheitlichen Leitung gesprochen hat, wenn alle „wettbewerbsbezogenen Unternehmensentscheidungen" unter einheitliche Leitung gestellt wurden.[472] Sind die Strukturen dafür geschaffen, kommt es entgegen etwas missverständlicher Äußerungen der EU-Kommission, die eine „tatsächliche Ausübung" verlangt, nicht auf die tatsächliche Umsetzung an;[473] insoweit kann weder für den vertraglichen noch für den faktischen Gleichordnungskonzern etwas anderes als für den Unterordnungskonzern gelten. Insbesondere im faktischen Gleichordnungskonzern muss es genügen, dass die Struktur durch bestimmte faktische Gegebenheiten, z.B. Personenidentität auf Leitungsebene, geschaffen ist, ohne dass noch eine tatsächliche Gleichschaltung belegt werden müsste.[474] Ein **Indiz** für das Vorliegen einer einheitlichen Leitung ist ein **System des Ausgleiches wirtschaftlicher und finanzieller Risiken** unter den Beteiligten.[475] Um der Regulierung durch die Zusammenschlusskontrolle Vorrang einräumen zu können, müssen die Strukturen aber **dauerhaft** geschaffen sein. Allerdings ist umstritten, welche

---

[467] BGH WuW/E DE-R 243, 243 – *Pirmasenser Zeitung.*
[468] *Bunte* in: Langen/Bunte, § 1 Rn. 264; *Huber/Baums* in: Frankfurter Kommentar § 1 Rn. 236.
[469] So aber *Zimmer* in: Immenga/Mestmäcker, GWB, § 1 Rn. 139; ähnlich *Gromann* S. 107; etwas einschränkend *Huber/Baums* in: Frankfurter Kommentar § 1 Rn. 237.
[470] *Buntscheck* WuW 2004, 374, 378; *Karsten Schmidt* in: FS Rittner, 561, 569 ff.; vgl. auch BGH WuW/E DE-R 711, 713 – *Ost-Fleisch.*
[471] EU-Kommission, 7. Wettbewerbsbericht, 1977, Rn. 31; BKartA TB 1973, 98 f. Zustimmend *Buntscheck* WuW 2004, 374, 381 ff.; *Bechtold* WuW 1977, 460, 463 f.
[472] BGH WuW/E DE-R 243, 245 – *Pirmasenser Zeitung.*
[473] Ähnlich *Buntscheck* WuW 2004, 374, 382.
[474] *Buntscheck* WuW 2004, 374, 382; ferner *Zimmer* in: Immenga/Mestmäcker, GWB, § 1 Rn. 139, obwohl er eigentlich zu den Befürwortern der Anwendung des § 1 GWB gehört.
[475] EU-Kommission, Mitteilung über den Begriff des Zusammenschlusses, 1998, Rn. 7, für die Zusammenschlusskontrolle; *Buntscheck* WuW 2004, 374, 383 mwN.

§ 1. Verbot wettbewerbsbeschränkender Vereinbarungen

zeitliche Bindung erforderlich ist, um Dauerhaftigkeit zu erreichen. Die EU-Kommission plädiert für eine endgültige Aufgabe der wirtschaftlichen Selbstständigkeit,[476] während das BKartA einen Zeitraum von 10 bis 15 Jahren ausreichen lässt.[477] Richtigerweise ist zu differenzieren: **Der faktische Gleichordnungskonzern** muss zumindest auf Dauer angelegt sein; eine zufällige oder absehbar kurzfristig vorübergehende Geschäftsführungs- oder Gesellschafteridentität reicht nicht aus. Beim **vertraglichen Gleichordnungskonzern** steht die vertragliche Absicherung der einheitlichen Leitung im Vordergrund; denn die Qualität der vertraglichen Bindung macht die Nichtanwendbarkeit des § 1 GWB aus.[478] Allerdings bedarf die einheitliche Leitung auch einer gewissen Mindestlaufzeit, weil ansonsten doch keine Strukturen bestehen, in denen die Unternehmen ihre gesamte Leitung in eine Hand geben; vielmehr werden die Beteiligten bei kurzer Laufzeit des Vertrages und der Perspektive kurzfristiger eigenständiger Marktpräsenz eigene Interessen nie vollständig aufgeben. Der vom BKartA genannte Zeitraum von 10 bis 15 Jahren erscheint insoweit durchaus als angemessen, um die Verfolgung solcher Eigeninteressen im Regelfall auszuschließen.

3. Verhinderung, Einschränkung, Verfälschung

§ 1 GWB spricht seit der 6. GWB-Novelle 1999 nicht mehr von Wettbewerbsbeschränkung, sondern von „Verhinderung, Einschränkung oder Verfälschung" des Wettbewerbs. Mit der Neufassung des § 1 GWB sollte jedoch keine grundsätzliche Neuausrichtung dieses Tatbestandsmerkmals verbunden sein, sondern nur eine Anpassung an die Formulierung des **Art. 81 EG**.[479] – Nach der überwiegenden Auffassung zum EU-Recht[480] und zum deutschen Recht[481] besteht kein inhaltlicher Unterschied zwischen den drei Tatbestandsalternativen „Verhinderung, Einschränkung oder Verfälschung"; sie seien durchgängig andere Worte für „Wettbewerbsbeschränkung". Als sinnvoll erscheint jedoch, der „Verfälschung" eine eigenständige Bedeutung im Hinblick auf eine Beschränkung von Drittwettbewerb zu geben.[482] Das sind aber nur Begrifflichkeiten, weil von der überwiegenden Auffassung Beschränkungen des Drittwettbewerbs unter alle drei Tatbestandsalternativen gefasst werden.

97

a) Verhinderung, Einschränkung. Begreift man Wettbewerb als die Summe der Handlungsfreiheiten der Marktbeteiligten,[483] so ist der Kern der Wettbewerbsbeschränkung zunächst die **Beschränkung der Handlungsfreiheit der** an der Vereinbarung, am Beschluss bzw. an der Abstimmung **beteiligten Unternehmen.** Kennzeichnend für den Begriff der Wettbewerbsbeschränkung ist daher die Beschränkung des wettbewerblichen Verhaltensprozesses durch Koordinierung von Wettbewerbsparametern zwischen aktuellen oder potentiellen Wettbewerbern.[484] Jeder Unternehmer hat auf dem Markt sein Verhalten selbstständig zu bestimmen und darf sich nicht den Risiken des Wettbewerbs durch Verhal-

98

---

[476] EU-Kommission, 7. Wettbewerbsbericht, Rn. 30.
[477] BKartA TB 1973, 99.
[478] *Karsten Schmidt* in: FS Rittner, S. 580; *Buntscheck* WuW 2004, 374, 383 mwN.
[479] Begr. zum RegE 6. GWB-Novelle BT DS 13/9720 = *Jüttner-Krammny*, GWB, WuW-Sonderheft, 65.
[480] Art. 81 Abs. 1 EG Rn. 104.
[481] Statt aller *Zimmer* in: Immenga/Mestmäcker, GWB, § 1 Rn. 149; *Kling/Thomas* § 4 Rn. 66; jeweils mwN.
[482] So auch *Emmerich*, Kartellrecht, § 4 Rn. 47 ff.
[483] Vgl. oben Rn. 7.
[484] *Bahr* WuW 2000, 954, 956; *Hootz* in: Gemeinschaftskommentar § 1 Rn. 99. Vor Angleichung der Formulierung des § 1 GWB an Art. 81 EG durch die 6. GWB-Novelle schon *Belke* ZHR 143 (1979), 74, 85; *Immenga* in: Immenga/Mestmäcker, GWB, § 1 a.F. Rn. 230; *Möschel*, Rn. 178, 185.

tenskoordinierung entziehen.[485] Insoweit gelten sowohl **wechselseitige** als auch lediglich **einseitige Beschränkungen** der Handlungsfreiheit als Verstoß gegen § 1 GWB.[486] Damit ist die „Verhinderung" im Vergleich zur „Einschränkung" ein Mehr, so dass beide unter den Oberbegriff der Wettbewerbsbeschränkung zusammenzufassen sind.[487]

99 **aa) Horizontalvereinbarung.** Eine Einschränkung oder Verhinderung von Wettbewerb kann zunächst von einer Abrede zwischen Wettbewerbern ausgehen. Man spricht in diesen Fällen auch von Horizontalvereinbarungen im Gegensatz zu Vertikalvereinbarungen zwischen verschiedenen Marktstufen. Da seit der 7. GWB-Novelle 2005 auch Vertikalvereinbarungen unter den Tatbestand des § 1 GWB fallen können, muss für den Tatbestand zwar eine Abgrenzung nicht erfolgen. Jedoch weisen Horizontalvereinbarungen tendenziell eine höhere Gefährlichkeit für den Wettbewerb auf als Vertikalvereinbarungen, die wettbewerblich ambivalent sein können.[488] Das drückt sich vor allem in der umfassenderen Möglichkeit von Tatbestandsreduzierungen[489] oder Freistellungen[490] im Hinblick auf Wettbewerbsbeschränkungen durch Vertikalvereinbarungen aus. Beispiele für Horizontalvereinbarungen sind Preisabsprachen, mit denen ein Verlust der Preisbildungsfreiheit für beide Unternehmen einhergeht. Auch eine gemeinsame Festlegung von Produktionsquoten durch Wettbewerber ist eine klassisch-horizontale Vereinbarung nach § 1 GWB. Daneben gehört die Einbringung von Schutzrechten in Gemeinschaftsunternehmen durch Konkurrenten zur gemeinsamen Auswertung (zum Beispiel in Form sogenannter Patentpools) hierher, sofern eine relevante Wettbewerbsbeschränkung vorliegt.[491] Eine klassisch-horizontal veranlasste Beschränkung potentiellen Wettbewerbs wäre darüber hinaus auch das wechselseitige Versprechen von räumlich benachbarten Konkurrenten, nicht auf den Markt des anderen zu treten. Auch klassisch-horizontal sind Angebotsmeldesysteme, die über einen Verband eingerichtet werden und relevante Daten über die Teilnahme von Verbandsunternehmen an Ausschreibungen sammeln und veröffentlichen.[492] Nach dem Schutzzweck des § 1 GWB, die Wettbewerbsfreiheit der Marktbeteiligten zu gewährleisten, muss für eine „Einschränkung" oder „Verhinderung" eine Einschränkung der Wettbewerbsfreiheit **mindestens eines der Beteiligten** zum anderen Beteiligten genügen. Wettbewerber sprechen sich ab, dass einer nur von bestimmten Lieferanten beziehen darf, an bestimmte Abnehmer liefern muss oder mit Verkäufen zu Einstandskosten einen dritten Konkurrenten aus dem Markt zu drängen hat.

100 **bb) Vertikalvereinbarung.** Mit der Streichung des Tatbestandsmerkmals „miteinander im Wettbewerb stehende (Unternehmen)" durch die 7. GWB-Novelle 2005 wird es möglich, auch eine vertikal – also zwischen Unternehmen auf verschiedenen Marktstufen[493] –

---

[485] WuW/E BGH 1337, 1342 – *Aluminium-Halbzeug* = BGH NJW 1975, 788 = GRUR 1976, 37 = BGHSt 26, 56, 65; WuW/E BGH 3115, 3118 – *Druckgussteile* = BGH NJW 1997, 2324 = GRUR 1997, 675; WuW/E BGH 3121, 3124 – *Bedside-Testkarten* = BGH NJWE WettbR 1997, 211.

[486] WuW/E BGH 2285, 2288 – *Spielkarten* = BB 1986, 2010 = ZIP 1986, 1489; OLG Stuttgart WuW/E OLG 2983, 2985 – *Strohgäu-Wochenjournal I*; bestätigt durch WuW/E BGH 2085 – *Strohgäu-Wochenjournal* = BB 1984, 1826.

[487] *Huber* in: Frankfurter Kommentar § 1 n. F. Kurzdarstellung Rn. 55; *Emmerich*, Kartellrecht, § 4 Rn. 31.

[488] Vgl. im Einzelnen zu horizontal und vertikal veranlassten Wettbewerbsbeschränkungen oben Rn. 2 ff.

[489] Dazu unten Rn. 147 ff.

[490] Siehe § 2 Rn. 150 ff.

[491] Vgl. dazu auch unten Rn. 206.

[492] WuW/E BGH 2313, 2314 – *Baumarktstatistik* = BGH NJW 1987, 1821 = GRUR 1987, 313.

[493] Vgl. zur Abgrenzung horizontal von vertikal veranlassten Wettbewerbsbeschränkungen oben Rn. 2 ff.

§ 1. Verbot wettbewerbsbeschränkender Vereinbarungen

veranlasste Einschränkung oder Verhinderung des Wettbewerbs zu erfassen.[494] Regelmäßig geht es dabei um die Beschränkung für einen Beteiligten, ob und inwieweit er vertragliche Bindungen mit Dritten eingehen darf. Durch § 1 GWB wird insoweit die inhaltliche Gestaltungsfreiheit von Verträgen geschützt: es geht es um die Vereinbarung – oder abgestimmte Verhaltensverweise – zwischen Unternehmen (**„Erstvereinbarung"**), durch die einer der Beteiligten im Hinblick auf Verträge beschränkt wird, die er mit Dritten abschließt (**„Zweitvereinbarung"**). Es soll einem Missbrauch der grundsätzlich bestehenden Vertrags- und Vertragsgestaltungsfreiheit entgegengewirkt werden.[495] § 1 GWB schützt damit in erster Linie die **Freiheit des gebundenen Vertragsteils**.[496] Hinsichtlich des Schutzes sonstiger Dritter ist zu differenzieren. Geschützt werden nicht alle Marktteilnehmer, sondern nur diejenigen, die von der fehlenden Wettbewerbsfreiheit des Gebundenen betroffen sind. Dies sind regelmäßig die (potentiellen) Partner des Zweitvertrages.[497] Jedoch ist wichtig, zwischen vertikalen Inhaltsbindungen einerseits und vertikalen Abschlussbindungen andererseits zu unterscheiden. Beschränkungen der **Inhaltsfreiheit** für Zweitverträge (**„wie"**)[498] werden kartellrechtlich strenger beurteilt als Beschränkungen der **Abschlussfreiheit („ob")**.[499]

(1) Inhaltsbindungen (Preise und Konditionen). Sie liegen vor, wenn ein Lieferant im Liefervertrag die Preise oder Konditionen für den Weiterverkauf der Waren durch den Abnehmer bindet. Das klassische Beispiel ist die Vorgabe für den Käufer in einem Kaufvertrag, das gekaufte Produkt zu einem bestimmten Preis oder unter der Kondition der 5-jährigen Gewährleistung zu verkaufen. Das ist **grundsätzlich nach § 1 GWB verboten**. Es kommt aber eine **Tatbestandsreduzierung**[500] und vor allem eine **Freistellung**[501] in Betracht. Wie gesehen können sich Inhaltsbindungen dabei sowohl auf **Preis** als auch auf **Konditionen** beziehen. Gerade bei Konditionen sehen die **GVOen,** insbesondere die Vertikal GVO, umfassende Freistellungen vor, für Preisbindungen hingegen nur in sehr begrenztem Umfang (Höchstpreise sowie unverbindliche Preisempfehlungen).[502]

Für das Verbot der Inhaltsbindungen des § 1 GWB ist zwischen der Erstvereinbarung und der Zweitvereinbarung zu unterscheiden. Es geht es um die Vereinbarung zwischen Unternehmen (**„Erstvereinbarung"**), durch die einer der Beteiligten in der Gestaltung von Preisen oder Konditionen in Verträgen beschränkt wird, die er mit Dritten abschließt (**„Zweitvereinbarung"**). § 1 GWB soll insoweit einem Missbrauch der grundsätzlich bestehenden Vertrags- und Vertragsgestaltungsfreiheit entgegenwirken.[503] Dabei verhält sich

---

[494] Vorher scheiterte dies am Wortlaut des § 1 GWB, der nicht zuließ, das Kartellverbot auf Vereinbarungen zwischen Nicht-Konkurrenten anzuwenden: *Karsten Schmidt* AG 1998, 551, 560; *Kahlenberg* BB 1998, 1593, 1594; *Wellenhofer-Klein* WuW 1999, 557, 563; *Huber* in: Frankfurter Kommentar § 1 n. F. Kurzdarstellung Rn. 15; *Zimmer* in: Immenga/Mestmäcker, GWB, § 1 Rn. 181 in der Vorauft.; *Bechtold*, GWB, § 1 Rn. 3; *Bunte* DB 1998, 1748, 1750, nachdem er vorher allerdings noch den Referentenentwurf kritisiert und eine Ausdehnung der Formulierung auch auf Sachverhalte gefordert hatte, in denen nur Wettbewerb zwischen einer der Vertragsparteien und Dritten bestand; vgl. *Bunte* WuW 1997, 857, 864; ebenso *Baums* ZIP 1998, 233, 235. A. A. *Kahlenberg* BB 1998, 1593, 1594; *C. Bahr* WuW 2000, 954, 959.
[495] Begr. RegE 1955, 26, 35; WuW/E BGH 2238 – *EH-Partner-Vertrag* = BGHZ 97, 317, 320f. = NJW 1986, 2954.
[496] WuW/E BGH 251 – *4711* = NJW 1958, 1865.
[497] *Bunte* in: Langen/Bunte, § 1 Rn. 95; *Bornkamm* in: Langen/Bunte, § 33 Rn. 48 f.; *Emmerich* in: Immenga/Mestmäcker, GWB, § 33 Rn. 27 f.
[498] Bis vor der 7. GWB-Novelle § 14 GWB a. F.
[499] Bis vor der 7. GWB-Novelle § 16 GWB a. F.
[500] Dazu unten Rn. 147 ff.
[501] Dazu unten § 2 Rn. 150, 173 ff., 179.
[502] Siehe § 2 Rn. 173 ff.
[503] Begr. RegE 1955, 26, 35; WuW/E BGH 2238 – *EH-Partner-Vertrag* = BGHZ 97, 317, 320 f. = NJW 1986, 2954.

§ 1 GWB neutral und unterscheidet nicht zwischen schutzwürdigem und weniger schutzwürdigem Wettbewerb auf der Stufe des Zweitvertrages:[504] Der ungehinderte Wettbewerb soll zu einer günstigeren Versorgung der Verbraucher, beispielsweise zu günstigeren Preisen führen. Ansonsten würden Rationalisierungseffekte nur noch dem Hersteller oder dem Händler zugute kommen und nicht mehr an die Verbraucher weitergegeben werden können.[505]

102 **(a) Erstvereinbarung.** Auf die **Art die Erstvereinbarung** kommt es nicht entscheidend an. Alle Arten von Vereinbarungen über die Lieferung von Waren bzw. Erbringung gewerblicher Leistungen können unter § 1 GWB fallen, z. B. Kauf-, Pacht- und Mietverträge,[506] Werk-, Dienst-, Darlehens-, Schenkungs- und Erbbaurechtsverträge,[507] Kommissions- und Geschäftsbesorgungsverträge. Auch Verträge eigener Art wie Lizenzverträge über Schutzrechte oder Unterlassungsvereinbarungen können unter § 1 GWB fallen.

103 Es erscheint nicht als zwingend, dass der schon eine unmittelbare Leistungspflicht im Hinblick auf eine Ware oder gewerbliche Leistung vorsieht. **Optionsvereinbarungen** können danach unter § 1 GWB fallen, solange sie relevante Beschränkungen für einen Zweitvertrag enthalten. Dem Erstvertrag müssen außerdem **keine Umsatzgeschäfte** zu Grunde liegen; auch bloße Rahmenverträge, die Preise oder Konditionen in einem Zweitvertrag regeln, fallen also darunter.[508] Der Erstvertrag muss auch **nicht entgeltlich** sein.[509] Allerdings muss der Erstvertrag nach Auffassung des Bundesgerichtshofes in **Zusammenhang mit einer bestehenden oder zukünftigen Geschäftsbeziehung** stehen, die auf Lieferung von Waren oder Dienstleitungen gerichtet ist. Das soll ausscheiden, wenn eine einseitige Verpflichtung ohne Zusammenhang mit weiteren Geschäftsbeziehungen der Parteien abgegeben wird.[510] Dem ist zuzustimmen, weil es dann an einer hinreichend wettbewerbsbeschränkenden Verknüpfung von Erst- und Zweitvertrag fehlt.[511]

104 **Parteien** der Erstvereinbarung können **nur Unternehmen** sein. Der Unternehmensbegriff ist – wie stets bei § 1 GWB – funktional und denkbar weit zu verstehen.[512] Erstverträge zwischen einem Hoheitsträger und einem Beliehenen fallen also grundsätzlich nicht unter § 1 GWB.[513] Die Erstvereinbarung muss, um die für § 1 GWB relevante Preis- oder Konditionenbindung auslösen zu können, die Lieferung von Waren bzw. die Erbringung von Dienstleitungen zum **Inhalt** haben. Der Begriff ist weit auszulegen und umfasst den gesamten wirtschaftlichen Verkehr. Insoweit läuft er mit dem Unternehmensbegriff parallel,[514] nach dem allerdings privater Konsum, Leistungen von Arbeitnehmern oder hoheitliche Tätigkeiten grundsätzlich auszuklammern sind. **Waren** sind damit alle übertragbaren Wirtschaftsgüter, die Gegenstand des geschäftlichen Verkehrs sein können. In Betracht kommen also auch Grundstücke und grundstücksgleiche Rechte wie Miteigentumsanteile oder Wohnungs- oder Teileigentum.[515] **Dienstleistungen** sind sämtliche Leistungen im

---

[504] Vgl. Rn. 99.
[505] BKartA, TB 1991/92, 40; *Zimmer* in: Immenga/Mestmäcker, GWB, § 1 Rn. 386.
[506] Begr. RegE GWB 1955, S. 35; KG WuW/E OLG 357, 358.
[507] OLG München WuW/E OLG 1789 – *Flötzinger Bräu*; LKartB Bayern WuW/E LKartB 188, 189 – *Erbbaurechtsvertrag*.
[508] WuW/E BGH 1787– *Garant-Lieferprogramm* = NJW 1981, 2052, 2053.
[509] Vgl. *Zimmer* in: Immenga/Mestmäcker, GWB, § 1 Rn. 81.
[510] WuW/E BGH 1745, 1747 – *Mallendarer Bürgerstube*; WuW/E BGH 981 – *Farbumkehrfilme* = NJW 1969, 1024; WuW/E BGH 900, 902 f. – *Getränkebezug*.
[511] A. A. *Emmerich* in: Immenga/Mestmäcker § 14 Rn. 19 in der Voraufl., dem ein Handeln als Unternehmen genügt.
[512] Vgl. insoweit die Ausführungen oben Rn. 18 ff.
[513] *Wolter* in: Frankfurter Kommentar, § 14 Rn. 63.
[514] Dazu oben Rn. 19.
[515] WuW/E BGH 2158 – *Anschlussverfahren*; *Wolter* in: Frankfurter Kommentar § 14 Rn. 18.

wirtschaftlichen Verkehr für einen anderen.[516] Beispiele sind das Entwickeln von Filmen[517] oder das Aufbauen einer Messe.[518] Ebenso fällt darunter die Nutzungserlaubnis für gewerbliche Schutzrechte und Urheberrechte.[519] Auch Geheimhaltungsvereinbarungen können Erstvereinbarungen im Sinne des § 1 GWB sein.

(b) Zweitvereinbarung. Die Zweitvereinbarung muss **zwischen einem an der Erstvereinbarung Beteiligten und mindestens einer weiteren dritten Partei** abgeschlossen werden. Es fällt sonach nicht unter § 1 GWB, wenn die Zweitvereinbarung zwischen zwei am Erstvertrag Unbeteiligten geschlossen wird. Demnach fand § 1 GWB keine Anwendung in einem Fall, in dem eine Gemeinde „Frauen- und Jugendnachtfahrten" mit Zuschüssen subventioniert hatte.[520] Die Gemeinde hatte einen Rahmenvertrag mit einer Taxi-Funk-Zentrale geschlossen, durch den diese verpflichtet wurde, Frauen und Jugendliche zu einem bestimmten Tarif zu befördern. Nach zutreffender Auffassung des BGH war der Tatbestand des Preisbindungsverbotes nicht erfüllt, da es an einem Zweitvertrag im Sinne der Vorschrift fehlte. Übermittelt die Zentrale den Fahrern den Beförderungswunsch eines Fahrgastes zu einem bestimmten Tarif, so liegt darin lediglich die Übermittlung eines Angebots des Fahrgastes auf Abschluss eines Beförderungsvertrages mit dem Taxiunternehmen. Das Taxiunternehmen war aber nicht Beteiligter des Erstvertrages.

Allerdings muss es sich bei dem Vertragspartner des an der Erstvereinbarung Beteiligten um einen echten **Dritten** handeln. Keine Dritten sind mit einem Partner des Erstvertrages nach §§ 17, 18 AktG **konzernmäßig verbundene Unternehmen,** da diese eine **wirtschaftliche Einheit** bilden.[521] § 1 GWB ist daher nicht anwendbar, wenn der gebundene Teil ein Konzernmitglied ist und sich die Bindung auf eine Zweitvereinbarung mit einem anderen Konzernmitglied bezieht.[522] Ebenso greift das Preisbindungsverbot nicht ein, wenn die Muttergesellschaft einem Lieferanten Preise für die Belieferung einer Tochtergesellschaft vorschreibt[523] oder die Muttergesellschaft für sämtliche ihrer Tochtergesellschaften in einem Rahmenvertrag die Preise und Konditionen für eine Belieferung aushandelt. § 1 GWB ist hier nach seinem Schutzzweck nicht tangiert.[524] Das Gleiche gilt auch für alle anderen Konstellationen, bei denen nicht der für den Zweitvertrag Gebundene, sondern der Bindende das wirtschaftliche Risiko des Zweitvertrages trägt. Hauptbeispiel sind **Geschäftsbesorgungsverhältnisse,** solange der Geschäftsbesorger, z. B. ein Handelsvertreter, nicht das wirtschaftliche Risiko des Zweitvertrages trägt.[525]

Nur die Erstvereinbarung muss ausschließlich zwischen **Unternehmen** abgeschlossen werden. Vertragspartner des an der Erstvereinbarung Beteiligten in der Zweitvereinbarung können auch **private Verbraucher** sein.[526]

Die Waren oder Dienstleistungen, für die eine Bindung im Zweitvertrag vereinbart wird, müssen nicht zwingend Gegenstand der Erstvereinbarung sein. Erforderlich ist allein, dass zwischen den Parteien des Erstvertrags eine **Bindung** vereinbart wird, die sich auf die **Lieferung von irgendwelchen Waren oder die Erbringung von irgendwelchen**

---

[516] KG WuW/E OLG 1053, 1055.
[517] WuW/E BGH 981 – *Farbumkehrfilme* = BGHZ 54, 227 ff. = NJW 1969, 1024.
[518] KG WuW/E OLG 907, 909 – *Sportartikelmesse.*
[519] KG WuW/E OLG 2487 – *Sportübertragungen; Wolter* in: Frankfurter Kommentar § 14 Rn. 18.
[520] BGH WuW/E DE-R 876 – *Frauen- und Jugendnachtfahrten* = NJW 2002, 2176 = GRUR 2002, 644 (zu § 14 GWB a. F.).
[521] Siehe oben Rn. 94 ff.
[522] Ebenso im Ergebnis OLG München WuW/E OLG 4667; *Zimmer* in: Immenga/Mestmäcker, GWB, § 1 Rn. 135 (abweichend noch in der 2. Aufl. § 15 Rn. 50); *Bunte* in: Langen/Bunte, § 1 Rn. 114 ff.
[523] WuW/E BGH 1988, 1990; *Bunte* in: Langen/Bunte, § 1 Rn. 114 ff.
[524] Vgl. allgemein zu konzerninternen Wettbewerbsbeschränkungen Rn. 94 ff.
[525] Siehe dazu im Einzelnen unten Rn. 172 ff.
[526] BGHZ 51, 166 = NJW 1969, 1024.

Dienstleistungen bezieht.[527] So ist es beispielsweise nach § 1 GWB verboten, in einem Pachtvertrag die Preise für den Bezug von Getränken zu binden, obwohl in diesem Fall kein gegenständlicher Zusammenhang zwischen den (Pacht-)Leistungen des Erstvertrages und den Waren (Getränken) des Zweitvertrages besteht.

109 Die **Rechtsnatur der Zweitvereinbarung** ist unerheblich, wobei diese auch nicht tatsächlich geschlossen, wohl aber **geplant** sein muss.[528] Auch spielt es keine Rolle, wer von den beiden Vertragsparteien der Erstvereinbarung in seiner inhaltlichen Gestaltungsfreiheit bei dem Abschluss von Verträgen mit Dritten beschränkt wird. Die Vorschrift findet daher sowohl auf **Bindungen** Anwendung, die der Anbieter dem **Nachfrager** auferlegt, als auch auf solche, die beispielsweise ein marktstarker Nachfrager mit seinem **Anbieter** vereinbart.

110 **(c) Verknüpfung Erstvertrag mit Zweitvertrag.** § 1 GWB erfasst nicht nur rechtliche Bindungen, sondern auch Vereinbarungen, bei denen der Vertragspartner im Rechtssinn frei ist, bei denen aber Bindungen bestehen, die den Gebrauch der Freiheit mit wirtschaftlichen Nachteilen verknüpfen. Die **Erstvereinbarung** muss daher eine **rechtliche oder wirtschaftliche** Bindung der Inhaltsfreiheit für einen Vertragspartner enthalten. Dass auch wirtschaftliche Bindungen genügen, ergibt sich aus einem Rückschluss aus § 30 Abs. 1 GWB.[529] Außerdem ist § 1 GWB auch anwendbar, wenn sich die Parteien **wechselseitig binden,** wobei dann auch ein horizontales Kartell vorliegen kann.[530]

111 **(aa) Rechtliche Bindung.** Eine rechtliche Bindung liegt vor, wenn der gebundene Vertragsteil durch die Erstvereinbarung verpflichtet wird, in der Zweitvereinbarung bestimmte Preise oder Geschäftsbedingungen zu vereinbaren. Es spielt hierbei keine Rolle, ob diese Bindung positiv oder negativ formuliert, ob sie ausdrücklich oder konkludent vereinbart wurde. Allein entscheidend ist, ob der bindende Teil einen Anspruch auf Einhaltung der Bindung oder zumindest auf Schadensersatz haben soll.

112 **(bb) Wirtschaftliche Bindung.** Bei der wirtschaftlichen Bindung ist der Vertragspartner bei der Gestaltung der Zweitverträge im Rechtssinn frei. Eine wirtschaftliche Bindung zeichnet sich durch eine Gestaltung aus, bei der die Erstvereinbarung in der Weise mit der Zweitvereinbarung verbunden ist, dass sich aus der Gestaltung der Erstvereinbarung positive oder negative Rückwirkungen auf den Inhalt der Zweitvereinbarung ergeben.[531] Es genügt für eine wirtschaftliche Bindung nach ständiger Rechtsprechung, wenn sich für den gebundenen Teil bei Einhaltung der Bindung wirtschaftliche Vorteile bzw. bei Nichteinhaltung wirtschaftliche Nachteile im Rahmen der Erstvereinbarung ergeben, die – nach vernünftigen kaufmännischen Erwägungen – **objektiv geeignet** sind, einen Beteiligten zu einem **Verzicht auf die Gestaltungsmöglichkeiten bei der Zweitvereinbarung** zu bewegen.[532] Eine dahingehende Absicht ist nicht erforderlich, jedoch bedarf es einer **gewissen Intensität,** um die objektive Eignung zu bejahen.[533] Von einer wirtschaftlichen Bindung wird man ausgehen können, wenn eine Empfehlung mit einer Vielzahl von Maßnahmen verbunden ist, so dass dem Empfänger im Ergebnis keine Wahl bleibt.[534] Beispiele

---

[527] WuW/E BGH 1745, 1747 – *Mallendarer Bürgerstube;* WuW/E BGH 981 – *Farbumkehrfilme* = NJW 1969, 1024; WuW/E BGH 900, 902 f. – *Getränkebezug.*
[528] KG WuW/E OLG 2240, 2243 – *Garant-Lieferprogramm; Bunte,* Kartellrecht, § 6 II 1. c.
[529] Grdl. BGH, NJW-RR 1990, 1190 = BB 1990, 1727 = WuW/E BGH 2647, 2649 – *Nora-Kunden-Rückvergütung.*
[530] Vgl. zu Horizontalvereinbarungen oben Rn. 99.
[531] *Zimmer* in: Immenga/Mestmäcker, GWB, § 1 Rn. 83, 390; *Bechtold,* GWB, § 1 Rn. 11.
[532] WuW/E BGH 1787 – *Garant-Lieferprogramm* = BGHZ 80, 43, 49 ff. = NJW 1981, 2052 = WuW/E OLG, 2240, – *Schuheinkaufsgemeinschaft; Bunte* Kartellrecht § 6 II 1. c.
[533] BGH NJW 2003, 2682 ff. – *1 Riegel extra* = GRUR 2003, 637 = WuW/E DE-R 1101; zust. Anm. von *Köhler* in: ZLR 2003, 464 ff. A. A. *Brühl,* Konditionenbindungsverbot, S. 58. Vgl. zur Spürbarkeit im Einzelnen unten Rn. 142.
[534] Vgl. *Zimmer* in: Immenga/Mestmäcker, GWB, § 1 Rn. 390.

sind die Bindung von Ausgleichsvergütungen und Boni,[535] Werbekostenzuschüssen,[536] Rabatten,[537] Rücktritts- und Kündigungsrechten[538] an die Einhaltung von Preisempfehlungen. Auch jede andere Form einer im Erstvertrag vorgesehenen Vergütung für Verhalten, das nicht zum Gegenstand einer Verpflichtung im Erstvertrag gemacht werden darf, erscheint als bedenklich. Die jederzeitige Rückgabepflicht einer bezogenen Ware zum Nettoeinstandspreis kann eine wirtschaftlich relevante Bindung nach § 1 GWB auslösen, wenn diese Pflicht die Preisdisziplin der Händler sichern soll.[539] Schließlich ist es auch eine unzulässige Preisbindung, wenn einem Entsorgungsunternehmen vom Auftraggeber zwar keine Preise für die Zweitverträge des Entsorgers vorgegeben werden, der Entsorger aber jeden Zweitvertrag dem Auftraggeber zur Genehmigung vorlegen muss.[540]

Die Einbeziehung der wirtschaftlichen Bindung ist für die Beurteilung von **Meistbegünstigungsklauseln** von besonderer Bedeutung. Meistbegünstigungsklauseln bezwecken, dass die durch die Klausel begünstigte Partei nicht schlechter stehen kann als andere Geschäftspartner der gebundenen Partei. Echte Meistbegünstigungsklauseln, in denen es dem gebundenen Vertragsteil verboten ist, Dritten günstigere Bedingungen einzuräumen, verstoßen gegen § 1 GWB.[541] Denn die durch § 1 GWB geschützte Preis- und Konditionengestaltungsfreiheit schließt auch die Befugnis mit ein, einem Dritten günstigere Bedingungen einzuräumen, als sie dem Verwender einer Meistbegünstigungsklausel gewährt wurden. Gleiches gilt für unechte Meistbegünstigungsklauseln, bei denen die einem Dritten eingeräumten günstigeren Bedingungen automatisch auch dem Bindenden zugute kommen,[542] aber auch für Klauseln, die faktisch dasselbe Ziel haben. Davon ist auszugehen, wenn einer Vertragspartei, für den Fall, dass einem Dritten bessere Konditionen eingeräumt werden, ein Kündigungsrecht zusteht oder wenn die günstigeren Konditionen mitgeteilt werden müssen.[543] Nichts anderes gilt für Meistbegünstigungsklauseln in Lizenzverträgen. Von vornherein nicht unter § 1 GWB fallen sog. **rückwärts gerichtete Meistbegünstigungsklauseln.** Sie verpflichten den Gebundenen nämlich lediglich, dem Begünstigten dieselben Vergünstigungen einzuräumen wie Dritten in früheren Verträgen. Damit fehlt es an einer Auswirkung auf künftige Verträge mit Dritten.[544] Die Durchsetzung einer Meistbegünstigungsklausel gegen den Willen der gebundenen Partei kann zugleich einen Missbrauch i. S. v. §§ 19, 20 GWB und Art. 82 EG darstellen, falls die Marktmachtkriterien erfüllt sind.[545]

Zu beachten ist jedoch, dass die Wirksamkeit von Meistbegünstigungsklauseln durch die **GruppenfreistellungsVOen,** insbesondere Art. 4 lit. a) **GVO Vertikalvereinbarungen** 2790/1999 und Art. 4 Abs. 2 lit. a) **GVO-Technologietransfer** 772/2004 beeinflusst wird. In ihrem Anwendungsbereich sind gemäß § 2 Abs. 2 GWB beispielsweise Meistbegünstigungsklauseln zu Lasten des Verkäufers nun auch nach deutschem Recht unter be-

---

[535] BGH WuW/E 2647, 2649 – *Nora-Kunden-Rückvergütung;* OLG München WuW/E OLG 4444 – *Rationalisierungsboni.*
[536] Vgl. BKartA TB 1979/80, S. 48.
[537] BKartA TB 2003/2004, S. 161.
[538] *Bunte* in: Langen/Bunte, § 1 Rn. 40.
[539] BKartA WuW/E 2479 – *Völkl;* BKartA TB 1989/90, S. 34.
[540] OLG Düsseldorf, Az. VI U (Kart) 25/03 – Urt. v. 27. 10. 2004 – *Haas Städtreinigung/Stolberg,* zit. nach *Hossenfelder/Töllner/Ost,* Kartellrechtspraxis und Kartellrechtsprechung 2005/2006, Rn. 121.
[541] WuW/E BKartA 1583 – *Metro.*
[542] WuW/E BGH 1787 – *Garant-Lieferprogramm* = BGH NJW 1981, 2052; OLG München WuW/E OLG 3195, 3196.
[543] Vgl. *Zimmer* in: Immenga/Mestmäcker, GWB, § 1 Rn. 399 f.
[544] WuW/E BGH 1787 – *Garant-Lieferprogramm* = BGH NJW 1981, 2052; BGH WuW/E DE-R 200 – *Herstellerwerbung.*
[545] BKartA, TB 1979/80, S. 37.

§ 1 GWB 115

stimmten Voraussetzungen zulässig.[546] Echte Meistbegünstigungsklauseln zu Lasten des Käufers sollten dagegen auch weiterhin unwirksam bleiben.[547]

115 Keine relevante wirtschaftliche Bindung kann von rein **tatsächlichem Verhalten** des Bindenden ausgehen, das **nicht im Erstvertrag** seinen Niederschlag findet.[548] Das ist in Fällen fraglich, in denen ein Hersteller **preisbezogene Angaben** auf die **Verpackung** einer Ware druckt.[549] In der Grundsatz-Entscheidung des BGH lautete der Aufdruck „**4 zum Preis von 3**", und dem Hersteller kam es entscheidend darauf an, dass die Wiederverkäufer die Preisvorteile an die Endabnehmer weitergeben. Eine faktische Bindung der Preisgestaltungsfreiheit war gegeben. Denn die Einzelhändler waren gezwungen, sich die aufgedruckte Preisgestaltung zu Eigen zu machen und die Waren dementsprechend zum gleichen Preis wie zuvor die Normalpackungen zu verkaufen.[550] Eine Anwendung des § 1 GWB scheidet danach nur aus, wenn es dem Hersteller nicht darauf ankommt, die Preisvorteile an den Endabnehmer weiterzugeben.[551] Die Bindung durch Packungsaufdruck findet auch in einem Erstvertrag zwischen Hersteller und Händler ihren Niederschlag: Erstvertrag ist insoweit der Austauschvertrag zwischen Hersteller und Händler über das betreffende Produkt, mit dem der Händler unweigerlich in die Werbeaktion hineingezogen wird.[552] Die Kritik in der Literatur, in solchen Fällen fehle es an einer hinreichenden Konkretisierung der Bindung in einem Erstvertrag,[553] überzeugt daher nicht. Anders sind allerdings die Fälle zu beurteilen, in denen nicht die Ware des Austauschvertrages mit einer Preiswerbung versehen ist, sondern die Preiswerbung losgelöst von der Leistung im Erstvertrag erfolgt. Danach kann eine **Werbung mit einheitlichen Preisen** (z.B. in vom Hersteller zur Verfügung gestelltem Prospektmaterial oder in der Fernsehwerbung) grundsätzlich nicht gegen § 1 GWB verstoßen, solange der Erstvertrag nicht die Verpflichtung enthält oder zumindest wirtschaftlichen Druck ausübt, diese Preise einzuhalten. Die reine, außerhalb des Erstvertrages stehende Preiswerbung und der von dieser ausgehende wirtschaftliche Druck sind für sich nicht geeignet, den Tatbestand einer unzulässigen Preisbindung auszufüllen.[554] Sobald sich jedoch im Erstvertrag irgendwelche Regelungen finden, die die Einhaltung der Preise absichern helfen, ist § 1 GWB tangiert. Das war beispielsweise bei einer einheitlichen Preiswerbung eines Franchisegebers im Bereich Autovermietung der Fall, wenn im Lizenzvertrag (Erstvereinbarung) ein Selbsteintrittsrecht des Franchisegebers vorgesehen ist, falls der Franchisenehmer nicht zu einer Vermietung zu den Preisen aus der Werbung bereit ist.[555] Die Werbung von Franchisegebern mit einheit-

---

[546] *Kirchhain* WuW 2008, 167, 174f.; *Kurth* WuW 2003, 28, 36; *Meyer* WRP 2004, 1456, 1459ff.

[547] Vgl. hierzu ausführlich die separate Kommentierung zu Art. 4 der GVO Vertikalvereinbarungen und der GVO-Technologietransfer.

[548] WuW/E 2819ff., 2822 – *Zinssubvention* = NJW-RR 1993, 550 = WM 1993, 125; BGHZ 140, 342 = NJW 1999, 2671, 2673f. = WuW/E DE-R 264, 265 – *Sixt*.

[549] BGH WuW/E 1519 = NJW 1978, 2095 – *4 zum Preis von 3*; BGH NJW 2003, 2682 – *1 Riegel extra* = GRUR 2003, 637 = BGH WuW/E DE-R 1101.

[550] In einer neueren Entscheidung verneinte der BGH allerdings in einem vergleichbaren Fall einen Verstoß gegen § 14 GWB a.F. (jetzt § 1 GWB) wegen mangelnder Spürbarkeit, BGH NJW 2003, 2682 – *1 Riegel extra* = GRUR 2003, 637 = BGH WuW/E DE-R 1101; vgl. hierzu unten Rn. 143.

[551] OLG Hamburg WuW/E OLG 5902 – *5 + 1*.

[552] BGH NJW 2003, 2682, 2683 – *1 Riegel extra* = GRUR 2003, 637 = BGH WuW/E DE-R 1101.

[553] So noch *Klosterfelde/Metzlaff* in: Langen/Bunte, § 14 Rn. 52 in der Vorauf. Deswegen zutreffend: *Zimmer* in: Immenga/Mestmäcker, GWB, § 1 Rn. 397.

[554] WuW/E BGH 264 – *Preisbindung durch Franchisegeber*; BGH WM 1993, 125 = NJW-RR 1993, 550 = WuW/E BGH 2819 – *Zinssubvention*; BGHZ 140, 342 = NJW 1999, 2671, 2673f. = WuW/E DE-R 264, 265 – *Sixt*.

[555] BGHZ 140, 342 = NJW 1999, 2671, 2673f. = WuW/E DE-R 264, 265 – *Sixt*.

lichen Preisen sollte in diesen Fällen daher regelmäßig Hinweise wie „in allen teilnehmenden Geschäften" oder „unverbindliche Preisempfehlung" enthalten.[556] In Einzelfällen kommt allerdings auch ohne solche Hinweise zumindest eine Freistellung nach § 2 Abs. 1 GWB in Betracht.[557]

Auch wurde eine unzulässige Preisbindung im Hinblick auf einen Pachtvertrag abgelehnt, in dem einem Tankstellenpächter vom Verpächter eine Provisionszahlung eines Lieferanten von Tabakwaren in Höhe von 5,2% zugesagt wurde. Der Pächter blieb jedoch rechtlich und wirtschaftlich frei, andere Provisionssätze mit dem Tabaklieferanten zu vereinbaren. Zwar könnte es sein, dass es dem Pächter tatsächlich nicht möglich ist, eine höhere als die im Erstvertrag zugesagte Provision auszuhandeln. Doch seien dies lediglich **faktische Auswirkungen,** die nicht vom Erstvertrag ausgingen und damit nicht unter § 1 GWB fielen.[558] **116**

(2) Abschlussbindungen. Abschlussbindungen beschränken den Vertragspartner im Hinblick auf das „Ob" eines Zweitvertrages.[559] Zu unterscheiden sind folgende Formen:[560] Abschlussbindungen können zunächst in Form von **Verwendungsbeschränkungen** für die betreffende Ware oder Dienstleistung oder anderer Waren oder Dienstleistungen vorkommen, z.B. kann ein Vertrag das Verbot für den Abnehmer beinhalten, die vertragsgegenständliche Ware für eine bestimmte Verwendung einzusetzen. Demgegenüber untersagen **Ausschließlichkeitsbindungen** gänzlich, Zweitvereinbarungen zu schließen. Das sind insbesondere Gebiets- und Kundkreisbeschränkungen.[561] Ein Lieferant sagt dem Abnehmer gegen Entgelt zu, dessen Konkurrenten nicht mit Korkschrot zu beliefern,[562] der Betreiber eines Schlachthofes verspricht einer Großschlachterei, keine andere Großschlachterei zuzulassen;[563] in gewerblichen Mietverhältnissen verbietet der Mieter dem Vermieter, an die Konkurrenz des Mieters zu vermieten.[564] In diese Fallgruppen ist außerdem die *Sole*-Entscheidung einzuordnen:[565] Hier maß der Bundesgerichtshof einen Grundstückskaufvertrag, mit dem einer Vertragspartei als Lieferantin von Sole verboten wurde, auch Wettbewerber des anderen Vertragsteils zu beliefern, an § 1 GWB.[566] Mit **Vertriebsbindungen** sind demgegenüber regelmäßig nur Beschränkungen verbunden, die Ware oder Dienstleistung an Dritte abzugeben. Beispiele sind Fachhandelsbindung, Querlieferungs- oder Sprunglieferungsverbot oder die Verpflichtung, die Ware erst ab einem bestimmten Datum zu verkaufen. Abschlussbindungen kommen schließlich auch in Form von **Kopplungsbindungen** vor, also in Form der Verpflichtung, mit der vertragsgegenständlichen Ware oder Dienstleistung noch andere Ware oder Dienstleistungen abzunehmen oder abzugeben. Für Abschlussbindungen bestehen in größerem Umfang als für Inhaltsbindungen Freistellungen,[567] aber auch Tatbestandsreduktionen.[568] **117**

cc) Gemischt horizontal-vertikale Vertragssysteme (insb. Sternvertrag). Eine Horizontalvereinbarung kann indes auch bei einer Mehrzahl gebündelter Vertikalverträge vorliegen. Die Wettbewerbsbeschränkung ergibt sich dabei nicht aus den Wettbewerbsbe- **118**

---

[556] Vgl. BKartA TB 2001/2002, S. 52.
[557] Siehe *Schulte* WRP 2005, 1500, 1503 f.
[558] OLG München WuW/E DE-R 991 – *Tankstelle Germering*.
[559] Vgl. oben Rn. 100.
[560] Vgl. auch § 16 Nr. 1 bis 4 GWB a. F.
[561] Eingehend *Kirchhain* WuW 2008, 167, 169 ff.
[562] WuW/E BGH 2088, 2090 – *Korkschrot*.
[563] OLG Düsseldorf WuW/E OLG 4056, 4060 – *Schlachthofbenutzung*.
[564] OLG Frankfurt WuW/E OLG 4488, 4489 f. – *Konkurrenz im selben Haus*.
[565] Vgl. nur *Karsten Schmidt* AG 1998, 551, 560; *Wellenhofer-Klein* WuW 1999, 557, 562.
[566] WuW/E BGH 3137 – *Sole* = GRUR 1997, 937; vgl. ferner WuW/E BGH 1332 – *Bahnen aus Kunststoff*.
[567] § 2 Rn. 150, 173 ff.
[568] Siehe Rn. 154 ff.

schränkungen zwischen den Parteien der Vertikalvereinbarung. Vielmehr ist die horizontale Abstimmung eines Vertragsteils mit Konkurrenten über den Abschluss von Vertikalverträgen maßgebend;[569] damit unterfallen solche Konstellation der tendenziell strengeren wettbewerbsrechtlichen Beurteilung von Horizontalvereinbarungen.

119 Als **Sternvertrag** bezeichnet man dabei Konstellationen, in denen Wettbewerber sich über den Abschluss von Vertikalvereinbarungen mit nur einem Dritten horizontal abstimmen. Dies ist grundsätzlich wettbewerbsbeschränkend, weil damit eine horizontale Koordination des Einsatzes der Wettbewerbsparameter gegenüber dem Dritten stattfindet. Der Wettbewerb wird sogar völlig ausgeschaltet, wenn nur noch über den Dritten Produkte abgesetzt oder bezogen werden. Besonders augenscheinlich ist der Versuch, das (horizontale) Kartellverbot des § 1 GWB durch die Konstruktion des Sternvertrages zu umgehen, wenn der Dritte, der als Anlaufstelle für den Abschluss der Vertikalverträge dient, von den an der horizontalen Abstimmung Beteiligten beherrscht wird.[570] Aber auch einzelne untereinander abgestimmte und inhaltsgleiche Treuhandaufträge (Austauschverträge) sind letztlich eine sternförmige Horizontalvereinbarung.[571]

120 Gegen § 1 GWB verstößt daneben auch eine horizontale Abstimmung zwischen Konkurrenten im Hinblick auf abzuschließende **Vertikalverträge,** wenn dabei nicht nur ein Dritter, sondern eine **Vielzahl von Dritten Vertragspartner** werden. Hierher gehört die Vereinbarung einer Gütezeichengemeinschaft von Produzenten, nur noch Händler zu beliefern, die das Gütezeichen auf den Produkten verwenden,[572] wenn ein Verband beschließt, dass seine Mitglieder bestimmte Musterverträge verwenden, wenn sich Wettbewerber verabreden, bestimmte Waren nur noch von einem bestimmten Hersteller zu beziehen,[573] oder wenn sich Handelsunternehmen als Gesellschafter des dualen Systems Deutschland (DSD) verpflichten, nur noch Waren mit dem „Grünen Punkt" zu listen bzw. die Verpackungen nur an bestimmte Entsorger zu geben.[574]

121 Die **dogmatische Erfassung** von Sternverträgen und anderen vertikalen Vertragssystemen mit horizontaler Grundlage macht auf Grund der vollständig wettbewerbsfunktionalen Auslegung des Tatbestandes des § 1 GWB, die sich an den Schutzzwecken des § 1 GWB ausrichtet,[575] keine Probleme. Gießen die Parteien ihre Abstimmung in die Form eines Gemeinschaftsunternehmens, liegt sogar eine klassisch horizontale Vereinbarung in Gesellschaftsform vor. Allerdings werden oft **Nachweisprobleme** für die der Vertikalvereinbarung zu Grunde liegende horizontale Abstimmung bestehen. Indizien dafür können sich insbesondere daraus ergeben, dass die Verträge wechselseitig aufeinander Bezug nehmen,[576] nur im Zusammenwirken sinnvoll sind,[577] zeitlich eng aufeinander folgen[578] oder

---

[569] *Säcker* in: Münchener Kommentar, GWB, § 1 Rn. 57.
[570] WuW/E BGH 1367, 1369 – *Zementverkaufsstelle Niedersachsen* = BGH NJW 1975, 1837 = BB 1975, 1125 = BGHZ 65, 30; BGH WuW/E DE-R 1267, 1268 – *Nachbaugebühr*; BGH WuW/E DE-R 1087, 1089 – *Ausrüstungsgegenstände für Feuerlöschzüge* = GRUR 2003, 633; OLG Celle WuW/E Verg 188, 189 – *Feuerwehrbedarfsartikel* = NJWE WettbR 1999, 164; OLG Stuttgart WuW/E OLG 1083, 1087 – *Fahrschulverkauf*; KG WuW/E OLG 2259, 2262 – *Siegerländer Transportbeton*; OLG Düsseldorf WuW/E OLG 4691 – *Sternvertrag*; vgl. auch BKartA TB 1962, 61; TB 1974, 57.
[571] BGH WuW/E DE-R 1267 – *Nachbaugebühr* = GRUR 2004, 763.
[572] LG Düsseldorf WuW/E LG/AG 94 – *Wohnraumleuchten*.
[573] WuW/E BKartA 952 – *Sisalkordel*.
[574] Für Haushaltsverpackungen vom BKartA unter bestimmten Voraussetzungen toleriert, vgl. TB 1991/92, 132; für Transportverpackungen untersagt, WuW/E BKartA 2561, 2562 – *Entsorgung von Transportverpackungen*; vgl. zum Ganzen ausführlich *Bunte* in: Langen/Bunte, § 1 Rn. 192 ff. Siehe ferner BKartA TB 2003/2004, S. 178 f.
[575] Vgl. oben Rn. 9.
[576] *Biedenkopf* BB 1966, 1113, 1117.
[577] *Bunte* in: Langen/Bunte, § 1 Rn. 48.
[578] BKartA TB 1965, 25.

der Dritte als Gemeinschaftsunternehmen sogar erst von den Konkurrenten gegründet wurde.[579] Ob allein aus der Gleichförmigkeit der (vertikalen) Sternerträge auf eine (horizontale) Abstimmung geschlossen werden darf, hat der Bundesgerichtshof offengelassen.[580]

b) Verfälschung (Drittwirkungen). Problematisch erscheint, inwiefern Drittwirkungen von Vereinbarungen, Beschlüssen und Abstimmungen tatbestandsmäßig im Sinne des § 1 GWB sind. Aus dem Wortlaut des § 1 GWB ergibt sich nicht, ob sich die „Verhinderung, Einschränkung oder Verfälschung des Wettbewerbs" auf den „Wettbewerb" bezieht, in dem mindestens eines des beteiligten Unternehmen steht, oder auch auf **Drittwettbewerb**, an dem die Unternehmen nicht beteiligt sind. Die Diskussion um die Erfassung von Drittwettbewerb knüpft dabei an das Tatbestandsmerkmal „Verfälschung" an. Auch in Art. 81 EG wird der Versuch unternommen, darüber Drittwettbewerb einzubeziehen.[581]

Schon bevor mit der 6. GWB-Novelle 1999 das Tatbestandsmerkmal der „Verfälschung" eingeführt wurde, dehnte der Bundesgerichtshof in der Entscheidung *Carpartner* das Verbot des § 1 GWB auf bloße Beschränkungen auf Drittmärkten aus; die beteiligten Unternehmen mussten keinen unmittelbaren Bezug zum beeinflussten Markt haben. Es ging um konkurrierende KFZ-Haftpflichtversicherer, die eine gemeinsame Tochtergesellschaft für die Vermietung von Unfallersatzfahrzeugen gegründet hatten. Dadurch sollte Druck auf die Preise auf dem Markt für die Vermietung von Unfallersatzwagen erzeugt werden. Das Gericht sah einen Verstoß gegen das Kartellverbot des § 1 GWB. Es spiele keine Rolle, dass die an der Absprache beteiligten Unternehmen nicht auf dem Markt für die Anmietung von Unfallersatzwagen tätig waren. Die Zielsetzung der Abstimmung der Versicherer gebiete es vielmehr, auch die Verhältnisse auf diesem Markt als schutzwürdig mit einzubeziehen.[582] Damit eröffnete der Bundesgerichtshof die Möglichkeit, § 1 GWB auch auf Fälle anzuwenden, in denen durch den Vertrag **allein in die wettbewerbliche Handlungsfreiheit Dritter eingegriffen** wird.[583] Eine Einschränkung der Handlungsfreiheit der an der Abrede beteiligten Unternehmen ist nicht mehr zwingend. Mit Einführung des Tatbestandsmerkmals der „Verfälschung" durch die 6. GWB-Novelle 1999 und der damit bezweckten Angleichung an Art. 81 EG hat das eine stabilere Grundlage erhalten, weil auch im Rahmen der „Verfälschung" im Sinne des Art. 81 EG solche reinen Drittwirkungen erfasst werden.[584] Bei genauer Betrachtung hätte es in *Carpartner* aber noch nicht einmal der Ausweitung der Anwendung des § 1 GWB auf Beeinträchtigungen der Handlungsfreiheit Dritter bedurft. Die Versicherer standen im Hinblick auf die Anmietung von Unfallersatzwagen offensichtlich in einem zumindest potentiellen Wettbewerbsverhältnis zueinander. Dafür spricht schon, dass sie das beanstandete Gemeinschaftsunternehmen nicht als selbstständigen Wettbewerber auf dem Anmietungsmarkt agieren ließen,[585] sondern als verlängerten Arm der Interessen ihrer Gesellschafter als Versicherer betrieben. Das Wettbewerbspotential war demnach bei jedem einzelnen vorhanden und wurde koordiniert, um

---

[579] WuW/E BGH 1367, 1369 – *Zementverkaufsstelle Niedersachsen* = BGH NJW 1975, 1837 = BB 1975, 1125 = BGHZ 65, 30.
[580] BGH WuW/E DE-R 1267, 1269 – *Nachbaugebühr*.
[581] *Emmerich*, Kartellrecht, § 4 Rn. 49.
[582] BGH WuW/E DE-R 115, 120 – *Carpartner* = BGH NJW 1998, 2825 = GRUR 1998, 739; siehe dazu auch die Besprechungen von *Bunte* NJW 1999, 93, 95 f, sowie *Polley* WuW 1998, 939, 942.
[583] Davor schon KG WuW/E OLG 2961, 2963 – *Rewe;* BKartA WuW/E 2192, 2201 – *S+T; Immenga* ZHR 148 (1984), 268; *Emmerich* ZHR 139 (1975), 476, 494; *Hoppmann* Betr. 1970, 93; *Möschel* S. 114.
[584] Vgl. *Emmerich* in: Immenga/Mestmäcker, EG-WbR Bd. I, Art. 81 Abs. 1 EGV Rn. 148, 153 ff.; *Schröter* in: Schröter/Jakob/Mederer, Kommentar zum Europäischen Wettbewerbsrecht, Art. 81 Rn. 109; *Mestmäcker/Schweitzer,* Europäisches Wettbewerbsrecht, S. 264.
[585] Vgl. BGH WuW/E DE-R 115, 118 – *Carpartner* = BGH NJW 1998, 2825 = GRUR 1998, 739.

§ 1 GWB 124, 125   10. Teil. Gesetz gegen Wettbewerbsbeschränkungen

Preiszugeständnisse von den konkurrierenden Vermietern zu erlangen. Zumindest lag eine Verhaltenskoordinierung zwischen den konkurrierenden Versicherern aber auf dem Markt für Regulierungsabkommen vor.[586]

4. Bezwecken und Bewirken

124 § 1 GWB n. F. stellt darauf ab, ob eine Wettbewerbsbeschränkung bezweckt oder bewirkt wird. Dies entspricht dem Wortlaut des Art. 81 EG, an den sich § 1 GWB insoweit anlehnen wollte.[587] Damit kann grundsätzlich die Entscheidungspraxis zur Auslegung der entsprechenden Tatbestandsmerkmale des Art. 81 EG herangezogen werden.[588]

125 **a) Bezweckte Wettbewerbsbeschränkung.** Eine Absprache bezweckt eine Wettbewerbsbeschränkung immer dann, wenn die Parteien darauf abzielen, die Wettbewerbsfreiheit mindestens eines der beteiligten Unternehmen[589] einzuschränken und dadurch Marktverhältnisse zu ändern.[590] Das ist aber nicht anhand der schwierig zu ermittelnden subjektiven Motive der Parteien festzustellen,[591] sondern anhand einer **objektiven Auslegung des Vertragszweckes**.[592] Mithin ist auf ein rational oder kaufmännisch vernünftiges Unternehmerverhalten abzustellen;[593] alle Umstände des Einzelfalls müssen herangezogen werden. So können eigentlich getrennte Maßnahmen einheitlich beurteilt werden und späteres Verhalten der Beteiligten zu berücksichtigen sein.[594] Solche Überlegungen müssen aber nur angestellt werden, wenn die Parteien nicht schon die Beschränkung ihrer Handlungsfreiheit unmittelbar zum Inhalt der Vereinbarung, also zu ihrem Gegenstand gemacht haben. Ist die Wettbewerbsbeschränkung **unmittelbar Gegenstand der Vereinbarung,** ist die Wettbewerbsbeschränkung stets bezweckt. Beispiele: Quotenabsprache, Vereinbarung eines Wettbewerbsverbotes, Abstimmung über zukünftiges Preisverhalten. Ein Beispiel dafür, dass die Wettbewerbsbeschränkung nicht schon Gegenstand der Abrede ist und deshalb eine gesonderte und aufwändigere Feststellung des wettbewerbsbeschränkenden Zweckes erforderlich wird, ist eine **Verkaufsgemeinschaft** ohne Verpflichtung der Mitglieder, darüber zu verkaufen (sogenannte Andienungspflicht). Ist es aber auch ohne förmliche Pflicht wirtschaftlich vernünftig und rational, dies zu tun, bezweckt die Vereinbarung[595] eine Wettbewerbsbeschränkung.[596] Umgekehrt gilt für **Einkaufsgemeinschaften** ohne förmlichen Bezugszwang – wenn auch etwas eingeschränkt – das Gleiche.[597] Auch

---

[586] So die Vorinstanz KG WuW/E OLG 56, 77, 56, 88 f. – *CP-System;* von BGH WuW/W DE-R 115, 117 – *Carpartner* = BGH NJW 1998, 2825 = GRUR 1998, 739 offen gelassen; vgl. auch *Zimmer* in: Immenga/Mestmäcker, GWB, § 1 Rn. 124; 122.
[587] Begr. zum RegE 6. GWB-Novelle BT DS 13/9720 = *Jüttner-Krammny*, GWB, WuW-Sonderheft 1998, S. 65.
[588] Eingehend Art. 81 Abs. 1 EG Rn. 161 ff.
[589] Oder auch unbeteiligter Dritter, vgl. oben Rn. 122.
[590] *Bahr* WuW 2000, 954, 961 unter Verweis auf die EU-Praxis.
[591] *Zimmer* in: Immenga/Mestmäcker, GWB, § 1 Rn. 156 ff.; *Bechtold*, GWB, § 1 Rn. 27; *Huber* in: Frankfurter Kommentar Kurzdarstellung § 1 n. F. Rn. 59.
[592] BKartA WuW/E DE-V 209, 212 – *Stellenmarkt für Deutschland II; C. Bahr* WuW 2000, 954, 961; *Hootz* in: Gemeinschaftskommentar § 1 Rn. 181. Siehe auch zu Art. 81 Abs. 1 EG: die Entscheidung der EU-Kommission *Bayo-Noxtl* ABl. 1990, Nr. L 21/71, 76.
[593] BGH WuW/E DE-R 711, 717 – *Ost-Fleisch* = GRUR 2002, 99 = NJW 2001, 3782, unter Bezugnahme auf WuW/E BGH 2025 – *Texaco Zerssen* = BGHZ 88, 284, 290.
[594] Vgl. WuW/E BGH 115, 117 – *Carpartner* = BGH NJW 1998, 2825 = GRUR 1998, 739 noch zu § 1 GWB a. F.
[595] Z. B. ein sog. Sternvertrag, vgl. dazu oben Rn. 119.
[596] Vgl. WuW/E BGH 1367, 1373 – *Zementverkaufsstelle Niedersachsen* = BGH NJW 1975, 1837 = BB 1975, 1125 = BGHZ 65, 30 noch zu § 1 GWB a. F.
[597] BGH WuW/E DE-R 1087 – *Ausrüstungsgegenstände für Feuerlöschzüge* = GRUR 2003, 633; KG WuW/E OLG 2745, 2750 – *HFGE;* zustimmend *Zimmer* in: Immenga/Mestmäcker, GWB, § 1

bei Gründung von Gemeinschaftsunternehmen, die keine Wettbewerbsbeschränkung zum Gegenstand haben, kann ein wettbewerbsbeschränkender Zweck dann vorliegen, wenn das spätere Verhalten belegt, dass es den beteiligten Unternehmen auf die Wettbewerbsbeschränkung im konkreten Fall ankam, zum Beispiel auf eine Beeinflussung des Preisniveaus auf dem Beschaffungsmarkt.[598] Die Gründung eines Gemeinschaftsunternehmens erfolgt auch dann zu Zwecken einer Wettbewerbsbeschränkung, wenn das Gemeinschaftsunternehmen Wettbewerber der Mütter bleibt und es deshalb rational ist, von einem Gruppeneffekt zwischen den Müttern auszugehen.[599] Auch wird eine Wettbewerbsbeschränkung bezweckt, wenn Unternehmen freiwillig ihre Angebote auf Ausschreibungen einer gemeinsamen Meldestelle auf Verbandsebene mitteilen, weil es bei einem solchen System eben rational ist, nicht mit Kampfangeboten auszubrechen.[600] Speziell zur (vertikalen) Preis- und Konditionenbindung, die eine Bindung des Vertragspartners für den Zweitvertrag bezwecken, oben.[601]

Da für „Bezwecken" ein bloßes Abzielen auf eine Wettbewerbsbeschränkung ausreichend **126** ist, erfasst § 1 GWB auch den **Versuch der wettbewerbsbeschränkenden Abrede,** bevor der Erfolg der Wettbewerbsbeschränkung eingetreten ist. § 1 GWB regelt insoweit Handlungsunrecht, kein Erfolgsunrecht. Damit ist schon die gemeinsame Aufforderung zu kartellrechtswidrigem Verhalten tatbestandsmäßig,[602] selbst wenn sie erfolglos bleibt. Anders ist das nach der herrschenden Auffassung auch nicht im Hinblick auf das Verbot abgestimmter Verhaltensweisen.[603]

b) Bewirkte Wettbewerbsbeschränkung. Eine Wettbewerbsbeschränkung wird nicht **127** schon bewirkt, wenn die Abrede kausal für irgendeine Einschränkung der Wettbewerbsfreiheit ist. Vielmehr sind nur solche Wettbewerbsbeschränkungen als bewirkt anzusehen, die objektiv – also nicht zwingend von den Parteien – hätten vorhergesehen werden müssen. Damit wird auf **adäquate** – nicht auf äquivalente[604] – **Kausalität** abgestellt (sogenannte **eingeschränkte Folgetheorie**).[605] Es ist also zu fragen, ob objektiv vorhersehbar war, dass durch die Abrede die Handlungsfreiheit mindestens eines der Beteiligten[606] eingeschränkt wird und sich damit die Verhältnisse auf dem Markt anders entwickelt haben als ohne Wettbewerbsbeschränkung.[607] Auch für das Bewirken von Wettbewerbsbeschränkungen gilt im Übrigen, dass diese unproblematisch gegeben ist, wenn die Wettbewerbsbeschränkung ausdrücklich (schriftlich oder mündlich) zum Inhalt (Gegenstand) des Vertrages gemacht wurde.[608] Schließlich ist nicht erforderlich, dass die Beschränkung schon eingetre-

---

Rn. 265 f.; sehr kritisch dazu *Bechtold*, GWB, § 1 Rn 77; offen *Bunte* in: Langen/Bunte, § 1 Rn. 152 ff.; vgl. zur Einkaufsgemeinschaft noch die Kommentierung zu § 2 Rn. 86 ff.

[598] BGH WuW/E DE-R 115, 117 – *Carpartner* = BGH NJW 1998, 2825 = GRUR 1998, 739 mit Anmerkung *Polley* WuW 1998, 939, 942 f.

[599] OLG Düsseldorf WuW/E DE-R 2146, 2149 – *Nord-KS/Xella,* nicht korrigiert durch BGH WuW/E DE-R 2361, 2362 – *Nord-KS/Xella;* vgl. auch *Huber/Baums* in: Frankfurter Kommentar § 1 a. F. Rn. 268. Siehe zu Gemeinschaftsunternehmen allgemein: unten Anhang 1 zu § 1 GWB.

[600] Vgl. WuW/E BGH 2313, 2317 – *Baumarktstatistik* = BGH NJW 1987, 1821 = GRUR 1987, 313.

[601] Rn. 112.

[602] BGH WuW/E DE-R 2408, 2413 f. Tz. 28 f. – *Lottoblock.*

[603] Siehe näher Rn. 63 oben.

[604] So aber BKartA WuW/E DE-V 209, 212 – *Stellenmarkt für Deutschland II.*

[605] Vgl. *Bahr* WuW 2000, 954, 962 mit einem vergleichenden Überblick zur Praxis zu Artikel 81 EG; ferner *Huber* in: Frankfurter Kommentar § 1 n. F. Kurzdarstellung Rn. 62.

[606] Oder auch bloß Dritter, vgl. oben Rn. 122.

[607] BGH WuW/E DE-R 711, 171 – *Ost-Fleisch* = GRUR 2002, 99 = NJW 2001, 3782; Rn. 249; zu § 1 GWB *Hootz* in: Gemeinschaftskommentar § 1 Rn. 183 mwN.

[608] Vgl. oben Rn. 125.

ten ist; es genügt eine objektiv (adäquate) Eignung dazu und eine überwiegende Wahrscheinlichkeit ihres Eintritts im Rahmen einer Prognose.[609]

128 c) **Verhältnis von Bezwecken und Bewirken.** Die wettbewerbsbeschränkende Wirkung einer Abrede muss immer erst dann festgestellt werden, wenn nicht geklärt werden kann, ob die Parteien eine Wettbewerbsbeschränkung bezweckt haben.[610] Da beide Tatbestandsmerkmale aber grundsätzlich alternativ („oder")[611] nebeneinander stehen, ist dies nicht mehr als eine Prüfungsreihenfolge. Ohnehin liegen beide Tatbestandsmerkmale sehr dicht beieinander, wenn für ein „Bezwecken" auf eine objektive Auslegung des Vertragszwecks anhand eines rationalen Maßstabes und für „Bewirken" auf objektiv vorhersehbares Wirken abgestellt wird, ohne dass dieses eingetreten sein muss. Allenfalls erleichtert ein Abstellen auf „Bewirken" etwas, Umstände, die erst nach der eigentlichen Handlung der Beteiligten eingetreten sind, einzubeziehen, also insbesondere späteres Verhalten der Beteiligten, das vorher nicht geplant war.

129 d) **Gegenstandstheorie.** Zu § 1 GWB a. F. wurde bei seinem Inkrafttreten 1958 die Gegenstandstheorie vertreten, nach der nur solche Wettbewerbsbeschränkungen tatbestandsmäßig wären, die die Parteien ausdrücklich oder stillschweigend zum Inhalt (Gegenstand) des Vertrages machten. Diese Theorie, die insbesondere vom BGH schon 1975 zu Gunsten der Zwecktheorie, wie sie jetzt in § 1 GWB verankert ist, aufgegeben wurde,[612] ist mit der Neufassung des § 1 GWB endgültig erledigt.[613] Die Zweck- und die eingeschränkte Folgetheorie, wie sie auch zu § 1 GWB a. F. vor allem in jüngerer Zeit vorherrschend waren, haben Eingang in den Tatbestand des § 1 GWB erhalten.

5. Einzelfälle

130 a) **Preise.** Ein bedeutender Wettbewerbsparameter ist regelmäßig der Preis. Jede Ausschaltung der wettbewerblichen Freiheit, den Preis flexibel zu handhaben, unterfällt § 1 GWB. Es handelt sich dabei – von einigen unten dargestellten Ausnahmen im Vertikalbereich abgesehen[614] – um eine sog. **Kernbeschränkung (Hardcore Restraint),**[615] die nicht nur grundsätzlich den Tatbestand des § 1 GWB erfüllt, sondern für die auch die Spürbarkeitsschwelle herabgesetzt ist[616] und die nur in Ausnahmefällen nach §§ 2, 3 GWB legalisiert werden kann.[617]

131 **Im Horizontalverhältnis** verstößt also nicht nur die Festlegung einheitlicher Preise zwischen Konkurrenten[618] gegen das Kartellverbot, wie dies insbesondere im Rahmen

---

[609] Vgl. WuW/E BGH 2088, 2090 – *Korkschrott;* KG WuW/E OLG 1738, 1740 – *Feltbase;* beide noch zu § 1 GWB a. F.; *Bahr* WuW 2000, 954, 962, sowie *Huber* in: Frankfurter Kommentar § 1 n. F. Kurzdarstellung Rn. 62, jeweils zu § 1 GWB n. F.

[610] *Bahr* WuW 2000, 954, 962; *Hootz* in: Gemeinschaftskommentar § 1 Rn. 183; wie hier auch die Kommentierung zum EU-Recht Art. 81 Abs. 1 EG Rn. 161; wohl auch BKartA WuW/E DE-V 1392, 1396 – *Altglas.* Abweichend *Huber* in: Frankfurter Kommentar § 1 n. F. Kurzdarstellung Rn. 64, der dem Bewirken den Vorrang einräumt.

[611] *Hootz* in: Gemeinschaftskommentar § 1 Rn. 180 unter Verweis auf EuGH WuW/E EWG/MUV 117, 123 – *Maschinenbau Ulm* = Rs. C-56/65 Slg. 1966, I-281.

[612] WuW/E BGH 1367, 1373 – *Zementverkaufsstelle Niedersachsen* = BGH NJW 1975, 1837 = BB 1975, 1125 = BGHZ 65, 30; vgl. auch die Nachweise bei *Immenga* in: Immenga/Mestmäcker, GWB, 2. Aufl., § 1 a. F. Rn. 283.

[613] *Bechtold* BB 1997, 1853, 1854.

[614] Rn. 132.

[615] Zum EU-Recht Art. 81 Abs. 1 EG Rn. 204 ff.

[616] Rn. 142 ff.

[617] Siehe nur § 2 Rn. 38 f.; § 3 Rn. 3.

[618] WuW/E BGH 40, 41 – *Schulspeisung;* WuW/E BGH 148, 150 – *Freisinger Bäckermeister;* BGH WuW/E DE-R 711, 717 – *Ost-Fleisch* = GRUR 2002, 99 = NJW 2001, 3782.

von öffentlichen Ausschreibungen immer wieder vorkommt,[619] sondern auch die Abstimmung von Preisrelationen in Prozentsätzen, zum Beispiel zwischen verschiedenen Erzeugnissen eines Beteiligten oder zwischen den konkurrierenden Produkten,[620] von bestimmten linearen Preiserhöhungen in Prozent beispielsweise nach Mehrwertsteuererhöhungen,[621] der Entzug der freien Gestaltung von Preisbestandteilen wie zum Beispiel die Verpflichtung, keinen Rabatt zu gewähren,[622] eine Abstimmung darüber, Werbekostenzuschüsse in bestimmter Höhe von der Marktgegenseite zu verlangen,[623] oder zwischen Gastwirten, ein Bedienungsentgelt zu erheben.[624] Abzugrenzen ist die unerlaubte Gleichschaltung von Preisbestandteilen jedoch von Entgelten Dritter, die die Wettbewerber nur für diese Dritten im Zuge von Geschäften kassieren; so kann es beispielsweise kartellrechtlich zulässig sein, wenn Wettbewerber für einen Verband einen an den jeweiligen Kaufpreis gekoppelten einheitlichen Mitgliedsbeitrag bei ihren Abnehmern neben dem Kaufpreis kassieren und den Beitrag an den Verband abführen. Da jegliche Einschränkung der Freiheit im Preiswettbewerb unter § 1 GWB fällt, sind auch Mindestpreisvereinbarungen,[625] Vereinbarungen zur Einhaltung eines Preiskorridors oder Höchstpreisvereinbarungen[626] unzulässig. Die Unzulässigkeit von Höchstpreisvereinbarungen zeigt, dass es auf eine mögliche Nützlichkeit von Kartellen in eine Richtung nicht ankommt,[627] weil dadurch die gewünschten Funktionen des Wettbewerbs im Übrigen ausgeschlossen werden. So können Höchstpreisvereinbarungen Kampfpreisstrategien zur Abwehr von Markteintritten Vorschub leisten oder eigentlich wettbewerblich erforderliche Investitionen verhindern.[628] Nur in Vertikalvereinbarungen sind Höchstpreisvereinbarungen unter bestimmten Voraussetzungen gemäß § 2 Abs. 2 GWB erlaubt.[629] Die Verpflichtung zur Führung von Preislisten ist dagegen so lange unbedenklich, wie sich das Unternehmen nicht verpflichtet, die Preise einzuhalten.[630] Gibt ein Verband ein Kalkulationsschema für Preise vor, so stellt das eine unzulässige Preisabrede dar, wenn den Mitgliedsunternehmen kein Raum für das Einsetzen eigener Kalkulationsparameter bleibt.[631] Insbesondere Kalkulationssoftware, die vom Verband gestellt wird und marktübliche Preise enthält, muss dem Nutzer die Wahl lassen, eigene Preise zu verwenden (z.B. durch ein ausdrückliches „Opt-Out" bei Installation). Unzulässig können auch Maßnahmen sein, die nur mittelbar zu einer „Preisberuhigung und -anhebung" führen, z.B. die Bildung eines Gemeinschaftsunternehmens durch 3 Kalksandsteinproduzenten, die daneben auch selbst am Markt blieben und im Beirat des Gemeinschaftsunternehmens sich ständig über Preise und Rabatte austauschten.[632] **Zulässig** sind horizontale **Preisabsprachen,** wenn eine bestimmte Preisgestaltung verboten ist, weil eine Abstimmung über eine Einschränkung verbotenen Wettbewerbs legal

---

[619] Zuletzt BGH WuW/E DE-R 349, 350f. – *beschränkte Ausschreibung* = WRP 1999, 1289; vgl. auch WuW/E BGH 495, 497 – *Ausschreibung für Putzarbeiten II*; vgl. auch § 298 StGB.
[620] Vgl. WuW/E BKartA 1297, 1299 – *Grundpreisliste* = DB 1969, 2081.
[621] WuW/E KRT 50; *Hootz* in: Gemeinschaftskommentar § 1 Rn. 106.
[622] WuW/E BKartA 2005, 2006 – *Behälterglas*; BKartA TB 1963, 50.
[623] BKartA TB 1968, 81.
[624] WuW/E KRT 48.
[625] WuW/E BGH 1259 – *Bremsrolle* = BGHZ 60, 312; WuW/E BGH 40, 41 – *Schulspeisung*.
[626] WuW/E 1410, 1412 – *Kabinettartikel*; *Zimmer* in: Immenga/Mestmäcker, GWB, § 1 Rn. 241; *Hootz* in: Gemeinschaftskommentar § 1 Rn. 107 mit weiteren Nachweisen auch zu älteren Gegenauffassungen.
[627] Siehe auch oben Rn. 79.
[628] Zum Ganzen *Zimmer* in: Immenga/Mestmäcker, GWB, § 1 Rn. 242.
[629] Vgl. Art. 4 lit. a) GVO Vertikalvereinbarungen und die Kommentierung dort.
[630] WuW/E BKartA 908, 909.
[631] *Möhlenkamp* WuW 2008, 428, 438 mwN.
[632] OLG Düsseldorf WuW/E DE-R 2146, 2149 – *Nord-KS/Xella*; nicht beanstandet durch BGH WuW/E DE-R 2361, 2362 – *Nord-KS/Xella*.

ist,⁶³³ zum Beispiel bei staatlich regulierten Preisen nach RVG, HOAI oder dem BuchpreisbindungsG. Genauso zulässig ist eine Absprache, Geldgeschenke nicht zu gewähren, die als übertriebenes Anlocken nach §§ 3, 4 Nr. 1 UWG unlauter sind,⁶³⁴ oder eine Absprache, bei Irreführung nach §§ 3, 5 UWG über die übrige Preisgestaltung solche Lockvogelangebote zu unterlassen.⁶³⁵ Vorsicht ist hingegen bei Absprachen über das Unterlassen von Unter-Preis-Verkäufen geboten, weil diese nur ausnahmsweise unzulässig bei individueller Konkurrentenbehinderung nach §§ 3, 4 Nr. 10 UWG⁶³⁶ oder bei allgemeiner Marktstörung⁶³⁷ nach § 3 UWG sind. Nach Aufhebung von ZugabeVO und RabattG⁶³⁸ kann eine Absprache über Zugaben und Rabatte nicht mehr kartellrechtsneutral stattfinden, sofern nicht wegen besonderer Umstände andere Normen wie z. B. § 3 UWG durch die Maßnahme, die nach der Abstimmung unterlassen wird, verletzt würden. Auch nach Urheberrecht⁶³⁹ oder Sortenschutzrecht⁶⁴⁰ können bestimmte Preisabreden zulässig sein.

132 **Vertikale Preisabreden** werden seit seiner Neufassung durch die 7. GWB-Novelle 2005 genauso wie horizontale Preisabreden durch § 1 GWB erfasst. Vertikale Preisabreden meinen Abreden zwischen verschiedenen Wirtschaftsstufen in sog. Erstverträgen, nach denen ein Vertragsteil in der Bestimmung seiner Preise gegenüber Dritten (sog. Zweitverträge) nicht mehr frei ist. Das erfüllt grundsätzlich den Tatbestand des § 1 GWB.⁶⁴¹ Grundsätzlich unzulässig ist daher die **Festlegung des Preises,** zu dem der Abnehmer weiterverkaufen darf, die Festlegung von **Preisstrukturen** für den Weiterverkauf in Online-Auktionen,⁶⁴² die Begrenzung von **Rohgewinnspannen,**⁶⁴³ das Verbot des Verkaufes zu **Verlustpreisen,**⁶⁴⁴ die Rückgabepflicht zum Nettoeinstandspreis des Händlers, wenn Zweck der Regelung ist, eine Niedrigpreisgestaltung des Händlers zu verhindern,⁶⁴⁵ die Vorgabe gewisser **Kalkulationsschemata.**⁶⁴⁶ Ferner widerspricht es § 1 GWB, Abnehmer im Hinblick auf die an ihre Handelsvertreter zu zahlenden Provisionen oder im Hinblick auf an ihre Mitarbeiter zu zahlenden Gehälter zu binden⁶⁴⁷ oder zu verpflichten, bei Inzahlungnahme bestimmte Preise zu zahlen.⁶⁴⁸ Ferner die Fälle einer irgendwie gearteten Vergütung für die Einhaltung von unverbindlichen Preisempfehlungen gehören hierher,⁶⁴⁹ z. B. Rabattgewährung bei Einhaltung der unverbindlichen Preisempfehlung.⁶⁵⁰ Preisaufschlagsverbote für den Zweitvertrag, insbesondere in Erstverträgen zwischen Kreditkartenunternehmen und Händlern für die Zahlung mit Kreditkarte, berühren zwar grundsätzlich § 1 GWB; das steht jedoch in einem Spannungsverhältnis damit, dass ohne solche Abreden das grundsätzlich neutrale Kreditkartenge-

---

⁶³³ Vgl. dazu unten Rn. 186 ff.
⁶³⁴ Vgl. zum Beispiel BGH GRUR 1974, 345, 347 – *geballtes Bund; Köhler/Piper,* UWG, § 1 UWG Rn. 196 ff.; Beispiele auch bei *Nordemann,* Wettbewerbsrecht – Markenrecht, Rn. 1021 ff.
⁶³⁵ BGH GRUR 1970, 33, 34 – *Lockvogel;* BGH GRUR 1978, 649, 651 – *Elbe-Markt.*
⁶³⁶ Insbesondere bei Kampfpreisunterbietung, vgl. RGZ 134, 342 – *Benrather Tankstelle; Köhler* in: Baumbach/Hefermehl, Wettbewerbsrecht, § 4 UWG Rn. 10.184 ff.
⁶³⁷ Vgl. dazu *Köhler* in: Baumbach/Hefermehl, Wettbewerbsrecht, § 3 UWG, Rn. 12.1 ff.; *Nordemann,* Wettbewerbsrecht – Markenrecht, Rn. 1410 ff., 1471.
⁶³⁸ Dazu *J. B. Nordemann* NJW 2001, 2505; *Berneke* WRP 2001, 615; *Lange/Spätgens,* Rabatte und Zugaben im Wettbewerb, 2001; alle mwN.
⁶³⁹ Dazu unten Rn. 224.
⁶⁴⁰ Dazu unten Rn. 207.
⁶⁴¹ Siehe oben Rn. 101 ff. allgemein: zu Vertikalbindungen in sog. Erstverträgen für Zweitverträge.
⁶⁴² BKartA TB 2003, 2004, S. 120, zu Preisstrukturen für Akkus für den Verkauf bei ebay.
⁶⁴³ *Zimmer* in: Immenga/Mestmäcker, GWB, § 1 Rn. 250, 238.
⁶⁴⁴ BGH WuW/E 1036 – *Lockvogel.*
⁶⁴⁵ WuW/E BKartA, 2479 – *Völkl.*
⁶⁴⁶ LG München NJW 1985, 1906.
⁶⁴⁷ Vgl. KG WuW/E OLG 1053 – *Automatenaufstellervergütung.*
⁶⁴⁸ BKartA TB 1970, S. 64.
⁶⁴⁹ Siehe oben Rn. 112.
⁶⁵⁰ BKartA TB 2003/2004, S. 161.

§ 1. Verbot wettbewerbsbeschränkender Vereinbarungen **§ 1 GWB**

schäft schwerwiegend gestört wäre.[651] **Meistbegünstigungsklauseln** können nach § 1 GWB bedenklich sein.[652] Die bloße Festlegung von **Höchstpreisen** ist – entgegen einer früheren Auffassung zu § 14 GWB a. F.[653] – gemäß § 2 Abs. 2 GWB in Verbindung mit der GruppenfreistellungsVO für Vertikalvereinbarungen 2790/1999 nicht mehr unzulässig, sofern diese anwendbar ist. Art. 4 lit. a) GVO Vertikalvereinbarungen enthält eine Freistellung von **Höchstpreisbindungen**.[654] Auch sind **Preisempfehlungen** unter bestimmten Voraussetzungen durch die GVO Vertikalvereinbarungen in Verbindung mit § 2 Abs. 2 GWB freigestellt.[655] Weiterhin können Preise für Zeitungen und Zeitschriften nach § 30 GWB vertikal gebunden werden;[656] sogar eine Pflicht zu einer solchen Bindung besteht nach § 5 BuchpreisbindungsG.[657] – Weitergehend wird im Anschluß an die *Leegin*-**Entscheidung des US-Supreme Court**[658] gefordert, auch in Deutschland und der EU vertikale Preisbindungen differenziert („modern") zu behandeln, d. h. den Effizienzeinwand[659] generell zuzulassen, wenn auch nur bei der Freistellung nach § 2 Abs. 1 GWB bzw. Art. 81 Abs. 3 EG.[660] Mindestpreisvereinbarungen sollen dann freigestellt sein, wenn deren Voraussetzungen vorliegen. Diesen Forderungen ist indes mit Zurückhaltung zu begegnen; nur in besonderen Konstellationen kommt eine Freistellung in Betracht.[661] Im Regelfall sind Effizienzvorteile fraglich.[662] – Generell kommt bei vertikalen Preisbindungen auch dem ungeschriebenen Tatbestandsmerkmal der **Spürbarkeit** Bedeutung zu.[663]

b) Absatz- und Nachfragemengen (Quoten).[664] Die Freiheit, Waren oder Leistungen 133 anzubieten, ist einer der grundlegenden Wettbewerbsparameter **im horizontalen Konkurrenzverhältnis.** Eine Einschränkung hat zur Folge, dass der Anreiz zur Konkurrenz gedämpft wird. Das Festlegen von Absatz- und Nachfragemengen, sei es als Höchst-, Mindest- oder Durchschnittsmenge, sei es in absoluten Beträgen oder in Relationen zur Gesamtkapazität oder -umsatz, ist danach ein Verstoß gegen § 1 GWB.[665] Das gilt erst recht, wenn vereinbart wird, dass bei Überschreitung der eigenen Lieferquote ein belastender Ausgleich über Kollegenlieferungen erfolgt.[666] Es handelt sich um eine sog. **Kernbeschränkung**

---

[651] Siehe dazu unten Rn. 178.

[652] Vgl. oben Rn. 113.

[653] *Emmerich* in: Immenga/Mestmäcker, GWB, § 14 Rn. 49 mwN in der Vorauf.; anders nun: *Zimmer* in: Immenga/Mestmäcker, GWB, § 1 Rn. 241.

[654] Zum Ganzen *Kirchhain* WuW 2008, 167, 172 f., auch zur Frage der Behandlung von im Zeitpunkt ihres Abschlusses nach deutschem Recht unwirksamen Altverträgen; ferner *Hildebrand* WRP 2004, 470, 473; *Bechtold*, GWB, § 1 Rn. 50 a; vgl. hierzu auch die Kommentierung der GruppenfreistellungsVO 2790/1999.

[655] Dazu die Kommentierung der GVO Vertikalvereinbarungen Art. 4. Ferner *Kirchhain* WuW 2008, 167, 175 f.

[656] Vgl. dazu die Kommentierung zu § 30 GWB unten.

[657] Dazu unten Rn. 202.

[658] Entscheidung vom 28. 6. 2007, No. 06–480, veröffentlicht in WuW/E KRInt 185 ff.

[659] Auch *Leegin* fußt maßgeblich auf der Berücksichtigung von Effizienzargumenten im Sinne einer Konsumentenwohlfahrt. Eingehend *Kasten* WuW 2007, 994 ff.; *Sosnitza/Hoffmann* AG 2008, 107 ff.

[660] *Kasten* WuW 2007, 994, 1005; siehe auch *Sosnitza/Hoffmann* AG 2008, 107, 111 ff., die überzeugend darlegen, dass eine Tatbestandsreduktion des § 1 GWB bzw. eine Anwendung des § 2 Abs. 1 GWB grundsätzlich ausscheidet.

[661] Vgl. § 2 Rn. 153.

[662] Wie hier: *Sosnitza/Hoffmann* AG 2008, 107, 113 ff.

[663] Dazu unten Rn. 142.

[664] Zum EU-Recht Art. 81 Abs. 1 EG Rn. 264 ff.

[665] Zuletzt BKartA WuW/E DE-V 132, 134 – *Osthafenmühle II*; WuW/E BKartA 1417, 1420 – *süddeutsche Zementindustrie*; siehe auch BKartA TB 2003/2004, S. 109 mit umfassenden Beispielen zu Quotenkartellen aus dem Bereich Transportbeton; ferner KG WuW/E OLG 1339, 1340 – *Linoleum* = BB 1973, 441.

[666] BKartA WuW/E DE-V 132, 134 – *Osthafenmühle II*.

(Hardcore Restraint), was eine Herabsetzung der Spürbarkeitsschwelle bedeutet;[667] außerdem kommt nur in Ausnahmefällen eine Legalisierung nach §§ 2, 3 GWB in Betracht.[668] – Für **Vertikalvereinbarungen** bestehen demgegenüber umfassende Freistellungen; insbesondere die GruppenfreistellungsVOen sind zu beachten (§ 2 Abs. 2 GWB). Quotenabsprachen sind jedoch auch hier teilweise unzulässig, z. B. Quoten für Händler für die Querlieferung innerhalb selektiver Vertriebssysteme (Art. 4 lit. d) GVO Vertikalvereinbarungen).

134 c) **Marktaufteilung, Wettbewerbsverbot, Kundenschutz.**[669] Es ist ferner wettbewerbsbeschränkend im Sinne von § 1 GWB, sich darüber abzustimmen, wo, mit wem und wann Geschäfte geschlossen werden.[670] **Im Horizontalverhältnis** zwischen Wettbewerbern ist die wettbewerbsrechtliche Beurteilung streng. Da es um eine sog. **Kernbeschränkung (Hardcore Restraint)** geht, ist die Spürbarkeitsschwelle herabgesetzt;[671] außerdem kommt nur in Ausnahmefällen eine Tatbestandsreduzierung gem. § 1 GWB[672] oder eine Legalisierung nach §§ 2, 3 GWB in Betracht.[673] Wettbewerbsbeschränkend ist hier nicht nur **räumlicher Gebietsschutz**,[674] sondern auch die Abrede, nicht auf einen bestimmten **sachlichen Markt** zu treten, genauso wie eine **Aufteilung von Kunden**, der Verzicht auf Direktverkäufe und auch **zeitliche Marktaufteilungen,** zum Beispiel Absprachen zwischen Reisebüros, Sonderzüge der Deutschen Bahn für bestimmte Gebiete nur an bestimmten Tagen in Anspruch zu nehmen.[675] Genauso kann es kartellrechtlich bedenklich sein, wenn Fluggesellschaften wechselseitiges Code-Sharing vereinbaren, in dessen Rahmen Fluggesellschaften Flüge über den konkurrierenden Partner anbieten.[676] Eine unzulässige Marktaufteilung lag für Akkreditierungsleistungen des Deutschen Akkreditierungsrates vor, wenn im Zulassungsverfahren sichergestellt war, dass die Zulassung stets exklusiv für ein bestimmtes Fachgebiet vergeben wurde.[677] Die zwischen Mitgliedern von Kreditkartenorganisationen vereinbarten Regeln über die Aufnahme weiterer Mitglieder kann wettbewerbsbeschränkend für Außenseiter sein.[678] – Die vorgenannten Wettbewerbsbeschränkungen, also Marktaufteilungen, Wettbewerbsverbote und Kundenschutzabreden, kommen gerade auch in **Vertikalverträgen** vor, was sie allerdings nicht grundsätzlich von der Rechtsfolge des § 1 GWB befreit. Zunächst sind die Tatbestandsreduktionen gem. § 1 GWB zu beachten.[679] Mit Ausnahme des absoluten Gebietsschutzes[680] bestehen bei Vertikalverträgen auch etwas weitergehende Möglichkeiten einer Freistellung (§§ 2, 3 GWB). Insbesondere die GVO Vertikalvereinbarungen reguliert im Einzelnen in Art. 4 vertikale Absprachen über

---

[667] Rn. 142 ff.
[668] Siehe nur § 2 Rn. 38 f.; § 3 Rn. 3.
[669] Zum EU-Recht Art. 81 Abs. 1 EG Rn. 288 ff.
[670] WuW/E BGH 2637, 2701 – *Golden Toast* = BGH NJW 1991, 3152 = GRUR 1991, 782; WuW/E BGH 1597 = NJW 1980, 185; WuW/E BGH 1353 – *Schnittblumentransport*; OLG Düsseldorf WuW/E OLG 2715, 2718 – *Subterra-Methode*; OLG Hamburg WuW/E OLG 1727 – *Miniaturgolfanlagen*.
[671] Rn. 142 ff.
[672] Unten Rn. 155 ff.
[673] Siehe nur § 2 Rn. 38 f.; § 3 Rn. 3.
[674] Beispiel: Räumlicher Gebietsschutz der Lottogesellschaften für „ihr" Bundesland durch den Blockvertrag des Deutschen Lotto- und Totoblocks, s. BGH WuW/E DE-R 2035, 2039 – *Lotto im Internet*; Gebietsschutz für Kalksandsteinhersteller in einem sternförmigen System von Lizenzverträgen BKartA WuW/E DE-V 1579, 1582 – *KS-Quadro*.
[675] WuW/E BKartA 491 – *Gesellschaftsreisen*.
[676] BKartA TB 2003/2004, S. 154.
[677] BKartA TB 2003/2004, S. 174.
[678] EU-Kommission WuW/E EU-V 1307 – *Morgan Stanley/Visa*.
[679] Siehe Rn. 172 ff., 182.
[680] Siehe insbesondere Art. 81 Abs. 1 EG Rn. 116 f. Absoluter Gebietsschutz dort insbesondere nicht zur Umgehung der Erschöpfungswirkung von Immaterialgüterrechten vereinbart werden, vgl. unten Rn. 211, 219.

§ 1. Verbot wettbewerbsbeschränkender Vereinbarungen 135, 136 **§ 1 GWB**

eine Aufteilung von Märkten und Kunden genauso wie Art. 4 TechnologietransferGVO (siehe im Einzelnen die Kommentierung zu § 2 Abs. 2 GWB und zu den GVOen).

d) Konditionen. Neben Preissprachen erfüllen auch Absprachen über **Konditionen** 135 zwischen Wettbewerbern für Verträge mit der Marktgegenseite ohne weiteres den Tatbestand des § 1 GWB. Beispiele für **horizontale Abreden** sind Vereinbarungen zwischen Konkurrenten über gemeinsame Geschäfts-, Liefer- und Zahlungsbedingungen einschließlich Skonti. Nach § 2 GWB besteht jedoch eine Freistellungsmöglichkeit.[681] **In vertikalen Abreden** zwischen verschiedenen Wirtschaftsstufen unterfällt es § 1 GWB, die Konditionen festzulegen, „wie" einer der Beteiligten Zweitverträge abzuschließen hat. Beispiele sind die Verpflichtung der Abnehmer, bestimmte Garantieleistungen zu übernehmen,[682] das Verbot von bestimmten Zugaben und Skonti[683] sowie die Einflussnahme der Gaststättenverpächter auf einzelne Klauseln der Gastwirte in ihren Verträgen mit Automatenaufstellern.[684] Auch die Verpflichtung von Großhändlern gegenüber Lieferanten, die Einzelhändler die Ware nicht abholen zu lassen, tangiert § 1 GWB.[685] Gleiches gilt für die Verpflichtung, vom Subpächter eine bestimmte Kaution zu fordern.[686] Der Bauauftraggeber darf vom Bauunternehmer nicht verlangen, dass dieser seine Subunternehmer zu Tariftreue verpflichtet.[687] Konditionenbindungen in vertikalen Abreden können aber umfassend freigestellt sein (§ 2 GWB), z. B. durch die GVO Vertikalvereinbarungen (§ 2 Abs. 2 GWB).[688]

e) Produkt, Qualität, Kundendienst, Kulanz, Öffnungszeiten. Wichtige In- 136 strumente der Marktpolitik sind im **(horizontalen)** Konkurrenzverhältnis **Produktgestaltung und Qualität des Produkts.** Nicht zu beanstanden sind jedoch Gütezeichengemeinschaften von Konkurrenten, die die teilnehmenden und das Zeichen benutzenden Unternehmen zur Einhaltung bestimmter Qualitätsstandards verpflichten. Die Bindung der Mitglieder besteht nur darin, dass die mit den Zeichen versehenen Waren bestimmten Qualitätsanforderungen genügen.[689] § 1 GWB ist aber verletzt, wenn die konkurrierenden Mitglieder sich darüber hinaus zum Beispiel verpflichten, nur solche Erzeugnisse zu vermarkten,[690] das Etikett in bestimmter Weise – unabhängig vom zu verwendenden Zeichen – zu gestalten oder Preise, Mengen und örtliche begrenzte Benutzungs- und Ausschließlichkeitsrechte vereinbaren.[691] Ausnahmsweise zulässig sollten solche Beschränkungen allerdings sein, wenn sie Teil des Gütezeichens sind, z. B. die ausschließliche örtliche Benutzung bei regionalen Gütezeichen oder bei Umweltzeichen, die kurze Transportwege garantieren. Gütezeichengemeinschaften müssen über dies die Kriterien zur Gütesicherung von Endprodukten ausschließlich an objektiv messbaren und nach der Verkehrsauffassung relevanten Eigenschaften ausrichten; daran fehlte es im Fall der „Gütezeichengemeinschaft Acrylwanne", die nur Mitglieder aufnahm, die mit Gussacryl arbeiteten, obwohl es noch andere geeignete Kunststoffe gab. Eine Legalisierung eigentlich nach § 1 GWB verbotener Absprachen ist über Normen- und Typenkartelle möglich (§ 2 Abs. 1 GWB).[692] **Im Vertikalverhältnis** werden Abreden über Produktgestaltung und Qualität großzügiger beurteilt. Auch hier fallen sie zwar grundsätzlich unter § 1 GWB; jedoch bestehen nach § 2 GWB umfassende

---

[681] Vgl. § 2 Rn. 57 ff.; dort auch zur Abgrenzung vom verbotenen Preiskartell.
[682] OLG Frankfurt WuW/E OLG 1483, 1485.
[683] WuW/E BKartA 236, 237 f.
[684] BKartA TB 1979/80, 100; *Zimmer* in: Immenga/Mestmäcker, GWB, § 1 Rn. 251.
[685] BGH WuW/E 755 – *Flaschenbier*.
[686] BGH WuW/E 1841 – *Ganser/Dahlke*.
[687] KG WuW/E Verg 111 – *Tariftreueerklärung* = NJWE WettbR 1998, 284, 288; insoweit von BGH WuW/E Verg 297 – *Tariftreueerklärung II* nicht behandelt.
[688] Siehe die Kommentierung zur GVO Vertikalvereinbarungen.
[689] *Bunte* in: Langen/Bunte, § 1 Rn. 179; *Zimmer* in: Immenga/Mestmäcker § 1 Rn. 342, 345.
[690] BKartA TB 1975, 48; TB 1977, 60 – *Gummistrümpfe*.
[691] WuW/E BGH 2697, 2701 – *Golden Toast* = BGH NJW 1991, 3152 = GRUR 1991, 782.
[692] § 2 Rn. 46 ff.

Freistellungen, insbesondere in Form von GruppenfreistellungsVOen (§ 2 Abs. 2 GWB). Für Gütezeichengemeinschaften kann Aufnahmezwang bestehen (§ 20 Abs. 6 GWB).

137 Die Marktgegenseite kann außerdem dem angebotenen **Kundendienst** genauso wie der **Kulanz** des Unternehmens Bedeutung bei seiner Entscheidung zumessen. Absprachen zwischen Wettbewerbern über derartige Wettbewerbsparameter fallen also grundsätzlich unter § 1 GWB. Das Gleiche gilt für Absprachen zwischen Konkurrenten über **Öffnungszeiten**, weil diese – anders als Absprachen über Arbeitszeiten – unmittelbar den Wettbewerb beschränken.[693] Im Vertikalverhältnis ist das Kartellrecht großzügiger: Zwar fällt die Verpflichtung der Abnehmer, bestimmte Garantieleistungen zu übernehmen, grundsätzlich genauso unter § 1 GWB[694] wie die Verpflichtung von Großhändlern gegenüber Lieferanten, die Einzelhändler die Ware nicht abholen zu lassen.[695] Jedoch sind solche Verpflichtungen beispielsweise durch die GVO Vertikalvereinbarungen freigestellt (§ 2 Abs. 2 GWB).

138 **f) Werbung.** Auch Werbung dient der Absatzförderung und ist daher unmittelbar marktbezogen. Absprachen zwischen Wettbewerbern, ob und wie geworben werden soll, verstoßen also gegen § 1 GWB.[696] Zu Werbegemeinschaften rechnen auch Verbandszeichen, die nicht Gütezeichen sind.[697] **Werbegemeinschaften** aus Wettbewerbern sind zulässig, so lange sie nicht die Freiheit der Mitglieder zur Eigenwerbung beschränken.[698] Einer ausdrücklichen Verpflichtung zur Beschränkung der Eigenwerbung bedarf es nicht, wenn sich aus dem Gegenstand der Abrede ergibt, dass keine Eigenwerbung mehr stattfinden wird.[699] Auch dürfen die Werbegemeinschaften nicht missbraucht werden, um Gebiete aufzuteilen oder Preise abzusprechen.[700] Letzteres liegt nahe, wenn die Gemeinschaftswerbung mit festen Preisen einhergeht.[701] Legalisierbar sind solche Wettbewerbsbeschränkungen nach § 3 Abs. 1 GWB (Mittelstandskartell) oder als Rationalisierungskartell gemäß § 2 Abs. 1 GWB.[702] Keine Wettbewerbsbeschränkung liegt vor, wenn der Gegenstand der Wettbewerbsbeschränkung selbst gesetzeswidrig ist (zum Beispiel Verstoß gegen UWG) und dann Unterlassen verabredet wird.[703] Im Vertikalverhältnis unterfallen Abreden über den Wettbewerbsparameter Werbung zwar auch grundsätzlich § 1 GWB; sie sind jedoch in GruppenfreistellungsVOen, insbesondere der GVO Vertikalvereinbarungen, grundsätzlich freigestellt (§ 2 Abs. 2 GWB).

139 **g) Produktion, Standort.** Auch die Produktion sowie der Produktionsstandort sind grundsätzlich wichtige Wettbewerbsparameter. Es verstößt daher gegen § 1 GWB, einen bestimmten Produktionsablauf, bestimmte maximale Investitionen in die Produktion sowie den Produktionsstandort abzusprechen. Absprachen können den Einsatz dieser Wettbewerbsparameter auch mittelbar beschränken, z.B. führt ein Transportkostenausgleich in einer Beschaffungsgemeinschaft zu einem Erlahmen des Standortwettbewerbs.[704] Es ist allerdings an die Legalisierungsmöglichkeiten des § 2 Abs. 1 und Abs. 2 GWB zu denken. Das gilt insbesondere für Vertikalverträge im Hinblick auf die GVO Vertikalvereinbarungen.

---

[693] Vgl. KG WuW/E OLG 4313 – *Ladenöffnungszeit* sowie unten Rn. 190 ff.
[694] OLG Frankfurt WuW/E OLG 1483, 1485.
[695] BGH WuW/E 755 – *Flaschenbier*.
[696] WuW/E BGH 2326, 2328 – *Guten Tag Apotheke II* = BGH NJW-RR 1987, 485; WuW/E BGH 2688, 2690 – *Warenproben aus Apotheken* = GRUR 1991, 622; WuW/E BGH 451, 455 – *Export ohne WBS* = BGH NJW 1962, 247 = GRUR 1962, 154.
[697] Dazu oben Rn. 138.
[698] LG Dortmund WuW/E LG/AG 338 – *Taxi-Funk-Zentrale;* BKartA TB 1977, 82.
[699] Vgl. oben zur Gegenstandstheorie Rn. 129.
[700] Vgl. WuW/E BGH 2697, 2701 – *Golden Toast* = BGH NJW 1991, 3152 = GRUR 1991, 782.
[701] *Bunte* in: Langen/Bunte, § 1 Rn. 183.
[702] Vgl. § 2 Rn. 81 ff., 115 ff.
[703] Vgl. dazu oben Rn. 93.
[704] BKartA WuW/E DE-V 1392, 1397 – *Altglas*.

h) Forschung und Entwicklung. Die Forschung und Entwicklung für die Herstellung neuer Produkte oder Erbringung neuer Leistungen darf nicht durch Abrede begrenzt werden. Auch insoweit sind die Unternehmen im Wettbewerb. Forschung und Entwicklung sind Wettbewerbsparameter. Eine Wettbewerbsbeschränkung kann auch durch mittelbar die Innovation beschränkende Abreden gegeben sein, z.B. bei der Verpflichtung von Teilnehmern an einem horizontalen System von Lizenzverträgen, sämtliche Innovationen den anderen Teilnehmern zur Verfügung zu stellen.[705] Anders liegt es, wenn noch gar kein konkretes marktfähiges Produkt vorliegt. Im Hinblick auf spätere Produkte inkonkrete Grundlagenforschung kann zunächst mit dem Spürbarkeitserfordernis aus dem Anwendungsbereich des § 1 GWB herausgenommen werden. Außerdem fehlt es nach dem Gesetzgeber der 6. GWB-Novelle 1999 regelmäßig an einer Wettbewerbsbeschränkung. Der Forschung sei immanent, dass zu Beginn nicht feststehe, zu welchen Ergebnis man schlussendlich gelangen werde und welche Auswirkungen das Resultat auf das Marktverhalten haben werde; es sei daher kaum möglich, eine solche Zusammenarbeit als wettbewerbsbeschränkend zu qualifizieren.[706] Sofern die Unternehmen allein zur Erbringung der Forschung und Entwicklung nicht in der Lage sind, kann auch der Arbeitsgemeinschaftsgedanke[707] aus § 1 GWB herausführen. Das kommt nicht nur bei Projekten zum Tragen, die beispielsweise wegen des hohen Risikos nicht von einem einzelnen Unternehmen allein durchgeführt würden, sondern auch bei Forschungsprojekten, die die beteiligten Unternehmen allein nicht durchführen, weil sie ohne Kooperationspartner in technologischer oder wirtschaftlicher Sicht nicht sinnvoll zu realisieren wären.[708] Darüber hinaus ist an eine Legalisierung nach § 2 Abs. 1 GWB zu denken[709] und auf § 2 Abs. 2 GWB in Verbindung mit der Gruppenfreistellungsverordnung für Forschungs- und Entwicklungsvereinbarungen zu verweisen.[710] Zu Marktforschung vgl. oben.[711]

IV. Spürbarkeit

Schrifttum: *Baums*, GWB-Novelle und Kartellverbot, ZIP 1998, 233 ff.; *BKartA*, Bekanntmachung Nr. 18/2007 über die Nichtverfolgung von Kooperationsabreden mit geringer wettbewerbsbeschränkender Bedeutung („Bagatellbekanntmachung") vom 13. März 2007, abrufbar über www.Bundeskartellamt.de.; *Busche/Keul*, GWB § 1 – Lottospielgemeinschaft, Anmerkung zum Beschluß des BGH vom 9. 3. 1999, KVR 20/97 (KG), ZIP 1999, 1021 (1027 ff); *Fikentscher*, Markt oder Wettbewerb oder beides? GRUR Int. 2004, 731 ff., *ders.*, Das Unrecht einer Wettbewerbsbeschränkung: Kritik an Weißbuch und VO-Entwurf zu Art. 81 und 82-Vertrag, WuW 2001, 446; *Köhler*, Anm. zu BGH – „1 Riegel extra", ZLR 2003, 470; *LKartB Bayern*, Kooperation und Wettbewerb, 6. Auflage 2006.

Früher wurde die **Spürbarkeit** am Merkmal der Eignung zur Marktbeeinflussung in § 1 GWB a. F. festgemacht.[712] In § 1 GWB n. F. ist das Merkmal seit der 6. GWB-Novelle

---

[705] BKartA WuW/E DE-V 1579, 1582 – *KS-Quadro*; vgl. auch *Säcker* in: Münchener Kommentar, GWB, § 1 Rn. 41.
[706] Beg. zum RegE sechste GWB-Novelle BT DS 13/9720 = *Jüttner-Kramny*, GWB, WuW-Sonderheft 1998 S. 87; siehe auch *Fuchs* in: Immenga/Mestmäcker, GWB, § 2 Rn. 249 ff.; 288 ff.
[707] Vgl. dazu unten Rn. 83.
[708] Beg. zum RegE sechste GWB-Novelle BT DS 13/9720 = *Jüttner-Kramny*, GWB, WuW-Sonderheft 1998 S. 87; vgl. auch *Säcker* in: Münchener Kommentar, GWB, § 1 Rn. 41.
[709] Vgl. zu Unternehmenskooperationen bei Forschung und Entwicklung *Fuchs* S. 246 ff.; siehe ferner § 2 Rn. 114.
[710] VO EG Nr. 2659/2000 der Kommission vom 29. November 2000; siehe dazu § 2 Rn. 170 ff.
[711] Rn. 88 ff. zum Geheimwettbewerb.
[712] BGH WuW/E DE-R 115, 119 – *Carpartner* = BGH NJW 1998, 2825 = GRUR 1998, 739; WuW/E BGH 3115, 3120 – *Druckgussteile* = BGH NJW 1997, 2324 = GRUR 1997, 675; BGH WuW/E 1458, 1462 – *Fertigbeton* = BGH NJW 1977, 804 = BGHZ 68, 23; WuW/E BGH 1461 – *Erbauseinandersetzung*; WuW/E BGH 1337, 1342 – *Aluminiumhalbzeug* = BGH NJW 1975, 788 = GRUR 1976, 37 = BGHSt 26, 56, 65.

§ 1 GWB 142

1999 nicht mehr enthalten, behält aber als **ungeschriebenes Tatbestandsmerkmal** nach wie vor seine Bedeutung.[713] Das gilt auch nach der 7. GWB-Novelle; es ist nicht ersichtlich, dass der Gesetzgeber das ungeschriebene Tatbestandsmerkmal der Spürbarkeit mit der 7. GWB-Novelle eliminieren wollte, es finden sich dazu keine Ausführungen in den Gesetzesmaterialien. Insoweit läuft § 1 GWB n. F. wiederum parallel mit Art. 81 Abs. 1 EG,[714] auch wenn das Spürbarkeitskriterium des Art. 81 Abs. 1 EG eine andere Qualität hat, weil es sich (auch) auf die Zwischenstaatlichkeitsklausel bezieht, die § 1 GWB nicht kennt.[715] Die Spürbarkeit ist also Teil des Verbotstatbestandes des § 1 GWB und nicht etwa nur Anleitung an die Kartellbehörden zur Ausübung des Aufgreifermessens.[716] Da die Spürbarkeit positives (wenn auch ungeschriebenes) Tatbestandsmerkmal ist, trägt die **Darlegungs- und Beweislast** grundsätzlich die Partei oder Behörde, die sich auf eine Verletzung des § 1 GWB beruft.[717]

142 Für die Spürbarkeit der Wettbewerbsbeschränkung ist nicht auch auf die Spürbarkeit bei den Beteiligten abzustellen, weil der Grad der Einschränkung der Handlungsfreiheit unerheblich ist, solange eine Einschränkung vorliegt. Vielmehr ist auf die **Außenwirkung** abzuheben. Die Einschränkung der Wettbewerbsfreiheit der Beteiligten muss in einer praktisch ins Gewicht fallenden Weise zu einer Veränderung der Marktverhältnisse führen können.[718] Relevant ist der durch die Absprache betroffene Markt, nicht allein sich abschwächende Effekte auf nach- oder vorgelagerten Märkte.[719] Vornehmlich wird auf die Anzahl der Marktteilnehmer sowie den **Marktanteil** der an der Abrede Beteiligten abgestellt. Wenn sich eine größere Anzahl von Marktteilnehmern auf beiden Marktseiten betätigt, die Beteiligten aber zusammen nur einen geringen Marktanteil erreichen, ist Spürbarkeit zu verneinen.[720] Für die Feststellung der Marktanteile ist eine Marktabgrenzung vorzunehmen.[721] Eine feste Marktanteilsgrenze existiert zwar nicht. Die kritische Grenze ist jedoch sowohl nach der deutschen[722] als auch nach der europäischen[723] Praxis ein Marktan-

---

[713] Herrschende Auffassung, Begr. zum RegE 6. GWB-Novelle BT DS 13/9720 = *Jüttner-Kramny*, GWB, WuW-Sonderheft 1997, S. 65; BGH WuW DE-R 289, 295 – *Lottospielgemeinschaft*; BGH WuW/E DE-R 711, 717 *Ost-Fleisch* = GRUR 2002, 99 = NJW 2001, 3782; BKartA WuW/E DE-V 209, 213 – *Stellenmarkt für Deutschland II*; *Busche* ZIP 1999, 1021, 1027; *Herrmann/Dick* WuW 1999, 1071, 1073; *Bahr*, WuW 2000, 954, 963; *Schmitz* WuW 2002, 6, 15; *Huber* in: Frankfurter Kommentar § 1 n. F. Kurzdarstellung Rn. 69; *Hootz* in: Gemeinschaftskommentar § 1 Rn. 144; *Bechtold*, GWB, § 1 Rn. 30; *Emmerich*, Kartellrecht, § 4 Rn. 56; a. A. LG Mannheim WuW/E DE-R 298, 302 = NJWE Wettbewerbsrecht 1999, 244; kritisch auch *Fikentscher* GRUR Int. 2004, 727, 729; kritisch zur Gesetzesformulierung *Baums* ZIP 1998, 233, 234.

[714] Siehe zum Spürbarkeitskriterium im EU-Recht Art. 81 Abs. 1 EG Rn. 184 ff.

[715] Deshalb kritisch zum ungeschriebenen Tatbestandsmerkmal der Spürbarkeit in: § 1 GWB *Fikentscher* GRUR Int. 2004, 727, 729.

[716] Das BKartA, Bagatellbekanntmachung, Rn. 1, 6 ff., stellt die Spürbarkeit allerdings in den Zusammenhang der „Ermessensausübung", was wohl nicht als Widerspruch zur herrschenden Auffassung anzusehen ist, sondern eher als Ausdruck davon, dass die Bagatellbekanntmachung regelmäßig oberhalb der bisher von der Rechtsprechung gesetzten Spürbarkeitsschwellen liegt (vgl. Rn. 144) und es insoweit wegen der fehlenden Bindungswirkung der Bekanntmachung (Rn. 146) nur sein Ermessen ausüben, aber nicht den Tatbestand für reduziert erklären kann.

[717] Gl. A. *Zuber* in: Kommentierung zu Art. 2 VO 1/2003 Rn. 9; a. A. *Fikentscher* WuW 2001, 446, 448.

[718] BGH WuW/E DE-R 711, 717 – *Ost-Fleisch* = GRUR 2002, 99 = NJW 2001, 3782; WuW/E BGH 2469, 2470 – *Brillenfassungen*; BGH WuW/E DE-R 115, 119 f. – *Carpartner* = BGH NJW 1998, 2825 = GRUR 1998, 739.

[719] BGH WuW/E DE-R 1267, 1269 – *Nachbaugebühr* = GRUR 2004, 763.

[720] WuW/E BGH 1458, 1461, 1462 – *Fertigbeton* = BGH NJW 1977, 804 = BGHZ 68, 23.

[721] Vgl. dazu unten die Kommentierung zu § 19.

[722] WuW/E BGH 369, 372 – *Kohleplatzhandel*; *Hootz* in: Gemeinschaftskommentar § 1 Rn. 144.

[723] EuGH Slg. 1978, 131, 148 ff. – *Miller*; EuGH Slg. 1983, 3151, 3201 – *AEG Telefunken*. Vgl. eingehend die Kommentierung zu Art. 81 Abs. 1 Rn. 118 ff.

teil von **5%**. Daneben spielen auch noch **andere Faktoren** eine Rolle. Je schwerwiegender die Wettbewerbsbeschränkung, zum Beispiel **Preis- und Gebietsabsprachen** zwischen Wettbewerbern[724] oder ein dreijähriges Wettbewerbsverbot für einen ernsthaften potentiellen Konkurrenten,[725] desto eher ist eine Wettbewerbsbeschränkung auch unterhalb der 5%-Grenze spürbar. Ist der wettbewerbliche Verhaltensspielraum auf dem Markt – zum Beispiel auf Grund staatlicher Regulierung – gering, kann auch unterhalb der 5%-Schwelle Spürbarkeit vorliegen, z. B. genügen 2 bis 3% auf einem staatlich reguliertem Glücksspielmarkt[726] oder 1% auf dem bundesweiten Markt für Strombeschaffung von Weiterverteilerunternehmen wegen der gerade erst erfolgten Liberalisierung.[727] Betrifft die wettbewerbsbeschränkende Abrede allerdings den staatlich regulierten und damit den wettbewerbsfreien Bereich, so können zusätzliche private Abreden nicht spürbar sein.[728] Es kann für eine Spürbarkeit sprechen, dass die wettbewerbsbeschränkende Abstimmung den Preis für die Abnehmer nicht nur unerheblich verteuert.[729] Ansonsten nicht sonderlich ins Gewicht fallende Wettbewerbsbeschränkungen sind auch dann spürbar, wenn sie Teil von parallelen Beschränkungen auf dem gesamten Markt sind (**„Bündeltheorie"**).[730]

In der *1 Riegel extra*-Entscheidung[731] hat der BGH erstmals auch bei **Vertikalvereinbarungen**[732] das Merkmal der Spürbarkeit geprüft. Aufgrund der Befristung der Verkaufsaktion wurde ein Verstoß gegen § 14 GWB a. F. (jetzt § 1 GWB) verneint, obwohl eine Preisbindung der zweiten Hand gegeben war. Jedoch war die Beeinträchtigung der Preisgestaltungsfreiheit nicht spürbar eingeschränkt. Der BGH scheint aber die Spürbarkeit nicht an den wettbewerblichen Auswirkungen festzumachen, sondern an der Intensität der Einschränkung der Gestaltungsfreiheit. Bisher unentschieden ist die Frage, ob § 1 GWB auch dann nicht erfüllt ist, wenn zwar die Gestaltungsfreiheit des gebundenen Händlers erheblich beeinträchtigt ist, jedoch Interbrand- und Intrabrand-Wettbewerb nicht spürbar beeinträchtigt sind (z. B. wegen des geringen Marktanteils des Herstellers). Nach ständiger Rechtsprechung des EuGH bezieht sich die Spürbarkeit auch auf diese Kriterien.[733] Auch kann es nicht Aufgabe des Kartellrechts sein, nicht spürbare und damit praktisch bedeutungslose Wettbewerbsbeschränkungen zu bekämpfen.[734]

---

[724] BGH WuW/E 2697, 2704: Marktanteil 4% genügend; OLG München, Az. U (Kart) 4464/04, Urt. v. 14. 4. 2005, abrufbar unter www.juris.de, ferner zit. in *Hossenfelder/Töllner/Ost*, Kartellrechtspraxis und Kartellrechtsprechung 2005/2006, Rn. 161: Marktanteile nur 1,6% bis 3%, aber schwerwiegende Qualität durch Wegfall eines bedeutenden Wettbewerbers wegen eines Wettbewerbsverbotes; OLG München WuW/E OLG 3946, 3948 – *Fassadenbau*: 0,2% bis 0,5% Marktanteil genügend; siehe auch BGH WuW/E DE-R 711, 717 – *Ost-Fleisch* = GRUR 2002, 99 = NJW 2001, 3782; weniger als 15% Marktanteil, jedoch Preisabstimmung: LG München I WuW/E DE-R 633, 637 – *Deggendorfer Transportbeton*: bei Preiskartell ist 5% Grenze irrelevant.
[725] OLG Düsseldorf WuW/E DE-R 585, 588 f. – *Kfz-Werkstätten*.
[726] WuW/E BGH 2411, 2413 = NJW-RR 1998, 50 – *Personenbeförderung ab Stadtkreisgrenze*; BGH WuW/E DE-R 289, 295 – *Lottospielgemeinschaft*; kritisch dazu *Busche* ZIP 1999, 1021, 1027. Siehe ferner BGH WuW/E 2411, 2413 – *Taxigenossenschaft II*; BGH WuW/E 2828, 2835 – *Beistand bei Kostenangeboten*.
[727] BKartA TB 1999/2000, S. 131.
[728] EuGH Slg. 1975, 1663, 1916 ff. – *Suiker Unie*.
[729] BGH WuW/E DE-R 1267, 1269 – *Nachbaugebühr* = GRUR 2004, 763: 3% Preiserhöhung genügend.
[730] WuW/E BGH 1780, 1782 – *Subterra-Methode*; KG WuW/E OLG 4885, 4891 – *Branche Heizung, Klima, Lüftung*; OLG Düsseldorf WuW/E DE-R 1435 – *Boykott Landkreis Neu-Ulm*; OLG Koblenz WuW/E DE-R 184, 186 – *Feuerlöschgeräte*. Zum EU-Recht vgl. Art. 81 Abs. 1 EG Rn. 121.
[731] BGH NJW 2003, 2682 ff. – *1 Riegel extra* = GRUR 2003, 637 = WuW/E DE-R 1101; zust. Anm. von *Köhler* in ZLR 2003, 464 ff.
[732] Allg. dazu oben Rn. 100 ff.
[733] EuGH Slg. 1985, 3812, 3824 f. – *NSO*.
[734] *Köhler* ZLR 2003, 470, 472.

144 Die **EU-Kommission** hat zur Frage der Spürbarkeit zuletzt im Jahr 2001 eine Bagatellbekanntmachung veröffentlicht.[735]

145 Das **BKartA** hat im Jahr 2007 mit einer eigenen **Bagatellbekanntmachung** nachgezogen.[736] Sie stimmt inhaltlich mit der Bagatellbekanntmachung der EU-Kommission überein. Sie unterscheidet Horizontalvereinbarungen zwischen Wettbewerbern einerseits und Vertikalvereinbarungen zwischen verschiedenen Marktstufen anderseits.[737] Für **Horizontalvereinbarungen** soll der kritische Marktanteil der gebundenen Mitbewerber **10%** betragen, während er für **Vertikalvereinbarungen** bei **15%** Marktanteil jedes der beteiligten Unternehmen angesetzt wird.[738] Eine Überschreitung der Marktanteile um 2% während zwei aufeinander folgender Kalenderjahre wird toleriert.[739] Bei „kumulativem Abschottungseffekt" („Bündeltheorie") von nebeneinander bestehenden Vereinbarungen, der allerdings regelmäßig erst bei einem addierten Marktanteil der parallelen Vereinbarungen von 30% und mehr angenommen wird, sinkt die Bagatellschwelle auf einheitlich 5%.[740] Für besonders schwere Wettbewerbsbeschränkungen („Kernbeschränkungen") sind die Bagatellschwellen vollständig außer Kraft gesetzt: Im Horizontalverhältnis gilt das für die Festsetzung von Preisen, die Beschränkung der Produktion oder die Aufteilung von Märkten,[741] bei Vertikalvereinbarungen darf nicht der Katalog des Art. 4 GVO Vertikalvereinbarungen betroffen sein.[742] Insgesamt scheint die Bagatellbekanntmachung teilweise das Fehlen der Spürbarkeit großzügiger anzunehmen als die Gerichtspraxis; das gilt insbesondere für die Marktanteilsschwellen.[743]

146 Die Bekanntmachungen der EU-Kommission bzw. des BKartA bewirken für sich genommen grundsätzlich **keine Bindung der bekannt machenden Behörde**, wenn sie nicht ausdrücklich auf der Grundlage der Bagatellbekanntmachung von einem Einschreiten absieht.[744] Will die Behörde entgegen der Aussagen in der Bekanntmachung doch vorgehen, erfolgt dies über § 32 GWB; ein **Bußgeldverfahren** ist grundsätzlich ausgeschlossen, solange die Unternehmen gutgläubig sind.[745] Für **Gerichte und andere als die bekannt machende Behörde** sind die Bekanntmachungen rechtlich ohnehin nicht bindend.[746] Dies gilt im Hinblick auf die Bagatellbekanntmachung der EU-Kommission umso mehr, als der deutsche Gesetzgeber der 7. GWB-Novelle 2005 den ursprünglich im Regierungsentwurf vorgesehenen Grundsatz des europafreundlichen Verhaltens u. a. von Gerichten, der eine gewisse Bindungswirkung an Auffassungen der EU-Kommission auslösen sollte, ersatzlos gestrichen hat. Dennoch bewirken sie zumindest eine faktische Bindungswirkung, weil die Praxis regelmäßig nicht ohne Not davon abweicht.

---

[735] Auch genannt *de minimis* Bekanntmachung, ABl. C 368/13 ff. vom 22. 12. 2001 = WuW 2001, 705 ff. Dazu eingehend Art. 81 Abs. 1 EG Rn. 118 ff., 184.

[736] BKartA, Bekanntmachung Nr. 18/2007 über die Nichtverfolgung von Kooperationsabreden mit geringer wettbewerbsbeschränkender Bedeutung („Bagatellbekanntmachung") vom 13. März 2007, abrufbar über www.Bundeskartellamt.de.

[737] Zur Differenzierung allgemein oben Rn. 2 ff., 99 ff.

[738] BKartA, Bagatellbekanntmachung, Rn. 8.

[739] BKartA, Bagatellbekanntmachung, Rn. 9.

[740] BKartA, Bagatellbekanntmachung, Rn. 11.

[741] BKartA, Bagatellbekanntmachung, Rn. 14.

[742] BKartA, Bagatellbekanntmachung, Rn. 15.

[743] So auch *Schröter* in: Schröter/Jakob/Mederer, Kommentar zum Europäischen Wettbewerbsrecht, Art. 81 Rn. 229.

[744] Vgl. Bagatellbekanntmachung III.

[745] Ziff. I. 4. Bagatellbekanntmachung EU-Kommission 2001.

[746] Im Einzelnen siehe oben bei Systematik Rn. 12.

C. Tatbestandsreduktionen

I. Immanenztheorie („Rule of Reason")

Schrifttum: *Bahr,* Die Anwendbarkeit von § 1 GWB auf Lieferverträge zwischen Wettbewerbern, GRUR 2001, 1111 ff.; *Beater,* Kartellverbot und Vergleichsvereinbarung, WuW 2000, 584 ff.; *Bechtold,* Zum Referenten-Entwurf der 6. GWB-Novelle, BB 1997, 1853 ff.; *ders.* Die Anwendbarkeit des § 1 GWB auf Zusammenschlüsse des § 23 Abs. 2 Nr. 1–4 GWB (mit Ausnahme der Gemeinschaftsunternehmen), WuW 1977, 460 ff.; *ders./Denzel,* Weiterverkaufs- und Verwendungsbeschränkungen in Vertikalverträgen, WuW 2008, 1272; *Belke,* Grundfragen des Kartellverbots, ZHR 143 (1979), 74 ff.; *Böhner,* Vom Franchisevertrags- zum Franchisenetzwerkrecht, BB 2004, 119 ff.; *Bunte,* Die 6. GWB-Novelle – Das neue Gesetz gegen Wettbewerbsbeschränkungen, DB 1998, 1748 ff.; *ders.,* Abschied vom „gemeinsamen Zweck" und den „gleichgerichteten Interessen? WuW 1997, 857 ff.; *ders.,* Demarkationen in Gaslieferverträgen, WRP 2003, 1418 ff.; *Busche/Keul,* GWB § 1 – Lottospielgemeinschaft, Anmerkung zum Beschluß des BGH vom 9. 3. 1999, KVR 20/97 (KG), ZIP 1999, 1021, (1027 ff.); *Dieselhorst/Kuhn,* Kartellrechtliche Zulässigkeit der Untersagung des Vertriebs über eBay, WRP 2008, 1306 ff.; *Dreher,* Langfristige Verträge marktbeherrschender und marktmächtiger Unternehmen im Energiebereich, ZWeR 2003, 3 ff.; *Fuchs,* Kartellrechtliche Immanenztheorie und Wettbewerbsbeschränkung in Genossenschaftssatzungen, BB 1993, 1893 ff.; *ders.,* Kartellrechtliche Grenzen der Forschungskooperationen, 1989; *v. Gamm,* Das Verbot einer unbilligen Behinderung und einer sachlich nicht gerechtfertigten Diskriminierung, NJW 1980, 2489 ff.; *Haager,* Die Entwicklung des Franchiserechts in den Jahren 1999, 2000 und 2001, NJW 2002, 1463 ff.; *ders.,* Preisempfehlungen in Franchise- und anderen Vertriebssystemen – zugleich eine Besprechung des Sixt-Urteils des BGH, DStR 1999, 1153 ff.; *ders.,* Die Entwicklung des Franchiserechts in den Jahren 1997 und 1998, NJW 1999, 2018 ff.; *Immenga,* Vertikale Verflechtungen – Strategische Allianzen auf deutschen Energiemärkten – Konsequenzen für die Fusionskontrolle, ZNER 2002, 152 ff.; *Kapp,* Das Wettbewerbsverbot des Handelsvertreters: Korrekturbedarf bei den Vertikal-Leitlinien der Kommission, WuW 2007, 1218 ff.; *Kiethe,* Schadensersatzansprüche von Franchisenehmern gegen Franchisegeber wegen unerlaubter Preisbindungen, WRP 2004, 1004 ff.; *Kirchhain,* Die Gestaltung von innerstaatlich wirkenden Vertriebsverträgen nach der 7. GWB-Novelle, WuW 2008, 167 ff.; *Köhler,* Zulässigkeit von Wettbewerbsbeschränkungen beim Energievertrieb, WuW 1999, 445 ff.; *ders.,* Die Regulierungsabkommen zwischen Versicherern und Autovermietern auf dem Prüfstand des Kartellrechts, NJW 1995, 2019 ff.; *Koenig/Engelmann,* Internetplattformen im Gesundheitswesen auf dem Prüfstand des Kartellrechts, WRP 2002, 1244 ff.; *Lohse,* Kartellverbot und SchirmGVO, 2001; *Markert,* Langfristige Energiebezugsbindungen als Kartellrechtsverstoß, WRP 2003, 356 ff.; *Merz,* Die Vorfeldthese, 1988; *Mestmäcker,* Der verwaltete Wettbewerb, 1984; *Möschel,* Absatzmittler und vertikale Preisbindung, BB 1985, 1477 ff.; *Jan Bernd Nordemann,* § 12 Kartellrecht, in: Bröcker/Czychowski/Schäfer, Praxishandbuch geistiges Eigentum im Internet, 2003; *Oppenländer,* Die Beurteilung von Wettbewerbsverboten nach §§ 1 und 18 GWB, WuW 1981, 389 ff.; *Pischel,* Kartellrechtliche Aspekte des Selektivvertriebs über das Internet, GRUR 2008, 1066 ff.; *Polley,* Preisdämpfende Maßnahmen im Rahmen eines Gemeinschaftsunternehmens als Verstoß gegen § 1 GWB, WuW 1998, 939 ff.; *Quiring,* Wettbewerbsverbote und Rechtssicherheit, WRP 2005, 813 ff.; *Rittner,* Handelsvertreterverhältnis und Preisbindungsverbot, DB 1985, 2543 ff.; *ders.,* Irrungen und Wirrungen im europäischen Handelsvertreterrecht, ZWeR 2006, 331 ff.; *Karsten Schmidt,* Ausschließlichkeitsbindung, Kartellverbot und Immanenztheorie – zum Verhältnis zwischen § 16 GWB und § 1 GWB, S. 833 ff., in: FS Otto Sandrock, 2000; *ders.,* „Altes" und „neues" Kartellverbot – Kontinuität statt Umbruch durch die Neufassung des § 1 GWB, AG 1998, 551 ff.; *ders.,* Kartellverbot und „sonstige Wettbewerbsbeschränkungen", Köln 1978; *Schmitt,* Kartellrechtliche Beurteilung von Kundenschutzklauseln in Austauschverträgen, WuW 2007, 1096 ff.; *Schmitz,* Doch eine rule of reason im deutschen Kartellverbot, WuW 2002, 6 ff.; *Schultz/Wagemann,* Kartellrechtspraxis und Kartellrechtsprechung 2000/2001, 16. Aufl. 2001; *Schwarz,* Kartellverträge und sonstige wettbewerbsbeschränkende Verträge, 1984; *Schwintowski,* Ordnung und Wettbewerb auf Energiemärkten, 1998; *ders.,* Wettbewerb und Ordnung auf Energiemärkten nach Wegfall der §§ 103, 103a GWB, WuW 1997, 769 ff.; *Ulmer,* Die kartellrechtliche Beurteilung von Wettbewerbsverboten bei Unternehmensveräußerungen, NJW 1982, 1975 ff.; *Voges,* Zum Verhältnis der gesellschaftsrechtlichen Wettbewerbsverbote zum Kartellrecht, DB 1977, 2081 ff.; *Wellenhofer-Klein,* Das neue Kartellverbot und seine Abgrenzung zu den Vertikalvereinbarungen, WuW 1999,

557 ff.; *Wiedemann,* Gesellschaftsrecht Band 1, München 1981; *Wilhelm,* Der gemeinsame Zweck als Merkmal des Kartellverbots wie der daran anknüpfenden Verbote, ZHR 150 (1986), 320 ff.; *Wolf,* Das Recht gegen Wettbewerbsbeschränkungen (GWB) und das Recht gegen unlauteren Wettbewerb: Ein Vergleich, WRP 1995, 543 ff.

1. Allgemeines

147 Das US-Kartellrecht kennt eine **Rule of Reason,** die das Phänomen beschreibt, dass wettbewerbsbeschränkende Maßnahmen neben negativen auch positive Effekte für den Wettbewerb haben können. Im Rahmen von sec. 1 Sherman Act findet danach eine Abwägung zwischen den wettbewerblichen Vor- und Nachteilen der Maßnahme statt.[739] Auch im EU-Recht gibt es den Ansatz, die wettbewerblichen Vor- und Nachteile schon im Rahmen des Tatbestandes des Art. 81 Abs. 1 EG (und nicht erst bei Art. 81 Abs. 3 EG) gegenüber zu stellen.[740] Das deutsche Recht kennt ebenfalls eine Tatbestandsreduktion des § 1 GWB in Form einer rein wettbewerblichen Abwägung. Im deutschen Recht bezeichnet man diese Tatbestände zusammenfassend als „deutsche rule of reason"[741] oder überwiegend als **Immanenztheorie,**[742] weil bestimmte Wettbewerbsbeschränkungen ansonsten kartellrechtsfesten Vereinbarungen immanent sein können.

Da diese Ausnahmen vom Verbot des § 1 GWB nicht ausdrücklich im Gesetz genannt werden, handelt es sich bei diesen Fällen um **ungeschriebene Ausnahmen** von § 1 GWB. Aufgrund dieses Ausnahmecharakters erscheint es als gerechtfertigt, die **Darlegungs- und Beweislast** für das Vorliegen eines Ausnahmetatbestandes demjenigen aufzuerlegen, der sich darauf beruft, vgl. Art. 2 VO 1/2003.[743]

2. Inhalt der Tatbestandsreduktion

148 Was einer eigentlich kartellrechtsneutralen Vereinbarung „immanent" ist, konnte bislang abstrakt nicht im Einzelnen festgelegt werden. Das erscheint angesichts der Vielfalt von wettbewerblichen Prozessen und Gestaltungsmöglichkeiten auch als kaum möglich. Es ist vielmehr jeder Einzelfall und die damit verbundene Wettbewerbsbeschränkung in Form einer Abwägung aller Umstände zu untersuchen. Für die Anwendung des § 1 GWB sollte es darauf ankommen, ob für die „Wettbewerbsbeschränkung bei wertender Betrachtungsweise im Hinblick auf die Freiheit des Wettbewerbs kein anerkennungswertes Interesse besteht".[744]

---

[739] Vgl. zur Anwendung der Rule of Reason in sec. 1 Sherman Act *Schmitz* WuW 2002, 6, 8 f. mwN. aus der US-Rspr.

[740] Siehe EuGH Slg. 1966, 282, 304 – *Maschinenbau Ulm;* EuGH Slg. 1982, 2015, 2069 – *Nungesser (Maissaatgut);* EuGH Slg. 1986, 374, 379 ff. – *Pronuptia.* Vgl. ferner *Schmitz* WuW 2002, 6, 9 f.; *Emmerich,* Kartellrecht, § 4 Rn. 87 a ff.; *Mestmäcker/Schweitzer,* Europäisches Wettbewerbsrecht, § 7 Rn. 56; *Schröter* in: Schröter/Jacob/Mederer, Kommentar zum Europäischen Wettbewerbsrecht, Art. 81 Abs. 1 Rn. 104 ff.; siehe im Einzelnen auch die Kommentierung von Art. 81 Abs. 1 Rn. 135 ff.

[741] *Schmitz* WuW 2002, 6, 16; *Säcker* in: Münchener Kommentar, GWB, § 1 Rn. 15.

[742] Zuerst *Steindorff* BB 1977, 569, 570; ferner *Fuchs* BB 1993, 1893 ff; *Schwintowski* WuW 1997, 769; *Beater* WuW 2000, 584, 591; *Schmitz* WuW 2002, 6, 10 ff.; *Karsten Schmidt,* Kartellverbot und sonstige Wettbewerbsbeschränkungen, S. 79 ff.; *Säcker* in: Münchener Kommentar, GWB, § 1 Rn. 15 ff.; *Zimmer* in: Immenga/Mestmäcker, GWB, § 1 Rn. 175 ff.; *Bechtold, GWB,* § 1 Rn. 29.

[743] Ähnlich *Zuber,* Kommentierung zu Art. 2 VO 1/2003 Rn. 9, der einerseits für Immanenzgesichtspunkte auf den Einzelfall abstellen will, andererseits aber die Darlegungs- und Beweislast für tatbestandsausschließende Umstände demjenigen auferlegt, der sich darauf beruft. Noch weitergehender als hier *Fikentscher* WuW 2001, 446, 448, der sogar für die Spürbarkeit demjenigen die Last auferlegen will, der sich auf ihr Fehlen beruft. Siehe allgemein zur Darlegungs- und Beweislast unten Rn. 261.

[744] Begr. RegE 7. GWB-Novelle, BT DS 15/3640, S. 24, unter Verweis auf BGH WuW/E DE-R 1119 – *Verbundnetz II;* WuW/E BGH 3115, 3118 – *Druckgussteile* = BGH NJW 1997, 2324 =

§ 1. Verbot wettbewerbsbeschränkender Vereinbarungen   149   § 1 GWB

Immer handelt es sich jedoch um eine rein wettbewerbliche Abwägung, nämlich um die **Bilanzierung der wettbewerblichen Nachteile der Wettbewerbsbeschränkung mit den wettbewerblichen Vorteilen.**[745] Die Vorteile können insbesondere darin liegen, dass eine bestimmte Wettbewerbsbeschränkung (regelmäßig als Nebenabrede)[746] Wettbewerb erst ermöglicht. Das kommt für praktisch alle Austauschverträge[747] und auch für einige Horizontalverträge in Betracht.[748] Das Ergebnis der Abwägung darf sich aber nicht allein darauf gründen, dass ein zivilrechtlich anerkanntes Institut in die Abwägung eingestellt wird, weil das für sich genommen noch nichts darüber aussagt, ob der Wettbewerbsbeschränkung eine wettbewerbsfördernde Wirkung zukommt. Ohnehin berücksichtigt der Bundesgerichtshof in der Abwägung auch die Qualität der Wettbewerbsbeschränkung; wird der einzig mögliche Wettbewerb ausgeschlossen, kommt eine positive wettbewerbliche Bilanz kaum noch in Frage.[749]

3. Bisherige Kategorien des BGH

Der **Bundesgerichtshof** teilt bislang die Anwendungsfälle der Immanenztheorie im Hinblick auf § 1 GWB in **zwei „Kategorien"**.[750]   149

Die **erste Kategorie** bilden Wettbewerbsbeschränkungen, die auf Grund des Gegenstandes eines grundsätzlich auch kartellrechtlich gebilligten Vertragstypes im Lichte einer Abwägung der wettbewerblichen Vorteile mit den wettbewerblichen Nachteilen **„funktionsnotwendig"** sind.[751] Folgt die Wettbewerbsbeschränkung also schon zwingend aus dem gewählten **(von der Rechtsordnung gebilligten) Vertragstyp**, tritt sie also unabhängig vom Willen der Parteien ein, so fehlt es an einer den Parteien zurechenbaren und damit kartellrechtlich verbotenen Verhaltenskoordination. Anhaltspunkte können sich daraus ergeben, dass bestimmte Arten von **kartellrechtlich grundsätzlich gebilligten Austauschverträgen erst durch Wettbewerbsbeschränkungen möglich** werden oder dass eine Marktteilnahme in Form der **kartellrechtlich grundsätzlich gebilligten Mitunternehmerschaft** gesichert wird.[752] Insoweit lassen sich Anhaltspunkte für eine Immanenz der Wettbewerbsbeschränkung daraus entnehmen, dass sich eine (wettbewerbsbeschränkende) Nebenpflicht auch ohne ausdrückliche Formulierung aus § 242 BGB ergeben hätte.[753] Abreden zwischen aktuellen oder potentiellen Wettbewerbern sind danach § 1 GWB entzogen, die zeitlich, räumlich und gegenständlich notwendig sind, um das Ziel des Vertrages zu erreichen.[754] Ein wichtiges Beispiel sind zeitlich befristete Wett-

---

GRUR 1997, 675; WuW/E BGH 3121, 3125 – *Bedside-Testkarten* = BGH NJWE WettbR 1997, 211; WuW/E BGH 3137, 3138 – *Sole* = GRUR 1997, 937; BGH WuW/E DE-R 131, 133 – *Eintritt in Gebäudereinigungsvertrag* = ZIP 1998, 1159 = GRUR 1998, 1047.

[745] Deutlich bspw. *Schmitz* WuW 2002, 6, 14; *Köhler* WuW 1999, 445, 450 f.; *Zimmer* in: Immenga/Mestmäcker, GWB, § 1 Rn. 176; *Mestmäcker/Schweitzer*, Europäisches Wettbewerbsrecht, § 7 Rn. 62.

[746] Unten Rn. 153.

[747] Dazu im Einzelnen unten Rn. 155 ff.

[748] Dazu im Einzelnen unten Rn. 169 ff., 185.

[749] BGH WuW/E 1119, 1124 – *Verbundnetz II*.

[750] BGH WuW/E 1119, 1123 – *Verbundnetz II*.

[751] BGH WuW/E 1119, 1123 – *Verbundnetz II*.

[752] Vgl. *Karsten Schmidt* ZHR 149 (1985), 1 ff.; *Bahr* GRUR 2001, 1111, 1113; *Fuchs* BB 1993, 1893, 1896; *Beater* WuW 2000, 584, 591; *Schwarz* S. 33, 147; *Möschel*, Recht der Wettbewerbsbeschränkungen, Rn. 204; *Zimmer* in: Immenga/Mestmäcker, GWB, § 1 Rn. 175 f.; vgl. im Einzelnen zur Fallpraxis für Austauschverträge unten Rn. 155 ff. sowie für Horizontalvereinbarungen unten Rn. 169 ff., 185.

[753] Siehe *Bahr* GRUR 2001, 1111, 1113; *Roth* in: Münchener Kommentar § 242 Rn. 156.

[754] BGH NJW 2004, 66, 66 – *Steuerberater und Wirtschaftsprüfer* zu § 138 BGB, unter Verweis auf BGH NJW 2000, 2584, BGH NJW 1997, 3087, 3089 – *Tierarztpraxis*, sowie BGH NJW-RR 1996,

bewerbsverbote zu Lasten des Veräußerers in Unternehmensveräußerungsverträgen. Denn der Kauf eines Unternehmens macht regelmäßig wenig Sinn, wenn dem Verkäufer erlaubt ist, sofort ein Konkurrenzgeschäft in unmittelbarer Nähe zu eröffnen. Ein weiteres Beispiel für eine funktionsnotwendige Wettbewerbsbeschränkung sind Subunternehmerverträge, die nur funktionieren, wenn dem Unternehmer gegenüber dem Subunternehmer Kundenschutz gewährt wird.[755]

Die **zweite Kategorie** bilden sonstige beschränkende Abreden, mit denen ein berechtigtes und mit der Zielsetzung des GWB nicht in Konflikt stehendes Interesse verfolgt wird.[756] In dieser Kategorie findet eine noch **umfassendere Würdigung der wettbewerblichen Situation** statt als in der ersten Kategorie, deren Interessenabwägung von der „Notwendigkeit" der Wettbewerbsbeschränkung stark geprägt wird. In der zweiten Kategorie können insbesondere die Marktwirkungen der Wettbewerbsbeschränkung stärker berücksichtigt werden, z.B. ob die Parteien nur potentielle oder aktuelle Wettbewerber sind, wie groß der Marktanteil des durch die Beschränkung geschützten Unternehmens ist und ob das durch die Wettbewerbsbeschränkung geförderte Vertriebskonzept langfristig wettbewerbsbelebend wirkt.[757] So prüfte der Bundesgerichtshof den Vertrag eines Abnehmers von Spielkarten, der selbst auch andere Spielkarten herstellte, mit einem Spielkartenhersteller nach § 1 GWB, weil Hersteller und Abnehmer sich im Vertriebsvertrag die Kundschaft aufgeteilt hatten.[758] Damit war aber Gegenstand des Vertrages eine relevante Beschränkung der wettbewerblichen Handlungsfreiheiten der Beteiligten, wofür nach dem Schutzzweck § 1 GWB kein berechtigtes Interesse bestand. Weitere Entscheidungen betrafen zwei Vertriebsverträge,[759] einen Vertrag über den Erwerb eines Grundstückes[760] und Demarkationsabreden im Rahmen von Energielieferungsverträgen.[761]

150 Der vorgenannte „Zwei-Kategorien"-Ansatz des Bundesgerichtshofes geht im Rahmen der zweiten Kategorie über die Frage nach dem Notwendigen hinaus und erlaubt eine Berücksichtigung jedes anerkennenswerten Interesses bei wertender Betrachtungsweise im Hinblick auf die Freiheit des Wettbewerbs.[762] Ob der Bundesgerichtshof sich damit von der Immanenztheorie absetzen wollte,[763] ist eine rein begriffliche Frage, weil auch nicht zwingend notwendige, aber dennoch berechtigte Interessen an einer Wettbewerbsbeschränkung einer Vereinbarung „immanent" sein können. Der BGH hat jedenfalls mehrfach die Kontinuität seiner Rechtsprechung auf der Grundlage der Immanenztheorie betont.[764]

741, 742; vgl. ferner BGH NJW 1994, 384 – *Ausgeschiedener Gesellschafter* = DB 1994, 34; BGH NJW 1982, 2000 – *Holzpaneele* = WuW/E BGH 1898, 1899.

[755] BGH WuW/E DE-R 131 – *Eintritt in: Gebäudereinigungsvertrag* = ZIP 1998, 1159 = GRUR 1998, 1047.

[756] BGH WuW/E 1119, 1123 – *Verbundnetz II*.

[757] BGH WuW/E 1119, 1123 – *Verbundnetz II*.

[758] WuW/E BGH 2085 – *Strohgäu-Wochenjournal* = BB 1984, 1826; WuW/E BGH 2285 – *Spielkarten* = NJW-RR 1986, 1486 = BB 1986, 2010. Siehe auch Vorinstanz OLG Stuttgart WuW/E OLG 2983 – *Strohgäu-Wochenjournal I*.

[759] WuW/E BGH 3115 – *Druckgussteile* = BGH NJW 1997, 2324 = GRUR 1997, 675; WuW/E BGH 3121 – *Bedside-Testkarten* = BGH NJWE WettbR 1997, 211.

[760] WuW/E BGH 3137 – *Sole* = GRUR 1997, 937.

[761] BGH WuW/E 1119, 1123 – *Verbundnetz II*.

[762] *Bahr* WuW 2004, 259, 262 ff.; *Karsten Schmidt* AG 1998, 551, 556 f.; *Huber* in: Frankfurter Kommentar § 1 n. F. Kurzdarstellung Rn. 18; zurückhaltender *Bunte* WuW 1997, 857, 861.

[763] So *Bahr* GRUR 2001, 1111, 1114 ff.; *ders*. WuW 2004, 259, 262.

[764] BGH WuW/E DE-R 115, 116 – *Carpartner* = BGH NJW 1998, 2825 = GRUR 1998, 739; BGH WuW/E DE-R 289, 294 – *Lottospielgemeinschaft* unter Verweis auf *Karsten Schmidt* ZHR 149 (1985) 1, 6 f. sowie auf *dens.*, AG 1998, 551, 557, sowie auf WuW/E BGH 2285, 2287 – *Spielkarten* = BB 1986, 2010 = ZIP 1986, 1489.

4. EU-Kategorien: Nebenabreden; günstige Wettbewerbseffekte; wirtschaftliche Risiko-Fälle

Die zwei Kategorien des BGH[765] finden im EU-Recht allerdings keine begriffliche Entsprechung. Im EU-Recht wird sogar der übergeordnete Begriff „rule of reason" kritisch gesehen und die Sachverhalte unter die getrennten Überschriften „Wettbewerbsbeschränkung mit günstigen Wettbewerbseffekten",[766] „Nebenabreden-Doktrin"[767] und „wirtschaftliche Risiko-Fälle"[768] subsumiert.[769] Inhaltlich sollte das aber keinen Unterschied machen. Der europäische Begriff „Nebenabreden-Doktrin" dürfte sowohl die erste als auch die zweite Kategorie des BGH erfassen, während die europäischen Begriffe „Wettbewerbsbeschränkung mit günstigen Wettbewerbseffekten" sowie „wirtschaftliche Risiko-Fälle" allein der zweiten BGH-Kategorie unterfallen sollten.[770] Zu erwarten ist dennoch, dass BGH seine Begrifflichkeiten anpasst, schon weil es Ziel der 7. GWB-Novelle 2005 war, das EU-Recht mit dem deutschen Recht weitgehend zu harmonisieren.[771]

5. Abgrenzung von § 2 Abs. 1 GWB

Im Hinblick auf die Notwendigkeit einer Tatbestandsreduktion („rule of reason") ist die Lage im EG- und im deutschen Kartellrecht eine andere als im US-Kartellrecht: Das US Kartellrecht kennt keine geschriebenen Ausnahmen vom Kartellverbot des sec. 1 Sherman Act; deshalb muss eine ungeschriebene „rule of reason" eingreifen, um wettbewerblich erwünschte, aber eigentlich wettbewerbsbeschränkende Vereinbarungen vom Verbot auszunehmen. Europäisches und deutsches Recht bieten hingegen in Art. 81 Abs. 3 EG bzw. § 2 Abs. 1 GWB ausdrücklich normierte Freistellungstatbestände. Vor Einführung der Legalausnahme war die Unterscheidung zwischen Tatbestandsreduktion und Freistellung für die Unternehmen durchaus relevant, weil die Unternehmen unter Umständen eine Freistellung bei den KartB zur Legalisierung ihres (tatbestandsmäßigen) Verhaltens erwirken mussten. Seit der automatischen Freistellung jeder Vereinbarung durch das Prinzip der **Legalausnahme**[772] macht es **keinen nennenswerten rechtlichen Unterschied** mehr, ob das Verhalten nicht tatbestandsmäßig oder per Gesetz nach Art. 81 Abs. 3 bzw. § 2 Abs. 1 GWB freigestellt ist.[773] Auch die Verteilung der **Darlegungs- und Beweislast** ändert sich nicht dadurch, dass ein Verhalten wegen der Immanenzlehre schon nicht tatbestandsmäßig ist; die Last liegt bei demjenigen, der sich auf einen solchen Ausnahmefall beruft.[774] Dennoch sollte in der Praxis die Unterscheidung nicht unterschätzt werden. Ist ein Verhalten schon nicht tatbestandsmäßig, kommt es beispielsweise gar nicht darauf an, ob GVOen nach § 2 Abs. 2 GWB greifen. Vor allem für Unternehmen kann eine Tatbestandsreduktion praktisch vorteilhaft sein, die auf Grund hoher Marktanteile nicht unter GVOen fallen und die damit tendenziell auch Schwierigkeiten hätten, die Erfüllung der Voraussetzungen des § 2 Abs. 1 GWB darzulegen.

Das Verhältnis ungeschriebener Tatbestandsreduktionen des § 1 GWB zu § 2 Abs. 1 GWB ist durchaus komplex. Insoweit gilt nichts anderes als für das **Verhältnis von**

---

[765] Siehe Rn. 149 ff.
[766] Art. 81 Abs. 1 EG Rn. 125 ff.
[767] Art. 81 Abs. 1 EG Rn. 140 ff.
[768] Art. 81 Abs. 1 EG Rn. 145.
[769] Siehe Art. 81 Abs. 1 EG Rn. 135 ff.
[770] Siehe oben Rn. 147. Dazu auch Art. 81 Abs. 1 EG Rn. 125 ff., 140 ff., insbesondere Rn. 144 f.
[771] Siehe Rn. 6, 11.
[772] Dazu § 2 Rn. 5.
[773] Ebenso Kommentierung zu Art. 81 Rn. 26 a. E.
[774] Dazu oben Rn. 147.

§ 1 GWB 153

Art. 81 Abs. 1 EG zu Art. 81 Abs. 3 EG.[775] Die Fallpraxis des EuGH und des EuG waren insoweit auch nicht immer frei von Schwankungen.[776] Die Unsicherheit über die Abgrenzung ist so groß, dass dafür plädiert wird, die Abgrenzung nur von Einzelfall zu Einzelfall vorzunehmen und abstrakte Aussagen über Fallgruppen, die vom Tatbestand des Art. 81 Abs. 1 EG ausgenommen werden, zu unterlassen.[777] Das ist wenig befriedigend. Jedenfalls in der Tendenz lässt sich folgende Aussage treffen: Beschränkt der Hauptgegenstand einer Vereinbarung den Wettbewerb nicht, sind dem Hauptgegenstand immanente **Nebenabreden nicht tatbestandsmäßig** im Sinne des § 1 GWB. Ist jedoch der **Hauptgegenstand** einer Vereinbarung auf eine Wettbewerbsbeschränkung gerichtet, kommt regelmäßig nur noch eine **Freistellung nach § 2 Abs. 1 GWB** in Betracht. Dies folgt der Systematik der EU-Kommission, die in ihren Leitlinien zur Anwendung von Art. 81 Abs. 3 EG, dem § 2 Abs. 1 GWB entspricht, wettbewerbsbeschränkende Nebenabreden als Hauptfall der Reduktion des Tatbestandes des Art. 81 Abs. 1 EG ansieht,[778] während ihre Leitlinien zur Anwendbarkeit von Art. 81 EG auf Vereinbarungen über horizontale Zusammenarbeit Vereinbarungen mit einer Wettbewerbsbeschränkung als Hauptgegenstand als „fast immer" tatbestandsmäßig im Sinne von Art. 81 Abs. 1 EG bezeichnen.[779] Folgendes Beispiel zur Verdeutlichung: Es ist eine typische Nebenabrede eines an sich nicht wettbewerbsbeschränkenden Unternehmenskaufvertrages, dass dem Verkäufer ein zeitlich befristetes Wettbewerbsverbot auferlegt wird. Diese Nebenabrede führt, wenn sie sich im zulässigen Rahmen hält, zu einer Tatbestandsreduktion des § 1 GWB. Vereinbaren Wettbewerber, dass sie ihre AGBen gleichschalten, so ist der Hauptgegenstand der Vereinbarung eine Wettbewerbsbeschränkung, die über § 2 Abs. 1 GWB freigestellt werden muss.[780] Die Abgrenzung wird leider dadurch verwischt, dass **GVOen auch Nebenabreden** erfassen, die schon gar nicht tatbestandsmäßig sind. Das gilt insbesondere für die GVO Vertikalvereinbarungen. Auch insoweit bleibt aber wichtig, die Abgrenzung nicht aus den Augen zu verlieren, weil die Tatbestandsreduktion auch Unternehmen zu Gute kommen kann, die die Anwendungsvoraussetzungen der betreffenden GVO nicht erfüllen. Vereinzelt wird deshalb versucht, den Anwendungsbereich der Tatbestandsreduktion des § 1 GWB auf Nebenabreden noch weiter zu verengen und nur noch Nebenabreden der „ersten Kategorie" des Bundesgerichtshofes, also im Hinblick auf kartellrechtsneutrale Verträge funktionsnotwendige Wettbewerbsbeschränkungen,[781] darunter zu fassen.[782] Die „zweite Kategorie" der Tatbestandsreduktion bei Nebenabreden soll in § 2 Abs. 1 GWB aufgehen. Dafür spricht zwar, dass der Bundesgerichtshof im Rahmen der „zweiten Kategorie" – vergleichbar mit § 2 Abs. 1 GWB – eine Abwägung der wettbewerblichen Interessen betont. Jedoch liegen beide Kategorien so dicht bei einander – Funktionsnotwendigkeit einerseits und berechtigtes Interesse andererseits –, dass ein Auseinanderreißen der Kategorien in Tatbestandsreduktion des § 1 GWB und Prüfung gemäß § 2 Abs. 1 GWB als künstlich und überdifferenziert erscheint.[783] Im Übrigen ist auch aus den Gesetzesmaterialien zur 7. GWB-Novelle 2005, die § 2 Abs. 1 GWB einführte, nicht ersichtlich, das der Umfang der Tatbestandsreduktion damit verändert werden sollte.[784] Auch die EU-

---

[775] Dazu beispielsweise *Fleischer/Körber* WuW 2001, 6, 9; *Mestmäcker/Schweitzer,* Europäisches Wettbewerbsrecht, § 7 Rn. 56 ff.; *Schröter* in: Schröter/Jakob/Mederer, Kommentar zum Europäischen Wettbewerbsrecht, Art. 81 Abs. 1 Rn. 108; ferner die Kommentierung zu Art. 81 EG Rn. 24 ff., 135 ff.
[776] Siehe im Einzelnen die Kommentierung zu Art. 81 Rn. 140 ff.
[777] *Mestmäcker/Schweitzer,* Europäisches Wettbewerbsrecht, § 7 Rn. 63.
[778] ABl. C 101/97 vom 27. 4. 2004, Tz. 28 ff.
[779] ABl. C 3/2 vom 6. 1. 2001, Tz. 25 ff.
[780] Gl. Ansicht österr. OGH WuW/E KRInt 66, 67 – *Wärmedämmverbundsysteme.*
[781] Oben Rn. 149 ff.
[782] *Bahr* WuW 2004, 259, 263.
[783] I. Erg. genauso *Schmitt* WuW 2007, 1096, 1100.
[784] Vgl. Begr. RegE 7. GWB-Novelle, BT DS 15/3640, S. 24.

§ 1. Verbot wettbewerbsbeschränkender Vereinbarungen   154–157   § 1 GWB

Kommission hält in ihren Leitlinien fest, dass Nebenabreden, die notwendig und angemessen für die nicht beschränkende Hauptvereinbarung sind, schon nicht den Tatbestand des Kartellverbotes erfüllen, was beide Kategorien des Bundesgerichtshofes erfassen dürfte.[785]

6. Fallgruppen

Zur Immanenztheorie hat sich eine umfassende **Fallpraxis** herausgebildet. Seit der 7. GWB-Novelle 2005 wird diese Fallpraxis zu § 1 GWB allerdings teilweise durch § 2 Abs. 2 GWB iVm. der **GVO Vertikalvereinbarungen** überlagert. Deren vorrangige Anwendung ist nur wegen § 22 Abs. 1 und Abs. 2 GWB zwingend, ansonsten aber nicht, weil die Immanenztheorie schon den Tatbestand des § 1 GWB reduziert. § 2 Abs. 2 GWB iVm. der GVO Vertikalvereinbarungen findet aber nur Anwendung auf tatbestandsmäßige Wettbewerbsbeschränkungen gemäß § 1 GWB (Art. 2 Abs. 1 Satz 2 GVO Vertikalvereinbarungen). Dennoch sind die Bestimmungen der GVO Vertikalvereinbarungen wichtig, weil sie anzeigen, was zulässig ist und insoweit das Ergebnis der Tatbestandsreduktion des § 1 GWB vorwegnehmen. Gleiches gilt für Regelungen in anderen GVOen wie z.B. GVO Kraftfahrzeugvertrieb, GVO Technologietransfer oder GVO Forschung und Entwicklung. Eigenständige Bedeutung hat die Tatbestandsreduktion aber insbesondere für Unternehmen, die nicht in den Anwendungsbereich der GVOen fallen, z.B. weil sie die einschlägigen Marktanteilsgrenzen überschreiten.   154

a) Wettbewerbsverbote und Kundenschutz in Austauschverträgen. aa) Kauf- und Lieferverträge. Zunächst sei darauf hingewiesen, dass seit der 7. GWB-Novelle 2005 Wettbewerbsverbote und Kundenschutz in Kauf- und Lieferverträgen, insbesondere in Zusammenhang mit Vertriebsabreden, größtenteils durch GVOen reguliert sind. Speziell durch § 2 Abs. 2 GWB iVm. der **GVO Kraftfahrzeugvertrieb** ist zunächst der Bereich des Vertriebes im Kraftfahrzeugsektor geregelt.[786] Außerhalb des Kraftfahrzeugsektors wird § 2 Abs. 2 GWB in Verbindung mit der **GVO Vertikalvereinbarungen** einen **Großteil der** übrigen **Vertriebsvereinbarungen** abdecken.[787] Anwendung findet die GVO Vertikalvereinbarungen aber vor allem dann nicht, wenn es sich um Vereinbarungen zwischen Wettbewerbern handelt und sie deshalb gemäß Art. 2 Abs. 4 GVO Vertikalvereinbarungen keine Wirkung entfaltet. Auch dürfen bestimmte Schwellenwerte nicht überschritten werden, damit die GVO Vertikalvereinbarungen einschlägig ist (Art. 3 GVO Vertikalvereinbarungen). Die nachfolgende Fallpraxis gilt deshalb insbesondere für diese Fälle einer mangelnden Anwendbarkeit der GVO Vertikalvereinbarungen.   155

Wettbewerbsbeschränkungen, die sich aus der Verpflichtung aus einem einzelnen Kauf- oder Liefervertrag zum Bezug von Waren in einem Akt ergeben, sind regelmäßig solchen Verträgen immanent. Ein Beispiel wäre ein Kaufvertrag über ein **knappes Gut oder eines knappe Leistung,** durch den der Anbieter seine zukünftige Marktteilnahme faktisch möglicherweise stark einschränkt oder gar zeitweise ausschließt, weil er kein anderes vergleichbares Objekt oder keine Leistungskapazitäten hat. Das Kartellverbot hat indes nicht die Aufgabe, solche einzelnen Austauschverträge zu verhindern. Eine chemische Fabrik, die ihre Monatskapazität an einen einzigen Abnehmer verkauft, handelt genauso wenig tatbestandsmäßig wie der Grundstückseigentümer, der sein einziges Objekt in einer bestimmten Lage abgibt.[788]   156

Größere praktische Bedeutung haben **Alleinbelieferungsverpflichtungen** des Lieferanten und **Alleinbezugsverpflichtungen** des Abnehmers. Sie beinhalten notwendiger-   157

---

[785] EU-Kommission, Leitlinien zur Anwendung von Art. 81 Abs. 3 EG, Tz. 31. Siehe auch oben Rn. 151.

[786] Dazu die Kommentierung der GVO-Kfz.

[787] Dazu *Kirchhain* WuW 2008, 167, 178. Vgl. zum Verhältnis zwischen § 1 GWB einerseits und der GVO Vertikalvereinbarungen andererseits eingehend *Lohse*, S. 144 ff.

[788] Teilweise anders bei Dauerschuldverhältnissen, z.B. bei Mietverhältnissen, unten Rn. 164.

Jan Bernd Nordemann

weise ein Wettbewerbsverbot entweder für den Lieferanten oder für den Abnehmer im Hinblick auf Intrabrand-Wettbewerb.[789] Solche Verpflichtungen sollten indes auf der Grundlage der Rechtsprechung zum EG-Kartellrecht nicht tatbestandsmäßig im Sinne des § 1 GWB sein, wenn sie notwendig sind, um das Interesse des Allein-Händlers am Markteintritt und hinreichender Marktpenetration zu gewährleisten. Die **existierenden GVOen** können hier auch über ihren eigentlichen Anwendungsbereich hinaus **Entscheidungshilfen** geben. Generell kann Art. 5 lit. a) Vertikal-GVO z.B. auch außerhalb ihres Anwendungsbereiches die Aussage entnommen werden, dass vollständige (100%ige) ausschließliche Bezugsverpflichtungen, die über 5 Jahre hinausgehen, im Regelfall unzulässig sind; bis 2 Jahre dürften sie im Regelfall auch dann zulässig sein, wenn die Vertikal-GVO keine Anwendung findet.[790] Positiver kann die wettbewerbliche Beurteilung ausfallen, wenn Alleinbezugsverpflichtungen nur einen Bezug von weniger als 80% vorschreiben; dann sind sie kein „Wettbewerbsverbot" nach der Definition gem. Art. 1 lit. b) Vertikal-GVO. Denkbar ist dann bei einem Vertikalvertrag, dass solche Bezugsverpflichtungen auch ohne zeitliche Befristung selbst dann zulässig sind, wenn die Vertikal-GVO nicht greift.[791] Andere GVOen – wie z.B. Art. 1 Abs. 1 lit. b) KfZ-GVO – setzen allerdings eine 30% Grenze. Allerdings muss insoweit mit der vorerwähnten wettbewerbsfördernden Wirkung stets die Stellung und Bedeutung des Lieferanten oder Abnehmers auf dem Markt untersucht werden, ob die Vereinbarung für sich allein steht oder Teil eines „Bündels" weiterer Vereinbarungen ist und ob sie Paralell- bzw. Re-Importe zulässt.[792] Stets ist eine abwägende Gesamtschau erforderlich, wobei insbesondere bei Überschreitung der Schwellenwerte für die Anwendbarkeit der GVOen besonderes Augenmerk darauf zu legen ist, ob die Marktstellung der Beteiligten nicht ein Verbot der Abrede erfordert.[793]

158 Auf dieser Linie liegt der Bundesgerichtshof, wenn er bei einem langfristigen **Liefervertrag** ein **Wettbewerbsverbot** für einen Abnehmer von Fertigbeton, das Fertigprodukt auch selbst herzustellen und zu vertreiben, als Verstoß gegen § 1 GWB einstuft, selbst wenn die Verpflichtung durch einen langfristig abgesicherten Bezug von Rohstoffen auf Herstellerseite kaufmännisch nicht unvernünftig war. Nach einer Abwägung aller Marktumstände lagen keine hinreichenden Umstände vor, um die erhebliche Wettbewerbsbeschränkung rechtfertigen zu können.[794] Kauf- und Lieferverträge können jedoch **wegen besonderer vertraglicher Konstellationen** Anlass bieten, zeitlich unbegrenzte Wettbewerbsverbote zu rechtfertigen. Dies gilt beispielsweise für Bezugsverpflichtungen, die das Äquivalent für die ständige Lieferbereitschaft der anderen Partei darstellen.[795] **Direktvertriebsverbote** des Herstellers im Rahmen einer modifizierten Alleinvertriebsvereinbarung können sachlich gerechtfertigt sein, wenn ansonsten vom Händler kostenträchtige absatzfördernde Maßnahmen nicht zu erwarten wären.[796] Ist hingegen im Leistungsgegenstand nicht angelegt, dass der Vertragspartner **besondere Investitionen** tätigen musste, mangelt

---

[789] Zum Intrabrand-Wettbewerb oben Rn. 92.
[790] Bechtold, GWB, § 1 Rn. 56. Vgl. auch OLG Düsseldorf WuW/E DE-R 2197, 2206 – *E. ON-Ruhrgas*, das ebenfalls vom einem vom EuGH als zulässig erachteten Rahmen von 2 Jahren ausgeht.
[791] Bechtold, GWB, § 1 Rn. 56.
[792] Vgl. EuGH Slg. 1966, 337 – *Société Technique Minière/Maschinenbau Ulm;* siehe ausführlich zu Exklusivvereinbarungen die Kommentierung zu GVO Vertikalvereinbarungen, dort Art. 4, sowie die Kommentierung zu Art. 81 Rn. 125 ff.
[793] Siehe im Einzelnen die Kommentierung zur GVO Vertikalvereinbarungen.
[794] WuW/E BGH 1485, 1460 – *Fertigbeton* = BGH NJW 1977, 804 = BGHZ 68, 23.
[795] WuW/W BGH 3115, 3116 *Druckgussteile* = NJW 1997, 2324 = GRUR 1997, 675. In solchen Fällen kann sogar die GVO Vertikalvereinbarungen zurücktreten, vgl. EU-Kommission, Leitlinien GVO Vertikalvereinbarungen, Tz. 135 ff., sowie *Bauer/de Bronett*, Die EU-Gruppenfreistellungsverordnung für vertikale Wettbewerbsbeschränkungen, S. 30.
[796] WuW/E BGH 3121, 3125 – *Bedside-Testkarten* = NJWE WettbR 1997, 211; vgl. auch WuW/E BGH 2285 – *Spielkarten* = BB 1986, 2010 = ZIP 1986, 1489; eingehend *Lohse*, S. 73 ff., 141.

es grundsätzlich an einem schutzwürdigen Interesse, ein Wettbewerbsverbot einzufordern. Das Wettbewerbsverbot verstößt dann gegen § 1 GWB.[797] – Zu Wettbewerbsverboten für Pächter, die durch **Dienstbarkeiten auf dem Grundstück** abgesichert sind, unten.[798]

Werden **Wettbewerbsverbote noch mit anderen wettbewerbsbeschränkenden Abreden kombiniert,** so z. B. mit Bezugsverpflichtungen zu Lasten des Belieferten, einer Meistbegünstigungsklausel hinsichtlich der Lieferkonditionen und einer langen Vertragslaufzeit, so sind sämtliche Abreden in einer **Gesamtschau** nach § 1 GWB zu beurteilen; eine isolierte Prüfung verbietet sich.[799] Kein anerkennenswertes Interesse für eine Wettbewerbsbeschränkung bestand im Fall eines wechselseitigen Wettbewerbsverbotes für Vertragsparteien, wodurch sichergestellt wurde, dass die vorher auf der vor- und nachgelagerten Marktstufe konkurrierenden Parteien nur auf einer Marktstufe tätig waren, die der andere nicht besetzte. Zusätzlich war zu Gunsten der Partei, die auf dem vorgelagerten Markt tätig sein sollte, noch eine ausschließliche Bezugpflicht vereinbart worden. In dieser Konstellation lag eher ein **Abkaufen von Wettbewerb** als ein anzuerkennendes Interesse im Rahmen eines Liefervertrages vor.[800] 159

Insbesondere im Bereich der **Energielieferung** sind Gesamtbedarfsverpflichtung und Gebietsschutz vor dem Hintergrund von Laufzeit und Marktmacht des bindenden Unternehmens des Öfteren schon mit § 1 GWB in Konflikt geraten.[801] Die kartellrechtliche Beurteilung ist jedoch komplex, weil entsprechende Abreden in Energielieferverträgen in den Anwendungsbereich der GVO Vertikalvereinbarungen[802] fallen können – sofern die Marktanteilsschwellen der GVO Vertikalvereinbarungen nicht überschritten werden –, jedoch bei Überschreitung der Marktanteilsschwellen und mangelnder Anwendbarkeit der GVO auch nicht zwingend kartellrechtswidrig sind. Vielmehr muss stets eine Einzelfallbetrachtung vorgenommen werden.[803] Nach dem Bundesgerichtshof verstoßen beispielsweise Bezugsbindungen nur bei überlanger Dauer im Zusammenspiel mit einer Ausschließlichkeitswirkung gegen § 1 GWB; eine Dauer von 3 Jahren und vier Monaten ist grundsätzlich akzeptabel.[804] Demgegenüber verstößt eine Gebietsschutzabrede in einem Energielieferungsvertrag gegen § 1 GWB, wenn die Bindung vom Monopolisten ausgeht und damit der letzte mögliche Wettbewerb ausgeschlossen wird.[805] Für den Ferngasbereich hat das BKartA ein Diskussionspapier zur kartellrechtlichen Beurteilung **langfristiger Gaslieferverträge** veröffentlicht; darin geht das Amt u. a. von folgenden Eckwerten aus: Lieferverträge mit einer Laufzeit von mehr als zwei Jahren und einer Bedarfsdeckung von mehr als 80 % sind ebenso unzulässig wie Lieferverträge mit einer Laufzeit von mehr als vier Jahren und einer Bedarfsdeckung von mehr als 50 %; stillschweigende Verlängerungsklauseln wer- 160

---

[797] LG Mannheim DE-R 298, 301 – *Stromversorgung* = NJWE-WettbR, 1999, 244; dazu zu Unrecht kritisch – *Bechtold/Uhlig* NJW 1999, 3526, 3527.

[798] Rn. 164.

[799] OLG Düsseldorf WuW/E DE-R 854, 857 ff. – *Stadtwerke Aachen;* LG Mannheim WuW/E DE-R 298, 300 – *Stromversorgung.*

[800] OLG München WuW/E DE-R 478 – *Biegevertrieb.*

[801] BGH WuW/E 1119, 1124 – *Verbundnetz II;* OLG Stuttgart WuW/E DE-R ZNER 2002, 232; OLG Düsseldorf WuW/E DE-R 854, 857 – *Stadtwerke Aachen;* OLG Dresden ZNER 2002, 255; LG Frankfurt am Main WuW/E DE-R 959, 961 f. – *Umformerwerke,* LG Mannheim WuW/E DE-R 298 – *Waldshut-Tiengen;* ferner *Dreher* ZWeR 2003, 3 ff.; *Markert* WRP 2003, 356 ff.; *Köhler* WuW 1999, 445 ff.; *Ebel* WuW 1998, 448, 452; *Schwintowski* WuW 1997, 769 ff.; *Böge* WuW 2005, 1098 ff.; *Ehricke/Pellmann* WuW 2005, 1104 ff.

[802] Siehe die separate Kommentierung dazu.

[803] *Dreher* ZWeR 2003, 3, 21 ff., mit einer tabellarischen Aufstellung der Wechselbeziehung von Marktanteil Lieferant, prozentualer Bezugbindung des Abnehmers und Laufzeit der Abrede.

[804] BGH WuW/E DE-R 1305, 1306 – *Restkaufpreis;* LG Dortmund WuW/E DE-R 1175, 1176 – *Stadtwerke Lippstadt* für 3 Jahre Laufzeit.

[805] BGH WuW/E 1119, 1124 – *Verbundnetz II.*

den genauso wenig akzeptiert wie Klauseln, die den etablierten Lieferanten berechtigen, in günstigere Konkurrenzangebote einzusteigen.[806] Das OLG Düsseldorf hat sowohl im vorläufigen Verfahren als auch im Hauptverfahren das BKartA bestätigt, soweit die Verträge mehr als 80% des Bedarfs des Abnehmers umfassen und eine längere Laufzeit als 2 Jahre haben.[807] **Endschaftsbestimmungen** in Stromkonzessionsverträgen, die die Übernahme des Stromnetzes zu einem über dem Nutzungswert liegenden Sachzeitwert knüpfen, sind mit § 1 GWB nicht vereinbar.[808] Insbesondere im Energiebereich kommt darüber hinaus als für das Kartellverbot relevant eine **Häufung von Beteiligungen von Verbundunternehmen** bei Stadtwerken unterhalb des Zusammenschlusstatbestandes (§ 37 GWB) zur Absicherung von Gesamtbedarfsdeckungsklauseln oder Kundenschutz in Frage.[809] Auf die Frage, ob Energieversorger und Bezieher der Energie in einem Wettbewerbsverhältnis stehen,[810] kommt es nach der Neufassung des Tatbestandes des § 1 GWB durch die 7. GWB-Novelle 2005 nicht mehr an. Im **Telekommunikationsbereich** kann eine Verwendungsbeschränkung in AGBen von Mobilfunkunternehmen für die zum Telefonieren benötigten Karten gegen § 1 GWB verstoßen, wenn damit zu Gunsten des monopolistischen Mobilfunkunternehmens der einzig denkbare direkte Wettbewerb ausgeschlossen wird, solche monopolsichernden Verwendungsbeschränkungen können aber aus technischen Gründen gerechtfertigt sein.[811]

161 Großzügiger sollte man bei **Kundenschutzvereinbarungen** sein, weil diese die Wettbewerbsfreiheit etwas weniger beschränken als generelle Wettbewerbsverbote. Erforderlich ist aber, dass der Kundenschutz zur Sicherung des Leistungsaustausches notwendig ist, so zum Beispiel wenn sich eine Händlerin Kundenschutz von einem Dauerlieferanten für bereits vor Vertragsschluss unter Einsatz von Kosten und Mühe durch den Händler akquirierte Kunden ausbedingt. Insoweit kommt auch Kundenschutz für während der Vertragszeit gewonnene Kunden in Betracht, vorausgesetzt, die Kundengewinnung erfordert nennenswerte Investitionen auf Seiten des geschützten Vertragspartners.[812] Die Kundenschutzzusage darf aber weder zeitlich noch inhaltlich zu weit gehen.[813] Mehr als 5 Jahre dürfen jedenfalls nicht möglich sein.[814]

162 **bb) Unternehmensveräußerungen.** Für **Unternehmensveräußerungen** dürfte eine Anwendung der GVO Vertikalvereinbarungen regelmäßig schon deshalb ausscheiden, weil es sich um Verträge zwischen Wettbewerbern handelt (Art. 2 Abs. 4 GVO Vertikalvereinbarungen). Auch passt die GVO oft für die konkrete rechtliche Umsetzung (Kauf von Gesellschaftsanteilen, Rechten etc.) nicht. Unternehmensveräußerungen sollten deshalb grundsätzlich unabhängig von der GVO Vertikalvereinbarungen beurteilt werden. Im Rahmen der **EU-FKVO** teilen Nebenabreden, die Teil des Zusammenschlussvorhaben sind, dessen zusammenschlussrechtliche Beurteilung (Art. 6 Abs. 1 lit. b), Art. 8 Abs. 2 Unterabs. 2 S. 2 FKVO) und können deshalb **nicht separat nach § 1 GWB** aufgegriffen

---

[806] Diskussionspapier des BKartA vom 28. Januar 2005, vgl. BKartA TB 2003/2004, S. 138; ferner aus dem BKartA *Böge* WuW 2005, 1098.

[807] OLG Düsseldorf WuW/E DE-R 1757 – *E. ON-Ruhrgas*; WuW/E DE-R 2197, 2206 – *E. ON-Ruhrgas*.

[808] BGH WuW/E DE-R 409 – *Endschaftsbestimmung*.

[809] *Immenga* ZNER 2002, 152, 157.

[810] LG Frankfurt am Main WuW/E DE-R 959, 961 – *Umformerwerke*, dort verneint für Energieversorger einerseits und Deutsche Bahn andererseits.

[811] OLG Düsseldorf MMR 2004, 618 m. Anm. *J. B. Nordemann* MMR 2004, 623 ff.; vgl. ferner OLG Düsseldorf WuW/E DE-R 2427; a. A. KG MMR 2004, 214.

[812] Eingehend *Schmitt* WuW 2007, 1096, unter Verweis auf BGH WuW/E DE-R 1119 – *Verbundnetz II*, WuW/E DE-R 131 – *Subunternehmervertrag I* und WuW/E BGH 3121 – *Bedside-Testkarten*.

[813] Vgl. nicht-vertragsimmanente und damit überschießende Abreden bei Unternehmensveräußerungen unten Rn. 162 f.

[814] BGH WuW/E 1119, 1124 – *Verbundnetz II*.

werden. Fällt der Zusammenschluss hingegen in den Anwendungsbereich der deutschen Zusammenschlusskontrolle (§§ 35 ff. GWB) oder findet keine Zusammenschlusskontrolle Anwendung, steht einer Anwendung des § 1 GWB nichts im Weg. Die **EU-Kommission** hat eine **Bekanntmachung** über Nebenabreden, die mit der Durchführung von Unternehmenszusammenschlüssen „unmittelbar verbunden und für diese notwendig sind", veröffentlicht,[815] deren Bindungswirkung allerdings begrenzt ist.[816]

Für Unternehmensveräußerungen einschließlich Gesellschaftsanteilskaufverträgen und Verkauf eines wirtschaftlich besonders bedeutenden Vermögensgegenstandes eines Unternehmens[817] kann zum Schutz der erworbenen Kundenbeziehungen **zeitlich, räumlich und gegenständlich** ein Wettbewerbsverbot erforderlich sein.[818] Streit besteht im Hinblick auf die zeitliche Begrenzung des **Wettbewerbsverbotes.**[819] Der zulässige **Zeitraum** beträgt nach einer Auffassung zwei Jahre,[820] nach anderer Auffassung drei bis fünf Jahre.[821] Die Bekanntmachung der EU-Kommission sieht einen Zeitraum von 3 Jahren bei einer Unternehmensübertragung mit Übertragung von Kundenbindungen in Form von Good-Will und Know-How und von lediglich 2 Jahren bei Übertragung nur von Good-Will vor; sie müssen auf die Waren oder Dienstleistungen aus dem Geschäftsbereich des übertragenen Unternehmens beschränkt sein und dürfen nur das Gebiet erfassen, in dem der Veräußerer seine Waren oder Dienstleistungen vertrieb bzw. konkret vorhatte zu vertreiben.[822] Letztlich ist immer eine **Einzelfallentscheidung** zu treffen. Trotz räumlicher Beschränkung des Wettbewerbsverbotes auf Auftraggeber am Kanzleiort waren mehr als 2 Jahre für einen aus einer Kanzlei ausscheidenden Steuerberater und Wirtschaftsprüfer zu viel, weil nach zwei Jahren die während der Zugehörigkeit zur Gesellschaft typischerweise geknüpften Mandantenbeziehungen im Hinblick auf den ausgeschiedenen Partner als gelöst betrachtet werden können.[823] Zeitlich unbegrenzte Wettbewerbsverbote sind grundsätzlich unzulässig, können aber in ein zeitlich beschränktes Wettbewerbsverbot nach § 140 BGB umgedeutet[824] oder geltungserhaltend reduziert[825] werden.[826] Diese Möglichkeit besteht auch für zeitlich mit festem, aber zu langem zeitlichem Rahmen laufende Verbote, so dass eine Reduzierung von nicht gerechtfertigten 5 auf angemessene 2 Jahre möglich ist.[827] **Kein anerkennenswertes Interesse** liegt hingegen vor, wenn der Kundenstamm eines Unterneh-

---

[815] ABl. 2004 C 101, S. 97 ff.; dazu eingehend Kommentierung zu Art. 81 Abs. 1 Rn. 147 ff.
[816] Vgl. allgemein oben Rn. 12.
[817] Z. B. einer vom Verkäufer entwickelten und hergestellten CD-ROM mit gesammelten Daten zum EU-Recht; vgl. OLG Düsseldorf vom 7. 6. 00, U (Kart) 12/00, zit. nach *Schultz/Wagemann*, S. 25.
[818] BGH NJW 2004, 66, 66 – *Steuerberater und Wirtschaftsprüfer* zu § 138 BGB, unter Verweis auf BGH NJW 2000, 2584, BGH NJW 1997, 3087, 3089 – *Tierarztpraxis*, sowie BGH NJW-RR 1996, 741, 742; vgl. ferner BGH NJW 1982, 2000 – *Holzpanele* = WuW/E BGH 1898, 1899.
[819] Vgl. WuW/E BGH 3137, 3139 – *Sole* = GRUR 1997, 937.
[820] BGH AnwBl 2005, 715, 716 – *Sittenwidriges Wettbewerbsverbot in Sozietätsvertrag*; OLG Düsseldorf vom 5. 12. 01 U (Kart) 19/01 unter Verweis auf BGH WM 2000, 1496, 1498; BGH NJW-RR 1996, 741, 742; BGH NJW 1994, 384, 385; gleicher Ansicht *Hirte* ZHR 154 (1990), 443, 452 ff. unter Hinweis auf eine Analogie zu §§ 74 ff. HGB.
[821] OLG Schleswig vom 5. April 1995 – *Glasereigeschäft*; *Bechtold*, GWB, § 1 Rn. 44; *Stockmann* in: Wiedemann, Handbuch des Kartellrechts, § 7 Rn. 56; *Emmerich*, Kartellrecht, § 21 Rn. 45; auch *Zimmer* in: Immenga/Mestmäcker, GWB, § 1 Rn. 177 unter Verweis auf die Voraufl. („zwei bis fünf Jahre").
[822] Bekanntmachung ABl. 2004, C 101, S. 97 ff., Rn. 18 ff.
[823] BGH AnwBl 2005, 715, 716 – *Sittenwidriges Wettbewerbsverbot in Sozietätsvertrag*; BGH NJW 2004, 66, 66 *Steuerberater und Wirtschaftsprüfer*; jeweils zu § 138 BGB.
[824] OLG Stuttgart WuW/E OLG 3492, 3493 – *Tanzschule*.
[825] OLG Schleswig vom 4. April 1995 – *Glasereigeschäft*.
[826] Vgl. eingehend dazu unten Rn. 251.
[827] BGH NJW 2004, 66, 66 – *Steuerberater und Wirtschaftsprüfer* zu § 138 BGB.

mens Gegenstand des Vertrages ist, dann jedoch ein generelles Wettbewerbsverbot und nicht nur Kundenschutz vereinbart wird,[828] genauso wie es in solchen Fällen unzulässig ist, bei regionaler Mandantschaft einen auf einen gesamten Regierungsbezirk ausgedehnten Wettbewerbsschutz zu vereinbaren.[829] Gegen § 1 GWB verstößt auch ein Verkauf von Unternehmen, um sie stillzulegen (sogenannter **Abkauf von Wettbewerb**). Die wertende Betrachtungsweise bei der Feststellung der „Notwendigkeit" gebietet hier eine Sanktionierung durch § 1 GWB, weil durch den Abkauf die Wettbewerbsfreiheit des Erwerbers nicht erst ermöglicht werden soll, sondern die Beschränkung des Veräußerers Vertragsziel ist. So wurde § 1 GWB angewendet bei Zahlung einer Abstandssumme für das Ausscheiden eines Anzeigenblattes aus dem Markt[830] oder bei Umsatzbeteiligung an der Konkurrenzzeitung gegen Ausscheiden aus dem Wettbewerb.[831] Insoweit war entscheidend, dass nicht für die Übernahme der Kunden, sondern das Ausscheiden aus dem Wettbewerb bezahlt wurde.[832] Gleiches gilt bei Vereinbarung einer Gegenleistung für den Verzicht auf Teilnahme an einer Ausschreibung.[833] Es kann für eine Vereinbarung über den Abkauf von Wettbewerb und gegen eine klassische Unternehmensveräußerung sprechen, wenn die veräußerten materiellen und immateriellen Vermögenswerte bei weitem den gezahlten Kaufpreis nicht erreichen.[834]

164   cc) **Miet- und Pachtverträge.** Miet-, Pacht-, Leasing- oder ähnliche Verträge unterfallen nicht der GVO Vertikalvereinbarungen,[835] so dass die Frage der Zulässigkeit von Wettbewerbsverboten und Kundenschutz sich nicht aus dieser GVO heraus beantworten lässt. Auch andere GVOen sind regelmäßig nicht einschlägig. Vielmehr finden auf solche Verträge die allgemeinen Regeln der §§ 1, 2 Abs. 1 GWB Anwendung. Wettbewerbsverbote in Mietverträgen bedürfen deshalb der Rechtfertigung durch Funktionsnotwendigkeit oder berechtigte Interessen.[836] In einem gewerblichen **Mietvertrag** ist ein Verbot der Vermietung an Konkurrenten zu Lasten des Vermieters für die betroffene Liegenschaft zulässig, sofern Konkurrenz im selben Haus dem Mieter ernstlich schaden würde und deshalb zur Sicherung des Leistungsgegenstandes ein Konkurrenzverbot notwendig ist.[837] Besteht jedoch eine große Marktmacht des Vermieters und schaltet ein Vermietungsverbot an die Konkurrenz des Mieters jeden wirksamen Wettbewerb mit dem Mieter aus, ist das Konkurrenzverbot unzulässig; geht mit dem Mietvertrag durch die Vermietung der gesamten Flächen an einen Mieter der Konkurrenzschutz zwingend einher, muss der Vermieter die Vermietung ordnungsgemäß ausschreiben und auf einen angemessenen Zeitraum beschränken, der z.B. bei Vermietung an Schilderpräger 5 Jahre beträgt.[838] Über das Gebäude und die nähere Umgebung hinausgehende Wettbewerbsverbote erscheinen auch ohne Vorliegen von Marktmacht auf Seiten des Vermieters bedenklich. Es ist nicht ersichtlich, weshalb ein berechtigtes Interesse eines Mieters, der einen Getreide- und Düngemittelhandel betreibt, bestehen soll, den Vermieter von einem solchen Handel in einem gesamten Bundes-

---

[828] BGH NJW 1997, 3087, 3087 – *Tierarztpraxis*, zu § 138 BGB.
[829] BGH AnwBl 2005, 715, 716 – *Sittenwidriges Wettbewerbsverbot in Sozietätsvertrag*.
[830] WuW/E BGH 2085 – *Strohgäu-Wochenjournal*.
[831] WuW/E BGH 2675, 2678 – *Nassauische Landeszeitung* = NJW-RR 1991, 1002, GRUR 1991, 396.
[832] Vgl. auch OLG Stuttgart WuW/E OLG 3485, 3486 – *Strohgäu-Wochenjournal II*.
[833] BGH WuW/E DE-R 349, 350 – *Beschränkte Ausschreibung* = WRP 1999, 1289; OLG Stuttgart WuW/E OLG 699.
[834] WuW/E BKartA 2297, 2303 – *Heidelberger Zement-Malik*.
[835] EU-Kommission, Leitlinien GVO Vertikalvereinbarungen, Tz. 25; *Bauer/de Bronett*, Die EU-Gruppenfreistellungsverordnung für vertikale Wettbewerbsbeschränkungen, S. 58.
[836] So sehr deutlich LKartB Bayern WuW/E DE-V 1548, 1550 – *Außenwerbeflächen*.
[837] OLG Frankfurt WuW/E OLG 4488, 4490 – *Konkurrenz im selben Haus*.
[838] BGH WuW/E DE-R 1099, 1100 – *Konkurrenzschutz für Schilderpräger*, allerdings allein zum Diskriminierungsverbot des § 20 Abs. 1 GWB.

land auszuschließen.[839] Wettbewerbsverbote zu Lasten des Mieters sind ebenfalls daran zu messen, ob sie entweder notwendig im Sinne der ersten Kategorie des Bundesgerichtshofes oder zumindest gemäß der zweiten Kategorie noch von einem berechtigten Interesse des Bindenden abgedeckt sind.[840] Unzulässig ist wegen hinreichender Rechtfertigung ein vertragliches Verbot für einen Außenwerber, die gemieteten Flächen an Konkurrenten des Vermieters zu vergeben.[841] Ein weiteres Beispiel sind Verwendungsbeschränkungen bei der Vermietung von Musiknoten durch Musikverlager, z.B. an Tonträgerhersteller, das Notenmaterial nicht für Tonaufnahmen zu verwenden.[842] Für eine Unzulässigkeit könnte sprechen, dass der sachlich relevante Markt für jedes Werk gesondert abgegrenzt wird und damit faktisch ein Monopol für jeden Musikerleger besteht.[843] Allerdings muss hinreichender Substitutionswettbewerb durch andere Werke eingehend untersucht werden.[844] **Nachvertragliche Wettbewerbsverbote** in Mietverträgen sind ebenfalls grundsätzlich nicht zwingend,[845] weil mit Ende des Mietverhältnisses keine Notwendigkeit mehr zur Sicherung des Leistungsgegenstandes erkennbar ist. § 1 GWB kann seit der 7. GWB-Novelle 2005 selbst bei fehlendem Konkurrenzverhältnisses der Mietvertragsparteien solche Wettbewerbsverbote erfassen, weil ein Wettbewerbsverhältnis zwischen Mieter und Vermieter nicht mehr erforderlich ist.[846] In **Unternehmenspachtverträgen** sind Wettbewerbsverbote zu Gunsten des Verpächters nachvertraglich jedenfalls zeitlich begrenzt insoweit zulässig, als ein schutzwürdiges Interesse des Verpächters besteht.[847] Hier gelten die Ausführungen zu Wettbewerbsverboten bei Unternehmensveräußerungen spiegelbildlich.[848]

Wettbewerbsverbote in Grundstückspacht- oder Mietverträgen können daraus resultieren, dass ein früherer Verkäufer eine **Dienstbarkeit** bestellen ließ, die Wettbewerb mit ihm ausschließt. Solche Dienstbarkeiten entfalten jedenfalls insoweit keine bindenden Wirkungen für den jeweiligen Grundstückseigentümer, als sie ihm gegen § 1 GWB verstoßende Wettbewerbsverbote für den Pacht- oder Mietvertrag mit einem Dritten vorgeben würden. Ihnen fehlt insoweit zumindest die Durchsetzungskraft gegenüber dem jeweiligen Grundstückseigentümer.[849] Sie sind jedoch nicht generell nichtig, wenn sie so abstrakt formuliert sind, dass sich auch nicht wettbewerbsbeschränkende Verbote für Pacht- oder Mietverträge aus der Dienstbarkeit ergeben können.

dd) Subunternehmerverträge. Vereinbarungen zwischen Unternehmer und Subunternehmer dürften regelmäßig schon wegen § 2 Abs. 2 GWB iVm. Art. 2 Abs. 4 GVO Vertikalvereinbarungen auch seit der 7. GWB-Novelle 2005 nicht spezialrechtlich geregelt sein. Teilweise kann allerdings die GVO Technologietransfer anwendbar sein, z.B. beim Outsourcing von technologiegestützter Produktion. Die sog. Zulieferbekanntmachung der

---

[839] A. A. OLG Naumburg WuW/E DE-R 141 426, 1427f. – *Düngemittellagerung*.
[840] Zu den Kategorien oben Rn. 149 ff.
[841] LKartB Bayern WuW/E DE-V 1548, 1550f. – *Außenwerbeflächen,* mit dem zutreffenden Hinweis, dass es keine Rolle spielt, ob der Vermieter ohne Zwischenschaltung des Mieter dürfte; denn § 1 GWB schützt (auch) die Handlungsfreiheit des Mieters.
[842] Ziff. 10 c) Muster-Materialmietrevers des Deutschen Musikverlegerverbandes (DMV), Stand November 2003.
[843] Zweifelhaft, so *Hillig/Blechschmidt* ZUM 2005, 505, 511.
[844] Vgl. auch unten zur möglichen urheberrechtlichen Rechtfertigung Rn. 221.
[845] Vgl. OLG Stuttgart WuW/E OLG 3965 – *Marienapotheke* noch zum alten Recht.
[846] Vgl. dazu oben Rn. 2 ff.
[847] OLG Karlsruhe WuW/E OLG 3968 – *Apothekenpacht.*
[848] Vgl. oben Rn. 162 f.
[849] A. A. OLG Hamburg WuW/E DE-R 2357, 2358 – *DIN-Transportbeton,* allerdings auf der Basis des § 18 GWB a. F., der am Tag des Urteils (30. 8. 2007) schon länger – mangels Anwendbarkeit der Übergangsvorschrift des § 131 GWB für § 18 GWB a. F. – nicht mehr galt. Seit 1. 7. 2005 gilt vielmehr, dass Verwendungsbeschränkungen auch in Vertikalvereinbarungen grundsätzlich unter § 1 GWB fallen können, vor allem wenn sie Wettbewerbsverbote auslösen, vgl. Rn. 117.

§ 1 GWB

EU-Kommission[850] erklärt allerdings Art. 81 Abs. 1 EG unter bestimmten Voraussetzungen für nicht anwendbar. Die deutsche Praxis hat unabhängig davon – auch über Zulieferbeziehungen hinaus – generell den Tatbestand des § 1 GWB bei Subunternehmerverhältnissen reduziert. Diese Praxis ist durch die 7. GWB-Novelle 2005 nicht überholt[851]. Denn Wettbewerbsbeschränkungen können gerade bei Subunternehmerverträgen gerechtfertigt sein. Es ist ja Gegenstand dieser – von der Rechtsordnung grundsätzlich gebilligten – Verträge, dass dem Unternehmer die Kundenakquisition überlassen ist, während er sich eine weitergehende Organisation, insbesondere das Vorhalten von Arbeitskräften und Maschinen, spart. Entsprechend erfolgt dann auch die Aufgaben- und Risikoverteilung im Subunternehmervertrag, so dass es zulässig ist, **Kundenschutzklauseln** zu vereinbaren, damit sich der Subunternehmer nicht „illoyal" die Früchte der Bemühungen des Unternehmers aneignen kann. Das rechtfertigt es sogar, §§ 74 ff. HGB analog auf Subunternehmerverträge anzuwenden, wenn die Subunternehmer natürliche Personen als Einzelunternehmer sind.[852] Das berechtigte Interesse an Kundenschutzklauseln entfällt auch nicht (nachträglich) dadurch, dass der Kunde, z. B. aus Preisgründen, den Vertrag mit dem Hauptunternehmer lösen möchte;[853] denn das berechtigte Interesse des Hauptunternehmers, dass der Kunde nicht auf den eingearbeiteten Subunternehmer zugreifen kann, besteht insoweit in vollem Umfang weiter. Allerdings erscheint auch hier eine zeitliche Begrenzung notwendig. Ein zeitlich unbegrenzter Schutz des Unternehmers auch nach Ende des Subunternehmervertrags ist nicht notwendig. Auch während der Dauer des Subunternehmervertrages ist ein Kundenschutz nicht notwendig, wenn dieser sich über den Zeitraum nach Ende des Vertrages mit dem Auftragnehmer hinaus erstreckt, weil sich die vom Unternehmer zum Auftragnehmer aufgebauten Beziehungen dann gelockert haben.[854] Man wird hier sowohl für den Kundenschutz nach Ende des Subunternehmervertrages als auch für den Kundenschutz nach Ende des Vertrages zwischen Unternehmer und Auftragnehmer von einem maximal zweijährigen Zeitraum im Sinne einer „Schonfrist" auszugehen haben. Das lässt sich aus dem Rechtsgedanken der §§ 74 ff. HGB herleiten, auch wenn diese nicht für jeden Subunternehmer, sondern nur für natürliche Personen als Einzelunternehmer („freie Mitarbeiter") entsprechend gelten.[855]

166 Demgegenüber bedürfen **Wettbewerbsverbote** in Subunternehmerverträgen **zu Lasten des Subunternehmers** – auch bei zeitlicher Begrenzung – einer besonderen Rechtfertigung, damit sie als notwendig und damit als neutral im Sinne von § 1 GWB angesehen werden können. Es ist im Regelfall keine Notwendigkeit ersichtlich, weshalb der Subunternehmer generell darauf verzichten soll, sich selbst im Wettbewerb um Kunden zu bemühen. Die schützenswerte Leistung des Unternehmers liegt nur in der Akquisition von bestimmten Kunden und nicht in seiner Wettbewerbsteilnahme allgemein. Handelt es sich beim Subunternehmer um eine natürliche Person, die seine gesamte Arbeitskraft dem Hauptunternehmer zur Verfügung stellt, so dürfte ein Wettbewerbsverbot allerdings gerechtfertigt sein. Dann finden aber wiederum §§ 74 ff. HGB Anwendung, die eine ange-

---

[850] Bekanntmachung der Kommission vom 18. Dezember 1978 über die Beurteilung von Zulieferverträgen nach Art. 85 Abs. 1 des Vertrages zur Gründung der Europäischen Wirtschaftsgemeinschaft, ABl. C 001 vom 3. 1. 1979, S. 2 f.; die Zulieferbekanntmachung gilt weiterhin neben der GVO Technologietransfer, vgl. EU-Kommission, Leitlinien GVO Technologietransfer, Tz. 44; zur Bindungswirkung von Bekanntmachungen oben Rn. 12).
[851] Gl. A. *Schmitt* WuW 2007, 1096.
[852] BGH NJW 2003, 1864, 185 – *EDV Fachmann*.
[853] BGH WRP 2005, 349 – *Umgehung des Wettbewerbsverbotes*; a. A. *Quiring* WRP 2005, 813, 814.
[854] BGH WuW/E DE-R 131, 133 – *Subunternehmervertrag I* = ZIP 1998, 1159 = GRUR 1998, 1047.
[855] Vgl. BGH NJW 2003, 1864, 185 – *EDV Fachmann*; BGH WRP 2005, 349 – *Umgehung des Wettbewerbsverbotes*.

messene Entschädigung für den Subunternehmer vorsehen.[856] In Zulieferverhältnissen ist es gerechtfertigt, dem Zulieferer – in Abweichung von Art. 4 Abs. 1 GVO Technologietransfer – zu verbieten, auch an Dritte unter Verwendung gewerblicher Schutzrechte oder geheimen Know-Hows des Auftraggebers zu liefern; das Gleiche gilt für eigentümliche Produkte, die der Zulieferer mit Werkzeug des Auftraggebers hergestellt hat.[857] Gerechtfertigt sind auch **Wettbewerbsverbote zu Lasten des Hauptunternehmers,** wenn der Subunternehmer ein kostspieligeres Gerät angeschafft hat sowie unterhält und der Hauptunternehmer gerade deshalb mit ihm kooperiert.[858]

ee) Lizenzverträge. Für eine Anwendung von § 1 GWB ist erforderlich, dass die Parteien sich einseitig oder wechselseitig Wettbewerbsverbote oder Kundenschutz auferlegen, die den betroffenen Schutzrechten und den daraus fließenden Lizenzen nicht immanent sind. Hier gelangt man wiederum zum besonderen Spannungsverhältnis zwischen gewerblichen Schutzrechten bzw. Urheberrechten einerseits und Kartellrecht andererseits, das weiter unten eingehend erörtert wird.[859] 167

ff) Andere Austauschverträge. Die Liste der Austauschverträge, die auf Grund der besonderen vertraglichen Konstellation auch Wettbewerbsverbote und Kundenschutzabreden zwischen den Vertragsparteien rechtfertigen können, ist nicht abschließend und wird sicherlich von der Rechtsprechung noch fortgesetzt. Ein Beispiel ist ein fünfjähriger Kundenschutz zu Gunsten eines Vertriebsunternehmens, das durch einen Eigentümer verschiedener Immobilien eingeschaltet worden war. Das zeitlich befristete Verbot für den Eigentümer, die Kunden direkt selbst außerhalb der Vertriebsbeziehung anzusprechen, war notwendig zur Verhinderung der Aushöhlung der Vertragsbeziehung, die im Übrigen auf einen kartellrechtsneutralen Zweck, nämlich den Vertrieb von Immobilien, gerichtet war.[860] Ansonsten ist für sonstige Austauschverträge auf § 2 Abs. 2 GWB iVm. der GVO Vertikalvereinbarungen zu verweisen, der insoweit branchenübergreifende Regelungen enthält (insbesondere die Verbote der Art. 4, 5 GVO Vertikalvereinbarungen).[861] Von vornherein nie privilegiert dürften beispielsweise Austauschverhältnisse sein, deren **Leistungsgegenstand nicht kartellrechtlich** grundsätzlich **gebilligt** ist. Der Leistungsgegenstand von wechselseitigen Sortimentsabgrenzungen ist ausschließlich eine Einschränkung des Einsatzes von Wettbewerbsparametern und damit ein Verstoß gegen § 1 GWB.[862] Schließlich ist § 1 GWB anwendbar, wenn sich Konkurrenten wechselseitig bestimmte Grundsätze für Vertragsverhältnisse mit Dritten geben und dies allein darauf gerichtet ist, bestehenden Wettbewerb um Vertragsbedingungen auszuschalten.[863] 168

gg) Gesellschaftsverträge und sonstige Korporationen. Horizontal, also zwischen (mindestens potentiellen) Wettbewerbern, werden Gesellschaftsverträge oder Verträge zwischen anderen Korporationen (Genossenschaft, Verein etc.) abgeschlossen.[864] Generell steht § 1 GWB solchen Horizontalvereinbarungen wesentlich kritischer gegenüber als vertikalen Austauschvereinbarungen zwischen verschiedenen Marktstufen. Auch in Horizontalverträgen können aber Wettbewerbsverbote oder Kundenschutzvereinbarungen enthalten sein, die notwendig sind, um überhaupt zu einer vertraglichen Zusammenarbeit zu kommen. 169

---

[856] BGH NJW 2003, 1864, 185 – *EDV Fachmann*.
[857] So auch die Zulieferbekanntmachung der EU-Kommission v. 18. 12. 1978, siehe Rn. 165.
[858] BGH WuW/E DE-R 505 – *Subunternehmervertrag II*.
[859] Unten Rn. 203 ff.
[860] OLG Stuttgart WuW/E DE-R 522, 524 – *Immobilienvertrieb*.
[861] Dazu im Einzelnen die Kommentierung der GVO.
[862] WuW/E BGH 1709, 1710 – *Sortimentsabgrenzung*.
[863] BGH WuW/E DE-R 291, 294 – *Lottospielgemeinschaft* = GRUR 1997, 771 = ZIP 1999, 1021 m. Anm. Busche/Keul = LM Nr. 52 zu § 1 GWB mit Anm. Götting.
[864] WuW/E BGH 1495, 1496 – *Autoruf-Genossenschaft;* WuW/E BGH 1313, 1315 – *Stromversorgungsgenossenschaft* = BB 1974, 1221; auch WuW/E BGH 519, 522 – *Kino* = BGH NJW 1963, 646 = BGHZ 38, 306, 346.

Allerdings kann daraus kein genereller Vorrang von gesetzlichen Regelungen wie z. B. § 112 HGB vor § 1 GWB hergeleitet werden. Vielmehr handelt es sich dabei nur um besonderes Vertragsrecht, so dass Wettbewerbsverbote in Gesellschaften, Genossenschaften oder Vereinen nur Vertragsinhalt werden, wenn sie vom gemeinsamen Willen der Gesellschafter getragen werden. Außerdem ist über den Immanenzgedanken nach der Notwendigkeit der Wettbewerbsbeschränkung für den von der Rechtsordnung gebilligten Gegenstand des Vertrages zu fragen;[865] mit anderen Worten: eine von einem gemeinsamen Zweck getragene Korporation muss zunächst für sich genommen wettbewerbsfördernd sein. Der gemeinsame Zweck muss sich also auf eine tätige Mitarbeit beziehen. Diese Marktteilnahme in Form der **kartellrechtlich grundsätzlich gebilligten Mitunternehmerschaft** ist grundsätzlich zulässig.[866] Etwas anderes gilt, wenn sich der gemeinsame Zweck von vornherein nicht auf tätige Mitarbeit, sondern auf die Verhinderung von Wettbewerb bezieht, wie dies z. B. bei Preis- oder Gebietskartellen in Form der GbR oder anderen Gesellschaftsformen zu beobachten ist.

170 Auch eigentlich kartellrechtsneutralen Korporationen sind jedoch bei der Vereinbarung von Wettbewerbsverboten Grenzen gesetzt. Damit ein Wettbewerbsverbot einer **Gesellschaft** immanent ist, muss es sich aus dem Gesellschaftsverhältnis ergeben, seinem Bestand und seiner Erhaltung dienen und seine Aushöhlung von innen her verhindern. Das Wettbewerbsverbot wird dann sogar von der gesellschaftsrechtlichen Treuepflicht gefordert.[867] Mithin ist auf die Stellung des einzelnen Gesellschafters abzustellen: Hat er die uneingeschränkte Geschäftsführung nach dem Gesellschaftsvertrag, so würde ein Wettbewerb durch einen solchen Gesellschafter den Bestand und die Funktionsfähigkeit der Gesellschaft erschüttern.[868] Insoweit können dann für uneingeschränkt geschäftsführungsbefugte OHG-Gesellschafter (§ 112 HGB) und Komplementäre der KG (§§ 112, 170 HGB), aber auch für BGB-Gesellschafter, Kommanditisten,[869] GmbH-Gesellschafter und stille Gesellschafter,[870] die uneingeschränkt geschäftsführungsbefugt sind, Wettbewerbsverbote kartellrechtsfest vereinbart werden. Gleiches gilt, wenn der Gesellschafter maßgeblichen Einfluss auf die Geschäftsführung hat,[871] zum Beispiel durch eine 80%ige Beteiligung an der Komplementär-GmbH und an der KG.[872] Bei nur eingeschränkten Geschäftsführungsbefugnissen ist aber immer danach zu fragen, ob allein das Wettbewerbsverbot die Funktionsfähigkeit ermöglicht und nicht eine geringere Beschränkung zur Konfliktlösung möglich ist. Bei einer Beteiligung von lediglich einem Drittel ist nach dem OLG Düsseldorf ein Wettbewerbsverbot im Regelfall nicht notwendig, auch wenn der Gesellschaftsvertrag zahlreiche Einstimmigkeitserfordernisse aufweist.[873] Die kartellrechtliche Unbedenklichkeit von Wettbewerbsverboten gegenüber nicht oder nur eingeschränkt geschäftsführenden Gesellschaftern

---

[865] Ganz herrschende Meinung *Oppenländer* WuW 1981, 389, 400; *Zimmer* in: Immenga/Mestmäcker, GWB, § 1 Rn. 177 unter Verweis auf die Voraufl.

[866] Vgl. *Karsten Schmidt* ZHR 149 (1985), 1 ff.; *Bahr* GRUR 2001, 1111, 1113; *Fuchs* BB 1993, 1893, 1896; *Beater* WuW 2000, 584, 591; *Schwarz* S. 33, 147; *Möschel*, Recht der Wettbewerbsbeschränkungen, Rn. 204.

[867] WuW/E BGH 1517 – *Gabelstapler* = BGH NJW 1978, 1001 = BGHZ 70, 331, 336; WuW/E BGH 2047, 2048 – *Werbeagentur* = BGH NJW 1984, 1351 = BGHZ 89, 162, 166; WuW/E BGH 2271, 2273 – *Taxi-Genossenschaften* = GRUR 1986, 747; WuW/E BGH 2285, 2288 – *Spielkarten* = BB 1986, 2010 = ZIP 1986, 1489.

[868] *Säcker* in: Münchener Kommentar, GWB, § 1 Rn. 23.

[869] OLG Hamburg WuW/E OLG 3320, 3322 – *Dieselmotoren;* OLG Düsseldorf WuW/E OLG 3328, 3329 – *Börsenkursanzeiger.*

[870] BKartA TB 1963, 57.

[871] WuW/E BGH 2505 – *Neuform-Artikel* = ZIP 1988, 1080.

[872] WuW/E BGH 2047, 2048 – *Werbeagentur* = BGH NJW 1984, 1351 = BGHZ 89, 162, 166.

[873] OLG Düsseldorf WuW/E DE-R 2166, 2168 f. – *AnzeigenblattGU,* wegen der Blockademöglichkeit allerdings zweifelhaft.

daraus herzuleiten, dass dies zum Schutz von gesellschaftsinternen Informationsmissbrauch notwendig sei, ist verfehlt,[874] weil man solchen Informationsmissbrauch schon über §§ 17, 18 UWG und §§ 3, 4 Nr. 9 lit. c), Nr. 10 UWG[875] wirksam bekämpfen kann.[876] Sofern ein Wettbewerbsverbot oder Kundenschutz danach den gesellschaftsrechtlichen Beziehungen immanent ist, darf es jedoch **räumlich, zeitlich und gegenständlich** über **das notwendige Maß** nicht hinausgehen.[877] Auch für **nachvertragvertragliche Wettbewerbsverbote und Kundenschutz** gilt nichts anderes, und zwar unabhängig davon, ob die nachvertraglichen Pflichten schon mit Eintritt in die Gesellschaft oder erst in der Auseinandersetzungsvereinbarung verabredet wurden.[878] Im Übrigen sei zu nachvertraglichen Wettbewerbsverboten auf Wettbewerbsverbote und Kundenschutz bei Unternehmensveräußerungen verwiesen.[879]

Genossenschaften und Vereine können Wettbewerbsverbote zu Lasten ihrer unternehmerischen Mitglieder nur vereinbaren, wenn sie zur Sicherung des Zwecks und der Funktionen der Genossenschaft bzw. des Vereins unerlässlich sind;[880] sie müssen sich dabei auf die Maßnahme beschränken, die am wenigsten die Handlungsfreiheit des einzelnen begrenzt,[881] zum Beispiel statt Wettbewerbsverbot nur Kundenschutz. In einer Taxi-Genossenschaft ist es nicht zwingend, dass die Genossen kein Mietwagenunternehmen betreiben[882] oder in keiner anderen Taxi-Genossenschaft einfaches Mitglied sind.[883] Eine Doppelmitgliedschaft ist aber ausgeschlossen, wenn das Unternehmen in der konkurrierenden Taxi-Vereinigung maßgeblichen Einfluss auf die Geschäftsführung hat, weil dann schwerwiegende Schäden drohen und die Funktionsfähigkeit bedroht ist.[884] Eine Schutz- und Förderungsgemeinschaft kleinerer und mittlerer Einzelhändler ist durch die gleichzeitige Beteiligung einzelner Mitgliedsunternehmen an einer konkurrierenden Genossenschaft, die sich überwiegend aus wenigen sehr kapitalkräftigen Unternehmen zusammensetzt, möglicherweise in ihrer Funktion erheblich gefährdet.[885] Letztlich sind die Anforderungen hier aber hoch und nur erfüllt, wenn nach Lage des Einzelfalles der nahe liegende, objektiv begründete Verdacht einer treuwidrigen Insiderkonkurrenz auch eine konkrete Gefahr für den Geschäftserfolg der Genossenschaft begründet.[886] In Einzelfällen kann die ausschließliche

---

[874] So aber *Voges* DB 1977, 2081, 2085; *Ulmer* in: Staub-Großkommentar HGB § 112 Rn. 47; *Wiedemann*, Gesellschaftsrecht Band I, 1980, S. 735 f.

[875] Vgl. *Nordemann*, Wettbewerbsrecht – Markenrecht, Rn. 1671 ff., 1679 ff., 1687 ff.; *Köhler/Piper*, UWG, § 17 Rn. 1 ff.

[876] *Zimmer* in: Immenga/Mestmäcker, GWB, § 1 Rn. 177 unter Verweis auf die Vorauf.

[877] Vgl. BGH NJW 2004, 66, 66 – *Steuerberater und Wirtschaftsprüfer* zu § 138 BGB, unter Verweis auf BGH NJW 2000, 2584, BGH NJW 1997, 3087, 3089 – *Tierarztpraxis*, sowie BGH NJW-RR 1996, 741, 742; alle zu nachvertraglichen Wettbewerbsverboten.

[878] BGH NJW 2004, 66, 67 – *Steuerberater und Wirtschaftsprüfer* zu § 138 BGB.

[879] Oben Rn. 162 f.

[880] *Säcker* in: Münchener Kommentar, GWB, § 1 Rn. 25.

[881] WuW/E BGH 2271, 2273 – *Taxi-Genossenschaft* = GRUR 1986, 747; WuW/E BGH 2341, 2343 – *Taxizentrale Essen*; OLG Frankfurt WuW/E OLG 4495, 4497 – *Doppelgenossen*.

[882] WuW/E BGH 2341, 2342 – *Taxizentrale Essen*.

[883] WuW/E BGH 2271, 2275 – *Taxi-Genossenschaft* = GRUR 1986, 747; WuW/E BGH 2828, 2830 – *Taxi-Genossenschaft II* = BGHZ 120, 161, 166 = BB 1993, 1900 m. Anm. *Fuchs* BB 1993, 1833 ff.

[884] WuW/E BGH 2828, 2831 *Taxi-Genossenschaft II* = BGHZ 120, 161, 166 = BB 1993, 1900 m. Anm. *Fuchs* BB 1993, 1833 ff.; OLG München WuW/E DE-R 176, 177 – *Isar-Funk.*; kein Schadenspotential sah das LG Köln WuW/E DE-R 2318, 2321 – *Kölner Taxis*, wenn die Annahme von Aufträgen, die von der anderen Taxi-Vereinigung (in der kein maßgeblicher Einfluß auf die Geschäftsführung besteht) kommen, vorrangig behandelt wird.

[885] OLG Stuttgart WuW/E OLG 2985, 3987 f. – *Interfunk*.

[886] Zutreffend *Fuchs* BB 1993, 1893, 1898 unter Verweis auf WuW/E BGH 2828, 2831 – *Taxigenossenschaft II* = BGHZ 120, 161, 166 = BB 1999, 1900.

§ 1 GWB

Mitgliedschaft in einem Verbund sogar wettbewerblich erwünscht sein, z. B. im Speditionsbereich, wo durch Doppelmitgliedschaften von Speditionen in mehreren Kooperationen die Gefahr eines Gruppeneffekts entstehen kann.[887]

172 **b) Vertikale Preis- und Konditionenbindungen.** § 1 GWB verbietet, in Vertikalverträgen (Erstvertrag) der einen Vertragspartei Vorgaben zu machen, wie sie ihre Vertragsverhältnisse zu anderen (Zweitvertrag) ausgestaltet (sog. **Inhaltsbindungen**).[888] Insoweit gelten jedoch nach der Immanenztheorie verschiedene Ausnahmen.[889] So wird das Verbot des § 1 GWB für (vertikale) Preis- und Konditionenbindungen im Wege der teleologischen Reduktion verdrängt, wenn dies zur Aufrechterhaltung eines von der Rechtsordnung anerkannten Vertragstyps notwendig ist. Diesen **institutionellen Gegebenheiten** gebührt der Vorrang vor § 1 GWB **(Immanenztheorie)**.[890] Von einer relevanten Beschränkung der von § 1 GWB geschützten Gestaltungsfreiheit kann jedenfalls keine Rede sein, wenn eine solche Gestaltungsfreiheit auf Grund der im Erstvertrag begründeten Rechtsbeziehung ohnehin fehlt. Allgemein ist dieses Phänomen insbesondere dort zu beobachten, wo der Gebundene nicht das **wirtschaftliche Risiko** seiner geschäftlichen Tätigkeit trägt.[891] Das gilt vor allem für Geschäftsbesorgungsverhältnisse aller Art.

173 **aa) Handelsvertreter.** Handelsvertreter schließen Verträge in fremdem Namen und auf fremde Rechnung; sie sind an die Weisungen des Geschäftsherrn gebunden (§ 86 HGB i. V. m. §§ 675, 665 BGB). Werden ihnen gegenüber Beschränkungen in Form von Preis- und Konditionenbindungen durch den Prinzipal ausgesprochen, fehlt es daher nach neuerer, auf das EU-Recht zurückgehender Auffassung schon an ihrer Eigenschaft als „Unternehmen".[892] Früher wurde die Auffassung vertreten, es fehle zumindest am Tatbestandsmerkmal des Zweitvertrages, weil der Handelsvertreter kein selbständiger Wettbewerber sei,[893] was auf das gleiche Ergebnis hinausläuft. Dennoch bleibt die rechtliche Praxis zur Handelsvertretersituation wichtig für die Anwendung des Immanenzgedankens. Denn es geht bei der Frage, ob das Preis- und Konditionenbindungsverbot des § 1 GWB angewendet werden soll, letzlich vor allem darum, die Anwendung des § 1 GWB zu Gunsten desjenigen zu begrenzen, der das **wirtschaftliche Risiko** trägt.[894] Ist dies im Wesentlichen der Prinzipal, so soll es sich um einen echten Handelsvertretervertrag handeln, auf den § 1 GWB keine Anwendung findet. Bei der Ermittlung der Risikoverteilung ist auf die typischen Handelsrisiken, namentlich das Absatz-, Vordispositions-, Transport-, Lager- und Kreditrisiko abzustellen.

174 Dagegen ist im **EU-Kartellrecht** bei Preisbindungen gegenüber Handelsvertretern noch einiges unklar. Geklärt werden muss noch, welche Anforderungen an die Verteilung des wirtschaftlichen Risikos zu stellen sind.[895] Ferner kann in Frage gestellt werden, ob die

---

[887] BKartA TB 2003/2004, S. 156.
[888] Dazu oben Rn. 100 ff.
[889] Vgl. zu den Ausnahmen vom Verbot von Preis- und Konditionenbindung auf Grund staatlicher Regulierung unten Rn. 186 ff.
[890] Zur Immanenztheorie vgl. BGHZ 97, 317, 328= NJW 1986, 2954 und oben Rn. 147 ff.
[891] WuW/E BGH 1402, 1403 – *EDV-Zubehör*; BGHZ 140, 342 = NJW 1999, 2671 = JuS 1999, 1023 Nr. 16 WuW/E BGH DE-R 264, 267 – *Sixt*; *Bunte* in: Langen/Bunte, § 1 Rn. 114; *Zimmer* in: Immenga/Mestmäcker, GWB, § 1 Rn. 358 ff.
[892] Vgl. eingehend Rn. 25. Dem folgend wohl auch Zimmer in: Immenga/Mestmäcker, GWB, § 1 Rn. 360.
[893] BGHZ 97, 317, 821 ff. = NJW 1986, 2954 = WuW/E BGH 2238 ff. – *EH-Partner-Vertrag*; *Wolter* in: Frankfurter Kommentar § 14 Rn. 40; *Bunte* Kartellrecht § 6 II 2. b. Zum „Zweitvertrag" auch oben Rn. 105 ff.
[894] Vgl. *Säcker* in: Münchener Kommentar, GWB, § 1 Rn. 46.
[895] Dazu Art. 81 Abs. 1 EG Rn. 59. Außerdem *Kapp* WuW 2007, 1218 ff.; *Eilmansberger* ZWeR 2006, 64; *Pfeffer/Wegner* EWS 2006, 296; *Nolte* WuW 2006, 252; kritisch *Rittner* ZWeR 2006, 331.

bloße Risikoverteilung für eine Unanwendbarkeit des Art. 81 Abs. 1 EG genügt. Neben der Risikoverteilung auf den Prinzipal wird eine Eingliederung des Absatzmittlers in den Bereich des Geschäftsherrn gefordert, so dass er nur noch als integriertes Hilfsorgan des Prinzipals erscheint.[896] Ob damit eine wesentliche Abweichung von der deutschen Praxis einhergeht,[897] erscheint zweifelhaft. Sofern man Art. 81 EG für einschlägig hält, dürfte regelmäßig für den Fall, im dem das deutsche Recht bislang von einer fehlenden Tatbestandsmäßigkeit des § 1 GWB (§ 14 GWB a. F.) ausgegangen ist, eine Freistellung nach § 2 Abs. 1 GWB gegeben sein. Das hat auf Grund des Systems der Legalausnahme in der Praxis die gleiche Wirkung wie eine Tatbestandsreduktion. Das zusätzliche Kriterium des EU-Rechts dient in erster Linie dem Ausschluss von Missbräuchen.[898] Danach kann Art. 81 EG beispielsweise Anwendung finden, wenn der Handelsvertreter gleichzeitig für mehrere miteinander konkurrierende Produkte tätig wird, weil es dann an einer hinreichenden Eingliederung fehlen kann. Auch nach deutschem Recht findet jedoch stets eine Einzelfallbetrachtung statt, die eine Missbrauchskontrolle einschließt. Die EU-Kommission erwähnt in ihren Leitlinien zur Auslegung der Gruppenfreistellungsverordnung für Vertikalvereinbarungen lediglich die Verteilung des wirtschaftlichen Risikos als Kriterium für die Anwendung des Art. 81 EG.[899]

bb) Kommissionäre. Im Gegensatz zu Handelsvertretern treten Kommissionäre zwar im eigenen Namen auf, doch handeln auch sie in der Regel auf Rechnung des Kommittenten, so dass sie Weisungen unterworfen sind. Bindungen, die der Kommittent dem Kommissionär auferlegt, fallen daher dann nicht unter § 1 GWB, wenn den Kommittenten das wirtschaftliche Risiko trifft.[900] Zur Abgrenzung der Risikoverteilung gelten dieselben Grundsätze wie für Handelsvertreter. § 1 GWB findet also Anwendung, wenn der Kommissionär eigenunternehmerisch tätig wird[901] oder sich hinter dem Kommissionsvertrag tatsächlich ein Kaufvertrag verbirgt.[902]

cc) Vertragshändler. Vertragshändler unterscheiden sich von sonstigen Eigenhändlern lediglich dadurch, dass sie in die Absatzorganisation eines Herstellers eingegliedert sind. Sie tragen jedoch im Gegensatz zu Handelsvertretern und Kommissionären im Regelfall das gesamte Handelsrisiko, so dass § 1 GWB anwendbar ist.[903] Die Vorschrift findet daher Anwendung auf Kfz-Händler[904] sowie auf Filmeinzelhändler, denen vom Hersteller der Anspruch auf Entwicklung abgetreten wurde.[905] Eine Ausnahme kommt nur dort in Betracht, wo der Vertragshändler das wirtschaftliche Risiko nicht trägt. Dies kann ausnahmsweise der Fall sein, wenn die vertraglichen Beziehungen so ausgestaltet sind, dass der Vertragshändler zwar nach außen als Eigenhändler auftritt, jedoch im Innenverhältnis die Risikoverteilung dem Handelsvertreterverhältnis entspricht.[906]

---

[896] EuGH Slg. 1975, 1663, 2025 (Rn. 539 ff.) – *Suiker Unie;* EuGH Slg. 1987, 3821 – *Vlaamse Reisebureaus;* EuGH Slg. 1995, I-3477 = GRUR Int. 1996, 150 – *Bundeskartellamt/Volkswagen AG, Emmerich* in: Immenga/Mestmäcker, EG-WbR Bd. I, Art. 81 Abs. 1 EGV Rn. 260; *Klotz* in: Schröter/Jacob/Mederer, Kommentar zum Europäischen Wettbewerbsrecht, Art. 81 Fallgruppen Liefer- und Bezugsvereinbarungen Rn. 56. Vgl. die Kommentierung zur GVO-Vertikal Rn. 45 f.
[897] So noch *Bechtold,* GWB, 3. Aufl., § 14 Rn. 18.
[898] Hierzu *Rittner/Kulka,* § 7 Rn. 86.
[899] ABl. 2000 C 291/1 Ziff. 12 ff.
[900] WuW/E BGH 1402 – *EDV-Zubehör;* vgl. *Säcker* in: Münchener Kommentar, GWB, § 1 Rn. 48; a. A. *Kessler* WRP 1982, 450 f.
[901] *Fuchs* in: Immenga/Mestmäcker, GWB, § 2 Rn. 218.
[902] BKartA, TB 1978, 46.
[903] WuW/E BGH 1402 = GRUR 1976, 101 – *Blitztrenner;* ausführlich *Straub* im Gemeinschaftskommentar, § 15 Rn. 360.
[904] BGH NJW – RR 1990, 1190 = BB 1990, 1727 = WuW/E BGH 2647 – *Nora-Kunden-Rückvergütung.*
[905] NJW 1969, 1024 – *Farbumkehrfilme* = WuW/E BGH 981.
[906] WuW/E BGH 1851 – *Bundeswehrheime II.*

177   **dd) Franchisenehmer, sonstige Verbundgruppen.** Ein Franchisevertrag kennzeichnet sich dadurch, dass der Franchisenehmer eine lizenzierte Geschäftsidee unter Verwendung der vom Franchisegeber bereitgestellten Gegebenheiten und Rechte umsetzt. Franchisegeber und -nehmer sind rechtlich selbstständige Unternehmen. Der Franchisenehmer handelt im eigenen Namen und auf eigene Rechnung. Er trägt daher grundsätzlich auch das unternehmerische Risiko. Doch ist der unternehmerische Entscheidungsspielraum systemimmanent beschränkt. Denn Franchising zeichnet sich gerade durch ein vom Franchisegeber entworfenes, einheitliches Auftreten und durch ein arbeitsteiliges Leistungsprogramm beider Parteien aus.[907] Wegen dieser engen Zusammenarbeit ist zunächst zu prüfen, ob der Vertrag nicht schon unter das (horizontale) Kartellverbot des § 1 GWB fällt.[908] Ist dies nicht der Fall, stellt sich die Frage, inwieweit § 1 GWB auf (vertikale) Preis- und Konditionenbindungen in Franchiseverträgen anwendbar ist. Das einheitliche Auftreten und Verhalten der Franchisenehmer wird durch ein Weisungs- und Kontrollrecht der Franchisegeber sichergestellt. Daraus schließt ein Teil der Literatur, dass auch Preis- und Konditionenbindungen zulässig sein müssen, weshalb § 1 GWB einzuschränken sei, solange ein wesentlicher Interbrand-Wettbewerb bestehe.[909] Der BGH ist dieser Auffassung in der **Sixt-Entscheidung** entgegengetreten und hat § 1 GWB (bzw. § 14 GWB a. F.) auf Franchiseverträge für grundsätzlich anwendbar erklärt.[910] Eine Ausnahme vom Preis- und Konditionenbindungsverbot kommt danach jedenfalls dann nicht in Betracht, wenn der gebundene Franchisenehmer das volle wirtschaftliche Risiko trägt. Im Gegensatz zum Vertrieb durch Handelsvertreter und Kommissionäre ist in Franchisesystemen bei der gebotenen wirtschaftlichen Betrachtungsweise nicht der Franchisegeber Geschäftsherr des Zweitvertrages, weshalb es auch regelmäßig nicht zu der Risikoverlagerung kommt, die eine Einschränkung des § 1 GWB rechtfertigt.[911] Auch in anderen Verbundgruppen als Franchisesystemen – beispielsweise Einkaufs- und Verkaufsgemeinschaften mit einheitlichem Markenauftritt – trägt das wirtschaftliche Risiko das einzelne Mitglied, so dass auch hier der Tatbestand des § 1 GWB grundsätzlich erfüllt ist. Zu beachten ist, dass **§ 2 Abs. 2 GWB in Verbindung mit der GVO Vertikalvereinbarungen** Preisempfehlungen und Konditionenbindungen unter bestimmten Voraussetzungen freistellt. Daneben kommt auch eine Einzelfreistellung nach § 2 Abs. 1 GWB in Betracht.[912] Zu entgegengesetzten Entscheidungen führte die Rechtsprechung zur Zulässigkeit von sog. **„Kick-backs"** (Systemrabatte, die von Lieferanten auf die Einkäufe von Franchisenehmern gewährt werden). Schon die Frage, ob eine wesentliche Preisbindung vorliege, wurde unterschiedlich beantwortet. In den 17 Parallelverfahren, die von den Franchisenehmern angestrebt wurden, hatte beispielsweise das OLG Düsseldorf eine Preisbindung verneint.[913] Nach Auffassung des OLG Bremen waren die Lieferanten dagegen in ihrer Preisgestaltungsfreiheit gebunden.[914] Der BGH geht in seiner Entscheidung auf die Frage nicht weiter ein, da eine Preisbindung ohnehin durch die einheitliche Werbung ohne einen Hinweis auf eine unverbindliche Preisempfehlung gegeben war.[915]

---

[907] Vgl. *Bahr* in: Langen/Bunte, nach § 2 Rn. 212ff.
[908] BGHZ 83, 238, 241 = NJW 1982, 1759 = WuW/E BGH 1911, 1913 – *Meiereizentrale*. Siehe zu Horizontalvereinbarungen auch oben Rn. 99.
[909] *Bechtold* § 1 Rn. 47; *Böhner* BB 1997, 1427; *Weber* WuW 1998, 134.
[910] BGHZ 140, 342 = NJW 1999, 2671 = WM 1999, 694 = WuW/E BGH DE-R 264, 267f. – *Sixt*, möglicherweise a. A. *Säcker* in: Münchener Kommentar, GWB, § 1 Rn. 49.
[911] BGHZ 140, 342 = NJW 1999, 2671 = WM 1999, 694 = WuW/E BGH DE-R 264, 267f. – *Sixt*.
[912] Vgl. § 2 Rn. 151ff.; speziell zur Einzelfreistellung der Preisbindung in Franchisesystemen und Verbundgruppen *Schulte* WRP 2005, 1500ff.
[913] OLG Düsseldorf, WRP 2002, 235ff.; so auch LG Mainz Urt. V. 2. 2. 2001 – 21 O (Kart.) 30/99.
[914] OLG Bremen, WRP 2002, 224; so auch *Haager*, NJW 2002, 1466.
[915] BGH WuW 2003, 1192 – *Preisbindung durch Franchisegeber II* = BB 2003, 2254.

ee) Sonstige Fälle von Interessenwahrung (insbesondere Treuhand, Versicherung). Auch in sonstigen Geschäftsbesorgungsverhältnissen kann eine teleologische Reduktion des § 1 GWB für Preis- und Konditionenbindungen geboten sein. So kann der **Treuhänder** seinen Pflichten nur auf Grund des Weisungsrechts des Treugebers nachkommen, weshalb die vom Treugeber festgesetzten Preise oder Geschäftsbedingungen von § 1 GWB nicht berührt werden.[916] Ebenso kann nach Auffassung des BGH ein Verleger seine **Werbemittler** dazu verpflichten, ihre Provision nicht an Dritte weiterzugeben.[917] Auch lehnte der BGH eine Anwendung des § 1 GWB (bzw. § 14 GWB a. F.) auf das komplizierte Vertragssystem des **ADAC** im **Abschleppbereich** ab. Dieses untersagt Abschleppunternehmen, in unmittelbare Vertragsbeziehungen mit den Mitgliedern des ADAC zu treten, wodurch der Vertrag letztlich immer mit dem ADAC selbst zu im Voraus festgesetzten Preisen zustande kommt.[918] In der Tat erscheint hier eine Anwendung des § 1 GWB nicht als gerechtfertigt, weil der Abschleppvorgang in das alleinige wirtschaftliche Risiko des ADAC fällt; er steht gegenüber dem abgeschleppten versicherten Mitglied für die Kosten ein. Gleiches gilt für andere Rahmenvereinbarungen von Versicherern mit den Lieferanten ihrer Versicherten: Der BGH verneinte mit dem Verweis auf den Träger des wirtschaftlichen Risikos eine Preisbindung eines Spitzenverbandes von **Ersatzkassen** gegenüber zahntechnischen Betrieben.[919] Die Ersatzkassen sind zwar nicht als Nachfrager der zahntechnischen Leistungen anzusehen. Doch tragen sie das wirtschaftliche Risiko der Auswahlentscheidung der Ärzte oder Patienten, weil sie für die Kosten aufkommen. Mit der Auftragsvergabe verhält es sich ähnlich wie bei dem Handelsvertreter- oder Kommissionsgeschäft. Dementsprechend muss es den Ersatzkassen oder deren Spitzenverband auch möglich sein, Rahmenvereinbarungen mit der Marktgegenseite über die Höhe der zu zahlenden Vergütung zu treffen.[920] Gleiches gilt für Rahmenvereinbarungen von **Versicherungen** mit Autovermietern oder Reparaturwerkstätten, in dessen Rahmen den Vermietern oder Werkstätten bestimmte Preise und Vertragsbedingungen mit dem Kunden vorgegeben werden, der Versicherer sich dann aber im Gegenzug verpflichtet, für die Mietwagen- oder Reparaturkosten einzustehen.[921] Auch in diesem Fall und in vergleichbaren Fällen trägt der Versicherer das alleinige wirtschaftliche Risiko, so dass eine Anwendung des § 1 GWB nicht angezeigt erscheint. Anders ist dies bei **Internetplattformen,** die Verträge für bestimmte Anbieter an Nachfrager vermitteln: Die Plattformen tragen nicht das wirtschaftliche Risiko des Liefervertrages und können deshalb den Anbietern auch nicht vorschreiben, zu welchen Preisen sie anbieten.[922] Allenfalls im Rahmen des Anwendungsbereiches von Art. 4 lit. a Gruppenfreistellungsvereinbarung für Vertikalvereinbarungen 2790/1999 können Höchstpreisvereinbarungen zulässig sein. **Kreditkartenunternehmen,** die den Händlern eigentlich unter § 1 GWB fallende Preisaufschlagverbote bei Bezahlung mit Kreditkarte auflegen, tragen ebenfalls nicht das wirtschaftliche Risiko des mit Kreditkarte bezahlten Handelsgeschäftes. Ohne solche Preisaufschlagsverbote wäre das kartellrechtsneutrale Kreditkartengeschäft jedoch schwerwiegenden Störungen ausgesetzt. Er erscheint von daher entgegen der herrschenden Auffassung als gerechtfertigt, jedenfalls das Preisaufschlagverbot als dem Kreditkartengeschäft immanent und

---

[916] WuW/E BGH, 1661 – *Berliner Musikschule,* in der Entscheidung stellt der BGH Treuhänder bzgl. § 14 GWB a. F. (jetzt § 1 GWB) Handelsvertretern gleich.
[917] NJW 1970, 1317 = WuW/E BGH 1103, 1104 ff. – *Context;* zust. OLG Stuttgart, WuW/E OLG 4678. Zu Unrecht kritisch *Wolter* in: Frankfurter Kommentar § 14 Rn. 49; *Westrick/Loewenheim* § 15 Rn. 17.
[918] BGHZ 97, 317, 327 = NJW 1986, 2954; OLG Düsseldorf WuW/E OLG 3494 – *ADAC- Straßendienstvertrag.*
[919] NJW 2000, 3426 ff. = WuW/E DE-R 488 – *Zahnersatz aus Manila.*
[920] NJW 2000, 3428 = WuW/E DE-R 488 – *Zahnersatz aus Manila.*
[921] Im Ergebnis ebenso *Klosterfelde/Metzlaff* in: Langen/Bunte, § 14 Rn. 34 in der Vorauf.; a. A. *Köhler* NJW 1995, 2019, 2020.
[922] A. A. *Koenig/Engelmann* WRP 2002, 1244, 1250.

damit kartellrechtsneutral anzusehen.⁹²³ Ohnehin dürfen Mineralölunternehmen gegenüber ihren als Handelsvertreter auftretenden Tankstellen die Erhebung von Kreditkartengebühren untersagen,⁹²⁴ weil dort das Mineralölunternehmen das alleinige wirtschaftliche Risiko trägt. Die gesamte vorerwähnten Fallpraxis einer Reduktion des Tatbestandes des § 1 GWB für Preis- und Konditionenbindungen in Fällen der Interessenwahrung im alleinigen wirtschaftlichen Risiko des Bindenden ist auch nicht durch die Praxis zu **Art. 81 EG** in Frage gestellt. Dies gilt jedenfalls dann, wenn die zur Voraussetzung der alleinigen Risikoverteilung hinzutretende Frage, ob der Gebundene in den Bereich des Bindenden als integriertes Hilfsorgan eingegliedert ist,⁹²⁵ nicht als eigenständige Voraussetzung, sondern als Missbrauchskontrolle begreift.⁹²⁶ Ansonsten würde eine Tatbestandsreduktion in einigen Fällen ausscheiden, weil beispielsweise kaum davon gesprochen werden kann, dass ein ADAC-Mitglied in den ADAC als integriertes Hilfsorgan oder ein Versicherungsnehmer derart in seine Versicherung eingegliedert ist; allerdings wäre dann durchaus an eine Freistellung nach § 2 Abs. 1 GWB (Art. 81 Abs. 3 EG) zu denken, wenn die Preisbindung z. B. des ADAC oder der Versicherung gewährleistet, dass der Verbraucher niedrige Mitglieds- bzw. Versicherungsbeiträge zahlen.

179 **ff) Eigentumsrecht.** Der Eigentümer einer Sache kann damit grundsätzlich gem. § 903 BGB nach Belieben verfahren. Doch stellt das Eigentum an einer Sache nicht vom grundsätzlichen Verbot der Preis- und Konditionenbindung des § 1 GWB frei.⁹²⁷ Deshalb unterliegen auch Miet- und Pachtverträge dem § 1 GWB, wenn in ihnen eine Bindung für den Zweitvertrag enthalten ist⁹²⁸. Nach § 1 GWB nichtig ist auch eine Vereinbarung in einem Rahmenvertrag zwischen einem Wohnungsunternehmen und einem **Kabelnetzbetreiber,** nach der die Preisgestaltung für die vom Mieter zu zahlenden Entgelte für die Versorgung mit Kabelfernseh- und Kabelhörfunkprogrammen von der Zustimmung des Wohnungsunternehmens abhängt.⁹²⁹ Möglich ist aber eine Freistellung von Preisempfehlungen und Konditionenbindungen, insbesondere gemäß § 2 Abs. 2 GWB in Verbindung mit der GVO Vertikalvereinbarungen.

Umstritten sind die Auswirkungen des grundsätzlichen Preis- und Konditionenbindungsverbotes des § 1 GWB auf die verschiedenen Formen des Eigentumsvorbehalts. Es ist zwischen verlängertem und weitergeleitetem Eigentumsvorbehalt zu unterscheiden. Unstreitig fällt der **verlängerte Eigentumsvorbehalt** (d. h. der Vorbehaltskäufer ist zur Weiterveräußerung der Sache nur gegen Abtretung der Forderung gegenüber dem Dritten berechtigt) nicht unter § 1 GWB, weil damit kein Einfluss auf die Preise und Konditionen des Zweitvertrages genommen wird.⁹³⁰ Anders soll dies nach einer Auffas-

---

⁹²³ *Horn* ZHR 157 (1993), 324, 331 ff. Kritisch *Hönn* ZBB 1996, 6; *Oechsler* WM 1993, 1945; *Emmerich* in: Immenga/Mestmäcker, GWB, § 14 Rn. 56 in der Vorauf!.; siehe auch *Zimmer* in: Immenga/Mestmäcker, GWB, § 1 Rn. 238; ferner LG Düsseldorf WM 1990, 1688.
⁹²⁴ OLG Düsseldorf WuW/E OLG 4730 = NJW-RR 1991, 753 = WM 1991, 913; vgl. zu Handelsvertretern allgemein: oben Rn. 173.
⁹²⁵ Vgl. oben Rn. 174 und nochmals EuGH Slg. 1975, 1663, 2025 (Rn. 539 ff.) – *Suiker Unie*; EuGH Slg. 1987, 3821 – *Vlaamse Reisebureaus*; EuGH Slg. 1995, I-3477 = GRUR Int. 1996, 150 – *Bundeskartellamt/Volkswagen AG*; *Emmerich* in: Immenga/Mestmäcker, Art. 91 Abs. 1 EGV Rn 255 ff.; *Klotz* in: Schröter/Jacob/Mederer, Kommentar zum Europäischen Wettbewerbsrecht, Art. 81 Fallgruppen Liefer- und Bezugsvereinbarungen Rn. 56. Vgl. die Kommentierung zu Art. 81 zur GVO-Vertikal Rn. 45 f.
⁹²⁶ Vgl. oben Rn. 174 zu Handelsvertreterverhältnissen.
⁹²⁷ *Emmerich* in: Immenga/Mestmäcker, GWB (3. Aufl.), § 14 a. F. Rn. 40; vgl. auch LKartB Bayern WuW/E DE-V 1548, 1550 – *Außenwerbeflächen* für ein Wettbewerbsverbot.
⁹²⁸ *Wolter* in: Frankfurter Kommentar § 14 Rn. 51.
⁹²⁹ BGH WuW/E DE-R 692 – *Kabel-Hausverteileranlagen;* mit zust. Anm. *Wolter* BGH Report 2001, 512 f.; zust. Kommentar *Karsten Schmidt* EWiR 2001, 763 f.
⁹³⁰ *Emmerich* in: Immenga/Mestmäcker, GWB, § 14 Rn. 41 in der Vorauf!.; *Wolter* in: Frankfurter Kommentar § 14 Rn. 53.

sung[931] beim **weitergeleiteten oder erweiterten Eigentumsvorbehalt** sein. Da die Weiterveräußerung dem Vorbehaltskäufer nur gegen Weitergabe des Eigentumsvorbehalts gestattet ist, werden in dem Erstvertrag die Geschäftbedingungen für den Zweitvertrag festgelegt. Die wohl überwiegende Meinung lehnt eine Anwendung des § 1 GWB jedoch zu Recht ab. Die Beschränkung des Vorbehaltskäufers, die Ware nur unter Weitergabe des Eigentumsvorbehalts veräußern zu können, hat ihre Ursache nicht in einer Verpflichtung in der Erstvereinbarung. Die Beschränkung ist vielmehr nur eine Folge daraus, dass der Vorbehaltskäufer selbst nur ein Anwartschaftsrecht hat und daher über fremdes Eigentum verfügt.[932] Außerdem bedeutet die Abrede über den weitergeleiteten Eigentumsvorbehalt für den Käufer eine Erleichterung. Sie stellt gegenüber dem einfachen Eigentumsvorbehalt insofern ein Minus dar, als das Eigentum durch die Anrede mit Zahlung des Zweitkäufers an den Erstkäufer übergeht, während dies beim einfachen Eigentumsvorbehalt erst mit Zahlung des Kaufpreises an den Verkäufer geschieht.[933]

gg) Geistiges Eigentum. Das grundsätzliche Preis- und Konditionenbindungsverbot des § 1 GWB steht zu den Gewerblichen Schutzrechten (Patente, Gebrauchsmuster, Marken, Geschmacksmuster, Sortenschutz, Know-How), aber auch zu Urheberrechten in einem **Spannungsverhältnis.** Die aus diesen Rechten fließenden dinglichen Beschränkungsmöglichkeiten wirken als Beschränkung über eine Bindung des Vertragspartners auch auf Zweitverträge, teilweise sogar auf Dritt- oder Viertverträge. Räumt beispielsweise ein Fotograf einer Bildagentur ausschließliche, sublizensierbare urheberrechtliche Nutzungsrechte an seinem Foto ein, nicht aber das Bearbeitungsrecht (§ 37 Abs. 1 UrhG), so sind die Konditionen des Zweitvertrages der Bildagentur mit einem Verwerter insoweit von vornherein gebunden. Es bedarf also ggf. einer Reduktion des § 1 GWB. Im Einzelnen sei auf die zusammenhängende Darstellung der Behandlung von Rechten des Geistigen Eigentums unten verweisen.[934]

hh) Waren- und Dienstleistungsfreiheit. Eine einschränkende Auslegung des grundsätzlichen Verbotes der Preis- und Konditionenbindung des § 1 GWB kann durch die Warenverkehrsfreiheit nach Art. 28 EG und durch die Dienstleistungsfreiheit nach Art. 49 EG geboten sein. Das LG Köln hatte entschieden, dass die aus Frankreich eingeführten Mars-Riegel mit dem Aufdruck „+10%" gegen § 14 GWB a.F. (jetzt § 1 GWB) verstoßen. Der EuGH[935] stellte daraufhin fest, dass die Preisgestaltungsfreiheit der Händler nicht um jeden Preis schutzwürdig sei. Das Preis- und Konditionenbindungsverbot sei im Lichte der Freiheit des Warenverkehrs einschränkend auszulegen. Darüber hinaus sei die Aktion für den Verbraucher günstig und auf einen kurzen Zeitraum beschränkt, weshalb das Interesse an einem freien Warenverkehr dem nationalen Preisbindungsverbot vorgehe.[936] Entsprechendes muss auch gelten, wenn die Dienstleistungsfreiheit nach Art. 49 EG betroffen ist.

c) Sonstige vertikale Vertriebsbindungen, Verwendungsbeschränkungen, Kopplungsbindungen. Grundsätzlich besteht seit Abschaffung des § 16 GWB a.F. ein Verbot für vertikale Vertriebsbindungen, Verwendungsbeschränkungen oder Kopplungsbindungen.[937] Sie werden umfassend durch die einschlägigen GVOen freigestellt. Sind sie jedoch funktionsnotwendig bzw. besteht ein berechtigtes Interesse im Sinne der beiden Kategorien

---

[931] *Emmerich* in: Immenga/Mestmäcker, GWB, § 14 Rn. 41 in der Vorauflage.
[932] *Wolter* in: Frankfurter Kommentar § 14 Rn. 54.
[933] *Wolter* in: Frankfurter Kommentar § 14 Rn. 54 in der Vorauflage.
[934] Unten Rn. 203 ff.
[935] EuZW 1996, 611 – *Mars*.
[936] So lehnte auch der BGH wegen der Kürze einer solchen Aktion einen Verstoß gegen § 14 GWB a.F. (jetzt § 1 GWB) ab, BGH NJW 2003, 2682 ff. – *1 Riegel extra* = GRUR 2003, 637 = WuW/E DE-R 1101; zust. Anm. von *Köhler* in ZLR 2003, 464 ff.; siehe auch oben Rn. 115, 143.
[937] Siehe auch Rn. 117.

aus der BGH-Rechtsprechung,[938] sind sie schon nicht tatbestandsmäßig im Sinne von § 1 GWB. – **Vertriebsbindungen** sind Beschränkungen, die Ware oder Dienstleistung an Dritte abzugeben, also Fachhandelsbindung, Querlieferungs- oder Sprunglieferungsverbot, die Verpflichtung, die Ware erst ab einem bestimmten Datum zu verkaufen, oder das Verbot, Geschäfte über das Internet zu machen. Insbesondere bei Vertriebsbindungen in Form einer **Fachhandelsbindung** fallen im Rahmen des sog. „selektiven Vertriebs" qualitative Anforderungen an den Abnehmer bei Weiterveräußerung nicht unter das Verbot des § 1 GWB, wenn bestimmte Voraussetzungen erfüllt sind: die Auswahl der Wiederverkäufer knüpft an objektive Gesichtspunkte qualitativer Art an, die sich auf die fachliche Eignung des Wiederverkäufers, seines Personals oder seiner sachlichen Ausstattung bezieht; die Auswahl wird einheitlich und diskriminierungsfrei angewendet, wobei Lückenlosigkeit nicht zwingend ist; die Eigenschaften des in Rede stehenden Erzeugnisses müssen zur Wahrung seiner Qualität und seines richtigen Gebrauchs ein solches selektives Vertriebssystem und in diesem Rahmen vereinbarten Lieferbeschränkungen grundsätzlich erfordern. An das Maß der Erforderlichkeit sind keine besonders strengen Maßstäbe anzulegen.[939] Insoweit fällt es dann schon nicht unter § 1 GWB, wenn dem Einzelhändler verboten wird, über Internet-Auktionsplattformen zu verkaufen, die diese qualitativen Voraussetzungen nicht erfüllen.[940] Außerhalb der Fachhandelsbindung liegt jedoch eine Wettbewerbsbeschränkung vor, die allerdings z. B. nach der Vertikal-GVO freigestellt sein kann.[941] Die Verpflichtung, **neben dem Internetshop ein Ladengeschäft** zu betreiben, ist allerdings genauso eine Wettbewerbsbeschränkung wie die Vorgabe von Mindestumsätzen im Ladengeschäft.[942] Das völlige **Verbot** des Herstellers für den Händler, **über das Internet zu verkaufen** und sich ggf. den Internetvertrieb selbst vorzubehalten, ist ebenfalls eine Wettbewerbsbeschränkung gem. § 1 GWB.[943] Im Handelsvertreterverhältnis gilt jedoch wegen der abweichenden wirtschaftlichen Risikoverteilung[944] etwas anderes: der Prinzipal darf sich selbst das Internet vorbehalten.[945] – Ferner können **Verwendungsbeschränkungen** für die betreffende Ware oder Dienstleistung oder anderer Waren oder Dienstleistungen bestehen, z. B. kann ein Vertrag das Verbot für den Abnehmer beinhalten, die vertragsgegenständliche Ware für eine bestimmte Verwendung einzusetzen. Das kann ein Wettbewerbverbot auslösen, wenn bestimmte konkurrierende Verwendungen untersagt werden; solche Verwendungsbeschränkungen bedürfen einer gewichtigen Rechtfertigung.[946] Das gleiche gilt, wenn die Verwendungsbeschränkung einem bloßen Kunden-

---

[938] Rn. 148 ff.

[939] LG Mannheim WuW/E DE-R 2322 = GRUR-RR 2008, 253, 254 – *Schulranzen*; *Zimmer* in: Immenga/Mestmäcker, GWB, § 1 Rn. 362. Zum EU-Recht, siehe die Kommentierung zur Vertikal-GVO.

[940] LG Mannheim WuW/E DE-R 2322 = GRUR-RR 2008, 253, 254 – *Schulranzen*; *Pischel* GRUR 2008, 1066, 1071; *Dieselhorst/Kuhn* WRP 2008, 1306, 1307 ff. unter Verweis auf eine unveröffentlichte Entscheidung des LG München I vom 24. 6. 2008, Az. 33 O 22144/07; a. A. LG Berlin K&R 2008, 321.

[941] Eingehend *Dieselhorst/Luhn* WRP 2008, 1306, 1309 ff.

[942] BKartA TB 2005/2006, S. 39, 75 – *Schulranzen*, dort auch zu den Freistellungsmöglichkeiten. Siehe für exklusive Produkte wie Markenparfüms großzügiger BGH WuW/E DE-R 1203 – *Depotkosmetik im Internet*, dort zu § 20 Abs. 1 GWB. Eingehend auch *Pischel* GRUR 2008, 1066, 1070.

[943] Die auch im Regelfall nicht freigestellt ist: EU-Kommission, Leitlinien vertikale Beschränkungen, Tz. 51. Eingehend *Pischel* GRUR 2008, 1066, 1069 mwN.

[944] Dazu auch Rn. 173.

[945] BGH WuW/E DE-R 2363, 2366 = WRP 2008, 1376, 1380 Tz. 40 – *Post-Wettannahmestelle*.

[946] Dazu oben Rn. 155 ff., insbesondere Rn. 160. Zum EU-Recht Art. 81 Abs. 1 EG Rn. 271. Eingehend auch *Bechtold/Denzel* WuW 2008, 1272, insbesondere zu den Freistellungsmöglichkeiten nach § 2 GWB iVm. der Vertikal-GVO.

§ 1. Verbot wettbewerbsbeschränkender Vereinbarungen 183 § 1 GWB

schutz dient.⁹⁴⁷ Auch außerhalb von Wettbewerbsverboten müssen Verwendungsbeschränkungen erforderlich sein, dann sind aber geringere Anforderungen an ihre Rechtfertigung zu stellen. – Schließlich sind **Kopplungsbindungen** denkbar in Form der Verpflichtung, mit der vertragsgegenständlichen Ware oder Dienstleistung noch andere Waren oder Dienstleistungen abzunehmen oder abzugeben; auch das bedarf einer Rechtfertigung, um schon aus dem Tatbestand des § 1 GWB als „immanent" herauszufallen.⁹⁴⁸

d) Vergleich. Schließen aktuelle oder potentielle Wettbewerber miteinander einen Vergleich, der mindestens eine Partei in ihrer Wettbewerbsfreiheit beschränkt, so wird auch dies grundsätzlich von § 1 GWB erfasst. § 779 BGB geht § 1 GWB in keiner Weise vor.⁹⁴⁹ Allerdings sind **Wettbewerbsbeschränkungen** in Vergleichen **zulässig,** wenn der entsprechende **Wettbewerb ohnehin verboten** wäre, sei es (zulässigerweise) vertraglich⁹⁵⁰ oder gesetzlich auf Grund staatlicher Regulierung.⁹⁵¹ Dann bekräftigt der Vergleich nur, was das GWB ohnehin nicht schützen will. Das eigentliche Problem besteht jedoch darin, dass bei Vergleichsabschluss teilweise nicht endgültig feststeht, ob Wettbewerb vertraglich oder gesetzlich verboten ist. Die Parteien schließen Vergleiche als Kompromisse vielmehr regelmäßig, um einen längeren und teureren Rechtsstreit über die Problematik zu vermeiden (sogenanntes **Prozessvermeidungsinteresse**). Dieses ist auch einschlägig, wenn auf eine Abmahnung hin – eben zur Vermeidung eines Rechtsstreits – sofort die geforderte Unterlassungserklärung abgegeben wird, auch wenn dann im Rechtsinne kein Vergleich vorliegt. – Bei Handlungen im Prozessvermeidungsinteresse wird den Parteien ein kartellrechtlicher Beurteilungsspielraum zugebilligt. Wenn ernsthafte objektive Anhaltspunkte zur Bejahung des durch den Vergleich beigelegten Anspruch bestehen und sich die wettbewerbsbeschränkende Koordinierung innerhalb dessen hält, was bei objektiver Beurteilung ernsthaft zweifelhaft sein kann, findet § 1 GWB keine Anwendung.⁹⁵² Es mangelt an einer Wettbewerbsbeschränkung.⁹⁵³ Teilweise wird versucht, dem noch eine weitere Voraussetzung hinzuzufügen, die aus der Immanenztheorie⁹⁵⁴ abgeleitet wird, nämlich die Bindung der Kartellrechtmäßigkeit von Vergleichen an die Schwere der vergleichsbedingten Wettbewerbsbeschränkung. Vergleiche, die den Wettbewerb ausschließen oder im hohen Maße beschränken, seien schlechterdings überhaupt nicht akzeptabel.⁹⁵⁵ Das erscheint aber schon aus praktischen Gründen nicht sinnvoll, weil damit für die Parteien neben der Unsicherheit, ob der fiktive objektive – spätere – Beobachter ernsthafte Gründe für eine kartellrechtliche Neutralität sieht, noch ein weiteres Element der Rechtsunsicherheit aufgemacht wird. Der Vergleich soll aber gerade ein Höchstmaß an Rechtssicherheit bringen. Ohnehin ist die geforderte Berücksichtigung des Ausmaßes der Wettbewerbsbeschränkung bereits in der Beurteilung, ob der im Vergleich geregelte wettbewerbsbeschränkende Anspruch objektiv und ernsthaft möglich erscheint, enthalten. Ansprüche auf vertragliche und gesetzliche Wettbewerbsbeschränkungen werden regelmäßig nur in Abstimmung mit dem GWB

---

⁹⁴⁷ Vgl. oben Rn. 161.
⁹⁴⁸ Siehe weitergehend zum EU-Recht Art. 81 Abs. 1 EG Rn. 321 ff.
⁹⁴⁹ *Beater* WuW 2000, 584, 590.
⁹⁵⁰ Vgl. oben Rn. 155 ff., 169 ff.
⁹⁵¹ Vgl. unten Rn. 186 ff.
⁹⁵² WuW/E BGH 1385, 1386 – *Heilquelle* = BGHZ 65, 147; WuW/E BGH 2003, 2005 – *Vertragsstrafenrückzahlung*; vgl. auch BGHZ 65, 147 – *Thermalquelle*; siehe ferner die parallele EU-Praxis EuGH Rs. C-35/83 – *BAT Cigaretten-Fabriken GmbH/Kommission* Slg 1985, I-363, 385; Komm. E. *Päennys* ABl. 1978 Nr. L 60, S. 19, 23 f.; EU-Kommission GRUR Int. 1983, 294, 297 – *Toltecs/Dorzet*; Harte-Bavendamm/von Bomhard GRUR 1998, 530, 532; *Utescher* GRUR 1976, 326. **A. A.** gegen jeden kartellrechtlich privilegierten Beurteilungsspielraum *Emmerich*, Kartellrecht, § 21 Rn. 49; *Säcker*: in: Münchener Kommentar, GWB, § 1 Rn. 37.
⁹⁵³ *Zimmer* in: Immenga/Mestmäcker, GWB, § 1 Rn. 189 ff.
⁹⁵⁴ Vgl. dazu oben Rn. 148 ff.
⁹⁵⁵ *Beater* WuW 2000, 584, 593.

gewährt. Tritt das GWB sogar einmal vollständig hinter bestimmte gesetzliche Regelungen zurück, ist auch kein Grund ersichtlich, dieses Verhältnis bei Vorliegen eines Vergleiches aufzuweichen. – Die vorstehenden Ausführungen gelten auch für Vergleiche bei Streitigkeiten im **Immaterialgüterrecht**[956] Insbesondere sind hier dann auch die sonst kartellrechtlich kritisch gesehenen **Nichtangriffsabreden** zulässig, weil es „gerade Sinn dieser Vereinbarung ist, bestehende Konflikte zu lösen bzw. zukünftige zu vermeiden".[957]

184 e) **Arbeitsgemeinschaften (Arbeitsgemeinschaftsgedanke).** Zum Beispiel um größere Baulose oder industrielle Großaufträge zu erhalten, bilden Unternehmen regelmäßig **Bietergemeinschaften. Arbeitsgemeinschaften** bilden Unternehmen dann zur Ausführung solcher Vorhaben. Wenn die Unternehmen vorher gemeinsam geboten haben, spricht man von kombinierten Bieter- und Arbeitsgemeinschaften. Grundlage der Bieter- und Arbeitsgemeinschaft ist das – meist stillschweigende – Verbot, nicht allein zu bieten oder zu arbeiten. Eine relevante Wettbewerbsbeschränkung muss darin aber nicht liegen. Denn solchen Arbeitsgemeinschaften kann es „immanent" sein, dass bei Großprojekten die einzelnen Unternehmen gar nicht in der Lage wären, den Auftrag alleine auszuführen (sogenannter **Arbeitsgemeinschaftsgedanke**). Nach zutreffender Auffassung des Bundesgerichtshofes entfällt dadurch jedoch schon die Stellung der Beteiligten als zumindest potentielle Wettbewerber.[958] Eine Reduzierung des Tatbestandes der Wettbewerbsbeschränkung durch Vorteils- und Nachteilsabwägung, wie sie charakteristisch für die Immanenztheorie ist, findet nicht statt, so dass sie streng genommen nicht einschlägig ist.

II. Wettbewerbsfördernde horizontale Zusammenarbeit

185 Vom Tatbestand des § 1 GWB können darüber hinaus gewisse (horizontale) Abreden zwischen Wettbewerbern ausgenommen sein, die wettbewerbsfördernde Wirkung haben und deshalb schon nicht den Tatbestand der Wettbewerbsbeschränkung oder zumindest nicht den Tatbestand der Spürbarkeit erfüllen. Das gilt insbesondere für Normierungs- und Typenabreden, Konditionenabreden, Spezialisierungs- und Produktionsvereinbarungen, Rationalisierungsabreden, Einkaufsgemeinschaften, Vermarktungsvereinbarungen, F&E-Vereinbarungen und Umweltschutzabreden. Insoweit liegt jedoch der Schwerpunkt auf der Freistellung nach § 2 Abs. 1 GWB, so dass sie zusammenhängend dort erörtert werden.[959]

III. Gesetzeskonkurrenz durch staatliche Regulierung

Schrifttum: *v. Gamm,* Das Verbot einer unbilligen Behinderung und einer sachlich nicht gerechtfertigten Diskriminierung, NJW 1980, 2489 ff.; *Gassner,* Arzneimittelfestbeträge – Luxemburg locuta – causa finita, WuW 2004, 961 ff.; *Immenga,* Grenzen des kartellrechtlichen Ausnahmebereichs Arbeitsmarkt, München 1989; *Jaeger,* Die gesetzlichen Krankenkassen als Nachfrager im Wettbewerb, ZWeR 2005, 31 ff.; *Kilian,* Die Selbstverwaltung in den Zeiten der EU-Agenda „Dekartellierung", AnwBl 2007, 645 ff.; *Kraft/Hönn,* Streikhilfeabkommen im Schnittpunkt von Kartell- und Arbeitsrecht, ZHR 141 (1977) 230 ff.; *Merz,* Die Vorfeldthese, 1988; *Nacken,* Tarifverträge über das Ende der Arbeitszeit und § 1 GWB, WuW 1988, 475 ff.; *Neumann,* Zur Festbetragsfestsetzung durch die Krankenkassen und zu Art. 81 EG, WuW 1999, 961 ff.; *Jan Bernd Nordemann,* Wettbewerbsverzerrung durch die öffentliche Hand. Die Entdeckung des Kartellrechts, WRP 1996, 383 ff.; *Reysen/Bauer,* Health Insurance and European Competition Law, ZWeR 2004, 568 ff.; *Roth,* Tarifautonomie und Kartellrecht, 1990; *Schnelle/Hübner,* Einkaufsgemeinschaften der öffentlichen Hand: Kartellrechtliche

---

[956] Eingehend EU-Kommission, Leitlinien zur Anwendung von Art. 81 EG-Vertrag auf Technologietransfervereinbarungen (2004/C 101/02), Rn. 204 ff.; speziell zu markenrechtlichen Abgrenzungsvereinbarungen siehe unsere Kommentierung in § 1 Rn. 213.
[957] EU-Kommission, Leitlinien zur Anwendung von Art. 81 EG-Vertrag auf Technologietransfervereinbarungen (2004/C 101/02), Rn. 209.
[958] Siehe eingehend oben Rn. 83.
[959] § 2 Rn. 44 ff.

§ 1. Verbot wettbewerbsbeschränkender Vereinbarungen 186–188 § 1 GWB

Zulässigkeit und Rechtsweg in das vergaberechtliche Nachprüfverfahren, WRP 2003, 1205 ff.; *Scholz*, Tarifautonomie, Arbeitskampf und privatwirtschaftlicher Wettbewerb, in: FS Fritz Rittner, 1991, S. 629 ff.; *Schultz/Wagemann*, Kartellrechtspraxis und Kartellrechtsprechung 2000/2001, 16. Aufl. 2001; *Westermann*, Einkaufkooperationen der öffentlichen Hand nach der Feuerlöschzüge-Entscheidung des BGH, ZWeR 2003, 481 ff.; *Wolf*, Das Recht gegen Wettbewerbsbeschränkungen (GWB) und das Recht gegen unlauteren Wettbewerb: Ein Vergleich, WRP 1995, 543 ff.

1. Berufsrecht

Die öffentlich-rechtlichen Berufsvereinigungen der Freiberufler, die sog. Kammern, sind auf Grund gesetzlicher Ermächtigung befugt, berufsrechtliche Regeln zu erlassen, die ihrerseits wettbewerbsbeschränkender Natur sein können. Berufsrechtliche Regelungen können aber nur unter bestimmten Voraussetzungen vom Kartellrecht erfasst werden. Insoweit haben nicht nur das deutsche Kartellrecht, sondern auch das parallele EU-Kartellrecht eine differenzierte Sichtweise entwickelt.[960]   **186**

Mit Kartellrecht kann nicht gegen wettbewerbsbeschränkende berufsrechtliche Regelungen vorgegangen werden, wenn der **Staat** der Berufsorganisation dafür die wesentlichen Grundsätze unter Berücksichtigung von Allgemeininteressen **vorgegeben** hat und sich die **Letztentscheidungsbefugnis** über das Wirksamwerden des Beschlusses der Berufsorganisation vorbehält.[961] Insoweit fehlt Berufsorganisationen, die als verlängerter Arm des staatlichen Gesetzgebers Regeln – unter zwingender Beachtung von Allgemeininteressen – aufstellen, schon die **Unternehmenseigenschaft**. Solches „quasi-staatliches" Recht wird vom Kartellrecht hingenommen und kann grundsätzlich nur wegen Verfassungsrechts oder auf europäischer Ebene auf Grund von Regelungen des EU-Rechts (z. B. Dienstleistungsfreiheit Art. 49 EG oder Warenverkehrsfreiheit Art. 28 EG, mit Einschränkungen auch Art. 81, 82 EG i. V. m. Art. 10 EG)[962] angreifbar sein. Ist die Bindung an Allgemeininteressen aber nicht zwingend und können die Berufsorganisationen auch im ausschließlichen Interesse ihres Berufsstandes handeln, findet Kartellrecht Anwendung auf die berufsrechtlichen Regelungen.[963] Kartellrechtlich überprüft werden konnte daher das Sozietätsverbot von Rechtsanwälten und Wirtschaftsprüfern nach einer niederländischen berufrechtlichen Satzung[964] und die Honorarordnung für belgische Architekten,[965] weil in beiden Fällen die die Satzung erlassende Berufsorganisation nicht zur Beachtung von Allgemeininteressen verpflichtet war.   **187**

Im Fall der Anwendung des Kartellrechts existiert zunächst auf europäischer Ebene eine umfassende Entscheidungspraxis, die wegen der Parallelität mit dem deutschen Recht zu beachten ist; es sei insoweit auf die Kommentierung zu Art. 81 Abs. 1 verwiesen.[966] – Die deutsche Praxis hat folgende Grundsätze entwickelt, die konform mit der europäischen Praxis gehen: Wettbewerbsbeschränkungen, insbesondere Wettbewerbsverbote und Werbebeschränkungen, sind unzulässig, soweit staatliches oder innerhalb **gesetzlicher Ermächtigung** erlassenes Berufsrecht diese nicht vorsehen.[967] Die gesetzliche Ermächtigung muss   **188**

---

[960] Eingehend zur EU-Praxis: Art. 81 Abs. 1 EG Rn. 68 ff.
[961] Für Art. 81 EG EuGH WuW/E EU-R 533, 538 f. – *Wouters* = NJW 2002, 877. Eingehend Art. 81 Abs. 1 EG Rn. 51. Zusammenfassend *Kilian* AnwBl 2007, 645 ff.
[962] Vgl. Kommentierung Art. 81 Abs. 1 EG Rn. 82 f. mwN.; ferner *Schröter* in: Schröter/Jakob/Mederer, Kommentar zum Europäischen Wettbewerbsrecht, Art. 81 Abs. 1 Rn. 146 ff. mwN.
[963] EU-Kommission, Entscheidung vom 24. Juni 2004, Rn. 43 f. – *Ordre des Architectes/Orde van Architecten*.
[964] Für Art. 81 EG EuGH WuW/E EU-R 533, 538 f. – *Wouters* = NJW 2002, 877.
[965] EU-Kommission, Entscheidung vom 24. Juni 2004, EuZW 2004, 561 Rn. 43 f. – *Ordre des Architectes/Orde van Architecten*.
[966] Rn. 68 ff.
[967] WuW/E BGH 2688, 2690 – *Warenproben in Apotheken* = GRUR 1991, 622; WuW/E BGH 2326, 2328 – *Guten Tag-Apotheke II* = BGH NJW-RR 1987, 485; WuW/E BGH 2141, 2144 – *Apotheken-Werbung*; WuW/E BGH 1474, 1477 – *Architektenkammer* = GRUR 1977, 739.

in dieser Hinsicht eindeutig sein.⁹⁶⁸ Insbesondere **soweit** das gesetzliche Berufsrecht **keine ausdrücklichen Vorschriften** zur Beschränkung des Wettbewerbs enthält, **unterliegen** Wettbewerbsbeschränkungen in Satzungen **dem GWB**.⁹⁶⁹ Es ist daher beispielsweise unzulässig, wenn die Berufsordnung einer Apothekerkammer ein generelles Werbeverbot für Außenwerbung vorsieht, ohne dass eine entsprechende gesetzliche Grundlage existiert hätte.⁹⁷⁰ Eine Apothekerkammer darf ihren Mitgliedern nicht Werbung durch Abgabe unentgeltlicher Warenproben untersagen;⁹⁷¹ die entsprechende berufsrechtliche Regelung ohne Gesetzescharakter wurde hierbei für nichtig erklärt. Genauso wurde für unzulässig befunden, dass eine Apothekerkammer ihren Mitgliedern unter Überschreitung ihrer Kompetenzen die Verwendung einer bestimmten Marke untersagt.⁹⁷² Architektenkammern dürfen nicht ohne gesetzliche Ermächtigung ihre Mitglieder an bestimmte Honorarhöchstsätze binden und jegliche Unterschreitung verbieten.⁹⁷³ Unzulässig war danach auch das nicht durch § 78 SteuerberatungsG gedeckte Verbot für Steuerberater in der Berufsordnung der Bundessteuerberaterkammer, als freie Mitarbeiter nur Befugnisträger zu beschäftigen.⁹⁷⁴ Lediglich wenn sich die wettbewerbsbeschränkende Regelung als „notwendig" für die Verfolgung legitimer berufspolitischer Ziele erweist, die vom GWB gebilligt werden (z.B. Gewährleistung der Unabhängigkeit der Buchprüfung durch Sozietätsverbot von Wirtschaftsprüfern und Rechtsanwälten), ist das Kartellverbot des § 1 GWB nicht verletzt;⁹⁷⁵ damit kann auch hier der Immanenzgedanke fruchtbar gemacht werden.⁹⁷⁶ – Wenn die Prüfung ergeben hat, das die Satzungsregelung den vorgegebenen gesetzlichen Grundlagen entspricht, fehlt es den einschlägigen Satzung regelmäßig auch nicht an einer hinreichenden **Letztentscheidungsbefugnis**. Z.B. § 86 Abs. 3 SteuerberatungsG oder § 59b BRAO ordnen eine Vorlagepflicht an die Rechtsaufsicht mit Verbotsvorbehalt an.⁹⁷⁷

189 Sofern die gesetzliche Ermächtigung für die berufsrechtliche Regelung die Wettbewerbsbeschränkung umfasst, wird eine GWB-konforme Anwendung und Auslegung nicht gefordert.⁹⁷⁸ Vereinbarungen in diesem Rahmen sind also **kartellrechtsfest**. Allerdings kann die gesetzliche Regelung gegen höherrangiges Recht, also z.B. gegen das Grundgesetz⁹⁷⁹ oder EU-Recht (insbesondere Art. 28, 49, 81, 82, 10 EG) verstoßen und damit als Schutz gegen die Anwendung des Kartellrechts entfallen.

2. Arbeitsrecht (Tarifverträge)

190 Tarifverträge regeln nicht nur Angelegenheiten des Arbeitsmarktes, sondern haben häufig auch mittelbare oder unmittelbare wettbewerbsbeschränkende Auswirkungen auf die

---

⁹⁶⁸ *Zimmer* in: Immenga/Mestmäcker, GWB, § 1 GWB Rn. 66.
⁹⁶⁹ WuW/E BGH 2326, 2328 – *Guten Tag-Apotheke II* = BGH NJW-RR 1987, 485, 486; OLG Bremen WuW/E OLG 4367, 4368 – *Proben apothekenüblicher Waren;* BKartA TB 2003/2004, S. 173.
⁹⁷⁰ KG WuW/E OLG 4008, 4011 – *Apothekenkammer Bremen.*
⁹⁷¹ OLG Bremen WuW/E OLG 4367, 4368f. – *Proben apothekenüblicher Waren.*
⁹⁷² WuW/E BGH 2326, 2328 – *Guten Tag-Apotheke II* = BGH NJW-RR 1987, 485, 486.
⁹⁷³ WuW/E BGH 1474, 1476f. – *Architektenkammer* = GRUR 1977, 739. Ebenso EU-Kommission, Entscheidung vom 24. Juni 2004, EuZW 2004, 561 Rn. 50ff. – *Ordre des Architectes/Orde van Architecten* für die Honorarordnung belgischer Architekten.
⁹⁷⁴ BKartA TB 2003/2004, S. 173.
⁹⁷⁵ So für Art. 81 EG: EuGH WuW/E EU-R 533, 541 – *Wouters* = NJW 2002, 877; dazu *Mailänder* BRAK-Mitt. 2003, 114, 116.
⁹⁷⁶ Dazu oben Rn. 148ff.
⁹⁷⁷ Eingehend und zweifelnd Kilian Anwbl 2007, 645, 652f. mwN zum Streitstand.
⁹⁷⁸ *Bechtold*, GWB, § 1 Rn. 29.
⁹⁷⁹ Vgl. nur BVerfG GRUR 2003, 966, 967 – *Internetwerbung von Zahnärzten;* BVerfG GRUR 2003, 965, 966 – *Interessenschwerpunkt „Sportrecht";* BGH GRUR 2004, 164 – *Arztwerbung im Internet;* BGH GRUR 2003, 798, 799 – *Sanfte Schönheitschirurgie;* BGH GRUR 1999, 1014, 1015f. – *Verkaufsschütten vor Apotheken.*

Güter- und Leistungsmärkte. Es ist folgende Kategorisierung vorzunehmen, um das **Spannungsverhältnis** zwischen **Tarifrecht und Kartellrecht** zu lösen:[980]

Erstens sind die Fälle zu betrachten, in denen Unternehmen **außerhalb des Tarifvertrages** miteinander Vereinbarungen über Betriebs- und Arbeitsbedingungen treffen, die also keine unmittelbare Beziehung zum vertikalen Arbeitgeber-Arbeitnehmer-Verhältnis haben.[981] Hier hat das Bundeskartellamt in einem Fall, bei dem es um Absprachen zwischen Großunternehmen über einen einheitlichen Geschäftsschluss am Samstag und über zeitlich einheitliche Betriebsferien ging, das GWB ohne weiteres für anwendbar erklärt.[982] Tragender Grund für diese Entscheidung ist, dass die Vereinbarung der Arbeitgeber materiell keine Kollektivvereinbarung über die Gestaltung der Lohn- und Arbeitsverhältnisse darstellt und daher keine Kollision mit der verfassungsrechtlich geschützten Koalitionsfreiheit vorliegt.[983]

Den **zweiten Bereich** bilden diejenigen Vereinbarungen **in Tarifverträgen,** die **unmittelbar wettbewerbsbeschränkende Regelungen** enthalten, die über den in § 1 Abs. 1 TVG festgelegten Norminhalt hinausgingen. Eine tarifvertragliche Vereinbarung einheitlicher Ladenschlusszeiten stellt eine solche unmittelbare wettbewerbsbeschränkende Absprache dar und ist damit unzulässig.[984] Grund für die Anwendung des GWB auf diesen Bereich der Tarifverträge ist, dass nicht der verfassungsrechtlich geschützte Inhalt des Tarifvertrags betroffen ist, der sich auf Inhalt, Abschluss und Beendigung von Arbeitsverhältnissen i. S. v. § 1 TVG bezieht. Ladenöffnungszeiten sind nicht direkt Gegenstand des Arbeitsverhältnisses.

Eine **dritte Kategorie** sind **Tarifvereinbarungen,** die sich zwar **mittelbar** auf den **Wettbewerb** zwischen den Arbeitgebern auswirken, deren unmittelbarer Regelungsgehalt aber Inhalt, Abschluss und Beendigung der Arbeitsverhältnisse i. S. v. § 1 TVG betrifft. Dies ist zum Beispiel der Fall bei der tarifvertraglichen Festlegung der täglichen Arbeitszeiten. Hier werden mittelbar Produktions-, Betriebs- und Ladenschlusszeiten mitgeregelt, so dass ganz erhebliche Auswirkungen auf den Wettbewerb entstehen können.[985] Bei diesen Regelungen mit sog. Doppelwirkung[986] gilt Folgendes: Handelt es sich um solche tarifvertraglichen Absprachen, die den Inhalt, den Abschluss und die Beendigung von Arbeitsverhältnissen sowie betriebliche und betriebsverfassungsrechtliche Fragen ordnen und damit eine kollektivrechtliche Regelung i. S. d. Art. 9 Abs. 3 GG enthalten, so ist das GWB schon aus verfassungsrechtlichen Gründen nicht anwendbar, weil die wettbewerblichen Auswirkungen zwangsläufige, reflexartige Folgen der arbeitsrechtlichen Regelung sind.[987] Überdies stellt sich die einfachgesetzliche Regelung im Tarifvertragsrecht als lex specialis gegenüber § 1 GWB dar.[988] Das entspricht auch der Auffassung des EuGH zu Art. 81

---

[980] Vgl. zum insoweit parallelen, aber mit geringerer Entscheidungspraxis ausgestattetem EU-Recht die Kommentierung zu Art. 81 Abs. 1 EG Rn. 58.
[981] WuW/E BKartA 339, 339 – *Sonnabendarbeitszeit;* Zimmer in: Immenga/Mestmäcker, GWB, § 1 Rn. 192f. Zum gleichlautenden EU-Recht siehe die Kommentierung zu Art. 81 Abs. 1 EG Rn. 58.
[982] WuW/E BKartA 339, 339 – *Sonnabendarbeitszeit.*
[983] WuW/E BKartA 339, 339 – *Sonnabendarbeitszeit;* Nacken WuW 1988, 475, 481.
[984] KG WuW/E OLG 4531, 4533 – *Ladenöffnungszeit;* ArbG Frankfurt am Main, WuW/E VG 345, 346.
[985] KG WuW/E OLG 4531, 4535 – *Ladenöffnungszeit;* Scholz in: FS Rittner, 1991, S. 629, 649.
[986] KG WuW/E OLG 4531, 4535 – *Ladenöffnungszeit.*
[987] KG WuW/E OLG 4531, 4535 – *Ladenöffnungszeit;* BAG WuW/E VG 347, 349.
[988] *Zimmer* in: Immenga/Mestmäcker, GWB, § 1 Rn. 193; *Huber/Baums* in: Frankfurter Kommentar § 1 a. F. Rn. 224; *Roth, Tarifautonomie und Kartellrecht,* S. 22; a. A. *Immenga* S. 27; *ders.* in: Immenga/Mestmäcker, GWB, § 1 a. F. Rn. 325; *Kulka* RdA 1988, 336; *Nacken* WuW 1988, 475, 486; *Zimmer* in: Immenga/Mestmäcker, GWB, § 1 Rn. 192f. hält die Argumentation angesichts der Neufassung des § 1 GWB mit der 6. GWB-Novelle 1999, die die Bezugnahme auf Waren oder Dienstleistungen und damit auch einen Ausnahmebereich Arbeitsmarkt im Rahmen des Kartellverbotes abgeschafft habe, für überholt.

§ 1 GWB   194, 195

EG.[989] Zum Beispiel wurde ein Abkommen von Filmproduktionsfirmen zur verbindlichen Festlegung der Gagenhöhe, dessen zwangsläufige Auswirkungen objektiv geeignet waren, den Wettbewerb zu beschränken, nicht kartellrechtlich beanstandet, da derartige Folgewirkungen arbeitsrechtlicher Vereinbarungen nicht vom GWB erfasst werden.[990] **Ausnahmen** gelten bei **Missbrauch der Tarifautonmie.** Ein solcher Missbrauch von Tarifrecht muss zwangsläufig über subjektive Merkmale erfasst werden und kann darum ausnahmsweise zur Anwendung von § 1 GWB führen. So verstößt es gegen § 1 GWB, wenn die tatsächlich von der Regelung der Arbeitsbedingungen ausgehende wettbewerbsbeschränkende Wirkung von den Tarifvertragspartnern ins Auge gefasst und in die gemeinsamen Zielvorstellungen aufgenommen wurde[991] oder ein tarifliche Mindestlohnvereinbarung nur deshalb geschlossen wird, um den Marktzutritt durch Konkurrenten zu erschweren.[992]

194 Die Grundsätze über die Anwendbarkeit des GWB gelten auch für Tarifverträge mit Berufsgruppen, die unter dem Sammelbegriff der **arbeitnehmerähnlichen Personen** (§ 12a TVG) zusammengefasst werden, weil die große Ähnlichkeit zwischen Arbeitnehmern und Arbeitnehmerähnlichen eine unterschiedliche Behandlung verbietet.[993]

3. Sozialversicherungsrecht

195 Nach herrschender Auffassung verdrängt **§ 69 Abs. 4 SGB V** die Anwendung des GWB; alle Rechtsbeziehungen zwischen den Krankenkassen und ihren Verbänden zu allen Leistungserbringern und ihren Verbänden können nicht mehr nach GWB beurteilt werden.[994] Sofern dabei die Vorgenannten wettbewerbsbeschränkende Vereinbarungen im Horizontalverhältnis schließen, sind sie von der Anwendung des § 1 GWB a. F. ausgenommen. Daran dürfte sich nichts geändert haben, obwohl seit der 7. GWB-Novelle 2005 die Beurteilung nach § 1 GWB zumindest für zwischenstaatliche Sachverhalte nicht von der Beurteilung nach Art. 81 EG abweichen darf (§ 22 GWB) und EU-Recht keine Privilegierung des Gesundheitssektors kennt.[995] Denn mit der Rechtsprechung des EuGH fehlt in solchen Fällen grundsätzlich die Unternehmenseigenschaft von Sozialversicherungsträgern. Deshalb scheidet eine Anwendung des Art. 81 EG aus.[996] Das gilt insbesondere für gesetzliche Krankenkassen, die sich trotz gesetzlich verordneter Wahlfreiheit vor allem wegen des Risikoausgleiches zwischen ihnen nicht in einem wirtschaftlichen Wettbewerb untereinander befinden.[997] Der EuGH meint insoweit sogar, dass die Unternehmenseigenschaft auch für die Nachfrage grundsätzlich entfällt, wenn die öffentliche Hand auf dem Angebotsmarkt

---

[989] EuGH WuW/E EU-R 267, 269 = DB 2000, 826 m. Anm. *Fleischer* DB 2000, 821 ff.; vgl. auch EU-Kommission ABl. EG 1990 C 328/3; vgl. auch *Säcker* in: Münchener Kommentar, GWB, § 1 Rn. 40; siehe ferner Art. 81 Abs. 1 EG Rn. 58.
[990] WuW/E BKartA 502, 506 – *Gagenstoppabkommen* = BB 1962, 978, 978.
[991] KG WuW/E OLG 4531, 4533 – *Ladenöffnungszeit;* BAG WuW/E VG 347, 351.
[992] Monopolkommission WuW/E DE-V 1534 – *Post-Mindestlohn* zu Indizien eines Missbrauches der Tarifautonomie auf den Briefmärkten durch den Marktbeherrscher Deutsche Post AG.
[993] Vgl. zum Verhältnis zur Unternehmereigenschaft arbeitnehmerähnlicher Personen in Tarifverträgen oben Rn. 28.
[994] BSGE 87, 95, 99; BSGE 89, 24, 33; OLG Düsseldorf, Urt. vom 30. 4. 2003, Az. U (Kart) 39/01 zit. bei *Jaeger* ZWeR 2005, 31, 42 mwN.; *Gassner* WuW 2004, 1028, 1037; *Schwertfeger* PharmaInd. 2000, 105, 185; *Neumann* WuW 1999, 961, 963 ff. A. A. *Engelmann* NZS 2000, 213, 219 ff.; *Hänlein/Kruse* NZS 2000, 165, 173; ferner OLG Dresden NZS 2002, 33 (wegen anderer Gründe aufgehoben durch BGH GRUR 2003, 979, ohne zur Frage Stellung zu nehmen).
[995] Vgl. Tagungsbericht BKartA WuW 2004, 47, 50.
[996] Dazu eingehend oben Rn. 35.
[997] EuGH WuW/E EU-R 801 = EuZW 2004, 241, 244 – *AOK* mit Anm. *Reysen/Bauer* ZWeR 2004, 568 ff.; dazu auch *Jaeger* ZWeR 2005, 31, 49 mwN.; *Gassner* WuW 2004, 1028; *Neumann* EwiR 2004, 435, 436; *M. Fuchs* JZ 2005, 87 ff. Vgl. zur Frage der Unternehmenseigenschaft eingehend auch oben Rn. 35.

§ 1. Verbot wettbewerbsbeschränkender Vereinbarungen   196–198   § 1 GWB

nicht unternehmerisch tätig ist.[998] Eine Unternehmenseigenschaft und damit eine Anwendung von Art. 81 EG, § 1 GWB kommt danach wohl nur noch in Frage, wenn Sozialversicherungsträger über den Rahmen der ihnen übertragenen Aufgaben hinausgehen, z. B. wenn Sozialversicherungsträger und private Krankenkassen eine Koordinierung über Krankenhauszusatzversicherungen herbeiführen.[999]

4. Haushaltsrecht

Im öffentlichen Haushaltsrecht gilt der Grundsatz der Sparsamkeit und Wirtschaftlichkeit. Insbesondere sind die öffentlichen Hände danach zu einer wirtschaftlichen Beschaffung verpflichtet. Dies bedeutet aber nicht, dass deshalb die Anwendung des § 1 GWB auf Beschaffungskartelle der öffentlichen Hand ausgeschlossen ist, nur weil die gemeinsame Beschaffung zu Einsparungen führt. Insoweit ist das **Sparsamkeitsgebot dem Kartellverbot nachgelagert**.[1000] – Allerdings kann eine Anwendung des § 1 GWB auf die öffentliche Hand ausscheiden, wenn die beschafften Waren oder Dienstleistungen für eine Aufgabenerfüllung eingesetzt werden, die nicht dem GWB unterfällt.[1001]

5. (Öffentlich-rechtliche) Fürsorgepflichten

Öffentlich-rechtliche Fürsorgepflichten können eigentlich verbotene Preis- und Konditionenbindung legalisieren. Insoweit sind die oben erwähnten Grundsätze der Berücksichtigung von öffentlichen Interessen anzuwenden: öffentliche Interessen sind berücksichtigungsfähig, wenn sie Gesetzes- oder Verfassungsrang haben.[1002] Insoweit verdient auch die Entscheidung des Bundesgerichtshofes *Bundeswehrheime* Zustimmung. Wegen der Fürsorgepflicht des Bundes gegenüber seinen Soldaten hatte der BGH die Bindung der Kantinenpächter der Bundeswehr an die Preise und Konditionen, die der Generalpächter mit den Lieferanten aushandelt, für zulässig erachtet, um eine Ausnutzung der monopolartigen Stellung des Kantinenbetriebs auf dem Kasernengelände zu verhindern.[1003] Da die Fürsorgepflicht – wenn auch öffentlich-rechtlichen – Gesetzesrang hat (§ 31 SoldatenG), kann dem nicht entgegengehalten werden, dass allein die Erfüllung öffentlicher Aufgaben in zivilrechtlicher Form keine institutionellen Gegebenheiten wie etwa beim Handelsvertreter zu begründen vermöge.[1004] Wegen der Notwendigkeit der Bindung zur Erfüllung der Fürsorgepflicht sollten auch keine Bedenken im Hinblick auf einen Verstoß gegen EU-Recht bestehen.[1005]

6. Verbrauchersicherheit, Gemeinverträglichkeit

Das BKartA hatte im älteren „Doppelstecker-Fall" entschieden, dass **vertikale Bindungen**, die allein aus Sicherheitsgründen zum Schutz des Einzelnen erfolgen, nicht unter das vertikale Konditionenbindungsverbot fallen.[1006] Ebenso wurde es aus Gründen der Ge-

---

[998] Vgl. Rn. 35.
[999] Vgl. WuW/E BGH 1361, 1363 – *Krankenhauszusatzversicherung* = BGHZ 64, 232, 234.
[1000] BGH WuW/E DE-R 1087, 1091 – *Ausrüstungsgegenstände für Feuerlöschzüge* = GRUR 2003, 633; Schnelle/Hübner WRP 2003, 1205; Westermann ZWeR 2003, 481, 487.
[1001] Dazu Rn. 35, 195.
[1002] Vgl. eingehend Rn. 189. Vgl. auch KG WuW/E Verg 111 – *Tariftreueerklärung* = NJWE WettbR 1998, 284, sowie BGH WuW/E Verg 297, 305 ff. – *Tariftreueerklärung II*.
[1003] WuW/E BGH 1851, 1853 – *Bundeswehrheime* = GRUR 1981, 836.
[1004] So aber Emmerich in: Immenga/Mestmäcker, GWB (3. Aufl.), § 14 a. F. Rn. 38; Wolter in: Frankfurter Kommentar § 14 a. F. Rn. 63. Vgl. zu Handelsvertretern und Preis- und Konditionenbindungen oben Rn. 173 ff.
[1005] Vgl. oben zum Berufsrecht Rn. 186 ff. sowie insbesondere EuGH WuW/E EU-R 533, 541 – *Wouters* = NJW 2002, 877.
[1006] WuW/E BKartA 145 ff. – *Doppelstecker*.

Jan Bernd Nordemann   1649

meinverträglichkeit früher für zulässig erachtet, dass sich eine Gemeinde in einem Pachtvertrag über einen öffentlichen Parkplatz einen Einfluss auf die Höhe der Parkgebühren vorbehalten hat.[1007] Solche Inhaltsbindungen aus öffentlichem Interesse werden in der Literatur zu Recht überwiegend abgelehnt.[1008] – Auch für **(horizontale) Kartelle** nach § 1 GWB hat das BKartA inzwischen seine entsprechende Praxis bei der Berücksichtigung von öffentlichen Interessen geändert.[1009] Öffentlichen Interessen sind nur berücksichtigungsfähig, wenn sie Gesetzes- oder Verfassungsrang haben,[1010] was jedenfalls im Hinblick auf die kommunale Gemeinverträglichkeit nicht gegeben war; im Hinblick auf Sicherheitsgründe und einen möglichen verfassungsrechtlichen Schutz der Gesundheit erscheint die Verknüpfung als zu abstrakt. Hinreichenden Gesetzesrang haben nach Auffassung des BGH die Regelungen im Lottostaatsvertrag zur Beschränkung der Zulassung von Lotterien und Glücksspielen; das verfolge legitime Allgemeininteressen und sei deshalb auch nicht gem. Art. 10 i. V. m. Art. 81 EG zu beanstanden. Der Lottostaatsvertrag könne insoweit das Kartellverbot wirksam verdrängen. Wo der Lottostaatsvertrag jedoch dem Wettbewerb Räume gelassen hat, findet § 1 GWB Anwendung. Beispielsweise wenn der Lotteriestaatsvertrag den zugelassenen staatlichern Veranstaltern die Möglichkeit eröffnet, auch über Bundesländergrenzen hinweg Lotterien und Glücksspiel anzubieten, dürfen die Veranstalter dies nicht durch eine horizontale Abrede ausschließen.[1011] Auch eine Abrede von Lottoveranstaltern, aus Gründen der Gefahrenabwehr (insbesondere Anheizen der Spielsucht in der Bevölkerung) keine gewerbliche Spielgemeinschaften[1012] bzw. keine Spieleinsätze gewerblicher Spielvermittler zuzulassen, die durch deren terrestrischen Vertrieb erzielt wurden,[1013] kann sich nicht zur Rechtfertigung auf einschlägige Regelungen mit Gesetzes- oder Verfassungsrang berufen. Die Gefahrenabwehr ist nicht durch die zuständigen Eingriffsverwaltungen auf die Lottoveranstalter übertragen. Allerdings weicht die europäische Praxis hier möglicherweise im Ergebnis ab. Für Allgemeininteressen, die auch wirtschaftlicher Art sind, kommt nach der zweifelhaften Praxis der EU-Kommission teilweise eine Freistellung nach § 2 Abs. 1 GWB in Betracht.[1014]

7. Umweltschutz, Landwirtschaft

199 § 7 GWB a. F. nahm in den Freistellungstatbestand auch eine Verbesserung der „Rücknahme und Entsorgung" auf, um dadurch die Anwendung des GWB auf eigentlich vom Kreislaufwirtschafts- und Abfallgesetz geregelte Sachverhalte auszuschließen.[1015] Die Prüfung der Voraussetzung „Verbesserung der Rücknahme und Entsorgung" schloss insoweit die Abwägung mit den Zielen des Kreislaufwirtschafts- und Abfallgesetzes bei der kartellrechtlichen Freistellung ein.[1016] Diese Abwägung betraf beispielsweise die Freistellung flächendeckender Rücknahme- und Entsorgungssysteme. Hierbei hielt es der deutsche Gesetzgeber für erforderlich, wettbewerbsbeschränkende Kooperationen unter bestimmten

---

[1007] BKartA, TB 1961, 49; ablehnend *Wolter* in: Frankfurter Kommentar § 14 a. F. Rn. 63.
[1008] So z. B. *Emmerich* in: Immenga/Mestmäcker, GWB (3. Aufl.) § 14 a. F. Rn. 38 f., der sich gegen jegliche Beschränkung des § 14 GWB a. F. (jetzt § 1 GWB) aus derartigen Erwägungen ausspricht.
[1009] Vgl. unten Rn. 246.
[1010] Vgl. eingehend oben Rn. 189, 197. Vgl. auch KG WuW/E Verg 111 – *Tariftreueerklärung* = NJWE WettbR 1998, 284, sowie BGH WuW/E Verg 297, 305 ff. – *Tariftreueerklärung II*.
[1011] BGH WuW/E DE-R 2025, 2038 ff. – *Lotto im Internet*.
[1012] BGH WuW/E DE-R 289 – *Lottospielgemeinschaft* = GRUR 1999, 771.
[1013] OLG Düsseldorf WuW/E DE-R 2003, 2006 f. – *Deutscher Lotto- und Totoblock*; bestätigt durch BGH WuW/E DE-R 2408, 2414 Tz. 30 ff. – *Lottoblock*.
[1014] Dazu § 2 Rn. 138 ff.
[1015] Begr. zum RegE sechste GWB-Novelle BT DS 13/9720 = *Jüttner-Kramny*, GWB, WuW-Sonderheft 1998 S. 88.
[1016] *Immenga* in: Immenga/Mestmäcker, GWB, § 7 Rn. 13 in der Voraufl.

§ 1. Verbot wettbewerbsbeschränkender Vereinbarungen   **200**   § 1 GWB

Voraussetzungen nach § 7 GWB a. F. freizustellen.[1017] Bis zur Einführung des § 7 GWB a. F. war beispielsweise unklar, inwieweit die Duale System Deutschland GmbH (Grüner Punkt) in den Anwendungsbereich des Kartellverbots fiel. Das Bundeskartellamt duldete die Tätigkeit des Grünen Punktes, um das Kartellverbot mit Umweltschutzzielen zu vereinbaren und eine Kollision mit dem neuen Kreislaufwirtschafts- und Abfallgesetz zu vermeiden.[1018] Die unmittelbare Berücksichtigung solcher außerwettbewerblicher Ziele in den allein wettbewerblich ausgerichteten Tatbeständen des GWB[1019] (hier § 7 GWB a. F.) war ein Fremdkörper. Es erscheint von daher als konsequent, dass der Gesetzgeber mit der 7. GWB-Novelle 2005 § 7 GWB a. F. und seine Bezugnahme auf „Rücknahme und Entsorgung" gestrichen hat. Damit kann nach den vorerwähnten Grundsätzen eine für § 1 GWB relevante Verbesserung der Rücknahme oder Entsorgung nur dann vorliegen, wenn der Abfallbegriff des § 3 Kreislaufwirtschafts- und Abfallgesetz erfüllt ist.[1020] Denn auch im Bereich des Umweltschutzes und der Landwirtschaft gilt, dass Wettbewerbsbeschränkungen auf Grund von Umweltschutz- oder Landwirtschaftsinteressen nur dann nicht in das Verbot des § 1 GWB fallen, wenn sie **gesetzlich normiert sind und ausdrücklich eine Beschränkung des Wettbewerbs ermöglichen**.[1021] Ansonsten ist § 1 GWB anwendbar.[1022] Besteht eine gesetzliche Erlaubnis von Wettbewerbsbeschränkungen und damit eine Privilegierung, muss allerdings gefragt werden, ob die gesetzliche Norm gegen höherrangiges Recht, beispielsweise EU-Recht (z. B. Art. 28, 49 EG, mit Einschränkungen auch Art. 81, 82 EG),[1023] verstößt. Eine Freistellung von **Umweltschutzvereinbarungen** nach **§ 2 Abs. 1 GWB** kommt nach der (zweifelhaften) Praxis der EU-Kommission allerdings in Betracht, wenn die dabei berührten Allgemeininteressen (auch) wirtschaftlicher Natur sind.[1024] Für die **Landwirtschaft** sei ferner auf die Ausnahmeregelungen im GWB verwiesen **(§ 28 GWB)**.

8. Wettbewerbsrecht

Im Wettbewerbsrecht (**UWG**, aber auch dessen Nebenbestimmungen **Preisangaben- 200 VO, HWG, LMBG, LMKV** etc.) sind zahlreiche Einschränkungen für den Wettbewerb enthalten. Diese Wertungen akzeptiert das GWB. Zumindest im EU-rechtlich harmonisierten Bereich ist auch nicht ersichtlich, dass eine Anwendung des UWG gegen höherrangiges EU-Recht verstieße; die UWG-Novelle 2004 ist insoweit mit dem Ziel verabschiedet worden, dass UWG an die Entwicklungen auf EU-Ebene anzupassen;[1025] grundsätzlich stehen die nicht harmonisierten Bestimmungen nationalen Lauterkeitsrechts allerdings unter dem Vorbehalt der Unwirksamkeit nach EU-Recht (Art. 28, 49 EG, mit Einschränkungen auch Art. 81, 82 EG).[1026] Im **Horizontalverhältnis** dürfen sich daher

---

[1017] Begr. zum RegE sechste GWB-Novelle BT DS 13/9720 = *Jüttner-Kramny*, GWB, WuW-Sonderheft 1998 S. 88.
[1018] *Bunte* in: Frankfurter Kommentar § 7 Rn. 21.
[1019] Siehe Rn. 7 f.
[1020] *Schumacher* WuW 2002, 121, 126.
[1021] EuGH Slg. 1999, S. II-2969 Rn. 130 – *Irish Sugar plc/Kommission*; EU-Kommission WuW/E EU-V 1045, 1050 – *Rohtabak Spanien*.
[1022] Vgl. zum Berufsrecht oben Rn. 189 sowie WuW/E BGH 2326, 2328 – *Guten Tag-Apotheke II* = BGH NJW-RR 1987, 485, 486; OLG Bremen WuW/E OLG 4367, 4368 – *Proben apothekenüblicher Waren*.
[1023] Vgl. Kommentierung Art. 81 Rn. 82 f. mwN.; ferner *Schröter* in: Schröter/Jakob/Mederer, Kommentar zum Europäischen Wettbewerbsrecht, Art. 81 Abs. 1 Rn. 146 ff. mwN.
[1024] Siehe § 2 Rn. 138 ff.
[1025] Begr. RegE UWG-Novelle 2004 BT DS 15/1487, S. 12, abrufbar unter www.nordemann.de.
[1026] Vgl. Kommentierung Art. 81 Rn. 82 f. mwN.; ferner *Schröter* in: Schröter/Jakob/Mederer, Art. 81 Abs. 1 Rn. 116 ff., 146 ff. mwN.; z. B. EuGH Slg. 1987, 3801 – *Vlaamse Reisebureaus*.

§ 1 GWB   201

Wettbewerber **verpflichten, unlauteren Wettbewerb zu unterlassen.**[1027] Genauso können sich Wettbewerber grundsätzlich **verabreden, gegen unlauter handelnde Konkurrenten gemeinsam vorzugehen;** die Verbandsklagebefugnis des § 8 Abs. 3 Nr. 2 UWG ist Ausdruck davon. Besondere Vorsicht gilt aber im Rahmen des § 3 UWG dort, wo sich die Anwendungsbereiche von UWG und GWB außerhalb des klassischen Nichtleistungswettbewerbes überschneiden. Das GWB enthält gegenüber dem UWG speziellere Regelungen für die Beurteilung von Beeinträchtigungen der Wettbewerbsfreiheit, weil das GWB auf diesem Schutzzweck gerichtet ist. Vor allem für die Beurteilung einer wettbewerbsbeschränkenden Ausübung von Marktmacht kommt dem GWB ein Wertungsvorrang gegenüber dem UWG zu.[1028] Damit ist Vorsicht bei Unterlassungsverpflichtungen geboten, die die UWG-Fallgruppe der objektiven Behinderung (Marktstörung) betreffen.[1029] Sie sind kartellrechtlich nur zulässig, wenn die Wertungen des GWB ebenfalls ein Verbot aussprechen. Empfehlenswert ist es wegen dieser und anderer bestehender Auslegungsschwierigkeiten im Lauterkeitsrecht für Unternehmen, durch ihre Verbände **Wettbewerbsregeln** aufstellen und diese durch die KartB anerkennen zu lassen (§§ 24 ff. GWB). Nach Anerkennung durch die KartB (§ 26 GWB) dürften Vereinbarungen, die den Wettbewerbsregeln entsprechen, im Regelfall auch nicht gegen § 1 GWB verstoßen oder zumindest nach § 2 GWB freigestellt sein, es sei denn, die KartB hat die Wettbewerbsregeln falsch beurteilt.[1030] Damit kann jedenfalls eine gewisse Rechtssicherheit erreicht werden. Aus Wettbewerbsrecht kann sich darüber hinaus auch eine Privilegierung für **Vertikalvereinbarungen** nach § 1 GWB ergeben. Es verstößt nicht gegen § 1 GWB, den Abnehmer im Erstvertrag zu verpflichten, im Zweitvertrag unlautere Mittel nicht einzusetzen. Jedoch darf die Inhaltsbindung im Erstvertrag nicht über die gesetzliche Beschränkung hinausgehen. So verstößt das Verbot von Lockvögelangeboten oder Unterkostenverkäufen gegen § 1 GWB, weil § 3 UWG bzw. § 5 UWG kein derart weites Verbot enthalten.[1031] Ebenso sind Setverkäufe von Ski und Bindung nach dem UWG nicht grundsätzlich, sondern nur bei Verletzung des Transparenzgebotes (§ 4 Nr. 4 UWG) oder bei Verstoß gegen das Irreführungsverbot (§ 5 UWG) unzulässig,[1032] weshalb ein vertragliches Verbot solcher Angebote nach § 1 GWB unwirksam ist.[1033] Zulässig sind hingegen bloße Wiederholungen gesetzlicher Verbote. Beispielsweise kann ein **gesetzlicher Tarifzwang** im Erstvertrag wiederholt werden.[1034]

9. Kartellrecht (insbesondere Gemeinschaftsunternehmen, Ausnahmebereiche, Freistellungen)

201   Überdies enthält auch das Kartellrecht selbst Wertungen, an die § 1 GWB gebunden ist. Für (konzentrative) **Gemeinschaftsunternehmen** können die Regelungen der Fusions-

---

[1027] Vgl. auch Begr. zum RegE des GWB 1952, BT DS IV/2564, S. 31; ferner WuW/E BGH 451, 455 – *Export ohne WBS* = BGHZ 36, 105, 111; siehe auch zu Vergleichen unten Rn. 183.
[1028] BGH GRUR 2004, 602, 603 – *20 Minuten Köln*; *von Gamm* NJW 1980, 2489, 2491; *Immenga* NJW 1995, 1921; *Wolf* WRP 1995, 543, 545; *J. B. Nordemann* WRP 1996, 383; *Merz*, Die Vorfeldthese, S. 239; *Nordemann*, Wettbewerbsrecht – Markenrecht Rn. 30.
[1029] Vgl. *Nordemann*, Wettbewerbsrecht – Markenrecht, Rn. 1410 ff., 1471; siehe zum Beispiel WuW/E BGH 2399 – *Krankentransporte* = BGHZ 101, 72, 75 ff. = GRUR 1987, 829; BGH GRUR 1987, 116, 117 – *kommunaler Bestattungswirtschaftsbetrieb*; GRUR 1982, 425 – *Brillenselbstabgabestellen* = BGHZ 82, 375, 395.
[1030] So allerdings der Vorwurf des BGH an das BKartA im Hinblick auf die Wettbewerbsregeln des VDZ (Verband Deutscher Zeitschriftenverleger) BGH WuW/E DE-R 1779 = GRUR 2006, 773 Tz. 27 – *Probeabonnement*, wenn auch ohne Eingehen auf die Problematik des § 1 GWB.
[1031] BKartA TB 1975, 53.
[1032] BGH GRUR 2003, 538, 539 – *Gesamtpreisangebot* noch zum alten UWG; zum neuen UWG z. B. *Nordemann*, Wettbewerbsrecht – Markenrecht, Rn. 645, 661.
[1033] Noch zum alten UWG: WuW/E BKartA 2479, 2480 – *Völkl*.
[1034] *Zimmer* in: Immenga/Mestmäcker, GWB, § 1 Rn. 192 f.

kontrolle unter bestimmten Voraussetzungen das Verbot des § 1 GWB verdrängen.[1035] Nach anderen Bestimmungen des **GWB verbotene Handlungen** (zum Beispiel nach §§ 19, 20 GWB unzulässig) können zum Gegenstand von wettbewerbsbeschränkenden Unterlassungsvereinbarungen zwischen Unternehmen gemacht werden.[1036] Darüber hinaus ist auf die **Ausnahmebereiche** des GWB für die Landwirtschaft (§ 28 GWB) sowie für die Preisbindung bei Zeitungen und Zeitschriften (§ 30 GWB) zu verweisen. Auch für Mittelstandskartelle besteht eine begrenzte Freistellungsmöglichkeit nach § 3 GWB. Schließlich gilt noch die allgemeine Ausnahme des **§ 2 GWB,** der eine Freistellung von § 1 GWB über eine Generalklausel (§ 2 Abs. 1 GWB) und über die EU-GruppenfreistellungsVOen (§ 2 Abs. 2 GWB) vorsieht. Sofern Kartellrecht eine bestimmte Abrede vom Verbot des § 1 GWB freistellt, so sind mit dieser Abrede verbundene **notwendige** wettbewerbsbeschränkende **Nebenbestimmungen** ebenfalls privilegiert. Ein Beispiel bilden **Einkaufsgemeinschaften** kleiner und mittlerer Unternehmen. Verstößt die horizontale Abrede nicht gegen § 1 GWB,[1037] dürfen in sog. Rahmenverträgen zwischen Lieferanten und Einkaufsgemeinschaft die von der Einkaufsgemeinschaft ausgehandelten Rabatte und Konditionen festgelegt werden. Insoweit geht die kartellrechtliche Privilegierung dem Verbot vor, in einem Erstvertrag (Rahmenvertrag) nicht verbindlich Preise und Konditionen für einen Zweitvertrag (Lieferungsvertrag) festzulegen.[1038]

10. Vergaberecht, Buchpreisbindung

Nach **Vergaberecht** zulässige Preis- oder Konditionenbindungen nimmt § 1 GWB hin.[1039] Die Pflicht nach § 5 **BuchpreisbindungsG,** für die Ausgabe eines Buches, von Musiknoten, kartografischen Produkten oder von bestimmten Kombinationen aus solchen Produkten einen Preis für den Verkauf an Letztabnehmer festzusetzen, verdrängt ebenfalls das Verbot des § 1 GWB.[1040] § 1 GWB verbietet eigentlich eine solche Preisfestsetzung.[1041] Im Rahmen der sich auf Deutschland beschränkenden Buchpreisbindung des BuchpreisbindungsG ist das auch EU-rechtskonform.[1042]

IV. Immaterialgüterrechte (Geistige Eigentumsrechte)

Schrifttum: *Christoph,* Wettbewerbsbeschränkungen in Lizenzverträgen über gewerbliche Schutzrechte nach deutschen und europäischem Recht, 1998; *Fikentscher* in: Beier/Götting/Moufang, FS Schricker, S. 149 ff.; *Gottschalk,* Wettbewerbsverbote in Verlagsverträgen, ZUM 2005, 359 ff.; *Fuchs,* Kartellrechtliche Grenzen der Forschungskooperationen, 1989; *Harte-Bavendamm/v.Bomhard,* Abgrenzungsvereinbarungen und Gemeinschaftsmarken, GRUR 1998, 530 ff.; *Heinemann,* Immaterialgüterschutz in der Wettbewerbsordnung, 2002; *ders.,* Die Relevanz des „more economic approach" für das Recht des geistigen Eigentums, GRUR 2008, 949 ff.; *Hillig/Blechschmidt,* Die Materialentschädigung für reversgebundenes Notenmaterial, ZUM 2005, 505 ff.; *Jung,* Die Zwangslizenz als Instrument der Wettbewerbspolitik, ZWeR 2004, 379 ff.; *Kirchner,* Patentrecht und Wettbewerbsbeschränkungen, in: Ott/Schäfer, Ökonomische Analyse der rechtlichen Organisation von Innovationen, 1994, S. 166 ff.; *Kreile/Becker/Riesenhuber,* Recht und Praxis der GEMA, 2. Aufl. 2008; *Lehmann,* Eigentum, Geistiges

---

[1035] Vgl. zu Gemeinschaftsunternehmen die separate Kommentierung im Anhang 1 zu § 1 GWB.
[1036] *Zimmer* in: Immenga/Mestmäcker, GWB, § 1 Rn. 141.
[1037] Dazu § 2 Rn. 86 ff.
[1038] Im Einzelnen oben Rn. 101 ff.
[1039] KG WuW/E OLG Verg 111 = NJWE WettbR 1998, 284, 288 – *Tariftreueerklärung.* Ebenso allgemein ohne Bezug auf das Preis- und Konditionenbindungsverbot BGH WuW/E Verg 297, 305 – *Tariftreueerklärung II,* in der Rechtsbeschwerdeinstanz.
[1040] Vgl. zum BuchpreisbindungsG die Kommentierung im Anhang zu § 30 GWB.
[1041] Oben Rn. 101 ff.
[1042] *Franzen/Wallenfels/Binder,* BuchpreisbindungsG, § 1 Rn. 21 ff., unter Verweis auf EuGH Slg. 1985, 1, 35 (Rn. 31) – *Leclerc* = GRUR Int. 1985, 190, und EuGH WuW/E EU-R 375 = GRUR Int. 2001, 49 = ZUM 2001, 64 – *Echirolles.*

Eigentum und gewerbliche Schutzrechte, GRUR Int. 1983, 356 ff.; *Loewenheim,* Gewerbliche Schutzrechte, freier Warenverkehr und Lizenzverträge, GRUR 1982, 461 ff.; *ders.,* Urheberrecht und Kartellrecht, UFITA 79 (1977), 175, 192 ff.; *ders.,* Warenzeichen und Wettbewerbsbeschränkung, 1970; *Lux,* Verwertungsgesellschaften, Kartellrecht und 6. GWB-Novelle, WRP 1998, 31, 32 ff.; *Niebel,* Das Kartellrecht bei der Markenlizenz unter besonderer Berücksichtigung des Europäischen Gemeinschaftsrechts, WRP 2003, 482 ff.; *Jan Bernd Nordemann,* Urhebervertragsrecht und neues Kartellrecht gem. Art. 81 EG und § 1 GWB, GRUR 2007, 203 ff.; *ders.* in: Fromm/Nordemann, Urheberrecht, 10. Aufl. 2008, vor §§ 31 ff. Rn. 56 ff., 222, 251 ff.; *ders.,* § 12 Kartellrecht, in: Bröcker/Czychowski/Schäfer, Praxishandbuch Geistiges Eigentum im Internet, 2003; *ders.,* Die MFM-Bildhonorare – Marktübersicht für angemessene Lizenzgebühren im Fotobereich, ZUM 1998, 642 ff.; *Sack,* Zur Vereinbarkeit wettbewerbsbeschränkender Abreden in Lizenz- und Know-How-Verträgen mit europäischem und deutschen Kartellrecht, WRP 1999, 592 ff.; *Sandberger/Treeck* UFITA 47 (1966), 165 ff.; *Schmitt,* Gemeinsame Vergütungsregeln europäisch gesehen, GRUR 2003, 294 f.; *Stockmann* in: Becker, Verwertungsgesellschaften im Europäischen Binnenmarkt (Symposium R. Kreile), 1990; *Ullrich,* Lizenzkartellrecht auf dem Weg zur Mitte, GRUR Int. 1996, 555 ff.; *Werberger,* Die kartellrechtliche Beurteilung von Verlagsverträgen, 1985.

1. Ausgangspunkt

203 Gewerbliche Schutzrechte (**Patent-** und **Gebrauchsmuster, Marken** und andere **Zeichenrechte, Geschmacksmuster, Sortenschutzrechte** etc.) sowie **Urheberrechte** einschließlich Leistungsschutzrechten gewähren eigentumsähnliche Rechte. Sie sind darüber hinaus auch durch Artikel 14 GG verfassungsrechtlich besonders abgesichert.[1043] Die Rechtfertigungen dafür sind vielschichtig und auch von Schutzrecht zu Schutzrecht unterschiedlich.[1044] Ein wichtiges Argument ist der natürliche Anspruch des Menschen, die Ergebnisse seiner Kreativität eigentumsgleich zu kontrollieren (Naturrecht- oder Eigentumstheorie).[1045] Der Schutz wird außerdem als Preis für die Veröffentlichung bzw. Offenlegung der Neuerung begriffen (Vertrags- oder Offenbarungstheorie). Daneben soll das Schutzrecht aber auch die Innovation belohnen und dazu anspornen (Ansporn- und Belohnungstheorie).[1046] Letzteres zeigt, dass Immaterialgüterrechte einen eigenen Stellenwert im Wirtschaftssystem haben. Sie gewähren ausschließliche Rechte, also einen grundsätzlichen Schutz vor imitierendem (statischem) Wettbewerb, sie können jedoch den substitutiven (dynamischen) Wettbewerb fördern.[1047] Die Ausschließlichkeitsrechte des geistigen Eigentums sind insoweit nicht Ausnahme vom Wettbewerb, sondern sein Mittel, das auf substitutiven statt auf imitierenden Wettbewerb verweist.[1048] Immaterialgüterrechtschutz und Kar-

---

[1043] Siehe beispielsweise *Wieland* in: Dreier Art. 14 GG Rn. 51 f.

[1044] Überblick bei *Heinemann,* Immaterialgüterrechtsschutz in der Wettbewerbsordnung, S. 14 ff., und bei *Jung* ZWeR 2004, 379, 381.

[1045] Diese ist vor allem im Urheberrecht von Bedeutung, vgl. *Schricker* in: Schricker, Urheberrecht, Einleitung Rn. 11; *Dreier* in: Dreier/Schulze, Urheberrecht, Einl. Rn. 10; *W. Nordemann* in: Fromm/Nordemann, Urheberrecht, § 1 Rn. 4 unter Verweis auf BGHZ 17, 266, 278 – *Grundig-Reporter;* *E. Ulmer,* Urheber- und Verlagsrecht, § 16.

[1046] Dazu umfassend zuletzt *Heinemann,* Immaterialgüterrechtsschutz in der Wettbewerbsordnung, S. 15 ff.; zum Urheberrecht auch *Dreier* in: Dreier/Schulze, Urheberrecht, Einl. Rn. 10, ferner *Schricker* in: Schricker, Urheberrecht, Einleitung Rn. 11. Die Belohnungs- bzw. Ansporntheorie steht im Patentrecht im Vordergrund, vgl. Bernhardt/*Kraßer,* Patentrecht, § 3; *Oppenländer,* Patentwesen, technischer Fortschritt und Wettbewerb, 1984, S. 47 ff.

[1047] Zur Differenzierung zwischen statischen und dynamischen Wettbewerbsfunktionen oben Rn. 7 sowie *Bartling* WuW 1993, 16, 17; *J. B. Nordemann,* Gegenmacht und Fusionskontrolle, S. 64 f.

[1048] BGH GRUR 2004, 966, 968 – *Standard-Spundfass* für das Patentrecht; ferner EU-Kommission, Leitlinien GVO Technologietransfer, ABl. C 101 vom 27. 4. 2004, S. 2 Tz. 7 ff.; *Ullrich/Heinemann* in: Immenga/Mestmäcker, EG-WbR Bd. II, B. GRUR Rn. 21; *Westrick/Loewenheim* Vorbemerkung § 15 Rn. 8; *Lehmann,* Rechtsschutz von Computerprogrammen, XVI A. Rn. 4; *v. Weizsäcker* WuW 2007, 1978, 1080. Siehe auch Anh 3 Art. 81 Rn. 165.

§ 1. Verbot wettbewerbsbeschränkender Vereinbarungen

tellrecht stehen also einerseits in einem nicht zu leugnenden Spannungsverhältnis im Hinblick auf die Beschränkung imitierenden Produktwettbewerbs. Andererseits führt dieses Spannungsverhältnis aber – ganz im Sinne des Kartellrechts – zu einer Stärkung der dynamischen Wettbewerbsfunktionen, insbesondere der Innovation.

2. Lösungsansätze

Dieses komplexe Verhältnis von Immaterialgüterrecht und Kartellrecht auf „mehreren Ebenen"[1049] mag erklären, warum es im Verhältnis von Immaterialgüterrechten und Kartellrecht keine eindeutigen Grenzziehungen gibt. Lange Zeit postulierte allerdings die in Deutschland vorherrschende **„Inhaltstheorie"** eine grundsätzliche Unanwendbarkeit des Kartellrechts innerhalb des Inhaltes des betreffenden Immaterialgüterrechts,[1050] also insoweit einen kartellrechtsfesten Kern der Immaterialgüterrechte. Einen gesetzlichen Niederschlag fand diese Auffassung in § 17 Abs. 1 GWB a. F. im Hinblick auf Patente, Gebrauchsmuster, Topographien und Sortenschutzrechte sowie in Verbindung mit § 18 GWB a. F. auch für geheimes Know-How. Danach sollten insbesondere „Beschränkungen hinsichtlich Art, Umfang, technischem Anwendungsbereich, Menge, Gebiet oder Zeit der Ausübung des Schutzrechts" zum Inhalt des Schutzrechts gehören und damit kartellrechtlich unantastbar sein. Aber auch für den Inhalt von Marken-, Urheber- und Geschmacksmusterrechten sollte nach der Inhaltstheorie ein kartellrechtsfreier Raum verbleiben. Letztlich erscheint das Konzept eines klar umzäunten Naturschutzparks Immaterialgüterrecht aber als untauglich, die oben dargestellten Spannungen zwischen Immaterialgüterrechten einerseits und Kartellrecht andererseits abzubilden, auch wenn solche Lösungsmodelle für den Praktiker einfach handhabbar sind. Deshalb war die strikte Anwendung der Inhaltstheorie zuletzt stark umstritten; es wurde mit Recht eine flexiblere Handhabung unter Berücksichtigung kartellrechtlicher Interessen gefordert.[1051] Das kommt einer Anwendung der Immanenztheorie zumindest nahe,[1052] die Konflikte anerkannter Institute des Privatrechts mit dem Kartellrecht lösen soll.[1053] Es muss durch eine umfassende Interessenabwägung ein gerechter Ausgleich zwischen Wettbewerbsfreiheit und Immaterialgüterrechtsschutz gefunden werden. Auch das EU-Kartellrecht verfolgt diesen flexibleren Ansatz. Es unterscheidet zunächst Bestand und Ausübung des Schutzrechts, wobei EU-Kartellrecht wegen der nationalen Regelungskompetenz für (geistiges) Eigentum (Art. 295 EG) nur die Ausübung regeln kann. Zur Beantwortung der Frage, ob die Ausübung zulässig ist, findet eine Inte-

---

[1049] Vgl. auch zur sog. Mehrebenentheorie *Lehmann* GRUR Int. 1983, 356; *Kirchner*, Patentrecht und Wettbewerbsbeschränkungen, in: Ott/Schäfer, Ökonomische Analyse der rechtlichen Organisation von Innovationen, 1994, S. 166 ff.; vgl. auch *Jung* ZWeR 2004, 379, 380. Distanziert zum Mehrebenenansatz *Heinemann*, Immaterialgüterrechtsschutz in der Wettbewerbsordnung, S. 15 f., 25 f.

[1050] Jeweils zum Patentrecht BGH WuW/E 823 – *Schweißbolzen* = BGHZ 46, 365 ff.; BGH WuW/E BGH 1034 f. – *Rüben-Verladeeinrichtung; Axster* in: Gemeinschaftskommentar §§ 20, 21 GWB Rn. 152; *von Gamm*, § 20 GWB Rn. 12; *Gaul/Bartenbach*, Handbuch des gewerblichen Rechtsschutzes, Band II, Rn. 591 ff.; *Bechtold*, GWB, § 2 Rn. 45.

[1051] Vor allem *Ullrich* GRUR Int. 1996, 555, 558; *Loewenheim*, GRUR 1982, 461 ff.; *ders.* UFITA 79 (1977), 175, 192; *ders.*, Warenzeichen und Wettbewerbsbeschränkung, 1970, S. 217 ff.; *Mestmäcker/Schweitzer*, Europäisches Wettbewerbsrecht, § 28 Rn. 22; *Möschel*, Recht der Wettbewerbsbeschränkungen, Rn. 462, 499; *Heinemann*, Immaterialgüterrechtsschutz in der Wettbewerbsordnung, S. 153; *Christoph*, Wettbewerbsbeschränkungen in Lizenzverträgen über gewerbliche Schutzrechte nach deutschem und europäischen Recht, S. 69 ff., 105; *Schwarze* in: Kreile/Becker/Riesenhuber Kap. 5 Rn. 86 ff.

[1052] So auch *Heinemann*, Immaterialgüterrechtsschutz in der Wettbewerbsordnung, S. 153; *Michalsky*, Die Marke in der Wettbewerbsordnung, S. 115 ff.; vgl. auch *Loewenheim* UFITA 79 (1977), 175, 194.

[1053] Dazu oben Rn. 148 ff.

§ 1 GWB   205

ressenabwägung unter besonderer Berücksichtigung des **spezifischen Gegenstandes des Schutzrechts** statt.[1054] Aber der europäische Ansatz überzeugt nicht nur methodisch. Nach der Europäisierung des deutschen Kartellrechts durch die 7. GWB-Novelle 2005[1055] und der ersatzlosen Abschaffung der §§ 17, 18 GWB a. F. dürfte der Inhaltstheorie vollends die Grundlage entzogen sein, so dass nunmehr stets eine Interessenabwägung unter besonderer Berücksichtigung des spezifischen Gegenstandes des Schutzrechts, also seines Inhaltes, vorgenommen werden muss. Allerdings darf nicht übersehen werden, dass der Ausgangspunkt – der spezifische Gegenstand des Schutzrechts – dabei wie bei der Inhaltstheorie der Inhalt des Schutzrechts ist.[1056] Je enger die wettbewerbsbeschränkende Regelung mit dem Inhalt des Schutzrechts verbunden ist, desto weniger Rechtfertigungsaufwand bedarf es, um den Regelung als kartellrechtlich unbedenklich einzustufen. – Diese Interessenabwägung führt – wenn sich das Immaterialgüterrecht durchsetzt – zu einer **Tatbestandsreduktion des § 1 GWB.** Ansonsten ist noch eine **Freistellung nach § 2 GWB** zu prüfen. Insoweit sei für § 2 Abs. 2 GWB insbesondere auf die GVO Technologietransfer und die GVO Forschung & Entwicklung verwiesen.[1057] Außerhalb ihres Anwendungsbereiches kommt noch eine Einzelfreistellung nach § 2 Abs. 1 GWB in Betracht.[1058]

3. Patente, Gebrauchsmuster, geheimes Know-How, Sortenschutz

205   Wettbewerbsbeschränkungen in **Lizenzverträgen** über Patente, Gebrauchsmuster und geheimes Know-How sind zwar im GWB seit der 7. GWB-Novelle 2005 und der damit verbundenen Abschaffung der §§ 17, 18 GWB a. F. nicht mehr ausdrücklich geregelt.[1059] Sie werden jedoch von EU-GruppenfreistellungsVOen reguliert, die gemäß § 2 Abs. 2 GWB auch im Rahmen nationalen Rechts anzuwenden sind. Diese GVOen stellen auch Sachverhalte frei, die schon gar nicht tatbestandsmäßig gem. § 1 GWB sind;[1060] insbesondere geht in ihnen die Interessenabwägung des Kartellrechts mit dem spezifischen Schutzzweck des betroffenen Schutzrechts auf, die zu einem Ausschluss schon des § 1 GWB führen kann.[1061] Es handelt sich also um mehr als echte Freistellungen von § 1 GWB. Insbesondere ist hier die **GVO Technologietransfer**[1062] zu nennen. Im Bereich **Forschung und Entwicklung** einschließlich der Verwertung daraus entstehender Patente, Gebrauchsmuster oder geheimen Know-hows gilt die **GVO für Forschungs- und Entwicklungsvereinbarungen.**[1063] Außerhalb der GVOen, siehe die separate Kommentierung zum mit dem deutschen Recht parallel laufenden europäischen Recht im Hinblick

---

[1054] Siehe dazu Anh. 3 Art. 81 Rn. 136 ff., 171. Ferner EuGH Slg. 1966, 321, 394 – *Grundig/Consten;* EuGH Slg. 1971, 69, 83 – *Sirena/Novimpex;* EuGH Slg. 1971, 497, 499 – *Deutsche Grammophon;* EuGH Slg. 1982, 2015, 2061 – *Maissaatgut;* vgl. auch *Sucker/Guttuso/Gaster* in: Schröter/Jakob/Mederer, Kommentar zum Europäischen Wettbewerbsrecht, Art. 81 Rn. 10 mwN. Kritisch zur Terminologie *Ullrich/Heinemann* in: Immenga/Mestmäcker, EG-WbR Bd. II, B. GRUR Rn. 14.
[1055] Vgl. im Einzelnen oben Rn. 5 ff., 10 ff.
[1056] So auch *Sack,* WRP 1999, 592, 599; *J. B. Nordemann* in: Bröcker/Czychowski/Schäfer, Praxishandbuch Geistiges Eigentum im Internet, § 12 Rn. 133.
[1057] Siehe jeweils die separaten Kommentierungen hierzu.
[1058] Dazu allgemein § 2 Rn. 15 ff.; speziell für Immaterialgüterrechte zum parallelen Art. 81 Abs. 3 EG Anh. 3 Art. 81 Rn. 195 ff.; eingehend auch *Ullrich/Heinemann* in: Immenga/Mestmäcker, EG-WbR, B. GRUR Rn. 38 ff.
[1059] Vgl. früher §§ 17, 18 GWB a. F.
[1060] Siehe auch Rn. 153.
[1061] Dazu Rn. 204.
[1062] ABl. L 123 vom 27. 4. 2004, S. 11. Dazu im Einzelnen die separate Kommentierung.
[1063] ABl. L 304 vom 5. 12. 2000, S. 7 = WuW 2001, 45. Dazu im Einzelnen die Kommentierung oben Anh. 3 zu Art. 81 Rn. 167 ff.

§ 1. Verbot wettbewerbsbeschränkender Vereinbarungen   206   § 1 GWB

auf **Schutzrechtsübertragungen**,[1064] **Lizenzverträge**,[1065] **Nebenabreden**[1066] und **Zulieferkonstellationen**.[1067]

Die Gründung von **Technologiepools** – sofern sie nur aus Patenten bestehen, auch **Pa-** 206
tentgemeinschaften oder **Patentpools** genannt – werden hingegen durch § 2 Abs. 2
GWB in Verbindung mit der GVO Technologietransfer nicht erfasst. Dabei stellen zwei
oder mehr Parteien ein Technologiepaket zusammen, das dann an die Mitglieder des Pools,
aber auch an Dritte lizenziert wird. Die Zusammenstellung des Pools stellt für sich genommen keinen Technologietransfer dar und fällt deshalb nicht unter Art. 2 Abs. 1 GVO Technologietransfer, wohl aber die Lizenzierungstätigkeit des Pools.[1068] Hier ergibt sich auch keine besondere Privilegierung für die Schutzrechtsinhaber aus dem spezifischen Gegenstand des Schutzrechts, weil das Poolen nicht für die Funktion des Schutzrechts erforderlich ist. Denn der spezifische Schutzgegenstand des Patentes ist das ausschließliche Recht der Verwertung entweder selbst oder durch Dritte einschließlich der Entscheidung über das Inverkehrbringen sowie die Möglichkeit, sich gegen jegliche Zuwiderhandlung zur Wehr zu setzen[1069] und damit grundsätzlich nicht die horizontale Abstimmung mit Mitbewerbern. Patentpools ausnahmslos den Makel des verbotenen Kartells anzuhängen,[1070] geht aber zu weit.[1071] Die EU-Kommission hat in ihren Leitlinien zur GVO Technologietransfer eine ausgewogene Beurteilung von Technologiepools veröffentlicht.[1072] Insbesondere unterscheidet die EU-Kommission zwischen Pools, die nur aus Substituten bestehen, und Pools, die sich zwingend ergänzen. Im Falle der **zwingenden Ergänzung der Technologie** liegt grundsätzlich keine Wettbewerbsbeschränkung vor,[1073] was schon auf Grund des Arbeitsgemeinschaftsgedankens[1074] als zutreffend erscheint. Die Bildung von Patentpools kann erst die Verwertung und damit den Eintritt in den Wettbewerb ermöglichen, wenn die einzelnen Mitglieder des Pools zur legalen Verwertung ihrer Patente auf wechselseitige Lizenzen technisch angewiesen sind oder wenn eine alleinige Verwertung kaufmännisch nicht sinnvoll ist, z. B. wenn nur das abhängige Patent marktfähig ist. Insoweit geht die wettbewerbsbeschränkende Wirkung nicht über die austauschende Tätigkeit hinaus; eine zusätzliche horizontal veranlasste Wettbewerbsbeschränkung fehlt auf Grund des Arbeitsgemeinschaftsgedankens. Wettbewerbsverbote[1075] der Poolmitglieder sind insoweit auch nur in dem Rahmen unzulässig, wie sie bei herkömmlichen vertikalen Lizenzverträgen verboten sind.[1076] Anders mag es sein, wenn die Patentpools besondere Wettbewerbsbeschränkungen enthalten, z. B. Verpflichtung zu Mengenbeschränkungen und Einhaltung bestimmter Preise[1077] oder Heimatschutz für die Mitglieder eines internationalen Patentpools.[1078] Bei **Pools**

[1064] Anh. 3 zu Art. 81 Rn. 176 ff.
[1065] Anh. 3 zu Art. 81 Rn. 181 ff.
[1066] Anh. 3 zu Art. 81 Rn. 186 ff.
[1067] Anh. 3 zu Art. 81 Rn. 190 ff.
[1068] EU-Kommission, Leitlinien zur Anwendung von Art. 81 EG-Vertrag auf Technologietransfer-Vereinbarungen, ABl. C 101 vom 27. 4. 2004, S. 2, Rn. 212.
[1069] EuGH Slg. 1974, 1147, 1163 *Centrapharm/Sterlin Drug;* EuGH Slg. 1996, I 6285, 6287 *Merck/Beecham;* siehe auch *Mestmäcker/Schweitzer,* Europäisches Wettbewerbsrecht, § 27 Rn. 20 f.
[1070] Vgl. *Zimmer* in: Immenga/Mestmäcker, GWB, § 1 Rn. 298, 302.
[1071] *Heinemann* GRUR 2008, 949, 950.
[1072] EU-Kommission, Leitlinien zur Anwendung von Art. 81 EG-Vertrag auf Technologietransfer-Vereinbarungen, ABl. C 101 vom 27. 4. 2004, S. 2, Rn. 215 ff.
[1073] EU-Kommission, Leitlinien zur Anwendung von Art. 81 EG-Vertrag auf Technologietransfer-Vereinbarungen, ABl. C 101 vom 27. 4. 2004, S. 2, Rn. 220.
[1074] Allgemein dazu oben Rn. 83 und Rn. 184.
[1075] Dazu Rn. 155 ff.
[1076] Vgl. *Zimmer* in: Immenga/Mestmäcker, GWB, § 1 Rn. 297.
[1077] BKartA TB 1970, 92 f.
[1078] BKartA TB 1971, 96 f.

aus Substituten oder sich **nicht zwingend ergänzenden Technologien** liegt hingegen durch die Kopplung des Marktverhaltens eine Wettbewerbsbeschränkung nahe.[1079] Unter bestimmten Voraussetzungen können solche Pools allerdings die Freistellung des § 2 Abs. 1 GWB in Anspruch nehmen.[1080]

207 Wettbewerbsbeschränkende Vereinbarungen und Abstimmungen im Hinblick auf **Sortenschutzrechte** werden nicht durch die GVO Technologietransfer reguliert. Insoweit dürften allerdings deren Bestimmungen – soweit möglich – entsprechend anzuwenden sein. Der Bundesgerichtshof hat Inhabern von Sortenschutzrechten erlaubt, sich – vergleichbar mit Urhebern in Verwertungsgesellschaften[1081] – abzusprechen, und zwar im Hinblick auf Lizenzpreise, wenn eine individuelle Rechtewahrnehmung durch den Inhaber „kaum möglich" ist.[1082] Im Fall ging es um die kollektive Geltendmachung der sortenschutzrechtlichen Nachbaugebühr bei Landwirten durch die Rechteinhaber. Insoweit gehen nach Auffassung des Bundesgerichtshofes die Regelungen in § 10a Abs. 4 SortG und in Art. 3 Abs. 2, 5 Abs. 4 NachbauV § 1 GWB vor. Nach Auffassung des BKartA lässt sich § 10a SortG allerdings nicht analog auf Mindestpreisempfehlungen von berufständischen Vereinigungen der Inhaber von Sortenschutzrechten mit Landwirten anwenden.[1083]

4. Marken und sonstige Zeichen

208 Lediglich markenrechtliche Nebenbestimmungen zu Vertriebsvereinbarungen, die unter die GVO Vertikalvereinbarungen fallen, werden von dieser GVO erfasst. Gleiches gilt nach der GVO Technologietransfer für Markenlizenzen, die nicht den eigentlichen Gegenstand der Technologietransfervereinbarung ausmachen, Art. 1 Abs. 1 lit. b), lit. g) GVO Technologietransfer. Das Verhältnis von Wettbewerbsbeschränkungen einerseits und Marken (§ 4 MarkenG, Art. 4 GemMVO) sowie anderen Zeichen (§ 5 MarkenG; § 126 MarkenG) andererseits ist also grundsätzlich **nicht speziell, insbesondere in keiner GVO, geregelt**.[1084] Für jeden Einzelfall muss nach der Lehre vom spezifischen Schutzgegenstand eine Interessenabwägung zwischen dem Inhalt des Zeichenrechts und den wettbewerbsbeschränkenden Wirkungen stattfinden. Es genügt für eine kartellrechtliche Zulässigkeit seit Aufgabe der Inhaltstheorie[1085] nicht, dass das Zeichenrecht eine entsprechende beschränkte Lizenzierung erlaubt.[1086] Dennoch lassen sich auf der Basis des spezifischen Gegenstandes des Zeichenrechts einige generalisierungsfähige Aussagen treffen. Nachfolgend wird auf Lizenzen (an Marken und geschäftlichen Bezeichnungen), Abgrenzungsvereinbarungen und Kollektivmarken eingegangen. Zu **Schutzrechtsübertragungen**,[1087] **Nebenabreden**[1088] und **Zulieferkonstellationen**[1089] siehe die separate Kommentierung zum parallelen EU-Recht.

[1079] EU-Kommission, Leitlinien zur Anwendung von Art. 81 EG-Vertrag auf Technologietransfer-Vereinbarungen, ABl. C 101 vom 27. 4. 2004, S. 2, Rn. 219.
[1080] EU-Kommission, Leitlinien zur Anwendung von Art. 81 EG-Vertrag auf Technologietransfer-Vereinbarungen, ABl. C 101 vom 27. 4. 2004, S. 2, Rn. 222 ff.; vgl. hierzu auch die Kommentierung zur GVO Technologietransfer.
[1081] Dazu unten Rn. 230 ff.
[1082] BGH WuW/E DE-R 1267, 1269 f. – *Nachbaugebühr*.
[1083] BKartA TB 2005/2006, S. 67 f. (zw.).
[1084] So auch EU-Kommission, Leitlinien zur Anwendung von Art. 81 EG-Vertrag auf Technologietransfer-Vereinbarungen, ABl. C 101 vom 27. 4. 2004, S. 2, Rn. 53.
[1085] Oben Rn. 204.
[1086] Zutreffend *Ingerl/Rohnke*, MarkenG, § 30 Rn. 84; anders möglicherweise der Inhaltstheorie folgend OLG Hamburg WuW/E OLG 4429, 4432 – *Diamant-Zeichen*.
[1087] Anh. 3 zu Art. 81 Rn. 176 ff.
[1088] Anh. 3 zu Art. 81 Rn. 186 ff.
[1089] Anh. 3 zu Art. 81 Rn. 190 ff.

a) Markenlizenzen.[1090] Die Hauptfunktion des Markenrechts (§ 4 MarkenG, Art. 4 **209** GemMVO), die seinen spezifischen Schutzgegenstand ausmacht, liegt sicherlich darin, dem Verbraucher die Identität des Waren- oder Dienstleistungsursprungs zu garantieren.[1091] Das ist die sogenannte **Herkunftsfunktion** (auch Zuordnungs- und Wiedererkennungsfunktion). Daneben steht die sogenannte **Qualitätsfunktion**. Diese Funktion bezieht sich auf die Gewähr, dass alle gekennzeichneten Erzeugnisse unter der Kontrolle eines einzigen Unternehmens hergestellt wurden, das auch für ihre Qualität verantwortlich gemacht werden kann.[1092] Das ergibt sich im deutschen Markenrecht – das auf einer EU-Richtlinie beruht[1093] – aus den nahezu unbegrenzten Möglichkeiten, Lizenzen zur Benutzung der Marke an Dritte zu vergeben (§ 30 Abs. 1 MarkenG). Als dritte Markenfunktion ist heute die **Werbefunktion** (auch Investmentfunktion) zumindest durch das deutsche Markengesetz anerkannt.[1094] Die Werbefunktion der Marke meint einen Schutz der Marke auf Grund ihrer Werbewirksamkeit unabhängig davon, ob der Kunde über Herkunft oder Qualität getäuscht wird. Schutzgut ist damit nicht nur die Unterscheidungskraft einer Marke, sondern auch deren Suggestiv- und Attraktionskraft.[1095] Aus der Anerkennung der vorgenannten Funktionen ergibt sich zunächst, dass jede Art von Beschränkungen, die erforderlich sind, um den vorgenannten Markenfunktionen Rechnung zu tragen, grundsätzlich zulässig sind.

Der Markeninhaber hat also bei **Markenlizenzen** auch kartellrechtlich sehr weitgehende **210** Befugnisse, die Herstellung und den Vertrieb der mit der Marke gekennzeichneten Waren und Dienstleistungen zu organisieren. Danach ist tendenziell kartellrechtsfest zunächst die Beschränkung der Markenlizenz auf ein ganz **bestimmtes Produkt** oder **eine ganz bestimmte Leistung**.[1096] Das gehört zum Inhalt des Markenrechts und ist nach § 30 Abs. 2 Nr. 3 MarkenG, Art. 22 GemMVO mit dinglicher Wirkung vom Markenrecht abspaltbar. Diese Beschränkung macht es für den Lizenznehmer unmöglich, unter Verwendung der Marke mit dem Lizenzgeber im Hinblick auf andere Waren oder Dienstleistungen in Wettbewerb zu treten.[1097] Herkunfts- und Qualitätsfunktion erfordern zwingend solche Beschränkungsmöglichkeiten. Das Gleiche gilt für **Sublizenz- und Übertragungsverbote**.[1098] Auch Wettbewerbsbeschränkungen, die die Markenlizenz auf einen bestimmten **Produktionsbetrieb** festlegen, sollten danach regelmäßig schon wegen Gewährleistung der Herkunftsfunktion mit § 1 GWB vereinbar sein. Kartellrechtsfest können außerdem

---

[1090] Siehe auch Anh. 3 zu Art. 81 Rn. 181 ff.
[1091] Anh. 3 Art. 81 Rn. 140. Ferner EuGH GRUR 2004, 428, 429 f. (Tz. 30) – *Henkel*; EuGH GRUR 2002, 804, 806 (Tz. 29) – *Philips*; EuGH Slg. 1974, 1183 – *Centrapharm/Winthrop*; EuGH Slg. 1990 I, 3711 – *Hag*; EuGH Slg. 1994 I, 2789 – *Ideal Standard*.
[1092] EuGH Slg. 1994 I, 2789 – *Ideal Standard*; *von Stoephasius* in: Langen/Bunte, Art. 81 Fallgruppen Rn. 296; *Fezer*, Markenrecht, Einl. 32 f.; *Nordemann*, Wettbewerbsrecht – Markenrecht, Rn. 2142.
[1093] EU-Richtlinie 89/104/EWG ABl. Nr. C/1 vom 31. 12. 1988 = Bl. für PMZ 1989, 189; berichtigt in ABl. 1989 Nr. L 159 vom 10. 6. 1989, 60 = Bl. für PMZ 1989, 350.
[1094] So ausdrücklich die Gesetzesbegründung zum MarkenG, § 30, S. 86, Bundestagsdrucksache 12/6581; siehe auch *Harte-Bavendamm/Scheller* WRP 1994, 571, 571; *Klaka* in: FS Traub, 1994, S. 188; *Ingerl/Rohnke* NJW 1994, 1247, 1251; *J. B. Nordemann*, DZWir 1995, 315, 317; *Grabitz/Koch*, Das Recht der Europäischen Union, Kommentar, LBlSlg., Stand Jan. 2000, Art. 85 Rn. 302; *von Stoephasius* in: Langen/Bunte, Art. 81 Rn. 299; kritisch *von Gamm* GRUR 1994, 775, 778.
[1095] *Schweer*, Die erste Markenrechtsrichtlinie der EG und der Rechtsschutz bekannter Marken, 1992, S. 34 ff.; *Henning/Bodewig/Kur*, Marke und Verbraucher, Band I, 1988, S. 241 ff.; *Kouker* WRP 1994, 444, 447; *J. B. Nordemann*, DZWir 1995, 315, 317.
[1096] EU-Kommission ABl. 1990 L 100/3, 35 – *Mousehead/Whitbread*; *Ingerl/Rohnke*, MarkenG, § 30 Rn. 84.
[1097] OLG Hamburg WuW/E OLG 4429, 4432 – *Diamant-Zeichen*.
[1098] *Ullrich* in: Immenga/Mestmäcker, EG-Wettbewerbsrecht, GRUR D. Rn. 12 in der Voraufl.

Vorgaben für die Produktqualität und Zusammensetzung[1099] einschließlich **Kontrollrechten** sein, soweit sie notwendig sind, um eine gleich bleibende Warenqualität zu gewährleisten.[1100] **Bezugspflichten** im Hinblick auf bestimmte Rohstoffe vom Lizenzgeber werden aber nur akzeptiert, wenn es sich um Zutaten für eine geheime Rezeptur handelt.[1101] Auch länderspezifische Qualitätsdifferenzierungen sind zulässig; sie können sogar Belieferungsverbote für bestimmte Territorien, für die andere Qualitätsstandards gelten, rechtfertigen.[1102] Als „Produktionsstätte" kann z. B. das Internet allein festgelegt oder ganz ausgeschlossen werden; der Internetvertrieb kann auch ganz ausgeschlossen werden, wenn dies die Werbefunktion z. B. einer berühmten Marke notwendig macht.[1103] Auch Ausübungspflichten erscheinen als im Regelfall durch den spezifischen Schutzgegenstand gerechtfertigt, weil dadurch der Wert der Marke gesteigert[1104] und außerdem die Marke vor der Löschungsreife durch Nichtbenutzung geschützt werden kann. Mengenbeschränkungen sollten entgegen einer verbreiteten Auffassung[1105] ebenfalls zulässig sein, sofern markenrechtliche Interessen, etwas Reputationspflege, eine Begrenzung des Angebotes erfordern. Auch **Vorgaben für die Werbung und für die Verpackung** sind zulässig, sofern sie unmittelbar oder mittelbar die Benutzung oder Reputation der Marke betreffen, darüber hinaus eher nicht.[1106] Vertikale Preisbindungen können im Hinblick auf den spezifischen Schutzgegenstand des Markenrechts nicht gerechtfertigt werden.[1107] Unproblematisch sind die Anerkennung der Inhaberschaft des Lizenzgebers an der Marke[1108] sowie seine Verpflichtung, die Marke über den gesamten Lizenzzeitraum aufrechtzuerhalten. **Nichtangriffsvereinbarungen** sind eigentlich nicht vom spezifischen Schutzgegenstand des Markenrecht privilegiert, werden jedoch im Regelfall als nicht spürbare Wettbewerbsbeschränkung angesehen, weil dem Lizenznehmer regelmäßig ein Ausweichen auf eine andere Marke offen steht. Etwas anders mag nur gelten, wenn die Existenz einer Marke eine spürbare Marktzutrittsschranke bildet,[1109] z. B. bei einer Marke, die wegen ihrer Bekanntheit möglicherweise die Grenze zur generischen Bezeichnung überschritten hat (§ 8 Abs. 2 Nr. 3 MarkenG).

211 Ferner gilt die regelmäßige kartellrechtliche Privilegierung für **geografische Beschränkungen** der Lizenz.[1110] Die gegenteilige Auffassung der EU-Kommission, die eine einfache Gebietsausschließlichkeit als wettbewerbsbeschränkend im Sinne des § 81 Abs. 1 EG qualifiziert,[1111] ist wenig überzeugend. Die Gebietsausschließlichkeit gewährleistet Herkunfts- sowie Qualitätsfunktion, gehört insoweit zum Inhalt des Markenrechts und ist mit

---

[1099] EU-Kommission ABl. 1998 L 70/69 vom 23. 12. 1977 – *Campari* = GRUR Int. 1978, 371; *Groß* in: Wiedemann, Handbuch des Kartellrechts, § 13 Rn. 160; *von Stoephasius* in: Langen/Bunte, Art. 81 Fallgruppen Rn. 298; alle zu Art. 81 EG.

[1100] *Loewenheim* GRUR 1982, 46, 470.

[1101] EU-Kommission ABl. 1978 L 70/69 vom 23. 12. 1977 – *Campari* = GRUR Int. 1978, 371; EU-Kommission GRUR Int. 1986, 116 – *Velcro/Alpix*.

[1102] EU-Kommission ABl. 1978 L 70/69 vom 23. 12. 1977 – *Campari* = GRUR Int. 1978, 371.

[1103] *J. B. Nordemann* in: Bröcker/Czychowski/Schäfer, Praxishandbuch Geistiges Eigentum im Internet, § 12 Rn. 137.

[1104] EU-Kommission ABl. 1978 L 70/69 vom 23. 12. 1977 – *Campari* = GRUR Int. 1978, 371.

[1105] EU-Kommission ABl. 1978 L 70/69 vom 23. 12. 1977 – *Campari* = GRUR Int. 1978, 371.

[1106] Vgl. auch *Loewenheim*, Warenzeichen und Wettbewerbsbeschränkung, 1970, S. 411 ff.

[1107] Vgl. *Ellger* in: Immenga/Mestmäcker, EG-WbR Bd. I, Art. 81 Abs. 3 Rn. 202.

[1108] EU-Kommission ABl. vom 23. 3. 1990 L 100, S. 32 – *Mousehead/Whitbread* = GRUR Int. 1990, 626.

[1109] EU-Kommission ABl. 1978 L 70/69 vom 23. 12. 1977 – *Campari* = GRUR Int. 1978, 371.

[1110] OLG Hamburg WuW/E OLG 4429, 4432 – *Diamant-Zeichen*; Ingerl/Rohnke, MarkenG, § 30 Rn. 84; *Sack* WRP 1999, 595; *Niebel* WRP 2003, 482, 486.

[1111] EU-Kommission ABl. vom 23. 3. 1990 L 100, S. 32 – *Mousehead/Whitbread* = GRUR Int. 1990, 626; wohl zustimmend *Christoph*, S. 111 f. Sehr kritisch wie hier *Niebel* WRP 2003, 482, 486.

dinglicher Wirkung abspaltbar, § 30 Abs. 2 Nr. 4 MarkenG, Art. 22 Abs. 1 und 2 GemM-VO. Privilegiert ist auch die aus der ausschließlichen Lizenzerteilung folgende Beschränkung des Lizenzgebers, selbst nicht in dem Gebiet tätig zu sein.[1112] Insoweit ist der Meinung zu widersprechen, dass die Ausschließlichkeitswirkung gegenüber dem Lizenzgeber nicht zum spezifischen Schutzgegenstand des Markenrechts gehört.[1113] Die vom Markenrecht gewährte Ausschließlichkeit und damit sein spezifischer Schutzgegenstand beinhaltet wie selbstverständlich auch die Möglichkeit einer Ausschließlichkeit gegenüber dem Lizenzgeber.[1114] Es besteht auch die Möglichkeit für den Lizenzgeber, eine nur auf bestimmte EU-Staaten begrenzte Verbreitungslizenz zu gewähren.[1115] Allerdings gelten die Privilegierungen der vorerwähnten geografischen Lizenznehmer – und Lizenzgeberbeschränkungen nicht über das erstmalige Inverkehrbringen mit Zustimmung des Markeninhabers hinaus. Sobald ein mit einer Marke versehenes Produkt einmal mit Zustimmung des Markeninhabers in Verkehr gelangt ist, ist das **Markenrecht erschöpft,** weil dann der Markeninhaber die hinreichende Möglichkeit hatte, auf die Erfüllung der Herkunfts- und Qualitätsfunktion zu achten. Allenfalls auf Grund der Werbefunktion erforderliche Vorgaben, z. B. im Rahmen eines selektiven Vertriebssystem, sind dann noch möglich. Jedenfalls innerhalb der EU und auch im gesamten Gebiets des EWR kann das mit der Marke gekennzeichnete Produkt ohne gebietsmäßige Beschränkung zirkulieren, (§ 24 MarkenG, Art. 13 GemM-VO).[1116] Die Vereinbarung eines absoluten Gebietsschutzes auch für Fälle, in denen die Erschöpfung den Gebietsschutz aufhebt, verletzt Art. 81 Abs. 1 EG und damit auch § 1 GWB; eine Freistellung scheidet regelmäßig aus.[1117] Allenfalls dann kommt eine Freistellung in Betracht, wenn der Gebietsschutz entsprechend den Leitgedanken aus Art. 4 GVO Vertikalvereinbarungen gelockert vereinbart wird,[1118] vor allem im Stadium der Markterschließung.[1119] Auch kann der Effizienzeinwand dazu führen, dass eine Einzelfreistellung nach § 2 Abs. 1 GWB zu gewähren ist.[1120] Für ein **unkörperliches Inverkehrbringen** mit Zustimmung des Markeninhabers gelten andere Grundsätze. Jedenfalls ist eine Parallelität der urheberrechtlichen und markenrechtlichen Erschöpfung wünschenswert.[1122] Dann ist aber im Einklang mit der urheberrechtlichen Erschöpfung davon auszugehen, dass bei unkörperlichem Inverkehrbringen eine Erschöpfungswirkung nicht eintritt.[1123] Das gilt

---

[1112] Wie hier *Niebel* WRP 2003, 482, 486; *Sack* RIW 1997, 449, 454 f.

[1113] So aber – jedoch nicht speziell für Markenrechte – *Christoph*, S. 112 mwN., insbesondere unter Berufung auf EU-Kommission WuW/E EV 623, 624 – *AOIP/Beyard; Axster* GRUR 1985, 581, 582.Wie hier a. A. OLG Frankfurt WuE/E DE-R 2018, 2021 – *Harry Potter.*

[1114] Statt aller *Ingerl/Rohnke*, MarkenG, § 30 Rn. 12. Vgl. auch § 31 Abs. 3 Satz 2 UrhG, der diese Selbstverständlichkeit für das Urheberrecht sogar ausdrücklich anspricht.

[1115] OLG Frankfurt WuE/E DE-R 2018, 2021 – *Harry Potter,* a. A. *Jestaedt* in: Langen/Bunte, Art. 81 Fallgruppen Rn. 266 mwN. Siehe auch Rn. 219.

[1116] EuGH GRUR Int. 1998, 188 = WRP 1998, 851 = NJW 1998, 3185 – *Silhouette; Joller* GRUR Int. 1998, 751 ff.; *Fezer* GRUR 1999, 99, 105; *Albert/Heath* GRUR 1998, 642; *Loewenheim* GRUR 1997, 307; *Beier* GRUR Int. 1989, 603.

[1117] EuGH Slg. 1966, 390 f. – *Grundig/Consten* = GRUR Int. 1966, 580; EU-Kommission ABl. vom 23. 3. 1990 L 100, S. 32 – *Mousehead/Whitbread* = GRUR Int. 1990, 626; *Niebel* WRP 2003, 482, 486.

[1118] *Niebel* WRP 2003, 482, 490.

[1119] EU-Kommission ABl. vom 23. 3. 1990 L 100, S. 32 – *Mousehead/Whitbread* = GRUR Int. 1990, 626.

[1120] Auf EU-Ebene entsteht dann allerdings regelmäßig ein Zielkonflikt mit dem Integrationsziel Binnenmarkt, vgl. *Heinemann* GRUR 2008, 949, 951.

[1121] *J. B. Nordemann* in: Bröcker/Czychowski/Schäfer, Handbuch Geistiges Eigentum im Internet, § 12 Rn. 140.

[1122] *Schack*, Urheber- und Urhebervertragsrecht, 2. Aufl. 2001, Rn. 481 a.

[1123] BGH GRUR 2000, 699, 701 – *Kabelweitersendung;* ferner EuGH Slg. 1980, 881 – *Coditel/Cine'Vog I;* EuGH Slg. 1982, 3381 – *Coditel/Cine'Vog II;* EU-Kommission ABl. 1989 L 284/36 –

nicht nur für temporäre Nutzungen bzw. für die Sendung von Werken im Internet, sondern auch für mit Zustimmung des Rechtsinhabers hergestellte Vervielfältigungen von Produkten, z. B. bei Download aus dem Internet. **Außerhalb des EWR** ist eine Erschöpfung abzulehnen,[1124] so dass außerhalb der EU ohne Konflikt mit § 1 GWB gebietsmäßige Aufteilungen der Marken auch nach Inverkehrbringen der Ware mit Zustimmung des Markeninhabers erfolgen können.

212 **b) Lizenzen an Unternehmenskennzeichen und Titeln.** Für die **Lizenzierung von Unternehmenskennzeichen (§ 5 Abs. 2 MarkenG)** gilt Entsprechendes, weil auch sie die Herkunfts- und Werbefunktion schützen,[1125] auch wenn der Rechtsverkehr für Unternehmenskennzeichen wegen der nach herrschender Meinung existierenden Akzessorietät des Zeichens mit dem Unternehmen etwas eingeschränkt ist. Die vorgenannten Ausführungen gelten für Lizenzen an geschäftlichen Bezeichnungen nach § 5 Abs. 2 MarkenG damit sogar in besonderem Maße, weil eine dingliche Lizenz nur bei Übertragung auch des relevanten Unternehmensteils möglich ist und deshalb erst Recht Einfluss auf die Produktion durch den Lizenzgeber genommen werden darf. **Werktitel (§ 5 Abs. 3 MarkenG)** erfüllen nur eine Unterscheidungsfunktion, grundsätzlich aber keine Herkunfts- und Qualitätsfunktion;[1126] eine Ausnahme gilt für bekanntere Zeitungs- und Zeitschriftentitel[1127] oder für bekannte Titel. Eine Werbefunktion können Titel wie Marken bei besonderer Bekanntheit erfüllen (§ 15 Abs. 3 MarkenG). Auch für Titel gilt im Rechtsverkehr der Akzessorietätsgrundsatz im Hinblick auf das Werk. Lizenzen an Titelrechten nach § 5 Abs. 3 MarkenG sind also nur bei gleichzeitiger Erlaubnis der Werknutzung möglich. Da sich die Funktion des Titelrechts jedoch grundsätzlich in der Unterscheidungsfunktion ohne Herkunfts- und Qualitätsfunktion erschöpft, sind zunächst solche Beschränkungen regelmäßig zulässig, die einen gleich bleibenden Inhalt gewährleisten. Sofern der Titel – bei Bekanntheit – noch eine Herkunfts-, Qualitäts- oder sogar eine Werbefunktion leistet, sind auch Beschränkungen zur Gewährleistung dieser Funktionen tendenziell zulässig. Lizenzen für bekannte Titel dürfen also regelmäßig auch eine Qualitätsvorgabe und -kontrolle sowie Festlegungen auf einen bestimmten Produktionsbetrieb beinhalten.

213 **c) Vorrechts- oder Abgrenzungsvereinbarungen.**[1128] Sog. Vorrechts- und Abgrenzungsvereinbarungen schließen Zeicheninhaber, um eine Kollision ihrer einander gegenüberstehenden Zeichen auszuräumen. Regelmäßig sehen sie vor, dass das jüngere Zeichen nur für bestimmte Waren oder Dienstleistungen, teilweise auch nur in bestimmter Aufmachung eingetragen und benutzt werden darf. Der Inhaber des jüngeren Zeichens verpflichtet sich außerdem meist, aus seinem Zeichen keine Rechte gegen den Inhaber des älteren Zeichens herzuleiten. Solche Vereinbarungen sind kartellrechtlich vor dem Hintergrund zu beurteilen, dass der Inhaber des älteren Zeichens ohne solche Verpflichtungen die Eintragung oder Benutzung des Zeichens verhindern könnte. Die oben genannten Zeichenfunktionen, insbesondere die **Herkunfts- und Qualitätsfunktion** der Marke des Inhabers des älteren Zeichens, decken also entsprechende Verpflichtungen des Inhabers des jüngeren Zeichens auch kartellrechtlich ab. So konnte sich der Spielzeug- und Kinderbekleidungsanbieter „LEGO" kartellrechtlich wirksam mit dem Strumpfgroßhändler „Le-go" verabre-

---

Filmeinkauf; *Bergmann* in: FS Erdmann, S. 17, 27; in: *Schulze*, Dreier/Schulze, Urheberrecht, § 17 Rn. 30; *von Stoephasius* in: Langen/Bunte, Art. 81 Fallgruppen Rn. 288 mwN. Vgl. zum Ganzen auch unten Rn. 219.
[1124] Vgl. nochmals EuGH GRUR Int. 1998, 188 = WRP 1998, 851 = NJW 1998, 3185 – *Silhouette*.
[1125] Vgl. statt aller *Ingerl/Rohnke*, MarkenG, § 15 Rn. 9 ff.
[1126] BGH GRUR 2005, 264 – *Das Telefon-Sparbuch* mwN.; BGH GRUR 2002, 1083, 1085 – *1, 2, 3 im Sauseschritt*.
[1127] BGH GRUR 2000, 504, 505 – *FACTS*; BGH GRUR 2000, 71, 72 – *Szene*.
[1128] Dazu *Harte-Bavendamm/von Bomhard* GRUR 1998, 530, 532; *von Stoephasius* in: Langen/Bunte, Art. 85 Rn. 306 ff.; *Fezer*, Markenrecht, § 14 Rn. 453 ff.

den, dass „Le-go" keine Kinderbekleidung unter dieser Bezeichnung und „LEGO" keine Strumpfwaren mit der Bezeichnung „LEGO" anbietet.[1129] Ansonsten wäre die Herkunfts- und Qualitätsfunktion im Hinblick auf die wechselseitigen Zeichen gefährdet. Je weniger ernsthaft eine Verwechslungsgefahr droht, desto eher greift das Kartellrecht rein. Es bleibt den Parteien zwar auch hier ein kartellrechtsfester Beurteilungsspielraum im Rahmen des Abschlusses von Vergleichen.[1130] Bundesgerichtshof[1131] und EU-Praxis[1132] wollen das Kartellrecht aber nur so lange zurückstehen lassen, wie ein **„ernsthafter", objektiv begründeter Anlass zu der Annahme besteht, es liege Verwechslungsgefahr vor.** Das Gleiche muss für Vereinbarungen auf der Grundlage einer möglichen Verletzung der Bekanntheitstatbestände (§§ 14 Abs. 2 Nr. 3, 15 Abs. 3 MarkenG, Art. 9 Abs. 1 lit. c) GemMVO) gelten. Auch muss ernsthaft die Möglichkeit bestehen, dass das ältere Zeichen Schutz genießt bzw. nicht löschungsreif ist. Handelt es sich um eine eindeutig unbenutzte und damit löschungsreife Vorratsmarke, kann das Kartellrecht wettbewerbsbeschränkende Verpflichtungen des Inhabers der jüngeren Marke verhindern.[1133] Allerdings ist in solchen Fällen stets zu prüfen, ob die Wettbewerbsbeschränkung überhaupt spürbar ist.[1134] Spürbarkeit kann insbesondere dann fehlen, wenn der von den Beschränkungen betroffene Markeninhaber bereits damit begonnen hat, eine andere Marke zu benutzen[1135] oder er sich nur Beschränkungen auferlegt hat, die sein aktuelles oder potentielles Betätigungsfeld nicht berühren. Liegt eine „ernsthafte" Kollisionsgefahr und deshalb eine kartellrechtliche Privilegierung vor, erscheint es kartellrechtlich nicht angezeigt, die Parteien vornehmlich auf eine Regulierung der Zeichenbenutzung (z. B. Farbe, Gestaltung, Schrift, Zusätze) zu verweisen; gleichwertig stehen den Parteien auch erforderliche Beschränkungen im Hinblick auf bestimmte Waren oder Dienstleistungen zu.[1136] Außerhalb der Rechtfertigung durch die Zeichenfunktionen können Beschränkungen des Einsatzbereiches der älteren Marke oder die Verpflichtung des Inhabers der jüngeren Marke liegen, das ältere Zeichen nicht mit einem Löschungsantrag wegen Nichtbenutzung anzugreifen.[1137] Sie sollten jedoch dann zulässig sein, wenn sie Teil eines umfassenden Interessenausgleiches der sich vergleichenden Parteien sind und ohne solche Verpflichtungen die Vereinbarung nicht zustandegekommen wäre.[1138] Überdies ist stets nach der Spürbarkeit zu fragen.[1139]

d) Kollektivmarken. Kartellrechtlich besondere Probleme lösen **Kollektivmarken** 214 (§§ 97 ff. MarkenG, Art. 64 ff. GemMarkenVO) aus. Sofern gesetzlich eine kollektive Inhaberschaft ermöglicht wird, sagt dies nichts über die grundsätzliche kartellrechtliche Zulässig-

---

[1129] Beispiel gebildet nach OLG München, Az. U (K) 5378/99, Urteil vom 20. 4. 2000 – *Lego Systems/Lego Bekleidungswerke*, nicht veröffentlicht, aber zit. bei *Schultz/Wagemann*, Kartellrechtspraxis und Kartellrechtsprechung 2000/2001, S. 16.

[1130] Dazu oben Rn. 183.

[1131] BGHZ 3, 193, 197 – *Tauchpumpe*; BGH WuW/E 1385 – *Heilquelle*; siehe auch OLG Hamburg WW/E OLG 1724 – *Miniaturgolfanlagen*.

[1132] Dazu Anh. 3 Art. 81 Rn. 173 f.; ferner EU-Kommission GRUR Int. 1983, 294 ff. – *Toltecs/Dorcet*.

[1133] EuGH Slg. 1985, 363, 385 – *Toltecs/Dorcet* = GRUR Int. 1985, 399 = NJW 1985, 1278 ff.

[1134] Zur Spürbarkeit allgemein oben Rn. 142 ff.

[1135] *Harte-Bavendamm/von Bomhard* GRUR 1998, 530, 533, unter Berufung auf EU-Kommission ABl. 1978 L 60, S. 19, 24 f. – *Pennys*.

[1136] Zutreffend *Harte-Bavendamm/von Bomhard* GRUR 1998, 530, 533 gegen EU-Kommission GRUR Int. 1983, 294 ff. – *Toltecs/Dorcet*.

[1137] Zu Nichtangriffsabreden insbesondere EuGH Slg. 1985, 363, 385 – *Toltecs/Dorcet* = GRUR Int. 1985, 399 = NJW 1985, 1278 ff.

[1138] So auch EU-Kommission, Leitlinien zur Anwendung von Art. 81 EG-Vertrag auf Technologietransfervereinbarungen (2004/C 101/02), Rn. 20; vgl. zur ähnlichen Problematik von Nichtangriffsabreden im Patentrecht *Mestmäcker/Schweitzer*, Europäisches Wettbewerbsrecht, § 28 Rn. 85.

[1139] Vgl. dazu oben zu Nichtangriffsabreden in Lizenzverträgen Rn. 210.

keit eines kollektiven Einsatzes der Marke. Denn die Regelung in §§ 97ff. MarkenG will nicht Kartelle erlauben, sondern gibt nur für den Fall der erlaubten Kooperation zwischen Unternehmen einen Regelungsrahmen im Markenrecht vor. Die Frage, ob die Markenpolitik kollektiviert werden kann, ist daher zunächst eine kartellrechtliche. Im Rahmen der erlaubten Kooperation im Bereich Werbung[1140] sowie bei Herkunfts- oder bei Gütezeichengemeinschaften[1141] können deshalb auch Konkurrenten Kollektivmarken eintragen und benutzen. Herkunftsvorgaben sind zwingend bei Kollektivmarken, die geografische Herkunftsangaben sind (§ 99 MarkenG, Art. 64 Abs. 2 GemMarkenVO). Denn die geografische Herkunftsangabe soll ja nur Waren und Dienstleistungen einer bestimmten geografischen Region vereinen. Daneben kann die Qualitätsfunktion erfordern, dass den Inhabern der Kollektivmarke bestimmte Qualitätsvorgaben gemacht werden, insbesondere im Rahmen von Gütezeichengemeinschaften. Eine Gebietsaufteilung ist aber nicht durch den Inhalt des Kollektivmarkenrechts gedeckt.[1142] Pools aus verschiedenen Marken (**Markenpools;** auch genannt **Co-Branding**") können – ähnlich der kartellrechtlichen Beurteilung von Patentpools[1143] – insbesondere dann zulässig sein, wenn das Poolen der Marken zwingend notwendig für das Entstehen eines neuen Markenproduktes ist. Ein Beispiel für das zulässige Poolen von Marken ist Merchandisingspielzeug zu Filmen, das sowohl die Marke des Films als auch die Marke des Spielzeugherstellers trägt („Mickey Mouse Lego-Spielzeug"). Nach den gleichen Grundsätzen können neue Schokoladenprodukte aus zwei Marken von Süßwarenherstellern zulässig sein, z. B. „Smarties mit dem Haribo Goldbärenkern".

5. Urheberrechte und verwandte Schutzrechte

215 Urheber, ausübende Künstler und sonstige nach dem UrhG Leistungsschutzberechtigte sind regelmäßig Unternehmen im Sinne des § 1 GWB.[1144] Das Verhältnis des **Urheberrecht**s zu § 1 GWB ist jedoch – genauso wie im Zeichenrecht – **nicht** generell in einer **GVO** geregelt. Die GVO Technologietransfer (§ 2 Abs. 2 GWB) findet lediglich Anwendung, wenn die urheberrechtliche Lizenz nicht den Hauptgegenstand der Vereinbarung bildet und die urheberrechtlichen Nutzungsrechte dennoch unmittelbar mit der Nutzung der lizenzierten Technologie verbunden sind (Art. 1 Abs. 1 lit. b) GVO Technologietransfer), also die Nutzung des Werkes dazu dient, die lizenzierte (z.B. Patent-)Technologie besser zu nutzen.[1145] Eine **Ausnahme** gilt für die Lizenzierung urheberrechtlich geschützter **Software**, die durch § 2 Abs. 2 GWB iVm. der GVO Technologietransfer reguliert wird.[1146] Eine gewisse Regulierung von urheberrechtlichen Lizenzen kann sich ferner daraus ergeben, dass die GVO Technologietransfer auch Geschmacksmusterlizenzen erfasst, sofern es sich um gleichzeitig **urheberrechtlich geschütztes Design** handelt.[1147]

216 Die **EU-Kommission** meint jedoch, **urheberrechtliche Lizenzen für den Weiterverkauf** (Vervielfältigung gemäß § 16 UrhG und Verbreitung gemäß § 17 Abs. 1 und Abs. 2 UrhG) seien „eine der Lizenzierung von Technologie ähnliche Form der Lizenzvergabe", so dass sie generell **für alle Werkarten** die in der **GVO Technologietransfer**

[1140] Vgl. oben Rn. 138.
[1141] Vgl. oben Rn. 138.
[1142] BGH WuW/E 2697, 2701 – *Golden Toast* = BGH NJW 1991, 3152 = GRUR 1991, 782; KG WuW/E 4459 – *Golden Toast*.
[1143] Oben Rn. 206.
[1144] Dazu oben Rn. 30ff.
[1145] EU-Kommission, Leitlinien zur Anwendung von Art. 81 EG-Vertrag auf Technologietransfer-Vereinbarungen, ABl. C 101 vom 27. 4. 2004, S. 2, Rn. 50.
[1146] Vgl. hierzu die Kommentierung der GVO Technologietransfer.
[1147] Was allerdings auf Grund der restriktiven Rechtsprechung zum urheberrechtlichen Schutz angewandter Kunst kaum die Regel ist, vgl. BGH GRUR 1995, 581, 582 – *Silberdistel;* ferner BVerfG GRUR 2005, 410; zum Ganzen auch *A. Nordemann/Heise* ZUM 2001, 128ff.

und den dazu gehörenden Leitlinien aufgestellten Grundsätze auf die Einräumung von Vervielfältigungs- und Verbreitungsrechten bei der Prüfung des Art. 81 EG anwenden will.[1148] Bei der Einräumung anderer Rechte, also insbesondere Rechten der öffentlichen Wiedergabe (§ 15 Abs. 2 UrhG), aber wohl auch des Vermietungsrechts (§ 17 Abs. 3 UrhG),[1149] würden jedoch „ganz spezielle Fragen" aufgeworfen, so dass sich die Anwendung der GVO Technologietransfer einschließlich der Leitlinien nicht empfehle.[1150] Die generelle Anwendung der GVO Technologietransfer einschließlich der Leitlinien zumindest auf Lizenzen für den Weiterverkauf urheberrechtlich geschützter Werke aller Art kann nicht überzeugen; sie ist systemwidrig.[1151] Genauso wie bei der Einräumung anderer Rechte stellen sich auch hier gerade wegen des spezifischen, von einer besonderen Verbindung des Urhebers zu seinem Werk geprägten Schutzgegenstandes des Urheberrechts gegenüber der Lizenzierung von Patenten oder anderen gewerblichen Schutzrechten abweichende Fragen, wie nachfolgend aufgezeigt wird.

a) Urheber.[1152] **aa) Spezifischer Schutzgegenstand.** Wettbewerbsbeschränkungen in urheberrechtlichen Lizenzen beurteilen sich gemäß §§ 1, 2 Abs. 1 GWB seit der Aufgabe der Inhaltstheorie nach dem **spezifischen Gegenstand** des Urheberrechts unter Abwägung mit den Interessen des Kartellrechts.[1153] EU-rechtlich ist ein spezifischer Schutzgegenstand noch nicht herausgearbeitet worden, was anhand der immer noch bestehenden großen nationalstaatlichen Unterschiede im Urheberrecht auch als schwierig erscheint.[1154] Für § 1 GWB als nationales Recht genügt indes der Blick auf das UrhG. Der spezifische Gegenstand des dem **Urheber** zustehenden Urheberrechts soll nach **§ 11 UrhG** die Persönlichkeit des Urhebers schützen und ihm die wirtschaftliche Verwertung seiner Werke ermöglichen; § 11 Satz 2 UrhG präzisiert dies seit der Urhebervertragsrechtsnovelle 2001 dahin, dass das Urheberrecht auch die angemessene Vergütung für die Nutzung des Werkes sichern soll. Allgemein ist ein subjektiv geprägtes, **legitimes Bestimmungsrecht des Urhebers** anzuerkennen, nach den jeweiligen Besonderheiten des Werkes die optimale Nutzungsstrategie selbst zu definieren.[1155] Einer bestimmten „Marktrationalität" muss der Urheber bei der Festlegung seiner Nutzungsstrategie nicht folgen,[1156] weil der spezifische Schutzgegenstand eben einen starken persönlichkeitsrechtlichen Einschlag hat. Als **Faustformel** wird man sagen können, dass solche Begrenzungen tendenziell kartellrechtsfest sind, die nach dem UrhG mit dinglicher Wirkung, also mit Wirkung gegenüber jedermann, abgespalten werden können,[1157] weil der spezifische Schutzgegenstand gerade in

---

[1148] EU-Kommission, Leitlinien zur Anwendung von Art. 81 EG-Vertrag auf Technologietransfer-Vereinbarungen, ABl. C 101 vom 27. 4. 2004, S. 2, Rn. 51.

[1149] Vgl. EU-Kommission, Leitlinien zur Anwendung von Art. 81 EG-Vertrag auf Technologietransfer-Vereinbarungen, ABl. C 101 vom 27. 4. 2004, S. 2, Rn. 51 f., die nur Lizenzen für den „Weiterverkauf" (Rn. 51) der GVO Technologietransfer unterstellen will, nicht jedoch das „Verleihen" von geschütztem Material (Rn. 52).

[1150] EU-Kommission, Leitlinien zur Anwendung von Art. 81 EG-Vertrag auf Technologietransfer-Vereinbarungen, ABl. C 101 vom 27. 4. 2004, S. 2, Rn. 52.

[1151] *J. B. Nordemann* GRUR 2007, 203, 205; wohl auch *von Falck/Schmaltz* Kommentierung GVO Technologie Art. 1 Rn. 14; die Ausführungen der EU-Kommission übernehmend *Kreutzmann*, WRP 2006, 453 (458), jedoch ohne jede Diskussion; offen OLG Frankfurt WuW/E DE-R 2018, 2022 – *Harry Potter*.

[1152] Vgl. zu ausübenden Künstlern unten Rn. 226, zu Verwertern unten Rn. 227 ff., zu Verwertungsgesellschaften unten Rn. 230 ff.

[1153] Vgl. allgemein oben Rn. 204.

[1154] Siehe Anh. 3 Art. 81 Rn. 142.

[1155] OLG Frankfurt WuW/E DE-R 2018, 2022 – *Harry Potter*; *Loewenheim* UFITA 79 (1977), 175, 195 ff.

[1156] *J. B. Nordemann* GRUR 2007, 203, 205 mwN.

[1157] Vgl. zur Abspaltung einzelner Nutzungsarten *Schricker* in: Schricker, Urheberrecht (3. Aufl.), vor §§ 28 ff. Rn. 52 ff.; *J. B. Nordemann* in: Fromm/Nordemann, Urheberrecht, § 31 Rn. 9 ff.

dieser dinglich-rechtlichen Aufspaltungsmöglichkeit zum Ausdruck kommt.[1158] Die Kartellrechtsfestigkeit besteht aber nur in der Tendenz; es ist dennoch stets zu fragen, ob die Bindung Ausfluss der legitimen Bestimmungsinteressen des Urhebers ist. Die kartellrechtlichen Interessen[1159] können insoweit im Rahmen der Interessenabwägung berücksichtigt werden, die ohnehin für die Beantwortung der Frage vorzunehmen ist, ob eine dingliche Abspaltung des Nutzungsrecht zulässig ist.[1160] Dinglich eigenständige Nutzungsrechte sind nämlich nur für solche Nutzungsarten zulässig, die nach der Verkehrsauffassung hinreichend klar abgrenzbar und wirtschaftlich-technisch als einheitlich und selbstständig anzusehen sind.[1161]

218 bb) **Begrenzte Rechtseinräumung.** Zunächst sind **zeitliche Beschränkungen** dinglich abspaltbar und sollten damit tendenziell kartellrechtsneutral sein.[1162] Das Gleiche gilt für **quantitative Beschränkungen** (z.B. nur eine Auflage gemäß § 5 Abs. 1 VerlagsG; maximale Anzahl von Exemplaren, Aufführungen oder Ausstrahlungen). Sie bestimmen regelmäßig den Leistungsumfang des Urhebers und sind deshalb im Hinblick auf den spezifischen Schutzgegenstand gerechtfertigt. Auch die GVO Technologietransfer, die die EU-Kommission im Rahmen von urheberrechtlichen „Weiterverkaufs"-Lizenzen generell anwenden will,[1163] erlaubt solche „Outputbeschränkungen" (Art. 4 Abs. 1 lit. b), weil sie in urheberrechtlichen Nutzungsverträgen regelmäßig nicht wechselseitig sein werden.

219 **Räumliche Beschränkungen** erlaubt das Urheberrecht, soweit sie sich auf das geschützte Territorium beziehen. Dabei muss nicht etwas immer nur eine Lizenz für alle Territorien vergeben werden; die Lizenz kann auch auf einzelne Länder beschränkt werden, auch auf einzelne Mitgliedsstaaten der EU.[1164] Die Gebietsausschließlichkeit auch für einzelne Staaten – gehört insoweit zum Inhalt des Urheberrechts und ist mit dinglicher Wirkung abspaltbar, § 31 Abs. 1 Satz 2 UrhG. Im Einzelnen ist die dingliche Aufspaltbarkeit aber urheberrechtlich je nach Verwertungsrecht begrenzt; z.B. das Verbreitungsrecht muss mindestens das gesamte Gebiet Deutschlands umfassen, das Aufführungsrecht kann auch lokal begrenzt eingeräumt werden.[1165] Zu beachten sind nach Auffassung der EU-Kommission ferner die Beschränkungen, die die GVO Technologietransfer in Art. 4 für Wettbewerbsbeschränkungen zu Lasten des Lizenznehmers auf Grund räumlich begrenzter Nutzungsrechtseinräumung vorsieht; das gilt zumindest für die Einräumung des Vervielfältigungs- und Verbreitungsrechts für den Verkauf von Werken, weil die EU-Kommission auf solche Lizenzen die GVO Technologietransfer grundsätzlich anwenden will.[1166] Vor allem die zeitliche Begrenzung der Möglichkeit des Verbotes des passiven Verkaufes in andere Exklusivgebiete hinein auf zwei Jahre gemäß Art. 4 Abs. 2 lit. b) ii) GVO Technologie-

---

[1158] *Loewenheim* UFITA 79 (1977), 175, 197; *J. B. Nordemann* GRUR 2007, 203, 206; *Lehmann* in: Loewenheim, Handbuch des Urheberrechts, § 76 Rn. 39; *Schricker*, Verlagsrecht, Einl. Rn. 39; a.A. wohl *Ullrich/Heinemann* in: Immenga/Mestmäcker, EG-WbR Band II, B. GRUR Rn. 29.
[1159] Vgl. Rn. 204.
[1160] Vgl. *Loewenheim* UFITA 79 (1977), 175, 197 f.
[1161] *J. B. Nordemann/Loewenheim* in: Loewenheim, Handbuch des Urheberrechts, § 27 Rn. 2; *Schricker* in: Schricker, Urheberrecht (3. Aufl.), Vor § 28 Rn. 52; *J. B. Nordemann* in: Fromm/Nordemann, Urheberrecht, § 31 Rn. 11 f.; *Rehbinder*, § 41 III 1.
[1162] Vgl. zu zeitlichen Beschränkungen im Einzelnen *J. B. Nordemann* in: Loewenheim, Handbuch des Urheberrechts, § 60 Rn. 25 ff.; *ders.* in: Fromm/Nordemann, Urheberrecht, § 31 Rn. 7; *Schricker* in: Schricker, Urheberrecht (3. Aufl.), Vor § 28 Rn. 53.
[1163] Oben Rn. 216.
[1164] OLG Frankfurt WuW/E DE-R 2018, 2021 – *Harry Potter*. A.A. *Jestaedt* in: Langen/Bunte Art. 81 EG Fallgruppen Rn. 282; auch EU-Kommission WuW/E EV 759 – *Campari*.
[1165] Zum Ganzen *J. B. Nordemann* in: Fromm/Nordemann, Urheberrecht § 31 Rn. 47, 50.
[1166] Zur Kritik siehe oben Rn. 216.

§ 1. Verbot wettbewerbsbeschränkender Vereinbarungen   219 § 1 GWB

transfer erscheint als bemerkenswert und ist abzulehnen.[1167] Privilegiert ist auch die aus der ausschließlichen Lizenzerteilung folgende Beschränkung des Lizenzgebers, selbst nicht in dem Gebiet tätig zu sein, § 31 Abs. 3 Satz 2 UrhG. Insoweit gehört die Ausschließlichkeitswirkung gegenüber dem Urheber zum spezifischen Schutzgegenstand des Urheberrechts.[1168] Auch die GVO Technologietransfer, die die EU-Kommission im Rahmen von urheberrechtlichen „Weiterverkaufs"-Lizenzen generell anwenden will,[1169] erlaubt eine solche Beschränkung des aktiven oder passiven Verkaufes des Lizenzgebers, sofern – wie regelmäßig – Urheber und Lizenznehmer nicht in einem Wettbewerbsverhältnis zueinander stehen.[1170] Hinsichtlich des Vertriebs ist eine dingliche Aufspaltung des Verbreitungsrechts innerhalb des Staatsgebietes im Interesse der Rechtssicherheit und -klarheit jedoch nicht zuzulassen.[1171] Die Einräumung von Verbreitungsrechten im Hinblick auf **körperliche Waren** rechtfertigt außerdem nicht territoriale Beschränkungen, sobald die Ware einmal mit Zustimmung des Rechteinhabers in Verkehr gebracht wurde. Dann ist das Urheberrecht ohnehin erschöpft (§ 17 Abs. 2 UrhG), und Beschränkungen der weiteren Verbreitung innerhalb der EU verstoßen gegen Art. 28 und 30 EG,[1172] es sei denn sie sind anderweitig erlaubt, z. B. nach § 2 Abs. 2 GWB iVm. der GVO Vertikalvereinbarungen oder im Wege der Einzelfreistellung nach § 2 Abs. 1 GWB wegen hinreichender Effizienz.[1173] Für **unkörperliche Verwertungen** ist es hingegen anerkannt, dass der Rechtsinhaber das Gebiet für die Nutzung – auch innerhalb der EU – aufteilen kann.[1174] Das gilt z. B. für das Vorführrecht und das Senderecht. Insoweit scheidet dann auch eine Erschöpfung der Urheberrechte aus.[1175] Für Verwertungsbeschränkungen im Internetvertrieb wird teilweise gefordert, ähnlich zu differenzieren: Für die während der Online-Nutzung mit Zustimmung des Rechtsinhabers hergestellten Vervielfältigungen soll Erschöpfung innerhalb der EU eintreten, während für den reinen Abruf eines Werkes und die nur temporäre Nutzung bzw. für Sendung von Werken im Internet die Erschöpfung ausgeschlossen sein soll.[1176] Gegen diese Differenzierung spricht jedoch der eindeutige Wort-

---

[1167] A. A. und der Anwendung der GVO zustimmend *Ullrich/Heinemann* in: Immenga/Mestmäcker, EG-WbR, B. GRUR Rn. 30. Das Problem dürfte aber wohl praktisch von begrenzter Bedeutung sein, weil urheberrechtlich der passive Verkauf vom gebundenen Lizenznehmer dadurch umgangen werden kann, das er über eine erstmalige Verbreitung im Inland für eine Erschöpfung des Urheberrechts sorgt und sich dann der Kaufinteressent aus dieser Quelle bedienen kann, vgl. zur Erschöpfung die Ausführungen sogleich in dieser Rn.

[1168] A. A., jedoch nur für gewerbliche Schutzrechte ohne Erwähnung von Urheberrechten, *Christoph*, S. 112 mwN., insbesondere unter Berufung auf EU-Kommission WuW/E EV 623, 624 – *AOIP/Beyard*.

[1169] Oben Rn. 216.

[1170] Vgl. Art. 4 Abs. 2 GVO Technologietransfer und ferner die Kommentierung dazu Rn. 52.

[1171] Vgl. dazu ebenfalls *J. B. Nordemann* in: Fromm/Nordemann, Urheberrecht, § 31 Rn. 47; *Schricker* in: Schricker, Urheberrecht (3. Aufl.), Vor § 28 Rn. 54; jeweils mwN.

[1172] EuGH Slg. 1971, 487, 500 – *Deutsche Grammophon/Metro*; EuGH Slg. 1982, 329, 346 – *Polydor/Harleking*; EuGH Slg. 1989, 79, 96 – *EMI/Patricia*.

[1173] Dazu *Heinemann* GRUR 2008, 949, 951.

[1174] EuGH Slg. 1980, 881 – *Coditel/Cine'Vog I*; EuGH Slg. 1982, 3381 – *Coditel/Cine'Vog II*; EU-Kommission ABl. 1989 L 284/36 – *Filmeinkauf*; *Fikentscher* in: FS Schricker, S. 158: *von Stoephasius* in: *Langen/Bunte*, Art. 81 Fallgruppen Rn. 288 mwN.; *Mestmäcker/Schweitzer*, Europäisches Wettbewerbsrecht, § 27 Rn. 30.

[1175] EuGH Slg. 1980 881, 903 – *Coditel I* für das Vorführrecht; BGH NJW-RR 2001, 38, 39 = GRUR 2000, 699, 700 – *Kabelweitersendung* für das Senderecht.

[1176] *Hoeren* MMR 2000, 515, 517; *Linnersorn* K&R 2001, 394, 395; *Berger* GRUR 2002, 198, 200, sowie *Kröger* CR 2001, 318, jeweils zur einschlägigen EU-Richtlinie zur Harmonisierung bestimmter Aspekte des Urheberrechts und der verwandten Schutzrechte in der Informationsgesellschaft, 2001/29/EG vom 22. 5. 2001, ABl. EG L 167 vom 22. 6. 2001, S. 19; zum deutschen Urheberrecht vor dieser Richtlinie *Hoeren* CR 1996, 517, 519; *Raue/Hegemann* in: Hoeren/Sieber, Kap. 7.5, Rn. 134.

laut[1177] der Erwägungsgründe für die einschlägige EU-Richtlinie, so dass sich bei Online-Diensten nicht die Frage der Erschöpfung stellt, vgl. auch Art. 3 Abs. 3 der EU-Richtlinie.[1178] Hier besteht kein Gestaltungsspielraum für den deutschen Gesetzgeber. Ohne Erschöpfung droht aber keine Neutralisierung von Begrenzungen in der Nutzungsrechtseinräumung wie z.B. der nur territorial begrenzten Einräumung. Klarzustellen ist noch, dass die Erschöpfungsproblematik nur innerhalb der EU bzw. des Europäischen Wirtschaftsabkommens relevant ist (vgl. § 17 UrhG) und von daher Wettbewerbsbeschränkungen für Nutzer, die nur außerhalb dieses Gebietes gelegene Rechte betreffen, nicht unter § 1 GWB fallen können.

220   Größere Probleme ergeben sich im Hinblick auf die Frage, inwieweit **sachliche** Beschränkungen der Nutzungsrechte dinglich abspaltbar sind. Unproblematisch ist in diesem Zusammenhang eine Aufspaltung nach den im Gesetz aufgezählten **Verwertungsrechten (§§ 15 ff UrhG.)**, weil das Gesetz diese als spezifischen Schutzgegenstand bereits vorgibt. Gleiches gilt für die vom Gesetz ausdrücklich erwähnte Möglichkeit, die **Rechte ausschließlich** – auch unter Ausschluss des Urhebers selbst – an Dritte zu vergeben (§ 31 Abs. 3 UrhG). Der damit verbundene Ausschluss Dritter und des Urhebers von der Nutzung haftet dem spezifischen Schutzgegenstand unmittelbar an und ist deshalb auch kartellrechtlich im Regelfall gerechtfertigt.[1179] Ist die Ausschließlichkeitsbindung jedoch übermäßig lang und führt sie zu einer spürbaren Verfälschung des Wettbewerbs, kann § 1 GWB greifen. Die Ausschließlichkeit eines filmischen Vorführungsrechts darf nicht über einen Zeitraum hinausgehen, dessen Dauer gemessen an den Bedürfnissen der lizenzgebenden Filmindustrie angemessen ist. Dabei spielen die Konkurrenzsituation zu anderen Medien (Kino zu Fernsehen), die Amortisationszeit für notwendige Verwerterinvestitionen (Synchronisation, Untertitelung), Finanzierungsbedingungen und andere berechtigte Erwartungshaltungen eine Rolle.[1180] Jedenfalls eine Ausschließlichkeit für einen Zeitraum von weniger als einem Jahr nach der Kinouraufführung war danach nicht zu beanstanden, und eine Einspeisung in das belgische Fernsehkabelnetz durfte auf der Grundlage des ausschließlichen belgischen Vorführrechts untersagt werden. Ferner erwähnt § 31 Abs. 1 Satz 1 UrhG die Möglichkeit, Nutzungsrechte nur für bestimmte Nutzungsarten einzuräumen. Es ist danach grundsätzlich kartellrechtsfest möglich, urheberrechtliche Nutzungsrechte nur für eine **bestimmte Nutzungsart**, z.B. Hardcover Buchausgabe, einzuräumen. Vom Kartellrecht wird grundsätzlich nicht beanstandet, dass einer solchen Einräumung immanent ist, dass der Lizenznehmer die Lizenz nicht für eine andere Nutzungsart, z.B. Taschenbücher, einsetzen darf[1181] und damit insoweit ein **Wettbewerbsverbot** für den Lizenznehmer besteht. Entscheidend ist aber insoweit, das sich das Werk in der anderen Nutzungsart äußerlich von

---

[1177] „Die Frage der Erschöpfung stellt sich weder bei Dienstleistungen allgemein noch bei Online-Diensten im Besonderen. Dies gilt auch für materielle Vervielfältigungsstücke eines Werkes oder eines sonstigen Schutzgegenstandes, die durch den Nutzer eines solchen Dienstes mit Zustimmung des Rechtsinhabers hergestellt worden sind", Erwägungsgrund 29 der EU-Richtlinie zur Harmonisierung bestimmter Aspekte des Urheberrechts und der verwandten Schutzrechte in der Informationsgesellschaft, ABl. EG C 167 vom 22. 6. 2001, S. 10.
[1178] *Loewenheim* in: Schricker, Urheberrecht, § 17 Rn. 37; Differenzierend *Dustmann* in Fromm/Nordemann, Urheberrecht, § 19a Rn. 29; *von Lewinski* MMR 1998, 115, 117; *Flechsig* ZUM 1998, 139, 146; *ders.* CR 1998, 225, 227; *Mestmäcker/Schweitzer*, Europäisches Wettbewerbsrecht, § 27 Rn. 30; kritisch, aber auf Grund des klaren Wortlauts der Richtlinie letztlich gleicher Ansicht *Spindler* GRUR 2002, 105, 110.
[1179] EuGH Slg. 1988, 2605, 2630 – *Warner Bros./Christiansen; Fikentscher* in: FS Schricker, S. 158 f.; *Ullrich/Heinemann* in: Immenga/Mestmäcker, EG-WbR, B. GRUR Rn. 28 mwN.
[1180] EuGH Slg. 1982, 3381 – *Coditel/Ciné-Vog Films II* = GRUR Int. 1983, 175; ferner EuGH Slg. 1980, 881 – *Coditel/Ciné-Vog Films* = GRUR Int. 1980, 606; dazu auch *Roth* in: FS Schwarz, S. 103.
[1181] BGH GRUR 1992, 310, 311 – *Taschenbuch-Lizenz;* KG GRUR 1991, 596, 598 f. – *Schopenhauerausgabe.*

anderen Nutzungsarten unterscheiden muss. Insoweit kann beispielsweise der Vertrieb von Buchnormalausgaben bei unveränderter äußerer Form über Kaffeefilialgeschäfte nicht als eigenständiges buchnahes Nebenrecht mit dinglicher Wirkung abgespalten werden.[1182] Entsprechende schuldrechtliche Verwendungsbeschränkungen des Lizenznehmers sollten aber dennoch kartellrechtlich Bestand haben, wenn sie von berechtigten Interessen des Urhebers gedeckt sind, einen bestimmten Ort des ersten Inverkehrbringens auszuschließen. Die GVO Technologietransfer, die die EU-Kommission im Rahmen von urheberrechtlichen „Weiterverkaufs"-Lizenzen generell anwenden will,[1183] erlaubt sogar in Lizenzverträgen zwischen Nicht-Wettbewerbern – was bei Vereinbarungen zwischen Urheber und Lizenznehmer die Regel sein sollte – die **Beschränkung des Lizenzgebers auf die Großhandelsfunktion** (Art. 4 Abs. 2 lit. b) v) GVO Technologietransfer) sowie, was allerdings wenig praktisch sein sollte, den Aufbau eines selektiven Vertriebssystems durch den Urheber (Art. 4 Abs. 2 lit. b) vi) iVm. Abs. 2 lit. c) GVO Technologietransfer). Zu beachten ist ferner **der urheberrechtliche Erschöpfungsgrundsatz,** der auch für Nutzungsarten gilt: wenn das Werk in einer bestimmten Nutzungsart einmal in Verkehr gebracht wurde, darf es ohne Beschränkung auf die Nutzungsart weiter verbreitet werden;[1184] so dürfen auf dem Markt befindliche Postkarten als Deckel in Pralinenschachteln eingelegt und mit der Verpackung verschweißt werden, ohne dass (dinglich begründete) urheberrechtliche Ansprüche bestehen könnten.[1185] Eine urheberrechtliche Rechtfertigung für entsprechende vertragliche Verbote scheidet also aus. Die GVO Vertikalvereinbarungen stellt aber solche Beschränkungen gemäß § 2 Abs. 2 GWB von § 1 GWB frei,[1186] sofern sie auf das Geschäft anwendbar ist.[1187] Ein Wettbewerbsverbot haftet dem spezifischen Schutzgegenstand dann nicht ohne weiteres an, wenn dem Urheber oder dem Verwerter **Wettbewerbsverbote außerhalb der Verwertung des betroffenen Werkes** auferlegt werden, also z. B. eine Verpflichtung für den Urheber, keinen anderen juristischen Kommentar zum selben Gesetz anderweitig zu veröffentlichen oder eine ebensolche Verpflichtung für den Verleger. Solche Wettbewerbsverbote sind kartellrechtlich privilegiert, wenn sie für eine sachgerechte Werkverwertung und die Erfüllung des urheberrechtlichen Treuegedankens erforderlich sind.[1188] Die Grenze liegt dort, wo das neue Werk im Hinblick auf Gegenstand, Abnehmerkreis, Art und Umfang dem alten Werk keine Konkurrenz machen würde.[1189] Im Bereich der Belletristik erscheint es insoweit kaum als gerechtfertigt, einem Autor die Verpflichtung aufzuerlegen, keine anderen Romane bei anderen Verlagen zu veröffentlichen, weil hier grundsätzlich kein Konkurrenzverhältnis entsteht, sondern der neue Roman regelmäßig sogar den Absatz des alten befördert.[1190] Die Verletzung des Treuegedankens war auch zweifelhaft im Hinblick auf die Verpflichtung vier berühmter italienischer Opernsänger, die sich im Rahmen einer Filmproduktion zur Exklusivität ver-

---

[1182] BGH GRUR 1990, 660, 661 – *Bibelreproduktion;* siehe auch *J. B. Nordemann* in: Loewenheim, Handbuch des Urheberrechts, § 64 Rn. 70.

[1183] Oben Rn. 216.

[1184] BGH GRUR 2001, 153, 155 – *OEM-Version;* KG ZUM 2001, 592, 594 – *Postkarten in Pralinenschachteln;* OLG Hamburg GRUR-RR 2002, 125 – *Flachmembranlautsprecher;* siehe auch OLG München GRUR-RR 2002, 89 – *GFK Daten.*

[1185] KG ZUM 2001, 592, 594 – *Postkarten in Pralinenschachteln.*

[1186] *EU-Kommission,* Leitlinien für vertikale Wettbewerbsbeschränkungen, Tz. 41; offen gelassen von BGH NJW 2000, 3571 = GRUR 2001, 153, 155 – *OEM-Version.*

[1187] Vgl. dazu oben die Kommentierung zur GVO Vertikalvereinbarungen Rn. 74 ff.

[1188] *Gottschalk* ZUM 2005, 359, 364; *Fikentscher* in: FS Schricker, S. 165; *Schricker,* Verlagsrecht, § 2 Rn. 8; *J. B. Nordemann* in: Loewenheim, Handbuch des Urheberrechts, § 64 Rn. 138 ff.

[1189] BGH GRUR 1973, 426, 427 – *Medizin-Duden; J. B. Nordemann* in: Loewenheim, Handbuch des Urheberrechts, § 64 Rn. 138 ff. Enger *Schricker,* Verlagsrecht, § 2 Rn. 8, der eine „schwere" Beeinträchtigung oder eine Unmöglichkeit der Vermarktung verlangt.

[1190] *J. B. Nordemann* in: Loewenheim, Handbuch des Urheberrechts, § 64 Rn. 140.

pflichtet hatten und noch nicht einmal bei einer Live-Übertragung zur 2000-Jahr-Feier der Mailänder *Scala* singen durften.[1191] Auch die GVO Technologietransfer, die die EU-Kommission im Rahmen von urheberrechtlichen „Weiterverkaufs"-Lizenzen generell anwendet,[1192] lässt zumindest Wettbewerbsverbote für den Lizenznehmer grundsätzlich zu, scheint jedoch Wettbewerbsverboten für den Lizenzgeber eher skeptisch gegenüberzustehen.[1193] Sofern begleitende Wettbewerbsverbote für den Lizenzgeber notwendig, also dem Vertrag immanent sind, stellen sie schon keine Wettbewerbsbeschränkung dar[1194] und bedürfen deshalb nicht der Freistellung durch die GVO. **Optionsklauseln,** mit denen Verwerter Urheber für künftige Werke an sich binden, können ebenfalls für den Urheber wettbewerbsbeschränkend wirken. Sie sind gerechtfertigt, wenn das optionierte Werk in die vorbeschriebene Treuepflicht des Autors fällt.[1195] **Kopplungen der Rechtseinräumung,** die marktschließende Wirkung haben, können nicht nur bei Erfüllung von Marktmachttatbeständen auf Verwerterseite nach §§ 19, 20 GWB, Art. 82 EG kartellrechtlich bedenklich sein, sondern auch § 1 GWB unterfallen.[1196] Zunächst kann der Nutzungsvertrag die Einräumung des **Hauptrechts** mit einer umfassenden **Nebenrechtseinräumung** koppeln, beispielsweise eine Kopplung des Hauptrechts Buch als Hardcover mit Nebenrechten für Dramatisierung und Verfilmung. Grundsätzlich kann eine solche urheberrechtlich dinglich anerkannte und deshalb tendenziell vom spezifischen Schutzgegenstand gedeckte Kopplungsstrategie nicht kartellrechtswidrig sein. Es darf nicht übersehen werden, dass viele Verwerter, die sich Nebenrechte nicht zur eigenen Nutzung einräumen lassen, sehr erfolgreich als „Agenten" bei der Weiterermittlung dieser Rechte tätig sind;[1197] sie partizipieren auch regelmäßig finanziell daran. Sofern die Einräumung von „zu vielen" Rechten an Verwerter teilweise im individuellen Vertragsverhältnis nicht als gerechtfertigt erscheint, müssen das Urhebervertragsrecht (insbesondere Kündigung wegen Verletzung der Ausübungspflicht, Rückrufsrecht nach § 41 UrhG) und das AGB-Recht helfen.[1198] Das Kartellrecht mit § 1 GWB kann erst eingreifen, wenn die Kopplung von Haupt- und Nebenrechtseinräumung ausnahmsweise eine echte Marktschließung bewirkt. Eine solche marktschließende Wirkung hatte nach Auffassung des BKartA die Praxis des sog. **Blockbuchens von Kinofilmen,** bei der Kinos bei Verleihern nur ganze Blöcke von Filmen bestellen konnten, die dann das Kinoprogramm vollständig abdeckten.[1199] In diesen Zusammenhang gehört auch die Entscheidung der EU-Kommission, in der sie ein **Rechtepaket** in Form einer Sendelizenz an die *ARD* durch *MGM/UA* für mehr als 20 Jahre und für 1500 Hollywood-Filme als wettbewerbsbeschränkend nach Art. 81 EG beurteilte, weil eine große Anzahl von Filmen für einen sehr langen Zeitraum dem Markt entzogen wurde.[1200] Weitere Beispiele für regelmäßig kartellrechtsfeste Klauseln sind **Unterlizenz- und Übertragsverbote** (vgl. §§ 34, 35 UrhG), wenn die Person des Verwerters – wie regel-

---

[1191] EU-Kommission, 12. Wettbewerbsbericht 1982, Tz. 90 – *RAI/Unitel; Fikentscher* in: FS Schricker, S. 159.
[1192] Oben Rn. 216.
[1193] Vgl. die separate Kommentierung Rn. 47 f.
[1194] Dazu oben Rn. 155 ff.
[1195] *Fikentscher* in: FS Schricker, S. 172; *Schricker,* Verlagsrecht, § 2 Rn. 7; *J. B. Nordemann* in: Loewenheim, Handbuch des Urheberrechts, § 64 Rn. 140.
[1196] Vgl. *Loewenheim* UFITA 79 (1977), 175, 183 ff.
[1197] *J. B. Nordemann* in: Fromm/Nordemann (10. Aufl.) § 31 Rn. 85.
[1198] Dazu z. B. *J. B. Nordemann* in: Loewenheim, Handbuch des Urheberrechts, § 60 Rn. 11, 18, § 64 Rn. 74 ff., 149 ff. mwN.
[1199] BKartA TB 1968, S. 78; TB 1970, S. 83; ferner TB 1963, S. 59, und TB 1964, S. 44; zum Ganzen ausführlich *Loewenheim* UFITA 79 (1977), 175, 183 ff.
[1200] EU-Kommission GRUR Int. 1991, 216 – *DEGETO Filmkauf* = ABl. L 1989, 284, S. 36; vgl. zum parallelen Problem bei Sportrechten unten Rn. 245.

§ 1. Verbot wettbewerbsbeschränkender Vereinbarungen **§ 1 GWB**

mäßig – von Bedeutung ist.[1201] Zulässig sollten auch ein **Verbot von Bearbeitungen** (vgl. §§ 23, 39 UrhG) oder **Qualitätsvorgaben** bei der Herstellung von Vervielfältigungsstücken sein, sofern die Qualität nicht erkennbar irrelevant ist. Letzteres kann es zulässig machen, das Internet als Nutzungsart auszuschließen, beispielsweise wenn ein Werk der bildenden Kunst, das sonst nur auf Kunstblättern vervielfältigt und verbreitet wird, droht, über das Internet in weniger aufwändiger Form reproduziert zu werden. Zulässig sind auch Abreden zur Erhaltung und Sicherstellung des Schutzgegenstandes. Verwertungspflichten sind regelmäßig durch den spezifischen Schutzgegenstand des Urheberrechts gerechtfertigt, weil sie die gewünschte Nutzung durch Dritte gewährleisten; Verlagsverträgen ist sie sogar immanent (§§ 1 Satz. 2, 14, 17 VerlagsG). Genauso sind Vereinbarungen über die zwingende **Anwendung technischer Schutzmaßnahmen** gemäß §§ 95a ff. UrhG regelmäßig kartellrechtsfest. Auch die **Werkgattung** darf nicht außer Betracht bleiben. Bei Kunst mit großem persönlichen Einschlag sind die legitimen Interessen anders zu bewerten als bei persönlichkeitsfernerer Software. Dieser letzte Aspekt hat auch auf europäischer Ebene seinen Niederschlag gefunden. Während die kartellrechtliche Bewertung von Urheberrechtslizenzen auch im EG-Recht bisher keiner ausdrücklichen Regelung zugeführt wurde, wurden **Softwarelizenzverträge** nun in die Liste der den Patenten gleichgestellten technischen Schutzrechte aufgenommen und in der GVO Technologietransfer reguliert.[1202] Es ist deshalb eher zweifelhaft, dass die EU-Kommission im Rahmen von urheberrechtlichen „Weiterverkaufs"-Lizenzen, die diesen persönlichen Einschlag regelmäßig haben, die GVO Technologietransfer „generell" auf alle Werkarten ausdehnen will.[1203]

cc) Konditionenbindung. Gemäß **§ 1 GWB** besteht ein **grundsätzliches Verbot, die Konditionen für einen Zweitvertrag in einem Erstvertrag festzulegen.**[1204] Wendet man – wie die EU-Kommission zumindest für „Weiterverkaufs"-Lizenzen[1205] – die **GVO Technologietransfer** an, sind Konditionenbindungen in „Weiterverkaufs"-Lizenzen für die weiteren Lizenznehmer in der Lizenzkette grundsätzlich freigestellt.[1206] Unabhängig davon ergeben sich aber auch ohne die – zweifelhafte[1207] – Heranziehung der GVO Technologietransfer aus dem **spezifischen Schutzzweck des Urheberrechts** umfassende Ausnahmen vom Konditionenbindungsverbot. Sofern eine Einräumung von Nutzungsrechten an Dritte (sog. Enkelrechte, vgl. § 35 UrhG)[1208] oder eine Übertragung von Nutzungsrechten (vgl. § 34 UrhG) vertraglich zugelassen ist, können die Konditionen gegenüber diesen Dritten auch entgegen dem gemäß § 1 GWB eigentlich bestehendem grundsätzlichem Konditionenbindungsverbot für Zweitverträge schon im Erstvertrag zwischen Urheber und Erstlizenznehmer vereinbart werden, sofern die Konditionenbindung Ausdruck der zulässigen dinglichen Abspaltung von Nutzungsrechten ist. Ist eine **Bearbeitung** nur in einem ganz bestimmten Rahmen zulässig, so kann der Dritte im Zweitvertrag an diesen Rahmen gebunden werden.[1209] Wird ein Nutzungsrecht nur **zeitlich begrenzt** eingeräumt, kann schon im Erstvertrag festgelegt werden, dass auch im Zweitvertrag dieser Zeitraum nicht überschritten wird. Völlig üblich sind Konditionenbindungen für den

---

[1201] OLG Frankfurt WuE/E DE-R 2018, 2025 – *Harry Potter*; *J. B. Nordemann* GRUR 2007, 203, 208; *von Gamm* GRUR Int. 1983, 409. Auch die GVO Technologietransfer, die die EU-Kommission im Rahmen von urheberrechtlichen „Weiterverkaufs"-Lizenzen generell anwenden will (dazu oben Rn. 216), lässt ein Verbot der Unterlizenzierung zu, vgl. die separate Kommentierung Rn. 54.
[1202] Dazu die separate Kommentierung.
[1203] Oben Rn. 216.
[1204] Oben Rn. 101 ff.
[1205] Oben Rn. 216.
[1206] Vgl. die Kommentierung zur GVO Rn. 36 ff.
[1207] Oben Rn. 216.
[1208] Dazu *J. B. Nordemann/Loewenheim* in: Loewenheim, Handbuch des Urheberrechts, § 25 Rn. 9 ff., § 28 Rn. 1 ff.; *J. B. Nordemann* in: Loewenheim, Handbuch des Urheberrechts, § 60 Rn. 36 ff., 42 ff.
[1209] Vgl. *J. B. Nordemann* in: Loewenheim, Handbuch des Urheberrechts, § 60 Rn. 38.

Lizenznehmer, dass dieser sich verpflichtet, seine Sublizenznehmer zu verpflichten, den **Urheber** in angemessener Form **zu benennen**. Mit Rücksicht auf das Bestimmungsrecht des § 13 Satz 2 UrhG sollte diese Praxis auch kartellrechtlich nicht zu beanstanden sein. Auch die GVO Technologietransfer, die jedenfalls die EU-Kommission im Rahmen von urheberrechtlichen „Weiterverkaufs"-Lizenzen auf alle Werkarten anwenden will,[1210] lässt Kennzeichnungspflichten zu Gunsten des Lizenzgebers zu.[1211] Außerdem kann der Lizenznehmer verpflichtet werden, bestimmte **technische Schutzmaßnahmen** (§§ 95a ff. UrhG) in der Lizenzkette weiterzugeben. Problematischer ist demgegenüber eine die Lizenzkette durchlaufende Bindung, die über den dinglich abspaltbaren Bereich hinausgeht. Für äußerlich nicht veränderte Buch**nutzungsarten**, die also **nicht dinglich abspaltbar** sind,[1212] kann sich eine Zulässigkeit von durchlaufenden Vertriebsbindungen nicht aus Urheberrecht, sondern nur aus anderen Gründen ergeben, z.B. aus der GVO für Vertikalvereinbarungen.[1213] Zu beachten ist ferner der urheberrechtliche Erschöpfungsgrundsatz, der auch für Nutzungsarten gilt: wenn das Werk in einer bestimmten Nutzungsart einmal in Verkehr gebracht wurde, darf es ohne Beschränkung auf die Nutzungsart weiter verbreitet werden.[1214] Durchlaufende Bindungen zur Sicherung der Verwendung in der ursprünglichen Nutzungsart sind also nicht urheberrechtlich zu rechtfertigen, weil der spezifische Schutzgegenstand des Urheberrechts erschöpft ist.[1215] Allenfalls können andere Bestimmungen wie die GVO Vertikalvereinbarungen eine Zulässigkeit herbeiführen. Eine damit eng zusammenhängende Konstellation ist die teilweise verbreitete Praxis von Musikverlegern, (ggf. neben der (beschränkten) Einräumung urheberrechtlicher Nutzungsrechte) das körperliche **Notenmaterial** nur **reversgebunden** zu vermieten. Insoweit handelt es sich nicht um einen dinglichen Vorgang der Einräumung von urheberrechtlichen Nutzungsrechten, sondern um eine schuldrechtliche Abrede.[1216] Verpflichtet sich der Vertragspartner in dem Revers, das Notenmaterial oder daraus hergestellte Aufnahmen nur unter bestimmten Konditionen an seinen Abnehmer weiterzugeben, ist diese Konditionenbindung nicht auf Grund Urheberrechts kartellrechtlich privilegiert, weil sie nicht die Rechtseinräumung, sondern einen davon zu unterscheidenden körperlichen Vermietvorgang betrifft. Das Gleiche gilt, wenn die Vermietung von Notenmaterial an Dritte nicht mit Konditionenbindungen einhergeht, sondern schlicht untersagt ist[1217] und damit eine Verwendungsbeschränkung für den Gebundenen besteht. Helfen kann allerdings eine Freistellung nach § 2

[1210] Oben Rn. 216.
[1211] Vgl. die Kommentierung zur GVO Technologietransfer Rn. 54.
[1212] BGH GRUR 1990, 660, 661 – *Bibelreproduktion;* siehe auch *J. B. Nordemann* in: Fromm/Nordemann, Urheberrecht § 31 Rn. 58 ff.; im Einzelnen oben Rn. 220.
[1213] Ferner erlaubt die GVO Technologietransfer im Rahmen von urheberrechtlichen „Weiterverkaufs"-Lizenzen nach Auffassung der EU-Kommission (Rn. 216) die Etablierung von selektiven Vertriebssystemen durch den Lizenzgeber, also Urheber, vgl. Art. 4 Abs. 2 GVO Technologietransfer und die separate Kommentierung hierzu Rn. 52 f.
[1214] BGH GRUR 2001, 153, 155 – *OEM-Version;* KG ZUM 2001, 592, 594 – *Postkarten in Pralinenschachteln;* OLG Hamburg GRUR-RR 2002, 125 – *Flachmembranlautsprecher;* siehe auch OLG München GRUR-RR 2002, 89 – *GFK Daten.* Eingehend oben Rn. 220.
[1215] OLG Düsseldorf GRUR 1990, 188, 189 – *Vermietungsverbot:* Vor der Einführung des Vermietrechts in § 17 Abs. 2 UrhG konnte das Vermietrecht nicht dinglich abgespalten werden, weil das Urheberrecht mit dem ersten Verbreiten erschöpft war (BGH GRUR 1986, 736, 737 – *Schallplattenvermietung,* bestätigt durch BVerfG GRUR 1990, 183 – *Vermietungsvorbehalt);* wer deshalb seinem Abnehmer vorschrieb, dass dieser wiederum seine Abnehmer verpflichtete, ihrerseits nicht zu vermieten, verstieß gegen das kartellrechtliche Konditionenbindungsverbot.
[1216] BGH GRUR 1965, 323 – *Cavelleria Rusticana;* LG Hamburg GRUR 1967, 150 – *Appolon Musagete; Hillig/Blechschmidt* ZUM 2005, 505, 508.
[1217] So die aktuelle Fassung des Muster-Materialmietreverses des Deutschen Musikverleger-Verbandes (DMV), Ziff. 10 c), Stand November 2003; vgl. *Hillig/Blechschmidt* ZUM 2005, 505, 510.

Abs. 1 GWB. Eine Freistellung gemäß § 2 Abs. 2 GWB in Verbindung mit der GVO Vertikalvereinbarungen scheidet im Regelfall aber aus, weil die GVO Vertikalvereinbarungen auf Vermietvorgänge[1218] oder – falls die Einräumung von Nutzungsrechten Hauptgegenstand ist – wegen Art. 2 Abs. 3 GVO Vertikalvereinbarungen nicht anwendbar ist. Für Verwendungsbeschränkungen in Form von Wettbewerbs- oder Kundenschutz gelten die allgemeinen Regeln;[1219] ob danach insbesondere jede Verwendungsbeschränkung im Hinblick auf das betreffende Werk unzulässig ist, hängt von einer Beurteilung der wettbewerblichen Situation ab. Dafür könnte sprechen, dass der sachlich relevante Markt für jedes Werk gesondert abgegrenzt wird und damit faktisch ein Monopol für den Musikverleger besteht, der – weil er auch ausschließlicher Rechtinhaber ist – als einziger das betreffende Notenmaterial anbietet.[1220] Allerdings muss hinreichender Substitutionswettbewerb durch andere Werke eingehend untersucht werden. Konditionenbindungen für Zweitverträge sind ohnehin grundsätzlich unzulässig.[1221] Bei **mittelbaren Urheberrechtsverletzungen** kann der mittelbare Verletzer verpflichtet werden, im Vertikalverhältnis zum unmittelbaren Verletzer seinen Verletzungsbeitrag zu unterlassen. Ein Beispiel wäre der urheberrechtlich unzulässige Vertrieb eines Gerätes, mit dem der Abnehmer Urheberrechtsverletzungen begeht. Der Verkäufer dürfte gegenüber dem Urheber versprechen, den Abnehmer zu binden, das Gerät nicht urheberrechtsverletzend einzusetzen.[1222]

dd) Preis. Umstritten ist, inwieweit aus dem spezifischen Schutzgegenstand des Urheberrechts Wettbewerbsbeschränkungen im Hinblick auf den **Preis** gerechtfertigt werden können. Hier muss zwischen einer (vertikalen) Einflussnahme auf den Marktpreis bei der Verwertung und der horizontalen Möglichkeit der Kartellierung durch Urheber oder Verwerter unterschieden werden.[1223]

(1) Vertikale Preisbindung. In vertikaler Richtung besteht nach zutreffender Ansicht **kein urheberrechtlich zu rechtfertigendes Preisbestimmungsrecht** des Urhebers.[1224] Das zeigt sich schon daran, dass das Kartellrecht – nicht das Urheberrecht – die Möglichkeit der Preisbindung für Zeitungen, Zeitschriften und vergleichbare Verlagserzeugnisse bzw. den Zwang der Preisbindung für Bücher und vergleichbare Verlagserzeugnisse für Verleger vorsehen, nicht jedoch für den Urheber. Der Urheber hat urheberrechtlich gesehen nur ein schutzwürdiges Interesse an angemessener Vergütung durch den Verwerter. Diesem Interesse lässt sich durch seine Vergütungsvereinbarung mit dem Verwerter hinreichend begegnen; der Urheber hat hier Anspruch auf angemessene Vergütung (§ 32 UrhG). Auch der Bestsellerparagraph des § 32a UrhG zeigt, dass der Urheber ohne Einfluss auf den Preis der Nutzung beim Endverbraucher ist; sind die Erträgnisse aus der Nutzung aber hinreichend groß, muss der Urheber daran beteiligt werden. Dem spezifischen Schutzgegenstand des Urheberrechts haftet also kein vertikales Preisbestimmungsrecht an. Deshalb scheiden Preisvorgaben im Verhältnis des Urhebers zum Erstlizenznehmer für einen Zweitvertrag beim Absatz von Lizenzprodukten durch den Erstlizenznehmer oder Preisvorgaben für den Zweitlizenznehmer als eine nach § 1 GWB unzulässige **Preisbindung** aus. Beispielsweise Preisbindungen in Filmbestellverträgen sind damit nach § 1

[1218] EU-Kommission, Leitlinien GVO Vertikalvereinbarungen, TZ. 25; *Bauer/de Bronett*, Die EU-Gruppenfreistellungsverordnung für vertikale Wettbewerbsbeschränkungen, S. 58.

[1219] Dazu oben Rn. 164 zu Wettbewerbsverboten und Kundenschutz in Miet- und Pachtverträgen.

[1220] Zweifelhaft, so aber *Hillig/Blechschmidt* ZUM 2005, 505, 511.

[1221] Dazu oben Rn. 101 ff.; vgl. zur Abgrenzung von Konditionenbindungen zu bloßen Verwendungsbeschränkungen ebenfalls oben Rn. 117.

[1222] Vgl. das – inzwischen durch Einführung der Privatkopie urheberrechtlich überholte – Beispiel in BGHZ 42, 118 – *Personalausweise*; BGH GRUR 1964, 91 – *Tonbänder-Werbung*; BGH GRUR 1984, 55 – *Kopierläden*.

[1223] Vgl. zur Unterscheidung von vertikal und horizontal veranlassten Wettbewerbsbeschränkungen oben Rn. 99 ff.

[1224] *Loewenheim* UFITA 79 (1977), 175, 206; a. A. *Fikentscher* in: FS Schricker, S. 171.

§ 1 GWB 224

GWB unzulässig.[1225] aus. **Preisempfehlungen** sollten aber zulässig sein; das gilt zumindest für Vervielfältigungs- und Verbreitungslizenzen zur Veräußerung von urheberrechtlich geschützten Werken, auf die nach Auffassung der EU-Kommission die GVO Technologietransfer anwendbar ist.[1226] Art. 4 Abs. 2 lit. a) GVO Technologietransfer erlaubt zwischen Nicht-Konkurrenten solche Preisempfehlungen genauso wie **Höchstpreisvereinbarungen.** Auch **Mindestlizenzgebühren** für den Lizenznehmer oder **Stücklizenzen** sind insoweit unbedenklich und stellen keine indirekte Preisbindung dar.[1227] Komplex zu beurteilen sind Konstellationen, in denen der Urheber durch (vertikale) Preisvorgaben verhindern muss, dass er ohne jede Vergütung bleibt. Dieses Interesse scheint im Hinblick auf §§ 11 Satz 2, 32 UrhG kartellrechtlich privilegiert. So können üblicherweise für den Urheber treuhänderisch tätige Bühnenverlage einen Erlaubnisvorbehalt für Aufführungen vereinbaren, für die die Bühne kein Entgelt verlangt, sofern der Urheber nur über eine Einnahmebeteiligung vergütet wird. Im Verlagsbereich gelten wegen **§ 21 VerlagsG** weitere Einschränkungen. Der Verleger ist zwar in der Festsetzung der Höhe des Ladenpreises frei. Der Verleger darf den Preis aber nicht ohne Zustimmung des Urhebers erhöhen. Die Zustimmung des Urhebers zur Ermäßigung des Preises benötigt der Verleger, wenn berechtigte Interessen des Urhebers entgegenstehen. Das ist regelmäßig bei der **Verramschung** der Fall, also einer vollständigen Aufhebung des Ladenpreises nach BuchpreisbindungsG und Abgabe des Werkes an moderne Antiquariate oder Nicht-Buchhändler zum beschleunigten Absatz. Die Verramschung widerspricht regelmäßig den berechtigten Urheberinteressen gemäß § 21 Satz 2 VerlagsG, weil der Eindruck entsteht, das Werk sei auf normalem Wege unverkäuflich.[1228]

224 **(2) Horizontale Preisfestsetzung.** In horizontaler Richtung hat der deutsche Gesetzgeber im Urheberrecht eine spezielle, das nationale Kartellrecht verdrängende Möglichkeit der **Kartellierung** geschaffen. Es besteht die Möglichkeit für Urheberverbände bzw. Verbände der ausübenden Künstler einerseits und für Verwerterverbände andererseits, **gemeinsame Vergütungsregeln (§ 36 UrhG)** aufzustellen. Beide Seiten stellen Unternehmensvereinigungen[1229] dar, so dass es sich eigentlich um Preiskartelle handelt, die der Gesetzgeber der Urhebervertragsrechtsreform 2002 aber bewusst vom Kartellverbot des § 1 GWB freigestellt hat.[1230] Bedenken, dass die Regelung des § 36 UrhG gegen Art. 81 EG verstieße,[1231] sind nicht gerechtfertigt, weil das UrhG über die Preiskartellierung des § 36 UrhG auch die besondere, persönliche Beziehung des Urhebers bzw. ausübenden Künstlers zum Werk bzw. zur Leistung schützen will (vgl. § 11 Satz 2 UrhG).[1232] Die Möglichkeit der Kartellierung wird also vom spezifischen Schutzgegenstand des Urheberrechts vorgegeben. Im Rahmen einer umfassenden Interessenabwägung ist nunmehr festzustellen, ob kartellrechtliche Interessen dennoch Vorrang beanspruchen. Das scheint im Hinblick auf die bislang noch begrenzten Wirkungen des § 36 UrhG, der gerade erst beginnt, die ersten Vergütungsregeln zu produzieren, derzeit nicht der Fall; solange tritt Art. 81 EG zurück.

[1225] BKartA TB 1965, 56; TB 1967, 77; weitere Beispiele bei *Loewenheim* UFITA 79 (1977), 175, 180.
[1226] Oben Rn. 216.
[1227] Vgl. die Kommentierung zu Art. 4 Abs. 1 lit. a) GVO Technologietransfer Rn. 40.
[1228] *Schack*, Urheber- und Urhebervertragsrecht, Rn. 1029; *J. B. Nordemann* in: Loewenheim, Handbuch des Urheberrechts, § 64 Rn. 164; *Nordemann-Schiffel* in: Fromm/Nordemann, Urheberrecht § 21 VerlG Rn. 5 ff.
[1229] Zur Unternehmenseigenschaft oben Rn. 30 ff.
[1230] RegE BT DS 14/6433, S. 12; eingehend *Schack* GRUR 2002, 853, 857; *Stickelbrock* GRUR 2001, 1092.
[1231] Gl. A. *Drexl* in: FS Schricker, 2005, S. 651, 667. A. A. *Dörr/Schiedermeier/Haus* K&R 2001, 608, 613 ff., sowie *Dörr* in: Gounalakis/Heinze/Dörr, Urhebervertragsrecht – Verfassungs- und europarechtliche Bewertung des Entwurfes der Bundesregierung, 2001, S. 231, 272; *Schmitt* GRUR 2003, 294; zweifelnd auch *Schack* GRUR 2002, 853, 857.
[1232] RegE BT DS 14/6433 = W. Nordemann, Das neue Urhebervertragsrecht, S. 166 f.

§ 1. Verbot wettbewerbsbeschränkender Vereinbarungen **§ 1 GWB**

Die Auswirkungen dieser Vergütungsregeln in der Praxis müssen aber genau beobachtet werden.[1233] Die **Regelsammlung** Verlage (Vertriebe)/Bühnen fasst die üblichen Geschäftsgepflogenheiten zwischen treuhänderisch für die Autoren tätigen Bühnen- und Medienverlagen einerseits sowie den öffentlich-rechtlich beherrschten Theatern und einigen Privattheatern andererseits zusammen. Sie enthält auch unverbindliche Preisempfehlungen für die Nutzung von Bühnenwerken.[1234] Allein diese Unverbindlichkeit vermag der horizontal veranlassten Abstimmung nicht den Charakter der Wettbewerbsbeschränkung zu nehmen. Die horizontal veranlasste Preisangleichung ist jedoch den Urhebern zuzurechnen, weil die Bühnen- und Medienverlage die Rechte nur treuhänderisch für die Urheber an Theater einräumen und dafür an den Einnahmen des Urhebers beteiligt werden.[1235] Unabhängig davon, ob die Regelsammlung schon als gemeinsame Vergütungsregel nach § 36 UrhG angesehen werden kann,[1236] nimmt sie damit an der Privilegierung des § 36 UrhG teil, weil sie mindestens als „weniger" von dessen spezifischem Schutzgegenstand umfasst ist. Keine gemeinsamen Vergütungsregeln und damit keine Preiskartelle sind bloße **Markterhebungen (Marktübersichten) über die Lizenzpreise** für urheberrechtlich geschützte Leistungen; sie können gerade im Hinblick auf Schadenersatzansprüche, die auf der Grundlage einer angemessenen Lizenzgebühr berechnet werden, größere praktische Bedeutung erlangen. Ein Beispiel sind die „MFM-Bildhonorare", eine Marktübersicht über angemessene Nutzungshonorare im Fotobereich.[1237]

ee) Spürbarkeit; Freistellung. Genauso wie andere wettbewerbsbeschränkende Abreden sind Vereinbarungen mit oder unter Urhebern kartellrechtlich am ungeschriebenen Tatbestandsmerkmal der Spürbarkeit zu messen.[1238] Im Regelfall werden Wettbewerbsbeschränkungen eines Urhebers in **(vertikalen) Verträgen mit einem Verwerter** kaum die relevanten Spürbarkeitsgrenzen überschreiten, wie sie beispielsweise in der Bagatellbekanntmachung der EU-Kommission niedergelegt sind. Urheber sind größtenteils „Einmann-Unternehmen", die nur über eine begrenzte Leistungsfähigkeit verfügen.[1239] Nur für sehr bekannte Urheber mit sehr großem Markterfolg kann danach isoliert von einer Spürbarkeit ihnen auferlegter Wettbewerbsbeschränkungen ausgegangen werden. Allerdings ist die „Bündeltheorie" anwendbar. Bindet also ein Verwerter sehr viele Urheber parallel, kann sich daraus die Spürbarkeit ergeben.[1240] Verpflichtet umgekehrt der Urheber den Verleger in wettbewerbsbeschränkender Weise, kann die Spürbarkeitsgrenze auch ohne Rückgriff auf die Bündeltheorie schneller erreicht sein, wenn der Verlag die erforderlichen Marktanteile überschreitet. Für (horizontale) **Abreden der Urheber untereinander**, z.B. Preisabsprachen, gelten ebenfalls die allgemeinen Spürbarkeits-Schwellenwerte, die niedriger als für vertikale Sachverhalte liegen. Insoweit sei insbesondere wiederum auf die Bagatellbekanntmachung der Kommission und des BKartA verwiesen.[1241] – Werden Wettbe-

---

[1233] Wesentliche Wettbewerbsbeschränkungen prognostizierend *Schmitt* GRUR 2003, 294, 295.
[1234] Z.B. die „Wiesbadener Fassung" 1999, abgedruckt bei: *Delp*, Das gesamte Recht der Publizistik, Loseblattsammlung 795; *Vinck* in: Münchener Vertragshandbuch, Form IX.46 Anhang; *E. Schulze/M. Schulze*, Beck'sche Formularsammlung, Teil IX.A. 1.12.
[1235] *Ehrhardt* in: Wandtke/Bullinger, Urheberrecht, § 19 Rn. 21; *Schlatter* in: Loewenheim, Handbuch des Urheberrechts, § 72 Rn. 32; *Ulmer*, Urheber- und Verlagsrecht, S. 407 f.; *Beilharz*, der Bühnenvertriebsvertrag als Beispiel eines urheberrechtlichen Wahrnehmungsvertrages, 1970, S. 32.
[1236] Im Einzelnen streitig. Dafür *Flechsig/Hendricks* ZUM 2002, 423, 424 f.; *Schlatter* in: Loewenheim, Handbuch des Urheberrechts, § 72 Rn. 39, 59. Dagegen *Schulze* in: Dreier/Schulze, Urheberrecht, § 36 Rn. 22; offen *Ehrhardt* in: Wandtke/Bullinger, Urheberrecht, §§ 20, 20a, 20b Rn. 36.
[1237] Dazu BGH GRUR 2006, 136 – *Pressefotos*; dazu eingehend *J.B. Nordemann* in: Fromm/Nordemann, Urheberrecht § 97 Rn. 115.
[1238] Dazu oben ausführlich Rn. 142 ff.
[1239] *Gottschalk* ZUM 2005, 359, 364; *Werberger*, S. 69; *Schricker*, Verlagsrecht, Einl. Rn. 55.
[1240] *Gottschalk* ZUM 2005, 359, 363.
[1241] Oben Rn. 144 f.

werbsbeschränkungen in Lizenzverträgen von § 1 GWB erfasst, ist – wenn auch die GVO Technologietransfer gem. § 2 Abs. 2 GWB keine Anwendung findet[1242] – eine **Einzelfreistellung** nach § 2 Abs. 1 GWB zu prüfen.[1243]

226 **b) Ausübende Künstler.** Die Leistungsschutzrechte der **ausübenden Künstler** sind inzwischen den Urheberrechten sehr angenähert. Ihnen stehen Persönlichkeitsrechte zu, die – grundsätzlich genauso wie bei Urheberrechten – Wettbewerbsbeschränkungen rechtfertigen können. Auch steht dem ausübenden Künstler wie dem Urheber tendenziell ein legitimes Bestimmungsrecht zu, nach den jeweiligen Besonderheiten der Leistung die optimale Nutzungsstrategie für jede Nutzungsart selbst zu definieren. Das ergibt sich aus dem Verweis des § 79 Abs. 2 UrhG auf §§ 31 Abs. 1, 3 und 5 sowie §§ 32 bis 43 UrhG. Jedoch ist zu beachten, dass der Katalog der dem ausübenden Künstler zustehenden Verwertungsrechte in §§ 77, 78 UrhG abschließend ist und deshalb über die dort genannten Verwertungsrechte hinausgehende Wettbewerbsbeschränkungen nicht gerechtfertigt sein können. Zum spezifischen Schutzgegenstand gehört auch die Zahlung einer angemessenen Vergütung (§§ 79 Abs. 2, 32 UrhG), so dass eine Kartellierung durch Vereinbarung gemeinsamer Vergütungsregeln derzeit trotz Art. 81 EG grundsätzlich möglich sein dürfte (§§ 79 Abs. 2, 36 UrhG). Wettbewerbsbeschränkungen in Verträgen mit ausübenden Künstlern müssen **spürbar** sein; insoweit gelten die Ausführungen zu Verträgen mit Urhebern entsprechend.[1244]

227 **c) Verwerter.** Im Hinblick auf Verwerter ist zu differenzieren. Sofern sie **originäre Inhaber von Leistungsschutzrechten** sind, steht ihnen nach zutreffender Auffassung ein eigener spezifischer Schutzgegenstand zur Rechtfertigung von Wettbewerbsbeschränkungen zur Seite,[1245] so z.B. **Filmproduzenten** (§ 94 UrhG), **Tonträgerherstellern** (§ 85 UrhG), **Sendeunternehmen** (§ 87 UrhG), **Veranstaltern** (§ 81 UrhG), **Datenbankherstellern** (§ 87b UrhG), **Lichtbildnern** (§ 72 UrhG), **Verfassern wissenschaftlicher Ausgaben** (§ 70 UrhG) und für denjenigen, der **nachgelassene Werke** erstmals erscheinen lässt (§ 71 UrhG). Dieser spezifische Schutzgegenstand ist jedoch regelmäßig auf bestimmte Verwertungsrechte begrenzt und erlaubt deshalb nicht, dem Inhaber des Leistungsschutzrechts – vergleichbar dem Urheber – ein generelles legitimes Bestimmungsrecht zuzuerkennen, nach den jeweiligen Besonderheiten des Werkes die optimale Nutzungsstrategie für jede nur erdenkliche Nutzungsart selbst zu definieren. Dem Filmhersteller stehen beispielsweise nur das Vervielfältigungs-, das Verbreitungsrecht, das Recht der öffentlichen Funksendung und das Recht der öffentlichen Zugänglichmachung zu. Das Vortrags-, Aufführungs- und Vorführungsrecht stehen ihm nicht zu, so dass darauf zielende Wettbewerbsbeschränkungen auch nicht vom spezifischen Schutzgegenstand erfasst sein können. Auch ist nicht spezifischer Schutzgegenstand der vorerwähnten Leistungsschutzrechte, dass die originären Inhaber sich zur Aufstellung von gemeinsamen Vergütungsregeln kartellieren dürfen; konsequenter Weise findet § 36 UrhG insoweit keine Anwendung. Für die vom Schutzgegenstand erfassten Rechte spricht aber nichts dagegen, ihnen ein Rechtfertigungspotential gegenüber Wettbewerbsbeschränkungen einzuräumen.

228 **Verwerter** können sich **als Inhaber** vom Urheber, vom ausübenden Künstler oder von sonstigen Leistungsschutzberechtigten direkt oder über Dritte indirekt **abgeleiteter Rechte** auf den spezifischen Schutzgegenstand des (abgeleiteten) Urheberrechts bzw. Leistungs-

---

[1242] Dazu eingehend Rn. 216.
[1243] Dazu allgemein § 2 Rn. 15 ff.; speziell für Immaterialgüterrechte zum parallelen Art. 81 Abs. 3 EG Anh. 3 Art. 81 Rn. 195 ff.; eingehend auch *Ullrich/Heinemann* in: Immenga/Mestmäcker, EG-WbR, B. GRUR Rn. 38 ff.
[1244] Oben Rn. 225.
[1245] *von Gamm* GRUR Int. 1983, 403, 407; *Bungeroth* GRUR 1976, 454, 464 f.; *Fikentscher* in: FS Schricker, S. 181; *Schricker*, VerlagsG, Einl. Rn. 58; a.A. noch *Emmerich* in: Immenga/Mestmäcker, GWB (2. Aufl.), § 20 Rn. 358, und *Loewenheim* UFITA 79 (1977), 175, 200, 203.

schutzrechts berufen, soweit ihre Interessen mit den Interessen des Urhebers bzw. Leistungsschutzberechtigten parallel laufen.[1246] Richtig ist zwar, dass der spezifische Schutzgegenstand des Urheberrechts eigentlich primär die Interessen des Urhebers (bzw. die Interessen des Leistungsschutzberechtigten) betrifft. Die Verwertung des Werkes hat aber eben grundsätzlich eine wesentliche Auswirkung für den Urheber. Urheberrecht will diese Verlagerung auf den Verwerter sogar besonders schützen, weil das UrhG grundsätzlich von einer Werkerwertung durch Dritte und nicht durch den Urheber selbst ausgeht.[1247] Der Urheber und der ausübende Künstler werden regelmäßig nach § 32 UrhG über eine Beteiligungsvergütung oder über § 32 a UrhG an einer erfolgreichen Auswertung partizipieren. Deshalb lässt sich folgender **Grundsatz** aufstellen: diejenigen von Verwertern veranlassten Wettbewerbsbeschränkungen können **vom Privileg des UrhG profitieren, die dem Urheber zu Gute kommen.** Eine nur abgeschwächte Wirkung der Verwertung für den Urheber kann im Rahmen der **Interessenabwägung** zu Gunsten der Anwendung des Kartellrechts Berücksichtigung finden. **Dinglich abspaltbare Beschränkungen** (inhaltlich, zeitlich, quantitativ, räumlich) bei der Vergabe abgeleiteter Rechte sollten danach tendenziell genauso wie bei Urhebern zulässig sein.[1248] Auch eine **Konditionenbindung** wäre regelmäßig kartellrechtlich nicht zu beanstanden; insoweit dürfen aber nur die (abgeleiteten) Urheberinteressen Berücksichtigung finden[1249] und nicht eigene Verwerterinteressen im Vordergrund stehen. Sogar privilegiert im Vergleich zum Urheber ist der verwertende Verleger im Hinblick auf **vertikale Preisbindungen** für **Zeitungen, Zeitschriften, Bücher und damit vergleichbare Erzeugnisse,** weil dem Verleger ein vertikales Preisbestimmungsrecht nach § 30 GWB für Zeitungen und Zeitschriften sowie eine Preisbestimmungspflicht nach BuchpreisbindungsG für Bücher und vergleichbare Erzeugnisse zusteht. Zu fragen ist, ob und inwieweit **horizontale Preiskartelle** zwischen Verwertern als aus dem Urheberrecht, insbesondere aus § 36 UrhG, abgeleitetes Privileg gerechtfertigt sein können. In jedem Fall sollte genauso wie für Urheber die Kartellierung der Verwerter am Privileg des § 36 UrhG teilnehmen, soweit die Voraussetzungen des § 36 UrhG erfüllt sind und sofern dafür unmittelbar eine Kartellabsprache zwischen den Verlegern zum Abschluss der Vergütungsvereinbarung erforderlich ist. § 36 UrhG erlaubt ausdrücklich auch eine Vergütungsvereinbarung „mit Vereinigungen von Werknutzern". Art. 81 EG tritt derzeit zurück.[1250] Eine andere Frage ist, ob sich Verwerter auch außerhalb des direkten Anwendungsbereiches des § 36 UrhG kartellieren dürfen, um höhere Preise und damit – bei Beteiligungsvergütung des Urhebers – auch eine höhere Vergütung für den Urheber zu erzielen. Das erscheint nicht nach dem spezifischen Schutzzweck des Urheberrechts gedeckt, weil der spezifische Schutzzweck nur Kartelle der Urheber in gewissen Grenzen zulässt (§ 36 UrhG), nicht jedoch eine Kartellierung von in die Verwertungskette eingeschalteten Personen unabhängig von Vereinbarungen mit Urheberverbänden. Die Folge der entgegengesetzten Auffassung wäre auch, dass Preiskartelle im Urheberrecht bei Beteiligungsvergütung generell zulässig sein würden, weil sie letztlich immer dem Urheber zu Gute kommen. Eine kartellrechtlich so weitgehende Einschränkung der Wettbewerbsfreiheit kann aus dem Urheberrecht nicht resultieren. Grundsätzlich keine Preiskartelle sind **Markterhebungen über die Lizenzpreise** für urheberrechtlich geschützte Leistungen; sie können gerade im Hinblick auf Schadenersatzansprüche, die auf der Grundlage einer angemessenen Lizenzgebühr berechnet werden (§ 97 UrhG), größere praktische Bedeutung

---

[1246] Loewenheim UFITA 79 (1977), 175, 200.
[1247] Loewenheim UFITA 79 (1977), 175, 195 f. unter Verweis auf Begr. RegE UrhG 1966, abgedruckt UFITA 45 (1965), S. 241; *J. B. Nordemann/Loewenheim* in: Loewenheim, Handbuch des Urheberrechts, § 24, Rn. 1.
[1248] Oben Rn. 218 ff.
[1249] Dazu oben Rn. 221.
[1250] Vgl. oben Rn. 224.

erlangen. Marktübersichten von Verwertern im Hinblick auf übliche Lizenzgebühren können kartellrechtlich bedenklich sein, wenn sie wettbewerbsbeschränkend wirken. Das gilt nicht wegen Ausschaltung eines gewünschten Geheimwettbewerbs in bestimmten Marktstrukturen,[1251] weil solche Marktübersichten grundsätzlich keine Identifizierung einzelner Geschäfte ermöglichen. Kartellrechtliche Probleme können aber entstehen, wenn der Marktübersicht eine Abstimmung der konkurrierenden Verwerter zu Grunde liegt, die Höhe der Lizenzgebühren darüber anzugleichen. Ein Beispiel für eine Marktübersicht sind die **Erfahrungsregeln des Deutschen Musikerlegerverbandes (DMV)**, die zunächst nur zur besseren Ermittlung der angemessenen Lizenzgebühr im Rahmen der Schadensersatzberechnung nach § 97 UrhG entwickelt wurden. Es handelt sich dabei um eine empirische Erhebung, die für sich genommen kartellrechtsneutral sein dürfte. Bedenklich könnte jedoch sein, wenn sie für die Musikverleger gegenüber ihren Lizenznehmern „als Richtschnur für die Bemessung des Lizenzentgeltes im Zuge der Vertragsgestaltung etabliert"[1252] wären. Eine andere kartellrechtsneutrale Marktübersicht sind die **„MFM-Bildhonorare"**, eine Marktübersicht über angemessene Nutzungshonorare im Fotobereich.[1253] Zur **Regelsammlung** Verlage (Vertriebe)/Bühnen im Bereich Bühne vgl. oben.[1254]

229 Absprechen dürfen sich Verwerter unabhängig davon, ob sie eigene oder abgeleitete Rechte ausüben, im Fall der Verfolgung von Rechtsverletzern. Insoweit ist der Gegenstand der Absprache, nämlich die Beschränkung des illegalen Wettbewerbs der Rechtsverletzer, nicht von § 1 GWB geschützt.[1255] Eine **verbandsmäßige Piraterieverfolgung** begegnet daher grundsätzlich keinen Bedenken aus § 1 GWB. Genauso können konkurrierende Verwerter verabreden, dass urheberrechtsverletzender Wettbewerb des einen unterlassen wird.

230 d) **Verwertungsgesellschaften.** Verwertungsgesellschaften nehmen Rechte nach dem UrhG für Urheber und Leistungsschutzberechtigte zur gemeinsamen Auswertung treuhänderisch wahr (§ 1 UrhWahrnG). Die Tätigkeit vieler Verwertungsgesellschaften beschränkt sich auf Urheber- bzw. Leistungsschutzrechte, oder sie nehmen nur bestimmte Werkarten wahr. Betrifft die Auswertung Urheber- und Leistungsschutzrechte (z.B. Komposition sowie Text einerseits und sängerische Interpretation andererseits) oder mehrere Werkarten (z.B. Kopie aus Buch mit Text und Illustration), treten gemeinsame **Inkassostellen** der Verwertungsgesellschaften auf den Plan, die im Rahmen eines „One-Stop-Shops" die Rechte für die betroffenen Verwertungsgesellschaften vergeben. Derzeit existieren zahlreichen Verwertungsgesellschaften und Inkassostellen.[1256] **Clearingstellen** sollen hingegen

---

[1251] Siehe oben Rn. 88 (Geheimwettbewerb – Marktinformation).
[1252] So *Schulz* in: Moser/Scheuermann, Handbuch der Musikwirtschaft, S. 1364, deutlich einschränkend aber S. 1363.
[1253] *J. B. Nordemann* ZUM 1998, 642.
[1254] Rn. 224.
[1255] Oben zum illegalen Wettbewerb als Schutzgegenstand Rn. 93.
[1256] In Deutschland existieren derzeit als Verwertungsgesellschaften GEMA: Wahrnehmung von Urheberrechten an musikalischen Werken (www.gema.de), VG Wort: Wahrnehmung von Urheberrechten an Schriftwerken (www.vgwort.de), VG Bild-Kunst: Wahrnehmung von Rechten an Werken der bildenden Kunst, von Lichtbild- und Filmwerken (www.vgbildkunst.de), GVL: Wahrnehmung von Leistungsschutzrechten der ausübenden Künstler und Tonträgerhersteller (www.gvl.de), VG Musikedition: Leistungsschutzrechte an wissenschaftlichen Ausgaben und an Ausgaben nachgelassener Werke (www.vg-musikedition.de), VG Werbung + Musik mbH: Wahrnehmung von Rechten aus dem UrhG im Bereich Werbung und Musik (www.vgwerbung.de); VG Media: Wahrnehmung von Rechten aus dem UrhG für Medienunternehmen (www.vg-media.de), VFF: Wahrnehmung von Rechten der Filmhersteller (www.vff.de), VGF: Wahrnehmung von Rechten der Filmurheber und Filmhersteller (www.vgf.de), GWFF: Wahrnehmung von Rechten vor allem ausländischer Filmurheber und Filmhersteller (www.gwff.de), GÜFA: Wahrnehmung der Rechte von Pornofilmherstellern (www.guefa.de) und AGICOA: Wahrnehmung von Kabelweitersenderechten (www.agicoa.de); als

§ 1. Verbot wettbewerbsbeschränkender Vereinbarungen   231   § 1 GWB

den Nutzer nur an die richtige Verwertungsgesellschaft weiterleiten.[1257] Verwertungsgesellschaften waren in § 30 GWB a. F. bis zur 7. GWB-Novelle 2005 von der Anwendung des § 1 GWB a. F. und des § 14 GWB a. F. freigestellt. Das EU-Kartellrecht in Art. 81 EG oder in Gruppenfreistellungsverordnungen kennt keine solche Sonderregeln. Die 7. GWB-Novelle 2005 hat deshalb die Spezialregelung für Verwertungsgesellschaften beseitigt, um das deutsche Kartellrecht an die europäische Rechtslage anzupassen.[1258] Damit sind also die allgemeinen kartellrechtlichen Regeln des § 1 bis 3 GWB auf Verwertungsgesellschaften grundsätzlich anwendbar. Hier sind die **horizontal** veranlassten von den **vertikal** veranlassten Wettbewerbsbeschränkungen zu **trennen:**

aa) Horizontale Sachverhalte. Bildung von Verwertungsgesellschaften. Zunächst 231 bedingt die **Bildung** von Verwertungsgesellschaften eine **horizontale Gleichschaltung der Wahrnehmung.** Die Urheber und ausübenden Künstler, aber erst Recht die übrigen Leistungsschutzberechtigten sind Unternehmen im Sinne des § 1 GWB.[1259] Nach Abschaffung des § 30 GWB a. F. existiert auch die früher national geltende Spezialregelung nicht mehr. Schon für § 30 GWB a. F. und seinen Vorgänger § 102 GWB a. F. war es allerdings die Auffassung des Gesetzgebers, dass die Bildung von Verwertungsgesellschaften nur zur Klarstellung deklaratorisch freigestellt wurde. Er bezog sich dabei sowohl auf den Immanenzgedanken als auch auf die Spezialität des UrhWahrnG gegenüber dem GWB, das in § 1 UrhWahrnG ausdrücklich die Bildung von Verwertungsgesellschaften erlaubt.[1260] Das ist zwar generell zutreffend, vermag aber eine klare Begründung für die Reichweite des Privilegs nicht zu leisten.[1261] Im Einzelfall schließen weder Immanenzgedanke noch das UrhWahrnG eine Anwendung des § 1 GWB von vornherein aus. Auch andere Erklärungsansätze leiden darunter, dass sie die vielfältige Tätigkeit von Verwertungsgesellschaften nicht hinreichend differenziert kartellrechtlich würdigen.[1262] Zutreffenderweise ist zu **unterscheiden,** je nachdem weshalb die Bildung der Verwertungsgesellschaft erforder-

---

Inkassostellen existieren ZPÜ (Zentralstelle für private Überspielrechte): Inkasso für GEMA, VG Wort und GVL für Vergütung Privatkopie gem. § 54 UrhG, ZBT (Zentralstelle Bibliothekstantieme): Inkasso für GEMA, VG Wort und VG Bild-Kunst für Bibliothekstantieme gem. § 27 Abs. 2 UrhG, ZFS (Zentralstelle Fotokopieren an Schulen): Inkasso für VG Wort, VG Bild-Kunst und VG Musikedition für die Fotokopierabgabe der Schulen gem. § 54a UrhG, ZVV (Zentralstelle Videovermietung): Inkasso für GEMA, VG Wort, VG Bild-Kunst, GWFF, VGF und GÜFA für Vergütung Vermietung oder Verleih Bildtonträger gem. § 27 Abs. 1 UrhG, ZWF (Zentralstelle für die Wiedergabe von Film- und Fernsehwerken): Inkasso für VG Bild-Kunst, VGF, GWFF, ARGE DRAMA (gebildet aus VG Wort und GEMA): Inkasso für VG Bild-Kunst, VGF, GWFF, ARGE DRAMA (gebildet aus VG Wort und GEMA): Inkasso für Kabelweitersendung von Bühnenwerken gem. § 20b UrhG, ARGE KABEL (gebildet aus VG Wort, VG Bild-Kunst und GVL): Inkasso für Kabelweitersendung gem. § 20b UrhG; vgl. *W. Nordemann* in: Fromm/Nordemann, Urheberrecht, Einl. WahrnG Rn. 1 ff.; *Schulze* in: Dreier/Schulze, Urheberrecht, vor § 1 UrhWahrnG Rn. 16; *Melichar* in: Loewenheim, Handbuch des Urheberrechts, § 46 Rn. 4 ff.

[1257] So z.B. die Clearingstelle Multimedia der Verwertungsgesellschaften für Urheber- und Leistungsschutzrechte GmbH (CMMV), die die Anfragen der Nutzer im Multimediabereich auf die zuständige Verwertungsgesellschaft kanalisiert; auf europäischer Ebene übernimmt dies das System VERDI (Very Extensive Rights Data Information). Zum Ganzen *Wünschmann* ZUM 2000, 572, 574.

[1258] Begr. RegE 7. GWB-Novelle 2005, BT DS 15/3640, S. 32, 49 f.

[1259] Dazu oben Rn. 30 ff.; speziell zu Urhebern als Mitglieder von Verwertungsgesellschaften BGH WuW/E 2497, 2502 – *GEMA-Wertungsverfahren*; KG WuW/E OLG 4040, 4044 – *Wertungsverfahren*; *Lux* WRP 1998, 31, 32; *Hootz* in: Gemeinschaftskommentar § 30 Rn. 8.

[1260] Begr. RegE 6. GWB-Novelle zu § 30 GWB a. F. BT DS 13/9720, S. 41 = *Jüttner-Kramny*, GWB, WuW-Sonderheft, S. 96 f.

[1261] Vgl. A. *Stockmann* in: Becker, Verwertungsgesellschaften im Europäischen Binnenmarkt (Symposium R. Kreile), 1990, S. 25, 29; *Möschel* in: Immenga/Mestmäcker, GWB, § 30 a. F. Rn. 8.

[1262] Vgl. *Hootz* in: Gemeinschaftskommentar § 30 Rn. 6 ff.; *Möschel* in: Immenga/Mestmäcker, GWB, § 30 a. F. Rn. 4 ff.; differenzierter aber *Lux* WRP 1998, 31, 32 ff., und *Sandberger/Treeck* UFITA 47 (1966), 165, 192 f.

lich ist. Diese Differenzierung schließt an die frühere Formulierung in § 30 Abs. 1 GWB a. F. an, nach der die Bildung von Verwertungsgesellschaften nur erlaubt war, „soweit sie zur wirksamen Wahrnehmung der Rechte" im Sinne von § 1 UrhWahrnG „erforderlich" ist. Der Gesetzgeber der 7. GWB-Novelle 2005 hat § 30 GWB a. F. zwar vollständig gestrichen, sieht in der erwähnten Formulierung aber nach wie vor für die Beurteilung nach § 1 GWB (und Art. 81 EG) das entscheidende Kriterium für die kartellrechtliche Zulässigkeit der Bildung von Verwertungsgesellschaften.[1263]

232   **Erstens** müssen nach dem Willen des UrhG verschiedene der von Verwertungsgesellschaften wahrgenommenen Rechte kollektiv über Verwertungsgesellschaften wahrgenommen werden, weil eine individuelle Wahrnehmung durch den einzelnen Inhaber nicht möglich wäre (sog. **Verwertungsgesellschaftszwang**).[1264] Ein Beispiel ist die Vergütung für die Privatkopie, die gem. § 54h UrhG nur von Verwertungsgesellschaften wahrgenommen werden darf, weil es auf beiden Seiten eine schier unübersehbare Zahl von Zahlungspflichtigen und Zahlungsberechtigten gibt, zumal die in jedem individuellen Verhältnis anfallende Vergütung minimal wäre. Für diese Fälle liegt schon gar keine Wettbewerbsbeschränkung durch Verwertungsgesellschaften vor, so dass eine Anwendung des § 1 GWB auf Verwertungsgesellschaften genauso ausscheidet wie auf Vereinigungen der Werknutzer, die als Pendant zur Verwertungsgesellschaft gemäß § 12 UrhWahrnG gebildet werden.

233   **Zweitens** sollte das Gleiche für eine Tätigkeit von Verwertungsgesellschaften außerhalb des Wahrnehmungszwanges gelten, wenn die kollektive Wahrnehmung aus ähnlichen Gründen wie die für den Wahrnehmungszwang zumindest als kaufmännisch sinnvoll erscheint und die Kartellierung keinen wesentlichen Wettbewerb ausschaltet. Insoweit kann der Arbeitsgemeinschaftsgedanke[1265] fruchtbar gemacht werden;[1266] überdies ist für Fälle, in denen eine Wettbewerbsbeschränkung vorliegt, auf § 2 Abs. 1 GWB zu verweisen. Die Vergütung der Urheber, ausübenden Künstler und Tonträgerhersteller für eine Rundfunksendung wird beispielsweise kollektiv durch GEMA (auch Inkasso für die GVL) erhoben, obwohl kein Wahrnehmungszwang besteht. In Anbetracht der unübersehbaren Zahl von Tonträgern, die jeden Tag gesendet werden, macht eine Wahrnehmung der Vergütung durch Verwertungsgesellschaften für die Berechtigten und für die Sendeanstalten unternehmerisch Sinn. Gleichzeitig ist die wettbewerbshemmende Wirkung gering, weil angesichts der Vielzahl von Nutzungen die Sender ohnehin nicht in der Lage wären, für jeden Fall individuelle Vergütungen auszuhandeln. Gleiches muss beispielsweise für die kollektive Wahrnehmung des Rechts der öffentlichen Wahrnehmbarmachung von Tonträgern nach § 21 UrhG in Gaststätten gelten. Auch greift dieser Gedanke, wenn es sich um Rechte mit eher kleinem Vergütungspotential handelt, die die Rechteinhaber einzeln nicht kaufmännisch sinnvoll vermarkten könnten. Möglicherweise sind in diese zweite Kategorie auch Online-Musiklizenzen zu fassen, wenn die Kollektivierung kaufmännisch sinnvoll ist und keinen wesentlichen Wettbewerb ausschaltet.

234   In einem anderen Verhältnis mit dem Kartellrecht stehen **drittens** Fälle der Wahrnehmung von Rechten, die der Berechtigte auch selbst wahrnehmen könnte und für die es keinen anderer Grund der kollektiven Rechtewahrnehmung als die Erzielung besserer Einnahmen gegenüber den Verwertern gibt. Als Beispiel sei der Fall der Wahrnehmung der sog. mechanischen Vervielfältigungsrechte im Musikbereich für Komponisten und Texter durch die GEMA genannt; dabei geht es um das Recht, ein Musikwerk auf Tonträger vervielfältigen und verbreiten zu dürfen. Das ist eigentlich ein individuell ohne Schwierigkei-

---

[1263] Begr. RegE 7. GWB-Novelle, BT DS 15/3640, S. 49, unter Berufung auf die Rechtsprechung des EuGH.
[1264] Vgl. BGH WuW/E DE-R 1267, 1269f. – *Nachbaugebühr; Lux* WRP 1998, 34f.; *Möschel* in: Immenga/Mestmäcker, GWB, § 30 a. F. Rn. 5.
[1265] Dazu allgemein oben Rn. 83, 184.
[1266] So auch *Lux* WRP 1998, 31, 32; *Hootz* in: Gemeinschaftskommentar § 30 Rn. 8.

ten durchführbares Geschäft, so dass kein gesetzlicher oder kaufmännischer Zwang zur kollektiven Wahrnehmung besteht. Im Bereich der kollektiven Wahrnehmung von Rechten von **Urhebern und ausübenden Künstlern** existiert jedoch ein größerer kartellrechtsneutraler Bereich als bei originär anderen Leistungsschutzberechtigten zustehenden Rechten. Das folgt zunächst aus **§ 36 UrhG iVm. § 11 Satz 2 UrhG,** die eine Kartellierung von Urhebern und ausübenden Künstlern in gewissen Grenzen wegen des spezifischen Schutzgegenstandes des Urheberrechts und des Leistungsschutzrechts der ausübenden Künstler rechtfertigen.[1267] Auch eine kollektive Rechtevergabe durch Verwertungsgesellschaften kann diesen gewünschten Effekt herbeiführen. Insoweit ist die Bildung von Verwertungsgesellschaften zur wirksamen Wahrnehmung von Urheberrechten erforderlich, wie dies der deutsche Gesetzgeber früher und heute für die Zulässigkeit der Bildung von Verwertungsgesellschaften fordert.[1268] Ferner ergibt sich die regelmäßige kartellrechtliche Legitimität der Zulässigkeit der Bildung von Verwertungsgesellschaften für Urheber und ausübende Künstler aus **§ 1 UrhWahrnG,** dessen Regelung damit Teil des spezifischen Schutzgegenstandes des betreffenden Rechts aus dem UrhG ist; der Gesetzgeber des UrhWahrnG wünschte sich die Wahrnehmung einer „möglichst großen Anzahl gleichartiger Rechte".[1269] Überdies spricht für eine Zulässigkeit der Kartellierung über Verwertungsgesellschaften, dass diese – wie ein erlaubtes Kartell nach § 20 Abs. 1 GWB – auch Kontrahierungsansprüchen zu angemessenen Lizenzbedingungen gem. § 11 UrhWahrnG unabhängig davon ausgesetzt sind, ob sie bezogen auf das einzelne lizensierte Werk hinreichend Marktmacht besitzen.[1270] Möglicherweise würde das Kartellrecht aber ausnahmsweise nach umfassender Interessenabwägung wegen übermäßiger wettbewerbsbeschränkender Wirkungen eingreifen, wenn die Nutzungen für alle Nutzungsarten über Verwertungsgesellschaften kanalisiert würden. Zumindest müsste dem Berechtigten ermöglicht werden, die Rechteeinräumung zu beschränken oder auf andere Verwertungsgesellschaften zu übertragen; auch eine zeitliche Bindung des Berechtigten, die über drei Jahre hinausgeht, wird für bedenklich gehalten.[1271] Nicht vom Kartellprivileg, wie es u. a. in § 36 UrhG zum Ausdruck kommt, werden **originär Leistungsschutzberechtigten** zustehende Rechte erfasst, sofern sie nicht ausübende Künstler sind. Allerdings kann das UrhWahrnG eine gewisse Privilegierungswirkung für eine kollektive Rechtewahrnehmung ausüben, weil das UrhWahrnG grundsätzlich eine Kartellbildung von Rechteinhabern ermöglichen wollte.[1272] Das respektiert grundsätzlich auch das Kartellrecht, wobei allerdings keine zusätzliche Verstärkung wie durch § 36 UrhG für Urheber und ausübende Künstler gegeben ist. Rechte von sonstigen Leistungsschutzberechtigten, für die eine kollektive Wahrnehmung nicht zwingend oder zumindest kaufmännisch sinnvoll ist, können daher bei erheblicher Wettbewerbsbeschränkung in sorgfältiger Abwägung mit den Interessen des Kartellverbots eher die Grenze der Unzulässigkeit erreichen. Derzeit ist das nicht ersichtlich, weil nur ein Teil der Leistungsschutzrechte über Wahrnehmungsgesellschaften kanalisiert wird.

Ist danach die Bildung von Verwertungsgesellschaften zulässig, geht dieses Privileg soweit, wie Wettbewerbsbeschränkungen erforderlich sind, um die privilegierten Ziele zu erreichen. Für die Aufnahme der Tätigkeit ist ein schriftlicher Antrag auf **Erlaubnis** beim

---

[1267] Dazu oben Rn. 224.
[1268] Früher § 30 Abs. 1 GWB a. F., nach dessen Abschaffung durch die 7. GWB-Novelle 2005, vgl. Begr. RegE 7. GWB-Novelle, BT DS 15/3640, S. 49, unter Berufung auf die Rechtsprechung des EuGH.
[1269] Begr. RegE UrhWahrnG BT DS IV/271, S. 11.
[1270] *Buhrow/J. B. Nordemann* GRUR Int. 2005, 407, 411.
[1271] *Schulze* in: Dreier/Schulze, Urheberrecht, 2004, § 25 UrhWahrnG Rn. 10, unter Berufung auf EU-Kommission GRUR Int. 1973, 86, 87 f., und EuGH GRUR Int. 1974, 342, 343 – SABAM III.
[1272] So wohl auch *Möschel* in: Immenga/Mestmäcker, GWB, § 30 a. F. Rn. 5; vgl. differenzierend *Lux* WRP 1998, 34 f.

Deutschen Patent- und Markenamt zu stellen (§ 2 UrhWahrnG); dieses entscheidet im Einvernehmen mit dem **BKartA** über die Erteilung und Widerruf der Erlaubnis (§ 18 Abs. 3 UrhWahrnG). Die Tätigkeit der Verwertungsgesellschaft ist also auch nach § 1 GWB n. F. – im Rahmen der vorgenannten Grenzen – nur zulässig, wenn neben dem Deutschen Patent- und Markenamt auch das BKartA die entsprechende Erlaubnis erteilt. Das widerspricht eigentlich dem mit der 7. GWB-Novelle 2005 eingeführten Prinzip der Legalausnahme in § 2 GWB.[1273] Da der Gesetzgeber der 7. GWB-Novelle 2005 aber die Bestimmung des § 18 Abs. 3 UrhWahrnG unangetastet gelassen hat, erscheint dies als bewusste Durchbrechung des Prinzips, so dass Verwertungsgesellschaften ohne Erlaubnis nicht im Hinblick auf § 1 GWB privilegiert sind. Überdies ergibt sich eine Rechtfertigung für die Durchbrechung des Prinzips der Legalausnahme daraus, dass Verwertungsgesellschaften als (erlaubtes) Kartell einer speziellen Fachaufsicht nach dem UrhGWahrnG unterliegen; diese muss dann neben urheberrechtlichen auch kartellrechtliche Aspekte abdecken können. Die Erlaubnispflicht unterstreicht jedoch auch, dass die Bildung von Verwertungsgesellschaften wettbewerblich nicht generell in jedem Umfang unbedenklich ist.

236 (2) **Bildung von Inkasso- und Clearingstellen. Inkassostellen** beurteilen sich kartellrechtlich nach den oben genannten Grundsätzen für Verwertungsgesellschaften. Ihre Bildung stellt keine eigenständige Kartellierung dar, weil sie im Hinblick auf die wahrgenommenen Rechte nicht im Wettbewerb zu einander stehen. **Clearingstellen** sind für sich genommen schon gar nicht wettbewerbsbeschränkend; sie sorgen nur für eine Weiterleitung der Anfrage des Nutzers an die zuständige Verwertungsgesellschaft.

237 (3) **Gegenseitigkeitsverträge.** In einer immer globaler werdenden Welt werden auch die Nutzungsstrategien der Verwerter im internationaler. Verwertungsgesellschaften sind aber traditionell nur im Hinblick auf Urheber und Leistungsschutzberechtigte aus ihrem Territorium stark. Dem Bedürfnis nach einem „One-Stop-Shop" für internationale Rechte versuchen die Verwertungsgesellschaften, über sog. **Gegenseitigkeitsverträge** gerecht zu werden.[1274] Diese ermöglichen den Verwertungsgesellschaften, auch die Rechte an Werken und Leistungen ausländischer Verwertungsgesellschaften wahrzunehmen. Gegenseitigkeitsverträge erlauben beispielsweise die Vergabe der Rechte der öffentlichen Wiedergabe in Diskotheken für die Gesamtheit der Musikwerke zu einheitlichen Bedingungen an einen in einem Staat ansässigen Diskothekenbetreiber.[1275] Gegenseitigkeitsverträge gehen mit einer Einschränkung des Wettbewerbs im Hinblick auf den Lizenzpreis einher; denn zumindest große Lizenznehmer könnten auch jede ausländische Verwertungsgesellschaft angehen, um mit ihr gesondert zu verhandeln. Früher kam Gegenseitigkeitsverträgen nach nationalem Recht schon die Privilegierung des § 30 GWB a. F. zu Gute; jedoch musste schon wegen Art. 81 EG eine eingehende wettbewerbliche Beurteilung stattfinden, die jetzt auch für § 1 GWB angezeigt ist.

Für eine Kartellrechtkonformität von Gegenseitigkeitsverträgen spricht, dass der „One-Stop-Shop" der breiten Masse der Nutzer in Form einer neuen, sonst nicht erhältlichen einzigen Leistung zu Gute kommt. Das allein genügt aber noch nicht, um kartellrechtliche Neutralität zu erlangen. Die faktische gleichförmige Weigerung von inländischen Verwertungsgesellschaften, Rechte im Ausland wahrzunehmen, ist solange keine Wettbewerbsbeschränkung gem. § 1 GWB, wie die Weigerung darauf beruht, dass die inländische Verwertungsgesellschaft im Ausland kein erforderliches kostspieliges Verwertungs- und Kontrollsystem aufbauen will; ein solches wäre beispielsweise im Hinblick auf die öffentliche Nutzung von Musikwerken in Diskotheken zwingend.[1276]

[1273] Vgl. oben Rn. 2 ff. und unten § 2 Rn. 5.
[1274] Eingehend auch *Mestmäcker* in: Kreile/Becker/Riesenhuber Kap. 6 Rn. 13 ff.
[1275] Vgl. EuGH Slg. 1974, 313, 318 – *SABAM I*.
[1276] Zu Art. 81 EG: EuGH Slg. 1989, 2521, 2574 – *SACEM I (Tournier)* = GRUR Int. 1990, 622 = WuW/E EWG/MUV 901, 904; EuGH Slg. 1989, 2811, 2828 – *SACEM II*; zum Ganzen auch

Als kartellrechtswidrig wurden allerdings Abreden eingestuft, die EU-Nutzern vorschrieben, sich stets nur an die Heimatverwertungsgesellschaft zu wenden und ihm damit den direkten Weg zur inländischen Verwertungsgesellschaft verwehrten.[1277] Auch sofern – im Gegensatz zur öffentlichen Vorführung z.B. in Diskotheken oder zur öffentlichen Aufführung bei Live-Auftritten – kein kostspieliges Verwertungs- und Kontrollsystem erforderlich ist, begegnen Gegenseitigkeitsverträge kartellrechtlichen Grenzen. Bei modernen Digitaltechnologien hat die EU-Kommission keine territoriale Ausschließlichkeit für Verwertungsgesellschaften mehr zugelassen. Beispielsweise beim Simulcasting, das eine räumlich unbegrenzte Sendung von Musikwerken über das Internet erlaubt, benötigt eine Verwertungsgesellschaft kein zusätzliches Verwertungs- und Kontrollsystem im Ausland, sondern kann die Kontrolle auch von ihrem Sitzland aus durchführen. Nutzern darf deshalb in diesen Fällen weder ausdrücklich noch durch entsprechendes faktisches Parallelverhalten die freie Wahl der lizensierenden Verwertungsgesellschaft versperrt werden.[1278] Um Transparenz für die Nutzer auf der Marktgegenseite und damit einen Lizensierungswettbewerb zwischen den Verwertungsgesellschaften zu gewährleisten, fordert die EU-Kommission weitergehend eine Trennung von Lizenzgebühr und Verwaltungsgebühr.[1279] Auch bei anderen internetbezogenen Nutzungen, beispielsweise beim Download von Handyklingeltönen aus dem Internet, aber auch bei der Satelliten- und Kabelnutzung, erscheint es nicht mehr als gerechtfertigt, Inländern den Weg zu anderen (ausländischen) Verwertungsgesellschaften zu versperren. Die EU-Kommission hat in *CISAC* jedenfalls entschieden, dass verschiedene Exklusivitätsabreden in Gegenseitigverträgen zwischen musikalischen Verwertungsgesellschaften im Hinblick auf die Wahrnehmung von Internet-, Kabel- und Satellitenrechten für die öffentliche Wiedergabe von Musikwerken nicht kartellrechtskonform seien. Betroffenen waren insbesondere die Exklusivität der Mitgliedschaft (nur Mitglied in einer Verwertungsgesellschaft mit dem gesamten Repertoire) und die exklusive Wahrnehmung im eigenen Territorium mit der fehlenden Möglichkeit, europaweite Lizenzen unter Wettbewerb um die Verwaltungsgebühren zu erhalten. Auch eine Freistellung wurde abgelehnt.[1280] Bereits vorher hat die EU-Kommission in *Cannes Extension Agreement* unter Berufung auf das Kartellverbot die Auffassung vertreten, dass bei der Vergabe von mechanischen Rechten (Vervielfältigung und Verbreitung) für Musikwerke Nutzer Preisnachlässe erhalten müssen, wenn sie Lizenzen nachfragen, die über einen Mitgliedsstaat hinausgehen. Dieser Nachlass wird allerdings von den Verwaltungsgebühren und nicht von den Nutzungsentgelten gewährt.[1281] Die Preisfixierungsmöglichkeit ist also auf die Nutzungsentgelte beschränkt, während auch hier bei den Verwaltungsgebühren europaweiter Wettbewerb möglich wird.

bb) Vertikale Sachverhalte. In vertikaler Richtung legt § 1 GWB Verwertungsgesellschaften teilweise umfassende Beschränkungen auf. Insoweit sollte nichts anderes gelten als für Wettbewerbsbeschränkungen, die Urheber oder Leistungsschutzberechtigte selbst

---

Mestmäcker WuW 2004, 754 ff.; *Fikentscher* in: FS Schricker, 1995, S. 184 ff.; *Dünnwald* in: Becker, Die Verwertungsgesellschaften im Europäischen Binnenmarkt, 1990, S. 79 ff.; *Hootz* in: Gemeinschaftskommentar § 30 Rn. 25 ff.

[1277] Zu Art. 81 EG: EuGH Slg. 1989, 2521 – *SACEM I (Tournier)* Tz. 20 = GRUR Int. 1990, 622 = WuW/E EWG/MUV 901, 904; EuGH Slg. 1989, 2811 Tz. 20 – *SACEM II*.

[1278] EU-Kommission WuW/E EU-V 831, 836 – *IFPI/Simulcasting;* dazu kritisch *Mestmäcker* WuW 2004, 758 ff.

[1279] EU-Kommission WuW/E EU-V 831, 838 – *IFPI/Simulcasting;* dazu kritisch *Mestmäcker* WuW 2004, 761 ff.; *ders.* in: Kreile/Becker/Riesenhuber Kap. 6 Rn. 22 ff.; eingehend auch *Schwarze* in: Kreile/Becker/Riesenhuber Kap. 5 Rn. 57 ff.

[1280] EU-Kommission, Entsch. v. 16. 7. 2008, Case COMP/C2/38.698 – *CISAC*.

[1281] EU-Kommission Entsch. 2007/735/EG vom 4. 10. 2006, ABl. L 296 v. 15. 11. 2007, S. 27 – *Cannes Extension Agreement*.

vertikal veranlassen.[1282] Insbesondere **Preisbindungen** durch Verwertungsgesellschaften erscheinen kartellrechtlich nicht durch den spezifischen Schutzgegenstand des Urheberrechts oder des betreffenden Leistungsschutzrechts, das sie treuhänderisch wahrnehmen, gerechtfertigt. Die GEMA dürfte also nicht die Einzelhandelspreise für Tonträger festlegen, für die sie die erforderlichen (sog. mechanischen) Rechte vergibt.[1283] Auch vertikale Konditionenbindungen sind nur zulässig, sofern sie durch den spezifischen Schutzgegenstand des Urheberrecht gedeckt sind. Die GEMA dürfte die Einzelhändler nicht binden lassen, die Tonträger nur an private Enderbraucher abzugeben.[1284] Privilegiert sind hingegen Preisbindungen des Berechtigten gegenüber der Verwertungsgesellschaft, die Rechte zu einem bestimmten Preis wahrzunehmen, weil die Möglichkeit zu dieser Preisbindung dem Charakter der Verwertungsgesellschaften als Treuhänder der Urheber immanent ist. In vertikaler Richtung sind darüber hinaus auch die Kontrahierungspflichten für Verwertungsgesellschaften zu angemessenen Bedingungen nach §§ 11, 12 UrhWahrnG relevant, die von den §§ 19, 20 GWB ergänzt werden. Das Gleiche gilt für den Aufnahmezwang der Verwertungsgesellschaft nach § 6 UrhWahrnG.

239 cc) **Verwertungsgesellschaften und Unternehmen, die nicht Urheber oder Leistungsschutzberechtigte sind.** § 1 UrhWahrnG erwähnt nur Urheber und Inhaber von Leistungsschutzrechten. Grundsätzlich kann sich deshalb die vorerwähnte kartellrechtliche Privilegierung für die Bildung und Tätigkeit von Verwertungsgesellschaften nicht auf eine Wahrnehmung für andere Rechteinhaber, also insbesondere für **Inhaber von Nutzungsrechten,** die vom Urheber eingeräumt sind, beziehen. Jedoch ist auch für § 1 UrhWahrnG anerkannt, dass das UrhWahrnG eine Wahrnehmung für andere Rechtsinhaber in Verwertungsgesellschaften umfasst, sofern die Interessen mit den Interessen der Urheber oder Leistungsschutzberechtigten parallel laufen.[1285] Damit erscheint es auch kartellrechtlich als möglich, andere Rechteinhaber am vorerwähnten Privileg teilnehmen zu lassen, solange die Interessenparallelität gegeben ist. Insoweit gilt nicht anderes als für die Privilegierungswirkungen des UrhG, die auch anderen als den Urhebern und Leistungsschutzberechtigten zu Gute kommen, soweit die Interessenparallelität gegeben ist.[1286]

6. Geschmacksmuster

240 Die Lizenzierung von **Geschmacksmustern** ist speziell in der GVO Technologietransfer geregelt.[1287]

V. Sport

Schrifttum: *BKartA,* Hintergrundpapier zur Pressekonferenz am 24. 7. 2008 zum Thema Zentralvermarktung der Verwertungsrechte der Fußball-Bundesliga ab dem 1. Juli 2009, abrufbar www.bundeskartellamt.de/wDeutsch/download/pdf/080724_PK_Hintergrundpapier.pdf, zit. „Hintergrundpapier"; *Eilers,* Fußballübertragungsrechte für Internet und Mobilfunktechnik – Abgegrenzte Gebiete oder Doppelvergabe der Fernsehrechte?, SpuRt 2006, 221 ff.; *Enßlin,* Der Erwerb von Übertragungsrechten für Sportereignisse im europäischen Wettbewerbsrecht am Beispiel der EBU – die Sicht der Privatsender, ZEuP 2006, 380 ff.; *Fikentscher,* Die Zulässigkeit von Einkaufsvereinbarungen im Sport aus Sicht des öffentlich-rechtlichen Rundfunks in Europa, ZEuP 2006, 388 ff.; *Fleischer,* Absprachen im Profisport, WRP 1996, 473 ff.; *Frey,* Neue Herausforderungen für die exklusive Con-

---

[1282] Oben Rn. 221, 223. Gleicher Auffassung *Sandberger/Treeck* UFITA 47 (1966), 165, 204.
[1283] *Held* FuR 1980, 71, 75; *Hootz* in: Gemeinschaftskommentar § 30 Rn. 12.
[1284] *Sandberger/Treeck* UFITA 47 (1966), 165, 204; *Hootz* in: Gemeinschaftskommentar § 30 Rn. 12.
[1285] BGH GRUR 1971, 326, 328 – *Ufa-Musikverlage; Reinbothe* in: Schricker, Urheberrecht, § 1 WahrnG Rn. 6; *Melichar* in: Loewenheim, Handbuch des Urheberrechts, § 47 Rn. 5; *W. Nordemann,* GRUR FS II, S. 1209. Kritisch aber z. B. *Schack,* Urheber- und Urhebervertragsrecht, Rn. 1165.
[1286] Siehe oben Rn. 228.
[1287] Dazu die Kommentierung oben Rn. 228.

§ 1. Verbot wettbewerbsbeschränkender Vereinbarungen   241   § 1 GWB

tentverwertung – Der wettbewerbsrechtliche Rahmen für die Vermarktung und den Erwerb von Medienrechten, GRUR 2003, 931 ff.; *Graf,* Übertragungsrechte für Sportereignisse im europäischen Wettbewerbsrecht aus der Sicht von Sportverbänden, ZEuP 2006, 371 ff.; *Hausmann,* Der Deutsche Fußball Bund (DFB) – Ein Kartell für Fernsehrechte?, BB 1994, 1089 ff.; *Heermann,* Professionelle Sportligen auf der Flucht vor dem Kartellrecht, RabelsZ 67 (2003), 106 ff.; *ders.,* Mehrheitsbeteiligungen an Sportkapitalgesellschaften im Lichte des Europarechts, WRP 2003, 724 ff.; *ders.,* Sport und Kartellrecht, in: Arter (Hrsg.), Sport und Recht, 2. Tagungsband, 2005, 197 ff.; *ders.,* Aktuelle kartellrechtliche Probleme im Zusammenhang mit Spielertransfers, in: Arter/Baddele (Hrsg.), Sport und Recht, 4. Tagungsband, 2007, 263 ff.; *ders.,* Verbandsautonomie versus Kartellrecht, Causa Sport 2006, 345 ff.; *Heinemann,* Sportübertragungsrechte im europäischen Kartellrecht am Beispiel der Olympischen Spiele, ZEuP 2006, 337 ff.; *Hellmann/Bruder,* Kartellrechtliche Grundsätze der zentralen Vermarktung von Sportveranstaltungen – Die aktuellen Entscheidungen der Kommission zur Bundesliga und FA Premier League, EuZW 2006, 359 ff.; *Holznagel,* Der Zugang zu Premium-Inhalten: Grenzen einer Exklusivvermarktung nach Europäischem Recht, K&R 2005, 385 ff.; *Jänich,* Fußballübertragungsrechte und Kartellrecht – Anmerkungen zu BGH Beschl. v. 11. 12. 1997 – KVR 7/96 – Europapokalheimspiele, GRUR 1998, 438 ff.; *Körber,* Die erstmalige Anwendung der Verpflichtungszusage gem. Art. 9 VO 1/2003 und die Zukunft der Zentralvermarktung von Medienrechten an der Fußballbundesliga, WRP 2005, 463 ff.; *Laier,* Sportcontent für die Neuen Medien – Kartellrechtliche Fragen des Zugangs und der Vergabe, in: Vieweg (Hrsg.), Prisma des Sportrechts (Band 26), 2006, 65 ff.; *Schröder,* Sportrecht und Europäisches Wettbewerbsrecht – Zu neueren Entwicklungen in der Praxis der Kommission und des EuGH, SpuRt 2006, 1 ff.; *Schürnbrand,* Die Anwendung des Kartellrechts im Bereich des Sports, ZWeR 2005, 396 ff.; *Springer,* Die zentrale Vermarktung von Fernsehrechten im Ligasport nach deutschem und europäischem Kartellrecht unter besonderer Berücksichtigung des amerikanischen Antitrust-Rechts, WRP 1998, 477 ff.; *Stockmann,* Sportübertragungsrechte und Kartellrecht am Beispiel der Europacup-Spiele, ZIP 1996, 411 ff.; *Stopper,* Ligasportvermarktung: Verhaltenskoordination oder Gemeinschaftsproduktion, ZWeR 2008, 412 ff.; *Streinz,* Der Fall Bosman: Bilanz und seine Folgen, ZEuP 2005, 340 ff.; *Vetter,* Das FIFA-Spielervermittler-Reglement im Spannungsverhältnis zum europäischen Kartellrecht – zugleich Besprechung von EuG, T-193/02, SpuRt 2005, 233; *Waldhauser,* Anm. zu BGH Europapokalheimspiele, ZUM 1998, 129 ff.; *Weiler,* Multi-Club Ownership-Regulierungen im deutschen Profifußball – Eine kritische Bestandsaufnahme, SpuRt 2007, 133 ff.; *Wertenbruch,* Die zentrale Vermarktung von Fußball-Fernsehrechten als Kartell nach § 1 GWB und Art. 85 EGV, ZIP 1996, 1417 ff.; *Weyhs,* Die zentrale Vermarktung von Fußballübertragungsrechten aus kartellrechtlicher Sicht, in: Vieweg (Hrsg.), Perspektiven des Sportrechts (Band 19), 2005, 149 ff.

1. Allgemeines

Von der nationalen und internationalen Rechtsprechung ist anerkannt, dass Einzelsportler und Sportvereine bei wirtschaftlicher Betätigung grundsätzlich dem Unternehmensbegriff des GWB unterfallen.[1288] Früher existierte für den Sport ein Ausnahmebereich von der Anwendung des Kartellrechts in § 31 GWB a. F., der jedoch der Europäisierung des deutschen Kartellrechts durch die 7. GWB Novelle zum Opfer fiel.[1289] Wo das europäische Recht seit jeher **keine speziellen Ausnahmetatbestände im Hinblick auf den Sport** kennt, gilt das jetzt auch für das deutsche GWB.

241

Jedoch kann nicht von der Hand gewiesen werden, dass im Hinblick auf den Sport einige Besonderheiten gelten. Denn Sport als Wettbewerb ist nicht wie der ökonomische Wettbewerb auf die dauerhafte Eliminierung aller Gegner und die Errichtung eines gewinnmaximierenden Monopols gerichtet. Ohne eine hinreichend große Anzahl von Mitbewerbern vergleichbarer Stärke lässt sich ein Sportwettkampf nicht sinnvoll durchführen. Absprachen, die eine möglichst leistungsfähige und somit sportlich attraktive Gegnerschaft bewirken, stehen im wohlverstandenen Eigeninteresse aller Beteiligten.[1290] Es gilt daher,

---

[1288] Dazu Rn. 23.
[1289] Begr. RegE 7. GWB-Novelle BT DS 15/3640, S. 32 f., 50.
[1290] *Hannamann,* Kartellverbot und Verhaltenskoordination im Sport, S. 228 ff.; *Heermann,* RabelsZ 67 (2003), 107.

dass diejenigen Absprachen zwischen unternehmerischen Sportlern oder Sportvereinen nicht tatbestandsmäßig sind, hinter denen ein angemessenes Interesse oder sogar die schlichte Notwendigkeit für die Existenz der Sportart oder das Funktionieren des sportlichen Wettbewerbs steht und die objektiv transparent und nicht diskriminierend angewendet werden.[1291] An diesem unabdingbaren Verhältnismäßigkeitserfordernis sind die Verbandsregeln zu messen. Insoweit sind Sportwettbewerbe kartellrechtlich grundsätzlich Anwendungsfälle der **Immanenzlehre**.[1292] In vielen Fällen kann auch der **Arbeitsgemeinschaftsgedanke**[1293] bemüht werden, insbesondere wenn bestimmte Absprachen von Sportlern oder Sportvereinen erst dazu führen, dass überhaupt ein sportlicher Wettbewerb und als dessen Ausfluss auch wirtschaftlicher Wettbewerb entstehen kann. So ist beispielsweise die Zusammenfassung der sportlichen Aktivitäten von Sportvereinen in Verbänden, die dann sportliche Wettbewerbe (z. B. Bundesligen) ausrichten, schon nach dem Arbeitsgemeinschaftsgedanken gerechtfertigt, weil die einzelnen Vereine einen solchen sportlichen Wettbewerb nicht allein organisieren könnten. Ihre kartellrechtliche Grenze findet die gemeinsame Organisation im Sport dort, wo eine gleichschaltende Absprache dem sportlichen Wettbewerb nicht mehr immanent ist, also nicht zumindest ein anerkennenswertes Interesse daran im Hinblick auf ein Funktionieren des sportlichen Wettbewerbs gegeben ist.

Das Spannungsverhältnis zwischen Sport und Kartellrecht ist Gegenstand zahlreicher Entscheidungen der KartBen bzw. Gerichte und weckt auch in der Literatur ein zunehmendes Interesse.[1294] Nachdem die Praxis in den letzten Jahren stark durch die EU-Institutionen geprägt war, dürfte sich vor allem die behördliche (Freistellungs-)Praxis durch die neuen Zuständigkeitsregeln nach der 7. GWB-Novelle 2005[1295] auch in zwischenstaatlichen Sachverhalten mit Anwendung des Art. 81 EG stärker auf das BKartA konzentrieren.

2. Zentralvermarktung (Gleichschaltung der Vergabe von Übertragungsrechten)

a) Kartellverbot. Eine Zentralvermarktung ist dadurch gekennzeichnet, dass mehrere Rechte an verschiedenen Veranstaltungen für einen längeren Zeitraum zu einer exklusiven Vermarktung gebündelt werden. Mehrere Anbieter vergeben gemeinsam ihre Übertragungsrechte an einzelne Nachfrager. Deutsche und europäische Praxis sind übereinstimmend der Auffassung, dass ein solches Vermarktungsmodell den **Tatbestand des Kartellverbots** des § 1 GWB bzw. Art. 81 I EG erfüllt.[1296] Bei einer Zentralvermarktung von Medienrechten wird der Preis- und Konditionenwettbewerb ausgeschaltet, wenn ein Anbieter wirksam für die ganze Serie die Übertragungsrechte an einen Rechtehändler verkaufen kann. In der Regel besteht ein Anbieterwettbewerb, da die Sportvereine neben den Sportverbänden zumindest als Mitinhaber der Übertragungsrechte angesehen werden.[1297] Erfolgt die Absprache zwischen innerstaatlichen Vereinen und/oder Verbänden, kann dieses

---

[1291] Begr. RegE 7. GWB-Novelle BT DS 15/3640, S. 50.
[1292] Dazu allgemein oben Rn. 147 ff. Wie hier *Schürnbrand,* ZWeR 2005, 396, 406; kritisch KG ZIP 1996, 801 = SpuRZ 1996, 199; *Schmittmann/Lehmann* AfP 1996, 255, 258.
[1293] Dazu allgemein oben Rn. 83, 184. Eingehend zum Ligasport *Stopper* ZWeR 2008, 412, 421.
[1294] Siehe das Schrifttum vor Rn. 241.
[1295] Siehe vor allem die Kommentierung zu § 50 GWB.
[1296] BGHZ 137, 297 = NJW 1998, 756, 759 = WuW / E DE-R 17 – *Europapokalheimspiele;* EU-Kommission WuW / EU-V 889, 892 f. – *UEFA Champions League.* Zuletzt auch BKartA zur Zentralvermarktung der Fußball-Bundesliga, siehe BKartA, Hintergrundpapier (Schrifttum), Ziff. 5. Kritisch *Stopper* ZWeR 2008, 412, 418 ff.
[1297] Zum Veranstalterbegriff allgemein zuletzt *Körber/Zagouras* WuW 2004, 1144, 1147 ff., *Springer* WRP 1998, 477, 481, *Jänich* GRUR 1998, 438, 439; für Radioberichterstattung *Günther,* WRP 2005, 703, und *Melichar,* in: Loewenheim, FS W. Nordemann 70. Geb., 2004, S. 213.

auch zu einer **Beeinträchtigung des zwischenstaatlichen Handels** i. S. d. Art. 81 Abs. 1 EG führen. Denn an einer Vermarktung wie etwa der Fußballbundesliga sind zunehmend auch ausländische Rechtehändler oder Medien interessiert.

Eine **tatbestandliche Restriktion** des Kartellverbots durch den Immanenz-[1298] und den Arbeitsgemeinschaftsgedanken[1299] muss ausscheiden.[1300] Der sportliche Wettbewerb wird durch die Frage, wer das Spiel übertragen darf, nicht tangiert. Die Vereine könnten – unabhängig vom Ligabetrieb bzw. der Veranstaltungsserie – auch für Einzelbegegnungen Abnehmer finden. Die Zeiten, in denen die Möglichkeiten, eine Eigenvermarktung durchzuführen, begrenzt waren, dürften zumindest im Millionengeschäft „Fußball" bei der heutigen Unternehmensstruktur der Vereine vorbei sein. Dass nur durch eine Zentralvermarktung mit Finanzausgleich Chancengleichheit zwischen den beteiligten Mannschaften und damit ein interessanter Ligawettbewerb erreicht wird,[1301] ist allerdings nicht ganz von der Hand zu weisen. Zwar bedeutet wirtschaftliche nicht zwangsläufig auch immer sportliche Chancengleichheit. Der Underdog mit geringem Etat kann gegen den finanziell starken Rekordmeister gewinnen. Der Umstand, dass z. B. in den großen nationalen Fußballligen die finanziell starken Clubs immer wieder oben stehen, zeigt aber, dass finanziell schwache Vereine zumindest mittel- bis langfristig auch sportliche Nachteile haben. Der Arbeitsgemeinschaftsgedanke kann hier jedoch nur dann greifen, wenn über die Zentralvermarktung eine erhebliche finanzielle Bevorzugung bestimmter (ohnehin erfolgreicher) Vereine verhindert wird, was bislang nicht zu beobachten war. Überdies sind auch **andere Vermarktungsmodelle** mit einer geringeren Marktabschottungswirkung in Betracht zu ziehen, mit denen die Ziele einer Zentralvermarktung ebenso gut erreicht werden können. So kann die Ausgeglichenheit innerhalb eines Wettbewerbs auch durch die Schaffung eines sog. Solidaritätsfonds erzielt werden.[1302] Dieses Modell basiert auf dem Grundgedanken, dass der jeweilige Marktteilnehmer seine Rechte selbst vermarktet. Zumindest ein Teil der dabei erzielten Einnahmen wird in einen Solidaritätsfonds eingezahlt, der wiederum zum Ausgleich der finanziellen Ungleichgewichte an die Teilnehmer ausgeschüttet wird. Wenn ein Solidarausgleich auch ohne eine Kartellbildung erreicht werden kann, kann der Arbeitsgemeinschaftsgedanke nicht zur Rechtfertigung der Zentralvermarktung herangezogen werden.

b) Freistellung. Ist der Tatbestand des Kartellverbots erfüllt, stellt sich die Frage, ob die Zentralvermarktung von Übertragungsrechten nach § 2 Abs. 1 GWB (bzw. bei zwischenstaatlichen Sachverhalten nach Art. 81 Abs. 3 EG) freigestellt sein kann. Der Systemwandel im Kartellrecht von der förmlichen Freistellung des Kartellverbots hin zum neu eingeführten sog. Prinzip der Legalausnahme zeigt sich beim Vergleich der Komissionsentscheidungen „UEFA Champions League", „Fußball-Bundesliga" und FA Premiere League: War das Vermarktungsmodell für die UEFA Champions Leauge nach der früheren Kartellverordnung noch förmlich freigestellt worden, so hat die EU-Kommission für die Fußball-Bundesliga und für die FA Premiere League von der seit 1. Mai 2004 geltenden neuen Kartellverordnung[1303] Gebrauch gemacht. Sie hat die von den Verbänden abgegebenen **Verpflichtungszusagen** hinsichtlich der neuen Vermarktungsmodelle gemäß Art. 9 der Kartellverordnung 1/2003 für bindend erklärt, wodurch ihren wettbewerbsrechtlichen Bedenken im Hinblick auf die Zentralvermarktung Rechnung getragen werden konnte. Diese Verpflichtungszusage hat

---

[1298] Rn. 147 ff.
[1299] Rn. 83.
[1300] So ausdrücklich BGHZ 137, 297 = NJW 1998, 756, 759 = WRP 1998, 188 = WuW / E DE-R 17 – *Europapokalheimspiele*. A. A. *Stopper* ZWeR 2008, 412, 421.
[1301] Deshalb für eine kartellrechtliche Neutralität der Zentralvermarktung: *Stopper* ZWeR 2008, 412, 425.
[1302] So auch *Weyhs*, in: Vieweg, Perspektiven des Sportrechts, 2005, 167; GA Lenz, Slg. 1995, I-4921 Nr. 268 ff. – *Bosman*.
[1303] Verordnung (EG) Nr. 1/2003, AB1EG Nr. L v. 4. 1. 2003, S. 1 ff.

die gleiche Wirkung wie die Entscheidung über die Freistellung nach Art. 81 Abs. 3 EG; sie muss sich daher auch an den Tatbestandsvoraussetzungen des Art. 81 Abs. 3 EG-Vertrag messen lassen.

Hinsichtlich der **Voraussetzungen, die für eine Freistellung der Zentralvermarktung zu erfüllen sind,**[1304] bestand jahrelang große Rechtsunsicherheit. Erst die oben angeführten Entscheidungen der EU-Kommission haben zu mehr Klarheit geführt, indem die Voraussetzungen der Freistellungsfähigkeit skizziert und damit der Zentralvermarktung von Sportgroßveranstaltungen ein kartellrechtlicher Rahmen gegeben wurde. Diese Entwicklung ist begrüßenswert, zumal die Marktteilnehmer aufgrund des Systemwandels hin zum Prinzip der Legalausnahme selbst das Vorliegen der Freistellungsvoraussetzungen zu beurteilen haben.[1305] Die Kommission sah die Freistellungsvoraussetzungen im Hinblick auf die Zentralvermarktung in der UEFA Champions League, in der Fußball-Bundesliga und in der FA Premiere League als gegeben an. Die **Effizienzvorteile,** die eine Zentralvermarktung brächte, könnten die mit ihr verbundenen Nachteile für den Wettbewerb ausgleichen, da mit den Ligen hochwertige Markenprodukte geschaffen werden, die wegen des zentralen Vertriebs und der Bündelung von ligaspezifischen Rechtepaketen zu einer zentralen Anlaufstelle für Medienunternehmen, Fußballvereine und Verbraucher werden.[1306] Sowohl das Medienunternehmen als auch der Endverbraucher würden am Gewinn **beteiligt** werden, indem für das Unternehmen niedrigere Transaktionskosten anfallen, was dem Endverbraucher in einer höheren Attraktivität des Programms „Champions League" zugute käme.[1307] Die Frage, ob die Wettbewerbsbeschränkungen für die Vorteile auch **unerlässlich** seien, löste die Kommission mit dem Hinweis darauf, dass ohne eine Zentralvermarktung das Sportereignis „Ligawettbewerb" nicht als spezifisches Produkt angeboten werden könne. Qualität und Angebot würden beeinträchtigt werden, wodurch letztlich zum Nachteil aller Beteiligten die TV-Rechte entwertet würden.[1308] Die Kommission kam zu dem Ergebnis, dass durch die Vereinbarungen der **Wettbewerb nicht ausgeschaltet** wurde. Aber erst eine Modifizierung der ursprünglichen Vermarktungsmodelle der UEFA Champions League, Fußball-Bundesliga und der FA Premiere League konnte ihre diesbezüglichen Bedenken[1309] ausräumen. In den Verfahren entwickelte die Kommission **Bedingungen,** die in die Vermarktungsmodelle mit aufgenommen wurden: Danach sind für die Beurteilung der wettbewerbsrechtlichen Zulässigkeit der Vermarktungsmodelle neben der Begrenzung des Umfangs, der Exklusivität und der Vertragslaufzeiten auch die Durchführung eines fairen und transparenten Verfahrens und die tatsächliche Nutzung sämtlicher Rechte entscheidend:

– Der **Umfang der Rechte wird begrenzt,** indem sich die jeweilige Liga verpflichtet, die Rechtepakete nach einzelnen Medien und nach zeitlicher Priorität aufzuschnüren.[1310]

[1304] Allgemein zu Art. 81 Abs. 3 EG siehe die Kommentierung zu Art. 81 Abs. 3 EG Rn. 17 ff.; zu § 2 Abs. 1 GWB siehe § 2 Rn. 15 ff.

[1305] Siehe § 2 Rn. 198 ff.; dazu auch *Hellmann/Bruder,* EuZW 2006, 359, 362.

[1306] EU-Kommission, Entsch. v. 23. 7. 2003, COMP/C.2–37.398, Rn. 143 ff., 168 – *UEFA Champions League* = WuW/E EU-V 889.

[1307] EU-Kommission, Entsch. v. 23. 7. 2003, COMP/C.2–37.398, Rn. 169 ff., 172 – *UEFA Champions League* = WuW/E EU-V 889.

[1308] EU-Kommission, Entsch. v. 23. 7. 2003, COMP/C.2–37.398, Rn. 174 ff. – *UEFA Champions League* = WuW/E EU-V 889; siehe dazu auch *Stopper,* SpuRt 2003, 48 (51); kritisch: *Heermann,* Sport und Kartellrecht, S. 209 f.

[1309] EU-Kommission, Entsch. v. 23. 7. 2003, COMP/C.2–37.398, – *UEFA Champions League;* Entsch. v. 19. 1. 2005, COMP/C.2–37.214, Rn. 22 ff. – *Bundesliga;* Mitteilung der EU-Kommission v. 30. 5. 2003, ABlEG Nr. L 291 v. 30. 4. 2004 S. 3 ff., Rn. 11 ff. zur FA Premier League.

[1310] Während die Medienrechte der UEFA und der DFL in 14 bzw. 9 Paketen zusammengefasst sind, bietet die FA Premier League neben anderen Rechtepaketen sechs gleichwertige Rechte für Live-Übertragungen an.

Dadurch kann einer Marktabschottung zu Lasten neuer Wettbewerber vorgebeugt werden. Indem die Vereine gerade im Bereich der neuen Medien (wie UMTS, Breitband-Internet) verschiedene Rechte vereinsspezifisch selbst vermarkten dürfen, wird der Exklusiv-Vermarktungsanspruch der Ligen eingeschränkt. Desweiteren wird die Vertragsdauer auf ein Höchstmaß von drei Jahren begrenzt.
- Sämtliche Rechte müssen in einem **fairen, offenen und diskriminierungsfreien Verfahren** vergeben werden.[1311] Dabei ist darauf zu achten, dass sämtliche Rechte nicht erneut einem einzigen Anbieter zufallen, so dass der Sinn und Zweck der Segmentierung unterlaufen werden würde.[1312]
- Ein Ziel der Kommission ist es, dass die vergebenen Rechte auch tatsächlich genutzt werden. Sie verlangt daher, dass **ungenutzte Rechte an die Eigentümer zurückfallen,** wenn eine zentrale Vermarktung nicht erfolgreich war.[1313]

Die Berücksichtigung dieser Aspekte in den Vertragswerken hat dazu beigetragen, dass die negativen Wirkungen der Wettbewerbsbeschränkung abgemildert wurden. Trotz dieser Verbesserungen wird teilweise berechtigte **Kritik** an den Vermarktungsmodellen geäußert.[1314] Die Vereine hätten nach wie vor keine Live-Fernsehübertragungsrechte, welche die Haupteinnahmequelle der Vermarktung von Medienrechten darstellen und auch zukünftig angesichts der immer mehr um sich greifenden Piraterie, die bislang lediglich nicht-live Content betrifft, noch wichtiger werden dürften. Es wird der Ausnahmefall bleiben, dass die Liga Rechte ungenutzt lässt und dass diese dann an den Verein zurückfallen. Im Vergleich zu den Live-Fernsehübertragungsrechten sind Rechte der neuen Medien, die nur vereinsspezifisch und zeitversetzt vermarktet werden, nach wie vor weniger lukrativ, auch wenn sie wichtiger geworden sind. – Nach der Entscheidung der EU-Kommission im Hinblick auf die Zentralvermarktung der UEFA Champions League erscheint es als fraglich, ob die bloße Tatsache der Umverteilung von Geldern aus der zentralen Vermarktung in den Bereich des Jugend- und Amateursport schon den Anwendungsbereich des § 2 Abs. 1 GWB eröffnet, wie dies früher § 31 GWB a. F. genügen ließ.[1315]

Das **BKartA** hat bei der Prüfung der Zentralvermarktung der Übertragungsrechte für die Fußball-Bundesliga ab 1. Juli 2009 neue Akzente für die Freistellungsentscheidung gesetzt.[1316] Eine Freistellung des von der zentralvermakrteten DFL vorgelegten Vermarktungsmodells komme nicht in Betracht.[1317] Das Amt legt einen Schwerpunkt bei der angemessenen Beteiligung der Verbraucher am Gewinn.[1318] Das von der zentralvermakrteten DFL zunächst vorgelegte Vermarktungsmodell sei nicht geeignet, einen angemessenen Ausgleich zwischen den sportlichen und wirtschaftlichen Belangen der Liga einerseits und den Verbrauchern, also den Zuschauern und Fußballfans andererseits, herzustellen. Es sei kein Wettbewerb der TV-Anstalten um die Gunst des Verbrauchers gewährleistet. Vielmehr habe die DFL alles getan, um den Wettbewerb der TV-Anstalten bzw. Infrastrukturanbieter um die Fernsehrechte auszuschließen, um seine eigenen Erlöse zu maximieren. Sie schreibe

---

[1311] In der FA Premier League überprüft ein unabhängiger Bevollmächtigter, inwieweit sämtlichen Anbietern die gleichen Chancen eingeräumt werden.

[1312] In der FA Premier League dürfen nicht mehr als 5 Pakete an den gleichen Käufer gehen; die DFL musste sich dagegen nicht dazu verpflichten, einer Rechtekonzentration entgegenzuwirken.

[1313] EU-Kommission, Entsch. v. 23. 7. 2003, COMP/C.2–37.398, Rn. 158 ff. – *UEFA Champions League* = WuW/E EU-V 889; Entsch. v. 19. 1. 2005, COMP/C.2–37.214, Rn. 33 – *Bundesliga*.

[1314] So *Laier*, in: Vieweg, Prisma des Sportrechts, 2006, S. 79 ff. und *Körber,* WRP 2005, 465 f. am Beispiel des Vermarktungsmodells der Bundesliga.

[1315] Deshalb zweifelhaft Begr. RegE 7. GWB-Novelle BT DS 15/3640, S. 50, die meint, durch die Streichung des § 31 GWB a. F. sei die mit § 31 GWB a. F. einhergehende Ausnahmeregelung dennoch nicht tangiert; wie hier *Fuchs* in: Immenga/Mestmäcker, GWB, § 2 Rn. 187.

[1316] Eingehend BKartA, Hintergrundpapier, Ziff. 6 ff.

[1317] Eine Untersagungsentscheidung war bei Redaktionsschluss noch nicht veröffentlicht.

[1318] Allgemein dazu Art. 81 Abs. 3 EG Rn. 25 ff.; § 2 GWB Rn. 31 ff.

eine sehr große Anzahl an Paketen aus und zwar einzeln für jeden einzelnen Vertriebskanal; sie weigere sie sich, auf ein Szenario ohne eine zeitnahe Live-Berichterstattung des Hauptspieltages zu verzichten; sie verzichte darauf, einzelne Pakete von vorne herein nur nichtexklusiv zu vergeben. Wirksame Begrenzungen des Preissetzungsspielraumes, wie sie etwa eine zeitnahe Highlightberichterstattung oder nicht-exklusive Rechte sicherstellten, könne das vorgelegte Vermarktungsmodell nicht garantieren. Aus Verbrauchersicht seien eine deutliche Verteuerung der Pay-TV-Angebote bzw. eine Verschlechterung des Angebotes im Free-TV aber keine angemessene Beteiligung am Gewinn. – Dagegen lässt sich allerdings einwenden, dass die angemessene Beteiligung des Verbrauchers am Gewinn auch eine Leistungsverbesserung erfasst.[1319] Der größere finanzielle Spielraum, den die Mitglieder der DFL durch das vorgelegte Modell der Zentralvermarktung gewinnen, legt eine solche Leistungsverbesserung der fußballerischen Qualität nahe, weil sie mit der wirtschaftlichen Ausstattung der Vereine regelmäßig einhergeht.[1320] Über dies erscheint es kartellrechtlich nicht unbedingt als entscheidend, den Verbrauchern kostenlos einen zeitnahen Konsum von Zusammenfassungen im Free-TV zu ermöglichen, weil gerade durch solche kostenlose Leistungen das Entstehen von Märkten mit entgeltlichen Leistungen behindert wird; nicht umsonst erscheint es nach wie vor als schwer, in Deutschland einen nennenswerten Pay-TV-Markt zu erschließen. Insoweit erschiene es als angemessener, nur eine zeitnahe Berichterstattungsmöglichkeit für andere Bezahlangebote zu eröffnen. Unbefriedigend ist auch, dass das BKartA offensichtlich einen strengeren Standpunkt einnimmt als die EU-Kommission und die britische KartB in vergleichbaren Sachverhalten.[1321]

3. Zentraler Rechteeinkauf, insbesondere European Broadcasting Union (EBU)

243 Während in den Zentralvermarktungsfällen mehrere Anbieter ihre Übertragungsrechte gemeinsam an einzelne Nachfrager vergeben, vergibt beim zentralen Rechteeinkauf ein Anbieter – das Internationale Olympische Komitee (IOC) – die Rechte an einen Zusammenschluss von Nachfragern. Um einen solchen handelt es sich bei der EBU, die sich aus 72 überwiegend öffentlich-rechtlichen Rundfunkanstalten aus 52 Ländern in Europa, Nordafrika und Nahost zusammensetzt. Die Vergabepraxis an dieses Konsortium hat – überwiegend im Privat- und Bezahlfernsehen – kartellrechtliche Bedenken ausgelöst, führt dieses System der exklusiven Übertragungsrechte doch zu einer wettbewerbsrechtlichen Benachteiligung der nicht am Zusammenschluss beteiligten Fernsehsender.

Zentraler Bestandteil der EBU ist das Eurovisionensystem. Dabei geht es neben dem gemeinsamen Erwerb von exklusiven Fernsehrechten an internationalen Sportgroßveranstaltungen im Wesentlichen um die gemeinsame Nutzung dieser Rechte sowie den Austausch von Sendesignalen unter den Mitgliedern. Die EU-Kommission hat dieses System zwei Mal von dem Kartellverbot des Art. 81 EG freigestellt.[1322] Diese Entscheidungen wurden aber durch die europäischen Gerichte korrigiert.[1323]

Die **Kommission**[1324] vertrat in seinen **Freistellungsentscheidungen** die Auffassung, dass der zentrale Rechteeinkauf einen legitimen Zweck verfolge und zahlreiche Vorteile mit sich brächte. Eine große Zahl von Zuschauern werde erreicht, da es in jedem Land Europas mindestens ein Mitglied der EBU gibt und die jeweiligen Sportereignisse im frei

---

[1319] Sie § 2 GWB Rn. 33.
[1320] Siehe Rn. 242.
[1321] Offen eingestanden in BKartA TB 2005/2006, S. 54.
[1322] EU-Kommission, Entsch. v. 11. 6. 1993, AblEG 1993 L 179/23 – *EBU*; Entsch. v. 10. 5. 2000, AblEG 2000 L 151/18 – *Eurovision*.
[1323] EuG, Entsch. v. 11. 7. 1996, Slg. 1996, 649; Entsch. v. 8. 10. 2002, Slg. 2002, 3805 – *Metropole u. a.*; EuGH, Entsch. v. 27. 9. 2004, Rs. C-470/02 P, nicht in der amtlichen Sammlung.
[1324] EU-Kommission, Entsch. v. 10. 5. 2000, AblEG 2000 L 151/18, Rn. 84 ff.

empfangbaren Fernsehen übertragen werden. Dieses entspräche auch der Politik der IOC, die Olympischen Spiele grundsätzlich für das frei empfangbare Fernsehen zu halten. Kleinere Rundfunkanstalten können durch den kostenlosen Austausch der Sendesignale an dem gemeinsamen Rechteerwerb partizipieren. Der Vertrieb von Rundfunkdienstleistungen werde verbessert und der technische und wirtschaftliche Fortschritt werde gefördert. Diese Erwägungen der Kommission werden von den Gerichten nicht beanstandet. Jedoch wird die Frage, ob es zu einer **Ausschaltung des Wettbewerbs** kommt, unterschiedlich beantwortet. Die Kommission ist der Ansicht, dass es zu keiner Ausschaltung des Wettbewerbs komme, da die EBU durch Sublizenzregelungen auch Nicht-Mitgliedern einen ausreichenden Zugang gewähre.[1325] Eine gegenteilige Auffassung vertritt das **EuG**, weil entgegen den Unterlizenzregeln faktisch so gut wie keine praktikable Erwerbsmöglichkeit für die Nichtmitglieder bestünde.[1326] – Infolge der Aufhebung der Freistellungsentscheidung hat die EBU ihre Unterlizenzregelungen abgeändert[1327] und Mindestbedingungen aufgestellt, die insbesondere vorsehen, dass die Exklusivität auch nur soweit anerkannt wird, als die erworbenen Rechte auch tatsächlich genutzt werden. Direktübertragungen der Olympischen Spiele bleiben nun auch für Nicht-EBU-Mitglieder möglich, aber nur auf weniger populäre Sportarten bezogen und zeitlich beschränkt.

Im Gegensatz zur Zentralvermarktung existiert für das Modell des gemeinsamen Rechteeinkaufs durch die EBU **noch kein ausgereifter kartellrechtlicher Rahmen**. Da es sich bei diesem Modell aber auch um ein System der exklusiven Rechtevergabe handelt, lassen sich einige Erwägungen aus der Kommissionspraxis zur Zentralvermarktung übertragen[1328]. So sachgerecht, dass ein offenes, und transparentes Verfahren vorgeschrieben wird, nach dem jedes interessierte Fernsehunternehmen die Möglichkeit erhält, bei Einhaltung bestimmter, objektiver Kriterien die Übertragungsrechte an den Olympischen Spielen zu bekommen. Neben dem Qualitätskriterium wäre dabei vor allem auch an die finanzielle Lukrativität des Angebots zu denken.[1329] Für den Fall, dass ein Nicht-EBU-Mitglied das nach dem Kriterienkatalog beste Angebot abgibt, muss diesem der Markt geöffnet werden. Auch ein anderer wesentlicher Aspekt der Zentralvermarktung, die Entbündelung der Rechte, ließe sich übernehmen: Beispielsweise könnten die Winter- und Sommerspiele aufgeteilt werden. Oder es könnten einzelne Pakete für bestimmte Wettkämpfe festgelegt werden. Dadurch würde die Chance vergrößert werden, dass auch andere Bewerber den Zuschlag erhalten. Zusammen mit den strengeren Sublizenzauflagen der EBU könnten durch diese Maßnahmen die Märkte offen gehalten und dadurch die wettbewerbsrechtlichen Bedenken beiseite geschoben werden.

4. Sonstige Gleichschaltung

Auch für die sonstigen wirtschaftlichen Aktivitäten der Sportler und Sportvereine gilt, dass Absprachen oder gar Zentralisierungen nur dann kartellrechtsneutral sind, wenn im Sinne der Immanenztheorie[1330] ein **anerkennenswertes Interesse des sportlichen Wettbewerbs** daran besteht. Insoweit lohnt ein Blick auf die Praxis zur europarechtlichen Arbeitnehmerfreizügigkeit und Dienstleistungsfreiheit, weil die Beurteilungsmaßstäbe vergleichbar sind.

[1325] EU-Kommission, Entsch. v. 10. 5. 2000, ABlEG 2000 L 151/18, Rn. 102 f.; *Fikentscher* sieht aufgrund des öffentlich-rechtlichen Fernsehauftrags schon keine Wettbewerbsbeeinträchtigung (ZEuP 2006, 388, 390 ff.).

[1326] EuG, Entsch. v. 8. 10. 2002, Slg. 2002, 3805, Rn. 71 ff.; so auch *Enßlin*, ZEuP 2006, 380 ff.

[1327] Aktueller Stand der Sublizensierungsregelungen abrufbar unter www.ebu.ch.

[1328] Vgl. dazu sehr instruktiv und ausführlich: *Heinemann*, ZEuP 2006, 337, 360 ff.

[1329] Beispielsweise hatte die News Corp. für die Olympischen Spiele 2008 mehr als die EBU geboten, erhielt aber trotzdem keinen Zuschlag.

[1330] Siehe Rn. 147 ff.

Der EuGH hat wiederholt festgestellt, dass Verbandsregelungen, die mit der Organisation oder dem ordnungsgemäßen Ablauf eines sportlichen Wettkampfs untrennbar verbunden sind, nicht als Beschränkung der Arbeitnehmerfreizügigkeit und der Dienstleistungsfreiheit einzustufen sind.[1331] Derartige rein sportliche Regelungen dürfen aber nicht weiter gehen, als ihr Zweck dieses erfordert. Die im Bosman-Urteil[1332] als gemeinschaftswidrig festgestellten sog. **Ausländerklauseln** und **Transferregelungen** wurden bislang noch nicht durch den EuGH auf ihre kartellrechtliche Zulässigkeit hin beurteilt. Insbesondere für Sportler aus Drittstaaten, die nicht unter die EG-Freizügigkeit fallen, wäre die Feststellung der Wettbewerbswidrigkeit zu begrüßen. Denn das Kartellrecht bindet die in der EG tätigen Vereine unabhängig von der Nationalität der betroffenen Sportler. Ausländerklauseln und Transferregelungen beschränken die Möglichkeiten der einzelnen Vereine, sich durch beliebige Einstellung von Spielern Konkurrenz zu machen.[1333] An Klauseln, die den Vereinen vorschreiben, nur eine bestimmte Anzahl von Ausländern im Spielbetrieb einsetzen zu dürfen, besteht kein sportlich anerkennenswertes Interesse.[1334] Denn weder unter dem Gesichtspunkt der Nachwuchsförderung, noch für das Identifikationsbedürfnis des Publikums sind die Regeln unverzichtbar. Talentierte und gut ausgebildete Nachwuchskräfte werden auch zukünftig ausreichend Spielzeiten in ihren Vereinen bekommen. Genauso zeigt der anwachsende Zuschauerzuspruch in Sportarten mit hohem Ausländeranteil die bestehende Identifikation der Fans.[1335]

Ebenso kartellrechtswidrig dürften Regelungen sein, die dem Verein bei einem Spielerwechsel nach Ablauf der vereinbarten Laufzeit **Ablösesummen** ermöglichen. Das mit diesen Bestimmungen bezweckte finanzielle und sportliche Gleichgewicht kann auch durch einen solidarischen Finanzausgleich hergestellt werden. Als zulässig erscheint es aber, ein **gewisses Wechselreglement** zu schaffen, das verhindert, dass Spieler zu jedem Zeitpunkt der Saison wechseln können und dadurch der sportliche Wettbewerb verzerrt wird.[1336] Allerdings ist zweifelhaft, ob die **Regelungen über Abwerberversuche**,[1337] welche die Verhandlungsmöglichkeiten der Vereine einschränken und von Zustimmungen bzw. Genehmigungen abhängig machen, in der bestehenden Form verhältnismäßig sind. Die damit bezweckte Planungssicherheit und größere Kaderkonstanz könnte nämlich auch durch ein von den Vereinen geschaffenes Anreizsystem erreicht werden.[1338] Kartellrechtsneutral kann es dagegen sein, das **Wechselziel von Mannschaftssportlern zu regulieren,** um sicherzustellen, dass das Gleichgewicht der sportlichen Kräfte erhalten bleibt; wie in einigen US-Profiligen durchaus praktiziert, dürfte danach eine Abrede von Ligavereinen keinen kartellrechtlichen Bedenken unterliegen, einzelnen Vereinen nach einer bestimmten

---

[1331] EuGH Slg. 1974, 1405 Rn. 8 – *Walrave;* Slg. 1976, 1333 Rn. 14 – *Dona;* Slg. 2000, I-2549 Rn. 64 – *Deliege.*
[1332] EuGH Slg. 1995, I-4921 - *Bosman.*
[1333] Vgl. Generalstaatsanwalt Lenz in seinen Schlussanträgen im Bosman-Verfahren Slg. 1995, I-4921, 5026 ff.
[1334] Daher dürfte auch die von FIFA-Generalsekretär Blatter jüngst befürwortete 6+5 Regelung (vgl. dazu FAZ v. 6. 10. 2007 S. 34) vor dem europäischen Wettbewerbsrecht kaum Bestand haben.
[1335] In der Deutschen Eishockeyliga (Ausländeranteil Saison 05/06: 38% Prozent) sind beispielsweise die Zuschauerzahlen ab der Saison 99/00 bis zur Saison 05/06 kontinuierlich von einem Schnitt unter 4500 auf einen Schnitt um die 6000 Zuschauer gestiegen, vgl: www.del.org/fileadmin/content/downloads/Zuschauerentwicklung.pdf
[1336] EuGH Slg. 2000, I-2681 Rn. 56 ff. – *Lehtonen* zu Art. 39 EG, wo eine Staffelung von Transferfristen nach Herkunft des Spielers allerdings für rechtswidrig gehalten wird.
[1337] Bsp. die FA Premier League Regeln K1-K6, welche dem erwerbenden Verein bei fehlender Genehmigung des abgebenden Vereins die Aufnahme von Vertragsverhandlungen nur in den letzten 5 Wochen vor Vertragsende gestatten.
[1338] So auch *Heermann,* in: Arter/Baddele, Sport und Recht, 2007, S. 263, 293.

Priorität ein erstes Wahlrecht für die Verpflichtung bestimmter Spieler einzuräumen, sofern das eine gleichmäßige Wettkampfstärke der Vereine gewährleistet.

In den Blickpunkt des europäischen Kartellrechts ist auch das FIFA-Spielervermittlerreglement gerückt. In dem Verfahren *Piau*,[1339] in dem die wettbewerbsrechtliche Beurteilung des Lizensierungserfordernisses als **Voraussetzung für die Tätigkeit als Spielerberater** auf der Tagesordnung stand, hat mittlerweile der EuGH die Rechtsauffassung der Vorinstanz bestätigt und die Freistellungsfähigkeit des FIFA-Spielervermittlerreglements nach Art. 81 Abs. 3 EG bejaht.[1340] Zur Begründung wurde angeführt, dass das angestrebte Ziel der FIFA, Spieler und Verbände vor nicht qualifizierten und unseriösen Spielervermittlern zu schützen, höher zu gewichten sei als die mit der Vorschrift verbundene Wettbewerbsbeschränkung. Solange es keine berufsständige Ordnung der Spielervermittler gibt, die gewisse Qualitätsstandarts der Spielervermittler regelt, ist mit einer anderen rechtlichen Beurteilung dieser Frage nicht zu rechnen.

Seit die G 14, ein ehemaliger Zusammenschluss von 18 führenden Fußballvereinen in Europa, die Einführung von **Gehaltsobergrenzen** beschlossen hat, wird zur Vermeidung von Vereinsinsolvenzen und für mehr Chancengleichheit in den Fußball-Ligen die Einführung dieser so genannten „Salary Caps" befürwortet.[1341] Eine relative Gehaltsobergrenze, die sich prozentual am Jahresumsatz der Vereine orientiert, würde aber den Markt für die Lizenzfußballer einschränken, weil diese ihre Vergütungen nicht mehr frei aushandeln können. Ob eine solche Klausel für die Erreichung der Ziele i. S. des Art. 81 Abs. 3 EG-Vertrags unerlässlich ist, kann zumindest hinsichtlich des Zwecks „Insolvenzvermeidung" bezweifelt werden.[1342] Denn als milderes Mittel käme eine Verschärfung des Lizensierungsverfahrens in Betracht.

Die Kommission beschäftigte sich in einem anderen Verfahren mit den so genannten **Multi-Club Ownership Regelungen** der UEFA, welche vorsehen, dass Clubs, die ein und demselben Besitzer gehören, nicht an den gleichen Wettbewerb teilnehmen dürfen.[1343] Die damit verbundene Wettbewerbsbeschränkung rechtfertigt die Kommission mit der Aufrechterhaltung der Glaubwürdigkeit des sportlichen Wettbewerbs. Gerade in Anbetracht der jüngsten Geschehnisse auf dem Wettmarkt[1344] handelt es sich hierbei um eine wichtige Entscheidung, weil weitere Spielmanipulationen durch Mehrheitsbeteiligungen begünstigt würden. – Im Vergleich zur Multi-Club Ownership Regelung der UEFA hindert die **50% +1 Regel** des Deutschen Fußball Bundes potentielle Investoren schon daran, auch nur eine Mehrheitsbeteiligung an einem deutschen Verein zu erwerben. Die Kartellrechtliche Zulässigkeit dieser Klausel wird im Schrifttum unterschiedlich beurteilt.[1345] Nach *Heermann* ist die Klausel unverhältnismäßig, da in der Multi-Club Ownership Regelung der UEFA ein milderes Mittel zur Erreichung des Zwecks „Glaubwürdigkeit des Wettbewerbs" liege. Das Mittel muss aber auch ebenso gut geeignet sein, den angestrebten Zweck zu erreichen. Dieses bezweifelt *Weiler* zu Recht, da eine Regelung, nach der zwei Vereine in den Wettbewerb treten, deren Anteile von einem Investor zu 100% bzw. zu 49,9% getragen werden, weniger dazu beiträgt, den Glauben der Sportöffentlichkeit an die Authentizität des Sports zu sichern.

[1339] EuG, Urt. v. 26. 1. 2005, SpuRt 2005, 102 ff. – *Piau*; Besprechung von *Vetter* in SpuRt 2005, 233 ff.

[1340] EuGH, Beschl. v. 23. 2. 2006, ABlEG C 154/3 vom 1. 7. 2006.

[1341] Zuletzt *Seifert*, Geschäftsführer der Deutschen Fußball Liga, in einem Interview vom 15. 12. 2006; abrufbar unter: http://bundesliga.de/de/liga/news/2006/meldung.php?f=45419.php.

[1342] So auch *Bahners*, SpuRt 2003, 142, 144.

[1343] EU-Kommission COMP/37 806 – *ENIC/UEFA*.

[1344] Siehe die Spekulationen über den neuen Wettskandal „Asien" im Spiegel v. 3. 12. 2007, S. 200 ff.; zum Hoyzer-Skandal siehe Handelsblatt v. 19. 10. 2005, S. 44.

[1345] Pro Zulässigkeit: *Weiler*, SpuRt 2007, 133, 136; *Summerer*, PHB Sportrecht, 7. Teil, Rn. 205; a. A.: *Heermann*, WRP 2003, 724, 732.

In der Rechtssache *Meca-Medina/Majcen*[1346] ging es unter anderem um die Frage der Vereinbarkeit der **Anti-Doping Regeln** des Internationalen Olympischen Komitees mit den EU-Wettbewerbsregeln. Hiernach fallen Anti-Doping-Regelwerke unter das Wettbewerbsverbot, wenn sie nicht nur auf das zum ordnungsgemäßen Funktionieren des sportlichen Wettkampfs Notwendige begrenzt sind, sondern auch negative Auswirkungen auf die wirtschaftliche Betätigung der Sportler haben. Die zu verhängenden Sanktionen sind aber immer streng an ihren Voraussetzungen und am Verhältnismäßigkeitsgrundsatz zu messen.[1347]

Die so genannte **Heimspielregel** der UEFA, nach der die Heimspiele grundsätzlich nur in der eigenen Stadt ausgetragen werden dürfen, wurde von der Kommission zur Wahrung der Chancengleichheit zwischen den Vereinen für erforderlich und daher als mit Art. 81 EG vereinbar erklärt.[1348]

5. Exklusivvermarktung mit Marktabschottungswirkung

245 Genauso wie im Bereich der größeren urheberrechtlichen Rechtepakete[1349] begegnete auch der Erwerb von größeren ausschließlichen **Sportrechtepaketen** kartellrechtlichen Einwänden von Gerichten und Behörden, wenn er zu einer **Marktschließung für konkurrierende Lizenznehmer** führt. Der Bundesgerichtshof hat ein Vorrecht der öffentlich-rechtlichen Rundfunkanstalten auf die Übertragung sämtlicher Sportereignisse innerhalb der dem deutschen Spitzenverband angeschlossenen Verbände für kartellrechtswidrig gehalten, weil mit einer solchen Vereinbarung eine weitgehende Abschottung des Marktes für die Programmbeschaffung einhergehe.[1350] Gegenüber Fußballligen hat die EU-Kommission unter Verweis auf das Kartellverbot des Art. 81 Abs. 1 EG durchgesetzt, dass die Vergabe der Rechtspakete **zeitlich begrenzt und segmentiert** wird, beispielsweise nach Fernseh- und Internetrechten getrennt.[1351] Rechteeinräumungen von unter drei Jahren werden regelmäßig nicht beanstandet, über 5 Jahre hinausgehende Rechtseinräumungen werden hingegen kritisch bewertet.[1352]

Dass der **Exklusivvertrieb von Produkten** im Sport kartellrechtswidrig sein kann, zeigen Fälle aus der Kommissionspraxis. So beschäftigte sich die Kommission mit dem Vertrieb von **Tennisbällen**[1353] und stellte einen Verstoß gegen Art. 81 EG fest, weil zwei Tennisballhersteller von ihren Kunden ein generelles Exportverbot für ihre Erzeugnisse verlangten, um ihre exklusiven Vertriebsnetze zu schützen. Ebenso wurde das **Kartenvertriebssystem** anlässlich der Fußball-WM 1990 in Italien für kartellrechtswidrig erklärt.[1354] Der Alleinvertrieb von Pauschalarrangements mit Eintrittskarten führe zu einer Marktabschottung und sei auch nicht durch Sicherheitsaspekte zu rechtfertigen. Bei späteren Sport-

---

[1346] EuG, 30. 9. 2004 RS-T-313/02; EuGH, 18. 7. 2006 RS-C-519/04p, veröffentlicht in SpuRt 2006, 195 – *Meca-Medina/Majcen*.

[1347] Vgl. dazu *Schürnbrand*, ZWeR 2005, 396, 400.

[1348] EU-Kommission, Pressemitteilung vom 9. 12. 1999, IP/99/965 – *Mouscron*.

[1349] Oben Rn. 220.

[1350] BGHZ 110, 371, 391 f. – *Sportübertragungen* = WuW/E BGH 2627 = NJW 1990, 2815 = JZ 1991, 520.

[1351] So im Hinblick auf die UEFA Champions League, vgl. EU-Kommission WuW/E EU-V 889, 890 – *UEFA Champions League*. Ferner im Hinblick auf die deutsche 1. und 2. Fußballbundesliga, vgl. Presseerklärung EU-Kommission vom 19. 1. 2005 „EU-Kommission erklärt Zusagen des Ligaverbandes für die freiere Vermarktung der Bundesliga-Fernsehrechte für verbindlich" (IP/05/62), dazu auch der Wortlaut der Verpflichtungserklärung unter MEMO/05/16. Eingehend *Holznagel* K&R 2005, 385.

[1352] *Frey* GRUR 2003, 931, 936, unter Verweis auf die Leitlinien der EU-Kommission für die Vertikal GVO.

[1353] EU-Kommission, Entsch. v. 18. 3. 1992, ABlEG 1992 L 131 v. 16. 5. 1992, S. 32 ff.; Entsch. v. 21. 12. 1994, ABlEG 1994 L 378 v. 31. 12. 1994, S. 45 ff.

[1354] EU-Kommission, Entsch. v. 27. 10. 1992, ABlEG 1992 L 326 v. 12. 11. 1992, S. 31 ff.

großveranstaltungen konnte den Bedenken der EU-Kommission durch eine Auflockerung der Vertriebsstrukturen Rechnung getragen werden.[1355]

VI. Rechtsgüterabwägung

Schrifttum: *Biedenkopf,* Zur Selbstbeschränkung auf dem Heizölmarkt, BB 1966, 1113 ff.; *Kaiser,* Industrielle Absprachen im öffentlichen Interesse, NJW 1971, 585 ff.; *Kloepfer,* Umweltschutz und Kartellprivileg, JZ 1980, 781 ff.

Einschränkungen seines Tatbestandes auf Grund einer **Rechtsgüterabwägung** mit außerhalb des Schutzzweckes des § 1 GWB liegenden Interessen kennt das Kartellverbot nicht, sofern diese Interessen nicht – wie oben aufgezeigt[1356] – Gesetzesform außerhalb bzw. innerhalb des GWB haben oder ihnen Verfassungsrang zu Gunsten der an der wettbewerbsbeschränkenden Abrede Beteiligten zukommt.[1357] **Leben und Gesundheit Dritter** sind beispielsweise für sich genommen kein taugliches Begrenzungskriterium für das Kartellverbot. Danach ist eine bindende Empfehlung des VDE, bestimmte unsichere Stecker nicht mehr zu verwenden, ebenso wenig zulässig wie die Vereinbarung von PKW-Herstellern, Verkehrsteilnehmer gefährdende Kühlerfiguren nicht mehr zu verwenden. Unzulässig sind auch die Empfehlung eines Verbandes, aus Sicherheitsgründen nur Originalabfüllungen und -ersatzteile bei Arbeiten an Gas- und Wasseranlagen zu verwenden, oder freiwillige Werbebeschränkungen von Zigarettenherstellern. Staatliche Lottoveranstalter, denen keine Befugnisse der Gefahrenabwehr übertragen sind, dürfen aus Gründen der Gefahrenabwehr (insbesondere Anheizen der Spielsucht in der Bevölkerung) gewerbliche Spielgemeinschaften[1358] bzw. Spieleinsätze gewerblicher Spielvermittler, die durch deren terrestrischen Vertrieb erzielt wurden,[1359] nicht durch gemeinsame Absprachen ausschließen. Das BKartA hat seine frühere gegenteilige Auffassung[1360] inzwischen geändert.[1361] Auch **Umweltschutz**[1362] und **soziale Belange** sind irrelevant, sofern diese nicht Gesetzesrang haben. Auf **Streikhilfeabkommen** zwischen Konkurrenten muss daher § 1 GWB angewendet werden, weil dem Grundsatz der Kampfparität weder Gesetzes- noch Verfassungsrang zu Gunsten der Arbeitgeber zukommt.[1363] Auch ein Strukturschutz für existenzbedrohte Märkte kennt § 1 GWB als berücksichtigungsfähiges Interesse nicht;[1364] dies ergab sich bis zur 7. GWB-Novelle 2005 schon aus der Freistellungsmöglichkeit des Strukturkrisenkartells (§ 6 GWB a. F.), und es ist nicht ersichtlich, dass der Gesetzgeber hieran durch den Übergang zum System der Legalausnahme ohne ausdrückliche Regelung des Struk-

---

[1355] EU-Kommission, Pressemitteilung vom 2. 5. 2005, IP/05/519 – *Fußball WM 2006;* Pressemitteilung vom 23. 5. 2003, IP/03/738 – *Olympische Spiele 2004.*

[1356] Vgl. oben Rn. 186 ff.

[1357] *Zimmer* in: Immenga/Mestmäcker, GWB, § 1 Rn. 201; *Säcker* in: Münchener Kommentar, GWB, § 1 Rn. 53; *Hootz* in: Gemeinschaftskommentar § 1 Rn. 138 ff.; *Rittner* § 7 Rn. 62; *Möschel,* Rn. 121; a. A. *Kaiser* NJW 1971, 585; *Kloepfer* JZ 1980, 781, 782.

[1358] BGH WuW/E DE-R 289 – *Lottospielgemeinschaft* = GRUR 1999, 771.

[1359] OLG Düsseldorf WuW/E DE-R 2003, 2006 f. – *Deutscher Lotto- und Totoblock;* insoweit bestätigt durch BGH WuW/E DE-R 2408, 2414 Tz. 30 ff. – *Lottoblock.*

[1360] WuW/E BKartA 145; WuW BKartA 370 – *Handfeuerlöscher;* BKartA TB 1962, 57; BKartA TB 1966, 58; BKartA TB 1976, 79.

[1361] BKartA TB 1995/96, 39.

[1362] *Hootz* in: Gemeinschaftskommentar § 1 Rn. 142; *Zimmer* in: Immenga/Mestmäcker, GWB, § 1 Rn. 204; vgl. aber die im Kreislaufwirtschafts- und Abfallgesetz normierten Umweltschutzinteressen, oben Rn. 199.

[1363] *Säcker* ZHR 137 (1973), 475; *ders.* in: Münchener Kommentar, GWB, § 1 Rn. 55; *Hootz* in: Gemeinschaftskommentar § 1 Rn. 142; *Zimmer* in: Immenga/Mestmäcker, GWB, § 1 Rn. 209; a. A. *Kraft/Hönn* ZHR 141 (1977) 246, 249.

[1364] Vgl. aber BKartA TB 1965, 3, 15; dazu *Biedenkopf* BB 1966, 1113, 1114.

turkrisenkartells etwas ändern wollte. Echte Konflikte haben sich bislang aber kaum im Hinblick auf § 1 GWB und außerökonomische Zielsetzungen ergeben. In manchen Fällen scheitert eine Anwendung des § 1 GWB zudem schon an der Spürbarkeit.[1365] Leider steht jedoch – als „Ventil" – im Hinblick auf Leben und Gesundheit, soziale Belange, Umweltschutz oder andere außerökonomische Zielsetzungen seit der 7. GWB-Novelle 2005 eine Ministererlaubnis wie in § 8 GWB a. F. nicht mehr zur Verfügung. Außerökonomische Zielsetzungen sind auch für **§ 2 Abs. 1 GWB** nicht relevant.[1366]

D. Rechtsfolgen

Schrifttum: *Bechtold,* Das neue Kartellgesetz, NJW 1998, 2769 ff.; *Bunte,* Die Bedeutung salvatorischer Klauseln in kartellrechtswidrigen Verträgen, GRUR 2004, 301 ff.; *Emmerich,* Die höchstrichterliche Rechtsprechung zum GWB, ZHR 139 (1975), 501 ff.; *Hirte,* Zivil- und kartellrechtliche Schranken für Wettbewerbsverbote im Zusammenhang mit Unternehmensveräußerungen, ZHR 154 (1990), 443 ff.; *Kiethe,* Schadensersatzansprüche von Franchisenehmern gegen Franchisegeber wegen unerlaubter Preisbindungen, WRP 2004, 1004 ff.; *Melullis,* Zur Zulässigkeit und Wirksamkeit von Wettbewerbsverboten anläßlich von Vereinbarungen über das Ausscheiden eines Gesellschafters, WRP 1994, 686 ff.; *Pfeiffer,* Zivilrechtliche Ausgleichsansprüche bei kartellrechtswidrigen Verträgen? FS Benisch, 1989, 313 ff.; *Karsten Schmidt,* „Fehlerhafte Gesellschaft" und allgemeines Verbandsrecht, AcP 186 (1986), 421; *Schwintowski,* Grenzen der Anerkennung fehlerhafter Gesellschaften, NJW 1988, 937 ff.; *Strohe,* Salvatorische Klauseln – Aufgabe der „Pronuptia II"-Rechtsprechung durch den BGH, NJW 2003, 1780 ff.; *Traub,* „Geltungserhaltende Reduktion" bei nichtigen vertraglichen Wettbewerbsverboten, WRP 1994, 802 ff.; *Peter Ulmer,* Offene Fragen zu § 139 BGB, FS Steindorff, 1990, S. 799 ff.

I. Übersicht

247 Zur Stärkung des Wettbewerbsprinzips und zur weiteren Harmonisierung mit dem europäischen Kartellverbot in Art. 81 EGV wurde § 1 GWB durch die 6. GWB-Novelle 1999 als **echtes Verbot** ausgestaltet. Verträge und Beschlüsse sind nicht mehr nur unwirksam wie nach § 1 GWB a. F., sondern verboten und gemäß § 134 BGB nichtig. Es ist daher bereits der Abschluss eines solchen Vertrages verboten, nicht erst seine Praktizierung durch Hinwegsetzen über seine Unwirksamkeit, wie dies § 38 Abs. 1 Nr. 1 GWB a. F. bis vor der 6. GWB-Novelle 1999 voraussetzte.[1367] Die Rechtsfolgen eines Verstoßes gegen § 1 GWB lassen sich in **drei Kategorien** einteilen. Die zivilrechtlichen Rechtsfolgen betreffen neben der Nichtigkeit des wettbewerbsbeschränkenden Vertrages vor allem die Frage nach dem Bestand von Folge- und Ausführungsverträgen bei Nichtigkeit des Vertrags; außerdem sind verwaltungsrechtliche sowie bußgeld- und strafrechtliche Rechtsfolgen zu nennen.

II. Zivilrechtlich

1. Nichtigkeit

248 Vereinbarungen, Beschlüsse und aufeinander abgestimmte Verhaltensweisen, die gegen § 1 GWB verstoßen, sind verboten und damit kraft Gesetzes gemäß § 1 GWB i. V. m.

[1365] Vgl. oben Rn. 142 ff.
[1366] Jedoch neigt die EU-Kommission bei der Anwendung des Freistellungstatbestandes des Art. 81 Abs. 3 EG, der Vorbild für § 2 Abs. 1 GWB ist, in einigen Sachverhalten zur Berücksichtigung zumindest ökonomischer Allgemeininteressen, was allerdings als eher zweifelhaft erscheint. Vgl. zum Ganzen § 2 Rn. 3, 138 ff.
[1367] Siehe auch Rn. 4.

§ 134 BGB nichtig. Zu beachten ist, dass sich die Nichtigkeitsrechtsfolgen nur auf die gegen das Kartellverbot verstoßenden Vereinbarungen erstrecken. Alle verbleibenden Klauseln, die keine wettbewerbsbeschränkende Wirkung entfalten, werden nicht von der Nichtigkeitsfolge des § 1 GWB erfasst.[1368] Bei unklaren Klauseln, für die nicht feststeht, ob sie eine verbotene wettbewerbsbeschränkende Vereinbarung enthalten, ist im Wege der **wettbewerbsfreundlichen Auslegung** davon auszugehen, dass die Klausel gesetzeskonform, also im Einklang mit § 1 GWB, zu verstehen ist.[1369] Ein Beispiel wäre eine Gebietsschutzabrede zwischen Wettbewerbern in einem urheberrechtlichen Lizenzvertrag, für die unklar ist, ob sie sich (kartellrechtskonform)[1370] auf eine räumlich ausschließliche Urheberrechtslizenz bezieht oder eine lizenzunabhängige allgemeine Marktaufteilung enthält.

Für **Allgemeine Geschäftsbedingungen** ist allerdings § 305c Abs. 2 BGB zu beachten. Ferner ist in AGB bei einer mehrdeutigen Klausel sowohl im Verbands- als auch im Individualprozess die „kundenfreundlichste" Auslegung zu Grunde zu legen; im Individualprozess gilt das zumindest dann, wenn sie zur Unwirksamkeit der Klausel führt und das den Kunden begünstigt.[1371]

a) Teilnichtigkeit. Inwieweit der Restvertrag alleine fortbestehen kann, beurteilt sich grundsätzlich nach den Bestimmungen des **§ 139 BGB** für die Wirksamkeit von teilnichtigen Verträgen. Danach ist von Gesamtnichtigkeit auszugehen, wenn nicht anzunehmen ist, dass das Rechtsgeschäft auch ohne den nichtigen Teil abgeschlossen worden wäre. Entscheidend ist dabei der **(hypothetische) Wille der Parteien**.[1372] Stellen die verbleibenden Teile des Vertrages keine „sinnvolle" Regelung mehr da, ist von Gesamtnichtigkeit auszugehen.[1373] Genauso verhält es sich, wenn wettbewerbsbeschränkende Verpflichtungen, von denen eine nichtig ist, in einem derart engen Zusammenhang stehen, dass mit der Unwirksamkeit der einen auch die Wirksamkeit der anderen Klausel entfallen muss.[1374] Eine teilweise Aufrechterhaltung des Vertrags kann über dies nur dann in Betracht kommen, wenn sie nicht dem **Schutzzweck des § 1 GWB** zuwiderläuft.[1375] Ist hingegen das Ziel des gesamten Vertrags und der wesentlichen Vertragsbestimmungen, welche die Erreichung des Ziels sichern sollen, auf die Verletzung des § 1 GWB gerichtet, so ist von Gesamtnichtigkeit auszugehen.[1376]

Für **Allgemeine Geschäftsbedingungen** gilt § 306 BGB, der der allgemeinen Regel des § 139 BGB vorgeht.[1377] Gesamtnichtigkeit ist dann anzunehmen, wenn ein Festhalten am Vertrag auch unter Berücksichtigung der Ergänzung durch dispositives Gesetzesrecht eine unzumutbare Härte für eine Vertragspartei darstellen würde. Letzteres ist insbesondere der Fall, wenn nur noch ein „Vertragstorso" übrig bleibt und sich im Wege der ergänzen-

---

[1368] WuW/E BGH 359, 364 – *Gasglühkörper* = BGH NJW 1960, 145, 148; WuW/E BGH 1367, 1373 – *Zementverkaufsstelle Niedersachsen (ZVN)* = BGH NJW 1975, 1837, 1840; OLG Stuttgart WuW/E OLG 1083, 1088 – *Fahrschulverkauf*; Bunte in: Langen/Bunte, § 1 Rn. 280.
[1369] So auch LG Köln WuW/E DE-R 2318, 2321 – *Kölner Taxis*. Vgl. allgemein zur gesetzeskonformen Auslegung z.B. BGH NJW-RR 2002, 1049; BGH NJW 1971, 1035; BAG ZIP 1996, 1912.
[1370] Dazu oben Rn. 219.
[1371] BGH WuW/E DE-R 2295, 2298 – *Erdgassondevertrag* mwN.
[1372] Ulmer in: FS für Steindorff, S. 799, 806; Bunte in: Langen/Bunte, § 1 Rn. 281.
[1373] BGH WuW/E DE-R 349, 352 – *Beschränkte Ausschreibung* = WRP 1999, 1289.
[1374] Vgl. WuW/E BGH 2777, 2781 f. – *Freistellungsende bei Wegnutzungsrecht* = BGHZ 119, 101; WuW/E BGH 359, 364 – *Glasglühkörper* = BGHZ 31, 105; OLG Karlsruhe WuW/E OLG 5478, 5484 – *Bedside-Testkarten*.
[1375] OLG Frankfurt WuW/E OLG 3498, 3501 – *Nassauische Landeszeitung*.
[1376] WuW/E BGH 1367, 1373 – *Zementverkaufsstelle Niedersachsen (ZVN)* = BGH NJW 1975, 1837, 1840; OLG Frankfurt WuW/E OLG 3498, 3501 – *Nassauische Landeszeitung*.
[1377] BGH WuW/E DE-R 2045, 2047 – *KfZ-Vertragshändler III*.

den Vertragsauslegung nicht genau sagen lässt, was die Parteien als redliche Vertragsparteien vereinbart hätten.[1378] Eine Verpflichtung zur Anpassung besteht in einem solchen Fall nicht.[1379]

250 Haben die Parteien mittels einer **salvatorischen Klausel** vereinbart, dass die Unwirksamkeit einzelner Klauseln die Wirksamkeit der anderen nicht berühren soll, so gilt die Vermutung des § 139 BGB in umgekehrter Richtung. Es ist also zu fragen, ob die Parteien den Vertrag ohne die nichtigen Bestimmungen abgeschlossen hätten oder ob sie hiervon wegen der wesentlichen Veränderung der wirtschaftlichen Grundlagen durch die Teilnichtigkeit abgesehen hätten.[1380] Gleiches gilt, wenn sich die Parteien verpflichten, im Falle der Nichtigkeit einer Vertragsklausel diese durch eine wirksame Vereinbarung zu ersetzen.[1381] Begegnet in einen Gesellschaftsvertrag nur das Wettbewerbsverbot kartellrechtlichen Bedenken, kann der Gesellschaftsvertrag im Regelfall im Übrigen bestehen bleiben, wenn eine salvatorische Klausel existiert.[1382] Der Restvertrag ist aber dann unwirksam, wenn seine Aufrechterhaltung dem mutmaßlichen Parteiwillen widerspricht,[1383] z.B. weil eine ganz wesentliche Hauptpflicht des Vertrages nichtig ist. Ohnehin kann eine Wirksamkeit nicht angenommen werden, wenn die Aufrechterhaltung des Restvertrages aus anderen Rechtsgründen eine Nichtigkeit erfordert, z.B. wegen sittenwidriger Übervorteilung der einen Seite (§ 138 BGB),[1384] oder wenn der Sinn der Anwendung des § 1 GWB eine Nichtigkeit gebietet,[1385] z.B. wenn der Gesetzgeber mit einer umfassenden Anwendung des § 1 GWB auf die Energiemärkte gerade das Aufbrechen von horizontal veranlassten Wettbewerbsbeschränkungen bezweckte.[1386]

In **Allgemeinen Geschäftsbedingungen** können salvatorische (Erhaltungs-)Klauseln[1387] vorgesehen werden.[1388]

251 Eine **geltungserhaltende Reduktion** oder auch eine **Umdeutung** nach § 140 BGB sollte für die nichtige Regelung nur sehr zurückhaltend erwogen werden.[1389] Insbesondere bei Bestehen einer salvatorischen Klausel existieren jedoch Anhaltspunkte dafür, dass der Parteiwille eine geltungserhaltende Reduktion oder eine Umdeutung hergibt,[1390] vor allem wenn die salvatorische Klausel eine Verpflichtung enthält, eine dem wirtschaftlich Gewoll-

---

[1378] BGH WuW/E DE-R 2045, 2049 f. – *KfZ-Vertragshändler III*.
[1379] BGH WuW/E DE-R 2045, 2050 – *KfZ-Vertragshändler III*.
[1380] BGH WuW/E DE-R 1031, 1032 – *Tennishallenpacht* = WRP 2003, 86; unter Aufgabe von WuW/E BGH 2909, 2913 – *Pronuptia II* = GRUR 1994, 463, 465; siehe dazu die Anm. von *Bunte* GRUR 2004, 301 ff.
[1381] Auch insoweit dürfte WuW/E BGH 2909, 2913 f. – *Pronuptia II* = GRUR 1994, 463, 465 von BGH WuW/E DE-R 1031, 1032 – *Tennishallenpacht* = WRP 2003, 86, aufgegeben sein; zweifelnd aber *Bunte* GRUR 2004, 301, 303 unter Hinweis auf BGH NJW 1996, 773, 774.
[1382] Siehe OLG Düsseldorf WuW/E DE-R 2166, 2170 – *AnzeigenblattGU*.
[1383] Vgl. OLG Frankfurt WuW/E OLG 3498, 3501 – *Nassauische Landeszeitung*.
[1384] WuW/E BGH 2909, 2913 f. – *Pronuptia II* = GRUR 1994, 463, 465.
[1385] OLG Düsseldorf WuW/E DE-R 854, 863 – *Stadtwerke Aachen*; vgl. auch WuW/E BGH 2909, 2913 – *Pronuptia II* = GRUR 1994, 463, 465, sowie OLG Düsseldorf WuW/E DE-R 661, 663 – *Tennishallenpacht*, beide zu § 14 GWB a. F. (jetzt § 1 GWB).
[1386] OLG Düsseldorf WuW/E DE-R 854, 863 – *Stadtwerke Aachen*; allerdings ist im Hinblick auf langfristige Lieferverträge im Energiebereich, die auch Gegenstand der vorgenannten Entscheidung des OLG Düsseldorf waren, zweifelhaft, ob der Gesetzgeber für solche Verträge eine umfassende Unwirksamkeit anordnen wollte.
[1387] Im Unterschied zu salvatorischen Ersetzungsklauseln, dazu Rn. 251.
[1388] BGH NJW 2005, 2225 für einen Gewerbemietvertrag.
[1389] WuW/E BGH 2593, 2595 – *Gebäudereinigung*; BGH NJW 1997, 3089 – *Tierarztpraxis*, für ein nach § 138 Abs. 1 BGB sittenwidriges Wettbewerbsverbot; OLG Stuttgart WuW/E OLG 3492 – *Tanzschule*; vgl. auch OLG Schleswig vom 4. April 1995 – *Glasereigeschäft*.
[1390] Vgl. OLG Düsseldorf WuW/E OLG 3326, 3327 – *Fördertechnik*; OLG Hamburg WuW/E OLG 3320, 3325 – *Dieselmotoren*.

§ 1. Verbot wettbewerbsbeschränkender Vereinbarungen   251   **§ 1 GWB**

ten möglichst nahekommende Ersatzregelung zu schaffen. Letztlich sprechen gegen eine völlige Freigabe einer geltungserhaltenden Reduktion bzw. der Umdeutung aber, dass dann gar kein Risiko mehr für den bindenden Teil mehr bestünde, kartellrechtlich verbotene, z.B. übermäßige Wettbewerbsverbote, erst einmal zu vereinbaren.[1391] Geltungserhaltende Reduktion bzw. Umdeutung werden deshalb – unabhängig von der Existenz einer salvatorischen Klausel – nur bei quantitativer Überschreitung des Kartellverbotes, nicht jedoch bei qualitativer Überschreitung zugelassen. Das entspricht jedenfalls der gefestigten Rechtsprechung für § 138 BGB;[1392] auch für § 1 GWB sollte nichts anderes gelten.[1393] Die **Differenzierung zwischen quantitativer und qualitativer Überschreitung** hat ihren Grund darin, dass ein Gericht eine quantitativ überschießende Regelung reduzieren, jedoch eine qualitativ zu weitgehende Regelung nicht einfach umschreiben kann.[1394] Dies spielt vor allem für die Reduktion oder Umdeutung von Wettbewerbsverboten und Kundenschutzklauseln eine Rolle: Quantitativ zu weitgehend ist z.B. ein zeitlich übermäßiges Wettbewerbsverbot. Hier kann eine geltungserhaltende Rückführung auf ein zulässiges Maß erfolgen.[1395] Das gilt erst Recht in Konstellationen, in denen das Wettbewerbsverbot nur durch eine nachträgliche Gesetzesänderung zu lang geworden ist, weil dann noch nicht einmal der Präventionsgedanke gegen eine Reduktion spricht.[1396] Eine geltungserhaltende Reduktion sollte – entgegen der Rechtsprechung des BGH – auch für eine übermäßige räumliche Ausdehnung von Wettbewerbsverboten gelten.[1397] Bei qualitativ zu weitgehender Verpflichtung, z.B. Wettbewerbsverbot statt allein zulässigem Kundenschutz,[1398] scheidet aber eine geltungserhaltende Reduktion aus. – Selbstverständlich ist, dass eine geltungserhaltende Reduktion nicht in Frage kommt, wenn eine Wettbewerbsbeschränkung – z.B. ein Wettbewerbsverbot – schlechthin unzulässig ist.[1399]

Ist die Klausel in **Allgemeinen Geschäftsbedingungen** enthalten, scheidet eine geltungserhaltende Reduktion im Grundsatz schon von Rechts wegen aus.[1400] Auch eine salvatorische Ersetzungsklausel (Verpflichtung, anstelle der unwirksamen Klausel eine dieser nahekommende ergänzende Vereinbarung zu treffen) ist, sofern sich der Verwender darauf beruft, wegen Verstoßes gegen § 307 Abs. 1 BGB unwirksam,[1401] weil er ansonsten das Risiko der Unwirksamkeit des gesamten Vertrages in unangemessener Weise auf den Ver-

---

[1391] BGHZ 68, 204, 206 = NJW 1977, 1233; BGH NJW 1986, 2944, 2945.

[1392] BGH AnwBl 2005, 715, 716 – *Sittenwidriges Wettbewerbsverbot in: Sozietätsvertrag;* BGH NJW 2004, 66, 66 – *Steuerberater und Wirtschaftsprüfer* zu § 138 BGB; BGH NJW 1997, 3087, 3087 – *Tierarztpraxis;* BGH NJW 1994, 384, 386; BGH NJW 1972, 1449.

[1393] Offen BGH WuW/E DE-R 1305, 1306 – *Restkaufpreis.*

[1394] BGH NJW 1997, 3087, 3090 – *Tierarztpraxis.*

[1395] BGH AnwBl 2005, 715, 716 – *Sittenwidriges Wettbewerbsverbot in Sozietätsvertrag;* BGH NJW 2004, 66, 66 – *Steuerberater und Wirtschaftsprüfer* zu § 138 BGB; BGH NJW 1997, 3087, 3087 – *Tierarztpraxis;* BGH NJW 1994, 384, 386; BGH NJW 1972, 1449; OLG Düsseldorf WuW/E OLG DE-R 183, 193 – *Überlange Sozietätsbindung;* vgl. dazu auch oben Rn. 155 ff., 169 ff.

[1396] *Kirchhain* WuW 2008, 168, 177 f. nennt das Beispiel 100%ige Alleinbezugsverpflichtungen, die nach früherem GWB zulässig waren, nach § 2 Abs. 2 GWB i.V.m. Art. 5 lit. a) 1. Hs. Vertikal-GVO aber nicht mehr.

[1397] *Traub* WRP 1994, 802, 806; *Melullis* WRP 1994, 686, 691; *Hirte* ZHR 154 (1990), 443, 459. A.A. BGH AnwBl 2005, 715, 716 – *Sittenwidriges Wettbewerbsverbot in Sozietätsvertrag;* BGH WM 2000, 1496, 1498; *Bunte* in: Langen/Bunte, § 1 Rn. 286 f.; offen gelassen von BGH NJW 1997, 3089, 3089 – *Tierarztpraxis.*

[1398] BGH AnwBl 2005, 715, 716 – *Sittenwidriges Wettbewerbsverbot in Sozietätsvertrag;* BGH NJW 1997, 3087, 3090 – *Tierarztpraxis.*

[1399] OLG Düsseldorf WuW/E DE-R 2166, 2170 – *AnzeigenblattGU.*

[1400] OLG München, Az. U (Kart.) 4252/07, Urt. v. 19. 6. 2008, juris Tz. 37, unter Berufung auf BGH NJW 2006, 2696 (zum Mietrecht).

[1401] BGH WuW/E DE-R 2045, 2049 – *KfZ-Vertragshändler III;* BGH NJW 2002, 894, 895.

tragspartner abwälzt.[1402] Es kommt dann allenfalls dispositives Gesetzesrecht zum Zuge, soweit es existiert.[1403] Zusätzlich ist eine ergänzende Vertragsauslegung denkbar.[1404] Diese kann nur ausnahmsweise zu einer Reduktion übermäßiger Wettbewerbsbeschränkungen führen. Das kommt aber in Betracht, wenn der Kartellrechtsverstoß nach Vertragsschluss aus einer Gesetzesänderung entsteht und es nur um eine quantitative Reduktion eines nachträglich übermäßigen Wettbewerbsverbotes geht.[1405]

252 Der Berufung auf die Gesamtnichtigkeit des Vertrages gemäß § 139 BGB kann in bestimmten Fällen der **Einwand der unzulässigen Rechtsausübung** entgegenstehen. Dies soll dann der Fall sein, wenn die Vertragsbestimmungen, auf deren Nichtigkeit sich die Partei beruft, als solche keinen rechtlichen Bedenken begegnen würden und nur nach § 139 BGB als nichtig anzusehen wären,[1406] wenn also der unmittelbare und ursächliche Zusammenhang zwischen nichtiger und wirksamer Vertragsbestimmung fehlt. Nach älterer Auffassung des BGH verstößt eine Partei beispielsweise gegen Treu und Glauben, wenn sie dem Anspruch auf Schadensersatz wegen Nichterfüllung einer Abnahmeverpflichtung gemäß § 326 Abs. 1 S. 2 BGB die Nichtigkeit der im selben Vertrag vereinbarten kartellrechtswidrigen Alleinvertriebsklausel entgegenhält.[1407] Das ist indes zweifelhaft, weil damit dem Begünstigten das Nichtigkeitsrisiko genommen wird.[1408] Nur wenn durch die Nichtigkeit der Klausel derjenige, der sich auf die Nichtigkeit beruft, besser gestellt ist, kann die Arglisteinrede zu seinen Lasten greifen.[1409] Die Rechtsprechung, die der Bundesgerichtshof zur Arglisteinrede bei Formnichtigkeit gem. § 34 GWB a. F. entwickelt hat,[1410] dürfte aber nicht einschlägig sein; hier geht es „nur" die um Formnichtigkeit,[1411] nicht jedoch um eine formunabhängige kartellrechtliche Nichtigkeit wegen Verstoßes gegen die Wettbewerbsfreiheit übermäßig beeinträchtigende Abreden, die das GEB schlechthin missbilligt.

253 **b) Gesellschaftsverträge.** Sind nur einzelne Bestimmungen im Gesellschaftsvertrag wettbewerbsbeschränkender Natur und ist die (nichtige) wettbewerbsbeschränkende Regelung nicht für die Vertragsdurchführung erforderlich, so ist nicht von vornherein der gesamte Vertrag als nichtig anzusehen.[1412] Vielmehr besteht der kartellrechtsneutrale Gesellschaftsvertrag in diesem Fall ohne die kartellrechtswidrige Klausel fort, so dass sich auch an der grundsätzlichen Bindung der Gesellschafter an die übrigen Bestimmungen nichts ändert.[1413] Im Übrigen ist im Hinblick auf die Konsequenzen für die übrigen Bestimmungen zwischen Personengesellschaften und Kapitalgesellschaften zu unterscheiden.

254 Ist der Gesellschaftsvertrag allein zum Zwecke der Wettbewerbsbeschränkung geschlossen, so besteht bei **Personengesellschaften** Einigkeit darüber, dass die Gesellschafter nicht

---

[1402] BGH WuW/E DE-R 2045, 2049 – *KfZ-Vertragshändler III* mwN. Im Umkehrschluss bedeutet das, dass der andere Vertragsteil sich auf eine salvatorische Ersetzungsklausel durchaus berufen kann, wenn sie existiert.

[1403] Im Hinblick auf Wettbewerbsverbote kann sich das auch aus § 242 BGB ergeben, vgl. Rn. 149.

[1404] BGH WuW/E DE-R 2045, 2049 – *KfZ-Vertragshändler III*.

[1405] *Kirchhain* WuW 2008, 168, 178 mwN., wiederum am Beispiel über 5jähriger 100%iger Alleinbezugsverpflichtungen, die nach früherem GWB zulässig waren, nach § 2 Abs. 2 GWB i. V. m. Art. 5 lit. a) 1. Hs. Vertikal-GVO aber nicht mehr.

[1406] WuW/E BGH 1039, 1040 f. – *Auto-Lok;* WuW/E BGH 1168, 1172 – *Blitzgeräte;* WuW/E BGH 1226, 1232 – *Eiskonfekt.*

[1407] WuW/E BGH 1039, 1041 – *Auto-Lok.*

[1408] Kritisch auch *Emmerich* ZHR 139 (1975), 501, 513; *Pfeiffer* in: FS Benisch, S. 313, 320.

[1409] WuW/E BGH 2565, 2567 – *Kaschierte Hartschaumplatten* = GRUR 1991, 558, 559.

[1410] BGH WuW/E DE-R 1170 – *Preisbindung durch Franchisegeber II* = GRUR 2003, 1062, 1063; ferner OLG Koblenz WuW/E DE-R 2157 – *Franchisegeberrechte;* siehe auch die weiteren Entscheidungen bei *Hossenfelder/Töllner/Ost*, Kartellrechtspraxis und Kartellrechtsprechung 2005/2006, Rn. 90 f.

[1411] Die der Gesetzgeber inzwischen selbst als so zweifelhaft ansah, das er sie abschaffte.

[1412] WuW/E BGH 2271, 2273 – *Taxigenossenschaft* = GRUR 1986, 747, 748.

[1413] OLG Frankfurt WuW/E OLG 4456, 4456 – *Giessener Taxizentrale.*

§ 1. Verbot wettbewerbsbeschränkender Vereinbarungen   255   § 1 GWB

mehr an die nichtige Bestimmung gebunden sind.[1414] Streitig ist jedoch, ob dann auch eine Anwendung der Regeln über die fehlerhafte Gesellschaft in Betracht kommt. Nach dem Bundesgerichtshof scheidet dies jedoch bei Verletzung des § 1 GWB aus, weil „die Anerkennung der fehlerhaften Gesellschaft dort ihre Grenze findet, wo vorrangige Interessen der Allgemeinheit entgegenstehen".[1415] Konsequenterweise kann dann auch keine (fehlerhafte) Außengesellschaft mehr existieren und parteifähig sein.[1416] Verstößt die Satzung von **Kapitalgesellschaften** insgesamt gegen das Kartellverbot, so richtet sich die rechtliche Bewertung nach den allgemeinen Vorschriften im Kapitalgesellschaftsrecht.[1417] Als Instrumentarium dient hier die Nichtigkeitsklage, die jeweils gesondert geregelt ist.[1418] Die Gesellschaft besteht bis zu ihrer Auflösung weiter. Die Weiterpraktizierung der nichtigen Satzungsbestimmungen bis zur rechtskräftigen Entscheidung ist aber unzulässig. Denkbar ist auch eine Amtslöschung.[1419]

c) Ausführungs- und Folgeverträge. Für die Frage, inwieweit die Nichtigkeit der Kartellvereinbarung auch weitere Verträge erfasst, ist zunächst zwischen den sog. Ausführungsverträgen und den Folgeverträgen mit unbeteiligten Dritten zu unterscheiden. **Ausführungsverträge,** die unmittelbar der Durchführung, Ausdehnung oder Absicherung der verbotenen Vereinbarung dienen, werden von der Nichtigkeitsfolge beim Verstoß gegen § 1 GWB erfasst.[1420] Es kann sich dabei um Vereinbarungen sowohl zwischen den Beteiligten der Abrede untereinander – beispielsweise zur näheren Regelung der Rechte und Pflichten des einzelnen Kartellmitglieds – als auch zwischen den Beteiligten und Dritten handeln.[1421] Ausführungsverträge mit Dritten dürfen aber nur erfasst werden, wenn der Dritte in die horizontale Abstimmung einbezogen war,[1422] also nicht „kartellfremd" war. Zu den Ausführungsverträgen zählen insoweit zum Beispiel Vertriebsverträge zwischen einer (unzulässigen) Verkaufsgemeinschaft und den Gründerunternehmen,[1423] („Sternverträge" und sonstige Vertragssysteme mit horizontaler Grundlage),[1424] Verträge, die den Beitritt (Anteilserwerb) zu einem bereits bestehenden wettbewerbsbeschränkenden Vertrag vorsehen, weil der Beitritt der Ausführung und Verstärkung des Kartells dient,[1425] sowie Lizenzver-

---

[1414] Statt aller *Rittner* § 7 Rn. 67 mwN.

[1415] WuW/E BGH 2675, 2678 – *Nassauische Landeszeitung* = GRUR 1991, 396, 398; *Emmerich,* Kartellrecht, § 21 Rn. 47. A.A. *Zimmer* in: Immenga/Mestmäcker, GWB, § 1 Rn. 226; *Karsten Schmidt* AcP 186 (1986), 421, 450, und Anmerkung zu OLG Hamm WuW/E OLG 3748, 3749; *Rittner* § 7 Rn. 67 mwN; vgl. auch *Schwintowski* NJW 1988, 937, 941 f.

[1416] OLG Hamm WuW/E OLG 3748, 3749 – *Fehlende Parteifähigkeit;* OLG Hamm WuW/E OLG 4033 – *Gemeinsamer Zeitungsverlag; Bunte* in: Langen/Bunte, § 1 Rn. 293. Dagegen: *Karsten Schmidt* AcP 186 (1986), 421, 450, und Anmerkung zu OLG Hamm WuW/E OLG 3748, 3749, *Zimmer* in: Immenga/Mestmäcker, GWB, § 1 Rn. 226, *Rittner* § 7 Rn. 67, *Schwintowski* NJW 1988, 937, 941 f.

[1417] OLG Stuttgart WuW/E OLG 2790, 2793 – *Ziegelvertrieb; Karsten Schmidt* AcP 186 (1986), 421, 448; *Zimmer* in: Immenga/Mestmäcker, GWB, § 1 Rn. 224; *Möschel* Rn. 218.

[1418] Für die GmbH § 75 GmbHG, für die Aktiengesellschaft § 275 AktG, für die Genossenschaft §§ 94 ff. GenG usw.; vgl. OLG Frankfurt WuW/E OLG 4456 – *Giessener Taxizentrale; Schwintowski* NJW 1988, 937, 940; *Zimmer* in: Immenga/Mestmäcker, GWB, § 1 Rn. 224 mwN.

[1419] Siehe §§ 62 GmbHG, 396 ff. AktG, 81 GenG sowie *Zimmer* in: Immenga/Mestmäcker, GWB, § 1 Rn. 224.

[1420] OLG Frankfurt WuW/E OLG 945, 948; OLG Düsseldorf WuW/E OLG 4182, 4184 – *Delkredere-Übernahme; Bunte* in: Langen/Bunte § 1 Rn. 296; *Zimmer* in: Immenga/Mestmäcker, GWB, § 1 Rn. 211; *Emmerich,* Kartellrecht, § 7 Rn. 9, § 21 Rn. 72.

[1421] OLG Düsseldorf WuW/E OLG 4182, 4184 – *Delkredere-Übernahme; Zimmer* in: Immenga/Mestmäcker, GWB, § 1 Rn. 215; *Emmerich,* Kartellrecht, § 7 Rn. 9, § 21 Rn. 72.

[1422] *Immenga* in: Immenga/Mestmäcker, GWB, § 1 a. F. Rn. 179, 407 f.; insoweit zu Recht gegen WuW/E BGH 1361, 1364 – *Krankenhauszusatzversicherung* = BGHZ 64, 232.

[1423] WuW/E BGH 1367, 1373 – *Zementverkaufsstelle Niedersachsen* = BGH NJW 1975, 1837, 1840.

[1424] Vgl. dazu oben Rn. 118 ff.

[1425] OLG Frankfurt WuW/E OLG 945, 948 f.

träge zwischen Mitgliedern eines unzulässigen horizontalen Patentpools.[1426] Genannt seien auch Verpflichtungen zu Kollegenlieferungen bei verbotenen Spezialisierungskartellen.[1427] Dabei handelt es sich in der Regel um Bezugsbindungen mit gleichzeitiger Produktionsbeschränkung, die sicherstellen sollen, dass die einzelnen Kartellmitglieder Güter, die im Rahmen des Spezialisierungskartells von den anderen Kartellmitgliedern hergestellt und vertrieben werden, ausschließlich von diesen beziehen.[1428] Die Nichtigkeitsfolge beim Verstoß gegen § 1 GWB erfasst des Weiteren **Verfügungsgeschäfte**, die mit Erfüllung einer kartellrechtswidrigen Verpflichtung ergehen.[1429]

256 Anders ist die Lage bei **Folgeverträgen**. Sie sind zunächst im Rahmen von **horizontal veranlassten Wettbewerbsbeschränkungen** denkbar, die z. B. von den Mitgliedern des Kartells in Vollzug der Kartellvereinbarung mit unbeteiligten Dritten abgeschlossen werden. Diese sind grundsätzlich rechtswirksam,[1430] es sei denn sie verstoßen ihrerseits gegen das Kartellverbot.[1431] Als Begründung für die unterschiedliche Behandlung von Ausführungs- und Folgeverträgen wird angeführt, dass der kartellfremde Dritte aus Gründen der Rechtssicherheit nicht mit dem Risiko der Vertragsnichtigkeit des Folgevertrages und damit auch mit dem Verlust seiner Ansprüche belastet werden dürfe.[1432] So wurde beispielsweise entschieden, dass die kartellrechtswidrige Vereinbarung über eine Bietergemeinschaft nicht die Wirksamkeit der Vereinbarung mit der Gemeinschaft zur Erfüllung des erhaltenen Auftrags berühre.[1433] Folgeverträge sind selbst dann wirksam, wenn die Kartellabsprache zu einem überhöhten Preis geführt hat.[1434] Schadensersatzansprüche kann der Geschädigte allerdings dennoch stellen;[1435] im Übrigen kann z. B. die KartB mit Bußgeldern oder Mehrerlösabschöpfungen reagieren. Bei wettbewerbsbeschränkenden **Vertikalvereinbarungen** erfasst die Nichtigkeit der Erstvereinbarung nicht die Zweitvereinbarung zwischen dem gebunden Vertragsteil und einem Dritten.[1436] Ist beispielsweise die Verpflichtung des Vertragspartners zur Einhaltung bestimmter Konditionen nach § 1 GWB nichtig, sind seine Verträge mit Dritten, die die vorgegebenen Konditionen einhalten, dennoch wirksam. Bei diesen handelt es sich um bloße Folgeverträge.

2. Schwebende Unwirksamkeit

257 Eine schwebende Unwirksamkeit von Abreden im Sinne des § 1 GWB kennt das GWB nicht mehr, seitdem die 7. GWB-Novelle 2005 in § 2 Abs. 1 GWB die Legalausnahme eingeführt hat. Eine Legalisierungsmöglichkeit über ein Administrativverfahren vor der

---

[1426] *Emmerich*, Kartellrecht, § 21 Rn. 72.
[1427] KG WuW/E OLG 1339, 1344 f. – *Linoleum*.
[1428] KG WuW/E OLG 1339, 1344 f. – *Linoleum*; OLG Stuttgart WuW/E 2799, 2801 – *Pulverbeschichtungsanlagen*.
[1429] OLG Düsseldorf WuW/E 512, 514 – *gravierte Walzen*.
[1430] WuW/E BGH 152, 153 – *Spediteurbedingungen* = BGH NJW 1956, 1201, 1201; OLG Stuttgart WuW/E OLG 1083, 1090 – *Fahrschulverkauf*; OLG Düsseldorf WuW/E OLG 4182, 4184 – *Delkredere-Übernahme*; *Bunte* in: Langen/Bunte, § 1 Rn. 297; *Zimmer* in: Immenga/Mestmäcker, GWB, § 1 Rn. 215; *Bechtold* § 1 Rn. 73.
[1431] WuW/E BGH 118, 120 – *Zement*; *Bunte* in: Langen/Bunte, § 1 Rn. 297; ausdrücklich *Immenga* in: Immenga/Mestmäcker, GWB (2. Aufl.), § 1 a. F. Rn. 408.
[1432] WuW/E BGH 2100, 2102 – *Schlussrechnung* = BGH NJW 1984, 2372, 2373; OLG Stuttgart WuW/E OLG 2803, 2806 – *Neubau Bürgerzentrum*; OLG Düsseldorf WuW/E OLG 4182, 4184 – *Delkredere-Übernahme*; *Bunte* in: Langen/Bunte, § 1 Rn. 297.
[1433] OLG Stuttgart WuW/E OLG 2803, 2806 – *Neubau Bürgerzentrum*.
[1434] OLG Celle WuW/E OLG 559, 560 – *Brückenbauwerk* = BB 1963, 1113.
[1435] *Bunte* in: Langen/Bunte, § 1 Rn. 297 a. E.; *Zimmer* in: Immenga/Mestmäcker, GWB, § 1 Rn. 228; vgl. dazu unten Rn. 258 sowie die Kommentierung zu § 33 GWB.
[1436] *Bechtold*, GWB, § 1 Rn. 73; *Wolter* in: Frankfurter Kommentar § 14 Rn. 97; *Bunte* Kartellrecht § 6 II 3.

§ 1. Verbot wettbewerbsbeschränkender Vereinbarungen 258, 259 § 1 GWB

KartB oder dem Wirtschaftsminister gibt es nicht mehr. Existierten früher **Anmeldekartelle** (§§ 2 bis 4 Abs. 1 GWB a. F., vgl. § 9 Abs. 1 bis 3 GWB a. F.) und **Freistellungskartelle** (§§ 5 bis 8 GWB a. F.; vgl. § 10 GWB a. F.), so hat das heutige GWB jede Form der Administrativfreistellung bewusst vermieden. Weder über § 32c GWB[1437] noch über §§ 3 Abs. 2, 32c GWB noch über § 32b GWB[1438] kann eine materielle Freistellungswirkung erreicht werden. Eine schwebende Unwirksamkeit von Abreden, die gegen § 1 GWB verstoßen, scheidet deshalb grundsätzlich aus. Eine gewisse Ausnahme gilt nur für Verwertungsgesellschaften, die nach § 18 Abs. 3 UrhWahrnG die Erlaubnis auch des BKartA benötigen.[1439]

3. Beseitigungs- und Unterlassungsanprüche, Schadensersatzansprüche

Unterlassungsansprüche, aber auch Beseitigungs- sowie diesen vorbereitende Auskunftsansprüche können sich aus **§ 33 Abs. 1 GWB** ergeben. Der Schutzbereich des § 1 GWB umfasst nicht jedermann, sondern nur einen bestimmten Personenkreis.[1440] § 33 Abs. 2 GWB ordnet gesondert die Aktivlegitimation der eigentlich nicht berechtigten Wirtschaftsverbände an. Schadensersatzansprüche regelt § 33 Abs. 3 GWB. Daneben kommen zivilrechtliche Ansprüche auch auf der Grundlage des **§§ 3, 4 Nr. 11 UWG** in Verbindung mit §§ 8 ff. UWG in Betracht. Dem hat der BGH allerdings in *Probeabonnement* eine Absage erteilt.[1441] Insbesondere die Berufung auf eine abschließende Spezialregelung der Sanktionen im GWB überzeugt nicht ganz.[1442] Eine parallele Anwendung des UWG neben dem GWB wäre wünschenswert: der Gesetzgeber der 7. GWB-Novelle 2005 begreift die Regelung der Aktivlegitimation in § 33 Abs. 2 GWB ähnlich § 8 Abs. 3 Nr. 2 und Nr. 3 UWG als Gewährleistung umfassenden zivilen Rechtsschutz „mit Abschreckungswirkung" bei Kartellverstößen.[1443] Gerade um diese Wirkung zu erzielen, darf das GWB die Anwendung anderer effektiver Sanktionsmeachnismen nicht ausschließen. Im Hinblick auf Unterlassungsansprüche hat das UWG insbesondere den Vorteil, dass die Dringlichkeitsvermutung des § 12 Abs. 2 UWG zur Verfügung steht. Ferner sind auch Verbraucherschutzverbände legitimiert, deren Aktivlegitimation in § 33 Abs. 2 GWB-Entwurf zur 7. GWB-Novelle 2005 vorgesehen war, dann aber vor Inkrafttreten gestrichen wurde.

III. Verwaltungsrechtlich

Die Verbotsverfügung durch die Kartellbehörden ergeht auf Grundlage der **§§ 32 ff. GWB**. Seit Neufassung des GWB durch die 6. GWB-Novelle 1999 kann eine Untersagungsverfügung wegen Verstoßes gegen § 1 GWB schon bei Abschluss der Kartellvereinbarung erlassen werden, nicht erst im Falle der Praktizierung.[1444] Auch abgestimmtes Verhalten verletzt nicht erst bei seiner Umsetzung, sondern schon mit Abstimmung § 1 GWB.[1445]

[1437] Vgl. die Kommentierung zu § 32c.
[1438] Vgl. die Kommentierung zu § 32b.
[1439] Siehe oben Rn. 235.
[1440] Vgl. dazu unten die Kommentierung zu § 33 GWB.
[1441] BGH WuW/E DE-R 1779 = GRUR 2006, 773, 774 Tz. 13 ff. – *Probeabonnement*; dazu Gröning jurisPR-WettbR 10/2006, Anm. 5; *Alexander* ZWeR 2007, 239; *Gaertner* AfP 2006, 413; *Bechtold* WRP 2006, 1162. A. A. davor OLG Frankfurt GRUR-RR 2003, 59, 60; *Weber* GRUR 2002, 485, 488 f.; *Nordemann*, Wettbewerbsrecht – Markenrecht, Rn. 1720; vgl. auch BGH GRUR 1978, 445 – 4 *zum Preis von 3;* siehe auch die Kommentierung zu § 33 GWB.
[1442] Eingehend § 30 GWB Rn. 70.
[1443] Begr. RegE 7. GWB-Novelle, BT DS 15/3640, S. 35.
[1444] Vgl. im Einzelnen unten bei § 32 Rn. 1 ff.
[1445] Siehe oben Rn 63.

IV. Straf- und bußgeldrechtlich

260 Bei schuldhaftem Verstoß gegen das Kartellverbot des § 1 GWB liegt eine Ordnungswidrigkeit vor, und die zuständige KartB kann ein Bußgeld verhängen, **§ 81 Abs. 2 Nr. 1 GWB.**[1446] Submissionsabsprachen[1447] können, sofern vorsätzlich, zusätzlich strafbar gemäß § 298 StGB sein.[1448] Im Übrigen kommt aber auch der Tatbestand des Betruges nach § 263 StGB in Betracht.[1449]

E. Darlegungs- und Beweislast

261 Die Darlegungs- und Beweislast für eine Zuwiderhandlung gegen § 1 GWB trägt **die Partei oder Behörde, die diesen Vorwurf erhebt.** Zu den insoweit darzulegenden und ggf. zu beweisenden Tatbestandsmerkmalen gehört auch das (ungeschriebene) Tatbestandsmerkmal der **Spürbarkeit** in § 1 GWB.[1450] Besondere Schwierigkeiten kann die Darlegung und Beweisführung im Hinblick auf die Tatbestandsmerkmale **Vereinbarung, Beschluss** oder **abgestimmte Verhaltensweise** verursachen, so dass hier häufig mit dem Indizienbeweis gearbeitet wird.[1451] Ferner gelten die allgemeinen Regeln, insbesondere zur Erleichterung der Darlegungs- und Beweislast bei Sachverhalten aus der Sphäre des Gegners. Weiter ist folgendes zu beachten: steht der Tatbestand der Abstimmung fest, dann gilt vorbehaltlich des Gegenbeweises die **Vermutung,** dass die an der Abstimmung beteiligten Unternehmen die Abstimmung bei ihrem **Marktverhalten** berücksichtigen (wollen), insbesondere wenn die Abstimmung regelmäßig während eines längeren Zeitraumes stattfindet.[1452] Kann einem Unternehmen die Teilnahme an Sitzungen nachgewiesen werden, auf denen Wettbewerbsbeschränkungen verabredet wurden, muss das Unternehmen nachweisen, dass es gegenüber den anderen Unternehmen klargestellt hat, es werde sich nicht an die Vereinbarung halten.[1453] Anderenfalls liegt ein unbeachtlicher geheimer Vorbehalt vor, § 116 BGB.[1454] Für **Tatbestandsrestriktionen** des § 1 GWB, insbesondere den Tatbestand der Anwendung des Immanenzgedankens, Gesetzeskonkurrenz durch anderweitige staatliche Regulierung oder eine Tatbestandsreduktion im Bereich Immaterialgüterrechte bzw. Sport,[1455] ist jedoch die Darlegungs- und Beweislast anders verteilt. Aufgrund des Ausnahmecharakters erscheint es als gerechtfertigt, die Darlegungs- und Beweislast für das Vorliegen solcher Ausnahmetatbestände demjenigen aufzuerlegen, der sich darauf beruft.[1456] Denn auch die Beweislast dafür, dass die Freistellungsvoraussetzungen nach § 2

[1446] Vgl. weiterführend die Kommentierung zu § 81 Rn. 1 ff.
[1447] Dazu oben Rn. 91.
[1448] Vgl. hierzu die Kommentierung zu § 81 GWB.
[1449] BGH WuW/E DE-R 699 – *Flughafen München* = NJW 2001, 3718; dazu *Lampert/Götting* WuW 2002, 1069 und *Lange* ZWeR 2003, 352 ff.
[1450] Gl. A. *Zuber* in Kommentierung zu Art. 2 VO 1/2003 Rn. 9; a. A. *Fikentscher* WuW 2001, 446, 448.
[1451] Dazu eingehend oben Rn. 68 ff.
[1452] EG Kommission WuW/E EU-V 769/773 – *Zitronensäure,* unter Berufung auf EuG WuW/E EU-R 226 – *Hüls/Kommission.*
[1453] EuGH WuW/E EU-R 899, 904 – *Aalborg Portland/Kommission.*
[1454] Dazu näher oben Rn. 43.
[1455] Im Einzelnen oben Rn. 147 ff.
[1456] Ähnlich *Zuber,* Kommentierung zu Art. 2 VO 1/2003 Rn. 9, der einerseits für Immanenzgesichtspunkte auf den Einzelfall abstellen will, andererseits aber die Darlegungs- und Beweislast für tatbestandsausschließende Umstände demjenigen auferlegt, der sich darauf beruft. Noch weitergehend als hier *Fikentscher* WuW 2001, 446, 448, der sogar für die Spürbarkeit demjenigen die Last auferlegen will, der sich auf ihr Fehlen beruft.

GWB vorliegen, obliegt den Unternehmen oder Unternehmensvereinigungen, die sich auf diese Bestimmung berufen.[1457] Diese Beweislastregel stellt schon **Art. 2 VO 1/2003** auf. Im deutschen Kartellrecht findet sich diese Beweislastregel nicht in ausdrücklicher Form; sie bricht damit in zwischenstaatlichen Sachverhalten über EU-Recht direkt in das deutsche Kartellrecht ein, § 22 Abs. 1 und Abs. 2 GWB.[1458] Ferner gilt eine solche Beweislastverteilung grundsätzlich ohnehin im deutschen Zivilprozess nach den allgemeinen Regeln.[1459] Von dieser Verteilung der Darlegungs- und Beweislast unberührt bleiben der Untersuchungsgrundsatz in kartellrechtlichen Bußgeld- und Untersagungsverfahren sowie die Unschuldvermutung im Bußgeldverfahren.[1460]

F. Verhältnis zu anderen Vorschriften

Seit der 7. GWB-Novelle 2005 findet § 1 GWB sowohl auf **horizontal** als auch auf **vertikal veranlasste Wettbewerbsbeschränkungen** Anwendung.[1461] Einer Abgrenzung – wie früher zwischen § 1 GWB a. F. und §§ 14 ff. GWB a. F. – bedarf es daher insoweit nicht mehr.

Eine komplexe Frage ist, wann im Fall von für den Wettbewerb vorteilhaften Wettbewerbsbeschränkungen eine **Tatbestandsreduktion des § 1 GWB** vorzunehmen und wann § **2 Abs. 1 GWB** anzuwenden ist.[1462]

Im Vorfeld ergänzt § **21 GWB** mit seinem Boykottverbot und dem Verbot, Nachteile anzudrohen bzw. Vorteile zu versprechen, § 1 GWB. Kommt es zur Umsetzung des Boykottaufrufes, kann § 1 GWB auf die Abstimmung zwischen Verrufer und Adressat angewendet werden. Der Tatbestand des § 21 GWB ist insoweit neben § 1 GWB anwendbar.

Das Kartellverbot als Verhaltenskontrolle und die **Zusammenschlusskontrolle** (§§ 35 ff. GWB, EU-FKVO) als Strukturkontrolle sind zwar verschiedene Instrumentarien, überschneiden sich aber in einigen Bereichen. Vor allem bei Gemeinschaftsunternehmen stellt sich dann die Vorrangfrage.[1463] Den Zusammenschluss begleitende Nebenabreden, z. B. Wettbewerbsverbote, können daneben bei Anwendung der Zusammenschlusskontrolle des GWB stets nach § 1 GWB beurteilt werden;[1464] im Rahmen der EU-FKVO teilen jedoch Nebenabreden, die Teil des Zusammenschlussvorhaben sind, dessen zusammenschlussrechtliche Beurteilung (Art. 6 Abs. 1 lit. b), Art. 8 Abs. 2 Unterabs. 2 S. 2 FKVO). Ist der Zusammenschlussbegriff des § 37 GWB oder der FKVO schon gar nicht erfüllt, etwa bei Beteiligungen unterhalb der Schwelle des § 37 Abs. 1 Nr. 4 GWB, so kann das Kartellverbot ohne Konkurrenzproblematik greifen.[1465] Das kann etwa praktisch werden bei Kleinstbeteiligungen von Energieversorgern an zahlreichen Stadtwerken, um Gesamtbedarfsdeckungsklauseln oder Kundenschutz abzusichern.[1466] Ein Spannungsverhältnis zwi-

---

[1457] RegE 7. GWB-Novelle, BT DS 15/3640, S. 23.
[1458] Vgl. auch *Bechtold* DB 2004, 235, 238.
[1459] *Hempel* WuW 2004, 362, 364.
[1460] RegE 7. GWB-Novelle, BT DS 15/3640, S. 23. Vgl. für das Verwaltungsverfahren die Kommentierung zu § 54 GWB, für das Straf- und Bußgeldverfahren die Kommentierung zu § 81 GWB. Ferner § 2 Rn. 203 ff.
[1461] Dazu oben Rn. 2 ff.
[1462] Dazu oben Rn. 147 ff.
[1463] Vgl. eingehend die Kommentierung zu Gemeinschaftsunternehmen im Anhang 1 zu § 1 GWB.
[1464] *Zimmer* in: Immenga/Mestmäcker, GWB, § 1 Rn. 128; *Huber/Baums* in: Frankfurter Kommentar § 1 a. F. Rn. 556 ff.; siehe dazu im Einzelnen unten Rn. 162 ff.
[1465] *Immenga* ZNER 2002, 152, 157; *ders.* in: FS Benisch, S. 327 ff.; zustimmend *Schwintowski* WM 1990, 872.
[1466] Siehe dazu Rn. 160; eingehend für den Energiebereich *Immenga* ZNER 2002, 152, 157.

§ 1 GWB 266–272

266 Die Missbrauchstatbestände der **§§ 19, 20 GWB** sind neben § 1 GWB anwendbar.[1468] Es sind jeweils unterschiedliche Sachverhalte betroffen. Während § 1 GWB Verhalten von mindestens zwei Unternehmen oder einer Unternehmensvereinigung in Vereinbarungen, Beschlüssen oder Verhaltensabstimmungen regelt, greifen §§ 19, 20 GWB einseitiges machtbedingtes Verhalten auf. § 1 GWB und §§ 19, 20 GWB können sich danach insbesondere dann ergänzen, wenn Missbräuche nach §§ 19, 20 GWB auf verbotenen Verhaltensabstimmungen nach § 1 GWB beruhen.[1469] Das gilt ebenfalls für Fälle des **§ 20 Abs. 6 GWB**. Auch wenn die Wirtschafts- oder Berufsvereinigung selbst nicht unternehmerisch handelt, ist sie als Unternehmensvereinigung Adressat des § 1 GWB.[1470]

267 Genauso schließt der **Oligopolfall des Diskriminierungsverbotes des § 19 Abs. 1 S. 2 GWB** eine Anwendung des § 1 GWB bei Kartellabstimmung der Oligopolisten nicht aus. Insoweit tritt § 1 GWB dann neben § 19 GWB.[1471] Das Gleiche gilt für das Verbot des äußeren **Kartellzwanges** nach **§ 21 Abs. 2 GWB,** weil auch hier das Verbot des § 21 Abs. 2 GWB das Kartellverbot ergänzt.[1472]

268 Ein Vorrangproblem kann nach der „Harmonisierung" des deutschen mit dem EU-Kartellrecht durch die 7. GWB-Novelle 2005 im Hinblick auf **EU-Kartellrecht** nur noch ausnahmsweise auftreten. EU-Kartellrecht, vor allem Art. 81 EG, ist dann in zwischenstaatlichen Sachverhalten gegenüber § 1 GWB vorrangig, § 22 Abs. 2 GWB.

269 Außerhalb des eigentlichen Kartellrechts kann es zu einem Spannungsverhältnis des § 1 GWB mit anerkannten **Instituten des Vertragsrechts**[1473] oder sonstiger **staatlicher Regulierung**[1474] sowie mit den Regelungen zu **Immaterialgüterrechten**[1475] kommen.

270 **Submissionsabsprachen** können, sofern vorsätzlich, zusätzlich strafbar gemäß **§ 298 StGB** und **§ 263 StGB** sein.[1476]

271 Zum Verhältnis zum **UWG**, siehe oben.[1477]

272 Die Beurteilung nach § 1 GWB (einschließlich der Freistellungstatbestände wie z.B. §§ 2, 3, 30) und nach **§ 138 BGB** laufen parallel.[1478] Insbesondere bei Wettbewerbsverboten in Unternehmensveräußerungsverträgen hat die Rechtsprechung immer wieder auf § 138 BGB zurück gegriffen;[1479] diese Praxis kann deshalb auch für § 1 GWB fruchtbar gemacht werden.[1480]

[1467] Dazu eingehend oben Rn. 94 ff.

[1468] BGH WuW/E 2195, 2201 – *Abwehrblatt II* = BGHZ 96, 337; OLG Düsseldorf WuW/E OLG 1523, 1529 – *Krankenzusatzversicherung II*; *Markert* in: Immenga/Mestmäcker, GWB, § 20 Rn. 238.

[1469] Beispielsweise wenn Mitglieder einer Kreditkartenorganisation wettbewerbsbeschränkende Regeln über die Aufnahme weiterer Mitglieder vereinbaren, vgl. EU-Kommission WuW/E EU-V 1307 – *Morgan Stanley/Visa*.

[1470] Dazu oben Rn. 37 ff.; a. A. für Gütezeichengemeinschaften ohne eigene Unternehmenseigenschaft LG Köln WuW/E DE-R 2388, 2394 – *Pressfitting*.

[1471] *Möschel* in: Immenga/Mestmäcker, GWB, § 19 Rn. 250.

[1472] *Markert* in: Immenga/Mestmäcker, GWB, § 21 Rn. 93 für § 21 Abs. 2 GWB.

[1473] Dazu oben Rn. 154 ff.

[1474] Dazu oben Rn. 186 ff.

[1475] Dazu oben Rn. 203 ff.

[1476] Dazu oben Rn. 260.

[1477] Rn. 258.

[1478] Ausführlich *Säcker* in: Münchener Kommentar, GWB, § 1 Rn. 6 ff. mwN.; *ders.* ZWeR 2008, 348, 355 ff.

[1479] Z.B. BGH AnwBl 2005, 715, 716 – *Sittenwidriges Wettbewerbsverbot im Sozietätsvertrag*; BGH NJW 2004, 66 – *Steuerberater und Wirtschaftsprüfer*.

[1480] Siehe nur oben Rn. 163.

F. Übergangsrecht

§ 1 GWB n. F. trat mit der 7. GWB-Novelle 2005 zum 1. 7. 2005 in Kraft. § 131 GWB **273** enthält für die bestimmte Kartelle nach früherem Recht Übergangsvorschriften bis 31. 12. 2007, die mittlerweile ausgelaufen sind (siehe die Kommentierung dort). Alle dort nicht geregelten Wettbewerbsbeschränkungen unterfielen hingegen schon seit 1. 7. 2005 dem neuen Recht. Das gilt z.B. für die andere kartellrechtliche Bewertung von Abschlussbindungen im Gegensatz zu § 18 GWB a. F.[1481]

Anhang zu § 1 GWB. Gemeinschaftsunternehmen

Übersicht

	Rn.		Rn.
I. Begriff und Bedeutung	1	4. Bedeutung des „Konzentrationsprivilegs"	9
II. Auswirkungen auf den Wettbewerb	2	5. Rechtsfolgen für „kooperative" Gemeinschaftsunternehmen	11
III. Behandlung im deutschen Recht	3	6. Wettbewerbsbeschränkungen bei kooperativen Gemeinschaftsunternehmen	12
1. Prinzip der Doppelkontrolle	3		
2. Anwendung der Fusionskontrolle auf Gemeinschaftsunternehmen	4	7. Fallgruppen	15
3. Anwendung des § 1 auf „konzentrative" Gemeinschaftsunternehmen	6	8. Begleitende Wettbewerbsbeschränkungen („ancillary restraints")	16

Schrifttum: *Axster,* Gemeinschaftsunternehmen als Kooperations- oder Konzentrationstatbestand im EG-Recht, in: FS Gaedertz, 1992, S. 1 ff.; *Bach,* Gemeinschaftsunternehmen nach dem Ost-Fleisch"-Beschluß des BGH, ZweR 2003, 187 ff.; *Benisch,* Verhältnis von Kartellverbot und Fusionskontrolle, in: FS Rittner, 1991, S. 17 ff.; *Feldkamp,* Gemeinschaftsunternehmen – als Kartelle verboten? Zu den Grenzen der Anwendbarkeit des § 1 GWB neben den §§ 23 ff. GWB, Köln 1991; *Fischer, K.,* Gruppeneffekt und Fusionskontrolle über Gemeinschaftsunternehmen, in: Gemeinschaftsunternehmen – Deutsches und EG-Kartellrecht, 1987, S. 57 ff.; *v. Gamm,* Das Gemeinschaftsunternehmen im Kartell- und Fusionskontrollrecht unter Berücksichtigung kartellbehördlicher Unbedenklichkeitsbescheinigungen und allgemeiner Verwaltungsgrundsätze, AG 1987, 329 ff.; *v. Hahn,* Gemeinschaftsunternehmen zwischen Zusammenschlusskontrolle und Wettbewerbsverbot, in: Schwerpunkte des Kartellrechts 1974/75, 1976, S. 57 ff.; *Harms/König,* Gemeinschaftsunternehmen 1977–1979, in: Schwerpunkte des Kartellrechts 1978/79, 1980, S. 121 ff.; *Huber,* Gemeinschaftsunternehmen im deutschen Wettbewerbsrecht, in: Huber/Börner, Gemeinschaftsunternehmen im deutschen und europäischen Wettbewerbsrecht, 1978, S. 1 ff.; *ders.,* Gemeinschaftsunternehmen im Kartellrecht, in: Kontrolle von Marktmacht nach deutschem, europäischem und amerikanischem Kartellrecht, 1981, S. 79 ff.; *ders.,* Der Mischwerke-Beschluß des BGH und die Verwaltungsgrundsätze des BKartA zur kartellrechtlichen Beurteilung von Gemeinschaftsunternehmen, in: Gemeinschaftsunternehmen – Deutsches und EG-Kartellrecht, 1987, S. 1 ff.; *Immenga,* Gemeinschaftsunternehmen als Kartell und Zusammenschluß – ein Grundsatzurteil des BGH, ZHR 150 (1986), 366 ff.; *Kilian,* Kartellrechtliche Beurteilung von Gemeinschaftsunternehmen – Das gemeinsame Reservierungssystem der großen Reiseveranstalter, DB 1981, 1965 ff.; *Klaue,* Einige Bemerkungen über die Zukunft der Zweischrankentheorie, in: FS Steindorff, 1990, 979; *Knöpfle,* Zur Unterscheidung zwischen konzentrativem und kooperativem Gemeinschaftsunternehmen bei der kartellrechtlichen Beurteilung von Gemeinschaftsgründungen, BB 1980, 654 ff.; *Köhler,* Gemeinschaftsunternehmen und Kartellverbot – Besprechung der Entscheidung BGHZ 96, 69 „Mischwerke", ZGR 1987, 271 ff.; *Leube,* Zur Anwendbarkeit der §§ 1 und 23 ff. GWB auf Gemeinschaftsunternehmen, ZHR 141 (1977), 313 ff.; *Mestmäcker,* Gemeinschaftsunternehmen im deutschen und europäischen Konzern- und Kartellrecht, in: Recht und ökonomisches Gesetz, 2. Aufl., 1984; *Pohlmann,* Doppelkontrolle von Gemeinschaftsunternehmen im europäischen Kartellrecht, WuW 2003, 473 ff.; *Polley,* Preisdämpfende Maßnahmen im Rahmen eines Gemeinschaftsunternehmens als Verstoß gegen § 1 GWB, WuW 1998, 939; *Schmidt, K.,* Gemeinschaftsunternehmen im Recht der Wettbewerbsbeschränkungen, AG 1987,

---

[1481] Siehe Rn. 117, 164.

333 ff.; *Schroeder,* Schnittstellen der Kooperations- und Oligopolanalyse im Fusionskontrollrecht, WuW 2004, 893 ff.; *Stockmann,* Verwaltungsgrundsätze und Gemeinschaftsunternehmen, WuW 1988, 269 ff.; *Ulmer,* Gemeinsame Tochtergesellschaften im deutschen Konzern- und Wettbewerbsrecht, ZHR 141 (1977), 466 ff.; *Wertenbruch,* Die Rechtsfolge der Doppelkontrolle von Gemeinschaftsunternehmen nach dem GWB, 1990; *Wiedemann,* Gemeinschaftsunternehmen im deutschen Kartellrecht, 1981; *ders.,* Aktuelle Entwicklungen bei der kartellrechtlichen Beurteilung von Gemeinschaftsunternehmen, BB 1984, 285 ff.

I. Begriff und Bedeutung

1   Von einem Gemeinschaftsunternehmen spricht man, wenn zwei oder mehr Unternehmen die Verfolgung gemeinsamer Zwecke in einem weiteren Unternehmen betreiben, an dem sie beteiligt sind.[1] Das GWB enthielt früher in § 23 Abs. 2 S. 3 a. F. eine Definition des Gemeinschaftsunternehmens: Ein solches lag danach dann vor, wenn mehrere Unternehmen gleichzeitig oder nacheinander Anteile an einem anderen Unternehmen in Höhe von je mindestens 25% erwarben. Die Kartellnovelle von 1998 hat diese Definition eines Gemeinschaftsunternehmens entfallen lassen, indem der Klammerzusatz „Gemeinschaftsunternehmen" in dem sonst gegenüber dem früheren § 23 Abs. 2 S. 3 unveränderten Wortlaut des § 37 Abs. 1 Nr. 3 S. 3 entfiel. Damit war jedoch keine Änderung der Voraussetzungen für die Entstehung eines Gemeinschaftsunternehmens beabsichtigt; es sollte vielmehr der Fall der gemeinsamen Beherrschung (bei weniger als 25% Beteiligung) von der Definition nicht ausgeschlossen werden. Anders als im GWB erfasst die EU-Fusionskontrolle dagegen als Gemeinschaftsunternehmen nur solche Unternehmen, auf die mindestens zwei Unternehmen einen (mit-)beherrschenden Einfluss ausüben können.[2]

Die Beteiligung mehrerer Unternehmen an einem Gemeinschaftsunternehmen kann entweder durch die gemeinsame Gründung eines neuen Unternehmens oder durch den – gleichzeitigen oder sukzessiven – Erwerb von Anteilen an einem bestehenden Unternehmen entstehen.

Gemeinschaftsunternehmen haben in der Praxis eine große Bedeutung; sie dienen sowohl der Kooperation bei bestimmten Unternehmensfunktionen als auch der Schaffung neuer oder der Ausgründung bestehender unternehmerischer Betätigungsfelder.

II. Auswirkungen auf den Wettbewerb

2   Gemeinschaftsunternehmen können vielfältige Auswirkungen auf den Wettbewerb haben. So können sie insbesondere das Wettbewerbsverhalten der Muttergesellschaften untereinander beeinflussen. Aber auch das Wettbewerbsverhältnis zwischen dem Gemeinschaftsunternehmen einerseits und den Muttergesellschaften andererseits kann kartellrechtlich von Bedeutung sein. Schließlich können Gemeinschaftsunternehmen auch zu einer dauerhaften Änderung der Marktstruktur führen, wenn sie als selbstständige Marktteilnehmer auftreten. Für das Kartellrecht ergibt sich die Frage, ob Gemeinschaftsunternehmen wegen der ihnen innewohnenden Verhaltenskoordinierung unter die Vorschriften über Kartelle (§§ 1 ff.) oder wegen der mit ihrer Entstehung verbundenen Strukturveränderungen unter die Fusionskontrolle (§§ 35 ff.) oder unter beide Regelungsbereiche fallen. Eine denkbare Lösung wäre, entweder nur die Vorschriften über Kartelle oder nur die Vorschriften über Fusionen anzuwenden („Trennungsprinzip"), je nachdem ob das Gemeinschaftsunternehmen überwiegend eine Verhaltenskoordinierung der Muttergesellschaften oder aber eine Strukturveränderung bewirkt. Die andere Möglichkeit besteht darin, dass sowohl die Vorschriften über Kartelle als auch die der Fusionskontrolle nebeneinander auf Gemeinschaftsunternehmen angewendet werden („Zweischrankenprinzip").

---

[1] *Bunte* in: Langen/Bunte, Kommentar zum deutschen und europäischen Kartellrecht, § 1 Rn. 251.
[2] Siehe dazu FKVO Art. 3 Rn. 41.

III. Behandlung im deutschen Recht

1. Prinzip der Doppelkontrolle

Im deutschen Recht wurde – ähnlich wie im Wettbewerbsrecht der EU – zwischen **„kooperativen"** und **„konzentrativen"** Gemeinschaftsunternehmen unterschieden. Als „kooperative" Gemeinschaftsunternehmen galten insbesondere alle Unternehmen, die nicht auf Dauer alle Funktionen einer selbstständigen wirtschaftlichen Einheit erfüllten; das sind vor allem solche, die nur Teil- oder Hilfsfunktionen für die Muttergesellschaften ausführen. Ferner gehören dazu auch alle Gemeinschaftsunternehmen, die zwar Vollfunktionsunternehmen sind, die aber zu einer Koordinierung des Wettbewerbsverhaltens der Muttergesellschaften führen. Von einer solchen Koordinierungswirkung wird insbesondere dann ausgegangen, wenn die Muttergesellschaften als Wettbewerber auf den Märkten des Gemeinschaftsunternehmens tätig bleiben oder auf vor- oder nachgelagerten Märkten als Wettbewerber tätig sind.[3]

Im sog. „Mischwerke-"Beschluss hat der BGH entschieden,[4] dass auf Gemeinschaftsunternehmen sowohl die Vorschriften der Zusammenschlusskontrolle als auch das Kartellverbot angewandt werden können. Dabei ging der BGH davon aus, dass es sich beim Kartellverbot einerseits und bei der Fusionskontrolle andererseits um zwei unterschiedliche Regelungsfelder handelt, die sich bei einigen Sachverhalten überschneiden können. Dementsprechend seien bei Gemeinschaftsunternehmen sowohl die Vorschriften der §§ 1 ff. als auch der Fusionskontrolle nebeneinander zu prüfen. Der BGH und andere Gerichte haben diese Auffassung zum Verhältnis von §§ 1 ff. und §§ 35 ff. (früher §§ 23 ff.) in weiteren Entscheidung bestätigt.[5] Die h. L.[6] und die Praxis haben sich der vom BGH entwickelten Auffassung angeschlossen, so dass im deutschen Kartellrecht von einer Geltung des **Zweischrankenprinzips** auszugehen ist.

2. Anwendung der Fusionskontrolle auf Gemeinschaftsunternehmen

Nach der Entscheidung des BGH im Mischwerke-Beschluss hat die Unterscheidung zwischen kooperativen und konzentrativen Gemeinschaftsunternehmen im deutschen Recht zum Teil an Bedeutung verloren, weil kooperative Gemeinschaftsunternehmen sowohl von § 1 als auch von den §§ 35 ff. GWB erfasst werden können; allerdings kann diese Unterscheidung noch als Abgrenzungshilfe dienen.[7] Ähnliches gilt für die Unterscheidung zwischen Voll- und Teilfunktionsunternehmen. Während im europäischen Wettbewerbsrecht die Fusionskontrolle nur auf solche Unternehmen Anwendung findet, die alle wesentlichen Funktionen eines Unternehmens erfüllen („Vollfunktionsunternehmen"),[8] findet die deutsche Fusionskontrolle auf Gemeinschaftsunternehmen selbst dann Anwendung,

---

[3] Vgl. BKartA v. 19. 6. 2002 – *Eurohypo,* WuW 2002, 1114 ff.

[4] BGH v. 1. 10. 1985 – *Mischwerke,* WuW/E BGH 2169 = BGHZ 96,69 ff.; s. auch BGH v. 22. 6. 1981 – *Transportbeton Sauerland,* WuW/E BGH 1810

[5] Z.B. BGH v. 13. 1. 1998 – *Carpartner,* WuW/E DE-R 115 f.; BGH v. 8. 5. 2001 – *Ostfleisch,* WuW/E DE-R 711 ff.; OLG Düsseldorf v. 2. 11. 2005 – *Rethmann/GfA Köthen,* WuW/E DE-R 1625 ff.

[6] Vgl. *Bunte* in: Langen/Bunte, Kommentar zum deutschen und europäischen Kartellrecht, § 1 Rn. 251; *Huber/Baums* in: FK, Kartellrecht (GWB), § 1 Rn. 253 f.; *Stockmann,* Verwaltungsgrundsätze und Gemeinschaftsunternehmen, WuW 1988, 269 f.; *Zimmer* in: Immenga/Mestmäcker, GWB-Komm., § 1 Rn. 316 ff.; abweichend *Wertenbruch,* Die Rechtsfolge der Doppelkontrolle von Gemeinschaftsunternehmen nach dem GWB, 1990.

[7] BGH v. 8. 5. 2001 – *Ost-Fleisch,* WuW/E DE-R 711 ff.

[8] Siehe dazu FKVO Art. 3 Rn. 43 ff.; *Zimmer* in: Immenga/Mestmäcker, GWB-Komm., § 1 GWB Rn. 117.

wenn diese nur Teil- oder Hilfsfunktionen für die Muttergesellschaften erfüllen. Daneben kann – vor allem bei den kooperativen Gemeinschaftsunternehmen – auch § 1 GWB anwendbar sein. Allerdings bedeutet die Einstufung eines Gemeinschaftsunternehmens als kooperativ noch nicht, dass der Tatbestand des § 1 stets erfüllt ist.[9]

3. Anwendung von § 1 auf konzentrative Gemeinschaftsunternehmen

6 Die Unterscheidung zwischen konzentrativen und kooperativen Gemeinschaftsunternehmen ist im deutschen Kartellrecht vor allem noch von Bedeutung für die Frage, ob neben der Fusionskontrolle auch das Kartellverbot Anwendung findet. Handelt es sich um ein Vollfunktions-Gemeinschaftsunternehmen, das nicht zu einer Koordinierung des Wettbewerbsverhaltens der Muttergesellschaften führt, so finden ausschließlich die Vorschriften der Fusionskontrolle, nicht dagegen § 1 Anwendung. Dafür ist zunächst Voraussetzung, dass es sich um ein Unternehmen handeln, das alle wesentlichen Funktionen eines Unternehmens umfasst („Vollfunktionsunternehmen").

Der BGH hat in dem „Mischwerke"-Beschluss das Abgrenzungskriterium zwischen kooperativen und konzentrativen Gemeinschaftsunternehmen darin gesehen, dass bei einem konzentrativen Gemeinschaftsunternehmen eine **neue selbstständige Planungseinheit** entsteht.[10] Falls der Zusammenschluss ein Gemeinschaftsunternehmen betrifft, das eine solche selbstständige Planungseinheit darstellt, sollen nur die Vorschriften der Fusionskontrolle Anwendung finden. Der BGH[11] sieht diese Voraussetzung einer selbstständigen Planungseinheit offenbar dann als erfüllt an, wenn das Gemeinschaftsunternehmen selbstständig plant, entscheidet und handelt, also als selbstständige Wirtschaftseinheit in Erscheinung tritt, und die Gesellschafter des Gemeinschaftsunternehmen auf die bloße Wahrnehmung ihrer Beteiligungsinteressen beschränkt sind. Diese Sicht ist allerdings zu eng, soweit es um die Einflussnahme der Gesellschafter geht. Wesentlich dürfte sein, dass zwischen den beteiligten Gesellschaftern **keine wettbewerbsbeschränkende Koordinierung** in Betracht kommt und dass das Gemeinschaftsunternehmen **alle wesentlichen Funktionen** eines **selbstständigen** Unternehmens erfüllt. Erfüllt das Gemeinschaftsunternehmen nur Hilfsfunktionen für die Muttergesellschaften, so handelt es sich nicht um ein konzentratives, sondern um ein kooperatives Gemeinschaftsunternehmen.[12] Das Gleiche gilt, wenn das Gemeinschaftsunternehmen ausschließlich oder überwiegend an die Muttergesellschaften liefert oder von diesen bezieht; dann tritt es nicht oder nur in geringem Umfange als selbstständiger Marktteilnehmer auf.[13] Aber auch wenn das Gemeinschaftsunternehmen alle Funktionen einer selbstständigen Planungseinheit erfüllt, die Muttergesellschaft aber auf dem Tätigkeitsgebiet des Gemeinschaftsunternehmens Wettbewerber bleiben, ist meist von einem kooperativen Gemeinschaftsunternehmen auszugehen, auf das (neben der Fusionskontrolle) auch § 1 Anwendung findet. Denn dann ist zu erwarten, dass über das Gemeinschaftsunternehmen eine Koordinierung des Wettbewerbsverhaltens der Muttergesellschaften erfolgt.[14]

---

[9] BGH v. 8. 5. 2001 – *Ost-Fleisch*, WuW/E DE-R 711 ff.; *Bunte* in: Langen/Bunte, Kommentar zum deutschen und europäischen Kartellrecht, § 1 Rn. 253; *Huber/Baums* in: FK, Kartellrecht (GWB), § 1 GWB Rn. 253 f.

[10] BGH v. 1. 10. 1985 – *Mischwerke*, WuW/E BGH 2169 = BGHZ 96, 69 ff.

[11] BGH v. 1. 10. 1985 – *Mischwerke*, WuW/E BGH 2169 = BGHZ 96, 69 ff.

[12] Vgl. *Bunte* in: Langen/Bunte, Kommentar zum deutschen und europäischen Kartellrecht, § 1 Rn. 259.

[13] Vgl. *Bunte* in: Langen/Bunte, Kommentar zum deutschen und europäischen Kartellrecht, § 1 Rn. 258.

[14] Vgl. BGH v. 8. 5. 2001 – *Ost-Fleisch*, WuW/E DE-R 711 ff.; OLG Düsseldorf v. 20. 6. 2007 – *NordKS/Xella* – WuW 2008/70 ff. = WuW/E DE-R 2146 ff.; *Bunte* in: Langen/Bunte, Kommentar zum deutschen und europäischen Kartellrecht, § 1 Rn. 260.

Zweifelhaft ist die Beurteilung eines Gemeinschaftsunternehmens, bei dem nur eine 7
Muttergesellschaft Wettbewerber des Gemeinschaftsunternehmens ist. Hier kommt jedenfalls eine Koordinierung des Wettbewerbsverhaltens zwischen den Muttergesellschaften nicht in Betracht, sondern allenfalls eine zwischen der einen Muttergesellschaft und dem Gemeinschaftsunternehmen. Insofern ist die Lage aber nicht anders als bei jedem anderen Erwerb der Beteiligung an einem Unternehmen durch einen Wettbewerber. Ein solcher Erwerb ist ausschließlich im Rahmen der Fusionskontrolle zu prüfen, nicht aber daneben auch nach § 1 (außer bei zusätzlichen wettbewerbsbeschränkenden Absprachen).[15] Dieses entspricht auch der Behandlung im Rahmen der EU-Fusionskontrolle, wo (entgegen der anfänglichen Praxis) das Wettbewerbsverhältnis zwischen einer Muttergesellschaft und dem Gemeinschaftsunternehmen der (ausschließlichen) Anwendung der Fusionskontrolle nicht entgegensteht.[16]

Das BKartA hatte im Tätigkeitsbericht 1978[17] Verwaltungsgrundsätze zur Abgrenzung 8
von „konzentrativen" und „kooperativen" Gemeinschaftsunternehmen veröffentlicht. Voraussetzung für die Annahme eines „konzentrativen" Gemeinschaftsunternehmen ist danach Folgendes:

a) Das Gemeinschaftsunternehmen muss ein „Vollfunktionsunternehmen" sein, d. h. es muss über alle wesentlichen Unternehmensfunktionen verfügen.
b) Die Tätigkeit des Gemeinschaftsunternehmen muss „marktbezogen" sein, d. h. das Gemeinschaftsunternehmen darf nicht überwiegend oder ausschließlich für die Mutterunternehmen tätig sein.
c) Die Muttergesellschaften dürfen selbst nicht auf dem Markt des Gemeinschaftsunternehmen tätig sein.

Diese Verwaltungsgrundsätze hat das BKartA 1985 wieder aufgehoben, nachdem der „Mischwerke"-Beschluss des BGH ergangen war.[18] Neue Verwaltungsgrundsätze zur Abgrenzung waren über das Entwurfsstadium nicht hinausgediehen.[19] Der Entwurf unterschied sich bei den Kriterien für ein „konzentratives" Gemeinschaftsunternehmen nicht wesentlich von den früheren Grundsätzen. Auch die Praxis des BKartA bei der Beurteilung von Gemeinschaftsunternehmen als konzentrativ oder kooperativ unterscheidet sich nach dem Mischwerke-Beschluss kaum von der vorhergegangenen. Die wesentlichen Kriterien sind nach wie vor das Auftreten des Unternehmens als selbstständige Wirtschaftseinheit auf dem Markt und die Nichtbetätigung der Mutterunternehmen auf dem Markt des Gemeinschaftsunternehmen; weitere Voraussetzung ist, dass das Gemeinschaftsunternehmen nicht ausschließlich oder überwiegend auf einer vor- oder nachgelagerten Marktstufe für die Mutterunternehmen tätig ist.[20]

4. Bedeutung des „Konzentrationsprivilegs"

Liegen die Voraussetzungen für ein konzentratives Gemeinschaftsunternehmen vor, so 9
erfolgt die Prüfung nur im Rahmen der Fusionskontrolle (§§ 35 ff.), nicht aber nach § 1.[21] Deshalb kann man insoweit von einem „Konzentrationsprivileg" sprechen. Tatsächlich folgt daraus eine Besserstellung gegenüber kooperativen Gemeinschaftsunternehmen, denn diese

---

[15] Vgl. *Bunte* in: Langen/Bunte, Kommentar zum deutschen und europäischen Kartellrecht, § 1 Rn. 260.
[16] Vgl. FKVO Art. 3 Rn. 40 ff.
[17] TB 1978, S. 23 f.
[18] TB 1985/86, S. 24.
[19] Vgl. *Stockmann*, Verwaltungsgrundsätze und Gemeinschaftsunternehmen, WuW 1988, 269.
[20] Vgl. BGH v. 8. 5. 2001, *Ost-Fleisch*, WuW/E DE-R 711 ff.
[21] Vgl. *Bunte* in: Langen/Bunte, Kommentar zum deutschen und europäischen Kartellrecht, § 1 Rn. 251 f.

werden sowohl nach § 1 (und evtl. Art. 81 EG) als auch nach §§ 35 ff. beurteilt. In diesem Rahmen hat das „Konzentrationsprivileg" insbesondere folgende Vorteile für ein Gemeinschaftsunternehmen: Während bei der Fusionskontrolle nur die Entstehung oder Verstärkung einer marktbeherrschenden Stellung zur Untersagung führen kann, gilt nach § 1 zunächst ein generelles Verbot bei spürbaren Wettbewerbsbeschränkungen; nur wenn die insgesamt vier Voraussetzungen des § 2 erfüllt sind (bzw. die des § 3 bei Mittelstandskartellen), findet das Kartellverbot des § 1 keine Anwendung. Wegen dieser unterschiedlichen materiellen Anforderungen kann es auch durchaus vorkommen, dass ein kooperatives Gemeinschaftsunternehmen im Rahmen der Fusionskontrolle zwar unbeanstandet bleibt, aber nach § 1 für unzulässig erklärt wird. Außerdem gelten für die Prüfung konzentrativer Gemeinschaftsunternehmen im Rahmen der Fusionskontrolle verhältnismäßig kurze Fristen, während die Anwendung des § 1 auf (kooperative) Gemeinschaftsunternehmen zeitlich nicht begrenzt ist und jederzeit sowohl von der zuständigen Kartellbehörde als auch von Gerichten im Rahmen eines Rechtsstreits erfolgen kann.[22]

10 Dieses „Konzentrationsprivileg", d. h. die Besserbehandlung konzentrativer Gemeinschaftsunternehmen im Kartellrecht, wird damit gerechtfertigt, dass bei einer Konzentration in der Regel größere Synergieeffekte entstehen als bei einer bloßen Kooperation. Ob das aber wirklich in der Regel der Fall ist, erscheint angesichts der praktischen Erfahrungen mit Konzentrationstatbeständen durchaus zweifelhaft. Eine Kooperation auf Teilgebieten bringt oft größere Synergieeffekte bei gleichzeitig geringerer Wettbewerbsbeschränkung als eine Vollfusion. Trotzdem wird eine solche Kooperation in einem Gemeinschaftsunternehmen durch die Doppelkontrolle wesentlich ungünstiger behandelt als ein umfassender Zusammenschluss in einem konzentrativen Gemeinschaftsunternehmen. Dies kann zu dem paradoxen Ergebnis führen, dass im Einzelfall aus kartellrechtlichen Überlegungen eine Gestaltung als konzentratives Gemeinschaftsunternehmen zu bevorzugen ist, obwohl ein (auf Teilfunktionen beschränktes) kooperatives Gemeinschaftsunternehmen ausreichen und den Wettbewerb weniger beschränken würde.[23]

5. Rechtsfolgen für kooperative Gemeinschaftsunternehmen

11 Die Doppelkontrolle bei kooperativen Gemeinschaftsunternehmen kann dazu führen, dass trotz Abschluss des Fusionskontrollverfahrens erhebliche Rechtsunsicherheit für das Gemeinschaftsunternehmen bestehen bleibt. Zwar wird das BKartA im Fusionskontrollverfahren die Anwendbarkeit des Kartellverbots mit prüfen und sich nach Möglichkeit innerhalb der Frist für die Fusionskontrolle eine Meinung darüber bilden, ob Wettbewerbsbeschränkungen im Sinne von § 1 vorliegen und die Ausnahmen der §§ 2, 3 zur Anwendung kommen.[24] Falls das Ergebnis der Prüfung ist, dass sowohl die Voraussetzungen für eine Untersagung nach § 36 GWB vorliegen als auch die Zusammenarbeit in dem Gemeinschaftsunternehmen gegen § 1 verstößt (und die Voraussetzungen für eine Freistellung nach §§ 2, 3 GWB nicht vorliegen), wird das BKartA seine Untersagung sowohl auf § 36 GWB als auch auf § 1 GWB stützen.[25] Es handelt sich dabei aber nach Auffassung des BGH nur um eine Untersagung, so dass es ausreicht, wenn die Untersagung entweder nach § 36 Abs. 1 oder nach § 1 gerechtfertigt ist.[26] Liegen die Voraussetzungen für eine Untersagung

---

[22] Z. B. BKartA v. 19. 6. 2002 – *Eurohypo*, WuW 2002, 1114 ff.; v. 2. 12. 2003 – *ÖPNV Hannover*, WuW DE-V 891–904.

[23] Vgl. OLG Düsseldorf v. 20. 6. 2007 – *NordKS/Xella* – WuW 2008, 70 = WuW/E DE-R 2146, wo das OLG Düsseldorf die Umstellung von einem kooperativen auf ein konzentratives GU ausdrücklich als Abhilfemöglichkeit bei einem Verstoß gegen § 1 bezeichnet hat.

[24] So z. B. BKartA v. 21. 8. 1997, *Ostfleisch* – WuW/E DE-V 9 = WuW 1998, 79.

[25] Vgl. BKartA v. 17. 12. 2002 – *Nehlsen/Rethmann/BEG*, WuW/E DE-V 759 ff.; OLG Düsseldorf v. 2. 11. 2005 – *Rethmann/GfA Köthen*, WuW/E DE-R 1625 ff.

[26] BGH v. 8. 5. 2001 – *Ost-Fleisch*, WuW/E DE-R 711 ff.

nach § 36 nicht vor, verstößt aber die Kooperation gegen § 1 GWB, so wird das BKartA eine Verfügung nach § 32 GWB erlassen.[27] Anders als im EU-Recht nach Art. 6 Abs. 1 lit. b) Satz 2 und Art. 8 Abs. 1 Satz 2 FKVO erfasst aber die Freigabe im Fusionskontrollverfahren nicht zugleich die Freistellung notwendiger Nebenabreden.[28] Außerdem gelten die Fristen der Fusionskontrolle nicht für eine Prüfung nach §§ 1–3 GWB und Art. 81 EG durch das BKartA;[29] ein Untersagungsverfahren nach § 32 ist daher auch nach Abschluss des Fusionskontrollverfahrens noch möglich,[30] selbst wenn das BKartA sich dieses nicht ausdrücklich vorbehalten hat. Es kann auch sein, dass für die Fusionskontrolle und für ein Verfahren nach § 32 unterschiedliche Kartellbehörden zuständig sind (z.B. für das Verfahren nach § 32 eine Landeskartellbehörde, vgl. § 48 Abs. 2). Daneben kann auch in einem Gerichtsverfahren, z.B. in einem Zivilprozess über Ansprüche aus einer Vereinbarung, jederzeit ein Verstoß gegen § 1 GWB und damit auch die Unwirksamkeit der betreffenden Vereinbarung geltend gemacht werden.

6. Wettbewerbsbeschränkungen bei kooperativen Gemeinschaftsunternehmen

Bei „kooperativen" Gemeinschaftsunternehmen[31] ist § 1 grundsätzlich anwendbar, und zwar selbst dann, wenn die Gründung des Gemeinschaftsunternehmen oder der Beteiligungserwerb an dem Gemeinschaftsunternehmen unter die Fusionskontrolle fällt. Das gilt selbst dann, wenn es sich bei dem Gemeinschaftsunternehmen um ein Vollfunktionsunternehmen handelt. Allerdings bedeutet das noch nicht, dass kooperative Gemeinschaftsunternehmen auch immer den Tatbestand des § 1 erfüllen. Vielmehr muss im Einzelfall geprüft werden, ob die getroffenen Vereinbarungen unter § 1 fallen. Falls die Gründung des Gemeinschaftsunternehmen und die Beteiligung daran zu keiner spürbaren Beschränkung des Wettbewerbs führt, fällt die Kooperation in dem Gemeinschaftsunternehmen als solche nicht unter § 1.

Die Beteiligung an einem kooperativen Gemeinschaftsunternehmen kann insbesondere zu einer Beschränkung des **Wettbewerbs zwischen den Muttergesellschaften** führen. Dieses wird vor allem dann der Fall sein, wenn die Muttergesellschaften auf dem Tätigkeitsgebiet des Gemeinschaftsunternehmens selbst auch tätig bleiben[32] oder aber auf vor- bzw. nachgelagerten Märkten miteinander in Wettbewerb stehen (so genannter „Gruppeneffekt").

So beschränkt ein Gemeinschaftsunternehmen zur **gemeinsamen Forschung und Entwicklung** möglicherweise den Innovationswettbewerb zwischen den Muttergesellschaften. Das Gleiche gilt bei einem **Produktions-Gemeinschaftsunternehmen** hin-

---

[27] Schon bisher sind in der Praxis bei Gemeinschaftsunternehmen unterschiedliche Entscheidungen im Fusionskontrollverfahren und im Verfahren über § 1 vorgekommen. So hat das BKartA im Fall eines Gemeinschaftsunternehmen für ein Vorprodukt das Fusionskontrollverfahren mit der Freigabemitteilung nach § 24a Abs. 4 a.F. beendet, gleichzeitig aber eine Untersagung nach § 1 angedroht. Erst eine Entscheidung der EG-Kommission nach Art. 81 Abs. 3 EGV (damals Art. 85 Abs. 3) hat dann (nach fast drei Jahren) die Gründung des Gemeinschaftsunternehmen möglich gemacht, vgl. Kommission v. 21. 12. 1994 – *Philips/Osram* – ABl. L 378, S. 37 ff. Ähnlich war die Situation offenbar auch bei anderen Gemeinschaftsunternehmen wie z.B. dem von Ford und VW für die gemeinsame Produktion einer Großraumlimousine, siehe BKartA TB 1991/92, S. 86 f. und Kommission vom 22. 12. 1992 – *Ford/Volkswagen*, ABl. L 020 vom 28. 1. 1993, S. 14 ff.
[28] Vgl. dazu FKVO Art. 6 Rn. 50 ff.
[29] Vgl. BKartA v. 19. 6. 2002 – *Eurohypo*, WuW 2002, 1114 ff.
[30] Vgl. BKartA v. 26. 1. 1999 – *Stellenmarkt für Deutschland GmbH*, WuW/E DE-V 100 f.; v. 2. 12. 2003 – *ÖPNV Hannover*, WuW DE-V 891 ff.
[31] Zum Begriff siehe oben Rn. 5.
[32] BGH v. 8. 5. 2001 – *Ost-Fleisch*, WuW/E DE-R 711 ff.; *Bunte* in: Langen/Bunte, Kommentar zum deutschen und europäischen Kartellrecht, § 1 Rn. 252.

sichtlich des Wettbewerbs bei der Herstellung von Produkten. Ganz besonders wird dieses bei einer gemeinsamen **Vertriebsgesellschaft** für konkurrierende Produkte der Muttergesellschaften der Fall sein, denn eine solche schließt regelmäßig den Wettbewerb der Muttergesellschaften beim Absatz ihrer Produkte aus. Aber auch ein Gemeinschaftsunternehmen für **Vorprodukte,** an dem beim Endprodukt konkurrierende Unternehmen beteiligt sind, kann zu einer Beschränkung des Wettbewerbs beim Endprodukt führen, wenn der Anteil des Vorprodukts an den Kosten des Endprodukts einen spürbaren Anteil hat. Ebenso kann ein Gemeinschaftsunternehmen für den gemeinsamen Einkauf sowohl den Wettbewerb der Muttergesellschaften beim Endprodukt als auch den Nachfragewettbewerb gegenüber den Lieferanten beschränken.

In allen diesen Fällen ist im Einzelfall zu prüfen, ob die Voraussetzungen des § 1 erfüllt sind. Allerdings können gerade auch bei Gemeinschaftsunternehmen für gemeinsame Forschung und Entwicklung oder gemeinsame Fertigung die Voraussetzungen der EU-Gruppenfreistellungs-Verordnungen Nr. 2659/2000 (Vereinbarungen über Forschung und Entwicklung)[33] und Nr. 2658/2000 (Spezialisierungsvereinbarungen)[34] erfüllt sein; diese wären dann über § 2 Abs. 2 anwendbar.

Für die Prüfung, wann ein kooperatives Gemeinschaftsunternehmen die Voraussetzungen des § 1 erfüllt, lassen sich kaum allgemeine Aussagen machen, da es dazu einer Prüfung aller relevanten Umstände im Einzelfall bedarf. Gewisse Anhaltspunkte für die Beurteilung bietet hierbei allerdings die Bekanntmachung der Kommission über horizontale Zusammenarbeit.[35]

7. Fallgruppen

14   Es lassen sich folgende Fallgruppen bilden, bei denen eine gewisse Wahrscheinlichkeit besteht, dass die Kriterien des § 1 erfüllt sind:

a) Gemeinschaftsunternehmen mit konkurrierender Tätigkeit beider Muttergesellschaften. Bleiben die Muttergesellschaften auf den sachlichen und räumlichen Märkten des Gemeinschaftsunternehmens als Wettbewerber tätig, so ist dieses ein Indiz dafür, dass es zu einer Koordinierung des Wettbewerbsverhaltens der Muttergesellschaften kommt.[36] Die EU-Kommission sieht allerdings eine solche Koordination dann nicht als wahrscheinlich an, wenn der betreffende Markt durch niedrige Marktzutrittsschranken, zahlreiche Wettbewerber und Preisempfindlichkeit gekennzeichnet ist.[37]

b) Gemeinschaftsunternehmen mit Tätigkeit auf einer vorgelagerten Marktstufe. Ein Gemeinschaftsunternehmen, das auf einer vorgelagerten Marktstufe ausschließlich oder überwiegend für die Muttergesellschaft tätig ist, kann zu einer Beeinträchtigung des Wettbewerbs der Muttergesellschaften führen. Das gilt vor allem dann, wenn der Anteil der von dem Gemeinschaftsunternehmen zugelieferten Produkte an den Endprodukten erheblich ist; ganz besonders ist dies der Fall, wenn die Muttergesellschaften die vom Gemeinschaftsunternehmen hergestellten Produkte nur vertreiben (z. B. der Vertrieb der in einem Gemeinschaftsunternehmen hergestellten Großraumlimousinen durch die Muttergesellschaften).[38] Auch durch die **gemeinsame Fertigung** oder den **gemeinsamen Ein-**

---

[33] ABl. L 304/7 v. 5. 12. 2000.
[34] ABl. L 304/3 v. 5. 12. 2000.
[35] Bekanntmachung der Kommission – Leitlinien zur Anwendbarkeit von Art. 81 EG-Vertrag auf Vereinbarungen über horizontale Zusammenarbeit, ABl. C 3/2 ff. v. 6. 1. 2001.
[36] Vgl. BKartA v. 19. 6. 2002 – *Eurohypo,* WuW 2002, 1114 ff.; v. 2. 12. 2003 – *ÖPNV Hannover –* WuW DE-V 891–904; *Bunte* in: Langen/Bunte, Kommentar zum deutschen und europäischen Kartellrecht, § 1 Rn. 260.
[37] EG-Komm. v. 5. 5. 1999 – *Bertelsmann/VIAG/Game Channel,* WuW/E EU-V 350 ff. = WuW 1999, 1250 ff.
[38] EG-Komm. v. 22. 12. 1992 – *Ford/Volkswagen,* ABl. L 020 vom 28. 1. 1993, S. 14 ff.

kauf von Vorprodukten kann der Wettbewerb beim Endprodukt insbesondere dadurch beeinträchtigt werden, dass eine Differenzierung in den Produkteigenschaften oder den Fertigungskosten nicht oder nur noch eingeschränkt möglich ist. Wenn allerdings der Anteil des Vorprodukts an der Wertschöpfung gering ist, wird es an einer spürbaren Beeinträchtigung des Wettbewerbs fehlen. Das Gleiche gilt, wenn keines der beteiligten Mutterunternehmen allein in der Lage wäre, das Vorprodukt herzustellen, oder wenn dieses aus wirtschaftlichen Gründen ausscheidet. Außerdem kommt möglicherweise eine Anwendung der EU-Gruppenfreistellungs-Verordnung Nr. 2658/2000 (Spezialisierungsvereinbarungen)[39] in Betracht. Falls deren Voraussetzungen nicht vorliegen, sind die Voraussetzungen für eine Einzelfreistellung des § 2 Abs. 1 zu prüfen. Ähnliches gilt für die gemeinsame Forschung und Entwicklung in einem Gemeinschaftsunternehmen. Hier wird zwar möglicherweise der Entwicklungswettbewerb zwischen den Mutterunternehmen beschränkt und damit auch der Innovationswettbewerb für das Endprodukt. Aber § 1 scheidet umso eher aus, je ferner die gemeinsame Forschung und Entwicklung von den eigentlichen Endprodukten ist. Auch kann es sein, dass die beteiligten Unternehmen aus technischen oder wirtschaftlichen Gründen allein nicht in der Lage wären, die Entwicklung getrennt durchzuführen. Außerdem kommt hier ebenfalls eine Freistellungen auf Grund der EU-Gruppenfreistellungs-Verordnung Nr. 2659/2000 (Vereinbarungen über Forschung und Entwicklung)[40] oder eine Einzelfreistellung nach den §§ 2 Abs. 1 oder 3 in Betracht.

c) **Gemeinschaftsunternehmen auf nachgelagerten Marktstufen.** Hier kommen vor allem Verkaufsgemeinschaften in Betracht, über die die Muttergesellschaften ihre Produkte vertreiben. Diese werden meist zu einer Koordinierung des Absatzes der Muttergesellschaften führen, auch soweit keine Andienungspflicht besteht. Das gilt jedenfalls dann, wenn das Gemeinschaftsunternehmen die Produkte der Muttergesellschaften im eigenen Namen und für eigene Rechnung vertreibt. Tritt es lediglich als Agent für die Muttergesellschaften auf, so haben diese ein Weisungsrecht hinsichtlich der Preise und Konditionen; hier dürfte eine Koordinierung weniger wahrscheinlich sein. Ein Gemeinschaftsunternehmen zum Verkauf nicht-konkurrierender Erzeugnisse der Muttergesellschaften wird dagegen in der Regel nicht die Voraussetzungen des § 1 erfüllen.

8. Begleitende Wettbewerbsbeschränkungen

Auch Beschränkungen der an dem Gemeinschaftsunternehmen beteiligten Unternehmen untereinander oder zwischen diesen und dem Gemeinschaftsunternehmen über das Marktverhalten auf dem Tätigkeitsgebiet des Gemeinschaftsunternehmens fallen grundsätzlich unter § 1 GWB. Das gilt insbesondere für Wettbewerbsverbote[41] oder Markt- bzw. Kundenaufteilungen zwischen den Muttergesellschaften untereinander. Dagegen können die an dem Gemeinschaftsunternehmen beteiligten Unternehmen diesem Beschränkungen für dessen Wettbewerbsverhalten auferlegen. Hierbei handelt es sich um die Ausübung der gesellschaftsrechtlichen Leitungsmacht gegenüber dem Gemeinschaftsunternehmen. Insbesondere können die Muttergesellschaften dem Gemeinschaftsunternehmen Beschränkungen hinsichtlich seines Tätigkeitsgebietes (z. B. Produktspektrum, räumliche Ausdehnung der Tätigkeit) auferlegen.[42]

Auch **Wettbewerbsverbote** für die Muttergesellschaften **zugunsten** des Gemeinschaftsunternehmen werden von der EU-Kommission als mit der Durchführung des Zu-

---

[39] ABl. L 304 v. 5. 12. 2000, 3.
[40] ABl. L 304 v. 5. 12. 2000, 7.
[41] Bei einem konzentrativen Gemeinschaftsunternehmen kann für Wettbewerbsverbote zugunsten des Gemeinschaftsunternehmens etwas anderes gelten, siehe unten Rn. 17.
[42] Vgl. BGH v. 1. 12. 1981 – *Transportbeton-Vertrieb II*, WuW/E BGH1901, 1903; einschränkend *Zimmer* in: Immenga/Mestmäcker, GWB-Komm., § 1 GWB Rn. 336f.

sammenschlusses unmittelbar verbunden und für diesen notwendig angesehen („ancillary restraints"), wenn sich das Wettbewerbsverbot auf die Waren, Dienstleistungen und Gebiete bezieht, die in der betreffenden Gründungsvereinbarung oder in der Satzung als Tätigkeitsgebiet des Gemeinschaftsunternehmens vorgesehen sind. Dies gilt allerdings nur, soweit es sich um ein Vollfunktions-Gemeinschaftsunternehmen handelt und soweit sich das Wettbewerbsverbot nur auf die Muttergesellschaften bezieht, die das Gemeinschaftsunternehmen (mit-)beherrschen.[43]

Ähnliches gilt für Beschränkungen in Lizenzverträgen zwischen den Gründerunternehmen und dem Gemeinschaftsunternehmen. Bei Bezugs- und Lieferverpflichtungen zwischen den Gründerunternehmen und dem Gemeinschaftsunternehmen sollen die gleichen Grundsätze gelten wie bei der Übertragung von Unternehmen oder Unternehmensteilen; das bedeutet, dass solche Bindungen zumindest für eine Übergangszeit als notwendig und zulässig angesehen werden können.[44] Die entsprechende Bekanntmachung der EU-Kommission über „ancillary restraints" bindet zwar weder die deutschen Kartellbehörden noch die Gerichte bei den Anwendung des EU-Kartellrechts und erst recht nicht bei der Anwendung von § 1. Art. 3 Abs. 2 der VO 1/2003[45] verbietet jedoch bei Sachverhalten, die sich auf den innergemeinschaftlichen Handel auswirken, die Anwendung strengeren nationalen Rechts. Deshalb ist davon auszugehen, dass sich die deutschen Kartellbehörden und Gerichte bei der Anwendung des § 1 den Grundsätzen der EU-Kommission zu den notwendigen Wettbewerbsbeschränkungen bei Unternehmenszusammenschlüssen anschließen werden.

§ 2 Freigestellte Vereinbarungen

(1) **Vom Verbot des § 1 freigestellt sind Vereinbarungen zwischen Unternehmen, Beschlüsse von Unternehmensvereinigungen oder aufeinander abgestimmte Verhaltensweisen, die unter angemessener Beteiligung der Verbraucher an dem entstehenden Gewinn zur Verbesserung der Warenerzeugung oder -verteilung oder zur Förderung des technischen oder wirtschaftlichen Fortschritts beitragen, ohne dass den beteiligten Unternehmen**

1. Beschränkungen auferlegt werden, die für die Verwirklichung dieser Ziele nicht unerlässlich sind, oder

2. Möglichkeiten eröffnet werden, für einen wesentlichen Teil der betreffenden Waren den Wettbewerb auszuschalten.

(2) **¹Bei der Anwendung von Absatz 1 gelten die Verordnungen des Rates oder der Kommission der Europäischen Gemeinschaft über die Anwendung von Artikel 81 Abs. 3 des Vertrages zur Gründung der Europäischen Gemeinschaft auf bestimmte Gruppen von Vereinbarungen, Beschlüsse von Unternehmensvereinigungen und aufeinander abgestimmte Verhaltensweisen (Gruppenfreistellungsverordnungen) entsprechend. ²Dies gilt auch, soweit die dort genannten Vereinbarungen, Beschlüsse und Verhaltensweisen nicht geeignet sind, den Handel zwischen den Mitgliedstaaten der Europäischen Gemeinschaft zu beeinträchtigen.**

---

[43] Bekanntmachung der Kommission über Einschränkungen des Wettbewerbs, die mit der Durchführung von Unternehmenszusammenschlüssen unmittelbar verbunden und für diese notwendig sind, ABl. C 56 vom 5. 3. 2005, S. 29.

[44] Bekanntmachung der Kommission über Einschränkungen des Wettbewerbs, die mit der Durchführung von Unternehmenszusammenschlüssen unmittelbar verbunden und für diese notwendig sind, ABl. C 56 vom 5. 3. 2005, S. 29.

[45] Verordnung (EG) Nr. 1/2003 vom 16. 12. 2002 zur Durchführung der in den Artikeln 81 und 82 des Vertrags niedergelegten Wettbewerbsregeln, ABl. L 1 vom 4. 1. 2003, 1 ff.

§ 2. Freigestellte Vereinbarungen

Übersicht

	Rn.		Rn.
A. Allgemeines	1	2. Einzelfragen bei der Übernahme der GVOen in das deutsche Recht	158
I. Entstehungsgeschichte	1	a) Rechtsnatur der GVOen	158
II. Sinn und Zweck	3	b) Unmittelbare Anwendbarkeit	159
III. Systematik	5	c) Regelungstechnik der dynamischen Verweisung	160
1. Legalausnahme, Selbsteinschätzung	5	d) Grundsätze für die Auslegung der GVOen	161
2. Verhältnis zu Art. 81 EG	6	3. Aktuelle Gruppenfreistellungsverordnungen	162
3. Verhältnis zu § 1 GWB	7	a) Auflistung	162
4. Verhältnis von § 2 Abs. 1 und Abs. 2 GWB	8	b) Grundsystematik der GVOen	165
IV. Praktische Bedeutung	9	c) GVO 2658/2000 für Spezialisierungsvereinbarungen	168
B. Tatbestand	12	d) GVO 2659/2000 für Vereinbarungen über Forschung und Entwicklung	170
I. Europäische Auslegung	12	e) GVO 1790/1999 für Vertikalvereinbarungen	173
II. Tatbestand des § 2 Abs. 1 GWB	15	f) GVO 772/2004 für Technologietransfer-Vereinbarungen	180
1. Allgemeines	15	g) Sektorspezifische Regelungen	184
2. Verbesserung der Warenerzeugung oder -verteilung oder Beitrag zur Förderung des technischen oder wirtschaftlichen Fortschritts (Effizienzgewinne)	18	IV. Rechtsfolgen	195
3. Unerlässlichkeit der Wettbewerbsbeschränkung	27	1. Legalausnahme	195
4. Angemessene Beteiligung der Verbraucher am Gewinn	31	2. Selbsteinschätzung	198
5. Ausschaltung des Wettbewerbs	36	3. Nicht justitiabler Beurteilungsspielraum bei der Selbsteinschätzung?	200
6. Berücksichtigungsfähigkeit von Allgemeininteressen	40	4. Praktische Vorgehensweise bei der Selbsteinschätzung (kartellrechtliche Compliance)	201
7. Anwendungsfälle: Horizontalvereinbarungen	44	V. Darlegungs- und Beweislast	203
a) Normen- und Typenkartelle	46	1. Grundsatz	203
b) Konditionenkartelle	57	2. Erleichterungen der Darlegungs- und Beweislast	206
c) Spezialisierungskartelle	81	VI. Verhältnis zu anderen Vorschriften	208
d) Mittelstandskartelle	85	1. § 1 GWB	208
e) Einkaufskooperationen	86	2. § 3 GWB	209
f) Vermarktungskooperationen	103	3. §§ 19, 20 GWB, Art. 82 EG	210
g) Forschungs- und Entwicklungskooperationen	114	4. § 30 GWB	211
h) Sonstige Rationalisierungskartelle	115	5. Art. 81 EG	212
i) Strukturkrisenkartelle	130	6. §§ 2 bis 8 GWB a. F. (Altfälle)	213
j) Umweltschutz- und sonstige Kartelle	138		
k) Ministerkartelle	147		
8. Anwendungsfälle: Vertikalvereinbarungen	150		
III. Tatbestand des § 2 Abs. 2 GWB	154		
1. Verweis auf Gruppenfreistellungsverordnungen (GVOen)	154		

Schrifttum: *Bahr,* Die Behandlung von Vertikalvereinbarungen nach der 7. GWB-Novelle, WuW 2004 159 ff.; *Bauer/de Bronett,* Die EU-Gruppenfreistellungsverordnung für vertikale Wettbewerbsbeschränkungen, 2001; *Bechtold,* Grundlegende Umgestaltung des Kartellrechts: Zum Referentenentwurf der 7. GWB-Novelle, DB 2004, 235 ff.; *Bechtold/Buntscheck,* Die 7. GWB-Novelle und die Entwicklung des deutschen Kartellrechts 2003 bis 2005, NJW 2005, 2966 ff.; *BKartA,* Merkblatt des Bundeskartellamtes über die Kooperationsmöglichkeiten für kleinere und mittlere Unternehmen, 2007, abrufbar unter www.bundeskartellamt.de; *Bornkamm/Becker,* Die privatrechtliche Durchsetzung des Kartellverbots nach der Modernisierung des EG-Kartellrechts, ZWeR 2005, 213 ff.; *Eckstein,* Unternehmenswachstum mit Hilfe von Spezialisierungskartellen, 1971; *Dauner,* Einkaufsgemeinschaften im Kartellrecht, 1988; *Ehricke/Blask,* Dynamischer Verweis auf Gruppenfreistellungsverordnungen im neuen GWB?, JZ 2003, 722 ff.; *Fuchs,* Die Gruppenfreistellungsverordnung als Instrument der europäischen Wettbewerbspolitik im System der Legalausnahme, ZWeR 2005, 1 ff.; *ders.,* Die 7. GWB-

§ 2 GWB 1, 2   10. Teil. Gesetz gegen Wettbewerbsbeschränkungen

Novelle – Grundkonzeption und praktische Konsequenzen, WRP 2005, 1384 ff.; *Hartmann-Rüppel/Wagner*, Die „Stellenmarkt für Deutschland"-Entscheidung des BGH, ZWeR 2004, 128 ff.; *Hartog/Noack*, Die 7. GWB-Novelle, WRP 2005, 1396 ff.; *Heutz*, Legalausnahme und Gruppenfreistellungsverordnungen im System der VO (EG) Nr. 1/2003, WuW 2004, 1255 ff.; *Hirsch*, Anwendung der Kartellverfahrensordnung (EG) Nr. 1/2003 durch nationale Gerichte, ZWeR 2003, 233 ff.; *Jaeger*, Die möglichen Auswirkungen einer Reform des EG-Wettbewerbsrechts für die nationalen Gerichte, WuW 2000, 1062 ff.; *Jung*, Kartelle als Gegengift bei krisenbedingtem Ausscheidungswettbewerb – Eine vergleichende Betrachtung des deutschen, europäischen und US-amerikanischen Kartellrechts, ZWeR 2007, 141 ff.; *Kahlenberg/Haellmigk*, Referentenentwurf der 7. GWB-Novelle: Tief greifende Änderungen des deutschen Kartellrechts, BB 2004, 389 ff.; *Kasten*, Vertikale (Mindest-)Preisbindung im Licht des „more economic approach", WuW 2007, 994 ff.; *Keßler*, Einkaufsgemeinschaften im Lichte des deutschen und europäischen Kartellrechts, WuW 2002, 1162 ff.; *Kirchhoff*, Sachverhaltsaufklärung und Beweislage bei der Anwendung des Art. 81 EG-Vertrag, WuW 2004, 745 ff.; *Koch*, Beurteilungsspielräume bei der Anwendung des Art. 81 Abs. 3 EG, ZWeR 2005, 380 ff.; *Liebscher/Flohr/Peitsche*, Handbuch der EU-Gruppenfreistellungsverordnungen, 2003; *Loest/Bartlik*, Standards und Europäisches Wettbewerbsrecht, ZWeR 2008, 41 ff.; *Lübbig*, „… et dona ferentes": Anmerkungen zur neuen EG-Gruppenfreistellungsverordnung im Bereich des Technologietransfers, GRUR 2004, S. 483 ff.; *Lukes*, Überbetriebliche technische Normen im Recht der Wettbewerbsbeschränkungen, in Mestmäcker (Hrsg.), Wettbewerb als Aufgabe, S. 147 ff.; *Möhlenkamp*, Verbandskartellrecht – trittfeste Pfade in unsicherem Gelände, WuW 2008, 428 ff.; *Müller*, Neue Leitlinien zur Anwendung des Art. 81 III EG im Legalausnahmesystem der Kartellverordnung 1/2003, WRP 2004, 1472 ff.; *Quellmalz*, Die Justitiabilität des Art. 81 Abs. 3 EG und die nichtwettbewerblichen Ziele des EG-Vertrages, WRP 2004, 461 ff.; *Schmitt*, Kartellrechtliche Beurteilung von Kundenschutzklauseln in Austauschverträgen, WuW 2007, 1096 ff.; *Schulte*, Preisbindung in Verbundgruppen, WRP 2005, 1500 ff.; *Schumacher*, Sonstige Kartelle, § 7 GWB und Umweltschutzkartelle, WuW 2001, 121 ff.; *Schweda*, Die Bindungswirkung von Bekanntmachungen und Leitlinien der Europäischen Kommission, WuW 2004, 1133 ff.; *Schwintowski/Klaue*, Kartellrechtliche und gesellschaftsrechtliche Konsequenzen des Systems der Legalausnahme für die Kooperationspraxis der Unternehmen, WuW 2005, 370 ff.; *Sosnitza/Hoffmann*, Die Zukunft der vertikalen Preisbindung im Europäischen Kartellrecht, AG 2008, 107 ff.; *Wagner*, Der Systemwechsel im EG-Kartellrecht – Gruppenfreistellungen und Übergangsproblematik, WRP 2003, 1369 ff.; *Walther/Baumgartner*, Standardisierungs-Kooperationen und Kartellrecht, WuW 2008, 158 ff.; *Werner*, Unternehmerische Kooperation zur Steigerung der Leistungsfähigkeit, 1985; *Westermann*, Einkaufskooperationen der öffentlichen Hand nach der Feuerlöschzüge-Entscheidung des BGH, ZWeR 2003, 481 ff.; *Zapfe*, Konditionenkartelle nach der 7. GWB-Novelle, WuW 2007, 1230 ff.; vgl. überdies die Literatur zu § 1 GWB.

A. Allgemeines

I. Entstehungsgeschichte

1 Die Vorschrift des § 2 GWB wurde mit der **7. GWB-Novelle 2005** zur Angleichung an die Rechtslage im europäischen Kartellrecht eingeführt. Die Neufassung des § 2 GWB erfolgte zur Harmonisierung des nationalen mit dem europäischen Kartellrecht. Nach Art. 3 (EU-)Verordnung 1/2003 kommt Art. 81 EG gegenüber den deutschen Regeln für zwischenstaatliche Sachverhalte der Vorrang zu, so dass nationales Kartellrecht im Anwendungsbereich des Gemeinschaftsrechtes mit diesem im Einklang stehen muss. Daher erschien es konsequent, einen vollständigen Systemwechsel und eine Angleichung der **§§ 1 bis 18 GWB a. F.** an das Gemeinschaftsrecht des Art. 81 EG durchzuführen, auch wenn die bisherige wettbewerbspolitisch als sachgerecht angesehene deutsche Systematik aufgegeben werden musste.[1]

2 Mit der Angleichung an Art. 81 EG wurde insbesondere eine Anpassung der deutschen Freistellungsregelungen an das europäische Recht erforderlich. Als Ausgleich zu dem um-

---

[1] Begr. RegE 7. GWB-Novelle, BT DS 15/3640, S. 21. Siehe dazu ausführlich oben Vorbemerkung zu §§ 1 bis 3 GWB Rn. 1 ff.

§ 2. Freigestellte Vereinbarungen 3, 4 § 2 GWB

fassenden Verbot des Art. 81 Abs. 1 EG bietet das Gemeinschaftsrecht eine differenzierte Betrachtung wettbewerbsbeschränkender Verhaltensweisen: es existiert die (Einzel-)Freistellung nach der Generalklausel des Art. 81 Abs. 3 EG und die Freistellung durch spezifisch formulierte Gruppenfreistellungsverordnungen. Das europäische Generalklauselprinzip unter Ergänzung durch Gruppenfreistellungsverordnungen wurde nun mit der 7. GWB-Novelle 2005 als § 2 GWB in das deutsche Recht übernommen. § 2 GWB tritt an die Stelle der **bisherigen §§ 2 bis 8 GWB a. F. sowie §§ 15 bis 18 GWB a. F.**, wobei allerdings die Regelung des **§ 15 GWB a. F. jetzt in § 30 GWB** zu finden ist. Insbesondere die eher kasuistisch geprägten Freistellungsmöglichkeiten für Horizontalvereinbarungen in §§ 2 bis 6 GWB (Normen- und Typenkartelle gemäß § 2 Abs. 1 GWB a. F.; Konditionenkartelle gemäß § 2 Abs. 2 GWB a. F.; Spezialisierungskartelle gemäß § 3 GWB a. F.; mittelständische Einkaufsgemeinschaften gemäß § 4 Abs. 2 GWB a. F.; Rationalisierungskartelle gemäß § 5 GWB a. F.; Strukturkrisenkartelle gemäß § 6 GWB a. F.), die „kleine" Generalklausel in § 7 GWB a. F. („Sonstige Kartelle") und die Ministererlaubnis nach § 8 GWB a. F. wurden zugunsten einer an Art. 81 Abs. 3 EG angeglichenen allgemeinen Generalklausel abgeschafft. Nur die Ausnahme für Mittelstandskartelle **aus § 4 Abs. 1 GWB a. F. besteht in § 3 GWB n. F.** weiter.

II. Sinn und Zweck

Vereinbarungen können, auch wenn sie den Wettbewerb beschränken, durch ihre Effizienzgewinne wettbewerbsfördernde Wirkungen haben, indem beispielsweise Produktionskosten gesenkt werden, die Produktqualität verbessert, ein neues Produkt entwickelt oder der Vertrieb effizienter wird.[2] Wenn in einem solchen Fall die wettbewerbsfördernden Wirkungen einer Vereinbarung schwerer wiegen als ihre wettbewerbsbeschränkenden Effekte, ist die Vereinbarung für den Wettbewerb insgesamt förderlich. Der Zweck des **§ 2 Abs. 1 GWB** ist es, eine Freistellung solcher Vereinbarungen im Einzelfall unter bestimmten Voraussetzungen zu ermöglichen. § 2 Abs. 1 GWB enthält insoweit eine **Generalklausel**, die unabhängig von der Fallgestaltung eine Freistellung in allen in Betracht kommenden Fällen ermöglichen soll. Die von § 2 Abs. 1 GWB privilegierten Interessen sind wettbewerblicher Natur. Mit dem gesellschaftspolitischen, auf die Gewährleistung der Handlungsfreiheit gerichteten Schutzzweck des GWB[3] ist es grundsätzlich unzulässig, allgemein ökonomische Effizienz ohne hinreichend konkreten Marktbezug oder allgemeine öffentliche Interessen (z.B. Umweltschutz, Verbraucherschutz, Arbeitsplätze) zu berücksichtigen.[4] § 2 Abs. 1 GWB wurde mit der 7. GWB-Novelle 2005 in das GWB eingeführt, um das deutsche Recht an die Regelung des Art. 81 Abs. 3 EG anzupassen;[5] das gilt auch für Sachverhalte, auf die Art. 81 Abs. 3 EG mangels Zwischenstaatlichkeit nicht anwendbar ist. Die **Auslegungspraxis zu Art. 81 Abs. 3 EG** hat deshalb besonderes **Gewicht** für die Auslegung des § 2 Abs. 1 GWB, und zwar unabhängig davon, ob ein zwischenstaatlicher Sachverhalt vorliegt.[6] Daneben kann aber im Regelfall auch die **bisherige Praxis** zu Freistellungen für bestimmte horizontale Abreden gemäß **§§ 2 bis 7 GWB a. F.** als Auslegungshilfe herangezogen werden.[7]

3

Neben der Übernahme des Generalklauselprinzips in § 2 Abs. 1 GWB entschied sich der deutsche Gesetzgeber auch dafür, das Instrument der EU-Gruppenfreistellung (GVO) über die in **§ 2 Abs. 2 S. 1 GWB** festgeschriebene Verweisung zu übernehmen. Damit

4

---

[2] Vgl. EU-Kommission, Leitlinien für vertikale Beschränkungen, Tz. 115 ff.
[3] Dazu ausführlich bei § 1 Rn. 6.
[4] Vgl. unten Rn. 40 ff., siehe jedoch die teilweise großzügige Praxis der EU-Kommission beispielsweise für Umweltschutzvereinbarungen unten Rn. 138 ff.
[5] Dazu oben Rn. 1 und 2.
[6] Dazu eingehend unten Rn. 12 ff.
[7] Dazu eingehend Rn. 14. Zur früheren Fallpraxis nach §§ 2 bis 7 GWB a. F. vgl. unten Rn. 44 ff.

soll vor allem eine Konkretisierung des generalklauselartigen Freistellungstatbestandes des § 2 Abs. 1 GWB in der praktischen Anwendung erreicht werden.[8] Das Rechtsinstrument der GVO wurde auf Ebene des Gemeinschaftsrechtes im Anmeldesystem wegen der großen Zahl von Einzelfreistellungsgesuchen nach Art. 81 Abs. 3 EG erforderlich, die die Kommission bearbeiten musste. Die Formulierung von Gruppen von Freistellungstatbeständen, die die Freistellungsvoraussetzungen des Art. 81 Abs. 3 EG erfüllen, brachte hier Abhilfe. Gemäß **§ 2 Abs. 2 S. 2 GWB** ist klargestellt, dass EU-Gruppenfreistellungsverordnungen auch dann gelten sollen, wenn kein zwischenstaatlicher Sachverhalt vorliegt, also EU-Kartellrecht keine Anwendung findet; auch dies ist Ausdruck des Willens des Gesetzgebers, das deutsche Recht möglichst vollständig mit dem europäischen Recht zu harmonisieren. Auf europäischer Ebene ist der Rechtscharakter der Gruppenfreistellungen als Legalausnahme allerdings nicht vollständig klar.[9] Da der Verweis in § 2 Abs. 2 GWB aber im Hinblick auf die Inkorporation der GVOen konstitutive Wirkung hat, spielen die auf europäischer Ebene hierzu diskutierten Fragen im deutschen Recht keine Rolle.

III. Systematik

1. Legalausnahme, Selbsteinschätzung

5 Die Freistellung durch § 2 Abs. 1 oder Abs. 2 GWB wirkt als Legalausnahme.[10] Im Gegensatz zur alten Rechtslage vor der 7. GWB-Novelle 2005 bringt dies vor allem für Horizontalvereinbarungen eine bedeutende Neuerung. Es ist nun bei wettbewerbsbeschränkenden Horizontalvereinbarungen **kein administratives Freistellungsverfahren**, insbesondere keine Anmeldung mehr erforderlich, um die Wirksamkeit einer Vereinbarung durch fehlenden Widerspruch (§ 9 Abs. 1 und Abs. 3 GWB a. F.) bzw. durch Freistellungsverfügung als konstitutive behördliche Entscheidung (§ 10 GWB a. F.) zu erreichen.[11] Aus diesem Grund wurden auch die entsprechenden Verfahrensregelungen in §§ 9 bis 13 GWB a. F. aufgehoben. **Die getroffenen horizontalen oder vertikalen Vereinbarungen sind per se wirksam, wenn sie die Freistellungsvoraussetzungen des § 2 GWB erfüllen.** Das zu prüfen und zu bewerten ist Aufgabe der Unternehmen selbst ("**Selbsteinschätzung**").[12]

Der **Wortlaut** des § 2 Abs. 1 GWB ("freigestellt sind") weicht von dem des Art. 81 Abs. 3 EG ("können für nicht anwendbar erklärt werden") ab. Damit wird das **System der Legalausnahme** zumindest für das deutsche Recht **festgeschrieben.** Das vermeidet die Probleme, die der Systemwechsel im Gemeinschaftsrecht mit sich bringt. Dort nämlich ist nicht geklärt, ob der vom Anmeldesystem ausgehende Wortlaut des Art. 81 Abs. 3 EG die in der VO 1/2003 festgeschriebene Legalausnahme überhaupt trägt oder ob die VO 1/2003 gemeinschaftsrechtswidrig ist.[13]

2. Verhältnis zu Art. 81 EG

6 In zwischenstaatlichen Sachverhalten genießt gem. § 22 GWB die Beurteilung nach Art. 81 EG Vorrang vor der Bewertung nach GWB.[14] Das gilt sowohl für den Verbotstat-

---

[8] Begr. RegE 7. GWB-Novelle, BT DS 15/3640, S. 25.
[9] Vgl. dazu Kommentierung VO 1/2003 (VerfVO) Art. 1 Rn. 4 ff.; Art. 7 Rn. 1; Art. 17 Rn. 4.
[10] Eingehend zu den Rechtsfolgen der Legalausnahme unten Rn. 195 ff.
[11] Begr. RegE 7. GWB-Novelle, BT DS 15/3640, S. 44.
[12] Zur Handhabung in: der Praxis vgl. unten Rn. 198 ff.
[13] Siehe im Einzelnen die Kommentierung zur VO 1/2003 (VerfVO) Art. 1 Rn. 4 ff.
[14] Siehe im Einzelnen die Kommentierung zu § 22 GWB. Zur Zwischenstaatlichkeit Art. 81 Abs. 1 EG Rn. 178 ff.; zu Mittelstandskartellen § 3 GWB Rn. 67.

bestand des Art. 81 Abs. 1 EG als auch für die Gruppen- oder Einzel-Freistellung nach Art. 81 Abs. 3 EG. Damit tritt in diesen Fällen § 2 GWB hinter Art. 81 Abs. 3 EG zurück.

3. Verhältnis zu § 1 GWB

§ 2 GWB ist eine Ausnahmevorschrift zum Verbot des § 1 GWB und regelt eine Freistellung von dessen Verbot. **§ 2 Abs. 1 GWB** ist dabei **Art. 81 Abs. 3 EG nachgebildet.** Daran schließt § 2 Abs. 2 GWB an, der auf die europäischen **Gruppenfreistellungsverordnungen** zur Konkretisierung des Anwendungsbereiches des Art. 81 Abs. 3 EG verweist. Das gilt, wie § 2 Abs. 2 S. 2 GWB klarstellt, auch dann, wenn europäisches Recht und damit auch eine Gruppenfreistellungsverordnung mangels Zwischenstaatlichkeit gar keine Anwendung findet. Die Freistellung erfasst z.B. Vertikalvereinbarungen einschließlich Technologietransfer im Patent- und Know-how-Bereich, aber auch verschiedene Gruppen von Horizontalvereinbarungen wie Spezialisierungsvereinbarungen sowie Forschungs- und Entwicklungskooperationen.[15] Einer Freistellung gemäß § 2 GWB ist die Frage **vorgelagert,** ob überhaupt das **Verbot des § 1 GWB** eingreift. Insbesondere gilt das für das auch weiterhin geltende Kriterium der Spürbarkeit der Vereinbarung[16] sowie für ungeschriebene Tatbestandsreduktionen. Zur schwierigen Abgrenzung von nicht tatbestandsmäßigen Vereinbarungen einerseits und wettbewerbsbeschränkenden, aber freigestellten Vereinbarungen andererseits, vgl. oben.[17]

4. Verhältnis von § 2 Abs. 1 und Abs. 2 GWB

§ 2 GWB ist an Art. 81 Abs. 3 EG angelehnt.[18] Aus dem systematischen Zusammenhang von § 2 Abs. 1 GWB mit § 2 Abs. 2 GWB wird deutlich, dass die dem europäischen Recht innewohnende Systematik der Unterscheidung von Einzelfreistellung nach einer Generalklausel einerseits und Gruppenfreistellung andererseits nunmehr auch den deutschen Ausnahmen zu § 1 GWB zugrunde liegt. Unter **§ 2 Abs. 1 GWB** fallen ausschließlich die **Einzelfreistellungen. § 2 Abs. 2 GWB** regelt die Möglichkeit der **gruppenweisen Freistellung.** Die Unterscheidung zwischen der Einzelfreistellung und Gruppenfreistellungsverordnung hat mit dem Wechsel zum System der Legalausnahme an Bedeutung verloren, weil die Unternehmen auch in dem Fall, in dem eine Gruppenfreistellung ausscheidet, keine Anmeldung durchführen. Ob eine Freistellung nach § 2 Abs. 1 GWB oder § 2 Abs. 2 GWB vorliegt, ist im Ergebnis zweitrangig. Allerdings ist zu bedenken, dass letztlich die in § 2 Abs. 2 GWB in Bezug genommenen Gruppenfreistellungsverordnungen nur spezielle Ausprägungen der Anforderungen des § 2 Abs. 1 GWB sind und die gruppenweise freigestellten Vereinbarungen grundsätzlich die Voraussetzungen des § 2 Abs. 1 GWB erfüllen werden.[19] Zudem sind Gruppenfreistellungsverordnungen auch tatbestandsmäßig konkreter gefasst und von den Unternehmen regelmäßig leichter darzulegen. Daher liegt es nahe, zumindest in der Praxis dem **§ 2 Abs. 2 GWB** einen **Anwendungsvorrang** einzuräumen und auf die allgemeineren Formulierungen des § 2 Abs. 1 GWB dann zurückzugreifen, wenn eine Gruppenfreistellung – beispielsweise auf Grund zu hoher Marktanteile – ausscheidet.[20] Das ändert nichts daran, dass beide Freistellungstatbestände nebeneinander anwendbar sind.[21] Zur Indizwir-

---

[15] Vgl. unten Rn. 161 ff.
[16] Vgl. § 1 Rn. 142 ff.
[17] § 1 Rn. 152 ff.
[18] Begr. RegE 7. GWB-Novelle, BT DS 15/3640, S. 25.
[19] *Fuchs* ZWeR 2005, 1, 5.
[20] *Wagner* WRP 2003, 1369, 1378; *Jaeger* WuW 2000, 1062, 1066; *Fuchs* in: Immenga/Mestmäcker, GWB, § 2 Rn. 23; *Bechtold*, GWB, § 2 Rn. 8. Enger wohl *Bunte* in: Langen/Bunte § 2 GWB Rn. 61: Rückgriff auf § 2 Abs. 1 GWB nur in Ausnahmefällen möglich.
[21] Begr. RegE 7. GWB-Novelle, BT DS 15/3640, S. 25.

kung von Gruppenfreistellungsverordnungen für die Anwendung des § 2 Abs. 1 GWB unten.[22]

IV. Praktische Bedeutung

9 Die Bedeutung der deutschen Freistellungsregelungen hat sich mit Inkrafttreten der EU VO 1/2003 zum 1. Mai 2004 reduziert.[23] Seitdem verpflichtet Art. 3 Abs. 1 VO 1/2003 zur **parallelen Anwendung von Art. 81 EG** neben den nationalen Regelungen der §§ 1 bis 3 GWB in zwischenstaatlichen Sachverhalten, vgl. § 22 Abs. 1 und 2 GWB. Insoweit räumt Art. 3 Abs. 2 VO 1/2003 der Anwendung des **Art. 81 EG** in zwischenstaatlichen Sachverhalten **Vorrang** ein.[24] Wirklich eigenständig kann die Freistellungsregelung in § 2 GWB damit nur noch auf nicht zwischenstaatliche wettbewerbsbeschränkende Abreden angewendet werden, also insbesondere auf Abreden von begrenzter regionaler Reichweite. Im nicht zwischenstaatlichen Bereich ist die praktische Bedeutung der Freistellung durch § 2 GWB aber nicht zu unterschätzen.

10 Das gilt zunächst für **§ 2 Abs. 2 GWB.** Er stellt eine Vielzahl von eigentlich wettbewerbsbeschränkenden Vereinbarungen durch Gruppenfreistellungsverordnungen frei.[25] Zu nennen sind hier **Vertikalvereinbarungen,** also Vereinbarungen zwischen Unternehmen auf verschiedenen Marktstufen.[26] Beispielsweise gibt es seit der 7. GWB-Novelle 2005 im GWB kein spezielles Verbot für vertikale Preisbindungen mehr, so dass solche Preisbindungen von § 1 GWB erfasst werden; § 2 Abs. 2 GWB gewährt bei Anwendbarkeit der Vertikal GVO hiervon Ausnahmen. Ähnliches gilt für vertikale Konditionenbindungen. Diese fallen zwar ebenfalls unter § 1 GWB; § 2 Abs. 2 GWB in Verbindung mit der Vertikal GVO stellt vertikale Konditionenbindungen jedoch in erheblichem Umfang frei. Hinsichtlich anderer Vertikalbindungen wird ebenso ein ganz wesentlicher Teil der wettbewerblichen Beurteilung über § 2 Abs. 2 GWB in Verbindung mit Gruppenfreistellungsverordnungen, insbesondere der Vertikal GVO, der Technologietransfer GVO oder der branchenspezifischen Gruppenfreistellungsverordnung für den Kraftfahrzeugsektor 1400/2002, dem Verbot des § 1 GWB entzogen. – Auch zahlreiche Wettbewerbsbeschränkungen in **Horizontalvereinbarungen**[27] sind durch § 2 Abs. 2 GWB iVm. einer GVO freigestellt; beispielhaft sei hier die GVO Spezialisierungsvereinbarungen genannt.

11 Die praktische Relevanz des **§ 2 Abs. 1 GWB** ist ebenfalls groß.[28] Die GVOen – schon wegen ihres teilweise sehr engen Anwendungsbereiches – decken viele Fälle nicht ab; das gilt vor allem – aber nicht nur – für Horizontalvereinbarungen, weil diese weniger durch GVOen reguliert sind.[29]

Trotz der großen praktischen Bedeutung von Freistellungen nach § 2 GWB **fehlt** es an einschlägigem **Zahlenmaterial.** Früher – als noch die Administrativfreistellung die Regel war – veröffentlichte z. B. das BKartA in seinen Tätigkeitsberichten detaillierte Angaben, wie viele Kartelle freigestellt wurden. Durch den Wechsel zur Legalausnahme[30] seit der 7. GWB-Novelle 2005 besteht keine hinreichende Transparenz mehr für das BKartA, um genauere Zahlenangaben zur praktischen Bedeutung der Freistellung nach

---

[22] Rn. 151.
[23] Siehe dazu oben Rn. 1 ff.
[24] Vgl. Rn. 1, 6a.
[25] Zum Ganzen unten Rn. 154 ff.
[26] Näher § 1 Rn. 100 ff.
[27] Eingehend § 1 Rn. 99.
[28] *Müller* WRP 2004, 1472, 1473.
[29] *Fuchs* in: Immenga/Mestmäcker, GWB, § 2 Rn. 32.
[30] Eingehend Rn. 195 ff.

§ 2. Freigestellte Vereinbarungen 12, 13 § 2 GWB

§ 2 GWB machen zu können.³¹ Auch die Enquetebefugnis nach § 32e GWB hilft hier wenig.³²

B. Tatbestand

I. Europäische Auslegung

Angesichts der tatbestandsmäßigen Unbestimmtheit und Weite des § 2 GWB wurden auch auf gemeinschaftsrechtlicher Ebene Zweifel an der hinreichenden Bestimmtheit der Regelung geäußert, die aber auch im deutschen Recht nicht durchgreifen sollten. Jedoch ist zu bedenken, dass sich die Vorschrift im System der Legalausnahme unmittelbar an die Unternehmen richtet, die ihr eigenes Verhalten zu bewerten und die Folgen von Fehleinschätzungen im Rahmen der eigenen Bewertung sowie bei der Rechtsanwendung durch die Gerichte und Behörden zu tragen haben.³³ Vor diesem Hintergrund stellt sich die Frage nach **Auslegungsmaximen** für den generalklauselartigen Freistellungstatbestand besonders dringend. 12

In der Praxis wird für die Auslegung der Freistellungstatbestände die Auslegungspraxis zu **Art. 81 EG überragende Bedeutung haben.** Immerhin wollte der Gesetzgeber mit der 7. GWB-Novelle 2005 die Bestimmungen des deutschen Rechts für wettbewerbsbeschränkende Vereinbarungen, Beschlüsse und abgestimmte Verhaltensweisen mit Art. 81 EG harmonisieren³⁴ und mit der europäischen Terminologie auch die zu Art. 81 Abs. 3 EG ergangene Rechtsprechung und Praxis weitgehend übernehmen.³⁵ Insbesondere sei deshalb auf die Kommentierung des Art. 81 Abs. 3 EG verwiesen. 13

Auslegungshilfen ergeben sich aus **Leitlinien und Bekanntmachungen** der EU-Kommission zu Art. 81 Abs. 1 und Abs. 3 EG.³⁶ Diese erläutern, wie die Europäische Kommission die einzelnen Voraussetzungen des Art. 81 Abs. 3 EG (§ 2 Abs. 1 GWB) oder auch Gruppenfreistellungsverordnungen (§ 2 Abs. 2 GWB) auslegt. Ihnen kommt für die Praxis eine nicht zu unterschätzende Bedeutung zu. Im Gegensatz zu den Gruppenfreistellungsverordnungen haben die Bekanntmachungen und Leitlinien der Kommission jedoch **keine Rechtsnormqualität.** Auf Gemeinschaftsebene binden sie nur die Kommission selbst, vergleichbar der Bindungswirkung deutscher Verwaltungsvorschriften für die veröffentlichende Behörde, wenn auch unter dem Vorbehalt flexibler Anwendung.³⁷ Leit-

---

³¹ BKartA TB 2005/2006, S. 10.
³² *Bunte* in: Langen/Bunte § 2 GWB Rn. 10; *Fuchs* in: Immenga/Mestmäcker, GWB, § 2 Rn. 31.
³³ Vgl. oben Rn. 5 ff.
³⁴ Begr. RegE 7. GWB-Novelle, BT DS 15/3640, S. 21.
³⁵ Begr. RegE 7. GWB-Novelle, BT DS 15/3640, S. 25; *Hartmann-Rüppel/Wagner* ZWeR 2004, 128, 132.
³⁶ Vgl. Leitlinien zur Anwendung von Art. 81 Absatz 3 EG-Vertrag, ABl. EG Nr. C 101 vom 27. 4. 2004, S. 97 ff.; Leitlinien zur Anwendbarkeit von Art. 81 EG auf Vereinbarungen über horizontale Zusammenarbeit, ABl. EG Nr. C 3 vom 6. 1. 2001, S. 2 ff.; Leitlinien für vertikale Beschränkungen, ABl. EG Nr. C 291 vom 13. 10. 2000, S. 1 ff.; Leitlinien zur Anwendung von Art. 81 EG-Vertrag auf Technologietransfer-Vereinbarungen, ABl. EG C 101 vom 27. 4. 2004, S. 2 ff.; Leitlinien für die Anwendung von Art. 81 EG-Vertrag auf Seeverkehrsdienstleistungen vom 1. 7. 2008, SEK(2008) 2151 endgültig; Bekanntmachung der Kommission über Vereinbarungen von geringer Bedeutung, die den Wettbewerb gemäß Art. 81 Absatz 1 EG nicht spürbar beschränken (de minimis Bekanntmachung), ABl. EG Nr. C 368 vom 22. 12. 2001, S. 13 ff.; Bekanntmachung der Kommission über die Definition des relevanten Marktes im Sinne des Wettbewerbsrechts der Gemeinschaft, ABl. EG Nr. C 372 vom 9. 12. 1997, S. 5 ff.; Bekanntmachung zur Wirkung auf den in Art. 81 und 82 des Vertrags enthaltenen Handelsbegriff, ABl. EG Nr. C 101 vom 27. 4. 2004, S. 81 ff.
³⁷ Vgl. nur *Müller* WRP 2004, 1472, 1477.

linien und Bekanntmachungen entfalten nach der zutreffenden herrschenden Auffassung grundsätzlich **keine unmittelbare rechtliche Bindungswirkung** für nationale Kartellbehörden und Gerichte.[38] Das wird dadurch unterstrichen, dass der deutsche Gesetzgeber der 7. GWB-Novelle 2005 den ursprünglich im Regierungsentwurf (§ 23 GWB-RegE) vorgesehenen Grundsatz des europafreundlichen Verhaltens, der eine gewisse Bindungswirkung an Auffassungen der EU-Kommission ausgelöst hätte, ersatzlos gestrichen hat. Eine solche würde auch Probleme hervorrufen, weil die Leitlinien nicht immer mit der höchstrichterlichen Rechtsprechung harmonieren.[39] Gleichwohl besteht zumindest eine faktische Bindungswirkung, weil die Praxis der deutschen Kartellbehörden und Gerichte kaum ohne Not von den Vorgaben aus Leitlinien und Bekanntmachungen der Kommission abweichen wird;[40] bei Abweichung müsste grundsätzlich spätestens der Bundesgerichtshof die Sache dem EuGH vorlegen (Art. 234 EG). Als Anhaltspunkt für die Rechtsanwendung durch die Gerichte, die Vorhersehbarkeit der Entscheidungen und die Selbsteinschätzung der Unternehmen werden sie eine unerlässliche Hilfestellung für die Praxis sein.

14   Die **deutsche Rechtsprechung und Verwaltungspraxis** bis zur 7. GWB-Novelle 2005, namentlich zu den Freistellungstatbeständen für bestimmte horizontale Abreden gem. §§ 2 bis 7 GWB a. F.,[41] kann als **Auslegungshilfe zu § 2 Abs. 1 GWB** herangezogen werden.[42] Das gilt in zwei Hinsichten: Erstens ist denkbar, dass das europäische Recht bestimmte Fragen noch nicht beantwortet hat. Das ist insbesondere im System der Legalausnahme mit Selbsteinschätzung misslich. Dann kann der deutschen Praxis eine wichtige Rolle bei der Entscheidungsfindung zukommen, selbst wenn ein zwischenstaatlicher Sachverhalt vorliegt. Denn es geht hier nicht um eine vom EU-Recht abweichende Anwendung des § 2 GWB, sondern um eine bloße Konkretisierungshilfe auch für die EU-rechtliche Beurteilung. – Zweitens kann das deutsche Recht einen autonomen Standpunkt einnehmen, wenn die EU-rechtliche Beurteilung von Kriterien getragen wird, die dem deutschen Recht trotz der erfolgten kartellrechtlichen Harmonisierung fremd sind. Beispielsweise im Hinblick auf die Verwirklichung des Binnenmarktziels oder anderer originärer Gemeinschaftspolitiken ist ein vollständiger Nachvollzug durch

---

[38] OLG Düsseldorf WuW/E DE-R 1610, 1611 – *Filigranbetondecken* und OLG Düsseldorf WuW/E DE-R 2146, 2151 f. – *Nord-KS/Xella*, jeweils für die Leitlinien zum zwischenstaatlichen Handel; OLG München WuW/E DE-R 991, 992 – *Tankstelle Gemering* für die Bagatellbekanntmachung; LG Frankfurt a. M. WuW/E DE-R 1200, 1201 – *Autovermietungsagenturen* für die Bagatellbekanntmachung; LG München I WuW/E DE-R 633, 637 – *Deggendorfer Transportbeton* für die Bagatellbekanntmachung; *Pohlmann* WuW 2005, 1005; *Hartmann-Rüppel/Wagner* ZWeR 2004, 128, 132; *Jestaedt/Bergau* WuW 1998, 119, 131; *Kulka* in: Frankfurter Kommentar Art. 81 Abs. 1, 3 EG-Vertrag Fallgruppe II.1. Rn. 121; *Fuchs* in: Immenga/Mestmäcker, GWB, § 2 Rn. 38; *Bauer/de Bronett*, Die EG-Gruppenfreistellungsverordnung für vertikale Wettbewerbsbeschränkungen, Rn. 245; **a. A.** (für eine Bindungswirkung für nationale Behörden und Gerichte) *Schweda* WuW 2004, 1133, 1139; *Hirsch* ZWeR 2003, 233, 247.

[39] Vgl. z. B. die Äußerungen der Kommission zu den Handelsvertretern in den Leitlinien für vertikale Beschränkungen, Tz. 12 ff. Siehe ferner *Bechtold* EWS 2001, 49 (53).

[40] Vgl. nur den Vorbildcharakter der Bagatellbekanntmachung der EU-Kommission für die Bagatellbekanntmachung des BKartA, dazu eingehend § 1 Rn. 144 f. Vgl. ferner die Berücksichtigung der „Leitlinien über die Anwendbarkeit von Art. 81 EG-Vertrag auf Vereinbarungen über horizontale Zusammenarbeit" der EU-Kommission durch das BKartA im Rahmen seines Aufgreif- und Verfolgungsermessens im Fall der Einkaufskooperation öffentlicher Hände für Dienstbekleidung, TB 2003/2004, S. 91; siehe auch TB 2005/2006, S. 9, 35.

[41] Zur früheren Rechtsprechung und Verwaltungspraxis eingehend unten Rn. 44 ff.

[42] Begr. RegE 7. GWB-Novelle BT-Drucks. 15/3640, S. 26: in aller Regel keine sachliche Änderung; *Hartog/Noack* WRP 2005, 1396, 1398; *Bunte* in: Langen/Bunte § 2 GWB Rn. 5; grundsätzlich zustimmend auch *Fuchs* in: Immenga/Mestmäcker, GWB, § 2 Rn. 18, 37: „wichtige Auslegungshilfe".

§ 2. Freigestellte Vereinbarungen **§ 2 GWB**

deutsches Recht nicht angezeigt,[43] sondern das GWB „nationaler Wettbewerbspolitik" verpflichtet.[44] Ein autonomer Standpunkt deutschen Kartellrechts ist wegen § 22 GWB aber nur bei nicht-zwischenstaatlichen Sachverhalten[45] denkbar. Auch bei nicht-zwischenstaatlichen Sachverhalten kommt jedoch eine Abweichung „nationaler Wettbewerbspolitik" nur in gewissen Grenzen in Betracht, weil eben die kartellrechtlichen Bestimmungen und damit auch die Wettbewerbspolitiken harmonisiert werden sollten[46]. Dieser Fallgruppe einer autonomen Anwendung deutschen Rechts dürfte danach nur ausnahmsweise und nach sorgfältiger Bewertung der EU-rechtlichen Motive Bedeutung zukommen.[47] – Auch eine autonome Auslegung des **§ 2 Abs. 2 GWB** sollte in diesen – relativ engen – Grenzen denkbar sein. Das gilt trotz der der dynamischen Verweisung des § 2 Abs. 2 GWB auf die EU-GVOen gerade in Fällen, in denen bei fehlender Zwischenstaatlichkeit das GWB eine abweichende Wettbewerbspolitik verfolgt.[48]

II. Der Tatbestand des § 2 Abs. 1[49]

1. Allgemeines

Als Freistellungsvoraussetzungen regelt § 2 Abs. 1 GWB im Gleichklang mit Art. 81 Abs. 3 EG zwei positive und zwei negative materielle Voraussetzungen: Erforderlich sind (1) **Effizienzgewinne** aus der Verbesserung der Warenerzeugung oder -verteilung oder aus wirtschaftlichem oder technischem Fortschritt, für die (2)[50] die damit einhergehende Wettbewerbsbeschränkung **unerlässlich** ist, (3) deren Gewinne in angemessenem Umfang an die Verbraucher **weitergegeben** werden und (4) für deren Erreichung der Wettbewerb für einen wesentlichen Teil der betreffenden Waren **nicht ausgeschaltet** wird. Diese vier Voraussetzungen müssen **kumulativ** erfüllt sein; eine Freistellung entfällt, wenn auch nur eine Voraussetzung fehlt.[51] Können alle vier Voraussetzungen bejaht werden, so ist die Prüfung abgeschlossen, und die Vereinbarung ist vom Verbot des § 1 GWB freigestellt. Für die Auslegung der Tatbestandsmerkmale sollte auf die Praxis zu Art. 81 Abs. 3 zurückgegriffen werden.[52] Jedenfalls können die von der Kommission veröffentlichten **Leitlinien zur Anwendung von Art. 81 Abs. 3 EG** eine erhebliche Hilfestellung bieten.[53]

---

[43] *Immenga* ZWeR 2008, 1, 12 f.; *Fuchs* in: Immenga/Mestmäcker, GWB, § 2 Rn. 36; *Bunte* in: Langen/Bunte Einf. Zum GWB Rn. 60.
[44] *Immenga* ZWeR 2008, 1, 13.
[45] Dazu Art. 81 Abs. 1 Rn. 178 ff.
[46] Rn. 13.
[47] Im Erg. übereinstimmend: *Immenga* ZWeR 2008, 1, 12 f.; *Fuchs* in: Immenga/Mestmäcker, GWB, § 2 Rn. 36; *Bunte* in: Langen/Bunte Einf. Zum GWB Rn. 60.
[48] **A. A.** *Fuchs* in: Immenga/Mestmäcker, GWB, § 2 Rn. 36; auch *Immenga* ZWeR 2008, 1, 13. Vgl. auch Rn. 161.
[49] Vgl. auch die Kommentierung zu Art. 81 Abs. 3 GWB.
[50] In der Reihenfolge wird die Unerlässlichkeit genauso wie in den Leitlinien der Kommission zur Anwendung des Art. 81 Abs. 3 EG, Tz. 38, als zweiter Punkt geprüft, da nicht berücksichtigungsfähige Vorteile aus nicht notwendigen Beschränkungen bei der Weitergabe an die Verbraucher keine Rolle spielen können.
[51] Begr. RegE 7. GWB-Novelle, BT DS 15/3640 S. 25; EuG vom 8. 6. 1995, Rs. T-97/93, Slg. 1995, II-1533 (1596 ff.) – *Langnese-Iglo/Komm.*; EuG vom 11. 7. 1996, Rs. T-528/93, T-543/93, T-543/93, T-546/93, Slg. 1996, II-649 (683) – *Métropole Télévision u. a./Komm.*; *Müller* WRP 2004, 1472, 1474; *Schwintowski/Klaue* WuW 2005, 370, 372.
[52] Im Einzelnen oben Rn. 12 ff.
[53] EU-Kommission, Leitlinien Art. 81 Abs. 3 EG-Vertrag, ABl. Nr. C 101 vom 27. 4. 2004, S. 97 ff. (im Folgenden: Leitlinien Art. 81 Abs. 3 EG). Zur Rechtsnatur von Leitlinien oben Rn. 13.

16 Die Bewertung des Vorliegens der Voraussetzungen hat grundsätzlich innerhalb des jeweiligen räumlich und sachlich **relevanten Marktes** zu erfolgen, solange nicht zwei verschiedene Märkte etwa über die gleiche betroffene Verbrauchergruppe verknüpft sind und Vor- und Nachteile dadurch kompensiert werden können.[54] – Maßgeblicher **Zeitpunkt** ist die **gesamte Laufzeit** der getroffenen Vereinbarungen. Die Freistellungsvoraussetzungen müssen also vom Inkrafttreten bis zur Beendigung der Vereinbarung vorliegen.[55] Eine Freistellung kann deshalb ihrem Charakter nach nur zeitlich befristet wirken, etwa wenn die Freistellung wegen Amortisation von Investitionskosten gewährt wird und der Freistellungsgrund damit später wegfällt. Von daher empfiehlt sich eine **ständige Prüfung** im Rahmen des Vertragsmanagements.[56] Diese Prüfung sollte insbesondere dahin gehen, ob die Rationalisierungsvorteile noch gegeben sind, Vorteile noch an die Verbraucher weitergegeben werden oder sich die Wettbewerbsverhältnisse geändert haben. **Ausnahmen** gelten lediglich für **irreversible Ereignisse;** dann erfolgt die Bewertung auf den Zeitpunkt des Vertragsschlusses. Ein Beispiel für ein irreversibles Ereignis ist die Zusammenlegung von F&E-Kapazitäten, die nicht rückgängig gemacht werden kann; es ist dann unerheblich, wenn sich die Wettbewerbsverhältnisse nachträglich durch das Scheitern von konkurrierenden Projekten verschlechtern.[57] – Ein **Schriftformerfordernis** für nach § 2 GWB erlaubte Abreden besteht **nicht;** es können auch abgestimmte Verhaltensweisen freigestellt sein, die schon naturgemäß nicht schriftlich vorliegen. Dennoch empfiehlt sich eine Dokumentation, um der Darlegungs- und Beweislast genügen zu können.[58] – Im Übrigen sind **abgestimmte Verhaltensweisen**[59] mit Vereinbarungen oder Beschlüssen gleichberechtigte Kooperationsformen im Hinblick auf eine Freistellung. Es erscheint nicht als überzeugend, „regelmäßig" vom Fehlen einer hinreichenden Gewähr für die Erzielung von Effizienzvorteilen als erste Freistellungsvoraussetzung auszugehen.[60] Schon die Gleichbehandlung von Vereinbarungen und abgestimmten Verhaltensweisen bei § 1 GWB zeigt, dass angestimmte Verhaltensweisen im Regelfall genauso wirksam sind wie Vereinbarungen.

17 Allein aus der Tatsache, dass das Verhalten **nicht unter eine GVO** fällt, kann **keine Vermutung gegen eine Freistellung** nach § 2 Abs. 1 GWB und damit für die Unwirksamkeit einer Absprache gezogen werden.[61] Dieser Fall erfordert lediglich eine individuelle Untersuchung der Vereinbarung anstelle der abstrakten Bewertung durch die GVO. Als Indizien für das Vorliegen und damit als Hilfestellung für die Selbstveranlagung können u. U. die **weißen Klauseln** der ehemaligen Gruppenfreistellungsverordnungen indiziell herangezogen werden.[62] Das Gleiche gilt, wenn die Freistellungsvoraussetzungen der GVO eingehalten, aber die Marktanteilsschwellen geringfügig überschritten sind.[63] Liegen die Marktanteile jedoch deutlich über den Schwellen, muss eine Einzelfallprüfung aller vier Kriterien vorgenommen werden, auch wenn die Kooperation – außer den Marktanteilsschwellen – alle Voraussetzungen der GVO einhält. Insbesondere ist es nicht zulässig, die

---

[54] EU-Kommission, Leitlinien Art. 81 Abs. 3 EG, Tz. 43.
[55] *Kirchhoff* WuW 2004, 745, 753; *Schwintowski/Klaue* WuW 2005, 370, 373; EU-Kommission, Leitlinien Art. 81 Abs. 3 EG, Tz. 44.
[56] Siehe auch Rn. 201.
[57] EU-Kommission, Leitlinien Art. 81 Abs. 3 EG, Tz. 45; zustimmend: *Bunte* in Langen/Bunte § 2 GWB Rn. 27; *Fuchs* in Immenga/Mestmäcker, GWB, § 2 Rn. 79.
[58] Siehe § 2 Rn. 203 ff.
[59] Eingehend § 1 Rn. 53 ff.
[60] A. A. *Fuchs* in: Immenga/Mestmäcker, GWB, § 2 Rn. 61.
[61] Begr. RegE 7. GWB-Novelle, BT DS 15/3640, S. 25; bspw. GVO Nr. 772/2004 Erwägungsgrund 12; *Wagner* WRP 2003, 1369, 1378; *Fuchs* in: Immenga/Mestmäcker, GWB, § 2 Rn. 43; *Bechtold*, GWB, § 2 Rn. 27.
[62] *Wagner* WRP 2003, 1369, 1379.
[63] *Fuchs* in: Immenga/Mestmäcker, GWB, § 2 Rn. 43.

§ 2. Freigestellte Vereinbarungen

ersten drei Kriterien als erfüllt zu unterstellen und nur die Ausschaltung des Wettbewerbs als viertes Kriterium zu untersuchen.[64] In entgegengesetzter Richtung sprechen schwerwiegende Beschränkungen wie die in der schwarzen Liste der Gruppenfreistellungsverordnungen aufgeführten oder die von der Kommission als Kernbeschränkungen eingestuften Wettbewerbsbeschränkungen indiziell gegen eine Einzelfreistellungsfähigkeit, auch wenn die Marktanteilsschwellen eingehalten sind.[65]

2. Verbesserung der Warenerzeugung oder -verteilung oder Beitrag zur Förderung des technischen oder wirtschaftlichen Fortschritts (Effizienzgewinne)[66]

Nach der ersten Voraussetzung des § 2 Abs. 1 GWB muss die in Frage stehende Wettbewerbsbeschränkung zu **Effizienzgewinnen** führen. Dabei bezieht sich die Bestimmung entgegen dem Wortlaut wie im Gemeinschaftsrecht nicht nur auf **Waren,** sondern auch auf **Dienstleistungen.**[67] Hier wäre eine Klarstellung in § 2 Abs. 1 GWB sinnvoll gewesen.[68] 18

Die Effizienzgewinne müssen **wirtschaftlicher Art** sein.[69] Die EU-Kommission definiert in ihren Leitlinien zur parallelen Vorschrift des Art. 81 Abs. 3 EG Effizienzgewinne als „objektive wirtschaftliche Effizienzgewinne".[70] In den Leitlinien über horizontale Zusammenarbeit spricht sie von „wirtschaftlichem Nutzen".[71] Damit scheiden nichtwirtschaftliche Vorteile wie Umweltschutz, Volksgesundheit etc. als relevante Effizienzgewinne von vornherein aus.[72] Die alleinige Berücksichtigung von wirtschaftlichen Vorteilen ist vor dem Hintergrund des auf den Wettbewerb gerichteten Schutzzweckes der §§ 1, 2 GWB konsequent. 19

Die EU-Kommission bildet **zwei Oberkategorien: quantitative Effizienzgewinne (Kosteneinsparungen)** einerseits und **qualitative Effizienzgewinne** andererseits.[73] In beiden Formen können sie in den vier Bereichen Warenerzeugung, Warenverteilung, technischer und wirtschaftlicher Fortschritt anfallen. Eine klare Unterscheidung ist nicht erforderlich und auch nicht möglich, weil sie sich zum Teil erheblich überschneiden.[74] 20

Bei der **Warenerzeugung** können quantitative Effizienzgewinne in Form monetärer Einsparungen etwa in Form von durch Skalenvorteilen (economies of scale) durch eine optimalere Auslastung von Produktionsanlagen und dadurch abnehmende Stückkosten mit zunehmender Produktion anfallen, ferner durch Verbundvorteile (economies of scope) bei der Erzeugung einer Vielzahl von Waren mit gleichen Anlagen und Synergien durch die Zusammenlegung von Produktionsanlagen zur Herstellung höherwertiger Produkte. – Gleichermaßen sind so auch qualitative Verbesserungen durch neue oder verbesserte Waren- oder Dienstleistungen realisierbar. Damit kann sich die Verbesserung der Warenerzeugung mit der Kategorie des technischen oder wirtschaftlichen Fortschritts überschneiden.

---

[64] BKartA WuW/E DE-V 1459, 1467 – *Wirtschaftsprüferhaftpflicht* unter Berufung auf die EU-Praxis.
[65] EU-Kommission, Leitlinien Art. 81 Absatz 3 EG, Tz. 46 und 79.
[66] Vgl. auch die Kommentierung zu Art. 81 Abs. 3 EG Rn. 17 ff..
[67] EU-Kommission, Leitlinien Art. 81 Abs. 3 EG, Tz. 48; für § 2 Abs. 1 GWB auch *Bunte* in: Langen/Bunte § 2 Rn. 30 und *Fuchs* in: Immenga/Mestmäcker, GWB § 2 Rn. 84.
[68] Stellungnahme des Bundesrates vom 9. 7. 2004, im Begr. RegE 7. GWB-Novelle, BT DS 15/3640, S. 73, Ziff. 1.
[69] *Fuchs* ZWeR 2005, 1, 16 f.; *Ehlermann* CML Rev. 2000, 537, 549; *Mestmäcker/Schweitzer* § 3 Rn. 74.
[70] EU-Kommission, Leitlinien Art. 81 Abs. 3 EG, Tz. 59.
[71] Vgl. EU-Kommission, Leitlinien horizontale Zusammenarbeit, Tz. 32 ff.
[72] Vgl. zur Berücksichtigung von Allgemeininteressen auch unten Rn. 40 ff.
[73] Vgl. hierzu ausführlich EU-Kommission, Leitlinien Art. 81 Abs. 3 EG, Tz. 59 bis 72.
[74] Vgl. zu Einzelfällen im Gemeinschaftsrecht: Kommentierung zu Art. 81 Abs. 3 EG Rn. 20 ff.

Denkbar sind hier Maßnahmen zur Verfahrensoptimierung, zur Produktionsplanung und Lagerhaltung, z. B. just-in-time-Bezug.[75]

Im Bereich der **Warenverteilung** kommen beispielsweise Verbesserung der Verbreitungsmöglichkeiten eines Produktes[76] in Betracht. Außerdem sind zu nennen Verbundvorteile durch den gemeinsamen Einsatz von Transportmitteln oder qualitative Verbesserungen durch Berücksichtigung spezieller Kundenbedürfnisse, etwa im Fall von Vertriebssystemen bei beratungsintensiven Produkten oder gänzlich neuen oder zügigeren Formen des Vertriebs, deren Einführung Investitionen erfordert, welche ohne Absicherung durch bspw. zeitlich und räumlich beschränkte Alleinvertriebsrechte nicht getätigt werden. Auch der Aspekt der Versorgungssicherheit kann hier eine Rolle spielen.

Gewinne im Bereich des **technischen Fortschritts** können durch Kosteneinsparungen bei Forschung und Entwicklung durch die gemeinsame Entwicklung und Nutzung neuer Produktionstechniken und -verfahren im Rahmen von Forschungs- und Entwicklungskooperationen anfallen. Die gemeinsame Nutzung bestehender Forschungseinrichtungen und die Zusammenlegung von know-how können zu Synergieeffekten und zur Kostensenkung führen. Gleichermaßen kann mit neuen Entwicklungen die Qualität der Produkte erhöht werden. Die Wahrscheinlichkeit einer Freistellung sinkt mit deren kostenangleichenden Effekten.[77]

Auf den **wirtschaftlichen Fortschritt** kann rekurriert werden, soweit die quantitativen oder qualitativen Verbesserungen nichttechnischer Art sind.

21 Beispiele für **Horizontalvereinbarungen,** in denen die vorerwähnten Effizienzgewinne auftreten können, sind **Norm- und Typenkartelle, Konditionenkartelle, Spezialisierungskartelle, (rationalisierende) Mittelstandskartelle, Vermarktungskooperationen, Forschungs- und Entwicklungskooperationen und sonstige Rationalisierungskartelle.**[78] – Die EU-Kommission und inzwischen auch das BKartA erkennen jedoch (wirtschaftliche) Effizienzgewinne auch außerhalb solcher rationalisierender Horizontalvereinbarungen an. Ein Sachverhalt ist die Verbesserung der Einkaufskonditionen durch horizontale **Bündelung** von **Marktmacht** in Einkaufskooperationen,[79] ohne dass durch die Kooperation im Übrigen ein Rationalisierungseffekt herbeigeführt würde. Nach Ansicht beider Behörden stellt das einen Effizienzgewinn dar, wenn die Einkaufsvorteile an die Abnehmer weitergegeben werden; Effizienzgewinne sind aber nicht gegeben, wenn lediglich bei den Kartellbeteiligten durch Marktaufteilung oder Marktzuwachs der Gewinn erhöht wird.[80] Kosteneinsparungen müssen also einen Mehrwert für die Verbraucher schaffen, um einen Effizienzgewinn darzustellen.[81] Allgemein wird die Berücksichtigung von Effizienzgewinnen durch Preis- oder Quotenabsprachen abgelehnt. Auch Effizienzgewinne bei den Beteiligten durch jahrelange Monopolstellung sind unbeachtlich.[82] Die Effizienzsteigerung muss sich aus wertsichernden oder werterhöhenden Maßnahmen ergeben.[83] Der **wirtschaftliche Nutzen** kann auch **allein auf Verbraucherseite** auftreten. Beispielhaft seien hier **Selbstbeschränkungsabkommen** im Bereich des Umweltschutzes erwähnt

---

[75] Vgl. zu den Beispielen ausführlich EU-Kommission, Leitlinien Art. 81 Abs. 3 EG, Tz. 48 ff.
[76] BKartA WuW/E DE-V 209, 214 – *Stellenmarkt für Deutschland* zu § 7 GWB a. F.
[77] EU-Kommission, Leitlinien horizontale Zusammenarbeit, Tz. 23.
[78] Zu diesen Kooperationsfällen vgl. eingehend unten Rn. 44 ff.
[79] Eingehend zu Einkaufskooperationen unten Rn. 86 ff.
[80] EU-Kommission, Leitlinien Art. 81 Abs. 3 EG, Tz. 49. Dem folgend BKartA WuW/E DE-V 1392, 1400 – *Altglas;* enger BKartA WuW/E DE-V 1459, 1468 – *Wirtschaftsprüferhaftpflicht:* „Kosteneinsparungen infolge bloßer Marktmacht sind keine tatsächlichen Kostenersparnisse, sie können nicht als Effizienzgewinne geltend gemacht werden."
[81] *Hartmann-Rüppel/Wagner* ZWeR 2004, 128, 151.
[82] BKartA WuW/E DE-V 1459, 1472 – *Wirtschaftsprüferhaftpflicht* für ein jahrelang bestehendes Monopol für Vermögensschadenhaftpflichtversicherung für Wirtschaftsprüfer.
[83] EU-Kommission, Leitlinien Art. 81 Abs. 3 EG, Tz. 49.

§ 2. Freigestellte Vereinbarungen 22 § 2 GWB

wie die Abrede von Waschmaschinenherstellern, zukünftig nur noch Geräte herzustellen und zu vertreiben, die einen bestimmten Energieverbrauch nicht überschreiten.[84] Der EuG hat die Sicherheit der Versorgung grundsätzlich als relevanten Effizienzgewinn anerkannt.[85] Solche Effizienzgewinne liegen jedoch – selbst wenn sie wirtschaftlicher Art sind – an der Grenze zu (wirtschaftlichen) **Allgemeininteressen,** deren Berücksichtigungsfähigkeit wegen des fehlenden Bezuges auf den Wettbewerb auf dem konkreten Markt zweifelhaft ist.[86]

In **Vertikalvereinbarungen** sind Effizienzgewinne noch in größerem Umfang anerkannt. Konsequenz ist zunächst die breite Existenz von GVOen (§ 2 Abs. 2 GWB) für Vertikalvereinbarungen.[87] Das setzt sich bei den Einzelfreistellungen gem. § 2 Abs. 1 GWB fort.[88] Anerkannt sind Effizienzvorteile vor allem im **Vertrieb.** Zu nennen sind Intensivierung der Verkaufsbemühungen z.B. durch Wettbewerbsverbote, Kundenschutz, Gebietsschutz, Selektion der Wiederverkäufer. Auch vertikalen **Technologietransfervereinbarungen** können Effizienzgewinne zu Teil werden, insbesondere Verbreitung einer effizienteren Technologie, Reduzierung von Forschungs- und Entwicklungsaufwand. Vertikale **Forschungs- und Entwicklungsvereinbarungen** produzieren ähnliche Effizienzgewinne.

Dem deutschen Recht war die Berücksichtigung von wirtschaftlichen Vorteilen bei 22 anderen Marktbeteiligten als den Kartellbeteiligten bislang grundsätzlich fremd. Das gilt insbesondere für die bis zur 7. GWB-Novelle 2005 geltenden Freistellungsregelungen für horizontale Kooperationen in den §§ 2 bis 7 GWB a. F.[89] Danach musste die Kartellabrede – beispielsweise nach § 5 GWB a. F. – geeignet sein, die Leistungsfähigkeit oder Wirtschaftlichkeit der beteiligten Unternehmen zu heben. Dies waren ausschließlich die Kartellmitglieder, d. h. die Kartellparteien. Nicht zu berücksichtigen waren daher **Rationalisierungseffekte, die bei Dritten eintreten oder positive Auswirkungen auf den Markt im Allgemeinen.**[90] Der Rationalisierungserfolg musste über dies bei allen Kartellmitgliedern eintreten.[91] Dagegen war nach altem Recht unschädlich, wenn die Mitglieder in unterschiedlichem Maße von den Rationalisierungsvorteilen profitieren.[92] Dies wird vielmehr die Regel sein. **In rationalisierenden Kooperationen** sollte auf diese Grundsätze weiter zurückgegriffen werden. Denn die privilegierten Absprachen beziehen sich insoweit auf Effizienzgewinne bei den Beteiligten Unternehmen selbst. Auch bestünde ansonsten die Gefahr, dass sich Unternehmen allein wegen der Wettbewerbsbeschränkung

---

[84] EU-Kommission, Leitlinien horizontale Zusammenarbeit, Rn. 198.
[85] Jedoch im konkreten Fall dessen Vorliegen verneint, EuG Slg. 1992, II-415, 452 Rn. 92f. – *Vichy/Komm.*
[86] Siehe unten Rn. 40ff.
[87] Überblick siehe Rn. 163.
[88] Eingehend Rn. 152.
[89] Eine Sonderrolle spielte das Ministerkartell nach § 8 GWB a. F.
[90] WuW/E BKartA 1108, 1109 – *Zementvertrieb Berlin II;* WuW/E BKartA 1930, 1931 = NJW 1983, 2383, 2384; WuW/E BKartA 1259, 1260 – *Fernmeldekabel II;* WuW/E BKartA 1131, 1132 – *Westfälische Zementwerke II;* Werner S. 75; Fuchs in: Immenga/Mestmäcker, GWB, § 2 Rn. 73; Immenga in: Immenga/Mestmäcker, GWB (3. Aufl.), § 5 a. F. Rn. 45.
[91] Zum früheren Recht allg. A. WuW/E BGH 1930, 1931 – *Basalt Union* = NJW 1975, 1837 = BB 1975, 1125 = DB 1975, 1884 = GRUR 1976, 40; WuW/E BKartA 1108, 1109 – *Zementvertrieb Berlin II;* WuW/E BKartA 763, 784 – *Montan-Zement; Immenga* in: Immenga/Mestmäcker, GWB (3. Aufl.), § 5 a. F. Rn. 45; *Bunte* in: Frankfurter Kommentar § 5 Rn. 84; *Kiecker* in: Langen/Bunte (9. Aufl.), § 5 a. F. Rn. 13. Vgl. aber die Ausnahme von diesem Grundsatz bei Beteiligung von Großunternehmen am Kartelle, bei § 3 Rn. 45.
[92] Zu § 5 GWB a. F. allgA.: WuW/E BGH 1929, 1931 – *Basalt Union* = NJW 1975, 1837 = BB 1975, 1125 = DB 1975, 1884 = GRUR 1976, 40; *Werner* S. 73; *Immenga* in: Immenga/Mestmäcker, GWB (3. Aufl.), § 5 a. F. Rn. 43; *Bunte* in: Frankfurter Kommentar § 5 a. F. Rn. 84.

an der rationalisierenden Kooperation beteiligen.[93] **Außerhalb von rationalisierenden Kooperationen gilt das jedoch nicht,** soweit dort – zumindest nach der vorerwähnten Praxis der EU-Kommission und des BKartA – auch Effizienzgewinne bei Verbrauchern anerkannt werden. Unzutreffend ist es danach, Effizienzgewinne nur als relevant für § 2 Abs. 1 GWB zu betrachten, wenn sie (auch) bei Verbrauchern eintreten;[94] die Weitergabe der Vorteile an die Verbraucher ist ein separat zu prüfendes Kriterium.[95]

23   Die anfallenden Effizienzgewinne müssen **nicht wesentlich** sein, wie dies beispielsweise § 5 GWB a. F. forderte.[96] Die Kommission erachtet es für Art. 81 Abs. 3 EG als ausreichend, dass ein „einfacher", nicht aber ein „wesentlicher" Beitrag von der Maßnahme zur Gewinnerzielung geleistet wird,[97] was nach seinem Wortlaut auch für § 2 Abs. 1 GWB zutreffend ist. Vielmehr ist eine Abwägung mit dem Umfang der Weitergabe an die Verbraucher und dem Umfang der Wettbewerbsbeschränkung erforderlich.[98] Bei umfassender Weitergabe auch kleiner Gewinne und geringer Intensität der Wettbewerbsbeschränkung ist zusätzlich eine Wesentlichkeit nicht zu fordern. **Spürbar** müssen die Effizienzgewinne jedoch auch nach § 2 Abs. 1 GWB sein.[99]

24   Die Effizienzgewinne müssen auf die Vereinbarung zurückgeführt werden können („beitragen").[100] Dieser **Kausalzusammenhang** setzt in der Regel voraus, dass sich die Effizienzgewinne aus der Wirtschaftstätigkeit ergeben, die Gegenstand der Vereinbarung ist. Berücksichtigungsfähig sind lediglich **direkte Zusammenhänge.** Ein mittelbarer, indirekter Kausalzusammenhang zwischen der Vereinbarung und dem Effizienzgewinn, dessen Wirkungen in der Regel zu ungewiss und zu fern liegend sind, um berücksichtigt werden zu können, genügt nicht. Beispiele sind die eine bloße Gewinnsteigerung, die Mittel zur Verwendung freigibt,[101] oder eine höhere Auslastung der Produktionskapazitäten Dritter, die für Dritte einen Anreiz bietet, in die Anlagen weiter zu investieren.[102] Differenzierter ist es zu sehen, wenn Absprachen über die gemeinsame Einführung einer Technologie die Zutrittsschranken für andere Märkte absenken, die diese Technologie ebenfalls nutzen.[103] Die Vorteile der Beteiligten des Drittmarktes bleiben als mittelbar unberücksichtigt,[104] die Vorteile der Endverbraucher, die auf beiden Märkten präsent sind, können aber relevante Effizienzgewinne darstellen. Auch nach früherem deutschen Recht reichte eine Effizienzsteigerung als bloße Folge der Abrede nicht aus, sofern zwischen der wettbewerbsbeschränkenden Maßnahme und dem Rationalisierungserfolg kein unmittelbarer Zusammenhang

---

[93] WuW/E BGH 1929, 1931 – *Basalt Union* = NJW 1975, 1837 = BB 1975, 1125 = DB 1975, 1884 = GRUR 1976, 40; *Bunte* in: Frankfurter Kommentar § 5 a. F. Rn. 84.

[94] So aber wohl OLG Düsseldorf WuW/E DE-R 2197, 2207 – *E. ON Ruhrgas.*

[95] Dazu unten Rn. 31 ff.

[96] Zur alten Rechtslage, nach der schon der Wortlaut des § 5 GWB a. F. eine „wesentliche" Steigerung der Leistungsfähigkeit oder Wirtschaftlichkeit verlangte: WuW/E BKartA 629, 632 – *Armaturen; Deringer/Benisch* in: Gemeinschaftskommentar § 5 a. F. Rn. 33.

[97] Kommission vom 12. 12. 1990, ABl. 1991 L 19/25, 33, Tz. 26 – *KSB/Goulds/Lowara/ITT; Schwintowski/Klaue* WuW 2005, 370, 373.

[98] Vgl. zu diesen Merkmalen unten Rn. 31 ff u. 36 ff.

[99] Zu Art. 81 Abs. 3 EG: EU-Kommission ABl. 1990 Nr. L 31, S. 32, 44 – *Zuckerrüben; Bechtold/Bosch/Brinker/Hirsbrunner* Art. 81 Rn. 143 mwN.; *Schröter/Jakob/Mederer,* Art. 81 Abs. 3 Rn. 345.

[100] Kommission vom 23. 12. 1971, ABl. 1972 L 22/16, 23 f. – *N. C. H.,* Kommission vom 22. 12. 1972, ABl. 1972 L 303/24, 36 – *Cimbel; Sölter* WuW 1961, 665, 680.

[101] EU-Kommission, Leitlinien Art. 81 Abs. 3 EG, Tz. 54.

[102] BKartA WuW/E DE-V 1392, 1401 – *Altglas.*

[103] Siehe BKartA TB 2005/2006, S. 109 – *Grundverschlüsselung im Satelliten-TV*: Absenkung der Zutrittsschranken für Pay-TV durch Verabredung von Free-TV-Anbietern zur Einführung gemeinsamer Set-Top-Boxen, die auch Pay-TV bedienen könnten; im konkreten Fall aber Effizienzgewinne verneint.

[104] Sie sind über dies auch keine „Verbraucher", siehe Rn. 32.

§ 2. Freigestellte Vereinbarungen 25, 26 § 2 GWB

bestand.[105] Jedoch kann mit dem früheren Recht die Kartellvereinbarung zu Effizienzgewinnen auch dann „beitragen", wenn sie diese nicht alleine bewirkt. Solange ein nicht unbedeutender Teil[106] der Leistungssteigerungen auf die Kartellvereinbarung zurückzuführen ist, können auch selbstständige Bemühungen der Beteiligten hinzutreten bzw. ohnehin bestehende Rationalisierungsbestrebungen erleichtert werden.[107]

Die Beurteilung, ob die Abreden zu Effizienzgewinnen beitragen, erfordert eine **Prognose** und Berücksichtigung einerseits der realen, schon bestehenden und andererseits der hypothetischen, zu erwartenden Situation. Es ist ein **objektiver Maßstab** anzulegen; subjektive Vorstellungen der Kartellbeteiligten spielen keine Rolle.[108] Auch nach der bisherigen deutschen Freistellungspraxis – beispielsweise zu § 5 GWB a. F. – reichte es aus, wenn auf Grund objektiver Gesichtspunkte zum Zeitpunkt der Entscheidung mit hinreichender Wahrscheinlichkeit[109] davon auszugehen war, dass die Vereinbarung die rationalisierenden und leistungssteigernden Maßnahmen zumindest fördern werde. Es waren die maßgeblichen wirtschaftlichen Bedingungen des spezifischen Einzelfalles mit und ohne Kartell zu vergleichen.[110] Die subjektiven Vorstellungen der Beteiligten waren auch nach § 5 GWB a. F. unbeachtlich.[111] Schwierig ist die Prognose, wenn der Antrag sich auf ein neues Kartell bezieht. Die zukünftige Entwicklung der wirtschaftlichen Verhältnisse ohne rationalisierende Maßnahmen ist kaum vorhersehbar. Daher kann es hier wie schon nach früherem Recht nur darauf ankommen, ob das Kartell **geeignet ist,** die Effizienzgewinne mit hinreichender Wahrscheinlichkeit herbeizuführen.[112] 25

Die Unternehmen müssen **substantiiert darlegen,** welche Effizienzgewinne zu erwarten sind, welche Verbindung zwischen der Beschränkung und den Effizienzgewinnen besteht, mit welcher Wahrscheinlichkeit, zu welchem Zeitpunkt und in welchem Ausmaß die Gewinne eintreten.[113] Werden beispielsweise Kosteneinsparungen geltend gemacht, muss der Wert der Einsparungen so genau wie möglich berechnet oder geschätzt und eingehend beschrieben werden, wie der Betrag berechnet wurde; dabei vorgelegte Daten müssen nachprüfbar sein.[114] Im Hinblick auf die Darlegungs- und Beweislast[115] ist hier eine **ständige Dokumentation empfehlenswert.**[116] Die gleichen Anforderungen werden nunmehr auch an die Entscheidungsfindung der Gerichte gestellt. Ohne detaillierte Analyse und Quantifizierung von Ausmaß und Wahrscheinlichkeit der Effizienzgewinne dürften Gerichtsentscheidungen kaum den Anforderungen der Freistellungsleitlinien genügen.[117] 26

---

[105] So zu § 5 GWB a. F. WuW/E BKartA 1225, 1229 – *Krawattenstoff-Submission;* WuW/E BKartA 271, 276 – *Einheitshydraulik I; Bunte* in: Frankfurter Kommentar § 5 a. F. Rn. 40; a. A. *Deringer/Benisch* in: Gemeinschaftskommentar § 5 a. F. Rn. 34.

[106] Zu § 5 GWB a. F. WuW/E BKartA 1225, 1229 – *Krawattenstoff-Submission.*

[107] Vgl. zu § 5 GWB a. F. *Bunte* in: Frankfurter Kommentar § 5 a. F. Rn. 41; *Deringer/Benisch* in: Gemeinschaftskommentar § 5 a. F. Rn. 31.

[108] BKartA WuW/E DE-V 1459, 1468 – *Wirtschaftprüferhaftpflicht.* Zum EU-Recht: EuGH Slg. 1966, 281, 396 f. – *Consten/Grundig; Bechtold/Bosch/Brinker/Hirsbrunner* Art. 81 Rn. 143 mwN.

[109] Vgl. WuW/E BKartA 271, 276 – *Einheitshydraulik; Bunte* in: Frankfurter Kommentar § 5 a. F. Rn. 42.

[110] *Bunte* in: Frankfurter Kommentar § 5 a. F. Rn. 31; *Deringer/Benisch* in: Gemeinschaftskommentar § 5 a. F. Rn. 29; *Kiecker* in: Langen/Bunte (9. Aufl.), § 5 a. F. Rn. 9.

[111] *Bunte* in: Frankfurter Kommentar § 5 a. F. Rn. 42; *Immenga* in: Immenga/Mestmäcker, GWB (3. Aufl.), § 5 a. F. Rn. 23; *Kiecker* in: Langen/Bunte (9. Aufl.), § 5 a. F. Rn. 13.

[112] Ebenso zu § 5 GWB a. F. *Bunte* in: Frankfurter Kommentar § 5 a. F. Rn. 33; *Deringer/Benisch* in: Gemeinschaftskommentar § 5 a. F. Rn. 29; vgl. WuW/E BKartA 224, 230 – *Niedersächsische Kalkwerke.*

[113] BKartA WuW/E DE-V 1459, 1468 – *Wirtschaftsprüferhaftpflicht;* BKartA WuW/E DE-V 1392, 1400 – *Altglas.*

[114] BKartA WuW/E DE-V 1392, 1400 – *Altglas.*

[115] Vgl. Rn. 203 ff.

[116] Siehe hierzu unten Rn. 201 ff.

[117] *Hartmann-Rüppel/Wagner* ZWeR 2004, 128, 151.

3. Unerlässlichkeit der Wettbewerbsbeschränkung[118]

27 Die dritte Voraussetzung des § 2 Abs. 1 GWB (hier als zweite dargestellt) bestimmt, dass den Unternehmen keine Wettbewerbsbeschränkungen auferlegt werden dürfen, die zur Erreichung der zuvor festgestellten Vorteile entbehrlich sind. In dieser Freistellungsvoraussetzung hat der **Grundsatz der Verhältnismäßigkeit** seinen Niederschlag gefunden.[119] Die Anforderungen an die Unerlässlichkeit werden zumindest im Rahmen des Art. 81 Abs. 3 EG, der Vorbildfunktion für § 2 Abs. 1 GWB hat, eher streng gehandhabt. Für die Bestimmung der Unerlässlichkeit bietet es sich an, die **zweistufige Prüfung** aus Art. 81 Abs. 3 EG zu übernehmen:[120]

28 Erstens muss die wettbewerbsbeschränkende Vereinbarung insgesamt **notwendig** für die Erzielung der Effizienzgewinne sein. Ferner ist zu berücksichtigen, ob das auch für jede einzelne sich aus der Vereinbarung ergebende Beschränkung gilt. In beiden Fällen darf sich der aus der Absprache folgende Beitrag zu den positiv festgestellten Zielen nicht auf eine andere wirtschaftlich gangbare und weniger wettbewerbsbeschränkende Weise erreichen lassen. Dabei bezieht sich die Kontrolle vornehmlich auf solche Fälle, in denen es realistische und erreichbare Alternativen gibt, nicht aber auf eine Berücksichtigung hypothetischen Handelns, das womöglich noch außerhalb der jeweils verfolgten Unternehmensstrategie liegt. Deren Änderung oder gar Rechtfertigung erfordert auch § 2 Abs. 1 GWB nicht.[121] Unerlässlich ist eine Beschränkung, wenn die daraus folgenden Effizienzgewinne oder deren Eintrittswahrscheinlichkeit sonst wegfallen oder erheblich geschmälert werden würden,[122] beispielsweise wenn bei alternativem Verhalten eines markteintretenden Unternehmens Verluste drohen würden, die wegen einer hoher Rentabilitätsschwelle die Amortisation getätigter Investitionen verhinderte. Auch kann die für den Markt effiziente Mindestbetriebsgröße eine Rolle spielen: je weiter das Unternehmen davon entfernt ist, desto eher ist eine Kooperation unerlässlich. Hierfür ist auf das tatsächliche wirtschaftliche Umfeld, in dem die Vereinbarung Anwendung findet, insbesondere die Marktstruktur, die mit der Vereinbarung verbundenen wirtschaftlichen Risiken und die Anreize für die Parteien abzustellen. Dabei kann sich auch ergeben, dass die Wettbewerbsbeschränkung lediglich **für einen befristeten Zeitraum** unerlässlich ist.[123] Wenn Effizienzgewinne nicht ohne unerhebliche Investitionen erzielt werden können, muss jedoch insbesondere der für die Gewährleistung einer angemessenen Kapitalrendite erforderliche Zeitraum zugestanden werden.[124] Die Prüfung der Notwendigkeit kann aber auch zu dem Schluss führen, dass die Kooperation nur **mit einer geringeren Zahl von Konkurrenten** mit weniger Marktmacht zulässig ist[125] oder die Kartellbeteiligten auch allein genauso erfolgreich am Markt agieren könnten.[126] Nicht notwendig sind auch Abreden zur gemeinsamen Beschaffung,

---

[118] Vgl. auch die Kommentierung zu Art. 81 Abs. 3 EG Rn. 37 f.
[119] *Bechtold,* GWB, § 2 Rn. 17 unter Verweis auf BGH WuW/E DE-R 919, 925 – *Stellenmarkt für Deutschland,* dort zu § 7 GWB a. F.
[120] EU-Kommission, Leitlinien Art. 81 Abs. 3 EG, Tz. 73; *Schwintowski/Klaue* WuW 2005, 370, 374.
[121] EU-Kommission, Leitlinien Art. 81 Abs. 3 EG, Tz. 75; zustimmend *Fuchs* in: Immenga/Mestmäcker, GWB, § 2 Rn. 99.
[122] EU-Kommission, Leitlinien Art. 81 Abs. 3 EG, Tz. 79.
[123] EU-Kommission, Leitlinien Art. 81 Abs. 3 EG, Tz. 81; siehe auch *Hartmann-Rüppel/Wagner* ZWeR 2004, 128, 152.
[124] EU-Kommission, Leitlinien Art. 81 Abs. 3 EG, Tz. 81.
[125] *Hartmann-Rüppel/Wagner* ZWeR 2004, 128, 144; *Fuchs* in: Immenga/Mestmäcker, GWB, § 2 Rn. 100.
[126] BKartA WuW/E DE-V 1459, 1473 – *Wirtschaftsprüferhaftpflicht* für eine Kooperation zwischen Versicherungsunternehmen im Bereich der Vermögensschadenhaftpflicht für Wirtschaftsprüfer; das Geschäft konnte nach Auffassung des Amtes auch von jedem Versicherungsunternehmen allein betrieben werden.

wenn die Abrede ineffektive Strukturen (z. B. zu lange Transportwege) bewahrt, die besser von den allokativen Wirkungen des Wettbewerbs aufgebrochen werden.[127]

Zweitens ist bei der Unerlässlichkeit auch die **Angemessenheit** der wettbewerbsbeschränkenden Vereinbarung zu berücksichtigen. Die Unerlässlichkeit entspricht nämlich dem Gebot der Angemessenheit der Mittel.[128] Hierfür ist zu untersuchen, ob die Nachteile für den Wettbewerb in einem hinnehmbaren Verhältnis zu den durch sie erreichbaren positiven Auswirkungen stehen;[129] sodann ist beides abzuwägen.[130] Zwischen dem Ausmaß der Wettbewerbsbeschränkung und den Prüfungsanforderungen besteht eine Wechselwirkung: Je gravierender die Beschränkung, desto strenger sind die Anforderungen an die Freistellung.[131] **Kernbeschränkungen** (z. B. Preisabsprachen, Gebiets- und Kundenaufteilungen, Quotenabsprachen) dürften die Anforderungen tendenziell nicht erfüllen. Im Hinblick auf die Angemessenheitsprüfung bestehen damit Überschneidungen mit der Prüfung, ob die Abrede zu einer Ausschaltung des Wettbewerbs führt.[132] Beispielsweise ist es nicht schutzwürdig, wenn sich ein Gaslieferant zur Rechtfertigung von sog. Stapel- und Kettenverträgen, die mittelbar zu einer Alleinbezugspflicht des Abnehmers und Ausschluss jeglichen Lieferwettbewerbs führen,[133] darauf beruft, er könne seinerseits nur kostengünstige Gasbezugsverträge abschließen, wenn er gesicherte Absatzmöglichkeiten habe. Denn Absatzrisiken sind einem funktionierenden Wettbewerb immanent. Ein Ausschluss von Wettbewerb ist kein angemessenes Mittel, um die eigenen Absatzrisiken zu minimieren.[134]

Die Unerlässlichkeit im Sinne der beiden vorgenannten Stufen ist anhand eines **objektiven Maßstabs** zu beurteilen. Auf die subjektiven Vorstellungen der Kartellmitglieder kommt es nicht an.[135] Dies gilt allerdings mit der Einschränkung, dass die Zumutbarkeit zu berücksichtigen ist. Unzumutbarkeit liegt vor, wenn das Ziel auf anderem Weg objektiv zwar erreicht werden kann, das aber wirtschaftlich nicht sinnvoll wäre. Die Prüfung hat sich allein auf die an der Kartellabsprache beteiligten Unternehmen zu erstrecken. Es ist daher für die Freistellung unerheblich, wenn nicht beteiligte Unternehmen das Ziel der Verbesserung auf andere, weniger wettbewerbsbeschränkende Weise erreichen könnten.

Nach einer Auffassung soll **Rechtsfolge** einer nicht unerlässlichen einzelnen Kernbeschränkung sein, dass die Einzelfreistellung insgesamt entfällt und damit auch andere – eigentlich freigestellte – Wettbewerbsbeschränkungen aus der Freistellung herausfallen. Die Parteien müssen die Vereinbarung neu ohne die Kernbeschränkung abschließen, um die Freistellung zu erhalten. § 139 BGB sei nicht einschlägig. Das soll auch bei salvatorischen Klauseln in den Verträgen gelten.[136] Über dies wird eine geltungserhaltende Reduktion vollständig abgelehnt. Begründet wird das u. a. mit dem „Alles-oder-Nichts-Prinzip" der GVOen. Diese Auffassung erscheint schon deshalb als wenig überzeugend, weil sie nicht mit den Rechtsfolgen des § 1 GWB konform geht. Dort ist aber anerkannt, dass § 139 BGB Anwendung finden und insbesondere eine salvatorische (Erhaltungs-)Klausel zu einem Erhalt von teilnichtigen Verträgen führen kann.[137] Die Rechtsfolgen des Kartellverbotes gem. § 1 GWB und die Rechtsfolgen der Freistellung gem. § 2 Abs. 1 GWB müssen aber schon deshalb parallel gehandhabt werden, weil bei fehlender Freistellung das Verbot

---

[127] BKartA WuW/E DE-V 1392, 1402 – *Altglas*.
[128] *Hirsch* ZWeR 2003, 233, 238.
[129] EuG vom 15. 7. 1994, Rs. T-17/93, Slg. 1994, II-595, 641 – *Matra Hachette/Komm*.
[130] *Hartmann-Rüppel/Wagner* ZWeR 2004, 128, 134 mit Hinweis auf die Praxis zu § 7 GWB a. F. wie BGH WuW/E DE-R 919, 924 f. – *Stellenmarkt für Deutschland* = GRUR 2002, 1005.
[131] EU-Kommission, Leitlinien Art. 81 Abs. 3 EG, Tz. 79.
[132] Dazu unten Rn. 36 ff.
[133] Siehe auch § 1 Rn. 160.
[134] OLG Düsseldorf WuW/E DE-R 2197, 2208 f. – *E. ON Ruhrgas*.
[135] *Bunte* in: Langen/Bunte § 2 GWB Rn. 48; *Fuchs* in: Immenga/Mestmäcker, GWB, § 2 Rn. 99.
[136] *Bechtold*, GWB, § 2 Rn. 19; *Fuchs* in: Immenga/Mestmäcker, GWB, § 2 Rn. 101.
[137] Dazu § 1 Rn. 250.

greift. Dementsprechend ist auch eine geltungserhaltende Reduktion in dem Maße bei § 2 Abs. 1 GWB für nicht unerlässlichen Kernbeschränkungen zulässig, wie sie für § 1 GWB zugelassen wird.[138] Über dies darf das „Alles-oder-Nichts-Prinzip" der GVOen i. V. m. § 2 Abs. 2 GWB nicht auf § 2 Abs. 1 GWB übertragen werden, weil GVOen naturgemäß pauschale Beurteilungen enthalten, die sich einer differenzierten Betrachtung entziehen; für § 2 Abs. 1 GWB gilt das gerade nicht.

4. Angemessene Beteiligung der Verbraucher am Gewinn[139]

31   Während die erste Bedingung der Effizienzgewinne auf entstehende Vorteile für die gesamtwirtschaftliche Situation abstellt, ist für die Beteiligung daran entscheidend, ob die gewonnenen Vorteile tatsächlich an die Verbraucher weitergegeben werden. Das muss substantiiert von der darlegungs- und beweisbelasteten Partei[140] vorgetragen werden.[141]

32   Dabei umfasst der **Verbraucherbegriff** in diesem Sinn nicht nur den Endverbraucher, sondern im Gegensatz zur sonst üblichen Terminologie jeden unmittelbaren und mittelbaren[142] Abnehmer im Absatzgefüge inklusive Produzenten, Abnehmern von Vorprodukten und Händlern bis hin zu den Endverbrauchern.[143] Das bedeutet, dass bei wettbewerbsbeschränkenden Bezugsvereinbarungen auf Großhandelsstufe nicht nur die Beteiligung der Großhändler an den Vorteilen, sondern auch der Endverbraucher gewährleistet sein muss.[144] Die engere Auffassung des BKartA, Verbraucher sei nur der „unmittelbare Abnehmer",[145] ist abzulehnen. Das wirft allerdings das Problem auf, das bei vermachteter Abnehmerseite eine Weitergabe der Vorteile an weitere Abnehmer in der Vertriebskette nicht gewährleistet und deshalb Lieferantenkooperationen bei Vermachtung der Abnehmerseite grundsätzlich ausgeschlossen sein können; gerade in Fällen, in denen die Kooperation wesentliche Effizienzvorteile mit sich bringt, sollte es deshalb im Rahmen einer wertenden Betrachtungsweise auch möglich sein, auf eine zwingende Beteiligung der Endverbraucher zu verzichten. – Keine Verbraucher sind Aktionäre und Gesellschafter des Unternehmens. Eine bloße Steigerung des Gewinnes, der einbehalten oder an diese ausgeschüttet wird, erfüllt die vorliegende Voraussetzung nicht.[146]

33   Ebenso weit wird der Begriff des **„Gewinns"** ausgelegt. Darunter fällt nicht nur der finanzielle (bilanzielle) Gewinn, sondern sämtliche mit der Wettbewerbsbeschränkung zu erwartenden Vorteile für den Abnehmer inklusive einer Verbesserung der Leistung.[147] Von den entstehenden Gewinnen sind die dabei anfallenden Kosten abzuziehen; es muss ein Überhang verbleiben. Ein Vorteil kann auch vorliegen, wenn ein höherer Preis von einer höheren Qualität aufgewogen wird.[148]

---

[138] Dazu § 1 Rn. 251.
[139] Vgl. auch die Kommentierung zu Art. 81 Abs. 3 Rn. 39 ff.
[140] Siehe Rn. 203 ff.
[141] OLG Düsseldorf WuW/E DE-R 2197, 2208 – *E · ON Ruhrgas*.
[142] Also auch Abnehmer, die nicht vertraglich mit den Kartellbeteiligten verbunden sind: *Fuchs* in: Immenga/Mestmäcker, GWB, § 2 Rn. 90; *Bechtold*, GWB, § 2 Rn. 15.
[143] Kommission vom 27. 11. 1985, ABl. L 369/1, 5, Tz. 23 – *Ivoclar*; EU-Kommission, Leitlinien Art. 81 Abs. 3 EG, Tz. 84. Für § 2 Abs. 1 GWB *Fuchs* in: Immenga/Mestmäcker, GWB, § 2 Rn. 90; *Bunte* in: Langen/Bunte § 2 GWB Rn. 41.
[144] OLG Düsseldorf WuW/E DE-R 2197, 2207 f. – *E · ON Ruhrgas*.
[145] BKartA WuW/E DE-V 1392, 1403 – *Altglas* unter unzutreffender Berufung auf EU-Kommission, Leitlinien Art. 81 Abs. 3 EG, Tz. 84, die ausdrücklich „Kunden der Vertragsparteien und die späteren Käufer der Produkte", also auch nur mittelbar betroffene, in der Verbraucherbegriff einbezieht.
[146] *Schwintowski/Klaue* WuW 2005, 370, 375.
[147] EuG vom 15. 7. 1994, Rs. T-17/93, Slg. 1994, II-595, 636 – *Matra Hachette/Komm.*; *Fuchs* in: Immenga/Mestmäcker, GWB, § 2 Rn. 91; *Bunte* in: Langen/Bunte § 2 GWB Rn. 43.
[148] EU-Kommission, Leitlinien Art. 81 Abs. 3 EG, Tz. 102.

§ 2. Freigestellte Vereinbarungen 34, 35 **§ 2 GWB**

Dass die Gewinne in vollem Umfang weitergegeben werden, ist nicht erforderlich. Eine **34 Beteiligung des Verbrauchers** ist schon dann angemessen, wenn die Weitergabe der Vorteile die tatsächlichen oder voraussichtlichen negativen Auswirkungen zumindest ausgleicht **(neutralisiert)**.[149] Das ist im Rahmen einer **wertenden saldierenden Betrachtung** zu ermitteln. Beispielsweise kann der Preis für die Verbraucher sinken, zumindest aber die Aufrechterhaltung des Preisniveaus trotz gestiegener Kosten durch Effizienzvorteile gewährleistet werden.[150] Insoweit können auch gegenläufige Effekte saldiert werden, z. B. ein Preisanstieg bei einem durch einen niedrigeren Preis bei einem anderen Produkt ausgeglichen werden.[151] Auch der frühere Zugang zu einem besseren Produkt[152] oder allgemein eine bessere Produktqualität[153] können mit einem Preisanstieg saldiert werden. Erfolgt die Weitergabe mit zeitlicher Verzögerung, muss die Weitergabe an die Verbraucher in umso größerem Umfang erfolgen.[154] Keinen hinreichenden Ausgleich der Nachteile für die Verbraucher durch Effizienzgewinne sah das OLG Düsseldorf bei der Bildung eines Gemeinschaftsunternehmens durch 3 Kalksandsteinproduzenten, die daneben auch selbst am Markt blieben und im Beirat des Gemeinschaftsunternehmens sich ständig über Preise und Rabatte austauschten. Denn das führte zumindest mittelbar zu einer „Preisberuhigung und - anhebung". Selbst wenn Eiffizienzgewinne in Form von Lohnkosteneinsparungen und kürzeren Gesamtbauzeiten zu beobachten waren, sei durch die Einschränkung des Preiswettbewerbs eine angemessene Verbraucherbeteiligung nicht hinreichend gewährleistet.[155]

Zwischen dem Ausmaß der Wettbewerbsbeschränkung und dem Umfang der Weitergabe **35** besteht eine **Wechselwirkung:** Je gravierender die Beschränkung, in desto höherem Maße müssen anfallende Gewinne weitergegeben werden.[156] Ausschlaggebend für die Frage, ob die Vorteile tatsächlich an die Verbraucher weitergegeben werden, ist auch der auf dem relevanten Markt noch verbleibende Wettbewerbsdruck. Ist dieser groß genug, so wird er die Unternehmen dazu veranlassen, die Verbraucher an dem Gewinn teilhaben zu lassen.[157] Kriterien für dessen Bestimmung sind die Marktstruktur, die Art und das Ausmaß der Effizienzgewinne, die Elastizität der Nachfrage und das Ausmaß der Wettbewerbsbeschränkung.[158] Hier überschneidet sich die Prüfung der angemessenen Beteiligung der Verbraucher am Gewinn insbesondere mit der Prüfung, ob der Wettbewerb ausgeschaltet wird.[159] Dennoch behält das Merkmal eine gewisse Eigenständigkeit, weil denkbar ist, das trotz hinreichenden Wettbewerbsdruckes die Saldierung der Vor- und Nachteile[160] keine angemessene Beteiligung der Verbraucher erwarten lässt.[161]

---

[149] EU-Kommission, Leitlinien Art. 81 Abs. 3 EG, Tz. 85; *Hartmann-Rüppel/Wagner* ZWeR 2004, 128, 151; *Bechtold*, GWB, § 2 Rn. 15; *Bunte* in: Langen/Bunte § 2 GWB Rn. 45; *Fuchs* in: Immenga/Mestmäcker, GWB, § 2 Rn. 92 mwN. zur vereinzelten Gegenauffassung zu § 7 GWB a. F., dass die Vorteile für die Verbraucher überwiegen müssen. Vgl. auch OLG Düsseldorf WuW/E DE-R 2197, 2207 – *EON Ruhrgas*: zumindest ausgleichen, wenn nicht sogar überwiegen.
[150] OLG Düsseldorf WuW/E DE-R 2197, 2207 – *EON Ruhrgas*.
[151] *Bunte* in: Langen/Bunte § 2 GWB Rn. 45; *Fuchs* in: Immenga/Mestmäcker, GWB, § 2 Rn. 93
[152] EU-Kommission, Leitlinien Art. 81 Absatz 3 EG-Vertrag, Tz. 89, 92, 103; kritisch *Fuchs* in: Immenga/Mestmäcker, GWB, § 2 Rn. 94.
[153] BKartA TB 2005/2006, S. 67, wo eine „bessere Qualität" als „wirtschaftlicher Nutzen" für den Verbraucher als saldierungsfähig anerkannt wird.
[154] EU-Kommission, Leitlinien Art. 81 Abs. 3 EG, Tz. 87.
[155] OLG Düsseldorf WuW/E DE-R 2146, 2150 – *Nord-KS/Xella*.
[156] Vgl. EU-Kommission, Leitlinien Art. 81 Abs. 3 EG, Tz. 90.
[157] Kommission vom 21. 12. 1976, ABl. L 30/10, 16, Tz. 35 – *Junghans;* Kommission vom 10. 7. 1985, ABl. L 233/1, 6 – *Grundig I*.
[158] EU-Kommission, Leitlinien Art. 81 Abs. 3 EG, Tz. 96.
[159] Dazu unten Rn. 36ff.
[160] Dazu Rn. 34.
[161] Eingehend zur eigenständigen Bedeutung und etwas anders *Fuchs* in: Immenga/Mestmäcker, GWB, § 2 Rn. 93 f.

5. Ausschaltung des Wettbewerbs[162]

36 Schließlich darf die wettbewerbsbeschränkende Vereinbarung nicht dazu führen, dass den Beteiligten Möglichkeiten eröffnet werden, für einen wesentlichen Teil der betreffenden Waren den Wettbewerb auszuschalten. Effizienzgewinne um den Preis der Gefährdung des Wettbewerbs darf es also nicht geben.[163] Eine Freistellung scheidet demnach aus, wenn die Absprache den Fortbestand des Wettbewerbs gefährden würde. Für die Feststellung einer solchen Gefährdung ist eine **Gesamtwürdigung aller wettbewerbsrelevanter Umstände** erforderlich. Hierfür wurde in der bisherigen Praxis zum einen auf die Konkurrenz zwischen den an der Vereinbarung Beteiligten (Innenwettbewerb), zum anderen auf den Wettbewerb der beteiligten Unternehmen zu anderen Unternehmen (Außenwettbewerb) abgestellt. Die verbliebenen Aktionsparameter müssen entweder noch einen hinreichenden Binnenwettbewerb ermöglichen, oder fehlender Binnenwettbewerb muss hinreichend durch Außenwettbewerb kompensierbar sein. Entscheidend ist also, ob das Verhalten der beteiligten Unternehmen noch so vom (Rest-)Wettbewerb kontrolliert wird, dass die Interessen der Verbraucher, die Bewegungsfreiheit von Lieferanten und Abnehmern sowie der Marktzugang gewährleistet bleiben.[164]

37 Eine Ausschaltung jeglichen Wettbewerbs, also eine Monopolisierung, verlangt § 2 Abs. 1 GWB parallel mit Art. 81 Abs. 3 EG nicht. Die Gefährdung wirksamen Wettbewerbs ist auch **mit der Schwelle der Marktbeherrschung gem. § 19 Abs. 2 GWB nicht gleichzusetzen;**[165] insbesondere die überragende Marktstellung nach § 19 Abs. 2 S. 1 Nr. 2 GWB lässt Raum für wesentlichen Wettbewerb neben dem Marktbeherrscher.[166] Auf EU-Ebene sieht die Kommission das Kriterium der Ausschaltung des Wettbewerbs als „autonomes Konzept" und „spezifisch für Art. 81 Abs. 3".[167] Das sollte auch das deutsche Recht beachten, weil eine Harmonisierung mit dem EU-Recht gerade Ziel der 7. GWB-Novelle war.[168] Ob es danach zulässig ist, die Freistellungsgrenze beim Marktbeherrschungstatbestand des § 19 Abs. 2 S. 1 Nr. 1 GWB zu ziehen,[169] erscheint fraglich, auch wenn dieser das Fehlen wesentlichen Wettbewerbs voraussetzt. Letztlich kann dies aber offen bleiben, weil eine praktische Relevanz bislang nicht ersichtlich ist. Jedenfalls wenn eine solche marktbeherrschende Stellung der Beteiligten vorliegt, spricht dies indiziell für eine Gefährdung wirksamen Wettbewerbs.[170] Auch nimmt die EU-Kommission in den Leitlinien über horizontale Zusammenarbeit an, dass die dort behandelten Abreden unzulässig sind, wenn sie eine marktbeherrschende Stellung begründen oder verstärken.[171] Verhaltensweisen, die einen Missbrauch einer marktbeherrschenden Stellung darstellen, sind jedoch nicht anhand von § 2 Abs. 1 GWB, sondern nach den Missbrauchstatbeständen für

---

[162] Vgl. auch die Kommentierung zu Art. 81 Abs. 3 GWB Rn. 28 ff..
[163] *Bechtold/Bosch/Brinker/Hirsbrunner* Art. 81 Rn. 157.
[164] *Mestmäcker/Schweitzer* § 13 Rn. 73.
[165] *Fuchs* in: Immenga/Mestmäcker, GWB, § 2 Rn. 104; *Bunte* in: Langen/Bunte § 2 GWB Rn. 52. Für das europäische Recht *Mestmäcker/Schweitzer* § 13 Rn. 70; siehe auch die Kommentierung zu Art. 81 Abs. 3 EG Rn. 29.
[166] *Fuchs* in: Immenga/Mestmäcker, GWB, § 2 Rn. 93 f.; *Bechtold*, GWB, § 2 Rn. 23; **a. A.** OLG Düsseldorf WuW/E DE-R 2197, 2209 – *EON Ruhrgas,* das eine Ausschaltung des Wettbewerbs gem. § 2 Abs. 1 GWB schon bei Vorliegen der Voraussetzungen des § 19 Abs. 2 Nr. 2 GWB annimmt.
[167] EU-Kommission, Leitlinien Art. 81 Abs. 3 EG, Tz. 106 mwN. aus der EuG-Rechtsprechung.
[168] Siehe Rn. 3.
[169] *Fuchs* in: Immenga/Mestmäcker, GWB, § 2 Rn. 93 f.; *Bechtold,* GWB, § 2 Rn. 23.
[170] BKartA TB 2003/2004, S. 183; BKartA WuW/E DE-V 1459, 1474 – *Wirtschaftsprüferhaftpflicht.* Zum EU-Recht: *Mestmäcker/Schweitzer* § 13 Rn. 70; ebenso *Meessen,* Kommentierung zu Art. 81 Abs. 3 EG Rn. 28.
[171] Vgl. EU-Kommission, Leitlinien horizontale Zusammenarbeit, Tz. 36, 71, 105, 155; siehe dazu auch die separate Kommentierung.

§ 2. Freigestellte Vereinbarungen

marktbeherrschende Unternehmen der §§ 19, 20 GWB und ggf. Art. 82 EG zu beurteilen.[172]

Die Auswirkungen einer Vereinbarung auf die Wettbewerbsbedingungen des jeweiligen Marktes sind an Hand verschiedener **quantitativer und qualitativer Kriterien** zu bestimmen.[173] Quantitativ kommt der Marktstellung der Kooperationspartner, insbesondere ihrem Umsatzanteil im Vergleich zum Rest des Marktes Bedeutung zu, also ihrem **Marktanteil**. Der Marktanteil ist jedoch nicht das einzige Kriterium für die Beurteilung, ob eine Gefährdung wesentlichen Wettbewerbs vorliegt. In qualitativer Hinsicht ist die Art und Intensität der Wettbewerbsbeschränkung entscheidend, mithin das Gewicht der jeweils **betroffenen Wettbewerbsparameter**. So haben Absprachen über Preise, Qualitäten, Einkauf, Vertrieb und Rabatte größere Auswirkungen auf den Wettbewerb als solche über Werbung, Forschung und Entwicklung (sog. Kooperationstiefe).[174] Als qualitatives Merkmal ist außerdem zu berücksichtigen, inwieweit die durch die beschränkten Wettbewerbsparameter hervorgerufenen Effizienzgewinne den Wettbewerb in anderer Hinsicht anheizen, was z. B. bei Norm- und Typenkartellen im Hinblick auf den Preis- und Qualitätswettbewerb der Fall ist.[175] Ferner gehören zu den qualitativen Kriterien auch alle Kriterien, die die **Markstruktur** beschreiben. Wichtig ist hier die Wirkung der Abrede auf Aktivität und Stärke der **Außenseiter** und auf den von ihnen ausgehenden Wettbewerbsdruck;[176] wird beispielsweise durch die Abrede ein „Störenfried" (maverick) eingefangen und befriedet, kann dies eine wichtige Wettbewerbsquelle nehmen.[177] Ferner spielt der **Substitutionswettbewerb von benachbarten Märkten** eine Rolle. Auch der **potenzielle Wettbewerb** ist in die Betrachtung einzubeziehen. Dabei sind nach den Leitlinien des EU-Kommission zur parallelen Vorschrift des Art. 81 Abs. 3 EG insbesondere **acht Kriterien** relevant: Der Rechtsrahmen und seine Auswirkungen auf den möglichen Eintritt; die Marktzutrittskosten einschließlich „sunk costs" für den Versuch des Eintritts; die effiziente Mindestgröße in der Branche; die Wettbewerbsstärke potenzieller Neuzugänger, z. B. deren technologische Ausstattung; die Stellung der Abnehmer und ihre Fähigkeit, auf neue Wettbewerber auszuweichen; die wahrscheinliche Reaktion der aktuellen Wettbewerber auf den Markteintritt; die wirtschaftlichen Aussichten der Branche; Fehlen oder Vorhandensein umfangreicher Marktzutritte in der Vergangenheit.[178] **Zu gegengewichtiger Marktmacht** auf Abnehmerseite nimmt die EU-Kommission eine nicht immer klare Position ein. Während sie für die Beurteilung der Zulässigkeit von Einkaufskooperationen Gegenmacht von Käufern in den Leitlinien für Horizontalvereinbarungen als Rechtfertigung zulässt,[179] lehnt sie die Berücksichtigung gegengewichtiger Marktmacht in den Leitlinien zu Art. 81 Abs. 3 EG grundsätzlich ab und akzeptiert sie allenfalls dann, wenn die Gegenmacht auch zu einer Belebung des potenziellen Wettbewerbs führt.[180] Die letztgenannte Auffassung erscheint als zutreffend. Eine Entmachtung im Vertikalverhältnis ist grundsätzlich nicht geeignet, (horizontalen) Wettbewerb zu ersetzen. Insbesondere die dynamischen Wettbewerbsfunktionen, auf die die EU-Kommission in ihren Leitlinien sogar

---

[172] EU-Kommission, Leitlinien Art. 81 Abs. 3 EG, Tz. 106 für das Verhältnis von Art. 81 Abs. 3 EG und Art. 82 EG.
[173] Gl. A. *Fuchs* in: Immenga/Mestmäcker, GWB, § 2 Rn. 106, 108; *Bunte* in: Langen/Bunte § 2 GWB Rn. 53.
[174] BKartA TB 2003/2004, S. 183 – *Entsorgung von Elektro- und Elektronikschrott*.
[175] Dazu unten Rn. 46 ff.
[176] Kommission vom 28. 5. 1971, ABl. L 134/6, 12, Tz. 14 – *F. N.-C. F.*; Kommission vom 26. 7. 1972, ABl. L 182/24, 27 – *Feinpapier*.
[177] EU-Kommission, Leitlinien Art. 81 Abs. 3 EG, Tz. 112.
[178] EU-Kommission, Leitlinien Art. 81 Abs. 3 EG, Tz. 115.; *Bunte* in: Langen/Bunte § 2 GWB Rn. 54.
[179] EU-Kommission, Leitlinien horizontale Zusammenarbeit, Tz. 134.
[180] EU-Kommission, Leitlinien Art. 81 Abs. 3 EG, Tz. 115 (v).

ausdrücklich hinweist,[181] treten bei Entmachtung lediglich im Vertikalverhältnis nicht auf.[182] Gegenmacht ist damit nur berücksichtigungsfähig, wenn sie zu einer Belebung des (horizontalen) Wettbewerbs, insbesondere des potenziellen Wettbewerbs führt.[183]

39 Zwischen den qualitativen und quantitativen Merkmalen besteht eine **Wechselwirkung**. Je stärker der Wettbewerb bereits geschwächt ist, desto geringer brauchen die zu erwartenden Auswirkungen sein, um die Voraussetzungen des § 2 Abs. 1 Nr. 2 GWB zu verfehlen. Je höher beispielsweise der Marktanteil der beteiligten Unternehmen ist, desto unwahrscheinlicher ist eine Freistellung. Feste Grenzen existieren wegen der Wechselwirkung nicht; die Kommission hat beispielsweise eine wettbewerbsbeschränkende Vereinbarung nicht als wirksamen Wettbewerb gefährdend eingestuft, bei der die Beteiligten insgesamt 22% Marktanteil auf sich vereinigten.[184] In den Leitlinien zu Art. 81 Abs. 3 EG findet sich ein Beispiel, nach dem auch bei einer Abrede zwischen Konkurrenten mit einem gemeinsamen Marktanteil von 70% noch gewährleistet sein kann, dass wirksamer Wettbewerb nicht beseitigt wird; das setzt allerdings voraus, dass es weitere Wettbewerber mit 15% und 5% gibt, von denen größere Aktivität zu erwarten ist, und die Abrede nur die Herstellung und Qualitätskontrolle, nicht aber andere Wettbewerbsparameter betrifft.[185] Teilweise wird aus der Praxis zu Art. 81 Abs. 3 EG geschlossen, dass Marktanteile von 20% bis 30% in aller Regel noch hingenommen werden, jedoch Marktanteile über 50% als kritisch gelten würden.[186] Bei 90%[187] oder gar 100%[188] Marktanteil erscheint wirksamer Wettbewerb und damit eine Freistellung jedenfalls kaum als möglich. Branchenweite Kooperationen sind allenfalls dann zulässig, wenn eine relativ geringe „Kooperationstiefe" vorliegt, bei denen einerseits die Effizienzgewinne besonders groß und andererseits die Auswirkungen auf den Wettbewerb sehr gering sind.[189] Unternehmen, die Preisabsprachen treffen, dürfen tendenziell weniger Marktanteile innehaben als solche, die keine Kernbeschränkungen verabreden, beispielsweise nur im Bereich der Werbung zusammenarbeiten. Die Kommission fordert sogar, dass keinesfalls durch eine Vereinbarung der Preiswettbewerb oder der Wettbewerb bei Innovationen oder der Entwicklung neuer Produkte ausgeschaltet werden dürfe;[190] das erscheint nach dem Vorstehenden aber als zu pauschale Grundsatzerklärung. Wegen der Berücksichtigung aller qualitativen und quantitativen Kriterien im Einzelfall erschiene auch die pauschale Aussage, eine Einbindung von Unternehmen, die auf dem jeweiligen Markt zur Spitzengruppe gehören, stehe einer Legalisierung nach § 2 Abs. 1 GWB regelmäßig entgegen, als kaum haltbar: je nach Marktanteil, Intensität des Substitutionswettbewerbs und betroffenem Wettbewerbsparameter kann auch die Teilnahme von Unternehmen aus der Spitzengruppe zulässig sein, solange der wirksame Wettbewerb im Gleichgewicht bleibt.

---

[181] EU-Kommission, Leitlinien Art. 81 Abs. 3 EG, Tz. 105.

[182] Eingehend *Moog*, Die Bildung gegengewichtiger Marktmacht nach dem Gesetz gegen Wettbewerbsbeschränkungen, Diss., 1980, S. 75 ff.; *J. B. Nordemann*, Gegenmacht und Fusionskontrolle, S. 73 ff.; *Hartmann-Rüppel/Wagner* ZWeR 2004, 128, 152.

[183] *J. B. Nordemann*, Gegenmacht und Fusionskontrolle, S. 73 ff., 82 ff., 89 ff.; zustimmend *Fuchs* in: Immenga/Mestmäcker, GWB, § 2 Rn. 83, 109; auch auf die wettbewerblichen Wirkungen abstellend *Bunte* in: Langen/Bunte § 2 Rn. 33.

[184] EU-Kommission Entscheidung vom 18. 5. 1994, ABl. 1994 L 144/20, 34 Rn. 81 – *Exxon/Shell*.

[185] EU-Kommission, Leitlinien Art. 81 Abs. 3 EG, Tz. 116 (letztes Beispiel).

[186] *Emmerich* § 8 Rn. 26 unter Berufung auf EuGH Slg. 1980, 3125, 3276 ff. – *van Landewyck/FEDETAP.*

[187] EU-Kommission ABl. 1975, L 159/22, 29 – *Kachelhandelaaren.*

[188] EU-Kommission ABl. 1974 L 19/22, 25 – *Kali und Salz II.*

[189] BKartA TB 2003/2004, S. 183 – *Entsorgung von Elektro- und Elektronikschrott*; zustimmend *Fuchs* in: Immenga/Mestmäcker, GWB, § 2 Rn. 107; zu pauschal *Bechtold*, GWB, § 2 Rn. 21, der bei 100% Marktanteil eine Freistellung stets verneinen will.

[190] EU-Kommission, Leitlinien Art. 81 Abs. 3 EG, Tz. 110.

6. Berücksichtigungsfähigkeit von Allgemeininteressen[191]

Eine durch europäische Auslegung[192] wieder in das deutsche Recht getragene Frage ist, ob § 2 Abs. 1 GWB auch eine – begrenzte – Berücksichtigung von Allgemeininteressen ermöglicht. Mit dem gesellschaftspolitischen, auf die Gewährleistung der Handlungsfreiheit gerichteten Schutzzweck des **GWB** war es grundsätzlich **unzulässig,** einen allgemeinen ökonomischen Nutzen oder allgemeine öffentliche Interessen (z.B. Umweltschutz, Verbraucherschutz, Arbeitsplätze) isoliert zu berücksichtigen.[193] Sie waren für § 1 GWB a.F. grundsätzlich irrelevant. Auch im Rahmen der Ausnahmetatbestände der §§ 2 bis 7 GWB a.F. spielten sie keine Rolle; beispielsweise durch Rationalisierung bedingte innerbetriebliche Kosteneinsparungen bei öffentlich-rechtlichen Einrichtungen konnten trotz der geltenden Verpflichtung zur Wahrung des Gemeinwohls sowie der Grundsätze des öffentlichen Haushaltsgebarens, die in irgendeiner Form der Allgemeinheit zugute kommen, mangels Marktbezugs nicht berücksichtigt werden.[194] Allenfalls im Rahmen des Ministerkartells nach § 8 GWB a.F. war die Berücksichtigung von Allgemeininteressen denkbar. Zu einem allgemeinen Spannungsverhältnis des § 1 GWB mit öffentlichen Interessen und zu einer Begrenzung der Anwendung des § 1 GWB konnte es allerdings kommen, wenn die öffentlichen Interessen ihrerseits auf gesetzlicher Grundlage geschützt sind und deshalb eine Abwägung zwischen den verschiedenen gesetzlichen Reglungen innerhalb und außerhalb des GWB erfolgen muss.[195]

Im **Gemeinschaftsrecht** hingegen wurde immer wieder versucht, über Art. 81 Abs. 3 EG begrenzt nichtwettbewerbliche Ziele zu berücksichtigen. Wegen der Offenheit des Tatbestandes können andere Vertragsziele des EG je nach ihrem Rang und Inhalt hier einwirken.[196] So lassen sich wirtschaftspolitische Aspekte wie Industriepolitik insbesondere im Rahmen des Merkmals „wirtschaftlicher und technischer Fortschritt" berücksichtigen.[197] Auch Erhalt von Arbeitsplätzen, Förderung der Volksgesundheit, Sicherung der Energieversorgung und Verkehrssicherheit könnten darüber in die Beurteilung nach Art. 81 Abs. 3 EG einbrechen.[198] Der **deutsche Gesetzgeber** sah dieses Problem schon im Rahmen der **6. GWB-Novelle 1999,** als er die Formulierung des Art. 81 Abs. 3 EG in § 7 GWB a.F. übernahm, aber darauf verzichtete, die „Förderung des technischen oder wirtschaftlichen Fortschritts" aufzunehmen, um insbesondere industriepolitisch oder sonstige nicht wettbewerbspolitisch motivierte Fehlinterpretationen zu vermeiden.[199] Auch wenn § 2 Abs. 1 GWB n.F. nun vollständig Art. 81 Abs. 3 EG angeglichen ist, soll das nach der Gesetzesbegründung zur **7. GWB-Novelle 2005 zu keiner sachlichen Änderung gegenüber der Rechtslage im alten GWB** führen.[200]

Es erscheint jedoch fraglich, ob die vom deutschen Gesetzgeber der 7. GWB-Novelle 2005 gewollte Nichtberücksichtigung von Allgemeininteressen nicht in einem – wenn auch begrenzten – Widerspruch zumindest zur Praxis der EU-Kommission steht. Auch die EU-Kommission nimmt **keine isolierte Berücksichtigung von Allgemeininteressen**

---

[191] Vgl. auch die Kommentierung zu Art. 81 Abs. 3.
[192] Dazu oben Rn. 12 ff.
[193] Gl. A. *Fuchs* in: Immenga/Mestmäcker, GWB, § 2 Rn. 7, 68 ff.. Genauso für Art. 81 EG, vgl. Art. 81 Abs. 1 Rn. 15 ff.
[194] BGH GRUR 2003, 633, 634 – *Kommunales Einkaufskartell;* BKartA TB 2003/2004 BT DS 15/5790, S. 91.
[195] Im Einzelnen § 1 Rn. 186 ff.
[196] Vgl. die Kommentierung zu Art. 81 Abs. 3 Rn. 15 ff.
[197] Vgl. auch *Quellmalz* WRP 2004, 461 ff.
[198] *Fuchs* ZWeR 2005, 1, 17; *Mestmäcker/Schweizer* § 13 Rn. 75 mwN.
[199] Begr. RegE 7. GWB-Novelle, BT DS 15/3640, S. 27.
[200] Begr. RegE 7. GWB-Novelle, BT DS 15/3640, S. 27

vor, sofern sie **nichtwirtschaftlicher Art** sind.[201] Die EU-Kommission fordert in ihren Leitlinien zur parallelen Vorschrift des Art. 81 Abs. 3 EG „objektive wirtschaftliche Effizienzgewinne"[202] und spricht in ihren Leitlinien über horizontale Zusammenarbeit von „wirtschaftlichem Nutzen".[203] Jedoch scheint die EU-Kommission durchaus einer Berücksichtigung von allgemeinen ökonomischen Vorteilen ohne konkreten Marktbezug zuzuneigen. Beispielhaft seien Umweltschutzkartelle genannt; die Umweltfreundlichkeit des zu entwickelnden Produkts wurde in einer Entscheidung aus den 1990er Jahren für sich genommen als genügender wirtschaftlicher Nutzen angesehen, obwohl hierbei lediglich ein kollektiver wirtschaftlicher Gewinn für die Verbraucher im Allgemeinen und kein ökonomischer Vorteil des Einzelnen eintrat.[204] In ihren neueren Leitlinien über horizontale Zusammenarbeit lässt sie als wirtschaftlichen Nutzen wiederum neben einem Reingewinn für den einzelnen Verbraucher auch einen „Nettovorteil für die Verbraucher im Allgemeinen", also die „Nettovorteile für die Umwelt", ausreichen.[205] Das kommt der Berücksichtigung von wirtschaftlichen Allgemeininteressen sehr nahe.[206]

43   Diese Praxis der EU-Kommission begegnet durchgreifenden Zweifeln.[207] Für die Berücksichtigung von öffentlichen Interessen der Gemeinschaft steht das Verfahren nach Art. 10 VO 1/2003 zur Verfügung. Dabei handelt es sich allerdings um eine administrative Einzelentscheidung der EU-Kommission; das System der Legalausnahme wird insoweit ausnahmsweise durchbrochen. Ansonsten muss es aber – soweit das System der Legalausnahme reicht – bei der streng wettbewerblichen Ausrichtung der Freistellung bleiben. Jedenfalls steht den nationalen Kartellbehörden und Gerichten keine Kompetenz zur Konkretisierung der Vertragsziele und des Verhältnisses zur Wettbewerbsfreiheit zu.[208] Damit spricht auch für die Beibehaltung der bisherigen Praxis im deutschen Recht, sich **allein an wettbewerbsimmanenten Maßstäben** zu orientieren, seine nun dezentrale Anwendung. Für die Vielzahl von Zivilgerichten, die sich mit Individualklagen befassen müssen, können nur diese einheitliche, transparente, sachgerechte und an ökonomischen Erkenntnissen orientierte Maßstäbe vorgeben.[209] Ansonsten ist die kohärente Kartellrechtsanwendung in den Mitgliedsstaaten in Gefahr.[210] Damit dürfen auch weiterhin übergeordnete gesellschaftspolitische Zwecke – auch wenn sie wirtschaftlicher Natur sind – keinen unmittelbaren Einfluss auf das Kartellrecht nehmen.[211] Das System der Legalausnahme dürfte auf gemeinschaftsrechtlicher Ebene zu einem ähnlichen Ergebnis führen.[212]

---

[201] *Fuchs* ZWeR 2005, 1, 16f.; *Fuchs* in: Immenga/Mestmäcker, GWB, § 2 Rn. 68; *Mestmäcker/Schweitzer* § 3 Rn. 74; vgl. auch *Quellmalz* WRP 2004, 461, 464.
[202] EU-Kommission, Leitlinien Art. 81 Abs. 3 EG, Tz. 59.
[203] Vgl. EU-Kommission, Leitlinien horizontale Zusammenarbeit, Tz. 32ff.
[204] EU-Kommission, Entscheidung vom 12. 12. 1990 – *KSB/Goulds/Lowara/ITT*, ABl. 1991 L 19/25, Rn. 27; für Art. 81 Abs. 3 EG der Praxis der EU-Kommission zustimmend *Steinbeck* WuW 1998, 554, 568f. Siehe auch *Schumacher* WuW 2002, 121, 128.
[205] EU-Kommission, Leitlinien Art. 81 Abs. 3 EG, Tz. 192.
[206] Dazu oben Rn. 21.
[207] Zustimmend *Fuchs* in: Immenga/Mestmäcker, GWB, § 2 Rn. 68 m. Fn. 177.
[208] *Schweda* WuW 2004, 1133, 1138; *Quellmalz* WRP 2004, 461, 464.
[209] Vgl. auch Art. 81 Abs. 3 EG Rn. 5, 11 zur unmittelbaren Anwendung von Art. 81 Abs. 3 EG durch die Gerichte.
[210] Zutreffend *Fuchs* in: Immenga/Mestmäcker, GWB, § 2 Rn. 69.
[211] So BGHZ 137, 297, 311f. – *Europapokal-Heimspiele*, sowie BGH GRUR 2003, 633, 634 – *Kommunales Einkaufskartell* zur alten Rechtslage; ferner zur neuen Rechtslage *Fuchs* ZWeR 2005, 1, 18; *Quellmalz* WRP 2004, 461, 469.
[212] *Fuchs* ZWeR 2005, 1, 17; *ders.* in: Immenga/Mestmäcker, GWB, § 2 Rn. 68ff.; *Quellmalz* WRP 2004, 461, 463ff.; *Mestmäcker/Schweitzer* § 13 Rn. 77.

7. Anwendungsfälle: Horizontalvereinbarungen

Anders als für Vertikalvereinbarungen bestehen für Horizontalvereinbarungen, also Vereinbarungen zwischen (mindestens potenziellen) Wettbewerbern,[213] **nur wenige spezielle Regelungen.** Zu nennen sind hier vor allem die **GVO Spezialisierungsvereinbarungen,**[214] die **GVO Forschung und Entwicklung,**[215] teilweise die **GVO Technologietransfer-Vereinbarungen**[216] sowie sektorspezifische Gruppenfreistellungsverordnungen im Bereich **Verkehr**[217] und **Versicherungen,**[218] die jeweils über § 2 Abs. 2 GWB Eingang in das deutsche Kartellrecht finden. Für Horizontalvereinbarungen fehlt es danach in größerem Umfang an einer Konkretisierung der Freistellung des § 2 Abs. 1 GWB durch eine GVO im Sinne des § 2 Abs. 2 GWB. Jedoch sind zumindest einige Fallgruppen in den **Leitlinien** der Kommission **über horizontale Zusammenarbeit** behandelt,[219] nämlich Vereinbarungen über Forschung und Entwicklung,[220] Produktionsvereinbarungen (einschließlich Spezialisierungsvereinbarungen),[221] Einkaufsgemeinschaften,[222] Vermarktungsvereinbarungen,[223] Vereinbarungen über Normen[224] und Umweltschutzvereinbarungen.[225] 44

Die **kasuistisch formulierten Freistellungstatbestände** der §§ 2 bis 8 GWB a. F. (Normen- und Typenkartelle, Spezialisierungskartelle, Mittelstandskartelle; mittelständische Einkaufsgemeinschaften, Rationalisierungskartelle, Strukturkrisenkartelle, sonstige Kartelle, Ministererlaubnis) boten hier ein umfassenderes Instrumentarium. Sie wurden mit der 7. GWB-Novelle 2005 jedoch mit **Ausnahme** der Regelung für **Mittelstandskartelle** in § 4 Abs. 1 GWB a. F. (jetzt § 3 GWB) **aufgehoben.** Da das System der Legalausnahme grundsätzlich eine kartellrechtliche Selbsteinschätzung durch die beteiligten Unternehmen abfordert, ist die Abschaffung der Einzeltatbestände der §§ 2 bis 8 GWB a. F. für die Unternehmen durchaus schmerzlich und bringt einen **Verlust an Rechtssicherheit.**[226] Dennoch war die Abschaffung der §§ 2 bis 8 GWB a. F. schon wegen des Zwangs zur Harmonisierung der Vorschriften mit dem EU-Recht konsequent.[227] Die Beibehaltung der Regelung für Mittelstandskartelle in § 3 GWB ist insoweit ein – begrenzter – Versuch, gerade kleinen und mittleren Unternehmen mehr Rechtssicherheit zu geben.[228] Die **bisherige Verwaltungs- und Rechtsprechungspraxis** zu §§ 2 bis 8 GWB a. F. kann zur Auslegung des neuen § 2 Abs. 1 GWB grundsätzlich **herangezogen werden,**[229] so dass sie nachfolgend umfassend auch im Rahmen der neuen Tatbestandsvoraussetzungen des § 2 Abs. 1 GWB gewürdigt wird. 45

a) Normen- und Typenkartelle. aa) Allgemeines. Normen- und Typenkartelle waren in § 2 Abs. 1 GWB a. F. geregelt. Seine praktische Bedeutung war zuletzt nicht sehr 46

---

[213] Zur Abgrenzung Horizontal- und Vertikalvereinbarungen § 1 Rn. 1 ff.
[214] Vgl. unten Rn. 168 f.
[215] Dazu unten Rn. 170 ff.
[216] Unten Rn. 180 ff.
[217] Unten Rn. 190.
[218] Vgl. unten Rn. 192.
[219] Leitlinien zur Anwendbarkeit von Art. 81 EG auf Vereinbarungen über horizontale Zusammenarbeit, ABl. EG Nr. C 3 vom 6. 1. 2001, S. 2 ff.
[220] EU-Kommission, Leitlinien horizontale Zusammenarbeit, Tz. 39 ff.
[221] EU-Kommission, Leitlinien horizontale Zusammenarbeit, Tz. 78 ff.
[222] EU-Kommission, Leitlinien horizontale Zusammenarbeit, Tz. 115 ff.
[223] EU-Kommission, Leitlinien horizontale Zusammenarbeit, Tz. 139 ff.
[224] EU-Kommission, Leitlinien horizontale Zusammenarbeit, Tz. 159 ff.
[225] EU-Kommission, Leitlinien horizontale Zusammenarbeit, Tz. 179 ff.
[226] *Fuchs* WRP 2005, 1384, 1388.
[227] Dazu vor §§ 1 bis 3 Rn. 1 ff.
[228] Siehe die Kommentierung zu § 3 GWB.
[229] Eingehend Rn. 14.

§ 2 GWB   47–50   10. Teil. Gesetz gegen Wettbewerbsbeschränkungen

hoch. 2003 und 2004 gab es nur 4 neue Anmeldungen, von denen 3 wirksam wurden.[230] Grund für die geringe praktische Bedeutung war insbesondere die Praxis anerkannter Verbände und Institute, unverbindliche **Normen- und Typenempfehlungen** abzugeben (**§ 22 Abs. 3 Nr. 1 GWB a. F.**).[231] Das wohl bekannteste Beispiel hierfür ist die vom Deutschen Institut für Normung e. V. (DIN) empfohlene Deutsche Industrie Norm, die für weite Bereiche der Wirtschaft als richtungweisend angesehen wird.[232] Normen- und Typenempfehlungen bedurften unter bestimmten Voraussetzungen nicht der Anmeldung bei der Kartellbehörde.

47   Die europäische Praxis zu **Art. 81 EG** verläuft materiell-rechtlich **weitgehend parallel** zu § 2 Abs. 1 GWB a. F. und § 22 Abs. 3 Nr. 1 GWB a. F. Im Rahmen des Art. 81 EG werden Normen- und Typenkartellen bzw. -empfehlungen ähnliche wettbewerbsfördernde Wirkungen zugeschrieben, wie sie Grundlage der abgeschafften nationalen Regelungen waren.[233]

48   **Auslegungshilfen** für die Beurteilung von Vereinbarungen über Normen finden sich deshalb insbesondere in der Praxis zu **§ 2 Abs. 1 GWB a. F.** und **§ 22 Abs. 3 Nr. 1 GWB a. F.** Ferner sei auf die **Leitlinien** der Kommission über horizontale Zusammenarbeit verweisen.[234]

49   **bb) Normen und Typen.** Normen dienen der Festlegung technischer oder qualitätsmäßiger Anforderungen.[235] Die einheitliche Anwendung von Normen und Typen bezog sich nach § 2 Abs. 1 GWB a. F. nur auf „die **technischen Bestimmungen** oder Regeln für die Herstellung oder Errichtung, die Beschaffenheit oder Bezeichnung sowie die Anwendung oder Verwendung von Gegenständen", also um Regeln oder Bestimmungen, die dem Bereich der Technik zuzuordnen sind.[236] Insoweit konnten **Waren,** aber auch **Dienstleistungen** in der Warenproduktion (z. B. Werkverträge) normiert oder typisiert werden. Unter § 2 Abs. 1 GWB n. F. dürfte diese Beschränkung unter dem Aspekt bedeutsam sein, dass die oben beschriebenen Effekte in erster Linie primär – wenn auch nicht ausschließlich – durch solche Normen hervorgerufen werden, die die technische Ausgestaltung von Waren und Dienstleitungen zum Gegenstand haben. Nach Aufhebung des § 2 Abs. 1 GWB a. F. steht einer Anwendung des § 2 Abs. 1 GWB n. F. **auch auf nichttechnische Normen,** z. B. nichttechnische Dienstleistungen (kaufmännische, wissenschaftliche, künstlerische Dienstleistungen, freie Berufe) nichts im Wege,[237] sofern sie die Tatbestandsvoraussetzungen erfüllen, insbesondere die erforderlichen Effizienzgewinne hervorrufen.

50   **Beispiele:** Kennzeichen und Symbolen z. B. in Kleidungsstücken, welche als Pflegeanleitung dienen;[238] Maße und Formen wie bestimmte Flaschen- und Kästennormen für Mi-

---

[230] BKartA TB 2003/2004, S. 232.

[231] *Fuchs* in: Immenga/Mestmäcker, GWB, § 2 Rn. 115; *Bunte* in: Frankfurter Kommentar § 2 a. F. Rn. 17.

[232] Andere Einrichtungen sind das Rationalisierungskuratorium der Deutschen Wirtschaft (RKW), der Verein Deutscher Ingenieure (VDI) und der Verband der Elektrotechnik, Elektronik, Informationstechnik (VDE); vgl. auch Rn. 51.

[233] Vgl. *Stockmann* in: Wiedemann, Handbuch des Kartellrechts, § 8 Rn. 195 unter Verweis auf EU-Kommission, Entscheidung vom 15. 12. 1986, ABl. 1987 L 35/36 – *X-Open Group* und mwN.

[234] EU-Kommission, Leitlinien horizontale Zusammenarbeit, Tz. 159–178.

[235] EU-Kommission, Leitlinien horizontale Zusammenarbeit, Tz. 159. Siehe auch *Loest/Bartlik* ZWer 2008, 41, 43 f.

[236] *Lukes* S. 157 f; *Braun* in: Langen/Bunte nach § 2 GWB Rn. 152; *Fuchs* in: Immenga/Mestmäcker, GWB Rn. 117; *Immenga* in: Immenga/Mestmäcker, GWB (3. Aufl.), § 2 a. F. Rn. 12; *Bunte* in: Frankfurter Kommentar § 2 a. F. Rn. 30.

[237] *Braun* in: Langen/Bunte nach § 2 GWB Rn. 154; *Fuchs* in: Immenga/Mestmäcker, GWB Rn. 117. Für Art. 81 Abs. 3 EG: EU-Kommission, Leitlinien horizontale Zusammenarbeit, Tz. 159.

[238] Zu § 2 Abs. 1 GWB a. F. *Bunte* in: Frankfurter Kommentar § 2 Rn. 32.

§ 2. Freigestellte Vereinbarungen **51 § 2 GWB**

neralwasser[239] oder Normenabsprachen über Einheitskunststoffkästen für Weinflaschen;[240] Verständigungen über die Einhaltung von DIN-Normen, von Herstellungsverfahren und Sicherheitsstandards, z. B. zwischen Herstellern auf dem Gebiet der Produktion von Airbag-Komponenten;[241] Zertifizierung von Abrechnungssoftware nach einheitlichen Normen; „Verständigungsnormen" über die einheitliche Verwendung bestimmter Begriffe und Zeichen;[242] Gebrauchstauglichkeitsnormen, Liefernormen, Planungsnormen, Prüfnormen zu nennen, sofern sie dem Bereich der Technik zuzuordnen sind. Da auch nichttechnische Normen erfasst werden, können beispielsweise die Bedingungen des Zugangs zu Gütezeichen, sofern sie überhaupt wettbewerbsbeschränkend sind,[243] grundsätzlich gemäß § 2 Abs. 1 GWB n. F. freigestellt sein.[244]

cc) Wettbewerbsbeschränkung. Die Frage der Anwendung des § 2 Abs. 1 GWB n. F. **51** stellt sich nur, wenn die Abrede wettbewerbsbeschränkend im Sinne des **§ 1 GWB** ist. Eine Vereinbarung oder ein Beschluss i. S. d. § 1 GWB liegt nicht vor, wenn mehrere Unternehmen auf unkoordinierter Grundlage, also nicht auf Grund einer horizontalen Vereinbarung, die gleichen Normen gebrauchen.[245] Auch das alleinige Aufstellen von Normen und Typen erfüllt noch nicht den Tatbestand des Kartellverbots, solange dadurch nicht eine unter § 1 GWB fallende Bindungswirkung für die beteiligten Unternehmen erzeugt wird. Hier ist insbesondere die Praxis anerkannter Verbände und Institute (Deutsches Institut für Normung e. V. (DIN); Rationalisierungskuratorium der Deutschen Wirtschaft (RKW); der Verein Deutscher Ingenieure (VDI); Verband der Elektrotechnik, Elektronik, Informationstechnik (VDE)) zu berücksichtigen. Normen, die von solchen anerkannten Organisationen erlassen werden und die auf **nichtdiskriminierenden, offenen und transparenten Verfahren** beruhen, fallen schon aus dem Anwendungsbereich des § 1 GWB heraus.[246] Das Gleiche gilt für Vereinbarungen zwischen Konkurrenten, die für alle zugänglich und transparent sind und nicht die Verpflichtung zur Einhaltung einer Norm enthalten, oder die Bestandteil einer umfassenderen Vereinbarung zur Gewährleistung der Kompatibilität von Erzeugnissen sind. Sie beschränken nach Auffassung der Kommission ebenfalls schon nicht den Wettbewerb. Keine Wettbewerbsbeschränkung nach § 1 GWB stellt auch die bloße Verständigung über technische Begriffe und Zeichen – sog. **Verständigungsnormen** – dar, solange sie eine Vereinheitlichung der Produktion oder des Warenangebots nicht bewirken kann.[247] - Die Grenze zur Wettbewerbsbeschränkung durch eine Vereinbarungen über Normen kann aber überschritten sein, wenn die Beteiligten in ihrer **Freiheit beschränkt werden, alternative Normen oder Produkte zu entwickeln,** die mit der vereinbarten Norm nicht übereinstimmen[248] oder wenn die Normen benutzt werden, um potentielle Wettbewerber auszuschließen. Der **Umfang der Verpflichtung** muss sich nicht auf die gesamte Produktion erstrecken. Es genügt, dass ein bestimmter festgelegter Prozentsatz der Produktion nach den vereinbarten Normen und Typen hergestellt oder vertrieben wird.[249] Auch liegt eine Wettbewerbsbeschränkung bei einer Abrede vor, die

---

[239] Zu § 2 Abs. 1 GWB a. F. BKartA TB 1999/2000, S. 91, 231.
[240] Zu § 2 Abs. 1 GWB a. F. BKartA TB 1999/2000, S. 231.
[241] Zu § 2 Abs. 1 GWB a. F. BKartA TB 1999/2000, S. 238.
[242] Zum früheren Recht: WuW/E BKartA 1125, 1126; *Werner* S. 34.
[243] Vgl. zu Gütezeichengemeinschaften und § 1 GWB allgemein oben § 1 Rn. 134.
[244] EU-Kommission, Leitlinien horizontale Zusammenarbeit, Tz. 159. Zur gegenteiligen Praxis nach § 2 Abs. 1 GWB a. F. siehe Voraufl. Rn. 50.
[245] *Werner* S. 35; *Bunte* in: Frankfurter Kommentar § 2 a. F. Rn. 19.
[246] EU-Kommission, Leitlinien horizontale Zusammenarbeit, Tz. 163; *Walther/Baumgartner* WuW 2008, 158, 159; *Fuchs* in: Immenga/Mestmäcker, GWB, § 2 Rn. 119.
[247] Zum früheren deutschen Recht: WuW/E BKartA 1125, 1126.
[248] EU-Kommission, Leitlinien horizontale Zusammenarbeit, Tz. 167.
[249] *Fuchs* in: Immenga/Mestmäcker, GWB, § 2 Rn. 119. Zu § 2 Abs. 1 GWB a. F.: *Werner* S. 35; *Bunte* in: Frankfurter Kommentar § 2 Rn. 37.

Normen und Typen nur gegenüber bestimmten Abnehmern anzuwenden[250] oder nur auf bestimmte Waren der Produktion zu beziehen. Die verbindliche Festlegung der zu verwendenden Normen und Typen kann insoweit mittels sogenannter **Positiv- oder Negativlisten** erfolgen. Erstere führen die vereinbarten Normen und Typen auf; Letztere bezeichnen diejenigen Produkte, die nicht der Norm entsprechen müssen. – Verpflichten sich verschiedene Unternehmen ohne horizontale Abstimmung vertikal gegenüber einem Dritten, bestimmte Normen einzuhalten und stellen auf Grund dessen die Dritten gleichartige Produkte oder Produktteile her, so fällt dies grundsätzlich unter § 1 GWB; jedoch handelt es sich um **Vertikalvereinbarungen,** für die stets zunächst eine Freistellung nach den einschlägigen GVOen, z. B. Vertikal GVO oder Technologietransfer GVO, zu untersuchen ist. Dies kann beispielsweise der Fall sein, wenn der Lizenzgeber gleiche Lizenzen erteilt oder der Auftraggeber den Herstellern genaue, verbindliche Vorgaben bezüglich des Produktes macht.[251] – Normabreden über unbedeutende Produkteigenschaften, Formen und Berichte können schließlich die **Spürbarkeitsschwelle** des § 1 GWB verfehlen.[252]

52 dd) **Effizienzgewinne.** Bei der Freistellung nach § 2 Abs. 1 GWB n. F. besteht der durch die einheitliche Anwendung von Normen und Typen hervorgerufene Nutzen in der **erleichterten wirtschaftlichen Durchdringung und Entwicklung neuer Märkte,** weil Informationen auch potentiellen Marktneulingen offen stehen.[253] Dazu muss die Norm allerdings technisch neutral und nachvollziehbar sein.[254] Sind die Normen technischer Art, erleichtern sie die **Kompatibilität und Interoperabilität von Produkten.** Im innerbetrieblichen Bereich dienen sie der **Vereinfachung und Rationalisierung** von Betriebs- und Produktionsabläufen, der Förderung von Serienproduktionen, der Vereinfachung der Lagerhaltung, Ersparnissen bei Werkzeugen usw. Als Vorteile für die Marktgegenseite stellen sich dabei ein: Verbesserte **Markttransparenz,** weil Produkte unterschiedlicher Hersteller leichter miteinander verglichen werden können; Förderung der Austauschbarkeit von Produkten bzw. Produktbestandteilen, was die Abhängigkeit des Käufers von einem bestimmten Produzenten vermindert.[255]

53 ee) **Unerlässlichkeit.** Vor dem Hintergrund der Unerlässlichkeit muss man sich zunächst die möglichen negativen Folgen solcher Vereinbarungen vor Augen führen: Die mit der einheitlichen Anwendung von Normen und Typen einhergehende Wettbewerbsbeschränkung äußert sich vor allem in einer Verringerung des Qualitäts- und Innovationswettbewerbs zwischen den Kartellmitgliedern im Hinblick auf die gleichgeschalteten Normen und Typen. Es besteht die Gefahr, dass sich die Differenzierung zwischen den Produkten der Kartellmitglieder vermindert und damit ihr Qualitätswettbewerb abnimmt. Daraus ergibt sich zugleich die Gefahr einer Reduzierung der Innovation der Kartellmitglieder.[256] Schließlich erhöhen sich die Marktzutrittsschranken für Kartellaußenseiter, wenn für Kartellmitglieder und für die Marktgegenseite mit der Gleichschaltung von Normen und Typen erhebliche Vorteile verbunden und die Kartellaußenseiter davon ausgeschlossen sind.

Solche Bedenken sind jedoch nicht am Platz, wenn das Kartell eine offene Mitgliedschaft, eine offene Diskussion im Hinblick auf den Inhalt der Standardisierung, die Offen-

---

[250] Zu § 2 Abs. 1 GWB a. F. *Immenga* in: Immenga/Mestmäcker, GWB, § 2 Abs. 1 Rn. 18; *Bunte* in: Frankfurter Kommentar § 2 Rn. 38.
[251] Zu § 2 Abs. 1 GWB a. F. *Bunte* in: Frankfurter Kommentar § 2 Rn. 20.
[252] EU-Kommission, Leitlinien horizontale Zusammenarbeit, Tz. 164.
[253] EU-Kommission, Leitlinien horizontale Zusammenarbeit, Tz. 169.
[254] EU-Kommission, Leitlinien horizontale Zusammenarbeit, Tz. 171.
[255] *Fuchs* in: Immenga/Mestmäcker, GWB, § 2 Rn. 120; *Bunte* in: Frankfurter Kommentar § 2 a. F. Rn. 15.
[256] Zu § 2 Abs. 1 GWB a. F. *Immenga* in: Immenga/Mestmäcker, GWB, § 2 Abs. 1 Rn. 6; *Bunte* in: Frankfurter Kommentar § 2 Rn. 16.

legung bestehender Schutzrechte und eine Lizenzeinräumung an den Schutzrechten vorsieht.[257] Insbesondere kann das durch einen Aufnahmeanspruch für Außenseiter sichergestellt werden. Beispielsweise sah die Kartellvereinbarung der Genossenschaft Deutscher Brunnen, die für die Einführung von Einheitspfandflaschen und -kästen ein Norm- und Typenkartell nach § 2 Abs. 1 GWB a. F. angemeldet hatte, vor, dass die entsprechenden Flaschen und Kästen auch von anderen Herstellern bezogen werden konnten.[258]

Angesichts der genannten Nachteile werden Abreden besonders streng auf Unerlässlichkeit geprüft, die diskriminierend sind, d. h. nur den Kartellmitgliedern die Nutzung der Normen erlauben;[259] solche Abreden können beispielsweise dann ausnahmsweise unerlässlich sein, wenn es um horizontale Gegenmachtbildung geht oder die Diskriminierung sonst systemimmanent ist.[260]

Grundsätzlich muss die Abrede auch „freiwillig" sein, um den Wettbewerb nicht unerlässlich zu beschränken.[261] Ob eine **Verpflichtung zur Realisierung** von Normen- und Typenkartellen kartellrechtlich Bestand haben kann, ist deshalb eingehend zu untersuchen. Allerdings ist grundsätzlich mit Normen und Typenabreden eine positive wettbewerbliche Beurteilung verbunden, so dass in der Tendenz auch eine Verpflichtung zur Umsetzung zulässig sein muss. Eine Verpflichtung zur Einhaltung der Norm ist dann nicht unerlässlich, wenn nur eine andere Norm auf dem Markt existiert, weil dann nicht ersichtlich ist, weshalb diese Alternative boykottiert werden muss.[262] Ähnliches gilt für **Nichtnormungszuschläge** in Form von Preiszuschlägen für die Herstellung oder den Handel mit nicht genormten Produkten.[263] Das BKartA hat zum alten Recht allerdings eine Freistellung für diese mit Preiszuschlägen verbundenen Normen- und Typenabreden nach § 2 Abs. 1 GWB a. F. abgelehnt, sofern mit solchen Zuschlägen einseitig die Marktgegenseite belastet wird, hielt sie aber für zulässig, wenn es zu einer Einschränkung der Typen entsprechend dem Kartellziel ohne Belastung der Marktgegenseite kommt.[264] Das ist heute wegen des Merkmals „angemessene Beteiligung der Verbraucher" aktueller denn je.

Nicht notwendig wettbewerbsbeschränkende Abreden über die Bestimmung von Qualitätsnormen hinaus, die **zusätzliche,** eigentlich nicht mit der Gleichschaltung der Qualitätsnormen verbundene **Beschränkungen des Wettbewerbs** beinhalten,[265] z. B. bei einer Normierung von Pfandflaschen und –kästen auch Abreden über die Organisation der Flaschenrücknahme und über den Mengen- und Pfandausgleich[266] oder eine Gebietsaufteilung und ein Wettbewerbsverbot für konkurrierende Standards.[267] Auch eine Kollusion bei Austausch wettbewerbsintensiver Marktinformationen in Folge der Standardisierung[268] kann die Zusammenarbeit genauso unzulässig machen wie über das zeitliche Maß hinaus-

---

[257] *Walther/Baumgartner* WuW 2008, 158, 162 ff.
[258] BKartA TB 1999/2000, S. 91.
[259] Vgl. EU-Kommission, Leitlinien horizontale Zusammenarbeit, Tz. 171 f.
[260] *Loest/Bartlik* ZWeR 2008, 41, 46.
[261] EU-Kommission, Leitlinien horizontale Zusammenarbeit, TZ. 167; *Loest/Bartlik* ZWeR 2008, 41, 48.
[262] EU-Kommission, Leitlinien horizontale Zusammenarbeit, Tz. 173.
[263] Zu § 2 Abs. 1 GWB a. F. *Werner* S. 36; *Immenga* in: Immenga/Mestmäcker, GWB, § 2 Abs. 1 Rn. 20; *Bunte* in: Frankfurter Kommentar § 2 Rn. 41.
[264] WuW/E BKartA 1608 – *Starkstromkabel;* vgl. auch WuW/E BKartA 460, 462 – *Eiserne Fässer und Gefäße II;* dem folgend *Bunte* in: Frankfurter Kommentar § 2 Rn. 44; *Kiecker* in: Langen/Bunte § 2 Rn. 17; ablehnend *Immenga* in: Immenga/Mestmäcker, GWB, § 2 Abs. 1 Rn. 20. Siehe weiter eingehend 1. Aufl. Rn. 54.
[265] Eingehend auch *Walther/Baumgartner* WuW 2008, 158, 164.
[266] BGH WuW/E DE-R 1954, 1957 – *PETCYCLE;* in Betracht kommt in solchen Fällen aber eine Freistellung als Rationalisierungskartell, Rn. 115 ff.
[267] BKartA WuW/E DE-V 1579, 1582 – *KS-Quadro.*
[268] *Loest/Bartlik* ZWeR 2008, 41, 47 f. mwN. aus der EU-Praxis.

gehende Beschränkungen.[269] **Zusatzabsprachen ohne wettbewerbsbeschränkenden Charakter** haben keine Auswirkungen auf die Anwendbarkeit des § 2 Abs. 1 GWB,[270] weil im Hinblick auf die Zusatzabreden keine Vereinbarung oder Beschluss nach § 1 GWB vorliegt. Danach ist z. B. die organisatorische Verbindung von (unbedenklicher) Gütezeichengemeinschaft und Normkartell zulässig.[271]

55 **ff) Angemessene Beteiligung der Verbraucher.** Von einer Weitergabe der Vorteile an die Verbraucher ist regelmäßig auszugehen, zumal die Vorteile wie Markttransparenz und Verringerung der Transaktionskosten durch Standardisierung zum Teil auch direkt bei Ihnen eintreten.

56 **gg) Ausschaltung des Wettbewerbs.** Wesentliche Teile des Wettbewerbs können dann ausgeschaltet werden, wenn die Kartellbeteiligten marktbeherrschend sind und damit die von ihnen festgelegte Norm de facto zum **Standard auf dem Markt** wird. In diesen Fällen ist nur dann nicht von einer Ausschaltung des Wettbewerbs auszugehen, wenn der Beitritt zur Normungsabrede allen offen steht (**„offene Mitgliedschaft"** einschließlich Beteiligung an Standardisierung und Lizenzgewährung) und **diskriminierungsfrei** angewendet wird.[272] Das Gleiche gilt im Fall von Normen, die Marktstandard und durch geistige Schutzrechte abgesichert sind. Allerdings unterliegt die bloß vertikal gleichartige Bindung durch einen marktbeherrschenden Schutzrechtsinhaber nicht den gleichen strengen Regeln, weil die Diskriminierungsmöglichkeit gerade Ausfluss von Ausschließlichkeitsrechten ist.[273] Steht die Nutzung der Norm hingegen allen Marktbeteiligten offen und besteht im Hinblick auf andere Wettbewerbsparameter wie Preis und Qualität wirksamer Wettbewerb, ist nichts dagegen einzuwenden, wenn die Norm von 100% der Marktbeteiligten anwendet wird; ein Beispiel sind die Normen für die Verbindung von Fernsehgeräten und Videorecordern.[274]

57 **b) Konditionenkartelle. aa) Allgemeines.** Für Konditionenkartelle existierte in **§ 2 Abs. 2 GWB a. F.** eine eigene Freistellungsregelung. Sie hatte nicht unerhebliche praktische Bedeutung. Vor in Kraft Treten der 7. GWB-Novelle waren Ende 2004 noch 52 Konditionenkartelle in Kraft oder angemeldet.[275] Noch größere Bedeutung kam den unverbindlichen **Konditionenempfehlungen (§ 22 Abs. 3 Nr. 2 GWB a. F.)** zu. Im Jahre 1977 stieg die Zahl der Konditionenempfehlungen sprunghaft. Grund hierfür war das Inkrafttreten des früheren AGBG am 1. April 1977 (jetzt §§ 305 ff. BGB). Sehr viele Unternehmen passten ihre Geschäftsbedingungen nicht autonom an das AGBG an, sondern ließen sich eine Hilfestellung von ihren Wirtschaftsverbänden in Form von Muster-AGB geben.[276] Bis zur 7. GWB-Novelle 2005 waren 373 Empfehlungen bei den Kartellbehörden gemäß § 22 Abs. 3 Nr. 2 GWB a. F. angemeldet.[277] Im Rahmen der Praxis zu **Art. 81 EG** haben Konditionenkartelle eine geringere Bedeutung,[278] weil es offensichtlich nur wenige grenzüberschreitende Konditionenabsprachen gibt. Für die Zwischenstaatlichkeit

---

[269] Eingehend *Walther/Baumgartner* WuW 2008, 158, 164 f.
[270] Zu § 2 Abs. 1 GWB a. F. *Immenga* in: Immenga/Mestmäcker, GWB, § 2 Abs. 1 Rn. 17; *Bunte* in: Frankfurter Kommentar § 2 Rn. 40; *Deringer* in: Gemeinschaftskommentar § 5 Rn. 19.
[271] Zu § 2 Abs. 1 GWB a. F. BKartA TB 1964, 21; dagegen: BKartA TB 1968, 52.
[272] EU-Kommission, Leitlinien horizontale Zusammenarbeit, Tz. 174; eingehend auch *Walther/Baumgartner* WuW 2008, 158, 162 ff.
[273] Vgl. EuGH v. 2. 9. 2004 Rs. C 418–01 – *IMS Health/NDC Health*, GRUR Int. 2004, 524; siehe hierzu ferner BGH GRUR 2004, 966 – *Standardspundfass*; außerdem hierzu Art. 82 Rn. 200 ff. und *Loest/Bartlik* ZWeR 2008, 41, 49 ff.
[274] Vgl. EU-Kommission, Leitlinien horizontale Zusammenarbeit, Tz. 176, allerdings bezogen auf eine Norm, die nicht rechtsverbindlich zwischen den Marktteilnehmern verabredet wurde.
[275] Letzter Stand BKartA TB 2003/2004, S. 234 ff.
[276] BKartA TB 1978, S. 39; *Kiecker* in: Langen/Bunte, § 2 Rn. 6.
[277] Vgl. BKartA TB 2005/2006, S. 38.
[278] Vgl. *Stockmann* in: Wiedemann, Handbuch des Kartellrechts, § 8 Rn. 198 mwN.

reicht es aber auch aus, dass Vereinbarungen mit Wirkung für das gesamte Bundesgebiet geschlossen werden, so dass viele Konditionenkartelle der durch die 7. GWB-Novelle 2005 eingeführten vorrangigen Beurteilung nach Art. 81 EG unterfallen[279] (§ 22 GWB).

bb) Zweck der Privilegierung von Konditionenkartellen. Trotz der vorrangigen Beurteilung nach Art. 81 EG dürfte sich in der Praxis nicht Grundlegendes geändert haben. Denn die Praxis zu Art. 81 Abs. 3 EG erkennt – wie die Praxis zu § 2 Abs. 2 GWB a. F. – grundsätzlich an, dass durch Konditionenkartelle und die damit verbundene einheitliche Anwendung von Geschäftsbedingungen die **Transparenz im Konditionenbereich erhöht** werden kann. Das dient einer **Förderung des Preis- und Qualitätswettbewerbs,** weil sich der Vertragspartner bei vergleichbaren Angeboten auf Preis und Qualität konzentrieren kann.[280] Neben einer Freistellung nach § 2 Abs. 1 GWB kommt auch eine Privilegierung nach § 3 GWB (Mittelstandskartelle) in Betracht, sofern die Voraussetzungen dieser Vorschrift erfüllt sind.[281]

cc) Konditionen. (1) Allgemeine Definition. Der Begriff der Konditionen wurde auch durch § 2 Abs. 2 GWB a. F. nicht definiert. Eine Legaldefinition findet sich in § 305 Abs. 1 BGB für „Allgemeine Geschäftsbedingungen". Nach § 310 Abs. 3 BGB wird der Anwendungsbereich des AGB-Rechts für Verbraucherverträge noch erweitert. Eine direkte Übertragung der Begriffsbestimmung des § 305 Abs. 1 BGB auf das GWB ist ausgeschlossen, da ansonsten die unterschiedliche Schutzrichtung der beiden Gesetze nicht berücksichtigt würde.[282] Das AGB-Recht soll über eine weite Auslegung dem Vertragspartner Schutz vor solchen Gefahren gewähren, die sich für ihn aus dem Sicheinlassen auf die vorformulierten Klauseln unter Verzicht auf das Aushandeln der Vertragsbedingungen ergeben. Demgegenüber dient die Privilegierung von Konditionenkartellen nach § 2 Abs. 1 GWB n. F. und § 2 Abs. 2 GWB a. F. zwar der Rationalisierung und Markttransparenz; dennoch stellen Konditionenkartelle eine Gefahr für den Wettbewerb dar und sind als Ausnahme vom allgemeinen Kartellverbot **eng auszulegen.** So erfasst der Konditionen-Begriff des Kartellrechts – anders als der Begriff in § 305 Abs. 1 BGB – nur Regelungen über die **rechtliche und kaufmännische Abwicklung des Vertrages.**[283] Das können in Konditionenkartellen Regelungen sein, die das Zustandekommen von Verträgen betreffen. Ferner zählen Vereinbarungen über die zeitliche Begrenzung der Bindung an ein Vertragsangebot oder die Festlegung einer bestimmten Form für die Annahmeerklärung dazu. Auch Regelungen über die Auflösung des Vertragsverhältnisses (Kündigung, Rücktritt), Nebenpflichten (z. B. Aufklärungs- und Informationspflichten, Verpackung, Transport), Sicherheiten (Sicherungsübereignung und -abtretung, Eigentumsvorbehalt), Haftung und Gewährleistung sind darunter zu fassen.

Keine Konditionen sind **Vereinbarungen über Art und Umfang der Hauptleistung.**[284] Genauso wenig können Abreden über die Beschaffenheit der Hauptleistung – wie

---

[279] Begr. RegE 7. GWB-Novelle, BT DS 15/3640, S. 26.
[280] EU-Kommission, Entscheidung vom 15. 5. 1974, ABl. 1974, L 160/1, 13 – *IFTRA Verpackungsglas;* EU-Kommission, Entscheidung vom 8. 2. 1980, ABl. 1980 L62/63 – *Stahllagerhändler;* siehe auch *Stockmann* in: Wiedemann, Handbuch des Kartellrechts, § 8 Rn. 198 mwN.; a. A. *Emmerich,* Kartellrecht, § 5 Rn. 7 und § 22 Rn. 12, der meint, es handele sich um eine grundsätzlich unzulässige Kernbeschränkung; dagegen zu Recht *Fuchs* in Immenga/Mestmäcker, GWB, der das für zu wenig differenziert hält. Auch die Begr. RegE 7. GWB-Novelle BT DS 15/3640, S. 26 geht von keiner grundlegenden Änderung durch die Anwendung des Art. 81 Abs. 3 EG aus; zustimmend *Zapfe* WuW 2007, 1230, 1233 ff.; *Möhlenkamp* WuW 2008, 428, 438.
[281] Begr. RegE 7. GWB-Novelle, BT DS 15/3640, S. 26.
[282] *Bunte* in: Schwerpunkte des Kartellrechts 1983/84, 1, 7; *Fuchs* in: Immenga/Mestmäcker, GWB, § 2 Rn. 128.
[283] BKartA TB 1977, S. 66.
[284] EU-Kommission, Entscheidung vom 15. 5. 1974, ABl. 1974, L 160/1, 13 – *IFTRA Verpackungsglas;* EU-Kommission, Entscheidung vom 8. 2. 1980, ABl. 1980 L62/63 – *Stahllagerhändler;*

beispielsweise technische Daten oder Abmessungen der zu liefernden Ware[285] – Gegenstand eines Konditionenkartells sein;[286] hier ist allerdings an eine Freistellung als Norm- und Typenkartell, Spezialisierungs- oder allgemeines Rationalisierungskartell zu denken.[287]

61 Vor dem Hintergrund des Transparenzzweckes ist zweifelhaft, ob in einem Konditionenkartell, das Effizienzgewinne durch die einheitliche Behandlung des „Wie" des Vertragsschlusses und der Vertragsabwicklung erbringen soll, Fragen über das „Ob" wie **Kontrahierungsverbote** geregelt werden können. Entscheidend sind allerdings immer die Umstände des Einzelfalles. Im Gegensatz zu dem kasuistisch formulierten Tatbestand des § 2 Abs. 2 GWB a. F. richtet sich die Freistellung nach den allgemeinen Kriterien des § 2 Abs. 1 GWB n. F., die nicht mehr auf die inhaltliche Natur der Vereinbarung abstellen, sondern auf deren wirtschaftliche Folgen.

Genauso gehören **vertikal veranlasste Wettbewerbsbeschränkungen** für den AGB-Vertragspartner – wie beispielsweise Preis- oder Konditionenbindungen nach §§ 14, 15 GWB a. F. oder Vertriebsbindungen nach § 16 GWB a. F. – nicht zum regelmäßigen Tatbestand für eine Privilegierung von Konditionenkartellen.[288] Jedenfalls auf letzterer Stufe besteht kein Anhalt, dass der Zweck der Privilegierung von Konditionenkartellen, nämlich Förderung der Markttransparenz und des Preis- und Qualitätswettbewerbs, erreicht wird.[289] Allerdings muss wegen des offenen Tatbestandes des § 2 Abs. 1 GWB auch hier eine Einzelfallprüfung stattfinden. Für Vertikalvereinbarungen existiert mit der GVO Vertikalvereinbarungen sogar eine spezielle Regelung.

62 **(2) Insbesondere Abgrenzung Konditionen von Preisregelungen.** Unternehmen, die **Preisabsprachen** treffen, werden im Rahmen des Freistellungstatbestandes des § 2 Abs. 1 GWB tendenziell strenger behandelt als Unternehmen, die keine Kernbeschränkungen verabreden. Beispielsweise liegt die Marktanteilsschwelle für den Ausschluss des Wettbewerbs hier niedriger. Die EU-Kommission fordert sogar generell in den Leitlinien zur Anwendung des Art. 81 Abs. 3 EG, dass keinesfalls durch eine Vereinbarung der Preiswettbewerb[290] beschränkt werden dürfe. Bei Konditionenkartellen gilt dies in besonderem Maße, weil sie nach dem Zweck der Privilegierung den Preiswettbewerb gerade fördern sollen. Damit werden Konditionenkartelle skeptisch gesehen, die zusätzlich Preise und Preisbestandteile gleichschalten.[291] Der frühere § 2 Abs. 2 GWB a. F. schloss Preisregelungen sogar ausdrücklich von einer Freistellung aus. Im Einzelnen kann die **Abgrenzung zwischen Preisbestandteil einerseits und Kondition andererseits** jedoch schwierig sein.

63 Der **Preisbegriff** wird in den Vorschriften des GWB nicht definiert. „Preis" ist die im Synallagma stehende Gegenleistung für die vom Vertragspartner geschuldete Leistung.[292] Es ist unerheblich, ob der Preis als **Geldwert oder** als **Sachwert** ausgedrückt ist. Dagegen ist

---

siehe auch *Stockmann* in: Wiedemann, Handbuch des Kartellrechts, § 8 Rn. 198 mwN. Vgl. zum alten deutschen Recht BKartA TB 2003/2004, S. 41 – *Betonverschalungen;* BKartA TB 1965, S. 49; BKartA TB 1976, S. 60; WuW/E BKartA 1989, 1990 f. – *Druckerei-Konditionen.*

[285] BKartA TB 1965, 49.

[286] Zu § 2 Abs. 2 GWB a. F. BKartA TB 1976, S. 60; WuW/E BKartA 1989, 1990 f. – *Druckerei-Konditionen.*

[287] Vgl. die einzelnen Kommentierungen hierzu oben und nachfolgend.

[288] Dagegen nach altem Recht auch BKartA TB 1962, S. 58; LKartB Baden-Württemberg WuW/E LKartB 1, 3 – *Moräne-Kies;* LKartB Baden-Württemberg WuW/E LKartB 11, 12 f. – *Moräne-Kies II.*

[289] LKartB Baden-Württemberg WuW/E LKartB 1, 3 – *Moräne-Kies;* LKartB Baden-Württemberg WuW/E LKartB 11, 12 – *Moräne-Kies II.*

[290] EU-Kommission, Leitlinien Art. 81 Abs. 3 EG, Tz. 110.

[291] BKartA TB 2005/2006, S. 40 – *Einheitsbedingungen für die deutsche Textilwirtschaft.* Zu Art. 81 EG: EU-Kommission, Entscheidung vom 15. Mai 1974, *IFTRA Verpackungsglas,* ABl. 1974, L 160/1, 13; EU-Kommission, Entscheidung vom 8. Februar 1980, *Stahllagerhändler,* ABl. 1980 L62/63; *Zapfe* WuW 2007, 1230, 1237; *Stockmann* in: Wiedemann, § 8 Rn. 198 mwN.

[292] *Fuchs* in: Immenga/Mestmäcker, GWB, § 2 Rn. 141.

§ 2. Freigestellte Vereinbarungen   64, 65   § 2 GWB

nicht jede in Geld bezifferte Leistung, die auf Grund Vertrags erbracht wird, als Preisregelung anzusehen; es kommt immer auf den synallagmatischen Zusammenhang zwischen Hauptleistung und Gegenleistung an. So beinhalten beispielsweise Vereinbarungen über die Höhe eines Flaschenpfandes für Mehrwegflaschen keine Preisregelung.[293] Zu den **Preisbestandteilen** zählen neben dem Grundpreis Zuschläge für Nebenleistungen, Abschläge wie z. B. Rabatte oder sonstige Nebenkosten.[294] Die Summe dieser Bestandteile bildet den „Preis".

Eine Konditionenregelung ist **preisbezogen,** wenn sie den Preiswettbewerb unter den   64 Kartellmitgliedern beschränkt.[295] Das ist der Fall, wenn die einzelnen Kartellmitglieder in ihrer Preisgestaltung nicht mehr frei sind. Danach fällt nicht nur jede bezifferte Regelung der Höhe von Preis und Preisbestandteilen aus der Privilegierung von Konditionenkartellen, sondern jede Beschränkung der freien Preiskalkulation.[296] Die Kartellvereinbarung darf insbesondere keine bezifferten oder in Prozentsätzen bezeichneten Werte für die Berechnung von Nebenkosten enthalten und keine bindenden Tarife vorgeben. Beispielsweise die Vereinbarung der Einhaltung bestimmter Mindestsätze nach der HOAI ist eine Preisregelung.[297] Ferner sind auch Höchstpreise Preisregelungen.[298] – Preisbezug liegt jedoch **nicht** schon vor, wenn die Konditionen nur **mittelbaren Einfluss** auf den Preis haben.[299] Andernfalls könnte es keine legalisierten Konditionenkartelle mehr geben, da nahezu jede Geschäftsbedingung die Preisbildung und damit die Höhe des Entgelts mit beeinflusst. Für die **Abgrenzung** zwischen unmittelbar preisbezogen (und damit nicht als Konditionenkartell privilegierten) einerseits und nur mittelbar preisbezogenen (und damit privilegierten) Konditionen ist danach zu fragen, **ob die Konditionen lediglich den Leistungsgegenstand beschreiben.** Dann liegt ein lediglich mittelbarer Preisbezug vor und die Konditionen können grundsätzlich gleichgeschaltet werden,[300] weil der gleichgeschaltete Leistungsgegenstand dann eine Intensivierung des Preis- und Qualitätswettbewerbs entsprechend des Zwecks der Privilegierung von Konditionenkartellen ermöglicht. Im Einzelnen ist diese Abgrenzung wie für § 2 Abs. 2 GWB a. F. wie folgt vorzunehmen:

Skonto und Rabatt. Skonto ist das Entgelt für die Bezahlung einer Schuld vor Fällig-   65 keit. Wurde ein Skonto zwischen den Vertragspartnern vereinbart, so wird bei Zahlung vor Fälligkeit der geschuldete Betrag um einen vorher vereinbarten Prozentsatz gekürzt. Der wirtschaftliche Zweck des Skonto ist es, zum einen das Delkredererisiko zu verringern und zum anderen dem skontogewährenden Unternehmen Kosten zu ersparen, die durch Kreditzinsen oder Mahnungen entstehen können. Damit ist der Skonto ein Ausgleich für ersparte Aufwendungen und kann zu den Konditionen gezählt werden.[301] Demgegenüber ist ein **Rabatt** ein Preisnachlass, der eine Preisregelung und damit keine Kondition darstellt.[302] Auf die Wortwahl kommt es bei der Abgrenzung zwischen Skonto und Rabatt mangels einer eindeutigen sprachlichen Bedeutung des Begriffs „Rabatt" nicht an. So ist der sog.

---

[293] LKartB Bayern WuW 1977, 24, 24.
[294] WuW/E BKartA 1216; BKartA TB 1975, 58.
[295] *Fuchs* in: Immenga/Mestmäcker, GWB, § 2 Rn. 142.
[296] BKartA TB 1978, 89.
[297] BKartA TB 2003/2004, S. 41 – *Betonverschalungen*.
[298] BKartA TB 2003/2004 S. 41 – *Betonverschalungen*.
[299] *Fuchs* in: Immenga/Mestmäcker, GWB, § 2 Rn. 142; *Kiecker* in: Langen/Bunte, § 2 (9. Aufl.) Rn. 25.
[300] *Immenga* in: Immenga/Mestmäcker, GWB (3. Aufl.), § 2 Abs. 2 a. F. Rn. 63; *Bunte* in: Frankfurter Kommentar § 2 a. F. Rn. 113; *Kiecker* in: Langen/Bunte (9. Aufl.) § 2 a. F. Rn. 26.
[301] BKartA TB 2005/2006, S. 40 – *Einheitsbedingungen der deutschen Textilwirtschaft*; *Zapfe* WuW 2007, 1230, 1237. A. A. *Fuchs* in: Immenga/Mestmäcker, GWB, § 2 Rn. 146 f., der den Skonto wegen der Abgrenzungsschwierigkeiten zum Rabatt als Preisabrede einstufen will.
[302] *Kiecker* in: Langen/Bunte, § 2 Rn. 36; *Bechtold*, GWB, § 2 Rn. 3; *Immenga* in: Immenga/Mestmäcker, GWB, § 2 Abs. 2 Rn. 38; *Bunte* in: Frankfurter Kommentar § 2 Rn. 76.

Barzahlungsrabatt in Wirklichkeit ein Skonto, da damit die Zahlung vor Fälligkeit vergütet wird.[303] Die **Abgrenzung** zwischen Rabatt und Skonto richtet sich danach, ob sich der vereinbarte Preisnachlass auf die Art und Weise der Begleichung des Rechnungsbetrages bezieht (dann ist ein Skonto anzunehmen) oder auf eine andere Bezugsgröße wie beispielsweise die Menge der abgenommenen Ware (Mengenrabatt), die Kontinuität beim Warenkauf (Treuerabatt) oder den Anlass des Verkaufes (z. B. Schlussverkauf, Jubiläumsverkauf, Sonderposten). Wird ein besonders **hoher Skonto** vereinbart, so lässt dies den Schluss zu, dass tatsächlich ein Preisnachlass vorliegt. Beispiele: Bei einem festgelegten Zahlungsziel von 60 Tagen hat das BKartA eine Erhöhung des Eilskontos von 3,5 % auf 4 % bei Zahlung binnen 30 Tagen noch toleriert.[304] Dagegen wurde bei einem Zahlungsziel von 30 Tagen eine Erhöhung des Eilskontos von 5 % auf 5,5 % bei Zahlung binnen 10 Tagen als Regelung eines Preisbestandteils erachtet und für nicht mehr zulässig erklärt.[305] Nach Abschaffung des RabattG, das ja nach § 2 RabattG gegenüber Letztverbrauchern nur ein Skonto von maximal 3 % für Barzahlung oder vergleichbare Zahlungsarten vorsah, spricht aber viel dafür, die Gewährung auch höherer Skonti großzügigerer zu behandeln.[306]

66 **Finanzierungs- oder Teilzahlungszuschläge.** Finanzierungs- oder Teilzahlungszuschläge sind die Gegenleistung für die Stundung über das vereinbarte Zahlungsziel hinaus und stellen damit das **negative Gegenstück zum Skonto** dar. Finanzierungszuschläge schaffen genauso wie die Verzugszinsen einen pauschalierten Ausgleich für finanzielle Nachteile des Gläubigers bei verspäteter Zahlung und sind nicht etwa als Vergütung einer selbstständigen Leistung in Form einer Kreditgewährung zu verstehen. Genauso wie der Skonto bezwecken Finanzierungszuschläge letztlich eine möglichst frühzeitige Zahlung. Vor diesem Hintergrund ist es gerechtfertigt, Finanzierungszuschläge in gleicher Weise wie Skonti zu behandeln.[307] Liegt die Höhe des Finanzierungszuschlags allerdings weit unter den Zinssätzen des Kapitalmarktes, so kann angenommen werden, dass der Zuschlag nicht mehr dem Zwecke des Ausgleichs dient, sondern einen zusätzlichen Kaufanreiz in Form eines Wettbewerbsvorteils bildet und somit zur Modifikation des Preises unmittelbar beiträgt.[308] In diesen Fällen kommt eine Freistellung als Konditionenkartell nicht in Betracht.

67 **Verzugszinsen und Vertragsstrafen** zählen zu den Zahlungsbedingungen und sind demnach als Konditionenkartell freistellungsfähig. Sie bezwecken einen Ausgleich für den Zinsverlust des Gläubigers bei Schuldentilgung nach Eintritt der Fälligkeit. Es handelt sich hierbei also um einen pauschalierten Schadensersatz, der keinen Bezug auf die Höhe des Kaufpreises nimmt.[309]

68 Grundsätzlich sind auch **Gewährleistungsregeln** keine Regelungen mit Preisbezug und damit als Konditionenabrede freistellbar. Ausnahmsweise soll dann etwas anderes gelten, wenn das Kartell Regelungen zur Kalkulation der Höhe von Gewährleistungsansprüchen (z. B. Minderung) oder von Schadensersatzleistungen bei mangelhafter Leistung aufstellt.[310]

---

[303] *Immenga* in: Immenga/Mestmäcker, GWB, § 2 Abs. 2 Rn. 38; *Bunte* in: Frankfurter Kommentar § 2 Rn. 76.
[304] WuW/E BKartA 1216, 1217.
[305] BKartA TB 1968, 69.
[306] Vgl. zur Abschaffung des RabattG zum 25. Juli 2001 *J. B. Nordemann* NJW 2001, 2505 ff.; *Berneke* WRP 2001, 615 ff.; *Heermann* WRP 2001, 855 ff.
[307] A. A. konsequenterweise *Fuchs* in: Immenga/Mestmäcker, GWB, § 2 Rn. 147, der auch schon den Skonto als Preisbestandteil auffassen will.
[308] *Bunte* in: Frankfurter Kommentar § 2 a. F. Rn. 81.
[309] BKartA TB 1962, S. 40; TB 1970, S. 75; TB 1971, S. 78; jeweils zum alten Recht. Zum neuen Recht: *Fuchs* in: Immenga/Mestmäcker, GWB, § 2 Rn. 148.
[310] BKartA TB 1978, 65 bei der Absprache über die Höhe der Lohnkosten bei Mängelbeseitigung; *Bunte* in: Frankfurter Kommentar § 2 a. F. Rn. 101; a. A. wie hier: *Fuchs* in: Immenga/Mestmäcker, GWB, § 2 Rn. 148.

§ 2. Freigestellte Vereinbarungen 69, 70 § 2 GWB

Das ist wenig überzeugend, weil solche Regelungen – genauso wie Verzugszinsen und Vertragsstrafen – nicht den Gegenstand der Hauptleistung beschreiben und auch sonst keinen Bezug auf die Höhe des Kaufpreises nehmen. Ohnehin ist es oft schwierig, zwischen Nichterfüllung und Schlechterfüllung zu unterscheiden, so dass dann auch beide im Rahmen der Konditionenkartelle parallel behandelt werden sollten.

Nebenleistungen. Zu den Nebenleistungen gehören **Verpackungsleistungen, Montage, Transportversicherung,** aber auch **Projektierungskosten** und **Musterlieferungen.** Eine Kartellvereinbarung, in der bestimmt wird, wer die Nebenkosten zu tragen hat, ist grundsätzlich als Konditionenkartell privilegiert.[311] So kann beispielsweise festgelegt werden, dass der Empfänger die Verpackungskosten zu tragen hat oder dass die Verpackung bereits im Preis enthalten ist. Eine Klausel, die die Rücknahme der Verpackung ausschließt, wurde vom BKartA mit Recht genauso als Konditionenabrede angesehen[312] wie eine Regelung über die Vereinbarung eines Eigentumsvorbehalts bezüglich der Verpackung, verbunden mit einer Rücksendepflicht des Empfängers.[313] Dagegen schränken Vereinbarungen über die **Höhe der Nebenkosten** die Kalkulationsfreiheit des Kartellmitglieds ein und sind daher Preisabreden.[314] Eine Regulierung des Preiswettbewerbs stellt es auch dar, einen Preisnachlass bei Verzicht auf Verpackung auszuschließen.[315] Genauso liegt keine Konditionenabrede vor, wenn vereinbart wird, dass Projektierungskosten zu vergüten sind, wenn der Auftrag später nicht erteilt wird.[316] Das Gleiche gilt für die Kartellierung unentgeltlicher Musterlieferungen.[317] 69

Frachtklauseln. Klauseln, in denen diejenige Vertragspartei bestimmt wird, die die **Frachtkosten** zu tragen hat, sind Konditionenabreden.[318] Hierzu zählen Klauseln wie „Ab Werk", „Frei Haus", „FOB", „FAS" usw. Auch differenzierte Regelungen sind möglich, z. B. Ab-Werk-Preise bei Streckengeschäften und die Übernahme der Fracht durch den Verkäufer in allen anderen Fällen.[319] Genauso kann die Übernahme der Frachtkosten von einem bestimmten Mindestauftragsvolumen[320] oder einem Mindestgewicht[321] abhängig gemacht werden. Sobald die Regelung aber Bezug auf die Höhe der Frachtkosten nimmt, ist sie eine Preisregelung und nicht mehr vom Privileg der Konditionenabreden umfasst. Nicht als Konditionenabrede freigestellt sind daher bezifferte Frachtzuschläge, Frachtpauschalen, Höchstpreisregelungen für Frachtkosten[322] oder Bestimmungen, wonach die Höhe der Frachtkosten im Verhältnis zu Gewicht, Menge usw. der Ware zu berechnen ist. Frachtausgleichssysteme, die Standortnachteile erhöhter Frachtkosten durch Zugrundelegen einer fiktiven Frachtbasis ausgleichen sollen,[323] sind dann keine Konditionenabreden, wenn sie eine solche Frachtbasis beziffern oder bezifferbar machen.[324] 70

---

[311] *Fuchs* in: Immenga/Mestmäcker, GWB, § 2 Rn. 143; *Bunte* in: Frankfurter Kommentar § 2 a. F. Rn. 125.
[312] BKartA WuW 1959, 417, 423 – *Öfen.*
[313] BKartA WuW 423, 424 – *Baumwollzwirnerei.*
[314] *Fuchs* in: Immenga/Mestmäcker, GWB, § 2 Rn. 143; *von Renthe* in: Gemeinschaftskommentar § 2 a. F. Rn. 26.
[315] BKartA TB 1973, 82 f.
[316] BKartA TB 1979/80, S. 37; TB 1976, S. 47; TB 1977, S. 53 f.; genauso für die Kosten eines Angebots, das nicht angenommen wird: BKartA TB 2003/2004, S. 41 – *Betonverschalungen.*
[317] BKartA TB 1960, S. 20.
[318] BKartA TB 1973, S. 95; TB 1968, S. 40; TB 1967, S. 68; *Th. Raiser* WuW 1963, 691, 694; *Fuchs* in: Immenga/Mestmäcker, GWB, § 2 Rn. 144.
[319] BKartA TB 1967, S. 68.
[320] BKartA TB 1973, S. 95.
[321] BKartA TB 1965, S. 29.
[322] BKartA TB 2003/2004, S. 41 – *Betonverschalungen.*
[323] Eingehend *Segelmann/Niederleithinger* WuW 1967, 387 ff.; *Bunte* in: Frankfurter Kommentar § 2 a. F. Rn. 136.
[324] BKartA WuW 1960, S. 182 *Röhrendirekthändler;* BKartA TB 1973, S. 82.

71 Preisvorbehaltsklauseln. Liegt ein längerer Zeitraum zwischen Vertragsschluss und Vertragserfüllung, so kann für diesen Fall die Anpassung des Preises an die nunmehr geltenden Marktdaten vorgeschrieben sein. Beispiele sind die sog. Hausse- und Baisse-Klauseln, die den ursprünglich vereinbarten Preis modifizieren. Der Preis bleibt also bis zuletzt variabel. Die Kartellmitglieder werden durch solche Preisvorbehaltsklauseln in ihrer Freiheit, Festpreise anzubieten und damit am Preiswettbewerb teilzunehmen, beschränkt. Daher handelt es sich um den Preiswettbewerb beschränkende Klauseln.[325] Tagespreisklauseln bestimmen, dass der am Tage des Liefertermins geltende Preis zu zahlen ist. Auch diese Klauseln beziehen sich auf den Preis und sind daher nicht als Konditionenabrede privilegiert.[326]

72 Festpreisklauseln. Durch Festpreisklauseln wird verhindert, dass der ausgehandelte Preis nach Vertragsschluss noch geändert wird. Sie beschränken damit den Preiswettbewerb, da den Vertragspartnern das Recht zur freien Gestaltung der Preise genommen wird.[327] Insoweit sind auch negative Preisvorbehaltsklauseln, also Klauseln, die individuelle Preisvorbehalte ausschließen, nicht als Konditionenabrede freigestellt.

73 Umsatzsteuer. Konditionenabreden können bestimmen, dass die Umsatzsteuer („Mehrwertsteuer") im Preis **inbegriffen** sein soll.[328] Keine Konditionenabrede, sondern eine Preisabrede ist es jedoch, bei **Umsatzsteuererhöhungen** zu vereinbaren, dass diese auf den Preis aufgeschlagen werden, oder umgekehrt, dass diese nicht weitergegeben werden. Nicht als Konditionenabrede privilegiert sind auch Konditionen, die den Mehrwertsteuersatz bei Lieferung und nicht bei Vertragsschluss zu Grunde legen.[329] Denn in den beiden letztgenannten Fällen handelt es sich eben nicht um eine Beschreibung des Leistungsgegenstandes, sondern um einen Eingriff in die Kalkulationsfreiheit.

74 dd) Wettbewerbsbeschränkung. Eine Anwendung des § 2 Abs. 1 GWB scheidet aus, wenn die getroffene Absprache **nach § 1 GWB nicht verboten** ist. **Handelsbräuche** sind Regeln für den geschäftlichen Verkehr unter Kaufleuten. Sie entstehen durch tatsächliche Übung über einen längeren Zeitraum hinweg unter freiwilliger Zustimmung und Rechtsüberzeugung der Beteiligten. Die schlichte Praktizierung von Handelsbräuchen erfüllt noch nicht den Tatbestand des § 1 GWB. Erst wenn die Unternehmen die gemeinsame Anwendung von Handelsbräuchen vereinbaren, liegt ein Fall des § 1 GWB vor, wenn die Vereinbarung eine ausreichende Bindung für die Beteiligten erzeugt.[330] Ferner muss die Konditionenvereinbarung **spürbar** die Marktverhältnisse beeinflussen. So ist ein im Rahmen der Konditionenvereinbarungen geregeltes Verbot von Kommissionsgeschäften vom BKartA für nicht marktrelevant gehalten worden, da nach den Ermittlungen des BKartA Kommissionsgeschäfte nicht üblich waren und auch kein Interesse daran bestand.[331] Daneben gelten die allgemeinen Spürbarkeitsschwellen des § 1 GWB.[332] Für die unverbindlichen **Konditionenempfehlungen** (§ 22 Abs. 3 Nr. 2 GWB a. F.), die in Deutschland bis zur 7. GWB-Novelle die Hauptrolle bei der Vereinheitlichung der Konditionen spielten, ist zu untersuchen, ob der Tatbestand der Vereinbarung, des Beschlusses oder zumindest der Abstimmung gegeben ist. Angesichts der relativ weiten Auslegung des Tatbestandes des § 1 GWB auch bei rechtlich unverbindlichem[333] bzw. bei eigentlich einseitigem[334] Verhalten

---

[325] BKartA WuW 1987, S. 300.
[326] BKartA TB 1978, S. 39 f.; S. 51 f. und S. 57 f.
[327] BKartA WuW 1987, 300, 300.
[328] *Immenga* in: Immenga/Mestmäcker, GWB (3. Aufl.), § 2 Abs. 2 a. F. Rn. 77; *Bunte* in: Frankfurter Kommentar § 2 a. F. Rn. 115.
[329] BKartA TB 1979/80, S. 60; TB 1978, S. 52.
[330] *Bunte* in: Frankfurter Kommentar § 2 a. F. Rn. 64; *von Renthe* in: Gemeinschaftskommentar § 2 a. F. Rn. 7; vgl. zur erforderlichen Bindungswirkung oben § 1 Rn. 45 ff.
[331] Stellungnahme des BKartA vom 2. 2. 1987 WuW 1987, 300, 302.
[332] Vgl. § 1 Rn. 142 ff.
[333] Dazu oben § 1 Rn. 45 ff., 53 ff.
[334] Dazu § 1 GWB Rn. 60.

wird aber in vielen Fällen die Konditionenempfehlung dem Tatbestand des § 1 GWB unterfallen, vor allem wenn die Konditionenempfehlung vom Dachverband fast aller Wettbewerber nach interner Beratung mit den Mitgliedern ausgesprochen und in großem Umfang befolgt wird.

ee) Effizienzgewinne. Auf Seiten der Kartellbeteiligten dienen die Konditionenkartelle der **Rationalisierung** im Bereich der Vertragsschlüsse und -abwicklungen. Die Unternehmen müssen nicht der höheren Aufwand treiben, sich jeweils selbst Konditionen zu erarbeiten; ferner müssen die Unternehmen ihre Kunden weniger beraten, weil den Kunden die Konditionen schon aus konkurrierenden Angeboten bekannt sein dürften.[335] Sofern man auch Effizienzgewinne bei Marktbeteiligten außerhalb des Kartells genügen lässt,[336] sind insbesondere Vorteile für die Marktgegenseite zu nennen. Konditionenkartellen erhöhen durch einheitliche Geschäftsbedingungen die **Transparenz** im Konditionenbereich und lassen damit eine **Förderung des Wettbewerbs** auf dem Gebiet der Preise und Qualitäten erwarten.[337] Als Hintergrund für diese Erwägungen wird angeführt, dass juristische Laien nur schwer die vielfach komplexen AGB der Verwender überblicken können. Daher sind einheitliche AGB besonders zweckdienlich, um die Vergleichbarkeit der Angebote zu fördern und es so der Marktgegenseite zu ermöglichen, sich auf die wesentlichen Wettbewerbsparameter wie Preis und Qualität zu konzentrieren.[338]

Das Kartell muss keine umfassende Regelung für alle relevanten Konditionen treffen, sondern kann sich auf **einzelne Konditionen** beschränken. Allerdings wird dies den Ausnahmefall bilden und nur bei einzelnen bedeutenden Konditionen möglich sein. Denn durch das Kartell müssen die Transaktionskosten für die Kartellbeteiligten gesenkt bzw. die Transparenz im Wettbewerb zu Gunsten der Marktgegenseite erhöht werden, um dadurch den Preiswettbewerb zu stärken. Die erhoffte Rationalisierungswirkung wird nur eintreten, wenn die bedeutenden Konditionen gleichgeschaltet werden. Eine Verabredung einzelner Konditionen ohne Rationalisierungs- bzw. Transparenzwirkung allein zur Stärkung einer Marktseite ist hingegen nicht ausreichend.[339]

ff) Unerlässlichkeit. Der Zweck der Privilegierung von Konditionenkartellen liegt darin, durch die einheitliche Anwendung von Geschäftsbedingungen die Transparenz im Konditionenbereich zu erhöhen und damit eine Förderung des Preiswettbewerbs zu bewerkstelligen.[340] Deshalb ist im Regelfall auch von einer Unerlässlichkeit einer verbindliche Kartellabrede auszugehen; wenn das Ziel die Standardisierung von Konditionen ist, sind die Unternehmen damit nicht auf das „mildere" Mittel der bloßen Konditionenempfehlung zu verweisen.[341] Um die einheitliche Anwendung der vereinbarten AGB sicherzustellen, können sich die Kartellmitglieder daher über bestimmte **Kontrollmechanismen** einigen. Hierzu gehört zunächst die Möglichkeit, Mitglieder zu verpflichten, ihre Ansprüche gegen vertragsbrüchige Kunden gerichtlich durchzusetzen.[342] Daneben können die Kartellmitglieder sog. Inkassostellen einrichten, um von vornherein ein Abweichen einzelner Mitglieder von den vereinbarten Zahlungsmodalitäten zu vermeiden.[343] Im Bereich der einheitlichen Abwicklung von Mängelrügen kann eine Mängelprüfstelle eingerichtet wer-

---

[335] *Zapfe* WuW 2007, 1230, 1234; *Fuchs* in: Immenga/Mestmäcker, GWB, § 2 Rn. 150.
[336] Siehe Rn. 22.
[337] Zum früheren Recht BT- DS 2/1158 Anlage 2, S. 60.
[338] Vgl. Rn. 58.
[339] Vgl. zur Gegengewichtsbildung Rn. 38
[340] Siehe oben Rn. 58.
[341] *Zapfe* WuW 2007, 1230, 1236. Empfehlungen können dann aber das geeignete Mittel sein, wenn der wünschenswerte Grad der Standardisierung niedrig liegt.
[342] Zum alten Recht BKartA TB 1962, S. 53; *Bunte* in: Frankfurter Kommentar § 2 Rn. 149. Zum neuen Recht: *Fuchs* in: Immenga/Mestmäcker, GWB, § 2 Rn. 152.
[343] Zum alten Recht BKartA TB 1963, S. 47 f.

den.³⁴⁴ Eine andere Möglichkeit ist es, Umgehungsverbote unter den Kartellmitgliedern zu vereinbaren. Als Beispiel für ein solches Umgehungsverbot ist das Verbot von Kommissionsgeschäften zu nennen. Ein solches wurde vom BKartA als tolerierbar angesehen, da es den Handel nicht merklich belastete.³⁴⁵

77 Vor dem Hintergrund des Zwecks der Privilegierung von Konditionenvereinbarungen begegnen **Preisregelungen** in Konditionen regelmäßig kartellrechtlichen Bedenken. Im Einzelfall ist es jedoch häufig schwierig, Preisregelungen von bloßen Konditionenregelungen abzugrenzen.³⁴⁶ Neben Preisabreden treffen auch Abreden über **Konditionen, die individuell nicht durchsetzbar wären, Vereinbarungen über Art und Umfang der Hauptleistung** oder Abreden zu **Kontrahierungsverboten**³⁴⁷ kartellrechtlich auf Bedenken.

78 **gg) Angemessene Beteiligung der Verbraucher.** Teilweise wird die Möglichkeit der Kartellierung von Konditionen aus Verbrauchersicht skeptisch gesehen. AGB würden von marktstarken Unternehmen nicht selten dazu verwendet, um bestimmte zivil- und handelsrechtliche Rechtsfolgen auf die Marktgegenseite abzuwälzen. Die Privilegierung der Vereinheitlichung von AGB mittels der Konditionenkartelle berge daher die Gefahr der Zementierung der Marktverhältnisse. Der Wettbewerb mit den besten Konditionen entfiele.³⁴⁸ Dem ist jedoch grundsätzlich nicht zu folgen. Ob angesichts der hohen Informationskosten der Verbraucher (auch für das Verständnis) ein effektiver Konditionenwettbewerb überhaupt zustande kommen würde, ist zumindest dann zweifelhaft, wenn andere Aktionsparameter wie Preis- und Qualitätswettbewerb auf Grund der Marktverhältnisse zum Tragen kommen können. Zudem sollten die **Wertungen des AGB-Rechts** in die Beurteilung kartellrechtliche Beurteilung einbrechen. Insoweit kann die Praxis zu § 2 Abs. 2 GWB a. F. fortgesetzt werden.³⁴⁹ Dafür wurde auf die Grundsätze und Maßstäbe des AGB-Rechts und der dazu ergangenen höchstrichterlichen Rechtsprechung zurückgegriffen, indem die KartB eine Inhaltskontrolle im Sinne der §§ 307 ff. BGB vornahm,³⁵⁰ ohne diese Normen konkret anzuwenden. Verstößt die Klausel gegen AGB-Recht, ist das ein **Indiz** dafür, dass eine angemessene Verbraucherbeteiligung am Gewinn nicht stattfindet.³⁵¹ Beispielsweise hat das BKartA einem Konditionenkartell von Vermietern von Betonverschalungen nach altem Recht widersprochen, weil dieses u. a. die Kondition enthielt, dass der Vermieter einseitig bestimmen konnte, ob die Betonverschalung der Sollbeschaffenheit

---

³⁴⁴ Zu § 2 Abs. 2 GWB a. F. *Immenga* in: Immenga/Mestmäcker, GWB (3. Aufl.), § 2 Abs. 2 Rn. 46.
³⁴⁵ Zum früheren Recht BKartA WuW 1987, 300, 303.
³⁴⁶ Dazu oben Rn. 62 ff.
³⁴⁷ Dazu oben Rn. 60.
³⁴⁸ Zu § 2 Abs. 2 GWB a. F. *Immenga* in: Immenga/Mestmäcker, GWB (3. Aufl.), § 2 Abs. 2 a. F. Rn. 4; krit. auch *Emmerich*, Kartellrecht, § 5 Rn. 7 und § 22 Rn. 12, der Konditionenkartelle für grundsätzlich nicht freistellbare „Kernbeschränkungen" hält; ähnlich auch *Behrens*, Schwerpunkte des Kartellrechts 1994/95, 1, 9.
³⁴⁹ BKartA TB 2005/2006, S. 39.
³⁵⁰ BKartA TB 1980/81, S. 36; BKartA TB 1987/1988, S. 29 f.; TB 2003/2004, S. 40; *Immenga* in: Immenga/Mestmäcker, GWB (3. Aufl.), § 2 Abs. 2 a. F. Rn. 12; *Bunte* in: Frankfurter Kommentar § 2 a. F. Rn. 61.
³⁵¹ BKartA TB 2005/2006, S. 40 – *Allgemeine Geschäftsbedingungen für Reiseverträge; Möhlenkamp* WuW 2008, 428, 438; *Pampel* in Münchener Kommentar, GWB, § 3 Rn. 94; *Zapfe* WUW 2007, 1230, 1238, die allerdings im Rahmen der Beurteilung des parallelen Art. 81 Abs. 3 EG (aaO. 1235) aus §§ 305 ff. BGB nur „Anregungen" entnehmen und primär nur europarechtliche Regelungen einbrechen lassen will, also z. B. EU-Richtlinien zur Harmonisierung des AGB-Rechts; jedoch können die §§ 305 ff. BGB auch im nicht-harmonisierten Bereich Indizien für eine mangelnde Verbraucherbeteiligung liefern, außerdem ist eine Parallelität von § 2 Abs. 1 GWB und Art. 81 Abs. 3 EG Wille des Gesetzgebers, vgl. Rn 3.

§ 2. Freigestellte Vereinbarungen

entspricht.³⁵² Preisanpassungsklauseln, die Preiserhöhungsrechte bei Kostensteigerungen, aber keine Preissenkungen bei Kostensenkungen vorsehen, sind nicht nur AGB-, sondern auch kartellrechtswidrig.³⁵³ Teilweise wird allerdings vorgeschlagen, hier eine Art Erheblichkeitsschwelle einzuziehen und für solche AGB-rechtswidrigen Klauseln einen Verstoß gegen das GWB abzulehnen, die bei wertender Betrachtungsweise nicht besonders bedeutsam sind.³⁵⁴ – Problematisch für die Kartellbeteiligten ist, dass eine Kartellrechtswidrigkeit der Konditionenabrede sich erst nach Abschluss der Vereinbarung herausstellen kann, z. B. wenn zwischenzeitlich von Zivilgerichten ein Verstoß bestimmter Konditionen gegen AGB-Recht festgestellt wird. Den Kartellbeteiligten ist danach zu raten, ihre Konditionenabrede ständig an die AGB-Rechtsprechung anzupassen.

hh) Ausschaltung des Wettbewerbs. Für die wettbewerbliche Beurteilung von Konditionenabreden ist stets der Einzelfall zu würdigen. In oligopolistischen Märkten kann Konditionenwettbewerb erhöhte Bedeutung zukommen.³⁵⁵ Auch außerhalb von oligopolistischen Strukturen werden Konditionen als Wettbewerbsparameter auf Märkten homogener Güter gewichtiger sein als auf differenzierten Produktmärkten.³⁵⁶ Besteht aber hinreichender Anhalt dafür, dass die Kartellbeteiligten sich in einem lebhaften Preis- und Qualitätswettbewerb befinden, spricht mit dem Zweck der Privilegierung von Konditionenabreden nichts dagegen, dass die Kartellbeteiligten einen hohen Marktanteil auf sich vereinigen oder sogar alle Wettbewerber auf den Markt an einer solchen Abrede beteiligt sind. Jedoch ist in solchen Fällen stets zu bedenken, ob die Konditionenabrede nicht für potenzielle Konkurrenten Marktzutrittsschranken errichtet. Dann bedingt die Konditionenabrede nur für den Fall keine Ausschaltung des Wettbewerbs, in dem die Konditionenabrede allen offensteht und **diskriminierungsfrei** angewendet wird.³⁵⁷ Geht das Konditionenkartell mit Preisabreden einher, ist tendenziell von einer Unzulässigkeit auszugehen.³⁵⁸ Im Einzelfall können auch die Konditionen selbst ein Erlahmen des Wettbewerbs befürchten lassen. So führt z. B. eine in den Konditionen enthaltene Vergütungspflicht für Angebote dazu, dass nur wenig Angebote eingeholt werden und damit der Wettbewerb zwischen den Kartellmitgliedern beschränkt wird.³⁵⁹

ii) Kopplung von Konditionenabreden mit anderen Abreden. Werden Konditionenvereinbarungen mit anderen Vereinbarungen verknüpft, so kann dies für sich genommen zunächst lediglich besagen, dass der Privilegierungsgrund für Konditionenkartelle (Transparenz und dadurch Stärkung des Preis- und Qualitätswettbewerbs) nicht mehr erreicht wird. Das heißt aber nicht, dass die Tatbestandsmerkmale des § 2 Abs. 1 GWB nicht dennoch erfüllt sein können. Beispielsweise Vereinbarungen über **Art und Umfang der Hauptleistung,** die mit Konditionenabreden verknüpft werden, sind – entgegen der der Rechtslage nach § 2 Abs. 2 GWB a. F.³⁶⁰ – nicht mehr grundsätzlich unzulässig, weil der Tatbestand des § 2 Abs. 1 GWB offener ist. Bei Gleichschaltung von Hauptleistungspflichten kann aber insbesondere die Unerlässlichkeit und die angemessene Beteiligung der Verbraucher zweifelhaft sein oder eine Ausschaltung wirksamen Wettbewerbs drohen. **Norm-**

---

³⁵² BKartA TB 2003/2004, S. 41 – *Betonverschalungen*. Nach AGB-Recht fehlt bei solchen Konditionen die angemessene Beteiligung der Verbraucher am Effizienzgewinn wegen zu hoher Belastungen durch den Klauselinhalt.
³⁵³ BKartA TB 2005/2006, S. 40 – *Allgemeine Geschäftsbedingungen für Reiseverträge*.
³⁵⁴ *Fuchs* in Immenga/Mestmäcker, GWB, § 2 Rn. 151.
³⁵⁵ *Fuchs* in Immenga/Mestmäcker, GWB, § 2 Rn. 153.
³⁵⁶ *Zapfe* WuW 2007, 1230, 1236.
³⁵⁷ Vgl. EU-Kommission, Leitlinien horizontale Zusammenarbeit, Tz. 174, dort für Normabreden.
³⁵⁸ Vgl. oben Rn. 62 ff.
³⁵⁹ BKartA TB 2005/2006, S. 40 – *Betonschalungen*.
³⁶⁰ BKartA TB 1965, S. 49; BKartA TB 1976, S. 60; WuW/E BKartA 1989, 1990 f. – *Druckerei-Konditionen*.

und Typenabreden über die Beschaffenheit der Hauptleistung – wie beispielsweise technische Daten oder Abmessungen der zu liefernden Ware[361] – können mit Konditionenabreden kombiniert werden.[362]

81 **c) Spezialisierungskartelle. aa) Allgemeines.** Spezialisierungskartelle waren vormals in § 3 GWB a. F. geregelt. Nun dürfte der Großteil auf Grund ihrer Rationalisierungswirkung über den Verweis in § 2 Abs. 2 GWB wie auch im **europäischem Recht** im Wege der **GruppenfreistellungsVO (EG) Nr. 2658/2000**[363] vom 29. November 2000 freigestellt werden. Sie stellt grundsätzlich Vereinbarungen insbesondere über Produktionsspezialisierungen oder eine gemeinsame Produktion vom Kartellverbot frei, soweit die Summe der Marktanteile der beteiligten Unternehmen am relevanten Markt 20% nicht überschreitet. Es wird auf die Kommentierung in diesem Band hierzu verwiesen. Außerhalb des Anwendungsbereiches der GVO können Spezialisierungskartelle ohne zwischenstaatliche Auswirkung auch unter die Regelung des § 3 GWB n. F. für Mittelstandskartelle fallen, weil die Sonderregelung für Spezialisierungskartelle in § 3 GWB a. F. und der Verweis darauf in § 4 Abs. 1 a. F. gestrichen wurden.[364] Daneben kommt auch eine Freistellung nach **§ 2 Abs. 1 GWB** in Betracht, zumal die in § 3 GWB a. F. festgelegten Freistellungsvoraussetzungen im Allgemeinen auch den tatbestandlichen Voraussetzungen des Art. 81 Abs. 3 EG bzw. des § 2 Abs. 1 GWB n. F. entsprechen.[365]

82 **bb) Zweck der Privilegierung von Spezialisierungskartellen.** Spezialisierungskartelle gehören zu den eine der in der Praxis wichtigsten Formen kooperativer Rationalisierung. Unternehmen, die Spezialisierungsvereinbarungen treffen, teilen beliebige betriebliche Vorgänge arbeitsteilig untereinander auf. Die Möglichkeit der Freistellung von Spezialisierungskartellen rechtfertigt sich wie bei allen Rationalisierungskartellen aus ihrer leistungssteigernden Wirkung und den dabei anfallenden Effizienzgewinnen. Aufgrund der Arbeitsteilung haben die Unternehmen die Möglichkeit, sich auf bestimmte betriebliche Abläufe, z. B. auf die Produktion bestimmter Erzeugnisse, zu konzentrieren. Dadurch können sie im Allgemeinen rationeller arbeiten, die Erzeugung und Verteilung der Waren verbessern und diese günstiger anbieten. Hier kommen etwa Größen- oder Verbundvorteile oder Nutzung von besseren Produktionstechniken in Betracht, solange sie nicht zur Festsetzung von Preisen, zur Beschränkung des Ausstoßes oder der Aufteilung von Märkten oder Kundenkreisen genutzt werden. Da Spezialisierung letztlich nur eine Sonderform der Rationalisierung darstellt und die strikte Abgrenzung unter der Generalklausel des § 2 Abs. 1 GWB nun entbehrlich ist, sei hier zusätzlich für die anfallenden Effizienzvorteile auch auf die weiter unten behandelten Rationalisierungskartelle verwiesen,[366] siehe ferner die Kommentierung zu mittelständischen Spezialisierungskartellen für Beispiele.[367]

83 **cc) Wettbewerbsbeschränkung.** Soweit die Kartellbeteiligten mit der Spezialisierungsabrede auf die Vornahme bestimmter unternehmerischer Tätigkeiten verzichten (z. B. im Falle der Produktspezialisierung die Herstellung eines bestimmten Sortiments einstellen), führt die **Arbeitsteilung** zu einer **Beschränkung des Wettbewerbs** zwischen den Unternehmen und damit zunächst zum Verbot aus § 1 GWB.[368]

---

[361] Dazu oben Rn. 46 ff.
[362] Vgl. zum alten Recht BKartA TB 1976, 60; WuW/E BKartA 1989, 1990 f. – *Druckerei-Konditionen*.
[363] Verordnung (EG) Nr. 2658/2000 der Kommission vom 29. 11. 2000, ABl. 2000 L 304/3, abgedruckt in: WuW 2001, S. 40 ff.
[364] Begr. RegE 7. GWB-Novelle, BT DS 15/3640, S. 28. Vgl. zu mittelständischen Spezialisierungskartellen die Kommentierung hierzu in: § 3 Rn. 46 ff.
[365] Begr. RegE 7. GWB-Novelle, BT DS 15/3640, S. 26.
[366] Vgl. unten Rn. 115 ff.
[367] § 3 Rn. 46 ff.
[368] Vgl. WuW/E BKartA 687, 690 – *Drehbänke*.

dd) Effizienzgewinne, Beteiligung der Verbraucher, Unerlässlichkeit, Ausschaltung des Wettbewerbs. Bei wirksamem Wettbewerb werden die Unternehmen von der Möglichkeit, Preise zu senken und Angebote zu verbessern, regelmäßig Gebrauch machen (müssen) und **geben** im Regelfall die Vorteile auch an die **Verbraucher weiter.** Nur bei entsprechender Weitergabe der Effizienzgewinne an die Marktgegenseite auf Grund wirksamen Wettbewerbs erfüllt das Spezialisierungskartell die Freistellungsvoraussetzungen und entspricht auch dem Sinn und Zweck des GWB, die leistungssteigernde Wirkung des Wettbewerbs zu verstärken und so die bestmögliche Versorgung der Verbraucher zu sichern. Stets ist daneben die **Unerlässlichkeit** der Vereinbarungen nachzuweisen.[369] Nach den Leitlinien der Kommission fallen Produktionsvereinbarungen zwischen Wettbewerbern dann nicht unter das Verbot wettbewerbsbeschränkender Verhaltensweisen, wenn sie der einzige wirtschaftlich gerechtfertigte und mögliche Weg sind, in einen neuen Markt einzutreten.[370] Für die Bestimmung der Gefahr, dass der **Wettbewerb** für einen wesentlichen Teil der Waren **ausgeschaltet** wird, ist der Umfang einer Kostenangleichung zu berücksichtigen. Bei gegenseitiger Belieferung aus der Spezialisierung etwa können Größenvorteile und Einsparungen kaum aufgewogen werden, wenn wenig Spielraum für einen Wettbewerb verbleibt, beispielsweise bei einem hohem Anteil der auf die gemeinsame Produktion entfallenden Kosten auf die Gesamtkosten, der den verbleibenden Preiswettbewerb schmälern kann.[371] Anderes gilt, wenn nur ein kleiner Teil der Gesamtkosten des Unternehmens betroffen ist, z. B. bei der Herstellung eines Zwischenproduktes oder bei der Herstellung heterogener Produkte.[372]

d) Mittelstandskartelle. Mittelstandskartelle, die eine Rationalisierung zum Gegenstand haben, waren früher in **§ 4 Abs. 1 GWB a. F.** geregelt. Diese Regelung hat der deutsche Gesetzgeber praktisch unverändert **in § 3 GWB n.F beibehalten**; vgl. die dortige Kommentierung.

e) Einkaufskooperationen. aa) Allgemeines. Auch die besondere Regelung über (mittelständische) Einkaufskooperationen im bisherigen **§ 4 Abs. 2 GWB a. F.** wurde im Zuge der Harmonisierung des deutschen Kartellrechts mit dem EU-Kartellrecht durch die 7. GWB-Novelle 2005 aufgehoben. Regelmäßig sind die Auswirkungen der Einkaufskooperationen auch zwischenstaatlich spürbar, etwa wenn sie in größeren regionalen Räumen tätig und deshalb grenzüberschreitend sind oder im Wettbewerb zu zwischenstaatlich relevanten Marktteilnehmern stehen.[373] Das **europäische Recht** kennt **kein ausdrückliches kartellrechtliches Privileg für Einkaufsgemeinschaften** kleiner und mittlerer Unternehmen; es kennt noch nicht einmal eine ausdrückliche Regelung für Einkaufsgemeinschaften allgemein. Deshalb kann eine Freistellung lediglich aus der Generalklausel des § 2 Abs. 1 GWB hergeleitet werden. Gewisse Auslegungshilfen ergeben sich daraus, dass die **Leitlinien der EU-Kommission über horizontale Zusammenarbeit** Einkaufsvereinbarungen ausdrücklich behandeln.[374]

bb) Zweck der Privilegierung von Einkaufskooperationen. Der Gesetzgeber des § 4 Abs. 2 GWB a. F. wollte kleine und mittlere Unternehmen privilegieren, damit diese durch gemeinsamen Einkauf möglichst günstige Konditionen erzielen. Ziel des § 4 Abs. 2 GWB a. F. war es daher, kleinen und mittleren Unternehmen einen **strukturellen Nachteilsausgleich** zu verschaffen. Durch die Bündelung ihrer Nachfrage können sie Einkaufs-

---

[369] Vgl. oben Rn. 27 ff.
[370] EU-Kommission, Leitlinien horizontale Zusammenarbeit, Tz. 87.
[371] EU-Kommission, Leitlinien horizontale Zusammenarbeit, Tz. 113.
[372] EU-Kommission, Leitlinien horizontale Zusammenarbeit, Tz. 83 ff. mit weiteren Differenzierungen.
[373] Begr. RegE 7. GWB-Novelle, BT DS 15/3640, S. 26; BKartA TB 2001/2002, S. 40; *Westermann* ZWeR 2003, 481, 495.
[374] Vgl. EU-Kommission, Leitlinien horizontale Zusammenarbeit, Tz. 115 ff.

§ 2 GWB 88   10. Teil. Gesetz gegen Wettbewerbsbeschränkungen

bedingungen erreichen, wie sie sonst nur großen Abnehmern gewährt werden.[375] Wettbewerbstheoretisch lag dem die Annahme zugrunde, dass die Stärkung dieser Marktteilnehmer geeignet ist, den Wettbewerb insgesamt zu intensivieren, was allerdings teilweise de lege ferenda bestritten wurde.[376] Jedenfalls griff der deutsche Gesetzgeber bewusst in den Entdeckungsprozess des Wettbewerbs[377] ein, wenn er die optimale Unternehmensgröße nicht mehr allein durch Wettbewerb bestimmen ließ. Denn es war gerade das erklärte gesetzgeberische Ziel im Hinblick auf die Mittelstandskartelle des § 4 Abs. 2 GWB a. F., dass den kleinen und mittleren Unternehmen der Konzentrationsprozess erspart wird und ihre Größe erhalten bleiben kann.[378] Bei § 4 Abs. 2 GWB a. F. ging es jedoch nicht um Gegengewichtsbildung im Vertikalverhältnis, sondern um Nebengewichtsbildung im Horizontalverhältnis,[379] weil eine Gegengewichtsbildung im Vertikalverhältnis die positiven Funktionen horizontalen Wettbewerbs nicht ersetzen kann.[380] Anders als in § 3 GWB (§ 4 Abs. 1 GWB a. F.) ist der **Eintritt von Rationalisierungswirkungen nicht Voraussetzung.**[381] Auch die Verbesserung der Wettbewerbsfähigkeit allein durch Ausschluss von Wettbewerb und die damit verbundene Durchsetzung besserer Konditionen ist freigestellt, ohne dass – im Gegensatz zu § 3 GWB n. F. – irgendwelche Rationalisierungswirkungen nachgewiesen werden müssen.

88 **Zu Art. 81 Abs. 3 EG** und damit zu § 2 Abs. 1 GWB n. F. dürfte dadurch aber **kein Spannungsverhältnis** entstanden sein. Auch die nicht auf rationellem Einkauf, sondern auf Machtzuwachs beruhende Verbesserung der Einkaufskonditionen sieht zumindest die EU-Kommission in ihren Leitlinien über horizontale Zusammenarbeit als Effizienzgewinn im Sinne des Art. 81 Abs. 3 EG an, sofern sie auf Grund bestehenden Wettbewerbs an die Kunden der Einkaufenden weitergereicht werden. Sie fordert keine Rationalisierungswirkungen, wie sie z. B. Gegenstand des § 3 GWB sind.[382] Auch die relevanten Marktanteilsgrenzen für § 4 Abs. 2 GWB a. F. (dort für das Fehlen einer wesentlichen Beeinträchtigung des Wettbewerbs) und für Art. 81 EG (dort für das Vorliegen der Spürbarkeit im Sinne des Art. 81 Abs. 1 EG) liefen weitgehend parallel: Speziell für den gemeinsamen Einkauf zieht die EU-Kommission in ihrer Leitlinien über horizontale Zusammenarbeit **die Spürbarkeitsgrenze** bei einem gemeinsamen **Marktanteil der Einkäufer** sowohl auf den Einkaufs- als auch auf den Verkaufsmärkten **von weniger als 15%**, bei dem „auf jeden Fall wahrscheinlich" sei, dass die Voraussetzungen des Art. 81 Abs. 3 EG durch die Einkaufskooperation erfüllt werden.[383] Die Praxis zu § 4 Abs. 2 GWB a. F. ging von Marktanteilsgrenzen von 10% bis 15% aus, ab denen eine wesentliche Wettbewerbsbeeinträchtigung erwogen werden müsse.[384]

---

[375] Begr. RegE 5. GWB-Novelle, BT-DS 11/4610, S. 15 = WuW 1990, 332, 338; *Keßler* WuW 2002, 1162, 1163; *Bunte* in: Frankfurter Kommentar § 4 a. F. Rn. 90; *Emmerich* S. 74.
[376] Vgl. *Monopolkommission*, Hauptgutachten VIII, Tz. 34. Siehe auch den seinerzeitigen Überblick über den Meinungsstand bei *Dauner* S. 85 f.
[377] Vgl. zum Wettbewerb als Entdeckungsverfahren oben § 1 Rn. 79.
[378] Dazu unten § 3 Rn. 2 ff.
[379] Abweichend *Keßler* WuW 2002, 1162, 1164, und *Krimphove* in: Gemeinschaftskommentar § 5 c a. F. Rn. 12.
[380] Vgl. § 3 Rn. 3 f.
[381] RegE Begr. 5. GWB-Novelle, BT DS 11/4610, S. 15 = WuW 1990, 332, 338; *Immenga* in: Immenga/Mestmäcker, GWB (3. Aufl.), § 4 a. F. Rn. 105; *Bunte* in: Frankfurter Kommentar § 4 a. F. Rn. 122; a. A. *Fuchs* in: Immenga/Mestmäcker, GWB (4. Aufl.), § 2 Rn. 169.
[382] EU-Kommission, Leitlinien horizontale Zusammenarbeit, Tz. 132; vgl. *Keßler* WuW 2002, 1162, 1172 f.; *Bunte* in: Frankfurter Kommentar § 4 Rn. 96. Abweichend *Immenga* in: Immenga/Mestmäcker (3. Aufl.), GWB, § 4 a. F. Rn. 93 unter Berufung auf *Monopolkommission*, Hauptgutachten VIII, Tz. 1135.
[383] EU-Kommission, Leitlinien horizontale Zusammenarbeit, Tz. 130.
[384] Vgl. Bericht des Wirtschaftsausschusses zur zweiten GWB-Novelle, WuW 1973, 581, 585. OLG Koblenz WuW/E OLG Verg 188, 191 – *Feuerwehrbedarfsartikel*; *Hermann/Dick*, WuW 1999, 1071,

§ 2. Freigestellte Vereinbarungen   89–93 § 2 GWB

Allerdings sind mit der Abschaffung des § 4 Abs. 2 GWB a. F. und dem Rückgriff auf **89** die Art. 81 Abs. 3 EG nachgebildete Generalklausel des § 2 Abs. 1 GWB **zwei Erweiterungen der Privilegierung** zu beachten: Da die Privilegierung nach Art. 81 Abs. 3 EG in den Leitlinien sich nicht auf mittelständische, sondern auf Einkaufskooperationen allgemein bezieht, erscheint es für eine Privilegierung erstens **nicht mehr erforderlich,** dass die privilegierten **Einkaufsgemeinschaften aus kleinen oder mittleren Unternehmen** gebildet werden.[385] Deshalb konnte das BKartA eine Kooperation zweier Bundesländer beim Einkauf von Polizeidienstkleidung nicht mehr untersagen, obwohl die beiden Bundesländer nach Auffassung des Amtes keine kleinen oder mittleren Unternehmen waren.[386] Zweitens ist nach der Abschaffung des § 4 Abs. 2 GWB a. F. **nicht mehr erforderlich,** dass es sich um eine **Einkaufsgemeinschaft ohne Bezugszwang** handelt;[387] zumindest lässt die EU-Kommission in ihrer Anwendungspraxis zu Art. 81 Abs. 3 EG die Privilegierung nicht auf Grund einer Bezugpflicht entfallen.[388]

Unterschiede zwischen dem bisherigen deutschen und dem europäischen Kartellrecht **90** können sich ferner im Bereich der **Einkaufskooperationen der öffentlichen Hand** ergeben. Denn der für die Anwendung des Kartellrechts auf Einkaufskooperationen der öffentlichen Hand entscheidende Unternehmensbegriff wird im europäischen Kartellrecht vom Gericht Erster Instanz anders ausgelegt als vom Bundesgerichtshof im nationalen Kartellrecht.[389]

cc) **Wettbewerbsbeschränkung.** Wie auch sonst stellt sich die Frage einer Freistellung **91** nach § 2 Abs. 1 GWB auch für Einkaufsgemeinschaften nur dann, wenn überhaupt der Tatbestand des § 1 GWB vorliegt, also eine (spürbare) Wettbewerbsbeschränkung gegeben ist.

(1) **Bezugszwang.** In der – spärlichen – Entscheidungspraxis der Kommission kam es **92** für das Vorliegen einer Wettbewerbsbeschränkung zunächst darauf an, ob für die angeschlossenen Unternehmen Bezugszwang vorliegt. Eine Beschränkung des Nachfragewettbewerbs wurde nur angenommen, wenn dies – und sei es auch nur für einen Teil des Bedarfs – der Fall war.[390] Jedoch erwähnen die Leitlinien der EU-Kommission über horizontale Zusammenarbeit, die sich umfassend mit Einkaufsgemeinschaften auseinandersetzen, die Frage des Bezugszwanges nicht im Zusammenhang mit der Prüfung des Tatbestandes des Art. 81 Abs. 1 EG.[391] Insoweit scheint die EU-Kommission also davon abzurücken, für eine wettbewerbsbeschränkende Einkaufsgemeinschaft stets eine Bezugspflicht zu fordern. Das erscheint als zutreffend, denn auch Einkaufskooperationen ohne förmlichen Bezugszwang können unter § 1 GWB fallen.[392] Allerdings kann die Frage, ob und ggf. in welcher Intensität eine Bezugsverpflichtung gegeben ist, für die Beurteilung der Freistellungsvoraussetzungen nach § 2 Abs. 1 GWB von Bedeutung sein,[393] so dass nachfolgend auf die verschiedenen Erscheinungsformen eingegangen wird.

Generelle Bezugsverpflichtungen zwingen die angeschlossenen Unternehmen zur **93** Abnahme bestimmter Produkte und Dienstleistungen über die Einkaufskooperation. Dadurch wird nicht nur die Nachfragemacht gegenüber den Lieferanten vergrößert, son-

---

1076; *Bunte* in: Frankfurter Kommentar § 4 a. F. Rn. 135; *Kiecker* in: Langen/Bunte, § 4 Rn. 59; *Krimphove* in: Gemeinschaftskommentar § 5 a. F. Rn. 90. Siehe ferner die Kommentierung von § 3 Rn. 54 ff.

[385] Ebenso BKartA TB 2003/2004, S. 40; *Fuchs* in: Immenga/Mestmäcker, GWB, § 2 Rn. 162.
[386] BKartA TB 2003/2004, S. 40, 90 f. – *Polizeidienstkleidung.*
[387] *Fuchs* in: Immenga/Mestmäcker, GWB, § 2 Rn. 162
[388] EU-Kommission, Leitlinien horizontale Zusammenarbeit, Tz. 124 ff.
[389] Vgl. § 1 Rn. 35.
[390] EU-Kommission E. vom 17. 7. 1968 *SOCEMAS* ABl. 1968 L 201/4, 6; EU-Kommission E. vom 14. 7. 1975 – *Intergroup,* ABl. 1975 L 212/23, 25.
[391] EU-Kommission, Leitlinien horizontale Zusammenarbeit, Tz. 124 ff.
[392] Vgl. oben § 1 Rn. 125.
[393] Gl. A. *Fuchs* in: Immenga/Mestmäcker, GWB, § 2 Rn. 162.

dern auch die wettbewerbliche Handlungsfreiheit der Kooperationsmitglieder als Nachfrager beschränkt.[394] Der Bezugszwang kann **unmittelbar** im Wege **vertraglicher Bezugsverpflichtungen** ausgeübt werden. Hierunter fallen wechselseitige Vereinbarungen der Mitglieder untereinander oder gegenüber der Zentrale, in denen sie sich – nicht nur für den Einzelfall – dem Zwang unterwerfen, ihren Bedarf an bestimmten Gütern oder Dienstleistungen ausschließlich oder nur teilweise über die Gemeinschaft zu decken.[395] Genügend für eine Wettbewerbsbeschränkung kann auch ein faktischer bzw. **mittelbar wirkender Bezugszwang** sein, sofern er in seinen Wirkungen einer rechtlichen Bezugspflicht gleichkommt.[396] Es ist nach rechtlichen oder wirtschaftlichen Nachteilen auf Grund des Fremdbezuges zu fragen. Ob dadurch die Intensität eines (mittelbaren) Bezugszwanges erreicht wird, kann nur im Rahmen einer umfassenden Einzelfallprüfung entschieden werden.[397] Dabei ist der mittelbare Bezugszwang abzugrenzen von der **zulässigen wirtschaftlichen Sogwirkung,** die sich allein aus der gewollten Attraktivität der Einkaufskonditionen durch Nachfragebündelung ergibt und zu einem weitgehenden Bezug über die Kooperation führt.[398] Bei der Abgrenzung kommt es im Wesentlichen darauf an, ob die Kooperationsmitglieder in der Wahl ihrer Lieferanten frei bleiben.[399] Davon ist auszugehen, wenn die Mitgliedsunternehmen nicht gehindert sind, aus individuellen Nutzenerwägungen heraus andere Bezugsmöglichkeiten wahrzunehmen, auch wenn beispielsweise die Einkaufskonditionen für sich genommen schlechter sind.

94 **Beispiele für einzelne Vertragsklauseln:** Die Kosten, die der Zentrale entstanden sind, dürfen grundsätzlich über **Kostendeckungsklauseln** auf die angeschlossenen Unternehmen umgelegt werden, ohne dass eine (mittelbare) Bezugpflicht entstehen würde. Jedoch dürfen sie auf die Mitglieder keinen finanziellen Druck ausüben, um diese dazu veranlassen, ihre Bezüge über die Kooperation zu erhöhen; dann liegt eine Bezugpflicht nahe.[400] Keine Bezugspflicht begründen Klauseln, die die Kosten – **leistungsgerecht** – nach den bei der Einkaufskooperation tatsächlich durch das Mitglied verursachten Kosten aufteilen. Demgegenüber scheinen degressive Kostenbeträge regelmäßig eine Sanktion für eine geringe Inanspruchnahme der Einkaufskooperation in sich zu tragen, sie sind aber dann leistungsgerecht, wenn über ein größeres Bezugsvolumen tatsächlich geringere Kosten für die Kooperation entstehen, z.B. weil der Lieferant eine progressive Provision an die Kooperation zahlt. Insgesamt erscheint es als schwierig, die Leistungsgerechtigkeit abschließend zu beurteilen. **Mindestumsatzklauseln** verpflichten die Mitglieder, eine bestimmte Menge über die Kooperation zu beziehen. Sie begründen damit einen unmittelbaren Bezugszwang.[401] **Konzentrationsrabatte und -boni** werden den Mitgliedern als Belohnung und Anreiz für den Bezug über die Kooperation gewährt. Damit führen sie zu mittelbaren Bezugsbindungen.[402] **Zentralregulierungsabreden,** die die angeschlossenen Unterneh-

---

[394] Ausführlich *Martin* WuW 1984, 534, 543; *Köhler,* Wettbewerbsbeschränkungen durch Nachfrager, S. 157 ff. Siehe auch oben § 1 Rn. 125.
[395] Vgl. § 1 Rn. 129.
[396] Zur alten Rechtslage vgl. Begr. RegE 5. GWB-Novelle, BT DS 11/4610, S. 15 = WuW 1990, 332, 338; *Westermann* ZWeR 2003, 481, 483.
[397] BKartA TB 1995/96, S. 36 ff.
[398] Begr. RegE 5. GWB-Novelle, BT DS 11/4610, S. 15 = WuW 1990, 332, 338/339; BGH WuW/E DE-R 1087, 1091 – *Ausrüstungsgegenstände für Feuerlöschzüge.*
[399] Begr. RegE 5. GWB-Novelle, BT DS 11/4610, S. 15 = WuW 1990, 332, 338.
[400] *Keßler* WuW 2002, 1162, 1167; *Köhler,* Wettbewerbsbeschränkungen durch Nachfrager, S. 178. Vgl. aus der Praxis des Bundeskartellamtes: BKartA, TB 1962, 29 – *Kinderwagen;* TB 1978, 74 – *Rundfunk;* TB 1979/1980, S. 31; TB 1979/1980, S. 85, 87 ff. – *Platzschutz.*
[401] *Immenga* in: Immenga/Mestmäcker, GWB (3. Aufl.), § 4 a.F. Rn. 121; vgl. BKartA, TB 1962, S. 29 – *Kinderwagen;* TB 1965, S. 32 – *Kinderwagen.*
[402] BKartA, TB 1995/1996, S. 37. Eingehend *Martin,* WuW 1984, 534, 545.

§ 2. Freigestellte Vereinbarungen   95, 96   § 2 GWB

men dazu verpflichten, die Abrechnung von der Zentrale vornehmen zu lassen, führen keinen mittelbaren Bezugszwang ein, sofern die eigenständige Abwicklung von Direktgeschäften freigestellt ist.[403] Dasselbe gilt für die obligatorische zentrale Übernahme der **Delkrederehaftung** gegenüber den Lieferanten.[404] Eine Kooperation auf Grund der Zentralisierung der Beschaffung über ein einziges Logistikzentrum begründet zumindest faktisch einen dauerhaft ausnahmslosen, über den Einzelfall hinausgehenden Bezugszwang für die Beteiligten.[405] Das **Gebot der sparsamen Wirtschaftsführung,** das für **Kommunen** gilt, löst für sich genommen noch keinen mittelbaren Bezugszwang über eine Einkaufskooperation aus.[406]

(2) **Spürbarkeit.** Darüber hinaus ist entscheidend, ob die Spürbarkeitsgrenze des § 1 GWB überschritten wurde.[407] Ob hinreichende Spürbarkeit und (ggf. faktische) Bezugsbindung vorliegen, muss für jeden Einzelfall gesondert beurteilt werden. Speziell für den gemeinsamen Einkauf zieht die EU-Kommission in ihren Leitlinien über horizontale Zusammenarbeit eine Grenze bei einem gemeinsamen Marktanteil der Einkäufer sowohl auf den Einkaufs- als auch auf den Verkaufsmärkten **von bis zu 15%,** bei der es „unwahrscheinlich" sei, dass die Spürbarkeit nach Art. 81 Abs. 1 EG durch die Einkaufskooperation vorliege.[408] „Auf jeden Fall" sei bis zu dieser Grenze aber wahrschein-lich, dass zumindest die Voraussetzungen des Art. 81 Abs. 3 EG erfüllt sind. Diese Formulierung verdeutlicht die fließende Abgrenzung des Kartellverbots und der Freistellungstatbestände.[409] Bei kumulierten Marktanteilen jenseits dieser Grenze ist eine eingehendere Betrachtung des Einzelfalls erforderlich.[410] Diese Anforderungen können auf die Anwendung des § 1 GWB sowie die Freistellung nach § 2 Abs. 1 GWB übertragen werden.[411] So kann es sein, dass Einkaufskooperationen unterhalb von Marktanteilen von 15% schon gar nicht dem § 1 GWB unterfallen, jedenfalls dann nicht, wenn die Mitglieder der Nachfragekooperation nicht auf dem Angebotsmarkt im Wettbewerb stehen. Das bringt gegenüber dem bisherigem Recht eine Erleichterung.[412] Auch das BKartA sah sich nach neuem Recht nicht in der Lage, eine Einkaufskooperation zweier Bundesländer zu untersagen, obwohl diese nicht die Voraussetzungen des § 4 Abs. 2 GWB a. F. oder anderer alter Freistellungstatbestände erfüllte, weil die 15%-Schwelle mit 5% Marktanteil weit verfehlt wurde.[413]

dd) **Effizienzgewinne.** Einkaufsgemeinschaften werden häufig von Unternehmen genutzt, um durch gemeinsamem Einkauf günstigere Konditionen und Mengenrabatte zu erzielen.[414] Die damit realisierten Größenvorteile wirken wettbewerbsfördernd und erlau-

---

[403] RegE Begr. 5. GWB-Novelle, BT DS 11/4610, S. 15 = WuW 1990, 332, 338; OLG Frankfurt NZG 2001, 904; BKartA, TB 1995/1996, 37; *Lutz* WRP 2002, 47, 52.
[404] RegE Begr. 5. GWB-Novelle, BT DS 11/4610, S. 15 = WuW 1990, 332, 338; BKartA, TB 1995/1996, 37; *Krimphove* in: Gemeinschaftskommentar § 5 c a. F. Rn. 150; *Bechtold,* GWB, § 4 Rn. 7.
[405] BKartA TB 2003/2004 BT DS 15/5790, S. 91.
[406] BGH WuW/E DE-R 1087, 1091 – *Ausrüstungsgegenstände für Feuerlöschzüge.*
[407] Kommission vom 17. 7. 1968, ABl. 1968 L 201/4, 6 – *SOCEMAS;* Kommission vom 14. 7. 1975, ABl. 1975 L 212/23, 25 – *Intergroup;* vgl. Bekanntmachung über Vereinbarungen von geringer Bedeutung vom 9. 12. 1997 (Bagatellbekanntmachung), ABl. 1997 C 372/04, Rn. 9a, dazu oben § 1 Rn. 142 ff.
[408] EU-Kommission, Leitlinien horizontale Zusammenarbeit, Tz. 130.
[409] Vgl. oben Rn. 7.
[410] EU-Kommission, Leitlinien horizontale Zusammenarbeit, Tz. 131.
[411] Begr. RegE 7. GWB-Novelle, BT DS 15/3640, S. 26.
[412] *Kahlenberg/Haellmigk* BB 2004, 389, 391; *Westermann* ZWeR 2003, 481.
[413] BKartA TB 2003/2004, S. 91 – *Polizeidienstkleidung.*
[414] Begr. RegE 5. GWB-Novelle, BT-DS 11/4610, S. 15 = WuW 1990, 332, 338; *Keßler* WuW 2002, 1162, 1163; *Immenga* in: Immenga/Mestmäcker, GWB, § 4 Rn. 86; *Bunte* in: Frankfurter Kommentar § 4 Rn. 90; *Emmerich* S. 74 ff.

§ 2 GWB 97, 98   10. Teil. Gesetz gegen Wettbewerbsbeschränkungen

ben es, **durch günstigeren Einkauf Effizienzgewinne** zu erzielen. Die Freistellung setzt daher nicht unbedingt Rationalisierungswirkungen voraus, sondern lässt die bloße Bündelung von Marktmacht zur Verbesserung der Einkaufskonditionen genügen. Die EU-Kommission erkennt diesen „wirtschaftlichen Nutzen" als ausreichend im Sinne des Art. 81 Abs. 3 EG an.[415]

97   ee) **Unerlässlichkeit.** Ein Bezugszwang schließt die Zulässigkeit einer Einkaufskooperation nicht a priori aus.[416] Nach Ansicht der Kommission kann ein Bezugszwang in einigen Fallgestaltungen unerlässlich sein, um überhaupt den erforderlichen Umfang für die Erzielung von Größenvorteilen zu erlangen.[417] Die bisherige Praxis zu § 4 Abs. 2 GWB a. F. liefert Fallpraxis, wie ein solcher Bezugszwang ausgestaltet sein kann.[418] Das BKartA scheint allerdings der Unerlässlichkeit des Bezugszwanges skeptischer gegenüber zu stehen.[419] – In jedem Fall unerlässlich ist ein **Bezugszwang im Einzelfall.**[420] Die unternehmerische Dispositionsfreiheit des Einzelhändlers wird im Grundsatz nicht beeinträchtigt, wenn Verpflichtungen zur Abnahme bestimmter Mengen nur im Einzelfall vereinbart werden.[421] Einkaufskooperationen können überhaupt nur funktionieren, wenn die Kooperationsmitglieder zur Erfüllung der einzelnen Lieferverträge verpflichtet sind. Bei Zentraleinkauf könnte die Einkaufskooperation nicht über die benötigten Mengen disponieren, bei Zentralregulierung werden Lieferanten nur Angebote an Kooperationsmitglieder richten, sofern die Kooperationsmitglieder nach Annahme auch zur Erfüllung verpflichtet sind. Daneben existierten auch **andere** im Einzelfall bestehende **zwingende Gründe** für Bezugsverpflichtungen.[422] Dazu zählen **Bezugspflichten,** die die Zentrale den Mitgliedsunternehmen im **Zusammenhang mit Miet-, Pacht- oder Darlehensverträgen** auferlegt;[423] diese fallen aber ohnehin nur unter § 1 GWB, wenn sie Teil eines kartellrechtlich relevanten Gesamtvertrages sind.[424] Genauso können **Bezugspflichten notwendig** sein, wenn sie **nur das Kernsortiment als einen Teil des Gesamtsortimentes** betreffen und **für das Erscheinungsbild bzw. das Bestehen der Gruppe** notwendig sind.[425]

98   ff) **Angemessene Beteiligung.** Die **eingesparten Kosten müssen an die Marktgegenseite weitergegeben werden.**[426] Nachfragemacht auf dem Einkaufsmarkt steht dem nicht von vornherein entgegen, da auch diese zu niedrigen Preisen beim Verkauf führen kann. Indes muss außer dem Wettbewerb auf dem Einkaufsmarkt auch der Verkaufs-

---

[415] EU-Kommission, Leitlinien horizontale Zusammenarbeit, Tz. 132; *Keßler* WuW 2002, 1162, 1172 f.; *Bunte* in: Frankfurter Kommentar § 4 a. F. Rn. 96. A. A. *Fuchs* in: Immenga/Mestmäcker, GWB, § 2 Rn. 169, der auf (die spätere Äußerung der) EU-Kommission, Leitlinien Art. 81 Abs. 3 EG, Tz. 49 verweist, wo pauschal gesagt wird, dass Kosteneinsparungen aufgrund von Marktmacht nicht anzuerkennen seien. Allein durch die zeitliche Abfolge der Äußerungen wird die speziell auf Einkaufskooperationen bezogene Aussage der EU-Kommission aber nicht bei Seite geschoben.
[416] Oben Rn. 92 ff.
[417] EU-Kommission, Leitlinien horizontale Zusammenarbeit, Tz. 133.
[418] Siehe oben Rn. 94.
[419] BKartA, Merkblatt kleine und mittlere Unternehmen, Rn. 38: Bezugzwang kann im Hinblick auf das Kriterium der Unerlässlichkeit „problematisch" sein.
[420] BKartA, Merkblatt über die Kooperationserleichterungen für kleine und mittlere Unternehmen, S. 12.
[421] RegE Begr. 6. GWB-Novelle, BT DS 13/9720, S. 32.
[422] *Keßler* WuW 2002, 1162, 1168; *Lutz* WRP 2002, 47, 52.
[423] BKartA TB 1995/96, 37 f.; *Lutz* WRP 2002, 47, 52; *Keßler* WuW 2002, 1162, 1168.
[424] Vgl. BKartA, TB 1979/1980, 13; *Monopolkommission,* Sondergutachten 7, Tz. 119; vgl. auch *Martin,* WuW 1984, 534, 545; *Olesch,* Das Kartellrecht der Einkaufszusammenschlüsse, 1983, S. 57; *Dauner,* S. 149.
[425] BKartA TB 1995/96, S. 37; *Lutz* WRP 2002, 47, 52.
[426] EU-Kommission, Leitlinien horizontale Zusammenarbeit, Tz. 122.

markt beachtet werden.[427] Sind die Unternehmen auf dem Verkaufsmarkt marktmächtig, ist die Wahrscheinlichkeit einer angemessenen Beteiligung gering.[428]

In Fällen von **Einkaufskooperationen der öffentlichen Hand** kommt eine Weitergabe der eingesparten Kosten an die Marktgegenseite auf dem Verkaufsmarkt dann nicht in Betracht, wenn die öffentliche Hand dort nicht unternehmerisch tätig ist. Das gilt beispielsweise für Einkaufskooperation im Bereich Polizeidienstkleidung, die nicht an die Polizeibeamten unternehmerisch weiterveräußert wird.[429] Nach der Rechtsprechung des EuG wäre in diesen Fällen ohnehin die Anwendung des Kartellrechts auch auf das Beschaffungsverhalten fraglich.[430] Unterhalb der Spürbarkeitsgrenze[431] hat das BKartA solche Einkaufskooperationen bislang geduldet. 99

gg) Ausschaltung des Wettbewerbs. Nach den Leitlinien der EU-Kommission über horizontale Zusammenarbeit,[432] denen sich mittlerweile das BKartA angeschlossen hat,[433] ist es „auf jeden Fall" bis zur Grenze von 15% gemeinsamem Marktanteil (sowohl auf dem Nachfrage- als auch auf dem Verkaufsmarkt) wahrscheinlich, dass die Voraussetzungen des Art. 81 Abs. 3 EG erfüllt sind, also u. a. keine Ausschaltung des Wettbewerbs zu beobachten ist. Damit werden zwar auf den ersten Blick ähnliche Marktanteilsgrenzen wie die Praxis zu § 4 Abs. 2 GWB a. F. Deren Obergrenze wollte das Bundeskartellamt allerdings deutlich unter denjenigen beginnen lassen, die üblicherweise für ein Angebotskartell nach § 4 Abs. 1 GWB a. F. gezogen wurde,[434] für die das Amt die kritische Grenze bei 10 bis 15% sah.[435] Der Bundesgerichtshof hat in einem Fall zu § 4 Abs. 2 a. F. Marktanteile, die unter 10% liegen, als unkritisch angesehen.[436] Jedoch ist nach den Leitlinien bei einem Marktanteil von bis zu 15% schon in den meisten Fällen der Tatbestand des Art. 81 Abs. 1 EG mangels Spürbarkeit nicht erfüllt.[437] Damit scheint mit der Auffassung der EU-Kommission und des BKartA zum neuen Recht hier sogar noch erheblicher Spielraum oberhalb von 15% vorhanden zu sein, schon weil ansonsten die (untere) Spürbarkeitsgrenze und die (obere) Grenze für Art. 81 Abs. 3 EG mehr oder weniger zusammenfielen.[438] 100

Der **Marktanteil als quantitatives Kriterium** ist zwar ein wichtiges, aber **nicht das einzige Kriterium** für die Beurteilung, ob eine wesentliche Wettbewerbsbeschränkung vorliegt. Die Auswirkungen einer Kooperationsvereinbarung auf die Wettbewerbsbedingungen des jeweiligen Marktes sind vielmehr nicht nur an Hand quantitativer, sondern **auch auf der Grundlage qualitativer Kriterien** zu bestimmen.[439] In qualitativer Hinsicht ist die Art und Intensität der Wettbewerbsbeschränkung entscheidend, also das Ge- 101

---

[427] EU-Kommission, Leitlinien horizontale Zusammenarbeit, Tz. 122.
[428] EU-Kommission, Leitlinien horizontale Zusammenarbeit, Tz. 128.
[429] BKartA TB 2003/2004, S. 91 – *Polizeidienstkleidung*.
[430] Vgl. § 1 Rn. 35.
[431] Vgl. oben Rn. 95.
[432] EU-Kommission, Leitlinien horizontale Zusammenarbeit, Tz. 130.
[433] BKartA, Merkblatt kleine und mittlere Unternehmen, Rn. 38.
[434] BKartA TB 2000/2001, S. 46.
[435] Vgl. BKartA TB 1999/2000, S. 110 – *zementgebundene Baustoffe*; BKartA, TB 1981/82, S. 44 – *Kies und Sand*, und S. 55 – *Optische Erzeugnisse*; BKartA, TB 1976, S. 12, 41 – *Baustoffe*; BKartA, TB 1974, S. 49 – *Leichtbauplatten*; BKartA, TB 1973, S. 8; WuW/E BKartA 1699, 1700 – *Bimsbausteine*; BKartA, Merkblatt über die Kooperationserleichterungen für kleine und mittlere Unternehmen, S. 7.
[436] BGH WuW/E DE-R 1087, 1093 f. – *Ausrüstungsgegenstände für Feuerlöschzüge* = GRUR 2003, 633.
[437] EU-Kommission, Leitlinien horizontale Zusammenarbeit, Tz. 130.
[438] Zustimmend *Fuchs* in: Immenga/Mestmäcker, GWB, § 2 Rn. 176.
[439] *Fuchs* in: Immenga/Mestmäcker, GWB, § 2 Rn. 177. Für § 4 Abs. 2 GWB a. F. BGH WuW/E DE-R 1087, 1091 – *Ausrüstungsgegenstände für Feuerlöschzüge* = GRUR 2003, 633; OLG Frankfurt WuW/E OLG 2771, 2774 – *Taxi-Funk-Zentrale Kassel*.

wicht der jeweils betroffenen Wettbewerbsparameter.[440] So haben Absprachen über Einkauf größere Auswirkungen auf den Wettbewerb als solche über Werbung, Forschung und Entwicklung. Ferner gehören zu den qualitativen Kriterien auch alle Kriterien, die die Markstruktur beschreiben, z. B. Aktivität und Stärke der Außenseiter, der Substitutionswettbewerb von benachbarten Märkten, der potentielle Wettbewerb, die Markttransparenz sowie die Marktzutrittsschranken.[441] Gegenmacht im Vertikalverhältnis kann im Gegensatz zur Auffassung der EU-Kommission[442] keine Rolle spielen.[443] Zwischen den qualitativen und quantitativen Merkmalen besteht eine **Wechselwirkung**.[444] Danach kann ein geringer Grad der internen Organisation (insbesondere des Bezugszwanges)[445] oder ein geringer Umfang des tatsächlich beeinflussten Beschaffungsvolumens eine Überschreitung der 15%-Grenze rechtfertigen. Für ein Unterschreiten dieser Grenze könnte sprechen, dass es viel aufwändiger für Anbieter sein kann, ihre Produktion umzustellen als für Nachfrager, bestimmte Waren aus dem Sortiment zu nehmen. Das gilt namentlich für nachfragende Handelsunternehmen.[446] Wenn der Markt hoch konzentriert ist, will das BKartA die Spürbarkeitsschwelle unter 15% ansiedeln.[447] Bei $2/3$ Anteil an den Einkaufsmärkten und straffer Organisation der Einkaufskooperation ist von einer Ausschaltung des Wettbewerbs auszugehen, vor allem wenn der Beschaffungspreis konstant niedrig bleibt.[448]

102 hh) **Insbesondere: Kopplung von Einkaufskooperationen mit Absatzkooperation.** Das BKartA hat für eine Kopplung von Einkaufskooperationen mit einer Kooperation beim Absatz eine extensive Duldungspraxis im Rahmen der Beurteilung nach § 1 GWB a. F. entwickelt.[449] Unter den §§ 1, 2 GWB n. F. spricht nichts dagegen, diese Praxis fortzuführen. So unterfällt das **System des echten Franchising** nicht dem § 1 GWB, sofern die Franchisenehmer ihr Verhalten nicht über die Zentrale koordinieren und diese als eigenständige Franchisegeberin auftritt.[450] Kartellrechtlich unbedenklich sind ferner **Miet- und Darlehensverträge** zwischen der Zentrale und den einzelnen Mitgliedern, die an bestimmte zeitlich befristete Bedingungen geknüpft sind, sowie die **gemeinsame überregionale Werbung,** sofern die einzelnen Mitglieder dazu allein nicht in der Lage sind (Arbeitsgemeinschaftsgedanke).[451] Dasselbe gilt für die Kernsortimentsbildung, die Bezugsbindung hinsichtlich der zum Kernsortiment gehörenden Produkte, ein einheitliches Erscheinungsbild, eine einheitliche Werbung sowie für Platzschutzklauseln,[452] sofern diese Maßnahmen zur Realisierung neuer Produkt- oder innovativer Vertriebslinien führen und den Wettbewerb beleben.[453]

103 f) **Vermarktungskooperationen. aa) Allgemeines.** Vermarktungsvereinbarungen betreffen die Zusammenarbeit beim Verkauf, beim Vertrieb oder bei der Produktförderung

---

[440] *Bunte* in: Frankfurter Kommentar § 4 a. F. Rn. 70.
[441] *Fuchs* in: Immenga/Mestmäcker, GWB, § 2 Rn. 181.
[442] EU-Kommission, Leitlinien horizontale Zusammenarbeit, Tz. 134.
[443] Dazu oben Rn. 38.
[444] *Fuchs* in: Immenga/Mestmäcker, GWB, § 2 Rn. 181. Zum GWB a. F. auch: OLG Frankfurt WuW/E OLG 2771, 2774 – *Taxi-Funk-Zentrale Kassel.*
[445] Im Einzelnen dazu oben Rn. 92, 97.
[446] *Krimphove* in: Gemeinschaftskommentar, § 5 c a. F. Rn. 104; *Immenga* in: Immenga/Mestmäcker (3. Aufl.), GWB, § 4 a. F. Rn. 139; vgl. auch *Monopolkommission,* Sondergutachten 7, Rn. 51, 200.
[447] BKartA TB 2005/2006, S. 138.
[448] BKartA WuW/E DE-V 1392, 1404 – *Altglas.*
[449] Vgl. BKartA, TB 1987/1988, S. 24 f.; BKartA, TB 1995/1996, S. 37 ff.; zustimmend *Schulte* WRP 1990, 217, 220 f.; kritisch *Lutz* WRP 2002, 47, 51; vgl. 1. Aufl. für weitere Nachw. zum Meinungsstand.
[450] Begr. RegE 6. GWB-Novelle, BT-DS 13/9720, S. 32; BKartA, TB 1995/1996, S. 38.
[451] BKartA, TB 1995/1996, 38. Siehe zum Arbeitsgemeinschaftsgedanken auch oben § 1 Rn. 184 ff.
[452] Vgl. dazu ausführlich BKartA, TB 1995/1996, S. 38.
[453] Vgl. BKartA, TB 1987/1988, S. 24 f.

zwischen Wettbewerbern.⁴⁵⁴ Die bis zur 7. GWB-Novelle 2005 im GWB existierenden Freistellungstatbestände erfassten auf unterschiedliche Weise Vermarktungsvereinbarungen.⁴⁵⁵ Nach der 7. GWB-Novelle 2005 sind Vermarktungsvereinbarungen nunmehr einheitlich nach der Generalklausel des § 2 Abs. 1 GWB zu beurteilen, es sei denn, es handelt sich um Spezialisierungsvereinbarungen im Anwendungsbereich des § 2 Abs. 2 GWB iVm. der **GVO Spezialisierungsvereinbarungen**⁴⁵⁶ oder um ein **Mittelstandskartell nach § 3 GWB**.⁴⁵⁷ Teilweise fallen (horizontale) Vermarktungsvereinbarungen auch unter **§ 2 Abs. 2 GWB iVm. der GVO Vertikalvereinbarungen,** wenn sie nicht wechselseitig sind und auch die übrigen Voraussetzungen des Art. 2 Abs. 4 GVO Vertikalvereinbarungen erfüllen; bei wechselseitigen Vereinbarungen zwischen Wettbewerbern will die EU-Kommission zunächst eine horizontale Beurteilung nach den nachfolgend dargelegten Grundsätzen vornehmen, um darauf auch noch die vertikal veranlassten Beschränkungen nach den Leitlinien für vertikal veranlasste Beschränkungen zu würdigen.⁴⁵⁸ Als Auslegungshilfe für § 2 Abs. 1 GWB stehen die Ausführungen der EU-Kommission zu Vermarktungsvereinbarungen in den **Leitlinien über horizontale Zusammenarbeit** zur Verfügung.⁴⁵⁹

bb) **Zweck der Privilegierung von Vermarktungsvereinbarungen.** Vermarktungsvereinbarungen können eine sehr unterschiedliche Beschränkungsintensität erreichen. Der Extremfall ist der gemeinsame Verkauf, der zur gemeinsamen Festlegung sämtlicher mit dem Verkauf des Produktes verbundenen geschäftlicher Parameter einschließlich des Preises führt. Am anderen Ende des Spektrums stehen Vereinbarungen, die nur eine bestimmte Absatzfunktion, wie z. B. Vertrieb, Wartungsleistungen oder Werbung, regeln.⁴⁶⁰ Durch solche Vereinbarungen können Leistungsgewinne entstehen. Eine Leistungsverbesserung bei der Vermarktung kann beispielsweise durch Verkürzung von Lieferzeiten, erhöhte Lieferbereitschaft, kompetentere Abwicklung von Lieferaufträgen usw. erreicht werden. 104

cc) **Wettbewerbsbeschränkung.** Festzustellen ist zunächst, ob eine solche Vereinbarung überhaupt eine **Wettbewerbsbeschränkung gemäß § 1 GWB** beinhaltet. Das kann für Vereinbarungen im Bereich der Werbung zweifelhaft sein.⁴⁶¹ Mit dem Arbeitsgemeinschaftsgedanken⁴⁶² sind darüber hinaus solche Vereinbarungen nicht wettbewerbsbeschränkend, die es den Beteiligten erst ermöglichen, auf den Markt zu treten. Darüber hinaus ist entscheidend, ob die **Spürbarkeitsgrenze des § 1 GWB** überschritten wurde.⁴⁶³ Speziell für Vermarktungsvereinbarungen zieht die EU-Kommission in ihren Leitlinien über horizontale Zusammenarbeit eine Grenze bei einem gemeinsamen Marktanteil der Kartellbeteiligten von **bis zu 15%,** bei der es „unwahrscheinlich" sei, dass die Spürbarkeit nach Art. 81 Abs. 1 EG durch die Vermarktungskooperation vorliegt. „Auf jeden Fall" sei bis zu dieser Grenze aber wahrscheinlich, dass zumindest die Voraussetzungen des Art. 81 Abs. 3 EG erfüllt sind. Diese Prozentsätze gelten jedoch nur, wenn keine Preisabrede Gegenstand der Kartellierung ist.⁴⁶⁴ 105

---

⁴⁵⁴ EU-Kommission, Leitlinien horizontale Zusammenarbeit, Tz. 139.
⁴⁵⁵ § 5 Abs. 2 a.F.; § 7 Abs. 1 a.F.; § 4 Abs. 2 a.F., sofern gleichzeitig Einkaufsgemeinschaft, vgl. Rn. 102.
⁴⁵⁶ Dazu unten Rn. 168 ff.
⁴⁵⁷ Siehe die Kommentierung zu § 3 GWB Rn. 46 ff.
⁴⁵⁸ EU-Kommission, Leitlinien horizontale Zusammenarbeit, Tz. 140. Vgl. zu den Leitlinien für vertikal veranlasste Beschränkungen die Kommentierung zur GVO Vertikalvereinbarungen.
⁴⁵⁹ EU-Kommission, Leitlinien horizontale Zusammenarbeit, Tz. 139 ff.
⁴⁶⁰ EU-Kommission, Leitlinien horizontale Zusammenarbeit, Tz. 139.
⁴⁶¹ Dazu § 1 Rn. 136.
⁴⁶² Dazu eingehend § 1 Rn. 83.
⁴⁶³ EU-Kommission 17. 7. 1968, ABl. 1968 L 201/4, 6 – *SOCEMAS;* Kommission vom 14. 7. 1975, ABl. 1975 L 212/23, 25 – *Intergroup;* vgl. eingehend oben § 1 Rn. 142 ff.
⁴⁶⁴ EU-Kommission, Leitlinien horizontale Zusammenarbeit, Tz. 149.

106 **dd) Effizienzgewinne.** Die für eine Freistellung nach § 2 Abs. 1 GWB erforderlichen Effizienzgewinne dürfen sich nicht aus den Kosten ergeben, die durch den Wegfall von Wettbewerb gespart wurden, sondern nur aus denen, die durch die Zusammenlegung wirtschaftlicher Tätigkeiten erzielt wurden.[465] Die bloße Aufteilung von Kundenkreisen genügt hier nicht, weil dabei keine Ressourcen tatsächlich gebündelt werden. Kein anerkannter Effizienzgewinn liegt beispielsweise vor, wenn die Transportkosten dadurch sinken, dass durch die Kartellierung die Kunden aufgeteilt werden und jeder Kunde insgesamt weniger logistischen Leistungen verursacht, weil Doppelaufwendungen vermieden werden.[466] Es muss sich um **echte Leistungsverbesserungen** handeln. Diese werden bei gemeinsamen Marketingaktivitäten eher bei einem an die breite Masse vertriebenen Produkt zu beobachten sein als bei einem Produkt, das nur wenige Abnehmer hat.[467] Ein wichtiger Faktor ist die Einbringung von Kapital, Technologie oder sonstigen Vermögenswerten in erheblichem Umfang.[468]

107 Insbesondere können sich Effizienzgewinne dadurch ergeben, dass die Vermarktungskooperation **ein neues Produkt** hervorruft. Das kann ein gemeinsamer Stellenmarkt von vier Zeitungen sein.[469] Auch die zentrale Vermarktung von Fernsehübertragungsrechten kann ein neues übergeordnetes (Marken-)Produkt schaffen.[470]

108 Bei **gemeinsamen Vertriebseinrichtungen** kann einer **Auftragslenkung** aus verschiedenen Gründen eine leistungsverbessernde Wirkung zukommen. Zunächst kann es zur Ersparnis von **Frachtkosten** rationell sein, eingehende Aufträge an das Kartellmitglied weiterzuleiten, das wegen seiner günstigen räumlichen Lage den Auftrag mit den geringsten Frachtkosten erledigen kann. Außerdem können Aufträge an das Kartellmitglied geleitet werden, das wegen **freier Kapazitäten** den Auftrag kostengünstig ausführen kann. Schließlich ist auf **Spezialisierungsabreden**[471] zu verweisen, die es sinnvoll erscheinen lassen, den Auftrag beim darauf spezialisierten Kartellmitglied auszuführen.

109 **ee) Unerlässlichkeit.** Für die Prüfung der Unerlässlichkeit ist zunächst die **Verbesserung der Vermarktung genau zu definieren.** So ist es beispielsweise unzutreffend, die Verbesserung der Erzeugung von Dienstleistungen durch Entstehung eines gemeinsamen Stellenmarktes von vier Zeitungen allein dadurch zu umschreiben, dass mit einem Anzeigenauftrag eine Vierfachbelegung erreicht werden kann; denn tatsächlich entstand ein **neues zusätzliches Produkt,** weil der gemeinsame Stellenmarkt als eigenständige Beilage zu den vier Zeitungen vertrieben werden sollte. Diese erweiterte Umschreibung der Verbesserung ließ eine gemeinsame Annahmestelle der vier Tageszeitungen für Stellenanzeigen nicht als weniger einschneidende Wettbewerbsbeschränkung zu.[472]

110 Nach der Praxis zu Art. 5 Abs. 2 GWB a. F. wurde die Unerlässlichkeit von **Auftragslenkungsabreden**[473] in verschiedenen Fällen bejaht. Es ist nicht ersichtlich, warum diese Praxis nicht noch Gültigkeit beanspruchen könnte, zumal eine Freistellung nach § 5 Abs. 2 GWB a. F. nur in Betracht kam, wenn der Rationalisierungserfolg auf andere

---

[465] EU-Kommission, Leitlinien horizontale Zusammenarbeit, Tz. 152; sehr deutlich auch *Fuchs* in: Immenga/Mestmäcker, GWB, § 2 Rn. 182.
[466] EU-Kommission, Leitlinien horizontale Zusammenarbeit, Tz. 152.
[467] EU-Kommission, Leitlinien horizontale Zusammenarbeit, Tz. 151.
[468] EU-Kommission, Leitlinien horizontale Zusammenarbeit, Tz. 153.
[469] BGH WUW/E DE-R 919, 925 – *Stellenmarkt für Deutschland II,* zu § 7 Abs. 1 GWB a. F.
[470] Vgl. hierzu oben § 1 Rn. 242.
[471] Zu Spezialisierungsabreden, die keine gemeinsame Vertriebseinrichtung aufweisen, oben Rn. 81 ff.
[472] BGH WuW/E DE-R 919, 925 – *Stellenmarkt für Deutschland II* = GRUR 2002, 1005, gegen KG WuW/E DE-R 628, 632 – *Stellenmarkt für Deutschland II;* jeweils zu § 7 Abs. 1 GWB a. F., der ein an Art. 81 Abs. 3 EG angelehntes Unerlässlichkeitskriterium enthielt.
[473] Zu den Effizienzgewinnen oben Rn. 106.

§ 2. Freigestellte Vereinbarungen

Weise nicht zu erreichen war. Nach dieser Praxis sind gemeinsame Vertriebseinrichtungen im Rahmen von Auftragslenkungskartellen leistungssteigernd, wenn der Vertrieb der Waren eine „aktive Verkaufspolitik" erfordert.[474] Eine gemeinsame Vertriebseinrichtung kann auch erforderlich sein, um den schnellen Absatz zu fördern und somit Kosten der Lagerhaltung zu verhindern, die den Rationalisierungserfolg ansonsten wieder aufheben könnten.[475] Gemeinsame Vertriebsorganisationen sind häufig bei **Spezialisierungsvereinbarungen** notwendig, weil die Beteiligten hier im Regelfall nur noch einen Teil ihrer bisher bestehenden Produktionspalette herstellen.[476] Um das Abwandern von Kunden zu verhindern, müssen die Kartellbeteiligten ihren Abnehmern jeweils noch das gesamte Warensortiment anbieten. Allerdings können die Vorteile der Auftragslenkung auch wieder aufgehoben werden, so z.B. bei einer Verpflichtung zu **Ausgleichzahlungen** innerhalb des Kartells zu Gunsten der nicht berücksichtigten Kartellmitglieder.[477] Das gilt z.B. für Frachtausgleichszahlungen, um die räumlich schlechter positionierten Unternehmen zu subventionieren; dadurch wird eher verhindert, dass das Unternehmen mit den geringsten Frachtkosten den Auftrag ausführt. Auch **Quotenabsprachen** behindern den Eintritt der Rationalisierungswirkung, wenn der Auftrag dadurch nicht zu dem Kartellmitglied gelangt, das den Auftrag am kostengünstigsten herstellen kann.[478] Im Übrigen können Quotenabsprachen aber die Rationalisierung unterstützen, wenn sie für eine gleichmäßige Auslastung der Kapazitäten sorgen.[479] Ohnehin erwarten die Kartellmitglieder, dass sie von der gemeinsamen Vertriebs- oder Beschaffungseinrichtung weitgehend gleichmäßig berücksichtigt werden. Um hier einen angemessenen Ausgleich zwischen den Erfordernissen für eine Rationalisierung und für ein Funktionieren der gemeinsamen Einrichtung zu schaffen, sollte der gemeinsamen Einrichtung bei Quotenvereinbarungen eine gewisse Beweglichkeit beim Bezug von den Kartellmitgliedern z.B. in Form von Quotenbandbreiten[480] verbleiben; sonst ist der Rationalisierungserfolg gefährdet. Für gemeinsame Vertriebseinrichtungen hielt das Bundeskartellamt nach § 5 Abs. 2 GWB a.F. regelmäßig auch **Preisabsprachen** für notwendig; einheitliche Verkaufspreise- und -bedingungen seien die zwangsläufige Folge,[481] um die gemeinsame Durchführung von Aufträgen durch mehrere Unternehmen zu ermöglichen. Die Belieferung von Großabnehmern sei ansonsten nicht möglich, da diese sich auf unterschiedliche Preise für Teilmengen der Gesamtlieferung nicht eingelassen hätten.[482] Eine auf die langfristige gleichmäßige Auslastung der Kapazitäten gerichtete Lenkung der Aufträge könne bei unterschiedlichen Preisen nicht realisiert werden, weil sie sich dann nach dem jeweils preisgünstigsten Angebot richten müsste.[483] Auch die Leitlinien der EU-Kommission über horizontale Zusammenarbeit lassen mit

---

[474] WuW/E BKartA 224, 233 – *Niedersächsische Kalkwerke I;* WuW/E BKartA 1794, 1798 – *Bimsbausteine III;* WuW/E BKartA 79, 88 – *Steinzeug I.*
[475] Vgl. WuW/E BKartA 528, 533 – *Steinzeug II.*
[476] Vgl. zum alten Recht: BKartA vom 20. 9. 2000 – *Betonsteinvertrieb Westdeutschland GbR,* zit. nach *Schultz/Wagemannn,* Kartellrechtspraxis und Kartellrechtsprechung 2000/2001, S. 39 f.; WuW/E BKartA 1794, 1798 – *Bimsbausteine III.*
[477] WuW/E BKartA 732, 735 – *Superphosphat II.*
[478] WuW/E BKartA 1001, 1002 – *Zementverkaufsstelle Niedersachsen.*
[479] Vgl. zum alten Recht: BKartA vom 18. 1. 2000 – *Betongitterträgerelemente,* zit. nach *Schultz/Wagemannn,* Kartellrechtspraxis und Kartellrechtsprechung 2000/2001, S. 37 f.
[480] *Fuchs* in: Immenga/Mestmäcker, GWB, § 2 Rn. 190. Zu § 5 GWB a.F.: Immenga in: Immenga/Mestmäcker, GWB (3. Aufl.), § 5 Rn. 71.
[481] BKartA vom 20. 9. 2000 – *Betonsteinvertrieb Westdeutschland GbR,* zit. nach *Schultz/Wagemannn,* Kartellrechtspraxis und Kartellrechtsprechung 2000/2001, S. 39 f.; BKartA vom 18. 1. 2000 – *Betongitterträgerelemente,* zit. nach *Schultz/Wagemannn,* aaO., S. 37 f.; WuW/E BKartA 2047, 2048 – *AKO-Abflusskontor.*
[482] Ähnlich EU-Kommission, Leitlinien horizontale Zusammenarbeit, Tz. 156.
[483] WuW/E BKartA 1248, 1253 – *Fernmeldekabel.*

besonderer Begründung Vereinbarungen mit Preisfestsetzung zu.[484] Ein weiteres Beispiel könnte die Verabredung einheitlicher Preise durch Verbundgruppen (z. B. Franchisingsysteme) sein, wenn einheitliche Preise im Einzelfall unerlässlich sind, um beispielsweise Filialketten Konkurrenz machen zu können.[485] Bei der **zentralen Vermarktung von Fernsehübertragungsrechten** ist die Beschränkung der Einzelvergabe von Rechten für die Live-Übertragung der UEFA Champions League an andere als Pay-TV-Anbieter nicht unerlässlich, sofern der UEFA gar kein Angebot eines Pay-TV-Veranstalters zur Live-Übertragung vorlag. Die Vereine müssen also Live-Rechte in diesem Fall vor allem an frei empfangbare Fernsehprogramme vergeben können.[486]

111 **ff) Angemessene Beteiligung der Verbraucher.** Echte Leistungssteigerungen kommen regelmäßig auch dem Verbraucher zu Gute, sofern der Wettbewerb für eine Weitergabe sorgt. Insbesondere der Rationalisierungseffekt bei Auftragslenkung[487] kann als Leistungssteigerung an die Verbraucher weitergegeben werden. Die Verbraucherbeteiligung kann sich vor allem im Preis widerspiegeln.[488] Es kommen aber auch andere Verbrauchervorteile in Betracht.[489] Anerkennenswert ist die Erzeugung eines neuen Produktes, wie ein gesammelter und gemeinsamer Stellenanzeigenteil von 4 überregionalen Tageszeitungen,[490] dessen Vorteile Anzeigenkunden und Lesern[491] zugute kommen. An den Effizienzgewinnen durch zentrale Vermarktung der UEFA Champions League (insbesondere Neuschaffung eines hochwertigen Markenproduktes, zentraler Vertrieb und Bündelung von ligaspezifischen Rechtepaketen) werden die Verbraucher auf Grund der Existenz einer zentralen Anlaufstelle für Medienunternehmen, Fußballvereine und Verbraucher angemessen beteiligt.[492]

112 **gg) Ausschaltung des Wettbewerbs.** Die Ausschaltung des Wettbewerb ist wiederum in quantitativer und qualitativer Hinsicht zu untersuchen. Das quantitative Kriterium ist dabei der **Marktanteil**.[493] Die Leitlinien der EU-Kommission über horizontale Zusammenarbeit sehen Vermarktungsvereinbarungen, die nicht (auch) preisbezogen sind, als in jedem Fall von Art. 81 Abs. 3 EG erfasst an, wenn die Beteiligten einen Marktanteil von 15% nicht überschreiten.[494] Über diesem Marktanteil findet jedoch auch hier eine Einzelfallprüfung unter Berücksichtigung von qualitativen Kriterien statt. Insoweit sei entsprechend auf die Ausführungen zu den Einkaufskooperationen verwiesen.[495] **Bei preisbezogenen Abreden** findet bis zur 15%-Schwelle eine Einzelfallbetrachtung statt. Die Leitlinien über horizontale Zusammenarbeit führen ein Beispiel an, in dem bei einem Marktanteil von bis zu 15% Preisabreden bei Gleichschaltung des Vertriebes unter einer gemeinsamen Marke zulässig sind, wenn der Markt durch drei multinationale Unternehmen mit einem Marktanteil von jeweils 20% dominiert wird.[496] Grundsätzlich erfüllen nach Auffassung der EU-Kommission Vermarktungskartelle, deren Beteiligte insgesamt **marktbeherrschend** sind, nicht die Freistellungsvoraussetzungen des § 2 Abs. 1

---

[484] EU-Kommission, Leitlinien horizontale Zusammenarbeit, Tz. 154.
[485] Dazu *Schulte* WRP 2005, 1500, 1503 ff.
[486] EU-Kommission WuW/E EU-V 889, 895 ff. – *UEFA Champions League*. Siehe auch § 1 Rn. 242.
[487] Dazu oben Rn. 110.
[488] OLG Düsseldorf WuW/E DE-R 2146, 2150 – *Nord-KS/Xella*.
[489] Vgl. Rn. 34.
[490] BGH WuW/E DE-R 919 – *Stellenmarkt für Deutschland* = GRUR 2002, 1005; a. A., ein neues Produkt ablehnend die Vorinstanz KG WuW/E DE-R 628, 631 f. – *Stellenmarkt für Deutschland*.
[491] *Hartmann-Rüppel/Wagner* ZWeR 2004, 128, 143.
[492] EU-Kommission WuW/E EU-V 889, 895 ff. – *UEFA Champions League*.
[493] EU-Kommission, Leitlinien horizontale Zusammenarbeit, Tz. 155.
[494] EU-Kommission, Leitlinien horizontale Zusammenarbeit, Tz. 149.
[495] Oben Rn. 100 ff.
[496] EU-Kommission, Leitlinien horizontale Zusammenarbeit, Tz. 156.

§ 2. Freigestellte Vereinbarungen   113, 114 § 2 GWB

GWB.[497] Auch nach der Praxis zu § 5 GWB a. F. kam eine Freistellung von marktumfassenden gemeinsamen Vertriebseinrichtungen oder von gemeinsamen Vertriebseinrichtungen unter Beteiligung marktbeherrschender Unternehmen in aller Regel nicht in Betracht.[498]

Fälle eines horizontalen Marktmachtausgleich durch ein **Aufholkartell** (sog. **Neben-** **113** **gewichtsbildung**)[499] sind im Rahmen des § 2 Abs. 1 GWB für eine Freistellung grundsätzlich berücksichtigungsfähig, auch wenn es dadurch zu wachsender Vermachtung und Erhöhung der Marktzutrittsschranken kommt.[500] Grundsätzlich scheidet die Bildung von Gegenmacht im horizontalen Konkurrenzverhältnis nur für eine Freistellung aus, wenn die Nebengewichtsbildung zu einem wettbewerbsfreien Duopol des bisherigen Marktführers und des Kartells führen und die Position der restlichen Marktteilnehmer weiter verschlechtert würde.[501] Diese Annahme liegt bei einer Nebengewichtsbildung zu Lasten des marktführenden Stellenanzeigenanbieters fern, weil durch das Kartell der den Marktführer überproportional bevorzugende Marktmechanismus durchbrochen wird und die restlichen Marktteilnehmer zumindest nicht schlechter stehen als vorher.[502] Ein vertikales Gegengewichtskartell kann hingegen Wettbewerb nicht ersetzen.[503]

g) Forschungs- und Entwicklungskooperationen. Ein Teilbereich der Rationalisie- **114** rung[504] – und ggf. auch der Spezialisierung[505] – sind Kooperationen im Bereich Forschung und Entwicklung. Hier kann eine Zusammenarbeit auch von Wettbewerbern eine Steigerung der Forschungs- und Entwicklungstätigkeit generell bewirken.[506] Die damit verbundenen möglichen **Wettbewerbsbeschränkungen** sind eine Koordinierung auf dem Markt für vorhandene und gemeinsam verbesserte Produkte oder auch eine Beschränkung des Innovationswettbewerbs[507] sowie die Abschottung von der Nutzung der Ergebnisse.[508] Es ist hier zunächst die **GVO über Forschungs- und Entwicklung**[509] zu beachten (§ 2 Abs. 2 GWB). Ansonsten enthalten die **Leitlinien der EU-Kommission über horizontale Zusammenarbeit** eine umfassende Würdigung der horizontalen Zusammenarbeit im Bereich der Forschung und Entwicklung.[510] Danach kann der aus der Kooperation fließende **Effizienzgewinn** vor allem in Kosteneinsparungen bei der Entwicklung oder der Entwicklung verbesserter Produkte bestehen. Bei der Prüfung der **Unerlässlichkeit** ist es möglicherweise angezeigt, den zulässigen Zeitraum auf die gemeinsamen Forschungs- und

---

[497] EU-Kommission, Leitlinien horizontale Zusammenarbeit, Tz. 155.
[498] BKartA, (frühere zu §§ 5 bis 7 GWB a. F. veröffentlichte) Verwaltungsgrundsätze für die Behandlung von Rationalisierungs-, Strukturkrisen- und Sonstigen Kartellen, S. 8.
[499] *Säcker* BB 1967, 681, 684; *Schuhmacher* ZHR 140 (1976), 317, 322 m. Fn. 21a; *Moog*, Die Bildungsgegengewichtiger Marktmacht nach dem Gesetz gegen Wettbewerbsbeschränkungen, 1980, S. 16 f.; *J. B. Nordemann*, Gegenmacht und Fusionskontrolle, 1995, S. 17.
[500] So auch zu § 7 GWB a.F: BGH WuW/E DE-R 919, 924 – *Stellenmarkt für Deutschland* = GRUR 2002, 1005; *Fuchs* in: Immenga/Mestmäcker, GWB, § 2 Rn. 195; a. A. *Hartmann-Rüppel/Wagner* ZWeR 2004, 128, 149.
[501] KG WuW/E DE-R 628, 632 – *Stellenmarkt für Deutschland II*.
[502] BGH WuW/E DE-R 919, 925 – *Stellenmarkt für Deutschland II* = GRUR 2002, 1005, gegen KG WuW/E DE-R 628, 632 – *Stellenmarkt für Deutschland II*.
[503] Dazu oben Rn. 38.
[504] Zu Rationalisierungskartellen allg. unten Rn. 115 ff.
[505] Zu Spezialisierungskartellen allg. oben Rn. 81 ff.
[506] EU-Kommission, Leitlinien horizontale Zusammenarbeit, Tz. 40.
[507] EU-Kommission, Leitlinien horizontale Zusammenarbeit, Tz. 44 ff., 50 ff.
[508] EU-Kommission, Leitlinien horizontale Zusammenarbeit, Tz. 61.
[509] Verordnung EG Nr. 2659/2000 vom 29. 11. 2000 über die Anwendung von Art. 81 Abs. 3 EG auf Gruppen von Vereinbarungen über Forschung und Entwicklung; ABl. EG Nr. L 304 vom 5. 12. 2000, S. 7 ff.; Vgl. unten Rn. 170 ff. Siehe ferner die separate Kommentierung hierzu.
[510] EU-Kommission, Leitlinien horizontale Zusammenarbeit, Tz. 39 ff.

Entwicklungsphase zu beschränken. Soll eine gemeinsame Vermarktung erfolgen, kann auch die Markteinführung umfasst sein.[511] Die **angemessene Beteiligung** an diesen Vorteilen muss im Falle von Marktmacht kritisch gewürdigt werden, ist jedoch gegeben bei schnellerer Einführung neuer Produkte und Technologien.[512] Die kritische Marktanteilsgrenze sowohl auf den durch die Kooperation betroffenen Produkt- und Technologiemärkten als auch auf dem Markt für Innovation (Forschungs- und Entwicklungsarbeiten) liegt bei 25%; bis zu dieser Grenze sind Kooperationen gemäß Art. 4 GVO über Forschung und Entwicklung freigestellt, sofern nicht Kernbeschränkungen nach Art. 5 GVO Gegenstand der Kooperation sind.

115 **h) Sonstige Rationalisierungskartelle. aa) Allgemeines. § 5 GWB a. F.** regelte bis zur 7. GWB-Novelle 2005 die Legalisierung von Rationalisierungskartellen. Die Freistellungsvorschrift diente als **Auffangtatbestand** für alle wettbewerbsbeschränkenden Vereinbarungen zur Rationalisierung wirtschaftlicher Vorgänge, die nicht von § 2 Abs. 1 a. F. (Norm- und Typenkartelle), § 2 Abs. 2 GWB a. F. (Konditionenkartelle), § 3 a. F. (Spezialisierungskartelle) oder § 4 Abs. 1 a. F. (Mittelstandskartelle) erfasst wurden. Da die Freistellung des § 2 Abs. 1 n. F. nicht kasuistisch auf den Gegenstand der Vereinbarung abstellt, kommt es nun auf die Abgrenzung nicht weiter an. Fallpraxis existiert zu § 5 GWB jedoch nur, soweit **keine Norm- und Typenkartelle, Konditionenkartelle, Spezialisierungskartelle oder Mittelstandskartelle** betroffen waren.[513]

116 Viele Rationalisierungskartelle haben zwischenstaatliche Auswirkungen und werden daher vom erweiterten Vorrang des **europäischen Rechts** erfasst (§ 22 GWB).[514] Sonderfälle von Rationalisierungskartellen, wie bestimmte Vereinbarungen zwischen Unternehmen über Spezialisierungsmaßnahmen bzw. über die gemeinsame Forschung und Entwicklung von Produkten oder Verfahren und die Verwertung der dabei erzielten Ergebnisse, sind Gegenstand der Regelung in der **GVO Spezialisierungsvereinbarungen** und der **GVO Forschung und Entwicklung**[515] (§ 2 Abs. 2 GWB).

117 **bb) Zweck der Privilegierung von sonstigen Rationalisierungskartellen.** Rationalisierung verbessert gegenüber dem sonst bestehenden Zustand das Verhältnis von Aufwand und Ertrag.[516] Diese leistungssteigernde Wirkung legitimiert die die Freistellung von wettbewerbsbeschränkenden Maßnahmen. Diese Leistungssteigerung muss allerdings an die Verbraucher weitergeben werden, also insbesondere eine angemessene Beteiligung der Verbraucher an den Gewinne erfolgen. Das deckt sich weitgehend mit der nach § 5 GWB a. F. erforderlichen Verbesserung der Befriedigung des Bedarfs.[517] Besondere Rationalisierungskartelle wie Norm- und Typenkartelle, Konditionenkartelle, Spezialisierungskartelle, Mittelstandskartelle oder auch Vermarktungskooperationen sowie Forschungs- und Entwicklungskooperationen werden eigenständig kommentiert.[518]

118 **cc) Wettbewerbsbeschränkung.** Die zu prüfende Kooperation muss zunächst den Tatbestand des § 1 GWB erfüllen. Ohne weiteres wirksam sind rationalisierende Abreden, die den **Wettbewerb** gar nicht **beschränken**. Die unverbindliche Zusammenarbeit im Bereich der Forschung, Werbung oder bei der Einrichtung eines gemeinsamen Kun-

---

[511] EU-Kommission, Leitlinien horizontale Zusammenarbeit, Tz. 73.
[512] EU-Kommission, Leitlinien horizontale Zusammenarbeit, Tz. 70.
[513] Zu diesen Kartellen siehe jeweils die Ausführungen oben.
[514] Begr. RegE 7. GWB-Novelle, BT DS 15/3640, S. 27.
[515] Verordnung EG Nr. 2659/2000 vom 29. 11. 2000 über die Anwendung von Art. 81 Abs. 3 EG auf Gruppen von Vereinbarungen über Forschung und Entwicklung; ABl. EG Nr. L 304 vom 5. 12. 2000, S. 7 ff.
[516] BKartA, WuW/E BKartA 205, 206 – *Buchenfaserholz*; WuW/E BKartA 516, 520 – *Langfräsmaschinen*; WuW/E BKartA 1605, 1608 – *Starkstromkabel*; WuW/E BKartA 2903 – *Spannbeton-Hohldecken*.
[517] BKartA TB 2003/2004, S. 91.
[518] Dazu die vorstehenden Ausführungen.

§ 2. Freigestellte Vereinbarungen

dendienstes fällt schon nicht unter das Kartellverbot und ist damit nicht nach § 2 Abs. 1 GWB freistellungsbedürftig.[519] Auch muss die **Spürbarkeitsschwelle** übersprungen sein.[520]

dd) Effizienzgewinne. Das neue Erfordernis der Effizienzgewinne fasst gleichsam den nach altem Recht gem. § 5 Abs. 1 S. 1 GWB a. F. erforderlichen Vorgang der **Rationalisierung und** die daraus fließende **Steigerung der Leistungsfähigkeit oder Wirtschaftlichkeit** unter den Oberbegriff der Effizienzgewinne zusammen. Auch nach altem Recht ließen sich die Begriffe der Rationalisierung einerseits und der Steigerung der Leistungsfähigkeit oder Wirtschaftlichkeit andererseits nicht scharf voneinander trennen, sondern wiesen erhebliche Überschneidungen auf. 119

Nach allgemeiner Ansicht versteht man unter **Rationalisierung** die **Herbeiführung eines Zustandes, der gegenüber dem sonst bestehenden Zustand das Verhältnis von Aufwand und Ertrag verbessert.**[521] Das kann auf verschiedenem Wege geschehen. Es kann mit geringerem Material-, Zeit- oder Arbeitsaufwand der gleiche Ertrag,[522] mit gleich bleibendem Aufwand ein besserer Ertrag oder mit einer nur geringen Aufwandserhöhung ein überproportional hoher Ertrag erzielt werden.[523] Dabei erfasst der Begriff alles, was in wirtschaftlicher, technischer, organisatorischer oder sonstiger Weise den Geschäftsablauf von Unternehmen beeinflussen kann. Dazu zählte das Bundeskartellamt beispielsweise die Bereiche Finanzierung, Investition, Produktion, Absatz, Rechnungswesen, Werbung, Lagerhaltung und Vertrieb.[524] Weiter betrifft Rationalisierung den innerbetrieblichen Ablauf der Leistungserbringung (z. B. Produktion, Verarbeitung, Vertrieb, Beschaffung). Ein typischer Fall einer Erzielung von Effizienzgewinnen durch Kooperation ist die **Verbesserung der Produktion.**[525] Sie kann insbesondere durch erhebliche Investitionen der Kartellmitglieder eintreten.[526] Kosten werden gespart, wenn Kapazitäten besser ausgenutzt[527] oder im Wege der zentralen Auftragslenkung[528] Großserien hergestellt werden können.[529] Die Schaffung von Verwertungsmöglichkeiten für anfallende Nebenprodukte fällt ebenfalls unter diese Fallgruppe, soweit sie die Bereitschaft der Mitglieder erhöht, das Hauptprodukt herzustellen,[530] z. B. bei Fleurop, eine Vereinigung von Blumenhändlern zur dadurch möglichen überregionalen Blumenvermittlung.[531] Auch die **verbesserte Produktqualität** stellt eine Leistungssteigerung dar.[532] Hierzu dient etwa der Erfahrungsaustausch im Wege 120

---

[519] Vgl. dazu oben § 1 Rn. 134.
[520] Vgl. eingehend § 1 Rn. 142 ff.
[521] Vgl. die ständige Verwaltungspraxis des BKartA nach altem Recht zu § 5 GWB a. F.: WuW/E BKartA 205, 206 – *Buchenfaserholz;* WuW/E BKartA 516, 520 – *Langfräsmaschinen;* WuW/E BKartA 1605, 1608 – *Starkstromkabel;* WuW/E BKartA 2903 – *Spannbeton-Hohldecken;* WuW/E BKartA 1794, 1795 – *Bimsbausteine III.*
[522] Vgl. WuW/E BKartA 1259, 1261 – *Fernmeldekabel II;* WuW/E BKartA 1225, 1227 – *Krawattenstoff-Submission.*
[523] WuW/E BKartA 1248, 1251 – *Fernmeldekabel I;* WuW/E BKartA 2267, 2268 – *System-Gut-Logistik-Service.*
[524] WuW/E BKartA 516, 520 – *Langfräsmaschinen;* WuW/E BKartA 241, 244 – *Terrazzo;* WuW/E BKartA 224, 230 f. – *Niedersächsische Kalkwerke;* WuW/E BKartA 79, 84 – *Steinzeug-Syndikat.*
[525] WuW/E BKartA 516, 521 – *Langfräsmaschinen;* WuW/E BKartA 528, 534 – *Steinzeug II;* WuW/E BKartA 271, 276 – *Einheitshydraulik.*
[526] WuW/E BKartA 528, 534 – *Steinzeug II.*
[527] WuW BGH 1929, 1931 – *Basalt Union* = NJW 1975, 1837.
[528] Vgl. dazu oben Rn. 110.
[529] Weitere Beispiele in *Bunte* in: Frankfurter Kommentar § 5 Rn. 62; vgl. auch *Immenga* in: Immenga/Mestmäcker, GWB, § 5 Rn. 39.
[530] WuW/E BKartA 965, 972 – *Teer-Erzeugnisse;* WuW/E BKartA 916, 918 – *Ruhrstickoff III;* vgl. dazu oben Rn. 110.
[531] BKartA WuW/E DE-V 127 – *Fleurop II.*
[532] WuW/E BKartA 341, 347 – *Ruhrstickoff I.*

gemeinsamer Forschungsprojekte⁵³³ oder die gemeinschaftliche Schulung des Personals.⁵³⁴ Schließlich können **verbesserte Absatz- bzw. Transportmöglichkeiten** eine Steigerung der Leistungsfähigkeit herbeiführen.⁵³⁵

121 **Für die Rationalisierung müssen innerbetriebliche Mittel, die von den einzelnen Unternehmen beherrscht werden, eingesetzt werden.** Maßnahmen sind daher **nicht freigestellt,** die eine Verbesserung des Aufwand-Ertrag-Verhältnisses ohne innerbetriebliche Änderungen allein wegen **Verringerung bzw. Ausschaltung des Wettbewerbs** durch kollektive Verbesserung der Marktverhältnisse oder der Austauschbedingungen herbeiführen. In diesen Fällen ist auch **keine Verbesserung der Leistungsfähigkeit** der Unternehmen zu beobachten. Das gilt beispielsweise für die kollektive Festlegung höherer Preise sowie für die Verringerung des Aufwandes, indem auf Grund der Kartellbildung bestimmte Leistungen (zum Beispiel im Service) gestrichen werden.⁵³⁶ Die Einführung von kollektiven Rabattkartellen ist aus dem gleichen Grund keine Rationalisierung.⁵³⁷ Auch soweit ein Unternehmen nur auf Grund des nachlassenden Wettbewerbsdrucks Kosten einsparen kann (sog. **Wettbewerbskosten**), zum Beispiel im Bereich der Werbung, der Lagerhaltung oder der Kalkulation, fehlt es an einer unmittelbar im Betrieb eintretenden Verbesserung von Produktion, Organisation oder Vertrieb. Daher bleiben beispielsweise Preisbewegungen am Markt, die Einführung höherer Preise⁵³⁸ oder der Verzicht auf Werbemittel außer Betracht, die nur durch bloße Verstärkung der Marktmacht gegenüber vor- oder nachgelagerten Wirtschaftsstufen möglich werden.⁵³⁹

122 Es reicht aus, wenn auf Grund **objektiver Gesichtspunkte** zum Zeitpunkt der Entscheidung **mit hinreichender Wahrscheinlichkeit** davon auszugehen ist, dass die Vereinbarung die rationalisierenden und leistungssteigernden Maßnahmen zumindest fördern wird.⁵⁴⁰

123 **Einzelfälle von Effizienzgewinnen.** Effizienzgewinne durch Rationalisierung können im Wege der zentralen **Auftragslenkung** herbeigeführt werden.⁵⁴¹ Diese Form der Zusammenarbeit ist vor allem in Branchen von Bedeutung, die großen Nachfrageschwankungen unterliegen. Die Vereinbarung verpflichtet die beteiligten Unternehmen, nur die ihnen zugewiesenen Aufträge zu übernehmen. Durch die Zusammenfassung und Umverteilung an die Mitglieder wird ein möglichst kontinuierlicher Geschäftsbetrieb gewährleistet.⁵⁴² Je nach Einzelfall werden die begrenzten Lager-, Produktions- oder Lieferkapazitäten der einzelnen Hersteller abgefedert⁵⁴³ oder die Herstellung von Großserien ermöglicht.⁵⁴⁴ Allerdings kann eine Auftragslenkung innerhalb von Spezialisierungsvereinbarungen auch schon nach § 2 Abs. 2 i.V.m. der GVO 2658/2000 für Spezialisierungsvereinbarung freigestellt sein.⁵⁴⁵ Effizienzgewinne treten ferner auf, wenn sich Speditionen eine zentrale Sammel-

---

⁵³³ WuW/E BKartA 965, 972 – *Teererzeugnisse;* WuW/E BKartA 695, 699 – *Kali II.*
⁵³⁴ WuW/E BKartA 687, 692 – *Drehbänke.*
⁵³⁵ Vgl. dazu oben Rn. 102, 103 ff., 110.
⁵³⁶ Zum früheren Recht: WuW/E BKartA 1228 – *Krawattenstoffsubmission.*
⁵³⁷ Siehe zum früheren Recht: WuW/E BKartA 1616, 1623 – *Pallas.*
⁵³⁸ WuW/E BKartA 205, 322 – *Buchenfaserholz.*
⁵³⁹ BKartA, (frühere zu §§ 5 bis 7 GWB a. F. veröffentlichte) Verwaltungsgrundsätze für die Behandlung von Rationalisierungs-, Strukturkrisen- und Sonstigen Kartellen, S. 7.
⁵⁴⁰ Dazu eingehend Rn. 25 f.
⁵⁴¹ Zum früheren Recht: WuW/E BKartA DE-V 127, 128 – *Fleurop II;* WuW/E BKartA 1794 – *Bimsbausteine III;* WuW/E BKartA 858 – *PVC-Abflussrohre.*
⁵⁴² Vgl. WuW/E BKartA 1001, 1004 – *Zementverkaufsstelle Niedersachsen.*
⁵⁴³ Vgl. die Fälle zum alten Recht: WuW/E BKartA 1248, 1251 – *Fernmeldekabel;* WuW/E BKartA 1794, 1795 – *Bimsbausteine III.*
⁵⁴⁴ Vgl. WuW/E BKartA 632 – *Armaturen;* WuW/E BKartA 1794, 1795 – *Bimsbausteine III.*
⁵⁴⁵ Vgl. zu Spezialisierungsvereinbarungen oben Rn. 81 ff. sowie unten Rn. 168 (GVO).

§ 2. Freigestellte Vereinbarungen **123** § 2 GWB

und Verteillogistik geben und dadurch die Transport- und Umschlagskapazitäten der Beteiligten besser auslasten.[546] Solche Gewinne sind zu bezweifeln, wenn die Auftragslenkung nur zu einer Umverteilung der Aufträge führt, ohne das Auftragsvolumen der Kartellmitglieder insgesamt zu beeinflussen.[547] Demgegenüber können die gemeinschaftliche Lagerung, Weiterverarbeitung oder der gemeinschaftliche Verkauf von **Nebenprodukten** im Einzelfall rationalisierende Wirkungen entfalten.[548] So dient zum Beispiel die Verpflichtung von Mitgliedswerken, einer Verarbeitungsgemeinschaft für Teererzeugnisse ihre gesamten Rohprodukte abzuliefern, der Rationalisierung, wenn dadurch die kostensparende Gemeinschaftsverarbeitung kontinuierlich erhalten bleibt.[549] Auch die Bildung von Vertriebsgemeinschaften[550] für die Lösung der Absatzprobleme von Neben- bzw. Koppelprodukten hat das BKartA zum alten Recht als rationalisierende Maßnahme anerkannt.[551] Ein bekannter Fall eines Rationalisierungskartells nach § 5 GWB a. F. ist **Fleurop,** eine Vereinigung von Blumenhändlern zur überregionalen Blumenvermittlung; Fleurop erschließt Blumenhändlern neue Absatzwege und ermöglicht eine zuverlässige Blumenvermittlung.[552] Die zentrale **Vermarktung von Fernsehübertragungsrechten** ist insoweit differenziert zu betrachten und kann zu Effizienzgewinnen führen, wenn sie ein neues Markenprodukt, z. B. die „UEFA Champions League", hervorruft.[553] Im Übrigen hat das Bundeskartellamt nach früherem Recht eine Rationalisierung bejaht für den Fall, dass mehrere Unternehmen die bei der Durchführung von **Bauvorhaben** anfallenden Arbeiten zusammenfassen und koordinieren. Entscheidendes Kriterium war, dass allen Beteiligten bei individueller Durchführung des An- und Abtransports von Bauschutt, der Wasserhaltung, der Zwischenlagerung und Deponierung von Baumaterialien höhere Kosten und ein erhöhter Zeit- und Arbeitsaufwand entstanden wären.[554] Im Bereich **Energiehandel** kommt eine Rationalisierungswirkung in Betracht, wenn durch die Zusammenlegung von Vertriebsstrukturen Einsparungen bei Hard- und Software des Handelssystems sowie bei den Personalkosten realisiert werden; außerdem ergeben sich gravierende Vorteile bei der gebündelten Energieeigenerzeugung.[555] Die Zentralisierung der Beschaffung von Dienstbekleidung der öffentlichen Hand durch ein einziges Logistikzentrum führt zur Rationalisierung.[556] Entsorgungskooperationen für Elektro- und Elektronikschrott führen meist zu Effizienzgewinnen.[557]

---

[546] Zu § 5 GWB a. F.: BKartA, Beschluss vom 3. Dezember 2001, Az. B 9–63401–194/00, S. 7 – *System-Alliance.*
[547] Zum alten Recht: WuW/E BKartA 1001, 1004 – *Zementverkaufsstelle Niedersachsen; Deringer/ Benisch* in: Gemeinschaftskommentar § 5 a. F. Rn. 34; *Immenga* in: Immenga/Mestmäcker, GWB, § 5 Rn. 33.
[548] So schon zum alten Recht BKartA, TB 1963, 21; WuW/E BKartA 795 – *Teerverwertung; Immenga* in: Immenga/Mestmäcker, GWB, § 5 Rn. 29; *Deringer/Benisch* in: Gemeinschaftskommentar § 5 a. F. Rn. 33; kritisch *Segelmann* WuW 1964, 3, 12; *Düesberg* WuW 1968, 499, 506 ff.
[549] WuW/E BKartA 795, 797 – *Teerverwertung* (zum früheren Recht).
[550] Vgl. dazu oben Rn. 102, 103 ff.
[551] WuW/E BKartA 224, 231 – *Niedersächsische Kalkwerke;* WuW/E BKartA 341, 347 – *Ruhrstickstoff I;* WuW/E BKartA 211, 215 – *Thomasphosphat.*
[552] BKartA WuW/E DE-V 127 – *Fleurop II;* wegen der zwischenstaatlichen Wirkung ist hier auf Art. 81 Abs. 3 EG abzustellen, vgl. TB BKartA BT DS 15/5790, S. 39, und BKartA TB 2003/2004, S. 146. Vgl. aber zu den weiteren Anforderung zur Vermeidung einer Ausschaltung des Wettbewerbs unten Rn. 128 f.
[553] Vgl. hierzu oben § 1 Rn. 242.
[554] WuW/E BKartA 2617, 2620 – *Baulogistik Potsdamer Platz.*
[555] Zu § 5 GWB a. F. BKartA, Beschl. v. 15. 7. 2002, Az. B 8–40000-Ib – 87/01, S. 22 ff. – *citiworks AG.*
[556] BKartA TB 2003/2004, S. 91; jedoch scheiterte eine Freistellung daran, dass keine Vorteile an die Verbraucher weitergegeben werden, dazu unten (angemessene Beteiligung der Verbraucher).
[557] BKartA TB 2003/2004, S. 183, dort auch zu den Grenzen, die sich aus den beiden übrigen Freistellungskriterien ergeben.

§ 2 GWB 124–127

124 **ee) Unerlässlichkeit:** Die rationalisierenden Absprachen müssen für die Erreichung von Effizienzgewinnen unerlässlich sein. Bei einem Rücknahmesystem gilt das bei Vereinheitlichung der Logistik nicht für Vereinbarungen über einen einheitlichen Preisaufschlag für Entsorgungskosten (visible fee).[558]

125 **ff) Angemessene Beteiligung:** Die angemessene Beteiligung der Verbraucher durch die **Weitergabe der Gewinne** deckt sich weitgehend mit der nach altem Recht erforderlichen Verbesserung der Befriedigung des Bedarfs im Sinne des § 5 GWB a. F.[559] Diese bezog sich – wie nun § 2 Abs. 1 GWB – darauf, dass die wettbewerbsbeschränkende Vereinbarung nicht nur für die beteiligten Unternehmen, sondern auch für die Abnehmer und Verbraucher bzw. die Allgemeinheit Vorteile herbeiführt, so dass auch die vor- oder nachgelagerten Wirtschaftsstufen bzw. die Endverbraucher in die Prüfung einbezogen wurden.[560] Das Bundeskartellamt ging in ständiger Verwaltungspraxis zur alten Rechtslage von den gleichen Umständen aus, nach denen nun die angemessene Beteiligung der Verbraucher bemessen wird:[561] So können höhere Leistungen zum gleichen Preis oder gleich bleibende Leistungen zu einem niedrigeren Preis angeboten werden oder der Bezug des betreffenden Produktes erst ermöglicht oder auch nur erleichtert werden.[562] Die Verbesserung der Qualität kann das angebotene Produkt selbst betreffen, aber auch die Nebenleistungen des Herstellers. Durch die Vereinbarung können zum Beispiel die Angebotspalette, der Kundenservice,[563] die Garantiebestimmungen, die regionale Versorgung oder die Lieferfristen[564] verbessert werden.

126 Im Hinblick auf den **Umfang der Verbesserung,** die bei Abnehmern und Verbrauchern eintreten muss, ist eine Abwägung mit dem Umfang der angefallenen Gewinne und dem Ausmaß der Wettbewerbsbeschränkung im Einzelfall erforderlich. Diese Wechselwirkung war schon zur alten Gesetzeslage anerkannt.[565] **Beispiele** für die Abwägung, die tendenziell gegen eine angemessene Verbraucherbeteiligung sprechen, nach altem Recht: die Einsparung von Vertriebskosten ist nur bei gleichzeitiger Verschlechterung der Lieferbedingungen möglich;[566] die erwartete Preissenkung geht mit dem Fortfall von Rabatten einher, die den meisten Abnehmern bisher individuell gewährt wurden.[567]

127 Nach alter Rechtslage – dogmatisch in der Prüfung der Angemessenheit von Rationalisierungserfolg und Wettbewerbsbeschränkung verortet – war es nicht erforderlich, dass die Vorteile überwiegen und dieses Überwiegen spürbar ist.[568] Das Verhältnis war schon dann angemessen, wenn die Nachteile der Wettbewerbsbeschränkung von den Vorteilen der Rationalisierung aufgewogen werden.[569] Auch nach neuer Rechtslage werden anfallende Effizienzgewinne mit den verursachten Nachteilen bei der Bestimmung einer angemessenen Beteiligung saldiert, so dass die Nettowirkung auf den Verbraucher zumindest **neutral** sein muss.[570]

---

[558] BKartA TB 2003/2004, S. 183.
[559] BKartA TB 2003/2004, S. 91.
[560] BKartA WuW/E DE-V 127 – *Fleurop II.*
[561] Vgl. auch oben Rn. 119 ff.
[562] Vgl. z. B. WuW/E BKartA 1794, 1797 – *Bimsbausteine III;* WuW/E BKartA 1317, 1319 – *Steinzeug IV;* WuW/E BKartA 1079, 1081 – *Steinzeug III.*
[563] Vgl. WuW/E BKartA DE-V 127, 129 – *Fleurop II.*
[564] WuW/E BKartA 1794, 1797 – *Bimsbausteine III.*
[565] Vgl. WuW/E BKartA 400, 420 – *Süddeutsche Zementwerke.*
[566] WuW/E BKartA 400, 420 – *Süddeutsche Zementwerke.*
[567] Vgl. WuW/E BKartA 400, 420 – *Süddeutsche Zementwerke;* WuW/E BKartA 1605, 1611 – *Starkstromkabel.*
[568] So aber *Kiecker* in: Langen/Bunte (9. Aufl.), § 5 Rn. 28.
[569] KG WuW/E OLG 1117, 1121 – *Fernmeldekabel-Gemeinschaft; Immenga* in: Immenga/Mestmäcker, GWB (3. Aufl.), § 5 a. F. Rn. 56; *Bunte* in: Frankfurter Kommentar § 5 a. F. Rn. 101; *Deringer/Benisch* in: Gemeinschaftskommentar § 5 a. F. Rn. 55.
[570] EU-Kommission, Leitlinien Art. 81 Abs. 3 EG, Tz. 85.

gg) Ausschaltung des Wettbewerbs. § 2 Abs. 1 GWB fordert, dass die Rationalisierungsabrede nicht die Möglichkeit eröffnen darf, den Wettbewerb auszuschalten. Demgegenüber war nach § 5 GWB a. F. die Prüfung zweistufig: erstens musste ein angemessenes Verhältnis zwischen Rationalisierungserfolg und Wettbewerbsbeschränkung vorliegen, zweitens durfte keine marktbeherrschende Stellung entstehen oder verstärkt werden. Zwar stimmen damit die Tatbestandsvoraussetzungen des alten mit dem neuen Recht nicht überein. Die Praxis zum alten Recht nach § 5 GWB a. F. läuft im Ergebnis aber regelmäßig mit dem neuen Recht parallel. Denn auch nach neuem Recht spricht Marktbeherrschung tendenziell für eine Ausschaltung des Wettbewerbs[571]; darüber hinaus ist die Frage der Ausschaltung des Wettbewerbs nach § 2 Abs. 1 GWB n. F. auf Grund einer umfassenden Abwägung aller quantitativen und qualitativen Faktoren zu beantworten; zu den qualitativen Faktoren gehört auch die Abwägung der Effizienzgewinne mit der Wettbewerbsbeschränkung,[572] gerade im Fall einer nur geringen Kooperationstiefe.[573] Die Fallpraxis zu § 5 GWB a. F. kann daher durchaus mit der gebotenen Vorsicht herangezogen werden. Davon ging auch der Gesetzgeber der 7. GWB-Novelle 2005 aus, als er § 5 GWB a. F. durch § 2 Abs. 1 GWB ersetzte.[574]

128

Bei der **Gesamtwürdigung der im Einzelfall gegebenen Faktoren** ist entscheidend, ob der Wettbewerb seine Kontrollfunktion noch erfüllt.[575] Bei dieser Prüfung kommt zunächst dem **Marktanteil** der Kartellbeteiligten große Bedeutung zu.[576] Für Rationalisierungskartelle nach § 5 GWB a. F. lag in der Praxis des BKartA die kritische Marktanteilsgrenze bei 30%.[577] Bei einem 50%igen Anteil am Markt für Blumenvermittlung sah sich das BKartA gezwungen, die kurzfristige Abschaffung der Andienungspflicht an die Organisation zur Auflage zu machen.[578] In qualitativer Hinsicht ist zunächst die Art und Intensität der Wettbewerbsbeschränkung entscheidend, also das Gewicht der jeweils **betroffenen Wettbewerbsparameter.** So haben Absprachen über Preise, Qualitäten, Einkauf, Vertrieb und Rabatte größere Auswirkungen auf den Wettbewerb als solche über Werbung, Forschung und Entwicklung. Zwischen den beiden Effizienzgewinnen und den betroffenen Wettbewerbsparametern besteht eine Wechselwirkung in dem Sinne, dass der Rationalisierungserfolg umso größer sein muss, je stärker das Kartell den Wettbewerb beschränkt.[579] Bleiben wichtige Parameter wie zum Beispiel der Preis von der Vereinbarung unberührt, sind an die positiven Auswirkungen der Rationalisierung verhältnismäßig geringe Anforderungen zu stellen.[580] Auch sind branchenweite Entsorgungskooperationen unbedenklich, wenn sie eine relativ geringe Kooperationstiefe aufweisen, wie z. B. Behälterpools, und die

129

---

[571] Vgl. Rn. 37.
[572] Dazu allgemein oben Rn. 36 ff.
[573] BKartA TB 2003/2004, S. 183 – *Entsorgung von Elektro- und Elektronikschrott*.
[574] Begr. RegE 7. GWB-Novelle, BT DS 15/3640, S. 27.
[575] Siehe oben Rn. 36; ferner zu Art. 81 Abs. 3 EG: *Mestmäcker/Schweitzer* § 13 Rn. 73. Zu § 5 GWB a. F.: WuW/E BKartA DE-V 127, 129 – *Fleurop II; Bechtold*, GWB, § 5 Rn. 6; vgl. auch *Bunte* in: Frankfurter Kommentar § 5 Rn. 117.
[576] Vgl. zum alten Recht WuW/E BKartA DE-V 127, 129 – *Fleurop II*; BKartA vom 18. 1. 2000 – *Betongitterträgerelemente*, zit. nach *Schultz/Wagemannn*, Kartellrechtspraxis und Kartellrechtsprechung 2000/2001, S. 37 f.
[577] LKartB Bayern, Kooperation und Wettbewerb, S. 43; in BKartA vom 18. 1. 2000 – *Betongitterträgerelemente*, zit. nach *Schultz/Wagemannn*, Kartellrechtspraxis und Kartellrechtsprechung 2000/2001, S. 37 f., lag der Marktanteil bei höchstens 20%, in BKartA vom 20. 9. 2000 – *Betonvertrieb Westdeutschland GbR*, zit. nach *Schultz/Wagemannn*, aaO, S. 39 f., bei weniger als 30%.
[578] BKartA WuW/E DE-V 127 – *Fleurop II;* siehe auch zur Entwicklung danach KG WuW/E DE-R 1595, 1596 – *Blumendistanzhandel;* ferner BKartA TB 2003/2004, S. 146.
[579] WuW/E BKartA 2696, 2700 – *Fußball-Fersehübertragungsrechte II*.
[580] Vgl. WuW/E BKartA 271, 278 – *Einheitshydraulik;* WuW/E BKartA 224, 233 – *Niedersächsische Kalkwerke I;* WuW/E BKartA 668, 674 – *Bleiweiß*.

Rationalisierungsvorteile groß und die Auswirkungen auf den Wettbewerb sehr gering sind; die wettbewerbsrechtliche Prüfung erstreckt sich dabei zum einen auf die betroffenen Entsorgungsmärkte und zum anderen auf die betroffenen Produktmärkte.[581] Im Übrigen ist auch die **Marktstruktur** zu berücksichtigen, und zwar sowohl die kurzfristigen Auswirkungen der Kartellierung auf die Wettbewerbssituation als auch langfristige Aspekte. Insoweit muss die Wirkung der Abrede auf Aktivität und Stärke der **Außenseiter** und auf den von ihnen ausgehenden Wettbewerbsdruck bewertet werden, also ob und in welchem Umfang auf dem relevanten Markt gleichartige Waren angeboten werden.[582] Schließlich spielt die Entmachtung des Kartells durch **Substitutionswettbewerb von benachbarten Märkten**[583] und durch **potenziellen Wettbewerb** eine Rolle.[584] Zu Rationalisierungskartellen auch aus dem Gesichtspunkt der Gegenmachtbildung im Horizontalverhältnis **(Nebengewichtsbildung)** vgl. oben.[585]

130 i) **Strukturkrisenkartelle.** Die Regelung über Strukturkrisenkartelle in § 6 GWB a. F. wurde mit der 7. GWB-Novelle 2005 **abgeschafft.** Der Ausnahmetatbestand in § 6 GWB a. F. sah vor, den Marktteilnehmern die Möglichkeit zu geben, im Falle von Überkapazitäten auf Grund eines Nachfragerückgangs die Produktion mittels Kartellvereinbarung an den Bedarf anzupassen. Die praktische Bedeutung von Strukturkrisenkartellen war gering. Bis 31. 12. 2004 lagen dem Bundeskartellamt insgesamt zehn Freistellungsanträge vor, wovon nur zwei Anträgen stattgegeben wurde.[586] Alle weiteren wurden entweder abgelehnt oder zurückgenommen;[587] zwei waren am 31. 12. 2004 noch beim BKartA anhängig.[588] Häufig scheiterten geplante Strukturkrisenkartelle auch an einer fehlenden brancheninternen Einigung bzw. wurden als Rationalisierungskartelle nach § 5 GWB a. F. angemeldet.[589] In der Regel berühren Strukturkrisenkartelle den zwischenstaatlichen Handel und müssen sich daher am **europäischen Recht** messen lassen. Von daher war die Abschaffung des § 6 GWB a. F. nach Einführung des Art. 3 (EU-)VO 1/2003 und des § 22 GWB konsequent. Das europäische Recht kennt keinen ausdrücklichen Freistellungstatbestand für Strukturkrisenkartelle. Entsprechende Kartellvereinbarungen fallen als Wettbewerbsbeschränkung unter das Verbot des Art. 81 Abs. 1 EG, können aber nach Art. 81 Abs. 3 EG freigestellt werden.[590]

131 Der privilegierte **Zweck von Strukturkrisenkartellen** begründet sich wie folgt: Die reine Wettbewerbstheorie geht davon aus, dass die diejenigen Unternehmen, die unrentabel produzieren, in dieser Phase aus dem Marktgeschehen ausscheiden. Diese „Selbstreinigung" des Marktes setzt sich so lange fort, bis Angebot und Nachfrage wieder ausgeglichen

---

[581] BKartA TB 2003/2004, S. 183 – *Entsorgung von Elektro- und Elektronikschrott*.
[582] WuW/E BKartA 629, 639 – *Armaturen;* WuW/E BKartA 938, 942 – *Gesellschaftsreisen*.
[583] Allg. A. nach § 5 GWB a. F.: WuW/E BKartA 1794, 1798 – *Bimsbausteine III;* WuW/E BKartA 953, 955 – *Sisalkordel;* WuW/E BKartA 938, 942 – *Gesellschaftsreisen*.
[584] Vgl. die 8 Kriterien der EU-Kommission zur Prüfung des potenziellen Wettbewerbs, EU-Kommission, Leitlinien Art. 81 Abs. 3 EG, Tz. 115.
[585] Rn. 113.
[586] WuW/E BKartA 2049 – *Betonstahlmatten;* WuW/E BKartA 2271 – *Leichtbauplatten*.
[587] Beispielsweise im Jahr 1997, siehe BKartA TB 1997/98, 188. Schon in: den Vorgesprächen scheiterte danach ein Strukturkrisenkartell der Transportbetonindustrie, BKartA TB 1999/2000, 109.
[588] BKartA TB 2003/2004, S. 232 f.
[589] Vgl. nur BKartA, Beschluss vom 18. 1. 2000, Az. B 1–228/99 – *Betongitterträgerelemente*, zit. nach *Schultz/Wagemann,* Kartellrechtspraxis und Kartellrechtsprechung 2000/2001, S. 37 f. sowie BKartA, Beschluss vom 20. 9. 2000, Az. B 1 81/00 – *Betonsteinvertrieb Westdeutschland GbR,* zit. nach *Schultz/Wagemann,* aaO., S. 39 f.
[590] EU-Kommission, Entscheidung vom 4. Juli 1984 – *Kunstfasern,* ABl. 1984 L 207/17, 21; EU-Kommission ABl. 1984, Nr. L 212, S. 1, 5 – *BPCL/ICI;* EU-Kommission ABl. 1988 Nr. l 150, S. 35, 39 – *Bayer/BP Chemicals;* EU-Kommission, Entscheidung vom 29. April 1994 – *Stichting Baksteen,* ABl. 1994 L 131/15, 18 ff.

sind und die Produktion nur noch durch rentable Betriebe erfolgt. Diese Theorie entspricht indes nicht der wirtschaftlichen Praxis.[591] Im harten Preiskampf um das Überleben am Markt sind vor allem finanzstarke Großunternehmen begünstigt, die die Verlustzeit leicht zu überbrücken vermögen.[592] Vorteile haben in der Phase des Preiskampfes auch veraltete Betriebe: Anders als bei modernen Betrieben, die im Wege der Massenfertigung erst bei voller Kapazitätsauslastung rentabel produzieren können, werden bei veralteten Betriebsstätten weitaus niedrigere Fixkosten entstehen; eine Vollauslastung wird daher nicht unbedingt erforderlich sein.[593]

Der Gesetzgeber des § 6 GWB a. F. wollte bei Strukturkrisen die erforderlichen **Anpassungsprozesse deshalb nicht** mehr nur der Steuerung **über den Wettbewerb überlassen,** sondern entschied sich für eine koordinierte Vornahme struktureller Anpassungsmaßnahmen im Wege von Kartellvereinbarungen, die **eine ausgewogene Struktur leistungsfähiger Anbieter wiederherstellen und damit den Markt langfristig stabilisieren.**[594] Dazu musste ein Kartellvertrag nach § 6 GWB a. F. auch einen planmäßigen Abbau der Kapazitäten vorsehen. Hieran ist letztlich auch der Verbraucher interessiert, der zur optimalen Bedarfsdeckung mittel- und langfristig auf die Erhaltung einer Struktur leistungsfähiger Anbieter angewiesen ist.[595] Es gibt allerdings auch neuerdings Stimmen, die die „prinzipielle Überlegenheit des Wettbewerbsprinzips" auch in Strukturkrisen betonen und deshalb für eine sehr restriktive Anwendungspraxis des § 2 Abs. 1 GWB auf Strukturkrisenkartelle sprechen.[596]

Strukturkrisen liegen danach bei **nachhaltigen Überkapazitäten** vor. Das BKartA sah dies nach § 6 GWB a. F. bei jeder wesentlichen Änderung der Nachfrage als gegeben an, die sich zum Zeitpunkt der Beurteilung vorhersehbar über einen längeren Zeitraum erstrecken wird, für den ein auf diesem Nachfragerückgang beruhender nichtleistungsmäßiger bzw. übermäßiger Ausscheidungsprozess zu erwarten war. Zum einen musste der Absatzrückgang demzufolge **existenzbedrohend** sein. Zum anderen bringt die zeitliche Dimension des Begriffes „Nachhaltigkeit" mit sich, dass **keine vorübergehenden Änderungen** der Nachfragetätigkeit berücksichtigt werden.[597] Letzteres Merkmal diente in erster Linie der **Abgrenzung von Strukturkrisen** zu reinen **Konjunkturkrisen,** wobei selbst das BKartA einräumen musste, dass eine Unterscheidung zwischen konjunkturellen und strukturellen Ursachen nicht immer möglich sei.[598] Als Anknüpfungspunkt für eine Abgrenzung wurde der Zweck der Kartellvereinbarung herangezogen werden.[599] Ist dieser darauf gerichtet, Produktionskapazitäten so zu erhalten, dass sie im Falle gesteigerter Nachfrage wieder nutzbar sind, so handelt es sich um ein Kartell, das lediglich der Überbrückung einer vorübergehenden Krise dient. Zielt die Vereinbarung dagegen auf einen endgültigen Abbau der Überkapazitäten, ist davon auszugehen, dass der Nachfragerückgang nicht nur vorübergehender Natur, sondern nachhaltig ist. Ein **Unterschied in der Praxis zu Art. 81 Abs. 3 EG** zu § 6 GWB a. F. besteht insoweit, als nach EG-Kartellrecht nicht unbedingt ein Absatzrückgang vorliegen muss, der

---

[591] *Jung* ZWeR 2007, 141, 154; *Winzer* S. 36; *Fuchs* in: Immenga/Mestmäcker, GWB, § 2 Rn. 198; *Kirchhoff/Gerlach* in: FS Benisch, S. 367, 369.
[592] WuW/E BKartA 2271, 2272 – *Leichtbauplatten.*
[593] *Winzer* S. 37; *Fuchs* in: Immenga/Mestmäcker, GWB, § 2 Rn. 198.
[594] WuW/E BKartA 2271, 2272 – *Leichtbauplatten; Kirchhoff/Gerlach* in: FS Benisch, S. 367, 369.
[595] WuW/E BKartA 2049, 2060 – *Betonstahlmatten; Fuchs* in: Immenga/Mestmäcker, GWB, § 2 Rn. 199.
[596] *Jung* ZWeR 2007, 141,162 ff.
[597] WuW/E BKartA 2049, 2055 – *Betonstahlmatten; Jung* ZWeR 2007, 141, 155; *Fuchs* in: Immenga/Mestmäcker, GWB, § 2 Rn. 200.
[598] BKartA, (frühere zu §§ 5 bis 7 GWB a. F. veröffentlichte) Verwaltungsgrundsätze für die Behandlung von Rationalisierungs-, Strukturkrisen- und Sonstigen Kartellen, S. 10.
[599] So auch *Bunte* in: Frankfurter Kommentar § 6 a. F. Rn. 40.

auf einer Änderung der Nachfrage beruht. Auch wenn die Ursachen der Strukturkrise allein dem Bereich des Unternehmers zuzurechnen sind, hat die EU-Kommission eine Freistellung nach Art. 81 Abs. 3 EG zugelassen.[600] Bei Anwendung des § 2 Abs. 1 GWB, der europäisch in Anlehnung an Art. 81 Abs. 3 EG auszulegen ist,[601] sollte dies berücksichtigt werden.

134 Strukturkrisenkartelle müssen – wie § 6 GWB a. F. ausdrücklich forderte – auf dem Vereinbarungsweg eine **planmäßige Anpassung der Kapazität an den Bedarf** vollziehen. Die Anpassung der Kapazitäten an den Bedarf erfordert nicht, dass eine genaue Übereinstimmung von Angebot und Nachfrage durch die Kartellvereinbarung angestrebt werden muss.[602] Nach Sinn und Zweck des § 6 GWB a. F. sollte durch die Anpassung der bestehenden Kapazitäten an den Bedarf lediglich ein Abbau der Überkapazitäten erfolgen, der darauf zielt, den Markt einerseits spürbar zu entlasten, andererseits aber möglichst viele leistungsstarke Unternehmen als Marktteilnehmer zu erhalten. Die Anpassung der Kapazitäten muss **auf Dauer** erfolgen, d. h. die abzubauenden Überkapazitäten müssen endgültig dem Markt entzogen werden,[603] so dass eine Wiederinbetriebnahme zum ursprünglichen Zweck ausgeschlossen ist. Eine endgültige Anpassung kann durch Vernichtung der vorhandenen Produktionseinheiten im Wege der **Verschrottung** erreicht werden. Produktionsumstellungen, Stilllegungen oder Standortwechsel kommen daneben nur dann als Alternativen in Betracht, wenn sie wirtschaftlich mit einer Vernichtung gleichzusetzen sind.[604] Dies erfordert eine sorgfältige Prüfung des Einzelfalls. Wesentliches Indiz für eine endgültige Anpassung war im Hinblick auf § 6 GWB a. F. die **Höhe der Kosten für eine Wiederinbetriebnahme.** Es kann auch genügen, dass sich die Kartellmitglieder untereinander vertraglich – bei Androhung von hinreichend abschreckenden **Vertragsstrafen** für Zuwiderhandlungen – verpflichten, auf eine Wiederinbetriebnahme in Zukunft zu verzichten.[605] Der Abbau von Überkapazitäten kann nur dann wirksam erfolgen, wenn **gleichzeitig keine neuen Kapazitäten** hinzukommen oder vorhandene Kapazitäten nicht erweitert werden.[606] Absprachen zwischen den Kartellmitgliedern, in denen Quoten für die Kapazitätsausnutzung festgelegt und zugeteilt werden (Quotenkartell), reichen nicht für die Annahme eines endgültigen Kapazitätsabbaus.[607] **Als flankierende Maßnahme** kann eine **Quotenabsprache** aber zulässig sein, wenn sie für die Kapazitätsanpassung notwendig ist.[608] Hierhin gehören auch Stilllegungsfonds, an die ausscheidungswillige Unternehmen ihre Quoten gegen Entschädigung abgeben können.[609] Auch **flankierende Preisabsprachen** können für eine Kapazitätsanpassung notwendig sein. Preis- oder Quotenabsprachen sind beispielsweise dann notwendig, wenn ein Preisverfall kurzfristig den Bestand einer Mehrzahl von Unternehmen bedroht, so dass eine

---

[600] EU-Kommission, Entscheidung vom 4. Juli 1984 – *Kunstfasern,* ABl. 1984 L 207/17; zum deutschen Recht oben Rn. 131 f.
[601] Oben Rn. 12.
[602] Vgl. WuW/E BKartA 2271, 2271 – *Leichtbauplatten.*
[603] WuW/E BKartA 2049, 2057 – *Betonstahlmatten.*
[604] *Fuchs* in: Immenga/Mestmäcker, GWB, § 2 Rn. 202; *Bunte* in: Frankfurter Kommentar § 6 a. F. Rn. 52.
[605] *Müller-Henneberg* in: Gemeinschaftskommentar § 4 a. F. Rn. 20; ebenso für das EG-Recht positiv EU-Kommission, Entscheidung vom 4. Juli 1984 – *Kunstfasern,* ABl. L 207/17, 24; ablehnend *Bunte* in: Frankfurter Kommentar § 6 a. F. Rn. 54.
[606] BKartA TB 1958, S. 45.
[607] WuW/E BKartA 114, 117 – *Schuhbeschlag.*
[608] Zum Merkmal der Notwendigkeit eingehend unten Rn. 135.
[609] WuW/E BWM 135, 139 – *Mühlenkartelle;* ein ähnliches Modell lag einem „Strukturfonds" für Tankstellenbetreiber zu Grunde (FAZ vom 6. 4. 2002, S. 14), allerdings lehnte das BKartA eine Freistellung ab, weil Tankstellen als Händler nicht in § 6 GWB einbezogen werden können, vgl. unten Rn. 136.

planmäßige Kapazitätsanpassung ohne Preis- und Quotenabsprachen in der zur Verfügung stehenden Zeit nicht vorgenommen werden kann.[610] Preis- und Quotenabsprachen, welche die Marktgegenseite einseitig belasten, stellen keine notwendigen flankierenden Maßnahmen dar und sind daher unzulässig.[611] Der **Kapazitätsabbau** muss **planmäßig** vonstatten gehen, also nicht über den Mechanismus des freien Wettbewerbs, der gerade nicht den Ausscheidungsprozess steuern soll.[612] Um einen planmäßigen Abbau zu garantieren, müssen die Modalitäten des Kapazitätsabbaus von vornherein festgelegt sein. Im Abbauplan sind der Umfang der in einer bestimmten Zeitspanne abzubauenden Kapazitäten und die Art des Vollzugs zu regeln, d. h. welches Unternehmen wann welche Abbaumaßnahmen trifft.[613] Das bedeutete aber nach der Praxis des BKartA zu § 6 GWB a. F. nicht, dass in jedem Fall zum Zeitpunkt der Freistellung ein in allen Punkten für die gesamte Vertragszeit vollständiger Kapazitätsabbauplan vorgelegt werden muss.[614] Lücken kann die KartB nach heutigem Recht über Verpflichtungszusagen gem. § 32b GWB schließen.[615] Da sich die dem Kapazitätsabbauplan zugrunde liegenden Daten im Laufe der Zeit ändern können, sind Plananpassungen an die neuen Gegebenheiten möglich, soweit sie nachweisbar erforderlich sind.[616]

Eine Freistellung nach § 6 GWB a. F. setzte über dies voraus, dass die wettbewerbsbeschränkende Abrede **notwendig** war, um eine planmäßige Anpassung der Kapazität an den Bedarf herbeizuführen.[617] Das war nichts anderes als eine **Verhältnismäßigkeitskontrolle,** wie sie auch Gegenstand der Prüfung in § 2 Abs. 1 GWB n. F. ist (insbesondere „Unerlässlichkeit"). Die wettbewerbsbeschränkende Vereinbarung muss also zunächst **geeignet** sein, die Kapazitätsanpassung zu bewirken.[618] Insoweit ist insbesondere eine zu große Zahl an Kartellaußenseitern schädlich.[619] Weiterhin setzt die Notwendigkeit der Wettbewerbsbeschränkung voraus, dass sie **erforderlich** ist für die planmäßige Anpassung. Zu prüfen ist dabei, ob das Ziel der Anpassung auch mit weniger einschränkenden Abreden zu erreichen ist. Jedoch ist für die Erforderlichkeit der Wettbewerbsbeschränkung nicht Voraussetzung, dass eine Kapazitätsanpassung im Wege des freien Wettbewerbs ausgeschlossen ist. Das liefe dem Sinn und Zweck des Freistellungstatbestandes zuwider, der eine planmäßige Anpassung durch Wettbewerbsbeschränkung verlangt, um eine ausgewogene Struktur leistungsfähiger Anbieter zu erhalten und dadurch den Markt langfristig zu stabilisieren. Schließlich muss die Wettbewerbsbeschränkung in Form der Kapazitätsanpassung **angemessen** sein. Das ist dann nicht der Fall, wenn nur ein ganz geringfügiger Absatzrückgang zu verzeichnen ist. **135**

Berechtigt, an einem Strukturkrisenkartell nach § 6 GWB a. F. mitzuwirken, waren alle Unternehmen, die von der Krise betroffen sind, mithin **alle Unternehmen der betreffenden Branche.**[620] Es gab hingegen **keine Teilnahmeverpflichtung** für alle betroffenen Unternehmen. Nach der Praxis des BKartA konnte der Zweck eines Struktur- **136**

---

[610] BKartA, (frühere zu §§ 5 bis 7 GWB a. F. veröffentlichte) Verwaltungsgrundsätze für die Behandlung von Rationalisierungs-, Strukturkrisen- und Sonstigen Kartellen, S. 10.
[611] WuW/E BKartA 2271, 2272 – *Leichtbauplatten*.
[612] Oben Rn. 131.
[613] WuW/E BKartA 2049, 2057 – *Betonstahlmatten*.
[614] BKartA, (frühere zu §§ 5 bis 7 GWB a. F. veröffentlichte) Verwaltungsgrundsätze für die Behandlung von Rationalisierungs-, Strukturkrisen- und Sonstigen Kartellen, S. 10.
[615] *Fuchs* in: Immenga/Mestmäcker, GWB, § 2 Rn. 202.
[616] BKartA, (frühere zu §§ 5 bis 7 GWB a. F. veröffentlichte) Verwaltungsgrundsätze für die Behandlung von Rationalisierungs-, Strukturkrisen- und Sonstigen Kartellen, S. 10.
[617] *Bunte* in: Frankfurter Kommentar § 6 Rn. 63; *Immenga* in: Immenga/Mestmäcker, GWB, § 6 Rn. 40.
[618] *Müller-Henneberg* in: Gemeinschaftskommentar § 4 a. F. Rn. 25.
[619] Vgl. unten Rn. 136.
[620] WuW/E BKartA 114, 115 – *Schuhbeschlag*.

krisenkartells aber nur erreicht werden, „wenn ihm alle oder zumindest die meisten Unternehmen des betreffenden Industriezweigs angehören".[621] Andernfalls bestünde beispielsweise die Gefahr, dass der Kapazitätsabbau durch die Kartellmitglieder die Errichtung neuer Kapazitäten der Nichtkartellmitglieder nach sich zöge, was wiederum den Kartellzweck vereitelte.[622] Eine Einbeziehung sog. **potentieller Wettbewerber** ist geboten, da ein die gesamte Branche betreffender Kapazitätsabbau nur dann erfolgreich durchgeführt werden kann, wenn zusätzlich der mögliche Kapazitätszuwachs begrenzt wird.[623] **Nicht eindeutig geklärt** war zu § 6 GWB a. F. die Frage, ob und inwieweit **Dienstleistungsunternehmen** freistellungsfähige Strukturkrisenkartelle bilden können.[624] Wegen des in jede Richtung offenen Tatbestandes des § 2 Abs. 1 GWB n. F. ist das Problem erledigt, zumal es auch im Handel zu Überkapazitäten kommen kann, die zu Gunsten der leistungsstärkeren Händler einen geordneten Abbau der Kapazitäten erfordern können. Ein Beispiel sind die Überkapazitäten bei Tankstellen; werden diese allein über den Wettbewerb abgebaut, so sind davon weniger kapitalkräftige kleine und mittelständische Unternehmen stärker betroffen, obwohl sie durchweg mindestens genauso leistungsfähig am Markt waren wie ihre größeren Konkurrenten.[625] – Die Freistellungsmöglichkeit gilt auch für sog. **Mischunternehmen,** wenn nur eines ihrer Produkte oder eine ihrer Dienstleistungen von der Krise betroffen ist.[626] Die Kartellbildung ist jedoch immer nur für die von der Strukturkrise betroffene Ware oder Dienstleistung zulässig.

137   Die Praxis der EU-Kommission zu **Art. 81 Abs. 3 EG**[627] folgt dem vorbeschriebenen Ansatz zu § 6 GWB a. F. weitgehend.[628] In ihrer Entscheidung *Stichting Baksteen* stellte die Kommission eine Reihe von Vereinbarungen zwischen 16 niederländischen Ziegeleien frei, um der unter Überkapazitäten und einem dramatischen Preisverfall leidenden Ziegelindustrie in den Niederlanden die Möglichkeit zur Umstrukturierung zu geben.[629] Die Kommission hat genauere Angaben, von denen sich eine Freistellung leiten lassen kann, in den „Wettbewerbsregeln und Maßnahmen zum Abbau struktureller Überkapazitäten" im 12. Wettbewerbsbericht[630] und 13. Wettbewerbsbericht[631] veröffentlicht.

---

[621] WuW/E BKartA 114, 115 – *Schuhbeschlag;* ähnlich auch WuW/E BKartA 2049, 2058 – *Betonstahlmatten.*
[622] WuW/E BKartA 2049, 2058 – *Betonstahlmatten.*
[623] *Bunte* in: Frankfurter Kommentar § 6 Rn. 22; *Immenga* in: Immenga/Mestmäcker, GWB, § 6 Rn. 35.
[624] Vgl. die Nachw. in der Voraufl. Rn. 136.
[625] Vgl. die Ablehnung eines Strukturkrisenkartells für Tankstellenbetreiber durch das BKartA, zit. nach FAZ vom 6. 4. 2002, S. 14.
[626] So zu § 6 GWB a. F.: WuW/E BKartA 114, 115 – *Schuhbeschlag.*
[627] EU-Kommission, Entscheidung vom 4. Juli 1984 – *Kunstfasern,* ABl. 1984 L 207/17, 21; EU-Kommission ABl. 1984, Nr. L 212, S. 1, 5 – *BPCL/ICI;* EU-Kommission ABl. 1988 Nr. l 150, S. 35, 39 – *Bayer/BP Chemicals;* EU-Kommission, Entscheidung vom 29. April 1994 – *Stichting Baksteen,* ABl. 1994 L 131/15, 18ff. Ein Unterschied in der Praxis zu Art. 81 Abs. 3 EG zu § 6 GWB a. F. besteht insoweit, als nach EG-Kartellrecht nicht unbedingt ein Absatzrückgang vorliegen muss, der auf einer Änderung der Nachfrage beruht. Vielmehr hat die Kommission auch Ursachen der Strukturkrise, die allein dem Bereich des Unternehmers zuzurechnen sind, im Rahmen einer Freistellung nach Art. 81 Abs. 3 EG zugelassen, vgl. EU-Kommission, Entscheidung vom 4. Juli 1984 – *Kunstfasern,* ABl. 1984 L 207/17; zum deutschen Recht oben Rn. 133.
[628] Diese Einschätzung teilt *Fuchs* in: Immenga/Mestmäcker, GWB, § 2 Rn. 197; ferner *Jung* ZWeR 2007, 141, 150ff., der allerdings für eine restriktivere Handhabung in der Zukunft plädiert; siehe auch *Braun* in: Langen/Bunte nach § 2 GWB Rn. 175.
[629] EU-Kommission, Entscheidung vom 29. April 1994 – *Stichting Baksteen,* ABl. 1994 L 131/15, 18ff.
[630] Ziffern 38 bis 41.
[631] Ziffern 56 bis 61.

§ 2. Freigestellte Vereinbarungen   138–140   § 2 GWB

j) Umweltschutz- und sonstige Kartelle. aa) Allgemeines. Bis zur 7. GWB- 138
Novelle 2005 fungierte § 7 GWB a. F. als ein der Generalklausel des Art. 81 Abs. 3 EG
entlehnter generalklauselartiger Ausnahmetatbestand.[632] Ansonsten war das deutsche Kartellrecht durch eine abschließende Aufzählung gesetzlich spezifizierter Kartellverbotsausnahmen in den §§ 2 bis 6 GWB a. F. geprägt („Enumerationsprinzip"). Dieses sogenannte Kombinationsmodell sollte die Vorzüge des Enumerationsprinzips mit denen einer Generalklausel verbinden.[633] Bei § 7 GWB a. F. handelte es sich insoweit um einen subsidiären Auffangtatbestand,[634] der ausschließlich der Ergänzung der Freistellungstatbestände der §§ 2 bis 6 GWB a. F. diente.[635] Insbesondere sollte § 7 GWB dabei Umweltschutzkooperation erleichtern, die nicht unter die §§ 2 bis 6 GWB a. F. gefasst werden konnten, also insbesondere keine allgemeinen Rationalisierungskartelle darstellten. Aufgrund seiner **Verwandtschaft mit Art. 81 Abs. 3 EG,** die sich auch in seinen Tatbestandsmerkmalen ausdrückte, kann die Praxis auch für § 2 Abs. 1 GWB grundsätzlich herangezogen werden. Die **Leitlinien der EU-Kommission über horizontale Zusammenarbeit** konkretisieren die Auslegungspraxis für Art. 81 Abs. 3 EG speziell für Umweltschutzvereinbarungen[636] und liefern damit für § 2 Abs. 1 GWB weitere Anhaltspunkte.

Das **BKartA** gab sich **eher zurückhaltend** bei der Anwendung des § 7 GWB a. F. 139
2001/2002 wurde ein Kartell beim BKartA und keines bei LKartBen wirksam,[637]
2003/2004 keines beim BKartA und 4 bei LKartBen.[638] U. a. wurde im Rahmen der
Gründung eines Pools für Geldausgabeautomaten die wechselseitige Kartellabrede freigestellt, die Nutzung von Geldautomaten den Kunden der anderen Kartellmitglieder kostenlos anzubieten.[639] In verschiedenen Fällen lehnte das BKartA eine Legalisierung nach § 7 GWB ab, so im Fall der Einführung eines gleichgeschalteten Interbankenentgeltes bei Zahlungen mit EC-Karte[640] oder im Fall einer Kombination für Stellenanzeigen in den Wochenendausgaben mehrerer konkurrierender überregionaler Zeitungen (Süddeutsche Zeitung, Welt, Welt Am Sonntag, Frankfurter Rundschau).[641] Nach Bestätigung der Auffassung des BKartA durch das **Kammergericht**[642] sah der **Bundesgerichtshof** jedoch die Voraussetzungen für eine Freistellung nach § 7 GWB im Fall der Anzeigenkombination als erfüllt an.[643]

bb) Zweck der Privilegierung von Umweltschutz- und sonstigen Kartellen. 140
Für eine Freistellung nach § 7 GWB a. F. bedurfte es einer Verbesserung der Entwicklung,

---

[632] Begr. RegE 6. GWB-Novelle BT DS 13/9720 = *Jüttner-Kramny,* GWB, WuW-Sonderheft 1998 S. 65 f., 68; *Immenga* in: Immenga/Mestmäcker, GWB, § 7 Rn. 1.

[633] Begr. RegE 6. GWB-Novelle BT DS 13/9720 = *Jüttner-Kramny,* GWB, WuW-Sonderheft 1998 S. 65 f.; BKartA TB 1999/00, S. 44; *Bechtold,* GWB, § 7 Rn. 1; *Bunte* in: Frankfurter Kommentar § 7 Rn. 5. Die Aufnahme einer dem Art. 81 Abs. 3 EG vergleichbaren Generalklausel in das deutsche System stieß auf einige Kritik; die Einführung einer Generalklausel stelle einen teilweisen Systemwechsel dar und führe – auf Grund des weitaus größeren Beurteilungsspielraums – zu erheblichen Rechtsunsicherheiten; vgl. Monopolkommission, 11. Hauptgutachten, Tz. 947; auch *Emmerich* S. 91; kritisch dazu *Schütz* WuW 1996, 689, 694 f.

[634] BKartA, (frühere zu §§ 5 bis 7 GWB a. F. veröffentlichte) Verwaltungsgrundsätze für die Behandlung von Rationalisierungs-, Strukturkrisen- und Sonstigen Kartellen, S. 11; BKartA TB 1999/2000, S. 44.

[635] Begr. RegE 6. GWB-Novelle BT DS 13/9720 = *Jüttner-Kramny,* GWB, WuW-Sonderheft 1998 S. 68 und 86 f.; *Immenga* in: Immenga/Mestmäcker, GWB, § 7 Rn. 4.

[636] EU-Kommission, Leitlinien Art. 81 Abs. 3 EG, Tz. 179 ff.

[637] BKartA TB 2001/2002, S. 276 f.

[638] BKartA TB 2003/2004, S. 232 f.

[639] BKartA TB 1999/2000, S. 167 – *GAA-Pool.*

[640] BKartA TB 1999/2000, S. 168 – *Interbankenentgelt bei Zahlung mit EC-Karte.*

[641] BKartA WuW/E DE-V 209 – *Stellenmarkt für Deutschland II.*

[642] KG WuW/E DE-R 628 – *Stellenmarkt für Deutschland II.*

[643] BGH WuW/E DE-R 919 – *Stellenmarkt für Deutschland II* = GRUR 2002, 1005.

Erzeugung, Verteilung, Beschaffung, Rücknahme oder Entsorgung von Waren oder Dienstleistungen, wobei Rationalisierungen gerade nicht Gegenstand der Verbesserungen sein konnten (§ 7 Abs. 2 GWB a. F.). Das stellt klar, dass auch andere Kooperationen von wirtschaftlichem Nutzen genügend sein können. Insbesondere gilt das für **bloß machtbedingte Verbesserungen auf Kartellseite;** insoweit sei auf die Parallele zur Privilegierung von Einkaufskooperationen (§ 4 Abs. 2 GWB a. F.) verwiesen, nach der bei der Beschaffung rein machtbedingte Verbesserungen für kleine und mittlere Unternehmen freistellt sein können, wenn die Vorteile an die Abnehmer weitergegeben werden.[644] Die Bildung von **Nebengewichtskartellen (Aufholkartellen)** zu Lasten eines Marktführers ist vor diesem Hintergrund ebenfalls freistellbar, wenn durch die Kartellierung der Wettbewerb hinreichend belebt wird und die Chancen der restlichen Marktteilnehmer nicht weiter verschlechtert werden.[645] Für Umweltschutzkartelle stellt sich daneben nach der Praxis der EU-Kommission die Frage, ob auch allgemeine wirtschaftliche Vorteile durch Umweltschutz, die keinen speziellen Marktbezug haben, berücksichtigt werden können.[646]

141 cc) **Wettbewerbsbeschränkung.** Voraussetzung für die Anwendbarkeit des § 7 GWB ist zunächst das Vorliegen einer Kartellvereinbarung oder eines Kartellbeschlusses im Sinne des § 1 GWB.[647] Ist die getroffene Absprache nicht nach § 1 GWB verboten, so bedarf es keiner Freistellung nach § 2 Abs. 1 GWB. Insbesondere muss es sich also um Vereinbarungen oder Beschlüsse handeln, die **Wettbewerbsbeschränkungen**[648] enthalten. Das ist bei Umweltschutzvereinbarungen beispielsweise nicht der Fall, wenn die Partner keine bestimmte Verpflichtung trifft oder sie sich nur allgemein verpflichten, zur Erfüllung eines Umweltschutzziels eines Wirtschaftszweiges beizutragen.[649] Keine Wettbewerbsbeschränkung liegt wegen Anwendung des Arbeitsgemeinschaftsgedankens bei Kooperationen vor, die neue Märkte erschließen, wenn die Beteiligten allein die Tätigkeit nicht hätten ausführen können.[650] An der erforderlichen **Spürbarkeit**[651] gemäß § 1 GWB mangelt es bei Umweltschutzvereinbarungen, die die Vielfalt von Produkten auf dem Markt nicht spürbar beeinträchtigen; werden Produktgruppen auf Grund von Umweltschutzvereinbarungen aus dem Markt genommen, so ist dies nicht spürbar, wenn ihr Anteil am Markt unerheblich ist.[652] Gleiches gilt für Richtlinien im Bereich der Entsorgung, wenn sie völlig neutral und diskriminierungsfrei die gesetzlichen Vorgaben wettbewerblich organisierter Entsorgung umsetzen.[653]

142 dd) **Effizienzgewinne.** § 7 **GWB a. F.** nannte verschiedene Bereiche, in denen Effizienzgewinne privilegiert werden konnten. Dabei ging es nicht um Rationalisierungen (§ 7 Abs. 2 GWB a. F.). Ein Effizienzgewinn bei der **Entwicklung** sollte vorliegen, wenn die Zusammenarbeit der Kartellmitglieder neue oder verbesserte Waren oder Dienstleistungen hervorbringt.[654] Damit kann insbesondere die Entwicklung neuer umweltfreundlicherer Produkte als Effizienzgewinn erfasst werden, ohne dass die Entwicklung rationalisiert sein muss.[655] Im Bereich der **Erzeugung** ist ein relevanter Effizienzgewinn eine Verbesserung

---

[644] Dazu oben Rn. 86 ff.
[645] BGH WuW/E DE-R 919, 925 – *Stellenmarkt für Deutschland II;* a. A. noch BKartA WuW/E DE-V 209, 214 – *Stellenmarkt für Deutschland II.* Im Einzelnen unten Rn. 146.
[646] Dazu unten Rn. 143.
[647] Siehe hierzu oben § 1 Rn. 40 ff.
[648] Dazu oben § 1 Rn. 97 ff.
[649] EU-Kommission, Leitlinien Art. 81 Abs. 3 EG, Tz. 185.
[650] EU-Kommission, Leitlinien Art. 81 Abs. 3 EG, Tz. 187. Vgl. zum Arbeitsgemeinschaftsgedanken § 1 Rn. 184.
[651] Dazu oben § 1 Rn. 142 ff.
[652] EU-Kommission, Leitlinien Art. 81 Abs. 3 EG, Tz. 186.
[653] BKartA TB 2003/2004, S. 183 – *Entsorgung von Elektro- und Elektronikschrott.*
[654] *Fuchs* in: Immenga/Mestmäcker, GWB, § 2 Rn. 215.
[655] EU-Kommission, Leitlinien Art. 81 Abs. 3 EG, Tz. 192 ff.

§ 2. Freigestellte Vereinbarungen   § 2 GWB

des Produktionsprozesses, aber auch der Produktqualität als solcher.[656] Die Verbesserung der Erzeugung kann auf vielerlei Wegen vonstatten gehen. Läßt man die hier nicht erfassten Rationalisierungen beiseite,[657] bleiben vor allem umweltfreundlichere Produkte oder umweltfreundlichere Produktionsprozesse.[658] Beispiele sind der Einsatz von Altglas bei der Herstellung von Behälterglas, wodurch natürliche Ressourcen geschont werden,[659] oder nicht rationalisierende Selbstverpflichtungsabreden von Unternehmen im Hinblick auf die Erzeugung von umweltfreundlichen Waren oder Dienstleistungen, z.B. keine Verwendung von FCKW als Kühlmittel. Ferner geht es um die Entstehung zusätzlicher Produkte durch Kartellierung. Ein Beispiel ist auch die Schaffung eines Stellenmarktes als eigenständige Beilage zu überregionalen Zeitungen durch Gleichschaltung des Angebotes der am Kartell beteiligten Zeitungen.[660] Ferner erwähnte § 7 GWB a.F. Effizienzgewinne bei der **Verteilung**, also der unternehmerischen Tätigkeit beim Vertrieb von Produkten. Eine Verbesserung im Bereich der Verteilung kann durch Verkürzung von Lieferzeiten, erhöhte Lieferbereitschaft, kompetentere Abwicklung von Lieferaufträgen usw. erreicht werden. Die Absprache kann daher die Schaffung horizontaler Vertriebssysteme, gemeinsame Absatzkontrollen oder Selbstbeschränkungsabkommen usw. beinhalten. Das Merkmal der **Beschaffung** in § 7 GWB a.F. bezog sich auf den Einkauf von Waren und Dienstleistungen. Zunächst ist insoweit jedoch die speziellere Regelung in § 3 GWB zu beachten. Anders als nach § 7 GWB a.F.[661] können allerdings heute nach § 2 Abs. 1 GWB auch Einkaufskooperationen, die nicht mittelständisch sind, freigestellt werden, beispielsweise ein unter Beteiligung von 3 Großunternehmen gebildetes Einkaufskartell.[662] Über das Tatbestandsmerkmal **„Rücknahme und Entsorgung"** des § 7 GWB a.F. wurden Kartellvereinbarungen, die der Erfüllung von Pflichten nach dem Kreislaufwirtschafts- und Abfallgesetz oder nach einer auf Grund dieses Gesetzes erlassenen Rechtsverordnung dienen, in die Privilegierung aufgenommen.[663] Bis zur Einführung des § 7 GWB a.F. war beispielsweise unklar, inwieweit die Duale System Deutschland GmbH (Grüner Punkt) in den Anwendungsbereich des Kartellverbots fiel. Heute fehlt es wieder an einer geschriebenen Ausnahme vom Kartellverbot; damit sind solche Konflikte zunächst im Rahmen des § 1 GWB über die ungeschriebene Tatbestandsrestriktion der Gesetzeskonkurrenz durch staatliche Regulierung aufzufangen[664] und dann ggf. im Rahmen des § 2 Abs. 1 GWB zu lösen.

Die vorgenannten Effizienzgewinne müssen stets einen **wirtschaftlichen Nutzen** 143 abbilden.[665] **Außerökonomische Gewinne** der Verbraucher können **nicht berücksichtigt** werden, weil der Tatbestand des § 2 Abs. 1 GWB wettbewerblich ausgerichtet ist und keine allgemeinwohlorientierte Öffnungsklausel beinhaltet.[666] So kann eine größere

---

[656] BKartA WuW/E DE-V 209, 214 – *Stellenmarkt für Deutschland II*. Anderes Verständnis des Wortlautes bei *Schumacher* WuW 2002, 121, 125, der nur Absprachen über die Qualität des Produktes – und nicht des Produktionsprozesses – vom Wortlaut als gedeckt ansah.
[657] Dazu oben Rn. 140.
[658] EU-Kommission, Leitlinien Art. 81 Abs. 3 EG, Tz. 192 ff.
[659] BKartA WuW/E DE-V 1392, 1402 – *Altglas*.
[660] BGH WuW/E DE-R 919, 924 – *Stellenmarkt für Deutschland II* = GRUR 2002, 1005.
[661] Aufgrund der Sperrklausel in § 7 Abs. 2 GWB, vgl. Begr. zum RegE sechste GWB-Novelle BT DS 13/9720 = *Jüttner-Kramny*, GWB, WuW-Sonderheft 1998 S. 88; BKartA, (frühere zu §§ 5 bis 7 GWB a.F. veröffentlichte) Verwaltungsgrundsätze für die Behandlung von Rationalisierungs-, Strukturkrisen- und Sonstigen Kartellen, S. 11.
[662] Im Einzelnen oben Rn. 89.
[663] Begr. zum RegE sechste GWB-Novelle BT DS 13/9720 = *Jüttner-Kramny*, GWB, WuW-Sonderheft 1998, S. 88.
[664] Vgl. oben § 1 Rn. 186 ff., 199.
[665] So ausdrücklich EU-Kommission, Leitlinien Art. 81 Abs. 3 EG, Tz. 192 zu Umweltschutzkartellen.
[666] Siehe oben Rn. 3.

Jan Bernd Nordemann

Produktauswahl ein hinreichender ökonomischer Vorteil sein, wenn die Kartellmitglieder sich verpflichten, zusätzlich ein umweltfreundlich hergestelltes Produkt anzubieten. Bei **Umweltschutzkartellen**[667] legt die EU-Kommission den „wirtschaftlichen Nutzen" allerdings eher weit aus. Die Umweltfreundlichkeit des zu entwickelnden Produkts wurde in einer Entscheidung aus den 1990er Jahren für sich genommen als genügend angesehen, obwohl hierbei lediglich ein kollektiver Gewinn für die Verbraucher im Allgemeinen und kein ökonomischer Vorteil des Einzelnen eintrat.[668] Zwar betont die Kommission in ihren neueren Leitlinien über horizontale Zusammenarbeit, dass Umweltschutzvereinbarungen nur freigestellt sein können, „sofern derartige Vereinbarungen mit den Wettbewerbsregeln vereinbar sind". Sie lässt jedoch als wirtschaftlichen Nutzen wiederum neben einem Reingewinn für den einzelnen Verbraucher auch einen „Nettovorteil für die Verbraucher im Allgemeinen", also die „Nettovorteile für die Umwelt", ausreichen.[669] Das kommt der Berücksichtigung von wirtschaftlichen Allgemeininteressen sehr nahe und erscheint gerade im System der Legalausnahme als kaum noch systemgerecht.[670]

144 ee) **Unerlässlichkeit.** Wie in § 2 Abs. 1 GWB n. F. war auch im Rahmen der nach § 7 GWB a. F. privilegierten Kartelle eine Unerlässlichkeitsprüfung im Hinblick auf die Wettbewerbsbeschränkung angelegt. Eine Freistellung setzt also nach altem und neuen Recht voraus, dass die Verbesserung der Entwicklung, Erzeugung, Verteilung, Beschaffung, Rücknahme und Entsorgung von Waren und Dienstleistungen nicht auf andere Weise als mittels Kartellabrede erreicht werden kann. Für die Prüfung der Unerlässlichkeit ist zunächst die **Verbesserung genau** zu **definieren.** So ist es beispielsweise unzulässig, die Verbesserung der Erzeugung von Dienstleistungen durch Entstehung eines gemeinsamen Stellenmarktes von vier Zeitungen allein dadurch zu umschreiben, dass mit einem Anzeigenauftrag eine Vierfachbelegung erreicht werden kann; denn tatsächlich entstand ein neues zusätzliches Produkt, weil der gemeinsame Stellenmarkt als eigenständige Beilage zu den vier Zeitungen vertrieben werden sollte. Diese erweiterte Umschreibung der Verbesserung ließ eine gemeinsame Annahmestelle der vier Tageszeitungen für Stellenanzeigen nicht als weniger einschneidende Wettbewerbsbeschränkung zu.[671] – Von vornherein scheidet eine Unerlässlichkeit aus, wenn eine nachvollziehbare Kausalbeziehung zwischen den Umweltvorteilen und der Vereinbarung fehlt. Wenn Altglas seit Jahrzehnten auch ohne die Vereinbarung den teuren Primärrohstoff ersetzt, muss die Vereinbarung streng auf **Notwendigkeit** untersucht werden.[672]

145 ff) **Angemessene Beteiligung.** Eine Freistellung nach § 2 Abs. 1 GWB setzt weiter voraus, dass die sich aus der Wettbewerbsbeschränkung ergebenden Vorteile nicht nur den beteiligten Unternehmen zugute kommen, sondern an die Verbraucher zumindest teilweise weitergegeben werden. Der Vorteil kann sich in einer Verbesserung der Leistungen bei gleichem oder niedrigerem Preis, aber auch in der Verhinderung einer Verschlechterung oder Verteuerung der Leistungen äußern.[673] Beispiele sind Preissenkungen,[674]

---

[667] Eingehend zu Umweltschutzkartellen *Schumacher* WuW 2002, 121 ff.
[668] EU-Kommission, Entscheidung vom 12. 12. 1990 – *KSB/Goulds/Lowara/ITT,* ABl. 1991 L 19/25, Rn. 27; für Art. 81 Abs. 3 EG der Praxis der EU-Kommission zustimmend *Steinbeck* WuW 1998, 554, 568 f.. Offen BKartA WuW/E DE-V 1392, 1402 – *Altglas.* Siehe auch *Schumacher* WuW 2002, 121, 128.
[669] EU-Kommission, Leitlinien Art. 81 Abs. 3 EG, Tz. 192.
[670] Dazu oben Rn. 43. Ebenso kritisch *Fuchs* in: Immenga/Mestmäcker, GWB, § 2 Rn. 214.
[671] BGH WuW/E DE-R 919, 925 – *Stellenmarkt für Deutschland II* = GRUR 2002, 1005, gegen KG WuW/E DE-R 628, 632 – *Stellenmarkt für Deutschland II.*
[672] BKartA WuW/E DE-V 1392, 1402 – *Altglas.*
[673] Siehe oben Rn. 34.
[674] BGH WuW/E DE-R 919, 924 – *Stellenmarkt für Deutschland II* = GRUR 2002, 1005; EU-Kommission, E v. 13. 7. 1983 – *Rockwell/Iveco,* ABl. 1983 L 224/19, 25 f.

§ 2. Freigestellte Vereinbarungen 146–148 § 2 GWB

Zugang zu technologisch hochwertigen Produkten[675] oder ein breiteres, auf die Bedürfnisse der Verbraucher zugeschnittenes Angebot,[676] das z. B. auch eine größere Auswahl umweltfreundlicherer Produkte enthält. Mit der Auffassung der EU-Kommission liegt eine angemessene Verbraucherbeteiligung auch in Umweltvorteilen für die Allgemeinheit.[677]

gg) Ausschaltung des Wettbewerbs. Schließlich ist zu untersuchen, ob die Kooperation der Ausschaltung des Wettbewerbs dient; es erfolgt eine Gesamtbetrachtung aller Umstände des Einzelfalls.[678] Deshalb sind bei der Prüfung die Vorteile, die sich in den Bereichen Entwicklung, Erzeugung, Verteilung, Beschaffung, Rücknahme und Entsorgung auf Grund der Kartellabsprache ergeben, gegen die Nachteile in Form der Beschränkung des Wettbewerbs abzuwägen.[679] Ein angemessenes Verhältnis ist schon zu bejahen, wenn die wettbewerblichen Nachteile mit den Vorteilen der Verbesserung aufgewogen werden.[680] Sehr schwerwiegende Wettbewerbsbeschränkungen können nur mittels sehr weitreichenden Verbesserungen ausgeglichen werden.[681] Halten die Kartellmitglieder einen **hohen Marktanteil,** so dass keine starke Konkurrenz dritter Unternehmen besteht, dann fällt die Wettbewerbsbeschränkung bei der Abwägung regelmäßig ins Gewicht. Bei **Kooperationen im Hinblick auf Rücknahme und Entsorgung** ist deshalb darauf zu achten, dass der Wettbewerb auf dem Markt für die Rücknahme und Entsorgung nicht bei zu hohen Marktanteilen der Kartellbeteiligten, die die ausschließlichen Entsorgungsrechte gewähren, vermachtet.[682] Branchenweiten Kooperationen im Bereich der Entsorgung steht das BKartA deshalb grundsätzlich ablehnend gegenüber und favorisiert vielmehr Lösungen, die einen Wettbewerb auf dem Entsorgungsmarkt gewährleisten, z. B. Bildung kleinerer Kooperationen oder räumliche Trennung in kleine Gebiete, die gegenüber den Entsorgungsstationen jedoch konkurrieren.[683] Privilegiert ist die Bildung von Gegenmacht im horizontalen Konkurrenzverhältnis (sog. **Nebengewichtsbildung** oder **Aufholkartelle**).[684]

k) Ministerkartelle. Aufgehoben wurde die Regelung über Ministerkartelle im bisherigen **§ 8 GWB a. F.** Wegen des Vorrangs des europäischen Rechts ist eine Ministererlaubnis in Zukunft bei Vereinbarungen mit grenzüberschreitenden Auswirkungen nicht mehr zulässig. § 8 GWB a. F. bildete einen **subsidiären Auffangtatbestand,**[685] der dem Bundesminister für Wirtschaft ein Instrument in die Hand gab, auch **außerwettbewerbliche Gesichtspunkte** in bewusst politischen Entscheidungen zu berücksichtigen.[686]

Die **praktische Bedeutung der Ministererlaubnis** gemäß § 8 GWB war nur gering. Insgesamt wurde seit 1958 viermal eine Ministererlaubnis erteilt. Das geschah im Falle des

---

[675] EU-Kommission vom 13. 7. 1983, ABl. 1983 L 224/19, 25 – *Rockwell/Iveco.*
[676] BGH WuW/E DE-R 919, 924 – *Stellenmarkt für Deutschland II* = GRUR 2002, 1005; Kommission vom 18. 10. 1991, ABl. 1991 L 306/22 Rn. 16 – *Eirpage*; EU-Kommission, Entscheidung vom 14. 1. 1992, ABl. 1992 L 37/16, Rn. 39 – *Assurpol.*
[677] Vgl. dazu Rn. 143; offen aber BKartA WuW/E DE-V 1392, 1402 – *Altglas.*
[678] Allgemein dazu oben Rn. 36 ff.
[679] *Schumacher* WuW 2002, 121, 127.
[680] Zu § 5 a. F.: WuW/E BKartA 1117, 1121 – *Fernmeldekabel-Gemeinschaft.*
[681] Vgl. Rn. 38.
[682] EU-Kommission, Leitlinien Art. 81 Abs. 3 EG, Tz. 197.
[683] BKartA TB 2003/2004, S. 183 – *Entsorgung von Elektro- und Elektronikschrott.*
[684] Dazu eingehend Rn. 113.
[685] Begr. zum RegE sechste GWB-Novelle BT DS 13/9720 = *Jüttner-Kramny,* GWB, WuW-Sonderheft 1998 S. 68; *Möschel* Rn. 316; *Bunte* in: Frankfurter Kommentar § 8 Rn. 1; *Immenga* in: Immenga/Mestmäcker, GWB, § 8 Rn. 11; *Kiecker* in: Langen/Bunte, § 8 Rn. 4; *Bechtold*, GWB, § 8 Rn. 2; *vom Gramm,* KartR, § 8 Rn. 2.
[686] *Immenga* in: Immenga/Mestmäcker, GWB (3. Aufl.), § 8 Rn. 11.

Kohle-Öl-Kartells im Februar 1959, um dem Steinkohlebergbau Gelegenheit zu geben, seine Konkurrenzfähigkeit zu erhöhen,[687] anschließend im Falle der Mühlenkartelle 1969, um Ausgleichszahlungen bei Stilllegungen von Überkapazitäten zu ermöglichen,[688] die auf Grund eines starken Nachfragerückgangs bei Mehl entstanden waren. Im Jahre 1972 wurde eine Vereinbarung der Zigarettenindustrie über Werbebeschränkungen vom Bundesminister für Wirtschaft aus Gründen der Volksgesundheit nach § 8 Abs. 1 GWB erlaubt.[689] Schließlich folgte im Jahre 1981 die Erlaubnis einer Beschränkung der Abgabe von Arzneimittelmustern nach § 8 Abs. 1 GWB, weil diese dem öffentlichen Interesse an der Kostendämpfung im Gesundheitswesen dienen sollte.[690] Danach gab es keine Ministererlaubnis mehr.

149 Meist dürfte es sich bei Ministerkartellen nach § 8 GWB a. F. – schon wegen ihrer zwingenden hervorgehobenen politischen Bedeutung – um Sachverhalte mit zwischenstaatlichem Charakter handeln, in denen das **Gemeinschaftsrecht** vorrangig ist. In den anderen Fällen von Vereinbarungen mit rein lokalen oder regionalen Auswirkungen wäre kaum vorstellbar, dass ein überragendes Gemeinwohlinteresse im Sinne des bisherigen § 8 GWB a. F. besteht.[691] Die Abschaffung des § 8 GWB a. F. mit der 7. GWB-Novelle 2005 im Hinblick auf die damit einhergehende Harmonierung mit EU-Recht war deshalb zwingend. Eine rein politisch begründete Freistellung nach § 2 Abs. 1 GWB n. F. sollte jedoch ausscheiden;[692] zur Berücksichtigungsfähigkeit von Allgemeininteressen vgl. oben.[693]

8. Anwendungsfälle: Vertikalvereinbarungen.

150 Da das Kartellverbot des § 1 GWB a. F. nur Verhaltensweisen zwischen Unternehmen im Wettbewerb erfasste, bezogen sich auch die Freistellungstatbestände der §§ 2 bis 8 GWB a. F. nur auf Horizontalvereinbarungen. Mit der 7. GWB-Novelle 2005 wurde § 1 GWB auf Vertikalvereinbarungen ausgeweitet.[694] Damit geht kein generelles Verbot von Vertikalvereinbarungen einher, die durchaus auch wettbewerbsfördernde Wirkung haben können.[695] Die meisten fallen in den Regelungsbereich der **GVO Vertikalvereinbarungen**, auf die § 2 Abs. 2 GWB verweist.[696] Der Anwendungsbereich für die generalklauselartigen Einzelfreistellung nach § 2 Abs. 1 GWB ist daher eher gering und meist dann eröffnet, wenn die in Art. 3 GVO Vertikalvereinbarungen normierten Marktanteilsschwelle von 30% überschritten ist oder es sich um Kernbeschränkungen i. S. d. Art. 4 GVO Vertikalvereinbarungen handelt, wie etwa Preisbindungen, einige Gebiets- und Kundenbeschränkungen, Beschränkungen des Verkaufs an Endkunden durch Einzelhändler eines selektiven Vertriebssystems sowie von Querlieferungen in demselben sowie des Handels mit Ersatzteilen.[697] Insofern lebt die frühere Unterscheidung zwischen Inhaltsbindungen (§§ 14 und 15 GWB) und Abschlussbindungen (§ 16 GWB)[698] derart fort, dass zumindest im Grundsatz Inhaltsbindungen in Form von Preisbindungen als Kernbeschränkungen nach der GVO 2790/1999 nicht freistellungsfähig sind. Außerdem können für Vertikalvereinbarungen die **GVO Forschung und Entwicklung,**[699] die **GVO Technologietransfer-**

---

[687] WuW/E BWM 117, 117 – *Kohle-Öl-Kartell.*
[688] WuW/E BWM 135, 136 – *Mühlenkartelle.*
[689] WuW/E BWM 143, 145 – *Fernsehwerbung für Zigaretten.*
[690] WuW/E BWM 175, 176 – *pharmazeutische Industrie;* WuW/E BWM 183, 183 – *Ärztemuster.*
[691] Begr. RegE 7. GWB-Novelle, BT DS 15/3640, S. 27.
[692] So auch *Pampel* in Münchener Kommentar, GWB, § 3 Rn. 113.
[693] Rn. 40 ff.
[694] Vgl. § 1 Rn. 1 ff.
[695] Vgl. Leitlinien für vertikale Beschränkungen Tz. 33, 115 ff.
[696] Dazu unten Rn. 173 ff.
[697] Vgl. die Kommentierung zur GVO Vertikalvereinbarungen 2790/1999.
[698] Eingehend § 1 Rn. 100 ff.
[699] Dazu unten Rn. 170 ff.

§ 2. Freigestellte Vereinbarungen

vereinbarungen[700] sowie die sektorspezifische **GVO Kfz-Vertrieb**[701] über § 2 Abs. 2 GWB einschlägig sein.

Über die GVOen hinaus kommt die **Einzelfreistellung nach § 2 Abs. 1 GWB** in Betracht. Allein aus der Tatsache, dass das Verhalten **nicht unter** eine GVO fällt, kann **keine Vermutung gegen eine Freistellung nach § 2 Abs. 1 GWB** und damit für die Unwirksamkeit einer Absprache gezogen werden; etwas anderes gilt nur bei Vereinbarungen von sog. Kernbeschränkungen.[702] Die **vier Voraussetzungen** (Effizienzgewinne, Unerlässlichkeit, angemessene Beteiligung der Verbraucher am Gewinn, keine Ausschaltung des Wettbewerbs)[703] müssen im Einzelfall dargelegt und bewiesen werden.[704] Den Anforderungen an die Darlegung wird nicht genüge getan durch unfundierte Behauptungen oder allgemeine Ausführungen über Effizienzgewinne.[705]

Effizienzgewinne müssen von den Unternehmen dargelegt sowie nachgewiesen werden.

Bei Vertikalvereinbarungen im **Vertrieb** geht es dabei primär um die Förderung anderer Formen als des Preiswettbewerbs und der Qualität der Waren und Dienstleistungen.[706] So kann beispielsweise die Verteilung von Waren und Dienstleistungen verbessert werden durch intensive Verkaufsbemühungen, die gegen Trittbrettfahrer abgesichert werden müssen (z. B. durch Wettbewerbsverbote, Alleinvertriebsverpflichtungen). Gleiches gilt für die Erschließung neuer Märkte, bei denen sich Anlaufinvestitionen amortisieren müssen (z. B. durch Gebietsschutz, Wettbewerbsverbote), die Rentabilität von einseitigen vertragsspezifischen Investitionen in den Vertrieb gesichert werden muss und Verluste für die Unternehmen verhindert werden sollen, die sich durch „versunkene Kosten" ergeben, wenn die Nutzung nicht anderweitig möglich ist. Sachlich rechtfertigender Grund für die Vereinbarung ist hier der Schutz vertragsspezifischer Investitionen.[707] Vertikal veranlasste Wettbewerbsbeschränkungen können ferner die Übertragung von Know-how beim Vertrieb sowie die Sicherung von Einheitlichkeit und Qualität ermöglichen. Letzteres spielt insbesondere dann eine Rolle, wenn auf dem Markt für die Endkunden Informationsdefizite bzgl. der Qualität der Produkte bestehen und der Preis als alleiniger Aktionsparameter den Qualitätswettbewerb ausschaltet, so dass ein gesichertes einheitliches Auftreten – z. B. durch Franchising oder selektive Vertriebssysteme – eine Signalwirkung beinhaltet. Auch sind Größenvorteile im Vertrieb denkbar, die preissenkend wirken können. Die bloße Ausübung von Marktmacht führt aber grundsätzlich nicht zu anerkennenswerten Effizienzgewinnen.

Im Bereich der vertikalen **Forschungs- und Entwicklungskooperation** können Effizienzgewinne in Form des wirtschaftlichen und technischen Fortschritts anfallen. Die Verbreitung von Know-How unter den Vertragsparteien wird verbessert, doppelte Forschungs- und Entwicklungsarbeiten vermieden, weitere Innovation angestoßen und die Rationalisierung von Produkten und Verfahren ermöglicht.[708]

Vertikale **Technologietransfervereinbarungen** steigern regelmäßig die wirtschaftliche Leistungsfähigkeit des Lizenznehmers und wirken sich damit positiv auf den Wettbewerb aus; sie helfen die Technologie zu verbreiten, parallelen Forschungs- und Entwicklungs-

---

[700] Dazu unten Rn. 180 ff.
[701] Dazu unten Rn. 190 ff.
[702] Vgl. im Einzelnen zu positiven und negativen Vermutungswirkungen bei Nichterfüllen der Voraussetzungen der GVOen oben Rn. 17.
[703] Siehe dazu auch oben Rn. 18 ff.
[704] Zur Beweislast unten Rn. 203 ff.
[705] Leitlinien für vertikale Beschränkungen Tz. 136.
[706] Vgl. ausführlich die Leitlinien für vertikale Beschränkungen Tz. 115 ff.
[707] Leitlinien für vertikale Beschränkungen Tz. 135.
[708] Siehe Erwgr. 16 VO 2659/2000 (GVO F&E) vom 29. 11. 2000; siehe ferner oben Rn. 114 zu horizontalen F&E-Kooperationen.

153 Unter dem Aspekt der **Unerlässlichkeit** ist die Freistellung von Kernbeschränkungen (Preisbindungen,[710] Gebietsschutz, Kundenkreisbeschränkungen)[711] eher unwahrscheinlich.[712] Meist wird sich hier eine weniger wettbewerbsbeeinträchtigende Verhaltensweise finden lassen, die die o. g. Ziele ebenso verwirklicht.

Im Hinblick auf die **angemessene Beteiligung der Verbraucher am Gewinn** sind zunächst die Vor- und Nachteile zu saldieren[713]. Im Regelfall ist bei genügendem Wettbewerbsdruck davon auszugehen, dass die Vorteile auch weitergegeben werden. Jedenfalls wenn das Unternehmen eine marktbeherrschenden Stellung besitzt oder durch die Vereinbarung erhält, sind wesentliche Teile des **Wettbewerbs ausgeschaltet,** und die Freistellung ist nicht möglich.[714]

Eine Kernbeschränkung stellt insbesondere eine **vertikale Fest- oder Mindestpreisvereinbarung** dar (vgl. Art. 4 lit. a) Vertikal GVO; Art. 5 Abs. 1 lit. d) GVO F&E; Art. 4 Abs. 2 lit. a) GVO Technologietransfer). Jedoch wird im Anschluß an die **Leegin-Entscheidung des US-Supreme Court**[715] gefordert, auch in Deutschland und der EU vertikale Preisbindungen differenziert („modern") zu behandeln und eine Einzelfreistellung nach § 2 Abs. 1 GWB zuzulassen.[716] Der Effizienzgewinn liege insbesondere im Markenartikelbereich in der Förderung des Interbrandwettbewerbs, hinter den die Ausschaltung des Preiswettbewerbs im Intrabrandwettbewerb zurücktreten müsse. Fraglich erscheint jedoch insbesondere, ob die Vorteile des Interbrandwettbewerbs (z. B. besserer Servive; größere Akzeptanz bei Händlers für Aufnahme in Sortiment durch größere Preisstabilität am Markt) hinreichend an die Verbraucher weitergegeben werden oder ob es nicht bloß zu Preissteigerungen kommt.[717] In Betracht kommt eine angemessene Verbraucherbeteiligung vor allem dann, wenn der Interbrandwettbewerb stark zersplittert ist und seine Intensität Preiserhöhungen unwahrscheinlich macht.[718] Auch kann eine vertikale Preisbindung freigestellt sein, wenn sie Wettbewerbsnachteile von Verbundgruppen gegenüber Filialketten (die von vornherein mit einheitlichen Preisen operieren dürfen) ausgleicht und die Wettbewerbsintensität eine angemessene Verbraucherbeteiligung sichert.[719]

---

[709] Erwgr. 5 VO 772/2004 (GVO Technologietransfer) v. 27. 4. 2004; siehe eingehend zu den Voraussetzungen einer Einzelfreistellung von Technologietransfervereinbarungen Anh. 3 Art. 81 Rn. 195 ff.

[710] Speziell hierzu unten Rn. 153 a.

[711] Die jeweils einschlägigen Kernbeschränkungen lassen sich aus den relevanten GVOen identifizieren, z. B. für Vertikalverträge aus Art. 4 Vertikal GVO, Art. 4 GVO Technologietransfer, Art. 5 GVO F&E.

[712] *Schwintowski/Klaue* WuW 2005, 370, 373; *Fuchs* ZWeR 2005, 1, 15; *Bornkamm/Becker* ZWeR 2005, 213, 228.

[713] Eingehend Rn. 34.

[714] Leitlinien für vertikale Beschränkungen Tz. 135.

[715] Entscheidung vom 28. 6. 2007, No. 06–480, veröffentlicht in WuW/E KRInt 185 ff. Eingehend *Kasten* WuW 2007, 994 ff.; *Sosnitza/Hoffmann* AG 2008, 107 ff.

[716] *Kasten* WuW 2007, 994, 1005; siehe auch *Sosnitza/Hoffmann* AG 2008, 107, 111 ff., die überzeugend darlegen, dass eine Tatbestandsreduktion des § 1 GWB bzw. eine Anwendung des § 2 Abs. 2 GWB i. V. m. Art. 4 lit. a) Vertikal-GVO von vornherein ausscheidet.

[717] Sehr kritisch insbesondere zur angemessenen Verbraucherbeteiligung *Sosnitza/Hoffmann* AG 2008, 107, 113 ff.

[718] *Kasten* WuW 2007, 994, 1005 mwN. aus der europäischen Praxis.

[719] Für eine Freistellung einer Preisbindung von Verbundgruppen, insbesondere um Filialketten Konkurrenz machen zu können, (z. B. Franchisesystemen) *Schulte* WRP 2005, 1500, 1503 ff.; vgl. ferner § 1 Rn. 178.

III. Tatbestand des § 2 Abs. 2 GWB

1. Verweis auf die Gruppenfreistellungsverordnungen (GVOen)

Der Freistellungstatbestand des § 2 Abs. 2 enthält einen Verweis auf die Gruppenfreistellungsverordnungen (GVOen), die im nationalen Recht entsprechend gelten sollen. Damit **konkretisieren** sie den parallel anwendbaren Freistellungstatbestand des **§ 2 Abs. 1 GWB**.[720] Bedeutung erhält der Verweis vornehmlich für Sachverhalte, die den zwischenstaatlichen Handel nicht berühren und damit dem europäischen Kartellrecht entzogen sind. Nur bei diesen hatte der Gesetzgeber Gestaltungsfreiheit.[721] Für Vereinbarungen oder Verhaltensweisen hingegen, die geeignet sind, den zwischenstaatlichen Handel zu beeinträchtigen, gelten die GVOen gem. Art. 1 Abs. 2 i.V.m. Art. 3 Abs. 2 VO 1/2003 ohnehin kraft europäischen Rechts.[722] Die inhaltliche Angleichung bringt den Unternehmen einen Harmonisierungsvorteil.[723] 154

Es handelt sich um einen **dynamischen Verweis** auf die GVOen in **der jeweils geltenden Fassung.**[724] Auch wenn es in § 2 Abs. 2 GWB an einer Klarstellung fehlt, bestehen ausweislich der Gesetzesbegründung hieran keine Zweifel. In Bezug genommen werden durch § 2 Abs. 2 GWB **sämtliche** auf europäischer Ebene erlassene GVOen, also auch heute unbekannte, möglicherweise zukünftige GVOen in ihrer dann jeweils gültigen Fassung.[725] Die Anpassung erfolgt also „automatisch und zeitgleich".[726] 155

Zweck ist es, bestimmte Arten von Vereinbarungen **generell-abstrakt vom Kartellverbot auszunehmen,** die die vier Voraussetzungen des § 2 Abs. 1 GWB bzw. des Art. 81 Abs. 3 EG erfüllen würden. Vereinbarungen, die die Voraussetzungen für die Anwendung der GVO erfüllen, sind aber ohne weiteres freigestellt. Unterfällt eine Vereinbarung einer Gruppenfreistellungsverordnung, so müssen die Unternehmen **nicht gesondert darlegen und beweisen,** dass ihre individuelle Vereinbarung sämtliche **Voraussetzungen von § 2 Abs. 1 GWB** erfüllt, sondern lediglich, dass ihre Vereinbarung unter die Tatbestandsmerkmale der GVO fällt. 156

Zu den wichtigsten GVOen, z.B. zu der GVO Vertikalvereinbarungen und der GVO Technologietransfer, hat die EU-Kommission **Leitlinien,** also eine Art Kommentar, veröffentlicht, die die Auslegung des Tatbestandes der GVOen sowie in ihrer Nähe gelagerter Sachverhalte weiter konkretisieren. Diese Leitlinien werden **von § 2 Abs. 2 GWB nicht erfasst,** haben jedoch eine nicht zu unterschätzende **praktische Bedeutung.**[727] 157

2. Einzelfragen bei der Übernahme der GVOen in das deutsche Recht

a) Rechtsnatur der GVOen. Die GVOen sind Verordnungen im Sinne des Art. 249 Abs. 2 EG und damit Rechtsnormen, die von den Mitgliedsstaaten unmittelbar anzuwenden sind und als solche in ihrem Anwendungsbereich nationale Gerichte und Wettbewerbsbehörden binden. Bei der Anwendung europäischen Kartellrechts ist seit der Einführung des Systems der Legalausnahme ihre Rechtsnatur umstritten. Teils werden sie neben Art. 81 Abs. 3 EG für deklaratorisch gehalten.[728] Dem liegt die Überlegung zu Grunde, dass eine konstitutive Freistellung denklogisch nicht möglich sei, wenn eine Vereinbarung 158

---

[720] Begr. RegE 7. GWB-Novelle, BT DS 15/3640 S. 44.
[721] *Bechtold* DB 2004, 235, 237.
[722] Begr. RegE 7. GWB-Novelle, BT DS 15/3640 S. 44.
[723] *Kahlenberg/Haellmigk* BB 2004, 389, 391.
[724] Begr. RegE 7. GWB-Novelle 2004, S. 44. Vgl. auch *Bechtold* DB 2004, 235, 236.
[725] *Fuchs* in: Immenga/Mestmäcker, GWB, § 2 Rn. 226.
[726] So anschaulich *Fuchs* in: Immenga/Mestmäcker, GWB, § 2 Rn. 226.
[727] Siehe im Einzelnen dazu die Kommentierung zu § 1.
[728] *Deringer* EuZW 2000, 5, 7; *Bartosch* WuW 2000, 462, 466f.

schon ex lege freigestellt sei.[729] Nach anderer Auffassung erhält Art. 81 Abs. 3 EG eine Doppelfunktion: Er stelle zum einen eine Legalausnahme und daneben noch eine Ermächtigung zum Erlass der GVO dar, die ihre konstitutive Wirkung durch verbindliche Normkonkretisierung erhält.[730] Jedenfalls bei Anwendung des deutschen Rechts unterhalb der Zwischenstaatlichkeitsklausel ist letzteres zutreffend: § 2 GWB ist im Gegensatz zu Art. 81 Abs. 3 EG nicht als Ermächtigungsnorm konzipiert, was zumindest keine Zweifel an der unmittelbaren Anwendung des Freistellungstatbestandes erweckt.[731] Davon, dass die GVOen den daneben anwendbaren § 2 Abs. 1 GWB verbindlich konkretisieren, geht die Gesetzesbegründung aus.[732] Und genauso, wie nach der Lehre von den Doppelwirkungen im Recht verschiedene Nichtigkeitsgründe zur Unwirksamkeit einer Vereinbarung führen, können auch mehrere Freistellungstatbestände einschlägig sein.[733]

159   **b) Unmittelbare Anwendbarkeit.** Zur **unmittelbaren Anwendbarkeit** und den Problemen, die das System der Legalausnahme mit sich bringt, vgl. oben.[734]

160   **c) Regelungstechnik der dynamischen Verweisung.** Die Regelungstechnik einer dynamischen Verweisung ist auf einige Bedenken gestoßen. Diese reichen von der Befürchtung, der Gesetzgeber könne den Anreiz zu legislativer und administrativer Innovation verlieren, bis hin zu konkreten verfassungsrechtlichen Bedenken. Primär werden ein Mangel an demokratischer Legitimation sowie die Verletzung des Bestimmtheitsgrundsatzes gerügt.[735] Erstens sind jedoch Inhalt, Zweck und Ausmaß durch die Kriterien des allgemeinen Freistellungstatbestandes § 2 Abs. 1 GWB hinreichend bestimmt; damit sind für den demokratisch legitimierten Gesetzgeber die Befugnisse überschaubar, die er aus der Hand gibt.[736] Zweitens sind die GVOen aus dem Sachzusammenhang relativ klar und überschaubar, auch wenn ein ganzer Vorschriftenkomplex erwähnt wird.[737] Damit macht die verweisende Regelung des § 2 Abs. 1 GWB den Normbefehl für den Adressaten erkennbar, zumal der gesamte Regelungskomplex auch ständig zum Abruf im Internet bereitgehalten wird.[738] Gewisse Schwierigkeiten – vor allem im Randbereich „Verkehr" – für den nicht ständig damit befassten Anwender zu beurteilen, ob überhaupt eine GVO besteht,[739] machen § 2 Abs. 2 GWB nicht verfassungswidrig.[740]

161   **d) Grundsätze für die Auslegung der GVOen.** GVOen sind als Ausnahmen vom Verbot des § 1 GWB grundsätzlich eng auszulegen, und eine erweiternde Auslegung scheidet im Regelfall aus.[741] Auch kommt auch eine Analogiebildung nicht in Betracht.[742]

---

[729] *Wagner* WRP 2003, 1369, 1374.
[730] *Wagner* WRP 2003, 1369, 1374f.; *Fuchs* ZWeR 2005, 1, 10f.
[731] Vgl. oben Rn. 6.
[732] Begr. RegE 7. GWB-Novelle, BT DS 15/3640, S. 25.
[733] Für das Gemeinschaftsrecht so auch *Wagner* WRP 2003, 1369, 1374ff.; *K. Schmidt* BB 2003, 1237, 1241; *Fuchs* ZWeR 2005, 1, 13; *Bornkamm/Becker* ZWeR 2005 213, 224; a. A. *Heutz* WuW 2004, 1255, 1264.
[734] Rn. 5f.
[735] Ausführlich *Ehricke/Blask* JZ 2004, 722, 723ff.
[736] *Ehricke/Blask* JZ 2004, 722, 728.
[737] *Ehricke/Blask* JZ 2004, 722, 728.
[738] http://www.europa.eu.int/comm/competition/antitrust/legislation/; letzter Abruf am 12.10.2005.
[739] Vgl. hierzu ausführlich *Negenmann* in: Schröter/Jakob/Mederer, Kommentar zum Europäischen Wettbewerbsrecht, Nach Art. 83, Durchführungsvorschriften Verkehr, Rn. 1ff.
[740] Für die hinreichende Bestimmtheit des § 2 Abs. 2 GWB sprechen sich auch *Ehricke/Blask* JZ 2003, 722, 728 aus; genauso *Fuchs* in: Immenga/Mestmäcker, GWB, § 2 Rn. 227; *Bunte* in: Langen/Bunte § 2 GWB Rn. 66f.
[741] *Bunte* in: Langen/Bunte § 2 GWB Rn. 78; *Fuchs* in: Immenga/Mestmäcker, GWB, § 2 Rn. 42 mwN.; *Lettl*, Kartellrecht, § 2 Rn. 135. Wohl a. A. *Bechtold*, GWB, § 2 Rn. 27.
[742] *Fuchs* in: Immenga/Mestmäcker, GWB, § 2 Rn. 42.

Der Verweis auf die GVOen führt aber nicht in jedem Fall zur wortwörtlichen Anwendung, wie auch die Gesetzbegründung betont.[743] Zu beachten ist nämlich der Regelungsgegenstand der GVOen, die sich ihrer Natur nach eigentlich an die Kommission als Kartellbehörde wenden und ihr daher beispielsweise auch die Möglichkeit geben, Suspensionsverordnungen zu erlassen, die die GVO auf einem bestimmten Markt für eine Vielzahl von Unternehmen für nicht anwendbar erklären, z.B. Art. 8 GVO Vertikalvereinbarungen, Art. 7 GVO Technologietransfervereinbarungen oder Art. 7 GVO Kfz-Vertrieb.[744] Allerdings besteht diese Möglichkeit für nationale Behörden und Gerichte weder bei der Anwendung des Gemeinschaftsrechts noch aus dem Verweis in § 2 Abs. 2 GWB aus der GVO heraus. **Verwiesen wird** vielmehr in erster Linie **auf die materiellen Regelungsgegenstände, die die ökonomische Zulässigkeit oder das Verbot eines Kartells tragen.**[745] Überdies muss berücksichtigt werden, dass einige GVOen auch wettbewerbspolitische Zwecke verfolgen, die dem Regelungszweck des GWB fremd sind und deren Berücksichtigung bei rein regionalen Sachverhalten verfehlt sein würde. Zu nennen ist beispielsweise die originäre Verwirklichung des Binnenmarktziels.[746] Auch industriepolitische Zielsetzungen sind dem GWB fremd.[747] Deshalb erscheint eine modifizierende Anwendung der EU-GVOen im Rahmen des § 2 Abs. 2 GWB – in gewissen Grenzen – nicht als ausgeschlossen.[748]

Eine **einschränkende Auslegung des § 2 Abs. 2 S. 1 GWB** ist außerdem erforderlich, wenn eine GVO erkennbar über die Freistellungsvoraussetzungen des § 2 Abs. 1 GWB hinausgeht und nach § 2 Abs. 1 GWB nicht freistellungsfähige Abreden legalisieren würde.[749]

Aus der GVO kann unter bestimmten Bedingungen eine **Indizwirkung für eine Einzelfreistellung** nach § 2 Abs. 1 GWB resultieren, selbst wenn die Voraussetzungen der GVO nicht eingehalten sind.[750]

3. Aktuelle Gruppenfreistellungsverordnungen

a) **Auflistung.** Derzeit gelten folgende GVOen:
- für **horizontale** Vereinbarungen: Verordnung (EG) Nr. 2658/2000 vom 29. November 2000 über die Anwendung von Art. 81 Abs. 3 EG auf Gruppen von **Spezialisierungsvereinbarungen** (ABl. EG Nr. L 304 vom 5. Dezember 2000, S. 3); Verordnung (EG) Nr. 2659/2000 vom 29. November 2000, über die Anwendung von Art. 81 Abs. 3 EG auf Gruppen von Vereinbarungen über **Forschung und Entwicklung** (ABl. EG Nr. L 304 vom 5. Dezember 2000, S. 7); sowie (teilweise) die Verordnung (EG) Nr. 772/2004 vom 27. April 2004 betreffend **Technologietransfervereinbarungen** (ABl. EU Nr. L 123 vom 27. April 2004, S. 11).
- für **vertikale** Vereinbarungen: Verordnung (EG) Nr. 2790/1999 vom 22. Dezember 1999 über die Anwendung von Art. 81 Abs. 3 EG auf Gruppen von **vertikalen Vereinbarungen** und aufeinander abgestimmten Verhaltensweisen (ABl. EG Nr. L 336 vom

---

[743] Begr.RegE 7. GWB-Novelle, BT-DS 15/2640, S. 25.
[744] Vgl. dazu Rn. 173 ff., 180 ff., 190 ff.
[745] Begr. RegE 7. GWB-Novelle, BT-DS 15/2640, S. 25. Einschränkend *Fuchs* in: Immenga/Mestmäcker, GWB, § 2 Rn. 226: Kein Spielraum für Modifikationen; *Bechtold*, GWB, § 2 Rn. 25: Geltung ohne jede Einschränkung.
[746] So auch *Immenga* ZWeR 2008, 1, 13, allerdings zu einer autonomen Auslegung von § 2 Abs. 1 GWB; er steht jedoch (aaO.) einer autonomen Auslegung von § 2 Abs. 2 GWB skeptisch gegenüber.
[747] Vgl. *Fuchs* ZWeR 2005, 1, 26 zur GVO Kfz-Vertrieb.
[748] **A. A.** *Fuchs* in: Immenga/Mestmäcker, GWB, § 2 Rn. 236, der sich gegen ein Ausfiltern solcher Aspekte und gegen jede Modifizierung der GVOen ausspricht. Vgl. auch Rn. 14.
[749] *Bunte* in: Langen/Bunte § 2 GWB Rn. 77; *Fuchs* in: Immenga/Mestmäcker, GWB, § 2 Rn. 230. Das sollte allerdings ein theoretischer Fall bleiben.
[750] Eingehend Rn. 17.

29. Dezember 1999, S. 21); sowie (teilweise) die Verordnung (EG) Nr. 772/2004 vom 27. April 2004 betreffend **Technologietransfervereinbarungen** (ABl. EU Nr. L 123 vom 27. April 2004, S. 11).

164 – für einzelne **Sektoren:** Verordnung (EG) Nr. 358/2003 vom 27. Februar 2003 über die Anwendung von Art. 81 Abs. 3 EG auf Gruppen von Vereinbarungen, Beschlüssen und aufeinander abgestimmten Verhaltensweisen im **Versicherungssektor** (ABl. EU Nr. L 53 vom 28. Februar 2003, S. 8); Verordnung (EG) Nr. 1400/2002 vom 31. Juli 2002 über die Anwendung von Art. 81 Abs. 3 EG auf Gruppen von vertikalen Vereinbarungen und aufeinander abgestimmten Verhaltensweisen für den **Kraftfahrzeugsektor** (ABl. EG Nr. L 202 vom 1. August 2002, S. 30). Im Sektor **Verkehr:** Art. 4 VO (EWG) Nr. 1017/68[751] für den Eisenbahn-, Straßen- und Binnenschifffahrtsverkehr für kleinere und mittlere Unternehmen betreffend Absprachen zur Zusammenfassung unökonomisch arbeitender Einzelbetriebe; Art. 3 ff. der VO (EWG) Nr. 4056/86 Gruppenfreistellung für Linienschifffahrtskonferenzen, die Bestimmungen sind jedoch zum 18. Oktober 2008 aufgehoben;[752] GVO Nr. 823/2000[753] Freistellung für bestimmte Vereinbarungen zwischen Seeschifffahrtsunternehmen (Konsortien) vom Kartellverbot; VO Nr. 1459/2006[754] betreffend Konsultationen über Tarife zur Beförderung von Passagieren im Personenlinienverkehr und die Zuweisung von Zeitnischen auf Flughäfen.

165 **b) Grundsystematik der GVOen.**[755] Das Auslaufen zahlreicher GVOen hat die Kommission Ende der 1990iger Jahre zum Anlass genommen, die Systematik der GVOen zu überarbeiten und aneinander anzupassen. Mit der Neufassung der GVOen wurde der stark kritisierte „Zwangsjackeneffekt"[756] von zulässigen „weißen" und unzulässigen „schwarzen" Klauseln abgeschafft. Stattdessen tendiert die Kommission zu einem „mehr wirtschaftlich orientierten Ansatz" (**„more economic approach"**)[757] unter Berücksichtigung der Marktstruktur.

166 Alle bedeutenderen GVOen verfolgen einen inhaltlich **ähnlich strukturierten Aufbau.** Zu Beginn sind die notwendigen **Begriffsbestimmungen** zu finden, die für die Verordnung von Bedeutung sind. Sodann werden die Voraussetzungen für die **Anwendbarkeit** der jeweiligen GVO ausgeführt. Ferner enthalten die GVOen **Marktanteilskriterien,** die den jeweiligen Anwendungsbereich in quantitativer Hinsicht nach oben begrenzen. Bei großer Marktmacht scheidet eine Gruppenfreistellung regelmäßig aus; es bleibt nur die Möglichkeit der Einzelfreistellung nach Art 81 Abs. 3 EG bzw. § 2 Abs. 1 GWB. Als Untergrenze fungiert die Bagatellbekanntmachung der Kommission.[758] Nach der de-

---

[751] ABl. Nr. L 175 vom 16. 7. 1968, S. 1.
[752] ABl. Nr. L 378 vom 31. 12. 1986, S. 4; aufgehoben durch VO (EG) Nr. 1419/2006 des Rates v. 25. 9. 2006 zur Aufhebung der VO (EWG) Nr. 4056/86, dazu eingehend Leitlinien für die Anwendung von Art. 81 EG-Vertrag auf Seeverkehrsdienstleistungen v. 1. 7. 2008, SEK(2008) 2151 endgültig.
[753] ABl. Nr. L 100 vom 20. 4. 2000, S. 24, geändert durch VO (EG) Nr. 463/2004 v. 12. 3. 2004, ABl. L 77 v. 13. 3. 2004, und durch VO (EG) Nr. 611/2005 v. 20. 4. 2005, ABl. L 101 v. 21. 4. 2005, S. 10. Die VO ist in der Überarbeitung, vgl. Leitlinien für die Anwendung von Art. 81 EG-Vertrag auf Seeverkehrsdienstleistungen v. 1. 7. 2008, SEK(2008) 2151 endgültig, Tz. 6.
[754] ABl. 2006 Nr. L 272, S. 3.
[755] Siehe zum Ganzen auch die Kommentierung zu GVO-Allg Rn. 7 ff.
[756] Vgl. ausführlich zum „Chaos der Gruppenfreistellungsverordnungen" *Martinek/Habermeier* ZHR 158 (1994), 107 ff.
[757] Mitteilung der Kommission über die Anwendung der EG-Wettbewerbsregeln auf vertikale Beschränkungen des Wettbewerbs: Konkrete Vorschläge im Anschluss an das Grünbuch, ABl. Nr. C 365 vom 30. 9. 1998, S. 3 (5); vgl. auch Erwägungsgrund 7 der Verordnung EG Nr. 2659/2000 vom 29. 11. 2000 über die Anwendung von Art. 81 Abs. 3 EG auf Gruppen von Vereinbarungen über Forschung und Entwicklung; ABl. EG Nr. L 304 vom 5. Dezember 2000, S. 7.
[758] Bekanntmachung über Vereinbarungen von geringer Bedeutung, ABl. Nr. C 368 vom 22. 12. 2001, S. 13, abgedr. in WuW 2002, 146 ff. Vgl. hierzu § 1 Rn. 144.

§ 2. Freigestellte Vereinbarungen **167, 168** § 2 GWB

minimis-Regel werden Horizontalvereinbarungen ab 10% und Vertikalvereinbarungen erst ab 15% Marktanteil als spürbare Wettbewerbsbeschränkungen angesehen, sofern keine Kernbeschränkungen vereinbart werden. Bewirkt eine Vereinbarung schon keine spürbare Wettbewerbsbeschränkung nach Art. 81 Abs. 1 EG, ist eine Freistellung nach Art. 81 Abs. 3 EG nicht erforderlich.[759] Das soll nach dem Willen des Gesetzgebers auch im Rahmen des § 1 GWB berücksichtigt werden.[760] In der Praxis muss erhöhtes Augenmerk darauf gelegt werden, zu welchem Zweck der Marktanteil ausgerechnet wird. So sind beispielsweise bei der Spürbarkeitsprüfung stets die Marktanteile aller beteiligten Unternehmen zu addieren, während beispielsweise die Vertikal-GVO allein auf den Marktanteil des Lieferanten abstellt. „Weiße Klauseln", die in den GVOen a. F. kartellrechtlich unproblematische Vereinbarungen enumerativ aufzählten, gibt es nicht mehr. Wohl aber finden sich in den GVOen sog. Kernbeschränkungen, die unabhängig vom Marktanteil der Unternehmen keinesfalls Gegenstand einer Vereinbarung sein dürfen. Liegt eine solche Kernbeschränkung vor, so ist die gesamte Vereinbarung nicht freistellungsfähig.[761] Sodann folgen zumeist die **Anforderungen an eine Freistellung.** Um zu verhindern, dass über eine GVO eine Vereinbarung freigestellt wird, die mit Art. 81 Abs. 3 EG nicht vereinbar ist, sehen die GVOen die Möglichkeit für die Kommission und die Mitgliedsstaaten vor, den **Vorteil der GVO im Einzelfall zu entziehen.** Im deutschen Recht ermöglicht das **§ 32 d GWB** für die zuständigen Kartellbehörden. Neben dieser Entzugsmöglichkeit im Einzelfall wird die Kommission in einigen GVOen zudem dazu ermächtigt, mittels einer sog. Suspensionsverordnung den Vorteil einer GVO branchenweit, d. h. ohne konkreten Einzelfallbezug, zu entziehen. Schließlich enthalten GVOen gegen Ende zumeist Konkretisierungen zur **Vorgehensweise bei der Marktanteilsberechnung.**

Die GVOen unterliegen einer **Gültigkeitsdauer von regelmäßig sieben bis zehn** **167 Jahren.** Vor Ablauf dieser Zeit unterzieht die Kommission die jeweiligen GVOen einer genauen Untersuchung, ob die mit den Freistellungsverordnungen verfolgten Ziele erreicht werden konnten und überprüft, ob sie noch den Gegebenheiten auf den betroffenen Märkten gerecht werden. Ist dies der Fall, kann eine GVO verlängert werden. Da erst kürzlich im Rahmen des Modernisierungsprogramms nahezu alle GVOen neu gefasst wurden, stehen mit dem Auslaufen der GVO für die Versicherungswirtschaft im März 2010[762] und der GVO Vertikalvereinbarungen im Mai 2010[763] die ersten bedeutenderen GVOen wieder zur Disposition.

c) **GVO 2658/2000 für Spezialisierungsvereinbarungen.**[764] Die GVO 2658/2000 **168** für Spezialisierungsvereinbarungen[765] stellt Abreden zwischen Unternehmen vom Kartellverbot frei, die die Bedingungen betreffen, unter denen sich die Parteien in der Produktion spezialisieren. Der bereits 1972 erfolgte Erlass einer GVO für Spezialisierungsvereinbarungen[766] verdeutlicht, dass die Kommission dieser Form der Kooperation sehr positiv gegenübersteht. Sie fördert Spezialisierungsvereinbarungen wegen ihrer Rationalisierungswirkung, sofern die Voraussetzungen des Art. 81 Abs. 3 EG erfüllt sind.[767]

---

[759] Leitlinien Art. 81 Absatz 3 EG Tz. 11.
[760] Begr. RegE 7. GWB-Novelle, BT DS 15/3640, S. 44.
[761] Vgl. ausführlich *Axster* WuW 1994, 615 ff. zum „Alles-Oder-Nichts-Prinzip".
[762] Vgl. Art. 12 Verordnung EG Nr. 358/2003 vom 27. Februar 2003 über die Anwendung von Art. 81 Absatz 3 EG-Vertrag auf Gruppen von Vereinbarungen, Beschlüssen und aufeinander abgestimmten Verhaltensweisen im Versicherungssektor; ABl. EG Nr. L 53 vom 28. 2. 2003, S. 8 ff.
[763] Art. 13 GVO Vertikalvereinbarungen.
[764] Vgl. dazu auch die Kommentierung in diesem Band 2. Siehe ferner oben Rn. 81 ff.
[765] Verordnung EG Nr. 2658/2000 der Kommission vom 29. 11. 2000 über die Anwendung von Art. 81 Abs. 3 EG auf Gruppen von Spezialisierungsvereinbarungen, ABl. L 304 vom 5. 12. 2000, S. 3.
[766] VO (EWG) Nr. 2779/72, ABl. Nr. L 292 von 1972, S. 23.
[767] Vgl. Erwägungsgrund 8. der o. g. VO EG Nr. 2658/2000.

169 Gem. Art. 1 Abs. 1 GVO 2658/2000 werden sowohl **einseitige** wie **auch wechselseitige Spezialisierungsvereinbarungen** sowie die **gemeinsame Produktion** von Waren oder Dienstleistungen miteinander **konkurrierender** Unternehmen erfasst. Gleiches gilt gem. Art. 1 Abs. 2 GVO 2658/2000 für Nebenabreden, die mit der Durchführung notwendigerweise verbunden sind. Freigestellt sind gem. Art. 3 GVO 2658/2000 auch Alleinbezugs- und Alleinbelieferungspflichten sowie unter Umständen ein gemeinsamer Vertrieb. Vereinbarungen nicht miteinander konkurrierender Unternehmen unterfallen hingegen der GVO 2790/1999 für Vertikalvereinbarungen.[768] Ein Unterschied zu § 3 GWB a. F. besteht im Anwendungsbereich der beiden Regelungen. Während im Rahmen des § 3 GWB a. F. die Spezialisierung über den Bereich der Produktion hinausging und sich auf jegliche Unternehmensfunktionen, wie etwa den Vertrieb, den Handel und auch die Forschung und Entwicklung bezog,[769] erfasst die GVO Nr. 2658/2000 zunächst nur die Arbeitsteilung bei der Produktion. Insbesondere die Kooperation bei Forschungs- und Entwicklungsarbeiten kann jedoch Gegenstand der GVO Nr. 2659/2000 für Vereinbarungen über Forschung und Entwicklung sein.[770] Die **Marktanteilsgrenze** für die Anwendung der GVO 2658/2000 liegt gem. Art. 4 bei **bis zu 20%**. Das Abstellen auf die Umsatzschwellen – wie in den früheren GVOen für Spezialisierungsvereinbarungen[771] – wurde aufgegeben. Art. 5 Abs. 1 GVO Nr. 2658/2000 führt die **Kernbeschränkungen** auf, die zur Unanwendbarkeit der GVO führen. Unzulässig sind Preisfestsetzungen, Produktions- und Absatzbeschränkungen sowie Marktaufteilungen. Hiervon werden nach Art. 5 Abs. 2 enge Ausnahmen zugelassen.[772]

170 d) GVO 2659/2000 für Vereinbarungen über Forschung und Entwicklung.[773] Die Förderung von Forschung und Entwicklung ist eines der erklärten Ziele der Gemeinschaft.[774] Dementsprechend hat die Europäische Kommission auch gegenüber der zwischenbetrieblichen Zusammenarbeit bei Forschung und Entwicklung von Beginn an eine sehr positive Haltung eingenommen. Konkret schlägt sich das in der GVO 2659/2000[775] nieder.

171 Freigestellt sind gem. Art. 1 Abs. 1 GVO 2659/2000 Vereinbarungen über die **gemeinsame Forschung und Entwicklung** von Produkten oder Verfahren **mit und ohne gemeinsame Verwertung der Ergebnisse** sowie die gemeinsame Verwertung der Ergebnisse von Forschung und Entwicklung aus früheren gemeinsamen Projekten. Als Forschungs- und Entwicklungsgegenstand kommen Produkte, Dienstleistungen oder Verfahren in Betracht; erfasst werden können gemäß der Definition des Art 2 Nr. 4 GVO 2659/2000 der Erwerb von Know-how und die Durchführung theoretischer Analysen,

---

[768] Verordnung EG Nr. 2790/1999 vom 22. 12. 1999 über die Anwendung von Art. 81 Abs. 3 EG auf Gruppen von vertikalen Vereinbarungen und aufeinander abgestimmten Verhaltensweisen, ABl. EG Nr. L 336 vom 29. Dezember 1999, S. 21, vgl. 9. Erwägungsgrund der o. g. GVO Nr. 2658/2000.

[769] *Bunte* in: Frankfurter Kommentar § 3 GWB Rn. 18.

[770] Hierzu sogleich Rn. 170 ff.

[771] Diese wurden stetig von der ersten Umsatzschwelle in Höhe von 150 Mio. Rechnungseinheiten der VO (EWG) Nr. 2779/72, ABl. 1972 Nr. L 292, S. 23 bis auf letztlich 1 Milliarde ECU Gesamtumsatz in der ÄnderungsVO (EWG) Nr. 151/93, ABl. 1993, Nr. L 21, S. 8 angehoben.

[772] Vgl. im Einzelnen die Kommentierung zur GVO 2658/2000.

[773] Vgl. dazu auch die separate Kommentierung hierzu.

[774] Vgl. Art. 3 lit. n und Titel XVIII. des EG-Vertrages; ferner Erwägungsgrund 3 der Verordnung EG Nr. 2659/2000 vom 29. 11. 2000 über die Anwendung von Art. 81 Abs. 3 EG auf Gruppen von Vereinbarungen über Forschung und Entwicklung, ABl. EG Nr. L 304 vom 5. Dezember 2000, S. 7.

[775] Verordnung EG Nr. 2659/2000 vom 29. 11. 2000 über die Anwendung von Art. 81 Abs. 3 EG auf Gruppen von Vereinbarungen über Forschung und Entwicklung, ABl. EG Nr. L 304 vom 5. Dezember 2000, S. 7.

systematische Studien oder Versuche, einschließlich der versuchsweisen Herstellung und der technischen Prüfung, die Errichtung erforderlicher Anlagen und die Erlangung von geistigen Eigentumsrechten an den Ergebnissen.

Die Freistellung gilt, soweit diese Vereinbarungen Wettbewerbsbeschränkungen enthalten, die unter Art. 81 Absatz 1 EG fallen. Diese Klarstellung rührt daher, dass Vereinbarungen über die gemeinsame Durchführung von Forschungsarbeiten oder die gemeinsame Entwicklung der Forschungsergebnisse bis zur Produktionsreife schon nicht unter das Verbot des Art. 81 Absatz 1 – bzw. im nationalen Recht des **§ 1 GWB** – fallen müssen.[776] Die Freistellung gilt gemäß Art. 1 Abs. 2 GVO 2659/2000 auch für mit der Durchführung solcher Vereinbarungen notwendige und unmittelbar verbundene **Nebenabreden** wie etwa Konkurrenzverbote bei Forschungsvorhaben. Zeitlich erstreckt sich die Freistellung vom Beginn der Durchführung der Forschungs- und Entwicklungsarbeit über die Produktreife hinaus bis hin zum gemeinsamen Verwertung für einen Zeitraum von 7 Jahren. Handelt es sich dabei um **konkurrierende Unternehmen**, darf ihr **gemeinsamer Marktanteil** am Markt derjenigen Produkte, die durch die entwickelten Produkte ersetzt oder verbessert werden sollen, **25% nicht überschreiten** (Art. 4 GVO 2659/2000). Ist der Produktions- und 7-Jahres-Vertriebs-Zeitraum abgelaufen, darf der gemeinsame Marktanteil am Markt der entwickelten Produkte 25% nicht überschreiten. Für die Bestimmung der Marktanteile enthält die Leitlinie über horizontale Zusammenarbeit einige Grundsätze, die den Unternehmen bei ihrer Selbstveranlagung helfen sollen.[777] Konkrete und umfangreiche **Freistellungsvoraussetzungen** regelt Art. 3 GVO 2659/2000. Eine längere Liste von **Kernbeschränkungen** findet sich in Art. 5 GVO 2659/2000.[778]

e) **GVO 2790/1999 für Vertikalvereinbarungen.**[779] Das deutsche Recht kannte bislang bei vertikalen Wettbewerbsbeschränkungen die Zweiteilung in per-se-Verbote für Preis- und Konditionenbindungen (sog. Inhaltsbindungen, § 14 GWB a. F.) sowie die Missbrauchsaufsicht für Ausschließlichkeitsbindungen (sog. Abschlussbindungen, § 16 GWB a. F.). Konsequenz des Systemwechsels ist, dass **sowohl Inhalts- als auch Abschlussbindungen unter das Verbot des § 1 GWB fallen** und dementsprechend **der Freistellung bedürfen.**[780]

Vertikale Vereinbarungen sind nicht generell schädlich. Sie können u. U. die wirtschaftliche Effizienz innerhalb einer Produktions- oder Vertriebskette erhöhen, weil sie eine bessere Koordinierung zwischen den beteiligten Unternehmen ermöglichen sowie die Transaktions- und Distributionskosten senken.[781] Die Wahrscheinlichkeit, dass derartige effizienzsteigernde Wirkungen stärker ins Gewicht fallen als die wettbewerbsschädlichen Wirkungen, die von Beschränkungen in den vertikalen Vereinbarungen verursacht werden, hängt davon ab, in welchem Ausmaß die Unternehmen dem Wettbewerb anderer Lieferanten von Waren oder Dienstleistungen ausgesetzt sind. Dem trägt die **GVO 2790/1999 für Vertikalvereinbarungen**[782] Rechnung. Ihr Anwendungsbereich ist **branchenübergrei-**

---

[776] Vgl. Erwägungsgrund 3 der Verordnung EG Nr. 2659/2000 vom 29. 11. 2000 über die Anwendung von Art. 81 Abs. 3 EG auf Gruppen von Vereinbarungen über Forschung und Entwicklung, ABl. EG Nr. L 304 vom 5. Dezember 2000, S. 7; ferner zur Abgrenzung des Verbotstatbestandes von der Freistellung § 1 Rn. 140 f. sowie oben Rn. 118.
[777] EU-Kommission, Leitlinien horizontale Zusammenarbeit Tz. 43–54.
[778] Vgl. die Kommentierung zur GVO 2659/2000.
[779] Vgl. dazu auch die separate Kommentierung hierzu.
[780] Vgl. § 1 Rn. 100 f. sowie oben Rn. 150 ff.
[781] Erwägungsgrund 7 der Verordnung EG Nr. 2790/1999 vom 22. 12. 1999 über die Anwendung von Art. 81 Abs. 3 EG auf Gruppen von vertikalen Vereinbarungen und aufeinander abgestimmten Verhaltensweisen, ABl. EG Nr. L 336 vom 29. 12. 1999, S. 21 ff. Vgl. auch oben Rn. 150 ff.
[782] Verordnung EG Nr. 2790/1999 vom 22. 12. 1999 über die Anwendung von Art. 81 Abs. 3 EG auf Gruppen von vertikalen Vereinbarungen und aufeinander abgestimmten Verhaltensweisen, ABl. EG Nr. L 336 vom 29. 12. 1999, S. 21 ff.

fend,[783] so dass ihr eine **überragende Bedeutung** zukommt. Diese „Schirm-GVO" löst die bisherigen und Ende 1999 ausgelaufenen GVOen für Alleinvertriebs-,[784] Alleinbezugsbindungen[785] und Franchisevereinbarungen[786] ab. Neben diesen Formen von vertikalen Absprachen erhielten auch selektive Vertriebssysteme erstmals eine eigene Regelung.

175 Die GVO 2790/1999 erfasst gem. Art. 2 Abs. 1 sämtliche Formen vertikaler Wettbewerbsbeschränkungen zwischen **nicht** miteinander **im Wettbewerb** stehenden Unternehmen, die sich auf den **Bezug, Verkauf oder Weiterverkauf von Waren oder Dienstleistungen** beziehen. Art. 2 Abs. 4 GVO 2790/1999 erweitert die Freistellung auf bestimmte Fälle von Vereinbarungen zwischen Konkurrenten, die jedenfalls im Hinblick auf die konkreten vertragsgegenständlichen Waren keine Wettbewerber sind oder aber bei denen der Käufer einen Umsatz von weniger als 100 Mio. Euro jährlich hat. Nicht in den Anwendungsbereich fallen gemäß Art. 2 Abs. 3 Lizenz- sowie Miet-, Pacht- oder Leasingverträge.[787] Keine Bedeutung hat zudem, wie viele Unternehmen an einer Vereinbarung beteiligt sind. Dies ist insbesondere für die weit verbreiteten mehrstufigen selektiven Vertriebssysteme von entscheidender Bedeutung.

176 Auch die Vertikal-GVO verfolgt den wirtschaftlich orientierten Ansatz und stellt für die gruppenweise Freistellung auf Marktanteile ab. Der Anwendungsbereich der GVO 2790/1999 wird gem. Art. 3 GVO 2790/1999 dann eröffnet, wenn der auf den Lieferanten entfallende Anteil bzw. bei Alleinvertriebsvereinbarungen der auf den Abnehmer entfallende Anteil an dem relevanten Markt **30% nicht überschreitet.** Diese in der GVO stark vereinfachte Sichtweise kann dazu führen, dass die Kräfteverhältnisse auf dem Markt nicht der Realität entsprechend wiedergegeben werden.[788]

177 Bestimmte Arten schwerwiegender Wettbewerbsbeschränkungen werden als so negativ beurteilt, dass die Freistellungswirkung für die gesamte Vereinbarung ausgeschlossen ist. Diese **Kernbeschränkungen** sind in Art. 4 GVO 2790/1999 angeführt. Sie betreffen vor allem Preisbindungen, Gebiets- und Kundenbeschränkungen, Beschränkungen im Rahmen selektiver Vertriebssysteme sowie Beschränkungen des Ersatzteileverkaufs.[789] Art. 5 GVO 2790/1999 enthält Regelungen zu den zulässigen Wettbewerbsverboten während der Vertragsdauer und zu nachvertraglichen Wettbewerbsverboten. Ein Verstoß hat hier lediglich die Unwirksamkeit der konkreten Verpflichtung zur Folge, nicht aber die Unanwendbarkeit der GVO auf die gesamte Vereinbarung.

178 Praktisch bedeutsam[790] für die Auslegung der GVO sind **die Leitlinien der Europäischen Kommission für vertikale Beschränkungen.**[791] Diese enthalten wichtige Anhaltspunkte und Bewertungskriterien für vertikale Wettbewerbsbeschränkungen im Rahmen der GVO, aber auch für solche Absprachen, die nicht von der GVO 2790/1999 erfasst werden, beispielsweise für Handelsvertreterverträge.[792]

---

[783] Mit Ausnahme der vertikalen Vereinbarungen im Rahmen des Vertriebs von Kfz. Hierzu sogleich Rn. 189 ff.
[784] Verordnung (EWG) Nr. 1983/83 über die Anwendung von Art. 85 Absatz 3 des Vertrages auf Gruppen von Alleinvertriebsvereinbarungen, ABl. Nr. L 173 vom 22. 6. 1983, S. 1.
[785] Verordnung (EWG) Nr. 1984/83 vom 22. 6. 1983 über die Anwendung von Art. 85 Absatz 3 des Vertrages auf Gruppen von Alleinbezugsvereinbarungen, ABl. Nr. L 173 vom 22. 6. 1983, S. 5.
[786] Verordnung (EWG) Nr. 4087/88 über die Anwendung von Art. 85 Absatz 3 des Vertrages auf Gruppen von Franchisevereinbarungen, ABl. Nr. L 359 vom 30. 11. 1988, S. 46.
[787] Vgl. Leitlinien für vertikale Beschränkungen Tz. 25.
[788] Vgl. auch *Veelken* in: Immenga/Mestmäcker, EG-WbR Erg.-Bd., S. 51 ff.
[789] Vgl. im Einzelnen die Kommentierung zur GVO 2790/1999.
[790] Vgl. zur rechtlichen Einordnung von Leitlinien § 1 Rn. 12.
[791] EU-Kommission, Leitlinien für vertikale Beschränkungen, Abl. EG Nr. C 291 vom 13. 10. 2000, S. 1 ff.
[792] EU-Kommission, Leitlinien für vertikale Beschränkungen, Tz. 12 ff. Vgl. hierzu auch ausführlich *Rittner* DB 2000, 1211 ff.

§ 2. Freigestellte Vereinbarungen   179–181   **§ 2 GWB**

Im Kern führt die GVO – ebenso wie das bisherige deutsche Recht – **zur grundsätzli-** 179
chen Freistellung der überwiegenden Anzahl vertikaler Wettbewerbsbeschränkungen. Da § 2 GWB die Anpassung an die europäische Verbotsnorm des Art. 81 Abs. 1 EG unmittelbar mit der Anpassung an die europäischen Freistellungstatbestände (einschließlich der Gruppenfreistellungsverordnungen) verknüpft, führt die Erstreckung des Kartellverbots des bisherigen § 1 GWB auf vertikale Wettbewerbsbeschränkungen sachlich zu angemessenen Ergebnissen. Die Unterschiede bei der Beurteilung von Abschlussbindungen im Vergleich zu den Regelungen des § 16 GWB a. F. fallen insgesamt nicht sehr ins Gewicht.[793] Formal unterfallen **Abschlussbindungen** zwar nunmehr dem Verbotstatbestand des § 1 GWB. Die Freistellung der Vertikal-GVO führt aber im Regelfall dazu, dass derartige Vereinbarungen weiter der Missbrauchskontrolle unterliegen, indem die automatisch gewährten Vorteile nur im Einzelfall entziehbar sind (vgl. § 32d GWB). Die wichtigsten Unterschiede zur Regelung der **Inhaltsbindungen** nach bisherigem Recht (§ 14 GWB a. F.) bestehen darin, dass **Konditionenbindungen** – anders als in § 14 GWB a. F. – nunmehr grundsätzlich freigestellt sind. Auch Preisbindungen sind im Gegensatz zu § 14 GWB a. F. zumindest als **Höchstpreisbindung** zulässig. Ist die Marktanteilsgrenze von 30% überschritten, kommt allerdings § 2 Abs. 1 GWB zur Anwendung.

f) **GVO 772/2004 für Technologietransfer-Vereinbarungen.**[794] Bis zur 7. GWB- 180
Novelle 2005[795] enthielten die **§§ 17 und 18 GWB a. F.** Ausnahmevorschriften für Lizenzverträge und für Verträge über andere geschützte und nicht geschützte Leistungen und Saatgut gestrichen.[796] Derartige Vereinbarungen werden nunmehr nach der GVO Nr. 772/2004[797] beurteilt. Eine wesentliche Änderung für das deutsche Recht ergibt sich dadurch nicht, da die praktische Bedeutung der §§ 17 und 18 GWB a. F. auf Grund der zunehmenden internationalen Verflechtung der deutschen Wirtschaft in diesem Bereich auch bisher meist wegen Zwischenstaatlichkeit zu einer Anwendung der europäischen Regelungen führte.[798]

Gegenstand einer Freistellung nach der GVO 772/2004 sind Technologietransfer- 181
Vereinbarungen, die die Vergabe einer Lizenz für eine bestimmte Technologie zum Gegenstand haben.[799] Dies sind gem. Art. 1 lit. b) und lit. h) GVO 772/2004 **Patentlizenz-, Gebrauchsmuster-, Know-how-, Softwarelizenz-, Geschmacksmusterlizenz-, Sortenschutzlizenzvereinbarungen und aus diesen gemischte Vereinbarungen.** Sie können sich auch auf den Erwerb oder Verkauf von Produkten oder die Lizenzierung oder Übertragung von anderen Rechten an geistigem Eigentum beziehen, sofern das nicht der eigentliche Gegenstand der Vereinbarung ist. Die lizenzierten Rechte müssen bestehen (Art. 2 S. 2 GVO 772/2004).[800] Beziehen sich Lizenzbestimmungen über geistiges Eigentum unmittelbar auf die Nutzung, den Verkauf oder den Weiterverkauf von Waren oder Dienstleistungen und sind Hauptgegenstand der Lizenzvereinbarung, unterfallen sie gem. Art. 2

---

[793] Vgl. zu den Änderungen für Vertikalvereinbarungen nach der 7. GWB-Novelle: *Bahr* WuW 2004, 259 ff.

[794] Vgl. dazu auch die separate Kommentierung hierzu. Vgl. auch § 1 Rn. 205 ff.

[795] Vgl. dazu § 1 Rn. 1 ff und vor §§ 1 bis 3 GWB Rn. 1 ff.).

[796] Begr. RegE 7. GWB-Novelle, BT DS 15/3640, S. 26.

[797] Verordnung EG Nr. 772/2004 vom 27. 4. 2004 über die Anwendung von Art. 81 Absatz 3 EG-Vertrag auf Gruppen von Technologietransfer-Vereinbarungen, ABl. EG Nr. L 123 vom 27. 4. 2004, S. 11 ff.

[798] *Emmerich* S. 140. Auch die Monopolkommission trat in ihrem XI. Hauptgutachten (1994/1995), S. 405, Tz. 971 dafür ein, die §§ 17 und 18 GWB a. F. ersatzlos zu streichen.

[799] Vgl. Erwägungsgrund 5 der Verordnung EG Nr. 772/2004 vom 27. 4. 2004 über die Anwendung von Art. 81 Absatz 3 EG-Vertrag auf Gruppen von Technologietransfer-Vereinbarungen, ABl. EG Nr. L 123 vom 27. 4. 2004, S. 11 ff.

[800] Vgl. hierzu auch, allerdings zur (Vorgänger-)GVO Technologietransfer 1996 BGH WuW/E DE-R 1537, 1540 – *Abgasreinigungsvorrichtung*.

Abs. 3 GVO Vertikalvereinbarungen eben dieser **GVO Vertikalvereinbarungen.**[801] Unerheblich ist es, ob das Verwertungsrisiko beim Veräußerer verbleibt, etwa wenn ein umsatzabhängiges Entgelt vereinbart wurde. In der GVO 772/2004 wurde auf die bisher zu findende Differenzierung zwischen ausschließlicher, nicht-ausschließlicher und alleiniger Lizenz verzichtet.[802] Die Vereinbarung muss gem. Art. 2 GVO 772/2004 der Herstellung von Produkten, d. h. von Waren oder Dienstleistungen, dienen. Nicht erfasst sind daher Lizenzvergaben bei Unteraufträgen und die Bildung von Technologiepools.[803] **Nicht** unter den Anwendungsbereich der GVO fällt ferner die Lizenzierung von **Marken- und Urheberrechten,**[804] soweit nicht Software oder auch geschmacksmusterrechtlich geschützte Werke betroffen sind.[805] Eine generelle Ausnahme gilt nur dann, wenn die Marken- oder Urheberrechte mit der Nutzung der Technologie unmittelbar verbunden sind und nicht den Hauptgegenstand der Vereinbarung darstellen. Dies entspricht der Regelung des § 18 Nr. 3 GWB a. F.

182 Die GVO 772/2004 findet **sowohl auf Vereinbarungen zwischen Wettbewerbern als auch zwischen Nicht-Wettbewerbern Anwendung.** Entsprechend der unterschiedlichen Gefährlichkeit von Horizontal- und Vertikalvereinbarungen legt die GVO **zwei verschiedene Schwellenwerte** für ihre Anwendbarkeit fest. Bei einem **Konkurrenzverhältnis** darf der gemeinsame Marktanteil der an der Vereinbarung beteiligten Unternehmen auf dem relevanten Markt gem. Art. 3 GVO 772/2004 **20% nicht übersteigen.** Bei Vertikalverträgen wird auf den individuellen Marktanteil der Parteien abgestellt und dieser mit **30% als Schwellenwert** quantifiziert. Dabei besteht bei der Berechnung des Marktanteils im Rahmen der GVO Nr. 772/2004 insofern eine Besonderheit, als bei der Marktabgrenzung zwischen dem „**Produktmarkt**" und dem „**Technologiemarkt**" unterschieden werden muss.[806] Äußerst relevant ist unabhängig von den Marktanteilen der konkrete Inhalt der Vereinbarung, betont die Kommission doch, dass auch oberhalb dieser Schwellen nicht automatisch eine Wettbewerbsbeschränkung i. S. d. Art. 81 Abs. 1 EG gegeben sein muss.[807]

183 Art. 4 GVO 772/2004 enthält eine Liste von **Kernbeschränkungen,** die zur Nichtanwendbarkeit der GVO 772/2004 auf die gesamte Vereinbarung führt. Dabei wird auch hier zwischen Vereinbarungen von konkurrierenden und nicht konkurrierenden Unternehmen differenziert.[808]

184 **g) Sektorspezifische Regelungen.** Die Kommission ist beim Erlass von sektorspezifischen GVOen eher zurückhaltend, weil sie die Gefahr einer Zersplitterung und Unüberschaubarkeit des Gemeinschaftsrechtes hervorrufen. Vielmehr sollen die grundlegenden Wettbewerbsregeln für alle Bereiche im Wesentlichen die gleichen sein.[809]

---

[801] *Bauer/de Bronett* Rn. 89 ff.; *Sucker/Guttuso/Gaster* in: Schröter/Jakob/Mederer, Art. 81 – Fallgruppen, Immaterialgüterrechte, Rn. 59.

[802] Vgl. zu den Neuerungen durch die GVO Nr. 772/2004 ausführlich *Lübbig* GRUR 2004, 483 ff.; ferner die separate Kommentierung hierzu.

[803] Erwägungsgrund 7 der Verordnung EG Nr. 772/2004 vom 27. 4. 2004 über die Anwendung von Art. 81 Absatz 3 EG-Vertrag auf Gruppen von Technologietransfer-Vereinbarungen; ABl. EG Nr. L 123 vom 27. 4. 2004, S. 11 ff. Zu Technologiepools auch § 1 Rn. 206.

[804] Dazu ausführlich § 1 Rn. 208 ff für Marken- und Rn. 215 ff für Urheberrechte, dort auch zur zweifelhaften Auffassung der Kommission, die Regelungen der GVO zumindest auf urheberrechtliche „Weiterverkaufs"-Lizenzen anwenden zu wollen.

[805] Vgl. zum Ganzen EU-Kommission, Leitlinien Technologietransfer-Vereinbarungen, Tz. 50 ff.; ferner § 1 Rn. 216.

[806] EU-Kommission, Leitlinien Technologietransfervereinbarungen, Tz. 19.

[807] Erwägungsgrund 21 der Verordnung EG Nr. 772/2004 vom 27. 4. 2004 über die Anwendung von Art. 81 Absatz 3 EG-Vertrag auf Gruppen von Technologietransfer-Vereinbarungen, ABl. EG Nr. L 123 vom 27. 4. 2004, S. 11 ff.

[808] Vgl. im Einzelnen die Kommentierung der GVO 772/2004.

[809] Vgl. *Monti,* Pressemitteilung der Kommission vom 17. 7. 2002, IP/02/1073.

aa) Regelungskomplex Verkehr. Als derzeit gültige Gruppenfreistellungen auf dem Verkehrssektor sind zu nennen:

Art. 4 VO (EWG) Nr. 1017/68[810] enthält für den Eisenbahn-, Straßen- und Binnenschifffahrtsverkehr eine Gruppenfreistellung für kleinere und mittlere Unternehmen betreffend Absprachen zur Zusammenfassung unökonomisch arbeitender Einzelbetriebe.

Im Seeverkehr gab es in den Art. 3 ff. der VO (EWG) Nr. 4056/86[811] eine Gruppenfreistellung für Linienschifffahrtskonferenzen. Diese wurde jedoch zum 18. Oktober 2008 aufgehoben.[812] Durch die GVO Nr. 823/2000[813] werden nunmehr noch bestimmte Vereinbarungen zwischen Seeschifffahrtsunternehmen (Konsortien) vom Kartellverbot gruppenweise freigestellt.

Während früher zahlreiche Gruppenausnahmen für den Luftverkehr auf europäischer Ebene existierten, hat jetzt nur noch die VO Nr. 1459/2006[814] Gültigkeit. Sie betrifft Konsultationen über Tarife zur Beförderung von Passagieren im Personenlinienverkehr und die Zuweisung von Zeitnischen auf Flughäfen.

bb) GVO Kfz-Vertrieb 1400/2002.[815] Eine praxisrelevante branchenspezifische Regelung im europäischen Recht trifft die GVO Kfz-Vertrieb[816] für Vereinbarungen über den **Vertrieb von neuen Kraftfahrzeugen, Ersatzteilen und Kundendienstleistungen sowie Wartungs- und Instandsetzungsdienstleistungen für Kraftfahrzeuge.**

Bei Kraftfahrzeugen handelt es sich um teure und langlebige Verbrauchsgüter, die fachkundiger Wartung und Instandsetzung bedürfen.[817] Da sich die früheren Regelungen nach Meinung der Kommission nicht hinreichend zugunsten des Verbrauchers ausgewirkt hatten,[818] wurde trotz des zuvor erfolgten Erlasses der GVO 2790/1999 für Vertikalvereinbarungen erneut eine Sonderregelung für den Kfz-Sektor geschaffen. Diese orientiert sich zwar an der GVO 2790/1999 für Vertikalvereinbarungen, enthält entsprechend der Zielvorgabe aber strengere Regelungen für die Bewertung von vertikalen Beschränkungen als die GVO 2790/1999 für Vertikalvereinbarungen. So kann beispielsweise den Händlern nach einer Übergangszeit von drei Jahren[819] nicht mehr das Verbot auferlegt werden, in anderen Gebieten eine Niederlassung zu eröffnen (Art. 5 Abs. 2 lit. b) Kfz-GVO). Nach der GVO 2790/1999 für Vertikalvereinbarungen werden im Rahmen von selektiven Vertriebssystemen außerhalb des Kfz-Sektors hingegen diese sog. Standortklauseln nicht als Kernbeschränkung angesehen (Art. 4 lit. c) 2. HS GVO 2790/1999 für Vertikalvereinbarungen). Zudem ist nach der GVO Kfz-Vertrieb die Verknüpfung von Exklusiv- und Selektivvertrieb unzulässig. Auch die weiteren Bestimmungen der GVO Kfz-Vertrieb sind darauf ausgelegt, den Wettbewerb zwischen den Händlern zum Nutzen der Verbraucher zu

---

[810] ABl. Nr. L 175 vom 16. 7. 1968, S. 1.
[811] ABl. Nr. L 378 vom 31. 12. 1986, S. 4
[812] ABl. Nr. L 378 vom 31. 12. 1986, S. 4; aufgehoben durch VO (EG) Nr. 1419/2006 des Rates v. 25. 9. 2006 zur Aufhebung der VO (EWG) Nr. 4056/86, dazu eingehend Leitlinien für die Anwendung von Art. 81 EG-Vertrag auf Seeverkehrsdienstleistungen v. 1. 7. 2008, SEK(2008) 2151 endgültig.
[813] ABl. Nr. L 100 vom 20. 4. 2000, S. 24, geändert durch VO (EG) Nr. 463/2004 v. 12. 3. 2004, ABl. L 77 v. 13. 3. 2004, und durch VO (EG) Nr. 611/2005 v. 20. 4. 2005, ABl. L 101 v. 21. 4. 2005, S. 10. Die VO ist in der Überarbeitung, vgl. Leitlinien für die Anwendung von Art. 81 EG-Vertrag auf Seeverkehrsdienstleistungen v. 1. 7. 2008, SEK(2008) 2151 endgültig, Tz. 6.
[814] ABl. 2006 Nr. L 272, S. 38.
[815] Siehe hierzu die separate Kommentierung.
[816] Verordnung EG Nr. 1400/2002 vom 31. 7. 2002 über die Anwendung von Art. 81 Absatz 3 des Vertrags auf Gruppen von vertikalen Vereinbarungen und aufeinander abgestimmten Verhaltensweisen im Kraftfahrzeugsektor; ABl. EG Nr. L 203 vom 1. 8. 2002, S. 30 ff.
[817] Bericht der Kommission über die Funktionsweise der Verordnung (EG) Nr. 1475/95, S. 10 (Tz. 37). Im Internet abrufbar unter http://europa.eu.int/comm/competition/car_sector/.
[818] Pressemitteilung der Kommission vom 17. 7. 2002, IP/02/1073.
[819] Diese Regelung gilt erst ab dem 1. 10. 2005, vgl. Art. 12 Abs. 2 Kfz-GVO.

verstärken, damit die Verbraucher die Vorteile des Binnenmarktes verstärkt in Anspruch nehmen können.

191 Die unmittelbare Geltung der GVO Kfz-Vertrieb gemäß § 2 Abs. 2 GWB seit der 7. GWB-Novelle 2005 wird in Deutschland kaum Veränderungen für die Praxis mit sich bringen. Derartige Vereinbarungen weisen regelmäßig einen zwischenstaatlichen Bezug auf und wurden somit schon bisher ausschließlich nach dem europäischen Recht der GVO Kfz-Vertrieb beurteilt.

192 **cc) GVO 358/2003 für die Versicherungswirtschaft.**[820] Während in vielen nationalen Rechtsordnungen, wie etwa mit § 29 GWB a. F. im deutschen Kartellrecht, bereichsspezifische Ausnahmen für die Versicherungswirtschaft bestanden, war auf europäischer Ebene lange Zeit umstritten, ob die wettbewerbsrechtlichen Kompetenzen des EG-Vertrages überhaupt angewendet werden können.[821] Mit der Entscheidung des EuGH in der Sache Feuerversicherung[822] wurde diese Frage zugunsten der uneingeschränkten Anwendbarkeit der Art. 81, 82 EG bejaht. Mit der nunmehr geltenden GVO Nr. 358/2003 werden bestimmte Formen der **Zusammenarbeit von Versicherungsunternehmen vom Kartellverbot ausgenommen.** Dabei enthält die GVO vor allem Bestimmungen hinsichtlich gemeinsamer Berechnungen und Tabellen, Studien, Muster allgemeiner Versicherungsbedingungen, Modelle, Versicherungsgemeinschaften und Sicherheitsvorkehrungen.

193 Mit der vollständigen Abschaffung der Bereichsausnahme des § 29 GWB a. F. müssen Versicherungsunternehmen nunmehr unabhängig vom zwischenstaatlichen Bezug ihre Kooperationen an der GVO Nr. 358/2003 messen. Da diese jedoch nur wenige Bestimmungen enthält, sind die Versicherungsunternehmen außerhalb des Regelungsbereiches der GVO darauf angewiesen, dass die Voraussetzungen des Freistellungstatbestandes des Art. 81 Abs. 3 EG bzw. des § 2 Abs. 1 GWB vorliegen. Hierdurch können sich zwar keine gravierenden Unterschiede zu der bisherigen Rechtslage des § 29 GWB a. F. ergeben;[823] im Einzelfall besteht aber durch den Fortfall des § 29 GWB a. F. etwas größere Rechtsunsicherheit.

4. Geltung auch in nichtzwischenstaatlichen Sachverhalten

194 Der Hinweis in **§ 2 Abs. 2 S. 2 GWB** auf die Anwendung auch in den Fällen, in denen der zwischenstaatliche Handel nicht berührt ist, erklärt sich aus dem Ziel des Gesetzgebers, mit Einführung des § 2 GWB durch die 7. GWB-Novelle 2005 das deutsche Kartellrecht mit dem europäischen Kartellrecht im Hinblick auf die Anwendung des Art. 81 EG zu harmonisieren. In zwischenstaatlichen Sachverhalten[824] geht die Beurteilung nach Art. 81 EG vor, **§ 22 GWB**. Für die Fälle mit Zwischenstaatlichkeitsbezug gelten die Gruppenfreistellungsverordnungen auf Grund des Art. 249 Abs. 2 EG unmittelbar. Der Gesetzgeber wollte jedoch auch unterhalb der Zwischenstaatlichkeitsschwelle mit Art. 81 EG harmonisiertes Recht, weil es oft schwierig ist zu bewerten, ob ein Sachverhalt zwischenstaatlich ist. Für Vereinbarungen ohne Zwischenstaatlichkeit, also z. B. mit lediglich regionaler Bedeutung, wird der Anwendungsbereich der Gruppenfreistellungsverordnungen mit **konstitutiver Wirkung** auf diese erstreckt.[825] Allerdings kann es unterhalb der Zwischenstaatlichkeitsschwelle nach bestrittener, aber zutreffender Ansicht in gewissen Grenzen zu einer Modifikation von EU-GVOen kommen.[826]

---

[820] Vgl. hierzu auch die separate Kommentierung.
[821] Vgl. *Schauer* in: Liebscher/Flohr/Petsche, § 12 Rn. 1 mwN.
[822] EuGH vom 27. 1. 1987, Rs. C-48/85, Slg. 1987, 405 – *Verband der Sachversicherer/Kommission*.
[823] Begr. RegE 7. GWB-Novelle, BT DS 15/3640, S. 49.
[824] Dazu die Kommentierung zu Art. 81 Abs. 1 Rn. 178 ff.
[825] Begr. RegE 7. GWB-Novelle, BT DS 15/3640, S. 25.
[826] Siehe Rn. 161.

IV. Rechtsfolgen

1. Legalausnahme

Vereinbarungen, die die Voraussetzungen des § 2 Abs. 1 GWB oder § 2 Abs. 2 i. V. m. einer GVO erfüllen, sind **automatisch ohne erforderliche konstitutive Entscheidung** der Kartellbehörde vom Verbot des § 1 GWB **freigestellt.**[827] Die Freistellung durch § 2 Abs. 1 oder Abs. 2 GWB wirkt wie Art. 81 Abs. 3 EG in Verbindung mit der VO 1/2003 bzw. wie eine EU-Gruppenfreistellungsverordnung als Legalausnahme. Im Gegensatz zur Rechtslage bis zur 7. GWB-Novelle 2005 ist nun also insbesondere für Horizontalvereinbarungen kein administratives Freistellungsverfahren, also keine Anmeldung mehr erforderlich, um die Wirksamkeit einer Vereinbarung durch fehlenden Widerspruch (§ 9 Abs. 1, 3 GWB a. F.) bzw. durch Freistellungsverfügung (§ 10 GWB a. F.) zu erreichen.[828] **Die getroffenen horizontalen und vertikalen Vereinbarungen sind per se wirksam, wenn sie die Freistellungsvoraussetzungen des § 2 Abs. 1 oder Abs. 2 GWB erfüllen.** Es bestehen über dies keine Formvorschriften für die Legalausnahme, insbesondere **kein Schriftformerfordernis.**[829] Jedoch empfiehlt sich eine Dokumentation, um nicht in Schwierigkeiten bei Darlegung und Beweis zu geraten.[830] 195

Fehlt die Freistellung, so bleibt es beim Verstoß gegen § 1 GWB mit seinen Rechtsfolgen.[831] 196

Im Hinblick auf **§ 2 Abs. 2 GWB** besteht die Möglichkeit, den **Vorteil der Gruppenfreistellung im Einzelfall zu entziehen,** wenn deren Anwendung zu Ergebnissen führt, die mit dem Kartellverbot nicht mehr vereinbar wären. Das kann zum einen Fälle betreffen, die einen zwischenstaatlichen Bezug aufweisen;[832] zum anderen wird die Kartellbehörde durch **§ 32 d GWB** aber auch bei wettbewerbsbeschränkenden Absprachen mit rein innerstaatlicher Auswirkung dazu ermächtigt, den Vorteil einer GVO bei Verstoß gegen § 1 GWB zu entziehen. Dabei gilt diese Regelung nur insoweit, als die Auswirkungen auf das Gebiet der Bundesrepublik oder abspaltbare Teile davon begrenzt sind.[833] 197

2. Selbsteinschätzung

Zu prüfen und zu bewerten, ob eine Freistellung nach § 2 GWB gegeben ist, obliegt den Unternehmen selbst ("Selbsteinschätzung").[834] Der Vorteil einer geringeren Belastung der Behörden, die sich auf schwerwiegende Verstöße konzentrieren können,[835] und einer Entbürokratisierung für die Unternehmen muss im Lichte etwaiger Nachteile auf Seiten der Unternehmen gesehen werden, für die der größere Freiraum mit einem höheren **Risiko von Fehlbewertungen** verbunden ist. Das gilt nicht nur für die an wettbewerbsbeschränkenden Vereinbarungen Beteiligten, sondern vor dem Hintergrund der angestrebten privaten Rechtsdurchsetzung für wettbewerbsbeschränkende Vereinbarungen auch für Dritte. Die Selbsteinschätzung – und erst recht eine Fremdeinschätzung – durch private Unternehmen ist ein durchaus komplexer Vorgang. Die Unternehmen haben im Gegensatz zu den Kartellbehörden weder eigene Ermittlungsbefugnisse, noch können sie auf einen hinreichenden ökonomischen Datenbestand zur Beurteilung der Marktverhältnisse zurückgrei- 198

---

[827] Vgl. zum System der Legalausnahme Rn. 5 ff.
[828] Begr. RegE 7. GWB-Novelle, BT DS 15/3640, S. 44.
[829] Vgl. oben Rn. 16.
[830] Dazu unten Rn. 203 ff.
[831] Dazu § 1 Rn. 247 ff.
[832] Vgl. Art. 29 Abs. 2 VO Nr. 1/2003.
[833] Begr. RegE 7. GWB-Novelle, BT DS 15/3640, S. 34.
[834] Vgl. hierzu *Kahlenberg/Haellmigk* BB 2004, 389, 392; *Fuchs* ZWeR 2005, 1, 3.
[835] *Bornkamm/Becker* ZWeR 2005, 213, 215.

fen.⁸³⁶ Auch die Leitlinien sind in ihrer Formulierung zu unbestimmt, um – insbesondere bei Bewertungen der Marktstruktur – zu praktisch konkreten Ergebnissen zu gelangen.⁸³⁷ Allein die Bestimmung der beispielsweise für die Anwendung vieler GVOen wichtigen Marktanteile erfordert umfangreiche ökonomische Untersuchungen.⁸³⁸ Selbst die Justitiabilität der Tatbestandsformulierungen wird diskutiert.⁸³⁹ Vor diesem Hintergrund steht zu befürchten, dass unzulängliche Daten und Fehleinschätzungen zu Lasten der Unternehmen gehen werden. Konstitutive Freistellungsentscheidungen der Kartellbehörden gaben den Kartellbeteiligten und klageberechtigten Dritten Rechtssicherheit.⁸⁴⁰ Das System der Administrativfreistellung, wie es insbesondere für Horizontalvereinbarungen galt, stärkte das Wettbewerbsprinzip, indem grundsätzlich alle wettbewerbsbeschränkenden Vereinbarungen und Verhaltensweisen als verboten gelten, bis sie durch administrativen Akt von diesem Verbot freigestellt wurden.⁸⁴¹ Überdies erhielten die Kartellbehörden so einen Überblick über das Marktgeschehen, der ihnen die Beurteilung von Auswirkungen auf die Marktstruktur erleichterte. Diese bisherigen Vorteile von Notifizierungs- und Publizitätswirkung von Freistellungsentscheidungen entfallen im System der Legalausnahme.⁸⁴² Etwas abgemildert wird das durch die Möglichkeit einer **informellen Abklärung** des Falles mit der KartB, die zudem die Möglichkeit hat, nach **§ 32 c** GWB zu entscheiden bzw. sich verbindliche Verpflichtungszusagen von den Beteiligten nach **§ 32 b** GWB geben zu lassen.⁸⁴³

199 **Geringere Probleme** werfen jedenfalls solche Vereinbarungen auf, die unter die etwas spezifischeren Regelungen einer **GVO** iVm. **§ 2 Abs. 2 GWB** fallen. Der Auslegungsspielraum des Rechtsanwenders wird verkleinert, indem die GVOen den allgemeinen Freistellungstatbestand des Art. 81 Abs. 3 EG konkretisieren, an welchem sie sich gemäß Art. 83 EG stets messen lassen müssen. Dies gleicht bei Horizontalvereinbarungen zumindest teilweise den Verlust an Rechtssicherheit aus, der durch die Streichung der enumerativ aufgezählten Ausnahmetatbestände der §§ 2 bis 8 GWB a. F. entsteht. Aber auch hier sind die mit Selbst- oder Fremdeinschätzung verbundenen Probleme nicht vollständig beseitigt, stellt doch – wie erwähnt – insbesondere die Berechnung der Marktanteile grundsätzlich eine zentrale Voraussetzung für die Anwendbarkeit der GVOen überhaupt dar. Das Kriterium des Marktanteils stellt für die Unternehmen kein zuverlässiges und handhabbares Instrument dar, um sich über den Anwendungsbereich einer GVO Klarheit zu verschaffen. Hier vermag die Bekanntmachung der Kommission über die Bestimmung des relevanten Marktes⁸⁴⁴ ebenso wenig wie die bisherige Entscheidungspraxis dem einzelnen Unternehmer einen verlässlichen Anhaltspunkt zu geben, wenn er vor der konkreten Aufgabe steht, den für ihn relevanten Markt abzugrenzen. Um diese für die Unternehmen bestehende Rechtsunsicherheit abzufedern, enthalten die GVOen zumindest Toleranzschwellenregelungen, die temporale Marktanteilsschwankungen abfangen sollen.⁸⁴⁵

3. Nicht justitiabler Beurteilungsspielraum bei der Selbsteinschätzung?

200 Verschiedentlich ist gefordert worden, wegen der Schwierigkeit einer Bewertung der Freistellungsvoraussetzungen, den beteiligten Unternehmen einen behördlich und gericht-

---

⁸³⁶ *Müller* WRP 2004, 1472, 1478; *Schwintowski/Klaue* WuW 2005, 370, 372.
⁸³⁷ *Müller* WRP 2004, 1472, 1477.
⁸³⁸ EU-Kommission, Leitlinien Art. 81 Abs. 3 EG, Tz. 109. Vgl. hierzu auch *Nolte* BB 1998, 2429, 2431; *Polley/Seeliger* WRP 2000, 1203, 1209 f.
⁸³⁹ *Quellmalz* WRP 2004, 461 ff.; *Heutz* WuW 2004, 1255 (1260); *Hirsch* ZWeR 2003, 233, 238.
⁸⁴⁰ Begr. RegE 7. GWB-Novelle, BT DS 15/3640, S. 28.
⁸⁴¹ Begr. RegE 7. GWB-Novelle, BT DS 15/3640, S. 28.
⁸⁴² *Heutz* WuW 2004, 1255, 1260.
⁸⁴³ Siehe auch Rn. 202.
⁸⁴⁴ Bekanntmachung der Kommission über die Definition des relevanten Marktes im Sinne des Wettbewerbsrechts der Gemeinschaft, ABl. EG Nr. C 372 vom 9. 12. 1997, S. 5.
⁸⁴⁵ Vgl. beispielsweise Art. 9 Abs. 2 lit. c) bis e) Vertikal-GVO.

lich nicht oder nur eingeschränkt überprüfbaren Beurteilungsspielraum einzuräumen. Die kaufmännisch vertretbare Annahme, die Freistellungsvoraussetzungen seien erfüllt, soll für eine Freistellung genügen.[846] **Das ist abzulehnen.**[847] Ein solcher Beurteilungsspielraum kann allenfalls dem Rechtsanwender, nicht jedoch dem Verbotsadressaten zu Teil werden. Auch erscheint es rechtspolitisch als zweifelhaft, nichtfreigestellte Vereinbarungen der Nichtigkeitsfolge des § 1 GWB zu entziehen oder Verbotsmöglichkeiten für die Zukunft auszuschließen. Jedoch kann das **Verschulden fehlen,** wenn die beteiligten Unternehmen nach sorgfältiger Information und fachkundiger Beratung von einer Freistellung überzeugt sind;[848] dann entfallen zumindest Schadensersatzansprüche oder Bußgelder. Im Bußgeldverfahren können außerdem vermeidbare Irrtümer im Hinblick auf die Gewährung einer Freistellung nach § 2 GWB bei der Bußgeldbemessung berücksichtigt werden.[849]

4. Praktische Vorgehensweise bei der Selbsteinschätzung (kartellrechtliche Compliance)

Es wird dringend angeraten, bei der Selbsteinschätzung sorgfältig vorzugehen.[850] Denn ein Verschulden und damit eine Schadensersatzhaftung bzw. eine Bußgeldpflicht besteht jedenfalls dann, wenn kein oder kein nennenswertes System der Selbsteinschätzung als Teil der kartellrechtlichen Compliance praktiziert wird.[851] Ein solches System setzt zunächst voraus, dass **Verträge vor ihrem Abschluss** – soweit erforderlich auch unter Hinzuziehung externen Sachverstandes – sorgfältig geprüft werden. Da die Freistellung nur bestehen bleibt, wenn die Voraussetzungen des § 2 GWB ständig eingehalten bleiben,[852] muss ein **kontinuierliches Vertragsmanagement** eingerichtet werden, das **für die gesamte Dauer der Kooperation** auf Sachverhaltsänderungen reagiert.[853]

Davon unberührt bleiben die Probleme, die vor allem in zivilrechtlichen Streitigkeiten auftreten. Bei der grundsätzlichen Verteilung der Darlegungs- und Beweislast zu Lasten desjenigen, der sich auf die Freistellung beruft,[854] ist es für die an einer wettbewerbsbeschränkenden Abrede nach § 1 GWB beteiligten Unternehmen zwingend, sich ausreichend vorzubereiten, um ggf. dieser Last nachkommen zu können. Alle **Absprachen** sind deshalb eingehend zu **dokumentieren,** die sich als kartellrechtsrelevant erweisen könnten. Außerdem sollte die sorgfältige **kartellrechtliche Prüfung** belegbar sein. Geht es um eine Einzelfreistellung nach § 2 Abs. 1 GWB, empfiehlt sich bezüglich der **Effizienzgewinne** und der insbesondere dort bestehenden hohen Substantiierungslast[855] eine detaillierte **Prognose der betriebswirtschaftlichen Vorteile;**[856] ggf. kann hierzu ein Sachverständigengutachten eingeholt werden. Ist die **Berechnung von Marktanteilen** erforderlich

---

[846] Vgl. *Bechtold* WuW 2003, 343; im Hinblick auf die Verhängung von Bußgeldern auch *Dreher/Thomas* WuW 2004, 8, 16 f.
[847] Wie hier *Fuchs* ZWeR 2005, 1, 22 mwN.; ders. in: Immenga/Mestmäcker, GWB, § 2 Rn. 59; *Röhling* GRUR 2003, 1019, 1020; *Jaeger* WuW 2000, 1062, 1073 f.; *Koch* ZWeR 2005, 380, 382, 393 f.; *Bunte* in: Langen/Bunte § 2 GWB Rn. 8.
[848] Vgl. hierzu auch die Kommentierung zu § 33.
[849] *Dreher/Thomas* WuW 2004, 8; *Schweda* WuW 2004, 1133, 1138; *Fuchs* ZWeR 2005, 1, 22. Siehe die Kommentierung von §§ 81 ff. GWB zu Bußgeldbemessung.
[850] *Schwintowski/Klaue* WuW 2005, 370, 372; *Bechtold/Bosch/Brinker/Hirsbrunner* Art. 81 Rn. 160; *Fuchs* in: Immenga/Mestmäcker, GWB, § 2 Rn. 57.
[851] *Schwintowski/Klaue* WuW 2005, 370, 377. Vgl. auch die Ausführungen zur Darlegungs- und Beweislast unten Rn. 203 ff.
[852] Vgl. Rn. 16, dort auch zu den Ausnahmen.
[853] *Fuchs* in: Immenga/Mestmäcker, GWB, § 2 Rn. 54.
[854] Vgl. unten Rn. 203.
[855] Vgl. unten Rn. 204.
[856] *Bechtold/Bosch/Brinker/Hirsbrunner* Art. 81 Rn. 160.

(z. B. wegen Marktanteilsschwellen in GVOen), sollten möglichst belastbare Zahlen von dritter Seite vorliegen; es kann auch bei der für den Bereich zuständigen Beschlussabteilung des BKartA nachgefragt werden, ob dort Zahlenmaterial vorhanden ist. Ansonsten ist an ein Sachverständigengutachten zu denken. – Bleiben nennenswerte Zweifel, sollte die Möglichkeit erwogen werden, mit der **Kartellbehörde informell abzuklären,** ob die vorgesehenen Vereinbarungen von der Behörde als freistellungsfähig angesehen werden. Die Kartellbehörde kann sogar eine Entscheidung nach **§ 32 c GWB** erlassen;[857] im Rahmen des § 3 GWB besteht sogar unter bestimmten Voraussetzungen ein Anspruch darauf (§ 3 Abs. 2 GWB). Auch wenn die rechtlichen Wirkungen einer Entscheidung nach § 32 c GWB begrenzt sind,[858] kann ihr eine erhebliche faktische Bedeutung zukommen.[859] Hat die Behörde Bedenken, kann versucht werden, die über Verpflichtungszusagen nach § 32 b GWB auszuräumen.

V. Darlegungs- und Beweislast

1. Grundsatz

203 Hat eine wettbewerbsbeschränkende Vereinbarung zwischenstaatliche Auswirkungen, so greift **Art. 2 VO Nr. 1/2003.** Danach liegt die Darlegungs- und Beweislast für die Freistellungsvoraussetzungen des Art. 81 Abs. 3 EG bei dem **Unternehmen, das sich auf die Freistellung beruft.**[860] Gemäss § 22 GWB bricht diese Regelung in zwischenstaatlichen Sachverhalten in das GWB ein. Außerhalb von zwischenstaatlichen Sachverhalten existiert im GWB keine Regelung zur Darlegungs- und Beweislast. Jedoch findet im **GWB** diese Beweislastverteilung auch unterhalb der Zwischenstaatlichkeitsschwelle Anwendung. Derjenige, der sich auf die Ausnahmevorschrift des § 2 Abs. 1 GWB beruft, hat auch dessen Vorliegen zu beweisen, wie schon die **Regierungsbegründung** zur 7. GWB-Novelle ausführt.[861] Dies gilt, obwohl angesichts der Streichung des § 23 GWB n. F. im Gesetzgebungsverfahren nicht aufgrund einer Geltung der Grundsätze des europäischen Wettbewerbsrechtes auf die gemeinschaftsrechtliche Beweislastverteilung rekurriert werden kann. Deshalb wird für die Herleitung dieses Ergebnisses auf die allgemeine Regel, dass jeder die Tatsachen zu beweisen hat, die für ihn günstig sind,[862] oder auf Billigkeitsgrundsätze zurückgegriffen.[863]

204 Bei **§ 2 Abs. 1 GWB** trifft die Darlegungs- und Beweislast die an der Abrede im Sinne des § 1 GWB Beteiligten im Hinblick auf **alle vier Freistellungsvoraussetzungen** (Effizienzgewinn, Unerlässlichkeit, Angemessene Beteiligung, keine Ausschaltung des Wettbewerbs), auch wenn zwei dieser Voraussetzungen negativ[864] formuliert sind.[865] Die EU-Kommission in ihren Leitlinien zur Anwendung von Art. 81 Abs. 3 EG im Übrigen eine **hohe Substantiierungslast** für das Vorliegen der **Effizienzgewinne** auf. Danach müssen die Art der Effizienzgewinne, ihre Verknüpfung mit der Abrede, die Wahrscheinlichkeit und das Ausmaß der Effizienzgewinne sowie außerdem wie und wann jeder geltend gemachte Effizienzgewinn erreicht wird, substantiiert dargelegt werden.[866] Das BKartA folgt

---

[857] Begr. RegE 7. GWB-Novelle, BT DS 15/3640, S. 29.
[858] Siehe hierzu die Kommentierung zu § 32 c.
[859] Zutreffend *Bechtold,* GWB, § 32 c Rn. 2.
[860] Zur identischen Rechtslage im gemeinschaftsrechtlichen Kartellverbot vgl. Art. 81 Abs. 3 EG Rn. 5.
[861] Begr. RegE 7. GWB-Novelle, BT DS 15/3640, S. 23, 44.
[862] *Bornkamm/Becker* ZWeR 2005, 213, 230; *Fuchs* in: Immenga/Mestmäcker, GWB, § 2 Rn. 46.
[863] *Kahlenberg/Haellmigk* BB 2004, 389, 391.
[864] So EU-Kommission, Leitlinien Art. 81 Abs. 3 EG, Tz. 34.
[865] Zustimmend *Fuchs* in: Immenga/Mestmäcker, GWB, § 2 Rn. 49.
[866] EU-Kommission, Leitlinien Art. 81 Abs. 3 EG, Tz. 51.

§ 2. Freigestellte Vereinbarungen

dem in seiner Praxis.[867] – Bei § 2 Abs. 2 GWB muss die darlegungs- und beweisbelastete Partei sämtliche Voraussetzungen der GVO darlegen und beweisen, insbesondere auch deren Anwendbarkeit auf Grund der Einhaltung von Marktanteilsschwellen. Auch das Fehlen von Kernbeschränkungen, also das fehlende Eingreifen der darauf bezogenen „schwarzen Klauseln" aus den GVOen, muss das sich auf die Freistellung berufende Unternehmen darlegen und ggf. beweisen.[868]

Allerdings ist nicht zu verkennen, dass die **Übergänge** einer fehlenden Tatbestandsmäßigkeit des Kartellverbotes (**§ 1 GWB**) zu einer Freistellung (**§ 2 GWB**) **fließend** sein können und sich dann kaum abschließend sagen lässt, ob ein Sachverhalt schon nicht unter § 1 fällt oder freigestellt ist.[869] Das ist bei der Verteilung der Darlegungs- und Beweislast zu berücksichtigen.[870] Sofern es allerdings um eine Reduzierung des Tatbestandes des § 1 GWB wegen des Immanenzgedankens geht, liegt die Last – wie bei der Freistellung – bei demjenigen, der sich darauf beruft.[871]

Im Rahmen der Verabschiedung der VO Nr. 1/2003 hat die Bundesregierung in einer Protokollerklärung zu verstehen gegeben, dass diese Beweislastverteilung wegen der verfassungsrechtlich garantierten Unschuldsvermutung nicht im **Bußgeldverfahren** gelten könne. Daher betont die Gesetzesbegründung, dass der Untersuchungsgrundsatz in kartellrechtlichen Bußgeldverfahren sowie die Unschuldsvermutung in Bußgeldverfahren unberührt bleiben.[872] Ob dieser Frage überhaupt praktische Bedeutung zukommt, wird teilweise bezweifelt.[873] In **Verwaltungsverfahren** ist zu differenzieren: Bei zwischenstaatlichen Sachverhalten greift die Regel des Art. 2 VO 1/2003, nach der die Freistellungsvoraussetzungen von dem Unternehmen bei *non liquet* zu beweisen sind, das sich auf sie beruft.[874] Unterhalb der Zwischenstaatlichkeitsschwelle kann eine kartellbehördliche Verfügung gem. § 32 GWB nicht auf eine solche Beweislastregel gestützt werden, weil eine Regelung im nationalen Recht fehlt.[875]

2. Erleichterungen der Darlegungs- und Beweislast

Probleme wirft das System der Legalausnahme im Zivilprozess zunächst für das Unternehmen auf, das sich auf die Freistellung nach § 2 GWB beruft, weil es insoweit die Darlegungs- und Beweislast trägt. Das Unternehmen muss den Zivilgerichten insbesondere genügend Informationen über die Marktlage zukommen lassen.[876] Hier ist an **Erleichterungen der Darlegungs- und Beweislast** zu denken. Der Nachweis der Freistellungsvoraussetzungen kann an komplexe ökonomische Fragestellungen geknüpft sein. Während im Verwaltungs- und Bußgeldverfahren spezialisierte und sachkundige Behörden auf Grundlage des Amtsermittlungsgrundsatzes Ermittlungen anstellen können, werden Private die umfangreichen qualitativen und quantitativen Untersuchungen im Zuge einer Marktanalyse selten meistern, ganz davon zu schweigen, dass die Ansätze und zugrunde liegenden Daten ökonomischer Gutachten durchaus umstritten sein können.[877] Vielen steht überdies die Möglichkeit zur Anfertigung ökonomischer Sachverständigengutachten – schon

---

[867] Vgl. eingehend Rn. 26.
[868] *Fuchs* in: Immenga/Mestmäcker, GWB, § 2 Rn. 50.
[869] Siehe auch § 1 GWB Rn. 152 f.
[870] Eingehend die Kommentierung zu Art. 81 Abs. 3 EG Rn. 11 ff.
[871] Vgl. § 1 Rn. 152.
[872] Begr. RegE 7. GWB-Novelle, BT DS 15/3640, S. 23, 44; *Hirsch* ZWeR 2003, 233, 242.
[873] *Bechtold* DB 2004, 235, 237 f.
[874] *Hirsch* ZWeR 2005, 233, 241; *Fuchs* in: Immenga/Mestmäcker, GWB, § 2 Rn. 48; *Bechtold*, GWB, § 2 Rn. 6.
[875] *Fuchs* in: Immenga/Mestmäcker, GWB, § 2 Rn. 48; *Kling/Thomas* § 17 Rn. 19.
[876] *Hirsch* ZWeR 2003, 233, 239.
[877] *Kirchhoff* WuW 2004, 745, 748.

finanziell – kaum zur Verfügung. Daher werden in der Literatur zu Recht Möglichkeiten diskutiert, als Konsequenz aus dem Prinzip der Legalausnahme den Beibringungsgrundsatz des deutschen Zivilprozessrechts an die Bedürfnisse des Kartellrechtes anzupassen. Angesichts der Tatsache, dass Fehlurteile hier nicht nur die Interessen der streitenden Parteien berühren, sondern sich unter Umständen auch gravierend auf die Marktstruktur und damit Belange der Allgemeinheit auswirken, sollten die Anforderungen an den Parteivortrag schon im Lichte der Waffengleichheit im Prozess nicht überstrapaziert werden.[878] So etwa wird in der Kartellrechtspraxis bei der Analyse des Marktes und Prognose von Entwicklungen auch auf Wahrscheinlichkeitsstandards zurückgegriffen.[879] Die persönliche Gewissheit des Richters als Standard für den Parteivortrag wird man bei ökonomischen Analysen des Marktes, denen per se ein spekulatives Element innewohnt, nicht fordern können. Überdies liegt es nicht fern, ökonomische Erfahrungssätze als Anscheinsbeweis einzustufen und auf die Aufklärungs- und Hinweispflichten nach § 139 Abs. 1 ZPO zurückzugreifen.[880] Auch die Schwelle zum unzulässigen Ausforschungsbeweis wird sich hier verschieben müssen.[881] In Betracht kommt zudem eine Begutachtung durch Sachverständige nach § 144 ZPO, weil die Entscheidung im Kartellverfahren nicht nur ein Parteiinteresse erfolgt, sondern auch ein öffentliches Interesse an einem funktionsfähigen Wettbewerb besteht, das sich gegenüber dem Risiko materiell falscher Entscheidungen dann durchsetzen muss, wenn die Partei nur beschränkte Mittel der eigenen Sachverhaltsaufklärung hat.[882] Zu Darlegungs- und Beweiserleichterungen für die (anspruchstellende) Partei, die nicht an den wettbewerbsbeschränkenden Vereinbarungen beteiligt war, vgl. bei § 1 GWB.[883]

207 Gemäß § 30 Abs. 4 GWB gilt für Schadensersatzprozesse eine begrenzte Bindung an eine rechtskräftige Feststellung eines Verstoßes gegen § 1 GWB durch eine KartB oder ein sie kontrollierendes Gericht.[884] Ansonsten erstreckt sich die **Rechtskraft** eines Urteils wie üblich nur inter partes. Daher kann jeder Dritte auch nach einem rechtskräftig abgeschlossenen Prozess über die Wirksamkeit einer Kartellvereinbarung erneut Klage einreichen. Aber auch für beteiligten Parteien gelten Ausnahmen: Die Bewertung einer wettbewerbsbeschränkenden Abrede ist unter Umständen an einen bestimmte Zeitraum gebunden, so dass die Rechtskraft mangels Identität des Streitgegenstandes auch in zeitlicher Hinsicht nur beschränkt besteht. **Wird dann erneut Klage erhoben,** bietet sich eine **Änderung der Darlegungs- und Beweislast** dergestalt an, dass die klagende Partei nun wesentliche Änderungen gegenüber der Sachlage des vormals ergangenen Urteils substantiiert darlegen und ggf. beweisen muss.[885] Allerdings sollten auch hier der belasteten Partei die Darlegungs- und Beweiserleichterungen zu Gute kommen, wie sie oben vorgeschlagen wurden.[886]

---

[878] *Kirchhoff* WuW 2004, 745, 749; *Hirsch* ZWeR 2003, 233, 240; *Fuchs* in: Immenga/Mestmäcker, GWB, § 2 Rn. 52.
[879] Vgl. *Kirchhoff* WuW 2004, 745, 746 mwN., u. a. einem Verweis auf BGH WuW/E 1367 ff. – *Zementverkauf Niedersachsen,* wo der Wahrscheinlichkeitsmaßstab des KG („hoher Grad von Wahrscheinlichkeit") vom BGH gebilligt wurde; zustimmend auch *Fuchs* in: Immenga/Mestmäcker, GWB, § 2 Rn. 52.
[880] *Hirsch* ZWeR 2003, 233, 240; *Fuchs* in: Immenga/Mestmäcker, GWB, § 2 Rn. 52.
[881] *Hirsch* ZWeR 2003, 233, 240.
[882] *Kirchhoff* WuW 2004, 745, 751.
[883] Siehe § 1 Rn. 261. Ferner Monopolkommission Sondergutachten, Das allgemeine Wettbewerbsrecht in der 7. GWB-Novelle, S. 22; *Bornkamm/Becker* ZWeR 2005, 213, 231.
[884] Vgl. hierzu die Kommentierung zu § 33 GWB. Ferner die Bedenken der Monopolkommission, Sondergutachten „Das allgemeine Wettbewerbsrecht in der 7. GWB-Novelle" S. 24 ff. sowie eingehend *Bornkamm/Becker* ZWeR 2005, 213, 218 ff.
[885] *Kirchhoff* WuW 2004, 745, 753.
[886] Siehe Rn. 206.

VI. Verhältnis zu anderen Vorschriften

1. § 1 GWB

Zum Verhältnis des § 2 GWB zu § 1 GWB siehe oben.[887] **208**

2. § 3 GWB

Zum Verhältnis des § 2 GWB zu § 3 GWB siehe unten bei § 3 GWB.[888] **209**

3. §§ 19, 20 GWB, Art. 82 EG

§ 20 Abs. 1 und Abs. 3 GWB sind an u.a. horizontale Kartelle („Vereinigungen") adressiert, die die Freistellung des § 2 GWB für sich in Anspruch nehmen. Insoweit ergibt sich also für freigestellte Kartelle eine Missbrauchsaufsicht nach § 20 GWB. Verhaltensweisen, die einen Missbrauch einer marktbeherrschenden Stellung darstellen, sind nicht anhand von § 2 Abs. 1 GWB, sondern nach den Missbrauchstatbeständen für marktbeherrschende Unternehmen der §§ 19, 20 GWB und ggf. Art. 82 EG zu beurteilen.[889] Sie berühren aber nicht die Wirksamkeit der gesetzlichen Freistellung.[890] Insbesondere wenn gerade die freigestellte Vereinbarung den Missbrauch darstellt, bleibt aber auch eine Anwendung des § 1 GWB möglich.[891] **210**

4. § 30 GWB

Die Regelungen des § 30 GWB (Preisbindungsprivileg für Zeitungen und Zeitschriften) gehen den Regelungen des § 2 GWB im nichtzwischenstaatlichen Bereich vor. Sind die Voraussetzungen des § 30 GWB nicht erfüllt, kann auch § 2 GWB nicht zur Anwendung kommen.[892] Im zwischenstaatlichen Bereich gehen allerdings die Regelungen des Art. 81 EG vor (§ 22 GWB), so dass eine Feistellung nach Art. 81 Abs. 3 EG zu prüfen ist. **211**

§ 3 Mittelstandskartelle

(1) Vereinbarungen zwischen miteinander im Wettbewerb stehenden Unternehmen und Beschlüsse von Unternehmensvereinigungen, die die Rationalisierung wirtschaftlicher Vorgänge durch zwischenbetriebliche Zusammenarbeit zum Gegenstand haben, erfüllen die Voraussetzungen des § 2 Abs. 1, wenn
1. dadurch der Wettbewerb auf dem Markt nicht wesentlich beeinträchtigt wird und
2. die Vereinbarung oder der Beschluss dazu dient, die Wettbewerbsfähigkeit kleiner oder mittlerer Unternehmen zu verbessern.

(2) ¹Unternehmen oder Unternehmensvereinigungen haben, sofern nicht die Voraussetzungen nach Artikel 81 Abs. 1 des Vertrages zur Gründung der Europäischen Gemeinschaft erfüllt sind, auf Antrag einen Anspruch auf eine Entscheidung nach § 32c, wenn sie ein erhebliches rechtliches oder wirtschaftliches Interesse an einer solchen Entscheidung darlegen. ²Diese Regelung tritt am 30. Juni 2009 außer Kraft.

---

[887] Rn. 7.
[888] § 3 Rn. 77.
[889] EU-Kommission, Leitlinien Art. 81 Abs. 3 EG, Tz. 106 für das Verhältnis von Art. 81 Abs. 3 EG und Art. 82 EG.
[890] *Fuchs* in: Immenga/Mestmäcker, GWB, § 2 Rn. 26.
[891] Siehe auch § 1 Rn. 266.
[892] Siehe § 30 Rn. 83. Gl. A. *Fuchs* in: Immenga/Mestmäcker, GWB, § 2 Rn. 27.

§ 3 GWB

10. Teil. Gesetz gegen Wettbewerbsbeschränkungen

Übersicht

	Rn.
I. Entstehungsgeschichte	1
II. Sinn und Zweck	2
III. Systematik	5
IV. Praktische Bedeutung	9
V. Tatbestand des § 3 Abs. 1 GWB	11
1. Beteiligte	11
a) Kleine und mittlere Unternehmen	11
b) Beteiligung von Großunternehmen	19
2. Vereinbarungen, Beschlüsse von Unternehmensvereinigungen	21
3. Zwischen miteinander im Wettbewerb stehenden Unternehmen	24
a) Funktion: Abgrenzung Horizontal- von Vertikalvereinbarungen	24
b) Aktuelles oder potenzielles Wettbewerbsverhältnis	26
c) Geltung für Beschlüsse von Unternehmensvereinigungen	27
d) Fallgruppen	28
e) Fehlendes Wettbewerbsverhältnis (Drittwettbewerb)	34
4. Rationalisierung wirtschaftlicher Vorgänge	35
5. Durch zwischenbetriebliche Zusammenarbeit	41
a) Begriff der zwischenbetrieblichen Zusammenarbeit	41
b) Rationalisierungserfolg („durch")	43
c) Beispiele für Rationalisierung durch zwischenbetriebliche Zusammenarbeit	45
d) Insbesondere: mittelständische Spezialisierungskartelle	46
6. „zum Gegenstand"	51
7. Keine wesentliche Beeinträchtigung des Wettbewerbs auf dem Markt (Nr. 1)	53
a) Fehlende wesentliche Beeinträchtigung des Wettbewerbs	53
b) Marktabgrenzung	60
8. Verbesserung der Wettbewerbsfähigkeit kleiner und mittlerer Unternehmen (Nr. 2)	62
9. Rechtsfolge	65
10. Organisations- und Rechtsform des Mittelstandskartells	66
11. EG-Kartellrecht	67
12. Darlegungs- und Beweislast	68
VI. Tatbestand des § 3 Abs. 2 GWB	69
1. Entstehungsgeschichte, Sinn und Zweck	69
2. Tatbestandsmerkmale	70
VII. Verhältnis zu anderen Vorschriften	77

Literaturverzeichnis: *Benisch*, Kooperationsfibel 1973; *Bechtold*, Grundlegende Umgestaltung des Kartellrechts: Zum Referentenentwurf der 7. GWB-Novelle, BB 2004, 235; *BKartA*, Merkblatt des Bundeskartellamtes über die Kooperationsmöglichkeiten für kleinere und mittlere Unternehmen, 2007, abrufbar unter www.bundeskartellamt.de; *BKartA*, Bekanntmachung Nr. 18/2007 über die Nichtverfolgung von Kooperationsabreden mit geringer wettbewerbsbeschränkender Bedeutung („Bagatellbekanntmachung"), 2007, abrufbar unter www.bundeskartellamt.de; *Dörinkel*, Die Kooperationserleichterungen nach der Kartellnovelle 1973, WuW 1973, 827; *Ebel*, Novellierung des Gesetzes gegen Wettbewerbsbeschränkungen, NJW 1973, 1577; *Emmerich*, Kooperationen im Wettbewerbsrecht, ZGR 1976, 167; *Görgemanns*, Der Begriff der kleinen und mittleren Unternehmen im Gesetz gegen Wettbewerbsbeschränkungen, 1998; *Herresthal*, Die Praxis der Mittelstandskooperationen nach § 5b, 1983; *Kapteina*, § 5 GWB – Mittelstandskooperationen, Diss., 1980; *Herrlinger*, Änderungen der 7. GWB-Novelle im Rahmen des Gesetzgebungsverfahrens, WRP 2005, 1136; *Kartte*, Ein neues Leitbild für die Wettbewerbspolitik, FIW-Schriftenreihe, Heft 49, 1969; *Keßler*, Einkaufskooperationen im Licht des Deutschen und Europäischen Kartellrechts, WuW 2002, 1162; *Lange*, Die kartellrechtliche Kontrolle der Gewährung von Rabatten, WuW 2002, 220; *Lettl*, Kartellrecht, 2. Aufl. 2007; *LKartB Bayern*, Kooperation und Wettbewerb, 6. Aufl. 2006; *Lutz*, Die Beurteilung von Einkaufskooperationen nach deutschem Kartellrecht, WRP 2002, 47; *Moog*, Die Bildung gegengewichtiger Marktmacht nach dem Gesetz gegen Wettbewerbsbeschränkungen, Diss., 1980; *J. B. Nordemann*, Gegenmacht und Fusionskontrolle, 1996; *Rißmann*, Kartellverbot und Kooperation zwischen kleinen und mittleren Unternehmen nach der 7. GWB-Novelle, WuW 2006, 881; *Rittner*, Thesen zur Kartellnovelle, DB 1973, 318; *Salje*, Die mittelständische Kooperation zwischen Wettbewerbspolitik und Kartellrecht, 1981; *Schnelle/Hübner*, Einkaufsgemeinschaften der öffentlichen Hand: Kartellrechtliche Zulässigkeit und Rechtsweg in das vergaberechtliche Nachprüfverfahren, WRP 2003, 1205; *Teichmann*, Die „wesentliche Beeinträchtigung des Wettbewerbs" als Schranke für Kooperationsvereinbarungen, WuW 1974, 449; *Veltins*, Die Mittelstandskooperation in Kartellrecht und Praxis, DB 1978, 239; *Werner*, Unternehmerische Kooperation zur Steigerung der Leistungsfähigkeit, 1985; *Westermann*, Einkaufskooperationen der öffentlichen Hand nach der Feuerlöschzüge-Entscheidung des BGH, ZWeR 2003, 481.

I. Entstehungsgeschichte

Die Einführung einer Sonderregelung für kleine und mittlere Unternehmen in **§ 5 b** **1**
GWB a. F. erfolgte erst 1973 im Zuge der 2. GWB-Novelle. Der Gesetzgeber der
6. GWB-Novelle 1999 hat die Kooperationserleichterung für kleine und mittlere Unternehmen an die in § 9 GWB a. F. geregelten verfahrensrechtlichen Voraussetzungen für die Anmeldung von Widerspruchskartellen angepasst und in **§ 4 Abs. 1 GWB a. F.** verankert. Inhaltliche Änderungen waren mit dieser Neufassung durch die 6. GWB-Novelle 1999 nicht verbunden. Das gilt auch für sprachliche Änderungen wie die Einführung des Begriffs der „Wettbewerbsfähigkeit" in § 4 Abs. 1 Nr. 2 GWB a. F., der den Ausdruck „Leistungsfähigkeit" in § 5 b Abs. 1 a. E. GWB a. F. ersetzte. **Die 7. GWB-Novelle 2005** wollte den Regelungsgehalt des § 4 Abs. 1 GWB a. F. ebenfalls nicht grundsätzlich ändern,[1] es folgte aber auf Grund der völligen Neustrukturierung des ersten Teils des Gesetzes im ersten Abschnitt eine Verschiebung in § 3 GWB. Ferner nahm die 7. GWB-Novelle 2005 einige Umformulierungen wegen der mit ihr einhergehenden tief greifenden Systemänderungen vor. Zunächst entfiel nach Einführung des Systems der Legalausnahme[2] der Charakter als Widerspruchskartell; auch Mittelstandskartelle sind nun ohne administrative Voraussetzungen vom Kartellverbot des § 1 GWB freigestellt. Dem System der Legalausnahme ist ferner die Einführung des § 3 Abs. 2 GWB geschuldet. Da § 1 GWB seit der 7. GWB-Novelle 2005 horizontal und vertikal veranlasste Wettbewerbsbeschränkungen erfasst, § 3 GWB jedoch nur horizontale Sachverhalte regeln soll, musste der Gesetzgeber eine diesbezügliche Klarstellung in der Wortlaut aufnehmen („zwischen miteinander im Wettbewerb stehenden Unternehmen"). Nur der redaktionellen Anpassung an die Neuformulierung des § 1 GWB n. F. dient offensichtlich auch das Abstellen auf „Beschlüsse von Unternehmensvereinigungen" (davor nur „Beschlüsse"). Außerdem konnte der Hinweis auf § 3 GWB a. F. entfallen, weil § 3 GWB a. F. (Spezialisierungskartelle) mit der 7. GWB-Novelle aufgehoben wurde. Für **frühere Mittelstandskartelle,** die noch nach § 4 Abs. 1 GWB a. F. gemäß § 9 Abs. 3 Satz 1 und 4 GWB a. F. mangels Widerspruches der KartB administrativ freigestellt waren und nicht an der Legalausnahme des § 3 Abs. 1 GWB teilnehmen, galt eine **Übergangsfrist bis 31. Dezember 2007,** § 131 Abs. 1 GWB.

II. Sinn und Zweck

Die Begründung für die Privilegierung von Mittelstandskartellen im Sinne des § 3 **2**
GWB ist nicht einheitlich. Im Rahmen der wettbewerbspolitischen Diskussion der 1960er und 1970er Jahre wurde das bisherige Leitbild der vollständigen Konkurrenz zunehmend als unrealistisch angezweifelt. Um eine optimale Wettbewerbsintensität zu erreichen, müsse die Zahl selbstständiger Wirtschaftseinheiten verringert werden. Jedoch sei eine breite Schicht kleiner und mittlerer Betriebe eine der wichtigsten Voraussetzungen für einen funktionsfähigen Wettbewerb und deshalb ihr Ausscheiden aus dem Wettbewerb unerwünscht.[3] Deshalb müsse eine Kartellierung von kleinen und mittleren Unternehmen zugelassen werden. Dem ist aber entgegenzuhalten, dass dem GWB der Schutz einer bestimmten Wettbewerbsstruktur nicht entnommen werden kann.[4] Daneben wird auch der

---

[1] Begr. RegE 7. GWB-Novelle, BT DS 15/3640, S. 27, 44.
[2] Dazu § 1 Rn. 12; § 2 Rn. 5, 19 ff.; § 33 Rn. 18.
[3] Bericht des Wirtschaftsausschusses des Bundestages zur 2. GWB-Novelle, WuW 1973, 581, 584; *Kartte,* Ein neues Leitbild für die Wettbewerbspolitik, S. 38; vgl. ferner die Darstellungen bei *Emmerich* ZGR 1976, 167, 169; *Benisch* in: Gemeinschaftskommentar § 5 b a. F. Rn. 1.
[4] Siehe dazu eingehend § 1 Rn. 6, 79; ablehnend auch *Fuchs* in: Immenga/Mestmäcker, GWB, § 3 Rn. 2.

Ausgleich von Marktmacht der Marktgegenseite (Gegenmachtbildung) als Regelungszweck für die Zulassung von Mittelstandkartellen genannt. Gegenmachtbildung kann jedoch keinen anzuerkennenden Regelungszweck darstellen, weil ein solcher Ausgleich von Macht im Vertikalverhältnis die positiven Funktionen horizontalen Wettbewerbs nicht zu ersetzen vermag.[5] Letztlich liegt der Regelungszweck daher in der **Leistungssteigerung für kleine und mittlere Unternehmen im Wettbewerb,** mithin in der Steigerung ihrer Wettbewerbsfähigkeit. Es geht um einen **Ausgleich der Größennachteile** im Wettbewerb **durch leistungssteigernde Kooperation.**[6] Auch für die 7. GWB-Novelle 2005 hält die Begründung noch einmal ausdrücklich fest, dass „Kooperationen der mittelständischen Wirtschaft, auch wenn sie den Wettbewerb beschränken, nützlich und strukturell wettbewerbsfördernd sein können".[7] Im Schrifttum ist die Legalisierungsmöglichkeit für Mittelstandskartelle de lege ferenda zum Teil auf schwerwiegende wettbewerbspolitische Bedenken gestoßen.[8]

3   Mittelstandskartelle sind danach eine **privilegierte Untergruppe der Rationalisierungskartelle.**[9] Umfasst sind insoweit seit der 7. GWB-Novelle **auch Spezialisierungskartelle,** weil die Sonderregelung für Spezialisierungskartelle in § 3 GWB a. F. gestrichen wurde.[10] Dass im Rahmen von mittelständischen Rationalisierungs- oder Spezialisierungskartellen nach § 3 Abs. 1 GWB auch Kernbeschränkungen wie Preis-, Mengen- und Gebietsabsprachen legalisiert sein können,[11] stellt keinen eigenständigen Privilegierungsgegenstand im Vergleich zu § 2 Abs. 1 GWB dar.[12] Auch bei Rationalisierungs- oder Spezialisierungskartellen nach § 2 Abs. 1 können solche Kernbeschränkungen freigestellt sein.[13] Die eigenständige Bedeutung des § 3 Abs. 1 GWB liegt vielmehr in der Anhebung der Spürbarkeitsschwelle. § 3 Abs. 1 GWB ermöglicht es kleinen und mittleren Unternehmen, ungeachtet des Verbots aus § 1 GWB Rationalisierungsabreden zu treffen, soweit der Wettbewerb dadurch nicht in unvertretbarer Weise beeinträchtigt wird. Die Privilegierung von Mittelstandskartellen reicht dabei deutlich in den Bereich der Spürbarkeit von Wettbewerbsbeschränkungen, weil nicht spürbare Wettbewerbsbeschränkungen schon nicht unter § 1 GWB fallen und damit keiner Freistellung nach § 3 GWB bedürfen. Zwar war der Gesetzgeber der 7. GWB-Novelle 2005 der Auffassung, dass bei Mittelstandskartellen im Sinne des § 3 GWB die Spürbarkeitsgrenze von für alle Beteiligten zusammen 10% Marktanteil aus der Bagatellbekanntmachung der EU-Kommission „nur selten" überschrit-

---

[5] Eingehend *Moog,* S. 75 ff.; *J. B. Nordemann,* S. 73 ff.; ferner: *Fuchs* in: Immenga/Mestmäcker, GWB, § 3 Rn. 3; *Schneider* in: Langen/Bunte, § 3 Rn. 2.

[6] Vgl. Bericht des Wirtschaftsausschusses des Bundestages zur 2. GWB-Novelle, WuW 1973, 581, 583; Begr. RegE 5. GWB-Novelle, BT-DS 11/4610 = WuW 1990, 332, 339; BKartA, Merkblatt 2007, Rn. 36; *Bunte* in: Frankfurter Kommentar § 3 Rn. 17; *Benisch* in: Gemeinschaftskommentar § 4 a. F. Rn. 2; *Fuchs* in: Immenga/Mestmäcker, GWB, § 3 Rn. 2; *Pampel* in: Münchener Kommentar, GWB, § 3 Rn. 10.

[7] Begr. RegE 7. GWB-Novelle 2005, BT DS 15/3640, S. 28.

[8] *Emmerich* ZGR 76, 167, 182; *Rittner* DB 1973, 318; *Immenga* in: Immenga/Mestmäcker, GWB (3. Aufl.), § 4 Rn. 14; a. A. *Bunte* in: Frankfurter Kommentar § 3 Rn. 17 f.; vermittelnd *Fuchs* in: Immenga/Mestmäcker § 3 Rn. 5.

[9] *Fuchs* in: Immenga/Mestmäcker, GWB, § 3 Rn. 6; *Bechtold,* GWB, § 3 Rn. 8.

[10] Begr. RegE 7. GWB-Novelle, BT DS 15/3640, S. 28. Vgl. zum Verhältnis zwischen Spezialisierungskartellen nach § 3 GWB a. F. und Mittelstandskartellen nach § 4 Abs. 1 GWB a. F.: *Veltins* DB 1978, 239 f.; *Bunte* in: Frankfurter Kommentar § 4 a. F. (1999) Rn. 28; *Benisch* in: Gemeinschaftskommentar § 5 b Rn. 30.

[11] Vgl. Rn. 39, 41, 45 sowie 46, 50.

[12] A. A. *Fuchs* in: Immenga/Mestmäcker, GWB, § 3 Rn. 6; er betont allerdings. aaO. § 3 Rn. 16 m. Fn. 42, dass nur wenige Fälle eigenständig nach § 3 zu behandeln seien; ähnlich *Rißmann* WuW 2006, 881, 886.

[13] Siehe § 2 Rn. 129.

tenwerde;[14] dennoch ist auch bei Marktanteilen über 15% noch eine Freistellung denkbar.[15] Es handelt sich bei Mittelstandskartellen also um eine **qualifizierte Geringfügigkeitsregelung zur Privilegierung von kleineren und mittleren Unternehmen.**

Nicht zu verwechseln ist die Privilegierung von Mittelstandskartellen mit der **früheren Privilegierung von mittelständischen Einkaufskooperationen in § 4 Abs. 2 GWB a. F.,** weil bei solchen Einkaufskooperationen keine Rationalisierung Gegenstand der Zusammenarbeit ist. Vielmehr war für § 4 Abs. 2 GWB eine bloße Verbesserung der Wettbewerbsfähigkeit auf Grund des Machtzuwachses durch die Kartellierung genügend, z. B. wenn dadurch bessere Einkaufskonditionen erzielt werden konnten.[16] Mittelständische Einkaufsgemeinschaften gemäß § 4 Abs. 2 GWB a. F. sind ohne Regelung seit der 7. GWB-Novelle 2005; ihre Zulässigkeit richtet sich folglich nach den allgemeinen Vorschriften der §§ 1, 2 GWB.[17] Für mittelständische Einkaufsgemeinschaften mit Rationalisierungseffekt kann hingegen § 3 GWB Anwendung finden.

III. Systematik

Mit der 7. GWB-Novelle 2005 wurde im GWB die Administrativfreistellung abgeschafft und das System der Legalausnahme eingeführt.[18] Das gilt auch für Mittelstandskartelle; sie waren bis zur 7. GWB-Novelle 2005 administrativ in Form eines sog. Widerspruchskartells freistellbar (§§ 4 Abs. 1, 9 Abs. 1 GWB a. F.). Nunmehr ist jedes Mittelstandskartell, das die Voraussetzungen des § 3 Abs. 1 GWB erfüllt, **ohne Notwendigkeit administrativer Schritte durch Gesetz freigestellt.**

Einer Freistellung nach § 3 GWB bedarf es nur, wenn die zwischenbetriebliche Zusammenarbeit den **Tatbestand des § 1 GWB erfüllt.** Dafür muss eine Verhinderung, Einschränkung oder Verfälschung des Wettbewerbs bezweckt oder bewirkt werden.[19] Die Kartellierung muss ferner zu einer spürbaren Marktbeeinflussung führen, weil schon der Tatbestand des § 1 GWB eine gewisse Spürbarkeit der Abreden erfordert.[20]

Liegen die Voraussetzungen des § 3 Abs. 1 GWB vor, so ist davon auszugehen, dass die allgemeinen Freistellungsvoraussetzungen des **§ 2 Abs. 1 GWB** erfüllt sind. Der RegE nennt das „gesetzliche Fiktion",[21] treffender ist indes **Rechtsfolgenverweisung.**[22] Weisen die Unternehmen also erfolgreich das Vorliegen der Voraussetzungen des § 3 Abs. 1 GWB für eine Freistellung nach, entfällt jede Prüfung des § 2 Abs. 1 GWB. Die eigenständige Bedeutung des § 3 Abs. 1 gegenüber § 2 Abs. 1 ist aber begrenzt und liegt in der Anhebung der Spürbarkeitsgrenze für die Zulässigkeit der Kartellierung durch großzügige Auslegung der Tatbestandsmerkmals wesentliche Beeinträchtigung des Wettbewerbs auf dem Markt.[23] Umgekehrt gilt jedoch, dass Kartelle, die nicht unter den Tatbestand des § 3

---

[14] Begr. RegE 7. GWB-Novelle, BT DS 15/3640, S. 28, unter Berufung auf die Bagatellbekanntmachung der EU-Kommission. Vgl. zur Spürbarkeit und zur Bagatellbekanntmachung auch § 1 Rn. 142 ff.
[15] Vgl. Rn. 55.
[16] Vgl. zu fehlenden Erfüllung des Tatbestandes des § 3 GWB durch bloßen Machtzuwachs unten Rn. 38.
[17] Gl. A. *Rißmann* WuW 2006, 881, 886; *Fuchs* in: Immenga/Mestmäcker, GWB, § 3 Rn. 9; *Bunte* in: Frankfurter Kommentar § 3 Rn. 12; a. A. *Schneider* in: Langen/Bunte § 3 Rn. 8, der davon ausgeht, dass sie unter § 3 Abs. 1 fallen. Zu mittelständischen Einkaufsgemeinschaften siehe die Kommentierung zu § 2 Rn. 86 ff.
[18] Dazu die Kommentierung § 2 Rn. 5 f.
[19] Vgl. dazu oben § 1 Rn. 78 ff.
[20] Vgl. dazu oben § 1 Rn. 142 ff. und unten § 3 Rn. 53 ff. (keine wesentliche Beeinträchtigung des Wettbewerbs).
[21] Begr. RegE 7. GWB-Novelle, BT DS 15/3640, S. 44.
[22] *Schneider* in: Langen/Bunte § 3 Rn. 64; *Fuchs* in: Immenga/Mestmäcker, GWB, § 3 Rn. 16.
[23] Str., siehe Rn. 3.

Abs. 1 GWB fallen, nach § 2 Abs. 1 GWB freigestellt sein können.[24] Auch eine Freistellung nach § 2 Abs. 2 GWB kommt dann noch in Betracht.[25]

8 § 3 GWB hat nur dann eigenständige Bedeutung, wenn es sich nicht um einen zwischenstaatlichen Sachverhalt handelt.[26] Bei **zwischenstaatlichen Sachverhalten geht** die Bewertung nach **Art. 81 EG** der Regelung des § 3 GWB vor,[27] vgl. § 22 GWB und Art. 3 VO 1/2003. Der Vorrang des Art. 81 EG sollte aber begrenzte praktische Bedeutung haben.[28]

IV. Praktische Bedeutung

9 Die praktische Bedeutung der Regelung zu Mittelstandskartellen war im Vergleich zu sonstigen Freistellungsvorschriften **nach früherem Recht (§ 4 Abs. 1 GWB a. F.)** bis zur 7. GWB-Novelle 2005 groß.[29]

10 Mittelstandskartelle **nach neuem Recht** gem. § 3 Abs. 1 GWB sollten trotz der Vorrangregeln des § 22 GWB und Art. 3 VO 1/2003[30] neben Art. 81 EG eine gewisse eigenständige Bedeutung behalten. Zunächst werden Kooperationen zwischen kleinen oder mittleren Unternehmen teilweise nicht die Zwischenstaatlichkeitsklausel[31] des Art. 81 Abs. 1 EG erfüllen, so dass eine Überlagerung des § 3 Abs. 1 GWB durch EU-Kartellrecht schon aus diesem Grund ausscheidet. Bekannt geworden sind solche Fälle bislang aber nur vereinzelt.[32] Die praktische Bedeutung des § 3 zeigt sich auch darin, dass das **BKartA** 2007 ein **Merkblatt** über Kooperationsmöglichkeiten für kleinere und mittlere Unternehmen veröffentlicht hat, das umfassend die Freistellungsmöglichkeiten nach § 3 beleuchtet.[33]

V. Tatbestand des § 3 Abs. 1 GWB

1. Beteiligte

11 a) **Kleine und mittlere Unternehmen.** Der Begriff der „kleinen und mittleren Unternehmen" ist **gesetzlich nicht definiert.** Er findet sich im GWB an verschiedenen Stellen: neben § 3 Abs. 1 GWB auch in § 20 Abs. 2 und Abs. 4 GWB (dort: „kleine und mittlere Wettbewerber"). Auch wenn die Bestimmungen im Einzelnen sehr unterschiedliche Normzwecke verfolgen, so können doch auch für § 3 GWB aus der Auslegung des **§ 20 GWB Anhaltspunkte** gewonnen werden. Denn grundsätzlich erfolgt sowohl im Rahmen des § 3 GWB als auch im Rahmen des § 20 GWB die Feststellung, ob ein kleines oder mittleres Unternehmen vorliegt, im **Horizontalverhältnis zu den Wettbewer-**

---

[24] Begr. RegE 7. GWB-Novelle, BT DS 15/3640, S. 45.
[25] *Fuchs* in: Immenga/Mestmäcker, GWB, § 3 Rn. 16 f.; *Bunte* in: Frankfurter Kommentar § 3 Rn. 125. Siehe auch unten Rn. 46.
[26] Dann wird bei Anwendbarkeit des § 3 GWB die Freistellungsregelung gem. § 2 GWB verdrängt, vgl. unten Rn. 78 f.
[27] Ganz h. M.: Begr. RegE 7. GWB-Novelle, BT DS 15/3640, S. 45; BKartA, Merkblatt, Rn. 17; BKartA TB 2005/2006, S. 37; *Bunte* in: Frankfurter Kommentar § 3 Rn. 19 mwN., Rn. 127 ff. mwN.; *Fuchs* in: Immenga/Mestmäcker, GWB, § 3 Rn. 18 mwN.; *Schneider* in: Langen/Bunte § 3 Rn. 5, 13 f.; *Lettl*, Kartellrecht, § 8 Rn. 9.
[28] Dazu unten Rn. 67.
[29] Dazu Voraufl. Rn. 9.
[30] Vgl. Rn. 8.
[31] So auch Begr. RegE 7. GWB-Novelle, BT DS 15/3640, S. 28. Zur Zwischenstaatlichkeitsklausel allgemein unten Rn. 67 und die Kommentierung zu Art. 81 Abs. 1 Rn. 178 ff.
[32] BKartA WuW/E DE-V 1142 – *Hintermauerziegelkartell;* Zwischenstaatlichkeit, aber auch das Vorliegen der Freistellungsvoraussetzungen des § 3 Abs. 1 GWB ablehnend OLG Düsseldorf WuW/E DE-R 2146, 2150 – *Nord-KS/Xella*.
[33] Siehe Literaturverzeichnis.

§ 3. Mittelstandskartelle   12–14 § 3 GWB

bern. Für § 3 GWB[34] ergibt sich dies schon daraus, dass die Gegenmachtbildung im Vertikalverhältnis gerade keinen Regelungszweck des § 3 Abs. 1 GWB darstellt.[35] Mit dem Begriff des kleinen und mittleren Unternehmen in § 20 Abs. 4 wollte der Gesetzgeber sogar an die Begriffsbestimmung in § 5 b GWB a. F. (später § 4 Abs. 1 GWB a. F., jetzt § 3 Abs. 1 GWB) anknüpfen.[36] Auch für den nach seinem Schutzzweck vertikal ausgerichteten Tatbestand des § 20 Abs. 2 GWB erfolgt die Feststellung, ob ein kleines oder mittleres Unternehmen vorliegt, horizontal.[37] Nur ausnahmsweise ist auch das Vertikalverhältnis einzubeziehen.[38]

Nach allgemeiner Ansicht ist der **Begriff** der kleinen und mittleren Unternehmen grundsätzlich **relativ.** Dabei muss der dafür erforderliche Vergleich grundsätzlich mit **Wettbewerbern auf demselben sachlichen und räumlichen Markt** erfolgen.[39] Darüber hinaus können auch Wettbewerber einbezogen werden, die nur auf dem gleichen sachlichen, **nicht** aber **auf dem gleichen räumlichen Markt** innerhalb Deutschlands tätig sind. Denn auch diese liefern einen Vergleichsmaßstab, z. B. kann die Größe der Blumeneinzelhändler in Berlin durchaus Aufschluss über die relative Größe eines Blumeneinzelhändlers in München geben. Außerhalb Deutschlands tätige Wettbewerber, die nicht zum selben räumlichen Markt zählen, dürfen aber nur einbezogen werden, wenn die Wettbewerbsstruktur der unterschiedlichen räumlichen Märkte vergleichbar ist. **12**

Als **Maßstab** dienen **alle Marktstrukturkriterien.** Genannt werden Beschäftigtenzahl, Kundenbeziehungen, Produktionskapazität, Wertschöpfung, Eigenkapital oder Energieverbrauch.[40] In erster Linie ist aber auf den Umsatz abzustellen.[41] **13**

Die **Berechnung des Umsatzes** kann analog § 38 GWB erfolgen.[42] Wegen der unterschiedlichen Regelungszwecke von Zusammenschlusskontrolle einerseits und Mittelstandskartell andererseits ist hier allerdings eine gewisse Zurückhaltung geboten, insbesondere im Hinblick auf die von § 38 GWB angeordneten Besonderheiten für Handels-, Presse- und Rundfunkunternehmen sowie für Kredit-, Finanzinstitute, Bausparkassen und Versiche- **14**

---

[34] Bericht des Wirtschaftsausschusses des Bundestages zur 2. GWB-Novelle, WuW 1973, 581, 584; *Werner*, S. 180; *Veltins* DB 1978, 239, 240; *Fuchs* in: Immenga/Mestmäcker, GWB, § 3 Rn. 40; *Bunte* in: Frankfurter Kommentar § 3 Rn. 92; *Schneider* in: Langen/Bunte, § 3 Rn. 45; *Benisch* in: Gemeinschaftskommentar § 5 b Rn. 24.

[35] Vgl. auch oben Rn. 2.

[36] Begr. RegE 5. GWB-Novelle BT DS 11/4610, S. 15; KG WuW/E OLG 4753, 4760 – *VW-Leasing.*

[37] BGH WuW/E DE-R 984 – *Konditionenanpassung* = NJW 2003, 205, 206 f. = GRUR 2003, 80, 82.

[38] So ausdrücklich BGH WuW/E DE-R 984 – *Konditionenanpassung* = NJW 2003, 205, 206 f. = GRUR 2003, 80, 82, im Hinblick auf WuW/E BGH 2872, 2878 – *Herstellerleasing* = GRUR 1993, 592; *Lettl*, Kartellrecht, § 8 Rn. 13; *Bechtold*, GWB, § 3 Rn. 11; *Schultz* in: Langen/Bunte § 20 Rn. 81 mwN. Kritisch zur Rechtsprechung des BGH in: *Herstellerleasing* beispielsweise *Markert* in: Immenga/Mestmäcker, GWB, § 20 Rn. 43; wohl auch *Fuchs* in: Immenga/Mestmäcker § 3 Rn. 40; für § 3 GWB ein Abstellen auf das Vertikalverhältnis ablehnend *Bunte* in: Frankfurter Kommentar § 3 Rn. 92.

[39] BKartA, Merkblatt, Rn. 12; *Bunte* in: Frankfurter Kommentar § 3 Rn. 85 ff.; *Lettl*, Kartellrecht, § 8 Rn. 14; *Pampel* in: Münchener Kommentar, GWB, § 3 Rn. 61. Zu § 20 Abs. 3 GWB BGH WuW/E DE-R 984 – *Konditionenanpassung* = NJW 2003, 205, 206 f. = GRUR 2003, 80, 82; ferner die Kommentierung zu § 20 Rn. 127.

[40] *Veltins* DB 1978, 239, 240; *Werner* S. 180; *Fuchs* in: Immenga/Mestmäcker, GWB, § 3 Rn. 38; *Bunte* in: Frankfurter Kommentar § 3 Rn. 88; BKartA, Merkblatt, Rn. 12, nennt neben dem Umsatz lediglich die Zahl der Beschäftigten als weiteres zu berücksichtigendes Kriterium.

[41] BKartA, Merkblatt, Rn. 12; *Veltins,* DB 1978, 239, 240; *Werner*, S. 180; *Lettl*, Kartellrecht, § 8 Rn. 16; *Fuchs* in: Immenga/Mestmäcker, GWB, § 3 Rn. 38; *Bunte* in: Frankfurter Kommentar § 3 Rn. 88.

[42] *Bunte* in: Frankfurter Kommentar § 3 Rn. 88.

rungsunternehmen. Beispielsweise die Verzwanzigfachung der Umsätze für Presse- und Rundfunkunternehmen gemäß § 38 Abs. 3 GWB beruht auf dem Ziel des Gesetzgebers, im regionalen und lokalen Bereich der Tendenz zu Konzentration entgegenzuwirken und viele selbstständige kleine und mittlere Unternehmen und damit Meinungsvielfalt zu erhalten;[43] wenn jedoch die Zusammenarbeit von Presse- oder Rundfunkunternehmen gemäß § 3 GWB nur punktuell ohne Auswirkung auf die meinungsbildende Funktion erfolgt (z.B. nicht für die redaktionelle Tätigkeit, nur beim Einkauf von Produktionsmaterialien), kann dieses Anliegen des § 38 Abs. 3 GWB für § 3 GWB kaum verfangen.

15 **Wegen der Relativität des Begriffes variiert die Einstufung** als kleines oder mittleres Unternehmen bei Betrieben mit derselben absoluten Größe je nach Wirtschaftszweig. So ist es möglich, dass ein Unternehmen mit 100 Mio. EUR Jahresumsatz in einem Markt, auf dem auch Umsatzmilliardäre tätig sind, als mittleres Unternehmen angesehen wird, während ein Unternehmen mit diesem Umsatz in einem anderen Wirtschaftszweig mit einer anderen Marktstruktur als Großunternehmen einzustufen ist.[44] Maßgeblich für die Einordnung als kleines oder mittleres Unternehmen ist der **Gesamtumsatz,** nicht nur der von der Zusammenarbeit betroffene Umsatz.[45] Dies folgt aus dem für das GWB einheitlichen Unternehmensbegriff. Zudem entspräche es nicht dem Normzweck des § 3 Abs. 1 GWB, wenn auch Betriebe, die gemessen an ihrem Gesamtumsatz nicht unter die Kategorie der mittleren oder kleinen Betriebe fallen, von der Kooperationserleichterung Gebrauch machen könnten.[46] Als sehr grobe Regel wird man sagen können, dass ein **mittleres Unternehmen weniger als 50% des Umsatzes des umsatzstärksten Unternehmens** aufweist. Ansonsten fehlt es an der „deutlichen" Unterlegenheit des mittleren Unternehmens, die § 3 Abs. 1 GWB gerade ausgleichen will.[47] Als **Kleinunternehmen** können solche Wettbewerber bezeichnet werden, die **weniger als 10% des Umsatzes des umsatzstärksten Unternehmens** erzielen.[48] Diese Regeln versagen allerdings, wenn es keine deutlichen Größenunterschiede zwischen den Wettbewerbern gibt. Dann dürfte es aber auch schwierig sein, die Einordnung vornehmlich nach Umsatzgesichtspunkten vorzunehmen.

16 **Absolute Größenmerkmale** können wegen der Relativität des Begriffs der kleinen und mittleren Unternehmen nur in eingeschränktem Maße berücksichtigt werden.[49] Anders als noch der Wirtschaftsausschuss[50] bei der Einführung des § 5b GWB a. F. ging auch der Gesetzgeber der 5. GWB-Novelle 1989 davon aus, dass absolute Größengrenzen angesichts der äußerst weit auseinander liegenden Marktvolumina wettbewerbspolitisch nicht

---

[43] Vgl. die Kommentierung zu § 38 GWB.
[44] BKartA, Merkblatt, Rn. 12; LKartB Bayern, Kooperation und Wettbewerb, S. 54; *Benisch* in: Gemeinschaftskommentar § 5b a. F. Rn. 24.
[45] *Fuchs* in: Immenga/Mestmäcker, GWB, § 3 Rn. 38; *Werner*, S. 180; im Ergebnis auch *Bunte* in: Frankfurter Kommentar § 3 Rn. 89.
[46] *Werner*, S. 181.
[47] Vgl. oben Rn. 2 ff.; kritisch *Fuchs* in: Immenga/Mestmäcker § 3 Rn. 39, der ausschließlich auf die „konkreten Marktverhältnisse" abstellt.
[48] Vgl. auch die Rechenbeispiele bei *Bunte* in: Frankfurter Kommentar § 3 Rn. 88, der wohl schon bei 60% ein mittleres und bei 20% ein kleines Unternehmen annimmt.
[49] BGH WuW/E DE-R 984 – *Konditionenanpassung* = NJW 2003, 205, 207 = GRUR 2003, 80, 82, zu § 20 Abs. 3 GWB; *Lettl*, Kartellrecht, § 8 Rn. 14, 17. Offen *Emmerich* § 23 Rn. 12. Für eine grundsätzliche Berücksichtigung von absoluten Größenmerkmalen *Dörinkel* WuW 1973, 827, 828; *Ebel* NJW 1973, 1577, 1578; *Teichmann* WuW 1974, 450, 457; *Benisch* in: Gemeinschaftskommentar § 5b a. F. Rn. 25; *Bechtold*, GWB, § 3 Rn. 11. Für die Untergrenze sind absolute Größenmerkmale relevant nach Auffassung von *Bunte* in: Frankfurter Kommentar § 3 Rn. 94; *Schneider* in: Langen/Bunte, § 3 Rn. 46.
[50] Bericht des Wirtschaftsausschusses des Bundestages zur 2. GWB-Novelle, WuW 1973, 581, 584.

überzeugend zu rechtfertigen seien.[51] Sie gar nicht zu berücksichtigen,[52] erscheint allerdings als nicht gerechtfertigt. Zutreffend will der Bundesgerichtshof aus Schwellenwerten dann – **widerlegliche** – **Vermutungen** herleiten, wenn sie **nachvollziehbar und widerspruchsfrei ermittelt** sind und nicht ohne **plausible Begründung** eine bestimmte Grenze postuliert wird.[53] Dies erfordert grundsätzlich eine gesonderte Festsetzung des Schwellenwertes für jeden Markt; allenfalls kann die Festsetzung aus Praktikabilitätsgründen für eine gesamte Branche (z. B. den Lebensmittelhandel) erfolgen.[54] Das Aufstellen von **Vermutungsregelungen über Branchengrenzen hinaus** ist danach **nicht möglich.** Jedoch besteht ein hohes praktisches Bedürfnis nach branchenübergreifenden Leitwerten, mag ihnen auch keine Vermutungswirkung zukommen. Hier kann zunächst – trotz gewisser Vorsicht hinsichtlich des größeren räumlichen Maßstabes – eine Orientierung an den Schwellen erfolgen, die die KMU-Empfehlung der EU-Kommission vorgibt: weniger als 250 Beschäftigte und entweder ein Jahresumsatz von höchstens 50 Mio. EUR oder eine Jahresbilanzsumme von 43 Mio. EUR.[55] Ferner erfüllen die sich aus § 35 GWB ergebenden absoluten Werte eine gewisse Leitbildfunktion, wiederum bei aller Vorsicht wegen der unterschiedlichen Regelungszwecke von Zusammenschlusskontrolle und Kartellverbot bzw. § 3 GWB. Das gilt vor allem für eine **Untergrenze.** Eine Einbeziehung in die Gruppe der Großunternehmen dürfte danach in jedem Fall bei Umsatzzahlen von weniger als 25 Mio. EUR[56] und auch bis 50 Mio. EUR regelmäßig abzulehnen sein. Ausnahmen kommen dann in Betracht, wenn der Vergleichsmaßstab ausschließlich kleine Unternehmen sind, beispielsweise Einzelhändler mit je einem Geschäft und einem Umsatz von je deutlich weniger als 1 Mio. EUR im Vergleich zu einem Filialunternehmen mit 15 Mio. EUR Umsatz. Im Hinblick auf eine **Obergrenze** ist hingegen schon wegen Kaufkraftschwundes die Grenze von 500 Mio. EUR nur als erster grober Richtwert zu verstehen. In bestimmten Branchen – beispielsweise bei Autoherstellern – kann ein Unternehmen bei einem solchen Umsatz noch Mittelständler sein. Über dies zeigt die große Spannweite der vorgeschlagenen festen Obergrenzen von 25 Mio. EUR,[57] 250 Mio. EUR[58] oder 500 Mio. EUR,[59] wie schwierig es ist, für alle Branchen gültige feste Grenzen aufzustellen.

Eine besondere Regelung, wonach sich verbundene Unternehmen die Umsätze oder andere Strukturmerkmale ihrer **Konzerngesellschaften** zurechnen lassen müssen, ist in § 3 GWB nicht enthalten. Gleichwohl ist eine eigenständige Betrachtung von Betrieben, die einem Unternehmensverbund angehören und mit diesem eine sog. wettbewerbliche

---

[51] Begr. RegE 5. GWB-Novelle BT DS 11/4610 = WuW 1990, S. 332, 339.
[52] *Fuchs* in: Immenga/Mestmäcker § 3 Rn. 36; auch BKartA, Merkblatt, Rn. 12, nennt nur relative Kriterien.
[53] BGH WuW/E DE-R 984 – *Konditionenanpassung* = NJW 2003, 205, 206 f. = GRUR 2003, 80, 82.
[54] BGH WuW/E DE-R 984 – *Konditionenanpassung* = NJW 2003, 205, 206 f. = GRUR 2003, 80, 82.
[55] Empfehlung 2003/361/EG vom 6. 5. 2003, ABl. 2003 Nr. L 124/36, gültig ab 1. 1. 2005. Die Bagatellbekanntmachung der EU-Kommission nimmt auf deren Vorgänger ausdrücklich Bezug, vgl. Erwägungsgrund Nr. 3 mit FN 3 der Bagatellbekanntmachung 2001/C 368/07, ABl. vom 22. 12. 2001, C 368/13; kritisch zu ihrer Relevanz für § 3 GWB: *Schneider* in: Langen/Bunte § 3 Rn. 43; *Fuchs* in: Immenga/Mestmäcker § 3 Rn. 37.
[56] Bericht des Wirtschaftsausschusses des Bundestages zur 2. GWB-Novelle WuW 1973, 581; *Keßler* WuW 2002, 1162, 1165; *Benisch* in: Gemeinschaftskommentar § 5 b a. F. Rn. 25; *Bechtold*, GWB, § 3 Rn. 11. Kritisch *Schneider* in: Langen/Bunte § 3 Rn. 46.
[57] *Teichmann* WuW 1974, 450, 457; *Salje*, S. 73.
[58] So *Lettl*, Kartellrecht, § 8 Rn. 17, der bei einem Wert von 250 Mio. EUR von einer widerlegichen Vermutung ausgeht, dass das Unternehmen zu den kleinen und mittleren Unternehmen gehört, insoweit unter Berufung auf die zu § 20 Abs. 3 GWB ergangene Entscheidung des BGH *Konditionenanpassung*, WuW/E DE-R 984 = NJW 2003, 205, 206 f. = GRUR 2003, 80, 82.
[59] *Keßler* WuW 2002, 1162, 1165; *Bechtold*, GWB, § 3 Rn. 11.

§ 3 GWB 18   10. Teil. Gesetz gegen Wettbewerbsbeschränkungen

Einheit bilden, in der Regel ausgeschlossen.[60] § 36 Abs. 2 GWB findet Anwendung.[61] Im Sinne von § 17 AktG herrschende und abhängige Unternehmen sind daher prinzipiell einzubeziehen. Ansonsten könnten Großunternehmen einzelne Geschäftsbereiche ausgliedern und sich so an einer Kartellbildung von kleinen und mittleren Unternehmen beteiligen.[62] Nach zutreffender Ansicht kann jedoch eine Tochtergesellschaft im Einzelfall unter Berücksichtigung ihrer tatsächlichen Beziehung zur Muttergesellschaft als kleines oder mittleres Unternehmen anzusehen sein.[63] Davon ist zum Beispiel auszugehen, wenn bei der Tochtergesellschaft die Merkmale eines mittelständischen Unternehmens überwiegen.[64] Die Gegenauffassung rechnet einer abhängigen Gesellschaft die Umsätze anderer Konzerngesellschaften stets hinzu.[65] Danach würde jedoch den Kartellbehörden die notwendige Flexibilität fehlen, um den im Einzelfall bestehenden Besonderheiten bei u. U. nur sehr losen Verbindungen zwischen Tochter- und Muttergesellschaft Rechnung zu tragen. Auch ist nicht ersichtlich, weshalb der Begriff des kleinen und mittleren Unternehmen hier institutionell verstanden werden muss, während ansonsten für das GWB der funktionale Unternehmensbegriff[66] Anwendung findet, der auf die konkrete wettbewerbliche Situation abstellt. § 32 Abs. 1 GWB und ggf. § 32 d GWB gewähren der KartB außerdem die Möglichkeit, nachträglich bei Intensivierung der Verbindung zwischen Mutter und Tochter das Kartell zu verbieten.

18   Auch **öffentlich-rechtliche Körperschaften** können kleine und mittlere Unternehmen im Sinne des § 4 GWB sein.[67] Voraussetzung ist lediglich, dass die öffentliche Hand als Unternehmen anbietet oder nachfragt.[68] Hier zeichnet sich eine unterschiedliche Auslegung nach nationalem und nach europäischem Recht zumindest für Einkaufsgemeinschaften ab.[69] Denn der für die Anwendung des Kartellrechts auf Kartelle der öffentlichen Hand entscheidende Unternehmensbegriff wird im europäischen Kartellrecht zumindest vom Gericht Erster Instanz anders ausgelegt als vom Bundesgerichtshof im nationalen Kartellrecht.[70] Nach dem Bundesgerichtshof erfüllt jede Nachfragetätigkeit die Unternehmenseigenschaft unabhängig davon, ob die öffentliche Hand auch auf dem Angebotsmarkt als Unternehmen auftritt.[71] Der EuG hat hingegen eine Unternehmenseigenschaft verneint, wenn die öffentliche Hand auf dem Absatzmarkt nicht unternehmerisch tätig

---

[60] Allg. A., vgl. WuW/E BGH 2321, 2323 – *Mischgutshersteller;* WuW/E BKartA 2384, 2389 – *German Parcel Paket-Logistik;* KG WuW/E OLG 3663, 3666 – *Mischgutshersteller;* BKartA, Merkblatt, Rn. 13; vgl. *Werner* S. 180; *Kapteina,* S. 235; *Bunte* in: Frankfurter Kommentar § 3 Rn. 96; *Bechtold,* GWB, § 3 Rn. 11; *Benisch* in: Gemeinschaftskommentar § 5 b Rn. 24.
[61] BKartA, Merkblatt, Rn. 13.
[62] *Werner,* S. 181; *Bunte* in: Frankfurter Kommentar § 3 Rn. 96; vgl. dazu auch oben § 1 Rn. 94 ff.
[63] *Bunte* in: Frankfurter Kommentar § 3 Rn. 96; *Benisch* in: Gemeinschaftskommentar, § 5 b a. F. Rn. 24.
[64] Vgl. BKartA, TB 1978, S. 48 – *bituminöses Mischgut; Benisch* in: Gemeinschaftskommentar § 5 b Rn. 24.
[65] *Werner* S. 181; *Immenga* in: Immenga/Mestmäcker, GWB (3. Aufl.), § 4 Rn. 68. Offen aber *Fuchs* in: Immenga/Mestmäcker § 3 Rn. 38.
[66] Dazu § 1 Rn. 19.
[67] BGH WuW/E DE-R 1087, 1090 – *Ausrüstungsgegenstände für Feuerlöschzüge* = GRUR 2003, 633; OLG Düsseldorf WuW/E DE-R 150, 151 – *Löschfahrzeuge;* BKartA, TB 1999/2000, S. 45 f.; *Lutz* WRP 2002, 47, 53; *Bunte* WuW 1998, 1037, 1045 f.; *Fuchs* in: Immenga/Mestmäcker § 3 Rn. 41. A. A. OLG Koblenz WuW/E OLG Verg. 184, 185 – *Feuerlöschgeräte;* früher auch BKartA TB 1995/96, S. 106.
[68] Dazu oben § 1 Rn. 34 ff.
[69] So auch BKartA TB 2003/2004, S. 40, 71.
[70] Vgl. § 1 Rn. 35; BKartA TB 2003/2004 BT DS 15/5790 S. 40.
[71] BGH WuW/E DE-R 1087, 1090 – *Ausrüstungsgegenstände für Feuerlöschzüge* = GRUR 2003, 633; OLG Düsseldorf WuW/E DE-R 150, 151– *Löschfahrzeuge;* BKartA, TB 1999/2000, S. 45 f.; *Lutz* WRP 2002, 47, 53; *Bunte* WuW 1998, 1037, 1045 f.

§ 3. Mittelstandskartelle   19 **§ 3 GWB**

wird;[72] in dem Fall ging es um die Einkaufstätigkeit eines spanischen Verbandes, der nach dem Solidaritätsprinzip funktionierte und der medizinische Erzeugnisse für Krankenhäuser einkaufte. Gerade in solchen Fällen hat § 3 GWB eine umfassende eigenständige Bedeutung, weil die Beurteilung nach EU-Recht nicht vorrangig ist.[73] Für die Feststellung, ob eine „kleine oder mittlere" Körperschaft vorliegt, ist – wie bei anderen Unternehmen – auf ihre Relation zu anderen Marktbeteiligten abzustellen und nicht an öffentlich-rechtliche Bestimmungen wie die Gemeindeordnung anzuknüpfen;[74] wenn es nur andere öffentlich-rechtliche Körperschaften auf dem Markt gibt, ist nur das Verhältnis zu diesen relevant.[75]

b) Beteiligung von Großunternehmen. An der zwischenbetrieblichen Zusammenarbeit im Sinne des § 3 Abs. 1 GWB können **auch Großunternehmen beteiligt sein,** sofern die Leistungsfähigkeit der kleinen und mittleren Unternehmen erst durch die Beteiligung ihrer großen Konkurrenten gefördert werden kann.[76] Dass diese Kartelle in aller Regel eher geeignet sind, den Wettbewerb wesentlich zu beeinträchtigen, kann einer Legalisierung nach § 3 Abs. 1 GWB nicht schon generell entgegenstehen. Denn in vielen Fällen kann der Normzweck des § 3 Abs. 1 GWB ohne die Kooperation mit großen Betrieben nicht oder nicht mit derselben Wirksamkeit erreicht werden; so etwa, wenn die kleinen und mittleren Unternehmen auf die die Bezugs- oder Vertriebsmöglichkeiten, Kapazität, die Finanzkraft, das technische Know-how oder das Forschungspotential der Großbetriebe angewiesen sind.[77] Die Gefahr einer Wettbewerbsbeeinträchtigung wird zudem durch die **strenge Schrankenregelung des § 3 Abs. 1 Nr. 1 GWB** abgefedert.[78] Auch der Wirtschaftsausschuss hat in seinen Beratungen zur 2. GWB-Novelle für die Beteiligung von Großunternehmen entscheidend darauf abgestellt, „dass der Wettbewerb auf dem Markt nicht wesentlich beeinträchtigt wird".[79] Unter diesen Voraussetzungen können auch die marktführenden Großunternehmen Beteiligte sein.[80]

19

---

[72] EuG WuW/E EU-R 688.

[73] *Fuchs* in: Immenga/Mestmäcker § 3 Rn. 41.

[74] *Schnelle/Hübner* WRP 2003, 1205, 1206, zu Recht gegen OLG Düsseldorf WuW/E DE-R 150, 155; dem OLG aber folgend *Bunte* in: Frankfurter Kommentar § 3 Rn. 97.

[75] *Schnelle/Hübner* WRP 2003, 1205, 1206.

[76] BGH WuW/E DE-R 1087, 1090 – *Ausrüstungsgegenstände für Feuerlöschzüge* = GRUR 2003, 633; WuW/E BGH 2321, 2325 – *Mischgutherstellter* = NJW 1987, 1639, 1641; WuW/E BGH 2384, 2388 – *German Parcel Paket-Logistik;* Bericht des Wirtschaftsausschusses des Bundestages zur 2. Gesetzesnovelle, WuW 1973, 581, 584; Begr. RegE 5. GWB-Novelle BT-DS 11/4610 = WuW 1990, S. 332, 339; BKartA, Merkblatt, Rn. 37; *Kling/Thomas* § 17 Rn. 189; *Bunte* in: Frankfurter Kommentar § 3 Rn. 101 f.; *Schneider* in: Langen/Bunte, § 3 Rn. 47; *Benisch* in: Gemeinschaftskommentar § 5b a. F. Rn. 27; *Bechtold,* GWB, § 3 Rn. 11; *Moog,* S. 74. **A. A.** *Fuchs* in: Immenga/Mestmäcker, GWB, § 3 Rn. 43 ff., der eine Beteiligung von Großunternehmen nur bei erstens Unerlässlichkeit und zweitens eigene Defiziten des beteiligten Großunternehmens gegenüber Konkurrenten zulassen will; gegen eine Beteiligung von Großunternehmen in: Immenga/Mestmäcker, GWB, § 4 a. F. Rn. 71; damit sympathisierend *Pampel* in: Münchener Kommentar, GWB, § 3 Rn. 66: „gute Argumente"; kritisch auch *Herresthal,* S. 54 ff.; *Salje,* S. 82 ff. Vgl. ferner *Emmerich* § 23 Rn. 13, der im Regelfall von einer wesentlichen Wettbewerbsbeeinträchtigung ausgeht, jedoch eine Beteiligung nicht von vornherein ausschließt.

[77] BKartA, Merkblatt, Rn. 37 im Hinblick auf Bezugs- und Vertriebsmöglichkeiten; ferner *Bunte* in: Frankfurter Kommentar § 3 Rn. 102; *Benisch* in: Gemeinschaftskommentar, § 5b a. F. Rn. 26.

[78] Vgl. dazu oben Rn. 1 und unten Rn. 53 ff. (keine wesentliche Beeinträchtigung des Wettbewerbs).

[79] Bericht des Wirtschaftsausschusses des Bundestages zur 2. GWB-Novelle, WuW 1973, 581, 584.

[80] A. A. *Fuchs* in: Immenga/Mestmäcker § 3 Rn. 45 mwN., der allerdings zutreffend darauf hinweist, dass – im Gegensatz zum Merkblatt 1998 – das Merkblatt 2007 des BKartA hierzu nicht mehr Stellung nimmt.

20 Generell ausgeschlossen ist die zwischenbetriebliche Zusammenarbeit, die zwar zugunsten von Kleinbetrieben, aber **ausschließlich zwischen Großunternehmen** erfolgt.[81] In diesen Fällen fehlt es an dem Erfordernis, dass der Rationalisierungseffekt bei den beteiligten kleinen und mittleren Unternehmen des Kartells eintritt.[82] Jedoch bleibt eine Freistellung nach § 2 GWB möglich.

2. Vereinbarungen, Beschlüsse von Unternehmensvereinigungen

21 § 3 Abs. 1 GWB ermöglicht die Legalisierung von Vereinbarungen und Beschlüssen von Unternehmensvereinigungen. Gemeint sind hier Vereinbarungen bzw. Beschlüsse von Unternehmensvereinigungen gemäß § 1 GWB, so dass auf die dortigen Ausführungen verwiesen werden kann.[83] Insbesondere ist auch ein **gentlemen's agreement** freistellungsfähig, obwohl es keine rechtlich einklagbare Bindung für die Parteien erzeugt.[84]

22 Nach § 3 Abs. 1 GWB freistellungsfähig sind nach dem eindeutigen Wortlaut des § 3 Abs. 1 GWB nur Vereinbarungen oder Beschlüsse, **nicht aber abgestimmte Verhaltensweisen**.[85] Solche abgestimmten Verhaltensweisen liegen vor, wenn Unternehmen zwar auf Grund einer langjährigen Praxis, aber ohne konkrete Absprache in gewinnbringender Weise miteinander kooperieren.[86] Letztlich gaben wohl praktische Gründe den Ausschlag dafür, abgestimmte Verhaltensweisen für nicht ausreichend zu erachten. Es ist kaum denkbar, dass abgestimmte Verhaltensweisen dokumentierbar sind, ohne dass die Schwelle des Vereinbarungsbegriffs erreicht wäre. Auch **Mittelstandsempfehlungen** nach § 22 Abs. 2 **GWB a. F.** können, wenn sie befolgt werden, allenfalls abgestimmte Verhaltensweisen sein.[87] Die fehlende Freistellung für abgestimmte Verhaltensweisen hat indes keine weit reichenden Konsequenzen für die Kartellbeteiligten. **§ 2 Abs. 1 GWB** stellt auch abgestimmte Verhaltensweisen frei. § 2 Abs. 1 GWB bleibt aber anwendbar, auch wenn die Voraussetzungen des § 3 Abs. 1 GWB nicht vorliegen.[88] Damit sind Mittelstandskartelle, die lediglich auf abgestimmten Verhaltensweisen beruhen, nach § 2 Abs. 1 GWB freistellbar und auch im Regelfall freigestellt; denn der Anwendungsbereich von § 3 Abs. 1 GWB und § 2 Abs. 1 GWB laufen weitgehend parallel. Über dies kommt bei mittelständischen Spezialisierungsvereinbarungen[89] auch eine Freistellung nach **§ 2 Abs. 2 GWB in Verbindung mit der GVO Spezialisierungsvereinbarungen** in Betracht, weil auch diese GVO abgestimmte Verhaltensweisen freistellt.

23 Nicht erforderlich ist eine **Schriftform** des Mittelstandskartells, weil Vereinbarungen oder Beschlüsse auch in anderer Form als der Schriftform denkbar sind.[90] Eine schriftliche Abfassung empfiehlt sich dennoch wegen der besseren Dokumentationsmöglichkeiten z. B. gegenüber den Kartellbeteiligten oder im Fall eines kartellrechtlichen Angriffs auf das Mittelstandskartell.

---

[81] Bericht des Wirtschaftsausschusses des Bundestages zur 2. GWB-Novelle, WuW 1973, 581, 584; BKartA, Merkblatt, Rn. 37; *Bunte* in: Frankfurter Kommentar § 3 Rn. 104; *Schneider* in: Langen/Bunte, § 3 Rn. 48.
[82] Vgl. dazu unten Rn. 44 (Rationalisierungseffekt bei einigen Beteiligten).
[83] Vgl. § 1 Rn. 41 ff.
[84] Str., vgl. Rn. 51.
[85] Siehe zu abgestimmten Verhaltensweisen allgemein § 1 Rn. 53 ff.
[86] Vgl. zur Abgrenzung zwischen Vereinbarung und abgestimmter Verhaltensweise § 1 Rn. 67.
[87] *Schneider* in: Langen/Bunte § 3 Rn. 21; *Fuchs* in: Immenga/Mestmäcker § 3 Rn. 28; *Pampel* in: Münchener Kommentar, GWB, § 3 Rn. 114. Siehe auch die Kommentierung zu § 1 Rn. 60.
[88] Dazu unten Rn. 78.
[89] Eingehend unten Rn. 46 ff.
[90] Dazu oben § 2 Rn. 195.

3. Zwischen miteinander im Wettbewerb stehenden Unternehmen

a) Funktion: Abgrenzung Horizontal- von Vertikalvereinbarungen. Das Tatbe- 24
standsmerkmal „zwischen miteinander im Wettbewerb stehenden Unternehmen" erfüllt
eine **Unterscheidungsfunktion.** Nur horizontal veranlasste Wettbewerbsbeschränkungen
sollen von § 3 GWB erfasst und rein vertikale Sachverhalte ausgeblendet werden.[91] Diese
Klarstellung wurde mit der **7. GWB-Novelle 2005** eingeführt. Davor bezog sich schon
das Verbot des § 1 GWB a. F. nur auf horizontale Sachverhalte, so dass die Privilegierung
für Mittelstandskartelle in § 4 Abs. 1 GWB a. F. von vornherein nur auf horizontal veranlasste Wettbewerbsbeschränkungen bezogen war. Auch in **§ 1 GWB a. F.** erfolgte die Abgrenzung von den vertikal veranlassten Wettbewerbsbeschränkungen über das Tatbestandsmerkmal „zwischen miteinander im Wettbewerb stehenden Unternehmen".[92] In § 1 GWB
a. F. wurde das Tatbestandsmerkmal mit der 6. GWB-Novelle 1999 eingeführt.[93]

Für die **Auslegung** des Tatbestandsmerkmals „zwischen miteinander im Wettbewerb ste- 25
henden Unternehmen" sollte auf die **Grundsätze** abgestellt werden, die **schon zu § 1
GWB a. F.** entwickelt wurden.[94] Ein Rückgriff auf eine Definition aus dem EU-Recht,
wie er für die Auslegung des Begriffs „vertikale Preisbindungen" gemäß § 30 GWB vorgeschlagen wird,[95] ist nicht möglich. Für Vertikalvereinbarungen existiert im EU-Recht
(Art. 2 Vertikal-GVO) eine Legaldefinition, für Horizontalvereinbarungen hingegen nicht.[96]

b) Aktuelles oder potenzielles Wettbewerbsverhältnis. Die Formulierung „zwi- 26
schen miteinander im Wettbewerb stehenden Unternehmen" bezieht sich sowohl auf den
aktuellen als auch auf den **potenziellen Wettbewerb.**[97] Aktuell ist Wettbewerb, wenn

---

[91] Vgl. zur Unterscheidung zwischen horizontal und vertikal veranlassten Wettbewerbsbeschränkungen auch oben § 1 Rn. 2 ff.

[92] Begr. zum RegE 6. GWB-Novelle, BT DS 13/9720 = *Jüttner-Kramny*, GWB, WuW-Sonderheft 1998, 64 f.

[93] Bis vor der 6. GWB-Novelle 1999 erfolgte die Abgrenzung über das Tatbestandsmerkmal „zu einem gemeinsamen Zweck" des § 1 GWB a. F. Dieses Merkmal wurde funktionell, ausgerichtet an der Zielsetzung des GWB, die Freiheit der am Wettbewerb Beteiligten zu erhalten, ausgelegt. Zunächst stellte der Bundesgerichtshof dabei auf „gleichgerichtete Interessen" ab (WuW/E BGH 1458, 1460 – *Fertigbeton* = BGH NJW 1977, 804; Aufgabe in: BGH WuW/E 3121, 3125 – *Bedside-Testkarten* = NJWE-WettbR 1997, 211), später nur noch auf eine aktuelles oder potenzielles Wettbewerbsverhältnis zwischen den Parteien des Austauschvertrages (BGH WuW/E 1871, 1878 – *Transportbeton* = NJW 1977, 1804 = BGHZ 68, 6; ferner OLG Stuttgart WuW/E OLG 2983 – *Strohgäu-Wochenjournal I;* bestätigt durch WuW/E BGH 2085 – *Strohgäu-Wochenjournal* = BB 1984, 1826; WuW/E BGH 2285 – *Spielkarten* = NJW-RR 1986, 1486 = BB 1986, 2010). Trotz des unterschiedlichen Wortlautes enthielt § 1 GWB mit der 6. GWB-Novelle 1999 damit keine sachlich andere Regelung (BGH WuW/E DE-R 289, 294 – *Lottospielgemeinschaft* = GRUR 1999, 771 = ZIP 1999, 1021). Der Gesetzgeber der 6. GWB-Novelle 1999 wollte nur eine sprachlich treffendere Formulierung finden (Begr. RegE 6. GWB-Novelle BT DS 13/9720 = *Jüttner-Kramny*, GWB, WuW-Sonderheft, S. 65).

[94] Zustimmend *Fuchs* in: Immenga/Mestmäcker, GWB, § 3 Rn. 32.

[95] Vgl. § 30 GWB Rn. 19 f.

[96] Vielmehr erfasst Art. 2 Vertikal-GVO auch Horizontalvereinbarungen. Die Leitlinien der EU-Kommission für die Anwendbarkeit von Art. 81 EG auf Vereinbarungen über horizontale Zusammenarbeit gehen deswegen zutreffend von Horizontalvereinbarungen aus, die Überschneidungen mit dem Begriff der Vertikalvereinbarungen aus Art. 2 Vertikal-GVO aufweist, vgl. Leitlinien Tz. 11 (Leitlinien der Kommission zur Anwendbarkeit von Art. 81 EG-Vertrag auf Vereinbarungen über horizontale Zusammenarbeit (Kooperationsbekanntmachung), ABl. C 3/2 vom 6. 1. 2001, abrufbar unter http://europa.eu.int/comm/competition/antitrust); siehe ferner die Kommentierung zu den Leitlinien bei Art. 81 Anh. Rn. 22 ff.

[97] Gl. A. *Fuchs* in: Immenga/Mestmäcker, GWB, § 3 Rn. 31. Genauso zu § 1 GWB a. F. Begr. zum RegE 6. GWB-Novelle, BT DS 13/9720 = *Jüttner-Kramny*, GWB, WuW-Sonderheft 1998, 65. Ebenso Leitlinien der EU-Kommission zur Anwendbarkeit von Art. 81 EG auf Vereinbarungen über horizontale Zusammenarbeit Tz. 9, abrufbar unter http://europa.eu.int/comm/competition/antitrust, siehe dazu auch die Kommentierung der Leitlinien bei Art. 81 Anh. Rn. 22 ff.

die Beteiligten auf dem einschlägigen Markt tatsächlich nebeneinander tätig sind. Potenziell ist Wettbewerb, wenn nach einem objektiven Maßstab der Marktzutritt wahrscheinlich ist, wobei auch berücksichtigt werden muss, ob die Marktteilnahme wirtschaftlich zweckmäßig und kaufmännisch vernünftig wäre.[98] Ein gewichtiges Indiz für das Bestehen von potenziellem Wettbewerb ist es, wenn die Beteiligten es für notwendig halten, die zukünftige Marktteilnahme mindestens eines Beteiligten oder sogar wechselseitig regeln zu müssen.[99]

27 c) **Geltung für Beschlüsse von Unternehmensvereinigungen.** Der Wortlaut des § 3 Abs. 1 GWB könnte zu dem Missverständnis verleiten, dass sich das Tatbestandsmerkmal „zwischen miteinander im Wettbewerb stehenden Unternehmen" nur auf Vereinbarungen bezieht, nicht jedoch auf Beschlüsse. Es ist aber kein Grund ersichtlich, Vertikalbeschlüsse generell, ohne dass ein Wettbewerbsverhältnis gegeben sein muss, in den Anwendungsbereich des § 3 GWB aufzunehmen. Vielmehr dient das Tatbestandsmerkmal der Abgrenzung von horizontal und vertikal veranlassten Wettbewerbsbeschränkungen.[100] Damit ist das Tatbestandsmerkmal auch auf Beschlüsse auszudehnen.[101]

28 d) **Fallgruppen. aa) Gemeinsamer Zweck (klassisch-horizontale Vereinbarungen).** Unproblematisch gegeben ist ein Wettbewerbsverhältnis bei Verträgen, die die Parteien von vornherein „zu einem gemeinsamen Zweck" im Sinne des § 705 BGB (oder in anderen Gesellschaftsformen) schließen. Solche Verträge sind typische Horizontalverträge, weil die **Gesellschaft** die (horizontale) Kooperation der Gesellschafter festschreibt. Das Kartellverbot im Sinne des § 1 GWB a. F. (bis vor der 6. GWB-Novelle 1999), das Verträge „zu einem gemeinsamen Zweck" ausdrücklich ansprach, war ursprünglich allein auf solche bzw. später auch auf gesellschaftsähnliche Vereinbarungen zwischen Unternehmen ausgerichtet.[102] Auch eine Kartellierung durch Wettbewerber **ohne formelle Ausgründung einer eigenen Gesellschaft** ist eine klassisch-horizontale Vereinbarung nach § 3 GWB, weil als gemeinsamer Hauptzweck der Parteien die Beschränkung des Wettbewerbs betrieben wird und damit eine BGB-Gesellschaft entstanden ist. Ein **Abgrenzungsproblem** entsteht daher nur in Konstellationen, in denen **keine gesellschaftsrechtliche Kooperation** zwischen den Parteien als Hauptzweck gegeben ist. Dies betrifft primär Wettbewerbsbeschränkungen in Austauschverträgen (dazu unter bb), aber auch vertikale Vertragssysteme mit horizontaler Grundlage (dazu unter cc).

29 **bb) Austauschverträge.** Mit der Breite, mit der ein Wettbewerbsverhältnis angenommen wird, ist vorprogrammiert, dass nicht nur klassisch-horizontale Vereinbarungen, sondern auch eine ganze Reihe von Austauschverträgen unter § 3 GWB fallen können,[103] sofern die **Vertragsparteien mindestens potenzielle Wettbewerber** sind. In einem Wettbewerbsverhältnis stehen danach nicht nur **Hersteller und Händler,** wenn der Hersteller auch direkt vertreibt[104] oder bei einem Subunternehmervertrag **Unternehmer und**

---

[98] Vgl. WuW/E BGH 2050 – *Bauvorhaben Schramberg* = BB 1984, 364; ausführlich zum Begriff „Wettbewerb" sowie „aktueller und potenzieller Wettbewerb" § 1 Rn. 80 ff.

[99] WuW/E BGH 1732 – *Fertigbeton II;* siehe auch schon WuW/E BGH 1460 – *Glasglühkörper* = BGH NJW 1960, 145; WuW/E BKartA 1389, 1390 – *Butter-Export-Kontor.* Vgl. im Einzelnen die Kommentierung zu § 1 GWB Rn. 83.

[100] Vgl. auch oben Rn. 24.

[101] *Fuchs* WRP 2005, 1393; *Bechtold*, GWB, § 3 Rn. 6; *Schneider* in: Langen/Bunte § 3 Rn. 23. Genauso schon für den Tatbestand des § 1 GWB a. F. bis zur 7. GWB-Novelle: *Hootz* in: Gemeinschaftskommentar § 1 a. F. (1999) Rn. 59.

[102] Vgl. *Emmerich* ZHR 139 (1975), 476, 484 ff.; *Wilhelm* ZHR 150 (1986), 320, 324 ff.; ferner umfassend *Immenga* in: Immenga/Mestmäcker, GWB (2. Aufl.), § 1 a. F. Rn. 152.

[103] Vgl. auch unten Rn. 30.

[104] Zum Beispiel WuW/E BGH 3115, 3119 – *Druckgussteile* = BGH NJW 1997, 2324 = GRUR 1997, 675. WuW/E BGH 3121, 3125 – *Bedside-Testkarten* = BGH NJWE WettbR 1997, 211; WuW/E BGH 2285 – *Spielkarten* = BB 1986, 2010 = ZIP 1986, 1489; OLG München – *Fahrradhandel* (vom 15. 10. 98), Az. U (K) 6240/97, zit. nach *Schultz/Wagemann,* Kartellrechtspraxis und Kartellrechtsprechung, S. 23.

Subunternehmer.[105] Vielmehr sind auch potentielle Wettbewerber solche Händler und Hersteller, die ohne weiteres über das erforderliche Know-How und die Mittel verfügen, um zum Eigenvertrieb überzugehen, zum Beispiel die Automobilhersteller.[106] Energieerzeuger und Weiterverteiler (z. B. kommunale Versorger) sind Wettbewerber im Hinblick auf die Versorgung,[107] Energieversorger und Großkunden, die nicht selbst Energie erzeugen oder mit ihr handeln – wie die Deutsche Bahn – aber grundsätzlich nicht.[108] Das Vorliegen eines Wettbewerbsverhältnisses wird noch untermauert, wenn die Beteiligten es für erforderlich halten, Wettbewerbsbeschränkungen zwischen einander zu vereinbaren. Das Gleiche gilt für **Lizenzverträge.** Insoweit ist danach zu fragen, ob der Lizenzgeber notfalls auch selbst in der Lage wäre, das Lizenzprodukt herzustellen und zu vertreiben. Das wird man insbesondere annehmen können, wenn der Lizenzgeber schon auf anderen räumlichen Märkten oder sachlich benachbarten Märkten präsent ist. In allen anderen Konstellationen ist die Wahrscheinlichkeit des Marktzutritts des Lizenzgebers sorgfältig abzuwägen. Ein Einzelerfinder oder auch ein Künstler mögen zwar theoretisch zur Verwertung in der Lage sein. Wirtschaftlich zweckmäßig oder kaufmännisch vernünftig wäre dies aber nur, wenn sie über ein vergleichbares Potential zur Vermarktung verfügen.

Bei einem derart weiten Verständnis der Anwendbarkeit des § 3 GWB auch auf Austauschverträge ist allerdings zu beachten, dass Austauschverträge zwischen Wettbewerbern nicht den Tatbestand des § 1 GWB erfüllen, wenn die **Wettbewerbsbeschränkungen** zwischen Konkurrenten für das Funktionieren **von Austauschverträgen „notwendig"** oder ihnen „immanent" sind. Insoweit spricht man von **„Immanenztheorie".**[109] Für das Funktionieren von Austauschverträgen notwendige Wettbewerbsbeschränkungen fallen schon nicht unter § 1 GWB, so dass eine Freistellung nach § 3 GWB nicht erforderlich ist. 30

cc) Sternverträge, andere vertikale Vertragssysteme mit horizontaler Grundlage. Eine Vereinbarung „zwischen miteinander im Wettbewerb stehenden Unternehmen" kann auch bei einer Mehrzahl gebündelter Vertikalverträge vorliegen. Im Gegensatz zu den eben erwähnten Austauschverträgen ergibt sich die Anwendung des § 3 GWB aber nicht aus dem Wettbewerbsverhältnis zwischen den Parteien des Austauschverhältnisses, weil es auf diese Beziehung nicht ankommt und die Vertragsparteien des Austauschvertrages deshalb gar keine Konkurrenten sein müssen. Vielmehr ist die horizontale Abstimmung eines Vertragspartners mit (aktuellen oder potentiellen) Konkurrenten über den Abschluss von Vertikalverträgen maßgebend. Gießen die Parteien ihre Abstimmung in die Form eines Gemeinschaftsunternehmens, liegt eine klassisch horizontale Vereinbarung in Gesellschaftsform vor. Aber auch schwächere Kooperationsformen fallen unter § 3 GWB, beispielsweise wenn mehrere vertikale Verträge wechselseitig aufeinander Bezug nehmen,[110] sie nur im Zusammenwirken sinnvoll sind,[111] zeitlich eng aufeinander folgen[112] oder der Dritte als Gemeinschaftsunternehmen sogar erst von den Konkurrenten gegründet wurde.[113] 31

---

[105] BGH WuW/E DE-R 131, 132 f. – *Eintritt in die Gebäudereinigung* = ZIP 1998, 1159 = GRUR 1998, 1047; BGH WuW/E DE 505, 506 – *Subunternehmervertrag II.*

[106] *Seifert* in: FS Lieberknecht, S. 583, 588; *Baums* ZIP 1998, 233, 234; anderer Ansicht *Wellenhofer-Klein* WuW 1999, 557, 566.

[107] OLG Düsseldorf WuW/E DE-R 854 – *Stadtwerke Aachen;* LG Mannheim WuW/E DE-R 298, 299 – *Stromversorgung* = NJWE-WettbR 1999, 244; eingehend auch *Markert* WRP 2003, 356, 366.

[108] LG Frankfurt am Main WuW/E DE-R 959, 961 f. – *Umformerwerke.*

[109] Dazu eingehend oben § 1 Rn. 148 ff.

[110] *Biedenkopf* BB 1966, 1113, 1117; *Zimmer* in: Immenga/Mestmäcker, GWB (3. Aufl.), § 1 Rn. 187.

[111] *Bunte* in: Langen/Bunte, § 1 Rn. 48.

[112] BKartA TB 1965, S. 25.

[113] WuW/E BGH 1367, 1369 – *Zementverkaufsstelle Niedersachsen* = BGH NJW 1975, 1837 = BB 1975, 1125 = BGHZ 65, 30.

32 Als **Sternvertrag** bezeichnet man dabei Konstellationen, in denen Wettbewerber sich über den Abschluss von Vertikalvereinbarungen mit nur einem Dritten horizontal abstimmen.[114] Solche Konstellation können danach Gegenstand einer Freistellung nach § 3 GWB sein. Ein Beispiel wäre ein Sternvertrag, bei dem der Dritte, der als Anlaufstelle für den Abschluss der Vertikalverträge dient, von den an der horizontalen Abstimmung Beteiligten beherrscht wird.[115]

33 Unter § 3 GWB kann daneben auch eine horizontale Abrede zwischen Konkurrenten im Hinblick auf abzuschließende **Vertikalverträge** fallen, wenn dabei nicht nur ein Dritter, sondern eine **Vielzahl von Dritten Vertragspartner** werden. Hierher gehört die Vereinbarung einer Gütezeichengemeinschaft von Produzenten, nur noch von bestimmten Lieferanten zu beziehen, oder wenn ein Verband beschließt, dass seine Mitglieder bestimmte Musterverträge verwenden, vorausgesetzt die übrigen Tatbestandsmerkmale des § 3 Abs. 1 GWB liegen vor.

34 **e) Fehlendes Wettbewerbsverhältnis (Drittwettbewerb).** Nach dem klaren Wortlaut des § 3 Abs. 1 GWB ist es nicht möglich, die Privilegierung auf Vereinbarungen zwischen **Nicht-Konkurrenten** anzuwenden.[116] § 3 GWB kann deshalb keine Vereinbarungen erfassen, mit denen Nicht-Konkurrenten Dritte in ihrer wettbewerblichen Betätigung beschränken, beispielsweise in folgenden Fällen: ein Lieferant verspricht dem Abnehmer gegen Entgelt, dessen Konkurrenten nicht mit Korkschrot zu beliefern,[117] der Betreiber eines Schlachthofes verspricht einer Großschlachterei, keine andere Großschlachterei zuzulassen.[118] Die Begrenzung der Anwendbarkeit auf horizontal (zwischen aktuellen oder potenziellen Wettbewerbern) veranlasste Wettbewerbsbeschränkungen ist sachgerecht, weil die Beschränkung von Drittwettbewerb durch nicht miteinander im Wettbewerb stehende Unternehmen ein typisches Phänomen der Vertikalverträge sind, die § 3 GWB gerade nicht regeln will.[119]

4. Rationalisierung wirtschaftlicher Vorgänge

35 Die Vereinbarung oder der Beschluss muss der „Rationalisierung wirtschaftlicher Vorgänge dienen". Damit bringt § 3 Abs. 1 GWB zum Ausdruck, dass es sich beim Mittelstandskartell um eine **Untergruppe der Rationalisierungskartelle** handelt.[120]

36 Eine ausdrückliche Definition des Begriffs „**Rationalisierung**" lässt sich dem GWB nicht entnehmen. Nach allgemeiner Ansicht versteht man darunter die **Herbeiführung eines Zustandes, der gegenüber dem sonst bestehenden Zustand das Verhältnis**

---

[114] Im Einzelnen zum Sternvertrag oben § 1 Rn. 119.
[115] WuW/E BGH 1367, 1369 – *Zementverkaufsstelle Niedersachsen* = BGH NJW 1975, 1837 = BB 1975, 1125 = BGHZ 65, 30; OLG Celle WuW/E Verg 188, 189 – *Feuerwehrbedarfsartikel* = NJWE WettbR 1999, 164; OLG Stuttgart WuW/E OLG 1083, 1087 – *Fahrschulverkauf*; KG WuW/E OLG 2259, 2262 – *Siegerländer Transportbeton*; OLG Düsseldorf WuW/E OLG 4691 – *Sternvertrag*; vgl. auch BKartA TB 1962, S. 61; TB 1974, S. 57.
[116] So zu § 1 GWB a. F. (bis vor der 7. GWB-Novelle 2005): *Karsten Schmidt* AG 1998, 551, 560; *Kahlenberg* BB 1998, 1593, 1594; *Wellenhofer-Klein* WuW 1999, 557, 563; *Huber* in: Frankfurter Kommentar § 1 n. F. Kurzdarstellung Rn. 15; *Zimmer* in: Immenga/Mestmäcker, GWB (3. Aufl.), § 1 Rn. 181; *Bunte* DB 1998, 1748, 1750, nachdem er vorher allerdings noch den Referentenentwurf kritisiert und eine Ausdehnung der Formulierung auch auf Sachverhalte gefordert hatte, in denen nur Wettbewerb zwischen einer der Vertragsparteien und Dritten bestand; vgl. *Bunte* WuW 1997, 857, 864; ebenso *Baums* ZIP 1998, 233, 235. A. A. *Kahlenberg* BB 1998, 1593, 1594; *Bahr* WuW 2000, 954, 959.
[117] WuW/E BGH 2088, 2090 – *Korkschrot*.
[118] OLG Düsseldorf WuW/E OLG 4056, 4060 – *Schlachthofbenutzung*.
[119] Vgl. zu § 1 GWB a. F.: *Karsten Schmidt* AG 1998, 551, 560; *Zimmer* in: Immenga/Mestmäcker, GWB (3. Aufl.), § 1 Rn. 180.
[120] Vgl. zu weiteren Rationalisierungskartellen § 2 Rn. 81 ff., 115 ff.

§ 3. Mittelstandskartelle 37, 38 § 3 GWB

von Aufwand und Ertrag – gerechnet in Produktionseinheiten – verbessert.[121] Das kann auf verschiedenem Wege geschehen. Es kann mit geringerem Material-, Zeit- oder Arbeitsaufwand der gleiche Ertrag,[122] mit gleich bleibendem Aufwand ein besserer Ertrag oder mit einer nur geringen Aufwandserhöhung ein überproportional hoher Ertrag erzielt werden.[123]

Die Rationalisierung muss sich **auf wirtschaftliche Vorgänge beziehen.** Hierunter versteht man im weitesten Sinne alles, was in wirtschaftlicher, technischer, organisatorischer oder sonstiger Weise den Geschäftsablauf von Unternehmen beeinflussen kann.[124] Dazu zählt das Bundeskartellamt beispielsweise die Bereiche Produktion, Forschung und Entwicklung, Finanzierung, Verwaltung, Werbung, Einkauf und Vertrieb.[125] 37

Weiter muss diese Rationalisierung den innerbetrieblichen Ablauf der Leistungserbringung (z. B. Produktion, Verarbeitung, Vertrieb, Beschaffung) betreffen. **Für die Rationalisierung müssen also innerbetriebliche Mittel, die von den einzelnen Unternehmen beherrscht werden, eingesetzt werden.** 38

Maßnahmen sind daher **nicht freigestellt,** die eine Verbesserung des Aufwand-Ertrag-Verhältnisses ohne innerbetriebliche Änderungen **allein** wegen **Verringerung bzw. Ausschaltung des Wettbewerbs** durch kollektive Verbesserung der Marktverhältnisse oder der Austauschbedingungen herbeiführen.[126] § 3 Abs. 1 GWB privilegiert nicht jede Einnahmeerhöhung durch Wettbewerbsbeschränkung. **Bloße Preisabsprachen**[127] sind genauso unzulässig wie ein **bloßer Gebietsschutz**[128] oder **bloße Quotenabsprachen.**[129] Auch **Verkaufs- oder Einkaufsgemeinschaften** muss eine echte Rationalisierungswirkung zukommen. Eine alleinige Verbesserung der Einnahmen durch Erhöhung der Marktmacht und die dadurch bedingte Verbesserung der Konditionen ist nicht freigestellt;[130] insoweit kommt für Einkaufskooperationen ohne Rationalisierungseffekt (§ 4 Abs. 2 GWB a. F.) nur eine Privilegierung mangels hinreichender Spürbarkeit oder aber gemäß § 2 Abs. 1 GWB in Betracht. Auch reine Konditionenabreden sind nicht nach § 3 Abs. 1 GWB freigestellt, weil diese keine leistungssteigernde Wirkung und somit keine Rationalisierung zum Gegenstand haben;[131] eine Freistellung kann nur nach § 2 Abs. 1 GWB erfol-

---

[121] Vgl. ständige Verwaltungspraxis des BKartA, Merkblatt, Rn. 28; BKartA WuW/E DE-V 1142, 1143 – *Hintermauerziegelkartell;* ferner *Kling/Thomas* § 17 Rn. 191; *Rittner/Kulka* § 8 Rn. 65; *Schneider* in: Langen/Bunte § 3 Rn. 35; *Bunte* in: Frankfurter Kommentar § 3 Rn. 33 ff.; *Fuchs* in: Immenga/Mestmäcker, GWB, § 3 Rn. 47. Es kann auch auf die Auslegung zum GWB a. F. (vgl. Rn. 1) zurückgegriffen werden, weil der Rationalisierungsbegriff dort nicht anders war; siehe auch die weiteren Nachweise zur Praxis für das GWB in Vorauf. Rn. 36. *Deringer/Benisch* in: Gemeinschaftskommentar § 5 a. F. Rn. 4, 29; kritisch *Eckstein,* S. 138.

[122] Vgl. WuW/E BKartA 1259, 1261 – *Fernmeldekabel II;* WuW/E BKartA 1225, 1227 – *Krawattenstoff-Submission.*

[123] WuW/E BKartA 1248, 1251 – *Fernmeldekabel I;* WuW/E BKartA 2267, 2268 – *System-Gut-Logistik-Service.*

[124] WuW/E BKartA 79, 84 – *Steinzeug-Syndikat;* ebenso die allg. A. im Schrifttum, vgl. *Bunte* in: Frankfurter Kommentar § 5 Rn. 39; *Fuchs* in: Immenga/Mestmäcker, GWB, § 3 Rn. 48; *Deringer/Benisch* in: Gemeinschaftskommentar § 5 a. F. Rn. 29.

[125] BKartA, Merkblatt, Rn. 29; siehe für weitere Beispiele unten Rn. 40.

[126] WuW/E BKartA 1225, 1228 – *Krawattenstoff-Submission;* WuW/E BKartA 322 – *Textillohnveredelung;* LKartB Bayern, Kooperation und Wettbewerb, S. 55; *Werner,* S. 68; *Rittner/Kulka* § 8 Rn. 65; *Fuchs* in: Immenga/Mestmäcker, GWB, § 3 Rn. 49; *Bunte* in: Frankfurter Kommentar § 3 Rn. 37.

[127] BKartA, Merkblatt, Rn. 32; *Fuchs* in: Immenga/Mestmäcker § 3 Rn. 49; *Benisch* in: Gemeinschaftskommentar § 5 b a. F. Rn. 6.

[128] BKartA, TB 1976, S. 82, 85 – *Verlage; Fuchs* in: Immenga/Mestmäcker § 3 Rn. 49.

[129] *Bechtold,* GWB, § 3 Rn. 9.

[130] Begr. RegE 5. GWB-Novelle, BT DS 11/4610, S. 15 (zu § 5 c GWB a. F.); *Emmerich* § 23 Rn. 15.

[131] WuW/E BKartA 1616, 1623 – *Pallas; Benisch* in: Gemeinschaftskommentar § 5 b a. F. Rn. 30.

gen. Die Einführung von kollektiven Rabattkartellen ist aus dem gleichen Grund keine Rationalisierung.[132] Auch soweit ein Unternehmen nur auf Grund des nachlassenden Wettbewerbsdrucks Kosten einsparen kann (sog. **Wettbewerbskosten**), zum Beispiel im Bereich der Werbung, der Lagerhaltung oder der Kalkulation, fehlt es an einer unmittelbar im Betrieb eintretenden Verbesserung von Produktion, Organisation oder Vertrieb. Eine Anwendung des § 3 Abs. 1 GWB scheidet daher aus, wenn auf Grund der Kartellbildung lediglich bestimmte Leistungen (zum Beispiel im Service) gestrichen werden.[133]

Hiervon zu unterscheiden ist die Verbesserung der Wettbewerbssituation, die nicht durch Ausschaltung des Wettbewerbs, sondern durch **betriebsinterne Verbesserungen** herbeigeführt wird. So ist von einer Rationalisierung auszugehen, sofern ein Unternehmen beispielsweise im Wege eines effektiveren Kunden- oder Reparaturdienstes bzw. einer besseren Kundenberatung in die Lage versetzt wird, seine Produkte besser gegenüber den Wettbewerbern auf dem Markt durchzusetzen.[134] Das Gleiche gilt, wenn die Kartellierung einen Markt mit sehr vielen unterschiedlichen Sorten, Typen oder Qualitäten mit geringen Fertigungsmengen betrifft und die Kartellmitglieder in die Lage versetzt werden, durch eine Aufteilung (Spezialisierung) der Produktion untereinander die Fertigungsmengen zu erhöhen und damit die innerbetriebliche Produktion rationeller zu gestalten.[135]

39 In der Praxis reicht aber regelmäßig die Unterscheidung zwischen (zulässigen) betriebsinternen Verbesserungen einerseits und (unzulässiger) bloßer Ausschaltung des Wettbewerbs nicht aus. Denn betriebsinterne Verbesserungen sind teilweise nur möglich, wenn es parallel zu einer Ausschaltung des Wettbewerbs kommt. Deshalb ist auch **eine Ausschaltung des Wettbewerbs als Rationalisierungsmaßnahme denkbar, wenn dies primär der betriebsinternen Maßnahme dient,**[136] also mit ihr in einem unmittelbaren Zusammenhang steht.[137] Insoweit können auch Kernbeschränkungen wie **Preisabsprachen, Gebietsaufteilungen, Quoten- und Mengenabreden** etc. Teil eines Mittelstandskartells sein. Ist eine Wettbewerbsbeschränkung für die Rationalisierungsmaßnahme unerlässlich, spricht das für einen unmittelbaren Zusammenhang.[138] Beispielsweise können Kernbeschränkungen erforderlich sein, um eine rationalisierende zentrale Auftragslenkung zu ermöglichen. Dazu zählt etwa der Verzicht auf die Ausführung unmittelbar erteilter Aufträge oder die Verpflichtung, die zentral weitergeleiteten Aufträge zu übernehmen.[139] Darüber hinaus kann § 3 Abs. 1 GWB auch wettbewerbsbeschränkende Absprachen legalisieren, die zwar nicht objektiv notwendig sind, um bestimmte Rationalisierungsmaßnahmen zu vereinbaren, ohne die es den Unternehmen jedoch an der subjektiven Bereitschaft zur zwischenbetrieblichen Kooperation fehlen würde, zum Beispiel im Bereich der gemeinsamen Forschung, Werbung oder Kundenberatung.[140] Dies gilt aber nur, sofern zwischen der Wettbewerbsbeschränkung und der rationalisierenden Zusammenarbeit auch von der Warte des objektiven Beobachters ein gewisser Zusammenhang besteht. Dieser fehlt, wenn eine Kooperation zwar eine Ausweitung der Produktpalette bringt, aber die gleichzeitig verabredete Preiskoordinierung nur auf Einnahmeerhöhung abzielt.[141] Auch bei bestehendem

---

[132] WuW/E BKartA 1616, 1623 – *Pallas*.
[133] WuW/E BKartA 1228 – *Krawattenstoffsubmission; Fuchs* in: Immenga/Mestmäcker, GWB, § 3 Rn. 48; *Müller/Giesler/Scholz* § 5 a. F. Rn. 40; *Deringer/Benisch* in: Gemeinschaftskommentar § 5 a. F. Rn. 5.
[134] WuW/E BKartA 1695, 1697 – *Uran*.
[135] WuW/E BKartA 1227 – *Krawattenstoff-Submission*.
[136] BKartA, Merkblatt, Rn. 32; *Bunte* in: Frankfurter Kommentar § 3 Rn. 43, 46 ff.
[137] OLG Düsseldorf WuW/E DE-R 2146, 2150 – *Nord-KS/Xella; Fuchs* in: Immenga/Mestmäcker § 3 Rn. 50.
[138] LKartB Bayern, Kooperation und Wettbewerb, S. 66; *Rittner/Kulka* § 8 Rn. 65.
[139] *Bunte* in: Frankfurter Kommentar § 3 Rn. 43.
[140] *Bunte* in: Frankfurter Kommentar § 3 Rn. 49.
[141] OLG Düsseldorf WuW/E DE-R 2146, 2151 – *Nord-KS/Xella*.

§ 3. Mittelstandskartelle

unmittelbarem Zusammenhang ist bei Kernbeschränkungen ein strengerer Maßstab bei der Beurteilung der Wesentlichkeit der Wettbewerbsbeschränkung anzulegen („Wechselwirkung").[142]

Einzelfälle: Das Merkblatt des BKartA geht davon aus, dass eine Rationalisierung gem. § 3 Abs. 1 für alle Unternehmensbereiche denkbar ist: **Produktion, Forschung und Entwicklung, Finanzierung, Verwaltung, Werbung, Einkauf und Vertrieb.**[143] Die Rationalisierung kann im Wege der **zentralen Auftragslenkung** herbeigeführt werden.[144] Rationalisierend ist die Vergabe von Aufträgen in Abhängigkeit von den anfallenden Frachtkosten.[145] Auftragslenkung ist ferner vor allem in Branchen von Bedeutung, die großen Nachfrageschwankungen unterliegen.[146] Eine rationalisierende Vereinbarung kann die beteiligten Unternehmen verpflichten, nur die ihnen zugewiesenen Aufträge zu übernehmen. Durch die Zusammenfassung und Umverteilung an die Mitglieder wird ein möglichst kontinuierlicher Geschäftsbetrieb gewährleistet.[147] Je nach Einzelfall werden die begrenzten Lager-, Produktions- oder Lieferkapazitäten der einzelnen Hersteller abgefedert[148] oder die Herstellung von Großserien ermöglicht.[149] Genauso stellt es eine Rationalisierung dar, wenn sich Speditionen eine **zentrale Sammel- und Verteillogistik** geben und dadurch die Transport- und Umschlagskapazitäten der Beteiligten besser auslasten.[150] Reine **Quotenregelungen** bei Überkapazitäten sind nach dem BKartA aber keine Rationalisierung, weil sie gerade einer Auftragsvergabe nach Frachtgunst, optimaler Kapazitätsauslastung, Spezialisierung etc. entgegenstünden.[151] Jedoch bedeutet zum Beispiel die Verpflichtung von Mitgliedswerken einer **Verarbeitungsgemeinschaft** für Teererzeugnisse, ihre gesamten Rohprodukte an die Gemeinschaft abzuliefern, der Rationalisierung, wenn dadurch die Kosten sparende Gemeinschaftsverarbeitung kontinuierlich erhalten bleibt.[152] Auch die Bildung von **Vertriebsgemeinschaften**[153] für die Lösung der Absatzprobleme von Neben- bzw. Koppelprodukten hat das BKartA – mit einer Ausnahme[154] – als rationalisierende Maßnahme anerkannt.[155] Im Übrigen hat das Bundeskartellamt eine Rationalisierung bejaht für den Fall, dass mehrere Unternehmen die **bei der Durchführung von Bauvorhaben anfallenden Arbeiten zusammenfassen** und koordinieren. Entscheidendes Kriterium war, dass allen Beteiligten bei individueller Durchführung des An- und Abtransports von Bauschutt, der Zwischenlagerung und Deponierung von Baumaterialien höhere Kosten und ein erhöhter Zeit- und Arbeitsaufwand entstanden wären.[156] Im Bereich **Energie-**

---

[142] Siehe Rn. 55.
[143] BKartA, Merkblatt, Rn. 29.
[144] WuW/E BKartA DE-V 127, 128 – *Fleurop II*; WuW/E BKartA 1794 – *Bimsbausteine III*; WuW/E BKartA 858 – *PVC-Abflussrohre*; WuW/E BKartA 341 – *Ruhrstickstoff*; *Werner*, S. 63; *Bunte* in: Frankfurter Kommentar § 3 Rn. 53; *Deringer/Benisch* in: Gemeinschaftskommentar § 5 a. F. Rn. 34.
[145] BKartA, Merkblatt, Rn. 33.
[146] *Deringer/Benisch* in: Gemeinschaftskommentar § 5 a. F. Rn. 34; *Immenga* in: Immenga/Mestmäcker, GWB (3. Aufl.), § 5 a. F. Rn. 33.
[147] WuW/E BKartA 1001, 1004 – *Zementverkaufsstelle Niedersachsen*.
[148] WuW/E BKartA 1248, 1251 – *Fernmeldekabel*; WuW/E BKartA 1794, 1795 – *Bimsbausteine III*.
[149] WuW/E BKartA 632 – *Armaturen*; WuW/E BKartA 1794, 1795 – *Bimsbausteine III*.
[150] BKartA, Beschluss vom 3. Dezember 2001, Az. B 9–63401–194/00, S. 7 – *System-Alliance*.
[151] BKartA, Merkblatt, Rn. 33.
[152] WuW/E BKartA 795, 797 – *Teerverwertung*.
[153] Vgl. dazu unten Rn. 45.
[154] WuW/E BKartA 773 – *Montanzement*.
[155] WuW/E BKartA 224, 231 – *Niedersächsische Kalkwerke*; WuW/E BKartA 341, 347 – *Ruhrstickstoff I*; WuW/E BKartA 211, 215 – *Thomasphosphat*; vgl. dazu auch *Deringer/Benisch* in: Gemeinschaftskommentar § 5 a. F. Rn. 33.
[156] WuW/E BKartA 2617, 2620 – *Baulogistik Potsdamer Platz*.

handel kommt eine Rationalisierungswirkung in Betracht, wenn durch die Zusammenlegung von Vertriebsstrukturen Einsparungen bei Hard- und Software des Handelssystems sowie bei den Personalkosten realisiert werden und sich außerdem gravierende Vorteile bei der gebündelten Energieeigenerzeugung ergeben.[157]

5. Durch zwischenbetrieblichen Zusammenarbeit

41 **a) Begriff der zwischenbetrieblichen Zusammenarbeit.** Der Begriff „zwischenbetriebliche Zusammenarbeit" stellt klar, dass von § 3 Abs. 1 GWB **jede denkbare Form unternehmerischer Kooperation** erfasst wird. Sie kann sich in der bloßen Koordinierung unternehmerischer Handlungen erschöpfen oder zu einer Ausgliederung und Übertragung von Unternehmensfunktionen auf gemeinschaftliche Einrichtungen bis hin zur **Abstimmung der gesamten Betriebspolitik**[158] einschließlich **Preis-, Mengen- und Quotenabsprachen**[159] führen. Die Zusammenarbeit kann für alle rationalisierungsfähigen innerbetrieblichen Vorgänge verabredet werden, also insbesondere in den Bereichen **Produktion, Forschung und Entwicklung, Finanzierung, Verwaltung, Werbung, Einkauf** und **Vertrieb**.[160]

42 Ein besonderer unternehmerischer Bezug der Kooperation ist nicht erforderlich.[161] Demnach können prinzipiell auch **Produktionsverzichte oder Stilllegungsvereinbarungen** als zwischenbetriebliche Zusammenarbeit gewertet werden.[162] Dies folgt aus dem lediglich klarstellenden Charakter des Begriffs, der eine weitere Einschränkung des Tatbestands nicht herbeiführen wollte. Allerdings sind Produktionsverzichte und Stilllegungen nur bei Rationalisierungswirkung freigestellt.

43 **b) Rationalisierungserfolg („durch").** Die Rationalisierung muss „durch" zwischenbetriebliche Zusammenarbeit erfolgen. Daher werden von § 3 Abs. 1 GWB nur **Maßnahmen** erfasst, **ohne die eine Rationalisierung nicht eintreten würde.** Dabei kann es sich um eine unmittelbare oder um eine mittelbare Kausalität handeln.[163] So sind etwa Rationalisierungsmaßnahme und -erfolg unmittelbar miteinander verbunden, wenn die Kartellpartner eine zentrale Akquisition und Lenkung von Aufträgen vereinbaren.[164] Die hier erforderliche Kausalität ist nicht mit dem unmittelbaren Zusammenhang zu verwechseln, der zwischen der betrieblichen Verbesserung einerseits und der Wettbewerbsbeschränkung andererseits bestehen muss.[165]

44 Grundsätzlich muss der **Rationalisierungserfolg** – wie bei allen Rationalisierungskartellen – **bei sämtlichen beteiligten Unternehmen** eintreten.[166] Hieran fehlt es z. B.,

---

[157] BKartA, Beschluss vom 15. Juli 2002, Az. B 8–40000-Ib – 87/01, S. 22 ff. – *citiworks AG*.
[158] Benisch in: Kooperationsfibel 1973, S. 68.
[159] Vgl. insoweit das Beispiel in: Begr. RegE 7. GWB-Novelle, BT DS 15/3640, S. 45; noch deutlicher Stellungnahme Bundesrat zur Begr. RegE 7. GWB-Novelle, BT DS 15/3640, S. 73. Der Bundesrat scheiterte allerdings mit seinem Vorhaben, insoweit strenge Legalisierungsvoraussetzungen in § 3 GWB aufzunehmen. In solchen Fällen kann aber eine wesentliche Wettbewerbsbeeinträchtigung schon bei niedrigeren Marktanteilen angenommen werden, vgl. Rn. 55.
[160] BKartA, Merkblatt, Rn. 29; siehe auch Rn. 37 ff.
[161] *Werner*, S. 172; *Fuchs* in: Immenga/Mestmäcker, GWB, § 3 Rn. 54; a. A. *Westrick/Loewenheim* § 5 b Rn. 9.
[162] *Werner*, S. 172; a. A. *Fuchs* in: Immenga/Mestmäcker § 3 Rn. 54; *Westrick/Loewenheim* § 5 b a. F. Rn. 9; *Schneider* in: Langen/Bunte, § 3 Rn. 31.
[163] Ausführlich zur Kausalität *Pampel* in: Münchener Kommentar, GWB, § 3 Rn. 35 ff.
[164] Vgl. BKartA, TB 1974, S. 49 – *Leichtbauplatten*; BKartA, TB 1975, 48 – *Wärmedämmstoffe*.
[165] Dazu oben Rn. 39.
[166] H. M.: WuW/E BGH 1930, 1931 – *Basalt Union* = NJW 1983, 2383, 2384; WuW/E BKartA 1259, 1260 – *Fernmeldekabel II*; WuW/E BKartA 1131 – *Westfälische Zementwerke II*; *Fuchs* in: Immenga/Mestmäcker, GWB, § 3 Rn. 58; *Bunte* in: Frankfurter Kommentar § 3 Rn. 99; a. A. *Schneider* in: Langen/Bunte § 3 Rn. 51.

wenn der Verzicht eines Partners auf die Herstellung bestimmter Erzeugnisse durch eine ganz andere Leistung (z. B. finanzieller Art) entgolten wird, die in keinem sachlichen Zusammenhang zu der Einschränkung steht.[167] Die Kartellmitglieder können an der Rationalisierungsabrede aber in unterschiedlicher Weise beteiligt sein.[168] Schließlich muss der Rationalisierungserfolg **nicht** bei allen Unternehmen **die gleiche Intensität** haben;[169] er muss eben nur überhaupt eintreten.

Von der Regel, dass der Rationalisierungserfolg bei allen Unternehmen eintreten muss, sollten bestimmte **Ausnahmen** zugelassen werden. Eine Legalisierung gem. § 3 GWB ist zunächst nicht dadurch von vornherein ausgeschlossen, dass an der Abrede auch **Unternehmen teilnehmen, die sich nicht an der Rationalisierungsmaßnahme beteiligen.**[170] Eine solche Vereinbarung kann für den Erfolg der Rationalisierung notwendig sein, wenn z. B. sich spezialisierende Vertragspartner Erzeugnisse nicht ebenso rationell herstellen können wie die Unternehmen, die ihr volles Programm beibehalten; auch das EU-Recht kennt eine Freistellung für einseitige Spezialisierungen.[171] Eine weitere Ausnahme von der Regel des Eintritts des Rationalisierungserfolges bei allen Unternehmen ist zu machen, damit sich auch **Großunternehmen** an Vereinbarungen über die zwischenbetriebliche Zusammenarbeit beteiligen können, um diese zu ermöglichen bzw. ihre Wirksamkeit zu erhöhen.[172] Mit dem Ausgleich struktureller Nachteile als Normzweck wäre es nicht vereinbar, wenn Großunternehmen sich an Kooperationen nur beteiligen könnten, sofern die Leistungssteigerung auch bei ihnen eintritt. Auch der Wortlaut des Gesetzes spricht dafür, den Eintritt der Rationalisierungseffekte nicht zwingend bei allen Beteiligten zu fordern. Danach muss nur die Wettbewerbsfähigkeit „kleiner oder mittlerer Unternehmen" verbessert werden, nicht aber die „der beteiligten Unternehmen".[173] Freilich werden sich Großunternehmen in den seltensten Fällen aus rein altruistischen Gründen an Vereinbarungen über die zwischenbetriebliche Zusammenarbeit beteiligen. Will man daher eine Zusammenarbeit zwischen mittelständischen und Großbetrieben nicht schon generell ausschließen, ist im Rahmen des § 3 Abs. 1 GWB davon auszugehen, dass **die Leistungssteigerung bei allen kleinen und mittleren Unternehmen eintreten *muss*, bei kooperierenden Großbetrieben hingegen eintreten *darf*.** Der Gefahr eines Machtzuwachses bei den großen Unternehmen, der die Leistungssteigerung bei den Normadressaten des § 3 Abs. 1 GWB in Frage stellen könnte, kann durch eine sorgfältige Prüfung der Legalisierungsschranken (insbesondere Nr. 1) bzw. durch eine Begrenzung der Teilnahme von Großbetrieben auf den für die Kooperation unverzichtbaren Umfang begegnet werden.

c) Beispiele für Rationalisierung durch zwischenbetriebliche Zusammenarbeit:[174] Die **zentrale Steuerung von Aufträgen** für Stahlrohre im Rahmen eines

---

[167] Vgl. *Benisch* in: Gemeinschaftskommentar § 5 a a. F. Rn. 15.

[168] *Benisch* in: Gemeinschaftskommentar § 5 a a. F. Rn. 17.

[169] *Fuchs* in: Immenga/Mestmäcker, GWB, § 3 Rn. 58; *Benisch* in: Gemeinschaftskommentar § 5 a a. F. Rn. 17.

[170] WuW 67, 801 – *Klöppelspitzen;* BKartA, TB 1968, S. 46 – *Saunaanlagen;* BKartA TB 1970, S. 73 – *Filterplatten und -rahmen; Bunte* in: Frankfurter Kommentar § 3 Rn. 27; *Benisch* in: Gemeinschaftskommentar § 5 a a. F. Rn. 15; a. A. wohl *Fuchs* in: Immenga/Mestmäcker, GWB, § 3 Rn. 58.

[171] Art. 1 Abs. 1 lit. a) GruppenfreistellungsVO Spezialisierungsvereinbarungen; siehe dazu auch die gesonderte Kommentierung.

[172] *Benisch* in: Gemeinschaftskommentar § 5 b a. F. Rn. 27; a. A. *Bunte* in: Frankfurter Kommentar § 5 b Rn. 59; *Fuchs* in: Immenga/Mestmäcker, GWB, § 4 Rn. 58, der allerdings generell die Beteiligung von Großunternehmen an Mittelstandskartellen ablehnt. Vgl. zur Beteiligung von Großunternehmen an Mittelstandskartellen oben Rn. 19 f.

[173] Vgl. *Kiecker* in: Langen/Bunte (9. Aufl.), § 4 Rn. 12; *Benisch* in: Gemeinschaftskommentar § 5 b a. F. Rn. 27.

[174] Vgl. BKartA, Merkblatt, Rn. 39; LKartB Bayern, Kooperation und Wettbewerb, S. 56 f. Siehe über dies zu weiteren Beispielen oben die „Einzelfälle" für Rationalisierungswirkungen Rn. 40.

Quotensystems und die Festsetzung der Preise und Konditionen, wodurch die Transportkosten erheblich sanken und sich Rationalisierungseffekte bei Produktion und Qualität ergaben; die Kartellierung von Beton-Fertigteil-Herstellern, die vereinbarten, einander jede Lieferung und eingehende Lieferanfragen mitzuteilen, bei Lieferanfragen musste dasjenige Kartellmitglied ermittelt werden, das auf Grund seiner technischen Kenntnisse oder anderer Umstände wie Frachtkosten am besten zur Ausführung geeignet ist, soweit Spezialgebiete mehrerer Kartellmitglieder nebeneinander betroffen waren, sollten die Unternehmen gemeinsam herstellen;[175] die Bildung von **Arbeitsgemeinschaften** in der Produktion, bei der der Arbeitsgemeinschaftsgedanke[176] nicht greift, z. B. im Fall von Speditionen, die über ein Verteilsystem mit zentralen Umschlagslagern arbeitsteilig vorgehen und dadurch erhebliche Kosten sparen, obwohl sie die Transportaufträge auch allein ausführen könnten;[177] die Kooperation beim **Vertrieb**, der gemeinsame **Einkauf von Rohstoffen** und der Betrieb eines gemeinsamen **Fuhrparks** im Hinblick auf Transportbeton;[178] eine Kooperation zwischen Herstellern von Hintermauerziegeln: eine **Vertriebskonferenz mit Andienungszwang** verteilt eingehende Aufträge nach Kundenbindung und -wünschen, Transportkosten und Auslastung, ferner gemeinsames Marketing, Forschung und Entwicklung sowie Einkauf von Rohstoffen;[179] Vereinbarung über gemeinsame **Forschung und Entwicklung,** insoweit sind insbesondere Kernbeschränkungen denkbar, die nach der einschlägigen EU-GVO F&E nicht zulässig wären;[180] ein gemeinschaftlicher Kunden- und Reparaturdienst mit Verbot eines eigenen Service der einzelnen Beteiligten;[181] eine verbindliche Gleichschaltung der **Werbung,** was durch die Bündelungswirkung Kostenvorteile und aufwändige Werbeformen erst ermöglicht; Kundenbindungssysteme, Bonusprogramme oder Rabattkarten bei Beteiligung konkurrierender Unternehmen, wenn die Beteiligten entweder auf eine Mitwirkung bei anderen Programmen verzichten oder jedenfalls eine Mitwirkung nicht zu erwarten ist, genauso kann dann die Rabatthöhe gemeinsam festgelegt werden.[182] Vereinbarungen über **Ladenöffnungszeiten** und **Schlussverkäufe** können auch eine Rationalisierungswirkung haben.[183] In der Praxis liegt der **Schwerpunkt** der Zusammenarbeit beim Vertrieb, beispielsweise bei **Verkaufsgemeinschaften** oder bei **Einkaufsgemeinschaften.**[184]

46 d) **Insbesondere: mittelständische Spezialisierungskartelle.**[185] Bis vor der 7. GWB-Novelle 2005 waren Spezialisierungskartelle gesondert von Mittelstandskartellen abschließend in § 3 GWB a. F. geregelt. Nach Abschaffung der allgemeinen Kartellausnahme für Spezialisierungsvereinbarungen erfasst die Regelung für Mittelstandskartelle in § 3 Abs. 1 GWB nunmehr nach dem ausdrücklichen Willen des deutschen Gesetzgebers auch mittelständische Spezialisierungskartelle.[186] Da der Gesetzgeber Mittelstandskartelle nicht ab-

---

[175] Vgl. Bundesanzeiger Nr. 124 vom 9. Juli 1998, 9475.
[176] Dazu oben § 1 Rn. 184.
[177] BKartA TB 1999/2000, S. 151.
[178] BKartA TB 2003/2004, S. 109.
[179] BKartA WuW/E DE-V 1142 – *Hintermauerziegelkartell;* TB 2005/2006, S. 92 f.
[180] BKartA, Merkblatt, Rn. 39.
[181] BKartA, Merkblatt, Rn. 39.
[182] Der Gesetzgeber der Aufhebung des RabattG hat selbst auf die Möglichkeit der Legalisierung über § 4 Abs. 1 GWB a. F. hingewiesen, vgl. Begr. RegE Aufhebung RabattG BT DS 14/5441, S. 8 f.; ferner BKartA TB 1999/2000, S. 48; eingehend auch *Lange* WuW 2002, 220, 225; *J. B. Nordemann* NJW 2001, 2505, 2512.
[183] LKartB Bayern, Kooperation und Wettbewerb, S. 91 f.; *Rißmann* WuW 2006, 881, 889.
[184] Es muss aber eine Rationalisierungswirkung eintreten, vgl. oben Rn. 3 f. Siehe zur Beurteilung von Einkaufgemeinschaften ohne Rationalisierungswirkung oben § 2 Rn. 86 f.
[185] Zu nicht-mittelständischen Spezialisierungskartellen vgl. oben § 2 Rn. 81 ff.
[186] Begr. RegE 7. GWB-Novelle, BT DS 15/3640, S. 45.

§ 3. Mittelstandskartelle

schließend gegenüber § 2 Abs. 1 GWB regeln wollte,[187] ist auch davon auszugehen, dass eine Anwendung des § 2 Abs. 2 GWB in Verbindung mit der GVO Spezialisierungsvereinbarungen[188] möglich ist, wenn die Voraussetzungen des § 3 Abs. 1 GWB nicht erfüllt sind. Das gilt erst recht in zwischenstaatlichen Sachverhalten wegen § 22 GWB und Art. 3 VO 1/2003: in diesen Fällen ist die Beurteilung nach Art. 81 EG, insbesondere auf der Grundlage der GVO Spezialisierungsvereinbarungen, sogar vorrangig.[189]

Spezialisierung bedeutet nach verbreiteter Ansicht die **vereinbarte Arbeitsteilung im weitesten Sinne** zwischen mehreren Unternehmen.[190] Sie kann in der Verpflichtung der Beteiligten bestehen, bestimmte Waren, die dem Kartellpartner vorbehalten bleiben sollen, nicht mehr herzustellen, oder in der Abrede, nur noch zwischen den Vereinbarungspartnern festgelegte Güter zu produzieren.[191] Dabei geht die Spezialisierung über den typischen Fall der **Aufteilung von industriellen Herstellungsprogrammen** weit hinaus. Sie kann sich auf jegliche Unternehmensfunktionen wie z.B. **Vertrieb, Handel, Forschung und Entwicklung**[192] beziehen, ferner auf den gesamten Bereich der **Beschaffung von Gütern, der Finanzierung** und **Verwaltung**.[193] Gegenstand der Spezialisierungsvereinbarung kann neben der Produktion von Waren auch die Erbringung von **Dienstleistungen** sein.[194]

47

Die Vereinbarung kann sich auf Erzeugnisse, Leistungen oder Funktionen erstrecken, die am gesamten Programm des Unternehmens einen verhältnismäßig geringen Anteil haben (sog. **Randsortenspezialisierung**)[195] oder umgekehrt den größten Umsatz des Unternehmens einbringen (sog. **Kernspezialisierung**).[196] Ferner kommt in der Praxis auch eine sog. **Mengenspezialisierung** vor, bei der sich die Produktionsaufteilung auf die Herstellung oder den Vertrieb bestimmter Auftragsmengen bezieht.[197] Die Spezialisierung kann sich auf gegenwärtige, aber auch auf **künftige** bzw. **potentielle** Tätigkeitsbereiche der beteiligten Betriebe erstrecken,[198] z.B. wenn ein Kartellbeteiligter sich verpflichtet, auf die Herstellung bestimmter Waren zu verzichten, die er bisher zwar nicht produziert hat, aber jederzeit ohne nennenswerte Investitionen oder ohne besondere betriebliche Schwierigkeiten hätte herstellen können.[199] Vom Kartellrecht berührt sind Einschränkungen potentiellen Wettbewerbs jedoch nur dann, wenn für die künftige Betätigung auf dem relevan-

48

---

[187] Begr. RegE 7. GWB-Novelle, BT DS 15/3640, S. 44 f.; siehe auch Rn. 7; a. A. noch Vorauf. Rn. 46.

[188] Vgl. Verordnung (EG) Nr. 2658/2000 der Kommission über die Anwendung von Art. 81 Abs. 3 des Vertrages auf Gruppen von Spezialisierungsvereinbarungen vom 29. 11. 2000, ABl. 2000 L 304/3, abgedruckt in: WuW 2001, S. 40 ff. und die gesonderte Kommentierung hierzu.

[189] Begr. RegE 7. GWB-Novelle, BT DS 15/3640, S. 45.

[190] *Immenga* in: Immenga/Mestmäcker, GWB (3. Aufl.), § 3 Rn. 17; *Benisch* in: Gemeinschaftskommentar § 5a a. F. Rn. 11; *Bunte* in: Frankfurter Kommentar § 3 a. F. Rn. 19; *Kiecker* in: Langen/Bunte (9. Aufl.), § 3 a. F. Rn. 8.

[191] *Immenga* in: Immenga/Mestmäcker, GWB (3. Aufl.), § 3 a. F. Rn. 18; *Bunte* in: Frankfurter Kommentar § 3 a. F. Rn. 19.

[192] Vgl. BKartA, TB 1966, S. 63 – *Industrieöfen*.

[193] *Kartte*, BB 1965, 1037, 1039; *Benisch* in: Kooperationsfibel, S. 222; *Bunte* in: Frankfurter Kommentar § 3 a. F. Rn. 19; *Immenga* in: Immenga/Mestmäcker, GWB (3. Aufl.), § 3 a. F. Rn. 17.

[194] Vgl. WuW/E BKartA 938 – *Gesellschaftsreisen II*; *Benisch*, Kooperationsfibel, S. 221 ff.; *Bunte* in: Frankfurter Kommentar § 3 a. F. Rn. 22; *Kiecker* in: Langen/Bunte (9. Aufl.), § 3 a. F. Rn. 9.

[195] WuW/E BKartA 979, 980 – *Bettwäsche*; WuW/E BKartA 846, 849 – *Hydromechanik*; WuW/E BKartA 1605, 1607 – *Starkstromkabel*.

[196] *Benisch* in: Gemeinschaftskommentar § 5a a. F. Rn. 12; *Bunte* in: Frankfurter Kommentar § 3 a. F. Rn. 28.

[197] BKartA TB 1966, S. 53 – *Baumwollspinner*.

[198] BKartA TB 1967, S. 66.

[199] BKartA TB 1970, 73 – *Filterplatten und -rahmen*.

Jan Bernd Nordemann

§ 3 GWB 49, 50   10. Teil. Gesetz gegen Wettbewerbsbeschränkungen

Markt ansonsten eine gewisse Wahrscheinlichkeit bestanden hätte.[200] Auch die rechtliche **Absicherung** einer ohne Abstimmung **faktisch bereits bestehenden Arbeitsteilung** kann unter dem Gesichtspunkt der potentiellen Wettbewerbsbeschränkung ein Spezialisierungskartell darstellen.[201] Denn erst mit der vertraglichen Regelung sind die Vereinbarungspartner rechtlich gehindert, unternehmerische Tätigkeiten zu entwickeln, die sie bisher unter Umständen ohne besondere Schwierigkeiten hätten aufnehmen können.

49   Durch Absprachen über die sog. „**Kollegenlieferung**" verpflichten sich die Beteiligten eines mittelständischen Spezialisierungskartells, die nicht oder nicht in ausreichendem Umfang hergestellten Waren einander zur Vervollständigung des eigenen Sortiments zu überlassen. Grundsätzlich wettbewerbsbeschränkend sind solche Vereinbarungen dann, wenn sie mit der Verpflichtung einhergehen, die fehlenden Sortimentsteile ausschließlich beim Vertragspartner zu beziehen.[202] Sie sollten jedoch bei Erreichen der Rationalisierungswirkung und bei Vorliegen der übrigen Voraussetzungen des § 3 Abs. 1 GWB freigestellt sein. Auch im EU-Recht sind solche ausschließlichen Bezugs- bzw. Belieferungspflichten nach Art. 3 lit. a) GVO Spezialisierungsvereinbarungen erlaubt.[203]

50   **Beispiele** für mittelständische Spezialisierungsvereinbarungen: Bei der **Produktionsspezialisierung** verpflichten sich die Kartellbeteiligten, bestimmte Warengruppen zugunsten der Vereinbarungspartner nicht herzustellen oder nur noch Erzeugnisse zu produzieren, die zwischen den Unternehmen festgelegt werden,[204] z.B. Spezialisierung auf die Herstellung bestimmter Arten von Maschinen,[205] bestimmter Größen,[206] eine bestimmte Farbe der Produkte, Spezialisierung durch Aufteilung einer Gesamtleistung in verschiedene Teilleistungen (z.B. beim Anlagenbau in Ingenieurleistungen, Fertigung der Einzelteile und Montage) oder durch Aufteilung in Massenproduktion bei einem und individuelle Anfertigung beim anderen. Die für eine Anwendung des § 3 Abs. 1 GWB erforderlichen Rationalisierungswirkungen der Arbeitsteilung liegen regelmäßig in der Senkung der Stückkosten durch die Erhöhung der Produktionsmengen und der besseren Kapazitätsauslastung, in der Möglichkeit zu Einsparungen beim Personal und Investitionskapital sowie in der qualitativen Verbesserung der Produktion.[207] Die **Vertriebsspezialisierung auf Herstellerseite** fällt nur dann unter § 3 Abs. 1 GWB, wenn sie sich nicht in einer bloßen wettbewerbsbeschränkenden Marktaufteilung erschöpft. Die GVO für Spezialisierungen im EU-Recht enthält eine parallele Regelung.[208] Entscheidend ist, dass die Aufteilung von Absatzgebieten und Kundenkreisen die „Rationalisierung wirtschaftlicher Vorgänge" bezweckt, d.h. zu einer tatsächlichen Leistungssteigerung führt. Dies ist nur dann der Fall, wenn die sachliche

---

[200] Vgl. zum Gegenstand potentiellen Wettbewerbs oben § 1 Rn. 81 ff.
[201] BKartA TB 1973, 95 – *Kalender*; BKartA, TB 1970, 73 – *Filterplatten und -rahmen*; *Benisch* in: Gemeinschaftskommentar § 5a a. F. Rn. 11; *Bunte* in: Frankfurter Kommentar § 3 a. F. Rn. 15; kritisch *Immenga* in: Immenga/Mestmäcker, GWB (3. Aufl.), § 3 a. F. Rn. 25; einschränkend *Kiecker* in: Langen/Bunte (9. Aufl.), § 3 a. F. Rn. 12.
[202] Vgl. WuW/E BKartA 983, 985 – *Buntspinner*; WuW/E BKartA 994, 997 – *Baumwollspinner*; WuW/E BKartA 998, 1000 – *Decken*.
[203] Siehe § 2 Rn. 168 f. sowie die Kommentierung zur GVO.
[204] WuW/E BKartA 687, 690 – *Drehbänke*; WuW/E BKartA 846, 848 – *Hydromechanik*; WuW/E BKartA 858, 862 *PVC-Abflussrohre*; BKartA WuW 1978, 273 – *Horizontal- und Vertikalmaschinen*; BKartA WuW 1986, 371; BKartA WuW 1988, 598 – *Rechen und Gabeln*; BKartA TB 1978, S. 53 – *Krane und Hebezeuge*; BKartA TB 1993/1994, S. 87.
[205] Vgl. BKartA WuW 1978, 273 – *Horizontal- und Vertikalmaschinen*; WuW 1988, 598 – *Rechen und Gabeln*.
[206] BKartA TB 1978, S. 53 – *Krane und Hebezeuge*.
[207] *Benisch*, Kooperationsfibel, S. 221.
[208] Vgl. Art. 5 Abs. 1 lit. c) GVO Spezialisierungsvereinbarungen und die gesonderte Kommentierung hierzu.

Spezialisierung ohne Marktaufteilung z. B. in Form der örtlichen Spezialisierung oder der Spezialisierung auf bestimmte Kunden nicht erreicht werden kann.[209] So kann es wegen sachlicher Rationalisierungsgewinne auf Grund der unterschiedlichen Belieferungsanforderungen vorteilhaft sein, dass ein Hersteller nur Drogistengroßhändler und der andere nur Apothekengroßhändler beliefert.[210] Ist der Vertrieb bestimmter Waren mit hohen Transportkosten verbunden, so kann es zu Rationalisierungsgewinnen führen, wenn sich die Anbieter über die Produktionsorte und damit über die räumlichen Absatzgebiete abstimmen. Umgekehrt bezweckt die Vertriebsspezialisierung keine leistungssteigernde Rationalisierung, wenn die Nachfrage in den Absatzgebieten bzw. die Anforderungen der Kundenkreise für alle Kartellbeteiligten dieselben sind. Bei der **Spezialisierung auf Handelsseite** wird das jeweils vorhandene Sortiment in seiner ganzen Breite oder spezifisch nach Schwerpunkten aufgeteilt bzw. eingeschränkt.[211] Die Leistungssteigerung kann hier u. a. dadurch erreicht werden, dass aufgrund der Sortimentsbeschränkung der Einkauf größerer Produktmengen der gleichen Gattung zu einem geringeren Stückpreis möglich wird. Zudem können die Kartellpartner durch die Spezialisierung die Kosten für die Zulieferung, die Lagerhaltung und die Verwaltung herabsetzen. Im Bereich **Dienstleistungen** kann die Aufteilung von Reisezielen zwischen zwei Reiseunternehmen freigestellt sein.[212] Ein anderes Beispiel ist die Zusammenarbeit zwischen zwei Paketdiensten: der eine Paketdienst wird Sendungen des anderen für Private in sein System einspeisen und ausliefern, umgekehrt wird der anderen Paketdienst entsprechend mit den Sendungen für gewerbliche Abnehmer des Kartellpartners verfahren; ferner werden Kunden auch direkt an den Kartellpartner weitervermittelt, in der jeweiligen Werbung wird aufeinander hingewiesen.[213]

6. „zum Gegenstand"

Der Wortlaut des § 3 Abs. 1 GWB stellt ausdrücklich darauf ab, dass die Vereinbarung oder der Beschluss die Rationalisierung wirtschaftlicher Vorgänge durch zwischenbetriebliche Zusammenarbeit „zum Gegenstand" haben muss. Teilweise wird deshalb die Auffassung vertreten, dass die Rationalisierungsmaßnahme zum Gegenstand oder Zweck des Kartells gemacht werden müsse; sie müsse einklagbar sein. Einer Festlegung des beabsichtigten Rationalisierungserfolges z. B. im Vertragstext bzw. in der Präambel bedürfe es hingegen nicht.[214] Insbesondere ein gentlemen's agreement[215] könne deshalb nicht nach § 3 GWB freigestellt sein. Dem ist nicht zu folgen. Mit dem Tatbestandsmerkmal „zum Gegenstand" ist nicht gemeint, dass eine Vereinbarung oder ein Beschluss **im Sinne der überholten Gegenstandstheorie**[216] für eine Legalisierung vorliegen muss. Ausreichend ist nach zutreffender Ansicht, dass eine faktische Bindung vorliegt.[217] Auch § 1 GWB lässt es ohne weiteres genügen, dass die Wettbewerbschränkung Zweck oder Folge des Vertrages ist,[218] so dass auch die positive Bewertung einzelner bezweckter oder bewirkter Wettbewerbsbeschränkungen freigestellt sein muss. Auch in den Gesetzesmaterialien findet sich

---

[209] BKartA TB 1967, S. 63; *Immenga* in: Immenga/Mestmäcker, GWB (3. Aufl.), § 3 a. F. Rn. 28; *Bunte* in: Frankfurter Kommentar § 3 a. F. Rn. 23.
[210] Beispiel von *Bunte* in: Frankfurter Kommentar § 3 a. F. Rn. 23.
[211] *Benisch* DB 1965, 1035, 1036; *Gloede* GRUR 1967, 579, 581; *Werner*, S. 134.
[212] Vgl. WuW/E BKartA 938 – *Gesellschaftsreisen II*.
[213] Vgl. LKartB Bayern, Kooperation und Wettbewerb, S. 63.
[214] *Fuchs* in: Immenga/Mestmäcker, GWB, § 3 Rn. 26. Zum früheren Recht: *Werner*, S. 174; *Benisch* in: Gemeinschaftskommentar § 5 b a. F. Rn. 11.
[215] Dazu § 1 Rn. 45 ff.
[216] Dazu oben § 1 Rn. 129.
[217] Gl. A. *Schneider* in: Langen/Bunte, § 3 Rn. 18; *Bunte* in: Frankfurter Kommentar § 3 Rn. 32.
[218] Vgl. § 1 Rn. 124 ff.

§ 3 GWB 52–54   10. Teil. Gesetz gegen Wettbewerbsbeschränkungen

kein Hinweis darauf, dass der Gesetzgeber mit der Formulierung „zum Gegenstand" einen Hinweis auf die seit Jahren überwundene Gegenstandstheorie geben wollte.

52 Eine andere Bewertung ergibt sich auch nicht dann, wenn die Freistellungsmöglichkeit nach § 3 Abs. 1 GWB missbraucht wird, um die damit verbundenen Preisabreden bzw. Beschaffungs- oder Vertriebsabreden zu legalisieren, ohne eine Rationalisierung wirklich zu bezwecken.[219] In solchen Fällen fehlt es schon an einer „zwischenbetrieblichen Zusammenarbeit"[220] oder „Rationalisierung wirtschaftlicher Vorgänge"[221] gemäß § 3 Abs. 1 GWB, weil es hier nur um eine Einnahmeerhöhung durch Wettbewerbsbeschränkung geht.

7. Keine wesentliche Beeinträchtigung des Wettbewerbs auf dem Markt (Nr. 1)

53 a) **Fehlende wesentliche Beeinträchtigung des Wettbewerbs.** Eine Freistellung nach § 3 Abs. 1 GWB setzt voraus, dass durch die zwischenbetriebliche Zusammenarbeit der Wettbewerb auf dem Markt nicht wesentlich beeinträchtigt wird. Entscheidend ist, dass die wettbewerbsbeschränkende Abrede eine **ausgewogene Wettbewerbsstruktur** auf den betreffenden Märkten **fördert oder bestehen lässt**, so dass die Marktstärke der entstehenden Unternehmenskooperation nicht wesentlich über derjenigen der verbleibenden Außenseiter liegt. Dann gewährleistet wirksamer Wettbewerb, also der verbleibende **Wettbewerbsdruck,** dass die durch die Kooperation erzielten **Vorteile** wenigstens zum Teil **an die Nachfrager weitergegeben** werden. Wann derart wirksamer Wettbewerb nicht mehr zu erwarten ist, kann nicht schematisch, sondern nur im Einzelfall im Wege eine **abwägenden Gesamtwürdigung** entschieden werden.[222]

54 Der zur Verfügung stehende **Korridor** ist allerdings vorgegeben: Die Kooperation muss einerseits eine **„spürbare" Beeinflussung** der Marktverhältnisse herbeiführen, weil ansonsten schon der Tatbestand des § 1 GWB nicht erfüllt ist. Die Spürbarkeitsgrenze für Mittelstandskartelle liegt nach Auffassung der Begründung zur 7. GWB-Novelle 2005, die insoweit auf die Bagatellbekanntmachung der EU-Kommission verweist,[223] bei einem kumuliertem Marktanteil aller Kartellbeteiligten von 10%.[224] Auch das BKartA geht von diesen Schwellenwerten aus.[225] Bei Kernbeschränkungen (Preis-, Gebiets- oder Quotenabsprachen) gelten diese Schwellen allerdings ausdrücklich nicht.[226] Vor der 7. GWB-Novelle 2005 lag die Marktanteilsgrenze durchaus niedriger; auch bei Marktanteilen „unter 10%" prüfte der Bundesgerichtshof die Voraussetzungen des Mittelstandskartells, ging also davon aus, dass der Tatbestand des § 1 GWB nicht mangels Spürbarkeit ausgeschlossen war.[227] Nach der Übernahme der 10%-Schwelle durch die Begründung zur 7. GWB-Novelle 2005 ist jedoch auf diese Grenze abzustellen, auch wenn die Bagatellbekanntmachungen der EU-Kommission und des BKartA grundsätzlich keine rechtliche Bindungswirkung ausüben.[228] Andererseits ist eine wesentliche Wettbewerbsbeeinträchtigung aber **weniger**

---

[219] Vgl. dazu auch oben Rn. 38.
[220] Siehe auch oben Rn. 41 ff.
[221] BKartA, Merkblatt, Rn. 31.
[222] OLG Frankfurt WuW/E OLG 2771, 2774 – *Taxi-Funk-Zentrale Kassel*; KG WuW/E OLG 3663, 3666 – *Mischgutherstelller*; Merkblatt, Rn. 34; *Bechtold*, GWB, § 3 Rn. 10; *Fuchs* in: Immenga/Mestmäcker, GWB, § 3 Rn. 65; *Schneider* in: Langen/Bunte, § 3 Rn. 59.
[223] Zur Bagatellbekanntmachung § 1 Rn. 144.
[224] Begr. RegE 7. GWB-Novelle, BT DS 15/3640, S. 28. Vgl. zur Spürbarkeit auch oben § 1 Rn. 142 ff.
[225] BKartA, Bagatellbekanntmachung, Rn. 8.
[226] BKartA, Bagatellbekanntmachung, Rn. 13 ff.
[227] BGH WuW/E DE-R 1087, 1093 – *Ausrüstungsgegenstände für Feuerlöschzüge* = GRUR 2003, 633.
[228] Dazu oben § 1 Rn. 12.

§ 3. Mittelstandskartelle **§ 3 GWB**

als Marktbeherrschung (§ 19 Abs. 2 GWB),[229] weil der Gesetzgeber ganz bewusst in § 3 Abs. 1 GWB eine niedrigere Schwelle als die „marktbeherrschende Stellung" gewählt hat. Das ergibt sich aus der Systematik der früheren Ausnahmekartelle gemäß §§ 3, 5, 7 GWB a. F., für die der Gesetzgeber der 6. GWB-Novelle 1999 bewusst die Privilegierung erst bei Marktbeherrschung enden ließ,[230] während er für die Mittelstandkartelle nach § 4 Abs. 1 GWB a. F. auf das Kriterium der wesentlichen Wettbewerbsbeeinträchtigung abstellte. Der Gesetzgeber der 7. GWB-Novelle 2005 verschob zwar die Mittelstandskartelle nach § 3 Abs. 1 GWB, wollte jedoch an seinem Regelungsbereich nichts Grundsätzliches ändern.[231] Die Privilegierung eines Mittelstandskartells kann daher entfallen, auch wenn „wesentlicher Wettbewerb" im Sinne des § 19 Abs. 2 Nr. 2 GWB fortbesteht.[232]

Das Bundeskartellamt geht in **ständiger Verwaltungspraxis** davon aus, dass die kritische **Grenze** für eine wesentliche Beeinträchtigung des Wettbewerbs in der **Regel bei einem kartellierten Marktanteil von 10–15% liegt.**[233] Dem kann jedoch nur eingeschränkt gefolgt werden,[234] schon weil damit die Spürbarkeitsgrenze und die Grenze der wesentlichen Wettbewerbsbeeinträchtigung mehr oder weniger zusammenfielen. Als zutreffender erscheint, wenn der Wirtschaftsausschuss in seinen Beratungen zur zweiten GWB-Novelle die kritische Grenze von 10% bis 15% auf Kooperationen beschränkt, die mit Absprachen über bedeutsame Wettbewerbsparameter – Preise, Rabatte oder Zahlungsbedingungen – verbunden sind.[235] Heute müssen als weitere Kernbeschränkungen noch Gebiets- und Mengenabsprachen hinzugezählt werden. Für Kernbeschränkungen gilt nach den Leitlinien von Kommission und BKartA die Spürbarkeitsschwelle von 10% Marktanteil nicht,[236] so dass § 3 Abs. 1 GWB hier eine eigenständige Privilegierungswirkung entfalten kann.[237] Geht es nicht um Kernbeschränkungen wie Preisabstimmung oder Gebietsschutz, können die Marktanteile der Beteiligten sogar wesentlich höher als 10–15% liegen, damit § 3 Abs. 1 eigenständige Bedeutung behält.

Ohnehin ist der Marktanteil zwar ein wichtiges, aber nicht das einzige Kriterium für die Beurteilung, ob eine wesentliche Wettbewerbsbeschränkung vorliegt. Die Auswirkungen einer Kooperationsvereinbarung auf die Wettbewerbsbedingungen des jeweiligen Marktes

---

[229] BGH WuW/E DE-R 1087, 1091 – *Ausrüstungsgegenstände für Feuerlöschzüge* = GRUR 2003, 633.

[230] Vgl. dazu die kritische Stellungnahme des Bundesrates im Rahmen der 6. GWB-Novelle, BT-Drucks. 13/9720, S. 71 = *Jüttner-Kramny*, GWB, WuW-Sonderheft, S. 120, sowie die Gegenäußerung der Bundesregierung, BT-Drucks. 13/9720, S. 79 = *Jüttner-Kramny*, GWB, WuW-Sonderheft, S. 130 f.

[231] Begr. RegE 7. GWB-Novelle 2005, BT DS 15/3640, S. 27 f.

[232] KG WuW/E OLG 3663, 3669 – *Mischgutherstellen*; Bericht des Wirtschaftsausschusses des Bundestages zur zweiten GWB-Novelle, WuW 1973, 581, 585; vgl. auch die kritische Stellungnahme des Bundesrates, BT-Drucks. 13/9720, S. 71 sowie die Gegenäußerung der Bundesregierung, BT-Drucks. 13/9720, S. 79.

[233] BKartA, Merkblatt, Rn. 35. Ferner BKartA TB 1999/2000, 110 – *zementgebundene Baustoffe*; BKartA, TB 1981/82, S. 44 – *Kies und Sand*, und S. 55 – *Optische Erzeugnisse*; BKartA, TB 1976, S. 12, 41 – *Baustoffe*; BKartA TB 1974, S. 49 – *Leichtbauplatten*; BKartA, TB 1973, S. 8; WuW/E BKartA 1699, 1700 – *Bimsbausteine*.

[234] Ebenso *Knöpfle* BB 1986, 2346, 2347; *Werner*, S. 198; *Bechtold*, GWB, § 3 Rn. 10; *Fuchs* in: Immenga/Mestmäcker, GWB, § 3 Rn. 74; *Benisch* in: Gemeinschaftskommentar § 5 b a. F. Rn. 18; a. A. und der Praxis des BKartA zustimmend *Emmerich* § 23 Rn. 17, *Schneider* in: Langen/Bunte, § 4 Rn. 21 f.; *Pampel* in: Münchener Kommentar, GWB, § 3 Rn. 56.

[235] Bericht des Wirtschaftsausschusses des Bundestages zur zweiten GWB-Novelle, WuW 1973, 581, 585; *Rißmann* WuW 2006, 881, 888; *Rittner/Kulka* § 8 Rn. 68; *Kling/Thomas* § 17 Rn. 193; *Fuchs* in: Immenga/Mestmäcker § 3 Rn. 74; *Schneider* in: Langen/Bunte § 3 Rn. 62; *Bunte* in: Frankfurter Kommentar § 3 Rn. 105. Auch das BKartA, Merkblatt, Rn. 35, will insoweit „in jedem Fall" nur 10–15% Marktanteil erlauben.

[236] Vgl. Rn. 54.

[237] Genauso *Fuchs* in: Immenga/Mestmäcker, GWB, § 3 Rn. 75.

sind deshalb an Hand **quantitativer** und **qualitativer Kriterien** zu bestimmen.[238] Die quantitativen Merkmale kennzeichnen die Marktstellung der Kooperationspartner, insbesondere den Umsatzanteil im Vergleich zum Rest des Marktes,[239] also der Marktanteil. In qualitativer Hinsicht ist die Art und Intensität der Wettbewerbsbeschränkung entscheidend, mithin das Gewicht der jeweils betroffenen Wettbewerbsparameter. So haben Absprachen über Preise, Qualitäten, Einkauf, Vertrieb und Rabatte größere Auswirkungen auf den Wettbewerb als solche über Werbung, Forschung und Entwicklung.[240] Ferner gehören zu den qualitativen Kriterien auch alle Kriterien, die die Markstruktur beschreiben, z. B. Aktivität und Stärke der Außenseiter, der Substitutionswettbewerb von benachbarten Märkten, der potentielle Wettbewerb, die Markttransparenz sowie die Marktzutrittsschranken.[241] Insoweit kommt auch etwa schon bestehenden legalen Unternehmenskooperationen Bedeutung zu.[242] Zwischen den qualitativen und quantitativen Merkmalen besteht eine **Wechselwirkung**.[243] Danach dürfen zum Beispiel Unternehmen, die Preisabsprachen treffen, tendenziell weniger Marktanteile innehaben, als solche, die nur im Bereich der Werbung zusammenarbeiten.[244] Sofern Ansprachen über Ladenöffnungszeiten und Schlussverkäufe rationalisierende Wirkung haben, sind sie auch bei Beteiligung von Großunternehmen und bei hohen Marktanteilen (bis 100%) regelmäßig freigestellt, weil die Wettbewerbsbeschränkung gering ist.[245] Wegen der Berücksichtigung aller qualitativen und quantitativen Kriterien im Einzelfall erscheint auch die pauschale Aussage, eine Einbindung von Unternehmen, die auf dem jeweiligen Markt zur Spitzengruppe gehören, stehe einer Legalisierung nach § 3 Abs. 1 GWB regelmäßig entgegen,[246] als kaum haltbar: je nach Marktanteil, Intensität des Substitutionswettbewerbs und betroffenem Wettbewerbsparameter kann auch die Teilnahme von Unternehmen aus der Spitzengruppe zulässig sein, solange der wirksame Wettbewerb im Gleichgewicht bleibt.

56 Die Ausfüllung des Tatbestandsmerkmals über eine Wechselwirkung aller qualitativen und quantitativen Kriterien im Einzelfall ohne feste Marktanteilsgrenzen verursacht allerdings in der Praxis **ein nicht unerhebliches Bewertungsrisiko** für die beteiligten kleinen und mittelständischen Unternehmen, ob sie sich noch im Freistellungsbereich des § 3 Abs. 1 GWB befinden. Gerade deshalb ist der – wenn auch zeitlich bis 30. Juni 2009 befristet – gemäß § 3 Abs. 2 GWB gewährte Anspruch auf Entscheidung nach § 32c GWB sinnvoll; danach kann zumindest eine informelle Abstimmung mit der KartB stattfinden.[247] Für **Einkaufs- und Vermarktungsvereinbarungen** können sich aus den Leitlinien der Kommission zu horizontalen Kooperationen Anhaltspunkte ergeben.[248] **Mittelständische**

---

[238] BGH WuW/E DE-R 1087, 1091 – *Ausrüstungsgegenstände für Feuerlöschzüge* = GRUR 2003, 633; OLG Frankfurt WuW/E OLG 2771, 2774 – *Taxi-Funk-Zentrale Kassel*. Eingehend *Bunte* in: Frankfurter Kommentar § 3 Rn. 105 ff.

[239] BGH WuW/E DE-R 1087, 1091 – *Ausrüstungsgegenstände für Feuerlöschzüge* = GRUR 2003, 633.

[240] *Immenga* in: Immenga/Mestmäcker, GWB (3. Aufl.), § 4 a. F. Rn. 60.

[241] *Ebel* NJW 1973, 1577, 1578; *Fuchs* in: Immenga/Mestmäcker, GWB, § 3 Rn. 69; *Benisch* in: Gemeinschaftskommentar § 5b a. F. Rn. 19.

[242] BKartA, Merkblatt, Rn. 34.

[243] OLG Frankfurt WuW/E OLG 2771, 2774 – *Taxi-Funk-Zentrale Kassel*.

[244] Vgl. Bericht des Wirtschaftsausschusses des Bundestages zur zweiten GWB-Novelle, WuW 1973, 581, 585; *Bechtold*, GWB, § 3 Rn. 10.

[245] LKartB Bayern, Kooperation und Wettbewerb, S. 91 f.; *Rißmann* WuW 2006, 881, 889.

[246] Begr. RegE 5. GWB-Novelle BT-DS 11/4610 = WuW 1990, S. 332, 339.

[247] Vgl. Rn. 70.

[248] Leitlinien der Kommission zur Anwendbarkeit von Art. 81 EG-Vertrag auf Vereinbarungen über horizontale Zusammenarbeit (Kooperationsbekanntmachung), ABl. C 3/2 vom 6. 1. 2001, abrufbar unter http://europa.eu.int/comm/competition/antitrust, dort Tz. 115 ff. (Einkaufsvereinbarungen) und 139 ff. (Vermarktungsvereinbarungen).

Spezialisierungsvereinbarungen sollten sich nach dem Leitbild der GVO Spezialisierungsvereinbarungen[249] richten. Art. 4 GVO Spezialisierungsvereinbarungen legt den kritischen Marktanteil für Spezialisierungsvereinbarungen auf 20% fest; bei Vorliegen der Zwischenstaatlichkeit hat die GVO ohnehin Vorrang.[250] Das Bundeskartellamt hat Spezialisierungsvereinbarungen – allerdings im Rahmen der für § 3 GWB a. F. erforderlichen Prüfung des Nicht-Vorliegens von Marktbeherrschung – sogar bei noch höheren Marktanteilen zugelassen, zum Beispiel bei 50%,[251] 67%,[252] 80%[253] oder sogar 95%,[254] jedenfalls hat das Bundeskartellamt nach altem Recht keinem Spezialisierungskartell mit einem Markanteil von weniger als 30% widersprochen.[255]

Die **Marktanteile von Konzerngesellschaften,** deren Tochterunternehmen an der Kooperation beteiligt sind, werden diesen grundsätzlich zugerechnet. Es gelten dieselben Grundsätze wie bei der Subsumtion unter den Begriff der „kleinen und mittleren Unternehmen". Danach scheidet eine Zurechnung allerdings aus, sofern die Tochtergesellschaft im Einzelfall trotz ihrer Verbindung zum Konzern als unabhängig anzusehen ist.[256] 57

Eine Legalisierung von Mittelstandskartellen ist nicht schon deswegen ausgeschlossen, weil auf dem Markt kein wesentlicher Wettbewerb besteht.[257] Schon der Wortlaut des § 3 Abs. 1 GWB steht dem nicht entgegen.[258] Maßgeblich ist allein, dass der vorhandene Wettbewerb – unabhängig von dessen Stärke – durch die Kooperation nicht wesentlich beeinträchtigt wird. Eine Mittelstandskooperation kann daher auch zulässig sein, wenn der **Markt bereits durch ein oder mehrere Großunternehmen beherrscht** wird. Dann kann auch noch gewährleistet sein, dass die Weitergabe des Rationalisierungserfolges an die Marktgegenseite stattfindet. Denn nur die Waren oder Dienstleistungen des Marktbeherrschers sind keinem wesentlichen Wettbewerb ausgesetzt, die der Kartellmitglieder aber schon. Etwas anderes gilt nur, wenn die Kartellierung unter Ausschluss des Marktbeherrschers oligopolistische Marktstrukturen entstehen ließe und dadurch zukünftig ein kollusives Zusammenwirken zwischen Kartell einerseits und Marktbeherrscher andererseits droht. Das setzt aber das Vorliegen bestimmter die Kollusion begünstigenden Marktstrukturen voraus.[259] 58

Sofern **Großunternehmen** sich zulässiger Weise[260] **am Mittelstandskartell beteiligen,** ist nach Auffassung des BKartA die Grenze zur wesentlichen Wettbewerbsbeeinträchtigung überschritten, wenn die Großunternehmen durch die Beteiligung an der Kooperation ihre Wettbewerbsvorsprünge weiter vergrößern,[261] weil dann der mittelständische Charakter des Kartells verloren gehe.[262] Daher dürfen nach dem BKartA die Vorteile, die 59

---

[249] Verordnung (EG) Nr. 2658/2000 der Kommission über die Anwendung von Art. 81 Abs. 3 des Vertrages auf Gruppen von Spezialisierungsvereinbarungen vom 29. 11. 2000, ABl. 2000 L 304/3, abgedruckt in WuW 2001, S. 40 ff. Siehe auch die gesonderte Kommentierung hierzu.
[250] Siehe zum Verhältnis EU- zum nationalen Recht unten Rn. 67, 80.
[251] BKartA, TB 1970, S. 54 – *Container.*
[252] WuW/E BKartA 953 – *Sisalkordel.*
[253] BKartA, TB 1977, S. 73, 74 – *Verlage.*
[254] BKartA, 1967, S. 48 – *Edelmetallhalbzeug.*
[255] *Benisch* in: Gemeinschaftskommentar § 5 a a. F. Rn. 21; *Bunte* in: Frankfurter Kommentar § 3 Rn. 112.
[256] Vgl. dazu oben Rn. 17.
[257] *Teichmann* WuW 1974, S. 449, 460; *Fuchs* in: Immenga/Mestmäcker, GWB, § 3 Rn. 71; *Benisch* in: Gemeinschaftskommentar § 5 b a. F. Rn. 21; a. A. *Werner,* S. 185.
[258] *Benisch* in: Gemeinschaftskommentar § 5 b a. F. Rn. 21; a. A. *Werner,* S. 185.
[259] Vgl. eingehend oben § 1 Rn. 71.
[260] Dazu oben Rn. 19 ff.
[261] BKartA, TB 1985/86, S. 93, 94 – *Verkehrswesen.*
[262] Vgl. BKartA, TB 1983/84, S. 71 – *Bituminöses Mischgut; Pampel* in: Münchener Kommentar, GWB, § 3 Rn. 66.

Großunternehmen aus der Beteiligung ziehen, gegenüber der Rationalisierungswirkung bei den kleinen und mittleren Unternehmen nur verhältnismäßig gering sein.[263] Der **Bundesgerichtshof** ist dem mit Recht entgegengetreten.[264] Es kommt allein darauf an, ob das Kartell insgesamt eine wesentliche Wettbewerbsbeeinträchtigung bewirkt, ohne dass nach dem Umfang der Zugewinne von einzelnen Kartellmitgliedern gefragt werden darf.

60   b) **Marktabgrenzung.** Die Ermittlung der wesentlichen Wettbewerbsbeeinträchtigung erfordert eine Abgrenzung in sachlicher und räumlicher Hinsicht. Es gelten prinzipiell dieselben Grundsätze wie für andere Vorschriften des GWB.[265] Für die **sachliche Abgrenzung** ist die funktionelle Austauschbarkeit der Waren bzw. Dienstleistungen entscheidend. In den sachlich relevanten Markt sind nicht nur die von der Kartellierung betroffenen, sondern auch marktgleiche Produkte einzubeziehen. Welche Waren bzw. Leistungen als austauschbar anzusehen sind, ist aus der Sicht des durchschnittlichen, verständigen Abnehmers zu beurteilen. Je nach Marktstufe kann die Austauschbarkeit aus Abnehmersicht unterschiedlich sein. Die Austauschmöglichkeiten für Händler und Weiterverarbeiter sind oft wesentlich geringer als für Endabnehmer.[266] Eine allzu großzügige sachliche Marktabgrenzung ist nicht erforderlich, weil bestehender Substitutionswettbewerb von benachbarten Märkten auch höhere Marktanteile auf dem einschlägigen Markt relativieren kann.[267]

61   Für die Ermittlung des **räumlich relevanten Marktes** kommt es auf das Gebiet an, in dem die Beteiligten üblicherweise ihre Leistungen erbringen.[268] Gelegenheitslieferungen über außergewöhnliche Entfernungen sind nicht zu berücksichtigen.[269] Im Zweifel kann das Gebiet, in dem die Beteiligten werbend tätig sind, als Anhaltspunkt dienen.[270] Gerade bei der zwischenbetrieblichen Zusammenarbeit von kleinen und mittleren Unternehmen wird der Radius, in dem die Güter üblicherweise transportiert werden, vielfach regional begrenzt sein. Das kann zur Folge haben, dass die Beteiligten nach absoluten Umsätzen zwar kleine und mittlere Unternehmen sind, dass eine Kooperation aber in Bezug auf den begrenzten räumlich relevanten Markt den Wettbewerb wesentlich beeinträchtigt.[271] In solchen Fällen darf auch kein sich für das gesamte Absatzgebiet des Kartells ergebender Durchschnittsmarktanteil gebildet werden. Allerdings muss es sich um einen nicht unerheblichen räumlichen Teilmarkt handeln.[272]

8. Verbesserung der Wettbewerbsfähigkeit kleiner und mittlerer Unternehmen (Nr. 2)

62   Die Rationalisierung muss dazu dienen, die Wettbewerbfähigkeit kleiner und mittlerer Unternehmen[273] zu verbessern. In § 5b GWB a. F. wurde bis vor der 6. GWB-Novelle 1999 noch auf die Verbesserung der „Leistungsfähigkeit" abgestellt. Aus der Änderung ergeben sich jedoch keine sachlichen Unterschiede.[274] Die neue Formulierung bringt deut-

---

[263] *Bunte* in: Frankfurter Kommentar § 3 Rn. 103.
[264] BGH WuW/E DE-R 1087, 1091 – *Ausrüstungsgegenstände für Feuerlöschzüge,* für Einkaufskooperationen nach § 4 Abs. 2 GWB.
[265] Vgl. daher die Kommentierung zu § 19 GWB.
[266] BKartA, TB 1976, 13; *Fuchs* in: Immenga/Mestmäcker, GWB, § 3 Rn. 67. Zur Praxis des BKartA vgl. zum Beispiel BKartA, TB 1978, 67 – *Betonschalungen;* BKartA, TB 1977, S. 51 – *Baustoffe.*
[267] Vgl. oben Rn. 55.
[268] HM., vgl. dazu die Kommentierung zu § 19 GWB.
[269] *Veltins,* DB 1978, 239, 241; *Werner,* S. 186; *Fuchs* in: Immenga/Mestmäcker, GWB, § 3 Rn. 68.
[270] *Werner,* S. 186.
[271] BKartA, TB 1974, S. 47 f. – *Zement; Fuchs* in: Immenga/Mestmäcker, GWB, § 3 Rn. 68.
[272] WuW/E BKartA 1699, 1670 – *Bimsbausteine;* OLG Stuttgart WuW/E OLG 2807, 2810 – *Gebrochener Muschelkalkstein.*
[273] Zum Begriff der kleinen und mittleren Unternehmen vgl. oben Rn. 11 ff. und zur Beteiligung von Großunternehmen oben Rn. 19.
[274] *Bunte* in: Frankfurter Kommentar § 3 Rn. 61.

licher als bisher den mit der Freistellungsvorschrift bezweckten **Ausgleich von größenbedingten Wettbewerbsnachteilen** von kleinen und mittleren Unternehmen zum Ausdruck.[275]

Die Vereinbarung bzw. der Beschluss muss der Verbesserung der Wettbewerbsfähigkeit 63 kleiner oder mittlerer Unternehmen dienen. Es geht also um die **Marktwirksamkeit der vereinbarten Rationalisierung.**[276] Dabei reicht es aus, wenn auf Grund objektiver Gesichtspunkte zum Zeitpunkt der Entscheidung mit hinreichender Wahrscheinlichkeit[277] davon auszugehen ist, dass die Vereinbarung die Wettbewerbsfähigkeit der kleinen oder mittleren Unternehmen zumindest fördern werde. Es sind die maßgeblichen wirtschaftlichen Bedingungen des spezifischen Einzelfalles mit und ohne Mittelstandskartell zu vergleichen.[278] Schwierig ist die Prognose, wenn sich die Prüfung der Freistellung auf ein neues Kartell bezieht. Die zukünftige Entwicklung der wirtschaftlichen Verhältnisse ohne Mittelstandskartell ist kaum vorhersehbar. Daher kann es hier nur darauf ankommen, ob das Kartell **geeignet ist,** den Erfolg der Verbesserung der Wettbewerbsfähigkeit herbeizuführen.[279] Dass sich die Steigerung der Wettbewerbsfähigkeit als „Folge" der Vereinbarung darstellt, reicht nicht aus, sofern nicht zugleich zwischen der wettbewerbsbeschränkenden Maßnahme und der Verbesserung der Wettbewerbsfähigkeit ein unmittelbarer Zusammenhang besteht.[280] Dagegen kann die Kartellvereinbarung der Verbesserung der Wettbewerbsfähigkeit auch dann „dienen", wenn sie diese nicht alleine bewirkt. Solange ein nicht unbedeutender Teil[281] der Verbesserung auf die Kartellvereinbarung zurückzuführen ist, können auch selbstständige Bemühungen der Beteiligten hinzutreten bzw. ohnehin bestehende Rationalisierungsbestrebungen erleichtert werden.[282]

Dennoch bleibt eine wirklich **eigenständige Bedeutung** der Nr. 2 **fraglich.** Jede Ra- 64 tionalisierung wirtschaftlicher Vorgänge durch zwischenbetriebliche Zusammenarbeit gleicht schon per Definition größenbedingte Wettbewerbsnachteile von kleinen und mittleren Unternehmen aus.[283] Auch wenn man fordert, dass der zu erwartende Eintritt konkreter Rationalisierungseffekte objektiv nachvollziehbar belegt wird,[284] ist dadurch keine eigene Bedeutung des Nr. 2 beschrieben. **Die „Rationalisierung wirtschaftlicher Vorgänge durch zwischenbetriebliche Zusammenarbeit**[285] **dient daher durchweg einer „Verbesserung der Wettbewerbsfähigkeit",** sie ist dadurch indiziert. Allerdings setzt dies ein enges Verständnis des Begriffs „zwischenbetriebliche Zusammenarbeit" voraus, unter den Preisabreden, Gebiets- oder Kundenaufteilungen, die keine Rationalisierung, sondern nur eine Ausschaltung von Wettbewerb verfolgen, nicht gefasst werden dürfen.[286] Die eigentliche Bedeutung der Nr. 1 liegt in dem Begriff „kleine und mittlere Unternehmen".[287]

---

[275] Siehe auch oben zur ratio legis Rn. 2.
[276] *Schneider* in: Langen/Bunte § 3 Rn. 50.
[277] Vgl. WuW/E BKartA 271, 276 – *Einheitshydraulik.*
[278] Ebenso zu § 5 GWB a. F. (Rationalisierungskartell): *Bunte* in: Frankfurter Kommentar § 5 a. F. Rn. 31; *Deringer/Benisch* in: Gemeinschaftskommentar § 5 a. F. Rn. 29.
[279] Ebenso *Bunte* in: Frankfurter Kommentar § 3 Rn. 81; *Deringer/Benisch* in: Gemeinschaftskommentar § 5 a. F. Rn. 29; vgl. WuW/E BKartA 224, 230 – *Niedersächsische Kalkwerke.*
[280] Siehe Rn. 39.
[281] Vgl. WuW/E BKartA 1225, 1229 – *Krawattenstoff-Submission.*
[282] Vgl. zu Rationalisierungskartellen § 5 a. F. GWB a. F. *Bunte* in: Frankfurter Kommentar § 5 a. F. Rn. 41; *Deringer/Benisch* in: Gemeinschaftskommentar § 5 a. F. Rn. 31.
[283] *Emmerich* § 23 Rn. 16; *Bechtold,* GWB, § 3 Rn. 11; *Fuchs* in: Immenga/Mestmäcker, GWB, § 3 Rn. 59; *Bunte* in: Frankfurter Kommentar § 3 Rn. 61.
[284] So *Fuchs* in: Immenga/Mestmäcker § 3 Rn. 59; ähnlich *Schneider* in: Langen/Bunte § 3 Rn. 50.
[285] Dazu im Einzelnen oben Rn. 41 ff.
[286] Vgl. oben Rn. 38.
[287] Dazu ausführlich Rn. 11 ff.

9. Rechtsfolge

65 Als Rechtsfolge ordnet § 3 Abs. 1 GWB an, dass Mittelstandskartelle stets die Voraussetzungen des allgemeinen Freistellungstatbestandes des § 2 Abs. 1 GWB in Form einer **Rechtsfolgenverweisung** erfüllen,[288] mithin vom Verbot des § 1 GWB ohne jede administrative Entscheidung freigestellt und nicht verboten sind. Weisen die Unternehmen also erfolgreich das Vorliegen der Voraussetzungen des § 3 Abs. 1 GWB für eine Freistellung nach, entfällt jede Prüfung des § 2 Abs. 1 GWB. Kartelle, die nicht unter den Tatbestand des § 3 Abs. 1 GWB fallen, können aber nach § 2 Abs. 1 GWB freigestellt sein. Die Rechtsfolge des § 3 Abs. 1 GWB kann **in zwischenstaatlichen Sachverhalten** von Art. 81 EG überlagert sein.[289]

10. Organisations- und Rechtsform des Mittelstandskartells

66 § 3 Abs. 1 GWB schreibt für das Kartell keine besondere Organisations- oder gar Rechtsform vor. Die Organisationsform kann aber andere kartellrechtliche Fragestellungen auslösen. So kommt bei Organisation in Form eines Gemeinschaftsunternehmens die Anwendung der Zusammenschlusskontrolle in Betracht.[290] Ein **Spannungsverhältnis zu § 1 GWB** kann sich ergeben, wenn das Kartell eine eigene Rechtspersönlichkeit hat und – beispielsweise bei Einkaufs- oder Verkaufsgemeinschaften – verbindliche Rahmenvereinbarungen mit Anbietern oder Nachfragern zur Festlegung der Preise, Rabatte und Konditionen abschließt (sog. Erstvertrag), während die individuellen Geschäfte (insbesondere im Hinblick auf die Menge) direkt von den Kartellmitgliedern nach diesen Vorgaben getätigt werden (sog. Zweitvertrag).[291] Ein **Schriftformerfordernis** für nach § 3 GWB erlaubte Kartelle besteht nicht;[292] es wurde schon mit der 6. GWB-Novelle 1999 für § 4 Abs. 1 GWB a. F. **aufgehoben.** Dennoch empfiehlt sich eine Dokumentation, schon um der Darlegungs- und Beweislast nachkommen zu können.[293]

11. EG-Kartellrecht

67 In **zwischenstaatlichen Sachverhalten**[294] tritt die Beurteilung nach § 3 Abs. 1 GWB zurück. Die Beurteilung nach **EU-Kartellrecht** ist **vorrangig.**[295] Nach Art. 81 EG und den dazugehörigen Verordnungen ist die Kartellbildung von kleinen und mittleren Unternehmen nicht besonders privilegiert. Deshalb unterfallen in zwischenstaatlichen Sachverhalten Mittelstandskartelle der Regelung des Art. 81 EG. Insoweit stellt die sog. Bagatellbekanntmachung der Kommission allerdings die Regel auf, dass Vereinbarungen zwischen kleinen und mittleren Unternehmen nur „selten" geeignet sind, den Handel zwischen den Mitgliedstaaten spürbar zu beeinträchtigen;[296] wenn sie die absoluten Schwellenwerte ein-

---

[288] Begr. RegE 7.GWB-Novelle, BT DS 15/3640, S. 44 nennt das „gesetzliche Fiktion"; siehe auch Rn. 7.
[289] Dazu sogleich Rn. 67.
[290] Vgl. zu Gemeinschaftsunternehmen und zur sog. Doppelkontrolle nach §§ 1 ff. GWB und der Zusammenschlusskontrolle oben Anhang 1 zu § 1 GWB.
[291] Dazu oben § 1 Rn. 100 ff.
[292] Vgl. auch § 2 Rn. 16.
[293] Vgl. § 3 Rn. 68 und § 2 Rn. 203 ff.
[294] Dazu speziell für Mittelstandskartelle BKartA WuW/E DE-V 960, 961 f. – *Vetra/Danzer*; siehe ferner die Kommentierung zu Art. 81 Abs. 1 Rn. 178 ff.
[295] Allg.A.: Begr. RegE 7. GWB-Novelle, BT DS 15/3640, S. 45; BKartA, Merkblatt, Rn. 17; *Schneider* in: Langen/Bunte § 3 Rn. 14; *Fuchs* in: Immenga/Mestmäcker, GWB, § 3 Rn. 18.
[296] EU-Kommission, Bekanntmachung über Vereinbarungen von geringer Bedeutung, ABl. C 368/13 vom 22. 12. 2001, Tz. 3 mit Fn. 3, abrufbar unter http://europa.eu.int/comm/competition/antitrust.

§ 3. Mittelstandskartelle

halten, die die KMU-Empfehlung der EU-Kommission vorgibt: weniger als 250 Beschäftigte und entweder ein Jahresumsatz von höchstens 50 Mio. EUR oder eine Jahresbilanzsumme von 43 Mio. EUR.[297] Die Aussage der EU-Kommission erscheint jedoch als etwas sorglos. Das gilt insbesondere bei Beurteilung nach den **Leitlinien der EU-Kommission zum zwischenstaatlichen Handel,**[298] denen – auch ohne formelle Bindungswirkung[299] – große praktische Bedeutung zukommt. Auch das BKartA übernimmt die Aussagen aus den Leitlinien.[300] Nach den Leitlinien ist zunächst das Vorliegen einer **„Negativvermutung"** zu prüfen. Danach wird vermutet, dass keine Zwischenstaatlichkeit gegeben ist, wenn der gemeinsame Marktanteil der Kartellbeteiligten auf keinem betroffenen Markt innerhalb der EU 5% (Korridor von plus 2% in zwei aufeinander folgenden Jahren) überschreitet und der gesamte Jahresumsatz der Kartellbeteiligten in der EU mit den von der Vereinbarung umfassten Waren oder Dienstleistungen nicht über EUR 40 Mio. (Korridor plus 10% in zwei aufeinander folgenden Jahren) liegt.[301] Greift die Negativvermutung nicht, muss untersucht werden, ob die **Positivvermutung** einschlägig ist. Danach liegt im Zweifel Zwischenstaatlichkeit vor, wenn die Kartellvereinbarung Ein- und Ausfuhren innerhalb der Gemeinschaft oder in Drittstaaten betrifft, sich auf mehrere Mitgliedsstaaten bezieht oder Kernbeschränkungen enthält, die sich auf einen ganzen Mitgliedsstaat erstrecken.[302] Greifen beide Vermutungen nicht, muss eine Einzelfallprüfung vorgenommen werden.[303] Gerade bei Mittelstandskartellen sind jedoch häufig **Regional-** und **Lokalmärkte** betroffen. Die Leitlinien der Kommission sehen bei Lokalmärkten keine Zwischenstaatlichkeit, auch wenn sie grenznah sind.[304] Bei Regionalmärkten scheidet eine Zwischenstaatlichkeit aus, wenn die Abrede keinen wesentlichen Teil des Mitgliedsstaates abdeckt.[305] Das BKartA hat auf dieser Grundlage die Zwischenstaatlichkeit für ein Mittelstandskartell verneint, dessen Kartellgebiet räumlich und mengenmäßig weniger als die Hälfte der BRD umfasste. Die Kartellbeteiligten hatten auf dem Regionalmarkt keine 10% Marktanteil. Außerdem war ihre Marktstellung im Ausland, die durchaus von dem Kartell betroffen war, unbedeutend und eine Marktabschottung des Regionalmarktes nicht zu befürchten.[306] Das OLG Düsseldorf fordert bei Regionalmärkten – insoweit ausdrücklich großzügiger als die Leitlinien der Kommission – stets die Prüfung der Marktabschottungswirkung.[307]

12. Darlegungs- und Beweislast

Die Darlegungs- und Beweislast dafür, dass die Freistellungsvoraussetzungen nach § 3 Abs. 1 GWB vorliegen, obliegt den Unternehmen oder Unternehmensvereinigungen, die

---

[297] Empfehlung 2003/361/EG vom 6. 5. 2003, ABl. 2003 Nr. L 124/36, gültig ab 1. 1. 2005. Die Bagatellbekanntmachung der EU-Kommission nimmt auf deren Vorgänger ausdrücklich Bezug, vgl. Erwägungsgrund Nr. 3 mit Fn. 3 der Bagatellbekanntmachung 2001/C 368/07, ABl. vom 22. 12. 2001, C 368/13.
[298] Leitlinien über den Begriff der Beeinträchtigung des zwischenstaatlichen Handels in den Artikeln 81 und 82 des Vertrages, ABl. C 101 vom 27. April 2004, S. 81.
[299] Vgl. § 1 Rn. 146.
[300] BKartA, Merkblatt, Rn. 21 ff.
[301] Leitlinien zum zwischenstaatlichen Handel, Rn. 52.
[302] Leitlinien zum zwischenstaatlichen Handel, Rn. 78.
[303] Leitlinien zum zwischenstaatlichen Handel, Rn. 59.
[304] Leitlinien zum zwischenstaatlichen Handel, Rn. 91.
[305] Leitlinien zum zwischenstaatlichen Handel, Rn. 90; abzustellen ist danach darauf, ob der betreffende Umsatz einen erheblichen Teil am Gesamtumsatz im Mitgliedstaat ausmacht, mithin erfolgt eine mengenmäßige Bewertung; siehe auch *Fuchs* in: Immenga/Mestmäcker, GWB. § 3 Rn. 96.
[306] BKartA WuW/E DE-V 1142, 1145 – *Hintermauerziegelkartell;* BKartA, Merkblatt, Rn. 25.
[307] OLG Düsseldorf WuW/E DE-R 2146, 2151 f. – *Nord-KS/Xella;* eingehend *Bunte* in: Frankfurter Kommentar § 3 Rn. 128; vgl. auch OLG Düsseldorf WuW/E DE-R 1610, 1611 – *Filigranbetondecken* zur Zwischenstaatlichkeit bei Mittelstandskartellen.

sich auf diese Bestimmung berufen. Insoweit kann nicht anderes als für § 2 Abs. 1 GWB gelten.[308] Eine solche Verteilung der Darlegungs- und Beweislast enthält schon **Art. 2 VO 1/2003.** Im deutschen Kartellrecht findet sich diese Beweislastregel nicht in ausdrücklicher Form; sie gilt wegen § 22 Abs. 1 und Abs. 2 GWB jedoch in zwischenstaatlichen Sachverhalten über EU-Recht auch für das deutsche Kartellrecht.[309] Ferner existiert eine solche Beweislastverteilung grundsätzlich ohnehin im deutschen Zivilprozess nach den allgemeinen Regeln.[310] Auch das Erfüllen der negativ formulierten Tatbestandsvoraussetzung des § 3 Abs. 1 Nr. 1 GWB muss von dem Unternehmen dargelegt und ggf. bewiesen werden, das sich auf § 3 GWB beruft.[311] Für die Substantiierung der Effizienzgewinne stellt die EU-Kommission in ihren Leitlinien zur Anwendung von Art. 81 Abs. 3 EG hohe Anforderungen auf.[312] Im Regelfall sollten diese Anforderungen auch für die von § 3 Abs. 1 GWB erfassten Effizienzgewinne durch Rationalisierung wirtschaftlicher Vorgänge gelten. Allerdings sind den Parteien gewisse Erleichterungen der Darlegungs- und Beweislast zu gewähren.[313] Von der Verteilung der Darlegungs- und Beweislast unberührt bleiben der Untersuchungsgrundsatz in kartellrechtlichen Bußgeld- und Untersagungsverfahren sowie die Unschuldsvermutung im Bußgeldverfahren.[314]

VI. Tatbestand des § 3 Abs. 2 GWB

1. Entstehungsgeschichte, Sinn und Zweck

69 § 3 Abs. 2 GWB ist durch die 7. GWB-Novelle 2005 erst im Vermittlungsverfahren zwischen Bundestag und Bundesrat in das Gesetz eingefügt worden. Er erklärt sich aus dem **System der Legalausnahme,** das seit dieser Novelle gilt.[315] Anders als davor erfolgt die Freistellung des Mittelstandskartells nicht mehr durch ein Administrativverfahren (§ 9 Abs. 3 GWB a. F. in Verbindung mit § 4 Abs. 1 GWB a. F.), sondern automatisch von Gesetzes wegen, wenn die Freistellungsvoraussetzungen des § 3 Abs. 1 GWB erfüllt sind. Ob die Freistellungsvoraussetzungen erfüllt sind, muss der rechtstreue Kartellbeteiligte also grundsätzlich selbst beurteilen („Selbsteinschätzung"); regelmäßig besteht für ihn ein gewisses **Beurteilungsrisiko.** Das gilt insbesondere für das Tatbestandsmerkmal des Fehlens einer wesentlichen Beeinträchtigung des Wettbewerbs auf dem Markt, das unter Berücksichtigung aller qualitativen und quantitativen Kriterien für jeden Einzelfall neu ausgefüllt wird.[316] Auch der Bundesrat beklagte in seiner Stellungnahme zur Begründung des Regierungsentwurfes zur 7. GWB Novelle 2005, dass „die Rechtsnorm selbst keine ganz eindeutige Regelung trifft".[317] Da jedoch § 3 Abs. 1 GWB gerade seinen Sinn darin hat, kleinen und mittleren Unternehmen Rechtssicherheit zu gewähren und sie zu Kooperationen zu ermuntern,[318] erscheint ein **Anspruch der Kartellbeteiligten auf Entscheidung**

---

[308] Vgl. zu § 2 Abs. 1 GWB RegE 7. GWB-Novelle, BT DS 15/3640, S. 23.
[309] Vgl. auch *Bechtold,* DB 2004, 235, 238.
[310] *Hempel* WuW 2004, 362, 364.
[311] Dem folgend *Fuchs* in: Immenga/Mestmäcker, GWB, § 3 Rn. 78.
[312] EU-Kommission, Leitlinien zur Anwendung von Art. 81 Abs. 3 EG, ABl. EG Nr. C 101 vom 27. 4. 2004, S. 97 ff., Tz. 34. Dazu auch die Kommentierung von § 2 Rn. 75, 96.
[313] Dazu § 2 Rn. 204.
[314] RegE 7. GWB-Novelle, BT DS 15/3640, S. 23. Vgl. im Einzelnen auch § 2 Rn. 203 ff., insbesondere zur Verteilung der Darlegungs- und Beweislast in Bußgeldverfahren vgl. § 2 Rn. 205.
[315] Vgl. *Pampel* in: Münchener Kommentar, GWB, § 3 Rn. 69.
[316] Oben Rn. 55.
[317] Stellungnahme Bundesrat zur Begr. RegE 7. GWB-Novelle, BT DS 15/3640, S. 73.
[318] Begr. RegE 7. GWB-Novelle, BT DS 15/3640, S. 44.

nach § 32 c GWB als konsequent,[319] auch wenn damit nur begrenzte Rechtswirkungen verbunden sind.[320] Ein Anspruch auf Entscheidung nach § 32 c GWB wäre indes nicht nur während einer Gewöhnungsphase an die Legalausnahme des § 3 Abs. 1 GWB bis 30. Juni 2009 sinnvoll, sondern auch darüber hinaus, so dass eine unbefristete Geltung des § 3 Abs. 2 GWB wünschenswert wäre. – Nach Auslaufen des § 3 Abs. 2 GWB oder sofern seine Voraussetzungen nicht erfüllt sind, können sich die Beteiligten zumindest **informell an das BKartA** wenden. Das BKartA bietet dies im Merkblatt ausdrücklich an, verlangt jedoch eine umfassende Sachverhaltsschilderung nebst kartellrechtlicher Würdigung.[321]

2. Tatbestand

Nach dem Tatbestand des § 3 Abs. 2 GWB können Anspruchsteller **„Unternehmen oder Unternehmensvereinigungen"** sein. Klar ist, dass davon die jeweiligen Kartellbeteiligten – auch einzeln – umfasst sind. Darüber hinaus würde der Wortlaut des § 3 Abs. 2 GWB einen Anspruch auch jedes anderen Unternehmens oder jeder anderen Unternehmensvereinigung zulassen. Jedoch widerspricht eine solche die Antragsberechtigung erweiternde Auslegung dem Willen des Gesetzgebers, der allein auf eine Hilfestellung für die Kartellbeteiligten gerichtet war.[322] Das Beurteilungsrisiko der Kartellbeteiligten sollte vermindert werden, um sie zu Kooperationen zu ermuntern.[323] Es sollten keine Möglichkeiten für Kartellaußenseiter geschaffen werden, die Rechtmäßigkeit des Mittelstandskartells überprüfen zu lassen. Danach sind also anspruchsberechtigt nur die einzelnen Kartellmitglieder. Als möglich erscheint jedoch, dass Kartellaußenseiter die Voraussetzungen für eine Beiladung nach § 54 Abs. 2 Nr. 3 GWB erfüllen können und insoweit auf Antrag am Verfahren beteiligt werden. 70

Es muss ferner ein **Antrag** vorliegen. Dieser ist an die für die Entscheidung nach § 32 c GWB zuständige KartB zu richten. Der Antrag ist mangels anderweitiger Regelung in § 3 Abs. 2 GWB **formfrei.** Er muss jedoch alle Angaben **beinhalten,** die die KartB zur Entscheidung benötigt. Diese sind im Merkblatt des BKartA im Einzelnen aufgezählt.[324] Da der Gesetzgeber die KartB im Rahmen des § 3 Abs. 2 GWB als Serviceleister für kleine und mittlere Unternehmen begreift, kann die KartB eine Entscheidung nicht daran knüpfen, dass bestimmte über den Sachverhalt hinausgehende Unterlagen einzureichen sind, beispielsweise ein Rechtsgutachten oder die Stellungnahme von beteiligten Wirtschaftskreisen. Dass das BKartA im Merkblatt auch eine „rechtliche Würdigung der Vereinbarung" verlangt, ist deshalb verfehlt.[325] Der Antrag ist **nicht fristgebunden;** allerdings kann ein zu langes Zuwarten mit der Antragstellung indiziell gegen ein erhebliches Interesse an der Entscheidung sprechen. 71

Der Antragsteller muss **ein erhebliches rechtliches oder wirtschaftliches Interesse an einer Entscheidung nach § 32 c GWB darlegen.** Das Kriterium der erheblichen rechtlichen oder wirtschaftlichen Interessen ist im GWB nicht unbekannt. Voraussetzung für eine Beiladung von Personen oder Personenvereinigungen ist gemäß § 54 Abs. 2 Nr. 3 72

---

[319] Kritisch aber *Schneider* in: Langen/Bunte § 3 Rn. 66 unter Verweis auf *Herrlinger* WRP 2005, 1138: „Verweis auf § 32 c passt nicht in dessen ursprüngliches systematisches Konzept".
[320] Siehe die Kommentierung zu § 32 c GWB.
[321] Merkblatt, Rn. 46.
[322] H. M.: *Rißmann* WuW 2006, 881, 890; *Bornkamm* in: Langen/Bunte § 32 c Rn. 7, 15; *Fuchs* in: Immenga/Mestmäcker, GWB, § 3 Rn. 80; *Bunte* in: Frankfurter Kommentar § 3 Rn. 133.
[323] Vgl. Rn. 2 f., 69.
[324] BKartA, Merkblatt, Rn. 45.
[325] BKartA, Merkblatt, Rn. 45; wie hier kritisch *Fuchs* in: Immenga/Mestmäcker, GWB, § 3 Rn. 85; gegen den Zwang zu rechtlichen Ausführungen auch *Bunte* in: Frankfurter Kommentar § 3 Rn. 134.

GWB, dass deren Interessen durch die Entscheidung erheblich berührt werden, wobei nach herrschender Auffassung dieses erhebliche Interesse sowohl rechtlicher als auch wirtschaftlicher Natur sein kann.[326] Allerdings können daraus wegen der unterschiedlichen Regelungsgegenstände nur gewisse Anhaltspunkte für eine Auslegung des § 3 Abs. 2 GWB gewonnen werden. **Rechtliche Interessen** bestehen danach, wenn die Entscheidung nach § 32 c GWB für rechtliche Beziehungen von Bedeutung ist. Das sollte im Hinblick auf die Kartellbeteiligten grundsätzlich der Fall sein, weil eine Entscheidung nach § 32 c GWB immerhin die Bindungswirkung für die KartB erzeugt, nicht nach §§ 32, 32 a GWB vorzugehen. Aber auch andere rechtliche Interessen sind denkbar, etwa die Forderung eines Dritten, eine Entscheidung nach § 32 c GWB vorzulegen (z. B. der ausschreibenden Stelle bei Mittelstandskartellen als Bieter), oder die Beurteilung eines Musterfalls für eine weit verbreitete, jedoch noch nicht kartellrechtlich gewürdigte Konstellation. Ein **wirtschaftliches Interesse** besteht immer schon dann, wenn das Verhältnis vom Aufwand und Ertrag durch die Entscheidung nach § 32 c GWB positiv oder negativ beeinflusst werden kann. Eine Verbesserung oder Verschlechterung der Wettbewerbschancen genügt hierfür.[327] Auch das sollte grundsätzlich bejaht werden. Zwar mag von Entscheidungen nach § 32 c GWB keine rechtliche Bindungswirkung gegenüber Gerichten, anderen Kartellbehörden oder der EU-Kommission ausgehen. Jedoch stellt eine Entscheidung nach § 32 c GWB in der Praxis eine hohe Hürde für Kartellaußenseiter auf, ein Verbot des Kartells vor anderen Stellen zu erreichen; sie ist eine „brauchbare Grundlage für unternehmerisches Handeln",[328] so dass die Wettbewerbschancen tangiert sind. **Erheblich** ist die Berührung der Interessen, wenn der Einfluss der Entscheidung nach § 32 c GWB auf die betroffene Geschäftstätigkeit einen nicht nur geringfügigen, also spürbaren Umfang hat.[329] Das ist einerseits vor dem Hintergrund des Regelungszwecks des § 3 Abs. 2 GWB zu bestimmen, der kleinen und mittleren Unternehmen Rechtssicherheit gewähren und sie zu Kooperationen ermuntern soll.[330] Andererseits muss aber die gesetzgeberische Entscheidung beachtet werden, das Anmeldesystem abzuschaffen,[331] es darf sich also nicht jeder Fall qualifizieren. Eine Erheblichkeit dürfte danach vorliegen, wenn durch das System der Legalausnahme spürbare Rechtsunsicherheit besteht oder aus einem anderen Grund die Unternehmen ohne Entscheidung nach § 32 c GWB die Kooperation aus objektiv nachvollziehbaren Gründen in Frage stellen.[332] Insoweit wäre es zu eng, § 3 Abs. 2 GWB nur als Ausnahmetatbestand der Unzumutbarkeit der Selbsteinschätzung zu begreifen.[333] Stets ein erhebliches (rechtliches) Interesse wird danach bei Musterfällen vorliegen, insbesondere wenn der Sachverhalt weit verbreitet, aber noch nicht abschließend rechtlich untersucht ist.[334] Das Gleiche gilt, wenn

---

[326] KG WuW/E OLG 964, 967 – *Autoschmiermittel;* OLG Düsseldorf WuW/E DE-R 523, 525; vgl. ferner *Kiecker* in: Langen/Bunte, § 54 Rn. 26 ff.; ferner *Karsten Schmidt* in: Immenga/Mestmäcker, GWB, § 54 Rn. 38 ff. mwN., dort auch kritisch zur Unterscheidung von rechtlichen und wirtschaftlichen Interessen.
[327] Vgl. KG WuW/E OLG 3730, 3731.
[328] *Bogdandy/Buchhold* GRUR 2001, 798, 805; vgl. auch *Herrlinger* WRP 2005, 1136, 1138.
[329] Vgl. zu § 54 Abs. 2 Nr. 3 GWB KG WuW/E OLG 5849, 5851 – *Großverbraucher; Kiecker* in: Langen/Bunte, § 54 Rn. 30; gegen jede Quantifizierung *Karsten Schmidt* in: Immenga/Mestmäcker, GWB, § 54 Rn. 40.
[330] Begr. RegE 7. GWB-Novelle, BT DS 15/3640, S. 44.
[331] BKartA, Merkblatt, Rn. 44.
[332] Ähnlich *Bunte* in: Frankfurter Kommentar § 3 Rn. 136: Kooperation würde sonst unterbleiben.
[333] So aber *Schneider* in: Langen/Bunte § 3 Rn. 68; wie hier großzügiger: *Fuchs* in: Immenga/Mestmäcker § 3 Rn. 82.
[334] BKartA, Merkblatt, Rn. 44; *Pampel* in: Münchener Kommentar, GWB, § 3 Rn. 77. Kritisch *Fuchs* in: Immenga/Mestmäcker § 3 Rn. 81, der allein auf subjektive Interessen abstellen und öffentliche Interessen an einer Entscheidung von Musterfällen unberücksichtigt lassen will.

§ 3. Mittelstandskartelle

eine weite Verbreitung des Sachverhalts für die Zukunft zu erwarten ist. Auch ohne Mustercharakter besteht ein erhebliches Interesse bei Kooperationsformen, die als solche noch nicht Gegenstand der kartellbehördlichen Praxis waren.[335] (Wirtschaftliche) Erheblichkeit wird z.B. regelmäßig bei – aus der jeweiligen Unternehmenssicht – hohen Investitionen auf der Grundlage des Mittelstandskartells genauso wie bei einem relativ hohen Umsatzanteil der Kooperation am Gesamtumsatz des Kartellbeteiligten gegeben sein.[336]

Ein Anspruch auf Entscheidung nach § 32c GWB ist nach § 3 Abs. 2 **GWB ausgeschlossen, wenn die Voraussetzungen des Art. 81 Abs. 1 EG erfüllt sind.** Nicht genügend ist insoweit, dass es sich um einen zwischenstaatlichen Sachverhalt handelt.[337] Auch die übrigen Verbotsvoraussetzungen des Art. 81 Abs. 1 EG, insbesondere eine Wettbewerbsbeschränkung[338] und die Spürbarkeit der Wettbewerbsbeschränkung[339] müssen gegeben sein. **73**

Eine andere, nicht ausdrücklich geregelte Frage ist, ob für einen Anspruch nach § 3 Abs. 2 GWB die **Voraussetzungen des § 3 Abs. 1 GWB** vorliegen müssen oder ob es genügt, dass das Mittelstandskartell schon nicht unter § 1 GWB fällt. Mit Rücksicht auf den Schutzzweck des § 3 Abs. 2 GWB (Rechtssicherheit, Ermunterung zu Kooperation)[340] sollte auch in Fällen einer fehlenden Anwendbarkeit des § 1 GWB mangels Spürbarkeit der Wettbewerbsbeschränkung ein Anspruch bestehen, sofern ansonsten die Tatbestandsvoraussetzungen des § 3 Abs. 1 GWB erfüllt wären. Denn gerade die für die Spürbarkeit zu ermittelnden Marktanteile sind regelmäßig für kleine und mittlere Unternehmen nicht ohne Schwierigkeiten feststellbar. Über dies ist der „Korridor" einer spürbaren Wettbewerbsbeschränkung, die den Tatbestand des § 3 Abs. 1 GWB erfüllt, klein.[341] Die übrigen Tatbestandsvoraussetzungen des § 3 Abs. 1 GWB müssen jedoch schon deshalb vorliegen, weil § 3 Abs. 2 GWB nach seiner systematischen Stellung nur eine bestimmte Form der Mittelstandskooperation, nicht jedoch sämtliche mittelständische Kartelle erfassen will; beispielsweise Beteiligte einer Einkaufsgemeinschaft ohne Rationalisierungswirkung (§ 4 Abs. 2 GWB a. F.)[342] können keinen Antrag stellen. **74**

Die Regelung tritt gemäß § 3 Abs. 2 Satz 2 GWB **am 30. Juni 2009 außer Kraft.** Da der Wortlaut keine Vorbehalte macht, sind davon auch Anträge betroffen, die davor berechtigt waren. **75**

Rechtsfolge ist ein **Anspruch** auf Entscheidung nach § 32c GWB.[343] Ein Anspruch auf darüber hinausgehende Entscheidungen besteht nicht. **76**

VII. Verhältnis zu anderen Vorschriften

§ 3 Abs. 1 GWB kommt nur zur Anwendung, wenn ein nach **§ 1 GWB** eigentlich verbotenes Kartell vorliegt.[344] **77**

Im Verhältnis zu **§ 2 Abs. 1 GWB** enthält § 3 Abs. 1 GWB **eine gesetzliche Fiktion** der Freistellung[345] (durch Rechtsfolgenverweisung auf § 2 Abs. 1 GWB). Liegen die Vor- **78**

---

[335] BKartA, Merkblatt, Rn. 44.
[336] BKartA, Merkblatt, Rn. 44; *Fuchs* WRP 2005, 1384, 1394.
[337] Dazu Art. 81 Abs. 1 Rn. 178ff.
[338] Vgl. Art. 81 Abs. 1 Rn. 104ff.
[339] Vgl. Art. 81 Abs. 1 Rn. 125ff., 186 sowie § 1 Rn. 142ff.
[340] Dazu oben Rn. 2f., 69.
[341] Vgl. Rn. 55.
[342] Dazu oben Rn. 4, 38.
[343] *Pampel* in: Münchener Kommentar, GWB, § 3 Rn. 80; vgl. im Einzelnen die Kommentierung zu § 32c GWB.
[344] Dazu oben Rn. 6.
[345] Begr. RegE 7. GWB-Novelle, BT DS 15/3640, S. 44f.; siehe auch oben Rn. 7.

§§ 4–19 GWB

aussetzungen des § 3 Abs. 1 GWB nicht vor, kommt jedoch noch eine Freistellung nach § 2 Abs. 1 GWB in Betracht.[346]

79 Nach hiesiger Auffassung bezieht sich die Spezialität des § 3 Abs. 1 GWB auch auf das Zurücktreten der Anwendung des **§ 2 Abs. 2 GWB** in Verbindung mit GVOen, z. B. mit der **GVO Spezialisierungsvereinbarungen**,[347] wenn es sich um ein Spezialisierungskartell handelt, das die Voraussetzungen des § 3 Abs. 1 GWB erfüllt.[348] Umgekehrt kann aber § 2 Abs. 2 GWB zur Anwendung kommen, wenn die Voraussetzungen des § 3 Abs. 1 GWB nicht gegeben sind.

80 Im zwischenstaatlichen Bereich tritt § 3 Abs. 1 GWB hinter **Art. 81 EG** und diesbezügliche Verordnungen, z. B. die GVO Spezialisierungsvereinbarungen, zurück.[349]

81 § 20 Abs. 1 und Abs. 3 GWB sind u. a. an horizontale Kartelle („Vereinigungen") adressiert, die die Freistellung des § 3 GWB für sich in Anspruch nehmen. Insoweit ergibt sich also auch für freigestellte Kartelle eine Missbrauchsaufsicht nach § 20 GWB. Verhaltensweisen, die einen Missbrauch einer marktbeherrschenden Stellung darstellen, sind nach Auffassung der EU-Kommission nicht anhand von Art. 81 Abs. 3 EG, sondern nach den Missbrauchstatbeständen für marktbeherrschende Unternehmen der **§§ 19, 20 GWB und Art. 82 EG** zu beurteilen.[350] Für § 3 GWB kann nichts anderes gelten. Das bedeutet allerdings nicht, dass auch eine Anwendung des § 1 GWB gesperrt wäre.[351]

82 Je nach Organisationsform kann für das Mittelstandskartell auch ein Spannungsverhältnis zur Regelung von Vertikalvereinbarungen gemäß **§ 1 GWB** oder zur **Zusammenschlusskontrolle** entstehen. Das gilt insbesondere bei **Gemeinschaftsunternehmen**.[352]

83 Für **frühere Mittelstandskartelle**, die noch nach **§ 4 Abs. 1 GWB a. F.** gemäß § 9 Abs. 3 Satz 1 und 4 GWB a. F. mangels Widerspruches der KartB administrativ freigestellt waren und nicht an der Legalausnahme des § 3 Abs. 1 GWB teilnehmen, galt eine **Übergangsfrist** nur bis 31. Dezember 2007, **§ 131 Abs. 1 GWB**.

§§ 4–18 *(weggefallen)*

Zweiter Abschnitt. Marktbeherrschung, wettbewerbsbeschränkendes Verhalten

§ 19 Missbrauch einer marktbeherrschenden Stellung.

(1) **Die missbräuchliche Ausnutzung einer marktbeherrschenden Stellung durch ein oder mehrere Unternehmen ist verboten.**

(2) ¹**Ein Unternehmen ist marktbeherrschend, soweit es als Anbieter oder Nachfrager einer bestimmten Art von Waren oder gewerblichen Leistungen auf dem sachlich und räumlich relevanten Markt**

---

[346] Begr. RegE 7. GWB-Novelle, BT DS 15/3640, S. 45; siehe auch *Pampel* in: Münchener Kommentar, GWB, § 3 Rn. 23.
[347] Verordnung (EG) Nr. 2658/2000 der Kommission über die Anwendung von Art. 81 Abs. 3 des Vertrages auf Gruppen von Spezialisierungsvereinbarungen vom 29. 11. 2000, ABl. 2000 L 304/3, abgedruckt in WuW 2001, S. 40 ff.; siehe auch die gesonderte Kommentierung hierzu.
[348] Vgl. *Pampel* in: Münchener Kommentar, GWB, § 3 Rn. 23 und 97. Zur mittelständischen Spezialisierungsvereinbarungen oben Rn. 46 ff.
[349] Begr. RegE 7. GWB-Novelle, BT DS 15/3640, S. 45. Vgl. zu Art. 81 EG auch oben Rn. 67.
[350] Leitlinien zur Anwendung von Artikel 81 Absatz 3 EG-Vertrag, ABl. EG Nr. C 101 vom 27. 4. 2004, S. 97 ff., Tz. 106 für das Verhältnis von Art. 81 Abs. 3 EG und Art. 82 EG.
[351] Dazu § 1 Rn. 266.
[352] Dazu die Kommentierung zu Gemeinschaftsunternehmen, Anhang 1 zu § 1 GWB.

§ 19. Missbrauch einer marktbeherrschenden Stellung

1. ohne Wettbewerber ist oder keinem wesentlichen Wettbewerb ausgesetzt ist oder
2. eine im Verhältnis zu seinen Wettbewerbern überragende Marktstellung hat; hierbei sind insbesondere sein Marktanteil, seine Finanzkraft, sein Zugang zu den Beschaffungs- oder Absatzmärkten, Verflechtungen mit anderen Unternehmen, rechtliche oder tatsächliche Schranken für den Marktzutritt anderer Unternehmen, der tatsächliche oder potentielle Wettbewerb durch innerhalb oder außerhalb des Geltungsbereichs dieses Gesetzes ansässige Unternehmen, die Fähigkeit, sein Angebot oder seine Nachfrage auf andere Waren oder gewerbliche Leistungen umzustellen, sowie die Möglichkeit der Marktgegenseite, auf andere Unternehmen auszuweichen, zu berücksichtigen. ²Zwei oder mehr Unternehmen sind marktbeherrschend, soweit zwischen ihnen für eine bestimmte Art von Waren oder gewerblichen Leistungen ein wesentlicher Wettbewerb nicht besteht und soweit sie in ihrer Gesamtheit die Voraussetzungen des Satzes 1 erfüllen. ³Der räumlich relevante Markt im Sinne dieses Gesetzes kann weiter sein als der Geltungsbereich dieses Gesetzes.

(3) ¹Es wird vermutet, dass ein Unternehmen marktbeherrschend ist, wenn es einen Marktanteil von mindestens einem Drittel hat. ²Eine Gesamtheit von Unternehmen gilt als marktbeherrschend, wenn sie

1. aus drei oder weniger Unternehmen besteht, die zusammen einen Marktanteil von 50 vom Hundert erreichen, oder
2. aus fünf oder weniger Unternehmen besteht, die zusammen einen Marktanteil von zwei Dritteln erreichen, es sei denn, die Unternehmen weisen nach, dass die Wettbewerbsbedingungen zwischen ihnen wesentlichen Wettbewerb erwarten lassen oder die Gesamtheit der Unternehmen im Verhältnis zu den übrigen Wettbewerbern keine überragende Marktstellung hat.

(4) Ein Missbrauch liegt insbesondere vor, wenn ein marktbeherrschendes Unternehmen als Anbieter oder Nachfrager einer bestimmten Art von Waren oder gewerblichen Leistungen

1. die Wettbewerbsmöglichkeiten anderer Unternehmen in einer für den Wettbewerb auf dem Markt erheblichen Weise ohne sachlich gerechtfertigten Grund beeinträchtigt;
2. Entgelte oder sonstige Geschäftsbedingungen fordert, die von denjenigen abweichen, die sich bei wirksamem Wettbewerb mit hoher Wahrscheinlichkeit ergeben würden; hierbei sind insbesondere die Verhaltensweisen von Unternehmen auf vergleichbaren Märkten mit wirksamem Wettbewerb zu berücksichtigen;
3. ungünstigere Entgelte oder sonstige Geschäftsbedingungen fordert, als sie das marktbeherrschende Unternehmen selbst auf vergleichbaren Märkten von gleichartigen Abnehmern fordert, es sei denn, dass der Unterschied sachlich gerechtfertigt ist;
4. sich weigert, einem anderen Unternehmen gegen angemessenes Entgelt Zugang zu den eigenen Netzen oder anderen Infrastruktureinrichtungen zu gewähren, wenn es dem anderen Unternehmen aus rechtlichen oder tatsächlichen Gründen ohne die Mitbenutzung nicht möglich ist, auf dem vor- oder nachgelagerten Markt als Wettbewerber des marktbeherrschenden Unternehmens tätig zu werden; dies gilt nicht, wenn das marktbeherrschende Unternehmen nachweist, dass die Mitbenutzung aus betriebsbedingten oder sonstigen Gründen nicht möglich oder nicht zumutbar ist.

§ 19 GWB 10. Teil. Gesetz gegen Wettbewerbsbeschränkungen

Übersicht

	Rn.		Rn.
I. Allgemeines	1	b) Beeinträchtigung von Wettbewerbsmöglichkeiten in erheblicher Weise	64
1. Normzweck und Systematik	1	c) Erheblichkeit	65
2. Die 6. und 7. GWB-Novelle	6	d) Fehlender sachlicher Grund	66
3. Praktische Bedeutung	8	3. Ausbeutungsmissbrauch (§ 19 Abs. 4 Nr. 2 und 3)	72
II. Marktbeherrschung	9	a) Allgemeines	72
1. Relevanter Markt	10	b) Preismissbrauch (§ 19 Abs. 4 Nr. 2 HS. 1 1. Alt.)	73
a) Sachlich relevanter Markt	11	c) Konditionenmissbrauch (§ 19 Abs. 4 Nr. 2 HS. 1 2. Alt.)	81
b) Räumlich relevanter Markt	22	d) Preis- und Konditionenspaltung (§ 19 Abs. 4 Nr. 3)	83
c) Zeitlich relevanter Markt	24	4. Zugangsverweigerung (§ 19 Abs. 4 Nr. 4)	86
d) Besonderheiten des Nachfragemarktes	25	a) Essential Facility-Theorie	86
2. Einzelmarktbeherrschung (§ 19 Abs. 2 S. 1)	26	b) Zugang zu Netzen und Einrichtungen	89
a) Das Verhältnis der Marktbeherrschungstatbestände zueinander	26	c) Vor- und nachgelagerte Märkte	91
b) Fehlen wesentlichen Wettbewerbs	27	d) Unmöglichkeit des Zugangs	92
c) Überragende Marktstellung	31	e) Angemessenes Entgelt	93
3. Markbeherrschung durch mehrere Unternehmen (§ 19 Abs. 2 S. 2)	41	f) Sachliche Rechtfertigung	94
a) Oligopol	41	IV. Rechtsfolgen des Missbrauchs	98
b) Innenverhältnis	42	1. Kartellbehördliche Maßnahmen	98
c) Außenverhältnis	43	a) Untersagungsverfügung	98
4. Marktbeherrschungsvermutungen (§ 19 Abs. 3)	45	b) Vorteilsabschöpfung	99
a) Allgemeines	45	c) Bußgelddrohung	100
b) Einzelmarktbeherrschung (§ 19 Abs. 3 S. 1)	47	2. Zivilrechtliche Sanktionen	101
c) Oligopol-Marktbeherrschung (§ 19 Abs. 3 S. 2)	51	3. Verhältnis zu anderen Regelungen	102
III. Missbrauch	58	a) Verhältnis zu § 24 PatG	102
1. Allgemeines	58	b) Verhältnis zu § 20 Abs. 1–4	104
2. Behinderungsmissbrauch (§ 19 Abs. 4 Nr. 1)	63	c) Verhältnis zu Spezialgesetzen	105
a) Allgemeines	63	d) Verhältnis zu §§ 3 ff. UWG	107
		e) Verhältnis zu Art. 82 EG	112

Schrifttum: *Albach,* Als-Ob-Konzept und zeitlicher Vergleichsmarkt, 1976; *ders.,* Finanzkraft und Marktbeherrschung, 1981; *Ballerstedt,* Zur Systematik des Mißbrauchsbegriffs im GWB, in: FS Hefermehl, 1976, S. 37; *Bartling,* Leitbilder der Wettbewerbspolitik, 1980; *Baur, J. F.,* Anwendungsprobleme der Mißbrauchsaufsicht über marktbeherrschende Unternehmen, JA 1987, 118; *ders.,* Der Mißbrauch im deutschen Kartellrecht, 1972; *Bechtold,* Kartellgesetz, 5. Aufl. 2008; *Borchardt/ Fikentscher,* Wettbewerb, Wettbewerbsbeschränkung, Marktbeherrschung, 1957; *Bornkamm,* Globalisierung der Märkte und deutsche Fusionskontrolle – „Backofenmarkt" Revisited, in: Schwarze (Hrsg.), Europäisches Wettbewerbsrecht im Zeichen der Globalisierung, 2002; *Büdenbender,* Die Bedeutung der Preismissbrauchskontrolle nach § 315 BGB in der Energiewirtschaft, NJW 2007, 2945; *Bunte,* 6. GWB-Novelle und Mißbrauch wegen Verweigerung des Zugangs zu einer „wesentlichen Einrichtung", WuW 1997, 302; *Burkert,* Die Zulässigkeit von Kopplungsgeschäften aus wettbewerbsrechtlicher Sicht, 1992; *Deselaers,* Die „Essential Facilities"-Doktrin im Lichte des Magill-Urteils des EuGH, EuZW 1995, 563; *Dreher, M.,* Die Verweigerung des Zugangs zu einer wesentlichen Einrichtung als Mißbrauch der Marktbeherrschung, DB 1999, 833; *Eickhof/Kreikenbaum,* Die Liberalisierung der Märkte für leitungsgebundene Energien, WuW 1998, 666; *Emmerich,* Die höchstrichterliche Rechtsprechung zum GWB, ZHR 140 (1976), 97; *ders.,* Das Wirtschaftsrecht der öffentlichen Unternehmen, 1969; *ders.,* Der Wettbewerb der öffentlichen Hand, insbesondere das Problem der staatlichen Versorgungsmonopole, 1971; *ders.,* Stromdurchleitungen nach neuem Recht, in: FS Großfeld, 1998, S. 185; *ders.,* Kartellrecht, 11. Aufl. 2008; *Europäische Kommission,* Berichte über die Wettbewerbspolitik (WB); *Fischer, R.,* Der Mißbrauch einer marktbeherrschenden Stellung (§ 22 GWB) in der Rechtsprechung des BGH, ZGR 1978, 235; *Fleischer, H.,* Behinderungsmißbrauch durch Produktinnovation, 1997; *Gabriel,* Preiskontrolle im Rahmen der Wettbewerbspolitik, 1976; *Gröner/Köhler,* Umsatzbonus, in: Wettbewerbsbeziehungen zwischen Industrie und Handel, 1984, S. 123; *Hahn, R.,* Behinderungsmißbräuche marktbeherrschender Unternehmen, 1984; *ders.,* Die Beurteilung von

§ 19. Missbrauch einer marktbeherrschenden Stellung § 19 GWB

Niedrigpreispolitik und Mischkalkulation marktbeherrschender Unternehmen im Rahmen der Mißbrauchsaufsicht nach § 22 Abs. 4 Satz 2 Nr. 1 GWB, WuW 1984, 285; *Hölzler/Satzky,* Wettbewerbsverzerrungen durch nachfragemächtige Handelsunternehmen, 1980; *Hoppmann,* Die Abgrenzung des relevanten Marktes im Rahmen der Mißbrauchsaufsicht, 1974; *ders.,* Marktmacht und Wettbewerb, 1977; *ders.,* Das Konzept des wirksamen Preiswettbewerbs, 1978; *ders.,* Behinderungsmißbrauch, 1980; *ders.,* Marktbeherrschung und Preismißbrauch, 1983; *ders.,* Preiskontrolle und Als-Ob-Konzept, 1974; *Jickeli,* Marktzutrittsschranken im Recht der Wettbewerbsbeschränkungen, 1990; *Jüngst,* Marktbeherrschungsbegriff, überragende Marktstellung und Diversifikation, 1980; *Kirschstein,* Marktmacht und ihre Kontrolle nach dem GWB, 1974; *Klauss,* Die Bestimmung von Marktmacht, 1975; *Kleinmann/Bechtold,* Kommentar zur Fusionskontrolle, 2. Aufl. 1989, § 22 Rn. 8 ff.; *Klimisch/Lange,* Zugang zu Netzen und anderen wesentlichen Einrichtungen als Bestandteil der kartellrechtlichen Mißbrauchsaufsicht, WuW 1998, 15; *Knöpfle,* Zulässigkeit und Eignung des Maßstabes des Als-ob-Wettbewerbs für die Mißbrauchsaufsicht über Versorgungsunternehmen, 1975; *Köhler,* Wettbewerbsbeschränkungen durch Nachfrager, 1977; *ders.,* Wettbewerbs- und kartellrechtliche Kontrolle der Nachfragemacht, 1979; *ders.,* Nachfragewettbewerb und Marktbeherrschung, 1986; *Kramm,* Preisgleichheit und kartellrechtliche Mißbrauchsaufsicht im Bereich der Energieversorgung, WRP 1998, 341; *Leo/Knöpfle,* Marktbeherrschung – § 19 GWB, in: Gesetz gegen Wettbewerbsbeschränkungen und Europäisches Kartellrecht – Gemeinschaftskommentar, 5. Aufl. 4. Lieferung 2001; *Lukes,* Stromlieferung im liberalisierten Strommarkt, BB 1999, Beil. zu Heft 21; *Lutz,* Durchleitung von Gas nach Inkrafttreten des Gesetzes zur Neuregelung des Energiewirtschaftsrechts und der Sechsten GWB-Novelle, RdE 1999, 102; *Markert,* Die Wettbewerbsbehinderungen im GWB, 1982; *ders.,* Kommentierung zu § 20, in: Immenga/Mestmäcker (Hrsg.), GWB, 4. Aufl. 2007; *Martenczuk,* Regulierungsbehörde contra Bundeskartellamt?, CR 1999, 363; *Meinhold,* Diversifikation, konglomerate Unternehmen und GWB, 1977; *Mestmäcker,* Über das Verhältnis des Rechts der Wettbewerbsbeschränkungen zum Privatrecht, AcP 168 (1968), 235; *ders.,* Das marktbeherrschende Unternehmen im Recht der Wettbewerbsbeschränkungen, 1959; *ders.,* Medienkonzentration und Meinungsvielfalt, 1978; *ders.,* Der verwaltende Wettbewerb, 1984; *ders.,* Die Beurteilung von Unternehmenszusammenschlüssen nach Artikel 86 des Vertrages über die Europäische Wirtschaftsgemeinschaft, in: FS Hallstein, 1966, S. 322; *Miert, van,* Probleme der wettbewerblichen Öffnung von Märkten mit Netzstrukturen aus europäischer Sicht, WuW 1998, 7; *Möschel,* Preiskontrollen über marktbeherrschende Unternehmen, JZ 1975, 393; *ders.,* Marktmacht und Preiskontrolle, BB 1976, 49; *ders.,* Strompreis und kartellrechtliche Kontrolle, WuW 1999, 5; *ders.,* Das Wirtschaftsrecht der Banken, 1972; *ders.,* Oligopolmißbrauch, 1974; *ders.,* Rechtsordnung zwischen Plan und Markt, 1975; *ders.,* Pressekonzentration und Wettbewerbsgesetz, 1978; *ders.,* Kommentierung zu § 19, in: Immenga/Mestmäcker (Hrsg.), GWB, 4. Aufl. 2007; *Montag,* Gewerbliche Schutzrechte, wesentliche Einrichtungen und Normung im Spannungsfeld zu Art. 86 EGV, EuZW 1997, 71; *Monopolkommission,* Mißbräuche der Nachfragemacht und Möglichkeiten zu ihrer Kontrolle im Rahmen des GWB, Sonderheft 7, 1977; *Munzinger,* Mißbräuchliche Preise, Preisbildungssysteme und Preisstruktur nach § 22 GWB, 1977; *Nette,* Die kartell- und wettbewerbsrechtliche Beurteilung der Preisunterbietung, 1984; *Olshausen,* Zivil- und wirtschaftsrechtliche Instrumente gegen überhöhte Preise, ZHR 146 (1982); *Piper/Ohly,* UWG, 4. Aufl. 2006; *Raisch,* Zum Begriff des Mißbrauchs, in: Heuss (Hrsg.), Wettbewerb als Aufgabe – Nach 10 Jahren GWB, 1968, S. 357; *Rehbinder,* Kommentierung zu § 22, in: Immenga/Mestmäcker (Hrsg.), GWB, 4. Aufl. 2007; *Rittner/Kulka,* Wettbewerbs- und Kartellrecht, 7. Aufl. 2008; *Röper,* Die Mißbrauchsaufsicht vor dem Hintergrund der Entwicklungen der neueren Wettbewerbstheorie, 1982; *Ruppelt,* Kommentierung zu § 19, in: Langen/Bunte (Hrsg.), Kommentar zum deutschen und europäischen Kartellrecht, Band 1, 10. Aufl. 2006; *Sack,* Der Verkauf unter Selbstkosten im Handel und Handwerk, BB 1988, Beil. 3 zu Heft 11; *Sandrock,* Grundbegriffe des GWB, 1968; *Schellhauß,* Preismißbrauchsaufsicht, in: Neuorientierung des Wettbewerbsschutzes, Jubiläumsschrift 25 Jahre FIW, FIW-Schriftenreihe, Bd. 120, 1986, S. 157; *Schmidt, K.,* Kartellverfahrensrecht, 1977; *Schroeder, D.,* Telekommunikationsgesetz und GWB, WuW 1999, 14; *Schulte-Braucks,* Auflösung marktbeherrschender Stellungen, 1980; *Schultz,* Kommentierung zu § 19, in: Langen/Bunte (Hrsg.), Kommentar zum deutschen und europäischen Kartellrecht, Band 1, 10. Aufl. 2006; *Schwark,* Macht und Ohnmacht des Kartellrechts – Bemerkungen zur Mißbrauchsaufsicht über den Preis, BB 1980, 1350; *Sieben/Goetzke/Matschke,* Der Begriff „Finanzkraft" in § 22 GWB in betriebswirtschaftlicher Sicht, 1980; *Söhn,* Benzinpreis und Kartellgesetz, BB 1982, 589; *Ulmer, P.,* Wettbewerbs- und kartellrechtliche Grenzen der Preisunterbietung im Pressewesen, AfP 1975, 870; *ders.,* Der Begriff „Leistungswettbewerb" und seine Bedeutung für die Anwendung von GWB und UWG-Tatbeständen, GRUR 1977,

565; *ders.,* Schranken zulässigen Wettbewerbs marktbeherrschender Unternehmen, 1977; *Vorderwülbecke,* Mißbrauchsaufsicht und Pharmaunternehmen, 1979; *Weisser/Meinking,* Zugang zum digitalen Fernsehkabelnetz außerhalb von must-carry-Regelungen, WuW 1998, 831; *Westen,* Unbillige Behinderung von Wettbewerbern durch Verkauf unter Einstandspreis, 1987; *Weyer,* Neue Fragen des Mißbrauchs marktbeherrschender Stellungen, AG 2. Aufl. 2008, 257; *Wiedemann,* Bearbeitung § 23, in: Wiedemann (Hrsg.), Handbuch des Kartellrechts, 2. Aufl. 2008; *Wolf, D.,* Die Liberalisierung der europäischen Energiemärkte, BB 1998, 1433; *Zohlnhöfer,* Wettbewerbspolitik im Oligopol, 1968.

I. Allgemeines

1. Normzweck und Systematik

1 § 19 gehört mit seiner umfassenden Regelung des Missbrauchs einer marktbeherrschenden Stellung nach der Konzeption des GWB zu den zentralen Vorschriften.[1] Er bildet neben dem Verbot wettbewerbsbeschränkender Verträge (§ 1) und der Zusammenschlusskontrolle (§§ 35 ff.) gleichsam die „dritte Säule des Gesetzes".[2] Seine Bedeutung resultiert daraus, dass das deutsche Kartellrecht in Übereinstimmung mit den Wettbewerbsregeln des EG-Vertrages, insbesondere Art. 82 EG, aber abweichend von dem (nur durch thrust upon-Gesichtspunkte eingeschränkten) Monopolisierungsverbot des Sec. 2 Sherman Act des US-amerikanischen Antitrustrechts[3] die Entstehung marktbeherrschender Stellungen, die auf internes Unternehmenswachstum, also auf überlegene wirtschaftliche oder technische Leistungen zurückzuführen sind, hinnimmt.[4] Das deutsche Kartellrecht kennt keine Entflechtungsregelung, sondern beschränkt sich darauf, die Auswirkungen der Marktmacht einer Missbrauchskontrolle zu unterwerfen.[5] Bei der Entstehung oder Verstärkung marktbeherrschender Stellungen durch externes Unternehmenswachstum greift die Fusionskontrolle ein.[6] Damit gelten für **marktbeherrschende Unternehmen strengere Maßstäbe** als für solche, deren Marktmacht unterhalb dieser Schwelle liegt.[7]

2 Es wird die Befürchtung geäußert, dass solche Marktergebniskorrekturen zu einer Verfestigung der marktbeherrschenden Stellung führen können. So könnten z. B. Preisherabsetzungen (§ 19 Abs. 4 Nr. 2) bewirken, dass Neuzugänge zum Markt oder die Expansion von Außenseitern behindert werden.[8] Um einen Zielkonflikt mit dem auf die Förderung von Wettbewerbsprozessen ausgerichteten Regelungsanliegen zu vermeiden, wird die Missbrauchskontrolle nicht nur wettbewerbspolitisch, sondern auch normativ subsidiär, als ein „letzter Notbehelf" gegenüber einer auf Offenhaltung der Märkte gerichteten Wettbewerbspolitik betrachtet.[9] Dies entspricht der generellen Zielsetzung des GWB, die „Freiheit des Wettbewerbs" zu gewährleisten.[10] In diese teleologische Konzeption ist auch die Regelung des § 19 eingebunden.[11]

3 Normadressaten des § 19 sind **Unternehmen.** Auch im Recht der Marktbeherrschung gilt der für das GWB allgemein maßgebende so genannte funktionale Unternehmensbe-

---

[1] *Möschel* in: Immenga/Mestmäcker, GWB, § 19 Rn. 1; *Wiedemann* in: Wiedemann, Handbuch des Kartellrechts, § 23 Rn. 1; i. d. S. auch *Bechtold,* GWB, § 19 Rn. 1.
[2] *Möschel,* ebenda; ebenso *Wiedemann,* ebenda.
[3] *Möschel* in: Immenga/Mestmäcker, GWB, § 19 Rn. 1.
[4] *Wiedemann* in: Wiedemann, Handbuch des Kartellrechts, § 23 Rn. 1; *Emmerich,* Kartellrecht, § 27, Rn. 5.
[5] *Möschel,* ebenda; *Emmerich,* ebenda.
[6] *Wiedemann* in: Wiedemann, Handbuch des Kartellrechts, § 23 Rn. 1.
[7] *Wiedemann,* ebenda.
[8] *Möschel* in: Immenga/Mestmäcker, GWB, § 19 Rn. 12; siehe auch *Wiedemann* in: Wiedemann, Handbuch des Kartellrechts, § 23 Rn. 1.
[9] *Möschel,* ebenda; *Wiedemann,* ebenda.
[10] *Möschel* in: Immenga/Mestmäcker, GWB, § 19 Rn. 5.
[11] *Möschel,* ebenda.

§ 19. Missbrauch einer marktbeherrschenden Stellung 4–6 § 19 GWB

griff. Danach kommt es grundsätzlich nicht auf die Rechtsform oder irgendeine Gewinnerzielungsabsicht an, sondern es genügt „jedwede Tätigkeit im geschäftlichen Verkehr".[12] Der Zweck des Tatbestandsmerkmals besteht im Wesentlichen darin, eine Abgrenzung gegenüber der Sphäre des privaten Verbrauchs, der abhängigen Arbeit und des hoheitlichen Handelns vorzunehmen, die außerhalb des Anwendungsbereichs des GWB liegen.[13]

In systematischer Hinsicht ist § 19 durch folgende **Regelungsstruktur** gekennzeichnet: § 19 Abs. 1 statuiert allgemein das Verbot einer missbräuchlichen Ausnutzung einer marktbeherrschenden Stellung durch ein oder mehrere Unternehmen. Diese Generalklausel wird durch die Regeltatbestände des § 19 Abs. 4 konkretisiert, wonach ein Missbrauch insbesondere bei der Erfüllung bestimmter Voraussetzungen vorliegt, die in Nr. 1 bis 4 im Einzelnen spezifiziert werden. Dabei wird im Wesentlichen unterschieden zwischen Behinderungsmissbrauch (Nr. 1),[14] Ausbeutungsmissbrauch (Nr. 2 und 3)[15] und Zugangsverweigerung (Nr. 4).[16] § 19 Abs. 2 enthält eine Definition der Marktbeherrschung, die auch für das Diskriminierungs- und Behinderungsverbot (§ 20) sowie für die Fusionskontrolle (§ 36 Abs. 1) von Bedeutung ist. § 19 Abs. 2 S. 1 bezieht sich auf die Monopolmarktbeherrschung, wobei tatbestandlich zwischen dem „Fehlen von Wettbewerb oder wesentlichem Wettbewerb" (Nr. 1)[17] und einer „überragenden Marktstellung" (Nr. 2)[18] differenziert wird. § 19 Abs. 2 S. 2 bestimmt, unter welchen Voraussetzungen eine Oligopolmarktbeherrschung vorliegt. § 19 Abs. 3 stellt für beide Tatbestände Marktbeherrschungsvermutungen[19] auf. Die Definition der Marktbeherrschung in § 19 Abs. 2 gilt sowohl für die Angebots- als auch für die Nachfragemacht.

Nach allgemeiner Meinung erfolgt die Feststellung der Marktbeherrschung in einem Doppelschritt:[20] Zunächst wird der **relevante Markt** in sachlicher, örtlicher und eventuell auch zeitlicher Hinsicht abgegrenzt.[21] Auf dieser Basis wird dann die Wettbewerbssituation im Hinblick auf den Beherrschungsgrad des Unternehmens festgestellt. Die dabei herangezogenen Beurteilungskriterien bestehen aus einer Kombination von Marktstruktur- und Marktverhaltenstests, wobei Erstere im Vordergrund stehen und in § 19 Abs. 2 Nr. 2 ausdrücklich genannt werden.[22]

2. Die 6. und 7. GWB-Novelle

Die wesentliche Änderung, die die 6. GWB-Novelle vom 26. 8. 1998[23] gegenüber der Rechtslage vor dem 1. 1. 1999 mit sich brachte, besteht darin, dass mit § 19 ein unmittelbar wirkendes **Verbot des Missbrauchs einer marktbeherrschenden Stellung** eingeführt wurde.[24] Die Vorgängerregelung des § 22 GWB a. F. war kein Verbotstatbestand, sondern bildete lediglich eine Grundlage für eine verwaltungsrechtliche Kontrolle missbräuchlicher Verhaltensweisen durch den Erlass von Missbrauchsverfügungen seitens der

---

[12] BGH WuW/E 1142 – *Volksbühne II;* WuW/E 1246 – *Feuerwehrschutzanzüge;* WuW/E 1474, 1477 – *Architektenkammer;* WuW/E 2627 – *Sportübertragungen; Bechtold,* GWB, § 19 Rn. 2; *Möschel* in: Immenga/Mestmäcker, GWB, § 19 Rn. 3.
[13] *Möschel,* ebenda.
[14] Siehe unten Rn. 63 ff.
[15] Siehe unten Rn. 72 ff.
[16] Siehe unten Rn. 86 ff.
[17] Siehe unten Rn. 27 ff.
[18] Siehe unten Rn. 31 ff.
[19] Siehe unten Rn. 45 ff.
[20] *Bechtold,* GWB, § 19 Rn. 3; *Möschel* in: Immenga/Mestmäcker, GWB, § 19 Rn. 18.
[21] Siehe unten Rn. 10 ff.
[22] *Möschel* in: Immenga/Mestmäcker, GWB, § 19 Rn. 18.
[23] BGBl. 1998 I S. 2521.
[24] Siehe *Möschel* in: Immenga/Mestmäcker, GWB, § 19 Rn. 2; *Wiedemann* in: Wiedemann, Handbuch des Kartellrechts, § 23 Rn. 3 f.

§ 19 GWB 7–8   10. Teil. Gesetz gegen Wettbewerbsbeschränkungen

Kartellbehörde. Mit der Schaffung eines Verbotstatbestandes erfolgte eine Angleichung an Art. 82 EG. Nunmehr können Verstöße gegen das Missbrauchsverbot nicht nur unmittelbar durch Bußgelder geahndet werden (§ 81 Abs. 2 Nr. 1), sondern es besteht auch die Möglichkeit, mit zivilrechtlichen Sanktionen dagegen vorzugehen (gemäß § 33 und § 823 Abs. 2 BGB).[25] Aufgrund der Ausgestaltung des § 19 Abs. 1 als Schutzgesetz[26] können betroffene Unternehmen selbst ohne Einschaltung der Kartellbehörden Missbräuche mit Unterlassungs- oder Schadensersatzansprüchen geltend machen.[27] Zweck dieser Neuregelung ist nach der Begründung des Regierungsentwurfs[28] eine verbesserte Vorfeldwirkung.

7 Eine wesentliche Änderung durch die 6. GWB-Novelle gegenüber dem § 22 GWB a. F. ist die **Normierung der essential facilities-doctrine** in § 19 Abs. 4 Nr. 4. Danach liegt ein Missbrauch insbesondere auch dann vor, wenn ein marktbeherrschendes Unternehmen einem anderen Unternehmen den Zugang zu Netzen oder anderen Infrastruktureinrichtungen verweigert, es sei denn, dass die Mitbenutzung aus betriebsbedingten oder sonstigen Gründen nicht möglich oder nicht zumutbar ist.[29]

7a Die durch die 7. GWB-Novelle vom 7. 7. 2005[30] eingeführten Neuerungen in § 19 beschränken sich auf die ausdrückliche Erwähnung des sachlich und räumlich relevanten Marktes im einleitenden Satzteil von Abs. 2 S. 1 sowie auf die Anfügung des Satzes 3 in Abs. 2. Damit wurde eine Klarstellung im Hinblick auf das so genannte Marktmachtkonzept[31] sowie hinsichtlich der Reichweite des räumlich relevanten Marktes im Sinne eines ökonomischen Marktbegriffes[32] bezweckt.[33] Mit dem Gesetz zur Bekämpfung von Preismissbrauch im Bereich der Energieversorgung und des Lebensmittelhandels vom 18. 12. 2007[34] wurde befristet bis Ende 2012 ein neuer § 29 eingeführt, der eine „Schärfung des kartellrechtlichen Instrumentariums zur Bekämpfung missbräuchlich überhöhter Energiepreise"[35] beabsichtigt. Obgleich nach § 29 S. 3 die Vorschriften der §§ 19 und 20 unberührt bleiben, handelt es sich um eine auf den Energiesektor zugeschnittene Ausprägung von § 19 Abs. 1.[36] Der verschärfte Missbrauchstatbestand des § 29 wird seine Wirkung am ehesten im Anwendungsbereich von § 19 Abs. 4 Nr. 2[37] entfalten.

3. Praktische Bedeutung

8 Gemessen an der Zahl ergangener Missbrauchsverfügungen erscheint die praktische Bedeutung der Regelung trotz ihres hohen wettbewerbspolitischen Stellenwertes sehr gering.[38] An diesen mit § 22 GWB a. F. gemachten Erfahrungen dürfte sich auch nach der Neuregelung des § 19 nichts Wesentliches ändern. Dies ist in erster Linie auf folgende Gründe zurückzuführen:[39] Da die wettbewerbliche Struktur häufig durch eine internatio-

---

[25] Siehe unten Rn. 101.
[26] So die Begr. z. RegE, BT-Drucks. 13/9720, S. 35 f.
[27] *Möschel* in: Immenga/Mestmäcker, GWB, § 19 Rn. 2; *Ruppelt* in: Langen/Bunte, Kommentar zum deutschen und europäischen Kartellrecht, Band 1, § 19 Rn. 2; *Wiedemann* in: Wiedemann, Handbuch des Kartellrechts, § 23 Rn. 4.
[28] BT-Drucks. 13/9720, S. 35.
[29] Siehe dazu näher unten Rn. 86 ff.
[30] BGBl. 2005 I S. 1954.
[31] Siehe unten Rn. 10.
[32] Siehe unten Rn. 22, 37.
[33] Begr. z. RegE, BT-Drucks. 15/3640, S. 45 (zu Nr. 7).
[34] BGBl. 2007 I S. 2966.
[35] Begr. z. RegE, BT-Drucks. 16/5847, S. 9.
[36] Begr. z. RegE, ebenda.
[37] S. dazu unten Rn. 72 ff.
[38] *Möschel* in: Immenga/Mestmäcker, GWB, § 19 Rn. 4; *Wiedemann* in: Wiedemann, Handbuch des Kartellrechts, § 23 Rn. 5.
[39] Siehe zum Folgenden *Möschel*, ebenda; *Wiedemann*, ebenda.

nale Verflechtung vieler Märkte gekennzeichnet ist, sind marktbeherrschende Stellungen eine seltene Ausnahme. Außerdem wurden für einzelne Problembereiche spezielle Regulierungen, wie insbesondere die Festbetragsregelung im Arzneimittelsektor, geschaffen. Schließlich wird die praktische Relevanz des § 19 durch das weitgehend parallel laufende Behinderungs- und Diskriminierungsverbot des § 20 Abs. 1 geschmälert.

II. Marktbeherrschung

Die für den Verbotstatbestand des § 19 Abs. 1 maßgebende Definition erfasst wortlautgemäß in gleicher Weise sowohl Anbieter als auch Nachfrager. Nach allgemeiner Meinung erfolgt die Feststellung der Marktbeherrschung in einem Doppelschritt: Es wird zunächst der relevante Markt ermittelt und auf dieser Grundlage wird der auf ihm bestehende Beherrschungsgrad in Abhängigkeit von der Wettbewerbssituation (Fehlen von Wettbewerb oder wesentlichem Wettbewerb gemäß Abs. 2 S. 1 Nr. 1,[40] überragende Marktstellung gemäß Abs. 2 S. 1 Nr. 2) oder Marktbeherrschung im Oligopol (Abs. 2 S. 2)[41] bewertet.   9

1. Relevanter Markt

In § 19 Abs. 2 S. 1, wonach die Marktbeherrschung eines Unternehmens als Anbieter oder Nachfrager auf eine bestimmte Art von Waren oder gewerblichen Leistungen auf dem sachlich und räumlich relevanten Markt bezogen wird, kommt das so genannte Marktmachtkonzept zum Ausdruck, das die ganz h. M. auch schon vor der Einfügung des klarstellenden Zusatzes durch die 7. GWB-Novelle im Hinblick auf den relevanten Markt aus dem Wortlaut des § 19 Abs. 2 S. 1 GWB a. F. abgeleitet hatte. Die beherrschende Stellung kann sich nur auf einem genau abgegrenzten, dem relevanten Markt bilden.[42] Neben der Feststellung des sachlich-gegenständlichen und des räumlichen Marktes ist auch der zeitlich relevante Markt zu bestimmen. Besonderheiten bestehen bei der Ermittlung von Nachfragemacht.   10

a) Sachlich relevanter Markt. Der sachlich relevante Markt richtet sich nach den Ausweichmöglichkeiten der Marktgegenseite. Bei der Marktabgrenzung handelt es sich um eine juristische Bewertung, die nicht schematisch, sondern zweckbezogen und funktional nach Maßgabe der produkt- und wettbewerbsspezifischen Gegebenheiten zu erfolgen hat. Grundsätzlich zu differenzieren ist zwischen Angebots- und Nachfragemärkten.[43]   11

aa) Bedarfsmarktkonzept. Nach ständiger Praxis erfolgt die Definition des sachlich relevanten Angebotsmarktes nach dem Bedarfsmarktkonzept oder Konzept der funktionellen Austauschbarkeit aus der Sicht der Abnehmer. Danach sind „sämtliche Erzeugnisse, die sich nach ihren Eigenschaften, ihrem wirtschaftlichen Verwendungszweck und ihrer Preislage so nahe stehen, dass der verständige Verbraucher sie als für die Deckung eines bestimmten Bedarfs geeignet in berechtigter Weise abwägend miteinander vergleicht und als gegeneinander austauschbar ansieht, marktgleichwertig".[44] Sofern der Abnehmer die Entscheidung über die Auswahl nicht selbst trifft, sondern einem Dritten überlässt (Verbrauchsdisponent), wie etwa bei verschreibungspflichtigen Arzneimitteln dem behandelnden Arzt, so ist dessen Sicht maßgeblich.[45]   12

---

[40] Siehe unten Rn. 27 ff.
[41] Siehe unten Rn. 41 ff.
[42] Kritisch *Emmerich*, Kartellrecht, § 27, Rn. 10.
[43] Siehe zu den Besonderheiten der Nachfragemärkte unten Rn. 25.
[44] KG WuW/E 995, 996 – *Handpreisauszeichner*; i. d. S. auch der BGH in st. Rspr., vgl. z. B. BGH WuW/E 2150, 2153 – *Edelstahlbestecke*; WuW/E 3026, 3028 – *Backofenmarkt*; WuW/E 3058, 3062 – *Pay-TV-Durchleitung*.
[45] BGH WuW/E 1435, 1440 = BGHZ 67, 104, 114 – *Vitamin B 12*; KG WuW/E 5549, 5556 ff. – *Fresenius/Schiwa*.

13 Bei der **funktionellen Austauschbarkeit** kommt es nicht auf eine physikalisch-technische oder chemische Identität an. Zum sachlich relevanten Markt gehören vielmehr alle Waren bzw. Dienstleistungen, die sich nach Eigenschaften, Verwendungszweck und Preislage so nahe stehen, dass der verständige Verbraucher sie als für die Deckung seines bestimmten Bedarfs gleichfalls geeignet ansieht.[46] Maßgebend ist dabei die **tatsächliche Anschauung der Abnehmer.** Sie braucht nicht unbedingt mit einer ausschließlich auf objektiven, wissenschaftlichen und präferenzfreien Überlegungen beruhenden Betrachtung übereinzustimmen.[47] Die Abnehmerauffassung kann enger sein, wie etwa bei der Annahme eines eigenen Marktes für Klinkersteine, weil auf Grund einer entsprechenden Geschmackseinstellung von Käufern davon auszugehen ist, dass trotz einer objektiv bestehenden Substituierbarkeit nicht auf Zementbeton, Kalksandsteine und dergleichen ausgewichen wird.[48] Die Abnehmerauffassung kann auch weiter sein, wenn eine Anwendung von Arzneimitteln auf bestimmte Indikationen unterstellt wird, obwohl diese wissenschaftlich nicht begründet sind.[49] Maßgebend ist aber nicht eine oberflächliche und flüchtige Auffassung der Abnehmer,[50] sondern diejenige, die auf Grund einer sachlichen Abwägung tatsächlich zustande gekommen ist.[51] Begehrt ein Energiedienstleistungsunternehmen die Belieferung mit Fernwärme, um seinerseits die Endverbraucher – zusammen mit anderen Leistungen – mit Fernwärme zu versorgen, ist für die Marktabgrenzung nicht auf den Markt der Endverbraucher und deren Ausweichmöglichkeiten abzustellen. Maßgebend ist vielmehr, dass die Fernwärme für das Unternehmen, das die Belieferung begeht, nicht austauschbar ist, weil ihre Kunden Fernwärmeanschlüsse haben.[52]

14 Stehen **unterschiedliche Systeme zur Bedarfsdeckung** zur Verfügung, so ist eine Austauschbarkeit zu verneinen, wenn nach den Verbrauchsgewohnheiten der Abnehmer nicht davon auszugehen ist, dass diese von einem System zum anderen wechseln.[53] Dies gilt etwa für die Trocken- und Nassrasur, weil die Entscheidung für die jeweilige Art der Rasur auf einer festen Lebensgewohnheit beruht, die einen kurzfristigen Wechsel der Kaufentscheidung ausschließt.[54] Trotz der objektiv gegebenen Substituierbarkeit sind verschiedene Energieträger, die den gleichen Bedarf nach Raumwärme decken, nicht unbedingt als austauschbar anzusehen, da die Umstellung von einem Heizungssystem auf das andere, z. B. von Gas auf Heizöl, unter Umständen erhebliche Kosten verursacht,[55] so dass ein einheitlicher Markt für Wärmeenergie nicht gegeben ist.[56] Selbst bei Produkthomogenität kann es an der funktionellen Austauschbarkeit und damit an einem einheitlichen Markt fehlen, wenn nicht zu erwarten ist, dass der Abnehmer Anpassungsleistungen erbringt, um vorhandene Unterschiede in der Aufmachung des Angebots zu überwinden. So bestehen fremde Märkte für Industrie- und Haushaltsmehl, da wegen des Fehlens einer endverbrauchergerechten Verpackung das sackweise gelieferte Industriemehl nicht ohne weiteres für den Handel austauschbar ist. Zwar wäre der Übergang zur Eigenverpackung generell denkbar,

---

[46] St. Rspr., vgl. z. B. BGH WuW/E 1445, 1447 = NJW 1977, 675, 676 – *Valium*; WuW/E 1711, 1714 = NJW 1980, 2583, 2585 – *Mannesmann/Brueninghaus*; WuW/E 2150, 2153 – *Edelstahlbestecke*.
[47] BGH WuW/E 2406, 2408 = BGHZ 101, 100 = NJW 1987, 3007 – *Inter Mailand-Spiel*; KG WuW/E 1983, 1984 – *Rama-Mädchen*.
[48] KG WuW/E 709, 712 – *Bockhorner Klinker*.
[49] BGH WuW/E 1435, 1440 = BGHZ 67, 104, 114 – *Vitamin B 12*.
[50] BGH WuW/E 1445, 1447 = NJW 1977, 675, 676 – *Valium*.
[51] KG WuW/E 995, 996 – *Handpreisauszeichner*.
[52] BGH RdE 2008, 136, 137.
[53] Vgl. etwa BKartA WuW/E 1561, 1563 ff. – *o. b.*
[54] BKartA AG 1992, 363 – *Gillette/Wilkinson*.
[55] Vgl. BKartA WuW/E 1647, 1649 – *Erdgas Schwaben*; WuW/E 1840, 1841 – *Texaco-Zerssen*; KG WuW/E 3443, 3445 – *Energieversorgung Schwaben/Technische Werke Stuttgart*.
[56] BGH WRP 2009, 453 – *Stadtwerke Uelzen*.

dagegen spricht aber, dass dieser besondere investive und organisatorische Leistungen erfordern würde.[57] Andererseits sind bei der Abgrenzung des relevanten Marktes auch Produkte einzubeziehen, die zwar mit anderen auf dem ins Auge gefassten Markt angebotenen Produkten nicht funktionell austauschbar sind, die aber die Grundlage dafür bieten, dass ihr Hersteller bei Vorliegen günstiger Wettbewerbsbedingungen jederzeit sein Sortiment umstellen und ein Konkurrenzprodukt anbieten könnte. Eine solche Angebotsumstellungsflexibilität kann jedoch nur angenommen werden, wenn die Umstellung kurzfristig und mit wirtschaftlich vertretbarem Aufwand erfolgen kann.[58]

Bei **Konsumgütern** erfolgt die **Feststellung der Sicht der Abnehmer** auf Grund der eigenen Lebenserfahrung und Sachkunde der Rechtsanwender, sofern diese dem betroffenen Abnehmerkreis angehören.[59] Bei **Investitionsgütern** stützt sich die Beurteilung der Austauschbarkeit auf die **Befragung** des relativ kleinen Kreises von industriellen Abnehmern.[60] Im Zweifel sind eventuelle Beschaffungsalternativen durch demoskopische Befragungen zu ermitteln.[61]

In der Regel bildet der **Verwendungszweck** bei Angebotsmärkten das entscheidende Kriterium für die Frage der Austauschbarkeit. Bei einem einheitlichen Verwendungszweck kommt Unterschieden in der Beschaffenheit grundsätzlich keine Bedeutung zu. Unterschiedliche Waren und Dienstleistungen, die einem gemeinsamen Verwendungszweck dienen, gehören zu einem sachlich relevanten Markt, wenn sie geeignet sind, „gleich gelagerte Bedürfnisse im Wege einer einheitlichen Bedarfsdeckung zu befriedigen".[62] Deshalb sind mehrere Medikamente trotz völliger chemischer Verschiedenheit demselben Markt zuzuordnen, wenn eine therapeutische Gleichwirkung gegeben ist.[63] Entsprechendes gilt im Lebensmittelbereich für unterschiedliche Halbfertigprodukte für die Herstellung von Konditoreiwaren, die vom Backhandwerk nachgefragt werden.[64] Keinen Einfluss auf die Austauschbarkeit haben Unterschiede im Herstellungsverfahren. So ist Strom, der aus Steinkohle hergestellt wird, demselben Markt zuzuordnen wie Strom aus Öl, Erdgas oder Atomenergie.[65] Andererseits kann nicht ausgeschlossen werden, dass trotz gleicher oder ähnlicher Beschaffenheit, bedingt durch unterschiedliche Absatzstrategien und Nachfragestrukturen, getrennte Märkte anzunehmen sind. Dies gilt insbesondere für Ersatzteile, die einem anderen Markt als die Hauptwaren angehören.[66] Auch durch unterschiedliche technische Lieferbedingungen, z. B. den Absatz von Stickstoff in Rohrleitungen oder in Tanks bzw. Flaschen, können verschiedene Teilmärkte begründet werden.[67]

Werden die Eigenschaften von Waren, wie insbesondere hinsichtlich ihrer Größe und ihrer Abmessungen, den **speziellen Bedürfnissen einzelner Abnehmer** angepasst, fehlt es zwar an einer unmittelbaren Austauschbarkeit. Im Sinne einer potentiellen Austauschbarkeit ist aber die **Produktionsflexibilität** des Anbieters zu berücksichtigen. Für die Festlegung des relevanten Marktes ist darauf abzustellen, inwieweit der Hersteller einer Ware in

---

[57] KG WuW/E 4167, 4168 – *Kampffmeyer/Plange*.
[58] BGH WuW/E DE-R 1925, 1927 – *National Geographic II*.
[59] BGH WuW/E 2433, 2437 – *Gruner + Jahr/Zeit II*.
[60] KG WuW/E 1921, 1922 – *Thyssen/Hüller*.
[61] Vgl. BKartA TB 1985/86, S. 84 f. im Fall *Metro/Kaufhof*; BGH WuW/E 2231, 2234 – *Metro/Kaufhof*; BKartA WuW/E 1561, 1563 f. – *o. b.*
[62] KG WuW/E 2120, 2122 – *Mannesmann/Brueninghaus*.
[63] KG WuW/E 1599, 1602 – *Vitamin B 12*.
[64] Vgl. BKartA WuW/E 2421 – *Unilever/Braun*; vgl. auch KG WuW/E 3759, 3760 – *Pillsbury/Sonnen-Bassermann*.
[65] KG WuW/E 2113, 2116 – *Steinkohlenstromerzeuger*.
[66] Vgl. BGH WuW/E 2589 = NJW-RR 1989, 1310 – *Frankiermaschinen*; WuW/E 1501, 1502 – *KfZ-Kupplungen*; KG WuW/E 4951, 4964 f. – *Kälteanlagen-Ersatzteile*; OLG Düsseldorf WuW/E 4901, 4904 – *Dehnfolien-Verpackungsmaschinen*.
[67] BKartA WuW/E 2319 – *Messer-Griesheim/Buse*.

§ 19 GWB 18, 19

18 der Lage ist, deren Eigenschaften auf ähnliche Bedürfnisse anderer Nachfrager umzustellen (Angebotsumstellungsflexibilität).[68] So kann etwa ein Hersteller von Kupplungsscheiben für Pkw diese auch für Nutzfahrzeuge produzieren.[69] Unzulässig ist auch die Zuordnung von Dosen für Fleisch- und Fischkonserven zu unterschiedlichen Märkten.[70]

18 Eine besonders differenzierte Beurteilung erfordert unter dem Gesichtspunkt der funktionellen Austauschbarkeit die Marktabgrenzung im **Pressebereich**.[71] Entsprechend des unterschiedlichen Bedarfs nach Information und Unterhaltung einerseits und Werbemöglichkeiten andererseits ist grundlegend zwischen Leser- und Anzeigemärkten zu unterscheiden.[72] Für die Einteilung von **Lesermärkten** sind zeitliche, örtliche und thematische Faktoren relevant, die in einer Wechselbeziehung zueinander stehen. Tages- und Wochenzeitungen stellen verschiedene Teilmärkte dar.[73] Bei Tageszeitungen sind Straßenverkaufs- und Abonnementszeitungen nicht ohne weiteres austauschbar.[74] Zu unterscheiden sind überregionale von regionalen Zeitungen, da die Informationen und Anzeigen des Lokalteils häufig ein wesentliches Kaufmotiv darstellen.[75] Allgemeine Publikumszeitschriften sind von solchen Zeitschriften abzugrenzen, die auf spezifische Interessen zugeschnitten sind, wie z. B. Programmzeitschriften[76] oder politische Wochenschriften.[77] Entsprechend der thematischen Ausrichtung und der damit verbundenen spezifischen Zielgruppen von Lesern bestehen bei Fachzeitschriften unterschiedliche Teilmärkte.[78]

19 Auch beim **Anzeigenmarkt** ist eine Differenzierung vorzunehmen, die sich nach der Erreichbarkeit der Adressaten sowie den Darstellungsmöglichkeiten der Werbung richtet.[79] Von einem einheitlichen Markt von Anzeigen in Abonnements- und Straßenverkaufszeitungen ist auszugehen, wenn vergleichbare Belegungsmöglichkeiten bestehen.[80] Unterschiede hinsichtlich der Verbreitungsgebiete, wie insbesondere bei lokalen und überregionalen Zeitungen, stehen der Austauschbarkeit entgegen.[81] Bei Zeitschriften wird ein einheitlicher Anzeigenmarkt für alle Publikumszeitschriften einschließlich Programmzeitschriften und spezieller Zielgruppen-Publikationen, unabhängig von der thematischen Ausrichtung des redaktionellen Teils, angenommen.[82] Demgegenüber gehören Fachzeitschriften entsprechend der von ihnen angesprochenen spezifischen Zielgruppen zu getrennten Anzeigenmärkten.[83] Ein uneinheitliches Bild zeigt die Praxis zu den Anzeigenmärkten der Abonnementstageszeitungen und der Anzeigenblätter.[84] Überwiegend wird

---

[68] *Bechtold*, GWB, § 19 Rn. 7.
[69] BGH WuW/E 1501, 1502 f. – *Kfz-Kupplungen*.
[70] EuGH U. v. 21. 2. 1973 Rs. 6/72 *Continental Can/Kom*. Slg. 1973, 215.
[71] *Ruppelt* in: Langen/Bunte, Kommentar zum deutschen und europäischen Kartellrecht, Band 1, § 19 Rn. 22.
[72] *Ruppelt*, ebenda.
[73] BGH WuW/E 2112, 2121 – *Gruner + Jahr/Zeit I*; WuW/E 2433, 2436 f. – *Gruner + Jahr/Zeit II*.
[74] BGH WuW/E 1854, 1857 – *Zeitungsmarkt München*; WuW/E 2425, 2428 – *Niederrheinische Anzeigenblätter*.
[75] Vgl. KG WuW/E 1767 – *Kombinationstarif*; WuW/E 3303, 3308 – *Süddeutscher Verlag/Donaukurier*; WuW/E 4379, 4381 – *Schleswig-Holsteinischer Zeitungsverlag*.
[76] BKartA WuW/E 1921, 1928 – *Burda/Springer*.
[77] BGH WuW/E 2433, 2437 – *Gruner + Jahr/Zeit II*.
[78] BKartA WuW/E 1709 – *Bertelsmann/Deutscher Verkehrsverlag*.
[79] *Ruppelt* in: Langen/Bunte, Kommentar zum deutschen und europäischen Kartellrecht, Band 1, § 19 Rn. 22.
[80] BGH WuW/E 2443, 2449 – *Singener Wochenblatt*; WuW/E 2195 ff. – *Abwehrblatt II*; KG WuW/E 5907, 5914 – *Rheinpfalz/Medien Union*.
[81] Vgl. BGH WuW/E 1905, 1907 – *Münchner Anzeigenblätter*.
[82] BKartA WuW/E 1921, 1924 – *Burda/Springer*.
[83] BKartA WuW/E 1709, 1713 – *Bertelsmann/Deutscher Verkehrsverlag*.
[84] *Bechtold*, GWB, § 19 Rn. 13 a.

ein einheitlicher Anzeigenmarkt angenommen.[85] Zum Teil wird aber auch von getrennten Märkten ausgegangen.[86]

Der **Preis** bildet kein eigenständiges Kriterium für die Beurteilung der Austauschbarkeit. Preisunterschiede können aber ein Indiz darstellen. Soweit sie auf Qualitätsunterschieden beruhen, können sie beim Abnehmer den Eindruck erwecken, dass die Waren trotz gemeinsamer Eigenschaften verschiedene Verwendungszwecke erfüllen. Dies gilt insbesondere für Luxus- und Exklusivartikel.[87] Als einen Hinweis auf den Grad der Austauschbarkeit aus der Sicht der Abnehmer wird auch die **Kreuzpreiselastizität** angesehen.[88] Dieses Konzept beruht auf dem Gedanken, dass sich die Ausweichmöglichkeiten der Nachfrager in ihren Reaktionen auf Preisbewegungen zeigen müssen.[89] Sofern eine geringe Preiserhöhung eines Gutes zu einer Abwanderung auf ein anderes Produkt führt, deutet dies auf Ausweichmöglichkeiten und damit auf einen gleichen sachlichen Markt hin.[90] Dagegen wird kritisch eingewandt, dass sich kaum annähernd bestimmen lässt, in welchem Umfang Nachfrager zu einer anderen Ware bzw. Leistung abwandern, wenn sich das Verhältnis der Preise dieser Waren bzw. Leistungen untereinander verändert. Außerdem gehe die Abschätzung der Kreuzpreiselastizität immer von einem gegebenen Preisverhältnis aus und komme für eine andere Ausgangslage zu abweichenden Ergebnissen.[91]

bb) **Waren und gewerbliche Leistungen.** Die Begriffe „Waren" und „gewerbliche Leistungen" werden weit ausgelegt und erfassen alle nur denkbaren Gegenstände des Geschäftsverkehrs. Auch ein Unternehmen kann eine „Ware" darstellen.[92] Im Einzelfall kann die Abgrenzung zwischen den beiden Begriffen „Ware" und „gewerbliche Leistung" schwierig sein;[93] sie ist aber praktisch bedeutungslos. Unter Umständen können auch beide Alternativen kumulativ vorliegen. So kann etwa ein umfassendes Warensortiment sowohl eine bestimmte Art von „Waren" als auch eine besondere „Leistung" sein.[94]

b) **Räumlich relevanter Markt.** Für die Abgrenzung des **räumlich relevanten Marktes** gelten grundsätzlich dieselben Kriterien wie für die Definition des sachlich relevanten Marktes: Maßgebend ist die funktionelle Austauschbarkeit aus der Sicht der Nachfrager. Diese richtet sich insbesondere auch nach der Gleichheit der Wettbewerbsbedingungen in einem bestimmten Gebiet.[95] In der Regel bildet das gesamte Gebiet der Bundesrepublik Deutschland den räumlich relevanten Markt. Mit Blick auf den Geltungsbereich des GWB wurde das Bundesgebiet von der Rechtsprechung bisher als eine Obergrenze betrachtet.[96] In der Literatur hingegen wurde diese „enge normative" Beurteilung kritisiert und dafür plädiert, entsprechend den ökonomischen Gegebenheiten auch über den Geltungsbereich des GWB hinausgehende grenzüberschreitende Märkte, insbesondere

---

[85] BGH WuW/E 2443, 2449 – *Singener Wochenblatt;* KG WuW/E 3875, 3879 – *Südkurier/Singener Wochenblatt;* BKartA WuW/E 2251, 2252 – *Hamburger Wochenblatt/Schlei-Verlag.*
[86] Vgl. etwa BGH WuW/E 1905, 1907 – *Münchner Anzeigenblätter.*
[87] *Bechtold,* GWB, § 19 Rn. 10; vgl. KG WuW/E 3577, 3584 – *Hussel/Mara;* KG WuW/E 5879 – *WMF/Auerhahn;* BGH WuW/E 2150, 2154 – *Edelstahlbestecke.*
[88] *Ruppelt* in: Langen/Bunte, Kommentar zum deutschen und europäischen Kartellrecht, Band 1, § 19 Rn. 13.
[89] *Möschel* in: Immenga/Mestmäcker, GWB, § 19 Rn. 33.
[90] *Möschel,* ebenda.
[91] So *Ruppelt* in: Langen/Bunte, Kommentar zum deutschen und europäischen Kartellrecht, Band 1, § 19 Rn. 13; i. d. S. auch *Möschel* in: Immenga/Mestmäcker, GWB, § 19 Rn. 33.
[92] KG WuW/E 1377, 1380 – *Starkstromkabel.*
[93] Vgl. BGH WuW/E 2483, 2487 – *Sonderungsverfahren.*
[94] Vgl. KG WuW/E 3591, 3595 – *Coop Schleswig-Holstein/Deutscher Supermarkt;* WuW/E 5549, 5557 – *Fresenius/Schiwa.*
[95] Vgl. EuGH U. v. 14. 2. 1978 Rs. 27/76 *Chiquita* Slg. 1978, 207, 284.
[96] BGHZ 131, 107 = NJW 1996, 595 = BGH WuW/E 3026, 3029 ff. – *Backofenmarkt.*

auch europäische oder gar Weltmärkte, zu definieren.[97] Bereits vor In-Kraft-Treten der 7. GWB-Novelle hat der BGH unter Aufgabe seiner Entscheidung „Backofenmarkt" von der normativen Begrenzung des räumlich relevanten Marktes Abstand genommen. In dem Urteil „Staubsaugerbeutelmarkt"[98] hatte er ausgesprochen, dass der räumlich relevante Markt im Sinne der Zusammenschlusskontrolle nach dem Gesetz gegen Wettbewerbsbeschränkungen nach ökonomischen Gesichtspunkten abzugrenzen und daher nicht notwendig auf den Geltungsbereich des Gesetzes beschränkt sei. Mit dem im Rahmen der 7. Novelle eingefügten § 19 Abs. 2 S. 3 wird nun klargestellt, dass der räumlich relevante Markt weiter sein kann als der Geltungsbereich des GWB. Die Begründung des Regierungsentwurfs führt hierzu aus, dass diese grundsätzliche Wertung generell bei Anwendung des GWB Beachtung finden soll, insbesondere auch im Rahmen der Zusammenschlusskontrolle (§§ 35 ff.) sowie der Beurteilung von wettbewerbsbeschränkenden Vereinbarungen, Beschlüssen und Verhaltensweisen (§§ 1–3).[99] Bei der Ermittlung des räumlich relevanten Marktes sei eine normative Marktbegrenzung auf das Inland ausgeschlossen. Vielmehr sei nach einem ökonomischen Marktbegriff die Abgrenzung nach den maßgeblichen Kriterien Grundlage für die Bestimmung des räumlich relevanten Marktes.[100] Im Unterschied zur Marktabgrenzung nach § 19 Abs. 2 S. 3 ist bei Anwendung der Bagatellmarktklausel des § 35 Abs. 2 S. 1 Nr. 2 lediglich auf die im Inland erzielten Umsätze abzustellen.[101]

23 **Regional begrenzte Teilmärkte** sind maßgeblich, wenn die Austauschmöglichkeiten der Nachfrager aus objektiven Gründen räumlich begrenzt sind.[102] Diese können sich aus rechtlichen Regelungen ergeben, wie etwa im Fall der leitungsgebundenen Versorgungswirtschaft auf Grund von Demarkations- und Konzessionsverträgen.[103] Die Ursache für die Bildung räumlich begrenzter Teilmärkte kann auch in produktbezogenen, technischen oder wirtschaftlichen Gegebenheiten liegen. So kann die zeitlich begrenzte Verarbeitungsfähigkeit,[104] die zeitlich begrenzte Haltbarkeit[105] eines Produktes oder die Höhe der Transportkosten[106] zur Annahme eines regional begrenzten Marktes führen. Im Handel richtet sich die Festlegung des räumlich relevanten Marktes nach der Ortsgebundenheit des Angebots und der Mobilität der Nachfrager, wobei davon auszugehen ist, dass diese bei höherwertigen Verbrauchsgütern stärker ausgeprägt ist als bei Verbrauchsgütern des kurzfristigen Bedarfs, wie insbesondere Lebensmitteln.[107] Im Pressebereich wird der räumlich relevante Markt von Zeitungen und Zeitschriften durch deren Inhalt und Verbreitungsgebiet bestimmt. Tageszeitungen mit einer Lokalberichterstattung aus verschiedenen Regionen sind für die Leser untereinander nicht austauschbar.[108] Die Feststellung des relevanten sachlichen und räumlichen Marktes lässt sich hier nicht voneinander trennen, sondern fällt zusammen. Mit Blick auf die räumliche Festlegung des Strommarktes hat der BGH ausgesprochen, dass der räumlich relevante Markt der Versorgung von Kleinverbrauchern mit elektrischer Energie auch nach der Liberalisierung des Energiemarktes durch das Versorgungsgebiet des

---

[97] So *Wiedemann* in: Wiedemann, Handbuch des Kartellrechts, § 23 Rn. 12; vgl. auch *Bechtold*, GWB, § 19 Rn. 17; jeweils m. w. N.
[98] BGH WuW/E DE-R, 1355 = GRUR 2004, 1045 – *Staubsaugerbeutelmarkt*.
[99] Begr. z. RegE, BT-Drucks. 15/3640, S. 45 (zu Nr. 7 b).
[100] Begr. z. RegE, ebenda.
[101] BGH WuW/E DE-R 2133, 2134 – *Sulzer/Kelmix*.
[102] Vgl. BGH WuW/E 3037, 3042 – *Raiffeisen*.
[103] KG WuW/E 1893 – *Erdgas Schwaben*; BKartA WuW/E 2157 – *EVS/Technische Werke Stuttgart*.
[104] Vgl. KG WuW/E 2093 – *Bituminöses Mischgut*.
[105] Vgl. KG WuW/E 2862, 2862 f. – *Rewe/Florimex*.
[106] Vgl. KG WuW/E 5364, 5371 – *HaGE Kiel*.
[107] Vgl. KG WuW/E 3917, 3920 f. – *Coop/Wandmaker*; WuW/E 4657, 4659 – *Kaufhof/Saturn*.
[108] Vgl. BGH WuW/E 2443, 2449 – *Singener Wochenblatt*; KG WuW/E 2230 – *Münchner Zeitungsmarkt*.

örtlichen Netzbetreibers bestimmt wird, solange der weit überwiegende Teil der angenommenen Energiemenge (im gegebenen Fall: mehr als 90 Prozent) weiterhin von dem Netzbetreiber geliefert wird.[109]

c) Zeitlich relevanter Markt. Beim **zeitlich relevanten Markt** geht es um die Frage, welcher Zeitraum für die Untersuchung der Wettbewerbsverhältnisse zugrunde zu legen ist. In der Praxis spielt die zeitliche Marktabgrenzung nur eine sehr geringe Rolle.[110] Solange die Wettbewerbsverhältnisse konstant bleiben, ist es nicht erforderlich, sie in verschiedene Zeitabschnitte einzuteilen.[111] Bedeutung erlangt die Definition des zeitlich relevanten Marktes nur, wenn es sich um Waren oder Leistungen handelt, die temporär beschränkt, also periodisch oder nur zu bestimmten Zeitpunkten, angeboten werden, weil sich dann die Marktbeherrschung auf Grund eines Monopols und einer Mangellage auf einen bestimmten Zeitabschnitt beschränkt. Dies ist z. B. bei Tages-, Sonntags-, Wochen- oder Monatszeitungen sowie Messeveranstaltungen[112] (Frühjahrs- und Herbstmessen) der Fall. Auch ein einzelnes Spitzenfußballspiel kann als solches einen eigenen relevanten Markt darstellen.[113] Zumeist verbindet sich mit der zeitlichen Beschränkung des Angebots die Frage der Definition des sachlich relevanten Marktes.[114] Dies gilt insbesondere für Zeitungen und Zeitschriften, bei denen die Zeiten ihres Erscheinens (täglich, wöchentlich, monatlich) maßgebend für die Bestimmung des relevanten sachlichen Marktes sind.

d) Besonderheiten des Nachfragemarktes. § 19 Abs. 2 erfasst nicht nur die Anbietermarktbeherrschung, sondern gleichermaßen auch die **Nachfragemarktbeherrschung**. Es ist allgemein anerkannt, dass für die Abgrenzung des relevanten Nachfragemarktes das für Angebotsmärkte geltende Bedarfsmarktkonzept „**spiegelbildliche**" Anwendung findet. Demnach ist auf die **Austauschbarkeit** der Nachfrage **aus der Sicht der Anbieter** abzustellen.[115] Maßgebend ist, welche Absatzmöglichkeiten dem Anbieter für seine Produkte oder Dienstleistungen zur Verfügung stehen bzw. welche alternativen Absatzwege bei verständiger Würdigung in Betracht kommen. Der sachlich relevante Markt erstreckt sich auf alle Nachfrager der betreffenden Produkte, unabhängig davon, ob diese die Produkte einzeln oder kombiniert mit anderen Produkten weiterveräußern, konsumieren oder weiterverarbeiten.[116] Darüber hinaus folgt die h. M. im Gegensatz zu dem im Schrifttum vereinzelt vertretenen Konzept der Marktgleichwertigkeit[117] dem **Angebotsumstellungskonzept**. Im Sinne einer Produktionsflexibilität und Programmelastizität ist bei der Marktabgrenzung zu berücksichtigen, ob ein Anbieter dem Verhalten eines Nachfragers oder einer Nachfragergruppe dadurch ausweichen kann, dass er seine Produktion unter zumutbaren Bedingungen ohne größere Schwierigkeiten auf ein anderes Erzeugnis umstellt.[118]

---

[109] BGH WuW/E DE-R 1206 = GRUR 2004, 255 – *Strom und Telefon I*.
[110] *Bechtold*, GWB, § 19 Rn. 19.
[111] *Ruppelt* in: Langen/Bunte, Kommentar zum deutschen und europäischen Kartellrecht, Band 1, § 19 Rn. 30.
[112] Vgl. BGHZ 52, 65, 67 f. – *Sportartikelmesse II*; OLG Frankfurt GRUR 1989, 777 und 1992, 554, 555 = WuW/E 5027, 5028 f. – *Kunstmesse Art Frankfurt I und II*.
[113] Vgl. BGH WuW/E 2406, 2408 f. – *Inter Mailand-Spiel*.
[114] *Bechtold*, GWB, § 19 Rn. 19.
[115] BGH WuW/E 2483, 2487 ff. – *Sonderungsverfahren*; KG WuW/E 3124 – *Milchaustauschfuttermittel*; WuW/E 3577, 3585 – *Hussel/Mara*; WuW/E 3917, 3927 f. – *Coop/Wandmaker*; *Bechtold*, GWB, § 19 Rn. 20; *Möschel* in: Immenga/Mestmäcker, GWB, § 19 Rn. 40; *Ruppelt* in: Langen/Bunte, Kommentar zum deutschen und europäischen Kartellrecht, Band 1, § 19 Rn. 23; *Leo* in: GWB-Gemeinschaftskommentar, § 19 Rn. 466 f.
[116] KG WuW/E 3917, 3927 f. – *Coop/Wandmaker*.
[117] Vgl. etwa *Benisch*, WuW 1977, 619, 624 ff.
[118] KG WuW/E 3917, 3927 – *Coop/Wandmaker*; OLG Düsseldorf WuW/E 2274, 2277 – *Errichtung von Fernmeldetürmen*; *Bechtold*, GWB, § 19 Rn. 20; *Möschel* in: Immenga/Mestmäcker, GWB, § 19 Rn. 41.

2. Einzelmarktbeherrschung (§ 19 Abs. 2 S. 1)

26 **a) Das Verhältnis der Marktbeherrschungstatbestände zueinander.** In § 19 Abs. 2 S. 1 werden verschiedene Varianten der Marktbeherrschung legaldefiniert. Gemäß § 19 Abs. 2 S. 1 Nr. 1 ist ein Unternehmen marktbeherrschend, soweit es als Anbieter oder Nachfrager einer bestimmten Art von Waren oder gewerblichen Leistungen **ohne Wettbewerber** ist oder **keinem wesentlichen Wettbewerb** ausgesetzt ist. Nach § 19 Abs. 2 S. 1 Nr. 2 ist ein Unternehmen auch dann marktbeherrschend, wenn es eine im Verhältnis zu seinen Wettbewerbern **überragende Marktstellung** hat. Bei der Prüfung dieser Form der Marktbeherrschung sind nach dem Wortlaut des Gesetzes im Sinne einer so genannten „Komplexbetrachtung"[119] eine ganze Reihe von Strukturfaktoren, wie insbesondere der Marktanteil des Unternehmens, seine Finanzkraft, sein Zugang zu den Beschaffungs- oder Absatzmärkten, etc., zu berücksichtigen. Als gemeinsames materielles Kennzeichen der beiden Marktbeherrschungstatbestände nach Nr. 1 und Nr. 2 wird der „vom Wettbewerb nicht hinreichend kontrollierte Verhaltensspielraum" angesehen.[120] Während die Rechtsprechung des BGH zunächst annahm, dass die Regelungen der Nr. 1 und 2 in einem echten Alternativverhältnis zueinander stehen,[121] geht sie heute davon aus, dass es sich bei den beiden Tatbestandsalternativen um zwei verschiedene Betrachtungsweisen des Marktgeschehens handelt, die sich in gewissem Maße ergänzen und gegenseitig beeinflussen.[122] Dieses Verständnis hat zur Folge, dass trotz der Einteilung in zwei Tatbestandsalternativen eine **Gesamtbetrachtung** vorzunehmen ist. Deshalb sind auch bei der Prüfung der Marktmacht eines Unternehmens nach § 19 Abs. 2 S. 1 Nr. 1 – abgesehen von Monopolen – regelmäßig auch die in § 19 Abs. 2 S. 1 Nr. 2 genannten Faktoren zu berücksichtigen.[123]

27 **b) Fehlen wesentlichen Wettbewerbs.** Nach § 19 Abs. 2 S. 1 Nr. 1 ist ein Unternehmen marktbeherrschend, wenn es entweder ohne Wettbewerber ist oder aber keinem wesentlichen Wettbewerb ausgesetzt ist. Der in der Praxis nur sehr selten vorkommende Fall einer Monopolstellung im Sinne der ersten Alternative der Regelung wirft keine besonderen Subsumtionsprobleme auf, sondern lässt sich relativ leicht feststellen. Demgegenüber erfordert die Beurteilung der Marktbeherrschung wegen Fehlen wesentlichen Wettbewerbs eine **wertende Gesamtbetrachtung,** bei der eine Vielzahl von Kriterien sowie alle maßgeblichen Umstände, insbesondere die auf dem relevanten Markt herrschenden Wettbewerbsverhältnisse, zu berücksichtigen sind.[124] Das Leitmotiv für die Feststellung wesentlichen Wettbewerbs bildet die **Funktion des Wettbewerbs,** Willkür und Selbstherrlichkeit im Marktverhalten auszuschalten, also Verhaltensspielräume zu kontrollieren.[125] Der Wettbewerb ist wesentlich, wenn er nach diesem Maßstab „funktionsfähig" ist (workable competition).[126] Die maßgebenden Beurteilungskriterien lassen sich grob in **Strukturkriterien** und **Verhaltenskriterien** einteilen. Bei Ersteren geht es um eine Analyse der (objektiven) Wettbewerbsbedingungen. Bei Letzteren handelt es sich um einen Marktverhaltenstest, bei dem geprüft wird, wie die Unternehmen auf dem relevanten Markt die ihnen zu Gebote stehenden Aktionsparameter einsetzen.[127] Allerdings stehen beide Kategorien in einer Wechselwirkung zueinander und lassen sich nicht gänzlich voneinander trennen.

---

[119] Begr. z. RegE der 5. GWB-Novelle, WuW 1990, 341.
[120] BGH WuW/E 1533, 1536 – *Erdgas Schwaben.*
[121] BGH WuW/E 1435, 1439 – *Vitamin B 12;* WuW/E 1445, 1449 – *Valium.*
[122] BGH WuW/E 1749, 1754 – *Klöckner/Becorit.*
[123] *Wiedemann* in: Wiedemann, Handbuch des Kartellrechts, § 23 Rn. 17; vgl. etwa BGH WuW/E 1824, 1827 – *Tonolli/Blei- und Silberhütte Braubach.*
[124] BGH WuW/E 1905, 1908 – *Münchner Anzeigenblätter;* WuW/E 1824, 1827 – *Tonolli/Blei- und Silberhütte Braubach.*
[125] *Bechtold,* GWB, § 19 Rn. 29.
[126] *Bechtold,* ebenda.
[127] *Wiedemann* in: Wiedemann, Handbuch des Kartellrechts, § 23 Rn. 18.

Den Ausgangspunkt für die Beurteilung der Frage, ob ein Unternehmen als Anbieter **28** wesentlichem Wettbewerb ausgesetzt ist, bildet die Ermittlung seines **Marktanteils**. Es ist zu untersuchen, ob die Marktanteile Größenordnungen erreichen, die den Schluss auf einen vom Wettbewerb nicht hinreichend kontrollierten Verhaltensspielraum und damit auf eine Marktbeherrschung zulassen.[128] Es gibt keine allgemein gültigen Erkenntnisse darüber, ab welcher Marktanteilsschwelle der Wettbewerb ausgeschaltet wird. Die Marktbeherrschungsvermutungen in Abs. 3 sind allerdings ein Indiz dafür, dass der Gesetzgeber einen Marktanteil von einem Drittel für relevant hält. Die Grundlage für die **Marktanteilsberechnung** bildet der relevante Markt.[129] Maßgebend ist ein längerer Beobachtungszeitraum, da Verschiebungen selbst bei Vorliegen eines hohen Marktanteils auf einen wesentlichen Wettbewerb hindeuten können.[130] Das Gesamtvolumen des inländischen Angebots, das die Bezugsgröße für die Ermittlung des Marktanteils darstellt, wird nach der inländischen Produktion abzüglich Ausfuhr zuzüglich Einfuhr berechnet.[131] Die **Eigenfertigung bzw. der Eigenverbrauch** (sog. captive market), das heißt der Anteil der Produktion, der von den Herstellern selbst verwendet oder verbraucht wird, wird grundsätzlich nicht in die Berechnung einbezogen.[132] In der Rechtsprechung zeigt sich eine deutliche Tendenz, den Marktanteil auf der Grundlage von **Wertberechnungen** zu ermitteln.[133] Dies schließt aber die Zulässigkeit anderer Berechnungsmethoden, wie insbesondere Stück- oder Mengenberechnungen, nicht aus.[134] Im Pressebereich ist es üblich, den Anteil am Lesermarkt auf Grund der Auflagenanteile, der Anteile am Anzeigenmarkt sowie der Umsätze zu berechnen.[135]

Inwieweit **potentieller Wettbewerb** zu berücksichtigen ist, hängt von den Besonder- **29** heiten des Einzelfalls ab. Er ist jedenfalls dann in die Beurteilung einzubeziehen, wenn mit dem Markteintritt mit hoher Wahrscheinlichkeit zu rechnen ist.[136] Unter diesen Umständen können auch Unternehmen, die auf dem Markt noch nicht tätig sind, aber dazu in der Lage wären, einen wettbewerbsrelevanten Einfluss ausüben. Es kommt deshalb entscheidend auf die Marktzutrittschancen an.[137] Diese sind als besonders groß einzuschätzen, wenn das Unternehmen über eine **Produktionsumstellungsflexibilität** verfügt, die es ihm ermöglicht, die betreffenden Produkte ohne größere Schwierigkeiten entsprechend ihrem gegenwärtig vorhandenen Produktions- und Vertriebsapparat herzustellen und abzusetzen.[138]

Ungeachtet der größeren Schwierigkeiten, die die Feststellung der **Marktbeherrschung** **30** **zwischen Nachfragern** bereitet, nimmt die Rechtspraxis eine grundsätzliche Gleichstellung mit Angebotsmarktbeherrschungen an.[139] Allerdings ist anerkannt, dass Marktmacht auf der Nachfrageseite bereits bei niedrigeren Marktanteilen erreicht wird als auf der Angebotsseite.[140] Der vom BKartA entwickelten Unverzichtbarkeitsthese, wonach der oder die

---

[128] *Wiedemann*, ebenda; vgl. BGH WuW/E 2575, 2580 – *Kampffmeyer/Plange*.
[129] Siehe oben Rn. 10 ff.
[130] BGH WuW/E 2783, 2790 f. – *Warenzeichenerwerb*.
[131] *Bechtold*, GWB, § 19 Rn. 24.
[132] BGH WuW/E 1501, 1503 – *Kfz-Kupplungen*.
[133] Vgl. BGH WuW/E 2150, 2154 – *Edelstahlbestecke*; WuW/E 1501, 1503 – *Kfz-Kupplungen*.
[134] *Bechtold*, GWB, § 19 Rn. 24.
[135] Vgl. BGH WuW/E 2425, 2429 – *Niederrheinische Anzeigenblätter*; BKartA AG 1986, 370 – *Südhessische Post/Darmstädter Echo*; WuW/E 2259, 2264 – *Springer/Kieler Nachrichten*.
[136] Vgl. KG WuW/E 1745, 1752 – *Kfz-Kupplungen*; WuW/E 2234, 2239 – *Blei- und Silberhütte Braubach*; WuW/E 4771, 4779 – *Folien und Beutel*.
[137] KG WuW/E 1745, 1756 – *GKN/Sachs*.
[138] *Ruppelt* in: Langen/Bunte, Kommentar zum deutschen und europäischen Kartellrecht, Band 1, § 19 Rn. 42; *Bechtold*, GWB, § 19 Rn. 27.
[139] Vgl. KG WuW/E 3917, 3937 – *Coop/Wandmaker*.
[140] KG WuW/E Verg 111, 114 – *Tariftreueerklärung*, unter Berufung auf BGH WuW/E 2483, 2489 – *Sonderungsverfahren*.

führenden Nachfrager bereits dann einen nicht mehr hinreichend kontrollierten Verhaltensspielraum besitzen, wenn eine Vielzahl von Anbietern über keine alternativen Absatzmöglichkeiten verfügt,[141] ist die Rechtsprechung nicht gefolgt.[142]

31 **c) Überragende Marktstellung.** Die Einführung des Tatbestandes der überragenden Marktstellung durch die 2. GWB-Novelle von 1973 bezweckte eine Erweiterung der Missbrauchsaufsicht und eine erleichterte Feststellung der Marktbeherrschung auf Grund eines strukturellen Ansatzes.[143] Der Tatbestand der Nr. 2 steht **selbstständig und alternativ** neben dem der Nr. 1. Seine Bedeutung liegt darin, dass ein Unternehmen als marktbeherrschend gilt, wenn sein Vorsprung gegenüber seinen Wettbewerbern hinreichend groß ist, ohne dass es darauf ankäme, ob es wesentlichem Wettbewerb im Sinne der Nr. 1 ausgesetzt ist oder nicht.[144] Die Feststellung einer überragenden Marktstellung erfordert eine **Gesamtbetrachtung aller Wettbewerbsbedingungen** des relevanten Marktes.[145] Maßgebend sind insbesondere die in Nr. 2 genannten Strukturmerkmale, die allerdings nicht erschöpfend sind. Da es sich nur um einen nicht abschließenden Beispielskatalog handelt, können in die Gesamtbewertung auch andere Kriterien einbezogen werden. Neben den Marktstrukturen ist insbesondere auch das Marktverhalten zu berücksichtigen, da es dabei um zwei verschiedene Betrachtungsweisen des Marktgeschehens geht, die sich in gewissem Maße ergänzen und gegenseitig beeinflussen. Beide dienen der Beurteilung der Frage, ob die Funktionsfähigkeit des Wettbewerbs ernstlich gefährdet wird.[146]

32 **aa) Marktanteil.** Auch wenn die frühere verbale Hervorhebung des „Marktanteils" durch die 5. GWB-Novelle 1989 beseitigt wurde,[147] so ändert dies nichts an der vorrangigen Bedeutung dieses Kriteriums für die Feststellung der Marktmacht. Es ist der wesentliche Indikator für den Markterfolg eines Unternehmens. Neben der absoluten Größe des Marktanteils kommt es entscheidend auf den relativen Marktanteil, also den Vorsprung gegenüber den Konkurrenten und die Verteilung der Marktanteile an. Maßgebend ist nicht eine „Momentaufnahme", sondern die Entwicklung über einen längeren Zeitraum von mehreren Jahren. Je höher und dauerhafter der Marktanteil und je größer der Abstand zu den Mitbewerbern ist, desto eher erlaubt dies einen Rückschluss auf die Marktbeherrschung.[148] Dabei stehen Schwankungen und Verluste der Annahme einer Marktbeherrschung nicht notwendigerweise entgegen.[149] Der Marktanteil allein dürfte im Regelfall aber für sich genommen nicht ausreichen, um eine marktbeherrschende Stellung zu begründen, sondern es müssen andere Kriterien hinzukommen.[150] Welche Bedeutung dem Marktanteil zukommt, ergibt sich erst aus dem Zusammenspiel mit anderen Bewertungsfaktoren. Eine Orientierung gibt die in § 19 Abs. 3 S. 1 genannte Schwelle, wonach eine Marktbeherrschung bei einem Anteil von einem Drittel vermutet wird. Dabei handelt es sich allerdings nur um einen groben Anhaltspunkt. Die relative Bedeutung des Marktanteils wird durch

---

[141] Vgl. BKartA WuW/E 1897, 1905 – *Hussel/Mara*; WuW/E 1970, 1979 – *Coop/Supermagazin*; WuW/E 2231, 2235 – *Metro/Kaufhof*; WuW/E 2161, 2166 – *Coop/Wandmaker*.

[142] Ablehnend KG WuW/E 3367, 3369 – *Metro/Kaufhof*; WuW/E 3577, 3589 – *Hussel/Mara*; WuW/E 3917, 3934 – *Coop/Wandmaker*.

[143] Begr. z. RegE, BT-Drucks. VI/2520, S. 21 f.

[144] *Möschel* in: Immenga/Mestmäcker, GWB, § 19 Rn. 52.

[145] Vgl. BGH WuW/E 1749, 1754 f. – *Klöckner/Becorit*; WuW/E 1435, 1439 – *Vitamin B 12*.

[146] BGH WuW/E 1749, 1755 – *Klöckner/Becorit*.

[147] *Ruppelt* in: Langen/Bunte, Kommentar zum deutschen und europäischen Kartellrecht, § 19 Band 1, Rn. 50.

[148] *Ruppelt*, ebenda.

[149] KG WuW/E 2403, 2405 – *Fertigfutter*; WuW/E 5549, 5560 – *Fresenius/Schiwa*.

[150] Vgl. BGH WuW/E 1445 – *Valium*; WuW/E 1749, 1755 f. – *Klöckner/Becorit*; vgl. auch *Bechtold*, GWB, § 19 Rn. 32; *Ruppelt* in: Langen/Bunte, Kommentar zum deutschen und europäischen Kartellrecht, Band 1, § 19 Rn. 50.

die einschlägige Rechtsprechung verdeutlicht. So wurde eine überragende Marktstellung bei einem Anteil von 12 Prozent wegen der zersplitterten Konkurrenz bejaht,[151] während sie bei einem Anteil von knapp 21 Prozent trotz des großen Abstands zu den Mitbewerbern wegen des Fehlens weiterer Anhaltspunkte verneint wurde.[152] Das Gewicht, das dem Marktanteil im Rahmen der erforderlichen Gesamtbetrachtung beizulegen ist, hängt auch wesentlich von der **Marktphase,** das heißt der Entwicklungsstufe eines Marktes ab. Auf einem jungen Markt, der durch ein großes Wachstumspotential und eine rasante technologische Entwicklung geprägt wird, eröffnet ein hoher Marktanteil einem Unternehmen kaum einen unkontrollierten Verhaltensspielraum, wenn mit einem Marktzutritt von Wettbewerbern zu rechnen ist.[153] Handelt es sich dagegen um Märkte mit ausgereifter Technik und rückläufigem bzw. stagnierendem Umsatzvolumen, auf denen Wettbewerbsimpulse durch Innovation und Marktzutritt wenig wahrscheinlich sind, so legt ein großer Vorsprung des Marktanteils eher die Annahme eines nicht hinreichend kontrollierten Verhaltensspielraums nahe.[154]

bb) Finanzkraft. Der in § 19 Abs. 2 S. 1 Nr. 2 genannte Faktor der Finanzkraft umfasst die Gesamtheit der finanziellen Mittel und Möglichkeiten eines Unternehmens, insbesondere die Finanzierungsmöglichkeiten (Eigen- und Fremdfinanzierung) sowie dessen Zugang zum Kapitalmarkt.[155] Die Bedeutung der Finanzkraft gründet sich in der Praxis vor allem auf die so genannte **Abschreckungstheorie.** Danach kann sich die Marktbeherrschung daraus ergeben, dass die Finanzkraft einem Unternehmen Verhaltensspielräume verschafft, die es ihm ermöglichen, kleinere aktuelle oder potentielle Konkurrenten in ihrem Marktverhalten zu entmutigen oder von einer aggressiven Wettbewerbspolitik abzuschrecken.[156] Die Beurteilung der Frage, ob mit einer solchen Wirkung zu rechnen ist, hängt von den besonderen Umständen des Einzelfalls ab.[157] Nach der Rechtsprechung ist für die Feststellung der Finanzkraft der Umsatz maßgeblich.[158] Daneben sollten aber auch andere Bemessungskriterien, wie insbesondere Cashflow, Gewinn, Umsatzrendite, Eigenkapital, etc., berücksichtigt werden. Dagegen sind nachhaltige Verluste ein Indikator, der gegen die Finanzkraft spricht.[159]

cc) Zugang zu den Beschaffungs- und Absatzmärkten. Die Verhaltensspielräume eines Unternehmens, die daraus resultieren, dass dieses im Verhältnis zu seinen Wettbewerbern einen überlegenen Zugang zu seinen Absatz- und Beschaffungsmärkten besitzt, betreffen die **vertikale Integration.** Erfasst werden vor allem Absatz- und Beschaffungsvorteile, die sich daraus ergeben, dass ein Unternehmen auch auf vor- und/oder nachgelagerten Marktstufen tätig ist.[160] Überlegene Zugangsmöglichkeiten können auf vertraglichen oder faktischen Liefer- und Absatzbeziehungen beruhen, wie insbesondere einem umfassenden Sortiment[161] oder einem vertraglich abgesicherten Vertriebs- und Servicesystem,[162]

---

[151] KG WuW/E 2862, 2863 ff. – *Rewe/Florimex*.
[152] BGH WuW/E 2771, 2773 f. – *Kaufhof/Saturn*.
[153] *Ruppelt* in: Langen/Bunte, Kommentar zum deutschen und europäischen Kartellrecht, Band 1, § 19 Rn. 56.
[154] *Ruppelt,* ebenda; vgl. KG WuW/E 1745, 1752 – *GKN/Sachs*; WuW/E 3051, 3058 – *Morris/Rothmans*.
[155] Begr. z. RegE, BT-Drucks. VI/2520, S. 23.
[156] BGH WuW/E 2150, 2157 – *Rheinmetall/WMF*; WuW/E 1501, 1509 – *Kfz-Kupplungen*.
[157] Vgl. BKartA WuW/E 2729 – *Hochtief/Philipp Holzmann*.
[158] BGH WuW/E 2150, 2157 – *Rheinmetall/WMF*; KG WuW/E 4167, 4171 – *Kampffmeyer/Plange*.
[159] *Bechtold,* GWB, § 19 Rn. 34.
[160] *Ruppelt* in: Langen/Bunte, Kommentar zum deutschen und europäischen Kartellrecht, Band 1, § 19 Rn. 52.
[161] KG WuW/E 3759, 3762 – *Pillsbury/Sonnen-Bassermann*.
[162] BKartA WuW/E 1781, 1781 – *Identteile*; WuW/E 2363, 2366 – *Linde/Lansing*.

und durch einen hohen Vertrauensvorsprung sowie eine besondere Marktgeltung verstärkt werden.[163]

35 **dd) Verflechtung mit anderen Unternehmen.** Bei diesem Merkmal geht es nicht um konzernmäßige Verflechtungen, da diese kartellrechtlich ohnehin eine Einheit bilden, sondern um weniger enge Verbindungen, die aber wettbewerblich von Bedeutung sind. Dies gilt insbesondere für Minderheitsbeteiligungen und personelle Verflechtungen.[164]

36 **ee) Marktzutritt.** Der Tatbestand „rechtliche oder tatsächliche Schranken für den Marktzutritt anderer Unternehmen" unterscheidet sich von den anderen gesetzlichen Merkmalen dadurch, dass es sich um ein Strukturkriterium handelt, das marktbezogen und nicht unternehmensbezogen ist. Es knüpft nicht unmittelbar an die individuelle Stärke eines Unternehmens an, sondern an die äußeren Wettbewerbsbedingungen des relevanten Marktes, denen sowohl die Wettbewerber als auch die Marktgegenseite unterworfen sind.[165] Die Marktzutrittschancen haben entscheidende Bedeutung für die Beurteilung des **potentiellen Wettbewerbs.** Dieser ist umso geringer, je höher die Marktzutrittsschranken sind. Umgekehrt ist nicht davon auszugehen, dass ein Unternehmen einen nicht hinreichend kontrollierten Verhaltensspielraum besitzt, wenn es mit dem Eintritt neuer Wettbewerber in seinen Markt rechnen muss.[166] Der Marktzutritt muss allerdings nicht nur möglich, sondern auch hinreichend wahrscheinlich sein.[167] Auch wenn niedrige Marktzutrittsschranken gegen eine überragende Marktstellung sprechen, schließen sie diese nicht generell aus. Es sind aber gesteigerte Anforderungen an die übrigen Strukturmerkmale zu stellen.[168] Als **Marktzutrittsschranken** sind alle rechtlichen und wirtschaftlichen Hindernisse anzusehen, die dem Zutritt außenstehender Unternehmen oder der Expansion der bereits auf dem Markt tätigen Unternehmen entgegenstehen. Als wirtschaftliche Schranke kommt z.B. ein hoher Kapitalbedarf auf Grund des erforderlichen Werbeaufwandes zum Aufbau einer Marke[169] oder für die aus Kostengründen betriebswirtschaftlich notwendige Erreichung von bestimmten Mindestgrößen[170] in Betracht.

37 **ff) Ausländischer Wettbewerb.** Das Kriterium des tatsächlichen und potentiellen Wettbewerbs durch innerhalb oder außerhalb des Geltungsbereichs des Gesetzes ansässige Unternehmen wurde durch die 6. GWB-Novelle von 1998 in das Gesetz eingefügt. Zur Begründung wird einerseits[171] auf den Backofen-Beschluss des BGH aus dem Jahre 1995[172] und andererseits[173] auf den entsprechenden Wortlaut des Art. 2 Abs. 1 lit. a VO (EWG) 4064/89 Bezug genommen. Es wird darauf hingewiesen, dass der BGH für die Fusionskontrolle die Notwendigkeit bestätigt habe, den Auslandswettbewerb zu berücksichtigen. Die Feststellung, dass der räumlich relevante Markt nach dem GWB allenfalls so groß sei wie das Bundesgebiet, sei jedoch eine „möglicherweise missverständliche Aussage". Es solle deshalb durch die Gesetzesänderung „klargestellt" werden, „dass bei der Prüfung der Marktbeherrschung im Rahmen der Fusionskontrolle die Wettbewerbsverhältnisse auf dem ökonomisch relevanten Markt berücksichtigt werden müssen." Dies entspricht insofern

---

[163] BGH WuW/E 1501, 1504 – *Kfz-Kupplungen;* WuW/E 2150, 2156 – *Rheinmetall/WMF;* KG WuW/E 1599, 1604 – *Vitamin B 12.*
[164] Vgl. BGH WuW/E 3037, 3041 – *Raiffeisen.*
[165] *Ruppelt* in: Langen/Bunte, Kommentar zum deutschen und europäischen Kartellrecht, Band 1, § 19 Rn. 54.
[166] *Ruppelt,* ebenda.
[167] BGH WuW/E 2575, 2583 – *Kampffmeyer/Plange.*
[168] Vgl. BGH WuW/E 2783, 2791 f. – *Warenzeichenerwerb;* KG WuW/E 2862, 2865 – *Rewe/Florimex.*
[169] KG WuW/E 3051, 3079 – *Morris/Rothmans.*
[170] BGH WuW/E 1501, 1504 – *Kfz-Kupplungen.*
[171] Begr. z. RegE, BR-Drucks. 852/97, S. 37.
[172] BGH WuW/E 3026, 3029 ff. – *Backofenmarkt.*
[173] Begr. z. RegE, BR-Drucks. 852/97, S. 52.

dem Standpunkt des BGH, als auch er davon ausgeht, dass aktuelle oder potentielle **wettbewerbliche Einwirkungen aus dem Ausland** zu berücksichtigen sind. Unklar war bis zur Einführung des § 19 Abs. 2 S. 3 durch die 7. GWB-Novelle aber, ob im Sinne einer Korrektur bei der Beurteilung gegebenenfalls ein über den Geltungsbereich des GWB hinausreichender ökonomischer Markt zugrunde zu legen ist. In der Literatur[174] wurde darauf hingewiesen, dass das neue Merkmal sich nur dann nicht in einer Selbstverständlichkeit erschöpfe, wenn man ihm den klaren Willen des Gesetzgebers entnimmt, auch bei der räumlichen Marktabgrenzung von dem ökonomischen Markt auszugehen. Sei der Markt ökonomisch größer als Deutschland, so sei die Marktstellung des betroffenen Unternehmens auf diesem größeren Markt zu berücksichtigen. Durch die neue Regelung in § 19 Abs. 2 S. 3 wird nunmehr auch durch den Gesetzgeber klargestellt, dass der räumlich relevante Markt weiter sein kann als der Geltungsbereich des GWB und nicht nur Grundlage der Marktabgrenzung ist, sondern auch der wettbewerblichen Beurteilung.[175] Nach der Begründung des Regierungsentwurfs sei entsprechend einem ökonomischen Marktbegriff ein solcher räumlicher Markt zugrunde zu legen, wie er sich durch die Abgrenzung der maßgeblichen Kriterien ergebe, ohne dabei normativ auf das Inland begrenzt zu sein. Den Marktverhältnissen im Inland könne aber eine Indizwirkung für die Marktverhältnisse auf dem räumlich relevanten Markt zukommen. Überdies sei in der Formulierung eine grundsätzliche Wertung enthalten, die bei der Anwendung des GWB generell gelte und nicht nur im Bereich der Missbrauchsaufsicht. Vielmehr sei sie auch bei der Fusionskontrolle und der Beurteilung von wettbewerbsbeschränkenden Vereinbarungen, Beschlüssen und Verhaltensweisen zu berücksichtigen.[176]

gg) Umstellungsflexibilität. Die 5. GWB-Novelle 1989 hat den Katalog von Merkmalen, die zur Beurteilung einer überragenden Marktstellung heranzuziehen sind, durch die „Fähigkeit, sein Angebot oder seine Nachfrage auf andere Waren oder gewerbliche Leistungen umzustellen" ergänzt. Beabsichtigt wurde damit eine bessere Erfassung der Nachfragemacht. Dieses Bestreben gründet sich auf die Annahme, dass besonders große Handelsunternehmen mit einem breiten Gesamtsortiment in ihrem Marktverhalten eine größere Flexibilität als Hersteller besitzen.[177] Ganz generell geht es aber um den **Zusammenhang zwischen Umstellungsflexibilität und Marktstärke,** der sich wie folgt beschreiben lässt: Die Fähigkeit des Anbieters, sein Angebot auf andere Waren oder gewerbliche Leistungen umzustellen, kann Marktstärke bedeuten. Je größer die Fähigkeit zur Umstellung ist, desto geringer ist die Abhängigkeit des Anbieters von seinen Nachfragern.[178] Umgekehrt kommt es für die Nachfragemarktbeherrschung auf die Fähigkeit des Nachfragers an, seine Nachfrage auf andere Waren oder gewerbliche Leistungen umzustellen. Je größer die Fähigkeit zur Umstellung ist, desto größer ist die Unabhängigkeit von seinen Anbietern.[179] Relevant wird diese Stärke im Vertikalverhältnis für die überragende Marktstellung (im Verhältnis zu seinen Mitbewerbern, also im Horizontalverhältnis) nur, wenn die Umstellungsflexibilität des betreffenden Unternehmens größer ist als die der Wettbewerber, da sie sich neutralisiert, wenn sie bei allen Wettbewerbern gleichermaßen vorhanden ist.[180]

Der strenge Gesetzeswortlaut, wonach von der Umstellung **„auf andere Waren oder gewerbliche Leistungen"** die Rede ist, legt den Schluss nahe, dass die Umstellungsflexi-

---

[174] *Bechtold*, GWB, § 19 Rn. 38.
[175] Begr. z. RegE, BT-Drucks. 15/3640, S. 45 (zu Nr. 7).
[176] Begr. z. RegE, ebenda.
[177] *Ruppelt* in: Langen/Bunte, Kommentar zum deutschen und europäischen Kartellrecht, Band 1, § 19 Rn. 55.
[178] *Bechtold*, GWB, § 19 Rn. 39.
[179] *Bechtold*, ebenda.
[180] *Bechtold*, GWB, § 19 Rn. 39.

bilität nur in Bezug auf Waren oder gewerbliche Leistungen anderer Märkte, nicht aber bezüglich desselben Marktes zu berücksichtigen ist. Dabei wird aber verkannt, dass es für die Marktstärke eines Anbieters nicht nur darauf ankommt, ob er statt einer bestimmten Ware auch eine andere Ware herstellen kann, sondern auch darauf, ob er in der Lage ist, sein Angebot innerhalb desselben Marktes umzustellen und in anderen Qualitäten, Größen oder Ausführungen anzubieten.[181] Dementsprechend kann auch die Marktstärke eines Nachfragers daraus resultieren, dass er in der Lage ist, ein bestimmtes Produkt nicht nur von einem bestimmten Hersteller, sondern auch von anderen Herstellern zu beziehen. Die Umstellungsflexibilität ist somit nicht nur in Bezug auf andere relevante Märkte, sondern auch innerhalb desselben Marktes zu berücksichtigen.[182]

40 **hh) Ausweichmöglichkeiten der Marktgegenseite.** Durch die 5. GWB-Novelle 1989 wurde als weiteres Kriterium für die Beurteilung der Marktstärke die „Möglichkeit der Marktgegenseite, auf andere Unternehmen auszuweichen" in das Gesetz aufgenommen. Es beruht auf dem Gedanken, dass die starke Stellung eines Unternehmens von der Marktgegenseite dann nicht relativiert wird, wenn diese zersplittert ist oder die dort bestehende Angebots- oder Nachfragemacht alle Unternehmen der Gegenseite gleichmäßig trifft.[183] Je mehr die Gegenseite dagegen in der Lage ist, auf andere Unternehmen auszuweichen, desto eher ist eine Marktbeherrschung des Anbieters oder Nachfragers ausgeschlossen. Maßgeblich ist eine generalisierende Betrachtungsweise, d.h. es genügt nicht, wenn bei einem einzelnen Unternehmen eine existentielle Abhängigkeit von einem potentiellen marktbeherrschenden Anbieter oder Nachfrager besteht, sondern es muss eine für den Markt typische Abhängigkeit gegeben sein.[184] Dass keine individualisierende Betrachtung der Marktgegenseite erfolgen darf, ist der Gesetzesbegründung zu entnehmen. Danach ist eine Ausweichmöglichkeit dann nicht anzunehmen, „wenn eine für den jeweiligen Markt **erhebliche Zahl von Unternehmen** keine ausreichenden und zumutbaren Absatz- oder Bezugsalternativen besitzt".[185]

3. Marktbeherrschung durch mehrere Unternehmen (§ 19 Abs. 2 S. 2)

41 **a) Oligopol.** Der Oligopoltatbestand des § 19 Abs. 2 S. 2 beruht auf der Erkenntnis, dass ein wirksamer Wettbewerb nicht nur durch die marktbeherrschende Stellung eines einzelnen Anbieters oder Nachfragers, sondern auch durch eine Mehrzahl marktmächtiger Unternehmen ausgeschaltet werden kann, wenn zwischen ihnen kein Wettbewerb besteht. Der Tatbestand der Einzelmarktbeherrschung nach den Alternativen des Abs. 2 S. 1 und der Tatbestand der Oligopol-Marktbeherrschung nach Abs. 2 S. 2 schließen sich gegenseitig aus, so dass im Einzelfall geprüft werden muss, welcher Tatbestand erfüllt ist.[186] Bei der Beurteilung der Frage, ob ein marktbeherrschendes Oligopol vorliegt, hat eine **zweistufige wettbewerbliche Prüfung** zu erfolgen: Im Innenverhältnis ist zunächst festzustellen, dass zwischen mehreren Unternehmen kein wesentlicher Wettbewerb besteht. Ist diese Voraussetzung erfüllt, so bedarf es des Nachweises, dass die Oligopol-Unternehmen in ihrer Gesamtheit nicht wesentlichem Wettbewerb ausgesetzt sind (S. 1 Nr. 1) oder insgesamt eine überragende Marktstellung innehaben (S. 1 Nr. 2).

42 **b) Innenverhältnis.** Kennzeichnend für das Innenverhältnis ist das **Gruppenbewusstsein**, das heißt das bewusst gleichförmige Marktverhalten der Oligopolisten mit der Folge, dass die davon betroffenen Dritten dem nicht ausweichen können und daraus eine Markt-

---

[181] *Bechtold*, GWB, § 19 Rn. 40.
[182] *Bechtold*, ebenda.
[183] KG WuW/E 4167, 4173 – *Kampffmeyer/Plange*; BGH WuW/E 2783, 2791 – *Warenzeichenerwerb*.
[184] *Bechtold*, GWB, § 19 Rn. 41.
[185] BT-Drucks. 11/4610, S. 17.
[186] Vgl. KG WuW/E 3759, 3765 – *Pillsbury/Sonnen-Bassermann*; WuW/E 2234, 2235 – *Blei- und Silberhütte Braubach*.

beherrschung der Gruppe resultiert.[187] Auch wenn sich ein derartiges Gruppenbewusstsein konkret nicht nachweisen lässt, so kann sich bei Prüfung des Marktverhaltens ein „Gesamtbild von so hochgradiger Erstarrung der Antriebskräfte des Wettbewerbs" zeigen, dass von einem wesentlichen Wettbewerb im Innenverhältnis nicht mehr die Rede sein kann.[188] Der **Gruppeneffekt,** der den entscheidenden Rechtfertigungsgrund für die Gleichbehandlung mit marktbeherrschenden Einzelunternehmen bildet, ist durch eine Unausweichlichkeitswirkung gegenüber Dritten gekennzeichnet.[189] Indiz dafür ist die Gleichförmigkeit des Verhaltens beim Fordern von Preisen über einen längeren Zeitraum hinweg. Eine solche Verhaltenskonformität auf Grund von gleichgerichteten Interessen und wechselseitiger Abhängigkeit ist umso wahrscheinlicher, je weniger Unternehmen einem Oligopol angehören und je höher deren Marktanteil bzw. je geringer die Zahl der Außenseiter ist.[190] Von maßgeblichem Einfluss auf die Wahrscheinlichkeit gleichförmigen Verhaltens können auch ausgeglichene unternehmensbezogene Strukturen sein. So deutet eine langfristige Angleichung der Marktanteile im Gegensatz zu kurzfristigen Schwankungen des Marktanteils auf eine Annäherung der Interessen und fehlenden Wettbewerb hin.[191] Auch kapitalmäßige oder personelle Verflechtungen können als Indizien für fehlenden Wettbewerbsdruck und gleichförmiges Verhalten dienen.[192] Anhaltspunkte für eine Verhaltenskonformität auf Grund gleichgelagerter Interessen können sich auch aus Verbindungen auf Drittmärkten, insbesondere in Form von Gemeinschaftsunternehmen,[193] oder aus langfristigen Lieferbeziehungen ergeben.[194] Ein Gegengewicht, das einem gleichförmigen Wettbewerbsverhalten entgegenwirkt, können marktstarke Unternehmen auf der Gegenseite bilden, wenn sie in der Lage sind, einen Interessenausgleich zwischen den Oligopol-Unternehmen zu verhindern.[195]

c) Außenverhältnis. Hinsichtlich des Außenverhältnisses verweist § 19 Abs. 2 S. 2 pauschal auf S. 1 und damit auf die Alternativen der Marktbeherrschung und überragenden Marktstellung. Im Hinblick auf die Bezugnahme auf S. 1 Nr. 1 ist davon auszugehen, dass die Oligopol-Unternehmen als ein Unternehmen gelten. Auf der Grundlage dieser Fiktion ist gemäß den Voraussetzungen des S. 1 Nr. 1 zu untersuchen, ob es wesentlichem Wettbewerb ausgesetzt ist.[196] Für die zweite Alternative genügt die formale Addition der Marktanteile und -ressourcen nicht, sondern die einzelnen Oligopol-Mitglieder müssen die Außenseiter überragen.[197] 43

Dem Außenverhältnis kommt gegenüber dem Innenverhältnis zumeist eine geringere Bedeutung zu. Wenn feststeht, dass zwischen den Unternehmen, die dem Oligopol zuzurechnen sind, kein wesentlicher Wettbewerb besteht, so wird in der Regel der Nachweis, dass die Gruppe insgesamt eine überragende Marktstellung besitzt, leicht zu führen sein. Als Orientierung können die Vermutungstatbestände des § 19 Abs. 3 Nr. 2 dienen, sie sind aber nicht zwingend.[198] Liegen die entsprechenden Voraussetzungen vor, so gilt jedes der 44

---

[187] Vgl. KG WuW/E 2053, 2059 – *Valium.*
[188] *Bechtold,* GWB, § 19 Rn. 46; vgl. BGH WuW/E 907, 913 – *Fensterglas VI.*
[189] *Möschel* in: Immenga/Mestmäcker, GWB, § 19 Rn. 80.
[190] *Ruppelt* in: Langen/Bunte, Kommentar zum deutschen und europäischen Kartellrecht, Band 1, § 19 Rn. 61.
[191] KG WuW/E 3051, 3075 ff. – *Morris/Rothmans.*
[192] BGH WuW/E 2195, 2197 – *Abwehrblatt II;* WuW/E 2433, 2440 – *Gruner + Jahr/Zeit II;* KG WuW/E 5907, 5914 – *Rheinpfalz/Medien-Union.*
[193] Vgl. BKartA WuW/E 2669, 2676 – *Lindner Licht GmbH.*
[194] Vgl. BKartA WuW/E 2143, 2145 – *Glasfaserkabel;* WuW/E 2247, 2249 – *Hüls/Condea.*
[195] *Ruppelt* in: Langen/Bunte, Kommentar zum deutschen und europäischen Kartellrecht, § 19 Band 1, Rn. 61.
[196] *Bechtold,* GWB, § 19 Rn. 48.
[197] *Bechtold,* ebenda; vgl. auch BKartA WuW/E 2247, 2250 – *Hüls/Condea.*
[198] Vgl. BGH WuW/E 2025 f. – *Texaco/Zerssen.*

Unternehmen des Oligopols als marktbeherrschend.[199] Eine trennscharfe Unterscheidung zwischen Innen- und Außenverhältnis ist kaum möglich, da beide Aspekte in einem engen Zusammenhang zueinander stehen.[200] Abgesehen davon schließt nicht jeder im Außenverhältnis feststellbare Wettbewerb die Annahme eines marktbeherrschenden Oligopols aus. Dies gilt insbesondere dann, wenn dieser gezielt auf die Verdrängung von Außenseitern gerichtet ist.[201]

4. Marktbeherrschungsvermutungen (§ 19 Abs. 3)

45 **a) Allgemeines.** § 19 statuiert in Abs. 3 Marktbeherrschungsvermutungen, und zwar in S. 1 für die Einzelmarktbeherrschung und in S. 2 für die Oligopol-Marktbeherrschung. Im Regierungsentwurf zur 6. GWB-Novelle war die Streichung der Marktbeherrschungsvermutungen für die Missbrauchskontrolle vorgesehen. Zur Begründung wurde darauf verwiesen, dass auch Art. 86 EGV (jetzt: Art. 82 EG) keine Marktbeherrschungsvermutungen kenne und dass die bisherige Vermutungsregelung in § 22 Abs. 3 GWB a. F. bei der Missbrauchsaufsicht kaum praktische Bedeutung erlangt habe.[202] Dies sei darauf zurückzuführen, dass die Marktbeherrschung bei der Missbrauchsaufsicht in der ex-post-Betrachtung festgestellt werden müsse.[203] Deshalb sollte ausschließlich für die Fusionskontrolle in § 36 Abs. 2 des Regierungsentwurfs eine Marktbeherrschungsvermutung beibehalten werden, wobei eine Kombination der Vermutung des § 22 Abs. 3 Nr. 1 GWB a. F. für die Einzelmarktbeherrschung mit der fusionskontrollspezifischen Oligopol-Vermutung des § 23 a Abs. 2 GWB a. F. vorgesehen wurde. Der Gesetzgeber ist ohne erkennbaren Grund dieser Konzeption nicht gefolgt, vielmehr hat er den Regierungsentwurf dahin gehend verändert, dass es keine fusionskontrollspezifischen Marktbeherrschungsvermutungen mehr gibt, sondern nur noch § 19 Abs. 3, der gleichermaßen für das allgemeine Marktbeherrschungsrecht wie für die Fusionskontrolle gilt. In der Begründung wird dazu ausgeführt, dass wie im früher geltenden Recht die Vermutungstatbestände nicht nur für die Fusionskontrolle, sondern auch für die Kontrolle des Missbrauchs einer marktbeherrschenden Stellung erhalten bleiben.[204] Entgegen der Behauptung, dass der bisherige Rechtszustand beibehalten wurde, ist in Wahrheit eine erhebliche Verschärfung eingetreten. Die schärfere Oligopol-Vermutung des § 23 a Abs. 2 GWB a. F. ist nämlich in das allgemeine Marktbeherrschungsrecht aufgenommen worden. Dies hat zur Folge, dass auch hier für die **Oligopol-Marktbeherrschung eine echte Beweislastumkehr** gilt.

46 Strittig ist das Verhältnis zwischen den Vermutungstatbeständen. Sind die **Voraussetzungen beider Vermutungen,** also sowohl der Einzelmarktbeherrschung als auch der Oligopol-Marktbeherrschung, erfüllt, so heben diese sich nicht auf,[205] sondern sind beide parallel anwendbar. Allerdings ist darauf abzustellen, wo in diesen Fällen der Schwerpunkt liegt, mit der Folge, dass je nach der Sachverhaltsgestaltung eine der erfüllten Vermutungen eingreift. Dabei kommt es entscheidend auf das Innenverhältnis zwischen den führenden Unternehmen an.[206] Nach anderer Ansicht sind die Vermutungen nicht unbeschränkt ne-

---

[199] KG WuW/E 2093 f. – *Bituminöses Mischgut.*
[200] *Ruppelt* in: Langen/Bunte, Kommentar zum deutschen und europäischen Kartellrecht, Band 1, § 19 Rn. 63.
[201] BKartA WuW/E 2213, 2216 – *Linde/Agefko.*
[202] RegE, BR-Drucks. 852/97, S. 37.
[203] RegE, ebenda.
[204] BT-Drucks. 13/10633, S. 72.
[205] So aber KG WuW/E 2234, 2235 – *Blei- und Silberhütte Braubach;* offen gelassen von BGH WuW/E 1824 f. – *Tonolli/Blei- und Silberhütte Braubach.*
[206] Vgl. KG WuW/E 3759, 3765 – *Pillsbury/Sonnen-Bassermann;* WuW/E 3051, 3070 – *Morris/Rothmans;* BKartA WuW/E DE-V 427, 428 – *3 M/ESPE;* zustimmend *Möschel* in: Immenga/Mestmäcker, GWB, § 19 Rn. 97; *Ruppelt* in: Langen/Bunte, Kommentar zum deutschen und europäischen Kartellrecht, Band 1, § 19 Rn. 67.

beneinander anwendbar, da ein Markt nicht zugleich durch ein Monopol und ein Oligopol beherrscht werden könne. Sofern die Voraussetzungen beider Vermutungen erfüllt sind, soll die Marktbeherrschung allenfalls zulasten des Unternehmens vermutet werden, für das beide Vermutungen übereinstimmend erfüllt sind.[207] Nach dem Zweck des Oligopoltatbestandes erscheint eine parallele Anwendung der beiden Vermutungen geboten, da die Notwendigkeit eines Schutzes vor Gruppenverhalten nicht schon deshalb entfällt, weil die Schwelle des Satzes 1 von einem Beteiligten überschritten wird.[208] Inhaltlich besteht zwischen den Vermutungen kein Widerspruch, sondern sie dienen beide dem Zweck, Anhaltspunkte für die fehlende Funktionsfähigkeit des Marktes zu geben.[209]

b) Einzelmarktbeherrschung (§ 19 Abs. 3 S. 1). Die in § 19 Abs. 3 S. 1 aufgestellte **47** Vermutung bezieht sich auf § 19 Abs. 2 S. 1 und betrifft demnach nur die Einzelmarktbeherrschung. Die Vermutung ist erfüllt, wenn ein Unternehmen einen **Marktanteil von mindestens einem Drittel** ($33^1/_3$ Prozent) hat.[210] Unklarheit besteht über die Rechtsnatur der Vermutung. Nach allgemeiner Meinung ist die Vermutung mehr als ein bloßer verwaltungsrechtlicher Aufgreiftatbestand, aber weniger als eine Vermutung im zivilrechtlichen Sinne.[211]

Die widerlegliche Vermutung setzt im **Verwaltungsverfahren** das **Amtsermitt- 48 lungsprinzip** nicht außer Kraft. Vielmehr tragen die Kartellbehörden die formelle Beweislast in dem Sinne, dass sie die Voraussetzungen der Marktbeherrschung festzustellen versuchen müssen und Ermittlungen auch insoweit führen müssen, als sie Fakten und Angaben betreffen, die der Vermutung zugunsten der Unternehmen widersprechen.[212] Erst wenn nach Ausschöpfung aller Erkenntnismittel und auf Grund einer entsprechenden Würdigung des gesamten Verfahrensergebnisses Zweifel verbleiben, weil eine marktbeherrschende Stellung weder auszuschließen noch zu bejahen ist, geht dies zulasten des betroffenen Unternehmens.[213] Dieses trifft die materielle Beweislast, mit der Folge, dass es als marktbeherrschend gilt, wenn ihm der Gegenbeweis nicht gelingt.[214]

Im **zivilrechtlichen Kartellverfahren** führt die Vermutung nicht zu einer echten Be- **49** weislastumkehr, sondern sie hat lediglich **Indizwirkung.** Dem in Anspruch genommenen Unternehmen wird eine substanziierte Darlegungspflicht auferlegt, warum es trotz der Erfüllung des vom Anspruchsteller zu beweisenden Vermutungstatbestands nicht marktbeherrschend ist.[215] Von der Rechtsprechung wurde die Anwendbarkeit der Beweislastumkehr im Zivilverfahren entweder abgelehnt[216] oder offen gelassen.[217]

Im **Bußgeldverfahren** findet die Vermutung keine Anwendung.[218] Im Hinblick auf ei- **50** ne Ordnungswidrigkeit gemäß § 81 Abs. 2 Nr. 1 i. V. m. § 19 folgt dies daraus, dass § 81 nur an § 19 Abs. 1 und nicht an § 19 Abs. 3, der sich nicht unmittelbar aus Abs. 1 ergibt,

---

[207] So *Bechtold*, GWB, § 19 Rn. 55; *Kleinmann/Bechtold* § 22 Rn. 241.
[208] So zu Recht *Möschel* in: Immenga/Mestmäcker, GWB, § 19 Rn. 97.
[209] *Ruppelt* in: Langen/Bunte, Kommentar zum deutschen und europäischen Kartellrecht, Band 1, § 19 Rn. 67.
[210] Siehe zur Feststellung und Berechnung des Marktanteils oben Rn. 28.
[211] *Bechtold*, GWB, § 19 Rn. 52; *Ruppelt* in: Langen/Bunte, Kommentar zum deutschen und europäischen Kartellrecht, Band 1, § 19 Rn. 66; *Möschel* in: Immenga/Mestmäcker, GWB, § 19 Rn. 92.
[212] Vgl. BGH WuW/E 990, 993 – *Papierfiltertüten;* WuW/E 1283, 1287 – *Asbach Uralt.*
[213] Vgl. BGH WuW/E 1749, 1754 – *Klöckner/Becorit;* vgl. auch WuW/E 2231, 2237f. – *Metro/Kaufhof.*
[214] *Bechtold*, GWB, § 19 Rn. 53; *Möschel* in: Immenga/Mestmäcker, GWB, § 19 Rn. 92; *Ruppelt* in: Langen/Bunte, Kommentar zum deutschen und europäischen Kartellrecht, Band 1, § 19 Rn. 65 f.; vgl. auch *Thomas* WuW 2002, 470 ff.
[215] BGH WuW/E 2483, 2489 – *Sonderungsverfahren.*
[216] So OLG Düsseldorf WuW/E 1913 – *Allkauf.*
[217] So OLG Düsseldorf WuW/E 3895, 3896 – *Vermessungsauftrag.*
[218] So auch *Thomas* WuW 2002, 470 ff.

anknüpft.[219] Außerdem ergibt sich dies aus dem für straf- und quasi-strafrechtliche Tatbestände geltenden Grundsatz, dass Sanktionen nur dann verhängt werden dürfen, wenn die Erfüllung aller maßgeblichen Tatbestandsmerkmale unabhängig von Beweislastregeln zweifelsfrei feststeht.[220]

51 c) **Oligopol-Marktbeherrschung (§ 19 Abs. 3 S. 2).** Die Regelung des § 19 Abs. 3 S. 2 normiert zwei alternative Marktanteilsvoraussetzungen, bei deren Vorliegen eine **Gesamtheit von Unternehmen** als marktbeherrschend gilt. Die Oligopol-Vermutung ist erfüllt, wenn (Nr. 1) bis zu drei Unternehmen zusammen mindestens **50 Prozent Marktanteil** oder (Nr. 2) bis zu fünf Unternehmen zusammen einen Marktanteil von **mindestens zwei Dritteln** (66⅔ Prozent) haben.[221]

52 Nach h. M. können die Vermutungen nur gegen die Unternehmen in der Reihenfolge ihrer Marktanteile angewendet werden.[222] Die Marktanteilsgrenzen der drei bzw. fünf Unternehmen (50 bzw. 66⅔ Prozent) stehen alternativ nebeneinander und schließen sich zahlenmäßig weder gegenseitig aus noch decken sie sich stets.[223] Erreichen drei Unternehmen einen Marktanteil von 50 Prozent, so können sie zusammen mit zwei weiteren Unternehmen auf einen Marktanteil von 66⅔ Prozent kommen, während umgekehrt aus einer Gruppe von fünf Unternehmen mit zusammen 66⅔ Prozent die drei führenden allein bereits 50 Prozent Marktanteil erreichen können.[224] Da der Zweck beider Vermutungen darin besteht, wettbewerbliche Gefährdungslagen zu umschreiben, gibt es keinen Grund, warum etwa die Anwendung der Vermutung auf das vierte und fünfte Unternehmen deswegen ausgeschlossen sein soll, weil, insbesondere auf Grund eines gleichmäßigen Marktanteilswachstums aller fünf Unternehmen, die ersten drei Unternehmen bereits 50 Prozent Marktanteil auf sich vereinen.[225]

53 Nach dem strengen Wortlaut des Tatbestandes wäre es möglich, beliebige Unternehmen zu einem Dreier- oder Fünfer-Oligopol zusammenzufassen, falls sie die Marktanteilsgrenze von 50 Prozent bzw. 66⅔ Prozent erreichen. Da Marktanteile ein Indiz für Marktmacht darstellen, ist dies nach dem Zweck der Regelung dahin gehend einzuschränken, dass es sich jeweils um die drei bzw. fünf nach Marktanteilen führenden Unternehmen handeln muss.[226] Die Vermutung bezieht sich darauf, dass die **Gesamtheit der Unternehmen** marktbeherrschend ist. Hieraus folgt, dass jedes zum Oligopol zu rechnende Unternehmen als marktbeherrschend anzusehen ist.[227]

54 Im Unterschied zur Vermutung der Einzelmarktbeherrschung nach § 19 Abs. 3 S. 1[228] handelt es sich bei den Vermutungen der Oligopol-Marktbeherrschung gemäß § 19 Abs. 3 S. 2 um eine echte **Umkehr der Beweislast**.[229] Dies ergibt sich eindeutig aus dem Wortlaut der Regelung: Eine Gesamtheit von Unternehmen „gilt als marktbeherrschend", es sei denn, „die Unternehmen weisen nach", dass der Widerlegungstatbestand erfüllt ist. Die

---

[219] *Bechtold,* GWB, § 19 Rn. 54.
[220] *Bechtold,* ebenda.
[221] Zur Ermittlung und Berechnung siehe oben Rn. 28.
[222] *Bechtold,* GWB, § 19 Rn. 59; *Möschel* in: Immenga/Mestmäcker, GWB, Band 1, § 19 Rn. 97; *Ruppelt* in: Langen/Bunte, Kommentar zum deutschen und europäischen Kartellrecht; Band 1, § 19 Rn. 72.
[223] *Ruppelt* in: Langen/Bunte, Kommentar zum deutschen und europäischen Kartellrecht, Band 1, § 19 Rn. 74; KG WuW/E 3051, 3070 f. – *Morris/Rothmans;* a. A. *Bechtold,* GWB, § 19 Rn. 59; *Kleinmann/Bechtold* § 23 a Rn. 91 m. w. N.
[224] *Ruppelt,* ebenda.
[225] *Ruppelt* in: Langen/Bunte, Kommentar zum deutschen und europäischen Kartellrecht, Band 1, § 19 Rn. 74.
[226] *Möschel* in: Immenga/Mestmäcker, GWB, § 19 Rn. 97; *Kleinmann/Bechtold* § 22 Rn. 243.
[227] *Bechtold,* GWB, § 19 Rn. 60.
[228] Siehe oben Rn. 47 ff.
[229] BGH WuW/E 1749, 1755 – *Klöckner/Becorit.*

Beweislastumkehr, die sowohl die „formelle Beweisführungslast" als auch die „materielle Beweisfolgelast" beinhaltet, findet gleichermaßen im Verwaltungs- und Kartellzivilverfahren Anwendung.[230] Soweit die betroffenen Unternehmen keinen Beweis führen können, weil es um Tatsachen geht, die außerhalb ihrer Einflusssphäre liegen, trifft sie eine Darlegungslast für ihnen gegenüber günstige Tatsachen. Diesen hat das BKartA im Rahmen des Untersuchungsgrundsatzes nachzugehen, soweit es sich um Behauptungen handelt, die nur mit dem der Kartellbehörde zustehenden Hoheitsbefugnissen verifiziert werden können.[231] Im Zivilprozess kommt bei einem non liquet die Vermutungswirkung voll zum Tragen. Im Bußgeldverfahren gilt die Oligopol-Vermutung aus den für die Vermutung der Einzelmarktbeherrschung angeführten Gründen[232] nicht.

Parallel zu den Tatbestandsvoraussetzungen eines marktbeherrschenden Oligopols nach § 19 Abs. 2 S. 2[233] sieht die Oligopol-Vermutung in § 19 Abs. 3 S. 2 zwei alternative **Widerlegungsgründe** vor. Die Vermutung kann entweder durch den Nachweis des strukturell gesicherten Fortbestands wesentlichen Wettbewerbs im Innenverhältnis oder des Fehlens einer überragenden Marktstellung im Außenverhältnis widerlegt werden. Dabei gilt die Beweislastumkehr nicht nur für das Innenverhältnis, sondern auch für das Außenverhältnis.[234]

Für das **Innenverhältnis** ist die Vermutung der Marktbeherrschung einer Gesamtheit von Unternehmen widerlegt, wenn die Wettbewerbsbedingungen wesentlichen Wettbewerb zwischen den Oligopolisten erwarten lassen. Für die Beurteilung des Wettbewerbsverhaltens sind allein die Strukturmerkmale maßgebend.[235] Ein aktuell vorhandener Wettbewerb reicht zur Widerlegung der Vermutung nicht aus. Es muss vielmehr auf Grund der strukturellen Wettbewerbsvoraussetzungen auch noch für die Zukunft mit wesentlichem Wettbewerb gerechnet werden können. Ob dies der Fall ist, ist anhand einer Gesamtbetrachtung aller maßgebenden Umstände zu beurteilen.[236] Maßgeblich sind die Gesichtspunkte, die auch im Rahmen des § 19 Abs. 2 S. 1 Nr. 1 und S. 2 zu berücksichtigen sind.[237] Ob im Innenverhältnis zwischen den Unternehmen Wettbewerb besteht, hängt von den Kräfteverhältnissen innerhalb des Oligopols ab. Je enger das Oligopol ist, desto geringer ist die Wahrscheinlichkeit wesentlichen Wettbewerbs, da nicht nur die Gefahr von Parallelverhalten, sondern auch von einer den Wettbewerb beschränkenden Konzentration wächst.[238] Gleiche Marktanteile der Oligopol-Unternehmen sprechen ebenso wie weitgehend gleiche Ressourcen für eine gemeinsame Monopolisierung und Gewinnmaximierung und gegen die Sicherung wesentlichen Binnenwettbewerbs.[239] Bei einem relativen Kräftegleichgewicht ist ein Verhalten zu erwarten, das auf den Erhalt der eigenen Marktstellung gerichtet ist.[240]

Für das **Außenverhältnis** ist die Vermutung des § 19 Abs. 3 S. 2 widerlegt, wenn nachgewiesen wird, dass die „Gesamtheit der Unternehmen im Verhältnis zu den übrigen Wettbewerbern keine überragende Marktstellung" hat. Die Oligopol-Unternehmen werden im Außenverhältnis wie ein einheitliches Unternehmen behandelt und im Übrigen

---

[230] *Bechtold*, GWB, § 19 Rn. 58.
[231] KG WuW/E 3051, 3071 – *Morris/Rothmans*; *Ruppelt* in: Langen/Bunte, Kommentar zum deutschen und europäischen Kartellrecht, Band 1, § 19 Rn. 78.
[232] Siehe oben Rn. 50.
[233] Siehe oben Rn. 41 ff.
[234] *Bechtold*, GWB, § 19 Rn. 61; *Ruppelt* in: Langen/Bunte, Kommentar zum deutschen und europäischen Kartellrecht, Band 1, § 19 Rn. 78; *Möschel* in: Immenga/Mestmäcker, GWB, § 19 Rn. 97.
[235] KG WuW/E 3051, 3072 – *Morris/Rothmans*.
[236] BGH WuW/E 1824, 1827 – *Tonolli/Blei- und Silberhütte Braubach*.
[237] Siehe oben Rn. 27 ff., 42.
[238] *Möschel* in: Immenga/Mestmäcker, GWB, § 19 Rn. 98.
[239] Vgl. KG WuW/E 3051, 3058 – *Morris/Rothmans*; BKartA WuW/E 2247, 2248 – *Hüls/Condea*.
[240] BKartA, ebenda.

den auf dem Markt befindlichen Unternehmen gegenübergestellt. Selbst wenn ein relativ starker Außenseiter vorhanden sein sollte, so wird die Gruppe der Oligopol-Unternehmen als Gesamtheit diesen in der Regel weitaus überragen, so dass die praktische Bedeutung der Widerlegung der Oligopol-Vermutung im Außenverhältnis gering sein dürfte. Allerdings ist die streitige Frage, ob das Merkmal des „Überragens" durch den Nachweis wesentlichen Wettbewerbs im Außenverhältnis ausgeräumt werden kann, zu bejahen.[241]

III. Missbrauch

1. Allgemeines

58 Ebenso wie die Marktbeherrschungsdefinition wurde auch der Verbotstatbestand (bzw. nach altem Recht die Eingriffsermächtigung) des „Missbrauchs" mehrfach geändert und ergänzt. In der Erstfassung (§ 22 Abs. 3 GWB 1957) enthielt das Gesetz keine Missbrauchs-Generalklausel, sondern die Eingriffsbefugnisse erfassten nur Missbräuche beim Fordern oder Anbieten von Preisen, bei der Gestaltung von Geschäftsbedingungen und beim Abschluss von Kopplungsverträgen. Durch die 1. GWB-Novelle 1965 wurde die heute in § 19 Abs. 1 enthaltene Generalklausel eingeführt (§ 22 Abs. 3 GWB 1965), um die Rechtsanwendung zu erleichtern und alle Missbräuche, auch auf anderen als den beherrschten Märkten, zu erfassen.[242] Die 4. GWB-Novelle ergänzte die Generalklausel durch einen Beispielskatalog von drei Missbrauchsfällen, denen durch die 6. GWB-Novelle 1998 ein weiterer Fall hinzugefügt wurde. Insgesamt ist die Missbrauchsregelung durch einen Wechsel und im Ergebnis eine Mischung zwischen **Generalklausel** und **Enumerationsprinzip** gekennzeichnet. In der Praxis stehen die Regelbeispiele eindeutig im Vordergrund; die Bedeutung der Generalklausel ist äußerst gering.

59 Die Generalklausel des § 19 Abs. 1 entspricht der früheren Regelung in § 22 Abs. 4 S. 1 GWB a. F. Mit der abweichenden Formulierung durch die 6. GWB-Novelle im Hinblick auf missbräuchliches Verhalten mehrerer Unternehmen wurde keine inhaltliche Änderung, sondern lediglich eine Anpassung an den Aufbau des Art. 82 EG (früher: Art. 86 EGV) beabsichtigt.[243]

60 Die Generalklausel des § 19 Abs. 1 verbietet allgemein „die missbräuchliche Ausnutzung einer marktbeherrschenden Stellung durch ein oder mehrere Unternehmen". Beim **Missbrauch** handelt es sich begriffsnotwendig um ein Unwerturteil im Sinne eines unangemessenen und ungerechtfertigten Verhaltens, das sich am Prinzip der Wettbewerbsfreiheit orientiert und von subjektiver Vorwerfbarkeit losgelöst ist.[244] Zur Konkretisierung der Generalklausel durch Ausfüllung des unbestimmten Rechtsbegriffs „Missbrauch" sind als Maßstäbe die Ordnungsprinzipien einer Wettbewerbswirtschaft heranzuziehen, die keine moralische Wertung im Sinne des Makels der Sittenwidrigkeit nach § 138 BGB voraussetzen.[245]

61 Aus dem Begriff der **„Ausnutzung"** wird das Erfordernis abgeleitet, dass im Sinne einer normativen Kausalität ein Zusammenhang zwischen der Marktbeherrschung und dem Verhalten besteht. Das heißt, dass gerade die Marktbeherrschung das Instrument des Handelns ist. Dabei genügt es, wenn sich das Verhalten auf Grund der Marktbeherrschung im Ergebnis als wettbewerbsschädlich erweist, so dass zwar keine Verhaltenskausalität, wohl

---

[241] So *Möschel* in: Immenga/Mestmäcker, GWB, § 19 Rn. 98; *Kleinmann/Bechtold* § 23a Rn. 110; dagegen *Ruppelt* in: Langen/Bunte, Kommentar zum deutschen und europäischen Kartellrecht, Band 1, § 19 Rn. 83; offen gelassen von *Bechtold,* GWB, § 19 Rn. 63.
[242] Begr. z. RegE, BT-Drucks. IV/2564, S. 15.
[243] Begr. z. RegE, BT-Drucks. 13/9720, S. 51.
[244] BGH WuW/E 1965, 1966 – *Gemeinsamer Anzeigenteil*.
[245] BGH, ebenda; KG WuW/E 1767, 1773 – *Kombinationstarif.*

aber eine Ergebniskausalität verlangt wird.[246] Ein Missbrauch durch ein marktbeherrschendes Unternehmen ist unter Umständen auch auf dem nicht beherrschten **Drittmarkt** möglich.[247]

In der Praxis spielt die Generalklausel des § 19 Abs. 1 kaum eine Rolle, da ihr gegenüber den – nicht abschließenden – Regeltatbeständen des § 19 Abs. 4 nur ein geringer Anwendungsspielraum verbleibt.[248] Eine seltene Ausnahme betraf die **missbräuchliche Kopplung** des Verkaufs von Eintrittskarten für ein Europapokalspiel durch den 1. FC Köln an den gleichzeitigen Erwerb von Eintrittskarten für ein vergleichsweise unattraktives Bundesliga-Spiel.[249] Aus § 19 Abs. 4 HS. 1 ergibt sich eindeutig, dass von der Regelung sowohl marktbeherrschende Anbieter als auch marktbeherrschende Nachfrager erfasst werden. Allerdings betreffen die Regeltatbestände in Nr. 2 und 3 ihrem Wortlaut nach nur Anbietermärkte.[250] In der Praxis ist der Missbrauch von Nachfragern bisher kaum in Erscheinung getreten. 62

2. Behinderungsmissbrauch (§ 19 Abs. 4 Nr. 1)

a) Allgemeines. Nach der Legaldefinition in § 19 Abs. 4 Nr. 1 ist ein Missbrauch gegeben, wenn ein marktbeherrschendes Unternehmen als Anbieter oder Nachfrager einer bestimmten Art von Waren oder gewerblichen Leistungen „die Wettbewerbsmöglichkeiten anderer Unternehmen in einer für den Wettbewerb auf dem Markt erheblichen Weise ohne sachlich gerechtfertigten Grund" beeinträchtigt. Im Unterschied zum Ausbeutungsmissbrauch (§ 19 Abs. 4 Nr. 2) richtet sich der Behinderungsmissbrauch nicht nach dem Verhalten, das bei wirksamem Wettbewerb möglich wäre.[251] Marktbeherrschenden Unternehmen werden vielmehr **zusätzliche Rücksichtsnahmepflichten** auferlegt, die sie sowohl gegenüber der Marktgegenseite als auch gegenüber der Marktnebenseite verpflichten, nicht wettbewerbskonformes, leistungsfremdes Marktverhalten zu unterlassen, um so einer weiteren Verschlechterung der Wettbewerbsbedingungen entgegenzuwirken.[252] 63

b) Beeinträchtigung von Wettbewerbsmöglichkeiten in erheblicher Weise. Das Tatbestandsmerkmal der Beeinträchtigung der Wettbewerbsmöglichkeiten anderer Unternehmen wird zu Recht als „völlig farblos" bezeichnet.[253] Diese Folge ist nämlich dem Wettbewerb immanent und daher für sich genommen wertneutral, da Wettbewerbsmöglichkeiten anderer nicht nur auf Grund missbräuchlicher Verhaltensweisen, sondern bei jeder erfolgreichen wettbewerblichen Aktivität beeinträchtigt werden. 64

c) Erheblichkeit. Hinsichtlich des marktbezogenen Erfordernisses der Beeinträchtigung „in einer für den Wettbewerb auf dem Markt erheblichen Weise" hat der Wirtschaftsausschuss von einem präventiven Vorgehen gegen ein Verhalten von Marktbeherrschern gesprochen, das erfahrungsgemäß nach Art und Ausmaß eine weitere Verschlechterung der Wettbewerbsbedingungen für andere Unternehmen als nahe liegend erscheinen lässt.[254] Das Marktelement betrifft einen **strukturellen Gesichtspunkt,** denn es stellt auf die Frage nach den Auswirkungen der Verhaltensweise auf die Funktionsfähigkeit des Wettbewerbs auf dem Markt insgesamt ab und zeigt, dass der Tatbestand des Behinderungsmissbrauchs 65

---

[246] *Bechtold,* GWB, § 19 Rn. 65; *Wiedemann* in: Wiedemann, Handbuch des Kartellrechts, § 23 Rn. 33.
[247] BGH WuW/E DE-R 1206 – *Strom und Telefon I;* WuW/E DE-R 1210 – *Strom und Telefon II.*
[248] *Bechtold,* ebenda; *Wiedemann* in: Wiedemann, Handbuch des Kartellrechts, § 23 Rn. 32.
[249] BGH WuW/E 2406 ff. – *Inter Mailand-Spiel.*
[250] So zu Recht *Wiedemann* in: Wiedemann, Handbuch des Kartellrechts, § 23 Rn. 36.
[251] *Bechtold,* GWB, § 19 Rn. 66.
[252] Vgl. KG WuW/E 2402, 2403 ff. – *Fertigfutter.*
[253] *Möschel* in: Immenga/Mestmäcker, GWB, § 19 Rn. 110.
[254] Bericht des Ausschusses für Wirtschaft, BT-Drucks. 8/3690, S. 25 = WuW 1980, 366, 370.

über den Schutz einzelner Unternehmen hinaus auf einen Marktschutz zielt.[255] Auf die Frage der Größenordnung der Wettbewerbsbeeinträchtigung kommt es nicht an; es genügt, „wenn die objektive Eignung des wettbewerblichen Aktionsparameters zur Beeinträchtigung der Marktverhältnisse zu bejahen ist".[256] Erfasst werden nicht nur Behinderungen auf dem beherrschten Markt, sondern auch auf Drittmärkten.

66 **d) Fehlender sachlicher Grund.** Kernelement der kartellrechtlichen Bewertung ist das Tatbestandsmerkmal „ohne sachlich gerechtfertigten Grund", das sich auch in § 20 Abs. 1 findet. Ebenso wie dort ist zur Auslegung eine **Interessenabwägung** vorzunehmen, die sich vorrangig an der auf die Sicherung von Wettbewerbsstrukturen ausgerichteten Zielsetzung der Missbrauchsaufsicht zu orientieren hat.[257] Als sachlich nicht gerechtfertigt werden insbesondere Verhaltensweisen des **Nichtleistungswettbewerbs** angesehen.[258] Missbräuchlich sind leistungsfremde Praktiken, die darauf angelegt sind, den Abnehmer in der Möglichkeit einzuschränken, jederzeit das unter den konkreten Gegebenheiten für ihn günstigste Angebot frei auszuwählen und ohne wirtschaftliche Nachteile den Marktpartner zu wechseln. Als zulässig betrachtet werden dagegen die Mittel des eigentlichen Leistungswettbewerbs, die der Überflügelung von Mitbewerbern durch verbesserte Produkt- und Servicequalität oder durch Weitergabe der Kostenvorteile der Massenproduktion in Form von Preissenkungen dienen. Dieser Aktionsparameter dürfen sich marktbeherrschende Unternehmen unabhängig von den Auswirkungen auf die Marktstruktur bedienen.[259] Leistungsfremde Praktiken werden bereits im Vorfeld durch die Generalklausel des § 3 UWG (vgl. § 1 UWG a. F.) erfasst, weil sie auf Grund der durch die Marktmacht des Normadressaten gesteigerten Wirkung eine Gefahr für die wettbewerbliche Struktur des Marktes darstellen.[260] Eine sachliche Rechtfertigung ist anzunehmen, wenn es sich um Maßnahmen handelt, die das Unternehmen auch dann anwenden könnte, wenn es keine marktbeherrschende Stellung innehätte, sondern wesentlichem Wettbewerb ausgesetzt wäre.[261]

67 Dies gilt insbesondere für die Beurteilung bestimmter Formen der **Niedrigpreispolitik**. In Anknüpfung an die einschlägige Rechtsprechung zu § 1 UWG a. F. (vgl. nunmehr § 3 UWG) hat der BGH den Grundsatz aufgestellt, dass eine gegen einen bestimmten Mitbewerber gerichtete gezielte Preisunterbietung unzulässig ist, wenn sie unter Einsatz nicht leistungsgerechter Kampfpreise die Verdrängung und Vernichtung des Mitbewerbers bezweckt. Der an sich im Rahmen des Leistungswettbewerbs liegende Preiswettbewerb findet seine Grenze in der betriebswirtschaftlich vernünftigen, jedenfalls nach kaufmännischen Grundsätzen vertretbaren Kalkulation.[262] Bis zum In-Kraft-Treten der 6. GWB-Novelle galt der vom BGH aufgestellte Grundsatz, dass jedenfalls der vorübergehende **Verkauf unter Einstandspreis** regelmäßig weder unlauter noch missbräuchlich ist.[263] Durch den § 20 Abs. 4 S. 2 a. F.[264] dürfte insofern durch bewusste Abkehr von der bisherigen Recht-

---

[255] *Möschel* in: Immenga/Mestmäcker, GWB, § 19 Rn. 113.
[256] KG WuW/E 3124, 3129 – *Milchaustauschfuttermittel*.
[257] KG WuW/E 3124, 3131 – *Milchaustauschfuttermittel*.
[258] Siehe KG WuW/E 1767, 1772 – *Kombinationstarif*; WuW/E 1983, 1985 – *Rama-Mädchen*; WuW/E 2403, 2407 – *Fertigfutter*; vgl. auch BGH WuW/E 3124, 3131 – *Milchaustauschfuttermittel*; WuW/E 2195, 2200 ff. – *Abwehrblatt II*; vgl. z. B. auch EuGH U. v. 13. 2. 1979 Rs. 85/76 *Hoffmann-La Roche/Kom.* Slg. 1979, 461, 541.
[259] KG WuW/E 2403, 2407 – *Fertigfutter*.
[260] KG WuW/E 2403, 2407 – *Fertigfutter*; WuW/E 3124, 3130 – *Milchaustauschfuttermittel*.
[261] *Bechtold*, GWB, § 19 Rn. 70.
[262] BGH WuW/E 2195, 2199 f. – *Abwehrblatt II*.
[263] BGH WuW/E 2977, 2982 – *Hitlisten-Platten*.
[264] Mit dem Gesetz zur Bekämpfung von Preismissbrauch vom 18. 12. 2007 (BGBl. I S. 2966) wurde § 20 Abs. 4 S. 2 durch die neu formulierten Sätze 2 bis 4 mit Wirkung bis (vorerst) zum 31. 12. 2012 geändert.

sprechung des BGH eine Änderung der Rechtslage eingetreten sein. Nach der genannten Vorschrift, die nunmehr der Regelung des § 20 Abs. 4 S. 2 Nr. 2 entspricht, liegt eine unbillige Behinderung insbesondere vor, wenn ein Unternehmen mit gegenüber kleinen und mittleren Wettbewerbern überlegener Marktmacht Waren oder gewerbliche Leistungen nicht nur gelegentlich unter Einstandspreis anbietet, es sei denn, dass dies sachlich gerechtfertigt ist. Wenn es bereits Unternehmen unterhalb der Marktbeherrschungsschwelle verboten ist, Waren oder gewerbliche Leistungen „nicht nur gelegentlich unter Einstandspreis" anzubieten, und es hierfür an einer sachlichen Rechtfertigung fehlt, so müsste dies erst recht für marktbeherrschende Unternehmen im Sinne des § 19 gelten.[265] Dementsprechend ist davon auszugehen, dass der nicht nur gelegentliche, sondern systematische Verkauf unter Einstandspreis in der Regel einen Behinderungsmissbrauch darstellt, wenn nicht ausnahmsweise ein sachlicher Rechtfertigungsgrund eingreift. Dies steht im Gegensatz zur früheren Haltung des BGH, wonach bei Angeboten unter dem Einstandspreis, die „nicht nur gelegentlich, sondern systematisch im Wettbewerb eingesetzt werden", die Gefahr einer Beeinträchtigung der strukturellen Voraussetzungen des Wettbewerbs und somit eine unbillige Behinderung im Sinne des § 26 Abs. 4 GWB a. F. nicht durchweg zu bejahen sind.[266] Unter Berufung auf den unter Einfügung des § 20 Abs. 4 S. 2 a. F. vollzogenen Paradigmenwechsel hat der BGH in der Entscheidung „Wal★Mart" folgende Grundsätze aufgestellt: „Bietet ein marktmächtiges Unternehmen nicht nur gelegentlich, d. h. über längere Zeit, jedenfalls aber systematisch handelnd, Waren unter Einstandspreis an, begründet dies die weder von einem Kausalitätsnachweis noch von der Feststellung einer spürbaren Beeinflussung der Wettbewerbsverhältnisse abhängige Vermutung, dass es seine überlegene Marktmacht zulasten der kleinen und mittleren Wettbewerber unbillig ausnutzt. Diese Vermutung kann nur durch die Feststellung ausgeräumt werden, dass das betreffende Unternehmen ausnahmsweise sachlich gerechtfertigt handelt; die Unmöglichkeit, diese Feststellung zu treffen, geht zu seinen Lasten. Verfolgt ein marktmächtiges Unternehmen eine Untereinstandspreisstrategie allein zu dem Zweck, die Folgen rechtswidriger Praktiken von Wettbewerbern abzuwehren, stellt dies allein keinen sachlich gerechtfertigten Grund im Sinne des § 20 Abs. 4 S. 2 [a. F.] dar, weil hierdurch zulasten der geschützten Unternehmen die schädlichen Auswirkungen dieses verbotenen Verhaltens verstärkt werden."[267] Nach der neu eingeführten Vorschrift des § 20 Abs. 4 S. 2 Nr. 1 ist der Verkauf von Lebensmitteln unabhängig vom Ausmaß der Preisunterschreitung verboten.

Als Erscheinungsform der Preispolitik kann ein Missbrauch auch bei einem Einsatz einer **Preis-Kosten-Zange** (price squeezing) gegeben sein. Diese Praxis ist dadurch gekennzeichnet, dass ein Unternehmen, das sowohl Lieferant eines Vorprodukts als auch Anbieter des daraus resultierenden Endprodukts ist, versucht, Konkurrenten durch das Fordern eines hohen Verkaufspreises für das Vorprodukt bei gleichzeitiger Niedrigpreispolitik für das Endprodukt vom Markt zu verdrängen.[268] Diese Missbrauchsform ist nunmehr ebenfalls als gesetzlicher Beispielsfall in § 20 Abs. 4 S. 2 Nr. 3 geregelt. **68**

Instrumente der Rabattpolitik, wie **Treuerabatte, Gesamtumsatzrabatte** und **Bonussysteme,** werden als missbräuchlich angesehen, soweit sie eine leistungsfremde Sogwirkung entfalten, weil sie unabhängig von der tatsächlichen Bezugsmenge allein deshalb gewährt werden, um den Abnehmer wirtschaftlich an sich zu binden. Derartige Systeme werden als leistungsfremd qualifiziert, wenn die Abnehmer dazu veranlasst werden, die Geschäftsverbindung auf andere Produkte auszudehnen, insbesondere auf solche, für die eine marktbeherrschende Stellung nicht besteht, und vom Bezug bei konkurrierenden An- **69**

---

[265] So zu Recht *Wiedemann* in: Wiedemann, Handbuch des Kartellrechts, § 23 Rn. 42; vgl. auch *Möschel* in: Immenga/Mestmäcker, GWB, § 19 Rn. 124.
[266] Vgl. BGH WuW/E 2977, 2982 – *Hitlisten-Platten.*
[267] BGH WuW/E DE-R 1042 = GRUR 2003, 363 – *Wal★Mart.*
[268] *Wiedemann* in: Wiedemann, Handbuch des Kartellrechts, § 23 Rn. 43.

bietern abzuhalten.²⁶⁹ Unbedenklich sind Rabatte und Bonussysteme, wenn sie sich nur auf eine kurze Referenzperiode (z. B. Quartal) beziehen oder lediglich an die Größe eines erteilten Auftrages oder einer erfolgten Lieferung anknüpfen, da dann die Gefahr einer längerfristigen leistungsfremden Bindung nicht besteht.²⁷⁰

70 Eine über die Bindungswirkung von Rabatt- und Bonussystemen hinausgehende **ausschließliche Bezugsbindung** kann einen Behinderungsmissbrauch darstellen, wenn sie zu einer Marktschließung bzw. zur Verhinderung des Marktzuganges und des Absatzes bei kleineren Wettbewerbern führt.²⁷¹ Der in der Literatur postulierten Annahme eines per se-Missbrauchs, weil es sich um einen „geradezu klassischen Missbrauchsfall" handele,²⁷² wird zu Recht entgegengehalten, dass es auch hier einer differenzierten, an den besonderen Umständen des Einzelfalls orientierten Beurteilung bedarf.²⁷³ Im Rahmen der erforderlichen Interessenabwägung ist eine Vielzahl von Faktoren, wie insbesondere die relative Größe des beherrschenden Unternehmens, der Umfang des blockierten Marktanteils, das Vorhandensein von Parallelpraktiken, die Dauer und Intensität der Bindungen, deren technische oder qualitative Rechtfertigung, wie etwa die Gewährleistung eines sicheren Kundendienstes, etc., zu berücksichtigen. Eine sachliche Rechtfertigung wurde für den Fall angenommen, dass der Hersteller eines Markenparfums, der seine Ware über ein selektives Vertriebssystem vertreibt, einerseits seinen Depositären den Verkauf über das Internet unter der Bedingung gestattet, dass die Internetumsätze nicht mehr als die Hälfte der im stationären Handel erzielten Umsätze ausmachen, und andererseits Händler von der Belieferung ausschließt, die ausschließlich über das Internet verkaufen.²⁷⁴

71 Auch **Kopplungspraktiken** können einen Behinderungsmissbrauch darstellen. Zwar ließ § 16 Nr. 4 GWB a. F. Kopplungsverträge als eine besondere Erscheinungsform der Verwendungs- und Ausschließlichkeitsbindungen grundsätzlich zu. Diese grundsätzlich positive Haltung gegenüber Kopplungsverträgen war aber auch schon vor der Aufhebung der §§ 4–18 GWB a. F. durch die 7. GWB-Novelle dann nicht mehr gerechtfertigt, wenn sie von marktbeherrschenden Unternehmen durchgesetzt wurden.²⁷⁵ Diese Beurteilung entspricht dem Regelbeispiel in Art. 82 S. 2 lit. d EG, wo als missbräuchliche Ausnutzung einer marktbeherrschenden Stellung ausdrücklich die an den Abschluss von Verträgen geknüpfte Bedingung genannt wird, dass die Vertragspartner zusätzliche Leistungen annehmen, die weder sachlich noch nach Handelsbrauch in Beziehung zum Vertragsgegenstand stehen. Die Bedenken gegenüber Kopplungspraktiken resultieren daraus, dass Unternehmen die Macht aus dem bereits beherrschten Markt auf dritte Märkte übertragen, auf denen sie noch Wettbewerb ausgesetzt sind. Ein Beispiel hierfür ist die Kopplung des Verkaufs von Handpreisauszeichnungsgeräten mit Ausschließlichkeitsbindungen für hierin zu verwendende Haftetiketten.²⁷⁶ In tatsächlicher Hinsicht ist zwischen solchen Zwangskopplungen und praktischen Kopplungen, die auf Preisanreizen beruhen,²⁷⁷ zu unterscheiden. Nach der Rechtsprechung des BGH ist ein Kopplungsangebot, mit dem ein marktbeherrschender Stromversorger Strom- und Telekommunikationsdienstleistungen zu einem vergünstigten Gesamtgrundpreis anbietet, grundsätzlich nicht zu beanstanden, sofern keine Zwangskopplung vorliegt und auf dem Telekommunikationsmarkt keine Marktzutritts-

---

[269] Vgl. KG WuW/E 2403, 2409 – *Fertigfutter*.
[270] *Wiedemann* in: Wiedemann, Handbuch des Kartellrechts, § 23 Rn. 47.
[271] Siehe z. B. BKartA TB 1975, S. 77 – *TUI*; TB 1977, S. 69 – *Strumpfwaren*.
[272] *Emmerich*, Kartellrecht, § 27, Rn. 79 m. w. N.
[273] *Möschel* in: Immenga/Mestmäcker, GWB, § 19 Rn. 128; *Wiedemann* in: Wiedemann, Handbuch des Kartellrechts, § 23 Rn. 46.
[274] BGH WuW/E DE-R 1203 – *Depotkosmetik im Internet* (zu §§ 33, 20 Abs. 1 und 2 GWB).
[275] *Emmerich*, Kartellrecht, § 27, Rn. 77.
[276] Siehe KG WuW/E 995, 995 ff. – *Handpreisauszeicher*.
[277] Siehe KG WuW/E 3124, 3124 ff. – *Milchaustauschfuttermittel*.

schranken für Wettbewerber begründet werden.[278] Außerdem ist eine Kopplung kartellrechtlich verboten, wenn von dem Kopplungsangebot eine tatsächliche Sogwirkung ausgeht. Dies ist dann der Fall, wenn ein den Markt für Festnetzanschlüsse beherrschendes Telefonunternehmen zusammen mit einem Tochterunternehmen, das auf dem Markt für den Internetzugang bereits über eine starke Stellung verfügt, ISDN-Anschlüsse gekoppelt mit einem Internetzugang anbietet, so dass ein erheblicher Teil der ISDN-Kunden aufgrund der Kopplung für andere Anbieter von Internetzugängen verloren ist. Dies gilt auch dann, wenn der Internetzugang im Rahmen des Kopplungsangebots den Teilnehmer zu nichts verpflichtet und ihm die Möglichkeit offen lässt, Kunde eines anderen Anbieters zu werden.[279]

3. Ausbeutungsmissbrauch (§ 19 Abs. 4 Nr. 2 und 3)

a) Allgemeines. In § 19 Abs. 4 Nr. 2 werden als Regeltatbestände verschiedene Formen des Preis- und Konditionenmissbrauchs genannt. Nach Nr. 2 liegt ein Missbrauch vor, wenn ein marktbeherrschendes Unternehmen als Anbieter oder Nachfrager einer bestimmten Art von Waren oder gewerblichen Leistungen „Entgelte oder sonstige Geschäftsbedingungen fordert, die von denjenigen abweichen, die sich bei wirksamem Wettbewerb mit hoher Wahrscheinlichkeit ergeben würden; hierbei sind insbesondere die Verhaltensweisen von Unternehmen auf vergleichbaren Märkten mit wirksamem Wettbewerb zu berücksichtigen". Missbräuchlich ist es nach § 19 Abs. 4 Nr. 3 ferner, wenn ein marktbeherrschendes Unternehmen „ungünstigere Entgelte oder sonstige Geschäftsbedingungen fordert, als sie das marktbeherrschende Unternehmen selbst auf vergleichbaren Märkten von gleichartigen Abnehmern fordert, es sei denn, dass der Unterschied sachlich gerechtfertigt ist". Insgesamt werden vier verschiedene Fälle des so genannten Ausbeutungsmissbrauchs erfasst, nämlich der **Preismissbrauch,** der **Konditionenmissbrauch,** die **Preisspaltung** sowie die **Konditionenspaltung.**[280] Während der Behinderungsmissbrauch primär die Konkurrenten des Marktbeherrschers im Auge hat, richtet sich der Ausbeutungsmissbrauch an die Marktgegenseite.[281] Legt man den strengen Wortlaut des § 19 Abs. 4 Nr. 2 zugrunde, so wird nur der Anbieter-Missbrauch erfasst. Der Einleitung von § 19 Abs. 4 lässt sich aber entnehmen, dass nach dem Willen des Gesetzgebers der Regeltatbestand gleichermaßen auch für Nachfrager gelten soll.[282]

b) Preismissbrauch (§ 19 Abs. 4 Nr. 2 HS. 1 1. Alt.). Hinsichtlich der verschiedenen Formen des Ausbeutungsmissbrauchs steht in der Praxis der Preismissbrauch im Mittelpunkt des Interesses. Allerdings bereitet die Festlegung der Grenze, jenseits deren ein Preis als missbräuchlich überhöht zu bewerten ist, erhebliche Schwierigkeiten.

aa) Vergleichsmarktkonzept (§ 19 Abs. 4 Nr. 2 HS. 2). Nach dem Regeltatbestand des § 19 Abs. 4 Nr. 2 wird die Missbräuchlichkeit eines Verhaltens gegenüber der Marktgegenseite durch einen Vergleich mit den Preisen und Geschäftsbedingungen, die sich bei wirksamem Wettbewerb ergeben würden, bestimmt. Den Maßstab bildet also der hypothetische Wettbewerb (sog. **Als-ob-Wettbewerb**). Das Gesetz präferiert zur Ermittlung des wettbewerbsanalogen Preises das **räumliche Vergleichsmarktkonzept.** Dies ergibt sich aus § 19 Abs. 4 Nr. 2 HS. 2, wonach „insbesondere die Verhaltensweisen von Unternehmen auf vergleichbaren Märkten mit wirksamem Wettbewerb zu berücksichtigen" sind. Dies schließt allerdings die Anwendung anderer geeigneter Methoden nicht aus.[283] Die Vergleichsmärkte müssen Märkte ohne Marktbeherrschung sein und sie müssen

---
[278] BGH WuW/E DE-R 1206 = GRUR 2004, 255 – *Strom und Telefon I.*
[279] BGH WuW/E DE-R 1283 = GRUR 2004, 706 – *Der Oberhammer.*
[280] *Emmerich,* Kartellrecht, § 27, Rn. 84.
[281] *Bechtold,* GWB, § 19 Rn. 73.
[282] *Bechtold,* ebenda.
[283] Vgl. KG WuW/E 4627 – *Hamburger Benzinpreise.*

"geeignetes und ausreichend sicheres Vergleichsmaterial" liefern.[284] Im Rahmen der Preismissbrauchskontrolle darf die Kartellbehörde eine Missbrauchsgrenze festlegen, die sämtliche oberhalb dieser Grenze liegenden Preisgestaltungen erfasst. Das gilt gleichermaßen für eine befristete Anordnung wie für eine unbefristete Verfügung, welche eine dynamische oder eine statische Obergrenze bestimmt.[285]

75 Als **sachlicher Vergleichsmarkt** ist auf Märkte verwandter Waren oder Leistungen abzustellen, wobei nicht nur auf die produktionstechnische Vergleichbarkeit, sondern auch auf die der Lieferanten und Abnehmerstrukturen zu achten ist. In **räumlicher Hinsicht** können innerhalb Deutschlands vergleichbare regionale oder lokale Märkte herangezogen werden. Ist das Unternehmen im gesamten Bundesgebiet marktbeherrschend, so dass es im Inland für denselben sachlichen Markt an einem örtlichen Vergleichsmarkt fehlt, so ist auf Vergleichsmärkte im Ausland zurückzugreifen.[286] Dabei ist aber streng darauf zu achten, dass der ausländische Markt auch wirklich mit dem inländischen Markt vergleichbar ist. Ausnahmsweise kann bei Fehlen anderer Vergleichsmöglichkeiten auch der Vergleich nur mit einem Unternehmen ausreichen.[287] Als **zeitlicher Vergleichsmarkt** kann auch derselbe sachliche und örtliche Markt, auf dem das betreffende Unternehmen tätig ist, aus einer früheren Zeit in Betracht gezogen werden. Dies gilt insbesondere, wenn die Marktbeherrschung erst seit kurzer Zeit besteht und sich das Unternehmen in Zeiten, als es noch nicht marktbeherrschend war, anders verhalten hat.[288] Im Gegensatz zur Sockel-Theorie, der das BKartA früher zuneigte, kann auf einen solchen zeitlichen Vergleichsmarkt nur zurückgegriffen werden, wenn es sich um einen Wettbewerbsmarkt handelt. Anders als im Sinne der **Sockel-Theorie** ist es nicht gerechtfertigt, generell zu unterstellen, dass der Ausgangspreis ein Wettbewerbspreis war, der erhöhte aber nicht.[289]

76 In der Praxis dürfte es nur selten vorkommen, dass sich zwei Märkte finden lassen, die in so vielen Strukturmerkmalen übereinstimmen, dass sie ohne weiteres einen Schluss auf den wettbewerbsanalogen Preis zulassen. Den in der Regel bestehenden Unterschieden wird durch **Korrekturzuschläge** bzw. **Korrekturabschläge** Rechnung getragen. Dabei können objektive Strukturmerkmale, die „unabhängig von dem jeweiligen Betreiber bestehen und die sich daher auch bei wirksamem Wettbewerb preiserhöhend auswirken" würden, zugunsten des betroffenen Unternehmens berücksichtigt werden.[290] Dagegen vermögen individuelle Eigenschaften und Besonderheiten des marktbeherrschenden Unternehmens weitere Korrekturen nicht zu rechtfertigen. Die Vergleichbarkeit im Einzelfall ist durch Zu- und Abschläge auf die in erster Linie möglichst genau zu ermittelnden und nur hilfsweise zu schätzenden Preise festzustellen; eine überwiegend durch geschätzte Zu- und Abschläge ermittelter wettbewerbsanaloger Preis kann keine taugliche Grundlage für eine Missbrauchsverfügung sein.[291]

77 Die Überschreitung des wettbewerbsanalogen Preises begründet für sich genommen noch nicht die Annahme eines Ausbeutungsmissbrauchs. Wie auch aus den Gesetzesmaterialien der 4. GWB-Novelle hervorgeht,[292] ist dieser nur gegeben, wenn eine **erhebliche Überschreitung** vorliegt. Dieses Erfordernis folgt bereits daraus, dass jeder Rechtsmissbrauch eine erhebliche Abweichung von der Norm voraussetzt.[293] Aus diesem Grunde ist

---

[284] BGH WuW/E 2309, 2311 – *Glockenheide*.
[285] BGH WuW/E DE-R 1513 – *Stadtwerke Mainz*.
[286] Siehe etwa BKartA WuW/E 1526, 1526 ff. – *Valium/Librium*.
[287] BGH WuW/E 1445, 1452 – *Valium*; WuW/E 2309, 2311 – *Glockenheide*.
[288] *Bechtold*, GWB, § 19 Rn. 77.
[289] So zu Recht *Bechtold*, ebenda.
[290] BGH WuW/E 2309, 2312 – *Glockenheide*.
[291] BGH WuW/E DE-R 1513 – *Stadtwerke Mainz*.
[292] Siehe Bericht des Ausschusses für Wirtschaft, WuW 1980, 366, 370, sowie die Stellungnahme des Rechtsausschusses, WuW 1980, 381.
[293] *Wiedemann* in: Wiedemann, Handbuch des Kartellrechts, § 23 Rn. 55 m. w. N.

bei der Beurteilung des Preismissbrauchs ein **Erheblichkeitszuschlag** zu berücksichtigen.[294] Dementsprechend darf eine Preismissbrauchsverfügung nur erlassen werden, wenn der ordnungsgemäß ermittelte Vergleichspreis erheblich von dem Preis abweicht, den das betroffene Unternehmen fordert.[295] Davon zu unterscheiden ist die Berücksichtigung eines **Sicherheitszuschlags,** der im Einzelfall erforderlich sein kann, wenn Unsicherheiten bei der Einschätzung des herangezogenen Vergleichsmaterials verbleiben.[296]

bb) Sachliche Rechtfertigung. Im Unterschied zu § 19 Abs. 4 Nr. 1 und 3 wird nach dem Wortlaut des § 19 Abs. 4 Nr. 2 bei einer Überschreitung des wettbewerbsanalogen Preises ein Missbrauch nicht wegen einer sachlichen Rechtfertigung ausgeschlossen. Gleichwohl stellt das Verhalten eines Marktbeherrschers nach der Rechtsprechung des BGH keinen Ausbeutungsmissbrauch dar, wenn es **sachlich gerechtfertigt** ist.[297] Zur Begründung wird darauf verwiesen, dass der Missbrauch begriffsnotwendig ein Unwerturteil im Sinne eines unangemessenen oder ungerechtfertigten Verhaltens mit einschließt, und zwar orientiert am Prinzip der Wettbewerbsfreiheit und losgelöst von subjektiver Vorwerfbarkeit. Der Marktbeherrscher müsse auch gegenüber der Marktgegenseite seine wirtschaftlichen Möglichkeiten nutzen können, soweit besondere Gründe vorliegen und die Abwägung der widerstreitenden Interessen ergibt, dass sein Verhalten zum Schutz vorrangiger Interessen sachlich gerechtfertigt ist.[298] Ebenso wie in § 20 Abs. 1 und beim Behinderungsmissbrauch gemäß § 19 Abs. 4 Nr. 1 ist die Frage der sachlichen Rechtfertigung anhand einer umfassenden Interessenabwägung zu beurteilen.[299]

Unterschiedliche Auffassungen werden zu der Frage vertreten, ob die Missbrauchsaufsicht zu einer **Preissenkung unter die Selbstkosten** des marktbeherrschenden Unternehmens führen darf bzw. ob **Verluste** als eine sachliche Rechtfertigung für das Überschreiten des maßgeblichen Vergleichspreises anerkannt werden können. Nach Ansicht des BKartA ist die Kostendeckung als Grenze der Preismissbrauchsaufsicht im Ansatz ungeeignet, da es auch für ein im Wettbewerb stehendes Unternehmen keine Garantie für volle Kostendeckung gäbe.[300] Demgegenüber hat das KG den Standpunkt eingenommen, ein Missbrauch liege per se nicht vor, wenn keines der verlangten unterschiedlichen Entgelte zur Kostendeckung führe.[301] Der BGH hat diese Beurteilung ausdrücklich gebilligt und dazu ausgeführt, dass das Unwerturteil eines Ausbeutungsmissbrauchs nicht gerechtfertigt sei, wenn das marktbeherrschende Unternehmen auch bei ordnungsgemäßer Zuordnung der bei ihm entstehenden Kosten und bei Ausschöpfung etwaiger Rationalisierungsreserven lediglich Einnahmen erziele, die die Selbstkosten nicht decken. Auch ein marktbeherrschendes Unternehmen könne im Wege der Preismissbrauchsaufsicht nicht dazu gezwungen werden, entweder seine Leistungen zu nicht einmal kostendeckenden Preisen anzubieten oder sich aus dem Wettbewerb gänzlich zurückzuziehen. Dies wäre aber die Folge, wenn die Preismissbrauchsaufsicht ohne Rücksicht auf die jeweilige Kostensituation des

---

[294] Ablehnend für den Spezialtatbestand des § 103 Abs. 5 S. 2 Nr. 2 GWB a. F. wegen der Besonderheiten der leitungsgebundenen Energieversorgung BGH WuW/E 2967, 2974 – *Strompreis Schwäbisch-Hall.*

[295] BGH WuW/E DE-R 1513 – *Stadtwerke Mainz.*

[296] BGH WuW/E 2967, 2975 – *Strompreis Schwäbisch-Hall;* WuW/E 2805, 2811 – *Stadtwerke Reutlingen.*

[297] BGH WuW/E 1965, 1965 ff. – *Gemeinsamer Anzeigenteil;* WuW/E 1445, 1454 – *Valium;* KG WuW/E 2617, 2618 f. – *Regional unterschiedliche Tankstellenpreise.*

[298] BGH WuW/E 1965, 1966 – *Gemeinsamer Anzeigenteil.*

[299] Schultz in: Langen/Bunte, Kommentar zum deutschen und europäischen Kartellrecht, Band 1, § 19 Rn. 106.

[300] BKartA WuW/E 1482, 1493 – *Vitamin B 12.*

[301] KG WuW/E 2617, 2619 – *Regional unterschiedliche Tankstellenpreise;* WuW/E DE-R 124 – *Flugpreis Berlin-Frankfurt/M.;* a. A. zum Sondertatbestand des § 103 Abs. 5 GWB a. F. wegen der Besonderheiten des Normzwecks KG WuW/E 5926, 5931 – *SpreeGas.*

marktbeherrschenden Unternehmens erfolgen würde.[302] Die Entscheidungen betreffen die Preisspaltung im Sinne des § 19 Abs. 4 Nr. 3, sie lassen sich aber auch auf § 19 Abs. 4 Nr. 2 übertragen. Maßgeblich ist hier zwar kein realer, sondern ein fiktiver Vergleichsmarkt; dieser ist aber hypothetisch nach den Verhältnissen zu bestimmen, die bei Bestehen eines wirksamen Wettbewerbs herrschen würden.

80   cc) **Das Konzept der Gewinnbegrenzung.** Wie sich aus § 19 Abs. 4 Nr. 2 HS. 2 entnehmen lässt, betrachtet das Gesetz das Vergleichsmarktkonzept nur als eine unter mehreren denkbaren Methoden zur Ermittlung des Wettbewerbspreises. Die Kartellbehörden werden deshalb nicht daran gehindert, sich zur Ermittlung des wettbewerbsanalogen Preises auch anderer Verfahren zu bedienen. Als Alternative zum Vergleichsmarktkonzept wird insbesondere das Konzept der Gewinnbegrenzung in Betracht gezogen, das vom EuGH in den 70er Jahren entwickelt wurde.[303] Dieses Konzept basiert auf einer Feststellung „angemessener" Kosten, „angemessener" Verzinsung eines eingesetzten Kapitals, eines „angemessenen" Risikozuschlags, etc. Es steht damit „letztlich in der scholastischen Tradition vom iustum pretium" und lässt sich ohne objektive Leitlinien zur Kosten- und Gewinnermittlung nicht handhaben.[304] Solche statischen Prämissen sind mit einer dynamischen Wettbewerbsordnung unvereinbar. Legt man die tatsächlichen Kosten des marktbeherrschenden Unternehmens zugrunde, so werden diese selbst dann als gegeben hingenommen, wenn sie auf dessen Ineffizienz beruhen. Wegen fehlender Praktikabilität hat sich deshalb das Konzept der Gewinnbegrenzung bei der Rechtsanwendung nicht durchsetzen können.

81   c) **Konditionenmissbrauch (§ 19 Abs. 4 Nr. 2 HS. 1 2. Alt.).** Die Grundsätze zum Preismissbrauch gelten entsprechend auch für die Beurteilung von **Geschäftsbedingungen** marktbeherrschender Unternehmen. Hieraus folgt insbesondere, dass das Vergleichsmarktkonzept auch bei Prüfung eines Konditionenmissbrauchs Anwendung findet. Allerdings ist beim Vergleich stets eine **Gesamtbetrachtung des Leistungsbündels** vorzunehmen, so dass die ungünstige Wirkung einer Klausel durch die günstige Wirkung anderer Konditionen oder durch die Preisgestaltung ausgeglichen werden kann.[305] Dies bedeutet, dass beim Vergleich nicht etwa das dispositive Gesetzesrecht, sondern die hypothetischen Konditionen auf Wettbewerbsmärkten herangezogen werden. Der BGH hat die Frage, ob bzw. inwieweit bei der Prüfung von Geschäftsbedingungen auch auf die „allgemeinen Gerechtigkeitsvorstellungen" bzw. Wertungen abzustellen ist, wie sie in den gesetzlichen Regelungen zur Inhaltskontrolle von allgemeinen Geschäftsbedingungen (§§ 307 ff. BGB; früher §§ 9 ff. AGBG) zum Ausdruck kommen, ausdrücklich offen gelassen.[306]

82   Praktische Bedeutung hat die Kontrolle von Geschäftsbedingungen im Zusammenhang mit der **Nachfragemacht der öffentlichen Hand** erlangt.[307] Beanstandet wurden vom BKartA z.B. von den Grundsätzen der VOB und VOL abweichende Vergabekriterien, wie insbesondere die in den verschiedenen Bundesländern bei der Vergabe von Bauaufträgen geforderte Abgabe einer so genannten „Tariftreueerklärung".[308] Anlass zu Beanstandungen gaben außerdem generelle Auftragssperren, die von sämtlichen Vergabestellen eines Bundeslandes gegenüber Unternehmen wegen deren Beteiligung an Preisabsprachen verhängt wurden. Diesen generellen Ausschluss von der Vergabe weiterer Aufträge auf der Grund-

---

[302] BGH WuW/E DE-R 375, 377 = BGHZ 142, 239 = NJW 2000, 76 – *Flugpreisspaltung*.
[303] EuGH U. v. 14. 2. 1978 Rs. 27/76 *Chiquita* Slg. 1978, 207, 305 = NJW 1978, 2439, 2443.
[304] So zu Recht *Möschel* in: Immenga/Mestmäcker, GWB, § 19 Rn. 158.
[305] BGH WuW/E 2103, 2105 = NJW 1986, 846 – *Favorit*.
[306] BGH, ebenda.
[307] Siehe *Wiedemann* in: Wiedemann, Handbuch des Kartellrechts, § 23 Rn. 60.
[308] BKartA TB 1995/96, S. 28, bestätigt durch KG WuW/E Verg 111, 111 ff. – *Tariftreueerklärung*; vgl. auch BGH WuW/E Verg 297 = WRP 2000, 397 – *Tariftreueerklärung II*.

lage des § 26 Abs. 2 GWB a. F. (nunmehr § 20 Abs. 1) hielt das BKartA nur unter bestimmten Einschränkungen und Voraussetzungen für zulässig.[309]

d) Preis- und Konditionenspaltung (§ 19 Abs. 4 Nr. 3). Die Preis- und Konditionenspaltung gemäß § 19 Abs. 4 Nr. 3, der das Verhältnis des marktbeherrschenden Unternehmens zur jeweiligen Marktgegenseite betrifft, stellt eine Unterart des Ausbeutungsmissbrauchs dar.[310] Diese ist dadurch gekennzeichnet, dass ungünstigere Entgelte oder sonstige Geschäftsbedingungen gefordert werden, als sie das marktbeherrschende Unternehmen selbst auf vergleichbaren Märkten von gleichartigen Abnehmern fordert, es sei denn, dass der Unterschied sachlich gerechtfertigt ist. Der Missbrauch besteht darin, dass die Gestaltung des Preises oder der Geschäftsbedingungen eines Herstellers für verschiedene Waren oder Abnehmer in sich widersprüchlich oder sonst sachlich nicht zu rechtfertigen ist.[311] Es handelt sich also um eine **Diskriminierung der Marktgegenseite.** Der Regeltatbestand unterscheidet sich vom Normalfall des Ausbeutungsmissbrauchs dadurch, dass nicht ein unter Umständen über Vergleichsmärkte zu bestimmender fiktiver Wettbewerb auf dem betreffenden Markt, sondern das eigene Verhalten des Unternehmens auf vergleichbaren Märkten den Maßstab für die Beurteilung des Missbrauchs bildet.[312]

83

Das Tatbestandsmerkmal der **sachlichen Rechtfertigung** ist ebenso wie in § 20 Abs. 1 zu interpretieren.[313] Hinsichtlich der strittigen Frage, ob die Missbrauchsaufsicht zu einer Preissenkung unter die Selbstkosten des marktbeherrschenden Unternehmens führen darf bzw. ob Verluste als eine sachliche Rechtfertigung für das Überschreiten des Vergleichspreises anerkannt werden können, kann auf die entsprechenden Darlegungen zu § 19 Abs. 4 Nr. 2 verwiesen werden.[314]

84

Aus den Gesetzesmaterialien zur 6. GWB-Novelle lässt sich entnehmen, dass sich nach Auffassung der Bundesregierung aus der Formulierung „es sei denn" deutlich eine **Beweislastumkehr** ergebe. Der Vorschlag des Bundesrates, eine entsprechende Klarstellung durch eine Änderung der Gesetzesfassung vorzunehmen, wurde als unnötig zurückgewiesen, da die Formulierung „es sei denn, dass ..." ein gebräuchliches sprachliches Mittel sei, mit dem der Gesetzgeber eine Beweislastumkehr zum Ausdruck bringe.[315] Der BGH hat diese Auffassung im Grundsatz bestätigt und geht von einer materiellen Beweislast des marktbeherrschenden Unternehmens aus.[316] Danach begründet das preisspaltende Vorgehen des marktbeherrschenden Unternehmens die Vermutung, dass es seine Stellung missbräuchlich ausnutze; zur Ausräumung dieser indiziellen Bedeutung der Preisspaltung trifft das Unternehmen eine gesteigerte Mitwirkungspflicht bei der Feststellung, ob der Preisunterschied durch sachliche Gründe gerechtfertigt und die indizielle Bedeutung der Preisspaltung damit ausgeräumt werden kann. Die Beweislastumkehr findet sowohl im Verwaltungs- als auch im Zivilverfahren Anwendung. Sie gilt nicht für das Bußgeldverfahren. Dies folgt zum einen daraus, dass § 81 Abs. 2 Nr. 1 nur eine Anknüpfung an § 19 Abs. 1 vorsieht, und zum anderen aus dem allgemeinen Grundsatz, dass straf- und quasistrafrechtliche Tatbestände nur dann eine Strafsanktion auslösen können, wenn die Erfüllung aller Tatbestandsmerkmale unabhängig von Beweislastregeln zweifelsfrei feststeht.[317]

85

---

[309] BKartA TB 1995/96, S. 29.
[310] *Wiedemann* in: Wiedemann, Handbuch des Kartellrechts, § 23 Rn. 61 m. w. N.
[311] KG WuW/E DE-R 124, 127 – *Flugpreis Berlin-Frankfurt/M.*; BKartA NJWE-WettbR 1997, 142 – *Flugpreis Berlin-Frankfurt/M.*
[312] *Bechtold*, GWB, § 19 Rn. 82; *Wiedemann* in: Wiedemann, Handbuch des Kartellrechts, § 23 Rn. 61.
[313] *Bechtold*, GWB, § 19 Rn. 83; *Wiedemann*, Handbuch des Kartellrechts, § 23 Rn. 62.
[314] Siehe oben Rn. 79.
[315] Vgl. BT-Drucks. 13/9720, S. 72 f.; *Möschel* in: Immenga/Mestmäcker, GWB, § 19 Rn. 173.
[316] BGH WuW/E DE-R 375 = BGHZ 142, 239 = NJW 2000, 76 – *Flugpreisspaltung*.
[317] *Bechtold*, GWB, § 19 Rn. 84.

4. Zugangsverweigerung (§ 19 Abs. 4 Nr. 4)

86 **a) Essential Facility-Theorie.** Der Regeltatbestand des § 19 Abs. 4 Nr. 4 wurde durch die 6. GWB-Novelle neu in das Gesetz eingefügt. Er knüpft an **Marktzugangserschwernisse** an, die sich daraus ergeben, dass auf bestimmten Märkten Wettbewerb nur dann möglich ist, wenn Netze und andere Infrastruktureinrichtungen (wesentliche Einrichtungen, essential facilities), über die marktbeherrschende Unternehmen verfügen, auch von anderen Wettbewerbern in Anspruch genommen werden können. Nach § 19 Abs. 4 Nr. 4 stellt es einen Missbrauch dar, wenn sich ein marktbeherrschendes Unternehmen weigert, einem anderen Unternehmen gegen angemessenes Entgelt Zugang zu seinen eigenen Netzen oder zu anderen Infrastruktureinrichtungen zu gewähren, sofern es dem anderen Unternehmen (sog. Antragsteller) aus rechtlichen oder tatsächlichen Gründen ohne die Mitbenutzung der fraglichen Infrastruktureinrichtung nicht möglich ist, auf dem vor- oder nachgelagerten Markt als Wettbewerber des marktbeherrschenden Unternehmens tätig zu werden. Gerechtfertigt ist die Zugangsverweigerung nur dann, wenn das marktbeherrschende Unternehmen nachweist, dass die Mitbenutzung durch ein anderes Unternehmen aus betriebsbedingten oder sonstigen Gründen nicht möglich oder nicht zumutbar ist.

87 Im Bereich der „klassischen Monopole", wie Bahn, Telekommunikation und Energiewirtschaft, wurden spezielle gesetzliche Regelungen geschaffen, die die Anwendung des § 19 zwar nicht ausschließen, die aber vorrangig zu berücksichtigen sind.[318] Grundlage für die auf diesen Märkten vorgenommene Deregulierung und den Anspruch auf Netzzugang sind das Allgemeine Eisenbahngesetz (§ 14), das Telekommunikationsgesetz (§§ 19 ff., 42 f.) sowie das Energiewirtschaftsgesetz (§§ 20 ff.). Die Regelung des § 19 Abs. 4 Nr. 4 geht auf eine Anregung des BKartA zurück, das dafür plädierte, dem Problem der Zugangsverweigerung über die spezialgesetzlichen Bestimmungen hinaus durch eine branchenübergreifende Regelung Rechnung zu tragen, da ihm in einer zunehmenden Zahl von Wirtschaftsbereichen zentrale wettbewerbliche Bedeutung zukomme.[319] Dieser Hinweis wurde in der Begründung zum Regierungsentwurf aufgegriffen und es wurde ergänzend auf das Magill-Urteil des EuGH[320] und die Verwaltungspraxis der EG-Kommission, insbesondere den Holyhead-Fall[321] verwiesen.[322]

88 Die essential facilities-doctrine, die im § 19 Abs. 4 Nr. 4 eine spezielle gesetzliche Ausprägung gefunden hat, wurde im **US-amerikanischen antitrust law** von der Rechtsprechung auf der Grundlage von Sec. 2 Sherman Act entwickelt.[323] In der Praxis wurde sie vor allem auf den Zugang zu Netzmonopolen der Energieversorgungs- und Telekommunikationsunternehmen, zu Eisenbahnnetzen, Bahnhöfen, Flughäfen und großen Sportstadien angewandt.[324] Die essential facilities-doctrine wurde vor allem durch die so genannten Seehäfen-Entscheidungen der Europäischen Kommission[325] in das **europäische Wettbewerbsrecht** übernommen. Dort wurde der Grundsatz formuliert, dass die Verweigerung

---

[318] Siehe unten Rn. 105 f.
[319] Siehe BKartA TB 1995/96, S. 24.
[320] EuGH U. v. 6. 4. 1995 verb. Rs. C-241/91 u. C-242/91 *Magill* Slg. 1995, I – 743, 808, 822 ff., Tz. 48 ff. = EuZW 1995, 339.
[321] Europäische Kommission, XXII. WB 1992, Tz. 219 – *B & I/Sealink (Holyhead)*.
[322] *Wiedemann* in: Wiedemann, Handbuch des Kartellrechts, § 23 Rn. 64; siehe auch *Möschel* in: Immenga/Mestmäcker, GWB, § 19 Rn. 189.
[323] Grundlegend *United States v. Terminal Railroad Ass.*, 224 U. S. 383, 398 ff. (1912).
[324] Vgl. *Möschel* in: Immenga/Mestmäcker, GWB, § 19 Rn. 179 ff.
[325] Europäische Kommission, ABl. EG 1994 Nr. L 15, S. 8, Tz. 66 – *Sea Containers/Stena Sealink*; ABl. EG 1994 Nr. L 55, S. 52, Tz. 12 – *Hafen von Rødby*; XXII. WB 1992, Tz. 219 – *B & I/Sealink (Holyhead)*; XXIII. WB 1993, Tz. 234 – *Sea Containers/Sealink*; XXV. WB 1995, Tz. 43 – *ICG/CCI Morlaix*.

§ 19. Missbrauch einer marktbeherrschenden Stellung   89, 90   § 19 GWB

der Mitbenutzung wesentlicher Einrichtungen zu diskriminierungsfreien Bedingungen gegen Art. 86 S. 1 EGV (jetzt Art. 82 EG) verstößt, wenn der Inhaber der „wesentlichen Einrichtungen" marktbeherrschend ist, diese Einrichtung selbst nutzt und durch die Verweigerung des Zugangs andere Unternehmen an der Aufnahme der Konkurrenztätigkeit auf einem nachgeordneten Markt hindert.[326] Der EuGH hat diese Leitlinie in den Entscheidungen „Magill"[327] aus dem Jahre 1995 und „Oscar Bronner"[328] aus dem Jahre 1998 bestätigt.

b) Zugang zu Netzen und Einrichtungen. § 19 Abs. 4 Nr. 4 betrifft den Zugang zu **89** Netzen oder anderen Infrastruktureinrichtungen, ohne deren Mitbenutzung es anderen Unternehmen aus rechtlichen oder tatsächlichen Gründen nicht möglich ist, auf einem vor- oder nachgelagerten Markt als Wettbewerber des marktbeherrschenden Inhabers der Infrastruktureinrichtung tätig zu werden. Eine Definition des Tatbestandsmerkmals **Netze oder andere Infrastruktureinrichtungen** findet sich weder im Gesetz noch in den Materialien. Das Gesetz versteht Netze als einen Unterfall des weiter gehenden Begriffs der „anderen Infrastruktureinrichtungen". Eine genaue Abgrenzung zwischen beiden Begriffen ist deshalb nicht erforderlich.[329] Während ein „Netz" durch die physische oder virtuelle Verbindung zwischen mehreren Orten der Leistungserbringung gekennzeichnet ist, genügt es für den Begriff der „Infrastruktureinrichtung", dass eine Einrichtung zur Vornahme einer Wettbewerbshandlung in Anspruch genommen wird. Diese muss aber als Grundlage für die Erbringung von **Dienstleistungen** dienen. Produktionsanlagen, die andere Unternehmen zur Herstellung bestimmter Produkte benötigen, werden nicht erfasst. Entsprechendes gilt auch für Anlagen zur Erbringung von Dienstleistungen, selbst wenn sie flächendeckend erbracht werden.[330] Der Gesetzgeber ließ sich vor allem von der Vorstellung leiten, dass es sich um die früher als natürlich angesehenen Monopole, wie Netze im Bereich der Energieversorgung, des Bahnverkehrs und der Telekommunikation, handelt. Diese typischen Erscheinungsformen sind jedoch nur Beispiele für den objektiv zu bestimmenden Begriff der wesentlichen Einrichtungen, so dass auch zukünftige vergleichbare Entwicklungen erfasst werden können.[331] Nach der Stellungnahme des Bundesrats[332] geht es um „strategische Engpasseinrichtungen" mit dem Charakter natürlicher Monopole (sog. bottleneck-Situationen).[333]

Im Unterschied zum Gemeinschaftsrecht (Art. 86 EGV, jetzt: Art. 82 EG)[334] fallen **Im-** **90** **materialgüterrechte** nicht unter die Regelung, da sie keine mit Netzen vergleichbare Infrastruktureinrichtungen darstellen.[335] Die Ersetzung des ursprünglich vorgesehenen Begriffs „wesentliche Einrichtungen" durch „andere Infrastruktureinrichtungen" geht auf einen Vorschlag des Bundesrates zurück. Die Bundesregierung[336] ist ihm auch deshalb gefolgt, weil dadurch deutlicher zum Ausdruck kommt, dass der Tatbestand nicht darauf abzielt, Ansprüche auf Nutzung fremder gewerblicher Schutzrechte zu begründen.[337] Daher

---

[326] Siehe auch *Möschel* in: Immenga/Mestmäcker, GWB, § 19 Rn. 182.
[327] EuGH U. v. 6. 4. 1995 verb. Rs. C-241/91 u. C-242/91 *Magill* Slg. 1995, I-743, 808 = EuZW 1995, 339.
[328] EuGH U. v. 26. 11. 1998 Rs. C-7/97 *Oscar Bronner* Slg. 1998, I-7791, 7817 = WuW/E EU-R 127 = EuZW 1999, 86.
[329] *Bechtold*, GWB, § 19 Rn. 88.
[330] *Bechtold*, ebenda; *Wiedemann* in: Wiedemann, Handbuch des Kartellrechts, § 23 Rn. 68.
[331] Begr. z. RegE, BT-Drucks. 13/9720, S. 36, 51.
[332] BT-Drucks. 13/9720, S. 73.
[333] Siehe auch *Emmerich*, Kartellrecht, § 27, Rn. 107.
[334] Siehe EuGH U. v. 6. 4. 1995 verb. Rs. C-241/91 u. C-242/91 – *Magill*, Slg. 1995, I-743, 808, 822 ff. = EuZW 1995, 339.
[335] Bericht des Ausschusses für Wirtschaft, BT-Drucks. 13/10633, S. 72.
[336] Gegenäußerung der Bundesregierung, BT-Drucks. 13/9720, S. 79.
[337] *Wiedemann* in: Wiedemann, Handbuch des Kartellrechts, § 23 Rn. 64.

§ 19 GWB 91, 92 10. Teil. Gesetz gegen Wettbewerbsbeschränkungen

können Zwangslizenzen an Immaterialgüterrechten in Deutschland auch künftig nicht auf § 19 Abs. 4 Nr. 4, sondern allenfalls auf § 19 Abs. 1 gestützt werden.[338]

91   c) Vor- und nachgelagerte Märkte. Die Mitbenutzung des Netzes oder der anderen Infrastruktureinrichtung muss für den Antragsteller notwendig sein, um auf dem vor- oder nachgelagerten Markt als Wettbewerber des marktbeherrschenden Unternehmens tätig werden zu können. Demzufolge geht es nicht darum, durch die Inanspruchnahme des Netzes oder der Infrastruktureinrichtung auf einem Markt, dem das Netz oder die Infrastruktureinrichtung zuzuordnen ist, tätig zu werden, sondern um die **Tätigkeit auf einem anderen Markt.**[339] Erfasst wird nur die Behinderung von Wettbewerbern des Netzinhabers. Zweck der Regelung ist es, zu verhindern, dass der Inhaber der wesentlichen Einrichtung seine Marktposition auf Produkt- oder Dienstleistungsmärkten dadurch absichert, dass er die für die Tätigkeit auf diesen Märkten erforderliche Mitbenutzung der Einrichtung verweigert.[340] Nach dem Wortlaut ist es nicht zwingend, dass es sich bei der Marktposition, die abgesichert werden soll, um eine marktbeherrschende Stellung handelt. Für die Normadresseneigenschaft ist es ausreichend, dass das fragliche Unternehmen auf dem Markt für die Mitbenutzung der Infrastruktureinrichtung über eine beherrschende Stellung verfügt. Nicht erforderlich ist, dass es (auch) auf dem vor- oder nachgelagerten Markt, zu der die Infrastruktureinrichtung den Zugang eröffnen würde, eine solche Stellung innehat.[341] Der Regeltatbestand des § 19 Abs. 4 Nr. 4 kann demnach sowohl zulasten desjenigen Unternehmens Anwendung finden, das auf dem Leitungsmarkt marktbeherrschend ist, als auch zulasten des Unternehmens, das hinsichtlich des über die Leitungen beförderten Produkts marktbeherrschend ist.[342]

92   d) **Unmöglichkeit des Zugangs.** Wesentliche Voraussetzung für des Eingreifen des Missbrauchstatbestandes nach § 19 Abs. 4 Nr. 4 ist, dass es dem Unternehmen, das den Zugang begehrt, **aus rechtlichen oder tatsächlichen Gründen nicht möglich** ist, auf dem oben genannten Markt tätig zu werden. Ob dies der Fall ist, ist nach **objektiven Kriterien** zu beurteilen; geschäftspolitische Präferenzen oder Motive des Zugangspetenten sind nicht maßgeblich.[343] Es darf dem potentiellen Wettbewerber aus tatsächlichen oder rechtlichen Gründen nicht möglich sein, eine vergleichbare Einrichtung selbst zu errichten (sog. mangelnde Duplizierbarkeit der wesentlichen Einrichtung),[344] etwa weil für weitere Infrastruktureinrichtungen kein Platz vorhanden ist oder für diese keine Genehmigung erteilt wird und ein gleichwertiger Ersatz nicht zur Verfügung steht (sog. mangelnde Substituierbarkeit).[345] Der faktischen oder rechtlichen Unmöglichkeit steht die wirtschaftliche Unmöglichkeit gleich. Das bedeutet, dass eine objektive Unmöglichkeit des Zugangs auch dann zu bejahen ist, wenn in Anbetracht der erforderlichen Aufwendungen bei Anlegung eines Maßstabes kaufmännischer Vernunft die Schaffung eigener Netze oder Infrastruktureinrichtungen nicht ernsthaft in Erwägung gezogen werden kann.[346] Liegen diese Voraussetzungen vor, so ist ferner zu prüfen, ob die Mitbenutzung der Einrichtung zwingend erforderlich ist, um einen Wettbewerb auf den vor- oder nachgelagerten Märkten zu er-

---

[338] *Emmerich,* Kartellrecht, § 27, Rn. 108.
[339] *Bechtold,* GWB, § 19 Rn. 90.
[340] *Schultz* in: Langen/Bunte, Kommentar zum deutschen und europäischen Kartellrecht, Band 1, § 19 Rn. 152.
[341] BGH WuW/E DE-R 1520, 1523 = EWiR § 19 GWB 2/05, 887 – *Arealnetz,* m. Anm. *Büdenbender;* siehe auch BKartA WuW/E DE-V 149 – *Berliner Stromdurchleitung; Bechtold,* GWB, § 19 Rn. 90; *Schultz,* ebenda.
[342] *Bechtold,* GWB, § 19 Rn. 90.
[343] Begr. z. RegE, BT-Drucks. 13/9720, S. 51; siehe auch *Wiedemann* in: Wiedemann, Handbuch des Kartellrechts, § 23 Rn. 69.
[344] *Emmerich,* Kartellrecht, § 27, Rn. 107.
[345] *Bechtold,* GWB, § 19 Rn. 91; *Möschel* in: Immenga/Mestmäcker, GWB, § 19 Rn. 200.
[346] *Bechtold,* ebenda.

§ 19. Missbrauch einer marktbeherrschenden Stellung

möglichen oder ob dies auch auf anderen Wegen bzw. mit anderen Mitteln erreicht werden kann.[347] Die Beweislast für die geschilderte Abhängigkeit von der Mitbenutzung von Netzen oder Infrastruktureinrichtungen trägt im Zivilprozess der Antragsteller, im Verwaltungsverfahren liegt sie auf Grund des dort geltenden Amtsermittlungsprinzips bei der Kartellbehörde.

e) Angemessenes Entgelt. Der Inhaber eines Netzes oder einer Infrastruktureinrichtung ist bei Vorliegen aller übrigen Tatbestandsvoraussetzungen nur dann verpflichtet, einem anderen Unternehmen den Zugang zu gewähren, wenn ihm hierfür ein angemessenes Entgelt gezahlt wird. Ein Missbrauch liegt also nicht vor, wenn der Antragsteller hierzu nicht bereit ist. Die Berechnung des angemessenen Entgelts gestaltet sich schwierig, wenn, was häufig der Fall sein dürfte, kein Marktpreis für die Mitbenutzung existiert, der als Vergleichsmaßstab herangezogen werden kann. Der Inhaber des Netzes oder der Infrastruktureinrichtung kann in jedem Fall verlangen, dass alle durch die Inanspruchnahme verursachten Kosten abgedeckt werden.[348] Allerdings bereitet die genaue Ermittlung und Zuordnung anteiliger Kosten in der Praxis nicht selten erhebliche Schwierigkeiten. Über die **Kostendeckung** hinaus wird man dem Betreiber des Netzes oder der Infrastruktureinrichtung eine angemessene Verzinsung des eingesetzten Kapitals zubilligen müssen.[349] Die Formel, wonach der Netzinhaber eine Vergütung verlangen darf, die auch bei Bestehen wesentlichen Wettbewerbs auf der Netzebene durchsetzbar wäre,[350] klingt zwar plausibel, hilft praktisch aber nicht viel weiter, da es für die Festlegung eines solchen fiktiven Preises in der Regel an konkreten Anhaltspunkten fehlt. Seinem Wortlaut nach erfasst § 19 Abs. 4 Nr. 4 nur die Verweigerung der Gewährung des Zugangs gegen angemessenes Entgelt; dem steht aber die Gewährung des Zugangs zu lediglich diskriminierenden Bedingungen gleich, wobei diejenigen Bedingungen den Maßstab bilden, die der Inhaber der Infrastruktureinrichtung für die eigene Benutzung berechnet.[351]

f) Sachliche Rechtfertigung. Die Zugangsverweigerung stellt keinen Missbrauch dar, wenn sie sachlich gerechtfertigt ist. Dies ist dann der Fall, wenn das marktbeherrschende Unternehmen nachweist, dass die Mitbenutzung aus betriebsbedingten oder sonstigen Gründen nicht möglich oder nicht zumutbar ist. Nach dem mit der Regelung des § 19 Abs. 4 Nr. 4 verfolgten Zweck einer wettbewerbsbegründenden Zugangsgewährung kann das allgemeine Interesse des Normadressaten an einer ausschließlichen Nutzung der Infrastruktureinrichtung eine Zugangsverweigerung nicht rechtfertigen.[352] Damit erfährt der vom BGH aufgestellte Grundsatz, dass kein Wettbewerber verpflichtet sei, einen Konkurrenten zu seinem eigenen Schaden zu fördern,[353] eine wesentliche Einschränkung.[354]

Als Grund für die **Unmöglichkeit** der Mitbenutzung kommt vor allem das **Fehlen ausreichender Kapazität** in Betracht. Diese kann auf tatsächlichen, aber auch rechtlichen Gegebenheiten beruhen, wie etwa eine Kapazitätsbegrenzung auf Grund einer Maßnahme der Energieaufsicht.[355] Eine Berufung auf die Unmöglichkeit der Mitbenutzung scheidet allerdings aus, wenn der Kapazitätsengpass auf eine Inanspruchnahme durch den Inhaber der Infrastruktureinrichtung zurückzuführen ist, da grundsätzlich davon auszugehen ist,

---

[347] BT-Drucks. 13/9720, S. 73; *Bechtold*, § 19 Rn. 91; *Emmerich*, Kartellrecht, § 27, Rn. 107.
[348] *Bechtold*, GWB, § 19 Rn. 92; *Wiedemann* in: Wiedemann, Handbuch des Kartellrechts, § 23 Rn. 71; *Emmerich*, Kartellrecht, § 27, Rn. 117.
[349] So zu Recht *Emmerich*, ebenda; für einen „angemessenen Ertrag" auch *Wiedemann*, ebenda.
[350] So noch *Schultz* in: Langen/Bunte, Kommentar zum deutschen und europäischen Kartellrecht, Band 1, 9. Aufl. 2001, § 19 Rn. 168.
[351] *Emmerich*, Kartellrecht, § 27, Rn. 114 m. w. N.
[352] *Möschel* in: Immenga/Mestmäcker, GWB, § 19 Rn. 206.
[353] BGH WuW/E 2953, 2964 – *Gasdurchleitung*; WuW/E 2755, 2759 – *Aktionsbeträge*.
[354] *Möschel* in: Immenga/Mestmäcker, GWB, § 19 Rn. 206.
[355] Siehe BKartA WuW/E DE-V 149 – *Berliner Stromdurchleitung*.

§ 19 GWB 96

dass ihm eine Reduktion der Eigennutzung möglich und zumutbar ist.[356] Entsprechendes gilt auch dann, wenn der Inhaber der Einrichtung in der Lage ist, die Kapazität durch eine flexiblere Handhabung seiner Ressourcen zu erhöhen.[357] Übersteigen die Zugangsbegehren die vorhandenen Kapazitätsgrenzen, so ist eine Aufteilung vorzunehmen; dabei wird bei Anwendung des EnWG den eigenen Nutzungsinteressen des Netzinhabers kein Vorrang eingeräumt.[358] In welchem Umfang Verpflichtungen zur Vornahme von Umstrukturierungsmaßnahmen zur Bereitstellung entsprechender Kapazitäten bestehen, ist eine Frage der Zumutbarkeit.

96 Der Begriff der **Zumutbarkeit** erfüllt eine ähnliche Funktion wie der verwandte Begriff der Billigkeit in anderen Behinderungstatbeständen. Zu seiner Konkretisierung bedarf es ebenfalls einer umfassenden **Interessenabwägung** unter Berücksichtigung der auf die Freiheit des Wettbewerbs gerichteten Zielsetzung des GWB.[359] Eine umfassende Pflicht zur Schaffung neuer Kapazitäten ist mit dem Wortlaut „**Mit**benutzung" nicht vereinbar und stößt auf verfassungsrechtliche Bedenken.[360] Die **Wirksamkeit existierender vertraglicher Verpflichtungen** auf dem abgeleiteten Markt wird von § 19 Abs. 4 Nr. 4 nicht berührt, auch wenn deren Erfüllung auf Grund der damit verbundenen Kapazitätsauslastung zu einem befristeten, also vorübergehenden Ausschluss des Wettbewerbs führt. Der in der Literatur vereinzelt vertretenen Gegenmeinung, dass damit die gesetzliche Regelung umgangen würde, wird zu Recht das Argument der Rechtssicherheit entgegengehalten. Zum einen können die Verträge zu einem Zeitpunkt geschlossen worden sein, als ganz andere wettbewerbliche Verhältnisse herrschten. Zum anderen könnten Verträge nicht ganz bzw. nicht alle nichtig sein, sondern nur soweit sie den Wettbewerb ausschließen, was praktisch zu kaum lösbaren Abgrenzungsschwierigkeiten führen würde.[361] Problematisch ist es, wenn die Bezugsbindungen sehr langfristig angelegt sind, da sich dann das Ziel eines wettbewerbsbegründenden Zugangs bei Anerkennung eines Verweigerungsgrundes auf lange Sicht nicht verwirklichen lässt. Die Frage stellt sich insbesondere im Bereich der Energieversorgung, wobei die Wertungen der sektorspezifischen Sonderregelungen zu beachten sind. So kommt im Bereich der Elektrizitätsversorgung der wettbewerbsbegründenden Durchleitung nach dem Willen des Gesetzgebers eine äußerst hohe Bedeutung zu. Hieraus hat das BKartA den Schluss gezogen, dass sich der Netzinhaber gegenüber Durchleitungsbegehren bereits dann nicht auf eine vertragliche Bindung seiner Abnehmer berufen kann, wenn diese rechtlich umstritten ist.[362] Zu berücksichtigen ist aber auch die branchenspezifische vertragliche Situation des Inhabers der Infrastruktureinrichtung. Für die wettbewerbsbegründende Mitbenutzung von Gasleitungen hat die Bundesregierung auf die mögliche Rechtfertigung einer Durchleitungsverweigerung hingewiesen, die sich aus den Besonderheiten dieses Energieträgers, wie insbesondere den üblichen take-or-pay-Verpflichtungen der Gasimporteure, ergeben.[363] Zu erwägen ist auch, ob es im Einzelfall nicht gerechtfertigt sein kann, dass der Inhaber des Netzes oder der Infrastruktureinrichtung sein Monopol

---

[356] *Schultz* in: Langen/Bunte, Kommentar zum deutschen und europäischen Kartellrecht, Band 1, § 19 Rn. 172.
[357] Europäische Kommission, ABl. EG 1998 Nr. L 72, S. 30, Tz. 74 ff. – *Flughafen Frankfurt/Main AG*; BKartA TB 1997/98, S. 120 f. – *Elektromark*.
[358] BKartA, ebenda.
[359] *Bechtold*, GWB, § 19 Rn. 97; *Schultz* in: Langen/Bunte, Kommentar zum deutschen und europäischen Kartellrecht, Band 1, § 19 Rn. 173; *Wiedemann* in: Wiedemann, Handbuch des Kartellrechts, § 23 Rn. 70.
[360] *Möschel* in: Immenga/Mestmäcker, GWB, § 19 Rn. 207 m. w. N.
[361] So zu Recht *Möschel* in: Immenga/Mestmäcker, GWB, § 19 Rn. 207 m. w. N.
[362] BKartA Gesch.-Z. B8 70/99 – *EnBW/BEWAG*; *Schultz* in: Langen/Bunte, Kommentar zum deutschen und europäischen Kartellrecht, Band 1, § 19 Rn. 174.
[363] Gegenäußerung der Bundesregierung, BT-Drucks. 13/9720, S. 80.

für einen bestimmten Zeitraum aufrechterhalten darf.³⁶⁴ Dies erscheint unter Berücksichtigung des Eigentumsinteresses insbesondere dann angemessen, wenn für die Errichtung der Infrastruktureinrichtung erhebliche Investitionen vorgenommen und unternehmerische Risiken eingegangen wurden. Demgegenüber ist die Mitbenutzung durch Dritte eher zumutbar, wenn die Infrastruktureinrichtung unter Inanspruchnahme gesetzlich abgesicherter Monopole geschaffen wurde.³⁶⁵

Die Formulierung des § 19 Abs. 4 Nr. 4 HS. 2 bringt eine **Beweislastumkehr** zum Ausdruck. Es ist von einem Regel-Ausnahme-Verhältnis zugunsten eines Mitbenutzungszwanges auszugehen.³⁶⁶ Die Beweislast für die Rechtfertigung der Zugangsverweigerung auf Grund der Unmöglichkeit oder Unzumutbarkeit der Mitbenutzung trägt der Inhaber des Netzes oder der Infrastruktureinrichtung. Dies gilt sowohl im Verwaltungs- als auch im Zivilverfahren, aber nicht im Bußgeldverfahren. Letzteres ergibt sich daraus, dass § 81 Abs. 2 Nr. 1 nur an § 19 Abs. 1 und nicht an die auf der Regelung des § 19 Abs. 4 Nr. 4 HS. 2 beruhende Beweislastumkehr anknüpft. Außerdem folgt dies auch aus dem allgemeinen Grundsatz, dass straf- und quasistrafrechtliche Tatbestände nur dann eine Sanktion auslösen dürfen, wenn die Erfüllung aller Tatbestandsmerkmale unabhängig von Beweislastregeln zweifelsfrei feststeht.³⁶⁷

IV. Rechtsfolgen des Missbrauchs

1. Kartellbehördliche Maßnahmen

a) Untersagungsverfügung. Gemäß § 32 kann die Kartellbehörde Unternehmen und Vereinigungen von Unternehmen ein Verhalten untersagen, das nach dem GWB verboten ist. Ein Verbotsgesetz im Sinne dieser Regelung ist auch § 19 Abs. 1 bzw. Abs. 4. Durch die 6. GWB-Novelle wurde der Verbotstatbestand des Missbrauchs einer marktbeherrschenden Stellung den allgemeinen Regelungen unterstellt; das besondere Missbrauchsverfahren nach § 22 Abs. 5 GWB a. F., wonach die Kartellbehörde ein missbräuchliches Verhalten untersagen und Verträge für unwirksam erklären kann, ist entfallen. Bei Vorliegen der entsprechenden Voraussetzungen ergibt sich die Unwirksamkeit unmittelbar aus § 134 BGB. Die Missbrauchsverfügung, die trotz der unmittelbaren Geltung des Verbotes durch die Kartellbehörde erlassen werden kann, konkretisiert den Missbrauchstatbestand. Sie spielt deshalb angesichts der Unbestimmtheit der Rechtsbegriffe, die den § 19 prägen, und der Komplexität der Sachverhalte in der Praxis eine größere Rolle als das Zivil- oder gar Bußgeldverfahren. Für den Inhalt der Missbrauchsverfügung gilt das **Bestimmtheitsgebot**. Die Behörde hat nur die Befugnis, ein als missbräuchlich angesehenes konkretes Verhalten zu untersagen.³⁶⁸ Präventive Maßnahmen wegen eines drohenden missbräuchlichen Verhaltens setzen voraus, dass die Verletzungshandlung unmittelbar bevorsteht und hinreichend konkretisiert ist.³⁶⁹ Die Behörde hat grundsätzlich nur die Befugnis, ein bestimmtes Verhalten zu verbieten, aber keine Befugnis, ein bestimmtes Verhalten zu gebieten.³⁷⁰ Im Regelfall werden **Gebotsverfügungen** selbst dann als unzulässig angesehen, wenn nur

---

³⁶⁴ Vgl. Schlussanträge des *GA Jacobs* in der Rs. C-7/97 *Oscar Bronner*, zu Art. 86 EGV a. F. (Art. 82 EGV n. F.), EuGH U. v. 26. 11. 1998 Rs. C-7/97 *Oscar Bronner* Slg. 1998, I-7791, 7813, Tz. 64; *Wiedemann* in: Wiedemann, Handbuch des Kartellrechts, § 23 Rn. 70 b.
³⁶⁵ So zu Recht *Bechtold*, GWB, § 19 Rn. 98.
³⁶⁶ *Möschel* in: Immenga/Mestmäcker, GWB, § 19 Rn. 206.
³⁶⁷ *Bechtold*, GWB, § 19 Rn. 99; auch *Möschel* in: Immenga/Mestmäcker, GWB, § 19 Rn. 216.
³⁶⁸ BGH WuW/E 1435, 1437 – *Vitamin B 12*; KG WuW/E 5165, 5180 – *Gasdurchleitung*.
³⁶⁹ KG WuW/E 5165, 5181 – *Gasdurchleitung*; bestätigt durch BGH WuW/E 2953, 2965 – *Gasdurchleitung*.
³⁷⁰ BGH WuW/E 1435, 1436 – *Vitamin B 12*; WuW/E 2406, 2407 f. – *Inter Mailand-Spiel*.

eine rechtmäßige Handlungsalternative besteht.[371] Ausnahmsweise kann aber ein Untersagungs- oder Verbotstenor so auszulegen sein, dass er der Sache nach ein Gebot beinhaltet. Dies gilt insbesondere für einen Kontrahierungszwang.[372] Dabei ist aber zu beachten, dass verbleibende Verhaltensspielräume des Normadressaten in der Verfügung zu respektieren sind.[373] Zulässig ist die Festlegung einer Missbrauchsgrenze, damit sich das marktbeherrschende Unternehmen dem Verbot nicht durch geringfügige Preisänderung entziehen kann.[374] Die Missbrauchsverfügung der Kartellbehörde hat **ex nunc-Wirkung;** eine Rückwirkung ist ausgeschlossen.[375]

99 **b) Vorteilsabschöpfung.** Durch die 7. GWB-Novelle wurde die in § 34 GWB a. F. geregelte Mehrerlösabschöpfung neu gefasst und zu einem Instrument zur Abschöpfung des gesamten durch einen Kartellrechtsverstoß erlangten wirtschaftlichen Vorteils erweitert.[376] Nach § 34 Abs. 1 kann die Kartellbehörde die Abschöpfung des wirtschaftlichen Vorteils anordnen und einem Unternehmen die Zahlung eines entsprechenden Geldbetrages auferlegen, wenn es schuldhaft gegen die Vorschriften des GWB, gegen Art. 81 oder 82 EG oder gegen eine Verfügung der Kartellbehörde verstößt, so dass alle Verstöße gegen Vorschriften des deutschen oder europäischen Wettbewerbsrechts erfasst sind. Der Zweck der Bestimmung besteht darin, zu verhindern, dass die durch den Kartellrechtsverstoß erlangten wirtschaftlichen Vorteile beim Täter verbleiben.[377] Eine Abschöpfung ist ausgeschlossen, sofern der wirtschaftliche Vorteil durch Schadensersatzleistungen oder durch die Verhängung einer Geldbuße oder die Anordnung des Verfalls abgeschöpft ist. Die Vorschrift des § 34a gewährt Verbänden zur Förderung gewerblicher und selbstständiger beruflicher Interessen im Sinne von § 33 Abs. 2 einen gegenüber der behördlichen Abschöpfungsanordnung subsidiären Anspruch auf Herausgabe des wirtschaftlichen Vorteils an den Bundeshaushalt, wenn ein Verstoß nach § 34 Abs. 1 vorsätzlich begangen wird und hierdurch der wirtschaftliche Vorteil zulasten einer Vielzahl von Abnehmern oder Anbietern erlangt wurde.

100 **c) Bußgelddrohung.** Seit dem In-Kraft-Treten der 6. GWB-Novelle kann der Missbrauch einer marktbeherrschenden Stellung bei Vorsatz oder Fahrlässigkeit gemäß § 81 Abs. 2 Nr. 1 als Ordnungswidrigkeit geahndet werden. Der Bußgeldrahmen richtet sich nach § 81 Abs. 4. Da nicht nur die Generalklausel des § 19 Abs. 1, sondern auch die Beispielstatbestände eine Vielzahl von unbestimmten Rechtsbegriffen enthalten und einzelfallbezogene Bewertungen, zum Teil mittels einer umfassenden Interessenabwägung, erfordern, ist damit zu rechnen, dass die praktische Bedeutung von Bußgeldverfahren gering bleiben wird. Angesichts der Unbestimmtheit dürfte eine vorsätzliche oder fahrlässige Tatbestandsverwirklichung nur selten in Betracht kommen.

2. Zivilrechtliche Sanktionen

101 Nach früherem Recht hatte die Kartellbehörde nach § 22 Abs. 5 GWB a. F. lediglich die Befugnis, dem marktbeherrschenden Unternehmen missbräuchliches Verhalten zu untersagen und Verträge für unwirksam zu erklären. Das Missbrauchsverbot hatte keine unmittelbare Wirkung, sondern es bedurfte der Umsetzung durch eine Verbotsverfügung seitens der Kartellbehörde. Die 6. GWB-Novelle hat zu einer grundlegenden Änderung geführt. Im Unterschied zur bisherigen Gesetzesfassung[378] ist der Missbrauch als solcher verboten,

---

[371] BGH WuW/E 1345, 1345 f. – *Polyester-Grundstoffe.*
[372] Siehe BGH WuW/E 2990, 2992 – *Importarzneimittel;* WuW/E 1345, 1346 – *Polyester-Grundstoffe;* KG WuW/E 5165, 5180 f. – *Gasdurchleitung.*
[373] BGH WuW/E 2990, 2992 – *Importarzneimittel.*
[374] BGH WuW/E 1435, 1437 – *Vitamin B 12.*
[375] OLG Hamburg WuW/E 2838, 2840 – *Saarberg-Fernwärme.*
[376] Vgl. Begr. z. RegE, BT-Drucks., 15/3640, S. 55 (zu § 34).
[377] Begr. z. RegE, ebenda.
[378] Siehe dazu noch OLG Dresden WuW/E DE-R 169, 173 – *Elbauenwasser.*

ohne dass es einer entsprechenden Missbrauchsverfügung seitens der Kartellbehörde bedarf. Nach dem Vorbild von Art. 82 EG (früher: Art. 86 EGV) ist § 19 Abs. 1 ein unmittelbar geltendes gesetzliches Verbot. Die Regelung stellt ein Schutzgesetz im Sinne des § 33 S. 1 dar,[379] so dass Dritte, die von missbräuchlichen Verhaltensweisen betroffen sind, hiergegen selbst mit Unterlassungsansprüchen und bei schuldhafter Begehung mit Schadensersatzansprüchen vorgehen können. Die Nichtigkeit von Verträgen, die gegen § 19 Abs. 1 verstoßen, ergibt sich unmittelbar aus § 134 BGB; eine Unwirksamkeitserklärung wie nach § 22 Abs. 5 GWB a. F. ist nicht mehr erforderlich. Eine auf § 19 gestützte Verfügung begründet wie schon nach früherem Recht zivilrechtliche Ansprüche. Die gerichtliche Billigkeitskontrolle gem. § 315 Abs. 3 BGB ist gegenüber dem Beseitigungs- und Unterlassungsanspruch aus § 19 Abs. 4, § 33 nicht subsidiär und wird durch diese Regelung nicht verdrängt.[380] § 315 Abs. 3 stellt eine Regelung des Vertragsrechts dar, der ein hoher Gerechtigkeitsgehalt zukommt. Er ermöglicht es dem der Leistungsbestimmung Unterworfenen, die vorgenommene Bestimmung gerichtlich auf ihre Billigkeit überprüfen und durch (gestaltendes) Urteil neu treffen zu lassen. Demgegenüber ist der Beseitigungs- und Unterlassungsanspruch gem. § 19 Abs. 4, § 33 ein deliktischer Anspruch, der eine Gestaltungsmöglichkeit nicht unmittelbar bereitstellt. Ansprüche aus Vertrags- und aus Deliktsrecht sind jeweils nach ihren Voraussetzungen, ihrem Inhalt und ihrer Durchsetzung selbstständig zu beurteilen und folgen ihren eigenen Regeln.[381] Die Billigkeitskontrolle gem. § 315 BGB beschränkt sich bei der Kontrolle des Gaspreises jedoch allein auf eine Tariferhöhung; der Preissockel entzieht sich dieser Kontrolle.[382]

3. Verhältnis zu anderen Regelungen

a) Verhältnis zu § 24 PatG. Hinsichtlich des Verhältnisses zur Zwangslizenzregelung des § 24 PatG hat der BGH in einer Grundsatzentscheidung Folgendes festgestellt: Ein sich aus dem Missbrauch einer marktbeherrschenden Stellung, einer unbilligen Behinderung oder einer Diskriminierung ergebender kartellrechtlicher Anspruch auf Einräumung einer Patentlizenz wird durch die nach § 24 PatG dem Patentgericht eingeräumte Befugnis zur Erteilung einer Zwangslizenz nicht ausgeschlossen.[383] Zur Begründung hat er ausgeführt, dass beide Rechtsinstitute unterschiedlichen Zielsetzungen dienen und unterschiedliche Voraussetzungen haben. § 24 Abs. 1 Nr. 2 PatG setzt voraus, dass das öffentliche Interesse die Erteilung einer Zwangslizenz gebietet. Ein solches öffentliches Interesse kann zu bejahen sein, wenn zu der Ausschließlichkeitsstellung des Patentinhabers besondere Umstände hinzutreten, welche die uneingeschränkte Anerkennung des ausschließlichen Rechts und die Interessen des Patentinhabers zurücktreten lassen, weil die Belange der Allgemeinheit die Ausübung des Patents durch den Lizenzsucher gebieten. Die Frage, ob ein öffentliches Interesse die Erteilung einer Zwangslizenz an einem bestimmten Lizenzsucher gebietet, hängt von den Umständen des Einzelfalls ab und ist im Einzelfall unter Abwägung der schutzwürdigen Interessen des Patentinhabers und aller die Interessen der Allgemeinheit betreffenden maßgeblichen Gesichtspunkte zu entscheiden.[384] Demgegenüber dient ein kartellrechtlicher Anspruch auf Lizenzierung der Durchsetzung des gegenüber jedem Marktteilnehmer geltenden Verbots, eine marktbeherrschende Stellung nicht zu missbrauchen. Dabei wird aber klargestellt, dass die bloße Inhaberschaft an einem Patent noch keine solche marktbeherrschende Stellung begründet, sondern lediglich eine ihrer Voraussetzun-

---

[379] Siehe zur Fassung nach der 6. GWB-Novelle Begr. z. RegE, BT-Drucks. 13/9720, S. 35 f.
[380] BGH WuW/E DE-R 2243, 2245 – *Gaspreis*.
[381] BGH, ebenda; siehe dazu Büdenbender NJW 2007, 2945 ff.
[382] BGH NJW 2009, 502.
[383] BGH WuW/E DE-R 1329 = LMK 2004, 226 – *Standard-Spundfass,* m. Anm. *Götting*.
[384] BGH WuW/E DE-R 1329, 1330 – *Standard-Spundfass,* unter Hinweis auf BGHZ 131, 247, 251 = GRUR 1996, 190 = NJW 1996, 1593 – *Interferon-gamma*.

gen sein kann. Umgekehrt ist der Missbrauch einer marktbeherrschenden Stellung für die patentrechtliche Zwangslizenz weder notwendige Voraussetzung noch ohne weiteres hinreichend.

103 Ein marktbeherrschender Patentinhaber verstößt gegen das Diskriminierungsverbot, wenn er den Umstand, dass der Zugang zu einem nachgelagerten Markt aufgrund einer Industrienorm oder normähnlicher Rahmenbedingungen von der Befolgung der patentgemäßen Lehre abhängig ist, dazu ausnutzt, um bei der Vergabe von Lizenzen den Zutritt zu diesem Markt nach Kriterien zu beschränken, die der auf die Freiheit des Wettbewerbs gerichteten Zielsetzung des GWB widersprechen.[385]

104 **b) Verhältnis zu § 20 Abs. 1–4.** Die genannten Bestimmungen sind, soweit sie tatbestandlich erfüllt sind, neben § 19 Abs. 1 anwendbar.[386] Das Behinderungs- und Diskriminierungsverbot nach § 20 Abs. 1 stellt nach der Rechtsprechung des BGH einen konkretisierenden Unterfall des allgemeinen Missbrauchstatbestands nach § 19 dar.[387] Entsprechendes gilt auch für den durch die 4. GWB-Novelle eingeführten Tatbestand des vertikalen Behinderungsmissbrauchs seitens eines marktbeherrschenden Nachfragers nach § 20 Abs. 3 S. 1.[388]

105 **c) Verhältnis zu Spezialgesetzen.** Nicht abschließend geklärt ist das Verhältnis des § 19 zu den sektorspezifischen Regelungen über die Inanspruchnahme fremder Netze oder Infrastruktureinrichtungen, wie insbesondere das Allgemeine Eisenbahngesetz (§ 14), das Telekommunikationsgesetz (§§ 19 ff., 42 f.), das Energiewirtschaftsgesetz (§§ 20 ff.). Allgemein gilt, dass die Anwendung des § 19 durch die speziellen gesetzlichen Regelungen nicht ausgeschlossen wird. Allerdings müssen die in den Spezialregelungen zum Ausdruck kommenden Wertungen auch bei Anwendung des § 19 berücksichtigt werden, da sie andernfalls bedeutungslos wären. Ergibt sich etwa aus dem Spezialgesetz eine sachliche Rechtfertigung für die Zugangsverweigerung, so ist auch im Rahmen von § 19 Abs. 4 Nr. 4 HS. 2 davon auszugehen, dass eine sachliche Rechtfertigung vorliegt. Wird vom Spezialgesetz die Höhe des Entgelts festgelegt, so ist diese als „angemessen" anzusehen.

106 Für den praktisch besonders wichtigen Bereich der Energiewirtschaft bestimmt § 130 Abs. 3 allerdings, dass die Vorschriften des Energiewirtschaftsgesetzes der Anwendung der §§ 19, 20 und 29 nur insoweit nicht entgegenstehen, als in § 111 EnWG nichts anderes geregelt ist. § 111 Abs. 1 EnWG schließt die Anwendung der §§ 19, 20 und 29 aus, soweit das Energiewirtschaftsgesetz oder aufgrund dieses Gesetzes erlassene Rechtsverordnungen abschließende Regelungen treffen, wobei jedoch die Aufgaben und Zuständigkeiten der Kartellbehörden hiervon unberührt bleiben. Nach § 111 Abs. 2 EnWG enthalten die Bestimmungen des Teiles 3 (§§ 11–35 EnWG – Regulierung des Netzbetriebs) derartige abschließende Regelungen. Dies gilt auch für aufgrund dieser Vorschriften erlassene Rechtsverordnungen, soweit sich diese für abschließend gegenüber den Bestimmungen des Gesetzes gegen Wettbewerbsbeschränkungen erklären. § 111 Abs. 3 EnWG enthält eine Sonderregelung für Verfahren der Kartellbehörden nach den §§ 19, 20 und 29, die Preise von Energieversorgungsunternehmen für die Belieferung von Letztverbrauchern betreffen. Nach der Rechtsprechung des BGH zum alten EnWG schließt die bis zum 31. 12. 2003 geltende Vermutung der Erfüllung guter fachlicher Praxis nach § 6 Abs. 1 EnWG a. F. einen Missbrauch nach § 19 Abs. 4 GWB nicht aus.[389]

---

[385] BGH WuW/E DE-R 1329 = LMK 2004, 226 – *Standard-Spundfass*, m. Anm. *Götting*.
[386] Siehe etwa KG WuW/E 907, 911 – *Sportartikelmesse;* WuW/E 3124, 3132 – *Milchaustauschfuttermittel;* BKartA WuW/E 1817, 1823 – *Fertigfutter;* siehe auch BGH WuW/E 1947, 1949 = BGHZ 84, 320 = GRUR 1982, 691 = NJW 1982, 2775 – *Stuttgarter Wochenblatt; Möschel* in: Immenga/Mestmäcker, GWB, § 19 Rn. 252 m. w. N.
[387] BGH WuW/E 1027 = BGHZ 52, 65 – *Sportartikelmesse II.*
[388] *Möschel* in: Immenga/Mestmäcker, GWB, § 19 Rn. 252.
[389] BGH WuW/E DE-R 1513 – *Stadtwerke Mainz*.

d) Verhältnis zu §§ 3 ff. UWG. Während das GWB die Institution des Wettbewerbs 107 und dessen Funktionsfähigkeit und damit primär die Freiheit des Wettbewerbs im Allgemeininteresse schützt, schützt das UWG die Lauterkeit im Wettbewerb gegen unlautere Wettbewerbsmethoden.[390] In Überwindung der „vermeintlichen Dichotomie" zwischen Lauterkeits- und Freiheitsschutz[391] ist heute allgemein anerkannt, dass das GWB und UWG trotz ihrer unterschiedlichen Zielsetzungen in einem engen Funktionszusammenhang zueinander stehen. Beide Gesetze dienen der Aufrechterhaltung einer als einheitlich zu begreifenden Wettbewerbsordnung,[392] wobei sich Institutionsschutz und Individualschutz miteinander verbinden. Daraus ergeben sich **Ergänzungen und Überschneidungen von UWG und GWB.**

Dementsprechend ist anerkannt, dass die Behinderung von Mitbewerbern sowohl unter 108 die Tatbestände der §§ 19 Abs. 1, 4; 20 Abs. 1–4 als auch unter die Vorschriften der §§ 3 ff. UWG fallen kann. Die von der Rechtsprechung herangezogenen Beurteilungsmaßstäbe sind weitgehend deckungsgleich.[393] Nur bei Vorliegen besonderer Umstände können Unterschiede in der kartell- und wettbewerbsrechtlichen Beurteilung bestehen.[394] Die Anwendung der §§ 3 ff. UWG wird nicht dadurch ausgeschlossen, dass die kartellrechtlichen Tatbestände nicht vollständig erfüllt sind. Die Vorschriften können vielmehr ergänzend eingreifen. Dies gilt insbesondere für schwerwiegende Eingriffe in das Wettbewerbsgeschehen durch eine Preisunterbietung in Vernichtungsabsicht und bei Gefährdung des Wettbewerbsbestands, wenn es an der nach §§ 19, 20 erforderlichen marktbeherrschenden Stellung fehlt.[395]

Allerdings dürfen die in den Regelungen des GWB zum Ausdruck kommenden Wer- 109 tungen und die von ihnen normierten Eingriffsschwellen nicht durch eine extensive Anwendung der §§ 3 ff. UWG unterlaufen werden. Deshalb ist die **Vorfeldthese** abzulehnen. Danach sollen die §§ 3 ff. UWG bereits im Vorfeld einer Marktbeherrschung angewandt werden, falls die in Frage stehende Verhaltensweise ohne Leistungsbezug sich in einer Grauzone zwischen förderungswürdigem und bereits unlauterem Wettbewerb bewege und unmittelbar oder auf Grund einer Nachahmungsgefahr eine Gefährdung des Wettbewerbsbestands auf dem betreffenden Markt begründe.[396] Die Auseinandersetzung um einen solchen Vorfeldschutz durch die §§ 3 ff. UWG hat auf Grund der Absenkung der kartellrechtlichen Eingriffsschwelle durch Einführung des § 20 Abs. 4 an praktischer Bedeutung verloren. Adressaten des Verbots der unbilligen Behinderung sind nach § 20 Abs. 4 S. 1 bereits „Unternehmen mit gegenüber kleinen und mittleren Wettbewerbern überlegener Marktmacht". Die großzügige Haltung, die die Rechtsprechung zur Zulässigkeit von Verkäufen unter Einstandspreis eingenommen hat,[397] hat den Gesetzgeber zur Einführung des § 20 Abs. 4 S. 2 a. F. (nunmehr Abs. 4 S. 2–4) bewogen, wonach der Verkauf unter Einstandspreis auch dann unzulässig sein kann, wenn keine Verdrängungsabsicht oder nachhaltige Beeinträchtigung des Wettbewerbsbestands nachweisbar ist. Eine unbillige

---

[390] *Piper/Ohly*, UWG, Einf.A Rn. 33.
[391] *Möschel* in: Immenga/Mestmäcker, GWB, § 19 Rn. 254.
[392] *Möschel*, ebenda.
[393] Siehe zur früheren Generalklausel des § 1 UWG a. F. *Piper/Ohly*, UWG, Einf.A Rn. 34; siehe BGH GRUR 1985, 883 – *Abwehrblatt I*; GRUR 1986, 397 – *Abwehrblatt II*; GRUR 1989, 430 – *Krankentransportbestellung*; GRUR 1990, 685 – *Anzeigenpreis I*; GRUR 1999, 278 – *Schilderpräger im Landratsamt*.
[394] *Piper/Ohly*, UWG, Einf.A Rn. 35; siehe BGHZ 56, 327, 336 f. – *Feld und Wald I*; BGH GRUR 1986, 397 – *Abwehrblatt II*.
[395] Siehe *Piper/Ohly*, UWG, Einf.D Rn. 74 m. w. N.
[396] So *Ulmer* AfP 1975, 870, 885 ff.; *ders.* GRUR 1977, 565, 577 ff.; ablehnend auch *Möschel* in: Immenga/Mestmäcker, GWB, § 19 Rn. 258; *Markert* in: Immenga/Mestmäcker, GWB, § 20 Rn. 243; *Piper/Ohly*, UWG, Einf.D Rn. 74.
[397] Siehe BGH WuW/E 2977 = GRUR 1995, 690 – *Hitlisten-Platten*.

Behinderung liegt schon vor, wenn ein Unternehmen Waren oder gewerbliche Leistungen nicht nur gelegentlich unter Einstandspreis anbietet, es sei denn, dies ist sachlich gerechtfertigt. In der Entscheidung „Wal*Mart" hat der BGH hierzu Folgendes festgestellt: „Bietet ein marktmächtiges Unternehmen nicht nur gelegentlich, das heißt über längere Zeit, jedenfalls aber systematisch handelnd, Waren unter Einstandspreis an, begründet dies die weder von einem Kausalitätsnachweis noch von der Feststellung einer spürbaren Beeinflussung der Wettbewerbsverhältnisse abhängige Vermutung, dass es seine überlegene Marktmacht zulasten der kleinen und mittleren Wettbewerber unbillig ausnutzt. Diese Vermutung kann nur durch die Feststellung ausgeräumt werden, dass das betreffende Unternehmen ausnahmsweise sachlich gerechtfertigt handelt; die Unmöglichkeit, diese Feststellung zu treffen, geht zu seinen Lasten. Verfolgt ein marktmächtiges Unternehmen eine Untereinstandspreisstrategie allein zu diesem Zweck, die Folgen rechtswidriger Praktiken von Wettbewerbern abzuwehren, stellt dies allein keinen sachlich gerechtfertigten Grund im Sinne des § 20 Abs. 4 S. 2 [a. F.] dar, weil hierdurch zulasten der geschützten Unternehmen die schädlichen Auswirkungen dieses verbotenen Verhaltens verstärkt werden."[398]

110 Hinsichtlich der Wechselwirkung zwischen einem Kartellrechtsverstoß nach § 19 Abs. 1 und einem Wettbewerbsverstoß gemäß § 3 UWG gilt folgender Zusammenhang: **Wettbewerbsverstöße marktbeherrschender Unternehmen** begründen nicht automatisch auch einen Verstoß gegen § 19. Generelle Voraussetzung für das Eingreifen dieser Regelung ist, dass eine „normative Kausalität", also eine zurechenbare Beziehung zwischen der marktbeherrschenden Stellung des Unternehmens und dessen missbräuchlichen Verhalten besteht.[399] Diese Voraussetzung ist bei Wettbewerbsverstößen nur erfüllt, wenn sie durch die Marktmacht ermöglicht werden oder in ihren negativen Auswirkungen eine spezifische Intensität erlangen.[400]

111 Umgekehrt kann ein Verstoß gegen § 19 nach neuerer Rechtsprechung[401] unter dem Gesichtspunkt des **Rechtsbruchs** grundsätzlich keinen Verstoß gegen §§ 3, 4 Nr. 11 UWG mehr nach sich ziehen.[402] Die im GWB enthaltenen zivilrechtlichen Ansprüche seien bei rein kartellrechtlichen Verletzungen als abschließende Regelung anzusehen.[403] Falls sich jedoch die Unlauterkeit, wie beispielsweise in den Fällen des § 4 Nr. 10 UWG, aus einem eigenständigen Unlauterkeitstatbestand ergibt, können weiterhin sowohl kartellrechtliche als auch lauterkeitsrechtliche Ansprüche nebeneinanderstehen.[404]

112 **e) Verhältnis zu Art. 82 EG.** § 19 deckt sich inhaltlich im Wesentlichen mit Art. 82 EG. Dieser verbietet „die missbräuchliche Ausnutzung einer beherrschenden Stellung auf dem Gemeinsamen Markt oder auf einem wesentlichen Teil desselben durch ein oder mehrere Unternehmen". Voraussetzung für die Anwendbarkeit ist nach der Zwischenstaatsklausel, dass dies zu einer Beeinträchtigung des Handels zwischen den Mitgliedstaaten führen kann. Die Regelung enthält keine Definition der Marktbeherrschung und keine Marktbeherrschungsvermutungen. Ebenso wie nach § 19 muss der sachliche und räumliche Markt abgegrenzt werden. Dabei ist von höheren Marktanteilsschwellen auszugehen, die eine marktbeherrschende Stellung indizieren, als nach den Marktbeherr-

---

[398] BGH WuW/E DE-R 1042 = GRUR 2003, 363 – *Wal*Mart*.
[399] Siehe oben Rn. 61.
[400] *Möschel* in: Immenga/Mestmäcker, GWB, § 19 Rn. 230, 255.
[401] BGH WuW/E DE-R 1779 – *Probeabonnement*.
[402] Anders noch BGH GRUR 1978, 445, 446 – *4 zum Preis von 3*.
[403] Unter Verweis auf die Gesetzeshistorie sowie die ausdifferenzierten Regelungen in § 33 Abs. 1 und § 30 Abs. 3 BGH WuW/E DE-R 1779, 1781 – *Probeabonnement;* so auch *Köhler* in: Hefermehl/Köhler/Bornkamm, Wettbewerbsrecht, Einl UWG Rdnrn. 6.15, 6.18, § 4 Rdnr. 11.12.; *Piper/Ohly*, UWG, Einf. D Rn. 76; siehe dazu auch *Möschel* in: Immenga/Mestmäcker, GWB, § 19 Rn. 256 f.
[404] BGH WuW/E DE-R 1779, 1781 – *Probeabonnement*.

schungsvermutungen des § 19 Abs. 3.[405] Regelungstechnisch erfolgt das Missbrauchsverbot ebenso wie nach § 19 in Form einer Generalklausel, die durch Beispiele (a) Ausbeutungsmissbrauch, b) Einschränkung der Erzeugung, des Absatzes oder der technischen Entwicklung zum Schaden der Verbraucher, c) Diskriminierung, d) Kopplung) ergänzt werden. Die auf der Grundlage des Art. 82 EG (früher: Art. 86 EGV) vom EuGH entwickelte Essential Facility-Theorie[406] diente als Vorbild für die durch die 6. GWB-Novelle eingeführte Regelung des § 19 Abs. 4 Nr. 4.[407] Ebenso wie § 19 (auf Grund einer entsprechenden Änderung nach der 6. GWB-Novelle) statuiert auch § 82 EG ein unmittelbar wirkendes Verbot, dessen Missachtung nach Art. 23 Abs. 2 VO (EG) Nr. 1/2003 mit Geldbuße geahndet werden und nach Art. 7 VO (EG) Nr. 1/2003 Gegenstand einer Verbotsentscheidung sein kann. Die zivilrechtlichen Folgen richten sich nach dem nationalen Recht (§ 134 BGB).[408]

Die beiden Missbrauchsverbote nach § 19 und Art. 82 EG sind grundsätzlich unabhängig voneinander und parallel anwendbar. Ein Vorrang des Gemeinschaftsrechts mit einer Ausschlusswirkung gegenüber dem nationalen Recht besteht nicht.[409] Das BKartA hat über § 50 die Möglichkeit und gemäß § 22 Abs. 3 bei Vorliegen der Voraussetzungen von Art. 82 EG die Pflicht, auch dieses Missbrauchsverbot anzuwenden. Die Unbedenklichkeit nach Art. 82 EG hat nicht zur Folge, dass die deutschen Kartellbehörden § 19 nicht (mehr) anwenden können,[410] weil insbesondere hinsichtlich der Beurteilung der Marktbeherrschung, gerade im Hinblick auf die räumliche Marktabgrenzung, unterschiedliche Maßstäbe gelten können. Andererseits darf eine nach Gemeinschaftsrecht erteilte Freistellung für eine wettbewerbsbeschränkende Vereinbarung oder Klausel nicht durch das nationale Kartellrecht unterlaufen werden.[411] Umgekehrt kann ein nach Gemeinschaftsrecht als missbräuchlich verbotenes Verhalten nicht durch nationales Recht erlaubt oder geradezu geboten werden.[412] Für den nach den bisherigen Erfahrungen eher unwahrscheinlichen Fall, dass es trotz der Verpflichtung zur Zusammenarbeit zwischen EG-Kommission und den nationalen Kartellbehörden nach Art. 11 ff. VO (EG) Nr. 1/2003 zu kollidierenden Verfügungen kommt, ist davon auszugehen, dass das Gemeinschaftsrecht dem nationalen Recht vorgeht.[413]

113

§ 20 Diskriminierungsverbot, Verbot unbilliger Behinderung

(1) **Marktbeherrschende Unternehmen, Vereinigungen von miteinander im Wettbewerb stehenden Unternehmen im Sinne der §§ 2, 3 und 28 Abs. 1 und Unternehmen, die Preise nach § 28 Abs. 2 oder § 30 Abs. 1 Satz 1 binden, dürfen ein anderes Unternehmen in einem Geschäftsverkehr, der gleichartigen Unternehmen üblicherweise zugänglich ist, weder unmittelbar noch mittelbar unbillig behindern oder gegenüber gleichartigen Unternehmen ohne sachlich gerechtfertigten Grund unmittelbar oder mittelbar unterschiedlich behandeln.**

---

[405] *Bechtold,* GWB, § 19 Rn. 105 m. w. N.
[406] Siehe EuGH U. v. 6. 4. 1995 verb. Rs. C-241/91 u. C-242/91 – *Magill* Slg. 1995, I-743, 808 = EuZW 1995, 339; EuGH U. v. 26. 11. 1998 Rs. C-7/97 – *Oscar Bronner* Slg. 1998, I-7791, 7817 = WuW/E EU-R 127 = WRP 1999, 167.
[407] Siehe oben Rn. 86 ff.
[408] *Bechtold,* GWB, § 19 Rn. 106.
[409] *Bechtold,* GWB, Vor § 19 Rn. 3; *Wiedemann* in: Wiedemann, Handbuch des Kartellrechts, § 23 Rn. 93.
[410] Vgl. *Bechtold,* GWB, § 19 Rn. 104; kritisch *Wiedemann* in: Wiedemann, Handbuch des Kartellrechts, § 23 Rn. 94 m. w. N.; siehe dazu unten *Loewenheim,* § 22 Rn. 12 ff.
[411] Vgl. Art. 3 Abs. 2 S. 1 VO (EG) Nr. 1/2003.
[412] *Rehbinder* in: Immenga/Mestmäcker, GWB, § 22 Rn. 13.
[413] *Rehbinder,* ebenda.

§ 20 GWB

(2) ¹Absatz 1 gilt auch für Unternehmen und Vereinigungen von Unternehmen, soweit von ihnen kleine oder mittlere Unternehmen als Anbieter oder Nachfrager einer bestimmten Art von Waren oder gewerblichen Leistungen in der Weise abhängig sind, dass ausreichende und zumutbare Möglichkeiten, auf andere Unternehmen auszuweichen, nicht bestehen. ²Es wird vermutet, dass ein Anbieter einer bestimmten Art von Waren oder gewerblichen Leistungen von einem Nachfrager abhängig im Sinne des Satzes 1 ist, wenn dieser Nachfrager bei ihm zusätzlich zu den verkehrsüblichen Preisnachlässen oder sonstigen Leistungsentgelten regelmäßig besondere Vergünstigungen erlangt, die gleichartigen Nachfragern nicht gewährt werden.

(3) ¹Marktbeherrschende Unternehmen und Vereinigungen von Unternehmen im Sinne des Absatzes 1 dürfen ihre Marktstellung nicht dazu ausnutzen, andere Unternehmen im Geschäftsverkehr dazu aufzufordern oder zu veranlassen, ihnen ohne sachlich gerechtfertigten Grund Vorteile zu gewähren. ²Satz 1 gilt auch für Unternehmen und Vereinigungen von Unternehmen im Verhältnis zu den von ihnen abhängigen Unternehmen.

(4) ¹Unternehmen mit gegenüber kleinen und mittleren Wettbewerbern überlegener Marktmacht dürfen ihre Marktmacht nicht dazu ausnutzen, solche Wettbewerber unmittelbar oder mittelbar unbillig zu behindern. ²Eine unbillige Behinderung im Sinne des Satzes 1 liegt insbesondere vor, wenn ein Unternehmen

1. Lebensmittel im Sinne des § 2 Abs. 2 des Lebensmittel- und Futtermittelgesetzbuches unter Einstandspreis oder
2. andere Waren oder gewerbliche Leistungen nicht nur gelegentlich unter Einstandspreis oder
3. von kleinen oder mittleren Unternehmen, mit denen es auf dem nachgelagerten Markt beim Vertrieb von Waren oder gewerblichen Leistungen im Wettbewerb steht, für deren Lieferung einen höheren Preis fordert, als es selbst auf diesem Markt

anbietet, es sei denn, dies ist jeweils sachlich gerechtfertigt.³Das Anbieten von Lebensmitteln unter Einstandspreis ist sachlich gerechtfertigt, wenn es geeignet ist, den Verderb oder die drohende Unverkäuflichkeit der Waren beim Händler durch rechtzeitigen Verkauf zu verhindern sowie in vergleichbar schwerwiegenden Fällen. ⁴Werden Lebensmittel an gemeinnützige Einrichtungen zur Verwendung im Rahmen ihrer Aufgaben abgegeben, liegt keine unbillige Behinderung vor.

(5) Ergibt sich auf Grund bestimmter Tatsachen nach allgemeiner Erfahrung der Anschein, dass ein Unternehmen seine Marktmacht im Sinne des Absatzes 4 ausgenutzt hat, so obliegt es diesem Unternehmen, den Anschein zu widerlegen und solche anspruchsbegründenden Umstände aus seinem Geschäftsbereich aufzuklären, deren Aufklärung dem betroffenen Wettbewerber oder einem Verband nach § 33 Abs. 2 nicht möglich, dem in Anspruch genommenen Unternehmen aber leicht möglich und zumutbar ist.

(6) Wirtschafts- und Berufsvereinigungen sowie Gütezeichengemeinschaften dürfen die Aufnahme eines Unternehmens nicht ablehnen, wenn die Ablehnung eine sachlich nicht gerechtfertigte ungleiche Behandlung darstellen und zu einer unbilligen Benachteiligung des Unternehmens im Wettbewerb führen würde.

Übersicht

	Rn.		Rn.
I. Normzweck, Entstehungsgeschichte und praktische Bedeutung der Vorschrift	1	2. Normadressatenkreis nach Abs. 1	6
II. Behinderungs- und Diskriminierungsverbot (Abs. 1 und 2)	5	a) Marktbeherrschende Unternehmen	7
		b) Vereinigungen von Unternehmen	11
1. Systematik der Vorschrift	5	c) Preisbindende Unternehmen	13

§ 20. Diskriminierungsverbot, Verbot unbilliger Behinderung

	Rn.
3. Normadressatenkreis nach Abs. 2 (Relativ marktstarke Unternehmen)	16
a) Übersicht	16
b) Unternehmen und Vereinigungen von Unternehmen	18
c) Abhängige Unternehmen	19
aa) Kleine und mittlere Unternehmen	19
bb) Anbieter oder Nachfrager bestimmter Waren oder gewerblicher Leistungen	22
d) Abhängigkeitstatbestand	24
aa) Nichtbestehen ausreichender und zumutbarer Ausweichmöglichkeiten	25
bb) Arten der Abhängigkeit	31
(1) Sortimentsbedingte Abhängigkeit	32
(2) Unternehmensbedingte Abhängigkeit	41
(3) Mangelbedingte Abhängigkeit	44
(4) Nachfragebedingte Abhängigkeit	46
cc) Abhängigkeitsvermutung (Abs. 2 S. 2)	50
(1) Übersicht	50
(2) Anwendungsbereich	51
(3) Rechtsnatur	52
(4) Vermutungsvoraussetzungen	53
(5) Widerlegung	58
4. Durch § 20 Abs. 1 und 2 geschützter Personenkreis	59
5. Gleichartigen Unternehmen üblicherweise zugänglicher Geschäftsverkehr	60
a) Gleichartige Unternehmen	61
b) Üblicherweise zugänglicher Geschäftsverkehr	64
6. Verbot unbilliger Behinderung	66
a) Übersicht	66
b) Behinderung	67
c) Unbilligkeit	68
aa) Prinzip der Interessenabwägung	69
bb) Interessen der Beteiligten	72
(1) Interessen des Normadressaten	73
(2) Interessen der behinderten Unternehmen	74
(3) Abwägung der Interessen	75
dd) Berücksichtigung der Zielsetzung des GWB und der Wertungen und Zielsetzungen des europäischen Wettbewerbsrechts	76
(1) Funktion	76
(2) Beurteilungskriterien	77
ee) Zeitpunkt der Interessenabwägung und Beweislast	83
7. Verbot ungerechtfertigter unterschiedlicher Behandlung	84
a) Unterschiedliche Behandlung	85
b) Gleichartige Unternehmen	88
c) Sachlich nicht gerechtfertigter Grund	89
d) Zeitpunkt der Interessenabwägung und Beweislast	90

	Rn.
8. Einzelfälle unbilliger Behinderung und ungerechtfertigt unterschiedlicher Behandlung	91
a) Geschäftsverweigerung	91
aa) Absatzsysteme	92
bb) Mangellagen	97
cc) Gründe in der Person des Nichtbelieferten	98
dd) Messen und Ausstellungen, Anzeigen	99
ee) Zugang zu Netzen	100
ff) Nichtaufnahme in Verbände	101
b) Preis-, Rabatt- und Konditionendifferenzierung	102
c) Abnehmerbindungen	104
d) Behinderung und Diskriminierung durch Nachfrager	107
9. Rechtsfolgen des Verstoßes gegen das Behinderungs- und Diskriminierungsverbot	109
a) Übersicht	109
b) Zivilrechtsschutz	110
10. Verhältnis zu anderen Vorschriften	112
III. Veranlassung zur Gewährung von Vorteilen (Abs. 3)	113
1. Übersicht	113
2. Normadressatenkreis	114
3. Gewährung von Vorteilen ohne sachlich gerechtfertigten Grund	116
a) Vorteile	117
b) Sachlich gerechtfertigter Grund	121
4. Aufforderung oder Veranlassung anderer Unternehmen im Geschäftsverkehr	123
5. Ausnutzung der Marktstellung	127
6. Rechtsfolgen des Verstoßes	128
7. Verhältnis zu anderen Vorschriften	129
IV. Behinderung kleiner und mittlerer Wettbewerber (Abs. 4 und 5)	130
1. Übersicht	130
2. Unternehmen mit gegenüber kleinen und mittleren Wettbewerbern überlegener Marktmacht	131
3. Ausnutzung der Marktmacht	135
4. Unbillige Behinderung	136
a) Behinderung	136
b) Unbilligkeit	137
c) Der Regelkatalog (Abs. 4 S. 2)	138
aa) Übersicht	138
bb) Einstandspreis	140
cc) Angebote unter Einstandspreis bei Lebensmitteln (Abs. 4 S. 2 Nr. 1)	146
dd) Angebote unter Einstandspreis bei anderen Waren oder gewerblichen Leistungen (Abs. 4 S. 2 Nr. 2)	153
ee) Preis-Kosten-Schere (Abs. 4 S. 2 Nr. 3)	157
5. Beweisregeln (Abs. 5)	161
a) Anscheinsvoraussetzungen	162
b) Widerlegung des Anscheins	164
6. Rechtsfolgen des Verstoßes und Verhältnis zu anderen Vorschriften	166

§ 20 GWB 10. Teil. Gesetz gegen Wettbewerbsbeschränkungen

	Rn.
V. Ablehnung der Aufnahme in Verbände (Abs. 6)	167
1. Allgemeines	167
a) Normzweck	167
b) Rechtsnatur der Vorschrift	170
c) Verhaltensautonomie	171
aa) Verfassungskonformität	171
bb) Verbandsinterne Diskriminierung	172
cc) Verbandsautonomie und diskriminierende Satzungsbestimmungen	173
dd) Aufnahmepraxis und Verbandsautonomie	174
2. Materielle Voraussetzungen; Anwendungsbereich	175
a) Wirtschafts- und Berufsvereinigungen	175
aa) Privatautonomes Mitgliedschaftsverhältnis	175
bb) Umfassende Wahrnehmung gemeinschaftlicher Belange	176
cc) Wahrnehmung nach außen auf Dauer	177
b) Gütezeichengemeinschaften	178
c) Das um Mitgliedschaft bemühte „Unternehmen"	180
d) Ablehnung und gleichgestellte verbotene Verhaltensweisen	181
e) Sachlich nicht gerechtfertigte ungleiche Behandlung	182
aa) Übersicht	182

	Rn.
bb) Interessenabwägung	183
cc) Schutzwürdige Interessen des Bewerbers um Mitgliedschaft	185
dd) Wechselwirkung zwischen Ungleichbehandlung und Wettbewerbsnachteil	186
ee) Schutzwürdige Interessen des Verbandes	187
ff) Nicht geschützte Interessen des Verbandes	196
gg) Erfüllung satzungsgemäßer Voraussetzungen	197
f) Unbillige Benachteiligung im Wettbewerb	198
aa) Benachteiligung im Wettbewerb	198
bb) Unbilligkeit	201
3. Probleme der Beweislast	202
4. Rechtsfolgen	204
a) Zivilrechtlicher Aufnahmeanspruch	205
b) Anordnung; Untersagungsverfahren; Bußgeldverfahren	206
5. EG-Recht	209
6. Verhältnis zu anderen Vorschriften	213
a) Verhältnis zu § 20 Abs. 1, 2	213
b) Verhältnis zu § 826 BGB	214
c) Verhältnis zu § 1 UWG	217

Schrifttum: Zu § 20 Abs. 1 und 2: *Bauer*, Kartellrechtliche Zulässigkeit von Beschränkungen des Internetvertriebs in selektiven Vertriebssystemen, WRP 2003, 243; *Baur*, Die Funktion des neuen Diskriminierungsverbots nach § 26 Abs. 2 Satz 2 GWB, BB 1974, 1589 ff.; *Belke*, Die Geschäftsverweigerung im Recht der Wettbewerbsbeschränkungen, 1966; *Carlhoff*, Das Diskriminierungsverbot nach § 26 Abs. 2 GWB in der Rechtsprechung des BGH, 1988; *Ebenroth/Obermann*, Zweitvertretungsanspruch in Absatzmittlungsverhältnissen aus § 26 Abs. 2, DB 1981, 329; *Fezer*, Vertriebsbindungssysteme als Unternehmensleistung – Zum Wettbewerbsschutz des selektiven Vertriebs im Grauen Markt, GRUR 1990, 551; *Fischötter*, Zum erweiterten Diskriminierungsverbot nach § 26 Abs. 2 GWB, WuW 1974, 379 ff.; *Gentz*, Das Diskriminierungsverbot in § 26 Abs. 2 GWB und § 9 Kart VO, WuW 1961, 587; *Harte-Bavendamm/Kreutzman*, Neue Entwicklungen in der Beurteilung selektiver Vertriebssysteme, WRP 2003, 682; *Hefermehl*, Zur Anwendung des § 26 Abs. 2 GWB auf selektive Vertriebssysteme, GRUR 1975, 275; *Hempel*, Privater Rechtsschutz im deutschen Kartellrecht nach der 7. GWB-Novelle, WuW 2004, 362; *Heuchert*, Die Normadressaten des § 26 Abs. 2 Satz 2 GWB – Eine ökonomische Analyse des Rechts, Hamburger Beiträge zum Handels-, Schiffahrts- und Wirtschaftsrecht, Band 15, Heidelberg 1987; *Hölzler/Satzky*, Wettbewerbsverzerrungen durch nachfragemächtige Handelsunternehmen, FIW-Schriftenreihe Heft 90, 1980; *Hootz*, Die Durchsetzung zulässiger selektiver Vertriebssysteme nach deutschem Wettbewerbsrecht, BB 1984, 1648; *Jüttner-Kramny*, Das Phänomen „Nachfragemacht", WuW 1982, 278; *Kante/Müller*, Zur Diskussion um ein allgemeines Diskriminierungsverbot, FIW-Schriftenreihe Heft 74, 1976, S. 33; *Kilian*, Diskriminierungsverbot und Kontrahierungszwang für Markenartikelhersteller, ZHR 142 (1978) 453; *Knöpfle*, Die Rechtsstellungen nach §§ 22 Abs. 1 Nr. 2 und 37 a Abs. 3 GWB, DB 1983, 430; *ders.*, Zur Gleichartigkeit von Unternehmen, insbes. von Strombeziehern, nach § 26 Abs. 2 GWB, BB 1981, 1733; *Köhler*, Wettbewerbsbeschränkungen durch Nachfrager, Münchener Universitätsschriften Band 37, München 1977; *ders.*, Wettbewerbs- und kartellrechtliche Kontrolle der Nachfragemacht, ZHR-Beiheft 49, 1979; *Kokhoff*, Grenzen des selektiven Vertriebs von Markenartikeln, WuW 1985, 854; *Kroitzsch*, Zum Begriff der Abhängigkeit im Sinne des § 26 Abs. 2 S. 2 GWB, GRUR 1976, 182; *Lange*, Die kartellrechtliche Kontrolle der Gewährung von Rabatten, WuW 2002, 220; *Loewenheim*, Aktuelle Probleme des kartellrechtlichen Diskriminierungsverbots, WRP 1982, 190; *Mandel*, Diskriminierungsverbot gemäß § 26 Abs. 2 Satz 2 des Gesetzes gegen Wettbewerbsbeschränkungen und Grenzen der Zuläs-

§ 20. Diskriminierungsverbot, Verbot unbilliger Behinderung § 20 GWB

sigkeit für den selektiven Vertrieb, Frankfurt a. M., 1991 (Europäische Hochschulschriften, Reihe II, Rechtswissenschaft; Bd. 933); *Mestmäcker,* Der verwaltete Wettbewerb, Tübingen 1984; Monopolkommission, Sondergutachten 7, Mißbräuche der Nachfragemacht und Möglichkeiten zu ihrer Kontrolle im Rahmen des Gesetzes gegen Wettbewerbsbeschränkungen, Baden-Baden 1977; *Niederleithinger,* Die Verfolgung von Mißbräuchen von Angebots- und Nachfragemacht nach §§ 22, 26 Abs. 2 GWB, in: FIW-Schriftenreihe, Heft 77, Köln u. a. 1977, S. 65; *Pfeiffer,* Das kartellrechtliche Diskriminierungsverbot aus richterlicher Sicht, FIW-Schriftenreihe Heft 103, 1981/82, S. 73; *Sack,* Zum erweiterten Adressatenkreis des Diskriminierungsverbots GRUR 1975, 511; *Schmidt,* US-amerikanische und deutsche Wettbewerbspolitik gegenüber Marktmacht, Berlin 1973; *Schockenhoff,* Die gerichtliche Durchsetzung von Belieferungsansprüchen aus § 26 Abs. 2 GWB, NJW 1990, 152; *Schwenke,* Die Berücksichtigung der Marktmacht bei „Mißbrauch" und „Diskriminierung" (insbesondere nach der vierten GWB-Novelle). Münster 1995 (Juristische Schriftenreihe; Bd. 62); *Thomas,* Die verfahrensrechtliche Bedeutung der Marktbeherrschungsvermutungen des § 19 Abs. 3 GWB, WuW 2002, 470; *ders.,* Die Anwendung des erweiterten Diskriminierungsverbots auf Markenartikelhersteller, BB 1975, 661; *Ulmer,* Die neuen Vorschriften gegen Diskriminierung und unbillige Behinderung (§ 26 Abs. 2 Satz 3 und § 37 a Abs. 3 GWB), WuW 1980, 430; *ders.,* Mehr Wettbewerb?, WuW 1978, 330; *ders.,* Kartellrechtswidrige Konkurrentenbehinderung durch leistungsfremdes Verhalten marktbeherrschender Unternehmen, in FS Kummer, 1980, S. 565; *van Venrooy,* Das Verbot unterschiedlicher Behandlung nach § 26 Abs. 2 S. 1 im Lichte des § 134 BGB, BB 1979, 555; *Weber,* Belieferungsanträge in der neueren Rechtsprechung, WuW 1986, 26; *Weitbrecht,* Das neue EG-Verfahrensrecht, EuZW 2003, 69; *Weyer,* Belieferungsansprüche bei Verstoß gegen Art. 81 EGV?, GRUR 2000, 848; *Wirtz,* Anwendbarkeit von § 20 GWB auf selektive Vertriebssysteme nach Inkrafttreten der VO 1/2003, WuW 2003, 1039.

Zu § 20 Abs. 3: *Köhler,* zur Kontrolle der Nachfragemacht nach dem neuen GWB und dem neuen UWG, WRP 2006, 139; *ders.,* Zur Auslegung, Anwendung und mit Reform des § 20 Abs. 3 GWB, Festschrift für Tilmann, 2003, S. 693; *ders.,* ‚Verkauf unter Einstandspreis im neuen GWB', BB 1999, 697; *ders.,* Wettbewerbs- und kartellrechtliche Kontrolle der Nachfragemacht, ZHR 1979, Beiheft 49; *Loewenheim,* „Eintrittsgelder" und Sittenwidrigkeit – Bemerkungen zum Urteil des OLG Frankfurt vom 6. Mai 1975, GRUR 1976, 224; *Lange,* Die kartellrechtliche Kontrolle der Gewährung von Rabatten, WuW 2002, 220; *Lehmann,* Schutz des Leistungswettbewerbs und Verkauf unter Einstandspreis – Anmerkung zu den BGH-Entscheidungen „Elbe-Markt", „mini-Preis", „Der Superhit" und „Verkauf unter Einstandspreis", GRUR 1979, 368; *Schmidt,* Handelskonzentration, Nachfragemacht und 6. GWB-Novelle, WuW 1997, 101; *Westen,* Unbillige Behinderung von Wettbewerbern durch Verkäufe unter Einstandspreis, 1987.

Zu § 20 Abs. 4: *Bergmann,* Maßstäbe für die Beurteilung einer Kosten-Preis-Schere im Kartellrecht, WuW 2001, 234; *Dangelmaier,* Der Verkauf unter Einstandspreis im Spiegel des deutschen und europäischen Kartellrechts, Hamburg 2003; *Dittrich,* Die Fünfte Kartellgesetznovelle, DB 1990, 98; *Eser,* Warenverkauf unter Einstandspreis aus Wettbewerbs- und kartellrechtlicher Sicht, BB 1985, 699; *Fichert/Keßler,* Untereinstandspreisverkäufe im Lebensmitteleinzelhandel, WuW 2002, 1173; *Gassner/Dangelmaier,* Neues zur Kartellrechtswidrigkeit von Verkäufen unter Einstandspreis, WuW 2003, 491; *Gloy,* Zur Beurteilung gezielter Kampfpreise nach Kartell- und Wettbewerbsrecht, in: FS Gaedertz, 1992, 209; *Häntze,* Ist eine Definition des Einstandspreises möglich? – Zur Diskussion um die Änderung des § 37 a Abs. 3 GWB, GRUR 1988, 881; *Heitzer,* Schwerpunkte der deutschen Wettbewerbspolitik, WuW 2007, 854/861; *Hoffmann,* Preisscheren durch vertikal integrierte Oligopole, WuW 2003, 1278; *Hucko,* Die neuen Beweisregeln im Behinderungstatbestand der 5. GWB-Novelle, WuW 1990, 618; *Knöpfle,* Die Rechtsstellungen nach §§ 22 Abs. 1 Nr. 2 und 37 a Abs. 3 GWB, DB 1983, 430; *Köhler,* Durchsetzung von Vorzugsbedingungen durch marktmächtige Nachfrager, BB 1999, 1017; *ders.,* Verkauf unter Einstandspreis im neuen GWB, BB 1990, 679; *Krause/Oppolzer,* Anwendungsprobleme des § 20 IV GWB hinsichtlich des Verkaufs unter Einstandspreis, WuW 2000, 17; *Kreutzer,* Wettbewerb um jeden Preis? Zur Problematik des Verkaufs zu Verlustpreisen im Einzelhandel, WRP 1985, 467 ff.; *Lademann,* Schutzzweck- und Rechtstatsachenprobleme bei der Untersagung von Verkäufen unter dem Einstandspreis, DB 1984, 758; *Luber,* Verkauf unter Einstandspreis und Dumpingpreise im französischen Recht; WuW 2001, 686; *Marken,* Die Wettbewerberbehinderung im GWB nach der 4. Kartellnovelle, ZHR 1982, Beiheft 55; *Mees,* Unbillige Behinderung durch Preis- und Rabattgestaltung, FIW-Schriftenreihe Heft 133, 1988/89, S. 9 ff.; *Möschel,* Anforderungen an eine kartellbehördliche Missbrauchsverfügung bei Verkäufen unter Einstandspreis, BB 1986, 1785; *Ritter,* Regierungsentwurf zum Gesetz zur Bekämpfung von Preismissbrauch im Bereich der Energieversorgung und des Lebensmittelhandels, WuW 2008, 142; *Ritter/Lücke,* Die Bekämpfung von Preismissbrauch im Bereich der Energieversorgung und des Lebensmittelhandels, WuW 2007, 698; *Sack,* Der Verkauf unter Selbstkosten im Einzelhandel, WRP 1983, 63 ff.; *ders.,* Der Verkauf unter Selbstkosten in Handel und Handwerk, BB 1988, Heft 11, Beilage 3; *Schäfer,* § 37 a Abs. 3 GWB und die Berücksichtigung marktstarker Konkurrenten des „Normadressaten", 1986; *Schmidt,* Handelskonzentration, Nachfragemacht und 6. GWB-Novelle, WuW 1997, 101; *Schmidt/Wuttke,* Leistungswettbewerb und unbillige Behinderung i. S. des § 26 Abs. 4 GWB, BB 1998, 754; *Schmitz,* Preisunterbindung als Problem des GWB, WuW 1992, 209 ff.; *Scholz,* Verkauf unter den Selbstkosten oder zurück zur Verordnung über den Wettbewerb 1934, WRP 1983, 337 ff.; *Schüller,* Verkäufe unter Einstandspreis, Pfaffenweiler 1988; *Ulmer,* Die neuen Vorschriften gegen Diskriminierung und unbillige Behinderung (§ 26 Abs. 2 Satz 3 und § 37 a Abs. 3 GWB), WuW 1980, 474; *ders.,* Kartellrechtliche Schranken der Preisunterbietung nach § 26 Abs. 4 GWB, in: FS v. Gamm, 1990, S. 677.

Zu § 20 Abs. 6: *Baecker,* Grenzen der Vereinsautonomie im deutschen Sportverbandswesen, 1985, Band 9 der Münsterischen Beiträge zur Rechtswissenschaft, S. 61 ff.; *Bartodziej,* Ansprüche auf Mitgliedschaft in Vereinen und Verbänden, ZGR 1991, 517; *Bechthold,* GWB, 5. Auflage, 2008; *Benisch,* „Gütezeichengemeinschaften" in Kooperationsfibel, 4. Aufl. 1973, 364 f.; *Birk,* Der Aufnahmezwang bei Vereinen und Verbänden, JZ 1972, 343; *Bohn,* Der Zwang zur Aufnahme von Mitgliedern in Wirtschafts- und Berufsvereinigungen nach § 27 GWB, BB 1964, 788; *Fuchs,* Satzungsautonomie und Aufnahmezwang nach dem GWB, NJW 1965, 1509; *Grunewald,* Vereinsaufnahme und Kontrahierungszwang, AcP 1982 (Band 182), S. 181; *Hossenfelder, Töllner, Ost,* Kartellrechtspraxis und Kartellrechtsprechung 2005/06, B IV, Rn. 618 ff., 21. Aufl. 2006; *Koenig,* Sind genossenschaftliche Prüfungsverbände Wirtschaftsvereinigungen im Sinne des Gesetzes gegen Wettbewerbsbeschränkungen? Diss., Münster 1959; *Markert* in: Immenga/Mestmäcker, GWB, 4. Auflage, 2007; *Michael,* Verfassungsrechtliche Fragen des kartellrechtlichen Aufnahmezwanges, Diss., Berlin 1994; *Miosga,* Gütesicherung und Zeichenschutz, GRUR 1968, 570, 575; *Möschel* in: Immenga/Mestmäcker, EG-WbR, Art. 82 EG, 4. Auflage, 2007; *Nicklisch,* Der verbandsrechtliche Aufnahmezwang und die Inhaltskontrolle satzungsmäßiger Aufnahmevoraussetzungen, JZ 1976, 105; *ders.,* Inhaltskontrolle von Verbandsnormen, Heft 152 der Schriftenreihe der Juristischen Studiengesellschaft Karlsruhe, 1982; *Rixen* in: Jaeger/Pohlmann/Rieger/Schroeder, Frankfurter Kommentar zum Kartellrecht, 2008; *Säcker/Rancke,* Verbandsgewalt, Vereinsautonomie und richterliche Inhaltskontrolle, ArbuR 1981, 1; *Scholz-Hoppe,* Das Recht auf Aufnahme in Wirtschafts- und Berufsvereinigungen, FS G. Pfeiffer, S. 785 ff, 1988; *Schultz* in: Langen/Bunten, Band 1: GWB, 10. Auflage, 2006; *Steinbeck,* Der Anspruch auf Aufnahme in einen Verein – dargestellt am Beispiel der Sportverbände, WuW 1996, 91; *Traub,* Verbandsautonomie und Diskriminierung, WRP 1985, 591; *Vieweg,* Normsetzung und -anwendung deutscher und internationaler Verbände, Berlin 1990; *Wiebe,* Wettbwerbs- und zivilrechtliche Rahmenbedingungen der Vergabe und Verwendung von Gütezeichen, WRP 1993, 74 und 156.

I. Normzweck, Entstehungsgeschichte und praktische Bedeutung der Vorschrift

1   § 20 enthält eine Reihe von Tatbeständen, die sich gegen die **Ausnutzung von Marktmacht in Form der Behinderung und Diskriminierung von Marktteilnehmern** richten. Zusammen mit dem Missbrauchsverbot des § 19, aber auch mit den Tatbeständen des § 21 bilden sie das Kontrollsystem für die wettbewerbsbeeinträchtigende Ausübung von Marktmacht. Während § 19 stets eine marktbeherrschende Stellung voraussetzt, erfassen die Tatbestände des § 20 auch andere Fälle von Marktmacht; beide Vorschriften sind nebeneinander anwendbar.[1] Das Diskriminierungsverbot des § 20 soll einen Missbrauch der wirtschaftlichen Macht marktbeherrschender Unternehmen bereits im Frühstadium verhindern; es soll ein funktionierender Wettbewerb unter Ausgleich der unterschiedlichen wirtschaftlichen Stärke der am Markt beteiligten Unternehmen geschützt und erhalten werden.[2] **§ 20 Abs. 1** richtet sich gegen die **unbillige Behinderung und sachlich nicht gerechtfertigte Diskriminierung** sowohl von Wettbewerbern als auch von

---

[1] S. unten Rn. 112.
[2] BGH 11. 12. 2001, KZR 5/00, WuW/E DE-R 839 – *Privater Pflegedienst.*

§ 20. Diskriminierungsverbot, Verbot unbilliger Behinderung   2, 3 § 20 GWB

Lieferanten und Abnehmern, findet also sowohl im Horizontal- als auch im Vertikalverhältnis Anwendung. **§ 20 Abs. 2** erweitert den Anwendungsbereich des Abs. 1 auf bestimmte Vertikalverhältnisse, nämlich die Fälle der **relativen Abhängigkeit,** bei denen kleine oder mittlere Unternehmen als Anbieter oder Nachfrager von anderen Unternehmen abhängig sind. **§ 20 Abs. 3** behandelt einen Sonderfall der Diskriminierung im Vertikalverhältnis, nämlich die sog. **passive Diskriminierung,** die darin besteht, dass ein Nachfrager seine Marktmacht dazu ausnutzt, sich von seinem Lieferanten Sondervorteile einräumen zu lassen, die der Lieferant anderen Nachfragern nicht einräumt. Damit soll die Nachfragemacht des Handels einer Kontrolle unterworfen werden. **§ 20 Abs. 4 und 5** beziehen sich wieder auf horizontale Wettbewerbsbeziehungen; es sollen kleine und mittlere Unternehmen vor der Behinderung durch einen Wettbewerber mit überlegener Marktmacht geschützt werden, insbesondere gegen aggressive Preis- und Rabattpraktiken[3] wie den Verkauf unter Einstandspreis unter bestimmten Voraussetzungen. Absätze 4 und 5 schützen also nicht Lieferanten und Abnehmer. **§ 20 Abs. 6** schließlich richtet sich gegen die diskriminierende Verweigerung der Aufnahme in Wirtschafts- und Berufsvereinigungen sowie in Gütezeichengemeinschaften; diese Vorschrift entspricht dem früheren § 27.

Das deutsche Kartellrecht enthält **kein allgemeines Diskriminierungsverbot.** In einer Rechts- und Wettbewerbsordnung, die auf den Grundsätzen der Vertragsfreiheit und Privatautonomie basiert, müssen staatliche Regelungen, die die Aufnahme von Vertragsbeziehungen anordnen, Ausnahmen bleiben. Die bloße Behinderung und Ungleichbehandlung von Marktteilnehmern sind grundsätzlich wettbewerbsimmanente Methoden, die Durchsetzung des eigenen Angebots ist ohne sie kaum denkbar. Erst wenn Behinderung und Diskriminierung auf wettbewerbsfremden Methoden beruhen, insbesondere durch die missbräuchliche Ausnutzung von Marktmacht ermöglicht werden, kann das Kartellrecht eingreifen. Das Diskriminierungsverbot beschränkt sich daher auf die in § 20 genannten Normadressaten. Auch soweit durch diese eine unterschiedliche Behandlung von Marktteilnehmern praktiziert wird, können die wettbewerblichen Auswirkungen aber durchaus ambivalent zu beurteilen sein, etwa bei der Preisdifferenzierung durch Anbieter, die wettbewerbswidrig zur Bekämpfung von Mitbewerbern eingesetzt werden kann, die aber z. B. auf Oligopolmärkten als vorstoßender Preiswettbewerb Wettbewerb oft erst ermöglichen kann. Ebenso kann die Beschränkung auf bestimmte Abnehmer auf der Handelsstufe und damit der Ausschluss anderer Händler notwendige Voraussetzung eines Vertriebssystems sein, das im Wettbewerb mit Konkurrenten (interbrand competition) eine durchaus sinnvolle wettbewerbspolitische Maßnahme darstellt. § 20 trägt dem dadurch Rechnung, dass es für die Ungleichbehandlung keinen sachlich gerechtfertigten Grund geben darf.

§ 20 hat eine wechselvolle **Entstehungsgeschichte** hinter sich. Die Wurzeln des Diskriminierungsverbots des § 20 Abs. 1 und 2 liegen einmal in der Monopolrechtsprechung des Reichsgerichts zu § 826 BGB, zum anderen in der amerikanischen Antitrust-Gesetzgebung. Das US-Antitrustrecht[4] verbietet wettbewerbsbeschränkende Diskriminierungen in weitem Umfange und läuft eher auf ein allgemeines Diskriminierungsverbot hinaus. Der während des Gesetzgebungsverfahrens gemachte Vorschlag, auch im GWB ein allgemeines Diskriminierungsverbot zu statuieren, hat sich aber nicht durchgesetzt. Man war sich bewusst, dass ein allgemeines Diskriminierungsverbot eher zu einer Wettbewerbserstarrung führen würde; zudem waren die Erfahrungen aus den USA alles andere als ermutigend. Der Adressatenkreis wurde daher auf marktbeherrschende Unternehmen, preisbindende Unternehmen und Kartelle beschränkt. Mit der 2. Novelle von 1973 wurde der Adressatenkreis um die relativ marktstarken Unternehmen (jetzt § 20 Abs. 2) ergänzt, da sich die

---

[3] Bericht des Wirtschaftsausschusses, BT-Drucks. 8/3690 S. 30.
[4] Sec. 2 Clayton Act 1914, Robinson-Patman Act 1936.

bisherige Fassung bei bestimmten Fallkonstellationen als nicht ausreichend erwiesen hatte, vor allem bei dem Angewiesensein vieler Händler auf bestimmte berühmte Markenartikel zur Vervollständigung ihres Sortiments und der Praxis vertikal integrierter Unternehmen, in Knappheitssituationen in erster Linie die ihnen angeschlossenen Verarbeitungs- und Verteilerunternehmen zu versorgen. Mit der 4. Novelle von 1980 wurde die (jetzt in § 20 Abs. 3 enthaltene) Regelung eingeführt, durch die die Praxis marktstarker Nachfrager bekämpft werden sollte, den Marktpartner zur Gewährung von Sondervorteilen zu zwingen. Gleichfalls durch die Novelle 1980 wurde der (jetzt in § 20 Abs. 4 und 5 enthaltene) Tatbestand der Behinderung kleiner und mittlerer Wettbewerber als § 37a Abs. 3 eingeführt, der mit der 5. Novelle von 1989 in vereinfachter Form als Abs. 4 in § 26 a. F. (jetzt § 20) integriert wurde und durch die 6. Novelle mit Wirkung vom 1. 1. 1999 um das Regelbeispiel unbilliger Verkäufe unter Einstandspreis ergänzt wurde und seine heutige Fassung erhielt. Die 7. Novelle von 2005 hat den Adressatenkreis des § 20 an die neuen Regelungen angepasst, im Übrigen aber an den Tatbeständen der Diskriminierung und Behinderung nichts geändert. § 20 Abs. 3 und 4 sind durch das Gesetz zur Bekämpfung von Preismissbrauch im Bereich der Energieversorgung und des Lebensmittelhandels vom 18. 12. 2007 (BGBl. I S. 2966) geändert worden.[5] Das Diskriminierungsverbot des Abs. 3 wurde verschärft, indem es nicht mehr auf kleine und mittlere Unternehmen beschränkt ist; in Abs. 4 wurde ein Regelkatalog eingefügt, der zusätzlich zur bisherigen Regelung im Lebensmittelhandel den Verkauf unter Einstandspreis generell untersagt (Nr. 1) und die Preisgestaltung bei der Belieferung von kleinen und mittleren Unternehmen regelt, mit denen das marktmächtige Unternehmen auf einer nachgelagerten Marktstufe in Wettbewerb steht (Nr. 3). Die Neuregelung ist bis zum 31. 12. 2012 befristet.[6] Angesichts zahlreicher im Laufe des Gesetzgebungsverfahrens erhobener kritischer Stimmen soll die Befristung der Feststellung dienen, ob sich die Änderungen, insbesondere die Regelung des Angebots unter Einstandspreis, bewähren.[7]

4   Die **praktische Bedeutung** des § 20 ist bei seinen einzelnen Tatbeständen unterschiedlich. Das **Behinderungs- und Diskriminierungsverbot des Abs. 1 und 2** hatte große praktische Bedeutung gewonnen, vor allem auch deswegen, weil es als den Individualschutz bezweckende Vorschrift den benachteiligten Unternehmen die Möglichkeit bot, nach § 35 GWB (1989) bzw. § 33 GWB (1999) vor den Zivilgerichten Unterlassungs- und Schadensersatzansprüche geltend zu machen, was für § 22 a. F. (Missbrauch einer marktbeherrschenden Stellung) überwiegend verneint wurde.[8] Seit dieser Tatbestand durch die 6. Novelle 1999 in § 19 als Verbotstatbestand ausgestaltet worden ist, besteht diese Möglichkeit zwar auch für § 19; § 20 Abs. 1 und 2 kommt demgegenüber aber noch insofern eine erhöhte Bedeutung zu, als durch sie über die marktbeherrschende Stellung hinaus auch andere Fälle von Marktmacht erfasst werden.[9] Wesentlich geringer ist die praktische Bedeutung von **§ 20 Abs. 3 (Veranlassung zur Gewährung von Vorteilen)** geblieben; in den Jahren 2003 bis 2006 wurden vom Bundeskartellamt lediglich sieben Verfahren nach dieser Vorschrift eingeleitet.[10] Das ist nicht zuletzt dadurch zu erklären, dass § 20 Abs. 3 angesichts der zahlreichen in ihm enthaltenen unbestimmten Rechtsbegriffe nur schwer

---

[5] Dazu *Ritter* WuW 2008, 142; *Ritter/Lücke* WuW 2007, 698.
[6] Art. 1a, 3 Gesetz zur Bekämpfung von Preismissbrauch im Bereich der Energieversorgung und des Lebensmittelhandels vom 18. 12. 2007 (BGBl. I S. 2966).
[7] Dazu *Ritter* WuW 2008, 142/148.
[8] Vgl. dazu *Möschel* in: Immenga/Mestmäcker, GWB, § 19 Rn. 249.
[9] Im Jahr 2006 wurden vom BKartA 15 neue Verfahren nach § 20 Abs. 1 und 2 eingeleitet, im Jahr 2005 14 Verfahren (Tätigkeitsbericht für 2005/2006 – BT-Drucks. 16/5710 – S. 230), im Jahr 2004 5 Verfahren, im Jahr 2003 21 Verfahren (Tätigkeitsbericht für 2003/2004 – BT-Drucks. 15/5790 – S. 230).
[10] Tätigkeitsbericht für 2003/2004 (BT-Drucks. 15/5790) S. 230; Tätigkeitsbericht für 2005/2006 (BT-Drucks. 16/5710) S. 231.

§ 20. Diskriminierungsverbot, Verbot unbilliger Behinderung   5, 6   § 20 GWB

anwendbar ist. Auch die Behinderung kleiner und mittlerer Wettbewerber, insbesondere das Verbot des **Verkaufs unter Einstandspreis (§ 20 Abs. 4 und 5)** hat nicht die vom Gesetzgeber erwartete Bedeutung erlangt; trotz der Straffung gegenüber § 37a Abs. 3 a. F. geben die Tatbestandsmerkmale der Vorschrift noch zu vielen Zweifelsfragen Anlass und sind schwer nachzuweisen.[11] Während im Jahr 2003 noch 12 neue Verfahren eingeleitet wurden,[12] sank die Zahl im Jahr 2004 auf zwei und in den Jahren 2005 und 2006 auf jeweils ein Verfahren.[13] Ob die Ende 2007 erfolgte Änderung des Abs. 4 (vgl. Rn. 3) hieran etwas ändern wird, wird selbst vom Bundeskartellamt ausgesprochen skeptisch beurteilt.[14] Gering geblieben ist auch die Bedeutung von § 20 Abs. 6 **(Ablehnung der Aufnahme in Verbände)**, die Tätigkeitsberichte für 2003/2004 und 2005/2006 weisen kein Verfahren des Bundeskartellamtes aus.[15]

II. Behinderungs- und Diskriminierungsverbot (Abs. 1 und 2)

1. Systematik der Vorschrift

§ 20 Abs. 1 enthält den Verbotstatbestand. Voraussetzung der Vorschrift ist zunächst, dass 5 das Unternehmen, gegen das vorgegangen werden soll, zu dem Normadressatenkreis gehört. Zweitens ist erforderlich, dass es sich um einen gleichartigen Unternehmen üblicherweise zugänglichen Geschäftsverkehr handelt. Drittens muss entweder eine unbillige Behinderung oder eine gegenüber gleichartigen Unternehmen unterschiedliche Behandlung ohne sachlich gerechtfertigten Grund vorliegen. § 20 Abs. 2 erweitert den Normadressatenkreis um die Fälle der relativen Marktmacht, bei denen die Marktmacht nicht absolut wie bei den marktbeherrschenden Unternehmen festgestellt wird, sondern relativ in Bezug auf ihre Anbieter oder Nachfrager. Die relative Marktmacht ergibt sich aus der Abhängigkeit kleiner oder mittlerer Unternehmen von der Marktgegenseite in der Form des Fehlens ausreichender und zumutbarer Ausweichmöglichkeiten. Diese Abhängigkeit wird nach Abs. 2 S. 2 vermutet, wenn bestimmte Nachfrager regelmäßig bevorzugt werden. Zu den Rechtsfolgen vgl. Rn. 109 ff.

2. Normadressatenkreis nach Abs. 1

Der Adressatenkreis des § 20 Abs. 1 umfasst drei Gruppen von Unternehmen, nämlich 6 marktbeherrschende Unternehmen, Unternehmensvereinigungen und preisbindende Unternehmen, zu denen die vierte Gruppe der relativ marktstarken Unternehmen des § 20 Abs. 2 hinzutritt. Der **Unternehmensbegriff** in § 20 entspricht dem allgemeinen Unternehmensbegriff des GWB:[16] Es genügt jedwede Tätigkeit im geschäftlichen Verkehr, lediglich die rein private, außerhalb des Erwerbslebens sich abspielende Tätigkeit wird nicht erfasst.[17] Auch die öffentliche Hand kann daher, soweit sie sich nicht hoheitlich betätigt,

---

[11] Vgl. zum Verfahren gegen Wal-Mart auch Tätigkeitsbericht des BKartA für 2001/2002 (BT-Drucks. 15/1226) S. 42 und 178.
[12] Tätigkeitsbericht für 2003/2004 (BT-Drucks. 15/5790) S. 230.
[13] Tätigkeitsbericht für 2003/2004 (BT-Drucks. 16/5710) S. 231; Tätigkeitsbericht für 2005/2006 (BT-Drucks. 16/5710) S. 231.
[14] Vgl. *Heitzer* WuW 2007, 854/860.
[15] Tätigkeitsbericht für 2003/2004 (BT-Drucks. 15/5790) S. 230; Tätigkeitsbericht für 2005/2006 (BT-Drucks. 16/5710) S. 231.
[16] Allgemeine Ansicht, vgl. nur *Markert* in: Immenga/Mestmäcker, GWB, § 20 Rn. 22; Frankfurter Kommentar/*Rixen*, § 20 Rn. 23; BKartA 8. 5. 2006, B 9–149/04, DE-V 1235/1238 – *Praktiker Baumärkte*.
[17] Eingehend zum Unternehmensbegriff oben § 1 Rn. 19.

§ 20 GWB 7 10. Teil. Gesetz gegen Wettbewerbsbeschränkungen

unter § 20 fallen.[18] Unternehmen im Sinne des § 20 sind beispielsweise Landkreise,[19] Sozialversicherungsträger,[20] kassenärztliche Vereinigungen und Landesärztekammern.[21] Auch wirtschaftliche Vereine und Verbände können unter § 20 Abs. 1 fallen,[22] z. B. Genossenschaften,[23] Volksbühnenvereine,[24] private Krankenversicherungsvereine,[25] ferner freie Berufe[26] sowie urheberrechtliche Verwertungsgesellschaften.[27]

7 **a) Marktbeherrschende Unternehmen:** Was marktbeherrschende Unternehmen sind, bestimmt sich nach § 19 Abs. 2 und 3 GWB. **Marktbeherrschend** ist ein Unternehmen, wenn es auf einem bestimmten Markt ohne Wettbewerber oder keinem wesentlichen Wettbewerb ausgesetzt ist (§ 19 Abs. 2 S. 1 Nr. 1) oder wenn es eine überragende Marktstellung nach § 19 Abs. 2 S. 1 Nr. 2 hat. Nach § 19 Abs. 2 S. 2 können auch **Oligopolunternehmen** marktbeherrschend sein. Voraussetzung ist, dass zwischen den Oligopolisten kein wesentlicher Wettbewerb besteht,[28] sie als Gruppe marktbeherrschend im Sinne des § 19 Abs. 2 S. 2 sind[29] und die Behinderung oder Diskriminierung gerade durch die marktbeherrschende Stellung der Gruppe ermöglicht wird. Die **Marktbeherrschungsvermutungen** des § 19 Abs. 3 gelten grundsätzlich auch für § 20; jedenfalls sind sie im kartellrechtlichen Untersagungsverfahren nach § 32 anwendbar.[30] Strittig ist ihre Anwendbarkeit im Zivilverfahren.[31] Der BGH bejaht eine Auswirkung des § 19 Abs. 3 S. 1 (Einzelmarktbeherrschungsvermutung) insoweit, als das beklagte Unternehmen sich nicht auf ein unsubstantiiertes Bestreiten zurückziehen kann, sondern substantiiert darlegen muss, warum es trotz der Erfüllung der Vermutungstatbestände nicht marktbeherrschend ist.[32]

---

[18] S. aber jetzt BGH 19. 6. 2007, KVR 23/98, WuW/E DE-R 2161/2163 – *Tariftreueerklärung III;* s. ferner BGH 25. 9. 2007, KZR 48/05, WuW/E DE-R 2144 – *Rettungsleitstelle.*
[19] BGH 24. 6. 2003, KZR 32/01, WuW/E DE-R 1144 – *Schülertransporte;* OLG Stuttgart 24. 10. 1997, 2 U 45/97, WuW/E DE-R 48 – *Kfz-Schilderpräger (Nagold).*
[20] BGH 8. 5. 1990, KZR 21/89, WuW/E BGH 2665 – *Physikalisch-therapeutische Behandlung;* BGH 12. 5. 1976, KZR 14/75, WuW/E BGH 1423/1425 – *Sehhilfen;* OLG Thüringen, 23. 2. 2000, 2 U 1159/99, WuW/E DE-R 500 – *Enteralernährung.*
[21] BGH 22. 7. 1999, KZR 13/97, WuW/E DE-R 352 – *Kartenlesegerät;* BGH 16. 12. 1976, KVR 5/75, WuW/E BGH 1469 f. – *Autoanalyzer;* s. a. OLG Düsseldorf, 2. 9. 1997, U (Kart) 11/97, WuW/E DE-R 183 – *Berliner Positivliste.*
[22] BGH 7. 10. 1980, KZR 25/79, WuW/E BGH 1740/1741 – *Rote Liste.*
[23] BGH 20. 11. 1964, KZR 3/64, WuW/E BGH 647, 650 – *Rinderbesamung;* BGH 28. 6. 1977, KVR 2/77, WuW/E BGH 1495/1496 – *Autoruf-Genossenschaft;* BGH 18. 11. 1986, KVZ 1/86, WuW/E BGH 2319; BGH, 8. 5. 2007, KZR 9/06, WuW/E DE-R 1984 – *Autoruf-Genossenschaft II;* OLG München 12. 3. 1998, U (K) 5477/97, WuW/E DE-R 178 – *Taxizentrale Würzburg;* OLG Hamburg 3. 5. 1990, 3 U 234/89, WuW/E OLG 4669.
[24] BGH 29. 10. 1970, KZR 3/70, WuW/E BGH 1142/1143 – *Volksbühne II;* OLG Hamburg, 18. 12. 1969, 3 U (Kart) 86/69, WuW/E OLG 1113 – *Volksbühne;* OLG Düsseldorf, 16. 1. 1979, U (Kart.) 4/78, WuW/E OLG 2071 – *Düsseldorfer Volksbühne.*
[25] OLG Frankfurt/M 14. 10. 1969, 6 W 400/69, WuW/E OLG 1095.
[26] OLG Frankfurt 9. 1. 1978, 6 U Kart. 28/75, WuW/E OLG 1976/1978 – *Vergütungen der Krankenhäuser für ambulante ärztliche Sachleistungen (Kassenärzte);* OLG Düsseldorf 14. 7. 1986, U (Kart) 27/84, WuW/E OLG 3895 – *Vermessungsauftrag (Vermessungsingenieure).*
[27] BGH 3. 5. 1988, KVR 4/87, WuW/E BGH 2497/2503 – *GEMA-Wertungsverfahren.*
[28] Dazu § 19 Rn. 27 ff.
[29] Dazu § 19 Rn. 41 ff.
[30] *Markert* in: Immenga/Mestmäcker, GWB, § 20 Rn. 27; Frankfurter Kommentar/*Rixen*, § 20 Rn. 35; *Schultz* in: Langen/Bunte, Bd. 1, § 20 Rn. 33.
[31] Dafür OLG Hamburg, 8. 12. 1983, 3 U 189/82, WuW/E OLG 3195/3197 – *Metall-Lösungsmittel;* dagegen OLG Düsseldorf 21. 2. 1978, U (Kart.) 16/76, WuW/E OLG 1913/1914 – *Allkauf.* Im Schrifttum für die Anwendung *Markert* in: Immenga/Mestmäcker, GWB, § 20 Rn. 27; Frankfurter Kommentar/*Rixen*, § 20 Rn. 35; differenzierend *Schultz* in: Langen/Bunte, Bd. 1, § 20 Rn. 34.
[32] BGH 23. 2. 1988, KZR 17/86, WuW/E BGH 2483/2488 – *Sonderverfahren;* zustimmend Frankfurter Kommentar/*Rixen*, § 20 Rn. 30; *Schultz* in: Langen/Bunte, Bd. 1, § 20 Rn. 34; *Lübbert*

§ 20. Diskriminierungsverbot, Verbot unbilliger Behinderung 8, 9 § 20 GWB

Dem ist zuzustimmen. Im Bußgeldverfahren scheidet eine Anwendung angesichts des dort geltenden Schuldprinzips aus.[33]

Da der Verbotstatbestand des § 20 Abs. 1 an die marktbeherrschende Stellung eines Un- 8 ternehmens anknüpft und in dieser Machtposition seine Rechtfertigung findet, kann dies Verbot nur dort gelten, wo die Marktmacht besteht oder sich auswirkt. Damit ist auch im Rahmen des § 20 Abs. 1 eine **Marktabgrenzung** erforderlich. Der **relevante Markt** ist in sachlicher, örtlicher und zeitlicher Hinsicht zu bestimmen. Dabei finden die gleichen Kriterien wie bei § 19 Anwendung.[34] Die Marktabgrenzung hat aus der Sicht der Marktgegenseite zu erfolgen.[35] Im Vordergrund steht die sachliche Marktabgrenzung, also die Feststellung, welche Waren und Leistungen aus der Sicht der jeweiligen Marktgegenseite austauschbar sind.[36] Dabei ist zu berücksichtigen, dass für ein und dieselbe Ware je nach Marktstufe die Märkte unterschiedlich sein können; die funktionelle Austauschbarkeit kann sich aus der Sicht des Endabnehmers anders darstellen als aus der Sicht einer vorgelagerten Marktstufe.

Das Verbot des § 20 Abs. 1 wird durch ein marktbeherrschendes Unternehmen jeden- 9 falls dann verletzt, wenn die **unbillige Behinderung oder unterschiedliche Behandlung** auf dem **beherrschten Markt** erfolgt, also auf dem Markt, auf dem eine marktbeherrschende Stellung besteht.[37] Darüber hinaus hat der BGH in früheren Entscheidungen verlangt, dass das behinderte oder diskriminierte Unternehmen auf dem beherrschten Markt tätig ist,[38] dies später jedoch in Zweifel gezogen.[39] Tritt die Behinderung oder Diskriminierung anderer Unternehmen auf **Drittmärkten** ein, so ist § 20 Abs. 1 jedenfalls dann anwendbar, wenn sich die marktbeherrschende Stellung über den beherrschten Markt hinaus auf einen anderen Markt (Drittmarkt) auswirkt.[40] Dieser Fall kann beispielsweise bei

---

in: Wiedemann, Handbuch des Kartellrechts, § 25 Rn. 4; *Thomas* WuW 2002, 470 ff. für die Einzelmarktbeherrschungsvermutung, während die Gruppenmarktbeherrschungsvermutung zu einer vollen Beweislastumkehr führen soll.

[33] *Markert* in: Immenga/Mestmäcker, GWB, § 20 Rn. 27; Frankfurter Kommentar/*Rixen*, § 20 Rn. 35.

[34] Vgl. dort Rn. 9 ff.

[35] BGH 24. 9. 2002, KZR 34/01, WuW/E DE-R 1011/1012 – *Wertgutscheine für Asylbewerber*; BGH 12. 11. 2002, KZR 11/01, WuW/E DE-R 1087/1091 – *Ausrüstungsgegenstände für Feuerlöschzüge*; BGH 13. 11. 1990, KZR 25/89, WuW/E BGH 2683/2685 – *Zuckerrübenanlieferungsrecht*; BGH 23. 2. 1988, KZR 17/86, WuW/E BGH 2483/2487 f. – *Sonderungsverfahren*; BKartA 3. 11. 1997, B 5 – 75123 – VX – 61/95, WuW/E BKartA Verg 7 – *Tariftreueerklärung*.

[36] Vgl. im Einzelnen § 19 Rn. 11 ff.; s. a. BGH 19. 3. 1996, KZR1/95, WuW/E BGH 3058/3062 – *Pay-TV-Durchleitung*; BGH 25. 9. 2007, WuW/E DE-R 2267– *Münchener Fernwärme*.

[37] BGH 23. 2. 1988, KZR 17/86, WuW/E BGH 2483/2490 – *Sonderungsverfahren*; BGH 23. 3. 1982, KZR 28/80, WuW/E BGH 1911/1914 – *Meierei-Zentrale*; BGH 26. 10. 1972, KZR 54/71, WuW/E BGH 1238/1240 – *Registrierkassen*; BGH 7. 11. 1960, KZR 1/60, WuW/E BGH 407/410 – *Molkereigenossenschaft*; OLG Frankfurt 22. 2. 2005, 11 U 47/04, WuW/E DE-R 1589– *Fernsehzeitschrift*; OLG München 18. 10. 2001, Kart 1/00 WuW/E DE-R 790 – *Bad Tölz*; OLG Frankfurt 30. 7. 1996, 11 U (Kart) 63/95, NJWE WettbR 1996, 259/261; Frankfurter Kommentar/*Rixen*, § 20 Rn. 36; *Markert* in: Immenga/Mestmäcker, GWB, § 20 Rn. 28; *Lübbert* in: Wiedemann, Handbuch des Kartellrechts, § 27 Rn. 2.

[38] BGH 23. 2. 1988, KZR 17/86, WuW/E BGH 2483/2490 – *Sonderungsverfahren*; BGH 24. 9. 2002, KZR 34/01, WuW/E DE-R 1011/1013 – *Wertgutscheine für Asylbewerber*; dagegen Frankfurter Kommentar/*Rixen*, § 20 Rn. 37; *Markert* in: Immenga/Mestmäcker, GWB, § 20 Rn. 29.

[39] BGH 30. 3. 2004, KZR 1/03, WuW/E DE-R 1283/1284 – *Der Oberhammer*; BGH 4. 11. 2003, KZR 16/02, WuW/E DE-R 1206 – *Strom und Telefon I*; BGH 4. 11. 2003, KZR 38/02, WuW/E DE-R 1210/1211 – *Strom und Telefon II*; nach dem OLG Düsseldorf ist es für die Marktabgrenzung unerheblich, ob ein Unternehmen in der Vergangenheit an einem bestimmten Geschäftsverkehr teilgenommen hat, vgl. OLG Düsseldorf, 20. 9. 2006, VI-U (Kart) 28/05, DE-R 1825 – *Primus*.

[40] BGH 23. 3. 1982, KZR 28/80, WuW/E BGH 1911/1914 – *Meierei-Zentrale*; BGH 7. 11. 1960, KZR 1/60, WuW/E BGH 407/410 – *Molkereigenossenschaft*; KG 20. 5. 1998, Kart U 6148/97,

Kopplungssachverhalten eintreten, in denen das marktbeherrschende Unternehmen den Absatz seiner Waren auf dem beherrschten Markt mit dem Absatz von Waren auf nicht beherrschten Märkten koppelt und dadurch Wettbewerber auf den nicht beherrschten Märkten behindert.

10   **Einzelfälle:** Als marktbeherrschende Unternehmen im Sinne des § 20 Abs. 1 (bzw. des § 26 Abs. 2 a. F.) sind u. a. angesehen worden: **Energieversorgungsunternehmen** auf dem Markt für Stromeinspeisung in das Netz,[41] auf dem Markt der Strombelieferung für ein bestimmtes Gebiet,[42] für die Durchleitung von Energie,[43] auf den Märkten für die Bereitstellung, Verrechnung und Abrechnung von Tarifzählern;[44] öffentliche **Krankenversicherungen** auf dem Nachfragemarkt für Leistungen von Heilbädern;[45] Träger der gesetzlichen Krankenversicherung in ihrer Gesamtheit,[46] eine kassenzahnärztliche Vereinigung auf dem Markt für Praxisausrüstungen;[47] **Fußballvereine** für die Hörfunkübertragung von Bundesligaspielen,[48] die **Bundesrepublik** als Nachfrager gewerblicher Leistungen im militärtechnischen Bereich;[49] die deutsche **Bundesbahn** für das Eisenbahnschienennetz;[50] die **Lufthansa** im innerdeutschen Linienflugverkehr;[51] die deutsche **Bundespost** bei der Beförderung von Briefsendungen;[52] ein **Bundesland** für die Einrichtung von Lotto/Toto-Annahmestellen;[53] das Land Berlin für die Nachfrage von Straßenbauarbeiten;[54] die bayerische Staatslotterie;[55] **Landkreise** für die Zulassung von Schülerbustransporten;[56] **Kfz-Zulassungsstellen** auf dem Markt für Gewerbeflächen für Schilderpräger von Kfz-Schildern;[57] auf dem Markt für die Durchleitung von Rundfunk- und Fernsehprogrammen

---

WuW/E DE-R 165 – *BVS*; OLG Frankfurt 30. 7. 1996, 11 U (Kart) 63/95, NJWE WettbR 1996, 259/261; OLG München 10. 3. 2005, U (K) 1672/04, WuW/E DE-R 1464/1466 – *Nürnberger Hafengelände*; OLG München 7. 1. 1996, U (K) 5870/95, NJW-RR 1997, 296/297 – *Schilderpräger in der Kfz-Zulassungsstelle*; Frankfurter Kommentar/Rixen, § 20 Rn. 37; Markert in: Immenga/Mestmäcker, GWB, § 20 Rn. 29; Bechtold, GWB, § 20 Rn. 9; Lübbert in: Wiedemann, Handbuch des Kartellrechts, § 27 Rn. 2; offengelassen in KG 10. 4. 1995, Kart U 7605/94, WuW/E OLG 5439/5446 f. – *Kraftwerkskomponenten*.

[41] BGH 8. 12. 1998, KZR 49/97, WRP 1999, 436/437 – *Kraft-Wärme-Kopplung II*; BGH, 22. 10. 1996 – KZR 19/95, WRP 1997, 186/187 – *Stromeinspeisung II*; BGH 2. 7. 1996, KZR 31/95, WRP 1997, 1108/1109 – *Kraft-Wärme-Kopplung*.
[42] OLG Düsseldorf, 5. 12. 2001, U (Kart) 34/01, WuW/E DE-R 847 – *Linzer Gaslieferant*; OLG Schleswig-Holstein, 12. 11. 1996, 6 U Kart. 68/95, WRP 1997, 231234 – *Konzessionsabgaben*; BKartA 14. 2. 2003, B11–45/01, WuW/E DE-V 722; s.a. OLG Naumburg 5. 6. 2001, 1 U (Kart) 1/01, WuW/E DE-R 805 – *MEAG*.
[43] BGH 15. 11. 1994, KVR 29/93, WRP 1995, 312/315 – *Gasdurchleitung*; OLG München 18. 10. 2001, Kart 1/00 WuW/E DE-R 790 – *Bad Tölz*.
[44] BKartA, 13. 2. 2003, B 11–20/02, WuW/E DE-V 750.
[45] OLG Schleswig-Holstein, 27. 2. 1996, 6 U Kart 56/95, WRP 1996, 622/624.
[46] OLG Thüringen 23. 2. 2000, 2 U 1159/99, WuW/E DE-R 500 – *Enteralernährung*.
[47] BGH 22. 7. 1999, KZR 13/97, WuW/E DE-R 352 – *Kartenlesegerät*.
[48] BGH, 8. 11. 2005, KZR 37/03, WuW/E DE-R 1597/1599 – *Hörfunkrechte*.
[49] OLG Frankfurt, 26. 7. 1988, 6 U 53/87 – Kart, WRP 1988, 745/747.
[50] OLG Düsseldorf, 19. 3. 2003, U (Kart) 20/02, WuW/E DE-R 1184.
[51] Tätigkeitsbericht des BKartA für 2003/2004 (BT-Drucks. 15/5790) S. 155.
[52] OLG Karlsruhe, 10. 1. 1996, 6 U 197/95 (Kart.), WRP 1996, 451/453 – *The Sisters of Mary*; s.a. Tätigkeitsbericht des BKartA für 2003/2004 (BT-Drucks. 15/5790) S. 164.
[53] OLG Frankfurt/Main 5. 11. 2002, 11 U (Kart) 13/02, WuW/E DE-R 1081.
[54] BGH 18. 1. 2000, KVR 23/98, WuW/E BGH Verg 297 – *Tariftreueerklärung II*.
[55] BGH 7. 3. 1989, KZR 15/87, WRP 1990, 32/34.
[56] BGH, 24. 6. 2003, KZR 32/01, WuW/E DE-R 1144 – *Schülertransporte*.
[57] BGH 13. 11. 2007, KZR 22/06, WuW/E DE-R 2163/2164 – *Freihändige Vermietung an Behindertenwerkstatt*; BGH, 7. 11. 2006, KZR 2/06 WuW/E DE-R 1951/1952 – *Bevorzugung einer Behindertenwerkstatt*; BGH 8. 4. 2003, KZR 39/99, WuW/E DE-R 1099; BGH 24. 9. 2002, KZR 4/01, WuW/E DE-R 1003; BGH 14. 7. 1998, KZR 1/97, WRP 1999, 105/106 f. – *Schilderprä-*

§ 20. Diskriminierungsverbot, Verbot unbilliger Behinderung   10 § 20 GWB

Inhaber von **Kabelnetzen;**[58] die **Duales System Deutschland AG** (DSD) für die Entsorgung von Verkaufsverpackungen;[59] ein Zusammenschluss von **Hörfunksendern** auf dem Angebotsmarkt für die Vermarktung von Hörfunkwerbezeit an nationale Werbekunden;[60] der Betreiber eines privaten **Breitbandkommunikationsnetzes** auf dem Markt für die Durchleitung von Fernsehprogrammen zu den Empfängern mittels Kabel;[61] **Mobilfunkprovider** für die Terminierung von Telefongesprächen aus dem Festnetz in ihr eigenes Netz;[62] eine **Domain-Vergabestelle;**[63] auf dem Markt für **Originalersatzteile** deren Hersteller, wenn die Originalersatzteile allein über diesen bezogen werden können;[64] Märklin auf dem Markt für **Modelleisenbahnen;**[65] eine Herstellerin komplexer technischer Geräte auf dem Markt für die notwendige Schulung von Wartungspersonal;[66] Unternehmen wurden ferner als marktbeherrschend angesehen auf **Ersatzteilmärkten,**[67] **Zeitungsmärkten,**[68] auf den **Absatzmärkten an Tankstellen** für Endverbraucher,[69] auf dem Markt für die Personenbeförderung auf bestimmten **Flugstrecken;**[70] auf dem Markt für **EDV-Dienstleistungen** für Kfz-Vertrieb;[71] Marktbeherrschung wurde weiterhin bejaht bei Taxizentralen unter bestimmten Voraussetzungen;[72] bei Veranstaltern von Messen,[73]

---

ger im Landratsamt; ebenso die Vorinstanz OLG München, 7. 11. 1996, U (K) 58, WRP 1997, 218/219; s. ferner OLG Düsseldorf, 7. 2. 2007, VI-U (Kart) 35/06, DE-R 1991/1992 – *Schilderpräge-Café*; OLG Karlsruhe 13. 12. 1995, 6 U 203/95, WRP 1996, 447/448; OLG Rostock, 18. 10. 1995, 2 U 49/95, WRP 1996, 465/466; OLG Stuttgart, 12. 12. 1995, 2 W (Kart) 62/95, WRP 1996, 369; aber auch OLG Dresden 18. 4. 1996, 7 U 2422/95 – WRP 1996, 611/914; s. ferner OLG Saarbrücken, 3. 5. 2007, 8 U 253/06, DE-R 2025 – *Mietvertrag mit Schilderpräger*.

[58] BGH 19. 3. 1996, KZR1/95, WuW/E BGH 3058/3062 – *Pay-TV-Durchleitung;* sa. OLG Hamburg 15. 7. 1999, 3 U 232/92, WuW/E DE-R 403 – *Pay-TV-Durchleitung.*

[59] Tätigkeitsbericht des BKartA für 2003/2004 (BT-Drucks. 15/5790) S. 178.

[60] OLG Düsseldorf 4. 12. 2002, Kart 38/01 (V), WuW/E DE-R 1058.

[61] OLG Naumburg 9. 7. 1999, WuW/E DE-R 388, 10 WKart 1/98 – *Lokalfernsehen.*

[62] OLG Düsseldorf 23. 6. 2004, VI-Kart 35/03 (V), WuW/E DE-R 13079 – *GETECnet.*

[63] LG Frankfurt am Main, 14. 10. 1998, 2/06 O 283/98, WRP 1999, 366/367 – *ambiente.de.*

[64] BGH 27. 4. 1999, KZR 35/97, WRP 1999, 1175/1176 – *Feuerwehrgeräte;* BGH, Urt. v. 26. 10. 1972 – KZR 54/71, WuW/E BGH 1238, 1241 – *Registrierkassen;* BGH 23. 2. 1988, KVR 2/87, WuW/E BGH 2479, 2482 – *Reparaturbetrieb;* BGH 21. 2. 1989, KZR 3/88, WuW/E BGH 2589/2590 – *Frankiermaschinen;* vgl. auch BGH 26. 5. 1981 – KRB 1/81, WuW/E BGH 1891 – *Ölbrenner II;* im Ergebnis auch OLG Düsseldorf 10. 12. 1991, U (Kart) 12/91, WuW/E OLG 4901/4904 – *Dehnfolien-Verpackungsmaschinen;* OLG Frankfurt 18. 1. 1990, 6 U (Kart.) 197/88, WuW/E OLG 4681/4682 – *Postalia-Wartung.*

[65] OLG Hamburg 17. 3. 1988, 3 U 33/87, WRP 1988, 465/467.

[66] OLG Düsseldorf, Urteil vom 20. 9. 2006, VI-U (Kart) 28/05 – *Primus.*

[67] BGH 27. 4. 1999, KZR 35/97, WuW/E DE-R 357 – *Feuerwehrgeräte;* BGH 21. 2. 1989, KZR 3/88, WRP 1989, 722/723 – *Frankiermaschinen;* BGH 26. 10. 1972, KZR 54/71, WuW/E BGH 1238/1241 – *Registrierkassen;* BGH 22. 10. 1973, KZR 22/72, WuW/E BGH 1288/1291 – *EDV-Ersatzteile;* BGH 23. 2. 1988, KVR 2/87, WuW/E BGH 2479, 2481 – *Reparaturbetrieb;* BGH 12. 2. 1980, KRB 4/79, WuW/E BGH 1729, 1730 – *Ölbrenner;* OLG Frankfurt, 5. 3. 1987, 6 VA 1/86; WRP 1987, 635/636 – *Gabelstapler.*

[68] BGH 12. 11. 1991, KZR 18/90, WRP 1992, 237/239 – *Amtsanzeiger;* BGH 10. 12. 1985, KZR 22/85, WRP 1986, 261/262.

[69] OLG Düsseldorf 13. 11. 2000, Kart 16/00 (V) WuW/E DE-R 589 – *Freie Tankstellen.*

[70] OLG Düsseldorf 27. 3. 2002, Kart 7/02 (V), WuW/E DE-R 867 – *Lufthansa/Germania.*

[71] OLG München 17. 9. 1998, U (K) 2632/96, WuW/E DE/R 251 – *Fahrzeugdaten.*

[72] BGH, 8. 5. 2007, KZR 9/06, WuW/E DE-R 1983/1984 – *Autoruf-Genossenschaft II;* OLG Koblenz 7. 10. 2004, 6 W 485/04, WuW/E DE-R 1460/1461 – *Taxizentrale;* LG Magdeburg 9. 11. 2001, 36 O 355/01 (045), WuW/E DE-R 973 – *Taxivermittlung.*

[73] OLG Stuttgart, 28. 8. 1992, 2 U 162/92, WRP 1992, 814/815 – *Caravan-Messe;* OLG München 13. 10. 1988, U (K) 3912/88, WRP 1989, 415.

bei Verwertungsgesellschaften[74] sowie bei dem einzigen Anbieter von Liveübertragungen von deutschen Galopprennen.[75]

11 **b) Vereinigungen von Unternehmen:** Mit dem Begriff der Vereinigungen von Unternehmen sollen die **legalisierten Kartelle** erfasst werden. Ebenso wie von marktbeherrschenden Unternehmen können auch von ihnen Diskriminierungen und Behinderungen ausgehen; dabei ist nicht erforderlich, dass das Kartell im konkreten Fall eine besondere Machtposition hat.[76] Schon nach bisherigen Recht unterlagen die legalisierten Kartelle dem Diskriminierungs- und Behinderungsverbot; auch im neuen System der Legalausnahme wollte der Gesetzgeber dieses Verbot beibehalten.[77] Angesichts der Änderungen im Bereich der §§ 2ff. a.F. durch die 7. GWB-Novelle mussten bei § 20 Abs. 1 die Verweisungen entsprechend geändert werden, um die einschlägigen Fälle zu erfassen.[78] An die Stelle der bisherigen §§ 2–8 sind nunmehr § 2 (Freistellungstatbestand) und § 3 (Mittelstandskartelle) getreten. Unter § 2 fallen an sich auch vertikale Vereinbarungen; durch die in Abänderung des Referentenentwurfs eingefügten Worte „miteinander in Wettbewerb stehenden" hat der Gesetzgeber aber ausdrücklich klargestellt, dass **nur horizontale** und nicht vertikale Vereinbarungen durch § 20 Abs. 1 erfasst werden sollen.[79] Dem Diskriminierungs- und Behinderungsverbot unterliegen daher alle Vereinigungen von Wettbewerbern, die nach der Legalausnahme des § 2 Abs. 1 vom Verbot des § 1 freigestellt sind; die Gruppenfreistellungsverordnungen nach Art. 81 Abs. 3 EG sind dabei entsprechend zu berücksichtigen (§ 2 Abs. 2). Wie bisher werden auch (horizontale) Vereinigungen von **landwirtschaftlichen Erzeugerbetrieben** und Vereinigungen von solchen Erzeugervereinigungen (§ 28 Abs. 1) erfasst.

12 Das Verbot des § 20 Abs. 1 richtet sich **nur an die Vereinigungen** selbst, nicht an deren Mitglieder. Diese werden jedoch dann vom Verbot erfasst, wenn sie vom Kartell veranlasste Diskriminierungs- und Behinderungsmaßnahmen unmittelbar ausführen.[80] Ebenso wie bei marktbeherrschenden Unternehmen (vgl. Rn. 9) werden nur Diskriminierungen und Behinderungen auf Märkten erfasst, auf denen die wettbewerbsbeschränkende Wirkung des Kartells besteht oder sich auswirkt. Das ist der Regelungsbereich des Kartells; Drittmärkte werden nur erfasst, wenn auch dort eine solche Auswirkung besteht.[81]

13 **c) Preisbindende Unternehmen:** Preisbindende Unternehmen wurden in den Normadressatenkreis des § 20 Abs. 1 aufgenommen, weil von ihnen ähnliche Störungen des Marktgeschehens wie von marktbeherrschenden Unternehmen und Kartellen ausgehen können; der Ausschluss des Preiswettbewerbs auf den nachgelagerten Markstufen legt das Vorhandensein von Marktmacht nahe.[82] Seit der Aufhebung der Preisbindung für Markenwaren 1973 hat die Vorschrift aber nur noch geringe Bedeutung. Erfasst werden Preisbindungen durch **landwirtschaftliche Erzeugerbetriebe** nach § 28 Abs. 2 sowie Preisbindungen bei **Zeitungen und Zeitschriften** (§ 30). Preisbindungen im **Buchhandel** waren bis zum 30. 9. 2002 in § 15 GWB geregelt und unterlagen nach dem damaligen Wortlaut

---

[74] BGH 3. 5. 1988, KVR 4/87, WRP 1989, 85 – *GEMA-Wertungsverfahren;* BGH 29. 10. 1970, KZR 9/69, WuW/E BGH 1068/1970 – *Tonbandgeräte.*
[75] BGH 10. 2. 2004, KZR 14/02, WuW/E DE-R 1251/1252 – *Galopprennübertragung.*
[76] *Markert* in: Immenga/Mestmäcker, GWB, § 20 Rn. 32.
[77] Regierungsbegründung zur 7. GWB-Novelle, BT-Drucks. 15/3640, S. 46.
[78] S. Fußn. 77.
[79] Regierungsbegründung zur 7. GWB-Novelle, BT-Drucks. 15/3640, S. 45f.
[80] BGH 13. 7. 1971, KZR 10/70, WuW/E BGH 1175/1179 – *Ostmüller;* KG 21. 11. 1991, Kart 2/91, WuW/E OLG 4907/4912f. – *Offizieller Volleyball;* ebenso das Schrifttum, vgl. etwa Frankfurter Kommentar/*Rixen,* § 20 Rn. 36; *Markert* in: Immenga/Mestmäcker, GWB, § 20 Rn. 30.
[81] BGH 13. 7. 1971, KZR 10/70, WuW/E BGH 1175/1179 – *Ostmüller; Markert* in: Immenga/Mestmäcker, GWB, § 20 Rn. 31.
[82] BGH 9. 11. 1967, KZR 7/66, WuW/E BGH 886/889f. – *Jägermeister.*

des § 20 Abs. 1 gleichfalls dem Diskriminierungs- und Behinderungsverbot. Mit Gesetz vom 2. 9. 2002[83] wurden sie aus dem GWB herausgenommen und im Buchpreisbindungsgesetz[84] geregelt, um sie dem Anwendungsbereich des EG-Kartellrechts zu entziehen;[85] gleichzeitig wurde die Verweisung auf § 15 in § 20 Abs. 1 gestrichen. Ob das zur Folge hat, dass Verlage, die Preise im Buchhandel binden, nicht mehr zum Normadressatenkreis des § 20 Abs. 1 zählen, ist unklar; die Aussage in der Begründung des Referentenentwurfs zum Buchpreisbindungsgesetz, die Vorschriften des GWB blieben unberührt,[86] ist nicht eindeutig, weil sie sich auch auf marktbeherrschende Verlage beziehen kann und § 20 Abs. 1 durch die Streichung des § 15 ja gerade geändert wurde.[87] Die mit dem Buchpreisbindungsgesetz verfolgte gesetzgeberische Intention und die Schaffung des § 6 BPrBindG, der Verlage durch das Verbot bestimmter Maßnahmen zur Rücksichtnahme auf Buchhändler, insbesondere kleinere Buchhändler verpflichtet, sprechen eher für eine Nichtanwendung des § 20 Abs. 1 auf die Buchpreisbindung. Das lässt sich auch damit begründen, dass es sich bei der Preisbindung im Buchhandel nunmehr um eine gesetzlich angeordnete Preisbindung handelt (§ 5 BprBindG), während § 20 Abs. 1 ansonsten nur vertraglich vereinbarte Preisbindungen erfasst.[88] Unbefriedigend bleibt indessen die unterschiedliche Erfassung von Preisbindungen bei Zeitungen und Zeitschriften einerseits und Preisbindungen im Buchhandel andererseits. Buchhandelspreise bindende Verlage können aber als marktbeherrschende Unternehmen durch § 20 Abs. 1 erfasst werden, ebenso ist § 20 Abs. 1 auf Vereinigungen von Verlagen anwendbar.

Preisbindende Unternehmen unterliegen § 20 Abs. 1 **nur hinsichtlich der preisgebundenen Erzeugnisse;** soweit für Waren keine Preisbindung besteht, findet die Vorschrift keine Anwendung.[89] Jedoch kann der Preisbinder für nicht preisgebundene Waren aus anderem Grund, etwa als marktbeherrschendes Unternehmen, unter § 20 Abs. 1 fallen.

Das Verbot des § 20 Abs. 1 findet Anwendung auf den Verkehr mit **sämtlichen nachgelagerten Marktstufen,** auch soweit einzelne dieser Marktstufen nicht gebunden, aber verpflichtet sind, die Preisbindung weiterzugeben.[90] Unternehmen, die nur die Endverkaufspreise binden, unterliegen also auch im Verkehr mit den Großhändlern dem § 20 Abs. 1. Der Grund hierfür liegt darin, dass die Preisbindung auch auf den nicht gebundenen Stufen Auswirkungen auf den Wettbewerb haben kann, indem die Großhändler in das Preisbindungssystem einbezogen sind und ihrerseits ihre Abnehmer binden müssen.[91] Darüber hinaus findet § 20 Abs. 1 nicht nur auf die Geschäftsbeziehungen des preisbindenden Unternehmens zu den gebundenen Abnehmern Anwendung, sondern auch gegenüber nicht gebundenen **Außenseitern** auf der Marktstufe, auf der die Preisbindung besteht.[92] Auf vertikale **Preisempfehlungen** ist § 20 Abs. 1 nicht anzuwenden, auch nicht analog.[93]

---

[83] BGBl. I S. 3448.
[84] Verkündet als Art. 1 des Gesetzes v. 2. 9. 2002.
[85] Dazu näher *Wallenfels* in Anhang zu § 30.
[86] BT-Drucks. 14/9196 S. 14.
[87] So auch *Bechtold*, GWB § 20 Rn. 12.
[88] Ebenso *Bechtold*, GWB § 20 Rn. 12.
[89] BGH 9. 11. 1967, KZR 7/66, WuW/E BGH 886/889 f. – *Jägermeister.*
[90] BGH 9. 11. 1967, KZR 7/66, WuW/E BGH 886/888 ff. – *Jägermeister;* BGH 17. 3. 1998, KZR 30/96, WuW/E DE-R 134 – *Bahnhofsbuchhandel;* OLG Düsseldorf 20. 10. 1961, 2 U 113/60, WuW/E OLG 380/383 – *Cash-and-Carry;* BKartA 7. 11. 1972, B3–546600-QX-146/72, WuW/E BKartA 1441/1442 – *Bürsten; Markert* in: Immenga/Mestmäcker, GWB, § 20 Rn. 35; *Lübbert* in: Wiedemann, Handbuch des Kartellrechts, § 25 Rn. 24.
[91] BGH aaO. (Fn. 90).
[92] BGH 13. 3. 1979, KZR 4/77, WuW/E BGH 1584 – *Anwaltsbücherdienst; Markert* in: Immenga/Mestmäcker, GWB, § 20 Rn. 34.
[93] So auch das Schrifttum, vgl. etwa *Markert* in: Immenga/Mestmäcker, GWB, § 20 Rn. 37.

3. Normadressatenkreis nach Abs. 2 (Relativ marktstarke Unternehmen)

16   **a) Übersicht:** Die Regelung des § 20 Abs. 2 wurde 1973 durch die **2. GWB-Novelle** als § 26 Abs. 2 S. 2 eingeführt. Der Gesetzgeber wollte damit zum einen eine Schutzlücke schließen, die durch die Aufhebung der Preisbindung für Markenartikel entstanden war und zur Konsequenz hatte, dass Markenartikelhersteller nicht mehr als preisbindende Unternehmen dem Diskriminierungs- und Behinderungsverbot unterlagen. Händler sollten einen **Belieferungsanspruch** haben, wenn sie zur Erhaltung ihrer Wettbewerbsfähigkeit gezwungen waren, bestimmte Markenartikel in ihrem Sortiment zu führen; zudem sollte verhindert werden, dass Hersteller durch gezielt selektiven Vertrieb oder gezielte Rabatte den Versuch unternehmen, die Einhaltung der nach Aufhebung der Preisbindung noch zulässigen Preisempfehlungen auf wirtschaftlichem Wege zu erreichen.[94] Zum anderen wollte der Gesetzgeber angesichts der damaligen Ölkrise die **Belieferung freier Tankstellen** durch die Mineralölkonzerne sicherstellen. Durch die **4. GWB-Novelle** wurde die in § 20 Abs. 2 S. 2 enthaltene Abhängigkeitsvermutung eingefügt; damit sollte die Anwendung des Diskriminierungs- und Behinderungsverbots auf relativ marktstarke Anbieter erleichtert werden. Durch die **5. GWB-Novelle** wurde der Schutz auf kleine und mittlere Unternehmen beschränkt und die Begrenzung der Abhängigkeitsvermutung auf das behördliche Untersagungsverfahren aufgehoben.

17   Die Regelung des § 20 Abs. 2 **erweitert den Normadressatenkreis des Abs. 1**, Zweck und Inhalt des Verbots des Abs. 1 haben sich nicht geändert. Es sollte kein Sozialschutz für die abhängigen Unternehmen eingeführt werden.[95] Der Adressatenkreis des Abs. 2 unterscheidet sich von dem des Abs. 1 dadurch, dass die Marktstärke auf einem bestimmten Markt nicht generell zu bestimmen ist, sondern relativ in Bezug auf einzelne Angehörige der Marktgegenseite. Diese **relative Marktmacht** besteht dann, wenn Angehörige der Marktgegenseite im konkreten Einzelfall keine ausreichenden und zumutbaren Ausweichmöglichkeiten haben.[96]

18   **b) Unternehmen und Vereinigungen von Unternehmen:** Der Begriff des Unternehmens entspricht dem des § 1. Zu den Unternehmensvereinigungen gehören nicht die nach § 2 erlaubten Kartelle, sie werden bereits durch Abs. 1 erfasst.[97] Auch verbotene Kartelle werden nach ganz überwiegender Ansicht nicht von Abs. 2 erfasst, da der Gesetzgeber sie mit der Streichung des § 1 a.F. durch der Kartellgesetznovelle 1973 gerade aus dem Anwendungsbereich der Vorschrift herausgenommen hat.[98] Nennenswerte Bedeutung kommt damit den Unternehmensvereinigungen im Rahmen des Abs. 2 nicht zu, zumal sie bei eigenem Tätigwerden auf dem Markt bereits als Unternehmen zu qualifizieren sind.[99]

19   **c) Abhängige Unternehmen. aa) Kleine und mittlere Unternehmen:** Seit der 5. GWB-Novelle von 1989 werden durch § 20 Abs. 2 nur noch kleine und mittlere Unternehmen geschützt. Der Gesetzgeber ging davon aus, dass Großunternehmen über ausreichende Alternativen verfügen und deshalb des Schutzes des § 20 Abs. 2 nicht bedürfen. Insbesondere Großunternehmen des Handels verfügten in der Regel auch ohne besondere Schutzvorschrift über ausreichende Möglichkeiten, um die Waren für ihre Sortimente zu

---

[94] Bericht des Wirtschaftsausschusses, BT-Drucks. 7/765 S. 10.
[95] OLG Celle 22. 7. 2000, 13 U 137/98 (Kart), WuW/E DE-R 581 – *VAG Vertrieb*; OLG Düsseldorf 21. 2. 1978, U (Kart.) 16/76, WuW/E OLG 1913/1917 – *Allkauf*; LG Nürnberg 31. 5. 1978, 4 HK O 4892/77, WuW/E LG/AG 445/446 – *Carrera*; eingehend *Baur* BB 1974, 1589 ff.
[96] Regierungsbegründung zur 2. GWB-Novelle, BT-Drucks. IV/2520, S. 34.
[97] *Markert* in: Immenga/Mestmäcker, GWB, § 20 Rn. 46; Frankfurter Kommentar/*Rixen*, § 20 Rn. 46; *Schultz* in: Langen/Bunte, Bd. 1, § 20 Rn. 47.
[98] *Markert* in: Immenga/Mestmäcker, GWB, § 20 Rn. 46.
[99] *Markert* in: Immenga/Mestmäcker, GWB, § 20 Rn. 46.

marktgerechten Konditionen zu erhalten. Das Verbot sollte auf das Maß des Erforderlichen beschränkt werden.[100]

Ob ein Unternehmen **als kleines oder mittleres Unternehmen einzustufen** ist, ist nicht schematisch zu bestimmen.[101] Die Einstufung lässt sich nicht nach absoluten Zahlen vornehmen, weil die Verhältnisse auf dem jeweils relevanten Markt berücksichtigt werden müssen.[102] Zwar ist in der Rechtsprechung angenommen worden, dass ein unter 500 Mio. DM liegender Jahresumsatz eine widerlegliche Vermutung begründen mag, dass es sich um ein kleines oder mittleres Unternehmen handelt.[103] Es muss aber in jedem Einzelfall festgestellt werden, ob es sich um ein kleines oder mittleres Unternehmen handelt. Es hat unter funktionalen Gesichtspunkten eine Prüfung zu erfolgen, die von den Besonderheiten des jeweils relevanten Marktes ausgeht und bei der in der Regel das Horizontalverhältnis zu den Wettbewerbern auf der Anbieter- oder Nachfragerseite, unter besonderen Voraussetzungen ausnahmsweise auch das Vertikalverhältnis zu dem nachfragestarken Unternehmen einzubeziehen ist.[104] Das Horizontalverhältnis zu den Wettbewerbern auf der Nachfragerseite ist in den Fällen der **sortimentsbedingten Abhängigkeit** ausschlaggebend,[105] das Horizontalverhältnis zu den Wettbewerbern auf der Anbieterseite in den Fällen der **nachfragebedingten Abhängigkeit.**[106] In den Fällen der **unternehmensbedingten Abhängigkeit,**[107] also bei Handelsunternehmen, die nach ihrer Unternehmensstruktur und ihrem Warenangebot gerade auf das Angebot eines bestimmten Unternehmens ausgerichtet sind, wie etwa bei Vertragshändlern der Kraftfahrzeugindustrie, ist dagegen regelmäßig nicht entscheidend, wie groß das abhängige Unternehmen im Vergleich zu seinen Wettbewerbern ist, sondern sein Größenverhältnis zu dem relativ marktstarken Unternehmen.[108] Damit ist der BGH bewusst von der Regierungsbegründung abgewichen, in der der Gesetzgeber noch davon ausgegangen war, dass für den Begriff der kleinen oder mittleren Unternehmen grundsätzlich das Gleiche wie bei den Mittelstandskartellen (§ 5 c a. F.) gelte, wonach allein der Vergleich mit den auf dem gleichen sachlichen Markt tätigen Wettbewerbern maßgeblich sein sollte.

Die vom BGH für die **unternehmensbedingte Abhängigkeit** aufgestellten Grundsätze zur Prüfung der **Größenverhältnisse** (vgl. Rn. 20) dürfen aber nicht auf andere Fälle der Abhängigkeit übertragen werden. Unter diesem Aspekt hat der BGH eine Entscheidung des BKartA[109] aufgehoben, in der die nachfragebedingte Abhängigkeit mit der unternehmensbedingten Abhängigkeit gleichgestellt und die größenmäßige Einordnung des abhängigen Unternehmens aus der Eigenart der Rechtsbeziehungen zum marktmächtigen Unternehmen begründet worden war. Unternehmensbedingte und nachfragebedingte Abhängigkeit dürften nicht mit der Folge gleichgesetzt werden, dass die unter funktionalem Gesichtspunkt notwendige Prüfung der Schutzbedürftigkeit des abhängigen Unternehmens unterbleiben könne.[110] Allerdings hat der BGH in diesem Fall für den Lebensmittelhandel

---

[100] Regierungsbegründung zur 5. GWB-Novelle, BT-Drucks. 11/4610, S. 11 ff.
[101] BGH 19. 1. 1993, KVR 25/91, WuW/E BGH 2875/2879 – *Herstellerleasing.*
[102] BGH 24. 9. 2002, KVR 8/01, WuW/E DE-R 984/987 f. – *Konditionenanpassung;* Frankfurter Kommentar/*Rixen*, § 20 Rn. 50.
[103] BGH 24. 9. 2002, KVR 8/01, WuW/E DE-R 984/987 f. – *Konditionenanpassung;* LG Nürnberg-Fürth, 3. 8. 2005, 4 HK O 6645/04, WuW/E DE-R 1659/1661 – Schuh-Einzelhandel.
[104] BGH 24. 9. 2002, KVR 8/01, WuW/E DE-R 984 – *Metro MGE Einkaufs GmbH.*
[105] LG Nürnberg-Fürth, 3. 8. 2005, 4 HK O 6645/04, WuW/E DE-R 1659/1661 – *Schuh-Einzelhandel.*
[106] Zur nachfragebedingten Abhängigkeit vgl. Rn. 46 ff.
[107] Zur unternehmensbedingten Abhängigkeit vgl. Rn. 41 ff.
[108] BGH 19. 1. 1993, KVR 25/91, WuW/E BGH 2875/2879 – *Herstellerleasing;* bestätigt in BGH 24. 9. 2002, KVR 8/01, WuW/E DE-R 984 – *Metro MGE Einkaufs GmbH.*
[109] BKartA 26. 2. 1999, B9–51 100-TV-133/98, WuW/E DE-V 94 – *Metro MGE Einkaufs GmbH.*
[110] BGH 24. 9. 2002, KVR 8/01, WuW/E DE-R 984 – *Metro MGE Einkaufs GmbH.*

die Festsetzung eines Schwellenwertes zugelassen, unterhalb dessen von der Eigenschaft als kleines oder mittleres Unternehmen ausgegangen werden kann. Dies setze aber voraus, dass dieser Schwellenwert nachvollziehbar und widerspruchsfrei ermittelt werde, und dass nicht ohne plausible Begründung eine bestimmte Grenze aufgestellt werde. Dem von der Untersagungsverfügung betroffenen Unternehmen müsse danach die Möglichkeit bleiben, die Vermutung zu widerlegen, nämlich darzutun, dass der Schwellenwert unrichtig gewählt worden sei, oder dass der an sich zutreffend ermittelte Wert im konkreten Fall keine zutreffende Aussage über die Einordnung eines Lieferanten zur Gruppe der kleinen oder mittleren Unternehmen enthalte.[111]

22 bb) **Anbieter oder Nachfrager bestimmter Waren oder gewerblicher Leistungen:** Das Abhängigkeitsverhältnis muss in Bezug auf Anbieter oder Nachfrager bestehen. Die relative Marktmacht muss also im **Vertikalverhältnis** zwischen verschiedenen Marktstufen vorliegen; horizontale Marktmacht wird nur durch § 20 Abs. 4 und 5 erfasst.

23 Die Abhängigkeit muss für eine **bestimmte Art von Waren oder Leistungen bestehen.** Danach ist nicht schlechthin, sondern für einen **bestimmten abgegrenzten Markt** festzustellen, ob Abhängigkeit besteht.[112] Der Markt ist aus der Sicht desjenigen Unternehmens zu bestimmen, dessen Abhängigkeit geprüft werden soll.[113] Bei einer sortimentsbedingten Abhängigkeit[114] kommt es daher darauf an, welche Bezugsalternativen für dieses Unternehmen bestehen, bei einer nachfragebedingten Abhängigkeit[115] darauf, welche Absatzalternativen das Unternehmen hat.[116] Der Absatz- bzw. Beschaffungsmarkt des relativ marktstarken Unternehmens ist dagegen nicht maßgeblich.[117] Grundsätzlich sind dem sachlich relevanten Markt alle Bezugs- und Absatzmöglichkeiten zuzurechnen, wobei es nicht auf die jeweilige Marktstufe oder deren Besonderheiten ankommt. Ob aus Bezugsmöglichkeiten auf anderen Marktstufen sich konkrete ausreichende und zumutbare Ausweichmöglichkeiten ergeben, richtet sich nach der Situation im Einzelfall.[118] Der Bezug beim Großhandel anstelle der Belieferung durch den Hersteller wird im allgemeinen nur dann als zumutbare Ausweichmöglichkeit anzusehen sein, wenn er im wesentlichen zu den gleichen Voraussetzungen und Bedingungen erfolgt, wie sie für Wettbewerber gelten.[119] Bei einem auf juristische Fachliteratur spezialisierten Versandbuchhändler wurde Abhängigkeit von einem der führenden juristischen Fachverlage angenommen, dessen Produkte am Umsatz des Versandbuchhändlers sich auf 70 bis 80% beliefen.[120] Die Abhängigkeit eines Unternehmens entfällt auch nicht deswegen, weil (bei breit gestreutem Sortiment) auf anderen Märkten keine Abhängigkeit besteht und die Wettbewerbsfähigkeit daher insgesamt nicht beeinträchtigt wird. So ist beispielsweise im Rahmen der Abhängigkeitsprüfung nicht ein Warenhaus als solches auf seine Wettbewerbsfähigkeit mit Einzelhändlern zu beur-

---

[111] BGH 24. 9. 2002, KVR 8/01, WuW/E DE-R 984 – *Metro MGE Einkaufs GmbH.*
[112] BGH 17. 1. 1979, KZR 1/78, WuW/E BGH 1567/1569 – *Nordmende;* BGH 26. 6. 1979, KZR 7/78, WuW/E BGH 1620/1623 – *Revell Plastics;* BGH 26. 5. 1981, KZR 22/80, WuW/E BGH 1805/1806 – *Privatgleisanschluss;* BGH 12. 5. 1998, KZR 23/96, WuW/E DE-R 206 – *Depotkosmetik;* OLG Düsseldorf 29. 7. 1998, U (Kart) 24/98, WuW/E Verg 197 – *Baumpflegearbeiten.*
[113] BGH 12. 11. 2002, KZR 11/01, WuW/E DE-R 1087/1091 – *Ausrüstungsgegenstände für Feuerlöschzüge;* BGH 24. 9. 2002, KZR 34/01, WuW/E DE-R 1011/1012 – *Wertgutscheine für Asylbewerber;* BGH 13. 11. 1990, KZR 25/89, WuW/E BGH 2683/2685 – *Zuckerrübenanlieferungsrecht.*
[114] Zur sortimentsbedingten Abhängigkeit vgl. Rn. 32.
[115] Zur nachfragebedingten Abhängigkeit vgl. Rn. 46.
[116] KG 10. 4. 1995, Kart U 7605/94, WuW/E OLG 5439/5446 f. – *Kraftwerkskomponenten;* KG 5. 11. 1986, Kart. 15/84, WuW/E OLG 3917/3927 ff. – *Coop-Wandmaker.*
[117] Frankfurter Kommentar/*Rixen,* § 20 Rn. 58.
[118] BGH 21. 2. 1995, KVR10/94, WuW/E BGH 2990 – *Importarzneimittel;* OLG Karlsruhe 14. 11. 2007, 6 U 57/06, D-ER 2213/2214 – *BGB-Kommentar.*
[119] OLG Karlsruhe 14. 11. 2007, 6 U 57/06, D-ER 2213/2214 f. – *BGB-Kommentar.*
[120] OLG Karlsruhe 14. 11. 2007, 6 U 57/06, D-ER 2213/2214 – *BGB-Kommentar.*

teilen, sondern seine Fachabteilung und diese wiederum nur auf dem jeweils relevanten Markt.[121] Unternehmen, die in einer Vielzahl von Branchen tätig sind, wie Warenhäuser oder Verbrauchermärkte, können daher hinsichtlich einzelner Produkte oder Produktgruppen abhängig sein. Die **sachliche, räumliche und zeitliche Marktabgrenzung** ist nach den für § 19 geltenden Grundsätzen vorzunehmen,[122] für die sachliche Marktabgrenzung kommt es danach auf die funktionelle Austauschbarkeit aus der Sicht der Marktgegenseite an.[123]

d) **Abhängigkeitstatbestand:** Der Begriff der Abhängigkeit ist durch das **Fehlen ausreichender und zumutbarer Ausweichmöglichkeiten** definiert (§ 20 Abs. 2 S. 1). Fehlt es an solchen Ausweichmöglichkeiten, so ist Abhängigkeit grundsätzlich zu bejahen. Die Abhängigkeit setzt keine bereits bestehende Lieferbeziehung mit dem marktstarken Unternehmen voraus, auch **Newcomer** auf einem Markt können abhängig sein.[124] Das folgt bereits aus der Zielsetzung des § 20 Abs. 1 und 2, den Zugang zu den Märkten offenzuhalten.

aa) **Nichtbestehen ausreichender und zumutbarer Ausweichmöglichkeiten:** **Ausweichmöglichkeiten** bestehen dann, wenn das Unternehmen, dessen Abhängigkeit in Frage steht, funktionell austauschbare Bezugs- bzw. Absatzalternativen hat, d.h. die Möglichkeit besitzt, die durch den relevanten Markt definierten Wirtschaftsgüter von anderen Unternehmen der Marktgegenseite zu beziehen bzw. an sie abzusetzen. Bei der Prüfung dieses Tatbestandsmerkmals ist zunächst zu fragen, ob Ausweichmöglichkeiten überhaupt existieren; ist das der Fall, so ist zu untersuchen, ob sie ausreichend und sodann, ob sie zumutbar sind. Das Nichtexistieren von Ausweichmöglichkeiten ist beispielsweise in einem Fall angenommen worden, in dem einer Werbeagentur das Inserat in Telefonbüchern verweigert wurde, zu denen es keine gleichwertige Alternative gab, um Adressen und Telefonnummern festzustellen.[125]

Ob Ausweichmöglichkeiten **ausreichend** sind, beurteilt sich vor allem nach objektiven Merkmalen, nämlich danach, welche Möglichkeiten auf dem relevanten Markt vorhanden sind, von den Wirtschaftsgütern des marktstarken Unternehmens auf Wirtschaftsgüter anderer Unternehmen auszuweichen.[126] Nicht jede vorhandene Ausweichmöglichkeit ist ausreichend.[127] Maßgebend sind in erster Linie die Stellung und das Ansehen der Ware (bzw. der Dienstleistung) des Unternehmens auf dem Markt, die – neben dem Preis – vorwiegend durch die Qualität der Ware bzw. der Dienstleistung und die Werbung des Unternehmens bestimmt werden.[128] Die Kriterien für das Ausreichen von Ausweichmöglichkeiten sind im Detail unterschiedlich je nachdem, um welche Art von Abhängigkeit es sich handelt.[129]

---

[121] OLG Karlsruhe 12. 3. 1980, 6 U 223/77, WuW/E OLG 2217 – *Allkauf-Saba*.
[122] Näher dazu § 19 Rn. 10 ff.
[123] KG 6. 11. 1996, Kart W 6990/96, WuW/E OLG 5787; s. im Einzelnen § 19 Rn. 12 ff.
[124] BGH 26. 6. 1979, KZR 7/78, WuW/E BGH 1620/1623 – *Revell Plastics*; KG 9. 7. 1974, Kart 25/74, WuW/E OLG 1507/1514 – *Chemische Grundstoffe II*; Markert in: Immenga/Mestmäcker, GWB, § 20 Rn. 58.
[125] BGH 22. 2. 2005, KZR 2/04, GRUR 2005, 609/610 – *Sparberaterin II*; vgl. auch OLG Dresden 31. 1. 2002, U 1763/01 Kart, GRUR-RR 2003, 226/227 – *Örtliches Telefonbuch*.
[126] BGH 20. 11. 1975, KZR 1/75, WuW/E BGH 1391/1393 – *Rossignol*; BGH 17. 1. 1979, KZR 1/78 WuW/E BGH 1567/1568 – *Nordmende*; BGH 24. 9. 1979, KZR 20/78, WuW/E BGH 1629/1630 – *Modellbauartikel II*; KG 13. 6. 1980, Kart 35/78, WuW/E OLG 2425 – *Levis's-Jeans*; OLG Frankfurt 9. 9. 1997, 11 U (Kart) 58/96, WuW/E DE-R 73 – *Guerlain*; Markert in: Immenga/Mestmäcker, GWB, § 20 Rn. 51; Frankfurter Kommentar/Rixen, § 20 Rn. 70.
[127] BGH 20. 11. 1975, KZR 1/75, WuW/E BGH 1391/1393 – *Rossignol*; BKartA 8. 10. 1979, B5–423 400-TV-40/78, WuW/E BKartA 1805 – *International Harvester*.
[128] BGH 20. 11. 1975, KZR 1/75, WuW/E BGH 1391/1393 – *Rossignol*.
[129] Dazu näher Rn. 32 ff.

27 Ausreichende Ausweichmöglichkeiten werden noch nicht dadurch begründet, dass das marktstarke Unternehmen **wesentlichem Wettbewerb** ausgesetzt ist. Die Fälle, in denen kein wesentlicher Wettbewerb besteht, werden bereits durch die Erfassung marktbeherrschender Unternehmen in § 20 Abs. 1 geregelt; Abs. 2 hat gerade für Märkte mit wesentlichem Wettbewerb seine Bedeutung.[130] Auch die Zahl der Unternehmen, die gleichartige Wirtschaftsgüter vertreiben, ist für sich allein nicht entscheidend,[131] das Gleiche gilt für einen **niedrigen Marktanteil** des marktstarken Unternehmens.[132] Jedoch stehen alle diese Faktoren in einem Zusammenhang; fehlende Marktstärke in einer Hinsicht (etwa Geltung und Ruf der Ware) kann durch andere Faktoren (etwa beschränkte Zahl der Anbieter, Erwartung der Verbraucher, ein vollständiges Sortiment vorzufinden) ausgeglichen werden.[133]

28 Ob ausreichende Ausweichmöglichkeiten **zumutbar** sind, beurteilt sich primär nach individuell-subjektiven Kriterien,[134] und zwar insofern, als eine Wertung allein aus der Sicht der Interessenlage des abhängigen Unternehmens zu erfolgen hat. Bei der Feststellung der Zumutbarkeit findet keine Abwägung der Interessen des abhängigen und des marktstarken Unternehmens statt, diese Abwägung ist erst bei der Prüfung der Unbilligkeit der Behinderung bzw. des sachlich gerechtfertigten Grundes der Ungleichbehandlung vorzunehmen.[135]

29 Bei der Prüfung der Zumutbarkeit kommt es vor allem auf den Umfang der **wirtschaftlichen Belastungen und Risiken** an, die für das abhängige Unternehmen mit der Ausweichmöglichkeit verbunden sind.[136] Eine Ausweichmöglichkeit ist jedenfalls dann unzumutbar, wenn sie unverhältnismäßige Belastungen mit sich bringt oder ein zu großes und nicht kalkulierbares Risiko in ihr liegt.[137] Maßstab ist die Wettbewerbsfähigkeit des abhängigen Unternehmens auf dem relevanten Markt.[138] Unerhebliche Beeinträchtigungen der Wettbewerbsfähigkeit sind zumutbar, Unzumutbarkeit liegt aber nicht erst dann vor, wenn der Existenzverlust droht.[139] Im Allgemeinen wird eine Ausweichmöglichkeit nur dann als zumutbar angesehen werden können, wenn sie zu den im Wesentlichen gleichen Voraussetzungen und Bedingungen in Anspruch genommen werden kann, die den Wettbewerbern zur Verfügung stehen.[140] Ein Fachhändler ist zur Unterhaltung eines rentablen und überschaubaren Sortiments in der Regel auf zuverlässige Bezugsquellen angewiesen.[141] Werden die Mitbewerber des abhängigen Unternehmens direkt vom Hersteller beliefert, so

---

[130] BGH 20. 11. 1975, KZR 1/75, WuW/E BGH 1391/1393 – *Rossignol;* BGH 17. 1. 1979, KZR 1/78 WuW/E BGH 1567/1568 – *Nordmende;* OLG Düsseldorf 21. 2. 1978, U (Kart.) 16/76, WuW/E OLG 1913/1915 – *Allkauf;* OLG Frankfurt 8. 6. 1978, 6 U (Kart.) 132/77, WuW/E OLG 1998/1999 – *robbe-Modellsport;* BKartA 8. 10. 1979, B5–423400-TV-40/78, WuW/E BKartA 1805 – *International Harvester;* Frankfurter Kommentar/*Rixen,* § 20 Rn. 71; *Schultz* in: Langen/Bunte, Bd. 1, § 20 Rn. 54.

[131] BGH 20. 11. 1975, KZR 1/75, WuW/E BGH 1391/1393 – *Rossignol.*

[132] BGH 20. 11. 1975, KZR 1/75, WuW/E BGH 1391/1393 f. – *Rossignol;* BGH 24. 9. 1979, KZR 16/78, WuW/E BGH 1671/1673 – *robbe-Modellsport.*

[133] S. a. *v. Gamm* NJW 1980, 2495.

[134] *Markert* in: Immenga/Mestmäcker, GWB, § 20 Rn. 52; Frankfurter Kommentar/*Rixen,* § 20 Rn. 73; *Schultz* in: Langen/Bunte, Bd. 1, § 20 Rn. 58.

[135] BGH 23. 2. 1988, KZR 20/86, WuW/E BGH 2491/2494 – *Opel-Blitz.*

[136] BGH 23. 2. 1988, KZR 20/86, WuW/E BGH 2491/2494 – *Opel-Blitz.*

[137] Bericht des Wirtschaftsausschusses zur Novelle 1973, WuW 1973, 592.

[138] OLG Frankfurt 9. 9. 1997, 11 U (Kart) 58/96, WuW/E DE-R 73 – *Guerlain.*

[139] BGH 21. 2. 1995, KVR 10/94, WuW/E BGH 2990/2994 – *Importarzneimittel.*

[140] BGH 26. 6. 1979, KZR 7/78, WuW/E BGH 1620/1623 – *Revell Plastics;* KG 13. 6. 1980, Kart 35/78, WuW/E OLG 2425 – *Levis's-Jeans.*

[141] OLG Düsseldorf 4. 12. 1979, U (Kart) 10/79, WuW/E OLG 2167/2169 – *Nordmende;* vgl. aber auch OLG Koblenz 27. 3. 1980, 6 U 121/79, WuW/E OLG 2281/2284 – *Bitburger Pils.*

kann **Bezug über den Großhandel** ausreichend, aber unzumutbar sein;[142] bei einem Discounter wurden allerdings um 8% höhere Einstandskosten (wegen Zoll und Fracht) als bei einer Direktbelieferung als zumutbar angesehen, weil er die importbedingten Mehrkosten wegen niedriger Einkaufspreise und geringerer Geschäftsunkosten ausgleichen konnte.[143] **Schleichhandel** ist in der Regel unzumutbar,[144] ebenso **Reimporte**.[145]

Im Rahmen der Zumutbarkeit kann auch das **eigene Verhalten** des abhängigen Unternehmens zu berücksichtigen sein, insbesondere dann, wenn ein Unternehmen in zurechenbarer Weise seinen Betrieb einseitig auf Geschäftsbeziehungen mit einem anderen Unternehmen ausgerichtet hat (sog. **selbstverschuldete Abhängigkeit**). Diese Situation ändert zwar nichts am Bestehen der Abhängigkeit. Bei einer möglichen Umstellung auf andere Geschäftspartner können dem abhängigen Unternehmen aber größere Opfer und Risiken zugemutet werden als einem Unternehmen, das ohne eigenes Zutun in Abhängigkeit geraten ist. Eine solche Zurechnung darf allerdings dann nicht erfolgen, wenn die einseitige Ausrichtung der Geschäftsbeziehungen marktüblich ist oder gar vom Geschäftspartner verlangt wird, wie das vor allem bei Ausschließlichkeitsbindungen, etwa Bierbezugsverträgen, der Fall ist. In derartigen Fällen wird durch die langjährige einseitige Geschäftsbeziehung die Abhängigkeit gerade erst begründet.[146]

bb) Arten der Abhängigkeit: In der Rechtsprechung haben sich anhand der zugrundeliegenden wirtschaftlichen Sachverhalte verschiedene Arten der Abhängigkeit herausgebildet, bei denen das Fehlen ausreichender und zumutbarer Ausweichmöglichkeiten nach unterschiedlichen Kriterien ermittelt wird. Es handelt sich um die sortimentsbedingte, die unternehmensbedingte, die mangelbedingte und die nachfragebedingte Abhängigkeit.

(1) Sortimentsbedingte Abhängigkeit: Die Fälle der sortimentsbedingten Abhängigkeit sind dadurch gekennzeichnet, dass ein Händler, wenn er wettbewerbsfähig sein will, bestimmte Markenartikel in seinem Sortiment führen muss, weil dies vom Verbraucher erwartet wird und beim Fehlen dieser Artikel im Sortiment zu befürchten ist, dass die Abnehmer auch in Bezug auf andere Waren abwandern.[147] Ob sortimentsbedingte Abhängigkeit vorliegt, bestimmt sich in erster Linie nach der **Stellung und dem Ansehen der Ware auf dem Markt**.[148] Stellung und Ansehen der Ware werden – neben dem Preis – vor allem durch die Qualität der Ware und die Werbung des Unternehmens bestimmt; sie beeinflussen wesentlich die Nachfrage.[149] Insbesondere die Werbung eines Unternehmens, der „Vorverkauf der Ware durch den Hersteller" kann ein solches Markenbewusstsein der Verbraucher erzeugen und einem Markenartikel eine solche Stellung auf dem Markt ver-

---

[142] BGH 26. 6. 1979, KZR 7/78, WuW/E BGH 1620/1623 – *Revell Plastics*; OLG Karlsruhe 14. 11. 2007, 6 U 57/06, D-ER 2213/2214 ff. – *BGB-Kommentar*.
[143] OLG Frankfurt 9. 9. 1997, 11 U (Kart) 58/96, WuW/E DE-R 73 – *Guerlain*.
[144] BGH 23. 2. 1988, KVR 2/87, WuW/E BGH 2479/2481 – *Reparaturbetrieb*; KG 13. 6. 1980, Kart 35/78, WuW/E OLG 2425 – *Levis's-Jeans*.
[145] OLG Karlsruhe 12. 3. 1980, 6 U 223/77, WuW/E OLG 2217/2219 – *Allkauf-Saba*.
[146] Frankfurter Kommentar/*Rixen*, § 20 Rn. 75; *Schultz* in: Langen/Bunte, Bd. 1, § 20 Rn. 58; s. a. *Markert* in: Immenga/Mestmäcker, GWB, § 20 Rn. 54.
[147] BGH 4. 11. 2003, KZR 2/02, WuW/E DE-R 1203/1204 – *Depotkosmetik im Internet*; BGH 26. 6. 1979, KZR 7/78, WuW/E BGH 1620/1622f. – *Revell Plastics*; OLG Frankfurt 5. 11. 2002, 11 U (Kart) 13/02, DE-R 1081/1082 – *Lotterieannahmestelle*; OLG Frankfurt 9. 9. 1997, 11 U (Kart) 58/96, WuW/E DE-R 73 – *Guerlain*; *Markert* in: Immenga/Mestmäcker, GWB, § 20 Rn. 62.
[148] BGH 20. 11. 1975, KZR 1/75, WuW/E BGH 1391/1393 – *Rossignol*; BGH 9. 5. 2000, KZR 28/98, WuW/E DE-R 481 – *Designer-Polstermöbel*; OLG München 20. 4. 1978, U (K) 3419/77, WuW/E OLG 1931 – *SABA*.
[149] BGH 20. 11. 1975, KZR 1/75, WuW/E BGH 1391/1393 – *Rossignol*; BGH 24. 9. 1979, KZR 16/78, WuW/E BGH 1671/1673 – *robbe-Modellsport*; OLG München 20. 4. 1978, U (K) 3419/77, WuW/E OLG 1931 – *SABA*; *Markert* in: Immenga/Mestmäcker, GWB, § 20 Rn. 63; *Schultz* in: Langen/Bunte, Bd. 1, § 20 Rn. 64.

schaffen, dass eine Umlenkung der Nachfrage kaum möglich ist und der Artikel von den Abnehmern als mit anderen nicht austauschbar angesehen wird.[150] In der Praxis haben hier vor allem Fälle der Belieferung von Händlern mit Markenartikeln eine Rolle gespielt.

33 Ob diese Kriterien gegeben sind, stellt die Rechtsprechung in einer **generalisierenden Betrachtungsweise** fest.[151] Diese generalisierende Betrachtungsweise bedeutet, dass bei der Prüfung der Abhängigkeit zunächst nicht von der subjektiv-individuellen Situation des am Verfahren beteiligten Händlers auszugehen ist, sondern von der Situation, wie sie sich aus dem konkreten Markenartikelvertriebssystem für den typischen an diesem System beteiligten Händler ergibt. So hat der BGH ebenso wie die Vorinstanzen im Asbach-Fall[152] aus den generellen Merkmalen des Vertriebssystems das Fehlen zumutbarer Ausweichmöglichkeiten bejaht, ohne auf die Verhältnisse der einzelnen vom Funktionsrabatt ausgeschlossenen Selbstbedienungsgroßhändler einzugehen. Gelangt man mit der generalisierenden Betrachtungsweise zu dem Ergebnis, dass Abhängigkeit besteht, so hat der Markenartikelhersteller aber die Möglichkeit, darzulegen und nachzuweisen, dass im konkreten Einzelfall der betroffene Händler auf Grund subjektiv-individueller Besonderheiten über ausreichende und zumutbare Ausweichmöglichkeiten verfügt, so dass im konkreten Fall die Abhängigkeit zu verneinen ist. Hingegen ist aus der generalisierenden Betrachtungsweise nicht zu folgern, dass schlechthin alle Hersteller von Markenartikeln ohne Rücksicht auf ihre tatsächliche Marktstellung unter § 20 Abs. 2 fallen.[153]

34 Innerhalb der sortimentsbedingten Abhängigkeit ist zwischen der **Spitzenstellungsabhängigkeit** und der **Spitzengruppenabhängigkeit** zu unterscheiden. Spitzenstellungsabhängigkeit liegt vor, wenn eine Marke auf dem Markt eine derartige Spitzenstellung einnimmt, dass zur Erhaltung der Wettbewerbsfähigkeit des Händlers gerade sie im Sortiment enthalten sein muss und sich nicht durch andere bedeutende Marken ersetzen lässt.[154] Demgegenüber ist die Spitzengruppenabhängigkeit dadurch gekennzeichnet, dass der Händler zwar nicht eine bestimmte, aber jedenfalls mehrere allgemein anerkannte Markenartikel führen muss, um wettbewerbsfähig zu sein. Er muss also aus einer Spitzengruppe von Marken eine Anzahl führen, um die zur Wettbewerbsfähigkeit erforderliche Sortimentsbreite zu besitzen.[155]

35 Eine **Spitzenstellungsabhängigkeit** kann sich vor allem aus der hervorragenden Qualität, der einmaligen technischen Gestaltung oder der exponierten Werbung ergeben.[156]

---

[150] BGH 24. 9. 1979, KZR 16/78, WuW/E BGH 1671/1673 – *robbe-Modellsport*.
[151] Vgl. insb. BGH 24. 2. 1976, KVR 3/75, WuW/E BGH 1429/1430f. – *Asbach-Fachgroßhändlervertrag*; BGH 20. 11. 1975, KZR 1/75, WuW/E BGH 1391/1393f. – *Rossignol*; BGH 24. 9. 1979, KZR 20/78, WuW/E BGH 1629ff. – *Modellbauartikel II;* OLG Karlsruhe 8. 11. 1978, 6 U 192/77, WuW/E OLG 2085 – *Multiplex;* OLG Frankfurt 9. 9. 1997, 11 U (Kart) 58/96, WuW/E DE-R 73 – *Guerlain*.
[152] BGH 24. 2. 1976, KVR 3/75, WuW/E BGH 1429/1430f. – *Asbach-Fachgroßhändlervertrag*.
[153] BGH 24. 9. 1979, KZR 20/78, WuW/E BGH 1629f. – *Modellbauartikel II;* unzutreffend OLG Karlsruhe 8. 11. 1978, 6 U 192/77, WuW/E OLG 2085/2087 – *Multiplex*.
[154] BGH 17. 1. 1979, KZR 1/78 WuW/E BGH 1567/1569 – *Nordmende;* BGH 20. 11. 1975, KZR 1/75, WuW/E BGH 1391 – *Rossignol;* BGH 24. 2. 1976, KVR 3/75, WuW/E BGH 1429/1430f. – *Asbach-Fachgroßhändlervertrag;* BGH 24. 3. 1981, KZR 2/80, WuW/E BGH 1793/1795 – *SB-Verbrauchermarkt;* BGH 22. 1. 1985, KZR 35/83, WuW/E BGH 2125, 2127 – *Technics;* BGH 9. 5. 2000, KZR 28/98, WuW/E DE-R 481 – *Designer-Polstermöbel;* OLG Düsseldorf 29. 10. 2003, VI – U (Kart) 30/00, WuW/E DE-R 1480/1482 – *R.-Uhren*.
[155] BGH 9. 5. 2000, KZR 28/98, WuW/E DE-R 481 – *Designer-Polstermöbel;* BGH 17. 1. 1979, KZR 1/78 WuW/E BGH 1567/1569 – *Nordmende;* BGH 23. 10. 1979, KZR 19/78, WuW/E BGH 1635 – *Plaza SB-Warenhaus;* BGH 30. 6. 1981, KZR 11/80, WuW/E BGH 1814 – *Belieferungsunwürdige Verkaufsstätten;* OLG Düsseldorf 29. 10. 2003, VI – U (Kart) 30/00, WuW/E DE-R 1480/1484 – *R.-Uhren;* OLG Karlsruhe 12. 3. 1980, 6 U 223/77, WuW/E OLG 221/22197 – *Allkauf-Saba*.
[156] BGH 9. 5. 2000, KZR 28/98, WuW/E DE-R 481 – *Designer-Polstermöbel;* OLG Düsseldorf 29. 10. 2003, VI – U (Kart) 30/00, WuW/E DE-R 1480/1482 – *R-Uhren*.

§ 20. Diskriminierungsverbot, Verbot unbilliger Behinderung 36, 37 **§ 20 GWB**

Das wird – zumindest bei einer Ware, die nicht über ein selektives Vertriebssystem abgesetzt wird – auch in einer entsprechenden Distributionsrate zum Ausdruck kommen; die Ware wird sich im Sortiment fast aller vergleichbaren Händler finden, so dass eine **hohe Distributionsrate** ein deutliches Indiz für eine Spitzenstellungsabhängigkeit darstellt.[157] Eine Distributionsrate von 80 Prozent wurde als nicht ausreichend angesehen.[158] Eine niedrige Distributionsrate kann sich allerdings daraus ergeben, dass der betreffende Artikel einer Vertriebsbindung unterliegt, in solchen Fällen hat die Distributionsrate nur eine geringe Aussagekraft.[159] Die **Zahl der Anbieter von Konkurrenzprodukten** ist demgegenüber nicht aussagekräftig, weil Konkurrenzprodukte – auch wenn sie gleichfalls eine Spitzenstellung aufweisen – vom Abnehmer nicht als substitutionsfähig angesehen werden.[160] Der Marktanteil des Spitzenstellungsprodukts kann ein Indiz für die Spitzenstellung sein; ein niedriger Marktanteil schließt eine Spitzenstellung jedoch nicht notwendig aus, weil ein bewusst niedrig gehaltener Marktanteil dazu beitragen kann, das Image einer Luxusware zu begründen.[161] Ebenso bedeutet ein hoher Marktanteil nicht notwendig eine Spitzenstellung, wird allerdings häufig ein wichtiges Indiz dafür sein.[162] Unerheblich ist der in der Vergangenheit vom Händler erzielte Umsatz.[163] Die Spitzenstellungsabhängigkeit eines Händlers kann nicht nur gegenüber einem, sondern auch gegenüber mehreren Herstellern bestehen.[164]

Auch für die **Feststellung der Spitzengruppenabhängigkeit** ist die Distributionsrate keineswegs unbeachtlich. Der BGH hat eine Distributionsrate von 80 Prozent als ausreichend angesehen, um eine Spitzengruppenabhängigkeit nahezulegen und dies zutreffend damit begründet, dass eine derart hohe Präsenz der Produkte eines Herstellers in Fachgeschäften darauf hindeutet, dass diese Produkte von den meisten Fachhändlern als nahezu unverzichtbarer Bestandteil eines entsprechenden Sortiments angesehen werden.[165] Größere Bedeutung kommt aber dem **Marktanteil** des Spitzengruppenprodukts und der **Sortimentsgestaltungspraxis** vergleichbarer Abnehmer auf dem relevanten Markt zu. 36

Beim **Marktanteil** ist auf den generellen Marktanteil abzustellen, d. h. auf den Anteil, den das Spitzengruppenprodukt allgemein am Markt errungen hat, nicht dagegen auf den Anteil, mit dem der diskriminierte Händler in der Vergangenheit beliefert wurde.[166] Der relevante Markt ist auch hier aus der Sicht der Nachfrager zu bestimmen.[167] In der Rechtsprechung ist auf Teilmärkten der Unterhaltungselektronik ein Marktanteil von 11 Prozent[168] bzw. von 9 bis 10 Prozent[169] als ausreichend angesehen worden, um die Zugehörigkeit zur Spitzengruppe zu begründen, ein Marktanteil von 5 Prozent dagegen nicht.[170] Auf 37

---

[157] BGH 9. 5. 2000, KZR 28/98, WuW/E DE-R 481 – *Designer-Polstermöbel; Markert* in: Immenga/Mestmäcker, GWB, § 20 Rn. 64. Vgl. auch BGH 24. 3. 1981, KZR 2/80, WuW/E BGH 1793/1795 – *SB-Verbrauchermarkt* (Distributionsrate von nahezu 100%); OLG Stuttgart 27. 6. 1980, 2 U (Kart) 130/79, WuW/E OLG 2352 (90% ausreichend).
[158] BGH 9. 5. 2000, KZR 28/98, WuW/E DE-R 481 – *Designer-Polstermöbel;* das OLG Düsseldorf hat 60% nicht ausreichen lassen, vgl. OLG Düsseldorf 21. 2. 1978, U (Kart.) 16/76, WuW/E OLG 1913/1916 – *Allkauf.*
[159] OLG Düsseldorf 29. 10. 2003, VI – U (Kart) 30/00, WuW/E DE-R 1480/1483 – *R-Uhren.*
[160] BGH 20. 11. 1975, KZR 1/75, WuW/E BGH 1391/1394 – *Rossignol.*
[161] *Markert* in: Immenga/Mestmäcker, GWB, § 20 Rn. 64. Im Falle Rossignol (vgl. Fn. 160) betrug der Marktanteil 8 Prozent.
[162] *Markert* in: Immenga/Mestmäcker, GWB, § 20 Rn. 64.
[163] BGH 20. 11. 1975, KZR 1/75, WuW/E BGH 1391/1394 – *Rossignol.*
[164] Frankfurter Kommentar/*Rixen*, § 20 Rn. 75.
[165] BGH 9. 5. 2000, KZR 28/98, WuW/E DE-R 481 – *Designer-Polstermöbel.*
[166] BGH 24. 9. 1979, KZR 16/78, WuW/E BGH 1671/1674 – *robbe-Modellsport.*
[167] LG Mannheim 14. 3. 2008, 7 O 263/07 Kart, WuW/E DE-R 2322/2324 – *Schulranzen.*
[168] BGH 17. 1. 1979, KZR 1/78 WuW/E BGH 1567/1570 – *Nordmende.*
[169] BGH 23. 10. 1979, KZR 19/78, WuW/E BGH 1635/1536 – *Plaza SB-Warenhaus.*
[170] OLG Düsseldorf 6. 5. 1980 – U (Kart) 23/79, WuW/E OLG 2294/2295 – *Plaza.*

dem Markt für Vollsortimenter von Modellbauartikeln wurden 7 Prozent als ausreichend betrachtet,[171] auch 5 Prozent bei erheblichen Werbeaufwendungen und entsprechendem Bekanntheitsgrad.[172] Ausschlaggebend ist jedoch stets die jeweilige Marktsituation.

38 Zur Spitzengruppe gehören wenigstens so viele der führenden Marken, wie für ein wettbewerbsfähiges Sortiment erforderlich sind. Dabei wird die Verbrauchererwartung maßgeblich durch die **Sortimentsgestaltungpraxis vergleichbarer Abnehmer** bestimmt. So geht die Rechtsprechung für das Gebiet der Unterhaltungselektronik davon aus, dass kleine Fachgeschäfte die Geräte von vier bis fünf verschiedenen Markenherstellern und größere Fachhändler neun bis zehn Marken in ihrem Angebot führen müssen, um wettbewerbsfähig zu sein.[173] Bei Modellbauartikeln wird vom Fachversandhandel anders als vom Ladenhandel ein vollständiges Sortiment aller führenden Marken erwartet.[174] Ein grundsätzlicher Unterschied zwischen Fachhandelsbetrieben und Mischbetrieben wird hinsichtlich des Umfangs des Sortiments nicht gemacht.[175]

39 Wird der Händler von mehreren der Spitzengruppe zuzurechnenden Anbietern nicht beliefert, so braucht er sich von keinem Anbieter darauf verweisen zu lassen, dass auch die Inanspruchnahme anderer Anbieter ausreichen würde, um die für Wettbewerbsfähigkeit erforderliche Sortimentsbreite herzustellen. In den Fällen der Spitzengruppenabhängigkeit besteht **Abhängigkeit gegenüber jedem der der Spitzengruppe angehörenden Anbieter.** Der Händler kann wählen, welchen von ihnen er in Anspruch nimmt; er ist nicht verpflichtet, gleichzeitig alle zur Spitzengruppe angehörenden Anbieter in Anspruch zu nehmen oder diese in einer bestimmten Reihenfolge zu verklagen.[176]

40 Eine sortimentsbedingte Abhängigkeit besteht nur dann, wenn ein Händler bestrebt ist, ein vollständiges bzw. wettbewerbsfähiges Sortiment zu erhalten oder zu erreichen. Diese Voraussetzung ist nicht gegeben, wenn sich ein Unternehmen darauf beschränkt, nur solche Waren aufzunehmen, die eine Spitzenstellung aufweisen, sogenannte „Renner".[177]

41 (2) **Unternehmensbedingte Abhängigkeit:** Unternehmensbedingte Abhängigkeit liegt vor, wenn sich ein Abnehmer auf Grund **längerer, regelmäßig vertraglich abgesicherter Lieferbeziehungen auf einen Hersteller festgelegt** hat.[178] Hauptbeispiel sind Vertragshändler[179] und Franchisenehmer.[180] Die Abhängigkeit ergibt sich in diesen Fällen

---

[171] BGH 24. 9. 1979, KZR 20/78, WuW/E BGH 1629/1630 – *Modellbauartikel II*; OLG Karlsruhe 8. 11. 1978, 6 U 192/77, WuW/E OLG 2085 – *Multiplex*.

[172] BGH 24. 9. 1979, KZR 16/78, WuW/E BGH 1671/1674 – *robbe-Modellsport*.

[173] BGH 23. 10. 1979, KZR 19/78, WuW/E BGH 1635 f. – *Plaza SB-Warenhaus*; OLG Karlsruhe 12. 3. 1980, 6 U 223/77, WuW/E OLG 2217/2218 – *Allkauf-Saba*.

[174] BGH 24. 9. 1979, KZR 20/78, WuW/E BGH 1629/1631 – *Modellbauartikel II*.

[175] BGH 23. 10. 1979, KZR 19/78, WuW/E BGH 1635 f. – *Plaza SB-Warenhaus*.

[176] BGH 17. 1. 1979, KZR 1/78 WuW/E BGH 1567/1569 – *Nordmende*; BGH 23. 10. 1979, KZR 19/78, WuW/E BGH 1635/1536 – *Plaza SB-Warenhaus*; KG 13. 6. 1980, Kart 35/78, WuW/E OLG 2425/2427 – *Levis's-Jeans*; OLG Düsseldorf 29. 10. 2003, VI – U (Kart) 30/00, WuW/E DE-R 1480/1485 – *R-Uhren*; OLG Karlsruhe 12. 3. 1980, 6 U 223/77, WuW/E OLG 2217/2219 – *Allkauf-Saba*.

[177] BGH 26. 6. 1979, KZR 7/78, WuW/E BGH 1620/1622 – *Revell Plastics*; Bericht des Wirtschaftsausschusses zur Novelle 1973, WuW 1973, 593.

[178] OLG Frankfurt 8. 6. 1978, 6 U (Kart.) 132/77, WuW/E OLG 1998/1999 – *robbe-Modellsport*; Markert in: Immenga/Mestmäcker, GWB, § 20 Rn. 71; Frankfurter Kommentar/*Rixen*, § 20 Rn. 87; Schultz in: Langen/Bunte, Bd. 1, § 20 Rn. 72; *Bechtold*, GWB, § 20 Rn. 23.

[179] Vgl. BGH 1. 7. 1976, KZR 34/75, WuW/E BGH 1455 – *BMW-Direkthändler*; OLG Stuttgart 23. 3. 1979, 2 W (Kart.) 8/79, WuW/E OLG 2103 – *Porsche-Vertragshändler*; OLG Düsseldorf 16. 10. 1979, U (Kart) 7/79, WuW/E OLG 2133 – *Premiumbier*; KG 28. 11. 1979, Kart 12/79, WuW/E OLG 2247 – *Parallellieferteile*; s. a. Tätigkeitsbericht des BKartA für 2003/2004 (BT-Drucks. 15/5790) S. 140 f.

[180] OLG Düsseldorf 16. 1. 2008, VI-Kart 11/06 (V), WuW/E DE-R 2235/2237 – *Baumarkt*; BKartA 8. 5. 2006, B 9–149/04, DE-V 1235/1238 – *Praktiker Baumärkte*.

§ 20. Diskriminierungsverbot, Verbot unbilliger Behinderung   42–44 § 20 GWB

vor allem daraus, dass der Kundenstamm des Vertragshändlers nicht ohne weiteres auf eine andere Marke umgestellt werden kann,[181] da der Händler einen bedeutenden Teil seines Betriebskapitals durch auf die Marke spezialisierte Ersatzteillager, Spezialwerkzeuge und Spezialmaschinen gebunden hat und die Umstellung auf neue Einrichtungen dieser Art eine erhebliche finanzielle Belastung darstellen würde.[182] Die Umstellung auf eine andere Marke stellt daher in der Regel keine ausreichende und zumutbare Ausweichmöglichkeit dar.

Bei der Feststellung der Abhängigkeit ist von der jeweiligen individuellen Situation des abhängigen Unternehmens auszugehen, es kann hier **keine generalisierende Betrachtungsweise** wie bei der sortimentsbedingten Abhängigkeit[183] erfolgen.[184] Insbesondere kommt eine Gleichstellung von unternehmensbedingter mit nachfragebedingter Abhängigkeit nicht in Betracht.[185] Es können auch nicht bestimmte Grenzwerte herangezogen werden, bei deren Überschreiten eine Abhängigkeit des Lieferanten von dem nachfragestarken Unternehmen (widerleglich) vermutet wird.[186] Die Abhängigkeit ist aus der Sicht des diskriminierten Unternehmens zu prüfen, eine Berücksichtigung der Interessen des diskriminierenden Unternehmens erfolgt erst beim Tatbestandsmerkmal der Unbilligkeit bzw. des sachlich gerechtfertigten Grundes. 42

Unternehmensbedingte Abhängigkeit führt **nicht** dazu, dass einmal bestehende Lieferbeziehungen **für die Zukunft unabänderlich** gestaltet werden.[187] Das würde dem Wesen des Wettbewerbs als einem dynamischen Prozess, der steten Veränderungen unterworfen ist, widersprechen. Der Händler kann daher gehalten sein, sich um die Vertretung einer anderen Marke zu bemühen und während einer gewissen Zeit die dafür erforderlichen Investitionen vorzunehmen sowie seinen Kundenstamm umzustellen. Ausweichmöglichkeiten können ausreichend und zumutbar sein, wenn die Umstellung nicht sofort zu erfolgen hat, sondern sich über eine längere Zeitspanne erstrecken kann.[188] Hat ein Händler diese Zeitspanne ungenutzt verstreichen lassen, obwohl Anlass für ihn bestand, sich um Ausweichmöglichkeiten zu bemühen, so kann die Abhängigkeit zu verneinen sein.[189] 43

(3) Mangelbedingte Abhängigkeit: Mangelbedingte Abhängigkeit liegt vor, wenn infolge einer plötzlich aufgetretenen Mangellage einem Unternehmen seine bisherigen Bezugskanäle verschlossen sind, Ausweichmöglichkeiten nicht offen stehen und dadurch die Wettbewerbsfähigkeit des Unternehmens gefährdet ist. Der Gesetzgeber wollte vor allem die Praxis vertikal integrierter Unternehmen erfassen, bei einer Mangellage in erster Linie die auf den nachgeordneten Wirtschaftsstufen tätigen konzernangehörigen Unternehmen zu beliefern, die Belieferung von deren Konkurrenten aber mit der Begründung abzulehnen, dass die vorhandene Kapazität nur für die Belieferung der konzerneigenen Unternehmen ausreiche.[190] Aktuelles Beispiel war die Mineralölkrise 1973, während der 44

---

[181] OLG Stuttgart 23. 3. 1979, 2 W (Kart.) 8/79, WuW/E OLG 2103 – *Porsche-Vertragshändler*; OLG Düsseldorf 16. 10. 1979, U (Kart) 7/79, WuW/E OLG 2133 – *Premiumbier*; BKartA 8. 10. 1979 – B5-423400-TV-40/78, WuW/E BKartA 1805 – *International Harvester*.
[182] BKartA 8. 10. 1979 – B5-423400-TV-40/78, WuW/E BKartA 1805 – *International Harvester*.
[183] Vgl. Rn. 33.
[184] A. A. *Markert* in: Immenga/Mestmäcker, GWB, § 20 Rn. 73.
[185] BGH 24. 9. 2002, KVR 8/01, WuW/E DE-R 984 – *Metro MGE Einkaufs GmbH*.
[186] BGH 24. 9. 2002, KVR 8/01, WuW/E DE-R 984 – *Metro MGE Einkaufs GmbH*; anders noch BKartA 26. 2. 1999, B9-51100-TV-133/98, WuW/E DE-V 94 – *Metro MGE Einkaufs GmbH*.
[187] *Bechtold*, GWB, § 20 Rn. 25; vgl. auch KG 3. 12. 1974, Kart 37/74, WuW/E OLG 1548/1550 – *SABA* (für die sortimentsbedingte Abhängigkeit).
[188] Vgl. auch OLG Düsseldorf 16. 10. 1979, U (Kart) 7/79, WuW/E OLG 2133 – *Premiumbier*.
[189] KG 3. 12. 1974, Kart 37/74, WuW/E OLG 1548/1551 – *SABA*; OLG Düsseldorf 21. 2. 1978, U (Kart.) 16/76, WuW/E OLG 1913/1918 – *Allkauf*.
[190] Bericht des Wirtschaftsausschusses zur Novelle 1973, BT-Drucks. 7/765, S. 10 = WuW 1973, 593.

Mineralölgesellschaften das konzerneigene Tankstellennetz belieferten, die Belieferung freier Tankstellen oder freie Tankstellen versorgender Händler aber ablehnten.[191] Ursache können aber auch Marktordnungsregelungen sein, die Lieferrechte zuteilen, um das Angebot zu begrenzen,[192] oder eine schon rein räumlich bestehende Begrenzung des Angebots, etwa bei der Vermietung von Räumlichkeiten für die Prägung von Kraftfahrzeugkennzeichen in einer Kfz-Zulassungsstelle.[193]

45 Eine Abhängigkeit kommt in diesen Fällen erst dann in Betracht, wenn den betroffenen Unternehmen **andere Bezugsquellen** – gegebenenfalls auch unter etwas ungünstigeren Konditionen – **nicht zur Verfügung** stehen. Damit kann sich aus § 20 bei Vorliegen der sonstigen Voraussetzungen eine **Repartierungspflicht** ergeben. Abhängigkeit kann auch bei **Newcomern** bestehen,[194] die Zulässigkeit einer Differenzierung kann sich in solchen Fällen aber aus der Interessenabwägung im Rahmen der Prüfung der Unbilligkeit bzw. des sachlich gerechtfertigten Grundes ergeben. Im Rahmen dieser Interessenabwägung ist auch zu prüfen, inwieweit eine **Belieferung zu höheren Preisen** erfolgen kann.[195] Nach der Entscheidungspraxis des BKartA entfällt die Abhängigkeit nicht dadurch, dass traditionelle Lieferanten die Geschäftsbeziehungen in einer Zeitphase abgebrochen haben, in der vorübergehend die Möglichkeit bestand, auf andere Lieferanten auszuweichen.[196]

46 **(4) Nachfragebedingte Abhängigkeit:** Die Fälle der nachfragebedingten Abhängigkeit sind dadurch gekennzeichnet, dass **Lieferanten von Abnehmern abhängig** sind. Diese Fälle lassen sich zwar zum Teil auch in anderen Fallgruppen, insbesondere der unternehmensbedingten Abhängigkeit einordnen;[197] angesichts der Bedeutung und der besonderen Problemsituation empfiehlt es sich jedoch, eine eigene Fallgruppe zu bilden.[198] Bei der nachfragebedingten Abhängigkeit lassen sich verschiedene **Fallgruppen** unterscheiden, nämlich die Abhängigkeit auf Grund von Produktspezialisierung, die Abhängigkeit auf Grund von Absatzkonditionen bzw. Absatzanteil und die goodwill-bedingte Abhängigkeit.[199]

47 Abhängigkeit auf Grund von **Produktspezialisierung** liegt vor, wenn ein Hersteller im Rahmen von Dauerlieferverhältnissen Produkte herstellt, die speziell auf die Erfordernisse des Nachfragers zugeschnitten und nicht allgemein nachgefragt sind. Hauptbeispiele sind Zulieferverhältnisse, Herstellung von Produkten für Handelsmarken oder bestimmte Lieferungen für den Bedarf der öffentlichen Hand. Es handelt sich um eine Parallelsituation zur unternehmensbedingten Abhängigkeit.[200] In diesen Fällen kann es an ausreichenden und zumutbaren Ausweichmöglichkeiten fehlen; maßgeblich dafür sind der Grad der Spezialisierung, die Anzahl der generell in Betracht kommenden Abnehmer und die technischen und finanziellen Schwierigkeiten einer Produktionsumstellung.[201] Dagegen ergibt sich die Abhängigkeit grundsätzlich nicht schon daraus, dass der Abnehmer den Lieferanten zur

---

[191] Vgl. BKartA 2. 5. 1974, B8–221 430-V-17/74, WuW/E BKartA 1494 – *AGIP;* KG 4. 7. 1974, Kart 27/74, WuW/E OLG 1499 – *AGIP II;* BKartA Tätigkeitsbericht 1973, 75; 1974, 45.
[192] BGH 13. 11. 1990, KZR 25/89, WuW/E BGH 2683 – *Zuckerrübenanlieferungsrecht.*
[193] OLG Frankfurt am Main 9. 9. 1997, 11 U (Kart) 67/96, WuW/E DE-R 55 – *Kfz-Schilderpräger;* OLG Saarbrücken, 3. 5. 2007, 8 U 253/06, DE-R 2025 – *Mietvertrag mit Schilderpräger.*
[194] Frankfurter Kommentar/*Rixen,* § 20 Rn. 90; *Markert* in: Immenga/Mestmäcker, GWB, § 20 Rn. 74; einschränkend KG 4. 7. 1974, Kart 27/74, WuW/E OLG 1499 – *AGIP II.*
[195] Dazu BKartA Tätigkeitsbericht 1973, 75; 1974, 45.
[196] BKartA Tätigkeitsbericht 1974, 48.
[197] So beispielsweise *Bechtold,* GWB, § 20 Rn. 23; *Schultz* in: Langen/Bunte Bd. 1, § 20 Rn. 76.
[198] So auch *Markert* in: Immenga/Mestmäcker, GWB, § 20 Rn. 77; Frankfurter Kommentar/*Rixen,* § 20 Rn. 94 ff.
[199] Dazu grundlegend *Köhler,* Nachfragemacht, S. 67 ff.
[200] Vgl. dazu Rn. 41.
[201] S. dazu Frankfurter Kommentar/*Rixen,* § 20 Rn. 97; *Köhler,* Nachfragemacht, S. 65 f.; *Loewenheim* WRP 1982, 190/193 f.

Spezialisierung veranlasst hat; dieser muss Vorteile und Risiken einer solchen Spezialisierung abwägen und selbst tragen.[202] Ebenso wie bei der unternehmensbedingten Abhängigkeit kann sich aber eine zeitliche Begrenzung der Abhängigkeit daraus ergeben, dass der Abnehmer verpflichtet ist, die Abhängigkeit innerhalb einer gewissen Zeitspanne abzubauen.

Abhängigkeit auf Grund von **Absatzfunktionen** und **Absatzanteilen** kann vorliegen, wenn es sich beim Nachfrager um Großhändler oder Einkaufszentralen mit Schlüsselstellung für den Weitervertrieb handelt oder der Absatzanteil des Lieferanten nach einem bestimmten Nachfrager besonders hoch ist.[203] Wie hoch der Absatzanteil sein muss, lässt sich generell allenfalls ganz grob bestimmen. Der BGH hat Abhängigkeit eines Augenoptikers von der AOK angenommen, weil deren Anteil am Kassenumsatz des Optikers etwa ein Drittel betrug und der Anteil der übrigen mit der AOK zusammengeschlossenen Kassen, die sich dem Vorgehen der AOK angeschlossen hatten, etwa ein Fünftel erreichte, während der Umsatz des Optiker mit Privatkunden etwa fünf Prozent betrug.[204] Das OLG Düsseldorf hat die Abhängigkeit eines Privattheaters von einer Theaterbesucherorganisation bei einem Absatzanteil von unter 26 Prozent bejaht.[205] Das BKartA hat Reisebüros auf dem Markt für Reisevermittlungen, auf dem die Lufthansa als Nachfrager tätig wird, als von der Lufthansa abhängig angesehen.[206] Im Schrifttum wird als Faustregel ein Absatzanteil von 10 Prozent vorgeschlagen;[207] maßgebend sind aber immer die gesamten Umstände des Einzelfalls.[208] Ob ausreichende und zumutbare **Ausweichmöglichkeiten** bestehen, richtet sich vor allem danach, ob und zu welchen Konditionen andere Absatzmöglichkeiten vorhanden sind und ob eine Einschränkung des Absatzes in Betracht kommt. Bemüht sich das abhängige Unternehmen nicht, die Abhängigkeit innerhalb einer gewissen Zeitspanne abzubauen, so kann die Abhängigkeit nach Ablauf dieser Zeitspanne entfallen.

Goodwill-bedingte Abhängigkeit liegt vor, wenn im Hinblick auf den goodwill einer Marke die Notwendigkeit besteht, dass das Produkt in einer bestimmten Vertriebsform des Handels (etwa in einem namhaften Handelsunternehmen, das mit der Vollständigkeit seines Sortiments von Qualitätserzeugnissen eines Herstellerzweiges wirbt) vertreten ist, und zwar ohne Rücksicht auf die konkrete Absatzmenge.[209] Ob ausreichende und zumutbare **Ausweichmöglichkeiten** vorhanden sind, beurteilt sich vor allem danach, ob bei einem Absatz über andere Handelsunternehmen oder andere Vertriebsformen eine Beeinträchtigung des goodwills der Marke vermeiden lässt. Kleinere Beeinträchtigungen sind zumutbar. Bestehen überhaupt keine Ausweichmöglichkeiten, so ist Abhängigkeit dann nicht anzunehmen, wenn die Beeinträchtigung nur unerheblich ist. Die Abhängigkeit ist aber ausschließlich nach den Interessen des Lieferanten zu beurteilen, die Berücksichtigung der Interessen des Abnehmers (Absatzrisiko, Verzicht auf andere Produkte bei begrenzten Lager- und Vertriebskapazitäten) erfolgt erst bei der Prüfung der Unbilligkeit der Behinderung bzw. des sachlich gerechtfertigten Grundes der Ungleichbehandlung. Lehnt in den Fällen der goodwill-bedingten Abhängigkeit eine **Mehrzahl von Abnehmern** die Aufnahme des Artikels in ihr Sortiment ab, würde aber die Aufnahme in das Sortiment einiger dieser Abnehmer zur Erhaltung des goodwill ausreichen, so liegt eine der Spitzengruppen-

---

[202] *Köhler*, Nachfragemacht, S. 68; a. A. *Sack* GRUR 1975, 511/512.
[203] Dazu *Köhler*, Nachfragemacht, S. 68; *Ulmer* WuW 1980, 474/481.
[204] BGH 12. 5. 1976, KZR 14/75, WuW/E BGH 1423/1425 – *Sehhilfen*.
[205] OLG Düsseldorf 16. 1. 1979, U (Kart.) 4/78, WuW/E OLG 2071 – *Düsseldorfer Volksbühne*.
[206] Tätigkeitsbericht des BKartA für 2003/2004 (BT-Drucks. 15/5790) S. 155.
[207] *Markert* in: Immenga/Mestmäcker, GWB, § 20 Rn. 81; Frankfurter Kommentar/*Rixen*, § 20 Rn. 99.
[208] *Köhler*, Nachfragemacht, S. 68.
[209] S. dazu auch *Markert* in: Immenga/Mestmäcker, GWB, § 20 Rn. 82; Frankfurter Kommentar/ *Rixen*, § 20 Rn. 99; *Köhler*, Nachfragemacht, S. 69.

abhängigkeit entsprechende Situation vor. Ebenso wie dort braucht sich das diskriminierte Unternehmen nicht auf andere Nachfrager verweisen zu lassen, es kann jeden der in Betracht kommenden Nachfrager in Anspruch nehmen und ist nicht an eine bestimmte Reihenfolge gebunden.

50   cc) **Abhängigkeitsvermutung (Abs. 2 S. 2).** (1) **Übersicht:** Die Abhängigkeitsvermutung wurde durch die 4. Novelle 1980 als § 26 Abs. 2 S. 3 eingeführt, um die Feststellung relativer Marktmacht eines Nachfragers gegenüber einem Anbieter durch die Einführung einer Vermutung zu erleichtern. Die Erfahrungen hatten gezeigt, dass sich die bisherigen Kriterien für die Ermittlung von Marktmacht auf der Nachfrageseite nur beschränkt eigneten.[210] Die Vermutung bezieht sich ausschließlich auf den Tatbestand der Abhängigkeit nach § 20 Abs. 2 S. 1; die Beurteilung der Merkmale „unbillig behindern" und „ohne sachlich gerechtfertigten Grund unterschiedlich behandeln" wird durch die neue Vorschrift nicht präjudiziert.[211] Die Voraussetzungen der Vermutung konzentrieren sich trotz der Vielzahl der gesetzlichen Merkmale auf zwei Schwerpunkte: die Bevorzugung gegenüber anderen Nachfragern und deren Regelmäßigkeit.

51   (2) **Anwendungsbereich:** Der Anwendungsbereich des Satz 2 ist auf die **Abhängigkeit von Anbietern gegenüber Nachfragern** beschränkt. Für die Abhängigkeit von Nachfragern gegenüber Anbietern gilt die Vermutung nicht, es bleibt also bei der Regelung des § 20 Abs. 2 S. 1. In dieser Einschränkung kommt die Zielsetzung der Novelle 1980 zum Ausdruck, Missbräuchen der Nachfragemacht zu begegnen, außerdem schien nach den bisherigen Erfahrungen eine Erleichterung der Feststellung der Abhängigkeit von Nachfragern gegenüber Anbietern nicht erforderlich zu sein. Der Begriff des Anbieters einer bestimmten Art von Waren oder gewerblichen Leistungen bzw. des Nachfragers ist ebenso wie in Abs. 2 S. 1 zu verstehen. Die früher geltende weitere Beschränkung der Vermutung auf das Untersagungsverfahren (§ 37 a a. F.) ist dagegen durch die 5. Novelle 1989 aufgehoben worden. Die Vermutung gilt jetzt also auch im **Zivilprozess** und soll dort die Beweissituation des Klägers verbessern.[212] Die Vermutung des § 20 Abs. 2 S. 2 gilt auch für die **Abhängigkeit im Rahmen des Abs. 3 S. 2** (Veranlassung zur Gewährung von Vorteilen). Nach der Gesetzesbegründung sollte die Beweissituation des Klägers in Verfahren „nach § 26 Abs. 2 und 3 hinsichtlich des Tatbestandsmerkmals der Abhängigkeit" verbessert werden.[213] Das Tatbestandsmerkmal der Abhängigkeit besteht in Abs. 3 S. 2 genauso wie in Abs. 2 S. 1. Deswegen erscheint es sinnvoll, die mit Abs. 2 S. 1 bezweckte Beweiserleichterung trotz seiner systematischen Stellung auch auf den Tatbestand des Abs. 3 S. 2 zu erstrecken.[214] Vermutet wird aber nur die Abhängigkeit; die Vermutung erstreckt sich nicht darauf, dass die Veranlassung zur Gewährung von Vorteilen in bewusster Ausnutzung der Marktmacht des Nachfragers erfolgt ist.[215]

52   (3) **Rechtsnatur:** Bei der Rechtsnatur der Vermutung ist zu unterscheiden: im kartellrechtlichen **Verwaltungsverfahren** ist sie zunächst **Aufgreiftatbestand**.[216] Sie begründet also den Anfangsverdacht des Bestehens der Abhängigkeit nach § 20 Abs. 2.[217] Darüber hinaus hat sie eine **Beweisfunktion** in dem Sinne, dass sie zwar im Verwaltungsverfahren nicht zu einer Umkehr der Beweislast führen kann,[218] dass aber vom Bestehen einer Ab-

---

[210] Begründung zum Regierungsentwurf der 4. Novelle, BT-Drucks. 8/2136, S. 24.
[211] Begründung zum Regierungsentwurf a. a. O. (Fn. 210).
[212] Begründung zum Regierungsentwurf der 5. Novelle, BT-Drucks. 11/4610 S. 22.
[213] Begründung zum Regierungsentwurf der 4. Novelle, BT-Drucks. 8/2136, S. 16.
[214] So wohl auch *Markert* in: Immenga/Mestmäcker, GWB, § 20 Rn. 83; anders wohl Frankfurter Kommentar/*Rixen,* § 20 Rn. 96.
[215] Ebenso Frankfurter Kommentar/*Rixen,* § 20 Rn. 96.
[216] S. a. Begründung zum Regierungsentwurf der 4. Novelle, BT-Drucks. 8/2136, S. 16, 24.
[217] Frankfurter Kommentar/*Rixen,* § 20 Rn. 104.
[218] S. a. Begründung zum Regierungsentwurf der 4. Novelle, BT-Drucks. 8/2136, S. 24.

hängigkeit auszugehen ist, wenn nach Ausschöpfung aller Erkenntnismöglichkeiten diese Frage von der Kartellbehörde nicht geklärt werden kann.[219] Im **Zivilverfahren** findet zwar keine Umkehr der Beweislast statt, die Beweissituation des klagenden Anbieters wird aber vereinfacht: hat er die regelmäßige Gewährung der besonderen Vergünstigungen substantiiert dargelegt und bewiesen, so kann sich der Nachfrager nicht auf ein bloßes Bestreiten der Abhängigkeit beschränken, sondern muss substantiiert darlegen und gegebenenfalls beweisen, dass trotz des Vorliegens der Voraussetzungen des § 20 Abs. 2. S. 2 eine Abhängigkeit nicht besteht.[220]

(4) Vermutungsvoraussetzungen: Der Nachfrager muss vom Anbieter zusätzlich zu den verkehrsüblichen Preisnachlässen oder sonstigen Leistungsentgelten **besondere Vergünstigungen** erlangen. Es darf sich also nicht um verkehrsübliche Leistungsentgelte handeln, wobei die Preisnachlässe nur einen Sonderfall des Leistungsentgelts darstellen. Damit kommt es auf das **funktionale Verhältnis der Vergünstigung zur jeweiligen Abnahmeleistung** an. Vergünstigungen, die lediglich die Gegenleistung für eine bestimmte Abnahmeleistung, etwa für hohe Abnahmemengen oder bestimmte Nachfragefunktionen, darstellen, begründen keine Abhängigkeitsvermutung.[221] Die besonderen Vergünstigungen des Abs. 2 S. 2 sind also durch ihre **Dysfunktionalität zur Abnahmeleistung** gekennzeichnet: Sie weisen keinen ersichtlichen Bezug zu der konkreten Abnahmeleistung des Nachfragers auf.[222] Das funktionale Verhältnis von Vergünstigung und Abnahmeleistung ist nicht nur qualitativ, also nicht nur im Hinblick darauf zu prüfen, ob eine Abnahmeleistung überhaupt vorliegt, sondern auch quantitativ, d. h. im Hinblick auf die Höhe der Vergünstigung im Verhältnis zum Wert der Abnahmeleistung.[223] Soweit sie überhöht sind, können daher auch Mengen- und Funktionsrabatte besondere Vergünstigungen darstellen. 53

Beispiele bilden „Eintrittsgelder" als Vorbedingung für die Aufnahme der Ware in das Sortiment des Nachfragers,[224] „Listungsgebühren", „Regalmieten", „Inventurhilfen", „Jubiläumsboni", Sonderleistungen bei Neueröffnungen, Beteiligungen des Anbieters an Geschäftsreinrichtungen des Nachfragers, besonders lange Zahlungsziele und ähnliches. Weitere Beispiele finden sich im „Sündenregister" des Bundeswirtschaftsministers aus dem Jahre 1974.[225] Entscheidend ist jedoch nicht die Bezeichnung, sondern die jeweilige Dysfunktionalität zur Abnahmeleistung. 54

Dass die besonderen Vergünstigungen **zusätzlich zu den verkehrsüblichen Leistungsentgelten** gewährt werden müssen, bringt nur das Merkmal der Dysfunktionalität zum Ausdruck und hat keine darüber hinausgehende eigenständige Bedeutung. Das Tatbestandsmerkmal **„zusätzlich"** bedeutet nicht, dass eine Kumulation von besonderen Vergünstigungen und verkehrsüblichen Leistungsentgelten erforderlich ist. Die Abhängigkeitsvermutung kann vielmehr auch dann eingreifen, wenn verkehrsübliche Leistungsentgelte nicht gewährt werden, sondern ausschließlich besondere Vergünstigungen. **Verkehrsüblich** heißt nicht, dass bestimmte Vergünstigungen sich bereits allgemein im Verkehr durchgesetzt haben müssten. Auch neue Formen von Vergünstigungen stellen verkehrsübliche Leistungsentgelte dar, soweit das funktionale Verhältnis zur Abnahmeleistung gewahrt ist. Umgekehrt wird eine Vergünstigung nicht dadurch verkehrsüblich, dass es einem Nachfrager auf Grund seiner besonderen Marktstärke gelingt, die Vergünstigung bei einer Vielzahl von Lieferanten durchzusetzen. 55

---

[219] Ebenso Frankfurter Kommentar/*Rixen*, § 20 Rn. 104; *Bechtold*, GWB, § 20 Rn. 27. Vgl. auch BGH 2. 12. 1980, KVR 1/80, WuW/E BGH 1749 – *Klöckner-Becorit* zu § 22 Abs. 3 a. F.

[220] Ebenso Frankfurter Kommentar/*Rixen*, § 20 Rn. 105 *Lübbert* in: Wiedemann, Handbuch des Kartellrechts, § 25 Rn. 23; *Bechtold*, GWB, § 20 Rn. 27.

[221] Begründung zum Regierungsentwurf der 4. Novelle, BT-Drucks. 8/2136, S. 24.

[222] Begründung zum Regierungsentwurf der 4. Novelle, BT-Drucks. 8/2136, S. 24.

[223] *Ulmer* WuW 1980, 474/483.

[224] Vgl. dazu BGH 17. 12. 1976, I ZR 77/75, GRUR 1977, 619 – *Eintrittsgeld*.

[225] WRP 1975, 24 ff.

56 Es muss sich um Vergünstigungen handeln, die **gleichartigen Nachfragern nicht gewährt** werden. Der Begriff der Gleichartigkeit stellt in erster Linie auf die Vergleichbarkeit der Funktion des Nachfragers ab, z. B. als Einzelhändler, Großhändler, industrieller Abnehmer. Auf die Gleichheit der konkreten Abnahmeverhältnisse (etwa zweier Großhändler) kommt es hier dagegen nicht an, da diese Gesichtspunkte bereits bei den Merkmalen der verkehrsüblichen Leistungsentgelte und der besonderen Vergünstigungen berücksichtigt sind.[226] Unterschiedliche Bedingungen bei den Nachfragern, etwa infolge unterschiedlich hoher Abnahmemengen oder verschiedener Funktionen schließen die Gleichartigkeit aus.[227] Das Eingreifen der Abhängigkeitsvermutung wird nicht schon dadurch ausgeschlossen, dass die Vergünstigung einzelnen anderen Nachfragern gewährt wird.

57 Der Nachfrager muss die besonderen Vergünstigungen **regelmäßig** erlangen. Die Vergünstigungen müssen also über einen längeren Zeitraum in mehrmals wiederholten Fällen bei einem oder mehreren bestimmten Anbietern erzielt werden, ohne dass für die Bevorzugung Sachgründe feststellbar sind.[228] Das Aushandeln von Sonderkonditionen im Einzelfall begründet daher die Abhängigkeitsvermutung nicht. Auch soweit typisch leistungsfremde Vergünstigungen, wie „Eintrittsgelder" oder ein „Jubiläumsbonus" nur einmalig verlangt werden, findet § 20 Abs. 2 S. 2 keine Anwendung. Anders ist es aber, wenn über einen längeren Zeitraum hinweg von mehreren Anbietern eine jeweils einmalige Vergünstigung gewährt wird, z. B. jeder neue Lieferant für die Aufnahme der Geschäftsbeziehungen ein „Eintrittsgeld" zahlt. In diesem Fall liegt Regelmäßigkeit vor.

58 **(5) Widerlegung:** Die Vermutung kann widerlegt werden. Nach der Regierungsbegründung kann die Widerlegung zunächst durch die Feststellung erfolgen, dass trotz des durch die Einräumung besonderer Vergünstigungen erzeugten äußeren Anscheins die nähere Prüfung ergibt, dass die Differenzierung in sachgerechter Weise dem Leistungsverhältnis des jeweiligen Austauschgeschäfts entspricht.[229] Da sich die Vermutung auf das Bestehen einer Abhängigkeit im Sinne des § 20 Abs. 2 S. 1 bezieht, kann eine Widerlegung vor allem durch den Nachweis ausreichender und zumutbarer Ausweichmöglichkeiten auf andere Nachfrager erfolgen. Nach der Regierungsbegründung kann sich dieser Nachweis etwa aus den jeweiligen Marktanteilen des Anbieters und des Nachfragers, aus dem Verhältnis ihrer Unternehmensgrößen, aus dem Grad der Spezialisierung oder Sortimentsbreite oder aus der Knappheit bzw. dem Überangebot der infrage stehenden Waren ergeben.[230]

4. Durch § 20 Abs. 1 und 2 geschützter Personenkreis

59 Geschützt werden durch § 20 Abs. 1 und 2 nur **Unternehmen.** Es gilt der Unternehmensbegriff des § 1.[231] Lediglich die rein private, außerhalb des Geschäftslebens sich abspielende Tätigkeit wird nicht erfasst.[232] **Unternehmensvereinigungen** können Schutzobjekt des § 20 Abs. 2 sein, wenn sie selbst unternehmerisch tätig sind.[233] Zum geschützten Personenkreis können auch **Mitbewerber** sowie Unternehmen zählen, die in **keinerlei Wettbewerbsbeziehungen** zum Normadressaten stehen.[234] Auch soweit es sich um **Mitbewerber von Normadressaten nach § 20 Abs. 2** (relativ marktstarken Unternehmen) handelt, ist dies nicht ausgeschlossen. Der Gesetzeswortlaut spricht nicht dagegen. Das Tat-

---

[226] Begründung zum Regierungsentwurf der 4. Novelle, BT-Drucks. 8/2136, S. 24.
[227] Regierungsbegründung a. a. O. (Fn. 226).
[228] Regierungsbegründung a. a. O. (Fn. 226).
[229] Regierungsbegründung a. a. O. (Fn. 226).
[230] Regierungsbegründung a. a. O. (Fn. 226).
[231] Vgl. dort Rn. 19 ff.
[232] Allg. Ansicht, vgl. etwa Frankfurter Kommentar/*Rixen*, § 20 Rn. 115.
[233] BGH 13. 3. 1979, KZR 4/77, WuW/E BGH 1584/1585 – *Anwaltsbücherdienst*; Frankfurter Kommentar/*Rixen*, § 20 Rn. 116.
[234] *Markert* in: Immenga/Mestmäcker, GWB, § 20 Rn. 91.

§ 20. Diskriminierungsverbot, Verbot unbilliger Behinderung 60, 61 § 20 GWB

bestandsmerkmal der Abhängigkeit erweitert lediglich den Kreis der Normadressaten, sagt aber nichts darüber aus, wem gegenüber die Adressaten die erhöhten Pflichten des § 20 Abs. 1 haben.[235] Relativ marktstarke Anbieter und Nachfrager pflegen dadurch, dass sie ihre Abnehmer bzw. Lieferanten zu Ausschließlichkeitsvereinbarungen oder zur Einräumung von Vorteilen veranlassen, meist auch ihre (marktschwächeren) Mitbewerber mittelbar zu behindern.[236] Das durch § 20 Abs. 1 untersagte Verhalten muss allerdings in Zusammenhang mit dem Abhängigkeitsverhältnis stehen. Diese Einschränkung ergibt sich daraus, dass in § 20 Abs. 2 ein anderer Anlass als die Marktbeherrschung, nämlich die Marktstärke auf Grund eines Abhängigkeitsverhältnisses, zu dem Behinderungsverbot geführt hat.

5. Gleichartigen Unternehmen üblicherweise zugänglicher Geschäftsverkehr

§ 20 Abs. 1 untersagt Diskriminierungshandlungen nur in einem Geschäftsverkehr, der 60 gleichartigen Unternehmen üblicherweise zugänglich ist. Das gilt sowohl für das Verbot der unbilligen Behinderung als auch für das Verbot der sachlich nicht gerechtfertigten Ungleichbehandlung. In diesem Tatbestandsmerkmal kommt das allgemeine Prinzip des Gleichbehandlungsgebots zum Ausdruck, dass nur Gleiches gleich zu behandeln ist, Ungleiches aber ungleich. Allerdings handelt es sich nur um einen relativ groben Filter, das nach sehr generellen Merkmalen Fälle erlaubter Diskriminierung ausscheidet; die Besonderheiten des einzelnen Falls werden erst im Rahmen der Interessenabwägung bei der Frage der Unbilligkeit bzw. der sachlichen Rechtfertigung berücksichtigt.[237]

a) Gleichartige Unternehmen: Unternehmen sind im Sinne des § 20 Abs. 1 gleichar- 61 tig, wenn sie im Hinblick auf ihre unternehmerische Tätigkeit und ihre wirtschaftliche Funktion im Verhältnis zum Normadressaten dieselben Aufgaben erfüllen.[238] Maßgebend kommt es dabei auf das Verhältnis der zu vergleichenden Unternehmen zur Marktgegen-

---

[235] S. a. KG 28. 11. 1979, Kart 12/79, WuW/E OLG 2247, 2249 – *Parallellieferteile*. Auch die Monopolkommission hat sich in diesem Sinne ausgesprochen (Sondergutachten 7, Tz. 216).

[236] So hatte im Fall Parallellieferteile (vgl. WuW/E BKartA 1781; WuW/E BKartA 2247) die Volkswagen-AG ihre Vertragshändler und -werkstätten durch vertragliche Bindungen veranlasst, zu Reparaturen an VW-Fahrzeugen nur von der Volkswagen-AG gelieferte Ersatzteile zu verwenden. Die Absatzmöglichkeiten anderer Ersatzteilhersteller und -großhändler wurden dadurch beträchtlich eingeschränkt.

[237] Vgl. BGH 8. 6. 1967, KZR 5/66, WuW/E BGH 863/867 – *Rinderbesamung II*; BGH 7. 10. 1980, KZR 25/79, WuW/E BGH 1740, 1742 – *Rote Liste*; BGH, 7. 11. 2006, KZR 2/06 WuW/E DE-R 1951/1952 – *Bevorzugung einer Behindertenwerkstatt*; BGH, 8. 5. 2007, KZR 9/06, WuW/E DE-R 1984/1985 – *Autoruf-Genossenschaft II*; KG 9. 7. 1974, Kart 25/74, WuW/E OLG 1507, 1512 – *Chemische Grundstoffe II*.

[238] BGH 25. 6. 1964, KZR 11/62, WuW/E BGH 675/678 – *Uhrenoptiker*; BGH 3. 3. 1969, KVR 6/68, WuW/E BGH 1027, 1030 – *Sportartikelmesse II*; BGH 1. 6. 1977, KZR 3/76, WuW/E BGH 1493/1494 – *Medizinischer Badebetrieb*; BGH 18. 9. 1978, KZR 17/77, WuW/E BGH 1530/1531 – *Fassbierpflegekette*; BGH 23. 10. 1979, KZR 19/78, 1635/1637 – *Plaza-SB-Warenhaus*; BGH 7. 10. 1980, KZR 25/79, WuW/E BGH 1142/1142 – *Rote Liste*; BGH 26. 5. 1981, KZR 22/80, WuW/E BGH 1805/1806 – *Privatgleisanschluss*; BGH 24. 6. 2003, KZR 32/01, WuW/E DE-R 1144/1145 – *Schülertransporte*; BGH 4. 11. 2003, KZR 2/02, WuW/E DE-R 1203/1204 – *Depotkosmetik im Internet*; BGH 10. 2. 2004, KZR 14/02, WuW/E DE-R 1251/1252 – *Galopprennübertragung*; BGH, 13. 7. 2004, KZR 40/02, WuW/E DE-R 1329/1331 – *Standard-Spundfass II*; KG 28. 5. 1974, Kart 25/74, WuW/E 1506 – *Chemische Grundstoffe I*; OLG Düsseldorf 30. 3. 1978, U (Kart) 21/77, WuW/E OLG 1925, 1927 – *Revell Plastics*; OLG Stuttgart 15. 6. 1978, 2 U 163/77, WuW/E OLG 2001 – *Modellbauartikel*; OLG Frankfurt/Main 5. 11. 2002, 11 U (Kart) 13/02, WuW/E DE-R 1081/1083 – *Lotterieannahmestelle*; OLG Düsseldorf 19. 3. 2003, U (Kart) 20/02, WuW/E DE-R 1184/1485 – *InfraCard-Tarif*; KG 4. 6. 1997, Kart 14/96, WuW/E DE-R 35 – *Großbildfilmprojektoren*; allgemeine Ansicht auch im Schrifttum, vgl. etwa Markert in: Immenga/Mestmäcker, GWB, § 20 Rn. 100.

seite des Geschäftsverkehrs an.[239] Die Beurteilung erfolgt nach objektiven Gesichtspunkten.[240] Das Tatbestandsmerkmal der Gleichartigkeit soll zunächst nur eine **„verhältnismäßig grobe Sichtung"** ermöglichen, während die besonderen Umstände des Einzelfalls erst bei der Interessenabwägung zu berücksichtigen sind.[241] Es sind keine zu hohen Anforderungen zu stellen,[242] angesichts der vielfältigen Erscheinungsformen des modernen Wirtschaftslebens setzt der Begriff der Gleichartigkeit nicht die völlige oder nahezu völlige Identität aller in Betracht kommenden Merkmale voraus. Die Gleichartigkeit ist vielmehr bereits dann zu bejahen, wenn die **wirtschaftliche Funktion der zu vergleichenden Unternehmen im Wesentlichen übereinstimmt**.[243] Die Ausübung der für eine bestimmte Wirtschaftsstufe (Produktion, Großhandel, Einzelhandel) typischen unternehmerischen Tätigkeit und wirtschaftlichen Funktion im Hinblick auf eine bestimmte Art von Waren oder gewerblichen Leistungen reicht regelmäßig aus.[244] Auf die Rechtsform des Unternehmens, seine Absatzstruktur und Abnahmeleistung oder die Unternehmensgröße kommt es grundsätzlich nicht an, ebenso wenig darauf, ob die Unternehmen in dem maßgeblichen Geschäftsverkehr im Verhältnis zueinander gleichen Wettbewerbsbedingungen unterliegen.[245] Im Allgemeinen sind solche Unternehmen gleichartig, die als Anbieter oder Nachfrager einer bestimmten Art von Waren oder Dienstleistungen auf **derselben Wirt-**

---

[239] BGH 17. 3. 1998, KZR 30/96, WuW/E DE-R 134/135 – *Bahnhofsbuchhandel;* OLG Düsseldorf 4. 12. 2002, Kart 38/01 (V), WuW/E DE-R 1058/1062–100, *eins Radio Aachen; Markert* in: Immenga/Mestmäcker, GWB, § 20 Rn. 99.

[240] OLG Frankfurt WuW/E OLG 1842, 1844 – *Brenner-Reparaturen.*

[241] BGH 24. 9. 1979, KZR 20/78, WuW/E BGH 1629/1630 – *Modellbauartikel II;* BGH 8. 5. 1979, KZR 13/78, WuW/E BGH 1587/1588 – *Modellbauartikel I;* BGH 7. 10. 1980, KZR 25/79, WuW/E BGH 1740/1742 – *Rote Liste;* BGH 22. 9. 1981, KVR 8/80, WuW/E BGH 1829/1833 – *Original-VW-Ersatzteile II;* BGH 17. 3. 1998, KZR 30/96, WuW/E DE-R 134 – *Bahnhofsbuchhandel;* BGH 4. 11. 2003, KZR 2/02, WuW/E DE-R 1203/1204 – *Depotkosmetik im Internet;* BGH, 7. 11. 2006, KZR 2/06 WuW/E DE-R 1951/1952 – *Bevorzugung einer Behindertenwerkstatt;* BGH, 8. 5. 2007, KZR 9/06, WuW/E DE-R 1984/1985 – *Autoruf-Genossenschaft II;* OLG München 4. 3. 1996, Kart. 5/94, WuW/E OLG 5713 – *Gaspreis;* OLG Hamburg 11. 4. 1996, 3 U 120/95, WuW/E OLG 5703 – *fachdental nord 1994;* KG 4. 6. 1997, Kart 14/96, WuW/E DE-R 35 – *Großbildfilmprojektoren;* OLG Hamburg 10. 4. 1997, 3 U 164/92, WuW/E DE-R 13, – *Eigenanteileinzug;* OLG Hamburg 22. 5. 1997, 3 U 188/96, WuW/E DE-R 2 – *Dentalmesse;* KG, 22. 1. 1997, Kart U 2429/96, WuW/E OLG 5875 – *U-Bahn-Buchhandlungen;* OLG München 11. 3. 1999, U (K) 5733/98 WuW/E DE-R 313 – *Hörfunkwerbung;* OLG Stuttgart 30. 4. 1999, 2 U 265/98, WuW/E OLG DER 307 – *Medizinische Hilfsmittel;* OLG Düsseldorf 4. 12. 2002, Kart 38/01 (V), WuW/E DE-R 1058/1062–100, *eins Radio Aachen;* allg. Ansicht auch im Schrifttum, vgl. etwa *Markert* in: Immenga/Mestmäcker, GWB, § 20 Rn. 100.

[242] BGH, 24. 9. 2002, KZR 38/99, WuW/E DE-R 1051/4053 – *Vorleistungspflicht;* BGH 27. 4. 1999, KZR 35/97, WuW/E DE-R 357 – *Feuerwehrgeräte;* BGH 13. 11. 1990, KZR 25/89, WuW/E BGH 2683/2686 – *Zuckerrübenanlieferungsrecht;* BGH 30. 6. 1981, KZR 19/80, WuW/E BGH 1885/1887 – *adidas;* OLG Koblenz, 2. 3. 2006, U 799/05 Kart., DE-R 1695/1696 – *Petcycle.*

[243] BGH, 8. 5. 2007, KZR 9/06, WuW/E DE-R 1984/1985 – *Autoruf-Genossenschaft II;* BGH 19. 3. 1996, KZR 1/95, WuW/E BGH 3058/3063 – *Pay-TV-Durchleitung;* BGH 22. 9. 1981, KVR 8/80, WuW/E BGH 1829/1833 – *Original-VW-Ersatzteile II;* BGH 17. 3. 1998, KZR 30/96, WuW/E DE-R 134 – *Bahnhofsbuchhandel;* BGH 24. 9. 2002, KZR 38/99, WuW/E DE-R 1051/4053 – *Vorleistungspflicht;* KG 21. 2. 1977, Kart. 151/75, WuW/E OLG 1828/1830 – *Englisch-Wörterbuch;* OLG Frankfurt 17. 3. 1977, 6 U 159/76, WuW/E OLG 1842/1844 – *Brenner-Reparaturen;* OLG Stuttgart 15. 6. 1978, 2 U 163/77, WuW/E OLG 2001 – *Modellbauartikel;* OLG Karlsruhe 27. 8. 1997, 6 U 4/97 (Kart), WuW/E DE-R 79 – *Feuerwehr-Drehleitern.*

[244] OLG Düsseldorf 13. 4. 2005, VI-Kart 3/05 (V) OLG, WuW/E DE-R 1472/1478 – *Konsolidierer;* Düsseldorf a. a. O. (Fn. 241); OLG München 11. 3. 1999, U (K) 5733/98 WuW/E DE-R 313 – *Hörfunkwerbung; Markert* in: Immenga/Mestmäcker, GWB, § 20 Rn. 101; s.a. BGH 17. 3. 1998, KZR 30/96, WuW/E DE-R 134 – *Bahnhofsbuchhandel.*

[245] OLG Düsseldorf a. a. O. (Fn. 241); *Markert* in: Immenga/Mestmäcker, GWB, § 20 Rn. 101.

§ 20. Diskriminierungsverbot, Verbot unbilliger Behinderung 62, 63 **§ 20 GWB**

schaftsstufe (z. B. als Hersteller, Großhändler, Einzelhändler, gewerblicher Verbraucher) tätig sind.[246] Allerdings reicht es nicht aus, dass die miteinander zu vergleichenden Unternehmen lediglich die gleiche allgemeine Grundfunktion (etwa Weiterveräußerung der Ware an Verbraucher) ausüben. Vielmehr kommt es darauf an, ob die Unternehmen gerade im Hinblick auf diese übereinstimmende Aufgabenstellung auch die gleiche Tätigkeit und Funktion erfüllen oder ob sich Unterschiede ergeben, die sich auf den Vertrieb der konkreten Ware wesentlich auswirken.[247]

Die **gesellschaftsrechtliche Struktur** der zu vergleichenden Unternehmen ist grundsätzlich unerheblich;[248] allerdings können **Konzernunternehmen** im Hinblick auf ihre wirtschaftliche Einheit nicht als gleichartige Unternehmen angesehen werden.[249] Gleichartigkeit setzt nicht notwendig ein Wettbewerbsverhältnis zwischen den zu vergleichenden Unternehmen voraus; die durch § 20 Abs. 1 geschützte Wettbewerbsfähigkeit kann auch dann beeinträchtigt sein, wenn die geschützten Unternehmen auf sachlich oder räumlich unterschiedlichen Märkten tätig sind.[250] 62

Einzelfälle: In der Rechtsprechung sind als gleichartig angesehen worden: **Selbstbedienungswarenhäuser** und -verbrauchermärkte mit dem Fachhandel,[251] Versandhandel mit dem Facheinzelhandel.[252] Grundsätzlich ist auch der Selbstbedienungsgroßhandel mit dem herkömmlichen Bedienungsgroßhandel als gleichartig anzusehen,[253] allerdings kommt es darauf an, ob die teilweise Funktionsverschiebung, die der Selbstbedienungsgroßhandel für den Abnehmer mit sich bringt, sich auf den Vertrieb der Ware wesentlich auswirkt.[254] Gleichartig sind auch **Lebensmittel-Einzelhändler**, die ihre Waren im „normalen" Einzelhandel und im Versandwege vertreiben.[255] Im Handwerk sind für Reparaturen **freie Reparaturbetriebe** und Vertragswerkstätten als gleichartig angesehen worden.[256] Bei der Belieferung mit Ersatzteilen ist es für die Gleichartigkeit unerheblich, ob Reparaturunternehmen in den Wartungs- und Reparaturdienst des Herstellers integriert sind und ob sie 63

---

[246] OLG Düsseldorf a. a. O. (Fn. 241); *Markert* in: Immenga/Mestmäcker, GWB, § 20 Rn. 102.
[247] BGH 8. 5. 1979, KZR 13/78, WuW/E BGH 1587/1588 – *Modellbauartikel I*; BGH 18. 9. 1978, KZR 17/77, WuW/E BGH 1530/1531 – *Fassbierpflegekette*.
[248] OLG Düsseldorf 26. 4. 1977, U (Kart.) 9/76 WuW/E OLG 1849 – *Anwaltsbücherdienst*.
[249] BGH 24. 9. 2002, KZR 4/01, WuW/E DE-R 1003/1005 – *Kommunaler Schilderprägebetrieb*; BGH 12. 11. 1991, KZR 2/90, WuW/E BGH 2755/2759 – *Aktionsbeträge*; OLG Frankfurt am Main 25. 9. 2001, 11 U (Kart) 62/2000, WuW/E DE-R 826 – *StAZ*.
[250] Frankfurter Kommentar/*Rixen*, § 20 Rn. 120; *Markert* in: Immenga/Mestmäcker, GWB, § 20 Rn. 10; *Lübbert* in: Wiedemann, Handbuch des Kartellrechts, § 26 Rn. 3; BKartA 21. 3. 1979, B7–333000-RTV-84/76, WuW/E BKartA 1781/1785 – *Identteile*; anders in einem Sonderfall (dazu *Markert* a. a. O.); BGH 1. 6. 1977, KZR 3/7, WuW/E BGH 1493/1495 – *Medizinischer Badebetrieb*, diese Entscheidung wird aber eingeschränkt in BGH 23. 10. 1979, KZR 19/78, WuW/E BGH 1635/1637 – *Plaza SB-Warenhaus*; KG 28. 11. 1979, Kart 12/79, WuW/E OLG 2247/2250 – *Parallellieferteile*.
[251] BGH 23. 10. 1979, KZR 19/78, WuW/E BGH 1635 – *Plaza SB-Warenhaus*; BGH 24. 3. 1981, KZR 2/80, WuW/E BGH 1793/1796 – *SB-Verbrauchermarkt*; BGH 30. 6. 1981, KZR 19/80, WuW/E BGH 1885/1887 – *adidas*; BGH 16. 12. 1986, KZR 25/85, WuW/E BGH 2351/2356 – *Belieferungsunwürdige Verkaufsstätten II*.
[252] BGH 8. 5. 1979, KZR 13/78, WuW/E BGH 1587/1588 ff. – *Modellbauartikel I*; BGH 24. 9. 1979, KZR 20/78, WuW/E BGH 1629/1631 – *Modellbauartikel II*.
[253] OLG Düsseldorf 20. 10. 1961, 2 U 113/60, WuW/E OLG 380/383 – *Cash-and-Carry*; vgl. auch BGH 24. 2. 1976, KVR 3/75, WuW/E BGH 1429/1431 – *Asbach-Fachgroßhändlervertrag*.
[254] BGH 18. 9. 1978, KZR 17/77, WuW/E BGH 1530/1531 – *Asbach-Fachgroßhändlervertrag*; OLG Frankfurt/M 8. 1. 1990, 6 U (Kart.) 197/88, WuW/E OLG 4681/4682 – *Postalia-Wartung*; OLG Düsseldorf 10. 12. 1991, U (Kart) 12/91, WuW/E OLG 4901/4905 – *Dehnfolien-Verpackungsmaschinen*.
[255] OLG München 11. 3. 1999, U (K) 5733/98 WuW/E DE-R 313 – *Hörfunkwerbung*.
[256] BGH 23. 2. 1988, KVR 2/87, WuW/E BGH 2479/2482 – *Reparaturbetrieb*; BGH 21. 2. 1989, KZR 3/88, WuW/E BGH 2589/2590 – *Frankiermaschinen*.

gleichzeitig im Neugeschäft tätig sind.[257] **Einkaufsgemeinschaften** von Händlern sind mit dem traditionellen Großhandel gleichartig, wenn sie im Wesentlichen die gleichen Vermittlungsfunktionen wie dieser erfüllen, wenn sie also den Absatz ihrer Waren nicht nur gelegentlich über den Kreis ihrer Mitglieder ausdehnen und mit dieser Tätigkeit selbst Gewinn erzielen.[258] Ungleichartigkeit liegt dagegen vor, wenn die Einkaufsgemeinschaften lediglich Sammelbestellungen ihrer Mitglieder aufgeben und deren unmittelbare Belieferung verlangen.[259] **Tätigkeit auf der gleichen Wirtschaftsstufe** begründet in der Regel Gleichartigkeit.[260] Ausnahmsweise können aber auch Unternehmen, die auf einer unterschiedlichen Wirtschaftsstufe tätig sind, als gleichartig angesehen werden, wenn sie im Verhältnis zum Normadressaten die gleiche Tätigkeit und wirtschaftliche Funktion entfalten. So sind Unternehmen (Hersteller und Großhändler), die lediglich den Fachhandel beliefern, in Bezug auf die Teilnahme an einer Ausstellung gleichartig mit solchen, die Direkthandel betreiben.[261]

64 **b) Üblicherweise zugänglicher Geschäftsverkehr:** Unter Geschäftsverkehr ist jeder privatrechtlich geregelte Verkehr mit Waren oder Dienstleistungen zu verstehen.[262] Ob ein Geschäftsverkehr für die gleichartigen Unternehmen üblicherweise zugänglich ist, bestimmt sich danach, was sich **innerhalb der in Betracht kommenden Kreise in natürlicher wirtschaftlicher Entwicklung als allgemein geübt und als angemessen empfunden herausgebildet hat;**[263] Es ist also ein objektiver Maßstab anzulegen;[264] maßgebend ist die allgemeine Marktsituation der fraglichen Branche.[265] Dabei sind auch die Belange und Auffassung der (nachgeordneten) Wirtschaftsstufe zu berücksichtigen, die durch die diskriminierende Regelung unmittelbar betroffen wird, beispielsweise die Belange und Auffassung der Einzelhändler bei einer Vertriebsregelung auf der Großhandelsstufe.[266] Unerheblich ist die Geschäftspraxis des diskriminierenden Unternehmens, da

---

[257] OLG Frankfurt 17. 3. 1977, 6 U 159/76, WuW/E OLG 1842/1844f. – *Brenner Reparaturen;* BGH 26. 10. 1972, KZR 54/71, WuW/E BGH 1238/1242f. – *Registrierkassen;* vgl. auch KG 28. 11. 1979, Kart 12/79, WuW/E OLG 2247/2250f. – *Parallellieferteile.*

[258] OLG Karlsruhe 25. 5. 1977, 6 U 105/76, WuW/E OLG 1855/1856 – *Zeitschriftenvertrieb;* vgl. auch BGH 13. 3. 1979, KZR 4/77, WuW/E BGH 1584/1585 – *Anwaltsbücherdienst.*

[259] OLG Karlsruhe a. a. O. (Fn. 258).

[260] OLG Düsseldorf 19. 3. 2003, U(Kart) 20/02, WuW/E DE-R 1184/1486 – *InfraCard-Tarif;* *Markert* in: Immenga/Mestmäcker, GWB, § 20 Rn. 102; Frankfurter Kommentar/*Rixen*, § 20 Rn. 126.

[261] BGH 3. 3. 1969, KVR 6/68, BGH 1027/1030 – *Sportartikelmesse II;* vgl. auch KG 22. 7. 1968, Kart 2/68, WuW/E OLG 907 – *Sportartikelmesse.*

[262] BGH 1. 7. 1977, WuW/E BGH 1493/1494 – *Medizinischer Badebetrieb;* OLG Düsseldorf, 13. 4. 2005, VI-Kart 3/05 (V), DE-R 1473 – *Konsolidierer.*

[263] BGH 6. 10. 1992, KZR 10/91, WuW/E BGH 2805/2807 – *Stromeinspeisung;* BGH 8. 5. 1979, KZR 13/78, 1587/1589 – *Modellbauartikel I;* BGH 10. 10. 1978, KZR 10/77, WuW/E BGH 1527/1528 – *Zeitschriften-Grossisten;* BGH 26. 10. 1972, KZR 54/71, WuW/E BGH 1238/1242f. – *Registrierkassen;* BGH 30. 9. 1971, KZR 13/70, WuW/E BGH 1211/1213 – *Kraftwagen-Leasing;* BGH 20. 11. 1964, KZR 3/64, WuW/E BGH 647/651 – *Rinderbesamung I;* OLG Hamburg 11. 12. 1975, 3 W 127/75, WuW/E OLG 1703/1705; OLG Karlsruhe 25. 5. 1977, 6 U 105/76, WuW/E OLG 1855 – *Zeitschriftenvertrieb;* OLG Frankfurt WuW/E OLG 1842/1844 – *Brenner-Reparaturen;* KG 28. 11. 1979, Kart 12/79, WuW/E OLG 2247/2250 – *Parallellieferteile.*

[264] BGH 10. 10. 1978, KZR 10/77, WuW/E BGH 1527/1528 – *Zeitschriften-Grossisten;* OLG Hamburg 11. 12. 1975, 3 W 127/75, WuW/E OLG 1703/1705; OLG Karlsruhe 25. 5. 1977, 6 U 105/76, WuW/E OLG 1855/1856 – *Zeitschriftenvertrieb.*

[265] BGH 10. 10. 1978, KZR 10/77, WuW/E BGH 1527/1529f. – *Zeitschriften-Grossisten;* BGH 8. 5. 1979, KZR 13/78, WuW/E BGH 1587/1589 – *Modellbauartikel I.*

[266] BGH 10. 10. 1978, KZR 10/77, WuW/E BGH 1527/1529 – *Zeitschriften-Grossisten;* BGH 26. 10. 1972, KZR 54/71, WuW/E BGH 1238/1243 – *Registrierkassen;* s. dazu auch Frankfurter Kommentar/*Rixen*, § 20 Rn. 133.

diese gerade der Beurteilung unterliegt und nicht als Maßstab herangezogen werden kann.[267] Unerheblich sind auch verbotswidrige, insbesondere kartellrechtswidrige Absprachen; sie können nicht als natürliche wirtschaftliche Entwicklung und als übliche von den beteiligten Wirtschaftskreisen gebilligte Regelung angesehen werden.[268] Es kommt auch nicht darauf an, ob und in welchem Umfang dem diskriminierenden Unternehmen ein unternehmerischer Freiraum in der Gestaltung seines Absatzsystems verbleibt; diese Frage gehört zu den individuellen Besonderheiten, die erst im Rahmen der Interessenabwägung bei der Unbilligkeit bzw. der sachlichen Rechtfertigung zu berücksichtigen sind.[269]

Üblicherweise zugänglich bedeutet **nicht,** dass der Geschäftsverkehr **in jedem einzelnen Fall zugänglich** sein muss. Es schadet nicht, wenn wegen übergroßer Nachfrage bei begrenztem Angebot (beispielsweise begrenzte Ausstellungsflächen bei einer Messe) nicht alle interessierten Unternehmen zum Geschäftsverkehr zugelassen werden können.[270] Auch **qualitative Einschränkungen** bei der Auswahl der Marktpartner, etwa eine qualitative Selektion von Händlern,[271] deren Bindung durch Service-Partner-Verträge und die darin übernommenen Verpflichtungen zur Schulung des bei Wartung und Reparatur eingesetzten Personals, schließen die übliche Zugänglichkeit nicht aus.[272] Ebenso wird **keine größere Verbreitung des Geschäftsverkehrs** vorausgesetzt. Es reicht aus, dass der betreffende Geschäftsverkehr gleichartigen Unternehmen in der Regel freisteht, auch wenn davon nicht umfassend Gebrauch gemacht wird.[273] Das gilt insbesondere für neuartige, noch in der Entwicklung begriffene Formen eines Geschäftsverkehrs.[274]

6. Verbot unbilliger Behinderung

a) Übersicht: Das Diskriminierungsverbot des § 20 Abs. 1 umfasst zwei Tatbestände: das Verbot unbilliger Behinderung und das Verbot unterschiedlicher Behandlung ohne sachlich gerechtfertigten Grund. Die **beiden Tatbestände überschneiden sich** teilweise und lassen sich nicht stets scharf voneinander abgrenzen,[275] wofür im Hinblick auf die gleichen Rechtsfolgen allerdings auch kein praktisches Bedürfnis besteht. **Unterschiedliche Schwerpunkte** bestehen aber insofern, als das Behinderungsverbot in erster Linie dem Schutz der Mitbewerber des diskriminierenden Unternehmens dient, während das Verbot unterschiedlicher Behandlung insbesondere die Unternehmen der vor- und nachgeordneten Marktstufen schützen und ihnen im Verhältnis zum Normadressaten gleiche Marktchancen sichern

---

[267] BGH 8. 5. 1979, KZR 13/78, WuW/E BGH 1587/1589 – *Modellbauartikel I;* BGH 10. 10. 1978, KZR 10/77, WuW/E BGH 1527/1528 – *Zeitschriften-Grossisten.*
[268] BGH 10. 10. 1978, KZR 10/77, WuW/E BGH 1527/1529 – *Zeitschriften-Grossisten.*
[269] BGH a. a. O. (Fn. 268) 1529 f.
[270] BGH 3. 3. 1969, KVR 6/68, BGH 1027/1031 – *Sportartikelmesse II;* BGH 14. 7. 1998, KZR 1/97, WuW/E DE-R 201 – *Schilderpräger im Landratsamt;* BGH 7. 3. 1989, KZR 15/87, WuW/E BGH 2584 – *Lotterievertrieb.*
[271] BGH 4. 11. 2003, KZR 2/02, WuW/E DE-R 1203/1204 – *Depotkosmetik im Internet;* OLG Celle 22. 7. 2000, 13 U 137/98 (Kart), WuW/E DE-R 581 – *VAG Vertrieb;* OLG München 23. 5. 1996, U (K) 1951/95, WuW/E OLG 5659 – *Versand-Parfümerie;* OLG Karlsruhe 27. 9. 1995, 6 U 102/95, WuW/E OLG 5652 – *Davidoff Cool Water.*
[272] BGH 27. 4. 1999, KZR 35/97, WuW/E DE-R 357 – *Feuerwehrgeräte.*
[273] BGH 30. 9. 1971, KZR 13/70, WuW/E BGH 1211/1213 – *Kraftwagen-Leasing;* BGH 26. 10. 1972, KZR 54/71, WuW/E BGH 1238/1242 – *Registrierkassen;* BGH 22. 9. 1981, KVR 8/80, WuW/E BGH 1829/1833 – *Original-VW-Ersatzteile II;* OLG Düsseldorf, 20. 9. 2006, VI-U (Kart) 28/05, DE-R 1825/1828 – *Primus.*
[274] BGH 30. 9. 1971, KZR 13/70, WuW/E BGH 1211/1214 – *Kraftwagen-Leasing;* BGH 26. 10. 1972, KZR 54/71, WuW/E BGH 1238/1243 – *Registrierkassen.*
[275] BGH 3. 3. 1969, KVR 6/68, WuW/E BGH 1027, 1031 – *Sportartikelmesse II;* BGH 9. 11. 1967, KZR 7/66, WuW/E BGH 886/888 – *Jägermeister.*

§ 20 GWB 67   10. Teil. Gesetz gegen Wettbewerbsbeschränkungen

soll.[276] Beiden Verbotstatbeständen gemeinsam ist das Prinzip der Interessenabwägung als Kriterium für die normative Bewertung der Behinderung bzw. Ungleichbehandlung.

67   **b) Behinderung:** Unter Behinderung im Sinne des § 20 Abs. 1 ist jede **Beeinträchtigung der Wettbewerbsmöglichkeiten** eines anderen Unternehmens zu verstehen.[277] Der Behinderungsbegriff ist weit auszulegen.[278] Er ist **wertneutral;** es wird weder ein bestimmtes Ausmaß der Beeinträchtigung noch der Einsatz wettbewerbsfremder oder wettbewerbsfeindlicher Mittel vorausgesetzt.[279] Die Bewertung des Verhaltens findet erst bei der Prüfung der Unbilligkeit statt – ebenso, wie auch der Diskriminierungstatbestand der Ungleichbehandlung eine Bewertung erst bei der Prüfung des sachlich gerechtfertigten Grundes erfährt. Das Fehlen eines negativen Bewertungselements im Behinderungsbegriff bedeutet allerdings nicht, dass bereits jeder wirtschaftliche Nachteil, der einem anderen Unternehmen zugefügt wird, eine Behinderung im Sinne des § 20 Abs. 1 darstellt. Es muss sich vielmehr um eine Beeinträchtigung der Möglichkeiten im Wettbewerb mit anderen Unternehmen handeln, die Chance zu Geschäftsabschlüssen mit Dritten muss also beeinträchtigt sein.[280] **Beispiele** bilden Mindestbezugsquoten, Wettbewerbsverbote, Höchstpreisvereinbarungen, Streichung von Stundungsvereinbarungen, Strafzuschläge u. ä.[281] Die bloße **Eignung** einer Maßnahme zur Behinderung oder der erfolglose Versuch reichen **nicht** aus, die Behinderung muss tatsächlich eingetreten sein.[282] § 20 Abs. 1 erfasst nicht nur unmittelbare, sondern auch **mittelbare Behinderungen**.[283] Mittelbare Behinderungen erfolgen häufig in der Form, dass Lieferanten oder Abnehmer des Behinderten veranlasst werden, ihren Geschäftsverkehr mit diesem einzuschränken. Eine mittelbare Behinderung kann auch darin liegen, dass ein Kartell Treuerabatte an Kunden gewährt, um diese vom Geschäftsverkehr mit Außenseitern abzuhalten,[284] ferner in der Gewährung von Ra-

---

[276] BGH 3. 3. 1969, KVR 6/68, WuW/E BGH 1027, 1031 – *Sportartikelmesse II;* Frankfurter Kommentar/*Rixen,* § 20 Rn. 143; *Bechtold,* GWB, § 20 Rn. 39.

[277] BGH, 7. 11. 2006, KZR 2/06 WuW/E DE-R 1951/1952 – *Bevorzugung einer Behindertenwerkstatt*; BGH 14. 7. 1998, KZR 1/97, WuW/E DE-R 201 – *Schilderpräger im Landratsamt;* BGH 22. 9. 1981, KVR 8/80, WuW/E BGH 1829/1833 – *Original-VW-Ersatzteile II;* OLG Frankfurt, 18. 11. 2003, 11 U (Kart) 35/03, GRUR-RR 2004, 120 – *Verkaufshilfe;* OLG Düsseldorf 16. 1. 2008, VI-Kart 11/06 (V), WuW/E DE-R 2235/2237 – *Baumarkt;* OLG Düsseldorf 19. 3. 2003, U(Kart) 20/02, WuW/E DE-R 1184/1186 – *InfraCard-Tarif;* OLG Düsseldorf 13. 2. 2002, Kart 16/00 (V), WuW/E DE-R 829 – *Freie Tankstellen;* OLG München 18. 10. 2001, Kart 1/00, WuW/E DE-R *Bad Tölz;* OLG Düsseldorf, 20. 7. 2005, VI-U (Kart) 42/04, DE-R 1615/1616 – *Das Telefonbuch;* OLG Düsseldorf 13. 11. 2000, Kart 16/00 (V), WuW/E DE-R 589 – *Freie Tankstellen;* KG 28. 11. 1979, Kart 12/79, WuW/E OLG 2247/2250 – *Parallellieferteile; Markert* in: Immenga/Mestmäcker, GWB, § 20 Rn. 116; Frankfurter Kommentar/*Rixen,* § 20 Rn. 145; *Schultz* in: Langen/Bunte, Bd. 1, § 20 Rn. 67.

[278] BKartA 8. 5. 2006, B 9–149/04, DE-V 1235/1240 – *Praktiker Baumärkte.*

[279] OLG Düsseldorf 19. 3. 2003, U(Kart) 20/02, WuW/E DE-R 1184/1186 – *InfraCard-Tarif;* OLG Düsseldorf 13. 2. 2002, Kart 16/00 (V), WuW/E DE-R 829 – *Freie Tankstellen;* OLG Düsseldorf 13. 11. 2000, Kart 16/00 (V), WuW/E DE-R 589 – *Freie Tankstellen; Markert* in: Immenga/Mestmäcker, GWB, § 20 Rn. 116; Frankfurter Kommentar/*Rixen,* § 20 Rn. 145; *Schultz* in: Langen/Bunte, Bd. 1, § 20 Rn. 67.

[280] OLG Celle 29. 11. 2001, 13 U 32/01 (Kart.), WuW/E DE-R 824 – *Schülertransport; Markert* in: Immenga/Mestmäcker, GWB, § 20 Rn. 117.

[281] Vgl. Tätigkeitsbericht des BKartA für 2005/2006, S. 138.

[282] OLG Düsseldorf 16. 1. 2008, VI-Kart 11/06 (V), WuW/E DE-R 2235/2237 – *Baumarkt;* OLG München 30. 5. 1974, Kart 1/74, WuW/E OLG 1519; *Markert* in: Immenga/Mestmäcker, GWB, § 20 Rn. 118; Frankfurter Kommentar/*Rixen,* § 20 Rn. 142.

[283] OLG Naumburg 25. 6. 2001, 1 U (Kart) 1/01, WuW/E DE-R 805 – *MEAG;* KG 4. 6. 1997, Kart 14/96, WuW/E DE-R 35 – *Großbildfilmprojektoren; Markert* in: Immenga/Mestmäcker, GWB, § 20 Rn. 119; Frankfurter Kommentar/*Rixen,* § 20 Rn. 149.

[284] BKartA 10. 9. 1971, B3–793 100-NX-140/67, WuW/E BKartA 1361 – *Fernost-Schifffahrtskonferenz.*

§ 20. Diskriminierungsverbot, Verbot unbilliger Behinderung 68, 69 § 20 GWB

batten durch Hersteller an den direkt beziehenden Einzelhandel in einer Höhe, die die Gesamthandelsspanne von Groß- und Einzelhandel übersteigt, so dass der Einzelhandel die Waren nicht mehr beim Großhandel bezieht.[285] Verweigert ein Krankenversicherungsverein seinen Mitgliedern die Erstattung der Rezeptgebühr, wenn diese ihre Arzneimittel bei einer bestimmten Apotheke beziehen, so liegt eine mittelbare Behinderung der Apotheke vor.[286] Eine mittelbare Behinderung kann auch durch Einwirkung eines Kartells auf seine Mitglieder erfolgen.[287]

c) **Unbilligkeit:** Mit der Prüfung der Unbilligkeit wird über das durch den Behinderungsbegriff noch wertneutral (vgl. Rn. 67) erfasste Verhalten des Normadressaten das Werturteil gefällt, das letztlich über die Anwendbarkeit des § 20 Abs. 1 entscheidet. Diesem Werturteil kommt eine umso größere Bedeutung zu, als die anderen Tatbestandsmerkmale der Vorschrift, insbesondere der Normadressatenkreis und die Voraussetzung des gleichartigen Unternehmen üblicherweise zugänglichen Geschäftsverkehrs, von der Rechtsprechung recht weit interpretiert werden und nur einen relativ groben Filter darstellen. Deshalb ist gerade beim Begriff der Unbilligkeit (und ebenso bei der sachlichen Rechtfertigung im Rahmen des Verbotstatbestands der Ungleichbehandlung) eine Interpretation erforderlich, die einerseits dem Zweck der Vorschrift gerecht wird, machtbedingte Wettbewerbsverzerrungen zu verhindern, andererseits aber nicht dazu führt, durch marktordnende Verhaltensregeln und Beseitigung wettbewerblichen Leistungsdrucks den Wettbewerb zum Erliegen zu bringen. 68

aa) **Prinzip der Interessenabwägung:** Die Feststellung der Unbilligkeit erfolgt nach ständiger Rechtsprechung auf Grund einer umfassenden **Abwägung der Interessen der Beteiligten** unter Berücksichtigung der **auf die Freiheit des Wettbewerbs gerichteten Zielsetzung des GWB**.[288] Das Schrifttum folgt dem so gut wie einhellig.[289] Diese Formel ist ihrem materiellen Inhalt nach zunächst weitgehend offen und ausfüllungsbedürftig, sie 69

---

[285] Vgl. z. B. BKartA Tätigkeitsberichte 1970, 67; 1971, 71; 1972, 67; 1974, 76 f.
[286] OLG Frankfurt 14. 10. 1969, 6 W 400/69, WuW/E OLG 1095.
[287] BGH 13. 7. 1971, KZR 10/70, WuW/E BGH 1175/1179 – *Ostmüller.*
[288] BGH, 8. 5. 2007, KZR 9/06, WuW/E DE-R 1984 – *Autoruf-Genossenschaft II;* BGH 19. 3. 1996, KZR 1/95, WuW/E BGH 3058/3063 – *Pay-TV-Durchleitung;* BGH 18. 1. 2000, KVR 23/98, WuW/E Verg 297 – *Tariftreueerklärung II;* BGH 25. 10. 1988; KRB 4/88, WuW/E BGH – *Marktintern-Dienst;* BGH 10. 11. 1998, KZR 6/97 WuW/E DE-R 220 – *U-Bahn-Buchhandlungen;* BGH 14. 7. 1998, KZR 1/97, WuW/E DE-R 201 – *Schilderpräger im Landratsamt;* BGH 17. 3. 1998, KZR 30/96, WuW/E DE-R 134 – *Bahnhofsbuchhandel;* BGH 7. 10. 1980, KZR 8/80, WuW/E BGH 1783 – *Neue Osnabrücker Zeitung;* BGH 7. 10. 1980, KZR 25/79, WuW/E BGH 1740, 1743 – *Rote Liste;* BGH 12. 2. 1980, KRB 4/79, WuW/E BGH 1729, 1730 – *Ölbrenner;* BGH 20. 11. 1975, KZR 1/75, WuW/E BGH 1391/1395 – *Rossignol;* BGH 26. 10. 1972, KZR 54/71, WuW/E BGH 1238/1243 – *Registrierkassen;* BGH 13. 7. 1971, KZR 10/70, WuW/E BGH 1175/1179 – *Ostmüller;* BGH 3. 3. 1969, KVR 6/68, WuW/E BGH 1027, 1030 – *Sportartikelmesse II;* BGH 27. 9. 1962, KZR 6/61, WuW/E BGH 502 – *Treuhandbüro;* OLG Düsseldorf 16. 1. 2008, VI-Kart 11/06 (V), WuW/E DE-R 2235/2239 – *Baumarkt;* OLG Düsseldorf, 25. 5. 2005, VI-U (Kart) 7/05, DE-R 1577/1579 – *SIM-Karten;* OLG München 22. 1. 2004, U (K) 3329/03, WuW/E DE-R 1260/1261 – *BMW-Händlermarge;* OLG Düsseldorf 29. 10. 2003, WuW/E DE-R 1480/1481 – *R.-Uhren;* OLG Stuttgart 16. 6. 2003, 2 U 144/02, WuW/E DE-R 1191/1193 – *Telefonbuch-Inserate;* OLG Düsseldorf 19. 3. 2003, U (Kart) 20/02, WuW/E DE-R 1184/1186 – *InfraCard-Tarif;* OLG Naumburg 5. 6. 2001, 1 U (Kart) 1/01, WuW/E DE-R 805 – *MEAG;* OLG München 18. 10. 2001, Kart 1/00 WuW/E DE-R 790 – *Bad Tölz;* OLG Celle 22. 7. 2000, 13 U 137/98 (Kart), WuW/E DE-R 581 – *VAG Vertrieb;* OLG Naumburg 9. 7. 1999, 10 WKart 1/98, WuW/E DE-R 388 – *Lokalfernsehen;* KG 20. 1. 1999, Kart 6/98, WuW/E DE-R 333 – *Aral-Shop;* OLG München 11. 3. 1999, U (K) 5733/98, WuW/E DE-R 313 – *Hörfunkwerbung;* OLG Karlsruhe 8. 8. 1997, 6 U 4/97 (Kart), WuW/E DE-R 79 – *Feuerwehr-Drehleitern;* OLG Frankfurt 9. 9. 1997, 11 U (Kart) 58/96, WuW/E DE-R 73 – *Guerlain.*
[289] Vgl. nur *Markert* in: Immenga/Mestmäcker, GWB, § 20 Rn. 129; Frankfurter Kommentar/*Rixen,* § 20 Rn. 157; *Schultz* in: Langen/Bunte, Bd. 1, § 20 Rn. 122; *Bechtold,* GWB, § 20 Rn. 41.

legt aber bereits die Entscheidungskriterien fest, indem sie einerseits auf die Individualinteressen der Beteiligten (und damit auf eine grundsätzlich einzelfallorientierte Betrachtung) abstellt, andererseits aber das Wertungssystem des GWB einbezieht.[290] Zugleich lässt sie eine Aussage über das methodische Vorgehen bei der Entscheidungsfindung zu. Danach sind die abwägungsfähigen Interessen der Beteiligten festzustellen, d. h. es sind der Kreis der „Beteiligten" abzugrenzen und deren nicht berücksichtigungsfähige Interessen auszuscheiden, diese Interessen sind abzuwägen, also zu gewichten und einander gegenüberzustellen, und schließlich ist dabei das normative Wertsystem des GWB zu berücksichtigen. Die Interessenabwägung kann nur einzelfallbezogen erfolgen.[291]

70   Die Berücksichtigung der auf die Freiheit des Wettbewerbs gerichteten Zielsetzung des GWB wirft die Frage auf, inwieweit dabei die **Wertungen des europäischen Wettbewerbsrechts** zu berücksichtigen sind. Art. 3 Abs. 1 S. 2 der VO 1/2003[292] sieht vor, dass bei einer Anwendung nationalen Kartellrechts auf nach Art. 82 EG verbotene Missbräuche auch Art. 82 EG einzuwenden ist; diese Regelung wird in § 22 Abs. 3 GWB wiederholt.[293] Soweit also § 20 GWB Missbräuche marktbeherrschender Stellungen erfasst, ergibt sich schon aus der notwendigen Anwendung von Art. 82 EG die Berücksichtigung des europäischen Wettbewerbsrechts. Auch darüber hinaus müssen aber angesichts des grundsätzlichen Vorrangs des europäischen Kartellrechts vor nationalem Kartellrecht[294] und der engen Verzahnung beider Rechte die Zielsetzungen des europäischen Kartellrechts bei der Interessenabwägung im Rahmen des § 20 GWB Berücksichtigung finden.[295] Das wird vor allem in der Frage zum Ausdruck kommen, wieweit der von der Europäischen Kommission in zunehmendem Maße angewendete „more economic approach" bei der Anwendung des § 20 GWB zu berücksichtigen ist.

71   Weitergehend bestimmt Art. 3 Abs. 2 der VO 1/2003 (und insoweit übereinstimmend § 22 Abs. 2 S. 1 GWB), dass von Art. 81 EG erfasste Fälle, die entweder den Wettbewerb im Sinne dieser Vorschrift nicht einschränken oder nach Art. 81 Abs. 3 oder durch eine Gruppenfreistellungsverordnung freigestellt sind, nicht nach nationalem Recht verboten werden dürfen. Nach § 22 Abs. 2 S. 2 GWB soll diese Regelung auf den 2. Abschnitt des GWB, und damit auch auf § 20, keine Anwendung finden. § 22 Abs. 2 S. 2 GWB beruht auf der so genannten deutschen Klausel des Art. 3 Abs. 2 Satz 2 VO 1/2003, nach der es den Mitgliedstaaten nicht verwehrt ist, strengere innerstaatliche Vorschriften in Bezug auf einseitige Handlungen zu erlassen bzw. anzuwenden. Soweit die Zwischenstaatlichkeitsklausel erfüllt ist, können allerdings Vereinbarungen im Sinne des Art. 81 EG auch mit der Ausübung von Marktmacht im Sinne des § 20 verbunden sein, beispielsweise dann, wenn die Ausnutzung der Marktmacht zu Verträgen führt, durch die Abnehmer ausgebeutet oder Mitbewerber behindert werden.[296] Praktische Bedeutung können vor allem Fälle haben, in denen ein § 20 unterfallendes Verhalten durch eine Gruppenfreistellungsverordnung; insbe-

---

[290] *Markert* in: Immenga/Mestmäcker, GWB, § 20 Rn. 129.
[291] BGH, 8. 5. 2007, KZR 9/06, WuW/E DE-R 1984 – *Autoruf-Genossenschaft II.*
[292] Verordnung (EG) Nr. 1/2003 des Rates zur Durchführung der in Artikeln 81 und 82 des Vertrags niedergelegten Wettbewerbsregeln, ABl. EG L 1/1 v. 4. 1. 2003.
[293] S. dazu § 22 Rn. 12 ff.
[294] Vgl. bereits EuGH 13. 2. 1969, Rs. 14/68 – *Walt Wilhelm*, Slg. 1969, 1; auch der BGH hat schon vor Erlass der VO 1/2003 vom Grundsatz des Vorranges des Gemeinschaftsrechts gesprochen, vgl. BGH 4. 11. 2003, KZR 2/02, WuW/E DE-R 1203/1204 – *Depotkosmetik im Internet.*
[295] So auch OLG Düsseldorf 8. 6. 2005, VI – U (Kart) 30/00, WuW/E DE-R 1480 – *R.-Uhren.* Im Schrifttum vergleiche insbesondere Frankfurter Kommentar/*Rixen*, § 20 Rn. 171 ff.; *Schultz* in: Langen/Bunte, Bd. 1, § 20 Rn. 138; *Markert* in: Immenga/Mestmäcker, GWB, § 20 Rn. 147; MünchKommGWB/K. *Westermann*, § 20 Rn. 75; *Bechtold*, GWB, § 20 Rn. 42.
[296] S. dazu auch § 22 Rn. 10; eingehend zu diesem Problemkreis Frankfurter Kommentar/*Rixen*, § 20 Rn. 171 ff.; *Schultz* in: Langen/Bunte, Bd. 1, § 20 Rn. 138.

sondere die Vertikal-Gruppenfreistellungsverordnung[297] freigestellt ist. Soweit es sich um marktbeherrschende Unternehmen handelt, werden sie zwar angesichts der in Art. 3 enthaltenen Marktanteilsschwellen nicht unter diese Verordnung fallen. Zu denken ist aber insbesondere an vertikale Vertriebssysteme, in denen dem gebundenen Händlern Beschränkungen auferlegt werden, die nicht unter die Kataloge der Art. 4 und 5 der Vertikal-Gruppenfreistellungsverordnung fallen und die auch Außenseiterwirkungen entfalten können, etwa indem bei selektiven Vertriebssystemen Außenseiter zum Vertrieb nicht zugelassen werden[298] oder indem Mitbewerber eines nach § 20 Abs. 2 S. 1 relativ marktstarken Unternehmens dadurch behindert werden, dass sie mit Ausschließkeitsbindungen unterliegenden Abnehmern des marktstarken Unternehmens auf Drittmärkten nicht in Geschäftsbeziehungen treten können.[299] In solchen Fällen ist davon auszugehen, dass dort, wo ein auf Vereinbarungen beruhendes Vertriebssystem durch eine Gruppenfreistellungsverordnung freigestellt ist, sie nicht nach § 20 GWB untersagt werden kann.[300] Das gleiche gilt, wenn es Art. 81 Abs. 1 EG nicht unterfällt oder eine Individualfreistellung nach Art. 81 Abs. 3 EG erfolgt ist. Das gilt auch dann, wenn In- oder Outsider des Vertriebssystems behindert oder unterschiedlich behandelt werden, soweit die Behinderung oder unterschiedliche Behandlung auf einem vertriebssystemimmanenten Verhalten des Normadressaten beruht. Die bei der Interessenabwägung zu berücksichtigende Regelung des Art. 3 Abs. 2 der VO 1/2003 führt dazu, dass das Verhalten des Normadressaten nicht als unbillig zu beurteilen ist bzw. dass ein sachlich gerechtfertigter Grund besteht. Anders ist es nur, wenn das Verhalten des Normadressaten nicht dem durch die Gruppenfreistellungsverordnung freigestellten Vertriebssystem immanent ist, beispielsweise indem bei einem qualitativ selektierten Vertriebssystem ein Händler nicht zugelassen wird, obwohl er die Qualifikationsvoraussetzungen erfüllt.

bb) Interessen der Beteiligten: Beteiligte im Sinne der Interessenabwägung sind zunächst der behindernde Normadressat sowie die unmittelbar behinderten Unternehmen. Darüber hinaus sind auch die Interessen der in den Schutzbereich der Vorschrift einbezogenen mittelbar behinderten Unternehmen zu berücksichtigen.[301] Dazu gehören vor allem die Mitbewerber eines preisbindenden oder nach § 20 Abs. 2 S. 1 relativ marktstarken Unternehmens, die dadurch behindert werden, dass sie mit Ausschließkeitsbindungen unterliegenden Abnehmern des marktstarken Unternehmens auf Drittmärkten nicht in Geschäftsbeziehungen treten können.[302] Andere Marktteilnehmer, insbesondere nicht selbst unmittelbar oder mittelbar behinderte Unternehmen oder private Endverbraucher, gehören dagegen nicht zum Kreis der Beteiligten, allerdings kann sich ihre Interessenlage auf das Interesse der Beteiligten auswirken und in diesem Rahmen Berücksichtigung finden.[303] Das Verbraucherinteresse als solches geht über die Berücksichtigung der Zielsetzungen des

---

[297] Verordnung (EG) Nr. 2790/1999 (ABl. Nr. L 336/21).
[298] Vgl. dazu den Fall des OLG München MMR 2002, 162 ff. – *Internetvertrieb*.
[299] S. dazu Frankfurter Kommentar/*Rixen*, § 20 Rn. 175.
[300] OLG Düsseldorf 16. 1. 2008, VI-Kart 11/06 (V), WuW/E DE-R 2235/2239 – *Baumarkt*; s. a. OLG Düsseldorf 20. 6. 2006, VI-2 Kart 1/06 (V), WuW/E DE-R 1757 ff. – *E. ON-Ruhrgas*; im Schrifttum vgl. Frankfurter Kommentar/*Rixen*, § 20 Rn. 171 ff., insbesondere 179; *Schultz* in: Langen/Bunte, Bd. 1, § 20 Rn. 141; *Wirtz* WuW 2003, 1042 ff.
[301] Zur mittelbaren Behinderung vgl. oben Rn. 67.
[302] Beispiel: Ein Automobilhersteller untersagt seinen Vertragshändlern, Fahrzeuge seiner Marke an Leasingunternehmen zu liefern, weil er sich selbst das Leasinggeschäft vorbehalten möchte, vgl. BGH 30. 9. 1971, KZR 13/70, WuW/E BGH 1211 – *Kraftwagen-Leasing*; vgl. ferner BGH 16. 10. 1962, KZR 2/62, WuW/E BGH 509/514 – *Original-Ersatzteile*; KG 28. 11. 1979, Kart 12/79, WuW/E OLG 2247/2255 – *Parallellieferpreise*; BKartA 21. 3. 1979, B7–333000-RTV-84/76, WuW/E BKartA 1781/1790 – *Identteile*.
[303] BGH 16. 10. 1962, KZR 2/62, WuW/E BGH 509/514 – *Original-Ersatzteile*; KG a. a. O. (Fn. 302); BKartA a. a. O. (Fn. 302).

GWB und des europäischen Kartellrechts in die Wertung ein.[304] Gemeinwohlinteressen können berücksichtigt werden, soweit sie mit der auf die Freiheit des Wettbewerbs gerichteten Zielsetzung des GWB vereinbar sind.[305]

73 **(1) Interessen des Normadressaten:** Auf Seiten des behindernden Normadressaten sind **grundsätzlich alle Interessen** berücksichtigungsfähig.[306] Dazu gehört vor allem das Interesse an unternehmerischem Freiraum.[307] § 20 Abs. 1 hindert ein Unternehmen grundsätzlich nicht daran, sein **Bezugs- und Absatzsystem nach eigenem Ermessen so zu gestalten,** wie es dies für richtig und wirtschaftlich sinnvoll hält.[308] Es besteht keine Verpflichtung, einen Konkurrenten zum eigenen Nachteil zu fördern; insbesondere können keine Maßnahmen verlangt werden, die zu einem Verlust von Abnehmern zu Gunsten des Konkurrenten führen.[309] Das Interesse an der freien Gestaltung des Bezugs- und Absatzsystems findet seine Grenze erst durch die Abwägung mit den Interessen anderer Beteiligter und durch die Berücksichtigung der Zielsetzungen des GWB; unerheblich ist dagegen, ob das Verhalten des Normadressaten nach objektiven Maßstäben kaufmännisch vernünftig oder betriebswirtschaftlich sinnvoll ist.[310] Über die kaufmännische Vernünftigkeit entscheidet der Markt und nicht § 20 Abs. 1 GWB. Eine Einschränkung des Kreises berücksichtigungsfähiger Interessen ergibt sich allerdings daraus, dass solche Interessen keine Berücksichtigung finden können, die **gegen gesetzliche Vorschriften** und die in ihnen enthaltenen Wertungen verstoßen.[311]

---

[304] S. auch *Markert* in: Immenga/Mestmäcker, GWB, § 20 Rn. 130.
[305] BGH 13. 11. 2007, KZR 22/06, WuW/E DE-R 2163/2164 – *Freihändige Vermietung an Behindertenwerkstatt;* BGH, 7. 11. 2006, KZR 2/06 WuW/E DE-R 1951 – *Bevorzugung einer Behindertenwerkstatt.*
[306] OLG Frankfurt 9. 9. 1997, 11 U (Kart) 67/96, WuW/E DE-R 55 – *Kfz-Schilderpräger;* OLG München 31. 7. 1997, U (K) 3806/97, WuW/E OLG 5898 – *Zahnersatz;* OLG Frankfurt 3. 12. 1996, 11 U (Kart) 64/95, WuW/E OLG 5767 – *Koordinierte Vergabesperre.*
[307] BGH 24. 6. 2003, KZR 32/01, WuW/E DE-R 1144/1145 – *Schülertransporte;* BGH 13. 11. 1990, KZR 25/89, WuW/E BGH 2683/2686 – *Zuckerrübenanlieferungsrecht;* KG 15. 1. 2004, 2 U 28/03 Kart, WuW/E DE-R 1274/1278 – *GSM-Gateway;* OLG München, 22. 4. 2004, U (K) 1582/04, WuW/E DE-R 1270 – *GSM-Wandler;* OLG Düsseldorf 19. 3. 2003, U (Kart) 20/02, WuW/E DE-R 1184/1485 – *InfraCard-Tarif;* OLG Frankfurt/Main, 5. 11. 2002, 11 U (Kart) 13/02, WuW/E DE-R 1081/1082 – *Lotterieannahmestelle.*
[308] BGH, 11. 10. 2006, KZR 45/05, WuW/E DE-R 1832/1834 – *Lesezirkel;* BGH, 24. 9. 2002, KZR 38/99, WuW/E DE-R 1051/1053 – *Vorleistungspflicht;* BGH, 27. 4. 1999, KZR 35/97, WuW/E DE-R 357 – *Feuerwehrgeräte;* BGH 17. 3. 1998, WuW/E KZR 30/96, WuW/E DE-R 134 – *Bahnhofsbuchhandel;* BGH 25. 10. 1988, KVR 1/87, WuW/E BGH 2535/2540 – *Lüsterbehangsteine;* BGH 24. 3. 1981, KZR 2/80, WuW/E BGH 1793/1797 – *SB-Verbrauchermarkt;* BGH 8. 5. 1979, KZR 13/78, 1587/1590 – *Modellbauartikel I;* BGH 10. 10. 1978, KZR 10/77, WuW/E BGH 1527/1530 – *Zeitschriften-Grossisten;* BGH 30. 9. 1971, KZR 13/70, WuW/E BGH 1215 – *Kraftwagen-Leasing;* BGH 27. 9. 1962, KZR 6/61, WuW/E BGH 502/508 – *Treuhandbüro;* OLG Stuttgart 16. 6. 2003, 2 U 144/02, WuW/E DE-R 1191/1195 – *Telefonbuch-Inserate;* OLG Düsseldorf 19. 3. 2003, U (Kart) 20/02, WuW/E DE-R 1184/1186 – *InfraCard-Tarif;* OLG Hamburg 19. 6. 2002, 5 U 28/02, WuW/E DE-R 1076/1080 – *Online-Ticketshop.*
[309] BGH 15. 11. 1994, KVR 29/93, WuW/E BGH 2953/2964 – *Gasdurchleitung;* BGH 12. 11. 1991, KZR 2/90, WuW/E BGH 2755/2759 – *Aktionsbeiträge;* OLG Düsseldorf, 25. 5. 2005, VI-U (Kart) 7/05, DE-R 1577/1579 – *SIM-Karten.*
[310] *Markert* in: Immenga/Mestmäcker, GWB, § 20 Rn. 131.
[311] BGH, 27. 4. 1999, KZR 35/97, WuW/E DE-R 357 – *Feuerwehrgeräte;* BGH 19. 3. 1996, KZR 1/95, WuW/E BGH 3058/3065 f. – *Pay-TV-Durchleitung;* BGH 7. 10. 1980, KZR 8/80, WuW/E BGH 1783/1785 f. – *Neue Osnabrücker Zeitung;* BGH 24. 9. 1979, KZR 20/78, WuW/E BGH 1629/1632 – *Modellbauartikel II;* OLG Frankfurt 9. 9. 1997, 11 U (Kart) 67/96, WuW/E DE-R 55 – *Kfz-Schilderpräger;* OLG München 31. 7. 1997, U (K) 3806/97, WuW/E OLG 5898 – *Zahnersatz;* OLG Frankfurt 3. 12. 1996, 11 U (Kart) 64/95, WuW/E OLG 5767 – *Koordinierte Vergabesperre; Markert* in: Immenga/Mestmäcker, GWB, § 20 Rn. 131; Frankfurter Kommentar/*Rixen,* § 20 Rn. 164.

§ 20. Diskriminierungsverbot, Verbot unbilliger Behinderung   74, 75   **§ 20 GWB**

(2) **Interessen der behinderten Unternehmen:** Berücksichtigungsfähige Interessen   74
der (unmittelbar oder mittelbar) behinderten Unternehmen sind grundsätzlich nur solche,
die auf **freie Betätigungsmöglichkeit im Wettbewerb** zielen; insofern ist der Kreis der
berücksichtigungsfähigen Interessen auf dieser Seite enger.[312] Dies folgt aus dem Schutzzweck des § 20 Abs. 1 und 2, individuelle Marktteilnehmer in ihren wettbewerblichen Handlungsmöglichkeiten vor dem Einfluss marktstarker Unternehmen zu schützen. Außerwettbewerbliche Interessen (wirtschaftlicher oder außerwirtschaftlicher Art) können keine Berücksichtigung finden, insbesondere ermöglicht § 20 Abs. 1 und 2 keinen struktur- oder sozialpolitischen Bestandsschutz; das gilt auch, soweit es sich um kleine und mittlere Unternehmen handelt.[313] Berücksichtigungsfähig ist danach vor allem das **Interesse an freiem Marktzugang.**[314] Dazu gehört auch die Freiheit des behinderten Unternehmens in der Wahl seiner Vertriebswege.[315] Berücksichtigungsfähig ist ferner das Interesse, in der Chancengleichheit im Wettbewerb mit anderen Unternehmen nicht durch Behinderungen beeinträchtigt zu werden.[316] Ebenso wie auf der Seite des Normadressaten (vgl. Rn. 73) sind auch auf Seiten der behinderten Unternehmen diejenigen Interessen nicht berücksichtigungsfähig, die **gegen gesetzliche Vorschriften** oder die in ihnen enthaltenen Wertungen verstoßen.[317]

(3) **Abwägung der Interessen:** Die danach berücksichtigungsfähigen **Interessen der**   75
Beteiligten sind abzuwägen, d. h. **zu gewichten und einander gegenüberzustellen.**
Aus dieser Abwägung kann sich bereits das Übergewicht der Interessen einer Seite ergeben.
Das Endergebnis, also die Beurteilung der Behinderung als billig oder unbillig, kann sich
aber erst nach einer Einbeziehung der auf die Freiheit des Wettbewerbs gerichteten Zielsetzung des GWB einschließlich der Wertungen und Zielsetzungen des europäischen Wettbewerbsrechts[318] ergeben. Diese normative Bewertung muss häufig bereits in die Abwägung der Individualinteressen einfließen, weil sich ohne sie eine Gewichtung der Individualinteressen nicht vornehmen lässt. Bei der Interessenabwägung ist eine Gesamtwürdigung aller Gründe und Begleitumstände vorzunehmen, die zugunsten der einen oder anderen Seite sprechen. Dabei können Gründe, die für sich allein das Überwiegen der Interessen einer Seite nicht begründen, im Zusammenhang und in Verbindung mit weiteren Gründen und Begleitumständen ein solches Gewicht erhalten, dass sich das Überwiegen der Interessen einer Seite aus dieser Kumulation ergibt.[319] Zu berücksichtigen sind insbe-

---

[312] *Markert* in: Immenga/Mestmäcker, GWB, § 20 Rn. 132.
[313] BGH 10. 11. 1998, KZR 6/97 WuW/E DE-R 220 – *U-Bahn-Buchhandlungen;* BGH 23. 2. 1988, KZR 20/86, WuW/E BGH 2491/2495 – *Opel-Blitz; Markert* a. a. O. (Fn. 312); *Schultz* in: Langen/Bunte, Bd. 1, § 20 Rn. 132.
[314] BGH 30. 9. 1971, KZR 12/70, WuW/E BGH 1200/1204 – *Vermittlungsprovision für Flugpassagen;* OLG Stuttgart 16. 6. 2003, 2 U 144/02, WuW/E DE-R 1191/1197 – *Telefonbuch-Inserate;* OLG Frankfurt 9. 9. 1997, 11 U (Kart) 67/96, WuW/E DE-R 55 – *Kfz-Schilderpräger;* OLG München 31. 7. 1997, U (K) 3806/97, WuW/E OLG 5898 – *Zahnersatz;* OLG Frankfurt 3. 12. 1996, 11 U (Kart) 64/95, WuW/E OLG 5767 – *Koordinierte Vergabesperre;* KG 28. 11. 1979, Kart 12/79, WuW/E OLG 2247/2255 – *Parallellieferteile;* KG 9. 7. 1974, Kart 25/74, WuW/E OLG 1507/1512 – *Chemische Grundstoffe II;* BKartA 21. 3. 1979, B7–333000-RTV-84/76, WuW/E BKartA 1781/1785 – *Identteile.*
[315] BGH 3. 3. 1969, KVR 6/68, BGH 1027/1032 – *Sportartikelmesse II;* OLG Celle 22. 7. 2000, 13 U 137/98 (Kart), WuW/E DE-R 581 – *VAG Vertrieb;* OLG Stuttgart 30. 4. 1999, 2 U 265/98, WuW/E DE-R 307 – *Medizinische Hilfsmittel.*
[316] OLG Frankfurt 3. 2. 1972, 6 U 68/71, WuW/E OLG 1283/1286 – *Brunneneinheits-Kunststoffkasten.*
[317] Etwa das Interesse an der Durchsetzung eines irreführenden Wettbewerbsverhaltens, vgl. BGH 24. 5. 1962, KZR 4/61, WuW/E BGH 483 – *Radkappe.*
[318] S. oben Rn. 70.
[319] BGH 7. 10. 1980, KZR 25/79, WuW/E BGH 1740, 1742 – *Rote Liste;* BGH 24. 9. 1979, KZR 20/78, WuW/E BGH 1629/1634 – *Modellbauartikel II.*

sondere das **Ziel** und das **Mittel** der behindernden Maßnahme.[320] Stets muss es sich um ein **angemessenes und vertretbares Mittel** der Interessenwahrung handeln.[321] Der behindernde Normadressat hat sich grundsätzlich des am wenigsten beeinträchtigenden Mittels zu bedienen, mit dem er seine Interessen noch wahren kann, und zwar sowohl hinsichtlich Art und Ausmaß als auch zeitlicher Dauer der ergriffenen Maßnahmen. Die Angemessenheit des Mittels ist aber auch im Hinblick auf den mit ihm verfolgten Zweck zu beurteilen (Zweck-Mittel-Relation), das Interesse des Normadressaten an der Behinderung kann ein so starkes Gewicht besitzen, dass demgegenüber die Bedeutung des zur Durchsetzung dieser Belange eingesetzten Mittels in den Hintergrund tritt.[322] Umgekehrt sind aber auch die Interessen des behindernden Normadressaten umso weniger schutzwürdig, je stärker seine Behinderung in die wettbewerblichen Möglichkeiten des behinderten Unternehmens eingreift.[323] Eine Behinderung ist nicht deswegen unbillig, weil sich der Normadressat nicht nur von den von ihm geltend gemachten Rechtfertigungsgründen, sondern auch noch von weiteren, zur Rechtfertigung nicht geeigneten Gesichtspunkten hat bestimmen lassen.[324] Bei der Interessenabwägung können auch Gründe berücksichtigt werden, die erst nach der behindernden Maßnahme eingetreten sind.[325]

76 dd) **Berücksichtigung der Zielsetzung des GWB und der Wertungen und Zielsetzungen des europäischen Wettbewerbsrechts. (1) Funktion:** Das Ergebnis der Individualinteressenabwägung muss anhand der Zielsetzung des GWB einschließlich der Wertungen und Zielsetzungen des europäischen Wettbewerbsrechts[326] überprüft werden, erst daraus kann sich die endgültige Beurteilung der Behinderung als billig oder unbillig ergeben. Die Berücksichtigung dieser Wertungen und Zielsetzungen ist also nicht auf die Fälle beschränkt, in denen sich die gegenseitigen Interessen aufheben.[327] Häufig fließt allerdings die Berücksichtigung der Zielsetzung des GWB bereits in die Abwägung der Individualinteressen ein, weil sich anders diese oft gar nicht gewichten lassen. Die Individualinteressenabwägung und die Berücksichtigung der Zielsetzung des GWB sind in der praktischen Anwendung eng miteinander verzahnt und in einer Gesamtbetrachtung zu berücksichtigen.[328] Dass bei der Anwendung einer Rechtsnorm die Zielsetzung des Gesetzes zu berücksichtigen ist, entspricht an sich anerkannten Auslegungsgrundsätzen und hätte, wollte man die Bedeutung der Rechtsprechungsformel hierauf reduzieren, keiner besonderen Erwähnung bedurft. Die Formel geht aber darüber insofern hinaus, als sie das Gewicht deutlich macht, das die Berücksichtigung der Wertungen und Zielsetzungen des GWB und des europäischen Wettbewerbsrechts bei der Interessenabwägung als zentralem Tatbestandsmerkmal des § 20 Abs. 1 und 2 hat.

77 **(2) Beurteilungskriterien:** Bei der Berücksichtigung der auf die Freiheit des Wettbewerbs gerichteten Zielsetzung des GWB ist **das gesamte Wertungssystem des GWB,** insbesondere der Normzweck des § 20 Abs. 1 und 2, zu berücksichtigen.[329] Dagegen sind **außerhalb des GWB stehende wirtschaftspolitische Ziele nicht zu berücksichtigen.** Im Rahmen des § 20 Abs. 1 und 2 ist keine gesamtwirtschaftliche Betrachtungsweise

---

[320] BGH 7. 10. 1980, KZR 8/80, WuW/E BGH 1783/1785 – *Neue Osnabrücker Zeitung;* BGH 7. 10. 1980, KZR 25/79, WuW/E BGH 1740, 1744 – *Rote Liste.*
[321] BGH 7. 10. 1980, KZR 8/80, WuW/E BGH 1783/1785 – *Neue Osnabrücker Zeitung;* BGH 13. 3. 1979, KZR 25/77, WuW/E BGH 1646/1647 – *Vermittlungsprovision für Flugpassagen II;* OLG Düsseldorf 19. 3. 2003, U (Kart) 20/02, WuW/E DE-R 1184/1186 – *InfraCard-Tarif.*
[322] BGH 7. 10. 1980, KZR 25/79, WuW/E BGH 1740, 1743 – *Rote Liste.*
[323] BGH 7. 10. 1980, KZR 8/80, WuW/E BGH 1783/1785 – *Neue Osnabrücker Zeitung.*
[324] BGH 24. 9. 1979, KZR 16/78, WuW/E BGH 1671/1676 – *robbe-Modellsport.*
[325] BGH 24. 9. 1979, KZR 20/78, WuW/E BGH 1629/1634 – *Modellbauartikel II.*
[326] S. oben Rn. 70.
[327] So noch *Benisch* in: GemK, 4. Aufl., § 26 Abs. 2 und 3 Rn. 77.
[328] S. a. BGH 7. 10. 1980, KZR 25/79, WuW/E BGH 1740, 1743 – *Rote Liste.*
[329] OLG München 8. 2. 1996, U (K) 3882/95, WuW/E OLG 5744 – *Gastgeberverzeichnis.*

§ 20. Diskriminierungsverbot, Verbot unbilliger Behinderung

anzustellen, auf wirtschaftspolitische Überlegungen kommt es nicht an.[330] Nicht berücksichtigungsfähig ist daher z. B. die Überlegung, dass aus gesamtwirtschaftlicher Sicht der Endabnehmer die Wahlmöglichkeit zwischen Preis-Leistungs-Kombinationen mit und ohne Bedienung haben müsse.[331]

Für die Frage, wie die Berücksichtigung der Zielsetzung des GWB zu erfolgen hat, wird verschiedentlich vorgeschlagen, auf den im Recht gegen den unlauteren Wettbewerb entwickelten Wertungsgegensatz von **Leistungswettbewerb und Nichtleistungswettbewerb** zurückzugreifen. Soweit das Wettbewerbsverhalten eines Normadressaten leistungsfremden Charakter hat, soll es grundsätzlich unbillig im Sinne des § 20 Abs. 1 sein, falls es nicht durch besondere Umstände gerechtfertigt ist.[332] Für dieses Konzept wird vor allem angeführt, dass es an die Stelle der mit der Interessenabwägung notwendig verbundenen, für die Rechtssicherheit aber unerwünschten Einzelfallbetrachtung einen normativ-teleologischen, generalisierungsfähigen Orientierungsrahmen setze. Zudem habe im Zuge einer zunehmenden „Verzahnung" von GWB und UWG der Begriff des Leistungswettbewerbs an verschiedenen Stellen Eingang in das Wertungssystem des GWB gefunden. Überwiegend ist dieses Konzept aber auf Ablehnung gestoßen.[333] Es wird vor allem geltend gemacht, dass die Abgrenzung zwischen Leistungswettbewerb und Nichtleistungswettbewerb bis heute nicht gelungen sei, dass sich das Konzept nicht am unerwünschten Marktverhalten, sondern nach Art eines Ergebnistests an den Marktfolgen orientiere und dass es sich wenig zur Erfassung der Nachfragemacht eigne. Dem ist zu folgen. Die auf die Freiheit des Wettbewerbs gerichtete Zielsetzung des GWB ist im Einzelfall eigenständig zu bestimmen und kann sich auch im Rahmen des § 20 Abs. 1 nicht durch das auf die Ziele des UWG ausgerichtete und in seiner Abgrenzung höchst umstrittene Konzept von Leistungswettbewerb und Nichtleistungswettbewerb beschränken. Auch die gerichtliche Entscheidungspraxis orientiert sich nicht an diesem Konzept.[334]

Die Wertungen und Zielsetzungen des europäischen Wettbewerbsrechts decken sich weitgehend mit denen des GWB. Von Anbeginn an gehört es zu den Zielsetzungen der Europäischen Gemeinschaft, ein System unverfälschten Wettbewerbs zu errichten (jetzt Art. 3 Abs. 1 lit. g EG), dass durch die Wettbewerbsregeln des Vertrags realisiert werden soll. Das deckt sich jedenfalls im Grundsatz mit der auf die Freiheit des Wettbewerbs gerichteten Zielsetzung des GWB, die nach der deutschen Rechtsprechung bei der Interessenabwägung zu berücksichtigen ist. Diese grundsätzliche Übereinstimmung zeigt sich auch in der Parallelität der Konzentration auf drei Kernbereiche des Rechts der Wettbewerbsbeschränkungen, nämlich auf das Verbot von wettbewerbsbeschränkenden Vereinbarungen mit Freistellungsvorbehalt, das Verbot des Missbrauchs marktbeherrschender Stellungen und die präventive Fusionskontrolle. Trotz dieser grundsätzlichen Übereinstim-

---

[330] BGH 24. 9. 1979, KZR 20/78, WuW/E BGH 1629/1632 – *Modellbauartikel II; Markert* in: Immenga/Mestmäcker, GWB, § 20 Rn. 145.3.

[331] BGH a. a. O. (Fn. 330).

[332] Eingehend Frankfurter Kommentar/*Rixen*, § 20 Rn. 180 ff. mwN; *Schultz* in: Langen/Bunte, § 20 Rn. 128, 145; *Ulmer* in: FS Kummer, S. 565 ff.; *ders.* WuW 1978, 341 f.

[333] Vgl. Monopolkommission, Sondergutachten 7, Tz. 79; im Schrifttum vor allem *Markert* in: Immenga/Mestmäcker, GWB, § 20 Rn. 138; MünchKommGWB/K. *Westermann*, § 20 Rn. 77, beide mwN; *Mestmäcker*, Der verwaltete Wettbewerb, S. 148 ff.; *Köhler*, Nachfragemacht, S. 24 ff.

[334] Lediglich in wenigen Entscheidungen ist der Nichtleistungswettbewerb als zusätzliches Bewertungskriterien herangezogen worden, vgl. OLG Karlsruhe 27. 8. 1997, 6 U 4/97 (Kart), WuW/E DE-R 79 – *Feuerwehr-Drehleitern;* KG 14. 4. 1978, Kart. 8/78, WuW/E OLG 1983/1988 – *Rama-Mädchen;* nur zu § 22 Abs. 4 a. F.: KG 6. 1. 1977, Kart. 27/76, WuW/E OLG 1767/1772 – *Kombinationstarif;* nennenswerte Bedeutung hat aber dieser Begriff nie erlangt. Für § 26 Abs. 4 (jetzt § 20 Abs. 4) hat der BGH ausdrücklich festgestellt, dass die Maßstäbe für die Beurteilung der unbilligen Behinderung nicht mit den Maßstäben des UWG deckungsgleich seien, vgl. BGH 4. 4. 1995, KZR 34/93, WuW/E BGH 2977/2980 – *Hitlisten-Platten*.

mungen ist das Verhältnis beider Rechtsordnungen naturgemäß nicht frei von Konfliktsituationen, die aber nach dem Prinzip des Vorrangs des Gemeinschaftsrechts vor dem nationalen Recht[335] zu lösen sind. Dieses Prinzip wird durch die VO 1/2003 näher konkretisiert. Es kann davon ausgegangen werden, dass sich die grundlegenden Wertungen und Zielsetzungen, die bei der Interessenabwägung nach § 20 Abs. 1 und 2 zu berücksichtigen sind, sowohl aus dem GWB als auch aus dem europäischen Wettbewerbsrecht ergeben; bei Widersprüchen ist nach den Regeln der VO 1/2003 zu entscheiden.[336] Bei der Darstellung der Einzelfälle unbilliger Behinderung und ungerechtfertigt unterschiedlicher Behandlung wird hierauf näher einzugehen sein.[337]

80 Nicht nur aus einer Abwägung der Individualinteressen (vgl. Rn. 72 ff.), sondern auch aus der auf die Freiheit des Wettbewerbs gerichteten Zielsetzung des Gesetzes und des europäischen Wettbewerbsrechts ergibt sich die Verpflichtung des Normadressaten, bei seinen Maßnahmen das **mildeste Mittel,** d. h. das die Wettbewerbsfreiheit am wenigsten beeinträchtigende Mittel zu wählen, mit dem seine (berechtigten) Interessen noch gewahrt werden können; die Beeinträchtigung der Wettbewerbsfreiheit darf nicht stärker sein als unbedingt notwendig.[338] Das gilt sowohl für Art und Ausmaß der Behinderung als auch für deren zeitliche Dauer. Unzulässig sind daher Ausschließlichkeitsbindungen, wenn legitime Interessen auch durch die Auferlegung von Hinweispflichten geschützt werden können.[339] Eine zeitlich unbegrenzte Maßnahme ist unzulässig, wenn sie in zeitlich begrenzter Form den gleichen Zweck erfüllt.[340] Auch eine Übergangsfrist kann geboten sein.[341]

81 Aus der auf die Freiheit des Wettbewerbs gerichteten Zielsetzung folgt aber auch, dass dem **Normadressaten die Freiheit wettbewerbskonformen Verhaltens gewährleistet** wird. § 20 Abs. 1 zielt darauf ab, den Spielraum des Normadressaten einzuengen, nicht aber, ihn gänzlich vom Wettbewerb auszuschließen.[342] Insbesondere kann der Normadressat im Allgemeinen nicht **gezwungen werden,** seine Interessen vollständig denen eines anderen Unternehmens unterzuordnen.[343] Da im Sinne eines dynamischen Wettbewerbskonzepts Wettbewerb aus einer Abfolge von Aktionen und Reaktionen besteht, muss auch dem Normadressaten des § 20 Abs. 1 und 2 grundsätzlich die Möglichkeit gegeben sein, durch vorstoßenden Wettbewerb (etwa in Form der Einräumung günstigerer Preise oder Konditionen) Marktanteile zu erobern oder auf vorstoßenden Wettbewerb anderer Unternehmen zu reagieren.[344] Gerade dieser Gesichtspunkt trägt dazu bei, der einem überzogenen Diskriminierungsverbot innewohnenden Tendenz zur Wettbewerbserstarrung entgegenzuwirken und zu einem vom Wettbewerb nicht gefährdeten Bestandsschutz von Marktpositionen zu führen. Auch unter dem Gesichtspunkt der Wettbewerbsfreiheit ist daher die unternehmerische Gestaltungsfreiheit zu beachten, insbesondere die Freiheit, das

---

[335] Vgl. dazu insb. EuGH 13. 2. 1969, Rs. 14/68 – *Walt Wilhelm,* Slg. 1969, 1; BVerfG 8. 4. 1987, NJW 1988, 1459.
[336] S. dazu Rn. 71.
[337] Unten Rn. 91 ff.
[338] BGH 7. 10. 1980, KZR 8/80, WuW/E BGH 1783/1785 – *Neue Osnabrücker Zeitung;* BGH 28. 6. 1977, KVR 2/77, WuW/E BGH 1495/1497 – *Autoruf-Genossenschaft;* BGH 24. 2. 1976, KVR 3/75, WuW/E BGH 1429/1431 – *Asbach-Fachgroßhändlervertrag;* KG 28. 11. 1979, Kart 12/79, WuW/E OLG 2247/2253 – *Parallellieferteile;* KG 21. 2. 1977, Kart. 151/75, WuW/E OLG 1828/1830 – *Englisch-Wörterbuch; Markert* in: Immenga/Mestmäcker, GWB, § 20 Rn. 142; MünchKomm-GWB/K. *Westermann,* § 20 Rn. 78; einschränkend Frankfurter Kommentar/*Rixen,* § 20 Rn. 188.
[339] KG 28. 11. 1979, Kart 12/79, WuW/E OLG 2247/2253 – *Parallellieferteile.*
[340] BGH 12. 5. 1976, KZR 14/75, WuW BGH 1423/1425 – *Sehhilfen.*
[341] BGH 12. 2. 1980, KRB 4/79, WuW/E BGH 1729/1731 – *Ölbrenner.*
[342] BGH 14. 7. 1998, KZR 1/97, WuW/E DE-R 201 – *Schilderpräger im Landratsamt.*
[343] BGH a. a. O. (Fn. 342).
[344] *Markert* in: Immenga/Mestmäcker, GWB, § 20 Rn. 146.

Bezugs- und Absatzsystem nach eigenem Ermessen so zu gestalten, wie der Unternehmer es für richtig und wirtschaftlich sinnvoll hält.[345]

Der Marktmachtbezug des § 20 Abs. 1 gebietet es auch, bei der Interessenabwägung die **konkrete Marktstärke des Normadressaten** zu berücksichtigen. Je größer die Marktmacht des Normadressaten ist, desto geringer sind die Ausweichmöglichkeiten der betroffenen Unternehmen und desto größer ist das Maß an Rücksichtnahme, das vom Normadressaten verlangt werden muss. Daher sind im Rahmen der Interessenabwägung an die Rechtfertigung des Normadressaten umso höhere Anforderungen zu stellen, je größer seine Marktmacht ist.[346] Die Berücksichtigung der konkreten Marktstärke kann aber nur **einzelfallbezogen** erfolgen. Eine generalisierende Betrachtung, die davon ausgeht, dass bei marktstarken Unternehmen im Sinne des § 20 Abs. 2 von vornherein eine geringere Marktstärke anzunehmen sei als bei den Normadressaten des § 20 Abs. 1 und die deshalb den Unternehmen nach § 20 Abs. 2 von vornherein einen größeren Freiraum zubilligen will als den marktbeherrschenden Unternehmen des Abs. 1,[347] verkennt, dass die Normadressaten des § 20 Abs. 2 den Normadressaten des § 20 Abs. 1 grundsätzlich gleichgestellt sind und dass bei der Interessenabwägung keine generalisierende, sondern eine einzelfallbezogene Betrachtungsweise anzuwenden ist. 82

ee) Zeitpunkt der Interessenabwägung und Beweislast: Maßgebender **Zeitpunkt** für die Interessenabwägung ist der Schluss der mündlichen Verhandlung in der Tatsacheninstanz, nicht bereits der Zeitpunkt der diskriminierenden Maßnahme.[348] Es können also auch noch Tatsachen berücksichtigt werden, die nach der diskriminierenden Maßnahme, aber vor Schluss der mündlichen Verhandlung in der Tatsacheninstanz eingetreten sind. Die **Darlegungs- und Beweislast** für die Normadressateneigenschaft, den gleichartigen Unternehmen üblicherweise zugänglichen Geschäftsverkehr und die unbillige Behinderung trägt derjenige, der daraus Ansprüche für sich herleiten will, also das behinderte Unternehmen. Er muss die Tatsachen angeben, aus denen sich die Unbilligkeit ergeben soll. Dies gilt auch für die Unbilligkeit der Behinderung.[349] 83

7. Verbot ungerechtfertigter unterschiedlicher Behandlung

Während das Behinderungsverbot vornehmlich dem Schutz der Mitbewerber des Normadressaten dient, soll das Verbot ungerechtfertigter unterschiedlicher Behandlung in erster Linie die Unternehmen der vor- und nachgelagerten Marktstufen schützen und ihnen im Verhältnis zum Normadressaten gleiche Marktchancen sichern;[350] allerdings ist der Schutz der Wettbewerber des Normadressaten dadurch nicht ausgeschlossen. 84

a) Unterschiedliche Behandlung: Als **Behandlung** reicht jede Maßnahme aus, die unmittelbare oder mittelbare geschäftliche Beziehungen zum Normadressaten betrifft. Auch ein 85

---

[345] Vgl. die Nachw. in Fn. 308.
[346] BGH 27. 4. 1999, KZR 35/97, WuW/E DE-R 357 – *Feuerwehrgeräte;* BGH 19. 3. 96, KZR 1/95, WuW/E BGH 3058 – *Pay-TV-Durchleitung;* OLG München 22. 1. 2004, U (K) 3329/03, WuW/E DE-R 1260/1291 – *BMW-Händlermarge;* OLG Stuttgart 16. 6. 2003, 2 U 144/02, WuW/E DE-R 1191/1195 – *Telefonbuch-Inserate;* OLG Düsseldorf 19. 3. 2003, U (Kart) 20/02, WuW/E DE-R 1184/1486 – *InfraCard-Tarif; Markert* in: Immenga/Mestmäcker, GWB, § 20 Rn. 143.
[347] So OLG Düsseldorf 21. 2. 1978, U (Kart.) 16/76, WuW/E OLG 1913/1917 – *Allkauf 6.*
[348] BGH 8. 5. 1979, KZR 13/78, WuW/E BGH 1587/1593 – *Modellbauartikel I;* BGH 24. 9. 1979, KZR 20/78, WuW/E BGH 1629/1633 – *Modellbauartikel II.*
[349] BGH 22. 10. 1996, KZR 19/95, WuW/E BGH 3079 – *Stromeinspeisung II;* BGHZ 116, 47/56 – *Amtsanzeiger;* BGH 8. 6. 1967, KZR 5/66, WuW/E BGH 863/870 – *Rinderbesamung II;* OLG München 22. 1. 2004, U (K) 3329/03, WuW/E DE-R 1260/1291 – *BMW-Händlermarge;* OLG Karlsruhe 14. 12. 1977, 6 U 193/77, WuW/E OLG 1973/1974 – *Billigpreisanzeige;* teils anders OLG Stuttgart 24. 10. 1997, 2 U 45/97, WuW/E DE-R 48 – *Kfz-Schilderpräger Nagold* (abweichend von der BGH-Rechtsprechung, s. insb. BGHZ 116, 47/57 – *Amtsanzeiger*).
[350] Vgl. oben Rn. 66.

Unterlassen, beispielsweise die bloße Nichtbelieferung, kann eine Behandlung darstellen. In vielen Fällen handelt es sich um die Begründung bzw. Aufrechterhaltung von Lieferbeziehungen bzw. um deren inhaltliche Ausgestaltung hinsichtlich der dem Vertragspartner gewährten Preise oder Konditionen. Ob eine Behandlung **unterschiedlich** ist, beurteilt sich nach einem **formalen Gleichheitsmaßstab**.[351] Zu fragen ist, ob Leistungen ihrem äußeren Erscheinungsbild nach gleich sind, ob also etwa für die gleiche Menge einer bestimmten Ware der gleiche Preis verlangt wird. Formal ungleichartige Leistungen können zwar materiell gleich sein, z.B. dann, wenn sie auf unterschiedlichen Gegenleistungen der Leistungsempfänger beruhen. Das ist aber nicht im Rahmen der Gleichheit der Behandlung, sondern erst bei der Prüfung des sachlich gerechtfertigten Grundes zu prüfen. Die Waren oder Leistungen, die einander zum Vergleich gegenübergestellt werden, müssen **vergleichbar** sein. Dabei reicht es nicht aus, dass sie gleichartig oder aus der Sicht des Abnehmers funktionell austauschbar sind; entscheidend ist der formale Gesichtspunkt der **technisch-physikalischen Identität**.[352] Geringfügige Abweichungen, beispielsweise eine andere Kennzeichnung oder Verpackung von Waren, beseitigen allerdings die Vergleichbarkeit nicht.

86   Eine unterschiedliche Behandlung kann nicht nur in der Benachteiligung, sondern auch in der **Bevorzugung einzelner Unternehmen** gegenüber der Mehrheit liegen.[353] Denn die Bevorzugung einzelner Unternehmen stellt gleichzeitig eine unterschiedliche Behandlung der übrigen Unternehmen dar. Die **Gleichbehandlung ungleicher Unternehmen** stellt dagegen keine unterschiedliche Behandlung dar.[354] Das ergibt sich nicht nur aus dem Wortlaut der Vorschrift, dessen extensiver Auslegung die Ordnungswidrigkeitsandrohung nach § 81 Abs. 2 Nr. 1 entgegensteht. Vielmehr ist auch die Bewertung der Unterschiede einer objektiven Beurteilung durch Behörden oder Gerichte nicht zugänglich, sondern muss der unternehmerischen Entscheidung überlassen werden. Daher ist z.B. die Gewährung gleicher Rabatte an Groß- und Einzelhändler keine unterschiedliche Behandlung im Sinne des § 20 Abs. 1.[355] Eine unterschiedliche Behandlung im Sinne des § 20 Abs. 1 liegt auch nicht darin, dass ein Normadressat sich von seinen Lieferanten oder Abnehmern Sondervorteile gewähren lässt. § 20 Abs. 1 erfasst nur die aktive, nicht die **passive Ungleichbehandlung.** Das wurde früher teilweise anders gesehen,[356] entspricht aber heute einhelliger Meinung,[357] zumal die passive Ungleichbehandlung eine Regelung in § 20 Abs. 3 gefunden hat.

87   § 20 Abs. 1 stellt die **mittelbare unterschiedliche Behandlung** der unmittelbaren gleich. Eine mittelbare unterschiedliche Behandlung liegt vor, wenn der Normadressat sich einer Mittelsperson bedient, etwa einen Großhändler verpflichtet, bestimmte Einzelhändler nicht oder nur zu bestimmten Bedingungen zu beliefern.

88   **b) Gleichartige Unternehmen:** 20 Abs. 1 erfasst nur die unterschiedliche Behandlung gegenüber gleichartigen Unternehmen. Sind Unternehmen ungleichartig, so fällt die Differenzierung nicht unter § 20 Abs. 1; dem Großhandel darf ein Hersteller also beispiels-

---

[351] *Markert* in: Immenga/Mestmäcker, GWB, § 20 Rn. 123; Frankfurter Kommentar/*Rixen*, § 20 Rn. 155.

[352] *Markert* in: Immenga/Mestmäcker, GWB, § 20 Rn. 124; Frankfurter Kommentar/*Rixen*, § 20 Rn. 155; MünchKommGWB/*K. Westermann*, § 20 Rn. 73.

[353] BGH 30. 1. 1970, KZR 3/69, WuW/E BGH 1069/1072 – *Tonbandgeräte*.

[354] BGH 27. 9. 1962, KZR 6/61, WuW/E BGH 502/508 – *Treuhandbüro*; KG 15. 12. 1959, 5 Kart V 3/59, WuW/E OLG 317/320 – *Tapeten*; OLG Hamburg 19. 1. 1961, 15 O (Kart) 111/60, WuW/E OLG 378/379 – *Dornkaat*; *Markert* in: Immenga/Mestmäcker, GWB, § 20 Rn. 122; Frankfurter Kommentar/*Rixen*, § 20 Rn. 150; *Schultz* in: Langen/Bunte, Bd. 1, § 20 Rn. 113; MünchKommGWB/*K. Westermann*, § 20 Rn. 72.

[355] BGH 27. 9. 1962, KZR 6/61, WuW/E BGH 502/507 ff. – *Treuhandbüro*.

[356] Vor allem Monopolkommission, Sondergutachten 7, Tz. 216.

[357] Vgl. etwa *Markert* in: Immenga/Mestmäcker, GWB, § 20 Rn. 127; Frankfurter Kommentar/*Rixen*, § 20 Rn. 156; *Lübbert* in: Wiedemann, Handbuch des Kartellrechts, § 28 Rn. 2; *Köhler*, Nachfragemacht, S. 91.

weise andere Rabatte einräumen als dem Einzelhandel. Der **Begriff der Gleichartigkeit** ist hier genauso zu interpretieren wie beim Tatbestandsmerkmal des gleichartigen Unternehmen üblicherweise zugänglichen Geschäftsverkehrs,[358] maßgeblich ist also, ob Unternehmen im Hinblick auf ihre unternehmerische Tätigkeit und ihre wirtschaftliche Funktion im Verhältnis zum Normadressaten dieselben Aufgaben erfüllen. Aus dem Tatbestandsmerkmal des gleichartigen Unternehmens folgt ferner, dass es sich bei dem Unternehmen, dem die günstigeren Bedingungen eingeräumt werden, um ein gegenüber dem Normadressaten **anderes Unternehmen** handeln muss. § 20 Abs. 1 ist nicht anwendbar, wenn die günstigeren Bedingungen lediglich konzernangehörigen Unternehmen oder unselbstständigen Betriebsabteilungen gewährt werden.

c) Sachlich nicht gerechtfertigter Grund: Ebenso wie beim Behinderungstatbestand mit der Prüfung der Unbilligkeit wird beim Ungleichbehandlungstatbestand mit der Prüfung, ob ein sachlich gerechtfertigter Grund vorliegt, das **Werturteil** über die unterschiedliche Behandlung durch den Normadressaten gefällt. Ob es für die unterschiedliche Behandlung einen sachlich gerechtfertigten Grund gibt, entscheidet sich nach den gleichen Kriterien wie bei der Prüfung der Unbilligkeit einer Behinderung: nämlich auf Grund einer **Abwägung der Interessen der Beteiligten unter Berücksichtigung der auf die Freiheit des Wettbewerbs gerichteten Zielsetzung des GWB**.[359] Ebenso wie bei der Unbilligkeitsprüfung sind auch hier Zielsetzungen und Wertungen des europäischen Wettbewerbsrechts zu berücksichtigen.[360] Es sind also die abwägungsfähigen Interessen der Beteiligten festzustellen, d. h. es sind der Kreis der Beteiligten abzugrenzen und deren nicht berücksichtigungsfähige Interessen auszuscheiden, diese Interessen sind abzuwägen, also zu gewichten und einander gegenüberzustellen, und schließlich ist dabei das normative Wertsystem des GWB und des europäischen Wettbewerbsrechts zu berücksichtigen. Wegen der Einzelheiten vgl. Rn. 68 bis 83; das dort Gesagte gilt hier entsprechend. 89

d) Zeitpunkt der Interessenabwägung und Beweislast: Ebenso wie bei der unbilligen Behinderung ist auch bei der ungerechtfertigten unterschiedlichen Behandlung maßgebender **Zeitpunkt** für die Interessenabwägung der Schluss der mündlichen Verhandlung in der Tatsacheninstanz, nicht bereits der Zeitpunkt der diskriminierenden Maßnahme.[361] Auch hier können also noch Tatsachen berücksichtigt werden, die nach der diskriminierenden Maßnahme, aber vor Schluss der mündlichen Verhandlung in der Tatsacheninstanz eingetreten sind. Teilweise Unterschiede bestehen bei der **Darlegungs- und Beweislast.** Zwar trägt auch hier der Diskriminierte die Darlegungs- und Beweislast für die Normadressateneigenschaft, den gleichartigen Unternehmen üblicherweise zugänglichen Geschäftsverkehr und die unterschiedliche Behandlung. Das Vorliegen eines sachlich gerechtfertigten Grundes für die unterschiedliche Behandlung ist aber vom Normadressaten darzulegen und zu beweisen.[362] 90

---

[358] Vgl. oben Rn. 61.
[359] Ständige Rechtsprechung seit BGH 27. 9. 1962, KZR 6/61, WuW/E BGH 502/508 – *Treuhandbüro;* vgl. aus neuerer Zeit BGH 13. 7. 2004, KZR 40/02, WuW/E DE-R 1329/1333 – *Standard-Spundfass II;* BGH 11. 12. 2001, KZR 5/00, WuW/E DE-R 839 – *Privater Pflegedienst;* OLG Karlsruhe 14. 11. 2007, 6 U 57/06, D-ER 2213/2214 – *BGB-Kommentar,* OLG Stuttgart 16. 6. 2003, 2 U 144/02, WuW/E DE-R 1191/1193 – *Telefonbuch-Inserate;* OLG Frankfurt/Main 5. 11. 2002, 11 U (Kart) 13/02, WuW/E DE-R 1081/1083 – *Lotterieannahmestelle;* OLG Celle 22. 7. 2000, 13 U 137/98 (Kart), WuW/E DE-R 581 – *VAG Vertrieb;* OLG Hamburg 15. 7. 1999, 3 U 232/92, WuW/E DE-R 403 – *Pay-TV-Durchleitung;* OLG Naumburg 9. 7. 1999, 10 WKart 1/98, WuW/E DE-R 388 – *Lokalfernsehen.* Ebenso das Schrifttum, vgl. nur *Markert* in: Immenga/Mestmäcker, GWB, § 20 Rn. 129.
[360] Vgl. oben Rn. 70 ff.
[361] Vgl. oben Rn. 83.
[362] BGH 24. 9. 2002, KZR 38/99, WuW/E DE-R 1051/1054 – *Vorleistungspflicht;* BGHZ 116, 47/57 – *Amtsanzeiger;* BGH 24. 3. 1981, KZR 2/80, WuW/E BGH 1793/1797 – *SB-Verbraucher-*

8. Einzelfälle unbilliger Behinderung und ungerechtfertigt unterschiedlicher Behandlung

91 **a) Geschäftsverweigerung:** Geschäftsverweigerung ist die Weigerung eines Anbieters, Geschäftsbeziehungen mit anderen Unternehmen anzuknüpfen oder fortzusetzen. Gegenüber Preis- oder Konditionendifferenzierungen ist die Geschäftsverweigerung als totale Abschlussverweigerung in der Regel die schärfere Maßnahme, zumal für das diskriminierte Unternehmen häufig der Zugang zum Markt von der Belieferung abhängt. Zu behandeln sind hier die Lieferverweigerung in Absatzsystemen, bei Mangellagen, die Geschäftsverweigerung aus Gründen in der Person des Nichtbelieferten, der Ausschluss von Messen und Ausstellungen, sowie die Nichtaufnahme in maßgebliche Hersteller- und Produktverzeichnisse bzw. die Nichtannahme von Anzeigen sowie die Verweigerung des Zugangs zu Netzen. Auch bei der Vergabe von Patentlizenzen kann eine sachlich nicht gerechtfertigte Diskriminierung vorliegen.[363]

92 **aa) Absatzsysteme:** Bei Absatzsystemen ist von dem Grundsatz auszugehen, dass ein Unternehmen durch § 20 Abs. 1 grundsätzlich nicht daran gehindert wird, **sein Absatzsystem nach eigenem Ermessen so zu gestalten,** wie es dies für richtig und wirtschaftlich sinnvoll hält.[364] Dabei muss es aber nach sachlichen Gesichtspunkten vorgehen und das System konsequent und nicht willkürlich durchführen. Die Freiheit zur Ausgestaltung des Absatzsystems beinhaltet auch die Freiheit zur Umgestaltung des Absatzsystems, jedenfalls sofern sachliche Gründe (etwa Rationalisierung, die Ertragssituation, Anpassung an die wirtschaftliche Entwicklung oder gesteigerter Wettbewerbsdruck) dafür sprechen.[365] Eine solche Umstellung rechtfertigt auch den Abbruch bestehender Lieferbeziehungen.[366] Allerdings kann es erforderlich sein, den bisher belieferten Abnehmern eine angemessene Umstellungsfrist einzuräumen.[367] Dabei ist auch hier die **konkrete Marktstärke des Normadressaten** zu berücksichtigen; je größer die Marktmacht des Normadressaten ist, desto größer ist das Maß an Rücksichtnahme, das vom Normadressaten verlangt werden muss.[368]

93 Die Gestaltungsfreiheit bezieht sich namentlich auf die unternehmerische Grundentscheidung, ob ein Hersteller oder Händler sich eines **unternehmenseigenen Absatzsystems** oder eines **Systems fremder Absatzmittler** bedienen will.[369] Zulässig ist auch der Ausschluss von Marktstufen im Absatzsystem; § 20 Abs. 1 steht dem Direktvertrieb an Einzelhändler unter Ausschaltung des Großhandels oder unmittelbar an Endverbraucher nicht entgegen. Entscheidet sich ein Unternehmen für ein unternehmenseigenes Absatzsystem, so besteht grundsätzlich kein Anspruch unternehmensfremder Händler auf Belieferung. Werden unternehmensfremde Absatzmittler in das Absatzsystem eingeschaltet, so besteht eine grundsätzliche Pflicht, gleichartige Unternehmen bei der Belieferung gleich zu behandeln; eine Auswahl ist nur unter sachlichen Gesichtspunkten gerechtfertigt.[370] Der Norm-

---

markt; BGH 20. 11. 1975, KZR 1/75, WuW/E BGH 1391/1393 – *Rossignol; Markert* in: Immenga/Mestmäcker, GWB, § 20 Rn. 236 mwN.

[363] BGH, 13. 7. 2004, KZR 40/02, WuW/E DE-R 1329/1332 f. – *Standard-Spundfass II.*

[364] Vgl. die Nachweise in Rn. 73.

[365] BGH 10. 11. 1998, KZR 6/97 WuW/E DE-R 220 – *U-Bahn-Buchhandlungen;* BGH 17. 3. 1998, KZR 30/96, WuW/E DE-R 134 – *Bahnhofsbuchhandel.*

[366] BGH 17. 3. 1998, KZR 30/96, WuW/E DE-R 134 – *Bahnhofsbuchhandel;* BGH 10. 2. 1987, KZR 6/86, WuW/E BGH 2360 – *Freundschaftswerbung;* BGH 8. 3. 1983, KZR 1/82, WuW/E BGH 1995/1996 – *Modellbauartikel III.*

[367] BGH 12. 2. 1980, KRB 4/79, WuW/E BGH 1729, 1730 – *Ölbrenner;* Tätigkeitsbericht 2003/2004, S. 166.

[368] Dazu oben Rn. 82.

[369] BGH, 24. 9. 2002, KZR 38/99, WuW/E DE-R 1051/1053 – *Vorleistungspflicht.*

[370] BGH, 24. 9. 2002, KZR 38/99, WuW/E DE-R 1051/1053 – *Vorleistungspflicht;* s. a. OLG München 20. 1. 2005, U (K) 2358/04, NJOZ 2005, 1796; OLG Stuttgart 16. 6. 2003, 2 U 144/02,

adressat ist aber nicht verpflichtet, seinen Vertragspartner vor Wettbewerb zu schützen und ihm die Existenz oder ein auskömmliches Einkommen zu sichern; die Zielsetzung des Kartellrechts verbietet es, bestehende Wettbewerbsstrukturen dauerhaft festzuschreiben.[371]

Bei der **Nichtbelieferung von Abnehmern** ist zwischen **qualitativen und quantitativen Selektionssystemen**[372] zu unterscheiden. Die **qualitative Selektion** ist dadurch gekennzeichnet, dass nur Händler beliefert werden, die bestimmte fachliche Qualifikationen erfüllen. Wichtigster Fall ist die **Fachhandelsbindung,** bei der nur Fachgeschäfte beliefert werden, die Fachkenntnisse für Kundenberatung, Reparaturservice, oft auch eine bestimmte Ausstattung des Ladenlokals o.ä. aufweisen.[373] Sind die Qualifikationsanforderungen sachgerecht und angemessen, so steht § 20 Abs. 1 einem solchen Absatzsystem nicht im Wege, vorausgesetzt, es wird seinerseits nicht diskriminierend angewandt. Das entspricht den Vorgaben des europäischen Wettbewerbsrechts, wonach qualitativ selektierende Vertriebssysteme zulässig sind und nicht unter Art. 81 Abs. 1 EG fallen, wenn die Beschaffenheit der Produkte diese Vertriebsform rechtfertigt, die Händler nach objektiven Kriterien ausgewählt werden und die Selektion nicht über das erforderliche Maß hinausgeht.[374] Die näheren Grenzen werden durch die Vertikal-Gruppenfreistellungsverordnung[375] bestimmt. Danach sind solche Systeme im Grundsatz[376] zulässig, wenn der Marktanteil des Lieferanten 30% nicht übersteigt und sie keine der in Art. 4 und 5 genannten Klauseln enthalten.[377] In diesem Rahmen können Anforderungen an Fachkunde und Serviceleistungen des Händlers vor allem bei **hochwertigen technischen Gebrauchsgütern** gestellt werden.[378] Auch die Belieferung von Wartungs- und Reparaturdiensten mit Originalersatzteilen kann von ihrer technischen Qualifikation und Zuverlässigkeit abhängig gemacht werden, soweit sich ein mangelhafter Wartungsdienst auf den Ruf des Produktes auswirkt.[379] Bei **pharmazeutischen Produkten** kann der Vertrieb auf Apotheken und Fachdrogerien beschränkt werden.[380] Bei **empfindlichen Nahrungs- und Genussmitteln**

WuW/E DE-R 1191/1195f. – *Telefonbuch-Inserate;* OLG Düsseldorf 19. 3. 2003, U (Kart) 20/02, WuW/E DE-R 1184/1186 – *InfraCard-Tarif;* OLG Dresden 31. 1. 2002, U 1763/01 Kart, GRUR-RR 2003, 226/228f. – *Örtliches Telefonbuch.*

[371] OLG Frankfurt 11. 5. 2004, 11 U (Kart) 27/03, GRUR-RR 2004, 276/277 – *Autobahn-Raststätte.*

[372] Zum Begriff der selektiven Vertriebssysteme vgl. auch Art. 1d der Vertikal-Gruppenfreistellungsverordnung - Verordnung (EG) Nr. 2790/1999 – ABl. Nr. L 336/21.

[373] S. etwa BGH 24. 3. 1981, KZR 2/80, WuW/E BGH 1793/1797 – *SB-Verbrauchermarkt;* BGH 3. 5. 1988, KVZ 1–3/87, WuW/E BGH 2513 – *Sportartikel-Fachgeschäft;* BGH 8. 3. 1983, KZR 1/82, WuW/E BGH 1995/1996 – *Modellbauartikel III;* LG Mannheim 14. 3. 2008, 7 O 263/07 Kart, WuW/E DE-R 2322/2325 – *Schulranzen;* s. a. *Markert* in: Immenga/Mestmäcker, GWB, § 20 Rn. 154; Frankfurter Kommentar/*Rixen,* § 20 Rn. 196; MünchKommGWB/*K. Westermann,* § 20 Rn. 83; *Bechtold/Bosch/Brinker/Hirsbrunner,* EG-Kartellrecht, Art. 81 EG Rn. 197.

[374] EuGH 25. 10. 1977, Rs. 26/76, Slg. 1977, 1905 Tz. 20 – *Metro I; Zimmer* in: Immenga/Mestmäcker, Wettbewerbsrecht EG, Art. 81 Abs. 1 Rn. 371ff.; Langen/Bunte/*Nolte,* Bd. 2, Art. 81, Rn. 617; Art. 81 Abs. 1, Rn. 320; MünchKommEuWettbR/*Habermeier/Ehlers,* Art. 81 EG Rn. 263; *Mestmäcker/Schweitzer,* Europäisches Wettbewerbsrecht, § 12 Rn. 7ff.

[375] Verordnung (EG) Nr. 2790/1999 (ABl. Nr. L 336/21).

[376] Unter Berücksichtigung der Marktanteilsgrenzen des Art. 3 und wieder Eingriffsmöglichkeiten der Kommission nach Art. 6f.

[377] Vgl. dazu näher GVO-Vertikal Rn. 134ff., insb. Rn. 195ff.; *Veelken* in: Immenga/Mestmäcker, Wettbewerbsrecht EG, Vertikal-VO Rn. 219ff., 237ff., 244ff.; *Bechtold/Bosch/Brinker/Hirsbrunner,* EG-Kartellrecht, Art. 4 VO 2790/1999, Rn. 16 und 19, jeweils mwN.

[378] BGH 8. 3. 1983, KZR 1/82, WuW/E BGH 1995 – *Modellbauartikel III;* OLG Frankfurt 9. 9. 1997, 11 U (Kart) 58/96, WuW/E DE-R 73 – *Guerlain.*

[379] BGH 26. 10. 1972, KZR 54/71, WuW/E BGH 1238/1244 – *Registrierkassen.*

[380] BKartA 21. 8. 1961, B3–433 200-VR-253/60, WuW/E BKartA 383/384 – *Beschränkung des Betriebs auf Fachgeschäfte.*

§ 20 GWB 95   10. Teil. Gesetz gegen Wettbewerbsbeschränkungen

kann die Belieferung davon abhängig gemacht werden, dass der Händler die erforderliche Produktpflege treibt.[381] Bei **gehobenen Luxusgütern** kann im Interesse der Imagepflege des Produkts eine Ausstattung der Verkaufsräume für gehobene Ansprüche verlangt werden.[382] Ein Hersteller eines Markenparfums, der seine Ware über ein selektives Vertriebssystem vertreibt, kann Händler von der Belieferung ausschließen, die ausschließlich über das Internet verkaufen, auch wenn er seinen Depositären den Verkauf über das Internet gestattet.[383] Soweit ein Hersteller seinen Händlern den Vertrieb über das Internet gestattet, kann er verlangen, dass die Präsentation der qualitativ hochwertigen Waren im Internet dem Niveau der gehobenen Ausstattung der Verkaufsräume entspricht.[384] Demgegenüber hat das OLG München es für unzulässig erklärt, dass ein marktstarker Hersteller von Spitzenkosmetika reine Internethändler zu seinem selektiven Vertriebssystem nicht zulässt, während der Internetvertrieb den seinem Vertriebssystem angehörenden stationären Kosmetik-Fachhändlern erlaubt ist.[385] Diese Entscheidung ist unter Hinweis auf die Freistellungswirkung von Art. 4c Vertikal-Gruppenfreistellungsverordnung in Verbindung mit der Vorrangwirkung von Art. 3 Abs. 2 VO 1/2003 angegriffen worden.[386] Dabei wird aber übersehen, dass die Regelung in Art. 4c Vertikal-Gruppenfreistellungsverordnung sich auf Händler bezieht, die einem selektiven Vertriebssystem bereits angehören und nicht auf Außenseiter. Nach § 20 GWB ist daher zu entscheiden, ob der reine Internethandel ein sachlich gerechtfertigtes Ausschlusskriterium ist.[387] Der Nachfrager, der eine Belieferung verlangt, hat grundsätzlich zunächst die sachlichen und personellen Voraussetzungen zu schaffen, die die Eingliederung in das Vertriebssystem des Normadressaten erfordert.[388] Erfüllen nur einzelne Verkaufsstätten des Nachfragers diese Anforderungen nicht, so kann hinsichtlich der übrigen Verkaufsstätten ein Belieferungsanspruch bestehen.[389]

95 Unzulässig ist es, bei der Aufstellung der fachlichen Qualifikationen bestimmte Vertriebsformen wie **Warenhäuser, Verbrauchermärkte** usw. von vornherein von der Belieferung auszuschließen. Strukturunterschiede dürfen nicht nur generalisierend berücksichtigt werden. Vielmehr muss die Belieferung im Einzelfall davon abhängig gemacht werden, ob die geforderten Qualifikationen erbracht werden, etwa durch Spezialabteilungen mit entsprechend geschultem Personal.[390] Allerdings sind Situationen möglich, in denen bestimmte Vertriebsformen von ihrer Struktur her die erforderlichen Qualifikationen nicht gewährleisten können, etwa der Versandhandel hinsichtlich der Beratung[391] oder der

---

[381] BGH 18. 9. 1978, KZR 17/77, WuW/E BGH 1530/1532 – *Fassbierpflegekette*.
[382] OLG Frankfurt 9. 9. 1997, 11 U (Kart) 58/96, WuW/E DE-R 73 – *Guerlain*; OLG München 23. 5. 1996, U (K) 1951/95, WuW/E OLG 5659/5669 – *Versandparfümerie*.
[383] BGH 4. 11. 2003, KZR 2/02, WuW/E DE-R 1203/1204 – *Depotkosmetik im Internet*. Im Hinblick auf Art. 4c Vertikal-Gruppenfreistellungsverordnung dürfte allerdings die Zulässigkeit der Bedingung, dass der Kauf über das Internet nur erfolgen darf, wenn die Internetumsätze nicht mehr als die Hälfte der im stationären Handel erzielten Umsätze ausmachen, fraglich sein; s. a. *Veelken* in: Immenga/Mestmäcker, Wettbewerbsrecht EG, Vertikal-VO Rn. 226.
[384] LG Mannheim 14. 3. 2008, 7 O 263/07 Kart, WuW/E DE-R 2322/2325 – *Schulranzen*.
[385] OLG München MMR 2002, 162 – *Internetvertrieb*.
[386] Vgl. dazu *Wirtz* WuW 2003, 1042ff. mwN.
[387] Wie hier *Veelken* in: Immenga/Mestmäcker, Wettbewerbsrecht EG, Vertikal-VO Rn. 226; *Markert* in: Immenga/Mestmäcker, GWB, § 20 Rn. 157; Frankfurter Kommentar/*Rixen*, § 20 Rn. 198; MünchKommGWB/*K. Westermann*, § 20 Rn. 83; *Bechtold/Bosch/Brinker/Hirsbrunner*, EG-Kartellrecht, Art. 1 VO 2790/1999 Rn. 13; *Bauer* WRP 2003, 243/247.
[388] BGH 16. 12. 1986, KZR 25/85, WuW/E BGH 2351/2356 – *Belieferungsunwürdige Verkaufsstätten II*.
[389] BGH a. a. O. (Fn. 388).
[390] BGH 17. 1. 1979, KZR 1/78, WuW/E BGH 1567/1569 – *Nordmende*; OLG München 16. 11. 1979, U (K) 2869/79, WuW/E OLG 2271/2273 – *Carrera*; *Markert* in: Immenga/Mestmäcker, GWB, § 20 Rn. 156 Frankfurter Kommentar/*Rixen*, § 20 Rn. 201.
[391] BGH 24. 9. 1979, KZR 16/78, WuW/E BGH 1671/1676 – *robbe-Modellsport*.

Selbstbedienungsgroßhandel hinsichtlich der Produktpflege.[392] Die Belieferung des Versandhandels führt noch nicht ohne weiteres zur Verpflichtung, auch SB-Verbrauchermärkte zu beliefern.[393]

Bei der **quantitativen Selektion** trifft der Hersteller eine zahlenmäßige Auswahl. Von den Händlern, die die geforderten qualitativen Voraussetzungen erfüllen, wird nur ein Teil beliefert. Solche Systeme finden sich vor allem in der Kosmetikbranche (sogenannte Depotsysteme), aber auch bei technischen Gebrauchsgütern und im Zeitschriftenvertrieb. Diese Vertriebsform wird im Allgemeinen deswegen gewählt, weil der Hersteller vom Händler eine intensive Befassung mit dem Absatz der Ware verlangt, andererseits ihm aber dafür einen bestimmten Mindestumsatz garantieren muss, indem er die Anzahl der Händler gering hält. Der Grundsatz, sein Absatzsystem nach eigenem Ermessen so zu gestalten, wie der Unternehmer dies für richtig und wirtschaftlich sinnvoll hält, trifft auch für quantitative Selektionssysteme zu. Auch solche Systeme sind **grundsätzlich legitim** und jedenfalls zulässig, wenn die quantitative Selektion auf sachgerechten absatzpolitischen Gründen beruht.[394] Das europäische Wettbewerbsrecht dem nicht entgegen, soweit die nach der Vertikal-Gruppenfreistellungsverordnung unzulässigen Klauseln[395] vermieden werden.[396] Zwar sind bei der quantitativen Abnehmerselektion strengere Anforderungen zu stellen als bei der qualitativen Abnehmerselektion.[397] Gerade quantitative Auswahlkriterien können nur dann eine Abschlussverweigerung rechtfertigen, wenn diese unter Berücksichtigung der Zielsetzung des GWB sachgerecht und angemessen sind.[398] § 20 Abs. 1 zwingt aber einen Hersteller nicht, seinen Absatzweg unwirtschaftlich zu gestalten, wenn der Verkauf besonders hochwertiger Erzeugnisse durch die Belieferung einer möglichst großen Zahl von Einzelhändlern beeinträchtigt wird.[399] Erst recht braucht er seine Marktstellung nicht aufzugeben, wenn eine beschränkte Angebotskapazität nur in geringem Maße ausreicht, die Nachfrage zu decken.[400] Ist einem Hersteller daran gelegen, durch eine gewisse repräsentative Auswahl von Verkaufsstätten seinen Erzeugnissen des gehobenen Körperpflegebedarfs eine Prestigegeltung zu verschaffen, so ist auch eine quantitative Selektion, die zu einer ungleichen Behandlung gleichartiger Einzelhandelsunternehmen führt, nicht zu beanstanden.[401] Im Zeitungs- und Zeitschriftenvertrieb führt die dort gegebene besondere Situation zur Zulässigkeit des Systems alleiniger Gebietsgroßhändler.[402] Die örtlich-räumliche Verteilung von Lotterie-Annahmestellen kann so beschränkt werden, dass die Annahmestellen kostendeckend und rentabel arbeiten können.[403]

---

[392] BGH 18. 9. 1978, KZR 17/77, WuW/E BGH 1530/1532 – *Fassbierpflegekette*.

[393] BGH 24. 3. 1981, KZR 2/80, WuW/E BGH 1793/1798 – *SB-Verbrauchermarkt*.

[394] OLG Frankfurt/Main 5. 11. 2002, 11 U (Kart) 13/02, WuW/E DE-R 1081/1083 – *Lotterieannahmestelle*; OLG Stuttgart 16. 6. 2003, 2 U 144/02, WuW/E DE-R 1191/1195 f. – *Telefonbuch-Inserate*.

[395] Vgl. oben Rn. 94.

[396] *Zimmer* in: Immenga/Mestmäcker, Wettbewerbsrecht EG, Art. 81 Abs. 1 Rn. 377; *Nolte* in: Langen/Bunte, Bd. 2, Art. 81, Rn. 620; *Bechtold/Bosch/Brinker/Hirsbrunner*, EG-Kartellrecht, 18 ff.; *Mestmäcker/Schweitzer*, Europäisches Wettbewerbsrecht, § 12 Rn. 16.

[397] OLG Frankfurt 9. 9. 1997, 11 U (Kart) 58/96, WuW/E DE-R 73 – *Guerlain*; *Markert* in: Immenga/Mestmäcker, GWB, § 20 Rn. 159; Frankfurter Kommentar/*Rixen*, § 20 Rn. 202.

[398] S. dazu auch OLG Stuttgart 16. 6. 2003, 2 U 144/02, WuW/E DE-R 1191/1195 f. – *Telefonbuch-Inserate*; OLG Düsseldorf 19. 3. 2003, U (Kart) 20/02, WuW/E DE-R 1184/1186 – *InfraCard-Tarif*.

[399] S. a. BKartA Tätigkeitsbericht 1964, S. 27.

[400] KG 6. 11. 1996, Kart W 6990/96, WuW/E OLG 5787 – *Angebot eines knappen Gutes*.

[401] BKartA Tätigkeitsbericht 1961, S. 35.

[402] OLG Karlsruhe 23. 4. 1980, 6 U 226/78, WuW/E OLG 2289 – *Zeitschriftengrossisten*.

[403] OLG Frankfurt/Main 5. 11. 2002, 11 U (Kart) 13/02, WuW/E DE-R 1081/1083 – *Lotterieannahmestelle*.

97 **bb) Mangellagen:** Ein sachlich gerechtfertigter Grund für eine ungleiche Belieferung liegt nicht von vornherein darin, dass sich der Lieferant in einer Mangellage befindet und nicht alle Lieferwünsche befriedigen kann. In einem solchen Falle ist der Lieferant grundsätzlich zur **Repartierung** verpflichtet und darf grundsätzlich auch nicht ein etwaiges eigenes Vertriebsnetz vorrangig versorgen.[404] Die Abnehmer können auch in Mangelsituationen verlangen, gleich behandelt zu werden. In kritischen Marktphasen sind die Lieferanten entsprechend der eigenen Versorgungslage zur kontinuierlichen Weiterbelieferung ihrer traditionellen Abnehmer verpflichtet.[405] Traditioneller Abnehmer ist, wer im Rahmen bestehender Geschäftsverbindungen regelmäßig Ware bezogen hat; dabei genießen Vertragshändler keinen Vorrang vor Nichtvertragshändlern.[406] **Newcomer** sind von der Belieferung nicht grundsätzlich ausgeschlossen.[407] Jedoch können überproportional gestiegene Importpreise voll an sie weitergegeben werden, während den traditionellen Abnehmern Mischpreise zu berechnen sind.[408] Bei der konkreten Ausgestaltung der Repartierung ist aber dem Lieferanten ein **angemessener Handlungsspielraum** einzuräumen. Das äußert sich verfahrensmäßig darin, dass dem Lieferanten zwar eine konkrete diskriminierende Handlungsweise untersagt werden darf, er aber nicht durch eine Anordnung, bestimmten Unternehmen mit bestimmten Mengen zu bestimmten Preisen zu beliefern, zu einem konkreten positiven Handeln gezwungen werden darf.[409] Eine erhebliche Beeinträchtigung der eigenen Wettbewerbsfähigkeit braucht der Lieferant nicht auf sich zu nehmen; er kann deshalb seinen unternehmenseigenen Bedarf jedenfalls insoweit vorrangig decken, als dies zur eigenen Produktion erforderlich ist.[410] Eine Repartierung kann bei schon bisher belieferten Abnehmern nach den früheren Bezugsmengen erfolgen; Newcomer müssen in geeigneter Weise darlegen, dass die von ihnen angeforderten Mengen realistisch und nicht im Hinblick auf eine mögliche Repartierung überhöht sind, notfalls kann der Lieferant die erforderliche Menge schätzen.[411] Auch ein Rotations- oder Losverfahren kann in Betracht zu ziehen sein.[412] Ist eine Repartierung nicht möglich, so ist eine Ungleichbehandlung im Allgemeinen sachlich gerechtfertigt, wenn die Begünstigten in einem angemessenen Auswahlverfahren ermittelt werden.[413]

98 **cc) Gründe in der Person des Nichtbelieferten:** Auch aus der Person des Nachfragers kann sich ein sachlich gerechtfertigter Grund für die Nichtbelieferung ergeben.[414] Das kann beispielsweise der Fall sein bei Zerstörung der für ein Vertragsverhältnis erforderlichen Vertrauensbasis, etwa durch Androhung geschäftsschädigender Maßnahmen,[415] durch

---

[404] Bericht des Wirtschaftsausschusses zur Novelle 1973, BT-Drucks. 7/765, S. 10; KG 9. 7. 1974, Kart 25/74, WuW/E OLG 1507/1512 – *Chemische Grundstoffe II*; KG 5. 12. 1986, 1 Kart. 3/86, WuW/E OLG 3957/3962 f. – *Straß*; OLG Frankfurt am Main 9. 9. 1997, 11 U (Kart) 67/96, WuW/E DE-R 55 – *Kfz-Schilderpräger*; OLG Frankfurt 13. 4. 1989, 6 U (Kart) 44/89, WuW/E OLG 4455 – *Kunstmesse Art Frankfurt*; OLG Frankfurt 17. 3. 1992, 6 W (Kart) 31/92, WuW/E OLG 5027/5029 ff. – *Art Frankfurt 1992*.
[405] BKartA Tätigkeitsbericht 1979/80, S. 45.
[406] BKartA a. a. O. (Fn. 405).
[407] KG a. a. O. (Fn. 404), S. 1513.
[408] BKartA Tätigkeitsbericht 1979/80, S. 45.
[409] BGH 3. 4. 1975, KVR 1/74, WuW/E BGH 1345 f. – *Polyester-Grundstoffe*.
[410] Vgl. auch KG 4. 7. 1974, Kart 27/74, WuW/E OLG 1499, 1504 f. – *Agip II*; s. a. KG 6. 11. 1996, Kart W 6990/96, WuW/E OLG 5787 – *Angebot eines knappen Gutes*.
[411] KG 9. 7. 1974, Kart 25/74, WuW/E OLG 1507/1513 – *Chemische Grundstoffe II*.
[412] OLG Düsseldorf 30. 7. 1991, U (Kart.) 20/86, WuW/E OLG 4173/4176 ff. – *ART COLOGNE*; OLG Schleswig 16. 6. 1987, 6 U 44/86, WuW/E OLG 4138 – *Internord*.
[413] KG 6. 11. 1996, Kart W 6990/96, WuW/E OLG 5787 – *Angebot eines knappen Gutes*.
[414] Allg. Ansicht, vgl. z. B. BGH 20. 11. 1975, KZR 1/75, WuW/E BGH 1391/1396 – *Rossignol*; BGH 12. 5. 1976, KZR 14/75, WuW/E BGH 1423/1425 – *Sehhilfen*; *Markert* in: Immenga/Mestmäcker, GWB, § 20 Rn. 173; mwN.
[415] BGH 20. 11. 1975, KZR 1/75, WuW/E BGH 1391/1396 – *Rossignol*.

§ 20. Diskriminierungsverbot, Verbot unbilliger Behinderung

gegen den Lieferanten gerichtete strafbare Handlungen,[416] durch massive Anschwärzung bei Kunden[417] oder durch schwerwiegende Verletzung von Vertragspflichten,[418] etwa die Nichtbezahlung von Verbindlichkeiten.[419] Auch die mangelhafte Erfüllung von Händlerfunktionen kann einen sachlich gerechtfertigten Grund für die Einstellung der Belieferung darstellen, jedenfalls wenn der Ruf des Produktes Schaden zu erleiden droht. Ein rechtswidriges und feindseliges Verhalten des Abnehmers oder ein häufiges Prozessieren mit dem marktstarken Unternehmen erlaubt dagegen nicht eine vollständige Lieferverweigerung.[420] Auch ein dem Lieferanten unerwünschtes Preisverhalten des Belieferten rechtfertigt angesichts der im Preisbindungsverbot enthaltenen Wertungen grundsätzlich nicht die Lieferverweigerung; anders aber, wenn das Preisverhalten sich als Verstoß gegen das UWG darstellt, etwa wenn es sich um Lockvogelangebote handelt.[421] Eine unterschiedliche Behandlung von Nachfragern ist dann sachlich nicht gerechtfertigt, wenn sie zugunsten der Gewinninteressen des Normadressaten darauf abzielt, die Nachfrager zu einer Verletzung ihrer vertraglichen Verpflichtungen den eigenen Kunden gegenüber zu veranlassen.[422] Bei der Lieferverweigerung aus Gründen in der Person gilt in besonderem Maß der Grundsatz der **Verhältnismäßigkeit des Mittels.** Sie ist nicht gerechtfertigt, wenn sich der vom Lieferanten verfolgte Zweck auch durch mildere Maßnahmen erreichen lässt. Ist eine Liefersperre erforderlich, so kann die sachliche Rechtfertigung sich auf einen bestimmten Zeitraum beschränken, nach Ablauf dieses Zeitraums müssen dann die Lieferbeziehungen wieder aufgenommen werden.[423] Zu Anforderungen an Taxifahrer bei der Vermittlung von Taxifahrten s. OLG Koblenz 7. 10. 2004, 6 W 485/04, WuW/E DE-R 1460/1461 – Taxizentrale; zur Beschränkung genossenschaftlicher Leistungen auf Genossenschaftsmitglieder BGH, 8. 5. 2007, KZR 9/06, WuW/E DE-R 1984 – *Autoruf-Genossenschaft II.*

dd) Messen und Ausstellungen, Anzeigen: Der Ausschluss von **Messen und Ausstellungen** ist in der Regel sachlich ungerechtfertigt, wenn die Veranstaltung eine marktbeherrschende Stellung hat und der Bewerber die sachlichen Voraussetzungen der Veranstaltung erfüllt.[424] Die Zulassung darf nicht von sachfremden Gesichtspunkten abhängig gemacht werden, insbesondere nicht von einer Verbandszugehörigkeit oder der Einhaltung eines bestimmten Vertriebswegs.[425] Ist der Veranstaltungsraum beschränkt, so muss der Veranstalter nach sachgerechten Gesichtspunkten repartieren. Ähnliche Grundsätze gelten für die Aufnahme in **maßgebliche Hersteller- und Produktverzeichnisse**[426] sowie für die Annahme von **Anzeigen.**[427]

---

[416] BGH 12. 5. 1976, KZR 14/75, WuW/E BGH 1423/1425 – *Sehhilfen.*
[417] BGH 24. 9. 1979, KZR 20/78, WuW/E BGH 1629/1633 – *Modellbauartikel II.*
[418] BGH 13. 6. 1978, KZR 14/77, WuW/E BGH 1624 f. – *BMW-Direkthändler III.*
[419] OLG Karlsruhe 14. 11. 2007, 6 U 57/06, D-ER 2213/2216 – *BGB-Kommentar.*
[420] OLG Karlsruhe 14. 11. 2007, 6 U 57/06, D-ER 2213/2218 – *BGB-Kommentar.*
[421] BGH 20. 11. 1975, KZR 1/75, WuW/E BGH 1391/1396 – *Rossignol.*
[422] BGH 17/3. 7. 2004, KZR 17/03, WuW/E DE-R 1377 – *Sparberaterin I;* BGH 22. 2. 2005, KZR 2/04, GRUR 2005, 609/611 – *Sparberaterin II.*
[423] Vgl. dazu BGH 12. 5. 1976, KZR 14/75, WuW/E BGH 1423/1425 – *Sehhilfen.*
[424] BGH 3. 3. 1969, KVR 6/68, WuW/E BGH 1027 ff. – *Sportartikelmesse II;* OLG Hamburg 6. 8. 1998, 3 U 203/97, WuW/E DE-R 213 – *Dentalmesse;* OLG Hamburg 22. 5. 1997, 3 U 188/96, WuW/E DE-R 2 – *Dentalmesse;* Hamburg 11. 4. 1996, 3 U 120/95, WuW/E OLG 5703 – *fachdental nord 1994;* Markert in: Immenga/Mestmäcker, GWB, § 20 Rn. 161 mwN; s. a. OLG Düsseldorf 5. 7. 2002, U (Kart) 60/01, WuW/E DE-R 994 – *Stefanelli.*
[425] BGH a. a. O. (Fn. 424).
[426] BGH 7. 10. 1980, KZR 25/79, WuW/E BGH 1740 – *Rote Liste.*
[427] BGH 24. 9. 2002, KZR 38/99, WuW/E DE-R 1051– *Vorleistungspflicht;* BGH 7. 10. 1980, KZR 8/80, WuW/E BGH 1783 – *Neue Osnabrücker Zeitung;* OLG Stuttgart 16. 6. 2003, 2 U 144/02, WuW/E DE-R 1191 – *Telefonbuch-Inserate;* OLG Frankfurt am Main 25. 9. 2001, 11 U (Kart) 62/2000, WuW/E DE-R 826 – *StAZ;* OLG Koblenz 3. 7. 1986, U 425/86 (Kart.), WuW/E OLG 3893 – *reprofeife Anzeige.*

§ 20 GWB 100–102 10. Teil. Gesetz gegen Wettbewerbsbeschränkungen

100 **ee) Zugang zu Netzen:** Auch die Verweigerung des Zugangs eigenen Netzen oder anderen Infrastruktureinrichtungen kann von § 20 Abs. 1 erfasst werden. Dabei sind allerdings nicht nur die in Sondergesetzen enthaltenen Regelungen zu berücksichtigen, z. B. §§ 20 ff. EnWG für die Elektrizität- und Gasversorgungsnetze oder §§ 16 ff. TKG für Telekommunikationsnetze.[428] Soweit es sich bei den Normadressaten um marktbeherrschende Unternehmen handelt, greift auch die Vorschrift des § 19 Abs. 4 Nr. 4 ein. Das schließt zwar eine Anwendung des § 20 Abs. 1 nicht aus,[429] angesichts der Wertung in § 19 erscheint aber ein dem zuwiderlaufender sachlich gerechtfertigter Grund nicht denkbar.[430] Die Anwendung des § 20 Abs. 1 konzentriert sich daher auf die Fälle der relativen Marktmacht nach § 20 Abs. 2; insoweit bleibt eine eigenständige Beurteilung möglich. Als unbillige Behinderung wurde beispielsweise angesehen die Berechnung von Gebühren für den Wechsel des Stromlieferanten[431] sowie die Verweigerung der Durchleitung von Strom durch Netze in bestimmten Fällen.[432] Dagegen wurden Betreiber von TV-Großgemeinschafts-antennenanlagen (Kabelnetzen in Mehrfamilienhäusern) nicht zur unentgeltlichen Durchleitung des Pay-TV-Programms Premiere verpflichtet.[433] Einzelheiten bei § 19 Rn. 89.[434]

101 **ff) Nichtaufnahme in Verbände:** Bei Verbänden und Vereinigungen kann die Nichtaufnahme oder der Ausschluss eines Unternehmens eine sachlich nicht gerechtfertigte unterschiedliche Behandlung sein, wenn die Mitgliedschaft Voraussetzung für die Teilnahme am Geschäftsverkehr ist.[435] Eine Mitgliedschaft kann aber dann nicht verlangt werden, wenn die für die Teilnahme am Geschäftsverkehr erforderliche Nutzung auch ohne Mitgliedschaft erfolgen kann.[436] Ein sachlich gerechtfertigter Grund für die Nichtaufnahme liegt in der Regel vor, wenn der Bewerber satzungsgemäße Voraussetzungen für die Aufnahme nicht erfüllt, es sei denn, dass die satzungsgemäßen Voraussetzungen ihrerseits sachlich nicht gerechtfertigt sind.[437] Im Übrigen kann eine Anwendung des § 20 Abs. 6 in Frage kommen.

102 **b) Preis-, Rabatt- und Konditionendifferenzierung:** Eine unbillige Behinderung oder sachlich nicht gerechtfertigte Ungleichbehandlung kann auch darin liegen, dass ein

---

[428] Vgl. Markert in: Immenga/Mestmäcker, GWB, § 20 Rn. 247.
[429] S. a. OLG Düsseldorf 23. 6. 2004, VI-Kart 35/03 (V), WuW/E DE-R 1307 – *GETECnet;* OLG Naumburg 25. 6. 2001, 1 U (Kart) 1/01, WuW/E DE-R 805 – *MEAG;* BKartA, 13. 2. 2003, B 11–20/02, WuW/E DE-V 750/757 – *RWE Net.*
[430] Markert in: Immenga/Mestmäcker, GWB, § 20 Rn. 164; s. a. OLG Düsseldorf 23. 6. 2004, VI-Kart 35/03 (V), WuW/E DE-R 1307 – *GETECnet;* BKartA, 13. 2. 2003, B 11–20/02, WuW/E DE-V 750/757 – *RWE Net.*
[431] Bay. Landeskartellbehörde 10. 11. 2000, Nr. 5555 d5 – W/1 b – 36 409, WuW/E DE-V 347 – *Bad Tölz.*
[432] OLG Düsseldorf 23. 6. 2004, VI-Kart 35/03 (V), WuW/E DE-R 1307 – *GETECnet;* BKartA 30. 8. 1999, B8–40100-T-99/99, WuW/E DE-V 149 – *Berliner Stromdurchleitung.*
[433] OLG Hamburg 15. 7. 1999, 3 U 232/92, WuW/E DE-R 403 – *Pay-TV-Durchleitung.*
[434] S. ferner die Tätigkeitsberichte des BKartA 2003/2004 (BT-Drucks. 15/5790) S. 131 f., 133 f., 137; 2001/2002 (BT-Drucks. 15/1226) S. 39, 166 ff.
[435] BGH 28. 6. 1977, KVR 2/77, WuW/E BGH 1495/1496 f. – *Autorufgenossenschaft;* OLG Frankfurt/M. 16. 8. 1990, 6 U (Kart.) 36/90, WuW/E OLG 4688/4690 f. – *neuform;* OLG Hamburg 3. 5. 1990, 3 U 234/89, WuW/E OLG 4669/4671 f. – *Blumengroßmarkt Hamburg;* OLG München 21. 3. 1974, U (Kart) 3980/73, WuW/E OLG 1473/1475 – *Reformhaus-Genossenschaft.*
[436] BGH 7. 11. 1960, KZR 1/60, WuW/E BGH 407/411 – *Molkereigenossenschaft;* vgl. auch BGH 22. 4. 1980, KZR 4/79, WuW/E BGH 1707 f. – *Taxi-Besitzervereinigung.*
[437] BGH 14. 11. 1969, KZR 3/67, WuW/E BGH 947/950 – *Universitätssportclub;* BGH 13. 11. 1979, KVR 1/79, WuW/E BGH 1725/1728 – *Deutscher Landseer Club;* BGH 2. 12. 1974, II ZR 78/72, WuW/E BGH 1347/1349 – *Rad- und Kraftfahrerbund;* OLG München, 28. 4. 2005, U (K) 5018/04, DE-R 1527/1530 – *Apothekenumschau.*

§ 20. Diskriminierungsverbot, Verbot unbilliger Behinderung

Lieferant Abnehmer bei Preisen, Rabatten oder Konditionen unterschiedlich behandelt. Allerdings bedürfen solche Differenzierungen von vornherein einer sehr viel vorsichtigeren Beurteilung als die Geschäftsverweigerung. Während die Geschäftsverweigerung wettbewerbsbeschränkende Wirkungen dadurch entfaltet, dass sie, jedenfalls in vielen Fällen, Unternehmen den Zugang zum Markt verwehrt, ist die unterschiedliche Preis-, Rabatt- oder Konditionengestaltung **prinzipiell Ausdruck des Wettbewerbs**. Das Verhältnis von Leistung und Gegenleistung ist im Wettbewerb nicht von vornherein festgelegt, sondern bildet sich auf Grund der jeweiligen Marktsituation immer wieder neu. Auch soweit auf der Lieferantenseite ein marktbeherrschendes oder marktstarkes Unternehmen steht, können unterschiedliche Preise und Rabatte auf unterschiedliches Verhandlungsgeschick, unterschiedliche Nachfragemacht des Abnehmers oder eine veränderte Marktsituation zurückzuführen sein. In diese wettbewerblichen Strukturen will das Gesetz nicht eingreifen; § 20 Abs. 1 statuiert kein Gleichbehandlungsgebot, das zu einer Erstarrung des Preis-, Rabatt- und Konditionenwettbewerbs führt.[438] Grundsätzlich ist daher bei der Preis-, Rabatt- und Konditionengestaltung ein **breiter Gestaltungsspielraum** einzuräumen. An die sachliche Rechtfertigung der Preis- und Rabattdifferenzierung sind sehr viel geringere Anforderungen zu stellen als an die Rechtfertigung der Geschäftsverweigerung. Zulässig sind jedenfalls Differenzierungen, die Ausdruck wettbewerbskonformen Verhaltens sind, etwa allgemeine Preiserhöhungen oder die Anpassung an niedrigere Preise von Wettbewerbern, auch soweit die Preise in diesem Falle nicht gegenüber allen Abnehmern gesenkt werden. Zulässig sind auch regionale oder auf bestimmte Abnehmergruppen beschränkte Preissenkungen, um durch vorstoßenden Wettbewerb Marktanteile zu vergrößern oder in neue Märkte einzudringen. Unzulässig sind dagegen auf Willkür beruhende Preisdifferenzierungen. Die Gestaltung der Bezugspreise in Franchisesystemen kann eine Behinderung der Franchisenehmer darstellen, wenn diese Bezugspreise nicht nur gelegentlich über den Preisen liegt, die der Franchisegeber von Endkunden verlangt.[439]

Bei **Rabattdifferenzierungen** ist zu unterscheiden: **Mengenrabatte** werden allgemein als sachlich gerechtfertigt angesehen.[440] Die sachliche Rechtfertigung ergibt sich aus den Kostenvorteilen, die der Normadressat auf Grund der größeren Abnahmemengen hat. Dabei ist Voraussetzung, dass die Rabattstaffelung in angemessenem Verhältnis zu den Vorteilen der Mengenabnahme steht und dass das System nicht willkürlich angewendet wird.[441] Bei **Umsatzrabatten** ist zu unterscheiden. Erfüllen Umsatzrabatte als produktbezogene Umsatzrabatte nur die Funktion eines Mengenrabatts, so sind sie grundsätzlich zulässig, es sei denn, sie sind nach unsachgemäßen Gesichtspunkten ausgestaltet oder werden willkürlich angewendet. Maßgeblich ist vor allem die Länge der Referenzperiode. Das KG hat Umsatzrabattsysteme, die an kurze Referenzperioden von wenigen Wochen oder Monaten anknüpfen, nicht beanstandet.[442] Ein an lange Bezugsperioden geknüpfter Umsatzrabatt

---

[438] Vgl. auch oben Rn. 2.
[439] BKartA 8. 5. 2006, B 9–149/04, DE-V 1235/1239 ff. – *Praktiker Baumärkte*; s. a. Tätigkeitsbericht 2005/2006, S. 23 und 141. Diese Situation wird jetzt durch § 20 Abs. 4 Satz 2 Nr. 3 erfasst.
[440] BGH 24. 9. 2002, KVR 8/01, WuW/E DE-R 984/991 – *Konditionenanpassung*; BGH 27. 9. 1962, KZR 6/61, WuW/E BGH 502/508 – *Treuhandbüro*; BGH 30. 10. 1975, KZR 2/75, WuW/E BGH 1413/1415 – *Mehrpreis von 11%*; OLG Düsseldorf 21. 2. 1984, U (Kart.) 10/83, WuW/E OLG 3271/3274; *Markert* in: Immenga/Mestmäcker, GWB, § 20 Rn. 180; Frankfurter Kommentar/*Rixen*, § 20 Rn. 241; MünchKommGWB/*K. Westermann*, § 20 Rn. 99; *Lange* WuW 2002, 220/223.
[441] OLG Düsseldorf 13. 2. 1990, U (Kart.) 10/89, WuW/E OLG 4601/4609 f. – *interlining*; OLG Düsseldorf 19. 3. 2003, U (Kart) 20/02, WuW/E DE-R 1184/1485 – *InfraCard-Tarif*; OLG Hamm 11. 2. 1988, 4 U 128/87, WuW/E OLG 4425/4426 f. – *Theaterrabatt*; BKartA 19. 2. 1970, B3–463450-QX-377/69, WuW/E BKartA 1311/1313 – *Alleskleber*; *Markert* a. a. O. (Fn. 440); *Rixen* a. a. O. (Fn. 440) Rn. 441.
[442] KG 12. 11. 1980, Kart 32/79, WuW/E OLG 2403/2410 – *Fertigfutter*.

kann dagegen eine Sogwirkung ausüben, die den Abnehmer veranlasst, nicht nur die Hauptware, sondern auch Nebenwaren beim Normadressaten zu beziehen und die damit ein Überwechseln der Nachfrager zu gleichgünstig oder günstiger anbietenden Wettbewerbern des Normadressaten verhindert.[443] **Gesamtumsatzrabattsysteme** können jedoch ähnliche Sogwirkungen aufweisen wie Umsatzrabattsysteme mit langfristiger Referenzperiode. **Funktionsrabatte,** die für die Leistung eingeräumt werden, die ein Händler in der Absatzkette erbringt, sind grundsätzlich sachlich gerechtfertigt, soweit sie auf das tatsächliche Erbringen bestimmter Leistungen abstellen und auch in ihrer Höhe nicht sachfremd sind.[444] **Treuerabatte,** die die Bezüge der Abnehmer beim Normadressaten konzentrieren sollen, stellen in der Regel eine unbillige Behinderung der Mitbewerber dar, auch sie entfalten eine Sogwirkung, die Abnehmer des Normadressaten an diesen bindet und für Mitbewerber den Geschäftsverkehr mit ihnen zumindest erschwert; zudem können sie auch eine sachlich nicht gerechtfertigte unterschiedliche Behandlung der Abnehmer sein.[445] Nur in Ausnahmefällen können überwiegende Interessen des Normadressaten zur sachlichen Rechtfertigung von Treuerabatten führen.[446]

104 c) **Abnehmerbindungen:** Bindungen der Abnehmer wie Ausschließlichkeits- und Kopplungsbindungen, die vor der 7. GWB-Novelle durch § 16 GWB erfasst wurden, können heute in den Anwendungsbereich des § 20 Abs. 1 und 2 fallen.[447] **Ausschließlichkeitsbindungen** verpflichten eine Partei zum ausschließlichen Geschäftsverkehr mit der anderen hinsichtlich bestimmter Waren oder gewerblicher Leistungen. Als Abnehmerbindungen kommen sie in der Form von **Bezugsbindungen** vor, die den Abnehmer beschränken, bestimmte Waren oder gewerblichen Leistungen dritter Seite zu beziehen. Bei **Kopplungsbindungen** wird der Gebundene verpflichtet, zusätzlich zu einem anderen Geschäft (Grundgeschäft) sachlich oder handelsüblich nicht zugehörige Waren oder gewerbliche Leistungen abzunehmen, etwa in dem Fall, dass ein Hersteller von Etikettiermaschinen seine Abnehmer verpflichtet, auch die in den Maschinen verwendeten Haftetiketten von ihm zu beziehen.[448] Solche Bindungen stellen **Behinderungen der gebundenen Abnehmer** dar, weil diese die von ihnen nachgefragten Waren oder Leistungen nicht von anderen Lieferanten beziehen können.[449] Darüber hinaus können aber auch **Mitbewerber**

---

[443] BKartA 22. 10. 1979, B4–689100-TV-39/78, WuW/E BKartA 1817/1820 f. – *Fertigfutter;* KG a. a. O. (Fn. 442), dieses im Hinblick auf § 22 a. F.

[444] BGH 24. 9. 2002, KVR 8/01, WuW/E DE-R 984/991 – *Konditionenanpassung;* BGH 24. 2. 1976, KVR 3/75, WuW/E BGH 1429 ff. – *Asbach-Fachgroßhändlervertrag;* OLG Stuttgart 30. 12. 1985, 2 U 50/84 (Kart.), WuW/E OLG 3791/3793 ff. – *Verlagsauslieferer;* KG 30. 1. 1968, Kart V 33/67, WuW/E OLG 877 – *Zigaretten-Einzelhandel;* BKartA 7. 11. 1972, B3–546600-QX-146/72, WuW/E BKartA 1441 – *Bürsten; Markert* in: Immenga/Mestmäcker, GWB, § 20 Rn. 184; Frankfurter Kommentar/*Rixen,* § 20 Rn. 249; MünchKommGWB/*K. Westermann,* § 20 Rn. 99; *Lange* WuW 2002, 220/223.

[445] BKartA 22. 10. 1979, B4–689100-TV-39/78, WuW/E BKartA 1817/1820 f. – *Fertigfutter;* KG a. a. O. (Fn. 442 – im Hinblick auf § 22 a. F.); *Markert* in: Immenga/Mestmäcker, GWB, § 20 Rn. 183; Frankfurter Kommentar/*Rixen,* § 20 Rn. 248; MünchKommGWB/*K. Westermann,* § 20 Rn. 99.

[446] Vgl. etwa BGH 5. 7. 1973, KVR 3/72, WuW/E BGH 1269/1273 ff. – *Fernost Schifffahrtskonferenz;* KG 26. 6. 1985, Kart. 7/84, WuW/E OLG 3656/3657 – *TUI-Partnerschaftsbonus;* OLG Düsseldorf 19. 5. 1965, 20 U (Kart) 222/65, WuW/E OLG 725 – *Marktordnungsfreie Milcherzeugnisse; Markert* in: Immenga/Mestmäcker, GWB, § 20 Rn. 183; Frankfurter Kommentar/*Rixen,* § 20 Rn. 248; MünchKommGWB/*K. Westermann,* § 20 Rn. 99.

[447] Frankfurter Kommentar/*Rixen,* § 20 Rn. 260; *Markert* in: Immenga/Mestmäcker, GWB, § 20 Rn. 198; MünchKommGWB/*K. Westermann,* § 20 Rn. 102 ff.; vgl. auch OLG Düsseldorf, 20. 6. 2006, VI-2 Kart 1/06 (V), DE-R 1757 – *E.ON-Ruhrgas.*

[448] KG 18. 12. 1969, Kart V 34/67, WuW/E OLG 995 – *Handpreisauszeichner.*

[449] *Markert* in: Immenga/Mestmäcker, GWB, § 20 Rn. 198; für Franchising OLG Düsseldorf, Beschluss vom 20. 6. 2006, VI-2 Kart 1/06 (V) – *E.ON-Ruhrgas.*

§ 20. Diskriminierungsverbot, Verbot unbilliger Behinderung **§ 20 GWB**

behindert werden, indem sie auf Grund der Ausschließlichkeits- oder Kopplungsbindungen vom Bezug oder Absatz wichtiger Produkte abgeschnitten sind.[450] Das ist beispielsweise der Fall, wenn ein Automobilhersteller es seinen Vertragshändlern zum Schutz eines konzerneigenen Leasingunternehmens untersagt, die von ihm gelieferten Fahrzeuge an dritte Leasingunternehmen weiterzuveräußern,[451] wenn ein Automobilhersteller seine Vertragshändler und -werkstätten veranlasst, zu Reparaturzwecken nur von ihm hergestellte Originalersatzteile zu verwenden[452] oder wenn ein Zusammenschluss von Mineralbrunnenbetrieben die ihm angeschlossenen Brunnenbetriebe verpflichtet, nur die von ihm gelieferten Kunststoffkästen zu benutzen.[453] Bei der Beurteilung der **Unbilligkeit** solcher Bindungen ist aber nunmehr das **europäische Wettbewerbsrecht** zu berücksichtigen.[454] Gemäß Art. 3 Abs. 2 VO 1/2003 und § 22 Abs. 2 S. 1 GWB können durch eine GVO freigestellte Vereinbarungen nicht durch deutsches Recht verboten werden.[455]

Die früher eher großzügige Beurteilung von **Ausschließlichkeitsbindungen** durch die deutsche Rechtsprechung[456] ist dadurch teilweise überholt. Soweit der zwischenstaatlicher Handel in der EU betroffen ist (was bei Ausschließlichkeitsbindungen regelmäßig der Fall ist), bestimmen sich die Grenzen des Anwendungsbereichs des § 20 Abs. 1 GWB nach der Vertikal-Gruppenfreistellungsverordnung[457] und der Rechtsprechung des EuGH zu Art. 81 und 82 EG. Nach der Vertikal-GVO sind Ausschließlichkeitsbindungen freigestellt, wenn der Marktanteil des bindenden Unternehmens 30% (Art. 3) und die Dauer der Vereinbarung fünf Jahre (Art. 5a) nicht überschreitet. In der Rechtsprechung des EuGH kommt es für die Beurteilung von Ausschließlichkeitsbindungen maßgeblich auf den jeweiligen Einzelfall, die Marktsituation und den Zweck der Bindungen an; sie lassen sich deswegen schwer generell beurteilen. Insoweit muss auf die Kommentierungen zu Art. 81 EG verwiesen werden.[458] Die Kommission führt in Fällen, in denen die Marktanteilsschwelle von 30% nach Art. 3 der Vertikal-GVO überschritten ist, eine vollständige wettbewerbliche Untersuchung durch und prüft dabei insbesondere die Marktstellung des Lieferanten, die Marktstellung von Wettbewerbern, die Marktstellung des Käufers, Marktzutrittsschranken, die Marktreife, die Handelsstufe und die Beschaffenheit des Produktes.[459] Soweit es um Vereinbarungen von **Kraftfahrzeugherstellern** mit ihren Vertragshändlern geht, findet die Verordnung (EG) Nr. 1400/2002[460] Anwendung, vorausgesetzt dass die Zwischenstaatlichkeitsklausel erfüllt ist und der Marktanteil des Herstellers die Marktanteilsschwellen nach Art. 3 (30 bzw. 40%) nicht überschreitet. Die früher üblichen Alleinbezugsverpflich-

105

---

[450] So auch BGH 16. 10. 1962, KZR 2/62, WuW/E BGH 509/513 – *Original-Ersatzteile*. Zur Behinderung kleiner mittlerer und mittlerer Wettbewerber beachte auch § 20 Abs. 4 und 5, dazu unten Rn. 130 ff.

[451] BGH 30. 9. 1971, KZR 13/70, WuW/E BGH 1211 – *Kraftwagen-Leasing*.

[452] KG 28. 11. 1979, Kart 12/79, WuW/E OLG 2247 – *Parallellieferteile*.

[453] OLG Frankfurt 3. 2. 1972, 6 U 68/71, WuW/E OLG 1283 – *Brunneneinheits-Kunststoffkasten*.

[454] Frankfurter Kommentar/*Rixen*, § 20 Rn. 257 ff.; *Markert* in: Immenga/Mestmäcker, GWB, § 20 Rn. 199; MünchKommGWB/*K. Westermann*, § 20 Rn. 103. Zum Vorrang des europäischen Wettbewerbsrechts vgl. oben Rn. 70 ff.

[455] Vgl. oben Rn. 71.

[456] Etwa dahingehend dass die „regelmäßigen Wirkungen" einer Ausschließlichkeitsbindung noch keine Behinderung nach § 20 Abs. 1 darstellen, vgl. BGH 16. 10. 1962, KZR 2/62, WuW/E BGH 509/513 – *Original-Ersatzteile*; BGH 5. 7. 1973, KVR 3/72, WuW/E BGH 1269/1273 ff. – *Fernost Schiffahrtskonferenz*.

[457] Verordnung (EG) Nr. 2790/1999 (ABl. Nr. L 336/21).

[458] Vgl. insb. *Zimmer* in: Immenga/Mestmäcker, Wettbewerbsrecht EG, Art. 81 Abs. 1 Rn. 350 ff.; MünchKommEuWettbR/*Habermeier/Ehlers*, Einl. Rn. 1408.

[459] Leitlinien der Kommission für vertikale Beschränkungen, ABl. EG 2000 Nr. C 291, S. 1 ff., Tz. 121 ff.

[460] ABl. L 203 v. 01/08/2002 S. 30.

tungen bei Kraftfahrzeugvertragshändlern sind nach Art. 1 Abs. 1 lit. b i. V. m. Art. 5 Abs. 1 lit. a der VO 1400/2002 nicht mehr zulässig, sondern nur freigestellt, soweit sie 30% des Einkaufswertes des Vorjahres überschreiten. Ebenso können Vertragswerkstätten nicht mehr verpflichtet werden, Originalersatzteile ausschließlich vom Hersteller zu beziehen (Art. 4 Abs. 1 lit. k VO 1400/2002). Auch insoweit ist die frühere deutsche Rechtsprechung überholt.

106 Ähnliches gilt für **Kopplungsbindungen** in vertikalen Vertriebssystemen. Auch hier ist zu beachten, dass Koppelungsbindungen nicht nach § 20 GWB verboten werden können, soweit sie nicht unter Art. 81 Abs. 1 EG fallen bzw. nach Art. 81 Abs. 3 EG oder durch eine GVO freigestellt sind.[461] Für die Beurteilung der Unbilligkeit von Kopplungsbindungen kommt es maßgeblich auf ihre Intensität und ihren Zweck an.[462] Einerseits werden Abnehmer in der Wahl ihrer Bezugsmöglichkeiten beschränkt und Mitbewerber beim Absatz ihrer Produkte behindert. Andererseits kann die Bindung notwendig sein, um die funktionsgerechte Benutzung und Qualität sowie den goodwill des Produkts, an das die Koppelung erfolgt, nicht zu gefährden. In solchen Fällen ist die Kopplung nicht unbillig. Dabei sind allerdings strenge Maßstäbe anzulegen.[463] Lässt sich der mit der Kopplung verfolgte Zweck auch durch weniger einschneidende Maßnahmen erreichen, etwa durch genaue Spezifikation der zu beziehenden Produkte oder auch durch eine geringere Zeitdauer der Kopplung, ist die Unbilligkeit in der Regel zu bejahen.[464] Unbillig sind jedenfalls Kopplungen, die nur der Umsatzsteigerung des bindenden Unternehmens dienen.[465]

107 d) **Behinderung und Diskriminierung durch Nachfrager:** Auch Nachfrager können ihre Lieferanten durch eine Vielzahl von Maßnahmen behindern oder diskriminieren. Der Angebotsseite entsprechend gehören dazu **Ausschließlichkeitsbindungen,** durch die ein Nachfrager Lieferanten an sich bindet und seine Mitbewerber dadurch vom Bezug wichtiger Produkte abschneidet, **Bezugssperren,** d. h. die Ungleichbehandlung von Lieferanten, indem der Nachfrager sich weigert, Produkte oder Dienstleistungen von ihm zu beziehen,[466] sowie **Preis-, Rabatt- und Konditionendifferenzierungen,** hauptsächlich in der Form, dass Nachfrager sich unter Ausnutzung ihrer Marktmacht von ihren Lieferanten Sondervorteile in Form von sog. Eintrittsgeldern, Regalmieten, Jubiläumsrabatten usw. einräumen lassen.[467] Neuralgische Bereiche sind vor allem die Nachfragemacht des Handels gegenüber seinen Lieferanten, die Nachfragemacht industrieller Großunternehmen gegenüber ihren mittelständischen Zulieferern und die Nachfragemacht der öffentlichen Hand gegenüber der Wirtschaft im Beschaffungswesen.

108 Bei der **rechtlichen Beurteilung** solcher Fälle ist prinzipiell von den gleichen Grundsätzen wie bei der Behinderung und Diskriminierung durch Anbieter auszugehen, es sind also die Interessen der Beteiligten unter Berücksichtigung der auf die Freiheit des Wettbewerbs gerichteten Zielsetzung des GWB und des europäischen Wettbewerbsrechts

---

[461] Dazu oben Rn. 71.
[462] Frankfurter Kommentar/*Rixen*, § 20 Rn. 265; *Markert* in: Immenga/Mestmäcker, GWB, § 20 Rn. 20.
[463] KG 18. 12. 1969, Kart V 34/67, WuW/E OLG 995/1000 – *Handpreisauszeichner*; Frankfurter Kommentar/*Rixen*, § 20 Rn. 266.
[464] Vgl. im einzelnen *Markert* in: Immenga/Mestmäcker, GWB, § 20 Rn. 203 ff.; Frankfurter Kommentar/*Rixen*, § 20 Rn. 262 ff.; MünchKommGWB/*K. Westermann*, § 20 Rn. 105.
[465] *Markert* in: Immenga/Mestmäcker, GWB, § 20 Rn. 205; Frankfurter Kommentar/*Rixen*, § 20 Rn. 269; MünchKommGWB/*K. Westermann*, § 20 Rn. 105.
[466] Vgl. aus der Rechtsprechung etwa BGH 5. 7. 1995, KRB 8/95, WuW/E BGH 3006 – *Handelsvertretersperre*; BGH 12. 5. 1976, KZR 14/75, WuW/E BGH 1423 – *Sehhilfen*; BGH 25. 6. 1964, KZR 11/62, WuW/E BGH 675 – *Uhroptiker*; KG 23. 3. 1994, Kart 19/93, WuW/E OLG 5299 – *Schnäppchenführer*; OLG Düsseldorf 12. 2. 1980, U (Kart) 8/79, WuW/E OLG 2274 – *Errichtung von Fernmeldetürmen*.
[467] S. a. oben Rn. 54; zur Regelung solcher Fälle in § 20 Abs. 3 unten Rn. 113 ff.

§ 20. Diskriminierungsverbot, Verbot unbilliger Behinderung   109, 110   **§ 20 GWB**

abzuwägen, wobei diejenigen Vereinbarungen nicht nach § 20 GWB verboten werden können, die nicht unter Art. 81 Abs. 1 EG fallen bzw. nach Art. 81 Abs. 3 EG oder durch eine GVO freigestellt sind.[468] Allerdings lässt sich die **Nachfragemacht nicht** ohne weiteres als **spiegelbildliche Erscheinung der Angebotsmacht** betrachten.[469] Während ein Anbieter im Regelfall bereit ist, seine Produkte oder Dienstleistungen jedem Interessenten anzubieten, pflegen sich Nachfrager eher auf einige oder eine Reihe von Anbietern zu beschränken; sie haben dabei eine Reihe von Gesichtspunkten zu berücksichtigen, die beim Angebot keine Rolle spielen.[470] Der Warenabsatz ist also tendenziell darauf gerichtet, eine Vielzahl von Abnehmern zu versorgen, der Ausschluss bestimmter Abnehmerkreise vom Warenbezug ist viel weniger typisch als beim Nachfragewettbewerb, bei dem die Konzentration auf wenige Lieferanten eher die Regel ist. Bei der Auswahl der Marktpartner sowie bei der Festlegung von Preisen und Konditionen muss also **dem Nachfrager grundsätzlich ein größerer Ermessensspielraum eingeräumt werden als dem Anbieter,** insbesondere wenn er das volle Absatzrisiko übernimmt. Dazu gehört auch das Recht der aktiven Einwirkung auf den Lieferanten, um ein günstiges Angebot zu erhalten. Es entspricht dem Prinzip des Wettbewerbs, dass auch marktbeherrschende oder marktstarke Nachfrager sich für das günstigste Angebot entscheiden, auch wenn andere Anbieter dadurch nicht zum Zuge kommen. Eine Pflicht zur anteilsmäßigen Berücksichtigung **(Quotierung)** besteht nicht.[471]

9. Rechtsfolgen des Verstoßes gegen das Behinderungs- und Diskriminierungsverbot

a) Übersicht: Gegen einen Verstoß nach § 20 Abs. 1 kann die Kartellbehörde zum einen im **Untersagungsverfahren** vorgehen und die in §§ 32–32b vorgesehenen Maßnahmen treffen. Sie kann ferner ein **Bußgeldverfahren** nach §§ 81ff. einleiten (vgl. § 81 Abs. 2 Nr. 1). Ebenso besteht die Möglichkeit der **Vorteilsabschöpfung durch die Kartellbehörde** gemäß § 34. Nach § 33 können zivilrechtliche **Unterlassungs-, Schadensersatz- und Beseitigungsansprüche** geltend gemacht werden, und zwar sowohl von den Betroffenen (§ 33 Abs. 1) als auch von rechtsfähigen Verbänden zur Förderung gewerblicher oder selbstständiger beruflicher Interessen unter den Voraussetzungen des § 33 Abs. 2. Diese Verbände können nach § 34a auch die **Herausgabe des wirtschaftlichen Vorteils an den Bundeshaushalt** verlangen.

b) Zivilrechtsschutz: Die **Nichtigkeit** von Rechtsgeschäften, die gegen § 20 Abs. 1 verstoßen, kann sich aus § 134 BGB ergeben, soweit sich der Verstoß unmittelbar aus dem betreffenden Rechtsgeschäft ergibt und nicht ohne dessen Nichtigkeit beseitigt werden kann.[472] Deshalb sind Vertragsbestimmungen nichtig, durch die Dritte beim Marktzugang unbillig behindert werden, beispielsweise gegen § 20 Abs. 1 verstoßende Ausschließlichkeitsbindungen.[473] Dagegen sind Rechtsgeschäfte, durch die Marktpartner unterschiedlich behandelt werden, grundsätzlich nicht nichtig, da die Gleichbehandlung in der Regel durch entsprechende Abänderung der Vereinbarungen möglich ist und die dem Beein-

---

[468] Dazu oben Rn. 71.
[469] BGH 26. 5. 1987, KZR 13/85, WuW/E BGH 2399/2404f. – *Krankentransporte;* BGH 13. 11. 1990, KZR 25/89, WuW/E BGH 2683/2686f. – *Zuckerrübenanlieferungsrecht;* BGH 21. 2. 1995, KVR 10/94, WuW/E BGH 2990/2995 – *Importarzneimittel;* OLG Frankfurt/M. 26. 7. 1988, 6 U 53/87, WuW/E OLG 4354 – *Betankungsventile;* Markert in: Immenga/Mestmäcker, GWB, § 20 Rn. 208; Frankfurter Kommentar/*Rixen,* § 20 Rn. 270.
[470] S. a. BGH 26. 5. 1987, KZR 13/85, WuW/E BGH 2399/2404f. – *Krankentransporte.*
[471] BGH 14. 1. 1997, KZR 30/95, WuW/E BGH 3104 – *Zuckerrübenanlieferungsrecht II.*
[472] *Markert* in: Immenga/Mestmäcker, GWB, § 20 Rn. 229; Frankfurter Kommentar/*Rixen,* § 20 Rn. 290; MünchKommGWB/*K. Westermann,* § 20 Rn. 113; eingehend *van Venrooy* BB 1979, 555ff.
[473] BKartA 21. 3. 1979, WuW/E BKartA 1781/1783 – *Identteile.*

§ 20 GWB 111, 112   10. Teil. Gesetz gegen Wettbewerbsbeschränkungen

trächtigten zur Verfügung stehenden Schadensersatz- und Unterlassungsansprüche in der Regel zur Durchsetzung seiner Interessen ausreichen.[474]

111   **Unterlassungs-, Schadensersatz- und Beseitigungsansprüche** ergeben sich aus § 33. Wegen der Einzelheiten wird auf die Kommentierung zu § 33 Bezug genommen. Zur Darlegungs- und Beweislast bei Behinderung vgl. oben Rn. 83, bei unterschiedlicher Behandlung Rn. 90. Aus § 33 Abs. 1 in Verbindung mit § 20 Abs. 1 kann sich auch ein **Anspruch auf Vertragsschluss**, insbesondere auf Belieferung oder Abnahme von Waren oder Leistungen sowie auf Aufnahme in einen Verband, ergeben.[475] Die Rechtsprechung gewährt diesen Anspruch in der Regel als Schadensersatzanspruch.[476] Dafür ist Verschulden des Normadressaten Voraussetzung, das aber bereits dann anzunehmen ist, wenn der Normadressat hätte erkennen können, dass keine Gründe zur Abschlussverweigerung vorlagen.[477] Ein Abschlusszwang kann sich aber auch aus dem Unterlassungsanspruch ergeben, der ein Verschulden nicht voraussetzt.[478]

10. Verhältnis zu anderen Vorschriften

112   Verstößt eine unbillige Behinderung oder sachlich nicht gerechtfertigte unterschiedliche Behandlung nach § 20 Abs. 1 zugleich gegen **§ 1,** so sind beide Vorschriften nebeneinander anwendbar. Das gilt sowohl für horizontale als auch vertikale Vereinbarungen nach § 1 und entspricht der früheren Rechtsprechung zu § 1 a. F. und § 14 a. F. (bzw. § 15 a. F.);[479] durch die Neugestaltung des § 1 mit der 7. Novelle hat sich daran nichts geändert. Ebenso sind **§ 19** und § 20 Abs. 1 nebeneinander anwendbar.[480] Stellt die Behinderung oder Diskriminierung zugleich einen Verstoß gegen **§ 21** dar, so können auch insoweit beide Vorschriften anzuwenden sein.[481] Zum Verhältnis zum Europäischen Wettbewerbsrecht vgl. oben Rn. 70 f.

---

[474] Vgl. aus der Rechtsprechung etwa BGH 24. 6. 2003, KZR 32/01, WuW/E DE-R 1144/1145 – *Schülertransporte;* OLG Düsseldorf 19. 3. 2003, U (Kart) 20/02, WuW/E DE-R 1184 – *InfraCard-Tarif;* OLG München 22. 4. 1999, U (K) 2149/98, WuW/E DE-R 461 – *Oberpleisskirchen;* OLG Karlsruhe 25. 6. 1997, 6 U 37/97 (Kart), WuW/E DE-R 59 – *Kfz-Schilderpräger;* im Schrifttum insb. *Markert* in: Immenga/Mestmäcker, GWB, § 20 Rn. 229; Frankfurter Kommentar/*Rixen*, § 20 Rn. 291; MünchKommGWB/*K. Westermann,* § 20 Rn. 113; *van Venrooy* BB 1979, 555/557 f.

[475] BGH 24. 6. 2003, KZR 32/01, WuW/E DE-R 1144/1146 – *Schülertransporte;* BGH 24. 9. 1979, KZR 20/78, WuW/E BGH 1629/1630 – *Modellbauartikel II;* BGH 8. 5. 1979, KZR 13/78, WuW/E BGH 1587/1588 – *Modellbauartikel I;* BGH 20. 11. 1975, KZR 1/75, WuW/E BGH 1391 – *Rossignol;* BGH 26. 10. 1972, KZR 54/71, WuW/E BGH 1238/1242 f. – *Registrierkassen;* OLG Stuttgart 16. 6. 2003, 2 U 144/02, WuW/E DE-R 1191/1193 – *Telefonbuch-Inserate;* OLG München 11. 3. 1999, U (K) 5733/98 WuW/E DE-R 313 – *Hörfunkwerbung.*

[476] Vgl. die Nachweise in Fn. 475, ferner BGH 12. 5. 1998, KZR 23/96, WuW/E DE-R 206 – *Depotkosmetik;* OLG Frankfurt 9. 9. 1997, 11 U (Kart) 58/96, WuW/E DE-R 73 – *Guerlain* (zu Art. 85 Abs. 1 EGV).

[477] BGH 8. 5. 1979, KZR 13/78, WuW/E BGH 1587 – *Modellbauartikel I;* BGH 20. 11. 1975, KZR 1/75, WuW/E BGH 1391 – *Rossignol.*

[478] OLG Karlsruhe 12. 3. 1980, 6 U 223/77, WuW/E OLG 2217 – *Allkauf-Saba;* KG 12. 10. 1979, Kart U 540/79, WuW/E OLG 2210 – *Rote Liste;* OLG Karlsruhe 8. 11. 1978, 6 U 192/77, WuW/E OLG 2085/2091 f. – *Multiplex;* offengelassen in BGH 8. 5. 1979, KZR 13/78, WuW/E BGH 1587 – *Modellbauartikel I;* BGH 20. 11. 1975, KZR 1/75, WuW/E BGH 1391/1395 – *Rossignol.*

[479] Vgl. etwa BGH 10. 12. 1985, KZR 22/85, WuW/E BGH 2195/2201 – *Abwehrblatt II.*

[480] Vgl. aus der Rechtsprechung (teils noch zu § 22 a. F.) KG 26. 6. 2003, 2 U 20/02 Kart, WuW/E DE-R 1321/1324 – *Gera-Rostock;* OLG Düsseldorf 23. 6. 2004, VI – Kart 35/03 (V), WuW/E DE-R 1307/1314 – *GETECnet;* OLG Düsseldorf 11. 2. 2004, VI – Kart 4/03 (V), WuW/E DE-R 1239 ff. – *TEAG;* KG 14. 4. 1978, Kart 8/78, WuW/E OLG 1983 – *Rama-Mädchen.*

[481] *Markert* in: Immenga/Mestmäcker, GWB, § 20 Rn. 240; Frankfurter Kommentar/*Rixen*, § 20 Rn. 303 f., jeweils mwN; vgl. auch (noch zu § 26 Abs. 1 a. F.) BGH 30. 9. 1971, KZR 13/70,

III. Veranlassung zur Gewährung von Vorteilen (Abs. 3)

1. Übersicht

Die Vorschrift des § 20 Abs. 3 wurde durch die 4. Novelle 1980 als damaliger § 26 Abs. 3 als Sonderregelung für die **„passive Diskriminierung"** zur weiteren Kontrolle der Nachfragemacht eingeführt. Durch die 7. Novelle 2005 wurde sie erweitert, indem die Tathandlung des „Veranlassens" um das „Auffordern" ergänzt und der Begriff der „Vorzugsbedingungen" durch „Vorteile" ersetzt wurde. Durch das Gesetz zur Bekämpfung von Preismissbrauch im Bereich der Energieversorgung und des Lebensmittelhandels vom 18. 12. 2007 (BGBl. I S. 2966) wurde die Vorschrift verschärft, indem sie nicht mehr auf kleine und mittlere Unternehmen beschränkt ist.[482] **Normzweck** des § 20 Abs. 3 ist nach überwiegender Ansicht der Schutz der Wettbewerber des Nachfragers und allenfalls sekundär ein Schutz des Anbieters vor einem marktstarken Nachfrager.[483] Dem Schutz der Anbieter wird aber mit dieser Auffassung zu wenig Bedeutung eingeräumt; gegen die überwiegende Ansicht spricht auch, dass § 20 Abs. 3 auch dann anzuwenden wäre, wenn der Normadressat ohne Wettbewerber ist. § 20 Abs. 3 erfasst die Fälle, in denen marktbeherrschende und marktstarke Unternehmen ihre Marktmacht dazu ausnutzen, sich von ihren Lieferanten Sondervorteile bei Preisen, Rabatten, Konditionen und dergl. einräumen zu lassen, in denen also die Diskriminierung nach außen hin durch den Anbieter erfolgt, ihm aber in Wirklichkeit nicht zugerechnet werden kann, weil sie von dem marktstarken Nachfrager erzwungen wird. Beispiele bilden das Verlangen eines Händlers, für die Aufnahme der Ware eines Lieferanten in das Sortiment ein „Eintrittsgeld" oder eine „Regalmiete" zu zahlen, bei längerer Geschäftsverbindung einen „Jubiläumsrabatt" zu gewähren oder unentgeltlich Arbeitskräfte zur Verfügung zu stellen.[484] Solche Fälle wurden von der Rechtsprechung in der Vergangenheit zwar vornehmlich unter dem Gesichtspunkt unlauteren Wettbewerbsverhaltens beurteilt, damit entfällt jedoch nicht die Notwendigkeit ihrer kartellrechtlichen Erfassung,[485] schon im Hinblick auf die im kartellamtlichen Verfahren gegebenen Aufklärungs- und Durchsetzungsmöglichkeiten.[486] Angesichts ihrer zahlreichen unbe-

---

WuW/E BGH 1211/1216 – *Kraftwagen-Leasing*; BGH 16. 10. 1962, KZR 2/62, WuW/E BGH 509/513 – *Original-Ersatzteile*.

[482] Die Neuregelung ist nach Art. 1a, 3 des Gesetzes zur Bekämpfung von Preismissbrauch im Bereich der Energieversorgung und des Lebensmittelhandels vom 18. 12. 2007 (BGBl. I S. 2966) bis zum 31. 12. 2012 befristet.

[483] So KG 23. 6. 1999, Kart W 4327/99, WuW/E DE-R 367 – *Schulbuchbeschaffung*; *Markert* in: Immenga/Mestmäcker, GWB, § 20 Rn. 252; *Bechtold*, GWB, § 20 Rn. 66; *Mestmäcker*, Der verwaltete Wettbewerb, S. 268f. mwN; für eine Gleichwertigkeit beider Schutzrichtungen *Möschel*, Recht der Wettbewerbsbeschränkungen, Rn. 660, 662f.; MünchKommGWB/K. *Westermann*, § 20 Rn. 119; offengelassen in BGH 24. 9. 2002, KVR 8/01, WuW/E DE-R 984/990 – *Konditionenanpassung*; in der Begründung des Regierungsentwurfs wird darauf hingewiesen, dass die sachlich ungerechtfertigte Behandlung vielfach eine unbillige Behinderung marktschwächerer Nachfrager im Wettbewerb darstellt, vgl. BT-Drucks. 8/2136, S. 25. Im Bericht des Abgeordneten Schultz zum Gesetz vom 22. 12. 2007 heißt es, dass der durch das Diskriminierungsverbot des § 20 Abs. 3 S. 1 geschützte Kreis künftig nicht mehr auf kleine und mittlere abhängige Unternehmen beschränkt sei, sondern dass § 20 Abs. 3 zukünftig sämtliche Unternehmen unabhängig von ihrer Größe vor Forderungen von Vorzugskonditionen schütze (WuW 2008, 322). Der Schutz der Anbieter wird in den Vordergrund gestellt von *Köhler* WRP 2006, 139/140; *ders.* in: FS Tilmann, S. 693, 694f.

[484] Vgl. als Anschauungsmaterial das „Sündenregister" des Bundeswirtschaftsministeriums, WRP 1975, 24ff. sowie die gemeinsamen Erklärung von Organisationen der gewerblichen Wirtschaft zur Sicherung des Leistungswettbewerbs, WuW 1976, 17f.

[485] Dazu *Loewenheim* GRUR 1976, 224ff.

[486] Vgl. etwa BGH 17. 12. 1976, I ZR 77/75, GRUR 1977, 619 – *Eintrittsgeld*.

stimmten Rechtsbegriffe ist die Vorschrift schwer anwendbar; größere praktische Bedeutung ist ihr bisher nicht zugekommen.

2. Normadressatenkreis

114 Abs. 3 bezieht sich zur Bestimmung des Normadressatenkreises auf Abs. 1. Im Unterschied zu Abs. 1 sind Normadressaten nach Abs. 3 aber nicht Anbieter, sondern **nur Nachfrager.** Das ergibt sich zwar nicht ausdrücklich aus dem Gesetzeswortlaut, jedoch lassen Entstehungsgeschichte und Zweck des § 20 Abs. 3 keine andere Auslegung zu.[487] In diesem Rahmen gilt für die Normadressatenvoraussetzungen grundsätzlich dasselbe wie bei § 20 Abs. 1. Normadressaten sind danach **marktbeherrschende Nachfrager,** Vereinigungen von Unternehmen im Sinne des Abs. 1, d. h. **Nachfragekartelle** und gemäß Abs. 3 S. 2 **relativ marktstarke Nachfrager** im Sinne des Abs. 2 S. 1 im Verhältnis zu den von ihnen abhängigen Unternehmen. Auch die Abhängigkeitsvermutung des § 20 Abs. 2 S. 2 findet Anwendung.[488] Aus der Beschränkung des Anwendungsbereichs des § 20 Abs. 3 auf Nachfrager folgt, dass es für die Marktabgrenzung auf den **Beschaffungsmarkt** ankommt und dass für die Abhängigkeit im Sinne des § 20 Abs. 3 S. 2 in Verbindung mit Abs. 2 S. 1 nur die **nachfragebedingte Abhängigkeit** zu berücksichtigen ist.

115 Für die **Marktabgrenzung** und die Beurteilung der **Marktbeherrschung** sind zwar prinzipiell dieselben Grundsätze spiegelbildlich anzuwenden, die für den Angebotsmarkt entwickelt worden sind (Bedarfsmarktkonzept), es ist also auch hier die Sicht der Marktgegenseite, also die der Anbieter maßgebend.[489] Gleichwohl unterliegt die Übertragung der Kriterien für Angebotsmärkte auf Beschaffungsmärkte gewissen Einschränkungen. Jedenfalls in den Fällen, in denen § 20 Abs. 3 bisher relevant geworden ist, vornehmlich im Lebensmitteleinzelhandel,[490] gibt es auf der Nachfrageseite meist nur relativ wenige Unternehmen, so dass die Ausweichmöglichkeiten des Anbieters von vornherein beschränkt sind. Es kommt hinzu, dass Anbieter im Regelfall bestimmte auf konkrete Abnehmer zugeschnittene Absatzstrukturen haben, so dass die Abnehmer für sie heterogen und nicht ohne weiteres austauschbar sind. Damit sind die Ausweichmöglichkeiten für Anbieter vielfach von vornherein geringer; das Bedarfsmarktkonzept stößt auf seine Grenzen. Bei der Marktbeherrschung ergeben sich auf Beschaffungsmärkten gleichfalls zusätzliche Fragen. Neben die für Anbietermärkte geltenden Kriterien wie Marktanteil, Finanzkraft und dgl. (vgl. § 19 Abs. 2 S. 1 Nr. 2) tritt insbesondere die gegenüber dem jeweiligen Anbieter bestehende Verhandlungsmacht, die sich gerade im Lebensmittelbereich in den dort üblichen „Jahresgesprächen" über Preise und Konditionen äußert. Neben der Marktstellung des Normadressaten spielt also gerade seine bilateralen Verhandlungsmacht gegenüber dem Anbieter eine erhebliche Rolle. Viele Fragen, insbesondere auch wirtschaftswissenschaftlicher Art, sind hier noch ungeklärt.

---

[487] Vgl. auch die Begründung zum Regierungsentwurf BT-Drucks. 8/2136, S. 24 f.; einhellige Ansicht auch im Schrifttum, vgl. etwa *Markert* in: Immenga/Mestmäcker, GWB, § 20 Rn. 255; Frankfurter Kommentar/*Rixen*, § 20 Rn. 312; MünchKommGWB/K. *Westermann*, § 20 Rn. 122; *Schultz* in: Langen/Bunte, Bd. 1, § 20 Rn. 211; *Köhler* in: FS Tilmann, S. 693, 695.

[488] S. dazu auch BGH 24. 9. 2002, KVR 8/01, WuW/E DE-R 984/990 – *Konditionenanpassung*; *Markert* in: Immenga/Mestmäcker, GWB, § 20 Rn. 255; anders MünchKommGWB/K. *Westermann*, § 20 Rn. 121; *Köhler* WRP 2006, 139/141; *Lübbert* in: Wiedemann, Handbuch des Kartellrechts, § 25 Rn. 19.

[489] KG 5. 11. 1986, Kart. 15/84, WuW/E OLG 3917/3927 – *Coop-Wandmaker*; KG 24. 4. 1985, Kart. 34/81, WuW/E OLG 3577/3585 – *Hussel-Mara*; Monopolkommission, Hauptgutachten 1982/83, S. 117.

[490] S. dazu BKartA, Beschl. v. 25. 8. 2005, B9 27/05, R. 35 – *Edeka/Spar*; BKartA, Beschl. v. 30. 6. 2008, B2 333/07 – *Edeka/Plus*.

3. Gewährung von Vorteilen ohne sachlich gerechtfertigten Grund

Das Merkmal der Gewährung von Vorteilen ohne sachlich gerechtfertigten Grund bildet den **Diskriminierungtatbestand** des Abs. 3. Ebenso wie bei Abs. 1[491] muss auch hier die Auslegung der besonderen Funktion der Nachfrage im Wettbewerbsprozess Rechnung tragen; die Beurteilung des Nachfrageverhaltens darf also nicht rein spiegelbildlich zum Anbieterverhalten erfolgen, sondern es muss auch dem marktmächtigen Nachfrager ein tendenziell größerer Ermessensspielraum bei der Wahl seiner Lieferanten und der Ausgestaltung des Vertragsinhalts eingeräumt werden. § 20 Abs. 3 darf keine Interpretation erfahren, die ein hartes Verhandeln zwischen Nachfrager und Anbieter ausschließt. Ähnlich wie bei Abs. 1 (üblicherweise zugänglicher Geschäftsverkehr)[492] kann das Tatbestandsmerkmal der Vorzugsbedingung als eine Art Vorfilter betrachtet werden und die eigentliche Feinabstimmung bei der Interessenabwägung im Rahmen des Merkmals des sachlich gerechtfertigten Grundes erfolgen. 116

a) Vorteile: Der **Regierungsentwurf** zur 4. Novelle 1980 hat den Begriff der Vorzugsbedingungen (seit der 7. GWB-Novelle „Vorteile") definiert als „diejenigen besonderen Vorteile, die zusätzlich zu den leistungsbedingten Nachlässen und sonstigen Leistungsentgelten von dem Nachfrager auf Grund seiner überlegenen Marktstellung bei dem Anbieter mit der Absicht durchgesetzt werden, sich damit im Wettbewerb eine weder markt- noch leistungsbedingte Vorzugsstellung gegenüber den marktschwächeren Konkurrenten zu verschaffen".[493] Mit dieser Definition sollte Bedenken Rechnung getragen werden, die gegen die weitergehende Fassung des Referentenentwurfs vorgetragen worden waren und es sollten die Fälle ausgeschlossen werden, in denen ein Nachfrager lediglich durch „hard bargaining" zu günstigeren Bedingungen abschließt als seine Mitbewerber. Die Definition bezieht zwar auch Elemente anderer Tatbestandsmerkmale des Abs. 3, nämlich des sachlich gerechtfertigten Grundes und der Ausnutzung der Marktstellung ein, enthält jedoch die wesentlichen Kriterien des Begriffs. Mit der Abänderung des Begriffs der „Vorzugsbedingungen" in **„Vorteile"** sollte Schwierigkeiten in der Rechtsanwendung begegnet werden, die sich daraus ergaben, dass der Begriff der Vorzugsbedingungen eine Bezugnahme auf die Bedingungen der Mitbewerber voraussetzt, die sich in Fällen hoher Konditionenintransparenz nur schwer feststellen lassen. In der Sache ist damit keine Änderung verbunden. 117

Danach ist der Begriff der Vorteile (insoweit ebenso wie der Begriff der besonderen Vergünstigung in Abs. 2 S. 2)[494] durch die **Dysfunktionalität zur Abnahmeleistung** gekennzeichnet. Der Vorteil steht nicht in Bezug zu einer konkreten Abnahmeleistung des Nachfragers;[495] er wird, jedenfalls in seiner konkreten Höhe, nicht dafür gewährt, dass der Nachfrager beispielsweise eine größere Menge abnimmt oder besondere Vertriebsfunktionen (etwa Werbung) übernimmt, sondern beruht auf der starken Marktposition des Abnehmers, die der Lieferant nicht ignorieren kann und die seine Entscheidung maßgeblich beeinflusst. Die Abgrenzung gegenüber dem lediglich niedrigeren Preis kann im Einzelfall Schwierigkeiten bereiten, vor allem deswegen, weil sich wirtschaftswissenschaftlich ein solcher Vorteil ohne weiteres als Berechnungsfaktor verstehen lässt, in dem ein niedrigerer Endpreis seinen Ausdruck findet.[496] Der Gesetzgeber wollte daran anknüpfen, dass dem Lieferanten zusätzlich zur Lieferung der Ware selbst Zahlungen für mehr oder weniger 118

---

[491] S. oben Rn. 108.
[492] Vgl. oben Rn. 60.
[493] BT-Drucks. 8/2136, S. 25.
[494] Dazu oben Rn. 53.
[495] Ebenso MünchKommGWB/*K. Westermann*, § 20 Rn. 127; s. Zum Begriff des Vorteils auch *Köhler* WRP 2006, 139/141 f.
[496] Vgl. dazu *Loewenheim* GRUR 1976, 224/225 f.

fiktive oder dem Nachfragebereich zuzuordnende „Leistungen" des Nachfragers abverlangt werden, wie „Eintrittsgelder" oder „Regalmieten". In der Regierungsbegründung heißt es zum (damaligen) Begriff der sachlich ungerechtfertigten Vorzugsbedingungen, dass dazu diejenigen Vergünstigungen gehören, „die nicht leistungsgerecht sind, d. h. ihren Grund weder in der Menge der abgenommenen Waren oder Leistungen noch in den übernommenen Funktionen oder Serviceleistungen des Nachfragers noch in anderen betriebswirtschaftlich kalkulierbaren Gegenleistungen des Nachfragers haben, sondern auf der Ausnutzung von Marktmacht beruhen und anderen gleichartigen Nachfragern nicht zugänglich sind".[497]

119 Der Begriff der Vorteile geht aber über den Begriff der besonderen Vergünstigungen nach Abs. 2 S. 2 insofern hinaus, als er die **wettbewerbsverzerrende Zielsetzung** des Nachfragers, nämlich die **Erlangung einer systematischen Vorzugsstellung** gegenüber den Mitbewerbern, umfasst. Darin kommt zum Ausdruck, dass für Abs. 3 die bloße Ausbeutung des Lieferanten nicht ausreicht (insoweit kann aber § 19 anzuwenden sein), sondern dass Abs. 3 auch die Diskriminierung von Mitbewerbern verhindern will, deren Absatzchancen sich wegen ihrer ungünstigeren Einkaufsbedingungen verschlechtern.[498] Vorzug bedeutet also nicht bereits die Erzielung besserer Bedingungen oder die zeitweilige Überflügelung der Mitbewerber im Marktgeschehen, sondern eine systematisch bessere Stellung im Verhältnis zu anderen Nachfragern. Andererseits ist **keine längerfristige Bevorzugung durch einen Anbieter** erforderlich, sonst ließen sich einmalige Sondervorteile wie Eintrittsgelder oder Jubiläumsrabatte nicht erfassen.

120 Die **Entscheidungspraxis** ist bisher eher spärlich. In der **Rechtsprechung** hat es der BGH als Vorzugsbedingung nach § 20 Abs. 3 a. F. angesehen, dass ein nachfragestarkes Unternehmen, ohne dass hierfür ein zivilrechtlicher Anspruch besteht, seine Lieferanten dazu bewegt, für in der Vergangenheit abgeschlossene Sachverhalte andere, ihnen ungünstigere Lieferkonditionen zu vereinbaren und Ausgleichszahlungen zu leisten.[499] Mengen- und Funktionsrabatte sind nach dem BGH keine sachlich nicht gerechtfertigten Vorzugsbedingungen.[500] Das **Bundeskartellamt** hat der Metro AG untersagt, anlässlich des Erwerbs der allkauf-Gruppe von den Lieferanten zu verlangen, abweichende Konditionen in den Verträgen mit Metro bzw. Allkauf auszugleichen.[501] Gängige **Beispiele** bilden Eintrittsgelder, Regalmieten, Listungsgebühren, Schaufenstermieten, Werbekostenzuschüsse, Sonderrabatte aus Anlass von Geschäftseröffnungen, Geschäftsjubiläen und dgl.[502]

121 b) Sachlich gerechtfertigter Grund: Ob für die Gewährung der Vorzugsbedingungen ein sachlich gerechtfertigter Grund vorliegt, beurteilt sich nach den gleichen Kriterien wie bei der gleich lautenden Tatbestandsvoraussetzung in Abs. 1.[503] Danach ist auch hier eine Abwägung der **Interessen der Beteiligten** unter Berücksichtigung der auf die Frei-

---

[497] BT-Drucks. 8/2136, S. 25.
[498] Vgl. *Köhler* Nachfragemacht, S. 95; *ders.* in: FS Tilmann, S. 693, 698.
[499] BGH 24. 9. 2002, KVR 8/01, WuW/E DE-R 984/990 – *Konditionenanpassung*; s. dazu auch Tätigkeitsbericht 2001/2002, S. 42, 178.
[500] BGH 24. 9. 2002, KVR 8/01, WuW/E DE-R 984/991 – *Konditionenanpassung*.
[501] BKartA 26. 2. 1999, B9–51 100-TV-133/98, WuW/E DE-V 94 – *Metro MGE Einkaufs GmbH*; s. a. die weitere Entwicklung des Falles, dargestellt in Tätigkeitsbericht für 2001/2002 (BT-Drucks. 15/1226) S. 42.
[502] Vgl. auch die Beispiele im „Sündenregister" des Bundeswirtschaftsministeriums, WRP 1975, 24 ff. sowie die gemeinsamen Erklärung von Organisationen der gewerblichen Wirtschaft zur Sicherung des Leistungswettbewerbs, WuW 1976, 17 f.; ferner *Markert* in: Immenga/Mestmäcker, GWB, § 20 Rn. 262; MünchKommGWB/*K. Westermann*, § 20 Rn. 127.
[503] Begründung zum Regierungsentwurf BT-Drucks. 8/2136, S. 25; *Markert* in: Immenga/Mestmäcker, GWB, § 20 Rn. 263; Frankfurter Kommentar/*Rixen*, § 20 Rn. 318; MünchKommGWB/*K. Westermann*, § 20 Rn. 133; *Ulmer* WuW 1980, 474/479.

heit des Wettbewerbs gerichteten **Zielsetzung des GWB** und der Wertungen des europäischen Wettbewerbsrechts erforderlich.[504] Beteiligte sind dabei der marktstarke Nachfrager, die Mitbewerber des Nachfragers, deren Interessen im Hinblick auf die Zielsetzung des § 20 Abs. 3 besonderes Gewicht haben, sowie sekundär der die Vorzugsbedingungen gewährende Lieferant. Dabei sind aber die **Besonderheiten des Nachfrageverhaltens** zu berücksichtigen.[505] Auch spielt die **konkrete Marktstärke des Normadressaten** eine Rolle; je größer die Marktmacht des Normadressaten ist, desto größer ist das Maß an Rücksichtnahme, das vom Normadressaten verlangt werden muss.[506] Andererseits erfordert es die Berücksichtigung der Zielsetzung des GWB und der Wertungen des europäischen Wettbewerbsrechts, nicht die Möglichkeit des „hard bargaining" und des individuellen Aushandelns von Lieferbedingungen zu unterbinden und damit den Nachfragewettbewerb weitgehend zum Erliegen zu bringen.[507] In der Regierungsbegründung[508] sowie weitgehend in Rechtsprechung[509] und Schrifttum[510] wird auf den Begriff der **Leistungsgerechtigkeit,** teilweise auch auf den des **Nichtleistungswettbewerbs**[511] abgestellt. Das kann nicht bedeuten, dass ein behördliches Urteil über die Angemessenheit des Verhältnisses von Leistung und Gegenleistung an die Stelle der Entscheidung durch den Wettbewerbsprozess tritt.[512] Richtig ist aber die Frage nach Ursprung und Zustandekommen der Vergünstigungen: ob sie nämlich ihren Grund in betriebswirtschaftlich kalkulierbaren Gegenleistungen des Nachfragers (etwa Menge der abgenommenen Waren, Funktionen, Serviceleistungen) haben oder auf der Ausnutzung von Marktmacht beruhen. **Verstöße gegen gesetzliche Vorschriften,** insbesondere gegen das UWG, schließen in aller Regel die sachliche Rechtfertigung aus.[513]

Sachlich nicht gerechtfertigte Vorteile sind danach in erster Linie die im „Sündenregister" des Bundeswirtschaftsministeriums[514] und in der Gemeinsamen Erklärung von Organisationen der gewerblichen Wirtschaft zur Sicherung des Leistungswettbewerbs[515] angeführten Fälle wie Eintrittsgelder, Regalmieten, Jubiläumsrabatte, Werbekostenzuschüsse, Zurverfügungstellung von Arbeitskräften usw. Ferner sind sachlich nicht gerechtfertigt Maßnahmen, die der Absicherung der Vorzugsstellung dienen, wie Ausschließlichkeitsbindungen des Lieferanten, Bevorzugungsklauseln oder Meistbegünstigungsklauseln.[516] Veranlasst ein nachfragestarkes Unternehmen seine Lieferanten entgegen den üblichen zivilrechtlichen Regeln zu einer rückwirkenden Konditionenanpassung, so begründet dies die (widerlegliche) Vermutung, dass hierfür sachlich gerechtfertigte Gründe nicht bestehen, das Eingehen der Anbieter auf das Anpassungsverlangen vielmehr Ausdruck ihrer Abhängigkeit als kleine oder mittlere Unternehmen von dem Nachfrager ist.[517]

---

[504] Vgl. dazu oben Rn. 89, 68 ff.
[505] Vgl. oben Rn. 108.
[506] Dazu oben Rn. 82.
[507] S. oben Rn. 117.
[508] Begründung zum Regierungsentwurf BT-Drucks. 8/2136, S. 25.
[509] BGH 24. 9. 2002, KVR 8/01, WuW/E DE-R 984/990 – *Konditionenanpassung.*
[510] Z. B. Frankfurter Kommentar/*Rixen,* § 20 Rn. 318; *Bechtold,* GWB, § 20 Rn. 73. *Köhler* WRP 2006, 139/142 ff. will die Wertungen des § 138 BGB heranziehen.
[511] MünchKommGWB/*K. Westermann,* § 20 Rn. 134.
[512] S. a. *Markert* in: Immenga/Mestmäcker, GWB, § 20 Rn. 264.
[513] *Markert* in: Immenga/Mestmäcker, GWB, § 20 Rn. 265; Frankfurter Kommentar/*Rixen,* § 20 Rn. 318.
[514] WRP 1975, 24 ff.
[515] WuW 1976, 17 f.
[516] *Markert* in: Immenga/Mestmäcker, GWB, § 20 Rn. 265.
[517] BGH 24. 9. 2002, KVR 8/01, WuW/E DE-R 984/990 – *Konditionenanpassung.*

4. Aufforderung oder Veranlassung anderer Unternehmen im Geschäftsverkehr

123 Mit dem Tatbestandsmerkmal der Veranlassung wird der Anwendungsbereich des § 20 Abs. 3 auf die **passive Diskriminierung** beschränkt, also die Fälle, in denen die vom Lieferanten vorgenommene Diskriminierung vom Nachfrager initiiert wird. Gewährt der Lieferant die Vorzugsbedingungen von sich aus, so ist Abs. 3 nicht anwendbar. Der Begriff des Veranlassens setzt voraus, dass der Adressat einer entsprechenden Aufforderung nachkommt. Da dies als zu eng empfunden wurde und sich häufig Schwierigkeiten bei der Feststellung der Kausalität zwischen der Gewährung von Vorteilen und der Aufforderung dazu ergaben, ist durch die 7. GWB-Novelle der **Begriff des Veranlassens um das „Auffordern" ergänzt** worden. Damit wird auch die erfolglose Aufforderung in den Verbotstatbestand einbezogen.

124 Die **Veranlassung** setzt eine Einwirkung des Nachfragers auf den Lieferanten mit dem Ziel der Gewährung von Vorteilen voraus, die erfolgreich gewesen sein muss; der bloße Versuch ist keine Veranlassung.[518] Das bedeutet, dass die Einräumung von Vorzugsbedingungen **ursächlich** auf die Einwirkung des Nachfragers zurückzuführen sein muss. An der Ursächlichkeit fehlt es, wenn der Lieferant schon von sich aus zur Gewährung der Vorzugsbedingungen bereit war. Die daraus resultierenden Schwierigkeiten haben mit der Einführung des Tatbestandsmerkmals „Auffordern" ihre Bedeutung verloren. **Auffordern** setzt lediglich eine Einwirkung des Nachfragers auf den Lieferanten mit dem Ziel voraus, den Lieferanten zur Gewährung von Vorteilen zu veranlassen; die tatsächliche Gewährung der Vorteile ist nicht erforderlich.[519] Eine ausdrückliche Erklärung ist für das Auffordern nicht erforderlich, konkludentes Verhalten genügt, wenn aus ihm die Absicht des Nachfragers für den Lieferanten erkennbar wird.

125 Adressat der Aufforderung oder Veranlassung müssen **andere Unternehmen** sein. Nur Unternehmen erfüllen also diese Tatbestandsmerkmale; zudem müssen sie Anbieter von Waren oder gewerblichen Leistungen sein. Seit dem 22. 12. 2007 braucht es sich bei den „anderen Unternehmen" nicht mehr um kleine oder mittlere Unternehmen zu handeln.[520] Aus dem Begriff „andere" folgt, dass Auffordernder (Veranlasser) und Aufgeforderter (Veranlasster) keine wirtschaftliche Einheit bilden dürfen. Handelt es sich um ein relativ marktmächtiges Unternehmen (Abs. 3 S. 2 in Verbindung mit Abs. 2 S. 2), so muss das veranlasste Unternehmen ein abhängiges Unternehmen i. S. von Abs. 2 S. 1 sein.

126 Das Tatbestandsmerkmal des **Geschäftsverkehrs** bedeutet, dass zwischen dem Normadressaten und dem aufgeforderten bzw. veranlassten Unternehmen Geschäftsbeziehungen bestehen müssen. Zuwendungen in privatem Rahmen fallen nicht unter Abs. 3.

5. Ausnutzung der Marktstellung

127 Die Veranlassung muss unter Ausnutzung der nach Abs. 1 marktbeherrschenden oder Abs. 2 marktstarken Stellung des Nachfragers erfolgen. Der Begriff der Ausnutzung ist ebenso wie in § 19 Abs. 1 zu verstehen.[521] Es muss also ein **Kausalzusammenhang** zwischen dem Auffordern bzw. Veranlassen und der Marktstellung bestehen.[522] Dabei wird jedoch nicht vorausgesetzt, dass die Aufforderung oder Veranlassung zur Gewährung von Vorzugsbedingungen ohne die Marktstellung nicht möglich gewesen wäre, dass also der

---

[518] *Markert* in: Immenga/Mestmäcker, GWB, § 20 Rn. 260; MünchKommGWB/*K. Westermann*, § 20 Rn. 128.
[519] *Markert* in: Immenga/Mestmäcker, GWB, § 20 Rn. 259.
[520] Vgl. dazu oben Rn. 3.
[521] Vgl. § 19 Rn. 61.
[522] OLG Düsseldorf 28. 6. 1985, U Kart. 10/84, WuW/E OLG 3613/3615 – *Elternsammelbestellung von Schulbüchern*; *Markert* in: Immenga/Mestmäcker, GWB, § 20 Rn. 261; MünchKommGWB/*K. Westermann*, § 20 Rn. 131; Frankfurter Kommentar/*Rixen*, § 20 Rn. 321.

Nachfrager ohne seine Machtposition den Vorteil nicht hätte erlangen können.[523] Der – praktisch auch kaum zu führende – Nachweis, dass ohne die marktbeherrschende Stellung des Nachfragers die Vorzugsbedingungen nicht gewährt worden wären, wird also nicht verlangt. Der Begriff des Ausnutzens hat eine wertende Bedeutung, es handelt sich um eine **„normative Kausalität"**.[524] Die Ausnutzung der Marktstellung muss „dazu" erfolgen, den Lieferanten zur Gewährung von Vorzugsbedingungen zu veranlassen. Darin liegt ein **subjektives Element.** Der Nachfrager muss bezwecken, seine Marktstellung zur Erlangung der sachlich nicht gerechtfertigten Vorzugsbedingungen einzusetzen.[525] Dazu gehört, dass er die tatsächlichen Umstände kennt, aus denen sich seine Marktstellung, die Vorteile und das Fehlen der sachlichen Rechtfertigung ergeben.

6. Rechtsfolgen des Verstoßes

128 Die Rechtsfolgen eines Verstoßes gegen § 20 Abs. 3 sind die gleichen wie bei einem Verstoß gegen § 20 Abs. 1.[526] Die Kartellbehörde kann also zum einen im **Untersagungsverfahren** vorgehen und die in §§ 32–32b vorgesehenen Maßnahmen treffen. Sie kann ferner ein **Bußgeldverfahren** nach §§ 81 ff. einleiten (vgl. § 81 Abs. 2 Nr. 1). Ebenso besteht die Möglichkeit der **Vorteilsabschöpfung durch Kartellbehörde** gemäß § 34. Nach § 33 können zivilrechtliche **Unterlassungs- Schadensersatz- und Beseitigungsansprüche** geltend gemacht werden, und zwar sowohl von den Betroffenen (§ 33 Abs. 1) als auch von rechtsfähigen Verbänden zur Förderung gewerblicher oder selbstständiger beruflicher Interessen unter den Voraussetzungen des § 33 Abs. 2. Diese Verbände können nach § 34a auch die **Herausgabe des wirtschaftlichen Vorteils an den Bundeshaushalt** verlangen. Vgl. zum Zivilrechtsschutz auch oben Rn. 110f.

7. Verhältnis zu anderen Vorschriften

129 Für das Verhältnis zu anderen Vorschriften gilt grundsätzlich das Gleiche wie bei § 20 Abs. 1.[527] Insbesondere ist § 20 Abs. 3 sowohl neben § 1 als auch neben § 19 anwendbar.

IV. Behinderung kleiner und mittlerer Wettbewerber (Abs. 4 und 5)

1. Übersicht

130 § 20 Abs. 4 GWB enthält ein **Behinderungsverbot,** das nur **im Horizontalverhältnis,** also zwischen Wettbewerbern Anwendung findet.[528] Die Vorschriften des § 20 Abs. 4 S. 1 und Abs. 5 wurden durch die 5. Novelle 1989 als damaliger § 26 Abs. 4 und 5 eingeführt. Sie traten – inhaltlich vereinfacht – an die Stelle des damaligen § 37a Abs. 3, dessen Zweck darin bestanden hatte, die Schutzlücke zu schließen, die zuvor in den Fällen vorgelegen hatte, in denen eine unbillige Behinderung von Wettbewerbern nicht auf der Ausnutzung einer absoluten Übermacht eines Unternehmens gegenüber allen Wettbewerbern beruhte, sondern auf dem Missbrauch einer nur relativen Marktüberlegenheit gegenüber

---

[523] OLG Düsseldorf 28. 6. 1985, U (Kart.) 10/84, WuW/E OLG 3613/3616 – *Elternsammelbestellung von Schulbüchern; Markert* in: Immenga/Mestmäcker, GWB, § 20 Rn. 261.
[524] OLG Düsseldorf 19. 12. 2001, Kart 21/00 (V), WuW/E DE-R 781 – *Wal-Mart,* zum entsprechenden Tatbestandsmerkmal in § 20 Abs. 4 S. 1; *Markert* in: Immenga/Mestmäcker, GWB, § 20 Rn. 261.
[525] *Markert* in: Immenga/Mestmäcker, GWB, § 20 Rn. 261; MünchKommGWB/*K. Westermann,* § 20 Rn. 131; *Schultz* in: Langen/Bunte, Bd. 1, § 20 Rn. 218; Frankfurter Kommentar/*Rixen,* § 20 Rn. 322.
[526] Vgl. oben Rn. 109.
[527] Vgl. oben Rn. 112.
[528] BGH 9. 7. 2002, KZR 30/00, WuW/E DE-R 1006/1009 – *Fernwärme Börnsen.*

einem Teil seiner Wettbewerber.[529] Die 6. Novelle 1999 übernahm § 26 Abs. 4 und 5 in der Sache unverändert als § 20 Abs. 4 S. 1 und Abs. 5 und fügte § 20 Abs. 4 S. 2 (Angebote unter Einstandspreis) hinzu. Das Gesetz zur Bekämpfung von Preismissbrauch im Bereich der Energieversorgung und des Lebensmittelhandels vom 18. 12. 2007 (BGBl. I S. 2966) hat in Abs. 4 einen Regelkatalog eingefügt, der zusätzlich zur bisherigen Regelung im Lebensmittelhandel den Verkauf unter Einstandspreis generell untersagt (Nr. 1) und die Preisgestaltung bei der Belieferung von kleinen und mittleren Unternehmen regelt, mit denen das marktmächtige Unternehmen auf einer nachgelagerten Marktstufe in Wettbewerb steht (Nr. 3). § 20 Abs. 4 und 5 stellen damit im horizontalen Bereich ein Pendant zu § 20 Abs. 2 dar, indem kleine und mittlere Unternehmen vor unbilliger Behinderung durch ihnen gegenüber marktmächtige Wettbewerber geschützt werden sollen. Die Vorschrift zielt damit auf die Erhaltung (oder Schaffung) der Vielfalt der Unternehmen auf der Anbieterseite ab und soll so dem für den Wettbewerb schädlichen Konzentrationsprozess schon in einem frühen Stadium entgegenwirken.[530] Während Abs. 4 den materiellen Verbotstatbestand enthält, stellt Abs. 5 Beweisregeln zugunsten der kleinen und mittleren Unternehmen auf. Wie der Regelkatalog des Abs. 4 S. 2 verdeutlicht, bilden Angebote unter Einstandspreis einen wesentlichen Teil des Anwendungsbereichs der Vorschrift.

2. Unternehmen mit gegenüber kleinen und mittleren Wettbewerbern überlegener Marktmacht

131   **Normadressaten** sind nur **Unternehmen.** Der Unternehmensbegriff entspricht dem allgemeinen Unternehmensbegriff des GWB: Es genügt jedwede Tätigkeit im geschäftlichen Verkehr, lediglich die rein private, außerhalb des Erwerbslebens sich abspielende Tätigkeit wird nicht erfasst.[531] Die Unternehmen werden sowohl bei ihrer Angebots- als auch bei ihrer Nachfragetätigkeit erfasst.[532]

132   Die überlegene Marktmacht gegenüber kleinen und mittleren Wettbewerbern ist auf einem im konkreten Fall abgegrenzten **relevanten Markt** festzustellen; das behindernde und das behinderte Unternehmen müssen auf demselben Markt tätig sein.[533] Die Marktabgrenzung hat in sachlicher, räumlicher und zeitlicher Hinsicht zu erfolgen.[534] Dabei finden, ebenso wie bei Abs. 1,[535] die gleichen Kriterien wie bei § 19 Anwen-dung.[536] Im Vordergrund steht auch hier die sachliche Marktabgrenzung, also die Feststellung, welche Waren und Leistungen aus der Sicht der jeweiligen Marktgegenseite austauschbar sind.

133   Die Marktabgrenzung ist auch für den Begriff der **kleinen und mittleren Wettbewerber** ausschlaggebend. Dieser Begriff bemisst sich nicht nach absoluten Größenkriterien; vielmehr ist das **relative Größenverhältnis** der durch Abs. 4 geschützten Wettbewerber zum Normadressaten auf dem relevanten Markt maßgeblich.[537] Es ist also die Größe des Normadressaten mit der Größe der im konkreten Fall behinderten Wettbewerber auf dem relevanten Markt zu vergleichen. Auf andere Märkte oder einen Vergleich mit anderen

---

[529] Vgl. BT-Drucks. 11/4610 S. 22 f.
[530] BGH 12. 11. 2002, KVR 5/02, WuW/E DE-R 1042/1043 – *Wal-Mart*.
[531] Eingehend zum Unternehmensbegriff oben § 1 Rn. 19 ff.
[532] KG 30. 7. 1999, Kart 27/97, WuW/E DE-R 380 – *Milchlieferverträge*; Markert in: Immenga/Mestmäcker, GWB, § 20 Rn. 281; Frankfurter Kommentar/*Rixen*, § 20 Rn. 328.
[533] BGH 9. 7. 2002, KZR 30/00, WuW/E DE-R 1006/1009 – *Fernwärme Börnsen*; OLG Düsseldorf 13. 11. 2000, Kart 16/00 (V), WuW/E DE-R 589 – *Freie Tankstellen*.
[534] BGH 4. 4. 1995, KZR 34/93, WuW/E BGH 2977/2980 – *Hitlisten-Platten*; KG 30. 7. 1999, Kart 27/97, WuW/E DE-R 380 – *Milchlieferverträge*; BKartA 9. 8. 2000, B 8–77/00, WuW/E DE-V 289 – *Freie Tankstellen*; Markert in: Immenga/Mestmäcker, GWB, § 20 Rn. 282 ff.
[535] Vgl. oben Rn. 8.
[536] Vgl. dort Rn. 10 ff.
[537] Regierungsbegründung zur 5. GWB-Novelle, BT-Drucks. 11/4610 S. 23 in Verbindung mit S. 15 f.; OLG Düsseldorf 13. 2. 2002, Kart 16/00 (V), WuW/E DE-R 829 – *Freie Tankstellen*.

§ 20. Diskriminierungsverbot, Verbot unbilliger Behinderung   **134, 135**   **§ 20 GWB**

marktmächtigen Wettbewerbern kommt es nicht an,[538] anders als im Falle von Marktbeherrschung können auch mehrere Unternehmen unabhängig nebeneinander auf einem Markt eine überlegene Marktstellung nach § 20 Abs. 4 im Verhältnis zu den kleinen und mittleren Wettbewerbern haben.[539]

Die **überlegene Marktmacht** ist im Prinzip ähnlich wie bei § 19 Abs. 2 S. 1 Nr. 2 zu **134** bestimmen;[540] es ist also auf die dort genannten Kriterien abzustellen; d. h. auf Marktanteil, Finanzkraft, Zugang zu den Beschaffungs- oder Absatzmärkten, Verflechtungen mit anderen Unternehmen, rechtliche oder tatsächliche Schranken für den Marktzutritt anderer Unternehmen, auf den tatsächlichen oder potentiellen Wettbewerb durch andere Unternehmen, die Fähigkeit, Angebot oder Nachfrage umzustellen, sowie die Möglichkeit der Marktgegenseite, auf andere Unternehmen auszuweichen. In der Rechtsprechung sind beispielsweise der Marktanteil,[541] Umsatz und Gewinn[542] berücksichtigt worden, insbesondere überragende finanzielle Ressourcen, welche den Normadressaten in die Lage versetzen, über längere Zeit und systematisch Waren auch unter Preis anzubieten,[543] Anzahl und Größe der Standorte,[544] Umfang des Produktangebots,[545] die Möglichkeit, eine Verlustpreisstrategie für einzelne Produkte über einen längeren Zeitraum durchzustehen,[546] Verflechtungen mit anderen Unternehmen,[547] Zugang zu den Beschaffungsmärkten[548] sowie Vorteile beim Einkauf.[549] Diese Umstände sind in einer **Gesamtbetrachtung** zu berücksichtigen.[550] Es muss zwischen dem Normadressaten und den kleinen und mittleren Unternehmen ein Machtgefälle bestehen, das zu einem besonderen, **wettbewerblich nicht hinreichend kontrollierten Verhaltensspielraum** des Normadressaten führt.[551] Dass es auf dem Markt neben den kleinen und mittleren Unternehmen noch weitere große und größere Unternehmen gibt, schließt das Tatbestandsmerkmal der überlegenen Marktmacht nicht aus; es reicht aus, dass die Überlegenheit im Verhältnis zu den kleinen und mittleren Unternehmen besteht.[552]

3. Ausnutzung der Marktmacht

Die Behinderung muss in Ausnutzung der Marktmacht erfolgen. Der Begriff der Ausnutzung ist hier ebenso zu verstehen wie in § 20 Abs. 3.[553] Die Marktmacht muss mit der   **135**

---

[538] BGH 12. 11. 2002, KVR 5/02, WuW/E DE-R 1042/1043 f. – *Wal-Mart*.
[539] OLG Düsseldorf 19. 12. 2001, Kart 21/00 (V), WuW/E DE-R 781 – *Wal-Mart*.
[540] OLG Düsseldorf 13. 11. 2000, Kart 16/00 (V), WuW/E DE-R 589 – *Freie Tankstellen*; Markert in: Immenga/Mestmäcker, GWB, § 20 Rn. 286; Frankfurter Kommentar/*Rixen*, § 20 Rn. 330; s. a. die Bekanntmachung Nr. 124/2003 des BKartA zur Anwendung des § 20 Abs. 4 S. 2 GWB (Fn. 589), unter B 1.
[541] OLG Düsseldorf 13. 11. 2000, Kart 16/00 (V), WuW/E DE-R 589 – *Freie Tankstellen*.
[542] OLG Düsseldorf 19. 12. 2001, Kart 21/00 (V), WuW/E DE-R 781 – *Wal-Mart*; OLG Düsseldorf a. a. O. (Fn. 541).
[543] BGH 12. 11. 2002, KVR 5/02, WuW/E DE-R 1042/1044 – *Wal-Mart*; OLG Düsseldorf 19. 12. 2001, Kart 21/00 (V), WuW/E DE-R 781 – *Wal-Mart*.
[544] OLG Düsseldorf a. a. O. (Fn. 543).
[545] BGH a. a. O. (Fn. 543); OLG Düsseldorf a. a. O. (Fn. 543).
[546] BGH a. a. O. (Fn. 543).
[547] OLG Düsseldorf a. a. O. (Fn. 541).
[548] OLG Düsseldorf a. a. O. (Fn. 541).
[549] BGH a. a. O. (Fn. 543).
[550] OLG Düsseldorf 13. 11. 2000, Kart 16/00 (V), WuW/E DE-R 589 – *Freie Tankstellen*; Markert in: Immenga/Mestmäcker, GWB, § 20 Rn. 286; Frankfurter Kommentar/*Rixen*, § 20 Rn. 332; MünchKommGWB/*K. Westermann*, § 20 Rn. 145.
[551] OLG Düsseldorf 19. 12. 2001, Kart 21/00 (V), WuW/E DE-R 781 – *Wal-Mart*; OLG Düsseldorf 13. 11. 2000, Kart 16/00 (V), WuW/E DE-R 589 – *Freie Tankstellen*.
[552] Auslegungsgrundsätze des Bundeskartellamtes (Fn. 589) unter B.1.
[553] Vgl. oben Rn. 127.

unbilligen Behinderung in der Weise in Zusammenhang stehen, dass die besondere wettbewerbliche Gefährlichkeit des Verhaltens, das sich gegen kleine und mittlere Wettbewerber richtet, gerade aus der spezifischen Machtstellung des Unternehmens erwächst, das es praktiziert.[554] Die Behinderung muss damit kausal auf der Ausnutzung beruhen, was aber nicht bedeutet, dass ohne das Bestehen der Marktmacht die Behinderung nicht möglich gewesen wäre. Ausnutzen hat auch hier eine wertende Bedeutung, es handelt sich um eine **normative Kausalität.**[555] Eine Ausnahme bildet der Regelkatalog des Abs. 4 S. 2. Hier hat der Gesetzgeber bewusst eine Regelung geschaffen, bei der die kausale Verknüpfung von Marktmacht und Behinderung unwiderleglich vermutet wird.[556] Wie in § 20 Abs. 3 enthält auch in Abs. 4 das Ausnutzen ein **subjektives Element;** der Normadressat muss bezwecken, seine Marktmacht zur Behinderung der kleinen bzw. mittleren Wettbewerber einzusetzen.

4. Unbillige Behinderung

136 **a) Behinderung:** Unter Behinderung ist jede **für den betroffenen Wettbewerber objektiv nachteilige Maßnahme im (horizontalen) Wettbewerbsverhältnis zwischen dem Normadressaten und dem Wettbewerber** zu verstehen.[557] Die Beurteilung hat **wertneutral** zu erfolgen, es ist also unerheblich, ob es sich um eine wettbewerbsfremde Maßnahme handelt oder nicht.[558] Der Begriff der Behinderung ist **weit auszulegen,** er umfasst, wie sich bereits aus dem Gesetzeswortlaut ergibt, auch **mittelbare Behinderungen.**[559] Als Behinderung kommen grundsätzlich alle Maßnahmen in Betracht, die auch im Rahmen von Abs. 1 eine Behinderung in horizontalen Wettbewerbsbeziehungen darstellen.[560] So kann die Sogwirkung, die aus der Gewährung von Treuerabatten oder an lange Bezugsperioden geknüpften Umsatzrabatten an Abnehmer oder Lieferanten entsteht, eine Behinderung im Sinne des Abs. 4 S. 1 darstellen.[561] Das Gleiche gilt für Koppelungs- und Niedrigpreisstrategien, die allerdings in vielen Fällen nicht unbillig sind. Als Behinderung ist auch der Fall angesehen worden, dass ein Mineralölkonzern Kraftstoffe über eigene oder konzernverbundene Raffinerien zu höheren Preisen an mittlere Tankstellenbetreiber verkauft, als er sie gleichzeitig an seinen eigenen Tankstellen von Endverbrauchern verlangt.[562]

137 **b) Unbilligkeit:** Die Unbilligkeit ist ebenso wie im Rahmen des § 20 Abs. 1 zu bestimmen.[563] Es sind also die **Interessen der Beteiligten** abzuwägen unter Berücksich-

---

[554] Regierungsbegründung zur 5. Novelle 1989, Bt-Drucks. 11/4610 S. 23.
[555] OLG Düsseldorf 19. 12. 2001, Kart 21/00 (V), WuW/E DE-R 781 – *Wal-Mart; Markert* in: Immenga/Mestmäcker, GWB, § 20 Rn. 290; s. a. oben Rn. 127.
[556] Vgl. näher unten Rn. 152, 155, 160.
[557] OLG Düsseldorf 13. 2. 2002, Kart 16/00 (V), WuW/E DE-R 829 – *Freie Tankstellen;* OLG Düsseldorf 13. 11. 2000, Kart 16/00 (V), WuW/E DE-R 589 – *Freie Tankstellen; Markert* in: Immenga/Mestmäcker, GWB, § 20 Rn. 292; Frankfurter Kommentar/*Rixen*, § 20 Rn. 339; MünchKommGWB/*K. Westermann*, § 20 Rn. 148; *Schultz* in: Langen/Bunte, Bd. 1, § 20 Rn. 239.
[558] Vgl. die Nachweise in Fn. 557.
[559] OLG Düsseldorf 13. 2. 2002, Kart 16/00 (V), WuW/E DE-R 829 – *Freie Tankstellen;* OLG Düsseldorf 13. 11. 2000, Kart 16/00 (V), WuW/E DE-R 589 – *Freie Tankstellen; Markert* in: Immenga/Mestmäcker, GWB, § 20 Rn. 292.
[560] Zu Fällen der Behinderung nach Abs. 1 vgl. oben Rn. 91 ff.
[561] Vgl. auch oben Rn. 103.
[562] OLG Düsseldorf 13. 11. 2000, Kart 16/00 (V), WuW/E DE-R 589 – *Freie Tankstellen;* OLG Düsseldorf 13. 2. 2002, Kart 16/00 (V), WuW/E DE-R 829 – *Freie Tankstellen; Markert* in: Immenga/ Mestmäcker, GWB, § 20 Rn. 292; s. zum Price Squeezing auch *Hoffmann* WuW 2003, 1278. Dieser Fall wird jetzt durch § 20 Abs. 4 Satz 2 Nr. 3 erfasst.
[563] Vgl. oben Rn. 68 ff.

§ 20. Diskriminierungsverbot, Verbot unbilliger Behinderung 137 § 20 GWB

tigung der **auf die Freiheit des Wettbewerbs gerichteten Zielsetzung des GWB**;[564] das gilt auch für die Fälle des Regelkatalogs des Abs. 4 S. 2 Nr. 1–3.[565] Dabei sind die Wertungen des europäischen Wettbewerbsrechts einzubeziehen.[566] **Beteiligte** sind der behindernde Normadressat und die behinderten kleinen und mittleren Wettbewerber. Andere Marktteilnehmer, insbesondere Abnehmer und Lieferanten der kleinen und mittleren Wettbewerber gehören angesichts des Schutzzwecks des Abs. 4[567] nicht dazu. Bei der Interessenabwägung kommt es wesentlich auf die Beurteilung der Auswirkungen der Behinderung auf die Wettbewerbssituation der kleinen und mittleren Unternehmen an.[568] Auf den im Recht gegen den unlauteren Wettbewerb entwickelten Wertungsgegensatz von Leistungswettbewerb und Nichtleistungswettbewerb ist auch hier nicht zurückzugreifen. Wie der BGH ausdrücklich festgestellt hat, sind die Maßstäbe, nach denen zu beurteilen ist, ob eine unbillige Behinderung im Sinne des § 26 Abs. 4 (jetzt § 20 Abs. 4) vorliegt, nicht deckungsgleich mit den Maßstäben, nach denen in Anwendung des § 1 UWG (a. F.) ein unlauterer Behinderungswettbewerb anzunehmen ist. Nach dem Willen des Gesetzgebers seien unbillige Behinderungen kleiner oder mittlerer Wettbewerber durch Unternehmen mit überlegener Marktmacht nicht nur nach den Grundsätzen des Gesetzes gegen den unlauteren Wettbewerb zu beurteilen, sondern gerade auch nach kartellrechtlichen Maßstäben.[569]

Bei **Rabattsystemen,** die eine Sogwirkung entfalten, indem sie die Abnehmer des Normadressaten an diesen binden, wird Unbilligkeit häufig gegeben sein, soweit die Rabatte nicht für vom Abnehmer übernommene Funktionen gewährt werden.[570] Das gilt insbesondere für Treuerabatte. Eine unbillige Behinderung marktschwächerer Wettbewerber ist auch darin gesehen worden, dass die Abgabepreise von Produkten an Wettbewerber auf einer nachgelagerten Marktstufe höher angesetzt werden als die eigenen Endabnehmerpreise (Preis-Kosten-Schere),[571] Diese Situation wird jetzt von Abs. 4 S. 2 Nr. 3 erfasst.[572] Die Zahlung von sog. Einstandsgeldern eines Nachfragers mit überlegener Marktmacht an Lieferanten für den Fall, dass diese nach Auslaufen bestehender Lieferverträge mit marktschwächeren Wettbewerbern des Nachfragers zu diesem wechseln, wurde nicht als unbillig angesehen, weil das Einstandsgeld nicht gezielt zur Verdrängung der kleinen und mittleren Wettbewerber eingesetzt wurde und diese zum Einsatz dieses Mittels in einem ihrem kleineren Beschaffungsvolumen entsprechenden Umfang strukturell ebenfalls in der Lage waren.[573] Bei **Kopplungspraktiken,** die Abnehmer für die gekoppelten Waren an den Normadressaten binden und damit Mitbewerber beim Absatz solcher Waren behindern, kommt es darauf an, ob für die Kopplung ein sachlicher Grund besteht. Das wird insbesondere dann der Fall sein, wenn die Kopplung für die Aufrechterhaltung der Qualität

---

[564] BGH 9. 7. 2002, KZR 30/00, WuW/E DE-R 1006/1009 – *Fernwärme Börnsen;* OLG Düsseldorf 13. 2. 2002, Kart 16/00 (V), WuW/E DE-R 829 – *Freie Tankstellen;* OLG Düsseldorf 13. 11. 2000, Kart 16/00 (V), WuW/E DE-R 589 – *Freie Tankstellen;* BKartA, 17. 11. 1997, B2–15 511-T-56/97, WuW/E DE-V 24 – *Milchlieferverträge.*
[565] Entschieden für die Fälle des Angebots unter Einstandspreis nach Abs. 4 S. 2 a. F., vgl. BGH 12. 11. 2002, KVR 5/02, WuW/E DE-R 1042/1046 – *Wal-Mart;* OLG Düsseldorf 19. 12. 2001, Kart 21/00 (V), WuW/E DE-R 781 – *Wal-Mart.*
[566] Vgl. oben Rn. 70 f.
[567] S. oben Rn. 130.
[568] BGH 12. 11. 2002, KVR 5/02, WuW/E DE-R 1042/1046 – *Wal-Mart.*
[569] BGH 4. 4. 1995, KZR 34/93, WuW/E BGH 2977/2980 f. – *Hitlisten-Platten.*
[570] Vgl. näher oben Rn. 103. S. auch den Fall im Tätigkeitsbericht für 2005/2006 S. 69.
[571] Vgl. dazu BKartA 9. 8. 2000, B 8–77/00, WuW/E DE-V 289 – *Freie Tankstellen;* OLG Düsseldorf 13. 11. 2000, Kart 16/00 (V), WuW/E DE-R 589 – *Freie Tankstellen;* OLG Düsseldorf 13. 2. 2002, Kart 16/00 (V), WuW/E DE-R 829 – *Freie Tankstellen.*
[572] Dazu unten Rn. 157.
[573] KG 30. 7. 1999, Kart 27/97, WuW/E DE-R 380 – *Milchlieferverträge.*

oder den Ruf eines Produkts, mit denen die gekoppelten Waren verbunden sind, erforderlich ist (z. B. bei Ersatzteilen oder Hilfsmaterialien). Eine Umstellung des Vertriebssystems, zur Senkung der Vertriebskosten führt, ist, auch wenn sie zur Behinderung abhängiger Geschäftspartner führt, im allgemeinen legitim, weil auch marktstarken oder marktbeherrschenden Unternehmen der unternehmerische Freiraum zusteht, ihr Vertriebssystem nach ihren Vorstellungen und den wirtschaftlichen Erfordernissen zu gestalten.[574]

138 **c) Der Regelkatalog (Abs. 4 S. 2). aa) Übersicht:** Der frühere Abs. 4 S. 2, der das nicht nur gelegentliche Angebot unter Einstandspreis erfasste, ist seit dem 22. 12. 2007 durch drei Fälle ersetzt, in denen die Unbilligkeit unwiderleglich vermutet wird. Bei Lebensmitteln ist jetzt nicht mehr das nicht nur gelegentliche, sondern jedes Angebot unter Einstandspreis als unbillige Behinderung anzusehen (Abs. 4 S. 2 Nr. 1), bei anderen Waren oder gewerblichen Leistungen das nicht nur gelegentliche Angebot unter Einstandspreis (Abs. 4 S. 2 Nr. 2) und der erst durch den Bundestag eingefügte Abs. 4 S. 2 Nr. 3 erfasst die Preis-Kosten-Schere, bei der das marktmächtige Unternehmen für seine Waren oder Leistungen von Wettbewerbern auf einem nachgelagerten Markt einen höheren Preis fordert als es ihn selbst von seinen Abnehmern verlangt. Die Neuregelung ist bis zum 31. 12. 2012 befristet.[575] Angesichts zahlreicher im Laufe des Gesetzgebungsverfahrens erhobener kritischer Stimmen soll die Befristung der Feststellung dienen, ob sich die Änderungen bewähren, insbesondere die Regelung des Angebots unter Einstandspreis.[576]

139 § 20 Abs. 4 S. 2 regelt damit einen **Sonderfall** des § 20 Abs. 4 S. 1. Die Sonderregelung bezieht sich auf das Tatbestandsmerkmal der unbilligen Behinderung; die anderen Tatbestandsmerkmale des § 20 Abs. 4 S. 1 finden unverändert Anwendung. Anders als in den Fällen des § 20 Abs. 4 S. 1[577] bedarf es aber **keines Nachweises eines Kausalzusammenhangs** zwischen überlegener Marktmacht und der Behinderung. In den in Abs. 4 S. 2 Nr. 1–3 geregelten Fällen besteht eine **unwiderlegliche Vermutung,** dass es sich um eine unbillige Behinderung handelt. Der Normadressat hat lediglich die Möglichkeit, den Nachweis zu führen, dass sein Handeln sachlich gerechtfertigt ist.[578]

140 **bb) Einstandspreis.** Verkäufe von Waren oder gewerblichen Leistungen unter Einstandspreis sind ein Fall von **Niedrigpreisstrategien,** die durchaus **ambivalent zu beurteilen** sind. Einerseits hindert § 20 ein Unternehmen grundsätzlich nicht daran, sein Bezugs- und Absatzsystem nach eigenem Ermessen so zu gestalten, wie es dies für richtig und wirtschaftlich sinnvoll hält.[579] Gerade die Preisgestaltung prägt grundsätzlich die eigene Leistung und ist Ausdruck wettbewerbskonformen Verhaltens. Verkäufe unter Einstandspreis können auf kaufmännischer Mischkalkulation beruhen und dürfen daher nicht von vornherein als wettbewerbswidrig eingestuft werden. Andererseits können Verkäufe unter Einstandspreis systematisch und gezielt eingesetzt werden, um Wettbewerber auszuschalten.[580] Rechtsprechung und Schrifttum haben sich seit jeher schwer getan, geeignete Abgrenzungskriterien zu finden.[581]

141 Die **Regelung über Angebote unter Einstandspreis** in § 20 Abs. 4 S. 2 a. F. wurde mit der 6. Novelle 1999 eingeführt, weil die Erfassung von Angeboten unter Einstandspreis

---

[574] Tätigkeitsbericht 2003/2004, S. 155 (Streichung des Provisionsspruchs der Reisebüros durch die Lufthansa).
[575] Art. 1a, 3 Gesetz zur Bekämpfung von Preismissbrauch im Bereich der Energieversorgung und des Lebensmittelhandels vom 18. 12. 2007 (BGBl. I S. 2966).
[576] Dazu Ritter WuW 2008, 142/148.
[577] Vgl. Rn. 135.
[578] BGH 12. 11. 2002, KVR 5/02, WuW/E DE-R 1042/1045 – *Wal-Mart* zu Abs. 4 S. 2 a. F.
[579] Vgl. oben Rn. 73.
[580] Vgl. etwa das Beispiel in Tätigkeitsbericht des BKartA für 2001/2002 (BT-Drucks. 15/1226) S. 150.
[581] Vgl. im Schrifttum etwa *Hoffmann* WuW 2003, 1278; *Gassner/Dangelmaier* WuW 2003, 491; *Fichert/Keßler* WuW 2002, 1173; *Krause/Oppolzer* WuW 2000, 17.

einerseits durch § 37a Abs. 3 a. F. sowie § 26 Abs. 4 a. F., andererseits durch die Vorschriften des UWG nicht zu zufriedenstellenden Ergebnissen geführt hatte und der Gesetzgeber zu der Erkenntnis gekommen war, dass eine angemessene gesetzliche Regelung nicht in einer generalklauselartigen Vorschrift wie bisher, sondern besser in einem speziellen, auf diesen Behinderungssachverhalt zugeschnittenen Tatbestand erfolgen sollte.[582] Der Grundsatz der freien Preisbildung sollte mit der Regelung nicht in Frage gestellt werden; die Grenzen zulässiger Preisgestaltung sollten vielmehr dort gezogen werden, wo vorsätzliche Verdrängungspraktiken oder systematische Untereinstandspreisverkäufe zu einer Gefährdung des funktionierenden Wettbewerbs auf den betroffenen Märkten führen.[583] Durch das Verbot auch des gelegentlichen Angebots von Lebensmitteln unter Einstandspreis (Abs. 4 S. 2 Nr. 1)[584] sollen kleinere und mittlere Einzelhandelsunternehmen vor dem Preisdruck der großen Einzelhandelsunternehmen geschützt werden.[585] Die Neuregelung ist vielfach kritisch beurteilt worden; in der Tat wird der Grundsatz der freien Preisbildung zumindest erheblich eingeschränkt. Von Seiten des Bundeskartellamts ist zum Ausdruck gebracht worden, dass diese Regelung nicht nur ungeeignet sei, den Schutz der kleinen und mittleren Unternehmen verbessern, sondern dass sie sich auch als ausgesprochenes Wettbewerbshindernis darstelle.[586]

Der Gesetzgeber hat den **Begriff des Einstandspreises** nicht definiert. Anhaltspunkte ergeben sich jedoch aus der Begründung des Wirtschaftsausschusses des Bundestages. Danach ist auszugehen vom „Preis der Ware (Listenpreis). Abzuziehen sind Rabatte, Skonti, umsatzbezogene Vergütungen (z. B. Umsatzboni) und sonstige warenbezogene Zuwendungen (z. B. Verkaufsförderungsvergütungen). Als preismindernd kommen nur solche Abzugsposten in Betracht, die ihren rechtlichen Grund im konkreten Kaufvertrag zwischen Lieferant und Abnehmer haben. Allgemeine Preisvorteile, die nicht im Zusammenhang mit bestimmten Produkten stehen, scheiden als Abzugsposten aus".[587] Das **Bundeskartellamt** hat zum Angebot unter Einstandspreis **Auslegungsgrundsätze** veröffentlicht, deren erstmals 2000 erschienene Fassung[588] 2003 überarbeitet[589] wurde. Es geht bei der Feststellung des Einstandspreises vom Listenpreis des Lieferanten (ohne Mehrwertsteuer) aus, von dem alle wirksamen Konditionen abgezogen werden, die ihren rechtlichen Grund in den zwischen dem Lieferanten und dem Abnehmer geschlossenen Beschaffungsverträgen haben. Dazu zählen sowohl die sog. Jahresvereinbarungen als auch die zusätzlichen im Laufe eines Jahres getroffenen Vereinbarungen, die im Zusammenhang mit einer konkreten Warenbestellung oder auch davon unabhängig erfolgen können.[590] Diese Konditionen sind sämtlichen vom jeweiligen Hersteller gelieferten Produkten umsatzanteilig zuzurechnen; das soll auch für Werbekostenzuschüsse gelten.[591]

Einstandspreis ist also **nicht der Rechnungspreis** für eine konkrete Lieferung, der nur auf diese Lieferung bezogene Abzüge wie Skonti oder Rabatt enthält, sondern es sind auch die **generell eingeräumten Konditionen** wie Jahresboni, Werbekostenzuschüsse, Verkaufsförderungsentgelte, Umsatzvergütungen usw. anteilig zu berücksichtigen; sie werden als Nachlass auf den Jahresumsatz angesehen und mit einem entsprechenden Prozentsatz

---

[582] Regierungsbegründung zur 6. GWB-Novelle, BT-Drucks. 13/9720 S. 37.
[583] Regierungsbegründung a. a. O. (Fn. 582).
[584] Vgl. Rn. 138.
[585] So die Regierungsbegründung, vgl. WuW 2008, 305.
[586] *Heitzer* WuE 2008, 854/860; s. a. Tätigkeitsbericht für 2005/2006, S. 8.
[587] BT-Drucks. 13/10633 S. 72.
[588] Wiedergegeben in WuW 2000, 1221.
[589] Hinweis in WuW 2003, 1253; abrufbar unter http://www.bundeskartellamt.de/wDeutsch/download/pdf/Merkblaetter/Merkblaetter_deutsch/Bekanntmachung_Einstandspreis.pdf.
[590] Bekanntmachung Nr. 124/2003 des BKartA zur Anwendung des § 20 Abs. 4 S. 2 GWB (Fn. 589), unter B 3.
[591] Tätigkeitsbericht für 2005/2006, S. 140f. Zu Werbekostenzuschüssen vgl. aber auch Rn. 143.

vom Rechnungspreis der einzelnen Lieferung abgezogen.[592] Diese generell eingeräumten Konditionen müssen aber einen **Bezug zur Warenlieferung** bzw. zur Erbringung der Dienstleistung haben. Allgemeine vom Lieferanten gewährte Vergünstigungen, wie etwa „Jubiläumsboni", „Inventurhilfen" oder Sonderleistungen bei Neueröffnungen, die mit der Abnahme bestimmter Warenmengen nicht in Zusammenhang stehen, brauchen nur abgezogen zu werden, wenn sie einen warenbezogenen Zusammenhang aufweisen, die von den Parteien gewählte Bezeichnung ist nicht entscheidend.[593] Die Grenzziehung kann im Einzelfall, etwa bei **Werbekostenzuschüssen,** schwierig sein; es kommt dann darauf an, ob ein solcher Zuschuss in Bezug auf eine bestimmte Warenlieferung oder allgemein gewährt wurde. Nicht abzuziehen sind auch die **Gemeinkosten** eines Unternehmens.[594] Zum Einstandspreis zählen dagegen die der konkreten Warenlieferung unmittelbar zuzurechnenden **Nebenkosten der Beschaffung,** wie Verpackung, Transport, Fracht, Versicherung, sofern sie vom Abnehmer getragen werden.[595]

144 Der Einstandspreis ist auf die **einzelne angebotene Ware oder Leistung** zu beziehen und darf nicht aus dem Gesamtpreis mehrerer Waren oder Leistungen berechnet werden.[596] Der Begriff des Einstandspreises erfordert nicht, dass der Normadressat **von vornherein** seinen Verkaufspreis niedriger als den Einstandspreis festlegt. Erhöht der Lieferant seinen Abgabepreis bei gleich bleibendem Verkaufspreis des Normadressaten über diesen Verkaufspreis hinaus, so stellt auch in diesem Fall der Verkaufspreis einen unter dem Einstandspreis liegenden Preis dar.[597]

145 Es muss sich um ein **Angebot** von Lebensmitteln bzw. anderen Waren oder gewerblichen Leistungen handeln. Ein Verkauf ist nicht erforderlich. Angebot ist die Erklärung der Bereitschaft zur Veräußerung der Waren beziehungsweise zur Erbringung der Leistung.

146 **cc) Angebote unter Einstandspreis bei Lebensmitteln (Abs. 4 S. 2 Nr. 1):** Bei Lebensmitteln ist den Normadressaten des § 20 Abs. 4[598] nicht nur das gelegentliche, sondern **jegliches Angebot unter Einstandspreis verboten,** sofern nicht eine sachliche Rechtfertigung[599] dafür vorliegt. Anlass für die Regelung war der teilweise ruinöse Preiswettbewerb im Lebensmitteleinzelhandel, zu dem auch Verkäufe unter Einstandspreis durch große Handelsunternehmen beigetragen haben. Die Regelung sollen kleinere und mittlere Betriebe gegen einen Verdrängungswettbewerb durch marktmächtige Handelsunternehmen schützen.[600] Sie ist bis zum 31. 12. 2012 befristet.[601]

147 **Für den Begriff der Lebensmittel** wird auf § 2 Abs. 2 des Lebensmittel- und Futtermittelgesetzbuches verwiesen; diese Vorschrift verweist auf Art. 2 der Verordnung (EG) Nr. 178/2002.[602] Danach sind Lebensmittel „alle Stoffe oder Erzeugnisse, die dazu bestimmt sind oder von denen nach vernünftigem Ermessen erwartet werden kann, dass sie in verarbeitetem, teilweise verarbeitetem oder unverarbeitetem Zustand von Menschen aufgenommen werden". Zu den Lebensmittel zählen auch „Getränke, Kaugummi sowie alle Stoffe – einschließlich Wasser –, die dem Lebensmittel bei seiner Herstellung oder Ver-

---

[592] Bekanntmachung des BKartA a.a.O. (Fn. 590); s.a. Frankfurter Kommentar/*Rixen*, § 20 Rn. 350 f.; *Markert* in: Immenga/Mestmäcker, GWB, § 20 Rn. 301.

[593] *Markert* in: Immenga/Mestmäcker, GWB, § 20 Rn. 300; Frankfurter Kommentar/*Rixen*, § 20 Rn. 368; MünchKommGWB/*K. Westermann*, § 20 Rn. 155.

[594] Frankfurter Kommentar/*Rixen*, § 20 Rn. 366; MünchKommGWB/*K. Westermann*, § 20 Rn. 155.

[595] Bekanntmachung des BKartA a.a.O. (Fn. 590) S. 11.

[596] *Markert* in: Immenga/Mestmäcker, GWB, § 20 Rn. 297.

[597] BGH 12. 11. 2002, KVR 5/02, WuW/E DE-R 1042/1044 – *Wal-Mart*.

[598] Dazu oben Rn. 131.

[599] Vgl. unten Rn. 149 ff.

[600] So die Regierungsbegründung, vgl. WuW 2008, 305.

[601] Vgl. oben Rn. 138.

[602] ABl. L 31 vom 1. 2. 2002, S. 1.

oder Bearbeitung absichtlich zugesetzt werden". Zu Lebensmitteln zählen nicht Futtermittel, lebende Tiere, soweit sie nicht für das Inverkehrbringen zum menschlichen Verzehr hergerichtet worden sind, Pflanzen vor dem Ernten, Arzneimittel, kosmetische Mittel, Tabak und Tabakerzeugnisse, Betäubungsmittel und psychotrope Stoffe.

Durch die Regelung werden **nur Einzelhandelsunternehmen** erfasst, die an Endverbraucher verkaufen, nicht dagegen Hersteller und Großhändler.[603] Zweifelhaft ist, ob auch bei der Belieferung von Großverbrauchern wie Großküchen oder Restaurants ein Verkauf unter Einstandspreisen nicht erfolgen darf. Eine Nichtanwendung des Abs. 4 S. 2 Nr. 1 auf die Belieferung von Großverbrauchern wird zum Teil mit der Begründung bejaht, dass insoweit ein Verbot vom wettbewerbspolitischen Zweck der Vorschrift nicht gedeckt sei und dass es zu einer unterschiedlichen Behandlung von Händlern und Herstellern führen würde, da Letztere von der Vorschrift erfasst würden.[604] Dagegen lässt sich einwenden, dass kleine und mittlere Unternehmen auch dann dem Verdrängungswettbewerb großer Handelsunternehmen ausgesetzt sein können, wenn sie Restaurants oder Großküchen beliefern und dass auch bei der Lieferung an Privathaushalte die Situation besteht, dass Hersteller zu einem nicht kostendeckenden Preis ihre Produkte abgeben dürfen. Nach dem Gesetzeswortlaut ist Abs. 4 S. 2 Nr. 1 auch auf die Belieferung von Großverbrauchern anzuwenden, zudem dürfte eine Abgrenzung von Großverbrauchern und Nichtgroßverbrauchern auf erhebliche Schwierigkeiten stoßen. **148**

Der Verkauf von Lebensmitteln unter Einstandspreis ist zulässig, wenn er **sachlich gerechtfertigt** ist. Das Gesetz nennt in Abs. 4 S. 3 und 4 zwei Fälle sachlicher Rechtfertigung, nämlich den Verderb oder die drohende Unverkäuflichkeit der Waren und die Abgabe an gemeinnützige Einrichtungen. Unter **Verderb** (Abs. 4 S. 3) versteht der Gesetzgeber einen „unmittelbar bevorstehenden physischen Verderb".[605] Anhaltspunkt dafür kann der auf einer Verpackung angegebene Ablauf des Haltbarkeitsdatums sein.[606] Unmittelbar bevorstehend ist dahingehend zu interpretieren, dass ein Verkauf sinnvollerweise noch möglich sein muss; je nach Art der Lebensmittel werden das in der Regel einige Tage sein. Soweit ein Haltbarkeitsdatum auf einer Verpackung nicht angegeben ist, wie etwa bei vielen Obst- oder Gemüseangeboten, ist das Datum des Verderbs nach Erfahrungswerten zu bestimmen; auch hier wird der Verkauf zum Untereinstandspreis einige Tage vor Eintritt des Verderbs zulässig sein. Bei der **Unverkäuflichkeit** dachte der Gesetzgeber an Saisonartikel bzw. speziell im Hinblick auf ein bestimmtes Ereignis hergestellte Artikel.[607] Beispiele bilden etwa Weihnachtsmänner und Osterhasen aus Schokolade. **149**

Mit der Abgabe an gemeinnützige Einrichtungen (Abs. 4 S. 4) wollte der Gesetzgeber vom Verbot des Angebots zu Untereinstandspreisen die Praxis ausnehmen, dass Händler leicht verderbliche Lebensmittel vor Wochenenden, Feiertagen oder Schließungen zu herabgesetzten Preisen an soziale Einrichtungen abgeben, die sie im Rahmen ihrer Aufgaben verwenden.[608] Unter gemeinnützigen Einrichtungen sind nicht nur formell (etwa steuerlich) als gemeinnützig anerkannte Institutionen zu verstehen; entscheidend ist die Wahrnehmung gemeinnütziger Aufgaben, etwa in der Kranken-, Behinderten-, Jugend- und Altenpflege.[609] Maßgeblich ist, dass sich die Verwendung der Lebensmittel in die Aufgaben der Einrichtung einordnen lässt. Die Abgabe beispielsweise an einen als gemeinnützig anerkannten Sportverein dürfte nicht von Abs. 4 S. 4 erfasst werden. Ob die Lebens- **150**

---

[603] *Bechtold*, GWB, § 20 Rn. 84c.
[604] *Bechtold*, GWB, § 20 Rn. 84c.
[605] Regierungsbegründung zum Gesetz zur Bekämpfung von Preismissbrauch im Bereich der Energieversorgung und des Lebensmittelhandels, WuW 2008, 305.
[606] *Bechtold*, GWB, § 20 Rn. 84d.
[607] Regierungsbegründung (a. a. O. Fn. 605).
[608] *Bechtold*, GWB, § 20 Rn. 84e.
[609] *Bechtold*, GWB, § 20 Rn. 84e.

mittel tatsächlich innerhalb der gemeinnützigen Aufgabenstellung verwendet werden, bleibt unerheblich; entscheidend ist, dass der Lebensmittelhändler sie zu diesem Zweck abgegeben hat.

151 **Weitere Fälle der sachlichen Rechtfertigung** sind eng beschränkt. Es muss sich um **schwerwiegende Fälle** handeln, die dem Verderb oder der Unverkäuflichkeit von Lebensmitteln gleichzusetzen sind. Der Begriff der sachlichen Rechtfertigung ist damit enger auszulegen als in den Fällen des Abs. 4 S. 2 Nr. 2 und 3. In der Regierungsbegründung werden als Beispiele beschädigte Ware und Ausschussware genannt.[610]

152 Für die sachliche Rechtfertigung trifft den **Normadressaten** die **Darlegungs- und Beweislast**.[611] Kann der Normadressat diesen Nachweis nicht führen, so geht dies zu seinen Lasten.[612] Allerdings ist das Bundeskartellamt dadurch von seiner Amtsermittlungspflicht nicht entbunden.[613]

153 **dd) Angebote unter Einstandspreis bei anderen Waren oder gewerblichen Leistungen (Abs. 4 S. 2 Nr. 2):** § 20 Abs. 4 S. 2 Nr. 2 erfasst Untereinstandspreisangebote anderer Waren und gewerblicher Leistungen nur dann, wenn sie nicht nur gelegentlich erfolgen. Die Vorschrift entspricht dem § 20 Abs. 4 S. 2 a.F. Der Gesetzgeber wollte mit der Beschränkung auf das nur gelegentliche Angebot den Anwendungsbereich der Vorschrift begrenzen und dem Grundsatz der freien Preisbildungsrechnung tragen.[614] Zugleich liegt dem die Erwägung zugrunde, dass eine Niedrigpreisstrategie von kleinen und mittleren Wettbewerbern typischerweise nicht über einen längeren Zeitraum verkraftet werden kann.[615] „Nicht nur gelegentlich" ist im Sinne eines **systematischen Vorgehens** zu verstehen; in der Regierungsbegründung heißt es, dass systematische Untereinstandspreisverkäufe zu einer Gefährdung des funktionierenden Wettbewerbs führen.[616] Welche Dauer die Angebote haben müssen und in welchem zeitlichen Abstand sie zu erfolgen haben, um „nicht nur gelegentlich" zu sein, lässt sich nicht generell bestimmen, sondern hängt von den Umständen des Einzelfalls ab. Kriterien sind die Dauer des Angebots,[617] eine mehr oder weniger regelmäßige Wiederholung,[618] aber auch die Intensität der Wettbewerbsbeschränkung sowie weitere Umstände des Einzelfalls.[619] Einzelaktionen, die den Charakter kurzfristiger Werbeaktionen haben wie Einführungspreise bei Geschäftseröffnung oder sporadische Sonder- oder Lockvogelangebote, fallen nicht unter den Verbotstatbestand,[620] das gleiche gilt für Notverkäufe[621] sowie Sonderangebote bei drohender Insolvenz oder Geschäftsaufgabe. Angebote, die kontinuierlich oder diskontinuierlich (etwa als Sonderaktion

---

[610] Regierungsbegründung zum Gesetz zur Bekämpfung von Preismissbrauch im Bereich der Energieversorgung und des Lebensmittelhandels, WuW 2008, 305.
[611] BGH 12. 11. 2002, KVR 5/02, WuW/E DE-R 1042/1043 – *WalMart*; OLG Düsseldorf 19. 12. 2001, Kart 21/00 (V), WuW/E DE-R 781 – *Wal-Mart;* Bekanntmachung Nr. 124/2003 des BKartA zur Anwendung des § 20 Abs. 4 S. 2 GWB (Fn. 589), unter B 4; *Bechtold*, GWB, § 20 Rn. 84.
[612] BGH 12. 11. 2002, KVR 5/02, WuW/E DE-R 1042/1043 – *Wal-Mart*.
[613] BKartA a. a. O. (Fn. 611).
[614] Vgl. die Regierungsbegründung zur 6. GWB-Novelle, BT-Drucks. 13/9720, S. 37.
[615] BGH 12. 11. 2002, KVR 5/02, WuW/E DE-R 1042/1044 – *WalMart,* unter Hinweis auf die Beratungen des Ausschusses für Wirtschaft, BT-Drucks. 13/10633 S. 63.
[616] A. a. O. (Fn. 614); einhellige Ansicht auch im Schrifttum, vgl. etwa *Markert* in: Immenga/Mestmäcker, GWB, § 20 Rn. 303; Frankfurter Kommentar/*Rixen,* § 20 Rn. 379; MünchKomm-GWB/*K. Westermann,* § 20 Rn. 156; *Köhler* BB 1999, 677/699; ähnlich *Bechtold*, GWB, § 20 Rn. 82.
[617] Frankfurter Kommentar/*Rixen,* § 20 Rn. 380.
[618] *Markert* in: Immenga/Mestmäcker, GWB, § 20 Rn. 303; s. a. Tätigkeitsbericht des BKartA für 2001/2002 S. 182.
[619] Frankfurter Kommentar/*Rixen,* § 20 Rn. 380.
[620] Bekanntmachung Nr. 124/2003 des BKartA zur Anwendung des § 20 Abs. 4 S. 2 GWB (Fn. 589), unter B 2.
[621] Regierungsbegründung zur 6. GWB-Novelle, BT-Drucks. 13/9720, S. 37.

§ 20. Diskriminierungsverbot, Verbot unbilliger Behinderung 154, 155 § 20 GWB

jeweils zum Wochenende) über mindestens drei Wochen andauern, werden vom Bundeskartellamt als nicht nur gelegentliche Angebote eingestuft.[622] Auch das Angebot von Waren in mehr als drei Kalenderwochen innerhalb eines halben Jahres zum Untereinstandspreis sieht das Bundeskartellamt als nicht nur gelegentliches Angebot an.[623] Erst recht war ein Angebot mit einer Dauer von elf Wochen nicht mehr als nur gelegentlich anzusehen.[624]

Auf Dauer angelegte Untereinstandspreisangebote brauchen sich nicht notwendig auf immer das gleiche Produkt zu beziehen; auch bei **wechselnden Artikeln** kann die wettbewerbsgefährdende Behinderung der Mitbewerber eintreten.[625] Die Angebote müssen sich aber auf den **gleichen räumlichen Markt** beziehen, weil sie sonst unterschiedliche Mitbewerber treffen, die dann gegebenenfalls nur gelegentlich behindert werden; dies kann anders sein, wenn derselbe kleine oder mittlere Anbieter selbst auf unterschiedlichen räumlich relevanten Märkten tätig ist.[626] Das Verbot des nicht nur gelegentlich vorgenommenen Untereinstandspreisverkaufs setzt nicht voraus, dass die Gefahr einer nachhaltigen Beeinträchtigung der strukturellen Voraussetzungen für einen wirksamen Wettbewerb besteht.[627] Verhaltensweisen, von denen **keine anhaltenden wettbewerblichen Auswirkungen** ausgehen, werden aber von § 20 Abs. 4 S. 2 Nr. 2 nicht erfasst.[628] Das bedeutet jedoch nicht, dass dieser Tatbestand des § 20 Abs. 4 S. 2 um ein ungeschriebenes Merkmal der Eignung zu einer spürbaren Beeinträchtigung der Wettbewerbsverhältnisse zu ergänzen wäre.[629]

154

Auch in den Fällen des Abs. 4 S. 2 Nr. 2 (nicht nur gelegentliche Untereinstandspreisangebote anderer Waren oder gewerblicher Leistungen) liegt ein Verstoß gegen § 20 Abs. 4 nicht vor, wenn das Untereinstandspreisangebot **sachlich gerechtfertigt** ist. Für die sachliche Rechtfertigung trifft den **Normadressaten** die **Darlegungs- und Beweislast**.[630] Kann der Normadressat diesen Nachweis nicht führen, so geht dies zu seinen Lasten.[631] Allerdings ist das Bundeskartellamt dadurch nicht seiner Amtsermittlungspflicht nicht entbunden.[632] Bei der Prüfung der sachlichen Rechtfertigung ist ebenso wie bei § 20 Abs. 1[633] von einer umfassenden **Abwägung der Interessen der Beteiligten unter Berücksichtigung der auf die Freiheit des Wettbewerbs gerichteten Zielsetzung des GWB unter Berücksichtigung der Wertungen des europäischen Wettbewerbsrechts** auszugehen.[634] Bei der Abwägung ist einerseits das Schutzinteresse

155

---

[622] BKartA, 25. 10. 2007, B 9–77/07, WuW/E DE-V 1481 – *Netto Marken-Discount;* BKartA 17. 12. 2003, B 9–9/03, WuW/E DE-V 911 – *Fotoarbeitstasche;* Bekanntmachung Nr. 124/2003 des BKartA zur Anwendung des § 20 Abs. 4 S. 2 GWB (Fn. 589), unter B 2; s. a. Tätigkeitsbericht des BKartA für 2003/2004 (BT-Drucks. 15/5790) S. 146 (Anbieten von Fotoarbeiten unter Einstandspreis von mindestens vier Wochen).

[623] BKartA, 25. 10. 2007, B 9–77/07, WuW/E DE-V 1481 – *Netto Marken-Discount.*

[624] Tätigkeitsbericht des BKartA für 2005/2006 S. 140.

[625] Bekanntmachung Nr. 124/2003 des BKartA zur Anwendung des § 20 Abs. 4 S. 2 GWB (Fn. 589), unter B 2.

[626] Bekanntmachung des BKartA a. a. O. (Fn. 625) s. a. BKartA, 25. 10. 2007, B 9–77/07, WuW/E DE-V 1481 – Netto Marken-Discount.

[627] BGH 12. 11. 2002, KVR 5/02, WuW/E DE-R 1042/1049 – *Wal-Mart.*

[628] Regierungsbegründung zur 6. GWB-Novelle, BT-Drucks. 13/9720, S. 38.

[629] So aber OLG Düsseldorf 19. 12. 2001, Kart 21/00 (V), WuW/E DE-R 781 – *Wal-Mart;* insoweit aufgehoben durch BGH 12. 11. 2002, KVR 5/02, WuW/E DE-R 1042/1049 f. – *Wal-Mart.*

[630] BGH 12. 11. 2002, KVR 5/02, WuW/E DE-R 1042/1043 – *Wal-Mart;* OLG Düsseldorf 19. 12. 2001, Kart 21/00 (V), WuW/E DE-R 781 – *Wal-Mart;* Bekanntmachung Nr. 124/2003 des BKartA zur Anwendung des § 20 Abs. 4 S. 2 GWB (Fn. 605), unter B 4; *Bechtold,* GWB, § 20 Rn. 84.

[631] BGH 12. 11. 2002, KVR 5/02, WuW/E DE-R 1042/1043 – *Wal-Mart.*

[632] BKartA a. a. O. (Fn. 611).

[633] Vgl. oben Rn. 89.

[634] Regierungsbegründung zur 6. GWB-Novelle, BT-Drucks. 13/9720, S. 37; BGH 12. 11. 2002, KVR 5/02, WuW/E DE-R 1042/1044 – *Wal-Mart;* Bekanntmachung Nr. 124/2003 des BKartA zur

kleiner und mittlerer Unternehmen gegen die Behinderung durch überlegene Wettbewerber, andererseits das Interesse der Normadressaten zu berücksichtigen, durch geeignete Maßnahmen einschließlich der Preisgestaltung die eigenen Wettbewerbschancen zu verbessern.[635]

156 **Eine sachliche Rechtfertigung** kann sich in erster Linie daraus ergeben, dass dem Verderb ausgesetzte, beschädigte, technisch überholte oder nicht mehr auf dem Stand der Mode befindliche Waren regelmäßig schnell abgesetzt werden sollen.[636] Für eine Einführungsphase kann auch der **Neueintritt eines Unternehmens in den Markt** Angebote unter Einstandspreis sachlich rechtfertigen; als Neueintritt zählen jedoch nicht der Inhaberwechsel, die Unternehmensübernahme oder der Unternehmenszusammenschluss;[637] zudem sind an die zeitliche Begrenzung strenge Anforderungen zu stellen.[638] Auch der **Eintritt in Preise von Wettbewerbern** kann eine sachliche Rechtfertigung darstellen,[639] wobei allerdings zu berücksichtigen ist, dass es bei der Interessenabwägung wesentlich auf die Beurteilung der Auswirkungen auf die Wettbewerbssituation der kleinen und mittleren Unternehmen ankommt und das Verhältnis des Normadressaten zu Wettbewerbern und ihrer Preisgestaltung nicht in den Vordergrund treten darf.[640] Die Absicht eines Hard-Discounters, aus Wettbewerbsgründen die Preise eines Vollsortimenters zu unterbieten, stellt jedenfalls keine Rechtfertigung dar.[641] Untereinstandspreisangebote können im Grundsatz auch zu **Abwehrzwecken** sachlich gerechtfertigt sein; dabei darf jedoch der von dem Abwehrverhalten ausgehende Verstärkungseffekt nicht außer acht gelassen werden, der daraus resultiert, dass die kleinen und mittleren Unternehmen dann den Änderungsmaßnahmen mehrerer marktmächtiger Wettbewerber ausgesetzt sind.[642] Indes kann auch in solchen Fällen das Interesse des Normadressaten überwiegen, wenn ihm ein so großer Schaden zu entstehen droht, dass es ihm nicht zuzumuten ist, der ihm als marktmächtigen Unternehmen abverlangten Rücksichtnahme auf die kleinen und mittleren Wettbewerber den Vorzug zu geben.[643] Jedoch ist der Eintritt in Preise von Wettbewerbern in solchen Fällen unzulässig, wenn die **Preise der Wettbewerber rechtswidrig** sind.[644] Zudem bleibt zu prüfen, ob der Normadressat gegen die rechtswidrigen Preise der Wettbewerber nicht im Wege der einstweiligen Verfügung hätte vorgehen oder ein Eingreifen der Kartellbehörde hätte abwarten können.[645] Eine sachliche Rechtfertigung kann auch dann in Betracht kommen, wenn sich der Einstandspreis überraschend erhöht und den bisherigen Verkaufspreis übersteigt.[646]

Anwendung des § 20 Abs. 4 S. 2 GWB (Fn. 589), unter B 4; *Markert* in: Immenga/Mestmäcker, GWB, § 20 Rn. 305; *Bechtold*, GWB, § 20 Rn. 83.

[635] Bekanntmachung Nr. 124/2003 des BKartA zur Anwendung des § 20 Abs. 4 S. 2 GWB (Fn. 589), unter B 4.

[636] Bekanntmachung Nr. 124/2003 des BKartA a.a.O. (Fn. 635); *Markert* in: Immenga/Mestmäcker, GWB, § 20 Rn. 306; dazu kritisch Frankfurter Kommentar/*Rixen*, § 20 Rn. 388.

[637] Bekanntmachung Nr. 124/2003 des BKartA a.a.O. (Fn. 635).

[638] Frankfurter Kommentar/*Rixen*, § 20 Rn. 398.

[639] BGH 12. 11. 2002, KVR 5/02, WuW/E DE-R 1042/1045 – *WalMart*; OLG Düsseldorf 19. 12. 2001, Kart 21/00 (V), WuW/E DE-R 781 – *Wal-Mart*; *Markert* in: Immenga/Mestmäcker, GWB, § 20 Rn. 307; Frankfurter Kommentar/*Rixen*, § 20 Rn. 389 ff.; einschränkend das BKartA (Bekanntmachung Nr. 124/2003 a.a.O. – Fn 671); a.A. *Bechtold*, GWB, § 20 Rn. 83.

[640] BGH a.a.O. (Fn. 639) S. 1046; BKartA (Fn. 637).

[641] BKartA 1. 9. 2000, B 9–85/00, WuW/E DE-V 314 – *Aldi-Nord*.

[642] BGH a.a.O. (Fn. 639) S. 1046.

[643] BGH a.a.O. (Fn. 639) S. 1047; s.a. BKartA 17. 12. 2003, B 9–9/03, WuW/E DE-V 911 – *Fotoarbeitstasche*.

[644] BGH a.a.O. (Fn. 639) S. 1047; Bekanntmachung Nr. 124/2003 des BKartA a.a.O. (Fn. 635).

[645] BGH a.a.O. (Fn. 639) S. 1048.

[646] BGH a.a.O. (Fn. 639) S. 1048; Bekanntmachung Nr. 124/2003 des BKartA zur Anwendung des § 20 Abs. 4 S. 2 GWB (Fn. 589), unter B 4.

ee) Preis-Kosten-Schere (Abs. 4 S. 2 Nr. 3): Die Vorschrift wurde erst im Laufe des 157 Gesetzgebungsverfahrens durch den Wirtschaftsausschuss des Bundestages eingefügt. Sie betrifft Fälle, in denen vertikal integrierte Unternehmen Waren oder gewerbliche Leistungen auf der nachgelagerten Marktstufe **sowohl über eigene Verkaufsstellen** eines marktmächtigen Unternehmens **als auch über Händler vertreiben**. In diesen Fällen darf ein nach § 20 Abs. 1 S. 1 marktmächtiges Unternehmen von den Händlern keinen höheren Preis fordern als den, zu dem es selbst die Waren oder gewerblichen Leistungen anbietet. Anlass für die Regelung waren die Verhältnisse auf den Mineralölmarkt, auf dem die **Mineralölunternehmen** von freien Tankstellen teilweise einen höheren Preis verlangten als den, zu dem sie an ihren konzerneigenen Tankstellen ihre Produkte anboten.[647] Die **wettbewerbsrechtliche Problematik** dieser Situation liegt darin, dass das vertikal integrierte Unternehmen seine Wettbewerber auf dem nachgelagerten Markt, soweit diese über keine anderen Bezugsquellen verfügen, vom Markt verdrängen kann, indem es einerseits deren Kosten, andererseits die Preisbildung auf dem nachgelagerten Markt beeinflusst.[648]

§ 20 Abs. 4 S. 2 Nr. 3 besagt lediglich, dass in den von dieser Vorschrift erfassten Fällen 158 eine **unwiderlegliche Vermutung** besteht, dass es sich um eine **unbillige Behinderung** im Sinne des Abs. 4 S. 1 handelt. Die weiteren Voraussetzungen des Abs. 4 S. 1 werden nicht ersetzt. Die Preis-Kosten-Schere muss also durch ein **Unternehmen mit gegenüber kleinen und mittleren Wettbewerbern überlegener Marktmacht**[649] veranlasst werden, und zwar gegenüber denjenigen kleinen und mittleren Wettbewerbern, denen gegenüber es die überlegene Marktmacht besitzt. Das ergibt sich aus dem Schutzzweck des § 20 Abs. 4. Diese überlegene Marktmacht muss auf dem nachgelagerten Markt im Sinne des Abs. 4 S. 2 Nr. 3 bestehen. Dagegen ist nicht der Nachweis erforderlich, dass die unbillige Behinderung in Ausnutzung der Marktmacht erfolgt; der Nachweis des Kausalzusammenhangs wird durch die Regelung des Abs. 4 S. 2 Nr. 3 ersetzt.[650]

Voraussetzung des § 20 Abs. 4 S. 2 Nr. 3 ist, dass der Normadressat mit den kleinen 159 und mittleren Unternehmen, denen gegenüber er die überlegene Marktmacht besitzt, **auf dem nachgelagerten Markt in Wettbewerb** steht. Er muss also einerseits seine Waren oder gewerblichen Leistungen auf dem nachgelagerten Markt selbst anbieten, andererseits muss er die kleinen oder mittleren Unternehmen beliefern, die auf diesem Markt seine Wettbewerber sind. Ein Beispiel bilden die Mineralölgesellschaften, die einerseits konzerneigene Tankstellen betreiben, andererseits unabhängige (freie) Tankstellen beliefern. Ob die vom Normadressaten belieferten Händler weitere Bezugsquellen haben, ob sie also bei der Belieferung von ihm abhängig sind, spielt keine Rolle; eine derartige Voraussetzung stellt Abs. 4 S. 2 Nr. 3 nicht auf.[651] Beim **Vergleich der Preise** ist der Abgabepreis an den Händler mit dem Preis zu vergleichen, den der Normadressat auf dem nachgelagerten Markt von seinen Kunden (im allgemeinen Endverbraucher) verlangt. Es sind die geforderten Preise vergleichen; Kosten sind nicht zu berücksichtigen.[652]

Auch ein Vorgehen nach Abs. 4 S. 2 Nr. 3 ist nicht unzulässig, wenn eine **sachliche** 160 **Rechtfertigung** dafür besteht. Der Gesetzgeber hat hierfür keine Beispiele genannt. Im Schrifttum werden die Fälle genannt, dass der niedrigere Preis im Direktvertrieb durch niedrigere Konkurrenzpreise anderer Wettbewerber auf dem nachgelagerten Markt bedingt

---

[647] Dazu *Ritter* WuW 2008, 142/143 f.
[648] Vgl. zu Preis-Kosten-Scheren *Bergmann* WuW 2001, 234 ff.; *Hoffmann* WuW 2003, 1278 ff. Zur kartellrechtlichen Beurteilung vor Einführung des § 20 Abs. 2 Nr. 3 siehe *Markert* in: Immenga/Mestmäcker, GWB, § 20 Rn. 197, 312.
[649] Dazu oben Rn. 131 ff.
[650] Dazu oben Rn. 138.
[651] Ebenso MünchKommGWB/*K. Westermann*, § 20 Rn. 166; anders wohl *Bechtold*, GWB, § 20 Rn. 84 h.
[652] *Bechtold*, GWB, § 20 Rn. 84 g.

ist oder dass es um die Erschließung neuer regionaler Märkte geht.[653] Auch hier kommt es aber auf eine **umfassende Interessenabwägung** unter Berücksichtigung der mit dem GWB und dem europäischen Wettbewerbsrecht verfolgten Zielsetzung der Freiheit des Wettbewerbs an.[654] Für die sachliche Rechtfertigung trifft den Normadressaten auch hier die **Darlegungs- und Beweislast**.[655] Kann der Normadressat diesen Nachweis nicht führen, so geht dies zu seinen Lasten.[656]

5. Beweisregeln (Abs. 5)

161 Auch in den Fällen des § 20 Abs. 4 ist von dem allgemeinen zivilprozessualen Grundsatz auszugehen, dass die Darlegungs- und Beweislast für bestimmte Tatsachen derjenige trägt, der sich auf sie beruft. Kleine und mittlere Unternehmen, die nach § 20 Abs. 4 gegen Bewerber mit überlegener Marktmacht zivilrechtlich vorgehen, haben also die anspruchsbegründenden Tatsachen einschließlich der Unbilligkeit darzulegen und zu beweisen; eine Ausnahme besteht nur für die sachliche Rechtfertigung nach § 20 Abs. 4 S. 2, für die das marktmächtige Unternehmen darlegungs- und beweispflichtig ist.[657] Die dabei für kleine und mittlere Unternehmen entstehenden Schwierigkeiten sollen durch § 20 Abs. 5 gemildert und eine **Beweiserleichterung** geschaffen werden; der Gesetzgeber wollte die bestehende Rechtsprechung zu Beweiserleichterungen kodifizieren. Die Regelung kombiniert das Rechtsinstitut des ersten Anscheins mit der für Werbebehauptungen aufgestellten sog. Bärenfang-Doktrin des BGH, nach der den Beklagten im Hinblick auf das Gebot einer redlichen Prozessführung dann eine Darlegungs- und Beweispflicht treffen kann, wenn der Kläger außerhalb der für die Beurteilung der Wahrheit der Behauptung entscheidenden Tatumstände steht und keine Möglichkeit hat, den Sachverhalt von sich aus zu ermitteln, der Beklagte aber die erforderliche Aufklärung ohne weiteres geben kann und ihm das nach den Umständen auch zuzumuten ist.[658] Der **Anwendungsbereich** des § 20 Abs. 5 beschränkt sich auf das Zivilverfahren; im Untersagungs- und Ordnungswidrigkeitenverfahren scheitert seine Anwendung schon am dort geltenden Amtsermittlungsgrundsatz.[659]

162 a) **Anscheinsvoraussetzungen:** Der nach § 20 Abs. 5 erforderliche Anschein erstreckt sich **nicht** auf die **Normadressatenstellung** selbst, also die gegenüber kleinen und mittleren Wettbewerbern überlegene Marktmacht.[660] Diese hat der Kläger nach den allgemeinen Grundsätzen darzulegen und zu beweisen. Der **Anschein bezieht sich** vielmehr auf die weiteren Tatbestandsvoraussetzungen des § 20 Abs. 4, also auf die **Ausnutzung der Marktmacht zur Behinderung kleiner und mittlerer Wettbewerber** und die **unbillige Behinderung.** Praktische Bedeutung hat die Beweiserleichterung weniger bei der Ausnutzung der Marktmacht zur Behinderung kleiner und mittlerer Wettbewerber, weil diese ohnehin in wertender Betrachtung (normative Kausalität)[661] festgestellt wird, sondern

---

[653] MünchKommGWB/*K. Westermann*, § 20 Rn. 167; *Bechtold*, GWB, § 20 Rn. 84 h.
[654] Vgl. oben Rn. 155.
[655] BGH 12. 11. 2002, KVR 5/02, WuW/E DE-R 1042/1043 – *Wal-Mart;* OLG Düsseldorf 19. 12. 2001, Kart 21/00 (V), WuW/E DE-R 781 – *Wal-Mart;* Bekanntmachung Nr. 124/2003 des BKartA zur Anwendung des § 20 Abs. 4 S. 2 GWB (Fn. 605), unter B 4; *Bechtold*, GWB, § 20 Rn. 84
[656] BGH 12. 11. 2002, KVR 5/02, WuW/E DE-R 1042/1043 – *Wal-Mart.*
[657] Vgl. oben Rn. 152, 155, 160.
[658] BGH GRUR 1963, 270.
[659] Frankfurter Kommentar/*Rixen*, § 20 Rn. 410, 412; *Schultz* in: Langen/Bunte, Bd. 1, § 20 Rn. 255.
[660] Allg. Ansicht, vgl. etwa *Markert* in: Immenga/Mestmäcker, GWB, § 20 Rn. 323; Frankfurter Kommentar/*Rixen*, § 20 Rn. 412; MünchKommGWB/*K. Westermann*, § 20 Rn. 169; *Dittrich* DB 1990, 98.
[661] Vgl. oben Rn. 135.

vor allem für die Tatsachen, aus denen sich die unbillige Behinderung ergibt.[662] Der Kläger muss also konkrete Tatsachen vortragen, die den Anschein begründen.[663]

Praktische Bedeutung kann der Vorschrift noch am ehesten bei **Angeboten unter Einstandspreis** zukommen. Dem Kläger ist es in der Regel kaum möglich, Aussagen zum Einstandspreis des marktmächtigen Unternehmens zu machen. Hier bietet sich der Vergleich des Abgabepreises des marktmächtigen Unternehmens mit dem auf dem betreffenden Markt üblichen Einstandspreis an. Liegt dieser Abgabepreis erheblich unterhalb des üblichen Einstandspreises, so wird der Anschein begründet sein.[664] Dagegen reicht es nicht aus, dass der Abgabepreis des Normadressaten unterhalb des Einstandspreises der kleinen und mittleren Wettbewerber liegt, weil ein marktmächtiges Unternehmen günstigere Konditionen als die kleinen und mittleren Wettbewerber haben kann.[665] Gleiches gilt für eine Sogwirkung entfaltende **Rabattsysteme.**[666]

b) Widerlegung des Anscheins: § 20 Abs. 5 bewirkt **keine vollständige Beweislastumkehr,** sondern führt für den Normadressaten nur dann zu beweisrechtlichen Konsequenzen, wenn dem betroffenen Wettbewerber oder dem Verband Tatsachenaufklärung nicht möglich, dem Normadressaten aber leicht möglich und zumutbar ist. Gelingt dem Normadressaten die Widerlegung des Anscheins, so trägt der betroffene Wettbewerber bzw. Verband wieder die Darlegungs- und Beweislast für die dem Anschein unterliegenden Tatsachen. Eine Widerlegung kann beispielsweise dadurch erfolgen, dass bei Angeboten unter Einstandspreis der Normadressat nachweist, dass es sich um dem Verderb ausgesetzte, beschädigte, technisch überholte oder nicht mehr auf dem Stand der Mode befindliche Waren gehandelt hat und das Untereinstandspreisangebot deshalb sachlich gerechtfertigt war.

Was dem Normadressaten **leicht möglich und zumutbar** ist, hängt vom Einzelfall ab. In Frage kommen bei Untereinstandspreisangeboten vor allem der eigene Einstandspreis, bei Rabatten der Grund für die Rabattgewährung und bei Koppelungsbindungen der Grund für die Koppelung. Der Normadressat braucht jedoch **keine Geschäftsgeheimnisse** zu offenbaren, wenn dies für ihn nicht zumutbar ist. In solchen Fällen hat er die Unzumutbarkeit glaubhaft zu machen; es hat dann eine Interessenabwägung zwischen dem Aufklärungsinteresse der Wettbewerber bzw. des Verbandes und dem Geheimhaltungsinteresse des Normadressaten zu erfolgen.[667] Da dem Geheimhaltungsinteresse erhebliches Gewicht zukommt, wird die Interessenabwägung in der Regel zur Annahme von Unzumutbarkeit führen.[668]

6. Rechtsfolgen des Verstoßes; Verhältnis zu anderen Vorschriften

Für die Rechtsfolgen des Verstoßes gegen § 20 Abs. 4 und das Verhältnis zu anderen Vorschriften gilt grundsätzlich das Gleiche wie bei § 20 Abs. 1.[669] Insbesondere ist § 20 Abs. 4 sowohl neben § 1 als auch neben § 19 anwendbar.

---

[662] Frankfurter Kommentar/*Rixen,* § 20 Rn. 412; *Markert* in: Immenga/Mestmäcker, GWB, § 20 Rn. 323.
[663] Frankfurter Kommentar/*Rixen,* § 20 Rn. 413.
[664] *Markert* in: Immenga/Mestmäcker, GWB, § 20 Rn. 324; Frankfurter Kommentar/*Rixen,* § 20 Rn. 413; MünchKommGWB/*K. Westermann,* § 20 Rn. 169.
[665] Vgl. die Nachweise in Fn. 664.
[666] Zu diesen Systemen vgl. oben Rn. 103.
[667] Frankfurter Kommentar/*Rixen,* § 20 Rn. 414; *Markert* in: Immenga/Mestmäcker, GWB, § 20 Rn. 326; vgl. auch den Bericht des Wirtschaftsausschusses zu § 26 Abs. 5 a. F., WuW 1990, 4/5.
[668] So auch Frankfurter Kommentar/*Rixen,* § 20 Rn. 383; *Markert* in: Immenga/Mestmäcker, GWB, § 20 Rn. 326.
[669] Vgl. oben Rn. 112.

V. Ablehnung der Aufnahme in Verbände (Abs. 6)

1. Allgemeines

167 **a) Normzweck, Bedeutung und Entstehungsgeschichte der Vorschrift.** Der Normzweck der Vorschrift besteht in der **Erhaltung des Wettbewerbs als Institution** und zugleich in dem **Individualschutz der Bewerber** um Mitgliedschaft, die um Aufnahme in die Wirtschafts- und Berufsvereinigung nachsuchen.[670] Die Vorschrift schränkt die Koalitionsfreiheit in Gestalt der Verbandsautonomie nach Art. 9 GG ein. Sie dient, wie § 20 Abs. 1, 2, 4 und 5, dem Ausschluss von Wettbewerbsbeschränkungen durch Behinderung und Diskriminierung, beschränkt auf die Fälle, in denen die Diskriminierung zu einer unbilligen Benachteiligung im Wettbewerb führt. **§ 20 Abs. 6 ist damit eine „besondere Diskriminierungsregelung",** die die Ungleichbehandlung von Unternehmen auf einem anderen Gebiet als dem des § 20 Abs. 1 erfasst.[671] Ziel ist, eine **Diskriminierung durch Verbände auszuschließen,** die die Gleichheit der Wettbewerbsbedingungen beeinträchtigt. Die Verweigerung der Mitgliedschaft kann für aufnahmewillige Unternehmen im Wettbewerb negative Folgen haben, weil die Mitgliedschaft in einer Wirtschafts- und Berufsvereinigung mannigfache Förderung des Mitglieds auch im Wettbewerb zur Folge hat und sei es auch nur durch einen besseren Informationsfluss, z. B. bei bevorstehenden Gesetzgebungsvorhaben.[672] Der **Anspruch auf Aufnahme** nach § 20 Abs. 6 **ist relativ selten** Gegenstand kartellgerichtlicher oder -behördlicher Entscheidungen.[673] Die Zahl der bei Bundes- und Landeskartellbehörden anhängigen Verfahren liegt seit Jahren für die zweijährigen Berichtszeiträume nach § 53 Abs. 1 unter 10.[674]

168 Die Bedeutung der Vorschrift tritt gegenüber § 20 Abs. 1 zurück. Dies liegt einmal daran, dass zahlreiche Vereine und Verbände selbst Unternehmen sind, die, wenn sie die Mitgliedschaft verweigern, zugleich Normadressat des § 20 Abs. 1, 2 sind und nach dieser Vorschrift verpflichtet sein können, den „üblicherweise zugänglichen" Geschäftsverkehr zu eröffnen. Die Bedeutung der Vorschrift ist aber auch deshalb relativ gering, weil die Wirtschafts- und Berufsverbände im Allgemeinen ein Interesse an zahlreichen Mitgliedern haben. Nur in dem Grenzbereich, in welchem ein **„Außenseiter"** aufgenommen werden möchte, **der für die vorhandenen Verbandsmitglieder aus sachlichen oder persönlichen Gründen ein unerträglicher Fremdkörper ist,** gewinnt der Aufnahmeanspruch nach § 20 Abs. 6 Bedeutung. Dann allerdings sind grundsätzliche Fragen angesprochen, insbesondere gilt es, die Verbandsautonomie gegenüber den Interessen des Bewerbers um Mitgliedschaft abzuwägen und hierbei auch grundgesetzlich geschützte Positionen einzubringen.[675] Die Lehre von der „Drittwirkung der Grundrechte" kann hier bedeutungsvoll werden.[676]

169 Das alliierte Dekartellierungsrecht enthielt bereits einen kartellrechtlichen Aufnahmezwang in Wirtschaftsverbände. Diese Vorläufervorschrift war als Schutzgesetz im Sinne von § 823 Abs. 2 BGB anerkannt und gewährte abgewiesenen Unternehmen den direkten Zugang zu den Zivilgerichten.[677] Die in § 27 a. F. mit dem GWB 1957 in Kraft getretene Fassung wurde, auch aus verfassungsrechtlichen Motiven (Koalitionsfreiheit), durch das Merkmal der „unbilligen Benachteiligung des Unternehmens im Wettbewerb" konkreti-

---

[670] Ähnlich *v. Gamm* Kartellrecht, 2. Aufl. 1990, Rn. 1.
[671] So zutreffend *Markert* in: IM, GWB, § 20 Rn. 328.
[672] Zutreffend *Bechthold*, Das neue Kartellrecht, 1981, S. 231; *Emmerich* KartR, § 21, 3b.
[673] Vgl. *Rittner*, § 11 Rn. 66, 73; *Michael*, S. 161 ff. (163).
[674] Vgl. TB-BKartA, 2003/2004 BT-Dr 15/5790, S. 82, 301; 2005/2006 BT-Dr 16/5710, S. 231
[675] Zur Grundrechtsproblematik vgl. *Scholz-Hoppe*, S. 785, 788 ff.; *Michael*, S. 164 ff.
[676] Dazu *Traub* WRP 1985, 591, 595; *Michael*, S. 264 ff., 268.
[677] Vgl. vor Inkrafttreten des GWB: BGH v. 25. 5. 56; BGH WuW/E 154, 155 – *Darmimporteure*.

siert. Der **aktuelle Aufnahmeanspruch** wurde sodann durch die 6. GWB-Novelle zum 1. 1. 1999 **in Form eines Verbotstatbestands** in das Kartellgesetz eingefügt und ersetzt den bis dahin geltenden § 27 a. F., der seinem Wortlaut nach lediglich eine kartellverwaltungsrechtliche Eingriffsermächtigung enthielt.[678] Der Reformgesetzgeber entschied im Rahmen der 7. GWB-Novelle, das Diskriminierungs- und Behinderungsverbot – mithin auch § 20 Abs. 6 – beizubehalten.[679] Auch wenn die praktische Bedeutung gering erscheint, kommt dem **kartellrechtlichen Aufnahmezwang** eine wichtige **Warn- und Hinweisfunktion** zu.

b) **Rechtsnatur der Vorschrift.** Nach der 6. GWB-Novelle ist § 20 **als Verbotsnorm ausgestaltet.** Die Rechtsprechung hatte bereits frühzeitig § 27 a. F. die Schutzgesetzfunktion zuerkannt.[680] Damit gewährte sie sowohl den zivilrechtlichen „Durchgriff" als auch die verschuldensunabhängige Schadenersatzpflicht unabhängig von einer Aufnahmeverfügung durch die Kartellbehörden. Der in der Literatur ausgetragene Streit zu dieser Frage[681] hat sich durch die Neufassung erledigt. Aktuell bietet das Kartellgesetz **drei Anspruchsgrundlagen für das Aufnahmebegehren.**[682]

c) **Verbandsautonomie.**[683] aa) **Verfassungskonformität.** Durch § 20 Abs. 6 wird die **Koalitionsfreiheit nach Art. 9 GG eingeschränkt.** Die h. M. stellte bereits die Verfassungsmäßigkeit der Regelung des § 27 a. F. nicht in Frage.[684] Wurde die Verfassungskonformität bereits für den alten materiellrechtlichen Aufnahmeanspruch anerkannt, so gilt dies erst recht für den neuen Verbotstatbestand in § 20 Abs. 6.

bb) **Verbandsinterne Diskriminierung.** Im Rahmen des § 20 Abs. 6 stellt sich die Frage, inwieweit das **Kartellrecht die Verbandsautonomie aufhebt oder einschränkt.** Anerkannt ist, dass **die verbandsinterne Diskriminierung** in der Regel **nicht von § 20 Abs. 6 erfasst** wird. Die Tendenz geht jedoch dahin, das **verbandsinterne Leben immer mehr einer staatlichen Kontrolle zu unterwerfen** und willkürliches oder grob unbilliges Verhalten des Verbandes gegenüber dem Verbandsmitglied justitiabel zu machen.[685] Die verbandsinterne Diskriminierung hat an sich mit dem Normzweck der Herstellung gleicher Wettbewerbsbedingungen nichts zu tun. Es sei denn, dass die Wirtschafts- oder Berufsvereinigung **mit der verbandsinternen Diskriminierung das Ziel verfolgt, das Mitglied zum Austritt zu veranlassen.**[686]

cc) **Verbandsautonomie und diskriminierende Satzungsbestimmungen.** Die Verbandsautonomie, die **im Rahmen der Interessenabwägung zu berücksichtigen ist,** stellt es grundsätzlich jedem Verband frei, den Verbandszweck[687] festzulegen und **selbst**

---

[678] Zur Entstehungsgeschichte vgl. *Markert* in: IM, GWB, § 20 Rn. 329; s. a. BGH v. 25. 2. 1959, BGH Z 29, 344 (349) – *Sanifa* = GRUR 59, 340.
[679] Vgl. bereits *BMWi*, Eckwerteentwurf einer 7. GWB-Novelle, Stand: 24. 2. 2003, S. 4, Pos. III.
[680] Vgl. nur BGH WuW/E 288, 291 – *Großhändlerverband II.*
[681] S. hierzu ausführlich: *Traub* in: Loewenheim/Belke, § 27 a. F., Rn. 4, 5.
[682] Zum zivilrechtlich durchsetzbaren Aufnahmeanspruch nach § 33 i. V. m. § 20 VI, § 249 S. 1 BGB, der kartellbehördlichen Eingriffsermächtigung nach §§ 32, 32 a und der Anwendbarkeit des Ordnungswidrigkeitenrechts nach § 81 II Nr. 1 s. o. Rn. 104–107.
[683] Vgl.: *Zwicker*, Kartellrechtliche Beschränkungen der Verbandsautonomie der Wirtschaftsverbände in Deutschland und den Vereinigten Staaten von Amerika, Diss. Hamburg, 1984; *Zenkel*, Verbandsfunktionen und Verbandsautonomie: Zur gerichtlichen Kontrolle des vereinsrechtlichen Aufnahme- und Disziplinarverfahrens, Diss. Bremen, 1998; *Deutscher Sportbund*, Symposium 6. April 1979, Verbandsautonomie und Verfassungsrecht, Frankfurt 1979.
[684] Vgl. OLG Hamburg v. 14. 4. 1988 – 3 U 145/87 – WuW/E OLG 4309 (4310 f.) – *Branchenseiten; Scholz-Hoppe,* S. 785 (789); a. A. *Michael,* S. 252 ff. (256).
[685] Vgl. *Leipold* ZGR 1985, 113, 117; *Reuter* ZGR 1980, 101, 109, 115; a. A. *Rixen* in: FK Rn. 458.
[686] *Rixen* spricht zutreffend von „Missbrauch der Satzungsautonomie", vgl. FK Rn. 458.
[687] Vgl. u. a. BGH WuW/E 947, 950 – *Universitätssportclub;* 1205, 1209 – *Verbandszeitschrift;* 1347, 1348 – *Rad- und Kraftfahrerbund;* 1625, 1627 – *Anwaltsverein;* 1725, 1727 – *Deutscher Landseer Club;*

die Richtlinien zu bestimmen, wer Mitglied sein soll.[688] Die **Kartellbehörden und Gerichte sind nicht befugt, die Zwecksetzung der Wirtschafts- oder Berufsvereinigung „umzufunktionieren"**, indem die Aufnahme von „outsidern" erzwungen wird.[689] In dem Spannungsverhältnis zwischen Verbandsautonomie und Diskriminierungsverbot sollte der Stellenwert der Verbandsautonomie dann geringer wiegen, wenn wirtschaftliche Gründe den Verbandsbeitritt notwendig machen, während der Verbandsautonomie ein höherer Stellenwert zukommt, wenn die Verbandsmitgliedschaft für den Beitrittswilligen nur geringe wirtschaftliche Bedeutung hat.[690] Die **Grenze der Verbandsautonomie liegt dort, wo die Satzung oder die Aufnahmepraxis ihrerseits diskriminierend sind,** ins-besondere dort, wo gewisse Bedingungen absichtlich in die Satzung aufgenommen werden, um einen Ansatzpunkt für eine diskriminierende Ungleichbehandlung zu schaffen.[691] Die Frage, inwieweit Satzungsbestimmungen auf ihre diskriminierende Wirkung nachgeprüft werden können, umschreibt das KG zutreffend wie folgt: „Es ist allgemein anerkannt, dass sich ein Verband dann nicht auf die Nichteinhaltung einer Satzungsbestimmung berufen kann, wenn die betreffende Vorschrift sachlich nicht gerechtfertigt, für den Bewerber ihre Einhaltung unzumutbar ist und sie im Ergebnis diskriminierend wirkt".[692] Die satzungsgemäße **Verpflichtung zur Doppelmitgliedschaft** wird im Regelfall keine Diskriminierung sein. Entscheidungen des BKartA[693] und des OLG Frankfurt/M.[694] betrafen besondere Konstellationen, da die Landesverbände des Buchhandels früher zum Teil auch die Funktion von Arbeitgeberverbänden inne hatten und somit das Gebot der Doppelmitgliedschaft der grundrechtlich geschützten Freiheit, einem Tarifverband fernzubleiben, nicht entsprochen hätte.[695] Die unbillige Benachteiligung ausgeschlossener Buchhändler im Wettbewerb ergab sich aus der wirtschaftlichen Bedeutung der Mitgliedschaft auf der Ebene der Bundesorganisationen, da der Börsenverein u. a. Verkehrsnummern vergibt, die für den Geschäftsverkehr mit den Verlagen bedeutsam sind und die Voraussetzung bilden für die Teilnahme am Sammelreversverfahren zur Einhaltung der Buchpreisbindung. Da eine sachliche Rechtfertigung dieser Ungleichbehandlung nicht zu erkennen war, führte diese Praxis des Börsenvereins zu Beanstandungen.[696]

174   dd) **Aufnahmepraxis und Verbandsautonomie.** Neben einer Überprüfung der Satzungsbestimmungen kann auch die Aufnahmepraxis der Wirtschafts- oder Berufsvereinigung einer Kontrolle nach § 20 Abs. 6 unterzogen werden.[697] Ähnlich wie die verwaltungsrechtliche Selbstbindung Rechte begründen kann, vermag auch die **Aufnahmepraxis dazu führen, dass gleiche Fälle künftig auch gleich zu behandeln** sind,

---

KG WuW/E 1110 – *Flachglas-Großhandel;* OLG Koblenz BB 1973, 576 – *Friedhofsgärtner;* BKartA WuW/E 935, 936 – *Intimartikelversand II;* 1473 – *Heizungsgroßhandel.*
[688] *Rixen* in: FK Rn. 436, 448.
[689] *Bechthold,* Das neue Kartellrecht, 1981 S. 234; vgl. auch *Gaedertz* GRUR 1979, 788; *Nicklisch* JZ 1976, 105, 111.
[690] Dazu *Traub* WRP 1985, 591, 598; vgl. auch OLG Frankfurt GRUR 1986, 184, 186 = WRP 1986, 98, 101 – *Entziehung des Weinsiegels.*
[691] Vgl. *Rixen* in: FK Rn. 436.
[692] KG v. 3. 10. 1983 WuW/E 3159, 3160 – *Kunstversteigerer.*
[693] BKartA, WuW/E 2770 (2773) / KG, Beschl. v. 6. 6. 97 – Kart 2/95 – *Börsenverein;* Kostenentscheidung nach Erledigung der Hauptsache in letzter Instanz des Börsenvereins vgl. – *Börsenverein.*
[694] OLG Frankfurt, Urteil vom 15. 7. 1997 – 11 U (Kart) 11/97 – *Börsenverein II.*
[695] Zur negativen Koalitionsfreiheit vgl. *Schultz* in: Langen/Bunte, Rn. 276; vgl. OLG Karlsruhe v. 12. 3. 1995, WuW/E OLG 5391, 5392 – *Sammelrevers Musikverlage.*
[696] Vgl. zur Ungleichbehandlung bereits KG v. 27. 9. 1978 WuW/E OLG 2028, 2031 – *Landseer; Schultz* in: Langen/Bunte (Fn. 582), Rn. 268.
[697] So BGH WuW/E 1061, 1063 – *Zeitungsgroßhandel II;* 1353 – *Rad- und Kraftfahrerbund;* BGH GRUR 1986, 332, 334 – *Aikido-Verband;* KG WuW/E 2028, 2031 – *Landseer Club;* OLG München WuW/E 2781, 2783 – *Trabrennverein;* OLG Frankfurt WuW/E 2784, 2785 – *Aikido-Verband;* BKartA WuW/E 565, 566 – *Mineralölgroßhändler;* 935, 936 – *Intimartikelversand II.*

wobei eine einmalige Ausnahme von den satzungsgemäßen Aufnahmevoraussetzungen nicht ausreicht.[698] **Praktizierte Anforderungen an die Aufnahme, die über die Satzung hinausgehen,** sind so zu beurteilen **"wie satzungsmäßige Anforderungen".** [699] Es ist nicht zu beanstanden, wenn die Satzung den **Nachweis der erfüllten Aufnahmevoraussetzungen** – auch im Interesse einer Verfahrensbeschleunigung – **an angemessene Fristen bindet.**[700]

2. Materielle Voraussetzungen; Anwendungsbereich

a) Wirtschafts- und Berufsvereinigungen. aa) Privatautonomes Mitgliedschaftsverhältnis. Zur Begriffsbestimmung der „Wirtschafts- und Berufsvereinigung" stellt die h. M. **zwei Abgrenzungsmerkmale** auf: Zunächst muss es sich **um „freiwillige" Vereinigungen** handeln, die privatrechtlich organisiert sind.[701] Daher scheiden alle „verkammerten" Berufsvereinigungen, insbesondere die Industrie- und Handelskammern aus dem Bereich des § 20 Abs. 6 aus,[702] da sich bei diesen Berufsvereinigungen die Mitgliedschaft nach öffentlichem Recht richtet und das GWB nur private, nicht aber hoheitliche Wettbewerbsbeschränkungen regelt.[703] Bei einer nicht berechtigten Aufnahmeverweigerung entscheiden die Verwaltungsgerichte im Rahmen ihrer Kontrolle der körperschaftlichen Selbstverwaltung.[704] Dagegen gehören zu den „freiwilligen" Berufs- und Wirtschaftsvereinigungen, die auf Grund privaten Rechts gebildet sind, die genossenschaftlichen Prüfungsverbände,[705] jedenfalls, soweit sie neben der reinen Prüfungstätigkeit auch die allgemeinen verbandspolitischen Interessen der Genossenschaften wahrnehmen.[706]

bb) Umfassende Wahrnehmung gemeinschaftlicher Belange. Das **zweite einschränkende Merkmal** besteht darin, dass es nicht ausreicht, wenn die Berufs- und Wirtschaftsvereinigung nur einzelne Interessen der Unternehmen wahrnimmt.[707] Vielmehr muss die Vereinigung umfassend die gemeinschaftlichen Belange der Mitglieder fördern[708], wobei es genügt wenn **eine umfassende Wahrnehmung der gemeinschaftlichen Belange entweder in wirtschaftspolitischer oder in berufsstandspolitischer Hinsicht erfolgt.** Dabei stehen bei den Berufsvereinigungen die standespolitischen Belange im Vordergrund, bei den Wirtschaftsvereinigungen die rein wirtschaftspoliti-

---

[698] Vgl. BGH WuW/E 1347, 1353 – *Rad- und Kraftfahrerbund;* WuW/E 1725, 1728 – *Deutscher Landseer Club;* OLG München WuW/E 2781, 2783 – *Trabrennverein;* OLG Frankfurt WuW/E 2784, 2786 – *Aikido-Verband; Markert* in: IM, GWB, § 20 Rn. 351.
[699] Vgl. BKartA WuW/E 565, 566 – *Mineralöleinkaufsgenossenschaft;* WuW/E 743, 745/746 – *Zentralverband des genossenschaftlichen Groß- und Außenhandels;* WuW/E 948, 950 – *Mineralölgroßhandel. Markert* in: IM, GWB, § 20 Rn. 351.
[700] OLG Düsseldorf, Urteil v. 20. 12. 2000 – U (Kart) 32/00 – *Verband für das Deutsche Hundewesen.*
[701] So u. a. *Markert* in: IM, GWB, § 20 Rn. 330; *Schultz* in: Langen/Bunte, Rn. 264; entsprechend auch – allerdings noch für das alliierte Dekartellierungsrecht – BGH WuW/E 154, 155 – *Darmimporteure;* ferner OLG München WuW/E 2781 – *Trabrennverein;* BKartA WuW/E 93 – *Clivia.*
[702] OLG Celle WuW/E 3535, 3536 – *Apothekenwerbung für Randsortiment* – für Apothekenkammern; vgl. *Schultz* in: Langen/Bunte, Rn. 264.
[703] *Rittner,* Wirtschaftsrecht 1979 S. 103, 112f.; *Markert* in: IM, GWB, § 20 Rn. 330.
[704] So mit Recht *Rixen* in: FK, Rn. 420; vgl. auch LVG Rheinland-Pfalz DVBl. 1951, 453 – *Fall einer Klage auf Eintragung in die Handwerksrolle* – und BVerwG DÖV 1977, 784, 785; vgl. ferner BVerfGE 33, 125 f. und BVerwG DÖV 1973, 311; *Frentzel/Jäckel/Junge,* Industrie- und Handelskammergesetz, 4. Aufl. 1982, S. 135.
[705] BGH Z 37, 160 = BGH WuW/E 499, 501 – *Prüfungsverband.*
[706] Vgl. *Markert* in: IM, GWB, Rn. 331; *Schultz* in: Langen/Bunte (Fn. 591), Rn. 262; *Koenig* S. 86 ff.
[707] Vgl. BKartA WuW/E 93, 94 – *Clivia.*
[708] U. a. BGH WuW/E 2191, 2193 – *Schwarzbuntzüchter;* 1725, 1726 – *Deutscher Landseer Club;* KG WuW/E 2028, 2030 – *Landseer Club;* OLG Düsseldorf, Urt. v. 16. 6. 2004 – VI (Kart) 16/04 – *Taxi-Zentrale Haan.*

schen.⁷⁰⁹ Dass die genannten Zielsetzungen nicht kumulativ zu den Verbandszwecken gehören müssen, ergibt sich auch aus den Rechtsprechungsfällen, in denen die Eigenschaft als Berufs- oder Wirtschaftsvereinigung bejaht oder verneint wurde.⁷¹⁰ In diesen Fällen wurde im Wesentlichen nur die wirtschaftspolitische Zielsetzung problematisiert und daran die Anwendbarkeit des § 20 Abs. 6 gemessen. Allerdings genügt eine ausschließlich sozialpolitische Zielsetzung nicht, daher sind **Gewerkschaften und auch Arbeitgeberverbände** (die aus Unternehmen bestehen) **nicht erfasst**.⁷¹¹

177 cc) **Wahrnehmung nach außen auf Dauer.** Nach zutreffender Ansicht⁷¹² muss der Verband die gemeinschaftlichen Interessen nach außen vertreten.⁷¹³ Aus dem Umstand, dass es sich um wirtschafts- bzw. berufsstandspolitische Zielsetzungen handeln muss, ergibt sich weiterhin ein **Element der Dauer.** Wenn es sich bei den Wirtschafts- und Berufsvereinigungen auch nicht um Verbände zu handeln braucht, die die „zeitlosen" Interessen ihrer Mitglieder wahrnehmen,⁷¹⁴ so darf es sich doch **nicht um vorübergehende Einzelzwecke** handeln.

178 b) **Gütezeichengemeinschaften.** Nach § 20 Abs. 6 zählen auch Gütezeichengemeinschaften zu den Wirtschaftsvereinigungen. Sie mussten ausdrücklich **den Wirtschaftsvereinigungen gleichgestellt** werden, weil sie nicht in umfassender Weise die wesentlichen Interessen ihrer Mitglieder fördern und nach außen vertreten.⁷¹⁵ **Gütezeichen**⁷¹⁶ werden vom Ausschuss für Lieferbedingungen und Gütesicherung beim Deutschen Normenausschuss (RAL) definiert. Sie haben eine über die „Garantiefunktion" der Marke hinausgehende **Funktion der Kennzeichnung einer Qualität,**⁷¹⁷ die einer laufenden Kontrolle durch eine „neutrale Stelle" – d. h. nicht durch den Zeicheninhaber selbst – unterliegt. Dies unterscheidet das Gütezeichen von den Kollektivmarken i. S. der §§ 97, 98 MarkenG.⁷¹⁸ Bestritten ist, ob Kollektivmarken Gütezeichen sein können, wenn sie – über ihre Garantiefunktion hinaus – die Funktion der Markierung einer besonderen Qualität tatsächlich erlangt haben.⁷¹⁹ Die Frage ist dahin zu entscheiden, dass diese **Kollektivmarken ausnahmsweise die Funktion eines Gütezeichens** haben können, da auch für sie der Grundgedanke des § 20 Abs. 6 zutrifft, wonach die Marktgegenseite ein negatives Urteil über Waren oder Dienstleistungen zu treffen geneigt ist, wenn die Ware oder Dienstleistung eine sonst erreichbare Markierung ihrer Qualität vermissen lässt, so dass der Ausschluss aus der „Qualitätsgemeinschaft" diskriminierend wirkt. Nach h. M. sollen die

---

⁷⁰⁹ Vgl. *Rixen* in: FK Rn. 423a: „wirtschaftspolitische Zielrichtung"; a.A. *Markert* in IM, GWB, Rn. 330

⁷¹⁰ Z.B. BGH WuW/E 1725, 1726 – *Deutscher Landseer Club;* BGH WuW/E 1061, 1062 – *Zeitungsgroßhandel II;* OLG Hamburg WuW/E 2775, 2776 – *Hauptverband für Traberzucht und -rennen;* KG WuW/E 3159 – *Kunstversteigerer;* KG WuW/E 2028, 2030 – *Landseer Club;* OLG Stuttgart WuW/E 1083, 1085 – *Fahrschulverkauf;* OLG Koblenz BB 1973, 576 – *Friedhofsgärtner;* BKartA WuW/E 357, 359 – *Berufsboxer* und BKartA WuW/E 93, 94 – *Clivia*.

⁷¹¹ Vgl. *Küttner* NJW 1980, 968 und *Möschel,* Recht der Wettbewerbsbeschränkungen, Rn. 686.

⁷¹² Siehe insbes. *Fuchs* NJW 1965, 1509, 1510; *Markert* in: IM, GWB, § 20 Rn. 334; a.A. *Schultz* in: Langen/Bunte, Rn. 262; *Bechtold,* GWB, Rn. 90 (11b).

⁷¹³ So auch BGH WuW/E 2191, 2193 – *Schwarzbuntzüchter;* OLG Koblenz BB 1973, 576 – *Friedhofsgärtner;* KG WuW/E 2028, 2030 – *Landseer Club;* BKartA WuW/E 93, 94 – *Clivia*.

⁷¹⁴ So *Brangsch* NJW 1953, 732 für die berufsständischen Vereinigungen des RberGes.

⁷¹⁵ Vgl. oben Rn. 28; *Bechtold,* GWB, Rn. 93 (11 d).

⁷¹⁶ Vgl. RAL, Deutsches Institut für Gütesicherung und Kennzeichnung e. V., Grundsätze für Gütezeichen, 17. Aufl. Sankt Augustin, 2005; *Nicklisch,* Das Gütezeichen, Stuttgart 1969

⁷¹⁷ *Dörinkel* WuW 1958, 565; *Markert* in: IM, GWB, § 20 Rn. 337; OLG Bremen BB 1962, 350; BKartA WuW/E 1170, 1172 – *RAL*.

⁷¹⁸ So mit Recht *Schultz* in: Langen/Bunte, Rn. 265.

⁷¹⁹ Dafür: *Markert* in: IM, GWB, Rn. 337; *Emmerich* Kartellrecht § 21, 2; dagegen: *Bechtold,* GWB, Rn. 93 (11 d); *Fezer* MarkenR Rn. 18ff. zu § 97; *Benisch* Kooperationsfibel 1973, S. 370, Rn. 8; *Schultz* in: Langen/Bunte, Rn. 265; *Müller-Henneberg* WuW 1962, 733.

Gemeinschaften, die die Gütezeichen verleihen und die Erfüllung der Bedingungen kontrollieren, auf freiwilliger Basis zustande kommen und privatrechtlich verfasst sein.[720] Insoweit folgen die Gütegemeinschaften den Voraussetzungen, die an „Wirtschaftsvereinigungen" im Allgemeinen zu stellen sind.

Die **Diskriminierung** des um Aufnahme in die Gütezeichengemeinschaft bemühten Unternehmens kann nicht dazu führen, dass die Kartellbehörde die Verleihung des Gütezeichens anordnet oder der Bewerber auf Verleihung des Gütezeichens klagen kann.[721] Vielmehr eröffnet die diskriminierende Verweigerung nur ein **Recht auf Aufnahme in die Gütezeichengemeinschaft**.[722] Umgekehrt ist zu beachten, dass die Entziehung des Gütezeichens nicht ein – gemäß § 20 Abs. 6 nachprüfbarer – Ausschluss aus der Gütezeichengemeinschaft ist.[723] Ausländische Unternehmen müssen die Beitrittsmöglichkeit zu deutschen Gütezeichengemeinschaften unter der Voraussetzung haben, dass auch für sie die Möglichkeit der Qualitätskontrolle durch die „neutrale Stelle" besteht.[724] Es gibt Fälle, in denen deutsche Behörden Gütebezeichnungen für eine Zulassung voraussetzen.[725] In diesen Fällen würde dem ausländischen Anbieter, dem die Mitgliedschaft in der Gütezeichengemeinschaft verschlossen bliebe, der deutsche Markt praktisch entzogen werden[726] und **Gütezeichen könnten zur Abschottung der jeweiligen nationalen Märkte** dienen.

c) Das um Mitgliedschaft bemühte „Unternehmen". Nachgesucht werden muss die Mitgliedschaft von einem „Unternehmen". Im GWB herrscht ein **weiter funktionaler Unternehmensbegriff**.[727] Nach der Rechtsprechung sind „Unternehmen" u. a. Vereine von privaten (nicht: gewerbsmäßigen) Hundezüchtern,[728] Sportvereine, wenn sie am Wirtschaftsleben teilnehmen[729] und Sportverbände, die sich unternehmerisch betätigen.[730] Unter den Unternehmensbegriff fallen auch die Freiberufler.[731] Weiter bejaht wurden Hauseigentümer in ihrer Eigenschaft als Verpächter und Vermieter;[732] ferner Architekten;[733] Ärzte;[734] Apotheker;[735] alle Arten von Berufssportlern[736] und Rechtsanwäl-

---

[720] *Markert* in: IM, GWB, § 20 Rn. 337; OLG Bremen BB 1962, 350; BKartA WuW/E 1170, 1172 – *RAL*.

[721] Vgl. *Michael*, S. 271, für den Zutritt ausländischer Unternehmen der Getränkeindustrie zum Verband „Brunneneinheitsflasche".

[722] BKartA in dem Brief vom 4. 8. 1967 WuW/E 1174; näheres bei *Miosga* GRUR 1968, 578.

[723] OLG Frankfurt GRUR 1986, 184, 186 = WRP 1986, 98, 101 – *Entziehung des Weinsiegels*.

[724] Näheres bei *Benisch* Kooperationsfibel 1973 S. 368 Rn. 4; *Müller-Henneberg* WuW 1962, 736 f.

[725] Vgl. *Müller-Henneberg*, WuW 1962, S. 736 (738); vgl. *Fezer*, Markenrecht Vor § 97 MarkenG Rn. 4.

[726] BKartA TB 1967, 49 und Brief vom 4. 8. 1967 WuW/E 1170 ff.

[727] Grdl. BGHZ 137, 297 (311 f.) – *Europapokal-Heimspiele*; vgl. auch BGH WuW/E 1027 – *Sportartikelmesse*; BGH WuW/E 1246 – *Feuerwehrschutzanzüge*; BGH WuW/E 1741 – *Rote Liste*.

[728] BGH WuW/E 1725, 1727 – *Deutscher Landseer Club*; KG WuW/E 2028, 2029 – *Landseer Club*.

[729] BKartA v. 2.9.94 – B 6 – 747000 A – WuW/E BKartA 2682 – *Fußball-Fernsehübertragungsrechte I*; KG v. 8. 11. 1995 – Kart 21/94 – WuW/E OLG 5565 – *Fernsehübertragungsrechte*; KG WuW/E 1429, 1431 – *Deutscher Fußball Bund*; OLG Düsseldorf WuW/E 3335, 3337 – *Inter-Mailand-Spiel*; OLG Frankfurt WuW/E 3568, 3569 – *Sportverein Jägermeister Braunschweig*; Steinbeck WuW 96, 91 (96).

[730] Vgl. *Emmerich* „Möglichkeiten und Grenzen wirtschaftlicher Betätigung von Idealvereinen" 1982 S. 14 ff.; *Steinbeck/Menke*, Bundesliga an die Börse, NJW 98, 2169.

[731] So zutreffend KG WuW/E 322, 323 – *Vereidigte Buchprüfer II*; BKartA WuW/E 359 – *Berufsboxer*; *Emmerich*, Kartellrecht § 2, 2.

[732] BGH WuW/E 1521 – *Gaststättenverpachtung* – und BGH WuW/E 1745, 1747 – *Mallendarer Bürgerstube*.

[733] BGH WuW/E 1474, 1476 – *Architektenkammer*.

[734] BGH WuW/E 1469 – *Autoanalyser*; OLG München, Urteil vom 26. 10. 1984 – Kart 1/84.

[735] OLG Celle WuW/E 3535, 3536 – *Apothekenwerbung für Randsortiment* und Schleswig-Holst. OLG WRP 1986, 238, 239.

[736] OLG Frankfurt WuW/E 3015, 3016 – *Motorradsport*; BKartA WuW/E 357, 359 – *Berufsboxer*.

te.⁷³⁷ Weiter sind Unternehmen alle Einzelpersonen, die zugleich ein Unternehmen repräsentieren.⁷³⁸ Für einen weiten Unternehmensbegriff spricht einmal, dass er auch bei § 20 Abs. 1, 2 gilt und beide Diskriminierungsverbote dem Zweck dienen, eine allseitige Öffnung der Märkte zu gewährleisten. Zum anderen zeigt die Ausdehnung des Diskriminierungsverbots auf Berufsvereinigungen, dass das Gesetz über die „Wirtschaftsvereinigungen" hinaus auch die Freiberufler als schutzbedürftig ansieht und ihnen die Aufnahme in ihre standespolitische Interessenvertretung ermöglichen will.⁷³⁹ § 20 Abs. 6 enthält im Gegensatz zu § 20 Abs. 1 nicht das **Merkmal, wonach die Mitgliedschaft gleichartigen Unternehmen üblicherweise zugänglich sein muss.** Diese Frage ist im Rahmen der Interessenabwägung zu berücksichtigen. Eine sachliche Rechtfertigung der Ungleichbehandlung liegt vor, wenn ein Bewerber um Mitgliedschaft abgewiesen wird, der nach seinem Zuschnitt nicht in diesen Verband gehört oder wenn der Verbandszweck gerade solche Unternehmen ausschließt.⁷⁴⁰

181 d) **Ablehnung und gleichgestellte verbotene Verhaltensweisen.** Ausdrücklich geregelt wird nur der Fall der **Ablehnung** einer gewünschten Mitgliedschaft. Die Möglichkeit einer Klage vor den Kartellgerichten oder einer Anordnung der Kartellbehörde besteht jedoch auch, wenn der **Aufnahmeantrag über Gebühr verzögerlich behandelt**⁷⁴¹ oder wenn die **Aufnahme von unzumutbaren Bedingungen abhängig gemacht** wird,⁷⁴² z. B. der Zahlung einer unangemessen hohen und daher „prohibitiv" wirkenden Aufnahmegebühr,⁷⁴³ oder wenn ein Unternehmen, das schon Mitglied ist, **zu Unrecht ausgeschlossen** wird.⁷⁴⁴ Jedoch sind zunächst die verbandsinternen Rechtsbehelfe auszuschöpfen⁷⁴⁵ und das satzungsgemäß vorgesehene Aufnahmeverfahren mit negativem Ergebnis abzuschließen.⁷⁴⁶ Etwas anderes gilt, wenn hiermit wiederum eine unzumutbare Verzögerung verbunden ist. Insbesondere kann eine **einstweilige Anordnung im Kartellverwaltungsverfahren** nach § 60 Nr. 3 i. V. m. § 32 vor der Ausschöpfung des verbandsinternen Instanzenzuges erlassen werden.⁷⁴⁷ Konsequenterweise muss dann auch im Verfahren des zivilrechtlichen Aufnahmeanspruchs die Möglichkeit bestehen, im Wege der einstweiligen Verfügung gemäß § 940 ZPO die Mitgliedschaft zu regeln, sei es, dass die Aufnahme angeordnet wird, sei es, dass der nicht berechtigte Ausschluss untersagt wird.⁷⁴⁸ Zu beachten ist stets, dass weder durch einstweilige Anordnungen noch durch einstweilige Verfügungen das Rechtsverhältnis endgültig geregelt werden darf.⁷⁴⁹

182 e) **Sachlich nicht gerechtfertigte ungleiche Behandlung. aa) Übersicht.** Das Gesetz sieht als Gründe, welche die Ablehnung der Aufnahme in die Wirtschafts- oder Be-

---

⁷³⁷ BGH WuW/E 1325 – *Schreibvollautomat;* 1625, 1627 – *Anwaltsverein; Markert* in: IM, GWB, Rn. 338.
⁷³⁸ BKartA WuW/E 827, 829 – *Intimartikelversand.*
⁷³⁹ Vgl. hierzu *Möschel*, Recht der Wettbewerbsbeschränkungen, 1983 Rn. 686. Zu eng deshalb OLG München WuW/E 2781 – *Trabrennverein* – und *v. Gamm* Kartellrecht, Rn. 5.
⁷⁴⁰ Zutreffend *Nicklisch* JZ 1976, 105, 111; BKartA WuW/E 565, 566 – *Kraftfahrzeugbedarf.* Vgl. auch BGH, WuW/E 2191, 2194 – *Schwarzbuntzüchter.*
⁷⁴¹ KG WuW/E 2028, 2030 – *Landseer Club,* OLG Düsseldorf WuW/E 981, 982 – *Zeitungsgroßhandel;* BKartA WuW/E 357, 359 – *Berufsboxer.*
⁷⁴² BGH WuW/E 154 – *Darmimporteure;* BKartA WuW/E 8; Bekanntmachung WuW 1973, 677.
⁷⁴³ BKartA WuW/E 2185, 2186 – *Latex.*
⁷⁴⁴ BGH WuW/E 1707, 1708 – *Taxi-Besitzervereinigung;* OLG Frankfurt WRP 1986, 98, 101 – *Entziehung des Weinsiegels;* BKartA WuW/E 523, 525 – *Spezialmedizinischer Großhandel.*
⁷⁴⁵ OLG Düsseldorf WuW/E 981, 982 – *Zeitungsgroßhandel;* BKartA WuW/E 269, 270 – *Mineralölgroßhändler* und WuW/E 523, 525 – *Spezialmedizinischer Großhandel;* ferner TB 1974, 82.
⁷⁴⁶ OLG Düsseldorf, Urt. v. 12. 1. 1999 – U(Kart) 9/98 – *Verbandsverfahren.*
⁷⁴⁷ BKartA WuW/E 269, 270 – *Mineralölverband; Markert* in: IM, GWB, § 20 Rn. 366.
⁷⁴⁸ Grundlegend hierzu *Nicklisch*, Verbandsmacht und einstweiliger Rechtsschutz, 1974 S. 21 ff.
⁷⁴⁹ BKartA WuW/E 386, 387 – *Tobler; Markert* in: IM, GWB, Rn. 366.

rufsvereinigung zu einem rechtswidrigen Verhalten machen, in Analogie zu § 20 Abs. 1 die „sachlich nicht gerechtfertigte ungleiche Behandlung" vor, wobei aber kumulativ hinzutreten muss, dass diese ungleiche Behandlung „zu einer unbilligen Beeinträchtigung des Unternehmens im Wettbewerb führt". Damit sind die **Voraussetzungen strenger als bei § 20 Abs. 1,** der die unbillige Behinderung und die sachlich nicht gerechtfertigte unterschiedliche Behandlung alternativ nebeneinander stellt. **Andererseits verzichtet § 20 Abs. 6 auf weitere Voraussetzungen,** insbesondere auf die monopolistische, oligopolistische oder auch nur „marktstarke" Stellung der Wirtschafts- oder Berufsvereinigung. Vielmehr werden die **Merkmale,** die die Abhängigkeit des Bewerbers begründen, **unwiderleglich vermutet,** und zwar auch dann, wenn mehrere Wirtschafts- oder Berufsvereinigungen vorhanden sind.[750] Grundsätzlich ist die Verweigerung der Aufnahme gerechtfertigt, wenn das Unternehmen, welches um Aufnahme nachsucht, schon Mitglied einer konkurrierenden Wirtschafts- oder Berufsvereinigung ist, die die gleichen Funktionen erfüllt.[751] Mithin spielt bei der Interessenabwägung, die über die Berechtigung der Aufnahmeverweigerung entscheidet, die Monopolstellung des Verbandes und damit das „Auf-die-Mitgliedschaft-Angewiesen-sein" eine erhebliche Rolle.[752]

bb) Interessenabwägung. Ob eine sachlich gerechtfertigte Ungleichbehandlung vorliegt, ergibt eine umfassende Interessenabwägung[753] unter Berücksichtigung der auf die Erhaltung des freien Wettbewerbs gerichteten Zielsetzung des GWB. Mit der **geschützten Freiheit des Verbandes, sich seinen Mitgliederbestand selbst auszusuchen** (Art. 9 Abs. 1, 3 GG), und der **Freiheit der um Mitgliedschaft nachsuchenden Unternehmen,** sich einem Interessenverband anzuschließen (Art. 2 Abs. 1 GG), stehen sich zwei gleichrangige Rechtspositionen gegenüber.[754] Bei diesem „Patt" der Grundrechtspositionen sollte das übergeordnete Prinzip sein, jedem Unternehmen die Herstellung gleicher Wettbewerbsbedingungen zu ermöglichen.[755]

Wie bei § 20 Abs. 1 hat die Interessenabwägung in einer **Gesamtwürdigung** zu erfolgen, d. h. es sind **umfassend die Interessen heranzuziehen,** die den Verband an der Aufnahme hindern und die das Unternehmen, welches die Mitgliedschaft nachsucht, dabei leiten, Mitglied zu werden.[756] **Abzuwägen sind die „berechtigten Interessen des Bewerbers an der Mitgliedschaft und die Bedeutung der damit verbundenen Rechte und Vorteile, die ihm vorenthalten werden",** gegenüber dem „**Interesse des Monopolverbandes an der Geltung der Aufnahmebeschränkung".**[757] „Formelhafte Wendungen" und „abstrakte Leerformeln" genügen hierfür nicht.[758] In jüngeren Entscheidungen betont der BGH, dass „die Ablehnung der Aufnahme nicht zu einer – **im Verhältnis zu bereits aufgenommenen Mitgliedern** – sachlich nicht gerechtfertigten ungleichen Behandlung und unbilligen Benachteiligung" führen dürfe.[759]

---

[750] Abweichend für den Anwaltsverein in BGH WuW/E 1625 (1627) – *Anwaltsverein.*
[751] *Benisch* GemK Rn. 10; BKartA WuW/E 357, 359 – *Berufsboxer.*
[752] Vgl. KG WuW/E 1719, 1720 – *Blitzschutzanlagen.*
[753] Vgl. BGH WuW/E 2191, 2193 –*Schwarzbuntzüchter;* BGH WuW/E 1725, 1728 – *Deutscher Landseer Club;* KG WuW/E 3475, 3477 – *Schwarzbuntzüchter;* KG WuW/E 2312, 2315 – *Landseer Club;* OLG Hamburg WuW/E 2775, 2777 – *Hauptverband für Traberzucht und -rennen; Steinbeck* WuW 96, 91 (98); *Möschel,* Recht der Wettbewerbsbeschränkungen, 1983, Rn. 689.
[754] Vgl. *Scholz-Hoppe,* S. 785 (791).
[755] Dazu *Traub* WRP 1985, 591, 598; vgl. auch KG WuW/E 3475, 3477 – *Schwarzbuntzüchter;* dort wird die „Chancengleichheit im Wettbewerb" als Grund des § 27 a. F. genannt; a. A. *Michael,* S. 192 ff. 216.
[756] Vgl. *Markert* in: IM, GWB, § 20 Rn. 16.
[757] BGH WuW/E 1347, 1348 – *Rad- und Kraftfahrerbund;* zu § 826 BGB.
[758] BGH WuW/E 1495, 1496 – *Autorufgenossenschaft.*
[759] BGH GRUR 1986, 332, 333 = WRP 1986, 204, 205 – *Aikido-Verband.*

185 cc) **Schutzwürdige Interessen des Bewerbers um Mitgliedschaft.** Im Vordergrund steht auf Seiten des Bewerbers das Interesse, **„keine unbillige Benachteiligung im Wettbewerb"** zu erleiden.[760] Dieses Merkmal ist in § 20 Abs. 6 als Voraussetzung für die Anwendbarkeit der Vorschrift **besonders normiert,**[761] erlangt jedoch in der Praxis geringe Bedeutung,[762] da es nur die Funktion hat, die nichtwettbewerblichen Belange des Bewerbers auszugrenzen. § 20 Abs. 6 ist auch anwendbar, wenn es mehrere konkurrierende Berufs- oder Wirtschaftsvereinigungen gibt, die ihren Mitgliedern ähnliche Vorteile bieten, weil eine monopolistische, oligopolistische oder auch nur „marktstarke" Position des Verbandes nicht vorausgesetzt ist. Gleichwohl kann das Ausmaß des Nachteils im Wettbewerb und damit die **Schutzwürdigkeit des Interesses** des abgelehnten Bewerbers geringer sein, wenn konkurrierende Verbände die Mitgliedschaft anbieten.[763] Es besteht eine **Wechselbeziehung zwischen der Monopolstellung des Verbandes und der Schutzwürdigkeit des Interesses des Bewerbers.**[764] Gemindert ist die Schutzwürdigkeit des Interesses bei der Bewerbung um Mitgliedschaft auch dann, wenn der Bewerber gar **nicht die spezielle verbandspolitische Förderung sucht,** sondern die Vorteile, die die Vereinigung in erwerbswirtschaftlicher Hinsicht mit sich bringt, z. B. geringere Transportkosten zu dem Ort der Versteigerung von Zuchtvieh.[765]

186 dd) **Wechselwirkung zwischen Ungleichbehandlung und Wettbewerbsnachteil.** Zwischen dem durch § 20 Abs. 6 geschützten **Interesse des Bewerbers um Mitgliedschaft, keine Benachteiligung im Wettbewerb zu erleiden, und dem Gewicht der Ungleichbehandlung besteht ebenfalls eine Wechselwirkung:**[766] Je größer der drohende Wettbewerbsnachteil ist, umso sensibler hat die Interessenabwägung zu erfolgen und umso mehr verdienen die Interessen des abgewiesenen Bewerbers Berücksichtigung. Umgekehrt kann der Wille der Verbandsorgane, insbesondere der Stellenwert der satzungsgemäßen Festlegung der Verbandszwecke, höher gewichtet werden, wenn die drohende Benachteiligung des abgewiesenen Bewerbers nur gering ist.[767] Demgegenüber wird die Auffassung vertreten, der sachlich gerechtfertigte Grund sei unabhängig davon zu prüfen, wie groß der drohende Wettbewerbsnachteil ausfalle.[768] Da die **Vermeidung einer Benachteiligung im Wettbewerb das Hauptinteresse des Bewerbers** um Mitgliedschaft ist und § 20 Abs. 6 der **Herstellung gleicher Wettbewerbsbedingungen** dient und deshalb der drohende Nachteil das Gewicht der Diskriminierungshandlung mit bestimmt, verdient dieser Ansatz keinen Vorzug. Geradeso wie die Bedeutung des Verbandes, sein Gewicht und seine faktische Monopolstellung in die Interessenabwägung einzubringen sind, muss auch das Gewicht des Wettbewerbsnachteils, der dem abgewiesenen Bewerber um Mitgliedschaft droht, Teil der umfassenden Interessenabwägung sein.[769]

187 ee) **Schutzwürdige Interessen des Verbandes. (1) Verbandzweck.** Als schutzwürdig anerkannt wurde das grundsätzliche **Recht eines Vereins, Zweck und Umfang**

---

[760] Vgl. KG WuW/E 1719, 1720 – *Blitzschutzanlagen;* BKartA WuW/E 2770 – *Börsenverein.*
[761] *Markert* in: IM, GWB, § 20 Rn. 355.
[762] *Schultz* in: Langen/Bunte, Rn. 281.
[763] Vgl. BGH WuW/E 1625 ff. – *Anwaltsverein;* 2191, 2194 – *Schwarzbuntzüchter.*
[764] So zutreffend *Schultz* in: Langen/Bunte, Rn. 282, 269; vgl. auch KG WuW/E 1719, 1720 – *Blitzschutzanlagen* und OLG Hamburg WuW/E 2775, 2777 – *Hauptverband für Traberzucht und -rennen; Nicklisch,* Inhaltskontrolle von Verbandsnormen, 1982 S. 23 f.
[765] KG WuW/E 3475, 3477 – *Schwarzbuntzüchter;* bestätigt von BGH WuW/E 2191, 2194.
[766] Zutreffend *Markert* in: IM, GWB, § 20 Rn. 342; vgl. auch *Möschel,* Recht der Wettbewerbsbeschränkungen, 1983 Rn. 691.
[767] KG WuW/E 1719, 1720 – *Blitzschutzanlagen;* BGH WuW/E 1625, 1627 – *Anwaltsverein.*
[768] Vgl. OLG Koblenz BB 1973, 576 – *Friedhofsgärtner;* BKartA WuW/E 523, 527 – *Spezialmedizinischer Großhandel.*
[769] So mit Recht KG WuW/E 3475, 3477 – *Schwarzbuntzüchter,* bestätigt in BGH, WuW/E 2191, 2193; vgl. auch BGH WuW/E 1725, 1727 – *Deutscher Landseer Club.*

seiner Tätigkeit selbst zu bestimmen, z. B. eine Vereinigung von Unternehmen zu bilden, die für die Mitgliedschaft eine bestimmte Sortimentsbreite der Mitglieder voraussetzt.[770] Hiernach steht es dem Wirtschaftsverband frei, „seinen Zweck zu bestimmen, den Rahmen seiner Tätigkeit abzustecken und die dadurch bedingten generellen Aufnahmevoraussetzungen eigenverantwortlich festzulegen".[771] Schützenswert ist auf Seiten des Verbandes darüber hinaus seine geschützte Befugnis nach Art. 9 GG, seinen Mitgliederbestand selbst zu bestimmen,[772] sowie das Interesse des Verbandes, nur Mitglieder aufzunehmen, die die satzungsgemäßen Voraussetzungen erfüllen.[773] Die Verbandsautonomie ist nicht unantastbar, sie ist **ein Interesse im Rahmen der umfassenden Abwägung.**[774] Dieses Interesse wiegt dann besonders schwer, wenn der um Aufnahme bemühte Bewerber sich unschwer den satzungsgemäßen Voraussetzungen einer Aufnahme anpassen kann.[775]

(2) „**Interessendivergenz**". Anerkannt ist weiterhin das Interesse des Verbandes, eine „Interessendivergenz" zu vermeiden, d. h. sein **Interesse, nicht einen „natürlichen Gegenspieler" der Verbandsmitglieder aufnehmen zu müssen.**[776] Dies gilt auch für mit dem „Gegenspieler" gesellschaftsrechtlich und personell verflochtene Unternehmen.[777] Ob die Interessendivergenz schon deshalb die Nichtaufnahme rechtfertigt, weil das Unternehmen, welches sich um die Mitgliedschaft bewirbt, **auf anderen Marktstufen tätig ist, ist im Einzelnen umstritten, grundsätzlich aber zu bejahen.**[778] Der Interessengegensatz zwischen **Großhändlern und Einkaufsgenossenschaften** wird als ausreichender Grund angesehen, um die Aufnahme der Einkaufsgenossenschaft in einen Großhandelsverband abzulehnen.[779]

Als zulässige Kriterien der „Verbandsbegrenzung" werden auch genannt: „**Branche, Marktstufe, Funktion, Struktur, Größe, Einstufigkeit, Vollkaufmannseigenschaft, Sitz der Mitglieder, Vertriebsart, Absatzgebiet (Export), wirtschaftliche Interessen.**[780] Zu einem Sonderfall **nach dem geografischen Einzugsgebiet der Mitglieder** hat der BGH[781] entschieden, dass eine solche Begrenzung bei einer Vereinigung von Nutzviehzüchtern sachlich gerechtfertigt ist und die räumliche Beschränkung des Tätigkeitsbereichs der Vereinigung, die auf einem jahrzehntelangen regionalen Herkommen beruht, hinzunehmen ist, selbst wenn die Züchter aus angrenzenden Gebieten dadurch auf längere Wege zu den für sie zuständigen Auktionsorten angewiesen sind.

---

[770] KG WuW/E 1110 – *Flachglas-Großhändler*.

[771] KG WuW/E 3159, 3160 – *Kunstversteigerer*.

[772] Vgl. u. a. *Weick* in: Staudinger, BGB-Komm. 13. Bearb., Rn. 27 ff. 61 zu § 35; BGH WuW/E 389 – *Berufsboxer*; KG WuW/E 2312 – *Deutscher Landseer Club*.

[773] BGH WuW/E 947, 950 – *Universitätssportclub*; BGH WuW/E 1495, 1496 – *Autorufgenossenschaft*; *Möschel*, Recht der Wettbewerbsbeschränkungen, 1983, Rn. 689; *v. Gamm*, Kartellrecht, 2. Aufl. 1990, Rn. 12.

[774] Zutreffend *Scholz-Hoppe*, 785 (795); BGH WuW/E 1495, 1496 – *Autorufgenossenschaft*; 1725, 1727 – *Deutscher Landseer Club*; 2191, 2193 – *Schwarzbuntzüchter*; BGH WRP 1986, 204, 206 – *Aikido-Verband*; BGH WuW/E 2269 – *Verband für Deutsches Hundewesen*.

[775] BGH WuW/E 947, 950 – *Universitätssportclub*.

[776] Verlag im Verhältnis zum Zeitungs- und Zeitschriftengroßhändler – BGH WuW/E 1061, 1063 – *Zeitungsgroßhandel II*; OLG Düsseldorf WuW/E 981, 982 – *Zeitungsgroßhandel*.

[777] OLG Düsseldorf a. a. O. 983.

[778] KG WuW/E 1110, 1111 – *Flachglas-Großhandel*; BKartA WuW/E 1473 – *Heizungsgroßhandel*; vgl. auch TB 1976, 75 – *Orientteppich-Importeure*; einschränkend *Markert* in: IM, GWB, § 20 Rn. 347.

[779] *Helm*, Das Kartellrecht in der Wirtschaftspraxis, 2. Aufl. 1977, Rn. 214.

[780] *Benisch* in GemK Rn. 8 schränkt – unter Bezugnahme auf BKartA WuW/E 743, 745 – die Abgrenzungsfreiheit nur insoweit ein, als „Nuancen in Art und Umfang der Leistungen" nicht genügen sollen. Auch wenn das BKartA a. a. O. ausführt: „Eingriffe in die Verbandsautonomie lässt § 27 GWB nicht zu", schränkt es jedoch ein, dass die Vereinssatzung kein Recht schaffen könne, „das mit § 27 GWB unvereinbar ist".

[781] BGH WuW/E 2191, 2193 – *Schwarzbuntzüchter*.

§ 20 GWB 190–192   10. Teil. Gesetz gegen Wettbewerbsbeschränkungen

190 In den genannten Fällen der „Verbandsbegrenzung" berührt sich das Interesse an der Vermeidung von Interessendivergenzen mit dem Interesse des Verbandes an der autonomen Bestimmung seiner Verbandszwecke. Die Entscheidung, ob diese Interessen gegenüber den berechtigten Belangen des Bewerbers zurückzutreten haben oder nicht, **wird stets von den Umständen des Einzelfalls abhängen.** Jedoch sollte die Tendenz darin bestehen, dass die Begrenzung des Verbandszwecks nur solange mit den Zielsetzungen des § 20 Abs. 6 vereinbar ist, wie die Interessendivergenzen auf wettbewerbsrechtlich institutionalisierten Gegensätzlichkeiten beruhen (Beispiel: Groß- und Einzelhandel; Fachgeschäft und Supermarkt; Handwerk und Industrie). Dagegen sollte das **Interesse des Bewerbers schwerer wiegen, wenn die Interessendivergenzen nur auf augenblicklichen Gegensätzlichkeiten beruhen, die die Wettbewerbssituation jederzeit verändern kann.** Denn in diesen Fällen blockt die Nichtaufnahme zugleich den Aufstieg des Bewerbers um Mitgliedschaft ab und schafft dadurch ungleiche Wettbewerbsbedingungen.[782]

191 (3) **Öffentliche Interessen.** Auch öffentliche, insbesondere grundgesetzlich geschützte, und politische Interessen werden in die Abwägung einbezogen: Als schützenswert sah der BGH[783] das **Interesse des Deutschen Seglerverbandes e. V. an, den Segelsport unter Ausschluss politischer Zielsetzungen zu betreiben.** Geschützt wurde **das Interesse, die Meinungsvielfalt zu erhalten und ein Nachrichtenmonopol zu vermeiden.**[784] Auch das **öffentliche Interesse an der Kostendämpfung im Gesundheitswesen** ist als schützenswert angesehen worden,[785] ferner das Interesse eines Sportverbandes an der Einhaltung der sportlichen Regeln[786] und das sog. „Ein-Platz-Prinzip", das insbesondere bei Sportbünden von Bedeutung ist: Nur ein Verband jeder Disziplin hat Anspruch auf Mitgliedschaft.[787]

192 (4) **Imagedivergenz.** Ein Ansehensverlust[788] ist zu berücksichtigen, wenn das **Ansehen des Verbandes durch die Aufnahme dieses Mitglieds in hohem Maße gefährdet wäre.**[789] Beispiel: Ein Unternehmen, das systematisch wettbewerbswidrige Geschäftspraktiken anwendet, daher **„den Ruf der Vereinigung erheblich beeinträchtigen kann"** und sich „ehrenrührig" verhält, muss nicht aufgenommen werden;[790] auch nicht ein Kunsthändler, der Fälschungen als Originale verkauft und sich damit strafbar macht.[791] Zurückliegende Vorstrafen wegen Wirtschaftsvergehen und unehrenhaften Delikten können die Aufnahmeverweigerung rechtfertigen.[792] Natürlich kann auch der **„notorisch schlechte Ruf"** die Nichtaufnahme rechtfertigen, **wenn dieser schlechte Ruf von dem Bewerber um Mitgliedschaft zu vertreten ist.**[793] Grenzfall: Ein Verlag

---

[782] BKartA WuW/E 1473 – *Heizungsgroßhandel* – und WuW/E 743, 745 – *Zentralverband des genossenschaftlichen Groß- und Außenhandels;* vgl. auch OLG Frankfurt WuW/E 3347, 3353 – *Kürschnerhandwerk; Fuchs* NJW 1965, 1509, 1512.

[783] BGH KZR 16/72 v. 5. 7. 1973 – *Segler-Kollektiv Roter Anker* – zu § 826, unvollständig veröffentlicht in NJW 1973, 1973; vgl. dazu *Nicklisch* JZ 76, 105 (106); vgl. zur Problematik der „Tendenzvereine" *Steinbeck* WuW 96, 91 (100).

[784] OLG Stuttgart JZ 1972, 490, 491 – *Landespressekonferenz* – mit Anmerkung *Kübler* S. 492 f.

[785] BGH WuW/E 1740, 1744 – *Rote Liste.*

[786] OLG Frankfurt WuW/E 3015, 3017 – *Motorradsport.*

[787] BGH WuW/E 1347, 1349 – *Rad- und Kraftfahrerbund;* BGH WuW/E 1725, 1728 – *Deutscher Landseer Club;* BGH GRUR 1986, 332, 333 = WRP 1986, 204 206 – *Aikido-Verband;* KG WuW/E 2312, 2313 – *Deutscher Landseer Club;* OLG Frankfurt WuW/E 2784, 2785 – *Aikido-Verband;* OLG Frankfurt WRP 1986, 281, 284 – *Aikido-Verband II; Vieweg,* 61 ff., 66, 102, 221 f.

[788] Vgl. *Bohn* BB 1964, 788, 790.

[789] *Markert* in: IM, GWB, § 20 Rn. 350; *Schultz* in: Langen/Bunte, Rn. 272.

[790] KG WuW/E 1719, 1720 – *Blitzschutzanlagen.*

[791] KG WuW/E 3159, 3161, 3162 – *Kunstversteigerer.*

[792] Vgl. BGH WuW/E 154, 155 – *Darmimporteure.*

[793] KG WuW/E 3159, 3162 – *Kunstversteigerer.*

§ 20. Diskriminierungsverbot, Verbot unbilliger Behinderung **193, 194** § 20 GWB

für Sexualliteratur betreibt zugleich einen Intimartikel-Versand und wirbt für beide Geschäftsbereiche gleichzeitig und zusammengefasst.[794] In engem Zusammenhang mit dem Ansehensverlust steht das **Interesse, Verbandsmitglieder auszuschließen, die nicht zuverlässig sind.** Fehlende Zuverlässigkeit kann z. B. die Verweigerung der Aufnahme einer Privatbank in einen Bankenverband rechtfertigen, wenn die um Aufnahme bemühte Privatbank es ablehnt, wie alle anderen Mitglieder des Bankenverbandes die Mitgliedschaft bei einem Prüfungsverband zu erwerben.[795] Für die Frage der Zuverlässigkeit können auch **frühere Wettbewerbsverstöße** berücksichtigt werden.[796] Jedoch wiegen solche Wettbewerbsverstöße leicht, wenn damit zu rechnen ist, dass sich der Bewerber zum Wohlverhalten entschlossen hat; sie wiegen nur dann schwer, wenn auch künftig systematische Zuwiderhandlungen zu befürchten sind.[797] Allerdings besteht, wenn Wettbewerbsverstöße vorgekommen sind, eine tatsächliche Vermutung dafür, dass sie wiederholt werden.[798]

(5) Persönliche Schwierigkeiten. Persönliche Schwierigkeiten des Bewerbers, etwa **193** seine unterschiedlichen Auffassungen gegenüber der Verbandspolitik, persönliche Zerwürfnisse mit Verbandsmitgliedern oder Drohungen anderer Verbandsmitglieder, mit dem neuen Mitglied nicht zusammenarbeiten zu können und deshalb lieber selbst austreten zu wollen, sind zu berücksichtigen;[799] besonders, wenn die Selbstauflösung des Verbandes droht.[800] Jedoch muss der Verband auch unbequeme Mitglieder ertragen können, zumal ihm die Möglichkeit offensteht, bei mangelnder Verbandsdisziplin das Mitglied mit Vereinsstrafen zu disziplinieren und notfalls wieder auszuschließen.[801] Der Ausschluss ist gerechtfertigt, wenn das Mitglied die Tätigkeit des Verbandes **für längere Zeit in unsachlicher Form und in der Öffentlichkeit verunglimpft hat.**[802] **Grundsätzlich aber sind abweichende Auffassungen zu dulden** und dürfen nicht zum Ausschluss aus dem Verband führen.[803] Auch **Kritik der Mitglieder an Satzungsbestimmungen** ist hinzunehmen,[804] ferner **Kritik an der Verbandsführung.**[805] Mangelnde **Sachkunde wird nur in Ausnahmefällen** ein Grund sein, die Mitgliedschaft zu verweigern.[806]

(6) Zumutbare Angebote des Verbandes. Bei der Interessenabwägung ist auch zu- **194** gunsten des Verbandes zu berücksichtigen, ob er eine **vernünftige Lösung angeboten**

---

[794] Vgl. BKartA WuW/E 827 – *Intimartikelversand* – und WuW/E 935, 937 – *Intimartikelversand II*; *Markert* in: IM, GWB, § 20 Rn. 350, Fn. 891; *Schultz* in: Langen/Bunte (Fn. 712), Rn. 272.
[795] Vgl. BKartA TB 1974, 81, 82 und 1975, 85.
[796] KG WuW/E 1901, 1903 – *Berliner Möbeleinzelhandelsverband*.
[797] KG a. a. O. Vgl. auch BGH WuW/E 1629, 1632 – *Modellbauartikel II*; BGH WuW/E 1423, 1425 – *Sehhilfen*; OLG Karlsruhe WuW/E 2085, 2090 – *Multiplex* – und WuW/E 2217, 2220 – *Allkauf-Saba*; OLG Frankfurt vom 30. 10. 1984 – 6 U 165/82 (Kart) – S. 38a – *Kürschnerhandwerk*, insoweit nicht in WuW/E 3347 veröffentlicht; *Markert* in: IM, GWB, § 20 Rn. 350.
[798] BGH WuW/E 1629, 1632 – *Modellbauartikel II*.
[799] KG WuW/E 1901, 1902 – *Berliner Möbeleinzelhandelsverband*; BKartA WuW/E 653, 654 und 743, 746 – *Zentralverband des genossenschaftlichen Groß- und Außenhandels*.
[800] Vgl. KG WuW/E 3159, 3163 – *Kunstversteigerer*.
[801] KG WuW/E 3159, 3163 – *Kunstversteigerer*; OLG Frankfurt WuW/E 3011, 3014 – *Funktaxi-Zentrale Langen*; BKartA WuW/E 827, 830 – *Intimartikelversand*; BKartA WuW/E 653, 654 und 743, 746 – *Zentralverband des genossenschaftlichen Groß- und Außenhandels*.
[802] BKartA WuW/E 948, 951 – *Mineralölgroßhandelsverband* und TB 1960, 54.
[803] BKartA WuW/E 653, 654 – *Zentralverband des genossenschaftlichen Groß- und Außenhandels* und WuW/E 948, 951 – *Mineralölgroßhandelsverband*.
[804] OLG Hamburg WuW/E 2775, 2779 – *Hauptverband für Traberzucht und -rennen*.
[805] BKartA WuW/E 743, 746 – *Zentralverband des genossenschaftlichen Groß- und Außenhandels*. Vgl. zum ganzen *Markert* in: IM, GWB, § 20 Rn. 353.
[806] Zutreffend *Markert* in: IM, GWB, § 20 Rn. 353; dagegen *Bohn* BB 1964, 788, 790; vgl. auch KG WuW/E 3159, 3162 – *Kunstversteigerer*.

hat, die seinen Belangen und denen des Bewerbers um Mitgliedschaft Rechnung trägt, ohne dass der Bewerber Mitglied wird.[807]

195 (7) **Prinzip des mildesten Mittels.** Der Verband ist verpflichtet, **das mildeste Mittel anzuwenden, um seine berechtigten Zwecke durchzusetzen.**[808] Um die berechtigten Interessen des Verbandes und seine satzungsgemäßen Aufgaben verwirklichen zu können, bedarf es möglicherweise nicht des Ausschlusses oder der Aufnahmeverweigerung, sondern es können **weniger drastische Maßnahmen** ausreichen. Bei persönlichen Differenzen kann es zumutbar sein, den **lästigen Bewerber erst einmal aufzunehmen,** wenn frühere Streitigkeiten bereinigt und angebliche neue Verstöße noch nicht hinreichend aufgeklärt sind.[809] Bei Gütegemeinschaften kann das Gütezeichen verliehen werden, ohne dass der Bewerber an den Mitgliedschaftsrechten im Übrigen teilhat.[810] Wenn die Satzung oder der Verbandszweck Hinderungsgründe für die Mitgliedschaft enthalten, muss **versucht werden, diese Hinderungsgründe zu beseitigen.** Das kann so weit gehen, dass dem Bewerber eine **partielle Teilnahme an der Mitgliedschaft** des Verbandes eröffnet wird[811] oder dass der Ausschluss eines Mitglieds als zu weitgehende Vereinsstrafe aufgehoben wird.[812] Es kann sogar zumutbar sein, eine **Satzungsänderung durchzuführen**[813] oder einen besonderen Dachverband zu gründen, der nunmehr den abgewiesenen Bewerber und die frühere Organisation umfasst,[814] oder eine Sonderzahlung für die Aufnahme zu verlangen.[815] Es empfiehlt sich für den klagenden Bewerber, im Wege von Hilfsanträgen Lösungsmöglichkeiten anzubieten.[816] Der Tatrichter hat seinerseits auf „sachgerechte Vorschläge" hinzuwirken und „Gelegenheit zu entsprechenden Klageanträgen" zu geben.[817]

196 **ff) Nicht geschützte Interessen des Verbandes.** Nicht schützenswert ist die **sog. Bürgenklausel,** d. h. eine Klausel in der Satzung, wonach zwei Bürgen gutsagen müssen, andernfalls die Aufnahme nicht stattfindet;[818] ferner Satzungsbestimmungen, die vorsehen, dass nur Gesellschaften in der Form der GmbH aufgenommen werden und der Bewerber, obwohl GmbH, ausgeschlossen bleiben soll, weil er in Wahrheit eine genossenschaftliche Zielsetzung habe.[819] Gleiches gilt um einen Bewerber um Mitgliedschaft fernzuhalten, der **neue Werbemethoden** anwendet.[820] Ebenso wenig verdient die **Anforderung** an neu aufzunehmende Mitglieder, **gleichzeitig einem legalisierten Kartell beizutreten,** Schutz, da nach der Bekanntmachung des BKartA[821] ein Verband nur als Rechtsträger für ein legalisiertes Kartell gewählt werden darf, wenn eine Mitgliedschaft auch ohne Kartellbeteiligung möglich ist.[822]

---

[807] KG WuW/E 2343, 2344 – *Brunneneinheitsflasche*.
[808] So BGH WuW/E 1347, 1348 – *Rad- und Kraftfahrerbund*; BGH WuW/E 1725, 1728 – *Deutscher Landseer Club*; KG WuW/E 2312, 2315 – *Landseer Club*; Scholz-Hoppe, S. 785 (789).
[809] Vgl. dazu OLG Frankfurt WuW/E 3011, 3014 – *Funktaxi-Zentrale Langen*.
[810] *Dörinkel* WuW 1958, 565, 569.
[811] *Nicklisch* JZ 1976, 105, 110.
[812] OLG München WuW/E 1473, 1474 – *Reformhäusergenossenschaft* – und OLG Frankfurt WuW/E 3015, 3016 – *Motorradsport*.
[813] BGH WuW/E 2269, 2270 – *Verband für Deutsches Hundewesen*.
[814] BGH WuW/E 1347, 1352 – *Rad- und Kraftfahrerbund*;1725, 1728 – *Deutscher Landseer Club*; BGH GRUR 1986, 332, 335 – *Aikido-Verband*; KG WuW/E 2312, 2315 – *Deutscher Landseer Club*.
[815] BGH WuW/E 1495, 1497 – *Autorufgenossenschaft*; vgl. zur Berechnungsmethode einer solchen Sonderzahlung BKartA WuW/E 2185, 2186 – *Latex*.
[816] Dazu aufschlussreich OLG Stuttgart JZ 1972, 490 – *Landespressekonferenz*.
[817] BGH WuW/E 1347, 1352 – *Rad- und Kraftfahrerbund*.
[818] So KG WuW/E 3159, 3160 – *Kunstversteigerer*; Rixen in: FK Rn. 457.
[819] *Markert* in: IM, GWB, § 20 Rn. 348.
[820] KG WuW/E 3159, 3161 – *Kunstversteigerer*.
[821] Bekanntmachung über Verwaltungsgrundsätze bei der Anmeldung der legalisierten Kartelle vom 16. 12. 1998 Nr. 110/98.
[822] So auch *Markert* in: IM, GWB, § 20 Rn. 349.

gg) Erfüllung satzungsgemäßer Voraussetzungen. Eine sachlich nicht gerechtfertigte ungleiche Behandlung liegt vor, wenn das um Aufnahme bemühte Unternehmen die Zulassungsvoraussetzungen der Satzung erfüllt,[823] während die Nichtaufnahme eines Unternehmens, welches die satzungsgemäßen Voraussetzungen nicht erfüllt, eher gerechtfertigt sein kann.[824] Hierbei ist zu berücksichtigen, dass es **diskriminierende Satzungsbestimmungen** geben kann, so dass die Nichterfüllung der satzungsgemäßen Voraussetzungen nicht immer die gewünschte Rechtfertigung für den sich sperrenden Verband ergibt.[825] Dies gilt besonders für Satzungsänderungen, die **erst im Verlauf eines Aufnahmeverfahrens vorgenommen** wurden, um diesen Bewerber ausschließen zu können,[826] zumal dann, wenn das neue satzungsgemäße **Aufnahmehindernis rückwirkend gelten soll**.[827] Jedoch kann es Fälle geben, in denen die **Satzungsänderung während des Aufnahmeverfahrens nicht diskriminierend** ist, da sie beispielsweise zum Selbstverständnis des Verbandes gehört.[828]

f) Unbillige Benachteiligung im Wettbewerb. aa) Benachteiligung im Wettbewerb. (1) Weitreichender Begriff der Benachteiligung. Das schutzwürdige Interesse des Bewerbers um Mitgliedschaft besteht im Schutz vor einer „unbilligen Benachteiligung im Wettbewerb". Dieses **Merkmal**, welches zur „sachlich nicht gerechtfertigten ungleichen Behandlung" hinzukommen muss, hat **lediglich eine negative Funktion.**[829] Die Nichtaufnahme oder der Ausschluss müssen **Nachteile im Wettbewerb zur Folge** haben, **rein gesellschaftliche oder politische Nachteile reichen nicht aus,**[830] **wobei** die Auffassung der Marktgegenseite entscheidet. Da die Verflechtung wirtschaftlichen, gesellschaftlichen und politischen Ansehens groß ist, wird die Marktgegenseite auch aus einer mehr „ideellen" Zurücksetzung häufig Nachteile im Wettbewerb ableiten.[831] Nach h.M. liegt eine Benachteiligung im Wettbewerb schon dann vor, wenn dem ausgeschlossenen Bewerber um Mitgliedschaft die „Förderung und Betreuung", insbesondere die „laufende Unterrichtung", die „Beratung" und die „Information" oder auch „Warnungen vor unvorteilhaften Geschäften" verschlossen bleiben, die den Mitgliedsunternehmen sonst für ihr Verhalten im Wettbewerb zuteil werden.[832] Es genügt bereits, dass der Nichtaufgenommene **nicht die gleichen Möglichkeiten hat wie andere Verbandsmitglieder, um seinen Einfluss im Gesetzgebungsverfahren geltend zu machen,** wenn der Verband im Gesetzgebungsverfahren angehört wird.[833] Es genügt nicht, als Außenseiter nicht an der Willensbildung des Verbandes mitwirken

---

[823] BGH WuW/E 154f. – *Darmimporteure;* 389, 390 – *Berufsboxer;* 288, 291 – *Großhändlerverband II;* 1347, 1348 – *Rad- und Kraftfahrerbund;* BGHZ 93, 151 (153f)) – *Gewerkschaftsbeitritt;* OLG Hamburg WuW/E 2775, 2777 – *Hauptverband für Traberzucht und -rennen;* Helm, Das Kartellrecht in der Wirtschaftspraxis, 2. Aufl. 1977, Rn. 215.
[824] BGH WuW/E 947, 949 – *Universitätssportclub; Rixen* in: FK, Rn. 448.
[825] Vgl. u. a. BGHZ 63, 282, 284 – *Deutscher Sportbund* – für einen Verband mit Monopolstellung; BGH WuW/E 2191, 2193 – *Schwarzbuntzüchter;* 2226 (2228) – *Aikido-Verband.*
[826] Zu den zuletzt genannten Fällen vgl. *Fuchs* NJW 1965, 1509, 1511 mit Nachweisen.
[827] OLG Frankfurt WRP 1986, 281, 285 – *Aikido-Verband II.*
[828] KG WuW/E 3475, 3476 – *Schwarzbuntzüchter;* BGH WuW/E 2191, 2193.
[829] So *Markert* in: IM, GWB, Rn. 355; *Möschel*, Recht der Wettbewerbsbeschränkungen, 1983 Rn. 691.
[830] BGH WuW/E 1625, 1626 – *Anwaltsverein.*
[831] KG WuW/E 3159, 3162 – *Kunstversteigerer.*
[832] BGH WuW/E 288, 291 – *Großhändlerverband II;* ähnlich KG WuW/E 3159, 3162 – *Kunstversteigerer* und WuW/E 1901, 1903 – *Berliner Möbeleinzelhandelsverband;* BKartA WuW/E 743, 746 – *Zentralverband des genossenschaftlichen Groß- und Außenhandels;* 948, 957 – *Mineralölgroßhandelsverband; Rixen* in: FK Rn. 466 f.; *Möschel*, Recht der Wettbewerbsbeschränkungen 1983, spricht in Rn. 682, 691 zutreffend von einer Beeinträchtigung des „standing" des Unternehmens.
[833] OLG München WuW/E 2781, 2782 – *Trabrennverein.*

zu können, denn dieses Interesse liegt außerhalb der in § 20 Abs. 6 geschützten Interessen.[834]

199 **(2) Vermutung für Benachteiligung.** Die **Benachteiligung braucht nicht aktuell eingetreten zu sein,** sondern es **genügt, wenn eine Beeinträchtigung im Wettbewerb zu erwarten ist.** Mithin spricht eine **Vermutung für die Benachteiligung** im Wettbewerb, wenn einem Unternehmen die Mitgliedschaft in einer Wirtschafts- oder Berufsvereinigung verweigert wird, die die typischen gewerblichen Interessen dieses Unternehmens wahrnimmt und fördert.[835]

200 **(3) Einzelfälle.** Die Mitgliedschaft eines Hundezuchtvereins in einem Verband für das Hundewesen bietet für die **Abstammungsurkunden,** die der Verein ausstellt, und die **Zuchtrichtlinien,** die er festsetzt und überwacht, eine höhere Gewähr; der Verein wird durch die Verweigerung der Verbandsmitgliedschaft in den Absatzchancen der Tiere benachteiligt.[836] **Technisch schwierige Arbeiten** werden von Auftraggebern eher an **Mitgliedsunternehmen eines Fachverbandes** vergeben.[837] Der **Hersteller beliefert nur Verbandsmitglieder**[838] zum Beispiel deshalb, weil er bei Nichtmitgliedern befürchtet, es handle sich nicht um Großhändler, sondern um Groß- und Einzelhändler. Überhaupt orientieren sich vor- oder nachgeordnete Wirtschaftsstufen über die wirtschaftliche Tätigkeit eines bestimmten Unternehmens an Hand der Verbandszugehörigkeit.[839] Wer nicht Mitglied der Berufsvereinigung ist, **genießt** offenbar **nicht das Vertrauen** seiner Kollegen, sein Ruf wird geschädigt.[840] Hierfür kann es genügen, wenn sich die Ablehnung der Aufnahme im Kreis der Mitglieder herumspricht[841] oder bei einer Auskunft, die von Dritten gewünscht wird, nicht auf eine positive Stellungnahme des Verbandes hingewiesen werden kann und dadurch der **Anschein fehlender Seriösität entsteht.**[842] **Ausländische Exporteure orientieren sich an der Liste der Verbandsmitglieder** der einschlägigen Sparte.[843] Eine Benachteiligung liegt vor, wenn **öffentlich-rechtliche Vorschriften das Kontrahieren nur mit einem Verbandsmitglied ermöglichen,** z.B. mit den Mitgliedern einer Arbeitsgemeinschaft von Friedhofsgärtnern[844] oder wenn die Betätigung als Berufsboxer von der Mitgliedschaft in dem Verband der Berufsboxer abhängig gemacht wird.[845] Das gilt nicht nur dann, wenn öffentlich-rechtliche Bestimmungen die Mitgliedschaft in einem Verband zur Voraussetzung der Zulassung machen, sondern auch, **wenn dies nur faktisch so gehandhabt wird.**[846] Eine Benachteiligung kann dadurch entstehen, dass die Vermittlung des Zugangs zu internationalen Kooperationen ausschließlich mit Hilfe des Verbandes erlangt werden kann.[847] Es stellt keine unzulässige Diskriminierung eines Heilpraktikers dar, wenn ein Verein, der Zertifikate für sog. „Asthmatrainer" erteilt, aus grundsätzlichen Erwägungen Heilpraktikern das Zertifikat nicht erteilt, sondern dieses Heilberufen mit einem staatlichen Abschluss im Sinne der Schulmedizin vorbehält.[848]

---

[834] OLG München a.a.O.; BGH WuW/E 1625, 1626 – *Anwaltsverein,* KG WuW/E 3159, 3163 – *Kunstversteigerer.*
[835] Für eine solche Vermutung auch *Bechtold,* Das neue Kartellrecht, 1981, S. 235, BKartA WuW/E 1170, 1174 – *RAL;* vgl. auch KG WuW/E 2312, 2313 – *Deutscher Landseer Club.*
[836] KG WuW/E 2028, 2031 – *Landseer Club.*
[837] KG WuW/E 1719 – *Blitzschutzanlagen.*
[838] BKartA TB 1969, 77; BMWi WuW/E 110 = BB 1957, 1195; *Rixen* in: FK Rn. 466.
[839] BMWi WuW/E 110 = BB 1957, 1195.
[840] BGH WuW/E 154, 157 – *Darmimporteure.*
[841] BKartA TB 1967, 62.
[842] *Rixen* in: FK Rn. 466 stellt darauf ab, ob die Verbandszugehörigkeit „branchentypisch" ist.
[843] BGH WuW/E 154, 157 – *Darmimporteure.*
[844] OLG Koblenz BB 1973, 576 – *Friedhofsgärtner.*
[845] BKartA WuW/E 357, 359 – *Berufsboxer.*
[846] OLG Hamburg WuW/E 2775, 2777 – *Hauptverband für Traberzucht und -rennen.*
[847] BKartA WuW/E 2899 – *DMS/International;* BKartA TB 1995/96, 137 f.
[848] Vgl. OLG Oldenburg GRUR-RR 2002, 182 f.

bb) Unbilligkeit. Die Benachteiligung im Wettbewerb muss „unbillig" sein. Ob sie das **201** ist, **soll wiederum von einer umfassenden Interessenabwägung abhängen.**[849] Dieses Merkmal der „Unbilligkeit" ist im Grunde genommen überflüssig und eine Wiederholung des Merkmals der „sachlichen Rechtfertigung" der Ungleichbehandlung, denn die Interessenabwägung hat bereits bei der Prüfung der Frage stattgefunden, ob die Ungleichbehandlung sachlich gerechtfertigt ist oder nicht.[850] Wenn das Merkmal der „Unbilligkeit" überhaupt eine selbstständige Bedeutung hat, so allenfalls in der Hinsicht, dass **zur Benachteiligung im Wettbewerb noch ein Element der Spürbarkeit hinzukommen** muss.[851] Die **„Unbilligkeit" der Benachteiligung im Wettbewerb kann nicht deshalb entfallen, weil der diskriminierte Bewerber nach § 20 Abs. 1 GWB vorgehen kann,**[852] da zwischen § 20 Abs. 1 und § 20 Abs. 6 Anspruchskonkurrenz besteht.[853]

3. Probleme der Beweislast

Die Fragen der Darlegungs- und Beweislast werden im **Schrifttum kontrovers be- 202 handelt.** Eine Auffassung[854] steht auf dem Standpunkt, die **Beweislast dafür, dass die Verweigerung der Aufnahme sachlich gerechtfertigt sei, liege bei dem Verband,** der sich dem Bewerber verschließt. Abweichend davon soll nach dieser Auffassung[855] – jedenfalls beim zivilrechtlich unmittelbar durchsetzbaren Aufnahmeanspruch – die **Beweislast für die unbillige Beeinträchtigung sowie die weiteren Voraussetzungen des § 20 Abs. 6 den aufnahmebegehrenden Bewerber treffen.** Gleiches hätte danach im kartellrechtlichen Anordnungsverfahren für die Kartellbehörde zu gelten. Gegen diese Auffassung spricht folgende Überlegung: Wenn schon der Verband die Beweislast für die Rechtfertigung der ungleichen Behandlung trägt, dann erst Recht dafür, dass die Verweigerung der Mitgliedschaft keine unbillige Benachteiligung im Wettbewerb mit sich bringt. Denn **gerade für die unbillige Benachteiligung im Wettbewerb spricht eine Vermutung,** wenn die wirtschafts- oder berufspolitischen Interessen des Bewerbers um Mitgliedschaft von diesem Verband wahrgenommen werden und dem Bewerber die Mitgliedschaft verweigert wird. Nach anderer Auffassung[856] liegt die Beweislast für die ungerechtfertigte unterschiedliche Behandlung und für die Benachteiligung im Wettbewerb bei dem Bewerber um Mitgliedschaft. **Dagegen habe der Verband die Rechtfertigung dieses Verhaltens darzulegen.** Gegen diesen Ansatz spricht jedoch, dass die Rechtfertigung der Nichtaufnahme und die ungerechtfertigte unterschiedliche Behandlung das Gleiche sind, nur die Kehrseite des gleichen Vorgangs der Interessenabwägung. Eine weitere Meinung[857] sieht die Darlegungs- und Beweislast sowohl für die sachliche Rechtfertigung als auch für das Nichtvorliegen einer unbilligen Beeinträchtigung bei dem ablehnenden Verband. Diese Verteilung ergäbe sich aus der weitgehenden inhaltlichen Überschneidung beider Merkmale.

Bei dem normativen Vorgang der Interessenabwägung, also bei der Ausfüllung des **203** „offenen Tatbestandes" des § 20 Abs. 6, erscheint problematisch, die Beweislast für das

---

[849] KG WuW/E 2028, 2031 – *Landseer Club; Schultz* in: Langen/Bunte, Rn. 282.
[850] So auch *Bechtold* Kartellgesetz, 2. Aufl. 1999, § 20 Rn. 97 (11 e); *Rixen* in: FK Rn. 471; *Markert* in: IM, GWB, § 20 Rn. 359; *Möschel*, Recht der Wettbewerbsbeschränkungen, 1983 Rn. 691.
[851] *Rixen* in: FK Rn. 471.
[852] *Markert* in: IM, GWB, § 20 Rn. 359; a. A. BKartA WuW/E 935, 936 – *Intimartikelversand II*.
[853] Vgl. *Markert* in: IM, GWB, § 20 Rn. 371.
[854] *Rixen* in: FK Rn 475.
[855] A. a. O. Rn. 475.
[856] *Müller-Gießler-Scholz*, Wirtschaftskommentar: Kommentar zum Gesetz gegen Wettbewerbsbeschränkungen, 4. Aufl. 1981, § 20 Rn. 28.
[857] *Markert* in: IM, GWB, § 20 Rn. 370.

Vorliegen der nicht gerechtfertigten Ungleichbehandlung und der Benachteiligung im Wettbewerb generell der einen oder der anderen Seite aufzuerlegen. Vielmehr sollte die **allgemeine Regelung** Anwendung finden, wonach **derjenige darlegen und beweisen muss, der aus einem bestimmten Umstand eine günstige Rechtsfolge ableitet. Eine tatsächliche Vermutung kann für das Vorbringen der einen oder der anderen Partei sprechen.** So lässt sich von einer „gewissen Beibringungspflicht und Beweislast" sprechen, wenn der Bewerber den Ausnahmetatbestand geltend machen will, dass die Wirtschafts- oder Berufsvereinigung, die sich ihm sperrt, in vergleichbaren Fällen mehrfach Ausnahmen zugelassen hat.[858] Ebenso ist eine Vermutung zu bejahen, wonach die Verweigerung der Mitgliedschaft eine unbillige Benachteiligung im Wettbewerb zur Folge hat und so wird schließlich eine tatsächliche Vermutung dafür sprechen, dass die Nichtaufnahme gerechtfertigt ist, wenn der Bewerber um Mitgliedschaft die satzungsgemäßen Voraussetzungen nicht erfüllt, die dem berechtigten Verbandszweck Rechnung tragen. Diese Vermutungen beseitigen nicht die allgemeine Regel, dass grundsätzlich zu behaupten und zu beweisen hat, wer aus seinem Vortrag die für ihn günstige Rechtsfolge ableiten will. Gleiches hat zu gelten, wenn der Verband die Aufnahme über Gebühr verzögert, wenn er die Aufnahme an unzumutbare Bedingungen knüpft oder wenn er ein Mitglied ausschließt.

4. Rechtsfolgen

204 Nach der Umwandlung in einen Verbotstatbestand hat § 20 Abs. 6 im Verletzungsfall sowohl **zivilrechtliche** als auch **kartellverwaltungsrechtliche** und **ordnungswidrigkeitenrechtliche Rechtsfolgen.** Der Meinungsstreit in der Literatur über die von der Rechtsprechung bereits nach § 27 a. F. zuerkannte Schutzgesetzfunktion[859] hat sich mit der 6. Novelle erledigt. Gleichzeitig ist das besondere kartellbehördliche Verwaltungsverfahren nach § 27 Abs. 2, 3 a. F.[860] entfallen.

205 **a) Zivilrechtlicher Aufnahmeanspruch.** Zunächst sind Rechtsgeschäfte, die gegen das gesetzliche Verbot in § 20 Abs. 6 verstoßen, nach § 134 BGB nichtig. Beschlüsse von Normadressaten des § 20 Abs. 6, die zum Ausschluss von Mitgliedern führen, unterliegen daher vergleichbaren Grundsätzen wie verbotswidrige Vertragskündigungen nach § 20 Abs. 1.[861] Die Nichtigkeitsfolge des § 134 BGB erfasst daher neben der verbotswidrigen Ablehnung der Aufnahme auch Satzungsbestimmungen, die auf einen § 20 Abs. 6 verletzenden Ausschluss gerichtet sind. Derartige Satzungsbestandteile können handlungsberechtigte Verbandsorgane nicht wirksam binden. § 20 Abs. 6 wurde bereits als Schutzgesetz nach § 33 a. F. anerkannt. Umso mehr erfüllt die Vorschrift die Voraussetzungen von § 33 Abs. 1 S. 3, wonach betroffen und somit anspruchsberechtigt ist, wer als Mitbewerber oder sonstiger Marktteilnehmer durch den Verstoß beeinträchtigt ist. Nach § 33 steht diesen Unternehmen ein **Anspruch auf Unterlassung, Beseitigung sowie Schadensersatz** bezüglich der Auswirkungen einer Verbotsverletzung nach § 20 Abs. 6 zu. Dieser Anspruch beinhaltet auch den zivilrechtlich unmittelbar durchsetzbaren Aufnahmeanspruch der verbotswidrig an der Mitgliedschaft gehinderten Unternehmen gegenüber Verbänden bzw. Gütezeichengemeinschaften. Bei einem verbotswidrigen Ausschluss, d. h. einer unrechtmäßigen Beendigung einer bereits bestehenden Mitgliedschaft geht die Feststellung der Nichtigkeit des Ausschlusses – und somit der Fortbestand des alten Mitgliedschaftsverhältnisses – dem Anspruch auf (Neu-) Aufnahme nach § 20 Abs. 6 vor.[862] Der Unterlas-

---

[858] So BKartA WuW/E 1473, 1474 – *Heizungsgroßhandel.*
[859] Vgl. ausführlich: *Traub* in: Loewenheim/Belke, § 27 a. F. Rn. 4, 5.
[860] Vgl. hierzu ausführlich: *Traub* in: Loewenheim/Belke, § 27 a. F. Rn. 65 ff., 67.
[861] Vgl. BGH v. 7. 3. 89, WuW/E BGH 2584 (2587) – *Lotterievertrieb* = BGHZ 107, 273; KG v. 27. 10. 1989, WuW/E OLG 4560 – *Systematische Selbstaufführungen.*
[862] Vgl. KG WuW/E OLG 4560 – *Systematische Selbstaufführungen; Markert* in: IM, GWB, Rn. 370.

sungs- und Beseitigungsanspruch (§ 20 Abs. 6 i. V. m. § 33) zugunsten des Aufnahmewilligen besteht **verschuldensunabhängig**.[863]

b) Anordnung; Untersagungsverfahren; Bußgeldverfahren. Während in § 27 a. F. **206** ein besonderes kartellbehördliches Verwaltungsverfahren zur Erzwingung der Aufnahme vorgesehen war, richtet sich die **Aufnahme nunmehr nach den allgemeinen Bestimmungen**.[864] Die nach § 48 Abs. 2 zuständige Kartellbehörde kann im Untersagungsverfahren nach § 32 gegen ein nach § 20 Abs. 6 verbotenes Verhalten vorgehen. Jedoch lässt § 20 Abs. 6 im Rahmen des Untersagungsverfahrens Gebotsverfügungen seinem Wortlaut nach nicht mehr zu.[865] Ohne Einschränkungen im Verfügungstenor darf die Kartellbehörde demnach die Aufnahme nur dann anordnen, wenn die geltend gemachten Ablehnungsgründe gegen § 20 Abs. 6 verstoßen und andere (bisher nicht vorgebrachte) Gründe nicht ersichtlich sind.[866] Im Ergebnis kann daher im Kartellverwaltungsverfahren eine Aufnahmeverpflichtung nur unter der Voraussetzung angeordnet werden, dass andere (mildere) Möglichkeiten, einen Verstoß gegen § 20 Abs. 6 abzustellen (wie etwa eine Satzungsänderung oder die tatsächliche Gleichbehandlung), nicht bestehen.[867]

Eine Anordnung der Aufnahme kann von den Adressaten mit der **Beschwerde** angefochten werden, der nach § 64 Abs. 1 **keine aufschiebende Wirkung** zukommt.[868] **207**

Der vorsätzliche oder fahrlässige Verstoß gegen die Verbotsnorm des § 20 Abs. 6 kann **208** im **Bußgeldverfahren** nach § 81 Abs. 2 Nr. 1 als Ordnungswidrigkeit mit einer Geldbuße geahndet werden. Jedoch wird ein Bußgeld nur in den Ausnahmefällen verhängt werden können, in denen der Verstoß gegen das Verbot in § 20 Abs. 6 von Beginn an offenkundig war, oder unter der Voraussetzung, dass bereits die Ablehnung vergleichbarer Aufnahmewilliger untersagt wurde.[869] Da die Verhängung eines Bußgeldes einen Aufnahmeantrag voraussetzt, der nach § 20 Abs. 6 verbotswidrig abgelehnt wurde, ist der Ausschluss eines Unternehmens – trotz indirekten Verstoßes gegen § 20 Abs. 6 – nicht ordnungswidrig.[870]

5. EG-Recht

Die Wettbewerbsregeln des **EU-Vertrages** (Art. 81,82) enthalten **keine dem § 20** **209** **Abs. 6 entsprechenden Regelungen**. Eine Anwendung von **Art. 82 EGV** auf Fälle der Aufnahmeverweigerung[871] kann in Betracht kommen, wenn eine Diskriminierung im Sinne dieser Vorschrift vorliegt und der Verband Normadressat von Art. 82 EGV ist. Dies setzt voraus, dass die Vereinigung, die die Aufnahme unzulässig verweigert, selbst die Unternehmenseigenschaft besitzt, d. h. wirtschaftliche Ziele verfolgt.[872]

Wird die begehrte Aufnahme durch einen Verbandsbeschluss von Unternehmen verhindert und dadurch der Wettbewerb beschränkt, kann eine Nichtaufnahme auch gegen **210** **Art. 81 EGV** verstoßen. Aus einem derartigen Verstoß gegen Art. 81 EGV resultiert jedoch nicht ohne weiteres eine Aufnahmeverpflichtung,[873] sondern in aller Regel abhängig von den Aufgaben und Zielsetzungen des Verbandes eine **Zutrittsermöglichung** oder ein Anspruch auf Dienstleistungsgewährung, z. B. durch die **Zugriffsmöglichkeit auf**

---

[863] Vgl. *Schultz* in: Langen/Bunte (Fn. 774); Rn. 284; *Markert* in: IM, GWB, Rn. 370.
[864] Vgl. *Rixen* in: FK Rn 472; *Markert* in: IM, GWB, Rn. 364.
[865] So auch *Markert* in: IM, GWB, § 20 Rn. 365.
[866] Vgl. *Markert* in: IM, GWB, § 20 Rn. 365.
[867] So auch *Rixen* in: FK Rn. 474; vgl. zu § 37 a II a. F. auch BGH WuW/E 2951, 2952 – *Weigerungsverbot*; KG v. 6. 6. 1997 – Kart 2/95 – *Börsenverein I*.
[868] Vgl. *Bechtold*, Rn. 98 (11 f.).
[869] Vgl. *Markert* in: IM, GWB, § 20 Rn. 368.
[870] Vgl. *Bechtold*, Rn. 101 (11 f.).
[871] Vgl. *Dirksen* in: Langen/Bunte, Art. 82, Rn. 172; *Möschel* in: IM, EG-WbR, Art. 82, Rn 230.
[872] Vgl. *Bechtold*, Rn. 102 (12 a); *v. Gamm*, Rn. 17.
[873] So auch *Bechtold*, Rn. 102 (12 a).

wesentliche Informationen, die der Verband seinen Mitgliedern gewöhnlich zur Verfügung stellt.[874]

211 Ausdrücklich befasst sich das EG-Recht hingegen in der **Kooperationsbekanntmachung** vom 29. 7. 1968 [875] unter Nr. 8 mit den Gütezeichengemeinschaften.

212 In einem 1986 beim EuGH anhängigen Verfahren begehrten belgische Abfüller von Mineralwasser die Aufnahme in einen Verband deutscher Mineralwasserunternehmer. Der Hintergrund dieses Verfahrens war der Wunsch, die sog. Brunneneinheitsflasche mit nutzen zu können.[876] In der **Verhinderung einer Teilnahme am deutschen Pfandsystem** mit der Brunneneinheitsflasche erblickten die belgischen Unternehmen eine spürbare Einfuhrbeschränkung.[877] Bei Annahme einer solchen Verkehrsbeschränkung im zwischenstaatlichen Handel wird sich europarechtlich **keine Aufnahme in den Verband, sondern lediglich der Zugang** zum Pfand- und Vertriebssystem begründen lassen.

6. Verhältnis zu anderen Vorschriften

213 a) **Verhältnis zu § 20 Abs. 1, 2.** § 20 Abs. 1 befasst sich mit diskriminierenden Maßnahmen von „Unternehmen" und „Vereinigungen von Unternehmen", bei letzteren jedoch nur, wenn es sich um bestimmte Unternehmensvereinigungen handelt.[878] Im Gegensatz hierzu sind die **„Wirtschafts- und Berufsvereinigungen"** sowie Gütezeichengemeinschaften[879] **des § 20 Abs. 6,** die soziale, berufsstandpolitische oder wirtschaftliche Interessen ihrer Mitglieder nach außen vertreten, **grundsätzlich keine „Unternehmen".** Gleichwohl sind die **Abgrenzungsschwierigkeiten zwischen § 20 Abs. 1 und § 20 Abs. 6** vielfältig. Es ist zu beachten, dass Verbände und Vereine selbst „Unternehmen" i. S. d. § 20 Abs. 1 sein können, wenn sie sich unternehmerisch betätigen. Beispiele: Der Bundesverband der pharmazeutischen Industrie als Herausgeber der „Roten Liste";[880] Funktaxi-Vereinigungen;[881] Reformhausgenossenschaften;[882] Vereine von Hundezüchtern, die Zuchtrichtlinien aufstellen und Abstammungsurkunden ausstellen;[883] Tierzuchtvereine, soweit sie auch Trabrennen veranstalten;[884] ein Verein zur Förderung des mittelständischen Kürschnerhandwerks, der anlässlich von Pelzmessen einen Modellwettbewerb des Deutschen Kürschnerhandwerks veranstaltet;[885] Sportvereine,[886] der Deutsche

---

[874] Vgl. *Michael*, S. 271.

[875] ABl. 1968 C 75/3; zitiert bei *Benisch*, Kooperationsfibel 1973 Rn. 7 Seite 369; *Langen/Bunte* (Fn. 798), 9. Auflage Bd. 2, S. 3223; vgl. auch die Entscheidung der Kommission vom 25. 6. 1969 in A.Bl. 1969 L 168/22, 24; EuGH v. 8. 11. 1983 – *IAZ* = WuW/E EWG/MUV 639, v. *Stoephasius* in: Langen/Bunte (9. Aufl.), Art. 81, Fallgruppen Rn. 38 f betont die „Offenheit des Systems".

[876] EuGH v. 12. 9. 1986, Rs. 202/86; ABl. C 231/7 – *Chambre Syndicale des Eaux minérales et de Source*.

[877] Vgl. *Michael*, S. 272.

[878] Vgl. oben *Loewenheim*, Ausführungen zu § 20 I und II.

[879] Vgl. z. B. für die DLG OLG Frankfurt WRP 1986, 98, 100 – *Entziehung des Weinsiegels*.

[880] BGH WuW/E 1740, 1741 – *Rote Liste*.

[881] BGH WuW/E 1707, 1708 – *Taxi-Besitzervereinigung*; OLG Düsseldorf vom 16. 6. 2004 – VI-U (Kart) 16/04 – *Taxi-Zentrale Haan*; OLG Frankfurt WuW/E 3011 – *Funktaxi-Zentrale Langen* und GRUR 1985, 323 = WuW/E 3366 [nur Leitsatz]; OLG Hamburg WuW/E 3000 – *Funk-Taxiruf Harburg*; OLG Celle WuW/E 2045 – *Taxi-Besitzervereinigung*; OLG Düsseldorf WuW/E 685, 686 – *Taxi-Besitzerverein*; LKartB. Hessen WuW/E 7, 9.

[882] OLG München WuW/E 1473, 1475.

[883] TB-BKartA 2003/2004, S. 82; BGH WuW/E 1725, 1727 – *Deutscher Landseer Club*; KG WuW/E 2028, 2029 – *Landseer Club*.

[884] OLG Hamburg WuW/E 2775, 2776 – *Hauptverband für Traberzucht und -rennen*, bestätigt in WRP 1985, 431, 434.

[885] OLG Frankfurt WuW/E 3347 – *Kürschnerhandwerk*.

[886] Vgl. *Steinbeck* WuW 96, 91 (95 f.).

Fußballbund;[887] u. U. ein Universitätssportclub;[888] ferner die Oberste Motorsportkommission für die Bundesrepublik Deutschland.[889] Die „Wirtschafts- und Berufsvereinigungen" des § 20 Abs. 6, die soziale, berufsstandpolitische oder wirtschaftliche Interessen ihrer Mitglieder nach außen vertreten, stehen in der Regel im Gegensatz zu den „Unternehmen" und „Vereinigungen von Unternehmen" des § 20 Abs. 1, da sie sich nicht unternehmerisch betätigen. Es gibt jedoch auch **Wirtschafts- oder Berufsvereinigungen, die sich sowohl verbandspolitisch als auch unternehmerisch betätigen**, z. B. eine Genossenschaft der Mineralwasserquellen, die die Herstellung einer „Brunnen-Einheitsflasche" betreibt,[890] oder eine Arbeitsgemeinschaft der Friedhofsgärtner, die die entgeltliche Ausschmückung der Trauerhalle mitbesorgt,[891] auch der Deutsche Fußballbund, je nachdem, ob er sich als Unternehmen oder als „Berufsvereinigung" der zur Bundesliga zugelassenen Vereine betätigt.[892] Entscheidend ist in diesen Fällen, ob das verbandspolitische oder das wirtschaftliche Betätigungsfeld im Vordergrund steht. Doch kann auch **Anspruchskonkurrenz zwischen § 20 Abs. 1, 2 und § 20 Abs. 6** angenommen werden, wenn die verbandspolitische Zielsetzung und die unternehmerische Betätigung nebeneinander stehen.[893] Jedenfalls fällt eine Vereinigung, die die Voraussetzungen des § 20 Abs. 6 erfüllt, nicht aus seinem Anwendungsbereich deshalb heraus, weil sie auch erwerbswirtschaftlichen Zielsetzungen ihrer Mitglieder dient.[894] Die Abgrenzungsschwierigkeit führt bisweilen dazu, dass die Gerichte es dahingestellt sein lassen, ob § 20 Abs. 1 oder § 20 Abs. 6 Anspruchsgrundlage ist.[895]

b) Verhältnis zu § 826 BGB. § 826 BGB ist der ursprüngliche Anknüpfungspunkt für die Rechtsprechung, wonach Monopolverbände u. U. verpflichtet sind, Bewerber aufzunehmen.[896] Die Anspruchsgrundlage des § 826 BGB wird gelegentlich für ungeeignet gehalten und kritisiert.[897] Der wesentliche Unterschied des Anspruchs aus § 826 BGB auf Aufnahme in einen Monopolverband gegenüber § 20 Abs. 6 besteht darin, dass es sich bei dem Bewerber nach § 826 BGB nicht um ein „Unternehmen" handeln muss, also jeder Private auf Aufnahme klagen kann, wenn die Nichtaufnahme ihm einen gegen die guten Sitten verstoßenden Schaden zufügt. In diesen Zusammenhang gehört auch die Verweigerung der Aufnahme einzelner Personen in soziale, politische und gesellschaftliche Clubs

---

[887] BGHZ 137, 297 (311 f.) = NJW 98, 756 – *Europapokal-Heimspiele;* KG WuW/E 1429, 1431 – *Deutscher Fußball Bund;* OLG Düsseldorf WuW/E 3335, 3337 – *Inter-Mailand-Spiel.*
[888] BGH WuW/E 947, 950 – *Universitätssportclub;* OLG Frankfurt WuW/E 3568, 3569 – *Sportverein Jägermeister Braunschweig;* LG Frankfurt NJW 1983, 761, 763.
[889] OLG Frankfurt WuW/E 3015, 3016 – *Motorradsport.* – Vgl. Heckelmann AcP 1979, 1 ff.; Hemmerich „Möglichkeiten und Grenzen wirtschaftlicher Betätigung von Idealvereinen" 1982; Karsten Schmidt AcP 1982, 1 ff.; Steinbeck WuW 96, 91 ff.; Baecker S. 61 ff.; Grunsky, Werbetätigkeit und Sportvermarktung, 1985, S. 13 ff.; Hermann WuW 1979, 149, 152 und Vollkommer RdA 1982, 16, 25.
[890] Vgl. KG WuW/E 2344 – *Brunneneinheitsflasche.*
[891] OLG Koblenz BB 1973, 576.
[892] Vgl. LG Frankfurt NJW 1983, 761, 763 mit Anm. *Vollkommer* S. 726; Steinbeck WuW 96, 91 (95 f.); BGHZ 137, 297 (311 f.) – *Europapokal-Heimspiele.*
[893] *Markert* in: IM, GWB, § 20 Rn. 371, 164 ff.; *Schultz* in: Langen/Bunte (Fn. 798), Rn. 285.
[894] BGH, WuW/E 2191, 2193 – KVR 2/84 – *Schwarzbuntzüchter.*
[895] Beispiele: OLG Düsseldorf WuW/E 685, 686 – *Funktaxibesitzerverein;* OLG München WuW/E 2781, 2782 – *Trabrennverein.*
[896] Vgl. zu dieser Rechtsprechung u. a. BGH WuW/E 288, 289 – *Großhändlerverband II;* 389, 390 – *Berufsboxer;* 947, 949 – *Universitätssportclub;* 1347, 1348 – *Rad- und Kraftfahrerbund;* ferner *Birk* JZ 1972, 343, 346 und *Grunwald* AcP 182, 181 ff., 189. Zusammenfassend *Reuter* in: Münch. Komm. 5. Auflage, Rn. 52 ff. vor § 21 BGB; *Oechsler* in: Staudinger 13. Bearb. Rn. 266 ff. zu § 826 BGB; BGB – RGRK *(Steffen),* 12. Aufl. Rn. 121 f.
[897] *Grunewald* AcP 1982, 196 f.; *Oechsler* in: Staudinger, Rn. 272 zu § 826; *Nicklisch,* JZ 1976, 108.

oder Vereinigungen. Beispiele: Gewerkschaften;[898] politische Parteien;[899] Mietervereine;[900] gemeinnützige Wohnungsbaugenossenschaften;[901] ferner: Freie Kirchen und Sekten, Industrieclubs, studentische Verbindungen, Logen usw. Die Anwendung des § 826 BGB in diesen Fällen ist – mit Ausnahme verfassungsrechtlich privilegierter Vereinigungen – wie den politischen Parteien – grundsätzlich zu bejahen. Denn § 826 BGB dient auch dem Schutz nichtvermögensrechtlicher Rechtsgüter.[902]

215 Für die Frage der Aufnahmepflicht eines Monopolverbandes gemäß § 826 BGB ist weiter zu beachten, dass der zur Aufnahme verpflichtete Verband keine Berufs- oder Wirtschaftsvereinigung sein muss; vielmehr wird **von § 826 BGB grundsätzlich jeder Verband erfasst.** Vorausgesetzt ist aber nach der herkömmlichen Ansicht (dies im Gegensatz zu § 20 Abs. 6 und als eine über § 20 Abs. 6 hinausgehende Voraussetzung) die **Monopolstellung des Verbandes,** die nicht vermutet wird, sondern von dem Bewerber um Aufnahme darzulegen und zu beweisen ist.[903] Danach kann ein Anspruch auf Aufnahme in den Verband daran scheitern, dass diese Monopolstellung nicht existiert, weil konkurrierende Verbände die Mitgliedschaft anbieten. Über das Vorhandensein einer Monopolstellung hinaus besteht ein **Aufnahmeanspruch auch bei „wirtschaftlicher oder sozialer Übermacht" des Verbandes.**[904] Dieser Auffassung ist der BGH gefolgt[905] und hat sie in seiner IG-Metall-Entscheidung[906] und in der Entscheidung „Aikido-Verband"[907] erneut festgeschrieben; danach soll eine „überragende Machtstellung" der Vereinigung im „wirtschaftlichen oder sozialen Bereich" genügen.[908]

216 § 826 BGB kann mit § 20 Abs. 6 in Anspruchskonkurrenz treten.[909] Der BGH wendet zur Frage der Rechtmäßigkeit der Aufnahmeverweigerung, insbesondere im Bereich der Interessenabwägung, **für den Anspruch aus § 826 BGB die gleichen Grundsätze** an, **die bei § 20 Abs. 6 angewendet werden.**[910] Ob ein Aufnahmezwang „durchgreift", ist „nach der Formel zu bestimmen, dass die Aufnahme nicht zu einer sachlich nicht gerechtfertigten ungleichen Behandlung und unbilligen Benachteiligung eines die Aufnahme beantragenden Bewerbers führen darf".[911] So kommt die Anwendung von § 826 BGB auch

---

[898] Dazu BGH NJW 1985, 1214; BGHZ 93, 151 – *Gewerkschaftsbeitritt;* OLG Frankfurt v. 16. 3. 1989 – 6 U (Kart) 28/88, WuW/E OLG 4457; *Galperin* DB 1969, 704; *Küttner* NJW 1980, 968; *Leipold* ZGR 1985, 113; *Popp* ZfA 1977, 401 und JuS 1980, 798; *Reuter* ZGR 1980, 101, 124; *Säcker-Rancke* AuR 1981, 1.
[899] Dazu § 10 Abs. 1 Parteiengesetz vom 24. 7. 1967 in der Fassung der Bekanntmachung vom 3. 3. 1989: „Die zuständigen Organe der Partei entscheiden nach näherer Bestimmung der Satzung frei über die Aufnahme von Mitgliedern. Die Ablehnung eines Aufnahmeantrags braucht nicht begründet zu werden."; vgl. *Michael,* 34 ff., 53, der die dort getroffene legislative Wertung zugunsten der Freiheitsrechte der Parteien – zulasten des Beitrittswilligen – als verfassungsgemäß beschreibt.
[900] Dazu LG Münster MDR 1974, 309, 310.
[901] Dazu OLG Köln OLGZ 1966, 132.
[902] BGH WuW/E 947, 949 – *Universitätssportclub; Birk* JZ 1972, 343, 348; BGH WuW/E 1625, 1626 – *Anwaltsverein.*
[903] Vgl. Münch. Komm. – *Wagner,* Rn. *106 ff.* zu § 826.
[904] Vgl. *Nicklisch* JZ 1976, 105, 109.
[905] BGH WuW/E 1625, 1626 – *Anwaltsverein.*
[906] BGHZ 93, 151, 152 = BGH NJW 1985, 1216 = GRUR 1985, 569.
[907] GRUR 1986, 332, 333 = WRP 1986, 204, 205.
[908] *Köhler* in: Hefermehl/Köhler/Bornkamm, 26. Auflage, Rn. 9, 10, 45 zu § 1 UWG.
[909] BGH WuW/E 288, 290 – *Großhändlerverband II;* 1061, 1064 – *Zeitungsgroßhandel II;* 1625, 1627 – *Anwaltsverein;* OLG Hamburg WuW/E 2775, 2780 – *Hauptverband für Traberzucht und -rennen;* OLG Düsseldorf WuW/E 981, 985 – *Zeitungsgroßhandel.*
[910] BGH WuW/E 1347, 1348 – *Rad- und Kraftfahrerbund; Oechsler* in: Staudinger, Rn. 266 zu § 826.
[911] BGH Z 93, 151, 153/154 – *Gewerkschaftsbeitritt;* vgl. auch BGHZ 63, 282 (285); *Scholz-Hoppe,* 785 (786). Vgl. zum Verhältnis zwischen § 27 a. F. und § 826 BGB zutreffend *Möschel,* Recht der Wettbewerbsbeschränkungen, Rn. 696); *Wagner,* Münch. Komm., Rn. 108 zu § 826.

dann in Betracht, wenn ein missbräuchliches Wettbewerbsverhalten nicht unmittelbar vom GWB verboten wird, sondern nur einem „Verbietbarkeitstatbestand" unterfällt.[912]

c) Verhältnis zu § 1 UWG. Anspruchskonkurrenz ist auch mit § 1 UWG möglich, wenn die Berufs- oder Wirtschaftsvereinigung sich selbst unternehmerisch betätigt und mit dem Unternehmen, welches die Aufnahme begehrt, im Wettbewerb steht.[913] Das wird selten der Fall sein. Jedoch kommt die **Anwendung des § 1 UWG** auch dann in Betracht, **wenn die Berufs- oder Wirtschaftsvereinigung die Aufnahme verweigert, um den Wettbewerb eines Mitglieds zu fördern, das dadurch seine Wettbewerbsposition gegenüber dem abgewiesenen Bewerber verbessert.** Denn für das Vorliegen einer Wettbewerbsabsicht genügt es, wenn fremder Wettbewerb gefördert werden soll.[914]

217

§ 21 Boykottverbot, Verbot sonstigen wettbewerbsbeschränkenden Verhaltens

(1) Unternehmen und Vereinigungen von Unternehmen dürfen nicht ein anderes Unternehmen oder Vereinigungen von Unternehmen in der Absicht, bestimmte Unternehmen unbillig zu beeinträchtigen, zu Liefersperren oder Bezugssperren auffordern.

(2) Unternehmen und Vereinigungen von Unternehmen dürfen anderen Unternehmen keine Nachteile androhen oder zufügen und keine Vorteile versprechen oder gewähren, um sie zu einem Verhalten zu veranlassen, das nach diesem Gesetz oder nach einer auf Grund dieses Gesetzes ergangenen Verfügung der Kartellbehörde nicht zum Gegenstand einer vertraglichen Bindung gemacht werden darf.

(3) Unternehmen und Vereinigungen von Unternehmen dürfen andere Unternehmen nicht zwingen,
1. einer Vereinbarung oder einem Beschluss im Sinne der §§ 2, 3 oder 28 Abs. 1 beizutreten oder
2. sich mit anderen Unternehmen im Sinne des § 37 zusammenzuschließen oder
3. in der Absicht, den Wettbewerb zu beschränken, sich im Markt gleichförmig zu verhalten.

(4) Es ist verboten, einem anderen wirtschaftlichen Nachteil zuzufügen, weil dieser ein Einschreiten der Kartellbehörde beantragt oder angeregt hat.

Übersicht

	Rn.		Rn.
I. Übersicht	1	b) Unbilligkeit	18
II. Boykottverbot (§ 21 Abs. 1)	2	c) Absicht	23
1. Begriff und Entstehungsgeschichte	2	5. Rechtsfolgen	24
2. Boykottbeteiligte	4	6. Verhältnis zu anderen Vorschriften	27
a) Boykottierer	5	III. Veranlassung zu verbotenem Verhalten (§ 21 Abs. 2)	28
b) Adressat	6		
c) Boykottierter	8	1. Gesetzeszweck und Bedeutung	28
3. Aufforderung zu Liefer- oder Bezugssperren	10	2. Die Beteiligten	29
		3. Mittel der Beeinflussung	31
a) Liefer- oder Bezugssperren	10	a) Androhung oder Zufügung von Nachteilen	32
b) Aufforderung	11		
4. Absicht unbilliger Beeinträchtigung	17	b) Versprechen oder Gewähren von Vorteilen	36
a) Beeinträchtigung	17		

---

[912] Vgl. hierzu *Hönn* in: FS Mühl, 1981, S. 303 (333).
[913] So zutreffend *Hefermehl/Köhler/Bornkamm*, Wettbewerbsrecht, 26. Aufl. Rn. 9 zu § 1 UWG; *Markert* in: IM, GWB, § 20 Rn. 373.
[914] Vgl. *Hefermehl/Köhler/Bornkamm*, Wettbewerbsrecht, 26. Aufl., Rn. 6.9 Einl. UWG; OLG Hamburg WuW/E 2775, 2780.

Rn.	Rn.
4. Veranlassung zu verbotenem Verhalten 39	5. Rechtsfolgen 54
a) Veranlassung 39	6. Verhältnis zu anderen Vorschriften 55
b) Das verbotene Verhalten (Primärverbote) 42	V. Nachteilszufügung wegen Einschaltung der Kartellbehörden (§ 21 Abs. 4) 56
5. Rechtsfolgen 43	1. Gesetzeszweck und Bedeutung 56
6. Verhältnis zu anderen Vorschriften 44	2. Normadressaten und geschützter Personenkreis 57
IV. Unerlaubte Zwangsausübung (§ 21 Abs. 3) 45	3. Nachteilszufügung 58
1. Gesetzeszweck und Bedeutung 45	4. Beantragen oder Anregen des Einschreitens der Kartellbehörde 59
2. Normadressaten und geschützter Personenkreis 46	5. Vergeltungsmotiv 60
3. Zwang 48	6. Rechtsfolgen 61
4. Verbotene Zwecke 49	

Schrifttum: *Bauer/Wrange-Molkenthin,* Aufforderung zu Liefer- und Bezugssperren, BB 1989, 1495; *Bergerhoff,* Nötigung durch Boykott, 1998; *Immenga,* Der Vorteilsbegriff des Lockverbotes nach § 25 Abs. 2 GWB, in: FS Werner, 1984; *Löhr,* Boykottaufruf und Recht auf freie Meinungsäußerung, WRP 1975, 581; *Markert,* Aufforderung zu Liefer- und Bezugssperren, BB 1989, 921; *Markert,* Zum Schutzcharakter des § 25 Absatz 1 GWB, WRP 1966, 330; *Möllers,* Zur Zulässigkeit des Verbraucherboykotts – Brent Spar und Muroroa, NJW 1996, 1374; *Möschel,* Zum Boykott-Tatbestand des § 26 Abs. 1 GWB, in: Wettbewerb als Herausforderung und Chance, 1989, 339; *Schmiedel,* Kontrahierungszwang aus § 25 Absatz 1 GWB, WRP 1966, 41.

I. Übersicht

1 § 21 betrifft vier Fälle **einseitigen Wettbewerbsverhaltens.** Abs. 1 verbietet den bis zur 6. GWB-Novelle (1998) in § 26 Abs. 1 geregelten Boykott. Abs. 2 enthält das Verbot, andere Unternehmen zu einem kartellrechtlich unerlaubten Verhalten zu veranlassen, Abs. 3 das Verbot, andere Unternehmen zu einem kartellrechtlich an sich erlaubten Verhalten zu veranlassen; beide Fälle waren bis zur 6. GWB-Novelle (1998) in § 25 Abs. 2 und 3 geregelt. In Abs. 4 wurde das früher in § 38 Abs. 1 Nr. 9 enthaltene Verbot übernommen, einem anderen wegen des Einschaltens der Kartellbehörde wirtschaftliche Nachteile zuzufügen.

II. Boykottverbot (§ 21 Abs. 1)

1. Begriff und Entstehungsgeschichte

2 Der **Begriff des Boykotts** ist dadurch gekennzeichnet, dass jemand einen anderen auffordert, bestimmte Beziehungen zu einem Dritten nicht anzuknüpfen oder abzubrechen. Er setzt also drei Beteiligte voraus: den **Boykottierer** (Verrufer, Veranlasser), der einen anderen zur Sperre auffordert, den **Adressaten** (Sperrer, Ausführer), der die Sperre ausführt, und den **Boykottierten** (Gesperrter, Verrufener), den die Sperre trifft.[1] Fehlt es an dieser Dreierbeziehung, erfolgt also keine Aufforderung von dritter Seite, so liegt eine einfache Liefer- oder Bezugssperre vor, die nach § 26 zu beurteilen ist. **Schutzzweck** des Boykottverbots ist sowohl der Schutz des Wettbewerbs als Institution wie auch der Schutz des Boykottierten in seiner wirtschaftlichen Entfaltungsfreiheit.[2] Außerhalb des GWB wird der Boykott durch §§ 823, 826 BGB[3] und das UWG[4] erfasst.

---

[1] BGH 28. 9. 1999, KZR 18/98, WuW/E DE-R 395/396 – *Beteiligungsverbot für Schilderpräger.*
[2] *Markert* in: Immenga/Mestmäcker, GWB, § 21 Rn. 2 f.; Frankfurter Kommentar/*Rixen,* § 21 Rn. 4; *Schultz* in: Langen/Bunte, Bd. 1, § 21 Rn. 2.
[3] Vgl. Palandt, BGB, § 823 Rn. 131, § 826 Rn. 49.
[4] Vgl. Hefermehl/*Köhler*/Bornkamm, UWG Einl. Rn. 7.31.

Entstehungsgeschichte: Der Boykott wurde ursprünglich nach § 826 BGB und § 1 **3** UWG beurteilt. Das Reichsgericht hielt den Boykott nicht generell für unzulässig, sondern verlangte für die Unzulässigkeit eine besondere Verwerflichkeit.[5] Eine erste kartellrechtliche Regelung enthielt die Kartellverordnung von 1923, nach ihrem § 9 war die Verhängung von Sperren und sperrähnlichen Nachteilen durch Kartelle nur mit Zustimmung des Vorsitzenden des Kartellgerichts erlaubt. Ein weitgehendes Boykottverbot brachten 1947 die alliierten Dekartellierungsgesetze, nach ihnen war Boykott zum Zwecke der Ausschaltung oder Verhinderung des Wettbewerbs verboten.[6] In das GWB wurde das Boykottverbot in 26 Abs. Abs. 1 GWB aufgenommen. Während diese Vorschrift in ihrer ursprünglichen Fassung nur den erfolgreichen Boykott von Wettbewerbern erfasste, ersetzte die 2. Novelle 1973 das Wort „veranlassen" durch das Wort „auffordern", so dass auch die erfolglose Boykottaufforderung unter § 26 Abs. 1 fiel. Mit der 4. Novelle 1980 wurde die Voraussetzung des Wettbewerbsverhältnisses zwischen Boykottierer und Boykottiertem aufgegeben. Die 6. Novelle 1998 übernahm das Boykottverbot ohne inhaltliche Änderung in § 21 Abs. 1.

2. Boykottbeteiligte

Der Boykott setzt drei Beteiligte voraus, nämlich den Boykottierer, der zur Liefer- oder **4** Bezugssperre auffordert, den Adressaten, der zur Sperre aufgefordert wird, und den Boykottierten), den die Sperre trifft.[7]

a) Boykottierer. Beim Boykottierer (Verrufer, Veranlasser) muss es sich um ein bzw. **5** mehrere **Unternehmen** oder Vereinigungen von Unternehmen handeln. Der Unternehmensbegriff entspricht dem des § 1. Es ist also der funktionale Unternehmensbegriff zugrunde zu legen; erforderlich ist eine Teilnahme am geschäftlichen Verkehr, ein rein privates Handeln scheidet aus.[8] Adressat des Boykottverbots sind daher u. a. auch **freie Berufe**, z. B. Ärzte.[9] Auch die **öffentliche Hand** fällt bei ihrer wirtschaftlichen Betätigung unter § 21 Abs. 1,[10] nicht aber im Rahmen ihres politischen Handelns, etwa bei einer Aufforderung durch Regierung oder Behörden, bestimmte übertreuerte Ware nicht zu beziehen. Auch der Begriff der **Vereinigungen** von Unternehmen ist so wie in § 1 zu verstehen,[11] dazu zählen auch Wirtschaftsverbände[12] einschließlich der Dachverbände;[13] Boykottaufforderungen eines Verbandes oder Vereins an seine Mitglieder werden von § 21 Abs. 1 erfasst.[14] Gewerkschaften fallen hingegen nicht unter § 21 Abs. 1;[15] Streik stellt also keinen unzulässigen Boykott dar.

---

[5] Vgl. zuletzt RGZ 140, 431.
[6] Art. V Ziff. 9 c Nr. 4 Gesetz Nr. 56/78.
[7] BGH 28. 9. 1999, KZR 18/98, WuW/E DE-R 395/396 – *Beteiligungsverbot für Schilderpräger;* BGH, 10. 10. 1989, KZR 22/88, WuW/E BGH 2603, 2605 – *Neugeborenentransporte;* BGH 27. 4. 1999, KZR 54/97, WuW/E DE-R 303/304 – *Taxi-Krankentransporte.*
[8] Vgl. § 1 Rn. 18 ff.
[9] BGH 22. 3. 1976, GSZ 2/75, WuW/E BGH 1469 f. – *Autoanalyzer;* KG 2. 2. 1976, Kart 32/74, WuW/E OLG 1687/1689 – *Laboruntersuchungen;* Tätigkeitsberichte des BKartA für 1974 (BT-Drucks. 7/3791), S. 78; für 2005/2006 (BT-Drucks. 16/5710), S. 24.
[10] S. z. B. Tätigkeitsbericht des BKartA für 2005/2006 (BT-Drucks. 16/5710), S. 24 (Aufforderung des Deutschen Lotto- und Totoblocks an alle Lottogesellschaften, Spielumsätze, die aus einer stationären Vermittlung gewerblicher Spielvermittler stammen, nicht anzunehmen).
[11] Vgl. § 1 Rn. 37 ff.
[12] BGH 23. 4. 1985, KRB 7/84, WuW/E BGH 2148 – *Sportartikelhandel;* Frankfurter Kommentar/*Rixen,* § 21 Rn. 13; Markert in: Immenga/Mestmäcker, GWB, § 21 Rn. 9.
[13] *Markert* in: Immenga/Mestmäcker, GWB, § 21 Rn. 10.
[14] KG 9. 3. 1978, Kart 26/76, WuW/E OLG 2023/2024 – *Drogisten-Fachzeitschrift.*
[15] Frankfurter Kommentar/*Rixen,* § 21 Rn. 13.

6   **b) Adressat.** Auch der Adressat (Sperrer, Ausführer) muss Unternehmen oder Unternehmensvereinigung[16] sein, Aufforderungen an private Endverbraucher können den wettbewerbsrechtlichen, nicht aber den kartellrechtlichen Boykotttatbestand erfüllen.[17] Die Aufforderung muss an ein **anderes Unternehmen** ergehen. Boykottierer und Adressat dürfen also nicht organisatorisch miteinander verbunden sein.[18] Insbesondere abhängige Konzernunternehmen oder sonst weisungsgebundene Unternehmen stellen kein anderes Unternehmen im Sinn des § 21 Abs. 1 dar; es fehlt an dem für die Vorschrift wesentlichen Merkmal, dass der Adressat in seiner freien Willensbestimmung vom Boykottierer beeinflusst wird.[19] Hat sich dagegen der Adressat aufgrund vertraglicher Vereinbarung seiner Freiheit begeben, von dritten Unternehmen zu beziehen oder sie zu beliefern, etwa aufgrund einer Ausschließlichkeitsbindung, so führt dies nicht zur Identität von Auffordernden und Adressat.[20] Auch die **wechselseitige Aufforderung** zur Liefer- oder Bezugssperre stellt die Aufforderung anderer Unternehmen dar.[21]

7   Anders als beim Boykottierer braucht es sich zwar nicht um ein bestimmten Adressaten zu handeln, jedoch muss der **Adressat individualisierbar** sein.[22] Bloße Aufrufe an die Allgemeinheit (z. B. Appelle gegen Alkohol- oder Tabakgenuss) reichen nicht aus. Jedoch ist eine genaue Bezeichnung des Adressaten nicht erforderlich; es reicht beispielsweise aus, dass die Unternehmen einer bestimmten Branche oder Wirtschaftsstufe angesprochen werden. Das **Boykottverbot richtet sich an den Boykottierer**, nicht dagegen an den Adressaten; dieser handelt als notwendiger Teilnehmer am Boykott nicht ordnungswidrig.[23] Sein Verhalten kann aber unter den Behinderungs- oder Diskriminierungtatbestand nach § 20 Abs. 1 und 2 erfüllen.

8   **c) Boykottierter.** Auch beim Boykottierten (Gesperrten, Verrufenen) muss es sich um ein Unternehmen handeln.[24] Dagegen braucht seit der 4. Novelle 1980 kein Wettbewerbsverhältnis mehr zwischen Boykottierer und Boykottiertem zu bestehen (das Wort „Wettbewerber" wurde durch „Unternehmen" ersetzt). Die Erfahrungen mit der früheren Regelung hatten gezeigt, dass das Erfordernis des Wettbewerbsverhältnisses in zunehmendem Umfang zur Umgehung des Boykottverbots ausgenutzt wurde, indem nämlich am Boykott interessierte Unternehmen nicht direkt zur Liefer- oder Bezugssperre aufforderten, sondern eine entsprechende Aufforderung in Presseorgane oder Verbandsmitteilungen lancierten, deren Herausgeber nicht in Wettbewerb mit dem Boykottierten standen.

9   Es muss sich um ein **bestimmtes** Unternehmen handeln. Das bedeutet, dass der Boykottierte individualisierbar sein muss. Dabei ist die namentliche Angabe der Boykottierten nicht erforderlich. Die Angabe von Gruppenbezeichnungen genügt, der Adressat muss nur

---

[16] Vgl. zur Unternehmenseigenschaft Rn. 5.
[17] *Bechtold*, GWB, § 21 Rn. 5.
[18] *Markert* in: Immenga/Mestmäcker, GWB, § 21 Rn. 13.
[19] BGH 26. 10. 1972, KZR 54/71, WuW/E BGH 1238, 1240 – *Registrierkassen*; BGH 9. 7. 1999, KZR 54/97, WuW/E DE-R 303/304 – *Taxi-Krankentransporte*; KG 2. 2. 1976, Kart 32/74, WuW/E OLG 1687/1701 – *Laboruntersuchungen*; *Markert* in: Immenga/Mestmäcker, GWB, § 21 Rn. 13; Frankfurter Kommentar/*Rixen*, § 21 Rn. 16.
[20] OLG Celle, 16. 10. 2003, 13 U 60/03 WuW/E DE-R 1197/1198 – *Vermietungsverbot*; OLG Hamburg 16. 10. 1980, 3 U 13/80, WuW/E OLG 2361/2362 – *glide window*; *Markert* in: Immenga/Mestmäcker, GWB, § 21 Rn. 14.
[21] BGH 12. 3. 1965, KZR 8/63, WuW/E BGH 697/699 – *Milchstreik*; *Markert* in: Immenga/Mestmäcker, GWB, § 21 Rn. 15.
[22] Frankfurter Kommentar/*Rixen*, § 21 Rn. 22; *Markert* in: Immenga/Mestmäcker, GWB, § 21 Rn. 15; Langen/Bunte/*Schultz*, Bd. 1, § 21 Rn. 10.
[23] BGH 24. 6. 1965, KZR 7/64, WuW/E BGH 690/695 – *Brotkrieg II*; BGH 10. 6. 1966, KZR 4/65, WuW/E BGH 755/757 – *Flaschenbier*; OLG Karlsruhe 8. 11. 1978, 6 U 192/77 Kart, WuW/E OLG 2085/2086 – *Multiplex*.
[24] Zur Unternehmenseigenschaft vgl. Rn. 5.

§ 21. Boykottverbot, Verbot sonstigen wettbewerbsbeschr. Verhaltens **10, 11** § **21 GWB**

erkennen können, ob ein Partner, mit dem er eine Vertragsbeziehung eingehen oder fortsetzen will, vom Boykott getroffen werden soll.[25] Der Schutzzweck des § 21 Abs. 1 erfordert hier eine weite Auslegung. In aller Regel reichen daher Bezeichnungen wie direkt verkaufende Großhändler, Kaufhäuser, ortsfremde Industrie oder ambulanter Handel aus. Dagegen genügen **allgemeine Appelle**, z. B. gegen den Bezug ausländischer oder umweltschädigender Produkte, nicht. Eine Bestimmung kann auch dadurch erfolgen, dass der Boykottierer dem Adressaten mitteilt, auf welche Lieferanten bzw. Abnehmer er sich beschränken soll.[26] An der Individualisierbarkeit fehlt es jedoch, wenn der Kreis der in der Aufforderung bezeichneten Unternehmen unübersehbar ist.[27]

3. Aufforderung zu Liefer- oder Bezugssperren

a) Liefer- oder Bezugssperren. Sperre bedeutet Ausschluss vom Geschäftsverkehr;[28] Liefer- bzw. Bezugssperre ist also Abbruch bestehender oder Nichtaufnahme neuer Liefer- bzw. Bezugsbeziehungen.[29] Gegenstand der Sperre kann jede Tätigkeit im geschäftlichen Verkehr sein, dazu zählen sowohl Waren wie gewerbliche Leistungen.[30] Unerheblich ist der **Umfang** der Geschäftsverweigerung. Eine partielle Sperre reicht aus. Die Sperre kann sich also auf einzelne Produkte oder Produktgruppen (bzw. Dienstleistungen) beschränken; es genügt auch, dass nur begrenzte Mengen geliefert werden.[31] Auch eine **zeitlich begrenzte Sperre** fällt unter § 21 Abs. 1,[32] z. B. Vorspiel- und Karenzklauseln im Filmverleih.[33] Für den Begriff der Sperre kommt es nicht darauf an, ob der Boykottierte **anderweitige Bezugs- oder Absatzmöglichkeiten** hat;[34] allerdings kann dies bei der Unbilligkeit zu berücksichtigen sein.[35] Die bloße **Erschwerung des Geschäftsverkehrs,** etwa durch ungünstigere Preise, Rabatte oder Konditionen, stellt noch keine Sperre dar;[36] solche Fälle können jedoch eine Behinderung oder Diskriminierung nach § 20 Abs. 1 und 2 sein.

10

b) Aufforderung. Seit der 2. Novelle 1973 erfasst das Boykottverbotverbot bereits das **Versuchsstadium;** der Boykott braucht vom Boykottierer nicht mehr veranlasst zu sein, es genügt die Aufforderung zum Boykott. Die Aufforderung braucht damit keinen Erfolg gehabt zu haben.

11

---

[25] OLG Celle, 16. 10. 2003, 13 U 60/03 WuW/E DE-R 1197/1198 – *Vermietungsverbot;* KG 22. 3. 1994, Kart 19/93, WuW/E OLG 5299/5308 – *Schnäppchenführer;* KG 22. 3. 1984, Kart a 18/83, WuW/E OLG 3199/3202 – *Sportartikelhandel; Markert* in: Immenga/Mestmäcker, GWB, § 21 Rn. 17; Frankfurter Kommentar/*Rixen,* § 21 Rn. 26 f.
[26] OLG Stuttgart 28. 9. 2001, 2 U 220/00 GRUR-RR 2003, 21/22 – *Rohrpressverbindungen; Schultz* in: Langen/Bunte, Bd. 1, § 21 Rn. 11.
[27] OLG München 14. 12. 1989, U (K) 5926/89, WuW/E OLG 4622/4623 – *Einheimischen-Regelung;* Frankfurter Kommentar/*Rixen,* § 21 Rn. 26; *Schultz* in: Langen/Bunte, Bd. 1, § 21 Rn. 11.
[28] OLG Schleswig 27. 8. 1985, 6 U (kart) 48/84, WuW/E OLG 3780/3781 – *Import-Arzneimittel;* Frankfurter Kommentar/*Rixen,* § 21 Rn. 28.
[29] BGH 5. 7. 1995, KRB 8/95, BGH WuW/E 3006/3008 – *Handelsvertretersperre; Markert* in: Immenga/Mestmäcker, GWB, § 21 Rn. 20.
[30] BGH 27. 4. 1999, KZR 54/97, WuW/E DE-R 303 – *Taxi-Krankentransporte;* BGH 5. 7. 1995, KRB 8/95, WuW/E BGH 3006/3007 f. – *Handelsvertretersperre; Markert* in: Immenga/Mestmäcker, GWB, § 21 Rn. 20.
[31] Frankfurter Kommentar/*Rixen,* § 21 Rn. 32; MünchKommGWB/*Neef,* § 21 Rn. 15.
[32] OLG Düsseldorf 17. 3. 1969, W (Kart) 4/68 WuW/E OLG 977 – *Vororttheater;* OLG Düsseldorf 25. 3. 1988, U (Kart) 28/87, WuW/E OLG 4247; *Markert* in: Immenga/Mestmäcker, GWB, § 21 Rn. 20; Frankfurter Kommentar/*Rixen,* § 21 Rn. 33.
[33] OLG Düsseldorf 17. 3. 1969, W (Kart) 4/68 WuW/E OLG 977 – *Vororttheater;* Tätigkeitsberichte des BKartA 1965, 55; 1967, 77.
[34] Frankfurter Kommentar/*Rixen,* § 21 Rn. 34.
[35] Vgl. unten Rn. 18 ff.
[36] Frankfurter Kommentar/*Rixen,* § 21 Rn. 35.

12   **Aufforderung** ist jeder Versuch, ein anderes Unternehmen dahingehend zu beeinflussen, dass es bestimmte Lieferbeziehungen nicht eingeht oder nicht aufrechterhält.[37] Es soll auf die freie Willensentscheidung des Adressaten, mit anderen Unternehmen Geschäftsbeziehungen zu haben, Einfluss genommen werden.[38] Der Begriff ist weit auszulegen.[39] Die Aufforderung muss aber geeignet sein, die Entschlussfreiheit des Adressaten der Boykotterklärung aufzuheben oder zu mindern; der Adressat muss noch einen eigenen **Entscheidungsspielraum** haben.[40] Daran fehlt es, wenn der Adressat sich bereits rechtswirksam zum Nichtbezug bzw. zur Nichtbelieferung vertraglich verpflichtet hat (etwa durch Ausschließlichkeitsvereinbarungen) und er lediglich zur Erfüllung dieser Vertragspflichten angehalten wird.[41] Ebenso ist es, wenn der Adressat durch die Aufnahme oder Aufrechterhaltung der Geschäftsbeziehungen gegen ein gesetzliches Verbot verstoßen würde.[42] Dagegen reicht es aus, dass die Erklärung des Boykottierers zur Beeinträchtigung der Entschlussfreiheit beitragen kann. Eine Anwendung von **Druckmitteln** ist nicht erforderlich.[43]

13   Die bloße **Verbreitung von Tatsachen** ohne erkennbare Sperrabsicht reicht in der Regel nicht aus.[44] Das gleiche gilt für die bloße Äußerung von **Werturteilen** ohne erkennbare Sperrabsicht.[45] Entscheidend ist jedoch immer, wie der Adressat bei objektiver Würdigung die Erklärung auffassen muss.[46] Dabei kommt es maßgeblich auf eine **Gesamtwürdigung aller Umstände** an, unter denen die Äußerungen erfolgen,[47] also beispielsweise darauf, ob mit der Tatsachenmitteilung eine suggestive Wirkung verbunden ist,[48] welchen Einfluss der Boykottierer auf den Adressaten ausübt, oder ob eine Situation besteht, in der eine Bereitschaft zu Kampfmaßnahmen nahe liegt, zum Beispiel eine von Verärgerung und Aggression geprägte Konkurrenzsituation zwischen verschiedenen Gruppen.[49] Es ist auch zu berücksichtigen, dass besonders in Fachkreisen, etwa bei Mitteilungen

---

[37] BGH 14. 3. 2000, KZR 15/98, WuW/E DE-R 487 – *Zahnersatz aus Manila*; BGH 27. 4. 1999, KZR 54/97, WuW/E DE-R 303 – *Taxi-Krankentransporte*; BGH, 22. 7. 1999, KZR 13/97, WuW/E DE-R 352/354 – *Kartenlesegerät*; BGH 10. 2. 1987, KZR 1/86, WuW/E BGH 2370/2372 – *Importierte Fertigarzneimittel*; BGH 10. 10. 1989, KZR 22/88, WuW/E BGH 2603/2606 – *Neugeborenentransporte*; OLG Celle, 16. 10. 2003, 13 U 60/03 WuW/E DE-R 1197/1198 – *Vermietungsverbot*; Markert in: Immenga/Mestmäcker, GWB, § 21 Rn. 25; Frankfurter Kommentar/*Rixen*, § 21 Rn. 36; MünchKommGWB/*Neef*, § 21 Rn. 18.

[38] OLG Stuttgart 18. 12. 1998, 2 U 207/98 (Kart) WuW/E DE-R 256 – *Gerüstbau*; Markert in: Immenga/Mestmäcker, GWB, § 21 Rn. 25.

[39] OLG Celle, 16. 10. 2003, 13 U 60/03 WuW/E DE-R 1197/1198 – *Vermietungsverbot*.

[40] OLG Stuttgart 15. 2. 1974, 2 U (Kart) 145/73, WuW/E OLG 1445/1446 – *Badische Ausstellung*; OLG Düsseldorf, 29. 12. 2004, VI-Kart 17/04 (V), WuW/E DE-R 1453/1455 – *PPK-Entsorgung*; Markert in: Immenga/Mestmäcker, GWB, § 21 Rn. 26.

[41] OLG Hamburg 16. 10. 1980, 3 U 13/80, WuW/E OLG 2361/2362 – *glide window*; OLG Stuttgart 15. 2. 1974, 2 U (Kart) 145/73, WuW/E OLG 1445/1446 – *Badische Ausstellung*; OLG Stuttgart 18. 12. 1998, 2 U 207/98 (Kart), WuW/E DE-R 256 – *Gerüstbau*; OLG Düsseldorf, 29. 12. 2004, VI-Kart 17/04 (V), WuW/E DE-R 1453/1455 – *PPK-Entsorgung*; Markert in: Immenga/Mestmäcker, GWB, § 21 Rn. 26; Frankfurter Kommentar/*Rixen*, § 21 Rn. 51; MünchKommGWB/*Neef*, § 21 Rn. 18.

[42] Markert in: Immenga/Mestmäcker, GWB, § 21 Rn. 26.

[43] BGH 27. 4. 1999, KZR 54/97, WuW/E DE-R 303 – *Taxi-Krankentransporte*; BGH 22. 1. 1985, KZR 4/84, WuW/E BGH 2137/2139 – *markt-intern/Sanitär-Installation*; OLG Düsseldorf 29. 12. 2004, VI-Kart 17/04 (V), WuW/E DE-R 1453/1457 – *PPK-Entsorgung*.

[44] BGH 7. 12. 1962, I ZR 71/61, WuW/E BGH 575/578 – *Möbelherstellergenossenschaft* (zu § 823 Abs. 1 BGB, § 1 UWG a. F.); Frankfurter Kommentar/*Rixen*, § 21 Rn. 41.

[45] Frankfurter Kommentar/*Rixen*, § 21 Rn. 47.

[46] BKartA 11. 7. 1969, B 5–712730 – V 40/69, WuW/E BKartA 1280/1282 – *Oldtimer*.

[47] Markert in: Immenga/Mestmäcker, GWB, § 21 Rn. 28.

[48] Frankfurter Kommentar/*Rixen*, § 21 Rn. 43, 46.

[49] Vgl. z. B. BGH 2. 2. 1984, I ZR 4/82, WuW/E BGH 2069/2071 – *Kundenboykott* (zu § 1 UWG a. F.).

in Verbandsorganen, schon sehr subtile Färbungen genügen, um eine Boykottaufforderung deutlich werden zu lassen.[50] Bloße **Anregungen** werden zwar im Grundsatz nicht als Aufforderungen anzusehen sein.[51] Die Unterscheidung erweist sich aber als wenig sinnvoll.[52] Die Grenzen zwischen Aufforderung und Anregung sind kaum auszumachen; entscheidend bleibt auch hier, wie der Adressat die Erklärung auffassen muss und eine Gesamtwürdigung aller Umstände. Auch eine Anregung kann bei Hinzutreten weiterer Umstände geeignet sein, die Entschlussfreiheit des Adressaten zu beeinträchtigen. Gegen eine Boykottaufforderung spricht es, wenn die Mitteilung nicht vom Mitteilenden ausgeht, sondern vom Adressaten angefordert worden ist, ebenso, wenn sie ausschließlich in dessen Interesse erfolgt ist.

Einzelfälle: Tatsachenmitteilungen oder kritische Äußerungen werden in der Regel dann eine Boykottaufforderung enthalten, wenn sie gegenüber Geschäftspartnern (Abnehmern oder Lieferanten) gemacht werden und mit einer Ankündigung negativer Folgen verbunden sind, und zwar auch dann, wenn das Eintreten der negativen Folgen nicht ausdrücklich vom Verhalten des Adressaten abhängig gemacht wird. So liegt eine Aufforderung zum Boykott im Schreiben eines Inserenten an eine Fachzeitschrift, er werde vorerst keine (Werbungs)-inseratenaufträge mehr erteilen, da ihm durch Inserate eines Mitbewerbers in der Fachzeitschrift der Inseratenerfolg genommen sei.[53] Das gleiche gilt, wenn der Geschäftsführer eines Drogistenverbandes, der eine Fachzeitschrift für Drogisten herausgibt und dem durch ein neues Fachblatt Konkurrenz erwächst, gegenüber Drogeriewarenherstellern äußert, „er hoffe, dass sich die inserierende Industrie nicht mit der kritischen Tendenz des neuen Blattes identifizieren werde".[54] Eine Aufforderung zum Boykott liegt auch dann vor, wenn ein Händlerverband Herstellern mitteilt, er sei „überrascht", bei einem bestimmten Händler Erzeugnisse der Hersteller vorgefunden zu haben und damit die Frage verbindet, wie die Hersteller es „mit dem Absatzweg über den funktionserfüllenden Handel künftig halten" wollten.[55] Das gleiche gilt für das Schreiben eines Händlerverbandes an einen Hersteller, dass die Händler den Vertrieb des Produkts über ein Versandhaus „als eine für sie unannehmbare Maßnahme" empfinden und sich daraus „unabsehbare Konsequenzen ergeben" könnten.[56]

Der **Nachweis günstigerer Bezugsmöglichkeiten** kann eine Aufforderung zu einer Bezugssperre sein, wenn die gegen das zu sperrende Unternehmen gerichtete Zielrichtung für den Adressaten erkennbar ist, nicht aber, wenn lediglich auf das günstige Angebot bestimmter Unternehmen hingewiesen wird.[57] Eine Boykottaufforderung liegt in der von der AOK geäußerten **Bitte an Ärzte, Patienten vorrangig an die mit ihr verbundenen Taxiunternehmer zu verweisen.**[58] Die Aufforderung zu einer Liefer- oder Bezugssperre kann auch in einer **vertraglichen Vereinbarung** zwischen dem Boykottierer und dem Adressaten liegen.[59]

---

[50] Vgl. auch BGH 8. 1. 1960, I ZR 7/59, WuW/E BGH 391 – *Schleuderpreise*; BKartA 29. 2. 1964, Z 2 1200 00–43/64, WuW/E BKartA 844.

[51] Frankfurter Kommentar/*Rixen*, § 21 Rn. 44 mwN.

[52] Kritisch auch *Markert* in: Immenga/Mestmäcker, GWB, § 21 Rn. 30; ihm zustimmend Frankfurter Kommentar/*Rixen*, § 21 Rn. 44.

[53] KG 27. 5. 1969, Kart 22/68, WuW/E OLG 1029 – *Anzeigensperre*.

[54] KG 9. 3. 1978, Kart 26/76, WuW/E OLG 2023/2024 – *Drogisten-Fachzeitschrift*.

[55] LG Hamburg 10. 10. 1973, 15 O 393/73, WuW/E LG/AG 385 – *Baustoffgroßhändler-Verband*.

[56] BKartA 11. 7. 1969, B 5–712730 – V 40/69, WuW/E BKartA 1280 – *Oldtimer*; vgl. auch OLG Hamburg 2. 3. 1978, 3 U 149/77, WuW/E 2067 OLG – *Werbeaktion mit Kaffeegeschirren*.

[57] BGH 14. 3. 2000, KZR 15/98, WuW/E DE-R 487 – *Zahnersatz aus Manila*; BGH 22. 7. 1999, KZR 13/97, WuW/E DE-R 352/354 – *Kartenlesegerät*.

[58] BGH 27. 4. 1999, KZR 54/97, WuW/E DE-R 303 – *Taxi-Krankentransporte*.

[59] BGH 28. 9. 1999, KZR 18/98, WuW/E DE-R 395 – *Beteiligungsverbot für Schilderpräger*; LKartB Bayern 6. 12. 2007, W/2 – 5551d6/22/14, WuW/E DE-V1548 – *Außenwerbeflächen*.

16 **Keine Boykottaufforderung** stellt im allgemeinen eine Werbung dar, die ohne Bezugnahme auf das Angebot eines Mitbewerbers die Vorzüge der eigenen Leistung herausstellt.[60] Ebenso ist eine bloße Warnung vor Verwechslungen und Namensmissbrauch noch keine Boykottaufforderung.[61] Ein bloßer Hinweis auf die Rechtslage, etwa auf Vertragsbestimmungen, die von der anderen Seite unterzeichnet worden sind, stellt keine Boykottaufforderung dar.[62]

4. Absicht unbilliger Beeinträchtigung

17 **a) Beeinträchtigung.** Unter Beeinträchtigung ist jede **Zufügung eines Nachteils** im geschäftlichen Verkehr zu verstehen.[63] Der Begriff der Beeinträchtigung entspricht dem Begriff der Behinderung in § 20 Abs. 1.[64] Der Nachteil ergibt sich in aller Regel bereits aus dem Ausschluss von bestimmten Liefer- oder Bezugsmöglichkeiten. Er wird nicht dadurch ausgeschlossen, dass dem Boykottierten andere Liefer- oder Bezugsmöglichkeiten offenstehen.[65] Es kommt nicht darauf an, ob die Beeinträchtigung tatsächlich eintritt, da die Absicht der Beeinträchtigung ausreicht.

18 **b) Unbilligkeit.** Mit dem Tatbestandsmerkmal der Unbilligkeit hat der Gesetzgeber ein materielles Bewertungskriterium eingeführt, das es ermöglichen soll, unter Berücksichtigung der Umstände des Einzelfalls gerechtfertigte und ungerechtfertigte Boykottmaßnahmen voneinander zu scheiden. Das geschieht aufgrund einer umfassenden **Abwägung der Interessen der Beteiligten** unter Berücksichtigung der auf die Freiheit des Wettbewerbs gerichteten Zielsetzung des GWB.[66] Abzuwägen sind die Interessen des Boykottierten und des Boykottierers; entsprechend dem Schutzzweck[67] des § 21 Abs. 1. Die Interessenabwägung hat davon auszugehen, dass Beeinträchtigungen aufgrund wettbewerbskonformer Handlungen anderer Marktteilnehmer natürliche Folge des Wettbewerbsprozesses sind, dass aber der Boykott als Behinderungswettbewerb grundsätzlich eine wettbewerbsfremde Maßnahme darstellt und nur aufgrund besonderer Umstände gerechtfertigt sein kann. Anders als bei § 20 Abs. 1 ist die Unbilligkeit indiziert und muss durch eine besondere Rechtfertigung ausgeschlossen werden. Es bleibt damit nur ein geringer Spielraum für Berücksichtigung der Interessen des Boykottierers.[68] Unbilligkeit ist grundsätzlich anzunehmen,

---

[60] BGH 22. 7. 1999, KZR 13/97, WuW/E DE-R 352 – *Kartenlesegerät*.
[61] OLG Düsseldorf 1. 8. 1980, U (Kart) 12/80, WuW/E OLG 2401/2402 OLG – *Telex-Verlage*.
[62] OLG Stuttgart 15. 2. 1974, 2 U (Kart) 145/73, WuW/E OLG 1445/1446 f. – *Badische Ausstellung*.
[63] *Markert* in: Immenga/Mestmäcker, GWB, § 21 Rn. 36; Frankfurter Kommentar/*Rixen*, § 21 Rn. 61; *Schultz* in: Langen/Bunte, Bd. 1, § 21 Rn. 31; MünchKommGWB/*Neef*, § 21 Rn. 31.
[64] Vgl. dort Rn. 67.
[65] *Markert* in: Immenga/Mestmäcker, GWB, § 21 Rn. 38.
[66] BGH 28. 9. 1999, KZR 18/98, WuW/E DE-R 395/397 – *Beteiligungsverbot für Schilderpräger*; BGH 27. 4. 1999, KZR 54/97, WuW/E DE-R 303/305 f. – *Taxi-Krankentransporte*; BGH 2. 7. 1996, KZR 20/91, WuW/E BGH 3067/3071 – *Fremdleasingboykott II*; BGH 25. 10. 1988, KRB 4/88, WuW/E BGH 2562/2563 – *markt-intern-Dienst*; BGH 12. 2. 1980, KZR 4/79, WuW/E BGH 1729/1730 – *Ölbrenner*; OLG Düsseldorf 16. 11. 2004, VI-Kart 24–27/03 Owi, WuW/E DE-R 1381/1384 – *DSD*; *Markert* in: Immenga/Mestmäcker, GWB, § 21 Rn. 37; Frankfurter Kommentar/*Rixen*, § 20 Rn. 62; MünchKommGWB/*Neef*, § 21 Rn. 32; *Schultz* in: Langen/Bunte, Bd. 1, § 21 Rn. 35 f.; *Bechtold*, GWB, § 21 Rn. 7.
[67] Dazu oben Rn. 2.
[68] KG 15. 1. 1988, 1 Kart 16/85, WuW/E OLG 4108/4111 – *Sportartikelhandel*; KG 9. 3. 1978, Kart 26/76, WuW/E OLG 2023, 2024 – *Drogisten-Fachzeitschrift*; OLG Frankfurt 2. 4. 1996, 11 W (Kart) 2/96, Pharma Recht 1996 410/413 – *Wirksame Arzneimittel*; OLG Stuttgart 15. 1. 1988, 2 U 257/87, WuW/E OLG 4254/4256 – *AOK Ravensburg*; OLG München 15. 9. 1988, U (K) 4657/88, WuW/E OLG 4437/4438 – *Liegendtransporte*; OLG Hamburg 5. 1. 1984, 3 U 175/83, WuW/E OLG 3233/3235 – *Marktintern/Apotheke-Pharmazie*; *Markert* in: Immenga/Mestmäcker, GWB, § 21 Rn. 37; Frankfurter Kommentar/*Rixen*, § 21 Rn. 63; a. A. MünchKommGWB/*Neef*, § 21 Rn. 34.

wenn die Boykottaufforderung bereits **gegen andere Vorschriften verstößt**.[69] Das gilt insbesondere, wenn Tatbestände des UWG verwirklicht sind. **Alternativen Absatz- oder Bezugsmöglichkeiten** des boykottierten Unternehmens können zwar in der Interessenabwägung berücksichtigt werden, sind jedoch nur ein Faktor unter mehreren und schließen die Unbilligkeit keineswegs von vornherein aus.[70]

Gründe, die die Unbilligkeit ausschließen, können vor allem die Abwehr eines rechtswidrigen Angriffs, die Wahrnehmung berechtigter Interessen und zulässige vertragliche Bindungen sein. Das **Recht auf freie Meinungsäußerung** (Art. 5 GG) kann dagegen lediglich zur Verfolgung außerwirtschaftlicher Ziele (Umweltschutz, politische oder weltanschauliche Ziele und dgl.), nicht aber im wirtschaftlichen Wettbewerb zur Rechtfertigung einer Boykottaufforderung dienen.[71] Dem steht die auf die Freiheit des Wettbewerbs gerichtete Zielsetzung des GWB entgegen. Lediglich wenn eine Meinungsäußerung Mittel im geistigem Meinungskampf in einer die Öffentlichkeit wesentlich berührenden Frage ist, wenn es also dem Handelnden um eine argumentative Auseinandersetzung über auch wirtschaftliche Belange der interessierten Öffentlichkeit geht, kann das Grundrecht der freien Meinungsäußerung eine Rechtfertigung liefern.[72] 19

Als **Abwehr eines rechtswidrigen Angriffs** (Abwehrboykott) ist der Boykott nicht unbillig, wenn er erforderlich ist, um einen noch fortwirkenden rechtswidrigen Angriff abzuwehren.[73] Dafür lassen sich drei Voraussetzungen aufstellen: (1) der Boykottierte handelt rechtswidrig, (2) dem Boykottierten stehen andere Abwehrmaßnahmen, insbesondere behördliche oder gerichtliche Hilfe, nicht zur Verfügung, (3) der Boykott geht über das zur Abwehr unbedingt erforderliche Maß nicht hinaus.[74] Es ist also der Grundsatz der **Verhältnismäßigkeit** zu beachten; Anlass, Ziel, Mittel und Wirkung des Boykotts sind gegeneinander abzuwägen. In der Mehrzahl der Fälle wird es an der Erforderlichkeit und Verhältnismäßigkeit deswegen fehlen, weil der Angegriffene gerichtliche Hilfe – gegebenenfalls im Wege der einstweiligen Verfügung – in Anspruch nehmen kann. Eine gegen das UWG verstoßendes unlauteres Wettbewerbsverhalten des Boykottierten schließt jedenfalls nicht von vornherein die Unbilligkeit aus.[75] Der Abwehrboykott findet grundsätzlich dort seine Grenze, wo **schützenswerte Belange Dritter,** die selbst nicht unmittelbar beteiligt sind, verletzt werden.[76] 20

Die Unbilligkeit kann auch durch die **Wahrnehmung berechtigter Interessen ausgeschlossen sein.**[77] Rechtssystematisch besagt dies nichts anderes, als dass eine Interessenabwägung stattzufinden hat, die bei Prüfung der Unbilligkeit ohnehin anzustellen ist.[78] Bei der danach erforderlichen Interessenabwägung kann insbesondere auch die Marktstellung 21

---

[69] BGH 2. 7. 1996, KZR 20/91, WuW/E BGH 3067/3071 – *Fremdleasing-Boykott II;* Frankfurter Kommentar/*Rixen,* § 21 Rn. 62.

[70] BGH 28. 9. 1999, KZR 18/98, WuW/E DE-R 395 – *Beteiligungsverbot für Schilderpräger; Markert* in: Immenga/Mestmäcker, GWB, § 21 Rn. 38.

[71] *Markert* in: Immenga/Mestmäcker, GWB, § 21 Rn. 42; Frankfurter Kommentar/*Rixen,* § 21 Rn. 77 f.

[72] BVerfGE 62, 230/244 ff.; BGH 2. 2. 1984, I ZR 4/82, WuW/E BGH 2069/2072 – *Kundenboykott;* BGH 22. 1. 1987, KZR 4/84, WuW/E BGH 2137/2139 – *markt intern/Sanitär-Installation.*

[73] KG 9. 3. 1978, Kart 26/76, WuW/E OLG 2023/2025 – *Drogisten-Fachzeitschrift;* KG 15. 1. 1988, 1 Kart 16/85, WuW/E OLG 4108/4111 – *Sportartikelhandel;* OLG Stuttgart 24. 3. 1978, 2 Kart 5/79, WuW/E OLG 2269 — *ARA-Kollektion;* Frankfurter Kommentar/*Rixen,* § 21 Rn. 70; *Markert* in: Immenga/Mestmäcker, GWB, § 21 Rn. 39; MünchKommGWB/*Neef,* § 21 Rn. 35; *Schultz* in: Langen/Bunte, Bd. 1, § 21 Rn. 39; *Bechtold,* GWB, § 21 Rn. 8.

[74] *Markert* in: Immenga/Mestmäcker, GWB, § 21 Rn. 39; MünchKommGWB/*Neef,* § 21 Rn. 35; Frankfurter Kommentar/*Rixen,* § 21 Rn. 71.

[75] *Markert* in: Immenga/Mestmäcker, GWB, § 21 Rn. 40.

[76] BGH 2. 2. 1984, I ZR 4/82, WuW/E BGH 2069/2071 – *Kundenboykott* (zu § 1 UWG a. F.).

[77] *Markert* in: Immenga/Mestmäcker, GWB, § 21 Rn. 41; Frankfurter Kommentar/*Rixen,* § 21 Rn. 74 ff.

[78] Vgl. oben Rn. 18.

des Boykottierers eine entscheidende Rolle spielen.[79] Der bloße Hinweis, dass die Geschäftsbeziehungen zu Dritten gegen vertragliche Verpflichtungen oder gesetzliche Verbote verstoßen, ist zwar auch geeignet, die Unbilligkeit auszuschließen. Jedoch wird es hierbei in der Regel bereits an der Einflussnahme auf die freie Willensentscheidung des Adressaten und damit an der Aufforderung fehlen.[80]

22 Als **vertragliche Bindungen,** die einen Boykott rechtfertigen können, kommen vor allem **Ausschließlichkeitsbindungen** in Betracht. Die mit ihnen erreichte Bindung des Geschäftspartners führt zwar dazu, dass Dritte von der Belieferung des Geschäftspartners bzw. den Bezug von ihm ausgeschlossen sind. Soweit Ausschließlichkeitsbindungen gesetzlich zulässig sind, ist aber die mit ihnen bewirkte Liefer- bzw. Bezugssperre jedenfalls grundsätzlich nicht unbillig. Für die Frage der Zulässigkeit von Ausschließlichkeitsbindungen ist zwar heute nicht mehr auf die frühere Regelung des § 16 GWB a. F. zurückzugreifen.[81] Maßgebend sind heute vielmehr **Art. 3 Abs. 1 S. 2 der VO 1/2003**[82] und **§ 22 Abs. 2 S. 1 GWB** in Verbindung mit der **Vertikal-Gruppenfreistellungsverordnung.**[83] Art. 3 Abs. 2 der VO 1/2003 bestimmt, dass Fälle, die durch eine Gruppenfreistellungsverordnung freigestellt sind, nicht nach nationalem Recht verboten werden dürfen. Ausschließlichkeitsbindungen, die unter die Vorschriften der Art. 4 und 5 der Vertikal-Gruppenfreistellungsverordnung fallen, sind nach Art. 2 der Vertikal-Gruppenfreistellungsverordnung unter den dort genannten Voraussetzungen freigestellt und können nach nationales Recht nicht verboten werden.[84] Ferner ist die **Gruppenfreistellungsverordnung für vertikale Vereinbarungen im Kraftfahrzeugsektor** (Verordnung EG Nr. 1400/2002[85]) zu beachten, vorausgesetzt, dass die Zwischenstaatlichkeitsklausel erfüllt ist und der Marktanteil des Herstellers die Marktanteilsschwellen nach Art. 3 (30 bzw. 40%) nicht überschreitet. Die früher üblichen Alleinbezugsverpflichtungen bei Kraftfahrzeugvertragshändlern sind nach Art. 1 Abs. 1 lit. B i. V. m. Art. 5 Abs. 1 lit. A der VO 1400/2002 nicht mehr zulässig, sondern nur freigestellt, soweit sie 30% des Einkaufswertes des Vorjahres nicht überschreiten. Ebenso können Vertragswerkstätten nicht mehr verpflichtet werden, Originalersatzteile ausschließlich vom Hersteller zu beziehen (Art. 4 Abs. 1 lit. K VO 1400/2002). Jedoch kann nach Art. 7 Vertikal-Gruppenfreistellungsverordnung einer unter Art. 2 dieser Verordnung fallenden Vereinbarung die Freistellung im Gebiet eines Mitgliedstaates durch die nationale Behörde entzogen werden, wenn sie Wirkungen hat, die mit den Voraussetzungen von Art. 81 Abs. 3 EG unvereinbar sind. Dem entsprechend wird Unbilligkeit anzunehmen sein, wenn die Ausschließlichkeitsbindung lediglich dem Zweck dient, bestimmte Dritte vom Markt fernzuhalten oder zu verdrängen.[86]

23 c) **Absicht.** Die unbillige Beeinträchtigung des Boykottierten durch Liefer- oder Bezugssperren muss vom Boykottierer beabsichtigt sein. Die Beeinträchtigung muss **Zweck** des Handelns sein; einfacher Vorsatz reicht nicht aus, erst recht nicht bedingter Vorsatz

---

[79] BGH 28. 9. 1999, KZR 18/98, WuW/E DE-R 395/398 – *Beteiligungsverbot für Schilderpräger;* Frankfurter Kommentar/*Rixen,* § 21 Rn. 74.

[80] So zutreffend *Markert* in: Immenga/Mestmäcker, GWB, § 21 Rn. 41; Frankfurter Kommentar/ *Rixen,* § 21 Rn. 76.

[81] So zutreffend *Markert* in: Immenga/Mestmäcker, GWB, § 21 Rn. 43; Frankfurter Kommentar/ *Rixen,* § 21 Rn. 65; Langen/Bunte/*Schultz,* Bd. 1, § 21 Rn. 36. Zur früheren Rechtsprechung vgl. etwa BGH 9. 7. 2002, KZR 30/00 WuW/E DE-R 1006/1010 – *Fernwärme Börnsen;* BGH 28. 9. 1999, KZR 18/98, WuW/E DE-R 395 – *Beteiligungsverbot für Schilderpräger.*

[82] Verordnung (EG) Nr. 1/2003 des Rates zur Durchführung der in Artikeln 81 und 82 des Vertrags niedergelegten Wettbewerbsregeln, ABl. EG L 1/1 v. 4. 1. 2003.

[83] Verordnung (EG) Nr. 2790/1999 (ABl. Nr. L 336/21).

[84] Vgl. näher § 20 Rn. 71.

[85] ABl. L 203 v. 01/08/2002 S. 30.

[86] *Markert* in: Immenga/Mestmäcker, GWB, § 21 Rn. 43; Frankfurter Kommentar/*Rixen,* § 21 Rn. 66.

oder Fahrlässigkeit.[87] Allerdings braucht die unbillige Beeinträchtigung **nicht alleiniges Ziel** zu sein, das Vorliegen weiterer Beweggründe, etwa die Förderung der eigenen Geschäftstätigkeit, schließt die Absicht nicht aus.[88] Die Absicht muss sich auch auf die Unbilligkeit der Beeinträchtigung beziehen. Dafür ist aber nicht erforderlich, dass der Boykottierer die zur Feststellung der Unbilligkeit führende Interessenabwägung zutreffend vornimmt. Es reicht aus, dass er die Umstände kennt, die die Unbilligkeit begründen.[89]

5. Rechtsfolgen

Der Verstoß gegen § 21 Abs. 1 stellt eine **Ordnungswidrigkeit** nach § 81 Abs. 3 Nr. 1 dar. Normadressat ist jedoch nur der Boykottierer; der Adressat handelt als notwendiger Teilnehmer nicht ordnungswidrig.[90]

Im **Verwaltungsverfahren** kann die Kartellbehörde nach §§ 32–32b vorgehen. Sie kann nach § 32 das boykottierende Unternehmen (bzw. die Vereinigung von Unternehmen) verpflichten, dass gegen § 21 Abs. 1 verstoßende Verhalten abzustellen; kann auch nach § 32a einstweilige Maßnahmen ergreifen und nach § 32b Verpflichtungszusagen für bindend erklären. In der Praxis haben solche Maßnahmen allerdings bisher keine Rolle gespielt; Verfahren der Kartellbehörde wegen Verstoßes gegen § 21 Abs. 1 sind vielmehr als Ordnungswidrigkeitenverfahren behandelt worden. Sinnvoll erscheint ein Verwaltungsverfahren nur dann, wenn ein Verschulden des Boykottierers nicht festzustellen ist und sein Verhalten für die Zukunft untersagt werden soll.[91]

Zivilrechtlich kann der Boykottierte nach § 33 Abs. 1 und 3 Unterlassungs-, Beseitigungs- und Schadensersatzansprüche geltend machen. Unterlassungs- und Beseitigungsansprüche können nach § 33 Abs. 2 auch von den dort genannten Verbänden erhoben werden. Die früher diskutierte Frage, ob es sich bei § 21 Abs. 1 um ein Schutzgesetz handelt, spielt nach der Neufassung des § 33 durch die 7. GWB-Novelle 2005 keine Rolle mehr.

6. Verhältnis zu anderen Vorschriften

§ 1 GWB kann neben § 21 Abs. 1 anwendbar sein, wenn eine von mehreren Unternehmen ergangene Boykottaufforderung auf einer Vereinbarung zwischen Unternehmen, einen Beschluss von Unternehmensvereinigungen oder auf einer aufeinander abgestimmten Verhaltensweise beruht. Ebenso können **§ 21 Abs. 2 und 3 GWB** neben § 21 Abs. 1 anzuwenden sein, wenn die dort genannten Voraussetzungen vorliegen. Handelt es sich um ein marktbeherrschendes oder marktmächtiges Unternehmen, können auch **§ 19 Abs. 1 Nr. 4 sowie § 20 Abs. 1 und Abs. 4 GWB** anwendbar sein. Außerhalb des GWB kann **§ 3 UWG**, insbesondere in Verbindung mit **§ 4 Nr. 10 UWG** neben § 21 Abs. 1 anwendbar sein, ebenso **§ 823** und **§ 826 BGB**.

---

[87] OLG Stuttgart 21. 5. 1976, 2 U 136/76, WuW/E OLG 1721 — *Miniaturparfümfläschchen; Markert* in: Immenga/Mestmäcker, GWB, § 21 Rn. 34; Frankfurter Kommentar/*Rixen*, § 21 Rn. 57; MünchKommGWB/*Neef*, § 21 Rn. 29; *Schultz* in: Langen/Bunte, Bd. 1, § 21 Rn. 30.
[88] BGH 4. 11. 1980, KRB 3/80, WuW/E BGH 1786/1787 — *ARA;* BGH 2. 7. 1996, KZR 20/91, WuW/E BGH 3067/3072 — *Fremdleasingboykott II;* BGH 27. 4. 1999, KZR 54/97, WuW/E DE-R 303/307 — *Taxi-Krankentransporte;* KG 2. 3. 1994, Kart 19/93, WuW/E OLG 5299/5310 — *Schnäppchenführer;* OLG Düsseldorf 17. 3. 1969, W (Kart) 4/68, WuW/E OLG 977, 980 — *Vororttheater;* KG 27. 5. 1969, Kart 22/68, WuW/E OLG 1029, 1032 — *Anzeigensperre; Markert* in: Immenga/Mestmäcker, GWB, § 21 Rn. 34; Frankfurter Kommentar/*Rixen*, § 21 Rn. 58.
[89] BGH 27. 4. 1999, KZR 54/97, WuW/E DE-R 303/307 — *Taxi-Krankentransporte;* OLG Düsseldorf 29. 12. 2004, VI-Kart 17/04 (V), WuW/E DE-R 1453/1457 — *PPK-Entsorgung;* BGH 2. 7. 1996, KZR 20/91, WuW/E BGH 3067/3072 — *Fremdleasingboykott II;* BGH 28. 9. 1999, KZR 18/98, WuW/E DE-R 395/398 — *Beteiligungsverbot für Schilderpräger; Markert* in: Immenga/Mestmäcker, GWB, § 21 Rn. 35; Frankfurter Kommentar/*Rixen*, § 21 Rn. 59; *Bechtold*, GWB, § 21 Rn. 7.
[90] Vgl. oben Rn. 7.
[91] *Bechtold*, GWB, § 21 Rn. 11.

III. Veranlassung zu verbotenem Verhalten (§ 21 Abs. 2)

1. Gesetzeszweck und Bedeutung

28 § 21 Abs. 2 enthält das Verbot, andere Unternehmen durch Druck- oder Lockmittel zu einem kartellrechtlich unerlaubten Verhalten zu veranlassen. Die Vorschrift wurde durch die 6. GWB-Novelle 1998 wortgleich aus § 25 Abs. 2 a. F. übernommen. Ihr **Zweck** besteht darin, den Wettbewerb aufrechtzuerhalten, indem die unternehmerische Entscheidungsfreiheit geschützt und der Gefahr vorgebeugt werden soll, dass kartellrechtliche Verbote durch die Anwendung von Druck- oder Lockmitteln umgangen werden,[92] und zwar auch, soweit die Entscheidungsfreiheit durch ein an sich marktkonformes Verhalten beeinträchtigt werden soll.[93] Die **praktische Bedeutung** ist erheblich. Vor allem wurde von Lieferanten versucht, Abnehmer zu einem bestimmten Preisverhalten zu veranlassen; daneben aber auch, auf horizontaler Ebene Wettbewerber zu einem bestimmten Marktverhalten zu bringen.[94]

2. Die Beteiligten

29 **Normadressaten** sind Unternehmen und Vereinigungen von Unternehmen. Auch hier entspricht der Unternehmensbegriff dem des § 1. Es ist also der funktionale Unternehmensbegriff zugrunde zu legen; erforderlich ist eine Teilnahme am geschäftlichen Verkehr, ein rein privates Handeln scheidet aus.[95] Der Normadressat braucht nicht selbst an dem verbotenen Verhalten beteiligt zu sein.[96]

30 Die Druck- oder Lockmittel müssen sich gegen **andere Unternehmen** richten. Es muss sich also wiederum um Unternehmen oder Unternehmensvereinigungen handeln; maßgeblich ist auch hier der Unternehmensbegriff des § 1. Um andere Unternehmen oder Unternehmensvereinigungen handelt es sich nur, wenn zwischen ihnen und dem Normadressaten **keine organisatorische Verbindung** besteht; insoweit kann auf das in Rn. 6 Gesagte Bezug genommen werden.

3. Mittel der Beeinflussung

31 Mittel der Beeinflussung sind die Androhung oder Zufügung von Nachteilen und das Versprechen oder Gewähren von Vorteilen.

32 **a) Androhung oder Zufügung von Nachteilen.** Unter **Nachteil** ist ein Übel zu verstehen, das bei objektiver Beurteilung geeignet ist, den Willen des Adressaten zu beeinflussen und ihn zu einem wettbewerbsbeschränkenden Verhalten im Sinne des § 21 Abs. 2 zu veranlassen.[97] An einer solchen Eignung fehlt es, wenn die angedrohte oder zugefügte Maßnahme für den Adressaten ohne Konsequenzen bleibt, weil beispielsweise bei An-

---

[92] BGH 16. 12. 1976, KVR 5/75, WuW/E BGH 1474/1478 – *Architektenkammer*; BGH 24. 6. 1965, KZR 7/64, WuW/E BGH 690/693 – *Brotkrieg II*; OLG Düsseldorf 29. 12. 2004, VI-Kart 17/04 (V), WuW/E DE-R 1453/1458 – *PPK-Entsorgung*.
[93] MünchKommGWB/*Neef*, § 21 Rn. 40.
[94] Dazu näher *Markert* in: Immenga/Mestmäcker, GWB, § 21 Rn. 53.
[95] Vgl. § 1 Rn. 18 ff.
[96] BGH 14. 7. 1980, KRB 6/79, WuW/E BGH 1736/1737 – *markt-intern*; *Markert* in: Immenga/Mestmäcker, GWB, § 20 Rn. 56.
[97] BGH 16. 12. 1976, KVR 5/75, WuW/E BGH 1474/1478 f. – *Architektenkammer*; BGH 19. 3. 1991, KVR 4/89, WuW/E BGH 2688/2692 – *Warenproben in Apotheken*; KG 6. 12. 1979, Kart 36/78, WuW/E OLG 2205 – *Jeans*; KG 17. 9. 1972, Kart 12/91, WuW/E OLG 5053/5059 – *Einflussnahme auf die Preisgestaltung*; OLG Düsseldorf 29. 12. 2004, VI-Kart 17/04 (V), WuW/E DE-R 1453/1458 – *PPK-Entsorgung*; ebenso das Schrifttum, vgl. nur *Markert* in: Immenga/Mestmäcker, GWB, § 21 Rn. 58; Frankfurter Kommentar/*Roth*, § 21 Rn. 166.

drohung einer Liefersperre der Adressat die gesperrte Ware problemlos und zu gleich günstigen Bedingungen von einem anderen Lieferanten beziehen kann.[98] Der Nachteil kann auch in einem **rechtmäßigen Verhalten** bestehen. Die Rechtswidrigkeit ergibt sich dann aus dem mit der Androhung oder Zufügung verfolgten Zweck, der auf eine Beschränkung des Wettbewerbs gerichtet ist; dementsprechend ordnet § 21 Abs. 2 die Rechtswidrigkeit aller diesen Zweck verfolgenden Druckmittel an.[99] Der Nachteil braucht nicht wirtschaftlicher Art zu sein, andere Unannehmlichkeiten, etwa gesellschaftlicher Art, reichen aus.[100]

Zu den Nachteilen im Sinne des § 21 Abs. 2 zählen vor allem der **Abbruch oder die Nichtaufnahme von Liefer- oder Bezugsbeziehungen**,[101] ebenso die Verschlechterung von Konditionen innerhalb solcher Beziehungen, etwa die Herabsetzung oder Nichtgewährung von Umsatzboni oder Rabatten,[102] ferner **berufs- und verbandsrechtliche Maßnahmen**[103] wie Ausschluss oder Verhängung von Strafen[104] und **publizistische Maßnahmen** wie nachteilige Presseveröffentlichungen.[105] Dabei ist aber zu berücksichtigen, dass dem Normadressaten nicht das Recht genommen werden darf, an sich legitime Maßnahmen zu ergreifen; ihre Rechtswidrigkeit gewinnen diese Maßnahmen erst dadurch, dass sie gezielt eingesetzt werden, um den Adressaten zu einem wettbewerbswidrigen Verhalten zu veranlassen. Das gilt in besonderem Maße für die Androhung oder Durchführung von **Gerichtsverfahren**. Den Beteiligten darf nicht das Recht genommen werden, ihre unterschiedlichen Auffassungen über die Rechtslage gerichtlich klären zu lassen.[106] Werden aber gerichtliche Schritte angedroht, um den Bedrohten zu einem wettbewerbswidrigen Verhalten im Sinne des § 25 Abs. 2 zu veranlassen, so kann darin ein Nachteil im Sinne dieser Vorschrift liegen.[107] Es kommt daher darauf an, ob mit der Ankündigung eines gerichtlichen Vorgehens lediglich die Durchsetzung eines Anspruchs bezweckt wird oder ob zusätzlich – oder auch ausschließlich – der Adressat zu einem wettbewerbswidrigen Verhalten veranlasst werden soll. Die Androhung eines Nachteils liegt jedenfalls dann vor, wenn sie in dem Bewusstsein erfolgt, dass keinesfalls ein Anspruch besteht, aber ein Gerichtsverfahren für den Bedrohten besonders unangenehm ist.[108]

---

[98] KG 17. 9. 1992, Kart 12/91, WuW/E OLG 5053/5059 – *Einflussnahme auf die Preisgestaltung*; s. auch KG 6. 12. 1979, Kart 36/78, WuW/E OLG 2205 – *Jeans*.
[99] BGH 16. 12. 1976, KVR 5/75, WuW/E BGH 1474/1478 f. – *Architektenkammer*; OLG Düsseldorf 29. 12. 2004, VI-Kart 17/04 (V), WuW/E DE-R 1453/1458 – *PPK-Entsorgung*.
[100] *Markert* in: Immenga/Mestmäcker, GWB, § 21 Rn. 58; Frankfurter Kommentar/*Roth*, § 21 Rn. 165.
[101] Vgl. etwa BGH 24. 6. 1965, KZR 7/64, WuW/E BGH 690/693 – *Brotkrieg II*; BGH 28. 10. 1965, KRB 3/65, WuW/E BGH 704 – *SABA*; BGH 14. 7. 1980, KRB 6/79, WuW/E BGH 1736 – *markt-intern*; KG 6. 12. 1979, Kart 36/78, WuW/E OLG 2205 – *Jeans*; KG 22. 9. 1982, Kart. U 641/82, WuW/E OLG 2822/2823; KG 17. 9. 1992, Kart 12/91, WuW/E OLG 5053/5059 – *Einflussnahme auf die Preisgestaltung*; OLG Hamburg 14. 4. 1960, 3 U (Kart) 99/59, WuW/E OLG 352/353; Tätigkeitsbericht des BKartA 2005/2006, S. 76.
[102] *Markert* in: Immenga/Mestmäcker, GWB, § 21 Rn. 59.
[103] Vgl. etwa BGH 1986, KZR 28/85, WuW/E BGH 2326 – *Guten Tag-Apotheke II*.
[104] S. z. B. Tätigkeitsbericht 2005/2006, S. 37 und 169; ferner *Markert* in: Immenga/Mestmäcker, GWB, § 21 Rn. 61; Frankfurter Kommentar/*Roth*, § 21 Rn. 175, jeweils mwN.
[105] Frankfurter Kommentar/*Roth*, § 21 Rn. 176.
[106] BGH 16. 12. 1976, KVR 5/75, WuW/E BGH 1474/1479 – *Architektenkammer*; BGH 19. 3. 1991, KVR 4/89, WuW/E BGH 2688/2693 – *Warenproben in Apotheken*.
[107] BGH 16. 12. 1976, KVR 5/75, WuW/E BGH 1474/1479 – *Architektenkammer*; BGH 19. 3. 1991, KVR 4/89, WuW/E BGH 2688/2693 – *Warenproben in Apotheken*; Tätigkeitsbericht des BKartA 1999/2000, S. 111; *Markert* in: Immenga/Mestmäcker, GWB, § 21 Rn. 61; Frankfurter Kommentar/*Roth*, § 21 Rn. 169; *Schultz* in: Langen/Bunte, Bd. 1, § 21 Rn. 56; Frankfurter Kommentar/*Roth*, § 21 Rn. 15; a. A. MünchKommGWB/*Neef*, § 21 Rn. 44.
[108] KG 9. 4. 1963, 5 Kart B 1/62, WuW/E OLG 563 – *Tischtennisbälle*.

34 **Androhung** ist die ernsthafte Inaussichtstellung des Nachteils.[109] Sie muss objektiv geeignet sein, die Entschlussfreiheit des Bedrohten zu beeinflussen.[110] Ob sie tatsächlich beeinflusst, ist unerheblich. Deswegen ist es auch nicht erforderlich, dass der Bedrohte die Androhung ernst nimmt.[111] Der Nachteil braucht mit der Androhung nicht genau bezeichnet zu werden; die Androhung unbestimmter Unannehmlichkeiten, z.B. „Einleitung unliebsamer Schritte" reicht aus.[112] Grundsätzlich keine Androhung sind die bloße **Warnung** und die bloße **Empfehlung.** Bei der Warnung wird vom Warnenden kein Nachteil in Aussicht gestellt, sondern auf Gefahren von dritter Seite hingewiesen,[113] bei der Empfehlung wird ein bestimmtes Verhalten des Adressaten als vorteilhaft bezeichnet und deswegen nahegelegt.[114] Es fehlt also an der Ankündigung eigener für den Adressaten nachteiliger Maßnahmen. Nur wenn solche Warnungen oder Empfehlungen vom Adressaten als Inaussichtstellung von Nachteilen durch den Warnenden bzw. Empfehlenden verstanden werden müssen, liegt eine Androhung vor.[115] Die Androhung muss dem Bedrohten **zur Kenntnis gelangen.** Dabei reicht es aus, dass die Erklärung an einen Dritten gerichtet ist, aber dem zu Beeinflussenden zur Kenntnis gebracht wird; Beispiel: ein Verband droht einem Mitglied verbandsrechtliche Maßnahmen an und veröffentlicht diese Androhung in der Verbandszeitschrift.

35 **Zugefügt** ist der Nachteil, wenn sein Eintritt erfolgt ist.[116] Eine vorherige Androhung ist dafür nicht erforderlich.

36 **b) Versprechen oder Gewähren von Vorteilen.** Unter **Vorteil** ist spiegelbildlich zum Nachteil jede Verbesserung der Situation des Adressaten zu verstehen, die bei objektiver Beurteilung geeignet ist, seinen Willen zu beeinflussen und ihn zu einem wettbewerbsbeschränkenden Verhalten im Sinne des § 21 Abs. 2 zu veranlassen.[117] Die Kriterien für die Bestimmung des Nachteils[118] sind hier entsprechend anzuwenden. So braucht der Vorteil nicht wirtschaftlicher Art zu sein, andere Vergünstigungen, etwa gesellschaftlicher Art, reichen aus.

37 In der Praxis bestehen Vorteile häufig in einer **bevorzugten Behandlung im Rahmen von Bezugs- oder Absatzbeziehungen,** etwa in Form von Sonderpreisen,[119] besonderen Rabatten wie Treuerabatten, Werbekostenzuschüssen und dgl.[120] Ebenso liegt ein Vorteil im **Anerkenntnis verjährter oder unsicherer Forderungen,** weiterhin in der Auflösung einer Konkurrenzfiliale.[121] Ein Vorteil kann auch darin bestehen, dass ein **Nachteil vermieden** wird.[122]

---

[109] *Markert* in: Immenga/Mestmäcker, GWB, § 21 Rn. 62; MünchKommGWB/*Neef,* § 21 Rn. 47.
[110] KG 13. 4. 1973, Kart 27/72, WuW/E OLG 1394/1396 – *japanischer Fotoimport.*
[111] KG 9. 4. 1963, 5 Kart B 1/62, WuW/E OLG 563/567 – *Tischtennisbälle; Markert* in: Immenga/Mestmäcker, GWB, § 21 Rn. 62; Frankfurter Kommentar/*Roth,* § 21 Rn. 181.
[112] KG 13. 4. 1973, Kart 27/72, WuW/E OLG 1394/1396 – *japanischer Fotoimport;* KG 28. 5. 1976, Kart 165/75, WuW/E OLG 1775/1776 – *Silierungsanlagen; Markert* in: Immenga/Mestmäcker, GWB, § 21 Rn. 62; Frankfurter Kommentar/*Roth,* § 21 Rn. 180.
[113] Frankfurter Kommentar/*Roth,* § 21 Rn. 183.
[114] Frankfurter Kommentar/*Roth,* § 21 Rn. 182.
[115] *Markert* in: Immenga/Mestmäcker, GWB, § 21 Rn. 63.
[116] S. auch Frankfurter Kommentar/*Roth,* § 21 Rn. 178.
[117] *Markert* in: Immenga/Mestmäcker, GWB, § 21 Rn. 64; Frankfurter Kommentar/*Roth,* § 21 Rn. 186.
[118] Dazu Rn. 32.
[119] OLG Düsseldorf 31. 7. 1979, U (Kart.) 4/79, WuW/E OLG 2137/2138f. – *Öllieferung an Bundeswehr.*
[120] Weitere Beispiele bei *Markert* in: Immenga/Mestmäcker, GWB, § 21 Rn. 65; Frankfurter Kommentar/*Roth,* § 21 Rn. 189.
[121] BGH 1. 12. 1966, KRB 1/66, WuW/E BGH 858/862 – *Konkurrenzfiliale.*
[122] Frankfurter Kommentar/*Roth,* § 21 Rn. 187.

Versprechen bedeutet das ernsthafte Inaussichtstellen des Vorteils.[123] Der Adressat muss 38 davon ausgehen können, dass ihm für sein wettbewerbsbeschränkendes Verhalten der Vorteil gewährt wird. Ob der Versprechende dies ernsthaft beabsichtigt, ist unerheblich. **Gewährt** ist der Vorteil, wenn er aufgrund des Verhaltens des Gewährenden beim Adressaten tatsächlich eingetreten ist.

4. Veranlassung zu verbotenem Verhalten

a) Veranlassung. Der Einsatz der Druck- und Lockmittel muss erfolgen, um den 39 Adressaten zu einem wettbewerbswidrigen Verhalten im Sinne des § 21 Abs. 2 zu veranlassen. Das bedeutet, dass der Einsatz der Druck- und Lockmittel ein **zweckgerichtetes Verhalten** ist; der Normadressat muss die **Absicht** haben, auf diese Weise das wettbewerbswidrige Verhalten des Adressaten zu bewirken.[124] Ein bloßes Inkaufnehmen reicht nicht aus; im übrigen wird auch der Begriff des direkten Vorsatzes dem Begriff der Absicht in § 21 Abs. 2 nicht gerecht.[125] Dass der Normadressat neben der Absicht, den Adressaten durch die Druck- und Lockmittel zu beeinflussen, noch weitere Zwecke verfolgt, ist unschädlich.[126] Der vom Normadressaten verfolgte Zweck braucht nicht zum Erfolg zu führen, es ist nicht erforderlich, dass der Adressat tatsächlich zu dem wettbewerbswidrigen Verhalten veranlasst wird.[127]

Am Zweck, den Adressaten zu einem wettbewerbswidrigen Verhalten zu veranlassen, 40 fehlt es, wenn ein Nachteil als bloße **Vergeltungsmaßnahme** zugefügt wird.[128] In der Praxis wird aber zu einer Vergeltungsmaßnahme häufig die Absicht hinzutreten, den Adressaten für die Zukunft zu einem bestimmten Verhalten zu veranlassen. Soll der Adressat zu einem wettbewerbswidrigen Verhalten Sinne des § 21 Abs. 2 veranlasst werden, so erfüllt das den Tatbestand dieser Vorschrift.[129] Diese Situation ist regelmäßig mit erheblichen Beweisschwierigkeiten verbunden; ein Ergebnis wird meist nur im Wege des Indizienbeweises zu finden sein.[130]

Der Begriff der Veranlassung setzt voraus, dass der **Zweck** des Einsatzes der Druck- und 41 Lockmittel für den Adressaten **erkennbar** ist; die Erkennbarkeit als solche reicht aber aus, der Adressat braucht den Zweck nicht tatsächlich erkannt zu haben.[131]

b) Das verbotene Verhalten (Primärverbote). § 21 Abs. 2 untersagt die Veranlas- 42 sung zu einem Verhalten, das nicht zum Gegenstand einer vertraglichen Bindung gemacht werden darf. Das Verbot eines solchen Verhaltens kann sich entweder aus dem GWB oder aus einer Verfügung der Kartellbehörde ergeben. Nach der 7. Novelle 2005 ergibt sich ein **Verbot aus dem GWB** vor allem aus § 1, wobei die Freistellungstatbestände der §§ 2 und 3 berücksichtigen sind. Soweit vertragliche Bindungen gegen §§ 19 und 20 GWB ver-

---

[123] BGH 1. 12. 1966, KRB 1/66, WuW/E BGH 858/862 – *Konkurrenzfiliale*; *Markert* in: Immenga/Mestmäcker, GWB, § 21 Rn. 66; Frankfurter Kommentar/*Roth*, § 21 Rn. 191.
[124] *Markert* in: Immenga/Mestmäcker, GWB, § 21 Rn. 67; Frankfurter Kommentar/*Roth*, § 21 Rn. 195 ff.; MünchKommGWB/*Neef*, § 21 Rn. 51.
[125] Zutreffend Frankfurter Kommentar/*Roth*, § 21 Rn. 196.
[126] BGH 10. 6. 1966, KZR 4/65, WuW/E BGH 755/758 – *Flaschenbier*; *Markert* in: Immenga/Mestmäcker, GWB, § 21 Rn. 68; Frankfurter Kommentar/*Roth*, § 21 Rn. 198.
[127] BGH 1. 12. 1966, KRB 1/66, WuW/E BGH 858/862 – *Konkurrenzfiliale*; *Markert* in: Immenga/Mestmäcker, GWB, § 21 Rn. 66; Frankfurter Kommentar/*Roth*, § 21 Rn. 193.
[128] BGH 28. 10. 1965, KRB 3/65, WuW/E BGH 704/710 – *SABA*; *Markert* in: Immenga/Mestmäcker, GWB, § 21 Rn. 70; MünchKommGWB/*Neef*, § 21 Rn. 52.
[129] Dazu eingehend Frankfurter Kommentar/*Roth*, § 21 Rn. 199 ff.; *Markert* in: Immenga/Mestmäcker, GWB, § 21 Rn. 70 ff.; MünchKommGWB/*Neef*, § 21 Rn. 52 ff.
[130] Dazu eingehend Frankfurter Kommentar/*Roth*, § 21 Rn. 202 ff.; *Markert* in: Immenga/Mestmäcker, GWB, § 21 Rn. 72.
[131] BGH 28. 10. 1965, KRB 3/65, WuW/E BGH 704/709 – *SABA*; *Markert* in: Immenga/Mestmäcker, GWB, § 21 Rn. 68; Frankfurter Kommentar/*Roth*, § 21 Rn. 197.

stoßen, werden auch sie durch § 21 Abs. 2 erfasst. Ferner ist zu beachten, dass gemäß § 22 Abs. 2 S. 1 (und gemäß Art. 3 Abs. 2 der EG-VO 1/2003) das deutsche Recht keine Vereinbarungen verbieten kann, die den zwischenstaatlichen Handel beeinträchtigen können, aber den Wettbewerb im Sinne des Art. 81 Abs. 1 EG nicht beschränken oder nach Art. 81 Abs. 3 EG oder durch eine Gruppenfreistellungsverordnung freigestellt sind.[132] Als **kartellbehördliche** Verfügungen kommen vor allem Untersagungsverfügungen nach § 32 Abs. 1 in Betracht, daneben Verbote nach § 30 Abs. 3 und, soweit sie in Form einer einstweiligen Maßnahme ergehen, nach § 32a GWB.

5. Rechtsfolgen

43   Die Rechtsfolgen entsprechen denen des § 21 Abs. 1.[133] Der Verstoß gegen § 21 Abs. 2 ist eine **Ordnungswidrigkeit** nach § 81 Abs. 3 Nr. 2. Im **Verwaltungsverfahren** kann die Kartellbehörde nach §§ 32–32b vorgehen. **Zivilrechtlich** können die durch die Anwendung der Druck- und Lockmittel Beeinträchtigten nach § 33 Abs. 1 und 3 Unterlassungs-, Beseitigungs- und Schadensersatzansprüche geltend machen. Unterlassungs- und Beseitigungsansprüche können nach § 33 Abs. 2 auch von den dort genannten Verbänden erhoben werden.

6. Verhältnis zu anderen Vorschriften

44   Soweit der Einsatz von Druckmitteln gleichzeitig Tatbestände der §§ 19 und 20 erfüllt (z. B. Liefersperren) sind diese Tatbestände neben § 21 Abs. 2 anwendbar.

IV. Unerlaubte Zwangsausübung (§ 21 Abs. 3)

1. Gesetzeszweck und Bedeutung

45   Während Abs. 2 das Verbot enthält, andere Unternehmen zu einem kartellrechtlich unerlaubten Verhalten zu veranlassen, statuiert Abs. 3 das Verbot, andere Unternehmen zu einem kartellrechtlich an sich erlaubten Verhalten zu veranlassen. Es soll die **Entschließungsfreiheit der Unternehmen** in drei Fällen geschützt werden, nämlich sich an erlaubten Kartellen, an Zusammenschlüssen sowie an einem gleichförmigen Verhalten nicht zu beteiligen. Die Vorschrift bestand in einer der damaligen Gesetzeslage entsprechenden Form bereits im GWB von 1957, allerdings erweitert um Beitritt zu anerkannten Wettbewerbsregeln, was durch die 6. GWB-Novelle 1998 aufgehoben wurde. Die 7. Novelle 2005 hat die Vorschrift der geänderten Gesetzesstruktur angepasst. Die praktische **Bedeutung** der Vorschrift ist sehr gering geblieben, vor allem hinsichtlich der in Nr. 2 und 3 geregelten Sachverhalte.[134]

2. Normadressaten und geschützter Personenkreis

46   **Normadressaten** sind ebenso wie in § 21 Abs. 1 und 2 Unternehmen und Vereinigungen von Unternehmen. Auch hier entspricht der Unternehmensbegriff dem des § 1. Es ist also der funktionale Unternehmensbegriff zugrunde zu legen; erforderlich ist eine Teilnahme am geschäftlichen Verkehr, ein rein privates Handeln scheidet aus.[135]

47   **Geschützter Personenkreis** sind, gleichfalls wie in § 21 Abs. 1 und 2, andere Unternehmen. Es muss sich also wiederum um Unternehmen oder Unternehmensvereinigungen handeln; maßgeblich ist auch hier der Unternehmensbegriff des § 1. Um andere Unternehmen oder Unternehmensvereinigungen handelt es sich nur, wenn zwischen ihnen und

---

[132] Näher dazu § 20 Rn. 71.
[133] Vgl. oben Rn. 24 ff.
[134] S. dazu *Markert* in: Immenga/Mestmäcker, GWB, § 21 Rn. 84.
[135] Vgl. § 1 Rn. 18 ff.

3. Zwang

Das Gesetz bestimmt nicht näher, was unter Zwang zu verstehen ist. Der Differenzierung der zur Beeinflussung eingesetzten Mittel in § 21 Abs. 2 und 3 und der unterschiedlichen sprachlichen Bedeutung ist jedoch zu entnehmen, dass es sich beim Zwang um ein sehr viel stärkeres Beeinflussungsmittel als bei der Androhung oder Zufügung von Nachteilen handelt.[136] Unter **Zwang** im Sinne des § 21 Abs. 3 ist nach dem BGH „eine intensive Beeinflussung zu verstehen, die eine Willensbetätigungen des Betroffenen zwar nicht schlechthin ausschließt, aber so stark ist, dass ihm allenfalls formell Alternativen gegenüber dem geforderten Verhalten bleiben, denen zu folgen ihm nach den Grundsätzen wirtschaftlicher Vernunft mit Rücksicht auf die Schwere der angedrohten oder zugefügten Nachteile nicht mehr zugemutet werden kann".[137] Die zur Zwangsausübung verwendeten Mittel brauchen nicht schon für sich genommen rechtswidrig zu sein, die **Rechtswidrigkeit** ergibt sich aus dem Zweck ihrer Anwendung.[138] Ebensowenig braucht das mit dem Zwang angestrebte Verhalten tatsächlich ausgeführt zu werden, bereits die Herbeiführung der Zwangslage erfüllt den Tatbestand des § 21 Abs. 3.[139] Diese setzt aber voraus, dass die Androhung oder der Einsatz des Zwangsmittels dem Adressaten zur **Kenntnis** gelangt.[140]

4. Verbotene Zwecke

Das Verbot des Abs. 3 beschränkt sich auf die in Nr. 1 bis 3 aufgeführten Tatbestände, in anderen Fällen findet es keine Anwendung.

Nach **§ 21 Abs. 3 Nr. 1** darf der Zwang nicht eingesetzt werden, um den Beitritt zu einem nach §§ 2, 3 oder 28 Abs. 1 GWB zulässigen Kartell zu erreichen. Das Verbot umfasst sowohl die Gründungsphase als auch den späteren Beitritt zu einem Kartell.[141] Es soll bei den zulässigen Kartellen ein äußerer Organisationszwang vermieden werden und der Außenseiterwettbewerb aufrechterhalten bleiben.[142] § 2 umfasst sowohl horizontale als auch vertikale Vereinbarungen, z.B. Vertriebsvereinbarungen. Beim Freistellungsumfang nach § 2 sind auch die sich aus dem europäischen Wettbewerbsrecht ergebenden Grenzen zu beachten, und zwar unabhängig davon ob die Zwischenstaatlichkeitsklausel des Art. 81 Abs. 1 EG erfüllt ist (§ 2 Abs. 2 S. 2 GWB). Für vertikale Vereinbarungen ist damit insbesondere die Vertikal-Gruppenfreistellungsverordnung[143] zu berücksichtigen. Der Zwang, einem **nicht erlaubnisfähigen Kartell** beizutreten, wird nicht durch § 21 Abs. 3 Nr. 1, sondern durch § 21 Abs. 2 erfasst.[144]

---

[136] BGH 7. 10. 1980, KZR 25/79, WuW/E BGH 1740/1745 – *Rote Liste*; Frankfurter Kommentar/*Roth*, § 21 Rn. 239.

[137] BGH 7. 10. 1980, KZR 25/79, WuW/E BGH 1740/1745 – *Rote Liste*; OLG Celle 24. 2. 1999, 13 U (Kart) 162/98, WuW/E DE-R 327/333 – *Unfallersatzwagen*; dem folgend *Markert* in: Immenga/Mestmäcker, GWB, § 21 Rn. 86; *Schultz* in: Langen/Bunte, Bd. 1, § 21 Rn. 68; MünchKomm-GWB/*Neef*, § 21 Rn. 65; *Bechtold*, GWB, § 21 Rn. 20.

[138] BGH 7. 10. 1980, KZR 25/79, WuW/E BGH 1740/1745 – *Rote Liste*; *Markert* in: Immenga/Mestmäcker, GWB, § 21 Rn. 86; Frankfurter Kommentar/*Roth*, § 21 Rn. 241; MünchKommGWB/*Neef*, § 21 Rn. 66; *Schultz* in: Langen/Bunte, Bd. 1, § 21 Rn. 71.

[139] *Markert* in: Immenga/Mestmäcker, GWB, § 21 Rn. 86; Frankfurter Kommentar/*Roth*, § 21 Rn. 243.

[140] Frankfurter Kommentar/*Roth*, § 21 Rn. 240.

[141] Frankfurter Kommentar/*Roth*, § 21 Rn. 246.

[142] Frankfurter Kommentar/*Roth*, § 21 Rn. 245; MünchKommGWB/*Neef*, § 21 Rn. 68.

[143] Verordnung (EG) Nr. 2790/1999 (ABl. Nr. L 336/21).

[144] *Markert* in: Immenga/Mestmäcker, GWB, § 21 Rn. 88.

§ 21 GWB 51–56

51 Nach **§ 21 Abs. 3 Nr. 2** darf der Zwang nicht eingesetzt werden, um ein anderes Unternehmen zu einem Zusammenschluss im Sinne des § 37 GWB zu veranlassen. Abs. 3 Nr. 2 knüpft damit an die Tatbestandsvoraussetzungen des § 37 an. Diese müssen erfüllt sein, ob der Zusammenschluss in den Geltungsbereich der Fusionskontrolle (§ 35) fällt oder ob die Untersagungsvoraussetzungen (§ 36) vorliegen, ist unerheblich.[145]

52 Nach **§ 21 Abs. 3 Nr. 3** darf der Zwang nicht eingesetzt werden, um ein anderes Unternehmen zu einem gleichförmigen Marktverhalten in Wettbewerbsbeschränkungsabsicht zu veranlassen. Unter **gleichförmigem Verhalten** ist eine im wesentlichen übereinstimmende Handlungsweise mehrerer Unternehmen zu verstehen, die sich am Marktverhalten anderer Unternehmen (im allgemeinen eines Marktführers) orientiert.[146] Soweit ein gleichförmiges Verhalten auf einer Absprache beruht, wird dies durch § 1 erfasst, wenn nicht die Ausnahmetatbestände der §§ 2, 3 oder 28 Abs. 1 eingreifen. Der Zwang zum Beitritt zu erlaubten Kartellen fällt bereits unter § 21 Abs. 3 Nr. 2; im übrigen können bei Vorliegen der entsprechenden Voraussetzungen auch §§ 19 und 20 Abs. 1 und 2 ein gleichförmiges Verhalten erfassen. Für § 21 Abs. 3 Nr. 3 verbleibt damit nur ein schmaler eigenständiger Anwendungsbereich,[147] entsprechend gering ist damit die praktische Bedeutung der Vorschrift.

53 Das gleichförmige Verhalten muss in der **Absicht** geschehen, den Wettbewerb zu beschränken. Damit soll der Tatbestand von einem zufälligen Parallelverhalten abgegrenzt werden.[148] Trotz der sprachlich nicht glücklichen Fassung des Abs. 3 Nr. 3 wird man davon auszugehen haben, dass die Absicht beim Zwangsausübenden vorliegen muss.[149] Der durch die Zwangsausübung Betroffene handelt unfreiwillig und wird vielfach die Absicht zur Beschränkung des Wettbewerbs gar nicht haben; würde man von ihm die Absicht verlangen, würden diese Fälle durch Abs. 3 Nr. 3 nicht erfasst.

5. Rechtsfolgen

54 Die Rechtsfolgen eines Verstoßes gegen § 21 Abs. 3 entsprechen denen von Verstößen gegen § 21 Abs. 1 und 2. Insoweit kann auf die dortigen Ausführungen Bezug genommen werden (Rn. 24 ff., 43). Betroffene im Sinne des § 33 Abs. 1 sind die Unternehmen, gegen die Zwang angewendet wurde.[150]

6. Verhältnis zu anderen Vorschriften

55 § 21 Abs. 3 ist neben §§ 1, 19, 20 Abs. 1 und 2, sowie § 21 Abs. 2 anwendbar.

V. Nachteilszufügung wegen Einschaltung der Kartellbehörden (§ 21 Abs. 4)

1. Gesetzeszweck und Bedeutung

56 § 21 Abs. 4 enthält die bis Ende 1998 in § 38 Abs. 1 Nr. 9 a. F. als Ordnungswidrigkeit geregelte Nachteilszufügung wegen Einschaltung der Kartellbehörden. Die Vorschrift will den **Weg zu den Kartellbehörden offen halten** und verhindern, dass aus der Sorge vor

---

[145] Frankfurter Kommentar/*Roth*, § 21 Rn. 247; MünchKommGWB/*Neef*, § 21 Rn. 69.
[146] Frankfurter Kommentar/*Roth*, § 21 Rn. 249.
[147] *Markert* in: Immenga/Mestmäcker, GWB, § 21 Rn. 90.
[148] *Markert* in: Immenga/Mestmäcker, GWB, § 21 Rn. 90.
[149] Ebenso Frankfurter Kommentar/*Roth*, § 21 Rn. 250; MünchKommGWB/*Neef*, § 21 Rn. 71; *Schultz* in: Langen/Bunte, Bd. 1, § 21 Rn. 76; a. A. wohl *Markert* in: Immenga/Mestmäcker, GWB, § 21 Rn. 90.
[150] *Markert* in: Immenga/Mestmäcker, GWB, § 21 Rn. 91.

§ 21. Boykottverbot, Verbot sonstigen wettbewerbsbeschr. Verhaltens 57–60 **§ 21 GWB**

Repressionen Informationen gegenüber den Kartellbehörden zurückgehalten werden.[151] Damit dient die Vorschrift sowohl der Verfolgung von Kartellverstößen als auch dem Schutz von Informanten der Kartellbehörden.[152] Die **praktische Bedeutung** der Vorschrift ist äußerst gering geblieben; kartellrechtliche Verfahren sind, soweit ersichtlich, bisher nicht eingeleitet worden.[153] Eine präventive Wirkung mag zwar in einem gewissen Umfang eine Rolle spielen; die Praxis zeigt allerdings, dass Unternehmen mit Sanktionen reagieren können, die sich durch Abs. 4 zumindest aus Beweisgründen nicht erfassen lassen.

2. Normadressaten und geschützter Personenkreis

Adressat des § 21 Abs. 4 ist im Gegensatz zu den Abs. 1 bis 3 nicht nur ein Unternehmen, sondern **jedermann**, sowohl Privatpersonen als auch juristische Personen. Der Normadressat muss durch das beantragte oder angeregte Einschreiten der Kartellbehörde nicht selbst betroffen sein; Abs. 4 sieht eine derartige Einschränkung nicht vor.[154] Ebenso ist jedermann durch die Norm geschützt. 57

3. Nachteilszufügung

Der **Begriff des Nachteils** entspricht im Grundsatz dem in § 21 Abs. 2.[155] Anders als in Abs. 2 muss der Nachteil aber wirtschaftlicher Art sein, im Ergebnis muss also eine Verschlechterung der wirtschaftlichen Situation eintreten.[156] Beispiele sind die Kündigung eines Arbeitnehmers, der der Kartellbehörde Informationen über ein wettbewerbswidriges Verhalten seines Arbeitgebers gegeben hat, oder Bezugs- oder Liefersperren gegenüber Unternehmen, die die Einleitung eines Kartellverfahrens angeregt haben. Der Nachteil muss **zugefügt** sein, anders als in Abs. 2 reicht die Androhung aus. 58

4. Beantragen oder Anregen des Einschreitens der Kartellbehörde

Der Begriff des Einschreitens ist **weit auszulegen**. Es reicht, dass die **Behörde sich mit dem Sachverhalt befasst,** auch wenn es nur um eine informelle Prüfung geht, ob der Sachverhalt weiter aufzuklären ist oder ob gegebenenfalls formlose oder förmliche Maßnahmen zu ergreifen sind.[157] Die Einleitung eines förmlichen Verfahrens ist nicht erforderlich. Ebensowenig kommt es darauf an, ob tatsächlich gegen kartellrechtliche Vorschriften verstoßen wurde. Während das **Beantragen** ein Einschreiten der Kartellbehörde zum Ziel hat, genügt für das **Anregen** die bloße Information über einen Sachverhalt.[158] 59

5. Vergeltungsmotiv

Die Nachteilszufügung muss erfolgen, weil der vom Nachteil Betroffene sich an die Kartellbehörde gewandt hat. Das setzt zweierlei voraus. Zum einen muss die Zufügung des Nachteils **kausal** auf der Beantragung oder Anregung bei der Kartellbehörde beruhen. Zum anderen ist es subjektive Voraussetzung, dass der Normadressat mit der Nachteilszufügung eine **Vergeltung** dafür anstrebt, dass sich der vom Nachteil Betroffene an die Kartellbehörde gewandt hat; die Vergeltung muss das Motiv für die Nachteilszufügung sein. Diese 60

---

[151] *Markert* in: Immenga/Mestmäcker, GWB, § 21 Rn. 93.
[152] Frankfurter Kommentar/*Achenbach*, § 21 Rn. 303.
[153] Dazu *Markert* in: Immenga/Mestmäcker, GWB, § 21 Rn. 94.
[154] *Markert* in: Immenga/Mestmäcker, GWB, § 21 Rn. 95; MünchKommGWB/*Neef*, § 21 Rn. 77.
[155] *Markert* in: Immenga/Mestmäcker, GWB, § 21 Rn. 96; MünchKommGWB/*Neef*, § 21 Rn. 78; *Bechtold*, GWB, § 21 Rn. 22; zum Nachteilsbegriff in § 21 Abs. 2 oben Rn. 32.
[156] Frankfurter Kommentar/*Achenbach*, § 21 Rn. 305.
[157] *Markert* in: Immenga/Mestmäcker, GWB, § 21 Rn. 97; MünchKommGWB/*Neef*, § 21 Rn. 79.
[158] MünchKommGWB/*Neef*, § 21 Rn. 79.

§ 22 GWB   10. Teil. Gesetz gegen Wettbewerbsbeschränkungen

Motivation muss beim Normadressaten ausschließlich oder doch vorrangig bestehen.[159] Das ist zu verneinen, wenn sich die Reaktion eines zu Unrecht bei der Kartellbehörde Angezeigten in angemessenem Rahmen hält; etwa weil angesichts der Störung der Vertrauensbasis die Geschäftsbeziehungen abgebrochen werden.[160]

6. Rechtsfolgen

61 Die Rechtsfolgen eines Verstoßes gegen § 21 Abs. 4 entsprechen denen von Verstößen gegen § 21 Abs. 1–3. Insoweit kann auf die obigen Ausführungen Bezug genommen werden (Rn. 24 ff., 43). Betroffene im Sinne des § 33 Abs. 1 sind diejenigen, denen der Nachteil zugefügt wurde.

Dritter Abschnitt. Anwendung des europäischen Wettbewerbsrechts

§ 22 Verhältnis dieses Gesetzes zu den Artikeln 81 und 82 des Vertrages zur Gründung der Europäischen Gemeinschaft

(1) ¹Auf Vereinbarungen zwischen Unternehmen, Beschlüsse von Unternehmensvereinigungen und aufeinander abgestimmte Verhaltensweisen im Sinne des Artikels 81 Abs. 1 des Vertrages zur Gründung der Europäischen Gemeinschaft, die den Handel zwischen den Mitgliedstaaten der Europäischen Gemeinschaft im Sinne dieser Bestimmung beeinträchtigen können, können auch die Vorschriften dieses Gesetzes angewandt werden. ²Ist dies der Fall, ist daneben gemäß Artikel 3 Abs. 1 Satz 1 der Verordnung (EG) Nr. 1/2003 des Rates vom 16. Dezember 2002 zur Durchführung der in den Artikeln 81 und 82 des Vertrages niedergelegten Wettbewerbsregeln (ABl. EG 2003 Nr. L 1 S. 1) auch Artikel 81 des Vertrages zur Gründung der Europäischen Gemeinschaft anzuwenden.

(2) ¹Die Anwendung der Vorschriften dieses Gesetzes darf gemäß Artikel 3 Abs. 2 Satz 1 der Verordnung (EG) Nr. 1/2003 nicht zum Verbot von Vereinbarungen zwischen Unternehmen, Beschlüssen von Unternehmensvereinigungen und aufeinander abgestimmten Verhaltensweisen führen, welche den Handel zwischen den Mitgliedstaaten der Europäischen Gemeinschaft zu beeinträchtigen geeignet sind, aber den Wettbewerb im Sinne des Artikels 81 Abs. 1 des Vertrages zur Gründung der Europäischen Gemeinschaft nicht beschränken oder die Bedingungen des Artikels 81 Abs. 3 des Vertrages zur Gründung der Europäischen Gemeinschaft erfüllen oder durch eine Verordnung zur Anwendung des Artikels 81 Abs. 3 des Vertrages zur Gründung der Europäischen Gemeinschaft erfasst sind. ²Die Vorschriften des Zweiten Abschnitts bleiben unberührt. ³In anderen Fällen richtet sich der Vorrang von Artikel 81 des Vertrages zur Gründung der Europäischen Gemeinschaft nach dem insoweit maßgeblichen europäischen Gemeinschaftsrecht.

(3) ¹Auf Handlungen, die einen nach Artikel 82 des Vertrages zur Gründung der Europäischen Gemeinschaft verbotenen Missbrauch darstellen, können auch die Vorschriften dieses Gesetzes angewandt werden. ²Ist dies der Fall, ist daneben gemäß Artikel 3 Abs. 1 Satz 2 der Verordnung (EG) Nr. 1/2003 auch Artikel 82 des Vertrages zur Gründung der Europäischen Gemeinschaft anzuwenden. ³Die Anwendung weitergehender Vorschriften dieses Gesetzes bleibt unberührt.

---

[159] *Markert* in: Immenga/Mestmäcker, GWB, § 21 Rn. 98; MünchKommGWB/*Neef*, § 21 Rn. 80; Frankfurter Kommentar/*Achenbach*, § 21 Rn. 306.

[160] *Markert* in: Immenga/Mestmäcker, GWB, § 21 Rn. 98; MünchKommGWB/*Neef*, § 21 Rn. 80; Frankfurter Kommentar/*Achenbach*, § 21 Rn. 306.

(4) ¹Die Absätze 1 bis 3 gelten unbeschadet des europäischen Gemeinschaftsrechts nicht, soweit die Vorschriften über die Zusammenschlusskontrolle angewandt werden. ²Vorschriften, die überwiegend ein von den Artikeln 81 und 82 des Vertrages zur Gründung der Europäischen Gemeinschaft abweichendes Ziel verfolgen, bleiben von den Vorschriften dieses Abschnitts unberührt.

Übersicht

	Rn.		Rn.
I. Allgemeines	1	c) Verbot der Abweichung vom europäischen Recht (§ 22 Abs. 2)	8
II. Artikel 3 Verordnung (EG) Nr. 1/2003	4	2. Die gemeinsame Anwendung deutschen und europäischen Rechts in Fällen des Art. 82 EG (§ 22 Abs. 3)	12
III. Die Regelungen des § 22 GWB	5		
1. Die gemeinsame Anwendung deutschen und europäischen Rechts in Fällen des Art. 81 EG (§ 22 Abs. 1 und 2)	5	3. Nichtanwendung in Fällen der Zusammenschlusskontrolle und bei Vorschriften, die überwiegend ein von Art. 81 und 82 EG abweichendes Ziel verfolgen (§ 22 Abs. 4)	15
a) Möglichkeit der Anwendung deutschen Rechts (§ 22 Abs. 1 S. 1)	6		
b) Zusätzliche Anwendung des europäischen Rechts (§ 22 Abs. 1 S. 2)	7	IV. Rechtsfolgen eines Verstoßes	17

Schrifttum: *Bechtold*, Grundlegende Umgestaltung des Kartellrechts: Zum Referentenentwurf der 7. GWB-Novelle, DB 2004, 235; *Dalheimer* in: Grabitz/Hilf, Das Recht der Europäischen Union, Kommentar, VO 1/2003/EG (nach Art. 83 EGV, 26. Erg.Lief. 2005); *Lutz*, Schwerpunkte der 7. GWB-Novelle; *Röhling*, Die Zukunft des Kartellverbots in Deutschland nach In-Kraft-Treten der neuen EU-Verfahrensrechtsordnung, GRUR 2003, 1019; *Monopolkommission*, Folgeprobleme der europäischen Kartellverfahrensreform, Sondergutachten 32, Baden-Baden 2001; *Wirtz*, Anwendbarkeit von § 20 GWB auf selektive Vertriebssysteme nach Inkrafttreten der VO 1/2003, WuW 2003, 1039.

I. Allgemeines

Die Vorschrift wurde durch die 7. GWB-Novelle 2005 eingeführt. Sie hat lediglich klarstellenden Charakter. Art. 3 der Verordnung (EG) Nr. 1/2003 des Rates vom 16. Dezember 2002 regelt das Verhältnis zwischen den Art. 81 und 82 EG einerseits und dem einzelstaatlichen Wettbewerbsrecht andererseits. Die nationalen Gerichte und Wettbewerbsbehörden werden durch Art. 3 VO 1/2003 unmittelbar gebunden; einer Umsetzung in nationales Recht hätte es an sich nicht bedurft. Der deutsche Gesetzgeber hielt aber eine Klarstellung im GWB für zweckmäßig, um den Rechtsanwendern deutlich zu machen, dass in Fällen von grenzüberschreitenden Auswirkungen immer auch das europäische Recht, gegebenenfalls neben dem deutschen Recht, angewandt werden muss.[1] Die Regelung des Art. 16 VO 1/2003, der bestimmt, dass nationale Gerichte bei der Anwendung von Art. 81 oder 82 EG keine Entscheidungen erlassen dürfen, die bereits ergangenen Entscheidungen der Kommission zuwiderlaufen, wurde hingegen nicht in § 22 aufgenommen.[2] Neben § 22 sollte der dritte Abschnitt des GWB ursprünglich noch einen § 23 enthalten, der die Verpflichtung zur europafreundlichen Anwendung des GWB vorsah, im weiteren Gesetzgebungsverfahren jedoch als überflüssig gestrichen wurde.[3] Ob die deutschen Behörden und Gerichte in Fällen, in denen sie das europäische Kartellrecht ohnehin anzuwenden haben, in nennenswertem Umfang zusätzlich noch deutsches Recht anwenden werden, lässt sich unter prozessökonomischen Gesichtspunkten bezweifeln. Sinnvoll erscheint dies nur in Fällen, in denen an der Beeinträchtigung des zwischenstaatlichen Handels und damit an der Anwendbarkeit des europäischen Wettbewerbsrechts Zweifel verbleiben und deswegen die Entscheidung zusätzlich auf deutsches Recht gestützt wird.[4]

---

[1] Regierungsbegründung zur 7. GWB-Novelle, BT-Drucks. 15/3640, S. 31.
[2] Dazu kritisch *Schneider* in: Langen/Bunte, Bd. 1, § 22 Rn. 1.
[3] Regierungsbegründung a. a. O. (Fn. 1), S. 30 f.
[4] S. auch KartellverfahrensVO § 3 Rn. 20; *Bechtold*, DB 2004, 235/237.

2 **Systematik:** § 22 GWB entspricht in seiner Systematik im Wesentlichen dem Art. 3 VO 1/2003. § 22 Abs. 1 regelt die gemeinsame Anwendung deutschen und europäischen Rechts in den Fällen des Art. 81 EG, wobei S. 1 die Möglichkeit der Anwendung deutschen Rechts, S. 2 die Notwendigkeit der zusätzlichen Anwendung des europäischen Rechts klarstellt. § 22 Abs. 2 enthält das Verbot der Abweichung vom europäischen Recht; Abs. 3 regelt, entsprechend Abs. 1, die gemeinsame Anwendung deutschen und europäischen Rechts in den Fällen des Art. 82 EG. Abs. 4 schließlich erfasst (neben § 22 Abs. 2 S. 2) weitere Fälle der Nichtanwendung der Abs. 1–3, nämlich der Zusammenschlusskontrolle und von Vorschriften, die überwiegend ein von Art. 81 und 82 EG abweichendes Ziel verfolgen.

3 Die **Auslegung** des § 22 hat sich am europäischen Recht zu orientieren.[5] Das betrifft nicht nur die VO 1/2003 und ihre Erwägungsgründe, sondern insbesondere auch die Anwendung der Art. 81 und 82 EG durch die europäischen Behörden und Gerichte, weil das Verbot der Abweichung vom europäischen Recht auf der Anwendbarkeit dieser Vorschriften basiert. Ein Beispiel bildet die Frage, ob ein Verhalten als Vereinbarung im Sinne des Art. 81 Abs. 1 EG oder als einseitiges Verhalten einzuordnen ist.[6]

II. Artikel 3 Verordnung (EG) Nr. 1/2003

4 Art. 3 der europäischen Kartellverordnung 1/2003 regelt das Verhältnis zwischen den Art. 81 und 82 EG einerseits und dem einzelstaatlichen Wettbewerbsrecht andererseits. Die europäische Kommission hielt unter dem System der Legalausnahme eine solche Vorschrift für notwendig. Ursprünglich wollte sie die Möglichkeit der parallelen Anwendung von europäischem und nationalem Kartellrecht ganz beseitigen; angesichts des befürchteten Bedeutungsverlustes des nationalen Kartellrechts kam es zu dem jetzigen Kompromiss.[7] Art. 3 Abs. 1 VO 1/2003 bestimmt, dass in Fällen, die von Art. 81 und 82 EG erfasst werden, die Wettbewerbsbehörden der Mitgliedstaaten sowie einzelstaatliche Gerichte diese Vorschriften zusätzlich zu einer etwaigen Anwendung des einzelstaatlichen Kartellrechts anzuwenden haben. Damit werden zwei Aussagen getroffen, nämlich einmal die Möglichkeit der Anwendung nationalen Rechts und zum anderen die Notwendigkeit der zusätzlichen Anwendung des europäischen Rechts. Art. 3 Abs. 2 VO 1/2003 enthält in seinem S. 1 das Verbot der Abweichung vom (milderen) europäischen Recht in den Fällen des Art. 81 und in seinem S. 2 die Nichtanwendbarkeit des Abweichungsverbots in Fällen einseitigen Verhaltens. Art. 3 Abs. 3 VO 1/2003 sieht die Nichtanwendbarkeit der Regelungen der Absätze 1 und 2 in Fällen der Zusammenschlusskontrolle und bei der Anwendung von Bestimmungen des einzelstaatlichen Rechts vor, die überwiegend ein von Art. 81 und 82 EG abweichendes Ziel verfolgen.

III. Die Regelungen des § 22 GWB

1. Die gemeinsame Anwendung deutschen und europäischen Rechts in Fällen des Art. 81 EG (§ 22 Abs. 1 und 2)

5 § 22 Abs. 1 und 2 enthalten drei Aussagen, nämlich die Möglichkeit der Anwendung deutschen Kartellrechts auf Fälle, die von Art. 81 EG erfasst werden, die Notwendigkeit

---

[5] *Rehbinder* in: Immenga/Mestmäcker, GWB, § 22 Rn. 3; Frankfurter Kommentar/*Jaeger*, § 22 Rn. 3; MünchKommGWB/*Böge/Bardong*, § 22 Rn. 7.
[6] S. a. Regierungsbegründung a. a. O. (Fn. 1), S. 30 f.
[7] S. dazu auch KartellverfahrensVO § 3 Rn. 1; *Karsten Schmidt* in Immenga/Mestmäcker, VO 1/2003 Rn. 1 ff.; *Dalheimer* in: Grabitz/Hilf, Das Recht der Europäischen Union, Art. 3 VO 1/2003, Rn. 2.

der zusätzlichen Anwendung des Art. 81 EG und das Verbot der Abweichung vom europäischen Recht.

a) Möglichkeit der Anwendung deutschen Rechts (§ 22 Abs. 1 S. 1): § 22 Abs. 1 S. 1 beruht auf der Regelung des Art. 3 Abs. 1 S. 1 der VO 1/2003, wonach neben Art. 81 EG auch das einzelstaatliche Wettbewerbsrecht angewendet werden kann. § 22 Abs. 1 S. 1 setzt dabei voraus, dass die Tatbestandsmerkmale des Art. 81 EG erfüllt sind. Es muss sich also zunächst um Vereinbarungen zwischen Unternehmen, Beschlüsse von Unternehmensvereinigungen oder aufeinander abgestimmte Verhaltensweisen handeln. Diese müssen zweitens eine Beschränkung des Wettbewerbs innerhalb des gemeinsamen Marktes bezwecken oder bewirken. Drittens müssen sie geeignet sein, den Handel zwischen den Mitgliedstaaten zu beeinträchtigen. Durch diese Zwischenstaatlichkeitsklausel wird der Anwendungsbereich des Art. 81 EG von den rein nationalen Fällen abgegrenzt, die ausschließlich nach nationalem Recht zu beurteilen sind. Nach der ständigen Rechtsprechung des EuGH werden Beeinträchtigungen des zwischenstaatlichen Handels nur dann von Art. 81 EG erfasst, wenn sie spürbar sind.[8] Dem System der Legalausnahme[9] entsprechend ist anhand der von den europäischen Gerichten aufgestellten Kriterien[10] von den deutschen Behörden bzw. Gerichten zu beurteilen, ob diese Voraussetzungen vorliegen. Ist dies der Fall, so kann parallel und gemeinsam mit Art. 81 EG deutsches Kartellrecht angewendet werden. Dabei ordnet § 22 Abs. 1 S. 1 die Anwendung des deutschen Rechts nicht obligatorisch an, sondern lässt sie fakultativ.[11] Behörden und Gerichte haben also eine Wahlmöglichkeit: Sie können entweder nur das europäische Wettbewerbsrecht oder dieses gemeinsam mit den Vorschriften des GWB anwenden.[12] Die Wirkung des Art. 3 VO 1/2003 erstreckt sich nicht auf das einzelstaatliche Verfahrensrecht; Kartellverfahren sowohl behördlicher als auch zivilrechtlicher Art sind also nach deutschem Verfahrensrecht durchzuführen.

6

b) Zusätzliche Anwendung des europäischen Rechts (§ 22 Abs. 1 S. 2): § 22 Abs. 1 S. 2 enthält die durch Art. 3 Abs. 1 S. 1 VO 1/2003 vorgegebene Bestimmung, dass in Fällen des Art. 81 Abs. 1 EG, auf die deutsches Recht angewendet wird, parallel und gemeinsam Art. 81 EG anzuwenden ist. § 22 Abs. 1 S. 2 nimmt ausdrücklich auf Art. 3 Abs. 1 VO 1/2003 Bezug, so dass sich auch daraus ergibt, dass § 22 Abs. 1 S. 2 anhand dieser europäischen Vorschrift auszulegen und anzuwenden ist. Mit der gleichzeitigen Anwendung des Art. 81 EG soll zum einen der Vorrang des europäischen Rechts sichergestellt werden, zum anderen soll die Einstellung in das Netzwerk der europäischen Wettbewerbsbehörden auch in den Fällen ermöglicht werden, in denen (parallel) nationales Recht angewendet wird.[13]

7

c) Verbot der Abweichung vom europäischen Recht (§ 22 Abs. 2): § 22 Abs. 2 befasst sich mit dem in Art. 3 Abs. 2 VO 1/2003 normierten Verbot der Abweichung vom europäischen Recht. Dabei werden drei Fälle geregelt, nämlich zunächst der Fall, dass das deutsche Kartellrecht strenger und das europäische Wettbewerbsrecht milder ist, dass also eine Vereinbarung, ein Beschluss oder eine abgestimmte Verhaltensweise nach § 1 ff. GWB untersagt, nach Art. 81 Abs. 3 EG (einschließlich der dazu ergangenen Verordnungen) hingegen erlaubt ist (§ 22 Abs. 2 S. 1). § 22 Abs. 2 S. 3 regelt den umgekehrten Fall, nämlich dass das deutsche Kartellrecht milder und das europäische Wettbewerbsrecht strenger ist. Diese Regelung bezieht sich auf die schon bisher bestehende Rechtslage.[14] § 22 Abs. 2 S. 2

8

---

[8] Vgl. zu den Voraussetzungen des Art. 81 EG im Einzelnen Art. 81 Abs. 1 EGV Rn. 33 ff.
[9] Dazu KartellverfahrensVO Einf. Rn. 8.
[10] S. Erwägungsgrund 8 zur VO 1/2003.
[11] So die Regierungsbegründung zur 7. GWB-Novelle, BT-Drucks. 15/3640, S. 46.
[12] Regierungsbegründung a. a. O. (Fn. 11).
[13] Regierungsbegründung a. a. O. (Fn. 11).
[14] Dazu unten Rn. 11.

bezieht sich auf Art. 3 Abs. 2 S. 2 VO 1/2003, wonach in Fällen einseitigen Wettbewerbsverhaltens das einzelstaatliche Kartellrecht strenger als das europäische Recht sein darf und bestimmt demzufolge, dass die Vorschrift des § 22 Abs. 2 S. 1 nicht auf die Fälle des Zweiten Abschnitts des GWB (§§ 19–21) anzuwenden ist.

9 **aa) Fälle strengeren deutschen Rechts (§ 22 Abs. 2 S. 1):** § 22 Abs. 2 S. 1 beruht auf dem Abweichungsverbot des Art. 3 Abs. 2 S. 1 der VO 1/2003. Während vor Erlass des Art. 3 VO 1/2003 nur der Fall des milderen deutschen und strengeren europäischen Rechts durch den EuGH dahingehend entschieden war, dass das europäische Recht den Vorrang hatte,[15] ist nunmehr durch Art. 3 Abs. 2 S. 1 VO 1/2003 und dementsprechend durch § 22 Abs. 2 S. 1 GWB bestimmt, dass auch in Fällen strengeren deutschen und milderen europäischen Rechts eine Abweichung vom europäischen Recht nicht erfolgen darf. Aufgrund deutschen Kartellrechts dürfen also keine Vereinbarungen, Beschlüsse oder abgestimmten Verhaltensweisen untersagt werden, die nicht unter Art. 81 Abs. 1 fallen, namentlich weil keine Wettbewerbsbeschränkung im Sinne dieser Vorschrift oder keine bzw. keine spürbare[16] Beeinträchtigung des zwischenstaatlichen Handels vorliegt, oder die nach Art. 81 Abs. 3 oder durch eine nach Art. 81 Abs. 3 erlassene Verordnung erlaubt beziehungsweise freigestellt sind. Dem entsprechend sind auch zivilrechtliche Konsequenzen nicht möglich.

10 **bb) Nichtanwendung auf einseitige Wettbewerbsbeschränkungen (§ 22 Abs. 2 S. 2):** Das Verbot des Art. 3 Abs. 2 S. 1 VO 1/2003 erfasst nur zwei- oder mehrseitige, nicht dagegen einseitige Wettbewerbsbeschränkungen (Art. 3 Abs. 2 S. 2 VO 1/2003). Der deutsche Gesetzgeber hat diese Regelung in § 22 Abs. 2 S. 2 dahingehend umgesetzt, dass die Vorschriften des Zweiten Abschnitts (§§ 19–21 GWB) unberührt bleiben sollen. Diese Formulierung ist missglückt. Sie beruht auf dem traditionellen Verständnis, dass §§ 19–21 nur einseitige Wettbewerbsbeschränkungen erfassen. Unter §§ 19 und 20 GWB fallen aber auch vertragliche Vereinbarungen, die marktbeherrschende und marktmächtige Unternehmen mit ihren Vertragspartnern treffen.[17] So besteht bei der Ausbeutung eines Abnehmers ein Vertrag mit diesem; Mitbewerber können dadurch behindert werden, dass ein marktbeherrschendes oder marktmächtiges Unternehmen Abnehmer oder Lieferanten in kartellrechtswidriger Weise vertraglich an sich bindet.[18] Angesichts des Vorrangs des europäischen Wettbewerbsrechts vor dem nationalen Wettbewerbsrecht[19] ist Abs. 2 S. 2 dahingehend restriktiv auszulegen, dass nicht sämtliche von §§ 19–21 erfassten Fälle unberührt bleiben, sondern nur einseitige.[20] Soweit es sich um einseitige Wettbewerbsbeschränkungen handelt, können also Maßnahmen kartellbehördlicher oder zivilrechtlicher Art auch dann erfolgen, wenn das betreffende einseitige Verhalten nicht gegen das europäische Kartellrecht verstößt.

11 **cc) Fälle strengeren europäischen Rechts (§ 22 Abs. 2 S. 3):** Der Fall strengeren europäischen Rechts gegenüber milderm nationalem Recht wird durch Art. 3 VO 1/2003 nicht geregelt. Es war aber schon bisher ständige Rechtsprechung der europäischen Gerichte, dass in einem solchen Fall das europäische Recht Vorrang hat.[21] Nationale Rechtsvorschriften, die einer Gemeinschaftsvorschrift entgegenstehen, dürfen dann nicht ange-

---

[15] Dazu unten Rn. 11.
[16] Vgl. Regierungsbegründung a.a.O. (Fn. 12); dazu auch *Dalheimer* in: Grabitz/Hilf, Das Recht der Europäischen Union, Art. 3 VO 1/2003, Rn. 14.
[17] Vgl. oben § 20 Rn. 71.
[18] Vgl. oben § 20 Rn. 104.
[19] Dazu auch unten Rn. 11.
[20] Ebenso *Rehbinder* in: Immenga/Mestmäcker, GWB, § 22 Rn. 11; Frankfurter Kommentar/*Jaeger*, § 22 Rn. 16; MünchKommGWB/*Böge/Bardong*, § 22 Rn. 23; *Bechtold*, GWB, § 20 Rn. 8.
[21] Anerkannt seit EuGH 13. 2. 1969, Rechtssache 14/68, *Walt Wilhelm ./. Bundeskartellamt u.a.*, Slg. 1969, 1/13; eingehende Darstellung und Nachweise bei *Mestmäcker/Schweitzer*, Europäisches Wettbewerbsrecht, § 5 Rn. 5 ff.

wendet werden.²² § 22 Abs. 2 S. 3 schreibt dies für das deutsche Recht fest, indem er bestimmt, dass sich der Vorrang von Artikel 81 nach dem insoweit maßgeblichen europäischen Gemeinschaftsrecht richtet.²³ Mit dieser Formulierung werden auch zukünftige Entwicklungen des europäischen Rechts erfasst. Verhaltensweisen, die nach europäischem Wettbewerbsrecht verboten sind, können also nicht nach deutschem Kartellrecht erlaubt werden. Das gilt nicht nur für zwei- bzw. mehrseitige, sondern auch für einseitige Verhaltensweisen. Die Regelung des § 22 Abs. 2 S. 2 findet insoweit (wie sich auch aus seiner systematischen Stellung ergibt) keine Anwendung.

2. Die gemeinsame Anwendung deutschen und europäischen Rechts in Fällen des Art. 82 EG (§ 22 Abs. 3)

§ 22 Abs. 3 knüpft an die Vorschrift des Art. 3 Abs. 1 S. 2 VO 1/2003 an, die besagt, dass auch in von Art. 82 EG erfassten Fällen die Anwendung deutschen Kartellrechts zulässig ist, aber nur parallel und gemeinsam mit einer Anwendung des Art. 82 EG erfolgen kann. Im Gegensatz zu der für Art. 81 EG geltenden Regelung sieht Art. 3 VO 1/2003 für diese Fälle aber kein Verbot der Abweichung vom europäischen Recht vor.

Dementsprechend normiert § 22 Abs. 3 S. 1 die Möglichkeit der gleichzeitigen Anwendung des deutschen Kartellrechts. Voraussetzung ist, dass die Tatbestandsmerkmale des Art. 82 EG erfüllt sind, dass also im Sinne dieser Vorschrift die missbräuchliche Ausnutzung einer marktbeherrschenden Stellung vorliegt und dies zu einer Beeinträchtigung des zwischenstaatlichen Handels führen kann.²⁴ Dies ist, dem System der Legalausnahme²⁵ entsprechend, anhand der von den europäischen Gerichten aufgestellten Kriterien von den deutschen Behörden bzw. Gerichten zu beurteilen. Auch hier ist die Anwendung des deutschen Rechts nicht obligatorisch, sondern fakultativ. Im Übrigen gilt das zu Rn. 6 Gesagte.

§ 22 Abs. 3 S. 2 enthält das durch Art. 3 Abs. 1 S. 2 VO 1/2003 vorgegebene Gebot der gleichzeitigen Anwendung des Art. 82. Die Ausführungen in Rn. 7 zu § 22 Abs. 1 S. 2 gelten auch hier. § 22 Abs. 3 S. 3 stellt in Übereinstimmung mit Art. 3 Abs. 2 S. 2 VO 1/2003 klarstellend fest, dass die Anwendung gegenüber Art. 82 EG strengerer Vorschriften des GWB nicht berührt wird.²⁶

3. Nichtanwendung in Fällen der Zusammenschlusskontrolle und bei Vorschriften, die überwiegend ein von Art. 81 und 82 EG abweichendes Ziel verfolgen (§ 22 Abs. 4)

Nach Art. 3 Abs. 3 VO 1/2003 gelten das Gebot der gleichzeitigen Anwendung europäischen Rechts (Art. 3 Abs. 1 VO 1/2003) und das Verbot der Abweichung vom europäischen Recht (Art. 3 Abs. 2 VO 1/2003) nicht, wenn die Wettbewerbsbehörden und Gerichte der Mitgliedstaaten einzelstaatliche Gesetze über die Fusionskontrolle anwenden. Daran knüpft § 22 Abs. 4 S. 1 an. Die deutschen Kartellbehörden und Gerichte können also Fusionsfälle nach §§ 35ff. GWB beurteilen, ohne gleichzeitig die EG-Fusionskontrollverordnung anwenden zu müssen, ebenso können sie von dieser abweichende Entscheidungen treffen.²⁷ Dies wird auch durch die Regelung in Art. 21 FKVO²⁸ bestätigt.

---

²² Vgl. nur EuGH 9. 9. 2003, Rechtssache C-198/01, WuW/E EU-R 727 – *Consorzio Industrie Fiammiferi ./. Autorità Garante della Concorrenza.*
²³ S. auch Regierungsbegründung zur 7. GWB-Novelle, BT-Drucks. 15/3640, S. 31, 47.
²⁴ Vgl. zu den Voraussetzungen des Art. 82 EG näher Art. 82 Rn. 1ff.
²⁵ Dazu KartellverfahrensVO Einf. Rn. 8.
²⁶ Regierungsbegründung zur 7. GWB-Novelle, BT-Drucks. 15/3640, S. 47.
²⁷ S. a. Regierungsbegründung a. a. O. (Fn. 26).
²⁸ Dazu FKVO Art. 21 Rn. 3.

16 § 22 Abs. 4 S. 2 bezieht sich auf die Regelung in Art. 3 Abs. 3 VO 1/2003, nach der das Gebot der gleichzeitigen Anwendung europäischen Rechts (Art. 3 Abs. 1 VO 1/2003) und das Verbot der Abweichung vom europäischen Recht (Art. 3 Abs. 2 VO 1/2003) gleichfalls keine Anwendung finden, wenn es um Vorschriften des einzelstaatlichen Rechts geht, die überwiegend ein von den Art. 81 und 82 EG abweichendes Ziel verfolgen. Die Regierungsbegründung nennt als Beispiel die Vorschriften des Gesetzes gegen den unlauteren Wettbewerb.[29] Weitere Beispiele bilden das Recht des geistigen Eigentums, Verbraucherschutzbestimmungen und sektorale Regelungen für Bereiche wie Telekommunikation, Post und Energie, soweit sie nicht gerade dem Schutz des Wettbewerbs dienen.[30] Nach dem 8. Erwägungsgrund zur VO 1/2003 gilt die Verordnung nicht für innerstaatliche Rechtsvorschriften, mit denen natürlichen Personen strafrechtliche Sanktionen auferlegt werden, außer wenn solche Sanktionen als Mittel dienen, um die für Unternehmen geltenden Wettbewerbsregeln durchzusetzen. Damit ist Art. 3 VO 1/2003 beispielsweise auf § 298 StGB (Submissionsabsprachen) anwendbar.[31] Fällt eine Submissionsabsprache unter Art. 81 EG, so müssen deutsche Strafgerichte also bei der Beurteilung, ob es sich um eine rechtswidrige Absprache im Sinne des § 298 StGB Abs. 1 handelt, Art. 81 EG anwenden und dürfen keine davon abweichende Entscheidung treffen.

IV. Rechtsfolgen eines Verstoßes

17 Beachtet eine deutsche Behörde oder ein deutsches Gericht die Grundsätze des § 22 nicht, so ist hinsichtlich der Rechtsfolgen zu unterscheiden: wird eine Entscheidung getroffen, die in unzulässiger Weise vom europäischen Recht abweicht (Fälle des § 22 Abs. 2 S. 1 und 3), so liegt darin ein Verstoß sowohl gegen deutsches als auch europäisches Recht, der die Entscheidung anfechtbar macht. Wird dagegen nur deutsches, aber nicht das europäische Recht angewendet (Fälle des § 22 Abs. 1 S. 2 und Abs. 3 S. 2) und entspricht die Entscheidung inhaltlich dem europäischen Recht, so liegt zwar formal ein Rechtsanwendungsfehler vor. Es wäre aber formalistisch, deswegen die inhaltlich richtige Entscheidung aufheben zu wollen. Man sollte daher von einem folgenlosen Begründungsfehler ausgehen und der Behörde bzw. dem Gericht die Gelegenheit geben, die Begründung zu ergänzen.[32]

§ 23. (weggefallen)

Vierter Abschnitt. Wettbewerbsregeln

§ 24 Begriff, Antrag auf Anerkennung

(1) Wirtschafts- und Berufsvereinigungen können für ihren Bereich Wettbewerbsregeln aufstellen.

(2) Wettbewerbsregeln sind Bestimmungen, die das Verhalten von Unternehmen im Wettbewerb regeln zu dem Zweck, einem den Grundsätzen des lauteren oder der Wirksamkeit eines leistungsgerechten Wettbewerbs zuwiderlaufenden Verhalten im

---

[29] Regierungsbegründung a. a. O. (Fn. 26).
[30] KartellverfahrensVO § 3 Rn. 22; *Rehbinder* in: Immenga/Mestmäcker, GWB, § 22 Rn. 16; Frankfurter Kommentar/*Jaeger*, § 22 Rn. 26; *Bechtold*, GWB, § 20 Rn. 19; *Schneider* in: Langen/Bunte, Bd. 1, § 22 Rn. 30.
[31] Ebenso *Rehbinder* in: Immenga/Mestmäcker, GWB, § 22 Rn. 17; Frankfurter Kommentar/*Jaeger*, § 22 Rn. 28; a. A. *Dalheimer* in: Grabitz/Hilf, Das Recht der Europäischen Union, Art. 3 VO 1/2003, Rn. 28.
[32] *Rehbinder* in: Immenga/Mestmäcker, GWB, § 22 Rn. 7; MünchKommGWB/*Böge/Bardong*, § 22 Rn. 38; Frankfurter Kommentar/*Jaeger*, § 22 Rn. 10; *Schneider* in: Langen/Bunte, Bd. 1, § 22 Rn. 15.

Wettbewerb entgegenzuwirken und ein diesen Grundsätzen entsprechendes Verhalten im Wettbewerb anzuregen.

(3) Wirtschafts- und Berufsvereinigungen können bei der Kartellbehörde die Anerkennung von Wettbewerbsregeln beantragen.

(4) [1]Der Antrag auf Anerkennung von Wettbewerbsregeln hat zu enthalten:
1. Name, Rechtsform und Anschrift der Wirtschafts- oder Berufsvereinigung;
2. Name und Anschrift der Person, die sie vertritt;
3. die Angabe des sachlichen und örtlichen Anwendungsbereichs der Wettbewerbsregeln;
4. den Wortlaut der Wettbewerbsregeln.

[2]Dem Antrag sind beizufügen:
1. die Satzung der Wirtschafts- oder Berufsvereinigung;
2. der Nachweis, dass die Wettbewerbsregeln satzungsmäßig aufgestellt sind;
3. eine Aufstellung von außenstehenden Wirtschafts- oder Berufsvereinigungen und Unternehmen der gleichen Wirtschaftsstufe sowie der Lieferanten- und Abnehmervereinigungen und der Bundesorganisationen der beteiligten Wirtschaftsstufen des betreffenden Wirtschaftszweiges.

[3]In dem Antrag dürfen keine unrichtigen oder unvollständigen Angaben gemacht oder benutzt werden, um für den Antragsteller oder einen anderen die Anerkennung einer Wettbewerbsregel zu erschleichen.

(5) Änderungen und Ergänzungen anerkannter Wettbewerbsregeln sind der Kartellbehörde mitzuteilen.

Übersicht

	Rn.		Rn.
I. Entstehungsgeschichte der §§ 24 ff.	1	bb) Die Zwei-Zonen-Theorie	39
II. Wirtschafts- und Berufsvereinigungen i. S. d. §§ 24 ff.	11	cc) Die graue Zone heute	40
		c) Die Theorie vom kartellrechtlichen Lauterkeitsbegriff	41
III. Überblick über den Zweck und Inhalt von Wettbewerbsregeln	20	2. Wettbewerbsregeln mit unmittelbarem Lauterkeitsbezug	47
1. Die vier gesetzlichen Alternativen des zulässigen Inhalts von Wettbewerbsregeln	20	3. Wettbewerbsregeln mit mittelbarem Lauterkeitsbezug	48
a) Lauterkeits- und Leistungswettbewerbsregeln	20	VI. Leistungswettbewerbsregeln	54
b) „entgegenwirken" und „anregen"	21	1. Der Begriff des leistungsgerechten Wettbewerbs	54
c) Ergänzende Bestimmungen kraft Sachzusammenhangs	25	a) Lauterkeitsrechtliche Bedeutung	55
d) Sonstige Zielsetzungen von Wettbewerbsregeln	26	b) Kartellrechtliche Bedeutung	58
2. Der Zweck des Rechtsinstituts der Wettbewerbsregeln	27	2. Fallgruppen von Leistungswettbewerbsregeln	64
a) Individualschutz und Institutionenschutz	27	VII. Von den Kartellbehörden abgelehnte Wettbewerbsregeln	76
b) Branchenkonkretisierung	28	VIII. Antrag auf Anerkennung von Wettbewerbsregeln	80
c) Verbandssanktionen	29	1. Antragsrecht und Antragspflicht	80
IV. „Verhalten" von Unternehmen im Wettbewerb	30	2. Inhalt des Antrags, § 24 Abs. 4 S. 1	81
1. Die doppelte Verhaltensregelung in § 24 Abs. 2	30	3. Beizufügende Unterlagen, § 24 Abs. 4 S. 2	82
2. Das Verhalten im Wettbewerb als Gegenstand der Wettbewerbsregeln	31	IX. Mitteilung und Antrag auf Anerkennung von Änderungen und Ergänzungen anerkannter Wettbewerbsregeln	84
V. Lauterkeitsregeln	32	1. Mitteilung	84
1. Der Lauterkeitsbegriff des § 24 Abs. 2	32	2. Antrag auf Anerkennung	85
a) Anknüpfung an den Begriff des unlauteren Wettbewerbs i. S. d. UWG	32	X. Verbindlichkeit von Wettbewerbsregeln	91
b) Die „graue Zone" zwischen lauterem und unlauterem Wettbewerb	35	1. Verbindlichkeit für Verbandsmitglieder	91
aa) Die Drei-Zonen-Theorie	36	2. Auswirkungen von Wettbewerbsregeln auf Verbandsaußenseiter	100

§ 24 GWB

Schrifttum: *Ballmann,* Der Machtaspekt im UWG, 1990; *J. Baur,* Wettbewerbsregeln und Außenseiter, ZHR 141 (1977), 293 ff.; *Benisch,* Zur Problematik eines gesetzlichen Schutzes des Leistungswettbewerbs, WuW 1955, 421 ff.; *ders.,* Einkaufsmacht und Kartellbegriff, WuW 1956, 480 ff.; *ders.,* Wettbewerbsregeln der „grauen Zone", WuW 1956, 643 ff.; *ders.,* Zur Rechtspraxis des Bundeskartellamtes auf dem Gebiete der Wettbewerbsregeln, DB 1963, 953 ff.; *ders.,* Die bisherigen Vorschläge für einen verbesserten Schutz des Leistungswettbewerbs, in: BDI (Hrsg.), Schutz des Leistungswettbewerbs, 1966, S. 7 ff.; *ders.,* Wettbewerbsregeln gegen Rabattdiskriminierungen, GRUR 1976, 448 ff.; *ders.,* Wettbewerbsverzerrungen und Wettbewerbsregeln, in: FIW (Hrsg.), Schwerpunkte des Kartellrechts 1975/76, FIW-Schriftenreihe Heft 77, 1977, S. 39 ff.; *ders.,* Antidiskriminierungsvorschriften in Wettbewerbsregeln? In: FIW (Hrsg.), Für und Wider ein allgemeines Diskriminierungsverbot, FIW-Schriftenreihe Heft 74, 1976, S. 67 ff.; *Benkendorff,* Wettbewerbsregeln im Meinungsstreit, WRP 1955, 259 ff.; *ders.,* Inhalt und Eintragung von Wettbewerbsregeln, WuW 1958, 416 ff.; *Böhm,* Wettbewerb und Monopolkampf, 1933; *Böx,* Typik und Zulässigkeit von Wettbewerbsregeln (§ 28 Abs. 2 GWB), Diss. Göttingen 1974; *Bogner,* Die Praxis der Kartellbehörden und der Gerichte zu den Wettbewerbsregeln, Diss. München 1975; *Breuel,* Wettbewerbsregeln und Kartellverbot, Diss. Köln 1958; *v. Brunn,* Die wettbewerbsläuternde Vereinbarung, in: FS Isay, 1956, S. 167 ff.; *Bundesverband der Deutschen Industrie, Abt. Wettbewerbsordnung (Hrsg.),* Schutz des Leistungswettbewerbs, Drucksache 77, 1966; *Bunte,* Anm. zu BGH v. 7. 2. 2006 – Probeabonnement, LMK 2006, 189309; *Burchardi/Wolf,* Allgemeinverbindlicherklärung von Wettbewerbsregeln aus rechtlicher Sicht, WuW 1977, 743 ff.; *Bussmann,* Kundenzeitschriften und Wettbewerbsregeln, WuW 1961, 155 ff.; *Callmann,* Wettbewerbsregeln in den USA, GRUR 1965, 20 f.; *Dethloff,* Der Kartellbeschluss, Diss. Göttingen 1965; *Detmer,* Wettbewerbsregeln gegen Unterpreisverkäufe? WRP 1966, 117 ff.; *Dörinkel,* Wettbewerbsregeln in der Praxis, WuW 1960, 593 ff.; *ders.,* Leistungswettbewerb – Rechtsbegriff oder Schlagwort? DB 1967, 1883 ff.; *ders.,* Bringt die Kartellgesetznovelle Erleichterungen für die Zusammenarbeit der Unternehmen? WuW 1971, 607 ff.; *Dreyer,* Verhaltenskodizes im Referentenentwurf eines Ersten Gesetzes zur Änderung des Gesetzes gegen unlauteren Wettbewerb, WRP 2007, 1294; *Ewald,* Diskriminierungsverbot und Wettbewerbsregeln, WRP 1987, 379 ff.; *Fikentscher,* Die Preisunterbietung im Wettbewerbsrecht, 2. Aufl., 1962; *ders.,* Das Verhältnis von Kartellrecht und Recht des unlauteren Wettbewerbs, GRUR Int. 1966, 181 ff.; *ders.,* Das Verhältnis von Kartellrecht und Recht des unlauteren Wettbewerbs im deutschen und europäischen Recht, in: FS Hallstein, 1966, S. 127 ff.; *Franzen,* Die Aufstellung und Anmeldung von Wettbewerbsregeln, DB 1963, 527 ff.; *ders.,* Die Wettbewerbsregeln des Markenverbandes, WRP 1976, 519 ff.; *Freitag,* Der Leistungswettbewerb als rechtliche Denkfigur, Diss. Göttingen 1968; *v. Friesen,* Probleme der Nachfragemacht und Möglichkeiten einer effektiven Kontrolle, DB 1978, Beil. 6; *Gleiss/Deringer,* Wettbewerbs- und Ehrenordnungen von Wirtschaftsverbänden, DB 1952, 644 ff.; *Gloede,* Wirtschaftsverbände und Wettbewerbsregeln in der Sicht des neuen deutschen Kartellrechts, WRP 1958, 66 ff.; *Gries,* Wettbewerbsregeln – ungenutzte Chance? MA 1977, 240 ff.; *Günther,* Schutz des Leistungswettbewerbs durch Wettbewerbsregeln? MA 1954, 346 ff., 435 ff.; *ders.,* Wettbewerbsregeln – Entwicklung und Möglichkeiten, MA 1969, 170 ff.; *ders.,* Zehn Jahre Bundeskartellamt: Rückblick und Ausblick, in: Zehn Jahre Bundeskartellamt, 1968, S. 11 ff.; *Hamm,* Die Bedeutung des leistungsgerechten Wettbewerbs im Rahmen der Wettbewerbsregeln, WuW 1975, 115 ff.; *Henner,* Gegenstand und Inhalt von Wettbewerbsregeln, Diss. Würzburg 1962; *Hermanns,* Die Grundzüge des US-Antidiskriminierungsrechts, in: BDI (Hrsg.), Schutz des Leistungswettbewerbs, 1966, S. 35 ff.; *H. Herrmann,* Interessenverbände und Wettbewerbsrecht. Ein deutsch-amerikanischer Vergleich zum Recht der unberechtigten Verfahrenseinleitung, Selbstbeschränkungsabkommen und Wettbewerbsregeln, 1984; *Herschel,* Allgemeinverbindlicherklärung von Wettbewerbsregeln, DB 1978, 1017 ff.; *Hönn,* Wettbewerbsregeln und die Wirksamkeit eines leistungsgerechten Wettbewerbs, GRUR 1977, 141 ff.; *Ph. Hoffmann,* Unlauterer Wettbewerb und Art. 81 EG, 2003; *Jäger,* Wettbewerbsregeln – ein Mittel zur Marktordnung, WRP 1959, 339 ff.; *Jakubowski,* Predatory Pricing in den USA, 1990; *Jergolla,* Die Werbeselbstkontrolle in Großbritannien, 2003; *dies.,* Die britische Werbeselbstkontrolle anhand des Advertising Code – eine Gegenüberstellung mit der Rechtslage in Deutschland, WRP 2003, 431 ff.; *Junkerstorff,* Amerikanische Wettbewerbsregeln, WRP 1956, 5 ff.; *ders.,* Wettbewerbsregeln in den USA, MA 1976, 62 ff.; *Kartte,* Ein neues Leitbild für die Wettbewerbspolitik, FIW-Schriftenreihe Heft 49, 1969; *ders.,* Wettbewerbsregeln und Mittelstandsempfehlungen in der neuen Anwendungspraxis, in: FIW (Hrsg.), Schwerpunkte des Kartellrechts 1973/74, FIW-Schriftenreihe Heft 71, 1975, S. 65 ff.; *ders.,* Der Schutz des Leistungswettbewerbs im Kartellrecht, WRP 1976, 1 ff.; *Kartte/Kl. Müller,* Zur Ordnung des Wettbewerbs zwischen Industrie und Handel, MA 1975, 194 ff.; *Kellermann,* Wettbewerbsbeschränkung durch Wettbe-

§ 24. Begriff, Antrag auf Anerkennung § 24 GWB

werbsregeln, WuW 1965, 551 ff.; *ders.,* Fairer Wettbewerb durch Wettbewerbsregeln, in: Zehn Jahre Bundeskartellamt, 1968, S. 61 ff.; *Kisseler,* Die Auswirkungen der Gemeinsamen Erklärung zur Sicherung des Leistungswettbewerbs auf die Praxis, WRP 1979, 7 ff.; *Köhler,* Zur Konkurrenz lauterkeitsrechtlicher und kartellrechtlicher Normen, WRP 2005, 645; *v. Köhler,* Die Problematik eines Gesetzes zur Förderung des Leistungswettbewerbs und die Wettbewerbsregeln, DB 1967, 29 ff.; *Koenigs,* Das Gesetz gegen Wettbewerbsbeschränkungen und das Recht des unlauteren Wettbewerbs unter besonderer Berücksichtigung der Wettbewerbsregeln, GRUR 1958, 589 ff.; *ders.,* Preisbindungen, Diskriminierung und Wettbewerbsregeln in der Praxis des Bundeskartellamts, GRUR 1959, 578 ff.; *ders.,* Wechselwirkungen zwischen GWB und Recht des unlauteren Wettbewerbs, NJW 1961, 1041 ff.; *Kreiterling,* Das Problem der Abgrenzung von Leistungs- und Nichtleistungswettbewerb in der Nachfragemacht-Diskussion, 1980; *Kroitzsch,* Die Wettbewerbsregeln in kartell- und wettbewerbsrechtlicher Sicht, GRUR 1965, 12 ff.; *ders.,* Wirtschaftspolitische Entscheidungen durch Wettbewerbsregeln oder durch die UWG-Rechtsprechung? BB 1977, 220 ff.; *Kunisch,* Eintragungsfähigkeit, rechtliche und wirtschaftliche Bedeutung von Wettbewerbsregeln gemäß §§ 28 ff. GWB, Diss. Darmstadt 1968; *Labudek,* Die Behandlung von Diskriminierung und Behinderung im französischen Kartellrecht, 1992; *Lange,* Die Preislistentreue in Wettbewerbsregeln, WuW 1959, 730 ff.; *Lessmann,* Die öffentlichen Aufgaben und Funktionen privatrechtlicher Wirtschaftsverbände, 1976; *Lieberknecht,* Regeln zur Förderung des Leistungswettbewerbs als Wettbewerbsregeln im Sinne des § 28 II GWB, in: FS Möhring, 1965, S. 67 ff.; *Lotze,* Kartellrechtliche Restriktionen der Verbandsarbeit in: FIW (Hrsg.), Enforcement – Die Durchsetzung des Wettbewerbsrechts, 2005, S. 117 ff.; *Lukes,* Sanktions- und Gerichtsstandsbestimmungen in Wettbewerbsregeln, DB 1968, 427 ff.; *Markert,* Legalisierung von Preismeldesystemen durch Wettbewerbsregeln? DB 1964, 140 ff.; *Mees,* Die Wettbewerbsregeln des GWB: Verbindlichkeit und Bedeutung im Wettbewerbsprozess, GRUR 1981, 878 ff.; *ders.,* Normwidrigkeit und § 1 UWG, WRP 1985, 373 ff.; *G. Meier,* Die Allgemeinverbindlichkeitserklärung von Wettbewerbsregeln – ein Fortschritt? ZRP 1977, 105 ff.; *ders.,* Zur Sicherung des Leistungswettbewerbs. Zur gemeinsamen Erklärung von Organisationen der gewerblichen Wirtschaft im November 1975, BB 1977, 720 ff.; *ders.,* Wettbewerbsregeln für Bundesländer – ein Beitrag zur Erhaltung der Marktwirtschaft? ZRP 1978, 28 ff.; *ders.,* Verhaltensregeln der Wirtschaft und „Leistungswettbewerb", WRP 1978, 514 ff.; *ders.,* Zur Frage kartellrechtswidriger Wettbewerbsregeln, WRP 1979, 20 ff.; *ders.,* „Orderly marketing". Veränderung der Struktur des deutschen Wettbewerbsrechts, WRP 1979, 593 ff.; *Merkel,* Allgemeinverbindlichkeitserklärung von Wettbewerbsregeln der Wirtschaftsverbände? BB 1977, 473 ff.; *ders.,* Zum Schutz des Leistungswettbewerbs durch die Gerichte, BB 1977, 705 ff.; *ders.,* Zum Schutz des Leistungswettbewerbs: Eine Zwischenbilanz. Zivilrechtliche oder verwaltungsrechtliche Lösung? BB 1977, 1176 ff.; *Mestmäcker,* Über das Verhältnis des Rechts der Wettbewerbsbeschränkungen zum Privatrecht, AcP 168 (1968), 235 ff.; *ders.,* Der verwaltete Wettbewerb, 1985; *Möhlenkamp,* Verbandskartellrecht – trittfeste Pfade in unsicherem Gelände, WuW 2008, 428; *Möhring,* Wettbewerbsordnung und Kartellrecht, WuW 1954, 387 ff., 493 ff.; *Monopolkommission,* Sondergutachten 7: Missbräuche der Nachfragemacht und Möglichkeiten zu ihrer Kontrolle im Rahmen des Gesetzes gegen Wettbewerbsbeschränkungen, 1977; *Nipperdey,* Wettbewerb und Existenzvernichtung – Eine Grundfrage des Wettbewerbsrechts, 1930; *Oehler,* Wettbewerbsregeln als Instrument der Wettbewerbspolitik, 1968; *Ohm,* Definitionen des Leistungswettbewerbs und ihre Verwendungsfähigkeit für die praktische Wirtschaftspolitik, in: H.J. Seraphim (Hrsg.), Zur Grundlegung wirtschaftspolitischer Konzeptionen, 1960, S. 239 ff.; *Peter,* Die Zulässigkeit von Nichtdiskriminierungsabsprachen in Wettbewerbsregeln, Diss. Mainz 1969; *L. Raiser,* Rechtsschutz und Institutionenschutz im Privatrecht, in: summum ius summa iniuria, 1963, S. 145 ff.; *ders.,* Marktbezogene Unlauterkeit, GRUR Int. 1973, 443 ff.; *Reimann,* Wettbewerbsregeln der Verbände, WuW 1957, 111 ff.; *ders.,* Wer darf sich zur Einhaltung eingetragener Wettbewerbsregeln verpflichten? WRP 1965, 363 ff.; *Reimers,* Die Frage der Eintragungsfähigkeit wettbewerbsbeschränkender Wettbewerbsregeln in der Verwaltungspraxis des Bundeskartellamts, Diss. Hamburg 1969; *Rheinfels,* Wettbewerbsregeln nach dem Gesetz gegen Wettbewerbsbeschränkungen, DB 1958, 301 ff.; *Röper,* Zur Verwirklichung des Leistungswettbewerbs, in: Seraphim (Hrsg.), Zur Grundlegung wirtschaftspolitischer Konzeptionen, 1960, S. 279 ff.; *Sack,* Die Wettbewerbsregeln nach §§ 28 ff. GWB und das Recht des unlauteren Wettbewerbs, Diss. Tübingen 1969; *ders.,* Gibt es einen spezifisch kartellrechtlichen Lauterkeitsbegriff? BB 1970, 1511 ff.; *ders.,* Der zulässige Inhalt von Wettbewerbsregeln, WuW 1970, 195 ff.; *ders.,* Schützt § 1 GWB nur den schützenswerten Wettbewerb? WuW 1970, 395 ff.; *ders.,* Sittenwidrigkeit, Sozialwidrigkeit und Interessenabwägung, GRUR 1970, 493 ff.; *ders.,* § 1 UWG und Wirtschaftspolitik, WRP 1974, 247 ff.; *ders.,* Lauterer und leistungsgerechter Wettbewerb durch Wettbewerbsregeln, GRUR 1975, 297 ff.; *ders.,*

Zum erweiterten Adressatenkreis des Diskriminierungsverbots, GRUR 1975, 511 ff.; *ders.,* Zur sachlichen Rechtfertigung von Preis-, Rabatt- und Konditionendiskriminierungen, WRP 1975, 385 ff.; *ders.,* Wettbewerbsverzerrungen durch „Anzapfen", WRP 1975, 261 ff.; *ders.,* Die lückenfüllende Funktion der Sittenwidrigkeitsklauseln, WRP 1985, 1 ff.; *ders.,* Der Verkauf unter Selbstkosten im Handel und Handwerk, BB 1988, Beil. 3; *ders.,* Der „spezifische Gegenstand" von Immaterialgüterrechten als immanente Schranke des Art. 85 Abs. 1 EG-Vertrag bei Wettbewerbsbeschränkungen in Lizenzverträgen, RIW 1997, 449 ff.; *ders.,* Die Bedeutung der EG-Richtlinien 84/450/EWG und 97/55/EG über irreführende und vergleichende Werbung für das deutsche Wettbewerbsrecht, GRUR Int. 1998, 263 ff.; *ders.,* Die Auswirkungen des europäischen Rechts auf das Verbot irreführender Werbung, in: Schwarze (Hrsg.), Werbung und Werbeverbote im Lichte des europäischen Gemeinschaftsrechts, 1999, S. 102 ff.; *ders.,* Zur Vereinbarkeit wettbewerbsbeschränkender Abreden in Lizenz- und Know-how-Verträgen mit europäischem und deutschem Kartellrecht, WRP 1999, 592 ff.; *ders.,* Lauterer und leistungsgerechter Wettbewerb durch Wettbewerbsregeln von Verbänden, §§ 24 ff. GWB, WRP 2001, 595 ff.; *Scheel,* Wettbewerbsregeln über Preiswettbewerb, Diss. Kiel 1967; *Schlecht,* Sicherung des Leistungswettbewerbs – ständige Aufgabe der Wettbewerbspolitik, MA 1976, 465 ff.; *Schmiedel,* Der „leistungsgerechte Wettbewerb" in der Neufassung des § 28 GWB, WuW 1975, 743 ff.; *Schumacher,* Nachfragemacht und Gegengewichtsprinzip, ZHR 140 (1976), 317 ff.; *Skiba,* Preisdiskriminierung und Wettbewerbsregeln des GWB, WuW 1972, 211 ff.; *Söhn,* Allgemeinverbindlicherklärung von Wettbewerbsregeln. Möglichkeiten und Grenzen einer Reformierung der Vorschriften über Wettbewerbsregeln nach den §§ 28 ff. GWB, 1983; *Sölter,* Nachfragefunktion, Nachfrageverhalten und Nachfragemacht, WRP 1977, 445 ff.; *Sosnitza,* Wettbewerbsregeln nach §§ 24 ff. GWB im Lichte der 7. GWB-Novelle und des neuen Lauterkeitsrechts in: FS Bechtold, 2006, S. 515 ff.; *Spengler,* Preisschleuderei, Preisdiskriminierung und Wettbewerbsregeln, 1955; *Steffani,* Die Wettbewerbsregeln der Bauindustrie – Verfahren und Ergebnisse, in: 10 Jahre Kartellgesetz, 1968, S. 355 ff.; *Tolksdorf,* Stand und Entwicklungstendenzen der Wettbewerbstheorie, WuW 1980, 785 ff.; *P. Ulmer,* Der Begriff „Leistungswettbewerb" und seine Bedeutung für die Anwendung von GWB und UWG-Tatbeständen, GRUR 1977, 565 ff.; *Versteyl,* Zur Vereinbarkeit von Wettbewerbsregeln zum Zwecke leistungsgerechten Wettbewerbs mit den rechtspolitischen Grundlagen des geltenden Kartellrechts, Diss. FU Berlin 1973; *Völp,* Wettbewerbsregeln und Gesetz gegen Wettbewerbsbeschränkungen, WRP 1957, 351 ff.; *Walde,* Aufstellung und Eintragung der Wettbewerbsregeln in das Register für Wettbewerbsregeln und ihre Rechtsfolgen, Diss. Köln 1963; *Wels,* Wettbewerbsregeln unter besonderer Berücksichtigung der amerikanischen Fair Trade Practice Rules, Diss. Kiel 1960; *Willeke,* Leistungswettbewerb und Leistungsprinzip, in: FS Rieger, 1963, S. 158 ff.; *Wirtz,* Werbung und Marktleistung. Zu einem neuen Anwendungsfeld für kartellrechtliche Wettbewerbsregeln, 1979 (identisch mit: Wettbewerbsregeln nach § 28 Abs. 2 GWB zur leistungsgerechten Erfolgsverteilung im Wettbewerbssystem, Diss. Frankfurt a. M. 1978); *ders.,* Wettbewerbsregeln nach § 28 Abs. 2 GWB, WRP 1978, 854 ff.; *H. Wolf,* Wettbewerbsregeln, Zweck und System nach dem Gesetz gegen Wettbewerbsbeschränkungen, 1972; *Wolter,* Über die Gestaltung von Wettbewerbsregeln, WRP 1959, 315 ff.; *Würdinger,* Freiheit der persönlichen Entfaltung, Kartell- und Wettbewerbsrecht, WuW 1953, 721 ff.

I. Entstehungsgeschichte der §§ 24 ff.

1   Die Vorschriften über Wettbewerbsregeln in den §§ 24 ff. GWB (früher §§ 28 ff. GWB) gehen zurück auf Änderungsvorschläge des Bundesrats zum Reg.-Entw. eines GWB. Dort hatte der Bundesrat Vorschriften zum Schutze des Leistungswettbewerbs gefordert.[1] Dazu führte die Bundesregierung in ihrer Stellungnahme aus: „Zu den Ausführungen des Bundesrats ... ist die Bundesregierung der Auffassung, dass der vorliegende Entwurf eines Gesetzes gegen Wettbewerbsbeschränkungen für sich allein noch keine ausreichenden Bestimmungen zum Schutze des legitimen Leistungswettbewerbs enthält. Es ist anzuerkennen, dass in einer Wirtschaft, in der der Leistungswettbewerb durch ein Gesetz aufrechterhalten und gefördert wird, der Gesetzgeber auch Vorschriften gegen den Missbrauch der Wettbewerbsfreiheit zur Verfügung stellen sollte. Solche Vorschriften sind zwar im Gesetz gegen den unlauteren Wettbewerb enthalten und durch eine dazu ergangene umfangreiche

---

[1] BT-Drucks. II/1158, Anhang 2, S. 59 ff., 79 (II.).

Rechtsprechung näher entwickelt worden. Darüber hinaus ist jedoch zu erwägen, ob Wirtschaftsverbänden die Möglichkeit gegeben werden sollte, Wettbewerbsregeln aufzustellen, die einen Schutz gegen den Missbrauch der Freiheit des Wettbewerbs bieten".[2]

Diesen Gedanken griff der BT-Ausschuss für Wirtschaftspolitik in seinem Bericht zum Reg.-Entw. auf. Er empfahl, in den Reg.-Entw. einen Abschnitt über Wettbewerbsregeln einzufügen. Der Ausschuss habe sich „von der Überzeugung leiten lassen, dass es für die Unternehmen der Wirtschaft gerade im Rahmen des vorliegenden Gesetzes sehr wesentlich ist und eine sehr wertvolle Hilfe nach der positiven Seite bedeutet, wenn die Vorschriften gegen die Beschränkung des Wettbewerbs durch Vorschriften über Wettbewerbsregeln ergänzt werden, die jeweils in einem konkreten Wirtschaftszweige eine positive Handhabe für die Ausschließung eines unlauteren Verhaltens im Wettbewerb und insbesondere auch für die Anregung und Förderung des Leistungswettbewerbs geben".[3] **2**

Dieser Empfehlung folgend wurden in das GWB die Vorschriften der §§ 28 ff. über Wettbewerbsregeln eingefügt. Sie geben Wirtschafts- und Berufsvereinigungen das Recht, Wettbewerbsregeln aufzustellen, die den Zweck haben, „einem den Grundsätzen des lauteren Wettbewerbs zuwiderlaufenden Verhalten im Wettbewerb entgegenzuwirken und ein diesen Grundsätzen entsprechendes Verhalten im Wettbewerb anzuregen"; so § 28 Abs. 2 GWB i. d. F. von 1958. **3**

Sehr bald nach Inkrafttreten des GWB war streitig, ob Wettbewerbsregeln nur **unlauteren Wettbewerb** untersagen dürfen, oder ob sie darüber hinaus, insbesondere zur Förderung des **Leistungswettbewerbs,** auch lauteren Wettbewerb beschränken dürfen. Das BKartA nahm ursprünglich an, dass Wettbewerbsregeln i. S. v. § 28 Abs. 2 a. F. lauterkeitsbezogen sein müssen, d. h. in irgendeiner Weise geeignet sein müssen, unlauteren Wettbewerb zu bekämpfen.[4] Später verstand es § 28 Abs. 2 weiter und erklärte in seinem Tätigkeitsbericht von 1965 mit Zustimmung der Bundesregierung: „Da das GWB durch den Schutz und die Förderung des lauteren Wettbewerbs nicht nur die Lauterkeit im Geschäftsverkehr, sondern vor allem auch die Leistungsgerechtigkeit im Wettbewerb schützen und fördern soll, sind Wettbewerbsregeln auch insoweit zulässig und eintragungsfähig, als durch sie der Leistungswettbewerb geschützt und gefördert wird. Sie können den beteiligten Unternehmen ein Verhalten untersagen, das zwar nicht unlauter und deswegen noch nicht ohne weiteres verboten ist, aber doch außerhalb eines Leistungswettbewerbs liegt und geeignet ist, die Wirksamkeit des Wettbewerbs wesentlich zu beeinträchtigen". Deshalb hielt das BKartA auch Wettbewerbsregeln für zulässig, die auf den Schutz der wettbewerblichen Struktur durch Herstellung und Sicherung der Leistungsgerechtigkeit gerichtet sind und als Instrument zur Unterstützung **strukturpolitischer** Zielfunktionen der Wirtschaftspolitik verwendet werden.[5] Mit dem Wortlaut des § 28 Abs. 2 GWB a. F. sowie mit der Entstehungsgeschichte dieser Vorschrift war diese Ansicht durchaus vereinbar.[6] Denn wenn § 24 Abs. 2 n. F. lautet, dass Wettbewerbsregeln ein den Grundsätzen des lauteren Wettbewerbs entsprechendes Verhalten anregen dürfen, so bezieht sich nach den Regeln der deutschen Grammatik das Wort „anregen" nicht auf das Adjektiv „lauter", sondern auf das Substantiv „Verhal- **4**

---

[2] Stellungnahme der BReg. zu den Änderungsvorschlägen des Bundesrats, II. Nr. 33, BT-Drucks. II/1158, Anhang 3, S. 80 ff., 86 f.

[3] So der Bericht des Abg. *Dr. Elbrächter,* zu BT-Drucks. II/3644, S. 30.

[4] Vgl. BKartA WuW/E BKartA 586 ff., 591 – *Bauindustrie.*

[5] BKartA Tätigkeitsbericht 1965 BT-Drucks. V/530, S. 15; zustimmend die BReg., ibid., S. 3 (III.); ebenso *Benkendorff* WuW 1958, 421 f.; *Griesbach* in: Zehn Jahre BKartA, 1968, S. 33; *Günther,* MA 1969, 170 ff.; *v. Köhler* DB 1967, 29, 32 f.; *Lieberknecht* in: FS Möhring, 1965, S. 69; *Oehler,* Wettbewerbsregeln, S. 51 f.; *Sack* WuW 1970, 195, 200 ff.; *ders.* GRUR 1975, 297, 302; *Versteyl,* Diss., S. 76 ff.

[6] *Benkendorff* WuW 1958, 416, 422; *Lieberknecht* in: FS Möhring, S. 67, 70 ff.; *Sack* WuW 1970, 195, 200 ff.; *Versteyl,* Diss., S. 81 ff., 83, 89; vgl. auch *Sack* GRUR 1975, 297, 302 m. w. Nachw. in den Fn. 49 ff.

ten von Unternehmen im Wettbewerb"; nach dem **Wortlaut** von § 28 Abs. 2 a. F. (insoweit identisch mit § 24 Abs. 2 n. F.) dürfen also Wettbewerbsregeln ein Verhalten von Unternehmen im Wettbewerb anregen, soweit es den Grundsätzen des lauteren Wettbewerbs entspricht, oder kürzer: Wettbewerbsregeln dürfen **Wettbewerb anregen,** soweit er lauter ist.

5   Dagegen wendete sich jedoch der BGH. In seinem Beschluss vom 15. 7. 1966 über Wettbewerbsregeln der *Bauindustrie* erklärte er das dort vorgesehene Gebot der Selbstkostenermittlung, das das BKartA als Wettbewerbsregel eingetragen hatte, weil es nach seiner Ansicht dem Leistungsprinzip entsprach und der Unterstützung **strukturpolitischer** Zielfunktionen diente, für unvereinbar mit § 28 Abs. 2 GWB a. F.[7] Der BGH ließ in diesem Beschluss zwar ausdrücklich offen, ob Wettbewerbsregeln **auch** als Instrument zur Unterstützung strukturpolitischer Zielfunktionen der Wirtschaftspolitik verwendet werden dürfen.[8] Den Ausführungen des BGH lässt sich jedoch die allgemeine Regel entnehmen, dass Wettbewerbsregeln für ihre Eintragungsfähigkeit **lauterkeitsbezogen** sein müssen,[9] d. h. dem Schutz und der Förderung der Lauterkeit dienen müssen.

6   Deshalb gab das BKartA seine weite Auslegung von § 28 Abs. 2 GWB a. F. auf und forderte in Übereinstimmung mit dem BGH nunmehr einen **Lauterkeitsbezug** von Wettbewerbsregeln. Die Bezugnahme auf die Förderung des Leistungswettbewerbs oder auf strukturpolitische Ziele allein genüge nicht. Auch Wettbewerbsregeln zur Förderung des Leistungswettbewerbs müssten lauterkeitsbezogen sein.[10]

7   Heftige Kritik[11] an dieser Entwicklung der Auslegung von § 28 Abs. 2 GWB a. F. veranlasste schließlich den Gesetzgeber, in der 2. GWB-Novelle von 1973 den Wortlaut dieser Vorschrift dahingehend zu erweitern, dass Wettbewerbsregeln über die bisherige Regelung hinaus auch den Zweck haben dürfen, „einem ... der Wirksamkeit eines leistungsgerechten Wettbewerbs zuwiderlaufenden Verhalten im Wettbewerb entgegenzuwirken oder ein diesen Grundsätzen entsprechendes Verhalten im Wettbewerb anzuregen". Diese Erweiterung des § 28 Abs. 2 GWB a. F. wurde in der Begr. Reg.-Entw. damit gerechtfertigt, dass sich mit der ursprünglichen Gesetzesformulierung die Vorstellungen des Gesetzgebers nicht haben verwirklichen lassen. Zweck der Vorschriften sei es gewesen, eine positive Handhabe für die Ausschließung eines unlauteren Verhaltens im Wettbewerb **und** insbesondere auch für die Anregung und Förderung des Leistungswettbewerbs zu geben. Durch die Einfügung des neuen unbestimmten Rechtsbegriffs „leistungsgerechter Wettbewerb" in § 28 Abs. 2 GWB i. d. F. von 1973 werde nunmehr klargestellt, dass Wettbewerbsregeln auch zum Schutz des leistungsgerechten Wettbewerbs aufgestellt werden können.[12]

8   Damit hatte der Gesetzgeber die Möglichkeit der Aufstellung sogenannter **Leistungswettbewerbsregeln** ausdrücklich anerkannt, wie es bereits der Wirtschaftspolitische Ausschuss empfohlen hatte.[13] Ein Teil der Streitfragen zur Auslegung von § 28 Abs. 2 GWB a. F. hatte sich damit erledigt oder war zumindest entschärft worden.

---

[7] BGH WuW/E BGH 767 ff., 771, 776 = BGHZ 46, 168 = GRUR 1967, 43 ff. – *Bauindustrie,* mit krit. Anm. von *Schwartz;* ebenso KG WuW/E OLG 703 – *Kfz.-Handel;* KG WuW/E OLG 756 – *Bauindustrie;* krit. dazu auch *Steffani* in: 10 Jahre Kartellgesetz, 1968, S. 355 ff.

[8] BGH WuW/E BGH 776.

[9] So die Deutung der *Bauindustrie*-Entscheidung des BGH durch das BKartA Tätigkeitsbericht 1966 BT-Drucks. V/1950, S. 11.

[10] BKartA Tätigkeitsbericht 1966 BT-Drucks. V/1950, S. 11; ebenso in der Folgezeit BKartA WuW/E BKartA 1233, 1236, 1238, 1240 – *Markenspirituosen;* BKartA WuW/E BKartA 1327 (Ls. 2), 1331, 1336, 1339 – *Tapetenhandel.*

[11] Vgl. *Schwartz* GRUR 1967, 43 ff., 54 ff.; *Steffani* in: 10 Jahre Kartellgesetz, 1968, S. 355 ff.; *Sack* WuW 1970, 195, 200 ff., *ders.,* Diss., S. 75 ff.; *Oehler,* Wettbewerbsregeln, S. 51 f.

[12] Begr. Reg.-Entw. BR-Drucks. 265/71, S. 34.

[13] Sehr krit. zu den Leistungswettbewerbsregeln jedoch *Emmerich,* Kartellrecht, § 24 Rn. 12 ff.; *Mestmäcker,* Der verwaltete Wettbewerb, 1984, S. 19 ff.; *Möschel,* Recht der Wettbewerbsbeschränkungen, Rn. 367, 368.

Von der Kartellbehörde anerkannte Wettbewerbsregeln waren früher nach § 28 Abs. 3 i.V.m. § 33 GWB a.F. in ein **Register** für Wettbewerbsregeln einzutragen. Dieses Register ist 1985 durch das Gesetz zur Bereinigung wirtschaftsrechtlicher Vorschriften abgeschafft worden.[14] Nunmehr genügen diverse Bekanntmachungen i.S.v. § 27 Abs. 2–4 im **Bundesanzeiger** und seit der 7. GWB-Novelle auch im elektronischen Bundesanzeiger.

Durch die GWB-Novelle von 1999 wurden nicht nur die Nummern der Paragraphen geändert: Aus den §§ 28 ff. wurden die §§ 24 ff. Geändert wurden vor allem auch die verunglückten Formulierungen der §§ 29, 31 a.F., die zu einer Vielzahl unnötiger Streitfragen Anlass gegeben hatten. An ihre Stelle ist § 26 n.F. getreten, der durch die 7. GWB-Novelle von 2005 erneut erheblich geändert worden ist. Die wichtigste Änderung besteht darin, dass die §§ 24 ff. **keinen eigenständigen Freistellungstatbestand** mehr enthalten; Wettbewerbsregeln sind nur noch anerkennungsfähig, wenn sie die Voraussetzungen des § 1 bzw. des Art. 81 Abs. 1 EG nicht erfüllen oder wenn sie nach den allgemeinen Kriterien der §§ 2, 3 bzw. des Art. 81 Abs. 3 freigestellt sind. Zu den Änderungen durch die 7. GWB-Novelle und ihren Konsequenzen ausführlicher unten § 26 Rn. 9 ff.

II. Wirtschafts- und Berufsvereinigungen i.S.d. §§ 24 ff.

Wettbewerbsregeln dürfen nach § 24 Abs. 1 von Wirtschafts- und Berufsvereinigungen aufgestellt werden. Zu ihnen gehören Vereinigungen von Unternehmen, die die wirtschaftlichen und beruflichen Interessen ihrer Mitglieder unmittelbar oder mittelbar wahrnehmen. Dies sind in erster Linie branchenbezogene Fachverbände. Auch die Industrie- und Handelskammern, die Handwerkskammern und die Kammern der freien Berufe sind Wirtschafts- und Berufsvereinigungen.[15]

Eine gewisse **Größe und Repräsentativität** für potenzielle Mitglieder ist erforderlich.[16] Es können auch örtliche oder regionale Verbände sein, auch wenn dies die Gefahr regionaler Unterschiede von Wettbewerbsregeln begründet.[17]

Eine umfassende Wahrnehmung der wirtschaftlichen Interessen der Verbandsmitglieder ist nicht erforderlich. Ausreichend ist die **Interessenwahrnehmung** auf einem wichtigen Gebiet, z.B. dem der Abonnentenwerbung.[18] Es genügt allerdings nicht, wenn sich der Zweck der Vereinigung in der Aufstellung von Wettbewerbsregeln erschöpft.[19] Außerdem betrifft § 24 nur solche Wirtschafts- und Berufsvereinigungen, zu deren Aufgaben u.a. auch die Aufstellung von Wettbewerbsregeln gehört. Nicht dazu zählen z.B. Inkassostellen, Kreditvereine oder reine Werbegemeinschaften.[20] Wenn ihnen verbandsintern die Befugnis für die Aufstellung von Wettbewerbsregeln fehlt, sind sie auf Grund des Zwecks der §§ 24 ff. auch keine Wirtschafts- und Berufsvereinigungen iS dieser Vorschriften.

Verbände können auch **mehrere Wirtschaftsstufen** vertreten,[21] wie z.B. der Börsenverein für den Deutschen Buchhandel oder der Verband der Deutschen Automatenindu-

---

[14] BGBl. 1985 I S. 457.
[15] GK/*Franzen/Mees* § 28 Rn. 13; FK/*Hellmann/Schütt* § 24 Rn. 20; *Kellermann* in: Immenga/Mestmäcker, GWB, § 24 Rn. 61, 63; *Müller/Gießler/Scholz* § 28 Rn. 8.
[16] FK/*Hellmann/Schütt* § 24 Rn. 21; *Kellermann* in: Immenga/Mestmäcker, GWB, § 24 Rn. 65, 68; *Möschel*, Recht der Wettbewerbsbeschränkungen, Rn. 363.
[17] *Kellermann* in: Immenga/Mestmäcker, GWB, § 24 Rn. 69; *Möschel*, Recht der Wettbewerbsbeschränkungen, Rn. 363; *Müller/Gießler/Scholz* § 28 Rn. 9.
[18] FK/*Hellmann/Schütt* § 24 Rn. 21.
[19] BKartA Tätigkeitsbericht 1958, S. 59; FK/*Hellmann/Schütt* § 24 Rn. 21; GK/*Franzen/Mees* § 28 Rn. 13; *Kellermann* in: Immenga/Mestmäcker, GWB, § 24 Rn. 68; *Müller/Gießler/Scholz* § 28 Rn. 8.; *Walde*, Diss., S. 21 ff.; a.A. *Jäger* WRP 1957, 339, 340; *Völp* WRP 1957, 351, 352.
[20] *Müller/Gießler/Scholz* § 28 Rn. 8.
[21] BKartA WuW/E BKartA 1111, 1113 – *Automatenindustrie*; GK/*Franzen/Mees* § 28 Rn. 13; v. *Friesen* DB 1978, Beil. 6, S. 14; *Kellermann* in: Immenga/Mestmäcker, GWB, § 24 Rn. 70; *Müller/Gießler/Scholz* § 28 Rn. 8.

strie.[22] Sie dürfen allerdings nur das Verhalten zwischen Mitbewerbern regeln. Auch **mehrere Verbände gemeinsam** dürfen Wettbewerbsregeln aufstellen und zur Anerkennung vorlegen.[23] Damit wird im Interesse der Mitglieder der Verbände ein wettbewerbsverzerrendes Rechtsgefälle zulasten der Mitglieder besonders strenger Verbände vermieden.[24] Daraus folgt, dass dies nur Verbände **derselben** Wirtschaftsstufe betrifft, deren Mitglieder Mitbewerber sind. Davon zu unterscheiden ist die Frage, ob mehrere Verbände **verschiedener** Wirtschaftsstufen, z.B. von Industrie und Handel, gemeinsam Wettbewerbsregeln aufstellen können. Diese Frage ist zu verneinen, da § 24 Abs. 2 nur die Regelung des Verhaltens von Unternehmen „im Wettbewerb", d.h. im Verhältnis zu Mitbewerbern, nicht hingegen im Vertikalverhältnis vorsieht.[25]

15 Wirtschafts- und Berufsvereinigungen i.S.d. §§ 24 ff. sind an keine bestimmte **Rechtsform** gebunden, d.h. es können eingetragene oder nicht eingetragene Vereine, Personen- oder Kapitalgesellschaften oder auch Kammern des öffentlichen Rechts sein.

16 Der Begriff der Wirtschafts- und Berufsvereinigung hat in § 24 Abs. 1 nicht dieselbe Bedeutung wie in § 20 Abs. 6.[26] So können z.B. Wirtschafts- und Berufsvereinigungen i.S.d. §§ 24 ff. auch **Industrie- und Handelskammern** sein.[27]

17 Die Formulierung von § 24 Abs. 1 könnte den Eindruck erwecken, dass nur Wirtschafts- und Berufsvereinigungen Wettbewerbsregeln aufstellen dürfen. Das ist nicht der Fall. Gemeint ist jedoch mit § 24 Abs. 1, dass nur Wirtschafts- und Berufsvereinigungen Wettbewerbsregeln aufstellen können, die nach § 24 Abs. 3 i.V.m. § 26 anerkannt werden können.[28]

18 Die Aufstellung und Anerkennung von Wettbewerbsregeln begründet für die Verbandsmitglieder noch keine unmittelbare **zivilrechtliche Verpflichtung** zu deren Einhaltung; vielmehr bedarf es dazu einer besonderen Vereinbarung (s. unten § 24 Rn. 91 ff.).

19 Die Wirtschafts- und Berufsvereinigungen haben von der Möglichkeit, Wettbewerbsregeln aufzustellen und ihre Anerkennung zu beantragen, regen Gebrauch gemacht. Vor Ablauf der Frist des § 131 Abs. 3 i.V.m. Abs. 2 am 31.12.2007, nach der die Anerkennung von Wettbewerbsregeln aus der Zeit vor dem 30.6.2005 neu beantragt werden muss, waren Wettbewerbsregeln von rund 80 Verbänden anerkannt.

III. Überblick über den Zweck und Inhalt von Wettbewerbsregeln

1. Die vier gesetzlichen Alternativen des zulässigen Inhalts von Wettbewerbsregeln

20 a) **Lauterkeits- und Leistungswettbewerbsregeln:** § 24 Abs. 2 GWB regelt den zulässigen Inhalt von Wettbewerbsregeln. Seit der 2. GWB-Novelle von 1973 unterscheidet das Gesetz zwischen Lauterkeitsregeln und Leistungswettbewerbsregeln. **Lauterkeitsregeln** haben den Zweck, einem den Grundsätzen des lauteren Wettbewerbs zuwiderlaufenden Verhalten im Wettbewerb entgegenzuwirken und ein diesen Grundsätzen entsprechendes

---

[22] BKartA WuW/E BKartA 1111 – *Automatenindustrie;* GK/*Franzen/Mees* § 28 Rn. 13; *Müller/Gießler/Scholz* § 28 Rn. 8.
[23] Vgl. LKartB Baden-Württemberg WuW/E LKartB 137 – *Brauereiregeln Baden-Württemberg;* GK/*Franzen/Mees* § 28 Rn. 13; *Kellermann* in: Immenga/Mestmäcker, GWB, § 24 Rn. 70.
[24] *Kellermann* in: Immenga/Mestmäcker, GWB, § 24 Rn. 7.
[25] *Müller/Gießler/Scholz* § 28 Rn. 8.
[26] *Müller/Gießler/Scholz* § 28 Rn. 8; *Walde,* Diss., S. 20 ff., 36.
[27] *Müller/Gießler/Scholz* § 28 Rn. 8.
[28] Vgl. statt vieler *Kellermann* in: Immenga/Mestmäcker, GWB, § 24 Rn. 63; *Müller/Gießler/Scholz* § 28 Rn. 8.

Verhalten anzuregen. Die 1973 ins Gesetz aufgenommenen **Leistungswettbewerbsregeln** haben den Zweck, einem (den Grundsätzen) der Wirksamkeit eines **leistungsgerechten** Wettbewerbs zuwiderlaufenden Verhalten im Wettbewerb entgegenzuwirken und ein diesen Grundsätzen entsprechendes Verhalten im Wettbewerb anzuregen.

b) „entgegenwirken" und „anregen": § 24 Abs. 2 GWB unterscheidet zwischen 21 Wettbewerbsregeln, die einem den genannten Grundsätzen zuwiderlaufenden Verhalten „entgegenwirken", und solchen, die ein diesen Grundsätzen entsprechendes Verhalten „anregen" sollen. Damit ist gesagt, dass Wettbewerbsregeln nicht nur Verhaltensweisen verbieten, sondern auch ein bestimmtes Verhalten **gebieten** bzw. **empfehlen** dürfen, wenn es zur Lauterkeit oder zur Wirksamkeit eines leistungsgerechten Wettbewerbs beiträgt.[29]

Die Tatbestandsmerkmale „entgegenwirken" und „anregen" verbindet der Gesetzes- 22 wortlaut des § 24 Abs. 2 mit dem Begriff **„und".** Daraus folgt jedoch nicht, dass die beiden Voraussetzungen kumulativ erfüllt sein müssen. Gemeint waren **alternative** Tatbestandsmerkmale; dies wäre im Wortlaut allerdings durch ein „oder" zwischen den Begriffen besser zum Ausdruck gekommen.[30] Praktisch keine Auswirkungen hat der Theorienstreit bei Wettbewerbsregeln, die die Lauterkeit bzw. den Leistungswettbewerb **anregen** sollen; denn sie werden i. d. R. zugleich geeignet sein, unlauterem bzw. nicht leistungsgerechtem Wettbewerb entgegenzuwirken. Anders ist dies bei Wettbewerbsregeln, die in erster Linie unlauterem bzw. nicht leistungsgerechtem Wettbewerb **entgegenwirken** sollen; sie werden zwar häufig, jedoch weder immer noch i. d. R. die Lauterkeit bzw. den leistungsgerechten Wettbewerb anregen.[31] Der Gesetzgeber wollte jedoch auch und wohl sogar in erster Linie die Aufstellung von Wettbewerbsregeln ermöglichen, die zum Zwecke der **Branchenkonkretisierung** unlauterem Wettbewerb „entgegenwirken".[32] Ein Großteil dieser Wettbewerbsregeln ist nicht geeignet, zugleich den lauteren Wettbewerb auch „anzuregen", es sei denn, man unterstellt, dass jede Untersagung unlauteren Wettbewerbs ohne weiteres die Lauterkeit im Wettbewerb anregt. Dann wäre es allerdings überflüssig gewesen, in § 24 Abs. 2 GWB neben den Wettbewerbsregeln, die unlauterem Wettbewerb oder nicht leistungsgerechtem Wettbewerb entgegenwirken, auch noch solche vorzusehen, die lauteren Wettbewerb oder leistungsgerechten Wettbewerb anregen.[33] Die genannten Konsequenzen rechtfertigen es, das die Tatbestandsmerkmale „entgegenwirken" und „anregen" verbindende Wort **„und"** i. S. v. **„oder"** zu verstehen.[34]

Unklar ist in § 24 Abs. 2 außerdem, ob sich das Wort „Grundsätze" nur auf die des 23 „lauteren Wettbewerbs" oder auch auf die „Wirksamkeit eines leistungsgerechten Wettbewerbs" bezieht. Bezöge sich das Wort „Grundsätze" nur auf die des „lauteren Wettbewerbs", so könnte daraus abgeleitet werden, dass auch die sog. „Anregungsregeln" i. S. d. zweiten Hälfte des § 24 Abs. 2 („ein diesen Grundsätzen entsprechendes Verhalten im

---

[29] *Hönn* GRUR 1977, 141, 142; *Kellermann* in: Immenga/Mestmäcker, GWB, § 24 Rn. 27.
[30] GK/*Franzen*/*Mees* § 28 Rn. 16; FK/*Hellmann*/*Schütt* § 24 Rn. 26, 27; *Hönn* GRUR 1977, 141 ff. passim; *Kellermann* in: Zehn Jahre Bundeskartellamt S. 61 ff., 74 f.; *ders.* in: Immenga/Mestmäcker, GWB, § 24 Rn. 29, 33, 34; *Sack* WuW 1970, 195 ff., 203; ebenso wohl BGH WuW/E BGH 767, 771 (b) = BGHZ 46, 168, 174 – *Bauindustrie*; a. A. *v. Gamm*, Kartellrecht, §§ 28–33 GWB Rn. 6, 10; *Kroitzsch* GRUR 1965, 12, 19.
[31] *Kellermann* in: Immenga/Mestmäcker, GWB, § 24 Rn. 29, 33; *ders.* in: Zehn Jahre BKartA, S. 61, 75.
[32] *Kellermann* in: Immenga/Mestmäcker, GWB, § 24 Rn. 26; *Emmerich*, Kartellrecht, § 24 Rn. 9; FK/*Hellmann*/*Schütt* § 24 Rn. 27.
[33] Vgl. *v. Gamm*, Kartellrecht, §§ 28–32 GWB Rn. 10.
[34] Vgl. BGH WuW/E BGH 767, 771 (b) = BGHZ 46, 168, 171 – *Bauindustrie*; *Kellermann* in: Immenga/Mestmäcker, GWB, § 24 Rn. 29, 30, 34; ebenso die Formulierung im Schriftlichen Bericht des Wirtschaftspolitischen Ausschusses zu § 26 a, zu BT-Drucks. V/3644, S. 30; implizit auch *Sack* WuW 1970, 195, 200 ff., 202; *Wirtz*, Werbung und Marktleistung, S. 34 ff.; MünchKomm-GWB/*Timme* § 24 Rn. 17; krit. *Langen*/*Bunte-Schultz* § 24 Rn. 9.

Wettbewerb **anzuregen**") nur für die Grundsätze des lauteren Wettbewerbs gelten.[35] Eine solche Beschränkung auf die Grundsätze des lauteren Wettbewerbs entspräche allerdings nicht dem Zweck der Anregungsregeln. Mit ihnen sollten die Wirtschaftsverbände auch die Möglichkeit haben, durch Wettbewerbsregeln die Wirksamkeit eines **leistungsgerechten** Wettbewerbs anzuregen.[36] Denn die Erweiterung des § 28 Abs. 2 a. F. = § 24 Abs. 2 n. F. durch die 2. GWB-Novelle hatte nach der Begr. Reg.-Entw. auch den Zweck, den Wirtschafts- und Berufsvereinigungen „eine positive Handhabe für die Ausschließung eines unlauteren Verhaltens im Wettbewerb **und** insbesondere auch für die Anregung und Förderung des Leistungswettbewerbs zu geben".[37] Diesem Zweck entsprechend ist entweder das Wort „Grundsätze" auch auf das Tatbestandsmerkmal „Wirksamkeit eines leistungsgerechten Wettbewerbs" zu beziehen, was zwar sprachästhetisch nicht befriedigt,[38] jedoch begrifflich möglich ist;[39] oder es ist, um dem Zweck der zweiten Alternative des § 24 Abs. 2 zu genügen, eine korrigierende Auslegung dahingehend geboten, dass Wettbewerbsregeln auch den Zweck haben dürfen, „die Wirksamkeit eines leistungsgerechten Wettbewerbs" anzuregen. In Anbetracht dieses insoweit eindeutigen Zwecks von § 24 Abs. 2 2. Alt. kann dahingestellt bleiben, auf welchem methodischem Weg man zum Ziel gelangt. Wettbewerbsregeln dürfen also auch den Zweck haben, die Wirksamkeit eines leistungsgerechten Wettbewerbs anzuregen.

24 § 24 Abs. 2 kennt also letztlich **vier** Typen zulässiger Wettbewerbsregeln:[40]
– Wettbewerbsregeln, die einem den Grundsätzen des lauteren Wettbewerbs zuwiderlaufenden Verhalten entgegenwirken;
– Wettbewerbsregeln, die ein den Grundsätzen des lauteren Wettbewerbs entsprechendes Verhalten anregen;
– Wettbewerbsregeln, die einem (den Grundsätzen) der Wirksamkeit eines leistungsgerechten Wettbewerbs zuwiderlaufenden Verhalten entgegenwirken;
– Wettbewerbsregeln, die ein (den Grundsätzen) der Wirksamkeit eines leistungsgerechten Wettbewerbs entsprechendes Verhalten anregen.

25 **c) Ergänzende Bestimmungen kraft Sachzusammenhangs:** Wettbewerbsregeln können auch anerkannt werden, wenn sie zwar weder Lauterkeits- noch Leistungswettbewerbsregeln i. S. v. § 24 Abs. 2 sind, jedoch in **unmittelbarem Zusammenhang** mit solchen stehen.[41] Das sind vor allem Wettbewerbsregeln über Vertragsstrafen im Falle der Verletzung anerkannter Lauterkeits- oder Leistungswettbewerbsregeln[42] oder über sonstige Verfahrensmodalitäten bei Verletzung von Wettbewerbsregeln. Dazu gehören aber auch Präambeln, Motive und Auslegungsgrundsätze, die selbst noch keine Wettbewerbsregeln enthalten.[43] Sie erfüllen zwar nicht die Voraussetzungen des § 24 Abs. 2, können jedoch anerkannt werden, wenn sie für die praktische Anwendung von Wettbewerbsregeln nützlich sein können.[44] Fehlt hingegen ein solcher Sachzusammenhang zu Lauterkeits- oder

---

[35] So *Schmiedel* WuW 1975, 743, 748.
[36] A. A. *Schmiedel* WuW 1975, 743, 749f. unter Hinweis auf die unterschiedlichen Formulierungen des Referenten- und des Regierungs-Entwurfs.
[37] BR-Drucks. 265/71, S. 34 = BT-Drucks. VI/2520, S. 34; *Hönn* GRUR 1977, 141, 142; *Wirtz*, Werbung und Marktleistung, S. 36.
[38] *Schmiedel* WuW 1975, 743, 748f.; *Hönn* GRUR 1977, 141, 142; *Wirtz*, Werbung und Marktleistung, S. 36.
[39] *Hönn* GRUR 1977, 141, 142; *Wirtz* S. 37.
[40] Vgl. auch *Kellermann* in: Immenga/Mestmäcker, GWB, § 24 Rn. 29.
[41] GK/*Franzen/Mees* § 28 Rn. 59 sprechen von „wettbewerbsneutralen Regeln".
[42] GK/*Franzen/Mees* § 28 Rn. 59; a. A. *Lukes* DB 1968, 427.
[43] BKartA WuW/E BKartA 96, 98f. – *Kohleneinzelhandel*; BKartA WuW/E BKartA 1633, 1635 – *Markenverband*.
[44] BKartA WuW/E BKartA 96, 98f. – *Kohleneinzelhandel*; BKartA WuW/E BKartA 1633, 1635 – *Markenverband*.

Leistungswettbewerbsregeln i. S. v. § 24 Abs. 2, so scheidet eine Anerkennung aus. Deshalb ist z. B. nicht als Wettbewerbsregel die Verpflichtung anerkennungsfähig, Geschäftsbelege oder andere Unterlagen aufzubewahren, soweit kein Sachzusammenhang mit Lauterkeits- oder Leistungswettbewerbsregeln i. S. v. § 24 Abs. 2 besteht.[45] Eine Aufbewahrungspflicht kann jedoch durch Wettbewerbsregeln festgelegt werden, wenn und soweit dies der Preiswahrheit oder Preisklarheit dient.[46]

d) Sonstige Zielsetzungen von Wettbewerbsregeln: Wettbewerbsregeln, die die Voraussetzungen des § 24 Abs. 2 erfüllen, können auch dann eingetragen werden, wenn sie darüber hinaus weitere Zielsetzungen verfolgen. Dabei ist nach § 24 Abs. 2 die Bedeutung weiterer Zielsetzungen neben den Zielen der Lauterkeit und Leistungsgerechtigkeit unerheblich.[47] Wettbewerbsregeln mit weiterreichenden Zielsetzungen können jedoch an § 26 Abs. 2 scheitern, wenn diese Zielsetzungen zusätzliche Wettbewerbsbeschränkungen zur Folge haben.

2. Der Zweck des Rechtsinstituts der Wettbewerbsregeln

a) Individualschutz und Institutionsschutz: Wettbewerbsregeln haben vor allem den in § 24 Abs. 2 genannten Zweck, unlauterem Wettbewerb entgegenzuwirken und die Wirksamkeit eines leistungsgerechten Wettbewerbs zu fördern. Nach der Begr. Reg.-Entw. der 2. GWB-Novelle ist der Ausdruck „lauterer Wettbewerb" oder „unlauterer Wettbewerb" in erster Linie ein zivilrechtlicher, dem **Individualschutz** zugeordneter, der Ausdruck „leistungsgerechter Wettbewerb" ein wirtschaftspolitischer, auf **Institutionsschutz** gerichteter Begriff.[48] Diese Unterscheidung ist allerdings verfehlt.[49] Vielfach sind Individualschutz und Institutionsschutz nur verschiedene Aspekte desselben Schutzzwecks.[50] So bezweckt das GWB nicht nur den Schutz des Allgemeininteresses an einem funktionsfähigen Wettbewerb, sondern auch den Individualschutz, wie § 33 deutlich zeigt. Andererseits bezweckt das UWG neben dem Individualschutz auch den Schutz von Allgemeininteressen (vgl. § 1 S. 2 UWG), und insoweit auch den Schutz des funktionsfähigen Wettbewerbs; das UWG schützt auch gegen marktbezogene Unlauterkeit.[51] Die Wertungen des angeblich nur auf Institutionsschutz zielenden GWB beeinflussen nach inzwischen einhelliger Meinung auch die Auslegung des UWG, insbesondere die Auslegung der Generalklausel des § 3 UWG.

b) Branchenkonkretisierung: Mit Wettbewerbsregeln, die unlauteren Wettbewerb untersagen, haben Wirtschafts- und Berufsvereinigungen die Möglichkeit, das umfangreiche Recht gegen den unlauteren Wettbewerb in die Sprache des Kaufmanns zu übersetzen und durch entsprechende Auswahl für die jeweilige Branche zu konkretisieren („Branchenkonkretisierung").[52] Sie sollen in übersichtlicher Form branchentypische Fälle unlauteren Wettbewerbs zusammenstellen und die Verbandsmitglieder darüber informieren. Außerdem

---

[45] A. A. wohl GK/*Franzen/Mees* § 28 Rn. 59.
[46] BKartA WuW/E BKartA 1760 f. – *Kaffeeröstereien*.
[47] A. A. *Schultz* in: Langen/Bunte, Kommentar zum deutschen und europäischen Kartellrecht, § 24 Rn. 7, 8.
[48] BR-Drucks. 265/71, S. 34; ebenso *Müller/Gießler/Scholz* GWB, § 28 Rn. 24 a.
[49] Dazu *Sack* GRUR 1975, 297, 306.
[50] Dazu besonders *L. Raiser* in: summum ius summa iniuria, 1963, S. 145, 149; *ders.* JZ 1972, 732.
[51] Vgl. insbesondere *L. Raiser* GRUR Int. 1973, 443; *Sack* WRP 1974, 247.
[52] *Benisch,* in: Schwerpunkte des Kartellrechts 1975/76, FIW-Schriftenreihe 77, 1977, S. 39, 49; *Dörinkel* WuW 1960, 593, 595; *Emmerich,* Kartellrecht, § 24 Rn. 9 a. E.; *Fikentscher* GRUR Int. 1966, 181, 186; FK/*Hellmann/Schütt* § 24 Rn. 2, 26; *Kellermann* in: Immenga/Mestmäcker, GWB, § 24 Rn. 26; *Möhlenkamp* WuW 2008, 428, 439; *Sack* GRUR 1975, 297, 298; *Schultz* in: Langen/Bunte, Kommentar zum deutschen und europäischen Kartellrecht, § 24 Rn. 14, 15.

sollen sie Zweifelsfälle im Grenzbereich zwischen lauterem und unlauterem Wettbewerb klären[53] und gegebenenfalls auch die Rechtsprechung entsprechend beeinflussen.[54]

29 c) **Verbandssanktionen:** Bei Lauterkeitsregeln mit unmittelbarem Lauterkeitsbezug eröffnen die satzungsmäßigen **Verbandssanktionen** zusätzliche Sanktionen zu denen des UWG.

IV. „Verhalten" von Unternehmen im Wettbewerb

1. Die doppelte Regelung des „Verhaltens" in § 24 Abs. 2

30 Der Tatbestand des § 24 Abs. 2 verwendet das Wort **„Verhalten"** zweimal und in zweifacher Bedeutung. Zum einen betrifft er das **Verhalten, das unmittelbar geregelt** wird. Diese Regelung des Verhaltens muss den Zweck haben, einem den Grundsätzen des lauteren oder der Wirksamkeit eines leistungsgerechten Wettbewerbs zuwiderlaufenden **Verhalten** entgegenzuwirken oder ein diesen Grundsätzen entsprechendes **Verhalten** anzuregen. Das unmittelbar geregelte Verhalten muss sich also auf ein weiteres Verhalten auswirken.[55] Einmal bezieht sich das Wort „Verhalten" auf den Inhalt und einmal auf den Zweck von Wettbewerbsregeln.[56] Das geregelte und das angestrebte Verhalten müssen also nicht identisch sein.[57]

2. Das Verhalten im Wettbewerb als Gegenstand der Wettbewerbsregeln

31 Gegenstand der Regelung muss ein „Verhalten von Unternehmen im Wettbewerb" sein. Das ist zweifellos das Verhalten von Unternehmen im Verhältnis zu Mitbewerbern. Damit gehören zum Regelungsgegenstand von Wettbewerbsregeln zweifellos Wettbewerbshandlungen. Wettbewerbsregeln, die Unternehmen anderer, z.B. **nachgelagerter** Wirtschaftsstufen unmittelbar beeinflussen sollen, sind hingegen unzulässig.[58] Problematisch ist, ob Wettbewerbsregeln auch **betriebsinterne** Vorgänge regeln dürfen.[59] Gegen diese Möglichkeit kann eingewendet werden, dass betriebsinternes Verhalten kein „Verhalten im Wettbewerb" sei. Möglich ist jedoch auch eine weite Interpretation des Begriffs „Verhalten im Wettbewerb", die jedes Verhalten umfasst, das sich auf die Wettbewerbsstellung eines Unternehmens auswirkt, wie das z.B. auch bei der Regelung betriebsinternen Verhaltens der Fall ist. Diese weite Auslegung ist vorzuziehen, da die Lauterkeit und Leistungsgerechtigkeit im Wettbewerb auch durch die Regelung betriebsinterner Vorgänge gefördert werden können. In diesem Sinne ist auch das BKartA verfahren, wenn es z.B. Wettbewerbsregeln eingetragen bzw. anerkannt hat, die zur **Vorkalkulation** vor Abgabe von Angeboten durch Unternehmen anregen.[60]

---

[53] BKartA WuW/E BKartA 1233, 1239 – *Markenspirituosen* (betr. Regalmiete); Fikentscher GRUR Int. 1966, 181, 186; Sack GRUR 1975, 297, 298; *ders.,* Diss., S. 96.
[54] Vgl. BGH WuW/E BGH 1485, 1486 – *Schaufensteraktion;* BGH WuW/E BGH 1466, 1467 – *Eintrittsgeld;* OLG Saarbrücken WRP 1977, 364, 365; FK/*Hellmann/Schütt* § 24 Rn. 3, 31; *Kisseler* WRP 1979, 7f.; *Sack* WRP 1985, 1, 7.
[55] *Lieberknecht* in: FS Möhring, 1965, S. 67, 69; *Kellermann* in: Zehn Jahre BKartA, S. 61, 73 f.; *ders.* in: Immenga/Mestmäcker, GWB, § 24 Rn. 29; *Sack,* Diss., S. 48 ff.
[56] *Kellermann* in: Zehn Jahre BKartA, S. 61, 73 f.; *Sack,* Diss., S. 48.
[57] *Lieberknecht* in: FS Möhring, 1965, S. 67, 69.
[58] BKartA Tätigkeitsbericht 1991/92, S. 78 – *temperaturkompensierte Abrechnung;* FK/*Hellmann/Schütt* § 24 Rn. 23; *Schultz* in: Langen/Bunte a. a. O. § 24 Rn. 8.
[59] So FK/*Hellmann/Schütt* § 24 Rn. 24; *Kellermann* in: Immenga/Mestmäcker, GWB, § 24 Rn. 28; MünchKommGWB/*Timme* § 24 Rn. 16; verneinend GK/*Franzen/Mees* § 24 Rn. 9.
[60] BKartA WuW/E BKartA 301, 306 – *Ziehereien und Kaltwalzwerke;* 586, 591 – *Bauindustrie;* 609, 613 – *Kfz-Handel;* 766, 769 – *Kfz-Handel II;* 813, 815 – *Bauindustrie II;* 902, 905 – *Schälmühlen;* 1090, 1095 – *Büromaschinen;* 1213, 1214 – *Baustoffhändler;* 1328 – *Tapetenhandel.*

V. Lauterkeitsregeln

1. Der Lauterkeitsbegriff des § 24 Abs. 2

a) Anknüpfung an den Begriff des unlauteren Wettbewerbs i. S. d. UWG: Im 32
Zentrum der Diskussion über den zulässigen Inhalt von Wettbewerbsregeln stand der Begriff „Grundsätze des lauteren Wettbewerbs", d. h. der Lauterkeitsbegriff des § 24 Abs. 2. Nach ganz h. M. knüpft § 24 Abs. 2 mit diesem Begriff an das Recht gegen den unlauteren Wettbewerb an.[61] Das Gegenstück zum lauteren Wettbewerb i. S. v. § 24 Abs. 2 ist der unlautere Wettbewerb i. S. d. UWG. Ein „den Grundsätzen des lauteren Wettbewerbs zuwiderlaufendes Verhalten" ist unlauter i. S. d. Rechts gegen den unlauteren Wettbewerb.

Die Grundsätze des lauteren Wettbewerbs werden in erster Linie durch das UWG be- 33
stimmt. Außerdem erfasst der Begriff des unlauteren Wettbewerbs i. S. v. § 24 GWB auch wettbewerbsregelnde Tatbestände außerhalb des UWG,[62] z. B. wettbewerbsregelnde Vorschriften in den §§ 19–21 GWB, Vorschriften des Werberechts, etwa des Heilmittelwerbe G und des LFGB, oder auch den Bestechungstatbestand des § 299 StGB, der aus § 12 UWG a. F. hervorgegangen ist. Früher hatten das RabG und die ZugabeVO bei den Wettbewerbsregeln eine erhebliche praktische Bedeutung;[63] inwieweit die Verbote dieser im Jahre 2001 aufgehobenen Vorschriften in den Unlauterkeitstatbeständen des UWG von 2004 fortleben, ist noch nicht ausreichend geklärt.[64]

Bei der Auslegung der Verbotstatbestände des UWG, insbesondere bei der Konkretisie- 34
rung der Generalklausel des § 3 UWG, sind auch die **Wertungen des Kartellrechts** zu berücksichtigen.[65] Denn sie verfolgen, wenn auch mit unterschiedlichen Mitteln, eine einheitliche Zielsetzung: den Schutz des funktionsfähigen Wettbewerbs. Deshalb hat es z. B. das BKartA schon 1963 abgelehnt, ein Verbot **vergleichender Werbung** als Wettbewerbsregel der Kfz-Händler einzutragen; die Frage, ob vergleichende Werbung unlauter sei, müsse „den im GWB verankerten Grundvorstellungen über Wesen und Funktion des

---

[61] BKartA WuW/E BKartA 96, 98 – *Kohleneinzelhandel;* 301, 304 – *Ziehereien* und *Kaltwalzwerke;* 609, 612 – *Kfz-Handel;* BKartA Tätigkeitsbericht 1959, S. 50; FK/*Hellmann/Schütt* § 24 Rn. 28; *Kellermann* in: Immenga/Mestmäcker, GWB, § 24 Rn. 35 ff.; *Sack,* Diss., S. 119 ff.; *ders.* BB 1970, 1511, 1514 f.; *ders.* GRUR 1975, 297, 298, 301 f.; *Schultz* in: Langen/Bunte, Kommentar zum deutschen und europäischen Kartellrecht, § 24 Rn. 10; *Wolf,* Wettbewerbsregeln, S. 7 ff., 37.

[62] FK/*Hellmann/Schütt* § 24 Rn. 28; *Schultz* in: Langen/Bunte, Kommentar zum deutschen und europäischen Kartellrecht, § 24 Rn. 11.

[63] BKartA WuW/E BKartA 96, 98 – *Kohleneinzelhandel;* 301, 304 – *Ziehereien* und *Kaltwalzwerke;* 609, 612 – *Kfz-Handel;* 805, 808 – *Diätetische Lebensmittelindustrie; Benkendorff* WuW 1958, 416, 420; *Müller/Gießler/Scholz* § 18 Rn. 14; *Sack,* Diss., S. 110 ff.; *Walde,* Diss., S. 108 ff.

[64] Vgl. dazu *Berlit* WRP 2001, 349; *Berneke* WRP 2001, 615; *Cordes* WRP 2001, 867; *Eppe,* Zugaben und Rabatte im Anwendungsbereich des UWG, Diss. Münster 2003; *Haedicke* CR 2001, 788; *Heermann* WRP 2001, 855; *Köhler* GRUR 2001, 1067; *Lange/Spätgens,* Rabatte und Zugaben im Wettbewerb, 2001, *Ohly* NJW 2003, 2135; *Schuhler,* Auswirkungen der Aufhebung von ZugabeVO und RabG auf die Auslegung der §§ 1 und 3 UWG, 2003.

[65] BKartA WuW/E BKartA 609, 621 – *Kfz-Handel;* BKartA, Tätigkeitsbericht 1977, S. 35 f.; BGH WuW/E BGH 1238 – *Registrierkassen; Fikentscher,* Wettbewerb und gewerblicher Rechtsschutz, 1958, S. 300; *ders.* in: FS Hallstein, 1966, S. 127, 135, 141 f.; *ders.* GRUR Int. 1966, 181, 186; *Girth/Sack* WRP 1974, 181, 184; *Hefermehl* in: FS Nipperdey, 1955, S. 283, 284, 301; FK/*Hellmann/Schütt* § 24 Rn. 41; *Kellermann* WuW 1965, 551, 559; *ders.* in: Zehn Jahre BKartA, S. 61, 80; *Koenigs* NJW 1961, 1041; *Kraft,* Interessenabwägung und gute Sitten im Wettbewerbsrecht, 1963, S. 216, 246 ff.; *Mestmäcker* AcP 168 (1968), 235, 256; *Möhring* WuW 1954, 388; *Ott* in: FS Raiser, 1974, S. 403, 419; *Sack* GRUR 1970, 493, 500; *ders.* BB 1970, 1511, 1517; *ders.* WRP 1974, 247, 251; *ders.* WRP 1975, 65, 71; *ders.* GRUR 1975, 297, 301; *ders.* WRP 1985, 1, 7; *Ingo Schmidt,* Wettbewerbspolitik und Kartellrecht, 8. Aufl., 2005, S. 183; *Schricker* GRUR 1974, 579, 582; *Ulmer/Reimer,* Unlauterer Wettbewerb, Bd. III, Deutschland, 1968, Nr. 40 ff., 53.

Wettbewerbs Rechnung tragen" und es seien „überkommene Vorstellungen über Lauterkeit und Unlauterkeit im Lichte der gewandelten Auffassung vom Wesen des Wettbewerbs als Ordnungsprinzip der Wirtschaft" zu überprüfen.[66]

35 **b) Die „graue Zone" zwischen lauterem und unlauterem Wettbewerb:** In der älteren Diskussion über den zulässigen Inhalt von Wettbewerbsregeln wurde ausgiebig erörtert, ob es zwischen dem lauteren Wettbewerb i. S. v. § 24 Abs. 2 GWB und dem unlauteren Wettbewerb i. S. d. UWG eine sog. graue Zone gebe. Der Meinungsstand dazu ist unübersichtlich, da der Begriff der grauen Zone in unterschiedlichen Bedeutungen verwendet wird. Letztlich ist jedoch zu unterscheiden zwischen der Drei-Zonen-Theorie und der Zwei-Zonen-Theorie.

36 **aa) Die Drei-Zonen-Theorie** knüpft an die Tatsache an, dass das UWG **unlauteren** Wettbewerb bekämpft, während § 24 Abs. 2 GWB auf die Grundsätze des **lauteren** Wettbewerbs abstellt. Nicht alle Wettbewerbshandlungen, die nicht verboten sind, seien deswegen schon lauter.[67] Vielmehr gebe es zwischen der schwarzen Zone des unlauteren Wettbewerbs i. S. d. UWG und der weißen Zone des lauteren Wettbewerbs i. S. v. § 24 Abs. 2 eine dritte Zone, die sog. **graue Zone** des unkorrekten, unfairen, unseriösen, unfeinen, standeswidrigen und branchenwidrigen Wettbewerbs.[68] Es sei vor allem das Wettbewerbsverhalten, das vom betreffenden Berufsstand als unbillig und unüblich empfunden werde.[69] Wettbewerbshandlungen in diesem Bereich seien zwar (noch) nicht unlauter i. S. d. UWG, könnten jedoch auch nicht als lauter i. S. v. § 24 Abs. 2 bewertet werden.[70]

37 Nach der Drei-Zonen-Theorie können Wettbewerbsregeln nicht nur unlauterem Wettbewerb i. S. d. UWG entgegenwirken, sondern auch Wettbewerbshandlungen in der grauen Zwischenzone, die nicht zum lauteren Wettbewerb zu rechnen seien. Diese Lehre von der grauen Zone (Drei-Zonen-Theorie) erlaubte es, unabhängig vom Lauterkeitsbegriff des UWG **einen Lauterkeitsbegriff des GWB** zu entwickeln. Auf diese Weise eröffnete die Drei-Zonen-Theorie für Lauterkeitsregeln einen Anwendungsbereich, der deutlich über die Bekämpfung unlauteren Wettbewerbs i. S. d. UWG hinausging. Das war freilich auch der Zweck dieser Theorie.

38 Die Drei-Zonen-Theorie wird mit Recht allgemein abgelehnt.[71] Sie würde zunftartige Verbandsregelungen ermöglichen, die jedes **standes- und branchenwidrige** Verhalten untersagen,[72] und so mit Hilfe von Verbandskartellen, die in erster Linie gruppenegoistischer Interessenwahrung dienen, das Kartellverbot bedenklich aushöhlen.[73] Die Begriffe des lauteren und des unlauteren Wettbewerbs sind ein kontradiktorisches Begriffspaar,[74] d. h. ein Wettbewerbsverhalten ist entweder lauter oder unlauter.[75]

---

[66] BKartA WuW/E BKartA 609, 622 – *Kfz-Handel*.
[67] *Benisch* WuW 1956, 643, 647, 649; *Dörinkel* WuW 1960, 593, 596; *Oehler*, Wettbewerbsregeln, S. 42.
[68] Vgl. *Benisch* WuW 1956, 643, 647 f., 650; *Dörinkel* WuW 1960, 593, 596; *Jäger* WRP 1959, 339; vorübergehend auch das BKartA Tätigkeitsbericht 1958, S. 59; Tätigkeitsbericht 1959, S. 8.
[69] *Möhring* WuW 1954, 493, 497.
[70] *Dörinkel* WuW 1960, 593, 596; *Franzen* BB 1963, 528; *Jäger* WRP 1959, 339; *v. Köhler* DB 1967, 29, 31.
[71] *Fikentscher* GRUR Int. 1966, 181, 186; ders. in: FS Hallstein, 1966, S. 127, 146; GK/*Franzen*/*Mees* § 28 Rn. 19; FK/*Hellmann*/*Schütt* § 24 Rn. 32; *Kellermann* in: Immenga/Mestmäcker, GWB, § 24 Rn. 42; *Kroitzsch* GRUR 1965, 12, 13; *Sack* BB 1970, 1511, 1513; ders. GRUR 1975, 297, 300; *Schultz* in: Langen/Bunte, Kommentar zum deutschen und europäischen Kartellrecht, § 24 Rn. 11.
[72] GK/*Franzen*/*Mees* § 28 Anm. 18; *Sack* GRUR 1975, 297, 300.
[73] *Sack* GRUR 1975, 297, 300.
[74] *Walde*, Diss., S. 91, *Sack* BB 1970, 1511, 1513, 1516; ders. GRUR 1975, 297, 300; *Böx*, Diss., S. 93.
[75] *Fikentscher* in: FS Hallstein, S. 127, 146; *Kroitzsch* GRUR 1965, 12, 14; *Lieberknecht* in: FS Möhring, 1965, S. 67, 70; *Sack* BB 1970, 1511, 1513; ders. GRUR 1975, 297, 300; *Schultz* in: Langen/Bunte, Kommentar zum deutschen und europäischen Kartellrecht, § 24 Rn. 11.

bb) Dies führt zur **Zwei-Zonen-Theorie.** Auch diese Theorie anerkennt zwar eine graue Zone. Diese ist jedoch völlig anderer Art als die graue Zone i. S. d. Drei-Zonen-Theorie. Die graue Zone i. S. d. Zwei-Zonen-Theorie ist kein eigenständiger Bereich zwischen dem des lauteren und des unlauteren Wettbewerbs, sondern der **Unschärfebereich** dazwischen, d. h. die **graue Zone des Zweifels.**[76] Es ist der Bereich von Wettbewerbshandlungen, bei denen nicht ausreichend geklärt ist, ob sie noch dem lauteren oder schon dem unlauteren Wettbewerb zuzurechnen sind. In diesem ungeklärten Bereich können Wettbewerbsregeln zur – vorläufigen – Klärung beitragen. 39

cc) Die graue Zone nach GWB-Novelle 1973: Die Diskussion über die graue Zone hat an praktischer Bedeutung verloren, nachdem durch die zweite GWB-Novelle von 1973 die Vorschrift des § 24 Abs. 2 auf Leistungswettbewerbsregeln erstreckt worden ist. Außerdem können durch Lauterkeitsregeln nicht nur unlautere Wettbewerbshandlungen, sondern auch solche Wettbewerbshandlungen untersagt werden, die zwar noch lauter sind, sich jedoch **im Vorfeld** der Unlauterkeit befinden bzw. die Tendenz zur Unlauterkeit haben. Nach der 7. GWB-Novelle von 2005 setzt ferner § 26 Abs. 2 den Wettbewerbsregeln i. S. v. § 24 Abs. 2 folgende Grenzen: Ihre Anerkennung ist abzulehnen, wenn sie den Wettbewerb nach § 1 beschränken und nicht nach § 2 oder § 3 freigestellt sind. 40

c) Die Theorie vom kartellrechtlichen Lauterkeitsbegriff. Abweichend von der h. M. wurde früher auch die Ansicht vertreten, dass § 24 Abs. 2 einen spezifisch kartellrechtlichen Lauterkeitsbegriff enthalte. 41

aa) Um Wettbewerbsregeln einen Anwendungsbereich zu sichern, der über die Konkretisierung der Verbotstatbestände des UWG und seiner Nebengesetze hinausgeht, wurde die Ansicht vertreten, § 24 Abs. 2 enthalte einen **spezifisch kartellrechtlichen Lauterkeitsbegriff.** Eine der beiden Theorien, die diesem Ansatz folgten, war die bereits oben abgelehnte Drei-Zonen-Theorie, die zwischen unlauterem Wettbewerb i. S. d. UWG und lauterem Wettbewerb i. S. v. § 24 Abs. 2 eine dritte Zone platzierte. Sie knüpfte daran an, dass sich das UWG und § 24 Abs. 2 GWB schon **begrifflich** unterscheiden: Das UWG wende sich gegen **unlauteren** Wettbewerb, während § 24 Abs. 2 GWB an die Grundsätze des **lauteren** Wettbewerbs anknüpfe. 42

bb) Ein anderer Ansatz nahm den unterschiedlichen **Schutzzweck** von UWG und GWB zum Ausgangspunkt.[77] Ihm müsse bei der Auslegung dieser Begriffe in beiden Gesetzen Rechnung getragen werden. Deshalb sei davon auszugehen, dass § 28 Abs. 2 a. F. (jetzt § 24 Abs. 2) einen spezifisch kartellrechtlichen Lauterkeitsbegriff enthalte. 43

Zutreffend ist der Ausgangspunkt, dass das UWG und das GWB einen unterschiedlichen Schutzzweck haben.[78] Das UWG beschränkt den Wettbewerb, während das GWB den gegenteiligen Schutzzweck hat und sich gegen Wettbewerbsbeschränkungen wendet. Das UWG bekämpft ein Zuviel an Wettbewerb, während das GWB bei einem Zuwenig an Wettbewerb eingreift.[79] Das UWG regelt das Wie des Wettbewerbs, das GWB das Ob.[80] 44

Dazu ist anzumerken, dass es die unterschiedlichen Schutzzwecke der beiden Gesetze nicht ausschließen, den Begriff der Lauterkeit bzw. Unlauterkeit in ihnen übereinstimmend zu interpretieren. Das GWB untersagt keineswegs alle wettbewerbsbeschränkenden Verein- 45

---

[76] *Bechtold*, GWB, § 24 Rn. 2, 6, 12; § 26 Rn. 4; *Benkendorff* WuW 1958, 416; *Fikentscher* GRUR Int. 1966, 181, 186; *ders.* in: FS Hallstein, S. 127, 146; *ders.,* Die Preisunterbietung im Wettbewerbsrecht, 2. Aufl., 1962, S. 31 Fn. 27; *v. Gamm*, Kartellrecht, §§ 28–33 Rn. 7; FK/*Hellmann/Schütt* § 24 Rn. 31, 32; *Sack* BB 1970, 1511, 1513 f.; *ders.* GRUR 1975, 297, 298.

[77] *Günther* in: Zehn Jahre BKartA, 1968, S. 22.

[78] Zum Folgenden vor allem *Fikentscher* in: FS Hallstein, S. 127, 129 f., 134; *ders.* GRUR Int. 1966, 181, 182; vgl. auch *Ballmann,* Der Machtaspekt im UWG, 1990, S. 75 ff.; *Sack* GRUR 1975, 297, 301.

[79] *Fikentscher* in: FS Hallstein, S. 127, 129 f., 134.

[80] *Fikentscher* in: FS Hallstein, S. 134 f.; vgl. auch *Koenigs* NJW 1961, 1041, 1048.

§ 24 GWB 46–48　　10. Teil. Gesetz gegen Wettbewerbsbeschränkungen

barungen, sondern lässt unter bestimmten Voraussetzungen auch solche zu. Deshalb steht es nicht im Widerspruch zum Schutzzweck, Wettbewerbsbeschränkungen durch Wettbewerbsregeln von Verbänden zuzulassen, deren Inhalt die Verhinderung unlauteren Wettbewerbs i. S. d. UWG ist. Außerdem wollte der Gesetzgeber bei Lauterkeitsregeln in § 24 Abs. 2 bewusst auf das UWG Bezug nehmen.[81] Deshalb besteht keine Notwendigkeit, den Lauterkeitsbegriff des § 24 Abs. 2 abweichend vom UWG spezifisch kartellrechtlich zu interpretieren.

46　Davon zu unterscheiden ist, ob und in welchem Maße sich die Wertungen des GWB auf die Auslegung des UWG auswirken. Wie bereits erwähnt, beeinflussen nach der inzwischen einhelligen Meinung die Wertungen des GWB die Auslegung des UWG, insbesondere die Auslegung der Generalklausel des § 3 UWG.

2. Wettbewerbsregeln mit unmittelbarem Lauterkeitsbezug

47　Unmittelbar nach Inkrafttreten des GWB entsprach es einer verbreiteten Ansicht, dass Wettbewerbsregeln nur die Verbote des Wettbewerbsrechts konkretisieren dürfen.[82] Man hielt nur Wettbewerbsregeln mit sog. unmittelbarem Lauterkeitsbezug für zulässig. Begründet wurde dies im Wesentlichen damit, dass die §§ 2–8 GWB a. F. eine abschließende Regelung der Ausnahmen vom Kartellverbot seien und die §§ 28 ff. GWB a. F. keinen weiteren Freistellungstatbestand enthielten. Diese Ansicht ist seit der Änderung des § 28 Abs. 2 a. F. durch die 2. GWB-Novelle von 1973 und insbesondere auch durch die Regelung des jetzigen § 26 Abs. 2 überholt. Die Liberalisierung des deutschen Lauterkeitsrechts im vergangenen Jahrzehnt hat zur Folge, dass eine Anzahl von Wettbewerbsregeln nicht mehr denen mit unmittelbarem Lauterkeitsbezug zugerechnet werden kann, insbesondere Verbote von Rabatten, Zugaben und Sonderveranstaltungen.[83] Sie erfüllen deshalb die Voraussetzungen der §§ 24 ff. nur, wenn sie einen mittelbaren Lauterkeitsbezug aufweisen oder der Förderung eines leistungsgerechten Wettbewerbs dienen

3. Wettbewerbsregeln mit mittelbarem Lauterkeitsbezug

48　Mit Lauterkeitsregeln können auch Wettbewerbshandlungen untersagt werden, die zwar als solche lauter sind, sich jedoch im **Vorfeld der Unlauterkeit** befinden[84] bzw. die **Tendenz zur Unlauterkeit** haben.[85] Zur Bekämpfung unlauteren Wettbewerbs darf mit

---

[81] Vgl. BKartA WuW/E BKartA 96, 98 – *Kohleneinzelhandel*; 301, 304 – *Ziehereien und Kaltwalzwerke*; 586, 589 – *Bauindustrie I*; 609, 612 – *Kfz-Handel*; 805, 808 – *Diätetische Lebensmittelindustrie*; BKartA Tätigkeitsbericht 1959, S. 50; *Benkendorff* WuW 1958, 420; GK/*Franzen/Mees* § 28 Rn. 19; *Kellermann* in: Zehn Jahre Bundeskartellamt, S. 61, 75; *Sack* BB 1970, 1511, 1514; ders. GRUR 1975, 297, 301; *Scheel*, Diss. S. 34, 60 ff.; *Walde*, Diss., S. 108 ff.

[82] Vgl. *Baumbach/Hefermehl*, Wettbewerbs- und Warenzeichenrecht, 8. Aufl., 1960, § 28 GWB Anm. 20; § 31 GWB Anm. 8 i. V. m. § 1 GWB Anm. 36 ff.; *Büntig* BB 1958, 62; *Bussmann/Pietzcker/Kleine*, Gewerblicher Rechtsschutz und Urheberrecht, 3. Aufl., 1962, S. 28; *Fikentscher*, Wettbewerb und gewerblicher Rechtsschutz, 1958, S. 299 ff.; ders., Die Preisunterbietung im Wettbewerbsrecht, 2. Aufl., 1962, S. 31, 78, 79; *Lukes*, Der Kartellvertrag, 1959, S. 124 f.; *Reimann* WuW 1957, 621, 622.

[83] Vgl. *Sosnitza* in: FS Bechtold, S. 515, 522 ff.

[84] *v. Gamm*, Kartellrecht §§ 28–33 Rn. 7; *Rittner/Kulka*, Wettbewerbs- und Kartellrecht, § 12 Rn. 6; *Sack* GRUR 1975, 297, 299; ders. WuW 1970, 195, 197.

[85] BKartA WuW/E BKartA 301 (Ls. 2), 308 – *Ziehereien und Kaltwalzwerke*; 609, 614 f. – *Kfz-Handel*; 586, 591 – *Bauindustrie I*; 719, 721 – *Immobilienmakler*; 766, 772 – *Kfz-Handel II*; 805, 811 – *Diätetische Lebensmittelindustrie*; 815 – *Bauindustrie II*; 873, 878 – *Flüssiggas-Großvertriebe*; 902, 905 – *Schälmühlen*; 1186, 1188 – *Versandhandel*; BKartA Tätigkeitsbericht 1960, S. 58; *Baumbach/Hefermehl*, Wettbewerbs- und Warenzeichenrecht, 8. Aufl., 1960, § 28 GWB Anm. 20; *Benisch* WuW 1956, 643, 647; ders. Kooperationsfibel, 4. Aufl., 1973, S. 426; *Emmerich*, Kartellrecht, § 24 Rn. 16; *Ewald* WRP 1964, 258; ders. WRP 1967, 379; *Fikentscher* in: FS Hallstein, S. 127, 146 a. E.; ders. GRUR Int. 1966,

Wettbewerbsregeln auch ein an sich lauteres Verhalten verboten werden.[86] Man bezeichnet sie als Wettbewerbsregeln mit **mittelbarem** Lauterkeitsbezug.[87] Sie betreffen Wettbewerbshandlungen, die als solche zwar lauter sind, zu denen jedoch auf Grund branchentypischer Umstände häufig unlautere Umstände hinzutreten. Vom Wortlaut des § 24 Abs. 2 sind solche Wettbewerbsregeln mit mittelbarem Lauterkeitsbezug gedeckt,[88] denn auch solche Wettbewerbsregeln wirken, wenn auch nur mittelbar, einem den Grundsätzen des lauteren Wettbewerbs zuwiderlaufenden Verhalten entgegen. § 24 Abs. 2 bestimmt nur den **Zweck** von Lauterkeitsregeln, nicht jedoch die **Mittel** zur Bekämpfung unlauteren Wettbewerbs.[89] Der Zweck, unlauterem Wettbewerb entgegenzuwirken, kann nicht nur durch das Verbot unlauteren Verhaltens, sondern in manchen Fällen auch mittelbar durch **vorbeugende** Maßnahmen erreicht werden.[90]

Ein gutes Beispiel für Lauterkeitsregeln mit mittelbarem Lauterkeitsbezug boten die Wettbewerbsregeln der Diätetischen Lebensmittelindustrie. Sie untersagten u. a. den Vertrieb von Säuglings- und Kleinkindernahrung durch Vertreter an der Haustür.[91] Zwar sind unaufgeforderte **Vertreterbesuche** nach st. Rspr. des BGH grundsätzlich mit dem UWG vereinbar. In dem Bereich der Vertreterbesuche zum Vertrieb von Säuglings- und Kleinkindernahrung ist jedoch die Gefahr einer Täuschung und Irreführung der an der Haustür angesprochenen Abnehmer besonders groß, weil vielfach die Unwissenheit und Besorgnis junger Mütter um das Wohlergehen ihrer Kinder in unsachlicher Weise ausgenutzt wird.[92] Insofern haben Vertreterbesuche zum Zwecke des Vertriebs von Babynahrung eine Tendenz zur Unlauterkeit.[93]

Einen mittelbaren Lauterkeitsbezug können auch Wettbewerbsregeln aufweisen, die in einer Branche **positiv** die Voraussetzungen für lauteren Wettbewerb schaffen.[94] Aus diesem Grund hielt das BKartA z. B. eine Wettbewerbsregel des Hauptverbandes der Deutschen Bauindustrie für eintragungsfähig (bzw. jetzt: anerkennungsfähig), die wegen der besonderen Branchenverhältnisse die **Empfehlung** einer **ordnungsgemäßen Kalkulation** vorsah.[95] Demgegenüber hat der BGH einen unmittelbaren oder mittelbaren Lauterkeitsbezug

---

181, 186; GK/*Franzen*/*Mees* § 28 Rn. 21; *v. Gamm*, Kartellrecht §§ 28–33 Rn. 7; *Herrmann*, Interessenverbände und Wettbewerbsrecht, 1984, S. 404 f.; *Hönn* GRUR 1977, 141, 143 ff.; *Kellermann* in: Zehn Jahre BKartA, S. 61, 75; *ders.* WuW 1965, 552; MünchKommGWB/*Timme* § 24 Rn. 25, 49; *Oehler*, Wettbewerbsregeln S. 108 ff.; *Rauschenbach*, Wirtschaftsrecht 1965, S. 144; *Rittner*/*Kulka*, Wettbewerbs- und Kartellrecht, § 12 Rn. 6; *Sack* GRUR 1975, 297, 299; *ders.* WuW 1970, 195, 197, 203; *Schultz* in: Langen/Bunte, Kommentar zum deutschen und europäischen Kartellrecht, § 24 GWB Rn. 16, 18; *Tilmann*, Zusammenarbeit und Kartellverbot, Diss. Heidelberg, 1966, S. 175; *Wolf*, Wettbewerbsregeln, S. 111, 177; vgl. auch *Kartte* WRP 1976, 1 ff.

[86] BKartA Fn. 85; ebenso *Fikentscher* in: FS Hallstein, S. 127, 148; *Sack* WuW 1970, 195, 197; *ders.* GRUR 1975, 297, 298 f.; *Schultz* in: Langen/Bunte, Kommentar zum deutschen und europäischen Kartellrecht, § 24 Rn. 18.

[87] Vgl. GK/*Franzen*/*Mees* § 28 Rn. 21; *Sack* WuW 1970, 195, 198 f.; *ders.* GRUR 1975, 297, 298 f.

[88] Nach *Wolf*, Wettbewerbsregeln, S. 111, 177 sind sie in der 2. Tatbestandsalternative des § 24 Abs. 2 anzusiedeln.

[89] *Kellermann* WuW 1965, 551, 552; *Sack* WuW 1970, 195, 198; *ders.* GRUR 1975, 297, 299; *Walde*, Diss., S. 3.

[90] Vgl. BKartA WuW/E BKartA 301, 308 – *Ziehereien und Kaltwalzwerke*; 586, 591 – *Bauindustrie I*; 902, 905 – *Schälmühlen*; *Kellermann* WuW 1965, 551, 552 f.; *Sack* WuW 1970, 195, 198; *ders.* GRUR 1975, 297, 299; *Walde*, Diss., S. 3.

[91] BKartA WuW/E BKartA 805, 811 – *Diätetische Lebensmittelindustrie*.

[92] So BKartA WuW/E BKartA 805, 811 – *Diätetische Lebensmittelindustrie*; vgl. auch *Fikentscher* GRUR Int. 1966, 181, 186 Fn. 45; *Sack* GRUR 1975, 297, 299.

[93] BKartA WuW/E BKartA 805, 811 – *Diätetische Lebensmittelindustrie*.

[94] BKartA WuW/E BKartA 586, 591 – *Bauindustrie I*; 805, 811 a. E. – *Diätetische Lebensmittelindustrie*.

[95] BKartA WuW/E BKartA 586, 591 – *Bauindustrie I*; BKartA WuW/E BKartA 813, 815 – *Bauindustrie II*; vgl. auch BKartA WuW/E BKartA 301, 306 – *Ziehereien und Kaltwalzwerke*.

einer Wettbewerbsregel, die eine Vorkalkulation vor der Abgabe eines Angebots **vorschreibt**, verneint, da es anerkannten Grundsätzen des Wettbewerbsrechts entspreche, dass nicht nur die Preishöhe, sondern auch die Preisermittlung grundsätzlich im Ermessen eines Unternehmens liege.[96]

51 Auch Wettbewerbsregeln, die die **Preiswahrheit und Preisklarheit** fördern, haben einen mittelbaren Lauterkeitsbezug.[97]

52 Mit dem Wortlaut von § 24 Abs. 2 sind solche Wettbewerbsregeln mit mittelbarem Lauterkeitsbezug vereinbar. Denn auch sie sind geeignet, unlauterem Wettbewerb – im Beispielsfall der Wettbewerbsregeln der Diätetischen Lebensmittelindustrie gegen irreführende Werbung – entgegenzuwirken.

53 Zu den Wettbewerbsregeln mit **mittelbarem Lauterkeitsbezug** wurden gerechnet
– das bereits erwähnte Verbot von Vertreterbesuchen auf dem Gebiet des Absatzes von Babynahrung;[98]
– ein Einstellungsverbot unzuverlässiger Versandhandelsvertreter;[99]
– das Verbot des Einsatzes von Laienwerbern durch öffentliches Anbieten von Vermittlungsprovisionen;[100]
– die Empfehlung einer ordnungsgemäßen Vorkalkulation vor der Abgabe eines Angebots in der Bauwirtschaft; es regelt zwar betriebsinterne Vorgänge, ist jedoch Voraussetzung lauteren Wettbewerbs;[101]
– die Pflicht zur Preisbekanntgabe in der Form von Preislisten und die Preislistentreue, wenn sie in einer Branche aus kaufmännisch-technischen oder betriebsorganisatorischen Gründen notwendig und nachweislich üblich ist.[102]

VI. Leistungswettbewerbsregeln

1. Der Begriff des leistungsgerechten Wettbewerbs

54 Durch die zweite GWB-Novelle von 1973 wurde der zulässige Inhalt von Wettbewerbsregeln ausdrücklich auf sog. **Leistungswettbewerbsregeln** erstreckt. Wirtschafts- und Berufsvereinigungen dürfen seither auch Wettbewerbsregeln aufstellen, deren Zweck es ist, einem den Grundsätzen der **Wirksamkeit eines leistungsgerechten Wettbewerbs** zuwiderlaufenden Verhalten im Wettbewerb entgegenzuwirken und ein diesen Grundsätzen entsprechendes Verhalten im Wettbewerb anzuregen. Damit trug der Gesetzgeber dem ursprünglichen Anliegen der Verfasser des GWB Rechnung, u.a. auch Wettbewerbsregeln zur Förderung des Leistungswettbewerbs zuzulassen.[103] Der Begriff des Leistungswettbewerbs bzw. des leistungsgerechten Wettbewerbs ist allerdings ein unbestimmter Rechtsbegriff.[104] Er bietet ein breites Spektrum an Auslegungsmöglichkeiten.[105] Letztlich befindet er

---

[96] BGH WuW/E BGH 767, 771 – *Bauindustrie*.
[97] *Sack* GRUR 1975, 297, 299.
[98] BKartA WuW/E BKartA 805, 811 – *Diätetische Lebensmittelindustrie*.
[99] BKartA WuW/E BKartA 1186, 1188 – *Versandhandel*.
[100] BKartA WuW/E BKartA 609, 614 f. – *Kfz-Handel*.
[101] BKartA WuW/E BKartA 586, 591 – *Bauindustrie I*; 813, 815 – *Bauindustrie II*; ebenso BKartA WuW/E 301, 306 f. – *Ziehereien und Kaltwalzwerke*; 902, 905 – *Schälmühlen*; 1213, 1214 f. – *Baustoffhändler*.
[102] BKartA WuW/E BKartA 301 (Ls. 6), 308 f. – *Ziehereien und Kaltwalzwerke*.
[103] Reg.-Entw., zu BT-Drucks. II/3644, S. 30.
[104] Begr. Reg.-Entw., BR-Drucks. 265/71, S. 34.
[105] Vgl. *Ballmann*, Der Machtaspekt im UWG, S. 101 ff.; *Benkendorff* WuW 1958, 416; *Böhm*, Wettbewerb und Monopolkampf, 1933, S. 210 ff.; *Freitag*, Leistungswettbewerb als rechtliche Denkfigur, Diss. Göttingen 1968; *Hamm* WuW 1975, 115, 118; *Kellermann* in: Zehn Jahre BKartA, S. 61, 76 ff.; *Kreiterling*, Das Problem der Abgrenzung von Leistungs- und Nichtleistungswettbewerb in der Nachfragemacht-Diskussion, 1980, S. 67 ff.; *Lieberknecht* in: FS Möhring, S. 67, 78 ff.; *Ohm*, Definitionen

sich hart an der Grenze justiziabler Kriterien für den zulässigen Inhalt von Wettbewerbsregeln.[106] Nachdem er jedoch Eingang in das Gesetz gefunden hat, muss er „interpretiert", d. h. von den Rechtsanwendern mit Inhalt versehen werden.

a) Lauterkeitsrechtliche Bedeutung. Der Rechtsbegriff des Leistungswettbewerbs hat eine lange Tradition in der Rechtsprechung des RG und des BGH zum Lauterkeitsrecht, insbesondere zum Vernichtungswettbewerb unter Einsatz von Marktmacht,[107] zum sog. Anzapfen unter Einsatz von Nachfragemacht,[108] zur Wertreklame,[109] zur Herausgabe und Verteilung kostenloser Anzeigenblätter mit redaktionellem Teil[110] sowie zu Herstellerprämien an Angestellte des Handels.

Eingang in das Lauterkeitsrecht fand der Begriff des Leistungswettbewerbs durch die grundlegende Entscheidung des RG von 1931 zum *Benrather Tankstellenfall*[111] und ein dazu erstattetes Gutachten von *Nipperdey*.[112] Der Inhaber einer freien Tankstelle in Benrath hatte durch niedrige Benzinpreise das damalige Preiskartell von Mineralöllieferanten und gebundenen Tankstellen dazu provoziert, seine Preise stets um 0,01 RM zu unterbieten. Damit sollte er gezwungen werden, seine Preise denen der kartellierten Tankstelleninhaber anzupassen. Nur im Raum Benrath wurden diese niedrigen Benzinpreise verlangt, während in den anderen Teilen Deutschlands die Preise wesentlich höher lagen. Diese regional beschränkte Preisunterbietung hielt der Inhaber der freien Tankstelle für sittenwidrig. Dem widersprach *Nipperdey* in seinem für das Mineralölkartell erstatteten Gutachten unter Berufung auf das **Leistungsprinzip** im Wettbewerb. Zum Wesen des Wettbewerbs gehöre, dass sich der nach Preis und Qualität leistungsfähigste Wettbewerber durchsetzte. Dies seien hier die Mitglieder des Mineralölkartells, die im Raum Benrath die niedrigsten Benzinpreise verlangen. Das RG übernahm das Kriterium des Leistungswettbewerbs, gelangte jedoch unter Berufung darauf zum gegenteiligen Ergebnis, indem es dem wünschenswerten Leistungswettbewerb den **unlauteren Behinderungswettbewerb** gegenüberstellte. Es widerspreche dem Leistungsprinzip und sei sittenwidriger Behinderungswettbewerb, wenn leistungsfähige Mitbewerber daran gehindert werden, ihre Leistungsfähigkeit unter Beweis zu stellen. Aus der Tatsache, dass das Mineralölkartell die Preise nur im Verkaufsgebiet des Inhabers der freien Tankstelle gesenkt habe, folge, dass die Preisunterbietung nicht Leistungswettbewerb, sondern Behinderungswettbewerb sei. Das Unternehmen des Klägers habe vernichtet werden sollen, um anschließend die Preise wieder ungestört erhöhen zu können.[113]

Mit dieser Gegenüberstellung von Leistungswettbewerb und Behinderungswettbewerb verlor das Kriterium des Leistungswettbewerbs allerdings seine unmittelbare Aussagekraft für die Abgrenzung von lauterem und unlauterem Wettbewerb. Preisunterbietung, d. h. der Wettbewerb mit besserer Leistung, kann sowohl lauterer Leistungswettbewerb als auch unlauterer Behinderungswettbewerb sein; die besonderen Umstände entscheiden über die

---

des Leistungswettbewerbs und ihre Verwendungsfähigkeit für die praktische Wirtschaftspolitik, in: Seraphim (Hrsg.), Zur Grundlegung wirtschaftspolitischer Konzeptionen, 1960, S. 239 ff.; *Röper*, Zur Verwirklichung des Leistungswettbewerbs, ibid., S. 279 ff.; *Sack* GRUR 1975, 297, 302 f.; *ders.* BB 1988, Beil. 3, S. 1, 15; *Ulmer* GRUR 1977, 565 ff.; *Willeke*, Leistungswettbewerb und Leistungsprinzip, in: FS Rieger, 1963, S. 158 ff.

[106] *Dörinkel* WuW 1971, 607, 615 a. E.; *Sack* WuW 1970, 195, 203; *ders.* GRUR 1975, 297, 302.
[107] Grundlegend RGZ 134, 342, 353 f. – *Benrather Tankstellenfall*.
[108] BGH GRUR 1977, 257, 259 f. – *Schaufensteraktion*; BGH WRP 1977, 183, 185 – *Eintrittsgeld*.
[109] BGHZ 43, 278, 284 (vor 2.) = GRUR 1965, 489, 491 – *Verschenken von Originalware*; BGHZ 65, 68, 72 – *Vorspannangebot*.
[110] BGHZ 51, 236, 244, 248 = GRUR 1969, 287, 289 – *Stuttgarter Wochenblatt I*; BGH WRP 1977, 400, 402 (IV.1.), 403 – *WAZ-Anzeiger*; BGH NJW 1977, 1060, 1061 – *Feld und Wald*.
[111] RGZ 134, 342. – *Benrather Tankstellenfall*.
[112] *Nipperdey*, Wettbewerb und Existenzvernichtung, 1930.
[113] RGZ 134, 342, 353 f. – *Benrather Tankstellenfall*; *Baumbach/Hefermehl*, Wettbewerbsrecht, 22. Aufl., 2001, Einl. UWG Rn. 98; *Sack* BB 1988, Beil. 3, S. 1, 15.

Zulässigkeit oder Unzulässigkeit.[114] Neben lauterem Leistungswettbewerb gibt es auch unlauteren Leistungswettbewerb sowie lauteren Nichtleistungswettbewerb.[115]

58 **b) Kartellrechtliche Bedeutung.** Obwohl der Begriff des „leistungsgerechten Wettbewerbs" bzw. des „Leistungswettbewerbs" als Rechtsbegriff seinen Ursprung im Lauterkeitsrecht hatte, ist er in § 24 Abs. 2 **spezifisch kartellrechtlich** zu interpretieren.[116] Dies ergibt sich sowohl aus dem Zweck der Erweiterung des Tatbestandes des § 28 Abs. 2 a. F. = § 24 Abs. 2 n. F. durch die 2. GWB-Novelle von 1973 als auch aus den Ausführungen der Begr. Reg.-Entw. zu dieser GWB-Novelle.

59 aa) Zweck der Änderung des § 28 Abs. 2 a. F. = § 24 Abs. 2 n. F. durch die 2. GWB-Novelle war eine **Erweiterung** des zulässigen Regelungsbereichs von Wettbewerbsregeln über die bereits zulässigen Lauterkeitsregeln hinaus. Deshalb müssen Leistungswettbewerbsregeln weder unmittelbar noch mittelbar einen Lauterkeitsbezug aufweisen.[117] Dies bestätigt auch die Begr. Reg.-Entw. zur 2. GWB-Novelle, wenn es dort heißt, der Ausdruck „lauterer Wettbewerb" und „unlauterer Wettbewerb" sei in erster Linie ein zivilrechtlicher, dem **Individualschutz** zugeordneter, der Ausdruck „leistungsgerechter Wettbewerb" ein wirtschaftspolitischer, auf **Institutionsschutz** gerichteter Begriff.[118] Gegen diese Unterscheidung sprechen zwar, wie bereits dargelegt, erhebliche Bedenken. Individualschutz und Institutionsschutz sind im Wettbewerbs- und Kartellrecht nicht Gegensätze, sondern unterschiedliche Erscheinungsformen desselben Problems.[119] Allerdings zeigen die Ausführungen in der Begr. zum Reg.-Entw. zumindest, dass die Leistungswettbewerbsregeln in § 24 Abs. 2 GWB über das Lauterkeitsrecht hinausreichen dürfen.

60 bb) Nach der Begr. zum Reg.-Entw. zur 2. GWB-Novelle kann es Zweck von Wettbewerbsregeln sein, der Gefährdung des Wettbewerbs durch **Marktmacht** und Monopolisierungstendenzen entgegenzuwirken.[120] Leistungswettbewerbsregeln können „kleineren und mittleren Unternehmen dabei helfen, Wettbewerbspraktiken entgegenzuwirken, die dem Gedanken des Leistungswettbewerbs zuwiderlaufen"; die Auslesefunktion des Wettbewerbs kann „durch Marktmacht gefährdet werden, die nicht i. S. einer Intensivierung des Wettbewerbs durch das Hervorbringen immer besserer Leistung, sondern die zu dem Zweck eingesetzt wird, den Markt zu monopolisieren".[121] Verdrängungswettbewerb unter Einsatz von **Mischkalkulation** und die Gewährung von **Treuerabatten** durch marktmächtige Unternehmen soll durch Leistungswettbewerbsregeln bekämpft werden können.[122] Ein allzu rascher Strukturwandel, der einen übermäßigen Konzentrationsprozess begünstigt, soll verlangsamt werden können.[123] Leistungswettbewerbsregeln dürfen also

---

[114] *Baumbach/Hefermehl*, Einl. UWG Rn. 96.
[115] *Benkendorff* WuW 1958, 416, 423; *Freitag*, Diss., S. 122 f.; *Kreiterling* S. 81; *Kunisch*, Diss., S. 46; *Willeke* in: FS Rieger, S. 158, 169 ff., 172; vgl. auch BGH BB 1965, 761: „lauterer Leistungswettbewerb".
[116] *Bechtold* § 24 GWB Rn. 8; FK/*Hellmann/Schütt* § 24 Rn. 34, 38, 41; *Hönn* GRUR 1977, 141, 144; *Kellermann* in: Immenga/Mestmäcker, GWB, § 24 Rn. 43 ff., 55 f.; *Sack* GRUR 1975, 297, 302 f.; *ders.* WRP 2001, 595, 604.
[117] BKartA WuW/E BKartA 1633, 1636 – *Markenverband*; FK/*Hellmann/Schütt* § 24 Rn. 34; *Kellermann* in: Immenga/Mestmäcker, GWB, § 24 Rn. 55, 77; *Müller/Gießler/Scholz* § 28 Rn. 4a; *Sack* GRUR 1975, 297, 302; a. A. *Emmerich*, Kartellrecht, § 24 Rn. 16.
[118] BR-Drucks. 265/71, S. 34; ähnlich schon *Benisch* WuW 1956, 480, 482 f.; *Möhring* WuW 1954, 387; *Würdinger* WuW 1953, 721, 731.
[119] Vgl. insbesondere *L. Raiser* in: summum ius summa iniuria, 1963, S. 145, 146 ff., 156 f.; *Mestmäcker* AcP 168 (1968), 235, 245; *Sack* WRP 1975, 385, 387; *Ballmann*, Der Machtaspekt im UWG, S. 81.
[120] BR-Drucks. 265/71, S. 34.
[121] BR-Drucks. 265/71, S. 34.
[122] Begr. Reg.-Entw. BR-Drucks. 265/71, S. 35 f.
[123] Begr. Reg.-Entw. BR-Drucks. 265/71, S. 35; sehr krit. dazu *Hamm* WuW 1975, 115, 122 ff.

auch eine **strukturpolitische** Aufgabe haben.[124] Sie dürfen jedoch nicht darauf zielen, Funktionen und Strukturen einer Branche zu „zementieren".[125]

cc) In den Ausführungen zu den Leistungswettbewerbsregeln verweist die Begr. zum Reg.-Entw. auch allgemein auf das **Schutzobjekt des GWB**. Das sei ein funktionsfähiger, wirksamer Wettbewerb, der seine volkswirtschaftliche Aufgabe möglichst gut erfüllt. Der Wettbewerb könne seiner Aufgabe, jeweils die **beste Leistung** zur Geltung zu bringen, nur gerecht werden, wenn seine Auslesefunktion nicht dadurch verfälscht wird, dass Unternehmen nicht leistungsgerechte Vorteile und Vorsprünge im Wettbewerb einsetzen. Was i. S. d. § 24 Abs. 2 leistungsgerechter Wettbewerb oder nichtleistungsgerechter Wettbewerb sei, müsse die Beurteilung im Einzelfall ergeben.[126] Da die Begr. zum Reg.-Entw. diese Ausführungen im Zusammenhang mit Leistungswettbewerbsregeln macht und auch auf den leistungsgerechten Wettbewerb abstellt, ist davon auszugehen, dass der genannte Schutzzweck des GWB auch durch Leistungswettbewerbsregeln verwirklicht werden darf. Der leistungsgerechte Wettbewerb i. S. v. § 24 Abs. 2 ist daher vom Konzept des funktionsfähigen Wettbewerbs her zu interpretieren.[127]

dd) Trotz der Unterschiede zwischen dem lauterkeitsrechtlichen und dem kartellrechtlichen Begriff des Leistungswettbewerbs bestehen auch viele Gemeinsamkeiten und Überschneidungen.[128]

ee) Die Ausführungen in der Begr. zum Reg.-Entw. zur 2. GWB-Novelle zu den Leistungswettbewerbsregeln enthalten Vorgaben, die nur schwer miteinander vereinbar sind.[129] Zum einen soll der Wettbewerb gefördert werden. Dazu gehört zweifellos auch das Ausscheiden von Wettbewerbern, die mit ihren Leistungen im Wettbewerb nicht bestehen können; das ist die sog. **Auslesefunktion** des Wettbewerbs. Zum anderen sollen Leistungswettbewerbsregeln dafür eingesetzt werden können, einen allzu raschen Strukturwandel, der einen übermäßigen Konzentrationsprozess begünstigt, zum **Schutze kleiner und mittlerer Unternehmen** zu verlangsamen. Das ist eine deutliche Einschränkung der Auslesefunktion. Ein Ausweg aus diesem Dilemma ist nur durch Kompromisse möglich, die solche Wettbewerbshandlungen beschränken, die besonders geeignet erscheinen, den Konzentrationsprozess zu fördern und dadurch die Marktstruktur zu verschlechtern. Solche Wettbewerbshandlungen beschränken auf längere Sicht den vom GWB geförderten Leistungswettbewerb, d. h. die Beschränkung solcher Wettbewerbshandlungen schützt und fördert auf längere Sicht einen funktionsfähigen Wettbewerb.

2. Fallgruppen von Leistungswettbewerbsregeln

Als Leistungswettbewerbsregeln eintragbar sind Gebote oder Verbote, die sich gegen die **Mischkalkulation** wenden. Denn diese begünstigt größere Unternehmen mit einem breiten Sortiment und kann zur Verdrängung kleinerer und mittlerer Unternehmen führen.[130]

---

[124] H. M.; GK/*Franzen/Mees* § 28 Rn. 23, 24, 25; *Kellermann* in: Immenga/Mestmäcker, GWB, § 24 Rn. 48; MünchKommGWB/*Timme* § 24 Rn. 33, 34; a. A. *Emmerich*, Kartellrecht, § 24 Rn. 14; *Hamm* WuW 1975, 115, 123; *Rittner/Kulka*, Wettbewerbs- und Kartellrecht, § 12 Rn. 8.
[125] BKartA WuW/E BKartA 1633, 1639 – *Markenverband*; *Rittner/Kulka*, Wettbewerbs- und Kartellrecht, § 12 Rn. 9 a. E.
[126] Begr. Reg.-Entw. BR-Drucks. 265/71, S. 34.
[127] *Sack* WuW 1970, 195, 201 ff.; *ders.* GRUR 1975, 297, 302; *Versteyl*, Diss., S. 77; a. A. *Kellermann* in: Immenga/Mestmäcker, GWB, § 24 Rn. 44 ff.
[128] *Kellermann* in: Immenga/Mestmäcker, GWB, § 24 Rn. 39, 43 ff., 55 f., 60.
[129] Vgl. dazu insbesondere *Hamm* WuW 1975, 115, 120, 130.
[130] Begr. Reg.-Entw. BR-Drucks. 265/71, S. 34; *Bechtold*, GWB, § 24 Rn. 9; *Sack* GRUR 1975, 297, 303; a. A. GK/*Franzen/Mees* § 28 Rn. 35.

65 Auch die Gewährung von **Treuerabatten** durch marktstarke Unternehmen kann unter dem Gesichtspunkt des leistungsgerechten Wettbewerbs bedenklich sein, weil dadurch einer **Monopolisierung** Vorschub geleistet werden kann.[131]

66 Die Gewährung von **Mengenrabatten** und „Großhandelsrabatten" an Großunternehmen des Einzelhandels beeinträchtigt die Wirksamkeit eines leistungsgerechten Wettbewerbs, wenn die Rabatte nicht durch entsprechende Kosteneinsparungen des Lieferanten gerechtfertigt, sondern das Ergebnis der Ausübung von Nachfragemacht sind.[132]

67 Durch Leistungswettbewerbsregeln können Verhaltensweisen ausgeschlossen werden, die Entwicklungen begünstigen würden, denen auch die Kontrolle von **Machtmissbrauch** entgegenwirken will.[133] Das sind die Fälle von Vernichtungs- und Behinderungswettbewerb unter Einsatz von Marktmacht. Auch gegen den **Missbrauch von Nachfragemacht** können Leistungswettbewerbsregeln eingesetzt werden.[134] Das sind insbesondere die Fälle des sog. **„Anzapfens"**, d. h. des Forderns von Schaufenstermiete, Regalmiete, Eintrittsgeldern, kostenloser Stellung von Arbeitskräften des Zulieferers für den Betrieb des Abnehmers, z. B. zur Preisauszeichnung, usw.[135] Beim Anzapfen sind i. d. R. die größeren Unternehmen im Vorteil.[136] Soweit diese Formen von Wettbewerbsverhalten nicht bereits unlauteren Wettbewerb darstellen[137] und deshalb Gegenstand von Lauterkeitsregeln mit unmittelbarem Lauterkeitsbezug sein können, lassen sie sich mit Leistungswettbewerbsregeln bekämpfen. Entsprechende Wettbewerbsregeln hatte der Markenverband aufgestellt.[138]

68 **Mondpreisempfehlungen** können ebenfalls durch Wettbewerbsregeln verboten werden. Die Empfehlung eines überhöhten, am Markt nicht durchsetzbaren Verbraucherpreises ist nicht nur geeignet, den Verbraucher über die Qualität der betreffenden Ware irrezuführen und durch entsprechende Händlerpreisvergleiche zwischen dem empfohlenen und dem tatsächlich verlangten wesentlich niedrigeren Preis über die Preiswürdigkeit irrezuführen; insoweit besteht ein Lauterkeitsbezug. Darüber hinaus missbrauchen Mondpreisempfehlungen die Freistellung vom Kartellverbot (vgl. Art. 4 lit. a Vertikal-GVO Nr. 2790/1999/EG i. V. m. § 2 GWB, früher § 38a Abs. 3 Nr. 1 u. 2 GWB) und verursachen nicht marktgerechte Preise; das läuft der Wirksamkeit eines leistungsgerechten Wettbewerbs zuwider.[139]

69 Das BKartA hat ursprünglich die Eintragung einer Wettbewerbsregel abgelehnt, die ein **allgemeines Diskriminierungsverbot** des Inhalts vorsah, dass es nicht nur dem in

---

[131] Begr. Reg.-Entw., S. 34f.; GK/*Franzen/Mees* § 28 Rn. 29, 38; *Kellermann* in: Immenga/Mestmäcker, GWB, § 24 Rn. 58; *Sack* GRUR 1975, 297, 303.

[132] Vgl. v. *Köhler* DB 1967, 29, 31; *Sack* GRUR 1975, 297, 303; *Versteyl*, Diss., S. 118.

[133] Begr. Reg.-Entw., S. 35; BKartA WuW/E BKartA 1633, 1635 – *Markenverband*; *Kellermann* in: Immenga/Mestmäcker, GWB, § 24 Rn. 58.

[134] GK/*Franzen/Mees* § 28 Rn. 25; *Bechtold*, GWB, § 24 Rn. 9.

[135] Vgl. dazu das sog. Sündenregister des Bundeswirtschaftsministeriums, WRP 1975, 24 ff.; „Gemeinsame Erklärung" der Spitzenverbände der Wirtschaft, WRP 1975, 594 und 1976, 9; Wettbewerbsregeln des *Markenverbandes*, BKartA WuW/E BKartA 1633, 1636; BKartA WuW/E BKartA 1233, 1238 f. – *Markenspirituosen*; *Sack* WRP 1975, 261; *ders.* GRUR 1975, 297, 303 f., 304 (7.); vgl. auch *Kellermann* in: Immenga/Mestmäcker, GWB, § 24 Rn. 82; *Köhler* WRP 2005, 645, 648 f.; zum US-amerikanischen Recht vgl. *Herrmann*, Interessenverbände und Wettbewerbsrecht, 1984, S. 368 ff., 383 ff.; zum deutschen Recht ibid., S. 393 ff.; a. A. *Emmerich*, Kartellrecht, § 24 Rn. 13, 14.

[136] OLG Düsseldorf WRP 1973, 223; *Sack* GRUR 1975, 297, 304.

[137] Vgl. BGH GRUR 1977, 257 zur Schaufenstermiete; vgl. auch OLG Düsseldorf WRP 1973, 223; *Sack* WRP 1975, 261.

[138] Abgedruckt in WuW/E BKartA 1633 ff. – *Markenverband*; im gleichen Sinne der Beispielskatalog des Bundeswirtschaftsministeriums vom 17. 11. 1974 WRP 1975, 24, und die „Gemeinsame Erklärung" von Organisationen der Gewerblichen Wirtschaft vom 25. 6. 1984 WuW 1984, 271 (Fortschreibung der Erklärung von November 1975 WuW 1976, 17).

[139] BKartA WuW/E BKartA 1633, 1640 f. – *Markenverband*; a. A. *Emmerich*, Kartellrecht, § 24 Rn. 13, 14.

§ 20 n. F. genannten Adressatenkreis, sondern **jedermann** verboten ist, andere Unternehmen sachlich nicht gerechtfertigt unmittelbar oder mittelbar unterschiedlich zu behandeln.[140] Nur Wettbewerbsregeln gegen Diskriminierungen, die unlauter waren, z. B. weil sie irreführend durchgeführt wurden[141] oder auf der Ausnutzung von Rechts- und Vertragsbruch beruhen, hat es eingetragen. Begründet wurde der Nichteintragung eines allgemeinen Diskriminierungsverbots damit, dass solchen Wettbewerbsregeln der **Lauterkeitsbezug** fehle.[142] Diese Begründung ist durch die 2. GWB-Novelle von 1973, die neben Lauterkeitsregeln auch Leistungswettbewerbsregeln zulässt, überholt.[143] Die sachlich nicht gerechtfertigte Diskriminierung von gewerblichen Abnehmern oder Lieferanten ist leistungswidrig.[144] Ein Diskriminierungsverbot der genannten Art wirkt einer Verfälschung des Leistungswettbewerbs entgegen und ist geeignet, den leistungsgerechten Wettbewerb zu fördern. Ein Verbot solcher Diskriminierungen ist geeignet, eine drohende Beeinträchtigung der Wirksamkeit des Wettbewerbs auf dem Markt, für den das Verhalten untersagt wird, oder auf den Märkten der nachfolgenden Wirtschaftsstufen zu verhindern.[145] Aus der gesetzlichen Beschränkung des Adressatenkreises des Diskriminierungsverbots des § 20 GWB lässt sich nicht im Umkehrschluss folgern, dass auch Wettbewerbsregeln nicht weiter reichen dürfen;[146] denn es erfasst nur die gravierenden Diskriminierungen, die nach Ansicht des Gesetzgebers Ordnungswidrigkeiten darstellen.[147]

Wettbewerbsregeln sind jedoch nicht darauf beschränkt, nur rechtswidriges Verhalten zu untersagen. Sie dürfen, wie z. B. die Lauterkeitsregeln mit mittelbarem Lauterkeitsbezug zeigen, auch weiter reichen. Entgegen einer verbreiteten Ansicht führt ein allgemeines Diskriminierungsverbot des oben genannten Inhalts auch nicht zu einer unerwünschten Erstarrung der Marktverhältnisse.[148] Dies beweist schon ein Blick in Länder, die ein solches allgemeines Diskriminierungsverbot kennen, z. B. Frankreich[149] oder die USA;[150] in den USA wird die Marktmacht relevant bei der Feststellung einer Wettbewerbsbeeinträchtigung und der Rechtfertigung von Diskriminierungen. Die Vertreter der Gegenansicht unterliegen i. d. R. einer begrifflichen Verwechslung. Denn als allgemeines Diskriminierungsverbot wird von manchen auch das Verbot jeglicher – nicht nur der sachlich nicht gerechtfertig-

---

[140] BKartA WuW/E BKartA 96 (L. s. 4), 101 – *Kohleneinzelhandel*; 301, 309 – *Ziehereien und Kaltwalzwerke*; 586, 595 – *Bauindustrie I*; 902, 906 – *Schälmühlen*; 1327, 1337 ff., 1339 ff. – *Tapetenhandel*; BKartA Tätigkeitsbericht 1959, S. 51 f. (cc); ebenso die Kooperationsfibel des BWM vom 29. 10. 1963, WuW/E BWM 119, 134; *Emmerich*, Kartellrecht, § 24 Rn. 14; *v. Friesen* DB 1978, Beil. 6, S. 1, 12; *Kellermann* in: Immenga/Mestmäcker, GWB, § 24 Rn. 110; *Kreiterling* S. 119 ff.; *Mestmäcker*, Der verwaltete Wettbewerb, 1984, S. 229 f.
[141] Vgl. *Benisch* GRUR 1976, 448, 454.
[142] So die in Fn. 140 genannten Beschlüsse des BKartA; ebenso *Ewald* WRP 1967, 377.
[143] *Benisch* GRUR 1976, 448, 450; GK/*Franzen/Mees* § 28 Rn. 38; *Sack* GRUR 1975, 297, 303 (4.).
[144] *Bechtold*, GWB, § 24 Rn. 9; *Dörinkel* WuW 1971, 607, 616; GK/*Franzen/Mees* § 28 Rn. 29, 38; *Sack* GRUR 1975, 297, 303; a. A. *Hamm* WuW 1975, 115, 125.
[145] BKartA Tätigkeitsbericht 1965, S. 14.
[146] *Benisch* WuW 1956, 643, 654 f.; *ders.* Kooperationsfibel, 4. Aufl. 1973, S. 442; *Dörinkel* WuW 1971, 607, 614 f.; *Peter*, Diss., S. 133 f.; *Sack* GRUR 1975, 297, 303; a. A. vor der Neufassung des § 28 Abs. 2 das BKartA WuW/E BKartA 96, 101 – *Kohleneinzelhandel*; 1327, 1340 – *Tapetenhandel*; BKartA Tätigkeitsbericht 1959, S. 51; Kooperationsfibel des BWM, WuW/E BWM 119, 134.
[147] *Benisch* GRUR 1976, 448, 450.
[148] *Sack* GRUR 1975, 511, 520 f.; a. A. jedoch BKartA WuW/E BKartA 1327, 1340 – *Tapetenhandel*; Kooperationsfibel des BWM WuW/E BWM 119, 134; *Schlecht* MA 1976, 465, 466; *Monopolkommission* Sondergutachten 7, 1977, 7 Rn. 25 f., S. 16 f.
[149] Vgl. dazu *Labudek*, Die Behandlung von Diskriminierung und Behinderung im französischen Kartellrecht, 1992, S. 238 ff., 246.
[150] Vgl. *Hermanns*, Die Grundzüge des US-Antidiskriminierungsrechts, in: BDI (Hrsg.), Schutz des Leistungswettbewerbs, 1966, S 34 ff.

ten – Ungleichbehandlung bezeichnet. Ein Verbot solcher Diskriminierungen hätte in der Tat eine Erstarrung der Märkte zur Folge[151] und würde als Wettbewerbsregel nicht die Voraussetzungen des § 24 Abs. 2 erfüllen. Nicht vom Adressatenkreis, sondern von der Frage, ob eine unterschiedliche Behandlung „sachlich gerechtfertigt" ist, hängt es ab, ob ein Diskriminierungsverbot zur Erstarrung der Märkte führt.[152]

71 Die Diskriminierung kann in Form der **Liefer- bzw. Bezugsverweigerung** oder als **Preis- und Konditionendiskriminierung** erfolgen.[153] Das BKartA hat Wettbewerbsregeln eingetragen, die es Verbandsmitgliedern untersagen, ihren Verkäufen ohne sachlich gerechtfertigten Grund für den gleichen Kundenkreis mehrere Preislisten mit unterschiedlichen Preisen zu Grunde zu legen und im einzelnen Fall willkürlich eine dieser Listen anzuwenden, ohne dem Kunden gegenüber die Zusammenhänge offen zu legen. Durch Wettbewerbsregeln untersagt werden dürfe es auch, eine Preisliste als gültig zu bezeichnen, obwohl die in ihr enthaltenen Preise nicht gefordert werden. In gleicher Weise sei es zu beurteilen, wenn überholte Listenpreise in Folge der Gewährung marktunüblicher Geld- und Warenrabatte zu Scheinpreisen werden.[154] Rabatte an Großabnehmer (Konzerne; Einkaufsgemeinschaften), die marktschwächeren Abnehmern bei **gleichartiger** Abnahmeleistung nicht gewährt werden, verfälschen den Leistungswettbewerb.[155] Sie bewirken machtbedingte Wettbewerbsverzerrungen.[156] Eine Sondervergütung für Großabnahme ist nicht gerechtfertigt, wenn der Lieferant jeden einzelnen Betrieb des Großabnehmers beliefern und mit ihm abrechnen muss und die Abnahmemengen sich nicht nennenswert von denen der marktschwächeren Abnehmer unterscheiden, die keine entsprechenden Preisnachlässe erhalten.[157]

72 Leistungswettbewerbsregeln können auch den **Nebenleistungswettbewerb** zugunsten des Hauptleistungswettbewerbs einschränken.[158] Wenn Nebenleistungen geeignet sind, wirtschaftliche Entscheidungen unsachlich zu beeinflussen, sind sie nicht der Förderung eines leistungsgerechten Wettbewerbs dienlich.[159] Anerkannt wurde eine Wettbewerbsregel, die dem Hersteller das Anbieten oder Gewähren von **Display-Artikeln** mit überwiegendem Zweitnutzen untersagte. Es handelt sich dabei um Gegenstände, die nur dem Scheine nach der vorteilhaften Lieferung oder Darbietung einer Ware dienen, in Wirklichkeit jedoch dem Abnehmer oder seinen Mitarbeitern für den persönlichen Bedarf zugewendet werden, z. B. ein aufblasbares Gummiboot für die Schaufensterwerbung für Produkte des Lieferanten. Solche Display-Artikel sind geeignet, die Abnehmer in ihrer Entschließung zum Erwerb der Hauptware zu beeinflussen; sie beeinträchtigen die Wirksamkeit eines leistungsgerechten Wettbewerbs.[160]

73 Die Wirksamkeit eines leistungsgerechten Wettbewerbs kann ferner durch **innerbetriebliche Gesetzesverletzungen** beeinträchtigt werden, z. B. durch Verstöße gegen

---

[151] Dazu *Sack* GRUR 1975, 511, 519 ff.
[152] *Sack* GRUR 1975, 511, 520 f.
[153] Vgl. *Benisch* GRUR 1976, 448; *Sack* WRP 1975, 385.
[154] BKartA WuW/E BKartA 1760 – *Kaffeeröstereien*; GK/*Franzen/Mees* § 28 Rn. 39 (a, c).
[155] *Benisch* GRUR 1976, 448, 450, 451 f., 453; GK/*Franzen/Mees* § 28 Rn. 38; *Sack* GRUR 1975, 511, 520.
[156] *Benisch* GRUR 1976, 448, 450, 453; *Sack* WRP 1975, 261, 263; *ders.* GRUR 1975, 511, 520.
[157] GK/*Franzen/Mees* § 28 Rn. 38.
[158] BKartA WuW/E BKartA 1117, 1119 – *Lackindustrie*; 1165, 1169 f. – *Hefeindustrie*; 1633, 1640 – *Markenverband*; 1760, 1761 f. – *Kaffeeröstereien*; BKartA Tätigkeitsbericht 1977, S. 70; 1995/96, S. 102; Bechtold, GWB, § 24 Rn. 9; GK/*Franzen/Mees* § 28 Rn. 47; Kellermann in: Immenga/Mestmäcker, GWB, § 24 Rn. 119; ders. in: Zehn Jahre BKartA, S. 61 ff., 82 f.; *Sack* GRUR 1975, 297, 303; a. A. *Emmerich*, Kartellrecht, § 24 Rn. 13, 14.
[159] BKartA WuW/E BKartA 1760, 1761 (4.) – *Kaffeeröstereien*.
[160] Vgl. BKartA WuW/E BKartA 1633, 1640 – *Markenverband*.

Umweltschutzbestimmungen.[161] Gleiches gilt für **Tarifverstöße,** auch soweit die betreffenden Tarifverträge nicht für allgemeinverbindlich erklärt worden sind.[162] Mit Lauterkeitsregeln lassen sie sich nur sehr beschränkt erfassen. Denn sie verstoßen nicht gegen § 3 UWG, da es keine Wettbewerbshandlungen bzw. „geschäftliche Handlungen" i. S. d. UWG-Novelle 2008 sind.[163] Dadurch begünstigte Wettbewerbshandlungen sind jedoch ebenfalls nicht ohne weiteres unlauter, sondern nur unter ganz engen Voraussetzungen.[164] Der Leistungswettbewerb bei der Warenverteilung kann durch innerbetriebliche Rechtsverletzungen und Tarifverstöße jedoch ganz erheblich beeinträchtigt werden. Deshalb sind Wettbewerbsregeln, die unmittelbar oder mittelbar geeignet sind, solches Verhalten zu verhindern, als Leistungswettbewerbsregeln anerkennungsfähig.

Ohne eine Zuordnung zu den Lauterkeitsregeln oder den Leistungswettbewerbsregeln vorzunehmen, anerkannte das BKartA mehrfach Wettbewerbsregeln zur Durchsetzung der Grundsätze der **Preisklarheit** und **Preiswahrheit,**[165] z. B. das Verbot, bei gleichen Kunden unterschiedliche Preislisten zu verwenden,[166] das Verbot der Benutzung von Preislisten mit überhöhten Listenpreisen, die infolge marktunüblicher Geld- und Warenrabatte zu Scheinpreisen wurden,[167] oder das Gebot, klare und wahre Preisangaben zu machen.[168] 74

Sehr zurückhaltend werden hingegen Wettbewerbsregeln beurteilt, die unmittelbar oder mittelbar in die **Preisgestaltung** eingreifen.[169] Anerkannt bzw. eingetragen wurden Wettbewerbsregeln, die die Kalkulation der Selbstkosten **empfehlen,**[170] abgelehnt hingegen solche, die eine Vorkalkulation verbindlich **vorschreiben,**[171] die eine angemessene Preispolitik vorschreiben[172] oder die Höhe unverbindlich empfohlener Preise auf die voraussichtlich erzielbaren Marktpreise beschränken.[173] 75

VII. Von den Kartellbehörden abgelehnte Wettbewerbsregeln

Im Folgenden werden Wettbewerbsregeln genannt, deren Eintragung bzw. Anerkennung die Kartellbehörden abgelehnt haben. Dabei ist jedoch zu beachten, dass ein Teil der Ablehnungen vor der 2. GWB-Novelle erfolgte, d. h. bevor die Möglichkeit der Eintragung bzw. Anerkennung von Leistungswettbewerbsregeln bestand. Es ist daher denkbar, dass manche Wettbewerbsregeln, deren Eintragung vor der 2. GWB-Novelle mangels des damals noch geforderten Lauterkeitsbezugs abgelehnt wurde, nunmehr als Leistungswettbewerbsregeln anerkennungsfähig sind. 76

1. Besonders häufig war die Ablehnung von Wettbewerbsregeln, die unmittelbar oder mittelbar die **Preisgestaltung** und **Preiswerbung** beeinflussen sollen.[174] Denn mit ihnen 77

---

[161] Zur Anwendbarkeit des UWG in diesen Fällen BGH WRP 2000, 1116 – *Abgasemissionen*.
[162] Dazu BGHZ 120, 320 – *Tariflohnunterschreitung*; Sack WRP 1998, 683, 686 ff.
[163] BGHZ 120, 320 – *Tariflohnunterschreitung*; BGH WRP 2000, 1116, 1118 f. – *Abgasemissionen*; Sack WRP 1998, 683, 686 f.
[164] BGHZ 120, 320 – *Tariflohnunterschreitung*; BGH WRP 2000, 1116, 1119 ff. – *Abgasemissionen*; Sack WRP 1998, 683, 687 ff.; ders. WRP 2004, 1307, 1317 ff.
[165] BKartA WuW/E BKartA 1760 – *Kaffeeröstereien*.
[166] BKartA WuW/E BKartA 1760 – *Kaffeeröstereien*.
[167] BKartA WuW/E BKartA 1760 – *Kaffeeröstereien*.
[168] BGH WuW/E BGH 767, 779 ff. – *Bauindustrie*.
[169] BGH WuW/E BGH 767, 769 f., 781 ff. – *Bauindustrie*.
[170] BGH WuW/E BGH 767, 769 f. – *Bauindustrie*.
[171] BGH WuW/E BGH 767, 769 f. – *Bauindustrie*.
[172] BGH WuW/E BGH 767, 774 – *Bauindustrie*.
[173] Vgl. die Wettbewerbsregeln des *Markenverbandes*, BKartA WuW/E BKartA 1633 – *Markenverband*.
[174] BKartA WuW/E BKartA 96, 99 ff. – *Kohleneinzelhandel*; 301, 306 f. – *Ziehereien und Kaltwalzwerke*; 586, 589 – *Bauindustrie I*; 609, 613 f. – *Kfz-Handel*; 873, 876 – *Flüssiggas-Großvertriebe*; 1090,

lasse sich ein wirksames Preiskartell oder zumindest eine Beschränkung des Preiswettbewerbs bewirken.[175] Deshalb wurde als Wettbewerbsregel nicht eingetragen ein allgemeines Verbot von Unterselbstkostenverkäufen,[176] da eine solche Wettbewerbsregel weder einen Lauterkeitsbezug habe, noch geeignet sei, den Leistungswettbewerb zu fördern; da Unterselbstkostenverkäufe nur bei Vorliegen besonderer Umstände wettbewerbswidrig seien, z.B. bei Vernichtungswettbewerb, seien auch nur insoweit Wettbewerbsregeln eintragbar.[177] Die Neuregelung durch § 20 Abs. 4 S. 2 – erneuert durch die GWB-Novelle 2007 – erfordert eine Änderung dieser Ansicht.[178] Abgelehnt wurden auch

– das Verbot der Preisunterbietung;[179]
– grundsätzlich die Pflicht zur Preislistenführung,[180] es sei denn, die Preislisten seien ausnahmsweise in einer Branche schon aus kaufmännisch-technischen oder betriebsorganisatorischen Gründen notwendig und nachweislich üblich;[181]
– das Gebot der Preisbildung nach marktwirtschaftlichen Grundsätzen;[182]
– das **Gebot** der ordnungsgemäßen Selbstkostenermittlung bzw. Vorkalkulation vor Abgabe eines Angebots;[183] im Gegensatz zum BKartA, das noch angenommen hatte, dass eine Kalkulationspflicht keine Wettbewerbsbeschränkung i.S.v. § 1 GWB darstelle,[184] meinte der BGH, dass eine Kalkulationspflicht eine Erstarrung des Preisgefüges fördern und so den vom GWB gewollten Wettbewerb beschränken könne;[185] sie sei daher nicht als Lauterkeitsregel eintragbar.[186]

78 2. Von den Kartellbehörden abgelehnt wurde auch die Eintragung (seit 1985 die Anerkennung) von Wettbewerbsregeln, die einen **Preisvergleich** des tatsächlich verlangten Preises mit anderen üblichen Preisen (Herstellerpreisempfehlung; Listenpreis; Marktpreis; früherer eigener Preis) verbieten.[187]

1095 – *Büromaschinen;* 1213, 1214 f. – *Baustoffhändler;* 1327, 1340, 1342 f., 1345 – *Tapetenhandel;* BGH WuW/E BGH 767, 771 ff., 781 ff. – *Bauindustrie;* vgl. auch *Fikentscher* GRUR Int. 1966, 181, 186 f.
[175] *Hamm* WuW 1975, 115, 116.
[176] BKartA WuW/E BKartA 96, 100 f. – *Kohleneinzelhandel;* 586, 593 – *Bauindustrie I;* 609, 613 – *Kfz-Handel;* 873, 876 – *Flüssiggas-Großvertriebe;* 902, 906 f. – *Schälmühlen;* 1090, 1095 – *Büromaschinen;* 1117, 1120 – *Lackindustrie;* 1165, 1168 – *Hefeindustrie;* 1213, 1215 – *Baustoffhändler;* 1327, 1345 – *Tapetenhandel;* BGH WuW/E BGH 767, 771 ff., 781 ff. – *Bauindustrie;* zust. GK/*Franzen/Mees,* § 28 Rn. 33, 41.
[177] BKartA WuW/E BKartA 1165, 1168 – *Hefeindustrie;* zur wettbewerbsrechtlichen Beurteilung in den USA ausführlich *Herrmann,* Interessenverbände und Wettbewerbsrecht, 1984, S. 351 ff.; vgl. jedoch auch *Mestmäcker,* Der verwaltete Wettbewerb, 1984, S. 229 f.
[178] Vgl. dazu die Bekanntmachung des BKartA WuW 2000, 1220 ff.
[179] BKartA WuW/E BKartA 96, 99 – *Kohleneinzelhandel;* 873, 876 – *Flüssiggas-Großvertriebe;* 902, 906 – *Schälmühlen;* 1090, 1095 – *Büromaschinen.*
[180] BKartA WuW/E BKartA 96, 99 f. – *Kohleneinzelhandel;* 482, 485 f. – *Zeitschriftenverlage;* 902, 906 – *Schälmühlen.*
[181] Vgl. BKartA WuW/E BKartA 301, 307 f. – *Ziehereien und Kalzwalzwerke;* 482, 486 – *Zeitschriftenverlage;* GK/*Franzen/Mees* § 28 Rn. 37; ausf. dazu *Oehler,* Wettbewerbsregeln, S. 193 ff.; *Scheel,* Diss., S. 134 ff.
[182] BKartA WuW/E BKartA 586, 589 f. – *Bauindustrie I.*
[183] BGH WuW/E BGH 767, 769 ff. – *Bauindustrie;* BKartA WuW/E BKartA 1327, 1343 – *Tapetenhandel;* anders noch vor der BGH-Entscheidung das BKartA mit der Begründung, dass eine Kalkulationspflicht keine Wettbewerbsbeschränkung darstelle, WuW/E BKartA 301, 306 – *Ziehereien und Kaltwalzwerke;* 586, 590 ff. – *Bauindustrie I;* 902, 905 – *Schälmühlen;* anerkennungsfähig ist hingegen die bloße Anregung oder Aufforderung zur Selbstkostenermittlung BGH WuW/E BGH 767, 769, 774 – *Bauindustrie.*
[184] BKartA WuW/E BKartA 902, 905 – *Schälmühlen.*
[185] BGH WuW/E BGH 767, 776 – *Bauindustrie;* ebenso KG WuW/E OLG 755; *Oehler,* Wettbewerbsregeln, S. 134; a. A. mit Recht GK/*Franzen/Mees* § 28 Rn. 32.
[186] BGH WuW/E BGH 767, 776 – *Bauindustrie.*
[187] BKartA WuW/E BKartA 609, 620 – *Kfz-Handel I;* 766, 772 – *Kfz-Handel II.*

3. Abzulehnen sind auch Wettbewerbsregeln, die **Direktverkäufe** durch Hersteller oder Großhändler verbieten;[188] denn sie würden die Absatzwege zementieren und letztlich die Einkommensverteilung und das Preisgefüge in nicht leistungsgerechter Weise verzerren.[189] Abgelehnt wurde ferner ein Verbot standeswidrigen Verhaltens bzw. der Abweichung vom Branchenüblichen;[190] denn eine solche Wettbewerbsregel wäre geeignet, unerwünschten und unbequemen Wettbewerb zu beschränken, ohne die Lauterkeit oder Leistungsgerechtigkeit im Wettbewerb zu fördern.

VIII. Antrag auf Anerkennung von Wettbewerbsregeln durch die Kartellbehörden

1. Antragsrecht und Antragspflicht, § 24 Abs. 3

Wirtschafts- und Berufsvereinigungen können nach § 24 Abs. 3 bei der Kartellbehörde die **Anerkennung** von Wettbewerbsregeln beantragen. Eine „Pflicht", die Anerkennung von Wettbewerbsregeln zu beantragen, besteht jedoch nicht, auch nicht bei Wettbewerbsregeln, die den Wettbewerb beschränken; denn die §§ 24 ff. enthalten keinen eigenständigen Freistellungstatbestand mehr. Wenn Wettbewerbsregeln nicht mit den §§ 1–3 vereinbar sind, muss die Anerkennung nach § 26 Abs. 2 abgelehnt werden. Eine Anerkennung und folglich auch ein Antrag auf Anerkennung liegt jedoch im eigenen Interesse der Verbände.

2. Inhalt des Antrags, § 24 Abs. 4 S. 1

Der Antrag auf Anerkennung von Wettbewerbsregeln hat nach § 24 Abs. 4 S. 1 zu enthalten:
a) Name, Rechtsform und Anschrift der Wirtschafts- oder Berufsvereinigung, § 24 Abs. 4 S. 1 Nr. 1;
b) Name und Anschrift der Person, die sie vertritt, § 24 Abs. 4 S. 1 Nr. 2;
c) die Angabe des sachlichen und örtlichen Anwendungsbereichs der Wettbewerbsregeln, § 24 Abs. 4 S. 1 Nr. 3; man rechnet dazu auch die von Wettbewerbsregeln betroffenen Mitglieder;[191]
d) den Wortlaut der Wettbewerbsregeln, § 24 Abs. 4 S. 1 Nr. 4.

3. Beizufügende Unterlagen, § 24 Abs. 4 S. 2

Dem Antrag sind nach § 24 Abs. 4 S. 2 beizufügen:
a) Die Satzung der Wirtschafts- oder Berufsvereinigung, § 24 Abs. 4 S. 2 Nr. 1;
b) der Nachweis, dass die Wettbewerbsregeln satzungsmäßig aufgestellt sind, § 24 Abs. 4 S. 2 Nr. 2;
c) eine Aufstellung von außenstehenden Wirtschafts- oder Berufsvereinigungen und Unternehmen der gleichen Wirtschaftsstufe sowie der Lieferanten- und Abnehmervereinigungen und der Bundesorganisationen der beteiligten Wirtschaftsstufen des betreffenden Wirtschaftszweigs, § 24 Abs. 4 S. 2 Nr. 3;
d) nach § 24 Abs. 4 S. 3 dürfen in dem Antrag auf Anerkennung keine unrichtigen oder unvollständigen Angaben gemacht oder benutzt werden, um für den Antragsteller oder einen anderen die Anerkennung einer Wettbewerbsregel zu erschleichen. Ein Verstoß gegen diese Vorschrift ist nach § 81 Abs. 3 Nr. 3 ordnungswidrig. Außerdem können

---

[188] BWM WuW/E BWM 58, 59 f. (vor Inkrafttreten des GWB) – *Direktverkäufe von Rundfunkgeräten*; GK/Franzen/Mees § 28 Rn. 43.
[189] BWM WuW/E BWM 58, 59 f. – *Direktverkäufe von Rundfunkgeräten*.
[190] BKartA WuW/E BKartA 1327, 1334 ff., 1340 – *Tapetenhandel*.
[191] *Bechtold*, GWB, § 24 Rn. 13.

Wettbewerbsregeln, die wegen unrichtiger oder unvollständiger Angaben zu Unrecht anerkannt worden sind, nach § 26 Abs. 4 zurückgenommen oder widerrufen werden.

IX. Mitteilung und Antrag auf Anerkennung von Änderungen und Ergänzungen anerkannter Wettbewerbsregeln

1. Mitteilung

84 Nach § 24 Abs. 5 sind Änderungen und Ergänzungen anerkannter Wettbewerbsregeln der Kartellbehörde mitzuteilen. Für einen Verstoß gegen die Mitteilungspflicht nach § 24 Abs. 5 sieht das GWB keine Sanktionen vor; das Unterlassen der gebotenen Mitteilung ist keine Ordnungswidrigkeit.

2. Antrag auf Anerkennung

85 Die §§ 24 ff. enthalten nur eine lückenhafte Regelung des Verfahrens für Änderungen und Ergänzungen anerkannter Wettbewerbsregeln. Neben § 24 Abs. 5 sieht § 27 Abs. 2 Nr. 3 ausdrücklich vor, dass Änderungen und Ergänzungen im Bundesanzeiger oder elektronischen Bundesanzeiger bekannt zu machen sind. Keine ausdrückliche Regelung enthält das Gesetz hingegen darüber, ob Änderungen und Ergänzungen ebenfalls der Anerkennung bedürfen wie erstmals aufgestellte Wettbewerbsregeln.

86 Da das GWB für Änderungen und Ergänzungen nur eine Mitteilungspflicht nach § 24 Abs. 5 und die Bekanntmachung im Bundesanzeiger nach § 27 Abs. 2 Nr. 3, jedoch keine Anerkennung entsprechend § 24 Abs. 3 i.V.m. § 26 vorsieht, liegt die Ansicht nahe, dass sie bereits auf Grund der Mitteilung an der Anerkennung nach § 26 Abs. 1, 2 teilhaben.[192] Allerdings können Änderungen und Ergänzungen den Inhalt anerkannter Wettbewerbsregeln in einer Weise ändern, dass nunmehr Bedenken gegen eine Anerkennung bestehen und diese bei einem erstmaligen Anerkennungsantrag abgelehnt worden wären. Eine solche Anerkennung kann daher nicht automatisch auf dem Umweg von Änderungen und Ergänzungen erreicht werden. Dem könnte eine Ablehnung der Änderungen und Ergänzungen gerecht werden. Diese Möglichkeit sieht jedoch der Wortlaut der §§ 24 ff. ebenfalls nicht vor. Auch eine Rücknahme oder ein Widerruf nach §§ 26 Abs. 4 kommt nicht in Betracht, da dieser nach dem Wortlaut dieser Vorschrift nur anerkannte Wettbewerbsregeln betrifft.

87 Die gesetzlichen Regelungen von Änderungen und Ergänzungen anerkannter Wettbewerbsregeln erweisen sich damit als lückenhaft. Die Lücken sind wie folgt zu schließen: § 27 Abs. 2 Nr. 3 impliziert mit der Formulierung „die Anerkennung von Wettbewerbsregeln, **ihrer** Änderungen und Ergänzungen" die Möglichkeit einer **Anerkennung**. Deshalb ist auch für Änderungen und Ergänzungen, die den Wettbewerb mehr als die bisherigen Wettbewerbsregeln beschränken, generell ein Anerkennungsverfahren vorzusehen, unabhängig davon, ob sie wesentlich oder nur unwesentlich von den ursprünglichen Wettbewerbsregeln abweichen.[193] Analog § 24 Abs. 3 können Wirtschafts- und Berufsvereinigungen bei der Kartellbehörde die Anerkennung von Änderungen und Ergänzungen beantragen.

88 (1) Änderungen und Ergänzungen, die nach § 1 verboten und nicht nach den §§ 2 und 3 freigestellt sind, ist analog § 26 Abs. 2 die Anerkennung zu versagen.

89 (2) Die Anerkennung von Ergänzungen und Änderungen, die gegen andere Vorschriften des GWB, gegen das UWG oder gegen sonstige Rechtsvorschriften verstoßen, ist analog § 26 Abs. 2 abzulehnen.

---

[192] *Kellermann* in: Immenga/Mestmäcker, GWB, § 24 Rn. 68; ähnlich *Schultz* in: Langen/Bunte, Kommentar zum deutschen und europäischen Kartellrecht, § 24 Rn. 30; a.A. *Bechtold*, GWB, § 24 Rn. 15.
[193] FK/*Hellmann*/*Schütt* § 24 Rn. 53.

(3) Für Änderungen und Ergänzungen, die sich auf die Untersagung weiterer Formen 90
unlauteren Wettbewerbs beschränken, kann aus denselben Gründen wie beim erstmaligen
Antrag auf Anerkennung von Wettbewerbsregeln die Anerkennung beantragt werden. Das
Anerkennungsverfahren ist weder auf wesentliche Änderungen und Ergänzungen zu beschränken,[194] noch auf solche, die an sich den Tatbestand des § 1 erfüllen, jedoch nach den
§§ 2, 3 freigestellt sind.

X. Verbindlichkeit von Wettbewerbsregeln

1. Verbindlichkeit für Verbandsmitglieder

Wettbewerbsregeln werden nicht ohne weiteres durch die Aufstellung durch Verbände 91
oder durch ihre Anerkennung durch Kartellbehörden für die Verbandsmitglieder verbindlich.[195] Die bloße Aufstellung von Wettbewerbsregeln kann auch nicht ohne weiteres als
Empfehlung bewertet werden; denn andernfalls wäre fast jede Aufstellung von Wettbewerbsregeln, die nicht nur unlauteren Wettbewerb beschränken, ein Verstoß gegen das
Verbot abgestimmten Verhaltens. Vielmehr erlangen Wettbewerbsregeln erst durch eine
entsprechende Vereinbarung mit den Verbandsmitgliedern Verbindlichkeit. Dies kann
durch Verbandssatzung, die bestehende oder zukünftige Wettbewerbsregeln für verbindlich
erklärt, oder durch einen entsprechenden Verbandsbeschluss geschehen. Verbände können
sich allerdings auch darauf beschränken, die Einhaltung von Wettbewerbsregeln nur zu
empfehlen.

Um Missverständnisse und Kartellverstöße zu vermeiden, hat das BKartA angeregt, 92
durch eine entsprechende Fassung der Wettbewerbsregeln oder in anderer geeigneter Weise
darauf hinzuwirken, dass Wettbewerbsregeln nicht schon durch die bloße Aufstellung oder
Anerkennung verbindlich werden bzw. als Empfehlung zu verstehen sind.[196]

Vereinbarungen über Wettbewerbsregeln, die die Voraussetzungen des § 1 erfüllen und 93
nicht nach den §§ 2 und 3 freigestellt sind, sind nach § 134 BGB nichtig. Sie sind außerdem nach § 81 Abs. 2 Nr. 1 ordnungswidrig.

Unternehmen, die sich über verbindliche Wettbewerbsregeln ihres Verbandes hinwegsetzen, verschaffen sich vor Mitbewerbern, die ebenfalls diesem Verband angehören und gebunden sind, einen ungerechtfertigten Wettbewerbsvorsprung und verstoßen damit gegen
§ 3 UWG.[197]

Durch **Mehrheitsbeschlüsse** von Verbänden können Wettbewerbsregeln gegenüber 95
den Verbandsmitgliedern nur verbindlich gemacht werden, wenn dafür eine ausdrückliche
und deutliche satzungsmäßige Ermächtigung besteht.[198] Eine solche Ermächtigung kann
auch durch satzungsändernden Beschluss begründet werden, für den nach § 33 BGB eine
³/₄-Mehrheit genügt, wenn die Satzung nichts anderes bestimmt.[199] Zwar muss bei
schwerwiegenden Eingriffen, die den Mitgliedern unzumutbar sind, eine Satzungsänderung
einstimmig erfolgen.[200] Dies wird jedoch für **Mehrheitsbeschlüsse** über Wettbewerbsregeln i. S. v. § 24 Abs. 2 i. d. R. nicht zutreffen.[201]

---

[194] A. A. *Kellermann* in: Immenga/Mestmäcker, GWB, § 24 Rn. 72.
[195] BKartA Tätigkeitsbericht 1959, S. 52 (d); *Lukes* DB 1968, 427, 428 ff.
[196] BKartA Tätigkeitsbericht 1959, S. 52.
[197] Vgl. *v. Gamm* Kartellrecht §§ 28–33 Rn. 18; FK/*Hellmann/Schütt* § 26 Rn. 20 ff., 24; a. A. wohl BGH GRUR 2007, 772 Rn. 19, 20 – Probeabonnement
[198] *Baur* ZHR 141 (1977), 293, 299; GK/*Franzen/Mees* § 29 Rn. 4; *Kellermann* in: Immenga/Mestmäcker, GWB, § 26 Rn. 24.
[199] *Benisch*, Schwerpunkte des Kartellrechts 1975/76, S. 39 ff., 50; *Kellermann* in: Immenga/Mestmäcker, GWB, § 26 Rn. 29; krit. *Baur* ZHR 141 (1977), 293, 299.
[200] BGH WM 1980, 1064.
[201] *Kellermann* in: Immenga/Mestmäcker, GWB, § 26 Rn. 29, 30.

96 Gegen die Unterwerfung von Verbandsmitgliedern unter Wettbewerbsregeln durch Mehrheitsbeschlüsse hat das BKartA kartellrechtliche Bedenken geäußert.[202] Die h. M. im Schrifttum hält hingegen Mehrheitsbeschlüsse über Wettbewerbsregeln ganz überwiegend für zulässig.[203] Man beruft sich zutreffend darauf, dass es im Widerspruch zum Zweck von Wettbewerbsregeln i. S. d. §§ 24 ff. stünde, wenn sie nicht durch Mehrheitsbeschluss für alle Verbandsmitglieder verbindlich werden könnten.[204] Denn der wohl größte Teil von Wettbewerbsregeln lässt sich nur durch Mehrheitsbeschlüsse durchsetzen. Es wäre den Verbandsmitgliedern, die dafür gestimmt haben, unzumutbar, wenn nur sie an solche Mehrheitsbeschlüsse gebunden wären.

97 Soweit die kartellrechtlichen Bedenken näher präzisiert werden – was z. B. das BKartA nicht getan hat – überzeugen sie nicht. Die Voraussetzungen von § 1 werden durch Mehrheitsbeschlüsse nicht erfüllt. Denn bei Wettbewerbsregeln, die sich auf die Untersagung unlauteren Wettbewerbs beschränken, sind ohnehin keine kartellrechtlichen Bedenken erkennbar, auch wenn die Verbindlichkeit durch Mehrheitsbeschluss herbeigeführt worden ist. Aber auch bei Wettbewerbsregeln, die nach den §§ 2, 3 freigestellt und nach § 26 anerkannt sind, erfüllen Mehrheitsbeschlüsse, die für alle Verbandsmitglieder gelten, keine kartellrechtlichen Verbotstatbestände.

98 Auch aus § 20 Abs. 6 (früher § 27) ergeben sich keine kartellrechtlichen Bedenken.[205] Zwar kann ein Unternehmen einer nicht genehmen Wettbewerbsregel nur durch Austritt aus seinem Verband bzw. durch Nichteintritt in diesen entgehen. Die Tatsache, dass sich ein Unternehmen, das die Wettbewerbsregeln eines Verbandes nicht billigt, sich diesen nur durch Nichteintritt in den Verband bzw. durch Beendigung der Verbandsmitgliedschaft entziehen kann, steht jedoch nicht im Widerspruch zu § 20 Abs. 6. Denn dieselbe Situation besteht nicht nur bei Wettbewerbsregeln, sondern auch bei allen anderen Verbandsangelegenheiten, über die die Mitgliederversammlung oder auch nur ein Vorstand entscheidet, in vergleichbarer Weise. Wer die Vorteile eines Verbandes genießen will, muss die damit verbundenen Pflichten hinnehmen. Nur insoweit schützt § 20 Abs. 6 das Interesse von Unternehmen, in Verbänden aufgenommen zu werden. D. h., wer einem Verband, zu dessen satzungsmäßigen Aufgaben ausdrücklich oder auf Grund allgemeiner Regelungen auch die Aufstellung von Wettbewerbsregeln gehört, in Kenntnis dieser Zweckbestimmung beigetreten ist, kann kein nach § 20 Abs. 6 geschütztes Interesse an der Aufrechterhaltung der Mitgliedschaft geltend machen, wenn er sich gleichzeitig weigert, sich den durch Mehrheitsbeschluss aufgestellten Wettbewerbsregeln zu unterwerfen.

99 Schließlich wurden kartellrechtliche Bedenken noch auf das Verbot des § 21 Abs. 3 Nr. 1 (früher § 25 Abs. 3 Nr. 1) gestützt, das den Grundsatz der Freiwilligkeit statuiert.[206] Dem ist entgegenzuhalten, dass die §§ 24 ff. Verbandsrecht anerkennen, so dass die Verbindlichkeit ordnungsgemäß gefasster Mehrheitsbeschlüsse, die nach den §§ 2, 3 vom Kartellverbot freigestellt sind, keinen Zwang i. S. v. § 20 Abs. 3 Nr. 1 darstellen. Zwang

---

[202] BKartA Tätigkeitsbericht 1958, S. 59; Tätigkeitsbericht 1959, S. 52 (e); Tätigkeitsbericht 1979/80, S. 61; einschränkend das BKartA bei Wettbewerbsregeln mit Lauterkeitsbezug in einem nicht veröffentlichten Beschluss vom 2. 9. 1982 – *Abonnentenwerbung* (zitiert nach FK/*Hellmann/Schütt* § 26 Rn. 14).

[203] Vgl. GK/*Franzen/Mees* § 29 Rn. 4; FK/*Hellmann/Schütt* § 26 Rn. 11 ff.; *Kellermann* in: Immenga/Mestmäcker, GWB, § 26 Rn. 24, 28, 29; *Lukes* DB 1968, 427, 430; *Möschel*, Recht der Wettbewerbsbeschränkungen, Rn. 370; *Rittner/Kulka*, Wettbewerbs- und Kartellrecht, § 12 Rn. 12; *Scheel*, Diss. S. 28; *Walde*, Diss., S. 182 ff.; a. A. *Müller/Gießler/Scholz* § 29 Rn. 2.

[204] *Kellermann* in: Immenga/Mestmäcker, GWB, § 26 Rn. 25.

[205] GK/*Franzen/Mees* § 29 Rn. 4; FK/*Hellmann/Schütt* § 26 Rn. 16; *Kellermann* in: Immenga/Mestmäcker, GWB, § 26 Rn. 26; *Möschel*, Recht der Wettbewerbsbeschränkungen, Rn. 370; *Walde*, Diss., S. 184.

[206] A. A. GK/*Franzen/Mees* § 29 Rn. 4; FK/*Hellmann/Schütt* § 26 Rn. 15; *Möschel*, Recht der Wettbewerbsbeschränkungen, Rn. 370; *Dethloff*, Diss., S. 28; *Walde*, Diss., S. 183.

erfordert ein intensiveres Druckmittel als die Notwendigkeit, unerwünschten Wettbewerbsregeln durch Verzicht auf Mitgliedschaft in einem Verband zu entgehen.[207] Außerdem scheidet ein Zwang auch schon deshalb aus, weil der Verbandsbeitritt freiwillig erfolgte und die Verbindlichkeit von Wettbewerbsregeln nur die Folge des feiwilligen Beitritts ist.[208]

2. Auswirkungen von Wettbewerbsregeln auf Verbandsaußenseiter

a) Anerkannte Wettbewerbsregeln können unmittelbare Verbindlichkeit nur gegenüber Verbandsmitgliedern, jedoch nicht gegenüber Außenseitern erlangen.[209] Deshalb sind Wettbewerbshandlungen von Außenseitern, die im Widerspruch zu Wettbewerbsregeln stehen, nicht schon wegen der Abweichung von Wettbewerbsregeln ohne weiteres unlauter.[210] Sie erlangen durch die Anerkennung nach § 26 GWB keine Rechtnormqualität.[211] Wettbewerbsregeln können auch nicht mit verbindlicher Wirkung für Gerichte festlegen, welche Wettbewerbshandlungen unlauter sind.[212] Dies gilt insbesondere für solche Wettbewerbsregeln, die über eine Konkretisierung des Rechts gegen den unlauteren Wettbewerb hinausgehen, indem sie als Lauterkeitsregeln mit mittelbarem Lauterkeitsbezug an sich lautere Wettbewerbshandlungen, die jedoch die Tendenz zur Unlauterkeit haben, verbieten oder als Leistungswettbewerbsregeln über das Lauterkeitsrecht hinaus den leistungsgerechten Wettbewerb schützen und fördern.

Verstöße gegen Wettbewerbsregeln mit unmittelbarem Lauterkeitsbezug, d. h. solche, die unlauteren Wettbewerb verbieten, sind hingegen zugleich Verstöße gegen das UWG, so dass diese Vorschriften – allerdings unabhängig von Wettbewerbsregeln – unmittelbar anwendbar sind. Die Auslegung dieser Vorschriften kann jedoch auch durch Wettbewerbsregeln beeinflusst werden,[213] so dass sich Wettbewerbsregeln mittelbar auf diesem Wege auch auf Außenseiter auswirken können.

b) Wettbewerbsregeln, die über die Verbote des Wettbewerbsrechts hinausgehen, beschränken die an sich gegebene wettbewerbliche Handlungsfreiheit der Verbandsmitglieder und benachteiligen sie insoweit im Verhältnis zu Außenseitern. Sie können Wettbewerbsverzerrungen zulasten der an Wettbewerbsregeln gebundenen Verbandsmitglieder zur Folge haben. Deshalb ist immer wieder die Möglichkeit der **Allgemeinverbindlicherklärung**

---

[207] GK/*Franzen/Mees* § 29 Rn. 4; vgl. auch BGH WuW/E BGH 1740, 1745 f. – *Rote Liste.*
[208] *Dethloff,* Diss., S. 28; vgl. auch *Walde,* Diss., S. 183.
[209] *Baur* ZHR 141 (1977) 293, 296; FK/*Hellmann/Schütt* § 26 Rn. 18, 25; *Kellermann* in: Immenga/Mestmäcker, GWB, § 26 Rn. 35; *Müller/Gießler/Scholz* § 29 Rn. 3; *Rittner/Kulka,* Wettbewerbs- und Kartellrecht, § 12 Rn. 10, 11; *Scheel,* Diss., S. 30.
[210] BGH GRUR 2006, 772 Rn. 19, 20 – *Probeabonnement;* Harte/Henning/*Schünemann,* UWG, § 3 Rn. 100; *Merkel* BB 1977, 473, 475; *ders.* BB 1977, 705 f.
[211] BGH GRUR 2006, 772 Rn. 20, 21 – *Probeabonnement;* zustimmend *Bunte* Anm. in LMK 2006, 189309.
[212] *Kellermann* in: Immenga/Mestmäcker, GWB, § 26 Rn. 43.
[213] BKartA Tätigkeitsbericht 1976, 34; BGH WuW/E BGH 1466 = GRUR 1977, 619, 621 – *Eintrittsgeld;* BGH GRUR 2006, 772 Rdn. 19 – *Probeabonnement;* LG Saarbrücken WRP 1977, 132; *Bunte* LMK 2006, 189309 *Dreyer* WRP 2007, 1294; GK/*Franzen/Mees* § 28 Rn. 10; FK/ *Hellmann/Schütt* § 26 Rn. 25; *v. Friesen* DB 1978 Beil. 6, S. 15; *v. Gamm,* Kartellrecht §§ 28–33 Rn. 18; Harte/Henning/*Schünemann,* UWG, § 3 Rn. 101; Hefermehl/*Köhler*/Bornkamm, Wettbewerbsrecht, § 4 UWG Rn. 11.30 *Kartte* MA 1975, 198; *Mees* WRP 1985, 373, 374 (2. b); *ders.* GRUR 1981, 878, 881; *Sack* WRP 2001, 595, 614; *Scheel,* Diss., S. 30; vgl. auch BGH GRUR 1977, 257, 259 = WuW/E BGH 1485 – *Schaufensteraktion* (dazu *Sack* WRP 1975, 261 ff.); BGH GRUR 1991, 462, 463 – *Werberichtlinien der Privatwirtschaft;* BGH GRUR 2002, 548, 550 – *Mietwagenkostenersatz;* vgl. ferner schon RG JW 1938, 2978; krit. *Baur* ZHR 141 (1977), 293, 300 f.; *Kroitzsch* BB 1977, 220 ff.; *Müller/Gießler/Scholz* § 28 Rn. 5; § 29 Rn. 3; a. A. Fezer/*Götting,* UWG, § 4–11 Rn. 46.

§ 25 GWB 10. Teil. Gesetz gegen Wettbewerbsbeschränkungen

von Wettbewerbsregeln gefordert worden,[214] wobei die Allgemeinverbindlichkeit sowohl durch eine Verordnung als auch durch eine Änderung des UWG, z. B. durch eine entsprechende Erweiterung der Generalklausel des UWG, bewirkt werden könne.[215] Die h. M. lehnt dies jedoch ab.[216]

103 Diesen Ausführungen de lege ferenda ist vor allem der Schutz der **negativen Koalitionsfreiheit** durch Art. 9 GG entgegengehalten worden.[217] Das überzeugt allerdings nicht (mehr), nachdem das BVerfG die Allgemeinverbindlicherklärung von Tarifverträgen für vereinbar mit der negativen Koalitionsfreiheit hält.[218]

104 Außerdem wurde eingewendet, dass Allgemeinverbindlicherklärungen privatautonome und hoheitliche Kompetenz und damit öffentliche und private, namentlich branchenorientierte Interessen, unzutreffend miteinander vermischen.[219] Behörden bekämen ein Lenkungsinstrument in die Hand, das den gesamten Wettbewerb zu ihrer Veranstaltung machen würde. Die Folge wäre eine Erstarrung der Wettbewerbsdynamik.[220] Man dürfe die Kartellbehörden nicht zum Ersatzgesetzgeber machen.[221]

105 Ferner bestehe die Gefahr, dass ursprünglich gerechtfertigte Wettbewerbsregeln durch eine Veränderung der Marktverhältnisse ihren Zweck verfehlen und die Funktionsfähigkeit des Wettbewerbs beeinträchtigen.[222] Diesem Einwand kann allerdings mit § 26 Abs. 4 Rechnung getragen werden; bei solchen Wettbewerbsregeln sollte, unabhängig von einer Allgemeinverbindlicherklärung, in jedem Fall die Anerkennung widerrufen werden.

106 Schließlich wird auf die – bislang noch – ungenügende Beteiligung von Außenseitern nach § 25 beim Verfahren der Anerkennung von Wettbewerbsregeln hingewiesen. Sie müssten auch beim Verfahren der Allgemeinverbindlicherklärung ausreichend beteiligt werden.[223]

§ 25 Stellungnahme Dritter

¹Die Kartellbehörde hat nichtbeteiligten Unternehmen der gleichen Wirtschaftsstufe, Wirtschafts- und Berufsvereinigungen der durch die Wettbewerbsregeln betroffenen Lieferanten und Abnehmer sowie den Bundesorganisationen der beteiligten Wirtschaftsstufen Gelegenheit zur Stellungnahme zu geben. ²Gleiches gilt für Ver-

---

[214] Stellungnahme der BReg zum BKartA-Tätigkeitsbericht 1976, S. IV; *Dörinkel* WuW 1971, 607, 613 f. (unter Hinweis auf eine entsprechende holländische Regelung); *Sölter* WRP 1977, 445, 453; *v. Friesen* DB, Beil. 6, S. 17 ff., 20; ebenso unter Präzisierung der Voraussetzungen einer Allgemeinverbindlicherklärung *Benisch*, Schwerpunkte des Kartellrechts 1975/76, S. 39, 50 f.
[215] Zu Letzterem der Gesetzentwurf der CDU/CSU-Fraktion zur Änderung des UWG BT-Drucks. 8/1670 = WRP 1978, 353, 356; *Merkel* BB 1977, 473, 474; *ders.* BB 1977, 705, 707 f.; *ders.* BB 1977, 1176, 1177.
[216] *Monopolkommission* Sondergutachten 7, 1977 Rn. 27, 238 ff.; BKartA Tätigkeitsbericht 1976, S. 34; BKartA Tätigkeitsbericht 1977, S. 35; *Baur* ZHR 141 (1977), 293, 305 f.; *Burchardi/Wolf* WuW 1977, 743; *Hönn* GRUR 1977, 141, 147; *Kreiterling* S. 116 ff.; *Mestmäcker*, Der verwaltete Wettbewerb, 1984, S. 26 ff.; *Möschel*, Recht der Wettbewerbsbeschränkungen, Rn. 362, S. 204; *Müller/Gießler/Scholz* § 29 Rn. 3 a. E.; *Oehler*, Wettbewerbsregeln, S. 79 f.; *Rittner/Kulka*, Wettbewerbs- und Kartellrecht, § 12 Rn. 19; *Wirtz*, Werbung und Marktleistung, 1979, S. 111 ff.; sehr kritisch auch *Herschel* DB 1978, 1017 ff.
[217] Vgl. *Merkel* BB 1977, 1176 f.; *Rittner/Kulka*, Wettbewerbs- und Kartellrecht, § 12 Rn. 19.
[218] BVerfG NJW 1977, 2255, 2258 f.; BVerfG NJW 1981, 215 ff.; a. A. wegen der Unterschiede von Tarifvertragsparteien und Wirtschafts- und Berufsvereinigungen i. S. d. §§ 24 ff. GWB *v. Friesen* DB 1978, Beil. 6, S. 18.
[219] *Rittner/Kulka*, Wettbewerbs- und Kartellrecht, § 12 Rn. 19.
[220] *Rittner/Kulka*, Wettbewerbs- und Kartellrecht, § 12 Rn. 19.
[221] *Hönn* GRUR 1977, 141, 147; *Kellermann* in: Immenga/Mestmäcker, GWB, § 26 Rn. 50.
[222] *Baur* ZHR 141 (1977), 293, 305 f.; *Kellermann* in: Immenga/Mestmäcker, GWB, § 26 Rn. 36.
[223] *Baur* ZHR 141 (1977), 293, 306 ff.

braucherzentralen und andere Verbraucherverbände, die mit öffentlichen Mitteln gefördert werden, wenn die Interessen der Verbraucher erheblich berührt sind. ³Die Kartellbehörde kann eine öffentliche mündliche Verhandlung über den Antrag auf Anerkennung durchführen, in der es jedermann freisteht, Einwendungen gegen die Anerkennung zu erheben.

Übersicht

	Rn.
I. Anhörungsverfahren	1
II. Mündliche Verhandlung	4

I. Anhörungsverfahren

Wettbewerbsregeln können sich nicht nur auf Mitglieder der betreffenden Wirtschafts- und Berufsvereinigungen, sondern auch auf andere Unternehmen derselben Branche (Außenseiter) und derselben Wirtschaftsstufe sowie auf Lieferanten und Abnehmer der Verbandsmitglieder auswirken. Deshalb gewährt § 25 S. 1 nichtbeteiligten Unternehmen derselben Wirtschaftsstufe, Verbänden der betroffenen Lieferanten und Abnehmer sowie Bundesorganisationen der beteiligten Wirtschaftsstufen das Recht zur Stellungnahme. Nach § 25 S. 2 ist auch Verbraucherzentralen und anderen Verbraucherverbänden, die mit öffentlichen Mitteln gefördert werden, wenn die Interessen der Verbraucher erheblich berührt sind, die Gelegenheit zur Stellungnahme zu geben. Mit dieser Neuregelung soll der oftmals erheblichen verbraucherpolitischen Bedeutung von Wettbewerbsregeln Rechnung getragen werden. Dementsprechend besteht eine Pflicht der Kartellbehörden zur Anhörung. Damit soll verfahrensmäßig abgesichert werden, dass keine für die Anerkennung nach § 26 Abs. 1 u. 2 relevanten Gesichtspunkte übersehen werden. Eine Aufstellung der berechtigten Unternehmen und Verbände muss nach § 24 Abs. 4 S. 2 Nr. 3 bereits dem Anerkennungsantrag beigefügt sein. Die Kartellbehörde hat jedoch auch Unternehmen und Verbänden i. S. v. § 25, die nicht im Anerkennungsantrag benannt sind, die Gelegenheit zur Stellungnahme zu geben.

Die Kartellbehörde ist nicht verpflichtet, die Unternehmen und Verbände i. S. v. § 25 einzeln und ausdrücklich zur Stellungnahme aufzufordern.[1] Für ihre Information genügt die Bekanntmachung der Anträge im Bundesanzeiger oder elektronischen Bundesanzeiger nach § 27 Abs. 2 Nr. 1, die Aufforderung zur Stellungnahme, ebenfalls im **Bundesanzeiger oder elektronischen Bundesanzeiger,** sowie die Auslegung zur öffentlichen Einsichtnahme nach § 27 Abs. 3.[2] Ein Mangel des Anhörungsverfahrens beeinflusst grundsätzlich nicht die Wirksamkeit der Anerkennung von Wettbewerbsregeln.[3]

Wenn die Kartellbehörde einer Stellungnahme nicht Rechnung trägt, so ist sie nicht verpflichtet, dies gegenüber den betreffenden Unternehmen oder Vereinigungen zu begründen.[4] Zu begründen ist nur im Rahmen der allgemeinen Begründungspflicht nach § 61 die Verfügung. Die Anhörungsberechtigten haben als solche kein eigenes Beschwerderecht.[5]

---

[1] *Bechtold*, GWB, § 25 Rn. 2; *Müller/Gießler/Scholz* § 30 Rn. 1; a. A. FK/*Hellmann/Schütt* § 25 Rn. 5.

[2] *Müller/Gießler/Scholz* § 30 Rn. 1; *Schultz* in: Langen/Bunte, Kommentar zum deutschen und europäischen Kartellrecht, § 25 Rn. 1; a. A. FK/*Hellmann/Schütt* § 25 Rn. 5; *Kellermann* in: Immenga/Mestmäcker, GWB, § 25 Rn. 7, 8.

[3] *Kellermann* in: Immenga/Mestmäcker, GWB, § 25 Rn. 8.

[4] *Bechtold*, GWB, § 25 Rn. 2.

[5] BGHZ 46, 168, 185 f. = WuW/E BGH 767 – *Bauindustrie;* BGH NJW 1968, 1723 = GRUR 1968, 710, 711 (II.1.) – *Fahrlehrer-Verband.*

II. Mündliche Verhandlung

4   Die Kartellbehörde **kann** nach § 25 S. 3 eine öffentliche mündliche Verhandlung über den Antrag auf Anerkennung von Wettbewerbsregeln durchführen. Eine Pflicht zur Durchführung besteht jedoch nicht. Bei der öffentlichen mündlichen Verhandlung können nicht nur von den zur Stellungnahme berechtigten Unternehmen und Verbänden, sondern von **jedermann** Einwendungen gegen die Anerkennung erhoben werden. Die Anberaumung eines Termins zur mündlichen Verhandlung ist nach § 27 Abs. 2 Nr. 2 im Bundesanzeiger oder elektronischen Bundesanzeiger bekannt zu machen.

§ 26 Anerkennung

(1) ¹**Die Anerkennung erfolgt durch Verfügung der Kartellbehörde.** ²Sie hat zum Inhalt, dass die Kartellbehörde von den ihr nach dem Sechsten Abschnitt zustehenden Befugnissen keinen Gebrauch machen wird.

(2) Soweit eine Wettbewerbsregel gegen das Verbot des § 1 verstößt und nicht nach den §§ 2 und 3 freigestellt ist oder andere Bestimmungen dieses Gesetzes, des Gesetzes gegen den unlauteren Wettbewerb oder eine andere Rechtsvorschrift verletzt, hat die Kartellbehörde den Antrag auf Anerkennung abzulehnen.

(3) Wirtschafts- und Berufsvereinigungen haben die Außerkraftsetzung von ihnen aufgestellter, anerkannter Wettbewerbsregeln der Kartellbehörde mitzuteilen.

(4) **Die Kartellbehörde hat die Anerkennung zurückzunehmen oder zu widerrufen,** wenn sie nachträglich feststellt, dass die Voraussetzungen für die Ablehnung der Anerkennung nach Absatz 2 vorliegen.

Übersicht

	Rn.		Rn.
I. Die Anerkennung nach § 26 Abs. 1	1	bb) Wettbewerbsregeln mit mittelbarem Lauterkeitsbezug	21
1. Anerkennung durch Verfügung	1	cc) Leistungswettbewerbsregeln	23
2. Teilanerkennung und Teilablehnung; Bedingungen und Auflagen	4	b) Verstöße gegen andere Vorschriften des GWB	24
3. Bekanntmachungen im Bundesanzeiger	6	c) Verstöße gegen das UWG	25
4. Beschwerden gegen die Anerkennung oder Ablehnung der Anerkennung	7	d) Verstöße gegen andere Rechtsvorschriften	28
II. Voraussetzungen und Rechtsfolgen der Anerkennung nach § 26 Abs. 2	9	e) Speziell: Verstöße gegen Artikel 81 EG	29
1. Allgemeine Anmerkungen	9	aa) Lauterkeitsregeln mit unmittelbarem Lauterkeitsbezug	30
2. Nicht anerkennungsfähige Wettbewerbsregeln, § 26 Abs. 2	15	bb) Sonstige Wettbewerbsregeln	36
a) Verstöße gegen § 1	17	III. Mitteilung außer Kraft getretener Wettbewerbsregeln, § 26 Abs. 3	38
aa) Wettbewerbsregeln mit unmittelbarem Lauterkeitsbezug	17	IV. Rücknahme und Widerruf der Anerkennung, § 26 Abs. 4	39

I. Die Anerkennung von Wettbewerbsregeln nach § 26 Abs. 1

1. Anerkennung durch Verfügung

1   Die Anerkennung von Wettbewerbsregeln, die die Voraussetzungen des § 24 Abs. 2 erfüllen, erfolgt durch Verfügung der Kartellbehörde. Die Voraussetzungen der Anerkennung regelt § 26. Sonstige Voraussetzungen einer solchen Verfügung, insbesondere den Begründungszwang und die Rechtsbelehrung, bestimmt § 61.

2   Für die Entscheidung über die Anerkennung von Wettbewerbsregeln, die über das Gebiet eines Bundeslandes hinausreichen, ist nach § 48 Abs. 2 S. 1 das BKartA zuständig; für

§ 26. Anerkennung 3–5 § 26 GWB

Wettbewerbsregeln, deren Wirkungen sich auf ein Bundesland beschränken, ist es die zuständige Landeskartellbehörde, § 48 Abs. 2 S. 2.

Die Anerkennung hat nach § 26 Abs. 1 S. 2 zum Inhalt, dass die Kartellbehörde von den ihr nach dem Sechsten Abschnitt zustehenden Befugnissen keinen Gebrauch machen wird. Die Anerkennung ist nach § 26 Abs. 2 abzulehnen, wenn eine Wettbewerbsregel gegen § 1 verstößt, ohne nach den §§ 2 und 3 freigestellt zu sein, oder wenn sie eine andere Rechtsvorschrift verletzt. Eine Wettbewerbsregel, die nach den §§ 2, 3 freigestellt ist und keine anderen Rechtsvorschriften verletzt, muss anerkannt werden. Anerkennungen aus der Zeit vor der 7. GWB-Novelle sind nach § 131 Abs. 2 i. V. m. § 131 Abs. 2 am 31. 12. 2007 unwirksam geworden. Sie sollten daher erneut zur Anerkennung angemeldet werden.[1]

2. Teilanerkennung und Teilablehnung; Bedingungen und Auflagen

Wenn die Kartellbehörde aus einem Bündel von Wettbewerbsregeln, deren Anerkennung beantragt worden ist, nur einzelne ablehnen will, kann sie – sofern der Antrag nicht zuvor freiwillig entsprechend beschränkt worden ist – eine Teilanerkennung bzw. eine Teilablehnung aussprechen.[2] Unzulässig ist es hingegen, die Anerkennung von Wettbewerbsregeln, die die Voraussetzungen der §§ 24, 26 erfüllen, mit Bedingungen und Auflagen zu verbinden.[3] Die entgegenstehende frühere Praxis des BKartA[4] ist vom BGH 1984 in einer grundlegenden Entscheidung für unzulässig erklärt worden.[5] Das BKartA hat daraufhin allen betroffenen Verbänden mitgeteilt, dass es an seinen bisherigen Auflagen nicht festhalte.[6] Bei den vom BKartA verfügten Auflagen handelte es sich um Berichts- und Auskunftspflichten der Verbände über die praktische Handhabung von Wettbewerbsregeln. Damit wollte sich das BKartA die Prüfung erleichtern, ob Wettbewerbsregeln noch die Voraussetzungen von § 28 Abs. 2 a. F. (jetzt § 24 Abs. 2) und § 31 Abs. 1 a. F. (ähnlich jetzt § 26 Abs. 2) erfüllen oder eine Löschung nach § 31 Abs. 3 a. F. (jetzt § 26 Abs. 4) erforderlich ist.[7] Der BGH vermisste mit Recht eine Rechtsgrundlage für solche Bedingungen und Auflagen. Die vom BKartA genannte Rechtsgrundlage des § 46 a. F. (jetzt § 59) rechtfertigt zwar Auskunftsverlangen, jedoch nicht, sie zum Inhalt von Auflagen zu machen.[8] Auch § 36 VwVfG bietet bei der Anerkennung von Wettbewerbsregeln keine Rechtsgrundlage für Auflagen und Bedingungen, da diese nicht der Erfüllung einer Anerkennungsvoraussetzung, sondern der Vorbereitung einer Rücknahme oder Widerrufserklärung nach § 26 Abs. 4 dient.[9]

Weiterhin zulässig bleiben jedoch Auflagen, wenn die Anerkennung ohne die Auflage von der Kartellbehörde abzulehnen wäre. Sie hat die Berechtigung, Auflagen zu erteilen, die notwendig sind, um zu erreichen und durchzusetzen, dass Wettbewerbsregeln, insbesondere solche mit nicht eindeutigem Inhalt, in der Praxis nicht einen von der Anerkennungsverfügung abweichenden Sinn und Zweck erhalten.[10]

---

[1] *Kellermann* in: Immenga/Mestmäcker, GWB, § 26 Rn. 56; *Möhlenkamp* WuW 2008, 428, 439.
[2] *Bechtold*, GWB, § 26 Rn. 6.
[3] BGHZ 91, 178 = WuW/E BGH 2095 – *Abonnentenwerbung*; *Bechtold*, GWB, § 26 Rn. 6; *Emmerich*, Kartellrecht, § 26 Rn. 19; FK/*Hellmann/Schütt* § 26 Rn. 26.
[4] Vgl. den Ausgangsfall in BGHZ 91, 178 – *Abonnentenwerbung*; ebenso BKartA WuW/E BKartA 96, 102 f. – *Kohleneinzelhandel*; 1327, 1350 – *Tapetenhandel*; 1633, 1642 – *Markenverband*.
[5] BGHZ 91, 178 = WuW/E BGH 2095.
[6] BKartA Tätigkeitsbericht 1983/84, S. 36, 45.
[7] Vgl. BKartA WuW/E BKartA 1633, 1642 (III. 1.) – *Markenverband*; 96, 102 f. – *Kohleneinzelhandel*.
[8] BGHZ 91, 178, 183 – *Abonnentenwerbung*.
[9] BGHZ 91, 178, 181 f.
[10] *Kellermann* in: Immenga/Mestmäcker, GWB, § 26 Rn. 39.

3. Bekanntmachungen im Bundesanzeiger oder elektronischen Bundesanzeiger, § 27

6 Anträge auf Anerkennung nach § 24 Abs. 3 und die Anerkennung von Wettbewerbsregeln sowie ihre Änderungen und Ergänzungen sind nach § 27 Abs. 2 Nr. 1 und 3 im Bundesanzeiger oder elektronischen Bundesanzeiger bekannt zu machen. Die in der ursprünglichen Fassung der §§ 28 ff. vorgesehene Eintragung von Wettbewerbsregeln in ein besonderes Register ist 1985 auf Grund des Gesetzes zur Bereinigung wirtschaftsrechtlicher Vorschriften entfallen.[11] Stattdessen werden Wettbewerbsregeln von den Kartellbehörden unter den Voraussetzungen des § 26 Abs. 2 anerkannt und nach § 27 Abs. 2 im Bundesanzeiger oder elektronischen Bundesanzeiger bekannt gemacht.

4. Beschwerden gegen die Anerkennung und Ablehnung der Anerkennung

7 Gegen die **Ablehnung** der Anerkennung kann der antragstellende Verband Beschwerde einlegen.

8 Gegen die **Anerkennung** von Wettbewerbsregeln haben Unternehmen und Verbände das Rechtsmittel der Beschwerde, wenn sie sich gegen die Anerkennung gewandt haben und zu den Verfahren beigeladen waren, § 63 Abs. 2 i.V.m. § 54 Abs. 2 Nr. 3. Eine Beschwerde gegen die Anerkennung von Wettbewerbsregeln hat keine aufschiebende Wirkung, da § 26 Abs. 1 in § 64 nicht erwähnt wird.

II. Voraussetzungen und Rechtsfolgen der Anerkennung nach § 26 Abs. 2

1. Allgemeine Anmerkungen

9 § 26 Abs. 2 bestimmt, unter welchen Voraussetzungen die Anerkennung einer Wettbewerbsregel **abgelehnt** werden muss. Damit regelt sie zugleich mittelbar zusammen mit § 24 Abs. 2 die **Voraussetzungen der Anerkennung.** Die Anerkennung einer Wettbewerbsregel ist **abzulehnen,** wenn sie eine Rechtsvorschrift verletzt; bei einem Verstoß gegen § 1 ist die Anerkennung abzulehnen, wenn die Wettbewerbsregel nicht nach den §§ 2 u. 3 freigestellt ist. Danach ist eine Wettbewerbsregel **anzuerkennen,** wenn sie keine Rechtsvorschrift verletzt. Bei einem Verstoß gegen § 1 ist sie anzuerkennen, wenn die Freistellungsvoraussetzungen von § 2 oder § 3 erfüllt sind.

10 § 26 Abs. 2 ist durch die 7. GWB-Novelle neu gefasst worden. Die Neuregelung unterscheidet sich ganz erheblich von der früheren Fassung des § 26 Abs. 2. Durch die Neufassung ist § 26 Abs. 2 dem das neue GWB beherrschenden Grundsatz der **Legalausnahme** ohne Administrativfreistellungsmöglichkeit angepasst worden. Das bedeutet in erster Linie, dass keine Freistellung durch die Kartellbehörde mehr nötig und möglich ist. Die Freistellung vom Verbot des § 1 erfolgt in Zukunft **ex lege,** wenn die Voraussetzungen von § 2 oder § 3 erfüllt sind.

11 Neu ist auch, dass Wettbewerbsregeln, die gegen das Verbot des § 1 verstoßen, nur noch unter den Voraussetzungen von § 2 und § 3 freigestellt sind und anerkannt werden. Die §§ 24 ff. enthalten **keinen eigenständigen** Freistellungstatbestand mehr.

12 Wenn Wettbewerbsregeln gegen § 1 verstoßen und nicht nach § 2 oder § 3 freigestellt sind, ist ihre Anerkennung nach § 26 Abs. 2 **ohne weiteres** abzulehnen. Damit weicht die Neuregelung von der früheren Fassung des § 26 Abs. 2 ab, die die Freistellung von Wettbewerbsregeln i.S.v. § 24 Abs. 2, die unter § 1 oder § 22 Abs. 1 a.F. fielen, in das pflichtgemäße Ermessen der Kartellbehörde gestellt hat.

13 Neu seit 2005 ist ferner, dass nach § 26 Abs. 1 S. 2 die Anerkennung von Wettbewerbsregeln nur noch zum Inhalt hat, dass die Kartellbehörde entsprechend § 32 c von den

---

[11] BGBl. 1985 I S. 457.

ihr nach dem Sechsten Abschnitt zustehenden Befugnissen keinen Gebrauch machen wird. Abweichend von früher hat die Anerkennung von Wettbewerbsregeln durch die Kartellbehörde **keine Bindungswirkung** mehr.[12] Wenn Gerichte zu der Überzeugung gelangen, dass eine Wettbewerbsregel gegen § 1 verstößt und nicht durch die §§ 2, 3 freigestellt ist, sind sie nicht durch die kartellbehördliche Anerkennung gebunden. Die Rücknahme der Anerkennung von Wettbewerbsregeln, die nicht die Anerkennungsvoraussetzungen nach § 26 Abs. 2 erfüllt haben, ist dementsprechend nur deklaratorischer Natur.

Das Anerkennungsverfahren bietet den Wirtschafts- und Berufsvereinigungen die Möglichkeit, ihre Wettbewerbsregeln einer **präventiven Rechtskontrolle** zu unterziehen.[13] Das Anerkennungsverfahren bietet erhebliche Vorteile. Es schafft vor allem in der sog. **grauen Zone** (i. S. d. Zwei-Zonen-Theorie) Rechtsklarheit über ihre Zulässigkeit.[14] Außerdem kann die Anerkennung den Geltungsanspruch gegenüber Verbandsmitgliedern erhöhen.

2. Nicht anerkennungsfähige Wettbewerbsregeln, § 26 Abs. 2

Nach § 26 Abs. 2 ist die Anerkennung von Wettbewerbsregeln abzulehnen, die gegen Rechtsvorschriften verstoßen. Als Beispiele nennt § 26 Abs. 2 Verstöße gegen § 1, wenn keine Freistellung nach den §§ 2, 3 vorliegt, sowie Verstöße gegen andere Bestimmungen des GWB, des UWG oder andere Rechtsvorschriften.

Ob eine Wettbewerbsregel gegen Rechtsvorschriften i. S. v. § 26 Abs. 2 verstößt, wird häufig von deren Auslegung abhängen. Dies rechtfertigt es jedoch nicht, die Ablehnung der Anerkennung auf Fälle eindeutiger oder offensichtlicher Rechtsverstöße zu beschränken. Vielmehr hat die Kartellbehörde auch in Zweifelsfällen die ihr nach dem Stand der Meinungen zutreffend erscheinende Auslegung ihrer Entscheidung nach § 26 Abs. 2 zu Grunde zulegen. Es genügt den berechtigten Interessen der antragstellenden Wirtschafts- und Berufsvereinigungen, dass sie in solchen Zweifelsfällen gegen die Ablehnung einer Wettbewerbsregel unter den Voraussetzungen des § 26 Abs. 2 nach § 63 Beschwerde einlegen können.

a) Verstöße gegen § 1. aa) Wettbewerbsregeln mit unmittelbarem Lauterkeitsbezug. Nach h. M. verstoßen Vereinbarungen und Beschlüsse, die **unlauteren Wettbewerb** i. S. d. UWG untersagen, nicht gegen das deutsche Kartellverbot des § 1.[15] Dies wird damit begründet, dass nur der lautere Wettbewerb frei und durch § 1 geschützt sei. Die Verbote des UWG setzen dem deutschen Kartellverbot **immanente Schranken.** Danach verstoßen Wettbewerbsregeln mit unmittelbarem Lauterkeitsbezug, die unlauteren Wettbewerb untersagen, nicht gegen § 1.

Ungeklärt ist die Frage, ob diese bisher h. M. nach der 7. GWB-Novelle einer Modifizierung bedarf. Denn das Wettbewerbsbeschränkungsverbot des § 1 soll in Zukunft – abgesehen von der Zwischenstaatlichkeitsklausel – dem des Art. 81 EG entsprechen. Dem Wettbewerbsverbot des Art. 81 EG setzt jedoch nicht das nationale Lauterkeitsrecht der

---

[12] Begr. Reg.-Entw. BT-Drucks. 15/3640, S. 47 (zu Nr. 13); Gegenäußerung der BReg. ibid. S. 87; *Bechtold*, GWB, § 24 Rn. 11; § 26 Rn. 1, 2; *Kellermann* in: Immenga/Mestmäcker, GWB, § 26 Rn. 18; MünchKommGWB/*Timme* § 26 Rn. 2, 4, 7, 9; *Sosnitza* in: FS Bechtold, S. 515, 519.
[13] Vgl. zur 7. GWB-Novelle die Gegenäußerung der BReg. BT-Drucks, 15/3640, S. 87.
[14] *Bechtold*, GWB, § 24 Rn. 2, 6, 12; § 26 Rn. 4.
[15] Grundlegend BGHZ 36, 105, 111 f. – *„ohne WBS";* ebenso BGH NJW-RR 1991, 1067 – *Laboruntersuchungen;* die Kooperationsfibel des BWM von 1963, WuW/E BWM 119, 133; *Benisch* WuW 1956, 643, 649; *Benkendorff* WuW 1958, 416, 419; *Fikentscher* in: FS Hallstein, 1966, S. 127, 134; *Kellermann* in: Immenga/Mestmäcker, GWB, § 26 Rn. 9, 20; *Möschel,* Recht der Wettbewerbsbeschränkungen, Rn. 359, 362; *Sosnitza* in: FS Bechtold, 2006, S. 515, 517

Mitgliedstaaten, sondern das bisher nur teilweise kodifizierte **europäische Lauterkeitsrecht** Grenzen.[16]

19 Die Materialien zur 7. GWB-Novelle enthalten keine Hinweise darauf, ob durch die bezweckte Anpassung des GWB an das europäische Kartellrecht auch die immanente Beschränkung des § 1 GWB auf den lauteren Wettbewerb dahingehend geändert werden sollte, dass an die Stelle des nationalen UWG das europäische Lauterkeitsrecht tritt. Die praktische Bedeutung dieses Problems dürfte allerdings eher gering sein. Denn die von den Mitgliedstaaten bis zum 12. 6. 2007 in nationales Recht umzusetzende und nach Art. 19 ab 12. 12. 2007 unmittelbar anzuwendende Richtlinie 2005/29/EG über unlautere Geschäftspraktiken („UGP-RL")[17] deckt trotz ihrer Beschränkung auf den B2C-Bereich („kundenbezogene Unlauterkeit") zusammen mit der RL 2006/114/EG über irreführende und vergleichende Werbung für den B2B-Bereich den praktisch relevanten Regelungsbereich von Wettbewerbsregeln mit unmittelbarem Lauterkeitsbezug im Wesentlichen ab.

20 Eine weitere offene, allerdings ebenfalls eher theoretische Frage ist, ob der **Lauterkeitsbegriff des § 24** wegen des Zwecks der 7. GWB-Novelle, das deutsche Kartellrecht dem europäischen anzupassen, einen Wandel dahingehend erfahren hat, dass nicht mehr der des UWG, sondern der des europäischen Lauterkeitsrechts maßgeblich ist. Die Amtliche Begründung zur GWB-Novelle trifft dazu keine Aussage. Die Berücksichtigung des EG-Kartellrechts ist m. E. durch § 26 Abs. 2 GWB i. V. m. Art. 81 EG ausreichend gewährleistet.

21 bb) **Wettbewerbsregeln mit mittelbarem Lauterkeitsbezug.** Wettbewerbsregeln mit mittelbarem Lauterkeitsbezug sind dadurch gekennzeichnet, dass sie zum einen Verhaltensweisen untersagen, die als solche zwar nicht unlauter sind, jedoch auf Grund branchentypischer Umstände eine Tendenz zur Unlauterkeit aufweisen. Außerdem können sie positiv durch Handlungsempfehlungen die Voraussetzungen lauteren Wettbewerbs schaffen bzw. verbessern (ausführlicher § 24 Rn. 48 ff.).

22 Soweit sie **betriebsinternes** Verhalten regeln, fallen sie schon nicht unter das Verbot des § 1. Beschränkungen des Wettbewerbs durch Wettbewerbsregeln mit mittelbarem Lauterkeitsbezug werden hingegen i. d. R. unter dem Gesichtspunkt der – unmittelbaren oder mittelbaren – Verbesserung der Warenverteilung unter angemessener Verbraucherbeteiligung nach § 2 freigestellt sein.

23 cc) **Leistungswettbewerbsregeln.** Leistungswettbewerbsregeln, die auf **betriebsinternes** Verhalten Einfluss nehmen, erfüllen nicht den Tatbestand des § 1. Soweit sich Leistungswettbewerbsregeln gegen **machtbedingte** Wettbewerbsverzerrungen wenden, erfüllen sie in aller Regel die Freistellungsvoraussetzungen von § 2; sie verbessern meist die Verteilung von Waren.

---

[16] So schon *Fikentscher* in: FS Hallstein, 1966, S. 127, 159 ff.; ebenso *ders.*, Wirtschaftsrecht I, 1983, S. 667 f.; *Bunte* in: Langen/Bunte, Kommentar zum deutschen und europäischen Kartellrecht, II, EG Art. 81 Rn. 45; *Emmerich* AG 2004, 332; *ders.* in: Immenga/Mestmäcker, EG-WbR Teil 1, Rn. 169 ff.; FK/*Roth*/*Ackermann* Bd. VI EG Art. 81 – Grundfragen Rn. 185; *Koppensteiner*, Österreichisches und europäisches Wettbewerbsrecht, 3. Aufl. 1997, § 17 Rn. 26; *Mestmäcker*/*Schweitzer*, Europäisches Wettbewerbsrecht § 10 Rn. 35; *Müller-Graff* in: Hailbronner/Klein/Magiera/Müller-Graff EGV Art. 85 Rn. 70; *Sack* WRP 2001, 595, 612; *Schröter* in: Groeben/Schwarze, EU/EG-Vertrag, Art. 81 Rn. 100, 104 = *ders.* in: Schröter/Jakob/Mederer, Kommentar zum Europäischen Wettbewerbsrecht, Art. 81 Abs. 1 Rn. 116, 120; *Veelken*, EWS 1993, 377, 378; a. A. *Bechtold/Bosch/Brinker/Hirsbrunner*, Art. 81 EG Rn. 60, 61; *Stockhuber* in: Grabitz/Hilf, Das Recht der Europäischen Union, Art. 81 EG Rn. 137 f.; vgl. ferner EuG Slg. 2001, II-1087, 1107 Rn. 63 ff. – *IMA (EPI)*; EG-Komm. ABl. 1999 L 106/14, 24 Nr. 38 – *EPI*; EG-Komm. ABl. 1990 L 21/71, 76 Nr. 40 = WuW/E EV 1484, 1485 – *Bayo-n-ox*; EG-Komm. WuW/E EV 527, 533 Nr. 33, 34 – *IFTRA-Regeln „Verpackungsglas"*.

[17] ABl. 2005 L 149/22 vom 11. 6. 2005 = GRUR Int. 2005, 569.

b) Verstöße gegen andere Vorschriften des GWB. Die Kartellbehörde muss nach § 26 Abs. 2 auch die Anerkennung von Wettbewerbsregeln ablehnen, die – abgesehen von § 1 – gegen andere Bestimmungen des GWB verstoßen.

c) Verstöße gegen das UWG. Auch Wettbewerbsregeln, die gegen das UWG verstoßen, muss die Kartellbehörde nach § 26 Abs. 2 die Anerkennung versagen.

aa) Dies können zum einen Wettbewerbsregeln sein, die – insbesondere zur Förderung eines angeblich leistungsgerechten Wettbewerbs – ein Verhalten für lauter erklären oder gar empfehlen oder gebieten, das gegen das UWG verstößt.[18]

bb) Es können umgekehrt in seltenen Ausnahmefällen auch Wettbewerbsregeln sein, die für unlauter erklären, was der Gesetzgeber ausdrücklich oder implizit für lauter erklärt hat.[19] Gegen das UWG können z.B. Wettbewerbsregeln verstoßen, die identifizierende **vergleichende Werbung** nicht nur unter den Voraussetzungen des neuen § 5 Abs. 3 und § 6 UWG, sondern wesentlich weiterreichend untersagen. Denn diese Vorschriften implizieren auf Grund der Vorgabe der Richtlinie 2006/114/EG den Grundsatz der Zulässigkeit vergleichender Werbung, wenn die in diesen Vorschriften genannten Voraussetzungen erfüllt sind.[20] Wettbewerbsregeln verstoßen hingegen nicht schon dann i.S.v. § 26 Abs. 2 gegen das UWG, wenn sie verbieten, was der Gesetzgeber nicht für unlauter und damit für lauter erklärt hat. Denn andernfalls wären nur Wettbewerbsregeln mit unmittelbarem Lauterkeitsbezug, d.h. Verbote unlauteren Wettbewerbs durch Wettbewerbsregeln zulässig. Nur wenn Wertungen des UWG, wie z.B. die des neuen § 6 UWG, ergeben, dass ein bestimmtes Verhalten zulässig sein muss – nicht nur zulässig ist –, würde eine Beschränkung durch Wettbewerbsregeln gegen das UWG (oder seine Wertungen) verstoßen.

d) Verstöße gegen andere Rechtsvorschriften. Schließlich bestimmt § 26 Abs. 2 noch in einem Auffangtatbestand, dass Wettbewerbsregeln, die **andere** Rechtsvorschriften verletzen, nicht anerkannt werden dürfen. Dies können z.B. Vorschriften des Lebensmittel- und Weinrechts, des gewerblichen Rechtsschutzes und Urheberrechts oder des Preisrechts sein.[21] Das BKartA hat 1977 eine Wettbewerbsregel der Pharmazeutischen Industrie zurückgewiesen, die mit einer Regelung des AMG über Informationen der Packungsbeilage nicht vereinbar war.[22] Unvereinbar können Wettbewerbsregeln – genauer: die Vereinbarung oder Empfehlung ihrer Einhaltung – auch mit den Vorschriften des **europäischen Kartellrechts** sein; ausführlicher dazu unter e).

e) Speziell: Verstöße gegen Artikel 81 EG. Nicht anerkennungsfähig nach § 26 Abs. 2 sind auch Wettbewerbsregeln, die gegen Art. 81 Abs. 1 EG verstoßen und nicht nach Art. 81 Abs. 3 EG und den dazu ergangenen Gruppenfreistellungsverordnungen freigestellt sind. Der Anwendbarkeit von Art. 81 EG auf Wettbewerbsregeln von Verbänden i.S.d. §§ 24 ff. GWB sind allerdings wegen der Zwischenstaatlichkeitsklausel dieser Vorschrift Grenzen gesetzt.

aa) Lauterkeitsregeln mit unmittelbarem Lauterkeitsbezug. Art. 81 Abs. 1 EG ist – ebenso wie das deutsche Wettbewerbsbeschränkungsverbot – nicht anwendbar auf Beschränkungen **unlauteren Wettbewerbs.** Diese Beschränkung ergibt sich aus folgenden Gründen: Der EG-Vertrag schützt nach seiner Präambel ausdrücklich nur den redlichen Wettbewerb. Nach Art. 3 lit. g EG zielt die EU auf die Errichtung eines Systems, das den Wettbewerb innerhalb des Binnenmarktes vor Verfälschungen schützt. Unlauterer Wettbewerb verfälscht den Wettbewerb. Insoweit bestehen **immanente Schranken** des Art. 81 Abs. 1 EG. Problematisch ist allerdings, welche Lauterkeitsstandards dem Art. 81 Abs. 1 EG diese immanenten Schranken setzen.

---

[18] GK/*Franzen*/*Mees* § 28 Rn. 48.
[19] GK/*Franzen*/*Mees* § 28 Rn. 48.
[20] Vgl. *Sack* WRP 2001, 327, 328 ff.
[21] *Kellermann* in: Immenga/Mestmäcker, GWB, § 26 Rn. 11; ders. in: Zehn Jahre BKartA, S. 62 f.
[22] BKartA Tätigkeitsbericht 1978, S. 63.

§ 26 GWB 31–35   10. Teil. Gesetz gegen Wettbewerbsbeschränkungen

31   Nach einer früher verbreiteten, jedoch auch noch heute vertretenen Ansicht sind die **nationalen** Lauterkeitsstandards bei der Anwendung von Art. 81 Abs. 1 EG zu berücksichtigen.[23] Diese Ansicht wird von der heute h. M. mit Recht abgelehnt. Denn die Reichweite von Art. 81 EG kann in den verschiedenen Mitgliedstaaten der EU nicht von unterschiedlichen nationalen Lauterkeitsstandards abhängen. Deshalb sind die Grenzen des lauteren Wettbewerbs, auf dessen Schutz Art. 81 Abs. 1 EG beschränkt ist, mit der heute h. M. **EG-einheitlich** („gemeinschaftsrechtlich") zu bestimmen.[24] Die Beschränkung von Art. 81 EG auf Beschränkungen lauteren Wettbewerbs impliziert einen einheitlichen EG-rechtlichen Lauterkeitsbegriff.[25]

32   Soweit Verordnungen und Richtlinien der EG dies regeln, ist davon auszugehen, dass sie dem Anwendungsbereich von Art. 81 Abs. 1 EG trotz des Vorrangs des europäischen Primärrechts vor dem Sekundärrecht Grenzen setzen. Bei der Frage der Anwendbarkeit von Art. 81 Abs. 1 EG gilt dies unabhängig davon, ob bei Richtlinien die Umsetzungsfrist abgelaufen ist und ob sie von den Mitgliedstaaten in nationales Recht umgesetzt worden sind.

33   Eine besonders weitreichende Regelung des Lauterkeitsrechts enthält die Richtlinie 2005/29/EG über unlautere Geschäftspraktiken („UGP-RL"). Sie regelt allerdings nur den sog. B2C-Bereich, d. h. die **kundenbezogene** Unlauterkeit. Für den B2B-Bereich trifft die Richtlinie 2006/114/EG Regelungen über irreführende und vergleichende Werbung. Sie enthält eine abschließende Regelung der vergleichenden Werbung. Für den Bereich der irreführenden Werbung sieht sie hingegen nach Art. 8 Abs. 1 nur Mindeststandards vor, d. h. die Mitgliedstaaten sind nicht gehindert, einen weiterreichenden Schutz von Gewerbetreibenden und Mitbewerbern gegen irreführende Werbung vorzusehen.[26] Weitere Verbote gegen irreführende Angaben enthalten EG-Richtlinien des Lebensmittel- und Heilmittelwerberechts.

34   Die bisher existierenden Richtlinien und Verordnungen der EG decken den Bereich des Lauterkeitsrechts nur teilweise ab. Dies bedeutet jedoch nicht, dass über die vorhandenen Verordnungen und Richtlinien hinausgehende Wettbewerbsregeln von Verbänden den Tatbestand des Art. 81 Abs. 1 EG erfüllen. Vielmehr sind weitere den Art. 81 Abs. 1 EG einschränkende immanente Schranken, die sich aus dem Lauterkeitsrechts ergeben, durch Rechtsfortbildung zu entwickeln, ähnlich wie dies der EuGH auch schon bei immaterialgüterrechtlichen Wettbewerbsbeschränkungen mit Hilfe des Begriffs des „spezifischen Gegenstandes" der diversen gewerblichen Schutzrechte und Urheberrechte getan hat.[27] Die **immanenten** Schranken des Art. 81 Abs. 1 EG zum Schutze des lauteren Wettbewerbs sind durch eine **Abwägung** der Ziele des Art. 81 EG mit dem weiteren Schutzzweck des EG-Vertrags, den redlichen und unverfälschten Wettbewerb zu schützen, zu bestimmen.[28]

35   Erst wenn der Wettbewerb über diese immanenten Schranken hinaus durch Wettbewerbsregeln beschränkt wird, setzt die Anerkennung nach § 26 Abs. 2 GWB eine Freistellung nach Art. 81 Abs. 3 EG voraus.

bb) Sonstige Wettbewerbsregeln. Bei Wettbewerbsregeln, die nicht vom europäischen Lauterkeitsbegriff gedeckt sind, ist wie folgt zu unterscheiden:

---

[23] Vgl. *Gleiss/Hirsch,* EG-Kartellrecht, Art. 85 Abs. 1 Rn. 176 f., 181; *Hoeren,* Selbstregulierung im Banken- und Versicherungsrecht, 1995, S. 268, 270, 271 ff.; *Bunte* in: Langen/Bunte, Kommentar zum deutschen und europäischen Kartellrecht, 8. Aufl., 1998, Art. 85 Rn. 43 (anders seit der 9. Aufl., 2001, Art. 81 Rn. 45); MünchKommEuWettbR/*Wollmann/Schedl* Art. 81 Rn. 22.
[24] Vgl. die Angaben oben in Fn. 16.
[25] Vgl. *Fikentscher* in: FS Hallstein, 1966, S. 127, 159 ff.
[26] Zur Relevanz von Art. 7 Abs. 5 der Richtlinie vgl. EuG 2001, II-1087 Rn. 72 ff. – *IMA (EPI);* EG-Komm. ABl. 1999 L 106/14, 24 Nr. 39 ff. – *EPI.*
[27] Vgl. dazu *Sack* RIW 1997, 449; *ders.* WRP 1999, 592, 594 ff.
[28] *Schröter* in: Schröter/Jakob/Mederer, Kommentar zum Europäischen Wettbewerbsrecht, Art. 81 Rn. 116, 118.

(1) Soweit sie **betriebsinternes** Verhalten regeln, beschränken sie keinen Wettbewerb i. S. v. Art. 81 EG.

(2) Wettbewerbsregeln, die den Wettbewerb beschränken, um im „Vorfeld" Unlauterkeit zu unterbinden (sog. mittelbarer Lauterkeitsbezug) oder die den Zweck haben, die Leistungsgerechtigkeit des Wettbewerbs zu schützen und zu fördern, tragen in aller Regel unter angemessener Beteiligung der Verbraucher zur Verbesserung der Warenverteilung bei, so dass sie nach Art. 81 Abs. 3 EG freigestellt sind.

III. Mitteilung außer Kraft getretener Wettbewerbsregeln, § 26 Abs. 3

Nach § 26 Abs. 3 haben Wirtschafts- und Berufsvereinigungen die Außerkraftsetzung von ihnen aufgestellter, anerkannter Wettbewerbsregeln der Kartellbehörde mitzuteilen. Sanktionen für eine Verletzung dieser Mitteilungspflicht sieht das GWB nicht vor. Die Kartellbehörde kann jedoch die Mitteilung mit den Zwangsmitteln der §§ 6, 9, 11, 13 BVwVG durchsetzen.[29]

IV. Rücknahme und Widerruf der Anerkennung, § 26 Abs. 4

Die Kartellbehörde hat nach § 26 Abs. 4 die Anerkennung von Wettbewerbsregeln zurückzunehmen oder zu widerrufen, wenn sie nachträglich feststellt, dass die Voraussetzungen für die Ablehnung der Anerkennung nach § 26 Abs. 2 vorliegen. Das ist auch bei Wettbewerbsregeln der Fall, die schon die Voraussetzungen des § 24 Abs. 2 nicht erfüllen. Eine Pflicht zur **Rücknahme** besteht, wenn die Anerkennungsvoraussetzungen von Anfang an nicht erfüllt waren, eine Pflicht zum **Widerruf,** wenn die Anerkennungsvoraussetzungen nachträglich weggefallen sind. Zurückzunehmen bzw. zu widerrufen ist eine Wettbewerbsregel, wenn sich die tatsächlichen Verhältnisse geändert haben oder der Kartellbehörde erst nachträglich maßgebliche Tatsachen bekannt werden, auf Grund derer sie die Anerkennung abgelehnt hätte. Zu widerrufen ist die Anerkennung von Wettbewerbsregeln auch dann, wenn sie missbräuchlich gehandhabt werden. Ein Widerruf ist ferner berechtigt, wenn sich die Rechtslage zwischenzeitlich geändert hat, z. B. durch Gesetzesänderung oder durch Änderung der Rechtsprechung zum UWG oder GWB.[30] Eine Rücknahme bzw. ein Widerruf der Anerkennung von Wettbewerbsregeln kommt schließlich in Betracht, wenn die Kartellbehörde ihre Rechtsauffassung über die Anerkennungsvoraussetzungen geändert hat.[31] Die §§ 48, 49 VwVfG stehen dem wegen der Subsidiaritätsklausel des § 1 Abs. 1 VwVfG nicht entgegen; § 26 Abs. 4 ist gegenüber diesen Vorschriften lex specialis.[32] Es ist jedoch dem allgemeinen Grundsatz des **Vertrauensschutzes** Rechnung zu tragen.[33]

---

[29] *Bechtold*, GWB, § 26 Rn. 7; *Kellermann* in: Immenga/Mestmäcker, GWB, § 26 Rn. 40; *Schultz* in: Langen/Bunte, Kommentar zum deutschen und europäischen Kartellrecht, § 26 Rn. 7; zum Verwaltungszwang im GWB vgl. auch BKartA WuW/E BKartA 425, 431 f. – *Automarkt;* 1270, 1272 – *Isolierwolle.*

[30] *Kellermann* in: Immenga/Mestmäcker, GWB, § 26 Rn. 44.

[31] Vgl. *Kellermann* in: Immenga/Mestmäcker, GWB, § 26 Rn. 43; *Schultz* in: Langen/Bunte, Kommentar zum deutschen und europäischen Kartellrecht, § 26 Rn. 8; vgl. auch für andere Kartellgenehmigungen (GUR-Kartelle) BGH WuW/E BGH 1717, 1721 – *Haus- und Hofkanalguss;* WuW/E BGH 1758 ff. – *Schleifscheiben und Schleifkörper.*

[32] *Kellermann* in: Immenga/Mestmäcker, GWB, § 26 Rn. 42; FK/*Hellmann/Schütt* § 26 Rn. 29; MünchKommGWB/*Timme* § 24 Rn. 14; *Sosnitza* in: FS Bechtold, S. 515, 526; vgl. auch BGHZ 91, 178, 182 f. – *Abonnentenwerbung.*

[33] BGH WuW/E BGH 1717, 1721 und 1758, 1760; *Bechtold*, GWB, § 26 Rn. 8; FK/*Hellmann/Schütt* § 26 Rn. 32; *Kellermann* in: Immenga/Mestmäcker, GWB, § 26 Rn. 42, 45 ff.; MünchKomm-GWB/*Timme* § 24 Rn. 17; a. A. *Emmerich*, Kartellrecht, § 24 Rn. 39; vgl. auch; *Sosnitza* in: FS Bechtold, S. 515, 526.

40 Gegen die Rücknahme oder den Widerruf von Wettbewerbsregeln haben die betroffenen Verbände sowie die sonst am Verfahren Beteiligten nach § 63 das Rechtsmittel der Beschwerde. Sie hat nach § 64 Abs. 1 Nr. 2 aufschiebende Wirkung.

41 Die Übergangsvorschrift des § 131 Abs. 3 bestimmt, dass Wettbewerbsregeln, die nach § 26 Abs. 1 und 2 S. 1 in der am 30. Juni 2005 geltenden Fassung freigestellt sind, in entsprechender Anwendung von § 131 Abs. 1 und 2 am 31. Dezember 2007 die Freistellung verlieren. Für die Zeit danach bedürfen sie einer neuen Anerkennung nach § 26 Abs. 1 und 2.

§ 27 Veröffentlichung von Wettbewerbsregeln, Bekanntmachungen

(1) Anerkannte Wettbewerbsregeln sind im Bundesanzeiger oder im elektronischen Bundesanzeiger zu veröffentlichen.

(2) Im Bundesanzeiger oder im elektronischen Bundesanzeiger sind bekannt zu machen
1. die Anträge nach § 24 Abs. 3;
2. die Anberaumung von Terminen zur mündlichen Verhandlung nach § 25 Satz 3;
3. die Anerkennung von Wettbewerbsregeln, ihrer Änderungen und Ergänzungen;
4. die Ablehnung der Anerkennung nach § 26 Abs. 2, die Rücknahme oder der Widerruf der Anerkennung von Wettbewerbsregeln nach § 26 Abs. 4.

(3) Mit der Bekanntmachung der Anträge nach Absatz 2 Nr. 1 ist darauf hinzuweisen, dass die Wettbewerbsregeln, deren Anerkennung beantragt ist, bei der Kartellbehörde zur öffentlichen Einsichtnahme ausgelegt sind.

(4) Soweit die Anträge nach Absatz 2 Nr. 1 zur Anerkennung führen, genügt für die Bekanntmachung der Anerkennung eine Bezugnahme auf die Bekanntmachung der Anträge.

(5) Die Kartellbehörde erteilt zu anerkannten Wettbewerbsregeln, die nicht nach Absatz 1 veröffentlicht worden sind, auf Anfrage Auskunft über die Angaben nach § 24 Abs. 4 Satz 1.

Übersicht

	Rn.
I. Bekanntmachungen im Bundesanzeiger und elektronischen Bundesanzeiger, § 27 Abs. 1 bis 4	1
II. Öffentliche Einsichtnahme, § 27 Abs. 3	7
III. Auskunft über Wettbewerbsregeln, § 27 Abs. 5	8

I. Bekanntmachungen im Bundesanzeiger und elektronischen Bundesanzeiger, § 27 Abs. 1 bis 4

1 1. Von der Kartellbehörde anerkannte Wettbewerbsregeln waren früher nach § 28 Abs. 3 i. V. m. § 33 GWB a. F. in ein Register für Wettbewerbsregeln einzutragen. Dieses Register ist 1985 durch das Gesetz zur Bereinigung wirtschaftsrechtlicher Vorschriften abgeschafft worden.[1] Seit der 7. GWB-Novelle gilt nach § 27 Abs. 1, dass anerkannte Wettbewerbsregeln im Bundesanzeiger oder im elektronischen Bundesanzeiger zu veröffentlichen sind. Mit der Veröffentlichung im Bundesanzeiger oder im elektronischen Bundesanzeiger soll dem Umstand Rechnung getragen werden, dass Wettbewerbsregeln nicht nur für die Mitglieder der betreffenden Wirtschafts- und Berufsvereinigungen, sondern auch für Dritte, insbesondere für Unternehmen der Marktgegenseite, von Bedeutung sein können. Die

---

[1] BGBl. 1985 I S. 457.

Veröffentlichung im elektronischen Bundesanzeiger (www.ebundesanzeiger.de) soll die Möglichkeit der Nutzung der neuen Informationstechnologien fördern.²

2. Nach § 27 Abs. 2 Nr. 1 i. V. m. § 24 Abs. 3 sind im Bundesanzeiger oder elektronischen Bundesanzeiger bekannt zu machen die **Anträge auf Anerkennung** von Wettbewerbsregeln.

Zu den nach § 27 Abs. 2 Nr. 1 bekannt zu machenden Anträgen i. S. v. § 24 Abs. 3 gehören auch Anträge auf Anerkennung von Änderungen und Ergänzungen anerkannter Wettbewerbsregeln. Mit der Bekanntmachung dieser Anträge ist nach § 27 Abs. 3 darauf hinzuweisen, dass die Wettbewerbsregeln, deren Anerkennung beantragt ist, bei der Kartellbehörde **zur öffentlichen Einsicht** ausgelegt sind. Es muss nicht der volle Text der Wettbewerbsregeln bekannt gemacht werden. Vielmehr genügt eine zusammenfassende Wiedergabe des Inhalts der Anträge. Anderenfalls wäre die in § 27 Abs. 3 vorgesehene öffentliche Einsichtnahme nicht erforderlich.³

3. Nach § 27 Abs. 2 Nr. 2 ist die Anberaumung von Terminen zur mündlichen Verhandlung nach § 25 S. 3 im Bundesanzeiger oder elektronischen Bundesanzeiger bekannt zu machen.

4. Nach § 27 Abs. 2 Nr. 3 ist die Anerkennung von Wettbewerbsregeln, ihrer Änderungen und Ergänzungen im Bundesanzeiger oder elektronischen Bundesanzeiger bekannt zu machen. Soweit Anträge auf Anerkennung von Wettbewerbsregeln i. S. v. § 24 Abs. 3 zur Anerkennung führen, genügt nach § 27 Abs. 4 für die Bekanntmachung der Anerkennung nach § 27 Abs. 2 Nr. 3 eine Bezugnahme auf die Bekanntmachung der Anträge nach § 27 Abs. 2 Nr. 1. Unklar ist, welche Bedeutung die Bekanntmachung der Anerkennung von Wettbewerbsregeln nach § 27 Abs. 2 Nr. 3 neben der Veröffentlichung anerkannter Wettbewerbsregeln nach § 27 Abs. 1 haben soll.

5. Nach § 27 Abs. 2 Nr. 4 sind auch die Ablehnung der Anerkennung nach § 26 Abs. 2, die Rücknahme oder der Widerruf der Anerkennung von Wettbewerbsregeln nach § 26 Abs. 4 im Bundesanzeiger oder elektronischen Bundesanzeiger bekannt zu machen.

II. Öffentliche Einsichtnahme, § 27 Abs. 3

Wettbewerbsregeln, deren Anerkennung beantragt wird, sind nach § 27 Abs. 3 bei der Kartellbehörde zur öffentlichen Einsichtnahme auszulegen. Soweit auch die Anerkennung von Änderungen oder Ergänzungen beantragt wird, besteht auch insoweit ein Einsichtrecht in die Anträge. Auf die Möglichkeit der öffentlichen Einsichtnahme ist bei der Bekanntmachung hinzuweisen. Das Einsichtrecht hat jedermann ohne Nachweis eines berechtigten Interesses.

III. Auskunft über Wettbewerbsregeln, § 27 Abs. 5

Nach § 27 Abs. 5 erteilt die Kartellbehörde zu anerkannten Wettbewerbsregeln, die nicht nach Abs. 1 veröffentlicht worden sind, auf Anfrage Auskunft über die Angaben nach § 24 Abs. 4 S. 1. Diese Regelung betrifft Wettbewerbsregeln, die vor der Veröffentlichungspflicht nach Abs. 1 anerkannt worden sind. Die Auskunft **muss** erteilt werden. Den Auskunftsanspruch hat jedermann. Es muss kein berechtigtes Interesse nachgewiesen werden.⁴ Die Kartellbehörde kann ihre Auskunft allerdings auf die Übersendung von Kopien beschränken.⁵ Die Auskunft ist nach § 80 Abs. 4 Nr. 1 nicht gebührenpflichtig.

Der Auskunftsanspruch nach § 27 Abs. 5 umfasst nach dem Wortlaut dieser Vorschrift allerdings nur Angaben nach § 24 Abs. 4 S. 1, nicht hingegen die dem Antrag auf Aner-

---

² Begr. Reg.-Entw. BT-Drucks. 15/3640, S. 48.
³ GK/*Franzen/Mees* § 32 Rn. 1.
⁴ *Bechtold*, GWB, § 27 Rn. 3.
⁵ *Bechtold*, GWB, § 27 Rn. 3.

§ 28 GWB 10. Teil. Gesetz gegen Wettbewerbsbeschränkungen

kennung beizufügenden Angaben i. S. v. § 24 Abs. 4 S. 2. Außerdem betrifft die Auskunftspflicht nach § 27 Abs. 5 nur **anerkannte** Wettbewerbregeln. Vor der Anerkennung besteht nur ein Einsichtrecht in die nach § 27 Abs. 2 Nr. 1 bekannt gemachten Anträge i. S. v. § 24 Abs. 3, die nach § 27 Abs. 3 zur öffentlichen Einsichtnahme auszulegen sind.

Fünfter Abschnitt.
Sonderregeln für bestimmte Wirtschaftsbereiche

§ 28 Landwirtschaft

(1) [1]§ 1 gilt nicht für Vereinbarungen von landwirtschaftlichen Erzeugerbetrieben sowie für Vereinbarungen und Beschlüsse von Vereinigungen von landwirtschaftlichen Erzeugerbetrieben und Vereinigungen von solchen Erzeugervereinigungen über

1. die Erzeugung oder den Absatz landwirtschaftlicher Erzeugnisse oder
2. die Benutzung gemeinschaftlicher Einrichtungen für die Lagerung, Be- oder Verarbeitung landwirtschaftlicher Erzeugnisse,

sofern sie keine Preisbindung enthalten und den Wettbewerb nicht ausschließen. [2]Als landwirtschaftliche Erzeugerbetriebe gelten auch Pflanzen- und Tierzuchtbetriebe und die auf der Stufe dieser Betriebe tätigen Unternehmen.

(2) Für vertikale Preisbindungen, die die Sortierung, Kennzeichnung oder Verpackung von landwirtschaftlichen Erzeugnissen betreffen, gilt § 1 nicht.

(3) Landwirtschaftliche Erzeugnisse sind die in Anhang I des Vertrages zur Gründung der Europäischen Gemeinschaft aufgeführten Erzeugnisse sowie die durch Be- oder Verarbeitung dieser Erzeugnisse gewonnenen Waren, deren Be- oder Verarbeitung durch landwirtschaftliche Erzeugerbetriebe oder ihre Vereinigungen durchgeführt zu werden pflegt.

Übersicht

	Rn.		Rn.
I. Einführung	1	5. Preisbindung	22
1. Allgemeines	1	6. Ausschluss des Wettbewerbs	25
2. Änderungen durch die 6. Kartellnovelle	3	7. Verfahren	27
3. Änderungen durch die 7. Kartellnovelle	6	III. Freistellung von Konditionenbindungen (Abs. 2)	28
II. Freistellung vom Kartellverbot	7	IV. Landwirtschaftliche Erzeugnisse (Abs. 3)	32
1. Erzeugerbetriebe und deren Vereinigungen (Abs. 1)	8	1. Anhang I des EG-Vertrages	32
2. Vereinbarungen und Beschlüsse	14	2. Erste Verarbeitungsstufe	34
3. Erzeugung oder Absatz landwirtschaftlicher Erzeugnisse (Abs. 1 Satz 1 Nr. 1)	16	V. Einzelgesetzliche Sonderregelungen	36
		VI. Verhältnis zu anderen Vorschriften	38
4. Benutzung gemeinschaftlicher Einrichtungen (Abs. 1 Satz 1 Nr. 2)	19	VII. Missbrauchsaufsicht	39
		VIII. Fusionskontrolle	44

Schrifttum: *Ackermann/Roth,* Anwendung der europäischen Wettbewerbsregeln auf Genossenschaftssatzungen in ZfgG Heft 47 S. 287; *Baron,* Das neue Kartellgesetz – Einführung in die 6. Kartellnovelle 1999; *Büttner,* Wettbewerbsrecht für die Landwirtschaft im gemeinsamen Markt in Recht der Landwirtschaft (RdL) 1965 S. 1; *de Cockborne,* Les regles communautaires de concurrence applicables aux entreprises dans la domaine agricole in Revue trimestrielle de droit européen (RTDE) 1988 S. 293; *DGAR,* Die kartellrechtliche Sonderregelung für die Landwirtschaft im EWG-Recht Schlussbericht des Ausschusses für Agrarkartellrecht in DGAR (Schriften) 1970; *Eberle,* Das erlaubte Erzeugerkartell nach § 100 Abs. 1 GWB, Diss. Münster 1965; *Gleiss/Kleinmann,* Anpassung der Begriffe „landwirtschaftliche Erzeugnisse" und „Erzeugerbetriebe" im deutschen Kartellgesetz (§ 100 GWB) an das europäische Recht (VO 26 des Rates) in NJW 1970 S. 1485; *Gleiss/Wolff,* Kartellrechtliche

Aspekte des neuen Verordnungsvorschlages über landwirtschaftliche Erzeugergemeinschaften – zugleich ein Beitrag zur Auslegung von Art 2 VO 26/62 in WuW 1971, S. 311; *Henjes,* Zur Freistellung vom Kartellverbot des Art 85 EWG-Vertrag für Vereinigungen landwirtschaftlicher Erzeugerbetriebe und ihre Vereinigungen in: Götz (Hrsg.) Agrarrecht im Wandel, in: FS Büttner, 1986; *Liebing,* Die für Unternehmen des Agrarsektors geltenden Wettbewerbsregelungen innerhalb der EWG, Diss. Köln 1965; *Petry,* Die Wettbewerbsbeschränkung in der Landwirtschaft nach nationalem und europäischem Wettbewerbsrecht, Diss Hohenheim 1974; *Schulze-Hagen,* Die landwirtschaftlichen Zusammenschlüsse nach deutschem und europäischem Wettbewerbsrecht 1977; *Schweizer/Woeller,* Die Änderungen der Bereichsausnahme des § 28 GWB durch die siebte Novelle zum GWB; AUR 2007, S. 285 ff. *Wendler,* Die wirtschaftliche Bedeutung der Bereichsausnahme für die Landwirtschaft im GWB 1977; *Wiedemann* (Hrsg.), Handbuch des Kartellrechts 1999, S. 921 ff.

I. Einführung

1. Allgemeines

Grundsätzlich gelten alle Vorschriften des deutschen Kartellrechts auch für den Bereich der Landwirtschaft. Um jedoch den Besonderheiten der Landwirtschaft Rechnung zu tragen, wurde im deutschen Kartellrecht eine **Bereichsausnahme** für die Landwirtschaft geschaffen. Zweck ist neben der Sicherung der Ertragsfähigkeit des heimischen Bodens auch die Schaffung eines Ausgleiches für Änderungen der Marktverhältnisse, auf die der landwirtschaftliche Erzeuger oftmals nicht mit der notwendigen Schnelligkeit reagieren kann.[1] Hierfür sind, neben der durchweg regionalen Bindung durch den Bezug zu Grund und Boden, auch die vielfach nicht beeinflussbaren Faktoren, denen die Landwirtschaft in ihrer Urproduktion ausgesetzt sind, verantwortlich. Hierzu gehören beispielsweise Witterungsverhältnisse im Hinblick auf die Erntelage, die oftmals starke Einflüsse auf die Marktlage und das Marktgeschehen haben. 1

Um dem Bereich der Landwirtschaft **Reaktionsmöglichkeiten** auf verändertes Marktgeschehen zu geben, dürfen unter den Voraussetzungen des § 28 GWB wettbewerbsbeschränkende Selbsthilfemaßnahmen ergriffen werden. Zu diesen Selbsthilfemaßnahmen zählt die Freistellung vom horizontalen und vertikalen Kartellverbot nach § 1 einschließlich der Freistellung vom Verbot der Konditionen- und Preisbindung für die Sortierung, Kennzeichnung oder Verpackung landwirtschaftlicher Produkte. 2

2. Änderungen durch die 6. Kartellnovelle

Mit der am 1. 1. 1999 in Kraft getretenen 6. Kartellnovelle ist auch die landwirtschaftliche Ausnahmeregelung überarbeitet und im Hinblick auf das **Prinzip der Stärkung des Wettbewerbs** überprüft worden. Die ursprünglich in § 100 a.F. geregelte Bereichsausnahme ist mit der 6. Kartellnovelle in die Sonderregelung des § 28 überführt worden. Grundsätzlich wurde hierbei die Kernvorschrift des alten § 100 a.F. übernommen. Insgesamt erfolgte bei der Übernahme eine Straffung der bisherigen Regelung, verbunden mit einer Anpassung an die geänderten Vorschriften des Kartellrechts. Gleichzeitig wurde mit der Neufassung das Ziel der Harmonisierung mit der europäischen VO 26/62 verwirklicht, die als kartellrechtlich sektorale Sonderregelung im Verhältnis zu den europäischen Kartellnormen Art. 81 und 82 EG galt und deren Regelung sich heute in den Art. 175 bis 176 der VO 1234/2007 sowie der VO 1184/2006 wiederfinden. 3

Die materiell rechtliche Übernahme des Kernbereichs des § 100 a.F. erfolgte unter der ausdrücklichen **Anerkennung der besonderen Bedingungen,** denen die Erzeugung und der Absatz landwirtschaftlicher Produkte auch zum heutigen Zeitpunkt noch unterworfen sind. Eine uneingeschränkte Anwendung des Kartellrechtes in diesem Kernbereich 4

---

[1] *Bechtold,* GWB, § 28 Rn. 1; *Hootz* in: Müller-Henneberg/Schwartz/Hootz, GK-GWB, § 28 Rn. 2.

§ 28 GWB 5–8   10. Teil. Gesetz gegen Wettbewerbsbeschränkungen

wird auch mit Blick auf die EU-rechtlichen Sonderregelungen in Art. 36 EG sowie der Art. 175 bis 176 VO 1234/2007 sowie der VO 1184/2006 abgelehnt.[2]

5   Eine grundlegende Änderung besteht aufgrund der Umstrukturierung des Kartellgesetzes bereits darin, dass § 28 nicht wie § 100 a. F. als Ausnahme geführt wird, sondern für die Normadressaten die **Qualität einer Sonderregelung** erhält. Dies hat eine verbesserte Ausgangsposition zu Folge. Während nach altem Recht grundsätzlich das Kartellverbot galt, mit der Ausnahme des § 100 a. F., sind Verträge, Beschlüsse und Empfehlungen von landwirtschaftlichen Erzeugerbetrieben, Vereinigungen dieser Erzeugerbetriebe und Vereinigungen solcher Vereinigungen, nunmehr grundsätzlich über § 28 erlaubt. Damit muss das Verbot nicht mehr widerlegt werden, vielmehr ist die jeweilige Selbsthilfemaßnahme **von Beginn an erlaubt,** wenn die Tatbestandsvoraussetzungen des § 28 erfüllt sind. Gleiches gilt für die Freistellung vom Verbot der Konditionenbindung für die Sortierung, Kennzeichnung oder Verpackung landwirtschaftlicher Erzeugnisse. Drohende Sanktionen, die ein grundsätzliches Verbot immer beinhaltet, sind in der Praxis, z. B. im Bereich der Vertragslandwirtschaft, nicht mehr gegeben.

3. Änderungen durch die 7. Kartellnovelle

6   Mit der am 1. 7. 2005 in Kraft getretenen 7. Kartellnovelle bleibt § 28 in seinen **Kernaussagen** uneingeschränkt **erhalten**.[3] Grund hierfür ist nicht zuletzt die auf europäischer Ebene vorhandene entsprechende Regelung in Art. 175 und 176 VO 1234/2007 bzw. VO 1184/2006. Aufgrund des Systems der Legalausnahme und des hiermit verbundenen Wegfalls der Anmeldungen von Vereinbarungen und Beschlüssen musste auch § 28 entsprechend angepasst werden. Gleiches gilt auch mit Blick auf die Erfassung vertikaler Bindungen im Rahmen des Verbots nach § 1. Mit der Ende Dezember 2007 in Kraft getretenen **8. Kartellnovelle** haben sich für § 28 keine Änderungen ergeben.[4]

II. Freistellung vom Kartellverbot

7   Die in § 28 vorgesehene Freistellung vom Kartellverbot bedeutet, dass Vereinbarungen und Beschlüsse von landwirtschaftlichen Erzeugerbetrieben, von Vereinigungen landwirtschaftlicher Erzeugerbetriebe und Vereinigungen solcher Vereinigungen **nicht unter § 1** fallen. Umfasst werden jedoch nur solche Vereinbarungen und Beschlüsse, die die Erzeugung oder den Absatz landwirtschaftlicher Erzeugnisse oder die Benutzung gemeinschaftlicher Einrichtungen für die Lagerung und Be- oder Verarbeitung landwirtschaftlicher Erzeugnisse betreffen.

1. Erzeugerbetriebe und deren Vereinigungen (Abs. 1)

8   Die bis zur 6. Kartellnovelle bestehende Definition für landwirtschaftliche Erzeugerbetriebe in § 100 Abs. 6 a. F. wurde ersatzlos gestrichen. Eine materielle Änderung ist damit allerdings nicht verbunden. In Anlehnung an Art. 176 Abs. 1 2. Unterabsatz der VO 1234/2007 bzw. Art. 2 Abs. 1 2. Unterabsatz der VO 1184/2006 wird der landwirtschaftliche Erzeugerbetrieb im Sinne der kartellrechtlichen Sonderregelung des § 28 als Betrieb

---

[2] Begründung zum Gesetzesentwurf der Bundesregierung, BT-Drucks. 13/9720, S. 40 und *Baron* Das neue Kartellgesetz – Einführung in die 6. GWB Novelle 1999, S. 40 mit dem Hinweis auf die sektorale Sonderegelung, die identisch mit den europäischen Vorschriften der seinerzeitigen VO 26/62 ist, die sich wiederum heute in Art. 175 und 176 VO 1234/2007 und der VO 1184/2006 wiederfindet.
[3] *Nägele* in: Frankfurter Kommentar, § 28 Rn. 2.
[4] Zu den Änderungen durch die 7. Kartellnovelle siehe auch *Schweizer/Woeller*, Die Änderungen der Bereichsausnahme des § 28 GWB durch die siebte Novelle zum GWB; AUR 2007, S. 285 ff.

verstanden, der die in Anhang I des EG-Vertrages[5] genannten Urprodukte erzeugt oder gewinnt.[6] Nach wie vor ist bei dieser Definition eine **enge Anknüpfung an die landwirtschaftliche Urproduktion** gegeben. Erzeugerbetriebe sind ausnahmslos alle Betriebe, die die genannten Urprodukte erzeugen oder gewinnen, gleichgültig ob sie in der reinen Land- oder Forstwirtschaft oder gewerblich tätig sind. Dies gilt auch für landwirtschaftliche Betriebe, die noch andere Tätigkeitszweige ausüben. Grundsätzlich sind diese Betriebe, jedoch nur bezogen auf die landwirtschaftliche Urproduktion, Erzeugerbetriebe im Sinne des Kartellrechtes. Bei diesen sog. gemischten Betrieben wird wohl ein landwirtschaftlicher Erzeugerbetrieb im Sinne des Kartellrechtes zu bejahen sein, wenn der Tätigkeitsbereich der landwirtschaftlichen Urproduktion überwiegt.[7]

Unter die **Definition der landwirtschaftlichen Erzeugerbetriebe** fallen nur solche Betriebe, die tatsächlich landwirtschaftliche Urprodukte erzeugen, nicht also die Betriebe, die landwirtschaftliche Urprodukte be- oder verarbeiten. Dies gilt auch dann, wenn diese Produkte ausdrücklich in Anhang I des EG-Vertrages genannt werden.[8] Diese Betriebe können lediglich von der Definition der Vereinigungen von landwirtschaftlichen Erzeugerbetrieben umfasst werden.[9] Voraussetzung für eine solche Vereinigung ist, dass die in der Urproduktion tätigen Erzeugerbetrieb Träger ihrer Vereinigung sind und dieser ihre erzeugten Produkte zum Zweck der Be- und Verarbeitung oder der gemeinsamen Vermarktung bzw. zum gemeinsamen Absatz andienen. 9

Ergänzend zu der Definition der landwirtschaftlichen Erzeugerbetriebe regelt Abs. 1 Satz 2, dass als landwirtschaftliche Erzeugerbetriebe auch **Pflanzen- und Tierzuchtbetriebe** und die auf der Stufe dieser Betriebe tätigen Unternehmen gelten. Damit werden die Saatgut- oder Tierzuchtvermehrerbetriebe, unabhängig von der Frage, ob sie tatsächlich landwirtschaftliche Erzeugerbetriebe sind, diesen gleichgestellt. Prinzipiell wird damit die Vorstufe zur landwirtschaftlichen Urproduktion ebenfalls umfasst, da es sich zumeist um Betriebe handelt, die beispielsweise im Vertragsanbau Saatgut vermehren und in Verkehr bringen bzw. sich um die Fragen der Tierzucht kümmern. Letzteres bedeutet, dass auch **Zucht- und Besamungsunternehmen** landwirtschaftlichen Erzeugerbetrieben gleichgestellt werden. 10

Weiterhin werden **Vereinigungen von landwirtschaftlichen Erzeugerbetrieben** umfasst. Neben den Erzeugerbetrieben stellen deren Zusammenschlüsse die zweite Stufe der Landwirtschaft dar. Vereinigungen von landwirtschaftlichen Erzeugerbetrieben sind dann gegeben, wenn sich die landwirtschaftlichen Erzeugerbetriebe, also Betriebe, die landwirtschaftliche Urproduktion oder die o. g. Sonderformen betreiben, unabhängig von der Rechtsform zum **gemeinsamen Absatz und zur Vermarktung ihrer Produkte** zusammenschließen. Voraussetzung für eine Vereinigung von Erzeugerbetrieben ist also in jedem Fall, dass die Vereinigung ihre Basis bei den landwirtschaftlichen Erzeugern hat und von diesen getragen wird. Neben der produktbezogenen Privilegierung erfolgt hiermit auch eine betriebsbezogene Privilegierung, jedoch nur soweit der landwirtschaftliche Erzeuger Träger der Vereinigung ist.[10] In der Regel firmieren die Vereinigungen von land- 11

---

[5] Durch die Änderungen der europäischen Rechtsgrundlage finden sich die betroffenen Urprodukte heute teilweise in Art. 1 VO 1234/2007 und den entsprechenden Anhängen zu dieser Verordnung, die wiederum auf Anhang I des EG-Vertrages verweisen. Im nationalen Recht bleibt es bei der Anwendung von Anhang I EG-Vertrag unmittelbar.
[6] Begründung zum Gesetzesentwurf der Bundesregierung, BT-Drucks. 13/9720, S. 41.
[7] So die herrschende Meinung *Hootz* in: Müller-Henneberg/Schwartz/Hootz, GK-GWB, § 28 Rn. 6 und 7 m. w. N.
[8] Zur Abgrenzung siehe auch *Gleis/Kleinmann* NJW 1970, S. 1485 ff., zu Anhang I siehe auch Fn. 5.
[9] *Jestaedt* in: Langen/Bunte, Kommentar zum deutschen und europäischen Kartellrecht § 28 Rn. 10, *Schweizer* in: Immenga/Mestmäcker, GWB, § 28 Rn. 17.
[10] *Schweizer* in: Immenga/Mestmäcker, GWB, § 28 Rn. 18.

wirtschaftlichen Erzeugerbetrieben in der Rechtsform der Genossenschaft, seltener in der Rechtsform des Vereins, wobei auch Zusammenschlüsse in jeder anderen Rechtsform möglich sind.

12 Die Privilegierung von § 28 Abs. 1 kommt bei den genannten Vereinigungen ausschließlich den **landwirtschaftlichen Erzeugerbetrieben** zugute. Hat die Vereinigung weitere Mitglieder, die nicht Erzeuger landwirtschaftlicher Urprodukte sind, so gilt die Sonderregelung des § 28 für diese nicht. Nicht privilegiert sind beispielsweise so genannte Privatmolkereien, unabhängig davon, ob diese die landwirtschaftlichen Urprodukte der Erzeuger verarbeiten, da sie nicht von den landwirtschaftlichen Erzeugern getragen werden.[11] Vereinigungen von landwirtschaftlichen Erzeugerbetrieben im Sinne des § 28 sind u. a. Besamungsgenossenschaften, Molkereigenossenschaften, Winzergenossenschaften etc. Da die Vereinigung als verlängerter Arm der Erzeugerbetriebe durch § 28 begünstigt sein soll, ist die Privilegierung von **gemischten Vereinigungen** umstritten. Sind neben den Erzeugerbetrieben noch Handelsunternehmen oder andere nicht urproduzierende Unternehmen oder Personen in einer gemeinschaftlichen Vereinigung zusammengeschlossen, so ist nach h. M.[12] eine Sonderstellung über § 28 nicht mehr möglich. Richtigerweise wird diese Ausschließlichkeit durchbrochen, wo natürliche Personen, z.B. Vorstands- oder Aufsichtsratsmitglieder einer Genossenschaft, Mitglied sind, jedoch selbst keine Urproduktion betreiben.[13] Diese Durchbrechung ist erforderlich, da z.B. Vorstände von Genossenschaften aufgrund gesetzlicher Regelung zwingend Mitglied ihrer Genossenschaft sein müssen. Da es jedoch Durchbrechungen der Ausschließlichkeit gibt, ist zumindest zweifelhaft, warum nicht in der heutigen Zeit bei nur untergeordneter Bedeutung der Mitgliedschaft von Handelsunternehmen die Privilegierung erhalten bleibt. Wenn die Erzeugervereinigung neben den Produkten ihrer Mitglieder auch von Dritten **zugekaufte Ware** vertreibt, ist § 28 nur auf den Tätigkeitsbereich mit den Mitgliedererzeugnissen anzuwenden. Ist eine Trennung nicht möglich, so entfällt die Sonderstellung nach § 28 komplett.[14]

13 **Vereinigungen von den genannten Erzeugervereinigungen** umfasst die dritte Stufe, die unter die Freistellung des Kartellverbotes nach § 28 fällt. Hierzu zählen vorwiegend die Zentralen, beispielsweise Absatzzentralen oder auch die Zentralgenossenschaften. Auch diese Zusammenschlüsse, sind unabhängig von ihrer Rechtsform, begünstigt. In diesen Zentralen sind die unter die zweite Stufe fallenden Vereinigungen wiederum zusammengeschlossen. Zwar können auch bei diesen Zentralen Privatpersonen, z.B. Vorstands- oder Aufsichtsratsmitglieder, Mitglied sein, ohne die Privilegierung zu gefährden. Bei Unternehmen der gleichen Vermarktungsstufe, Verbänden etc., die Mitglied einer solchen Vereinigung von Erzeugervereinigungen sind, entfällt jedoch die Sonderstellung im Rahmen von § 28.[15] Schon bei einer schädlichen Mitgliedschaft geht die gesamte Privilegierung verloren.

2. Vereinbarungen und Beschlüsse

14 Der Wortlaut des § 28 Abs. 1 ist entsprechend § 1 gefasst. Daher galt bis zur 7. Kartellnovelle, also bis zum 30. 6. 2005, die **Freistellung vom horizontalen Kartellverbot** dem Wortlaut nach für Vereinbarungen von landwirtschaftlichen Erzeugerbetrieben sowie für Vereinbarungen und Beschlüsse von Vereinigungen solcher Erzeugerbetriebe der o. g.

---

[11] BGH U. v. 19. 10. 1982 GRuR 1983, S. 78–79 = WuW/E 1977–1980 = ZfG 33, S. 147–150 – *Privatmolkerei*.
[12] BGH U. v. 19. 10. 1982 GRuR 1983, S. 78–79 = WuW/E 1977–1980 = ZfG 33, S. 147–150 – *Privatmolkerei*.
[13] Bericht des Bundeskartellamtes 1960, S. 34.
[14] *Schweizer* in: Immenga/Mestmäcker, GWB, § 28 Rn. 23, *Hootz* in: Müller-Henneberg/Schwartz/Hootz, GK-GWB, § 28 Rn. 9.
[15] *Hootz* in: Müller-Henneberg/Schwartz/Hootz, GK-GWB, § 28 Rn. 9 m.w.N.

zweiten und dritten Stufe. Der frühere Wortlaut des § 100 a. F. sprach von Verträgen, die nunmehr durch Vereinbarungen ersetzt sind. Eine materielle Änderung ist damit nicht verknüpft. Mit der 7. Kartellnovelle wurde § 1 auch auf vertikale Vereinbarungen ausgedehnt. Diese Änderung hat zur Folge, dass seit dem 1. 7. 2005 die Freistellung des § 28 auch für das **vertikale Kartellverbot** gilt.

Entsprechend § 1 sind jegliche **Vereinbarungen,** die wettbewerbsbeschränkende Wirkung haben können umfasst. Neben Verträgen zählen hierzu sowohl Empfehlungen als auch abgestimmte Verhaltensweisen ebenso wie die genossenschaftliche Satzung, sofern wettbewerbsbeschränkende Vereinbarungen enthalten sind.[16] **Beschlüsse** beziehen sich nur auf Vereine und Gesellschaften, mithin also alle Vereinigungen von Erzeugerbetrieben, da die Beschlüsse der entsprechenden gesellschaftsrechtlichen Gremien gemeint sind. Hierzu zählen wiederum die Beschlüsse von Vorstand und Aufsichtsrat ebenso wie Beschlüsse der Generalversammlung einer Genossenschaft, die beispielsweise Andienungspflichten wie die Vollablieferungspflicht der Erzeuger gegenüber ihrer Genossenschaft festlegen.[17]

3. Erzeugung oder Absatz landwirtschaftlicher Erzeugnisse (Abs. 1 Satz 1 Nr. 1)

Die erste der in § 28 genannten Ausnahmen erfasst Vereinbarungen und Beschlüsse über die Erzeugung oder den Absatz landwirtschaftlicher Erzeugnisse. Die **Erzeugung landwirtschaftlicher Produkte** betrifft die reine Urproduktion. Das heißt, hier sind alle den Produktionsvorgang unmittelbar betreffenden Vereinbarungen und Beschlüsse angesprochen. Umfasst werden damit Erzeugerkartelle, die sich beispielsweise auf räumliche Beschränkungen, wie bestimmte Anbauflächen oder quantitative Beschränkungen, wie bestimmte Produktionsmengen beziehen, Ebenfalls betroffen sind aber auch qualitative Beschränkungen, wie bestimmte Anbauanweisungen bzw. Qualitätsrichtlinien hinsichtlich des Anbaus sowie die Anwendung bestimmter Produktionsmittel, wie Saatgut, Futtermittel, Düngemittel oder Pflanzenschutzmittel.[18] Nicht möglich sind jedoch horizontale Kartellabsprachen über den Einkauf der genannten Produktionsmittel, da es an einem unmittelbaren Bezug zum Urprodukt bzw. zur Urproduktion fehlt.[19]

Der **Absatz landwirtschaftlicher Erzeugnisse** ist die Weitergabe aller per Legaldefinition des § 28 Abs. 3 umfassten Erzeugnisse an die nächsten Absatzstufen. Ausgehend von dem Gedanken der Selbsthilfe der Landwirte können die Vereinbarungen oder Beschlüsse **Anlieferungspflichten** ebenso wie den **Absatzzwang** oder bestimmte Qualitätsanforderungen bei der Produktion verpflichtend umfassen. Hierbei können Mengenbindungen, wie z. B. die Vollablieferungsverpflichtung, die Abgrenzung regionaler Absatzgebiete oder aber auch bestimmte Absatzwege Bestandteil der Bindung durch die genannten Vereinbarungen oder Beschlüsse sein.[20]

Grundsätzlich dürfen von der **Bindungswirkung** hinsichtlich des Absatzes landwirtschaftlicher Erzeugnisse **nur die Eigenerzeugnisse** der Landwirte umfasst werden. Im-

---

[16] BGH U. v. 19. 10. 1982 GRuR 1983, S. 78–79 = WuW/E 1977–1980 = ZfG 33, S. 147–150 – *Privatmolkerei,* BGH U. v. 17. 5. 1973, BB 1974, S. 1221 – *Genossenschaftliche Pflichten.*

[17] *Hootz* in: Müller-Henneberg/Schwartz/Hootz, GK-GWB, § 28 Rn. 119, *Schweizer* in: Immenga/Mestmäcker, GWB, § 28 Rn. 32.

[18] *Jestaedt* in: Langen/Bunte, Kommentar zum deutschen und europäischen Kartellrecht, § 28 Rn. 14, *Hootz* in: Müller-Henneberg/Schwartz/Hootz, GK-GWB, § 28 Rn. 16, *Schweizer* in: Immenga/Mestmäcker, GWB, § 28 Rn. 34.

[19] *Schweizer* in: Immenga/Mestmäcker, GWB, § 28 Rn. 34, *Eberle* Das erlaubte Erzeugerkartell nach § 100 Abs. 1 GWB, Diss. Münster 1965, S. 71, *Schulze-Hagen* Die landwirtschaftlichen Zusammenschlüsse nach deutschem und europäischen Wettbewerbsrecht 1977, S. 44.

[20] *Hootz* in: Müller-Henneberg/Schwartz/Hootz, GK-GWB, § 28 Rn. 19, *Schweizer* in: Immenga/Mestmäcker, GWB, § 28 Rn. 36 mit ausführlicher Darstellung.

portwaren, z. B. Butter, werden nicht begünstigt.[21] Erzeugerkartelle, bezogen auf den Absatz landwirtschaftlicher Produkte, finden sich daher vorzugsweise bei Besamungsgenossenschaften, Molkereigenossenschaften Winzergenossenschaften, aber auch bei Hopfenverwertungsgenossenschaften oder Absatzgenossenschaften für den Bereich Obst und Gemüse. Ebenfalls umfasst sind Abnahmeverpflichtungen über Verarbeitungsprodukte, die wiederum landwirtschaftliche Produkte sind, bei einer Molkereigenossenschaft beispielsweise Trockenmilch oder Butter, nicht jedoch über verarbeitete Produkte, die keine landwirtschaftlichen Erzeugnisse sind, z. B. Milchmischprodukte wie Speiseeis.

4. Benutzung gemeinschaftlicher Einrichtungen (Abs. 1 Satz 1 Nr. 1)

19   Als zweiter Ausnahmetatbestand sind Vereinbarungen und Beschlüsse über die Benutzung **gemeinschaftlicher Einrichtungen für die Lagerung oder Be- oder Verarbeitung** landwirtschaftlicher Erzeugnisse vom Kartellverbot freigestellt. Ähnlich wie der Absatz landwirtschaftlicher Erzeugnisse ist auch die Benutzung gemeinschaftlicher Einrichtungen vielfach in der Rechtsform der eingetragenen Genossenschaft organisiert. Vereinzelt sind auch landwirtschaftliche Vereine denkbar. Die Organisation in der Rechtsform der Genossenschaft hat sich historisch entwickelt.

20   Zu den Bereichen der Lagerung zählt die **gemeinsame Lagerung** aller landwirtschaftlichen Erzeugnisse, z. B. von Getreide oder Ölsaaten etc. inkl. der hierauf entfallenden Vorbereitungshandlungen, wie z. B. die gemeinsame Trocknung von Getreide. Ebenfalls umfasst ist die Kühlhauslagerung im Bereich von Obst- und Gemüsegenossenschaften einschließlich des verkaufsfertigen Waschens oder Verpackens der Erzeugnisse. Weiterhin denkbar ist die gemeinsame Be- oder Verarbeitung in gemeinschaftlichen Einrichtungen.

21   Von der **gemeinsamen Bearbeitung,** also dem Verbessern oder Haltbarmachen eines landwirtschaftlichen Urproduktes, ist beispielsweise die gemeinsame Nutzung von Landmaschinen oder von Trocknungseinrichtungen, z. B. für die Getreide- oder Maistrocknung sowie die Saatgutbeize umfasst. Die Nutzung **gemeinschaftlicher Einrichtungen** zur Verarbeitung beinhaltet die Milchverarbeitung, die Weinbereitung, die Schlachtung und auch den Bereich des Viehhandels in allen Facetten, d. h. neben dem Nutz- und Schlachtviehhandel auch die Bereiche der Besamung, der Aufzucht, etc.[22] Bei der Verarbeitung ist wichtig, dass das Verarbeitungsprodukt wiederum ein landwirtschaftliches Erzeugnis im Sinne von Abs. 3 ist, z. B. Wein, Winzersekt oder Butter, nicht jedoch gewerblich erstellter Sekt oder Milchspeiseeis.[23] Die Finanzierung der gemeinschaftlichen Einrichtungen fällt ebenfalls unter die Ausnahme, es sei denn, es liegt ein Verstoß gegen das Preisbindungsverbot vor.[24]

5. Preisbindung

22   Das Kartellgesetz legt neben den beiden positiven Ausnahmetatbeständen zwei **negative Abgrenzungsmerkmale** für die Freistellung vom Kartellverbot fest. Eines davon ist die Preisbindung. Eine Preisbindung dürfen die ansonsten nicht unter das Kartellverbot fallenden Vereinbarungen und Beschlüsse über die landwirtschaftlichen Erzeugnisse grundsätzlich nicht enthalten. In dieser Abgrenzung liegt keine Änderung des bisherigen materiellen Rechts, anders als bei der Konditionenbindung, bei der unter engen Voraussetzungen eine Preisbindung möglich ist. Da sich das Preisbindungsverbot auf die Freistellung vom Kartell-

---

[21] *Schweizer* in: Immenga/Mestmäcker, GWB, § 28 Rn. 35.
[22] *Hootz* in: Müller-Henneberg/Schwartz/Hootz, GK-GWB, § 28 Rn. 28 ff., *Schweizer* in: Immenga/Mestmäcker, GWB, § 28 Rn. 38.
[23] *Bechtold*, GK-GWB, § 28 Rn. 4.
[24] *Petry*, Die Wettbewerbsbeschränkung in der Landwirtschaft nach nationalem und europäischen Wettbewerbsrecht, Diss. Hohenheim 1974, S. 67.

verbot bezieht, waren bis zum 30. 6. 2005 nur **horizontale** Preisbindungen, d. h. Preisabreden zwischen Unternehmen derselben Wirtschaftsstufe umfasst.[25] Durch das zum 1. 7. 2005 in § 1 geregelte generelle Kartellverbot für horizontale und vertikale Vereinbarungen, bezieht sich das Preisbindungsverbot grundsätzlich auch auf vertikale Vereinbarungen, also Preisabsprachen zwischen Unternehmern der unterschiedlichen Wirtschaftsstufen, z. B. Erzeuger und Genossenschaft. Die **vertikale** Preisbindung ist jedoch ausdrücklich im Rahmen der Konditionenbindung des § 28 Abs. 2 geregelt und daher in Grenzen wiederum erlaubt.

Das Preisbindungsverbot bezieht sich nach dem Gesetzeswortlaut auf alle Vereinbarungen und Beschlüsse, die im Rahmen des § 28 erlaubt sind und umfasst neben den Preisen auch **Preisbestandteile,** beispielsweise Sorten-, Gewinn- und Mengenaufschläge, Be- und Verarbeitungskosten, Fracht- Transport- und Verpackungskosten oder Rabatte in jeglicher Form. Die Preisbindung kann **unmittelbar** oder **mittelbar,** z. B. durch Vertragsstrafen bei Nichteinhaltung eines bestimmten Preises erfolgen. Preisempfehlungen fallen nicht unter das Preisbindungsverbot.[26] Erzeugervereinigungen können also jederzeit unverbindliche Preisempfehlungen aussprechen. 23

Interne Preisfestlegungen einheitlicher Ankaufspreise durch eine Erzeugervereinigung werden von dem Preisbindungsverbot nicht berührt. Jede Erzeugervereinigung kann im Innenverhältnis über die zuständigen Gremien Preise festsetzen, ohne gegen das Preisbindungsverbot zu verstoßen, da die Erzeuger über diese Gremien, z. B. die Generalversammlung bei Genossenschaften, Einfluss auf den Absatz ihrer Produkte am Markt nehmen können. Grundsätzlich erlaubt ist die Festlegung derartiger Preise auch über das Marktstrukturgesetz. Strittig ist die **Festlegung einheitlicher Verkaufspreise,** seien es Fest- Höchst- oder Mindestpreise, **durch Erzeugervereinigungen.** Hier überzeugt die Auffassung von *Hootz,* dass die Festlegung der Preise der Höhe nach durch eine Absatzorganisation ebenso wie bei den Ankaufspreisen eine unternehmensinterne Entscheidung darstellt, die nicht unter das Preisbindungsverbot fällt.[27] Teilweise übereinstimmend hat auch das Bundeskartellamt entschieden, dass zumindest dann kein Verstoß gegen das Preisbindungsverbot vorliegt, wenn die Geschäftsführung **weisungsungebunden** über die Festlegung entschieden hat.[28] Nur wenn der Absatzorganisation eine freie Entscheidung zugebilligt wird, wird auch der Sinn und Zweck der Sonderregelung des § 28 erfüllt. Hierbei sollte gerade berücksichtigt werden, dass Erzeugervereinigungen und dies insbesondere in der Rechtsform der Genossenschaft von ihren Mitgliedern getragen werden. Die Vereinigung soll die Marktposition der schwächeren landwirtschaftlichen Erzeuger verbessern. Somit muss es möglich sein, dass die Organe interne Beschlüsse über Preise treffen, unabhängig davon welches Organ dies macht. Die Zuweisung zu einem Organ, gleich ob Geschäftsführer, Vorstand oder Mitgliederversammlung, liegt in der Hoheit der Erzeugervereinigung und zählt zur internen Geschäftspolitik. Denn nur dann ist hinreichende Flexibilität gewährleistet, um am Markt zu bestehen. Erst wenn Dritte, also Wettbewerber gebunden würden, wäre eine Anwendung des Preisbindungsverbots gerechtfertigt. Das Preisbindungsverbot greift somit dort, wo es sinnvoll ist und zwar in den Fällen, in denen verschiedene Anbieter gemeinsam einen einheitlichen Preis festlegen. 24

---

[25] H. M. *Hootz* in: Müller-Henneberg/Schwartz/Hootz, GK-GWB, § 28 Rn. 33, *Schweizer* in: Immenga/Mestmäcker, GWB, § 28 Rn. 40, *Petry,* Die Wettbewerbsbeschränkung in: der Landwirtschaft nach nationalem und europäischen Wettbewerbsrecht, Diss. Hohenheim 1974, S. 67, a. A. *Eberle* Das erlaubte Erzeugerkartell nach § 100 Abs. 1 GWB, Diss. Münster 1965, S. 72 ff., *Schulze-Hagen* Die landwirtschaftlichen Zusammenschlüsse nach deutschem und europäischen Wettbewerbsrecht 1977, S. 47 ff.

[26] *Schweizer* in: Immenga/Mestmäcker, GWB, § 28 Rn. 42 und 44.

[27] *Hootz* in: Müller-Henneberg/Schwartz/Hootz, GK-GWB, § 28 Rn. 38, a. A. *Schweizer* in: Immenga/Mestmäcker, GWB, § 28 Rn. 50 und 51.

[28] *Jestaedt* in: Langen/Bunte, Kommentar zum deutschen und europäischen Kartellrecht, § 28 Rn. 18.

6. Ausschluss des Wettbewerbs

25 Das zweite negative Abgrenzungskriterium im Hinblick auf die Freistellung vom Kartellverbot ist der Ausschluss des Wettbewerbs. Durch die vorgenannten Vereinbarungen und Beschlüsse darf der Wettbewerb nicht ausgeschlossen werden. Auch hier wird das geltende Recht (ehemals § 100 Abs. 1 Satz 3) beibehalten. Durch den Gesetzeswortlaut wird klargestellt, dass das Abgrenzungskriterium für alle Stufen der Erzeugervereinigungen gilt. Ausschluss des Wettbewerbs bedeutet, dass **kein nennenswerter Wettbewerb** vorhanden ist. Zur **Definition** des Wettbewerbs ist zunächst auf den relevanten Markt abzustellen. Der **relevante Markt** richtet sich am Einzelfall aus und ist räumlich, zeitlich und funktional danach abzugrenzen, auf welchem Markt die Marktbeteiligten tätig sind. Ausgeschlossen ist der Wettbewerb dann, wenn auf diesem relevanten Markt keine oder nur wenige Mitbewerber vorhanden sind, so dass ein nennenswerter Wettbewerb nicht besteht. Der Nachfrager hat damit weder Wahl- noch Auswahlmöglichkeiten. Für die Beurteilung der Anzahl der Wettbewerber, die für die Frage des nennenswerten Marktes maßgeblich sind, wird in der Regel auf den Einzelfall abzustellen sein.[29]

26 Die Abgrenzungskriterien werden im Schrifttum kontrovers gesehen. *Schweizer*[30] sieht einen Wettbewerbsanteil kleiner Wettbewerber von weniger als 10% als Ausschluss und einen Anteil von 10 bis 40% als kritisch und damit der Einzelfallprüfung unterworfen an. Dieser Anteil wird m. E. jedoch viel zu hoch angesetzt. Auch **wenige Wettbewerber,** selbst Außenseiter, die nur geringe Marktanteile haben, können bereits einen nennenswerten Markt darstellen. Dem Nachfrager bleibt auch dann die Möglichkeit, auszuweichen, so dass ein Ausschluss im wahrsten Sinne des Wortes nicht vorliegt. So geht auch die wohl herrschende Meinung[31] davon aus, dass selbst bei weniger als 10% ein nennenswerter Markt gegeben sein kann. Allerdings wird die Grenze von 10% Mitwettbewerbern als kritisch anzusehen sein, so dass hier besonders die Kriterien des Einzelfalles zu prüfen sind, um festzustellen, ob die Nachfrager noch einen **Wettbewerbsspielraum** haben. Zu berücksichtigen ist hierbei auch die fortschreitende **strukturelle Entwicklung** der landwirtschaftlichen Märkte. Die Unternehmenseinheiten der Erzeugervereinigungen sind heute vielfach größer, um auf den internationalen Märkten bestehen zu können. Dies führt dazu, dass vielfach nur wenige Wettbewerber, und diese oftmals nur überregional, wenn nicht sogar international vorhanden sind.

7. Verfahren

27 Nach bisheriger Rechtslage (bis 30. 6. 2005) mussten Vereinbarungen und Beschlüsse von Vereinigungen der Erzeugervereinigungen, in der Regel Zentralgenossenschaften, den Kartellbehörden gem. § 28 Abs. 1 Satz 2 **unverzüglich angemeldet** werden. Dies galt nur für Vereinbarungen und Beschlüsse von Vereinigungen der Erzeugervereinigungen, die übrigen in § 28 genannten Vereinbarungen und Beschlüsse von Erzeugerbetriebe bzw. von Erzeugervereinigungen mussten daher nicht ausdrücklich angemeldet werden. Die Anmeldung hatte gegenüber den Kartellbehörden eine **reine Informationsfunktion** und war somit keine Wirksamkeitsvoraussetzung. Unabhängig von dieser Information waren die angemeldeten Vereinbarungen und Beschlüsse immer schon freigestellt und auch gegenüber Dritten wirksam. Eine Verletzung der unverzüglichen Anmeldepflicht gegenüber den Kartellbehörden führte lediglich zu einer Ordnungswidrigkeit im Sinne von § 81 Abs. 1 Nr. 3.

---

[29] *Hootz* in: Müller-Henneberg/Schwartz/Hootz, GK-GWB, § 28 Rn. 54, *Schweizer* in: Immenga/Mestmäcker, GWB, § 28 Rn. 55.

[30] *Schweizer* in: Immenga/Mestmäcker, GWB, § 28 Rn. 54.

[31] *Bechtold*, GK-GWB, § 28 Rn. 7, *Jestaedt* in: Langen/Bunte, Kommentar zum deutschen und europäischen Kartellrecht, § 28 Rn. 19, *Hootz* in: Müller-Henneberg/Schwartz/Hootz, GK-GWB, § 28 Rn. 53, jeweils m. w. N.

Seit dem 1. 7. 2005 sind auch Vereinbarungen und Beschlüsse von Vereinigungen der Erzeugervereinigungen nicht mehr anzumelden. Aufgrund des neuen Systems der Legalausnahme sind Vereinbarungen generell nicht mehr anzumelden. Daher wird erst Recht kein Grund für eine Anmeldung der nach § 28 bereits freigestellten Vereinbarungen gesehen.[32]

III. Freistellung von Konditionenbindungen (Abs. 2)

Aufgrund der bisherigen, ausschließlich horizontalen, Freistellung vom Kartellverbot sah § 28 Abs. 2 a. F. eine Freistellung **vertikaler Vereinbarungen** über die Sortierung, Kennzeichnung oder Verpackung von landwirtschaftlichen Erzeugnissen vom Verbot der Konditionenbindung nach § 14 a. F. vor. Auch hier ergab sich zu dem aus dem alten § 100 Abs. 2 entnommenen Grundsatz der Freistellung von der Konditionenbindung materiell rechtlich keine Änderung. Da mit der 7. Kartellnovelle vertikale Vereinbarungen vom grundsätzlichen Verbot von § 1 umfasst werden, besteht ebenso grundsätzlich die Freistellung im Rahmen von § 28 über Abs. 1. Die Freistellung von § 28 Abs. 1 gilt jedoch nicht für Preisbindungen. Hier regelt § 28 Abs. 2 nunmehr die Ausnahme, dass vertikale Preisbindungen hinsichtlich der Sortierung, Kennzeichnung oder Verpackung von landwirtschftlichen Erzeugnissen nicht unter das Kartellverbot fallen und somit erlaubt sind. Mit dieser Regelung soll sichergestellt werden, dass die bisherige materielle Rechtslage – nun teils über Abs. 1 und hinsichtlich der Preisbindungen über Abs. 2 geregelt – beibehalten wird.[33] Mit der Freistellung der Konditionenbindung insgesamt ist keine Freistellung vom Diskriminierungsverbot des § 20 für marktbeherrschende Unternehmen verbunden.[34] D. h., die Konditionenbindung darf insgesamt nicht dazu führen, dass die Beteiligten in ihrer eigenen Gestaltungsfreiheit von Preisen oder Geschäftsbedingungen gehindert sind. 28

Mit der Ausnahme vom Verbot der Konditionenbindung soll den landwirtschaftlichen Erzeugern bzw. landwirtschaftlichen Erzeugervereinigungen die Möglichkeit eingeräumt werden, ihre Produkte durchgängig bis zum Endverbraucher kenntlich zu machen. So umfasst die Kennzeichnung **alle Angaben über das Produkt** inkl. der Produktbezeichnung und die Sortierung Angaben über Handelsklassen, Sorten, Qualitätsmerkmale etc. Die Verpackung betrifft die **Bindung jeglicher Umhüllung** der landwirtschaftlichen Erzeugnisse, die in Form, Farbe oder Art vorgeschrieben werden kann. Zu beachten ist jedoch der Vorrang zwingender gesetzlicher Regelungen zur Sortierung, Kennzeichnung oder Verpackung.[35] Die Praxis hat ergeben, dass die Notwendigkeit der Konditionenbindung trotz vieler nationaler und europäischer Regelungen zur Sortierung, Kennzeichnung und Verpackung (jüngstes Beispiel ist die Rinderkennzeichnung) landwirtschaftlicher Produkte gegeben ist. Nur so kann sichergestellt werden, dass auch kleine landwirtschaftliche Erzeuger für ihre Produkte den Herkunftsnachweis führen können.[36] Mit der Neuregelung von Abs. 2 wird klargestellt, dass auch mit diesen Bindungen zusammenhängende Preisfestlegungen umfasst sein können, um Sortierung, Kennzeichnung oder Verpackung in der Kette vom Landwirt über den Handel einheitlich zu regeln. Damit sind ggf. für einzelne Produkte auch Mindestpreisregelungen denkbar, wenn die Marktverhältnisse eine derartige Bindung erfordern. 29

Mit der 6. Kartellnovelle wurde bereits die **eingeschränkt mögliche Preisbindung**, die im alten § 100 Abs. 3 geregelt war, teilweise **gestrichen** bzw. in **Spezialgesetze** überführt. Die Ausnahme vom Preisbindungsverbot für den Saatgutbereich ist endgültig aufgehoben worden. Im Rahmen eines europäischen Verfahrens über Verträge im Saatgutbereich 30

---

[32] Begründung zum Gesetzesentwurf der Bundesregierung, BT-Drucks. 15/3640, S. 48.
[33] Begründung zum Gesetzesentwurf der Bundesregierung, BT-Drucks. 15/1360, S. 48.
[34] BGHZ 33, S. 259 = NJW 1961, S. 172–174 – *Diskriminierungsverbot*.
[35] Detaillierte, aber nicht abschließende Aufzählung bei *Hootz* in: Müller-Henneberg/Schwartz, GK-GWB, § 28 Rn. 100.
[36] Begründung zum Gesetzesentwurf der Bundesregierung BT-Drucks. 13/9720, S. 53.

(sog. VO-Verträge)[37] wurde ausdrücklich auf eine Preisbindung verzichtet, da die Kartellbehörden die Garantie einer Lückenlosigkeit der Preisbindung als nicht gegeben ansahen. Die deutsche Regelung wurde im Zuge des Gesetzgebungsverfahrens damit als bedeutungslos angesehen und gestrichen.[38]

31 Beibehalten wurde jedoch die **Preisbindung im Tierzuchtbereich.** Sie ist im Hinblick auf die Schweinezuchtprogramme, insbesondere bezogen auf Hybridzuchtprogramme, weiterhin notwendig, gilt theoretisch aber für den Zuchteinsatz aller Tiere im Sinne des Tierzuchtgesetzes. Da sie als Spezialregelung angesehen wurde, ist sie vollinhaltlich in das Tierzuchtgesetz überführt worden. Die Preisbindung gilt ausschließlich bei Zuchttieren und ist bei Schlachttieren nach wie vor nicht möglich. Die Befreiung vom Preisbindungsverbot für diesen Bereich regelt § 29 des Tierzuchtgesetzes.[39] Die nach dem Tierzuchtgesetz anerkannten Zuchtorganisationen dürfen danach Abnehmer von Tieren, die zur Vermehrung in einem mehrstufigen Zuchtverfahren bestimmt sind, rechtlich oder wirtschaftlich binden, bei der Weiterveräußerung bestimmte Preise vereinbaren, oder den Abnehmern die gleiche Bindung bei der Weiterveräußerung auferlegen.[40] Diese Befreiung vom Preisbindungsverbot ist jedoch durch ausdrücklichen Querverweis im Gesetzestext auf die Vorschriften des GWB der allgemeinen Missbrauchsaufsicht der Kartellbehörden im Hinblick auf Marktbeherrschung oder wettbewerbsbeschränkendes Verhalten unterworfen.

IV. Landwirtschaftliche Erzeugnisse (Abs. 3)

1. Anhang I des EG-Vertrages

32 Landwirtschaftliche Erzeugnisse sind **legaldefiniert** in § 28 Absatz 3. Während in der ursprünglichen Fassung des § 100 Abs. 5 a. F. landwirtschaftliche Erzeugnisse als Erzeugnisse der Landwirtschaft, des Gemüse-, Obst-, Garten- und Weinbaus und der Imkerei und der durch Fischerei gewonnenen Erzeugnisse definiert wurden, erfolgte mit der 6. Kartellnovelle eine Harmonisierung in europäischem Sinne durch eine nunmehrige Bezugnahme auf **Anhang I**[41] des EG-Vertrages. Die bisherige konkrete Aufzählung der Produkte in einer gesonderten Benennungsverordnung wurde damit aufgegeben.

33 Anhang I enthält eine Aufzählung der landwirtschaftlichen Produkte, wobei z. T. Produkte genannt werden, die tatsächlich keine landwirtschaftlichen Urprodukte sind. Dennoch werden sie von Anhang I umfasst und fallen somit in den Bereich der landwirtschaftlichen Sonderregelung. Dies hat insbesondere Bedeutung für die erste Be- und Verarbeitungsstufe und ist damit besonders interessant für Vereinigungen von Erzeugerbetrieben, die in der Be- und Verarbeitung tätig sind, z.B. Molkereigenossenschaften, die zunehmend neben klassischen auch neue Molkereiprodukte kreieren. Eingeteilt sind die landwirtschaftlichen Produkte in Anhang I nach dem **Brüsseler Zolltarifschema,** auf dessen entsprechende Kapitelnummern verwiesen wird.

2. Erste Verarbeitungsstufe

34 Produkte der ersten Verarbeitungsstufe werden in Anhang I nicht abschließend genannt, wurden aber nach dem bisherigen Recht durch eine Benennungsverordnung gere-

---

[37] Die vom Bundesverband deutscher Pflanzenzüchter in Abstimmung mit den Marktpartnern herausgegebenen Musterverträge mit dem Handel für Saatgut sind nicht veröffentlicht, werden jedoch im Saatguthandel von den Marktbeteiligten zugrunde gelegt.
[38] Begründung zum Gesetzesentwurf der Bundesregierung BT-Drucks. 13/9720, S. 40.
[39] Tierzuchtgesetz vom 21. 12. 2006, BGBl I, S. 3294 ff, 3306.
[40] Zu den Voraussetzungen der Anerkennung von Zuchtorganisationen siehe *Schweizer* in: Immenga/Mestmäcker, GWB, § 28 Rn. 86 f.
[41] Zu Anhang I siehe auch Fn. 5.

gelt. Da die gesonderte Regelung durch die Benennungsverordnung künftig entfällt, wurde die Definition der landwirtschaftlichen Erzeugnisse durch Bezug auf Anhang I um **Produkte der ersten Be- oder Verarbeitungsstufe** ergänzt. Danach sind die durch Be- oder Verarbeitung der in Anhang I genannten Erzeugnisse gewonnenen Waren, deren Be- oder Verarbeitung durch landwirtschaftliche Erzeugerbetriebe oder ihre Vereinigung durchgeführt zu pflegen werden, als Produkte der ersten Verarbeitungsstufe ebenfalls landwirtschaftliche Erzeugnisse im Sinne des Kartellrechtes. Damit ist sichergestellt, dass auch Produkte der ersten Be- oder Verarbeitungsstufe sowie Produktinnovationen der Erzeugervereinigungen, wie z. B. Fruchtjoghurt, umfasst werden.[42] Die bisherige Produktpalette lt. Benennungsverordnung wird durch die Kombination zwischen Anhang I und den Produkten der ersten Verarbeitungsstufe erweitert und damit praxisgerecht angepasst.

Bei Molkereigenossenschaften fallen somit beispielsweise, soweit nicht bereits über Anhang I erfasst, zusätzlich **Milchmischerzeugnisse** mit Zusätzen, Joghurt, Joghurtpulver und Biogurt mit Fruchtzusätzen, Hart-, Schnitt-, Weich- und Frischkäse mit beigegebenen Lebensmitteln, auch geschäumt, sowie Quarkmischungen für Backzwecke und Trinkmolke mit Fruchtzusätzen unter die erste Be- oder Verarbeitungsstufe. Bei Winzergenossenschaften dürfte künftig auch der **Winzersekt** aus den Trauben der Mitglieder, Trauben- bzw. Weingelee sowie Traubenkernöle und Traubenessig umfasst sein.

V. Einzelgesetzliche Sonderregelungen

Durch die Straffung des Kartellgesetzes im Rahmen der 6. Kartellnovelle wurde die Sonderregelung für den **forstwirtschaftlichen Bereich** aus § 100 Abs. 7 a. F. in das Bundeswaldgesetz übernommen. Die Neuregelung in § 40 Abs. 1 Bundeswaldgesetz[43] stellt Beschlüsse von Vereinigungen forstwirtschaftlicher Erzeugerbetriebe vom Kartellverbot des § 1 frei. Dies gilt nach der 7. Kartellnovelle sowohl für horizontale als auch vertikale Vereinbarungen und Beschlüsse. Vereinigungen forstwirtschaftlicher Erzeugerbetriebe sind nach der Legaldefinition des § 40 Abs. 4 Bundeswaldgesetz Waldwirtschaftsgemeinschaften, Waldwirtschaftsgenossenschaften, Forstverbände, Eigentumsgenossenschaften und ähnliche Vereinigungen, deren Wirkungskreis nicht wesentlich über das Gebiet einer Gemarkung oder Gemeinde hinausgeht und die zur gemeinschaftlichen Durchführung forstwirtschaftlicher Maßnahmen gebildet werden oder gebildet worden sind. Die genannten Beschlüsse von Vereinigungen forstwirtschaftlicher Erzeugerbetriebe unterliegen der allgemeinen Missbrauchsaufsicht bezogen auf die Fragen der Marktbeherrschung oder des wettbewerbsbeschränkenden Verhaltens. Die übrigen kartellrechtlichen Vorschriften bleiben unberührt, finden also uneingeschränkt Anwendung.

Weiterhin wurde die ausdrückliche Erwähnung von **Spezialgesetzen,** die in § 100 Abs. 8 a. F. geregelt war, komplett gestrichen. Diese Streichung ist jedoch nicht mit einer materiell rechtlichen Änderung verbunden. Spezialregelungen finden sich für die Verarbeitung von Brotgetreide im Getreidegesetz, für die Einzugsgebiete im Zuckerrübenbereich im Zuckergesetz, für die Festlegung von Molkereieinzugsgebieten und Molkereiabsatzgebieten im Milch- und Fettgesetz und für die Vermarktung von Vieh, Fleisch und Fleischerzeugnissen im Vieh- und Fleischgesetz.[44] Die genannten Spezialgesetze sind zwischenzeitlich durch europäische Verordnungen weitgehend marktordnungsrechtlich strukturiert und harmonisiert.

---

[42] Begründung zum Gesetzesentwurf der Bundesregierung BT-Drucks. 13/9720, S. 53.
[43] Bundeswaldgesetz vom 2. 5. 1975, BGBl. I S. 1037, zuletzt geändert am 31. 10. 2006 BGBl. I S. 2407 ff, 2433.
[44] Einzelheiten zu diesen Gesetzen bei *Hootz* in: Müller-Henneberg/Schwartz/Hootz, GK-GWB, § 28 Rn. 102–122.

VI. Verhältnis zu anderen Vorschriften

38 Die einzelgesetzlichen Sonderregelungen wurden nicht zuletzt deshalb gestrichen, weil der Vorrang spezieller gesetzlicher Regelungen vor der generellen Regelung des GWB als Selbstverständlichkeit gesehen wird und eine Aufzählung der Spezialgesetze im GWB überflüssig macht. Im Verhältnis zu einzelgesetzlichen Sonderregelungen gilt daher die **Nachrangigkeit** des GWB. Nicht nur die unter V. genannten Einzelregelungen haben Vorrang, sondern auch die allgemeinen agrarrechtlichen Grundlagengesetze. Hierzu zählen beispielsweise das **Marktstrukturgesetz**[45] oder alle **europäischen Marktordnungen**,[46] die mit Ausnahme der Weinmarktordnung zwischenzeitlich weitestgehend in einer einheitlichen gemeinsamen Marktordnung in VO 1234/2007 zusammengefasst sind. Während sich der Vorrang der nationalen einzelgesetzlichen Regelungen aus den allgemeinen Rechtsgrundsätzen ergibt, stützt sich der Vorrang für die europäischen Marktordnungen auf den allgemeinen Grundsatz des Vorranges des europäischen Rechtes.[47] Das jeweilige Marktordnungsrecht setzt den zulässigen Rahmen für Wettbewerbsbeschränkungen. Darüber hinausgehende Wettbewerbseinschränkungen, also solche, die nicht aufgrund einer Marktordnung oder einer anderen Spezialregelung für den Agrarsektor ausdrücklich privilegiert sind, fallen wieder unter das GWB und sind am Maßstab der allgemeinen Vorschriften des GWB zu prüfen.[48]

VII. Missbrauchsaufsicht

39 Bis zur 6. Kartellnovelle gab es zwei spezielle Vorschriften, die für den Bereich der Missbrauchsaufsicht wichtig waren. Im Rahmen des § 100 Abs. 4 a. F. waren vertikale Vereinbarungen zwischen Landwirten und deren Erzeugerorganisationen mit den Unternehmen des Absatzmarktes von der Missbrauchsaufsicht des ehemaligen § 18 ausgenommen. Zum anderen sah das Gesetz in § 104 eine für die landwirtschaftsspezifischen Sonderregelungen des § 100 a. F. inklusive der vertikalen Vereinbarungen eine spezielle Missbrauchsaufsicht vor. Beide Regelungen wurden mit der 6. Kartellnovelle komplett gestrichen.

40 Durch die Ausnahme von der allgemeinen Missbrauchsaufsicht wurde deutlich, dass **vertikale Vereinbarungen grundsätzlich erlaubt** waren. Vertikale Vereinbarungen zwischen der Erzeugerebene und der Absatzebene umfassen Ausschließlichkeits-, Vertriebs-, Absatz- oder Verwendungsbindungen, die im Rahmen der Vertragslandwirtschaft die Erzeugung, Lagerung, Be- oder Verarbeitung oder den Absatz landwirtschaftlicher Erzeugnisse betreffen. Nach dem Willen des Gesetzgebers soll mit der Streichung von § 100 Abs. 4 a. F. materiell rechtlich grundsätzlich keine Änderung für die in der Vertragslandwirtschaft üblichen langfristigen Lieferbindungen mit Ausschließlichkeitscharakter eintreten.[49] Vertikale Vereinbarungen der Vertragslandwirtschaft sind damit auch weiterhin grundsätzlich erlaubt.

41 Bedeutung haben Ausschließlichkeitsbindungen insbesondere in den Bereichen der **Sonderkulturen.** Vielfach ist es bei speziellen Sorten notwendig, dass der Anbau im Rahmen der sog. Vertragslandwirtschaft stattfindet. D. h., die Erzeuger binden sich ausschließlich an einen Abnehmer. Dies macht Sinn, da vielfach an bestimmte Produkte erhöhte Qualitätsanforderungen zu stellen sind. Dies gilt beispielsweise beim Gemüseanbau,

---

[45] Marktstrukturgesetz vom 26. 9. 1990, BGBl. I S. 2134, zuletzt geändert am 31. 10. 2006, BGBl. I S. 2407 ff., 2431.
[46] Zu den Marktorganisationen siehe Band 1 6. Teil Landwirtschaft Rn. 2.
[47] BGHZ 72, S. 371 = NJW 1979 – *Butaris/Vertragsstrafe*, S. 490, Begründung zum Gesetzesentwurf der Bundesregierung BT-Drucks. 13/9720, S. 41.
[48] BGHZ 33, S. 259 = NJW 1961, S. 172 *Diskriminierungsverbot;* BGHZ 41, S. 271 = NJW 1964, S. 1617 – *Werkmilchabzug.*
[49] Begründung zum Gesetzesentwurf der Bundesregierung BT-Drucks. 13/9720, S. 41.

z. B. Brokkoli oder Spinat, für weiterverarbeitende Unternehmen im Tiefkühlsektor oder den Vertragsanbau im Bereich der Babynahrung. Die **höheren Qualitätsanforderungen** bedingen eine Bindung an ein Unternehmen aus Sicht des Produzenten sowie aus Sicht des Erzeugers, um hinreichende Berücksichtigung für höhere Produktionskosten zu finden.

Durch die Änderung der 6. Kartellnovelle wurden vertikale Vereinbarungen lediglich der **allgemeinen Missbrauchskontrolle** von § 12 unterworfen, da den Besonderheiten der Landwirtschaft nach Auffassung des Gesetzgebers bereits im Rahmen der allgemeinen Missbrauchsaufsicht hinreichend Rechnung getragen wird. Mit der 7. Kartellnovelle ist die Missbrauchsaufsicht nach § 12 a. F. jedoch gestrichen worden. Grund hierfür ist, dass eine Freistellung durch die Kartellbehörden wegen des Systems der Legalausnahme nicht mehr erfolgt. Durch den Wegfall der konstitutiven Freistellungsentscheidungen entfällt aber auch die Missbrauchsaufsicht über freigestellte Kartelle. Eine Änderung der **wettbewerblichen Kontrolle** ist hiermit jedoch nicht verbunden. Alle Zuwiderhandlungen gegen das GWB einschließlich des Missbrauchs einer marktbeherrschenden Stellung oder des wettbewerbsbeschränkenden Verhaltens können im Rahmen der §§ 32 ff. geahndet werden.[50] Aufgrund des neuen Systems der Legalausnahme ist die Kontrolle auf alle horizontalen und vertikalen Vereinbarungen und Beschlüsse bezogen.

Im Bereich von Ausschließlichkeitsbindungen mussten hierbei immer schon die **Besonderheiten der Landwirtschaft** beachtet werden, so dass gerade an die Frage des Missbrauches unter diesem Blickwinkel höhere Anforderungen zu stellen sind. Aber auch bei der Überprüfung des wettbewerblichen Verhaltens der Erzeugerbetriebe und ihrer Vereinigungen insgesamt, müssen künftig die Besonderheiten der Landwirtschaft hinreichend Berücksichtigung finden. Hierbei muss auch den Zielen der Agrarpolitik und den strukturellen Veränderungen der Märkte, die gerade im landwirtschaftlichen Sektor immer mehr voranschreiten, hinreichend Rechnung getragen werden.

VIII. Fusionskontrolle

Unter die landwirtschaftliche Sonderregelung des § 28 fallen lediglich horizontale und vertikale Kartellabreden, nicht jedoch die Fusionen im landwirtschaftlichen Bereich. Die Probleme, die auf Seiten der landwirtschaftlichen Erzeuger und ihrer Erzeugervereinigungen im Hinblick auf den zunehmenden Strukturwandel im Verhältnis zu den marktmächtigen Unternehmen der Absatzseite vielfach entstehen, hat der Gesetzgeber nicht hinreichend berücksichtigt.

Mit Blick auf die Sonderproblematik des Verhältnisses zum marktstarken Lebensmitteleinzelhandel sind lediglich im Rahmen der 6. Kartellnovelle in der Gesetzesbegründung zu § 36 bedeutsame Aussagen getroffen worden. Für den Bereich der landwirtschaftlichen Verarbeitungs- und Vermarktungsunternehmen, z. B. für den Molkerei- und Schlachthofsektor, hat der Gesetzgeber **wettbewerbliche Benachteiligungen** gesehen, insbesondere im Hinblick auf die Konzentration der Nachfrageseite. Er bestätigt in der Begründung die **Notwendigkeit von Zusammenschlüssen** auf der landwirtschaftlichen Erfassungsmarktseite, um die Wettbewerbsnachteile auf den Absatzmärkten auszugleichen. Deshalb wird festgehalten, dass bei der Beurteilung der wettbewerblichen Auswirkungen von Zusammenschlüssen den Besonderheiten landwirtschaftlicher Märkte Rechnung getragen und die Veränderungen der Wettbewerbsbedingungen gegenüber den Marktpartnern einbezogen werden.[51] Diese Begründung zeigt, dass auch im Bereich der Fusionskontrolle die landwirtschaftlichen Besonderheiten zu berücksichtigen sind, auch wenn eine Sonderregelung hier nicht vorliegt.

---

[50] Begründung zum Gesetzesentwurf der Bundesregierung BT-Drucks. 15/3640 S. 48.
[51] Beschlussempfehlung und Bericht des Ausschusses für Wirtschaft, BT-Drucks. 13/10633, S. 60/61.

§ 29. Energiewirtschaft

¹Einem Unternehmen ist es verboten, als Anbieter von Elektrizität oder leitungsgebundenem Gas (Versorgungsunternehmen) auf einem Markt, auf dem es allein oder zusammen mit anderen Versorgungsunternehmen eine marktbeherrschende Stellung hat, diese Stellung missbräuchlich auszunutzen, indem es
1. Entgelte oder sonstige Geschäftsbedingungen fordert, die ungünstiger sind als diejenigen anderer Versorgungsunternehmen oder von Unternehmen auf vergleichbaren Märkten, es sei denn, das Versorgungsunternehmen weist nach, dass die Abweichung sachlich gerechtfertigt ist, wobei die Umkehr der Darlegungs- und Beweislast nur in Verfahren vor den Kartellbehörden gilt, oder
2. Entgelte fordert, die die Kosten in unangemessener Weise überschreiten.

²Kosten, die sich ihrem Umfang nach im Wettbewerb nicht einstellen würden, dürfen bei der Feststellung eines Missbrauchs im Sinne des Satzes 1 nicht berücksichtigt werden. ³Die §§ 19 und 20 bleiben unberührt.

Übersicht

	Rn.
I. Allgemeines	
1. Normzweck, Bedeutung und Entstehungsgeschichte der Vorschrift	1
2. Kritik an der Vorschrift im Gesetzgebungsverfahren	5
II. Anwendungsbereich der Vorschrift	
1. Versorgungsunternehmen	6
2. Marktbeherrschung	7
a) Gasversorgung	8
b) Stromversorgung	9
III. Missbräuchliches Verhalten / Alternativen	10
1. Missbrauch durch ungünstigere Entgelte oder Geschäftsbedingungen (Satz 1 Nr. 1) – Vergleichsmarktkonzept	11
a) Vergleich mit Unternehmen auf vergleichbaren Märkten	14
b) „Ungünstigere" Entgelte oder Geschäftsbedingungen	16
c) Nachweis der sachlichen Rechtfertigung	21
2. Entgelte, die die Kosten in „unangemessener Weise überschreiten" (Satz 1 Nr. 2) – Gewinnbegrenzungskonzept	26
a) Nur Entgelte, nicht Geschäftsbedingungen	27
b) Maßstab für die Kosten	28
c) Überschreitung in „unangemessener Weise"	31
IV. Nichtberücksichtigung von wettbewerbsfremden Kosten (Satz 2)	33
V. Rechtsfolgen	37
1. Verwaltungsverfahren	38
2. Bußgeldtatbestand	40
3. Zivilrechtliche Folgen	41
4. „§§ 19 und 20 bleiben unberührt" (Satz 3)	42
VI. Kartellbehördliche Praxis	
1. Allgemeines	44
2. Prüfkonzept des BKartA	
a) Mengengewichtete Gradtagszahlen und repräsentative Musterverbrauchsfälle	45
b) Erheblichkeitszuschlag	46
c) Sonstiges	47
VII. EG-Recht	48

Schrifttum: *Bechthold,* GWB, § 29, 5. Aufl., 2008; *Beckmerhagen, Stadler,* Der Entwurf eines Gesetzes zur Bekämpfung von Preismissbrauch im Bereich der Energieversorgung, ET 2007, 115; *Büdenbender,* Das kartellrechtliche Preismissbrauchsverbot in der aktuellen höchstrichterlichen Rechtsprechung, ZWeR 2006, 233; *Bundeskartellamt,* Stellungnahme zum Entwurf eines Gesetzes zur Bekämpfung von Preismissbrauch im Bereich der Energieversorgung und des Lebensmittelhandels, Oktober 2007, Ausschussdrucksache 16(9)843; *dass.* Tätigkeitsbericht 2005/2006, Juni 2007, BT-Ds. 16/5710; *Ehricke,* Die Vereinbarkeit des geplanten § 29 GWB mit den Warenverkehrsvorschriften des EG-Vertrages, EuZW 2007, 717; *Engelsing,* Konzepte der Preismissbrauchsaufsicht im Energiesektor, ZNER 2003, 111; *Faustmann, Raapke,* Zur Neuregelung des Preismissbrauchs in Energie- und Lebensmittelsektor – Fortschritt für den Wettbewerb?, WRP 1/2008, 67; *Kahlenberg, Haellmigk,* Aktuelle Änderungen des Gesetzes gegen Wettbewerbsbeschränkungen, BB 2008, 174; *Kundan* in: Danner/Theobald, Missbrauch in der Energiewirtschaft, 8. Preismissbrauch im Bereich der Energieversorgung (§ 29 GWB); *Markert* in: Münchener Kommentar Europäisches und Deutsches Wettbewerbsrecht, Band 2 (GWB), 2008, § 29; *ders.,* Aktuelle Fragen der Preismissbrauchsaufsicht im

Strombereich, RdE 1996, 205; *ders,* Die Preishöhenkontrolle der Strom- und Gaspreise nach dem neuen § 29 GWB, ZNER 2007, 365; *Monopolkommission (MK),* Preiskontrollen in Energiewirtschaft und Handel? Zur Novellierung des GWB, Sondergutachten 47, 2007; *dies.,* Strom und Gas 2007 – Wettbewerbsdefizite und zögerliche Regulierung, Sondergutachten 49, 2007, Bt-Ds. 16/7087; PricewaterhouseCoopers AG WPG (Hrsg.), Entflechtung und Regulierung in der deutschen Energiewirtschaft, 2. Auflage, 2008, S. 551 ff., 563, *Ritter,* Regierungsentwurf zum Gesetz zur Bekämpfung von Preismissbrauch im Bereich der Energieversorgung und des Lebensmittelhandels, WuW 2/2008, 142; *Schmidt,* Kein einheitlicher Wärmemarkt in der kartellrechtlichen Missbrauchskontrolle, WuW 2008, S. 550 ff., 559; *Stadler,* Der Gesetzentwurf zur Bekämpfung von Preismissbrauch im Bereich der Energieversorgung, BB 2007, 60; *Wagemann,* Die Fortentwicklung des Vergleichsmarktkonzepts in der Preismissbrauchsaufsicht, Festschrift für Bechtold, 593; *v. Weizsäcker, Carl Christian,* Die vorgeschlagene Novellierung des Kartellrechts und der Großhandelsmarkt für Strom, et 2007, 30.

I. Allgemeines

1. Normzweck, Bedeutung und Entstehungsgeschichte der Vorschrift

Mit dem am 22. 12. 2007 in Kraft getretenen „Gesetz zur Bekämpfung von Preissmissbrauch im Bereich der Energieversorgung und des Lebensmittelhandels" wurde der neue § 29 in das GWB eingeführt. § 29 beinhaltet konkrete **sektorspezifische Maßnahmen,** um Preiserhöhungen bei Strom und Gas wirksamer entgegenzuwirken. Bereits unmittelbar nach Inkrafttreten der 7. GWB-Novelle am 1. 7. 2005 wurde diskutiert, die **Strom- und Gasversorgungswirtschaft einer strengeren Missbrauchsaufsicht** zu unterwerfen, da die Funktionsfähigkeit des Wettbewerbs auf diesem Sektor (noch) nicht gegeben schien und das deutsche Preisniveau bei Strom und Gas im Vergleich vor allem innerhalb der Europäischen Union als zu hoch kritisiert wurde.[1] Zunächst war vorgesehen, auch die Versorgung mit Fernwärme einer verschärften Kontrolle zu unterwerfen. Das bisherige Recht war – nach Aufhebung der ehem. Bereichsausnahme in §§ 103ff. 104a durch das Gesetz zur Neuregelung des Energiewirtschaftsrechts[2] mit Wirkung zum 25. 4. 1998[3] – durch vollständige Integration der Missbrauchsaufsicht über Strom- und Gasversorger in das allgemeine Missbrauchsrecht geprägt. Anders als nach §§ 22, 103ff. a. F. ist der Missbrauch seit der 6. GWB-Novelle 1998 durch Gesetz verboten und – ohne dass dem eine Verfügung der Kartellbehörde vorangehen müsste – bußgeldbewehrt. Beschwerden gegen Missbrauchsverfügungen der Kartellbehörden hatten bis zum Dezember 2007 regelmäßig **aufschiebende Wirkung.** An dieser aufschiebenden Wirkung wurde durch die 7. GWB-Novelle 2005 in § 64 Abs. 1 Nr. 1 zunächst festgehalten. **Sofortvollzug** war nur für Verfügungen vorgesehen, die eine missbräuchliche Ausnutzung einer marktbeherrschenden Stellung bei Elektrizitäts- oder Gasversorgungsnetzen betrafen, also diejenigen Fälle, die seit 2005 auf der Grundlage des Energiewirtschaftsrechts (EnWG 2005) in die Zuständigkeit der Regulierungsbehörden fallen. Die GWB-Novelle 2007 hat die **aufschiebende Wirkung** bei Beschwerden gegen Missbrauchsverfügungen durch Aufhebung des § 64 I Nr. 1 **generell beseitigt.** Dies gilt auch für Verfügungen nach § 29. 1

Nach zum Teil signifikanten Teuerungen – insbesondere in den Jahren 2007/2008[4] – wurde die **Integration in das allgemeine Missbrauchsrecht** nach Fortfall der alten Ausnahmebereiche besonders für die volkswirtschaftlich bedeutsame und für die Lebenshaltungskosten wichtige Strom- und Gasversorgung als **unzureichend** empfunden. Die Rechtsprechung hatte zwar bereits die Möglichkeit entwickelt, dass die Kartellbehörde bei 2

---

[1] Stellungnahme des VIK zu dem Entwurf eines Gesetzes zur Bekämpfung von Preismissbrauch im Bereich der Energieversorgung, Ausschuss für Wirtschaft und Technologie, Ausschuss-Ds. 16(9)852 vom 2. 11. 2007, S. 3 f.; *Ritter/Lücke,* WuW 2007, 698 ff.
[2] BGBl. I 1998, S. 730.
[3] *Bechtold,* Vor § 28 Rn. 21.
[4] *Schiffer,* Energiemarkt Deutschland, 10. Aufl., 2008.

Anwendung des allgemeinen Ausbeutungsmissbrauchs nach § 19 IV Nr. 2 sich darauf beschränken kann, die untersuchten Entgelte und Geschäftsbedingungen mit denen eines einzigen Vergleichsunternehmens zu vergleichen.[5] Jedoch lag die Beweislast dafür, dass das Verhalten dieses Vergleichsunternehmens den Wettbewerbspreis indiziert, bei den Kartellbehörden. Das mit dem Missbrauchsvorwurf konfrontierte Unternehmen konnte geltend machen, dass die Abweichung seines Verhaltens von dem als wettbewerblich unterstellten Vergleichsverhalten **sachlich gerechtfertigt** sei.[6] Bei dem Vergleich mit einem Wettbewerbsunternehmen hat die Rechtsprechung verlangt, dass Unsicherheiten – etwa bei der Ermittlung – durch einen **Sicherheitszuschlag** zugunsten des angegriffenen Unternehmens ausgeglichen werden. Als missbräuchlich wurde außerdem nur eine **erhebliche Abweichung**[7] von dem Vergleichsverhalten angesehen.[8] Insbesondere in Verbindung mit der aufschiebenden Wirkung der Beschwerde waren die Kartellbehörden in der Praxis kaum in der Lage, Missbrauchsverfahren mit entsprechenden Verfügungen abzuschließen.

3 Die Einführung des § 29 mit einer auf Strom und Gas beschränkten, verschärften Missbrauchsaufsicht ist auf einen Vorschlag der Bundesregierung zurückzuführen.[9] Im Referentenentwurf war zunächst vorgesehen dass nach Nr. 1 auch eine „nicht erhebliche" Abweichung vom Vergleichsunternehmen den Missbrauch begründen konnte. Die Monopolkommission hat sich in ihrem 47. Sondergutachten[10] mit gewichtigen Argumenten gegen die Einführung einer besonderen Missbrauchsaufsicht ausgesprochen.[11] Die Erwartung, dass die eingeführte **Netzentgeltregulierung** ab 2005 in Folge der grundlegenden Reform des Energiewirtschaftsrechts zu spürbar niedrigeren Energiepreisen führen würde, hatte sich nach Auffassung der Bundesregierung noch nicht realisiert. Die Energieversorgungsunternehmen wurden zunehmend dem Verdacht ausgesetzt, dass sie ihre Strom- und Gaspreise unter Ausnutzung von marktbeherrschenden Stellungen so kalkulierten, dass sie übermäßige Gewinne erzielten. Der zentrale Vorwurf lautete zumeist, die Energiepreise seien – auch im Vergleich mit konkurrierenden Volkswirtschaften – auf ein bedenkliches Niveau angestiegen, das mit der Entwicklung der Primärenergiekosten allein nicht mehr begründbar erscheine und sowohl industrielle Abnehmer als auch Endverbraucher unverhältnismäßig belaste.[12]

4 Die Bundesregierung vertrat die Auffassung, dass der **generelle Verdacht missbräuchlich überhöhter Strom- und Gaspreise** nur in einer **Übergangszeit** zu rechtfertigen sei. Der Gesetzgeber hat in § 131 VII vorgegeben, dass § 29 **ab dem 1. 1. 2013 nicht mehr anzuwenden** ist, da er erwartet, dass die früheren Versorgungsmonopole unter dem Eindruck fortschreitender Liberalisierung in effektive Wettbewerbsmärkte überführt werden können. Nach diesem Zeitpunkt sind im Strom- und Gasbereich Missbräuche ausschließlich auf der Grundlage der allgemeinen Missbrauchsaufsicht zu beurteilen. Ist ein Verfahren eingeleitet, aber am Stichtag noch nicht abgeschlossen, kann es mit Wirkung für die Zukunft nur noch auf der Grundlage des § 19 und des Art. 82 EGV zu Ende geführt werden. In Ansehung, dass § 29 als Höchstpreisregelung wirkt und den Absatz von EU-ausländischem Strom- und Gas beeinträchtigt, wurden Zweifel an der **Vereinbarkeit mit den Warenverkehrsvorschriften nach Art. 28 EG** formuliert.[13]

---

[5] BGH B. v. 28. 6. 2005 KVR 17/04 – Stadtwerke Mainz, WuW/E DE-R 1513.
[6] *Markert* Rn. 2 zu § 19 GWB in: MünchKomm, Bd. 2, 2008.
[7] BGH (Fn. 5).
[8] *Markert* Rn. 9 zu § 19 GWB in: MünchKomm, Bd. 2, 2008.
[9] Beschluss des Bundeskabinetts vom 25. 4. 2007.
[10] *Monopolkommission,* 47. Sondergutachten, S. 8 ff.
[11] Vgl. auch *Faustmann/Raapke,* WRP 2008, 67 ff., 68 f.
[12] Reg. Entw., Begr. BT-Ds. 16/5847, S. 9.
[13] So *Ehricke,* EuZW 2007, 717 ff.; *Müller-Graff,* FS Hirsch, 2008, S. 273 ff.; dagegen *Markert,* ZNER 2007, 365 ff.

2. Kritik an der Vorschrift im Gesetzgebungsverfahren

Zurecht weist Markert[14] darauf hin, dass der deutsche Gesetzgeber mit der Verabschiedung des § 29 eine – wenn auch zeitlich befristete – eindeutige Entscheidung getroffen hat. Vor dem Hintergrund des „eingebauten Verfalldatums" erscheint es unwahrscheinlich, dass die Vorschrift ganz oder in wesentlichen Teilen zurückgenommen wird. Gleichwohl ist ein Blick auf die Entstehungsgeschichte der Vorschrift und auf die kritischen Stimmen hilfreich zum Verständnis der Norm und zur Einordnung in die besondere Situation. Abgesehen von der ehemaligen Freistellung der Zentralvermarktung von Fernsehrechten im Sport (§ 31 GWB a. F.)[15] findet sich in der Genese des GWB über sieben Novellierungen keine weitere Vorschrift, die derart umstritten war und im Gesetzgebungsverfahren auf nahezu einhellige Ablehnung durch die angehörten Marktteilnehmer und Institutionen stieß. Während des Gesetzgebungsverfahrens äußerten sich nicht nur die etablierten Energieversorgungsunternehmen kritisch, sondern auch neue Marktteilnehmer, deren Schutz im Zentrum der gesetzgeberischen Aktivitäten steht. Weiterhin äußerten sich auch außerhalb des Marktgeschehens stehende Institutionen, wie etwa die Monopolkommission, mit beachtlichen Argumenten[16] bzw. ablehnend. Die ersten Entscheidungen des BKartA zeigen, dass auch die Kartellbehörde wesentliche Kritikpunkte im Rahmen der Normanwendung berücksichtigt. Dies gilt besonders für die Ausgestaltung des angewendeten Prüfkonzeptes der 10. Beschlussabteilung. Unter Berücksichtigung der Rechtsprechung zur allgemeinen Missbrauchsaufsicht – insbesondere der BGH-Entscheidung **„Stadtwerke Mainz"** – bemüht sich die Beschlussabteilung, die kartellrechtliche Preishöhenkontrolle nach der neuen sektorspezifischen Vorschrift nicht als staatliche Regulierung der Energiepreise neben der bereits bestehenden Regulierung der Netzentgelte erscheinen zu lassen. Dies zeigt sich beispielsweise an der Berücksichtigung der zwischenzeitlich gestiegenen Wettbewerbsintensität in einzelnen Teilbereichen – gemessen an Anzahl und Bedeutung der tatsächlich erfolgten Lieferantenwechselprozesse.

Rechtspolitisch ist der in § 29 Satz 1 Nr. 2 im Rahmen eines Gewinnbegrenzungskonzeptes erforderliche Kostenvergleich problematisch. Er veranlasst Unternehmen tendenziell zum Treiben der Kosten und steht somit im Widerspruch zu den Erfahrungen in der Strom- und Gas-Entgeltregulierung, in deren Umsetzung die Kostenkontrolle durch die Anreizregulierung abgelöst wurde.[17]

II. Anwendungsbereich der Vorschrift

1. Versorgungsunternehmen

Der Anwendungsbereich von § 29 beschränkt sich auf Unternehmen, die Elektrizität oder leitungsgebundenes Gas anbieten. Die im Referentenentwurf vorgesehene Einbeziehung der Fernwärme ist nicht in das Gesetz übernommen worden.[18] Der Begriff des Versorgungsunternehmens ist nicht identisch mit dem energiewirtschaftsrechtlichen Begriff des „Energieversorgungsunternehmens" in § 3 Nr. 18 EnWG, da dieser nicht nur natürliche oder juristische Personen erfasst, die „Energie an Andere liefern", sondern auch solche, die ein Energieversorgungsnetz aus Leitungen, Kabeln bzw. Rohren betreiben oder an einem solchen Netz als Eigentümer Verfügungsbefugnis besitzen. Für die Normadressatenstellung **nach § 29 kommt es allein darauf an, ob das Unternehmen Elektrizität oder Gas anbietet.** Die weitergehende Frage, ob es zu diesem Zweck Netze unterhält, ist in diesem

---

[14] K. Markert „Die Preishöhenkontrolle der Strom- und Gaspreise nach dem neuen § 29 GWB", ZNER 2007, S. 365 ff., 369.
[15] Vgl. Dorß/Traub in Vorauflage Anh 2 zu § 1 „Sport".
[16] Monopolkommission, 47. Sondergutachten, S. 8 ff.
[17] Bechtold, GWB, § 29 Rn. 26.
[18] Ritter/Lücke, WuW 2007, 698 ff., 709.

Zusammenhang bedeutungslos. Es soll nur das Produkt definiert werden, ohne eine Aussage über die Zuordnung der zu seinem Transport erforderlichen Leitungen bzw. Rohre zu treffen. § 29 richtet sich nur an Gasanbieter, soweit diese Gas über Rohrleitungen zum Endabnehmer transportieren. Der Bereich von **Tank- oder Flaschengas wird somit nicht erfasst.**[19] Wer ein Strom- oder Gasnetz betreibt, ohne selbst Elektrizität oder Gas anzubieten, ist nicht Versorgungsunternehmen iS des § 29. Dementsprechend **gilt § 29 nicht für die Überprüfung von Netznutzungsentgelten.** § 29 sieht keine Einschränkung auf eine bestimmte Erzeugungs- bzw. Vertriebsstufe vor. Normadressaten sind daher sowohl Importeure und Hersteller/Erzeuger, die Elektrizität und Gas im Inland verkaufen, als auch die Strom- und Gaslieferanten auf den nachgelagerten Verteilungsstufen. Abnehmer sind neben den Weiterverteilern sämtliche Arten von Endverbrauchern – unabhängig von ihrer Abnahmemenge und dem Zweck der Verwendung. Differenzierungen nach Spannungsebenen oder Druckstufe nimmt die Vorschrift nicht vor.

2. Marktbeherrschung

7 § 29 findet nur Anwendung auf Versorgungsunternehmen im Sinne von § 29 Satz 1, soweit sie als Anbieter von Elektrizität oder Gas marktbeherrschend sind. Ob die Voraussetzung der Marktbeherrschung erfüllt wird, richtet sich nach **§ 19 II und III.**[20] Die Praxis unterscheidet zwischen Strom- und Gasmärkten. Die Frage, ob ein umfassender Wärmemarkt[21] besteht oder aber von einem separaten Gasmarkt für HuK-Kunden auszugehen ist, ist nach wie vor umstritten.[22] Die **Marktbeherrschungsvermutungen** des § 19 III sind anwendbar, soweit § 29 im Kartellverwaltungsverfahren oder im Zivilprozess Anwendung findet – nicht hingegen im Bußgeldverfahren. In Satz 1 wird klargestellt, dass nicht nur die **Einzelmarktbeherrschung** iS von § 19 II Satz 1 gemeint ist, sondern auch die kollektive **Marktbeherrschung** iS von § 19 II Satz 2. Wird an eine gemeinsame Marktbeherrschung angeknüpft, ist nicht erforderlich, dass sich die im Oligopol marktbeherrschenden Unternehmen gleichförmig verhalten. Nach der Rechtsprechung zu § 20 ist zusätzlich zu prüfen, ob sich das Preisverhalten des angegriffenen Mitglieds vergleichbar dem aller Oligopolmitglieder auswirkt.[23] Dies wird dann anzunehmen sein, wenn die Preisdifferenzen zwischen den Oligopolmitgliedern nicht zu zusätzlichem Binnenwettbewerb führen. Da Satz 1 voraussetzt, dass ein potenziell missbräuchliches Verhalten **auf dem Markt** stattfindet, auf dem auch die **Marktbeherrschung besteht,** reicht es nicht aus, dass ein Unternehmen auf einem Markt marktbeherrschend ist, sich aber auf einem anderen, ohne Marktbeherrschung, potenziell missbräuchlich verhält. Drittmarktauswirkungen sind ggf. nach § 19 zu beurteilen.[24]

8 a) **Gasversorgung.** Das BKartA geht in seinen bisherigen Entscheidungen davon aus, dass sich der sachlich relevante Markt an § 29 Gasnetzzugangsverordnung[25] orientiert.[26] Somit umfasst der sachlich relevante Markt die Lieferung von leitungsgebundenem Gas an Standardlastprofilkunden und nicht an die übrigen (leistungsmessenden) Kunden. Daher ist

---

[19] *Ritter,* WuW 2008, 142 ff., 144.
[20] Zur Marktabgrenzung vgl. *Markert* Rn. 17 ff. zu § 19 GWB in: MünchKomm, Bd. 2, 2008.
[21] BGH U v. 13. 6. 2007 VIII ZR 36/06 – Gaspreis, WuW/E DE-R 2243 ff. und weitere Entscheidungen des 8. Zivilsenates.
[22] *Kahlenberg/Haellmigk,* BB 2008, 174 ff., 177; ähnlich auch OLG München WuW/E DE-R 1887 ff. – Münchner Fernwärme; abweichend BGH B. v. 25. 9. 2007 KZR 33/06 – Münchner Fernwärme, WuW/E DE-R 2267 ff.; vgl. dazu auch *Becker/Zapfe,* ZWeR 2007, 419 ff., 427 f.; *Markert,* ZNER 2007, 365 ff., 367; *Schmidt,* WuW 2008, 550, 559.
[23] BGH U. v. 10. 12. 1985 KZR 22/85 – Abwehrblatt II, WuW/E BGH 2195 ff.; U. v. 26. 5. 1987 KZR 13/85 – Krankentransporte, WuW/E BGH 2399 ff.
[24] *Bechtold,* GWB § 19 Rn. 65.
[25] BGBl. I 2005, S. 2210.
[26] BKartA B. v. 27. 1. 2009 B 10–55/08 – Gas-Versorgungsbetriebe Cottbus.

auf der untersten Marktstufe – Endkundenstufe – nach nicht leistungsmessenden Standardlastprofilkunden auf der einen Seite und den leistungsmessenden (Groß-) Kunden auf der anderen Seite – wegen unterschiedlicher Nachfragemengen, Konditionen und daraus abgeleiteter Differenzen – bei der Preisstellung zu unterscheiden. Im Regelfall schließen leistungsmessende (Groß-)Verbraucher einen individuellen Gasbezugsvertrag ab, wobei ihr Bezug in kurzen Zeitintervallen gemessen wird. Dagegen erfolgt die Belieferung der Standardlastprofilkunden im Rahmen von vereinheitlichten Tarifverträgen auf der Grundlage von Standardannahmen.

Die Frage, ob der sachlich relevante Markt durch die Marktabgrenzung auf die Belieferung von Letztverbrauchern mit Erdgas zu beschränken oder aber auf einen allgemeinen, erweiterten „Wärmemarkt" zu beziehen ist, wird uneinheitlich beurteilt.

Während der VIII. Zivilsenat des BGH im Rahmen seiner Rechtsprechung zur zivilrechtlichen Preishöhenkontrolle nach § 315 BGB von einem einheitlichen Wärmemarkt ausgeht,[27] stützt die jüngste Entscheidung des Kartellsenats des BGH[28] die zwischenzeitlich wohl überwiegende Entscheidungspraxis. In Übereinstimmung mit der ständigen Verwaltungspraxis des BKartA[29] geht der Kartellsenat von einem eigenen Markt für die Belieferung von Letztverbrauchern („kleinen Endkunden") mit Erdgas aus. Dieser Markt sei abzugrenzen von einem erweiterten Wärmemarkt, der neben einer Belieferung von Erdgas auch Mineralöl für Heizungen, Strom zur Wärmeerzeugung zu Heizzwecken oder andere Produkte, wie etwa Holz oder Holzpellets, umfasst. Auch die EU-Kommission geht in ihrer Entscheidungspraxis von einem sachlich eigenständigen Markt für die Versorgung von Kleinkunden mit Gas aus.[30]

Die gegenteilige Meinung vertritt die Auffassung, dass sich ein allgemeiner brennstoffübergreifender Wärmemarkt durch den Umstand begründet, dass Gasversorger bei ihrer Preisstellung regelmäßig nicht zwischen Kunden unterscheiden (abgesehen von zeitlich limitierten Sonderaktionen für Neukunden bzw. als „Treueprämie" für Bestandskunden), die eine Systementscheidung bei Ersterwerb oder Ersatzbeschaffung für eine Heizung treffen und Bestandskunden. Nach dieser Überlegung steht die Versorgung mit Erdgas für Heizzwecke in einem dauerhaften potenziellen Wettbewerb zu anderen Brennstoffen zu Heizzwecken. Die gegenwärtig wohl überwiegende Meinung gegen einen allgemeinen Wärmemarkt wendet gegen diese Argumentation ein, dass mehr als 70% von Neubauten in den Jahren 1995 bis 2005 mit Erdgasheizungen ausgerüstet wurden, darüber hinaus sei dieser Trend unter Berücksichtigung bauordnungsrechtlicher und raumbedingter Hindernisse zum Nachteil von Ölheizungen zu interpretieren.[31] Diese Auffassung berücksichtigt jedoch noch nicht den Bedeutungsverlust von Erdgasheizungen zugunsten alternativer Heizsysteme – etwa vor dem Hintergrund des EEWärmeG und dem zunehmenden Einsatz von regenerativen Energien zu Heizzwecken.

Für die räumliche Marktabgrenzung orientiert sich das BKartA für die Versorgung von Endkunden mit Erdgas an den traditionellen Versorgungsgebieten der beteiligten Unternehmen. Diese netzbezogene – am Gebiet der Grundversorgung nach § 36 EnWG orientierte – Marktabgrenzung im Gasendkundengeschäft findet Unterstützung durch Recht-

---

[27] BGH U. v. 13. 6. 2007 VIII ZR 36/06 – *Gaspreis*, WuW/E DE-R 2243 ff.
[28] Vgl. BGH U. v. 29. 4. 2008 KZR 2/07 – *Erdgassondervertrag*, WuW/E DE-R 2295 ff. „Die Versorgung von Letztverbrauchern mit Erdgas bildet sachlich einen eigenen Markt; ein einheitlicher Markt für Wärmeenergie besteht nicht." (Bestätigung von BGH U. v. 9. 7. 2002 KZR 30/00 – *Fernwärme Börnsen*, WuW/E DE-R 1006).
[29] BKartA B. v. 12. 3. 2007 B 8–62/06 – *RWE/Saar Ferngas*, WuW/E DE-V 1357, 1358 f.; TB BKartA 2005/2006, S. 129 ff. 138.
[30] Komm. E. v. 9. 12. 2004 COMP/M.3440, Tz. 270 – *ENI/EDP/GDP;* E. v. 21. 12. 2005 COMP/M.3696, Tz. 122 bis 124 – *E. ON/Mol*, WuW/E EUV 1145; E. v. 14. 11. 2006, COMP/M.4180, Tz. 105 – *GdF/Suez*.
[31] *Schmidt*, WuW 2008, 550, 555.

sprechung,[32] Kartellverwaltungspraxis[33] und ein Sondergutachten der Monopolkommission.[34]

Auf einem nach diesen Kriterien abgegrenzten sachlich und räumlich relevanten Markt besitzen Gasversorgungsunternehmen gegenwärtig regelmäßig noch eine marktbeherrschende Stellung, u.a. auch deshalb, weil auf dem Gasmarkt für Endkunden derzeit noch beachtliche Marktzutrittsbarrieren bestehen.[35] Nach Auffassung von BNetzA[36] und BKartA[37] ist aktuell noch nicht von einem flächendeckenden Wettbewerb auf dem Gassektor auszugehen.[38]

9 **b) Stromversorgung.** Nach nahezu einstimmiger Auffassung der Kartellrechtsprechung und -verwaltungspraxis handelt es sich bei der Energieversorgung mit Elektrizität – trotz einer partiellen Austauschbarkeit mit anderen Energieträgern – um ein eigenes sachliches Marktsegment. Gegenwärtig wird der Stromsektor sachlich in die Teilmärkte für den Erstabsatz von Strom und die Endkundenmärkte für Groß- bzw. Kleinverbraucher unterteilt.[39] Die räumliche Marktabgrenzung für die Strommärkte trägt den zwischenzeitlich erreichten Liberalisierungserfolgen Rechnung. Für eistungsmessende Sondervertragskunden gehen Kartellgerichte und -behörden zwischenzeitlich von einem bundesweiten Markt aus. Im Bereich der HuK-Kunden folgt die Marktabgrenzung regional bzw. lokal den Netzgebieten der ehemaligen Gebietsversorgung.[40] Eine großräumigere – die nationalstaatlichen Grenzen überschreitende – räumliche Marktabgrenzung scheitert bislang an der noch unzureichenden Kapazität der Grenzkuppelstellen zum benachbarten Ausland.[41]

III. Missbräuchliches Verhalten/Alternativen

10 Beide in Satz 1 angelegte Missbrauchstatbestände – Vergleich mit anderen Versorgungsunternehmen (Nr. 1) und Konzept zur Gewinnbegrenzung (Nr. 2) – stehen in einem **Alternativverhältnis,** wobei sich in der Praxis Überschneidungen ergeben können. Während bei der ersten Alternative die Kontrolle von Endverbraucherpreisen (HuK-Kunden) im Vordergrund steht, kann die zweite Variante vor dem Hintergrund des Vorwurfs generell überhöhter Stromerzeugerpreise primär der Überprüfung dieser Preise dienen.[42] Die zum Jahresende 2008 durch Verpflichtungserklärungen der betroffenen Unternehmen abgeschlossenen Verfahren vor dem BKartA wurden ausschließlich auf der Grundlage der ersten Variante geführt.[43]

---

[32] BGH B. v. 13. 12. 2005 KVR 13/05 – *Stadtwerke Dachau,* WuW/E DE-R 1726 und OLG Düsseldorf B. v. 20. 6. 2006 VI-2 Kart 1/06 (V) – *E. ON-Ruhrgas,* WuW/E DE-R 1757.
[33] BKartA B. v. 13. 1. 2006 B 8–113/03 – E. ON Ruhrgas, WuW/E DE-V 1147; B. v. 12. 3. 2007 B 8–62/06 – *RWE/Saar Ferngas,* WuW/E DE-V 1357, 1358 f.
[34] Monopolkommission, 47. Sondergutachten, Tz. 441, 442.
[35] BNetzA, Monitoringbericht 2008, S. 197 ff. mit Hinweis auf eine Lieferantenwechselquote von 1% für das Jahr 2007 im Bereich der Standardlastprofilkunden bis zu 1.500 MWh/Jahr.
[36] BNetzA, Monitoringbericht 2008, S. 197 ff. mit Hinweis auf eine Lieferantenwechselquote von 1% für das Jahr 2007 im Bereich der Standardlastprofilkunden bis zu 1.500 MWh/Jahr.
[37] BKartA B. v. 27. 1. 2009 B 10–55/08 – Gas-Versorgungsbetriebe Cottbus, Beschlussausfertigung S. 5.
[38] So auch OLG Düsseldorf U. v. 16. 4. 2008 VI-2 U (Kart) 8/06 – *Stadtwerke Düsseldorf,* WuW/E DE-R 2287 ff.
[39] BKartA TB 2005 / 2006, S. 124.
[40] BKartA (Fn. 37).
[41] *Markert* Rn. 17 zu § 19 GWB in: MünchKomm, Bd. 2, 2008.
[42] *Markert* Rn. 24 zu § 19 GWB in: MünchKomm, Bd. 2, 2008.
[43] Vgl. Pressemitteilung des BKartA vom 1. 12. 2008.

1. Missbrauch durch ungünstigere Entgelte oder Geschäftsbedingungen (Satz 1 Nr. 1) – Vergleichsmarktkonzept

Nach § 29 Satz 1 Nr. 1 ist es Versorgungsunternehmen in einer marktbeherrschenden Stellung im Sinne dieser Vorschrift verboten, Entgelte oder sonstige Geschäftsbedingungen zu fordern, die ungünstiger sind als diejenigen von anderen Versorgungsunternehmen oder aber von Unternehmen, die auf vergleichbaren Märkten tätig sind. Etwas anderes gilt nur unter der Voraussetzung, dass die Abweichungen sachlich gerechtfertigt sind. Das zum Vergleich herangezogene Unternehmen muss weder selbst Marktbeherrscher sein, noch ist es erforderlich, dass es Wettbewerb ausgesetzt ist. Diese Alternative der Vorschrift ist angelehnt an § 103 V Satz 2 Nr. 2 a.F. und § 19 IV Nr. 2, da beide Vorschriften jeweils an das Fordern ungünstiger Preise oder sonstiger Geschäftsbedingungen anknüpfen. Ein wesentlicher Unterschied in § 103 V Satz 2 Nr. 2 a.F. besteht jedoch darin, dass nach dieser Regelung nur ein Vergleich mit gleichartigen Versorgungsunternehmen zulässig war, während § 29 im Rahmen des **Vergleichsmarktkonzepts** sowohl andere Versorgungsunternehmen ohne eine solche Einschränkung und zusätzlich auch Unternehmen auf gänzlich anderen Märkten in den Vergleich einbezieht. Darüber hinaus war nach der alten Bereichsausnahme eine mögliche Rechtfertigung abweichender Preise und Geschäftsbedingungen auf diejenigen beschränkt, die den marktbeherrschenden Adressaten der Norm nicht zurechenbar waren. Die Formulierung des aktuellen Verbots des Missbrauchs einer marktbeherrschenden Stellung nach § 19 IV Nr. 2 unterscheidet sich von der neuen sektorspezifischen Missbrauchsaufsicht zum einen dadurch, dass sich der Vergleich nicht nur auf vergleichbare Märkte mit wirksamen Wettbewerb beschränkt und es zudem nicht nur darauf ankommt, welche Preise oder Geschäftsbedingungen sich bei einem hypothetisch bestehenden Wettbewerb auf dem jeweils beherrschten Markt einstellen würden. Von diesen Unterschieden abgesehen kann für die Auslegung der neuen Vorschrift ergänzend auf Entscheidungen und Literatur zu der ehemalige Bereichsausnahme bzw. auf das aktuelle allgemeine Missbrauchsverbot zurückgegriffen werden. **Verschiedene Markt- oder Wirtschaftsstufen können bei der Untersuchung nicht sinnvoll miteinander verglichen werden.** So ist es nicht möglich, etwa den Strom- mit dem Gaspreis anderer Unternehmen zu vergleichen. Weiterhin ist es nicht zulässig, die Entgelte oder Geschäftsbedingungen des potenziell missbräuchlich handelnden Unternehmens auf einem Endkundenmarkt mit dem Verhalten eines anderen Versorgers auf der Weiterverteilebene zu vergleichen. Eine Vergleichbarkeit kann nicht durch rechnerische Zu- oder Abschläge gebildet werden.

Nach der Formulierung in § 29 ist das Verhalten des potenziell missbräuchlich handelnden „einen" Unternehmens mit dem „anderer" Versorgungsunternehmen zu vergleichen Dies wirft die Frage auf, ob ein Vergleich **mit mehreren Unternehmen** erforderlich ist, oder ob regelmäßig bereits der Vergleich **mit einem anderen Unternehmen** ausreichend ist, wie die Begründung zum Regierungsentwurf nahe legt. Auch die Rechtsprechung zu § 19 Abs. 4 Nr. 2 und früher zu § 22 Abs. 4 Satz 2 Nr. 2 GWB a.F. lässt einen Vergleich mit nur einem (Monopol-)[44] Unternehmen zu.[45] § 19 IV 4 Nr. 2 unterscheidet sich dadurch dass das Verhalten des Vergleichsunternehmens nicht automatisch zum Maßstab für die Missbräuchlichkeit wird, sondern einer Bewertung zu unterziehen ist, die es erst ermöglicht, Defizite hinsichtlich der Vergleichbarkeit zu überwinden. § 103 IV Satz 2 Nr. 2 a.F. stellte konsequenterweise **auf den Vergleich mit „gleichartigen"** Versorgungsunternehmen ab. Im Rahmen des § 29 Satz 1 soll die Frage der Vergleichbarkeit erst bei der Prüfung der sachlichen Rechtfertigung eine Rolle spielen.[46]

Eine vergleichende Betrachtung mit „anderen" Versorgungsunternehmen dient hiernach nicht der Feststellung eines fiktiven Wettbewerbspreises, sondern dazu, die **Darlegungs-**

---

[44] BGH B. v. 21. 2. 1995 KVR 4/94 – *Strompreis Schwäbisch-Hall*, WuW/E BGH 2967 ff., 2971.
[45] Vgl. BGH B. v. 28. 6. 2005 KVR 17/04 – *Stadtwerke Mainz*, WuW/E DE-R 1513 ff., 1517.
[46] Reg. Entw., Begr. S. 12 f.

und Beweislast der Kartellbehörden im Verwaltungsverfahren gering zu halten, um den potenziell missbräuchlich Handelnden zu zwingen, die Abweichung von dem „anderen" Versorgungsunternehmen selbst sachlich zu rechtfertigen. Die Monopolkommission[47] hält eine solche Interpretation zutreffend für verfassungsrechtlich zweifelhaft und mit allgemeinen verwaltungsrechtlichen Grundsätzen für unvereinbar. Verfassungskonform ist die Vorschrift daher so auszulegen, dass die Behörde eine **strukturelle Vergleichbarkeit nachzuweisen** hat, bevor auf den Missbrauch geschlossen werden darfund die vom Marktbeherrscher nachzuweisende sachliche Rechtfertigung eingreift. Zumindest muss eine „Funktionsgleichheit" der zu vergleichenden Unternehmen vorliegen,[48] die beispielsweise nicht gegeben ist bei bundesweit tätigen Vertriebsunternehmen für private Energiekundenund regionalen Versorgern, die einer Grundversorgungspflicht nach § 36 EnWG unterliegen. Da im Rahmen der Normanwendung nicht nach einzelnen Verfahrensarten unterschieden wird, gelten diese Überlegungen sowohl für das Verwaltungs- und das Bußgeldverfahren, als auch für die zivilrechtliche Anwendung. Wenn bereits der Vergleich mit **einem** anderen Unternehmen ausreicht, kann nicht jedes „beliebige"[49] andere Unternehmen zum Vergleich herangezogen werden. Daneben ist eine **strukturelle Vergleichbarkeit, die Größe, Gebiet, Kundenstruktur usw berücksichtigt.** um so aussagekräftiger, je deutlicher der Vergleich zeigt, dass sich die Mehrzahl von Vergleichsunternehmen anders verhalten, als das potenziell missbräuchlich handelnde. Wird nur **ein** Unternehmen vergleichsweise betrachtet, sollten demnach gesteigerte Anforderungen an das Merkmal der strukturellen Vergleichbarkeit gestellt werden, wobei Unterschiede mit angemessenen Zu- und Abschlägen zu berücksichtigen sind.

14 **a) Vergleich mit Unternehmen auf vergleichbaren Märkten.** Satz 1 Nr. 2 – die zweite Alternative – ist dem § 19 IV Nr. 2, 2. Halbsatz nachgebildet und **nicht anwendbar,** soweit die Vergleichsunternehmen **auf demselben sachlich relevanten Markt tätig** sind. Maßgeblich ist der Verhaltensvergleich des potenziell missbräuchlich handelnden Unternehmens auf dem von ihm beherrschten Markt mit dem **Verhalten eines oder mehrerer anderer Unternehmen auf einem anderen sachlich relevanten Markt.** Die Vergleichbarkeit bezieht sich nicht auf die Unternehmen, sondern auf die Märkte, wobei nicht nur Energiemärkte in Betracht kommen.andere Märkte – außerhalb des Energiesektors – müssen „ansonsten"[50] sein. Dieser Vergleich setzt – ähnlich wie bei § 19 IV Nr. 2 – eine wertenden Betrachtung sowohl in qualitative als auch in quantitative Hinsicht voraus. Wie bei der ersten Alternative sind Abweichungen im Rahmen dieser Bewertung mit **Zu- bzw. Abschlägen** zu kompensieren. Ausweislich des Regierungsentwurfs[51] können auch Märkte ohne funktionsfähigen Wettbewerb herangezogen werden,[52] deren Aussagekraft jedoch hinter derjenigen von wettbewerbsintensiven Märkten zurückbleibt. Im Kartellverwaltungsverfahren trägt die **Beweislast für die Vergleichbarkeit** die Behörde.[53]

15 Entsprechend der Auslegung des Ansatzes in § 19 IV Nr. 2, 3 schließt es der Wortlaut von § 29 aus, das Verhalten des betroffenen Unternehmens auf einem Markt einem Vergleich mit sich selbst auf anderen Märkten zu unterziehen. Soweit ein Verhalten eines betroffenen Unternehmens im Rahmen der allgemeinen Missbrauchsaufsicht auf verschiedenen Märkten zum Vergleich steht, ist nur § 19 IV Nr. 3 anwendbar.[54] Die gleichzeitige Anwendung von Nr. 2 ist ausgeschlossen.

---

[47] Monopolkommission, 47. Sondergutachten, S. 12 f., Tz. 14.
[48] *Markert* Rn. 32 zu § 19 GWB in: MünchKomm, Bd. 2, 2008.
[49] Vgl. hierzu kritisch auch Monopolkommission, 47. Sondergutachten, S. 12, Tz. 11.
[50] Reg. Entw., Begr. S. 12 f.
[51] Reg. Entw., Begr. S. 13.
[52] Vgl. dazu auch *Faustmann/Raapke,* WRP 2008, 67 ff., 68.
[53] Vgl. dazu auch Monopolkommission, 47. Sondergutachten, S. 12, Tz. 13.
[54] *Bechtold,* GWB § 19 Rn. 82 f.

b) „Ungünstigere" Entgelte oder Geschäftsbedingungen. Der Wortlaut der Vorschrift beschreibt den Missbrauch durch Fordern von Entgelten oder sonstigen Geschäftsbedingungen, die „ungünstiger" sind als diejenigen der Vergleichsunternehmen. Diese Ungünstigkeit orientiert sich an der ehemaligen Bereichsausnahme nach § 103 V Satz 2 Nr. 2 GWB in der Fassung der 5. Novelle. Die Literatur zur früheren Bereichsausnahme behandelt diesen Begriff nur am Rande, wobei **„ungünstiger"** weitgefasst verstanden wurde und inhaltlich über den Begriff **„niedriger"** hinausgeht. Dies wird auch deutlich durch den möglichen Bezug auf die „Geschäftsbedingungen", da in dieser Konstellation nicht nur der Vergleich von Zahlen erfasst wird.

Die Formulierungen „Entgelte oder sonstige Geschäftsbedingungen" entsprechen deren Verwendung in § 19 IV Nr. 2, 3.[55] Der Begriff des **„Entgelts"** bezieht sich auf einen beziffertten Preis – anzugeben in Euro, wobei **§ 29 auf einzelne Entgeltbestandteile keine Anwendung** findet.[56] In Übereinstimmung zu § 19 kann nur ein Gesamtpreis missbräuchlich sein. Diese Anlehnung an die Entscheidung des BGH „Stadtwerke Mainz" zur kartellrechtlichen Preishöhenkontrolle vor Beginn der ex-ante-Regulierung im Jahr 2005 wurde erst zum Ende des Gesetzgebungsverfahrens beschlossen. § 29 E sah zunächst vor, dass auch einzelne Bestandteile des „Entgelts" isoliert auf Missbräuchlichkeit geprüft werden können. Somit kann eine Überprüfung von einzelnen Entgeltbestandteilen im Ergebnis nicht dazu führen, dass diese als missbräuchlich eingestuft werden, wenn zugleich das Entgelt insgesamt als nicht missbräuchlich anzusehen ist.[57] Sollte für einzelne Preiskomponenten eine isolierte Preisbildung möglich sein – wie etwa bei den Messpreisen[58] – und diese missbräuchlich erfolgen, erfordert die letztendlich Gesetz gewordene Formulierung, dass diese Missbräuchlichkeit auf den Gesamtpreis durchschlägt, mit der Folge, dass dieser dann in Gänze als missbräuchlich anzusehen wäre.

Das Merkmal der sonstigen **„Geschäftsbedingungen"** entspricht der Parallele in § 19 IV Nr. 2, 3 und betrifft sämtliche mit der Energielieferung im Zusammenhang stehende Konditionen. Ausgenommen sind lediglich die Vertragsbedingungen, die für Grundversorgungskunden durch die StromGVV[59] und GasGVV[60] verbindlich geregelt sind. Der Begriff bezieht sich sowohl auf „allgemeine" als auch individuell vereinbarte Geschäftsbedingungen. Soweit diese Verordnungen mit Abnehmern vereinbart werden, die außerhalb der Grundversorgung stehen, gelten die GVV für Strom und Gas als vertraglich vereinbart, jedoch dürfte die Übernahme des gesetzlichen Leitbildes auf andere Versorgungsfälle im Regelfall keinen Missbrauch nach § 29 Satz 1 Nr. 1 begründen.

Entgegen dem gesetzlichen Wortlaut „oder sonstige Geschäftsbedingungen" ist eine eindeutige Unterscheidung zwischen Entgelten und Geschäftsbedingungen häufig nicht möglich. Um zu einer hinreichenden Genauigkeit bei dem Vergleich verschiedener Entgelte und Geschäftsbedingungen zu gelangen, ist es erforderlich, einen Vergleich bzw. eine Bewertung der gesamten Leistungsbestandteile[61] vorzunehmen. Soweit möglich, sind Geschäftsbedingungen auf ihren entgelten Wert zu überprüfen und das Ergebnis in der Gesamtbetrachtung mit zu berücksichtigen. Eine isolierte Entgeltbetrachtung kann daher nur erfolgen, soweit entgeltrelevante Geschäftsbedingungen entweder vergleichbar sind oder in der Entegeltstruktur berücksichtigt wurden.

Nach dem Wortlaut können entweder die **Gesamterlöse** des betroffenen Unternehmens auf einem bestimmten Markt mit den der Vergleichsunternehmen insgesamt

---

[55] Vgl. auch *Faustmann/Raapke*, WRP 2008, 67 ff., 68.
[56] BGH B. v. 28. 6. 2005 KVR 17/04 – *Stadtwerke Mainz*, WuW/E DE-R 1513.
[57] Monopolkommission, 47. Sondergutachten, S. 13, Tz. 17.
[58] Reg. Entw., Begr. S. 12.
[59] BGBl. I 2006, S. 2396.
[60] BGBl. I 2006, S. 2391.
[61] Vgl. dazu BGH B. v. 6. 11. 1984 KVR 13/83 – *Favorit*, WuW/E 2103 ff., 2105.

verglichen werden[62] oder aber **einzelne, typisierte Abnahmefälle**.[63] Daneben sind **Durchschnittsbildungen** möglich. Enthalten Preise sowohl Arbeits- als auch Leistungsbestandteile, können diese nur gemeinsam bewertet werden, da sich erst im Zusammenwirken beider Bestandteile die Wirkung für den Abnehmer ermessen lassen. Die Betrachtung einzelner Bedarfsfälle beinhaltet das Risiko, dass die (Mehrheit der) anderen Abnahmekonstellationen nicht oder unzutreffend erfasst werden. Daher ist bei einer Betrachtung von Bedarfsfällen darauf zu achten, dass es sich um repräsentative Abnahmefälle handelt, die geeignet sind, das Marktverhalten des betroffenen Unternehmens insgesamt zu bewerten.[64] Die unterschiedliche Struktur der Preisstellung verschiedener Unternehmen der Versorgungswirtschaft sowie Abweichungen in der Versorgungsqualität und des Leistungsumfangs erfordern eine Untersuchung im Einzelfall, welche Preisbestandteile ggf. neben Arbeits- und Leistungskomponenten im Rechnungsbetrag enthalten sind bzw. ob und wie weitere Preisbestandteile – etwa Hausanschlusskosten – berechnet werden. Zeigt sich hierbei bei der Mehrheit einzelner Preiskomponenten ein potentieller Missbrauch, kann hierin ein Indiz zu sehen sein, dass auch der Gesamtpreis missbräuchlich überhöht ist.[65]

20 Nach dem Wortlaut genügt jede Abweichung des geforderten Entgelts/der geforderten Geschäftsbedingungen vom Vergleichsunternehmen. Nach dem Referentenentwurf war zunächst vorgesehen, dass die Abweichung „nicht erheblich" sein musste. Diese Formulierung ist letztlich nicht Gesetz geworden, was ein Argument dafür liefert, dass für § 29 Nr. 1 vergleichbar mit § 19 Abs. 4 Nr. 2 eine **„erhebliche" Abweichung** gefordert ist.[66] Bei der Bewertung eines Zuschlags für diese Erheblichkeit sollte der Grad der Marktbeherrschung berücksichtigt werden; sodass in Fällen, in denen, die Marktgegenseite trotz der Marktbeherrschung noch Ausweichmöglichkeiten hat, größere Zuschläge vorzusehen sind.[67] Von diesem Zuschlag für Erheblichkeit ist der nach § 29 Satz 1 Nr. 1 erforderliche **Sicherheitszuschlag** zu unterscheiden. Kann die Vergleichbarkeit der Entgelte/Geschäftsbedingungen durch rechnerische **Zu- bzw. Abschläge** hergestellt werden, erfordert der im Verwaltungsverfahren der Behörde obliegende Nachweis der ungünstigeren Entgelte/Geschäftsbedingungen, dass Unwägbarkeiten in der Beurteilung durch Sicherheitszuschläge kompensiert werden.

21 **c) Nachweis der sachlichen Rechtfertigung.** Das Vorliegen der Tatbestandsmerkmale indiziert im Regelfall den Missbrauch, es sein denn die „ungünstigeren" Entgelte / Geschäftsbedingungen können – jedenfalls im Umfang der festgestellten Abweichung von den Werten des Vergleichsunternehmens – sachlich gerechtfertigt werden. Ein strenger objektiver Tatbestand des Missbrauchs führt – etwa im Fall des § 29 – in der Anwendungspraxis zu einer größeren Bedeutung der sachlichen Rechtfertigung. Im Rahmen des § 29 kann die Rechtfertigungsmöglichkeit über die in § 19 IV Nr. 2 oder 3[68] hinausreichen, wenn sie sich auf die in § 19 nicht relevanten Fälle bezieht – wenn etwa ein nicht vergleichbares Unternehmen als Beurteilungsmaßstab herangezogen wird.

22 Die Möglichkeit einer sachlichen Rechtfertigung ist **nicht beschränkt auf „strukturelle" Unterschiede,** also auf Kriterien, die auch für jedes andere Unternehmen relevant

---

[62] So BGH B. v. 28. 6. 2005 KVR 17/04 – *Stadtwerke Mainz*, WuW/E DE-R 1513.

[63] Vgl. zu der Typisierung von Abnahmemengen die Bildung von repräsentativen Musterverbrauchsfällen beispielsweise in: BKartA B. v. 27. 1. 2009 B 10–55/08 – *Gas-Versorgungsbetriebe Cottbus*, Beschlussausfertigung S. 6 f., Rn. 22.

[64] *Markert* Rn. 26 zu § 19 GWB in: MünchKomm, Bd. 2, 2008 betont „repräsentative Abnahmefälle".

[65] BGH U. v. 18. 10. 2005 KZR 36/04 – *Stromnutzungsentgelt*, WuW/E DE-R 1617 ff.

[66] *Kahlenberg/Haellwig*, BB 2008, 174 ff., 178; aA *Markert* in MünchKomm DeWettbR § 29 Rn. 31, 39.

[67] Vgl. BGH B. v. 28. 6. 2005 KVR 17/04 – *Stadtwerke Mainz*, WuW/E DE-R 1513 ff., 1519.

[68] Reg. Entw., Begr. S. 13 zu § 19 IV Nr. 3.

wären.[69] Eine derartige Begrenzung der sachlichen Rechtfertigung nur auf strukturelle Gesichtspunkte im Unterschied zu den nicht für eine Rechtfertigung geeigneten **unternehmensindividuellen Gesichtspunkten** war bereits im ehemaligen § 103 Abs. 5 Satz 2 Nr. 2 in der bis 1998 geltenden Fassung enthalten. Danach konnte die Abweichung vom Vergleichsunternehmen nur mit solchen Umständen gerechtfertigt werden, die dem potenziell missbräuchlich handelnden Unternehmen „nicht zurechenbar" waren. Hätte der Gesetzgeber bei Einführung des § 29 ebenfalls so eine Einschränkung hätte vorsehen wollen, hätte er wohl auf diesen früheren Gesetzeswortlaut zurückgegriffen. Da sich die erforderliche Interessenabwägung an wettbewerblichen Strukturen auszurichten hat, erlangt die Unterscheidung in § 29 dennoch Bedeutung.[70]

Für die sachliche Rechtfertigung ist, ebenso wie bei den entsprechenden Tatbestandsmerkmalen in §§ 19 Abs. 4 Nr. 1 und 3, 20 Abs. 1, eine **umfassende Interessenabwägung** erforderlich. Dabei sind nicht nur die Interessen der **Marktgegenseite** des potenziell missbräuchlich handelnden Unternehmens zu berücksichtigen, sondern auch die **Interessen des Marktbeherrschers**. Die übliche Formel, dass dabei die auf Aufrechterhaltung freien Wettbewerbs gerichteten Ziele des GWB zu berücksichtigen seien, hilft nicht immer weiter. Die Bestimmung des § 29 ist nach der Vorstellung des Gesetzgebers gerichtet auf Märkte, in denen freier Wettbewerb nicht besteht, also auch nicht aufrecht erhalten werden kann. Diese Zielsetzung wird man letztlich nur so verstehen können, dass als Maßstab auch die Marktergebnisse zu berücksichtigen sind, die sich bei Wettbewerb einstellen würden, was tendenziell allerdings auf Marktergebnisse hindeutet, die die Marktgegenseite begünstigen. Das kann zur **Beschränkung der Berücksichtigung unternehmensindividueller Umstände** führen. Sie ergibt sich auch aus Satz 2, der auch im Rahmen der Interessenabwägung Anwendung findet, soweit sie sich auf die Kosten des potenziell missbräuchlich handelnden Unternehmens bezieht. Der Umstand, dass Satz 2 nicht nur Nr. 2, sondern auch Nr. 1 zugeordnet ist, zeigt, dass Kosten grds. auch zur Rechtfertigung im Rahmen der Nr. 1 geeignet sind, aber eben nur, soweit sie auch bei Wettbewerb entstünden.[71] Die **Vermeidung von Verlusten** ist deswegen nur insoweit zur Rechtfertigung geeignet, als die Verluste auch bei Wettbewerb entstehen würden.[72]

Die **Darlegungs- und Beweislast** für die sachliche Rechtfertigung für Abweichungen vom Vergleichsunternehmen trägt „in Verfahren vor den Kartellbehörden" das potenziell missbräuchlich handelnde Unternehmen. Dieser Umstand ist allerdings nur in **Verwaltungsverfahren, nicht im Bußgeldverfahren** beachtlich. Im Kartellverwaltungsverfahren gilt auch im Ramen des § 29 der Amtsermittlungsgrundsatz, sodass die Behörde verpflichtet bleibt, auch Umstände der sachlichen Rechtfertigung, die bei objektiver Prüfung ins Blickfeld geraten, zu ermitteln und zu bewerten. Insgesamt wird jedoch von einer wesentlich **gesteigerten Mitwirkungs- und Darlegungspflicht des betroffenen Unternehmens** auszugehen sein. Verweigert das Unternehmen die geforderte Mitwirkung an dem Nachweis einer sachlichen Rechtfertigung und führt die Ermittlung durch die Kartellbehörde selbst nicht zur Feststellung, dass das untersuchte Verhalten sachlich gerechtfertigt ist, muss im Zweifelsfall vom Fehlen der Rechtfertigung ausgegangen werden.Diese Verteilung der Beweislast gilt nicht nur für das (Verwaltungs-)Verfahren vor der Kartellbehörde, sonder auch für das mögliche gerichtliche **Beschwerdeverfahren**. Die durch den Gesetzeswortlaut nahegelegte Beschränkung der Beweislastverteilung nur für das Verfahren „vor den Kartellbehörden" würde eine zentrale Zielstellung des § 29 konterkarieren, wenn sie nicht auch für das anschließende Gerichtsverfahren wirksam wäre.[73]

---

[69] AA *Markert* Rn. 36 zu § 19 GWB in: MünchKomm, Bd. 2, 2008.
[70] *Markert* Rn. 35 ff. zu § 19 GWB in: MünchKomm, Bd. 2, 2008.
[71] *Bechtold*, GWB § 29 Rn. 29 ff.
[72] Vgl. dazu auch BGH B. v. 22. 7. 1999 KVR 12/98 – Flugpreisspaltung, WuW/E DE-R 375 ff.
[73] *Bechtold*, GWB, § 29 Rn. 20.

25 Die vorstehend beschriebene Beweislastumkehr war im Referentenentwurf nicht vorgesehen, und bezieht sich auf „Verfahren vor den Kartellbehörden" – im Verwaltungsverfahren – **nicht jedoch auf den Zivilprozess**. Im zivilrechtlichen Verfahren liegt es am Kläger darlegen und nachweisen, dass eine Abweichung sachlich nicht gerechtfertigt ist. Gelingt ihm dies nicht, ist von einer möglichen Rechtfertigung durch das angegriffene Unternehmen auszugehen. Das beklagte Versorgungsunternehmen trifft nach dem klaren Gesetzeswortlaut für die potenziellen Rechtfertigungsgründe auch in seiner eigenen, dem Kläger nicht zugänglichen Sphäre **keine Darlegungslast**. Bestehen nach dem gesamten Vortrag der Parteien weiterhin Zweifel, ob die Abweichung sachlich zu rechtfertigen ist, hat das Gericht von der sachlichen Rechtfertigung ausgehen. Die Nichtanwendung der Beweislastumkehr im Zivilprozess berücksichtigt Erfahrungen mit der zivilrechtlichen Preishöhenkontrolle nach § 315 BGB und soll vermeiden, dass die Versorgungsunternehmen in diesem Zusammenhang „über Gebühr belastet" werden.[74]

2. Entgelte, die die Kosten in unangemessener Weise überschreiten (Satz 1 Nr. 2) – Gewinnbegrenzungskonzept

26 § 29 Satz 1 sieht in Nr. 2 eine weitere **im Verhältnis zur Nr. 1 alternative Missbrauchsform** vor, die darauf abstellt, ob die von Versorgungsunternehmen geforderten Entgelte die **Kosten in unangemessener Weise überschreiten**. Auf einen Vergleich mit anderen Unternehmen bzw. Märkten kommt es bei dieser Variante nicht an.

27 Der Gesetzgeber hat die im EG-Recht zu Art. 82 EGV vorhandenen Ansätze der Kostenkontrolle und Gewinnbeschränkung als Vorbild herangezogen und in den § 29 ein **Konzept zur Gewinnbegrenzung** eingefügt. Die Begründung[75] beruft sich ausdrücklich auf die nahezu 30 Jahre zurückliegende Entscheidung „United Brands",[76] die auf dem Tatbestandsmerkmal der „Erzwingung von unangemessenen ... Verkaufspreisen" in Art. 82 lit. a EGV beruhte. Nach Sicht des EuGH handelte es sich dabei um einen „überhöhten Preis ..., der in keinem angemessenen Verhältnis zu dem wirtschaftlichen Wert der erbrachten Leistung" stand.[77] Für die Unverhältnismäßigkeit sollte es zunächst auf ein **„übertriebenes Missverhältnis** zwischen den tatsächlich entstandenen Kosten und dem verlangten Preis" ankommen. In der weiteren Stufe sollte geprüft werden, „ob ein Preis erzwungen wurde, der, sei es **absolut, sei es im Vergleich zu den Konkurrenzprodukten, unangemessen sei**". Diese Entscheidung hat allerdings in der späteren Anwendungspraxis zu Art 82 EGV keine wesentliche Bedeutung erlangt.[78]

28 **a) Nur Entgelte, nicht Geschäftsbedingungen.** Nr. 2 betrifft nur Entgelte. Da der Gesetzgeber davon ausging, dass der Vergleich mit den Kosten nur hinsichtlich des Entgelts, nicht auch der sonstigen Geschäftsbedingungen möglich ist. Gleichwohl kann die Höhe des Entgelts und der Kosten aber auch durch den Inhalt der Geschäftsbedingungen beeinflusst sein. Nr. 2 hat deswegen für Geschäftsbedingungen Bedeutung, wenn sie **kostenrelevant** sind, zB im Hinblick auf Zahlungstermine, Haftungsrisiken usw. Nr. 2 fordert also nicht eine scharfe Unterscheidung zwischen Entgelt und sonstigen Geschäftsbedingungen. Entgeltbestandteile werden von Nr. 2 nicht erfasst; anders als in Nr. 1[79] waren sie auch im Referentenentwurf nicht erwähnt.

29 **b) Maßstab der Kosten.** Dieser Maßstab ist im deutschen Kartellrecht ohne Vorgänger, da bisher immer vermieden wurde, den Missbrauch im Preisverhalten allein durch die

---

[74] Ausschuss für Wirtschaft und Technologie, Bericht BT-Ds. 16/7156, S. 11; *Ritter*, WuW 2008, 142 ff., 144.
[75] Reg. Entw., Begr. S. 13.
[76] EuGH U. v. 14. 2. 1978 Rs. 27/76 – *Chiquita*, WuW/E EWG/MUV 425 ff.
[77] EuGH U. v. 14. 2. 1978 (Fn. 83), 438 f.
[78] S. oben *Götting*, Rn. 80 zu § 19 GWB.
[79] *Bechtold* GWB § 29 Rn. 13.

Abweichung von den Kosten zu definieren. Maßgeblich für diese Sicht waren die Schwierigkeiten in der Ermittlung der Kosten und ihrer Zuordnung, zum anderen die praktisch kaum lösbare Frage, ab wann ein Preis wegen des Überschreitens der Kosten missbräuchlich ist. Nach der Begr. z. RegEntw. (S. 13) liegt dem Gesetz kein bestimmter Kostenbegriff („etwa im Sinne von Durchschnittskosten") zu Grunde.

In der Energiewirtschaft hat sich eine **Reduzierung der kartellbehördlichen Kostenkontrolle** dadurch ergeben, dass die **Netznutzungsentgelte** inzwischen der energierechtlichen Kontrolle durch die Regulierungsbehörden unterliegen Soweit es um die **netzbedingten Kosten** geht, sind die dafür **genehmigten Entgelt** zu Grunde zu legen.[80] Das gilt auch, wenn die Entgelte die tatsächlichen Kosten unter- oder überschreiten. Kostenzuordnungsprobleme bestehen deswegen insbesondere, soweit es um die Energielieferung als solche geht Insoweit können die Grundsätze der regulierungsrechtlichen Kostenberechnung (nach den Strom- und Gasnetz-Entgeltverordnungen) herangezogen werden.[81] Probleme ergeben sich bei der Berücksichtigung der konzerninternen Verrechnungspreise und der Gemeinkostenschlüsselung. Nach Satz 2 dürfen nur Kosten berücksichtigt werden, soweit sie sich ihrem Umfang nach auch im Wettbewerb einstellen würden. 30

c) **Überschreitung in „unangemessener Weise"**. Die Frage, wann Entgelte die Kosten „unangemessen" überschreiten, ist allgemeingültig kaum zu beantworten. Nach der Begr. z. Reg.Entw. (S. 13) soll sich die Angemessenheitsprüfung an den „Ordnungsprinzipien einer Wettbewerbswirtschaft" und dem im EnWG normierten Ziel der „preisgünstigen Energieversorgung" orientieren. Die **im Wettbewerb erzielbare Spanne** ist nicht der einzige Maßstab dafür, zumal der theoretische Wettbewerbspreis allenfalls durch die Grenzkosten begrenzt ist.[82] Preise oberhalb der variablen Grenzkosten sind nicht per se missbräuchlich; auch bei nintensivem Wettbewerb müssen die Preise zB über den variablen Kosten des Grenzkraftwerks liegen, um eine Vollkostendeckung der Grenzkraftwerke zu ermöglichen. Relevant können insoweit auch Erfahrungswerte aus Wettbewerbsmärkten außerhalb der Energiewirtschaft sein, wenn sich die Strukturen vergleichbar zeigen. Wenn ein Unternehmen auf der Basis hoher Differenzen zwischen Kosten und Entgelten wirtschaftet, und aus der Differenz erhebliche betriebswirtschaftlich erforderliche und belegbare Investitionen tätigt, ist das Unwerturteil „unangemessen" nicht zu treffen. 31

Die Begr. z. Reg.Entw. (S. 13) nennt als Beispiele für die Hinnahme eines hohen Preis-Kosten-Abstandes **„außerordentliche Effizienzsteigerungen"** oder den Umstand, dass „in die Folgeperiode verschobene Investitionen zu einer außerplanmäßigen Minderung der Aufwendungen in der betrachteten Periode geführt haben". Die Monopolkommission[83] hält „objektive Leitlinien zur Kosten- und Gewinnermittlung" für erforderlich, um die Nr. 2 praktisch umzusetzen. Die Richtlinien, die im **öffentlichen Auftragswesen** für angemessene Aufschläge auf die Kosten entwickelt worden sind, sind nicht allgemeingültig, zumal sie in weiten Teilen auch durch die Besonderheiten des öffentlichen Auftragswesens und die Nachfragemacht der öffentlichen Hand bestimmt sind. Bei der im Rahmen der Angemessenheitsprüfung anzustellenden Abwägung sind darüber hinaus alle Gesichtspunkte relevant, die auch für die – im Rahmen der Nr. 2 nicht unmittelbar geltende – sachliche Rechtfertigung in Nr. 1 von Bedeutung sind.[84] Die **Beweislast** für die Unangemessenheit trägt in allen Verfahrensarten (Verwaltungs- und Bußgeldverfahren, Zivilprozess) die Kartellbehörde.[85] 32

---

[80] *Markert* ZNER 2007, 365 ff., 368.
[81] Vgl. auch *Markert* Rn. 48 ff. zu § 19 GWB in: MünchKomm, Bd. 2, 2008.
[82] Vgl. Reg. Entw., Begr. S. 13.
[83] Monopolkommission, 47. Sondergutachten, S. 16, Tz. 25.
[84] *Ritter/Lücke*, WuW 2007, 698 ff., 709.
[85] *Markert*, ZNER 2007, 365 ff., 369.

IV. Nichtberücksichtigung von wettbewerbsfremden Kosten (Satz 2)

33 Nach Satz 2 dürfen Kosten, die sich ihrem Umfang nach im Wettbewerb nicht einstellen würden, nicht berücksichtigt werden. Diese Vorschrift entspricht § 21 Abs. 2 Satz 2 EnWG, dort allerdings unter Einbeziehung von „Kostenbestandteilen". Satz 2 ist nicht einseitig Satz 1 Nr. 2 zugeordnet, sondern bezieht sich nach der formalen Ordnung des Gesetzestextes **auf den Satz 1 insgesamt,** also auch auf dessen Nr. 1. Dort ist allerdings von Kosten nicht die Rede. Dennoch ist Satz 2 auch für Nr. 1 dann von Bedeutung, wenn dort – **im Zusammenhang mit der sachlichen Rechtfertigung**[86] – Kostenargumente relevant sind.[87] Seine Hauptbedeutung hat Satz 2 allerdings für Satz 1 Nr. 2, der ausschließlich auf ein Missverhältnis zwischen Kosten und Entgelten abstellt.

34 Berücksichtigungsfähig sind nur Kosten, soweit sie sich auch im Wettbewerb einstellen würden. Übersteigen die Kosten diejenigen bei fiktivem Wettbewerb, dürfen sie mit dem übersteigenden Anteil nicht berücksichtigt werden. Das Gesetz schließt die Berücksichtigung nicht wettbewerblicher Kosten nur für die **„Feststellung des Missbrauchs"** aus. Dabei wird davon ausgegangen, dass Kosten den Missbrauch ausschließen können; die Missbrauchsfeststellung beruht dann darauf, dass die Entgelthöhe erklärende Kosten entweder nicht vorliegen oder, weil sie bei Wettbewerb nicht entstünden, nicht berücksichtigt werden können. Dem Sinn und Zweck des Satzes 2 widerspräche es, ihn auch zu Gunsten des **potenziellen Missbrauchstäters** anzuwenden[88] und zuzulassen, dass Kosten auch über den tatsächlich entstandenen Betrag hinaus angesetzt werden können, soweit sie geringer sind als die, die sich bei Wettbewerb einstellen würden. Der Sache nach führt Satz 2 dazu, dass – aber beschränkt auf den Gesichtspunkt der Kosten – die alte **Unterscheidung zwischen strukturbedingten und unternehmensindividuell bedingten Kosten** wieder eingeführt wird. Kosten des Versorgungsunternehmens, die strukturbedingt sind, sich also bei jedem anderen Unternehmen, das die Tätigkeit des potenziellen Missbrauchstäters übernehmen würde, einstellen würden, sind solche, die auch im Wettbewerb entstünden. Kosten, die auf eine besonders teure Unternehmensführung oder sonstige vermeidbare Tätigkeiten des potenziellen Missbrauchstäters zurückzuführen sind, sind im Allgemeinen solche, die im Wettbewerb nicht durchsetzbar wären.

35 Satz 2 nennt lediglich die Durchsetzbarkeit **„im Wettbewerb",** ohne Qualifizierung hinsichtlich der Wettbewerbsintensität. Eine zutreffende Auslegung ergibt sich aus der Normadresseneigenschaft nach § 29: Er wendet sich an Marktbeherrscher, also Unternehmen, die keinem wesentlichen Wettbewerb ausgesetzt sind. Satz 2 spiegelt die Situation wider, die sich ohne diese Marktbeherrschung ergäbe, also die Situation, in der wesentlicher Wettbewerb besteht. Es reicht nicht aus, wenn ein Unternehmen die Kosten bei geringerem, nicht aber bei wesentlichem Wettbewerb durchsetzen könnte; Maßstab ist also **der wesentliche Als-ob-Wettbewerb.**

36 Satz 2 ist nicht mit einer **Beweislast**regelung versehen. Das bedeutet, dass derjenige, der sich – zu Gunsten oder zu Lasten des potenziellen Missbrauchstäters – auf die Kosten beruft, nur Kosten einbeziehen darf, die auch bei wesentlichem Wettbewerb entstünden. Wird ein Verstoß gegen Satz 1 Nr. 2 mit dem Argument behauptet, die Entgelte lägen über den Kosten, und beruft sich das betroffene Unternehmen darauf, dass sie voll seinen Kosten entsprächen, muss der Angreifer beweisen, dass die Kosten bei Wettbewerb niedriger wären. Beruft sich der potenzielle Missbrauchstäter im Rahmen der Nr. 1 darauf, dass seine Entgelte durch höhere Kosten gerechtfertigt seien, muss er im Rahmen der von ihm nachzuweisenden Rechtfertigung beweisen, dass diese Kosten auch bei Wettbewerb entstehen würden.

---

[86] Bechthold, GWB § 29 Rn. 17 ff.
[87] Dazu auch Monopolkommission, 47. Sondergutachten, S. 17, Tz. 27.
[88] Reg. Entw., Begr. S. 13.

V. Rechtsfolgen

§ 29 ist – ebenso wie die §§ 1, 19 und 20 – als **gesetzliches Verbot** ausgestaltet. Seine Verbindlichkeit setzt somit keine Entscheidung der Kartellbehörde voraus. 37

1. Verwaltungsverfahren

Die Kartellbehörde kann § 29 im Verwaltungsverfahren im Rahmen ihres Aufgreifermessens durchsetzen.[89] Sie kann Unternehmen **nach § 32 Abs. 1** verpflichten, den Verstoß gegen § 29 dadurch abzustellen, dass das Entgelt um einen bestimmten oder auf einen bestimmten Betrag reduziert wird oder beanstandete Geschäftsbedingungen nicht mehr vereinbart und praktiziert werden. Dazu kann sie nach § 32a auch eine **einstweilige Anordnung** erlassen und nach § 32b **Verpflichtungszusagen** entgegen nehmen. § 29 wurde durch die GWB-Novelle 2007 auch in § 32c integriert; es ist daher möglich, dass die Behörde auch für § 29 eine Verfügung trifft, nicht tätig zu werden. 38

Nach dem **Auslaufen der Regelung** am 31. 12. 2012 kann § 29 nicht mehr mit Wirkung für die Zukunft angewendet werden. Zuvor erlassene Verfügungen nach §§ 32, 33a und 32b sind auf Antrag mit Wirkung ab 1. 1. 2013 aufzuheben, soweit sie auf § 29 gestützt sind. Eine Feststellungsverfügung nach § 32 Abs. 3 ist auf der Grundlage des § 29 nach dessen Auslaufen auch für die Vergangenheit nicht mehr möglich, da er nach § 131 Abs. 7 nach dem 31. 12. 2012 „nicht mehr anzuwenden" ist. 39

2. Bußgeldtatbestand

Nach § 81 Abs. 2 Nr. 1 ist die Zuwiderhandlung gegen die Vorschrift des § 29 Satz 1 ordnungswidrig. Insoweit stellt sich die Frage, ob die Erwähnung nur des Satzes 1 Bedeutung im Hinblick auf die Anwendbarkeit des Satzes 2 in Bußgeldverfahren hat. Das ist indes nicht der Fall. Die **Verbotsnorm**, auf die § 81 Abs. 2 Nr. 1 auch in anderen Fällen Bezug nimmt, besteht **bei § 29 nur in Satz 1**. Satz 2 hat Bedeutung für die Auslegung, ist aber selbst keine Verbotsnorm. Satz 2 ist auch in Bußgeldverfahren für die Auslegung des Satzes 1 relevant. Die Höhe der Geldbuße beträgt nach § 81 Abs. 4 bis zu 1 Mio. EUR, darüber hinaus bis zu 10% des Umsatzes des Versorgungsunternehmens. Die Beweislastregelung in Satz 1 Nr. 1 hat keine Bedeutung im Bußgeldverfahren.[90] 40

3. Zivilrechtliche Folgen

§ 29 ist **Verbotsvorschrift iS des § 134 BGB.** Die Unwirksamkeit der Vereinbarung des überhöhten Entgelts kann zudem Rückforderungsansprüche nach Bereicherungsrecht begründen. Ist die Berechtigung des Entgelts im Hinblick auf die Anwendbarkeit des § 29 streitig, kann das Versorgungsunternehmen die Belieferung des Kunden davon abhängig machen, dass dieser einem Entgelt zustimmt, das auch nach seiner Auffassung nicht missbräuchlich überhöht ist. Er muss die Forderung des Versorgungsunternehmens nach einer vertraglichen Regelung zustimmen, dass dieses die streitige Differenz nachfordern kann, soweit verbindlich festgestellt ist, dass das Entgelt nicht missbräuchlich überhöht war. Ein Verhalten bis zum Stichtag des 31. 12. 2012[91] kann auch danach noch nach § 29 beurteilt werden. 41

4. „§§ 19 und 20 bleiben unberührt" (Satz 3)

§ 29 stellt einen verschärften Missbrauchstatbestand zu Lasten von Strom- und Gasversorgungsunternehmen dar. Er schließt die Anwendung der §§ 19 und 20 nicht aus. Das hat weniger Bedeutung für den dem § 29 am ehesten entsprechenden Tatbestand des **Ausbeutungsmissbrauchs** nach § 19 Abs. 4 Nr. 2, sondern eher für die davon klar zu trennenden Fälle des **Behinderungs- und Diskriminierungsmissbrauchs.** 42

---

[89] Reg. Entw., Begr. S. 9.
[90] *Markert* Rn. 67 zu § 19 GWB in: MünchKomm, Bd. 2, 2008.
[91] *Markert* Rn. 71 zu § 19 GWB in: MünchKomm, Bd. 2, 2008.

GWB § 29 43, 44   10. Teil. Gesetz gegen Wettbewerbsbeschränkungen

43 Die **Anwendung des § 315 BGB** bleibt unberührt.[92] In der Öffentlichkeit sind die Versuche beachtet worden, die Strom- und Gaspreise auch über eine direkte oder analoge Anwendung des § 315 BGB zu kontrollieren. Für die Netznutzungsentgelte hat der BGH bei einer vertraglichen Verweisung auf das jeweils geltende, vom Netzbetreiber erstellte Preisblatt ein dem § 315 BGB unterliegendes **Leistungsbestimmungsrecht** des Netzbetreibers angenommen. Der Begriff des billigen Ermessens nach § 315 Abs. 1 BGB hat sich einerseits an der sonstigen Praxis des Netzbetreibers und andererseits auch an den energiewirtschaftlichen Maßstäben zu orientieren.[93] Ist allerdings der Anfangspreis zwischen den Parteien vereinbart worden und bezieht sich das Leistungsbestimmungsrecht nur auf die Erhöhung, wird nur die Erhöhung als solche überprüft. Der Anfangspreis kann nur dann auf Grund einer analogen Anwendung an § 315 BGB gemessen werden, wenn eine echte Monopolstellung des Versorgers, insbesondere auf Grund eines Anschluss- und Benutzungszwangs, besteht.[94] Die Anwendung der zivilrechtlichen Preishöhenkontrolle (§ 315 BGB) ist unabhängig von einem möglichen Verstoß gegen § 19 GWB.[95]

VI. Kartellbehördliche Praxis

1. Allgemeines

44 Soweit ersichtlich beschränkt sich die Anwendungspraxis bisher (Ende Januar 2009) auf die kartellbehördliche Kontrolle der Preise und Lieferkonditionen für leitungsgebundenes Gas. Entsprechende Verfahren auf dem Elektrizitätssektor sind bisher nicht bekannt. Gerichtliche Erfahrungen mit der Anwendung von § 29 liegen noch nicht vor.

Im Zusammenhang mit dem Inkrafttreten des Gesetzes zur Bekämpfung von Preismissbrauch im Bereich der Energieversorgung vom 22. 12. 2007 (BGBl. I S. 2966) wurde das BKartA personell verstärkt. Zuständig ist seit Jahresbeginn 2008 die neu eingerichtete 10. Beschlussabteilung des BKartA.[96]

Das BKartA hatte im Februar/März 2008 Verfahren gegen 35 Gasversorgungsunternehmen wegen des Verdachts missbräuchlich überhöhter Gaspreise für Haushalts- und Gewerbekunden (HuK) eingeleitet. Diese Verfahren betrafen die Preisgestaltung der Unternehmen in den Jahren 2007 und 2008 und wurden neben § 19 I iVm 19 IV Nr. 2 auch auf der Grundlage des § 29 eingeleitet. Sie richteten sich gegen GVU verschiedener Größen aus allen Regionen Deutschlands.[97] Aufgrund der Struktur des deutschen Gasmarktes fallen von den ca. 770 Gasversorgern nur etwa 30 Unternehmen (somit etwa 5% der Versorgungsunternehmen mit zusammen 15% der Gaskunden) in die originäre Zuständigkeit des BKartA (§ 48 II). Für die weitaus überwiegende Zahl der Versorgungsunternehmen, die zusammen etwa 85% der Gaskunden versorgen, sind die Landeskartellbehörden (LKartB) originär zuständig.

Von der in § 49 III vorgesehenen Möglichkeit, dass eine LKartB eine Sache – die nach § 48 II in ihren Zuständigkeitsbereich fällt – auf Antrag an das BKartA abgeben kann, ist im Laufe dieser Verfahren in mehreren Fällen Gebrauch gemacht worden.[98] Bei diesen (Abgabe-)Entscheidungen der LKartB handelt es sich um kartellverwaltungsinterne Akte ohne Außenwirkung, die nicht isoliert angefochten werden können.[99]

---

[92] Vgl. dazu auch *Säcker*, ZNER 2007, 114 ff.
[93] BGH U. v. 18. 10. 2005 KZR 36/04 – *Stromnutzungsentgelt*, WuW/E DE-R 1617 ff.; U. v. 7. 2. 2006 KZR 8/05 – *Stromnutzungsentgelt II*, WuW/E DE-R 1730 ff., 1732.
[94] Vgl. BGH U. v. 9. 7. 2002 KZR 30/00 – *Fernwärme Börnsen*, WuW/E DE-R 1006 ff., 1009; vgl. aber auch OLG München U. v. 19. 10. 2006 U (K) 3090/06 – *Münchner Fernwärme*, WuW/E DE-R 1881 f.
[95] BGH U v. 13. 6. 2007 VIII ZR 36/06 – *Gaspreis*, WuW/E DE-R 2243 ff.; anders Vorinstanz LG Heilbronn U. v. 19. 1. 2006 6 S 16/05 Ab – *Heilbronner Gasversorgung*, WuW DE-R 1699 ff.
[96] Organigramm BKartA vom 1. 1. 2009.
[97] Pressemitteilung BKartA vom 6. 10. 2008 und vom 1. 12. 2008.
[98] BKartA B. v. 1. 12. 2008 B 10–51/08 – *Energie SaarLorLux*, S. 3 Pos. 9.
[99] Nachweise bei BKartA B. v. 1. 12. 2008 (Fn. 107), S. 3.

Diese Vorgehensweise trägt der Personalausstattung der LKartB Rechnung[100] und fördert zugleich einen einheitlichen Vollzug der neuen Vorschrift.[101] In der Anwendung sind die LKartB in ihrem Zuständigkeitsbereich – im Rahmen der grundsätzlich vorhandenen Spielräume – autonom. Jedoch zielen Arbeitskreise der LKartB des Bundes und der Länder darauf ab, die Normanwendung möglichst nach gemeinsamen Grundsätzen zu handhaben. Durch die wechselseitigen Benachrichtigungspflichten (§ 49 I Satz 1/Satz 2) und die nach der 7. GWB-Novelle vorgesehenen Möglichkeiten einer einvernehmlichen Abgabe (§ 49 III, IV) wird ein einheitlicher Verwaltungsvollzug unterstützt. Sollte nur eine der übrigen 15 LKartB einer Abgabe widersprechen, verbliebe es bei der originären Zuständigkeit des BKartA; befürchtet eine LKartB ein Auseinanderfallen des Verwaltungsvollzugs bei Verweisung, kann es diese im Alleingang verhindern.

Neben der Möglichkeit der Abgabe an das BKartA führen mehrere LKartB selbst Verfahren bzw. haben erste Verfahren bereits abgeschlossen.[102]

2. Prüfkonzept des BKartA

a) Mengengewichtete Gradtagszahlen und repräsentative Abnahmefälle. Im Rahmen der Anwendung des § 29 durch das BKartA standen bisher „einvernehmliche" Lösungen mit im Fordergrund. Dabei wurden die von der Beschlussabteilung aufgegriffen Fälle durch das Angebot verbindlicher Verpflichtungszusagen der betroffenen Unternehmen nach § 32b GWB – vorbehaltlich der § 32b II enthaltenen Möglichkeiten – eingestellt. Die Verpflichtungszusagen bezogen sich auf die Absenkung von Gaspreisen für die Belieferung von HuK-Kunden in Niederdruck über die Weitergabe gesunkener eigener Bezugskosten hinaus, in Einzelfällen wurde auch eine Rückzahlung angeboten. Für das Jahr 2008 stützt sich die Beschlussabteilung auf § 29 Nr. 1 und das Konzept des mengengewichteten Netto-Vergleichs des Tarifs, in dem sich die Mehrzahl der Kunden befindet. Da für 2008 ein Erlösvergleich aufgrund noch nicht vorliegender Zahlen unmöglich war, hat das BKartA einen Vergleichsmaßstab auf verfügbarer Datengrundlage gewählt, der einem Erlösvergleich nahe kommt. Auf Basis von fünf repräsentativen Musterverbrauchsfällen[103] wurden Tarifvergleiche durchgeführt.[104]

b) Erheblichkeitszuschlag. Unter Berücksichtigung der Rechtsprechung des BGH[105] berücksichtigt das BKartA bei den Vergleichsabständen zwischen den Unternehmen Erheblichkeitszuschläge. Diese Vorgehensweise trägt sowohl dem Umstand Rechnung, dass Unschärfen bei dem Vergleich der ausgewählten Unternehmen nicht vollständig ausgeschlossen werden können und zugleich die Preishöhenkontrolle keine „Punktlandung" eines Preises ermöglicht. Der Umfang dieses Erheblichkeitszuschlages bemisst sich an der Wettbewerbsintensität auf dem zuvor beschriebenen relevanten Markt.[106] Als neuartigen Ansatz arbeitet die Beschlussabteilung mit einem variablen Erheblichkeitszuschlag, der sich im Einzelfall an der Wechselquote von Kunden im betroffenen Versorgungsgebiet orientiert. Dieser Ansatz trägt Bedenken aus dem Gesetzgebungsverfahren Rechnung[107] und ermöglicht größere Erheblichkeitszuschläge auf Teilmärkten, auf denen Drittlieferanten bereits Marktanteile gewinnen konnten, d. h. die Wettbewerbsintensität zugenommen hat.

---

[100] Kritisch hierzu *Klaue* in: *Immenga/Mestmäcker*, § 49 Rn. 13.
[101] BT Ds. 15/3640 vom 12. 8. 2004, S. 60.
[102] Pressemitteilung BKartA vom 1. 12. 2008.
[103] www.bundeskartellamt.de/wDeutsch/aktuelles/2007 12 18 Gaspreise.php.
[104] Zu den Einzelheiten der Verbrauchsfälle und den mengengewichteten Gradtagszahlen, vgl. BKartA B. v. 27. 1. 2009 B 10–55/08 – *Gas-Versorgungsbetriebe Cottbus*, Beschlussausfertigung S. 6 ff. 9/ Rn. 21 ff. 27.
[105] BGH B. v. 22. 7. 1999 KVR 12/98 – *Flugpreisspaltung*, WuW/E DE-R 375 ff., 379; B. v. 28. 6. 2005 KVR 17/04 – *Stadtwerke Mainz*, WuW/E DE-R 1513.
[106] BGH B. v. 28. 6. 2005 (Fn. 115).
[107] Monopolkommission, 47. Sondergutachten, S. 27, Rn. 41.

Im Ergebnis führt diese Betrachtung zu einer Rücknahme der Preismissbrauchsaufsicht umgekehrt proportional zur Wettbewerbsintensität.

47 **c) Sonstiges.** Unter der Voraussetzung, dass die relevanten Kosten nach Einschätzung des BKartA ordnungsgemäß zugeordnet und zugleich Rationalisierungsreserven ausgeschöpft wurden, bilden die Kosten des Unternehmens die Grenze der Anwendung der Preismissbrauchsaufsicht, da die Preis- bzw. Erlösobergrenze nicht unter den spezifischen Kosten des Unternehmens liegen darf. Somit gelten in jedem Fall die Gasbezugskosten der betroffenen Unternehmen gegenwärtig als Kostendeckungsuntergrenze.[108] Die durchschnittlichen Gasbezugskosten von anderen Unternehmen in vergleichbaren Marktgebieten dienen dem BKartA als Benchmark für die Einkaufsbedingungen, die Unternehmen beim Gasbezug hätten erzielen können.[109]

Weiterhin hat die Kartellbehörde bei der Anwendung des § 29 die Bindungswirkung von § 111 III EnWG zu beachten. Nach der Konzeption des EnWG 2005 werden die Netzentgelte von den Regulierungsbehörden genehmigt. Eine Doppelprüfung dieser Preisbestandteile durch Regulierungs- und Kartellbehörden soll nach § 111 III EnWG ausgeschlossen werden. Vor diesem Hintergrund hat die Beschlussabteilung den Gesamterlös bzw. den Tarif um die Netzentgelte bereinigt.[110] Diese Vorgehensweise berücksichtigt zudem strukturelle Unterschiede hinsichtlich der Infrastruktur der verglichenen Unternehmen. Um kommunalen Unternehmen keinen Anreiz zu setzen, Gewinne in die Konzessionsabgaben zu verschieben, berücksichtigte das BKartA in den bisherigen Verfahren als Vergleichsunternehmen nur solche Versorger, die für die Jahre 2007 / 2008 ganz überwiegend nur die niedrige Konzessionsabgabe abgeführt haben. Die gezahlten Konzessionsabgaben wurden als staatliche Abgaben von den Nettoerlösen / Nettotarifen der Versorgungsunternehmen abgezogen.[111]

VII. EG-Recht / Art. 82 EGV

48 Das EU-Kartellrecht enthält **keine entsprechende Spezialvorschrift** für den Missbrauch marktbeherrschender Stellungen durch Energieversorgungsunternehmen. Wenn der zwischenstaatliche Handel betroffen wird, gilt sektorunabhängig das Missbrauchsverbot nach Art. 82 EGV. Die Möglichkeit, dass ein gegen § 29 verstoßendes Marktverhalten nicht auch von Art. 82 EG erfasst wird, ist vor dem Hintergrund der VerfVO 1/2003 unschädlich, da im Gegensatz zum Kartellverbot die Mitgliedsstaaten bei der Ausgestaltung der übrigen nationalen Kartellrechtsordnung auch weiterhin eigene Gestaltungsspielräume beanspruchen können (Art. 3 II Satz 2 VerfVO 1/2003). Die Regierungsbegründung zu § 29 Satz 1 Nr. 2 bezieht sich ausdrücklich auf die United Brands-Entscheidung des EuGH,[112] in der der EuGH den Ausbeutungsmissbrauch danach beurteilt, „ob der Inhaber einer beherrschenden Stellung, die sich daraus ergebenden Möglichkeiten daraus genutzt hat, um geschäftliche Vorteile zu erhalten, die er in einem normalen und hinreichenden Wettbewerb nicht erhalten hätte". Den Maßstab zur Feststellung missbräuchlich überhöhter Preise bildet die Überlegung, ob die fragliche Preisstellung „in keinem angemessenen Verhältnis zu dem wirtschaftlichen Wert der erbrachten Leistung steht" bzw. „ob ein übertriebenes Missverhältnis zwischen den tatsächlich entstandenen Kosten und dem tatsächlich verlangten Preis besteht".[113] Die Entscheidungspraxis zu Art. 82 EGV nach United Brands enthält wenig belastbare Aussagen zu den Methoden, die für die Feststellung eines Preishöhenmissbrauchs heranzuziehen sind.

---

[108] BKartA B. v. 27. 1. 2009 B 10–55/08 – *Gas-Versorgungsbetriebe Cottbus,* Beschlussausfertigung S. 10, Rn. 29 ff. 31.
[109] BKartA B. v. 27. 1. 2009 (Fn. 118), Beschlussausfertigung S. 10, Rn. 31.
[110] BKartA B. v. 27. 1. 2009 (Fn. 118), Beschlussausfertigung S. 8, Rn. 25.
[111] BKartA B. v. 27. 1. 2009 (Fn. 118), Beschlussausfertigung S. 10, Rn. 26.
[112] EuGH U. v. 14. 2. 1978 Rs. 27/76 – *Chiquita,* WuW/E EWG/MUV 425 ff.
[113] EuGH U. v. 14. 2. 1978 (Fn. 122); vgl. auch *Markert* Rn. 43 f. zu § 19 GWB in: MünchKomm, Bd. 2, 2008.

§ 30. Preisbindung bei Zeitungen und Zeitschriften

(1) ¹§ 1 gilt nicht für vertikale Preisbindungen, durch die ein Unternehmen, das Zeitungen oder Zeitschriften herstellt, die Abnehmer dieser Erzeugnisse rechtlich oder wirtschaftlich bindet, bei der Weiterveräußerung bestimmte Preise zu vereinbaren oder ihren Abnehmern die gleiche Bindung bis zur Weiterveräußerung an den letzten Verbraucher aufzuerlegen. ²Zu Zeitungen und Zeitschriften zählen auch Produkte, die Zeitungen oder Zeitschriften reproduzieren oder substituieren und bei Würdigung der Gesamtumstände als überwiegend verlagstypisch anzusehen sind, sowie kombinierte Produkte, bei denen eine Zeitung oder eine Zeitschrift im Vordergrund steht.

(2) ¹Vereinbarungen der in Absatz 1 bezeichneten Art sind, soweit sie Preise und Preisbestandteile betreffen, schriftlich abzufassen. ²Es genügt, wenn die Beteiligten Urkunden unterzeichnen, die auf eine Preisliste oder auf Preismitteilungen Bezug nehmen. ³§ 126 Abs. 2 des Bürgerlichen Gesetzbuchs findet keine Anwendung.

(3) Das Bundeskartellamt kann von Amts wegen oder auf Antrag eines gebundenen Abnehmers die Preisbindung für unwirksam erklären und die Anwendung einer neuen gleichartigen Preisbindung verbieten, wenn
1. die Preisbindung missbräuchlich gehandhabt wird oder
2. die Preisbindung oder ihre Verbindung mit anderen Wettbewerbsbeschränkungen geeignet ist, die gebundenen Waren zu verteuern oder ein Sinken ihrer Preise zu verhindern oder ihre Erzeugung oder ihren Absatz zu beschränken.

Übersicht

	Rn.
I. Entstehungsgeschichte	1
II. Sinn und Zweck	2
III. Systematik	5
IV. Praktische Bedeutung	7
V. Tatbestand	10
1. Beteiligte	10
a) Unternehmen, das Zeitungen oder Zeitschriften herstellt	10
b) Abnehmer dieser Erzeugnisse	11
2. Die privilegierten Erzeugnisse	12
a) Zeitungen und Zeitschriften	12
b) Produkte, die Zeitungen und Zeitschriften reproduzieren oder substituieren	13
c) Kombinierte Produkte	17
3. Bindung	19
a) vertikale Bindung	19
b) Art der Bindung	21
c) Inhalt der Bindung (Preisbindung)	26
4. Weiterveräußerung	30
5. Schriftform	31
6. Lückenlosigkeit	37
a) Gedankliche Lückenlosigkeit	38
b) Praktische Lückenlosigkeit	42
c) Bedeutung der Lückenlosigkeit	43
aa) Lückenlosigkeit und §§ 1, 20, 30 GWB	43
bb) Lückenlosigkeit und Art. 81 EG	44
cc) Lückenlosigkeit und Vertragsrecht, UWG	45
VI. Missbrauchsaufsicht	46
1. Verhältnis zu §§ 1, 32 ff. GWB	47
2. Verhältnis zu §§ 20 Abs. 1, 32 ff. GWB	49
3. Verhältnis zum EU-Kartellrecht	50
4. Der Tatbestand des § 30 Abs. 3 GWB	51
a) Verhältnis von § 30 Abs. 3 Nr. 1 und Nr. 2 GWB	51
b) Missbräuchliche Handhabung (Nr. 1)	52
c) Eignung zur Verteuerung, zur Verhinderung einer Preissenkung, zur Beschränkung Erzeugung oder Absatz (Nr. 2)	57
5. Verfahren und Rechtsfolgen der Missbrauchsaufsicht	61
a) Unwirksamkeitserklärung	61
b) Verbot neuer gleichartiger Bindungen	66
VII. Zivilrechtliche Durchsetzung der Preisbindung	67
1. Verletzung durch den Preisbinder	67
2. Verletzung durch gebundene Händler	71
3. Verletzung durch ungebundene Außenseiter	75
VIII. Verhältnis zu anderen Vorschriften	83
1. Verhältnis zu § 1 GWB	83
a) Vertikalvereinbarungen	83
b) Horizontalvereinbarungen	84
2. Verhältnis zum Buchpreisbindungsgesetz	85
3. Verhältnis zu Art. 81 EG	86
a) Zwischenstaatlichkeit	86
b) Anwendung des Art. 81 EG auf Pressevertrieb	87
4. Verhältnis der Missbrauchsaufsicht des § 30 Abs. 3 GWB zu den allgemeinen Befugnissen (§§ 32 ff. GWB)	88

§ 30 GWB 1

Schrifttum: *Ahrens/Jänisch,* Der gebundene Preis für CD-ROM-Produkte – ein Irrweg der Rechtsprechung – Anmerkung zu BGH, Beschl. v. 11. 3. 1997 – KVR 39/95, GRUR 1998, 599 ff.; *Alexander,* Die Probeabonnement-Entscheidung des BGH – Schnittbereich kartellrechtlicher, lauterkeitsrechtlicher und medienrechtlicher Aspekte, ZWeR 2007, 239 ff.; *Bechtold,* Ende des Erfordernisses der Lückenlosigkeit?, NJW 1994, 3211 ff.; *ders., Probeabonnement* – Anmerkung zum Urteil des BGH vom 7. Februar 2006, KZR 33/04, WRP 2006, 1162 ff.; *Bunte,* Die Bedeutung salvatorischer Klauseln in kartellrechtswidrigen Verträgen, GRUR 2004, 301 ff.; *ders.,* Preisbindung für Verlagserzeugnisse auf dem kartellrechtlichen Prüfstand, NJW 1997, 3127 ff.; *ders.,* Zur Bedeutung der Lückenlosigkeit der Vertriebssysteme, GRUR 1987, 90 ff.; *Emmerich,* Das neue Buchpreisbindungsgesetz von 2002, FS Ulrich Immenga, 2004, S. 111 ff.; *Fezer,* Wettbewerbsrechtlicher und markenrechtlicher Bestandsschutz funktionsfähiger Distributionssysteme selektiven Vertriebs vor Außenseiterwettbewerb – Die Bedeutung der Rechtsprechung des EuGH für Vertriebsbindungssysteme in den Mitgliedstaaten der EU, GRUR 1999, 99 ff.; *ders.,* Preisbindung elektronischer Verlagserzeugnisse, WRP 1994, 669 ff.; *ders.,* Die Verfassungsnähe der Buchpreisbindung, GRUR 1988, 185 ff.; *ders.,* Anmerkung zur CD-ROM-Entscheidung des BKartA, WuW/E 1994, 740 ff.; *ders.,* Elektronische Verlagserzeugnisse als Gegenstand der kartellrechtlichen Preisbindung, NJW 1997, 2150 ff.; *Franzen,* Die Preisbindung des Buchhandels, 1987; *Freytag/Gerlinger,* Kombinationsangebote im Pressemarkt, WRP 2004, 537 ff.; *Franzen/Wallenfels/Russ,* Kommentar zum Buchpreisbindungsgesetz, 5. Aufl. 2006; *Gaertner,* Zur Zulässigkeit von Prämien im Einzelverkauf und Direktvertrieb, AfP 2006, 413 ff.; *Hofmann,* Buchpreisbindung auf dem Prüfstand des Europarechts, GRUR 2000, 555 ff.; *Huppertz,* Die Buchpreisbindung nach nationalem und europäischem Wettbewerbsrecht, GRUR 1998, 988 ff.; *von Jagow,* VDZ-Wettbewerbsregeln für den Vertrieb abonnierter Publikumszeitschriften, AfP 2003, 242 ff.; *Jungermann,* Auch reimportierte Bücher sind der Preisbindung zugänglich, NJW 2000, 3189 ff.; *ders.,* Neues zur Buchpreisbindung, NJW 2000, 2172 ff.; *Kahlenberg/Haellmigk,* Referentenentwurf der 7. GWB-Novelle: Tief greifende Änderungen des deutschen Kartellrechts, BB 2004, 389 ff.; *Kröner,* Probeabonnements im Pressevertrieb: Ein Preisbindungsmißbrauch? WRP 2003, 1149 ff.; *Kroher,* Unlauterkeitstatbestände im Umfeld der Durchbrechung von Vertriebsbindungssystemen, GRUR 1987, 601 ff.; *Kunath,* Die Darlegungspflicht des Außenseiters in Vertriebsbindungsprozessen – Prozessuale Obliegenheiten und materiellrechtliche Pflicht, GRUR 1988, 804 ff.; *J. B. Nordemann,* Wegfall von Zugabeverordnung und Rabattgesetz – Erlaubt ist was gefällt?, NJW 2001, 2505 ff.; *Pickrahn,* Die Bekämpfung von Parallelimporten nach dem neuen Markengesetz, GRUR 1996, 383 ff.; *Schricker,* Verlagsrecht, 2001; *Soppe,* Von „Add-Ons", „Gadgets" und „Covermounts" im Pressevertriebsrecht – preisbindungsrechtliche Überlegungen, AfP 2005, 565 ff.; *Waldenberger,* Preisbindung bei Zeitungen und Zeitschriften: Der neue § 15 GWB, NJW 2002, 2914 ff.; *von Wallenberg,* Kartellrechtliche Beurteilung der Gratisverteilung von Tageszeitungen, MMR 2001, 512 ff.; *Wegner/Wallenfels/Kaboth,* Recht im Verlag, 2004, 5. Kap. Rn. 84 ff. (Preisbindung bei Zeitungen und Zeitschriften); *Wolter/Lubberger,* Wo steht die Lückenlosigkeit?, GRUR 1999, 17 ff.

I. Entstehungsgeschichte

1   Die vertikale Preisbindung hat eine wechselvolle Geschichte hinter sich. Sie wurde für Verlagserzeugnisse 1888 auf Betreiben der im Börsenverein organisierten Buchhändler eingeführt.[1] Durch das GWB wurde die Preisbindung der zweiten Hand zunächst für Markenwaren und Verlagserzeugnisse zugelassen. Als sich die gesamtwirtschaftlichen Nachteile der Preisbindung mit wachsender Deutlichkeit abzeichneten, wurde sie für Markenwaren durch die 2. Novelle des GWB von 1973 verboten. Das Recht der Preisbindung für Verlagserzeugnisse wurde aus **kulturpolitischen Gesichtspunkten** beibehalten (zunächst § 16 GWB a. F., ab der 6. GWB-Novelle 1999 § 15 GWB a. F.). Im Jahre 2002 wurde durch das „Gesetz zur Regelung der Preisbindung bei Verlagserzeugnissen"[2] der Anwendungsbereich des § 15 GWB a. F. auf **Zeitungen und Zeitschriften** beschränkt. Die Möglichkeit der Preisbindung wurde moderat erweitert und die Gesetzesbegründung um

---

[1] Ausführlich: *Fikentscher/Krauß* in: Gemeinschaftskommentar § 16 Rn. 1 ff.
[2] „Gesetz zur Regelung der Preisbindung bei Verlagserzeugnissen" vom 2. 9. 2002, BGBl. I S. 3448.

wichtige Ausführungen zur Bedeutung der Pressefreiheit ergänzt.[3] Durch das parallel eingeführte **Buchpreisbindungsgesetz** wurde die Möglichkeit der Preisbindung für Bücher, Musiknoten und kartografische Werke durch eine **Preisbindungspflicht** ersetzt und aus dem GWB herausgenommen.[4] – Der Gesetzgeber der **7. GWB-Novelle 2005** hat das Preisbindungsrecht für Zeitungen und Zeitschriften nicht mehr direkt dem entsprechende Preisbindungsverbot nach § 15 GWB a. F. bzw. § 14 GWB a. F. zugeordnet, sondern den „Sonderregeln für bestimmte Wirtschaftsbereiche" zugeschlagen (§ 30 GWB n. F.). Damit war aber **keine Änderung seines Anwendungsbereichs** verbunden.[5] Auch sein Wortlaut ist deshalb (fast) unverändert geblieben. Allerdings musste wegen Herausnahme der Regelung aus dem zweiten Abschnitt des ersten Teils, der „Vertikalvereinbarungen" regelte, in den fünften Abschnitt, der allgemeine und nicht nur Vertikalvereinbarungen betreffenden Sonderregeln enthält, ausdrücklich im Wortlaut klargestellt werden, dass § 30 GWB nur „vertikale Preisbindungen" erlaubt. Außerdem wird auf die Verbotsnorm des § 1 GWB Bezug genommen, weil das Preisbindungsverbot jetzt dort verankert ist. Nicht bewusst war dem nach Kontinuität strebenden deutschen Gesetzgeber der 7. GWB-Novelle 2005 aber möglicherweise, dass im zwischenstaatlichen Bereich wegen der Einführung des § 22 GWB mit der 7. GWB-Novelle 2005 das Schriftformgebot des § 30 Abs. 2 GWB und die Missbrauchsaufsicht des § 30 Abs. 3 GWB ihrer Bedeutung beraubt sind, weil das EU-Recht abweichende Regelungen enthält.[6]

II. Sinn und Zweck

§ 30 GWB bestimmt für Zeitungen und Zeitschriften eine gesetzlich geregelte **Ausnahme** vom grundsätzlichen Verbot des **§ 1 GWB,** innerhalb einer Stufenfolge von Vertragsbeziehungen durch den Erstvertrag in die Preisgestaltung des Zweitvertrages einzugreifen.[7] Die Preisbindung unterliegt nach § 30 Abs. 3 GWB einer **Missbrauchsaufsicht** des Bundeskartellamtes. Für die Preisbindungsverträge besteht schließlich ein **Schriftformerfordernis,** § 30 Abs. 2 GWB.

Die Preisbindung für Verlagserzeugnisse wurde von jeher auch **kultur- und bildungspolitisch** begründet.[8] Bei der Neufassung im Jahr 2002[9] lagerte der Gesetzgeber die Preisbindung für Bücher in das BuchpreisbindungsG aus und beließ nur noch die Regelung der Preisbindung für Zeitungen und Zeitschriften in § 15 GWB a. F. In der amtlichen Begründung[10] führte der Gesetzgeber zwar an, dass auch für Zeitungen und Zeitschriften die Gründe für die bisherige Regelung fort gelten. Dennoch unterschied der Gesetzgeber ganz bewusst zwischen Buchpreisbindungspflicht für Bücher einerseits sowie Recht der Preisbindung für Zeitungen und Zeitschriften andererseits.[11]

Der Vertrieb für Zeitungen und Zeitschriften ist anders ausgestaltet als im Buchbereich. Der Vertrieb läuft über Großhändler (Grossisten), die mit wenigen Ausnahmen[12] über Ge-

---

[3] Begr. RegE BT-Drucks. 14/9196, S. 14; vgl. zu den Hintergründen der gesetzlichen Neuregelung eingehend *Waldenberger* NJW 2002, 2914.

[4] Vgl. zum BuchpreisbindungsG die Ausführungen im Anhang zur Kommentierung des § 30 GWB.

[5] Begr. RegE 7. GWB-Novelle, BT-Drucks. 15/3640, S. 24, 50.

[6] Dazu unten Rn. 36 und Rn. 50.

[7] Dazu oben § 1 Rn. 101 ff.

[8] Begr. zum RegE 6. GWB-Novelle BRDS 857/97, 36; grundlegend WuW/E BGH 1604 – *Sammelrevers* = NJW 1979, 1412 ff. = GRUR 1979, 491 ff.; *Waldenberger* NJW 2002, 2914; *Fezer* WRP 1994, 669; *ders.* GRUR 1988, 185 ff.; *Franzen,* Die Preisbindung des Buchhandels, Rn. 3 ff.

[9] Siehe Rn. 1.

[10] Siehe BT-Drucks. 14/9196, S. 14.

[11] RegE zum BuchpreisbindungsG BT-Drucks. 14/9196, S 8, 14; eingehend auch *Waldenberger* NJW 2002, 2914, 2916.

[12] Derzeit z. B. West-Berlin (nicht aber Ost-Berlin), Hamburg.

bietsmonopole verfügen und die Einzelhändler beliefern.[13] Anderes gilt im Bahnhofbuchhandel, der auch Zeitschriften und Zeitungen erfasst; dort erfolgt die Lieferung direkt durch die Verlage an die Bahnhofsbuchhändler. Ein wesentlicher Unterschied zum Buchvertrieb besteht in dem für den Zeitungs- und Zeitschriftenbereich üblichen Rückgaberecht der unverkauften Exemplare für den Händler.[14] Dieses sog. **Remissionsrecht** stellt sich als wesentliche Gegenleistung zur Möglichkeit der Preisbindung dar.[15] Es führt dazu, dass der **Verlag das Absatzrisiko** für die von ihm herausgegeben Zeitungen und Zeitschriften **trägt**. Das lässt es – völlig unabhängig von kultur- und bildungspolitischen Gründen – kartellrechtlich als gerechtfertigt erscheinen, dass der Verlag den Preis bindet.[16] Dem Einzelhandel ist es durch das Remissionsrecht möglich, viele verschiedene Zeitungen und Zeitschriften zum Verkauf anzubieten, ohne sich aus Gründen der Wirtschaftlichkeit auf die gewinnbringenden Produkte zu beschränken. Damit ermöglicht das Remissionsrecht die sog. **Überallerhältlichkeit** (Ubiquität). Einzelhändler und Großhändler (Grossisten) sind über dies beim Vertrieb ihrer Titel zur Neutralität verpflichtet.[17] Sie dürfen einzelne Titel ohne sachlichen Grund weder bevorzugen noch benachteiligen. Da der Verlag das wirtschaftliche Risiko trägt, hat er schließlich die Befugnis, die Höhe der Auflage seiner Presseerzeugnisse zu bestimmen und diese nach seiner Disposition auf die unterschiedlichen Vertriebswege zu verteilen. Dieses **Dispositionsrecht des Verlegers** gegenüber dem Großhändler (Grossisten) gebührt dem Grossisten in seinem Vertriebsgebiet gegenüber seinen Einzelhändlern.[18] Der Presse-Grossist hat als Monopolist gegenüber dem Verleger die Pflicht, dessen volles Sortiment zu vertreiben, der Einzelhändler hat wiederum einen Anspruch auf Belieferung mit sämtlichen Zeitungen und Zeitschriften, sofern dem kein sachlich gerechtfertigter Grund i. S. d. § 20 Abs. 1 GWB entgegensteht.[19] Dieses System gewährleistet auch nach der amtlicher Begründung zur Neufassung des § 15 GWB a. F. (jetzt § 30 GWB) im Jahr 2002, dass die Vertriebskanäle für möglichst viele Presseerzeugnisse offen stehen,[20] also das Pressevertriebsnetz bzw. aus Sicht des Endverbrauchers der „Meinungsmarkt" offen bleibt. Das beschriebene Vertriebssystem, dessen unverzichtbarer Bestandteil das Preisbindungsrecht nach § 30 GWB ist, trägt so wesentlich zur von Art. 5 Abs. 3 GG geschützten **Pressevielfalt** bei.[21] Insoweit ist das Preisbindungsrecht „verfassungsnah".[22]

Zusammenfassend schützt § 30 GWB das **historisch gewachsene, zeitungs- und zeitschriftenspezifische Vertriebssystem, wonach die Presseerzeugnisse zu einheitlichen Preisen überall erhältlich sind, damit sich die Bürger in allen Teilen des Landes unter den gleichen Voraussetzungen eine eigene Meinung bilden können**.[23]

---

[13] Vgl. zur Struktur und Geschichte des System des Pressegroßhandels in Deutschland *Dorn/Vogel*, Geschichte des Pressevertriebs in Deutschland; ferner *Roggen*, Pressevertrieb und Kartellrecht.
[14] BGH NJW-RR 1998, 1730 = WRP 1998, 783 = GRUR 1998, 1049.
[15] So auch *Waldenberger* NJW 2002, 2914, 2915; *Freytag/Gerlinger* WRP 2004, 537, 540.
[16] Vgl. zu weiteren (ungeschriebenen) Ausnahmen von § 1 GWB, wenn der Bindende das wirtschaftliche Risiko des Zweitvertrages trägt, oben § 1 Rn. 172 ff.
[17] *Klöpfer/Kutschbach* AfP 1999, 1 ff.; *Waldenberger* NJW 2002, 2914, 2915.
[18] BGH NJW 1982, 644 = WuW/E BGH 1879.
[19] Vgl. OLG Frankfurt/M AfP 1987, 624.
[20] So auch *Waldenberger* NJW 2002, 2914, 2915; ferner *Wegner/Wallenfels/Kaboth* 5. Kap. Rn. 84; vgl. aber *Bremer/Martini* in: Münchener Kommentar § 30 Rn. 17 f., die meinen, bei in Kraft Treten des GWB sei dieser Normzweck noch nicht angelegt gewesen.
[21] Begr. RegE BT-Drucks. 14/9196, S. 14 unter Verweis auf BVerfGE 77, 346, 354 f., wonach unter den Schutz der Pressefreiheit auch der Schutz des Pressevertriebes fällt.
[22] *Fezer* GRUR 1988, 185, 191 f.; eingehend auch *Bremer/Martini* in: Münchener Kommentar § 30 Rn. 8 ff.
[23] BGH WuW/E DE-R 1604, 1607 – *Zeitschrift mit Sonnenbrille* = AfP 2005, 555; zum Sinn und Zweck des § 30 GWB auch ausführlich *Waldenberger* in: Frankfurter Kommentar § 30 Rn. 3 ff.;

Dennoch hat der Gesetzgeber im Gegensatz zu Büchern bei Zeitungen und Zeitschriften **keine Preisbindungspflicht** eingeführt. Wie gesehen lässt sich die Ausnahme vom Preisbindungsverbot für Zeitungen und Zeitschriften kartellrechtlich begründen, wenn der bindende Verlag das alleinige wirtschaftliche Risiko des Zweitvertrages trägt.[24] Hinzu kommen die Überallerhältlichkeit und die damit verbundene Sicherung der Pressevielfalt. Die Einführung einer Pflicht der Bindung für Buchpreise basiert auf anderen kulturpolitischen Gedanken des Gesetzgebers.[25] Die Verleger machen bei Zeitungen und Zeitschriften von der Preisbindung ohnehin nur dort Gebrauch, wo dies aus ihrer Sicht sinnvoll ist. Gerade bei Fachzeitschriften ist die Überallerhältlichkeit häufig nicht notwendig, da die angesprochenen Kreise über Abonnements erreicht werden. Eine Pflicht zur Preisbindung wäre zudem wegen der kurzen Lebensdauer von Zeitungen und Zeitschriften mit der Berufsausübungsfreiheit der betroffenen Verlegen (Art. 12 GG) nur schwierig zu vereinbaren.[26]

III. Systematik

§ 30 Abs. 1 GWB regelt eine **Ausnahme vom Preisbindungsverbot**, das in § 1 GWB verankert ist. Systematisch stellt sich die Frage, ob § 30 Abs. 1 GWB insoweit eine geschriebene Ausprägung einer ohnehin zu gewährenden **Tatbestandsreduktion** des § 1 GWB ist **oder** ob es sich um eine spezielle Regelung einer **Freistellung** nach § 2 Abs. 1 GWB handelt. Für eine bloße (deklaratorische) Bestätigung einer auch ohne ausdrückliche Regelung zu gewährenden Tatbestandsreduktion des § 1 GWB spricht, dass der bindende Verlag mit dem wirtschaftlichen Risiko des Zweitvertrages belastet ist.[27] Für den Fall, dass der Bindende das alleinige Risiko des Zweitvertrages trägt, ist eine Tatbestandsreduktion grundsätzlich schon im Rahmen des § 1 GWB anerkannt.[28] Allerdings könnten deshalb Zweifel bestehen, ob tatsächlich eine vollständige Risikoverteilung auf den Verleger stattfindet, weil der Händler für den Inhalt der Zeitungen und Zeitschriften als verkaufende Stelle presserechtlich haftet und der Händler außerdem im eigenen Namen sowie auf eigene Rechnung die Titel verkauft, also das Risiko der Zahlung durch den Kunden trägt. Nach den Leitlinien der EU-Kommission zur GVO Vertikalvereinbarungen wäre insoweit eine Tatbestandsreduzierung des § 1 GWB ausgeschlossen.[29] Bei genauerem Hinsehen erscheinen jedoch beide Risiken für den Händler als eher begrenzt, weil presserechtliche Angriffe regelmäßig nicht gegen den Händler (sondern den Verleger sowie die verantwortlichen Journalisten) erfolgen und es sich beim Zeitungs- bzw. Zeitschriftenkauf regelmäßig um Bargeschäfte ohne Zahlungsrisiko für den Händler handelt. Die EU-Kommission wollte auf den belgischen Pressevertrieb, der vergleichbar mit dem deutschen Zeitungs- und Zeitschriftenvertrieb organisiert ist, dennoch das Verbot des Art. 81 Abs. 1 EG (§ 1 GWB) anwenden. Sie stellte die Preisbindung aber nach Art. 81 Abs. 3 EG (§ 2 Abs. 1 GWB) frei, und zwar wegen Gewährleistung der Überallerhältlichkeit und der damit verbundenen Sicherung der Pressevielfalt.[30]

---

rechtspolitisch kritisch *Emmerich* FS Immenga, S. 111 ff. und *ders.*, Kartellrecht § 25 Rn. 7; siehe auch *Monopolkommission*, XIII. Hauptgutachten 1998/1999, Rn. 691 ff.

[24] Siehe hierzu § 1 Rn. 172 ff.
[25] Vgl. die Kommentierung zum Buchpreisbindungsgesetz im Anhang zu § 30 GWB.
[26] Vgl. *Waldenberger* NJW 2002, 2914, 2917.
[27] Zustimmend *Kling/Thomas* § 17 Rn. 145; offen *Jestaedt* in: Langen/Bunte § 30 Rn. 84; ablehnend *Emmerich*, Kartellrecht, § 25 Rn. 12.
[28] Siehe hierzu § 1 Rn. 172 ff.
[29] Vgl. EU-Kommission, Leitlinien für vertikale Beschränkungen, Tz. 16, 6. und 7. Spiegelstrich, ABl. vom 13. 10. 2000 C 291/5.
[30] EU-Kommission, XXIX. Bericht über die Wettbewerbspolitik 1999, S. 181 ff.

6 Im deutschen Recht einerseits und im EU-Recht andererseits sind diese Vorgaben in unterschiedlichen rechtlichen Strukturen zu beachten: § 30 GWB sieht Tatbestandsmerkmale vor, die das EU-Recht nicht kennt (z. B. Schriftform) oder gewährt im Gegensatz zum EU-Recht den Kartellbehörden bei Missbräuchen ein grundsätzliches Verbotsmonopol. Dadurch kommt es **im zwischenstaatlichen Bereich** teilweise zu einem **Spannungsverhältnis zwischen GWB und EU-Recht,** das gemäß § 22 GWB zu Gunsten des EU-Rechts zu lösen, allerdings wohl von begrenzter praktischer Bedeutung ist.[31]

IV. Praktische Bedeutung

7 Die praktische Bedeutung des § 30 GWB hat sich durch die Verengung des Anwendungsbereichs auf Zeitungen und Zeitschriften durch die Auslagerung der Buchpreisbindung in das BuchpreisbindungsG verringert. Dennoch wird von der **Möglichkeit der Preisbindung** (sog. Preisbindungsrevers) bei periodischen Druckerzeugnissen von deutschen Verlegern – anders als bei vielen nach Deutschland importierten Titeln – **regelmäßig Gebrauch gemacht.** Hier gibt es **zwei verschiedene Modelle** in der Praxis: Im Bereich **Fachzeitschriften** erfolgt die Preisbindung über einen einheitlichen sog. **Sammelrevers,** der von einem Treuhänder verwaltet wird.[32] Für **Tages- und Wochenzeitungen** sowie für **(Publikums-)Zeitschriften** gilt etwas anderes;[33] die Verleger praktizieren die Preisbindung hier aufgrund von **Einzelverträgen** mit Grossisten, die dann wiederum verpflichtet sind, die Bindung an die Einzelhändler weiterzugeben; meist werden Musterverträge verwendet, die die einschlägigen Verbände ausgearbeitet haben.[34]

8 Das BKartA greift im Rahmen der **Missbrauchskontrolle** nach § 30 Abs. 3 GWB nur Fälle auf, die wegen der **Bedeutung des Zeitschriftentitels** eine gewisse Marktbedeutung haben. In anderen Fällen gibt das Amt meist eine kurze Stellungnahme ab, die dann ggf. in einem zivilrechtlichen Verfahren verwendet werden kann. Die Verfahrenspraxis des BKartA ist deshalb begrenzt; in den letzten beiden Tätigkeitsberichten fand § 30 GWB (bzw. § 15 GWB a. F.) überhaupt keine Erwähnung.[35]

9 Eine **Überlagerung durch Art. 81 EG** gemäß § 22 Abs. 1 und Abs. 2 GWB ist im Regelfall ebenfalls **nicht zu befürchten,** weil die Preisbindung wegen der Verlagerung des wirtschaftlichen Risikos auf die Verlage durch das spezielle Vertriebssystem für Zeitungen und Zeitschriften schon nicht den Tatbestand des Art. 81 Abs. 1 GWB erfüllt, zumindest jedoch gemäß Art. 81 Abs. 3 EG freigestellt ist.[36] Über dies sollte für rein nationale Preisbindungen das Erfüllen der Zwischenstaatlichkeitsklausel des Art. 81 Abs. 1 EG ausgeschlossen sein,[37] so dass eine zwingend einheitliche Anwendung des Art. 81 EG mit §§ 1, 30 GWB nicht nach § 22 GWB erfolgen muss. Im zwischenstaatlichen Bereich haben das Schriftformgebot des § 30 Abs. 2 GWB und die Missbrauchsaufsicht des § 30 Abs. 3 GWB jedoch keine Bedeutung, weil EU-Recht abweichende Regelungen enthält;[38] das dürfte jedoch in der Praxis nur selten zum Tragen kommen.

---

[31] Vgl. im Einzelnen unten Rn. 86.

[32] Vgl. unten Rn. 24.

[33] Bis Mitte Jahr 2001 wurde die Preisbindung für Tages- und Wochenzeitungen ebenfalls durch eine Art Sammelreverssystem praktiziert, dessen Funktionieren der Bundesverband Deutscher Zeitschriftenverleger (BDZV) und der Bundesverband Deutscher Buch-, Zeitungs- und Zeitschriften-Grossisten (Presse-Grosso) garantierten; danach entschloss man sich jedoch, auf Einzelverträge umzustellen.

[34] Im Einzelnen unten Rn. 22 f.

[35] BKartA TB 2005/2006 und BKartA TB 2003/2004.

[36] Siehe unten Rn. 87.

[37] Siehe unten Rn. 86.

[38] Dazu unten Rn. 36 und Rn. 50.

V. Tatbestand

1. Beteiligte

a) Unternehmen, das Zeitungen oder Zeitschriften herstellt. Zur Preisbindung berechtigt sind nach § 30 Abs. 1 S. 1 GWB Unternehmen,[39] die Zeitungen und Zeitschriften herstellen. Diese Formulierung ist missverständlich. Nach ihrem Wortlaut kann sie auch reine Druckereien erfassen.[40] In der Fassung des GWB vor 1973 hieß es noch ausdrücklich „Verlagsunternehmen". Später bis 2002 bezog sich das Preisbindungsrecht wenigstens noch auf „die Abnehmer seiner Verlagserzeugnisse", wodurch wiederum klargestellt war, dass das Recht sich nur auf Verleger beziehen konnte.[41] Seit 2002 enthält § 30 Abs. 1 Satz 1 GWB auch diese Formulierung nicht mehr. Dennoch sind weiterhin nur die **Verleger** zu Preisbindung berechtigt. Aus der Entstehungsgeschichte ergeben sich keinerlei Hinweise, dass der Gesetzgeber den Anwendungsbereich des § 30 GWB grundlegend insbesondere auf reine Druckereien erweitern wollte.[42] Freilich ist der Begriff des Verlegers etwas schillernd. Vom VerlagsG wird derjenige als Verleger verstanden, der nach Einräumung der betreffenden Rechte durch den Urheber das Werk vervielfältigt und verbreitet (§ 1 VerlagsG). Darunter ist verlagsrechtlich nur die Vervielfältigung und Verbreitung körperlicher Vervielfältigungsstücke zu verstehen, die mit dem Auge oder Tastsinn wahrnehmbar sind.[43] Das macht nur einen Teil des Regelungsbereiches des § 30 GWB aus, weil nach seinem ausdrücklichen Wortlaut auch Substitutionsprodukte zu Zeitungen und Zeitschriften erfasst werden. Durch die allgemeine Formulierung des § 30 Abs. 1 S. 2 GWB dürften auch unkörperlich verwertete Online-Zeitungen und Zeitschriften von dem Preisbindungsverbot freigestellt sein.[44] Dementsprechend sind auch Internetanbieter, die Online-Produkte anbieten, die Zeitungen oder Zeitschriften ersetzen, preisbindungsberechtigt. Insoweit kann von der urheberrechtlichen Einordnung nicht auf die kartellrechtliche Einordnung geschlossen werden.[45] Der Begriff des Verlegers ist vielmehr anhand des Sinn und Zwecks des § 30 GWB **funktional auszulegen**.[46] Das BKartA definierte den Verleger zu § 16 GWB i. d. F. von 1957 als denjenigen, der die verlegerische, redaktionelle und fertigungstechnische Arbeit leistet oder für sich durchführen lässt.[47] Auch das erscheint heute als zu eng, weil mit der Trennung von Buchpreisbindung einerseits und Preisbindung für Zeitungen sowie Zeitschriften andererseits sich der Regelungszweck des § 30 GWB verengt hat. Sinn und Zweck des § 30 GWB im Hinblick auf Zeitungen und Zeitschriften ist es, im besonderen System des Pressevertriebes dem Verleger, der mit der Remissionspflicht und damit mit dem wirtschaftlichen Risiko des Zweitvertrages belastet ist,[48] die Preisbin-

---

[39] Zum Unternehmensbegriff siehe oben § 1 Rn. 18 ff.
[40] Wie hier *Bremer/Martini* in: Münchener Kommentar § 30 Rn. 31.
[41] *Jestaedt* in: Langen/Bunte § 30 Rn. 14; *Emmerich* in: Immenga/Mestmäcker, GWB, § 30 Rn. 31.
[42] Begr. RegE BT-Drucks. 14/9196.
[43] *Schricker,* Verlagsrecht, § 1 Rn. 51; *Ulmer,* Urheber- und Verlagsrecht, S. 430; *Jan Bernd Nordemann* in: Loewenheim, Handbuch des Urheberrechts, § 64 Rn. 3.
[44] Vgl. unten Rn. 16.
[45] Genauso für den umgekehrten Fall des Schlusses von der kartellrechtlichen Einordnung auf die urheberrechtliche Einordnung BGH GRUR 2002, 248, 251 – *Spiegel;* großzügiger *G. Schulze* ZUM 2000, 432, 448.
[46] WuW/E BGH 3128 ff. – *NJW auf CD-ROM* = NJW 1997, 1911, 1912 = GRUR 1997, 677 = AfP 1997, 703; BGH GRUR 1985, 933, 935 – *Schulbuch-Preisbindung* = NJW 1986, 1256 = WuW/E BGH 2166, 2167; BGH WuW/E 1604, 1605 – *Sammelrevers 1974* = GRUR 1979, 490, 491 = NJW 1979, 1411; BGH WuW/E BGH 795 – *Schallplatten I* = BGHZ 46, 74, 78 = NJW 1967, 343 ff.
[47] BKartA TB 1970, S. 82.
[48] Siehe oben Rn. 3.

dung zu ermöglichen. Verleger im Sinne des § 30 GWB ist also, **wer erstens die unternehmerische Verantwortung für die redaktionelle und fertigungstechnische Arbeit übernimmt sowie zweitens das wirtschaftliche Risiko der Herstellung und des Vertriebes von Erzeugnissen im Sinne des § 30 GWB trägt.**[49] Es kommt also nicht darauf an, ob der Verleger Herstellung und Vertrieb vollständig alleine durchführt. Es ist heute auch üblich, verschiedene Leistungen der Herstellungskette bei Zeitungen und Zeitschriften auszulagern. Beispielsweise erhalten Zeitungen von Dritten ganze redaktionelle Teile zugeliefert oder lagern den Druck auf andere Unternehmen aus. Nach dem Sinn und Zweck § 30 GWB erscheint es sogar als gerechtfertigt, denjenigen, der alle für die Herstellung und Vertrieb erforderlichen Leistungen von Dritten bezieht, als Verleger anzusehen, solange er die unternehmerische Letztverantwortung in redaktioneller und fertigungstechnischer Hinsicht trägt und im System des Zeitungs- und Zeitschriftenvertriebes das wirtschaftliche Risiko übernimmt. Insoweit erscheint die Auffassung, Verlage, die nur fertige Erzeugnisse von anderen übernehmen, könnten keine Preise nach § 30 GWB binden, als nicht durchgängig sachgerecht;[50] sie wurde ganz offensichtlich auch vor allem im Hinblick auf die Buchpreisbindung vertreten, die einen anderen Regelungszweck verfolgt. Allerdings fallen typische **Händler** nicht unter § 30 GWB.[51] Händler grenzen sich nach dem Regelungszweck des § 30 GWB dadurch von Verlegern ab, dass sie jedenfalls nicht die unternehmerische Verantwortung für die redaktionelle und fertigungstechnische Herstellung tragen, sondern nur ein fertiges Produkt weiterveräußern. Deshalb kann auch ein **Importeur** von ausländischen Zeitungen oder Zeitschriften keine Preise binden. Das darf nur der **ausländische Verleger;** der Importeur kann sich aber vom ausländischen Verleger ermächtigen lassen, Preisbindungsverträge im Namen und in Vollmacht des Verlegers zu schließen.[52]

11 **b) Abnehmer dieser Erzeugnisse.** Gebunden werden können die **Abnehmer** der Verlage. Dies sind insbesondere Zeitungs- und Zeitschriftengrossisten (Großhändler), aber auch Einzelhändler. In der Praxis umfasst die Preisbindung sowohl die Abgabepreise des Grosso an die Einzelhändler als auch der Einzelhändler an die Letztverbraucher. Ausnahmen gelten für Fachzeitschriften, die nur die Preise gegenüber der letzten Hand binden.[53] Auch im Bahnhofbuchhandel und für den werbenden Buch- und Zeitschriftenhandel (WBZ), die direkt vom Verlag beliefert werden,[54] erfolgt nur eine Bindung des Einzelhändlers. Bei Vertriebssystemen für elektronische Presseerzeugnisse können Adressaten der Preisbindung sog. „elektronische Kioske"[55] oder andere Internethandelsplattformen wie eBay[56] sein. Abnehmer im Sinne des § 30 GWB müssen **Unternehmen** sein, weil ansonsten schon keine nach § 1 GWB relevante (grundsätzlich verbotene) Preisbindung vorliegt.[57] Preisbindungen gegenüber **privaten Endverbrauchern** und gegenüber Einkaufs-

---

[49] Zustimmend *Waldenberger* in: Frankfurter Kommentar § 30 Rn. 29.
[50] So aber BKartA TB 1970, S. 82; dem folgend *Emmerich* in: Immenga/Mestmäcker, GWB, § 30 Rn. 32; wie hier anders *Waldenberger* in: Frankfurter Kommentar § 30 Rn. 29.
[51] Allg. M.: *Bremer/Martini* in: Münchener Kommentar § 30 Rn. 31; *Waldenberger* in: Frankfurter Kommentar § 30 Rn. 29; *Jestaedt* in: Langen/Bunte § 30 Rn. 14; *Emmerich* in: Immenga/Mestmäcker, GWB, § 30 Rn. 32.
[52] BKartA, TB 1962, S. 58; *Waldenberger* in: Frankfurter Kommentar § 30 Rn. 29; *Emmerich* in: Immenga/Mestmäcker, GWB, § 30 Rn. 32; auch *Bremer/Martini* in: Münchener Kommentar § 30 Rn. 31 sehen grundsätzlich kein Preisbindungsrecht für Händler und Importeure. So auch die Rechtslage bei der unverbindlichen Preisempfehlung gem. § 23 GWB a. F.
[53] *Wegner/Wallenfels/Kaboth* 5. Kap. Rn. 85.
[54] Siehe auch *Waldenberger* in: Frankfurter Kommentar § 30 Rn. 10.
[55] Vgl. *Waldenberger* NJW 2002, 2914, 2918.
[56] Zum BuchpreisbindungG OLG Frankfurt MMR 2004, 685; zu § 30 GWB *Waldenberger* in: Frankfurter Kommentar § 30 Rn. 29.
[57] Oben § 1 Rn. 107.

gemeinschaften von privaten Endverbrauchern fallen deshalb grundsätzlich nicht unter § 30 GWB.[58]

2. Die privilegierten Erzeugnisse

a) Zeitungen und Zeitschriften. § 30 GWB enthält keine Definition von Zeitungen und Zeitschriften. Nach der Gesetzesbegründung[59] ist zur Abgrenzung die bisherige Rechtsprechung zum Begriff der Verlagserzeugnisse maßgeblich. Danach erfolgt anhand von Sinn und Zweck des § 30 GWB eine **funktionale Auslegung**.[60] Bei jedem einzelnen Erzeugnis ist nach seinem Inhalt, seinem Zweck, seiner Herstellungsweise und seiner Vertriebsmethode zu prüfen, ob es sich um „Zeitungen oder Zeitschriften" im funktionalen Sinne handelt.[61] **Inhalt und Zweck** lassen sich dabei kaum von einander trennen. Grundsätzlich dienen Zeitungen der ständigen Berichterstattung über Tagesereignisse, wogegen Zeitschriften Fragen auf bestimmten Sachgebieten wiederkehrend behandeln.[62] Eine Abgrenzung dieser beiden Medien wird kaum möglich sein, da sich die Berichterstattung in Einzelbereichen und die Behandlung von Sachfragen regelmäßig überschneiden. Sie ist jedoch auch entbehrlich, da § 30 GWB insoweit keinen Unterschied macht. Ein weiteres Indiz sollte sein, dass der Inhalt urheberrechtlich geschützt ist.[63] Entscheidende Bedeutung kommt der **periodischen Unterrichtung** zu, die Zeitungen und Zeitschriften gemein ist. Der Rhythmus des Erscheinens kann dabei auch unregelmäßig sein.[64] Ein periodisches Erscheinen mindestens alle 6 Monate ist aber für § 30 GWB nicht zwingend.[65] Bücher erscheinen nicht periodisch, allenfalls in einer neuen aktuellen Auflage; ihre Preisbindung ist im BuchpreisbindungsG auch ganz anders geregelt. Deshalb können auch Roman-, Comic- oder Rätselhefte Zeitschriften sein, wenn sie periodisch erscheinen und entsprechend beworben werden.[66] **Die Herstellungsweise** ist zumindest bei der Abgrenzung zwischen traditionellen Verlagsprodukten einerseits und Zeitungen und Zeitschriften andererseits relevant.[67] Traditionell sind Zeitungen und Zeitschriften Printprodukte, so dass sie nur dann als Zeitungen oder Zeitschriften eingeordnet werden können, wenn sie als Printprodukte erscheinen. Ebenfalls nur bei traditionellen Medien ist die **Vertriebsmethode** von Bedeutung.[68] Zeitungen und Zeitschriften im Sinne des § 30 GWB müssen zwingend im „historisch gewachsenen, zeitungs- und zeitschriftenbezogenen Vertriebssystem" ver-

---

[58] Vgl. OLG Düsseldorf WuW/E OLG 509 – *Leihbibliotheken;* zustimmend *Jestaedt* in: Langen/Bunte § 30 Rn. 15; *Emmerich* in: Immenga/Mestmäcker, GWB, § 30 Rn. 34; *Waldenberger* in: Frankfurter Kommentar § 30 Rn. 34.

[59] Begr. RegE BT-Drucks. 14/8845, 12.

[60] WuW/E BGH 3128 ff. – *NJW auf CD-ROM* = NJW 1997, 1911, 1912 = GRUR 1997, 677 = AfP 1997, 703; BGH GRUR 1985, 933, 935 – *Schulbuch-Preisbindung* = NJW 1986, 1256 = WuW/E BGH 2166, 2167; BGH WuW/E 1604, 1605 – *Sammelrevers 1974* = GRUR 1979, 490, 491 = NJW 1979, 1411; BGH WuW/E BGH 795 – *Schallplatten I* = BGHZ 46, 74, 78 = NJW 1967, 343 ff.

[61] WuW/E BGH 1463, 1464 – *Briefmarkenalben* = GRUR 1977, 506, 507; *Waldenberger* NJW 2002, 2911, 2918.

[62] So *Bechtold,* GWB, § 30 Rn. 7; *Jestaedt* in: Langen/Bunte § 30 Rn. 16.

[63] WuW/E BGH 1463, 1464 – *Briefmarkenalben* = GRUR 1977, 506, 507; *Waldenberger* NJW 2002, 2911, 2918.

[64] *Jestaedt* in: Langen/Bunte § 30 Rn. 16.

[65] A. A. *Jestaedt* in: Langen/Bunte § 30 Rn. 16, unter Verweis auf LPressGe, die aber einen anderen Regelungszweck haben als § 30 GWB.

[66] *Bechtold,* GWB, § 30 Rn. 8; *Emmerich* in: Immenga/Mestmäcker, GWB, § 30 Rn. 22; *Jestaedt* in: Langen/Bunte § 30 Rn. 16.

[67] WuW/E BGH 3128 ff. – *NJW auf CD-ROM* = NJW 1997, 1911, 1913 = GRUR 1997, 677 = AfP 1997, 703.

[68] Vgl. nochmals WuW/E BGH 3128 ff. – *NJW auf CD-ROM* = NJW 1997, 1911, 1913 = GRUR 1997, 677 = AfP 1997, 703.

§ 30 GWB 13, 14

trieben werden.⁶⁹ Das ist nur der Fall, wenn das wirtschaftliche Risiko für den Vertrieb der Zeitung oder Zeitschrift beim Verleger liegt und dadurch die Überallerhältlichkeit sichergestellt wird.⁷⁰ Objekte, die trotz eigentlich periodischer Erscheinung schwerpunktmäßig im Buchhandel zu finden sind und für deren Absatz die Buchhandlungen das wirtschaftliche Risiko tragen, können deswegen als „Bücher" (und nicht als Zeitung oder Zeitschrift) eingeordnet werden; sie fallen dann möglicherweise unter das BuchpreisbindungsG. Auch spricht indiziell für ein Buch, wenn das Produkt eine ISBN-Nummer (im Gegensatz zu einer ISSN-Nummer) trägt.⁷¹ – **Besondere inhaltliche (redaktionelle) Anforderungen** sind an eine „Zeitung" oder „Zeitschrift" im Sinne des § 30 Abs. 1 S. 1 GWB nicht zu stellen. *Waldenberger* fordert allerdings *de lege ferenda*, nur solche Titel am Privileg des § 30 GWB teilnehmen zu lassen, die darauf gerichtet sind, die politische Meinungsbildung mitzugestalten.⁷² So nachvollziehbar diese Forderung angesichts des subjektiv empfundenen niedrigen redaktionellen Niveaus mancher Titel sein mag, erscheint es nicht als haltbar, Gerichte bzw. das BKartA darüber entscheiden zu lassen. Das Recht eignet sich vor dem Hintergrund von Art. 5 GG nicht dazu, um redaktionell wertvolle Titel von anderen zu trennen.⁷³

13   b) **Produkte, die Zeitungen und Zeitschriften reproduzieren oder substituieren.** Nach § 30 Abs. 1 S. 2 GWB zählen zu Zeitungen und Zeitschriften auch Produkte, die Zeitungen und Zeitschriften reproduzieren oder substituieren, wenn sie bei Würdigung der Gesamtumstände als überwiegend verlagstypisch anzusehen sind.

14   Damit greift der Gesetzgeber die Rechtsprechung des Bundesgerichtshofes in der **Entscheidung *NJW auf CD-ROM*** auf.⁷⁴ Das Bundeskartellamt hatte dem Verlag noch Preisbindungen für Zeitschriften auf CD-ROMs untersagt.⁷⁵ Wie das KG⁷⁶ war es der Auffassung, dass es sich hierbei nicht um Verlagserzeugnisse i. S. d. § 16 a. F. GWB handelte. Der BGH trat dieser Auffassung entgegen und stellte fest, dass **der Begriff des Verlagserzeugnisses für neue technische Entwicklungen offen ist und grundsätzlich auch neuartige Produkte, die herkömmliche Verlagserzeugnisse substituieren, erfassen kann.**⁷⁷ Der BGH stellte entscheidend auf Sinn und Zweck der Regelung des § 16 GWB a. F. ab.⁷⁸ Die Entscheidung fand in der Literatur weitgehende Zustimmung.⁷⁹ Die CD-ROM-Version einer Zeitschrift konnte daher zum Gegenstand einer Preisbindungsvereinbarung gemacht werden. **Für eine enge Auslegung** der Reproduktions- oder Substitutionsprodukte wird vor dem Hintergrund dieser Rechtsprechung **kein Raum** sein. Denn der BGH machte in seiner Entscheidung deutlich, dass die Vorschrift gerade für die Entwicklung moderner Kommunikationstechnologien offen ist.⁸⁰

---

⁶⁹ Begr. RegE Novelle § 15 im Jahr 2002, BT-Drucks. 14/9196, S. 14; vgl. auch *Bechtold*, GWB, § 30 Rn. 8.
⁷⁰ Oben Rn. 3.
⁷¹ *Waldenberger* in: Frankfurter Kommentar § 30 Rn. 38.
⁷² *Waldenberger* in: Frankfurter Kommentar § 30 Rn. 99 ff.
⁷³ Kritisch auch *Alexander* ZWeR 2007, 239, 255.
⁷⁴ Vgl. WuW/E BGH 3128 ff. – *NJW auf CD-ROM* = NJW 1997, 1911 = NJW-RR 1997, 1330 = GRUR 1997, 677 = AfP 1997, 703 = MDR 1997, 867 = WM 1997, 1501 = WRP 1997, 771.
⁷⁵ WuW/E BKart 2635 – *CD-ROM-Erzeugnisse*.
⁷⁶ KG WuW/E OLG 5450 – *CD-ROM-Erzeugnisse*.
⁷⁷ WuW/E BGH 3128 ff. – *NJW auf CD-ROM* = NJW 1997, 1911 = NJW-RR 1997, 1330 = GRUR 1997, 677 = AfP 1997, 703 = MDR 1997, 867 = WM 1997, 1501 = WRP 1997, 771.
⁷⁸ Vgl. oben Rn. 3.
⁷⁹ Vgl. *Bunte* NJW 1997, 3127; *Fezer* NJW 1997, 2150 ff.; *Hoeren* CR 1997, 465 ff.; *Kort* WiB 1997, 719; *Loewenheim*, Anm. in: LM GWB § 16 Nr. 19; ablehnend *Ahrens/Jähnisch* GRUR 1998, 599 ff.
⁸⁰ WuW/E BGH 3128 ff. – *NJW auf CD-ROM* = NJW 1997, 1911 = NJW-RR 1997, 1330 = GRUR 1997, 677 = AfP 1997, 703 = MDR 1997, 867 = WM 1997, 1501 = WRP 1997, 771; so auch *Fezer* NJW 1997, 2152.

Eine genaue Abgrenzung zwischen Reproduktion und Substitution ist entbehrlich, weil schon nach dem Gesetzeswortlaut genügend ist, dass entweder eine Reproduktion oder eine Substitution vorliegt. „**Reproduzieren**" sollte nach dem Wortlaut auf Titel abstellen, die **neben die herkömmliche Zeitung oder Zeitschrift** durch bloße Vervielfältigung ihrer Inhalte treten. Es handelt sich also um Produkte, die für den Nutzer inhaltlich und funktionell mit der Zeitung oder Zeitschrift identisch sind. Beispiel ist ein Mikrofiche, auf dem ein Zeitschriftenjahrgang verfilmt ist.[81] 15

„**Substituieren**" erfasst demgegenüber Titel, die **die herkömmliche Zeitung oder Zeitschrift bloß ersetzen**. Diese Substitution muss sich **zumindest auf einen Teil des Bedarfes** erstrecken, weil der Bundesgerichtshof gerade der Substitutionsfunktion eine entscheidende Rolle in *NJW auf CD-ROM* zubilligte.[82] Dabei wird eine abstrakte Prognose über die generelle Substituierbarkeit angestellt, die unabhängig vom konkreten Einzelfall ist.[83] Im Fall *NJW auf CD-ROM* war also irrelevant, wie viele Abonnenten tatsächlich neben der NJW-Printausgabe auch die CD-ROM abonnierten. Maßgebliches Kriterium für diese abstrakte Prognose ist die **inhaltliche Übereinstimmung** des „Lesestoffs"[84] mit dem traditionellen Produkt.[85] Es erscheint danach als vertretbar, von einer Vermutung für eine Substitutionswirkung auszugehen, wenn die Produkte inhaltlich übereinstimmen. Im Fall *NJW auf CD-ROM* kam es also nicht darauf an, dass die konkrete CD-ROM erweiterte Recherchemöglichkeiten im Vergleich zur Printausgabe hatte; sie stimmten zumindest inhaltlich überein und waren deshalb Substitutionsprodukte. – Allerdings wird man unter Produkten, die Zeitungen und Zeitschriften substituieren, **nur neuartige Produkte** verstehen können, weil die *NJW auf CD-ROM*-Entscheidung des Bundesgerichtshofes sich ausdrücklich nur auf neuartige Produkte bezieht[86] und der Gesetzgeber § 30 GWB auf der Grundlage dieser Entscheidung ändern wollte.[87]

Neben dem Vorliegen von Reproduktion oder Substitution müssen die Produkte noch bei Würdigung der Gesamtumstände als **überwiegend verlagstypisch** anzusehen sein. Dafür wird nach dem Sinn und Zweck des § 30 GWB auf die **Vertriebsmethode** abzustellen sein.[88] Sinn und Zweck der Preisbindungsmöglichkeit des § 30 GWB ist der Schutz der besonderen Vertriebsverhältnisse bei Zeitungen und Zeitschriften: der Verleger übernimmt mit dem Remissionsrecht das wirtschaftliche Risiko; dadurch ist in den bestehenden Vertriebsstrukturen bei Preisbindung eine Überallerhältlichkeit des Presseerzeugnisses gewährleistet.[89] Auch die Entscheidung *NJW auf CD-ROM* des BGH, auf die Gesetzesbegrün- 16

---

[81] *Jestaedt* in: Langen/Bunte § 30 Rn. 19; *Bremer/Martini* in: Münchener Kommentar, GWB, § 30 Rn. 24.

[82] WuW/E BGH 3128 ff. – *NJW auf CD-ROM* = NJW 1997, 1911, 1913 = GRUR 1997, 677 = AfP 1997, 703.

[83] WuW/E BGH 3128 ff. – *NJW auf CD-ROM* = NJW 1997, 1911, 1913 = GRUR 1997, 677 = AfP 1997, 703.

[84] So anschaulich WuW/E BGH 3128 ff. – *NJW auf CD-ROM* = NJW 1997, 1911, 1913 = GRUR 1997, 677 = AfP 1997, 703; siehe auch *Bremer/Martini* in: Münchener Kommentar, GWB, § 30 Rn. 25.

[85] WuW/E BGH 3128 ff. – *NJW auf CD-ROM* = NJW 1997, 1911, 1913 = GRUR 1997, 677 = AfP 1997, 703.

[86] WuW/E BGH 3128 ff. – *NJW auf CD-ROM* = NJW 1997, 1911, 1912 f. = GRUR 1997, 677 = AfP 1997, 703.

[87] Begr. RegE zur Novelle des § 15 GWB im Jahr 2002, BT-Drucks. 14/9196, S. 14.

[88] *Emmerich* in: Immenga/Mestmäcker, GWB, § 30 Rn. 23; *Bechtold*, GWB, § 30 Rn. 9; *Franzen/Wallenfels/Russ*, Preisbindungsgesetz, § 30 GWB Rn. 4. A. A. *Jestaedt* in: Langen/Bunte § 30 Rn. 20; *Waldenberger* in: Frankfurter Kommentar § 30 Rn. 42, der meint, der Gesetzgeber habe diese Voraussetzung aus der BGH-Rechtsprechung nicht in § 30 GWB übernehmen wollen.

[89] Begr. RegE zur Novelle des § 15 GWB im Jahr 2002, BT-Drucks. 14/9196, S. 14; im Einzelnen oben Rn. 3.

dung zur Novelle 2002 Bezug nimmt, misst dem Vertriebweg entscheidendes Gewicht bei.[90] Stimmt dieser mit dem Vertriebsweg für das substituierte Verlagsprodukt überein, so ist das neuartige Produkt grundsätzlich verlagstypisch. Trotz des abweichenden Vertriebweges können **Online-Ausgaben von Zeitungen und Zeitschriften** als überwiegend verlagstypisch einzuordnen sein.[91] Das gilt vor allem für Zeitungen und Zeitschriften, die auch in Printform erscheinen. Wäre eine Preisbindung hier nicht möglich, würden größere Lücken im Preisbindungssystem drohen; denn Onlineausgaben von Zeitungen und Zeitschriften stehen in einer direkten Konkurrenzbeziehung zu den Printausgaben.[92] Das gesamte Preisbindungssystem könnte also mangels Lückenlosigkeit[93] zusammenbrechen, hätte der Verleger nicht die Preise für die parallele Onlineausgabe unter Kontrolle. Bei ausschließlich Online vertriebenen Zeitungen und Zeitschriften greift dieses Argument aber nicht von vornherein. Gerade ein Remissionsrecht, das signifikantes Kennzeichen des von § 30 GWB protegierten System des Pressevertriebes in körperlicher Form ist,[94] spielt beim Online-Vertrieb keine Rolle. Allenfalls wenn der Onlinevertrieb anders als durch ein Remissionsrecht auf wirtschaftliches Risiko des Verlegers erfolgt, um eine nach Art. 5 Abs. 3 GG gewünschte möglichst umfassende Onlineverfügbarkeit des Produktes sicherzustellen, erscheint eine Anwendung von § 30 GWB als gerechtfertigt. Heute spielt die Frage der Anwendung des § 30 GWB auf Online-Produkte freilich schon deshalb kaum eine nennenswerte Rolle, weil der Onlinevertrieb regelmäßig durch die Verleger selbst veranstaltet wird, auch wenn es durchaus Modelle für einen Onlinevertrieb über eine zweite Hand gibt.[95] Dazu zählen neben „elektronischen Kiosken" und „Content Syndicators" (Fn. 95) auch **eBook Reader**, die den Bezug von Zeitungen und Zeitschriften über Contenthändler anbieten.

17   c) **Kombinierte Produkte.** Nach § 30 Abs. 1 S. 2 GWB werden auch kombinierte Produkte erfasst, soweit eine Zeitung oder Zeitschrift im Vordergrund steht. Der Gesetzgeber der Novelle 2002 nimmt hier ebenfalls Bezug auf die frühere Rechtsprechung, nach der kombinierte Erzeugnisse unter bestimmten Voraussetzungen preisbindungsfähig waren.[96] Ein kombiniertes Erzeugnis liegt aber nur vor, wenn **ein von einem Hauptprodukt abgrenzbares Nebenprodukt** vorliegt. Deshalb ist zunächst zu fragen, ob überhaupt zwei verschiedene Produkte vorliegen. Es kommt darauf an, was nach dem **Gesamteindruck des angesprochenen Verkehrs** noch als **Funktionseinheit** anzusehen ist.[97] Handelt es sich um eine redaktionelle Ergänzung oder Erweiterung einer Zeitung oder Zeitschrift, kann auch ein einziges Verlagsprodukt vorliegen, das ohne weitere Voraussetzungen unter § 30 GWB fällt. Ein Beispiel ist eine Videokassette, die eine Zeitschrift redaktionell ergänzt.[98]

18   Sofern Haupt- und Nebenprodukt von einander unterschieden werden können, muss die **Zeitung oder Zeitschrift das Hauptprodukt** bilden, also überwiegen. Insoweit ist eine **Gesamtschau** aus der Sicht der angesprochenen Verkehrskreise vorzunehmen.[99] Dabei ist normativ auch der Regelungszweck des § 30 GWB zu berücksichtigen, über die

---

[90] WuW/E BGH 3128 ff. – *NJW auf CD-ROM* = NJW 1997, 1911, 1914 = GRUR 1997, 677 = AfP 1997, 703.
[91] *Waldenberger* NJW 2002, 2914, 2918; *Franzen/Wallenfels/Russ,* Preisbindungsgesetz, § 30 GWB Rn. 4; *Bremer/Martini* in: Münchener Kommentar § 30 Rn. 31; *Bechtold,* GWB, § 30 Rn. 9.
[92] Vgl. hierzu eingehend *W. Nordemann/J. B. Nordemann* AfP 1996, 111, 113.
[93] Dazu unten Rn. 37 ff.
[94] Dazu oben Rn. 3.
[95] Vgl. auch *Waldenberger* NJW 2002, 2914, 2918.
[96] KG WuW/E OLG 1708 ff. – *Briefmarkenalben.*
[97] Vgl. die parallele Problematik in der früheren ZugabeVO, insbesondere BGH GRUR 1999, 265 – *Handy für 0,00* = NJW 1999, 214; BGH WRP 1999, 505, 506 – *Nur ein Pfennig;* ferner *Köhler/Piper,* UWG § 1 ZugabeVO Rn. 3 mwN.; *J. B. Nordemann* NJW 2001, 2505.
[98] OLG München NJW-RR 1996, 108.
[99] *Freytag/Gerlinger* WRP 2004, 537, 540; *Soppe* WRP 2005, 565, 568.

Preisbindung die traditionellen Strukturen im deutschen Zeitungs- und Zeitschriftenvertrieb zu schützen. Denn diese Strukturen garantieren die im Sinne der Pressefreiheit sehr wünschenswerte Überallerhältlichkeit der Titel.[100] Es spricht deshalb indiziell für das Überwiegen der im Kombinationsprodukt enthaltenen Zeitung oder Zeitschrift als Hauptware, wenn das Kombinationsprodukt über die traditionelle **Vertriebsform** für Zeitungen oder Zeitschriften vertrieben wird.[101] Weitere relevante Faktoren sind **Aufmachung und Ankündigung** des kombinierten Produktes: Wird das eine Produkt als kostenlose Zugabe zum Presseerzeugnis angekündigt, spricht dies für die Zeitung oder Zeitschrift als Hauptprodukt.[102] Richtigerweise steht das Verlagsprodukt regelmäßig nicht mehr im Vordergrund, wenn es optisch kaum noch wahrgenommen werden kann und das Nebenprodukt das Bundle dominiert.[103] Das **Wertverhältnis** zwischen Zeitung und Zeitschrift einerseits und Nebenprodukt andererseits spielt jedenfalls solange keine Rolle, wie keine allzu extreme Lücke zu Lasten der Zeitung oder Zeitschrift klafft;[104] eine solche extreme Lücke liegt vor bei gebündeltem Vertrieb von Musikzeitschrift mit einem regulären Verkaufspreis von 2 Euro und einem CD-Player im Marktwert von mehr als 50 Euro; es kann aber nicht davon ausgegangen werden, dass eine Preisbindung trotz Vertriebes über den herkömmlichen Pressevertriebsweg unzulässig wird, weil das beigegebene Produkt (ein Paar Strandschuhe oder ein Kinogutschein) wenige Euro mehr kosten als der reguläre Preis der Zeitschrift.[105] – Umstritten ist, ob ein **Nebenprodukt** sich nur dann als kombiniertes Produkt qualifizieren kann, wenn es einen **selbständigen Informationsgehalt** hat,[106] was beispielsweise für eine Pastazange, die einer Kochzeitschrift beigegeben wird,[107] oder für eine Sonnenbrille, die einer Jugendzeitschrift aufgeklebt ist,[108] als zweifelhaft erscheinen mag; dagegen liegt ein Informationsgehalt bei einer Videokassette, die mit einer Zeitschrift verbunden wurde, regelmäßig vor.[109] Jedenfalls seit der Reform 2002 spricht der Wortlaut eindeutig dafür, jedes beliebige Nebenprodukt zur Kombination mit der Zeitung oder Zeitschrift zuzulassen. § 30 Abs. 1 S. 2 GWB unterscheidet zwischen verlagstypischen Zeitungen und Zeitschriften in technischer Weiterentwicklung (1. Alt.) und – auch verlagsfremden – Kombinationsprodukten.[110] Es ist auch nicht ersichtlich, weshalb es dem Schutzzweck des § 30 GWB zuwiderlaufen sollte, Kombinationen mit verlagsfremden Beigaben zuzulassen, solange eine Zeitung oder Zeitschrift und damit der Grund für die kartellrecht-

---

[100] Im Einzelnen oben Rn. 3.
[101] Ähnlich *Freytag/Gerlinger* WRP 2004, 537, 540; zurückhaltender *Soppe* WRP 2005, 565, 568. BGH WuW/E DE-R 1604, 1607 – *Zeitschrift mit Sonnenbrille* = AfP 2005, 555, führt den Pressevertriebsweg als eines von zwei (kumulativ entscheidenden Umständen dafür an, dass das Presseerzeugnis Hauptprodukt ist.
[102] BGH WuW/E DE-R 1604, 1607 – *Zeitschrift mit Sonnenbrille* = AfP 2005, 555.
[103] *Soppe* WRP 2005, 565, 568, bildet unter Berufung auf zwei unveröffentlichte Entscheidungen des LG Hamburg folgendes Beispiel: ein Paar Strandschuhe sind so in einer Klarsichtverpackung angebracht, dass die Titelseite und die darauf befindlichen Inhaltsangaben gar nicht mehr und der Titel nur mühsam zu erkennen sind.
[104] Zustimmend *Waldenberger* in: Frankfurter Kommentar § 30 Rn. 50.
[105] So aber *Soppe* WRP 2005, 565, 568.
[106] Dafür *Soppe* WRP 2005, 565, 567; *Wegner/Wallenfels/Kaboth* 5. Kap. Rn. 88; *Emmerich* in: Immenga/Mestmäcker, GWB, § 30 Rn. 30; nach früherem Recht auch *Mann* WRP 1997, 1139, 1142, *Fezer* WRP 1994, 669, 676. Wie hier **a. A.** BGH WuW/E DE-R 1604, 1607 – *Zeitschrift mit Sonnenbrille* = AfP 2005, 555; *Freytag/Gerlinger* WRP 2004, 537, 540; *Waldenberger* NJW 2002, 2914, 2918; *ders.* in: Frankfurter Kommentar § 30 Rn. 48; *Jestaedt* in: Langen/Bunte § 30 Rn. 22; *Bechtold*, GWB, § 30 Rn. 9a; *Kling/Thomas* § 17 Rn. 153.
[107] OLG Hamburg GRUR 1995, 830 = WuW/E DE-R 66, 67 – *Pastabesteck*.
[108] BGH WuW/E DE-R 1604, 1607 – *Zeitschrift mit Sonnenbrille* = AfP 2005, 555.
[109] OLG Hamburg, GRUR 1995, 830 – *Modezeitschrift mit Videokassette*.
[110] BGH WuW/E DE-R 1604, 1607 – *Zeitschrift mit Sonnenbrille* = AfP 2005, 555; *Freytag/Gerlinger* WRP 2004, 537, 540.

liche Privilegierung im Vordergrund steht.[111] – Die Kombinationsmöglichkeit für den Verleger wird auch nicht dadurch beschränkt, dass das Nebenprodukt eine Sache im Sinne des § 90 BGB sein müsste.[112] Vielmehr können **auch Dienstleistungen** bzw. Gutscheine für Dienstleistungen Gegenstand der Kombination sein. Der Wortlaut („kombiniertes Produkt") mag insoweit zwar unglücklich sein; er ist aber keineswegs eindeutig, weil eine mit einer Dienstleistung kombinierte Zeitung oder Zeitschrift ein „kombiniertes Produkt" sein kann. Auch ist weder aus der Gesetzgebungsgeschichte noch aus dem Sinn und Zweck des § 30 GWB ersichtlich, weshalb eine Kombination mit Dienstleistungen generell ausscheiden sollte. – Als **Hauptprodukt** kommen insoweit nicht nur traditionelle **Zeitungen und Zeitschriften** in Betracht, sondern **auch Substitutionsprodukte** nach § 30 Abs. 1 S. 2 1. Alt. GWB, weil § 30 GWB sie mit den traditionellen Zeitungen und Zeitschriften gleichstellt. – Bei der **Preisgestaltung von kombinierten Produkten** muss der Verleger darauf achten, dass nicht sein eigenes Preisbindungssystem lückenhaft wird.[113]

3. Bindung

19 **a) Vertikale Bindung.** Seit der **7. GWB-Novelle 2005** stellt der Wortlaut des § 30 Abs. 1 Satz 1 GWB klar, dass es nur um eine Privilegierung einer „vertikalen" Preisbindung geht. Wie der Gesetzgeber dieses Tatbestandsmerkmal interpretiert wissen wollte, ergibt sich aus den Gesetzesmaterialien nicht. Die Klarstellung scheint dem Gesetzgeber erforderlich gewesen zu sein, nachdem die Novelle die Regelung aus den Spezialbestimmungen zu „Vertikalvereinbarungen" (§§ 14 bis 18 GWB a. F.) herausnahm. Diese Spezialbestimmungen entfielen, weil die Bestimmungen zu Vertikalvereinbarungen und diejenigen zu Horizontalvereinbarungen zur Harmonisierung mit EU-Kartellrecht miteinander verschmolzen wurden. Vertikalvereinbarungen stellen Vereinbarungen zwischen Unternehmen auf verschiedenen Wirtschaftsstufen dar, während Horizontalvereinbarungen zwischen (mindestens potentiellen) Konkurrenten geschlossen werden.[114] Danach lässt sich folgendes sagen: Die Klarstellung in § 30 GWB sollte den bisherigen Anwendungsbereich des § 30 GWB (§ 15 GWB a. F.) erhalten[115] und **sicherstellen, dass § 30 GWB nicht zur Privilegierung horizontaler Preisabstimmung** benutzt werden kann.

20 Vor der 7. GWB-Novelle 2005 war die Unterscheidung von Vertikalvereinbarungen nach §§ 14 bis 18 GWB a. F. und Horizontalvereinbarungen nach §§ 1 bis 8 GWB a. F. durchaus komplex. Die Abgrenzung erfolgte anhand des Tatbestandsmerkmals „miteinander im Wettbewerb stehende Unternehmen" des § 1 GWB a. F. Eine Anwendung sowohl des § 1 GWB a. F. als auch der §§ 14 ff. GWB a. F. (sog. Doppelkontrolle) war ausgeschlossen.[116] Zwischen § 1 GWB n. F. und §§ 14 ff. GWB n. F. bestand also ein Verhältnis der Ausschließlichkeit (Exklusivität). Es erscheint jedoch nicht als überzeugend, das Vorliegen einer vertikalen Preisbindung auch nach der 7. GWB-Novelle 2005 noch daran festzumachen, dass das bindende und das gebundene Unternehmen „nicht miteinander im Wett-

---

[111] Vgl. *Bremer/Martini* in: Münchener Kommentar § 30 Rn. 30.
[112] *Bremer/Martini* in: Münchener Kommentar § 30 Rn. 29; *Waldenberger* in: Frankfurter Kommentar § 30 Rn. 49. A. A. *Soppe* WRP 2005, 565, 566; *Bechtold*, GWB, § 30 Rn. 9a; *Emmerich* in: Immenga/Mestmäcker, GWB, § 30 Rn. 27.
[113] Dazu eingehend unten Rn. 37 ff.
[114] Eingehend Kommentierung zu § 1 Rn. 2 ff.
[115] Vgl. auch Begr. RegE 7. GWB-Novelle, BT-Drucks. 15/3640, S. 24, 50.
[116] BGH WuW/E DE-R 289, 294 – *Lottospielgemeinschaft* = GRUR 1999, 771 = ZIP 1999, 1021 m. Anm. *Busche/Keul* = LM Nr. 52 zu § 1 GWB mit Anm. *Götting*; WuW/E BGH 3115, 3117 – *Druckgussteile* = BGH NJW 1997, 2324 = GRUR 1997, 675; WuW/E BGH 3137, 3137 – *Sole* = GRUR 1997, 937; *Rittner* WuW 2000, 696; *C. Bahr* GRUR 2001, 1111, 1116; a. A. *K. Schmidt* AG 1998, 551, 560; *ders.* in: FS Sandrock, 2000, S. 833, 834; *ders.* WuW 2000, 1199, 1202. Vgl. auch *Schwintowski* WuW 1997, 769, 773.

bewerb" stehen. Die 7. GWB-Novelle 2005 hat das entsprechende Tatbestandsmerkmal „miteinander im Wettbewerb stehende Unternehmen" aus § 1 GWB gestrichen, weil der Tatbestand des § 1 GWB nunmehr ohne jedes Exklusivitätsproblem sowohl Horizontal- als auch Vertikalvereinbarungen erfasst.[117] Ohnehin erscheint eine Abgrenzung anhand des Merkmals „miteinander im Wettbewerb stehende Unternehmen" für § 30 GWB nicht als befriedigend, weil bindende Verleger durchaus mit gebundenen Abnehmern in Konkurrenz stehen können, wenn sich die Verleger als Händler betätigen.[118] Ziel der 7. GWB-Novelle 2005, mit der das Merkmal „vertikale" Preisbindung eingeführt wurde, war die Harmonisierung des Kartellrechts für Horizontal- und Vertikalvereinbarungen mit Art. 81 EG.[119] Demnach bietet es sich an, auf die Abgrenzungskriterien zurückzugreifen, die das EU-Kartellrecht bereithält. Hier ist insbesondere die Definition von „Vertikalvereinbarungen" in **Art. 2 Abs. 1 und Abs. 4 GVO Vertikalvereinbarungen** zu nennen, die über § 2 Abs. 2 GWB auch in das GWB einbricht.[120] Unter Berücksichtigung des Art. 2 Abs. 1 GVO Vertikalvereinbarungen liegt gemäß § 30 Abs. 1 Satz 1 GWB demnach eine vertikale Bindung vor, wenn es sich um eine Bindung zwischen zwei oder mehr Unternehmen handelt, von denen jedes zwecks Durchführung der Bindung auf unterschiedlichen Vertriebsstufen tätig ist und die die preislichen Bedingungen betreffen, zu denen die Parteien die Zeitungen oder Zeitschriften beziehen, verkaufen oder weitererkaufen können. Über dies bietet die GVO Vertikalvereinbarungen den Vorteil, dass sie in Art. 2 Abs. 4 GVO Vertikalvereinbarungen auch unter bestimmten Voraussetzungen Verträge zwischen Konkurrenten in die Vertikalvereinbarungen einbezieht; entsprechend auf § 30 GWB angewendet sollte insbesondere Art. 2 Abs. 4 lit. b) GVO Vertikalvereinbarungen Bedeutung erlangen, nach dem eine Vertikalvereinbarung auch dann vorliegt, wenn die Parteien auf der Handelsstufe Wettbewerber sind, jedoch der gebundene Händler die gebundene Ware nicht selbst herstellt. – Stellen jedoch beide konkurrierende Produkte her, liegt eine horizontale Vereinbarung vor; eine Freistellung nach § 30 GWB kommt nicht in Betracht, sondern allenfalls nach § 2 GWB.

b) Art der Bindung. § 30 Abs. 1 GWB erfasst nach seinem ausdrücklichen Wortlaut **21** sowohl rechtliche als auch wirtschaftliche Bindungen. Eine **rechtliche Bindung** liegt vor, wenn der gebundene Vertragsteil durch die Vereinbarung verpflichtet wird, bei der Weiterveräußerung bestimmte Preise einzuhalten.[121] Eine **wirtschaftliche Bindung** kennzeichnet sich durch eine Vertragsgestaltung, bei der die Erstvereinbarung auf die Weise mit der Zweitvereinbarung verbunden ist, dass sich aus der Gestaltung der Zweitvereinbarung positive oder negative Rückwirkungen auf den Inhalt der Erstvereinbarung ergeben.[122] In der Praxis kommen grundsätzlich nur rechtliche Bindungen vor; bloß wirtschaftliche Bindungen sind – wohl weil sie eher bei Umgehungsversuchen vorkommen – wegen der ausdrücklichen Zulässigkeit von rechtlichen Bindungen nicht zu beobachten.

Im Rahmen des Vertriebs von **Zeitungen** (Tages- und Wochenzeitungen) einerseits und **22** (Publikums-)**Zeitschriften** andererseits setzen die Verleger die Preisbindung von Presse-Grossisten und Einzelhändlern regelmäßig über **Einzelverträge** durch.[123]

---

[117] Dazu eingehend § 1 Rn. 2 ff., 98 ff.
[118] Verschiedene Verleger sind schon heute an den Pressegrossisten beteiligt, im Fall des Gebietsmonopols der Grossisten allerdings grundsätzlich nur mit Minderheitsbeteiligungen, die als solche noch keinen Konkurrentenstatus vermitteln sollten.
[119] Begr. RegE 7. GWB-Novelle, BT-Drucks. 15/3640, S. 21.
[120] Zustimmend *Waldenberger* in: Frankfurter Kommentar § 30 Rn. 53.
[121] WuW/E BGH 251, 257 – 4711 = NJW 1958, 1865.
[122] Vgl. BGH WuW/E BGH 251, 257 – 4711 = NJW 1958, 1865; *Emmerich* in: Immenga/Mestmäcker, GWB, § 30 Rn. 53; *Jestaedt* in: Langen/Bunte § 30 Rn. 26. Siehe auch die Kommentierung zu § 1 Rn. 110.
[123] Ausführlich: *Fikentscher/Krauß* in: Gemeinschaftskommentar § 16 GWB a. F. Rn. 155 ff.; ferner *Waldenberger* NJW 2002, 2914, 2915.

23 Verwendet werden hier meist die **Muster,** die die einschlägigen Verbände[124] bereitstellen. Zwischen Verlag und Grossist werden dabei sowohl dem Grossisten die Abgabepreise vorgeschrieben und Sonderentgelte bzw. Rabatte verboten als auch der Grossist verpflichtet, den Einzelhändlern bestimmte Endverkaufspreise vorzuschreiben und den Einzelhändlern zu verbieten, Nachlässe zu gewähren oder Zuschläge zu erheben. Die Preise werden entweder in die Urkunde aufgenommen, oder es erfolgt eine Bezugnahme auf Preislisten. Der Mustervertrag des Grossisten mit dem Einzelhändler verpflichtet die Einzelhändler die auf den Titeln aufgedruckten Preise einzuhalten; ferner enthält der Vertrag ein Verbot, die Preisbindung „indirekt" zu verletzen.

24 Anders ist das Preisbindungsmodell bei **Fachzeitschriften:** hier wird die Preisbindung für mehrere Titel und mehrere Verlage in einer einzigen Urkunde, die der Abnehmer gegenzeichnet, vereinbart (sog. **Sammelrevers**).[125] Die Verlage schalten regelmäßig einen Treuhänder ein, der ihre Preisbindung organisiert und überwacht. Der Treuhänder ist auch beauftragt, im Namen neu hinzukommender Verlage mit den Händlern Verträge abzuschließen. Die Verlage dürfen sich dabei jedoch nicht untereinander (horizontal) abstimmen.[126] § 30 GWB stellt nur vom Verbot „vertikaler" Preisbindung des § 1 GWB frei.[127] Eine (horizontal) **kollektiv veranlasste Preisbindung mehrerer Verlage** wäre wegen des Verstoßes gegen § 1 GWB nichtig. Solange der Treuhänder jedoch lediglich autonome Entscheidungen der Verlage umsetzt, ist für eine Anwendung des § 1 GWB nichts ersichtlich.[128] Die Autonomie der einzelnen in Sammelreversen zusammengefassten Preisbindungen ist aber verletzt, wenn einem Verleger das Recht zugesprochen wird, die Belieferung eines Händlers einzustellen, weil er die Preise eines anderen Verlegers aus dem Sammelrevers nicht eingehalten hat.[129] Der Treuhänder darf ferner nicht von sich aus berechtigt sein, die Konditionen der Preisbindung eines Verlages eigenmächtig an die Konditionen der Mehrheit der Verlagen anzupassen oder sonst wie dafür sorgen, dass das Sammelrevers zu einer Vereinheitlichung von Preisen oder Preisbestandteilen führt.[130]

25 Nach § 30 GWB ist nicht nur die **Bindung des ersten Käufers** gestattet, sondern auch dessen Verpflichtung zur Weitergabe der Bindung an alle weiteren **Wiederverkäufer.**[131] So werden Presse-Grossisten in der Praxis in durchlaufenden Vertriebsbindungen zum einen verpflichtet, bei der Weiterveräußerung an die Einzelhändler bestimmte Preise einzuhalten, und zum anderen, die Einzelhändler zur Einhaltung bestimmter Preise zu verpflichten.[132] Damit können auch **Zwischenhändler** Preise **gegenüber nachgelagerten Händlern** binden, sofern die Zwischenhändler ihrerseits vertraglich durch die Verleger hierzu verpflichtet worden sind. Bereits aus dem Wortlaut der Vorschrift folgt, dass eine **Bindung des Verlegers durch seine Abnehmer** nicht möglich ist; allerdings können sich aus dem Preisbindungsverhältnis Unterlassungsansprüche gegen den Verleger ergeben, wenn er seine eigene Preisbindung verletzt.[133]

---

[124] Bund Deutscher Zeitungsverleger e.V. (BDZV), Verband Deutscher Zeitschriftenverleger e.V. (VDZ), Bund Deutscher Buch-, Zeitungs- und Zeitschriften-Grossisten e.V. (Presse-Grosso).

[125] Vgl. *Waldenberger* NJW 2002, 2914, 2915; *Franzen/Wallenfels/Russ,* BuchpreisbindungsG, § 30 GWB Rn. 12f.; *Jestaedt* in: Langen/Bunte § 30 Rn. 53. Derzeit aktuell ist „Sammelrevers 2002", abgedruckt bei *Wegner/Wallenfels/Kaboth* S. 388ff.

[126] WuW/E BKartA 40.

[127] Zu diesem Tatbestandsmerkmal auch oben Rn. 19f.

[128] BGH WuW/E 2175 = NJW-RR 1986, 259; BGH WuW/E 2615 = NJW 1990, 1993; zu Unrecht kritisch *Emmerich* in: Immenga/Mestmäcker, GWB, § 30 Rn. 44 mwN.

[129] OLG Stuttgart WuW/E OLG 1165, 1169.

[130] BKartA TB 1959, S. 38; BKartA TB 1969, S. 89.

[131] WuW/E BGH 502, 505 – *Treuhandbüro; Jestaedt* in: Langen/Bunte § 30 Rn. 27. Der Wortlaut des § 30 Abs. 1 S. 1 GWB müsste insoweit besser „und" statt „oder" heißen.

[132] *Waldenberger* NJW 2002, 2915; *Wegner/Wallenfels/Kaboth* 5. Kap. Rn. 85. Etwas anderes gilt für Fachzeitschriften, deren Preise nur für den Verkauf an den Letztverbraucher gebunden werden.

[133] Dazu ausführlich unten Rn. 67ff.

§ 30. Preisbindung bei Zeitungen und Zeitschriften

c) Inhalt der Bindung (Preisbindung). Gebunden werden können grundsätzlich nur 26 **Preise.** Der Begriff „Preis" ist im GWB nicht definiert. Er ist funktional nach dem Schutzzweck des § 30 GWB auszulegen. Schutzweck des § 30 GWB ist, dass der Verleger als Träger des wirtschaftlichen Risikos des Vertriebes der mit einem Remissionsrecht belasteten Zeitung oder Zeitschrift für eine Überallerhältlichkeit sorgt.[134] Die Gleichschaltung des Preises ist einer solchen Überallerhältlichkeit grundsätzlich dienlich, sofern sie gleichmäßig (lückenlos) gehandhabt wird. Damit erscheint es nicht als gerechtfertigt, im Rahmen einer funktionalen Auslegung den Preisbegriff eng auszulegen; eine echte Begrenzung erfährt der nach § 30 GWB mögliche Inhalt der Bindung erst im Erfordernis der Lückenlosigkeit, deren Fehlen aber nur zur Missbräuchlichkeit, nicht zum automatischen Entfall der kartellrechtlichen Privilegierung führt.[135] Unter Preis i. S. d. § 30 GWB ist deshalb die **im Synallagma stehende Gegenleistung** für den Vertrieb des Presseerzeugnisses zu verstehen. Da der zu zahlende Verkaufspreis auch von **Rabatten oder sonstigen Nachlässen** abhängt, können auch diese Inhalt einer Preisbindung sein.[136] Dem Gebundenen können Rabatte hierbei nicht nur vorgeschrieben, sondern auch verboten werden,[137] wie dies beispielsweise die Musterverträge im Zeitungs- und (Publikums-)Zeitschriftenbereich vorsehen;[138] nicht erlaubt sind danach also z. B. Barzahlungsrabatte,[139] Mengenrabatte (bei Abnahme von 20 Exemplaren ein Exemplar kostenlos),[140] Gutschriften von Bonuspunkten (z. B. „Meilen") beim Zeitungs- oder Zeitschriftenkauf durch den Einzelhändler[141] oder Ausgabe von Gutscheinen beim Kauf.[142] Genauso können Umsatzrückvergütungen am Ende des Jahres verboten werden.[143] Missbräuchlich ist allerdings das Verbot für Umsatzrückvergütungen, die gesellschaftsrechtlich bedingt sind (Genossenschaft, Handelsgesellschaft).[144] – Da § 30 GWB von „bestimmten" Preisen spricht, wurde die Bindung von **Höchst- und Mindestpreisen** früher für unzulässig gehalten.[145] Der BGH hat eine solche Preisbindung jedoch zumindest für die Abgabepreise von gebundenen Zwischenhändlern für zulässig erachtet; ob dies auch für Preise gegenüber Endverbrauchern gilt, hat er offen gelassen.[146] Die Frage ist mit dem Sinn und Zweck des § 30 GWB zu beantworten, der die Übernahme des wirtschaftlichen Absatzrisikos durch den Verleger und die damit verbundene Überallerhältlichkeit der Presseerzeugnisse privilegiert. Solange bei Höchst- und Mindestpreisen das wirtschaftliche Risiko beim Verleger bleibt und die Überallerhältlichkeit gewährleistet ist, erscheint es – anders als bei der Buchpreisbindung – nicht als gerechtfertigt, dem Verleger bei der Endpreisgestaltung Vorgaben zu machen, wenn er sogar frei ist zu entscheiden, ob

---

[134] Vgl. oben Rn. 3.
[135] Dazu unten Rn. 37 ff. Zu Ansprüchen aus Vertrag und aus UWG in solchen Fällen Rn. 67 ff.
[136] WuW/E BGH 2166 – *Schulbuch-Preisbindung* = GRUR 1985, 933 ff. = WuW/E BGH 2175 ff. – *Preisbindungstreuhänder-Empfehlung.* Vgl. zum BuchpreisbindungsG auch BGH GRUR 2003, 807 – *Buchpreisbindung.*
[137] WuW/E BGH 472, 473 – *Agfa-Filme.*
[138] Dazu oben Rn. 22 f.
[139] Vgl. zum BuchpreisbindungsG BGH GRUR 2003, 807 – *Buchpreisbindung.*
[140] Vgl. OLG München GRUR 2005, 71 – *Schüler-Lernhilfe zum BuchpreisbindungsG* = AfP 2005, 453.
[141] Vgl. OLG Frankfurt GRUR 2005, 72 – *„Meilen" für Bücher zum BuchpreisbindungsG* = NJW 2004, 3434. Anders aber, wenn die Bonuspunkte durch den Provider des Zahlungsmittels gewährt werden, also z. B. durch den Kreditkartenprovider, weil dann kein Rabatt auf den Kauf, sondern ein Bonus für die Verwendung eines bestimmten Zahlungsmittels gewährt wird.
[142] Vgl. OLG Frankfurt NJW 2004, 3122 – *Startgutscheine für Bücher* zum BuchpreisbindungsG.
[143] BGH WuW/E 1604 – *Sammelrevers 1974* = GRUR 1979, 490, 491 = NJW 1979, 1411.
[144] Unten Rn. 56.
[145] WuW/E BKartA 943, 944 f. – *Tapetenpreisbindung II;* dem folgend noch heute *Bremer/Martini* in: Münchener Kommentar § 30 Rn. 44; *Bechtold,* GWB, § 30 Rn. 11.
[146] WuW/E BGH 1121, 1126 – *Automaten-Aufstellvergütung III.*

er eine Preisbindung durchführt.[147] Diese Fälle sind aber von einem sog. **zweigleisigen Vertrieb** zu unterscheiden, bei dem der Verleger zwei verschiedene Preise bindet. Das unterfällt nicht der Privilegierung des § 30 Abs. 1 GWB und ist damit nach § 1 GWB verboten, weil § 30 Abs. 1 GWB nur die Bindung *eines* bestimmten Preises zulässt.[148] Es ist nicht nach § 30 GWB privilegiert, besonders niedrige Preise für besondere Abnehmergruppen, die keinen sachlich oder räumlich isolierbaren Sondermarkt bilden, zu vorzugeben;[149] ein Beispiel wären niedrigere Preise einer Tageszeitung für Leser, die gleichzeitig ADAC-Mitglieder sind. Genauso unzulässig ist eine Preisspreizung für nur äußerlich abgeänderte Zeitungen oder Zeitschriften, die inhaltlich identisch sind.[150] Etwas anderes gilt aber, wenn es sich um inhaltlich verschiedene Zeitungen oder Zeitschriften handelt,[151] was auch gegeben sein kann, falls die mit der Zeitung oder Zeitschrift zulässigerweise **kombinierten Produkte**[152] verschieden sind. Insoweit ist auch nicht ersichtlich, weshalb kombinierte Produkte **aus zwei oder mehr Zeitungen oder Zeitschriften** immer nur zum aufaddierten Gesamtpreis der gebundenen Einzelpreise verkauft werden dürfen.[153] Zumindest wenn das kombinierte Produkt als (eigenständiges) Leistungspaket und nicht ein Titel als kostenlose Zugabe zum anderen beworben wird, handelt es sich um ein neues Produkt, für das ein neuer Preis gebunden werden kann. Grundsätzlich nicht möglich ist die gesonderte Bindung von **Transport und Beschaffungskosten,** da es sich hierbei um gewerbliche Leistungen handelt, die nach § 30 Abs. 1 GWB nicht preisbindungsfähig sind.[154]

27 **Zugaben** können Gegenstand von Bindungen nach § 30 GWB sein. Das gilt insbesondere für das Verbot der Gewährung von Zugaben oder auch für die Verpflichtung, ein aus einer Zeitung oder Zeitschrift mit Zugabe kombiniertes Produkt zu einem festgelegten Preis zu verkaufen.[155] Die frühere Auffassung, nach der Zugaben nicht in den Anwendungsbereich des § 30 GWB fallen können, weil sie nach der ZugabeVO ohnehin nur in Form von völlig geringwertigen Gegenständen gewährt werden dürfen,[156] kann nach der Abschaffung der ZugabeVO nicht mehr aufrecht erhalten werden.[157]

28 § 30 GWB erlaubt nur den Ausschluss des Preiswettbewerbs auf der Händlerstufe. Daher sind Bindungen, die **Geschäftsbedingungen** betreffen, grundsätzlich nicht zulässig. Auch wenn der Preisbegriff in § 30 GWB funktional anhand des Schutzzweckes des § 30 GWB auszulegen ist, können hier vorsichtige Parallelen zu § 2 Abs. 2 GWB a. F. gezogen werden, der ebenfalls eine Abgrenzung von Preisen und Geschäftsbedingungen erforderte. Im Rahmen von § 30 GWB versteht man unter Geschäftsbedingungen sämtliche Vertragsbestandteile, die sich nicht auf Preis und Produkt beziehen.[158] Die Abgrenzung zu Preisbindungen kann im Einzelfall Schwierigkeiten bereiten, da nahezu alle Konditionen Einfluss

---

[147] Gl. A. *Waldenberger* in: Frankfurter Kommentar § 30 Rn. 57; *Lettl*, Kartellrecht, § 8 Rn. 35; *Emmerich*, Kartellrecht, § 25 Rn. 22; a. A. *Jestaedt* in: Langen/Bunte § 30 Rn. 30 unter Verweis auf die Freistellungsmöglichkeit für Höchstpreisvereinbarungen nach § 2 Abs. 2 GWB i. V. m. Art. 4 lit. a) Vertikal-GVO.
[148] BGH WuW/E 1073 – *Schallplatten;* OLG Frankfurt WuW/E OLG 3609 – *zweigleisiger Vertrieb.*
[149] WuW/E BKartA 1023, 1029; *Emmerich* in: Immenga/Mestmäcker, GWB, § 30 Rn. 125.
[150] BKartA TB 1976, S. 54 f.
[151] BKartA TB 1965, S. 33 f.
[152] Vgl. oben Rn. 17 f.
[153] So wohl *Soppe* WRP 2005, 565, 569, unter Berufung auf eine unveröffentlichte Entscheidung des LG Hamburg.
[154] Vgl. *Emmerich* in: Immenga/Mestmäcker, GWB, § 30 Rn. 38; *Fikentscher/Krauß* in: Gemeinschaftskommentar § 16 a. F. Rn. 118 f.
[155] Zu kombinierten Produkten oben Rn. 17 f.
[156] So KG WuW/E OLG 386, 390 – *Fotofilme III;* BKartA WuW/E 236, 237 – *Fotofilme II; Klosterfelde/Metzlaff* in: Langen/Bunte (9. Aufl.) § 15 a. F. Rn. 35.
[157] So jetzt auch *Jestaedt* in: Langen/Bunte § 30 Rn. 34.
[158] *Emmerich* in: Immenga/Mestmäcker, GWB, § 30 Rn. 84.

auf die Preisgestaltung nehmen. So soll beispielsweise das echte **Skonto**, d. h. ein Zahlungsnachlass als Entgelt auf die Art und Weise der Begleichung des Rechnungsbetrages, eine Geschäftsbedingung sein, weshalb eine diesbezügliche Bindung nach § 30 GWB nicht möglich ist.[159] Das erscheint heute als zweifelhaft, nachdem das Skonto für die Buchpreisbindung als preisbezogenes Element aufgefasst wird.[160] Unechte Skonti, die nicht die Art und Weise der Zahlung vergüten, sondern andere Bezugsgrößen entgelten, sind ohnehin tendenziell bindungsfähig, z. B. wenn ein (unechter) Skonto auf die abgenommene Menge gewährt wird. § 30 GWB erlaubt ferner, **indirekte Preisnachlässe an Letztverbraucher** untersagen.[161]

§ 30 Abs. 1 Satz 1 GWB gestattet ausdrücklich, die **Preisbindung über mehrere Handelsstufen** weiterzugeben. Insoweit ist dann auch eine Konditionenbindung zugelassen. So kann der erste Käufer verpflichtet werden, den nächsten Käufer und alle Wiederverkäufer zu verpflichten, einen bestimmten Preis einzuhalten **(durchlaufende Preisbindung)**,[162] wie dies beispielsweise die Musterverträge im Zeitungs- und (Publikums-)Zeitschriftenbereich vorsehen.[163] Auch Geschäftsbedingungen können durchlaufend gebunden werden, wenn dies erforderlich ist, um die Lückenlosigkeit der Preisbindung auf allen Handelsstufen zu gewährleisten.[164] Eine aus diesem Grund bindungsfähige Geschäftsbedingung ist zum Beispiel die Verpflichtung des Abnehmers, die zu Sonderpreisen bezogenen Verlagserzeugnisse nicht an Händler weiterzuveräußern; auch diese Verpflichtung findet sich z. B. im Mustervertrag für den Zeitungs- und (Publikums-)Zeitschriftenbereich.[165] Außerdem kann der Bindende seinem Abnehmer die Verpflichtung auferlegen, dass sich der Abnehmer seinerseits **Bucheinsichtsrechte** oder **Testkaufrechte** von der nächsten Handelsstufe zur Überwachung der Preisbindung einräumen lässt, nachdem die Einräumung von Bucheinsichtsrechten auch im Verhältnis zwischen Verleger und der unmittelbar preisgebundenen ersten Handelsstufe[166] und Testkäufe auch ohne vertragliche Vereinbarung[167] zulässig sind. 29

4. Weiterveräußerung

Die Bindung auf allen Handelsstufen ist nur zulässig, soweit es sich um eine **„Weiterveräußerung"** von Zeitungen und Zeitschriften (oder gleichgestellten Produkten) handelt.[168] Daher kann ein Verlag die Entgelte einer **Leihbibliothek** für das Ausleihen[169] oder die **Ausleihvergütung** eines Lesezirkels[170] nicht festlegen. 30

5. Schriftform

Nach § 30 Abs. 2 GWB unterliegen Preisbindungsvereinbarungen zwischen einem Verleger und dem Abnehmer seiner Zeitungen und Zeitschriften der Schriftform, soweit sie Preise oder Preisbestandteile betreffen. Die Vorschrift geht auf § 34 GWB a. F. zurück, der 31

---

[159] WuW/E BGH 472 = NJW 1962, 1010 = BGHZ 36, 370 ff.; ausführlich *Fikentscher/Krauß* in: Gemeinschaftskommentar § 16 a. F. Rn. 128.
[160] BGH NJW 2003, 2525; siehe auch *Wegner/Wallenfels/Kaboth* 5. Kap. Rn. 67.
[161] Dazu oben Rn. 26 ff.
[162] Dazu oben Rn. 26.
[163] Dazu oben Rn. 22 f.
[164] Vgl. WuW/E BGH 472 – *Agfa-Filme*.
[165] Dazu oben Rn. 22 f.
[166] Für Bucheinsichtsrechte: vgl. BGH WuW/E 2615 – *Schulbuchkopplungsgeschäft*.
[167] Vgl. BGH GRUR 1966, 564 – *Hausverbot I*; BGH GRUR 1965, 612 – *Warnschild*; BGH GRUR 1981, 827, 828 – *Vertragswidriger Testkauf*; *Nordemann*, Wettbewerbsrecht – Markenrecht, Rz. 1478.
[168] Vgl. den ausdrücklichen Wortlaut von § 30 Abs. 1 S. 1 GWB.
[169] *Jestaedt* in: Langen/Bunte § 30 Rn. 49.
[170] *Waldenberger* in: Frankfurter Kommentar § 30 Rn. 60.

§ 30 GWB 32   10. Teil. Gesetz gegen Wettbewerbsbeschränkungen

jedoch einen wesentlich größeren Anwendungsbereich hatte, da danach der gesamte Vertragsinhalt schriftlich abzufassen war.[171] Das Schriftformerfordernis galt gem. § 34 GWB a. F. sowohl für horizontale als auch für vertikale Wettbewerbsbeschränkungen, wobei insbesondere für die grundsätzlich zulässigen Ausschließlichkeits- und Vertriebsbindungen eine Kontrollmöglichkeit geschaffen werden sollte. § 34 GWB a. F. wurde durch die 6. Novelle des GWB 1998 gestrichen, da man befürchtete, die Vorschrift werde missbraucht, um sich von lästigen Verträgen zu lösen.[172] § 34 GWB a. F. gilt weiterhin für Altverträge, die vor dem 1. Januar 1999 geschlossen wurden. Der Fortfall führt daher auch nicht zu einer Heilung formnichtig geschlossener Verträge (§ 125 BGB),[173] wobei eine konkludente Bestätigung eines formnichtigen Altvertrages wirksam macht, soweit die Anforderung des § 30 Abs. 2 GWB erfüllt sind (§ 141 BGB).[174]

32 Für **Verträge**, die **seit dem 1. Januar 1999** geschlossen wurden, gilt § 30 Abs. 2 GWB (bzw. bis zur 7. GWB-Novelle 2005 § 15 GWB a. F.). Neben § 126 BGB ist auch § 126a BGB anwendbar. Das Schriftformerfordernis wird gegenüber dem BGB erleichtert, weil nur § 126 Abs. 1 BGB, nicht aber § 126 Abs. 2 BGB Anwendung findet. Auf § 126a Abs. 2 BGB sollte das entsprechend angewendet werden,[175] weil nicht ersichtlich ist, dass der Gesetzgeber die elektronische Form strenger behandeln wollte. Demnach müssen sowohl das Angebot als auch die Annahme schriftlich abgefasst sein und **eigenhändig** durch **Namensunterschrift** oder mittels **gerichtlichen oder notariell beglaubigten Handzeichen** unterzeichnet werden. Eine Unterzeichnung durch Stempel, Faksimile oder sonstige technische Hilfsmittel[176] genügt genauso wenig wie ein Telefax.[177] Die Form ist auch durch die Unterzeichnung eines Vertragsentwurfs nicht gewahrt.[178] Jedoch reicht die formlose Genehmigung einer von einem Vertreter ohne Vertretungsmacht formgerecht geschlossenen Preisbindungsvereinbarung aus.[179] Erforderlich ist die eigenhändige Unterschrift beider Parteien.[180] Dies gilt auch bei **Sammelreversen**.[181] Hieraus ergeben sich besonders bei Preisbindungssystemen Abwicklungsschwierigkeiten. Sie werden in der Praxis durch Einschaltung eines **Treuhänders** und die zugelassene Bezugnahme auf Preislisten und Preismitteilungen gelöst. Streitig ist in diesem Zusammenhang, ob die Erklärung der anderen Partei in schriftlicher Form zugehen muss,[182] oder ob die Hinterlegung bei einem Treuhänder hierfür ausreichend ist.[183] Grundsätzlich gilt das Schriftformerfordernis nicht nur bei der Abgabe, sondern auch bei dem Zugang einer Willenserklärung (§ 130 BGB).[184] Hiervon kann auch im Anwendungsbereich des § 30 Abs. 2 GWB keine Ausnahme gemacht werden. Der BGH geht jedoch zutreffend davon aus, dass der Händler auf den Zugang der schriftlichen Annahmeerklärung des Preisbinders formgerecht verzichten

---

[171] Grundlegend zur alten Rechtslage WuW/E BGH 900 – *Getränkebezug* = NJW 1970, 130 ff.; *Klosterfelde/Metzlaff* in: Langen/Bunte (9. Aufl.) § 15 a. F. Rn. 140.
[172] Begr. RegE von 1998, 50.
[173] BGH WuW/E DE-R 261, 262 – *Cover-Disk* = NJW-RR 1999, 689.
[174] Vgl. BGH WuW/E DE-R 259 – *Markant*.
[175] A. A. *Jestaedt* in: Langen/Bunte § 30 Rn. 65.
[176] BGH NJW 1970, 1078.
[177] BGH NJW 1997, 3169 = NJW-RR 1997, 684; genauso *Bremer/Martini* in: Münchener Kommentar § 30 Rn. 51.
[178] OLG Stuttgart NJW-RR 1994, 1535.
[179] OLG Karlsruhe WuW/E OLG 5346 = NJW-RR 1994, 1290.
[180] OLG Hamburg NJW 1962, 875; OLG Stuttgart WuW/E OLG 1674, 1675 f. – *Rose Marie Reid*.
[181] Dazu oben Rn. 24.
[182] So LG Nürnberg-Fürth WuW/E LG/AG 284.
[183] OLG Stuttgart WuW/E OLG 1156 – *Flugverkehr*; OLG Frankfurt/M. WuW/E OLG 519, 529 – *Weinbrand*; *Jestaedt* in: Langen/Bunte § 30 Rn. 66.
[184] BGH WuW/E 2292 – *Annahmeerklärung* = NJW 1986, 1300; ebenso zu § 566 BGB BGH NJW 1962, 1388; OLG Dresden, ZMR 1999, 104, 105.

kann.[185] Außerdem besteht die Möglichkeit, dass der Treuhänder von den Verlegern bevollmächtigt wird, die Annahme der Händler entgegenzunehmen.[186]

Erleichterungen ergeben sich aus der **Nichtanwendung der § 126 Abs. 2, 126a Abs. 2 BGB,**[187] nach denen die Unterzeichnung der Parteien grundsätzlich auf derselben Urkunde bzw. demselben elektronischen Dokument zu erfolgen hat. Nach § 30 Abs. 2 GWB kann der Vertragstext in **verschiedenen Urkunden** niedergelegt sein. So kann eine formwirksame Preisbindungsvereinbarung auch durch einen Briefwechsel zustande kommen.[188] Erforderlich ist in diesem Fall jedoch, dass die verschiedenen Urkunden eindeutig aufeinander verweisen.[189]

§ 30 Abs. 2 S. 2 GWB ermöglicht die Bezugnahme auf Preislisten und Preismitteilungen. Unter **Preislisten** versteht man die schriftliche Fixierung der von einer Partei geforderten oder der anderen Partei für den Fall des Weiterverkaufs vorgeschriebenen Preise. Die Preislisten müssen den Beteiligten jederzeit zugänglich sein.[190] Damit nicht immer neue Preisbindungsverträge geschlossen werden müssen, kann auch auf die jeweils gültigen, zukünftigen Preislisten Bezug genommen werden.[191] Der Streit, inwieweit die betroffene Warenart spezifiziert sein muss, hat sich mit der Begrenzung des Anwendungsbereichs des § 30 GWB auf Zeitungen und Zeitschriften erledigt.[192] § 30 Abs. 2 S. 2 GWB nennt als Bezugsurkunde auch **Preismitteilungen.** Gemeint sind damit vorrangig Rundschreiben und dergleichen.[193] Diese können jedoch auch unter den Begriff der Preislisten subsumiert werden. Von Preismitteilungen nach § 30 Abs. 2 S. 2 GWB werden nach zutreffender hM auch bloße **Preisaufdrucke auf den Zeitungen oder Zeitschriften** erfasst.[194] Eine Bezugnahme auf Preisaufdrucke auf dem Verlagserzeugnis hat gerade bei Zeitungen und (Publikums-)Zeitschriften erhebliche praktische Bedeutung, weil die Preisbindung hier regelmäßig über eine Bezugnahme auf die aufgedruckten Preise umgesetzt wird, wie dies beispielsweise der Mustervertrag im Zeitungs- und (Publikums-)Zeitschriftenbereich zwischen Groß- und Einzelhändlern vorsieht.[195] Soweit eine Urkunde weder unter den Begriff der Preisliste noch unter den der Preismitteilung subsumiert werden kann, ist davon auszugehen, dass der Katalog in § 30 Abs. 2 S. 2 GWB nicht abschließend ist.[196] Ein Verweis ist auf alle Urkunden möglich, die für eine größere Zahl von Fällen einheitlich gelten, wenn diese für die zuständigen Behörden und Gerichte bestimmbar und ihrer Kenntnisnahme und Einbeziehung in die Überprüfung nicht entzogen sind.[197]

Vereinbarungen, die nicht der Form des § 30 Abs. 2 GWB entsprechen, sind gem. § 125 BGB nichtig. Die **Nichtigkeit** erfasst lediglich den Teil des Vertrages, der nach § 30 Abs. 2

---

[185] WuW/E BGH 2292, 2294 – *Annahmeerklärung* = NJW 1986, 1300.
[186] *Emmerich* in: Immenga/Mestmäcker, GWB, § 30 Rn. 72.
[187] Vgl. Rn. 32.
[188] WuW/E BGH 900 – *Getränkebezug* = NJW 1970, 130 ff.; BGH WuW/E DE-R 261, 263 – *Cover-Disk* = NJW-RR 1999, 689.
[189] Vgl. *Emmerich* in: Immenga/Mestmäcker, GWB, § 30 Rn. 69; *Bremer/Martini* in: Münchener Kommentar, GWB, § 30 Rn. 53.
[190] OLG Düsseldorf WuW/E OLG 2296.
[191] WuW/E BGH 1498 – *Püff* = NJW 1978, 822; OLG Düsseldorf WuW/E 303, 304 – *Bären-Marke*; LG Frankfurt/M WuW/E LG/AG 220 – *Riegelofen*; *Bremer/Martini* in: Münchener Kommentar, GWB, § 30 Rn. 53. A. A. LG Dortmund WuW/E LG/AG 195, 196.
[192] Vgl. hierzu OLG Frankfurt/M WuW/E OLG 943, 944; WuW/E OLG 624, 626 – *Ölofen*.
[193] *Emmerich* in: Immenga/Mestmäcker, GWB, § 30 Rn. 77.
[194] Vgl. OLG Hamburg GRUR 2003, 811 – *Zeitschriften Test-Abo*; *Kröner* WRP 2003, 1149, 1150; *Jestaedt* in: Langen/Bunte § 30 Rn. 67; *Bechtold*, GWB, § 30 Rn. 17; a. A. *Emmerich* in: Immenga/Mestmäcker, GWB, § 30 Rn. 77.
[195] Dazu oben Rn. 22 ff.
[196] OLG Karlsruhe WuW/E OLG 4158, 4160 – *Nachtragsvertrag*.
[197] WuW/E BGH 2358, 2362 – *Anschlussvertrag* = NJW-RR 1986, 336 ff.

§ 30 GWB 36   10. Teil. Gesetz gegen Wettbewerbsbeschränkungen

Satz 1 GWB formbedürftig ist. Die Wirksamkeit des Vertragsrestes richtet sich nach § 139 BGB.[198] Ist eine Preisbindungsvereinbarung gem. § 125 BGB nichtig, so lässt dies die Wirksamkeit der einzelnen **Lieferverträge** unberührt. Denn auch wenn diese aufgrund eines nichtigen Rahmenvertrages geschlossen wurden, bilden Preisbindungsvereinbarung und Lieferverträge keine Einheit, und werden deshalb nicht von der Nichtigkeit erfasst.[199] Beruft sich eine Partei auf die Formnichtigkeit, so verstößt dies grundsätzlich nicht gegen Treu und Glauben (§ 242 BGB), da an der Einhaltung der Schriftform ein öffentliches Interesse besteht.[200] – Dies zeigt sich auch darin, dass die Praktizierung einer nichtigen Preisbindung einen **Verstoß gegen §§ 3, 5 UWG** darstellt, wenn die Verbraucher davon ausgehen, dass der Händler zur Einhaltung der auf Zeitungen und Zeitschriften abgedruckten Preise verpflichtet ist.[201] – Eine nichtige Preisbindung macht deren Praktizierung **missbräuchlich**.[202] Denn in diesem Fall ist der Aufbau eines gedanklich lückenlosen Preisbindungssystems nicht möglich.[203] Das BKartA kann gegen einen Missbrauch gem. § 30 Abs. 3 GWB einschreiten.[204] – Über dies verliert der Bindende bei mangelnder Beachtung des Schriftformgebotes des § 30 Abs. 2 GWB die gesamte Privilegierung des § 30 Abs. 1 GWB, weil das Schriftformgebot nach Abs. 2 ausdrücklich auf Abs. 1 Bezug nimmt und damit Tatbestandsmerkmal der Privilegierung ist. Der Preisbindende **verstößt** danach sogar **gegen § 1 GWB,** wenn er die gebotene Schriftform nicht einhält.[205]

36 Allerdings stellt sich die Frage, ob das Schriftformgebot wegen **§ 22 Abs. 2 GWB, Art. 3 Abs. 2 EU-VO 1/2003** in **zwischenstaatlichen Sachverhalten**[206] angewendet werden kann. Nach diesen Bestimmungen ist vorgesehen, dass das deutsche Kartellrecht Vereinbarungen, Beschlüsse oder abgestimmte Verhaltensweisen nicht verbieten darf, die nach Art. 81 erlaubt sind. Die (zwischenstaatliche) Preisbindung für Zeitungen und Zeitschriften erfüllt nach Auffassung der EU-Kommission die Voraussetzungen des Art. 81 Abs. 3 EG,[207] nach hiesiger Auffassung erfüllt sie schon nicht den Tatbestand des Art. 81 Abs. 1 EG.[208] Unabhängig davon, ob die Preisbindung nach Art. 81 Abs. 1 oder Abs. 3 EG privilegiert ist, erfolgt die Privilegierung ohne Formvorschriften. Insbesondere sind auch mündliche Vereinbarungen oder abgestimmte Verhaltensweisen, die schon ihrer Natur nach nicht ein Schriftformgebot erfüllen werden, bei Vorliegen der Voraussetzungen des Art. 81 Abs. 3 EG freigestellt, Art. 1 Abs. 2 EU-VO 1/2003. Danach entsteht bei Geltung des Schriftformgebotes in zwischenstaatlichen Sachverhalten ein Konflikt zwischen Art. 81 und § 30 GWB: Nach Art. 81 EG sind Preisbindungen für Zeitungen und Zeitschriften ohne Formvorschrift zulässig, bei Nichteinhaltung der Formvorschrift des § 30 Abs. 2 GWB sind sie nicht nur nichtig; es geht auch die Privilegierungswirkung des § 30 Abs. 1 GWB verloren, weshalb ihr Praktizieren missbräuchlich[209] nach § 30 Abs. 3 GWB und

---

[198] Vgl. dazu ausführlich die Kommentierung zu § 1 Rn. 249 ff.
[199] OLG Stuttgart WuW/E OLG 3017; genauso *Bremer/Martini* in: Münchener Kommentar § 30 Rn. 55.
[200] WuW/E BGH 2292 – *Annahmeerklärung* = NJW 1986, 1300 = WM 1986, 1330.
[201] WuW/E BKartA 1296 – *Schriftform, Preisbindung*.
[202] WuW/E BKartA 1296 – *Schriftform, Preisbindung*.
[203] Vgl. unten Rn. 37 ff.
[204] Vgl. hierzu unten Rn. 51 ff.
[205] So wohl auch *Emmerich* in: Immenga/Mestmäcker, GWB, § 30 Rn. 123, indem er bei Verstoß gegen das Schriftformgebot von einem untersagungsfähigen, also verbotenen Verhalten nach § 32 GWB ausgeht; a. A. *Jestaedt* in: Langen/Bunte § 30 Rn. 139.
[206] Dazu unten Rn. 86.
[207] EU-Komission, XXIX. Bericht über die Wettbewerbspolitik 1999, S. 181 ff., zum vergleichbaren belgischen Pressevertrieb.
[208] Dazu oben Rn. 5.
[209] WuW/E BKartA 1296 – *Schriftform, Preisbindung*.

nach hiesiger Auffassung auch verboten nach § 1 GWB ist.[210] Für zwischenstaatliche Sachverhalte bleibt **§ 30 Abs. 2 GWB** daher **wirkungslos,** § 22 Abs. 2 GWB sowie Art. 3 Abs. 2 EU-VO 1/2003.[211] Der deutsche Gesetzgeber sollte daher § 30 Abs. 2 GWB ersatzlos streichen, um eine Ungleichbehandlung von zwischenstaatlichen und nicht-zwischenstaatlichen Sachverhalten zu vermeiden;[212] das war gerade Ziel der Harmonisierungsbemühungen des deutschen Gesetzgebers anlässlich der 7. GWB-Novelle 2005.[213]

6. Lückenlosigkeit

Nicht erwähnt vom Tatbestand des § 30 GWB wird die sog. Lückenlosigkeit der Preisbindung. Eine Lückenhaftigkeit kann zu einem Einschreiten des BKartA[214] und in zwischenstaatlichen Sachverhalten zur einer Verletzung des Art. 81 EG[215] führen. Ferner kommen unter engen Voraussetzungen auch Ansprüche nach UWG[216] und bei vertraglicher Verpflichtung aus Vertrag[217] in Betracht. – Es wird zwischen gedanklicher und praktischer Lückenlosigkeit unterschieden. 37

a) Gedankliche Lückenlosigkeit. Die theoretische Lückenlosigkeit erfordert die Errichtung eines Bindungssystems, das gewährleistet, dass die in einem Preisbindungssystem vertriebenen Zeitungen und Zeitschriften nicht an Wiederverkäufer gelangen, die ihrerseits nicht zur Einhaltung der Preise verpflichtet sind. Dies setzt voraus, dass **jeder Wiederverkäufer** dazu verpflichtet wird, die ihm vorgeschriebenen Preise einzuhalten. Soweit gewerbliche Abnehmer beliefert werden, müssen diese ihrerseits vom Wiederverkäufer verpflichtet werden, sich an die Preisbindung zu halten.[218] An einer gedanklichen Lückenlosigkeit fehlt es, wenn einzelne **Vertriebswege ohne Preisbindung** bestehen.[219] Unschädlich ist es dagegen, wenn das System auf anderen, deutlich abgetrennten Märkten lückenhaft ist.[220] 38

Auch **das bindende Unternehmen selbst** ist an seine Preisbindungsvereinbarungen gebunden.[221] Der Bundesgerichtshof formuliert in *Probeabonnement,* der Preisbinder dürfe nichts tun, was die Bindung der Endverkaufspreise untergräbt und dem vertragstreuen Händler Schwierigkeiten bereitet.[222] Die Grenze liegt aber erst bei einer **wesentlichen Nachfrageverschiebung,** die tatsächlich festzustellen ist. Der Absatz des preisgebundenen Titels muss zu Lasten der preisgebundenen Händler durch die Aktion des Preisbinders nennenswert zurückgegangen sein.[223] Den Wettbewerbsregeln, die sich sowohl die Zeitungs- 39

---

[210] Oben Rn. 35.
[211] So jetzt auch *Waldenberger* in: Frankfurter Kommentar § 30 Rn. 63; *Kling/Thomas* § 17 Rn. 158.
[212] A. A. *Bremer/Martini* in: Münchener Kommentar § 30 Rn. 56, die davon ausgehen, der zwischenstaatliche Handel sei „regelmäßig nicht beeinträchtigt"; dazu unten Rn. 86.
[213] Begr. RegE 7. GWB-Novelle, BT-Drucks. 15/3640, S. 22 f.; für die Einführung eines Schriftformgebotes auf europäischer Ebene *Waldenberger* in: Frankfurter Kommentar § 30 Rn. 63.
[214] Eingehend Rn. 43.
[215] Eingehend Rn. 44.
[216] Dazu Rn. 45, 70.
[217] Siehe Rn. 45.
[218] Vgl. auch *Jestaedt* in: Langen/Bunte § 30 Rn. 76; *Emmerich* in: Immenga/Mestmäcker, GWB, § 30 Rn. 105.
[219] BGH GRUR 1989, 832 – *Schweizer Außenseiter* = NJW-RR 1989, 1383, 1385; OLG Köln GRUR 1987, 545 – *Payout-Kosmetika.*
[220] OLG Frankfurt WuW/E 624, 626.
[221] BGHZ 53, 76, 86 – *Schallplatten II* = NJW 1970, 858; BGHZ 38, 90, 93 – *Grote-Revers* = NJW 1962, 293 ff.
[222] BGH WuW/E DE-R 1779 = GRUR 2006, 773, 775 Tz. 23 – *Probeabonnement.*
[223] BGH WuW/E DE-R 1779 = GRUR 2006, 773, 775 Tz. 26 – *Probeabonnement.*

verleger[224] als auch die Zeitschriftenverleger[225] mit Anerkennung durch das BKartA gegeben haben,[226] können insoweit nur noch sehr begrenzt Anhaltspunkte für eine Beurteilung entnommen werden. Einmal abgesehen davon, dass sie von einem überholten lauterkeitsrechtlichen Verständnis geprägt sind,[227] berücksichtigen sie nicht das vorerwähnte eher kartellrechtliche Erfordernis der (tatsächlichen) wesentlichen Nachfrageverschiebung. Allenfalls für die Zulässigkeit, insbesondere aber nicht für Unzulässigkeit können den Wettbewerbsregeln Vermutungswirkungen zukommen.[228]

Sonderpreise können danach als grundsätzlich zulässig gelten, soweit sie historisch gewachsen sind, ausnahmsweise gewährt werden und für jeden Händler gleichmäßig gelten.[229] Besonders verbreitet sind ermäßigte Preise für das Abonnement von Zeitungen oder Zeitschriften zur Ausbildung oder Ausübung der beruflichen Tätigkeit, wenn der Bezieher in der Ausbildung ist oder noch kein volles Gehalt bekommt (z.B. Auszubildende, Studierende, Zivil- und Wehrdienstleistende).[230] Historisch gewachsen und nicht zu beanstanden ist auch die Ausnahme von Lieferungen zum Eigenbedarf an Pressehändler und deren Angestellte[231] genauso wie die Gewährung von **Mengenrabatten,** soweit die Bedingungen genau festgelegt werden.[232] – Beim Vertrieb von Zeitungen und Zeitschriften ist eine Preisspreizung zwischen **Einzelverkaufs- und Abonnementpreis** üblich. Die längere Bindungsdauer begründet insoweit einen sachlichen Differenzierungsgrund. Daher ist es seit der Grundentscheidung des Bundeskartellamtes aus den 1980er Jahren[233] gängige Praxis, dass Zeitungen und Zeitschriften bis zu **15%** unter dem kumulierten Einzelverkaufspreis angeboten werden, soweit das Abonnement über einen Zeitraum von mindestens einem Jahr läuft.[234] An dieser Praxis ist trotz des Erfordernisses der tatsächlich wesentlichen Nachfrageverschiebung des BGH in *Probeabonnement* festzuhalten;[235] auch das Gericht betont, dass bei Dauerabonnements der Leser für den Einzelhändler verloren ist, sie sich also im Regelfall negativ auf den Händlerabsatz auswirken.[236] Bei 15% und mehr Vorteil des Abonnements ist aber eine Entscheidung des Lesers für ein Abonnement wahrscheinlich. Das gleiche gilt, wenn dem Abonnenten zwar kein Rabatt, aber ein Geschenk in Höhe

---

[224] Wettbewerbsregeln für den Vertrieb abonnierbarer Tages- und Wochenzeitungen, abrufbar unter www.bdzv.de („Recht & Politik", „Vertriebsrichtlinien").

[225] Wettbewerbsregeln für den Vertrieb von abonnierbaren Publikumszeitschriften von 2004, abrufbar unter www.vdz („Vertrieb", „VDZ-Wettbewerbsregeln").

[226] Vgl. zum Empfehlungscharakter der Wettbewerbsregeln BGH WuW/E DE-R 1779 = GRUR 2006, 773, 774f. Tz. 19f. – *Probeabonnement*.

[227] BGH WuW/E DE-R 1779 = GRUR 2006, 773, 775 Tz. 27 – *Probeabonnement*.

[228] Weitergehend *Gaertner* AfP 2006, 413, 415, der dennoch den Wettbewerbsregeln indizielle Bedeutung zumessen will.

[229] WuW/E BGH 951 ff. – *Büchereinachlass* = BB 1967, 773 ff.; WuW/E BGH 218, 219 – *Buchhandel*; KG WuW/E OLG 1128, 1129 – *Zweigleisiger Vertrieb*; KG WuW/E OLG 3154, 3157 – *Schulbuch-Sammelbestellung*.

[230] *Wegner/Wallenfels/Kaboth* 5. Kap. Rn. 86 unter Verweis auf B Nr. 2 Sammelrevers 2002; siehe ferner Ziff. 6 Wettbewerbsregeln für den Vertrieb abonnierbarer Tages- und Wochenzeitungen und Ziff. 3 Wettbewerbsregeln für den Vertrieb von abonnierbaren Publikumszeitschriften.

[231] *Wegner/Wallenfels/Kaboth* 5. Kap. Rn. 89 unter Verweis auf die Regelung in B Nr. 3 Sammelrevers 2002.

[232] Vgl. WuW/E BGH 2166 – *Schulbuch-Preisbindung* = GRUR 1985, 933 ff. = WuW/E BGH 2175 ff. – *Preisbindundstreuhänder-Empfehlung*; WuW/E BGH 951, 956 – *Büchereinachlass* = BB 1967, 773 ff. = MDR 1967, 818.

[233] BKartA TB 1987/88, S. 33, 94.

[234] OLG Düsseldorf AfP 2004, 274, 276 – *Probeabonnement* = WRP 2004, 1299 = ZUM-RD 2004, 412; OLG Hamburg WRP 1995, 1068.

[235] So auch *Bechtold* WRP 2006, 1162, 1163; *Gaertner* AfP 2006, 413, 415; a.A. *Alexander* ZWeR 2007, 239, 255.

[236] BGH WuW/E DE-R 1779 = GRUR 2006, 773, 775 Tz. 26 – *Probeabonnement*.

von 50% des Abonnementspreises gewährt wird.[237] Eine Ausnahme ist bei im Vergleich zum gebundenen Einzelhandelspreis **rabattierten Kurzabonnements** zu Erprobungszwecken oder anderen vorübergehenden Zwecken (z. B. Kurzabonnement zur Bundestagswahl) zu machen. Die Grenze bildet erst die tatsächliche wesentliche Nachfrageverschiebung weg vom (preisgebundenen) Einzelhändler. Denn der Erprobungserfolg kommt grundsätzlich sowohl der Abonnements- als auch der Einzelverkaufsauflage zugute.[238] Bei entgeltlichen Kurz- oder Probeabonnements für Zeitungen, die auf maximal drei Monate begrenzt sind, besteht die fixe Rabattgrenze der jeweiligen Wettbewerbsregeln von höchstens 35%[239] (unter Einrechnung von Gratiszugaben mit ihrem Ladenverkaufswert in den Wert der Vergünstigung[240]) nach BGH *Probeabonnement* also nicht mehr. Die relevante Grenze der wesentlichen Nachfrageverschiebung ist auch bei einer Rabattierung um 40% nicht überschritten.[241] Lückenhaft wird danach auch nicht eine Zeitschriftenpreisbindung, wenn das Probeabonnement um bis 50% reduziert ist und noch eine Uhr zugegeben wird.[242] Allerdings kann es die Lückenhaftigkeit begründen, wenn die Zeitschrift an bestimmte Kunden zum gleichen Preis als kombiniertes Produkt[243] angeboten wird, sofern das mit der Zeitung oder Zeitschrift kombinierte Produkt so attraktiv ist, dass eine erhebliche Nachfrageverschiebung zu befürchten ist. Keine Lückenhaftigkeit liegt demgegenüber vor, wenn für ein solches kombiniertes Produkt ein anderer Preis verlangt wird als für die Zeitung oder Zeitschrift selbst.[244] Nicht anders zu behandeln sind **kostenlose Kurzabonnements**; sie sind nur eine extreme Form des rabattierten Kurzabonnements. Wie es bei Zeitungen und Zeitschriften möglich ist, einzelne Ausgaben kostenlos zu verteilen, sind auch kostenlose Mehrfachlieferungen von bis 2 Wochen bei Tageszeitungen oder 4 Ausgaben bei Wochenzeitungen[245] bzw. bei Publikumszeitschriften bis zu 3 Ausgaben[246] zulässig. Sofern nicht tatsächlich eine wesentliche Nachfrageverschiebung festzustellen ist, können die Zeiträume auch noch weiter ausgedehnt werden. Die Aktionen müssen jedoch nachvollziehbar der Erprobung des Produkts dienen[247] und dürfen insbesondere nicht auf Dauerbezug ausgerichtet sein, weil dann eine wesentliche Nachfrageverschiebung eintritt.[248] Wie lang die „Karenzzeit" für eine erneute kostenlose Belieferung zu bemessen ist, richtet sich ebenfalls

---

[237] LG Hamburg WRP 1995, 1068; zustimmend auch *Waldenberger* in: Frankfurter Kommentar § 30 GWB Rn. 77
[238] BGH WuW/E DE-R 1779 = GRUR 2006, 773, 775 Tz. 26 – *Probeabonnement*, dort für Probeabonnements; vgl. auch *von Jagow/Meinberg* AfP 2003, 243. Kritisch zu dieser Auffassung wegen fehlender empirischer Belege *Bechtold* WRP 2006, 1163, 1164.
[239] Ziff. 7 Wettbewerbsregeln für den Vertrieb abonnierbarer Tages- und Wochenzeitungen und Ziff. 3 Wettbewerbsregeln für den Vertrieb von abonnierbaren Publikumszeitschriften; OLG Hamburg AfP 2005, 180 – *13 Hefte Stern II* = MD 2005, 421 = OLGR 2005, 360; OLG Hamburg AfP 2004, 129, 131 – *Kurzabos;* OLG Hamburg GRUR 2003, 811, 813 – *Zeitschriften-Test Abo;* OLG Düsseldorf AfP 2004, 274, 276 – *Probeabonnement* = WRP 2004, 1299 = ZUM-RD 2004, 412; OLG Düsseldorf GRUR-RR 2004, 206, 207 – *Wirtschaftswoche;* LG Konstanz AfP 2002, 449. Eingehend speziell zur kartellrechtlichen Zulässigkeit von Kurzabonnements *Kröner* WRP 2003, 1149, 1152ff.
[240] OLG Hamburg AfP 2005, 180 – *13 Hefte Stern II* = MD 2005, 421 = OLGR 2005, 360; OLG Hamburg AfP 2004, 129 – *Kurzabos;* OLG Hamburg GRUR 2003, 811 – *Zeitschriften Test-Abo*.
[241] BGH WuW/E DE-R 1779 = GRUR 2006, 773, 775 Tz. 26 – *Probeabonnement*. Kritisch zu dieser Auffassung wegen fehlender empirischer Belege *Bechtold* WRP 2006, 1163, 1164.
[242] A. A. OLG Düsseldorf GRUR-RR 2004, 206, 207 – *Wirtschaftswoche*.
[243] Dazu oben Rn. 17 f.
[244] Dazu oben Rn. 26.
[245] Ziff. 2 Wettbewerbsregeln für den Vertrieb abonnierbarer Tages- und Wochenzeitungen.
[246] Ziff. 2 Wettbewerbsregeln für den Vertrieb von abonnierbaren Publikumszeitschriften; OLG München WRP 1996, 54; OLG Schleswig WRP 1996, 57.
[247] Vgl. einerseits BGH GRUR 1957, 600 – *Westfalen-Blatt;* andererseits BGH GRUR 1996, 778 – *Stumme Verkäufer*.
[248] *Waldenberger* in: Frankfurter Kommentar § 30 GWB Rn. 75.

nach dem Kriterium der wesentlichen Nachfrageverschiebung.[249] Auch wenn Zeitungen über **eBook Reader** günstiger abgegeben werden, ist das unschädlich, solange während der Markteinführung solcher Geräte keine wesentliche Nachfrageverschiebung zu befürchten ist. – **Abzugrenzen** ist die (bloß missbräuchliche[250]) Lückenhaftigkeit vom (verbotenen) **zweigleisigen Vertrieb** (also Bindung von mehr als einem Preis auf dem selben räumlichen und sachlichen Markt).[251] In der Regel dürfte jedoch im Hinblick auf die vorerwähnten Sonderpreise und Zugaben kein zweigleisiger Vertrieb vorliegen, weil der Verleger diese direkt gegenüber den Lesern gewährt und sie nicht in sein Preisbindungssystem gegenüber den Grossisten und Einzelhändlern einstellt.

40 Preisbindende Pressevertriebssysteme sind grundsätzlich nicht deshalb gedanklich lückenhaft, weil die **Möglichkeit von Reimporten** aus dem preisbindungsfreien Ausland besteht. Zunächst fehlt es im Regelfall schon deshalb nicht an einer gedanklichen Lückenlosigkeit, weil sich die Möglichkeit von Reimporten bei Zeitungen und Zeitschriften nicht als **echte Alternative** darstellt. Bei Zeitungen und Zeitschriften lohnt wegen der relativ niedrigen Verkaufspreise und geringen Handelsspannen regelmäßig der Reimport nicht. Selbst wenn sich der preisbindungsfreie Reimport einmal ausnahmsweise als echte Alternative bietet, wäre damit die gedankliche Lückenlosigkeit nicht in Frage gestellt. Im Hinblick auf das EU-Ausland gilt das deshalb, weil eine europarechtlich erwünschte fehlende Preisbindung dem Verleger nicht die Möglichkeit nehmen soll, in Deutschland ein effektives Preisbindungssystem zu etablieren. Auch der Gesetzgeber des Gesetzes zur Sicherung der nationalen Buchpreisbindung von 2000 war der Auffassung, dass die nationale Preisbindung in solchen Fällen wirksam bleiben sollte.[252] Er hat deshalb – auch für Zeitungen und Zeitschriften – eine Klarstellung in § 15 Abs. 1 Satz 4 GWB a. F. eingeführt. Die Klarstellung ist mit Einführung des BuchpreisbindungsG 2002 wieder entfallen; jedoch lediglich weil der Gesetzgeber meinte, die Problematik von Reimporten würde nur für Bücher bestehen.[253] Im Hinblick auf Nicht-EU-Ausland liegen ohnehin keine Gründe vor, um das nationale Preisbindungsprivileg zurücktreten zu lassen. Hinzuweisen bleibt darauf, dass im Rahmen der überkommenen Vertriebsstruktur mit Remissionsrecht für den gebundenen Händler auch eine Preisbindung nach Art. 81 EG erlaubt ist.[254] Der Verleger kann sich also ohne weiteres dadurch schützen, dass er auch im EU-Ausland die Preise bindet. Er muss allerdings eine Remmission vorsehen. Da sich die Wertung des Art. 81 EG gegenüber nationalen Vorschriften in zwischenstaatlichen Sachverhalten durchsetzt (Art. 3 EU-VO 1/2003), besteht die Möglichkeit der Bindung im EU-Ausland auch dort, wo das nationale Recht eigentlich die Preisbindung verbietet.

41 Zur gedanklichen Lückenlosigkeit gehört auch, dass der Preisbinder von Anfang an ein geeignetes **System zur Überwachung** errichtet.[255] Werden dem Preisbinder durch das Überwachungssystem Verstöße gegen das Bindungssystem bekannt, müssen diese unverzüglich verfolgt werden.[256] Um Verstößen vorzubeugen, kann der Preisbindungsvertrag

---

[249] Insoweit ist zweifelhaft, ob die von *Waldenberger* in: Frankfurter Kommentar § 30 GWB Rn. 81 genannten Gerichtentscheidungen, die mehrere Monate für Zeitungen (KG v. 18. 8. 2000, Az. 5 U 3365/00) und 3 Monate für Publikumszeitschriften (OLG München WRP 1996, 54; OLG Schleswig WRP 1996, 57) festlegen, noch aktuell sind.
[250] Siehe Rn. 43 f.
[251] Dazu oben Rn. 26.
[252] Begr. RegE BT-Drucks. 14/3509, S. 4; kritisch *Emmerich* in: Immenga/Mestmäcker, GWB, § 30 Rn. 107.
[253] *Franzen/Wallenfels/Russ*, BuchpreisbindungsG, § 30 GWB Rn. 1.
[254] Im Einzelnen unten Rn. 87.
[255] WuW/E BGH 551 – *Trockenrasierer II*; WuW/E BGH 661 – *Warnschild* = BGHZ 43, 359, 361 = NJW 1965, 1527; **a. A.** für § 30 GWB *Bremer/Martini* in: Münchener Kommentar § 30 Rn. 35.
[256] WuW/E BGH 551 – *Trockenrasierer II*; WuW/E BGH 661 – *Warnschild* = BGHZ 43, 359, 361 = NJW 1965, 1527.

§ 30. Preisbindung bei Zeitungen und Zeitschriften

Sanktionen wie Vertragsstrafen oder Liefersperren vorsehen,[257] was aber nicht als zwingend für die gedankliche Lückenlosigkeit erscheint. Der Preisbinder kann sich auch ein Bucheinsichtsrecht durch vereidigte Buchprüfer einräumen lassen; auch dies erscheint aber nicht als erforderlich, um die gedankliche Lückenlosigkeit zu gewährleisten.[258]

b) Praktische Lückenlosigkeit. Neben der gedanklichen Lückenlosigkeit muss das Preisbindungssystem auch tatsächlich (praktisch) lückenlos sein. Obwohl **keine absolute praktische Lückenlosigkeit** erforderlich ist, muss das Preisbindungssystem von den Händlern **im Wesentlichen eingehalten** werden, damit ihre Wettbewerbslage gleich ist.[259] Die Wirksamkeit wird durch vereinzelte Lücken nicht beeinträchtigt, soweit der Preisbinder unverzüglich einschreitet.[260] Die Überwachung erfolgt üblicherweise durch **Testkäufer** oder durch die Einschaltung von **Treuhändern**.[261] 42

c) Bedeutung der Lückenlosigkeit. aa) Lückenlosigkeit und §§ 1, 20, 30 GWB. Nach der herrschenden Meinung ist die Lückenlosigkeit der Preisbindung **kein ungeschriebenes Tatbestandsmerkmal** des § 30 Abs. 1 GWB.[262] Kartellrechtlich soll eine Lückenhaftigkeit nur dazu führen, dass das BKartA nach § 30 Abs. 3 GWB einschreiten kann. Zivilrechtliche Ansprüche aus Kartellrecht[263] scheiden aus. Das BKartA hat „allein ... die Befugnis", in solchen Fällen einzuschreiten.[264] Die lückenhafte Preisbindung ist daher nicht nach § 1 GWB verboten, weil die Privilegierung des § 30 Abs. 1 GWB durch bloße Lückenhaftigkeit nicht entfällt. Daneben scheidet auch eine Anwendung des § 20 Abs. 1 GWB aus, weil dieser die gleichen Konsequenzen (Unwirksamkeitsfolge gem. § 134 BGB sowie zivilrechtliche Ansprüche nach § 33 GWB) hätte wie § 1 GWB. 43

bb) Lückenlosigkeit und Art. 81 EG. In zwischenstaatlichen Sachverhalten[265] gilt der grundsätzliche **Vorrang der Beurteilung nach Art. 81 EG** (§ 22 Abs. 2 GWB und Art. 3 Abs. 2 EU-VO 1/2003). Mithin kommt es hier darauf an, ob Art. 81 EG verletzt ist. Eine eigenständige Beurteilung nach § 30 GWB ist nicht möglich. Nicht jedes lückenhafte Preisbindungssystem verletzt aber Art. 81 EG. Vielmehr steht die europarechtliche Praxis dem Erfordernis der Lückenlosigkeit für die kartellrechtliche Wirksamkeit eines Preisbindungssystems eher kritisch gegenüber. Der EuGH hatte entschieden, dass die Lückenlosigkeit für die kartellrechtliche Wirksamkeit einer Vertriebsbindung nach europäischem Recht (Art. 81 EG) nicht erforderlich sei. In der Literatur wurde daraus der Schluss gezogen, dass die praktische und theoretische Lückenlosigkeit nun auch nach nationalem Recht für die Durchsetzung eines Preisbindungssystems wegen des Vorrangs des Gemeinschaftsrechts nicht mehr erforderlich sei.[266] Das geht jedoch zu weit. Auch der EuGH stellte aufgrund einer Vorlage des LG Hamburg[267] klar, dass aus den in der *Cartier*-Entscheidung entwickelten Grundsätzen nicht folge, dass eine nationale Rechtsordnung, nach der nur lückenlose Vertriebsysteme geschützt werden, mit Art. 81 Abs. 1 oder Abs. 3 EG nicht vereinbar sei.[268] Die Lückenlosigkeit hat im Preisbindungssystem des Pressevertriebs eine 44

---

[257] OLG Stuttgart NJW-RR 1989, 1004, 1006.
[258] WuW/E BGH 661 – *Warnschild* = BGHZ 43, 359 ff. = NJW 1965, 1527; OLG Frankfurt/M. WuW/E OLG 265, 275 – *Uhren-W*. Siehe auch oben Rn. 29.
[259] WuW/E BGH 916, 922 – *Trockenrasierer III*.
[260] Vgl. WuW/E BGH 1065 – *Remington* = NJW 1970, 557; OLG Düsseldorf WuW/E OLG 509.
[261] BGH NJW-RR 1986, 259 – *Preisbindungstreuhänder-Empfehlung*; WuW/E BGH 627 – *Grauer Markt*.
[262] *Bechtold*, GWB, § 30 Rn. 21; *Kling/Thomas* § 17 Rn. 159.
[263] Zu vertraglichen Ansprüchen und UWG Rn. 45.
[264] BGH WuW/E DE-R 1779 = GRUR 2006, 773, 774 Tz. 15 – *Probeabonnement*.
[265] Unten Rn. 86.
[266] So *Bechtold* NJW 1994, 3211 ff.; *Hootz* EWS 1994, 93; *Röhling* EWiR 1994, 145.
[267] LG Hamburg, WRP 1996, 479.
[268] EuGH WuW/E EWG/MUV 1049, 1050 – *VAG-Händlerbeirat* = EuZW 1997, 475; ebenso OLG Dresden GRUR 1997, 17.

besondere Bedeutung; denn bei allzu großer Lückenhaftigkeit kann das Funktionieren des gesamten Vertriebssystems für den betreffenden Titel, insbesondere seine Überallerhältlichkeit, in Frage gestellt sein. Während in herkömmlichen Vertriebssystemen eine Lückenlosigkeit überflüssig sein mag, kann sie also in Preisbindungssystemen wie dem Pressevertrieb eine besondere Rechtfertigung haben.[269] Danach ist mit Rücksicht auf den Zweck der Privilegierung von Preisbindungssystem im Bereich der periodischen Presse[270] von einer Verletzung des Art. 81 EG auszugehen, wenn die Lückenhaftigkeit dazu führt, dass die Aufrechterhaltung des gewünschten Systems mit Überallerhältlichkeit nicht mehr sichergestellt ist. In allen anderen Fällen führt allein die Lückenhaftigkeit nicht zu einem Verstoß gegen Art. 81 EG.[271]

45   cc) Lückenlosigkeit und Vertragsrecht, UWG. Die Lückenhaftigkeit kann dazu führen, dass die Preisbindung **vertraglich gegenüber dem Gebundenen nicht mehr durchgesetzt** werden kann, weil der Bindende sich dann den Einwand der unzulässigen Rechtsausübung entgegenhalten lassen muss.[272] Verstößt die Lückenhaftigkeit gegen **Wettbewerbsregeln,** an die der Verleger gebunden ist, kommen auch insoweit vertragliche Ansprüche in Betracht; gleichzeitig können auch Ansprüche – allerdings nur unter gewissen Voraussetzungen – nach **UWG** gegen den Verleger bestehen.[273]

VI. Missbrauchsaufsicht

46   Die Preisbindung unterliegt nach § 30 Abs. 3 GWB einer besonderen Missbrauchskontrolle des Bundeskartellamtes. Missbräuchliche Preisbindungen können für unwirksam erklärt werden, und die Anwendung neuer, gleichartiger Systeme kann verboten werden. Die Vorschrift hatte bis zur Abschaffung der Preisbindung für Markenartikel erhebliche praktische Bedeutung.[274] Die Missbrauchsverfahren sind seither jedoch selten geworden. Die Tätigkeitsberichte 2003/2004 und 2005/2006 des BKartA erwähnen kein einziges Missbrauchsverfahren nach § 30 GWB bzw. § 15 GWB a. F.

1. Verhältnis zu §§ 1, 32 ff. GWB

47   § 30 Abs. 3 GWB ermöglicht nur dann die Anwendbarkeit der allgemeinen Befugnisse der Kartellbehörden nach §§ 32 ff. GWB, wenn der Bindende schon die Tatbestandsvoraussetzungen des § 30 Abs. 1 oder Abs. 2[275] GWB nicht einhält. Dann greift das Preisbindungsverbot des **§ 1 GWB,** und die KartB kann auch aufgrund der Verletzung des § 1

---

[269] Vgl. EU-Kommission XXIX. Bericht der Europäischen Kommission über die Wettbewerbspolitik 1999, S. 181 ff., die für die Freistellung von preisbindenden Pressevertriebssystemen die Gewährleistung der Überallerhältlichkeit besonders betont. Siehe auch BGH GRUR 2000, 724 – *Außenseiteranspruch II* = BGHZ 143, 232 = NJW 2000, 2504, der herausstellt, dass Lückenlosigkeit bei Preisbindungssystemen anders als bei Vertriebsbindungen erforderlich sein kann.
[270] Oben Rn. 3.
[271] Zur generellen Beurteilung von Preisbindungen in Pressevertriebssystemen nach EU-Kartellrecht Rn. 86 f.
[272] BGH GRUR 2000, 724 – *Außenseiteranspruch II* m. w. N. aus seiner Rechtsprechung = BGHZ 143, 232 = NJW 2000, 2504; BGH GRUR 1989, 832 – *Schweitzer Außenseiter* = NJW-RR 1989, 1383, 1385; OLG Frankfurt WuW/E OLG 2195, 2201; OLG Düsseldorf NJW-RR 1986, 842 – *Dior; Bunte* GRUR 1987, 90, 98 ff.; *Emmerich* in: Immenga/Mestmäcker, GWB, § 30 Rn. 23 f.; *Bechtold*, GWB, § 30 Rn. 21. Vgl. auch unten Rn. 68.
[273] Dazu unten Rn. 70.
[274] Vgl. *Jestaedt* in: Langen/Bunte § 30 Rn. 133; *Emmerich* in: Immenga/Mestmäcker, GWB, § 30 Rn. 120.
[275] Vgl. dazu, dass bei mangelnder Erfüllung der Voraussetzungen des § 30 Abs. 2 GWB § 1 GWB verletzt ist, oben Rn. 35. Siehe aber auch zur Kollision des § 30 Abs. 2 GWB mit Art. 81 EG oben Rn. 36.

GWB vorgehen. Die Verfügungen des BKartA nach **§ 30 Abs. 3 GWB** sind dann **nur deklaratorischer Natur,** weil sowohl Unwirksamkeit als auch Verbot sich schon aus einer Anwendung des § 1 GWB ergeben. Dennoch erscheint eine Anwendung des § 30 Abs. 3 GWB in diesen Fällen schon deshalb als sinnvoll, weil eine Verfügung des BKartA Bindungswirkung für Dritte, insbesondere vor den Zivilgerichten, entfaltet und daher schon aus Gründen der Rechtsicherheit dieses Instrument auch im Fall der Anwendbarkeit des § 1 GWB erhalten bleiben muss.[276]

§ 30 Abs. 3 GWB ist jedoch **abschließend,** wenn der Tatbestand des § 30 Abs. 1 und Abs. 2 GWB erfüllt ist.[277] Dann liegt „nur" missbräuchliches Verhalten nach § 30 Abs. 3 GWB vor, weil eine missbräuchliche Preisbindung nicht auch § 1 GWB verletzt.[278] § 30 Abs. 3 GWB gewährt insoweit dem **BKartA** ein **Verbotsmonopol** für nur **missbräuchliche vertikale Preisbindungen,** die nach § 1 GWB nicht verboten sind. Ein Beispiel für einen nicht gemäß § 1 GWB verbotenen Missbrauch ist eine nicht lückenlose Preisbindung. Die Lückenlosigkeit ist nicht Tatbestandsmerkmal des § 30 Abs. 1 und Abs. 2 GWB.[279] Liegt ein „nur" missbräuchliches Verhalten im Sinne des § 30 Abs. 3 GWB vor, ist nur das Hinwegsetzen über eine behördliche Missbrauchsverfügung verboten. Deshalb muss das GWB für die Bußgeldsanktion sowie für Unterlassungs- und Schadensersatzansprüche vorsehen, dass erst ein Zuwiderhandeln gegen die Verbotsverfügung der Kartellbehörde solche Sanktionen auslöst. Für **Bußgelder** gilt dies gemäß **§ 81 Abs. 2 lit. a) GWB** und für **Unterlassungs- und Schadensersatzansprüche** nach **§ 33 Satz 1 GWB** („oder eine Verfügung der Kartellbehörde verstößt").

2. Verhältnis zu §§ 20 Abs. 1, 32 ff. GWB

Gleiches[280] gilt auch für das Verhältnis von § 30 Abs. 3 GWB zum Missbrauchsverbot des § 20 Abs. 1 GWB. Eine Preisbindung kann nach **§ 20 Abs. 1 GWB** im Rahmen der §§ 32 ff. GWB von der KartB nur aufgriffen werden, wenn der Tatbestand des § 30 Abs. 1 und Abs. 2 GWB nicht erfüllt ist. Da gemäß § 20 Abs. 1 GWB alle Preisbinder nach § 30 Abs. 1 Satz 1 GWB Adressaten des § 20 Abs. 1 GWB sind, hätte § 30 Abs. 3 GWB ansonsten keinen eigenständigen Anwendungsbereich. Jedoch hat der Gesetzgeber für § 30 Abs. 3 GWB ein eigenständiges Sanktionsinstrumentatrium mit fehlendem gesetzlichen Verbot des Missbrauches und spezieller Bußgeldregelung (§ 81 Abs. 2 lit. a) GWB) geschaffen, das nicht durch eine Anwendung des § 20 Abs. 1 GWB ausgehebelt werden darf. – Ist der Tatbestand der des § 30 Abs. 1 und Abs. 2 GWB nicht gegeben, überschneiden sich die Anwendungsbereiche der §§ 20 Abs. 1 und 30 Abs. 3 GWB. Dann kann § 30 Abs. 3 GWB genauso wie im Überschneidungsbereich mit § 1 GWB nur deklaratorische Wirkung zukommen. Weder Verbot noch Unwirksamkeitserklärung gemäß § 30 Abs. 3 GWB können insoweit konstitutiv wirken, weil bei Anwendung des § 20 Abs. 1 GWB bereits per Gesetz ohne behördliches Einschreiten die entsprechende Rechtsfolge eintritt. Aus Gründen der Rechtssicherheit entfalten Verfügungen nach § 30 Abs. 3 GWB auch dann jedoch ihre Wirkung, insbesondere gegenüber den Zivilgerichten.[281]

---

[276] *Jestaedt* in: Langen/Bunte § 30 Rn. 138; *Emmerich* in: Immenga/Mestmäcker, GWB, § 30 Rn. 144 m. w. N. in Fn. 430 aus der Praxis des BKartA.
[277] BGH WuW/E DE-R 1779 = GRUR 2006, 773, 774 Tz. 15 – *Probeabonnement:* „... räumt allein dem BKartA die Befugnis ein ..."; zustimmend *Emmerich* in: Immenga/Mestmäcker, GWB, § 30 Rn. 142.
[278] Oben Rn. 47.
[279] Dazu unten Rn. 43; ferner unten Rn. 56.
[280] Vgl. Rn. 47 f.
[281] Vgl. die parallele Konstellation für den Überschneidungsbereich des § 30 Abs. 3 GWB mit § 1 GWB, oben Rn. 47 f.

3. Verhältnis zum EU-Kartellrecht

50 Die eigenständige Missbrauchsaufsicht bei der Preisbindung für Zeitungen und Zeitschriften kann jedoch gemäß § 22 Abs. 2 GWB und Art. 3 Abs. 2 EU-VO 1/2003 zurücktreten. Nach diesen Bestimmungen dürfen gemäß GWB keine Preisbindungen verboten werden, die nach Art. 81 EG erlaubt sind. Verbietet das BKartA eine zwischenstaatliche Preisbindung, die nicht nach Art. 81 EG verboten ist, so verletzt dies das vorerwähnte Prinzip des Vorranges von EU-Kartellrecht in zwischenstaatlichen Sachverhalten. In **zwischenstaatlichen Sachverhalten**[282] hat § 30 Abs. 3 GWB danach **keine eigenständige Bedeutung** als Ermächtigungsgrundlage für ein behördliches Verbot. Zum Beispiel lückenhafte (zwischenstaatliche) Preisbindungen, die „nur" missbräuchlich nach § 30 Abs. 3 GWB, aber nicht nach Art. 81 EG verboten sind,[283] können mit einer kartellbehördlichen Verfügung gemäß § 30 Abs. 3 GWB nicht untersagt werden.

4. Tatbestand des § 30 Abs. 3 GWB

51 **a) Verhältnis von § 30 Abs. 3 Nr. 1 und Nr. 2 GWB.** Beide Missbrauchstatbestände des § 30 Abs. 3 GWB schließen sich nicht aus, sondern sind nebeneinander anwendbar. Sie überschneiden sich. Denn Nr. 2 setzt die **Eignung** eines Verhaltens als missbräuchlich voraus, während Nr. 1 den **Eintritt** des Missbrauches aufgreift. Nr. 2 regelt insoweit im Vorfeld des eigentlichen Missbrauches besonders hervorgehobene Fälle des Missbrauches.[284]

52 **b) Missbräuchliche Handhabung (Nr. 1).** Das Bundeskartellamt kann nach § 30 Abs. 3 Nr. 1 GWB gegen die Preisbindung einschreiten, wenn sie missbräuchlich gehandhabt wird. **Handhaben** umfasst dabei nicht nur die Durchführung, sondern auch die Einführung von Preisbindungssystemen.[285] Dass das Preisbindungssystem sich für Missbräuche eignet, genügt für Nr. 1 nicht; die missbräuchliche Handhabung muss vielmehr tatsächlich vorliegen.[286] Ein **Missbrauch** ist gegeben, wenn die Preisbindung gegen den Sinn und Zweck des § 30 GWB[287] verstößt.[288] Verschulden oder gar sittenwidriges Handeln des Preisbinders sind nicht Voraussetzung;[289] es genügt das objektive Vorliegen des Missbrauches. Missbräuchliches Verhalten lässt sich in folgende **vier Kategorien** aufteilen, wobei sich allerdings Überschneidungen zwischen den Kategorien ergeben können:

53 Zunächst ist die Preisbindung missbräuchlich, wenn ein **Verstoß gegen kartellrechtliche Bestimmungen außerhalb des § 30 Abs. 3 GWB** vorliegt. Missbräuchlich sind danach von der Privilegierung des § 30 Abs. 1 GWB nicht erfasste Preisbindungssysteme, weil sie grundsätzlich nach § 1 GWB verboten sind;[290] ein prominentes Beispiel ist der zweigleisige Vertrieb mit zwei verschiedenen gebundenen Preisen.[291] Missbräuchlich sind auch Preisbindungen, die sowohl von § 30 GWB erfasste Presseerzeugnisse als auch andere nicht preisbindungsfähige Waren einbeziehen.[292] Gleiches gilt für Systeme, die das Schrift-

---

[282] Dazu Rn. 86.
[283] Dazu Rn. 43.
[284] *Emmerich* in: Immenga/Mestmäcker, GWB, § 30 Rn. 122 mwN. bezeichnet deshalb Nr. 2 als besonders hervorgehobenen Fall des Missbrauchstatbestandes des Nr. 1.
[285] BGH WuW/E 1604 – *Sammelrevers 1974* = GRUR 1979, 490, 491 = NJW 1979, 1411.
[286] BKartA WuW/E 497 – *Kindernährmittel*. Eine Eignung genügt aber nach Nr. 2, dazu Rn. 57 ff.
[287] Dazu Rn. 3.
[288] KG WuW/E OLG 3154 – *Schulbuch-Sammelbestellungen; Jestaedt* in: Langen/Bunte § 30 Rn. 136.
[289] BGH WuW/E 852, 855 – *Großgebinde IV.*
[290] Zum Verhältnis des § 1 GWB zu § 30 Abs. 3 GWB vgl. Rn. 47 f.
[291] Oben Rn. 26.
[292] BGH WuW/E 1604 – *Sammelrevers 1974* = GRUR 1979, 490, 491 = NJW 1979, 1411.

lichkeitsgebot des § 30 Abs. 2 GWB nicht einhalten und deshalb nach hiesiger Ansicht gegen § 1 GWB verstoßen.[293] Weiter kann auch die Verbindung der Preisbindung mit anderen verbotenen Wettbewerbsbeschränkungen zu einem Missbrauch nach Nr. 1 führen, auch wenn nur Nr. 2 diesen Sachverhalt ausdrücklich erwähnt.[294] So ist missbräuchlich die Einführung einer kollektiven Preisbindung, weil eine solche einen Verstoß gegen § 1 GWB oder Art. 81 Abs. 1 EG darstellt.[295]

Sind die Voraussetzungen des § 30 Abs. 1 und Abs. 2 GWB erfüllt, finden insbesondere die §§ 1, 20 Abs. 1 GWB keine Anwendung.[296] Jedoch kann ihr **Regelungsgehalt indirekt** bei der Beurteilung nach § 30 Abs. 3 Nr. 1 GWB **herangezogen** werden. Dem Regelungsgehalt des § 20 Abs. 1 GWB wird zuwider gehandelt bei Preisdifferenzierungen zwischen verschiedenen Abnehmerkreisen oder Regionen, soweit diese nicht sachlich gerechtfertigt sind.[297] Außerdem kann die Rabattgestaltung auf Händlerstufe diskriminierend gemäß § 20 Abs. 1 GWB sein, wenn einigen Großhändlern die Gewährung jeglicher Rabatte und Vergünstigungen untersagt ist, während anderen Umsatzrückvergütungen gestattet werden.[298] Keine solche Diskriminierung ist es aber, wenn der Preisbinder dem Händler Umsatzrückvergütungen für Käufer ohne zusätzliche Leistungen des Käufers (als die Abnahme) untersagt, jedoch Gewinnbeteiligungen in Form von Umsatzrückvergütungen an Käufer zulässt, die gleichzeitig Mitglieder oder Gesellschafter des Händlers sind; denn insoweit besteht ein sachlicher Grund für die Diskriminierung.[299]

Außerdem erscheint eine Preisbindung als missbräuchlich, wenn sie gegen **andere au- 54 ßerhalb des Kartellrechts angesiedelte gesetzliche Verbote** verstößt. Das betrifft sowohl das Zustandekommen als auch die inhaltliche Gestaltung als auch ihre Durchführung.[300] Ein Beispiel wäre ein Verstoß gegen das UWG oder das AGB-Recht bei Zustandekommen, Gestaltung oder Durchführung der Preisbindung.

Ein Missbrauch liegt ferner vor, wenn der **Freistellungszweck nicht erreicht** wird.[301] 55 Zweck des § 30 GWB ist die Privilegierung des Pressevertriebssystems, in dem der Verleger durch die Remission das wirtschaftliche Risiko übernimmt, damit gleichzeitig aber die Überallerhältlichkeit der Presseerzeugnisse gewährleistet.[302] Missbräuchlichkeit ist also gegeben, wenn im Preisbindungssystem der Verleger gar nicht das grundsätzliche wirtschaftliche Risiko trägt, z. B. bei die Remission einschränkenden Klauseln oder die Bindung der Remission an Gegenleistungen. Ferner liegt auch ein Missbrauch vor, wenn die Überallerhältlichkeit nicht sichergestellt wird, so durch Ausschließlichkeitsbindungen an nur wenige Abnehmer, die keine Überallerhältlichkeit gewährleisten können. In den Fällen der Missbräuchlichkeit durch mangelndes Erreichen des Freistellungszwecks ist allerdings zu beachten, dass in zwischenstaatlichen Konstellationen der Vorrang des EU-Kartellrechts zu einem gesetzlichen Verbot nach Art. 81 Abs. 1 EG führt, weil die Legalausnahme gemäß Art. 81 Abs. 3 EG entfällt. Für konstitutive Missbrauchsverfügungen gemäß § 30 Abs. 3 GWB ist kein Raum.[303] Unterhalb der Zwischenstaatlichkeitsschwelle kann aber nur nach § 30 Abs. 3 GWB – und nicht nach § 1 GWB – vorgegangen werden, weil § 30 Abs. 3

---

[293] WuW/E BKartA 1296 – *Schriftform, Preisbindung.* Vgl. auch oben Rn. 35.
[294] So zutreffend *Emmerich* in: Immenga/Mestmäcker, GWB, § 30 Rn. 130.
[295] WuW/E BKartA 945 – *Tapetenpreisbindung II;* WuW/E BKartA 889 – *Tapetenpreisbindung.*
[296] Oben Rn. 47 f., 49.
[297] Vgl. BKartA TB 1962, S. 16.
[298] BKartA WuW/E 1313 – *Alleskleber.*
[299] Dazu unten Rn. 56.
[300] *Jestaedt* in: Langen/Bunte § 30 Rn. 136; *Waldenberger* in: Frankfurter Kommentar § 30 Rn. 92.
[301] *Jestaedt* in: Langen/Bunte § 30 Rn. 136 unter Berufung auf KG WuW/E OLG 3154 – *Schulbuch-Sammelbestellungen,* sowie BKartA WuW/E 961 – *Genossenschaftliche Warenrückvergütung; Waldenberger* in: Frankfurter Kommentar § 30 Rn. 92.
[302] Oben Rn. 3.
[303] Im Einzelnen Rn. 50.

§ 30 GWB 56

GWB eine spezielle Regelung für das mangelnde Erreichen des Freistellungszwecks trotz Erfüllen der Tatbestandsmerkmale der § 30 Abs. 1 und Abs. 2 GWB enthält.

56 Die letzte Kategorie bildet eine **übermäßige Beeinträchtigung der Interessen von Abnehmern und Dritten.** Der wichtigste Fall einer missbräuchlichen Handhabung ist insoweit die **Praktizierung eines lückenhaften** Preisbindungssystems. Das ist gegeben, wenn der Verlag einen Teil seiner Abnehmer bindet, einen anderen Teil jedoch ohne Preisbindung am Markt tätig ist und dadurch erhebliche Wettbewerbsverzerrungen entstehen.[304] Ferner kann das preisbindende Unternehmen die Preisbindung durch einen **Direktvertrieb** selbst unterlaufen, und dadurch die Wettbewerbslage einseitig und erheblich zulasten der Abnehmer des Preisbinders verschlechtern;[305] in diesem Zusammenhang ist die Preisdifferenzierungsgrenze von 15% zwischen Abonnement- und kumuliertem Einzelverkaufspreis, weniger allerdings die Grenze von 35% bei Kurzabonnements zu beachten.[306] Den Händlern darf schließlich nicht verboten werden, sich in gesellschaftsrechtlichen Formen zu organisieren, die eine Gewinnbeteiligung in Form der Umsatzrückvergütung für die preisgebundenen Titel vorsehen; missbräuchlich ist es danach, Genossenschaften oder anderen Handelsgesellschaften die Warenrückvergütung an ihre Genossen bzw. Gesellschafter zu verbieten. Eine Ausnahme gilt dann, wenn die gesellschaftsrechtliche Struktur nur deshalb gewählt wurde, um die Preisbindung zu unterlaufen.[307] Sonstige Umsatzrückvergütungen, die nicht gesellschaftsrechtlich privilegiert sind, z. B. an Käufer, dürfen durch den Preisbinder untersagt werden. Weiter ist eine Preisbindung missbräuchlich, wenn sie den Abnehmern Bindungen auferlegt, die **zur Aufrechterhaltung des Preisbindungssystems nicht erforderlich** sind. Unzulässig ist insoweit beispielsweise die Gewährung im Verhältnis zu den Vertriebsleistungen des gebundenen Abnehmers zu geringer Handelsspannen durch den Preisbinder,[308] übermäßige Kontrollrechte (z. B. Bucheinsichtsrechte), wenn die Kontrolle durch Testkäufer ausreicht[309] oder ein Verbot von Umsatzrückvergütungen auch für Waren, die gar nicht preisgebunden sind.[310] Schließlich kann auch die **Verbindung** der Preisbindung **mit anderen Wettbewerbsbeschränkungen** zu einem Missbrauch führen, obwohl nur Nr. 2 diesen Sachverhalt ausdrücklich nennt.[311] Das liegt nahe, wenn für sich genommen verbotene Wettbewerbsbeschränkungen mit der Preisbindung kombiniert werden;[312] aber auch eigentlich erlaubte Wettbewerbsbeschränkungen können unter Berücksichtigung aller Umstände des Einzelfalls missbräuchlich sein. Das folgt schon aus dem Regelungszweck des § 30 GWB, der die Privilegierung wegen der einseitigen Risikoverteilung auf den Verleger vorsieht; letztlich handelt es sich dabei um eine spezielle Ausprägung der Immanenzlehre,[313] die auch stets unter der Prämisse der Abwägung der widerstreitenden wettbewerblichen Interessen steht.[314] So kann beispielsweise die Verbindung der Preisbindung mit einer Ausschließlichkeitsbindung missbräuchlich sein, wenn sie die Überallerhältlichkeit gefährdet, die eine gewünschte Folge der Preisbindung ist.[315] Quer-

---

[304] Im Einzelnen dazu unten Rn. 39.
[305] WuW/E BKartA 5 – *Alpenmilch;* BKartA TB 1961, S. 33.
[306] Vgl. oben Rn. 39.
[307] BGH WuW/E 1604 – *Sammelrevers 1974* = GRUR 1979, 490, 491 = NJW 1979, 1411.
[308] BKartA TB 1965, S. 55; TB 1967, S. 76; *Jestaedt* in: Langen/Bunte § 30 Rn. 143. Bei geringen Vertriebsleistungen ist eine Rabattkürzung auf 3% des Bezugspreises nicht missbräuchlich, BKartA v. 30. 8. 2000, zit. nach *Wagemann/Pape,* Kartellrechtspraxis und Kartellrechtsprechung 2001/2002, S. 61 f.; zustimmend auch *Bremer/Martini* in: Münchener Kommentar, GWB, § 30 Rn. 82.
[309] KG WuW/E OLG 844, 846 f.
[310] BGH WuW/E 1604 – *Sammelrevers 1974* = GRUR 1979, 490, 491 = NJW 1979, 1411.
[311] Zutreffend *Emmerich* in: Immenga/Mestmäcker, GWB, § 30 Rn. 130.
[312] Dazu schon oben Rn. 53.
[313] Oben Rn. 5.
[314] Dazu § 1 Rn. 147 ff.
[315] Oben Rn. 3.

lieferungsverbote für den Großhandel können ebenfalls missbräuchlich sein.[316] Grundsätzlich zulässig sind hingegen alle Vertriebsbeschränkungen, die eine lückenlose Preisbindung erst gewährleisten.[317] Die Verbindung eine Konditionenkartells mit einer (vertikalen) Preisbindung nach § 30 GWB gilt es stets im Einzelfall zu würdigen, insbesondere im Hinblick auf die wettbewerblichen Auswirkungen; liegen die Voraussetzungen des § 2 GWB vor,[318] ist die Kombination zulässig.[319] In zwischenstaatlichen Sachverhalten[320] kann ein Spannungsverhältnis der Missbrauchsaufsicht nach § 30 Abs. 3 Nr. 1 GWB mit Art. 81 EG entstehen,[321] das gemäß § 22 GWB zu Gunsten des Art. 81 EG zu lösen ist. Nicht jeder Missbrauch im Sinne der hier erörterten Kategorie der übermäßigen Beeinträchtigung der Interessen von Abnehmern und Dritten ist auch ein Verstoß gegen Art. 81 EG. Es ist vielmehr eine Einzelfallbetrachtung vorzunehmen, ob eine Tatbestandsreduktion des Art. 81 Abs. 1 EG oder eine Anwendung des Art. 81 Abs. 3 EG ausscheidet.[322]

c) Eignung zur Verteuerung, zur Verhinderung einer Preissenkung, zur Beschränkung Erzeugung oder Absatz (Nr. 2). Im Gegensatz zu Nr. 1 wird bei Nr. 2 nicht die tatsächliche Handhabung, sondern die **Eignung** aufgegriffen.[323] Das erfordert eine **(objektive) Prognose,** ob ein Eintritt der übrigen Tatbestandsmerkmale wahrscheinlich ist. 57

Zunächst kann nach Nr. 2 dann ein Missbrauch vorliegen, wenn die Preisbindung geeignet ist, die gebundenen Zeitungen und Zeitschriften zu **verteuern.** Insoweit ist eine Prognose anzustellen, ob eine Verteuerung hinreichend wahrscheinlich ist. Dabei muss ein Vergleich zwischen dem tatsächlichen und dem **hypothetischen Marktpreis** erfolgen.[324] Hierzu wird insbesondere auf Handelsspannenvergleiche zurückgegriffen.[325] Sind die in dem gebundenen Preis einkalkulierten **Handelsspannen** wesentlich höher als die anderer vergleichbarer Verlagserzeugnisse, so kann davon ausgegangen werden, dass die Preise ohne eine Preisbindung niedriger wären.[326] Bei einem Vergleich ist Art und Auflage des Verlagserzeugnisses zu berücksichtigen, da beispielsweise bei Fachzeitschriften in geringer Auflage andere Handelsspannen üblich sind als bei auflagestarken Tageszeitungen. Indizien für den hypothetischen Marktpreis sind auch ein über längere Zeit praktizierter und akzeptierter **Einführungspreis**[327] oder eine sachlich nicht gerechtfertigte **regionale Preisdifferenzierung.**[328] Die Eignung zur Verteuerung kann auch damit begründet werden, dass der festgesetzte Preis in zahlreichen Fällen unterboten wird.[329] In diesem Fall ist das Preisbindungssystem jedoch auch lückenhaft, so dass die Handhabung auch missbräuchlich i. S. v. § 30 Abs. 3 Nr. 1 GWB ist. Allerdings muss aus einer Durchbrechung des festgesetzten Preises nicht zwingend auf eine Überteuerung geschlossen werden. Durchbrechungen können von den 58

---

[316] BKartA TB 1965, S. 38.
[317] Zu solchen Vertriebsbindungen oben Rn. 41.
[318] Dazu § 2 Rn. 57 ff.
[319] *Jestaedt* in: Langen/Bunte § 30 Rn. 151; jetzt auch *Emmerich* in: Immenga/Mestmäcker, GWB, § 30 Rn. 131.
[320] Dazu Rn. 86.
[321] Siehe Rn. 50.
[322] Zum EU-Recht Rn. 87.
[323] Zum Verhältnis von Nr. 1 und Nr. 2 Rn. 51.
[324] Vgl. zur Ermittlung des hypothetischen Marktpreises auch die Kommentierung zu § 19 Abs. 4 Nr. 3 GWB.
[325] WuW/E BGH 974, 975 – *Zahncreme;* BGHZ 51, 21, 22 ff. = NJW 1969, 323; WuW/E BKartA 725; WuW/E BKartA 825 – *Doornkaat.*
[326] WuW/E BKartA 1432 – *Preisbindung;* BKartA TB 1971, S. 69; WuW/E BGH 974, 975 – *Zahncreme.*
[327] BKartA TB 1971, S. 72.
[328] BKartA TB 1963, 36.
[329] Vgl. *Waldenberger* in: Frankfurter Kommentar § 30 Rn. 95; *Bechtold*, GWB, § 30 Rn. 24.

Händlern nicht aus Gründen des Wettbewerbsdruckes auf das Presseerzeugnis vorgenommen werden, sondern weil sie z. B. ohne eigenen Gewinn des Händlers als Lockvogelangebot verschleudert werden. In solchen Fällen ist der gebundene Preis nicht überteuert. Schließlich ist darauf hinzuweisen, dass Preisbindungssysteme grundsätzlich geeignet sind, die Preise zu erhöhen. Sinn und Zweck der Regelung des § 30 GWB ist es, den Zeitungs- und Zeitschriftenhändlern zur Erhaltung eines leistungsfähigen Sortiments und vor allem der Überallerhältlichkeit gewisse Handelspannen zu gewährleisten.[330] Das Tatbestandsmerkmal der bloßen Eignung zur Verteuerung sollte daher eng ausgelegt werden, da sonst eine Preisbindung in Zukunft weithin unmöglich wird.[331] Mit Rücksicht auf den vom Gesetzgeber verfolgen Zweck des § 30 GWB sollte sich die Preismissbrauchsaufsicht in dem engen bisherigen Rahmen bewegen.[332] Anhaltspunkte dafür, dass generell Verleger das Preisniveau trotz fortschreitender Rationalisierung künstlich hoch hielten, sind nicht ersichtlich.[333]

59 Die **Eignung zur Verhinderung von Preissenkungen** beurteilt sich nach den gleichen Kriterien wie die Eignung zur Verteuerung, weil eine Verhinderung von Preissenkungen nichts anderes als eine künstliche Verteuerung ist.[334] Dementsprechend ist auch dieses Merkmal eng auszulegen; denn es ist der Preisbindung eigen, dass sie zur Preisstarrheit führt.

60 Außerdem kann nach Nr. 2 als Missbrauch die Eignung zur **Beschränkung des Absatzes oder der Erzeugung** aufgegriffen werden. Die Beschränkung des Absatzes oder der Erzeugung muss ihre Ursache nicht in der Preisbindung haben, sondern kann auf „andere Wettbewerbsbeschränkungen" zurückzuführen sein. Dieser Missbrauchstatbestand findet seine besondere Verankerung im Sinn und Zweck des § 30 GWB, die Überallerhältlichkeit von Zeitungen und Zeitschriften sicherzustellen, die insbesondere bei Beschränkung der Erzeugung, aber auch bei Beschränkung des Absatzes gefährdet ist. Beispiele sind Preisbindungen, die so hohe Preise erzeugen, dass die Nachfrage entsprechend sinkt, die Lager aber überfüllt bleiben.[335] Ein Beispiel für eine „andere Wettbewerbsbeschränkung" ist eine Ausschließlichkeitsbindung, die zu Einschränkungen beim Absatz führt.[336]

5. Verfahren und Rechtsfolgen der Missbrauchsaufsicht

61 **a) Unwirksamkeitserklärung.** Zuständig für den Erlass einer Unwirksamkeitserklärung ist nach § 30 Abs. 3 GWB allein das Bundeskartellamt. Ein Verfahren kann von Amts wegen oder auf Antrag eines gebundenen Abnehmers eingeleitet werden. Die Einleitung steht in jedem Fall im **Ermessen** der Behörde.[337] Bei der Ausübung des Ermessens ist in erster Linie auf Art und Schwere des Missbrauchs, auf die Belastung des Amtes sowie auf die gesamtwirtschaftliche Bedeutung des Preisbindungssystems abzustellen.[338] Zutreffenderweise sind auch die Interessen des Preisbinders an der Aufrechterhaltung des Preisbindungssystems zu berücksichtigen.[339] Der Unwirksamkeitserklärung hat nach allgemeinen

---

[330] BGHZ 51, 21, 22 = NJW 1969, 323; WuW/E BKartA 725.
[331] So *Bunte* noch zur Buchpreisbindung, NJW 1997, 3127.
[332] So auch die Begründung zum RegE der 6. Novelle von 1998, BT-Drucks. 13/9720, 50.
[333] So aber wohl *Waldenberger* in: Frankfurter Kommentar § 30 Rn. 97f. unter Hinweis auf „sehr maßvolle" Steigerungen der Lohnkosten und Preiserhöhungen bei bekannten Titeln.
[334] Zustimmend: *Waldenberger* in: Frankfurter Kommentar § 30 Rn. 96.
[335] BKartA WuW/E 1023, 1027; *Emmerich* in: Immenga/Mestmäcker, GWB, § 30 Rn. 140.
[336] Vgl. BKartA WuW/E 497; BKartA TB 1962, S. 51.
[337] Vgl. *Emmerich* in: Immenga/Mestmäcker, GWB, § 30 Rn. 149; *Bechtold*, GWB, § 30 Rn. 25; *Bremer/Martini* in: Münchener Kommentar § 30 Rn. 88.
[338] Vgl. *Emmerich* in: Immenga/Mestmäcker, GWB, § 30 Rn. 149, *Jestaedt* in: Langen/Bunte § 30 Rn. 168.
[339] So zutreffend *Jestaedt* in: Langen/Bunte § 30 Rn. 168; a. A. *Emmerich* in: Immenga/Mestmäcker, GWB, § 30 Rn. 149.

Grundsätzen eine Abmahnung vorauszugehen, durch die der Adressat aufgefordert wird, das missbräuchliche Verhalten zu unterlassen.[340] Von einer Abmahnung kann abgesehen werden, wenn der Betroffene deutlich macht, die Verfügung in jedem Fall anzufechten. Gegen die Missbrauchsverfügung ist die Beschwerde nach § 63 GWB zulässig. Sie hat nach § 64 Abs. 1 Nr. 2 GWB aufschiebende Wirkung,[341] wobei nach § 65 GWB die sofortige Vollziehung der Verfügung angeordnet werden kann. Das Bundeskartellamt hat bis zur endgültigen Entscheidung über eine Verfügung nach § 30 Abs. 3 auch die Möglichkeit, eine **einstweilige Anordnung** nach § 60 Nr. 3 GWB zu erlassen.

Durch die Verfügung wird das Preisbindungssystem für **ganz oder teilweise unwirksam** erklärt. Daneben verliert der Preisbinder auch die Privilegierungswirkung des § 30 Abs. 1 GWB, so dass bei Fortsetzung des Preisbindungssystems ein **Verstoß gegen § 1 GWB** droht.[342] Die **Reichweite der Unwirksamkeitserklärung** steht im pflichtgemäßen Ermessen des Bundeskartellamtes. Entgegen dem Wortlaut des § 30 Abs. 3 GWB muss nicht die gesamte Preisbindung für unwirksam erklärt werden. Die Verfügung kann sich insbesondere auf einzelne, von den übrigen Vorschriften abtrennbare Bestimmungen der Preisbindungsvereinbarung beschränken, wenn nur diese missbräuchlich sind.[343] Die Wirksamkeit des Vertragsrestes beurteilt sich in diesem Fall nach § 139 BGB. Die Vorschrift enthält eine widerlegbare Vermutung für die **Gesamtnichtigkeit**.[344] In der Praxis enthalten die Verträge teilweise eine salvatorische Klausel. Derartige Klauseln wirken sich nach einer jüngeren Entscheidung des BGH[345] nur noch auf die Vermutung des § 139 BGB aus, die sodann in umgekehrter Richtung gilt. Während nach § 139 BGB diejenige Partei, die das teilnichtige Geschäft aufrechterhalten will, die Darlegungs- und Beweislast trifft, führt das Vorhandensein einer **salvatorischen Klausel** dazu, dass die Partei, die den gesamten Vertrag verwerfen will, beweispflichtig wird.[346] § 30 Abs. 3 GWB regelt die Folgen eines Missbrauchs abschließend, weshalb **Inhalt einer Missbrauchsverfügung nur die Unwirksamkeitserklärung** der missbräuchlichen Preisbindung sein kann.[347] Beispielsweise eine Anordnung zu Absenkung der Preise ist nach § 30 Abs. 3 GWB nicht möglich. Allenfalls vorübergehend im Wege der einstweiligen Anordnung nach § 60 Nr. 3 GWB zur Regelung eines einstweiligen Zustandes können andere Maßnahmen als eine Unwirksamkeitserklärung getroffen werden.[348]

Die Unwirksamkeit kann mit **sofortiger Wirkung** oder zu einem **zukünftigen Zeitpunkt** ausgesprochen werden. Lediglich eine rückwirkende Unwirksamkeitserklärung scheidet aus.[349] Während die Verfügung mit sofortiger Wirkung die Regel bildet, kommt die Erklärung der Unwirksamkeit zu einem zukünftigen Zeitpunkt nur dort in Betracht, wo die sofortige Umstellung für den Handel unzumutbar ist, so dass der Absatz der gelagerten Zeitungen und Zeitschriften zu den gebundenen Preisen ermöglicht werden muss.[350]

Die Unwirksamkeitserklärung wirkt als **privatrechtsgestaltender Verwaltungsakt für und gegen jedermann**. Sie entfaltet insbesondere **Bindungswirkung gegenüber Ge-**

---

[340] Vgl. *Bremer/Martini* in: Münchener Kommentar § 30 Rn. 89; *Bechtold*, GWB, § 30 Rn. 25; *Lange*, Kartellrecht, S. 222; a. A. *Emmerich* in: Immenga/Mestmäcker, GWB, § 30 Rn. 141.
[341] BKartA WuW/E BKartA 823, 826.
[342] *Emmerich* in: Immenga/Mestmäcker, GWB, § 30 Rn. 144.
[343] KG WuW/E OLG 1805, 1808 – *Sammelrevers 1974* = NJW 1977, 392.
[344] WuW/E BGH 1402 – *EDV-Zubehör*; WuW/E BGH 1168, 1171 f. – *Blitzgeräte*.
[345] WRP 2003, 86 f. = BGH WuW/E DE-R 1031 f. – *Salvatorische Klausel*.
[346] WRP 2003, 86 f. = BGH WuW/E DE-R 1031 f. – *Salvatorische Klausel*; krit. Anm. *Bunte* GRUR 2004, 301 ff.
[347] KG WuW/E OLG 1241, 1243.
[348] Vgl. KG WuW/E OLG 879, 880 – *Zigaretten-Einzelhandel*; *Jestaedt* in: Langen/Bunte § 30 Rn. 176.
[349] BGH WuW/E BGH 502 – *Grote Revers* = NJW 1963, 293 = BGHZ 38, 90, 100.
[350] BKartA WuW/E BKartA 835, 840 f.

richten, z. B. vor Zivilgerichten beim Streit zwischen dem Preisbinder und einem Abnehmer um die Einhaltung der Preisbindung. Unwirksam sind sowohl die Preisbindungsvereinbarungen zwischen Verlag und Pressegrossisten als auch die von den Grossisten im Preisbindungssystem gegenüber weiteren Marktstufen weitergegebenen Preisbindungen.[351] Hat die Missbräuchlichkeit der Handhabung ihren Grund in der Lückenhaftigkeit des Systems, so steht dies der zivilrechtlichen Durchsetzbarkeit jedoch schon vor Rechtskraft der Verfügung entgegen.[352] Die Bindungswirkung geht nicht dadurch verloren, dass die Preisbindung schon vor Unwirksamkeitserklärung durch das BKartA unwirksam war, etwa nach § 1 GWB oder nach §§ 20 Abs. 1 GWB, 134 BGB. In diesen Fällen gebietet die Rechtssicherheit noch eine Unwirksamkeitserklärung mit der vorbeschrieben Bindungswirkung.[353]

65 Die weitere Praktizierung einer unwirksamen Preisbindung trotz vollziehbarer Anordnung stellt eine **Ordnungswidrigkeit** im Sinne des § 81 Abs. 2 lit. a) GWB dar. Erforderlich ist in diesem Fall jedoch, dass in der Unwirksamkeitserklärung ausdrücklich auf die Bußgeldvorschrift verwiesen wird.[354] Daneben ist die Praktizierung einer für unwirksam erklärten Preisbindung auch eine Ordnungswidrigkeit nach § 81 Abs. 2 Nr. 1 GWB, weil die Unwirksamkeitserklärung die Privilegierung des § 30 Abs. 1 GWB aufhebt und damit ein Verstoß gegen § 1 GWB vorliegt.

66 **b) Verbot neuer gleichartiger Bindungen.** Das Bundeskartellamt hat die Möglichkeit, in der Missbrauchsverfügung die Anwendung neuer gleichartiger Bindungen zu verbieten. Hierdurch soll verhindert werden, dass der Preisbinder die Unwirksamkeitserklärung durch die Einführung eines weitgehend identischen Systems umgeht, das erst in einem erneuten Verfahren nach § 30 Abs. 3 GWB überprüft werden müsste. Bei der Beurteilung der Gleichartigkeit ist darauf abzustellen, ob das neue Preisbindungssystem dem bisherigen aus der **Sicht eines objektiven Betrachters** entspricht. Dies ist insbesondere der Fall, wenn die Erzeugnisse, Preise und Konditionen identisch sind.[355] Ein neues Preisbindungssystem ist nicht schon deshalb andersartig, weil die gebundenen Preise an die veränderten Marktverhältnisse angepasst werden.[356]

VII. Zivilrechtliche Durchsetzung der Preisbindung

1. Verletzung durch den Preisbinder

67 Überraschenderweise spielt in der jüngeren Zeit ein zivilrechtliches Vorgehen gegen den Preisbinder wegen Verletzung des eigenen Preisbindungssystems eine große Rolle. Das ist möglicherweise auch darauf zurückzuführen, dass das BKartA kaum noch Fälle eines Preisbindungsmissbrauches gemäß § 30 Abs. 3 GWB[357] aufgreift.[358]

68 Ein zivilrechtliches Vorgehen gegen den Preisbinder ist zunächst **aus Vertrag** denkbar. Klagen kann insoweit jedoch nur ein mit dem Preisbinder vertraglich verbundener Vertriebspartner. Die Herleitung eigener Ansprüche des Vertragspartners bereitet deshalb Schwierigkeiten, weil in den heute gängigen Musterverträgen bzw. Sammelreversen[359] An-

---

[351] Vgl. *Emmerich* in: Immenga/Mestmäcker, GWB, § 30 Rn. 144; *Bechtold,* GWB, § 30 Rn. 27.
[352] Vgl. oben zum Erfordernis der Lückenlosigkeit Rn. 37 ff.
[353] Oben Rn. 47, 49.
[354] So *Klosterfelde/Metzlaff* in: Langen/Bunte (9. Aufl.) § 15 a. F. Rn. 183.
[355] Vgl. WuW/E BGH 1283, 1285 – *Asbach.*
[356] So BGH WuW/E BGH 1283, 1284 f. – *Asbach;* enger zuvor KG WuW/E OLG 1244, 1246 nach dem aus Gründen der Rechtssicherheit an das Tatbestandsmerkmal der Gleichartigkeit strenge Anforderungen zu stellen sind.
[357] Dazu oben Rn. 52 ff.
[358] Vgl. oben Rn. 8.
[359] Vgl. Rn. 22 ff.

sprüche des Vertriebspartners gegen den Preisbinder auf Einhaltung der Preisbindung nicht ausdrücklich geregelt sind. Ansprüche können sich jedoch aus einer Verletzung von Leistungstreue- und Rücksichtnahmepflichten durch den Preisbinder ergeben, sofern sie so schwerwiegend sind, dass sie einem Verstoß gegen Hauptleistungspflichten gleichstehen.[360] Davon ist auszugehen, wenn das Preisbindungssystem theoretisch oder praktisch nicht lückenlos ist[361] und hierdurch für den gebundenen vertragstreuen Händler eine Wettbewerbslage entstanden ist, durch die die Einhaltung der Preise nach Treu und Glauben nicht mehr zumutbar ist.[362] Es muss danach die Gefahr bestehen, dass die Durchbrechung der Preisbindung einen erheblichen Wettbewerbsvorteil zu Lasten des Vertriebspartners begründet.[363] Ob das bei den in den Wettbewerbsregeln für den Zeitungs-, bzw. Zeitschriftenvertrieb aufgestellten Nachlassgrenzen der Fall ist, muss stets gesondert festgestellt werden.[364] Umstritten ist, ob in diesen Fällen dem Vertriebspartner **eigene vertragliche Ansprüche,** insbesondere auf Unterlassung und Schadensersatz, gegen den Preisbinder zustehen. Nach einer Auffassung steht dem Gebundenen kein eigener einklagbarer Anspruch gegen den Preisbinder auf Einführung, Aufrechterhaltung oder Abschaffung der Preisbindung zu.[365] Denn der preisbindende Verleger sei – anders als bei der Buchpreisbindung nach BuchpreisbindungsG – frei darin zu entscheiden, ob er die Preisbindung beibehalte. Das kann jedoch vertragsrechtlich nicht überzeugen.[366] Dass der Preisbinder die Wahl der Preisbindung hat, ist eine kartellrechtliche Regelung (§ 30 GWB), die unabhängig von der vertragsrechtlicher Situation zu sehen ist. Vertragsverstöße, die den Rang von Verletzungen der Hauptleistungspflicht haben, sind deshalb durch eigene Ansprüche des Vertragspartners sanktioniert. Der gebundene Abnehmer kann neben Unterlassungs- und Schadensersatzansprüchen den **Einwand der unzulässigen Rechtsausübung** geltend machen, wenn ihm die Einhaltung der vorgeschriebenen Preise wegen Verletzung von Rücksichtnahme- und Leistungstreuepflichten im vorbeschriebenen Umfang nicht zugemutet werden kann.[367] Bei fehlender Zumutbarkeit steht dem Gebundenen die Möglichkeit offen, **Feststellungsklage** zu erheben, dass er nicht mehr an den Vertrag gebunden ist.

---

[360] OLG Hamburg AfP 2004, 129, 132 – *Kurzabos;* offen gelassen von OLG Düsseldorf GRUR-RR 2004, 206 – *Wirtschaftswoche.*
[361] Vgl. zum Erfordernis der Lückenlosigkeit oben Rn. 37 ff.
[362] Grundlegend WuW/E BGH 623, 636 f. – *Grauer Markt* = NJW 1964, 1955, 1958.
[363] BGH WuW/E DE-R 1779 = GRUR 2006, 773, 775 Tz. 26, 28 – *Probeabonnement;* OLG Hamburg AfP 2004, 129, 132 – *Kurzabos;* im Zusammenhang mit dem UWG dazu eingehend auch OLG Düsseldorf AfP 2004, 274, 276 – *Probeabonnement* = WRP 2004, 1299; OLG Düsseldorf GRUR-RR 2004, 206, 207 – *Wirtschaftswoche;* OLG Hamburg AfP 2005, 180 – *13 Hefte Stern II* = MD 2005, 421; OLG Hamburg GRUR 2003, 811 – *Zeitschriften Test-Abo.*
[364] BGH WuW/E DE-R 1779 = GRUR 2006, 773, 774 f. Tz. 19 ff. – *Probeabonnement* („begrenzte Bedeutung" der Wettbewerbsregeln selbst für die lauterkeitsrechtliche Beurteilung), gegen OLG Hamburg AfP 2004, 129, 132 – *Kurzabos;* OLG Hamburg AfP 2005, 180 – *13 Hefte Stern II;* OLG Hamburg GRUR 2003, 811 – *Zeitschriften Test-Abo.* Zu den Nachlassgrenzen auch oben Rn. 39.
[365] *Kröner* WRP 2003, 1149, 1154; *Jestaedt* in: Langen/Bunte § 30 Rn. 58; *Emmerich* in: Immenga/Mestmäcker, GWB, § 30 Rn. 101; *Bremer/Martini* in: Münchener Kommentar, GWB, § 30 Rn. 35 ff.
[366] OLG Hamburg AfP 2005, 180 – *13 Hefte Stern II* = MD 2005, 421 = OLGR 2005, 360; OLG Hamburg AfP 2004, 129, 133 – *Kurzabos;* OLG Hamburg GRUR 2003, 811 – *Zeitschriften Test-Abo;* LG Konstanz AfP 2002, 449. Wohl auch BGH WuW/E DE-R 1779 = GRUR 2006, 773, 775 Tz. 23, 28 – *Probeabonnement.*
[367] BGH GRUR 2000, 724 *Außenseiteranspruch II* m. w. N. aus seiner Rechtsprechung = BGHZ 143, 232 = NJW 2000, 2504; BGH GRUR 1989, 832 – *Schweizer Außenseiter* = NJW-RR 1989, 1383, 1385; WuW/E BGH 1073, 1078 – *Schallplatten* = NJW 1970, 858 = BGHZ 53, 76; OLG Frankfurt WuW/E OLG 2195, 2201; OLG Düsseldorf NJW-RR 1986, 842 – *Dior; Bunte* GRUR 1987, 90, 98 ff.; als Einrede des nichterfüllten Vertrages behandelt bei *Völp* WRP 1958, 257; Wegfall der Geschäftsgrundlage nimmt an *von Gamm* § 16 Rn. 13.

69 Über dies können gegen den Preisbinder auch **kartellrechtliche Ansprüche** auf Unterlassung und Schadensersatz gemäß § 33 GWB wegen Verstoßes gegen ein Verbot des GWB oder der Art. 81, 82 EG zustehen. Eine Verletzung des Verbotes des **§ 1 GWB** oder des **§ 20 Abs. 1 GWB** kommt aber nur dann in Betracht, wenn die Voraussetzungen des § 30 Abs. 1 oder Abs. 2 GWB nicht vorliegen.[368] Außerdem entstehen Ansprüche gemäß § 33 GWB auch, wenn der Preisbinder, der die Voraussetzungen des § 30 Abs. 1 und Abs. 2 GWB erfüllt, gegen eine Verfügung der KartB nach **§ 30 Abs. 3 GWB** verstößt, weil § 33 Abs. 1 GWB ausdrücklich auch den Verstoß gegen eine Verfügung der KartB sanktioniert. Ohne Unwirksamkeitsverfügung des BKartA kommen jedoch Ansprüche nach § 33 i. V. m. § 30 Abs. 3 GWB nicht in Betracht, weil kartellrechtlich eine nur missbräuchliche, aber nicht vom BKartA für unwirksam erklärte Preisbindung nicht verboten ist,[369] und zwar auch nicht nach §§ 1 oder 20 Abs. 1 GWB. Der Kreis der Anspruchsberechtigten für alle Ansprüche aus § 33 GWB ist – entsprechend dem Konzept seit der 7. GWB-Novelle 2005 – denkbar weit und erfasst insbesondere alle durch den Verleger in der Absatzkette gebundenen Abnehmer.[370]

70 Umstritten ist, ob überdies bei Verletzung des eigenen Preisbindungssystems auch Ansprüche gegen den Preisbinder aus **Lauterkeitsrecht** bestehen können. Der Bundesgerichtshof verneint sämtliche lauterkeitsrechtlichen Ansprüche, die sich allein aus dem Vorwurf des kartellrechtlichen Verstoßes speisen.[371] Die 7. GWB-Novelle 2005 habe eine abschließende Regelung der zivilrechtlichen Ansprüche gebracht, die im Fall von Verstößen gegen kartellrechtliche Normen geltend gemacht werden können. Danach scheiden UWG-Ansprüche wegen Verletzung der §§ 3, 4 Nr. 11 UWG aus, die sich auf einen Verstoß der Preisbindung gegen §§ 1, 20 Abs. 1 GWB oder auf ein Hinwegsetzen des Preisbinders über eine Verfügung des BKartA nach § 30 Abs. 3 GWB beziehen.[372] Genauso scheidet damit eine Verletzung von § 3 UWG[373] aus, wenn durch den Verstoß gegen das eigene Preisbindungssystem ein erheblicher Wettbewerbsvorsprung vor den übrigen Marktbeteiligten erreicht werden kann.[374] Restlos überzeugend ist das nicht. Auch beim UKlaG, das explizit die Mitbewerber von einer Klageberechtigung ausgenommen hat (§ 3 UKlaG) und deshalb eine genauso spezielle Regelung aufstellt, findet beispielsweise eine parallele Anwendung der §§ 3, 4 Nr. 11 UWG statt.[375] Die Spezialität des GWB besteht bei genauer

---

[368] Vgl. oben Rn. 47 f., 48.
[369] *Kröner* WRP 2003, 1149, 1152; *Roth* in: Frankfurter Kommentar § 35 Rn. 59; *Emmerich* in: Immenga/Mestmäcker, GWB, § 33 Rn. 38. Vgl. auch oben Rn. 47 ff. So wohl auch BGH WuW/E DE-R 1779 = GRUR 2006, 773, 774 Tz. 15 – *Probeabonnement:* „Das Gesetz ... räumt allein dem BKartA die Befugnis ein, in solchen Fällen einzuschreiten".
[370] Im Einzelnen die Kommentierung zu § 33 GWB.
[371] BGH WuW/E DE-R 1779 = GRUR 2006, 773, 774 Tz. 13 ff. – *Probeabonnement;* dazu *Gröning* jurisPR-WettbR 10/2006, Anm. 5; *Alexander* ZWeR 2007, 239; *Gaertner* AfP 2006, 413; *Bechtold* WRP 2006, 1162.
[372] Vgl. Rn. 69.
[373] Das Regelbeispiel des § 4 Nr. 11 UWG ist nicht einschlägig, weil es nicht um die Verletzung einer gesetzlichen Vorschrift geht; es bleibt daher nur der Rückgriff auf die Generalklausel.
[374] Vor der BGH-Entscheidung noch dafür OLG Hamburg AfP 2005, 180 – *13 Hefte Stern II* = MD 2005, 421 = OLGR 2005, 360; OLG Hamburg AfP 2004, 129, 131 – *Kurzabos;* OLG Hamburg GRUR 2003, 811, 813 – *Zeitschriften-Test Abo;* OLG Düsseldorf AfP 2004, 274, 276 – *Probeabonnement* = WRP 2004, 1299 = ZUM-RD 2004, 412; OLG Düsseldorf GRUR-RR 2004, 206, 207 – *Wirtschaftswoche;* LG Konstanz AfP 2002, 449; *Nordemann,* Wettbewerbsrecht – Markenrecht Rn. 1793. Ebenso nahm noch BGH WuW/E BGH 218 – *Buchhandel* = NJW 1958, 591, 592, Ansprüche aus UWG des Preisbinders gegenüber dem gebundenen Abnehmer an. A. A. Gegen Ansprüche aus UWG gegen den Preisbinder *Kröner* WRP 2003, 1149, 1158.
[375] Ganz herrschende Auffassung, vgl. OLG Köln GRUR-RR 2007, 285 – *Schriftformklauseln* mwN.; KG MMR 2005, 466; OLG Jena GRUR-RR 2006, 283; Hefermehl/*Köhler*/Bornkamm § 4 UWG Rn. 11.17, 11.156; Palandt/*Bassenge* § 3 UKlaG, Rn. 1; *Kamlah,* WRP 2006, 33, 37; Ull-

Betrachtung nur im Rahmen der Spezialität des § 30 Abs. 3 GWB,[376] der allerdings auch innerhalb des GWB § 20 Abs. 1 GWB[377] und § 1 GWB[378] verdrängt. Außerhalb der Spezialität des § 30 Abs. 3 GWB bleibt auch nach Auffassung des BGH neben § 20 Abs. 1 GWB das UWG (§ 4 Nr. 10 UWG) anwendbar.[379] – Die vorgenannte Auffassung des BGH gilt ohnehin nicht für allein im UWG wurzelnde Ansprüche. Wenn der Verleger sich an die Wettbewerbsregeln[380] gebunden hat, mit ihrer Einhaltung wirbt, jedoch gegen sie verstößt, ist das unlauter und ein Anspruch aus UWG ohne Konkurrenzfrage eröffnet. Die Unlauterkeit ergibt sich aus Art. 6 Abs. 2 lit. b) EU-Richtlinie Unlautere Geschäftspraktiken,[381] seit Umsetzung der Richtlinie zum 1.1.2009 ist § 5 Abs. 1 Nr. 6 UWG einschlägig. – Falls der Preisbinder sich zur Einhaltung der Wettbewerbsregeln verpflichtet hat, kommt übrigens daneben auch noch ein Anspruch gegen ihn direkt aus den Wettbewerbsregeln in Betracht, wenn der Anspruchsteller im System der Wettbewerbsregeln Gläubiger ist.

2. Verletzung durch gebundene Händler

71 Halten sich vertraglich gebundene Händler nicht an die vorgeschriebenen Preise, so hat der Preisbinder zunächst **vertragliche Ansprüche** gegen den Verletzer. Durch die Preisbindungsvereinbarung wird die vertragliche Verpflichtung übernommen, die gebundenen Preise einzuhalten und nur Wiederverkäufer zu beliefern, die ebenfalls bereit sind, diese Verpflichtung zu übernehmen. Wird eine dieser Pflichten nicht beachtet, so kann der Preisbinder Erfüllung durch Unterlassen weiterer Verstöße verlangen. Soweit der Abnehmer die Verstöße zu vertreten hat (§§ 276, 278 BGB), kommt darüber hinaus ein Schadenersatzanspruch in Betracht (§ 280 BGB). In der Praxis lassen sich die Verlage in den Preisbindungsverträgen teilweise Vertragsstrafen versprechen, das gilt insbesondere für das Sammelrevers für Fachzeitschriften, nicht jedoch für die Musterverträge bei Zeitungen und (Publikums-)Zeitschriften.[382] Vertragsstrafen können, wenn dies wirksam vereinbart ist, auch ohne Verschulden verwirkt werden.[383] Ebenso kann zur leichteren Durchsetzbarkeit ein Recht auf Bucheinsicht durch vereidigte Buchprüfer vereinbart werden.[384] Die Vertragsbrüchigkeit stellt schließlich einen Grund für eine **Liefersperre** dar, die solange nicht gegen § 20 Abs. 1 GWB verstößt,[385] wie sie als verhältnismäßiges Mittel zur Aufrechterhaltung des Preisbindungssystems eingesetzt wird.[386]

72 Neben diesen vertraglichen Ansprüchen zur Durchsetzbarkeit eines Preisbindungssystems können auch **gesetzliche Ansprüche** gegen die gebundenen Händler bestehen. Mit der Rechtsprechung des BGH[387] scheidet jedoch ein Unterlassungs- und Schadenersatzanspruch aus § 3 UWG in Verbindung mit §§ 8 Abs. 1, 9 Satz 1 **UWG** aus, selbst wenn sich der Verletzer einen erheblichen Wettbewerbsvorsprung gegenüber seinen vertragstreuen

---

mann/*Ullmann*, jurisPK-UWG, § 3 Rn. 42; *Dembowski*, juris-PR-WettbR 2/2007 Anm. 2; a.A. *Ullmann* GRUR 2003, 817, 823 m. Fn. 59.
[376] In diese Richtung auch *Bremer/Martini* in: Münchener Kommentar, GWB, § 30 Rn. 66.
[377] Rn. 49.
[378] Rn. 47f.
[379] BGH WuW/E DE-R 1779 = GRUR 2006, 773, 774 Tz. 17 – *Probeabonnement*.
[380] Vgl. Rn. 39.
[381] Richtlinie 2005/29/EG des Europäischen Parlamentes und des Rates vom 11. Mai 2005.
[382] Dazu oben Rn. 22ff.
[383] WuW/E BGH 214 – *Waldbaur*.
[384] Vgl. *Emmerich* in: Immenga/Mestmäcker, GWB, § 30 Rn. 100, *Franzen*, Die Preisbindung im Buchhandel, S. 156ff.
[385] Vgl. WuW/E BGH 331, 333 – *Kölnisch Wasser*.
[386] BKartA TB 1970, S. 82, 83.
[387] BGH WuW/E DE-R 1779 = GRUR 2006, 773, 774 Tz. 17 – *Probeabonnement*. Siehe im Einzelnen Rn. 70.

Konkurrenten verschafft.[388] Bei gezielter Behinderung von anderen Marktteilnehmern kann aber das Regelbeispiel des § 4 Nr. 10 UWG erfüllt sein, den der BGH neben dem GWB anwenden will.[389] Zu beachten ist jedoch, dass die Behinderung als bloße Folge des Verkaufs von Zeitungen oder Zeitschriften unter den vorgeschriebenen Preisen hierfür nicht genügt,[390] denn die Wettbewerbshandlung muss sich für § 4 Nr. 10 UWG „gezielt" gegen andere Marktteilnehmer richten.[391] Für Ansprüche aus dem UWG ist auch der Preisbinder als (ggf. mittelbarer) Mitbewerber gemäß § 8 Abs. 3 Nr. 1 UWG aktivlegitimiert. Unter bestimmten Voraussetzungen kommen darüber hinaus Ansprüche nach **MarkenG** gegen den die Preisbindung verletzten Vertragspartner in Frage.[392]

73   Der gebundene Abnehmer kann den **Einwand der unzulässigen Rechtsausübung** geltend machen, wenn ihm die Einhaltung der vorgeschriebenen Preise nicht zugemutet werden kann.[393] Davon ist auszugehen, wenn das Preisbindungssystem theoretisch oder praktisch nicht lückenlos ist[394] *und* hierdurch für den gebundenen Händler eine Wettbewerbslage entstanden ist, durch die die Einhaltung der Preise nach Treu und Glauben nicht mehr zumutbar ist.[395] Hierfür reicht es nicht aus, dass vereinzelt gegen das Preisbindungssystem verstoßen wird, solange der Preisbinder gegen die Verstöße vorgeht.[396] Darüber hinaus wird teilweise gefordert, dass die Preisunterbietungen auf dem räumlich relevanten Markt von demjenigen erfolgen müssen, der sich den Einwand geltend macht.[397] Bei dem Bezug aus dem preisbindungsfreien Ausland muss sich diese Erwerbsquelle als echte Alternative darstellen, wovon bei Zeitungen und Zeitschriften wegen der relativ niedrigen Verkaufspreise und geringen Handelsspannen meist nicht auszugehen sein dürfte.[398] Bei fehlender Zumutbarkeit steht dem Gebundenen insbesondere die Möglichkeit offen, **Feststellungsklage** zu erheben, dass er nicht mehr an den Vertrag gebunden ist. Zu weiteren Ansprüchen des gebundenen Abnehmers gegen den Verleger, der seine eigene Preisbindung unterläuft, vgl. oben.[399]

74   Im Prozess gegen gebundene Händler trägt der Preisbinder die **Beweislast** hinsichtlich des Abschlusses eines (wirksamen) Preisbindungsvertrages, der theoretischen Lückenlosigkeit und hinsichtlich eines funktionierenden Systems der Überwachung.[400] Ebenso hat er nach allgemeinen Grundsätzen nachzuweisen, dass der Händler gegen die Preisbindung

---

[388] A. A. noch BGH WuW/E BGH 218 – *Buchhandel* = NJW 1958, 591, 592; OLG Zweibrücken GRUR 1997, 77, 78; OLG Stuttgart WuW/E OLG 1173 – *Tommy; Nordemann*, Wettbewerbsrecht – Markenrecht Rn. 1793; *Jestaedt* in: Langen/Bunte § 30 Rn. 98; *Omsels* in: Harte-Bavendamm/Henning-Bodewig, UWG, § 4 Nr. 10 Rn. 127. Dagegen *Köhler* in: Baumbach/Hefermehl, Wettbewerbsrecht, § 4 Rn. 10.203; zweifelnd *Emmerich* in: Immenga/Mestmäcker, GWB, § 30 Rn. 100.
[389] BGH WuW/E DE-R 1779 = GRUR 2006, 773, 774 Tz. 17 – *Probeabonnement*.
[390] Vgl. Begr. RegE UWG-Novelle 2004 BT-Drucks. 15/1487 S. 19.
[391] Vgl. Begr. RegE UWG-Novelle 2004 BT-Drucks. 15/1487 S. 19, wo auf die von der Rechtssprechung gebildeten Fallgruppen verwiesen wird.
[392] Dazu unten Rn. 80.
[393] BGH GRUR 2000, 724 – *Außenseiteranspruch II* m.w.N. aus seiner Rechtsprechung = BGHZ 143, 232 = NJW 2000, 2504; BGH GRUR 1989, 832 – *Schweizer Außenseiter* = NJW-RR 1989, 1383, 1385; WuW/E BGH 1073, 1078 – *Schallplatten* = NJW 1970, 858 = BGHZ 53, 76; OLG Frankfurt WuW/E OLG 2195, 2201; OLG Düsseldorf NJW-RR 1986, 842 – *Dior; Bunte* GRUR 1987, 90, 98 ff.
[394] Vgl. zum Erfordernis der Lückenlosigkeit oben Rn. 37 ff.
[395] Grundlegend WuW/E BGH 623, 636 f. – *Grauer Markt* = NJW 1964, 1955, 1958.
[396] Vgl. WuW/E BGH 623, 636 f. – *Grauer Markt* = NJW 1964, 1955, 1958.
[397] Vgl. *Jestaedt* in: Langen/Bunte § 30 Rn. 101.
[398] Ausführlich oben Rn. 40.
[399] Rn. 68 ff.
[400] WuW/E BGH 623, 636 f. – *Grauer Markt* = NJW 1964, 1955, 1958; *Emmerich* in: Immenga/Mestmäcker, GWB, § 30 Rn. 112; a. A. hinsichtlich der theoretischen Lückenlosigkeit *Bremer/Martini* in: Münchener Kommentar § 30 Rn. 58; *Jestaedt* in: Langen/Bunte § 30 Rn. 105.

verstoßen hat.[401] Macht der Händler, der sich gegenüber dem Preisbinder zur Einhaltung der vorgeschriebenen Preise verpflichtet hat, geltend, dass ihm die Erfüllung dieser vertraglichen Verpflichtung wegen der Lückenhaftigkeit des Systems nicht zumutbar sei, so trägt er die Beweislast hinsichtlich der tatsächlichen Lückenhaftigkeit.[402] Insoweit ist allerdings umstritten, ob die Beweislast für die tatsächliche Lückenlosigkeit nur deshalb beim Gebundenen liegt, weil der erste Anschein bei gedanklicher Lückenlosigkeit auch für eine tatsächliche Lückenlosigkeit spricht; konsequenterweise müsste dann bei Erschütterung des ersten Anscheins die Beweislast für die tatsächliche Lückenlosigkeit wieder beim Preisbinder liegen.[403] Dieser Lösung ist deshalb der Vorzug zu geben, weil sie auch der Beweislastverteilung beim Vorgehen gegen vertraglich nicht gebundene Außenseiter entspricht[404] und nicht ersichtlich ist, weshalb hier andere Maßstäbe für eine Beweislastverteilung gelten sollten.

3. Verletzung durch ungebundene Außenseiter

Zur Gewährleistung der Lückenlosigkeit und damit zur Aufrechterhaltung des Preisbindungssystems muss dieses auch gegen Außenseiter verteidigt werden können. Außenseiter nennt man diejenigen Händler, die preisgebundene Zeitungen und Zeitschriften verkaufen, ohne sich der Preisbindung unterworfen zu haben. Da es in diesem Fall an einem Vertrag fehlt, kommen **nur gesetzliche Ansprüche** in Betracht. Im Vordergrund steht § 3 UWG. Für Ansprüche aus dem UWG ist auch der Preisbinder als (ggf. mittelbarer) Mitbewerber gemäß § 8 Abs. 3 Nr. 1 UWG aktivlegitimiert. Allerdings muss der Außenseiter eine **Wettbewerbshandlung** gemäß § 2 Abs. 1 Nr. 1 UWG vornehmen, was eine geschäftliche Dimension seiner Handlungen erfordert. Das kann insbesondere bei Internetversteigerungen zweifelhaft sein; wer aber 40 Titel in 6 Wochen zur Versteigerung anbietet, handelt nicht mehr privat.[405] Bei Anwendung des UWG ist die Preisunterbietung – anders als bei Anwendbarkeit des BuchpreisbindungsG – als solche nicht verboten, sondern wettbewerbsimmanent und damit nicht per se unlauter. Es müssen **besondere Umstände** vorliegen, die die Unlauterkeit begründen. In Betracht kommen hier vor allem Schleichbezug, Verleitung eines gebundenen Händlers zum Vertragsbruch oder das bloße Ausnutzen fremden Vertragsbruchs.

Schleichbezug nennt man den Bezug preisgebundener Ware durch Täuschung der gebundenen Händler. Die Außenseiter schieben beim Erwerb Mittelsmänner vor, verheimlichen den wahren Abnehmer, verschweigen eine Liefersperre, täuschen eine Bezugsberechtigung vor oder wirken mit einem ungetreuen Angestellten eines gebundenen Händlers zusammen.[406] Die Unlauterkeit iSd. § 3 UWG liegt hier in der Täuschung. Umstritten ist, ob und inwieweit die Lückenlosigkeit der Preisbindung zusätzliche Voraussetzung für einen unlauteren Schleichbezug ist.[407] Der vorerwähnte Meinungsstreit wird allerdings nicht spe-

---

[401] OLG Frankfurt WuW/E OLG 3609 = NJW-RR 1986, 262; *Klosterfelde/Metzlaff* in: Langen/Bunte § 30 Rn. 105; *Emmerich* in: Immenga/Mestmäcker, GWB, § 30 Rn. 112; *Fikentscher* in: Gemeinschaftskommentar § 16 a. F. Rn. 252.

[402] Grundlegend BGH WuW/E BGH 623, 636 f. – *Grauer Markt* = NJW 1964, 1955, 1958.

[403] So *Emmerich* in: Immenga/Mestmäcker, GWB, § 30 Rn. 112. Dagegen *Fikentscher* in: Gemeinschaftskommentar § 16 a. F. Rn. 250; *Jestaedt* in: Langen/Bunte § 30 Rn. 105, wohl jeweils für eine vollständige Beweislast beim Gebundenen.

[404] Unten Rn. 82.

[405] Vgl. OLG Frankfurt WuW/E DE-R 1298, 1299 – *eBay-Bücher zum BuchpreisbindungsG* = NJW 2004, 2098.

[406] BGH GRUR 2009, 173 Tz. 33 H. – *bundesligakarten.de;* BGH GRUR 1992, 171, 173 – *vorgetäuschter Vermittlungsauftrag;* BGH GRUR 1988, 916, 917 – *PKW-Schleichbezug;* WuW/E BGH 916, 920 – *Trockenrasierer III;* WuW/E BGH 551, 553 – *Trockenrasierer II.*

[407] Für gedankliche und praktische Lückenlosigkeit OLG Hamburg GRUR 1988, 387, 389 – *Arzneimittel-Einzelverkauf;* OLG Stuttgart NJW-RR 1989, 1004, 1006; *Emmerich* in: Immenga/Mestmäcker, GWB, § 30 Rn. 115 m. w. N. Nach h. M. Lückenlosigkeit keine Anspruchsvoraussetzung:

zifisch zur Preisbindung für Zeitungen und Zeitschriften geführt. Im Bereich der Preisbindung für Zeitungen und Zeitschriften ist eine gewisse Lückenlosigkeit wünschenswert, damit die angestrebte Überallerhältlichkeit der Titel gewährleistet ist.[408] Sofern die Lückenlosigkeit Voraussetzung der Schutzwürdigkeit des Preisbindungssystems ist, muss sie gegeben sein. Über dies fehlt es an einem unlauteren Schleichbezug, wenn die Bezugquelle des Außenseiters nicht oder nicht wirksam gebunden war.[409] Denn die Preisbindung kann dann gegenüber den gebundenen Händlern nicht durchgesetzt werden, weshalb diese nicht getäuscht werden müssen.

77 Unlauterkeit iSv. §§ 3, 4 Nr. 10 UWG ist ferner bei der **Verleitung zu fremdem Vertragsbruch** anzunehmen.[410] Hierfür genügt jedes bewusste Hinwirken auf den Vertragsbruch, also auch die bewusste Ermöglichung in der Hoffnung, der andere werde dadurch vertragsbrüchig werden;[411] der vertraglich Gebundene kann auch selbst schon zum Vertragsbruch entschlossen gewesen sein. Auf die Lückenlosigkeit des Preisbindungssystems kommt es nicht an,[412] weil der Unwert nicht in der Verletzung des Preisbindungssystems, sondern in der Verleitungshandlung liegt. Die Kenntnis des Verleitenden vom Preisbindungssystem ist allerdings erforderlich.[413]

78 Ein Verstoß gegen § 3 UWG ist entgegen der früheren Rechtsprechung beim **Ausnutzen fremden Vertragsbruches** nicht mehr ohne weiteres anzunehmen, solange nicht besondere Umstände hinzutreten, die erkennen lassen, dass es dem Außenseiter gerade um die Behinderung oder Ausschaltung eines Mitbewerbers ging.[414]

79 Wenn es den Außenseitern darum geht, durch ein planmäßiges Zusammenwirken das Preisbindungssystem zum Einsturz zu bringen, greift ebenfalls §§ 3, 4 Nr. 10 UWG.

80 Grundsätzlich denkbar ist, dass **Zeichenrechte** dem Preisbinder gegen Verletzen seines Preisbindungssystems helfen können. Für Vertriebssysteme wird in begrenztem Umfang ein Schutz aus MarkenG erwogen, solange der Markenschutz nicht nach **§ 24 MarkenG** erschöpft ist.[415] Für Preisbindungssyteme kommen Ansprüche nach **§§ 5 Abs. 3, 15 MarkenG** (Titelschutz) sowie – wenn der Verleger über Markenschutz verfügt – gemäß **§§ 4, 14 MarkenG** in Betracht. Insoweit erscheint allerdings als zweifelhaft, ob es gemäß § 24 Abs. 1 MarkenG an einer hinreichenden Zustimmung des Verlegers als Zeicheninhaber zum in Verkehr Bringen fehlt. Denn es findet ein Veräußerungsvorgang zwischen Verleger und Händler statt, der dann ggf. noch an den Einzelhändler weiterveräußert. Allenfalls erscheint es im Regelfall einer unveränderten Weiterveräußerung der Zeitung oder Zeitschrift als möglich, einen **berechtigten Grund** gemäß § 24 Abs. 2 GWB für den Aus-

---

BGH GRUR 1992, 171; BGH GRUR 1988, 916, 917 – *PKW-Schleichbezug;* BGHZ 40, 135, 138 – *Trockenrasierer II* = GRUR 1964, 154, 157; OLG Köln WuW/E OLG 3805; KG GRUR 1989, 843; OLG Koblenz GRUR 1986, 258; OLG Schleswig GRUR 1986, 259; OLG München WRP 1995, 1049, 1052.

[408] Vgl. Rn. 3, 37 ff.
[409] *Jestaedt* in: Langen/Bunte § 30 Rn. 112.
[410] Vgl. BGH GRUR 1969, 474 – *Bierbezug;* WuW/E BGH 477 – *Cash and Carry* = NJW 1962, 1105 = BGHZ 37, 30, 32 f.
[411] *Nordemann,* Wettbewerbsrecht – Markenrecht, Rn. 1434.
[412] BGH GRUR GRUR 1999, 1113 – *Außenseiteranspruch I;* BGH GRUR 2000, 724, 725 – *Außenseiteranspruch II,* jeweils zu Vertriebsbindungen.
[413] BGH GRUR 1957, 219, 221 – *Bierbezugsvertrag-Westenberg;* OLG Stuttgart NJWE WettbR 1999, 93, 95.
[414] Vgl. BGH GRUR 1999, 1113 – *Außenseiteranspruch I;* BGH GRUR 2000, 724, 725 – *Außenseiteranspruch II.*
[415] Vgl. BGH GRUR 2000, 724, 725 – *Außenseiteranspruch II;* BGH GRUR 2001, 448, 449 f. – *Kontrollnummernbeseitigung I; Fezer* GRUR 1999, 99, 105; *Sack* WRP 1998, 1127 ff.; *Wolter/Lubberger* GRUR 1999, 17, 29 f.; vgl. auch *Köhler* in: Baumbach/Hefermehl, Wettbewerbsrecht, § 4 Rn. 10.204.

schluss der Erschöpfung anzunehmen, falls der Titel unter Verletzung der Preisbindung vom Einzelhändler abgegeben wird. Wenn das von § 30 GWB privilegierte Preisbindungssystem mit Remission und Überallerhältlichkeit (Art. 5 GG) im konkreten Fall erheblich geschädigt wird, kann ein berechtigter Grund im Sinne des § 24 Abs. 2 MarkenG vorliegen, weil sich die berechtigte Gründe aus der gesamten Rechtsordnung – auch außerhalb des Markenrechts – ergeben können.[416] Über eine Anwendung des § 24 Abs. 2 MarkenG sollte insbesondere dann nachgedacht werden, wenn das Produkt verändert wurde (z. B. Auflösung kombinierten Verlagsprodukte). Unter Berücksichtigung aller Umstände des Einzelfalls (Grad der Preissensibilität des Titels: Luxusprodukt oder Massenartikel und damit Grad der Imagebeeinträchtigung; zeitliches und mengenmäßiges Ausmaß der Aktion; Abstand des tatsächlichen Preises der Aktion vom gebundenen Preis; Nachahmungsgefahr; Gefahr für die Überallerhältlichkeit) und nach eingehender Abwägung der wechselseitigen Interessen kommt auch eine Anwendung des § 24 Abs. 2 MarkenG ohne Veränderung des Produktes in Betracht; diese Fälle können dann daneben als Behinderung über §§ 3, 4 Nr. 10 UWG erfasst werden.[417] Eine ähnliche Problematik besteht nach §§ 97, 17 UrhG, weil der Inhalt von Zeitungen und Zeitschriften regelmäßig urheberrechtlich geschützt ist. Allerdings fehlt es insoweit an einer § 24 Abs. 2 MarkenG entsprechenden Regelung; hier muss z. B. bei Veränderung eine Entscheidung nach §§ 23, 24 UrhG erfolgen.

Dagegen scheidet ein Schutz nach **§ 823 Abs. 1 BGB** unter dem Gesichtspunkt des Eingriffs in den eingerichteten und ausgeübten Gewerbebetrieb schon aus Gründen der Subsidiarität zum UWG aus. **81**

Ist die Lückenlosigkeit Voraussetzung für den Anspruch gegen den Außenseiter, verteilt sich die **Beweislast** wie folgt: Der Anspruchsteller muss das Vorliegen eines (wirksamen) Preisbindungsvertrages, die gedankliche Lückenlosigkeit und ein funktionierendes Systems der Überwachung beweisen. Ebenso hat er nach allgemeinen Grundsätzen nachzuweisen, dass der Händler gegen die Preisbindung verstoßen hat. Bei Vorliegen von gedanklicher Lückenlosigkeit und funktionierender Überwachung liegt dann ein Beweis des ersten Anscheins vor, dass das Preisbindungssystem auch tatsächlich lückenlos gehandhabt wird.[418] Insoweit trägt der Außenseiter für die gedankliche Lückenlosigkeit die Last, den Anscheinsbeweis zu erschüttern: der Außenseiter muss beweisen, dass – über vereinzelte Fehlschläge hinaus[419] – Verstöße nicht entdeckt und/oder verfolgt wurden. **82**

VIII. Verhältnis zu anderen Vorschriften

1. Verhältnis zu § 1 GWB und § 2 Abs. 1 GWB

a) **Vertikalvereinbarungen.** Sofern die Voraussetzungen des § 30 Abs. 1 GWB[420] oder § 30 Abs. 2 GWB[421] nicht erfüllt sind, liegt ein Verstoß gegen das (vertikale) Preisbindungsverbot des § 1 GWB[422] vor; die Anwendung des § 2 Abs. 1 GWB ist gesperrt. Zum Verhältnis zur Missbrauchsaufsicht des § 30 Abs. 3 GWB in diesen Fällen, vgl. oben.[423] **83**

---

[416] *Fezer*, Markenrecht, § 24 Rn. 34; siehe ferner *Ingerl/Rohnke*, MarkenG, § 24 Rn. 58, 82.
[417] *Köhler* in: Baumbach/Hefermehl § 4 Rn. 10.204; vgl. auch OLG Hamburg GRUR-RR 2002, 39 – *Fernsehgerät 4598 DM uvp;* jeweils allerdings zu Vertriebsbindungssystemen.
[418] BGH NJW-RR 1989, 1383, 1384f.; BGH WuW/E 916, 920f. – *Trockenrasierer III*; BGH WuW/E 567, 569 – *Maggi*; vgl. auch KG GRUR 1989, 843, 844f. – *Antiquariatshandel*.
[419] *Jestaedt* in: Langen/Bunte § 30 Rn. 124.
[420] Dazu oben Rn. 10ff., 47.
[421] Dazu oben Rn. 31ff., 35.
[422] Vgl. § 1 Rn. 101ff.
[423] Rn. 47f.

84 **b) Horizontalvereinbarungen.** Im Verhältnis zu § 1 GWB ist § 30 Abs. 1 GWB eine Ausnahmevorschrift. § 30 GWB privilegiert jedoch horizontale Abreden von Preisbindern untereinander nicht, sondern nur vertikale Preisbindungen. Insoweit sind die Rechtsfolgen der Missbrauchsaufsicht des § 30 Abs. 3 GWB und die Rechtsfolgen des Verstoßes gegen § 1 GWB **nebeneinander anwendbar.**[424] – Ein lückenloses Preisbindungssystem hat die Wirkung eines Händlerkartells. Dennoch liegt kein Verstoß gegen § 1 GWB vor, da es an einer Vereinbarung oder einem bewusst gleichförmigen Verhalten der Händler untereinander fehlt. Das Preiskartell resultiert aus der Preisbindungsvereinbarung mit dem Verleger. Diese Vereinbarung zwischen Händler und Preisbinder ist allerdings nach § 30 Abs. 1 zulässig und stellt daher auch unter dem Gesichtspunkt des Sternvertrages kein horizontales Kartell iSv. § 1 GWB dar.[425]

2. Verhältnis zum Buchpreisbindungsgesetz

85 § 30 Abs. 1 gilt nur noch für Zeitungen und Zeitschriften. Für den größten Teil der sonstigen Verlagserzeugnisse gilt das BuchpreisbindungG.[426] Ein besonderes Spannungsverhältnis zwischen § 30 GWB und BuchpreisbindungsG kann entstehen, wenn ein **kombiniertes Produkt**[427] nach § 30 Abs. 2 S. 2 GWB **aus Zeitung oder Zeitschrift** einerseits **und Verlagserzeugnis im Sinne des BuchpreisbindungsG**, z.B. Buch, andererseits gebildet wird. In jedem Fall nach BuchpreisbindungsG beurteilt sich das kombinierte Produkt, wenn das Buch im Vordergrund steht, weil dann § 30 GWB schon wegen § 30 Abs. 2 S. 2 GWB zurücktritt.

3. Verhältnis zu Art. 81 EG

86 **a) Zwischenstaatlichkeit.** Genauso wie § 1 GWB verbietet Art 81 Abs. 1 EG grundsätzlich vertikale Preisbindungen; für Art. 81 Abs. 1 EG gilt das allerdings nur, soweit diese sich spürbar auf den zwischenstaatlichen Handel auswirken und damit die Zwischenstaatlichkeit gegeben ist. Dies wird bei einer deutschen Preisbindungsvereinbarung für **lokale und regionale Zeitungen und Zeitschriften** wegen des geringen Übergrenzhandels in der Regel nicht der Fall sein. Auch für **überregionale Zeitungen und Zeitschriften** ist von einem Fehlen einer zwischenstaatlichen Preisbindung auszugehen, sofern die Voraussetzungen eingehalten sind, die der EuGH für das Fehlen der Zwischenstaatlichkeit bei der Buchpreisbindung aufgestellt hat.[428] Diese hat der deutsche Gesetzgeber für die Buchpreisbindung in **§ 4 BuchpreisbindungsG** in Gesetzesform gegossen. Es erscheint als naheliegend, die Voraussetzungen des § 4 BuchpreisbindungsG auf die Frage, ob eine Preisbindung im Sinne des § 30 GWB zwischenstaatlich ist, analog anzuwenden.[429] Daraus lässt sich unter Berücksichtigung von § 4 Abs. 1 BuchpreisbindungsG ableiten, dass Preisbin-

---

[424] Im Einzelnen oben Rn. 47 f.
[425] Im Ergebnis ebenso *Klosterfelde/Metzlaff* in: Langen/Bunte (9. Aufl.) § 15 a. F. Rn. 189, die dies allerdings noch mit dem Fehlen eines gemeinsamen Zwecks i. S. d. § 1 a. F. begründen.
[426] Zur im Einzelfall schwierigen Abgrenzung von Zeitungen und Zeitschriften vgl. oben Rn. 12 ff.
[427] Dazu allgemein oben Rn. 17 ff.
[428] EuGH WuW/E EU-R 375 – *Französische Buchpreisregelung*; EuGH Slg. 1985, 1, 35 = NJW 1985, 1615 – *Leclerc*; EuGH Slg. 2000, 8207 – *Echirolles* = WuW/E EU-R 375 = GRUR Int. 2001, 49.
[429] § 4 BuchpreisbindungsG lautet:
(1) Die Preisbindung gilt nicht für grenzüberschreitende Verkäufe innerhalb des Europäischen Wirtschaftsraumes.
(2) Der nach § 5 festgesetzte Endpreis ist auf grenzüberschreitende Verkäufe von Büchern innerhalb des Europäischen Wirtschaftsraumes anzuwenden, wenn sich aus den objektiven Umständen ergibt, dass die betreffenden Bücher allein zum Zwecke ihrer Wiedereinfuhr ausgeführt worden sind, um dieses Gesetz zu umgehen.

dungen für nationale Verkäufe von Zeitungen und Zeitschriften die Zwischenstaatlichkeit nicht erfüllen.[430] Dies gilt selbst dann, wenn sich das Preisbindungssystem auf ganz Deutschland erstreckt und damit eigentlich nach der Rechtsprechung des EuGH Zwischenstaatlichkeit gegeben ist.[431] Nur auf grenzüberschreitende Preisbindungssysteme ist Art. 81 EG anwendbar. Allerdings lässt sich aus § 4 Abs. 2 BuchpreisbindungsG analog dafür eine Ausnahme entnehmen.[432] Kein Umgehungstatbestand dürfte aber vorliegen, wenn nicht die Möglichkeit eröffnet worden wäre, über im Ladengeschäft aufgestellte Computerterminals Titel deutscher Verlage unter dem gebundenen Preis in Österreich zur Auslieferung in Deutschland zu bestellen, sondern lediglich ein Vertrieb über das Netz stattgefunden hätte.[433]

b) Anwendung des Art. 81 EG auf Pressevertrieb. Doch auch wenn eine Preisbindung den Handel zwischen den Mitgliedstaaten spürbar beeinträchtigt und damit Art. 81 Abs. 1 EG tangiert, ist der Tatbestand des Art. 81 Abs. 1 EG nicht verletzt, wenn in den Verträgen ein unbeschränktes Remissionsrecht der Einzelhändler und Grossisten vereinbart ist. Die **EU-Kommission** hatte im Jahr 1999 die Pressevertriebsverträge in Belgien zu überprüfen.[434] Die Verträge setzten einerseits die Preise gegenüber Grossisten und Einzelhändlern fest, räumten diesen aber andererseits ein unbeschränktes Remissionsrecht ein. Nach den Untersuchungen der Kommission war das System der Rücknahme insbesondere bei ausländischen Zeitungen wichtig, da die Remissionsquote bei diesen wesentlich höher war als bei unverkauften inländischen Zeitungen. Ohne ein Remissionsrecht würden die Grossisten und Einzelhändler das volle Absatzrisiko tragen, was sich negativ auf die Pressevielfalt auswirken würde. Nach Auffassung der Kommission korrespondiert mit der Rücknahmepflicht das Recht, die Preise festzusetzen, weil die Verleger das wirtschaftliche Hauptrisiko tragen. Insoweit nahm die Kommission allerdings an, dass der **Freistellungstatbestand des Art. 81 Abs. 3 EG** erfüllt sei. Das überzeugt wenig, weil die Übernahme des wirtschaftlichen Risikos durch die Verleger schon den **Tatbestand der verbotenen Preisbindung nach Art. 81 Abs. 1 EG und § 1 GWB nicht verletzt,** wie dies auch für andere Fälle anerkannt ist, in denen die preisbindende Partei das alleinige wirtschaftliche Absatzrisiko trägt (z. B. Handelsvertreter).[435] Durch die Einführung des Systems der Legalausnahme durch die EG VO 1/2003 und die 7. GWB-Novelle 2005 ist die Frage, ob schon der Verbotstatbestand nicht verletzt ist oder nur eine Freistellung gegeben ist, allerdings seiner praktischen Bedeutung weitgehend beraubt; denn es bedarf auch in letzterem Fall keiner gesonderten administrativen Freistellung nach Art. 81 Abs. 3 EG.[436] Im Rahmen des Schriftlichkeitsgebotes nach § 30 Abs. 2 GWB und der Missbrauchsaufsicht des § 30 Abs. 3 GWB kann es jedoch im Bereich von zwischenstaatlichen Preisbindungssystemen zu einem **Zurücktreten des deutschen Rechts** kommen.[437]

---

[430] I. Erg. genauso, allerdings ohne Verweis auf die Regelung im BuchpreisbindungsG *Bechtold*, GWB, § 30 Rn. 29.

[431] Vgl. dazu die Kommentierung zu Art. 81 Abs. 1 Rn. 178 ff.

[432] LG Berlin NJWE-WettbR 2000, 251, 252 – *Libro Disk.*

[433] Ausdrücklich offengelassen eine Beurteilung dieses Sachverhaltes von LG Berlin NJWE-WettbR 2000, 251, 253 – *Libro Disk.* Zum Ganzen auch *Franzen/Wallenfels/Russ*, BuchpreisbindungsG, § 4 Rn. 2 ff.; *J. B. Nordemann* in: Bröcker/Czychowski/Schäfer, Handbuch Geistiges Eigentum im Internet, § 12 Rn. 111.

[434] XXIX, Bericht der Europäischen Kommission über die Wettbewerbspolitik 1999, Dok. SEK (2000) 720 endg., S. 181–183.

[435] Vgl. dazu § 1 Rn. 172 ff. und oben § 30 Rn. 5. Genauso *Jestaedt* in: Langen/Bunte § 30 Rn. 12.

[436] Anders noch im Jahr 1999, als die Kommission die Vertriebsverträge der belgischen Presse in einem Verwaltungsschreiben (Sachen Nr. IV/C-2/31.609 und 37.306) nach Art. 81 Abs. 3 EG freistellen musste.

[437] Dazu oben Rn. 36 und Rn. 50.

Anhang zu § 30 GWB 1

4. Verhältnis der Missbrauchsaufsicht des § 30 Abs. 3 GWB zu den allgemeinen Befugnissen (§§ 32 ff. GWB)

88 Neben der Missbrauchsaufsicht gemäß § 30 Abs. 3 GWB können die KartB auf ihre allgemeinen Befugnisse nach §§ 32 ff. GWB zurückgreifen, falls in dem missbräuchlichen Verhalten gleichzeitig auch ein Verstoß gegen gesetzliche Vorschriften, z. B. § 1 GWB oder § 20 Abs. 1 GWB, liegt.[439]

Anh. zu § 30 GWB. Preisbindung bei Büchern

Übersicht

	Rn.		Rn.
I. Einführung	1	VI. Sonderausgaben	25
II. Zweck des Gesetzes	7	VII. Konditionen	29
III. Anwendungsbereich	8	VIII. Ansprüche bei Verstößen gegen das Buchpreisbindungsgesetz	35
IV. Normadressaten	13		
V. Ausnahmen von der Preisbindung, Nachlässe, Sonderpreise	16		

I. Einführung

1 Das Inkrafttreten des Gesetzes über die Preisbindung für Bücher (**Buchpreisbindungsgesetz** – BuchPrG) zum 1. Oktober 2002 war eine bemerkenswerte Zäsur in der langjährigen Geschichte der Preisbindung für Verlagserzeugnisse, die mit der „**Kröner-Reform**" des Börsenvereins der deutschen Buchhändler im Jahr 1887 begann.[1] Danach waren die Börsenvereinsmitglieder verbandsrechtlich verpflichtet, die von den Verlagen festgesetzten Ladenpreise einzuhalten. Später beruhte die Preisbindung der Verlagserzeugnisse insgesamt, also der Bücher, Zeitschriften und Zeitungen, auf vertraglichen Vereinbarungen zwischen den Verlagen und den Firmen des verbreitenden Buch- und Zeitungs/Zeitschriftenhandels. Die Preisbindung für Bücher und Fachzeitschriften in Deutschland regelte seit 1. Januar 1966 ein Sammelrevers-System (**„Sammelrevers Franzen"**).[2] Die Händler verpflichteten sich durch Unterzeichnung des Reverses gegenüber einer Vielzahl von Verlagen, die von diesen Verlagen festgesetzten Preise ihren Endabnehmer-Kunden zu berechnen. Dieses Preisbindungssystem entstand in enger Abstimmung mit dem BKartA. Seine Rechtswirksamkeit wurde vom BGH bestätigt. Das Gericht stellte fest, dass kartellrechtliche Bedenken gegen die organisatorische Zusammenfassung vertikaler Preisbindung einer Reihe von Verlagen in einem Sammelrevers-System nicht bestehen, wenn Verlagen und Abnehmern der individuelle Beitritt möglich ist (BGH NJW – RR 1986, 261 „*Preisbindungstreuhänder-Empfehlung*"). Die **Preisbindung in Österreich und in der Schweiz** war zur damaligen Zeit durch Verbandsrecht geregelt. Im Hinblick auf den bevorstehenden EU-Beitritt Österreichs und, wie damals noch erwartet wurde, auch der Schweiz, entstand auch in diesen beiden Ländern mit Wirkung ab 1. 1. 1993 ein Sammelrevers-System (**„Drei-Länder-Revers"**) nach deutschem Vorbild. Da die Preisbindungsverträge grenzüberschreitend wirkten, war die Anmeldung bei der **EU-Kommission** erforderlich. Die Verhandlungen mit der Generaldirektion Wettbewerb führten nicht zum Erfolg. Der damalige Wettbewerbskommissar *Carel van Miert* scheiterte im Juli 1999 nur knapp mit seinem Versuch, die Preisbindung für Verlagserzeugnisse in Deutschland auf der Grundlage von Vertragssystemen zwischen Verlagen und Buchhändlern zu verbieten. Um die nicht enden- wollenden Auseinandersetzungen mit Brüssel über

---

[439] Rn. 47 ff.
[1] *Wegner/Wallenfels/Kaboth*, 5. Kapitel, Rn. 1 ff.
[2] *Wegner/Wallenfels/Kaboth*, 5. Kapitel, Rn. 3 ff.

den Fortbestand der Preisbindung zu beenden, entschlossen sich die Regierungen in Österreich, später auch in Deutschland, von der durch die Rechtsprechung des Europäischen Gerichtshofs eröffneten Möglichkeit Gebrauch zu machen, **die nationale Buchpreisbindung gesetzlich** zu regeln.

EU-Mitgliedsstaaten sind hiernach zum Erlass von innerstaatlichen Rechtsvorschriften berechtigt, nach denen der Endverkaufspreis für Bücher vom inländischen Verleger und/oder Importeur eines Buches im jeweiligen Mitgliedsstaat festgesetzt werden muss und für jeden Letztverkäufer verbindlich ist.[3] Am 30. Juni 2000 trat das **Bundesgesetz für die Preisbindung bei Büchern in Österreich** in Kraft, das, angelehnt an die französische Regelung über die Buchpreisbindung „Loi Lang", die Verleger und Importeure verpflichtete, für die von ihnen verlegten oder in das Bundesgebiet importierten *deutschsprachigen* Bücher und Musikalien einen Letztverkaufspreis festzusetzen und bekannt zu machen. *Dabei darf der vom Verleger für den Verlagsstaat festgesetzte oder empfohlene Letztverkaufspreis oder von Verlagen außerhalb des EWR für Österreich empfohlene Letztverkaufspreis nicht unterschritten werden („Mindestpreisbindung"). Bei der Preisfestsetzung ist die Umsatzsteuer im Verlagsstaat abzuziehen und die österreichische Umsatzsteuer hinzuzurechnen. Da für Bücher in Deutschland eine Umsatzsteuer von 7% und in Österreich von 10% anfällt, sind deutsche Bücher in Österreich somit um mindestens 3% teurer.* Letztverkäufer dürfen bei Verkäufen an Endabnehmer die festgesetzten Ladenpreise höchstens bis zu 5 von Hundert unterschreiten. Der Nachlassdarf aber nicht öffentlich angekündigt werden. Bibliotheken dürfen einen Preisnachlass von maximal 10% erhalten. Bei Mängelexemplaren ist ein handelsübliches Abweichen im Verhältnis zum Mangel zulässig. Die Preisbindung endet für Bücher und Musikalien, deren Letztverkaufspreis vor mehr als 24 Monaten zum ersten Mal bekanntgemacht wurde und deren Lieferzeit länger als sechs Monate zurückliegt. Das Gesetz war zunächst befristet bis zum 30. Juni 2005, gilt inzwischen aber unbefristet.[4]

Parallel zur gesetzlichen Regelung in Österreich galt in Deutschland zunächst ein **nationales Sammelreverssystem** weiter, das sich auf Verträge zwischen deutschen Verlagen sowie Verlagen aus der Schweiz und anderen Nicht-EU-Ländern mit deutschen Buchhändlern beschränkte. Nach neuerlichen Auseinandersetzungen mit der EU-Kommission infolge des Versuchs einer österreichischen Buchhandelskette, die deutsche Buchpreisbindung durch Reimporte zu unterlaufen, wurde dann **auch in Deutschland** ein **Gesetz über die Buchpreisbindung** beschlossen, das ebenso wie in Österreich alle Verleger, auch die, die bisher ihre Preise nicht gebunden hatten, verpflichtete, Ladenpreise festzusetzen, die vom Handel einzuhalten sind.[5]

Die mit der Ausarbeitung des Gesetzesentwurfs beauftragten Ministerien (Staatsministerium für Kultur und Ministerium für Wirtschaft und Arbeit) beabsichtigten zunächst, ein Gesetz vorzubereiten, das die **Preisbindung für alle Verlagserzeugnisse** regelte, also für Bücher, Zeitungen und Zeitschriften. Sie meinten, es könne dem Gesetzgeber nicht einleuchten, warum für einen Teil der Verlagserzeugnisse eine gesetzliche Preisbindung erforderlich sei, für den anderen Teil aber nicht, es hier also bei der vertraglichen Preisbindung bleiben könne. Es zeigte sich aber bei den Beratungen sehr schnell, dass es sich um **unterschiedliche Märkte** handelte, die unterschiedlicher Regelungen bedurften.[6] Zudem hatte sich die EU-Kommission kritisch vornehmlich mit der Buchpreisbindung beschäftigt, jedoch die Preisbindung für Zeitungen und Zeitschriften nicht angegriffen, so dass insoweit auch keine zwingende Notwendigkeit bestand, die Rechtsgrundlage gegenüber dem bis-

---

[3] Zuletzt in der „Echirolles"-Entscheidung vom 3. Oktober 2000 – EuGH ZUM 2001, 64; ausführlich *Franzen/Wallenfels/Russ*, § 1 Rn. 25 f.

[4] Bundesgesetz über die Preisbindung bei Büchern, Kommentar und Gesetzestext WKO Band 8 – Medienwirtschaft September 2005.

[5] *Franzen/Wallenfels/Russ*, § 1, Rn. 13 ff.

[6] *Waldenberger* NJW 2002, 2914.

herigen Zustand zu ändern. Somit blieb es dabei, dass die **Zeitschriften- und Zeitungsverleger berechtigt, aber nicht verpflichtet sind, ihre Preise zu binden** und dies auf vertraglicher Grundlage zu tun, während die **Buchverleger** eine **Preisbindungspflicht** trifft. Der Gesetzgeber war bestrebt, die Regelungen des Sammelreverses, in denen sich auch viele Handelsbräuche des Buchhandels wiederfinden, weitestgehend in das Gesetz zu übernehmen, so z. B. die traditionellen **Nachlässe für Bibliotheken und für Schulen,** und **Sonderpreise** wie Serien-, Mengen- und Subskriptionspreis. Der „**Kollegenrabatt**" für Buchhändler und deren Angestellte wurde beibehalten, ebenso die Möglichkeit, **Autoren** Bücher ihres Verlages verbilligt zu liefern. Die wichtigste Veränderung gegenüber dem bisherigen vertraglichen System war, dass nunmehr **jeder Verlag verpflichtet** ist, die **Preise seiner Bücher zu binden** mit entsprechender Verpflichtung von Letztverkäufern gemäß § 3 BuchPrG, Bücher nur zum Ladenpreis zu verkaufen. Zuvor hatten eine ganze Reihe von Verlagen, vor allem die Verleger von Berufsschulbüchern, von der Möglichkeit der Preisbindung überhaupt keinen Gebrauch gemacht und lediglich Endverkaufspreise empfohlen, oder nur für Teile ihrer Verlagsproduktion Preise gebunden. *Auch hatten die Verlage nicht nur die Möglichkeit, jederzeit die Preise zu ändern, sondern auch, die Bindung aufzuheben. Das ist jetzt im Regelfall erst 18 Monate nach Erscheinen möglich.*

5   § 4 BuchPrG stellt klar, dass die **Preisbindung für Verkäufe innerhalb Deutschlands** und für Auslandsgeschäfte nur in Ländern außerhalb des Europäischen Wirtschaftsraums zulässig ist und dass nach dem EG-Wettbewerbrecht **keine grenzüberschreitenden Preisbindungsregelungen** innerhalb des EWR in Betracht kommen. Zugleich aber hebt das Gesetz hervor, dass dies nur für echten innergemeinschaftlichen Handel gilt, nicht aber für **Umgehungsgeschäfte,** z. B., wenn unter Preis angebotene reimportierte Bücher ausschließlich zum Zwecke ihrer Wiedereinfuhr ausgeführt wurden. In der Gesetzesbegründung wird auf die Rechtsprechung des Europäischen Gerichtshofs, insbesondere die grundlegende Entscheidung „Leclerc",[7] verwiesen, wonach eine **nationale Preisbindung auf reimportierte Bücher angewandt** werden kann, wenn sich aus objektiven Umständen ergibt, dass die betreffenden Bücher allein zum Zwecke ihrer Wiedereinfuhr ausgeführt wurden, um die gesetzliche Buchpreisbindung zu umgehen. Die Gesetzesbegründung nennt verschiedene Beispielsfälle für solche **Umgehungen,** z. B. wenn keine grenzüberschreitende Lieferung nach Deutschland erfolgt oder wenn bereits der Ausfuhr der Plan zugrunde liegt, die Bücher an Letztabnehmer in Deutschland zu verkaufen.[8,9]

6   Auf Betreiben der Bundesländer wurde das Gesetz mit Wirkung zum 20. Juli 2006 novelliert. Die wesentlichste Änderung betrifft das Schulbuchgeschäft. Danach kommt es für die Gewährung von Nachlässen auf eine überwiegende Finanzierung durch die öffentliche Hand nicht mehr an. Die Bücher müssen aber nach wie vor zum Eigentum der Schule erworben werden. Die Novelle regelt ferner, dass bei Räumungsverkäufen in begrenztem Umfang unter Ladenpreis verkauft werden darf und dass preisfreie Mängelexemplare als solche gekennzeichnet werden müssen. Anlässlich der Parlamentsberatung der Novelle am 16. Februar 2006 bekräftigten die Abgeordneten aller Parteien ihr Bekenntnis zur Buchpreisbindung als notwendige Sicherung der einzigartigen Vielfalt des Buch- und Verlagswesens und einer lebendigen und vielseitigen Literaturlandschaft in Deutschland.[10]

---

[7] EuGH, Slg 1985, 1, 35, Rn. 26.
[8] BT-Drucksache 14/9196, Seite 10.
[9] Ausführlich zur Problematik von Reimportgeschäften unter preisbindungsrechtlichen Gesichtspunkten *Franzen/Wallenfels/Russ,* § 4, Rn. 2 ff.
[10] Deutscher Bundestag, Stenografische Berichte, 16. Wahlperiode, Seite 1454 f.

II. Zweck des Gesetzes

§ 1 BuchPrG definiert die vom Gesetz angestrebten Ziele, in erster Linie den **Schutz des Kulturgutes Buch.** Der Gesetzgeber sieht durch den festen Ladenpreis den Erhalt eines breiten Buchangebots gewährleistet, das durch die **Sicherung der Existenz einer großen Zahl von Verkaufsstellen** einer breiten Öffentlichkeit zugänglich wird (§ 1 BuchPrG). Das Gesetz regelt nicht nur die **formale Verpflichtung,** die Preise zu binden und sie einzuhalten, sondern setzt auch **inhaltliche Schwerpunkte:** so die Interessenwahrung der kleineren Firmen bei der Gestaltung von **Konditionen,** die Unzulässigkeit der **Diskriminierung** kleinerer Firmen zugunsten größerer, Wahrung der für den Markt erforderlichen Flexibilität der Preisbindung durch eine begrenzte Zahl von **Sonderpreisen** und **erlaubten Preisnachlässen,** auch durch **Ausnahmen** von der Preisbindung, z. B. für Autoren und Buchhandelskollegen. Wichtig auch die **Interessenbalance** zwischen lizenzgebenden Verlagen und Lizenznehmern, z. B. Buchclubs, einerseits und dem Sortiment andererseits in der besonders heiklen Frage der **Parallelausgaben** zu unterschiedlichen Preisen. Diese Schwerpunktsetzung war auch deshalb erforderlich, weil die für das frühere Sammelreversverfahren für Bücher geltende **Missbrauchsaufsicht des Bundeskartellamts** mit dem Inkrafttreten des Gesetzes entfiel. Zuvor hatte das Bundeskartellamt darüber gewacht, dass die Handelsspannen nicht zu hoch oder zu niedrig waren oder sich mit Missbräuchen im Bereich der Parallelausgaben beschäftigt. Es konnte die Preisbindung aufheben, wenn die Verlage die Preisbindung nicht aktiv betrieben und überwachten, Missbräuche geduldet wurden oder Lücken im System entstanden, auch, wenn die Preisbindung zur Verteuerung führte. Die Missbrauchsaufsicht beschränkt sich jetzt auf die vertraglich geregelte Preisbindung für Zeitungen und Zeitschriften.[11] Die frühere kartellbehördliche Aufsicht über die Preisbindung für Bücher, die für die Marktteilnehmer durchaus disziplinierend gewirkt und die Preisbindung gefestigt hatte, gibt es unter der Herrschaft des Gesetzes nicht mehr. Geblieben ist lediglich das **Diskriminierungsverbot** gemäß § 20 GWB. Danach dürfen marktbeherrschende oder marktmächtige Verlage kleinere und mittlere Sortimentsbuchhandlungen weder unmittelbar noch mittelbar unbillig behindern oder gegenüber Filialisten oder anderen Vertriebsformen des Buchhandels ohne sachlich gerechtfertigten Grund unmittelbar oder mittelbar unterschiedlich behandeln.[12]

III. Anwendungsbereich

Gemäß § 2 gilt das Gesetz für **Bücher** und **buchnahe Produkte.** Unter dem Oberbegriff „Bücher" gilt die Preisbindungspflicht auch für **Musiknoten, kartographische Produkte,** Produkte, die Bücher, Musiknoten oder kartographische Produkte **reproduzieren** oder **substituieren** und „bei Würdigung der Gesamtumstände als überwiegend **verlags- oder buchhandelstypisch** anzusehen sind", sowie **kombinierte Objekte,** bei denen eines der genannten Erzeugnisse die Hauptsache bildet. Die Regelung entspricht der für Zeitungen und Zeitschriften gemäß § 30 Absatz 1 Satz 2 GWB.[13]

Unterschiedliche Auffassungen gibt es zu der Frage, ob digitale Produkte, z. B. **ebooks,** im Preis gebunden werden müssen. In der Entscheidung „NJW auf CD-ROM"[14] stellte der BGH heraus, dass der Begriff Verlagserzeugnis für **neue technische Entwicklungen** offen sei und grundsätzlich auch neuartige Produkte erfasse, wenn und soweit durch sie herkömmliche Verlagserzeugnisse substituiert würden. Nicht entscheidend sei der **Ver-**

---

[11] Vgl. § 30, Rn. 46 ff.
[12] Begründung BT-Drucksache 14/9422, Seite 12.
[13] Vgl. § 30 Rn. 13 ff.
[14] NJW 1997, 1911 ff.

Anhang zu § 30 GWB 10–13 10. Teil. Gesetz geg. Wettbewerbsbeschränkungen

triebsweg, denn bei neu eingeführten Produkten lasse sich häufig noch gar nicht absehen, über welche Vertriebswege solche Waren abgesetzt würden. In der Begründung zum Buchpreisbindungsgesetz heißt es dann auch, dass bei der Bestimmung des Begriffs „Verlagserzeugnisse" die Rechtsprechung des BGH zur Festlegung von Kriterien, welche Produkte Verlagserzeugnisse reproduzieren oder substituieren und damit unter die Preisbindung fallen, codifiziert worden sei, also gerade auch die Öffnung für neuartige, herkömmliche Verlagserzeugnisse substituierende Produkte.[15] Die **Preisbindungsfähigkeit digitaler Medien** ist hiernach zu bejahen, wenn das neue technische Produkt geeignet ist, die auf ein herkömmliches, gedrucktes Erzeugnis gerichtete Nachfrage ganz oder teilweise zu befriedigen. Die Schrift, die Lesbarkeit oder Bildhaftigkeit des Produktes sind dabei unverzichtbar. Die Hinzufügung von Multimedia-Elementen (Ton, Film, Animation) nimmt dem Produkt die Preisbindungsfähigkeit. Konsequenterweise wird man also **online-Angebote der Preisbindung zu unterziehen** haben, sofern die folgenden **Voraussetzungen** erfüllt sind:
– Wiedergabe des vollständigen Buchtextes,
– Herstellung durch einen Buch, Musik- oder Kartographieverlag,
– online-Vertrieb über Verlage oder Buchhandlungen („online-Buchhandel"),
– Durchscheinen des Buchcharakters bei Würdigung der Gesamtumstände.
Digitale Bücher, die diese Voraussetzungen erfüllen, sind preisbindungspflichtig ebenso wie gedruckte Bücher.[16]

10 Der Börsenverein des Deutschen Buchhandels vertritt nach anfänglichem Zögern ebenfalls die Auffassung, dass ebooks, die einem gedruckten Buch im Wesentlichen entsprechen, der Preisbindung unterliegen, beispielsweise in ihrer Gesamtheit zum Download bestimmte und auf Datenträger in jeglicher Art handelbare Werke, die geeignet sind, in ähnlicher Form genutzt zu werden wie gedruckte Werke. Nicht als ebook im Sinne des § 2 BuchPrG sind zu verstehen Zugriffsberechtigungen auf online-Datenbanken, Mehrfachnutzungen von Inhalten in Netzwerken und online-Nutzung von vernetztem Content.[17]

11 Die Preisbindungsfähigkeit von **Hörbüchern** wird einhellig verneint. Sie waren auch zur Zeit der Geltung des Sammelreverses nicht preisgebunden. Die Einschaltung eines Sprechers sowie die Einspielung von Musik führen solche Werke aus der reinen Substitution von Büchern heraus. Auch nach Auffassung des Vertreters der Bundesregierung unterfallen Hörbücher schon deshalb nicht dem Buchpreisbindungsgesetz, weil sie als Tonträger einzustufen seien.[18]

12 **Fremdsprachige Bücher** unterliegen im Regelfall der Preisbindung nicht, unabhängig davon, ob sie aus dem Ausland importiert oder im Inland in fremder, zumeist englischer Sprache hergestellt sind. Wörterbücher, Sprachlehrbücher und fremdsprachige Schulbücher für deutsche Schulen sind hingegen preisbindungspflichtig, denn sie sind überwiegend für den Absatz in Deutschland bestimmt[19] und unterfallen deshalb dem Gesetz (§ 2 Absatz 2 BuchPrG).

IV. Normadressaten

13 § 5 BuchPrG verpflichtet **Verleger und Importeure** von Büchern, die **Endpreise** einschließlich Mehrwertsteuer für die jeweilige Ausgabe eines Buches zu **binden** und die gebundenen Preise in geeigneter Weise zu **veröffentlichen.** Auf die Lieferwege kommt es

---

[15] Begründung BT-Drucks. 14/9196, Seite 12.
[16] Vgl. *Franzen/Wallenfels/Russ,* BuchPrG, § 2 Rn. 7 ff.; *Wegner/Wallenfels/Kaboth,* 5. Kap. Rn. 11 ff.; § 30 Rn. 14 ff.
[17] Börsenblatt vom 2. 10. 2008, S. 6.
[18] Vgl. Stellungnahme des Vertreters der Bundesregierung, Beschlußempfehlung und Bericht des Ausschusses für Kultur und Medien BT-Drucksache 14/9422.
[19] Begründung: BT-Drucksache 14/9196.

nicht an. Somit sind auch Verlage, die direkt an Endabnehmer liefern, und Buchclubs zur Festsetzung und Veröffentlichung von Preisen verpflichtet. Für **importierte Bücher** gilt eine **Mindestpreisbindung:** Der Importeur darf den im Verlagsstaat, also in der Regel Österreich und der Schweiz, festgesetzten oder empfohlenen Nettopreis des ausländischen Verlegers zuzüglich der deutschen Mehrwertsteuer nicht unterschreiten, darf aber von diesem Mindestpreis nach oben abweichen. In der Praxis spielt diese Möglichkeit allerdings keine Rolle.

Während zur Zeit der Geltung des Sammelreverses die Verlage jederzeit die Möglichkeit hatten, die von ihnen **gebundenen Preise** wieder **aufzuheben,** ist dies gemäß § 8 BuchPrG jetzt nur nach Ablauf von **18 Monaten nach Erscheinen der preisgebundenen Ausgabe** möglich. Damit unterscheidet sich die deutsche Regelung von der des österreichischen Gesetzes über die Buchpreisbindung. Dort endet die Preisbindung automatisch für Bücher, deren Letztverkaufspreis vor mehr als 24 Monaten bekannt gemacht wurde und deren Lieferzeitpunkt länger als sechs Monate zurückliegt (§ 5 Absatz 3 des Bundesgesetzes über die Preisbindung bei Büchern). Mit dieser Regelung trägt der deutsche Gesetzgeber der traditionell im deutschen Buchhandel gepflegten Backlist und der Tatsache Rechnung, dass eine große Zahl kulturell wertvoller Bücher über Jahre und Jahrzehnte unverändert am Markt sind.[20] **Ausnahmsweise** ist eine **frühere Aufhebung** der Preisbindung möglich bei **Periodika** oder **Büchern,** die an aktuelle Ereignisse gebunden sind (§ 8 Absatz 2 BuchPrG). Keinerlei Einschränkungen unterliegt das Recht der Verlage, die **Preise zu ändern**, also herauf- oder herabzusetzen. § 3 BuchPrG verpflichtet all diejenigen, die **gewerbs- oder geschäftsmäßig** Bücher an Letztabnehmer verkaufen, den festgesetzten Ladenpreis einzuhalten. Gewerbsmäßig handelt, wer berufsmäßig in der Absicht dauernder Gewinnerzielung geschäftlich tätig wird, geschäftsmäßig derjenige, der – auch ohne Gewinnerzielungsabsicht – die Wiederholung gleichartiger Tätigkeiten zum wiederkehrenden Bestand seiner Beschäftigung macht.[21] Die gesetzliche Buchpreisbindung ist auch bei „**Privat-Verkäufen**" über die Internet-Auktionsbörse **ebay** einzuhalten, wenn der Anbieter geschäftsmäßig handelt. Das OLG Frankfurt sah in der Versteigerung von mehr als 40 Büchern in einem Zeitraum von sechs Wochen geschäftsmäßiges Handeln, weil der Anbieter den Verkauf verlagsneuer Bücher im Internet unterhalb des gebundenen Ladenpreises zum wiederkehrenden Teil seiner Beschäftigung gemacht habe.[22] Die Behauptung, es habe sich um „gebrauchte" Bücher gehandelt, ließ das Gericht nicht gelten, weil der Anbieter die Bücher als „ungelesen", „neu" und „originalverpackt" beworben hatte.

Normadressaten des Gesetzes sind Verleger und Buchhändler. Das Gesetz nimmt aber auch die **Kunden des Buchhandels** in die Pflicht: Sie können sich eines Gesetzesverstoßes schuldig machen, wenn sie mit der **Forderung gesetzeswidriger Preisvorteile** Buchhändler zu einem Verstoß gegen das BuchPrG anstiften und damit eine unerlaubte Handlung im Sinne von § 830 Absatz 2 BGB begehen. Voraussetzung ist allerdings, dass sie hierbei mindestens mit bedingtem Vorsatz handeln, also den Gesetzesverstoß der Buchhändler „billigend in Kauf nehmen". Die Rechtsprechung sieht keinen wesentlichen Unterschied in der Verletzung der Rechtsordnung durch Täter oder **Mittäter**, die gegenüber Gesetzesnormen verstoßen, gegenüber denjenigen, die zu einem zivilrechtlich verbotenem Verhalten anstiften.[23] Auf die Motive für ein solches Verhalten kommt es nicht an, wettbewerbliche Gründe sind nicht erforderlich.

---

[20] BT-Drucksache 14/9196, Seite 13.
[21] BT-Drucksache 14/9196, Seite 10.
[22] Urteil des OLG Frankfurt am Main vom 15. 6. 2004, Az: 11 U 18/2004 (Kart), NJW 29/2004, Seite 2098 ff.
[23] BGH NJW 2003, Seite 2525 ff.

V. Ausnahmen von der Preisbindung, Nachlässe, Sonderpreise

16 Die Verpflichtung für alle Verlage, auch solche, die nicht über den Buchhandel vertreiben, Preise festzusetzen und zu veröffentlichen, die im Regelfall erst nach 18 Monaten wieder aufgehoben werden dürfen, wird in ihrer Rigidität gemildert durch **Ausnahmeregelungen** (§ 7 BuchPrG). So hält das Gesetz an dem traditionellen **„Kollegenrabatt"** für Buchhändler und deren Mitarbeiter fest (§ 7 Absatz 1 Nr. 1). **Autoren** eines Verlages können nennen dessen Publikationen zum Eigenbedarf preisbindungsfrei beziehen (§ 7 Absatz 1 Nr. 2). An **Lehrer** können Bücher .zur Prüfung ihrer Eignung zur Einführung im Unterricht verbilligt geliefert werden (§ 7 Absatz 1 Nr. 3). Bücher, die **Mängel** aufweisen, unterliegen nicht der Preisbindung (§ 7 Absatz 1 Nr. 4).

17 Hier allerdings stellen die Gerichte strenge Anforderungen: Ein **„Mängelexemplar"** muss tatsächlich so beschädigt sein, dass es für einen Verkauf zum regulären Preis nicht mehr in Betracht kommt *und muss deutlich als solches gekennzeichnet sein*. **Remittenden** sind nicht ohne weiteres Mängelexemplare, sondern nur dann, wenn sie aufgrund der Remission beschädigt wurden.[24] Bücher werden auch nicht dadurch zu Mängelexemplaren, dass sie – zu Unrecht – als solche gekennzeichnet sind.[25] *Auch auf Aktualität des Titels und Alter des Buchexemplares kommt es nicht an, sondern nur auf den äußeren Zustand (LG Darmstadt, Urteil vom 13. 4. 2007, Az: 12 O 372/06)*. Unerheblich ist auch, ob die zu Unrecht als Mängelexemplare unter Preis verkauften Bücher bereits mit **unzutreffender Mängelkennzeichnung** eingekauft wurden, weil alle gewerbs- oder geschäftsmäßigen Buchverkäufe an Letztabnehmer, die nicht unter eine der Ausnahmeregelungen fallen, ausschließlich zum gebundenen Preis stattfinden müssen.[26] Die Buchhändler haben also eine **Prüfungspflicht**. *Dabei sind branchenfremde Wiederverkäufer mit den gleichen Haftungs- und Überprüfungsmaßstäben zu messen wie der Fachhandel (OLG Frankfurt und LG Darmstadt a. a. O. Auf Verschulden kommt es bei der Geltendmachung von Unterlassungsansprüchen nicht an. Diese setzen lediglich den Vertrieb von Büchern und den Verstoß gegen die Preisbindungsvorschriften voraus (OLG Frankfurt und LG Darmstadt a. a. O.)*.

18 Auch die gesetzliche Regelung von Nachlässen, die **Bibliotheken** erhalten können, gemäß § 7 Absatz 2 entspricht buchhändlerischer Tradition. Allgemein zugängliche **wissenschaftliche Bibliotheken** können bis zu 5% Nachlass erhalten. Voraussetzung ist, dass sie ihrem Zweck nach der Nutzung durch die Öffentlichkeit dienen und dies auch ebenso wie die allgemeinen Öffnungszeiten der Öffentlichkeit bekannt gemacht worden sein muss. Jedermann zugängliche **kommunale Büchereien, Landesbüchereien**, in Erweiterung der früheren Sammelreversregelung auch **Schülerbüchereien** sowie **konfessionelle Büchereien** und **Truppenbüchereien der Bundeswehr** und des **Bundesgrenzschutzes** können bis zu 10% Nachlass erhalten.

19 Die in § 7 Absatz 3 vorgeschriebenen **Nachlässe für Schulbücher** sind ein Spezialfall der Mengennachlässe. Die derzeitige Regelung legt an Auftragswert bzw. Stückzahl geknüpfte Nachlässe in unterschiedlicher Höhe fest bei **Sammelbestellungen** von Büchern für den Schulunterricht. Nach der Gesetzesnovellierung vom Juli 2006 kommt es nicht mehr darauf an, ob Sammelbestellungen von Büchern aus öffentlichen oder privaten Mitteln finanziert werden. Die Bücher müssen aber zu Eigentum der öffentlichen Hand oder eines „Beliehenen" erworben werden. Letztere kommen jedoch im Schulbuchgeschäft bislang nicht vor.

---

[24] BT-Drucksache 14/9196, Seite 12.
[25] Urteil des OLG Frankfurt am Main, Az: 11 U 8/2005 (Kart) vom 26. 7. 2005 unter Hinweis darauf, dass andernfalls ein mit dem Ziel des Preisbindungsgesetzes unvereinbarer attraktiver Sekundärmarkt eröffnet werden könnte und die Ausnahmevorschriften restriktiv aufzufassen seien.
[26] OLG Frankfurt am Main, a. a. O.

Über die in § 7 Absatz 1–3 BuchPrG ausdrücklich geregelten Nachlässe und Ausnahmen von der Preisbindung hinaus erlaubt § 7 Absatz 4 die Gewährung einiger weiterer wirtschaftlicher Vergünstigungen: Als **Zugaben** sind erlaubt Waren von geringem Wert oder Waren, die im Hinblick auf den Wert des gekauften Buches wirtschaftlich nicht ins Gewicht fallen (§ 7 Absatz 4 Nr. 1). Die **Geringwertigkeitsgrenze** bei Zugaben liegt bei **2%** vom Wert des verkauften Buches.[27] Dabei kommt es darauf an, welchen Wert die Zugabe aus der Sicht der angesprochenen Verkehrskreise hat, nicht auf den – naturgemäß niedrigeren – Beschaffungspreis der Anbieter, der für die **Werteinschätzung durch den Kunden** ohne Belang ist.[28]

Zugaben dürfen nicht gewährt werden, wenn nach der gesetzlichen Regelung Nachlässe gewährt werden dürfen (Bibliotheken) oder müssen (Sammelbestellungen von Schulbüchern). Die **Nachlassregelungen** sind **abschließend** und können nicht durch Zusatzleistungen ergänzt werden.[29]

Diese Regelung ist vor allem für **Kundenbindungssysteme** des Handels von Bedeutung. Hier gelten enge Grenzen: Es dürfen keine Vergütungen in Geld (**Payback-Systeme**) gewährt werden, sondern nur Sachprämien. Die Ausgabe von „**Start-Gutscheinen**" an neue Kunden, die beim Kauf preisgebundener Bücher auf den Kaufpreis angerechnet werden, wird von der Rechtsprechung als unzulässiger Preisnachlass bewertet.[30] Für die Beteiligung an **Bonus-Sammelsystemen** (Miles- and More) gilt: Ein Preisbindungsverstoß liegt vor, wenn beim Verkauf preisgebundener Bücher Bonuspunkte („Meilen") auf den Kaufpreis angerechnet werden, die zuvor von Kunden durch den Kauf preisgebundener Bücher beim Verkäufer erworben wurden. Kein Preisbindungsverstoß hingegen liege vor, wenn beim Verkauf eines Buches der Kaufpreis durch mehrere Personen gezahlt werde (z. B. bei **Buch-Gutscheinen**), weil das Gesetz nicht bestimme, wer den gebundenen Ladenpreis zu zahlen habe.[31]

§ 7 Absatz 4 Nr. 2 erlaubt die Erstattung und Übernahme von **Fahrkosten** für Verkehrsmittel des öffentlichen Nahverkehrs oder von **Parkgebühren** im Zusammenhang mit dem Besuch der Verkaufsstelle. Gemäß § 7 Absatz 4 Nr. 3 BuchPrG ist der **kostenfreie Versand** von Büchern an Endabnehmer zulässig. Die Kosten der Beschaffung von Büchern durch den Händler beim Verlag dürfen im Regelfall nicht dem Kunden weiterbelastet werden, ausnahmsweise aber dann, wenn es sich um **außergewöhnliche Beschaffungskosten** handelt, z. B. bei Eilbestellungen oder Bestellungen aus dem Ausland (§ 7 Absatz 4 Nr. 3 BuchPrG).[32] **Nebenleistungen** ohne Berechnung sind nur **im Rahmen der Handelsüblichkeit** zulässig (§ 7 Absatz 4 Nr. 4 BuchPrG). Hierzu gehören die klassischen **Serviceleistungen** des Buchhandels wie z. B. die fachliche Beratung und das Bibliographieren, nicht aber z. B. im **Bibliotheksgeschäft** Inventarisierungs-und Katalogarbeiten sowie Binden und Folieren von Büchern. Handelsüblich im **Schulbuchgeschäft** sind etwa die Zusammenstellung von Literaturlisten, die Ausführung von Nachbestellungen, die transportkostenfreie Anlieferung von Büchern an eine durch die Schule zu bestimmende Stelle, die Rücknahme von Verpackungen und von beschädigten Büchern, nicht hingegen die Entsorgung alter Schulbücher, die Inzahlungnahme gebrauchter Schulbücher oder Inventarisierungsarbeiten sowie die Rücknahme irrtümlich oder zuviel bestellter Bücher.[33]

---

[27] *Franzen/Wallenfels/Russ*, § 7, Rn. 22.
[28] BGHZ 11, 260 ff.
[29] BT-Drucksache 14/9422, Seite 12; *Franzen/Wallenfels/Russ*, § 7, Rn. 9.
[30] OLG Frankfurt am Main, Urteil vom 20. 7. 2004, Az: 11 U (Kart) 15/04, GRUR 2004, Seite 885 f.
[31] OLG Frankfurt am Main, Urteil vom 20. 7. 2004, Az: 11 U (Kart) 2/04; NJW 2004, Seite 3434 ff.
[32] BT-Drucksache 14/9196, Seite 13.
[33] OLG München, Beschluss vom 19. 12. 2007, Verg 12/07.

24 Flexibilität bei der Preisfestsetzung wird auch durch einen Katalog von **Sonderpreisen** gemäß § 5 Absatz 4 BuchPrG geschaffen, die schon im früheren Sammelrevers enthalten waren. Auch insoweit gilt die Verpflichtung zur Einhaltung der Preisbindung gemäß § 3 BuchPrG. **Serienpreise** können für eine Reihe von einzeln beziehbaren Büchern festgelegt werden, die denselben Autor haben oder inhaltlich-thematisch zusammen gehören und die gleiche äußere Ausstattung aufweisen. **Mengenpreise** (Staffelpreise) sind gegenüber dem Einzelbezug ermäßigte Preise für den Verkauf einer größeren Anzahl desselben Werkes an denselben Letztabnehmer. Sie gelten nicht für Sammelbestellungen, also die organisatorische Bündelung von Einzelbestellungen. Die Bestellungen müssen für den Eigenbedarf bestimmt sein, was das Verschenken einschließt. Buchhändlerischer Tradition entsprechen auch der **Subskriptionspreis** und der **Sonderpreis für Institutionen,** die bei der Herausgabe des Buches vertraglich in einer für sein Zustandekommen ausschlaggebenden Weise mitgewirkt haben, ebenso **Sonderpreise** für **Abonnenten einer Zeitschrift** beim Bezug eines Buches, das die Redaktion dieser Zeitschrift verfasst oder herausgegeben hat. Schließlich kann der Verlag auch festlegen, welche Teilzahlungszuschläge vom Händler berechnet werden müssen, wenn er auf den sofortigen Rechnungsausgleich verzichtet. Die gebundenen Preise sind **Barzahlungspreise**. Forderung und Gewährung von **Skonto** sind also nicht gestattet, auch nicht die **Einräumung von Zahlungszielen** ohne Kreditzuschlag.[34] Die Gewährung von Skonto ist auch keine handelsübliche Nebenleistung gemäß § 7 Absatz 4 Nr. 4 BuchPrG. Das System der Buchpreisbindung verlangt, dass der gebundene Endpreis sofort zu entrichten ist (BGH a. a. O.). Verzichtet der Händler hierauf, gewährt er dem Kunden einen Kredit, der die Berechnung eines Kreditzuschlages erfordert, andernfalls der gebundene Preis unterschritten wurde.[35]

VI. Sonderausgaben

25 Flexibilisierung bewirkt auch die vom Gesetz eröffnete Möglichkeit, Buchtitel in **unterschiedlichen Ausgaben** zu unterschiedlichen Preisen herauszubringen, wenn der Preisunterschied sachlich gerechtfertigt ist (§ 5 Absatz 5 BuchPrG). Klar ist, dass **identische Ausgaben** nicht zu unterschiedlichen Preisen vertrieben werden dürfen, weil dies dem Grundsatz widerspricht, dass für jede Ausgabe nur ein Ladenpreis festgesetzt werden darf. Ebenso klar ist, dass **Taschenbuch-** oder **Paperback-Ausgaben** eines Titels andere Preise als die Hardcover-Ausgabe des gleichen Titels haben dürfen, weil es sich hier um unterschiedliche Buchformen handelt. Probleme bereitet der parallele Vertrieb von **Hardcover-Ausgaben zu unterschiedlichen Preisen.** In der Gesetzesbegründung heißt es, die Zulässigkeit des Angebots eines Titels mit verschiedenen Endpreisen bestimme sich nach den Faktoren Ausstattungsunterschied, Abstand des Erscheinens und – bei Buchgemeinschaften – Mitgliedsbindung des Käufers.[36] Die Rechtsprechung hat strenge Grundsätze aufgestellt. So wurde einem Verlag die Verbreitung einer Sonderausgabe sechs Monate nach Erscheinen der Originalausgabe mit einem Preisunterschied von 20% verboten, die sich nur durch Fehlen eines Schutzumschlages und eine geringfügige grafische Bearbeitung des Einbandmotivs unterschied,[37] des Weiteren die Verbreitung einer Lizenzausgabe mit anderer farblicher Buch- und Druckgestaltung sowie geringerer Wertigkeit des Einbands (Flexcover statt Hardcover) und des Papiers (60 g statt 70 g) mit einem im Vergleich zur Originalausgabe um 25% niedrigeren Preis.[38] Besondere Regeln gelten für Buchclubausgaben wegen der den Mitgliedern obliegenden Mindestabnahmeverpflichtung. Unterschiedliche Auslegun-

---

[34] BGH NJW 2003/2525 ff.
[35] *Wegner/Wallenfels/Kaboth*, 5. Kapitel, Rn. 67.
[36] BT-Drucksache 14/9196, Seite 11.
[37] OLG München, Urteil vom 3. 8. 2006, Az.: 6 U 16 45/06.
[38] OLG Düsseldorf, Urteil vom 26. 6. 2007, Az.: 12 O 28/07.

gen *dieser Regeln im Buchhandel* führten zu gerichtlichen Auseinandersetzungen über die Frage, inwieweit die zur Zeit der Geltung des Sammelreverses für Buchclub-Ausgaben entwickelten **„Potsdamer Kriterien"** auch weiterhin Geltung haben. 1994 hatten die Sparten des Buchhandels mit Zustimmung des Bundeskartellamts auf der Grundlage einschlägiger Rechtsprechung und Spruchpraxis des BKartA formuliert, in welcher Wechselwirkung Ausstattungsunterschied, Zeitabstand und Preisabstand von Original- und Buchclub-Ausgabe stehen müssen. Wichtigster Punkt war, dass im Regelfall ein **Zeitabstand von mindestens sechs Monaten** zwischen dem

Erscheinen der jeweiligen Ausgaben zu liegen hatte.[39] Wiederum im Branchenkonsens konnten die gerichtlichen Auseinandersetzungen einvernehmlich mit einer Weiterentwicklung der Potsdamer Kriterien beendet werden. Sortimenter- und Verleger-Ausschuss des Börsenvereins verständigten sich auf eine Weiterentwicklung der Potsdamer Kriterien und ihre Anerkennung als Handelsbrauch (**„Potsdamer Protokoll Revidierte Fassung"**).

Die wichtigste Änderung ist die **Verkürzung des Mindestzeitabstands von sechs auf vier Monate.** Dieser Abstand ist nunmehr für alle von der Buchgemeinschaft hergestellten Ausgaben, also nicht nur Hardcover-Ausgaben wie bisher, einzuhalten.[40] Nach Auffassung des OLG Düsseldorf müssen Club-Lizenzausgaben die Potsdamer Kriterien einhalten, unterliegen aber nicht selbst der Preisbindung. Nach dem Wortlaut des Gesetzes seien zwar auch Buchclubs Verleger ihrer Lizenzausgaben. Dennoch verneinte das Gericht aufgrund historischer und teleologischer Erwägungen bei direkt vertriebenen Buchclub-Ausgaben die Annahme einer Preisbindung, weil zur Zeit des Sammelreverses die Buchclubs nicht zur Preisbindung verpflichtet waren und eine Absicht des Gesetzgebers, die Rechtslage insoweit zu verschärfen, den Gesetzesmaterialien nicht entnommen werden könne.[41]

Auch für **„Reader"-Ausgaben,** einem Buchtyp zwischen Hardcover und Paperback-Taschenbuch, haben in Abstimmung mit dem Bundeskartellamt Verleger- und Sortimenter-Ausschuss des Börsenvereins Kriterien entwickelt, die ähnlich wie für Buchclub-Ausgaben preisbindungsrechtliche Regeln konkretisieren.[42]

VII. Konditionen

Von allen Vorschriften des BuchPrG bereitet die Auslegung von § 6, der sich mit den **Konditionen im Buchhandel** beschäftigt, die meisten Schwierigkeiten. Gerichtliche Grundsatzentscheidungen fehlen. Der Börsenverein bemühte sich bisher vergeblich um die Zustimmung des Bundeskartellamts zu einer Konditionenempfehlung oder zur Formulierung von Wettbewerbsregeln mit einer **Präzisierung der gesetzlichen Regelungen.** Das Amt sah hierin eine unzulässige Preisempfehlung. Brancheninterne Widerstände gab es gegen Überlegungen im Börsenverein, externe oder interne Gutachten zu erstellen, an denen sich die Branche hätte orientieren können, welche Höchst- und Mindestrabatte in Betracht kommen. Die gesetzlichen Vorgaben zur Festlegung von solchen Konditionen sind:

a) Der von **kleineren Buchhandlungen** erbrachte Beitrag zur Erreichung des Gesetzeszweckes, nämlich der **flächendeckenden Versorgung** mit Büchern sowie ihr **buchhändlerischer Service** müssen angemessen berücksichtigt werden.

b) **Rabatte** dürfen sich **nicht ausschließlich am Umsatz** mit den jeweiligen Händlern **orientieren.**

---

[39] *Wegner/Wallenfels/Kaboth,* 5. Kapitel, Rn. 31 ff.
[40] *Wegner/Wallenfels/Kaboth,* 5. Kapitel, Rn. 34 ff., Anhang III.
[41] Urteil des OLG Düsseldorf vom 11. 3. 2008, Az.: 1–20 U 119/07, a. A. OLG Frankfurt am Main, GRUR 2006, S. 520 f.
[42] *Wegner/Wallenfels/Kaboth,* 5. Kapitel, Rn. 36 ff.

c) **Branchenfremde Händler** dürfen nicht mit besseren Konditionen als Buchhändler beliefert werden.

d) **Letztverkäufer** dürfen **keine günstigeren Konditionen** als **Zwischenbuchhändler** erhalten.

30 Die Regelungen sind nicht bloß programmatischer Natur, sondern eine **anspruchsbegründende Norm.** Auslegungsschwierigkeiten allerdings bereitet die im Gesetz hervorgehobene „**Angemessenheit**". In der Gesetzesbegründung heißt es dazu, die Regelung sei entsprechend der gesetzgeberischen Zielsetzung, im Interesse von flächendeckender Versorgung und buchhändlerischem Service den Sortimentsbuchhandel zu stärken, erforderlich.[43] Die Einhaltung dieser Regelungen sei im Einzelfall zu beurteilen und könne nicht für jeden Fall an einem Kriterium, einer Quote etc. festgemacht werden.

31 Gemäß § 6 Absatz 1 BuchPrG haben die vom Gesetz erwähnten kleineren Buchhandlungen einen gesetzlichen Anspruch darauf, Konditionen zu erhalten, die im Wettbewerb zu größeren Buchhandlungen ihre Existenz sichern. Dies wird verstärkt durch die gesetzliche Verpflichtung, Konditionen nicht allein am Umsatz zu orientieren. Konditionen für den Handel sind an dessen Leistung, gemessen an den wirtschaftlichen Möglichkeiten und an dessen Kosten, zu orientieren. Die Gesetzesbegründung verlangt eine **Einzelfallbetrachtung.** Es müssen also die Leistungen der einzelnen Firmen nach ihren wirtschaftlichen Möglichkeiten entsprechend ihrer **Größe** und ihrer **Kostenstruktur** berücksichtigt werden. Dabei wiederum ist zu beachten, dass kleinere Betriebe in der Regel eine ungünstigere Kostenstruktur als größere Unternehmen haben. Besonders kritisch sieht der Gesetzgeber **Rabattspreizungen,** die abseits von der Leistungs- und Kostenorientierung ausschließlich vom Umsatz bestimmt werden. Denn hier wird besonders deutlich, dass entgegen der gesetzgeberischen Zielsetzung, die Existenz einer Vielzahl vor allem kleinerer und mittlerer Unternehmen zu sichern und die Verlage entsprechend in die Pflicht zu nehmen, die schiere Umsatzgröße honoriert wird. § 6 BuchPrG bezieht sich sowohl auf den Level, die **Höhe der angemessenen Rabatte,** als auch auf die **Grenzen,** die bei der Rabattspreizung zu beachten sind. Erhalten Unternehmen allein aufgrund ihrer Größe Konditionen, die, gäbe es die Preisbindung nicht, teilweise an die Endabnehmer weitergegeben werden könnten und auch würden, war dies schon nach früherer Spruchpraxis des Bundeskartellamts ein **Missbrauch der Preisbindung.**[44] Eine **lineare Orientierung der Händlerspannen** am Umsatz führt nach Auffassung des BKartA zu einer Diskriminierung kleinerer Buchhandlungen, bei denen tendenziell höhere Kosten anfallen. Die Gesetzesbegründung zu § 6 BuchPrG verweist auf das **Diskriminierungsverbot** gemäß § 20 GWB und betont die Verpflichtung marktbeherrschender oder marktmächtiger Verlage, kleinere oder mittlere Sortimentsbuchhandlungen weder unmittelbar noch mittelbar unbillig zu behindern oder gegenüber Filialisten oder anderen Vertriebsformen des Buchhandels ohne sachlich gerechtfertigten Grund unmittelbar oder mittelbar unterschiedlich zu behandeln.[45] Dies gilt auch, wenn ein kleinerer Verlag Bücher führt, auf die gut sortierte Buchhandlungen angewiesen sind, und dadurch **sortimentsbedingte Abhängigkeit** entsteht.[46]

32 Die „**Aldi-Klausel**" des § 6 Absatz 2 BuchPrG verpflichtet Verlage, branchenfremde Händler nicht zu ungünstigeren Konditionen zu beliefern als den Buchhandel. Andernfalls, so die Gesetzesbegründung, besteht die Gefahr, dass durch Verlagerung wirtschaftlich besonders interessanter Geschäfte auf branchenfremde Unternehmen die Existenzgrundlage des Buchhandels ausgehöhlt wird.[47]

---

[43] BT-Drucksache 14/9196, Seite 11.
[44] WuW/E BKartA 1311 ff.
[45] BT-Drucksache 14/9166, Seite 12.
[46] *Franzen/Wallenfels/Russ,* § 6, Rn. 19.
[47] BT-Drucksache 14/9196, Seite 11.

Konkret ist auch die Regelung in § 6 Absatz 3 BuchPrG („**Meistbegünstigungs-** 33 **klausel**"), dass Verlage **Zwischenbuchhändler** (gemeint sind Barsortimenter, nicht Verlagsauslieferungen) nicht zu ungünstigeren Bedingungen beliefern dürfen als Letztverkäufer. Die Gesetzesmaterialien lassen allerdings den Schluss zu, dass diese Grenze in **Ausnahmefällen** überschritten werden kann, wenn sich ein Letztverkäufer in außergewöhnlicher Weise für das Programm eines Verlages oder einzelne seiner Titel einsetzt.[48]

Zur Handelsspanne zählen auch **Boni** und **Partie-Exemplare**,[49] **Werbekostenzu-** 34 **schüsse** jedoch nicht, wenn sie nicht den Rabatt erhöhen, sondern Werbemaßnahmen des Händlers finanzieren, so z.B. Zeitungsanzeigen, Prospekte, usw.[50]

VIII. Ansprüche bei Verstößen gegen das Buchpreisbindungsgesetz

Die in § 9 BuchPrG geregelten Ansprüche lehnen sich an die Trias **Unterlassungs-** 35 **pflicht – Auskunftpflicht – Schadensersatz** gemäß dem Recht des unlauteren Wettbewerbs an, ebenso der Kreis der Anspruchsberechtigten und die Verfahrensvorschriften. Zusätzlich gibt das Gesetz einem Rechtsanwalt, der von Verlegern, Importeuren oder Unternehmen, die Verkäufe an Letztabnehmer tätigen, gemeinsam als **Preisbindungstreuhänder** beauftragt ist, eine eigene Aktivlegitimation. Damit knüpft das Gesetz an die Regelungen des früheren Sammelreversers an, der eine solche Institution vorsah, die sich bewährt habe. Auch sieht der Gesetzgeber hierin die Gewähr, dass sich viele Fälle von Preisbindungsverstößen weiterhin branchenintern regeln lassen[51]. Die Institutionalisierung der Treuhändertätigkeit mit eigener **Aktivlegitimation und Prozessführungsbefugnis des Preisbindungstreuhänders** im eigenen Namen ermöglicht es Verlagen und Buchhandlungen, gegen Preisbindungsverstöße konkurrierender Firmen vorzugehen, ohne selbst abmahnen oder Prozesse führen zu müssen.

Das gesetzliche Instrumentarium zur Sanktionierung von Preisbindungsverstößen wird 36 ergänzt durch die weiter geltende **Vertragsstrafenverpflichtung** aus der Zeit des Sammelreverses. Der parallel zum Buchpreisbindungsgesetz seit dessen Inkrafttreten geltende **Sammelrevers 2002** regelt die **Preisbindung für Fachzeitschriften** gemäß § 30 GWB und darüber hinaus die **Verpflichtung zur Zahlung von Vertragsstrafen** auch bei Verstößen gegen die **Buchpreisbindung**. Diejenigen am Sammelrevers 2002 beteiligten Verlage, die Fachzeitschriften veröffentlichen, haben deren Preise gemäß § 30 GWB gebunden. Diejenigen Händlerfirmen, die durch den früheren Sammelrevers zur Einhaltung der Preisbindung für Bücher und Zeitschriften verpflichtet waren, sind gegenüber allen am Sammelrevers 2002 beteiligten Verlage (derzeit 900) weiterhin zur Zahlung von Vertragsstrafen bei Verstößen gegen die Preisbindung verpflichtet, ebenso wie bisher die Verlage bei eigenen Preisbindungsverstößen im Direktgeschäft.[52]

Zur Aufklärung bei vorliegenden begründeten Verdacht von Preisbindungsverletzungen können Wettbewerber gemäß § 10 BuchPrG Gewährung des Einblicks in Bücher und Geschäfts-unterlagen verlangen. Auch diese Regelung entspricht dem früheren Sammelrevers, der allerdings das **Bucheinsichtsrecht** nur von Preisbindungsverstößen betroffenen Verlagen gab.

Zur Aufklärung bei vorliegenden begründeten Verdacht von Preisbindungsverletzungen 36 können Wettbewerber gemäß § 10 BuchPrG Gewährung des Einblicks in Bücher und Geschäftsunterlagen verlangen. Auch diese Regelung entspricht dem früheren Sammelrevers,

---

[48] BT-Drucksache 14/9422, Seite 12; *Franzen/Wallenfels/Russ*, § 6, Rn. 4; *Wegner/Wallenfels/Kaboth*, 5. Kapitel, Rn. 45.
[49] BKartA TB 1970, Seite 67.
[50] BKartA TB 1972, Seite 76.
[51] BT-Drucksache 14/9196, Seite 13.
[52] *Franzen/Wallenfels/Russ*, § 9, Rn. 14; *Wegner/Wallenfels/Kaboth*, Recht im Verlag, 5. Kapitel, Rn. 80, Anhang III.

der allerdings das **Bucheinsichtsrecht** nur von Preisbindungsverstößen betroffenen Verlagen gab.

37 Das Einsichtsrecht steht nunmehr allen Gewerbetreibenden, die ebenfalls Bücher vertreiben, zu.

§ 31. (weggefallen)

Sechster Abschnitt. Befugnisse der Kartellbehörden, Sanktionen

§ 32 Abstellung und nachträgliche Feststellung von Zuwiderhandlungen

(1) **Die Kartellbehörde kann Unternehmen oder Vereinigungen von Unternehmen verpflichten, eine Zuwiderhandlung gegen eine Vorschrift dieses Gesetzes oder gegen Artikel 81 oder 82 des Vertrages zur Gründung der Europäischen Gemeinschaft abzustellen.**

(2) **Sie kann hierzu den Unternehmen oder Vereinigungen von Unternehmen alle Maßnahmen aufgeben, die für eine wirksame Abstellung der Zuwiderhandlung erforderlich und gegenüber dem festgestellten Verstoß verhältnismäßig sind.**

(3) **Soweit ein berechtigtes Interesse besteht, kann die Kartellbehörde auch eine Zuwiderhandlung feststellen, nachdem diese beendet ist.**

Übersicht

	Rn.		Rn.
I. Zweck und Bedeutung	1	4. Duldung	9
II. Abstellungstatbestände	3	5. Rechtsschutz	10
1. Verbote	3	IV. Abstellungsverfügung	11
2. Drohende Verletzung	4	1. Inhaltliche Anforderungen	11
III. Abstellungsverfahren	5	2. Adressat	14
1. Allgemeine Verfahrensfragen	5	3. Gebotsverfügungen	15
2. Maßgeblicher Zeitpunkt	7	4. Rechtsfolgen	16
3. Ermessen	8	V. Feststellung einer Zuwiderhandlung	19
		VI. Verhältnis zu anderen Vorschriften	20

I. Zweck und Bedeutung

1 § 32 ermächtigt die Kartellbehörde, Unternehmen oder Vereinigungen von Unternehmen zu verpflichten, eine Zuwiderhandlung gegen die Verbote des Gesetzes oder Art. 81 oder 82 EGV abzustellen. Damit wird die bisherige Ermächtigung zur bloßen Untersagung, deren Enge in der Praxis zu Anwendungsschwierigkeiten führte, erweitert (sog. positive Tenorierung[1]). Die Ermächtigung der Kartellbehörde schließt die Befugnis ein, den Verbotsadressaten Maßnahmen aufzugeben, die für die Abstellung der Zuwiderhandlung erforderlich sind (§ 32 Abs. 2). Die Vorschrift entspricht § 32 a. F. und § 50 Abs. 2 S. 2 a. F., ist aber in Anlehnung an Art. 7 VO 1/2003 umformuliert und erweitert worden. Es handelt sich um eine selbstständige Sanktion neben dem Bußgeldverfahren und dem Schadensersatz. Während diese dazu dienen, Verstöße, die in der Vergangenheit begangen wurden, zu ahnden oder deren Folgen auszugleichen, ist das Abstellungsverfahren **in die Zukunft gerichtet.** Es ist von besonderer Bedeutung, wenn die subjektiven Voraussetzungen einer Ordnungswidrigkeit fehlen, etwa weil die Rechtslage offen ist, oder wenn sie nicht nachweisbar sind. Insbesondere ermöglicht § 32 der Kartellbehörde, offene Grundsatzfragen der

---

[1] Begr. 2004, S. 51.

§ 32. Abstellung u. nachtr. Feststellung v. Zuwiderhandlungen 2, 3 § 32 GWB

Anwendung der Normen des GWB oder der Art. 81, 82 EGV zu klären. Dagegen zielt das Verfahren der Nichtigkeitsfeststellung nach § 32 c darauf ab, den Unternehmen in deren Interesse (begrenzte) Rechtssicherheit dahin zu geben, dass ihr Verhalten nicht verboten ist. Beim Abstellungsverfahren handelt es sich im Gegensatz zum „subjektiven" Bußgeldverfahren um ein objektives Verfahren. Die Verpflichtung, die Zuwiderhandlung abzustellen, schließt die künftige Unterlassung ein. Es sind auch **einstweilige Anordnungen** zulässig. Während diese bisher in § 60 Nr. 3 a. F. geregelt waren, sieht nunmehr § 32 a die Befugnis der Kartellbehörde vor, von Amts wegen in dringenden Fällen einstweilige Maßnahmen zu treffen. In der Praxis besaß das Abstellungsverfahren eine erhebliche Bedeutung und dies ist auch für die Neuregelung anzunehmen, zumal ihr Anwendungsbereich durch Einbeziehung des EG-Rechts erweitert wurde und das neu eingeführte System der Legalausnahme die Rechtsanwendungsprobleme verschärft.

§ 32 gilt für **alle Verbotstatbestände** des Gesetzes und – anders als § 32 a. F. – auch der 2 Art. 81 Abs. 1, 82 EGV. Letztere wurden bisher durch § 50 Abs. 2 S. 2 dem Verstoß gegen die Verbotsnorm des Gesetzes im Sinne des § 32 a. F. gleichgestellt. § 32 gilt seither insbesondere für die Missbrauchsaufsicht nach § 19 sowie § 29 und für Verstöße gegen § 20. Über die ausgesprochenen Verbote hinaus bezieht sich § 32 auch auf Verstöße gegen Bußgeldtatbestände nach § 81.

II. Abstellungstatbestände

1. Verbote

§ 32 gilt für alle Verbotstatbestände des Gesetzes, insbesondere das Verbot wettbewerbs- 3 beschränkender Verträge und abgestimmter Verhaltensweisen (§ 1), des Missbrauchs einer marktbeherrschenden Stellung (§§ 19, 29) und eines tatsächlichen wettbewerbsbeschränkenden Verhaltens (§§ 20, 21). Die Vorschrift gilt ferner für die Verbote der Art. 81 Abs. 1, 82 EGV. Die Unternehmen und Unternehmensvereinigungen können verpflichtet werden, Verstöße abzustellen. Die Abstellung der Zuwiderhandlung schließt die Untersagung ein. Die weite Fassung der Verbotstatbestände hat zur Folge, dass die Kartellbehörde bei wettbewerbsbeschränkenden Verträgen und abgestimmten Verhaltensweisen sowohl die **Durchführung** als auch schon den **Vertrag** oder die Abstimmung selbst verbieten kann;[2] bei tatsächlichen Verhaltensweisen können nur diese untersagt werden. Das Verbot eines Vertrages führt zur Wiedergewinnung der Dispositionsfreiheit der Parteien. Die Abstellungsverfügung ist rechtmäßig, wenn ein Verstoß vorliegt, d. h. die Kartellbehörde Tatsachen nachweist, die den Tatbestandsmerkmalen der Verbotsnorm (einschließlich einer möglichen Tatbestandsrestriktion) entsprechen, und ihre rechtliche Wertung zutrifft (Art. 2 S. 1 VO 1/2003). Dass die Kartellbehörde dies **feststellen** muss (so Art. 7 Abs. 1 VO 1/2003), hat das Gesetz als selbstverständlich nicht erwähnt. Zu beachten ist, dass soweit Tatsachen, aus denen sich eine Freistellung ergibt, nicht im Wege der Amtsermittlung festgestellt werden konnten, den Betroffenen die Beweislast trifft (Art. 2 S. 2 VO 1/2003). Im Einzelfall kann zweifelhaft sein, ob ein bestimmter Handlungskomplex einen oder mehrere Verstöße darstellt. Den Abschluss eines Kartellvertrages und dessen Vollzug wird man als einen einzigen Verstoß ansehen können. Im Übrigen kann man sich an die zum Recht der Kartellordnungswidrigkeiten entwickelten Grundsätze, einschließlich der Ablehnung eines Fortsetzungszusammenhangs, anlehnen.[3]

---

[2] *Emmerich* in: Immenga/Mestmäcker, GWB, Rn. 9; *Bornkamm* in: Langen/Bunte, KartellR, Rn. 28.

[3] Vgl. BGH WuW/E BGH 3043, 3048 – Fortgesetzte Ordnungswidrigkeit; WuW/E BGH 3054 – *Fortgesetzte Ordnungswidrigkeit II; Dannecker/Biermann*, in: Immenga/Mestmäcker, GWB, vor § 81 Rn. 173; *Klusen* in: Wiedemann, § 55 Rn. 51 ff.; zum teilweise abweichenden EG-Recht *de Bronett*, Art. 7 Rn. 3 m. w. Nachw.

§ 32 GWB 4–6

2. Drohende Verletzung

4 Nach bisherigem Recht konnte die Kartellbehörde auch bereits vor Durchführung eines wettbewerbsbeschränkenden Vertrages einschreiten, wenn unter Abschätzung des voraussichtlichen Verlaufs eine „ernste Besorgnis drohender Zuwiderhandlung begründet" war.[4] Diese Rechtsprechung hatte durch die Erweiterung des § 32 a. F. bei wettbewerbsbeschränkenden Verträgen zwar bereits viel an Bedeutung verloren, weil dadurch wettbewerbsbeschränkende Verträge ohne nähere Anforderungen auch vor Durchführung untersagt werden konnten. Sie galt aber auch nach § 32 a. F. und gilt auch nach neuem Recht. § 32 ist nach seinem Zweck dahin auszulegen, dass bei **ernster Besorgnis** eines unzulässigen Verhaltens (Erstbegehungs- oder Wiederholungsgefahr) bereits eine Abstellungsverfügung ergehen kann.[5] Die Neufassung des Gesetzes mit der Möglichkeit der positiven Tenorierung soll die bisher gegebenen Befugnisse der Kartellbehörde erweitern, sie aber nicht einschränken. Auch wenn ein Verstoß begangen worden ist, darf eine Abstellungsverfügung nicht ergehen, wenn eine Wiederholung nicht zu erwarten ist.[6]

III. Abstellungsverfahren

1. Allgemeine Verfahrensfragen

5 Die Zuständigkeit der Kartellbehörde ergibt sich – vorbehaltlich Art. 11 Abs. 6 VO 1/2003 – aus § 48 f. Es handelt sich um ein Verwaltungsverfahren im Sinne der §§ 54 ff. Eine Verfahrenseinleitung liegt vor, wenn die Kartellbehörde dem betroffenen Unternehmen mitteilt, sie überprüfe einen bestimmten Sachverhalt (siehe § 54 Rn. 1 ff.). Die Durchführung des Abstellungsverfahrens ist parallel zum Bußgeldverfahren zulässig; dies geschieht in der Praxis jedoch selten, vielmehr wählt die Kartellbehörde zwischen der Durchführung des einen oder anderen Verfahrens. Ein Übergang zu einem anderen Verfahren ist jederzeit möglich.[7]

6 Die Einleitung des Verfahrens steht in **pflichtgemäßen Ermessen** der Kartellbehörde (Opportunitätsprinzip). Die Kartellbehörde kann das Verfahren von Amts wegen auf der Grundlage von Informationen, die ihr aus kartellrechtlichen Verfahren (einschließlich des ECN) oder durch Beschwerde Dritter zugänglich sind, einleiten. Dritte können, selbst wenn ihre Interessen durch die Entscheidung nicht erheblich berührt sind, ohne weiteres die Einleitung eines Verfahrens von Amts wegen anregen (§ 54 Abs. 1 S. 2). Die Verfahrensbeteiligung ergibt sich aus § 54 Abs. 2 Nr. 2 und 3, wobei die Anforderungen an die erhebliche Interessenberührung Dritter in § 54 Abs. 1 Nr. 3 durch die Einfügung des zweiten Halbsatzes verringert wurden. Das Erfordernis einer Anhörung folgt aus § 56 Abs. 1. Akteneinsicht und Geheimnisschutz sind in den §§ 29, 30 VwVfG geregelt. Soweit die Kartellbehörde (auch) aufgrund der Art. 81, 82 EGV vorgeht, muss sie die Kommission und kann sie die Kartellbehörden der anderen Mitgliedstaaten nach der Einleitung der ersten förmlichen Ermittlungshandlung informieren (Art. 11 Abs. 3 VO 1/2003). Innerhalb

---

[4] BGH, WuW/E BGH 1474, 1481 – *Architektenkammer* = GRUR 1977, 739; WuW/E BGH 2313, 2314 – *Baumarkt-Statistik* = NJW 1987, 1821; KG WuW/E OLG 5580, 5600 – *Selektive Exklusivität*; Hennig in: Langen/Bunte, KartellR, Voraufl. § 37 a Rn. 3 m. w. Nachw.

[5] *Emmerich* in: Immenga/Mestmäcker, GWB, Rn. 9; *Bornkamm* in: Langen/Bunte, KartellR, Rn. 18; *Bechtold*, GWB, Rn. 10; vgl. BGH WuW/E BGH 1474, 1481 – *Architektenkammer* = GRUR 1977, 739 (zu § 38 Abs. 1 Nr. 11 a. F.); OLG München WuW/E DE-R 790, 800 – *Bad Tölz*.

[6] BGHZ 147, 325, 341 f. – *Ostfleisch* = WuW/E DE-R 711 = NJW 2001, 3782; BGHZ 152, 97, 102 f., 105 – *Konditionenanpassung* = WuW/E DE-R 984 = NJW 2003, 205; *Emmerich* in: Immenga/Mestmäcker, GWB, Rn. 9.

[7] *Emmerich* in: Immenga/Mestmäcker, GWB, Rn. 21.

des Netzwerkes der Europäischen Kartellbehörden (ECN) erfolgt eine Abstimmung über die Weiterführung des Verfahrens.[8]

2. Maßgeblicher Zeitpunkt

Die Beurteilung der Statthaftigkeit des Abstellungsverfahrens erfolgt nach der Tatsachen- und Rechtslage im **Zeitpunkt des Erlasses** der Abstellungsverfügung. Zu diesem Zeitpunkt darf das wettbewerbswidrige Verhalten noch nicht beendet sein. Eine Abstellungsverfügung ist daher nicht zulässig, wenn die Unternehmen den betreffenden Vertrag oder die sonstige Verhaltensweise von sich aus aufgegeben haben. Bei einem noch nicht begonnenen Verstoß muss die ernste Besorgnis eines in naher Zukunft liegenden Beginns gegeben sein (Rn. 4). Hat die Kartellbehörde nicht ein zukünftiges, sondern ein gegenwärtiges verbotenes Verhalten aufgegriffen, so kann eine Verbotsverfügung, die im Zeitpunkt ihres Erlasses rechtswidrig war, weil z. B. ein sachlich gerechtfertigter Grund nach § 20 Abs. 2 für eine Lieferverweigerung gegeben war, nicht durch den späteren Wegfall dieses Rechtfertigungsgrundes rechtmäßig werden. Es liegt vielmehr ein neuer Sachverhalt vor, für den es ggf. einer neuen Abstellungsverfügung bedarf.[9]

3. Ermessen

Die Entscheidung, ob ein Abstellungsverfahren durchgeführt wird, unterliegt nach allgemeiner Meinung dem Ermessen der Kartellbehörde. Dabei ist der Grundsatz der **Verhältnismäßigkeit** zu beachten.[10] Die Gründe für die Ermessensausübung sind in der Entscheidung darzulegen.[11] Maßgebliche Entscheidungsgesichtspunkte sind die Schwere und Verbreitung des Verstoßes und damit seine Bedeutung für die Wettbewerbspolitik, die Erforderlichkeit des Einschreitens im Hinblick auf die faktische Unmöglichkeit der Inanspruchnahme individuellen Rechtsschutzes nach § 33 durch den Betroffenen und die Verwaltungskapazität der Kartellbehörde. Die Behörde kann Schwerpunkte ihrer Abstellungstätigkeit bilden und sich auch auf einen Beteiligten konzentrieren.[12] Grundsätzlich hatte nach bisherigem Recht ein Dritter **keinen Anspruch auf Einschreiten,** auch wenn die Verbotsnorm seinem Schutz diente; dies galt selbst bei einer Ermessensreduzierung auf Null, wenn ein individueller Rechtsschutz nach § 33 möglich war.[13] Das Gleiche ist nach neuem Recht im Hinblick auf § 33 n. F. anzunehmen. Kontrovers wurde bisher die Frage diskutiert, ob ein Anspruch auf Einschreiten bei Ermessensreduzierung jedenfalls dann besteht, wenn ein individueller Rechtsschutz nicht realisierbar ist, d. h. der Betroffene nicht in der Lage ist, den Verstoß „aus eigener Kraft abzuwenden."[14] Da § 33 nunmehr auf das Erfordernis der Schutzgesetzqualität der Verbotsnorm verzichtet und jedem Betroffenen Unterlassungs- und Schadensersatzansprüche gewährt, zielt die Frage nicht auf eine mögliche Ergänzung des § 33, sondern allein darauf, ob bei behördlicher Ermächtigung zum

---

[8] *Anweiler,* Art. 7 VerfVO Rn. 18 f.
[9] BGH WuW/E BGH 2535, 2541 – *Lüsterbehangsteine* = NJW-RR 1989, 485; KG WuW/E OLG 3121, 3123 – *HFGF II; Bornkamm* in: Langen/Bunte, KartellR, Rn. 19; *Emmerich* in: Immenga/Mestmäcker, GWB, Rn. 19.
[10] BGHZ 142, 249, 252 f. – *Flugpreisspreizung* = WuW/E DE-R 375 = NJW 2000, 76; *Bornkamm* in: Langen/Bunte, KartellR, Rn. 27; *Emmerich* in: Immenga/Mestmäcker, GWB, Rn. 14 f.
[11] BGH, a. a. O.; *Bechtold,* GWB, Rn. 5.
[12] Vgl. *Bornkamm* in: Langen/Bunte, KartellR, Rn. 12.
[13] Grundlegend BGH WuW/E BGH 2058, 2059 – *Internord* = NVwZ 1984, 265; ferner BGH, WuW/E 3035 f. – *Nichtzulassungsbeschwerde* = NJWE-WettbR 1996, 119; KG, WuW/E OLG 4988 f. – *Besteckversand;* WuW/E OLG 1813, 1815 – *Medizinischer Badebetrieb; Bechtold,* GWB, Rn. 5; *Bornkamm* in: Langen/Bunte, KartellR, Rn. 12; *K. Schmidt,* Kartellverfahrensrecht, S. 628 ff.; *Werner* in: Wiedemann, Handbuch des Kartellrechts, Voraufl., § 51 Rn. 5.
[14] Siehe Voraufl. Rn. 8.

Einschreiten gegen Verstöße das Subsidiaritätsdogma aufzulockern ist. Dies ist in Parallele zum allgemeinen Sicherheits- und Ordnungsrecht für Verbote i. S. des § 33 Abs. 1 zu bejahen, wenn dem Betroffenen ein **schwerer Schaden** droht, dessen (rechtzeitige) Abwendung ihm nicht aus eigener Kraft zumutbar ist.[15]

4. Duldung

9   Die Kartellbehörde entscheidet nach Ermessen. Daher ist auch eine Duldung eines wettbewerbsbeschränkenden Verhaltens zulässig. Dies gilt insbesondere im Graubereich zwischen zulässigen und unzulässigen Verhaltensweisen, bei geringen Verstößen sowie bei Rechtfertigung durch außerkartellrechtliche Zielsetzungen, wie z. B. durch Gesichtspunkte des Umweltschutzes. Das Bundeskartellamt ist in der Vergangenheit recht häufig in dieser Weise verfahren und hält daran fest.[16] Diese Praxis ist allerdings rechtsstaatlich bedenklich.[17] Eine bisherige Duldung, selbst wenn sie durch eine Unbedenklichkeitserklärung dokumentiert ist, schließt eine Abstellungsverfügung nach § 32 für die Zukunft nicht aus. Durch die Duldung wird kein Vertrauenstatbestand geschaffen, das schutzwürdige Vertrauen richtet sich allenfalls auf Gewährung einer Anpassungsfrist.[18] Anders verhält es sich freilich, wenn die Kartellbehörde durch feststellenden Verwaltungsakt nach § 32c förmlich festgestellt hat, dass nach den der Kartellbehörde vorliegenden Erkenntnissen die Verbotsvoraussetzungen nicht gegeben sind und daher kein Anlass zum Einschreiten besteht. Hier kann die Kartellbehörde nur bei neuen Erkenntnissen tätig werden (siehe § 32b Rn. 18 f.).[19]

10 **5. Rechtsschutz.** Gegen eine Abstellungsverfügung ist Rechtsschutz nach den allgemeinen Vorschriften im Wege der Beschwerde und Rechtsbeschwerde (§§ 63, 74, 75) möglich. Drittschutz wird für Beigeladene (§ 63 Abs. 2), ggf. auch für sonstige durch die Verfügung Beschwerte gewährt (vgl. § 63 Rn. 1 ff.). Ist die Abstellung nur teilweise rechtswidrig, kann eine Teilaufhebung erfolgen. Die Beschwerde hat aufschiebende Wirkung, sofern nicht Sofortvollzug angeordnet worden ist. Bei Änderung der Verhältnisse kann der Betroffene ggf. einen Anspruch auf Aufhebung oder Abänderung der Verbotsverfügung haben (§§ 49 Abs. 1, 51 Abs. 1 VwVfG), der im Wege der Verpflichtungsbeschwerde (§ 63 Abs. 3) geltend zu machen ist. Dritten steht die Verpflichtungsbeschwerde nicht zur Verfügung.

IV. Abstellungsverfügung

1. Inhaltliche Anforderungen

11 Für die Maßnahmenauswahl hat das Gesetz die Geltung des Grundsatzes der **Verhältnismäßigkeit** ausdrücklich ausgesprochen (§ 32 Abs. 2). Die Maßnahmen dürfen nicht über das nach dem Regelungsgehalt und Zweck des Verbots erforderliche Maß hinausgehen. Dabei ist nunmehr eine positive Tenorierung entsprechend Art. 7 VO 1/2003 zulässig. Inwieweit von der gesetzlichen Ermächtigung hierzu Gebrauch wird, bestimmt sich wiederum nach dem Grundsatz der Verhältnismäßigkeit (Rn. 15). Nach § 37 VwVfG gilt

---

[15] *Emmerich* in: Immenga/Mestmäcker, GWB, Rn. 15; *Bornkamm* in: Langen/Bunte, KartellR, Rn. 12; *Bechtold,* GWB, Rn. 2.
[16] Bagatellbekanntmachung (Bek. Nr. 18/2007), WuW 2007, 369.
[17] *Rehbinder* in: FS Buxbaum, 2000, S. 433, 435, 437 f.; *Emmerich* in: Immenga/Mestmäcker, GWB, Rn. 16.
[18] BGHZ 77, 366, 374 ff. – *Haus- und Hofkanalguss* = WuW/E BGH 1717 = NJW 1981, 119; BGHZ 80, 43, 54 f. – *Garant* = WuW/E BGH 1787 = NJW 1981, 2052; BGHZ 114, 40, 55 ff. – *Golden Toast* = WuW/E BGH 2697 = NJW 1991, 3152; KG WuW/E OLG 3685, 3695 f. – *Aral* = AG 1986, 200; *Emmerich* in: Immenga/Mestmäcker, GWB, Rn. 10.
[19] BGHZ 114, 40, 55 ff. – *Golden Toast* = WuW/E BGH 2697 = NJW 1991, 3152; BGH WuW/E BGH 2058 – *Internord* = NVwZ 1984, 263; KG WuW/E OLG 4988, 4989 – *Besteckversand* (zulässig, aber nicht begründet).

§ 32. Abstellung u. nachtr. Feststellung v. Zuwiderhandlungen   12, 13   **§ 32 GWB**

ferner der **Bestimmtheitsgrundsatz**. Die Abstellungsverfügung muss klar, eindeutig und vollständig sein, sie muss eine hinreichend bestimmte Umschreibung des konkreten Verletzungstatbestandes enthalten.[20] Die Anforderungen im Einzelnen richten sich nach dem Regelungsgehalt und Zweck der gesetzlich vorgesehenen Maßnahmen unter Berücksichtigung des Grundsatzes der Verhältnismäßigkeit, der einer übermäßigen Einengung der freien Entscheidung entgegenstehen kann. Bei einer kategorischen Verweigerung des Zugangs zu einer Infrastruktureinrichtung ist auch ein allgemeines Verbot der Kartellbehörde zulässig.[21] Der Adressat muss erkennen können, was ihm konkret verboten oder geboten ist; die Konkretisierung muss bereits in der Verfügung erfolgen und darf nicht dem Vollstreckungsverfahren überlassen werden.[22] Allerdings kann eine Auslegung des Inhalts der Verfügung – im Gegensatz zu einer Erweiterung des Tenors – anhand der Gründe erfolgen.[23]

Auch ein ganzes Vertragswerk kann untersagt werden. Ergreift das Verbot oder Gebot nur Teile eines Vertrages oder eines sonstigen Verhaltens, so ist es auf diese Teile beschränkt.[24] Ausreichend bestimmt kann eine Abstellungsverfügung sein, wonach sich der Adressat nicht weigern darf bzw. – nach neuem Recht – verpflichtet wird, einen bestimmten Vertrag zu „angemessenen Bedingungen" oder zu „großhandelsüblichen Bedingungen" abzuschließen.[25] Dagegen ist eine Verfügung, die einen Verkauf „unter oder zum jeweils geltenden Einkaufspreis" untersagt, als unbestimmt angesehen worden.[26] Zulässig ist die Angabe einer Missbrauchsgrenze, oberhalb derer alle Preise unzulässig sind.[27] Bei Mitbenutzungsanordnungen nach § 19 Abs. 2 Nr. 4 gelten besondere Bestimmtheitsanforderungen, die einerseits das Fehlen üblicher Entgelte, zum anderen die grundsätzliche Vertragsfreiheit des marktbeherrschenden Unternehmens widerspiegeln müssen; tendenziell führt dies zu einer Reduzierung der Anforderungen.[28]

2. Adressat einer Verbots- oder Gebotsverfügung ist die Person, die den Verstoß begangen hat oder begehen wird. Bei Begehung innerhalb eines Unternehmens ist Adressat grundsätzlich der Träger des Unternehmens, da das Verbot sich an das Unternehmen richtet. Andere Beteiligte, insbesondere Organpersonen juristischer Personen und leitende Angestellte, können analog § 14 OWiG wegen Beihilfe herangezogen werden.[29]

---

[20] BGH WuW/E BGH 1474, 1481 – *Architektenkammer* = GRUR 1977, 739; BGHZ 110, 371, 377, 379 – *Globalvertrag* = WuW/E BGH 2617 = NJW 1990, 2815; BGHZ 128, 17, 24 – VNG = WuW/E BGH 2953 = NJW 1995, 2718; BGHZ 129, 37, 40 f. – *Stromversorgung Schwäbisch Hall* = WuW/E BGH 2967 = NJW 1995, 1844; KG WuW/E OLG 2190 f. – *Bilderland*; WuW/E OLG 4468, 4469 f. – *Mustermietvertrag*; *Kirchhoff*, ZHR 150 (1986), 303, 312 ff.; *Möschel* BB 1986, 1785, 1788 ff.; *Bornkamm* in: Langen/Bunte, KartellR, Rn. 30 ff.; *Emmerich* in: Immenga/Mestmäcker, GWB, Rn. 43; *Klose* in: Wiedemann, Handbuch des Kartellrechts, § 51 Rn. 15.
[21] BGHZ 152, 84, 93 ff. – *Fährhafen Puttgarden* = WuW/E DE-R 977 – NJW 2003, 748.
[22] BGH WuW/E DE-R 195 ff. – *Beanstandung durch die Apothekerkammer* = WRP 1999, 200; *Emmerich* in: Immenga/Mestmäcker, GWB, Rn. 21; *Bornkamm* in: Langen/Bunte, KartellR, Rn. 31.
[23] BGHZ 152, 84, 92 – *Fährhafen Puttgarden* = WuW/E DE-R 977 = NJW 2003, 748; BGH WuW/E BGH 2073, 2074 – *Kaufmarkt* = BB 1985, 416; *Emmerich* in: Immenga/Mestmäcker, GWB, Rn. 43; *Bornkamm* in: Langen/Bunte, KartellR, Rn. 32.
[24] BGH WuW/E BGH 2247, 2253 – *Wegenutzungsrecht* = NJW-RR 1986, 880; KG WuW/E OLG 4468, 4469 f. – *Mustermietvertrag*.
[25] BGHZ 128, 17, 24 – *Gasdurchleitung* = WuW/E BGH 2953 = NJW 1995, 2817; BGHZ 129, 53, 56 – *Importarzneimittel* = WuW/E BGH 2990 = NJW 1995, 2415; BGHZ 152, 84, 95 – *Fährhafen Puttgarden* = WuW/E DE-R 977 = NJW 2003, 748; BGH WuW/E DE-R 703, 705 f. – *Puttgarden II*.
[26] BGH WuW/E BGH 2073, 2075 = BB 1985, 416.
[27] BGH WuW/E DE-R 1513, 1515 – *Stadtwerke Mainz*.
[28] BGHZ 152, 84, 95 – *Fährhafen Puttgarden* = WuW/E DE-R 977 = NJW 2003, 748; BGH WuW/E DE-R 703, 705 f. – *Puttgarden II*.
[29] KG WuW/E OLG 3675, 3682 – *Baumarkt-Statistik*; *Emmerich* in Immenga/Mestmäcker, GWB, Rn. 11.

3. Gebotsverfügungen

14 § 32 ermächtigt zunächst zum Erlass von Verbotsverfügungen. Nach bisherigem Recht waren in eine Verbotsverfügung verkleidete Gebote grundsätzlich unzulässig. Es konnte daher grundsätzlich **nicht Belieferung** eines Abnehmers mit bestimmten Mengen und zu bestimmten Preisen aufgegeben werden. Es sollte vielmehr der wirtschaftlichen Entscheidungsfreiheit des diskriminierenden Unternehmens überlassen bleiben, Produktion und Vertrieb so zu gestalten, dass er nicht gegen das Verbot verstößt.[30] Ob ein Verbot oder ein Gebot vorliegt, war nach dem sachlichen Gehalt der Entscheidung zu bestimmen.[31] Wenn eine gebotene Handlung die einzige tatsächliche und rechtliche Möglichkeit darstellt, um den Gesetzesverstoß zu beseitigen, konnte nach Auffassung der Rechtsprechung ein **Weigerungsverbot** ausgesprochen werden.[32]

15 Die Unterscheidung zwischen Verbot und Gebot ist auch nach neuem Recht nicht völlig unerheblich. Eine Verpflichtung zum Abstellen einer Zuwiderhandlung hat in der Sache zunächst **Verbotscharakter.** Ein sachlicher Unterschied zwischen der Untersagung einer Zuwiderhandlung und dem Gebot, sie zu unterlassen und nicht mehr fortzusetzen, ist nicht ersichtlich. Das Unternehmen wird verpflichtet, das Verhalten abzustellen und nicht zu wiederholen, auch nicht durch Maßnahmen gleicher Wirkung. Detaillierte **Gebote** können aber als Mittel zur wirksamen Abstellung einer Zuwiderhandlung erlassen werden (§ 32 Abs. 2). Diese Regelung ist Art. 7 Abs. 1 VO 1/2003 nachgebildet. In Betracht kommt die Vornahme bestimmter Veränderungen im Verhalten der Unternehmen oder die Bekanntmachung dieser Veränderungen. Hauptsächliches Anwendungsfeld ist § 19 sowie § 29 (vgl. § 19 Rn. 98). Wenngleich § 32 Abs. 2 im Vergleich zum bisherigen Recht den Spielraum für echte Gebotsverfügungen erweitert, bringt die Vorschrift mit der ausdrücklichen Nennung des Übermaßverbots doch zum Ausdruck, dass hierfür ein gesteigerter Rechtfertigungszwang besteht.[33] Bei Entscheidungen über Gebotsverfügungen muss insbesondere die Entscheidungsfreiheit des Unternehmens angemessen berücksichtigt werden. Dies gilt z. B. bei **Eingriffen in Vertriebssysteme.** Hier kommt es zwar nicht (mehr) darauf an, ob sich eine Liefersperre gezielt gegen ein bestimmtes Unternehmen richtet. Wohl aber ist zu prüfen, ob es gleich wirksame, aber weniger belastende Abhilfen gibt und ob der Eingriff in die Vertriebsstruktur durch die Schwere und Dauer der Zuwiderhandlung gerechtfertigt ist.

16 In Ausnahmefällen kann entsprechend der bisherigen Rechtsprechung zum Weigerungsverbot (Rn. 15) eine **Belieferungspflicht** ausgesprochen werden. Dies gilt aber nicht, soweit Art. 81 Abs. 1 EGV anwendbar ist, da die europäische Rechtsprechung – im Gegensatz zu Art. 82 EGV – positive Belieferungspflichten grundsätzlich ablehnt.[34] Eine Be-

---

[30] BGH WuW/E BGH 1345 f. – *Polyester-Grundstoffe* = NJW 1975, 1282; WuW/E 1474, 1481 – Architektenkammer = GRUR 1977, 739; *Bornkamm* in: Langen/Bunte, KartellR, Rn. 33; *Emmerich* in: Immenga/Mestmäcker, GWB, Rn. 29 m. w. Nachw.; *Werner* in: Wiedemann, Handbuch des Kartellrechts, Vorauf., § 51 Rn. 10.

[31] BGHZ 67, 104, 107 f. – *Vitamin B 12* = WuW/E BGH 1435 = NJW 1976, 2254; BGH WuW/E BGH 2967, 2976 – *Strompreis Schwäbisch Hall*; WuW/E DE-R 1513 – *Stadtwerke Mainz*; *Emmerich* in: Immenga/Mestmäcker, GWB, Rn. 30; *Schebstadt* WuW 2005, 1009, 1010.

[32] BGHZ 127, 388, 389 f. – *Weigerungsverbot* = WuW/E BGH 2951 = NJW 1995, 462; BGHZ 129, 53, 56, 60 f. – *Importarzneimittel* = WuW/E BGH 2990 = NJW 1995, 2415; *Bechtold*, GWB, Rn. 3; *Emmerich* in: Immenga/Mestmäcker, GWB, Rn. 29; *Markert* in: Immenga/Mestmäcker, GWB, § 20 Rn. 221; *Bornkamm* in: Langen/Bunte, KartellR, Rn. 34; zur verfassungsrechtlichen Zulässigkeit BVerfG GRUR 2001, 266.

[33] Vgl. OLG Düsseldorf WuW/E DE-R 1339, 1342 – *TEAG*; OLG Karlsruhe WuW/E DE-R 2213 – *Belieferungsanspruch* = WRP 2008, 257.

[34] EuG U. v. 18. 9. 1992, Rs. T-24/90 – *Automec/Komm.*, Slg. 1992, II-2223, Rn. 51 ff. = EuZW 1993, 103; vgl. aber EuG U. v. 8. 2. 2002, Rs. T-395/94 – *Atlantic Container Line*, Slg. 2002, II-875 Rn. 415 (Anordnung von Vertragsschluss nur mangels Begründung abgelehnt); zu Art. 82 EGV

lieferungspflicht kommt insbesondere in Betracht, wenn die Belieferung bei realistischer Betrachtung die einzige tatsächliche und rechtliche Möglichkeit der Abhilfe bietet, weil die Aufgabe oder grundlegende Änderung des Vertriebssystems des zuwiderhandelnden Unternehmens nur rein theoretisch denkbar ist. Ändert das betroffene Unternehmen gleichwohl sein Vertriebssystem, kann es den Widerruf der Gebotsverfügung für die Zukunft nach §§ 49–51 VwVfG und die Aussetzung ihres Vollzugs analog § 32a beantragen. Mit Erlass der entsprechenden (vorläufigen) Entscheidungen wird auch einem eventuellen Schadensersatzanspruch nach § 33 wegen Verstoß gegen die Abstellungsverfügung die Grundlage entzogen. Bei missbräuchlichen **Preis-, Rabatt- oder Konditionensystemen** ist die Kartellbehörde nicht befugt, die Vertriebspreise, Rabatte oder Konditionen neu festzusetzen; sie kann aber Vorschläge machen (siehe im Einzelnen § 19 Rn. 72 ff.).

Gebotsverfügungen nach § 32 Abs. 2 können auch Eingriffe in die Unternehmenssubstanz sein, die dem Unternehmen die objektive Möglichkeit künftiger Verstöße nehmen (**strukturelle Maßnahmen**). Sie sind etwa im Rahmen von § 19 oder bei Gemeinschaftsunternehmen ausnahmsweise denkbar. Hier sind allerdings die Erforderlichkeit und Verhältnismäßigkeit von besonderer Bedeutung.[35] Dabei kann man sich an den Kriterien orientieren, die in Art. 7 Abs. 1 S. 3 der VO 1/2003 festgelegt sind.[36] Danach können Abhilfemaßnahmen struktureller Art nur festgelegt werden wenn es keine verhaltensbezogene Maßnahme gleicher Wirksamkeit gibt oder wenn letztere mit einer größeren Belastung für die beteiligten Unternehmen verbunden wären. Maßnahmen dieser Art sind überdies nur dann verhältnismäßig, wenn ein erhebliches, durch die Struktur des Unternehmens als solche bedingtes Risiko anhaltender oder wiederholter Zuwiderhandlungen gegeben ist (ErwG. 12 Satz 3 VO 1/2003).

4. Rechtsfolgen

Abstellungsverfügungen nach § 32 haben **keine Gestaltungswirkung,** sondern sind deklaratorisch und haben daher keinen Einfluss auf zivilrechtliche Schadensersatzansprüche. Ihre Feststellungswirkung zwischen den Beteiligten beschränkt sich auf den Gegenstand des Verfahrens. Der Verstoß gegen die Abstellungsverfügung stellt eine Ordnungswidrigkeit dar (§ 81 Abs. 1 Nr. 6 GWB). Nach § 33 Abs. 1 kann eine Abstellungsverfügung ab Bestandskraft oder Anordnung des Sofortvollzugs Grundlage für einen Schadensersatzanspruch sein (siehe im Einzelnen § 33 Rn. 23). Abstellungsverfügungen nach § 32 können auch durch Verwaltungszwang durchgesetzt werden.

V. Feststellung von Zuwiderhandlungen

Neben der Abstellung von Verstößen kann die Kartellbehörde einen Verstoß auch **nach dessen Begehung,** etwa nachdem das betreffende Unternehmen den Verstoß von sich aus abgestellt hat, durch Verwaltungsakt feststellen (§ 32 Abs. 3). Auch diese Regelung ist der VO 1/2003 (Art. 7 Abs. 1 Satz 4) nachgebildet. Erforderlich ist ein **berechtigtes Inte-**

EuGH U. v. 6. 3. 1974, verb. Rs. 6/73 und 7/73 – *Commercial Solvents,* Slg. 1974, 223 Rn. 45 = WuW/E EWG 315; vgl. *Schwarze/Weitbrecht,* § 6 Rn. 38.

[35] OLG Düsseldorf WuW/E DE-R 1757, 1761 f.; 2197, 2210 – *E.ON Ruhrgas;* BKartA WuW/E DE-V 1389 – *WINGAS;* 1431 – *Gasversorgung Süddeutschland;* Begr. 2004, S. 51; *Fuchs* WRP 2005, 1384, 1389; *Lutz* WuW 2005, 718, 725; *Emmerich* in: Immenga/Mestmäcker, GWB, Rn. 40; *Bornkamm* in: Langen/Bunte, KartellR, Rn. 26; grundsätzlich gegen Zulässigkeit *Dreher/Thomas,* NJW 2008, 1557, 1558 ff.; *Bechtold,* GWB, Rn. 16 f. (die aber letztlich zum gleichen Ergebnis kommen).

[36] Begr. 2004, S. 51; siehe im Einzelnen *Anweiler* Bd. 1, Art. 7 VO 1/2003 Rn. 56 ff.; *de Bronett* Art. 7 Rn. 9.

resse. Dieses ist insbesondere zu bejahen, wenn Wiederholungsgefahr besteht.[37] Ferner kommt ein berechtigtes Interesse in Betracht, wenn der konkrete Fall Rechtsfragen aufweist, deren Klärung im öffentlichen Interesse liegt. Das Interesse eines Beteiligten an einer Feststellung als Grundlage für einen Schadensersatzanspruch für sich reicht nicht aus, da die Vorschrift nicht dem subjektiven Rechtsschutz dient. Die Erleichterung von privatem Rechtsschutz kann aber im Einzelfall im öffentlichen Interesse liegen.[38]

VI. Verhältnis zu anderen Vorschriften

20 Das Abstellungsverfahren kann parallel zu anderen Verfahren, insbesondere parallel zu einem Bußgeldverfahren oder einem Verfahren der Missbrauchsaufsicht über gruppenfreigestellte Wettbewerbsbeschränkungen (§ 32d) oder nach § 30 Abs. 3 durchgeführt werden.[39] In Betracht kommt z. B. ein Verstoß gegen § 20 Abs. 1, der gleichzeitig einen Missbrauch darstellt. Auch eine parallele Durchführung eines Abstellungsverfahrens nach § 32 und eines Untersagungsverfahrens nach § 36 ist bei (kooperativen) Gemeinschaftsunternehmen möglich.[40] Soweit es sich um Verwaltungsverfahren handelt, ist deren Durchführung auch in Kombination zulässig; es ergeht dann eine einheitliche Verfügung.[41]

§ 32a. Einstweilige Maßnahmen

(1) **Die Kartellbehörde kann in dringenden Fällen, wenn die Gefahr eines ernsten, nicht wieder gutzumachenden Schadens für den Wettbewerb besteht, von Amts wegen einstweilige Maßnahmen anordnen.**

(2) ¹**Die Anordnung gemäß Absatz 1 ist zu befristen.** ²**Die Frist kann verlängert werden. Sie soll insgesamt ein Jahr nicht überschreiten.**

Übersicht

	Rn.		Rn.
I. Zweck und Bedeutung	1	2. Zuwiderhandlung	3
II. Voraussetzungen	2	3. Gefahr eines Schadens für den Wettbewerb	4
1. Allgemeines	2	III. Verfahren und Entscheidungsbefugnisse	6

I. Zweck und Bedeutung

1 § 32a ermächtigt die Kartellbehörde, in dringenden Fällen einstweilige Maßnahmen anzuordnen. Die Vorschrift ist Art. 8 Abs. 1 VO 1/2003 nachgebildet. Zweck der einstweiligen Anordnung ist die **vorläufige Regelung** eines Rechtszustands. Sie ist ihrem Wesen nach befristet bis längstens zur endgültigen Entscheidung im anhängigen Verwaltungsverfahren. Dies kann freilich einige Zeit in Anspruch nehmen. Es soll verhindert werden können, dass die Unternehmen zwischenzeitlich verbotene Verhaltensweisen praktizieren können. Sachlich entspricht § 32a im Wesentlichen § 60 Nr. 3 sowie Nr. 1 a. F., der nunmehr nur noch auf einstweilige Anordnungen in den Fällen der § 26 Abs. 4, § 30 Abs. 3 und

---

[37] Begr. 2004, S. 51; *Emmerich* in: Immenga/Mestmäcker, GWB, Rn. 47 f.; EuGH U. v. 2. 3. 1983, Rs. 7/82 – *GVL/Komm.*, Slg. 1983, 483 Rn. 23; EuG, U. v. 6. 10. 2005, Rs. T-22/02–23/02 – *Sumita*, Slg. 2005, II-4065 Rn. 60 f., 131 ff. = WuW/E EUR 957.

[38] *Bornkamm* in: Langen/Bunte, KartellR, Rn. 37; weitergehend *Bechtold*, GWB, Rn. 19.

[39] BKartA TB 1990/91 S. 80; *Bornkamm* in: Langen/Bunte, KartellR, Rn. 39, 42; *Emmerich* in: Immenga/Mestmäcker, GWB, Rn. 20 f.

[40] *Bornkamm* in: Langen/Bunte, KartellR, Rn. 41; *Emmerich* in: Immenga/Mestmäcker, GWB, Rn. 13.

[41] BGHZ 147, 325, 331 ff. – *Ostfleisch* = WuW/E DE-R 711 = NJW 2001, 3780; *Emmerich* in: Immenga/Mestmäcker, GWB, Rn. 20; *Bornkamm* in: Langen/Bunte, KartellR, Rn. 41.

§ 34 Abs. 1 sowie im Fusionskontrollverfahren anwendbar ist. Die Ermächtigung zu einstweiligen Anordnungen gilt insbesondere für die Verbote des Gesetzes, also §§ 1, 19–21, und die Verbote der Art. 81 Abs. 1, 82 EGV. Darüber hinaus sind einstweilige Anordnungen auch in Verfahren über den Entzug einer Gruppenfreistellung nach § 32d möglich (§ 32d Rdnr. 7). Die Kartellbehörden haben in der Vergangenheit wiederholt von der Ermächtigung des § 60 Gebrauch gemacht. Entsprechendes ist für § 32a zu erwarten.

II. Voraussetzungen

1. Allgemeines

§ 32a setzt ein entsprechendes Hauptverfahren voraus. Ein isoliertes einstweiliges Verfahren ist nicht zulässig, jedoch ist eine gleichzeitige Verfahrenseröffnung möglich. Im Rechtsmittelverfahren ist § 65 Abs. 1 maßgeblich. § 32a knüpft die Anordnungsbefugnis an einen **dringenden Fall** und definiert diesen durch die Gefahr eines ernsten, nicht wieder gutzumachenden Schadens für den Wettbewerb. Mit der Gefahr wird in erster Linie der **Anordnungsgrund** bezeichnet. Entgegen Art. 8 Abs. 1 VO 1/2003, wo auf eine prima facie festgestellte Zuwiderhandlung abgestellt wird, trifft § 32a keine ausdrückliche Regelung zum **Anordnungsanspruch.** Man muss zwar aus der Anknüpfung an die Gefahr eines Schadens für den Wettbewerb entnehmen, dass dem gedanklich ein Verstoß gegen ein Verbot oder ein Missbrauch einer Gruppenfreistellung zugrunde liegen und dieser nicht gewiss sein muss, jedoch löst diese Überlegung nicht die Frage nach dem notwendigen Maß an Wahrscheinlichkeit eines Verstoßes in tatsächlicher und rechtlicher Hinsicht.

2. Zuwiderhandlung

§ 32a stellt auf die Gefahr eines Schadens für den Wettbewerb **durch eine Zuwiderhandlung** gegen die Verbote der §§ 1, 19–21, 29 oder Art. 81 Abs. 1, 82 EGV ab. Die Zuwiderhandlung muss begangen sein und fortgesetzt werden oder unmittelbar bevorstehen. Entsprechendes gilt für Verstöße gegen Maßnahmen zum Entzug der Vorteile einer Gruppenfreistellung nach § 32d. Das Gesetz hat die Regelung des Art. 8 VO Nr. 1/2003 hinsichtlich der Anforderungen an die Feststellung einer Zuwiderhandlung („erster Anschein einer Zuwiderhandlung") nicht übernommen. Daher wird man davon ausgehen müssen, dass der Gesetzgeber insoweit an das bisherige Recht anknüpfen wollte.[1] Danach hat eine summarische Prüfung der Tatsachen und der Rechtslage stattzufinden. Die Sach- und Rechtslage muss allerdings so weit geklärt sein, dass eine verlässliche Beurteilung erfolgen kann. Das in der einstweiligen Anordnung enthaltene Gebot oder Verbot muss dem voraussichtlichen Ausgang des Verfahrens aufgrund des **derzeitigen Sach- und Streitstandes** entsprechen.[2] Danach dürfen **keine ernstlichen Zweifel** an der Rechtmäßigkeit der in Aussicht genommenen Verfügung in der Hauptsache bestehen.[3] In tatsächlicher Hinsicht ist eine der Glaubhaftmachung nach § 123 Abs. 3 VwGO, § 920 Abs. 2 ZPO entsprechende Beweisführung ausreichend, aber auch erforderlich. In der Sache unterscheidet sich dieser Maßstab allerdings kaum vom europäischen Recht, das auf die überwiegende Wahrscheinlichkeit des Vorliegens einer Zuwiderhandlung ab-

---

[1] A.M. die überwiegende Ansicht; *Bach* in: Immenga/Mestmäcker, GWB, Rn. 5; *Bornkamm* in: Langen/Bunte, Kommentar zum deutschen und europäischen Kartellrecht, Rn. 3; *Bechtold*, GWB, Rn. 5 f.
[2] Vgl. KG WuW/E OLG 1548, 1549 – *SABA* = DB 1975, 392.
[3] *Bechtold*, GWB, Rn. 8; vgl. KG WuW/E OLG 1467, 1470 – *BP* = BB 1974, 806; WuW/E OLG 1548, 1549 – SABA = DB 1975, 392; WuW/E OLG 1867, 1877 – *Kombinationstarif I* = BB 1977, 559; WuW/E OLG 1983, 1984 – *Rama-Mädchen* = BB 1978, 1081, 1633; WuW/E OLG 5151 – *Ernstliche Untersagungszweifel*.

stellt.[4] Die Befugnis zur summarischen Prüfung bezieht sich grundsätzlich auch auf die **rechtliche Beurteilung.** Jedoch gelten erhöhte Anforderungen an den Grad der rechtlichen Gewissheit, wenn es sich um einschneidende Maßnahmen oder um eine extensive Auslegung des Gesetzes handelt. Bestehen umgekehrt erhebliche Zweifel, ob die Entscheidung in der Hauptsache ergehen kann, darf die einstweilige Anordnung nicht erlassen werden.[5]

3. Gefahr eines Schadens für den Wettbewerb

4   Für den Erlass einer einstweiligen Anordnung ist ein dringender Fall, d. h. die **Gefahr** eines **ernsten, nicht wieder gutzumachenden Schadens** für den Wettbewerb erforderlich. Die Gefahr muss wegen des zu erwartenden Schadens so dringlich sein, dass sofortiges Handeln geboten ist. Selbständige Bedeutung hat das Merkmal der Dringlichkeit dagegen nicht.[6] Eine nach Abmahnung erteilte verlässliche **Zusage**, die Zuwiderhandlung nicht fortzusetzen, schließt regelmäßig die Gefahr aus. Im Gegensatz zum bisherigen Recht[7] reicht das überwiegende Interesse eines Beteiligten für sich nicht aus, vielmehr muss stets die Gefahr eines Schadens für die Funktionsfähigkeit des Wettbewerbs bestehen.[8] Allerdings kann die Beeinträchtigung eines oder mehrerer Wettbewerber im Hinblick auf die Wettbewerbsverhältnisse und Art und Schwere des Verstoßes einen **Schaden für den Wettbewerb** darstellen, sodass insoweit öffentliches Interesse und Interesse eines Beteiligten praktisch zusammenfallen. Im Übrigen ist der Drittbetroffene auf die Inanspruchnahme von individuellem Rechtsschutz nach § 33 angewiesen.

5   Ein **ernster Schaden** für den Wettbewerb liegt vor, wenn die vermutete Zuwiderhandlung gegen ein Verbot oder gegen eine Maßnahme der Entziehung einer Gruppenfreistellung die Funktionsfähigkeit des Wettbewerbs **erheblich beeinträchtigt,** z.B. soweit sie ein Unternehmen am Marktzutritt hindert und dies zu einer erheblichen Beeinträchtigung des Wettbewerbs führen würde oder Unternehmen vom Markt ausgeschlossen werden und dadurch eine marktbeherrschende Stellung erheblich verstärkt würde. Das Merkmal des ernsten Schadens enthält auch ein zeitliches Moment. Ein Schaden für den Wettbewerb ist nicht als ernst anzunehmen, wenn die zeitliche Verzögerung einer Behebung der Zuwiderhandlung für die Funktionsfähigkeit des Wettbewerbs nur von geringer Bedeutung ist. Neben dem Merkmal des ernsten Schadens für den Wettbewerb kommt es auf eine gesonderte Prüfung des öffentlichen Interesses nicht mehr an; diese kann allerdings im Rahmen der Ermessensausübung (siehe Rn. 6) eine Rolle spielen. Der Schaden für den Wettbewerb darf **nicht wieder gutzumachen** sein. Ausreichend ist dabei, dass der Schaden mit Abschluss des Verwaltungsverfahrens und Erlass einer endgültigen Entscheidung der Kartellbehörde nicht wieder gutzumachen ist. Es geht also um eine vorläufige Sicherung des gegenwärtigen Zustands.[9]

---

[4] EuG, U. v. 24. 1. 1992, Rs. T-44/90 – *La Cinq/Kommission*, Slg. 1992, II-1 Rn. 18, 61; 26. 10. 2001, Rs. T-184/01R – *IMC Health*, Slg. 2001, II-3193 Rn. 67; 22. 12. 2004, Rs. T-201/04 – *Microsoft*, Slg. 2004, II-4463 Rn. 404; *Lampert/Niejahr/Kübler/Weidenbach*, Rn. 157.

[5] KG WuW/E OLG 5151, 5160 – *Ernstliche Untersagungszweifel*; *Bach* in: Immenga/Mestmäcker, GWB, Rn. 6; *Bornkamm* in Langen/Bunte, KartellR, Rn. 8.

[6] Vgl. EuG U. v. 24. 1. 1992, Rs. T-44/90 – *La Cinq/Kommission*, Slg. 1992, II-1 Rn. 28 f.; *Bach* in: Immenga/Mestmäcker, GWB, Rn. 11.

[7] KG WuW/E OLG 4640, 4642 – *Hamburger Benzinpreise II* = GRUR 1991, 704; WuW/E OLG 1467, 1468 – BP = BB 1974, 806; WuW/E OLG 5151, 5160 – *Ernstliche Untersagungszweifel*; OLG München WuW/E OLG 4990, 4992 – *Herr der Gezeiten*; *K. Schmidt* in: Immenga/Mestmäcker, GWB, § 60 Rn. 12.

[8] *Bach* in: Immenga/Mestmäcker, GWB, Rn. 12; *Bechtold*, GWB, Rn. 6; *Anweiler*, Art. 8 VerfVO Rn. 14; *Schwartze/Weitbrecht*, § 6 Rn. 48 ff.; *Dalheimer* in: Dalheimer/Feddersen/Miersch, Art. 8 VO 1/2003 Rn. 4; a.M. *Lampert/Niejahr/Kübler/Weidenbach* Rn. 156.

[9] EuG U. v. 26. 10. 2001, Rs. T-184/01R – *IMC Health*, Slg. 2001, II-3193 Rn. 70; *Bach* in: Immenga/Mestmäcker, GWB, Rn. 15; *Nordjø* ECLR 2006, 299, 302.

III. Verfahren und Entscheidungsbefugnisse

Die Kartellbehörde leitet ein Verfahren nach § 32a **von Amts wegen** ein. Betroffene Unternehmen besitzen kein Antragsrecht, können die Einleitung des Verfahrens aber anregen. Für die Durchführung des Verfahrens und die Anhörung der Beteiligten gilt § 54. Das Anhörungsrecht ist selbst in Ausnahmefällen nicht verzichtbar.[10] 6

Der Erlass einer einstweiligen Anordnung liegt im behördlichen Ermessen (Opportunitätsprinzip). Dieses bezieht sich sowohl auf den Erlass der einstweiligen Anordnung an sich als auf die Auswahl der Maßnahmen. Bei der Ermessensausübung ist der **Grundsatz der Verhältnismäßigkeit** zu beachten. Bei der Entscheidung darüber, ob überhaupt eine Anordnung erlassen werden soll, sind insbesondere die Interessen des Antragsgegners, d. h. die Folgen für diesen, zu berücksichtigen, die sich ergeben, wenn in der endgültigen Entscheidung die Maßnahmen nicht aufrechterhalten werden. Wird in die Rechtsposition des Antragsgegners schwer wiegend und kaum reparabel eingegriffen, ist dessen Interessen grundsätzlich der Vorrang einzuräumen.[11] Daneben muss auch berücksichtigt werden, ob und weshalb derzeitig eine Verfügung in der Hauptsache noch nicht möglich ist und weshalb sie nicht abgewartet werden kann.[12] Im Gegensatz zum bisherigen Recht sind die Belange des Betroffenen und die Dringlichkeit des Einschreitens der Kartellbehörde nicht mehr Tatbestandsvoraussetzung für den Erlass der Anordnung, können aber im Rahmen des Ermessens berücksichtigt werden. 7

Die Maßnahmenauswahl ist auf den **Gegenstand des Hauptsacheverfahrens** begrenzt. Es kommen alle Maßnahmen in Betracht, die auch im Verfahren nach § 32 ergehen könnten.[13] Jedoch ist dabei der Grundsatz der Verhältnismäßigkeit zu beachten. Die Maßnahmen müssen **vorläufiger, sichernder Art** sein und dürfen über das in der gegebenen Situation Unerlässliche nicht hinausgehen. Insbesondere darf die Kartellbehörde eine spätere Abstellungsentscheidung nicht in der Weise vorwegnehmen, dass eine Rückgängigmachung der Maßnahme bei Aufhebung der einstweiligen Anordnung nicht möglich ist. Eine zeitlich begrenzte, nicht irreversible Vorwegnahme der Hauptsache kann aber zulässig sein.[14] Nach § 32a Abs. 2 ist die einstweilige Anordnung zu befristen. Die Frist kann verlängert werden. Das Gesetz setzt eine Regelfrist von insgesamt einem Jahr fest, die nur bei außergewöhnlichen Umständen überschritten werden darf. 8

Rechtsschutz ist nach § 63 möglich. Einstweilige Anordnungen nach § 32a sind ihrer Natur nach **sofort vollziehbar** (analog § 64 Abs. 2). Jedoch kann die Kartellbehörde oder das Beschwerdegericht den Vollzug aussetzen (§ 65 Abs. 3 S. 2, 3). 9

Bei Verstoß gegen eine einstweilige Anordnung kann eine Geldbuße verhängt werden (§ 81 Abs. 2 Nr. 2 Buchst. d). Der Betroffene kann nach § 33 **Schadensersatz** verlangen, außer wenn sich die Anordnung nachträglich als unbegründet erweist (siehe § 33 Rn. 38). Die Schadensersatzpflicht nach §§ 123 Abs. 3, 945 ZPO analog ist nicht zu Lasten eines Begünstigten anzuwenden, wenn die Anordnung aufgehoben wird.[15] 10

---

[10] *Bach* in: Immenga/Mestmäcker, GWB, Rn. 31; a. M. *K. Schmidt* in Immenga/Mestmäcker, GWB, § 60 Rdnr. 22; einschränkend auch *Bechtold,* GWB, Rn. 11.

[11] *Bach* in: Immenga/Mestmäcker, GWB, Rn. 21; vgl. KG WuW/E OLG 803, 806 – *Filtertüten* = BB 1966, 1364; WuW/E OLG 877f. – *Zigaretten-Einzelhandel* = BB 1968, 558; *K. Schmidt* in: Immenga/Mestmäcker, GWB, § 60 Rn. 16.

[12] OLG München WuW/E OLG 4990, 4994 – *Herr der Gezeiten.*

[13] Begr. 2004, S. 51; *Bach* in: Immenga/Mestmäcker, GWB, Rn. 16; *Bornkamm* in: Langen/Bunte, KartellR, Rdn. 4; *Bechtold*, GWB, Rn. 8.

[14] *Bach* in: Immenga/Mestmäcker, GWB, Rn. 18; vgl. zum bisherigen Recht KG WuW/E OLG 1548 – *SABA* = DB 1975, 392; WuW/E 5151 – *Ernstliche Untersagungszweifel;* WuW/E OLG 3335, 3336 – *Inter-Mailand-Spiel;* OLG Naumburg WuW/E DE-R 388, 391 – *Lokalfernsehen; K. Schmidt* in: Immenga/Mestmäcker, GWB, § 60 Rn. 17 ff.

[15] Vgl. *K. Schmidt* in: Immenga/Mestmäcker, GWB, § 60 Rn. 28.

§ 32 b. Verpflichtungszusagen

(1) ¹Bieten Unternehmen im Rahmen eines Verfahrens nach § 32 an, Verpflichtungen einzugehen, die geeignet sind, die ihnen von der Kartellbehörde nach vorläufiger Beurteilung mitgeteilten Bedenken auszuräumen, so kann die Kartellbehörde für diese Unternehmen die Verpflichtungszusagen durch Verfügung für bindend erklären. ²Die Verfügung hat zum Inhalt, dass die Kartellbehörde vorbehaltlich des Absatzes 2 von ihren Befugnissen nach den §§ 32 und 32 a keinen Gebrauch machen wird. ³Sie kann befristet werden.

(2) Die Kartellbehörde kann die Verfügung nach Absatz 1 aufheben und das Verfahren wieder aufnehmen, wenn
1. sich die tatsächlichen Verhältnisse in einem für die Verfügung wesentlichen Punkt nachträglich geändert haben,
2. die beteiligten Unternehmen ihre Verpflichtungen nicht einhalten oder
3. die Verfügung auf unvollständigen, unrichtigen oder irreführenden Angaben der Parteien beruht.

Übersicht

	Rn.		Rn.
I. Zweck und Bedeutung	1	V. Inhalt und Rechtsfolgen der Entscheidung	11
II. Anwendungsbereich	3	1. Inhalt	11
III. Voraussetzungen für den Erlass einer Verpflichtungsverfügung	5	2. Befristung	12
		3. Bindungswirkungen	13
1. Vorläufige Feststellung eines Verstoßes	5	4. Sanktionen	15
2. Angebot geeigneter Verpflichtungen	6	5. Rechtsschutz gegen Verpflichtungsverfügungen	16
IV. Verfahren	7	6. Wiederaufnahme des Verfahrens	18

I. Zweck und Bedeutung

1 § 32 b Abs. 1 räumt der Kartellbehörde die Befugnis ein, zur Abwendung einer Abstellungsverfügung in einem Verwaltungsverfahren nach § 32 oder § 32 a Verpflichtungszusagen der betroffenen Unternehmen durch Verwaltungsakt für bindend zu erklären, wenn dadurch die vorläufigen Bedenken gegen die Zulässigkeit des betreffenden Verhaltens ausgeräumt werden. Es handelt sich um einen Verwaltungsakt „auf Unterwerfung", der unter Mitwirkung der Betroffenen deren Rechte und Pflichten näher bestimmt.[1] Die Regelung dient der Verwaltungsvereinfachung und **Beschleunigung** des Verfahrens im öffentlichen Interesse und im Interesse der betroffenen Unternehmen, die mit der Verpflichtungszusage zwar aus ihrer Sicht ein Zugeständnis machen, aber Rechtssicherheit erhalten.[2] § 32 b Abs. 2 bestimmt, dass die Kartellbehörde bei Änderung der tatsächlichen Verhältnisse, Nichteinhaltung der Zusagen oder unvollkommenen, unrichtigen oder irreführenden Angaben der Unternehmen das Verfahren wieder aufnehmen kann.

2 Die Regelung des § 32 b entspricht weitgehend Art. 9 Abs. 1 VO 1/2003, der sich seinerseits an Art. 8 Abs. 2 FKVO a. F. (jetzt Art. 6 Abs. 2, 8 Abs. 2 VO 139/2004) anlehnt. Damit wird die früher vor allem im Fusionskontrollverfahren, aber auch im Kartellverwaltungsverfahren praktizierte informelle Zusagenpraxis[3] auf eine rechtsstaatlich einwandfreie

---

[1] Vgl. *Kirchhof* DVBl. 1985, 653, 654; *Stelkens/Bonk/Sachs*, Verwaltungsverfahrensgesetz, 7. Aufl. 2008, § 35 Rn. 54; kritisch *Bach* in: Immenga/Mestmäcker, GWB, Rn. 4.
[2] *Schwarze/Weitbrecht*, § 6 Rn. 69; *Dalheimer* in: Dalheimer/Feddersen/Miersch, Art 9 VO 1/2003 Rn. 2; *Bach* in: Immenga/Mestmäcker, GWB, Rn. 3.
[3] Begr. 1998, S. 60; *Mestmäcker* in: Immenga/Mestmäcker, GWB, 2. Aufl. 1992, § 24 Rn. 230; *Wolf* in: FS. Mestmäcker, 1996, S. 801; zur EG-Praxis: *Schwarze/Weitbrecht*, § 6 Rn. 69; *Busse/Leopold* WuW 2005, 146, 147.

Grundlage gestellt. Die Regelung beendet Zweifel an der **rechtsstaatlichen Legitimität** informalen Verwaltungshandelns im Bereich der eingreifenden Wirtschaftsverwaltung, aber auch an der Rechtsverbindlichkeit und Durchsetzbarkeit von Zusagen nach bisherigem Recht (abgesehen von Bedingungen und Auflagen im Erlaubnisverfahren nach §§ 2 ff. a. F.). Bisher wurde die Zusagenpraxis bei Kartellen und Machtmissbrauch insbesondere damit gerechtfertigt, dass das Kartellverwaltungsverfahren vom Opportunitätsprinzip beherrscht sei; bei einer wesentlichen Veränderung der tatsächlichen Umstände stehe es überdies der Kartellbehörde frei, das Verwaltungsverfahren wieder aufzunehmen.[4] Die Annahme einer informellen Zusage seitens der Kartellbehörde ist für die Unternehmen nicht unmittelbar verbindlich, wenngleich bei Verletzung der Zusage die Behörde gegen die Unternehmen wegen eines (festzustellenden) Verstoßes nach § 32 oder § 81 vorgehen könnte. Im Verhältnis zu Dritten fehlt der Zusage jegliche auch nur mittelbare Rechtswirkung.

II. Anwendungsbereich

Verpflichtungszusagen können im Rahmen eines **Verwaltungsverfahrens** nach § 32 erfolgen, das eine Verletzung der §§ 1, 19–21 oder der Artikel 81 Abs. 1, 82 EGV zum Gegenstand hat. Nach dem Wortlaut des Gesetzes liegt es nahe, dass die Verbindlicherklärung von Verpflichtungszusagen im Vorermittlungsverfahren noch nicht zulässig ist. Eine Verpflichtungszusage erfordert die vorherige Ermittlung eines hinreichend konkreten Sachverhalts. Da überdies die Anforderungen an die Einleitung eines Verwaltungsverfahrens nach deutschem Recht – im Gegensatz zum EG-Recht – relativ gering sind, besteht kein Anlass für eine ausdehnende Auslegung. Anders mag man dies im Rahmen von Art. 9 VO 1/2003 sehen, da im EG-Recht die Einleitung eines Verwaltungsverfahrens die förmliche Übermittlung der Beschwerdepunkte an die Unternehmen voraussetzt. Hier mag man es ausreichen lassen, dass die Kartellbehörde die Unternehmen durch ein einfaches Verwaltungsschreiben auf die Unzulässigkeit ihres Verhaltens hingewiesen hat und aufgrund der angebotenen Zusagen kein Grund für ein Einschreiten mehr besteht.[5]

§ 32 b gilt auch für **einstweilige Anordnungen** nach § 32 a. Wie sich aus § 32 b Abs. 1 S. 2 ergibt, ist mit der Anknüpfung an ein Verwaltungsverfahren nach § 32 auch ein solches gemeint, das auf eine einstweilige Anordnung gerichtet ist.[6] Auch im Entzugsverfahren nach § 32 d sind entgegen dem Wortlaut des § 32 b Verpflichtungszusagen möglich, da dieses auf die Feststellung und Abstellung von Verstößen gegen eine kartellrechtliche Verbotsnorm gerichtet ist. Verpflichtungszusagen im **Bußgeldverfahren** werden nicht erfasst.[7] Hier sind die Grundsätze über den Erlass und die Ermäßigung von Geldbußen[8] heranzuziehen. Solange ein förmliches Bußgeldverfahren noch nicht eingeleitet ist, kann von den Befugnissen nach § 32 b Gebrauch gemacht werden. Allerdings ist eine Verpflichtungszusage in der Regel nicht angemessen, wenn aufgrund der Schwere des Verstoßes aus prä-

---

[4] *Schmidt-Preuß* in: FS. Lieberknecht, 1997, S. 549, 561 ff.; *v. Wallenberg,* Umweltschutz und Wettbewerb, 1980, S. 135 ff.; *Kartte* NJW 1963, 622.

[5] Vgl. *Anweiler,* Art. 9 VerfVO Rn. 8 f.; *Busse/Leopold* WuW 2005, 146, 147; *Dalheimer* in: Dalheimer/Feddersen/Miersch, Art 9 VO 1/2003 Rn. 11; *de Bronett* Art. 9 Rn. 3; *Bechtold/Bosch/Brinker/Hirsbrunner* Art. 9 VO 1/2003 Rn. 7; aber auch *Temple Lang* ECLR 2003, 347; *Hirsbrunner/Rhomberg* EWS 2005, 61, 63.

[6] *Bach* in: Immenga/Mestmäcker, GWB, Rn. 7; *Bornkamm* in FS. *Bechtold,* 2006, S. 45, 48; vgl. *Anweiler* Bd. 1, § 9 VO 1/2003.

[7] *Keßler* in: MK Rn. 6.

[8] Bekanntmachung Nr. 68/2000 über Richtlinien für die Festsetzung von Geldbußen, BAnz. 2000, 8336; Kommissionsmitteilung über den Erlass und die Ermäßigung von Geldbußen, ABl. 2002 Nr. C 45/3 (Kronzeugenregelung).

ventiven Gründen die Verhängung einer Geldbuße angezeigt ist.[9] Ergibt sich während des Verlaufs eines Bußgeldverfahrens, dass die Verhängung eines Bußgelds nicht mehr notwendig oder nicht verhältnismäßig wäre, kann zum Verfahren nach § 32 übergegangen und in dessen Rahmen eine Verpflichtungsverfügung erlassen werden.[10]

III. Voraussetzungen für den Erlass einer Verpflichtungsverfügung

1. Vorläufige Feststellung eines Verstoßes

5 Die Kartellbehörde muss nach vorläufiger Beurteilung Bedenken gegen die Zulässigkeit eines bestimmten Verhaltens der Unternehmen haben. Eine förmliche Abmahnung ist ausreichend, aber nicht erforderlich. Wohl aber muss die Kartellbehörde dem betroffenen Unternehmen die Bedenken mitteilen.[11] Die der Kartellbehörde obliegende Feststellungslast bezieht sich auf die Tatsachen und die rechtliche Beurteilung. Da eine Verpflichtungsverfügung ein den Adressaten nicht nur begünstigender, sondern auch belastender Verwaltungsakt ist und auch Wirkung auf Dritte haben kann, muss die Kartellbehörde bei vorläufiger, d. h. summarischer Beurteilung aufgrund des gegenwärtigen Sach- und Streitstandes **vertretbare Bedenken** gegen die Zulässigkeit des Verhaltens haben.[12] Es muss ein begründeter Verdacht bestehen. Es wäre rechtsstaatlich bedenklich, wenn unhaltbare Bedenken der Kartellbehörde die betroffenen Unternehmen allein wegen der damit verbundenen Rechtsunsicherheit veranlassen könnten, Verpflichtungszusagen einzugehen, die durch Verfügung rechtlich verbindlich gemacht werden könnten. Die bloße Freiwilligkeit der Zusage und Eigenverantwortlichkeit der Unternehmen bei der rechtlichen und tatsächlichen Beurteilung eines ihnen vorgeworfenen Wettbewerbsverstoßes ist nicht geeignet, den Kernbereich des Rechtsstaatsprinzips außer Kraft zu setzen (siehe Rn. 16). Die Kartellbehörde muss den Sachverhalt, ggf. unter Ausübung ihrer Befugnisse nach den §§ 57–59, so weit wie möglich aufklären, jedoch müssen die Ermittlungen nicht abgeschlossen sein.[13] Verpflichtungsverfügungen sind auch unzulässig, wenn die Kartellbehörde nicht (mehr) vom Vorliegen eines Verstoßes überzeugt ist, sondern das Verfahren allein aus anderen Gründen, etwa wegen geänderter Prioritäten, beenden will.[14] Hier muss eine Einstellung erfolgen.

2. Angebot geeigneter Verpflichtungen

6 Die Unternehmen müssen Verpflichtungen anbieten, die eine Änderung ihres Verhaltens zum Gegenstand haben und in einem Tun oder Unterlassen liegen können (z.B. Neugestaltung eines Vertriebssystems, Unterlassung des Abschlusses von Ausschließlichkeitsverträgen, Vergabe von Lizenzen zu einem angemessenen Preis oder Gewährung des Zugangs zu

---

[9] *Anweiler*, Art. 9 VerfVO Rn. 9; *Schwarze/Weitbrecht*, § 6 Rn. 73. *Lampert/Niejahr/Kübler/Weidenbach* Rn. 159; *de Bronett* Art. 9 Rn. 4; eingehend und kritisch *Hirsbrunner/Rhomberg* EWS 2005 61, 62f.

[10] *Busse/Leopold* WuW 2005, 146, 147; *Temple Lang* ECLR 2003, 347; vgl. *Bach* in: Immenga/Mestmäcker, GWB, Rn. 8.

[11] Begr. 2004, S. 34; *Bach* in: Immenga/Mestmäcker, GWB, Rn. 4; *Bornkamm* in: Langen/Bunte, KartellR, Rn. 4.

[12] *Bach* in: Immenga/Mestmäcker, GWB, Rn. 10f.; *Bechtold*, GWB, Rn. 3; *Anweiler*, Art. 9 VerfVO Rn. 19f.; *Dalheimer* in: Dalheimer/Feddersen/Miersch, Art 9 VO 1/2003 Rn. 3; a.M. *Schwarze/Weitbrecht*, § 6 Rn. 72, 83, 85.

[13] A.M. *Bach* in: Immenga/Mestmäcker, GWB, Rn. 10; *Klose* in: Wiedemann, Handbuch des Kartellrechts, § 51 Rn. 34.

[14] *Bach* in: Immenga/Mestmäcker, GWB, Rn. 14; *Bornkamm* in: Langen/Bunte, KartellR, Rn. 6; *Bechtold*, GWB, Rn. 3; *Anweiler*, Art. 9 VerfVO Rn. 23; a.M. offenbar *Busse/Leopold* WuW 2005, 146, 151; *Temple Lang* ECLR 2003, 347, 349; *Schwarze/Weitbrecht*, § 6 Rn. 72.

grenzüberschreitenden Zahlungssystemen).[15] Die Initiative liegt bei den Unternehmen. Ein Angebot kann auch schon vor der Mitteilung der Bedenken seitens der Kartellbehörde erfolgen; dies dispensiert freilich nicht vom Erfordernis der Anhörung (vgl. Rn. 10).[16] Auch strukturelle Maßnahmen können Gegenstand einer Zusage (und damit einer Verpflichtungsverfügung) sein, im Hinblick auf die eigenverantwortliche Beurteilung der Verhältnismäßigkeit der angebotenen Maßnahme wohl auch in weitergehendem Umfang als bei Abstellungsverfügungen.[17] Dabei müssen **geeignete Verpflichtungen** angeboten werden. Die Zusagen müssen geeignet sein, die den Unternehmen mitgeteilten **vorläufigen Bedenken** der Kartellbehörde hinsichtlich der Zulässigkeit ihres bisherigen Verhaltens **auszuräumen.** Die Kartellbehörde muss davon überzeugt sein, dass bei Einhaltung der Zusagen die vermutete Zuwiderhandlung beendet ist. Bei der Beurteilung der Eignung besitzt die Kartellbehörde aber einen weiten Beurteilungsspielraum.[18] Für die fehlende Eignung trägt die Kartellbehörde die Beweislast, da es sich in der Sache um ein Verfahren handelt, das Verstöße gegen Verbote nach §§ 1, 19–21 oder Art. 81 Abs. 1, 82 EGV zum Gegenstand hat; für diese ist aber die Kartellbehörde darlegungs- und beweispflichtig.[19] Praktisch bedeutsam kann dies sein, wenn die Kartellbehörde trotz Angebots einer Verpflichtung eine Abstellungsverfügung erlässt und diese dann angefochten wird. Nicht geklärt ist bisher, ob die Kartellbehörde angebotene Maßnahmen für verbindlich erklären kann, die den Grundsatz der **Verhältnismäßigkeit** nicht beachten und daher im Rahmen von § 32 unzulässig wären. Dies wird man verneinen müssen.[20]

IV. Verfahren

Eine Verpflichtungsverfügung setzt die Einleitung eines Verfahrens nach § 32 oder § 32 a voraus (Rn. 3). Nach dem Gesetz liegt der Erlass der Verpflichtungsverfügung im behördlichen **Ermessen.** Dieses Ermessen bezieht sich insbesondere auf die Wahl zwischen Verpflichtungsverfügung und Abstellungsverfügung,[21] daneben darauf, ob die Kartellbehörde sich nicht schon mit einer informalen Verpflichtungszusage zufrieden gibt. Anforderungen an die Ausübung des behördlichen Ermessens ergeben sich aus dem Grundsatz der **Verhältnismäßigkeit.** Das gesetzliche Erfordernis der Eignung der Zusage, Bedenken hinsichtlich der Zulässigkeit des Verhaltens des Unternehmens auszuräumen, spricht dafür, dass der Erlass einer Abstellungsverfügung anstelle einer Verpflichtungsverfügung unverhältnismäßig sein kann.[22] Soweit jedoch die Kartellbehörde aus wettbewerbspolitischen Gründen eine endgültige Klärung der im Verfahren aufgetretenen Tat- und Rechtsfragen wünscht,

---

[15] Vgl. *Busse/Leopold* WuW 2005, 146, 148.

[16] Ohne diese Einschränkung *Bach* in: Immenga/Mestmäcker, GWB, Rn. 13; *Busse/Leopold* WuW 2005, 146, 147; a. M. *Temple Lang* ECLR 2003, 347.

[17] *Bach* in: Immenga/Mestmäcker, GWB, Rn. 15; *Schwarze/Weitbrecht,* § 6 Rn. 74; *Dalheimer* in: Dalheimer/Feddersen/Miersch, Art 9 VO 1/2003 Rn. 8; *Temple Lang* ECLR 2003, 347, 349; vgl. aber EuG U. v. 11. 7. 2007, Rs. T-170/06 – *Alrosa,* WuW/E EU-R 1283 Rn. 101, 105 ff., 140.

[18] *Bach* in: Immenga/Mestmäcker, GWB, Rn. 14; *Bornkamm* in FS. *Bechtold,* 2006, S. 45, 50; *Anweiler,* Art. 9 VerfVO Rn. 12.

[19] EuGH U. v. 17. 11. 1987, verb. Rs. 142 und 156/84 – *BAT und Reynolds/Komm.,* Slg. 1987, 4487 Rn. 45 ff.; *Bach* in: Immenga/Mestmäcker, GWB, Rn. 14; vgl. *Schwarze* EuZW 2002, 741, 746; *Anweiler* Bd. 1, Art. 9 VO 1/2003 Rn. 17.

[20] EuG (Fn. 17) Rn. 101, 105 ff., 140; *Anweiler,* Art. 9 VerfVO Rn. 15; *Klose* in: Wiedemann, Handbuch des Kartellrechts, § 51 Rn. 36, 46.

[21] *Bach* in: Immenga/Mestmäcker, GWB, Rn. 20; *Bornkamm* in: Langen/Bunte, KartellR, Rn. 9; *Bechtold,* GWB, Rn. 3, 4; zum EG-Recht EuG (Fn. 17), Rn. 96 f.; *Lampert/Niejahr/Kübler/Weidenbach* Rn. 136 f.; *Kahlenberg/Neuhaus* EuZW 2005, 620, 621; *Busse/Leopold* WuW 2005, 146, 147; a. M. *Anweiler,* Art. 9 VerfVO Rn. 14 f.; *Schütz* in: GK Art. 9 VO 1/2003 Rn. 7.

[22] A. M. *Bach* in: Immenga/Mestmäcker, GWB, Rn. 20; *Klees,* § 6 Rn. 120; *Bornkamm,* in Langen/Bunte, KartellR, Rn. 9 (da Aliud); *Bechtold,* GWB, Rn. 4.

kann sie das Verfahren nach § 32 fortsetzen. Im Verfahren der einstweiligen Anordnung nach § 32 a ist von einem grundsätzlichen Vorrang der Verpflichtungsverfügung auszugehen (vgl. § 32 a Rn. 4).

8 Bei einem gegen **mehrere Kartellteilnehmer** gerichteten Verfahren ist der Gleichheitssatz (Art. 3 Abs. 1 GG) zu beachten. Die Kartellbehörde kann nicht ein Unternehmen aufgrund einer Verpflichtungszusage aus dem Verfahren entlassen, gegen ein anderes dagegen das Verwaltungsverfahren fortführen, wenn auch dieses eine geeignete Verpflichtungszusage gegeben hat.[23]

9 Zur Eignung der Verpflichtungszusage und möglichen Fortsetzung des Verfahrens sind die Unternehmen nach § 56 Abs. 1 **anzuhören** und haben nach § 29 VwVfG ein Recht auf Akteneinsicht. Die Verpflichtungsverfügung ist zu begründen (§ 61 Abs. 1). Dies gilt insbesondere für die Frage, welcher Art die Bedenken sind, die die Kartellbehörde gegen das Verhalten der Unternehmen hat, und inwieweit sie durch die Zusage ausgeräumt sind.[24] Die Ablehnung einer Verpflichtungszusage kann auch in der Abstellungsverfügung nach § 32 erklärt werden.

V. Inhalt und Rechtsfolgen der Entscheidung

1. Inhalt

10 Inhalt der Entscheidung ist zum einen die **Verbindlicherklärung** der Zusage der betreffenden Unternehmen (§ 32 b Abs. 1 S. 1). Diese sind an ihre Zusage gebunden. Diese Bindung setzt eine konkrete Verpflichtung voraus. Zum anderen ist es der Kartellbehörde vorbehaltlich einer Wiederaufnahme nach § 32 b Abs. 2 untersagt, von ihren Befugnissen nach §§ 32, 32 a Gebrauch zu machen (§ 32 b Abs. 1 S. 2). Die Verfügung führt damit zur **Verfahrensbeendigung**. In der Sache handelt es sich insoweit um eine behördliche Zusage, die den Unternehmen Rechtssicherheit gegenüber der Kommission gewährt. Die Wirkungen der Verpflichtungsverfügung entsprechen insoweit denen einer Nichtanwendbarkeitserklärung nach § 32 c.[25]

11 Die Verpflichtungsverfügung stellt nicht fest, dass eine bestimmte Verhaltensweise von Unternehmen einen Verstoß gegen die Verbote der §§ 1, 19–21 oder Art. 81 Abs. 1, 82 EGV darstellt; dies ergibt sich schon daraus, dass nach § 32 b nur eine vorläufige Beurteilung der Kartellbehörde stattfindet.[26] Die Verfügung stellt auch nicht fest, dass durch die zugesagten und in die Verfügung aufgenommenen Verpflichtungen ein rechtmäßiges Verhalten für die Zukunft hergestellt wird. Vielmehr handelt es sich aufgrund des funktionalen Zusammenhangs mit der Feststellung eines Verstoßes und des summarischen Charakters des Verfahrens insgesamt auch hierbei nicht um eine abschließende Entscheidung.[27] Im Übrigen handelt es sich in beiden Punkten nicht um eine Regelung durch Verwaltungsakt, sondern nur um die Begründung der Entscheidung der Kartellbehörde.

2. Befristung

12 § 32 b Abs. 1 S. 3 ermöglicht eine **Befristung**, die insbesondere bei absehbarer Veränderung oder dynamischer Entwicklung der Marktverhältnisse sinnvoll sein kann. Obwohl vom Gesetz nicht genannt, dürfte auch die Einräumung einer **Kündigungsmöglichkeit**

---

[23] Vgl. *Busse/Leopold* WuW 2005, 146, 151 f.
[24] *Schwarze/Weitbrecht,* § 6 Rn. 75; *Busse/Leopold* WuW 2005, 146, 148.
[25] Begr. 2004, S. 52.
[26] *Bach* in: Immenga/Mestmäcker, GWB, Rn. 18; *Busse/Leopold* WuW 2005, 146, 150; *Hossenfelder/Lutz* WuW 2005, 118, 122; *Hirsch* ZWeR 2003, 233, 252; *Mestmäcker/Schweitzer,* Europäisches Wettbewerbsrecht, § 20 Rn. 44.
[27] *Busse/Leopold* WuW 2005, 146, 150 f.; a. M. *Montag/Rosenfeld* ZWeR 2003, 107, 132; *Anweiler,* Art. 9 VerfVO Rn. 24.

für die Unternehmen zulässig sein. § 32b Abs. 1 S. 3 ist nicht abschließend gemeint. Eine behördliche Verpflichtung zur Einräumung von „Ausstiegsmöglichkeiten" kommt auch nicht unter dem Gesichtspunkt der Ermessensreduzierung wegen Verstoßes gegen das Übermaßverbot in Betracht, da § 32b Abs. 2 Nr. 1 einen ausreichenden Basisschutz für die Unternehmen bietet und die Unternehmen die Möglichkeit besitzen, selbst eine befristete Verpflichtung anzubieten.[28]

3. Bindungswirkungen

Neben der – durch die Wiederaufnahmemöglichkeit begrenzten – Bindung der nationalen Kartellbehörde ergeben sich aus der Verpflichtungsverfügung keinerlei Bindungswirkungen für Behörden und Gerichte. Die Wirkungen der Entscheidung der nationalen Kartellbehörde für die Kommission sind rein **faktischer Natur.** Eine gesetzliche Regelung hinsichtlich der Bindung der Kommission an eine nationale Verpflichtungsverfügung besteht nicht. Art. 16 VO 1/2003, der zum Teil auf Verpflichtungsverfügungen für entsprechend anwendbar erklärt wird,[29] betrifft nur die Wirkungen einer Verpflichtungsverfügung der Kommission gegenüber den nationalen Wettbewerbsbehörden und Gerichten, gilt aber nicht im umgekehrten Verhältnis bei einer Verpflichtungsverfügung der nationalen Behörden. Es besteht keine Bindung der Kommission an Entscheidungen der nationalen Kartellbehörden (und Gerichte).[30] Die Zuständigkeit der Kommission ist unabhängig vom nationalen Verfahren. Eine Bindung der Kommission könnte sich allenfalls aus dem Grundsatz des widersprüchlichen Verhaltens ergeben, wenn diese im Konsultationsverfahren nach Art. 11 VO 1/2003 keine Einwendungen erhoben hat.

Auch eine Bindung der deutschen Gerichte an eine Verpflichtungsverfügung der Kartellbehörde hinsichtlich der Feststellung eines Verstoßes besteht nicht, soweit diese nicht über das Verhältnis zwischen Kartellbehörde und betroffenen Unternehmen, sondern über **zivilrechtliche Ansprüche** Dritter aufgrund eines Verstoßes gegen die Verbote des GWB oder der Art. 81 Abs. 1, 82 EGV entscheiden. Unabhängig von der bisherigen Rechtsprechung des EuGH, wonach Verfahrenseinstellungen durch Verwaltungsschreiben die nationalen Gerichte nicht binden, sondern nur als tatsächliche Umstände zu berücksichtigen sind,[31] könnte sich eine Bindungswirkung nur aus allgemeinen verwaltungsrechtlichen Grundsätzen des deutschen Rechts ergeben. Ohne eine gesetzliche Regelung ist dies schon wegen des begrenzten Regelungsgehalts der Verpflichtungsverfügung ausgeschlossen. § 33 Abs. 4 gilt für Verpflichtungsverfügungen nicht.[32] Sie können von den Gerichten nur als faktische Umstände berücksichtigt werden. Dritte können aber nach § 33 eine Verpflichtungsverfügung erzwingen oder Schadensersatz wegen eines Verstoßes gegen die Verfügung verlangen, soweit sie durch den Verstoß beeinträchtigt und damit Betroffene sind.[33]

---

[28] Im Ergebnis ebenso *Busse/Leopold* WuW 2005, 146, 148; *Temple Lang* ECLR 2003, 347, 351; *Bartosch* EuZW 2001, 101, 102; *Anweiler* Bd. 1, Art. 9 VO 1/2003 Rn. 21; *Ritter* in: Immenga/Mestmäcker, GWB, Art. 3 VO 17 Rn. 38; a. M. *Mestmäcker/Schweitzer*, Europäisches Wettbewerbsrecht, § 20 Rn. 44; *Bach* in: Immenga/Mestmäcker, GWB, Rn. 21 f.; *Keßler* in: MK Rn. 26.

[29] *Montag/Rosenberg* ZWeR 2003, 107, 132; *de Bronett*, Art. 9 Rn. 8; *Gruber*, EWS 2005, 311; a. A. die überwiegende Meinung; vgl. etwa *Schwarze/Weitbrecht*, § 6 Rn. 93 ff.; *Busse/Leopold* WuW 2005, 146, 151, 15; *Bach* in: Immenga/Mestmäcker, GWB, Rn. 24.

[30] EuGH U. v. 14. 12. 2000, Rs. 344/98 – *Masterfoods*, Slg. 2001, I-1369 Rn. 48 = WuW/E EU-R 389 = NJW 2001, 1265.

[31] EuGH U. v. 10. 7. 1980, Rs. 253/78 und 1–3/79 – *Guerlain*, Slg. 1980, 2327 Rn. 17 f.; U. v. 11. 12. 1980, Rs. 31/80 – *L'Oreal*, Slg. 1980, 3775 Rn. 10–12 = GRUR Int. 1981, 315.

[32] *Bach* in: Immenga/Mestmäcker, GWB, Rn. 25; vgl. zu Verpflichtungsverfügungen der Kommission ErwG. 13 und 22 VO 1/2003; *Schwarze/Weitbrecht*, § 6 Rn. 93 ff.; *Hossenfelder/Lutz* WuW 2003, 118, 122; *K. Schmidt* BB 2003, 1237, 1242.

[33] *Bornkamm* in: FS Bechtold, 2006, S. 45, 56; *Schwarze/Weitbrecht*, § 6 Rn. 92; *Temple Lang* ECLR 2003, 347, 351; *Gauer/Dalheimer/Kjølbye/De Smijter*, Compet. Pol. Newsletter 1/2003, 3, 5; *Dalheimer*

4. Sanktionen

15 Der schuldhafte Verstoß gegen eine in eine Verpflichtungsverfügung aufgenommene Zusage stellt eine Ordnungswidrigkeit dar (§ 81 Abs. 2 Nr. 2 Buchst. a). Die Verhängung einer Geldbuße setzt nicht die Prüfung voraus, dass die Verpflichtungsverfügung rechtmäßig ist, da die Bußgelddrohung an die Tatbestandswirkung der Verfügung anknüpft. Die Verfügung stellt einen **eigenständigen Verpflichtungsgrund** dar.[34] Die bußgeldrechtliche Ahndung widerspricht grundsätzlich nicht dem Grundsatz eines fairen Verfahrens, da die Unternehmen die Zusage in Kenntnis der von der Kartellbehörde geltend gemachten Bedenken und ihrer Gründe abgegeben haben und die Sanktion eine Art Gegenleistung für die Beendigung des Verfahrens darstellt.[35] Darüber hinaus ist die Verpflichtungsverfügung neben der Verfahrensbeendigung auch auf ein **wettbewerbskonformes Verhalten** der Unternehmen gerichtet. Das Bußgeld stellt somit eine Reaktion auf einen festgestellten Verstoß dar. Die Inanspruchnahme von Rechtsschutz gegen die Verpflichtungsverfügung ist hierdurch nicht ausgeschlossen, da die Bußgelddrohung die Bestandskraft oder sofortige Vollziehbarkeit der Verfügung voraussetzt. Die Verpflichtungsverfügung kann auch durch **Zwangsgeld** erzwungen werden. Dagegen kommt eine Durchsetzung durch das Abstellungsverfahren nach § 32 nicht in Betracht, da dieses allein auf eine Zuwiderhandlung gegen materielle Verbote des Gesetzes sowie der Art. 81 Abs. 1, 82 EGV bezogen ist.

5. Rechtsschutz gegen Verpflichtungsverfügungen

16 Fraglich ist, ob der **Betroffene** mit der Beschwerde (§ 63 Abs. 1) gegen die Verpflichtungsverfügung vorgehen kann, wenn er geltend macht, dass **kein Verstoß vorliegt.** Es handelt sich nicht nur um eine begünstigende, sondern auch um eine **belastende Entscheidung,** die grundsätzlich angefochten werden kann. Vielfach wird in dem Angebot der Verpflichtung ein Verzicht auf einen Rechtsbehelf gesehen, die formelle Beschwer verneint oder dem Betroffenen der Rechtsschutz wegen widersprüchlichen Verhaltens (venire contra factum proprium) verwehrt. Eine Anfechtbarkeit der Verpflichtungsverfügung soll auf Fälle der Nötigung oder Täuschung seitens der Kartellbehörde beschränkt sein.[36] Dem ist in dieser Allgemeinheit nicht zuzustimmen. Richtig ist, dass das betroffene Unternehmen sich nicht einfach von der eingegangenen Verpflichtung mit dem Verlangen nach einer umfassenden Nachprüfung des Vorliegens eines Verstoßes lösen kann. Die Ermächtigung zum Erlass einer Verpflichtungsverfügung setzt nur Bedenken der Kartellbehörde hinsichtlich der Zulässigkeit des Verhaltens voraus. Aus rechtsstaatlichen Gründen müssen aber diese **Bedenken vertretbar** sein. Veranlasst die Kartellbehörde ein Unternehmen mit unhaltbaren Bedenken wegen der damit verbundenen Rechtsunsicherheit zu einer Verpflichtungszusage, so ist die Verfügung rechtswidrig und kann angefochten werden.[37] Das

---

in: Dalheimer/Feddersen/Miersch, Art 9 VO 1/2003 Rn. 18; *de Bronett,* Art. 9 VO 1/2003 Rn. 8; *Gruber* EWS 2005, 310, 313; a. M. *Bach* in: Immenga/Mestmäcker, GWB, Rn. 25; *Hahn* in: FS. Säcker, 2006, S. 77, 81 f.; *Lampert/Niejahr/Kübler/Weidenbach* Rn. 165, 168.

[34] *Busse/Leopold* WuW 2005, 146, 152 f.

[35] *Schwarze/Weitbrecht,* § 6 Rn. 78, 80; vgl. aber *K. Schmidt* BB 2003, 1237, 1242.

[36] *Bach* in: Immenga/Mestmäcker, GWB, Rn. 24; *Bornkamm* in: FS *Bechtold,* 2006, S. 45, 56 f.; *Sura* in: Langen/Bunte, KartellR, Art. 9 VO 1/2003 Rn. 20; *Schwarze/Weitbrecht,* § 6 Rn. 83 ff.; *Temple Lang* ECLR 2003, 347, 350; *Dalheimer* in: Dalheimer/Feddersen/Miersch, Art. 9 VO 1/2003 Rn. 17; noch strenger *Busse/Leopold* WuW 2005, 146, 154; *Bechtold/Bosch/Brinker/Hirsbrunner* Art. 9 VO 1/2003 Rn. 11; ähnlich zu Zusagen im Rahmen von § 40 Abs. 4 *Uhlig* WuW 2000, 574, 582.

[37] *Anweiler,* Art. 9 VerfVO Rn. 11, 13–16; *Lampert/Niejahr/Kübler/Weidenbach* Rn. 135, 138 f. (vgl. aber Rn. 167); *de Bronett* Art. 9 Rn. 10; *Klose* in: Wiedemann, Handbuch des Kartellrechts, § 51 Rn. 46; zu Zusagen im Rahmen von § 40 Abs. 3 *Mestmäcker/Veelken* in: Immenga/Mestmäcker, GWB, § 40 Rn. 105; vgl. BGH WuW/E DE-R 1681, 1684 – DB Regio/Lüstra.

Gleiche gilt bei Verstoß gegen den Grundsatz als Verhältnismäßigkeit.[38] Der Betroffene kann auch gegen eine **Abstellungsverfügung** mit der Beschwerde vorgehen, wenn er geltend macht, dass diese wegen seiner Verpflichtungszusage unverhältnismäßig sei.[39] Es dürfte jedoch an einer Rechtsverletzung fehlen, wenn die Abstellungsverfügung dem Unternehmen die gleichen Verpflichtungen auferlegt, die es übernommen hatte.

Dritte können Rechtsschutz nicht in weiter gehendem Umfang in Anspruch nehmen als bei Abstellungsverfügungen. Sie haben keinen Anspruch auf eine Verpflichtungsverfügung. Es gilt vielmehr das Opportunitätsprinzip. Rechtsschutz gegen eine Verpflichtungsverfügung kommt insbesondere in Betracht, wenn diese in die Rechte Dritter erheblich eingreift und daher eine Beiladung erfolgt ist oder zu Unrecht versagt worden ist.[40]

6. Wiederaufnahme des Verfahrens

Der Erlass der Verpflichtungsverfügung führt zur Verfahrensbeendigung. Nach § 32b Abs. 2 kann die Kartellbehörde aus drei Gründen die Verpflichtungsverfügung aufheben und in das Verfahren neu eintreten. Diese Regelung ist abschließend und geht den §§ 48 ff. VwVfG vor.[41] Die Ermächtigung besteht einmal, wenn sich die **tatsächlichen Verhältnisse** in einem für die Verfügung wesentlichen Punkt nachträglich **geändert** haben (Nr. 1). Eine **Fehleinschätzung** der Eignung der Zusagen bei gleich bleibenden Umständen oder eine Änderung der rechtlichen Beurteilung seitens der Kartellbehörde reicht nicht aus.[42] Ferner kann eine Wiederaufnahme erfolgen, wenn die beteiligten Unternehmen ihre **Verpflichtungen nicht einhalten** (§ 32b Abs. 2 Nr. 2). Hier ist bei der Ermessensausübung im Hinblick auf den Grundsatz der Verhältnismäßigkeit zu prüfen, ob es nicht mildere Mittel zur Korrektur des Verstoßes gibt. Dabei ist insbesondere die Verhängung eines Zwangsgeldes in Betracht zu ziehen.[43] Wenn die Verfügung auf unvollständigen, unrichtigen oder irreführenden **Angaben der Parteien** beruht, ist die Kartellbehörde ebenfalls zur Wiederaufnahme berechtigt (§ 32b Abs. 2 Nr. 3). Dabei muss es sich um für die Beurteilung wesentliche Angaben handeln.

Die Wiederaufnahme des Verfahrens liegt im **Ermessen** der Kartellbehörde. Obwohl dies entgegen Art. 9 VO 1/2003 in § 32b Abs. 2 nicht ausdrücklich geregelt ist, kann die Wiederaufnahme nicht nur von Amts wegen, sondern im Fall des § 32b Abs. 2 Nr. 1 auch auf **Antrag** der betroffenen Unternehmen erfolgen. Als Adressaten der teils begünstigenden, teils belastenden Verpflichtungsverfügung haben sie ein **Recht auf fehlerfreien Ermessensgebrauch** hinsichtlich der Wiederaufnahme[44] und können insbesondere ihr Interesse an Aufhebung der Verpflichtungsverfügung wegen veränderter Umstände mit der Verpflichtungs-(Bescheidungs-)beschwerde (§ 63 Abs. 3) verfolgen. Daneben ist eine Kündigung der Zusage wegen überlanger Zeitdauer nicht möglich, aber auch nicht erforderlich (siehe Rn. 12). Entweder ist die Verpflichtungsverfügung trotz langer Zeitdauer noch aktuell, oder aber es liegt eine wesentliche Veränderung der Wettbewerbsverhältnisse vor, die die Kartellbehörde zur Überprüfung nach § 32b Abs. 2 Nr. 1 nötigt. Die schutzwürdi-

---

[38] Siehe oben Rn. 6.
[39] Zum europäischen Recht EuGH U. v. 18. 12. 2007, Rs. C-202/06 P – *Cementbouw*, Slg. 2007, I-12129 Rn. 54 = WuW/E EU-R 1358.
[40] BGH WuW/E DE-R 2029 – *iesy/Ish*; vgl. *K. Schmidt* in: Immenga/Mestmäcker, GWB, § 63 Rn. 21 f., § 54 Rn. 45 f.; zum EG-Recht EuG (Fn. 17), Rn. 175 ff.; *Schwarze/Weitbrecht*, § 6 Rn. 90 f.
[41] Begr. 2004, S. 52; *Bach* in: Immenga/Mestmäcker, GWB, Rn. 27.
[42] *Bach* in: Immenga/Mestmäcker, GWB, Rn. 28; *Bechtold*, GWB, Rn. 8; *Busse/Leopold* WuW 2005, 146, 149; *Schwarze/Weitbrecht*, § 6 Rdnr. 83.
[43] *Schwarze/Weitbrecht*, § 6 Rn. 79; unklar *Bach* in: Immenga/Mesmäcker, GWB, Rn. 29.
[44] Ebenso *Bechtold*, GWB, Rn. 10; für direkte Anwendung von § 51 VwVfG *Keßler* in: MK Rn. 32 ff.; gänzlich ablehnend *Bach* in: Immenga/Mestmäcker, GWB, Rn. 31.

GWB § 32c 1

gen Interessen der Unternehmen (Art. 12, 14 GG) sprechen in diesem Fall für eine Reduzierung des behördlichen Ermessens.[45] Ein etwaiger Anspruch auf Wiederaufnahme kann auch gegenüber der Vollstreckung eines Zwangsgeldes im Wege der Vollstreckungsabwehrbeschwerde (Verpflichtungsbeschwerde auf Einstellung der Vollstreckung analog § 173 VwGO in Vbg. mit § 767 ZPO) geltend gemacht werden.

20 Betroffene **Dritte** können nach § 32b Abs. 2 Nr. 1 oder 2 eine Überprüfung der Entscheidung anregen, besitzen jedoch nach der h. M.[46] kein förmliches Antrags- und Beschwerderecht.

§ 32 c. Kein Anlass zum Tätigwerden

[1] Sind die Voraussetzungen für ein Verbot nach den §§ 1 , 19 bis 21 und 29, nach Artikel 81 Abs. 1 oder Artikel 82 des Vertrages zur Gründung der Europäischen Gemeinschaft nach den der Kartellbehörde vorliegenden Erkenntnissen nicht gegeben, so kann sie entscheiden, dass für sie kein Anlass besteht, tätig zu werden. [2] Die Entscheidung hat zum Inhalt, dass die Kartellbehörde vorbehaltlich neuer Erkenntnisse von ihren Befugnissen nach den §§ 32 und 32a keinen Gebrauch machen wird. [3] Sie hat keine Freistellung von einem Verbot im Sinne des Satzes 1 zum Inhalt.

Übersicht

	Rn.		Rn.
I. Zweck und Bedeutung	1	IV. Verfahren und Rechtsfolgen	5
II. Anwendungsbereich	2	1. Verfahren	5
III. Voraussetzungen und Inhalt der Entscheidung	3	2. Rechtsfolgen	7
1. Voraussetzungen	3	V. Wiederaufgreifen des Verfahrens	8
2. Inhalt der Entscheidung	4		

I. Zweck und Bedeutung

1 § 32c ermächtigt die Kartellbehörde zu entscheiden, dass für sie kein Anlass zum Einschreiten besteht, weil nach den ihr vorliegenden Erkenntnissen die Voraussetzungen eines Verbotes nach den §§ 1, 19–21, 29 oder Art. 81 Abs. 1, 82 EGV nicht vorliegen. Die Vorschrift entspricht Art. 5 S. 3 VO 1/2003. Rechtsfolge der Entscheidung ist, dass die Kartellbehörde vorbehaltlich neuer Erkenntnisse von ihren Befugnissen nach den §§ 32, 32a keinen Gebrauch macht. Im System der Legalausnahme nach § 2 und Art. 2 VO 1/2003 liegt die Haupttätigkeit der Kartellbehörde in der Verfolgung unzulässiger Wettbewerbsbeschränkungen. § 32c enthält jedoch auch die Befugnis der Kartellbehörde, aufgrund einer **vorläufigen Beurteilung** festzustellen, dass die Verbotsvoraussetzungen nicht vorliegen. Während in der bisherigen Praxis des EG-Kartellrechts in der Form des Negativattests nach Art. 2 VO 17/62 und entsprechender einfacher Verwaltungsschreiben ein verwandtes Rechtsinstitut vorhanden war, an deren Stelle die Befugnisse nach Art. 5 S. 3 sowie nach Art. 10 VO 1/2003 treten, betritt der deutsche Gesetzgeber mit § 32c weitgehend Neuland. Allerdings hat es auch in der bisherigen Praxis des Bundeskartellamtes einfache Verwaltungsschreiben gegeben, mit denen die Kartellbehörde festgestellt hat, dass für sie kein Anlass zum Tätigwerden besteht.[1] Jedoch war diese Praxis umstritten, soweit sie eine gene-

---

[45] *Bechtold*, GWB, Rn. 8; *Anweiler* Bd. 1, Art. 9 VO 1/2003 Rn. 32; *Schwarze/Weitbrecht*, § 6 Rn. 82, 85.
[46] Vgl. *K. Schmidt* in: Immenga/Mestmäcker, GWB, § 63 Rn. 31 ff. m. w. Nachw.; a. M. *Bach* in: Immenga/Mestmäcker, GWB, Rn. 31.
[1] Vgl. BGHZ 114, 40, 55 ff. – *Golden Toast* = WuW/E BGH 2697 = NJW 1991, 3152; KG WuW/E OLG 3685 – *Aral* = BB 1986, 1801; BKartA WuW/E BKartA 339, 340 – *Sonnabendarbeitszeit;* WuW/E BKartA 2778, 2787 f. – *Ruhrgas-Thyssengas;* TB 1979/80, S. 7 f.; 1983/84, S. 86; 1985/

relle Duldung von Wettbewerbsbeschränkungen aus außerkartellrechtlichen Gründen zum Inhalt hatte.[2] § 32c stimmt weitgehend mit der Regelung des § 38 Abs. 1 S. 1 2. Alt. VwVfG überein. Nach dieser Vorschrift kann eine Behörde die Unterlassung eines Verwaltungsakts zum Gegenstand einer Zusicherung machen.[3] Die Ermächtigung hat eine Ordnungsfunktion. Sie dient in erster Linie der **Klärung der Rechtslage** im öffentlichen Interesse, daneben aber auch der Rechtssicherheit im Verkehr zwischen Betroffenen und Kartellbehörde.[4] Sie beschränkt sich auf die Informationen, über die die Kartellbehörde im Zeitpunkt der Entscheidung verfügt.

II. Anwendungsbereich

Die Ermächtigung für die Nichttätigkeitsverfügung gilt im gesamten **Anwendungsbereich der §§ 32 und 32a**. In Betracht kommen einmal die Verbote nach §§ 1, 19–21, 29 und die Verbote nach Art. 81 Abs. 1, 82 EGV, soweit deren Tatbestandsvoraussetzungen verneint werden. Ferner kann eine Nichttätigkeitsverfügung ergehen, wenn die Kartellbehörde feststellt, dass ein Verbot nicht eingreift, weil die Freistellungsvoraussetzungen nach § 2 oder Art. 81 Abs. 3 oder die Voraussetzungen einer **Gruppenfreistellungsverordnung** vorliegen. Dies folgt daraus, dass in diesen Fällen die jeweiligen Verbote nicht gelten.[5] Das Gesetz stellt aber ausdrücklich klar, dass die Nichttätigkeitsverfügung keine konstitutiv wirkende Freistellung im Sinne der bisherigen Administrativfreistellung enthält (§ 32c S. 3). Für eine Nichttätigkeitsverfügung trotz Bejahung der Voraussetzungen der §§ 1, 19–21, 29 oder der Art. 81 Abs. 1, 82 EGV unter reinen Opportunitätsgesichtspunkten („schwaches" Negativattest) ist nach dem Gesetz kein Raum.[6] Hier kommt lediglich eine informelle Duldung in Betracht.

III. Voraussetzungen und Inhalt der Entscheidung

1. Voraussetzungen

Die Ermächtigung zur Nichttätigkeitsverfügung wird auf Fälle begrenzt, in denen nach den der Kartellbehörde **vorliegenden Erkenntnissen** die Voraussetzungen eines Verbots nach §§ 1, 19–21, 29 oder Art. 81 Abs. 1, 82 EGV nicht gegeben sind oder die Voraussetzungen einer Freistellung nach § 2 oder Art. 81 Abs. 3 EGV oder einer Gruppenfreistellungsverordnung gegeben sind. Die genauen Anforderungen für die Verfügung, d. h. insbesondere das Beweismaß hinsichtlich der Tatsachen und das Maß der notwendigen rechtlichen Gewissheit, sind nicht geregelt. Die Kartellbehörde hat nur eine **eingeschränkte Sachaufklärungspflicht** und keine Beweispflicht hinsichtlich der Tatsachen, da es sich um eine das Unternehmen begünstigende Entscheidung handelt. Sie kann sich auf die Angaben, die von den betroffenen Unternehmen gemacht worden sind, und ergänzend auf die ihr vorliegenden Erkenntnisse hinsichtlich des Verhaltens der Unternehmen

---

86, S. 70; 1987, 80, S. 82; 1991/92, S. 131 ff. (häufig: Selbstverpflichtungen im Bereich des Umweltschutzes); vgl. *K. Schmidt* in: FS. Börner, 1992, S. 789, 793 ff.

[2] Vgl. *Velte*, Duale Abfallentsorgung und Kartellverbot, 1999, S. 93 ff.; *Zimmer* in: Immenga/Mestmäcker, GWB, § 1 Rn. 202 ff.; *von Wallenberg*, Umweltschutz und Wettbewerb, 1980, S. 135 ff.; grundsätzlich positiv *Schmidt-Preuß* in: FS Lieberknecht, 1997, S. 549, 561 ff.

[3] Vgl. Begr. 2004, S. 52; KG WuW/E OLG 3685 – *Aral* = BB 1986, 1801; *K. Schmidt* in: FS. Börner, 1992, S. 789, 796 f., 798.

[4] Dass Letzteres für Art. 10 VO 1/2003 verneint wird (ErwG. 14 VO 1/2003; *Schwarze/Weitbrecht*, § 6 Rn. 97), ist nicht maßgeblich, da § 32c auf Art. 5 S. 3 VO 1/2003 gestützt ist.

[5] Vgl. Begr. 2004, S. 52.

[6] A. M. *Bechtold*, GWB, Rn. 4; *Meyer* GRUR 2006, 27, 31; zum bisherigen Recht vgl. *Dieckmann* in: Wiedemann, Handbuch des Kartellrechts, § 47 Rn. 3; zu Beratungsschreiben der Kommission nach neuem Recht *Ritter* in: Immenga/Mestmäcker, EG-WettbR, Art. 10 VO 1/2003 Rn. 13 ff.

und der Wettbewerbsbedingungen stützen. Es handelt sich um eine summarische Entscheidung zumindest insoweit, als keine volle Ermittlung der **Tatsachen** stattfindet.[7] Bei der **rechtlichen Beurteilung** geht es um die Frage, ob das gesetzliche Tatbestandsmerkmal der „vorliegenden Erkenntnisse" hinsichtlich des Nichtvorliegens der Voraussetzungen der Verbote eine umfassende rechtliche Prüfung voraussetzt oder ob eine lediglich **summarische Prüfung** ausreicht. Diese Frage hängt eng mit der weiteren Frage zusammen, ob die Befugnis zur Wiederaufnahme des Verfahrens wegen neuer Erkenntnisse auch neue rechtliche Erkenntnisse umfasst. Die Frage lässt sich nicht anhand von Art. 5 S. 3 VO 1/2003 klären, da auch hier nur von Informationen gesprochen wird. Es besteht allerdings kein Grund, die Frage grundsätzlich anders als im Rahmen der übrigen Vorschriften zu entscheiden, die ebenfalls zu vorläufigen Maßnahmen ermächtigen. Auch die Formulierung „kein Anlass" spricht dafür, dass sowohl Tat- als auch Rechtsfragen eingeschlossen sind.[8] Erforderlich ist damit lediglich, dass sich bei summarischer Prüfung der Rechtslage aufgrund der vorliegenden Fakten ergibt, dass die Voraussetzungen für ein Eingreifen der Verbote nach §§ 1, 19–21, 29 oder Art. 81 Abs. 1, 82 EGV nicht gegeben sind.

2. Inhalt der Entscheidung

4   Die Nichttätigkeitsverfügung enthält nicht die Feststellung, dass nach den vorliegenden Erkenntnissen hinsichtlich der Wettbewerbsverhältnisse auf dem Markt die Verbotsvoraussetzungen nicht vorliegen oder die Freistellungsvoraussetzungen gegeben sind; dies ist lediglich das wesentliche Element der Begründung der Entscheidung. Sie ist daher kein feststellender Verwaltungsakt. Gegenstand der Entscheidung ist vielmehr eine **Zusicherung** in Form eines Verwaltungsakts, dass die Kartellbehörde auf der Grundlage der Erkenntnisse, die der Entscheidung zugrunde liegen, keinen Anlass zum Tätigwerden sieht und ein Verfahren nach §§ 32, 32a mehr einleiten oder das eingeleitete Verfahren nicht fortführen wird.[9] Um diese Wirkungen zu entfalten, muss das Verhalten, das Gegenstand der Entscheidung ist, genau bezeichnet werden. Die Zusicherung erstreckt sich auch auf Bußgeldverfahren, da die Verhängung eines Bußgelds die Verletzung des Verbotstatbestands voraussetzt, dessen Nichtvorliegen Grundlage der Zusicherung ist.

IV. Verfahren und Rechtsfolgen

1. Verfahren

5   Eine Entscheidung nach § 32c kann sowohl nach Einleitung eines Verfahrens nach § 32 oder § 32a oder in einem isolierten Verfahren ergehen.[10] Das Verfahren kann von Amts wegen, aber auch auf Anregung der Unternehmen mit dem Ziel, eine Nichttätigkeitsverfügung zu erreichen (§ 54 Abs. 1 S. 2), eingeleitet werden. Dadurch hat es eine Funktion, die einem Negativattest nach Art. 2 VO 17/62 ähnelt. Die Entscheidung steht grundsätzlich im **Ermessen** der Kartellbehörde. Dies gilt auch dann, wenn bereits ein Verfahren nach § 32 eingeleitet war. Denn dieses kann auch durch Einstellung abgeschlossen werden.[11] Maßgebliche Gesichtspunkte dafür, im Verfahren eine Entscheidung über die Nicht-

---

[7] *Bach* in: Immenga/Mestmäcker, GWB, Rn. 10; *Bornkamm* in: Langen/Bunte, KartellR, Rn. 5; *Keßler* in: MK Rn. 12; *Bechtold*, GWB, Rn. 4.

[8] Ebenso *Bechtold*, GWB, Rn. 4; a. M. *Bach* in: Immenga/Mestmäcker, GWB, Rn. 11.

[9] Begr. 2004, S. 52; BKartA WuW/E DE-V 1142 – *Hintermauerziegelkartell*; *Bach* in: Immenga/Mestmäcker, GWB, Rn. 16; *Bechtold*, GWB, Rn. 6.

[10] *Bach* in: Immenga/Mestmäcker, GWB, Rn. 6; *Bornkamm* in: Langen/Bunte, KartellR, Rn. 6; die bisher (Rn. 4) vertretene gegenteilige Auffassung wird aufgegeben.

[11] BKartA WuW/E DE-V 1135, 1141 – *MSV*; Begr. 2004, S. 34; *Bach* in: Immenga/Mestmäcker, GWB, Rn. 12f.; *Bornkamm* in: Langen/Bunte, KartellR, Rn. 6; *Wiedemann* in: FS *Bechtold*, 2006, S. 640.

anwendbarkeit der Verbote des Gesetzes oder des EGV zu treffen, sind in erster Linie wettbewerbspolitische Belange, so z.B. das Interesse daran, in einer Vielzahl gleich gelagerter Fälle die Rechtseinheit zu fördern und vorläufige Rechtssicherheit zu erreichen, aber auch das Interesse eines Betroffenen einer wichtigen Transaktion an einer Klärung der Rechtslage. Ein **Anspruch des Betroffenen** auf eine Nichttätigkeitsverfügung besteht unter bestimmten Voraussetzungen im Fall des § 3, also bei **Mittelstandskartellen** (§ 3 Abs. 2). Voraussetzung ist ein erhebliches rechtliches oder wirtschaftliches Interesse an einer solchen Entscheidung. Dies deckt sich mit den oben genannten Gesichtspunkten. Die Darlegungslast trifft die den Antrag stellenden Unternehmen. Die Regelung dient der Bewältigung von Übergangsproblemen und tritt daher am 30. 6. 2009 außer Kraft. Sie ist mit der Loyalitätspflicht der Mitgliedstaaten aus Art. 10 EGV vereinbar, da sie lediglich eine den Mitgliedstaaten zustehende Ausgestaltung des Verfahrens im Rahmen des Art. 5 S. 3 VO 1/2003 darstellt und in der Sache keine systemwichtige administrative Einzelfreistellung ermöglicht.[12]

Das Verfahren ist ein Verwaltungsverfahren nach §§ 54 ff. Abgesehen vom Fall des § 3 Abs. 2 haben die betreffenden Unternehmen kein Antragsrecht. Sie sind jedoch nach § 56 Abs. 1 in Vbg. mit § 54 Abs. 2 Nr. 2 anzuhören. Drittbetroffene sind ggf. beizuladen (§ 54 Abs. 2 Nr. 3).

2. Rechtsfolgen

Die Nichttätigkeitsverfügung betrifft nur das Verhältnis zwischen Antragsteller und Kartellbehörde. Sie bindet vorbehaltlich neu er Erkenntnisse die Kartellbehörde. Diese darf – ohne vorherige oder gleichzeitige Aufhebung der Verfügung – von den Ermächtigungen nach §§ 32, 32a keinen Gebrauch machen (vgl. Rn. 8). Die Einleitung eines Vorermittlungsverfahrens ist dagegen nicht ausgeschlossen, jedoch muss die Kartellbehörde den Betroffenen anhören, d. h. ihm mitteilen, dass sie die Aufhebung der Verfügung erwägt.[13] Die Verfügung bindet nicht die Kommission, die ohne weiteres ihre Zuständigkeiten nach Art. 11 Abs. 6 S. 1 VO 1/2003 ausüben kann (vgl. § 32b Rn. 13). Die Verfügung hat keine Feststellungswirkung (vgl. § 32c S. 3). Sie ist für Dritte nicht bindend.[14] Ihnen steht der Zivilrechtsweg offen, wobei allerdings das Gericht die Verfügung bei der wettbewerbsrechtlichen Beurteilung berücksichtigen kann.

V. Wiederaufgreifen des Verfahrens

Die Nichttätigkeitsverfügung gilt nur aufgrund der vorliegenden Erkenntnisse über die Art des Verhaltens der Unternehmen und der Wettbewerbsverhältnisse. Ergeben sich in einem wesentlichen Punkt **neue Erkenntnisse**, sei es, dass schon in der Vergangenheit vorliegende Umstände der Kartellbehörde nicht bekannt waren oder ihr von dem Unternehmen nicht richtig oder vollständig mitgeteilt worden sind, sei es, dass sich die Verhältnisse wesentlich geändert haben, kann die Kartellbehörde ein neues Verwaltungsverfahren einleiten (§ 32c S. 2).[15] Die Regelung geht §§ 48, 49 VwVfG vor. Die Befugnis zum

---

[12] Vgl. zu den Bindungen der Mitgliedstaaten: Verordnungsvorschlag, KOM. (2000) 582 endg., Einl. Ziff. III; *Schwarze/Weitbrecht*, § 8 Rn. 12, 18 f.

[13] So mit Recht *Bach* in: Immenga/Mestmäcker, GWB, Rn. 20; weitergehend *Bechtold*, GWB, Rn. 6.

[14] Begr. 2004, S. 52; *Bach* in Immenga/Mestmäcker, GWB, Rn. 12; *Bechtold*, GWB, Rn. 5; *Bornkamm* in: Langen/Bunte, KartellR, Rn. 12; *Brinker* in: Schwarze, Art. 83 Rn. 25. Entscheidungen nach Art. 10 VO 1/2003 haben aber gemäß Art. 16 VO 1/2003 wohl Bindungswirkung; *Dalheimer* in: Dalheimer/Feddersen/Miersch, Art. 10 VO 1/2003 Rn. 14; *Hirsch* ZWeR 2003, 233, 251; *Lampert/Niejahr/Kübler/Weidenbach* Rn. 172; *Bornkamm/Becker* ZWeR 2005, 213, 222; *Klees* § 6 Rn. 162; a. M. *Röhling* GRUR 2003, 1019, 1023.

[15] Vgl. EuGH U. v. 28. 3. 1985, Rs. 298/83 – *CICCE*, Slg. 1985, 1105 Rn. 29; U. v. 1. 10. 1998, Rs. C-279/95 P – *Langnese/Iglo*, Slg. 1998, I-5609 Rn. 22, 30 = WuW/E EU-R 117 = EuZW 1998,

Wiederaufgreifen gilt auch bei einer **Änderung der Rechtslage,** z. B. der Änderung einer maßgeblichen Gruppenfreistellungsverordnung oder dem Erlass einer gerichtlichen Entscheidung, die eine bestimmte Verhaltensweise anders werten. Auch die **Änderung der rechtlichen Beurteilung** bei gleicher Rechtslage durch die Kartellbehörde selbst kann eine neue Erkenntnis sein, die zur Wiederaufnahme des Verfahrens berechtigt. Voraussetzung dürfte aber sein, dass sich die Kartellbehörde auf rechtliche Gesichtspunkte stützt, die in der Ausgangsentscheidung nicht berücksichtigt worden sind. Bloße Meinungsänderungen für sich sind nicht ausreichend, da andernfalls die Zusicherung für die Unternehmen wertlos wäre und das Institut der Nichttätigkeitsverfügung ausgehöhlt würde.[16] Neue Erkenntnisse führen nicht zu einem automatischen Außerkrafttreten der Verfügung.[17] Es bedarf vielmehr einer neuen Verfahrenseinleitung.

9   Die Entscheidung über das Wiederaufgreifen des Verfahrens liegt im behördlichen Ermessen. Dabei sind neben dem öffentlichen Interesse an der Durchsetzung effektiven Wettbewerbs auch Gesichtspunkte des **Vertrauensschutzes** zu beachten, wenn die Betroffenen im Vertrauen auf die Zulässigkeit ihres Verhaltens vermögenswirksame Dispositionen getroffen haben.[18] In Betracht kommen insbesondere Übergangsregelungen. Eine Duldung auf Dauer widerspräche dagegen nicht nur den Verboten des Gesetzes oder der Art. 81 Abs. 1, 82 EGV, sondern auch der Regelung des § 32c S. 2 selbst.

§ 32 d. Entzug der Freistellung

Haben Vereinbarungen, Beschlüsse von Unternehmensvereinigungen oder aufeinander abgestimmte Verhaltensweisen, die unter eine Gruppenfreistellungsverordnung fallen, in einem Einzelfall Wirkungen, die mit § 2 Abs. 1 oder mit Artikel 81 Abs. 3 des Vertrages zur Gründung der Europäischen Gemeinschaft unvereinbar sind und auf einem Gebiet im Inland auftreten, das alle Merkmale eines gesonderten räumlichen Marktes aufweist, so kann die Kartellbehörde den Rechtsvorteil der Gruppenfreistellung in diesem Gebiet entziehen.

Übersicht

	Rn.
I. Zweck und Bedeutung	1
II. Voraussetzungen der Missbrauchsaufsicht	4
III. Verfahren und Rechtsfolgen	7

I. Zweck und Bedeutung

1   § 32 d ermächtigt die Kartellbehörde zur Missbrauchsaufsicht über wettbewerbsbeschränkende Verträge, Beschlüsse oder abgestimmte Verhaltensweisen, die unter eine Gruppenfreistellungsverordnung fallen. Gruppenfreistellungsverordnungen dienen der Erleichterung der Rechtsanwendung. Sie beruhen auf einer typisierenden Anwendung des

---

754; *de Bronett* in: Schröter/Jakob/Mederer, Kommentar zum europäischen Wettbewerbsrecht, Vorbem. VO Nr. 17 Rn. 20 f.

[16] Vgl. EuG U. v. 8. 6. 1995, Rs. T-7/93 – *Langnese/Iglo*, Slg. 1995, II-1533 Rn. 28 = EuZW 1996, 46; U. v. 21. 3. 2001, Rs. T-206/99 – *Eurovision*, Slg. 2001, II-1057 Tz. 42, 44 ff. = WuW/E EUR 413; *de Bronett* in: Schröter/Jakob/Mederer, Kommentar zum europäischen Wettbewerbsrecht, VO 17 Art. 3 Rn. 3.

[17] *Bechtold,* GWB, Rn. 7; a. M. *Schwarze/Weitbrecht,* § 6 Rn. 124; *K. Schmidt* BB 2003, 1237, 1239 für Art. 10 VO 1/2003.

[18] So zum bisherigen Recht BGHZ 114, 40, 55 ff. – *Golden Toast* = WuW/E BGH 2697 = NJW 1991, 3152; BGHZ 77, 366, 375 – *Haus- und Hofkanalguß* = WuW/E BGH 1717 = NJW 1980, 2583; KG WuW/E OLG 3685 – *Aral* = BB 1986, 1801; BKartA WuW/E BKartA 2778, 2787 f. – *Ruhrgas-Thyssengas;* vgl. *K. Schmidt* in: FS Börner, 1992, S. 789, 793 ff.

Art. 81 Abs. 3 EGV oder des § 2 Abs. 2 auf bestimmte Vertragstypen, die sich aufgrund der Wirkungen eines einzelnen Vertrags oder seiner Praktizierung im Ausnahmefall als falsch erweisen kann. Deshalb bedarf es einer **Korrekturmöglichkeit,** die im bisherigen deutschen Recht als Missbrauchsaufsicht (§§ 15 Abs. 3, 16) bezeichnet wurde. Dem entspricht weitgehend die Ermächtigung zum Entzug der Vorteile der Freistellung nach § 32d. Eine Missbrauchsaufsicht über Einzelfreistellungen, wie sie im bisherigen deutschen Recht ebenfalls vorgesehen war (§§ 12, 17 Abs. 3, 22 Abs. 6), kennt das neue Recht aufgrund des Systems der Legalausnahme nicht mehr.

Voraussetzung für den Entzug der Freistellung ist, dass die Anwendung der Gruppenfreistellungsverordnung im Einzelfall zu **Ergebnissen** führt, die mit § 2 Abs. 2 oder Art. 81 Abs. 3 EGV nicht vereinbar sind. Dabei sind zwei Fälle erfasst. Zum einen geht es um die Missbrauchsaufsicht über Wettbewerbsbeschränkungen, die mangels zwischenstaatlicher Auswirkungen allein § 1 unterliegen und nach einer gem. § 2 Abs. 2 entsprechend anwendbaren Gruppenfreistellungsverordnung freigestellt sind. Darüber hinaus erstreckt die Vorschrift die Ermächtigung auf gruppenfreigestellte Wettbewerbsbeschränkungen mit zwischenstaatlichen Auswirkungen, auf die Art. 81 anwendbar ist. Insoweit ermächtigen bereits Art. 29 Abs. 2 VO 1/2003 und einzelne Gruppenfreistellungsverordnungen der Kommission die nationale Kartellbehörde zur Missbrauchsaufsicht. § 32 d stellt insoweit nur die Kompetenz der nationalen Kartellbehörde klar.[1] Die Ermächtigung ist davon abhängig, dass die mit Art. 81 Abs. 3 EGV unvereinbaren Wirkungen ein Gebiet in Deutschland betreffen, das alle Merkmale eines gesonderten räumlichen Marktes aufweist.

Die deutsche Kartellbehörde hat von der bereits seit 1999 bestehenden Befugnis zur Missbrauchsaufsicht (Art. 7 Abs. 2 VO 19/65 i. d. F. der VO 1215/1999) über im Wege der Gruppenfreistellung freigestellte Wettbewerbsbeschränkungen, bei denen trotz zwischenstaatlicher Auswirkungen der räumlich relevante Markt der Inlandsmarkt ist, bisher keinen Gebrauch gemacht. Auch in der europäischen Praxis stellt die Missbrauchsaufsicht einen Ausnahmefall dar.[2] Die **praktische Bedeutung** des § 32d dürfte daher allenfalls in der Anwendung auf Fälle des § 2 liegen.

II. Voraussetzungen der Missbrauchsaufsicht

Die Ermächtigung setzt voraus, dass es sich um Vereinbarungen, Beschlüsse oder abgestimmten Verhaltensweisen handelt, die unter § 1 oder Art. 81 Abs. 1 EGV fallen, aber nach einer Gruppenfreistellungsverordnung freigestellt sind, und dass die Anwendung der Gruppenfreistellungsverordnung im Einzelfall Wirkungen hat, die nicht mit § 2 Abs. 2 oder Art. 81 Abs. 3 EGV vereinbar sind. Denkbar ist zum einen, dass die betreffende Wettbewerbsbeschränkung die Voraussetzungen der Gruppenfreistellungsverordnung nicht mehr erfüllt, z.B. weil die einschlägigen Marktanteilsschwellen einschließlich Toleranzschwellen dauerhaft überschritten werden oder die Vertragspartner gegenseitiger Ausschließlichkeitsverträge nunmehr Wettbewerber sind. Rechtlich handelt es sich hierbei nur um eine **deklaratorische Missbrauchsaufsicht,** die nicht unter § 32 d fällt. Derartige Verträge unterliegen bereits dem Verbot nach § 1 oder Art. 81 Abs. 1 EGV, so dass die Kartellbehörde im Verfahren nach § 32 überprüfen kann, ob das Verbot eingreift oder im Einzelfall die Voraussetzungen des § 2 Abs. 2 oder Art. 81 Abs. 3 EGV vorliegen. Gemeint sind vielmehr nur die Fälle der **konstitutiven Missbrauchsaufsicht,** in denen gruppenfreigestellte vertragliche Wettbewerbsbeschränkungen so praktiziert werden oder sich aufgrund der

---

[1] *Bach* in: Immenga/Mestmäcker, GWB, Rn. 1; *Bornkamm* in: Langen/Bunte, KartellR, Rn. 3; *Klees,* § 3 Rn. 48.
[2] Vgl. Komm. 26. 7. 1988, *Tetra Pak I,* ABl. Nr. L 272/27; EuG U. v. 10. 7. 1990, Rs. T-51/89 – *Tetra Pak,* Slg. 1990, II-309 Rn. 21 f.; Komm. 23. 12. 1972, *Langnese-Iglo,* ABl. 1973 Nr. L 183/19; EuG U. v. 8. 6. 1995, T-7/93 – *Langnese-Iglo,* Slg. 1995, II-1533 Rn. 205 ff. = EuZW 1996, 46.

Marktverhältnisse so auswirken, dass im Einzelfall die Voraussetzungen des § 2 Abs. 2 oder Art. 81 Abs. 3 EGV nicht gegeben sind. Konstitutiv ist die Missbrauchsaufsicht hier, weil auch nach Einführung des Systems der Legalausnahme Gruppenfreistellungsverordnungen bindend sind und diese Bindung nur durch den Entzug der Freistellung beseitigt wird.[3] In der Sache geht es also um den **objektiven Missbrauch** der Freistellung. Dies gilt z. B., wenn eine Vereinbarung zu einer wesentlichen Wettbewerbsbeschränkung führt oder gar §§ 19, 29 oder Art. 82 EGV erfüllt sind,[4] wenn nachträglich ein Missverhältnis zwischen den Vorteilen der Wettbewerbsbeschränkung und den nachteiligen Wirkungen für den Wettbewerb eintritt oder wegen technischer Entwicklungen kein Beitrag zum technischen Fortschritt mehr geleistet werden kann. Daneben ist auch ein Rückgriff auf die Beispielfälle in den Ermächtigungen der einzelnen Gruppenfreistellungsverordnungen, die Art. 81 Abs. 3 konkretisieren, und insbesondere auf die Leitlinien der Kommission zur Anwendung dieser Vorschrift möglich.

5   Die Missbrauchsaufsicht über Vereinbarungen, Beschlüsse oder Verhaltensweisen nach Art. 81 Abs. 1 EGV setzt ferner voraus, dass sich die Auswirkungen der Wettbewerbsbeschränkung auf das Inland oder ein Teilgebiet des Inlands beziehen, das alle Merkmale eines gesonderten räumlichen Marktes aufweist. Das **Inland** muss danach der **räumlich relevante Markt** sein.[5] Das nationale Territorium oder ein Teilgebiet dieses Territoriums bildet dann den räumlich relevanten Markt, wenn inländische Anbieter aus der Sicht der Nachfrager nicht mit ausländischen Anbietern im Wettbewerb stehen, weil die Nachfrager bei normalen Preisänderungen nicht auf ausländische Anbieter ausweichen. Die Wettbewerbsbedingungen auf dem inländischen Referenzmarkt müssen hinreichend homogen sein und sich spürbar von den Wettbewerbsbedingungen auf räumlich benachbarten Märkten unterscheiden.[6] Entsprechendes gilt bei Nachfragemärkten. Zur Bestimmung des räumlich relevanten Marktes im Einzelnen ist auf die allgemeinen, insbesondere zu Art. 82 EGV entwickelten Grundsätze sowie auf die Kriterien in Art. 9 Abs. 7 FKVO abzustellen.[7] Ergänzend sind die Leitlinien der Kommission für die Bestimmung des räumlich relevanten Marktes[8] heranzuziehen. Im Zuge der Marktintegration werden nationale Märkte eher selten sein. Denkbar sind sie vor allem im Dienstleistungsbereich.

6   Die in § 32d ebenfalls vorgesehene Missbrauchsaufsicht über Wettbewerbsbeschränkungen mit **ausschließlichen Inlandswirkungen,** die nach § 2 Abs. 2 aufgrund einer entsprechend anwendbaren Gruppenfreistellungsverordnung freigestellt sind, setzt voraus, dass die Wettbewerbsbeschränkung Wirkungen auf den Wettbewerb hat, die mit § 2 Abs. 1 nicht vereinbar sind. Wegen des gewollten Gleichklangs mit Art. 3 S. 3 VO 1/2003 besteht kein Anlass, hierfür besondere Auslegungsgesichtspunkte zu entwickeln. Auf den räumlich

---

[3] *Bach* in: Immenga/Mestmäcker, GWB, Rn. 3 f.; *Fuchs* ZWeR 2005, 1, 11 ff.; *Becker,* Wettbewerb im System der Legalausnahme, 2005, Rn. 81; *K. Schmidt* BB 2003, 1237, 1241; *Wagner* WRP 2003, 1369, 1375; *Bornkamp/Becker* ZWeR 2005, 213, 223 ff.; *de Bronett,* Art. 29 Rn. 2, 4; a. M. (für unwiderlegbare Vermutung) *Bechtold/Bosch/Brinker/Hirsbrunner,* Art. 29 Rn. 2; *Schütz* WuW 2000, 686, 691; *ders.* in: GK Art. 29 Rn. 6; (für lediglich deklaratorische Wirkung) *Koenigs* DB 2003, 755, 756; *Schwarze/Weitbrecht,* § 2 Rn. 25; *Hirsch* ZWeR 2003, 233, 246. Zum Problem der Vereinbarkeit einer Gruppenfreistellung mit Art. 81 Abs. 3 EGV *Fuchs,* a. a. O.; *Bornkamm/Becker* ZWeR 2005, 213, 224 ff.

[4] Vgl. EuGH – *Tetra Pak,* oben Fn. 1.

[5] *Bechtold,* GWB, Rn. 3.

[6] EuGH U. v. 14. 2. 1978, Rs. 27/76 – *United Brands,* Slg. 1978, 207 Rn. 11, 44 = WuW/E EWG = NJW 1978, 439; U. v. 31. 3. 1998, verb. Rs. C-68/94 und C-30/95 – *Französische Republik/Kommission u. SCPA und EMC/Kommission,* Slg. 1998, I-1375 Rn. 143 = WuW/E EU-R 31 = EuZW 1998, 299.

[7] *Bach* in: Immenga/Mestmäcker, GWB, Rn. 11; *Keßler* in: MK Rn. 12; *Klees,* § 3 Rn. 50; vgl. *Wagemann* in: Wiedemann, Handbuch des Kartellrechts, § 16 Rn. 24 ff.

[8] ABl. 1997 Nr. C 372/5.

relevanten Markt kommt es trotz des gegenteiligen Wortlauts des Gesetzes nicht an, weil das notwendige Fehlen zwischenstaatlicher Auswirkungen eine restriktivere Eingriffsvoraussetzung darstellt.

III. Verfahren und Rechtsfolgen

Die Kartellbehörde entscheidet nach **Ermessen**.[9] Maßgebliche Entscheidungsgesichtspunkte sind vor allem die wettbewerbspolitische Bedeutung der freigestellten Wettbewerbsbeschränkungen, Art und Schwere des Missbrauchs, die Interessen der betroffenen Wettbewerber oder Abnehmer und die Wahrung des Gleichklangs mit Entscheidungen anderer nationaler Wettbewerbsbehörden, die über Wettbewerbsbeschränkungen gleicher Art entscheiden. Es sind auch **einstweilige Anordnungen** nach § 32 a zulässig. Möglich ist z. B. die vorläufige Untersagung einer wettbewerbsbeschränkenden Vereinbarung oder die vorläufige Untersagung bestimmter Vertriebspraktiken von Unternehmen, die eine Gruppenfreistellung in Anspruch nehmen. Die Beweislast liegt bei der Kartellbehörde.[10]

Das Entzugsverfahren stellt ein **Verwaltungsverfahren** im Sinne der §§ 54 ff. dar. Regelmäßig wird das Verfahren mit einem Abstellungsverfahren nach § 32 verbunden werden. Dies ist jedoch nicht zwingend,[11] soweit mit einer freiwilligen Aufgabe der Wettbewerbsbeschränkung gerechnet werden kann. Zuständig ist in der Regel das Bundeskartellamt. Die betroffenen Unternehmen sind anzuhören (§ 56 Abs. 1). Die Kommission besitzt bei Wettbewerbsbeschränkungen mit zwischenstaatlichen Wirkungen ein **Evokationsrecht** (Art. 11 Abs. 6 VO 1/2003). Im Hinblick auf die gesamteuropäische Relevanz des Entzugs der Vorteile der Gruppenfreistellung ist hier eine intensive Koordination mit der Kommission – auch über Art. 11 Abs. 2–4 VO 1/2003 hinaus – sinnvoll (vgl. Art. 11 Abs. 5 VO 1/2003).

Die Entzugsentscheidung führt zu einem **Wiederaufleben des Verbots** nach § 1 oder Art. 81 Abs. 1 EGV. Eine gleichwertige Einzelfreistellung nach § 2 Abs. 1 oder 81 Abs. 3 EGV nach konstitutiver Entziehung der Gruppenfreistellung durch die Kartellbehörde ist gedanklich ausgeschlossen, da der Verstoß gegen die betreffenden Verbote Voraussetzung für die Entscheidung ist. Denkbar ist allenfalls eine eingeschränkte Freistellung.[12] Anders ist dies bei einer deklaratorischen Entziehung, da hier nur festgestellt wird, dass die Wettbewerbsbeschränkung nicht (mehr) von der Gruppenfreistellungsverordnung gedeckt ist.

Die **Wirkung der Entziehung** des Vorteils der Gruppenfreistellung bezieht sich auf den relevanten inländischen Markt, hat aber keine Wirkungen im Ausland. Denkbar ist, dass ein ausländisches Zivilgericht, das (auch) über den im Inland eintretenden Schaden zu entscheiden hat, die Wirkungen des Entzugs der Freistellung anerkennt.[13]

Fraglich ist, ob die bestandskräftige Entscheidung über den Entzug der Gruppenfreistellung die Feststellung eines Verstoßes gegen § 1 oder Art. 81 Abs. 1 EGV enthält, die die **Zivilgerichte bindet** oder Dritte im Sinne des § 33 Abs. 4 berechtigt. Dies ist grundsätzlich anzunehmen, da es sich um eine gestaltende Entscheidung handelt, welche die Geltung der Verbote nach den genannten Vorschriften wieder hergestellt hat.[14] Die Bindungswirkung gilt aber nur für die Zukunft. Insoweit enthält die Entscheidung auch die Feststellung eines Verstoßes für den Fall, dass die betroffenen Unternehmen die Wettbewerbsbeschränkung fortsetzen.

---

[9] *Bach* in: Immenga/Mestmäcker, GWB, Rn. 17; *Keßler* in: MK Rn. 14; *Bechtold*, GWB, Rn. 4.
[10] Leitlinien der Kommission zur Anwendung des Art. 81 Abs. 3 EGV, Rn. 36; *Bach* in: Immenga/Mestmäcker, GWB, Rn. 14; *Bechtold*, GWB, Rn. 2; *Klees*, § 3 Rn. 36.
[11] *Bach* in: Immenga/Mestmäcker, GWB, Rn. 18; a. M. *Keßler* in: MK Rn. 15; *Klees*, § 3 Rn. 41.
[12] *Schröter*, in: Schröter/Jakob/Mederer, Komm. zum Europäischen Wettbewerbsrecht, Art 81 Abs. 3 Rn. 327; *Wagner* WRP 2003, 1369, 1372.
[13] Vgl. *de Bronett* WuW 1999, 825, 831 f.
[14] *Bach* in: Immenga/Mestmäcker, GWB, Rn. 21; *Keßler* in: MK Rn. 17; *Klees*, § 3 Rn. 43.

§ 32 e. Untersuchungen einzelner Wirtschaftszweige und einzelner Arten von Vereinbarungen

(1) **Lassen starre Preise oder andere Umstände vermuten, dass der Wettbewerb im Inland möglicherweise eingeschränkt oder verfälscht ist, können das Bundeskartellamt und die obersten Landesbehörden die Untersuchung eines bestimmten Wirtschaftszweiges oder – Sektor übergreifend – einer bestimmten Art von Vereinbarungen durchführen.**

(2) [1]Im Rahmen dieser Untersuchung können das Bundeskartellamt und die obersten Landesbehörden die zur Anwendung dieses Gesetzes oder des Artikels 81 oder 82 des Vertrages zur Gründung der Europäischen Gemeinschaft erforderlichen Ermittlungen durchführen. [2]Sie können dabei von den betreffenden Unternehmen und Vereinigungen Auskünfte verlangen, insbesondere die Unterrichtung über sämtliche Vereinbarungen, Beschlüsse und aufeinander abgestimmte Verhaltensweisen.

(3) Das Bundeskartellamt und die obersten Landesbehörden können einen Bericht über die Ergebnisse der Untersuchung nach Absatz 1 veröffentlichen und Dritte um Stellungnahme bitten.

(4) **Die §§ 57 und 59 bis 62 gelten entsprechend.**

Übersicht

	Rn.
I. Zweck und Bedeutung	1
II. Voraussetzungen	2
III. Befugnisse der Kartellbehörden	3

I. Zweck und Bedeutung

1 § 32 e ermächtigt das Bundeskartellamt und die obersten Landesbehörden, **Enqueteuntersuchungen** durchzuführen. Im Allgemeinen wird es sich bei der obersten Landesbehörde um die Landeskartellbehörde handeln. Die Regelung entspricht – mit gewissen sprachlichen Abweichungen – Art. 17 VO 1/2003. Zweck der Vorschrift ist es, den durch die Abschaffung des Anmeldesystems drohenden **Transparenzverlust auszugleichen** und unabhängig von einem konkreten Verdacht sektorale Untersuchungen in besonders „kartellanfälligen" Branchen zu ermöglichen.[1] Die Enqueteuntersuchung stellt eine Ergänzung der Befugnisse der Kartellbehörde dar, die über die bisherigen Auskunftsrechte hinausgeht. Während das Auskunftsrecht nach § 59 einen konkreten Anfangsverdacht für einen bestimmten Kartellrechtsverstoß erfordert,[2] genügt für die Durchführung einer Enqueteuntersuchung die Vermutung, dass der Wettbewerb im Inland möglicherweise eingeschränkt oder verfälscht ist. Dies muss für die Beurteilung nach dem GWB oder nach den Art. 81, 82 von Bedeutung sein. Die Ermittlungsbefugnisse sind also breiter angelegt. Verdachtsunabhängige Enqueteuntersuchungen sollen auch dazu beitragen, kartellbehördliche Ermittlungen in Fällen zu erleichtern, in denen die Betroffenen aus Furcht vor Repressalien ihren Namen nicht preisgeben wollen (sog. Ross-und-Reiter-Problematik).[3] Zwar ist nach § 54 die Einleitung eines Verwaltungsverfahrens und damit verbunden ein Auskunftsersuchen von Amts wegen auch aufgrund einer Beschwerde zulässig, und § 70 ermöglicht es der

---

[1] Begr. 2004, S. 34; *Bach* in: Immenga/Mestmäcker, GWB, Rn. 2; *Schwarze/Weitbrecht*, § 4 Rn. 5.

[2] KG WuW/E OLG 2517, 2518 – *Metro-Kaufhof*; WuW/E OLG 1961 ff. – *Flugunion*. Dies war auch der Fall in der sektoralen Untersuchung des Bundeskartellamts über die Wettbewerbsverhältnisse auf dem Gasmarkt; BKartA WuW/E DE-V 1147 – *E.ON/Ruhrgas*.

[3] Begr. 2004, S. 34; skeptisch *Fuchs* WRP 2005, 1384, 1390; *Bach* in: Immenga/Mestmäcker, GWB, Rn. 8.

Kartellbehörde, den Beschwerdeführer auch im Beschwerdeverfahren anonym zu halten. Gleichwohl muss der Beschwerdeführer bei einem verdachtsabhängigen Verwaltungsverfahren je nach Marktstruktur befürchten, dass das betroffene Unternehmen seine Identität aufdecken oder doch einen begründeten Verdacht haben kann, wer der Beschwerdeführer sein könnte. Die Ermächtigung zur Enqueteuntersuchung verbessert die Ermittlungsmöglichkeiten der Kartellbehörden, wenngleich sie kein Mittel ist, um einem auf Einzelfälle oder einzelne Betroffene beschränkten, nicht branchentypischen Fehlverhalten nachzugehen. Rechtsstaatlich ist die Ausdehnung der Ermittlungsbefugnisse nicht unbedenklich.[4]

II. Voraussetzungen

Die Ermächtigung zur Durchführung einer Enqueteuntersuchung setzt keinen Anfangsverdacht eines Kartellrechtsverstoßes voraus. Andererseits kann die Kartellbehörde im Hinblick auf die damit verbundenen Eingriffe in die Rechtsposition der Unternehmen, die Gegenstand der Untersuchung sind, aus rechtsstaatlichen Gründen (Willkürverbot, Grundsatz der Verhältnismäßigkeit) auch keine Enqueteuntersuchung ins Blaue durchführen. Erforderlich ist die **Vermutung,** dass der Wettbewerb im Inland möglicherweise eingeschränkt oder verfälscht ist (§ 32e Abs. 1). Nach dem Zweck des § 32e muss die Beschränkung oder Verfälschung des Wettbewerbs für die Anwendung des Gesetzes, insbesondere der §§ 1, 19, 20, 29, oder der Art. 81, 82 EGV erheblich sein.[5] Aus der weiten Formulierung der Ermächtigung ergibt sich zwar, dass die Kartellbehörde über einen weiten Beurteilungsspielraum verfügt. Eine Enqueteuntersuchung ist aber rechtswidrig, wenn die Vermutung einer möglichen Einschränkung oder Verfälschung des Wettbewerbs **nicht vertretbar** ist, d. h. unter keinen plausiblen Gesichtspunkten gerechtfertigt sein kann. Die Vermutung muss daher auf konkrete Umstände gestützt werden können.[6] Das Gesetz nennt als Beispiel starre Preise. Es kann sich aber auch um andere das Wettbewerbsgeschehen oder die Marktstruktur prägende Umstände handeln. Es muss der **Wettbewerb im Inland** betroffen sein. Damit ist der Wettbewerb auf einem inländischen Markt oder einem inländischen Segment eines europäischen oder Weltmarktes gemeint. Insoweit kann auch das Verhalten ausländischer Marktteilnehmer Gegenstand der Untersuchung sein.[7]

III. Befugnisse der Kartellbehörden

Die Anordnung einer Enqueteuntersuchung und die Bestimmung des Umfangs des zu untersuchenden Wirtschaftszweigs bzw. der Art der Vereinbarung stehen im pflichtgemäßen **Ermessen** der Kartellbehörde.[8] Sie kann sich auf einen bestimmten Wirtschaftszweig, d. h. mehrere Märkte umfassende gleichartige oder verwandte wirtschaftliche Aktivitäten, oder – Sektor übergreifend – eine bestimmte Art von Vereinbarungen beziehen. Im Rahmen der Enqueteuntersuchung kann die Kartellbehörde die erforderlichen Ermittlungen durchführen (§ 32e Abs. 2 S. 1). Begrenzt werden diese Befugnisse durch den Grundsatz der Erforderlichkeit im Hinblick auf die Durchsetzung des GWB oder der Art. 81, 82 EGV.[9] Die Kartellbehörde kann von den betreffenden Unternehmen und Vereinigungen

---

[4] *Schwarze/Weitbrecht,* § 4 Rn. 5; vgl. *Bach* in: Immenga/Mestmäcker, GWB, Rn. 6.
[5] *Bach* in: Immenga/Mestmäcker, GWB, Rn. 21; *Bechtold,* GWB, Rn. 3; *Bartelmeß/Rudolf* Art. 17 VerfVO Rn. 10; weitergehend OLG Düsseldorf WuW/E DE-R 1993, 1997 f. – *Außenwerbeflächen* (auch für die Beurteilung künftiger Zusammenschlüsse).
[6] OLG Düsseldorf, a.a.O., 1996 f.; OLG Stuttgart ZNER 2006, 350; *Bach* in: Immenga/Mestmäcker, GWB, Rn. 9 f.; *Bechtold,* GWB, Rn. 4; *Burrichter* in: Immenga/Mestmäcker, EG-WbR, Art. 17 VO 1/2003 Rn. 14 f.
[7] A.M. *Bechtold,* GWB, Rn. 2.
[8] Begr. 2004, S. 34.
[9] *Bach* in: Immenga/Mestmäcker, GWB, Rn. 13.

alle sachdienlichen Auskünfte verlangen. Dies gilt insbesondere für wettbewerbsbeschränkende Vereinbarungen, Beschlüsse und Verhaltensweisen im Sinne von § 1 (§ 32e Abs. 2 S. 2). Mit dieser Hervorhebung macht das Gesetz die Funktion der Untersuchungsbefugnisse als Transparenzersatz für das Anmeldeverfahren deutlich. Die Kartellbehörde kann einen Bericht über die Ergebnisse der Untersuchung veröffentlichen und Dritte um Stellungnahme bitten (§ 32e Abs. 3).

4   Zum Zweck der Durchführung der Enqueteuntersuchung verleiht § 32e Abs. 4 der Kartellbehörde bestimmte **Eingriffsbefugnisse**. Für die Abgrenzung der Zuständigkeit zwischen Bundeskartellamt und den Landesbehörden gilt § 48 Abs. 1 zumindest entsprechend.[10] Es bedarf nach dem Gesetz **keiner förmlichen Einleitungsverfügung** (mit Außenwirkung), sondern allenfalls einer behördeninternen Entscheidung. Gegenstand und Zweck der Untersuchung sind daher (auch) in der jeweiligen Ermittlungsanordnung zu bezeichnen.[11] Die §§ 57 und 59 bis 62 gelten entsprechend. Bis auf die Beschlagnahme handelt es sich um die normalen Ermittlungsbefugnisse und Verfahrensanforderungen im Verwaltungsverfahren, insbesondere die Regelungen über die Beweiserhebung, Auskunfts- und Einsichtsrechte, Durchsuchungsrechte, einstweilige Anordnungen und das Verfahren. Durchsuchungen sind nicht ausgeschlossen, dürften allerdings, da Beschlagnahmen nicht zulässig sind, im Regelfall unverhältnismäßig sein.[12] Die entsprechende Anwendung des § 60 (einstweilige Anordnungen) ist wohl dahin zu verstehen, dass über die in dieser Vorschrift genannten Zwecke hinaus eine einstweilige Anordnung auch zur schnellen Durchsetzung eines Untersuchungsverlangens zulässig sein soll.[13] Die Aufzählung in § 32e Abs. 4 ist nicht abschließend.[14] Ergänzend kommen insbesondere Informationen im Rahmen der Kooperation mit der Kommission in Betracht.

§ 33. Unterlassungsanspruch, Schadensersatzpflicht

(1) ¹Wer gegen eine Vorschrift dieses Gesetzes, gegen Artikel 81 oder 82 des Vertrages zur Gründung der Europäischen Gemeinschaft oder eine Verfügung der Kartellbehörde verstößt, ist dem Betroffenen zur Beseitigung und bei Wiederholungsgefahr zur Unterlassung verpflichtet. ²Der Anspruch auf Unterlassung besteht bereits dann, wenn eine Zuwiderhandlung droht. ³Betroffen ist, wer als Mitbewerber oder sonstiger Marktbeteiligter durch den Verstoß beeinträchtigt ist.

(2) Die Ansprüche aus Absatz 1 können auch geltend gemacht werden von rechtsfähigen Verbänden zur Förderung gewerblicher oder selbständiger beruflicher Interessen, soweit ihnen eine erhebliche Zahl von Unternehmen angehört, die Waren oder Dienstleistungen gleicher oder verwandter Art auf demselben Markt vertreiben, soweit sie insbesondere nach ihrer personellen, sachlichen und finanziellen Ausstattung imstande sind, ihre satzungsmäßigen Aufgaben der Verfolgung gewerblicher oder selbständiger beruflicher Interessen tatsächlich wahrzunehmen und soweit die Zuwiderhandlung die Interessen ihrer Mitglieder berührt.

(3) ¹Wer einen Verstoß nach Absatz 1 vorsätzlich oder fahrlässig begeht, ist zum Ersatz des daraus entstehenden Schadens verpflichtet. ²Wird eine Ware oder Dienstleistung zu einem überteuerten Preis bezogen, so ist der Schaden nicht deshalb ausgeschlossen, weil die Ware oder Dienstleistung weiterveräußert wurde. ³Bei der Entscheidung über den Umfang des Schadens nach § 287 der Zivilprozessordnung kann insbesondere der anteilige Gewinn, den das Unternehmen durch den Verstoß erlangt

---

[10] *Bechtold*, GWB, Rn. 5; a. M. *Bach* in: Immenga/Mestmäcker, GWB, Rn. 24.
[11] OLG Düsseldorf WuW/E DE-R 1993, 1994 ff. – *Außenwerbeflächen*; weitergehend *Bach* in: Immenga/Mestmäcker, GWB, Rn. 27; *Keßler* in: MK, Rn. 71; *Bechtold*, GWB, Rn. 6.
[12] *Bechtold*, GWB, Rn. 7; gänzlich ablehnend *Bach* in: Immenga/Mestmäcker, GWB, Rn. 41.
[13] A. M. *Bechtold*, GWB, Rn. 9.
[14] Begr. 2004, S. 52.

§ 33. Unterlassungsanspruch, Schadensersatzpflicht § 33 GWB

hat, berücksichtigt werden. ⁴Geldschulden nach Satz 1 hat das Unternehmen ab Eintritt des Schadens zu verzinsen. ⁵Die §§ 288 und 289 Satz 1 des Bürgerlichen Gesetzbuchs finden entsprechende Anwendung.

(4) ¹Wird wegen eines Verstoßes gegen eine Vorschrift dieses Gesetzes oder Artikel 81 oder 82 des Vertrages zur Gründung der Europäischen Gemeinschaft Schadensersatz begehrt, ist das Gericht insoweit an die Feststellung des Verstoßes gebunden, wie sie in einer bestandskräftigen Entscheidung der Kartellbehörde, der Kommission der Europäischen Gemeinschaft oder der Wettbewerbsbehörde oder des als solche handelnden Gerichts in einem anderen Mitgliedstaat der Europäischen Gemeinschaft getroffen wurde. ²Das Gleiche gilt für entsprechende Feststellungen in rechtskräftigen Gerichtsentscheidungen, die infolge der Anfechtung von Entscheidungen nach Satz 1 ergangen sind. ³Entsprechend Artikel 16 Abs. 1 Satz 4 der Verordnung (EG) Nr. 1/2003 gilt diese Verpflichtung unbeschadet der Rechte und Pflichten nach Artikel 234 des Vertrages zur Gründung der Europäischen Gemeinschaft.

(5) ¹Die Verjährung eines Schadensersatzanspruchs nach Absatz 3 wird gehemmt, wenn die Kartellbehörde wegen eines Verstoßes im Sinne des Absatzes 1 oder die Kommission der Europäischen Gemeinschaft oder die Wettbewerbsbehörde eines anderen Mitgliedstaats der Europäischen Gemeinschaft wegen eines Verstoßes gegen Artikel 81 oder 82 des Vertrages zur Gründung der Europäischen Gemeinschaft ein Verfahren einleitet. ²§ 204 Abs. 2 des Bürgerlichen Gesetzbuchs gilt entsprechend.

Übersicht

	Rn.		Rn.
I. Zweck und Bedeutung	1	IV. Schadensersatzanspruch	31
II. Verstoß gegen ein Verbot oder eine Verfügung	6	1. Allgemeines	31
		2. Anspruchsvoraussetzungen	32
III. Betroffenheit	8	3. Parteien	34
1. Allgemeine Voraussetzungen	8	4. Schadensersatz	36
2. Betroffenheit im Einzelnen	12	V. Unterlassungs- und Beseitigungsanspruch	42
a) § 1, Art. 81 EGV – Horizontale Verträge	13	1. Allgemeines	42
b) § 1, Art. 81 EGV – Vertikale Verträge	19	2. Parteien	43
c) Missbrauch von Marktmacht und tatsächliches wettbewerbsbeschränkendes Verhalten	24	3. Inhalt des Anspruchs	44
		4. Verbandsklage	49
d) Fusionskontrolle	26	VI. Prozessuale Fragen	52
e) Behördliche Verfügungen	27	VII. Verhältnis zu anderen Vorschriften	56

Schrifttum: *Al-Deb'i/Krause,* „Schadensersatz" für mittelbare Kartellopfer – ein Fall für § 313 BGB (Störung der Geschäftsgrundlage), ZGS *2006, 20; Beninca,* Schadensersatzansprüche von Kunden eines Kartells?, WuW 2004, 604; *Berrisch/Burianski,* Kartellrechtliche Schadensersatzansprüche nach der 7. GWB-Novelle, WuW 2005, 878; *Bornkamm/Becker,* Die privatrechtliche Durchsetzung des Kartellverbots nach der Modernisierung des EG-Kartellrechts, ZWeR 2005, 213; *Bulst,* Schadensersatzansprüche der Marktgegenseite im Kartellrecht, 2006; *ders.,* Private Kartellrechtsdurchsetzung durch die Marktgegenseite – deutsche Gerichte auf Kollisionskurs zum EuGH, NJW 2004, 2201; *ders.,* Internationale Zuständigkeit, anwendbares Recht und Schadensberechnung im Kartelldeliktsrecht, EWS 2004, 403; *ders.,* Private Kartellrechtsdurchsetzung nach der 7. GWB-Novelle: Unbeabsichtigte Rechtsschutzbeschränkungen durch die Hintertür?, EWS 2004, 62; *Fritzsche,* Der Beseitigungsanspruch im Kartellrecht nach der 7. GWB-Novelle, WRP 2006, 42; *Glöckner,* Individualschutz und Funktionenschutz in der privaten Durchsetzung des Kartellrechts – Der Zweck heiligt die Mittel nicht; er bestimmt sie!, WRP 2007, 490; *Haucap/Stühmeier,* Wie hoch sind die durch Kartelle verursachten Schäden: Antworten aus Sicht der Wirtschaftstheorie, WuW 2008, 413; *Hempel,* Privater Rechtsschutz im Kartellrecht, 2002; *ders.,* Privater Rechtsschutz im deutschen Kartellrecht nach der 7. Novelle, WuW 2004, 362; *ders.,* Follow-on-Klagen im Kartellrecht, WuW 2005, 137; *Keßler,* Private Enforcement – Zur deliktsrechtlichen Aktualisierung des deutschen und europäischen Kartellrechts im Lichte des Verbraucherschutzes, WRP 2006, 1061; *Köhler,* Kartellverbot und Schadensersatz, GRUR 2004, 99; *Kommission,* Weißbuch, Schadensersatzklagen wegen Verletzung des EG-Wettbewerbsrechts, KOM (2008) 165 = WuW 2008, 568; *Linder*, Privatklage und Schadensersatz im Kartellrecht, 1980; *Lübbig*, Die zivilprozessuale Durchsetzung etwaiger Schadenseratzansprüche durch die Abnehmer eines kartellbefangenen Produkts, WRP 2004, 1254; *Lübbig/le Bell*, Die Reform des Zivilprozesses in Kartellsachen, WRP 2006, 1209; *Möschel*, Behördliche oder privatrechtliche Durchsetzung des Kartellrechts?, WuW 2007, 483; *Meyer*, Die Bindung der Zivilgerichte an Entscheidungen im Kartellverwaltungsweg – der neue § 33 IV GWB auf dem Prüfstand, GRUR 2006, 27; *Müller-Laube*, Der private Rechtsschutz gegen unzulässige Beschränkungen des Wettbewerbs und mißbräuchliche Ausübung von Marktmacht im deutschen Kartellrecht, 1980; *Pfeifer*, Zivilrechtliche Ausgleichsansprüche bei kartellrechtswidrigen Verträgen?, in: FS Benisch, 1989, S. 313; *Raum*, Vorteilsabschöpfung im Kartellrecht – Viele Wege zu einem Ziel, in: FS Hirsch, 2008, S. 301; *Reich, Norbert*, The „Courage" Doctrine: Encouraging or Discouraging Compensation for Antitrust Injuries, C.M.L.Rev. 2005, 35; *Reich, Martin*, Die Passing-On Defense im Spannungsfeld zwischen Weißbuch und kritischen Literaturstimmen, WuW 2008, 1046; *Ritter*, Praktische Durchsetzung der Kartellrechts-Vorschläge des Weißbuchs der EG-Kommission, WuW 2008, 762; *Roth*, Das Kartelldeliktsrecht in der 7. GWB-Novelle, FS Bechtold, 2006, S. 1133; *K. Schmidt*, Kartellverfahrensrecht, Kartellverwaltungsrecht, Bürgerliches Recht, 1977; *ders.*, Offenhaltung der Märkte durch private Klagen? Ein Beitrag zur Schutzgesetzdiskussion um § 35 GWB, in: FS Benisch, 1989, S. 293; *Schnelle*, Die Geltendmachung von Schadensersatzansprüchen im Kartellrecht nach der 7. GWB-Novelle, in: FS. Mailänder, 2006, S. 195; *Schütt*, Individualrechtsschutz nach der 7. GWB-Novelle, WuW 2004, 1124; *Steindorff*, Gesetzgeberische Möglichkeiten zur verbesserten Durchsetzung des Gesetzes gegen Wettbewerbsbeschränkungen, ZHR 138 (1974), 504; *ders.*, EG-Vertrag und Privatrecht, 1996; *Wurmnest*, Zivilrechtliche Ausgleichsansprüche von Kartellbeteiligten bei Verstößen gegen das EG-Kartellverbot, RIW 2003, 896; *ders.*, Private Rechtsdurchsetzung des EG-Kartellrechts nach der Reform der VO Nr. 17 in: Behrens/Braun/Novak (Hrsg.) Europäisches Kartellrecht im Umbruch, 2004, S. 213; *Zimmer/Logemann*, Unterliegen „Altfälle" der verschärften Schadensersatzhaftung nach § 33 GWB? – Die versteckte Rückwirkung im Kartellprivatrecht, WuW 2006, 982.

I. Zweck und Bedeutung

1 § 33 verfolgt einen **doppelten Zweck:** Einmal soll dem von einem Wettbewerbsverstoß Betroffenen (Unternehmen oder Privatperson) die Möglichkeit **der eigenen Abwehr** von Wettbewerbsbeschränkungen gegeben werden, ohne dass dieser von einer behördlichen Abstellungsverfügung oder einem Bußgeldverfahren abhängig ist. Allerdings findet eine Verknüpfung mit behördlichem Handeln dadurch statt, dass § 33 neben dem Verstoß gegen eine (materiellrechtliche) Vorschrift des Gesetzes und gegen Art. 81, 82 EGV eine Unterlassungs-, Beseitigungs- und Schadensersatzpflicht auch an behördliche Verfügungen anknüpft. Ferner dienen die dem Betroffenen eingeräumten Schadensersatz-, Beseitigungs- und Unterlassungsansprüche auch der Durchsetzung des deutschen und EG-Kartellrechts **im öffentlichen Interesse.**[1] Nach Einführung des Systems der Legalausnahme durch die VO 1/2003 und dem folgend für Wettbewerbsbeschränkungen ohne zwischenstaatliche Auswirkungen durch § 2 soll nach Auffassung des Gesetzgebers die Präventivfunktion eine besondere Bedeutung gewinnen. Da sich die Kartellbehörden auf die Verfolgung von Kernbeschränkungen konzentrieren werden, soll die Durchsetzung des Kartellrechts in weiterem Umfang als bisher in privater Hand liegen.[2] Trotz der Beschränkung der Rechtskraft von gerichtlichen Entscheidungen über zivilrechtliche Schadensersatz-, Beseitigungs- und Unterlassungsansprüche auf die Parteien haben solche Entscheidungen über den Einzelfall hinaus Signalwirkung. Auch können drohende Schadensersatzverpflichtungen von erheblicher Höhe eine generelle Präventivwirkung entfalten. Bei der Auslegung des § 33 ist daher die Einheit von Individual- und Institutionenschutz und die Notwendigkeit, die Effektivität des Rechtsschutzes sicherzustellen, zu beachten.

---

[1] *Steindorff* ZHR 138 (1974), 508; *K. Schmidt* in: FS Benisch, 1989, S. 293 ff.; *Roth* in: FK Rn. 15 ff.; *Bornkamm* in: Langen/Bunte, KartellR, Rn. 2 ff.; *Lübbig/le Bell* WRP 2006, 1209; *Glöckner* WRP 2007, 490, 496 ff.; Kommission, *Weißbuch*, S. 3 f.; eher skeptisch *Möschel* WuW 2007, 483.
[2] Vgl. Begr. 2005, S. 35 ff.; *Bornkamm*, a.a.O. Rn. 12 f.

§ 33. Unterlassungsanspruch, Schadensersatzpflicht　　　　2–5　§ 33 GWB

Grundlage der durch § 33 eingeräumten Schadensersatz-, Beseitigungs- und Unterlassungsansprüche ist der Verstoß gegen eine Vorschrift des Gesetzes mit Verbotscharakter (s. Rn. 6). Anspruchsberechtigt sind alle von dem Verstoß **Betroffenen**. Auf die Schutzgesetzeigenschaft kommt es nicht mehr an. Gleichgestellt sind im Zuge der Europäisierung des deutschen Kartellrechts Verstöße gegen die Art. 81 Abs. 1 und 82 EGV. Eines Rückgriffs auf § 823 Abs. 2 GWB bedarf es insoweit nicht mehr. 　2

§ 33 knüpft die zivilrechtlichen Ansprüche nicht nur an den Verstoß gegen ein gesetzliches Verbot, sondern auch an eine Zuwiderhandlung gegen eine behördliche **Verfügung** an. Auch insoweit ist eine Abkehr vom Erfordernis einer individualschützenden Verfügung erfolgt. Die Anspruchsberechtigung bestimmt sich auch hier nach der Betroffenheit 　3

Die **praktische Bedeutung** des § 33 lag bisher entgegen den Vorstellungen des Gesetzgebers nicht so sehr darin, dem von einer Wettbewerbsbeschränkung Betroffenen Ersatz seines Schadens im Einzelfall zu verschaffen. Unterlassungs- und Beseitigungsansprüche sowie die vergleichbaren Schadensersatzansprüche auf Naturalrestitution, insbesondere aus § 20 Abs. 2 (§ 26 Abs. 2 a.F.), auf **Belieferung** oder Zulassung zu Einrichtungen standen in der Praxis ganz im Vordergrund. Hierfür besteht ein praktisches Bedürfnis, weil die Kartellbehörde vielfach von einem Einschreiten absieht, wenn der Betroffene einen eigenen privatrechtlichen Anspruch hat.[3] In neuerer Zeit zeichnet sich jedoch eine Tendenz zu stärkerer Geltendmachung von Schadenersatzansprüchen ab, insbesondere in der Form von Folgeklagen, die im Anschluss an die behördliche Feststellung eines Kartellverstoßes erhoben werden („Follow-on"-Klagen).[4] Dabei geht es weniger um die Geltendmachung eines Schadensersatzanspruchs wegen Verstoßes gegen die kartellrechtliche Verbotsverfügung. Der Verstoß gegen eine Verfügung hatte schon in der bisherigen Praxis geringe Bedeutung. Nach neuem Recht kommt hinzu, dass im Hauptanwendungsfall, nämlich bei der Missbrauchsaufsicht gegen marktbeherrschende Unternehmen, seit 1998 ein gesetzliches Verbot besteht. Soweit Verfügungen lediglich deklaratorischen Charakter haben, liegt ihre Bedeutung in erster Linie in der Erleichterung des Nachweises des Verschuldens beim Schadensersatzanspruch, der im Wege einer Folgeklage geltend gemacht wird. Für die von der behördlichen Verfolgung unabhängige Inanspruchnahme privaten Rechtsschutzes fehlt es an ökonomischen Anreizen, die die weiterhin bestehenden Hindernisse aufgrund der Struktur des Zivilprozesses (Beweisprobleme und – trotz § 89a – Kostenrisiken) und der Marktrisiken bei direkter Konfrontation mit einem Kartellbeteiligten kompensieren könnten.[5] Es erscheint aufgrund der neueren Rechtsprechung[6] allerdings möglich, dass sich eine deutsche Version der **Sammelklage** („class action") in Form einer Bündelung abgetretener Schadensersatzansprüche durch Prozessführungsgesellschaften entwickeln könnte. 　4

Der Unterlassungs- und Beseitigungsanspruch von Verbänden ist nunmehr – recht restriktiv – in § 33 Abs. 2 geregelt. **Verbandsklagen** haben im GWB – im Unterschied zum UWG – bisher keine praktische Bedeutung erlangt. Eine mögliche Aufwertung der Verbandsklage durch Einführung von Verbraucherverbandsklagen, wie sie der Regierungsent- 　5

---

[3] Vgl. BGH WuW/E BGH 2058, 2060 – *Internord* = NVwZ 1984, 265.
[4] Vgl. OLG Karlsruhe WuW/E DE-R 1229 – *Vitamin* – NJW 2004, 2243; LG Mannheim GRUR 2004, 182 (Vorinstanz); OLG Stuttgart WuW/E DE-R 161 – *Carpartner II* = NJWE-WbR 1998, 260; LG Mainz WuW/E DE-R 1349 – *Vitaminpreise Mainz* = NJW-RR 2004, 478; LG Dortmund WuW/E DE-R 1352 – *Vitaminpreise Dortmund* = EWS 2004, 434; OLG Düsseldorf WuW/E DE-R 2311 – *Zementkartell;* zu Art. 81 EGV: OLG Düsseldorf WuW/E DE-R 143 – *Global One;* WuW/E DE-R 233 – *Inkontinenzhilfe* = NJW-RR 2000, 193. Beispiel eines Parallelverfahrens OLG Düsseldorf WuW/E DE-R 2290 – *ANDI.*
[5] Vgl. hierzu *Wurmnest* in: Behrens/Braun/Novak, S. 213, 224ff., 248; *Hempel* WuW 2004, 362, 2311; *Waelbroeck* Corp. Law Yearbook 2002, 369ff.; ferner *Schütt* WuW 2004, 1124, 1130.
[6] OLG Düsseldorf WuW/E DE-R 2311 – *Zementkartell* (das OLG hat allerdings über die Wirksamkeit der Abtretung noch nicht entschieden).

wurf und der Beschluss des Bundestages vom 11. 3. 2005 vorsahen, konnte im Vermittlungsverfahren nicht durchgesetzt werden.

II. Verstoß gegen ein Verbot oder eine Verfügung

6 § 33 gewährt individuellen Rechtsschutz zunächst bei einem Verstoß gegen eine **Vorschrift des GWB**. Die Terminologie ist offenbar dem bisherigen Recht entnommen, bedeutet aber nicht, dass die Kategorien von Rechtsnormen, deren Verletzung vor den Zivilgerichten geltend gemacht werden kann, erweitert werden sollte. Bei den gesetzlichen Vorschriften muss es sich um **materiellrechtliche** Verbote des Gesetzes wie §§ 1, 19–21, 29 handeln. Verfahrensrechtliche Regelungen sind nicht gemeint; hier wäre das gesetzliche Kriterium der Betroffenheit nicht sinnvoll. Neben den Verboten des GWB werden auch Verstöße gegen die **Art. 81 Abs. 1 und 82 EGV** erfasst. Damit wird ein Gleichklang des individuellen Rechtsschutzes im deutschen und europäischen Kartellrecht hergestellt, der der Europäisierung des deutschen Kartellrechts und dem Grundsatz der Äquivalenz des individuellen Rechtsschutzes Rechnung trägt.

7 Über Verstöße gegen kartellrechtliche Verbotsnormen hinaus gewährt das Gesetz wie auch bisher individuellen Rechtsschutz bei Verstößen gegen **kartellbehördliche Verfügungen**. Dabei kann es sich um konstitutive Verfügungen handeln. Nach der Einführung des Systems der Legalausnahme sind derartige Verfügungen allerdings selten. In Betracht kommen vor allem behördliche Verfügungen im Rahmen der Missbrauchsaufsicht nach § 32 d, durch die der Vorteil einer Gruppenfreistellung entzogen wird, und Verfügungen nach § 30 Abs. 3. Im Vordergrund stehen jedoch deklaratorische Verbots- oder Gebotsverfügungen nach § 32 oder § 32 a, mit denen die Kartellbehörde die Abstellung eines Verstoßes anordnet und ggf. positive Maßnahmen aufgibt, die zur wirksamen Abstellung erforderlich sind. Auch Verpflichtungsverfügungen nach § 32 b gehören in diese Kategorie.

III. Betroffenheit

1. Allgemeine Voraussetzungen

8 § 33 knüpft den individuellen Rechtsschutz bei Verletzung einer Verbotsverfügung des GWB oder der Art. 81, 82 EGV nicht mehr an die Schutzgesetzqualität der Vorschrift, sondern stellt auf die Betroffenheit durch den Verstoß ab. Entsprechendes gilt für einen Verstoß gegen eine kartellbehördliche Verfügung. Nach **bisherigem Recht** war ein Verstoß gegen eine Gebots- oder Verbotsnorm oder Verfügung, die zumindest auch den Schutz eines Einzelnen bezweckt, erforderlich.[7] Dabei war in neuerer Zeit die Schutzgesetzeigenschaft der Verbotsnormen des Gesetzes praktisch unstreitig geworden, die Diskussion hatte sich vielmehr auf die Frage nach den Schutzadressaten verlagert.[8] Die neuere Rechtsprechung sowie Literatur stellte neben dem allgemeinen Normzweck der betreffenden Norm auf deren **Schutzfunktion** in Bezug auf die Verletzungshandlung und den betroffenen Personenkreis und damit auf die **konkrete Verletzungshandlung** ab.[9] Bei der Auslegung der jeweiligen Norm spielten auch rechts- und wettbewerbspolitische Erwägungen hinsichtlich der Schutzwürdigkeit des Betroffenen und der Tragbarkeit eines Anspruchs

---

[7] Dazu im Einzelnen Voraufl. Rn. 9, 11, 13, 20–23, 27–32, 35 f.

[8] *Hempel* WuW 2004, 362, 368 f.; *ders.,* Privater Rechtsschutz, S. 234 ff.; *Schütt* WuW 2004, 1124, 1126.

[9] BGHZ 64, 232, 237 – *Zusatzversicherung* = WuW/E BGH 1361 = NJW 1975, 1223; BGHZ 86, 324, 330 – *Familienzeitschrift* = WuW/E BGH 1985 = NJW 1984, 2819; OLG Düsseldorf WuW/E DE-R 233, 240 – *Inkontinenzhilfe* = NJW-RR 2002, 193; zustimmend *Bornkamm* in: Langen/Bunte, KartellR, Voraufl., Rn. 7; *Emmerich* in: Immenga/Mestmäcker, GWB, Rn. 10 f.; *Topel* in: Wiedemann, Handbuch des Kartellrechts, Voraufl., § 50 Rn. 56.

im Haftungssystem eine Rolle.[10] Die Ausweitung des Individualschutzes ließ sich insbesondere auf die **Einheit von Institutions- und Individualschutz** und das Interesse an Effektivierung des Rechtsschutzes stützen.

Mit der Neuregelung ist, insbesondere im Hinblick auf das Urteil des EuGH in der Sache *Courage v. Crehan*,[11] eine Ausweitung des Kreises der Anspruchsberechtigten beabsichtigt. Bereits der Regierungsentwurf, der noch am Kriterium des Schutzgesetzes festhielt, hatte in § 33 ausdrücklich bestimmt, dass das Merkmal der **Zielgerichtetheit** des Verstoßes nicht zur Abgrenzung des Kreises der Anspruchsberechtigten dienen darf. Andererseits ist auch das Merkmal der Betroffenheit auslegungsbedürftig. Die vom Gesetz geforderte **Beeinträchtigung als Marktteilnehmer** deutet auf eine Beeinträchtigung der Handlungsfreiheit auf dem Markt, insbesondere der Wettbewerbsfreiheit hin. Die bloße Entstehung eines Vermögensschadens als Folge eines Verstoßes reicht dann nicht aus. Es liegt daher nahe, mit der insbesondere durch das *Courage*-Urteil des EuGH gebotenen Distanz an das bisherige Recht anzuknüpfen und von daher die Frage nach der Abgrenzung des Kreises der Betroffenen zu beantworten.[12]

Bei der **Abgrenzung des Kreises der Betroffenen** sind neben den dem *Courage*-Urteil und der Reform des EG-Kartellrechts zugrunde liegenden Wertungen – Funktionalisierung des Einzelnen zur Durchsetzung des Kartellrechts – nach wie vor delikts- und schadensrechtliche Zurechnungskriterien wie die Tatbestandsstruktur der Verbotsnorm und deren Schutzrichtung, die Schutzwürdigkeit des Geschädigten, die Praktikabilität der Anspruchsausdehnung und der mögliche Beitrag des Anspruchsberechtigten zur Durchsetzung und Prävention zu berücksichtigen. Dies gilt insbesondere für Unternehmen und Verbraucher, die auf nachgelagerten Wirtschaftsstufen von einer Wettbewerbsbeschränkung berührt werden. Obwohl der Grundsatz der europafreundlichen Auslegung letztlich nicht Eingang in das Gesetz gefunden hat, ist bei der Auslegung des Begriffs der Betroffenheit in Bezug auf die Verbotsnormen des GWB daneben allerdings auch das Ziel der Reform zu beachten, eine möglichst weit gehende Angleichung an das EG-Kartellrecht zu erreichen. Zum EG-Kartellrecht wird neuerdings z.T. die Auffassung vertreten, dass in Anlehnung an die EuGH-Rechtsprechung zur Staatshaftung der Mitgliedstaaten wegen mangelhafter Umsetzung von EG-Richtlinien für die Abgrenzung der Anspruchsberechtigten auf den **Schutzzweck des Kartellverbots** und seiner Spezifizierungen durch die Definition von Kernbeschränkungen in den Gruppenfreistellungsverordnungen abzustellen sei.[13] Ob das EG-Recht diesen Weg gehen und die Ausgestaltung des privaten Rechtsschutzes wegen Verletzung der Art. 81, 82 EGV weitgehend den Mitgliedstaaten entziehen wird, ist gegenwärtig noch nicht absehbar.[14] In der Sache stellt die genannte Ansicht eine Überinterpretation des *Courage*-Urteils dar. Der Schutzzweck des Kartellverbots und des Verbots des Marktmissbrauchs kann sich im Übrigen nur aus dem Primärrecht ergeben. Die oben genannten Kriterien zur Bestimmung der Betroffenheit sind differenzierter und aussagekräftiger.

Soweit bestimmte Vorschriften die Kartellbehörde zur Missbrauchsaufsicht ermächtigen, enthalten sie **kein implizites Missbrauchsverbot.** Die Tatsache, dass der Gesetzgeber den wesentlichen Teil der behördlichen Ermächtigungsnormen in gesetzliche Verbote umgewandelt hat, im Übrigen es aber bei einer bloßen Ermächtigungsnorm zur Miss-

---

[10] *K. Schmidt*, Kartellverfahrensrecht, S. 356; *ders.* in: FS Benisch, 1989, S. 293; *Bornkamm* in: Langen/Bunte, KartellR, Rn. 21; *Roth* in: FK Rn. 19, 23.
[11] EuGH U. v. 20. 9. 2001, Rs. C-453/99 – *Courage v. Crehan*, Slg. 2001, I-6297 Rn. 26 = WuW/E EU-R 479 = EuZW 2001, 75; ferner U. v. 13. 7. 2006, Rs. C-295/04-298/04 – *Manfredi/Lloyd Adriatico*, Slg. 2006, I-6619 Rn. 60 ff. = WuW/E EU-R 1107 = EuZW 2006, 254.
[12] Vgl. *Hempel* WuW 2004, 362, 368 f.
[13] *Reich* C.M.L.Rev. 2005, 35, 54 ff.; a.M. *Bulst*, Schadensersatzansprüche, S. 248 ff.
[14] Vgl. Kommission, Weißbuch; dazu *Ritter* WuW 2008, 762.

brauchsaufsicht belassen hat, spricht eindeutig gegen die Annahme eines solchen Verbots.[15] Im Allgemeinen besteht hierfür auch kein Bedürfnis, da das Behinderungs- und Diskriminierungsverbot des § 20 Abs. 1 und das Boykottverbot nach § 21 Abs. 1 grundsätzlich auf erlaubte Kartelle und Ausschließlichkeitsbindungen anwendbar sind.[16]

2. Betroffenheit im Einzelnen

12 Fast alle Verbotsnormen des GWB waren bisher allgemein als Schutzgesetze anerkannt. Dabei wurde eine grundlegende Unterscheidung zwischen horizontalen und vertikalen vertraglichen Wettbewerbsbeschränkungen gemacht, die im bisherigen Recht angelegt war. Obwohl das Gesetz diese Unterscheidung nunmehr aufgegeben hat und in § 1 alle Arten vertraglicher Wettbewerbsbeschränkungen einheitlich regelt, stellt sich die Frage nach der Betroffenheit je nach Art der Wettbewerbsbeschränkung unterschiedlich. Dies gilt insbesondere für den Schutz der an der Wettbewerbsbeschränkung Beteiligten und Drittbetroffener auf ferneren Marktstufen.

13 **a) § 1, Art. 81 EGV – Horizontale Verträge.** Zu § 1 a. F. war in neuerer Zeit weniger die Schutzgesetzqualität als vielmehr die subjektive Reichweite dieses Schutzes noch streitig. Die Vorschrift war jedenfalls dann Schutzgesetz zugunsten Dritter, wenn sich die Vereinbarung **gezielt gegen einzelne Wettbewerber,** Abnehmer oder Lieferanten richtete.[17] Im Schrifttum wurde diese Begrenzung zunehmend kritisiert, da sie dem Gesetz fremd und wettbewerbspolitisch nicht vertretbar sei.[18] Befürwortet wurde eine Ausweitung des Schutzes sowohl auf alle **Wettbewerber,** die in ihren Marktchancen **beeinträchtigt** werden, als auch auf die **unmittelbar betroffene Marktgegenseite,** während man bei Reflexwirkungen auf Drittmärkten und ferneren Marktstufen einen Individualschutz überwiegend verneinte, um ein Ausufern der Schadensersatz- und Unterlassungspflicht zu verhindern.[19] Diese Auffassung war in der untergerichtlichen Rechtsprechung im Vordringen.[20]

14 Betroffen ist nach neuem Recht, wer als Mitbewerber oder sonstiger Marktteilnehmer durch den Verstoß beeinträchtigt ist (§ 33 Abs. 1 S. 3). Unter den Mitbewerbern sind auch nach § 1 n. F. **Beteiligte an einem Kartellvertrag** oder einem entsprechenden abgestimmten Verhalten im Allgemeinen nicht anspruchsberechtigt, weil sie eine erhebliche Verantwortung für die Wettbewerbsbeschränkung tragen.[21] Dies folgt bereits aus dem Be-

---

[15] BGHZ 166, 154 Rn. 15 – *Probeabonnement* = WuW/E DE-R 1779 = NJW 2007, 83; *Bornkamm* in: Langen/Bunte, KartellR, Rn. 23; zum bisherigen Recht auch *Roth* in: FK Rn. 28 f.
[16] BGH WuW/E BGH 509, 513 f. – *Originalersatzteile* = BB 1962, 1396; WuW/E BGH 1269, 1273 – *Schiffahrtskonferenzen;* BGH WuW/E DE-R 395, 396 – *Beteiligungsverbot für Schilderpräger* = NJW 2000, 809.
[17] BGHZ 64, 232, 237 f. – *Zusatzversicherung* = WuW/E 1361 = NJW 1975, 1223; BGHZ 86, 324, 330 – *Familienzeitschrift* = WuW/E BGH 1985 = NJW 1984, 2819; BGHZ 96, 337, 351 – *Abwehrblatt II* = WuW/E BGH 2195 = NJW 1986, 1877; vgl. *Linder* S. 26 ff.; *Müller-Laube,* S. 33 ff.
[18] *Bornkamm* in: Langen/Bunte, KartellR, Voraufl., Rn. 12 ff.; *Volhard* in: FS Gaedertz, 1992, S. 599, 604 ff.; *Emmerich* in: Immenga/Mestmäcker, GWB, Rn. 15, 16; *Roth* in: FK Rn. 45 f., 50, 53; *Wurmnest* in: Behrens/Braun/Novak, S. 213, 240 ff.; *Hempel* WuW 2004, 362, 363; *Bulst* NJW 2004, 2201, 2201; *Schütt* WuW 2004, 1124, 1127.
[19] Für Einbeziehung auch fernerer Marktstufen: *Schütt* WuW 2004, 1124, 1127, 1129 f.; *Bulst* EWS 2004, 62, 63; *ders.* EWS 2004, 403, 409 f.
[20] OLG Düsseldorf WuW/E DE-R 183 – *Berliner Positiv-Liste* = NJWE-WettbR 1998, 263; OLG Stuttgart WuW/E DE-R 161, 163 – *Carpartner II* = NJW-WbR 1998, 260; OLG Düsseldorf WuW/E DE-R 233, 240 – *Inkontinenzhilfen* = NJW-RR 2000, 193; LG Dortmund WuW/E DE-R 1352, 1353 – *Vitaminpreise Dortmund* = EWS 2004, 434; dazu *Polley* WuW 1998, 939, 945 f.
[21] *Bornkamm* in: Langen/Bunte, KartellR, Rn. 32 ff.; *Wurmnest* RIW 2003, 896, 897 f.; zum bisherigen Recht KG WuW/E OLG 1903, 1905 – *Air-Conditioning-Anlagen;* a. M., aber ohne wesentlich anderes Ergebnis *Emmerich* in: Immenga/Mestmäcker, GWB, Rn. 30; *Bechtold,* GWB, Rn. 9; *Topel* in: Wiedemann, Handbuch des Kartellrechts, § 50 Rn. 86.

griff der Beeinträchtigung, sodass es eines Rückgriffs auf § 254 BGB nicht bedarf. Eine Ausnahme gilt, wenn ein Beteiligter durch wirtschaftlichen Druck zum Abschluss eines (ungünstigen) Kartellvertrages veranlasst worden ist oder an ihm festgehalten wird;[22] hier ist ohnehin meist auch § 21 Abs. 2 anwendbar (vgl. Rn. 29). Keine Bedeutung hat § 33 für vertragliche Schadensersatzansprüche, die auf einen mittelbaren Zwang zur Erfüllung des Vertrags hinauslaufen; sie sind wegen der Nichtigkeit des Vertrages nach § 134 BGB in Vbg. mit § 1 generell ausgeschlossen.[23] Hinsichtlich **Drittbetroffener** kommt es nicht mehr auf die Zielrichtung der Wettbewerbsbeschränkung, sondern auf die **Beeinträchtigung der Handlungsfreiheit** auf dem Markt und – dadurch bedingt – **die Verschlechterung der Marktchancen** an. Betroffen sind in jedem Fall die **Wettbewerber** auf dem geregelten Markt, sofern sie als Kartellaußenseiter im Marktzugang beeinträchtigt sind, z. B. bei kollektiven Verkäufen unter Einstandspreis oder boykottähnlichen Kartellverträgen. Betroffen sind ferner die weiteren Marktteilnehmer. Gemeint sind in jedem Fall die Marktteilnehmer der unmittelbar gegenüberliegenden **Marktgegenseite,** die etwa durch ein Preis- oder Konditionenkartell oder eine entsprechende Verhaltensabstimmung beeinträchtigt sind. Dies können ggf. auch **Verbraucher** sein, z. B. bei einem Kartell von Einzelhändlern.[24]

Zweifelhaft ist, ob bei (horizontalen) Kartellverträgen auch mittelbar geschädigte Unternehmen und Verbraucher auf **ferneren Marktstufen** oder auf Drittmärkten betroffen im Sinne von § 33 sein können. § 33 Abs. 3 S. 2 schließt bei Bezug einer Ware oder Dienstleistung zu einem übertreuerten Kartellpreis und Weiterveräußerung ausdrücklich den Einwand fehlenden Schadens wegen der Abwälzung des Kartellpreises auf den Weiterabnehmer (passing-on-Einwand) aus. Diese Auffassung wurde auch nach bisherigem Recht vielfach vertreten.[25] Die gesetzliche Regelung betrifft allerdings unmittelbar nur die Definition des Schadens, nicht die Versagung eines möglichen Vorteilsausgleichs. Der Gesetzgeber ging aber von einer als herrschend angesehenen **Versagung des Vorteilsausgleichs** nach allgemeinen Grundsätzen aus.[26] Hieraus könnte man folgern, dass im Einklang mit dem US-amerikanischen Recht[27] Marktteilnehmer in der Lieferkette nicht anspruchsberechtigt sein sollen, da es ansonsten zu einer Vervielfachung der Anspruchsberechtigten und einer dem Sinn des Schadensrechts fremden Mehrfachhaftung der Kartellbeteiligten käme.[28] Die Gegenmeinung will bei Anerkennung des Vorteilsausgleichs den Schaden des unmittelbar Betroffenen auf entgangenen Gewinn begrenzen, bejaht dafür aber eine Ersatzberechtigung von Marktteilnehmern auf entfernteren Marktstufen oder befürwortet trotz Versagung des Vorteilsausgleichs eine parallele Anspruchsberechtigung mit Innenausgleich (etwa nach den Regeln der Gesamtgläubigerschaft nach §§ 428-430 BGB).[29] Ausge-

---

[22] *Emmerich* in: Immenga/Mestmäcker, GWB, Rn. 30 (über § 254 BGB); *Bornkamm*, a. a. O.
[23] *Roth* in: FS. Huber, 2006, S. 1133, 1168 f.; *Emmerich* in: Immenga/Mestmäcker, GWB, Rn. 30; *Mestmäcker/Schweitzer,* § 22 Rn. 28 f.
[24] Allgemeine Auffassung; statt aller BGH WuW/E BGH DE-R 1779 Rn. 14 – Probeabonnement = NJW 2006, 2627; *Bornkamm* in: Langen/Bunte, KartellR, Rn. 20, 35; *Emmerich* in: Immenga/ Mestmäcker, GWB, Rn. 25 ff.; *Bechtold,* GWB, Rn. 9.
[25] Siehe unten Rn. 39.
[26] Vgl. Begr. 2004, S. 35; Ausschussbericht 2005, S. 48.
[27] Illinois Brick Co. v. Illinois, 431 U. S. 720 (1977). Für Unterlassungsansprüche gilt diese Einschränkung aber nicht; Cargill Inc. v. Montfort of Colorado, Inc., 479 U. S. 104, 111 (1986).
[28] *Bornkamm* in: Langen/Bunte, KartellR, Rn. 38 ff.; *Wurmnest* in: Behrens/Braun/Novak, S. 213, 242; *Berrisch/Burianski* WuW 2005, 878, 886 f.; *Köhler* GRUR 2004, 99, 101; *Al-Deb'i/Krause* ZGS 2006, 20, 22 ff.; *Kahlenberg/Haellmigk* WRP 2005, 1509, 1514; *Glöckner* WRP 2007, 490, 495 ff.; *Bechtold,* GWB, Rn. 9 f., 23 f.; zum europäischen Recht OLG Düsseldorf WuW/E DE-R 143, 146 – Global One; *Reich* C.M.L.Rev. 2005, 35, 44 ff.; *Goyder,* European Community Competition Law, 4. Aufl. 2003, S. 470.
[29] Kommission, Weißbuch, S. 4 ff.; *Lettl* ZHR 167 (2003), 476, 487 ff.; *Schütt* WuW 2004, 1124, 1128 ff.; *Beninca* WuW 2004, 604, 606 ff.; *Emmerich* in: Immenga/Mestmäcker, GWB, Rn. 29, 58 f.;

nommen müssten auch bei dieser Auffassung wohl Fälle sein, in denen mit übersteuertem Vormaterial ein neues Produkt geschaffen worden ist oder es sich um einen völlig verschiedenen sachlich relevanten Markt handelt.

16 Der Wortlaut des Gesetzes, wonach es darauf ankommt, dass der Geschädigte als Marktteilnehmer durch den Verstoß beeinträchtigt ist, deutet eher auf eine engere Auslegung des Begriffs der Betroffenheit hin. Hierbei handelt es sich offenbar um **Teilnehmer auf dem geregelten Markt,** die dort in ihrer **Handlungsfreiheit beeinträchtigt** sind. Auf ferneren Marktstufen ist nur ein Reflexschaden gegeben. Vor allem sprechen Gründe der Praktikabilität, der Prozessökonomie und Beweisbarkeit des Schadens für diese Auffassung. Die Entscheidungen des EuGH im Fall *Courage* und *Manfredi*[30] stehen ihr nicht entgegen. Die Aussage des EuGH, jedermann müsse aus Gründen der Prävention und Effektivität des EG-Kartellrechts einen Schaden, den er aufgrund eines Kartellverstoßes erlitten habe, vor den nationalen Zivilgerichten geltend machen können, betraf nicht die Problematik des mittelbar Betroffenen. Sie besagt nichts darüber, wie der normative Schaden im Lichte der Normzwecke des EG-Kartellrechts, des Kausalitätsbegriffs („durch den Verstoß") und der Struktur der Zivilgerichtsbarkeit zu definieren ist.[31] Zwar lässt sich argumentieren, dass eine **optimale Prävention** eher zu erreichen sei, wenn mittelbar Geschädigten eine Anspruchsberechtigung verliehen würde. Soweit diese einen fühlbaren Schaden erlitten haben, könnten sie ein stärkeres Interesse an dessen Geltendmachung haben als Käufer, die ihren Schaden im Verkaufspreis weiterwälzen konnten. Dem steht jedoch die Überlegung entgegen, dass es sich vielfach um **geringe Schäden** einer Vielzahl von Kunden handeln wird. Daher ist realistischer Weise nicht mit erheblichen Klageaktivitäten mittelbar Geschädigter zu rechnen, selbst wenn man in Rechnung stellt, dass sich die Bündelung abgetretener Ersatzansprüche rechtlich durchsetzen könnte. Diskutabel ist allenfalls eine parallele Anspruchsberechtigung mit Innenausgleich nach § 430 BGB. Im Hinblick auf die fehlende Gesamtwirkung von Rechtshängigkeit und Rechtskraft (§§ 429 Abs. 3, 425 Abs. 2 BGB) überwiegen aber die Nachteile dieser Lösung. Der Innenausgleich sollte vielmehr in der Vertragskette nach den Regeln der Geschäftsgrundlage stattfinden.[32] Insgesamt ist daher im Ergebnis der engen Abgrenzung des Begriffs des Betroffenen zu folgen.

17 Dies gilt auch für den **Beseitigungs- und Unterlassungsanspruch.** Die Gründe, die beim Schadensersatzanspruch für eine Einschränkung des Kreises der Betroffenen sprechen, sind hier sicherlich schwächer. Für eine differenzierende Auslegung bietet das Gesetz jedoch keine Anhaltspunkte, da es einheitlich auf die Beeinträchtigung abstellt.[33] Auch für Verstöße gegen das Verbot horizontaler vertraglicher Wettbewerbsbeschränkungen nach **Art. 81 Abs. 1 EGV ist nicht anders zu entscheiden.** Das Gesetz stellt im Rahmen von § 33 Verstöße gegen das GWB und Art. 81 Abs. 1 EGV gleich. Betroffen sind daher die Wettbewerber und sonstigen Marktteilnehmer auf dem geregelten Markt.

18 Die **Legalausnahme nach § 2** kann nicht Grundlage eines Schadensersatzanspruchs sein, auch nicht in Verbindung mit § 32d. Die letztere Vorschrift stellt kein implizites Missbrauchsverbot dar. Verstöße gegen Verfügungen im Entzugsverfahren können allerdings zu einem Schadensersatzanspruch führen, da die Entzugsentscheidung zur Wieder-

---

Fritzsche WRP 2006, 42, 46, 49, 52; *Keßler* WRP 2006, 1061, 1066 ff.; *Reich* WuW 2008, 1046 ff.; *Töpel* in: Wiedemann, Handbuch des Kartellrechts, § 50 Rn. 89 ff., 132 ff. noch anders *Bulst*, Schadensersatzansprüche, S. 126 ff., 132 ff., 316, 321 ff., 334 ff., 345 ff.

[30] Oben Fn. 11.

[31] A.M. Kommission, Weißbuch, S. 4; *Reich* WuW 2008, 1046 ff.; *Emmerich* in: Immenga/Mestmäcker, GWB, Rn. 29; *Lettl* ZHR 167 (2003), 473, 480 ff.; *Bulst* EWS 2004, 62, 64; vorsichtiger *Schütt* WuW 2004, 1124, 1129; *Bulst*, Schadensersatzansprüche, S. 252 ff.

[32] *Al-Deb'i/Krause* ZGS 2006, 19, 22 ff.

[33] A.M. *Bechtold*, GWB, Rn. 10; *Fritzsche* WRP 2006, 42, 46 ff. (mit entgegengesetztem Ergebnis).

herstellung des Verbots des § 1 führt. Für die Betroffenheit sind die zu § 1 entwickelten Grundsätze anwendbar. Entsprechendes gilt für **Art. 81 Abs. 3 EGV**.[34]

b) § 1, Art. 81 EGV – Vertikale Verträge. Im Bereich der Vertikalverträge ist der **19** Kreis der Betroffenen von vornherein weiter zu bestimmen. Die Ausdehnung des Kreises der Anspruchsberechtigten ergibt sich einmal daraus, dass es sich bei typisierender Betrachtung um vertragliche Regelungen zwischen Parteien handelt, die nicht in einem Verhältnis der Gleichordnung, sondern eher in einem der **Abhängigkeit** stehen. Zum anderen werden durch Vertikalverträge meist **zwei oder mehr Märkte geregelt,** und zwar in der Weise, dass die Wettbewerbsbeschränkung gerade auch auf einen Sekundär- oder Drittmarkt zielt. Wenngleich Art. 81 EGV und nunmehr auch § 1 eine ausdrückliche Unterscheidung zwischen horizontalen und vertikalen Wettbewerbsbeschränkungen nicht (mehr) kennen, hat sich diese doch in den Gruppenfreistellungsverordnungen durchgesetzt. Sie kommt auch in Tatbestandrestriktionen des Art. 81 EGV bei bestimmten vertikalen Verträgen (selektiven Vertriebs-, Franchising- und Lizenzverträgen) zum Ausdruck. Von daher steht einer Ausdifferenzierung des Begriffs des Betroffenen nichts im Wege.[35]

Im Einzelnen kann an die weite Bestimmung der Anspruchsberechtigten und die typi- **20** sierende Betrachtungsweise nach bisherigem Recht angeknüpft werden. Dies gilt insbesondere für die Parteien des Vertikalvertrages. Betroffen sind regelmäßig **die Vertragspartner** eines preis- oder konditionenbindenden Unternehmens und die Abnehmer bei selektiven Vertriebsverträgen, soweit sie Weiterverkaufs- oder Verwendungsbindungen unterliegen oder zum Alleinbezug verpflichtet sind.[36] Dabei sind die Freistellungen nach den Gruppenfreistellungsverordnungen für vertikale Verträge zu beachten, so dass bei Vertriebsverträgen neben Verträgen, die wegen Überschreitung der Marktanteilsschwellen und einer Wettbewerbsbeziehung zwischen den Parteien unzulässig sind, insbesondere Preisbindungen und qualifizierte Formen von Gebiets- und Kundenbeschränkungen und Wettbewerbsverboten in Betracht kommen. Betroffen sind auch die gebundenen Lizenznehmer bei Lizenzverträgen. Anders kann dies sein, wenn die Beschränkungen adäquate Gegenleistungen für Bindungen sind, die der Lieferant oder Lizenzgeber auf sich genommen hat. Hier ist anzunehmen, dass der Abnehmer oder Lizenznehmer aufgrund seiner eigenen Verhandlungsmacht Mitverantwortung für die Vereinbarung trägt und daher mangels Schutzwürdigkeit nicht betroffen ist. Nicht schutzwürdig ist auch der Hersteller, der sein Vertriebssystem als selektives oder Alleinhändlersystem ausgestaltet und entsprechende Bindungen eingeht.

Neben den Parteien von Vertikalverträgen sind je nach Marktwirkung die **Wettbewer-** **21** **ber** des bindenden oder des gebundenen Unternehmens Betroffene. Dies gilt bei unzulässigen selektiven oder ausschließlichen Lieferverträgen für die Händler, denen der Marktzugang versperrt wird, und bei Alleinbezugsverträgen für die Hersteller, die sich der gebundenen Händler nicht als Absatzquelle bedienen können.[37] Bei Lizenzverträgen kommt es hinsichtlich des Schutzes der Wettbewerber neben dem Produktmarkt ggf. auch auf den Markt für innovative Technologien an (vgl. Art. 3 VO 772/2004).

Abnehmer eines gebundenen Unternehmens sind jedenfalls dann betroffen, wenn die- **22** ses Unternehmen in seinem Verhalten auf einem Sekundär- oder Drittmarkt gebunden

---

[34] Vgl. unter Rdnr. 29.
[35] Ebenso *Bornkamm* in: Langen/Bunte, KartellR, Rn. 28, 46; zu den genannten Tatbestandsrestriktionen vgl. *Amato/Gonzales Diaz,* KartellR, Art. 81 Abs. 1 Rn. 140 ff.
[36] Ebenso *Bornkamm,* KartellR, Rn. 44, 46 f.; vgl. zum bisherigen Recht etwa BGHZ 28, 208, 222–4711 = WuW/E BGH 251 = NJW 1958, 1868; WuW/E 2813 – *Selbstzahler* = NJW 1993, 789; *Emmerich* in: Immenga/Mestmäcker, GWB, Rn. 20 f.
[37] Ebenso *Bornkamm,* KartellR, Rn. 44 f.; im Ergebnis auch *Reich* C. M. L. Rev. 2005, 35, 54 f.; vgl. zum bisherigen Recht etwa BGHZ 140, 342, 345 – *Preisbindung durch Franchisegeber* – WuW/E DE-R 264; WuW/E BGH 2813 – *Selbstzahler* = NJW 1993, 789; *Emmerich* in: *Immenga/Mestmäcker,* GWB, Rn. 9, 21; differenzierend *Roth* in: FK Rn. 61, 67; *Töpel* in: Wiedemann, Handbuch des Kartellrechts, § 50 Rn. 97 f.

wird, z. B. bei Preisbindungen, Exportverboten oder Beschränkungen des Zugangs zu Ersatzteilen. Der Sekundär- oder Drittmarkt ist ein relevanter Markt, auf dem die Abnehmer als Marktteilnehmer beeinträchtigt werden. Insoweit können auch **Verbraucher** Betroffene sein. Anhaltspunkte für diese Auslegung ergeben sich aus einzelnen Klauselverboten der Gruppenfreistellungsverordnungen (z. B. Art. 4 Buchst. c und e VO 2799/1999, Art. 4 Abs. 2 Buchst. c VO 772/2004). Gegen Fernfolgen vertikaler Verträge sind die Verbraucher dagegen nicht geschützt.[38]

23   Entsprechendes gilt für die Behandlung vertikaler wettbewerbsbeschränkender Verträge nach **Art. 81 Abs. 1 EGV**. Die hier vertretenen Differenzierungen folgen aus den Wettbewerbswirkungen der einzelnen Typen vertikaler Verträge, wie sie sich in der EG-Praxis herausgebildet haben. Ein Grund für eine weitergehende Definition der Betroffenheit besteht daher nicht.

24   **c) Missbrauch von Marktmacht und tatsächliches wettbewerbsbeschränkendes Verhalten.** Entsprechend der Rechtslage bereits nach bisherigem Recht kommt es auf den jeweiligen Verbotstatbestand an, sodass der Kreis der Anspruchsberechtigten weit zu ziehen ist. Zunächst wird man auch nach neuem Recht im Fall des **Behinderungsmissbrauchs** nach § 19 Abs. 4 Nr. 1 Wettbewerber, die auf dem beherrschten Markt oder auf einem Drittmarkt behindert werden, als betroffen ansehen müssen.[39] Beim **Ausbeutungsmissbrauch** (§ 19 Abs. 4 Nr. 2) sind die Abnehmer oder Anbieter auf der unmittelbar gegenüberliegenden Marktstufe, gegen die der Missbrauch gerichtet ist, Betroffene.[40] Parallel zu § 1 spricht aber gegen einen Schutz aller Abnehmer in der Lieferkette, dass der Missbrauch eines marktbeherrschenden Unternehmens eine ähnliche Wirkung wie ein Preis- oder Konditionenkartell haben kann. Wenn man dort die Betroffenheit bei bloßen Reflexwirkungen verneint, muss man dies auch auf den Fall des § 19 übertragen.[41] Bei Einbeziehung der Abnehmer auf den folgenden Marktstufen wäre auch die Missbrauchsgrenze schwer feststellbar. Für **Art. 82 EGV** gilt Entsprechendes.

25   Bei Verstoß gegen das **Behinderungs- und Diskriminierungsverbot** nach § 20 sind jedenfalls diejenigen Unternehmen Betroffene, gegen die sich die Handlung unmittelbar richtet.[42] Im Gegensatz zu der restriktiven Auslegung des § 33 bei Kartellverträgen und Ausbeutungsmissbrauch besteht hier kein Grund zu einer generellen Einschränkung des Begriffs des Betroffenen, da sich die Verhaltensweise gezielt gegen bestimmte Unternehmen richtet. Betroffen sind daher auch **mittelbar beeinträchtigte** Unternehmen, insbesondere wenn die Machtstellung auf dem beherrschten Markt dazu eingesetzt wird, Unternehmen auf einem Drittmarkt zu behindern.[43] Bei mittelbaren Behinderungen auf einem Drittmarkt kommt es nicht darauf an, ob behinderndes und behindertes Unternehmen

---

[38] Ebenso *Bornkamm*, KartellR, Rn. 48 f.; *Reich* C. M. L. Rev. 2005, 35, 56 f.; a. M. offenbar *Topel* in: Wiedemann (a. a. O.), § 50 Rn. 100.

[39] *Emmerich* in: Immenga/Mestmäcker, GWB, Rn. 20, 21; *Bornkamm* in: Langen/Bunte, KartellR, Rn. 23; *Bechtold*, GWB, Rn. 4; zum bisherigen Recht etwa BGHZ 158, 334, 338 ff. – *Der Oberhammer* = WuW/E DE-R 1823 = NJW 2004, 2375; *Weyer* AG 1999, 257, 259; *Topel* in: Wiedemann (a. a. O.), § 50 Rn. 101, 103; *Roth* in: FK Rn. 69.

[40] *Emmerich* in: Immenga/Mestmäcker, GWB, Rn. 32; *Bechtold* Rn. 4; *Bornkamm* in: Langen/Bunte, KartellR, Rn. 52; vgl. *Roth* in: FK Rn. 69, 50; *Weyer*, AG 1999, 257, 259.

[41] *Bornkamm* in Langen/Bunte, KartellR, Rn. 54; a. M. *Emmerich* in: Immenga/Mestmäcker, GWB, Rn. 32.

[42] *Bornkamm* in: Langen/Bunte, KartellR, Rn. 55; *Emmerich* in: Immenga/Mestmäcker, GWB, Rn. 20, 21; vgl. zum bisherigen Recht etwa BGH WuW/E 3079, 3081 – *Stromeinspeisung II* = NJW 1997, 574; WuW/E DE-R 103 – *Schilderprägebetrieb* = NJW 2003, 752.

[43] *Bornkamm* in: Langen/Bunte, a. a. O.; vgl. BGHZ 156, 279, 382 f. – *Strom und Telefon I* = WuW/E DE-R 1206 = GRUR 2004, 255 in Abweichung von BGH WuW/E BGH 2843 – *Sonderungsverfahren* = NJW-RR 1988, 1069; *Topel* in: Wiedemann (a. a. O.), § 50 Rn. 103; *Roth* in: FK Rn. 71.

auch auf dem beherrschten Markt Wettbewerber sind.[44] Beim Boykottverbot ist dagegen wohl nur das gesperrte Unternehmen Betroffener und Verstöße gegen das Druckverbot betreffen nur die Unternehmen, denen Nachteile angedroht oder zugefügt werden.[45]

d) Fusionskontrolle. Die Eingriffsermächtigung nach § 36 kann nicht Grundlage für einen Schadensersatzanspruch eines Wettbewerbers oder Abnehmers sein, da es sich nicht um ein Verbot handelt.[46] Dagegen ist eine Betroffenheit bei einem Verstoß gegen das Vollzugsverbot des § 41 denkbar, soweit es um Schäden von Wettbewerbern und Kunden geht, die gerade durch den rechtswidrigen Vollzug verursacht worden sind.[47] Das parallele Vollzugsverbot nach Art. 7 FKVO wird dagegen nicht erfasst.

e) Behördliche Verfügungen. § 33 gewährt individuellen Rechtsschutz auch gegen Verstöße gegen kartellbehördliche Verfügungen. Bei Verfügungen der **Kommission**, die nicht erfasst sind, ist deren Bindungswirkung nach Art. 16 VO 1/2003 in der unmittelbar auf den Gesetzesverstoß zu stützenden Klage zu beachten. Es kann es sich um deklaratorische oder konstitutive Verfügungen handeln. **Deklaratorische Verfügungen** stellen einen Verstoß gegen das Gesetz oder gegen die Art. 81 Abs. 1 oder 82 EGV fest. Schadensersatz- und Unterlassungsansprüche des Betroffenen können hier ohne weiteres auf die Gesetzesverletzung selbst gestützt werden. Sie können aber auch auf die Verfügung gestützt werden.[48] Dies dient dem Rechtsschutz des Betroffenen, da der Nachweis des Verschuldens leichter zu führen ist. In Betracht kommen insbesondere §§ 32, 32 a sowie § 36. Auch § 32 b kann Grundlage für einen Schadenersatzanspruch sein, da die Verpflichtungsverfügung dem Schutz des Wettbewerbs dient. Dass ein Verstoß nicht bindend festgestellt wird, sondern vertretbare Bedenken ausreichen (§ 32 b Rn. 5, 16), steht dem nicht entgegen.[49] **Konstitutive Verfügungen** erlässt die Kartellbehörde bei der Missbrauchsaufsicht über gruppenfreigestellte Kartelle nach § 32 d (vgl. Rn. 10; § 32 d Rn. 4) sowie nach § 30 Abs. 3.

Nach bisherigem Recht war der individuelle Rechtsschutz davon abhängig, ob die behördliche Verfügung dem Schutz eines Marktteilnehmers diente. Aus dem Betroffenheitskriterium des neuen Rechts ergibt sich freilich meist kein wesentlich weiterer Kreis der Anspruchsberechtigten, da dieser schon im bisherigen Recht sehr weit gezogen wurde.

Nach neuem Recht gilt bei Verfügungen der Kartellbehörde nach § 32 oder § 32 a der Grundsatz der **Affinität zur Verbotsnorm.** Betroffen sind bei deklaratorischen Verfügungen daher grundsätzlich alle Personen, die durch den Verstoß gegen die Verbotsnorm beeinträchtigt werden können und durch den Verstoß gegen die Verfügung beeinträchtigt sind. Konstitutive kartellbehördliche Verfügungen im Rahmen der Missbrauchsaufsicht über gruppenfreigestellte Kartelle oder nach § 30 Abs. 3 stellen die Geltung des Verbots nach § 1 oder Art. 81 Abs. 1 EGV wieder her, sodass bei Zuwiderhandlung gegen die Verfügung für die Bestimmung des Betroffenseins ebenfalls an die Verbotsnorm anzuknüpfen

---

[44] *Bornkamm*, a. a. O.; vgl. schon zum bisherigen Recht BGHZ 158, 334, 339 f., – *Der Oberhammer* = WuW/E DE-R 1823 = NJW 2004, 2375; anders aber die früher h. M.; BGH WuW/E BGH 2483 – *Sonderungsverfahren* = NJW-RR 1988, 1069; WuW/E DE-R 1011, 1013 – *Wertgutscheine für Asylbewerber* = GRUR 2003, 257.

[45] *Emmerich* in: Immenga/Mestmäcker, GWB, Rn. 22; weitergehend *Bornkamm* in: Langen/Bunte, KartellR, Rn. 58 f.; zum bisherigen Recht vgl. *Roth* in: FK Rn. 73 f.

[46] *Bornkamm* in: Langen/Bunte, KartellR, Rn. 62; zum bisherigen Recht *Veelken* WRP 2003, 207, 238 ff. m. w. Nachw.

[47] *Bechtold*, GWB, Rn. 4; *Bornkamm*, KartellR, Rn. 69; ebenso zum bisherigen Recht *Veelken* WRP 2003, 207, 240 f.: a. A. *Topel* in: Wiedemann (a. a. O.), § 50 Rn. 105 f., und die früher h. M.; vgl. *Dormann*, Drittklagen im Recht der Zusammenschlusskontrolle, 2000, S. 162; *Roth* in: FK Rn. 85.

[48] *Bornkamm* in: Langen/Bunte, KartellR, Rn. 65; *Bechtold*, GWB, Rn. 6; *Roth* in: FK Rn. 93; a. M. *Emmerich* in: Immenga/Mestmäcker, GWB, Rn. 38.

[49] *Bornkamm* in: FS *Bechtold*, 2006, S. 45, 56; a. M. *Bach* in: Immenga/Mestmäcker, GWB, § 32 b Rn. 25.

ist. Auf die Schutzrichtung der Verfügung kommt es nur insoweit an, als diese ggf. nur einen Ausschnitt des Verbots konkretisiert (z. B. eine bestimmte Form der Behinderung).[50] Bei Verstößen gegen Untersagungs- und Entflechtungsverfügungen nach §§ 36 Abs. 1, 41 Abs. 3 können Wettbewerber und Kunden Betroffene i. S. des § 33 Abs. 1 sein, da die Wirkungen von Zusammenschlüssen grundsätzlich denen von vertraglichen Wettbewerbsbeschränkungen entsprechen.[51]

30 Der Rechtsschutz setzt voraus, dass die Verbotsverfügung **unanfechtbar** geworden oder ihre Rechtmäßigkeit nach § 70 Abs. 3 unanfechtbar festgestellt worden ist.[52] Die Einlegung eines Rechtsbehelfs führt zur aufschiebenden Wirkung und damit zur vorläufigen Unverbindlichkeit der Verfügung. Daher vermag die mangelnde Beachtung einer solchen Verfügung vor Bestandskraft noch keine Schadensersatz-, Beseitigungs- und Unterlassungspflichten auszulösen.[53] Anders ist die Rechtslage allerdings bei der Anordnung eines Sofortvollzugs nach § 65, sofern die Verfügung selbst bestandskräftig wird oder deren Rechtmäßigkeit nach § 70 Abs. 3 festgestellt wird,[54] oder bei Zuwiderhandlung gegen eine einstweilige Anordnung nach § 32a. Bei **einstweiligen Anordnungen** ist deren Vorläufigkeit zu beachten. Erweist sich die Anordnung als von Anfang an als ungerechtfertigt, so besteht kein Schadensersatzanspruch wegen eines Verstoßes gegen die Anordnung, da es an einem materiellen Verstoß fehlt.[55] Bei deklaratorischen Verfügungen kann auch für den Zeitraum vor Bestandkraft der Verfügung stets unmittelbar auf das Verbot zurückgegriffen werden. Der Nachweis der Zuwiderhandlung wird durch die Feststellungswirkung der (nunmehr bestandskräftigen) Verfügung (§ 33 Abs. 4) geführt (s. Rn. 53 f.).

IV. Schadensersatzanspruch

1. Allgemeines

31 § 33 Abs. 3 gewährt dem Betroffenen einen Schadensersatzanspruch. Der Anspruch ist der Sache nach ein **deliktischer Anspruch,** so dass die allgemeinen Vorschriften der §§ 823 ff., 249 ff. anwendbar sind. Dies gilt insbesondere für das Mitverschulden nach § 254,[56] für die Art des Schadensersatzes (insbesondere gilt der Grundsatz der Naturalrestitution, § 249 BGB) und den Schadensumfang. Die **Verjährung** tritt nach den Grundsätzen der §§ 195, 199 Abs. 1 BGB in der Regel in drei Jahren ein.[57] Die Verjährung wird gemäß § 33 Abs. 5 gehemmt, wenn die Kartellbehörde wegen eines Verstoßes ein Verfahren einleitet. Das Gleiche gilt bei Verfahrenseinleitung wegen eines Verstoßes gegen Art. 81 oder 82 EGV durch die Kommission oder die Wettbewerbsbehörde eines anderen Mitgliedstaates. Die Hemmung der Verjährung endet sechs Monate nach Verfahrensbeendigung oder endgültigem Stillstand des Verfahrens (§ 33 Abs. 5 S. 2 in Vbg. mit § 204 Abs. 2 BGB). Für Verstöße, die **vor Inkrafttreten der 7. Novelle** begangen worden sind,

---

[50] *Bornkamm* in: Langen/Bunte, KartellR, Rn. 66 ff.
[51] Vgl. *Veelken* WRP 2003, 207, 228 ff., 241; enger *Bornkamm*, KartellR, Rn. 68. Die Schutzzweckerwägungen der bisherigen h. M. (vgl. *Emmerich* in: Immenga/Mestmäcker, GWB, Voraufl., Rn. 34; *Dormann,* oben Fn. 46, S. 159 ff.) sind nicht mehr maßgeblich.
[52] OLG Düsseldorf, WuW/E OLG 2910, 2911 – *EuroCarpet; Emmerich* in: Immenga/Mestmäcker, GWB, Rn. 35; *Bornkamm* in: Langen/Bunte, KartellR, Rn. 70; Begr. 1998, S. 55; im Ergebnis auch *Bechtold,* GWB, Rn. 7.
[53] *Topel* in: Wiedemann, Handbuch des Kartellrechts, § 50 Rn. 140; *Bechtold,* GWB, Rn. 7; a. M. *Emmerich* in: Immenga/Mestmäcker, GWB, Rn. 35.
[54] OLG Düsseldorf WuW/E DE-R 1058, 1060 – *100, eins Radio Aachen.*
[55] *K. Schmidt* in: Immenga/Mestmäcker, GWB, § 60 Rn. 27.
[56] BGHZ 44, 279, 284 f. – *Brotkrieg II* = WuW/E BGH 690 = NJW 1965, 2249; *Emmerich* in: Immenga/Mestmäcker, GWB, Rn. 40.
[57] Eingehend *Bechtold,* GWB, Rn. 32; vgl. BGH WuW/E BGH 734, 735 – *Glühlampen II* = NJW 1966, 975.

jetzt aber geltend gemacht werden, gilt neues Recht, soweit dieses, wie in der Regel, nur klarstellende Wirkung hat. Einer Anwendung der Regelungen über die Tatbestandswirkung, Verzinsungspflicht und Verjährungshemmung steht jedoch das Rückwirkungsverbot entgegen.[58]

2. Anspruchsvoraussetzungen

Eine besondere Rechtswidrigkeitsprüfung ist entbehrlich, da die Rechtswidrigkeit durch den Verstoß gegen das Gesetz oder die Verfügung gegeben ist. Als Rechtfertigungsgrund kommt ausnahmsweise Notwehr (§ 227 BGB) in Betracht, etwa bei der Abwehr eines Boykotts. Der Verstoß muss schuldhaft sein. Hierfür genügt Fahrlässigkeit i. S. d. § 276 BGB. Das Verschuldenserfordernis verstößt, soweit die Art. 81, 82 EGV in Frage stehen, nicht gegen EG-Recht.[59] 32

Von praktischer Bedeutung ist bei Verstößen gegen Verbote des Gesetzes (§§ 1, 19–21) oder der Art. 81 Abs. 1, 82 EGV (nicht dagegen solchen gegen unanfechtbare Verfügungen) insbesondere die Frage, ob ein Rechtsirrtum über die Zulässigkeit des Verhaltens das Verschulden ausschließt. Ein **erheblicher Rechtsirrtum** ist gegeben, wenn der Betroffene bei Anwendung der im Verkehr erforderlichen Sorgfalt nicht mit einer anderen Beurteilung durch die Gerichte zu rechnen brauchte.[60] Der Betroffene kann sich grundsätzlich auf die höchstrichterliche Rechtsprechung verlassen. Wenn eine feste Rechtsprechung nicht besteht, so reicht es nicht aus, wenn der fehlerhafte Standpunkt ernsthaft vertreten werden konnte.[61] Vielmehr trägt der Handelnde das **Risiko der zweifelhaften Rechtslage.** Er kann sich nicht einfach auf die ihm günstigere Rechtsauffassung stützen.[62] Ein Rechtsirrtum ist **entschuldigt,** wenn der Handelnde die Rechtsunsicherheit trotz sorgfältiger Prüfung durch einen mit der Rechtsmaterie vertrauten Juristen nicht erkannt hat oder wenn ihm bei Erkenntnis dieser Unsicherheit auch unter Berücksichtigung der schutzwürdigen Interessen des anderen Teils nicht zugemutet werden kann, eine (weitere) Klärung der Rechtsfrage herbeizuführen oder abzuwarten, ehe er seine Interessen durchzusetzen versucht.[63] 33

3. Parteien

Die allgemeinen schadensrechtlichen Grundsätze gelten auch für die Aktiv- und Passivlegitimation.[64] **Ersatzberechtigt** ist der Betroffene. Dabei kann es sich je nach Art der Wettbewerbsbeschränkung um Wettbewerber und/oder Kunden oder Lieferanten handeln. Betroffener kann neben den im Vordergrund stehenden Unternehmen ggf. auch eine Privatperson (Verbraucher) sein. **Ersatzpflichtig** ist in erster Linie der Träger des Unternehmens, der den Verstoß begangen hat. Bei juristischen Personen und Personenhandelsgesell- 34

---

[58] *Zimmer/Logemann,* WuW 2006, 982; stets für die Anwendung des neuen Rechts *Reher* in: FS. Riesenkampff, 2006, 113, 119 ff.

[59] *Emmerich* AG 2001, 520, 526 f.; *ders.* in: Immenga/Mestmäcker, GWB, Rn. 41; *Wurmnest* RIW 2003, 896, 899; *Mestmäcker/Schweitzer,* § 22 Rn. 39.

[60] BGH WuW/E BGH 2341, 2345 – *Taxizentrale Essen* = NJW 1987, 2869; OLG München, WuW/E OLG 4977, 4981 – *Parfumdiscount;* vgl. aus der allgemeinen zivilrechtlichen Rechtsprechung BGHZ 89, 296, 303; BGH NJW 1994, 1754; *Bechtold,* GWB, Rn. 20; *Benisch* in: GK § 35 Rn. 20 f.; *Bornkamm* in: Langen/Bunte, KartellR, Rn. 47; *Roth* in: FK Rn. 125 ff.; *Topel* in: Wiedemann (Fn. 53), § 50 Rn. 124 f.

[61] BGH WuW/E BGH 2341, 2345 – *Taxizentrale Essen* = NJW 1987, 2869; WuW/E BGH 2603, 2607 f. – *Neugeborenentransporte* = NJW 1990, 153.

[62] BGH a.a.O.; WuW/E 3121, 3127 – *Bedside Testkarten* = NJWE-WettbR 1997, 211; KG WuW/E OLG 1407, 1409 – *Bilder aus Gold;* vgl. *Dreher* WuW 2004, 8, 12 ff.

[63] BGH WuW/E 2341, 2345 – *Taxizentrale Essen* = NJW 1987, 2869.

[64] KG WuW/E OLG 2325 f. – *Gleisanschluss;* vgl. *Dreher* WuW 2004, 8, 12 ff.

schaften wird diesen das **Handeln von Organen** und vertretungsberechtigten Gesellschaftern (einschließlich funktionsbedingter Organe, insbesondere leitender Angestellter) nach § 31 BGB zugerechnet. Da die kartellrechtlichen Verbotsnormen an Unternehmen adressiert sind, ist es zweifelhaft, ob diese Personen daneben aus § 33 auch **persönlich haften**. Dies ist schon nach allgemeinen zivilrechtlichen Grundsätzen zu bejahen, wenn die betreffende Organperson selbst gehandelt oder den Verstoß veranlasst hat oder aufgrund ihrer organisatorischen Aufgaben und der dadurch begründeten **Garantenstellung** die Pflicht hatte, ihr bekannte Verstöße von Betriebsangehörigen zu verhindern.[65] Daneben kann § 81 in Vbg. mit § 9 Abs. 1 OWiG, die Verbote i. S. von § 33 darstellen, zu einer persönlichen Haftung führen.[66] Im Übrigen gelten die §§ 830, 840 BGB.

35   Eine Haftung der Mitglieder eines als rechtsfähiger Verein oder **Gesellschaft bürgerlichen Rechts** organisierten Kartells für das Handeln ihrer Vertreter kann sich aus einer analogen Anwendung des § 31 BGB ergeben.[67]

4. Schadensersatzanspruch

36   Nach dem Grundsatz des § 249 schuldet der Täter Schadensersatz grundsätzlich in der Form der **Wiederherstellung in Natur**. Belieferung für die Zukunft kann nach richtiger Ansicht nicht als Wiederherstellungsanspruch, sondern nur als Beseitigungs- und Unterlassungsanspruch verlangt gemacht werden (Rn. 50).

37   Soweit der Schadensersatzanspruch auf **Geldersatz** gerichtet ist (§ 251 BGB), geht er auf Ausgleich der Vermögenseinbuße durch Zahlung eines erhöhten Kaufpreises und Ersatz des entgangenen Gewinns, etwa durch Reduzierung der Nachfrage der Abnehmer (§ 252 BGB). Dass die Praktizierung eines Kartells oder ein Machtmissbrauch zu Gewinneinbußen beim Betroffenen führt, ist zu vermuten, besagt aber nichts über deren Umfang. Schwierigkeiten der **Berechnung des Schadensumfangs** sollen nach dem Gesetz im Wege der Schätzung nach § 252 BGB, § 287 ZPO überwunden werden (§ 33 Abs. 3 S. 3). In Betracht kommt etwa ein Vergleich der effektiven Preise und Gewinne des geschädigten Unternehmens mit denjenigen, die vor dem rechtswidrigen Verhalten des diskriminierenden oder behindernden Unternehmens erzielt werden.[68] Bei Verstößen gegen das Kartellverbot und insbesondere bei Verstößen gegen das Verbot des Preismissbrauchs durch marktbeherrschende Unternehmen ist die Schadensermittlung und -berechnung besonders schwierig. Dies schließt jedoch eine Schadensschätzung anhand des hypothetischen Marktpreises nicht aus.[69]

38   Das Gesetz sieht nunmehr vor, dass bei der Schadensschätzung auch der **Verletzergewinn** zu berücksichtigen ist. Hierbei handelt es sich um eine Beweiserleichterung, die davon ausgeht, dass bei Beachtung des Gesetzes dieser (anteilige) Gewinn auf den Abnehmer entfal-

---

[65] BGHZ 109, 297, 302 ff. = NJW 1990, 976; BGH, NJW 1996, 1535; zum UWG BGH GRUR 1986, 248, 250 f. – *Sporthosen*; GRUR 2005, 1061, 1064 – Telefonische Gewinnauskunft; *Bornkamm* in: Langen/Bunte, KartellR, Rn. 84 f.; *Messer*, FS Ullmann, 2006, S. 769, 772; für Anknüpfung an die Störerhaftung bei Unterlassungs- und Beseitigungsansprüchen *Topel* in: Wiedemann, Handbuch des Kartellrechts, Voraufl. § 50 Rn. 78; *Roth* in: FK Rn. 174.

[66] *Emmerich* in: Immenga/Mestmäcker, GWB, Rn. 42; *Roth* in: FK Rn. 138.

[67] *Roth* in: FK Rn. 134 ff.; *Emmerich* in: Immenga/Mestmäcker, GWB, Rn. 43; vgl. BGHZ 154, 88, 93 ff. = NJW 2003, 1444.

[68] BGH WuW/E BGH 893, 899 f. – *Hörgeräte* = NJW 1967, 2354; BGHZ 83, 238, 244 – *Meiereizentrale* = WuW/E BGH 1911 = NJW 1982, 1759; WuW/E BGH 2647, 2652 – *Nora-Kunden-Rückvergütung* = NJW-RR 1990, 1190.

[69] Zu Einzelheiten siehe *Berrisch/Burianski* WuW 2005, 878, 884; *Emmerich* in: Immenga/Mestmäcker, GWB, Rn. 46 ff., 60 f.; *Bornkamm* in: Langen/Bunte, KartellR, Rn. 108 ff.; *Hempel*, S. 45 ff.; *Roth* in: FK Rn. 148 ff.; *Steindorff* ZHR 138 (1974), 504, 518 ff.; aus ökonomischer Sicht *Haucap/Stühmeier* WuW 2008, 413.

len wäre. Es besteht aber kein Anspruch auf Herausgabe des Verletzergewinns, da dies dem Wortlaut des Gesetzes und dem schadensrechtlichen Kompensationsprinzip widerspräche.[70] Der Verletzergewinn ist aufgrund eines Vergleichs zwischen den Umsatzerlösen und den Herstellungs- und Betriebskosten ohne die ohnehin anfallenden Gemeinkosten zu ermitteln.[71] Dabei dürfte freilich der Gewinn, der auch ohne den Verstoß erzielt worden wäre, abzuziehen sein.[72] Schon aufgrund der Schwierigkeiten der Ermittlung des Verletzergewinns erscheint es zweifelhaft, ob die Neuregelung zur Verbesserung der Beweislage beiträgt.[73]

Umstritten ist die Frage, ob bei einem Preiskartell oder einem Preismissbrauch der Schaden des Abnehmers dadurch entfällt, dass er die durch die Überteuerung bedingten Kosten auf die Weiterabnehmer abwälzen konnte. Dies wurde nach bisherigem Recht und in der Diskussion zur 7. GWB-Novelle vielfach angenommen, entweder unter unmittelbarer Anwendung der Differenzhypothese des allgemeinen Schadensrechts oder unter dem Gesichtspunkt des **Vorteilsausgleichs,** war aber umstritten.[74] § 33 Abs. 3 S. 2 bestimmt nunmehr ausdrücklich, dass bei überteuertem Bezug einer Ware oder Dienstleistung ein Schaden nicht deshalb ausgeschlossen ist, weil die Ware oder Dienstleistung weiterveräußert wurde. Es ist also zunächst davon auszugehen, dass der (Mindest-)Schaden des Kunden in der Differenz zwischen Kartellpreis und hypothetischem Marktpreis liegt. Die gesetzliche Regelung betrifft jedoch nach ihrem Wortlaut und der Entstehungsgeschichte[75] lediglich die Definition des Schadens, schließt aber eine Vorteilsausgleichung bei Weiterveräußerung nicht aus. Wendet man die Grundsätze der Vorteilsausgleichung an, so kann der Schaden insoweit entfallen, als der Täter des Kartellverstoßes nachweist, dass der Kunde die durch den überteuerten Bezug bedingten Mehrkosten auf die Weiterabnehmer abwälzen konnte. Als möglicher Schaden käme dann nur noch ein **entgangener Gewinn** in Form der – schwer beweisbaren – Schmälerung des üblicherweise zu erwartenden Gewinns, etwa aufgrund kartellbedingten Rückgangs der Nachfrage, in Betracht.[76] Daneben wären die Weiterabnehmer als mittelbar Geschädigte berechtigt, ihren Schaden geltend zu machen. Die Gesetzesverfasser sind allerdings davon ausgegangen, dass die Versagung des Vorteilsausgleichs nach dem Normzweck des § 33 der h.M. entspreche, ohne freilich eine abschließende Entscheidung treffen zu wollen.[77]

---

[70] *Emmerich* in: Immenga/Mestmäcker, GWB, Rn. 65; *Bornkamm* in: Langen/Bunte, KartellR, Rn. 108 ff.; *Bechtold,* GWB, Rn. 28; a.M. *Schnelle* in: FS. Mailänder 2006, S. 195, 206. Eine Entwicklung in dieser Richtung für möglich hält *Lutz* WuW 2005, 718, 728.

[71] Begr. 2004, S. 54; *Schütt* WuW 2004, 1124, 1130; *Bechtold,* GWB, Rn. 28; *Bornkamm* in: Langen/Bunte, KartellR, Rn. 109.

[72] *Hempel* WuW 2004, 368, 370; a.M. *Schütt* WuW 2004, 1124, 1130.

[73] *Schütt* WuW 2004, 1124, 1130; Fuchs WRP 2005, 1384, 1395; *Berrisch/Buriansky* WuW 2005, 878, 884; *Lübbig* WRP 2004, 1254, 1257 f., 1259; eher positiv *Hempel* WuW 2004, 368, 370.

[74] OLG Karlsruhe WuW/E DE-R 1229, 1231 – *Vitamin* = NJW 2004, 2243; *Beninca* WuW 2004, 604; *Lübbig* WRP 2004, 99, 103; *Schütt* WuW 2004, 1124, 1129; *Bulst* EWS 2004, 62, 64 f.; a.M. LG Dortmund WuW/E DE-R 1352, 1353 f. – *Vitaminpreise in Dortmund; Köhler* GRUR 2004, 99, 103; *Hempel* WuW 2004, 362, 369; *Bechtold* DB 2004, 235, 239; *Wurmnest* in: Behrens/Braun/Novak, S. 213, 243; *Roth* in: FK Rn. 142 ff.; *Lettl* ZHR 167 (2003), 476, 487 (der allerdings gleichwohl Klagen von Weiterabnehmern zulassen will).

[75] Begr. 2004, S. 35; Ausschussbericht 2005, S. 48; ebenso LG Dortmund WuW/E DE-R 1352 – *Vitaminpreise in Dortmund; Bulst* NJW 2004, 2201 f.; *Berrisch/Burianski* WuW 2005, 878, 885.

[76] So Kommission, Weißbuch, S. 9; *Schütt* WuW 2004, 1124, 1129; *Schnelle* in: FS Mailänder, 2006, S. 195, 203 f.; für Vorteilsausgleich in Sonderfällen *Emmerich* in: Immenga/Mestmäcker, GWB, Rn. 58 f.; *Bechtold,* GWB, Rn. 10, 26 f.; *Bulst,* Schadensersatzansprüche, S. 126 ff.; 321 ff.; 345 ff.; *Reich* WuW 2008, 1046 ff., 1053; *Topel* in: Wiedemann, Handbuch des Kartellrechts, § 50 Rn. 132 ff.; vgl. Monopolkommission, Das allgemeine Wettbewerbsrecht in der Siebten GWB-Novelle, Sondergutachten, 2004, S. 38.

[77] Begr. 2004, S. 35; Ausschussbericht 2005, S. 48; *Bornkamm,* in: Langen/Bunte, KartellR, Rn. 104; abweichende Deutung bei *Lutz* WuW 2005, 718, 728.

40 Wie bereits dargelegt (oben Rn. 15f.), ist das Problem des Vorteilsausgleichs im Zusammenhang mit dem Bedürfnis nach einer Begrenzung des Kreises der Anspruchsberechtigten zu sehen. Es ist sicherlich richtig, dass bei Begrenzung des Schadenersatzes des unmittelbar Betroffenen auf **entgangenen Gewinn** (etwa durch Umsatzrückgang aufgrund der kartellbedingten Preiserhöhungen) eine Mehrfachbelastung des Täters schon ohne die recht komplexe Anwendung der Regelungen über die Gesamtgläubigerschaft (§§ 428–430 BGB) ausgeschlossen werden kann. Andererseits beruht die Abwälzung des überhöhten Kartellpreises auf der eigenen Leistung des unmittelbar Betroffenen und sollte dem Täter nicht zugute kommen. Ob mittelbar Betroffene Klage erheben werden, ist ungewiss. Nach dem Schutzzweck des § 33 erscheint es wichtiger zu verhindern, dass die Vorteile des Kartellverstoßes beim Täter verbleiben, als mittelbar Geschädigten trotz völliger Unsicherheit, ob sie je Klage erheben werden, einen Ausgleich zu gewähren. Darüber hinaus würde der Anerkennung des Vorteilsausgleichs beinahe zwingend die Anspruchsberechtigung der Abnehmer auf entfernteren Marktstufen nach sich ziehen und jedenfalls die Möglichkeit von Mehrfachklagen einer Vielzahl von mittelbar Geschädigten eröffnen. Dies könnte die Praktikabilität des individuellen Rechtsschutzes beeinträchtigen. Die z.T. vorgeschlagene ausnahmsweise Zulassung der Vorteilsausgleichung, wenn der unmittelbar Geschädigte den Schaden völlig weitergewälzt hat, hierdurch keine Umsatzminderung eingetreten ist und die Weiterwälzung für ihn kein Risiko darstellte oder mit unzumutbaren Aufwendungen verbunden war, betont in einem Sonderfall den Kompensationsgedanken gegenüber den grundsätzlich akzeptierten Präventiv- und Effektivitätszielen und ist daher inkonsistent. Die besseren Argumente sprechen deshalb dafür, den Vorteilsausgleich nach dem Normzweck generell zu versagen.[78] Dies gilt auch für **Art. 81, 82 EGV.** Unter letzterem Gesichtspunkt ist diese Auslegung auch europarechtskonform.

41 Nach § 33 Abs. 3 S. 4, 5 sind Schadenersatzschulden, die auf Geld gerichtet sind, nach Eintritt des Schadens zu **verzinsen.** Damit wird insbesondere dem Täter der Anreiz genommen, Rechtsbehelfe oder Rechtsmittel gegen die Feststellung eines Verstoßes nach § 32 oder die Inanspruchnahme auf Schadenersatz allein zur Verzögerung einzulegen. Für die Verzinsung gelten die §§ 288 und 289 S. 1 BGB entsprechend. Die Verzinsung beträgt 5 Punkte über dem Basiszinssatz (vorbehaltlich eines höheren Zinsschadens).

V. Unterlassungs- und Beseitigungsanspruch

1. Allgemeines

42 § 33 Abs. 1 gewährt dem vom Verstoß gegen das Gesetz oder eine kartellbehördliche Verfügung betroffenen Unternehmen und Verbraucher einen Unterlassungs- und Beseitigungsanspruch. Dieser ist vorwiegend präventiver Natur und daher **verschuldensunabhängig.** Der Schadensersatzanspruch soll Nachteile durch eine Beeinträchtigung der Handlungsfreiheit für die Vergangenheit ausgleichen; dies gilt auch für die Naturalrestitution. Die Beeinträchtigung des Betroffenen wirkt sich aber oft auch in der Zukunft aus oder sie besteht ausschließlich in zukünftigen Nachteilen. Daher muss der Betroffene bei Bestehen einer (Wiederholungs)Gefahr auch vorbeugend eine drohende Beeinträchtigung durch einen Unterlassungsanspruch abwehren oder die Beseitigung einer gegenwärtigen Beeinträchtigung durchsetzen können, die Quelle einer fortlaufenden Störung ist.[79] Der **Unterlassungsanspruch** setzt nach § 33 Abs. 1 S. 1 voraus, dass nach einem Verstoß ge-

---

[78] *Bornkamm* in: Langen/Bunte, KartellR, Rn. 107; *Fuchs* WRP 2005, 1384, 1394f.; *Roth* in: FS Huber, 2006, S. 1133, 1157ff.; *Berrisch/Burianski* WuW 2005, 878, 886f.; *Al-Deb'i/Krause* ZGS 2006, 20, 22ff.; *Kahlenberg/Haellmigk* BB 2005, 1509, 1514; *Glöckner* WRP 2006, 490, 495, 499; *Raum*, FS Hirsch, 2008, S. 301, 304f.; im Regelfall auch *Topel* in: Wiedemann (a.a.O.), § 50 Rn. 132ff. zum europäischen Recht *Reich* C.M.L.Rev. 2005, 35, 44ff.; siehe auch oben Fn. 75.

[79] Vgl. BGHZ 119, 335, 345 – *Stromeinspeisung* = WuW/E BGH 2805 = NJW 1993, 396.

gen ein Verbot des Gesetzes oder der Art. 81 Abs. 1, 82 EGV oder gegen eine behördliche Verfügung eine **Wiederholungsgefahr,** d. h. eine ernstliche und greifbare Möglichkeit der Wiederholung des Verstoßes, besteht.[80] Entsprechend dem allgemeinen Recht genügt dem Gesetz (§ 33 Abs. 1 S. 2) aber auch eine **Erstbegehungsgefahr,** also die ernstliche und greifbare Gefahr eines erstmaligen Verstoßes. Der **Beseitigungsanspruch** ist gegeben, wenn eine bereits erfolgte Beeinträchtigung durch einen Verstoß die Quelle einer fortlaufenden, in die Zukunft wirkenden Störung ist (vgl. Rn. 50).

2. Parteien

Anspruchsberechtigt ist der Betroffene, d. h. ein Unternehmen oder ein Verbraucher, dem als Wettbewerber oder sonstiger Marktteilnehmer durch einen künftigen Verstoß eine Beeinträchtigung (Unterlassungsanspruch) droht oder das oder der durch eine gegenwärtige Beeinträchtigung einer fortlaufenden Störung in der Zukunft ausgesetzt ist (Beseitigungsanspruch). **Verpflichtet** ist der Träger des Unternehmens, innerhalb dessen der Verstoß begangen worden ist, darüber hinaus ggf. die verantwortlichen Organpersonen (siehe Rn. 34).

3. Inhalt des Anspruchs

Unterlassungs- und Beseitigungsansprüche können nicht nur auf eine Abstandnahme von einem Tun, sondern auch auf **zukünftige Belieferung** oder auf Zahlung eines angemessenen Entgelts für eine Lieferung oder Leistung gerichtet sein. Es ist zweifelhaft, ob die dogmatische Grundlage für einen Anspruch auf Kontrahierung ein verschuldensabhängiger Schadensersatzanspruch in der Form der **Naturalrestitution** oder vielmehr ein verschuldensunabhängiger Anspruch auf **Unterlassung oder Beseitigung** ist. Der BGH neigte in der Vergangenheit der ersteren Auffassung zu,[81] hat aber in neuerer Zeit wiederholt einen dem Kontrahierungszwang ähnlichen Anspruch auf angemessene Vergütung bei Stromeinspeisung auf einen Unterlassungs- und Beseitigungsanspruch gestützt.[82] Die Abgrenzung ist schwierig. Die Nachholung einer beanspruchten und geschuldeten Lieferung kann man durchaus als Naturalrestitution qualifizieren. Jedoch kann man in Verpflichtung zu einer abgelehnten fortlaufenden Belieferung auch die Beseitigung einer in der Gegenwart noch bestehenden Quelle für eine fortlaufende Störung der Wettbewerbsfreiheit des betroffenen Unternehmens sehen. Entsprechend kann man einen Kontrahierungsanspruch ausschließlich für die Zukunft als einen Anspruch auf Unterlassung einer künftigen Störung konstruieren. Die Ablehnung eines gebotenen Vertragsschlusses stellt in dieser Sichtweise eine **fortlaufende oder künftige** Behinderung oder Diskriminierung dar, die durch einen verschuldensunabhängigen Beseitigungs- und Unterlassungsanspruch abgewehrt werden können muss. Diese Auffassung ist grundsätzlich vorzuziehen, weil sie dem Schutzzweck des § 33 eher gerecht wird.[83]

---

[80] Vgl. BGHZ 117, 264, 271 – *Nicola* = NJW 1992, 2292; *Fritzsche,* Unterlassungsansprüche und Unterlassungserklärung, 2000, S. 149 ff.

[81] Seit BGHZ 36, 91, 100 – *Gummistrümpfe* = WuW/E BGH 442 = NJW 1962, 196 st. Rspr; zuletzt BGH WuW/E DE-R 206, 209 f. – *Depotkosmetik* = NJW-RR 1998, 189.

[82] BGHZ 119, 335, 345 – *Stromeinspeisung* = WuW/E BGH 2805 = NJW 1993, 396; BGH WuW/E BGH 2999, 3000 – *Einspeisungsvergütung* = NJW-RR 1995, 1381; WuW/E 3074, 3076 f. – *Kraft-Wärme-Koppelung* = NJW 1996, 3005; allg. ebenso OLG Karlsruhe WuW/E OLG 2085, 2091 – *Multiplex;* KG WuW/E OLG 2210, 2212 – *Rote Liste.*

[83] *Bechtold,* GWB, Rn. 12 f.; *Markert* in: Immenga/Mestmäcker, GWB, § 20 Rn. 231; *Emmerich* in: Immenga/Mestmäcker, GWB, Rn. 101 f.; *Busche,* Privatautonomie und Kontrahierungszwang, 1999, S. 396 ff.; *Kilian* ZHR 142 (1978), 453, 481; *Vykydal,* Der kartellrechtliche Kontrahierungszwang, 1996, S. 211 ff.; *Bornkamm* in: Langen/Bunte, KartellR, Rn. 84; zur Abgrenzung von Beseitigung und Unterlassung *Roth* in: FS. Huber, 2006, S. 1133, 1143 ff.

45 **Bloße Vermögensnachteile** als solche stellen aber keine Störungsquelle dar; erforderlich ist vielmehr ein fortbestehender Eingriff in die Wettbewerbfähigkeit des diskriminierten oder behinderten Unternehmens.[84]

46 Nach herrschender Meinung kann bei unzulässiger Liefersperre (§ 21 Abs. 1) und Lieferverweigerung (§ 20 Abs. 1 und 2) ein **Kontrahierungszwang** bestehen, wenn der Geschädigte auf die verweigerte Lieferung einer bestimmten Menge zu den allgemeinen Preisen und Geschäftsbedingungen des Lieferanten oder für die Zukunft auf Feststellung der Lieferpflicht klagt.[85] Bei anderen Fallgestaltungen der Diskriminierung kommt ein Kontrahierungszwang nur ausnahmsweise in Form etwa der Zulassung zu wesentlichen Einrichtungen (§ 19 Abs. 4 Nr. 4), der Berücksichtigung bei der Vergabe von Leistungen und Vergütungen oder der Aufnahme in einen Verband in Betracht, wenn es sich um den **einzigen Weg** zur Wiederherstellung eines rechtmäßigen Zustands handelt[86] oder auszuschließen ist, dass der Verletzer die zur Behebung des Verstoßes denkbaren Alternativen in Betracht ziehen wird.[87] Grundsätzlich besteht jedoch nur ein Anspruch auf Unterlassung oder Beseitigung, und es bleibt dem diskriminierenden Unternehmen überlassen, wie es die Diskriminierung beseitigen will.[88] Belieferungsansprüche wegen diskriminierender Praktizierung eines selektiven Vertriebssystems werden von der h. M.[89] abgelehnt, da dieses hierdurch unzulässig werde. Diese Auffassung ist durch die europäische Rechtsprechung nicht gedeckt, die die Frage nach der Zuerkennung von Belieferungsansprüchen dem nationalen Zivilrecht zuweist.[90] Ihr ist nicht zu folgen.[91]

47 Weiterhin kommt ein Anspruch auf Unterlassung eines **Boykottaufrufs** oder auf Unterlassung unzulässiger Versuche zu Verhaltensabstimmungen durch Empfehlungen in Betracht.

48 Derartige Ansprüche können nur ausnahmsweise im Wege der **einstweiligen Verfügung** geltend gemacht werden, weil sie die Hauptsache vorwegnehmen. Derartige Leistungsverfügungen sind nur zulässig, wenn dem Verfügungskläger für den Fall, dass er nicht sofort eine gerichtliche Entscheidung erwirkt, erhebliche Wettbewerbsnachteile drohen.[92]

4. Verbandsklage

49 Nach § 33 Abs. 2 steht der Unterlassungs- und Beseitigungsanspruch auch rechtsfähigen Verbänden zur Förderung gewerblicher und selbständiger beruflicher Interessen zu. Die im

---

[84] *Rehbinder* NJW 1997, 564 f.; a. M. BGH WuW/E BGH 3074, 3077 – *Kraft-Wärme-Koppelung* = NJW 1996, 3005.

[85] BGHZ 49, 90, 98 f. – *Jägermeister* = WuW/E BGH 886 = NJW 1968, 400; WuW/E BGH 1238, 1245 – *Registrierkassen* = NJW 1973, 280; WuW/E BGH 1567, 1569 – *Nordmende* = NJW 1979, 2152; WuW/E DE-R 206, 209 – *Depotkosmetik* = NJW-RR 1998, 190; WuW/E DE-R 357, 359 – *Feuerwehrgeräte*.

[86] OLG Düsseldorf, WuW/E DE-R 569, 578 – *Puttgarden II* = NVwZ-RR 2002, 146; *Bornkamm* in: Langen/Bunte, KartellR, Rn. 89; *Emmerich* in: Immenga/Mestmäcker, GWB, Rn. 102; *Bechtold*, GWB, Rn. 12 f.; *Roth* in: FK Rn. 167.

[87] OLG Karlsruhe WuW/E OLG 2217, 2223 – *Allkauf-Saba*.

[88] BGH WuW/E DE-R 1724 Rn. 15 – *Hinweis auf konkurrierende Schilderpräger* = NJW 2006, 1979; WuW/E DE-R 1832 Rn. 18 – *Lesezirkel II* = NJW 2007, 83.

[89] BGH WuW/E DE-R 206, 209 – *Depotkosmetik* = NJW-RR 1998, 120; *Weyer* GRUR 2000, 848; *Bornkamm* in: Schwarze (Hrsg.), Neuere Entwicklungen auf dem Gebiet des europäischen Wettbewerbsrechts, 1999, S. 47, 53; *Bunte* in: Langen/Bunte, KartellR, Art. 81 Rn. 226.

[90] EuG U. v. 18. 9. 1992, Rs. T-24/90 – *Automec II*, Slg. 1992, II-2223 Rn. 50 = EuZW 1993, 103; U. v. 28. 2. 2002, Rs. T-395/94 – *Atlantic Container Line*, Slg. 2002, II-875 Rn. 414.

[91] *Haslinger* WRP 1999, 161; *Mäsch* ZIP 1999, 1507; *Hempel*, Privater Rechtsschutz, S. 110 f.; *Wurmnest* in: Behrens/Braun/Novak, S. 213, 245; *Rheinländer* WRP 2007, 501.

[92] OLG Hamburg WuW/E OLG 5703, 5705 f. – *Fachdental Nord II* = NJWE-WettbR 1997, 286; *Markert* in: Immenga/Mestmäcker, GWB, § 20 Rn. 232 m. w. Nachw.

Regierungsentwurf und im Bundestagsbeschluss vom 11. 3. 2005 vorgesehene Ausdehnung der Verbandsklage auf Verbraucherverbände (§ 33 Abs. 2 Nr. 2 Entw.) ist im Vermittlungsverfahren gescheitert. Die praktische Bedeutung der Verbandsklage war bisher gering.

§ 33 Abs. 2 enthält in Übernahme von § 8 Abs. 3 Nr. 2 UWG **Einschränkungen der Verbandsklage,** die sich gegen das im Wettbewerbsrecht (nicht aber im Kartellrecht) bekannte Phänomen der „Abmahnungsvereine" richten und zum Teil auch die extensive neuere kartellrechtliche Rechtsprechung[93] korrigieren sollen. Aus der Bezugnahme auf die Vertretung wirtschaftlicher und selbständiger beruflicher Interessen folgt zunächst, dass der Verband Ansprüche nur im Rahmen seines satzungsmäßigen Interessenbereichs verfolgen darf. Auch Industrie- und Handelskammern, Handwerkskammern, Berufsorganisationen der Landwirtschaft, Rechtsanwaltskammern und Apothekerkammern sind klagebefugt, allerdings nur im Rahmen ihres satzungsmäßigen Aufgabengebiets.[94] Dem Verband muss eine erhebliche Zahl von Unternehmen angehören, die Waren oder Dienstleistungen gleicher oder verwandter Art auf **demselben Markt** vertreiben. Obwohl der Begriff des Marktes in einem weiten Sinn über den relevanten Markt hinaus zu verstehen ist, werden damit entgegen dem bisherigen Recht Verbände, die Marktteilnehmer der Marktgegenseite (Abnehmer oder Lieferanten) repräsentieren, ausgeschlossen; der Gleichklang mit der individuellen Anspruchsberechtigung wird aufgegeben.[95] Ferner wird eine für das Wettbewerbsgeschehen auf dem Markt **repräsentative Anzahl** von Mitgliedern verlangt, die im Einzelnen von der Größe und Struktur des Marktes abhängt.[96] Auch Dachverbände sind klageberechtigt.[97] Der Verband muss weiterhin nach seiner personellen, sachlichen und finanziellen Ausstattung imstande sein, seine satzungsmäßigen Aufgaben der Verfolgung gewerblicher und selbständiger beruflicher Interessen tatsächlich wahrzunehmen. Ein bloßer Abmahnverein erfüllt diese Voraussetzung nicht.[98] Schließlich ist erforderlich, dass die Zuwiderhandlung die Interessen der Verbandsmitglieder berührt. Dies ist jedenfalls gegeben, wenn die Mitglieder potenziell Anspruchsberechtigte bei dem vorliegenden oder bei gleichartigen Verstößen sein könnten.

Der Unterlassungsanspruch steht dem Verband aus **eigenem Recht** zu. Er muss nicht nur in seinen satzungsmäßigen Aufgaben berührt sein, vielmehr müssen auch die Interessen der Mitglieder berührt sein. Es handelt es sich nicht um Prozessstandschaft für die Mitglieder, da deren Anspruchsberechtigung für den geltend gemachten Anspruch nicht erforderlich ist. Gleichwohl gelten die oben genannten Voraussetzungen für die Anspruchsberechtigung des Verbands auch als Prozessvoraussetzungen.[99]

VI. Prozessuale Fragen

Hinsichtlich der **Beweislast** in Verfahren zur Anwendung der Art. 81 und 82 EGV enthält Art. 2 VO 1/2003 eine Regelung, die auch für den Zivilprozess gilt. Danach obliegt

---

[93] Vgl. BGHZ 119, 93, 100 – *Selbstzahler* = WuW/E BGH 2813 = NJW 1993, 789; BGHZ 129, 203, 206 f. – *Hitlisten-Platten* = WuW/E BGH 2977 = NJW 1995, 2293.
[94] BGHZ 109, 153, 155 f. – *Rechtsanwaltskammer;* BGH GRUR 1999, 1104, 1105 – *Ärztekammer* (für UWG); *Emmerich* in: Immenga/Mestmäcker, GWB, Rn. 107; *Bornkamm* in: Langen/Bunte, KartellR, Rn. 78; *Schindler* WRP 2004, 835, 838.
[95] Mit Recht kritisch *Köhler* WRP 2007, 602, 603; *Bechtold,* GWB, Rn. 16.
[96] Vgl. BGHZ 158, 236, 251 – *Internet-Auktion* = NJW 2004, 854; BGH GRUR 1998, 170, 171 f. – *Händlervereinigung;* OLG Stuttgart WRP 1997, 60, 62; KG GRUR-RR 2001, 344, 245 – *Internetapotheke;* KG WRP 1999, 1302, 1305 (für UWG); *Schindler* WRP 2005, 835, 839.
[97] Vgl. BGH GRUR 2005, 522, 523; GRUR 2005, 689 = NJW-RR 2005, 1128.
[98] Vgl. für das UWG BGH GRUR 1998, 489, 490 – *Unbestimmter Unterlassungsanspruch;* BGH GRUR 1999, 116, 177 f. – *Wir dürfen nicht feiern.*
[99] BGHZ 133, 316, 319 – *Altuntersagung I* = NJW 1997, 1702; BGH GRUR 2005, 689 – *Samenmitgliedschaft.*

die Beweislast für den Verstoß der Partei, die den Vorwurf erhebt, die Beweislast dafür, dass die Voraussetzungen des Art. 81 Abs. 3 EGV vorliegen, den Unternehmen, die sich auf diese Regelung berufen. Dies gilt nach dem Wortlaut der Regelung und einer systematischen Auslegung auch für **Tatbestandsrestriktionen** des Kartellverbots, insbesondere solche im Rahmen der modernen ökonomischen Betrachtungsweise. Da es sich hier in der Sache um Ausnahmetatbestände handelt, deren Nichtvorliegen zudem vom Kläger schwer zu beweisen ist, liegt eine restriktive Auslegung der Regelung und Anwendung des Art. 2 S. 2 VO 1/2003 nahe.[100] Bei Anwendung des § 1 auf vertragliche Wettbewerbsbeschränkungen mit zwischenstaatlichen Auswirkungen ist diese Regelung ebenfalls anzuwenden, weil sonst die in Art. 3 Abs. 2 VO 1/2003 ausgesprochene Verdrängungswirkung milderen EG-Kartellrechts gegenüber dem allgemeinen und nach allgemeinen Grundsätzen bestehende Vorrang strengeren EG-Kartellrechts[101] unterlaufen würden. Sie gilt aber nicht für einseitiges Verhalten der Unternehmen und auch nicht für vertragliche Wettbewerbsbeschränkungen ohne zwischenstaatliche Auswirkungen. Jedoch ergibt sich eine entsprechende Beweislastverteilung aus allgemeinen Grundsätzen des deutschen Rechts.[102] Die Geltung der Vermutungsregel des § 19 Abs. 3 für den Zivilprozess ist streitig.[103]

53 Art. 2 VO 1/2003 ist nicht abschließend.[104] Abgesehen von den genannten Beweislastregeln sind nach dem durch die VO 1/2003 und die 7. Novelle vorgenommenen Systemwechsel der Kartellpolitik künftig – über die singuläre Vorschrift des § 20 Abs. 5 hinaus – **Beweiserleichterungen** zugunsten des Betroffenen denkbar. Diese dürfen allerdings Art. 2 VO 1/2003 nicht aushebeln.[105] Beweismaterial, das aufgrund der Zusammenarbeit der nationalen Zivilgerichte mit der Kommission (Art. 15 Abs. 3 VO 1/2003, § 90 a) dem Gericht vorgelegt worden ist, kann im Rahmen der Beweiswürdigung verwertet werden.[106] Für die Feststellung eines Schadens bestimmt § 33 Abs. 3 S. 2 ausdrücklich die Anwendbarkeit von § 287 ZPO (siehe Rn. 45).

54 Von besonderer Bedeutung für Folgeklagen ist die in § 33 Abs. 4 geregelte **Feststellungswirkung** (Tatbestandswirkung) von Entscheidungen über das Vorliegen eines Verstoßes.[107] Bisher hat man im deutschen Recht derartige Feststellungswirkungen abgelehnt.[108] Die Feststellungswirkung erleichtert die private Rechtsverfolgung bei „Follow-on"-Klagen, perpetuiert aber auch Fehler aus dem Verwaltungsverfahren und erhöht den Anreiz zur Ausschöpfung des Instanzenzugs.[109] Bei Schadenersatzklagen nach § 33 wegen eines Verstoßes gegen ein Verbot des Gesetzes, insbesondere die §§ 1, 19, 20 und 29, oder

---

[100] Zum Problem *Bornkamm/Becker*, ZWeR 2005, 213, 231 ff.

[101] Vgl. *Zuber*, Art. 3 VerfVO Rn. 5, 19.

[102] *Emmerich* in: Immenga/Mestmäcker, GWB, Rn. 86; vgl. *Baumbach/Lauterbach/Albers/Hartmann*, Zivilprozeßordnung, 65. Aufl. 2007, § 286 Anh., Rn. 2 f.; *Rosenberg/Schwab/Gottwald*, Zivilprozeßrecht, 16. Aufl. 2004, § 117 II.

[103] *Ittner*, Die Vermutungen des Gesetzes gegen Wettbewerbsbeschränkungen, 1998, S. 254 ff.

[104] *Wurmnest* in: Behrens/Braun/Novak, S. 213, 232.

[105] *Wurmnest* in: Behrens/Braun/Novak, S. 213, 232 f.; *Kirchhoff* WuW 2004, 745, 749 f.; *Berrisch/Burianski* WuW 2005, 878, 883 f.; *Bulst* EWS 2004, 403, 410; *Lampert/Weidenbach* ZEuP 2007, 152; *Lübbig/le Bell* WRP 2006, 1209, 1214 f.

[106] *Wurmnest* in: Behrens/Braun/Novak, S. 213, 234 ff.; vgl. BGH WuW/E BGH 2183, 2186 – *Grundig-Vertriebsbindungssystem* (zu Auskünften des Bundeskartellamts).

[107] Vgl. Begr. 2004, S. 54; *Schütt* WuW 2004, 1124, 1131; *Bechtold* DB 2004, 235, 239; *Hempel* WuW 2004, 362, 371; *Bornkamm/Becker* ZWeR 2005, 213, 219 ff.; *Fuchs* WRP 2005, 1384, 1395. Modell der Regelung war das Masterfoods-Urteil des EuGH U. v. 14. 12. 2000, Rs. C-344/98 – *Masterfoods*, Slg. 2000 I 11 369 Rn. 49, 53 = WuW/EU-R 389 = NJW 2001, 1265.

[108] BGH WuW/E BGH 690, 692 – *Brotkrieg II* = NJW 1965, 2249; OLG Düsseldorf OLGSt 1994, 81, 82 (zum Bußgeldverfahren); *Emmerich* in: Immenga/Mestmäcker, GWB, Voraufl., Rn. 132; a. M. *Bornkamm* ZWeR 2003, 73, 81 ff.

[109] *Hempel* WuW 2005, 137, 143; *ders.* WuW 2004, 362, 371.

gegen Art. 81 oder 82 EGV ist das Gericht an die bestandskräftige Feststellung des Verstoßes durch die Kartellbehörde, die Kommission oder die Wettbewerbsbehörde oder das als Wettbewerbsbehörde handelnde Gericht in einem anderen Mitgliedstaat in rechtlicher und tatsächlicher Hinsicht[110] gebunden. Gleichgestellt mit behördlichen Verfügungen sind entsprechende Feststellungen in rechtskräftigen Gerichtsentscheidungen, die infolge einer Anfechtung der betreffenden behördlichen Entscheidungen ergangen sind. Hinsichtlich Entscheidungen der Kommission und des EuG ergibt sich die Bindungswirkung schon aus Art. 16 VO 1/2003 und erfasst auch nicht bestands- oder rechtskräftige Entscheidungen; insoweit ist § 33 Abs. 4 nur deklaratorisch und zudem unvollständig.[111] Entgegen dem Wortlaut des § 33 Abs. 4 dürfte die Bindungswirkung auch für **Beseitigungsklagen** nach § 33 Abs. 1 gelten, da deren Entstehungsgrund ein bereits abgeschlossener Verstoß ist.[112] Andere Klagen, etwa aus Vertrag, werden nicht erfasst. Die Bindungswirkung erfasst in allen Fällen lediglich den Tenor, d. h. die bloße **Feststellung des Verstoßes,** nicht andere für den Prozess erhebliche Tatsachen wie Kausalität und Schaden. Sie gilt nur für den **Streitgegenstand,** also nicht etwa für gleich gelagerte Fälle. Bei Entscheidungen **ausländischer Kartellbehörden** über das Vorliegen eines Verstoßes gegen Art. 81 oder 82 EGV beschränkt sie sich nicht notwendig auf die Auswirkungen auf das Gebiet des betreffenden Mitgliedstaates. Die Art. 5, 13 VO 1/2003 begrenzen die Zuständigkeit der Kartellbehörde nicht nach dem Auswirkungsprinzip.[113] Die behördliche Entscheidung muss gegen eine **Partei** des Schadenersatzprozesses als Beteiligte im Verwaltungsverfahren ergangen sein.[114] Sie muss bestandskräftig sein. Dabei wird es sich in erster Linie um **Abstellungsentscheidungen,** deklaratorische Entscheidungen und einstweilige Anordnungen nach §§ 32, 32 a[115] und Art. 7, 8 und 10 VO 1/2003 oder einer vergleichbaren Vorschrift des ausländischen Rechts handeln. Entsprechendes gilt für den **Entzug einer Gruppenfreistellung** (§ 32 d, Art. 29 VO 1/2003) sowie Entscheidungen im Bußgeldverfahren. Keine Feststellungswirkung entfalten wegen ihrer Vorläufigkeit Verpflichtungsverfügungen und Entscheidungen, in denen das Vorliegen eines Verstoßes verneint wird (§§ 32 b und 32 c, Art. 9 VO 1/2003).[116]

Die Bindung an die Feststellung eines Verstoßes durch die Kommission oder eine ausländische Verwaltungsbehörde kann im Einzelfall im Hinblick auf den Grundsatz des **rechtlichen Gehörs** oder des fairen Verfahrens problematisch erscheinen. Bei Kommissionsentscheidungen ist der Betroffene gehalten, eine richterliche Klärung durch die europäischen Gerichte mittels Nichtigkeitsklage zu suchen. Die in § 33 Abs. 4 S. 3 vorbehaltene Vorlage an den EuGH nach Art. 234 EGV im Zweitverfahren hat wegen des regelmäßigen Eintritts der Bestandskraft der Kommissionsentscheidung nur eine sehr begrenzte Bedeutung.[117] Bei ausländischen Entscheidungen kommt nach dem Rechtsgedanken der Art. 34 EuGVVO, § 328 ZPO, § 16 a FGG eine Einschränkung der Bindungswirkung durch Versagung der Anerkennung wegen eines Verstoßes gegen den Ordre public in Betracht.[118]

---

[110] *Schütt* WuW 2004, 1124, 1131; *Meyer,* GRUR 2006, 27 ff.
[111] Vgl. EuGH (Fn. 108); *Meyer* GRUR 2006, 27, 32.
[112] A. M. *Bechtold,* GWB, Rn. 35.
[113] *Schütt* WuW 2004, 1124, 1131; a. M. *Emmerich* in: Immenga/Mestmäcker, GWB, Rn. 81; *Berrisch/Burianski* WuW 2005, 878, 883; *Bechtold* DB 2004, 235, 240; ders., GWB, Rn. 38.
[114] *Emmerich* in: Immenga/Mestmäcker, GWB, Rn. 79; *Bornkamm* in: Langen/Bunte, KartellR, Rn. 122.
[115] A. M. zu § 32 a *Bechtold,* GWB, Rn. 36.
[116] Begr. 2004, S. 34, 52; *Emmerich* in: Immenga/Mestmäcker, GWB, Rn. 76; *Schütt* WuW 2004, 1124, 1132; *Meyer* GRUR 2006, 27, 31.
[117] *Berrisch/Burianski* WuW 2005, 878, 883; *Emmerich* in: Immenga/Mestmäcker, GWB, Rn. 89.
[118] *Schütt* WuW 2004, 1124, 1131; *Emmerich,* in: Immenga/Mestmäcker, GWB, Rn. 85.

VII. Verhältnis zu anderen Vorschriften

56 § 33 schließt die Anwendung **anderer Vorschriften des Deliktsrechts** grundsätzlich nicht aus. § 33 ist allerdings Spezialvorschrift zu § 823 Abs. 2 BGB. Auch § 823 Abs. 1 BGB unter dem Gesichtspunkt des Eingriffs in das Recht am eingerichteten und ausgeübten Gewerbebetrieb tritt hinter § 33 zurück, da diese Regelung nach allgemeiner Meinung nur subsidiär gilt.[119] Dagegen ist die Generalklausel des § 826 BGB neben § 33 anwendbar. Eine Verknüpfung mit dem UWG erfolgte bisher dadurch, dass die Rechtsprechung dazu neigte, die Verletzung von kartellrechtlichen Schutzgesetzen unter dem Gesichtspunkt des Rechtsbruchs als ein wettbewerbswidriges Verhalten nach § 1 UWG a. F. zu sehen.[120] Die neuere Rechtsprechung[121] betrachtet jedoch § 33 als abschließende Regelung zivilrechtlicher Schadensersatzansprüche, sofern nicht eigenständige Tatbestände des UWG verletzt sind. Boykott und unbillige Behinderung (§§ 3, 4 Nr. 10 UWG) stellen solche selbstständigen Verstöße dar. Auch der Unterlassungsanspruch eines Verbandes nach § 33 Abs. 2 kann mit dem nach § 8 Abs. 3 Nr. 2, 4 in Vbg. mit § 3 ff. UWG konkurrieren.[122]

§ 34 Vorteilsabschöpfung durch die Kartellbehörde

(1) **Hat ein Unternehmen vorsätzlich oder fahrlässig gegen eine Vorschrift dieses Gesetzes, gegen Artikel 81 oder 82 des Vertrages zur Gründung der Europäischen Gemeinschaft oder eine Verfügung der Kartellbehörde verstoßen und dadurch einen wirtschaftlichen Vorteil erlangt, kann die Kartellbehörde die Abschöpfung des wirtschaftlichen Vorteils anordnen und dem Unternehmen die Zahlung eines entsprechenden Geldbetrags auferlegen.**

(2) ¹Absatz 1 gilt nicht, sofern der wirtschaftliche Vorteil durch Schadensersatzleistungen oder durch die Verhängung der Geldbuße oder die Anordnung des Verfalls abgeschöpft ist. ²Soweit das Unternehmen Leistungen nach Satz 1 erst nach der Vorteilsabschöpfung erbringt, ist der abgeführte Geldbetrag in Höhe der nachgewiesenen Zahlungen an das Unternehmen zurückzuerstatten.

(3) ¹Wäre die Durchführung der Vorteilsabschöpfung eine unbillige Härte, soll die Anordnung auf einen angemessenen Geldbetrag beschränkt werden oder ganz unterbleiben. ²Sie soll auch unterbleiben, wenn der wirtschaftliche Vorteil gering ist.

(4) ¹Die Höhe des wirtschaftlichen Vorteils kann geschätzt werden. ²Der abzuführende Geldbetrag ist zahlenmäßig zu bestimmen.

(5) ¹Die Vorteilsabschöpfung kann nur innerhalb einer Frist von bis zu fünf Jahren seit Beendigung der Zuwiderhandlung und längstens für einen Zeitraum von fünf Jahren angeordnet werden. ²§ 81 Abs. 9 gilt entsprechend.

Übersicht

	Rn.		Rn.
I. Zweck und Bedeutung	1	III. Anordnung der Abschöpfung	5
II. Voraussetzungen	2	IV. Subsidiarität gegenüber Schadensersatz und	
1. Allgemeines	2	Geldbuße	8
2. Wirtschaftlicher Vorteil	3		

---

[119] BGHZ 36, 252, 256 f. – *Gründerbildnis* = NJW 1962, 1103.
[120] BGH WuW/E BGH 1519, 1520 – *4 zum Preis von 3* = NJW 1978, 2095; WuW/E BGH 893, 898 – *Hörgeräte*.
[121] BGHZ 166, 154 – *Probeabonnement* = WuW/E DE-R 1779 = NJW 2006, 2627; vgl. Köhler GRUR 2004, 381, 386; Bornkamm in: Langen/Bunte, KartellR, Rn. 125 f.
[122] BGH WuW/E 2819, 2820 – *Zinssubvention* = NJW-RR 1993, 550.

I. Zweck und Bedeutung

Zweck der Vorschrift ist es sicherzustellen, dass Unternehmen **keine Vorteile aus Verstößen** gegen die §§ 1, 19–21, 29 oder Art. 81 Abs. 1, 82 EGV ziehen können. Damit wird die bisherige Abschöpfung des Mehrerlöses zu einem Instrument der **Abschöpfung** der gesamten durch einen Kartellrechtsverstoß erlangten **wirtschaftlichen Vorteile** erweitert. Vor allem wird die bisher geltende Einschränkung auf den seltenen Fall einer Zuwiderhandlung gegen eine Untersagungsverfügung und in diesem Rahmen insbesondere auf Vorteile aus der aufschiebenden Wirkung von Rechtsbehelfen oder der Nichtbeachtung eines angeordneten Sofortvollzugs zugunsten einer weiteren Konzeption aufgegeben. Statt auf Effektivität des Systems der Sanktionen des Gesetzes zielt § 34 auf Effektivität der materiellrechtlichen Verbote ab. Obwohl § 34 Verschulden voraussetzt, handelt es sich um ein verwaltungsrechtliches, nicht ein bußgeldrechtliches Instrument.[1] Zweck der Vorteilsabschöpfung ist insbesondere die Verhütung von Kartellrechtsverstößen. Dadurch, dass die Vorteile einer Zuwiderhandlung gegen einen Verstoß („Kartellrendite") nicht dem Täter verbleiben, selbst wenn die Betroffenen keine zivilrechtlichen Ersatzansprüche nach § 33 geltend machen, soll der wirtschaftliche Anreiz für die Begehung eines solchen Verstoßes beseitigt oder jedenfalls vermindert werden.[2]

II. Voraussetzungen

1. Allgemeines

Die Vorteilsabschöpfung setzt zunächst einen **Verstoß** gegen ein Verbot des Gesetzes (§§ 1, 19–21, 29) oder des EG-Vertrages (Art. 81 Abs. 1, 82) voraus. Gleichgestellt sind Verfügungen der Kartellbehörde, insbesondere nach §§ 32, 32a oder 32d, nicht dagegen solche der Kommission. Die Verfügung muss letztlich bestandskräftig werden; die Abschöpfung erfasst aber in diesem Fall den Zeitraum seit Erlass (vgl. Rn. 1). Ob Dritte durch den Kartellrechtsverstoß einen Schaden erleiden, ist unerheblich. Zum anderen ist **Verschulden** (Vorsatz oder Fahrlässigkeit) erforderlich. Durch Rechtsirrtum kann die Fahrlässigkeit ggf. ausgeschlossen sein.[3] Schließlich muss der Täter durch die Zuwiderhandlung einen wirtschaftlichen Vorteil erlangt haben (siehe Rn. 3).

2. Wirtschaftlicher Vorteil

Der Begriff des wirtschaftlichen Vorteils ist § 17 Abs. 4 OWiG entlehnt. Er geht insofern über den Mehrerlös nach bisherigem Recht (§ 34 Abs. 1 und § 81 Abs. 4 a. F.) hinaus, als auch Vermögensvorteile erfasst werden, die sich nicht in Gewinnen, sondern auch in sonstigen wirtschaftlichen Vorteilen, wie etwa der Verbesserung der Marktposition des Täters durch die Ausschaltung oder Zurückdrängung von Wettbewerbern, ausdrücken.[4] Im Kern bedeutet Vermögensvorteil allerdings wie im bisherigen Recht Mehrerlös, jedoch sind nach neuem Recht nicht die Brutto-, sondern die **Nettoerlöse** maßgeblich. Der Vorteil ist im Allgemeinen im Wege der **Saldierung** als Differenz zwischen den tatsächlichen Entgelten und den Entgelten, die das Unternehmen im maßgeblichen Zeitpunkt bei Beachtung des Verbots oder der Verfügung erlangt hätte (jeweils multipliziert mit den abgesetzten Mengen) zu ermitteln.[5] Im Einzelnen ist allerdings streitig, ob hier ein bloßer Zeit-

---

[1] Begr. 2004, S. 55; *Emmerich* in: Immenga/Mestmäcker, GWB, Rn. 9.
[2] Begr. 2004, S. 36.
[3] *Emmerich* in: Immenga/Mestmäcker, GWB, Rn. 13.
[4] Begr. 2004, S. 55; BayObLG wistra 1998, 199.
[5] BGHSt 52, 1 Rn. 10 – *Preisabsprachen im Papiergroßhandel* = WuW/E DE-R 2225 = NJW 2007, 3792; BGH WuW/E DE-R 2718 Rn. 18 – *Bußgeldbemessung*; KG WuW/E OLG 2369, 2375 – *Pro-*

vergleich[6] oder ein Vergleich zwischen hypothetischem Marktpreis (Durchschnittspreis der Vorkalkulation der Kartellteilnehmer) und Kartellpreis anzustellen ist. Der hypothetische Marktpreis ist primär anhand eines Vergleichsmarktes, hilfsweise aufgrund einer gesamtwirtschaftlichen Analyse zu ermitteln.[7] Zur Korrektur der Bruttoerlöse sind die variablen Kosten und Ertragssteuern als Abzugsposten zu berücksichtigen.[8] Die Problematik einfacher Vergleichsrechnungen liegt allerdings darin, dass die Preise die Menge der Nachfrage beeinflussen können; bei niedrigeren Preisen ohne wettbewerbsbeschränkende Abrede wäre möglicherweise der Mengenabsatz angestiegen, so dass ggf. in beiden Situationen gleiche Erlöse erzielt worden wären.[9] Dies lässt sich nicht genau ermitteln, muss aber bei der Festsetzung des abzuschöpfenden Betrages berücksichtigt werden.

4   Nach § 34 Abs. 4 kann die Höhe des Vorteils **geschätzt** werden; eines Rückgriffs auf eine Analogie zu § 287 ZPO bedarf es nicht mehr. Eine Schätzung kann bezüglich hypothetischer Preise und Mengen erfolgen. Allerdings sind hierfür realistische Schätzungsgrundlagen erforderlich. Daher beseitigt auch die Möglichkeit der Schätzung die konzeptionelle Problematik der Feststellung des Vorteils anhand hypothetischer Marktdaten nicht. Die Bildung eines Kartells führt regelmäßig zu einem Vorteil für die Beteiligten, da gerade dies deren Motivation ist; eine Schätzung ist daher möglich.[10] Problematisch sind insbesondere Fälle des Preismissbrauchs.[11]

III. Anordnung der Abschöpfung

5   Die Abschöpfung setzt eine Anordnung durch **Verwaltungsakt** voraus, für die die allgemeinen Vorschriften über das Verwaltungsverfahren gelten. Die Vorteilsabschöpfung kann nur innerhalb einer **Ausschlussfrist** von bis zu **fünf Jahren** seit Beendigung der Zuwiderhandlung angeordnet werden (§ 34 Abs. 5 S. 1). Der Fristablauf wird nach § 34 Abs. 5 S. 5 in Vbg. mit § 81 Abs. 9 ggf. auch durch Ermittlungshandlungen der Kommission oder der Wettbewerbsbehörden anderer Mitgliedstaaten unterbrochen. In der Verfügung ist der Umfang der Abschöpfung zu bestimmen (§ 34 Abs. 1). Verpflichteter ist der Adressat der Verbotsverfügung.

6   Die Zulässigkeit der Abschöpfung ist auf Vorteile beschränkt, die in einen Zeitraum von höchstens fünf Jahren vor Anordnung entstanden sind. Die Kartellbehörde besitzt **Ermessen.** Bei der Ermessensausübung ist insbesondere zu berücksichtigen, ob das Verhalten eindeutig rechtswidrig war oder ob es sich um eine zweifelhafte Rechtslage handelte und daher für den Rechtsbehelf gewisse Erfolgsaussichten bestanden.[12] Neben diesen allgemeinen Ermessensgesichtspunkten gibt § 34 Abs. 3 **Richtlinien für die Ermessensausübung** in bestimmten Fällen. Sie sind Ausdruck des Grundsatzes der Verhältnismäßigkeit.[13] Bei unbilliger Härte soll eine Vorteilsabschöpfung auf einen niedrigeren Geldbetrag beschränkt werden oder ganz unterbleiben. Sie soll auch bei Geringfügigkeit des Vorteils un-

---

grammzeitschriften; BKartA WuW/E BKartA 2005, 2007 – *Behälterglas; Emmerich* in: Immenga/Mestmäcker, GWB, Rn. 16 f., 26; *Bornkamm* in: Langen/Bunte, KartellR, Rn. 9.

[6] So BKartA, a. a. O.

[7] So BGHSt 52, 1 Rn. 13, 19 f. – *Preisabsprachen im Papiergroßhandel* = WuW/E DE-R 2225 = NJW 2007, 3792; KG, a. a. O.

[8] BGH WuW/E DE-R 2718 Rn. 18 – *Bußgeldbemessung;* WuW/E DE-R 1487, 1488 – *Steuerfreie Mehrerlösabschöpfung* = WRP 2005, 1015 vgl. *Emmerich* in: Immenga/Mestmäcker, GWB, Rn. 26; *Bornkamm* in: Langen/Bunte, KartellR, Rn. 9.

[9] Vgl. *Emmerich* in: Immenga/Mestmäcker, GWB, Rn. 26 f., 32; *Bechtold,* GWB, Rn. 4.

[10] BGH WuW/E DE-R 1567, 1569 ff. – *Berliner Transportbeton I* = NJW 2006, 163; BGHSt 52, 1 Rn. 18 – *Preisabsprachen in Papiergroßhandel* = WuW/E DE-R 2225 = NJW 2007, 3792.

[11] Vgl. BKartA WuW/E DE-V 911, 916 f. – *Fotoarbeitstasche.*

[12] *Emmerich* in: Immenga/Mestmäcker, GWB, Rn. 36.

[13] *Emmerich* in: Immenga/Mestmäcker, GWB, Rn. 35.

terbleiben. Hierbei handelt es sich um eine Sollvorschrift, von der nach allgemeinen Grundsätzen nur unter besonderen Umständen abgewichen werden kann. Eine unbillige Härte liegt insbesondere bei Existenzgefährdung des Unternehmens vor.[14]

Fraglich ist, ob die in § 34a Abs. 5 in Vbg. mit § 33 Abs. 4, nicht aber in § 34 angeordnete **Feststellungswirkung** von Entscheidungen der Kartellbehörden und Kartellgerichte auch für § 34 gilt. Sie hätte nur Bedeutung, wenn die Kartellbehörde die Feststellung des Verstoßes nicht sogleich mit der Erlösabschöpfung verbindet, sowie in Ergänzung zu Bußgeldentscheidungen der Kommission, die reinen Ahndungscharakter haben. Aus der Sicht des Gesetzgebers, der die ergänzende Vorteilsabschöpfung durch Verbände nach § 34a an den Interessen geschädigter Abnehmer orientiert, lag dort eine Bezugnahme auf die Regelungen über privatrechtlichen Schadensersatz nahe. Das Sachproblem ist indessen bei § 34 das gleiche, allerdings von geringerer praktischer Bedeutung. Daher ist auch im Fall des § 34 eine entsprechende Bindungswirkung anzunehmen.[15] Für Kommissionsentscheidungen gilt ohnehin Art. 16 VO 1/2003.

IV. Subsidiarität gegenüber Schadensersatz und Geldbuße

Mit den Regelungen des § 34 Abs. 2 soll eine **Doppelbelastung** der Unternehmen vermieden werden. Geleistete Schadensersatzzahlungen, Verfallzahlungen oder Geldbußen, soweit sie neben der Ahndung des Verstoßes auch der Vorteilsabschöpfung dienen (nunmehr fakultativ, § 81 Abs. 5), sind anzurechnen. Die Schadensersatzsanktion nach § 33 und das Bußgeldverfahren nach § 81 Abs. 5 haben daher **Vorrang.** Je nach Höhe des Schadensersatzes oder und Art und Höhe der Geldbuße entfällt die Verpflichtung zur Erlösabführung oder wird entsprechend reduziert. Von praktischer Bedeutung ist insbesondere, dass die Abschöpfung des Vermögensvorteils hinter dem zivilrechtlichen Schadensersatz zurücktreten muss. Ist die Geltendmachung von Schadensersatz zu erwarten, so entspricht es im Regelfall rechtmäßiger Ausübung des der Kartellbehörde eingeräumten Ermessens, dass sie bis zur Klärung der Schadensersatzpflicht von einer Abschöpfung absieht.[16]

§ 34 Abs. 2 S. 2 erstreckt den **Vorrang der Schadensersatzsanktion** auch auf den Fall, dass der Betroffene aufgrund der Anordnung der Abschöpfung bereits geleistet hat. Hier gewährt das Gesetz dem Betroffenen einen **Erstattungsanspruch.** Diese Regelung entspricht dem Verbot der Doppelbelastung, da § 33 keine Anrechnungspflicht in umgekehrter Richtung enthält und nach seinem Sinn – Schutz des Betroffenen – auch nicht enthalten kann. Voraussetzung für die Rückerstattungspflicht ist, dass der Betroffene nach der Vorteilsabschöpfung Schadensersatzleistungen aufgrund seiner Zuwiderhandlung erbringt. Im Gegensatz zum bisherigen Recht ist eine rechtskräftige Entscheidung nicht mehr erforderlich. Ohne eine solche (oder ein gleichzustellendes bestandskräftiges Schiedsurteil oder gerichtlichen Vergleich) muss dann im Rückerstattungsverfahren im Einzelnen überprüft werden, ob und in welcher Höhe ein Anspruch auf Schadensersatz besteht.

Die gleiche Regelung trifft das Gesetz hinsichtlich des **Vorrangs der Geldbuße.** § 81 Abs. 5 enthält keine Anrechnungsvorschrift; die Durchsetzung des Vorrangs der Geldbuße hinsichtlich ihres Ertragsanteils entspricht daher dem Zweck des § 34. Eine Anrechnung kommt allerdings nicht in Betracht, wenn die nach § 34 ausgesprochene Verpflichtung zur Vorteilsabschöpfung in der Entscheidung nach § 81 Abs. 5 bereits berücksichtigt und daher von einer Abschöpfung abgesehen worden ist. Entsprechendes gilt für den Verfall nach § 29a OWiG und ggf. §§ 73 Abs. 3, 73a StGB.

---

[14] Begr. 1978, S. 26.
[15] A. M. *Bechtold*, GWB, Rn. 3.
[16] Begr. 1978, S. 26; *Bechtold*, GWB, Rn. 6.

§ 34a Vorteilsabschöpfung durch Verbände

(1) **Wer einen Verstoß im Sinne des § 34 Abs. 1 vorsätzlich begeht und hierdurch zu Lasten einer Vielzahl von Abnehmern oder Anbietern einen wirtschaftlichen Vorteil erlangt, kann von den gemäß § 33 Abs. 2 zur Geltendmachung eines Unterlassungsanspruchs Berechtigten auf Herausgabe dieses wirtschaftlichen Vorteils an den Bundeshaushalt in Anspruch genommen werden, soweit nicht die Kartellbehörde die Abschöpfung des wirtschaftlichen Vorteils durch Verhängung einer Geldbuße, durch Verfall oder nach § 34 Abs. 1 anordnet.**

(2) **¹Auf den Anspruch sind Leistungen anzurechnen, die das Unternehmen auf Grund des Verstoßes erbracht hat. ²§ 34 Abs. 2 Satz 2 gilt entsprechend.**

(3) **Beanspruchen mehrere Gläubiger die Vorteilsabschöpfung, gelten die §§ 428 bis 430 des Bürgerlichen Gesetzbuchs entsprechend.**

(4) **¹Die Gläubiger haben dem Bundeskartellamt über die Geltendmachung von Ansprüchen nach Absatz 1 Auskunft zu erteilen. ²Sie können vom Bundeskartellamt Erstattung der für die Geltendmachung des Anspruchs erforderlichen Aufwendungen verlangen, soweit sie vom Schuldner keinen Ausgleich erlangen können. ³Der Erstattungsanspruch ist auf die Höhe des an den Bundeshaushalt abgeführten wirtschaftlichen Vorteils beschränkt.**

(5) **§ 33 Abs. 4 und 5 ist entsprechend anzuwenden.**

Übersicht

	Rn.		Rn.
I. Zweck und Bedeutung	1	V. Subsidiarität	5
II. Voraussetzungen des Anspruchs	2	VI. Verhältnis zur Kartellbehörde	7
III. Anspruchsberechtigte	3	VII. Prozessuale Fragen	8
IV. Inhalt des Anspruchs	4		

I. Zweck und Bedeutung

1 § 34a ergänzt die verwaltungsrechtliche Regelung des § 34 durch einen zivilrechtlichen Anspruch von Verbänden i. S. des § 33 Abs. 2 auf Herausgabe der wirtschaftlichen Vorteile, die der Täter durch eine vorsätzliche Zuwiderhandlung erlangt hat. Damit soll erreicht werden, dass in Fällen, in denen die Kartellbehörde von einer Vorteilsabschöpfung absieht, gleichwohl eine solche erfolgen kann. Wie § 34 bezweckt auch § 34a zu verhindern, dass Unternehmen aus Verstößen gegen Verbote des Gesetzes und der Art. 81 Abs. 1, 82 EGV wirtschaftliche Vorteile ziehen. Damit soll die vom Gesetzgeber angestrebte **Prävention** aufgrund von § 34 verstärkt werden. Dem Zivilrecht ist der Präventionsgedanke nicht völlig fremd, wenngleich er selten den Primärzweck zivilrechtlicher Normen bildet.[1] Die Regelung ist § 10 UWG nachgebildet. Der Vorteilsausgleich nach § 34a ist **subsidiär** gegenüber dem Vorteilsausgleich durch Verfügung der Kartellbehörde, im Wege des Schadensersatzes oder des Verfalls und ist durch das Erfordernis des Vorsatzes praktisch auf Verstöße gegen wettbewerbsrechtliche Kernregelungen beschränkt, bei denen vorsätzliches Handeln des Unternehmens evident ist.[2] Andererseits ist die Regelung kaum geeignet, Verbänden einen Anreiz zu bieten, statt der Kartellbehörde den Anspruch auf Vorteilsausgleich geltend zu machen. Die Schwierigkeiten der Berechnung des Vorteils sind in beiden Vorschriften die gleichen. Das Erfordernis der Abführung des herausgegebenen Vorteils an

---

[1] Vgl. allgemein *Rosengarten* NJW 1996, 1935; *Körner* NJW 2000, 241; eher kritisch BGHZ 118, 312, 338f.
[2] Begr. 2004, S. 55.

die Bundeskasse nimmt dem Anspruch den beabsichtigten Anreiz zum Tätigwerden, auch wenn das Prozessrisiko der Verbände durch § 34a Abs. 4 begrenzt ist.[3]

II. Voraussetzungen des Anspruchs

§ 34a erfordert die Begehung eines Verstoßes im Sinne des § 34, also einer Zuwiderhandlung gegen ein Verbot nach §§ 1, 19–21 oder Art. 81 Abs. 1, 82 EGV oder gegen eine Verfügung nach § 32 oder § 32d. Diese Zuwiderhandlung muss **vorsätzlich** sein. Fahrlässiges Handeln reicht im Gegensatz zu § 34 nicht aus. Der Vorsatz wird durch einen Rechtsirrtum ausgeschlossen. Durch die Zuwiderhandlung muss der Täter einen **wirtschaftlichen Vorteil** erlangen. Dieser Begriff ist wie nach § 34 auszulegen,[4] sodass die gleichen Schwierigkeiten der Berechnung des Vorteils auftreten (§ 34 Rn. 3). Weiterhin bedarf es einer **Beeinträchtigung einer Vielzahl von Abnehmern** und Anbietern. Eine Beeinträchtigung setzt voraus, dass sich die Marktsituation zum Nachteil der Betroffenen verschlechtert, was nicht einfach zu beweisen sein wird.[5] Es muss sich darüber hinaus um kartellrechtswidrige Handlungen handeln, die zu einem „Streuschaden mit Breitenwirkung" führen.[6] Eine Vielzahl von Marktteilnehmern i. S. der Vorschrift liegt immer dann vor, wenn sich der Verstoß nicht gezielt gegen einzelne Abnehmer oder Nachfrager richtet, sondern die Betroffenen als **Repräsentanten der Marktgegenseite** erfasst.[7] Auf die Höhe des Schadens im Einzelnen kommt es nicht an, sodass die Erwartung des Gesetzgebers, einzelne Geschädigte seien in derartigen Fällen an der Geltendmachung eines Schadensersatzes nicht interessiert, in dieser Angelegenheit nicht zutrifft.[8] Mit dem Begriff des Abnehmers und Anbieters ist nicht nur die unmittelbare Marktgegenseite gemeint. Erfasst sind vielmehr alle potenziell geschädigten Abnehmer und Anbieter, bei Nachfragern bis hin zum Endverbraucher, bei Anbietern bis hin zum Hersteller von Vormaterial.[9]

III. Anspruchsberechtigte

Anspruchsberechtigt sind wie nach § 10 UWG Verbände zur Geltendmachung gewerblicher und selbstständiger beruflicher Interessen im Sinne des § 33 Abs. 2 (siehe § 33 Rn. 39 ff.). Die Anspruchsberechtigung von Verbraucherverbänden, die der Regierungsentwurf und Bundestagsbeschluss vom 11. 3. 2005 vorgesehen hatten, konnte im Vermittlungsverfahren nicht durchgesetzt werden. Die Ausschaltung der Verbraucherverbände als hauptsächlich an der Verbandsklage Interessierte nimmt dieser die praktische Bedeutung. Mehrere anspruchsberechtigte Verbände sind Gesamtgläubiger i. S. der §§ 428–430. Der Täter kann daher mit befreiender Wirkung an jeden Verband leisten.

---

[3] Kritisch *Hempel* WuW 2004, 362, 372; *Fuchs* WRP 2005, 1384, 1391; *Lutz* WuW 2005, 718, 729 f.; *Emmerich* in: Immenga/Mestmäcker, GWB, Rn. 4, 6; *Bornkamm* in: Langen/Bunte, KartellR, Rn. 1 f.; ebenso zur UWG-Novelle *Stadler/Micklitz* WRP 2003, 559, 561; *Sosnitza* GRUR 2003, 739, 745 f.; die Anreizwirkung bejahend dagegen *Sack* WRP 2003, 546, 555.
[4] Begr. 2004, S. 56; vgl. *Stadler/Micklitz* WRP 2003, 559, 561 f.
[5] Vgl. Begr. 2004, S. 56; *Emmerich* in: Immenga/Mestmäcker, GWB, Rn. 15.
[6] Begr. 2004, S. 55 f.
[7] *Emmerich* in: Immenga/Mestmäcker, GWB, Rdnr. 13 im Anschluss an die überwiegende Meinung zu § 10 UWG; z.B. *Köhler* in: Hefermehl/Köhler/Bornkamm, UWG, 26. Aufl. 2008, § 10 Rn. 12 m. w. Nachw.; weitergehend *Bechtold*, GWB, Rn. 4, der die Erwartung verlangt, dass die Ansprüche nicht individuell geltend gemacht werden.
[8] Vgl. *Stadler/Micklitz* WRP 2003, 559, 560.
[9] Begr. 2004, S. 56; *Emmerich* in: Immenga/Mestmäcker, GWB, Rn. 11; *Bornkamm* in: Langen/Bunte, KartellR, Rn. 8.

IV. Inhalt des Anspruchs

4 Der Anspruch richtet sich wie im Fall des § 10 UWG nicht auf Zahlung des dem Vorteil entsprechenden Geldbetrages an den Verband selbst. Vielmehr ist Inhalt des Anspruchs die Herausgabe des Vorteils unmittelbar an den **Bundeshaushalt**. Bis zur Höhe dieser Zahlung hat der Verband Anspruch auf Erstattung der für die Geltendmachung erforderlichen Aufwendungen. Bedeutsam ist dies insbesondere bei einem nur teilweise Obsiegen des Verbandes. Für die Fristen zur Geltendmachung und den Zeitraum, für der der Vorteilsausgleich verlangt werden kann, dürfte § 34 Abs. 5 anwendbar sein.

V. Subsidiarität

5 Der Anspruch der Verbände ist subsidiär und hat nur eine Ergänzungsfunktion. Zum einen **entfällt die Anspruchsberechtigung** der Verbände nach § 34a Abs. 1, wenn die Kartellbehörde die Abschöpfung des wirtschaftlichen Vorteils durch Verhängung einer Geldbuße, durch Erklärung des Verfalls oder nach § 34 Abs. 1 anordnet. Außerdem sind auf die Vorteilsabschöpfung alle **Leistungen anzurechnen,** die das Unternehmen aufgrund des Verstoßes bereits erbracht hat. Es ist unklar, ob dies neben Schadensersatzleistungen auch für Geldbußen und die Anordnung des Verfalls gilt. § 34a Abs. 2 S. 1 spricht lediglich von Leistungen des Unternehmens, ohne die Vorschrift des § 34 Abs. 2 S. 1 in Bezug zu nehmen, während eine Bezugnahme auf § 34 Abs. 2 S. 2 erfolgt. Aus der Systematik des § 34a Abs. 2 ergeben sich daher Anhaltspunkte dafür, dass nur individuelle Ersatzleistungen, insbesondere Schadensersatz, gemeint sind. Auch die Entstehungsgeschichte deutet darauf hin, dass der Gesetzgeber mit § 34a nur das Verhältnis zu individuellen Ersatzansprüchen regeln wollte.[10] Andererseits verweist der von § 34a Abs. 2 S. 2 in Bezug genommene § 34 Abs. 2 S. 2 seinerseits auf Leistungen nach § 34 Abs. 2 S. 1 und erfasst insoweit nicht nur Schadensersatzleistungen, sondern auch die Verhängung einer Geldbuße oder die Anordnung eines Verfalls. Vor allem widerspräche es der Ergänzungsfunktion des § 34a gegenüber § 34, bei der Rangfolge der Ansprüche („primäre Subsidiarität" im Sinne des § 34a) einen Vorrang der Vorteilsabschöpfung durch Verhängung einer Geldbuße, Verfall oder nach § 34 Abs. 1 anzuordnen, bei der Anrechung bereits erbrachter Leistungen („sekundäre Subsidiarität") dagegen Geldbußen und Verfall auszuschließen. Sinn und Zweck der Vorschrift und die Systematik der Gesamtregelung des § 34a Abs. 1 und Abs. 2 sprechen daher dafür, die Anrechnungsvorschriften nicht auf Schadensersatzleistungen zu beschränken.[11]

6 Soweit das Unternehmen Leistungen aufgrund des Verstoßes erst **nach der Vorteilsabschöpfung** zugunsten der Verbände erbringt, muss der Verband ihm den abgeschöpften Geldbetrag zurückerstatten (§ 34a Abs. 3 S. 2 i. V. mit § 34 Abs. 2 S. 2). Er hat dann seinerseits einen Anspruch gegen die Bundeskasse auf Erstattung (§ 34a Abs. 4 S. 2). Wird nach der Verurteilung zum Schadensersatz eine Anordnung zur Vorteilsabschöpfung bestandskräftig, kann der Betroffene gegen die Verurteilung mit der Vollstreckungsabwehrklage (§ 767 ZPO) vorgehen.

VI. Verhältnis zur Kartellbehörde

7 Nach § 34a Abs. 4 S. 1 haben die Verbände der Kartellbehörde über die Geltendmachung von Ansprüchen der Kartellbehörde **Auskunft** zu erteilen. Im Hinblick auf das Subsidiaritätsprinzip bedarf es wohl einer vorherigen Information der Kartellbehörde.[12] § 34a Abs. 4 S. 2 gewährt den Verbänden einen subsidiären **Aufwendungsersatzanspruch.** Dieser setzt voraus, dass die Verbände vom Schuldner aus tatsächlichen oder recht-

---

[10] Begr. 2004, S. 56.
[11] A. M. *Emmerich* in: Immenga/Mestmäcker, GWB, Rn. 23.
[12] *Bechtold*, GWB, Rn. 12; a. M. *Bornkamm* in: Langen/Bunte, KartellR, Rn. 15.

lichen Gründen keinen Ausgleich erlangen können. In Betracht kommen z. B. Aufwendungen für die Prozessführung, die dem klagenden Verband wegen nur teilweisen Obsiegens nicht ersetzt werden, ferner Aufwendungen für Rückerstattungen im Falle des § 34a Abs. 2 S. 2. Grenze ist der an den Bundeshaushalt abgeführte Betrag der Vorteilsabschöpfung. Das Kostenrisiko eines (völligen) Prozessverlustes oder eines Ausfalls in der Zwangsvollstreckung haben danach die Verbände selbst zu tragen. Hierdurch wird die Effektivität der Regelung in hohem Maße beeinträchtigt.[13]

VII. Prozessuale Fragen

§ 34a gewährt den Verbänden einen **eigenen Anspruch**. Es handelt sich nicht um einen Fall der Prozessstandschaft zugunsten des Bundes. 8

Dem Gesamtgläubigermodell des Gesetzes mit der entsprechenden Anwendbarkeit der §§ 428–430 BGB entspricht es, dass, solange der Täter nicht einen Verband befriedigt, **Parallelklagen** grundsätzlich zulässig sind. Jedoch wird es in der Praxis kaum je zu Parallelklagen kommen. Im Übrigen gilt die Rechtsprechung zu § 13 UWG, die wissentliche parallele **Unterlassungsklagen** grundsätzlich als missbräuchlich angesehen hat,[14] auch im Anwendungsbereich des § 34a entsprechend. Zwischen den parallel anspruchsberechtigten Verbänden besteht wie allgemein bei Gesamtgläubigerschaft keine notwendige Streitgenossenschaft.[15] Klägererhebung und Rechtskraft in einem Prozess haben nach § 429 in Vbg. mit § 425 Abs. 2 BGB keine Gesamtwirkung.[16] 9

Die **Beweislast** liegt beim Verband. Regelungen über prozessuale Erleichterungen des Nachweises des aus der Zuwiderhandlung erzielten Vorteils enthält das Gesetz nicht. Denkbar ist ein vorbereitender Auskunftsanspruch nach Treu und Glauben, wenn es dem klagenden Verband unmöglich ist, die Höhe des Vorteils selbst zu ermitteln, dem Täter aber entsprechende Informationen zur Verfügung stehen.[17] Eine Schätzung ist allerdings möglich (§ 34a Abs. 5). 10

Siebenter Abschnitt. Zusammenschlusskontrolle

§ 35 Geltungsbereich der Zusammenschlusskontrolle

(1) **Die Vorschriften über die Zusammenschlusskontrolle finden Anwendung, wenn im letzten Geschäftsjahr vor dem Zusammenschluss**
1. **die beteiligten Unternehmen insgesamt weltweit Umsatzerlöse von mehr als 500 Millionen Euro und**
2. **im Inland mindestens ein beteiligtes Unternehmen Umsatzerlöse von mehr als 25 Millionen Euro und ein anderes beteiligtes Unternehmen Umsatzerlöse von mehr als 5 Millionen Euro**

erzielt haben.

(2) ¹**Absatz 1 gilt nicht,**
1. **soweit sich ein Unternehmen, das nicht im Sinne des § 36 Abs. 2 abhängig ist und im letzten Geschäftsjahr weltweit Umsatzerlöse von weniger als zehn Millionen Euro erzielt hat, mit einem anderen Unternehmen zusammenschließt oder**

---

[13] *Emmerich* in: Immenga/Mestmäcker, GWB, Rn. 29; zum UWG *Stadler/Micklitz* WRP 2003, 559, 562.
[14] Vgl. BGHZ 149, 371, 373 ff.; *Sack* WRP 2003, 549, 556.
[15] Vgl. BGHZ 3, 385, 389; BGH VersR 1987, 988, 989.
[16] BGH NJW 1984, 126, 127; NJW 1986, 1046, 1047; NJW-RR 1993, 1266, 1267.
[17] BGHZ 95, 274, 279 = NJW 1986, 1244; BGHZ 97, 188, 192 = NJW 1986, 1755; BGHZ 126, 109, 113 ff. = NJW 1995, 386; *Köhler* NJW 1992, 1477, 1480 ff.

2. soweit ein Markt betroffen ist, auf dem seit mindestens fünf Jahren Waren oder gewerbliche Leistungen angeboten werden und auf dem im letzten Kalenderjahr weniger als 15 Millionen Euro umgesetzt wurden.

²Soweit durch den Zusammenschluss der Wettbewerb beim Verlag, bei der Herstellung oder beim Vertrieb von Zeitungen oder Zeitschriften oder deren Bestandteilen beschränkt wird, gilt nur Satz 1 Nr. 2.

(3) **Die Vorschriften dieses Gesetzes finden keine Anwendung, soweit die Kommission der Europäischen Gemeinschaften nach der Verordnung (EWG) Nr. 139/2004 des Rates vom 20. Januar 2004 über die Kontrolle von Unternehmenszusammenschlüssen in ihrer jeweils geltenden Fassung ausschließlich zuständig ist.**

Übersicht

	Rn.		Rn.
I. Allgemein/Überblick	1	b) Nicht abhängiges Unternehmen	10
II. Eingreifschwellen (§ 35 Abs. 1)	2	c) Umsatzschwelle 10 Mio. Euro	11
1. Beteiligte Unternehmen	3	2. Bagatellmarktklausel (§ 35 Abs. 2 Satz 1 Nr. 2)	12
2. Umsatzbestimmung	5	IV. Medienzusammenschlüsse	20
III. Bagatellklauseln (§ 35 Abs. 2)	6	1. Umsatzschwellenwerte	21
1. De-Minimis-Klausel (§ 35 Abs. 2 Satz 1 Nr. 1)	7	2. De-Minimis-Klausel	22
		3. Bagatellmarktklausel	23
a) Zusammenschluss	8	V. Verhältnis zur EG-Fusionskontrolle	24

Schrifttum: *Bechtold,* Die Entwicklung des deutschen Kartellrechts seit der 7. GWB-Novelle, NJW 2007, S. 3761; *Herrlinger,* BGH setzt zu begrüßendes Zeichen gegen die weitere Elosion der Bagatellmarktklausel, BB 2008, S. 188; *Lange/Pries,* Marktabgrenzung im Spannungsfeld zwischen Ökonomie und Recht anhand der Bagatellmarktklausel des § 35 Abs. 2 Satz 1 Nr. 2 GWB, ZWeR 2008, 237; *Podszun,* Die Bagatellmarktklausel in der deutschen Fusionskontrolle: Stolperstein für internationale Zusammenschlussvorhaben? – Zugleich eine Anmerkung zum Beschluss des BGH in der Sache KVR 19/07 vom 25. 9. 2007 – Sulzer/Kelmix, GRUR Int 2008, S. 204; *Schmidt,* Zur Bündelung von Märkten, WuW 2003, S. 885.

I. Allgemein/Überblick

1 § 35 Abs. 1 regelt mit den Umsatzkriterien den Anwendungsbereich der Zusammenschlusskontrollvorschriften des GWB. Die Vorschrift kommt jedoch nur zur Anwendung, wenn eine Inlandswirkung nach § 130 Abs. 2, die als Kollisionsnorm vorgeht, gegeben ist. § 35 Abs. 2 normiert Bagatellfälle und erklärt bei Vorliegen der Voraussetzungen die Vorschriften über die Zusammenschlusskontrolle insgesamt für unanwendbar: Nr. 1 enthält eine echte De-Minimis-Bestimmung (vormals „Anschlussklausel"), Nr. 2 enthält eine Bestimmung zum Bagatellmarkt („Bagatellmarktklausel"). § 35 Abs. 3 weist lediglich darauf hin, dass das GWB insgesamt nicht gilt, soweit nach Art. 21 Abs. 1 FKVO die Zuständigkeit der Europäischen Kommission begründet ist.

II. Eingreifschwellen (§ 35 Abs. 1)

2 § 35 Abs. 1 regelt die quantitativen Eingreifschwellen der deutschen Fusionskontrolle. Eine Unternehmenstransaktion ist jedoch nur dann anmeldepflichtig, wenn zusätzlich ein Zusammenschlussstatbestand nach § 37 vorliegt und die Inlandsauswirkung (§ 130 Abs. 2) gegeben ist. Diese Regelungen zu den Anwendungsvoraussetzungen werden als formale Regelungen der Fusionskontrolle im Gegensatz zu den materiellen Regelungen des § 36 Abs. 1 bezeichnet.

1. Beteiligte Unternehmen

3 Es gilt grundsätzlich der allgemeine kartellrechtliche **Unternehmensbegriff,** wie er u. a. auch für Wettbewerbsbeschränkungen nach § 1 Anwendung findet. Der Unterneh-

§ 35. Geltungsbereich der Zusammenschlusskontrolle   4 § 35 GWB

mensbegriff umfasst alle natürlichen und juristischen Personen und Personenvereinigungen, die ganz oder teilweise außerhalb der Deckung ihrer persönlichen Bedürfnisse (privater Haushalt) aktiv am Wirtschaftsleben teilnehmen.[1] Eine Gewinnerzielungsabsicht ist nicht erforderlich. **Natürliche Personen** sind daher Unternehmen, wenn sie Einzelkaufmann sind oder sonstige unternehmerische Tätigkeiten ausüben. Auch ein **Gesellschafterstamm** und eine **Familie** können Unternehmen sein.[2] Eine **BGB Gesellschaft** und **Vereine** können Unternehmen sein, sofern sie wirtschaftlich tätig sind.[3] **Handelsgesellschaften** müssen, um Unternehmensqualität zu erreichen, ebenfalls am Markt tätig sein. Sie sind nicht schon qua Rechtsform Unternehmen.[4] Natürliche Personen und Personenvereinigungen, die selbst nicht unmittelbar am Markt tätig sind, jedoch eine Mehrheitsbeteiligung an einem Unternehmen halten, sind aufgrund der Fiktion des § 36 Abs. 3 („Flick-Klausel") als Unternehmen anzusehen. Unabhängig von der Flick-Klausel kann sich die Unternehmenseigenschaft einer natürlichen Person auch daraus ergeben, dass diese über die normale Verwaltung ihrer (Minder- oder Mehrheits-)Beteiligung hinaus wirtschaftlich planend und lenkend Einfluss auf die Leitung eines Unternehmens nimmt (z. B. bei geschäftsführenden Gesellschaftern einer Personenhandelsgesellschaft).[5] Auch Eigengesellschaften der **öffentlichen Hand,** die sich aktiv am wirtschaftlichen Leistungsaustausch beteiligen, sind Unternehmen. Gleiches gilt für Regiebetriebe.[6] Für Mehrheitsbeteiligungen der öffentlichen Hand ergibt sich die Unternehmenseigenschaft bereits aus der Flick-Klausel.[7] Handelt es sich hingegen um eine geringere Beteiligung, so ist ebenso wie im Falle der Beteiligung von Privatpersonen an einer Gesellschaft zu prüfen, ob die öffentliche Hand unternehmerische Leitungsmacht ausüben kann.[8]

Welches Unternehmen i. S. d. § 35 Abs. 1 am Zusammenschluss **beteiligt** ist, richtet sich   4
nach der Art des Zusammenschlusstatbestandes. Beim **Vermögenserwerb** (durch Verschmelzung oder sonstige Art) nach § 37 Abs. 1 Nr. 1 sind der Erwerber und der Veräußerer beteiligte Unternehmen. Der Veräußerer ist jedoch nur insoweit beteiligt, als es den veräußerten Vermögensteil betrifft. Der veräußerte Vermögensteil bzw. das veräußerte Vermögen sind gedanklich als selbständiges Unternehmen anzusehen und mit den hierauf entfallenden Umsätzen für die Bestimmung der Schwellenwerte heranzuziehen. Im Falle einer **Verschmelzung** sind die Unternehmen beteiligt, die miteinander verschmolzen werden. Beim **Kontrollerwerb** nach § 37 Abs. 1 Nr. 2 sind diejenigen Unternehmen beteiligt, die eine Kontrolle ausüben können, sowie das Unternehmen, das kontrolliert wird. Die Umwandlung einer bisherigen Alleinkontrolle in eine gemeinsame Kontrolle oder die Erweiterung des Kreises der an der gemeinsamen Kontrolle teilhabenden Unternehmen führt dazu, dass auch die bisher allein oder mitkontrollierenden Unternehmen als beteiligt anzusehen sind. Beim **Anteilserwerb** nach § 37 Abs. 1 Nr. 3 sind der Erwerber und das Unternehmen, an dem die Anteile erworben werden, beteiligt. Der Veräußerer ist kein beteiligtes Unternehmen. Seine Umsätze sind nicht für die Prüfung der Umsatzschwellen

---

[1] *Kleinmann/Bechtold* § 22 Rn. 2.
[2] BGH 8. 5. 1979, KVR 1/78, WuW/E BGH 1608, 1610 = NJW 1979, 2401, 2402 – *WAZ*.
[3] *Bechtold* § 1 Rn. 3; GK-*Hootz* § 1 Rn. 31; BGH 2. 12. 1974, II ZR 78/72, NJW 1975, 771 f.; BGH 10. 12. 1985, KZR 2/85, GRUR 1986, 332.
[4] *Kleinmann/Bechtold* § 22 Rn. 5; a. A. KG 19. 8. 1981, Kart 13/81, WuW/E OLG 2601 – *IBB*; *Ruppelt* in: Langen/Bunte, Kommentar zum deutschen und europäischen Kartellrecht, § 35 Rn. 7.
[5] *Bechtold* § 35 Rn. 22; *Koppensteiner* in: Kölner Kommentar zum AktG, 2. Aufl. 1986, § 15 Rn. 17 m. w. N.; a. A. *Hüffer* § 15 Rn. 8.
[6] *Kleinmann/Bechtold* § 23 Rn. 268.
[7] BKartA 7. 1. 1974, WuW/E BKartA 1457, 1458 – *Veba/Gelsenberg*; *Ruppelt* in: Langen/Bunte (Fn. 4), § 35 Rn. 12; *Bechtold* § 35 Rn. 22; *Richter* in: Wiedemann, Handbuch des Kartellrechts, § 19 Rn. 15.
[8] BGH 13. 10. 1977, II ZR 123/76, NJW 1978, 104 – *Veba/Gelsenberg* = BGHZ 69, S. 334 ff., 345.

heranzuziehen. Im Falle eines **Gemeinschaftsunternehmens** nach § 37 Abs. 1 Nr. 3 Satz 3 gelten die mit mindestens 25% an dem GU beteiligten Unternehmen als beteiligt i. S. d. § 35 Abs. 1. Dies führt in formeller Hinsicht zu einer Fiktion eines Zusammenschlusses der Muttergesellschaften untereinander.[9] In materieller Hinsicht bewirkt es jedoch nicht automatisch eine Zurechnung der Marktanteile der Muttergesellschaften. Bei **sonstigen Zusammenschlüssen nach § 37 Abs. 1 Nr. 4** ist zu unterscheiden, ob es sich um einen Fall des alleinigen oder des gemeinsamen wettbewerblich erheblichen Einflusses handelt. Bei wettbewerblich erheblichem Einfluss durch nur ein Unternehmen sind dieses und das diesem Einfluss unterworfene Unternehmen beteiligt. Bei wettbewerblich erheblichem Einfluss durch mehrere Unternehmen liegen rechtlich mehrere Zusammenschlüsse auf vertikaler Ebene vor, an denen jeweils ein den Einfluss nehmendes und das diesem Einfluss unterworfene Unternehmen beteiligt sind. Anders als im Falle des Anteilserwerbs bei der Gründung eines Gemeinschaftsunternehmens (§ 37 Abs. 1 Nr. 3 Satz 3) liegt kein Zusammenschluss auf horizontaler Ebene unter den Müttern vor.[10] **Nicht beteiligt** sind die Unternehmen, die die beteiligten Unternehmen beherrschen, sowie die Unternehmen, die von dem beteiligten Unternehmen beherrscht werden. Ihre Umsätze sind jedoch nach § 38 Abs. 1 i. V. m. 36 Abs. 2 für die Umsatzberechnung zur Prüfung der Eingreifschwellen zu den Umsätzen der beteiligten Unternehmen hinzuzurechnen **(Konzernbetrachtung).** So sind z.B. die Umsätze der den Erwerber (mit)kontrollierenden Unternehmen in die Umsatzberechnung für § 35 Abs. 1 einzubeziehen.[11]

2. Umsatzbestimmung

5   Für die Berechnung der Umsatzerlöse sind die Erlöse aus allen Tätigkeiten der beteiligten sowie der mit ihnen verbundenen Unternehmen heranzuziehen.[12] Im Fall von verbundenen Unternehmen sind nur die Umsätze derjenigen Unternehmen bei der Berechnung zu berücksichtigen, die zum Zeitpunkt der Anmeldung und des beabsichtigten Vollzugs noch verbunden sind.[13] Gemäß **§ 35 Abs. 1 Nr. 1** ist ein gemeinsamer weltweiter Umsatzerlös von mehr als 500 Mio. Euro erforderlich. Gemäß **§ 35 Abs. 1 Nr. 2** muss mindestens ein beteiligtes Unternehmen im Inland Umsatzerlöse von mehr als 25 Mio. Euro und ein anderes beteiligtes Unternehmen Umsatzerlöse von mehr als 5 Mio. Euro erzielt haben.[14] Mit dem Dritten Gesetz zum Abbau bürokratischer Hemmnisse insbesondere in der mittelständischen Wirtschaft (Drittes Mittelstandsentlastungsgesetz) hat der Gesetzgeber den zweiten genannten Inlandsumsatzschwellenwert in § 35 Abs.1 Nr. 2 eingeführt.[15] Der Gesetzgeber erhofft sich davon eine nennenswerte Reduzierung der anmelde- und kontrollpflichtigen Zusammenschlüsse.[16] Mit der Einführung eines zweiten Inlandsumsatzschwellenwertes gleicht sich das deutsche Recht außerdem an zahlreiche ausländische Fusionskontrollregime und die EU-FKVO an. Diese sehen ebenfalls vor, dass zwei der an einem Zusammenschluss beteiligten Unternehmen Umsätze in dem jeweiligen Hoheitsgebiet erzielt haben müssen. Um die inländischen Umsätze bemessen zu können, muss der erzielte Umsatz örtlich zutref-

---

[9] *Mestmäcker/Veelken* in: Immenga/Mestmäcker, GWB, § 37 Rn. 67.
[10] BKartA, Merkblatt zur deutschen Fusionskontrolle S. 11.
[11] Vgl. näher § 36 Rn. 191 ff. und § 38 Rn. 1 ff.
[12] § 38 Rn. 1 ff.
[13] *Bechtold,* GWB, § 35 Rn. 25; *Ruppelt* in: Langen/Bunte, Kommentar zum deutschen und europäischen Kartellrecht, § 35 Rn. 19. Allein auf den Zeitpunkt der Anmeldung abstellend *Richter* in: Wiedemann, Handbuch des Kartellrechts, § 19 Rn. 56.
[14] Begr. z. Reg. Entwurf BT-Drucks. 13/9720, § 35 zu Abs. 1; BT-Drucks. 16/10490, zu Artikel 8.
[15] Siehe BGBl. 2009, S. 550 vom 17. März 2009. Das Änderungsgesetz trat zum 25. März 2009 in Kraft.
[16] Entwurf der Bundesregierung zum Dritten Gesetz zum Abbau bürokratischer Hemmnisse insbesondere in der mittelständischen Wirtschaft, abrufbar unter: www.bmwi.de.

§ 35. Geltungsbereich der Zusammenschlusskontrolle 6–8 § 35 GWB

fend lokalisiert werden. Zwar enthält das deutsche Fusionskontrollrecht anders als die FKVO keine Aussage zur **örtlichen Lokalisierung,** dennoch ist aufgrund der sich auch aus der Gesetzesbegründung ergebenden starken Orientierung an der Europäischen Fusionskontrolle[17] auf die Kriterien der EU-FKVO zurückzugreifen.[18] Entsprechend Art. 5 Abs. 1 Satz 2 FKVO ist damit der Umsatz am Sitz des Kunden zu lokalisieren, unabhängig davon, wo die Dienstleistung erbracht oder die Ware verkauft worden ist.[19] Bei Kredit- und sonstigen Finanzinstituten ist der Umsatz dem Sitz der Zweig- oder Geschäftsstelle geographisch zuzurechnen.[20] Die Frage der Lokalisierung der Umsätze ist getrennt von der Frage der Inlandsauswirkung nach § 130 Abs. 2 zu betrachten. Auch wenn die Umsatzschwellen des § 35 überschritten werden, kann es an einer Inlandsauswirkung fehlen.[21] **Maßgeblicher Zeitpunkt** für die Berechnung der Umsatzschwellen nach § 35 Abs. 1 ist das letzte Geschäftsjahr vor der Anmeldung des Zusammenschlusses. Sollten diese bei den beteiligten Unternehmen auseinander fallen, ist für jeden Beteiligten auf das für diesen letzte Geschäftsjahr abzustellen. Wenn ein beteiligtes Unternehmen nach dem letzten Geschäftsjahr Unternehmen oder Unternehmensteile erworben oder veräußert hat, sind die darauf entfallenden Umsätze zu addieren bzw. abzuziehen.[22] Ist ein Zusammenschluss vollzogen worden, ohne dass ein Fusionskontrollverfahren durchlaufen wurde, ist der Umsatz des letzten abgeschlossenen Geschäftsjahrs vor dem Vollzug des Zusammenschlusses maßgebend.[23] Zur Berechnung der Umsätze siehe näher zu § 38.

III. „Bagatellklauseln" (§ 35 Abs. 2)

Trotz Erreichen der Schwellenwerte ist der Zusammenschluss kontrollfrei, wenn eine der 6 Bagatellklauseln nach § 35 Abs. 2 Satz 1 eingreift. In diesen Fällen hat der Zusammenschluss keine wettbewerbsrechtliche Relevanz. Es ist weder eine Anmeldung noch eine Anzeige erforderlich. Bei beiden Bagatellklauseln handelt es sich um Ausnahmetatbestände. Das Bundeskartellamt vertritt daher in seiner Praxis eine eher enge Auslegung. Die FKVO sieht keine entsprechende Regelung vor.

1. De-Minimis-Klausel, § 35 Abs. 2 Satz 1 Nr. 1

Die Regelung in § 35 Abs. 2 Satz 1 Nr. 1 ist eine echte De-Minimis-Regelung.[24] Sie 7 wurde mit der 6. GWB-Novelle neu gefasst und ersetzt die ehemalige Anschlussklausel, die allein den Anschluss eines Kleinunternehmens an ein Großunternehmen freistellte. Sind die Voraussetzungen von § 35 Abs. 2 Satz 1 Nr. 1 erfüllt, so gelten die Vorschriften der Fusionskontrolle insgesamt nicht. Gemäß § 35 Abs. 2 Satz 2 findet die De-Minimis-Klausel keine Anwendung bei Pressezusammenschlüssen.[25]

a) Zusammenschluss. Auf der Grundlage der De-Minimis-Klausel ist nunmehr **jede** 8 **Art des Zusammenschlusses von Kleinunternehmen mit Großunternehmen** i. S. d. § 37 fusionskontrollfrei, sofern eines der Unternehmen einen weltweiten Umsatz von weniger als 10 Mio. Euro erzielt.[26] Im Gegensatz zur früheren Anschlussklausel sind

---

[17] Vgl. Begr. z. Reg. Entwurf BT-Drucks. S. 13/9720 unter Nr. I 3.
[18] So auch *Bechtold*, GWB, § 35 Rn. 25; *Mestmäcker/Veelken* in: Immenga/Mestmäcker, GWB, § 35 Rn. 10.
[19] Konsolidierte Mitteilung der Kommission zu Zuständigkeitsfragen vom 10. 7. 2007, Tz. 196.
[20] Konsolidierte Mitteilung der Kommission zu Zuständigkeitsfragen vom 10. 7. 2007, Tz. 210.
[21] Siehe dazu Merkblatt des BKartA zur Inlandsauswirkung.
[22] Vgl. *Ruppelt* in: Langen/Bunte, GWB, § 35 Rn. 19; s. § 38 Rn. 9.
[23] *Bechtold* § 35 Rn. 25; *Schütz* GK § 35 Rn. 9; Vgl. Mitteilung des BKartA zur Behandlung nachträglich angemeldeter Zusammenschlüsse.
[24] BKartA Tätigkeitsbericht 1999/2000 S. 17; Merkblatt zur deutschen Fusionskontrolle S. 3.
[25] Siehe unten Rn. 22.
[26] BKartA Tätigkeitsbericht 1999/2000 S. 17.

damit nicht mehr nur Anschlüsse von kleinen Unternehmen an Großunternehmen von ihrem Anwendungsbereich erfasst. Weder die Reg. Begr. zur 6. GWB-Novelle noch das Gesetz selbst bieten Anhaltspunkte dafür, dass qualitative Anforderungen (z. B. Freiwilligkeit, Erwerb aufgrund Initiative des Kleinunternehmens) an die Umstände des Zusammenschlusses zu stellen sind. Außerdem verwendet das Gesetz nach der 6. GWB-Novelle nicht mehr den Begriff des „Anschließens", sondern spricht von „Zusammenschließen". Auch eine **Teilveräußerung** durch, sowie der **Minderheitserwerb** an einem Kleinunternehmen durch ein Großunternehmen unter Aufrechterhaltung der Beteiligung des bisherigen Inhabers erfüllen den Tatbestand.[27] § 35 Abs. 2 Satz 1 Nr. 1 ist ebenso auf **die Gründung von Gemeinschaftsunternehmen** anwendbar, sofern sich ein Kleinunternehmen zur Geschäftsausweitung an einem Gemeinschaftsunternehmen mit einem Großunternehmen als Gesellschafter beteiligt.[28] Auch ein Zusammenschluss gegen den Willen des kleinen Unternehmens durch **eine feindliche Übernahme** (z. B. Aktienkauf an der Börse) erfüllt den Tatbestand der De-Minimis-Klausel.[29] Die De-Minimis-Klausel greift auch ein, wenn ein Kleinunternehmen ein Großunternehmen erwirbt. Ebenso, wenn ein Großunternehmen A und ein Kleinunternehmen B ein Kleinunternehmen C gemeinsam beherrschen und das Großunternehmen A die Anteile vom Kleinunternehmen B an C erwirbt, vorausgesetzt die Umsätze von B und C liegen zusammen unter 10 Mio. Euro.[30] Ferner gilt die Vorschrift, wenn ein Großunternehmen D und ein Kleinunternehmen E ein Großunternehmen F gemeinsam beherrschen und E die Anteile von D an F erwirbt. Im ersten Fall sind C die Umsatzerlöse von A und im zweiten Fall E die Umsatzerlöse von F für die Anwendung von § 35 Abs. 2 Satz 1 Nr. 1 nicht nach § 36 Abs. 2 hinzuzurechnen, da A und im zweiten Fall E nicht schlechter gestellt werden dürfen, als wenn sie sämtliche Anteile an C bzw. F in einem Schritt erworben hätten.[31] Die De-Minimis-Klausel ist, auch wenn der Wortlaut auf die Beteiligung von nur zwei Unternehmen hindeutet, ebenso auf Zusammenschlüsse anwendbar, an denen **mehr als zwei** Unternehmen beteiligt sind.[32]

9 Werden Anteile an einem bislang nicht abhängigen Unternehmen an mehrere Unternehmen veräußert mit der Folge, dass für diese die **Fiktion einer Teilfusion** der Mütter des § 37 Abs. 1 Nr. 3 Satz 3 eingreift, entfällt die Privilegierung des Abs. 2 Nr. 1 für den Zusammenschluss, der zum Gemeinschaftsunternehmen selbst führt, da angesichts der Einheitlichkeit des Zusammenschlusses im Fall des § 37 Abs. 1 Nr. 3 Satz 3 nicht lediglich der fiktive Zusammenschluss der Mütter der Kontrollpflicht unterworfen werden kann.[33] Ein Unternehmen kann zugleich oder auch nacheinander beliebig viele Unternehmen erwerben und sich für diese Zwecke auf die De-Minimis-Klausel berufen, es muss nur bei jedem Einzelerwerb sichergestellt sein, dass die 10 Mio. Euro Umsatzschwelle auf Seiten des Veräußerers nicht überschritten ist. Die Zwischenübertragung eines Unternehmensteils auf einen (umsatzschwachen) Zwischenerwerber, um hierdurch die De-Minimis-Klausel anwendbar zu machen, ist nicht möglich, wenn und soweit der Zwischenerwerber der Steue-

---

[27] So bereits zur früheren Anschlussklausel KG 16. 6. 1981, WuW/E OLG 2507, 2510 – *Veba-Stadtwerke Wolfenbüttel*; *Kleinmann/Bechtold* § 24 Rn. 178; *Quack* FK § 2 Rn. 287.
[28] BKartA Tätigkeitsbericht 1999/2000 S. 17; a. A. *Mestmäcker/Veelken* in: Immenga/Mestmäcker, GWB, § 35 Rn. 29.
[29] BKartA Tätigkeitsbericht 1999/2000 S. 17; *Bechtold*, GWB, § 35 Rn. 28; *Richter* in: Wiedemann (Fn. 7), § 19 Rn. 45; a. A. *Mestmäcker/Veelken* in: Immenga/Mestmäcker, GWB, § 35 Rn. 29; *Emmerich* S. 261; *Schütz* GK § 35 Rn. 20.
[30] BKartA Tätigkeitsbericht 1999/2000 S. 17.
[31] BKartA Tätigkeitsbericht 1999/2000 S. 18.
[32] KG 16. 6. 1981, WuW/E OLG 2507, 2510 – *Veba-Stadtwerke Wolfenbüttel*, *Mestmäcker/Veelken* in: Immenga/Mestmäcker, GWB, § 35 Rn. 26; *Schütz* GK § 35 Rn. 19; *Kleinmann/Bechtold* § 35 Rn. 174.
[33] BKartA, Beschluss v. 24. 5. 2002 – *RWE Umwelt/GAB Pinneberg*; *Mestmäcker/Veelken* in: Immenga/Mestmäcker, GWB, § 35 Rn. 32, § 37 Rn. 74; a. A. *Kleinmann/Bechtold* § 24 Rn. 179.

rung des Veräußerers bzw. des gewünschten Erwerbers unterliegt. Aus demselben Grund ist die De-Minimis-Klausel unanwendbar, wenn das Erwerbsobjekt nur für die Zwecke der Fusionskontrolle scheibchenweise aufgespalten wird.[34]

b) Nicht abhängiges Unternehmen. Das veräußerte Unternehmen darf nicht abhängig, d. h., nicht mit anderen Unternehmen verbunden sein. Die Vorschrift verweist hierzu auf § 36 Abs. 2, der wiederum auf §§ 17, 18 AktG Bezug nimmt. Nach dem Wortlaut fällt damit der Verkauf eines Tochterunternehmens aus einem **Kleinkonzern** mit einem Konzernumsatz von weniger als 10 Mio. Euro Umsatz nicht unter die De-Minimis-Klausel. Nach allgM ist dies hingegen möglich, sofern der Gesamtumsatz des Konzernverbundes unter der Umsatzschwelle von 10 Mio. Euro bleibt.[35] Auch die gemeinsame Abhängigkeit von mehreren Unternehmen ist möglich (Mehrmütterklausel, § 36 Abs. 2 S. 2).

c) Umsatzschwelle 10 Mio. Euro. Die De-Minimis-Klausel gilt für Zusammenschlüsse von Unternehmen, die im letzten abgelaufenen Geschäftsjahr einen Umsatz von weniger als 10 Mio. Euro erzielt haben. Für die Anwendung der Vorschrift sind die Umsätze des als Kleinunternehmen zu qualifizierenden Veräußerers und die Umsätze der mit ihm verbundenen Unternehmen sowie des veräußerten Unternehmens bzw. des veräußerten Unternehmensteil zu addieren.[36] Abweichend vom allgemeinen Grundsatz der Umsatzzurechnung sind bei der Anwendung der De-Minimis-Klausel damit die Umsätze des mit dem veräußerten Unternehmen bzw. Unternehmensteil nach § 36 Abs. 2 verbundenen Veräußerers hinzuzurechnen. Die Vorschrift greift somit nicht ein, wenn ein Unternehmen, das den Umsatzschwellenwert von 10 Mio. Euro überschreitet, einen Teilbetrieb mit einem eigenen Umsatzerlös unterhalb des Schwellenwerts an ein anderes größeres Unternehmen veräußert.[37]

2. Bagatellmarktklausel § 35 Abs. 2 Satz 1 Nr. 2

Zusammenschlüsse unterliegen nicht der Fusionskontrolle soweit sie einen Bagatellmarkt betreffen. Damit sollen Zusammenschlüsse, die gesamtwirtschaftlich unbedeutend sind, von der Zusammenschlusskontrolle ausgenommen sein.[38] An dieser Zielsetzung hat sich durch die Neuregelung im Rahmen der 6. GWB-Novelle nichts geändert.[39] Die Fünf-Jahres-Frist soll sicherstellen, dass Zusammenschlüsse, die sich auf neuen und gesamtwirtschaftlich noch nicht voll entwickelten Märkten auswirken, der Fusionskontrolle unterliegen, weil die Marktvolumengrenze noch nicht erreicht ist.[40]

Die Bestimmung des sachlich und räumlich relevanten Marktes, dessen Volumen für die Berechnung der **Bagatellmarktschwelle** maßgeblich ist, erfolgt in der gleichen Weise wie die Bestimmung des Marktes für die Marktanteilsbetrachtung. In räumlicher Hinsicht ist nach der Grundsatzentscheidung des BGH im Fall Sulzer/Kelmix der für die Berechnung der Umsatzerlöse relevante Markt auf das Gebiet der Bundesrepublik begrenzt (s. u. Rn. 16 f.).

---

[34] *Bechtold* § 35 Rn. 28; *Schulte* AG 1998, 297 (306).
[35] Offen gelassen in BGH, 23. 10. 1979 – *Zementmahlanlage II* WuW/E BGH 1661; BGH 24. 6. 1980 – *Mannesmann-Bruenninghaus* WuW/E 1712; TB BKartA 1999/2000 S. 17; BKartA Merkblatt zur deutschen Fusionskontrolle S. 4; *Schulte* AG 1998, 297 (306); *Ruppelt* in: Langen/Bunte (Fn. 4), § 35 Rn. 22; *Richter* in: Wiedemann (Fn. 7), § 19 Rn. 44.
[36] BKartA Merkblatt zur deutschen Fusionskontrolle S. 4; *Mestmäcker/Veelken* in: Immenga/Mestmäcker, GWB, § 35 Rn. 28.
[37] BGH 23. 10. 1979, KVR 3/78, WuW/E BGH 1655, 1660 f. – *Zementmahlanlage II;* BGH 24. 6. 1980, KVR 5/79, WuW/E BGH 1711, 1712 – *Mannesmann/Brueninghaus;* BKartA, Beschluss v. 24. 5. 2002 – *RWE Umwelt/GAB Pinneberg*.
[38] Reg.-Begr. zu § 24 Abs. 8 Satz 1 Nr. 3 GWB a. F. BT-Drucks. VI/2520, S. 32.
[39] Reg.-Begr. zu § 35 Abs. 2 Satz 1 Nr. 2 GWB, BT-Drucks. 13/9720 S. 56; TB BKartA 1999/2000 S. 18.
[40] Reg.-Begr. zum 2. Entwurf (1978) der 4. GWB-Novelle BT-Drucks. 8/2136 S. 23.

14 Bei der Abgrenzung besonders enger sachlich oder räumlich relevanter Märkte kann die Bagatellmarktklausel im Einzelfall zu Ergebnissen führen, die mit ihrem Zweck, nur gesamtwirtschaftlich unbedeutende Zusammenschlüsse von der Fusionskontrolle auszunehmen, kollidieren können. Aus dem Wortlaut des Gesetzes ergibt sich keine Möglichkeit, ein solches Ergebnis zu korrigieren. Das Bundeskartellamt versucht jedoch, den Folgen einer engen Marktabgrenzung im Rahmen der Anwendung von § 35 Abs. 2 Satz 1 Nr. 2 zu entgehen, indem es in bestimmten Konstellationen die einzelnen Bagatellmärkte für die Feststellung des Umsatzvolumens zusammenfasst und somit als einen Markt für die Prüfung der Bagatellmarktschwelle zu Grunde legt (**„Bündeltheorie"**).[41] Diese Bündeltheorie ist zwar in der Vergangenheit vom KG mehrmals abgelehnt worden,[42] das OLG Düsseldorf[43] und der **BGH**[44] haben diese hingegen grundsätzlich akzeptiert.

Dabei lassen sich der Entscheidungspraxis des BGH und des Kartellamtes folgende Prinzipien entnehmen:

Der BGH befürwortet eine Zusammenfassung getrennter Märkte dann, wenn diese Märkte in sachlicher Hinsicht identisch, jedoch räumlich getrennt sind.[45] Voraussetzung ist, dass sich ein Zusammenschluss auf mehrere **aneinandergrenzende räumliche Bagatellmärkte** auswirkt, diese Märkte durch flächendeckende Organisationsstrukturen der beteiligten Unternehmen abgedeckt werden und die auf diesen Märkten erzielten Umsätze zusammen die Bagatellmarktschwelle um ein Vielfaches überschreiten und der Zusammenschluss hierdurch insgesamt eine gesamtwirtschaftliche Bedeutung erfährt.[46] Darüber hinaus hat der BGH eine Zusammenfassung mehrerer Bagatellmärkte befürwortet, wenn die Zusammenschlussbeteiligten gleichzeitig auf dem Bagatellmarkt und einem vor- oder nachgelagerten Nicht-Bagatellmarkt tätig sind.[47] Voraussetzung ist, dass die Wettbewerbsbedingungen auf dem Bagatellmarkt unmittelbar darüber entscheiden, welche Wettbewerber rechtlich und tatsächlich in der Lage sind, ihre Waren oder Dienstleistungen auch auf dem anderen Nicht-Bagatellmarkt anzubieten.

Nach Auffassung des Bundeskartellamtes soll eine Zusammenfassung von Bagatellmärkten auch dann möglich sein, wenn sich ein Zusammenschluss auf mehrere **sachlich eng benachbarte Bagatellmärkte** auswirkt. Voraussetzung sei, dass die am Zusammenschluss beteiligten Unternehmen auf den sachlichen Bagatellmärkten eine einheitliche Unternehmenspolitik verfolgten, die auf diesen Märkten erzielten Gesamtumsätze die Schwelle des § 35 Abs. 2 Satz 1 Nr. 2 überschritten und die Märkte durch im Wesentlichen homogene Wettbewerbsbedingungen gekennzeichnet seien.[48] Das Bundeskartellamt hat verschiedene Kriterien entwickelt, nach denen diese Voraussetzungen geprüft werden. Indizien für eine einheitliche Unternehmenspolitik bzw. einheitliche Wettbewerbsbedingungen sind: eine

---

[41] BKartA, 25. 3. 1976, WuW/E BKartA 1653, 1656 – *Babcock/Artos*; BKartA, 14. 8. 1984 WuW/2161, 2163 – *Coop/Wandmaker*; BKartA, 25. 4. 2002 – *BayWa/WLZ*; BKartA, 30. 11. 2000 – *BASF/Takeda*; BKartA, 9. 12. 1999, WuW/E DE-V 203 – *Krautkrämer/Nutronik*; BKartA, 20. 12. 2001, WuW/E DE-V 527, 528 f. – *Marzipanrohmasse*.

[42] KG WuW/E 3917, 3921 – *Coop/Wandmaker*; WuW/E 3577 ff., 3591 – *Hussel/Mara*, da dies sowohl mit der Einheitlichkeit des Marktbegriffs als auch mit der Intention des Gesetzgebers nicht vereinbar sei; ebenso die Literatur: *Schütz* GK § 35 Rn. 25; *Kleinmann/Bechtold* § 24 Rn. 188.

[43] OLG Düsseldorf 4. 5. 2005, WuW/E DE-R 1495 – *Deutsche Bahn/KVS Saarlouis*.

[44] BGH 19. 12. 1995, WuW/E BGH 3037 – *Raiffeisen*; BGH 11. 7. 2006, WuW/E DE-R 1797, 1799 – *Deutsche Bahn/KVS Saarlouis*.

[45] BGH 19. 12. 1995, WuW/E BGH 3037 – *Raiffeisen*.

[46] BGH 19. 12. 1995, WuW/E BGH 3037, 3042 f. – *Raiffeisen*; vgl. BKartA 25. 4. 2002 – *BayWa/WLZ* (nur im Internet veröffentlicht).

[47] BGH 11. 7. 2006, WuW/DE-R 1797, 1799 – *Deutsche Bahn/JVS Saarlouis*. Dazu BKartA 9. 6. 2004, WuW/E DE-V, 937 – *ÖPNV Saarland*.

[48] BKartA 30. 11. 2000 – *BASF/Takeda*; BKartA. 9. 12. 1999, WuW/E DE-V 203, 205 – *Krautkrämer/Nutronik*.

moderate Angebotsumstellungsflexibilität,[49] weitgehende Identität der wesentlichen marktbestimmenden Nachfrager und Anbieter in den Teilmärkten, Absatz der einzelnen Produkte über einheitliche Vertriebswege bzw. Vertrieb im Sortiment, eine produkt- und marktübergreifende Betreuung der Nachfrager (key account management), gemeinsame Investitions- und Finanzpläne für die benachbarten Märkte sowie Gewährung von Nachlässen auf den Gesamtumsatz.[50]

In Fällen, in denen die Bagatellmarktklausel anwendbar ist, kommen die Vorschriften über die Fusionskontrolle insgesamt nicht zur Anwendung, wenn der Zusammenschluss überhaupt **nur** einen oder mehrere **Bagatellmärkte** betrifft.[51] Dann ist der Zusammenschluss insgesamt nicht anmeldepflichtig. Die Klausel schließt jedoch die Anmeldepflicht nicht aus, wenn neben einem oder mehreren Bagatellmärkten **weitere Märkte** mit höheren Marktvolumina als 15 Mio. Euro von dem Zusammenschluss betroffen sind.[52] In diesem Fall finden jedoch die Vorschriften über die materielle Zusammenschlusskontrolle auf die Bagatellmärkte keine Anwendung,[53] so dass diese fusionskontrollfrei bleiben. Die Nicht-Bagatellmärkte unterliegen hingegen voll der materiellen Fusionskontrolle mit der möglichen Folge der Untersagung des gesamten Zusammenschlusses nach § 36 Abs. 1.

Im Hinblick auf die **räumliche Abgrenzung** des relevanten Marktes für die Zwecke der Bagatellmarktberechnung hat der BGH zur umstrittenen und zuletzt zwischen dem BKartA[54] und dem OLG Düsseldorf[55] unterschiedlich beantworteten Frage nach der maximal möglichen Ausdehnung des räumlich relevanten Marktes im Geltungsbereich der Bagatellmarktklausel Stellung genommen. In der Entscheidung Sulzer/Kelmix stellte der BGH fest, dass der räumlich relevante Markt für die Zwecke der Bagatellmarktklausel höchstens das Gebiet der Bundesrepublik umfassen kann, sodass bei der Berechnung der relevanten Umsätze maximal die in Deutschland erzielten Umsätze in Ansatz zu bringen sind.[56]

Der BGH hat sich damit der auch in der Vorauflage vertretenen und im Schrifttum vorherrschenden Auffassung angeschlossen.[57] Ausdrücklich bestätigt der BGH jedoch seine Entscheidungspraxis in Sachen „**Staubsaugerbeutelmarkt**",[58] die mittlerweile in § 19 Abs. 2 ihren Niederschlag gefunden hat, wonach der räumlich relevante Markt für die Zwecke der materiellen Fusionskontrolle ausschließlich nach ökonomischen Kriterien abzugrenzen ist und demnach über das Gebiet der Bundesrepublik hinausreichen kann.

Im Ergebnis erkennt der BGH damit an, dass der Begriff des Marktes, wie jeder andere unbestimmte Rechtsbegriff, innerhalb des GWB unterschiedlich ausgelegt werden kann. Unterschiedliche Zielrichtungen der jeweiligen Normen rechtfertigen abweichende Ausle-

---

[49] BKartA 24. 6. 2005, WuW/E DE-V 1078, 1079 – *Thermo/Kendro*.
[50] BKartA 14. 2. 2003 WuW/E DE-V 717 – *Schwartau/Zentis*; BKartA 30. 11. 2000 – *BASF/Takeda*; BKartA 20. 12. 2001 WuW/E DE-V 527, 529 f. – *Marzipanrohmasse*.
[51] BKartA, Merkblatt zur deutschen Fusionskontrolle S. 4, BReg.-Bgr. zu § 35 BT-Drucks. 13/9720.
[52] BKartA 24. 5. 2002 Tätigkeitsbericht 2001/2002, 156 – *Thales/Sema*; Bechtold NJW 1998, 2769, 2773; *Ruppelt* in: Langen/Bunte, Kommentar zum deutschen und europäischen Kartellrecht, § 35 Rn. 24; *Bechtold* § 35 Rn. 35.
[53] Vgl. auch BKartA 26. 1. 2001, WuW/DE-V 395, 399 – *Schwäbisch Gmünd*; BKartA 10. 12. 2002, WuW/E DE-V 695 – *Holtzbrinck/Berliner Verlag*.
[54] BKartA 14. 2. 2007, WuW/E DE-V 1340 – *Sulzer/Kelmix* (nicht rechtskräftig); BKartA 15. 3. 2006, WuW/E DE-V 1247 – *E. I. du Pont/Pedex* (nicht rechtskräftig).
[55] OLG Düsseldorf 22. 12. 2006, WuW/DE-R 1881 – *E. I. du Pont/Pedex*; OLG Düsseldorf 5. 3. 2007, WuW/DE-R 1931 – *Sulzer/Kelmix*.
[56] BGH 25. 9. 2007, WuW/DE-R 2133 – *Sulzer/Kelmix*.
[57] Vgl. Vorauflage; *Burholt* WuW 2005, 889, 892; *Kahlenberg/Haellmigk*, BB 2005, 1509, 1511; *Bechtold*, GWB, § 35 Rn. 35; *Stadler* in: Langen/Bunte, GWB, § 130 Rn. 185.
[58] BGH 5. 10. 2004, WuW/E DE-R 1355.

gungen.⁵⁹ Das Dogma des einheitlichen Marktbegriffs des GWB ist damit zu einer „leeren Hülle"⁶⁰ geworden.

18 Für die Berechnung der Marktvolumina ist auf die Umsätze der auf dem relevanten Markt tätigen Unternehmen abzustellen. Es werden die Umsätze der am Zusammenschluss beteiligten Unternehmen und die ihrer Wettbewerber zusammengerechnet.⁶¹ Handelt es sich bei dem relevanten Markt um einen Handelsmarkt, werden entsprechend § 38 Abs. 2 nur ¾ des gesamten Marktvolumens in Ansatz gebracht.

19 Da die für die Prüfung der Bagatellmarktklausel notwendige Abgrenzung des relevanten Marktes wie auch die Ermittlung des Marktvolumens in der Praxis erhebliche Probleme aufwerfen können, empfiehlt es sich, die Anwendbarkeit der Bagatellmarktklausel vor Vollzug des Zusammenschlusses mit dem BKartA abzuklären. Legen die Zusammenschlussbeteiligten das falsche Marktvolumen für die Prüfung des § 35 Abs. 2 Satz 1 Nr. 2 zugrunde und vollziehen daraufhin ohne vorhergehende Anmeldung den Zusammenschluss, so liegt ein Verstoß gegen das Vollzugsverbot vor. Gemäß § 41 Abs. 1 Satz 2 ist dann das gesamte Rechtsgeschäft (schwebend) unwirksam. Dieses Risiko kann nur eine präventive Anmeldung beseitigen. Das BKartA ist jedoch dafür beweispflichtig, dass die Bagatellmarktschwelle überschritten ist. Zweifel, ob ein relevanter Markt einen Bagatellmarkt darstellt, wirken somit zugunsten der beteiligten Unternehmen.

IV. Medienzusammenschlüsse

20 Im Rahmen des § 35 sind verschiedene medienspezifische Sonderregelungen zu beachten. Sowohl bei der Berechnung der für die Schwellenwerte relevanten Umsätze wie auch hinsichtlich der Ausnahmetatbestände bestehen Besonderheiten, die den spezifischen Bedingungen verschiedener Medienmärkte (Rundfunk und/oder Presse) Rechnung tragen sollen.

1. Umsatzschwellenwerte

21 Für die Umsatzschwellenwertbestimmung im Rahmen von § 35 Abs. 1 werden bei Presse- und Rundfunkunternehmen gemäß § 38 Abs. 3 die Umsätze 20-fach angesetzt. Infolgedessen sinken die Schwellenwerte um $1/_{20}$. Die Umsatzschwelle nach § 35 Abs. 1 Nr. 1 reduziert sich damit auf 25 Mio. Euro, die nach § 35 Abs. 1 Nr. 2 auf 1,25 Mio. Euro bzw. 0,25 Mio. Euro.⁶²

2. De-Minimis-Klausel

22 § 35 Abs. 2 Satz 2 bestimmt, dass die De-Minimis-Klausel nicht gilt, soweit ein Zusammenschluss den Wettbewerb beim Verlag, bei der Herstellung und beim Vertrieb von Zeitungen, Zeitschriften oder deren Bestandteilen beschränkt wird. Die Rückausnahme von der De-Minims-Klausel gilt mithin nur für Presse- nicht für Rundfunkunternehmen. Der Begriff der Zeitungen und Zeitschriften ist in § 35 Abs. 2 ebenso auszulegen wie in der Presserechenklausel des § 38 Abs. 3. Zu den Zeitungen gehören auch Anzeigenblätter. Daher fallen nicht nur Zusammenschlüsse zwischen Zeitungsblattverlagen, sondern auch Zusammenschlüsse zwischen Anzeigenblatt- und Zeitungsblattverlagen unter § 35 Abs. 2 Satz 2.

Ob eine Beschränkung des Wettbewerbs vorliegt, ist eine Frage des materiellen Rechts und müsste sich demnach nach den Kriterien des § 36 Abs. 1 richten.⁶³ Diese Anknüpfung

---

⁵⁹ *Burholt* WuW 2005, 889, 895.
⁶⁰ *Podszun* GRUR Int. 2008, 204, 206.
⁶¹ *Mestmäcker/Veelken* in: Immenga/Mestmäcker, GWB, § 35 Rn. 33.
⁶² Vgl. näher § 38 Rn. 1 ff.
⁶³ In diesem Sinne *Mestmäcker/Veelken* in: Immenga/Mestmäcker, GWB, § 35 Rn. 22 unter Hinweis auf die frühere Rechtslage nach § 24 Abs. 9 GWB a. F.

§ 36. Grundsätze für die Beurteilung von Zusammenschlüssen **§ 36 GWB**

der Anmeldepflicht an materielle Kriterien stellt einen Fremdkörper im Rahmen der formellen Fusionskontrolle des § 35 dar. Vertreten wird deshalb, dass die Rückausnahme nur dann eingreifen soll, wenn der Zusammenschluss „horizontale Effekte" aufweist.[64] In der Praxis ist eine zumindest vorsorgliche Anmeldung immer dann angezeigt, wenn durch den Zusammenschluss ein Pressemarkt „betroffen" ist.

3. Bagatellmarktklausel

Im Gegensatz zur De-Minimis-Klausel ist die Bagatellmarktklausel nach § 35 Abs. 2 Satz 1 Nr. 2 ausnahmslos für alle Zusammenschlüsse, auch im Medienbereich, anwendbar. Entsprechend der Regelung in § 38 Abs. 3 ist jedoch auch im Rahmen der Bagatellmarktschwelle zu beachten, dass der Schwellenwert um $1/20$, d. h. auf 0,95 Mio. Euro reduziert ist. 23

V. Verhältnis zur EG-Fusionskontrolle

§ 35 Abs. 3 stellt klar, dass das GWB insgesamt (d. h. auch einschließlich des § 1) nicht gilt, soweit gemäß Art. 22 Abs. 2 FKVO für Zusammenschlüsse mit gemeinschaftsweiter Bedeutung allein die FKVO anwendbar ist. In den Fällen nach Art. 9 Abs. 1 und 3 FKVO, in denen die Kommission einen bei ihr angemeldeten Zusammenschluss an das Bundeskartellamt abgibt, finden mit Zugang der Verweisungsentscheidung allein die Vorschriften der deutschen Fusionskontrolle Anwendung (§ 39 Abs. 4 und § 40 Abs. 5). 24

§ 36 Grundsätze für die Beurteilung von Zusammenschlüssen

(1) **Ein Zusammenschluss, von dem zu erwarten ist, dass er eine marktbeherrschende Stellung begründet oder verstärkt, ist vom Bundeskartellamt zu untersagen, es sei denn, die beteiligten Unternehmen weisen nach, dass durch den Zusammenschluss auch Verbesserungen der Wettbewerbsbedingungen eintreten und dass diese Verbesserungen die Nachteile der Marktbeherrschung überwiegen.**

(2) **¹Ist ein beteiligtes Unternehmen ein abhängiges oder herrschendes Unternehmen im Sinne des § 17 des Aktiengesetzes oder ein Konzernunternehmen im Sinne des § 18 des Aktiengesetzes, sind die so verbundenen Unternehmen als einheitliches Unternehmen anzusehen. ²Wirken mehrere Unternehmen derart zusammen, dass sie gemeinsam einen beherrschenden Einfluss auf ein anderes Unternehmen ausüben können, gilt jedes von ihnen als herrschendes.**

(3) **Steht einer Person oder Personenvereinigung, die nicht Unternehmen ist, die Mehrheitsbeteiligung an einem Unternehmen zu, gilt sie als Unternehmen.**

Übersicht

	Rn.		Rn.
I. Allgemeines	1	2. Oligopolistische Marktbeherrschung	125
II. Prognoseentscheidung	6	a) Die Definition oligopolistischer Marktbeherrschung in der deutschen Fusionskontrolle	125
III. Begründung oder Verstärkung einer marktbeherrschenden Stellung	10	b) Prüfungskriterien	133
1. Einzelmarktbeherrschung	10	IV. Abwägungsklausel	176
a) Der Marktbeherrschungsbegriff in der deutschen Fusionskontrolle	10	1. Verbesserungen der Wettbewerbsbedingungen	176
b) Der Marktbeherrschungsbegriff im europäischen Wettbewerbsrecht	22	2. Überwiegen über Nachteile der Marktbeherrschung	180
c) Prüfungskriterien	24	3. Nachweis	181

---

[64] *Bechtold*, GWB, § 35 Rn. 31, wonach die Rückausnahme nur dann eingreifen soll, wenn es zu Marktanteilsadditionen oder anderen horizontalen Wirkungen kommt.

	Rn.		Rn.
V. Die Verbundklausel (§ 36 Abs. 2)	182	a) Tatbestandsalternativen des § 18 AktG	192
1. Allgemeines	182	b) Der Gleichordnungskonzern	193
2. Abhängige Unternehmen	184	4. Mehrmütterklausel	196
a) Vermutungsregel des § 17 Abs. 2 AktG	185	VI. Flick-Klausel (§ 36 Abs. 3)	199
b) Möglichkeit beherrschenden Einflusses	188	1. Mehrheitsbeteiligung	199
		2. Normadressaten	200
3. Konzernunternehmen	191	3. Geltung	201

Schrifttum: *Albach,* Finanzkraft und Marktbeherrschung in Fusionsfällen, 1982; *Albath,* Unternehmensbeteiligungen unter 25%-Kapitalanteil, 1988; *E. van Arnheim,* Der räumlich relevante Markt in der Fusionskontrolle, 1991; *Bergmann,* Nachfragemacht in der Fusionskontrolle, 1990; *A. Beyer,* Zusammenschlusskontrolle im englischen und deutschen Recht unter besonderer Berücksichtigung der Sanierungsfusionen, 1986; *Böhnke,* Diversifizierte Unternehmen, 1976; *R. Büscher,* Diagonale Unternehmenszusammenschlüsse im amerikanischen und deutschen Recht, 1983; *Canenbley/Moosecker,* Fusionskontrolle, 1982; *Catranis,* Die Aufgabe der Zusammenschlusskontrolle, 1982; *Dirrheimer,* Ressourcenstärke und Abschreckungswirkungen in der Fusionskontrolle, 1988; *Dreher,* Konglomerate Zusammenschlüsse, Verbotsvermutungen und Widerlegungsgründe, 1987; *Eggers,* Finanzkraft, 1988; *H. M. Emrich,* Die Problematik der Fusionskontrolle bei Konglomeraten, 1978; *Fatscheck,* Die Berücksichtigung außerwettberblicher Gesichtspunkte bei Anwendung der Zusammenschlusskontrolle, 1977; *K. Fischer,* Wettbewerbliche Einheit und Fusionskontrolle, 1986; *Giesel,* Unternehmenswachstum und Wettbewerb, 1975; *Greiffenberg,* Konglomerate Unternehmensintegration und funktionsfähiger Wettbewerb; 1978; *Hitzler,* Systeme der Fusionskontrolle, 1978; *Hoppmann,* Fusionskontrolle, 1972; *Jickeli,* Marktzutrittsschranken im Recht der Wettbewerbsbeschränkungen; 1990; *Jüngst,* Marktbeherrschungsbegriff, „überragende Marktstellung" und Diversifikation, 1980; *Kantzenbach/Kottmann/Krüger,* Kollektive Marktbeherrschung. Neue Industrieökonomik und Erfahrungen aus der Europäischen Fusionskontrolle, 1996; *Kevekordes,* Auslandszusammenschlüsse im internationalen und materiellen Kartellrecht, 1986; *Klauss,* Die Bestimmung von Marktmacht, 1975; *Kleinmann/Bechtold,* Kommentar zur Fusionskontrolle, 2. Aufl. 1989; *Knöpfle,* Die Problematik der Zusammenschlusskontrolle nach dem GWB, 1986; *Koppensteiner,* Wettbewerbsrecht, § 13 (S. 247 ff.); *Mestmäcker,* Medienkonzentration und Meinungsvielfalt, 1978; *Möschel,* Wettbewerbsbeschränkungen, § 11 (S. 445 ff.); ders., Der Oligopolmißbrauch, 1974; ders., Pressekonzentration und Wettbewerbsgesetz, 1978; ders., Entflechtung im Recht der Wettbewerbsbeschränkungen, 1979; *Meinhold,* Diversifikation, konglomerate Unternehmen und GWB, 1977; *Neiser,* Die Praxis der deutschen Fusionskontrolle, 1981; *Paschke,* Der Zusammenschlussbegriff des Fusionskontrollrechts, 1989; *Purrukker,* Banken in der kartellrechtlichen Fusionskontrolle, 1983; *Ramrath,* Die „überragende Marktstellung" als Merkmal der Fusionskontrolle, 1978; *B. Richter,* Teiluntersagung in der Fusionskontrolle, 1987; *B. Richter* in Wiedemann (Hrsg.), Handbuch des Kartellrechts, 1999, 5. Kapitel, 2. Abschnitt, Die deutsche Fusionskontrolle (§§ 35 ff. GWB); *Sandrock,* Vertikale Konzentration im US-amerikanischen Antitrust-Recht, 1984; *Schmidt-Preuß,* Grenzen internationaler Unternehmensakquisition, 1985; *Schulte* (Hrsg.), Handbuch Fusionskontrolle, 2005; *Schulte-Braucks,* Die Auflösung marktbeherrschender Stellungen, 1980; *J.-M. Schultze,* Marktzutrittsschranken in der Fusionskontrolle, 1988; *Spieler,* Fusionskontrolle im Medienbereich, 1988; *Kl.-D. Stephan,* Die Anwendung des Zusammenschlussbegriffs auf Personalgesellschaften, 1989; *Traumann,* Die Zusage im Verfahren der Zusammenschlusskontrolle, 1977; *Veltrup,* Die wettbewerbspolitische Problematik konglomerater Fusionen, 1975; *J. Wertenbruch,* Die Rechtsfolgen der Doppelkontrolle bei Gemeinschaftsunternehmen nach dem GWB, 1990; *Wiedemann,* Gemeinschaftsunternehmen nach dem GWB, 1990; *Wiedemann,* Gemeinschaftsunternehmen im deutschen Kartellrecht, 1981.

I. Allgemeines

1 § 36 Abs. 1 GWB enthält die **materiellen Untersagungsvoraussetzungen** der Zusammenschlusskontrolle. Das Bundeskartellamt muss danach Zusammenschlüsse im Sinne der §§ 35 und 37 GWB untersagen, wenn von dem Zusammenschluss zu erwarten ist, dass er eine marktbeherrschende Stellung begründet oder verstärkt. Das Gesetz verlangt eine **Prognose** über die Entwicklungen der Marktstrukturen. Durch die Verwendung des Begriffs der marktbeherrschenden Stellung in § 36 Abs. 1 GWB knüpft das Gesetz an die

Definitionen des § 19 Abs. 2 GWB und die **Marktbeherrschungsvermutungen** des § 19 Abs. 3 GWB an. Das Bundeskartellamt darf einen Zusammenschluss nicht untersagen, wenn die Zusammenschlussbeteiligten nachweisen können, dass durch den Zusammenschluss auch Verbesserungen der Wettbewerbsbedingungen eintreten und dass diese Verbesserungen die Nachteile der Marktbeherrschung überwiegen (sog. Abwägungsklausel).

Die Kommentierung behandelt diese materiellen Untersagungsvoraussetzungen für Zusammenschlüsse nach § 36 Abs. 1 GWB. Sie geht von der materiellen Fusionskontrollpraxis des Bundeskartellamts und der für die Beschwerden gegen Fusionskontrollentscheidungen des Bundeskartellamts zuständigen Gerichte aus, wie sie in den Freigabe- und Untersagungsverfügungen des Bundeskartellamts, den Beschlüssen von Kammergericht, Oberlandesgericht Düsseldorf und Bundesgerichtshof Ausdruck gefunden hat. Die Kommentierung orientiert sich in Struktur und Inhalt an den im Juli 2005 aktualisierten Auslegungsgrundsätzen des Bundeskartellamts zur materiellen Fusionskontrolle. Diese befinden sich derzeit – Stand Juli 2008 – in Überarbeitung.

Von überragender Bedeutung für die Beurteilung der Freigabefähigkeit bzw. -unfähigkeit, also der Erwartung, dass ein Zusammenschluss eine marktbeherrschende Stellung begründet oder verstärkt, ist die vorgelagerte Frage der **Abgrenzung der Märkte** in sachlicher, räumlicher und – in seltenen Fällen – zeitlicher Hinsicht. Die Abgrenzung der im konkreten Fall betroffenen Märkte hat nicht nur für die Zusammenschlusskontrolle nach §§ 35 ff. GWB, sondern auch für die Beurteilung wettbewerbsbeschränkender Vereinbarungen nach § 1 GWB, insbesondere aber für die Prüfung der Vorschriften über den Missbrauch einer marktbeherrschenden Stellung nach §§ 19 ff. GWB Bedeutung. Es kann hier daher auf die Kommentierung zu § 19 GWB verwiesen werden.

Die materiellen Untersagungsvoraussetzungen für Zusammenschlüsse nach § 36 Abs. 1 GWB haben im Rahmen der **7. und 8. GWB-Novelle** keine Änderung erfahren. Der Regierungsentwurf vom 12. 8. 2004[1] sah die sehr umstrittene Einführung besonderer Untersagungsvoraussetzungen für Pressefusionen bzw. die Lockerung der allgemeinen Untersagungsvoraussetzungen des § 36 Abs. 1 GWB für solche Zusammenschlüsse im Pressebereich vor. Schon die Beschlussempfehlung des Ausschusses für Wirtschaft und Arbeit[2] sah eine Streichung dieser Sonderregelung für Pressefusionen im Rahmen des § 36 GWB vor. Der Gesetzesbeschluss des Bundestags vom 11. 3. 2005[3] folgte dieser Empfehlung. Im Vermittlungsverfahren wurden schließlich auch die übrigen ursprünglich geplanten Sondervorschriften aus dem Entwurf gestrichen.[4]

Die am 1. Mai 2004 in Kraft getretene **Verordnung (EG) Nr. 139/2004 des Rates vom 20. 1. 2004 über die Kontrolle von Unternehmenszusammenschlüssen (EG-Fusionskontrollverordnung)** ersetzte das bisherige in der Vorgängerverordnung Nr. 4064/89 für die materielle Beurteilung maßgebliche Untersagungskriterium der Marktbeherrschung durch das Merkmal der „wesentlichen Behinderung des effektiven Wettbewerbs" (significant impediment to effective competition, sog. SIEC-Test, Art. 2 Abs. 2). Die Begründung oder Verstärkung einer marktbeherrschenden Stellung ist jetzt nur noch ein Regelbeispiel des neuen Prüfungskriteriums. Ziel dieser Änderung war es, wettbewerbsschädliche Wirkungen nicht koordinierten Verhaltens im Oligopol zu erfassen. Im Gesetzgebungsverfahren der 7. GWB-Novelle regte das Bundesministerium für Wirtschaft und Arbeit durch ein „Diskussionspapier für die Neufassung von § 36 Abs. 1 GWB" vom 21. 6. 2004 die Diskussion um eine Anpassung des materiellen Untersagungskriteriums der deutschen Zusammenschlusskontrolle an das neue europäische Fusionskontrollrecht an. In dem Gesetzentwurf, den die Bundesregierung am 28. 5. 2004 dem Bundesrat

---

[1] BT-Drucks. 15/3640.
[2] BT-Drucks. 15/5049.
[3] BR-Drucks. 210/05.
[4] BT-Drucks. 15/5735.

zuleitete (BR-Drucks. 441/04), war eine diesbezügliche Änderung nicht vorgesehen. Sie wurde auch nie Gegenstand des Gesetzgebungsverfahrens.

II. Prognosenentscheidung

6 Nach § 36 Abs. 1 GWB kommt es nicht darauf an, dass eine Veränderung der Marktverhältnisse im Sinne einer Begründung oder Verstärkung einer marktbeherrschenden Stellung sofort eintritt. Das Gesetz verlangt eine **Prognose** über die Entwicklung der Marktstrukturen. Es reicht aus, dass zu erwarten ist, dass der Zusammenschluss eine marktbeherrschende Stellung begründet oder verstärkt.

7 In der Rechtsprechung des BGH wird bei der Prognose zwischen denjenigen Auswirkungen, die „mit" dem Zusammenschluss eintreten, und solchen unterschieden, die sich „durch" ihn ergeben.[5] Erstere Auswirkungen sollen sich unmittelbar aus dem Vollzug des Zusammenschlusses ergeben und sogleich erkennbar sein. Letztere Auswirkungen treten erst später ein. Sie werden nur berücksichtigt, wenn aufgrund konkret nachweisbarer Umstände eine hohe Wahrscheinlichkeit für ihren alsbaldigen Eintritt besteht. Ein Beispiel für letztere Auswirkungen ist der sich aus mit dem Zusammenschluss eintretenden Strukturveränderungen ergebende Abschreckungseffekt für Wettbewerber.[6] **Maßgeblicher Zeitpunkt** für die Prognose ist dabei der der letzten mündlichen Verhandlung in der letzten Tatsacheninstanz, also dem Oberlandesgericht Düsseldorf,[7] da es sich bei Verfügungen des Bundeskartellamts in Zusammenschlusskontrollverfahren um Dauerverwaltungsakte handelt.[8]

8 Eine Änderung bzw. eine bevorstehende **Änderung der rechtlichen Rahmenbedingungen** hat für sich genommen keinen Einfluss auf die Prognose. Nach der Praxis des Bundeskartellamts und der Rechtsprechung des Bundesgerichtshofs ist die Entwicklung der tatsächlichen Marktverhältnisse maßgeblich.[9]

9 Eine allgemein gültige Aussage über den erforderlichen **Prognosezeitraum** lässt sich nicht treffen. In seinen Auslegungsgrundsätzen geht das Bundeskartellamt davon aus, dass der Prognosezeitraum regelmäßig drei bis fünf Jahre betrage, wenn keine besonderen Umstände vorliegen.[10] Besondere Umstände können beispielsweise längere Nachfragezyklen durch langfristige Verträge oder (z.B. Energiekonzessionsverträge), bestimmte Marktbedingungen sonstige Umstände sein.[11] In die Prognoseentscheidung kann auch eine „Dynamische Analyse" der sich abzeichnenden Wettbewerbsbedingungen einfließen.[12]

III. Begründung oder Verstärkung einer marktbeherrschenden Stellung

1. Einzelmarktbeherrschung

10 **a) Der Marktbeherrschungsbegriff in der deutschen Fusionskontrolle.** Nach dem Wortlaut des Gesetzes gegen Wettbewerbsbeschränkungen (GWB) gibt es drei ver-

---

[5] BGH vom 21. 2. 1978, WuW/E BGH 1501, 1507 – *Kfz-Kupplungen*.
[6] Für den Zuwachs an Finanzkraft: BGH vom 27. 5. 1986 WuE/E BGH 2276, 2283 – *Süddeutscher Verlag/Donau-Kurier*.
[7] § 92 Abs. 1 S. 1 GWB i. V. m. VO v. 22. 11. 1994, GVBl. NRW S. 1067.
[8] BGH v. 24. 6. 2003, WuW/E DE-R 1163, 1169 – *Habet/Lekkerland*.
[9] BGH v. 15. 7. 1997, WuW/E DE-R 24, 28 – *Stromversorgung Aggertal*; v. 15. 7. 1997, NJW 1998, 2444, 2447 – *Stadtwerke Garbsen*; 4. 11. 2003, WuW/E DE-R 1206, 1208 – *Strom und Telefon I*; BKartA v. 22. 7. 2004, B 8–27/04, WuW/E DE-V 983, 985 f. – *Mainova/AVG*.
[10] Bundeskartellamt, Auslegungsgrundsätze, Juli 2005, S. 39; BKartA vom 20. 9. 2000, WuW/E DE-V 340 ff. DTAG/dSH.
[11] *Schulte-Ewen,* Hdb. Fusionskontrolle, 2005, Rn. 435.
[12] WuW/E DE-V 1273 *Pfeifer & Langen*/Zuckerfabrik Jülich (2006); zum Begriff der „dynamischen Analyse" siehe auch *Ruppelt* in: Langen/Bunte, Kommentar zum deutschen und europäischen Kartellrecht, Band 1, § 36 Rdnr. 43 ff.

schiedene Möglichkeiten der Marktbeherrschung. Ein Unternehmen ist danach unter folgenden drei – alternativen – Voraussetzungen marktbeherrschend:

Ein Unternehmen ist **keinem Wettbewerb ausgesetzt** (§ 19 Abs. 2 Nr. 1 GWB). Das Fehlen jeglichen Wettbewerbs (kein einziger konkurrierender Anbieter bzw. Nachfrager) ist lediglich ein Extremfall des Fehlens wesentlichen Wettbewerbs und hat in der Fusionskontrollpraxis des Bundeskartellamtes kaum Bedeutung.[13]

Ein Unternehmen ist **keinem wesentlichen Wettbewerb ausgesetzt** (§ 19 Abs. 2 Nr. 1 GWB). Wesentlicher Wettbewerb fehlt dann, wenn ein Unternehmen auf einem bestimmten Markt in der Lage ist, sein Marktverhalten unabhängig von dem möglichen Verhalten seiner Konkurrenten zu bestimmen oder durch sein Verhalten die Handlungsspielräume der Wettbewerber einzuschränken. Maßgeblich ist das Wettbewerbsgeschehen (Marktverhalten) der Marktteilnehmer. Die Wettbewerbsparameter, die ein Unternehmen zur Sicherung eines nicht hinreichend kontrollierten Verhaltensspielraums einsetzen kann (Preis, Qualität, Forschung & Entwicklung usw.), können von Markt zu Markt sehr unterschiedlich sein. Praktische Bedeutung hat das Fehlen wesentlichen Wettbewerbs vor allem für die Feststellung von marktbeherrschenden Oligopolen und in Fällen der Einzelmarktbeherrschung mit sehr hohen Marktanteilen. Die Marktbeherrschung im Sinne des § 19 Abs. 2 Nr. 1 GWB ist bislang vor allem in Pressefällen oder bei Zusammenschlüssen im Bereich der leitungsgebundenen Energieversorgung festgestellt worden.[14]

Das Unternehmen hat **eine im Verhältnis zu seinen Wettbewerbern überragende Marktstellung** (§ 19 Abs. 2 Nr. 2 GWB), wenn es aufgrund markt- oder unternehmensbezogener Strukturkriterien über einen von Wettbewerbern nicht hinreichend kontrollierten Verhaltensspielraum verfügt. Eine überragende Marktstellung ergibt sich insbesondere aus dem Marktanteil, der Finanzkraft, dem Zugang zu den Beschaffungs- und Absatzmärkten, den Verflechtungen mit anderen Unternehmen, den Marktzutrittsschranken und dem Fehlen von tatsächlichem oder potenziellem Wettbewerb durch im Inland oder im Ausland ansässige Unternehmen.

Die mit der 5. GWB-Novelle 1990 erfolgte Erweiterung dieses exemplarischen Katalogs um die Kriterien Umstellungsflexibilität des betreffenden Unternehmens und Ausweichmöglichkeiten der Marktgegenseite soll auf eine **bessere Erfassung von Nachfragemacht zielen**.[15]

Zugrunde liegt die Vorstellung, dass insbesondere große Handelsunternehmen mit einem breiten Gesamtsortiment in ihrem Marktverhalten flexibler sind als Hersteller einzelner Konsumgüter (Sortimentsflexibilität > Produktionsflexibilität). Die Macht, die aus einer solchen vertikalen Abhängigkeit resultiert, kann zu Marktbeherrschung auf Beschaffungsmärkten führen, wenn eine für den jeweiligen Markt erhebliche Zahl von Unternehmen keine ausreichenden oder zumutbaren Absatzalternativen besitzt.[16] Vorteile gegenüber Wettbewerbern können aus Nachfragemacht folgen, wenn diese keine vergleichbaren Vorteile aus entsprechenden Abhängigkeitsverhältnissen ziehen können. Allerdings kann die Produktionsumstellungsflexibilität auch ein Kriterium für die Abgrenzung des sachlich relevanten Marktes darstellen.[17]

Im Rahmen der 6. GWB-Novelle 1998 hat der Gesetzgeber in den Kriterienkatalog zur Bestimmung einer überragenden Marktstellung den *„tatsächlichen oder potenziellen Wettbewerb*

---

[13] Bundeskartellamt, Auslegungsgrundsätze, Juli 2005, S. 5.
[14] Bundeskartellamt, Auslegungsgrundsätze, Juli 2005, S. 6, vgl. z.B. WuW/E OLG 4835, 4855 – *WAZ/Iserlohner Kreisanzeiger* (1991), WuW/E BKartA 2701, 2707 – *Stadtwerke Garbsen* (1994), WuW/E BKartA 2591 – *Fresenius/Schiwa* (1993).
[15] Bundeskartellamt, Auslegungsgrundsätze, Juli 2005, S. 6.
[16] Vgl. Begründung zum Entwurf eines Fünften Gesetzes zur Änderung des Gesetzes gegen Wettbewerbsbeschränkungen, Drucks. 11/4610 S. 11; WuW/OLG 3585 – *Hussel/Mara* (1985).
[17] WuW/E DE-R 1925, 1928 – *National Geographics II.*

durch innerhalb oder außerhalb des Geltungsbereiches dieses Gesetzes ansässige Unternehmen" eingefügt. Dies dient jedoch in erster Linie der gesetzlichen Klarstellung der bisherigen Anwendungspraxis des Bundeskartellamtes, das den tatsächlichen und potenziellen Auslandswettbewerb bei der Prüfung der überragenden Marktstellung – soweit relevant – als ein wichtiges Strukturkriterium berücksichtigt. Auch der BGH hatte bereits in seiner Backofen-Entscheidung schon auf der Basis des damals geltenden Rechts festgestellt, dass die Wirkungen aktuellen und potenziellen Wettbewerbs aus dem Ausland – den tatsächlichen wirtschaftlichen Verhältnissen entsprechend – bei der Beurteilung der Frage der Marktbeherrschung in vollem Umfang in die notwendige Gesamtbetrachtung einzubeziehen sind.[18] Die Beschlussabteilungen des Bundeskartellamtes ging bereits damals in einer Reihe von Entscheidungen von wirtschaftlich grenzüberschreitenden Märkten aus, weil der wirtschaftlich relevante Markt durch die tatsächlichen Angebots- und Nachfragebedingungen bestimmt ist und europa- oder auch weltweit abzugrenzen sein kann.[19] Der BGH hat die Unterscheidung zwischen wirtschaftlichem Marktbegriff und normativem Begriff des relevanten Marktes mit seiner Melitta-Entscheidung aufgegeben.[20] Danach ist der räumlich relevante Markt i. S. d. Zusammenschlusskontrolle nach dem GWB nach ökonomischen Kriterien abzugrenzen und nicht notwendigerweise auf den Geltungsbereich des GWB beschränkt. Das ist in § 19 Abs. 2 S. 3 GWB mit der 7. GWB-Novelle 2005 Gesetz geworden.

18 Die Aufnahme der überragenden Marktstellung mit Einführung der Fusionskontrolle in Abs. 2 Nr. 2 GWB resultierte aus der Schwierigkeit, mit Hilfe § 19 Abs. 2 Nr. 2 GWB Fälle zu beurteilen, in denen Unternehmen mit unterschiedlichen Marktstellungen am Markt tätig sind, ohne dass sogleich erkennbar wäre, ob das herausragende Unternehmen noch Wettbewerb ausgesetzt ist oder nicht.[21] Der BGH hat aus der Entstehungsgeschichte gefolgert, dass § 19 Abs. 2 Nr. 1 und Nr. 2 GWB in einem echten Alternativverhältnis zueinander stehen und die Annahme einer überragenden Marktstellung möglich bleibt, selbst wenn **wesentlicher Wettbewerb** fortbesteht.[22] Dem liegt die Auffassung des BGH zugrunde, dass in Einzelfällen ein Unternehmen, das durch seine Wettbewerber noch einem den eigenen Handlungsspielraum berührenden wesentlichen Wettbewerb ausgesetzt ist, einen so erheblichen strukturellen Vorsprung haben kann, dass es die Handlungsspielräume anderer Anbieter einschränken und möglicherweise auf Dauer wesentlichen Wettbewerb beseitigen kann.[23] Die **Bedeutung wesentlichen Wettbewerbs** ist dann in die Prüfung einzubeziehen, wenn die Gesamtbetrachtung der strukturellen Wettbewerbsbedingungen nicht schon für sich genommen ein deutliches Überragen des betroffenen Unternehmens gegenüber seinen Wettbewerbern belegt.[24] In diesem Fall kann das **tatsächliche Marktgeschehen,** d. h. einzelne hervortretende wettbewerbliche Abläufe, neben den Strukturfaktoren für die Entscheidung erheblich sein. Ist für die Zeit vor dem Zusammenschluss wesentlicher Wettbewerb festgestellt, so ist zu prüfen, ob durch den Zusammenschluss die Wettbewerbsbedingungen so einschneidend verändert werden, dass der wesentliche Wettbewerb danach seine Marktmacht ausschließende Wirkung nicht mehr entfalten

---

[18] WuW/E BGH 3026, 3031 – *Backofenmarkt* (1995).
[19] Bundeskartellamt, Auslegungsgrundsätze, Juli 2005, S. 7; vgl. zuletzt WuW/E BKartA DE-V 275, 276 – *Melitta* (Staubsaugerbeutelmarkt).
[20] BGH v. 5. 10. 2004, WuW/E DE-R 1355, 1359 f. – *Melitta* (Staubsaugerbeutelmarkt).
[21] Begründung zum Entwurf eines Zweiten Gesetzes zur Änderung des Gesetzes gegen Wettbewerbsbeschränkungen, Drucks. 265/71, S. 21.
[22] WuW/E BGH 1435, 1439 – *Vitamin-B-12* (1976); WuW/E BGH 1445, 1449 – *Valium* (1976); WuW/E BGH 1501, 1504 – *Kfz-Kupplungen* (1978). Nachfolgende Entscheidungen halten an diesem Grundsatz fest, ohne ihn ausdrücklich zu wiederholen, vgl. z. B. WuW/E BGH 3037, 3041 – *Raiffeisen* (1995).
[23] *Ruppelt* in: Langen/Bunte, Kommentar zum deutschen und europäischen Kartellrecht, § 22 Rn. 56.
[24] WuW/E BGH 1749, 1754 f. – *Klöckner-Becorit* (1980), WuW/E BKartA 2521, 2530 ff. – *Zahnradfabrik Friedrichshafen/Allison* (1993); WuW/E BKartA 2591, 2602 ff. – *Fresenius/Schiwa* (1993).

kann.²⁵ „Marktbeherrschung setzt insoweit nicht voraus, dass sich auf dem betroffenen Markt überhaupt kein Widerstand mehr dem Preisdiktat des marktführenden Anbieters entgegenstellen kann. Entscheidend ist vielmehr der ihm verbleibende Spielraum, sich gegen Preisoffensiven der Wettbewerber letztlich immer wieder zu behaupten".²⁶ Eine überragende Marktstellung ist nach dem BGH in der Regel dann zu verneinen, wenn der wesentliche Wettbewerb seinerseits auf Strukturfaktoren zurückgeführt werden kann, die durch den Zusammenschluss unberührt bleiben, und insoweit auch zukünftig von wesentlichem Wettbewerb auszugehen ist.²⁷

Die Prüfung überragender Marktstellungen nach § 19 Abs. 2 Nr. 2 GWB hat in der Fusionskontrolle des Bundeskartellamtes die größte praktische Bedeutung.²⁸

– Bei der Frage der **Entstehung einer überragenden Marktstellung** kommt es nach dem BGH darauf an, ob durch den Zusammenschluss die bisher bestehende wettbewerbliche Kontrolle des Verhaltensspielraums der Zusammenschlussbeteiligten beseitigt wird. Dies muss anhand der zu erwartenden Veränderung der Unternehmens- und Marktstrukturen (Wettbewerbsbedingungen) ermittelt werden.²⁹

– Eine **überragende Marktstellung wird** durch einen Zusammenschluss von Unternehmen **verstärkt,** wenn sich dadurch die Wettbewerbsbedingungen auf dem davon betroffenen Markt *weiter* verschlechtern. Nach der Rechtsprechung des BGH ist dann zu prüfen, ob die bereits bestehenden nicht kontrollierten Verhaltensspielräume erweitert werden und damit funktionsfähiger Wettbewerb noch weniger wahrscheinlich wird.³⁰ Entstehung und Verstärkung einer marktbeherrschenden Stellung werden anhand der gleichen Faktoren geprüft.

Eine Verstärkung tritt schon dann ein, wenn das Unternehmen nachstoßenden Wettbewerb nach dem Zusammenschluss besser abwehren kann als zuvor und damit seine überragende Marktstellung erhalten oder absichern kann. Die Anforderungen an den Nachweis sind nach der Rspr. um so geringer, je umfassender der betroffene Markt bereits beherrscht wird.³¹ Bei bereits bestehender hoher Konzentration reichen schon geringe Verschiebungen der die Marktmacht bestimmenden Größen aus, um die Verstärkungswirkung zu bejahen.³² Nicht jeder Marktanteilszuwachs ist ausreichend. Andere Ressourcen-

---

²⁵ WuW/E BGH 1755 – *Klöckner-Becorit* (1980).
²⁶ WuW/E DE-R 451 – *Herlitz/Landré* (1999), zuvor davon abweichende Wertung im Einzelfall WuW/E (OLG) DE-R 94, 101 ff. – *Hochtief/Philipp Holzmann* (1998), hier keine Überprüfung der Entscheidung durch den BGH.
²⁷ Bundeskartellamt, Auslegungsgrundsätze, Juli 2005, S. 5; grundlegend WuW/E BGH 1756 – *Klöckner-Becorit* (1980).
²⁸ Bundeskartellamt, Auslegungsgrundsätze, Juli 2005, S. 8; Beispiele aus der Entscheidungspraxis des Bundeskartellamtes: WuW/E BKartA 2729 – *Hochtief/Philipp Holzmann* (1995); WuW/E BKartA 2829 – *Kolbenschmidt* (1995); WuW/E BKartA – *Herlitz/Landré* (1997).
²⁹ WuW/E BGH 2795, 2804 – *Pinneberger Tageblatt* (1992).
³⁰ Grundlegend WuW/E BGH 1685, 1691 – *Springer-Elbe Wochenblatt* (1979), WuW/E BGH 2276, 2283 – *Süddeutscher Verlag/Donau-Kurier* (1986).
³¹ Grundlegend WuW/E BGH 1501, 1509 – *Kfz-Kupplungen* (1978), WuW/E BGH 1685, 1691 f. – *Springer-Elbe Wochenblatt* (1979); vgl. auch WuW/E OLG 4537, 4545 – *Linde/Lansing* (1990), Verstärkung durch 0,5% Marktanteilszuwachs, insoweit bestätigt vom BGH, WuW/E BGH 2731/2737 – *Inlandstochter* (1991); WuW/E OLG 5549, 5560 – *Fresenius/Schiwa* (1995), rechtskräftig, Marktanteilszuwachs von ca. 4%, WuW/E OLG 5879 – *WMF/Auerhahn* (1997), Marktanteilszuwachs von etwa 2%; WuW/E BKartA DE-V 177, 183 f. – *Henkel/Luhns* (2000) = WuW 2000, 63, 69, Marktanteilszuwachs von ca. 2%; WuW/E BKartA DE-V 275, 280 – *Melitta* (2000), Marktanteilszuwachs von 0,4%; dagegen reichte im Fall *Deutsche Post/trans-o-flex (Auslandstöchter)* ein Marktanteilszuwachs von unter 1% – aufgrund der ansonsten geringen Ressourcenzuwächse – für die Verstärkung nicht aus BGH, 21. 11. 2004, WuW/E DE-R 1419, 1424 – *trans-o-flex*.
³² Zuletzt Bundeskartellamt Beschl. v. 12. 1. 2000 – *WAZ/OTZ*, S. 30 mit weiteren Nachweisen; Zurückweisung, Beschwerde WuW/E OLG Düsseldorf DE-R 647 – *OTZ*.

zugewinne können ebenfalls Verstärkungswirkungen begründen. Beispielsweise hat der BGH bei Vertikalzusammenschlüssen in der Energieversorgung aufgrund des hohen Konzentrationsgrades schon geringe Strukturveränderungen, z. B. durch die gesellschaftsrechtliche Absicherung bestehender Lieferverträge, als ausreichende Verstärkungselemente erachtet.[33] Im Fall „Kali+Salz/PCS" war der Wegfall eines potentiellen Wettbewerbers und die Erhöhung des Abwehrpotenzials im Hinblick auf den Marktzutritt neuer Wettbewerber für die Feststellung der Verstärkung entscheidend.[34]

21 Des Weiteren kann eine Intensivierung der Einflussnahme auf ein Zielunternehmen, z. B. der Wechsel von gemeinsamer zu alleiniger Kontrolle, eine marktbeherrschende Stellung verstärken, wenn die Ressourcen des allein herrschenden Unternehmens nunmehr noch stärkere Wettbewerbswirkungen entfalten.[35] Sind dagegen die Marktanteile und Umsätze des erworbenen Unternehmens dem Erwerber schon vor dem Zusammenschluss bei der wettbewerblichen Betrachtung voll zuzurechnen, d. h. kommt es nicht zu entsprechenden wettbewerblichen Wirkungen durch zusätzliche Rechte oder die Ressourcenzufuhr des Erwerbers, so ist die Verstärkung einer marktbeherrschenden Stellung zu verneinen.[36]

22 **b) Der Marktbeherrschungsbegriff im europäischen Wettbewerbsrecht.** Für die europäische Missbrauchsaufsicht (Art. 82 EG) definierte der EuGH eine marktbeherrschende Stellung als „wirtschaftliche Machtstellung eines Unternehmens (...), die dieses in die Lage versetzt, die Aufrechterhaltung eines wirksamen Wettbewerbs auf dem relevanten Markt zu verhindern, indem sie ihm die Möglichkeit verschafft, sich seinen Wettbewerbern, seinen Abnehmern und schließlich den Verbrauchern gegenüber in einem nennenswerten Umfang unabhängig zu verhalten".[37] Diese Standardformel der Kommission und der Gerichte entspricht inhaltlich der überragenden Marktstellung des § 19 Abs. 2 Nr. 2 GWB im Sinne eines nicht mehr hinreichend kontrollierten Verhaltensspielraums des betreffenden Unternehmens. Wie im deutschen Recht spricht nach Auffassung der Kommission auch auf Ebene der EU wesentlicher Wettbewerb unter diesen Umständen nicht zwingend gegen das Vorliegen einer marktbeherrschenden Stellung.[38]

23 In der europäischen Fusionskontrolle orientierte sich die Kommission bei der Prüfung der Entstehung oder Verstärkung einer marktbeherrschenden Stellung im Grundsatz an der Rechtsprechung zu Art. 86 EGV (Art. 82 EG). Die Kommission knüpft das Vorliegen einer marktbeherrschenden Stellung daran, dass das betreffende Unternehmen mit dem Zusammenschluss **in die Lage versetzt** wird, auf den betroffenen Märkten **unabhängig von Wettbewerbern und Kunden handeln zu können.**[39] Die Prüfung einer marktbeherrschenden Stellung orientiert sich – ähnlich wie in § 19 Abs. 2 Nr. 2 GWB – im Wesentlichen an **markt- und unternehmensbezogenen Strukturkriterien** (Art. 2

---

[33] WuW/E DE-R 32 – *Stadtwerke Garbsen* (1997); WuW/E DE-R 24 – *Stromversorgung Aggertal* (1997); zuletzt BKartA v. 22. 7. 2004, WuW/E DE-V 983, 985 f. – *Mainova/AVG*.

[34] Bundeskartellamt, Auslegungsgrundsätze, Juli 2005, S. 9; vgl. WuW/E BKartA 2885, 2887 ff. – *Kali+Salz/PCS* (1997); die Untersagung in diesem Fall gründet sich jedoch nicht auf eine bestehende überragende Marktstellung, sondern auf das Fehlen wesentlichen Wettbewerbs im Sinne des § 19 Abs. 2 Nr. 1 GWB.

[35] Bundeskartellamt, Untersagungsbeschl. v. 12. 1. 2000 – *WAZ/OTZ*, S. 30, WuW/E OLG Düsseldorf DE-R 647 – *OTZ*.

[36] Bundeskartellamt, Auslegungsgrundsätze, Juli 2005, S. 5; Bundeskartellamt, Beschl. v. 31. 3. 2000 – *Deutsche Post/trans-o-flex (Auslandstöchter)*, Rn. 20; vgl. auch Untersagungsentsch. BKartA WuW/E DE-V 501 v. BGH WuW/E DE-R 1419, 1424 – *trans-o-flex*.

[37] EuGH 14. 2. 1978, Slg. 1978, 207, 286 Tz. 63 und 66 – *United Brands,* zustimmend auch EuGH 13. 2. 1979, Slg. 1979 I, 461 Rn. 36 – *Hoffmann-La Roche*.

[38] Möschel in: Immenga/Mestmäcker: EG-WbR. Bd. I, S. 702 f., vgl. auch z. B Komm.E. v. 22. 9. 1999 – *Airtours/First Choice*, ABl. EG 2000, L 93/1, Rn. 128 ff.

[39] Komm.E. v. 2. 10. 1991 – *Aérospatiale-Alenia/de Havilland*, ABl. EG 1991, L 334/42, Rn. 72.

Abs. 1 a) und b) FKVO). Seit dem 1. Mai 2004 ist das maßgebliche Untersagungskriterium das Merkmal der „wesentlichen Behinderung des effektiven Wettbewerbs" (significant impediment to effective competition, sog. SIEC-Test). Da die Begründung oder Verstärkung einer marktbeherrschenden Stellung weiterhin ein (das einzige) Regelbeispiel des Prüfungskriteriums ist, kann man davon ausgehen, dass sich – von möglichen Ausnahmen abgesehen – an der materiellen EG-Fusionskontrolle nichts Wesentliches ändert.[40]

c) Prüfungskriterien. Die nachfolgend dargestellten unternehmens- und marktbezogenen Wettbewerbsbedingungen (Strukturfaktoren) können darüber Aufschluss geben, ob ein Unternehmen auf dem von dem Zusammenschluss betroffenen Markt über einen überragenden Verhaltensspielraum im Sinne des § 19 Abs. 2 GWB verfügt. Die Aufzählung ist nicht abschließende und es sind nicht alle hier aufgeführten Kriterien für jeden Markt aussagekräftig. Der Katalog der Strukturfaktoren wird auch laufend erweitert. Ein Beispiel ist das Kriterium des verbesserten Zugangs zu Informationen über Wettbewerber. „Eine durch einen Zusammenschluss bewirkte Verbesserung des Informationszugangs kann nur dann zur Entstehung oder Verstärkung einer marktbeherrschenden Stellung führen, wenn dem Informationszugang keine erheblichen rechtlichen oder tatsächlichen Hindernisse im Wege stehen". Im konkreten Einzelfall berücksichtigt das Bundeskartellamt in einer Gesamtschau alle für den betroffenen Markt relevanten Merkmale.[41] **24**

Unternehmen sind Strukturvorteile gegenüber Wettbewerbern nicht nur dann zuzurechnen, wenn sie – gegebenenfalls infolge des Zusammenschlusses – eine **wirtschaftliche Einheit** bilden (Verbundklausel des § 36 Abs. 2 GWB). Der BGH geht in seiner „Raiffeisen"-Entscheidung davon aus, dass **„besondere gesellschaftsrechtliche und geschäftliche Beziehungen",** die das am Zusammenschluss beteiligte Unternehmen zu anderen Unternehmen hat, bei der gebotenen Gesamtbetrachtung für die Frage einer überragenden Marktstellung zu berücksichtigen sind. Dies gelte auch dann, wenn die Voraussetzungen der Verbundklausel und damit von § 17 und § 18 Aktiengesetz nicht erfüllt seien.[42] Das ist in jedem Einzelfall kritisch zu prüfen. **25**

aa) Marktanteil. Auch wenn der Marktanteil im Kriterienkatalog des § 19 Abs. 2 Nr. 2 GWB nicht ausdrücklich hervorgehoben wird, bildet er dennoch den Ausgangspunkt für die Bestimmung von Marktmacht. Nach Auffassung des BGH[43] stellt die Höhe des Marktanteils ein „besonders aussagekräftiges und bedeutsames Merkmal" dar. Auf vielen Märkten lässt der Marktanteil als wichtige marktbezogene Größe erste Rückschlüsse auf die Leistungsfähigkeit eines Unternehmens und dessen zukünftigen Verhaltensspielraum zu.[44] Ein erheblicher Marktanteil deutet in der Regel auf eingeschränkte Ausweichmöglichkeiten der Marktgegenseite und einen erhöhten Verhaltensspielraum eines Unternehmens hin. Allerdings ist der Marktanteil für sich genommen nicht immer ein verlässlicher Indikator für Marktbeherrschung und unterliegt daher einer möglichen Relativierung durch andere Gesichtspunkte im Rahmen einer Gesamtbetrachtung der im Einzelfall einschlägigen Wettbewerbsbedingungen.[45] Je höher allerdings der Marktanteil ist, desto höhere Anforderungen sind an die Feststellung wirksamer gegenläufiger Faktoren zu stellen.[46] **26**

(1) Grundsätze für die Marktanteilsbetrachtung. Die Marktanteilsbetrachtung ist besonders aussagekräftig, wenn neben der absoluten Höhe des Marktanteils der Marktanteilsabstand zum nächsten Wettbewerber („relativer Marktanteil") sowie die Verteilung der **27**

---

[40] Vgl. auch oben Rn. 5.
[41] Bundeskartellamt, Auslegungsgrundsätze, Juli 2005, S. 5.
[42] WuW/E BGH 3037, 3040 – *Raiffeisen* (1995).
[43] BGH WuW/E DE-R 1302 – *Sanacorp/ANZAG* (2004).
[44] WuW/E BGH 1905, 1908 – *Münchener Anzeigenblätter,* WuW/E BKartA DE-V 275, 278 – *Melitta* (2000).
[45] Dazu und zum folgenden: Bundeskartellamt, Auslegungsgrundsätze, Juli 2005, S. 10.
[46] BGH, Beschl. v. 7. 2. 2006 – *DB Regio/üstra,* S. 23.

Marktanteile im Übrigen und die Entwicklung der Marktanteile über mehrere Perioden ermittelt und gewürdigt werden.

28 **(a) Absolute Höhe des Marktanteils.** Je größer der absolute Marktanteil eines Unternehmens ausfällt, desto wahrscheinlicher ist, dass es über einen unkontrollierten Verhaltensspielraum verfügt. Mit steigendem Marktanteil wächst die Fähigkeit des Unternehmens, den Einsatz der Wettbewerbsparameter anderer Marktteilnehmer zu beschränken.

29 Die Bedeutung des absoluten Marktanteils als Strukturkriterium im Rahmen der deutschen Fusionskontrolle wird durch die an einem Marktanteil von einem Drittel anknüpfende **Marktbeherrschungsvermutung** des § 19 Abs. 3 Satz 1 GWB bestätigt. Erreicht oder überschreitet der Marktanteil eines Unternehmens diese Schwelle, so wird Einzelmarktbeherrschung vermutet. Damit wachsen gleichzeitig die Anforderungen an den Nachweis, dass – entgegen der Vermutung – keine überragende Marktstellung besteht. Die Monopolvermutung des § 19 Abs. 3 Satz 1 GWB enthält zwar – im Gegensatz zur Oligopolvermutung des § 19 Abs. 3 Satz 2 GWB – keine explizite Umkehr der materiellen Beweislast. Schon wegen des Risikos, die Wettbewerbsbehörde könne widerlegende Fakten übersehen, verstärkt jedoch auch die Monopolvermutung faktisch die Darlegungslast der Unternehmen.[47] Im Ergebnis entfaltet die Monopolvermutung nur dann Wirkung, wenn nach Ausschöpfen der Ermittlungspflichten des Bundeskartellamtes und der Prüfung durch die Gerichte eine marktbeherrschende Stellung weder auszuschließen noch zu bejahen ist.[48] Sind die Voraussetzungen sowohl für die Vermutung der Marktbeherrschung durch ein Unternehmen als auch für die Vermutung der Marktbeherrschung durch mehrere Unternehmen erfüllt, so geht die Einzelmarktbeherrschung vor.[49] Entscheidend für die Anwendung der einen oder anderen Vermutung ist dagegen für das BKartA das Innenverhältnis zwischen den führenden Marktteilnehmern.[50]

30 Aufgrund der gebotenen Gesamtbetrachtung aller relevanten Strukturkriterien dient die Vermutung des § 19 Abs. 3 Satz 1 GWB in der Regel als erster Anhaltspunkt für eine marktbeherrschende Stellung.[51] (zur Prüfung von Marktbeherrschung unterhalb der Vermutungsschwellen, siehe unten).

31 Die Marktanteile einzelner Anbieter auf dem betroffenen Markt sind dann zu relativieren, wenn sie beim Angebot der betroffenen Produkte oder Dienstleistungen auf **Vorlieferungen von Wettbewerbern** angewiesen sind. In einer solchen Konstellation kann die Marktanteilsbetrachtung nur sehr bedingt Anhaltspunkte für die Beurteilung des Wettbewerbspotenzials der auf einem Markt tätigen Unternehmen geben.[52]

---

[47] Vgl. zur insoweit unveränderten Regelung des § 22 Abs. 3 Nr. 1 GWB (alt) s. *Ruppelt* in: Langen/Bunte, Kommentar zum deutschen und europäischen Kartellrecht, § 22 Rn. 61 f.

[48] Grundlegend WuW/E BGH 2231, 2237 f. – *Metro/Kaufhof* (1986), vgl. auch WuW/E BGH 3037, 3039 – *Raiffeisen* (1995).

[49] A.A. *Richter* in: Wiedemann, Handbuch des Kartellrechts, § 20 Rn. 92; WuW/E OLG 3051, 3070 – *Morris/Rothmans* (1983); WuW/E OLG 3759, 3765 – *Pillsbury/Sonnen-Bassermann* (1985); zuletzt Bundeskartellamt, Beschl. v. 23. 3. 2000 – *TNT-NET Express/NET Nachtexpress*, S. 5 f. (Rn. 16).

[50] Bundeskartellamt, Auslegungsgrundsätze, Juli 2005, S. 11; WuW/E BKartA 2669, 2674 – *Lindner Licht GmbH* (1994), vgl. hierzu auch Monopolkommission HG 1994/95, Rn. 632.

[51] Analog zu den Marktbeherrschungsvermutungen des GWB sehen die Horizontal Merger Guidelines der U.S.-amerikanischen Wettbewerbsbehörden die Vermutung der Marktbeherrschung ab einer bestimmten Marktkonzentration bzw. einer signifikanten Verstärkung dieser Konzentration durch den Zusammenschluss vor (Konzentrationsmessung mit Hilfe des Herfindahl-Hirshman-Index). Auch diese Marktbeherrschungsvermutung ist im Rahmen einer Gesamtbetrachtung der im Einzelfall relevanten Wettbewerbsbedingungen widerlegbar.

[52] Bundeskartellamt, Auslegungsgrundsätze, Juli 2005, S. 11; WuW/E BKartA DE-V 170, 173 – *NZDS-Glasfaserkabel* (1999).

(b) Marktanteilsabstände und Verteilung der Marktanteile im Übrigen. Der 32
Marktanteilsabstand und die Verteilung der Marktanteile geben über die Fähigkeit der
Wettbewerber Aufschluss, der Marktgegenseite Ausweichmöglichkeiten anzubieten, sollte
der Marktführer seine Verhaltensspielräume in wettbewerbsbeschränkender Weise ausnutzen. Ergänzend hierzu können Herstellungskapazitäten der Wettbewerber und deren Auslastungsgrad herangezogen werden.[53]

Je größer der Marktanteilsabstand zum nächsten Wettbewerber ausfällt und je zersplitter- 33
ter die Marktanteile der übrigen Wettbewerber sind, desto wahrscheinlicher ist in der Regel ein wettbewerbsbeschränkender Verhaltensspielraum des Markt(anteils)führers.[54] Dies
gilt in verstärktem Maße meist dann, wenn die vom Zusammenschluss betroffenen Märkte
mittelständisch geprägt sind.[55]

Absoluter **Marktanteil** und **Marktanteilsabstand** („relativer Marktanteil") stehen dar- 34
über hinaus in einer **Wechselbeziehung.** Nach der Rechtsprechung kommt dem Marktanteilsvorsprung bei relativ geringen absoluten Marktanteilen eine „möglicherweise sehr
erhebliche" Indizwirkung zu. Gerade im Fall eines absolut niedrigen Marktanteils sei besonders eingehend zu prüfen, ob der Marktanteilsvorsprung – unter Berücksichtigung
anderer Strukturkriterien – so gefestigt sei, dass von einem wettbewerblich nicht mehr
hinreichend kontrollierten Verhaltensspielraum ausgegangen werden könne.[56] Vermitteln
besondere Umstände den Parteien hingegen eine wesentlich stärkere Marktstellung, als dies
der gemeinsame Marktanteil vermuten ließe, so kommt auch bei vergleichsweise geringen
Marktanteilen eine Untersagung in Betracht.[57]

(c) Marktanteilsentwicklung. Die Entwicklung der Marktanteile über mehrere Peri- 35
oden kann ebenfalls Hinweise auf das Bestehen oder Nicht-Bestehen einer überragenden
Marktstellung geben. Wettbewerb ist ein dynamischer Prozess von Vorstößen einzelner und
des Aufholens anderer Unternehmen. Auf einem durch Wettbewerb gekennzeichneten
Markt kommt es **im Zeitablauf** in der Regel zu **Marktanteilsschwankungen.** Während
ein dauerhaft hoher Marktanteil ein Anhaltspunkt für einen unkontrollierten Verhaltensspielraum sein kann, werden Marktanteilsschwankungen – verbunden mit wechselnder
Marktführerschaft – oder anhaltend starke Marktanteilsverluste gegen Marktbeherrschung
sprechen.

Das Bundeskartellamt analysiert daher in der Regel die **zeitliche Entwicklung** der 36
Marktanteile auf dem relevanten Markt über mehrere Jahre. Die Betrachtung der Marktan-

---

[53] Bundeskartellamt, Auslegungsgrundsätze, Juli 2005, S. 12; WuW/E OLG 1752 – *GKN-Sachs* (1978), WuW/E BKartA 2885, 2887 f. – *Kali+Salz/PCS* (1997).

[54] WuW/E BGH, 2150, 2155 f. – *Edelstahlbestecke* (1985); Beispiele aus der neueren Entscheidungspraxis des Bundeskartellamtes: WuW/E BKartA 2729, 2750 – *Hochtief/Philipp Holzmann* (1995), Untersagung aufgehoben, KG v. 18. 3. 1998, WuW/E DE-R 94; WuW/E BKartA 2894, 2898 – *Herlitz/Landré* (1997), Beschwerde zurückgewiesen, KG 20. 1. 1999; WuW/E DE-R 451; BKartA WuW/E DE-V 145 – *Pfleiderer/Coswig* (1999); für die Oligopolbetrachtung: Bundeskartellamt, Beschl. v. 3. 7. 2000 – *RWE/VEW,* S. 47 ff. (Rn. 112–115), entscheidende Textpassagen in WuW/E BKartA DE-V 301 – *RWE/VEW* (2000) nicht abgedruckt; Bundeskartellamt, Beschl. v. 30. 11. 2005 – *Von Roll Inova/Alston Power,* S. 15: keine Marktbeherrschung trotz hoher Marktanteile [55–65%] und hohem Marktanteilsabstand [25%-Punkte].

[55] Bundeskartellamt, Auslegungsgrundsätze, Juli 2005, S. 12, WuW/E BKartA 2820 – *Straßenmarkierungsmaterial* (1995).

[56] Im Fall – *Kaufhof/Saturn* hat der BGH dies verneint. Die beteiligten Unternehmen würden sowohl vor als auch nach dem Zusammenschluss über keine signifikanten Wettbewerbsvorsprünge ihren Wettbewerbern gegenüber verfügen, WuW/E BGH 2772, 2774 f. – *Kaufhof/Saturn* (1992). Auch im Fall – *Beck/Nomos* wurde die Frage der Marktbeherrschung trotz vergleichsweise geringer Marktanteile eingehend geprüft, vgl. WuW/E BKartA DE-V 191, 193 ff. – *Beck/Nomos* (2000).

[57] Grundlegend WuW/E OLG 2862, 2863 f. – *REWE/Florimex;* Marktbeherrschung bei Marktanteilen von etwa 34% aufgrund von Ressourcenvorsprüngen, WuW/E BKartA 2729 – *Hochtief/Philipp Holzmann* (1995).

37 In Fällen, in denen Produkte, z.B. **langlebige Investitionsgüter,** in der Regel nur in großen zeitlichen Abständen und im Rahmen langfristiger Verträge nachgefragt werden, kann zudem nur eine Marktanteilsbetrachtung über eine längeren Zeitraum überhaupt Aufschluss über die wettbewerbliche Auseinandersetzung auf diesem Markt geben.[59]

38 Bei der Betrachtung der Marktanteile im Zeitablauf sind die möglichen **Ursachen für die Marktanteilsentwicklung** zu berücksichtigen.[60] Häufig lassen sich hieraus grundsätzliche Rückschlüsse auf die Angreifbarkeit der Marktstellung des betroffenen Unternehmens herleiten. So lassen Marktanteilsverluste bei starkem Preiswettbewerb eine Marktbeherrschung unwahrscheinlich werden. Gleiches gilt für die Erwartung erheblicher Marktanteilsabschmelzungen aufgrund einer entsprechenden Umstellung der Lieferbeziehungen von Seiten der Abnehmer.[61] Leichte Schwankungen oder Verluste beim Marktanteil in der Vergangenheit stehen einer Marktbeherrschung in der Regel jedoch nicht entgegen.[62] Konnte der Marktführer seine Marktanteile im Zeitablauf konstant halten oder sogar ausbauen, so ist dies ein starkes Indiz für die Unangreifbarkeit seiner Marktposition.[63]

Die teilsentwicklung hat gegenüber einer Momentaufnahme den Vorteil, dass sie mögliche Entwicklungen der Marktstellungen der Marktteilnehmer aufdeckt.[58]

39 **Abschmelzverluste** infolge von Zusammenschlüssen sind insbesondere dann nicht zu erwarten, wenn neben den Marktanteilszuwächsen spürbare Strukturvorteile des betreffenden Unternehmens gegenüber Wettbewerbern vorliegen oder sich diese Strukturvorteile nach einem (teilweise) schon vollzogenen Zusammenschluss im Wettbewerb bereits bemerkbar gemacht haben.[64] Selbst erhebliche Marktanteilsabschmelzungen nach Vollzug eines Zusammenschlusses sollen eine marktbeherrschende Stellung des betreffenden Unternehmens nicht in Frage stellen, soweit weiterhin erhebliche Wettbewerbsvorteile gegenüber den Wettbewerbern bestehen (z. B. hoher Marktanteilsabstand, Ressourcenvorteile).[65] Umgekehrt führen Marktanteilsadditionen bei einem marktbeherrschenden Unternehmen nicht zur Annahme einer spürbaren Verstärkung der marktbeherrschenden Stellung, wenn das Ziel des Zusammenschlusses vor allem eine Stärkung der Marktposition außerhalb des betroffenen Marktes ist.[66]

40 **(2) Berechnung von Marktanteilen.** Die Rechtsprechung versteht den Marktanteil – insbesondere bei heterogenen Produkten – in der Regel als den durch den Umsatz ausgedrückten **Wertanteil** eines Produktes am Markt und nicht als Mengenanteil. Andere Berechnungsmethoden können in bestimmten Konstellationen aussagekräftiger sein oder Ermittlungsschwierigkeiten im Hinblick auf Umsatzzahlen auffangen. Dies galt in der Vergangenheit beispielsweise für Märkte in der Bauwirtschaft bzw. im Rüstungssektor (Auftragsvolumina)[67] oder im Luftverkehr (Passagieraufkommen). Verbleibende Unsicherheiten

---

[58] Bundeskartellamt, Auslegungsgrundsätze, Juli 2005, S. 13.
[59] Bundeskartellamt, Auslegungsgrundsätze, Juli 2005, S. 13.
[60] Bundeskartellamt, Auslegungsgrundsätze, Juli 2005, S. 13.
[61] Bundeskartellamt, Beschl. v. 16. 6. 1999 – *Eramet/Cogema/Elkem*, S. 8 f.
[62] Vgl. z.B. WuW/E OLG 5549, 5560 – *Fresenius/Schiwa* (1995), WuW/E OLG 5879, 5883 – *WMF/Auerhahn* (1997); WuW/E BKartA 2829, 2837 – *Kolbenschmidt*.
[63] Bundeskartellamt, entscheidende Textpassage in WuW/E BKartA DE-V 177 – *Henkel/Luhns* (2000) nicht abgedruckt. Im vorliegenden Fall konnte Henkel seine Marktposition sogar in einem wettbewerblich schwierigen Umfeld – Verringerung des Marktvolumens, Marktanteilsgewinne durch Handelsmarkenhersteller zulasten von Erstmarkenherstellern – ausbauen.
[64] WuW/E OLG 5271, 5283 – *Marktabgrenzung Großbacköfen* (1993), bestätigt durch den BGH, WuW/E 3026, 3032 f.
[65] WuW/E OLG 5549, 5560 – *Fresenius/Schiwa* (1995), rechtskräftig; WuW/E (OLG) DE-R 451, 457 – *Herlitz/Landré*.
[66] WuW/E DE-V 1199 – *Alva Laval/Tranter* (2006).
[67] Bundeskartellamt, Auslegungsgrundsätze, Juli 2005, S. 14, vgl. zum Beispiel WuW/E BKartA

im Hinblick auf die Marktabgrenzung (z. B. hinsichtlich des für das Marktvolumen zugrundezulegenden räumlichen Marktes) können durch Toleranzschwellen bei der Marktanteilsberechnung aufgefangen werden.[68]

Grundsätzlich entspricht der **Marktanteil zusammengeschlossener Unternehmen** 41 der Summe der zuvor von ihnen allein erzielten Marktanteile.[69] Wirken durch einen Zusammenschluss mehrere Unternehmen derart zusammen, dass sie gemeinsam einen beherrschenden Einfluss auf ein drittes Unternehmen ausüben, ohne dass die herrschenden Unternehmen ihrerseits eine wirtschaftliche Einheit bilden (§ 36 Abs. 2 Satz 2 GWB – **Gemeinschaftsunternehmen**), so ist doch regelmäßig der Ausschluss des Binnenwettbewerbs zwischen ihnen die Folge und sind die Marktanteile aller beteiligten Unternehmen zusammenzuzählen. Beim **Vermögenserwerb** ist für die Marktanteile des Veräußerers nur auf den veräußerten Vermögensteil abzustellen (§ 38 Abs. 5 GWB). Besondere gesellschaftsrechtliche und geschäftliche Beziehungen zwischen Marktteilnehmern **unterhalb der Verbundklausel** sind bei der Beurteilung der Marktstruktur im Rahmen der gebotenen Gesamtbetrachtung zu berücksichtigen.[70]

Eine **Eigenfertigung von Nachfragern oder anderen Anbietern**, die dann als po- 42 tenzielle Wettbewerber in Betracht kommen, sind in die Marktanteilsberechnungen nicht einzubeziehen.[71] Dies gilt allerdings nicht für die Anteile der Produktion, mit denen Dritte beliefert werden. Der Gesichtspunkt der Eigenfertigung kann im Rahmen der Gesamtwürdigung, insbesondere bei der Prüfung von Marktzutrittsschranken, als potenzieller Wettbewerb von erheblicher Bedeutung sein.[72] Unter bestimmten Voraussetzungen[73] ist bei der Marktanteilsberechnung auch der Eigenverbrauch zu berücksichtigen, wenn diese Mengen dem Markt zur Verfügung stehen und somit auf die Wettbewerbsverhältnisse einwirken.

bb) Ressourcenbetrachtung, insbesondere Finanzkraft. Überlegene **Finanzkraft** 43 kann einem Unternehmen Verhaltensspielräume – insbesondere bei den Wettbewerbsparametern Preis, Investitionen, Forschung und Werbung – verschaffen.[74] Gleiches gilt beispielsweise für ein umfassendes **Produktionsprogramm bzw. Sortiment**[75] oder **branchen- und marktspezifische, insbesondere technologische Ressourcen**.[76] Überlegene Ressourcen führen zu einer überragenden Marktstellung, wenn sie die Ausweichmöglichkeiten der Nachfrager begrenzen und bei den Wettbewerbern **Entmutigungs- und Abschreckungseffekte** hervorrufen. Gegebenenfalls wird ein Gewinntransfer und Verlustausgleich

---

2729, 2740 ff. – *Hochtief/Philipp Holzmann* (1995); WuW/E BKartA 2335, 2345 ff. – *Daimler-MBB* (1989), aber Ministererlaubnis, WuW/E BMW 191–200.

[68] Vgl. auch BGH WuW/E Verg 297 – *Tariftreueerklärung II*; Bundeskartellamt, Beschl. v. 5. 10. 2006 – *KLA-Tencor/ADE Corporation*, S. 13 (dort: Sicherheitszuschlag von 10%).

[69] WuW/E OLG 3767, 3771 – *Niederrheinische Anzeigenblätter* (1986), bestätigt durch BGH WuW/E 2425.

[70] WuW/E BGH 3037, 3040 – *Raiffeisen* (1995); WuW/E BKartA DE-V 122, 123 – *WITASS* (1999), kein Wettbewerb zwischen Mitgliedern (Reedereien) einer Linienkonferenz; BGH, Beschl. v. 7. 11. 2006 – *Radio TON*.

[71] Bundeskartellamt, Auslegungsgrundsätze, Juli 2005, S. 14.

[72] WuW/E BGH 1501 – *GKN-Sachs* (1978); WuW/E BGH 2575, 2579 – *Kampffmeyer-Plange* (1989); zuletzt WuW/E BKartA DE-V 135, 140 – *Heitkamp* (1999).

[73] KG WuW/E OLG 2633, 2638 – Bituminöses Mischgut, KG WuW/E 2655, 2661 – Transportagentur Sauerland. Auch für Technologiemärkte ist das Bundeskartellamt der Auffassung, dass Innenumsätze zu berücksichtigen sein können. Daher sollen in Fällen in denen Produkte mit oder – aufgrund vertikaler Integration – ohne lizenzierte Technologie hergestellt werden, die Verkäufe auf dem Produktmärkten vor der Zahl der Lizenzen berücksichtigt werden (Bundeskartellamt, Beschl. v. 23. 8. 2006 – *Synthes/AO-ASIF*, S. 37/38).

[74] Vgl. dazu auch Bundeskartellamt, Auslegungsgrundsätze, Juli 2005, S. 14 ff.

[75] WuW/E BKartA 2521, 2530 f. – *Zahnradfabrik Friedrichshafen/Allison* (1993).

[76] WuW/E BGH 1858 ff. – *Springer-Münchener Zeitungsverlag*; WuW/E BKartA DE-V 177, 184 f. – *Henkel/Luhns* (2000).

über verschiedene Märkte hinweg möglich.[77] Wirkungen dieser Art zeigen sich darin, dass aktuelle Wettbewerber vom aktiven Parametereinsatz und potenzielle Wettbewerber vom Markteintritt absehen.[78]

44 Die Erwartung, dass überlegene Ressourcen auch eingesetzt werden, muss fundiert sein.[79] Ihre Berücksichtigung auf Märkten, auf denen sie lediglich eine untergeordnete Rolle spielen, scheidet aus.[80] Die Rechtsprechung stellt hierbei ab auf Marktrelevanz und unternehmerische Zielsetzungen, z.B. im Sinne von Diversifikationsstrategien. Der Vorwurf des Spekulativen bei der fusionsrechtlichen Begründung von Ressourcenmacht kann entkräftet werden, wenn Ressourcenpotenzial, starkes Interesse am Ressourceneinsatz, Marktrelevanz des Ressourcenpotenzials und schwache Reaktionsmöglichkeiten von aktuellen und potenziellen Wettbewerbern zusammenfallen.[81]

45 **(1) Bemessung von Finanzkraft.** Das Bundeskartellamt[82] verwendet zur Beurteilung der Finanzkraft eines Unternehmens eine Vielzahl von Kriterien, wie zum Beispiel Umsätze, Cash Flow, Gewinne, liquide Mittel, Jahresüberschuss oder den Zugang zu nationalen und internationalen Kapitalmärkten. Umsätze sind im Hinblick auf den Umfang der für Finanzverschiebungen innerhalb eines Unternehmens zur Verfügung stehenden Mittel – für sich genommen – nur eingeschränkt aussagekräftig und insofern nicht immer ein geeignetes Indiz für die Finanzkraft eines Unternehmens.[83] Die Monopolkommission ist der Auffassung, dass der Nettozufluss finanzieller Mittel am besten aus der Eigenfinanzierungskraft eines Unternehmens, gemessen am „Cash-Flow", ermittelt werden kann.[84] Neben dem Cash Flow können die Möglichkeit der Fremdfinanzierung unter Einbeziehung der verbundenen Unternehmen, die in der Bilanz ausgewiesenen liquiden Mittel oder die in der Vergangenheit getätigten Investitionen weitere Indikatoren für die Finanzkraft eines Unternehmens darstellen.[85] Zunehmend sind auch Gewinnmöglichkeiten innovativer Unternehmen, beispielsweise im Hinblick auf die Kursentwicklung von Technologieaktien, in die Ressourcenbetrachtung einzubeziehen.[86] Nach Auffassung des Bundeskartellamtes soll bei der Bemessung der Finanzkraft einer öffentlichen Gebietskörperschaft der Ansatz der von dieser Gebietskörperschaft beherrschten Unternehmen zu berücksichtigen sein.[87]

46 **(2) Entmutigungs- und Abschreckungseffekte durch Finanzkraft.** Entmutigungs- und Abschreckungseffekte auf Seiten der Wettbewerber infolge überlegener Finanzkraft sind dann zu erwarten, wenn aus der Sicht der Wettbewerber ein Einsatz der überlegenen Ressourcen durch die sich zusammenschließenden Unternehmen erfolgversprechend und damit wahrscheinlich ist. Näheren Aufschluss hierüber geben u. a. die Verfügbarkeit freier Kapazitäten zur kurzfristigen Erhöhung des Angebots durch das finanzkräftige Unternehmen, die Möglichkeit der Nachfrager zum Lieferantenwechsel, die Fähigkeit der Konkurrenten, erfolgversprechend mit nicht finanzkraftabhängigen Parametern reagieren zu können

---

[77] WuW/E BKartA 1753, 1758 – *bituminöses Mischgut* (1978), Aufhebung KG WuW/E OLG 2093, Aufhebung KG und Zurückverweisung durch BGH WuW/E BGH 1763.
[78] WuW/E BGH 1510 f. – *GKN/Sachs* (1978), Monopolkommission: HG 1982/83, S. 237, Rn. 786.
[79] Bundeskartellamt, Auslegungsgrundsätze, Juli 2005, S. 15.
[80] Keine große Bedeutung pressebezogener Ressourcen von Wettbewerbern auf dem relevanten Lesermarkt, vgl. WuW/E BKartA 2641, 2644 – *Sarstedter Kurier-Kreisanzeiger* (1994), rechtskräftig; WuW/E BKartA 2591, 2600 – *Fresenius/Schiwa* (1993), Bundeskartellamt, Beschl. v. 12. 7. 1999 – *Beeck/Homann*, S. 6.
[81] *Möschel* in: Immenga/Mestmäcker, GWB, § 22 Rn. 63.
[82] Vgl. Bundeskartellamt, Auslegungsgrundsätze, Juli 2005, S. 15 f.
[83] Vgl. auch WuW/E BGH 2575, 2582 – *Kampffmeyer-Plange* (1989).
[84] Monopolkommission: HG 1982/83, S. 239, Rn. 795; vgl. auch WuW/E KG DE-R 451, 456 – *Herlitz/Landré*.
[85] WuW/E BKartA 2729, 2748 ff. – *Hochtief/Philipp Holzmann* (1995).
[86] Vgl. WuW/E BKartA DE-V 227, 227 und 233 – *Cisco/IBM* (2000) = WuW 2000, 523, 523 und 529.
[87] Bundeskartellamt, Beschl. v. 8. 3. 2006, *AKK/Altonaer Kinder Krankenhaus* Rn. 46.

und die Bedeutung des betroffenen Marktes für die Tätigkeit des finanzstarken Unternehmens insgesamt. Ferner sind die Marktzutrittsschranken und die Marktphase von Bedeutung für den erfolgversprechenden Einsatz von Verdrängungs- und Disziplinierungsstrategien.[88]

Der finanzielle Rückhalt eines Unternehmens kann insbesondere in Märkten wichtig werden, die starken konjunkturellen Schwankungen unterliegen, auf denen hohe Anforderungen an Forschung und Entwicklung gestellt werden[89] oder hohe Marketingaufwendungen erforderlich sind.[90] Darüber hinaus kommt der Finanzkraft des Erwerbers dann eine besondere Bedeutung zu, wenn das Marktgeschehen durch einen hohen Preisdruck bestimmt wird[91] oder Vorfinanzierungen, hohe Kalkulationskosten und Gewährleistungsrisiken eine erhebliche Bedeutung spielen.[92] Gleiches gilt, wenn Verdrängungsstrategien über eine nicht kostendeckende Preissetzung auf den betroffenen Märkten – beispielsweise aufgrund mittelfristig guter Gewinnchancen und einer weitgehend mittelständisch strukturierten Anbieterstruktur – erfolgversprechend sind.[93]

Die Monopolkommission misst der Finanzkraft auch bei **konglomeraten Zusammenschlüssen** erhebliche Bedeutung bei. Bei Zusammenschlüssen, bei denen weder entwicklungs-, produktions- noch absatztechnische Verbundvorteile auftreten, können nach ihrer Auffassung Wettbewerbswirkungen durch die Zusammenfassung von Ressourcen entstehen.[94] Allerdings führt nicht schon der Zuwachs an Finanzkraft als solcher zur Verschlechterung der Marktstrukturen, sondern nur dann, wenn eine wettbewerbsbeschränkende Wirkung unter Berücksichtigung der konkreten Marktverhältnisse wahrscheinlich ist. Dabei ist auch hier zu prüfen, ob die zufließenden finanziellen Ressourcen geeignet sind, neue Wettbewerber vom Marktzutritt und aktuelle Wettbewerber von innovativen Vorstößen oder nachstoßendem Wettbewerb abzuhalten.[95]

Die **Verstärkung bestehender Marktbeherrschung** ist dann sehr wahrscheinlich, wenn einem marktbeherrschenden Unternehmen mit einem erheblichen Marktanteil zusätzlich Finanzkraft zuwächst.[96] Dies gilt insbesondere dann, wenn der Erwerber bereits in erheblichem Umfang im wettbewerblichen Umfeld oder sogar im Markt des erworbenen Unternehmens tätig ist[97] oder mit dem Zusammenschluss unternehmerische Zielsetzungen verfolgt, die insbesondere in Kapitalzuführungen, Investitions- und Expansionsplänen zum Ausdruck kommen können.[98]

Das Vorhandensein anderer finanzkräftiger Wettbewerber kann die Annahme einer überragenden Marktstellung eines Unternehmens ausschließen.[99] Bei der Prüfung von Verdrän-

---

[88] Bundeskartellamt, Auslegungsgrundsätze, Juli 2005, S. 16.
[89] *Möschel* in: Immenga/Mestmäcker, GWB, § 22 Rn. 63.
[90] Bundeskartellamt, Untersagungsbeschl. v. 21. 6. 2000 – *Melitta*, S. 26, entscheidende Textpassage nicht in WuW/E BKartA DE-V 275 – *Melitta* (2000) = WuW 2000, 909 abgedruckt.
[91] WuW/E BKartA 2820 – *Straßenmarkierung* (1995).
[92] WuW/E BKartA 2729, 2750 – *Hochtief/Philipp Holzmann* (1995).
[93] Zuletzt Bundeskartellamt, Beschl. v. 3. 7. 2000 – *RWE/VEW,* S. 85 f. (Rn. 208), entscheidende Textpassage in WuW/E BKartA DE-V 301 – *RWE/VEW* (2000) = WuW 2000, 1117 nicht abgedruckt; Bundeskartellamt, Untersagungsbeschl. v. 21. 6. 2000 – *Melitta*, S. 25 ff. *(nur angedeutet in Entscheidung, nicht explizit gesagt)*, entscheidende Textpassage in WuW/E BKartA DE-V 275, 278 – *Melitta* (2000) = WuW 2000, 909, 912 nicht vollständig abgedruckt.
[94] Monopolkommission: HG 1982/83, S. 237 Rn. 786.
[95] *Ruppelt* in: Langen/Bunte, Kommentar zum deutschen und europäischen Kartellrecht, § 24 Rn. 32, grundlegend WuW/E BGH 1501, 1510 – *Kfz-Kupplungen* (1978).
[96] Bundeskartellamt, Auslegungsgrundsätze, Juli 2005, S. 17.
[97] Vgl. WuW/E BGH 1501, 1511 – *GKN-Sachs* (1978), WuW/E BGH 2771, 2775 – *Kaufhof/Saturn* (1992).
[98] Vgl. WuW/E BGH 2150, 2157 – *Edelstahlbestecke* (1985).
[99] WuW/E BGH 1711, 1717 – *Mannesmann-Brueninghaus* (1980); zuletzt: Bundeskartellamt Beschl. v. 2. 3. 1999 – *Rheinpfalz/Hock,* Rn. 27.

gungsstrategien kann sich das Vorhandensein weiterer finanzkräftiger Wettbewerber zugunsten kleinerer Anbieter wie eine Art Schutzschild auswirken, wenn in solchen Fällen Verdrängungsstrategien auf Dauer nicht erfolgversprechend sind.[100]

51 **(3) Entmutigungs- und Abschreckungseffekte durch andere Ressourcen.** Auch im Hinblick auf andere Ressourcen ist zu prüfen, wie sich entsprechende Vorsprünge auf den betroffenen Märkten auswirken.[101] In Märkten, in denen Kundenkontakte und das Vertrauen von Anwendern in ein etabliertes und umfassendes Produktangebot eine große Rolle spielen, können Sortimentsvielfalt, Produktionsvolumina und etablierte Vertriebsstrukturen an die Stelle der Finanzkraft als einem zentralen Wettbewerbsparameter treten.[102] In forschungs- und entwicklungsintensiven Märkten können nach Auffassung des BKartA qualifizierte personelle Ressourcen oder ein erhebliches Innovationspotenzial Bedeutung erlangen.[103]

52 Einzelmarktbeherrschung aufgrund von Ressourcenmacht ist nach Auffassung des BKartA besonders in den Märkten wahrscheinlich, in denen die Zusammenschlussbeteiligten aufgrund anderer Strukturkriterien bereits eine starke Marktstellung innehaben, die durch die vorhandenen Ressourcen weiter verstärkt wird. Dies soll z. B. gelten, wenn ein ressourcenstarkes Unternehmen über einen erheblichen Marktanteil verfügt. Verstärkungswirkungen sollen auch Folge von Kompetenzzuwächsen im Bereich Forschung und Entwicklung oder Sortimentserweiterungen sein können.[104] Selbst wenn ein Unternehmen durch einen Ressourcenzuwachs nur einen – beispielsweise technologischen – Rückstand aufholt, soll die Entstehung oder Verstärkung einer überragenden Marktstellung nicht ausgeschlossen sein.[105] Die Funktionsfähigkeit des Wettbewerbs kann nach Auffassung des BKartA dadurch eingeschränkt werden, dass eine von Wettbewerbern eingesetzte Technik nach einem Zusammenschluss auch dem Marktführer zur Verfügung steht.[106]

53 cc) **Zugang zu den Beschaffungs- oder Absatzmärkten.** Ein im Vergleich zu Wettbewerbern besserer Zugang zu den Beschaffungs- oder Absatzmärkten kann einem Unternehmen eine überragende Marktstellung verschaffen. Dies kann insbesondere dann gelten, wenn ein markt(anteils)starkes Unternehmen aufgrund seines hervorragenden Zugangs zu den Beschaffungs- oder Absatzmärkten seinen Konkurrenten den Zugang zu diesen Märkten erschweren oder gar verschließen kann (Erhöhung der Marktzutrittsschranken).

54 Der Marktschließungseffekt tritt in der Entscheidungspraxis des Bundeskartellamtes vornehmlich in folgenden Konstellationen auf:[107]
– Ein Unternehmen ist nicht nur auf dem betroffenen Markt, sondern zugleich auf einem wichtigen vor- oder nachgelagerten Markt tätig **(vertikale Integration)** und nimmt auf beiden Märkten zumindest marktstarke Stellungen ein (unten (1)).
– Eine dem Marktschließungseffekt vergleichbare, wenngleich meist weniger starke Wettbewerbsbeschränkung kann nach Auffassung des BKartA durch das **Angebot eines Sor-**

---

[100] *Möschel* in: Immenga/Mestmäcker, GWB, § 22 Rn. 64.
[101] Bundeskartellamt, Auslegungsgrundsätze, Juli 2005, S. 17.
[102] WuW/E BKartA 2591, 2600 f. – *Fresenius/Schiwa* (1993).
[103] WuW/E BKartA DE-V 177, 184 f. – *Henkel/Luhns* (2000). Im Fall *NZDS-Glasfaserkabel* hat das Bundeskartellamt erhebliche Forschungs- und Entwicklungskapazitäten für den Erwerber identifiziert, die Entstehung einer überragenden Marktstellung des in Deutschland marktstarken erworbenen Unternehmens aufgrund der ebenfalls ressourcenstarken Wettbewerber jedoch verneint, WuW/E BKartA DE-V 170, 174 f. – *NZDS-Glasfaserkabel* (1999); vgl. auch Bundeskartellamt, Beschl. v. 3. 3. 2000 – *Cisco/IBM*, S. 28 f. (Rn. 88 ff.), entscheidende Textpassage in WuW/E BKartA DE-V 227 – *Cisco/IBM* (2000) nicht abgedruckt.
[104] WuW/E BKartA 2521, 2533 f. – *Zahnradfabrik Friedrichshafen/Allison* (1993).
[105] Bundeskartellamt, Auslegungsgrundsätze, Juli 2005, S. 18.
[106] WuW/E BGH 3026, 3033 – *Backofenmarkt* (1995).
[107] Bundeskartellamt, Auslegungsgrundsätze, Juli 2005, S. 18.

timents verursacht werden, sofern Konkurrenten des Sortimentsanbieters kein oder nur ein weniger breites Sortiment von Waren oder Dienstleistungen anbieten können. Gleiches gilt – bei entsprechender Nachfrage – für das **Angebot von Komplettsystemen,** wenn die Wettbewerber lediglich Komponenten des Systems anbieten und nicht über eine vergleichbare „Systemfähigkeit" verfügen (unten (2)).

– Auch **ressourcenbedingte Wettbewerbsvorteile** können einem Unternehmen einen hervorragenden Zugang zu Beschaffungs- oder Absatzmärkten verschaffen (unten (3)).

(1) Vertikale Integration. Marktschließungseffekte infolge eines vertikalen Zusammenschlusses stärken nach Auffassung des BKartA in der Regel die Marktstellung der beteiligten Unternehmen. Sie können zur Entstehung oder Verstärkung einer überragenden Marktstellung führen, indem sie nicht vertikal integrierten, Konkurrenten vorstoßenden Wettbewerb (weiter) erschweren und für potenzielle Wettbewerber die Marktzutrittsschranken erhöhen. Dies gilt auch für den Fall, dass das vertikal integrierte Unternehmen nicht auf dem Produktmarkt, sondern auf dem vor- oder nachgelagerten Markt eine marktbeherrschende Stellung innehat.[108]

Nach der Entscheidungspraxis des Bundeskartellamtes drohen entsprechende Marktschließungseffekte beispielsweise dann, **wenn maßgebliche Wettbewerber** auf das Angebot bzw. die Nachfrage gerade durch das vertikal integrierte Unternehmen **angewiesen sind.**[109] Das soll der Fall sein, wenn die vertikale Integration auf knappe Rohstoffe/Ressourcen zielt.[110] So hat das Bundeskartellamt in der Verbindung eines marktbeherrschenden Herstellers von Triebwerken für militärische Flugzeuge und Hubschrauber mit dem marktbeherrschenden Anbieter von militärischen Flugzeugen und Hubschraubern die Verstärkung der überragenden Marktstellung gesehen.[111]

Bestehende **Lieferbeziehungen** werden in der Regel durch eine Kapitalbeteiligung abgesichert und entfalten insoweit marktrelevante Wirkungen.[112] Das Vordringen eines Herstellers von Kolbenringen in den nachgelagerten Markt der Kolben führt zur Verstärkung einer marktbeherrschenden Stellung, da hierdurch die Abnahme der eigenen Produkte oder Dienstleistungen sichergestellt und die Nachfrage des Erwerbers dem Wettbewerb dauerhaft entzogen wird.[113]

Überragende Marktstellungen infolge vertikaler Integration kommen nicht nur dann in Betracht, wenn ein Unternehmen auf zwei Marktstufen zugleich tätig ist oder zwei auf verschiedenen Marktstufen vertretene Unternehmen eine wirtschaftliche Einheit bilden (§ 36 Abs. 2 GWB). Ein hervorragender Zugang zu den Beschaffungs- oder Absatzmärkten kann schon aufgrund von **Verflechtungen mit Lieferanten oder Abnehmern** im Wege von Minderheitsbeteiligungen bestehen.[114] Eine entsprechende gesellschaftsrechtliche

---

[108] Bundeskartellamt, Auslegungsgrundsätze, Juli 2005, S. 19.
[109] Bundeskartellamt, Auslegungsgrundsätze, Juli 2005, S. 19; Bundeskartellamt, Beschl. v. 20. 6. 2006 – *Putzmeister/Esser Werke*, S. 29.
[110] *Ruppelt* in: Langen/Bunte (Fn. 88), § 24 Rn. 30, vgl. auch Komm.E. v. 3. 5. 2000 – *Alcoa/Reynolds*, S. 34 ff. ABl. EG 2002 L 58/25.
[111] Untersagung WuW/E BKartA 2335, 2346 – *Daimler Benz/MBB* (1989), aber Ministererlaubnis WuW/E BMW 191–200; entsprechend auch Kommission, Entsch. v. 3. 5. 2000 – *Alcoa/Reynolds*, S. 34 f., ABl. EG 2002 L 58/25.
[112] Bundeskartellamt, Auslegungsgrundsätze, Juli 2005, S. 19.
[113] WuW/E BKartA 2829, 2837 f. – *Kolbenschmidt* (1995), WuW/E BGH 1949, 1952 f. – *Braun-Almo* (1982).
[114] So kann auch die gesellschaftsrechtliche Absicherung des Strom- bzw. Gasabsatzes über (Minderheits-)Beteiligungen von Energieversorgungsunternehmen an Weiterverteilern zur Verstärkung marktbeherrschender Stellungen auf den betroffenen Weiterverteilungsmärkten führen. Im Fall *Stromversorgung Aggertal* hat der BGH hervorgehoben, dass – in Anbetracht des hohen Konzentrationsgrades auf den Energieversorgungsmärkten – die Verstärkungswirkung schon aus einem Anteilerwerb von 25% erwachsen könne, WuW/E BGH 24, 29 – *Stromversorgung Aggertal* (1997); gleiche Begründung

Absicherung von Lieferverträgen führt im Einzelfall dann nicht zur Verstärkung einer marktbeherrschenden Stellung, wenn eine alternative Belieferung durch ein drittes Unternehmen aufgrund technischer oder wirtschaftlicher Hürden ohnehin nicht zu erwarten ist.[115]

59 Die Frage des Zugangs zu den Absatzmärkten über einen Vertikal-Zusammenschluss spielte auch in den ähnlich gelagerten Fällen „*AS V/Postdienst-Service*" und „*AS V/Stilke*" eine herausragende Rolle.[116] In beiden Fällen wurde die Beteiligung des Axel Springer Verlags an Unternehmen des Presseeinzelhandels untersagt. Im Fall *AS V/Stilke* stützte das Bundeskartellamt seine Untersagungsverfügung auf die Verstärkung der marktbeherrschende Stellung von AS V auf regionalen und bundesweiten Lesermärkten durch die Möglichkeit gezielter Verkaufsförderungsmaßnahmen und einem verbesserten Zugang zu Informationen über die Situation auf den Absatzmärkten.[117] Da bereits mit dem Beteiligungserwerb Abschreckungs- und Entmutigungseffekte verbunden waren, kam es nicht darauf an, ob die konkrete Gefahr besteht, dass die AS V von ihren Verhaltensspielräumen auf dem nachgelagerten Markt auch Gebrauch macht.[118]

60 **(2) Umfassendes Sortiment/umfassende Systemfähigkeit.** Ein hervorragender Zugang zum Absatzmarkt durch das Angebot eines Sortiments meist komplementärer und substitutiver Waren oder Dienstleistungen setzt voraus, dass eine für den Wettbewerb erhebliche Anzahl von Abnehmern diese Sortimente regelmäßig nachfragt und andere Unternehmen ein annähernd vollständiges Sortiment nicht anbieten. Diese Voraussetzungen gelten auch für das Angebot von kompletten (Fertigungs-)Anlagen oder sogenannten Problemlösungen aus einer Hand (Systemnachfrage).[119]

61 Die Tatsache, dass sich eine Reihe von Märkten, z.B. in der Automobilzulieferindustrie, zu Systemmärkten entwickelt hat oder in der Entwicklung steht, ist in vielen Fällen – auch für die Nachfragerseite – effizienzfördernd und kostensenkend. Das Angebot von Sortimenten oder Komplettsystemen kann aber nach Auffassung des BKartA dann zur Entstehung oder Verstärkung einer überragenden Marktstellung beitragen, wenn es uneinholbare Wettbewerbsvorteile im Hinblick auf den Zugang zu den Absatzmärkten und entsprechende **Verdrängungsstrategien** zum Nachteil von weniger diversifizierten Unternehmen bedingt.[120] Im Hinblick auf eine Sortimentsvielfalt ist eine entsprechende Verdrängungsstrategie nicht nur diversifizierten, auf mehreren sachlichen Märkten tätigen Anbietern möglich. Sie kann nach deutscher Fusionskontrollpraxis auch von Unternehmen ausgehen, die in preislicher oder qualitativer Hinsicht ein breites Sortiment von Waren oder Dienstleistungen, die alle demselben sachlichen Markt angehören, anbieten (Portfolio-Aspekt).[121]

---

des BGH gilt auch für den materiell ähnlich gelagerten Fall *Stadtwerke Garbsen* WuW/E DE-R 32 f. (1997); zustimmend Monopolkommission, die insbesondere auf die Signalwirkung der gesellschaftsrechtlichen Absicherung von Lieferverträgen für potenzielle Wettbewerber verweist, HG 1994/95, Rn. 607.

[115] Bundeskartellamt, Beschl. v. 20. 8. 1999 – *Saarferngas/Südwestgas/VSE AG*, S. 8 (Rn. 14).

[116] WuW/E BKartA 2909, 2911 ff. – *AS V/Postdienst-Service* (1997), rechtskräftig, und WuW/E DE-V 1, 5 ff. – *AS V/Stilke* (1997), KG WuW/E DE-R 270 – *AS V/Stilke*, BGH WuW/E DE-R 607 – *Minderheitsbeteiligung im Zeitschriftenhandel*.

[117] WuW DE-V 1, 7 – *AS V/Stilke* (1997) (vgl. auch vorherige Fn.).

[118] WuW DE-V 1, 7 – *AS V/Stilke* (1997).

[119] Bundeskartellamt, Auslegungsgrundsätze, Juli 2005, S. 20.

[120] Gleiches gilt nach Auffassung beispielsweise auch für ein marktbeherrschendes Unternehmen auf Anzeigenmärkten, das aufgrund des Angebots von Anzeigenblättern und Abonnement-Tageszeitungen einen im Vergleich mit Wettbewerbern wesentlich verbesserten Zugang zu den Anzeigenkunden hat, vgl. Bundeskartellamt, Untersagungsbeschluss v. 12. 1. 2000 – *WAZ/OTZ*, S. 35, WuW/E OLG Düsseldorf DE-R 647 – *OTZ*.

[121] WuW/E OLG 3759, 3762 – *Pillsbury-Sonnen Bassermann* (1985), WuW/E OLG 5879 ff. – *WMF/Auerhahn* (1997).

Gleiches gilt für den Eintritt eines marktstarken Erstmarkenherstellers in das Marktsegment des Handelsmarkengeschäfts, beispielsweise mit der Möglichkeit der Zweitvermarktung von Markenartikelinnovationen und einer verbesserten Position bei Konditionenverhandlungen.[122] Der Portfolioaspekt soll dann eher nicht zum Tragen kommen, wenn es sich bei Nachfragen um unterschiedlich spezialisierte Kundengruppen handelt.[123]

Bei der Zusammenführung von komplementären Produkten ist der Anbieter eines Sortiments gegenüber Konkurrenten, die jeweils nur ein oder wenige Produkte im Angebot haben, nach Auffassung des BKartA in mehrfacher Hinsicht im Vorteil:[124] Seine Position gegenüber den Abnehmern sei stärker, da er ganze Sortimente liefern kann und seine Produkte oftmals einen größeren Anteil am Beschaffungsvolumen ausmachen. Er sei zudem flexibler in der Gestaltung von Preisen oder Rabatten und verfügt über mehr Möglichkeiten zu Kopplungsgeschäften. Zudem könne er Größen- und Diversifizierungsvorteile bei Absatz und Marketing realisieren und mit einer impliziten oder expliziten Drohung der Nichtbelieferung vergleichsweise große Wirkungen erzielen. Einen ähnlichen Aspekt hat das Bundeskartellamt im Bereich des Verlaggeschäfts betont. Der Zusammenhang zwischen Leser- und Anzeigemarkt bestünde darin, dass eine hohe Leserzahl die Stellung auf dem Anzeigenmarkt stärkt und umgekehrt (Anzeigen – Auflagen – Spirale).[125] **62**

In der Phase der Entwicklung von Systemmärkten kann ein Zusammenschluss zwischen Komponentenherstellern, die auf ihren jeweiligen Teilmärkten über marktstarke oder sogar marktbeherrschende Stellungen verfügen, nach Auffassung des BKartA erhebliche Wettbewerbsvorteile durch einen überlegenen Zugang zum Absatzmarkt vermitteln.[126] Denn in einem wachsenden Systemmarkt wird die reibungslose, gesellschaftsrechtlich abgesicherte Zusammenarbeit zwischen Komponentenherstellern noch entscheidender als beim traditionellen Bezug von Einzelkomponenten durch den Nachfrager. Die Möglichkeit zur Systementwicklung im Unternehmensverbund kann hier zu erheblichen Wettbewerbsvorsprüngen führen.[127] Auch auf Märkten, die sich schon von Komponenten- zu Systemmärkten entwickelt haben, kann ein Zusammenschluss zwischen einem System- und einem Komponentenanbieter zu uneinholbaren Wettbewerbsvorsprüngen gegenüber Herstellern von Einzelkomponenten führen.[128] Dieser Effekt kann sich noch verstärken, wenn andere Systemanbieter auf eine enge Zusammenarbeit mit dem beteiligten Komponentenhersteller angewiesen sind und insofern ihrem Wettbewerber technisches und wirtschaftliches Know-how offenlegen müssten.[129] **63**

Ein bevorzugter Zugang zum Absatzmarkt durch das Angebot von Sortimenten oder Systemen eröffnet jedoch in den meisten Fällen – für sich genommen – keinen Verhaltensspielraum im Sinne der Entstehung einer marktbeherrschenden Stellung. Dafür müssen andere Faktoren, wie zum Beispiel ein erheblicher Marktanteil, hinzukommen.[130] Verfügt ein Unternehmen über Produkte, insbesondere Marken, die in ihren (Teil-)Märkten stark oder sogar führend sind, so kann nach Auffassung des BKartA ein Zusammenschluss, der ein Sortiments- bzw. Systemangebot gestattet oder abrundet, zur Entstehung oder Verstärkung einer marktbeherrschenden Stellung führen.[131] **64**

---

[122] WuW/E BKartA DE-V 177, 185 f. – *Henkel/Luhns* (2000), rechtskräftig.
[123] Bundeskartellamt, Beschl. v. 19. 7. 2006 – *Performance Fibrers/INVISTA*, S. 25.
[124] Bundeskartellamt, Auslegungsgrundsätze, Juli 2005, S. 21.
[125] Bundeskartellamt, Beschl. v. 26. 1. 2006 – *Süddeutscher Verlag/Lokalzeitung*, S. 42.
[126] Bundeskartellamt, Auslegungsgrundsätze, Juli 2005, S. 20.
[127] WuW/E BKartA 2829, 2839 – *Kolbenschmidt* (1995).
[128] Bundeskartellamt, Beschl. v. 27. Mai 1999 – *Federal Mogul/Alcan*, S. 7 ff.
[129] Bundeskartellamt, Auslegungsgrundsätze, Juli 2005, S. 21.
[130] Bundeskartellamt, Auslegungsgrundsätze, Juli 2005, S. 21.
[131] WuW/E BKartA 2414, 2418 – *WMF-Hutschenreuther* (1989); WuW/E BKartA 2829, 2837 ff. – *Kolbenschmidt* (1995); vgl. auch Komm.E. v. 15. 10. 1995 – *Guiness/Grand Metropolitan*, ABl. EG 1998 L 288, 24.

65 **(3) Sonstige Wettbewerbsvorteile beim Zugang zu den Beschaffungs- oder Absatzmärkten.** Ein hervorragender Zugang zu den Beschaffungs- oder Absatzmärkten aufgrund ressourcenbedingter Wettbewerbsvorteile eines Unternehmens kann sich nach Auffassung des BKartA beispielsweise aus folgenden Parametern ergeben:[132]

– ein hohes Ansehen oder eine besondere Markt-/Markengeltung,[133]
– ein eigenes, dichtes Filialnetz,[134] eine etablierte Vertriebslogistik,[135] eine herausragende räumliche Präsenz,[136]
– einen (gesellschaftsrechtlich abgesicherten) Zugriff auf wichtige Transportkapazitäten beim Angebot von Distributionsdienstleistungen[137] oder
– eine gesicherte Vorproduktbeschaffung,[138] bzw. eine (rechtlich abgesicherte) Verbindung mit Herstellern auf vor- oder nachgelagerten Märkten.[139]

66 Resourcenbedingte Wettbewerbsvorteile können nach Auffassung des BKartA die Wahrscheinlichkeit, dass ein ohnehin marktanteilsstarkes Unternehmen eine überragende Marktstellung einnimmt, erhöhen.[140] Sofern eine solche Marktstellung bereits besteht, kann sie durch den Zugang des marktbeherrschenden Unternehmens zu vor- oder nachgelagerten Märkten verstärkt werden.

67 **dd) Verflechtungen.** Verflechtungen eines Unternehmens mit anderen, insb. mit Wettbewerbern, Abnehmern oder Lieferanten, können zu einer überragenden Marktstellung beitragen, sie jedoch nicht allein begründen.[141] Sofern die zwischen den Unternehmen bestehenden gesellschaftsrechtlichen Verflechtungen Einfluss auf deren Marktstellung haben können, sind diese nach der Rechtsprechung des BGH auch dann im Rahmen der Gesamtbetrachtung zu berücksichtigen, wenn sie nicht die Voraussetzungen der Verbundklausel erfüllen.[142] Es wird auch nicht vorausgesetzt, dass sich die verflochtenen Unternehmen als wettbewerbliche Einheit darstellen, da wirtschaftliche, rechtliche und geschäftliche Beziehungen zwischen Unternehmen selbst dann Einfluss auf die Marktposition haben können, wenn kein einheitlicher Marktauftritt feststellbar

---

[132] Bundeskartellamt, Auslegungsgrundsätze, Juli 2005, S. 22.
[133] WuW/E BKartA 2370, 2375 – *Melitta-Kraft* (1989); WuW/E OLG 5879, 5883 – *WMF/Auerhahn* (1997), Bundeskartellamt, Beschl. v. 20. 9. 1999 – *Henkel/Luhns* (2000) S. 23 (Rn. 39 f.), entscheidende Textpassage in WuW/E BKartA DE-V 177 nicht abgedruckt; Bundeskartellamt, Untersagungsbeschl. v. 21. 6. 2000 – *Melitta*, S. 28 f., entscheidende Textpassage in WuW/E BKartA DE-V 275 nicht abgedruckt.
[134] WuW/E BGH 2156 – *Rheinmetall-WMF;* WuW/E OLG 2849, 2859 – *Lufthansa-f. i. r. s. t. Reisebüro* (1982); WuW/E OLG 5879, 5883 – *WMF/Auerhahn* (1997).
[135] KG, WuW/E OLG 5549, 5562 – *Fresenius/Schiwa* (1993); Bundeskartellamt Beschl. v. 25. Februar 1999 – *Habet/Lekkerland*, S. 17, S. 20 = WuW/E BKartA DE-V 116, 120 – *Habet/Lekkerland* (1999) (Fundstelle auf S. 20 in WuW nicht abgedruckt); WuW/E KG DE-R 451, 457, 458 – *Herlitz/Landré*; Bundeskartellamt, Untersagungsbeschl. v. 21. 6. 2000 – *Melitta*, S. 29, entscheidende Passage in WuW/E BKartA DE-V 275 nicht abgedruckt.
[136] Bundeskartellamt, Beschl. v. 3. 7. 2000 – *RWE/VEW,* S. 92 (Rn. 231), entscheidende Textpassage in WuW/E BKartA DE-V 301 nicht abgedruckt.
[137] WuW/E BKartA 2659, 2664 – *ATG-Menke-Silcock & Colling* (1994).
[138] WuW/E BGH 2575, 2581 – *Kampffmeyer-Plange;* WuW/OLG 5549, 5560 – *Fresenius/Schiwa* (1993), hier Absicherung des Zugriffs auf Vorprodukte von VE-Lösungen über einen Ausschließlichkeitsvertrag.
[139] Bundeskartellamt, Beschl. v. 20. 9. 1999 – *Henkel/Luhns*, S. 22 (Rn. 38), entscheidende Passage in WuW/E BKartA DE-V 177 nicht abgedruckt; WuW/E BKartA DE-V 283, 285 – *Bilfinger+Berger/Buderus* (2000).
[140] Bundeskartellamt, Auslegungsgrundsätze, Juli 2005, S. 22.
[141] Fall *MZ – Oldenburg/Botterbloom*, TB 1995/96, S. 80/81.
[142] WuW/E BGH 3037, 3041 – *Raiffeisen* (1995); siehe auch WuW/E BGH 2433, 2440 – *Gruner+Jahr/Zeit* (1985).

ist.¹⁴³ Dabei geht der BGH vom Erfahrungssatz aus, dass kein Kaufmann sich selbst durch wesentlichen Wettbewerb schädigt.¹⁴⁴

Berücksichtigungsfähige Verflechtungen müssen nach Auffassung des BKartA nicht **gesellschaftsrechtlicher Art** sein; sie können auch **personeller, rechtlicher oder wirtschaftlicher Natur** sein.¹⁴⁵ Vertragliche Beziehungen – wie z. B. wechselseitige Patentlizenzverträge oder (ausschließliche) Lieferverträge – können zwar wettbewerbsdämpfende Effekte entfalten.¹⁴⁶ Alle vorgenannten Verflechtungen sind grundsätzlich geeignet, eine marktbeherrschende Stellung zu verstärken, soweit dem Unternehmen dadurch Ressourcen oder Einflussmöglichkeiten zuwachsen.¹⁴⁷ Die sich aus den Verflechtungen ergebenden Wettbewerbsbeschränkungen werden weitgehend bereits von den anderen hier angeführten Strukturkriterien erfasst.¹⁴⁸ So können Verflechtungen mit finanzkräftigen Unternehmen die finanziellen Spielräume erweitern und Verflechtungen mit Abnehmern oder Lieferanten den Absatz oder die Beschaffung absichern sowie die Marktzutrittsschranken erhöhen.

Besonders große Bedeutung hat dieses Merkmal bei Verflechtungen mit aktuellen oder potenziellen Wettbewerbern sowie mit Anbietern von unvollkommenen Substitutionsprodukten, da hierdurch regelmäßig der Wettbewerb zwischen den Wettbewerbern beschränkt wird.¹⁴⁹ Verflechtungen über Gemeinschaftsunternehmen zur Herstellung von Vorprodukten bzw. Teilkomponenten wirken wegen des vergemeinschafteten Kostensockels vereinheitlichend auf die Absatzbedingungen von Wettbewerbern, soweit der vergemeinschaftete Kostenanteil einen erheblichen Anteil an den Gesamtkosten des Produktes ausmacht. Gleiches gilt in verstärktem Maße für die Zusammenarbeit zwischen Wettbewerbern auf dem relevanten Produktmarkt selbst.¹⁵⁰

ee) Marktzutrittsschranken/Potenzieller Wettbewerb. Die Prüfung von Marktzutrittsschranken und potenziellem Wettbewerb hat in der Bewertung der Marktstellung der Zusammenschlussbeteiligten einen großen Stellenwert.¹⁵¹ So wie der Marktanteil Anhaltspunkte für das Verhältnis der Zusammenschlussbeteiligten zu ihren aktuellen Wettbewerbern gibt, geben die Marktzutrittsschranken über die Bedeutung potenziellen Wettbewerbs für das Wettbewerbsgeschehen auf dem betroffenen Markt Auskunft. Der Marktzutritt ist insoweit kein unternehmens-, sondern ein marktbezogenes Strukturkriterium.¹⁵² Solange ein marktstarkes Unternehmen keine überhöhten Preise fordern oder auf Forschung und Entwicklung verzichten kann, weil es sonst mit dem Markteintritt potenzieller Konkurrenten rechnen muss, ist es wenig wahrscheinlich, dass es einen nicht kontrollierbaren Verhaltensspielraum besitzt.¹⁵³ Hohe Marktzutrittsschranken können dagegen ein wichtiges Indiz für eine überragende Marktstellung eines marktstarken Unternehmens sein, da sie seine

---

¹⁴³ WuW/E BGH 3037, 3041 – *Raiffeisen* (1995); vgl. auch RWS-Skript 162: Kartellrechtspraxis und Kartellrechtsprechung 1995/96, Rn. 240.
¹⁴⁴ WuW/E BGH 2433, 2440 – *Gruner+Jahr/Zeit II;* BGH, Beschl. v. 7. 11. 2006 – *Radio TON,* S. 9.
¹⁴⁵ Bundeskartellamt, Auslegungsgrundsätze, Juli 2005, S. 23. Bundeskartellamt, Beschl. v. 23. 8. 2006 – *Synthus/AO-ASIF,* S. 42, in diesem Fall hat das Amt insbesondere auf vertragliche und personelle Aspekte verwiesen.
¹⁴⁶ WuW/E BKartA 2669 – *Lindner Licht GmbH* (1994); WuW/E BKartA DE-V 249, 250 f. – *Ansell/Johnson & Johnson* (2000).
¹⁴⁷ WuW/E BKartA 1908, 1913 – *Lufthansa/f. i. r. s. t.* (1981).
¹⁴⁸ Bundeskartellamt, Auslegungsgrundsätze, Juli 2005, S. 23.
¹⁴⁹ WuW/E BGH 2795 – *Pinneberger Tageblatt* (1992), BGH WuW/E DE-R 24, *Stromversorgung Aggertal* (1997).
¹⁵⁰ WuW/E BKartA DE-V 170, 173 f. – *NZDS-Glasfaserkabel* (1999) = WuW 1999, 1230, 1233 f.
¹⁵¹ Bundeskartellamt, Auslegungsgrundsätze, Juli 2005, S. 23.
¹⁵² Vgl. *Ruppelt* in: Langen/Bunte (Fn. 88), § 22 Rn. 52.
¹⁵³ Vgl. schon Begr. 1971, S. 22, dazu *Kantzenbach/Krüger* WuW 1990, 472, *Ruppelt* in: Langen/Bunte (Fn. 88), § 22 Rn. 52; Fall – *Henkel/Loctite,* TB 1995/96, S. 100; Fall – *Radex-Heraklith/Didier,* TB 1995/96, S. 102.

Marktstellung gegen Neueintritte absichern. Bei der Beurteilung der Frage nach einem potenziellen Wettbewerb ist zu prüfen, ob ein wettbewerblich relevanter und effektiver Marktzutritt möglich und im Prognosezeitraum[154] wahrscheinlich wäre.[155] Selbst auf einem monopolistisch geprägten Markt kann die Erhöhung von Marktzutrittsschranken eine Verstärkung der Monopolstellung darstellen.[156]

Er muss auch hinreichend **konkretisierbar** sein.[157] So besteht für potenzielle Wettbewerber auf benachbarten Märkten bei voll ausgeschöpften Kapazitäten und etablierten Kundenbindungen häufig kein Anreiz für einen Marktzutritt. Es stellt sich darüber hinaus die Frage, ob Unternehmen mit **Mengen** *und* **Preisen** in den Markt eintreten könnten, die einen unkontrollierbaren Verhaltensspielraum der Zusammenschlussbeteiligten wirksam einengen würden.[158]

71 Hohe Marktzutrittsschranken müssen Markteintritte nicht völlig ausschließen.[159] Es reicht vielmehr aus, wenn ein Markteintritt nicht in einer **Größenordnung** zu erwarten ist, die geeignet ist, den Verhaltensspielraum der Zusammenschlussbeteiligten zu begrenzen. Zudem müsste der Marktzutritt innerhalb einer **Zeitspanne** erfolgen, die kurz genug ist, um die betroffenen Unternehmen von der Ausnutzung ihrer Marktmacht abzuhalten.[160] Unverhältnismäßig hohe **Kosten des Marktzutritts oder hohe Risiken eines** *Fehlschlags* sind Indizien für hohe Marktzutrittsschranken.[161]

72 Nach ihrer Herkunft teilt das Bundeskartellamt Marktzutrittsschranken grob in drei Gruppen auf:[162]
– *Gesetzliche* Marktzutrittsschranken werden als Ausfluss auf das staatliche Gewaltmonopol in Form von Gesetzen, Verordnungen oder Verwaltungspraktiken errichtet (unten (1)).
– *Strukturelle* Marktzutrittsschranken werden in der Regel durch bestimmte technologische oder nachfragebedingte Charakteristika eines Marktes beeinflusst, können aber auch in für den Markterfolg erforderlichen ressourcenbedingten Stärken eines Unternehmens liegen. Sie werden in der Regel nicht absichtlich geschaffen, um einen Marktzutritt abzuwehren (unten (2)).
– *Strategische* Marktzutrittsschranken werden nach dem Verständnis des BKartA von etablierten Anbietern auf einem Markt bewusst errichtet, um potenzielle Anbieter von einem Marktzutritt abzuschrecken (unten (3)).[163]

73 Marktzutritte sind nach Auffassung des BKartA umso eher zu erwarten, je größer die künftigen Gewinnaussichten eingeschätzt werden.[164] Neue und wachsende Märkte oder Märkte mit Nachfrageüberhang weisen daher in der Regel niedrigere Marktzutrittsschranken auf[165] als stagnierende Märkte mit Überkapazitäten.[166] Ist die verbleibende Amortisa-

---

[154] WuW/E DE-V 1325, 1328 – *Coherent/Excel* (2006).
[155] Bundeskartellamt, Auslegungsgrundsätze, Juli 2005, S. 24.
[156] WuW/E DE-V 1500, 1504 – *trac-x* (2007).
[157] Bundeskartellamt, Auslegungsgrundsätze, Juli 2005, S. 24.
[158] Bundeskartellamt, Auslegungsgrundsätze, Juli 2005, S. 24.
[159] Bundeskartellamt, Auslegungsgrundsätze, Juli 2005, S. 24.
[160] Bundeskartellamt, Beschl. v. 3. 3. 2000 – *Cisco/IBM,* S. 24 (Rn. 75), entscheidende Textpassage in WuW/E BKartA DE-V 227 nicht abgedruckt.
[161] Bundeskartellamt, Auslegungsgrundsätze, Juli 2005, S. 24.
[162] Bundeskartellamt, Auslegungsgrundsätze, Juli 2005, S. 24 f.
[163] Insbesondere die moderne Harvard School betont bei der Analyse von Marktzutrittsschranken und potenziellem Wettbewerb strategische Eintrittsbarrieren, die beispielsweise in Investitionen mit sunk cost-Charakter liegen können, vgl. *Kowalski,* a. a. O. S. 162 ff., *Vickers, J.; Hay, D.* (Hrsg.) The Economics of Market Dominance, Oxford 1987, S. 24.
[164] Bundeskartellamt, Auslegungsgrundsätze, Juli 2005, S. 25.
[165] *Gleason/Pfauter,* TB 1997/98, S. 124/5; Siemens/AEG Electrocom TB 1997/98, S. 136/7; Securitas/RKS, TB 1997/98, S. 404/5, WuW/E BKartA DE-V 227, 232 – *Cisco/IBM* (2000).
[166] *Vulkan/Schiess,* TB 1993/94, S. 81; *Didier/Martin Pagenstecher,* TB 1993/94, 84; *Campbell Soup/*

tionszeit für Neuinvestitionen kurz, weil der Markt rückläufig ist, ist ein Marktzutritt wenig wahrscheinlich.[167]

Für potenzielle Wettbewerber außerhalb Deutschlands können besondere Marktzutrittsschranken bestehen (unten (4)). Der Erwerb eines potenziellen Wettbewerbers kann zur Entstehung oder Verstärkung einer marktbeherrschenden Stellung führen (unten (5)). 74

(1) Gesetzliche Marktzutrittsschranken. Rechtsnormen oder **Verwaltungsvorschriften** können den Marktzutritt oder den Parametereinsatz von Unternehmen beschränken und dadurch potenziellen Wettbewerb zugunsten der etablierten Unternehmen verringern. Beispiele[168] der Entscheidungspraxis des BKartA dafür sind 75
– Genehmigungsvorbehalte für umweltbelastende Betriebe oder spezielle Entsorgungsvorschriften für Abfälle[169]
– nationale Einzelzulassungsverfahren im Arzneimittelbereich[170] oder
– Patentschutz.[171]

Auch gesetzliche Regelungen können im Einzelfall von etablierten Anbietern genutzt werden, um Marktzutrittsschranken bewusst zu erweitern und potenzielle Anbieter von einem Marktzutritt abzuschrecken. Dies zeigt, dass die Grenzen zwischen den eingangs abgegrenzten Kategorien von Marktzutrittsschranken fließend sind. Beispiel hierfür ist für das BKartA ein gezielter und flächendeckender Einsatz des gewerblichen Rechtsschutzes, insbesondere die Methode des Absicherns des gesamten Umfeldes einer Innovation und möglicher technologischer Alternativen mit Schutzrechten (sog. **„ring fencing"**).[172] Gesetzliche Regelungen – wie z.B. die europäische Zuckermarktordnung – können ebenfalls Einfluss auf die Bewertung der Marktbedingungen haben.[173] 76

(2) Strukturelle Marktzutrittsschranken. Strukturelle Marktzutrittsschranken können in ihrer zutrittsbehindernden Wirkung insbesondere auf einem oder mehreren der nachfolgenden Faktoren beruhen:[174] 77

(a) Ressourcen. Ressourcen des Marktführers auf dem betroffenen Markt können erhebliche Abschreckungswirkungen im Hinblick auf einen Marktzutritt von Newcomern entfalten.[175] Ein erhebliches Abwehrpotenzial besteht beispielsweise dann, wenn der Marktführer in hohem Maße über marktspezifische Ressourcen verfügt.[176] Können Hersteller von Produkten auf benachbarten Märkten – beispielsweise aufgrund vergleichbarer Technologien – mit vergleichsweise geringem Aufwand in den betroffenen Markt eintreten, spricht dies hingegen für erheblichen potenziellen Wettbewerb.[177] Finanzkraft auf 78

Erasco, TB 1995/96, S. 83; *RAG/Hemscheidt/Braun/Becorit*, TB 1995/96, S. 107; *Newell/rotring*, TB 1997/98, S. 197/8.
[167] Bundeskartellamt, Auslegungsgrundsätze, Juli 2005, S. 25.
[168] Bundeskartellamt, Auslegungsgrundsätze, Juli 2005, S. 25.
[169] WuW/E BKartA 2247, 2250 – *Hüls/Condea* (1986), vgl. auch Komm.E. v. 20. 9. 1995 – *Orkla/Volvo* ABL. EG 1996 L 66/17, Rn. 106.
[170] WuW/E BKartA 2591, 2601 – *Fresenius/Schiwa* (1993).
[171] Bundeskartellamt – *Degussa/Elephant Holding BV*, TB 1993/94, S. 79; Bundeskartellamt Fall *BTR/MCC Holding* TB 1997/98, S. 128/9, Bundeskartellamt, Beschl. v. 20. 9. 1999 – *Henkel/Luhns*, S. 28 (Rn. 46), entscheidende Textpassage in WuW/E BKartA DE-V 177 nicht abgedruckt.
[172] Vgl. Bundeskartellamt, Beschl. v. 20. 9. 1999 *Henkel/Luhns*, S. 26 f. (Rn. 44), entscheidende Textpassage in WuW/E BKartA DE-V 177 *Henkel/Luhns* (2000) = WuW 2000, 63 nicht abgedruckt.
[173] WuW/E DE-V 1276 *Pfeifer & Laval/Zuckerfabrik Jülich* (2006).
[174] Bundeskartellamt, Auslegungsgrundsätze, Juli 2005, S. 26.
[175] Bundeskartellamt, Auslegungsgrundsätze, Juli 2005, S. 26.
[176] WuW/E BGH 2276, 2283 – *SZ-Donau Kurier* (1986); *RAG/VEBA* TB 1995/96, S. 152.
[177] Bundeskartellamt, Beschl. v. 9. 12. 1999, – *Krautkrämer/Nutronik*, S. 13, entscheidende Textpassage in WuW/E BKartA DE-V 203 nicht abgedruckt.

einem von Werbungs- und Markenwettbewerb gekennzeichneten Markt[178] oder Verflechtungen mit wichtigen Abnehmern[179] können Newcomer vom Marktzutritt ebenso abschrecken wie ein etabliertes Unternehmen, das über erhebliche Kapazitäten in Verbindung mit einer günstigen Kostenstruktur verfügt.[180] Gleiches gilt für nicht vermehrbare Ressourcen im Besitz der etablierten Unternehmen, wie z. B. Rohstoff- oder Abfalllagerstätten oder Start- und Landezeiten (Slots)[181] auf Flughäfen.

79 **(b) Marktentwicklungen.** Bestehen im Prognosezeitraum aufgrund der zunehmenden Konvergenz von Einzelprodukten zu Gesamtsystemen oder aufgrund einer immer stärkeren Verkürzung von Produktzyklen gute Gewinnaussichten für innovative Newcomer, so spricht dies für wirksamen potenziellen Wettbewerb.[182] Ein anderes Bild kann sich häufig auf Märkten ergeben, die sich in einer Ausreifungs- und Stagnationsphase befinden.[183] Eine Marktzutrittsschranke kann auch im Fehlen geeigneter Akquisitionsobjekte liegen, wenn aufgrund der Marktstruktur Markteintritte durch Neugründungen ausgeschlossen sind.[184]

80 **(c) Transportkosten/Abnehmernähe.** Transportkostennachteile können eine wesentliche produktbedingte Marktzutrittsschranke sein, wenn sie nicht durch andere Kostenvorteile, z. B. bei der Produktion, ausgeglichen werden können.[185] Die Nähe zu den Abnehmern gewinnt dann als Marktzutrittsschranke an Bedeutung, wenn die Lieferzuverlässigkeit für die Marktgegenseite von großer Bedeutung ist oder ein Produkt in enger Zusammenarbeit zwischen dem Wettbewerber und dem Abnehmer ständig weiterentwickelt wird.[186] Gleiches gilt, wenn für den Marktzutritt eine Zulassung durch die Marktgegenseite notwendig ist.[187] Werden zuvor enge Bindungen zwischen Nachfragern und „Haus- und Hoflieferanten" abgebaut und Aufträge zunehmend international vergeben, führt dies zu einer Senkung zuvor bestehender Marktzutrittsschranken.[188]

81 **(d) Economies of scale.** Größe allein begründet nicht schon wettbewerbliche Effektivität und Abschreckungswirkung auf potenzielle Wettbewerber. Ein Betriebsgrößenvorteil der etablierten Unternehmen bei Forschung und Entwicklung, in der Fertigung[189] oder beim Absatz ihrer Produkte[190] kann aber nach Auffassung des BKartA aus tatsächlichen Gründen einen Marktzutritt wenig wahrscheinlich machen.[191] Dies gilt beispielsweise dann, wenn einerseits mit zunehmender Betriebsgröße die Kosten für Forschung und Entwicklung, Fertigung oder den Absatz sinken und andererseits ein Marktzutritt hohe Outputmengen für das Erreichen der Gewinnzone voraussetzt. Gerade wenn hohe irreversible Investitionen eine Rolle spielen, ist die Beibehaltung einer langfristig hohen Outputmenge für den etablierten Anbieter rational. Dies kann den Effekt haben, dass Newcomer nicht

---

[178] WuW/E OLG 3079 – *Morris-Rothmans* (1983), Erledigung Rechtsbeschwerde WuW/E BGH 2211.
[179] WuW/E BGH 1769 – *Teerbau-Makadam* (1980).
[180] WuW/E BKartA 2865 – *Kali+Salz/PCS* (1997).
[181] WuW/E BKartA 2391, 2394 – *DLT/Südavia* (1989).
[182] WuW/E BKartA DE-V 227, 232 f. – *Cisco/IBM* (2000).
[183] Bundeskartellamt, Auslegungsgrundsätze, Juli 2005, S. 26.
[184] So etwa Bundeskartellamt Beschl. v. 11. 12. 2006 – *Universitätsklinikum Greifswald/Kreiskrankenhaus Wolgast*.
[185] WuW/E BKartA 2865 – *Kali+Salz/PCS* (1997); Bundeskartellamt Fall *Ruhrkohle/Veba*, TB 95/96, S. 152.
[186] Bundeskartellamt Fall *Bayer/Bergla*, TB 1995/96, S. 94; *St. Gobain/ESK*, TB 1995/96, S. 94/95.
[187] Bundeskartellamt Beschl. v. 15. 3. 2006 DuPont/Pedex, S. 26 [aus formalen Gründen vom OLG Düsseldorf aufgehoben].
[188] Bundeskartellamt, Beschl. v. 11. 2. 2000 – *Dürr/Alstom*, Rn. 28, entscheidende Textpassage in WuW/E BKartA DE-V 235 nicht abgedruckt.
[189] WuW/E BGH 1501, 1504 – *GKN-Sachs* (1978).
[190] WuW/E BKartA 2319, 2328 – *Messer Griesheim/Buse* (1989).
[191] Bundeskartellamt, Auslegungsgrundsätze, Juli 2005, S. 27.

davon ausgehen können, eine Absatzmenge zu erreichen, die ihnen mittelfristig eine Amortisation ihrer Investitionen gestatten würde und daher vom Marktzutritt absehen.[192] Je größer der Marktanteil ausfallen muss, um die gleichen Kostenvorteile wie die etablierten Wettbewerber zu erzielen, desto höher sind für das BKartA die Marktzutrittsschranken wegen der erforderlichen finanziellen Vorleistungen und Risiken der Newcomer.[193]

(e) Economies of scope. Gerade diversifizierte Unternehmen verfügen häufig über Verbundvorteile. Sie entstehen, wenn die Durchführung verschiedener wirtschaftlicher Aktivitäten durch ein Unternehmen geringere Kosten verursacht als die Ausübung jeder einzelnen Aktivität durch unterschiedliche Unternehmen. Hierunter fallen auch die Vorteile vertikal integrierter Unternehmen, die es für einen Newcomer erforderlich machen können, auf mehreren Marktstufen zugleich tätig zu werden.[194]

(f) Technische Marktzutrittsschranken. Hohe Marktzutrittsschranken können nach Auffassung des BKartA dann vorliegen, wenn Marktzutritte zwar langfristig nicht unmöglich erscheinen, ein Zutritt aus entwicklungstechnischen Gründen jedoch erst mittel- bis langfristig zu erwarten ist.[195] Ein entsprechender Zeitraum übersteigt in einer Situation, in der einer steigenden Nachfrage ein noch mittelfristig stagnierendes Angebot gegenübersteht, den in der Fusionskontrolle zu berücksichtigenden Prognosezeitraum.[196]

Hohe Marktzutrittsschwellen können sich auch daraus ergeben, dass Unternehmen, die auf dem Markt tätig werden wollen, zu diesem Markt zugelassen werden müssen.[197]

(3) Strategische Marktzutrittsschranken. Die etablierten Unternehmen können nach Auffassung des BKartA durch ihr Marktverhalten faktische Zutrittsschranken für Newcomer errichten und ihnen dadurch den Markteintritt erschweren.[198] Die Praxis aller Hersteller des betroffenen Marktes, mit ihren jeweiligen Abnehmern langfristige Lieferverträge[199] oder Ausschließlichkeitsverträge abzuschließen,[200] sind ein Beispiel für strategische Marktzutrittsschranken. Eine vergleichbare Wirkung können Demarkations- und Konzessionsverträge,[201] Industrie- und Firmenstandards für komplementäre Waren[202] oder der Aufbau proprietärer technischer Zugangssysteme haben,[203] ebenso wie der strategische Umgang mit Patenten oder anderen Schutzrechten.[204]

Nachfragepräferenzen können für das BKartA strategische Marktzutrittsschranken widerspiegeln, sofern sie durch Werbung- und Markenwettbewerb geschaffen worden sind.[205] Dadurch können Newcomern Kostennachteile gegenüber den etablierten Unternehmen entstehen, bis es ihnen gelungen ist, auf sich aufmerksam zu machen und ebenfalls aner-

---

[192] Bundeskartellamt, Auslegungsgrundsätze, Juli 2005, S. 27, m. w. N.
[193] Bundeskartellamt, Auslegungsgrundsätze, Juli 2005, S. 27.
[194] Bundeskartellamt, Auslegungsgrundsätze, Juli 2005, S. 27.
[195] Bundeskartellamt, Auslegungsgrundsätze, Juli 2005, S. 28.
[196] Die Entscheidungspraxis des Bundeskartellamtes entspricht auch der Auffassung der Kommission; vgl. Entsch. v. 19. 7. 1995 – *Nordic Satellite Distribution,* ABl. 1996 L 53/20.
[197] Bundeskartellamt, Beschl. v. 15. 3. 2006 – *Du Pont/Pedex,* S. 26 [aus formalen Gründen vom OLG Düsseldorf aufgehoben].
[198] Bundeskartellamt, Auslegungsgrundsätze, Juli 2005, S. 28.
[199] *VEBA/SW Bremen,* TB 1995/96, S. 121; BGH WuW/E DE – R 32 – *Stadtwerke Garbsen;* BGH WuW/E DE – R 24 – *Stromversorgung Aggertal;* WuW/E BKartA DE-V 116, 120 – *Habet/Lekkerland* (1999).
[200] WuW/E BKartA 2215 f. – *Linde-Agefko* (1985).
[201] WuW/E BKartA 2157 f. – *EVS-TWS* (1984), Aufhebung durch KG, WuW 1985, 91.
[202] WuW/E BKartA 2894 – *Herlitz/Landré* (1997).
[203] Kommission, Entsch. v. 9. 11. 1994, – *MSG Media Service,* ABl. EG 1995 Nr. L. 364/1.
[204] Bundeskartellamt, Beschl. v. 23. 8. 2006 – *Synthes/AO-ASIF,* S. 51.
[205] Bundeskartellamt, Auslegungsgrundsätze, Juli 2005, S. 28; so hat das Bundeskartellamt einen Zeitraum von 5 Jahren für zu lang befunden, vgl. WUW/E DE-R 1325, 1329 – *Coherent/Excel.*

kannt zu werden.²⁰⁶ Umgekehrt kann marktstrategisches Verhalten von Nachfragern und die Drohung des Lieferantenaustauschs dazu führen, dass potenzieller Wettbewerb den Verhaltensspielraum marktstarker Unternehmen wirkungsvoll begrenzt.²⁰⁷

87 **(4) Besonderheiten im Hinblick auf Marktzutrittsschranken für ausländische Unternehmen.** Potenzielle Wettbewerber außerhalb Deutschlands sind grundsätzlich nicht anders zu bewerten als potenzielle inländische Wettbewerber.²⁰⁸ Allerdings können nach Auffassung des BKartA für sie besondere Marktzutrittsschranken bestehen, wenn die Märkte nationale Besonderheiten aufweisen, die Markteintritte aus dem Ausland aus rechtlichen oder tatsächlichen Gründen erschweren.²⁰⁹

88 Das ist insbesondere dann möglich, wenn tarifäre oder nichttarifäre **Handelshemmnisse, Sprachbarrieren**²¹⁰ oder eine **Präferenz der Nachfrager für inländische Anbieter**²¹¹ bestehen. Entsprechende Präferenzen können auch aus gewachsenen Vertriebsstrukturen oder speziellen Anforderungsprofilen der Nachfrager resultieren.²¹² Marktzutrittsschranken können sich zudem aus dem **Beschaffungsverhalten staatlicher Abnehmer,**²¹³ das sich überwiegend an im Inland ansässige Unternehmen richtet, ergeben. Im Rüstungssektor ist häufig eine grenzüberschreitende Nachfrage nur dann zu beobachten, wenn das benötigte Produkt von inländischen Unternehmen nicht angeboten wird.²¹⁴ **Internationale Ausschreibungsverfahren** sind dann ein Hinweis auf gleiche Chancen von inländischen Anbietern und Wettbewerbern außerhalb Deutschlands, wenn die Ausschreibung keine national geprägten Anforderungen enthält, deren Erfüllung Wettbewerbern außerhalb Deutschlands entweder objektiv unmöglich ist oder aber mit erheblich höheren Kosten verbunden wäre.²¹⁵

89 Nimmt das im Inland marktführende Unternehmen **auch europa- oder sogar weltweit vergleichbare Marktpositionen** ein, so ist das nach Auffassung des BKartA ein Anhaltspunkt, dass ein gegebenenfalls unkontrollierbarer Verhaltensspielraum auch gegenüber ausländischen Wettbewerbern besteht.²¹⁶

90 **Fehlgeschlagene Marktzutrittsversuche** in der Vergangenheit sind ein Indiz für hohe Marktzutrittsschranken.²¹⁷ Dies kann darauf hindeuten, dass der betroffene Markt hohe

---

²⁰⁶ WuW/E BKartA 2376 – *Melitta/Kraft* (1989); WuW/E BKartA 2591 – *Fresenius/Schiwa* (1993); WuW/E BKartA 2865 – *Kali+Salz/PCS* (1997); WuW/E BKartA 2905 – *Merck/KMF* (1997).
²⁰⁷ WuW/E BKartA DE-V 227, 232 – *Cisco/IBM* (2000).
²⁰⁸ *Deckel/Maho*, TB 1993/94, S. 81; *Stöhr/Südwolle*, TB 1993/94, S. 103; *Freudenberg/Marelli* TB 1997/98, S. 21; *Daun/Stöhr*, TB 1997/98, S. 22; *Schickedanz/Karstadt*, TB 1997/98, S. 280/84; *TÜV Rheinland/TÜV Berlin-Brandenburg*, TB 1997/98, S. 406/08; WuW/E BKartA DE-V 187, 190 – *MZO*.
²⁰⁹ Bundeskartellamt, Auslegungsgrundsätze, Juli 2005, S. 28.
²¹⁰ WuW/E 2894 BKartA – *Herlitz/Landré* (1997).
²¹¹ WuW/E BKartA 2250 – *Hüls-Condea* (1986).
²¹² WuW/E (OLG) DE-R 451, 457,458 – *Herlitz/Landré*; WuW/E BKartA DE-V 145, 148 – *Pfleiderer/Coswig* (1999); Im Hinblick auf die Prüfung eines marktbeherrschenden Oligopols vgl. WuW/E BKartA 2669, 2677 – *Lindner Licht GmbH* (1994).
²¹³ Bundeskartellamt Fall *ABB/AEG/LHB/Siemens/Deutsche Waggonbau AG*, TB 1993/94, S. 80.
²¹⁴ TB 97/98, S. 116.
²¹⁵ WuW/E BKartA DE-V 81, 82/84 – *Deutsche Babcock/Steinmüller* (1999) = WuW 1999, 381, 382/384: zur wettbewerblichen Einordnung von Ausschreibungsmärkten vgl. auch WuW/E OLG 94, 99 ff. – *Hochtief/Philipp Holzmann* (1998). Dagegen hat das Bundeskartellamt im Fall *Pfleiderer/Coswig* (WuW/E BKartA DE-V 145, 148) aufgrund hoher Transportkosten und der Notwendigkeit von *Just-in-Time*-Lieferungen eine Chancengleichheit zwischen in- und ausländischen Unternehmen bei Ausschreibungen verneint.
²¹⁶ WuW/E BKartA 2521, 2532, 2536 f. – *Zahnradfabrik Friedrichshafen/Allison* (1993); im Hinblick auf die Prüfung eines marktbeherrschenden Oligopols vgl. WuW/E BKartA 2669, 2674 f. – *Lindner Licht GmbH* (1994).
²¹⁷ Bundeskartellamt, Auslegungsgrundsätze, Juli 2005, S. 29.

Anforderungen an die Wettbewerbsfähigkeit stellt. Andererseits ist der Nachweis erfolgreicher Marktzutritte in der Vergangenheit je nach Einzelfall ein starkes Indiz,[218] jedoch keine notwendige Voraussetzung für die Annahme ausreichenden potenziellen Wettbewerbs.[219]

(5) Erwerb eines potenziellen Wettbewerbers. Wenn der Verhaltensspielraum eines 91 etablierten marktstarken Unternehmens ganz wesentlich von einem potenziellen Wettbewerber kontrolliert wird, kann der Zusammenschluss mit eben diesem potenziellen Wettbewerber dem etablierten Unternehmen eine überragende Marktstellung verschaffen. Nimmt das etablierte Unternehmen schon vor dem Zusammenschluss eine überragende Marktstellung ein, dann kann diese durch einen weiteren Zusammenschluss mit einem wesentlichen potenziellen Wettbewerber verstärkt werden (Absicherung der Marktstellung).[220] Als potenzielle Wettbewerber kommen u.a. Unternehmen in Betracht, die einen Markteintritt erkennbar beabsichtigen,[221] die relevante Waren oder Dienstleistungen schon für den eigenen Bedarf herstellen oder erbringen,[222] auf räumlich nahen Märkten anbieten, über rasch umrüstbare Kapazitäten verfügen oder auf vor- bzw. nachgelagerten Märkten tätig sind.[223] Der Erwerb eines ohnehin marktbeherrschenden Unternehmens durch ein ressourcenstarkes Unternehmen kann zu Abschreckungswirkungen auf potenzielle Wettbewerber im Sinne der Verstärkung einer marktbeherrschenden Stellung führen.[224]

ff) Wettbewerb durch Randsubstitution. Der Verhaltensspielraum von marktstar- 92 ken Unternehmen kann nach Auffassung des BKartA in beschränktem Umfang von Unternehmen begrenzt werden, die Waren oder Dienstleistungen anbieten, die mit denen des betroffenen Marktes zwar nicht marktgleichwertig sind, sie jedoch in eingeschränktem Umfang oder unter bestimmten Bedingungen ersetzen können.[225] Substitutionswettbewerb ist daher grundsätzlich als eine Form des Restwettbewerbs auf einem bereits von einer überragenden Marktstellung gekennzeichneten Markt bedeutsam, der für das BKartA – für sich genommen – noch keine hinreichende Kontrolle des Verhaltensspielraums des Marktführers sichert. Die Frage der Randsubstitution spielt in der fusionsrechtlichen Prüfung insbesondere bei vergleichsweise eng abgegrenzten Märkten eine Rolle:

(1) Abgrenzung Austauschbarkeit/Marktgleichwertigkeit – unvollkommene 93 **Substitution.** An der Marktgleichwertigkeit kann es bei unvollkommenen Substitutionsgütern oder -leistungen aus unterschiedlichen Gründen fehlen.[226] Beispielsweise kann ein Wechsel zum (unvollkommen) substitutiven Gut Nachfragern **nur langfristig möglich** sein, weil sie zuvor erhebliche Investitionen tätigen müssten, um es überhaupt einsetzen zu können. Dies gilt für das BKartA zum Beispiel für die Umstellung von Strom auf Gas als Wärmeenergieträger. Hier findet Wettbewerb hauptsächlich in der Phase der Erschließung des Wärmemarktes statt, da in dieser Zeit über die grundlegenden Investitionen zur Lei-

---

[218] WuW/E BKartA DE-V 227, 232 – *Cisco/IBM* (2000).
[219] Bundeskartellamt Beschl. v. 11. 2. 2000 – *Dürr/Alstom*, S. 9f., entscheidende Textpassage in WuW/E BKartA DE-V 235 nicht abgedruckt; WuW/E BKartA DE-V 81, 84 – *Deutsche Babcock/Steinmüller* (1999).
[220] WuW/E BKartA 1724 – *BP-Gelsenberg* (1978); WuW/E BKartA 2865 – *Kali+Salz/PCS* (1997); *EWE/ÜNH*, TB 1997/98, S. 230/31; *Badenwerk/EW Mittelbaden* TB 1997/98, S. 235; *Gaz de France/GASAG*, TB 1997/98, S. 245/68; WuW/E BKartA DE-V 195, 199 – *Westfälische Ferngas* (2000); WuW/E BKartA DE-V 301, 308 – *RWE/VEW* (2000).
[221] WuW/E 1723 BKartA – *BP-Gelsenberg* (1978).
[222] WuW/E BKartA 2249 – *Hüls-Condea* (1986).
[223] BGH WuW/E 1952 – *Braun-Almo* (1982).
[224] Bundeskartellamt, Beschl. v. 12. 1. 2000 – *WAZ/OTZ*, S. 28 ff., 30a.
[225] Bundeskartellamt, Auslegungsgrundsätze, Juli 2005, S. 30.
[226] Bundeskartellamt, Auslegungsgrundsätze, Juli 2005, S. 30 f.

tungsauslegung entschieden wird.²²⁷ Die Wahl des unvollkommenen Substitutionsprodukts kann eine **Änderung des Geschmacks oder der Gewohnheiten von Nachfragern** voraussetzen, z. B. bei einem Wechsel von einer politischen Wochenzeitung zu einer überregionalen Tageszeitung. Oder der Wechsel kann aufgrund der **Preisunterschiede** bei der Anschaffung oder beim Gebrauch erschwert sein.²²⁸ Die Marktgleichwertigkeit besteht auch dann nicht, wenn trotz Überschneidung der Anwendungsbereiche der Einsatz des Substituts erheblich **zeitaufwendiger und kostenintensiver** ist. Eine lediglich teilweise Überlappung der **Anwendungsbereiche** reicht für die Annahme der Marktgleichwertigkeit von Produkten oder Dienstleistungen in der Regel nicht aus.²²⁹

94 Substitutionswettbewerb kann von mehreren Waren oder Dienstleistungen, die verschiedenen sachlichen Märkten zuzuordnen sind, ausgehen. Dabei kann die Intensität des Wettbewerbs unterschiedlich sein, je nachdem, wie gut die eine Ware die andere aus Nachfragersicht zu ersetzen geeignet ist.²³⁰ Bei **heterogenen Waren oder Dienstleistungen** kann die Intensität des Substitutionswettbewerbs auch für die einzelnen Anbieter auf dem Primärmarkt unterschiedlich sein.²³¹

95 **(2) Wettbewerbsrechtliche Einordnung.** Substitutionswettbewerb ist grundsätzlich eine Form des Restwettbewerbs auf beherrschten Märkten und kann Verhaltensspielräume von Unternehmen nur sehr begrenzt kontrollieren.²³² Eine **überragende Marktstellung** kann dadurch nach Auffassung des BKartA nur **ganz ausnahmsweise ausgeschlossen** werden, z. B. wenn ein völlig neues Produkt, das einem anderen sachlichen Markt angehört, das Produkt des betroffenen Marktes in absehbarer Zeit vollständig substituieren wird.²³³ Bei der Bewertung von Substitutionswettbewerb ist zu berücksichtigen, dass sich dieser zunächst gegen alle auf dem betroffenen Markt tätigen Unternehmen richtet. Sind diese Unternehmen dem Substitutionswettbewerb in gleicher Weise ausgesetzt, so hat dieser nach Auffassung des BKartA auf die Wettbewerbsverhältnisse keinen Einfluss.²³⁴

96 Die **Verstärkung einer bestehenden marktbeherrschenden Stellung** ist nach der Rechtsprechung wahrscheinlich, wenn sich das marktbeherrschende Unternehmen mit einem markt(anteils)starken Wettbewerber, der Substitutionsgüter produziert, zusammenschließt.²³⁵ Das gilt nicht nur, jedoch in besonderem Maße dann, wenn dieser Wettbewerber auf dem benachbarten Markt ebenfalls eine überragende Marktstellung einnimmt. Dann geht das BKartA davon aus, dass die beiden Unternehmen nach dem Zusammenschluss den Umfang und die Intensität des Substitutionswettbewerbs in ihrem Interesse beeinflussen oder steuern können und dadurch ihre überragende Marktstellung weiter abgesichert wird.²³⁶ Findet hingegen Substitutionswettbewerb kaum (noch) statt, beispielsweise weil das Substitut im räumlich betroffenen Markt aufgrund seiner Unwirtschaftlich-

---

²²⁷ Vgl. grundlegend BGH, WuW/E 1533, 1535 f. – *Erdgas Schwaben* (1978); zuletzt: WuW/E BKartA DE-V 91, 93 f. – *LEW* (1999); Beschl. v. 20. 8. 1999 – *Saar Ferngas/Südwestgas/VSE*, S. 10 (Rn. 16).
²²⁸ WuW/E BKartA 2669, 2672 f. – *Lindner Licht GmbH* (1994), anderer Auffassung: Monopolkommission HG 1994/95, Rn. 636.
²²⁹ Bundeskartellamt, Beschl. v. 9. 12. 1999 – *Krautkrämer/Nutronik*, S. 9; entscheidende Passage in WuW/E BKartA DE-V 203 nicht abgedruckt.
²³⁰ Bundeskartellamt, Auslegungsgrundsätze, Juli 2005, S. 31.
²³¹ BGH WuW/E 2123 f. – *Gruner + Jahr/Die Zeit* (1984).
²³² Bundeskartellamt, Auslegungsgrundsätze, Juli 2005, S. 31.
²³³ *Sommer Allibert/Tarkett*, TB 1997/98, S. 96/98; *Motorola/Bosch-Betriebsfunk*, TB 1997/98, S. 155.
²³⁴ WuW/E BGH 2112, 2123 – *Gruner+Jahr/Zeit* (1984).
²³⁵ WuW/E BGH 1536 f. – *Erdgas Schwaben* (1978), Bundeskartellamt, Beschl. v. 15. 4. 1999 – *Oberbayerisches Volksblatt/RFR Regional Fernsehen*, S. 5 f. (Rn. 10).
²³⁶ Bundeskartellamt, Auslegungsgrundsätze, Juli 2005, S. 31 f.

keit kaum mehr nachgefragt wird, ist eine Verstärkungswirkung in der Regel auszuschließen.[237]

gg) Gegengewichtige Marktmacht. (1) Voraussetzungen. Eine hohe Konzentration auf Nachfrageseite ist für das BKartA für sich genommen kein ausreichendes Indiz für die Widerlegung einer marktbeherrschenden Stellung eines Anbieters, da die etwaige Nachfragemacht zunächst alle Anbieter gleichermaßen trifft.[238] Dies kann insbesondere dann gelten, wenn der Konzentrationsgrad auf der Angebotsseite dem Konzentrationsgrad auf der Nachfrageseite gleicht oder ihn sogar übersteigt.[239]

Voraussetzung für gegengewichtige Marktmacht ist vielmehr, dass ein marktstarker Nachfrager seine Aufträge nach **marktstrategischen Überlegungen** verteilt, um nicht von einem (beherrschenden) Zulieferer abhängig zu werden.[240] Ein solches marktstrategisch orientiertes Nachfrageverhalten ist wahrscheinlich, wenn der Beschaffungsmarkt für die beziehenden Unternehmen besonders wichtig ist, z.B. weil die Kosten für das Vorprodukt den Abgabepreis für das weiterverarbeitete Endprodukt wesentlich bestimmen.[241] Auch wenn die Bezüge eines Nachfragers einen Großteil der Produktion auf den Angebotsmärkten betreffen, kann dies für die Annahme von Nachfragemacht sprechen. Auf einen marktstarken Anbieter, der einen Großteil seiner Produktion an einen Nachfrager liefert, kann die Androhung eines Lieferantenwechsels – sofern Wettbewerber über ausreichende Kapazitäten verfügen – eine erhebliche disziplinierende Wirkung entfalten.[242]

(2) Wettbewerbsrechtliche Einordnung. Bei der Würdigung gegengewichtiger Marktmacht stellt sich die Frage, ob die **Funktionen wirksamen Wettbewerbs** – beispielsweise die Funktion einer wirksamen Preis- und Kostenbegrenzung und der Anreiz zu technischem Fortschritt – im Einzelfall durch Nachfragemacht und strategisches Einkaufsverhalten **gleichwertig ersetzt** werden kann.[243] Diese Frage dürfte für das Verhältnis nachfragestarker Unternehmen zu *Oligopolen* auf der Anbieterseite in bestimmten Fallkonstellationen zu bejahen sein. Schwieriger ist nach Auffassung des BKartA der entsprechende Nachweis für das Verhältnis nachfragestarker Unternehmen zu *einzelnen* marktstarken Anbietern.[244]

Die Aufrechterhaltung der wesentlichen Wettbewerbsfunktionen durch ein marktstrategisches Einkaufsverhalten setzt nach Auffassung des BKartA voraus, dass die Nachfrager über eine umfassende **Kostentransparenz** und **Entwicklungskompetenz** im Hinblick

---

[237] WuW/E BKartA DE-V 91, 93 – *LEW* (1999); ebenso Beschl. v. 29. 4. 1999 – *WE/Stadtwerke Essen*, S. 6 (Rn. 12); keine Verstärkung einer marktbeherrschenden Stellung aufgrund geringen Substitutionswettbewerbs hat das Bundeskartellamt auch im Fall *Oberbayerisches Volksblatt/RFR Regional Fernsehen* angenommen, Beschl. v. 15. 4. 1999, S. 6; gleiches galt für den Fall WuW/E BKartA DE-V 334, 336 – *akzent* (2000).

[238] Vgl. WuW/OLG 3759, 3763 – *Pillsbury – Sonnen-Bassermann* (1985); WuW/E BGH 2783, 2791 – *Warenzeichenerwerb* (1992); siehe auch Entsch. der Kommission v. 25. 11. 1998 – *Enso/Stora*, ABl. EG 1999 L 254/9, 18 f.

[239] Vgl. z. B. Entsch. der Kommission vom 22. 7. 1992 – *Nestlé/Perrier* ABl. EG 1992, L 356/1.

[240] Grundlegend: BGH WuW/E 1749, 1752 – *Klöckner-Becorit* (1980); zuletzt Bundeskartellamt, Beschl. v. 11. 5. 2000 – *CarboTech/Willich Fosroc*, S. 18 f. (Rn. 67 ff.).

[241] Bundeskartellamt, Auslegungsgrundsätze, Juli 2005, S. 32: angewendet in WuW/E DE-V 1171 – *Springer/ProSiebenSat.1* (2006) in Hinblick auf die entfallenden Randsubstitution durch die Bild-Zeitung.

[242] Vgl. WuW/E BKartA DE-V 165, 169 – *OEM-Lacke* (1999); Bundeskartellamt, Beschl. v. 11. 5. 2000 – *CarboTech/Willich Fosroc*, S. 18 f. (Rn. 67 ff.); ebenso Entsch. der Kommission v. 25. 11. 1998 – *Enso/Stora*, ABl. EG 1999 L 254/1, 19.

[243] Bundeskartellamt, Auslegungsgrundsätze, Juli 2005, S. 32; Monopolkommission, HG 1984/85 Rn. 496; für das Problem der Nachfragemacht im Handel vgl. *Vogel L.*: Competition Law and Buying Power: The Case for new Approach in Europe in: E. C. L. R. 1998, Issue 1, S. 5.

[244] Bundeskartellamt, Auslegungsgrundsätze, Juli 2005, S. 32 f. m. w. N.

auf die betroffenen Produkte verfügen.[245] Oftmals werden nur im Zusammenwirken von Entwicklung und Produktion Erkenntnisse gewonnen und Ergebnisse erzielt, die denen des wesentlichen Anbieterwettbewerbs annähernd entsprechen. Hinweise hierfür sind für das BKartA hohe **Eigenfertigungsquoten;**[246] dagegen sprechen beispielsweise Tendenzen zur **Verringerung von Fertigungstiefe** (Outsourcing). Ob ein Nachfrager gegengewichtige Marktmacht durch den Aufbau neuer Lieferanten ausüben kann, ist Bestandteil der Prüfung des potenziellen Wettbewerbs und hängt für das BKartA entscheidend von der Höhe der Marktzutrittsschranken für den betroffenen Markt ab.[247]

101 **Marktspezifische Gesichtspunkte** können die Bedeutung von Nachfragemacht relativieren.[248] So ist ein marktstrategisches Einkaufsverhalten dann ausgeschlossen, wenn die Marktgegenseite die Entscheidung über den Bezug der betreffenden Produkte nicht selbst trifft und eine eigene Einkaufspolitik insoweit nur eingeschränkt möglich ist.[249] Bei Zusammenschlüssen zwischen Herstellern handelsfähiger Produkte können ebenfalls marktspezifische Erwägungen gegen gegengewichtige Marktmacht sprechen. Hier ist die Nachfragemacht des Handels dann kein ausreichendes Regulativ gegen marktbeherrschende Stellungen auf Herstellerseite, wenn das entsprechende Produkt marktführend ist, aufgrund aufwendiger Werbung sowie starker Verbrauchertreue „vorverkauft ist" und insoweit in den Regalen jedes Einzelhändlers geführt werden muss.[250] Das Drohpotenzial der Auslistung einer führenden Marke durch den Handel ist besonders gering, wenn der Hersteller über mehrere oder sogar über ein Sortiment führender Erstmarken verfügt.[251]

102 **Vertikale Verflechtungen** oder Zusammenschlüsse nachfragemächtiger Unternehmen mit marktstarken Anbietern schließen für das BKartA ein marktstrategisches, Anbieterwettbewerb stützendes Einkaufsverhalten in der Regel aus. Sie können vielmehr dazu führen, dass Wettbewerber des integrierten Unternehmens von wichtigen Absatzwegen ausgeschlossen oder zumindest in ihrem Zugang schlechter gestellt werden.[252]

103 Gegengewichtige Nachfragemacht kann Marktbeherrschung auf der Anbieterseite nach Auffassung des BKartA nach Auffassung des BKartA nur dann ausschließen, wenn **alle wesentlichen Nachfrager** über ein **vergleichbares Drohpotenzial** verfügen. Nachfragemacht führt zudem dann nicht zu einer wirksamen Relativierung von Marktbeherrschung, wenn sie – beispielsweise aufgrund der Bekanntheit der Marken des Marktführers – einseitig zu Lasten der Wettbewerber, nicht jedoch zu Lasten des Marktführers besteht.[253]

104 **hh) Marktphase.** Die Marktphase sagt etwas über den Entwicklungsstand eines Marktes und damit über die Beständigkeit seiner Wettbewerbsbedingungen aus.[254] Sie ist insoweit kein eigenständiger Faktor, sondern gibt wichtige Rückschlüsse für die Bewertung von Marktanteilen und Marktanteilsentwicklungen. Unterschiede können insbesondere zwischen den beiden frühen Marktphasen, der Experimentier- und der Expansionsphase, und den beiden späten Stadien, der Ausreifungs- und der Stagnationsphase, bestehen.

---

[245] Begriff des *sophisticated buyer*, siehe *Steptoe*, ebenda, S. 495.
[246] Vgl. WuW/E BKartA DE-V 135, 138 – *Heitkamp* (1999).
[247] Bundeskartellamt, Auslegungsgrundsätze, Juli 2005, S. 33.
[248] Bundeskartellamt, Auslegungsgrundsätze, Juli 2005, S. 33.
[249] Vgl. WuW/E BKartA 2591, 2605 – *Fresenius/Schiwa* (1993).
[250] Zuletzt Bundeskartellamt, Untersagungsbeschl. v. 21. 6. 2000 – *Melitta*, S. 34 f., entscheidende Textpassage in WuW/E BKartA DE-V 275 nicht abgedruckt; vgl. auch Fn. 18.
[251] Vgl. z. B. Komm.E. v. 15. 10. 1997 – *Guinness/GrandMetropolitan*, ABl. EG 1998, Nr. L 288/24, 33 f.
[252] Bundeskartellamt, Auslegungsgrundsätze, Juli 2005, S. 34.
[253] Bundeskartellamt, Untersagungsbeschl. v. 21. 6. 2000 – *Melitta*, S. 34 f., entscheidende Textpassage in WuW/E BKartA DE-V 275 nicht abgedruckt; vgl. auch Fn. 18.
[254] Bundeskartellamt, Auslegungsgrundsätze, Juli 2005, S. 34.

(1) Experimentier- und Expansionsphase.[255] Auf Märkten, die sich gerade erst zu 105 entwickeln beginnen und ein hohes Innovationstempo aufweisen, ist ein hoher Marktanteil oder sogar eine Alleinstellung selbst nach Auffassung des BKartA nicht zwangsläufig als marktbeherrschende Stellung anzusehen. Teilweise sind Marktanteile und Marktführerschaft noch instabil oder noch gar nicht zu ermitteln. Die Wettbewerbsbedingungen sind raschem Wandel ausgesetzt und können daher kaum beständige Verhaltensspielräume anzeigen. Die relevante Ware oder Dienstleistung hat zwar schon ihre Abnehmer gefunden, aber sie ist noch in starkem Maße entwicklungs- oder verbesserungsfähig, ihre Verwendungs- und Einsatzmöglichkeiten sind zumindest teilweise noch nicht entdeckt. Zahlreiche Wettbewerbsparameter sind einsetzbar und ihr Einsatz schafft eher neue Nachfrage, als dass bereits bestehende von Konkurrenten abgezogen wird.[256] Die Annahme, dass keine marktbeherrschende Stellung besteht, setzt allerdings voraus, dass dieser junge Markt offen für künftigen Wettbewerb bleibt und die dominierende Stellung eines Unternehmens daher nur vorübergehend ist. Ist jedoch zu erwarten, dass der betreffende Markt durch den Zusammenschluss bereits in der Entstehungsphase dauerhaft abgeschottet wird, wird das BKartA den entsprechenden Zusammenschluss untersagen. Die Prüfung möglicher Abschottungstendenzen spielt derzeit insb. im Bereich der sich schnell fortentwickelnden Märkte der digitalen Fernsehdienste und des Internets eine Rolle.[257]

(2) Ausreifungs- und Stagnationsphase.[258] In der Ausreifungs- und Stagnationsphase 106 wandeln sich die Wettbewerbsbedingungen des betroffenen Marktes in der Regel wesentlich langsamer als in der Experimentier- und Expansionsphase. Der Markt wächst im Vergleich zur allgemeinen Entwicklung unterdurchschnittlich, Produkte oder Produktionsverfahren sind kaum noch zu verbessern; die Verwendungs- und Einsatzmöglichkeiten der relevanten Waren sind entdeckt und erprobt. In Märkten mit entsprechend ausgereifter Technik und rückläufigen bzw. stagnierenden Umsatzvolumina sind Wettbewerbsimpulse durch Innovation und Marktzutritt eher selten. Die noch möglichen Wettbewerbsparameter können im Wesentlichen nur noch gegen die Marktposition der Wettbewerber eingesetzt werden.

Da sich die aktuellen Wettbewerber auf dem Markt an den gegebenen Wettbewerbsbedingungen orientieren, ist der Abbau hoher Marktanteile in späten Marktphasen wesentlich 107 weniger wahrscheinlich als in einer frühen Marktphase. Wettbewerbsvorteile einzelner Unternehmen – beispielsweise aufgrund überlegener Finanzkraft oder einem hervorragenden Zugang zu den Beschaffungs- oder Absatzmärkten – erschweren vorstoßenden Wettbewerb und wirken eher auf die Verdrängung weniger integrierter oder ressourcenschwacher Un-

---

[255] Bundeskartellamt, Auslegungsgrundsätze, Juli 2005, S. 34 f.

[256] Vgl. *Möschel* in: Immenga/Mestmäcker, GWB, § 22 Rn. 57, 61; Begriff des *Prozeßmonopolisten*. In einem Zusammenschluss im Bereich von Hochdrucksensoren sprach das starke Wachstum und Innovationspotenzial des Marktes nach Auffassung des BKartA gegen einen auf Dauer vom Wettbewerb nicht hinreichend kontrollierbaren Verhaltensspielraum des Marktführers, vgl. WuW/E BKartA DE-V 157, 159 f. – *Drucksensor* (1999). Gleiches gilt für den Bereich von Einzelkomponenten für Datennetzwerke, vgl. WuW/E BKartA DE-V 227, 231 ff. – *Cisco/IBM* (2000). Vgl. auch WuW/E BKartA DE-V 321, 322 f. – *Covisint* (2000).

[257] Zur grundlegenden Problematik vgl. WuW/E BKartA 2143, 2146 – *Glasfaserkabel* (1986); TB 1993/94 S. 133, 135; gleiche Einschätzung der EU-Kommission im Fall – *MSG Media Service*, Entsch. v. 9. 11. 1994, ABl. EG 1995 Nr. L. 364/1, Rn. 55 ff., vgl. auch TB 1993/94, S. 137. Ein weiteres Beispiel ist der Fall *Premiere*, in dem sowohl die EU-Kommission als auch später das Bundeskartellamt von einer dauerhaften marktbeherrschenden Stellung auf dem deutschen Pay-TV-Markt ausgingen: EU-Fall *Bertelsmann/Kirch/Premiere*, Entsch. v. 27. 5. 1998, ABl. 1999 L 53/1 und Entsch. des Bundeskartellamtes im Fall *Premiere*, WuW/E DE-V 53, 59 (1998). Zum Bereich Internet vgl. Entsch. der EU-Kommission vom 8. 7. 1998, *Worldcom/MCI*, ABl. EG 1999, L 116/1.

[258] Bundeskartellamt, Auslegungsgrundsätze, Juli 2005, S. 35 f.

ternehmen hin. Marktneueintritte sind eher unwahrscheinlich, insbesondere wenn der Markt stagniert.[259]

108 Allerdings ist auch in späteren Marktphasen eine Wiederbelebung des Wettbewerbs beispielsweise dann möglich,
– wenn der betroffene Markt aufgrund von Innovationen in einen neuen Markt übergeht und nicht zu erwarten ist, dass der bisherige Marktführer seine Position behaupten kann (z. B. Komprimierung von Marktphasen durch Verkürzung von Produktlebenszyklen),[260]
– wenn Wettbewerber, die bislang nicht auf dem räumlich relevanten Markt der Zusammenschlussbeteiligten tätig waren, beispielsweise aufgrund von eigenen Überkapazitäten, zu Marktzutritten veranlasst werden oder Überkapazitäten eine marktstrategische Auftragsvergabe der Nachfrager begünstigen[261] oder
– wenn gesetzliche Rahmenbedingungen oder die Notwendigkeit einer stärkeren Ausschöpfung von Rationalisierungspotenzialen Nachfrager dazu zwingen, Beschaffungsalternativen zu nutzen.[262]

109 **ii) Gesamtbetrachtung der Wettbewerbsbedingungen.** Bei der Prüfung, ob ein Zusammenschluss zur Entstehung oder Verstärkung einer marktbeherrschenden Stellung führt, steht die Gesamtbetrachtung der in § 19 Abs. 2 Nr. 2 GWB beispielhaft genannten Strukturkriterien im Mittelpunkt.[263] Maßgebend hierfür ist der Gedanke, dass sich die Marktstellung eines Unternehmens in der Regel nicht allein aufgrund der Prüfung eines einzelnen Strukturkriteriums (z. B. Marktanteil), sondern nur anhand einer **Gesamtbetrachtung aller relevanten Umstände** beurteilen lässt.[264]

110 Eine überragende Marktstellung ist sehr wahrscheinlich, wenn alle Wettbewerbsbedingungen jeweils für sich oder insgesamt betrachtet für ein Unternehmen einen von Wettbewerbern nicht mehr kontrollierten Verhaltensspielraum aufweisen. Für die Frage der überragenden Marktstellung kann es jedoch je nach Einzelfall ausreichen, wenn nicht alle der aufgeführten Merkmale in überragendem Maße vorhanden sind[265] oder die überragende Marktstellung aus dem Zusammenwirken einer Reihe von Vorteilen folgt, die jeder für sich nicht als überragend erscheinen.[266]

111 Eine überragende Marktstellung aufgrund eines einzigen Merkmals, z. B. dem Marktanteil, konnte in der Vergangenheit lediglich in wenigen Einzelfällen begründet werden.[267] Grundsätzlich stützt das Bundeskartellamt die Annahme einer überragenden Marktstellung auch in den Fällen, in denen hohe Marktanteile erreicht werden, auch auf weitere strukturelle Kriterien, wie zum Beispiel[268]
– hohe Marktzutrittsschranken,[269]

---

[259] Vgl. schon WuW/E OLG 1745, 1752 – *GKN-Sachs* (1978) (dazu auch WuW/E BGH 1504 – *GKN-Sachs*) und WuW/E OLG 3051, 3080 – *Morris/Rothmans* (1983), Erledigung Rechtsbeschwerde WuW/E BGH 2211.
[260] WuW/E BKartA DE-V 109, 112 – *Dow Chemical/Shell* (1999).
[261] WuW/E BKartA DE-V 135, 139 – *Heitkamp* (1999).
[262] WuW/E BKartA DE-V 81, 84 f. – *Deutsche Babcock/Steinmüller* (1999).
[263] Bundeskartellamt, Auslegungsgrundsätze, Juli 2005, S. 36 ff.
[264] BT-Drucks. VI/2520, S. 21 f.; grundlegend WuW/E BGH 1504 – *GKN-Sachs* (1978) und WuW/E BGH 1908 – *SZ-Münchener Anzeigenblätter* (1982), ebenso WuW/E BGH 3037, 3041 – *Raiffeisen* (1995).
[265] grundlegend BGH WuW/E 1685, 1691 – *Springer-Elbe Wochenblatt* (1979).
[266] Siehe Unterrichtung des Ausschusses für Wirtschaft zur Zweiten GWB-Novelle, Drucks. 7/765, S. 5 f.
[267] Vgl. WuW/E BGH 1449 f. – *Valium* (1976).
[268] Bundeskartellamt, Auslegungsgrundsätze, Juli 2005, S. 37.
[269] Vgl. WuW/E BKartA 2865 – *Kali+Salz/PCS* (1997); WuW/E BKartA 2894 – *Herlitz/Landré* (1997).

– der Zugang zu vor- oder nachgelagerten Märkten,[270]
– Finanzkraft und marktstrategische Möglichkeiten[271] oder
– die Fähigkeit, einzelne Produkte in Komplettsystemen zusammenzufassen.[272]

Weisen sowohl der Marktanteil als auch die Finanzkraft auf unkontrollierte Verhaltensspielräume hin und bestehen darüber hinaus Marktzutrittsschranken, dann ist eine überragende Marktstellung wahrscheinlich.[273] Bei Vorliegen dieser Kombination von Wettbewerbsbedingungen bestehen für das BKartA hohe Anforderungen an eine Widerlegung der sich daraus ergebenden Annahme einer Einzelmarktbeherrschung. 112

Hohe Marktanteile führen dann nicht zu einer Untersagung, wenn andere Strukturfaktoren, wie z. B. ein leistungsfähiger, potenzieller Wettbewerb aus dem Ausland und eine nachfragestarke Marktgegenseite, aller Erwartung nach keine unkontrollierten wettbewerblichen Verhaltensspielräume der Zusammenschlussbeteiligten zulassen.[274] 113

Umgekehrt kann nach Auffassung des BKartA eine überragende Marktstellung vorliegen, wenn die Marktanteile unter oder nur knapp über der Vermutungsschwelle von 33% liegen.[275] Nicht nur erhebliche Marktanteilsvorsprünge sondern auch finanzielle, ingenieurwissenschaftliche, technische und organisatorische Ressourcen können bei entsprechender Ressourcenakkumulation zweier führender Unternehmen zum entscheidenden Wettbewerbsvorteil werden.[276] 114

Bei besonders ressourcenstarken oder diversifizierten Unternehmen kann die Einzelmarktbetrachtung um eine **marktübergreifende Analyse** ihres Wettbewerbspotenzials zu erweitern sein.[277] Die erhebliche Konzentration von Unternehmensressourcen oder von marktbeherrschenden Stellungen und Ressourcen kann marktübergreifend wirken und die Wahrscheinlichkeit, dass auf den betroffenen Märkten überragende Marktstellungen bestehen oder durch einen Zusammenschluss entstehen oder verstärkt werden, wesentlich erhöhen. Das ist insbesondere dann anzunehmen, wenn ein Unternehmen infolge eines Zusammenschlusses die Produktionskapazitäten und Arbeitsplätze eines gesamten Wirtschaftszweiges in außerordentlich hohem Maße auf sich konzentriert, deshalb zum dominierenden Branchenführer aufsteigt und den damit verbundenen politischen Einfluss zu Lasten seiner Konkurrenten ausnutzen kann. So ließ sich die überragende Marktstellung der Daimler Benz AG auf verschiedenen Einzelmärkten der Rüstungs- und Raumfahrtindustrie nur unter Einbeziehung der zentralen Bedeutung des Konzerns in diesen Wirtschaftszweigen insgesamt erschließen.[278] Darüber hinaus kann die Zusammenführung von Ressourcen bei komplementären, jedoch nicht in direktem Wettbewerb zueinander stehenden Produkten/Produktgruppen den Wettbewerb beschränken und insoweit ein Kriterium zur Begründung von Einzelmarktbeherrschung sein (Portfolio-Ansatz).[279] 115

Zudem können wesentliche Wettbewerbswirkungen eines Zusammenschlusses – insbesondere bei der Gründung von Gemeinschaftsunternehmen – den nicht vergemeinschafteten Bereich treffen und hier – z. B. im Rahmen der Oligopolbetrachtung – Anhaltspunkte 116

---

[270] Vgl. WuW/E BKartA 2829, 2837 – *Kolbenschmidt* (1995).
[271] Vgl. WuW/E BKartA 2820 – *Straßenmarkierungsmaterial* (1995); WuW/E BKartA 2894 – *Herlitz/Landré* (1997).
[272] Vgl. Bundeskartellamt, Beschl. v. 27. 5. 1999 – *Federal Mogul/Alcan,* S. 7 ff.
[273] Bundeskartellamt, Auslegungsgrundsätze, Juli 2005, S. 37.
[274] WuW/E BKartA DE-V 81, 84 f. – *Deutsche Babcock/Steinmüller* (1999); Bundeskartellamt, Beschl. v. 7. 9. 2006 – *Amadeus IT/TravelTainment* (2006) für einen Marktanteil vom 65–70%.
[275] Bundeskartellamt, Auslegungsgrundsätze, Juli 2005, S. 37.
[276] WuW/E BKartA 2729 – *Hochtief/Philipp Holzmann* (1995), zustimmend Monopolkommission, HG 1994/95 Rn. 627, HG 1996/97 Rn. 368, ablehnend KG WuW/E DE-R 94, 99 ff.
[277] Bundeskartellamt, Auslegungsgrundsätze, Juli 2005, S. 38.
[278] Vgl. WuW/E BKartA 2335, 2347 – *Daimler/MBB* (1989).
[279] Vgl. z. B. Entsch. der Kommission v. 15. Oktober 1997 im Fall – *Guiness/Grand Metropolitan* ABl. EG 1998, L 288/24, 29 f.

für ein wettbewerbsloses Parallelverhalten geben.[280] Ein Zusammenschluss kann insbesondere dann zu entsprechenden **Gruppeneffekten** führen, wenn eine unabhängige Wahrnehmung der Wettbewerbsinteressen der Kooperationspartner nicht mehr gewährleistet ist. Hinweise darauf geben die konkreten gesellschaftsrechtlichen Vereinbarungen zwischen den Muttergesellschaften und die wirtschaftliche Bedeutung, die das Gemeinschaftsunternehmen für die beteiligten Unternehmen hat.[281]

117 Sofern beispielsweise der Wegfall eines Wettbewerbers auch erhebliche **Auswirkungen außerhalb des Geltungsbereichs des GWB** hat, sind entsprechende Rückwirkungen auf den inländischen Markt bei der Gesamtbetrachtung zu berücksichtigen.[282] Dies gilt insbesondere dann, wenn der ökonomisch relevante räumliche Markt grenzüberschreitend abzugrenzen ist.[283]

118 **jj) Kausalität.** Eine marktbeherrschende Stellung muss durch den Zusammenschluss entstehen oder verstärkt werden,[284] wobei Mitursächlichkeit ausreicht.[285] Dies ist nach den Marktverhältnissen zum Zeitpunkt der Entscheidung – nicht nach den Marktverhältnissen zum Zeitpunkt des Zusammenschlusses – zu beurteilen.[286] Die bloße Möglichkeit der Marktbeherrschung reicht nicht aus, erforderlich ist vielmehr ein gesteigerter Grad an Wahrscheinlichkeit.[287]

119 Ist zu erwarten, dass die **Entstehung oder Verstärkung einer Marktbeherrschung erst in Zukunft eintritt,** stellt sich die Frage, ob der Zusammenschluss hierfür kausal ist. Hier können sich – je nach Markt und Wettbewerbsprozess – Besonderheiten ergeben. So hat der BGH im Fall „Stromversorgung Aggertal" die Untersagungsverfügung des Bundeskartellamtes bestätigt und festgestellt, dass die beherrschende Stellung der RWE Energie auf Regionalverteilermärkten durch die Beteiligung an einem lokalen Gebietsversorger und die damit verbundene gesellschaftsrechtliche Absicherung zukünftiger Absatzchancen verstärkt wird.[288] Dem stehe nicht entgegen, dass die Marktverhältnisse hinsichtlich des Absatzes von Strom mit Blick auf laufende Konzessions- und Lieferverträge bis zum Jahr 2014 unverändert blieben. Eine langfristige – darüber hinausgehende – Absicherung der Absatzchancen wirke sich schon heute verstärkend auf die Marktposition des betroffenen Unternehmens aus.[289] Liegen entsprechende besondere Umstände nicht vor, so wird der Prognosezeitraum regelmäßig nicht mehr als drei Jahre betragen.[290]

120 Die Kausalität fehlt dann, wenn ein Zusammenschluss eine **Verschlechterung der Marktbedingungen** zwar herbeiführt, diese aber **auch ohne den Zusammenschluss** eingetreten wäre. Dies gilt beispielsweise dann, wenn Betriebsteile, die Gegenstand eines

---

[280] Bundeskartellamt, Auslegungsgrundsätze, Juli 2005, S. 38.
[281] WuW/E BKartA DE-V 9, 17 – *Ostfleisch* (1997), zustimmend Monopolkommission, HG 1996/97, Rn. 356. Das KG hat den vom Bundeskartellamt beanstandeten Gruppeneffekt unter Hinweis auf die geringe wirtschaftliche Bedeutung des GU und des mangelnden Nachweises eines wirtschaftlichen Sachzwangs für eine Koordinierung auf Drittmärkten nicht bestätigt, WuW/E BKartA DE-R 439, 441 f. – *Ostfleisch* (2000).
[282] Bundeskartellamt, Auslegungsgrundsätze, Juli 2005, S. 38.
[283] WuW/E BKartA DE-V 275, 279, 281 f. – *Melitta* (2000) = WuW 2000, 909, 913, 915 f.
[284] Heidelberger Druckmaschinen/Stahl KG, TB 1997/98, S. 126/7.
[285] BGH WuW/E 2743 – *Stormarer Tageblatt* (1991), *Ruppelt* in: Langen/Bunte § 24 Rn. 38.
[286] RAG/Becorit u. a. TB 1993/94, 107/108.
[287] *Süddeutsche Verlag GmbH/Baumann,* TB 1993/94, S. 120.
[288] Verstärkung einer marktbeherrschenden Stellung durch die Absicherung von Lieferbeziehungen und die Realisierung von Synergien bei der Entwicklung von Systemmärkten, vgl. auch WuW/E Bundeskartellamt 2829, 2838 – *Kolbenschmidt* (1995).
[289] Vgl. WuW/E BGH DE-R 24, 27 – *Stromversorgung Aggertal* (1997), gleiche Begründung des BGH gilt auch für den materiell ähnlich gelagerten Fall *Stadtwerke Garbsen* WuW/E DE-R 32 f. (1997).
[290] Bundeskartellamt, Auslegungsgrundsätze, Juli 2005, S. 39.

Zusammenschlusses sind, kraft Gesetz ohnehin auf den Erwerber übergehen[291] oder wettbewerbsbeschränkende Verflechtungen schon vor dem Zusammenschluss bestanden und durch diesen gesellschaftsrechtlich nicht weiter verfestigt werden.[292]

Ein besonderer Fall fehlender Kausalität ist die sogenannte „**failing company defence**" (Sanierungsfusion). Ein Zusammenschluss ist nur dann nicht kausal für die Verstärkung der marktbeherrschenden Stellung eines Unternehmens, wenn folgende drei Voraussetzungen *kumulativ* erfüllt sind:[293]

– Das sanierungsbedürftige Unternehmen wäre ohne Zusammenschluss nicht überlebensfähig.
– Es gibt keine Alternative zu einer Übernahme durch das marktbeherrschende Unternehmen.
– Beim Ausscheiden des sanierungsbedürftigen erworbenen Unternehmens würde das noch verbleibende Potenzial ohnehin dem erwerbenden Unternehmen zuwachsen. Nach der Praxis des Bundeskartellamtes reicht es auch aus, wenn das Marktpotential innerhalb des Oligopols verbleibt, soweit das erwerbende Unternehmen zum Oligopol gehört.[294]

Nicht ausreichend ist es für das BKartA, wenn lediglich eine Tochtergesellschaft oder gar nur ein Geschäftsbereich innerhalb eines Konzerns aus dem Markt ausgeschieden wäre (sog. Failing division).

Für die Anwendung der failing company defence reicht die bloße Behauptung, finanziell notleidend zu sein, als Nachweis nicht aus.[295] Der unmittelbar drohende Marktaustritt ist anhand geeigneter Dokumente nachzuweisen. Würde dem erwerbenden Unternehmen nur ein Teil der Marktposition des erworbenen Unternehmens bei dessen Marktaustritt zuwachsen, kommt die Anwendung der failing company defence nicht in Betracht. Im Regelfall wird der Nachweis dafür nur gelingen, wenn sich die beiden einzigen Wettbewerber auf dem Markt zusammenschließen. Schließlich darf es keinen Erwerbswilligen geben, bei dem die Realisierung des Zusammenschlussvorhabens zu einer weniger starken Wettbewerbsbeeinträchtigung führen würde. Dies setzt den Nachweis voraus, dass und weshalb entsprechende Veräußerungsbemühungen gescheitert sind.[296] Die Beweislast für das Vorliegen dieser drei Voraussetzungen tragen die Zusammenschlussbeteiligten.

Diese Praxis des Bundeskartellamtes[297] entspricht der Verwaltungspraxis der Europäischen Kommission, die inzwischen auch vom Europäischen Gerichtshof bestätigt worden ist,[298] und steht weitgehend im Einklang mit den im US-Antitrustrecht entwickelten Prinzipien.[299]

---

[291] Vgl. *Solvay/Sodafabrik Bernburg*, Rückübertragung bei Aufhebung einer Zwangsverwaltung durch Inkrafttreten des Vermögensgesetzes, TB 91/92, S. 23; zustimmend Monopolkommission, HG 90/91, Rn. 582 ff.
[292] WuW/E BKartA DE-V 201, 202 f. – *Gießwalzdraht* (2000); Beschl. v. 22. 12. 1999 – *Progas/Westfalen AG/caratgas*, S. 5 f.
[293] Vgl. Bundeskartellamt, Auslegungsgrundsätze, Juli 2005, S. 39 f.; vgl. *Lufthansa/Interflug*, TB 1989/90, S. 113; *M. DuMont Schauberg/Kölnische Rundschau*, TB 1997/98, S. 89.
[294] Bundeskartellamt, Beschl. v. 11. 4. 2006 – *RTL/n-tv*, S. 41.
[295] Bundeskartellamt, Auslegungsgrundsätze, Juli 2005, S. 40.
[296] *M. DuMont Schauberg/Kölnische Rundschau*, TB 1997/98, S. 8; Bundeskartellamt, Beschl. v. 11. 4. 2006 – *RTL/n-tv*, S. 39 ff.
[297] Bundeskartellamt, Auslegungsgrundsätze, Juli 2005, S. 40.
[298] EuGH, Urt. v. 31. März 1998, RS C-68/94 und C-30/95, *Frankreich* sowie *SCPA und EMC/Kommission*, WuW/E EU-R 31.
[299] Bundeskartellamt, Auslegungsgrundsätze, Juli 2005, S. 41. In einer Stellungnahme des Direktors des *Bureau of Competition* der Federal Trade Commission wurden die verschiedenen Voraussetzungen näher spezifiziert. Danach ist es für die Beweisführung notwendig, dass das sanierungsbedürftige Unternehmen nicht nur den für eine Übernahme augenscheinlich in Frage kommenden, branchenin ternen Erwerbern angeboten wird. Zudem seien die Veräußerungsbemühungen nachweislich mit größ-

2. Oligopolistische Marktbeherrschung

125 **a) Die Definition oligopolistischer Marktbeherrschung in der deutschen Fusionskontrolle.** Die Fusionskontrolle des GWB verfolgt bei der Prüfung oligopolistischer Marktbeherrschung – ebenso wie die europäische Fusionskontrollverordnung – zunächst einen strukturorientierten Ansatz. Durch eine Analyse von markt- und unternehmensbezogenen **Wettbewerbsfaktoren** ist es möglich, wettbewerbliche Gefährdungslagen durch Oligopole ex ante zu erkennen. Eine Analyse des tatsächlichen Marktverhaltens i. S. d. auf dem Markt eingesetzten Wettbewerbsparameters liefert Hinweise auf das **Wettbewerbsgeschehen** und die Frage, ob auf dem Markt die Funktionen wesentlichen Wettbewerbs erfüllt sind.[300] Die strukturorientierte Fusionskontrolle ist das primäre Instrument, um Gefährdungslagen durch Oligopole zu verhindern. Das Verfolgen wettbewerbsbeschränkender Absprachen und missbräuchlichen Verhaltens, das sich allein an dem tatsächlichen Marktgeschehen orientiert, ist demgegenüber immer nur punktuell möglich, und greift nach Auffassung des BKartA häufig zu spät.[301]

126 § 19 Abs. 2 Satz 2 GWB **definiert** oligopolistische Marktbeherrschung wie folgt:

„Zwei oder mehr Unternehmen sind marktbeherrschend, soweit zwischen ihnen für eine bestimmte Art von Waren oder gewerblichen Leistungen ein wesentlicher Wettbewerb nicht besteht und soweit sie in ihrer Gesamtheit die Voraussetzungen des Satzes 1 erfüllen."[302]

127 In Anlehnung an die gesetzliche Definition des marktbeherrschenden Oligopols erfolgt eine Wettbewerbsprüfung in dreifacher Hinsicht:[303]
— Der von dem Zusammenschluss betroffene Markt weist Wettbewerbsbedingungen auf, welche eine Gesamtheit von Unternehmen (Oligopol) von Wettbewerbshandlungen absehen lässt und wettbewerbsbeschränkendes Parallelverhalten begünstigen (**Wettbewerbsbedingungen – Binnenwettbewerb,** siehe unten).
— Sofern neben dem Oligopol weitere Unternehmen auf dem Markt tätig sind (Außenseiter), besteht zwischen diesen und dem Oligopol kein wesentlicher Wettbewerb mehr. Diese Feststellung kann auch durch die einer überragenden Marktstellung des Oligopols gegenüber den Außenseitern ersetzt werden (**Wettbewerbsbedingungen – Außenwettbewerb,** siehe unten).
— Eng verknüpft mit der Prüfung der Wettbewerbsbedingungen ist die Frage, inwiefern die Oligopolisten mögliche Wettbewerbsparameter tatsächlich einsetzen. Sofern aufgrund des Parametereinsatzes die maßgeblichen Funktionen des Wettbewerbs nicht (mehr) erfüllt werden, spricht dies nach Auffassung des BKartA für das Fehlen wesentlichen Wettbewerbs im Oligopol und einen unkontrollierbaren Verhaltensspielraum des Oligopols gegenüber Außenseitern (**Wettbewerbsgeschehen,** siehe unten).

128 Die Prüfung der Frage, ob im Innen- und Außenverhältnis wesentlicher Wettbewerb besteht, erfolgt entsprechend § 19 Abs. Abs. 2 Nr. 2 GWB in **einer Gesamtbetrachtung aller maßgeblichen Wettbewerbsverhältnisse.**[304] Der Prüfungsschwerpunkt liegt dabei

---

ter Seriosität durchzuführen. Zudem sei jeder Preis zu akzeptieren, der ausreiche, das Unternehmen vor der Liquidation zu bewahren; vgl. auch Department of Justice und Federal Trade Commission: gemeinsame Merger Guidelines 1992 Abschnitt 5.

[300] Zum konzeptionellen Aufbau der Prüfung vgl. auch *Möschel* in: Immenga/Mestmäcker, GWB, § 22 Rn. 79; *Ruppelt* in: Langen/Bunte, Kommentar zum deutschen und europäischen Kartellrecht, § 22 Rn. 59; *Richter* in: Wiedemann, Handbuch des Kartellrechts, § 20 Rn. 78 ff.

[301] Bundeskartellamt, Auslegungsgrundsätze, Juli 2005, S. 42.

[302] In Satz 1 sind die verschiedenen Optionen für die Definitionen marktbeherrschender Stellungen aufgeführt.

[303] Bundeskartellamt, Auslegungsgrundsätze, Juli 2005, S. 42.

[304] Entsprechendes gilt auch für die Entscheidungspraxis der U. S.-Wettbewerbshörden und der EU-Kommission.

auf den strukturellen Bedingungen für zukünftigen Wettbewerb und ihren Auswirkungen auf das Wettbewerbsgeschehen, beispielsweise auf die Preispolitik der Oligopolisten.[305]

Wie für die Marktbeherrschung durch ein Unternehmen, sieht das GWB für die olipolistische Marktbeherrschung eine **Vermutungsregelung** vor (§ 19 Abs. 3 Satz 2 Nr. 1 oder Nr. 2 GWB).[306] Auch diese Vermutungen können widerlegt werden. Die betroffenen Unternehmen müssen nachweisen, dass die Wettbewerbsbedingungen zwischen ihnen wesentlichen Wettbewerb erwarten lassen oder die Gesamtheit der Unternehmen im Verhältnis zu den übrigen Wettbewerbern keine überragende Marktstellung hat. Ein non liquet wirkt zu Lasten der Unternehmen im Sinne einer Bejahung von Marktbeherrschung.[307] In der Kartellrechtspraxis des Bundeskartellamtes spielt die in § 19 Abs. 3 Satz 2 Nr. 2 GWB beschriebene Variante des Oligopols mit mehr als drei Mitgliedern keine nennenswerte Rolle.[308] Ähnlich wie die Kommission prüft das Bundeskartellamt in wettbewerblich problematischen Fällen in der Regel Dreier-Oligopole oder Duopole.[309]

129

Sofern es um die **Entstehung** oligopolistischer Marktbeherrschung geht – hierzu gehört für das BKartA auch die Ablösung einer Einzelmarktbeherrschung durch Oligopol-Marktbeherrschung – kommt es entscheidend auf die Wettbewerbsbedingungen nach dem Zusammenschluss an. Die Gesamtbetrachtung der Wettbewerbsbedingungen nach dem Zusammenschluss muss ergeben, dass künftig wettbewerbsbeschränkendes Parallelverhalten im Oligopol zu erwarten ist. Es muss mit hoher Wahrscheinlichkeit zu erwarten sein, dass der festgestellte oder zumindest unterstellte wesentliche Wettbewerb vor dem Zusammenschluss danach nicht mehr zum Tragen kommen wird. Die Indizwirkung wesentlichen Wettbewerbs vor dem Zusammenschluss ist um so schwächer, je stärker die Wettbewerbsbedingungen auf dem betroffenen Markt durch den Zusammenschluss verändert werden.[310]

130

Im Falle der **Verstärkung** oligopolistischer Marktbeherrschung muss nach den Auslegungsgrundsätzen des BKartA geprüft werden, ob eine weitere Verschlechterung der Wettbewerbsbedingungen zu erwarten ist. Die Anforderungen an den Nachweis der Verstärkung sind umso geringer je höher der Konzentrationsgrad des Marktes bereits ist.[311]

131

Der Nachweis eines aktiven kollusiven Zusammenwirkens der Oligopolmitglieder ist keine Voraussetzung für die Feststellung einer oligopolistischen Marktbeherrschung.[312] Vielmehr kann bereits eine bloße Anpassung der Oligopolmitglieder an die Marktbedingungen zu einem wettbewerbsschädlichen Parallelverhalten führen, durch das das Oligopol marktbeherrschend wird.[313] Dem steht nicht entgegen, dass nach Auffassung des BKartA Märkte, auf denen Anhaltspunkte für Kartellabsprachen bestehen, ein besonders hohes Risiko für oligopolistische Marktbeherrschung in sich tragen und Verflechtungen ein wichtiges Prüfungskriterium für oligopolistische Marktbeherrschung sind.[314]

132

b) Prüfungskriterien. Die Auflistung des BKartA der nachfolgenden Wettbewerbsbedingungen orientiert sich an den entsprechenden Ausführungen zur Einzelmarktbeherrschung und ergänzt diese, soweit Besonderheiten bei der Prüfung oligopolistischer

133

---

[305] Bundeskartellamt, Auslegungsgrundsätze, Juli 2005, S. 42.
[306] Zur näheren Erläuterung der Oligopolvermutungen, vgl. *Richter* in: Wiedemann (Fn. 282), § 20, Rn 90 ff.
[307] *Richter* in: Wiedemann (Fn. 282), § 20 Rn. 85.
[308] Bundeskartellamt, Auslegungsgrundsätze, Juli 2005, S. 43.
[309] Bundeskartellamt, z. B. WuW/E BKartA 2669 – *Lindner Licht GmbH* (1994); WuW/E DE-V 53 – *Premiere* (1998); WuW/E BKartA DE-V 301 – *RWE/VEW* (2000).
[310] Bundeskartellamt, Auslegungsgrundsätze, Juli 2005, S. 43.
[311] Bundeskartellamt, Auslegungsgrundsätze, Juli 2005, S. 43.
[312] Ständige Praxis des Bundeskartellamtes in Übereinstimmung mit der Praxis der Kommission, vgl. z. B. E. v. 22. 9. 1999 – *Airtours/First Choice*, ABl. EG 2000 L 93/1, 27.
[313] WuW/E BKartA DE-V 301, 307 f. – *RWE/VEW* (2000).
[314] Bundeskartellamt, Auslegungsgrundsätze, Juli 2005, S. 44.

Marktbeherrschung zu beachten sind.[315] Bei den Kriterien, deren Prüfung im Falle oligopolistischer Marktstrukturen keine wesentlichen Besonderheiten aufwerfen, wird auf die entsprechenden Ausführungen zur Einzelmarktbeherrschung verwiesen.

134   **aa) Wettbewerbsbedingungen – Binnenwettbewerb. (1) Marktanteil.** Anhand der Höhe der Marktanteile, die die führenden Unternehmen eines Marktes auf sich vereinigen, sowie anhand der Verteilung der Marktanteile auf die einzelnen Unternehmen, kann abgeschätzt werden, welches Unternehmen gegebenenfalls einer marktbeherrschenden Gesamtheit von Unternehmen zuzurechnen ist und welche Rückschlüsse sich auf die Reaktionsverbundenheit der Oligopolisten ziehen lassen. Erst ab einer gewissen Konzentration des Angebots oder der Nachfrage auf einem Markt wird eine Reaktionsverbundenheit zwischen den Unternehmen spürbar. Wettbewerbliche Vorstöße Einzelner wirken sich nachteilig auf ihre Wettbewerber aus und veranlassen diese zur Reaktion. Mögliche Reaktionen der Wettbewerber werden mit steigendem Konzentrationsgrad zunehmend beim eigenen Parametereinsatz berücksichtigt. Je enger der Reaktionsverbund ist oder durch den Zusammenschluss wird, desto wahrscheinlicher wird oligopolistisches Parallelverhalten und damit der Ausschluss wesentlichen Wettbewerbs.[316]

135   Die **Marktanteilswerte der Oligopolvermutung** (§ 19 Abs. 3 S. 2 GWB) kennzeichnen enge Oligopole, bei denen ein wettbewerbsbeschränkendes Parallelverhalten der Unternehmen wahrscheinlich ist. Je enger das Oligopol ist und je weniger Außenseiter es hat, desto wahrscheinlicher ist der Ausschluss von wesentlichem Wettbewerb.[317] Liegt der Konzentrationsgrad wesentlich unter den Marktanteilswerten der Vermutungstatbestände, ist ein Parallelverhalten ausnahmsweise allenfalls auf transparenten Märkten mit hoher Homogenität der betroffenen Produkte oder Dienstleistungen zu erwarten. Für sich genommen beschreiben die Vermutungsregelungen jedoch nur unvollständig die tatsächlichen Wettbewerbsbedingungen auf hochkonzentrierten Märkten. Das BKartA hat in seiner Entscheidungspraxis die Oligopolvermutung in der weit überwiegenden Zahl von Fällen als widerlegt angesehen.[318]

136   Insbesondere die Analyse der **Marktanteilsentwicklung** auf dem relevanten Markt über mehrere Jahre kann für das Wettbewerbsgeschehen im Oligopol aufschlussreich sein.[319] Weitgehend stabile Marktanteile oder Marktanteilsabstände deuten auf ein wettbewerbsloses Oligopol hin. Das gilt insbesondere dann, wenn die Marktanteile trotz erheblicher Veränderungen der äußeren Marktumstände, beispielsweise einem starken Nachfragerückgang, konstant geblieben sind.[320] Marktanteilsveränderungen im Oligopol sprechen nach Auffassung des BKartA dann nicht gegen Marktbeherrschung, wenn beispielsweise Anteilsgewinne eines Oligopolisten nicht zu Lasten anderer Oligopolisten, sondern zu Lasten von Außenseitern gehen.[321] Schwanken die Marktanteile hingegen derart, dass die

---

[315] Bundeskartellamt, Auslegungsgrundsätze, Juli 2005, S. 44.
[316] Bundeskartellamt, Auslegungsgrundsätze, Juli 2005, S. 44.
[317] WuW/E BKartA 2669, 2674 – *Lindner Licht GmbH* (1994), das Oligopol selbst erzielte Marktanteile von etwa 80%, der nächstfolgende Wettbewerber hielt lediglich einen Marktanteil in Höhe von 7%; ebenso WuW/E DE-V 1163, 1168 – *Springer/ProSiebenSat.1* (2006).
[318] Vgl. zur aktuellen Entscheidungspraxis: WuW/E BKartA DE-V 109 – *Dow Chemical/Shell* (1999); WuW/E BKartA DE-V 142 – *Kleinfeuerwerk* (1999); WuW/E BKartA DE-V 170 – *NZDS-Glasfaserkabel* (1999); Beschl. v. 3. 12. 1999 – *Checkpoint/Meto*; WuW/E BKartA DE-V 201 – *Gießwalzdraht* (2000); WuW/E BKartA DE-V 328 – *Xerox/Tektronix* (2000); Beschl. v. 22. 12. 1999 – *Progas/Westfalen AG*; WuW/E BKartA DE-V 235 – *Dürr/Alstom* (2000); WuW/E BKartA DE-V 267 – *Chipkarten* (2000), vgl auch Ausführungen der Monopolkommission zur Oligopolvermutung, HG 1994/95, Rn. 635.
[319] Zur Erläuterung siehe oben I.1.c.
[320] WuW/E Bundeskartellamt 2669, 2675 – *Lindner Licht GmbH* (1994).
[321] Die Kommission hat im Fall Linde/AGA gegenläufige Marktanteilsentwicklungen als Indiz für wesentlichen Wettbewerb im Oligopol herangezogen. Diese Entscheidung ist aus Sicht des Bundes-

Unternehmen von Periode zu Periode unterschiedliche Markträne einnehmen, so kann ein wettbewerbliches Oligopol naheliegen.[322] Kurzfristige Marktanteilsverschiebungen sind grundsätzlich aussagekräftiger als langfristige. Erstere deuten auf aktives Wettbewerbsverhalten hin, während letztere eher auf strukturelle Änderungen der Marktverhältnisse, z. B. der Präferenzen der Nachfrager, zurückzuführen sind.[323]

(2) **Kräfteverhältnis im Oligopol.** Je mehr sich die markt- und unternehmensbezogenen Strukturmerkmale der einem Oligopol zuzurechnenden Unternehmen gleichen, desto eher kann es zu wettbewerbsbeschränkendem Parallelverhalten kommen.[324] Zu den maßgeblichen Strukturmerkmalen zählen neben den Marktanteilen insbesondere die Produktionskapazitäten und deren Auslastung, die jeweiligen Kostenstrukturen (insbesondere Fixkostenanteil)[325] sowie die finanziellen Ressourcen.[326] Im Hinblick auf unternehmensbezogene Symmetrien können auch Geschäftsumfang und vertikale Integration eine wichtige Rolle spielen.[327] 137

Ein **symmetrisches Oligopol** mit geringen Marktanteilsabständen der Unternehmen untereinander, vergleichbaren Ressourcen und einem ähnlich guten Zugang zu Beschaffungs- oder Absatzmärkten kann zur Wettbewerbslosigkeit neigen, weil wettbewerbliche Vorstöße für alle Unternehmen gleich spürbar, wegen der Transparenz leicht erkennbar und aufgrund ähnlicher Vergeltungspotenziale wenig erfolgversprechend sind.[328] Ein aufgrund vertikaler Integration symmetrisches Oligopol kann außerdem dann zur Wettbewerbslosigkeit führen, wenn wesentlicher Wettbewerb lediglich zur Folge hätte, dass dadurch die Verhaltensspielräume des Oligopols gegenüber nicht integrierten Wettbewerbern auf nachgelagerten Märkten wesentlich verengt würden.[329] Weist das Oligopol Wettbewerbsvorteile auf, über die Außenseiter nicht oder nicht in dem Maße verfügen, z. B. breite Sortimente, Möglichkeiten zu Gegengeschäften, ressourcenbedingte Wettbewerbsvorteile etc., so sind für das BKartA parallele Verdrängungsstrategien zum Nachteil der Letzteren wahrscheinlich.[330] 138

Asymmetrische Oligopole sind umgekehrt noch kein hinreichendes Anzeichen für wesentlichen Wettbewerb im Oligopol.[331] Sie weisen zwar ein höheres Potenzial für individuelles wettbewerbliches Verhalten auf, da sie gegensätzliche Interessen der Unternehmen hervorrufen können. So können Kostenasymmetrien dazu führen, dass die kollektive Gewinnmaximierung unterschiedliche Ausbringungsmengen und unterschiedliche Gewinne impliziert.[332] Jedoch kann nach Auffassung des BKartA eine Prüfung der absoluten Höhe der Marktanteile der zum Oligopol gehörenden Unternehmen, deren Zugang zu Technologien und zum Absatzmarkt und deren Produktsortiment ergeben, dass selbst ein nach 139

---

kartellamtes insoweit zu kritisieren, als hier die Marktanteilsverluste eines Oligopolisten nicht zu Gunsten des anderen Oligopolisten, sondern zu Gunsten von Außenseitern gingen, vgl. Entsch. der Kommission v. 9. 2. 2000 – *Linde/AGA*, S. 13 f., ABl. EG 2002 L 120/1. Demgegenüber war im Fall *Kleinfeuerwerk* ein marktbeherrschendes Oligopol auch wegen der Marktanteilsverschiebungen zwischen den Oligopolisten zu verneinen, WuW/E BKartA DE-V 142, 145 – *Kleinfeuerwerk* (1999).

[322] WuW/E BKartA DE-V 328, 330 – *Xerox/Tektronix* (2000).
[323] KG, WuW/E OLG 3075 f. – *Morris-Rothmans* (1983), Erledigung Rechtsbeschwerde WuW/E BGH 2211.
[324] Grundlegend KG WuW/E OLG 3080 – *Morris-Rothmans* (1983).
[325] WuW/E DE-V 1169 – *Springer/ProSiebenSat.1* (2006).
[326] Bundeskartellamt, Auslegungsgrundsätze, Juli 2005, S. 45.
[327] Bundeskartellamt, Beschl. v. 3. 7. 2000 – *RWE/VEW*, S. 53 (Rn. 117 f.), S. 61 (Rn. 144 ff.), die entscheidenden Textpassagen sind nicht in WuW/E BKartA DE-V 301 abgedruckt.
[328] Komm.E. v. 18. 10. 1995 – *ABB/Daimler Benz*, ABl. EG 1997, Nr. L 11/1, 17.
[329] WuW/E BKartA 2250 – *Hüls-Condea* (1986).
[330] Bundeskartellamt, Auslegungsgrundsätze, Juli 2005, S. 46.
[331] Bundeskartellamt, Beschl. v. 17. 3. 2006 – *Remondis/RWE Umwelt*, Rdnr. 42.
[332] Bundeskartellamt, Auslegungsgrundsätze, Juli 2005, S. 46.

Sicht der Marktanteile asymmetrisches Oligopol – beispielsweise aufgrund ressourcenbedingter Symmetrien – wettbewerbslos ist.[333] Sind hingegen trotz asymetrisch verteilter Marktanteile Symetrien im Hinblick auf unternehmensbezogene Kriterien wie z.B. Kapazitäten oder finanzielle Ressourcen nicht erkennbar, spricht dies gegen ein marktbeherrschendes Oligopol.[334]

140 *Vertikale* Zusammenschlüsse, durch die der Grad vertikaler Integration im Oligopol ausgeglichener wird, oder die Angleichung der markt- und unternehmensbezogenen Strukturmerkmale[335] verstärken in der Regel die Transparenz des Wettbewerbsverhaltens. Dadurch können aber besonders wettbewerbsaktive Lieferanten oder Abnehmer ausgeschaltet werden, was ebenfalls ein Parallelverhalten erleichtern oder absichern kann. *Konglomerate* Zusammenschlüsse können eine Angleichung der Ressourcen und damit der Vergeltungspotenziale bewirken und dadurch Parallelverhalten begünstigen.[336] Verfügen alle Unternehmen des Oligopols nach einem Zusammenschluss über Wettbewerbsvorteile gegenüber den Außenseitern, so ist Verdrängungswettbewerb wahrscheinlich.[337]

141 Zusammenschlüsse, durch die ein Oligopol ausgewogener wird, können im Einzelfall den Wettbewerb intensivieren. Dies setzt aber voraus, dass die am Zusammenschluss beteiligten Unternehmen infolgedessen objektiv wettbewerbsfähiger gegenüber den anderen, dem Oligopol zuzurechnenden Unternehmen werden.[338] Wird ein Unternehmen durch den Zusammenschluss und den entsprechenden Ressourcenzugewinn erst in die Lage versetzt, in wirksamen Wettbewerb zum Marktführer zu treten und bisherige Wettbewerbsnachteile auszugleichen, so kann dies, insbesondere auf innovativen, expandierenden Märkten, gegen wettbewerbsbeschränkendes Parallelverhalten auch nach dem Zusammenschluss sprechen.[339]

142 **(3) Ressourcenbetrachtung (vgl. oben). (4) Zugang zu den Beschaffungs- und Absatzmärkten (vgl. oben).**

143 **(5) Verflechtungen.** Personelle oder kapitalmäßige Verflechtungen unter den einem Oligopol zuzurechnenden Unternehmen erhöhen die Wahrscheinlichkeit wettbewerbsbeschränkenden Parallelverhaltens.[340] Das gilt sowohl für Verflechtungen auf dem von dem Zusammenschluss betroffenen Markt als auch für solche auf Drittmärkten, insbesondere auf vor- oder nachgelagerten Märkten. Verflechtungen zwischen den Oligopolmitgliedern sind jedoch weder eine notwendige Voraussetzung für die Entstehung oder Verstärkung eines marktbeherrschenden Oligopols, noch führen sie – für sich genommen – zu einer entsprechenden fusionsrechtlichen Beurteilung.[341]

144 Neben gesellschaftsrechtlich abgesicherten Verflechtungen können auch personelle Verflechtungen, Kartellabsprachen[342] oder Lieferbeziehungen[343] wettbewerbsdämpfende Wirkung im Oligopol entfalten.[344]

145 Eine den Verflechtungen vergleichbare Wirkung auf das Wettbewerbsverhalten kann dadurch eintreten, dass die Unternehmen auch auf Drittmärkten aufeinander treffen und auf zumindest einem dieser Märkte ein wettbewerbsloses Oligopol besteht. In diesem Fall ist

---

[333] WuW/E BKartA 2669, 2674 – *Lindner Licht GmbH* (1994).
[334] EuGH, Verb. Rs. C 68/94 u. C 30/95, Slg. 1998, I-1375 Rn. 226 – *Kali+Salz/MdK/Treuhandanstalt*.
[335] WuW/E DE-V 1163, 1170 – *Springer/ProSiebenSat.1* (2006).
[336] WuW/E DE-V 1163, 1176 – *Springer/ProSiebenSat.1* (2006).
[337] Bundeskartellamt, Auslegungsgrundsätze, Juli 2005, S. 46 f.
[338] Aufholfusion; KG WuW/E OLG 3081 – *Morris-Rothmans* (1983).
[339] Bundeskartellamt, Beschl. v. 3. 12. 1999 – *Checkpoint/Meto*, S. 17 f.
[340] Bundeskartellamt, Beschl. v. 6. 4. 2006 – *Sulo/Cleanaway*, Rdnr. 51 ff., 65.
[341] Bundeskartellamt, Auslegungsgrundsätze, Juli 2005, S. 47.
[342] WuW/E BKartA 2145 1 – *GfL* (1984).
[343] WuW/E BKartA 2249 – *Hüls-Condea* (1986).
[344] WuW/E Bundeskartellamt 2669, 2676 – *Lindner Licht GmbH* (1994).

auf dem betroffenen Markt wettbewerbsbeschränkendes Parallelverhalten unter denselben Bedingungen wahrscheinlich wie bei Gemeinschaftsunternehmen auf Drittmärkten.[345]

(a) Verflechtungen auf vom Zusammenschluss betroffenen Märkten. Ein marktbeherrschendes Oligopol ist ohne weiteres – d.h. allein aufgrund einer Prüfung der Wettbewerbsbedingungen – anzunehmen, wenn die Unternehmen untereinander direkt oder über Dritte unterhalb der Verbundklausel so weitgehend miteinander verflochten sind, dass sie auf dem betroffenen Markt als „wettbewerbliche Einheit" auftreten.[346] Rechtliche, wirtschaftliche oder personelle Verflechtungen sind jedoch auch dann in die Gesamtbetrachtung einzubeziehen, wenn die betroffenen Unternehmen der Marktgegenseite als unterschiedliche Anbieter oder Nachfrager gegenübertreten, ihre untereinander bestehenden Beziehungen aber Einfluss auf die Marktstellung haben.[347]

Bei einem hohen Verflechtungsgrad unterbleibt wesentlicher Wettbewerb in der Regel, weil er den untereinander Verflochtenen nur schaden könnte.[348] Entsprechendes gilt, wenn die ein Oligopol bildenden Unternehmen über ein Gemeinschaftsunternehmen miteinander verflochten sind.[349]

(b) Verflechtungen auf Drittmärkten. Sind die dem Oligopol zuzurechnenden Unternehmen auf Drittmärkten personell oder kapitalmäßig, z.B. über Gemeinschaftsunternehmen, miteinander verflochten, so fördert dies regelmäßig die Bereitschaft zu wettbewerbsbeschränkendem Parallelverhalten auf dem betroffenen Markt (marktübergreifender Gruppeneffekt).[350]

Ein Parallelverhalten ist dann besonders wahrscheinlich, wenn die Zusammenarbeit auf einem räumlich benachbarten oder sachlich verwandten Markt stattfindet.[351] Dies gilt insbesondere, wenn ein Gemeinschaftsunternehmen auf einem vor- oder nachgelagerten Markt tätig ist und dadurch Bezugs- oder Absatzbedingungen für die das Oligopol bildenden Unternehmen vereinheitlicht und infolgedessen die wettbewerblichen Verhaltensspielräume eingeschränkt werden.[352] Im Fall Lindner Licht GmbH wirkten sich Kooperationen (Gemeinschaftsunternehmen, Patentlizenzvereinbarungen) bei Vorprodukten über den insoweit gemeinsamen Kostensockel vereinheitlichend auf die Absatzbedingungen aus.[353]

(6) Marktzutrittsschranken/potenzieller Wettbewerb (vgl. oben). (7) Wettbewerb durch unvollkommene Substitute (vgl. oben).

(8) Gegengewichtige Marktmacht (vgl. auch oben). In einem hoch konzentrierten Markt kann eine oligopolistische Marktbeherrschung je eher eintreten, desto zersplit-

---

[345] Bundeskartellamt, Auslegungsgrundsätze, Juli 2005, S. 47.
[346] Vgl. z.B. KG WuW/E OLG 5907, 5914f. – *Rheinpfalz/Medien Union* (1997). Hier waren KG und Bundeskartellamt von einem Gleichordnungskonzern von Herausgebern zweier Tageszeitungen ausgegangen. Das KG hat für den Fall, dass ein Gleichordnungskonzern zu verneinen sei, ein marktbeherrschendes Oligopol angenommen. Die personellen und geschäftlichen Verflechtungen seien so intensiv, dass mit wesentlichem Wettbewerb nicht gerechnet werden könne; siehe auch Bundeskartellamt, Beschl. v. 12.1.2000 – *WAZ/OTZ*, S. 28f. Auch im Fall – *RWE/VEW* hat das Bundeskartellamt zahlreiche Verflechtungen auf den betroffenen Energiemärkten – teilweise über, teilweise unterhalb eines Unternehmensverbundes – als wichtigen Anhaltspunkt für ein wettbewerbsbeschränkendes Parallelverhalten identifiziert, vgl. Beschl. v. 3.7.2000, S. 55 (Rn. 124), S. 62 (Rn. 146), die entscheidenden Textpassagen sind nicht in WuW/E BKartA DE-V 301 – *RWE/VEW* (2000) = WuW 2000, 1117 abgedruckt.
[347] BGH WuW/E 3037, 3041 – *Raiffeisen*. (1995).
[348] WuW/E BGH 2440 – *Gruner + Jahr/Zeit II* (1987); KG, WuW/E OLG 4106 – *w+i-Weiss-Druck* (1988).
[349] WuW/E BGH 2195ff. – *Abwehrblatt II* (1985).
[350] Bundeskartellamt, Auslegungsgrundsätze, Juli 2005, S. 48.
[351] Vgl. Bundeskartellamts, Beschl. v. 12.3.2006 – *Remondis/RWE Umwelt*, Rn. 46.
[352] Bundeskartellamt, Auslegungsgrundsätze, Juli 2005, S. 48.
[353] WuW/E BKartA 2669, 2676 – *Lindner Licht GmbH* (1994), zustimmend Monopolkommission HG 1994/95, Rn. 634.

terter die Marktgegenseite ist.[354] Nachfragemächtige Unternehmen auf der Marktgegenseite können dagegen ein wettbewerbsbeschränkendes Parallelverhalten der Anbieter erschweren (vgl. die entsprechenden Ausführungen zur Einzelmarktbeherrschung).

152 Binnenwettbewerb wird im Einzelfall dann in das Oligopol hineingetragen, wenn sich eine hochkonzentrierte Nachfrageseite mit dem strategischen Ziel, neben den Oligopolisten auf mehrere andere Anbieter ausweichen zu können, mit Auftragsangeboten auch gezielt an in- und ausländische Oligopolaußenseiter wendet und aufgrund eigener Entwicklungskompetenz unkontrollierbare Verhaltensspielräume auf Seiten der Anbieter verhindern kann.[355] Dies kann im Ausnahmefall auch dann gelten, wenn Aufträge bislang in der Regel lediglich an inländische Anbieter vergeben wurden. Hier sind allerdings hohe Anforderungen an die Prognose zu stellen, dass das nachfragestarke Unternehmen den zur Verfügung stehenden wirtschaftlichen Verhaltensspielraum auch nutzen wird.[356] Kann die Nachfrageseite zu Eigenfertigung übergehen, ist im Einzelfall die Unabhängigkeit des Nachfragers von einem nicht marktgerechten Verhalten der Anbieter (teilweise) gesichert.[357]

153 Wie im Falle der Einzelmarktbeherrschung stellt sich auch hier die Frage, ob die Funktionen, die wirksamer Wettbewerb erfüllt – beispielsweise die Funktion einer wirksamen Preis- und Kostenbegrenzung und der Anreiz zu technischem Fortschritt – im Einzelfall durch Nachfragemacht und strategisches Einkaufsverhalten gleichwertig ersetzt werden kann.[358] Für das Verhältnis nachfragestarker Unternehmen zu *Oligopolen* auf der Anbieterseite kann dies im Einzelfall – eine hohe Kostentransparenz und Entwicklungskompetenz auf Seiten der Nachfrager vorausgesetzt – zu bejahen sein.[359] Zudem sei aber nach Auffassung des BKartA zu beachten, dass sämtliche Wettbewerber der gleichen Nachfragemacht ausgesetzt sind, so dass das Ungleichgewicht auf der Anbieterseite nicht ohne weiteres durch Nachfragemacht ausgeglichen werde.[360] Dies gilt insb. im Hinblick auf Ausschreibungen. Ein Hinweis auf grenzüberschreitende Ausschreibungen von Nachfragern reicht zur Begründung gegengewichtiger Marktmacht dann nicht aus, wenn sie nicht mit einem marktstrategischen Verhalten der Nachfrager im oben geschilderten Umfang verbunden sind.[361]

154 Enge Kundenbindungen zwischen Anbietern und Nachfragern können nach Auffassung des BKartA, erhebliche kunden- und lieferantenspezifische Investitionen begründen und so die Grundlage für langfristige vertikale Abhängigkeiten bilden.[362] Eine gegengewichtige Marktmacht ist dann ausgeschlossen, wenn die jeweiligen Nachfrager nicht kurzfristig auf andere Anbieter außerhalb des Oligopols ausweichen können. Eine entsprechend geringe Elastizität der unternehmensindividuellen Nachfrage kann dementsprechend gegen gegengewichtige Marktmacht und für eine höhere Kollusionsgefahr zwischen den Oligopolisten sprechen.[363]

---

[354] Bundeskartellamt, Auslegungsgrundsätze, Juli 2005, S. 49.
[355] WuW/E BKartA DE-V 235, 238 f. – *Dürr/Alstom* (2000).
[356] WuW/E BKartA DE-V 109, 111 – *Dow Chemical/Shell* (1999).
[357] WuW/E BKartA DE-V 109, 111 – *Dow Chemical/Shell* (1999). Vgl. auch Monopolkommission, HG 1988/89, Rn. 533.
[358] Monopolkommission, Hauptgutachten VI 1984/85 Rn. 496; für das Problem der Nachfragemacht im Handel vgl. *Vogel L.*: Competition Law and Buying Power: The Case for new Approach in Europe in: E.C.L.R. 1998, Issue 1, S. 5.
[359] WuW/E BKartA DE-V 235, 238 f. – *Dürr/Alstom* (2000).
[360] WuW/E BKartA 2669/2677 – *Lindner Licht GmbH* (1994).
[361] Monopolkommission, HG 1988/89, Rn. 535.
[362] Bundeskartellamt, Auslegungsgrundsätze, Juli 2005, S. 50.
[363] Insbesondere die Kommission geht in ihrer Entscheidungspraxis auch bei dieser Konstellation häufig von gegengewichtiger Marktmacht aus, vgl. z.B. Komm.E. v. 30. 9. 1992 – *DuPont/ICI*, ABl. EG 1993 L 7/13.

(9) Marktphase. Aus der jüngsten Vergangenheit schließt das BKartA, dass oligopolistische Marktstrukturen zunehmend in neuen, expandierenden und innovativen Märkten auftreten.[364] In der Regel lassen jedoch Technologie- und Innovationswettbewerb, Produktneuentwicklungen und die damit verbundenen Unsicherheiten über die Beständigkeit der Wettbewerbsbedingungen wettbewerbsbeschränkendes Parallelverhalten auf Dauer nicht erwarten[365] und beständige Verhaltensspielräume des Oligopols gegenüber Außenseitern unwahrscheinlich erscheinen.[366] Abgesehen von der möglichen Gefahr einer dauerhaften Abschottung von Innovationsmärkten im Einzelfall ist oligopolistische Marktbeherrschung in der Experimentier- und Expansionsphase eines Marktes eher unwahrscheinlich.[367] Im Hinblick auf die einzelnen Prüfungskriterien kann auf die Ausführungen zur Marktbeherrschung durch ein Unternehmen verwiesen werden. 155

bb) Wettbewerbsbedingungen – Außenwettbewerb. Sofern auf dem von dem Zusammenschluss betroffenen Markt neben dem Oligopol Außenseiter tätig sind, setzt die Annahme oligopolistischer Marktbeherrschung zusätzlich das Fehlen wesentlichen Wettbewerbs oder das Bestehen einer überragenden Marktstellung des Oligopols im Außenverhältnis voraus.[368] Die entsprechende Untersuchung einer **überragenden Marktstellung** des Oligopols entspricht der Prüfung der Einzelmarktbeherrschung. Dabei tritt die Gesamtheit der das Oligopol bildenden Unternehmen an die Stelle des einzelnen Unternehmens.[369] 156

Ob **wesentlicher Wettbewerb** im Außenverhältnis besteht, ist nach den gleichen Kriterien zu prüfen, wie sie auch für die Feststellung wesentlichen Wettbewerbs im Oligopol gelten. Besteht trotz Parallelverhaltens im Oligopol im Außenverhältnis wesentlicher Wettbewerb, so ist zu prüfen, ob es sich im konkreten Fall aufgrund der überragenden Wettbewerbsvorteile der Oligopolmitglieder um Verdrängungswettbewerb handelt.[370] 157

Für den Außenwettbewerb sind im Hinblick auf die Wettbewerbsbedingungen insbesondere Marktanteils- und Ressourcenvorsprünge, aber auch Verflechtungen bzw. wirtschaftliche Abhängigkeiten zwischen den Oligopolisten und den Außenseitern von Bedeutung.[371] Die Außenseiter können einen unkontrollierbaren Verhaltensspielraum des Oligopols nach Auffassung des BKartA z. B. dann nicht einschränken, wenn ihnen aus rechtlichen oder tatsächlichen Gründen nicht alle wesentlichen Werttbewerbsparameter vollständig zur Verfügung stehen.[372] 158

cc) Gesamtschau der Wettbewerbsbedingungen. Alle für den betroffenen Markt bedeutsamen Wettbewerbsbedingungen sind in einer Gesamtschau daraufhin zu würdigen, ob sie oligopolistische Marktbeherrschung erwarten lassen. 159

Selbst wenn nicht alle untersuchten relevanten Wettbewerbsbedingungen auf oligopolistische Marktbeherrschung hindeuten, kann sie dennoch – vorbehaltlich der Prüfung des 160

---

[364] Vgl. z. B. Bundeskartellamt, Beschl. v. 3. 12. 1999 – *Checkpoint/Meto*, S. 15 ff.; WuW/E BKartA DE-V 328, 330 – *Xerox/Tektronix* (2000).
[365] Bundeskartellamt, Auslegungsgrundsätze, Juli 2005, S. 50.
[366] Bundeskartellamt, Auslegungsgrundsätze, Juli 2005, S. 50.
[367] Bundeskartellamt, Auslegungsgrundsätze, Juli 2005, S. 50; Bundeskartellamt, Beschl. v. 20. 6. 2006 – *Putzmeister/Essener Werke*, S. 27.
[368] Bundeskartellamt, Auslegungsgrundsätze, Juli 2005, S. 50.
[369] Bundeskartellamt, Auslegungsgrundsätze, Juli 2005, S. 50.
[370] Vgl. z. B. WuW/E BKartA 1923 ff. – *Burda-Springer;* BKartA, AG 86, S. 380 f. – *NUR-IST.*
[371] Bundeskartellamt WuW/E DE-V 53, 61 – *Premiere;* Bundeskartellamt, Beschl. v. 3. 7. 2000 – *RWE/VEW,* S. 55 f. (Rn. 124 f.), S. 61 ff (Rn. 144 ff.), die entscheidenden Textpassagen sind nicht in WuW/E BKartA DE-V 301 abgedruckt; zu Wettbewerbspotenzialen von Außenseitern vgl. auch Department of Justice und Federal Trade Commission: gemeinsame Merger Guidelines, Abschnitt 2.12.
[372] Bundeskartellamt WuW/E DE-V 53, 61 – *Premiere,* hier eingeschränkte Teilnahme der öffentlich-rechtlichen Sender am Fernsehwerbemarkt.

Wettbewerbsgeschehens – wahrscheinlich sein.[373] Alle für diese Annahme sprechenden Wettbewerbsbedingungen sind dann den ihr widerstreitenden gegenüberzustellen. Hierbei sind ihre Aussagen über die Möglichkeiten zum Parallelverhalten und die Wahrscheinlichkeit, dass es tatsächlich nach dem Zusammenschluss zu einem solchen Verhalten kommt, miteinander in Beziehung zu setzen und zu würdigen. Die besonders aussagekräftigen Kriterien Marktanteil, Ressourcenbetrachtung, Marktzutrittsschranken/potenzieller Wettbewerb verdienen dabei besondere Beachtung, denn sie sind eine unerlässliche Voraussetzung für wettbewerbsbeschränkendes Parallelverhalten.[374]

161 Liegen die Marktanteilsvoraussetzungen der Oligopolvermutungen (§ 19 Abs. 2 S. 2 GWB) vor, ist zu prüfen, ob die relevanten Wettbewerbsbedingungen insgesamt keinen wesentlichen Wettbewerb erwarten lassen. Dabei sind an die Widerlegung der Vermutung spiegelbildlich die gleichen Anforderungen zu richten wie sie – umgekehrt – für die Annahme einer marktbeherrschenden Stellung bestehen.

162 Treten zu den zentralen Kriterien Marktanteil und Marktzutrittsschranken bestimmte andere Wettbewerbsbedingungen hinzu und bilden mit diesen eine Kombination, die wettbewerbsbeschränkendes Parallelverhalten sehr wahrscheinlich macht, dann sind nach Auffassung des BKartA andere Wettbewerbsbedingungen nur noch daraufhin zu untersuchen, ob sie dem entgegenstehen. Ein Beispiel für eine solche Kombination von Wettbewerbsbedingungen ist das Zusammentreffen von engem Oligopol, homogenen Massengütern, transparentem Markt, Stagnations- oder Ausreifungsphase des Marktes und hohen Marktzutrittsschranken.[375] Das BKartA weist auf die US-amerikanischen Merger Guidelines hin, nach denen die Prüfung von Oligopolstrukturen eine eingehende Analyse der Marktkonzentration, der bisherigen Anfälligkeit des betroffenen Marktes für wettbewerbsbeschränkende Koordinierungsmechanismen und der Frage des Marktzutritts als Antwort auf oligopolistische Wettbewerbsbedingungen voraussetzt.[376]

163 Durch einen Zusammenschluss werden in der Regel nicht sämtliche Wettbewerbsbedingungen des davon betroffenen Marktes so umfassend geändert, dass ihre Gesamtschau für die Zeit nach dessen Vollzug ein gänzlich anderes Bild ergibt als vorher. Für die Prüfung, ob eine oligopolistische Marktbeherrschung **entstehen** wird, kommt es für das BKartA darauf an, ob zumindest ein Teil der bestehenden Wettbewerbsbedingungen so stark durch den Zusammenschluss verändert wird, dass der bisher bestehende Wettbewerb künftig nicht mehr gewährleistet ist. Dies kann z. B. schon durch eine signifikante Erhöhung der Marktkonzentration bei bestehenden Marktzutrittsschranken der Fall sein.[377] Deswegen hat der Nachweis wesentlichen Wettbewerbs für die Zeit vor dem Zusammenschluss allenfalls Indizwirkung für die Zeit danach.[378] Kommt es infolge eines horizontalen Zusammenschlusses zu einer erheblichen Marktanteilskonzentration bei den führenden Unternehmen des betroffenen Marktes, dann ist das Entstehen oligopolistischer Marktbeherrschung für das BKartA wahrscheinlich. Das gilt jedenfalls dann, wenn dadurch die Schwellen der Oligopolvermutungen erstmals erreicht oder überschritten werden.

164 Besteht bereits ein marktbeherrschendes Oligopol, ist für das BKartA dessen **Verstärkung** bei jedem weiteren horizontalen Zusammenschluss wahrscheinlich, durch den das Oligopol sich verengt (Zusammenschluss zwischen Oligopolmitgliedern) oder Außenseiter Teil des Oligopols werden. Dabei soll sich die Verstärkung des Oligopols durch eine weite-

---

[373] Bundeskartellamt, Auslegungsgrundsätze, Juli 2005, S. 51.
[374] Bundeskartellamt, Auslegungsgrundsätze, Juli 2005, S. 51.
[375] Bundeskartellamt, Auslegungsgrundsätze, Juli 2005, S. 51 f.
[376] Bundeskartellamt, Auslegungsgrundsätze, Juli 2005, S. 51 f., unter Hinweis auf die Merger Guidelines 1992, Abschn. 2.
[377] Bundeskartellamt, Auslegungsgrundsätze, Juli 2005, S. 52.
[378] KG WuW/E 3072 – *Morris-Rothmans* (1983).

re Angliederung der markt- und unternehmensbezogenen Strukturmerkmale ergeben.[379] Durch die Verengung wird das Wettbewerbsverhalten im Oligopol in der Regel transparenter und ein Parallelverhalten erleichtert. Zusammenschlüsse mit Außenseitern können zudem ihre Möglichkeit zu wettbewerblichen Verstößen verringern, die das Parallelverhalten im Oligopol stören könnten. Das trifft insbesondere auf Zusammenschlüsse mit solchen Außenseitern zu, die besonders leistungsfähig sind und von denen wettbewerbliche Impulse noch am ehesten erwartet werden können.[380]

Auch im Bereich der oligopolistischen Marktbeherrschung können Wettbewerbswirkungen eines Zusammenschlusses – insbesondere bei der Gründung von Gemeinschaftsunternehmen – den nicht vergemeinschafteten Bereich treffen (Gruppeneffekt).[381] **165**

ee) Wettbewerbsgeschehen. Ob auf dem von dem Zusammenschluss betroffenen Markt wesentlicher Wettbewerb im Oligopol besteht, ist anhand der tatsächlich von den Unternehmen eingesetzten Wettbewerbsparameter festzustellen. Sofern aufgrund des Parametereinsatzes alle maßgeblichen Funktionen des Wettbewerbs erfüllt werden und insbesondere der Preissetzungsspielraum der Unternehmen begrenzt bleibt, herrscht wesentlicher Wettbewerb. Wird jedoch eine starke Reaktionsverbundenheit festgestellt und diese durch ein in der Vergangenheit gleichförmiges Verhalten hinsichtlich wesentlicher Wettbewerbsparameter unterlegt, ist für die BKartA die Prognose der Fortsetzung dieses Verhaltens gerechtfertigt.[382] **166**

In der Oligopoltheorie und in der Entscheidungspraxis der Wettbewerbsbehörden haben sich einige zentrale Marktgegebenheiten als wichtige Voraussetzung für die Annahme oligopolistischer Marktbeherrschung herausgestellt:[383] Beispielsweise sind für das BKartA wettbewerbslose Oligopole wahrscheinlicher, wenn ein hoher Grad an **Markttransparenz** zu beobachten ist und die betroffenen **Produkte** weitgehend **homogen** sind.[384] Umgekehrt spricht die Unfähigkeit der betroffenen Unternehmen, Rohstoffpreissteigerungen im Markt weiterzugeben, gegen ein wettbewerbsloses Oligopol.[385] Bestandteil der fusionsrechtlichen Prüfung ist schließlich die Bewertung des **tatsächlichen Wettbewerbsgeschehens** auf dem betroffenen Markt. **167**

(1) Wettbewerbsgeschehen und Markttransparenz. Markttransparenz kann alle strukturellen Merkmale erfassen, die den Anbietern Informationen über das wettbewerbliche Verhalten ihrer Wettbewerber verschaffen und damit eine Verhaltensabstimmung erleichtern. Dies sind nicht nur Faktoren, die eine explizite Verhaltensabstimmung ermöglichen, sondern auch Marktbedingungen, die es zulassen, dass Unternehmen sich gegenseitig Wettbewerbsstrategien signalisieren können.[386] Märkte, in denen die **Markttransparenz** **168**

---

[379] WUW/E DE-V 1163, 1170 – *Springer/ProSiebenSat.1* (2006).
[380] Bundeskartellamt, Auslegungsgrundsätze, Juli 2005; S. 51 f. unter Hinweis auf die Merger Guidelines 1992, Abschn. 2.12.
[381] WuW/E BKartA DE-V 53, 61 ff. – *Premiere* (1999).
[382] Vgl. auch BGH WuW/E 2433, 2440 – *Gruner + Jahr/Zeit II*; KG, WuW/E OLG 3051, 3075 ff. – *Morris/Rothmans*; Bundeskartellamt WuW/E 2247, 2249 – *Hüls/Condea*, WuW/E Bundeskartellamt 2669, 2678 – *Lindner Licht GmbH*.
[383] Bundeskartellamt, Auslegungsgrundsätze, Juli 2005, S. 53; Diese Faktoren können strukturell veranlasst sein (Markttransparenz aufgrund der hoher Produkthomogenität und starker Unternehmenskonzentration) oder von den Marktteilnehmern bewusst geschaffen werden (Transparenz aufgrund von Preislisten).
[384] Bundeskartellamt, Auslegungsgrundsätze, Juli 2005, S. 53, unter Hinweis auf die U.S. Merger Guidelines, Abschn. 2. 11; zur Entscheidungspraxis des Bundeskartellamtes, vgl. z. B. Beschl. v. 3. 7. 2000 – *RWE/VEW*, S. 54 ff. (Rn. 122 ff.), entscheidende Textpassage in WuW/E BKartADE-V 301 nicht abgedruckt.
[385] Bundeskartellamt, Beschl. v. 26. 9. 2006, *Kemnia/Lytec*, S. 13; Bundeskartellamt Beschl. 19. 7. 2006 *Performance Fibers/INVISTA*, S. 19.
[386] Bundeskartellamt, Auslegungsgrundsatz, Juli 2005, S. 53.

hoch ist, beispielsweise, weil die Anbieter ihre Listenpreise (incl. Rabatte usw.) oder Verkaufszahlen veröffentlichen, sind nach Auffassung des BKartA vergleichsweise anfällig für oligopolistische Marktbeherrschung. Dies gilt tendenziell auch im Hinblick auf Märkte für börsengehandelte Grunderzeugnisse[387] oder für Märkte, in denen gemeinsame E-Commerce-Plattformen für die Beschaffung oder den Absatz von Produkten eine wachsende Rolle spielen. In einem engen Oligopol kann eine solche Praxis die Kontrolle der Oligopoldisziplin erleichtern.[388]

169 Öffentliche Ausschreibungen können – je nach Ausgestaltung – Markttransparenz fördern oder behindern. Die Markttransparenz wird dann gefördert, sofern sich der Ausschreibungswettbewerb auf eine geringe Anbieterzahl richtet und Mechanismen (Nachverhandlungen oder Vergabe von Aufträgen an Konsortien) bestehen, die den Oligopolisten zusätzlichen Einblick in die Angebotsgestaltung ihrer Wettbewerber gewähren.[389]

170 **(2) Wettbewerbsgeschehen und Homogenität der betroffenen Produkte oder Dienstleistungen.** Bei **homogenen Gütern** kann nach Auffassung des BKartA kein oder nur ein sehr eingeschränkter Qualitätswettbewerb stattfinden, weil die von verschiedenen Herstellern angebotenen Waren keine für die Nachfrager wesentlichen Unterschiede aufweisen. Zudem kann bei homogenen Gütern meist nicht hinreichend sicher festgestellt werden, ob Preiswettbewerb stattfindet. Auf derartigen Märkten entscheiden daher alle Formen des Restwettbewerbs (z. B. Service-, Konditionen-, Qualitäts- und Beratungswettbewerb) darüber, ob der Wettbewerb noch wesentlich ist. Erhebliche Preisunterschiede in einem wettbewerblichen Markt für homogene Güter sind nur dann denkbar, wenn es an der Markttransparenz fehlt.[390]

171 Wesentlicher Wettbewerb besteht nicht schon dann, wenn die Unternehmen die auf Märkten mit homogenen Gütern vorhandenen Verhaltensspielräume nutzen. Der tatsächliche Parametereinsatz muss insgesamt von einer Intensität und Bedeutung für den Markt sein, dass die Funktionsfähigkeit des Wettbewerbs gegeben ist.[391]

172 Märkte, in denen Produktdifferenzierungen eine große Rolle spielen, sind in der Regel weniger geeignet für Parallelverhalten im Oligopol. Bei heterogenen Gütern, bei Produktinnovationen oder bei der Entwicklung von Systemmärkten ist Preis- und Qualitätswettbewerb möglich und von erheblicher Bedeutung für die Feststellung wesentlichen Wettbewerbs.[392] Die einzelnen Oligopolmitglieder sind eher in der Lage, den Oligopolpreis zu unterbieten, da sie nicht befürchten müssen, den Großteil ihrer Nachfrage bei Vergeltungsmaßnahmen der anderen Oligopolisten zu verlieren. Zudem wird es mit zunehmender Produktdifferenzierung immer schwieriger, kooperative Arrangements, z. B. über vereinheitlichte Oligopolpreise, zu treffen. Entsprechende Unsicherheiten über die zukünftige Marktentwicklung können wesentlichen Wettbewerb im Oligopol auch zukünftig sicherstellen.[393] Gleichwohl schließt Produktheterogenität das Entstehen eines marktbeherrschenden Oligopols nicht von vornherein aus, beispielsweise wenn die Kollusion weniger im Bereich Preis/Menge, sondern vielmehr in der Aufteilung von sachlichen oder regionalen Teilmärkten besteht.[394] Auch hier ist der Markt auf seine Funktionsweise zu untersuchen.[395]

---

[387] Vgl. insoweit auch Komm.E. v. 24. 4. 1996 – *Gencor/Lonrho,* ABl. EG 1997, Nr. L 11/30, 52.
[388] Bundeskartellamt, Auslegungsgrundsätze, Juli 2005, S. 53 f.
[389] Entsch. der Kommission v. 18. 10. 1995 – *ABB/Daimler Benz,* ABl.EG 1997, Nr. L 11/1, 17.
[390] WuW/E BKartA DE-V 109, 111 – *Dow Chemical/Shell* (1999).
[391] WuW/E BGH 2028 – *Texaco-Zerssen* (1983).
[392] WuW/E BKartA DE-V 142, 145 – *Kleinfeuerwerk* (1999). Bundeskartellamt, Beschl. v. 3. 12. 1999 – *Checkpoint/Meto,* S. 15 f.
[393] Bundeskartellamt, Beschl. v. 3. 12. 1999 – *Checkpoint/Meto,* S. 15 f.
[394] Bundeskartellamt, Auslegungsgrundsätze, Juli 2005, S. 54, m. w. N.
[395] Bundeskartellamt, Auslegungsgrundsätze, Juli 2005, S. 54.

(3) Wettbewerbsrechtliche Einordnung. Lässt sich zwischen den marktführenden Unternehmen vor dem Zusammenschluss wesentlicher Wettbewerb beobachten und haben diese Unternehmen erhebliche Investitionen in langfristige Wachstumsstrategien auf einem grenzüberschreitenden Markt investiert, so ist der Nachweis fehlenden Binnenwettbewerbs beim Erwerb eines Oligopolaußenseiters auf einem räumlichen Teilmarkt nur schwer zu begründen.[396] Gleiches gilt, wenn in der Vergangenheit ein erheblicher Preisverfall zu beobachten ist, insbesondere verbunden mit erheblichen Marktanteilsrückgängen bei den Oligopolisten zugunsten der Oligopolaußenseiter sowie bereits erfolgten oder zu erwartenden Marktzutritten.[397]

Lässt sich im Zeitablauf hingegen ein gleichförmiges Preissetzungsverhalten des Oligopols beobachten, dann ist der Wettbewerb nicht mehr wesentlich, es sei denn es handelt sich um ein innovatives, sich dynamisch entwickelndes Gut. Preiswettbewerb nur auf der Handelsstufe ist dann nicht wesentlich, wenn die Handelsnachfrage aufgrund der Anbieterwerbung von den Verbraucherpräferenzen gesteuert wird. Auf Märkten, die nach Kenntnis der Wettbewerbsbehörden offenbar anfällig sind für wettbewerbsbeschränkende Absprachen, ist nach Auffassung des BKartA ein oligopolistisches Parallelverhalten wahrscheinlich.[398] Auf einem Markt, auf dem die Unternehmen ihre Kapazitäten kaum der Nachfrage anpassen können, ist eine Preiskoordinierung nicht erforderlich. Über geringere Preise könnten zusätzlich gewonnene Abnehmer ohnehin nicht bedient werden. Vielmehr ist hier die Koordinierung im Hinblick auf die Angebotsmenge wesentlich.[399]

Selbst wenn auf dem Markt wesentlicher Wettbewerb festzustellen ist, kann oligopolistische Marktbeherrschung bestehen, wenn dieser Wettbewerb nur temporär oder lokal stattfindet oder Verdrängungscharakter hat.[400] Anhaltspunkte dafür können sich beispielsweise aus Wechselkursschwankungen, konjunkturell bedingten Überkapazitäten gleichförmigem Abwehrverhalten des Oligopols gegenüber Newcomern[401] oder bei Wettbewerbsvorteilen des Oligopols gegenüber den Außenseitern ergeben.

IV. Abwägungsklausel (§ 36 Abs. 1 Hs. 2 GWB)

Das BKartA darf einen Zusammenschluss nicht untersagen, wenn dieser zwar zur Begründung oder Verstärkung einer marktbeherrschenden Stellung führt, die beteiligten Unternehmen aber nachweisen (unten 3.), dass durch den Zusammenschluss auch Verbesserungen der Wettbewerbsbedingungen eintreten (unten 1.) und dass diese Verbesserungen die Nachteile der Marktbeherrschung überwiegen (unten 2.).

1. Verbesserung der Wettbewerbsbedingungen

Berücksichtigungsfähig im Rahmen der Abwägung sind nur **Verbesserungen der Marktstruktur.**[402] Vorteile, die nicht die strukturellen Wettbewerbsbedingungen betreffen, können allenfalls im Verfahren der Ministererlaubnis nach § 42 GWB berücksichtigt werden. Bloße betriebswirtschaftliche Vorteile für die beteiligten Unternehmen, wie z.B. Rationalisierungsvorteile, oder ein Zuwachs an Finanzmitteln im Sinne der Erweiterung der allgemeinen Handlungsmöglichkeiten des betreffenden Unternehmens oder bessere Kapazitätsauslastung und Kosteneinsparungen reichen nicht aus, wenn sie nicht zugleich mit

---

[396] WuW/E BKartA DE-V 170, 176 – *NZDS-Glasfaserkabel* (1999).
[397] WuW/E BKartA DE-V 267, 269 – *Chipkarten* (2000).
[398] WuW/E BKartA 2669 – *Lindner Licht GmbH*.
[399] Bundeskartellamt, Auslegungsgrundsätze, Juli 2005, S. 54, unter Hinweis auf Komm.E. v. 22. 9. 1999 – *Airtours/First Choice* ABl. EG 2000 L 93/1, 16.
[400] Bundeskartellamt, Auslegungsgrundsätze, Juli 2005, S. 55.
[401] KG WuW/E OLG 3078 – *Morris-Rothmans*.
[402] BGH WuW/E 1533, 1539 – *Erdgas Schwaben*; BGH WuW/E 2899, 2092 – *Anzeigenblätter II*.

einer Verbesserung der Marktstruktur verbunden sind.[403] Gleiches gilt für hochschulpolitische Aspekte, wie der Wissenschaftsauftrag gemäß Art. 5 Abs. 3 GG.[404] Eine zu berücksichtigende Verbesserung ist z. B. der Fortbestand einer Marke oder eines Anbieters.[405]

Nach der Rechtsprechung zur Rechtslage vor der 7. GWB-Novelle kann die Wettbewerbsstellung der beteiligten Unternehmen auf **Auslandsmärkten** als solche nicht berücksichtigt werden.[406] Diese Rechtsprechung ist insoweit veraltet, als sich die Prüfung des Zusammenschlusses durch das BKartA nach § 19 Abs. 2 S. 3 GWB auch auf das Ausland erstrecken kann. Die Wettbewerbsstellung der beteiligten Unternehmen **im Ausland** ist also zumindest dann zu berücksichtigen, wenn die Stellung im Ausland einen Markt betrifft, der räumlich auch Deutschland umfasst, selbst wenn es nicht der Markt ist, auf dem der Zusammenschluss zu einer Begründung oder Verstärkung einer marktbeherrschenden Stellung führen würde, sondern ein anderer sachlich relevante Markt.

178 Die Verbesserung der Wettbewerbsbedingungen kann an sich den gleichen Markt, auf dem der Zusammenschluss zu einer Begründung oder Verstärkung einer marktbeherrschenden Stellung führen würde, oder andere Märkte betreffen.[407] Da aber Verbesserungen der Wettbewerbsbedingungen auf dem gleichen Markt schon bei der Prüfung der Untersagungsvoraussetzungen berücksichtigt werden, kommt die eigentliche Abwägung systematisch nur in Betracht, wenn Verbesserungen auf anderen Märkten eintreten.[408]

Die Märkte müssen nicht in einer **besonderen Beziehung** zueinander stehen. Eine relevante Verbesserung kommt jedoch insbesondere in Betracht, wenn Substitutionsbeziehungen zwischen den betreffenden Märkten bestehen und durch den Zusammenschluss diese Substitutionskonkurrenz gefördert wird.[409] In diese Fallgruppe gehören auch die Fälle, in denen ein Zusammenschluss die Position einer Zweitzeitung gegenüber der mächtigen Erstzeitung erhält.[410] Ebenso kommt die Anwendung der Abwägungsklausel vor allem dann in Betracht, wenn es sich um vor- und nach gelagerte Märkte handelt.[411]

179 Der Zusammenschluss muss **kausal** für die Verbesserung der Wettbewerbsbedingungen sein.[412] Um dies festzustellen, müssen die Marktstrukturen mit und ohne Zusammenschluss verglichen werden. Dabei genügt es, wenn sich aufgrund der gegebenen und der auf dem zukünftigen Markt zu erwartenden Marktverhältnisse anhand der konkreten Umstände mit hoher Wahrscheinlichkeit sagen lässt, dass nach allgemeiner Erfahrung über wirtschaftliches Verhalten eine gleichwertige Verbesserung der Wettbewerbsbedingungen ohne den Zusammenschluss nicht zu erwarten ist.[413] Nach der restriktiven Rechtsprechung ist erforderlich, dass die Verbesserungen nur durch den Zusammenschluss erreicht werden können.[414] Lassen sich die Verbesserungen des Wettbewerbs dagegen auch auf anderem Wege erreichen, findet die Abwägungsklausel keine Anwendung.

---

[403] BGH WuW/E 2899, 2902 f. – *Anzeigenblätter II*; BKartA WuW/E DE-V 145, 148 – *Pfleiderer/Coswig*.
[404] Bundeskartellamt, Beschl. v. 11. 12. 2006, *Universitätskrankenhaus Greifswald/Kreiskrankenhaus Wolgast*, Rdnr. 154.
[405] BGH WuW/E 1854, 1860 – *Zeitungsmarkt München*; BGH WuW/E 2276, 2284 – *Süddeutscher Verlag/Donau-Kurier*, BGH WuW/E 2425, 2431 – *Niederrheinische Anzeigenblätter*.
[406] KG WuW/E 5549, 5564 – *Fresenius/Schiwa*.
[407] BKartA, TB 1987/88, S. 14 f.
[408] *Ruppelt* in: Langen/Bunte § 36 Rn. 50; GK-*Schütz*, § 36 Rn 148.
[409] Z. B. Öl- und Gasmärkte: BGH vom 12. 12. 1978, WuW/E BGH 1533, 1538 ff. – *Erdgas Schwaben*.
[410] KG WuW/E OLG 3767, 3775 ff. – *Niederrheinische Anzeigenblätter*, im konkreten Fall jedoch verneint; strenger: BGH WuW/E 2425, 2430 – *Niederrheinische Anzeigenblätter*.
[411] WuW/E DE-V 1500 *trac-x* (2007).
[412] BKartA TB 1999/2000, S. 22.
[413] Vgl. z. B. BGH WuW/E 1533, 1540 – *Erdgas Schwaben*.
[414] Vgl. z. B. BGH WuW/E 1533, 1540 – *Erdgas Schwaben*.

2. Überwiegen über Nachteile der Marktbeherrschung

Die Verbesserungen müssen die Nachteile nicht nur aufwiegen, sondern **überwiegen**.[415] Dies ist als materiell ungerechtfertigt anzusehen und verfassungsrechtlich bedenklich.[416]

Die erforderliche Abwägung der wettbewerblichen Vor- und Nachteile des Zusammenschlusses ist in der Praxis schwierig, da sich die Vor- und Nachteile oft nur schwer vergleichen lassen. Es ist eine **Gewichtung der betreffenden Märkte** vorzunehmen.[417] Die Abwägungsklausel ist z. B. anzuwenden, wenn der Zusammenschluss zwar zu einer marktbeherrschenden Stellung auf einem gesamtwirtschaftlich relativ unbedeutenden Markt, zugleich aber zu Verbesserungen auf gesamtwirtschaftlich wichtigeren Märkten führt. Man kann bei der Anwendung der Abwägungsklausel nicht verlangen, dass die Entstehung einer marktbeherrschenden Stellung auf einem Markt nur von Verbesserungen der Wettbewerbsbedingungen überwogen werden kann, die zur Beseitigung einer marktbeherrschenden Stellung auf einem anderen Markt führen.[418]

3. Nachweis

Aus dem Wortlaut des § 36 Abs. 1 GWB ergibt sich, dass die Zusammenschlussbeteiligten das Vorliegen der Voraussetzungen der Abwägungsklausel nachweisen. Sie tragen damit die **Darlegungs- und Beweislast** für das Vorliegen der Voraussetzungen der Abwägungsklausel.[419] Dies gilt auch für die Kausalität des Zusammenschlusses für die Verbesserungen, wobei insoweit eine hohe Wahrscheinlichkeit ausreicht.[420] Tragen die Zusammenschlussbeteiligten schlüssige und überzeugende Anhaltspunkte für ein Überwiegen der Verbesserungen der Wettbewerbsbedingungen über die Nachteile der Marktbeherrschung vor, weil sie genaue Tatsachen nicht selbst ermitteln und vortragen können, ist das BKartA gehalten, die entsprechenden, ihm möglichen Ermittlungen, z. B. durch Auskunftsbeschlüsse nach § 59 GWB, vorzunehmen.[421]

V. Die Verbundklausel (§ 36 Abs. 2)

1. Allgemeines

Die in § 36 Abs. 2 enthaltene Verbundklausel verfolgt den Zweck, Unternehmensgruppen, die wegen gegenseitiger Verflechtungen in der Regel eine wettbewerbliche Einheit bilden, im Rahmen des Kartellrechts auch tatsächlich als Einheit zu behandeln.[422]

Die Klausel gilt nicht nur für die Berechnung des Umsatzerlöses und der Marktanteile, sondern umfassend im Rahmen der Zusammenschlusskontrolle. Der Gesetzgeber misst ihr sogar für das gesamte GWB Bedeutung bei.[423] Die Verbundklausel richtet sich nur an Unternehmen, nicht an reine Privatpersonen.[424] Letztere können indes gem. § 36 Abs. 3 als

---

[415] BGH WuW/E 1854, 1861 – *Zeitungsmarkt München; Ruppelt* in: Langen/Bunte, § 36 Rn. 53.
[416] GK-*Schulz*, § 36 Rn. 152; *Bechtold*, GWB, § 36 Rn. 27.
[417] *Emmerich*, § 25 9. b); *Richter* in: Wiedemann, Handelsbuch des Kartellrechts, § 20 Rn. 163.
[418] *Mestmäcker/Veelken* in: Immenga/Mestmäcker, GWB, § 36 Rn. 333, ebenfalls ablehnend.
[419] BGH WuW/E 1533, 1540 – *Erdgas Schwaben*.
[420] BKartA, TB 1987/88, S. 14 f.
[421] Vgl. *Richter* in: Wiedemann, Handbuch des Kartellrechts, § 20 Rn. 165; *Ruppelt* in: Langen/Bunte, § 36 Rn. 57.
[422] Begr. 1998 zu § 36 Abs. 3; BGH 8. 5. 1979, WuW/E BGH 1608, 1610 – *WAZ*.
[423] Begr. 1998 zu § 36 Abs. 3; zur Bedeutung von § 36 Abs. 2 im Kartellvergaberecht OLG Düsseldorf 15. 6. 2000, NZBau 2000, 440 ff – *EURO-Münzplättchen III*.
[424] BGH 8. 5. 1979, WuW/E BGH 1608, 1610 – *WAZ*.

Unternehmen anzusehen sein.[425] Obwohl § 36 Abs. 2 auf das AktG verweist, erfasst die Verbundklausel alle Arten abhängiger sowie beherrschender Unternehmen.[426] § 36 Abs. 2 ist ohne Einschränkungen auch auf ausländische Unternehmen anwendbar.[427] In zeitlicher Hinsicht sind die Abhängigkeitsverhältnisse entscheidend, die bei Vollzug des Zusammenschlusses gelten, nicht diejenigen im Zeitpunkt seiner Anmeldung. Denn die Zusammenschlusskontrolle soll die Verbindungen erfassen, die durch die Zusammenschlüsse geschaffen werden.[428]

2. Abhängige Unternehmen

184 § 36 Abs. 2 **verweist auf § 17 AktG**, der die Begriffe des abhängigen und des herrschenden Unternehmens definiert. Nach der Grundregel des § 17 Abs. 1 AktG sind abhängige Unternehmen rechtlich selbständige Unternehmen, auf die ein anderes Unternehmen unmittelbar oder mittelbar einen beherrschenden Einfluss ausüben kann. § 17 Abs. 2 AktG enthält eine Sondervorschrift für den in der Praxis weitaus häufigsten Fall der Abhängigkeit, den Mehrheitsbesitz.

185 **a) Vermutungsregel des § 17 Abs. 2 AktG.** Von einem in Mehrheitsbesitz stehenden Unternehmen wird vermutet, dass es von dem an ihm mit Mehrheit beteiligten Unternehmen abhängig ist. Was unter **Mehrheitsbesitz** zu verstehen ist, bestimmt § 16 AktG. Danach führt sowohl die Stimmrechtsmehrheit als auch die Anteilsmehrheit zu Mehrheitsbesitz.

186 Die Vermutungsregel des § 17 Abs. 2 AktG ist **widerlegbar.** Damit besteht die Möglichkeit, atypischen Sondersituationen Rechnung zu tragen.[429] Dazu muss nachgewiesen werden, dass beherrschender Einfluss aus Rechtsgründen nicht ausgeübt werden kann. Der bloße Nachweis, dass ein beherrschender Einfluss tatsächlich nicht ausgeübt wird, ist nicht ausreichend, da schon die Möglichkeit der Einflussnahme unter § 17 AktG fällt. Ein Unternehmen, das sich auf die Widerlegung der Vermutung beruft, trifft diesbezüglich die volle Darlegungs- und Beweislast.[430]

187 Da die Abhängigkeitsvermutung auf der durch Mehrheitsbeteiligung begründeten Möglichkeit basiert, die Geschäftsführungsorgane zu besetzen, muss zur Widerlegung der Vermutung nachgewiesen werden, dass der Inhaber der Mehrheitsbeteiligung hierzu nicht in der Lage ist und dass die Möglichkeit der Beherrschung auch durch sonstige Mittel nicht begründet wird.[431] Im Rahmen des AktG anerkannte Mittel zur Widerlegung der Vermutungsregel sind insb. Stimmbindungs- und Entherrschungsverträge.[432]

Teile der Literatur fordern allerdings unter Hinweis auf die unterschiedlichen **Schutzrichtungen** von Aktienkonzernrecht einerseits und Kartellrecht andererseits einen weiter gefassten „kartellrechtlichen" Verbundbegriff.[433] Demnach sollen Entherrschungsverträge zwischen dem herrschenden und dem abhängigen Unternehmen, die letzteren eine gewisse Selbständigkeit einräumen, zur Beseitigung der Abhängigkeitsvermutung im Kartellrecht nicht ausreichen.[434] Begründet wird dies damit, dass das herrschende Unternehmen letzt-

---

[425] S. unten Rn. 199.
[426] BGH 23. 10. 1979, WuW/E BGH 1655, 1656 – *Zementmahlanlage II*; KG 12. 3. 1997, WuW/E OLG 5907, 5909 – *Rheinpfalz/Medien Union*.
[427] Begr. 1971, S. 26; BGH 23. 10. 1979, WuW/E BGH 1655, 1656 – *Zementmahlanlage II*.
[428] Vgl. KG 8. 9. 1978, WuW/E OLG 2007, 2008 – *Kunststoffrohre*; *Bechtold* § 36 Rn. 38.
[429] *Bayer* § 17 Rn. 85.
[430] *Ruppelt* in: Langen/Bunte, § 36 Rn. 62.
[431] *Mestmäcker/Veelken* in: Immenga/Mestmäcker, GWB, § 36 Rn. 60.
[432] *Bayer* § 17 AktG Rn. 99 ff.; *Koppensteiner* § 17 AktG Rn. 88 ff.; *Hüffer* § 17 Rn. 22.
[433] *Mestmäcker/Veelken*, GWB, § 36 Rn. 50; *Ruppelt* in: Langen/Bunte, § 36 Rn. 61; a. A. *Richter* § 19 Rn. 28; *Bechtold*, GWB, § 36 Rn. 36; *Schütz* § 36 Rn. 119; *Paschke* § 36 Rn. 89 f.
[434] *Mestmäcker/Veelken*, GWB, § 36 Rn. 62; *Ruppelt* in: Langen/Bunte, § 36 Rn. 62.

§ 36. Grundsätze für die Beurteilung von Zusammenschlüssen

lich allein entscheiden könne, wie lange die formelle Selbständigkeit des abhängigen Unternehmens aufrechterhalten werde. Selbst bei Bestehen eines Entherrschungsvertrages sei daher von einem Fortbestehen des Einflusses des herrschenden Unternehmens auszugehen, der lediglich vorübergehend nicht ausgeübt werde.

Ein vom Aktienrecht losgelöster kartellrechtlicher Verbundbegriff wird jedoch vom Wortlaut des § 36 Abs. 2 nicht gedeckt. Die Rechtsprechung hat zwar wiederholt die unterschiedlichen Schutzgüter beider Gesetze betont,[435] im Ergebnis bisher jedoch in keinem Fall Unternehmen als verbunden im Sinne des GWB gewertet, die nicht auch für das Aktienrecht als verbunden anzusehen wären. Insbesondere verlangt die Rechtsprechung auch im Rahmen des Kartellrechts, dass der beherrschende Einfluss gesellschaftsrechtlich vermittelt wird.[436] Da eine weitergehende Auslegung des § 17 AktG im Rahmen des GWB mit dem Gebot der **Rechtssicherheit** schwer vereinbar wäre, ist auch bei der Anwendung des § 36 Abs. 2 die aktienrechtliche Auslegung zu Grunde zu legen.[437] Der Nachweis des Bestehens eines Entherrschungsvertrages ist mithin geeignet, die Vermutung des § 17 Abs. 2 AktG zu widerlegen.

b) Möglichkeit beherrschenden Einflusses. Außerhalb des Anwendungsbereichs des § 17 Abs. 2 AktG muss anhand des § 17 Abs. 1 AktG geprüft werden, ob die Möglichkeit des beherrschenden Einflusses besteht. Das AktG definiert das Merkmal des beherrschenden Einflusses nicht näher. Jedoch kann die **Vermutungsregel des § 17 Abs. 2 AktG** Hinweise auf das gesetzliche Leitbild geben, um dem Bedürfnis einer präzisen Begriffsbestimmung gerecht zu werden.[438] Die Vermutung des beherrschenden Einflusses bei einer Mehrheitsbeteiligung folgt aus der Erkenntnis, dass das herrschende Unternehmen über die Stimmenmehrheit in der Hauptversammlung in der Lage ist, die **personelle Zusammensetzung** des Aufsichtsrats und dadurch mittelbar auch des Vorstands nach seinen Vorstellungen zu bestimmen. Infolge dieser Personalentscheidungsgewalt besteht die hohe Wahrscheinlichkeit dafür, dass Aufsichtsrat und Vorstand sich den Wünschen des Mehrheitsaktionärs nicht verschließen werden, da sie anderenfalls riskierten, künftig nicht mehr in ihren Positionen bestätigt oder sogar vorzeitig abberufen zu werden.[439] Beherrschender Einfluss ist daher jeder Einfluss auf die Geschäftsleitung eines Unternehmens, der es einem anderen Unternehmen ermöglicht, die gesetzlichen oder satzungsmäßigen Organe des abhängigen Unternehmens zu besetzen und damit über diese dessen Unternehmens- und Geschäftspolitik zu bestimmen.[440] Ein derartiger Einfluss kann ohne Mehrheit i. S. d. § 16 AktG etwa durch einen Beherrschungsvertrag entstehen.[441] Auch Vetorechte, die einem Minderheitsgesellschafter durch den Gesellschaftsvertrag in Bezug auf strategische Unternehmensentscheidungen eingeräumt werden, können einen beherrschenden Einfluss vermitteln.

Aus dem Leitbild des § 17 Abs. 2 AktG folgt, dass der beherrschende Einfluss auf **gesellschaftsrechtlich** vermittelten Einflussmöglichkeiten beruhen muss.[442] Insbesondere **wirtschaftliche** Abhängigkeitsverhältnisse, die sich allein aus Lieferbeziehungen und anderen

---

[435] BGH 18. 11. 1986, WuW/E BGH 2337, 2339 – *Hussel-Mara*; KG 12. 6. 1991, WuW/E OLG 4835, 4846 – *Iserlohner Kreisanzeiger*; KG 4. 12. 1987, WuW/E OLG 4075, 4076 f – *Springer/Kieler Zeitung*.
[436] BGH 19. 1. 1993, WuW/E BGH 2882, 2886 f. – *Zurechnungsklausel*.
[437] Vgl. *Bechtold*, GWB, § 36 Rn. 36; *Paschke* § 36 Rn. 89.
[438] Vgl. *Rittner* DB 1976, 1465, 1466 ff.; *Bayer* § 17 Rn. 18 ff.; *Koppensteiner* § 17 Rn. 19; *Hüffer* § 17 Rn. 5.
[439] Vgl. *Rittner* DB 1976, 1465, 1468; *Bayer* § 17 Rn. 26 f.; *Koppensteiner* § 17 Rn. 19.
[440] Vgl. *Rittner* DB 1976, 1465, 1469; *Bayer* § 17 Rn. 27; *Koppensteiner* § 17 Rn. 19; *Hüffer* § 17 Rn. 5.
[441] *Bechtold*, GWB, § 36 Rn. 36.
[442] BGH 26. 3. 1984, WuW/E BGH 2136 – *BuM-WestLB* = BGHZ 90, 381, 395; BGH 19. 1. 1993, WuW/E BGH 2882, 2886 – *Zurechnungsklausel*.

Austauschverträgen ergeben, reichen nicht aus, um einen beherrschenden Einfluss anzunehmen.[443]

Da § 36 Abs. 2 GWB ausdrücklich auf die §§ 17, 18 AktG verweist, kommt auch eine Anwendung der Grundsätze, die Rechtsprechung und BKartA zu Treuhandverhältnissen im Rahmen des § 37 Abs. 1 Ziff. 3 zum Tatbestandsmerkmal des „Für-Rechnung-Haltens" entwickelt haben, nicht in Betracht. Insbesondere kommt es für die Frage der Beherrschung nicht allein auf die Verteilung des wirtschaftlichen Risikos an. Vielmehr muss immer eine Beherrschungsmöglichkeit nach den vorerwähnten Grundsätzen bestehen.

190 § 17 AktG stellt klar, dass der beherrschende Einfluss nicht tatsächlich ausgeübt werden muss, es genügt die **Möglichkeit** der Einflussnahme.[444] Sie muss jedoch **beständig** und umfassend sein. Die Beständigkeit ist etwa zu verneinen, wenn die Mitwirkung Dritter benötigt wird, diese aber wie bei Zufallskoalitionen nicht gesichert ist.[445] Schließlich ist es unerheblich, ob der beherrschende Einfluss **mittelbar** oder unmittelbar ausgeübt werden kann. Dadurch werden auch Fälle erfasst, in denen der Einfluss über Dritte, etwa Tochtergesellschaften, ausgeübt werden kann.[446]

3. Konzernunternehmen

191 Neben der Anknüpfung an § 17 AktG betrachtet die Verbundklausel des § 36 Abs. 2 auch Konzernunternehmen im Sinne des § 18 AktG als verbundene Unternehmen. Auch hier ist streitig, ob im Rahmen des § 36 Abs. 2 eine – im Ergebnis abzulehnende – besondere **kartellrechtliche Betrachtungsweise** angebracht ist.[447]

192 **a) Tatbestandsalternativen des § 18 AktG.** § 18 Abs. 1 AktG behandelt den Unterordnungskonzern, wogegen sich § 18 Abs. 2 AktG mit dem Gleichordnungskonzern befasst. Ein **Unterordnungskonzern** besteht, wenn ein herrschendes und ein oder mehrere abhängige Unternehmen unter der einheitlichen Leitung des herrschenden Unternehmens zusammengefasst sind. Da § 18 Abs. 1 AktG den Nachweis einheitlicher Leitung verlangt, § 17 AktG jedoch die Möglichkeit eines beherrschenden Einflusses genügen lässt, hat der Verweis des GWB auf den Unterordnungskonzern keine praktische Bedeutung.[448] Von besonderer praktischer Bedeutung ist dagegen der Gleichordnungskonzern.

193 **b) Der Gleichordnungskonzern.** Unternehmen, die unter **einheitlicher Leitung** zusammengefasst sind, ohne dass ein Unternehmen dem anderen untergeordnet ist, bilden einen Gleichordnungskonzern. Die Zusammenfassung unter einheitlicher Leitung kann durch Gleichordnungsvertrag geschehen. Darüber hinaus ist der **faktische Gleichordnungskonzern** anerkannt, bei dem die Gleichordnung ohne Vertragsgrundlage erfolgt.[449]

194 Eine institutionalisierte gemeinsame Leitungseinrichtung ist nicht Voraussetzung für die einheitliche Leitung des Konzerns. Entscheidend ist nicht die Form, sondern das **effektive Vorhandensein** des Einflusses, der die Unternehmen als wettbewerbliche Einheit lenkt.[450]

---

[443] *Paschke* § 36 Rn. 93; a. A. *Mestmäcker/Veelken* in: Immenga/Mestmäcker, GWB, § 36 Rn. 56 ff.

[444] BGH 4. 3. 1974, BGHZ 62, 193, 201 – *Seitz-Gruppe;* BGH 30. 9. 1986, BGH WuW/E 2321, 2323 – *Mischguthersteller.*

[445] BGH 4. 3. 1974, BGHZ 62, 193, 199 – *Seitz-Gruppe.*

[446] KG 5. 4. 1978, WuW/E OLG 1993, 1994 – *organische Pigmente; Rittner* DB 1976, 1465, 1467.

[447] Vgl. KG 12. 3. 1997, WuW/E OLG 5907, 5909 – *Rheinpfalz/Medienunion.*

[448] *Mestmäcker/Veelken* in: Immenga/Mestmäcker, GWB,, § 36 Rn. 73; *Richter* § 19 Rn. 29; *Kleinmann/Bechtold* § 23 Rn. 355.

[449] BGH 19. 1. 1993, WuW/E BGH 2882, 2887 – *Zurechnungsklausel;* BGH 8. 12. 1998, WuW/E DE-R 243 f. – *Pirmasenser Zeitung;* KG 12. 3. 1997, WuW/E OLG 5907, 5909 ff. – *Rheinpfalz/Medienunion; Hüffer* § 18 AktG Rn. 20 f.; *Bayer* § 18 AktG Rn. 52 ff.

[450] BGH 19. 1. 1993, WuW/E BGH 2882, 2887 – *Zurechnungsklausel;* BGH 8. 12. 1998 WuW/E DE-R 243 – *Pirmasenser Zeitung,* KG 12. 3. 1997, WuW/E OLG 5907, 5909 – *Rheinpfalz/Medienunion.*

Die einheitliche Leitung muss die **Geschäftspolitik** und die **grundsätzlichen Fragen der Geschäftsführung** umfassen, ohne aber alle Einzelheiten der Unternehmensführung zu regeln.[451] Auf eine einheitliche Leitung kann insbesondere aufgrund personeller Verflechtungen, einheitlicher Zielvorgaben und gleichgerichteten Verhaltens der Konzerngesellschaften geschlossen werden.[452] Bei öffentlichen Unternehmen ist die einheitliche Leitung nicht schon dadurch gegeben, dass derselbe Gewährträger für sie verantwortlich ist.[453]

Veränderungen der Konzernstruktur durch den beabsichtigten Zusammenschluss sind zu berücksichtigen. Scheidet ein Unternehmen aus der Konzernstruktur aus, so werden dem veräußerten Unternehmen die Ressourcen des bisherigen Verbundes nicht mehr zugerechnet. Denn die Zusammenschlusskontrolle soll die Verbindungen erfassen, die durch die Zusammenschlüsse geschaffen werden.[454] Wird jedoch nur ein Teil der Beteiligung aufgegeben und behält der Veräußerer seinen maßgeblichen Einfluss, so bleibt es bei der bisherigen Konzernzurechnung.[455]

4. Mehrmütterklausel

Wirken mehrere Unternehmen derart zusammen, dass sie gemeinsam beherrschenden Einfluss auf ein anderes Unternehmen ausüben können, gilt jedes von ihnen als herrschendes. Die **Gesellschafterstellung** mehrerer Gesellschafter reicht für sich allein gesehen noch nicht für ein Zusammenwirken aus. Das gilt selbst dann, wenn zwei Gesellschafter jeweils zur Hälfte an einem Unternehmen beteiligt sind.[456]

Erforderlich sind vielmehr weitere Umstände, die eine **gesicherte einheitliche Einflussnahme** der gemeinsam handelnden Gesellschafter auf der Grundlage einer auf Dauer angelegten Interessengleichheit erwarten lassen.[457] Eine gemeinsame Beherrschungsmöglichkeit ist nicht gegeben, wenn trotz gleichgerichteter Interessen ein beteiligtes Unternehmen dem anderen eine herausragende Stellung einräumt, die dazu führt, dass dieses die Verantwortung für die Führung des gemeinsamen Unternehmens trägt und die Unternehmenspolitik bestimmt.[458] Neben rechtlichen Bindungen der Gesellschafter kommen auch **tatsächliche Umstände** in Betracht, welche die gemeinsame Willensbildung gewährleisten.[459]

Sind die Voraussetzungen der Mehrmütterklausel erfüllt, dann sind dem abhängigen Unternehmen die **Ressourcen** aller Mutterunternehmen **zuzurechnen**. Ist eine der Mütter an einem Zusammenschlussvorhaben beteiligt, so sind ihr auch die Ressourcen des mitbeherrschten Unternehmens zuzurechnen.[460]

---

[451] *Mestmäcker/Veelken* in: Immenga/Mestmäcker, GWB, § 36 Rn. 75.
[452] BGH 8. 12. 1998, WuW/E DE-R 243, 244 – *Pirmasenser Zeitung*.
[453] KG 11. 1. 1993, WuW/E OLG 5151, 5163 – *Ernstliche Untersagungszweifel*.
[454] KG 8. 9. 1978, WuW/E OLG 2007, 2008 – *Kunststoffrohre*.
[455] *Mestmäcker/Veelken* in: Immenga/Mestmäcker, GWB,, § 36 Rn. 77; *Ruppelt* in: Langen/Bunte, § 36 Rn. 60; a. A. *Richter* § 19 Rn. 30; *Paschke* § 36 Rn. 88.
[456] BGH 8. 5. 1979, WuW/E BGH 1608, 1611 – *WAZ*; BGH 18. 11. 1986, WuW/E BGH 2337, 2339 – *Hussel-Mara*; BGH 30. 9. 1986, BGH WuW/E 2321, 2322 – *Mischgutshersteller*.
[457] BGH 22. 6. 1981, WuW/E BGH 1810, 1811 – *Transportbeton Sauerland*; KG 4. 12. 1987, *Kart 32/87*, WuW/E OLG 4075, 4077 – *Springer-Kieler Zeitung*; KG 12. 7. 1990, WuW/E OLG 4547, 4552 – *Lübecker Nachrichten/Stormarner Tagblatt*.
[458] BGH 18. 11. 1986, WuW/E BGH 2337, 2339 – *Hussel-Mara*.
[459] BGH 8. 5. 1979, WuW/E BGH 1608, 1611 – *WAZ*; BGH 22. 6. 1981, WuW/E BGH 1810, 1811 – *Transportbeton Sauerland*; BGH 30. 9. 1986, BGH WuW/E 2321, 2322 – *Mischgutshersteller*; KG 4. 12. 1987, WuW/E OLG 4075, 4077 – *Springer-Kieler Zeitung*.
[460] *Mestmäcker/Veelken* in: Immenga/Mestmäcker, GWB, § 36 Rn. 72.

VI. Flick-Klausel (§ 36 Abs. 3)

1. Mehrheitsbeteiligung

199 § 36 Abs. 3 fingiert unwiderlegbar die **Unternehmenseigenschaft** des Normadressaten, dem die Mehrheitsbeteiligung an einem Unternehmen zusteht. Der Begriff der Mehrheitsbeteiligung richtet sich nach § 16 AktG mit der Folge, dass sowohl die Stimmrechts- als auch die Anteilsmehrheit erfasst wird. Die Mehrheitsbeteiligung muss im **Zeitpunkt des Zusammenschlusses** schon bestehen. Die Gründung einer solchen Beteiligung fällt somit nicht unter § 36 Abs. 3.[461]

2. Normadressaten

200 § 36 Abs. 3 wendet sich an natürliche und juristische Personen sowie an Personenvereinigungen, die nicht schon nach den allgemeinen Regeln als Unternehmen im Sinne des Kartellrechts anzusehen sind. Auch ausländische Staaten sind Normadressaten des § 36 Abs. 3.[462] **Personenvereinigungen** sind BGB-Gesellschaften und Gemeinschaften nach §§ 741 ff. BGB. Aber auch Gesellschafter- und Familienstämme kommen als Normadressaten in Betracht.[463] Die bloße Familienzugehörigkeit begründet jedoch für sich allein noch keine Personenvereinigung i.S. der Vorschrift. Familienrechtliche Beziehungen, wie sie etwa in Unternehmerfamilien der 2. Generation anzutreffen sind, vermögen eine einheitliche Willensbildung nicht zu erzwingen.[464] Vielmehr müssen weitere rechtliche oder tatsächliche Kriterien erfüllt sein, aus denen sich ein Zwang zur gemeinsamen Interessenausrichtung der Mitglieder einer Familie ergibt.

3. Geltung

201 § 36 Abs. 3 gilt für das gesamte GWB.[465] Im Rahmen des wichtigsten Anwendungsbereichs, der Zusammenschlusskontrolle, hat dies zur **Folge,** dass einem am Zusammenschluss beteiligten Unternehmen die Ressourcen seines Mehrheitsgesellschafters über die Verbundklausel des § 36 Abs. 2 zugerechnet werden, auch wenn er nach den allgemeinen Vorschriften nicht über die Unternehmenseigenschaft verfügt. Ist ein solcher Mehrheitsgesellschafter selbst an einem Zusammenschluss beteiligt, unterfällt er als Unternehmen den Vorschriften der Zusammenschlusskontrolle.

§ 37 Zusammenschluss

(1) ¹Ein Zusammenschluss liegt in folgenden Fällen vor:
1. Erwerb des Vermögens eines anderen Unternehmens ganz oder zu einem wesentlichen Teil;
2. Erwerb der unmittelbaren oder mittelbaren Kontrolle durch ein oder mehrere Unternehmen über die Gesamtheit oder Teile eines oder mehrerer anderer Unternehmen. Die Kontrolle wird durch Rechte, Verträge oder andere Mittel begründet, die einzeln oder zusammen unter Berücksichtigung aller tatsächlichen und rechtlichen Umstände die Möglichkeit gewähren, einen bestimmenden Einfluss auf die Tätigkeit eines Unternehmens auszuüben, insbesondere durch

---

[461] *Bechtold* § 36 Rn. 42; *Schütz* § 36 Rn. 122; *Richter* § 19 Rn. 21.
[462] BKartA Tätigkeitsbericht 1974, 35.
[463] BGH 19. 1. 1993, WuW/E BGH 2882, 2885 – *Iserlohner Kreisanzeiger*, BGH 8. 5. 1979, WuW/E BGH 1608, 1611 – *WAZ, Schütz* § 36 Rn. 122; *Richter* § 19 Rn. 22; *Mestmäcker/Veelken* in: Immenga/Mestmäcker, GWB, § 36 Rn. 21.
[464] BGH 19. 1. 1993, WuW/E BGH 2882, 2887 – *Iserlohner Kreisanzeiger*, Übereinstimmend im Schrifttum *Mestmäcker/Veelken* in: Immenga/Mestmäcker, GWB, § 36 Rn. 21.
[465] Begr. 1998 zu § 26 Abs. 4.

a) Eigentums- oder Nutzungsrechte an einer Gesamtheit oder an Teilen des Vermögens des Unternehmens,
b) Rechte oder Verträge, die einen bestimmenden Einfluss auf die Zusammensetzung, die Beratungen oder Beschlüsse der Organe des Unternehmens gewähren;
3. Erwerb von Anteilen an einem anderen Unternehmen, wenn die Anteile allein oder zusammen mit sonstigen, dem Unternehmen bereits gehörenden Anteilen
a) 50 vom Hundert oder
b) 25 vom Hundert

des Kapitals oder der Stimmrechte des anderen Unternehmens erreichen. ²Zu den Anteilen, die dem Unternehmen gehören, rechnen auch die Anteile, die einem anderen für Rechnung dieses Unternehmens gehören und, wenn der Inhaber des Unternehmens ein Einzelkaufmann ist, auch die Anteile, die sonstiges Vermögen des Inhabers sind. ³Erwerben mehrere Unternehmen gleichzeitig oder nacheinander Anteile im vorbezeichneten Umfang an einem anderen Unternehmen, gilt dies hinsichtlich der Märkte, auf denen das andere Unternehmen tätig ist, auch als Zusammenschluss der sich beteiligenden Unternehmen untereinander;
4. jede sonstige Verbindung von Unternehmen, auf Grund deren ein oder mehrere Unternehmen unmittelbar oder mittelbar einen wettbewerblich erheblichen Einfluss auf ein anderes Unternehmen ausüben können.

(2) Ein Zusammenschluss liegt auch dann vor, wenn die beteiligten Unternehmen bereits vorher zusammengeschlossen waren, es sei denn, der Zusammenschluss führt nicht zu einer wesentlichen Verstärkung der bestehenden Unternehmensverbindung.

(3) ¹Erwerben Kreditinstitute, Finanzinstitute oder Versicherungsunternehmen Anteile an einem anderen Unternehmen zum Zwecke der Veräußerung, gilt dies nicht als Zusammenschluss, solange sie das Stimmrecht aus den Anteilen nicht ausüben und sofern die Veräußerung innerhalb eines Jahres erfolgt. ²Diese Frist kann vom Bundeskartellamt auf Antrag verlängert werden, wenn glaubhaft gemacht wird, dass die Veräußerung innerhalb der Frist unzumutbar war.

Übersicht

	Rn.
I. Allgemeines	1
II. Vermögenserwerb (Abs. 1 Nr. 1)	3
1. Vermögen	3
2. Erwerb des Vermögens	6
III. Kontrollerwerb (Abs. 1 Nr. 2)	8
1. Allgemeines	8
2. Voraussetzungen	9
3. Formen des Kontrollerwerbs	10
a) Kontrollerwerb durch Rechte	10
b) Kontrollerwerb durch Verträge	13
c) Kontrollerwerb durch andere Mittel	14
d) Gemeinsame Kontrolle	16
e) Mehrfachkontrolle	17
f) Mittelbare Kontrolle	18
IV. Anteilserwerb (Abs. 1 Nr. 3)	19
1. Allgemeines	19
2. Voraussetzungen	20
3. Zurechnung	22
V. Wettbewerblich erheblicher Einfluss (Abs. 1 Nr. 4)	25
1. Allgemeines	25
2. Voraussetzungen	28
a) Einfluss	28
b) Wettbewerbsbezug	29
c) Einfluss durch eine Mehrheit von Unternehmen	30
3. Einzelfragen	31
4. Rechtsfolgen	32
VI. Mehrfachkontrolle/Verstärkung einer bereits bestehenden Unternehmensverbindung (Abs. 2)	33
1. Allgemeines	33
2. Einzelfälle	36
VII. Bankenklausel (Abs. 3)	39
VIII. Anteilserwerb durch mehrere Unternehmen (§ 37 Abs. 1 Nr. 3 Satz 3)	46
1. Gemeinschaftsunternehmen	46
2. Fiktion einer Teilfunktion	47
3. Voraussetzungen	48
4. Wirkungen	49
5. Verhältnis zu § 1 GWB	50
6. Vergleich zur Regelung im EU-Wettbewerbsrecht (FKVO Art. 3 Abs. 4)	51

Schrifttum: *Buntscheck,* Der Gleichordnungskonzern – ein illegales Kartell?, WuW 2004, 374; *Henschen/Ewen,* Der Erwerb eines wettbewerblich erheblichen Einflusses in der Entscheidungspraxis,

WuW 1999, 941; *Hoffmann,* Kontrollerwerb als neuer Zusammenschlußtatbestand des GWB, AG 1999, 538; *Pohlmann,* GWB-Novelle: Der neue Zusammenschlußtatbestand des Fusionskontrollrechts, DZWir 1998, 397; *Riesenkampff,* Treuhandverhältnisse in der Fusionskontrolle und die Zurechnungsklausel des § 23 Abs. 2 Nr. 2 Satz 2 GWB, WuW 1996, 5; *Sonnenschein,* Anzeigepflicht und Kontrolle des weiteren Zusammenschlusses einer Unternehmensverbindung, ZGR 6 (1977), 35; *Stein, E.,* Der wettbewerblich erhebliche Einfluß in der Fusionskontrolle, 1994; *Thurnher,* Die Zurechnung des Treugutes im Fusionskontrollrecht, WuW 1994, 303; *Weitbrecht/Weidenbach,* Wettbewerblich erheblicher Einfluss auf börsennotierte Aktiengesellschaften, WuW 2008, S. 788; *Werner,* Freistellung von der fusionsrechtlichen Kontrolle bei einem Anteilserwerb durch ein Kreditinstitut, WuW 1996, 463; *Wirtz,* Der Stimmrechtspool als kartellrechtlicher Zusammenschlußtatbestand, AG 1999, 114.

I. Allgemeines

1 § 37 regelt für alle die Fusionskontrolle betreffenden Vorschriften den Tatbestand des Zusammenschlusses. Die Vorschrift zählt die Zusammenschlusstatbestände enumerativ auf. Während die Tatbestände des Vermögens- und des Anteilserwerbs (Abs. 1 Nr. 1 und Abs. 1 Nr. 3) an formelle Merkmale anknüpfen, stellt der am EG-Recht orientierte Kontrollerwerb (Abs. 1 Nr. 2) auf materielle Beherrschungs- und Einflussmöglichkeiten ab und bildet eine Art Generalklausel. Durch die Einführung des Kontrollerwerbs im Zuge der 6. GWB-Novelle ist der Zusammenschlussbegriff erweitert worden. Bestehende Lücken wurden dadurch geschlossen. Die Vorschrift enthält damit Zusammenschlusstatbestände sowohl aus dem deutschen als auch aus dem europäischen Kartellrecht. Mit dem Tatbestand des Erwerbs eines wettbewerblich erheblichen Einflusses (Abs. 1 Nr. 4) wurde die Erfassung von Unternehmensverbindungen unterhalb der Schwellen des Anteils- und Kontrollerwerbs durch den ehemaligen § 23 Abs. 2 Nr. 6 beibehalten. Die Tatbestände der Unternehmensverträge (§ 23 Abs. 2 Nr. 3), der Personenidentität (§ 23 Abs. 2 Nr. 4) und der Erlangung eines beherrschenden Einflusses (§ 23 Abs. 2 Nr. 5) wurden nicht in § 37 übernommen, da sie entweder durch die Einführung des Kontrollerwerbs ihre eigenständige Funktion verloren oder keine praktische Bedeutung erlangt hatten. Die 7. GWB-Novelle hat keine Änderung des § 37 gebracht.

2 Durch ein und denselben Vorgang können jeweils mehrere Zusammenschlusstatbestände gleichzeitig verwirklicht werden.[1] Insbesondere überschneidet sich der Tatbestand des Kontrollerwerbs gemäß Abs. 1 Nr. 2 mit dem Vermögenserwerb nach Abs. 1 Nr. 1 und dem Anteilserwerb nach Abs. 1 Nr. 3. So kann ein bestimmender Einfluss im Sinne des Abs. 1 Nr. 2 über ein Unternehmen oder Teile davon z. B. durch den Erwerb von Anteilen an dessen Rechtsträger oder den Erwerb seiner Vermögenswerte herbeigeführt werden.[2] Dementsprechend führt der Erwerb der Eigentums- oder Nutzungsrechte an einer Gesamtheit oder an Teilen des Vermögens eines Unternehmens gemäß Nr. 2 S. 2 lit. a) zum Erwerb der Kontrolle.[3] Zerfällt ein Zusammenschluss in mehrere Einzelvorgänge, so kann eine Gesamtbetrachtung vorzunehmen sein. Ist nach rechtlichen und wirtschaftlichen Kriterien von einem Gesamtvorgang auszugehen, so liegt nur ein Zusammenschluss vor.[4]

II. Vermögenserwerb (Abs. 1 Nr. 1)

1. Vermögen

3 An erster Stelle nennt das Gesetz den Erwerb des Vermögens eines Unternehmens ganz oder zu einem wesentlichen Teil als Zusammenschlusstatbestand. Unter dem Vermögen

---

[1] WuW/E BKartA 2169 – *TUI/Air-Conti;* WuW/E BKartA 2114 – *Coop Schleswig-Holstein/Deutscher Supermarkt;* a. A. Bechtold, GWB, § 37 Rn. 2.
[2] *Pohlmann* DZWir 1998, 398, 400.
[3] Vgl. BKartA DE-V 951 – *Gruner+Jahr/National Geographics,* TB 2003/2004, S. 98.
[4] BKartA, WuW/E BKartA DE-V 53 – *Premiere;* TB 2001/2002, S. 18.

eines Unternehmens sind im weitesten Sinne dessen geldwerte Güter und Rechte einschließlich der subjektiven Rechte und Chancen zu verstehen, sofern sie nur im Verkehr gehandelt werden. Es kommt dabei nicht auf Art, Verwendung und Verwertbarkeit der Vermögensteile an.[5]

Ausreichend ist der Erwerb eines **wesentlichen Teils**. Als wesentlich ist nicht nur ein solcher Teil anzusehen, der im Verhältnis zum Gesamtvermögen des Veräußerers **quantitativ** ausreichend hoch ist, sondern auch jede Teileinheit, die **qualitativ** eine eigenständige Bedeutung hat, wie z. B. ein bestimmter Betrieb und eine wirtschaftliche Funktionseinheit für ein spezielles Produktions- oder Vertriebsziel. In diesem Fall kommt es nicht darauf an, in welchem Verhältnis die Anteile zum Gesamtvermögen des Veräußerers stehen.[6] Die absolute Größe eines erworbenen Vermögensanteils spielt hingegen keine Rolle.[7]
Die neuere Praxis stellt darauf ab, ob der Vermögensteil abstrakt geeignet ist, die Stellung des Erwerbers auf dem Markt zu verändern. Danach ist maßgeblich, ob der veräußerte Vermögensteil die tragende Grundlage der Stellung des Veräußerers auf dem betroffenen Markt und geeignet ist, diese auf den Erwerber zu übertragen. Dies setzt voraus, dass der Veräußerer mit dem übertragenen Vermögensteil bereits auf dem relevanten Markt tätig gewesen ist.[8]

4

In der Rechtsprechung wurde als wesentlicher Teil des Vermögens qualifiziert: das gesamte Produktions- und Vertriebsprogramm für Industrienähmaschinen,[9] ein Zementwerk,[10] 3 Lebensmittelläden einer Kette mit 283 Läden,[11] ein eingetragenes Warenzeichen[12] oder Herausgeber und Titelrechte.[13] Die Praxis des Bundeskartellamtes lässt bereits den Erwerb einzelner Immobilien ausreichen.

5

2. Erwerb des Vermögens

Der Erwerb setzt den Wechsel der Inhaberschaft voraus. Die Übertragung von obligatorischen und dinglichen Gebrauchs- oder Nutzungsrechten stellt nur dann einen Vermögenserwerb i. S. v. Abs. 1 Nr. 1 dar, wenn der Veräußerer nur Inhaber dieser beschränkten Rechte und nicht des Vollrechts ist, so dass wirtschaftlich betrachtet der Erwerber in die Position des Veräußerers einrückt.[14] Die bloße Beauftragung mit der Ausführung unternehmerischer Funktionen im Wege von Dienstverträgen ist keine Vermögensübertragung.[15] Die Form des Erwerbs ist irrelevant. Er kann sowohl in der Form der Gesamtrechtsnachfolge als auch im Wege des Einzelerwerbs erfolgen. Demgemäß verzichtet das Gesetz seit der 6. GWB-Novelle auf die Unterscheidung zwischen dem Erwerb durch Umwandlung

6

---

[5] WuW/E OLG 3591, 3593 – *Coop Schleswig-Holstein/Deutscher Supermarkt*; a. A.: *Bechtold*, GWB, § 37 Rn. 5.
[6] WuW/E BGH 1377 ff. – *Zementmahlanlage*.
[7] Vgl. aber BKartA, WuW/E DE-V 1289 – *Syntkes AO/ASJF*, wonach ein hoher Kaufpreis für den Erwerb eines wesentlichen Vermögensteils sprechen soll.
[8] OLG Düsseldorf, WuW/E DE-R 1504 – *National Geographic*; BGH WuW/E DE-R 1979 – *National Geographic*, WuW/E BGH 2783 – *Warenzeichenerwerb und Vorinstanz* WuW/E OLG 4771 – *Folien und Beutel*; BKartA WuW/E DE-V 521 – *Marzipanrohmasse*.
[9] BGH WuW/E BGH 1570 ff. – *Kettenstichnähmaschinen*.
[10] BGH WuW/E BGH 1655 – *Zementmahlanlage II*.
[11] KG WuW/E OLG 3591 ff. – *Coop Schleswig Holstein/Deutscher Supermarkt*.
[12] BGH WuW/E BGH 2783 ff. – *Warenzeichenerwerb*.
[13] KG WuW/E OLG 4095,- *W + i Verlag-Weiss-Druck*.
[14] KG WuW/E OLG 3591, 3594 – *Coop Schleswig-Holstein/Deutscher Supermarkt*; OLG Düsseldorf, WuW/E DE-R 1809 – *MSV*, Ruppelt in: Langen/Bunte, Kommentar zum deutschen und europäischen Kartellrecht, § 37 Rn. 12; *Mestmäcker/Veelken* in: Immenga/Mestmäcker, GWB, § 37 Rn. 15, a. A. *Bechtold*, GWB, § 37 Rn. 4; *Kleinmann/Bechtold*, GWB, § 23 Rn. 35.
[15] OLG Düsseldorf, WuW/E DE-R 1805 – *MSV*.

und in sonstiger Weise. So ist eine Gesamtrechtsnachfolge durch **Umwandlung** im Sinne des § 1 UmwG denkbar, also durch Verschmelzung, Spaltung oder Vermögensübertragung, soweit die Beteiligungsverhältnisse der als übertragende und übernehmende Rechtsträger beteiligten Rechtsträger nicht übereinstimmen.[16] Keinen Erwerb im Sinne des Abs. 1 Nr. 1 begründet hingegen der bloße Formwechsel, weil mit ihm keine Vermögensübertragung auf einen anderen Rechtsträger verbunden ist. Der Erwerb **in sonstiger Weise** wird durch Abs. 1 Nr. 1 auch unabhängig vom Rechtsgrund erfasst, also der Erwerb durch Eigentumsübertragung nach § 929 BGB, durch Zuschlag in der Zwangsversteigerung, öffentlich-rechtlichen Vertrag, Hoheitsakt, Gesetz oder von Todes wegen. Dagegen wird im Regelfall der auf Gesetz beruhende originäre Erwerb einer Rechtsstellung nicht erfasst.

7   Etwas anderes gilt ausnahmsweise in Umgehungsfällen. So läge ein Vermögenserwerb vor, wenn eine Marke eingetragen wird, nachdem sich der alte und der neue Markenrechtsinhaber über eine vorherige Löschung derselben Marke geeinigt haben.[17]

III. Kontrollerwerb (Abs. 1 Nr. 2)

1. Allgemeines

8   Nr. 2 sieht in Anlehnung an Art. 3 Abs. 1 lit. b, Abs. 2 FKVO vor, dass ein Zusammenschluss vorliegt, wenn die Kontrolle über ein oder mehrere Unternehmen oder Teile davon erworben wird. Satz 2 übernimmt im Wesentlichen den Wortlaut von Art. 3 Abs. 3 FKVO, der beispielhaft erläutert, auf welche Weise Kontrolle über ein Unternehmen erworben werden kann. Hinreichende Konkretisierung hat der Begriff des Kontrollerwerbs durch die europäische Praxis erfahren, auf die nach dem Willen des Gesetzgebers zurückgegriffen werden soll.[18] Die Auslegungsgrundsätze der Kommission sind in einer Bekanntmachung[19] veröffentlicht. Die Auslegung des Begriffs der Kontrolle im deutschen Recht ist jedoch nicht an die Auslegung von Art. 3 FKVO durch die Kommission gebunden.[20] Sie muss jedoch die Praxis der Europäischen Kommission berücksichtigen.[21] Neben der Praxis der Kommission und der europäischen Gerichte, geben auch die Zusammenschlusstatbestände des ehemaligen § 23 Abs. 2 Nr. 3 bis 5 (Unternehmens- und Betriebspachtverträge, personelle Verflechtungen sowie insbesondere Verbindungen mit beherrschendem Einfluss) Anhaltspunkte zur Auslegung des Begriffs des Kontrollerwerbs, jedoch ohne diesen tatbestandlich zu begrenzen. Die Einführung des Kontrollerwerbs im Rahmen der 6. GWB-Novelle sollte nämlich den Zusammenschlussbegriff nicht einengen, sondern eher erweitern. Der Tatbestand des Kontrollerwerbs hat die Funktion einer Generalklausel, die neben den Tatbeständen der Nr. 1 und Nr. 3 anwendbar und nicht subsidiär ist, so dass immer auch mehrere Zusammenschlusstatbestände gleichzeitig einschlägig sein können. Mit der Einführung des Kontrollerwerbs als Zusammenschlusstatbestand sollten sämtliche Fallgestaltungen erfasst werden, in denen ein steuernder Einfluss auf ein Unternehmen erreicht wird, insbesondere auch bei Minderheitsbeteiligungen, die nicht von Nr. 3 erfasst werden, weil die Beteiligung entweder insgesamt unter 25% bleibt oder aber von 25% auf weniger als 50%

---

[16] *Ruppelt* in: Langen/Bunte, Kommentar zum deutschen und europäischen Kartellrecht, § 37 Rn 14.
[17] MK, Hauptgutachten X, Tz. 538 ff.; *Ruppelt* in: Langen/Bunte, Kommentar zum deutschen und europäischen Kartellrecht, § 37 Rn. 11; *Mestmäcker/Veelken* in: Immenga/Mestmäcker, GWB, § 37 Rn. 16.
[18] Begr. zum RegE BT-Drucks. 13/9720, S. 57.
[19] Konsolidierte Mitteilung der Kommission zu Zuständigkeitsfragen gemäß der Verordnung (EG) Nr. 139/2004 des Rates über die Kontrolle von Unternehmenszusammenschlüssen vom 10. 7. 2007.
[20] WuW/E BGH 3026, 3034 – *Backofenmarkt;* BGH WuW/E DE-R 243, 244 f. – *Pirmasenser Zeitung;* WuW/E OLG 5907, 5913 f. – *Rheinpfalz/Medien Union.*
[21] OLG Düsseldorf, WuW/E DE-R 1504 – *National Geographic.*

aufgestockt wird.[22] Nr. 2 erfasst auch Fallgestaltungen, in denen die Kontrolle nur über Teile eines Unternehmens erlangt wird.

2. Voraussetzungen

Nach dem Gesetzeswortlaut hat Kontrolle, wer einen bestimmenden Einfluss auf die Tätigkeit eines Unternehmens auszuüben im Stande ist. Damit gemeint ist die Möglichkeit, das strategische Wirtschaftsverhalten eines anderen Unternehmens zu bestimmen oder strategische Entscheidungen in einem anderen Unternehmen zu blockieren.[23] Es bedarf allerdings einer dauerhaften Strukturveränderung, nicht nur eines vorübergehenden Einflusses z. B. aufgrund veränderbarer Koalitionen von Mitgesellschaftern.[24] Auf eine tatsächliche Einflussnahme oder eine diesbezügliche Absicht kommt es dabei nicht an. Ausreichend ist die Möglichkeit der Einflussnahme.[25]

3. Formen des Kontrollerwerbs

a) Kontrollerwerb durch Rechte. Nach Abs. 1 Nr. 2 S. 2 lit. a kann die Kontrolle durch den Erwerb von Rechten am Vermögen eines anderen Unternehmens begründet werden. Der Erwerb des Vermögens eines anderen Unternehmens nach Abs. 1 Nr. 1 stellt daher regelmäßig auch einen Fall des Kontrollerwerbs dar. Anders als Abs. 1 Nr. 1 setzt der Erwerb der Kontrolle nicht den Übergang des Vollrechts, also die Übertragung der Inhaberschaft am Recht voraus, so dass auch der Erwerb einer Lizenz Kontrolle i. S. d. Abs. 1 Nr. 2 begründen kann.[26] Um Wertungswidersprüche im Gesetz zu vermeiden, führt der Erwerb von Eigentums- oder Nutzungsrechten an Teilen des Vermögens des Zielunternehmens nur dann zum Erwerb der Kontrolle, wenn es sich um wesentliche Teile im Sinne von Abs. 1 Nr. 1 handelt.[27]

Hauptanwendungsfall des Kontrollerwerbs ist aber der **Erwerb von Anteilen** mit Stimmrechten am Zielunternehmen. Er ist ein Fall des als Regelbeispiel für den Kontrollerwerb in Abs. 1 Nr. 2 S. 2 lit. b aufgeführten Erwerbs von Rechten an einem Unternehmen. Anders als beim Anteilserwerb nach Abs. 1 Nr. 3 ist das Überschreiten bestimmter Schwellenwerte irrelevant. Entscheidend ist allein der bestimmende Einfluss, der im Regelfall durch eine Stimmrechtsmehrheit erlangt wird. Eine faktische Stimmrechtsmehrheit kann sich ergeben, wenn sich die Anteile am Zielunternehmen im **Streubesitz** befinden, so dass infolge der niedrigen Hauptversammlungspräsenz regelmäßig eine Minderheitsbeteiligung ausreicht, um Abstimmungen eine Mehrheit zu erzielen.[28] Dabei ist auf die Erfahrungen der letzten drei Jahre unter Berücksichtigung vorauszusehender Änderungen der Präsenz nach dem Zusammenschluss abzustellen.[29]

Ebenfalls durch den Kontrollerwerb erfasst ist das Erlangen von Sperrrechten bei wichtigen Grundlagenentscheidungen oder von Mitbestimmungsrechten bei der Besetzung der Geschäftsführung oder bei wichtigeren Geschäftsführungsmaßnahmen.[30] Bei Personenge-

---

[22] Begr. zum RegE BT-Drucks. 13/9720, S. 43.
[23] Konsolidierte Mitteilung, Rz. 54, 62; *Wirtz* AG 1999, 114, 119.
[24] *Mestmäcker/Veelken* in: Immenga/Mestmäcker, GWB, § 37 Rn. 25.
[25] WuW/E BGH 2321, 2323 – *Mischguthersteller;* s. auch Konsolidierte Mitteilung, Rn. 16.
[26] BGH WuW/E DE-R 1979 – *National Geographic; Bechtold,* GWB § 37 Rn. 9.
[27] OLG Düsseldorf, WuW/E DE-R 1504 – *National Geographic, Mestmäcker/Veelken* in: Immenga/Mestmäcker, GWB, § 37 Rn. 24; *Ruppelt* in: Langen/Bunte, Kommentar zum deutschen und europäischen Kartellrecht, § 37 Rn. 17.
[28] BKartA, B. v. 7. 12. 2001 – *Krieger/Möbel Walther,* Konsolidierte Mitteilung, Rn. 59.
[29] Kommission v. 22. 12. 1997 – *Unichem/Alliance Santé,* ABl. EG 1998 C-29/07 Tz. 5 f., *Bechtold* GWB § 37 Rn. 10.
[30] Konsolidierte Mitteilung, Rn. 69.

sellschaften ist dies bei jeder Beteiligung der Fall, solange das gesetzliche Einstimmigkeitsprinzip nach § 119 Abs. 1 HGB beibehalten wird.

13 **b) Kontrollerwerb durch Verträge.** Ein Kontrollerwerb liegt auch bei Unternehmensverträgen nach §§ 291, 292 AktG vor, also Beherrschungs-, Gewinnabführungs-, und Teilgewinnabführungsverträgen sowie Betriebspacht- und Betriebsüberlassungsverträgen.[31] Betriebspacht- und Betriebsüberlassungsverträge stellen einen Erwerb von Nutzungsrechten im Sinne des Abs. 1 Nr. 2 S. 2 lit. a an der Gesamtheit oder an Teilen des Vermögens des Zielunternehmens dar. Dabei kommt es nicht auf die Wirksamkeit des Vertrages an, sondern nur auf die tatsächliche Durchführung. Denkbar sind auch andere Vertragskonstruktionen,[32] die die Möglichkeit verschaffen, einen bestimmenden Einfluss auf das Zielunternehmen auszuüben. Die Bildung eines Gleichordnungskonzerns stellt nach Auffassung des Bundeskartellamts einen Fall des Kontrollerwerbs dar.[33] Hierfür sprechen § 23 Abs. 2 Nr. 3 a. F., der Gleichordnungskonzerne unstreitig erfasste, und die mit der Einführung von Abs. 1 Nr. 2 verfolgte Zielsetzung des Gesetzgebers der 6. GWB-Novelle, die Reichweite des Zusammenschlussbegriffs nicht zu verkürzen.[34] Lehnt man mit der Gegenmeinung die Anwendung von Abs. 1 Nr. 2 wegen des bei Gleichordnungskonzernen fehlenden Abhängigkeitsverhältnisses ab, können Gleichordnungskonzerne nur als Erwerb wettbewerblich erheblichen Einflusses nach Abs. 1 Nr. 4 erfasst werden.[35]

14 **c) Kontrollerwerb durch andere Mittel.** Seinen eigentlichen Charakter als Generalklausel erhält der Kontrollerwerb durch die Bestimmung in Abs. 1 Nr. 2 S. 2, wonach die Kontrolle außer durch Rechte und Verträge auch durch andere Mittel erworben werden kann. So können beispielsweise personelle Verflechtungen zwischen den Organen der sich zusammenschließenden Unternehmen unter den Tatbestand des Kontrollerwerbs fallen. Führt eine personelle Verflechtung im Einzelfall nicht zu einem bestimmenden Einfluss im Sinne eines Kontrollerwerbs, kann ein wettbewerblich erheblicher Einfluss gemäß Abs. 1 Nr. 4 vorliegen, vgl. unten Rn. 25 ff. Nach der, auch für die Auslegung des Kontrollerwerbs maßgeblichen Rechtsprechung zum Tatbestand des Erwerbs eines beherrschenden Einflusses gemäß § 23 Abs. 2 Nr. 5 in der Fassung der 5. GWB-Novelle ist der Begriff des beherrschenden Einflusses im Hinblick auf die wettbewerbsschützende Zielsetzung der Fusionskontrolle zu bestimmen. Er umfasst demgemäß über die Fälle der Beherrschung im Sinne des § 17 Abs. 1 AktG hinaus alle Fälle, in denen ein Unternehmen in der Lage ist, bei den für die Markt- und Wettbewerbsstellung ausschlaggebenden Entscheidungen eines anderen Unternehmens seinen Willen durchzusetzen.[36] Nach Auffassung des Bundeskartellamtes soll bereits die Möglichkeit genügen, auf die Ressourcen des anderen Unternehmens zuzugreifen.[37]

15 Der Kontrollerwerb durch andere Mittel setzt grundsätzlich keine gesellschaftsrechtliche Verankerung voraus. Ausnahmsweise kann auch eine wirtschaftliche Abhängigkeit faktisch zur Erlangung der Kontrolle führen, z.B. wenn langfristige Lieferverträge oder Lieferantenkredite in Verbindung mit strukturellen Verflechtungen einen bestimmenden Einfluss gewähren.[38] Voraussetzung ist jedoch, dass die Verbindung eine dauerhaft angelegte Beherr-

---

[31] Vgl. die Regelung in § 23 Abs. 2 Nr. 3 in der Fassung der 5. GWB-Novelle.
[32] *Mestmäcker/Veelken* in: Immenga/Mestmäcker, GWB, § 37 Rn. 37 f. nennt beispielhaft den Betriebsführungsvertrag oder den Geschäftsführungsvertrag gemäß § 291 Abs. 1 S. 2 AktG.
[33] BKartA, TB 1999/2005 S. 19: *Ruppelt* in Langen/Bunte, Kommentar zum deutschen und europäischen Kartellrecht, GWB § 37 Rn. 23.
[34] *Ruppelt* in Langen/Bunte, Kommentar zum deutschen und europäischen Kartellrecht, GWB § 37 Rn. 2; vgl. Reg. Begr. 6. GWB-Novelle S. 43.
[35] *Bach*, a. a. O. § 37 Rn. 45; *Mestmäcker/Veelken* in: Immenga/Mestmäcker, GWB, § 37 Rn. 39, 104; *Buntscheck*, Der Gleichordnungskonzern – ein illegales Kartell?, WuW 2004, 374.
[36] BGH WuW/E BGH 2337, 2339 – *Hussel/Mara*.
[37] BKartA WuW/E DE-V 951 – *Gruner + Jahr/National Geographic*.
[38] Konsolidierte Mitteilung, Rn. 20.

schungsmöglichkeit vermittelt. Lediglich vorübergehende Einflussnahmemöglichkeiten reichen nicht aus.

d) Gemeinsame Kontrolle. Die Kontrolle kann nach Abs. 2 S. 1 auch gemeinsam durch mehrere Unternehmen erworben werden. Alleine das Nebeneinander von Beteiligungen oder Rechten mehrerer Unternehmen, die in der Summe den Einflussmöglichkeiten eines alleine kontrollierenden Unternehmens entsprechen, führt indessen nicht zu gemeinsamer Kontrolle. Erforderlich ist vielmehr, dass die gemeinsam kontrollierenden Unternehmen aufgrund einer gemeinsamen Unternehmenspolitik die eigenen Wettbewerbsinteressen im Verhältnis zueinander und gegenüber dem abhängigen Unternehmen abstimmen und durchsetzen können.[39] Es müssen daher zusätzliche Umstände vorliegen, durch die eine einheitliche Einflussnahme gesichert ist, wie z.B. Pool-Vereinbarungen, erhöhte Zustimmungserfordernisse in der Gesellschafterversammlung oder eine auf Dauer angelegte Interessengleichheit, die die Möglichkeit wechselnder Mehrheiten einschränken.[40] Eine solche Interessengleichheit kann sich auch aus dem Zwang zur Einigung innerhalb der Gesellschafter ergeben. Dies ist insbesondere der Fall bei paritätischen Gemeinschaftsunternehmen mit gleichen Stimmrechten, wo die Gesellschafter durch die ständige Pattsituation stets dazu gezwungen sind, Übereinstimmung zu erzielen.[41] Bestimmender Einfluss bedeutet hier in der Regel die Möglichkeit, Entscheidungen über Maßnahmen blockieren zu können, die das strategische Wirtschaftsverhalten eines Unternehmens bestimmen.[42] Diese Möglichkeit kann auch durch entsprechende Vetorechte begründet werden, insbesondere solche, die die Besetzung der Unternehmensleitung, die Finanzplanung, die Geschäftspolitik oder den Geschäftsplan betreffen. Die üblichen Vetorechte von Minderheitsgesellschaftern, wie sie bei Satzungsänderungen, Kapitalerhöhungen und -herabsetzungen oder einer Liquidation bestehen, sind jedoch nicht ausreichend. Für das Bestehen gemeinsamer Kontrolle ist es nicht notwendig, dass Vetorechte in allen relevanten Bereichen bestehen, es kann bereits ein einziges Vetorecht genügen. Dies hängt aber von dessen Bedeutung für die geschäftlichen Aktivitäten des Zielunternehmens ab. Fehlt es hinsichtlich solcher Maßnahmen an einer rechtlichen Bindung oder an einer starken Interessengemeinschaft, wird regelmäßig die Möglichkeit wechselnder Koalitionen unter den Minderheitsgesellschaftern die Entstehung einer gemeinsamen Kontrolle verhindern.[43]

e) Mehrfachkontrolle. Ein mehrmaliger sukzessiver Kontrollerwerb im Verhältnis der gleichen Unternehmen ist ausgeschlossen. Eine Verstärkung der Kontrollmöglichkeiten begründet daher keinen erneuten Zusammenschlusstatbestand. Etwas anderes gilt, wenn sich die Struktur der Kontrolle ändert. Das ist der Fall, wenn aus einer gemeinsamen Kontrolle eine Kontrolle durch ein Unternehmen wird und umgekehrt, oder sich die Zahl der die gemeinsame Kontrolle ausübenden Gesellschafter erhöht.[44] Beteiligt an dem Zusammenschluss sind in diesen Fällen neben den kontrollierten Unternehmen die die Kontrolle erwerbenden und die bereits kontrollierenden Unternehmen, soweit sie nach dem Zusammenschluss weiterhin an der Kontrolle teilhaben.[45]

f) Mittelbare Kontrolle. Nach dem Wortlaut von Abs. 1 Nr. 2 begründet auch der Erwerb der mittelbaren Kontrolle einen Zusammenschluss. Ein Erwerb mittelbarer Kontrolle liegt vor, wenn die Kontrolle über ein Unternehmen durch einen anderen Rechtsträger vermittelt wird, z.B. wenn ein Unternehmen, an dem eine kontrollierende Beteiligung

---

[39] BGH, WuW/E BGH 2337, 2339 – *Hussel/Mara*.
[40] KG, WuW/E OLG 4075, 4076 – *Springer/Kieler Zeitung*.
[41] *Ruppelt* in: Langen/Bunte, Kommentar zum deutschen und europäischen Kartellrecht, § 37 Rn. 32; *Mestmäcker/Veelken* in: Immenga/Mestmäcker, GWB, § 37 Rn. 26.
[42] Konsolidierte Mitteilung, Rn. 62.
[43] Konsolidierte Mitteilung, Rn. 80.
[44] Konsolidierte Mitteilung, Rn. 83; *Bechtold*, GWB § 37 Rn. 14.
[45] *Bechtold*, GWB § 37 Rn. 17.

erworben wird, seinerseits weitere Unternehmen kontrolliert. In Übereinstimmung mit Art. 3 Abs. 1 lit. b FKVO erfasst die mittelbare Kontrolle grundsätzlich auch Konstruktionen, in denen ein Unternehmen in der Lage ist, die Ausübung von Kontrollrechten über ein anderes Unternehmen durch Einflussnahme auf den formal berechtigten Rechtsinhaber zu bestimmen.[46] Der Hauptanwendungsfall dieser Form indirekter Kontrolle, der treuhänderische Erwerb von Beteiligungen, wird über Abs. 1 Nr. 3, S. 2 erfasst.[47] Das Vorliegen indirekter Kontrolle kann unter anderem durch Finanzquellen oder Verwandtschaftsbeziehungen nachweisbar sein.[48]

IV. Anteilserwerb (Abs. 1 Nr. 3)

1. Allgemeines

19   Der Anteilserwerb ist der in der Praxis am häufigsten vorkommende Zusammenschlusstatbestand. Seit der 6. Novelle deckt er sich beim Erwerb der Mehrheit der Anteile – häufig auch im Falle des Erwerbs einer Minderheitsbeteiligung[49] – mit dem des Kontrollerwerbs nach Nr. 2. Der Gesetzgeber entschloss sich ungeachtet dieser Überschneidungen, den Tatbestand des Anteilserwerbs beizubehalten, da er den Unternehmen für die Bestimmungen der Anmeldepflicht eine klare Zusammenschlussdefinition bietet und es ermöglicht, weiterhin Fälle unterhalb der Kontrollschwelle insbesondere Minderheitsbeteiligungen ab 25%, zu erfassen.[50]

2. Voraussetzungen

20   Der Tatbestand des Anteilserwerbs greift ein, sobald eine Beteiligung von mindestens 25% oder 50% des Kapitals oder der Stimmrechte erreicht wird. Die Anteilsschwellen nach Nr. 3a) und b) sind rein formale Aufgreiftatbestände. Es ist ohne Bedeutung, ob durch den Anteilserwerb zugleich die Kontrolle oder auch nur ein Einfluss auf das Unternehmen erlangt wird. Beim Erwerb einer Mehrheits- oder Minderheitsbeteiligung ist jedoch Nr. 2 neben Nr. 3 anwendbar. Unerheblich ist auch, ob eine Stimmrechts- oder nur eine Kapitalbeteiligung an dem Zielunternehmen erworben wird. Der Tatbestand des Abs. 3 ist erfüllt, wenn eine der in Abs. 1 Nr. 3a) und b) genannten Schwellen entweder hinsichtlich der Stimmrechte oder der Kapitalanteile erreicht oder überschritten wird.[51] Auf welche Weise der Anteil erlangt wird, durch derivativen oder originären Erwerb, z. B. bei Neugründungen oder Kapitalerhöhungen, Erwerb durch Vertrag oder aufgrund Gesetzes, durch Anwachsung bei Personengesellschaften, Einziehung oder Kaduzierung von Geschäftsanteilen, spielt grundsätzlich keine Rolle. Der Beteiligungserwerb bei Gründung einer 100%igen Tochtergesellschaft fällt jedoch nicht unter Nr. 3, sofern er nicht lediglich einen unselbständigen Zwischenschritt in einem fusionskontrollpflichtigen Gesamtvorhaben darstellt.[52] Gleichermaßen kann eine Kapitalherabsetzung unter den Tatbestand des Anteilserwerbs fallen, wenn sie zu einer Veränderung der Beteiligungsverhältnisse unter den Gesellschaftern führt.[53] Entscheidend ist allein das Erreichen oder Überschreiten der Schwellenwerte. Ein **Erwerb** ist aber nur dann gegeben, wenn das Vollrecht erlangt wird. Nicht erfasst ist der Erwerb beschränkter dinglicher Rechte, wie Pfandrecht oder Nieß-

---

[46] Konsolidierte Mitteilung, Rn. 12.
[47] S. u. Rn. 23.
[48] Konsolidierte Mitteilung, Rn. 13.
[49] S. oben Rn. 11.
[50] MK, Hauptgutachten XI, Tz. 984; Begr. zum RegE BT-Drucks. 13/9720, S. 43; kritisch hierzu Pohlmann DZWir 1998, 400.
[51] *Mestmäcker/Veelken* in: Immenga/Mestmäcker, GWB § 37 Rn. 46.
[52] *Bechtold*, GWB § 37 Rn. 24.
[53] *Mestmäcker/Veelken* in: Immenga/Mestmäcker, GWB, § 37 Rn. 51.

brauch.⁵⁴ In diesen Fällen ist aber zu prüfen, ob nicht ein Kontrollerwerb oder der Erwerb eines wettbewerblich erheblichen Einflusses nach Nr. 2 bzw. Nr. 4 vorliegt. Unter bestimmten Voraussetzungen kann auch der mittelbare Erwerb einer Beteiligung einen Zusammenschluss nach Nr. 3 begründen, z. B. beim Erwerb einer (unmittelbaren) Beteiligung an einem Unternehmen, die für sich genommen keine der Schwellen der Nr. 3 überschreitet, wenn das Unternehmen seinerseits an einem anderen Unternehmen beteiligt ist und die durchgerechnete Beteiligung des Erwerbers an dem anderen Unternehmen durch den Erwerbsvorgang eine der Schwellen der Nr. 3 erreicht.⁵⁵ Liegen die Voraussetzungen der Verbundklausel nach § 36 Abs. 2 oder einer mittelbaren Kontrolle nach Abs. 1 Nr. 2 nicht vor, ist das andere Unternehmen also weder ein Konzernunternehmen oder abhängiges Unternehmen, noch ein mittelbar kontrolliertes Unternehmen, so kann ein mittelbarer Erwerb jedoch auch nicht im Rahmen von Abs. 1 Nr. 3 zugerechnet werden.⁵⁶

Bei jedem Erreichen (einschließlich des Überschreitens) der beiden Beteiligungsstufen des Abs. 1 Nr. 3 liegt ein Zusammenschluss vor, der zu einem eigenständigen Fusionskontrollverfahren führt. Dabei sind nach Abs. 1 Nr. 3 S. 1 die dem Erwerber bereits gehörenden Anteile zusammenzuzählen. Kein erneuter Zusammenschluss durch Erwerb von Anteilen liegt jedoch vor, wenn die hinsichtlich der Stimmrechte bereits erreichten Beteiligungsschwellen nach Abs. 1 Nr. 3a) oder b) durch den Erwerb nunmehr auch hinsichtlich der Kapitalanteile erreicht werden oder umgekehrt.⁵⁷ **21**

3. Zurechnung

Gemäß Abs. 1 Nr. 3 Satz 2 sind zu den Anteilen, die einem Unternehmen gehören, auch die Anteile zu zählen, die einem anderen für dessen Rechnung gehören. Ebenfalls mitzurechnen sind die Anteile, die abhängigen oder herrschenden Unternehmen im Anwendungsbereich der Verbundklausel des § 36 Abs. 2 gehören. Mit der 6. GWB-Novelle ist der Hinweis des früheren § 23 Abs. 2 Nr. 2 Satz 2 Alt. 1 auf die Verbundklausel entfallen, jedoch ohne dass hierdurch die Reichweite der Vorschrift beschränkt werden sollte. Dementsprechend sind einem beherrschten Unternehmen von dem herrschenden Unternehmen gehaltene Anteile zuzurechnen und umgekehrt dem herrschenden Unternehmen die von beherrschten Unternehmen gehaltenen Anteile zuzurechnen. Bei gemeinsamer Beherrschung sind dem beherrschten Unternehmen die Anteile aller herrschenden Unternehmen zuzurechnen.⁵⁸ Die Zurechnung der Anteile verbundener Unternehmen hat zur Folge, dass die Anteilsschwellen des Abs. 1 Nr. 3 auch dann überschritten sein können, wenn die erworbene Beteiligung zusammen mit den dem Erwerber bereits gehörenden Anteilen keine dieser Schwellen erreicht. Umstritten ist, ob die Zurechnung von Anteilen verbundener Unternehmen auch zugunsten der Unternehmen wirken kann, wenn die Berücksichtigung der Anteile, die mit dem Erwerber verbundenen Unternehmen bereits gehören, dazu führt, dass die Schwellenwerte des Abs. 1 Nr. 3 nicht (erneut) erreicht werden. Ein Fusionskontrollverfahren wäre dann ausgeschlossen, weil kein weiterer Zusammenschlusstatbestand verwirklicht würde. Die Rechtsprechung lehnt eine solche An- **22**

---

⁵⁴ *Ruppelt* in: Langen/Bunte, Kommentar zum deutschen und europäischen Kartellrecht, § 37 Rn. 35; *Mestmäcker/Veelken* in: Immenga/Mestmäcker, GWB, § 37 Rn. 49; *Kleinmann/Bechtold*, § 23 Rn. 70; *Loewenheim/Belke* § 23 Rn. 39.
⁵⁵ Vgl. BKartA, WuW/E DE-V 53, 57 ff. – *Premiere*; KG, WuW/E DE-R 564 – *UFA*.
⁵⁶ Ebenso WuW/E OLG 2113, 2114 – *Steinkohlenstromerzeuger*; *Mestmäcker/Veelken* in: Immenga/Mestmäcker, GWB, § 37 Rn. 53; *Loewenheim/Belke* § 23 Rn. 53; *FK-Paschke* § 37 Rn. 44; *Kleinmann/Bechtold*, GWB, § 23 Rn. 113; a. A. BKartA Presseinformation WuW 1975, 562; WuW/E BKartA 1719 – *BP/Gelsenberg*; WuW/E DE-V 53, 57 – *Premiere*; WuW/E DE-V 91, 92 – *LEW*; *Ruppelt* in Langen/Bunte, Kommentar zum deutschen und europäischen Kartellrecht, § 37 Rn. 38.
⁵⁷ *Mestmäcker/Veelken* in: Immenga/Mestmäcker, GWB, § 37 Rn. 56.
⁵⁸ *Mestmäcker/Veelken* in: Immenga/Mestmäcker GWB § 37 Rn. 61.

wendung zugunsten der Unternehmen ab, da die Zurechnungsklausel den Zusammenschlusstatbestand nur erweitern sollte.[59] In einem solchen Fall sei allerdings zu prüfen, ob der Erwerb zu einer wesentlichen Verstärkung der bestehenden Unternehmensverbindung im Sinne des § 23 Abs. 3 S. 1 a. F. (§ 37 Abs. 2) führe.[60] Richtig erscheint hingegen, ausgehend vom Wortlaut des Abs. 1 Nr. 3 S. 1, nach der die Zurechnung der dem Erwerber bereits gehörenden Anteile einen Zusammenschluss nach Abs. 1 Nr. 3 sowohl begründen als auch ausschließen kann. Gleiches muss auch für die Berücksichtigung der Anteile verbundener Unternehmen im Rahmen der Zurechnungsklausel gelten.[61]

23 Anteile, die von einem Treuhänder gehalten oder erworben werden, sind jedenfalls dann dem Treugeber zuzurechnen, wenn dieser nicht nur das wirtschaftliche Risiko des Anteilserwerbs trägt, sondern auch in der Lage ist, die mit dem Anteil verbundene Leitungsmacht über das andere Unternehmen auszuüben. Hierfür ist nach herrschender Meinung nicht erforderlich, dass der Treuhänder bei der Ausübung der Verwaltungs- und Stimmrechte rechtlich gesicherten Weisungsbefugnissen des Treugebers unterliegt.[62] Dabei ergibt sich nach Auffassung des BGH aus Natur und Zweck des Treuhandverhältnisses regelmäßig, dass der Treuhänder die ihm aufgrund seiner Gesellschafterstellung zustehenden Rechte im Allgemeinen in Abstimmung mit dem Treugeber und in dessen Interesse wahrnimmt. Nach der gebotenen wirtschaftlichen Betrachtungsweise sei zu vermuten, dass derjenige, der das wirtschaftliche Risiko einer Beteiligung trägt, auch auf die Ausübung der mit dieser verbundenen Stimmrechte Einfluss nehme und dass dessen Interessen auch ohne das Bestehen eines rechtlich verbindlichen Weisungsrechts berücksichtigt werden.[63]

24 Nach Abs. 1 Nr. 3 S. 2 Alt. 2 sind auch diejenigen Anteile mitzurechnen, die im Privatvermögen eines Einzelkaufmanns stehen.

V. Wettbewerblich erheblicher Einfluss (Abs. 1 Nr. 4)

1. Allgemeines

25 Nach Abs. 1 Nr. 4 liegt ein Zusammenschluss vor bei einer Verbindung von Unternehmen, aufgrund derer ein oder mehrere Unternehmen unmittelbar oder mittelbar einen wettbewerblich erheblichen Einfluss auf ein anderes Unternehmen ausüben können. Der Zusammenschlusstatbestand des wettbewerblich erheblichen Einflusses ist erst 1990 in die Fusionskontrolle aufgenommen worden mit dem Ziel, Umgehungsfälle zu erfassen, die aufgrund ihrer Konstruktion zwar den formellen Zusammenschlusstatbeständen der Nr. 1 und Nr. 3 entzogen sind, von denen aber dennoch wettbewerbsrelevante Auswirkungen ausgehen können. Er ist auch nach der Einführung des Kontrollerwerbs in Abs. 1 Nr. 2 beibehalten worden, um dem wettbewerbspolitischen Bedürfnis einer Erfassung wettbewerblich bedenklicher Unternehmensverbindungen unterhalb des Bereichs des bestimmenden Einflusses im Sinne des Kontrollbegriffs Rechnung zu tragen. Abs. 1 Nr. 4 soll nur gesellschaftsrechtlich vermittelte Einflussnahmemöglichkeiten erfassen.[64] Mit dieser Einschränkung sollen die Auslegungsprobleme und Rechtsunsicherheit bei der Anwendung der Vorschrift begrenzt werden. Bis zur 6. GWB-Novelle war der Tatbestand des wettbe-

---

[59] WuW/E BGH 2882, 2891 – *Zurechnungsklausel*.
[60] In diesem Sinne auch *Mestmäcker/Veelken* in: Immenga/Mestmäcker, GWB, § 37 Rn. 63.
[61] *Bechtold*, GWB, § 37 Rn. 30; *Kleinmann/Bechtold*, § 23 Rn. 113; *Lutter* NJW 1974, 1270 ff.
[62] WuW/E BKartA 2087, 2088 ff. – *Klöckner/Seitz*; WuW/E DE-V 40, 41 – *WAZ/IKZ*; WuW/E DE-R 451, 454 – *Herlitz/Landré*; WuW/DE-R 613, 617 – *Treuhanderwerb*; *Mestmäcker/Veelken* in: Immenga/Mestmäcker, GWB, § 37 Rn. 65; *Ruppelt* in Langen/Bunte, Kommentar zum deutschen und europäischen Kartellrecht, § 37 Rn. 37; a. A. *Kleinmann/Bechthold*, GWB, § 23 Rn. 114; *Loewenheim/Belke* § 23 Rn. 51.
[63] WuW/E DE-R 613, 617 – *Treuhanderwerb*; zu dem sich aus der herrschenden Meinung ergebenden Wertungswidersprüchen vgl. Fallbeispiele bei *Riesenkampff*, WuW 1996, 5, 6 f.
[64] Begr. zum RegE BT-Drucks. 13/9720, S. 57; BKartA AG 1992, S. 363 – *Gillette/Wilkinson*.

werblich erheblichen Einflusses nicht dem Vollzugsverbot und den bei dessen Verletzung eingreifende Sanktionen unterstellt. Mit der vollen Einbeziehung in die vorbeugende Fusionskontrolle entstand in erhöhtem Maße das Bedürfnis einer hinreichenden Konturierung des Tatbestandes, dem mit der einschränkenden Auslegung des Tatbestandes Rechnung getragen werden sollte.[65]

Abs. 1 Nr. 4 ist gegenüber den anderen Zusammenschlusstatbeständen des Abs. 1 subsidiär, wie an dem Begriff „sonstige Verbindung" deutlich wird. Wenn ein Tatbestand der Nrn. 1 bis 3 erfüllt ist, findet die Nr. 4 daneben also keine Anwendung. Durch einen Vermögenserwerb unterhalb der Wesentlichkeitsschwelle von Abs. 1 Nr. 1 wird die Nr. 4 nicht verwirklicht, weil dadurch kein erheblicher Einfluss auf das Unternehmen ausgeübt werden kann.[66] Die Schwelle der Erheblichkeit des wettbewerblichen Einflusses liegt unterhalb der Kontrolle nach Abs. 1 Nr. 2. Oberhalb dieser Grenze ist die Anwendung der Nr. 4 wegen ihrer Subsidiarität ausgeschlossen. Der Hauptanwendungsbereich der Vorschrift betrifft Minderheitsbeteiligungen unter 25%. **26**

Eine Mehrfachkontrolle findet nicht statt. Die wesentliche Steigerung eines bereits bestehende wettbewerblich erheblichen Einflusses begründet keinen weiteren Zusammenschluss nach Abs. 1 Nr. 4 und ist daher nicht kontrollpflichtig, sofern kein anderer Zusammenschlusstatbestand erfüllt wird.[67] **27**

2. Voraussetzungen

a) Einfluss. Abs. 1 Nr. 4 erfasst Möglichkeiten der Einflussnahme, die unterhalb der Schwelle der Beherrschungsmöglichkeit gemäß Nr. 2 liegen. Es reicht aus, wenn dem Erwerber die Möglichkeit einer auf Dauer angelegten Einflussnahme auf die Geschäftstätigkeit des Unternehmens eröffnet wird. Hierfür ist nicht erforderlich, dass der Erwerber sich mit seinen Vorstellungen in allen Belangen rechtlich oder tatsächlich durchsetzen kann. In Ansehung des Zieles der Vorschrift, bereits der Gefährdung des Wettbewerbs durch die Möglichkeit einer wettbewerblich erheblichen Einflussnahme entgegenzuwirken, ist eine Einflussmöglichkeit im Sinne des Abs. 1 Nr. 4 bereits dann anzunehmen, wenn nach der Art der Vertragsgestaltung und der wirtschaftlichen Verhältnisse zu erwarten ist, dass seitens der anderen Gesellschafter auf die Vorstellungen des Erwerbers Rücksicht genommen wird,[68] auch wenn dies nur geschieht, soweit es deren eigenen Interessen nicht zuwider läuft. Die Einflussmöglichkeit muss durch die gesellschaftsrechtliche Stellung des Erwerbers vermittelt werden. Grundlage hierfür können Kapitalbeteiligungen oder personelle Verflechtungen sein. Nicht ausreichend sind hingegen sonstige Möglichkeiten der Einwirkung, z.B. aufgrund wirtschaftlicher oder finanzieller Abhängigkeiten. Die gesellschaftsrechtliche Stellung muss dem Erwerber jedoch nicht die rechtliche Position eröffnen, seine Wünsche und Vorstellungen in der Gesellschaft durchzusetzen. Die Möglichkeit der Einwirkung muss lediglich ihre Grundlage in einer gesellschaftsrechtlichen oder vergleichbaren rechtlichen Beziehung finden, die es dem Erwerber erlaubt, über die Gesellschaft und seine Beteiligung an dieser auf das Wettbewerbsgeschehen einzuwirken.[69] Dabei muss sich der Einfluss nicht notwendigerweise auf das gesamte Wettbewerbspotential des Beteiligungsunternehmens beziehen.[70] Ein wettbewerblich erheblicher Einfluss kann auch mittelbar durch **28**

---

[65] Vgl. *Richter* in: Wiedemann, Handbuch des Kartellrechts, § 19 Rn. 108; kritisch auch *Mestmäcker/Veelken* in: Immenga/Mestmäcker, GWB, § 37 Rn. 94.
[66] *Mestmäcker/Veelken* in: Immenga/Mestmäcker, GWB, § 37 Rn. 96; *Bechtold*, GWB, § 37 Rn. 37.
[67] KG WuW/E OLG 5151, 5163 – *Ernstliche Untersagungszweifel*; s. aber BKartA WuW/E DE-V 325, 326 – *Stadtwerke Neuss*.
[68] BGH WuW/E DE-R 607, 608 f. – *Minderheitsbeteiligung im Zeitschriftenhandel*, OLG Düsseldorf, WuW/E DE-R 1581 – *Bonner Zeitungsdruckerei*; BGH WuW/E DE-R 1419 – *trans-o-flex*.
[69] BGH WuW/E DE-R 607, 611 – *Beteiligungserwerb im Zeitschriftenhandel*.
[70] BKartA WuW/E DE-V 983, 984 – *Mainova/Aschaffenburger Versorgungs-GmbH*.

einen Zusammenschluss nach Abs. 1 Nr. 1, 2 oder 3 mit einem Unternehmen begründet werden, das seinerseits an einem anderen Unternehmen beteiligt ist.[71]

29 **b) Wettbewerbsbezug.** Ein wettbewerblich erheblicher Einfluss ist nur dann anzunehmen, wenn aufgrund des zwischen den Unternehmen bestehenden Beziehungsgeflechts zu erwarten ist, dass der Wettbewerb zwischen den Unternehmen wesentlich eingeschränkt ist, so dass diese nicht mehr unabhängig am Markt auftreten.[72] Dafür ist nötig, dass das eine Unternehmen in die Lage versetzt wird, Einfluss auf die Ressourcen des anderen Unternehmens zu nehmen und dadurch dessen Marktverhalten zu beeinflussen, um die eigenen Wettbewerbsinteressen zur Geltung zu bringen.[73] Bei horizontalen Beziehungen zwischen Wettbewerbern wird eine solche Einflussmöglichkeit im Regelfall bestehen. Im Einzelfall ist ein wettbewerblich erheblicher Einfluss aber auch bei einem rein vertikalen Verhältnis denkbar, z.B. wenn die Unternehmensverbindung für den Zugang zu Beschaffungs- oder Absatzmärkten erheblich ist oder wenn mit dem Einsatz der Finanzkraft des erwerbenden Unternehmens zugunsten des anderen Unternehmens zu rechnen ist.[74] Ausnahmsweise können auch konglomerate Zusammenschlüsse einen wettbewerblich erheblichen Einfluss begründen.[75]

30 **c) Einfluss durch eine Mehrheit von Unternehmen.** Ebenso wie beim Kontrollerwerb kann die Einflussmöglichkeit auch für mehrere Unternehmen bestehen. Dabei ist die bloße gleichzeitige Beteiligung nicht ausreichend. Vielmehr bedarf es zumindest einer Vereinbarung oder tatsächlicher Umstände, die die gemeinsame Einflussmöglichkeit begründen. Es gelten die gleichen Grundsätze wie bei der gemeinsamen Kontrolle.[76]

3. Einzelfragen

31 Die Entscheidungspraxis betont die Bedeutung der Gegebenheiten des jeweiligen Erwerbsvorgangs bei der Anwendung der Vorschrift, die jede schematische Beurteilung verbietet.[77] Dennoch lassen sich der Praxis gewisse Grundzüge entnehmen. So wird aus der Erhöhung des finanziellen Risikos eine intensivere Einflussnahme des Teilhabers auf das Unternehmen gefolgert.[78] Entsprechendes soll gelten, wenn eine große Marktnähe des Erwerbers zum erworbenen Unternehmen besteht.[79] Abs. 1 Nr. 4 setzt grundsätzlich keine Mindesthöhe der Beteiligung voraus.[80] Nach ständiger Praxis des Bundeskartellamts ist jedoch unterhalb einer Beteiligungsschwelle von 20% ein wettbewerblich erheblicher Einfluss nur dann anzunehmen, wenn weitere Umstände wie z.B. mit der Gesellschafterstellung verbundene Informations- und Beteiligungsrechte, Organpräsenzrechte, Sperrrechte, Vorkaufsrechte und ähnliches (sog. „Plusfaktoren"), hinzukommen.[81] In seinen neueren

---

[71] *Mestmäcker/Veelken* in: Immenga/Mestmäcker, GWB § 37 Rn. 97; *Bach* in: Münchener Kommentar Europäisches und Deutsches Wettbewerbsrecht (Kartellrecht), Band 2, GWB § 37, Rn. 112.
[72] Begr. zum RegE BT-Drucks. 13/9720, S. 43.
[73] BKartA, WuW/E DE-V 1553 – *A-TEC/Norddeutsche Affinerie;* BKartA AG 1995, 522 – *T&N/Kolbenschmidt.*
[74] MK, Hauptgutachten IX, Tz. 536; BKartA AG 1996, 378 ff. – *VEBA/Stadtwerke Bremen.*
[75] *Ruppelt* in: Langen/Bunte, Kommentar zum deutschen und europäischen Kartellrecht, § 37 Rn. 52; *Stein* S. 144; MK, Hauptgutachten IX, Tz. 536; *Wirtz,* AG 1999, 114, 121 f.
[76] S. oben Rn. 16.
[77] BKartA WuW/E DE-V 1553 – *A-TEC/Norddeutsche Raffinerie;* OLG Düsseldorf, WuW/E 1581 – *Bonner Zeitungsdruckerei;* KG WuW/E DE-R 270, 271 – *AS V/Stilke.*
[78] WuW/E BGH 2795, 2805 – *Pinneberger Tageblatt;* WuW/E BGH 2276, 2282 – *Süddeutscher Verlag/Donaukurier.*
[79] WuW/E BGH 2276, 2282 – *Süddeutscher Verlag/Donaukurier.*
[80] *Bechtold,* GWB § 37 Rn. 39; *Mestmäcker/Veelken* in: Immenga/Mestmäcker, GWB § 37 Rn. 97.
[81] BKartA WuW/E DE-V 1551 – *A-TEC/Norddeutsche Affinerie;* WuW/E DE-V 599 – *Radio L12;* MK, Hauptgutachten XII, Tz. 343; vgl. aber auch BKartA, WuW/E DE-V 968 – *Bonner Zeitungs-*

Entscheidungen rückt das Bundeskartellamt jedenfalls im Bereich der leitungsgebundenen Energiewirtschaft zunehmen von dieser Praxis ab.[82] Im Allgemeinen dürfte diese jedoch gleichwohl weiter Geltung beanspruchen.[83] Informationsrechte und Einflussmöglichkeiten, die über diejenigen eines typischen Minderheitsgesellschafters hinausgehen, ermöglichen die Ausübung eines wettbewerblich erheblichen Einflusses insbesondere bei überlegener Markt- und Branchenkenntnis des Erwerbers im Verhältnis zu den übrigen Gesellschaftern.[84] Im Allgemeinen wird davon auszugehen sein, dass Minderheitsbeteiligungen, die dem Erwerber eine, nach einer wertenden Gesamtbetrachtung mit der eines Aktionärs mit Sperrminorität vergleichbare Rechtsstellung verschaffen, unter Abs. 1 Nr. 4 fallen.[85] Diese Voraussetzung erfüllt nach Auffassung des Bundeskartellamts auch der Erwerb einer Beteiligung von 13,75% an einer Aktiengesellschaft, wenn der Minderheitsaktionär dadurch aufgrund der geringen Hauptversammlungspräsenz eine faktische Sperrminorität erhält, die einem Anteilserwerb von 25% vergleichbar ist.[86] Auch die Zusammenfassung mehrer Unternehmen unter einheitlicher Leitung zu einem **Gleichordnungskonzern** im Sinne von § 18 Abs. 2 AktG kann unter den Tatbestand des Abs. 1 Nr. 4 fallen, sofern nicht bereits ein Vermögens- oder Anteilserwerb nach Abs. 1 Nr. 1 oder 3 vorliegt.[87]

4. Rechtsfolgen

Mit der 6. GWB-Novelle wurde der Zusammenschlusstatbestand des wettbewerblich erheblichen Einflusses in vollem Umfang der vorbeugenden Fusionskontrolle unterstellt. Seither unterliegt Abs. 1 Nr. 4 ebenso wie die übrigen Zusammenschlusstatbestände des Abs. 1 der Anmeldepflicht und dem Vollzugsverbot und den hieran anknüpfenden zivil- und verwaltungsrechtlichen Sanktionen.[88]

VI. Mehrfachkontrolle/Verstärkung einer bereits bestehenden Unternehmensverbindung (Abs. 2)

1. Allgemeines

Nach Abs. 2 1. HS können auch zwischen bereits zusammengeschlossenen Unternehmen weitere Zusammenschlüsse stattfinden. Damit wird klargestellt, dass die Zusammenschlusstatbestände des Abs. 1 nicht die Unabhängigkeit der beteiligten Unternehmen voraussetzen. Ein erneut fusionskontrollpflichtiger Zusammenschluss liegt nach Abs. 2 HS 2 jedoch nicht vor, wenn der erneute Zusammenschluss nicht zu einer wesentlichen Verstärkung der bereits bestehenden Unternehmensverbindung führt. Da Abs. 2 selbst keinen Zusammenschlusstatbestand begründet, sondern einen solchen voraussetzt und die Unternehmen dartun können, dass es hierdurch zu keiner wesentlichen Verstärkung der Unter-

---

druckerei (aufgehoben durch OLG Düsseldorf WuW/E 1581 – Bonner Zeitungsdruckerei): wettbewerblich erheblicher Einfluss angenommen bei einer Beteiligung von weniger als 10%.

[82] BKartA, WuW/E DE-V 983 – *Mainova/Aschaffenburger Versorgungs GmbH*, bestätigt durch OLG Düsseldorf, WuW/E DE-R 1639 – *Mainova/Aschaffenburger Versorgungs GmbH*; vgl. hierzu *Mestmäcker/Veelken* in: Immenga/Mestmäcker, GWB § 37 Rn. 97.

[83] Kritisch: *Mestmäcker/Veelken* in: Immenga/Mestmäcker, GWB § 37 Rn. 97.

[84] BGH WuW/E DE-R 1419 – *trans-o-flex*.

[85] BGH WuW/E DE-R 1419 – *trans-o-flex*; WuW/E BGH 2443, 2446 – *Südkurier/Singener Wochenblatt*; OLG Düsseldorf WuW/E DE-R 1639 – *Mainova/Aschaffenburger Versorgungs GmbH*; BKartA WuW/E DE-V 1551 – *A-TEC/Norddeutsche Affinerie*; AG 1992, 363, 365 – *Gillette/Wilkinson*.

[86] BKartA WuW/E DE-V 1551 – *A-TEC/Norddeutsche Affinerie* kritisch dazu *Weitbrecht/Weidenbach*, Wettbewerblich erheblicher Einfluss auf börsennotierte Aktiengesellschaften, WuW 2008, S. 788.

[87] Vgl. dazu *Mestmäcker/Veelken* in: Immenga/Mestmäcker, GWB, § 37 Rn. 104; a.A. *Pohlmann* DZWir 1998, 397, 400; *Hoffmann* AG 1999, 541, 546 f.

[88] Zu den hier gegen erhobenen Bedenken vgl. *Bechtold*, GWB, § 37 Rn. 36, MK, Hauptgutachten VI, Tz. 442.

nehmensverbindung kommt, liegt die Bedeutung des Abs. 2 in seiner Wirkung als Einschränkung der Fusionskontrolle. Die Unternehmen tragen die Beweislast dafür, dass keine wesentliche Verstärkung eintritt.[89] Gleichwohl hat das Bundeskartellamt nach dem Amtsermittlungsgrundsatz gemäß § 57 Abs. 1 den Sachverhalt selbst aufzuklären. Nur wenn nach den Amtsermittlungen noch Zweifel bestehen bleiben, müssen die beteiligten Unternehmen darlegen, dass der Zusammenschluss nicht zu einer wesentlichen Verstärkung der Unternehmensverbindung führt.

34 Voraussetzung für die Anwendbarkeit von Abs. 2 ist ein unter Abs. 1 fallender Unternehmenszusammenschluss – ein sog. „Erstzusammenschluss" zwischen den beteiligten Unternehmen, auf den ein „Zweitzusammenschluss" folgt. Erst- und Zweitzusammenschluss müssen jeweils die Tatbestandsvoraussetzungen von Abs. 1 erfüllen. Dagegen ist es für die Anwendbarkeit von Abs. 2 ohne Bedeutung, ob ein Fusionskontrollverfahren für den Erstzusammenschluss durchgeführt wurde. Unmaßgeblich ist auch, ob beim Erstzusammenschluss die Aufgreifkriterien nach § 35 erfüllt waren.[90]

35 Ob ein Zweitzusammenschluss zu einer wesentlichen **Verstärkung der Unternehmensverbindung** führt, ist durch einen Vergleich der Qualität der Unternehmensverbindung unmittelbar nach dem ersten und nach dem zweiten Zusammenschluss zu ermitteln. Von einer Verstärkung ist immer dann auszugehen, wenn durch den Zweitzusammenschluss die Selbständigkeit und Dispositionsfreiheit des betroffenen Unternehmens weiter beschränkt wird. Eine **wesentliche Verstärkung** liegt vor, wenn durch den Zweitzusammenschluss der Wettbewerb zwischen den beteiligten Unternehmen weiter eingeschränkt wird. Sie kann aber auch durch die Auswirkungen der Verstärkungen der Unternehmensverbindung auf die Stellung der zusammengeschlossenen Unternehmen gegenüber ihren Wettbewerbern begründet werden.[91]

2. Einzelfälle

36 Eine wesentliche Verstärkung ist dann nicht mehr denkbar, wenn die Intensität der Unternehmensverbindung nicht weiter gesteigert werden kann. Eine weitere Einschränkung der wettbewerblichen Selbstständigkeit des betreffenden Unternehmens ist in einem solchen Fall nämlich nicht denkbar, so dass auch eine Verstärkung der Unternehmensverbindung nicht möglich ist. Nach einem Vermögenserwerb ist demgemäß ein Zweitzusammenschluss nicht denkbar, da nur noch ein einziger Rechtsträger vorliegt.[92] Entsprechendes gilt im Falle einer 100%igen Tochtergesellschaft und wenn bereits eine einheitliche Leitung im Sinne von § 18 AktG vorliegt, da in einem solchen Fall das beherrschte Unternehmen mit dem herrschenden eine wettbewerbliche Einheit bildet und keinerlei Selbständigkeit mehr besitzt. Erwirbt ein derart herrschendes Unternehmen das Vermögen des beherrschten Unternehmens, unterfiele dieser Vermögenserwerb also nicht mehr der Zusammenschlusskontrolle. Nach Erlangung der alleinigen Kontrolle durch den Erwerb einer Stimmrechtsmehrheit kann deren Aufstockung zu einer qualifizierten Mehrheit keinen Zweitzusammenschluss begründen, da eine Verstärkung bereits bestehender Kontrolle keinen erneuten Zusammenschlusstatbestand verwirklicht.[93]

---

[89] WuW/E BGH 2276, 2282 – *Süddeutscher Verlag/Donaukurier;* *Ruppelt* in: Langen/Bunte, Kommentar zum deutschen und europäischen Kartellrecht, § 37 Rn. 55; *Bechtold,* GWB, § 37 Rn. 48.

[90] *Mestmäcker/Veelken* in: Immenga/Mestmäcker, GWB, § 37 Rn. 114; *Ruppelt* in: Langen/Bunte, Kommentar zum deutschen und europäischen Kartellrecht, § 37 Rn. 55; *Kleinmann/Bechtold,* § 23 Rn. 209; *FK-Paschke* § 37 Rn. 78.

[91] BGH WuW/E BGH 2276, 2282 – *Süddeutscher Verlag/Donaukurier.*

[92] *Mestmäcker/Veelken* in: Immenga/Mestmäcker, GWB, § 37 Rn. 117; *Sonnenschein* ZGR 6 (1977), 35, 43.

[93] Vgl. aber KG WuW/E DE-R 470, 471 – *Hapag-Lloyd/TUI:* wesentliche Verstärkung bei Aufstockung einer bestehenden, mittelbaren Beteiligung von 30% zzgl. Stimmrechtsbindung hinsichtlich weiterer 30% auf Mehrheitsbeteiligung.

Von konzerninternen Umstrukturierungen geht keine wesentliche Verstärkung der Un- 37 ternehmensverbindung im Sinne des Abs. 2 aus. Die Gründung einer Tochtergesellschaft begründet, soweit nicht andere Unternehmen mit 25% oder mehr an der neuen Gesellschaft beteiligt sind oder über mitbestimmenden Einfluss verfügen, bereits keinen Zusammenschlusstatbestand.[94] Stehen nach § 36 Abs. 2 verbundene Unternehmen nicht unter einheitlicher Leitung gemäß § 18 Abs. 1 AktG, sondern lediglich in einem Beherrschungsverhältnis, hängt die Möglichkeit einer wesentlichen Verstärkung von den Umständen des Einzelfalls ab.[95] Insbesondere kann bei Verbindungen zwischen Unternehmen der öffentlichen Hand eine wesentliche Verstärkung vorliegen, da nicht zwangsläufig davon auszugehen ist, dass das zur Verfügung stehende Einflusspotential auch im Sinne einer einheitlichen Leitung ausgeübt wird.[96]

Ob die Erhöhung einer Beteiligung auf eine der gesetzlichen Beteiligungsschwellen des 38 Abs. 1 Nr. 3 eine wesentliche Verstärkung der Unternehmensverbindung bewirkt, ist nach der Rechtsprechung anhand der Umstände des Einzelfalles zu bestimmen.[97] Die Erhöhung einer Minderheitsbeteiligung auf eine Mehrheit wird regelmäßig eine wesentliche Verstärkung darstellen. Nach der Rechtsprechung soll dies auch gelten, wenn bereits bestehende vertragliche Rechte, die einen, der Mehrheit der Stimmrechte vergleichbaren Einfluss vermitteln, durch eine Mehrheitsbeteiligung abgesichert werden.[98] Von einer wesentlichen Verstärkung kann auch im Falle eines Zusammenschlusses gemäß Abs. 1 Nr. 1 bis 3 zwischen Unternehmen ausgegangen werden, die bereits nach Abs. 1 Nr. 4 zusammengeschlossen sind.[99] Im Rahmen der materiellen Prüfung eines Zusammenschlusses zwischen bereits nach Abs. 2 zusammengeschlossenen Unternehmen sind nur diejenigen Auswirkungen auf den Wettbewerb zu berücksichtigen, die sich aus der Verstärkung der Unternehmensverbindung durch den Zweitzusammenschluss ergeben.[100]

VII. Bankenklausel (Abs. 3)

Nach Abs. 3 gilt der Erwerb von Anteilen durch Kreditinstitute, Finanzinstitute der Ver- 39 sicherungsunternehmen nicht als Zusammenschluss, solange das Stimmrecht aus den Anteilen nicht ausgeübt wird und die Beteiligung binnen eines Jahres verkauft wird. Mit der Regelung sollen das Emissionsgeschäft und der Wertpapierhandel durch Unternehmen der Finanzwirtschaft von der Fusionskontrolle ausgenommen werden, sofern die Erwerbsvorgänge ohnehin nur auf eine Weiterveräußerung gerichtet sind.

Unter Kreditinstituten sind Unternehmen im Sinne der Legaldefinition des § 1 Abs. 1 40 KWG zu verstehen, die Bankgeschäfte betreiben, wenn der Umfang dieser Geschäfte einen in kaufmännischer Weise eingerichteten Geschäftsbetrieb erfordert.[101] Nach der Praxis des Bundeskartellamts gehören hierzu auch 100%ige Tochterunternehmen von Kreditinstitu-

---

[94] *Ruppelt* in Langen/Bunte, Kommentar zum deutschen und europäischen Kartellrecht, § 37 Rn. 59; *Bechtold,* GWB § 37 Rn. 49.
[95] Vgl. OLG Düsseldorf WuW/E DE-R 647, 648 – *OTZ; Ruppelt* in: Langen/Bunte, Kommentar zum deutschen und europäischen Kartellrecht, § 37 Rn. 60.
[96] *Kropff* ZHR 144, 80 ff.; BKartA, TB 1974, 35 – *Veba/Gelsenberg;* kritisch *Emmerich* AG 1978, 98 f.
[97] BGH WuW/E BGH 2276, 2282 – *Süddeutscher Verlag/Donau-Kurier;* vgl. aber MK, Hauptgutachten III, Rn. 479.
[98] KG WuW/E DE-R 470, 471 – *Hapag-Lloyd/TUI* (offen gelassen für Erhöhung der Beteiligung auf 50%).
[99] BKartA WuW/E DE-V 707 *Stadtwerke Eberswalde;* WuW/E BKartA 2829, 2835 – *Kolbenschmidt; Mestmäcker/Veelken* in: Immenga/Mestmäcker, GWB, § 37 Rn. 122.
[100] BKartA WuW/E DE-V 508, 510 – *Thüga/Harz Energie.*
[101] Der Begriff des Bankgeschäfts ist wiederum in § 1 Abs. 1 S. 2 KWG legaldefiniert und ist sehr weitreichend.

ten, sofern diese die Aufgabe einer Beteiligungsgesellschaft erfüllen.[102] Der Begriff des Finanzinstituts ist in Anlehnung an die FKVO neu in das deutsche Recht aufgenommen worden und ist entsprechend Art. 3 Abs. 5 lit. a FKVO auszulegen.[103] Der Begriff der Versicherungsunternehmen wird in § 1 VAG legaldefiniert.[104]

41 Abs. 3 gilt nur für den Zusammenschluss durch Anteilserwerb nach Abs. 1 Nr. 3 und für den Kontrollerwerb nach Abs. 1 Nr. 2, soweit die Kontrolle durch den Erwerb von Anteilen erlangt wird. Eine analoge Anwendung auf andere Zusammenschlusstatbestände kommt nicht in Betracht. Nach Wortlaut und Zweck der Vorschrift ist die Privilegierung nicht auf den Anteilserwerb an Aktiengesellschaften und Kommanditgesellschaften auf Aktien beschränkt.[105]

42 Auch nach der redaktionellen Streichung der ausdrücklichen Bindung an den Geschäftsbetrieb durch die 6. GWB-Novelle setzt die Vorschrift voraus, dass der Anteilserwerb im Rahmen des Geschäftsbetriebs der in Abs. 3 genannten Unternehmen erfolgen muss.[106] Der Erwerb der Anteile muss zum Zwecke der Veräußerung erfolgen.

43 Die Absicht der Weiterveräußerung muss bereits beim Erwerb gegeben sein. Einer Dokumentation nach außen bedarf es nicht. Abs. 3 enthält keine Beschränkungen hinsichtlich der Weiterveräußerung. Die Veräußerung darf daher an jeden erfolgen, auch an andere Kreditinstitute, Finanzinstitute oder Versicherungen.[107] Auch darf der spätere Erwerber anders als nach der Rechtslage vor der 6. GWB-Novelle zum Zeitpunkt des Anteilserwerbs durch eines der in Abs. 3 genannten Unternehmen bereits feststehen.[108] Abs. 3 erfasst daher auch den Erwerb von Anteilen im Auftrag eines Dritten. Trägt dieser jedoch das wesentliche wirtschaftliche Risiko der Beteiligung, liegt von Anfang an ein unmittelbarer Erwerb durch diesen Dritten vor.[109]

44 Die Privilegierung des Anteilserwerbs besteht nur unter den weiteren Voraussetzungen, dass die Stimmrechte nicht ausgeübt werden und dass die Beteiligung innerhalb eines Jahres weiter veräußert wird.

45 In Anlehnung an die europäische Regelung nach Art 3 Abs. 5 lit. a S. 2 FKVO sieht auch das deutsche Recht die Möglichkeit einer Verlängerung der Frist durch das Bundeskartellamt vor, wenn glaubhaft gemacht wird, dass die Veräußerung innerhalb der Frist unzumutbar war. Soweit und solange die Voraussetzungen der Privilegierung vorliegen, d. h. die Anteile zum Zwecke der Weiterveräußerung erworben wurden, die Stimmrechte nicht ausgeübt werden und die Veräußerung innerhalb eines Jahres bzw. einer vom Bundeskartellamt gewährten Verlängerung dieser Frist erfolgt, begründet der Erwerb keinen Zusammenschlusstatbestand im Sinne des Abs. 1. Fällt eine der Voraussetzungen fort, wird der Erwerb mit Wirkung ex nunc zu einem Zusammenschluss, der der präventiven Fusionskontrolle unterliegt.[110] Der Anteilserwerb als solcher ist allerdings wirksam und unterfällt

---

[102] BKartA TB 1985/86, S. 95; *Kleinmann/Bechtold*, GWB, § 23 Rn. 229.

[103] *Mestmäcker/Veelken* in: Immenga/Mestmäcker, GWB, § 37 Rn. 78; *Ruppelt* in: Langen/Bunte, Kommentar zum deutschen und europäischen Kartellrecht, § 37 Rn. 62; s. Band I. FKVO Art. 3 Rn. 69.

[104] Vgl. insbesondere § 1 Abs. 1 VAG: – „Der Aufsicht nach diesem Gesetz unterliegen Unternehmen, die den Betrieb von Versicherungsgeschäften zum Gegenstand haben und nicht Träger der Sozialversicherung sind (Versicherungsunternehmen)".

[105] *Ruppelt* in: Langen/Bunte, Kommentar zum deutschen und europäischen Kartellrecht, § 37 Rn. 62; *Kleinmann/Bechtold*, § 37 Rn. 233; *FK-Paschke* § 37 Rn. 89; a. A. *Mestmäcker/Veelken* in: Immenga/Mestmäcker, GWB, § 37 Rn. 78; *Werner* WuW 1996, 467.

[106] Begr. zum RegE BT-Drucks. 13/9720, S. 57.

[107] *Kleinmann/Bechtold*, § 23 Rn. 232; a. A. *Mestmäcker/Veelken* in: Immenga/Mestmäcker, GWB, § 37 Rn. 80; *FK-Paschke* § 37 Rn. 89.

[108] *Ruppelt* in: Langen/Bunte, Kommentar zum deutschen und europäischen Kartellrecht, § 37 Rn. 63; *Bechtold*, GWB, § 37 Rn. 52.

[109] *Bechtold*, GWB, § 37 Rn. 52.

[110] BKartA TB 1974, 40 – *Bayerische Landesbank*; BKartA TB 1977, 71 – *Westdeutsche Landesbank*.

nicht nachträglich dem Vollzugsverbot. Der vorherigen Anmeldung und Freigabe bedarf jedoch die Absicht der Ausübung der Stimmrechte bzw. der endgültigen Übernahme der Anteile nach Ablauf der Jahresfrist bzw. ihrer Verlängerung.[111]

VIII. Anteilserwerb durch mehrere Unternehmen (§ 37 Abs. 1 Nr. 3 Satz 3)

1. Gemeinschaftsunternehmen

Die Fusionskontrolle nach §§ 35 ff. findet auch dann jeweils Anwendung, wenn mehrere Unternehmen – gleichzeitig oder nacheinander – die (Mit-)Kontrolle über ein anderes Unternehmen oder Anteile in Höhe von jeweils mindestens 25% an einem anderen Unternehmen erwerben. Man spricht dann von einem Gemeinschaftsunternehmen. Früher enthielt § 37 Abs. 1 Nr. 3 Satz 3 a. F. eine entsprechende Definition des Gemeinschaftsunternehmens; diese Definition entfiel jedoch bei der Novellierung zum 1. 1. 1999 dadurch, dass der Klammerzusatz „Gemeinschaftsunternehmen" am Ende von § 37 Abs. 1 Nr. 3 Satz 3 gestrichen wurde. Das geschah, um die gemeinsam kontrollierten Unternehmen nicht von der Definition des Gemeinschaftsunternehmens auszuschließen, wenn die Beteiligungen weniger als 25% betragen.[112] Dementsprechend enthält § 37 Abs. 1 Nr. 3 Satz 3 jetzt keine Definition des Gemeinschaftsunternehmens mehr.[113]

46

2. Fiktion einer Teilfusion

Die Fusionskontrolle befasst sich primär mit den Auswirkungen auf den Wettbewerb zwischen den sich zusammenschließenden Unternehmen. Bei einem Gemeinschaftsunternehmen würde dies bedeuten, dass jeweils nur die Auswirkungen auf den Wettbewerb zwischen der jeweiligen Muttergesellschaft und dem Gemeinschaftsunternehmen zu prüfen wären. Die Beteiligung mehrerer Unternehmen an einem Gemeinschaftsunternehmen kann aber auch erhebliche Auswirkungen auf den Wettbewerb zwischen den Muttergesellschaften untereinander haben. Durch die Regelung in § 37 Abs. 1 Nr. 3 Satz 3 sollen auch diese Wirkungen von der Fusionskontrolle erfasst werden[114] (soweit es um die Auswirkungen auf die Wettbewerbsstruktur geht; die Auswirkungen auf das Wettbewerbsverhalten werden daneben u. U. von § 1 erfasst).[115] Dementsprechend bestimmt § 37 Abs. 1 Nr. 3 Satz 3, dass bei einem Anteilserwerb von jeweils 25% oder mehr durch mehrere Unternehmen an einem anderen Unternehmen dieses auch als Zusammenschluss der sich beteiligten Unternehmen untereinander gilt. Dieses betrifft jedoch nur die Märkte, auf denen das Gemeinschaftsunternehmen tätig ist. Damit wird fingiert, dass sich die beteiligten Unternehmen auf dem Tätigkeitsgebiet des Gemeinschaftsunternehmens auch untereinander zusammenschließen (**Fiktion** einer **Teilfusion**). Dadurch soll der **Gruppeneffekt,** der von der Beteiligung mehrerer Unternehmen an einem Gemeinschaftsunternehmen auf den Wettbewerb dieses Unternehmen untereinander ausgeht, auch im Rahmen der Fusionskontrolle erfasst werden.

47

3. Voraussetzungen

Voraussetzung für die Anwendung des § 37 Abs. 1 Nr. 3 Satz 3 ist, dass sich mindestens zwei Unternehmen „im vorbezeichneten Umfang" (d. h. jeweils mit mindestens 25%) an

48

---

[111] *Mestmäcker/Veelken* in: Immenga/Mestmäcker, GWB-Komm., § 37 Rn. 82; *Werner,* WuW 1996, 463, 472; a. A. *Kleinmann/Bechtold,* GWB, § 23 Rn. 235.
[112] *Mestmäcker/Veelken* in: Immenga/Mestmäcker, GWB-Komm., § 37 Rn. 69; *Ruppelt* in: Langen/Bunte, Kommentar zum deutschen und europäischen Kartellrecht, § 37 Rn. 42; s. auch Begr. 1998, S. 56 zu § 37 Abs. 1.
[113] Anders wohl *Bechtold,* GWB § 37 Rn. 32.
[114] *Mestmäcker/Veelken* in: Immenga/Mestmäcker, GWB-Komm., § 37 Rn. 67.
[115] S. dazu oben Anh. zu § 1 Rn. 3 ff.

einem anderen Unternehmen beteiligen. Es ist gleichgültig, wann diese Beteiligung erworben wird: Der Erwerb kann bei Neugründung eines Unternehmens oder später an einem bereits bestehenden Unternehmen (z. B. durch Erwerb bestehender Anteile oder im Rahmen einer Kapitalerhöhung) geschehen. Dabei kann der Erwerb durch mehrere Unternehmen sowohl gleichzeitig als auch nacheinander erfolgen; eine zeitliche Begrenzung gibt es dabei nicht.[116] Ein Unternehmen, an dem ein anderes Unternehmen bereits mit 25% oder mehr beteiligt ist (und bleibt), wird durch den Erwerb von weiteren Anteilen in Höhe von mindestens 25% durch ein anderes Unternehmen somit zum Gemeinschaftsunternehmen.[117] § 37 Abs. 1 Nr. 3 Satz 1 ist dagegen nicht anwendbar, wenn mehrere Unternehmen zwar die gemeinsame Kontrolle an einem anderen Unternehmen erwerben, aber nicht mindestens zwei von ihnen mit je mindestens 25% an dem Unternehmen beteiligt sind, denn dann fehlt es an einer Beteiligung „im vorbezeichneten Umfang".[118] Sind weitere Unternehmen mit weniger als 25% an dem Gemeinschaftsunternehmen beteiligt, so erstreckt sich die Fiktion nicht auf diese Unternehmen.[119] Ebenso gilt die Fiktion nicht für den Zusammenschlusstatbestand des § 37 Abs. 1 Nr. 4 (jede sonstige Verbindung mit der Möglichkeit, einen wettbewerblich erheblichen Einfluss auszuüben).[120]

4. Wirkungen

49   Bei Vorliegen der Voraussetzungen des § 37 Abs. 1 Nr. 3 Satz 3 gilt der Erwerb einer entsprechenden Beteiligung auch als ein Zusammenschluss zwischen allen Unternehmen, die mit mindestens 25% an dem Gemeinschaftsunternehmen beteiligt sind; diese Fiktion ist aber auf die Märkte beschränkt, auf denen das Gemeinschaftsunternehmen tätig ist **(Teilfusion)**. Für andere Märkte, auf denen nur die Muttergesellschaften untereinander Wettbewerber sind, gilt die Fiktion nicht. Allerdings sind für die Größenkriterien des § 35 Abs. 1 **alle** Umsatzerlöse der Muttergesellschaften (einschließlich der gemäß § 36 Abs. 2 einzubeziehenden Unternehmen) zu berücksichtigen;[121] denn die Muttergesellschaften sind insgesamt am Zusammenschluss beteiligt, nicht nur mit den Bereichen, die das Tätigkeitsgebiet des Gemeinschaftsunternehmens betreffen. Es handelt sich auch nicht um zwei zu trennende Zusammenschlüsse, d. h. einen zwischen dem oder den Erwerber(n) von Anteilen und dem Gemeinschaftsunternehmen sowie einen weiteren zwischen den Muttergesellschaften untereinander, sondern um einen einheitlichen Zusammenschluss.[122] Die Wirkung der Fiktion des § 37 Abs. 1 Nr. 3 Satz 3 betrifft vor allem die **Anmeldepflicht**; sie hat dagegen nicht zur Folge, dass im Rahmen der Prüfung nach § 36 GWB das Gemeinschaftsunternehmen und die beteiligten Muttergesellschaften unwiderleglich als eine wirtschaftliche Einheit anzusehen und ihre Marktanteile insgesamt zusammenzurech-

---

[116] *Ruppelt* in: Langen/Bunte, Kommentar zum deutschen und europäischen Kartellrecht, § 37 Rn. 42; *Mestmäcker/Veelken* in: Immenga/Mestmäcker, GWB-Komm., § 37 Rn. 70.
[117] Zur Frage, ob und inwieweit die Erweiterung eines bestehenden Gemeinschaftsunternehmens einen Zusammenschluss darstellt, siehe *Polley/Grave*, Die Erweiterung eines bestehenden Gemeinschaftsunternehmens als Zusammenschluss, WuW 2003, 1010 ff.
[118] *Mestmäcker/Veelken* in: Immenga/Mestmäcker, GWB-Komm., § 37 Rn. 69; vgl. auch KG v. 13. 6. 1979 – *Sonntag Aktuell II*, WuW/E OLG 2145 f.
[119] *Mestmäcker/Veelken* in: Immenga/Mestmäcker, GWB-Komm., § 37 Rn. 69.
[120] *Mestmäcker/Veelken* in: Immenga/Mestmäcker, GWB-Komm., § 37 Rn. 69; *Ruppelt* in: Langen/Bunte, Kommentar zum deutschen und europäischen Kartellrecht, GWB § 37 Rn. 42.
[121] *Mestmäcker/Veelken* in: Immenga/Mestmäcker, GWB-Komm., § 37 Rn. 74; *Ruppelt* in: Langen/Bunte, Kommentar zum deutschen und europäischen Kartellrecht, § 37 Rn. 44.
[122] *Mestmäcker/Veelken* in: Immenga/Mestmäcker, GWB-Komm., § 37 Rn. 74; *Rieger* in: FK, GWB § 36 Tz. 51; *Ruppelt* in: Langen/Bunte, Kommentar zum deutschen und europäischen Kartellrecht, § 37 Rn. 42. Das BKartA lässt daher auch die Privilegierung der Anschlussklausel des § 35 Abs. 2 Nr. 1 GWB für das Gemeinschaftsunternehmen entfallen, vgl. BKartA vom 24. 5. 2002 – *RWE Nord*, WuW/E DE-V 677 ff.

nen sind.[123] Allerdings führt die Fiktion der Teilfusion auf den Märkten, auf denen das Gemeinschaftsunternehmen tätig ist, zu einer Addition der Marktanteile im Rahmen der Marktbeherrschungsvermutungen des § 19 Abs. 3.[124] Im Übrigen muss im Einzelfall geprüft werden, ob durch den Anteilserwerb über den gesetzlich fingierten Zusammenschlusstatbestand hinaus durch die Möglichkeit, die Ressourcen der anderen Anteilseigner im Wettbewerb einzusetzen oder ihre Wirksamkeit im Verhältnis zur eigenen Tätigkeit auszuschließen, eine Ausweitung des vom Wettbewerb nicht mehr ausreichend kontrollierten Verhaltensspielraums stattfindet.[125] Auch schließt die Beschränkung der Zusammenschlussfiktion für die Muttergesellschaften auf Märkte des Gemeinschaftsunternehmens nicht aus, dass die Auswirkungen auf andere (z. B. vor- oder nachgelagerte) Märkte, auf denen nur die Muttergesellschaften tätig sind, bei der Prüfung nach § 36 Berücksichtigung finden;[126] das kann bei entsprechenden Inlandswirkungen nach § 130 Abs. 2 selbst für ein Gemeinschaftsunternehmen gelten, das nur im Ausland tätig ist.[127] So kann sich z. B. die Marktstellung einer Muttergesellschaft verstärken, wenn sie über das Gemeinschaftsunternehmen Zugang zu den Ressourcen einer anderen Muttergesellschaft erhält. Sind die Muttergesellschaften Wettbewerber auf vor- oder nachgelagerten Märkten, so wird der von der Beteiligung an dem Gemeinschaftsunternehmen ausgehende Gruppeneffekt allerdings vor allem im Rahmen des § 1 zu prüfen sein.[128] Scheiden Unternehmen als Gesellschafter aus dem Gemeinschaftsunternehmen aus oder sinkt ihre Beteiligung unter 25%, so entfällt damit die Fiktion des § 37 Abs. 1 Nr. 3 Satz 3 für diese. Meist wird die Beendigung der gemeinsamen Beteiligung an einem Gemeinschaftsunternehmen zu einer Verbesserung der Wettbewerbsstruktur führen. Allerdings kann auch der Übergang von der gemeinsamen Kontrolle über ein Gemeinschaftsunternehmen zur alleinigen Kontrolle durch einen Gesellschafter zu einer Verstärkung der marktbeherrschenden Stellung des verbleibenden Gesellschafters führen, wenn dadurch die Einflussnahme auf das Gemeinschaftsunternehmens für den verbleibenden Gesellschafter größer und der Zugriff auf dessen gesamte Ressourcen möglich wird.[129]

5. Verhältnis zu § 1 GWB

Durch die Beteiligung mehrerer Unternehmen an einem Gemeinschaftsunternehmen **50** kann einerseits eine Strukturänderung herbeigeführt werden, die sich auf den Wettbewerb auswirkt; der Zusammenschluss kann aber andererseits auch Auswirkungen auf das Verhalten der beteiligten Unternehmen im Wettbewerb untereinander haben und damit den Tatbestand des § 1 erfüllen. Es fragt sich daher, ob auf Gemeinschaftsunternehmen nur alternativ die Vorschriften der Fusionskontrolle oder der §§ 1 ff. Anwendung finden oder beide Regelungsbereiche nebeneinander (Doppelkontrolle). Der BGH hat entschieden, dass grundsätzlich beide Regelungsbereiche Anwendung finden können;[130] dem hat sich auch

---

[123] *Mestmäcker/Veelken* in: Immenga/Mestmäcker, GWB-Komm., § 37 Rn. 75; MünchKomm-GWB/*Bach* § 37 Rn. 100; *Rieger* in: FK, GWB § 36 Tz. 51; BKartA v. 22. 5. 2001 – *Burgmann-Freudenberg Holding GmbH*, WuW/E DE-V 473 ff.

[124] *Rieger* in: FK, GWB § 36 Tz. 51; ähnlich wohl *Mestmäcker/Veelken* in: Immenga/Mestmäcker, GWB-Komm., § 37 Rn. 75.

[125] Vgl. dazu KG v. 10. 1. 1979 – *Bituminöses Mischgut*, WuW/E OLG 2093 ff.; KG v. 5. 11. 1986 – *Coop-Wandmaker*, WuW/E OLG 3917 ff.; BKartA v. 13. 7. 1990 – *Daimler-Benz/MAN – Enasa*, WuW/E BKartA 2445 ff.; BKartA v. 22. 5. 2001 – *Burgmann-Freudenberg Holding GmbH*, WuW/E DE-V 473 ff.

[126] *Mestmäcker/Veelken* in: Immenga/Mestmäcker, GWB-Komm., § 37 Rn. 76.

[127] Vgl. BKartA v. 13. 7. 1990 – *Daimler-Benz/MAN – Enasa*, WuW/E BKartA 2445 ff.; *Mestmäcker/Veelken* in: Immenga/Mestmäcker, GWB-Komm., § 37 Rn. 75.

[128] Siehe dazu Erläuterungen zu Anh. 1 § 1 Rn. 12 f.

[129] BKartA v. 3. 8. 2004, *G & J/RBA*, WuW/E DE-V 955 ff.

[130] BGH v. 1. 10. 1985 – *Mischwerke*, WuW/E BGH 2169 = BGHZ 96, 69 ff.; BGH v. 13. 1. 1998 – *Carpartner*, WuW/E DE-R 115 f.; BGH v. 8. 5. 2001 – *Ost-Fleisch*, WuW/E DE-R 711 ff.

die h. M. angeschlossen.[131] Allerdings findet bei bestimmten Gestaltungsformen eines Gemeinschaftsunternehmens nur die Fusionskontrolle statt. Das ist dann der Fall, wenn es sich bei dem Gemeinschaftsunternehmen um ein Vollfunktionsunternehmen handelt, das nicht zu einer Koordination des Wettbewerbsverhaltens der Muttergesellschaften führt. Eine solche Koordination scheidet vor allem dann aus, wenn die Muttergesellschaften weder auf dem Tätigkeitsgebiet des Gemeinschaftsunternehmens noch auf vor- oder nachgelagerten Märkten Wettbewerber sind.[132] Bei Tätigkeit beider Muttergesellschaften auf demselben Markt wie das Gemeinschaftsunternehmen wird eine Koordinierung des Wettbewerbsverhaltens meist anzunehmen sein;[133] dieses gilt aber insbesondere dann nicht, wenn der betreffende Markt durch niedrige Marktzutrittsschranken, zahlreiche Wettbewerber und Preisempfindlichkeit gekennzeichnet ist.[134]

6. Vergleich zur Regelung im EU-Wettbewerbsrecht (FKVO Art. 3 Abs. 4)

51   Anders als im deutschen Recht erfüllt im EU-Wettbewerbsrecht der Erwerb von Anteilen an einem anderen Unternehmen allein noch nicht den Zusammenschlusstatbestand; es muss sich vielmehr um den Erwerb der Kontrolle oder Mitkontrolle an einem Unternehmen handeln (vgl. FKVO Art. 3 Abs. 1b).[135] Dementsprechend gilt ein Unternehmen nur dann als ein Gemeinschaftsunternehmen, wenn dieses Unternehmen von mehreren anderen Unternehmen gemeinsam kontrolliert wird. Nach § 37 Abs. 1 Nr. 3 handelt es sich dagegen auch ohne Kontrollerwerb bereits dann um ein Gemeinschaftsunternehmen, wenn mindestens zwei andere Unternehmen an diesem mit je mindestens 25% beteiligt sind. Weiterhin setzt die Anwendung der EU-Fusionskontrolle voraus, dass es sich bei dem Gemeinschaftsunternehmen um ein Vollfunktionsunternehmen handelt (FKVO Art. 3 Abs. 4); ist das nicht der Fall, so findet keine Fusionskontrolle, sondern nur Art. 81 EG Anwendung.[136] Dagegen findet die deutsche Fusionskontrolle nach §§ 35 ff. auch dann Anwendung, wenn es sich bei dem Gemeinschaftsunternehmen nicht um ein Vollfunktionsunternehmen handelt. Handelt es sich bei dem Gemeinschaftsunternehmen um ein Vollfunktionsunternehmen, so kann das allerdings dafür von Bedeutung sein, ob neben der Fusionskontrolle auch das Kartellverbot nach §§ 1 ff. Anwendung findet.[137]

§ 38 Berechnung der Umsatzerlöse und der Marktanteile

(1) ¹Für die Ermittlung der Umsatzerlöse gilt § 277 Abs. 1 des Handelsgesetzbuchs. ²Umsatzerlöse aus Lieferungen und Leistungen zwischen verbundenen Unternehmen (Innenumsatzerlöse) sowie Verbrauchsteuern bleiben außer Betracht.

(2) Für den Handel mit Waren sind nur drei Viertel der Umsatzerlöse in Ansatz zu bringen.

(3) Für den Verlag, die Herstellung und den Vertrieb von Zeitungen, Zeitschriften und deren Bestandteilen, die Herstellung, den Vertrieb und die Veranstaltung von

---

[131] Vgl. *Bunte* in: Langen/Bunte, Kommentar zum deutschen und europäischen Kartellrecht, § 1 GWB Rn. 250; *Stockmann*, Verwaltungsgrundsätze und Gemeinschaftsunternehmen, WuW 1988, 269 f.; *Zimmer* in: Immenga/Mestmäcker, GWB-Komm., § 1 Rn. 316 ff.; abweichend *Wertenbruch*, Die Rechtsfolge der Doppelkontrolle von Gemeinschaftsunternehmen nach dem GWB, 1990.

[132] Vgl. die Erläuterungen Anh. zu § 1 Rn. 6 ff.

[133] Vgl. oben Anh. zu § 1 GWB Rn. 14; BKartA v. 21. 8. 1997 – *Ostfleisch*. WuW/E DE-V 9 ff.; v. 19. 6. 2002 – *Eurohypo*, WuW/E DE-V 662 ff.; OLG Düsseldorf v. 20. 6. 2007, VI Kart 14/06 (V) – *Kalksandstein*.

[134] Vgl. Kommission v. 5. 5. 1999 – *Bertelsmann/VIAG/Game Channel*, WuW/E EU-V 350 ff.

[135] Vgl. FKVO Art. 3 Rn. 17 ff., 33 ff., 45.

[136] Vgl. FKVO Art. 3 Rn. 43.

[137] S. dazu im Einzelnen oben Rn. 50 und Anh. zu § 1 Rn. 6 ff.

Rundfunkprogrammen und den Absatz von Rundfunkwerbezeiten ist das Zwanzigfache der Umsatzerlöse in Ansatz zu bringen.

(4) ¹An die Stelle der Umsatzerlöse tritt bei Kreditinstituten, Finanzinstituten und Bausparkassen der Gesamtbetrag der in § 34 Abs. 2 Satz 1 Nr. 1 Buchstabe a bis e der Verordnung über die Rechnungslegung der Kreditinstitute vom 10. Februar 1992 (BGBl. I S. 203) genannten Erträge abzüglich der Umsatzsteuer und sonstiger direkt auf diese Erträge erhobener Steuern. ²Bei Versicherungsunternehmen sind die Prämieneinnahmen des letzten abgeschlossenen Geschäftsjahres maßgebend. ³Prämieneinnahmen sind die Einnahmen aus dem Erst- und Rückversicherungsgeschäft einschließlich der in Rückdeckung gegebenen Anteile.

(5) Beim Erwerb des Vermögens eines anderen Unternehmens ist für die Berechnung der Marktanteile und der Umsatzerlöse des Veräußerers nur auf den veräußerten Vermögensteil abzustellen.

Übersicht

	Rn.		Rn.
I. Vorbemerkungen	1	2. Abzugsposten	11
1. Allgemeine Vorschrift zur Umsatzberechnung	1	III. Sonderregelungen	13
		1. Warenhandel	13
2. Orientierung am HGB mit sektorspezifischen Ausnahmen	2	2. Medienrechenklausel	14
		3. Bankenrechenklausel	19
3. Keine Berechnung der Marktanteile	3	4. Versicherungsrechenklausel	21
II. Der Grundsatz des Abs. 1	4	IV. Vermögenserwerb	22
1. Bilanzrechtliche Umsatzberechnung	4		

Schrifttum: *Beater* in: Münchener Kommentar zum HGB, 2001, § 277 Rn. 1 ff.; *Bechtold*, GWB, 3. Aufl. 2002, § 38 Rn. 1 ff.; *Hüttemann* in: HGB Großkommentar, 4. Aufl. 2002, § 277 Rn. 1 ff.; *Kleinmann/Bechtold*, Kommentar zur Fusionskontrolle, 2. Aufl. 1989, § 23 Rn. 312 ff.; *Mestmäcker/Veelken* in: Immenga/Mestmäcker, GWB, 3. Aufl. 2001, § 38 Rn. 1 ff.; *Morck* in: Koller/Roth/Morck, Handelsgesetzbuch 3. Aufl. 2002, § 277 Rn. 1 ff.; *Paschke* in: FK § 23 GWB a. F. Rn. 128 ff.; *Richter* in: Wiedemann, Handbuch des Kartellrechts, 1999, § 19 Rn. 56 ff.; *Ruppelt* in: Langen/Bunte, Kommentar zum deutschen und europäischen Kartellrecht, 9. Aufl. 2001, § 38 Rn. 1 ff.

Vorläufer: § 23 Abs. 1 Satz 3 ff. a. F.

I. Vorbemerkungen

1. Allgemeine Vorschrift zur Umsatzberechnung

§ 38 bildet eine allgemeine Vorschrift zur Umsatzberechnung. Sie gilt für alle Bestimmungen der Zusammenschlusskontrolle, bei denen Umsätze eine Rolle spielen. § 38 kommt daher zum einen bei der Ermittlung des **Geltungsbereichs der Zusammenschlusskontrolle** nach § 35 zur Anwendung. Daneben ist § 38 im Rahmen der Vorschrift zur **Anmelde- und Anzeigepflicht,** insb. des § 39 Abs. 3 Satz 2 Nr. 3 anzuwenden. Schließlich zieht das BKartA § 38 im Rahmen der **materiellen Zusammenschlusskontrolle** i. S. d. § 36 zumindest mittelbar heran,[1] einschließlich der Wertungen der branchenspezifischen Sonderregeln.[2]

1

2. Orientierung am HGB mit sektorspezifischen Ausnahmen

Im Grundsatz übernimmt § 38 die Methode der Umsatzberechnung, die für die Gewinn- und Verlustrechnung nach §§ 275 ff. HGB gilt. Für den reinen Warenhandel, Presse und Rundfunk sowie das Bank- und Versicherungswesen hat der Gesetzgeber in § 38 Abs. 2–4 **Sonderregelungen** geschaffen. Diese Sonderregelungen sind auf die jeweilige

2

---

[1] BKartA Tätigkeitsbericht 1999/2000, BT-Drucks. 14/6300, S. 106.
[2] BKartA 22. 2. 2002, B 7–168/01, WuW DE-V 558 Tz. 184 ff. – *Liberty/VIOLA*.

Branche beschränkt. **Gemischte Unternehmen,** die in mehreren Branchen tätig sind, müssen die branchenspezifischen Umsätze jeweils nach den einzelnen Sondervorschriften getrennt berechnen.

3. Keine Berechnung der Marktanteile

3   Entgegen der Ankündigung in seiner Überschrift enthält § 38 keine Bestimmung über die Berechnung der Marktanteile. § 38 Abs. 5 bestimmt lediglich, dass beim **Vermögenserwerb** für die Berechnung der Marktanteile des veräußernden Unternehmens nur auf den veräußerten Vermögensteil abzustellen ist.

II. Der Grundsatz des Abs. 1

1. Bilanzrechtliche Umsatzberechnung

4   § 38 Abs. 1 verweist auf **§ 277 Abs. 1 HGB.** Dieser Verweis gilt nicht nur für Kapitalgesellschaften, sondern für alle Unternehmen. Zur Ermittlung des Umsatzes stellt das Gesetz auf den **Erlös** für gelieferte Waren oder erbrachte Dienstleistungen ab.[3] Bei Dienstleistungen, welche die Vermittlung von Umsatzgeschäften zum Gegenstand haben, sind die erzielten Provisionseinnahmen als Erlös anzusetzen, nicht die vermittelten Umsätze.[4]

5   **a) Sachlicher Rahmen.** Maßgeblich sind die Umsätze **aller Geschäftsbereiche** der beteiligten Unternehmen. Zu berücksichtigen sind die Umsatzerlöse der beteiligten Unternehmen einschließlich der nach § 36 Abs. 2 **verbundenen Unternehmen.**[5] Bei **Gemeinschaftsunternehmen,** bei denen § 37 Abs. 1 Nr. 3 Satz 4 eine Teilfusion der Muttergesellschaften in Hinblick auf den Markt des Gemeinschaftsunternehmens fingiert, sind die gesamten Umsatzerlöse des Gemeinschaftsunternehmens und der Muttergesellschaften zu berücksichtigen. Denn hinter dem Gemeinschaftsunternehmen stehen die gesamten Ressourcen der Muttergesellschaften.[6]

6   Umsatzerlöse setzen Umsatzgeschäfte mit Dritten voraus. Rein **interne Vorgänge,** etwa Erlöse aus einer Betriebskantine, fallen nicht unter die Vorschrift.[7]

7   Nur die für die **gewöhnliche Geschäftstätigkeit** des Unternehmens **typischen** Waren bzw. Dienstleistungen sind zu berücksichtigen. Was für die gewöhnliche Geschäftstätigkeit typisch ist, bestimmt sich nach den **tatsächlichen Unternehmensverhältnissen.**[8] Ein wichtiger Anhaltspunkt für die Einordnung als Umsatzerlös ist die Branche des betreffenden Unternehmens. Miet- und Pachteinnahmen stellen für Vermietungs- und Leasinggesellschaften Umsätze dar, jedoch nicht für Handels- oder Produktionsunternehmen.[9] Patent- und Lizenzeinnahmen können je nach geschäftlicher Tätigkeit zum Umsatz zählen.[10] Ferner stellen mangels Leistungsentgelt **Erträge aus Beteiligungen** dann keine Umsatzerlöse dar, wenn die Erzielung von Beteiligungserträgen nicht der typische Betriebszweck ist.[11] Erträge aus **Arbeitsgemeinschaften** gehören nur dann zum Umsatz der Mitglieder einer Arbeitsgemeinschaft, wenn diese Leistungen im eigenen Namen erbringen. Erbringt

---

[3] *Morck* § 277 Rn. 1.
[4] KG 24. 10. 1979, WuW/E OLG 2259, 2260 – *Siegerländer Transportbeton.*
[5] KG 12. 6. 1991, WuW/E OLG 4835, 4845 – *Iserlohner Kreisanzeiger.*
[6] Begr. 1971, S. 27; *Mestmäcker/Veelken* in: Immenga/Mestmäcker, GWB, § 38 Rn. 4; a. A. *Kleinmann/Bechtold* § 23 Rn. 132; *Paschke* § 23 Rn. 132.
[7] *Beater* § 277 Rn. 4.
[8] *Beater* § 277 Rn. 7; *Hüttemann* § 277 Rn. 6 f.
[9] *Hüttemann* § 277 Rn. 8.
[10] *Mestmäcker/Veelken* in: Immenga/Mestmäcker, GWB, § 38 Rn. 16; *Hüttemann* § 277 Rn. 8.
[11] KG 12. 6. 1991, WuW/E OLG 4835, 4845 – *Iserlohner Kreisanzeiger;* BKartA 10. 5. 2001, B 8-40100 – U – 15/01 Rn. 21; *Hüttemann* § 277 Rn. 5.

jedoch die Arbeitsgemeinschaft selbst die Leistungen und werden die Mitglieder lediglich am Ergebnis beteiligt, gehören diese Ergebnisse zu den Erträgen aus Beteiligungen.[12]

b) Zeitlicher Rahmen. Im Rahmen des § 35 Abs. 1 und Abs. 2 Satz 1 Nr. 1 sind die Umsatzerlöse des **letzten Geschäftsjahres vor dem Zusammenschluss** maßgeblich. Das Geschäftsjahr ist das Wirtschaftsjahr eines Unternehmens. Ist das letzte Geschäftsjahr soeben erst zu Ende gegangen und liegen daher noch keine endgültigen Abschlüsse vor, so können die Umsatzzahlen aus dem vorletzten Geschäftsjahr zu Grunde gelegt werden.[13] Bei § 35 Abs. 2 Satz 1 Nr. 2 sind demgegenüber die Umsatzerlöse des letzten Kalenderjahres vor dem Zusammenschluss zu berücksichtigen. Für die **Periodenabgrenzung** ist der Tag maßgeblich, an dem die Leistung erbracht wurde, nicht der Tag, an dem die Rechnung gestellt oder beglichen wurde.[14]

Bei **Akquisitionen oder Veräußerungen,** die im Zeitraum zwischen dem Abschluss des letzten Geschäftsjahres und der Anmeldung des Zusammenschlusses erfolgt sind, ist eine **Anpassung** vorzunehmen, um die Wirkung des Zusammenschlusses sachgerecht einschätzen zu können. Das BKartA rechnet daher die Vorjahresumsätze des hinzugetretenen Unternehmensteils hinzu. Im umgekehrten Fall der Veräußerung von Unternehmensteilen nach Abschluss des letzten Geschäftsjahres pflegt das BKartA hingegen keinen Abzug derjenigen Umsatzerlöse vorzunehmen, die der veräußerte Unternehmensteil generiert hat.[15] Die Verweigerung des Umsatzabzugs ist nicht sachgerecht und steht im Widerspruch zum Bestreben des Gesetzgebers, die Zusammenschlusskontrolle an das Europarecht[16] anzupassen.[17]

c) Räumlicher Rahmen. Bei der Umsatzberechnung werden **Auslandsumsätze** voll mitberücksichtigt.[18] Umsatzerlöse in **fremder Währung** sind anhand des Jahresdurchschnittskurses der Europäischen Zentralbank in Euro umzurechnen.[19] Wegen des erklärten Willens des Gesetzgebers, die Zusammenschlusskontrolle dem Europarecht anzunähern, bietet sich für die **geographische Zurechnung** der Umsatzerlöse im Rahmen des § 35 Abs. 1 Nr. 2 an, auf die entsprechenden Regeln der FKVO zurückzugreifen.[20] Danach ist grundsätzlich der Standort des Kunden entscheidend.[21]

2. Abzugsposten

Von den Umsatzerlösen sind **Verbrauchssteuern,** insb. die Umsatzsteuer, sowie **Erlösschmälerungen** abzuziehen. Erlösschmälerungen sind Abschläge, Rabatte und Vergütungen, welche die Unternehmen bei den Verkaufsverhandlungen ihren Kunden zugestehen und die den Verkaufserlös direkt beeinflussen.[22] Darunter fallen Preisnachlässe, insb. Skonti und zurückgewährte Entgelte, etwa im Rahmen der Mängelgewährleistung.[23] Rückstellungen für noch zu gewährende Preisnachlässe sind ebenfalls als Erlösschmälerung im Rahmen der Umsatzerlöse zu bewerten.[24]

Umsatzerlöse zwischen verbundenen Unternehmen i. S. d. § 36 Abs. 2, sog. **Innenumsatzerlöse,** bleiben außer Betracht. Um Mehrfachzählungen zu vermeiden, sind daher

---

[12] *Beater* § 277 Rn. 6.
[13] Konsolidierte Mitteilung der Kommission zu Zuständigkeitsfragen vom 10. 7. 2007, Tz. 170.
[14] Vgl. § 252 Abs. 1 Nr. 5 HGB.
[15] *Richter* § 19 Rn. 64.
[16] Konsolidierte Mitteilung der Kommission zu Zuständigkeitsfragen vom 10. 7. 2007, Tz. 173.
[17] Begr. 1998 unter I.3.h.
[18] BKartA Merkblatt Fusionskontrolle, Tz. 5.1.; vgl. auch § 35 Abs. 1 Nr. 1.
[19] Vgl. Merkblatt zur deutschen Fusionskontrolle vom Juli 2005, S. 13.
[20] *Mestmäcker/Veelken* in: Immenga/Mestmäcker, GWB, § 35 Rn. 10.
[21] Konsolidierte Mitteilung der Kommission zu Zuständigkeitsfragen vom 10. 7. 2007, Tz. 195.
[22] Konsolidierte Mitteilung der Kommission zu Zuständigkeitsfragen vom 10. 7. 2007, Tz. 165.
[23] *Hüttemann* § 277 Rn. 9.
[24] *Morck* § 277 Rn. 2.

Umsatzerlöse zwischen Konzernunternehmen sowie Umsatzerlöse zwischen herrschenden und abhängigen Unternehmen einschließlich gemeinsam beherrschender Unternehmen nicht zu berücksichtigen. Dies gilt nicht nur dann, wenn die Unternehmen bereits vor dem Zusammenschluss verbunden waren, sondern auch in Bezug auf Umsätze zwischen solchen Unternehmen, die erst durch den Zusammenschluss verbunden werden.[25]

III. Sonderregelungen

1. Warenhandel

13 Für den Warenhandel sind gem. § 38 Abs. 2 lediglich ¾ **der Umsatzerlöse** in Ansatz zu bringen.[26] Der Begriff „Handel" bezeichnet die planmäßige Weiterveräußerung von fremderzeugten Waren in unverarbeitetem Zustand.[27] Der Vertrieb der selbst hergestellten bzw. ver- oder bearbeiteten Produkte fällt also nicht unter die Rechenklausel des § 38 Abs. 2.[28] Die bloße (Um-)Verpackung erworbener Waren schließt das Vorliegen von Handelsumsätzen hingegen nicht aus.[29] Die Weiterverteilung von Elektrizität und Gas ist wegen der häufigen Umformung, die diese Produkte innerhalb eines Verteilungsnetzes erfahren (z. B. Vermischung von selbst erzeugter und bezogener Elektrizität), nicht als Handel mit Waren anzusehen.[30]

2. Medienrechenklausel

14 Diese Sonderregelung soll den im regionalen und lokalen Presse- bzw. Rundfunkbereich bestehenden Tendenzen zur Marktkonzentration entgegenwirken. Ohne eine solche Regelung würden Zusammenschlüsse auf diesen Märkten in der Regel nicht von der Fusionskontrolle erfasst, weil lediglich regional bzw. lokal tätige Presse- oder Rundfunkunternehmen die Umsatzschwellen des § 35 Abs. 1 nicht erreichen. Daher ist für das Pressewesen und den Rundfunk das **Zwanzigfache der Umsatzerlöse** in Ansatz zu bringen. Mit der Medienrechenklausel bezweckt der Gesetzgeber die Erhaltung einer gewissen Meinungs- bzw. Programmvielfalt im lokalen und regionalen Bereich. Die Medienrechenklausel ist mit Art. 5 GG vereinbar.[31]

15 a) **Pressewesen.** § 38 Abs. 3 erfasst den Verlag, die Herstellung und den Vertrieb von Zeitungen, Zeitschriften und deren Bestandteilen. Zeitungen und Zeitschriften sind **periodisch erscheinende Druckschriften,** die einen gewissen, nicht ganz nebensächlichen redaktionellen Teil aufweisen, der nicht umfassend zu sein braucht. Dieses Merkmal erfüllen i. d. R. auch Anzeigenblätter.[32] **Bestandteile** der Presseerzeugnisse sind Teile der fertigen Zeitung oder Zeitschrift.[33] Bestandteile sind von Vormaterialien abzugrenzen. Beiträge von Nachrichtenagenturen gelten nur dann als Bestandteile, wenn sie eigenständige redaktionell bearbeitete Beiträge enthalten und sich nicht in der Lieferung einzelner Informationen erschöpfen.[34]

---

[25] *Richter* § 19 Rn. 59 m. w. N.; *Kleinmann/Bechtold* § 23 Rn. 321; *Bechtold* § 38 Rn. 2.
[26] Begr. 1971, S. 26.
[27] *Ruppelt* in: Langen/Bunte, § 38 Rn. 8.
[28] *Ruppelt* in: Langen/Bunte, § 38 Rn. 8.
[29] *Bechtold* § 38 Rn. 3.
[30] KG 18. 2. 1985, WuW/E OLG 3469 f. – *Thüringer Gas/Westerland;* differenzierend *Ruppelt* in: Langen/Bunte, § 38 Rn. 8.
[31] BVerfG 29. 8. 1983, WuW/E VG 307 f. – *Münchner Anzeigenblätter.*
[32] BGH 16. 2. 1982, WuW/E BGH 1905 f. – *Münchner Anzeigenblätter;* BGH 10. 11. 1987, WuW/E BGH 2443, 2449 – *Singener Wochenblatt;* BVerfG 29. 8. 1983, WuW/E VG 307 f. – *Münchner Anzeigenblätter.*
[33] *Mestmäcker/Veelken* in: Immenga/Mestmäcker, GWB, § 38 Rn. 31; *Ruppelt* § 38 Rn. 10.
[34] *Kleinmann/Bechtold* § 23 Rn. 331; zu weitgehend *Mestmäcker/Veelken* in: Immenga/Mestmäcker, GWB, § 38 Rn. 30; zu eng *Ruppelt* in: Langen/Bunte, § 38 Rn. 10.

Die **Tätigkeiten** Verlag, Herstellung und Vertrieb stehen in einem **Alternativverhält-** 16
nis. Verlag bedeutet in Anlehnung an § 1 VerlG Vervielfältigung und Verbreitung eines
Druckwerkes auf eigene Rechnung. Herstellung bedeutet Druck der Presseerzeugnisse.
Der Begriff Vertrieb umfasst den Handel mit den Presseerzeugnissen auf jeder Handelsstufe
unter Einschluss des Einzelhandels.[35] Die 6. GWB-Novelle hat den Verweis auf die Waren-
handelsklausel ersatzlos gestrichen. Daher ist auch bei reinen Pressevertriebsunternehmen
das Zwanzigfache des Umsatzes in Ansatz zu bringen.[36]

b) Rundfunk. Die Medienrechenklausel gilt für die Herstellung, den Vertrieb und die 17
Veranstaltung von Rundfunkprogrammen und den Absatz von Rundfunkwerbezeiten. Unter den Begriff Rundfunk fällt sowohl der **Fernseh-** als auch der **Hörfunk**.[37] Unbeachtlich
ist die Art des Entgelts, so dass sowohl Werbeeinnahmen als auch die Gebühren öffentlich-
rechtlicher Rundfunkanstalten Umsatzerlöse darstellen.[38]

Auch für den Rundfunk gilt, dass die genannten Tätigkeiten in einem **Alternativver-** 18
hältnis stehen. Dies trägt der Spezialisierung im Rundfunkbereich Rechnung. Erfasst sind
insbesondere Rahmenprogrammanbieter, die etwa lokalen Hörfunkveranstaltern Programme oder Programmteile anbieten. Auch der eigenständig organisierte Absatz von Rundfunkwerbezeiten fällt unter § 38 Abs. 3.[39] Das Angebot von **Kabelnetzbetreibern** stellt
Rundfunkvertrieb dar, soweit der Anbieter dieser Dienste von dem Endkunden ein Entgelt
für die Aussendung der Rundfunksignale erhält.[40]

3. Bankenrechenklausel

Die 6. GWB-Novelle hat mit der neuen Bankenrechenklausel der Änderung des Art. 5 19
Abs. 3 lit. a) FKVO Rechnung getragen.[41] Die dort genannte Richtlinie 86/635/EWG hat
der Gesetzgeber durch die in § 38 Abs. 4 Satz 1 genannte Verordnung umgesetzt. Danach
sind a) Zinserträge, b) laufende Erträge aus Aktien und anderen nicht festverzinslichen
Wertpapieren, Beteiligungen, Anteilen an verbundenen Unternehmen, c) Provisionserträge, d) der Nettoertrag aus Finanzgeschäften sowie e) sonstige betriebliche Erträge maßgeblich. Wegen des ausdrücklichen Willens des Gesetzgebers, die Bankenrechenklausel
dem Europarecht anzupassen, lassen sich für die Bestimmung der Begriffe **Kredit-** und
Finanzinstitut die einschlägigen Rechtsakte der Gemeinschaft heranziehen. Der Begriff
Kreditinstitut ist mittlerweile in Art. 1 Nr. 1, der Begriff Finanzinstitut in Art. 1 Nr. 5 der
Richtlinie 2000/12/EG definiert.[42] Da Bausparkassen schon vom Begriff des Kreditinstituts
erfasst werden, ist ihre Aufzählung rein deklaratorisch.[43]

Die Leistungen der Kreditinstitute sind zwar in der Regel umsatzsteuerfrei, doch steht 20
ihnen eine Optionsmöglichkeit zu. Für den Fall, dass sie von dieser Möglichkeit Gebrauch
machen, ordnet Satz 1 an, dass die **Umsatzsteuer** und die sonstigen direkt auf diese Erträge erhobenen Steuern **abzuziehen** sind.[44] Für die geographische Zurechnung im Rahmen des § 35 Abs. 1 Nr. 2 lässt sich die Regelung des Art. 5 Abs. 3 lit. a) Satz 2 FKVO
entsprechend heranziehen. Danach kommt es auf den Ort der Zweig- oder Geschäftsstelle

---

[35] *Kleinmann/Bechtold* § 23 Rn. 331; *Mestmäcker/Veelken* in: Immenga/Mestmäcker, GWB, § 38
Rn. 29.
[36] Kostenbeschluss des BKartA v. 26. 2. 1999 zu B 6–51478 – U – 8/99; a. A. *Bechtold* § 38 Rn. 5.
[37] Begr. 1998 zu § 38 Abs. 3.
[38] KG 26. 6. 1991, WuW/E OLG 4811, 4824 – *Radio NRW*.
[39] Begr. 1998 zu § 38 Abs. 3.
[40] BKartA 22. 2. 2002, B 7 – 168/01, WuW DE-V 558 Rn. 185 ff. – *Liberty/VIOLA*.
[41] Begr. 1998 zu § 38 Abs. 4.
[42] RL 2000/12/EG v. 20. 3. 2000, ABl. L 126 v. 26. 5. 2000, S. 1, geändert durch RL 2000/28/
EG v. 18. 9. 2000, ABl. L 275 v. 27. 10. 2000, S. 37.
[43] Vgl. Begr. 1971, S. 26.
[44] Begr. 1998 zu § 38 Abs. 4.

an.⁴⁵ Verfügen Banken über Beteiligungen an Unternehmen außerhalb des Bankensektors, die sie kontrollieren, sind die Umsätze nach den üblichen Grundsätzen zu berechnen und hinzuzurechnen. Dies gilt z. B. für die Investmentgesellschaften der Finanzinstitute.

4. Versicherungsrechenklausel

21 Bei Versicherungsunternehmen sind für das Versicherungsgeschäft die **Prämieneinnahmen** des letzten abgeschlossenen Geschäftsjahres maßgebend. Als Prämieneinnahmen definiert § 38 Abs. 4 Satz 3 die Einnahmen aus dem Erst- und Rückversicherungsgeschäft einschließlich der in Rückdeckung gegebenen Anteile. Hier lässt sich für die geographische Zurechnung im Rahmen des § 35 Abs. 1 Nr. 2 die Regelung des Art. 5 Abs. 3 lit. b) Satz 2 FKVO entsprechend heranziehen. Zu berücksichtigen sind alle Prämien, die von in Deutschland ansässigen Personen gezahlt werden.⁴⁶ Verfügen Versicherungsunternehmen über Beteiligungen an Unternehmen außerhalb des Versicherungssektors, die sie kontrollieren, sind die Umsätze dieser Unternehmen nach den üblichen Grundsätzen zu berechnen und hinzuzurechnen. Für Krankenversicherungen hat das BKartA festgestellt, dass Krankenversicherungsbeiträge Umsätze i. S. der Vorschrift sind.⁴⁷

IV. Vermögenserwerb

22 Nach § 38 Abs. 5 ist beim Zusammenschlusstatbestand des **Vermögenserwerbs** i. S. d. § 37 Abs. 1 Satz 1 Nr. 1 für die Berechnung der Marktanteile und der Umsatzerlöse des Veräußerers nur auf den veräußerten Vermögensteil abzustellen, nicht auf das Vermögen des Veräußerers insgesamt. Die 6. GWB-Novelle hat die entsprechende Regelung für den Anteilserwerb i. S. d. § 37 Abs. 1 Satz 2 Nr. 3 mangels erheblicher praktischer Bedeutung gestrichen. Im Rahmen des **Anteilserwerbs** ist ohnehin anerkannt, dass grundsätzlich neben dem Erwerber nicht der Veräußerer von Anteilen, sondern lediglich das Unternehmen, an dem die Anteile bestehen, Beteiligter ist.

§ 39 Anmelde- und Anzeigepflicht

(1) **Zusammenschlüsse sind vor dem Vollzug beim Bundeskartellamt gemäß den Absätzen 2 und 3 anzumelden.**

(2) **Zur Anmeldung sind verpflichtet:**
1. die am Zusammenschluss beteiligten Unternehmen,
2. in den Fällen des § 37 Abs. 1 Nr. 1 und 3 auch der Veräußerer.

(3) ¹**In der Anmeldung ist die Form des Zusammenschlusses anzugeben.** ²**Die Anmeldung muss ferner über jedes beteiligte Unternehmen folgende Angaben enthalten:**
1. die Firma oder sonstige Bezeichnung und den Ort der Niederlassung oder den Sitz;
2. die Art des Geschäftsbetriebes;
3. die Umsatzerlöse im Inland, in der Europäischen Union und weltweit; anstelle der Umsatzerlöse sind bei Kreditinstituten, Finanzinstituten und Bausparkassen der Gesamtbetrag der Erträge gemäß § 38 Abs. 4, bei Versicherungsunternehmen die Prämieneinnahmen anzugeben;
4. die Marktanteile einschließlich der Grundlagen für ihre Berechnung oder Schätzung, wenn diese im Geltungsbereich dieses Gesetzes oder in einem wesentlichen

---

⁴⁵ *Mestmäcker/Veelken* in: Immenga/Mestmäcker, GWB, § 38 Rn. 23.
⁴⁶ *Mestmäcker/Veelken* in: Immenga/Mestmäcker, GWB, § 38 Rn. 24.
⁴⁷ BKartA, Tätigkeitsbericht 2005/06, S. 17.

§ 39. Anmelde- und Anzeigepflicht

Teil desselben für die beteiligten Unternehmen zusammen mindestens 20 vom Hundert erreichen;
5. beim Erwerb von Anteilen an einem anderen Unternehmen die Höhe der erworbenen und der insgesamt gehaltenen Beteiligung;
6. eine zustellungsbevollmächtigte Person im Inland, sofern sich der Sitz des Unternehmens nicht im Geltungsbereich dieses Gesetzes befindet.

³In den Fällen des § 37 Abs. 1 Nr. 1 oder 3 sind die Angaben nach Satz 2 Nr. 1 und 6 auch für den Veräußerer zu machen. ⁴Ist ein beteiligtes Unternehmen ein verbundenes Unternehmen, sind die Angaben nach Satz 2 Nr. 1 und 2 auch über die verbundenen Unternehmen und die Angaben nach Satz 2 Nr. 3 und Nr. 4 über jedes am Zusammenschluss beteiligte Unternehmen und die mit ihm verbundenen Unternehmen insgesamt zu machen sowie die Konzernbeziehungen, Abhängigkeits- und Beteiligungsverhältnisse zwischen den verbundenen Unternehmen mitzuteilen. ⁵In der Anmeldung dürfen keine unrichtigen oder unvollständigen Angaben gemacht oder benutzt werden, um die Kartellbehörde zu veranlassen, eine Untersagung nach § 36 Abs. 1 oder eine Mitteilung nach § 40 Abs. 1 zu unterlassen.

(4) ¹Eine Anmeldung ist nicht erforderlich, wenn die Kommission der Europäischen Gemeinschaft einen Zusammenschluss an das Bundeskartellamt verwiesen hat und dem Bundeskartellamt die nach Absatz 3 erforderlichen Angaben in deutscher Sprache vorliegen. ²Das Bundeskartellamt teilt den beteiligten Unternehmen unverzüglich den Zeitpunkt des Eingangs der Verweisungsentscheidung mit und unterrichtet sie zugleich darüber, inwieweit die nach Absatz 3 erforderlichen Angaben in deutscher Sprache vorliegen.

(5) Das Bundeskartellamt kann von jedem beteiligten Unternehmen Auskunft über Marktanteile einschließlich der Grundlagen für die Berechnung oder Schätzung sowie über den Umsatzerlös bei einer bestimmten Art von Waren oder gewerblichen Leistungen verlangen, den das Unternehmen im letzten Geschäftsjahr vor dem Zusammenschluss erzielt hat.

(6) Die am Zusammenschluss beteiligten Unternehmen haben dem Bundeskartellamt den Vollzug des Zusammenschlusses unverzüglich anzuzeigen.

Übersicht

	Rn.		Rn.
I. Allgemeines	1	5. Fehlerhaftigkeit und Unvollständigkeit der Anmeldung (Abs. 3 S. 5)	27
II. Anmeldepflicht (Abs. 1 bis 3)	3	III. Verweisung von der Kommission (Abs. 4)	28
1. Grundsatz	3	IV. Auskunftsrecht des Bundeskartellamts (Abs. 5)	29
2. Normadressaten (Abs. 2)	8	V. Anzeigepflicht (Abs. 6)	32
3. Anmeldefähiges Vorhaben	13		
4. Form und Inhalt der Anmeldung (Abs. 3)	17		

Schrifttum: *Bechtold,* Das neue Kartellgesetz, NJW 1998, 2769; *Deichfuß,* Der Zusammenschluß durch Anteilserwerb nach der 6. GWB-Novelle, WuW 2000, 834; *Hahn,* Die Kontrolle von Zusammenschlüssen nach ihrem Vollzug, WuW 2007, 1084; *Kleinmann,* Erwerb eines Anzeigenblattes und Fusionskontrolle, AfP 1979, 292; 69; *Schulte,* Änderungen der Fusionskontrolle durch die 6. GWB-Novelle, AG 1998, 297.

I. Allgemeines

Mit § 39 Abs. 1 hat die 6. GWB-Novelle die **generelle vorbeugende Fusionskontrolle** eingeführt. Seither ist jeder Zusammenschluss, der die Aufgreifkriterien in § 35 erfüllt, anmelde- und kontrollpflichtig, bevor er vollzogen wird. Die dadurch für die Fusionskontrolle insgesamt eingeführte größere Belastung der Unternehmen wurde durch eine gleichzeitige Erhöhung der Schwellenwerte in § 35 abgemildert. Die frühzeitige Unterrichtung des Bundeskartellamts soll zusammen mit dem Vollzugsverbot in § 41 Abs. S. 1

vermeiden, dass Zusammenschlüsse erst nach dem Vollzug untersagt werden und sich dann ein kompliziertes Entflechtungsverfahren anschließt.[1]

2   Der von § 39 verwendete Begriff „Zusammenschluss" ist identisch mit dem in § 24a a. F. benutzten Begriff des „Zusammenschlussvorhabens". Die sprachliche Änderung harmonisiert die Vorschrift mit dem europäischen Recht.

II. Anmeldepflicht (Abs. 1 bis 3)

1. Grundsatz

3   Alle Zusammenschlussvorhaben, die einen Zusammenschlusstatbestand nach § 37 Abs. 1 erfüllen, unterliegen im Grundsatz der Anmeldepflicht nach Abs. 1, sofern die Aufgreifkriterien nach § 35 erfüllt sind. Eine Ausnahme besteht nur gemäß Abs. 4, wenn die Europäische Kommission ein bei ihr bereits angemeldetes Verfahren an das Bundeskartellamt verweist.

4   Anders als nach § 24a Abs. 1 S. 1 a. F. kennt das GWB nunmehr keine freiwillige Anmeldung mehr. Dennoch können auch Zusammenschlüsse, bei denen die Aufgreifkriterien nach § 35 nicht erfüllt sind, beim Bundeskartellamt vorsorglich angemeldet werden, um Unsicherheiten hinsichtlich der Anmeldebedürftigkeit zu klären. In diesem Fall müssen die Unternehmen allerdings auch eine Anmeldegebühr nach § 80 Abs. 1 S. 2 Nr. 1 bezahlen, da der Gebührentatbestand nicht zwischen pflichtgemäßen und freiwilligen Anmeldungen unterscheidet.[2]

5   Seit der 6. GWB-Novelle erstreckt sich die Anmeldepflicht auch auf den Zusammenschlusstatbestand des „wettbewerblich erheblichen Einflusses" nach § 37 Abs. 1 Nr. 4. § 24a Abs. 1 S. 2 a. F. hatte diese Art des Zusammenschlusses von der Anmeldepflicht noch ausdrücklich ausgenommen, da für die Unternehmen häufig erst nach eingehender Prüfung erkennbar werde, ob dieser Zusammenschlusstatbestand erfüllt ist oder nicht.[3] Nunmehr geht der Gesetzgeber davon aus, dass dieser Tatbestand genügend an Konturen gewonnen hat.[4] Ob diese gesetzgeberische Einschätzung zutrifft, erscheint angesichts weiterhin bestehender Auslegungsfragen zweifelhaft. In der Praxis empfiehlt es sich daher im Zweifelsfall aus Gründen der Rechtssicherheit und zur Vermeidung von Bußgeldern vorsorglich anzumelden.[5]

6   Die Anmeldepflicht ist keine selbständig durchsetzbare Pflicht. Die Anmeldung ist Voraussetzung der präventiven Fusionskontrolle durch das Bundeskartellamt, jedoch nicht an bestimmte Fristen gebunden. Deshalb verwirklicht das Unterlassen der Anmeldung keine, von dem Verstoß gegen das Vollzugsverbot unabhängige Ordnungswidrigkeit.[6] Umgekehrt setzt ein Verstoß gegen das Vollzugsverbot nicht einen Verstoß gegen die Anmeldepflicht voraus. Ein Unternehmen, das einen Zusammenschluss ordnungsgemäß anmeldet, aber vor der Freigabe vollzieht, verstößt nur gegen das Vollzugsverbot. Eine ordnungswidrige Verletzung der Anmeldepflicht liegt gemäß § 81 Abs. 2 Nr. 3[7] im Falle einer nicht ordnungsgemäßen, d. h. nicht richtigen oder nicht vollständigen Anmeldung vor.

7   Die Vornahme der Anmeldung kann durch das Bundeskartellamt dementsprechend auch nicht mit den **Mitteln des Verwaltungszwanges** durchgesetzt werden. Wenn ein Zu-

---

[1] Vgl. § 41 Rn. 11 ff.
[2] OLG Düsseldorf WuW/E DE-R 514, 521 f. – *Tequila*.
[3] Dazu *Deichfuß* WuW 2000, 834, 841.
[4] Begr. zum RegE BT-Drucks. 13/9720, S. 43.
[5] Vgl. *Bechtold*, GWB, § 37 Rn. 36; *ders.* BB 1997, 1857.
[6] Begr. 2004, S. 66.
[7] Abweichend *Ruppelt* in: Langen/Bunte, Kommentar zum deutschen und europäischen Kartellrecht, § 39 Rn. 8; *Bechtold*, GWB, § 39 Rn. 5.

sammenschlussvorhaben unvollständig oder unrichtig angemeldet wurde, kann jedoch die Vervollständigung bzw. Berichtigung der Anmeldung erzwungen werden.[8]

2. Normadressaten (Abs. 2)

Normadressaten der Anmeldepflicht sind nach Abs. 2 Nr. 1 die am Zusammenschluss beteiligten Unternehmen. Seit der 6. GWB-Novelle trifft die Anmeldepflicht direkt die Unternehmen und nicht deren Inhaber bzw. Vertreter (s. § 24 Abs. 1 S. 3 und § 23 Abs. 4 a. F.). Nach Abs. 2 Nr. 2 ist in den Fällen des Vermögens- und Anteilserwerbs nach § 37 Abs. 1 Nr. 1 und Nr. 3 auch der Veräußerer zur Anmeldung verpflichtet, unabhängig davon, ob er Unternehmen im Sinne des Gesetzes ist. Die Erfüllung der Anmeldepflicht obliegt den zur Vertretung der Unternehmen berufenen Personen, die auch weiterhin verantwortlich für unrichtige oder unvollständige Anmeldungen i. S. d. Bußgeldvorschrift des § 81 Abs. 2 Nr. 3 bleiben.

Welches Unternehmen am Zusammenschluss beteiligt ist, hängt von dem jeweils vorliegenden Zusammenschlusstatbestand des § 37 Abs. 1 ab (vgl. ausführlich dazu § 35 Rn. 3ff.). Beim **Vermögenserwerb nach § 37 Abs. 1 Nr. 1** gehört zu den beteiligten Unternehmen neben dem erwerbenden Unternehmen auch das veräußernde Unternehmen, allerdings nur mit dem veräußerten Vermögensteil. Beim **Anteilserwerb nach § 37 Abs. 1 Nr. 3** ist neben dem Erwerber auch das Unternehmen, an dem der Anteil erworben wird, beteiligt, nicht jedoch der Veräußerer der Beteiligung, es sei denn, er behält weiterhin einen Anteil von mindestens 25%, so dass gemäß § 37 Abs. 1 Nr. 3 S. 3 ein Gemeinschaftsunternehmen entsteht. Im Falle des **Kontrollerwerbs nach § 37 Abs. 1 Nr. 2** sind das kontrollierende und das kontrollierte Unternehmen und beim Zusammenschluss durch **Erwerb eines wettbewerblich erheblichen Einflusses nach § 37 Abs. 1 Nr. 4** sowohl das Unternehmen, das den Einfluss ausüben kann, als auch das dem Einfluss unterworfene Unternehmen, am Zusammenschluss beteiligt. Als beteiligte Unternehmen gelten auch die gemäß § 36 Abs. 2 **verbundenen Unternehmen.** Das bedeutet, dass bei einem Zusammenschluss der Tochtergesellschaften auch die Obergesellschaften anmeldepflichtig sind.

Abs. 2 Nr. 2 bestimmt für den Vermögenserwerb im Sinne des § 37 Abs. 1 Nr. 1 und den Anteilserwerb gemäß § 37 Abs. 1 Nr. 3 die Anmeldepflicht auch des Veräußerers. Zwar ist im Falle des Vermögenserwerbs der Veräußerer auch beteiligtes Unternehmen, generell nicht aber beim Zusammenschlusstatbestand des Anteilserwerbs. Insofern hat die Vorschrift klarstellenden Charakter.[9]

Die **Pflicht zur Anmeldung** trifft alle Unternehmen gleichzeitig. Erst wenn alle erforderlichen Angaben gemacht sind, erlischt die Pflicht, unabhängig davon, welcher der verpflichteten Verfahrensbeteiligten die Angaben gemacht hat. Ist die Anmeldung lückenhaft oder unrichtig, so treffen die daran geknüpften Rechtsfolgen jeden Beteiligten entsprechend seinem Verhalten. Sinn der Norm ist es, dem Bundeskartellamt einen umfassenden Überblick über den Zusammenschluss zu verschaffen. Daher macht es für die Erfüllung der Anmeldepflicht auch keinen Unterschied, ob jeder Verfahrensbeteiligte einzeln anmeldet oder alle gemeinschaftlich oder ob nur einer für sich anmeldet und diese Anmeldung alle erforderlichen Angaben enthält. Insofern ist die Anmeldepflicht der bürgerlich-rechtlichen Gesamtschuld ähnlich.[10] Zweckmäßigerweise nehmen die Unternehmen die Anmeldung

---

[8] *Mestmäcker/Veelken* in: Immenga/Mestmäcker, GWB, § 39 Rn. 42.
[9] *Mestmäcker/Veelken* in: Immenga/Mestmäcker, GWB, § 39 Rn. 11.
[10] *FK-Paschke* § 23 a. F. Rn. 182; *Kleinmann/Bechtold* § 23 Rn. 395; im Ergebnis ebenso *Mestmäcker/Veelken* in: Immenga/Mestmäcker, GWB, § 39 Rn. 12; a. A. *Ruppelt* in: Langen/Bunte, Kommentar zum deutschen und europäischen Kartellrecht, § 39 Rn. 9; OLG Düsseldorf WuW/DE-R 1881, 1882 – *E. I. du Pont/Pedex* allerdings im Hinblick auf die Verfahrensbeteiligung als anmeldendes Unternehmen; unklar WuW/E BGH 1533, 1534 – *Erdgas Schwaben*.

gemeinsam vor. Aus der Anmeldung muss deutlich hervorgehen, dass es sich um eine Anmeldung handelt und nicht etwa um eine informelle Prüfungsbitte, damit das Bundeskartellamt Sicherheit hinsichtlich der eigenen Pflichten und des Laufs der Untersagungsfristen hat.[11]

12 Ob auch **ausländische Unternehmen** der Anmeldepflicht nach § 39 Abs. 1 unterliegen, ist umstritten. Nach der hier vertretenen Auffassung unterliegen auch ausländische Unternehmen der Anmeldepflicht, wenn sich ein im Ausland vollzogener Zusammenschluss auf die Wettbewerbsverhältnisse auf dem relevanten Inlandsmarkt auswirkt.[12] Das Bundeskartellamt geht bei Inlandsauswirkungen generell von einer Anmeldepflicht der ausländischen Unternehmen aus. Nach einer Weisung des Bundesministers für Wirtschaft macht das Bundeskartellamt die Freigabe eines Auslandszusammenschlusses allerdings nicht von der Vollständigkeit der eingereichten Anmeldung abhängig, wenn die Unternehmen gehindert sind, vor dem Vollzug alle erforderlichen Angaben zu beschaffen und sich aus den bereits vorliegenden Unterlagen ergibt, dass eine Untersagung des Zusammenschlussvorhabens erkennbar nicht in Betracht kommt.[13]

3. Anmeldefähiges Vorhaben

13 Ein Zusammenschlussvorhaben kann angemeldet werden, wenn mindestens ein beteiligtes Unternehmen die konkrete Absicht hat, einen bestimmten Zusammenschluss durchzuführen.[14] Nach anderer Ansicht muss eine grundsätzliche Einigung über den Zusammenschluss vorliegen. Daran kann es im Falle einer Unternehmensveräußerung im Bieterverfahren bis zum Zuschlag an einen Bieter fehlen.[15] Ein abgeschlossener Vertrag oder die Zustimmung der Organe der beteiligten Unternehmen müssen nicht vorliegen. Grundsätzlich ergeben sich die Mindestanforderungen an eine Anmeldung aus dem Inhalt der Anmeldepflicht, vgl. unten Rn. 17 ff. Der angestrebte Zusammenschluss muss daher nach seiner Form und den beteiligten Unternehmen konkretisiert sein.[16] **Nicht anmeldefähig** sind Zusammenschlussvorhaben, die nicht ernsthaft angestrebt werden oder gar nicht möglich sind.[17]

14 Die Anmeldung von **Alternativlösungen** ist möglich, sofern die Alternative als Hilfsantrag für den Fall verfolgt wird, dass der primär angestrebte Zusammenschluss aus fusionskontrollrechtlichen Gründen nicht durchführbar ist.[18] Unklar ist, ob mit der Anmeldung die Prüfungsfrist für alle angemeldeten Zusammenschlussalternativen oder lediglich für die primär verfolgte Lösung zu laufen beginnt.[19]

15 Der Zeitpunkt des Zusammenschlusses muss für die Anmeldefähigkeit nicht feststehen. Er muss aber absehbar sein. Sogenannte **Vorratsanmeldungen** sind daher nicht zulässig.[20] Das Bundeskartellamt geht in der Regel von einem Zeitraum von drei bis fünf Jahren aus, innerhalb dessen der Zusammenschluss vollzogen sein muss, weil die Veränderungen der

---

[11] AG 1980, 255, 256 – *Zeitungsmarkt München*.
[12] So WuW/E BGH 1613 ff. – *organische Pigmente* für die Anzeigepflicht aus § 23 Abs. 1 a. F.; Näheres vgl. § 130 Abs. 2 Rn. 75 ff.
[13] Siehe allgemeine Weisung des BMWi vom 30. Mai 1980, BAnz Nr. 103/80 vom 7. Juni 1980.
[14] *Bechtold*, GWB, § 39 Rn. 6;
[15] *Ruppelt* in: Langen/Bunte, Kommentar zum deutschen und europäischen Kartellrecht, § 39 Rn. 4.
[16] *Mestmäcker/Veelcken* in: Immenga/Mestmäcker, GWB, § 39 Rn 7.
[17] KG WuW/E OLG 2561, 2562 – *Bayer/Röhm*.
[18] *Kleinmann/Bechtold* § 24 Rn. 200; FK-*Rieger* § 24a a. F. Rn. 20; weitergehend *Ruppelt* in Langen/Bunte, Kommentar zum deutschen und europäischen Kartellrecht, § 39 Rn. 4: auch gleichgewichtige Verfolgung verschiedener Alternativen möglich.
[19] So *Mestmäcker/Veelcken* in Immenga/Mestmäcker, GWB, § 39 Rn. 8.
[20] WuW/E OLG 5495, 5496 – *Vorratsanmeldung*.

Marktstruktur über einen längeren Zeitraum erfahrungsgemäß nicht vorhersehbar sind. Abhängig von den Gegebenheiten der im Einzelfall betroffenen Märkte kann der Prognosezeitraum aber auch kürzer oder – bei Märkten mit langfristig stabilen Strukturen – länger sein.[21] Wird ein freigegebener Zusammenschluss nicht innerhalb dieser angemessenen Zeit vollzogen, muss das Fusionskontrollverfahren nochmals durchlaufen werden. Bei Einhaltung des angemessenen Prognosezeitraums ist auch die Anmeldung von **Stufenplänen** zum Erwerb eines Unternehmens in mehreren Schritten zulässig.

Nach Auffassung des Bundeskartellamts ist eine Anmeldung nur bis zum Vollzug des Zusammenschlusses möglich. Anmeldungen, die erst nachträglich eingereicht werden, behandelt das Amt daher in seiner neueren Praxis als Anzeige eines vollzogenen Zusammenschlusses, der nicht im Fusionskontrollverfahren nach § 40, sondern im Rahmen eines – fristgebundenen – Entflechtungsverfahrens geprüft wird.[22] Hiergegen lässt sich zu Recht einwenden, dass § 39 keine Frist für die Anmeldung vorsieht. Demnach kann die Anmeldung auch nach einem verbotswidrigen Vollzug erfolgen. Der nachträglich angemeldete Zusammenschluss ist dann im Fusionskontrollverfahren nach § 40 zu prüfen. Mit Ablauf der Untersagungsfristen des § 40 Abs. 1 und 2 oder Freigabe durch das Bundeskartellamt werden die verbotswidrigen Vollzugshandlungen rückwirkend wirksam.[23]

4. Form und Inhalt der Anmeldung (Abs. 3)

Die Anmeldung ist an **keine Form** gebunden.[24] Sie kann daher grundsätzlich auch mündlich erfolgen. Wegen der Fülle der erforderlichen Angaben ist es aber praktisch unerlässlich, eine schriftliche Anmeldung vorzunehmen. Im Hinblick auf die Ingangsetzung der Frist nach § 40 Abs. 1 GWB muss die Anmeldung klar als solche erkennbar sein. Die hierzu erforderliche Erklärung, dass die mitgeteilten Angaben eine Anmeldung zum Gegenstand haben, kann aber auch konkludent erfolgen.[25] Nach Abs. 3 S. 1 ist die Form des Zusammenschlusses anzugeben. Erforderlich, aber auch ausreichend hierfür ist es, wenn die Form des Zusammenschlusses und die beteiligten Unternehmen konkretisiert sind.[26] Aus den Angaben muss sich ergeben, welche Zusammenschlusstatbestände i. S. d. § 37 Abs. 1 Nr. 1–4 der angemeldete Vorgang verwirklicht. Beim Vermögenserwerb sind daher Art und Umfang der übernommenen Vermögensgüter zu beschreiben, beim Anteilserwerb die Höhe der erworbenen und der insgesamt gehaltenen Anteile am Kapital und den Stimmrechten des Zielunternehmens, beim Kontrollerwerb die Mittel der Kontrolle. Die bloße Bezugnahme auf die gesetzlichen Zusammenschlusstatbestände genügt nicht.[27]

In Abs. 3 S. 2 Nr. 1–6 sind katalogartig die weiteren Pflichtangaben aufgeführt, die in der Anmeldung zwingend gemacht werden müssen. Die Angaben sind zu den am Zusammenschluss beteiligten Unternehmen zu machen. Dabei sind nach S. 4 die Angaben nach Nr. 1 und 2 zu Firma, Sitz und Geschäftsbetrieb für jedes einzelne der beteiligten und der mit ihnen nach § 36 Abs. 2 verbundenen Unternehmen zu machen, die Angaben nach Nr. 3 und 4 zu Umsätzen und Marktanteilen nur für jedes beteiligte Unternehmen einschließlich seiner verbundenen Unternehmen. Die Angaben nach Abs. 3 S. 2 Nr. 1 und 6

---

[21] WuW/E OLG 5495, 5496 – *Vorratsanmeldung*.
[22] BKartA, Mitteilung über die Behandlung nachträglich angemeldeter Zusammenschlüsse vom 13. 5. 2008.
[23] *Hahn*, die Kontrolle von Zusammenschlüssen nach ihrem Vollzug, WuW 2007, 1084; *Bechtold*, § 39 Rn. 23.
[24] OLG Düsseldorf WuW/E DE-R 1845, 1847 – *SES/DPC*.
[25] *Ruppelt* in: Langen/Bunte, Kommentar zum deutschen und europäischen Kartellrecht, § 39 Rn. 10; *Paschke* in FK § 39 Rn. 11.
[26] OLG Düsseldorf WuW/E DE-R 1845 – *SES/DPC*.
[27] *Bechtold*, GWB, § 39 Rn. 10; *Ruppelt* in Langen/Bunte, Kommentar zum deutschen und europäischen Kartellrecht, § 39 Rn. 11.

GWB § 39 19–22   10. Teil. Gesetz gegen Wettbewerbsbeschränkungen

sind im Falle des Vermögens- und des Anteilserwerbs nach § 37 Abs. 1 Nr. 1 und Nr. 3 auch für den Veräußerer zu machen (vgl. u. Rn. 24).

19 Nach **Nr. 1 und 2** sind Firma bzw. sonstige Bezeichnung, Sitz bzw. Ort der Niederlassung und Geschäftsbetrieb jedes beteiligten und nach S. 4 auch jedes verbundenen Unternehmens anzugeben. Hierzu gehören auch die ausländischen beteiligten oder verbundenen Unternehmen. In der Praxis ist das Bundeskartellamt oftmals bereit, auf vollständige Angaben zu Auslandsunternehmen zu verzichten, soweit diese erkennbar ohne Bedeutung für die Beurteilung des Zusammenschlusses sind.[28]

20 **Nr. 3** bestimmt, dass die **Umsatzerlöse** gesondert für das Inland, die Europäische Union und weltweit auszuweisen sind, damit das Bundeskartellamt in der Lage ist, die Aufgreifkriterien nach § 35 Abs. 1 zu beurteilen. Maßgeblich ist das letzte abgeschlossene Geschäftsjahr. Die Umsatzerlöse sind nach S. 4 für jedes beteiligte Unternehmen einschließlich der mit ihm verbundenen Unternehmen anzugeben. Entsprechend § 38 Abs. 4 sind für Kredit- und Finanzinstitute sowie Bausparkassen der Gesamtbetrag der Erträge und für Versicherungsunternehmen die Prämieneinnahmen anzugeben. Zur Begriffsbestimmung der Kredit- und Finanzinstitute, sowie der Bausparkassen und Versicherungsunternehmen s. § 37 Rn. 45 f.

21 Nach **Nr. 4** sind die **Marktanteile** der beteiligten Unternehmen einschließlich der Grundlagen ihrer Berechnung oder Schätzung mitzuteilen, sofern diese im Geltungsbereich des Gesetzes oder einem wesentlichen Teil desselben zusammen mindestens 20% erreichen. Die Verpflichtung ist nicht beschränkt auf die Märkte, auf denen das Zielunternehmen tätig ist. Es müssen daher auch die Marktanteile auf von dem Zusammenschluss nicht unmittelbar oder gar nicht betroffenen Märkten angegeben werden, sofern die 20% Schwelle erreicht ist.[29] Die Verpflichtung gilt nur für Märkte, die sich räumlich über das gesamte Bundesgebiet oder einen wesentlichen Teil desselben erstrecken. Nach der Vorstellung des Gesetzgebers ist für das Kriterium der Wesentlichkeit die „Größenordnung von Bundesländern, soweit sie Flächenstaaten sind" zugrunde zu legen.[30] Nach der Rechtsprechung kommt es hingegen nicht entscheidend auf die absolute Flächengröße eines Marktes an. Danach kann das Kriterium der Wesentlichkeit auch bei kleineren regionalen Märkten erfüllt sein, wenn sich wegen der in einem bestimmten Wirtschaftsbereich herrschenden Markt- oder Unternehmensstrukturen die entscheidenden Wettbewerbsvorgänge wesentlich auf regionalen Märkten abspielen.[31] So wurde für den Pressemarkt der Raum Hamburg als wesentlich betrachtet,[32] für die Stromversorgung der Regierungsbezirk Schwaben.[33]

Die Begrenzung auf den Geltungsbereich des Gesetzes gilt unabhängig davon, ob der räumlich relevante Markt größer ist als das Bundesgebiet. Auch in diesem Fall sind daher nach S. 4 die sich für das Bundesgebiet ergebenden Marktanteile anzugeben. Sinnvollerweise sollten aber zusätzlich Angaben zu dem räumlich relevanten Markt und den entsprechenden Marktanteilen gemacht werden.[34]

22 Die Angaben nach Nr. 3 und 4 sind für jedes beteiligte Unternehmen unter Einbeziehung der mit ihm verbundenen Unternehmen zu machen. Es sind jedoch darüber hinaus

---

[28] *Ruppelt* in: Langen/Bunte, Kommentar zum deutschen und europäischen Kartellrecht, § 39 Rn. 13.
[29] BGH, WuW/E BGH 1126, 1128 – *Schaumstoff II;* Wuw/E BGH 1533, 1534 – *Erdgas Schwaben; Ruppelt* in: Langen/Bunte, Kommentar zum deutschen und europäischen Kartellrecht, § 39 Rn. 14; *Bechtold*, GWB, § 39 Rn. 12; a. A. *Paschke* in FK § 39 Rn. 18.
[30] Begr. zum RegE BT-Drucks. VI/2520, S. 32.
[31] WuW/E BGH 1685, 1686 – *Springer/Elbe-Wochenblatt; Mestmäcker/Veelken* in Immenga/Mestmäcker § 39 Rn. 21; *Ruppelt* in: Langen/Bunte, Kommentar zum deutschen und europäischen Kartellrecht, § 39 Rn. 14.
[32] WuW/E BGH 1685, 1686 – *Springer/Elbe-Wochenblatt;* a. A. *Kleinmann* AfP 1979, 293.
[33] WuW/E BGH 1533, 1542 – *Erdgas Schwaben.*
[34] *Bechtold*, GWB, § 39 Rn. 12.

für einzelne Unternehmen gesonderte Angaben zu machen, wenn diese „unter irgendeinem vernünftigen Gesichtspunkt für die behördliche Prüfung eines Zusammenschlusses noch von Bedeutung sind".[35] Relevanter Zeitpunkt für die Marktanteilsangaben ist der Zeitpunkt der Anmeldung. Da Markdaten oftmals nur für abgeschlossene Jahre verfügbar sind, werden Marktanteilsangaben häufig auf der Grundlage des dem Zusammenschluss vorausgegangenen Jahres gemacht. Grundsätzlich sind aber die aktuellsten verfügbaren Daten anzugeben.[36] Die Angaben über Umsatzerlöse sind gemäß § 35 Abs. 1 auf Grundlage des letzten Jahresabschlusses zu machen.

Nach **Nr. 5** sind beim Anteilserwerb die **Höhe des erworbenen Anteils** und der danach insgesamt gehaltenen Beteiligung zu nennen. Dabei sind wegen der Zurechnung gemäß § 36 Abs. 2 GWB auch die von verbundenen Unternehmen gehaltenen Anteile einzubeziehen.[37]

Nach **Nr. 6** müssen Unternehmen, die keinen Sitz im Geltungsbereich des GWB haben, im Falle eines kontrollpflichtigen Zusammenschlussvorhabens einen **inländischen Zustellungsbevollmächtigten** benennen, damit die in solchen Fällen in der Vergangenheit aufgetretenen Unsicherheiten bei der Zustellung der Verfügungen des Bundeskartellamts beseitigt werden.[38] Wird ein Bevollmächtigter nicht bestellt, so kann die Freigabefiktion von § 40 Abs. 2 S. 2 bei Fristablauf wegen § 40 Abs. 2 S. 3 Nr. 3 nicht eingreifen.

Durch die Einfügung eines neuen Satz 3 in Abs. 3 stellt die 7. GWB-Novelle klar, dass beim Vermögens- und Anteilserwerb die Angaben nach Abs. 3 S. 2 Nr. 1 und 6 auch für den Veräußerer zu machen sind. Der Veräußerer ist nach § 54 Abs. 4 in diesen Fällen am Verfahren beteiligt. Ihm müssen die Verfügungen des Bundeskartellamtes fristgerecht zugestellt werden. Daher ist die Angabe von Firma und Ort des Sitzes sowie ggf. des Zustellungsbevollmächtigten im Inland geboten.[39]

Gemäß § 30 VwVfG hat das Bundeskartellamt die Geheimnisse, insbesondere die **Betriebs- und Geschäftsgeheimnisse**, der an der Anmeldung Beteiligten zu wahren. Über §§ 203 ff. StGB ist die Wahrung der Betriebs- und Geschäftsgeheimnisse strafrechtlich sanktioniert.

5. Fehlerhaftigkeit und Unvollständigkeit der Anmeldung (Abs. 3 S. 5)

Die vom Gesetz geforderten Angaben müssen vollständig und richtig gemacht werden. Nach Abs. 3 S. 5 ist es daher verboten, in der Anmeldung unrichtige oder unvollständige Angaben zu machen, um die Kartellbehörde zu veranlassen, eine Untersagung nach § 36 Abs. 1 oder eine Mitteilung nach § 40 Abs. 1 zu unterlassen. S. 5 bezieht sich auf Angaben „in der Anmeldung", bezieht sich darüber hinaus auch auf der Anmeldung nachfolgende Angaben im Fusionskontrollverfahren. Die Unvollständigkeit oder Unrichtigkeit muss zumindest abstrakt geeignet sein, die Entscheidung der Kartellbehörde in dem oben genannten Sinne zu beeinflussen.[40] Subjektiv ist eine diesgerichtete Absicht erforderlich.[41] Der Verstoß kann als Ordnungswidrigkeit nach § 81 Abs. 3 Nr. 3 mit der Höchstgeldbuße nach § 81 Abs. 4 S. 1 geahndet werden. Fehlt es an der Beeinflussungsabsicht, liegt bei Vorsatz oder Fahrlässigkeit eine Ordnungswidrigkeit nach § 81 Abs. 2 Nr. 3 vor. § 40 Abs. 2 S. 4 Nr. 2 beschränkt bei unrichtigen Angaben die Freigabefiktion des § 40 Abs. 2 S. 2.

---

[35] Insofern strenger als das BKartA WuW/E OLG 1712, 1713 – *Hygiene-Artikel*.
[36] Vgl. *Mestmäcker/Veelken* in: Immenga/Mestmäcker, GWB, § 39 Rn. 24; *Bechtold*, GWB, § 39 Rn. 14.
[37] *Mestmäcker/Veelken* in: Immenga/Mestmäcker, GWB, § 39 Rn. 25.
[38] Begr. zum RegE BT-Drucks. 13/9720, S. 59.
[39] Begr. zum RegE (Rn. 38).
[40] Ahnlich *Bechtold*, GWB, § 39 Rn. 18; *Mestmäcker/Veelken* in: Immenga/Mestmäcker, GWB, § 39 Rn. 27.
[41] *Paschke* in FK, § 39 Rn. 23.

III. Verweisung von der Kommission (Abs. 4)

28 Abs. 4 sieht eine Ausnahme von der Anmeldepflicht für von der Europäischen Kommission an das Bundeskartellamt verwiesene Zusammenschlüsse vor. Die Regelung gilt sowohl für Verweisungen bei der Kommission angemeldeter Zusammenschlüsse nach Art. 9 Abs. 1 FKVO als auch für bereits vor Anmeldung auf Antrag der beteiligten Unternehmen nach Art. 4 Abs. 4 FKVO verwiesene Zusammenschlüsse.[42] Voraussetzung ist, dass die nach § 39 Abs. 3 erforderlichen Angaben dem Bundeskartellamt in deutscher Sprache vorliegen. Abs. 4 bezieht sich insoweit auf Art. 19 Abs. 1 und Art. 4 Abs. 4 S. 1 FKVO, wonach die Kommission den mitgliedsstaatlichen Wettbewerbsbehörden Kopien der Anmeldung bzw. des Verweisungsantrags übermittelt. Die Norm soll somit die Unternehmen entlasten, indem von einer erneuten Anmeldung abgesehen wird, sofern die übermittelten Unterlagen die erforderlichen Angaben in deutscher Sprache enthalten.

Nach S. 2 hat das Bundeskartellamt die Unternehmen über den Eingang der Verweisungsentscheidung der Kommission und das Vorliegen der nach Abs. 3 erforderlichen Informationen zu unterrichten, damit die Unternehmen wissen, zu welchem Zeitpunkt die Prüffristen des § 40 Abs. 1 S. 1 und Abs. 2 S. 2 gemäß § 40 Abs. 5 in Lauf gesetzt wurden. Erfüllen die von der Kommission übermittelten Informationen nicht die Voraussetzungen von Abs. 4, beginnt der Fristlauf mit dem Eingang der vollständigen Angaben beim Bundeskartellamt.[43]

IV. Auskunftsrecht des Bundeskartellamts (Abs. 5)

29 Gemäß Abs. 5 kann das Bundeskartellamt über die nach Abs. 3 S. 2 obligatorischen Angaben hinaus von den beteiligten Unternehmen und ihren nach § 36 Abs. 2 verbundenen Unternehmen[44] Auskünfte über ihre Marktanteile und Umsatzerlöse aus dem letzten Geschäftsjahr vor der Anmeldung des Zusammenschlussvorhabens verlangen. Insbesondere kann das Bundeskartellamt Angaben über Marktanteile unterhalb der 20% Schwelle sowie eine detailliertere Aufschlüsselung der bereits vorliegenden Angaben verlangen. Anders als für das allgemeine Auskunftsrecht nach § 59 muss das Bundeskartellamt nicht nachweisen, dass die angeforderten Angaben zur Erfüllung seiner gesetzlichen Aufgaben erforderlich sind. Es ist jedoch der Verhältnismäßigkeitsgrundsatz zu beachten.[45] Die durch das Auskunftsverlangen bei den Unternehmen entstehende Belastung darf gegenüber dem zur Beurteilung des Zusammenschlusses nötigen und erlangten Informationswert nicht unangemessen sein. Den Unternehmen ist eine angemessene Frist zur Erteilung der Auskünfte einzuräumen.[46]

30 Das Auskunftsersuchen konkretisiert die allgemeine Auskunftspflicht der Unternehmen.[47] Es ist eine Verfügung im Sinne von § 61 und damit über § 63 Abs. 1 mit der Anfechtungsbeschwerde angreifbar. Zur Durchsetzung bedient sich das Bundeskartellamt der in §§ 6 ff. VwVG genannten allgemeinen Mittel. Die Nichtbeantwortung eines Auskunftsverlangens nach Abs. 5 ist eine Ordnungswidrigkeit gemäß § 81 Abs. 2 Nr. 2 b.

31 Das Auskunftsrecht nach Abs. 5 schließt nicht das **allgemeine Auskunftsrecht nach § 59** aus.[48] Das Auskunftsersuchen soll dem Bundeskartellamt im Hinblick auf die kurzen

---

[42] BKartA WuW/ DE-V 1357, 58 – *RWE/Saar Ferngas*.
[43] Paschke in FK, § 39 Rn. 24; *Mestmäcker/Veelken* in: Immenga/Mestmäcker, GWB, § 39 Rn. 28.
[44] Begr. zum RegE BT-Drucks. 13/9720, S. 59.
[45] *Paschke* in FK, § 39 Rn. 29; *Mestmäcker/Veelken* in: Immenga/Mestmäcker, GWB, § 39 Rn. 29. *Bechtold*, GWB, § 39 Rn. 20.
[46] *Mestmäcker/Veelken* in: Immenga/Mestmäcker, GWB, § 39 Rn. 32.
[47] *Ruppelt* in: Langen/Bunte, Kommentar zum deutschen und europäischen Kartellrecht, § 39 Rn. 18.
[48] Begr. zum RegE BT-Drucks. 13/9720, S. 59.

Prüffristen in der Fusionskontrolle die erforderlichen Ermittlungen ermöglichen, ohne auf das förmliche Verfahren nach § 59 angewiesen zu sein.[49] In der Praxis bedient sich das Bundeskartellamt in der Regel der **formlosen Anfrage,** die weder einer Begründung noch einer Rechtsmittelbelehrung oder Zustellung gemäß § 61 bedarf und auch mündlich gestellt werden kann. Im Gegensatz zum Auskunftsersuchen sind die Unternehmen auf eine formlose Anfrage hin nicht verpflichtet, die ersuchten Auskünfte zu erteilen. Die Nichtbeantwortung oder unvollständige oder unrichtige Beantwortung begründet daher keine Ordnungswidrigkeit, soweit nicht die Voraussetzungen von Abs. 3 S. 5 vorliegen.[50]

V. Anzeigepflicht (Abs. 6)

Abs. 6 verpflichtet die am Zusammenschluss beteiligten Unternehmen, den Vollzug des Zusammenschlusses dem Bundeskartellamt unverzüglich anzuzeigen. Die Verpflichtung betrifft nur die materiell am Zusammenschluss beteiligten Unternehmen,[51] nicht den gemäß § 54 Abs. 2 Nr. 4 am Verfahren beteiligten Veräußerer. 32

Bei Vorliegen einer vollständigen Anmeldung erschöpft sich die Anzeige eines zuvor angemeldeten Zusammenschlusses in der Mitteilung des Vollzugs. Die Angabe des Vollzugsdatums ist nicht erforderlich. Die Vollzugsanzeige ist unverzüglich, d. h. ohne schuldhaftes Zögern, vgl. § 121 BGB, vorzunehmen. Obgleich die Anzeige keine weiteren Angaben erfordert, ist die Praxis des Amts insoweit jedoch relativ großzügig.[52] Maßgeblich für den Vollzug ist die die zivilrechtliche Wirksamkeit des Vollzugs, bei registerpflichtigen Zusammenschlüssen die Eintragung im Handelsregister.[53] Der Verstoß gegen die Anzeigepflicht kann als Ordnungswidrigkeit nach § 81 Abs. 1 Nr. 4 geahndet werden. Die Anzeigepflicht kann darüber hinaus mit den Mitteln des allgemeinen Verwaltungszwangs durchgesetzt werden.[54] Seit der Streichung von § 43 Abs. 2 a. F. im Zuge der 7. GWB-Novelle 2005 wird die Anzeige nicht mehr im Bundesanzeiger bekannt gemacht.

Die Anzeigepflicht gilt unabhängig von einer **Befreiung vom Vollzugsverbot** nach § 41 Abs. 2. Sie besteht auch bei Auslandszusammenschlüssen, vgl. § 130 Rn. 76. 33

Nach Auffassung des Amts besteht die Pflicht zur Anzeige stets nach Vollzug eines Zusammenschlusses, d. h. auch im Falle eines **Verstoßes gegen Anmeldepflicht oder Vollzugsverbot.**[55] Nach neuerer Praxis des Bundeskartellamts wird die Anzeige im Falle des Verstoßes gegen das Vollzugsverbot jedoch nicht mehr als nachträgliche Anmeldung behandelt. Die Prüfung erfolgt vielmehr fristungebunden im Entflechtungsverfahren nach § 41 Abs. 3, vgl. unten § 41 Rn. 11. Die Anzeige ist in diesem Fall dann Grundlage der Prüfung des Vorhabens durch das Bundeskartellamt.[56] Sie muss daher die nach Abs. 3 erforderlichen Angaben enthalten. Jedenfalls kann das Bundeskartellamt die zur dann notwendig werdenden nachträglichen Prüfung erforderlichen Angaben über das Auskunftsrecht nach Abs. 5 und § 59 verlangen. 34

---

[49] *Ruppelt* in: Langen/Bunte, Kommentar zum deutschen und europäischen Kartellrecht, § 39 Rn. 17.
[50] WuW/E OLG 1515, 1517 ff. – *Sicherheitsglas; Ruppelt* in: Langen/Bunte, Kommentar zum deutschen und europäischen Kartellrecht, § 39 Rn. 19.
[51] Begr. zumRegE BT-Drucks. 15/3640.
[52] Vgl. aber *Ruppelt* in: Langen/Bunte, Kommentar zum deutschen und europäischen Kartellrecht, § 39 Rn. 21: Frist von mehreren Wochen kann schuldhafte Verzögerung sein.
[53] *Mestmäcker/Veelken* in: Immenga/Mestmäcker, GWB, § 39 Rn. 37.
[54] WuW/E BGH 1126, 1130 – *Schaumstoff II;* WuW/E BGH 1377 – *Zementmahlanlage.*
[55] Mitteilung über die Behandlung nachträglich angemeldeter Zusammenschlüsse v. 13. 5. 2008.
[56] *Bechtold*, GWB, § 39 GWB Rn. 23.

§ 40 Verfahren der Zusammenschlusskontrolle

(1) ¹Das Bundeskartellamt darf einen Zusammenschluss, der ihm angemeldet worden ist, nur untersagen, wenn es den anmeldenden Unternehmen innerhalb einer Frist von einem Monat seit Eingang der vollständigen Anmeldung mitteilt, dass es in die Prüfung des Zusammenschlusses (Hauptprüfverfahren) eingetreten ist. ²Das Hauptprüfverfahren soll eingeleitet werden, wenn eine weitere Prüfung des Zusammenschlusses erforderlich ist.

(2) ¹Im Hauptprüfverfahren entscheidet das Bundeskartellamt durch Verfügung, ob der Zusammenschluss untersagt oder freigegeben wird. ²Wird die Verfügung nicht innerhalb von vier Monaten nach Eingang der vollständigen Anmeldung den anmeldenden Unternehmen zugestellt, gilt der Zusammenschluss als freigegeben. ³Die Verfahrensbeteiligten sind unverzüglich über den Zeitpunkt der Zustellung der Verfügung zu unterrichten. ⁴Dies gilt nicht, wenn

1. die anmeldenden Unternehmen einer Fristverlängerung zugestimmt haben,
2. das Bundeskartellamt wegen unrichtiger Angaben oder wegen einer nicht rechtzeitig erteilten Auskunft nach § 39 Abs. 5 oder § 59 die Mitteilung nach Absatz 1 oder die Untersagung des Zusammenschlusses unterlassen hat,
3. eine zustellungsbevollmächtigte Person im Inland entgegen § 39 Abs. 3 Satz 2 Nr. 6 nicht mehr benannt ist.

(3) ¹Die Freigabe kann mit Bedingungen und Auflagen verbunden werden. ²Diese dürfen sich nicht darauf richten, die beteiligten Unternehmen einer laufenden Verhaltenskontrolle zu unterstellen.

(3 a) ¹Die Freigabe kann widerrufen oder geändert werden, wenn sie auf unrichtigen Angaben geruht, arglistig herbeigeführt worden ist oder die beteiligten Unternehmen einer mit ihr verbundenen Auflage zuwiderhandeln. ²Im Falle der Nichterfüllung einer Auflage gilt § 41 Abs. 4 entsprechend.

(4) Vor einer Untersagung ist den obersten Landesbehörden, in deren Gebiet die beteiligten Unternehmen ihren Sitz haben, Gelegenheit zur Stellungnahme zu geben.

(5) Die Fristen nach den Absätzen 1 und 2 Satz 2 beginnen in den Fällen des § 39 Abs. 4 Satz 1, wenn die Verweisungsentscheidung beim Bundeskartellamt eingegangen ist und die nach § 39 Abs. 3 erforderlichen Angaben in deutscher Sprache vorliegen.

(6) Wird eine Freigabe des Bundeskartellamts durch gerichtlichen Beschluss rechtskräftig ganz oder teilweise aufgehoben, beginnt die Frist nach Abs. 2 Satz 2 mit Eintritt der Rechtskraft von neuem.

Übersicht

	Rn.
I. Allgemeines	1
II. Vorprüfverfahren (Abs. 1)	2
1. Die Freigabe im Vorprüfverfahren	2
2. Der „Monatsbrief" nach Abs. 1 S. 1	5
III. Hauptprüfverfahren (Abs. 2)	9
1. Die Einleitung des Hauptprüfverfahrens	9
2. Untersagungs- und Freigabeverfügung	11
3. Freigabefiktion	17
4. Ausnahmen von der Freigabefiktion	18
a) Einverständliche Fristverlängerung	19
b) Unrichtige Angaben, verspätete Auskunft	21
c) Fehlen einer zustellungsbevollmächtigten Person	22
d) Rechtsfolgen von Abs. 2 S. 4	23
5. Rücknahme und Widerruf	27
IV. Bedingungen und Auflagen (Abs. 3)	29
1. Allgemeines	29
2. Definitionen und Abgrenzungen	32
3. Inhalt	34
4. Durchsetzung	36
V. Rechtsschutz	37
1. Untersagung	37
2. Freigabe	38

§ 40. Verfahren der Zusammenschlusskontrolle 1, 2 **§ 40 GWB**

Schrifttum: *Boeckhoff/Franßen,* Zur Beschwerdebefugnis eines Dritten, insb. Eines Verbandes, bei Beschwerden gegen Fusionsfreigaben, WuW 2002, S. 668; *Bunte,* Vertrauensschutz und Verwirkung im Kartellrecht, BB 1980, 1073; *Dormann,* Drittklagen im Recht der Zusammenschlusskontrolle, Köln 2000; *Kappes,* Nebenbestimmungen im Fusionskontrollverfahren des GWB, Berlin 2002; *Laufkötter,* Die Rolle des Dritten im neuen Recht der Zusammenschlusskontrolle, WuW 1999, 671; *Neef,* Drittbeschwerde nicht beigeladener Unternehmen in der Fusionskontrolle, GRUR 2008, 30; *Riesenkampff,* Zusagen im Fusionskontrollverfahren, WuW 1977, 291; *Steinberger,* Klage-(Beschwerde-)befugnis Dritter gegen Freigaben von Zusammenschlüssen durch das Bundeskartellamt, WuW 2000, 345; *Traumann,* Die Bestandskraft von kartellbehördlichen Verfügungen, WuW 1982, 825; *Treeck,* Zusagenregelung in der 6. GWB-Novelle und im europäischen Recht, in: Schwerpunkte 1997, S. 45; *Uhlig,* Auflagen und Bedingungen in der deutschen Fusionskontrolle, WuW 2000, 574; *Westermann,* Beiladung und Rechtsschutzmöglichkeiten Dritter in der deutschen Fusionskontrolle, WuW 2007, 577.

I. Allgemeines

§ 40 GWB regelt das Verfahren der Zusammenschlusskontrolle, das seine heutige Ausgestaltung in wesentlichen Punkten durch die 6. GWB-Novelle erfahren hat, mit der eine strikte Trennung zwischen Vor- und Hauptprüfverfahren eingeführt wurde. Danach erfolgt die Freigabe von Zusammenschlüssen im Vorprüfverfahren durch formloses Verwaltungsschreiben oder Verstreichen der Monatsfrist gemäß Abs. 1 S. 1, innerhalb derer das Bundeskartellamt den anmeldenden Unternehmen den Eintritt in das Hauptprüfverfahren mitteilen muss. Im Hauptprüfverfahren entscheidet das Bundeskartellamt innerhalb von 4 Monaten seit Eingang der vollständigen Anmeldung über die Freigabe oder Untersagung des Zusammenschlusses. Bis zur 6. GWB-Novelle war eine Freigabe durch förmliche Verfügung nicht vorgesehen. Der Gesetzgeber wollte damit vermeiden, dass den Unternehmen bei einer Fusion ein „staatliches Gütesiegel" verliehen würde.[1] Mit der Gesetzesänderung wurde diese Vorsicht aufgegeben, um die Transparenz der Bundeskartellamtspraxis im Bereich der Freigaben zu erhöhen. Durch die Ausgestaltung der Freigabe von Zusammenschlüssen im Hauptprüfverfahren als begründete und rechtsmittelfähige Verfügung wurde der Rechtsschutz Dritter verbessert und die Freigabe von Zusammenschlüssen unter Auflagen und Bedingungen ermöglicht. Im Rahmen der 7. GWB-Novelle wurden im Wesentlichen die fristgemäße Zustellung der Freigabe- oder Untersagungsverfügung des Bundeskartellamts im Hauptprüfverfahren erleichtert und mit Abs. 3a eine ausdrückliche Regelung der Änderung und des Widerrufs von Freigabeentscheidungen sowie mit Abs. 5 eine Klarstellung des Beginns der Verfahrensfristen bei Verweisungsfällen aufgenommen.

II. Vorprüfverfahren (Abs. 1)

1. Die Freigabe im Vorprüfverfahren

In der auf den Eingang der Anmeldung folgenden ersten Prüfphase, dem so genannten **Vorprüfverfahren**, wird ein Grobraster zur Aussonderung unbedenklicher Fälle angelegt, die das Bundeskartellamt im Wege eines formlosen Verwaltungsschreibens freigeben kann. Nach Abs. 1 Satz 1 kann das Bundeskartellamt einen Zusammenschluss nur untersagen, wenn es den anmeldenden Unternehmen innerhalb eines Monates seit Eingang der vollständigen Anmeldung mitgeteilt hat, dass es in das Hauptprüfverfahren eingetreten ist. Gelangt das Bundeskartellamt vor Ablauf der Monatsfrist zu der Überzeugung, dass ein Zusammenschluss offensichtlich unbedenklich ist, kann es daher das Verfahren entweder abschließen, indem es die Monatsfrist verstreichen lässt oder indem es den anmeldenden

---

[1] *Lambsdorff,* Stenographischer Bericht des Deutschen Bundestages, 7. Wahlperiode, 228. Sitzung vom 12. 3. 1976, S. 15 906 B.

Unternehmen vor Ablauf der Monatsfrist formlos mitteilt, dass die Voraussetzungen einer Untersagung gemäß § 36 Abs. 1 nicht vorliegen.

3   Die formlose **Freigabemitteilung** des Bundeskartellamts im Vorprüfverfahren bewirkt den Eintritt der Wirkung des Fristablaufs gemäß Abs. 1 Satz 1, das heißt die Untersagungsbefugnis des Bundeskartellamtes erlischt und das Verbot, den Zusammenschluss zu vollziehen, wird beendet. Die Mitteilung hat insoweit regelnden Charakter.[2] Ob die Freigabe im Vorprüfverfahren als Verwaltungsakt auch durch Dritte selbständig anfechtbar ist, hat die Rechtsprechung bislang offengelassen.[3] Gegen eine Anfechtbarkeit spricht bereits § 40 Abs. 6, der von einer Anfechtungsmöglichkeit nur im Hauptprüfverfahren ausgeht. Außerdem folgt unmittelbar aus dem Gesetz mit Ablauf der Monatsfrist die Wirksamkeit des Zusammenschlusses, so dass sich eine vorzeitige Freigabeverfügung mit Fristablauf erledigt hätte und somit nicht mehr angefochten werden könnte.[4]

4   Auch der Ablauf der einmonatigen Frist im Vorprüfverfahren stellt keinen Verwaltungsakt dar. Es handelt sich nur um eine **Ausschlussfrist,** die anders als die Frist nach Abs. 2 S. 2 keine Freigabefiktion enthält und gerade kein fingierter Verwaltungsakt ist. Eine Freigabe durch Fristablauf im Vorprüfverfahren ist daher – ebenso wie die formlose Mitteilung der Freigabe – nicht anfechtbar. Dies gilt auch dann, wenn das Amt bei richtiger Sachbehandlung ein Hauptprüfverfahren hätte eröffnen müssen.[5] Ein Rechtsschutz für Dritte ist somit nicht eröffnet. Dass dadurch im Ergebnis der Rechtsschutz drittbetroffener Unternehmen von der Entscheidung des Bundeskartellamts, einen Zusammenschluss im Vorprüfverfahren durch formlose Mitteilung bzw. Fristablauf oder aber erst im Hauptprüfverfahren durch (anfechtbare) Verfügung freizugeben, abhängig gemacht wird, hat der Gesetzgeber dabei im Interesse eines raschen und unbürokratischen Fusionskontrollverfahrens in Kauf genommen.[6]

2. Der „Monatsbrief" nach Abs. 1 S. 1

5   Mit der Mitteilung nach Abs. 1 Satz 1 (dem so genannten „Monatsbrief") tritt das Bundeskartellamt in das Hauptprüfverfahren ein. Mit dem Ablauf der Ausschlussfrist nach Abs. 1 Satz 1 erlischt – abgesehen von den in Abs. 2 geregelten Ausnahmefällen – die kartellbehördliche Untersagungsbefugnis.[7] Ein Zusammenschluss kann daher grundsätzlich nicht mehr untersagt werden, wenn die Mitteilung nicht fristgemäß ergeht.[8] Nach Abs. 2 Satz 4 Nr. 2, der auch auf den Ablauf der Frist nach Abs. 1 anzuwenden ist, gilt dies jedoch nicht, wenn das Bundeskartellamt wegen unrichtiger Angaben oder wegen einer nicht rechtzeitig erteilten Auskunft nach § 39 Abs. 5 oder § 59 die Mitteilung nach Abs. 1 unterlassen hat.[9]

6   **Adressat** des Monatsbriefes sind nach Abs. 1 Satz 1 alle Unternehmen, die eine Anmeldung selbst vorgenommen haben. Ist ein Zusammenschlussvorhaben von mehreren Unternehmen angemeldet worden, muss die Mitteilung daher gegenüber sämtlichen anmelden-

---

[2] WuW/E OLG 5849, 5850 – *Großverbraucher* m. w. N.; für die neue Rechtslage bestätigt durch KG WuW/E DE-R 641, 643 – *tobaccoland*; vgl. OLG Düsseldorf, WuW/E DE-R 1293 – *tv kofler*.
[3] KG WuW/E DE-R 641 ff. – *tobaccoland*; OLG Düsseldorf, WuW/E DE-R 1293 – *tv kofler*.
[4] Im Ergebnis ebenso: *Mestmäcker/Veelcken* in: Immenga/Mestmäcker, § 40 Rn. 21; *Bechtold*, GWB, § 40 Rn. 7
[5] OLG Düsseldorf, WuW/E DE-R 1293 – *tv kofler;* OLG Düsseldorf WuW/DE-R 1922, 1924 – *Verweisungsverfahren;* *Rieger* in FK, § 40 Rn. 6.
[6] OLG Düsseldorf, WuW/E DE-R 1293 – *tv kofler;* BGH, WuW/E DE-R 1571 – *Ampere;* hierzu KG WuW/E DE-R 641, 644 – *tobaccoland; Pape/Hossenfelder/Töllner,* Kartellrechtspraxis und Kartellrechtsprechung 2002/03 Rn. 380; *Bechtold*, GWB, § 40 Rn. 3.
[7] BGH, WuW/E DE-R 1571 – *Ampere* m. w. N. *Bechtold*, GWB, § 40 Rn. 5.
[8] OLG Düsseldorf WuW/DE-R 1922, 1924 – *Verweisungsverfahren*.
[9] S. u. Rn. 21.

den Unternehmen erfolgen. Hat dagegen ein Unternehmen die Anmeldung auch im Namen weiterer Zusammenschlussbeteiligter erstattet, genügt die Mitteilung gegenüber dem Unternehmen, das die Anmeldung bewirkt hat.[10] Werden die anmeldenden Unternehmen von einem Verfahrensbevollmächtigten vertreten, ist die Mitteilung an diesen zu richten. Wird ein Zusammenschluss von einem Unternehmen mit Sitz im Ausland angemeldet, kann an dessen zustellungsbevollmächtigte Person im Inland (gemäß § 39 Abs. 3 Nr. 6) zugestellt werden. Die Monatsfrist, innerhalb derer die Mitteilung nach Abs. 1 S. 1 den anmeldenden Unternehmen zugehen muss, beginnt erst, wenn die Anmeldung vollständig vorgenommen wurde. Dies ist dann der Fall, wenn die Anmeldung die in § 39 Abs. 3 aufgeführten Angaben enthält. Entscheidend für den Fristbeginn ist alleine die Vollständigkeit, nicht aber die Richtigkeit der Angaben. Die Unrichtigkeit der Angaben hat nur Bedeutung für das Recht des Bundeskartellamts, auch nach Fristablauf noch eine Untersagung auszusprechen.[11] Wenn das Bundeskartellamt die Vollständigkeit ausdrücklich bestätigt, dürfen die anmeldenden Unternehmen auf diese Bestätigung vertrauen, auch wenn sich später die Unvollständigkeit der Anmeldung herausstellt.[12] Für die Wahrung der Monatsfrist ist der Zugang der Mitteilung entscheidend. Die Berechnung der Frist erfolgt nach § 31 VwVfG, der wiederum auf die §§ 187 ff. BGB verweist.

Die Monatsfrist gemäß Abs. 1 Satz 1 ist keine Mindestfrist. Das Bundeskartellamt kann die Mitteilung daher zu jedem Zeitpunkt innerhalb der Monatsfrist vornehmen, sobald es zu der Überzeugung gelangt ist, dass eine weitere Prüfung des Zusammenschlusses erforderlich ist oder dass der Zusammenschluss zu untersagen ist.[13] Die Mitteilung nach Abs. 1 S. 1 ist auch dann erforderlich, wenn das Bundeskartellamt einen Zusammenschluss bereits innerhalb der Monatsfrist untersagt.

Der Monatsbrief dient allein der Information der Anmelder. Ein eigenständiger Regelungscharakter kommt ihm nicht zu. Der Monatsbrief ist daher kein Verwaltungsakt und auch nicht selbständig anfechtbar. Er bewirkt lediglich, dass dem Bundeskartellamt die 4-monatige Frist des Hauptprüfverfahrens gemäß Abs. 2 S. 2 für seine Entscheidung über die Freigabe oder die Untersagung des Zusammenschlusses zur Verfügung steht.[14] Die Mitteilung ist formfrei.[15] Sie ist grundsätzlich also auch mündlich möglich und bedarf keiner förmlichen Zustellung.

III. Hauptprüfverfahren (Abs. 2)

1. Die Einleitung des Hauptprüfverfahrens

Nach Abs. 1 Satz 2 soll das Bundeskartellamt das Hauptprüfverfahren einleiten, wenn eine weitere Prüfung des Zusammenschlusses erforderlich ist. Ausreichend für den Eintritt in das Hauptprüfverfahren ist, dass die Prüfung des Zusammenschlusses nicht innerhalb der Monatsfrist abgeschlossen werden kann, ohne dass es auf den Grund ankäme, weshalb das Bundeskartellamt eine weitere Prüfung für erforderlich hält. Auch die Notwendigkeit einer weiteren Prüfung rein formeller Gesichtspunkte reicht aus.[16] Das Bundeskartellamt muss innerhalb der Monatsfrist eine Prognose darüber zu treffen, ob eine weitere Prüfung des Zusammenschlusses erforderlich ist. Andere Gesichtspunkte wie etwa das Interesse, die Freigabe eines Zusammenschlusses durch eine rechtsmittelfähige

---

[10] *Rieger* in: FK § 40 Rn. 8.
[11] Vgl. u. Rn. 23
[12] WuW/E BGH 1556, 1559 – *Weichschaum III.*
[13] OLG Düsseldorf WuW/DE-R 1845, 1847 – *SES/DPC; Mestmäcker/Veelken* in Immenga/Mestmäcker, GWB, § 40 Rn. 17.
[14] *Rieger* in: FK, § 40 Rn. 9; *Bechtold*, GWB, § 40 Rn. 6.
[15] OLG Düsseldorf WuW/DE-R 1845, 1847 – *SES/DPC.*
[16] Vgl. zur alten Rechtslage *Kleinmann/Bechtold* § 24a Rn. 78.

Verfügung zu bewirken, rechtfertigen hingegen nicht die Einleitung des Hauptprüfverfahrens.[17]

10 Trotz der offenen Formulierung, wonach das Bundeskartellamt in das Hauptprüfverfahren eintreten „soll", wenn es eine weitere Prüfung für erforderlich hält, verbleibt dem Bundeskartellamt kein Raum, sich gegen die Einleitung des Hauptprüfverfahrens zu entscheiden, wenn ein Zusammenschluss eine weitere Prüfung erfordert.[18] Hierfür spricht auch die Regierungsbegründung zur 6. GWB-Novelle. Danach „hat" das Bundeskartellamt den anmeldenden Unternehmen mitzuteilen, dass es die Einleitung des Hauptprüfverfahrens für erforderlich hält.[19] Die Einleitung des Hauptprüfverfahrens ist nach § 43 Abs. 1 unverzüglich bekannt zu machen.

2. Untersagungs- und Freigabeverfügung

11 Im Hauptprüfverfahren entscheidet das Bundeskartellamt gemäß Abs. 2 S. 1 im Wege einer förmlichen Verfügung über die Untersagung oder Freigabe des Zusammenschlusses. Die Freigabe ist damit ebenso wie die Untersagungsverfügung ein **Verwaltungsakt** im Sinne von § 35 VwVfG, der mit einer Begründung und einer Rechtsmittelbelehrung zu versehen und den Verfahrensbeteiligten zuzustellen ist, § 61 Abs. 1 S. 1. Am Fusionskontrollverfahren gemäß § 54 Abs. 2 Nr. 3 beteiligten Dritten steht gegen Verfügungen nach Abs. 2 die Anfechtungsbeschwerde gemäß §§ 63 Abs. 2 zu. Die Verfügungen des Bundeskartellamts nach Abs. 2 S. 1 sind nach § 80 Abs. 1 S. 2 Nr. 1 gebührenpflichtig und nach § 43 Abs. 2 Nr. 1 bekanntzumachen. Rücknahme und Widerruf einer Freigabe sind gemäß § 43 Abs. 2 Nr. 3 bekanntzumachen.

12 Bei der **Untersagungsverfügung** handelt es sich um einen gebundenen Verwaltungsakt, der in vollem Umfang der gerichtlichen Überprüfung unterliegt. Dem Bundeskartellamt verbleibt weder ein Beurteilungsspielraum hinsichtlich des Vorliegens der Untersagungsvoraussetzungen des § 36 Abs. 1 S. 1 noch ein Entscheidungsermessen.[20] Der Erlass der Untersagungsverfügung unterliegt allerdings dem allgemeinen Grundsatz der Verhältnismäßigkeit. Hieraus ist jedoch keine Verpflichtung des Amts zu Teiluntersagungen abzuleiten. Das Bundeskartellamt hat den Zusammenschluss, so wie er angemeldet ist oder sich im Falle eines nicht angemeldeten Zusammenschlusses aufgrund der Ermittlungen des Amtes darstellt, insgesamt zu untersagen. Es muss jedoch die Möglichkeit einer Freigabe unter Bedingungen oder Auflagen berücksichtigen, soweit die beteiligten Unternehmen im Laufe des Verfahrens hierfür geeignete Vorschläge unterbreitet haben.[21]

13 Vor dem Erlass der Untersagungsverfügung ist den **obersten Landesbehörden,** in deren Gebiet die beteiligten Unternehmen ihren Sitz haben, Gelegenheit zur Stellungnahme zu geben, Abs. 4. Eine Untersagung ist demnach rechtswidrig, wenn der obersten Landesbehörde nicht innerhalb einer angemessenen Frist die **Möglichkeit zur Stellungnahme** gegeben wurde. Ob die oberste Landesbehörde von der Möglichkeit der Stellungnahme Gebrauch macht und ob das Bundeskartellamt ihr folgt, ist unerheblich. Abs. 4 schützt nicht die Interessen der beteiligten Unternehmen, die aus einer Verletzung der Vorschrift daher keinerlei Rechte herleiten können.[22]

14 Das Bundeskartellamt kann ein Zusammenschlussvorhaben zu jedem **Zeitpunkt** vor Ablauf der Fristen nach Abs. 1 und Abs. 2 untersagen. Es kann ein Untersagungsverfahren

---

[17] *Rieger* in: FK § 40 Rn. 15; *Bechtold,* GWB, § 39 Rn. 8.
[18] *Rieger* in: FK § 40 Tz. 12.
[19] BT-Drucks. 13/9720 zu § 40 Abs. 1.
[20] *Bechtold,* GWB, § 40 Rn. 34; *Mestmäcker/Veelken* in: Immenga/Mestmäcker, GWB, § 40 Rn. 40.
[21] *Ruppelt* in: Langen/Bunte, Kommentar zum deutschen und europäischen Kartellrecht, § 40 Rn. 6; *Mestmäcker/Veelken* in: Immenga/Mestmäcker, GWB, § 40 Rn. 40.
[22] WuW/E BGH 2150, 2153 – *Edelstahlbestecke;* WuW/E OLG 3137, 3140 – *Rheinmetall/WMF;* WuW/E OLG 3577, 3580 – *Hussel/Mara; FK-Rieger* § 24 Rn. 106; *Kleinmann/Bechtold* § 24 Rn. 234.

auch ohne vorherige Anmeldung einleiten.[23] Auch wenn das Gesetz seit der 6. GWB Novelle keine ausdrückliche Befugnis zur Untersagung eines Zusammenschlussvorhabens ohne dessen vorherige Anmeldung mehr enthält,[24] ergibt sich eine Ermächtigung hierzu aus den allgemeinen kartellrechtlichen Verfahrensgrundsätzen, § 54 Abs. 1 S. 1. Das Bundeskartellamt muss daher nicht erst abwarten, bis ein nicht angemeldeter Zusammenschluss verbotswidrig vollzogen wird. Das Zusammenschlussvorhaben muss allerdings hinreichend konkretisiert sein. Erfährt das Bundeskartellamt von einem Zusammenschlussvorhaben, so wird es in der Regel zunächst auf die Anmeldepflicht hinweisen, um nach Erhalt der nötigen Angaben das Zusammenschlussvorhaben zu prüfen. Eine Anmeldung ist allerdings nicht erzwingbar, da die Pflicht zur Anmeldung erst mit dem Vollzug des Zusammenschlusses verletzt werden kann.[25] Solange das Vorhaben nicht angemeldet ist, wird jedoch die Frist nach Abs. 1 S. 1 nicht in Lauf gesetzt.

Der Fristbeginn in Fällen einer **Verweisung durch die Europäische Kommission** an das Bundeskartellamt nach Art. 9 Abs. 1, Abs. 3 lit. b FKVO wird in Abs. 5 geregelt. Die Ergänzung der Vorschrift durch die 7. GWB-Novelle dient der Klarstellung, dass die Frist nur dann zu laufen beginnt, wenn dem Bundeskartellamt die nach § 39 Abs. 3 erforderlichen Angaben in deutscher Sprache vorliegen.

Liegen die Untersagungsvoraussetzungen nach § 36 Abs. 1 nicht vor, gibt das Bundeskartellamt im Hauptprüfverfahren den Zusammenschluss gemäß Abs. 2 S. 1 durch Verfügung frei. Die Freigabe kann gemäß Abs. 3 mit Bedingungen und Auflagen verbunden werden.[26] Nach dem Wortlaut von Abs. 2 S. 1 und der Zielsetzung der Einführung einer **förmlichen Freigabeverfügung**, die Transparenz des Verwaltungshandelns und den Rechtsschutz gegen Freigaben zu verbessern, darf das Bundeskartellamt, wenn es im Hauptprüfverfahren zur Überzeugung gelangt ist, dass der Zusammenschluss die Untersagungsvoraussetzungen nicht erfüllt, nicht die Untersagungsfrist verstreichen lassen, sondern muss eine Freigabeentscheidung erlassen.[27]

3. Freigabefiktion

Nach Abs. 2 S. 2 gilt ein Zusammenschluss als freigegeben, wenn die Verfügung des Bundeskartellamts den anmeldenden Unternehmen nicht innerhalb von vier Monaten nach Eingang der vollständigen Anmeldung zugestellt wird. Die Frist ist nach den gleichen Grundsätzen zu berechnen wie die Monatsfrist nach Abs. 1 S. 1.[28] Die fristgemäße Zustellung an andere Beteiligte als die anmeldenden Unternehmen ist seit der 7. GWB Novelle zur Wahrung der Frist nicht mehr erforderlich. Die Freigabefunktion nach Abs. 2 S. 2 greift demgemäß nur dann ein, wenn das Bundeskartellamt es versäumt, den anmeldenden Unternehmen die Verfügung fristgemäß zuzustellen. Mit der Änderung der Vorschrift soll der Aufwand des Bundeskartellamts in Verfahren mit zahlreichen Beteiligten reduziert und gleichzeitig verhindert werden, dass eine Verfügung alleine deshalb aufgehoben wird, weil sie einem Beigeladenen nicht rechtzeitig zugestellt wurde. Wird die Untersagungsverfügung einem unter mehreren anmeldenden Unternehmen nicht rechtzeitig zugestellt, führt dies zur Rechtswidrigkeit der Untersagung insgesamt.[29] Bei verspäteter Zustellung einer Freigabeverfügung tritt bereits mit Fristablauf die Freigabefiktion nach Abs. 2. S. 2 ein. Die Rechtsfolge des Fristablaufs bleibt von einer etwaigen Anfechtung der Freigabeverfügung

---

[23] WuW/E BKartA 1457 – *VEBA/Gelsenberg*; WuW/E BKartA 2259 – *Springer/Kieler Zeitung*; *Mestmäcker/Veelken* in: Immenga/Mestmäcker, GWB, § 40 Rn. 2, 5.
[24] Vgl. § 24 Abs. 2 S. 2 HS 1 a. F.
[25] Vgl. § 39 Rn. 6.
[26] Dazu unten Rn. 29 ff.
[27] *Rieger* in FK, § 40 Rn. 34; *Mestmäcker/Veelken* in Immenga/Mestmäcker, GWB, § 40 Rn. 41.
[28] S. o. Rn. 5 ff.
[29] *Bechtold*, GWB, § 40 Rn. 9.

unberührt.³⁰ Die anderen Verfahrensbeteiligten sind nach dem neuen S. 3 des Abs. 2 unverzüglich über den Zeitpunkt der Zustellung der Verfügung an die anmeldenden Unternehmen zu unterrichten, damit sie beurteilen können, wann die Freigabefiktion nach S. 2 eingetreten ist bzw. wann die Rechtsmittelfrist gegen die Verfügung des Bundeskartellamts zu laufen beginnt. Ausschlaggebend hierbei ist der Zeitpunkt der letzten Zustellung nach S. 2.³¹

4. Ausnahmen von der Freigabefiktion

18 In Abs. 2 S. 4 (Abs. 2 S. 3 GWB a. F.) sind die Fälle aufgeführt, in denen der Ablauf der Frist nach S. 2 keine rechtlichen Wirkungen hat. Das Bundeskartellamt kann eine Untersagung dann jederzeit nachholen. Nach ihrer systematischen Stellung als S. 4 des Abs. 2 dürften die Ausnahmen nur dann gelten, wenn das Bundeskartellamt bei seiner Prüfung bereits in das Hauptprüfverfahren eingetreten ist, weil nur dann die Freigabefiktion von Abs. 2 S. 2 gilt. Es ist aber sachgerecht, Abs. 2 S. 4 Nr. 2 und 3 auch anzuwenden, wenn im Vorprüfverfahren das Untersagungsrecht, aus den in Nr. 2 und 3 genannten Gründen gemäß Abs. 1 S. 1 durch Fristablauf erloschen ist.³² Abs. 2 S. 4 Nr. 2 nimmt dementsprechend auch ausdrücklich Bezug auf das Unterlassen der Mitteilung nach Abs. 1. Für die Anwendung von S. 4 Nr. 1 auf die Monatsfrist nach Abs. 1 besteht hingegen kein Bedürfnis, weil bereits der Eintritt in das Hauptprüfverfahren von Gesetzes wegen eine Verlängerung der Prüfungsfrist bewirkt.

19 **a) Einverständliche Fristverlängerung,** Nr. 1: Das Gesetz nennt an erster Stelle der Ausnahmen von der Freigabefiktion die einverständliche Verlängerung der Frist des Abs. 2 S. 2. Es kommt dabei auf die Zustimmung all jener an, die ein Zusammenschlussvorhaben tatsächlich angemeldet haben oder in deren Namen es angemeldet wurde. In den Fällen der Anmeldepflicht des Veräußerers nach § 39 Abs. 2 Nr. 2 ist daher auch die Zustimmung des Veräußerers erforderlich, wenn dieser selbst angemeldet hat.³³ Aus Praktikabilitätsgründen ist davon auszugehen, dass diejenigen Unternehmen, die für andere Unternehmen eine Anmeldung vorgenommen haben, zugleich auch bevollmächtigt sind, für diese anderen Unternehmen einer Fristverlängerung zuzustimmen, solange ihre Vollmacht nicht widerrufen ist.³⁴ Möchte ein beteiligtes Unternehmen selbständig über eine Fristverlängerung entscheiden, so kann es die zur Fristverlängerung berechtigende Vollmacht, die es dem die Anmeldung bewirkenden Unternehmen erteilt hat, gegenüber dem Bundeskartellamt widerrufen.

20 Die Zustimmung zur Verlängerung kann nur vor dem Ablauf der Frist erklärt werden. Die Fristverlängerung muss einen genau bestimmten Endtermin vorsehen. Eine mehrfache Verlängerung ist möglich.³⁵ Eine zeitliche Obergrenze der Verlängerung sieht das Gesetz nicht vor. Um dem Interesse der beteiligten Unternehmen an einem schnellen Fusionskontrollverfahren und dem Verhältnismäßigkeitsgrundsatz zu genügen, kommt eine Verlängerung jedoch grundsätzlich nur dann in Frage, wenn die Ermittlungen des Amtes innerhalb der Viermonatsfrist nicht abgeschlossen werden können oder wenn die Unternehmen durch weiteren Vortrag einer drohenden Untersagung begegnen möchten.³⁶ Ebenso wie

---

³⁰ *Bechtold,* GWB, § 40 Rn. 10.
³¹ Begründung zum Regierungsentwurf der 7. GWB-Novelle, BT-Drucks. 15/3640, S. 59.
³² *Mestmäcker/Veelken* in: Immenga/Mestmäcker § 40 Rn. 33 f.; ebenso *Kleinmann/Bechtold* § 24 a Rn. 85 für die alte Rechtslage, die allerdings von einer entsprechenden Anwendung für eine Verlängerung der Monatsfrist im Vorprüfverfahren ausgehen.
³³ *Mestmäcker/Veelken* in: Immenga/Mestmäcker § 40 Rn. 27; *Rieger* in FK, § 40 Rn. 23; vgl. aber noch BGH WuW/E DE-R 420 – *Erledigte Beschwerde,* der den Veräußerer im Falle des Anteilserwerbs nach § 23 Abs. 2 Nr. 2 a. F. als nicht zustimmungspflichtig betrachtet.
³⁴ *Bechtold,* GWB, § 40 Rn. 15; *Rieger* in FK § 40 Tz. 25.
³⁵ *Rieger* in FK § 40 Tz. 26.
³⁶ *Ruppelt* in: Langen/Bunte, Kommentar zum deutschen und europäischen Kartellrecht, § 40 Rn. 14.

die Unternehmen nicht verpflichtet sind, einer Verlängerung zuzustimmen, unterliegt das Bundeskartellamt umgekehrt aber auch keiner Verpflichtung, die verlängerte Frist auszuschöpfen.

b) Unrichtige Angaben, verspätete Auskunft, Nr. 2: Nach Nr. 2 entfaltet der Fristablauf auch dann keine Wirkung, wenn die Unternehmen dem Bundeskartellamt unrichtige Angaben gemacht haben oder nach § 39 Abs. 5 oder § 59 angeforderte Auskünfte nicht rechtzeitig erteilt haben. Die Unrichtigkeit der Angaben muss **ursächlich** für das Unterlassen der Untersagung durch das Bundeskartellamt sein. Bei fehlender Ursächlichkeit kann jedoch eine Ordnungswidrigkeit nach § 81 Abs. 2 Nr. 3 oder Nr. 6 vorliegen. Nach der Begründung des Regierungsentwurfs der 6. GWB-Novelle gilt Abs. 2 S. 4 Nr. 2 auch für unvollständige Angaben.[37] Da im Falle einer unvollständigen Anmeldung die Frist nach Abs. 1 nicht in Lauf gesetzt wird, kann sich Abs. 2 S. 4 Nr. 2 richtigerweise nur auf die Unvollständigkeit von Angaben außerhalb der Anmeldung beziehen, die das Bundeskartellamt angefordert hat und deren Fehlen einen unzutreffenden Eindruck bewirkt.[38] Andernfalls fehlt es bereits an der erforderlichen Kausalität der Unvollständigkeit für das Unterlassen der Untersagung. Nicht erforderlich ist, dass die Unrichtigkeit oder Unvollständigkeit einem der beteiligten Unternehmen zuzurechnen sind. Nach wohl überwiegender Ansicht[39] erfasst Abs. 2 S. 4 Nr. 2 auch Angaben Dritter, die weder am Zusammenschluss noch am Verfahren beteiligt sind. Da § 39 Abs. 5 lediglich Auskünfte der beteiligten Unternehmen zum Gegenstand hat, stellt sich die Frage nur für Auskunftsverlangen der Kartellbehörden gegenüber nicht am Zusammenschluss beteiligten Unternehmen nach § 59.

c) Fehlen einer zustellungsbevollmächtigten Person: Nach Nr. 3 gilt die Freigabefiktion bei Fristablauf auch dann nicht, wenn während des Verfahrens entgegen § 39 Abs. 3 S. 2 Nr. 6 keine zustellungsbevollmächtigte Person im Inland mehr benannt ist. Abs. 2 S. 4 Nr. 3 soll sicherstellen, dass während des gesamten Verfahrens ein Zustellungsbevollmächtigter bestellt ist.[40] Die Vorschrift betrifft nur Fälle, in denen der in der Anmeldung benannte Zustellungsbevollmächtigte nachträglich – z.B. wegen Erlöschens der Vollmacht – weggefallen ist oder erst im Laufe des Verfahrens – z.B. infolge einer Sitzverlegung des betreffenden Unternehmens – erforderlich und dann nicht benannt wurde. Wenn hingegen bereits in der Anmeldung entgegen § 39 Abs. 3 S. 2 Nr. 6 keine zustellungsbevollmächtigte Person benannt ist, wird die Frist nach Abs. 2 S. 2 von der unvollständigen Anmeldung nicht in Lauf gesetzt. Entsprechend dem Zweck der Nr. 3, das Amt gegen Verfahrensnachteile infolge von Pflichtverletzungen der anmeldenden Unternehmen zu schützen, findet die Bestimmung jedoch keine Anwendung, wenn eine uneingeschränkte Freigabe nicht rechtzeitig zugestellt werden konnte. Dritte, die interessiert daran sind, eine Freigabeverfügung anzufechten, können sich daher in einem solchen Fall nicht darauf berufen, dass wegen Abs. 2 S. 4 Nr. 3 die Freigabefiktion nicht eingetreten ist.[41]

d) Rechtsfolgen von Abs. 2 S. 4: Nach Abs. 2 S. 4 gilt der Zusammenschluss trotz Ablauf der Viermonatsfrist nicht als freigegeben, wenn die Voraussetzungen eines der Fälle von Nr. 1 bis 3 vorliegen. Ist die Frist gemäß Abs. 2 S. 4 Nr. 1 mit Zustimmung der anmeldenden Unternehmen verlängert worden, kann die Verfügung nach Abs. 2 S. 1 daher bis zum Ablauf der Verlängerung zugestellt werden. Erst danach tritt die Freigabefiktion ein. Hat das Bundeskartellamt infolge unrichtiger oder unvollständiger Angaben oder nicht rechtzeitiger Auskünfte nach Nr. 2 die Viermonatsfrist verstreichen lassen, bleibt die Untersagungsbefugnis auch nach dem Ablauf der Frist erhalten. Das gleiche muss über den

---

[37] BT-Drucks. 13/9720 zu § 40.
[38] *Rieger* in FK § 40 Tz. 27; *Bechtold*, GWB, § 40 Rn. 12.
[39] *Mestmäcker/Veelken* in: Immenga/Mestmäcker § 40 Rn. 29; *Ruppelt* in: Langen/Bunte, Kommentar zum deutschen und europäischen Kartellrecht, § 40 Rn. 15; a. A. *Bechtold*, GWB, § 40 Rn. 17.
[40] Begr. zum RegE, der 6. GWB-Novelle, BT-Drucks. 13/9720, S. 59.
[41] *Rieger* in FK § 40 Rn. 30.

Wortlaut des Abs. 2 hinaus auch für den Fall gelten, dass das Bundeskartellamt vor Fristablauf die Freigabe des Zusammenschlusses verfügt hat.[42] Das Bundeskartellamt behält aber nicht zeitlich unbegrenzt das Recht der Untersagung nach Ablauf der Fristen des Abs. 2 S. 2 bzw. Abs. 1 S. 1. Infolge der Erstreckung von Nr. 2 auf Angaben, deren Unrichtigkeit die Unternehmen nicht zu vertreten haben, und auf unrichtige Angaben Dritter würde ein zeitlich unbegrenztes Untersagungsrecht die anmeldenden Unternehmen über das zur Gewährleistung der Untersagungsmöglichkeit des Amtes bis zur Aufklärung des wahren Sachverhalts erforderliche Maß hinaus belasten.[43] Eine Untersagung ist daher nur innerhalb eines Zeitraums von maximal vier Monaten vom Zeitpunkt der Berichtigung der unrichtigen Angaben möglich. Im Falle des Abs. 2 S. 4 Nr. 3 muss das Bundeskartellamt seine Verfügung ohne schuldhaftes Zögern zustellen, nachdem eine zustellungsbevollmächtigte Person benannt worden ist.

24   Die Regelungen der **Nr. 1 bis 3 sind abschließend.** Auf andere Gründe kann eine Verfügung des Bundeskartellamts nach Ablauf der Frist des Abs. 2 S. 2 daher nicht gestützt werden. Bis zur 7. GWB-Novelle war umstritten, inwieweit die bis zur 6. GWB-Novelle geltende Ausnahme von der Freigabefiktion im Falle nachträglicher Änderungen der tatsächlichen Verhältnisse[44] als allgemeiner Rechtsgrundsatz[45] oder unter den Voraussetzungen der allgemeinen Vorschriften der §§ 48, 49 VwVfG über die Rücknahme und den Widerruf von Verwaltungsakten weiterhin eine Untersagung nach Fristablauf ermöglicht.[46] Die Voraussetzungen für den Widerruf einer Freigabeentscheidung werden nunmehr jedoch durch den mit der 7. GWB-Novelle neu in das Gesetz aufgenommenen Abs. 3a geregelt. Danach kann die Freigabe u. a. dann widerrufen werden, wenn sie auf unrichtigen Angaben oder arglistigem Verhalten beruht. Angesichts der speziellen Regelung des Abs. 3a, die einen Widerruf aufgrund nachträglich geänderter Verhältnisse nicht vorsieht, verbleibt nunmehr kein Raum für die Anwendung der 48, 49 ff. VwVfG.[47] Die mit Abs. 3a getroffene Regelung ist auch sachgerecht, da der Gesetzgeber im Bereich der Fusionskontrolle im Interesse der Rechtssicherheit der Unternehmen Abweichungen der tatsächlichen Entwicklung von der der Entscheidung des Bundeskartellamts zugrunde liegenden Prognose der voraussichtlichen Auswirkungen des Zusammenschlusses in Kauf genommen hat.[48] Ohne Auswirkungen auf das Eingreifen der Freigabefiktion bleibt auch der Vollzug eines angemeldeten Zusammenschlussvorhabens vor Ablauf der Untersagungsfristen nach Abs. 1 S. 1 oder Abs. 2 S. 2. Nach der Streichung des entsprechenden Tatbestands[49] im Rahmen der 6. GWB-Novelle besteht auch bei einem gemäß § 41 Abs. 1 rechtswidrigen Vollzug keine Grundlage für eine Ausnahme von den Untersagungsfristen nach Abs. 1 und Abs. 2.[50]

25   Wird ein Zusammenschluss jedoch **anders vollzogen als angemeldet**, greift die Freigabefiktion nur hinsichtlich des angemeldeten Vorhabens ein, nicht hinsichtlich des vollzogenen Zusammenschlusses. Dies ergibt sich daraus, dass der tatsächlich vollzogene Zusam-

---

[42] *Bechtold,* GWB, § 40 Rn. 13; *Rieger* in FK § 40 Rn. 29.
[43] Vgl. *Rieger* in FK § 40 Rn. 29, der im Interesse der Rechtssicherheit Dritter eine Entscheidung ohne schuldhaftes Zögern fordert.
[44] Vgl. § 24a Abs. 2 S. 2 Nr. 4 a. F.
[45] Begr. zum RegE a. a. O. S. 60.
[46] Vgl. *Ruppelt* in: Langen/Bunte, Kommentar zum deutschen und europäischen Kartellrecht, § 40 Rn. 19; *Mestmäcker/Veelken* in: Immenga/Mestmäcker § 40 Rn. 37; *Bechtold,* GWB, § 40 Rn. 14.
[47] Vgl. *Mestmäcker/Veelken* in: Immenga/Mestmäcker, GWB, § 40 Rn. 37; a. A. *Ruppelt* in: Langen/Bunte, Kommentar zum deutschen und europäischen Kartellrecht, § 40 Rn. 19.
[48] Vgl. *Rieger* in FK § 40 Rn. 32.
[49] § 24a Abs. 2 S. 2 Nr. 2 a. F.
[50] Mestmäcker/Veelken in: Immenga/Mestmäcker, GWB, § 40 Rn. 35; a. A. *Ruppelt* in: Langen/Bunte, Kommentar zum deutschen und europäischen Kartellrecht, § 40 Rn. 19.

menschluss zu keinem Zeitpunkt angemeldet worden ist und die Fristen nach Abs. 1 und Abs. 2 S. 2 insoweit nicht in Lauf gesetzt wurden.

Ist ein kontrollpflichtiger **Unternehmenszusammenschluss ohne Anmeldung vollzogen** worden, sind die Fristen nach Abs. 1 S. 1 und Abs. 2 S. 2 auch nicht analog anzuwenden. Kommt ein Unternehmen seiner Anmeldepflicht nicht nach, so verliert es die Rechtswohltat der kurzen Bearbeitungsfristen und der fingierten Freigabe.[51] Für die Prüfung nicht angemeldeter und verbotswidrig vollzogener Zusammenschlüsse durch das Bundeskartellamt gelten daher keine Fristen.[52]

5. Rücknahme und Widerruf

Nach Abs. 3a kann die Freigabe eines Zusammenschlusses widerrufen oder geändert werden, wenn sie auf unrichtigen Angaben beruht, arglistig herbeigeführt worden ist oder die beteiligten Unternehmen einer mit ihr verbundenen Auflage zuwiderhandeln. Die Regelung entspricht inhaltlich im Wesentlichen § 12 Abs. 2 Nr. 2 und 3 a. F., die aufgrund der Verweisung in Abs. 3 S. 2 a. F. zum Widerruf von Freigaben unter Auflagen oder Bedingungen berechtigten. Außerhalb dieser speziellen Regelungen richtete sich die Rücknahme oder der Widerruf nach den allgemeinen Vorschriften der §§ 48, 49 VwVfG.[53] Demgegenüber bezieht sich der neue Abs. 3a seinem Wortlaut und seiner systematischen Stellung nach uneingeschränkt auf Freigaben sowohl mit als auch ohne Nebenbestimmungen. Die spezielle Widerrufsregelung des Abs. 3a steht damit nunmehr der Anwendung der §§ 48, 49 VwVfG entgegen. Damit ist auch ausgeschlossen, dass das auf den Widerruf einer Freigabe anwendbare Regelwerk davon abhängt, ob die Freigabe unbeschränkt oder unter Auflagen oder Bedingungen erteilt wurde. Im Hinblick auf das Verhältnismäßigkeitsgebot ist ein Widerruf der Freigabe nur dann zulässig, wenn die Änderung der Entscheidung, z.B. durch die Aufnahme weiterer oder die Modifizierung bereits bestehender Nebenbestimmungen, nicht geeignet ist, die Entstehung oder Verstärkung einer marktbeherrschenden Stellung zu verhindern, oder wenn die Erfüllung dieser Nebenbestimmungen nicht hinreichend gesichert erscheint.[54] Rechtsfolge des Widerrufs der Freigabe ist der Eintritt in das Auflösungsverfahren gemäß § 41 Abs. 3.

IV. Bedingungen und Auflagen (Abs. 3)

1. Allgemeines

Als Ausgestaltung des Grundsatzes der Verhältnismäßigkeit hat der Gesetzgeber mit der 6. GWB-Novelle die Möglichkeit einer Freigabe unter Bedingungen und Auflagen nach Abs. 3 geschaffen, die die beteiligten Unternehmen nach Abs. 3 S. 2 jedoch keiner laufenden Verhaltenskontrolle unterwerfen dürfen. Bis zur 6. GWB-Novelle hatte das Bundeskartellamt Bedenken gegen Zusammenschlüsse, die nur in Teilbereichen wettbewerbliche Probleme aufwarfen, durch die Vereinbarung entsprechender **Zusagen** der Unternehmen in Form öffentlich-rechtlicher Verträge Rechnung getragen, die jedoch insbesondere hinsichtlich ihrer gerichtlichen Durchsetzbarkeit bis zuletzt rechtlich umstritten waren. Mit der 6. GWB-Novelle ist das Bedürfnis für solche Zusagenvereinbarungen entfallen.[55] Sie sind

---

[51] Vgl. WuW/E BGH 1556, 1559 – *Weichschaum III*.
[52] *Mestmäcker/Veelken* in: Immenga/Mestmäcker, GWB, § 41 Rn. 19; a.A. *Bechtold,* GWB, § 39 Rn. 23.
[53] *Mestmäcker/Veelken* in: Immenga/Mestmäcker, GWB, § 40 Rn. 98; *Wiedemann/Richter* § 21 Rn. 101; *Quack* in FK § 42 Tz. 103; vgl. *Bunte* BB 1980, 1073, 1077.
[54] Begründung zum Regierungsentwurf der 7. GWB-Novelle, a. a. O. S. 59.
[55] Zur rechtshistorischen Vertiefung s. *Kappes,* S. 70 ff.; *Riesenkampff* WuW 1977, 291; *Traumann,* Die Zusage im Verfahren der Zusammenschlusskontrolle, Münster 1977; *Uhlig,* Zusagen, Auflagen und Bedingungen im Fusionskontrollverfahren, Göttingen 1996.

auch im Vorprüfverfahren nicht mehr zulässig. Die Regelung in Abs. 3 S. 1 ist insoweit abschließend.[56] Hiervon ausgenommen sind jedoch die so genannten Vorfristzusagen, mit denen die Unternehmen sich verpflichten, das angemeldete Zusammenschlussvorhaben durch geeignete Maßnahmen (z. B. die Veräußerung von Beteiligungen) noch innerhalb der Untersagungsfrist so zu modifizieren, dass die Untersagungsvoraussetzungen nicht erfüllt sind.[57]

30 Die Freigabe darf nur dann mit Bedingungen und Auflagen versehen werden, wenn ohne die Nebenbestimmung die Untersagungsvoraussetzungen erfüllt wären.[58] Ob aber das Bundeskartellamt einen Zusammenschluss unter Nebenbestimmungen freigibt oder untersagt, liegt nach dem Wortlaut von Abs. 3 S. 1 in seinem pflichtgemäßen Ermessen. Eine Freigabe unter Bedingungen und Auflagen kommt vor allem bei Zusammenschlüssen in Betracht, die nur in Teilbereichen problematisch sind.[59] Wenn die Untersagungsvoraussetzungen auch nach der Ansicht des Bundeskartellamts durch geeignete Bedingungen oder Auflagen beseitigt werden können, verbleibt dem Bundeskartellamt jedoch kein Ermessensspielraum für eine Untersagung.[60] Das Amt unterliegt nach eigener Auffassung jedoch auch unter Berücksichtigung des Verhältnismäßigkeitsgrundsatzes keiner Verpflichtung, einen Zusammenschluss unter Nebenbestimmungen freizugeben, wenn die Unternehmen nicht selbst Vorschläge zur Beseitigung der Untersagungsvoraussetzungen unterbreitet haben.[61] Nach anderer Ansicht ist das Amt aufgrund des Amtsermittlungsgrundsatzes verpflichtet, selbst die Möglichkeit einer Freigabe mit Nebenbestimmungen zu prüfen.[62] Die Rechtsprechung zieht eine Mitwirkungspflicht des Bundeskartellamts nur im Rahmen der Ausarbeitung und Realisierung von den beteiligten Unternehmen vorgeschlagener Auflagenlösungen in Betracht.[63]

31 Nur die Freigabe durch förmliche Verfügung im Hauptverfahren kann mit Nebenbestimmungen verbunden werden. Bedingungen und Auflagen sind daher ein **Instrumentarium für das Hauptprüfverfahren**. Die formlose Mitteilung des Bundeskartellamts im Vorprüfverfahren, dass die Untersagungsvoraussetzungen nicht vorliegen, ist kein Verwaltungsakt und kann daher auch nicht mit Nebenbestimmungen versehen werden.[64] Da das Bundeskartellamt bereits vor Ablauf der Monatsfrist nach Abs. 1 S. 1 in das Hauptprüfverfahren eintreten kann, besteht insoweit auch kein Bedürfnis für eine Anwendung von Bedingungen und Auflagen im Vorprüfverfahren.

2. Definitionen und Abgrenzungen

32 Eine **Auflage** ist die hoheitliche Anordnung eines bestimmten Tuns, Duldens oder Unterlassens. Der Begriff „Auflage" in Abs. 3 ist zu verstehen als Nebenbestimmung im Sinne von § 36 VwVfG.[65] Bei einer Freigabe unter Auflagen darf der Zusammenschluss sofort

---

[56] So auch *Treeck,* Schwerpunkte 1997, 57; *Uhlig* WuW 2000, 574, 583.
[57] *Uhlig* WuW 2000, 575, 583; *Ruppelt* in: Langen/Bunte, Kommentar zum deutschen und europäischen Kartellrecht, § 40 Rn. 26.
[58] *Mestmäcker/Veelken* in: Immenga/Mestmäcker, GWB, § 40 Rn. 47; *Schulte* AG 1998, 197, 302; *Uhlig* WuW 2000, 575; TB 2003/2004, BT-Drucks. 15/5790, S. 23.
[59] *Mestmäcker/Veelken* in: Immenga/Mestmäcker, GWB, § 40 Rn. 61.
[60] *Ruppelt* in: Langen/Bunte, Kommentar zum deutschen und europäischen Kartellrecht, § 40 Rn. 28 (Fn. 17); BKartA, Beschl. v. 5. 12. 2007, B9–125/07 – *GLOBUS/hela ProfiZentren.*
[61] *Pape/Hossenfelder/Töllner,* a. a. O. Rn. 351; vgl. auch *Uhlig* WuW 2000, 575, 578; *Mestmäcker/Veelken* in: Immenga/Mestmäcker, GWB, § 40 Rn. 47.
[62] *Ruppelt* in Langen/Bunte, Kommentar zum deutschen und europäischen Kartellrecht, § 40 Rn. 28; ähnlich auch *Rieger* in FK, § 40 Rn. 36.
[63] OLG Düsseldorf, WuW/E DE-R 926 – *E.ON/Ruhrgas;* TB 2003/2004, a. a. O. S. 23.
[64] *Mestmäcker/Veelken* in: Immenga/Mestmäcker, GWB, § 40 Rn. 45.
[65] Ebenso *Bechtold,* GWB, § 40 Rn. 22; a. A. *Treeck,* Schwerpunkte 1997, 56.

vollzogen werden. Die Unternehmen müssen die Auflage erfüllen. Ob die Auflage befolgt wird, hat jedoch – vorbehaltlich der Widerrufsmöglichkeit nach Abs. 3a – keinen Einfluss auf die Wirksamkeit der Freigabe. Ungeachtet der Ankündigung des Bundeskartellamts, Nebenbestimmungen in Form aufschiebender Bedingungen den Auflagen vorzuziehen, überwiegen in der Praxis auflösende Bedingungen und Auflagen, da strukturelle Maßnahmen wie die Veräußerung von Unternehmensteilen oft erst nach dem Vollzug des Zusammenschlusses durchführbar sind.[66]

Die **Bedingung** macht den Eintritt einer Vergünstigung von einem ungewissen zukünftigen Ereignis abhängig, sei es, dass die Vergünstigung mit dem Eintreten des Ereignisses eintritt (aufschiebende Bedingung), sei es, dass sie mit seinem Eintritt wegfällt (auflösende Bedingung).[67] Steht die Freigabeverfügung unter einer **aufschiebenden Bedingung**, treten die Wirkungen der Freigabe erst ein, wenn die Bedingung erfüllt ist. Die aufschiebende Bedingung hat daher gegenüber der Auflage den Vorteil, dass sie keine Durchsetzungsprobleme aufwirft und das Eintreten wettbewerblich bedenklicher Folgen des Zusammenschlusses von vornherein verhindert.[68] Bei einer **auflösenden Bedingung** entfallen die Wirkungen der Freigabe mit dem Bedingungseintritt. Dadurch wird eine schnellere Rückabwicklung des Zusammenschlusses ermöglicht als bei einer Freigabe unter Auflagen. Eine auflösende Bedingung kommt vor allem in Betracht, wenn eine geeignete aufschiebende Bedingung, mit der die zusammenschlussbedingten Beeinträchtigungen der Marktverhältnisse vermieden würden, im Einzelfall unverhältnismäßig wäre.[69]

3. Inhalt

Die Nebenbestimmungen müssen auf die Beseitigung der Untersagungsvoraussetzungen gerichtet und nach Form und Inhalt geeignet sein, die Sicherung einer, dem § 36 Abs. 1 entsprechenden Marktstruktur zu gewährleisten.[70] Nach der Rechtsprechung müssen die rechtlichen und tatsächlichen Wirkungen der Nebenbestimmungen hinreichend wirksam und nachhaltig sein, um als strukturelle Bedingungen wirksamen Wettbewerbs eine infolge des Zusammenschlusses zu erwartende Verschlechterung der Wettbewerbsbedingungen zu verhindern oder zu kompensieren.[71] In der Praxis überwiegen **Verpflichtungen zur Veräußerung** von Unternehmensbeteiligungen oder Vermögenswerten, z.B. Betrieben oder Betriebsteilen, gewerblichen Schutzrechten oder anderer Rechtspositionen[72] der beteiligten Unternehmen, mit denen die durch den Zusammenschluss bewirkten Marktanteilsadditionen ausgeglichen werden. Nebenbestimmungen können auch geeignet sein, durch die Verbesserung der Wettbewerbsstruktur auf benachbarten Märkten den Anwendungsbereich der Abwägungsklausel zu eröffnen.[73] Um die wirksame Einhaltung von Veräußerungsverpflichtungen sicherzustellen, können die Übertragung von Beteiligungen auf einen Sicherungstreuhänder oder andere akzessorische Nebenbestimmungen, z.B. Rückkaufsverbote,

---

[66] TB 1999/2000, a.a.O. S. 23; vgl. *Ruppelt* in: Langen/Bunte, Kommentar zum deutschen und europäischen Kartellrecht, § 40 Rn. 31.

[67] *Stelkens/Bonk/Sachs* § 24 Rn. 18.

[68] TB 2003/2004, a.a.O., S. 23.

[69] BKartA, Beschl. v. 17. 6. 2002, B 10 – 124/01 – *Trienekens/AWISTA;* Beschl. v. 7. 6. 2004, B 4–7/04 – *Henry Schein/demedis u. Euro Dental*.

[70] *Pape/Hossenfelder/Töllner,* Kartellrechtspraxis und Kartellrechtsprechung 2002/2003 Rn. 350; eingehend *Mestmäcker/Veelken* in: Immenga/Mestmäcker § 40 Rn. 51f.

[71] BGH, WuW/E DE-R 1681 – *DB Regio/üstra*.

[72] Vgl. BKartA, WuW/E DE-V 483 – *Lufthansa/Eurowings*: Übertragung von Flugfrequenzen und Start- und Landerechten.

[73] Vgl. BKartA, Beschl. v. 23. 10. 2007 Az. B 8 – 93/07 – *RWE/SWKN; Schulte,* Handbuch Fusionskontrolle Rn. 612.

vorgesehen werden.[74] Mit **Verpflichtungen zur Einflussbegrenzung** kann die Einflussnahme eines Unternehmens auf ein anderes Unternehmen beschränkt werden, z.B. durch die Verpflichtung zur (teilweisen) Übertragung der Stimmrechte aus einer Beteiligung auf einen unabhängigen Dritten,[75] zur Nichtausübung von Stimmrechten oder zu anderen gesellschaftsrechtlichen Regelungen, mit denen ein wettbewerblich erheblicher Einfluss ausgeschlossen wird. Durch **Öffnungsverpflichtungen** soll Wettbewerbern der beteiligten Unternehmen der Marktzugang erleichtert werden, z.B. durch Verpflichtungen zur Lizenzierung von Know-how oder Schutzrechten[76] oder zur Erteilung von Vertriebslizenzen,[77] die Öffnung von Kundenbindungsprogrammen,[78] die Verpflichtung zur Einräumung von Sonderkündigungsrechten in langfristigen Lieferverträgen[79] oder die Verpflichtung zur Ausschreibung von Leistungen.[80] Darüber hinaus sind weitere Ausgestaltungen möglich,[81] z.B. Rückkaufverbote.

35 Nach Abs. 3 S. 2 dürfen sich die Nebenbestimmungen **nicht auf eine laufende Verhaltenskontrolle** richten. Vielmehr sind nur Bedingungen und Auflagen zulässig, die die Marktstrukturen unmittelbar verändern.[82] Ebenso wie die Untersagungsvoraussetzungen nach § 36 Abs. 1 nur auf marktstrukturelle Faktoren bezogen sind, darf sich auch eine Beseitigung oder Kompensation der Marktbeherrschungseffekte nur auf die Marktstruktur beziehen. Da auch marktstrukturbezogene Nebenbestimmungen nicht immer in einem einmaligen Akt vollzogen werden, ist die Abgrenzung zu einer laufenden Kontrolle des Marktverhaltens oft schwierig. Dies gilt insbesondere für Maßnahmen, die auf eine Einflussbegrenzung gerichtet sind.[83] Maßgeblich ist, ob durch die mittels der Nebenbestimmung ausgeübte Einwirkung auf das Verhalten der Zusammenschlussbeteiligten darauf gerichtet ist, einen strukturellen Effekt zu erzielen.[84]

4. Durchsetzung

36 Im Falle der Zuwiderhandlung gegen eine Auflage kann das Bundeskartellamt nach Abs. 3a die Freigabe widerrufen oder ändern. Der Widerruf der Freigabe ist nur zulässig, wenn die Untersagungsvoraussetzungen nicht durch eine Änderung der Freigabe abgewendet werden können, z.B. weil neue Nebenbestimmungen hierzu nicht geeignet erscheinen. Das gleiche soll gelten, wenn die Erfüllung der neuen oder geänderten Nebenbestimmungen nach den Erfahrungen mit den bereits bestehenden Nebenbestimmungen nicht hinreichend gesichert erscheint.[85] Die Verweisung des Abs. 3a S. 2 gibt dem Bundeskartellamt zur Durchsetzung von Auflagen darüber hinaus die zur Entflechtung von Zusammenschlüssen nach § 41 Abs. 4 verliehenen Befugnisse. Danach kann das Bundeskartellamt den beteiligten Unternehmen die Ausübung von Stimmrechten untersagen oder einzuschränken und einen Treuhänder zur Auflösung des Zusammenschlusses bestellen. Nach § 81

---

[74] Vgl. hierzu die Mustertexte des Bundeskartellamts für Nebenbestimmungen und Treuhändervertrag in der Fusionskontrolle, http://www.bundeskartellamt.de/wDeutsch/merkblaetter/Fusionskontrolle/MerkblFusion.php.
[75] BKartA, Beschl. v. 8. 3. 2006, B 10 – 090/05 – *AKK GmbH/AKK Verein*.
[76] Beschl. v. 27. 5. 1999, B 5 – 16/99 – *Alcan/Federal Mogul*.
[77] Beschl. v. 23. 5. 2003, B 3 – 6/03 – *BASF/Bayer CropScience*.
[78] BKartA, WuW/E DE-V 483 – *Lufthansa/Eurowings*.
[79] Beschl. v. 3. 4. 2001, B 8 – 263/00 – *Neckarwerke Stuttgart/Stadtwerke Reutlingen*.
[80] Beschl. v. 2. 12. 2003, B 9 – 91/03 – *DB Regio AG u. a./üstra intalliance AG*.
[81] S. Überblick bei *Schulte*, Handbuch zur Fusionskontrolle, Rn. 627 ff.
[82] Vgl. WuW/E OLG 1937, 1944 – *Thyssen/Hüller*; *Bechtold* § 40 Rn. 24; *Mestmäcker/Veelken* in: Immenga/Mestmäcker, GWB, § 40 Rn. 48.
[83] *Mestmäcker/Veelken* in: Immenga/Mestmäcker, GWB, § 40 Rn. 48; vgl. aber *Schulte*, a. a. O. Rn. 634.
[84] BGH, WuW/E DE-R 1681 – *DB Regio/üstra*.
[85] S. o. Rn. 27.

Abs. 2 Nr. 5 kann das Bundeskartellamt bei vorsätzlichen oder fahrlässigen Zuwiderhandlungen gegen vollziehbare Auflagen Bußgelder verhängen. Für die Nichterfüllung von Bedingungen besteht dagegen kein Bedürfnis einer gesonderten Sanktionierung, da als unmittelbare Rechtsfolge der Nichterfüllung die Wirkungen der Freigabe entfallen bzw. die Freigabe nicht wirksam wird.[86]

V. Rechtsschutz

1. Untersagung

Die Untersagungsverfügung des Abs. 2 S. 1 kann nach § 63 Abs. 1 S. 1, Abs. 2 von den Verfahrensbeteiligten gemäß § 54 Abs. 2 und 3 mit der Beschwerde angefochten werden. Da bis zur Entscheidung über die Beschwerde die Frist nach Abs. 2 S. 2 abgelaufen sein wird und das Bundeskartellamt deswegen an einer erneuten Entscheidung gehindert ist, wird das Vorliegen der Untersagungsvoraussetzungen in vollem Umfang durch das Beschwerdegericht überprüft.[87] Mit der Aufhebung der Untersagung entfällt das Vollzugsverbot.

2. Freigabe

Abs. 6 setzt die Möglichkeit einer Anfechtung von Freigabeentscheidungen voraus. Für die Zusammenschlussbeteiligten kommt eine Anfechtungsbeschwerde aber nur im Falle einer mit Nebenbestimmungen versehenen Freigabe in Betracht, da sie durch eine uneingeschränkte Freigabe weder formell noch materiell beschwert sind. Im Falle einer Freigabe unter Auflagen kann die Auflage als selbständiger Verwaltungsakt auch selbständig angefochten werden.[88] Die Zusammenschlussbeteiligten sind durch die Auflage auch dann beschwert, wenn sie eine entsprechende Zusage gegeben haben.[89] Dagegen ist die isolierte Anfechtung einer Bedingung nach verbreiteter Ansicht nicht möglich, sondern es ist grundsätzlich Verpflichtungsklage auf Erlass eines unbeschränkten Verwaltungsakts zu erheben.[90] Da die Bedingung integrierender Bestandteil der Freigabeverfügung ist und daher nicht isoliert aufgehoben werden kann, besteht ein Rechtsschutzbedürfnis für eine Aufhebung der Freigabeverfügung insgesamt. Die Regelung des Fristbeginns in Abs. 6 ist entsprechend anzuwenden.[91]

Für **Dritte** war die Anfechtung von Freigabeentscheidungen bis zur 6. GWB-Novelle kaum möglich, da der Zusammenschluss auch im Falle der Rechtswidrigkeit der Freigabe nach Ablauf der Viermonatsfrist nicht mehr untersagt werden konnte.[92] Nachdem durch Abs. 6 eine Untersagung nach Aufhebung der Freigabe ermöglicht wurde, hat die Anfechtung von Freigabeentscheidungen in der Praxis erhebliche Bedeutung erlangt. Gemäß Abs. 6 beginnt mit der Rechtskraft der Aufhebung die neue Frist nach Abs. 2 S. 2 – d.h. die Viermonatsfrist des Hauptverfahrens – zu laufen. Nach der Rechtsprechung gilt Abs. 6

---

[86] *Bechtold*, GWB, § 40 Rn. 25.
[87] KG WuW/E DE-R 688, 690 – *Habet/Lekkerland*.
[88] OLG Düsseldorf, WuW/E DE-R 1397 – *ÖPNV Hannover*, bestätigt durch BGH, WuW/E DE-R 1681 – *DB Regio/üstra; Kopp/Ramsauer* § 36 Rn. 61; ebenso *Bechtold*, GWB, § 40 Rn. 26; *Mestmäcker/Veelken* in: Immenga/Mestmäcker, GWB, § 40 Rn. 104.
[89] Nach OLG Düsseldorf, WuW/E DE-R 1397 – *ÖPNV Hannover* gilt dies jedenfalls dann, wenn die Unternehmen auf ihre abweichende materielle Bewertung des Vorhabens hingewiesen haben.
[90] *Stelkens/Bonk/Sachs* 36 Rn. 83, 90 m. w. N.
[91] Str., vgl. *Bechtold*, GWB, § 40 Rn 21; *Mestmäcker/Veelken* in: Immenga/Mestmäcker, GWB, § 40 Rn. 103; wohl auch *Langen/Ruppelt* in: Langen/Bunte, Kommentar zum deutschen und europäischen Kartellrecht, § 40 Rn. 25; missverständlich Begr. zum RegE BT-Drucks. 13/9720, S. 60.
[92] WuW/E BGH 1556, 1561 – *Weichschaum III;* WuW/E OLG 5849, 5850 f. – *Großverbraucher;* ausführlich dazu *Dormann*, S. 18 ff.

jedoch nicht für Freigaben im Vorprüfverfahren, die deswegen nicht beschwerdefähig sind.[93] **Anfechtungsberechtigt** sind grundsätzlich nur Dritte, die ihr Untersagungsbegehren als Beigeladene zum Verwaltungsverfahren gemäß § 54 Abs. 2 Nr. 3 verfolgt haben und durch die Entscheidung **materiell beschwert** sind. Unklar ist, inwieweit darüber hinaus eine Anfechtungsberechtigung nicht am Verfahren beteiligter Dritter besteht, die durch die Entscheidung in ihren Rechten verletzt sind.[94] Nach neuerer Rechtsprechung des BGH ist ein Antragsteller, der alleine aus Gründen der Verfahrensökonomie nicht beigeladen wurde, beschwerdebefugt, wenn er geltend machen kann, dass ihn die Entscheidung unmittelbar und individuell trifft,[95] Der Beschwerdeführer muss geltend machen können, durch die Freigabe in seinen wettbewerblichen Möglichkeiten rechtswidrig beeinträchtigt zu sein.[96] Verbänden fehlt es in der Regel an einer eigenen materiellen Beschwer[97] Die Beschwerde ist begründet, wenn die Freigabe nach der Erkenntnis des Gerichts nicht auf der Grundlage hinreichender und zutreffender Feststellungen getroffen wurde und daher eine Untersagung ernsthaft in Betracht kommt.[98] Umstritten ist die Möglichkeit einer Anfechtung im Falle des einer förmlichen Freigabe gleichgestellten Ablaufs der Frist nach Abs. 2 S. 2.[99]

40 Nach § 65 Abs. 3 S. 3 kann das Beschwerdegericht auf Antrag die **aufschiebende Wirkung** der Beschwerde anordnen, wenn die Voraussetzungen des § 65 Abs. 3 S. 1 Nr. 2 oder 3 vorliegen. Von dieser Möglichkeit wurde in der Rechtspraxis in weitem Umfang Gebrauch gemacht.[100] Um das Risiko einer Erschwerung berechtigter unternehmerischer Dispositionen durch missbräuchliche Blockaden von Freigabeentscheidungen zu verringern, wurde § 65 Abs. 3 durch die 7. GWB-Novelle um einen Satz 4 ergänzt, wonach im Falle einer Drittbeschwerde der Antrag auf Anordnung der aufschiebenden Wirkung nur zulässig ist, wenn der Beschwerdeführer geltend macht, durch die Verfügung in seinen Rechten verletzt zu sein. Danach sind rein wettbewerbliche oder wirtschaftliche Interessen für die Antragstellung nun nicht mehr ausreichend.[101] Der Antragsteller muss sich darüber hinaus auf eine Rechtsnorm berufen können, die zumindest auch seinem individuellen Schutz dient und ihm subjektive Rechte gewährt. Die Fusionskontrollvorschriften begründen nach h. M. jedoch keine subjektiven Rechte zugunsten von Wettbewerbern.[102] Für das Hauptsacheverfahren bleibt es jedoch bei den geringeren Anforderungen an die Beschwerdebefugnis.[103]

---

[93] KG WuW/E DE-R 644, 645 – *tobaccoland III*.
[94] So *Mestmäcker/Veelken* in: Immenga/Mestmäcker, GWB, § 40 Rn. 106, 112 f. unter Hinweis auf die Begründung des Regierungsentwurfs der 6. GWB Novelle.
[95] BGH, WuW/E DE-R 1857 – *pepcom*.
[96] KG WuW/E DE-R 688, 689 – *Habet/Lekkerland*; OLG Düsseldorf WuW/E DE-R 665 – *NetCologne*; zustimmend auch *Boeckhoff/Franßen* WuW 2002, S. 668 ff.
[97] OLG Düsseldorf WuW/E DE-R 759 – *Anga*.
[98] KG WuW/E DE-R 688, 690 – *Habet/Lekkerland*; *Bechtold*, § 40 Rn. 28.
[99] So *Mestmäcker/Veelken* in: Immenga/Mestmäcker, GWB, § 40 Rn. 123; *Richter* in: Wiedemann, Handbuch des Kartellrechts, § 21 Rn. 85 ff.; *Dormann*, S. 34; vgl. aber *Ruppelt* in: Langen/Bunte, Kommentar zum deutschen und europäischen Kartellrecht, § 40 Rn. 25; *Bechtold*, GWB, § 40 Rn. 20.
[100] Vgl. u. a. OLG Düsseldorf WuW/E DE-R 665 – *NetCologne* und WuW/E DE-R 681 – *Trienekens*.
[101] Reg.-Begr, BT-Drucks. 15/3640 S. 41, 65.
[102] OLG Düsseldorf WuW/E DE-R 1644 – *Werhahn* m. w. N.; BGH WuW/E 1556, 1561 – *Weichschaum III*; *Bornkamp* in: Langen/Bunte, Kommentar zum deutschen und europäischen Kartellrecht, 9. Aufl. § 33 Rn. 29.
[103] Reg.-Begr., a. a. O. S. 41.

§ 41 Vollzugsverbot, Entflechtung

(1) ¹Die Unternehmen dürfen einen Zusammenschluss, der vom Bundeskartellamt nicht freigegeben ist, nicht vor Ablauf der Fristen nach § 40 Abs. 1 Satz 1 und Abs. 2 Satz 2 vollziehen oder am Vollzug dieses Zusammenschlusses mitwirken. ²Rechtsgeschäfte, die gegen dieses Verbot verstoßen, sind unwirksam. ³Dies gilt nicht für Verträge über Grundstücksgeschäfte, sobald sie durch Eintragung in das Grundbuch wirksam geworden sind, sowie für Verträge über die Umwandlung, Eingliederung oder Gründung eines Unternehmens und für Unternehmensverträge im Sinne der §§ 291 und 292 des Aktiengesetzes, sobald sie durch Eintragung in das zuständige Register rechtswirksam geworden sind.

(2) ¹Das Bundeskartellamt kann auf Antrag Befreiungen vom Vollzugsverbot erteilen, wenn die beteiligten Unternehmen hierfür wichtige Gründe geltend machen, insbesondere um schweren Schaden von einem beteiligten Unternehmen oder von Dritten abzuwenden. ²Die Befreiung kann jederzeit, auch vor der Anmeldung, erteilt und mit Bedingungen und Auflagen verbunden werden. ³§ 40 Abs. 3a gilt entsprechend.

(3) ¹Ein vollzogener Zusammenschluss, der die Untersagungsvoraussetzungen nach § 36 Abs. 1 erfüllt, ist aufzulösen, wenn nicht der Bundesminister für Wirtschaft und Technologie nach § 42 die Erlaubnis zu dem Zusammenschluss erteilt. ²Das Bundeskartellamt ordnet die zur Auflösung des Zusammenschlusses erforderlichen Maßnahmen an. ³Die Wettbewerbsbeschränkung kann auch auf andere Weise als durch Wiederherstellung des früheren Zustands beseitigt werden.

(4) Zur Durchsetzung seiner Anordnung kann das Bundeskartellamt insbesondere
1. *(weggefallen)*
2. die Ausübung des Stimmrechts aus Anteilen an einem beteiligten Unternehmen, die einem anderen beteiligten Unternehmen gehören oder ihm zuzurechnen sind, untersagen oder einschränken,
3. einen Treuhänder bestellen, der die Auflösung des Zusammenschlusses herbeiführt.

Übersicht

	Rn.		Rn.
I. Allgemeines	1	1. Allgemeines	11
II. Vollzugsverbot	2	2. Voraussetzungen	12
1. Grundsatz	2	3. Auflösungsanordnung	14
2. Unwirksamkeit von Rechtsgeschäften	5	4. Inhalt der Anordnung	18
3. Befreiung vom Vollzugsverbot	7	5. Durchsetzung	20
4. Bedingungen und Auflagen	10	6. Rechtsschutz	21
III. Entflechtung (Abs. 3)	11		

Schrifttum: *Bosse,* Vorbeugende Fusionskontrolle bei Zusammenschlüssen kraft landesrechtlichen Hoheitsaktes, BB 1980, 808; *Hübner,* Die vorzeitige Beendigung des Vollzugsverbots von Unternehmenszusammenschlüssen gemäß § 24a Abs. 4 GWB, DB 1976, 31; *Lanzenberger,* Rechtsfragen der Fusionskontrolle, in: Schwerpunkte 1973/74, S. 29; *Klocker/Ost,* Nach der Novelle ist vor der Novelle, FS Bechtold, 2006, S. 229 ff.; *Leupold/Timmerbeil,* Die zivilrechtlichen Auswirkungen fusionskontrollrechtlicher Vollzugsverbote auf deutschem Recht unterliegende M&A-Transaktionen, EWS 2007, 155; *Lutter/Timm,* Sanierungsfusion und Heilung verbotswidrig vollzogener Zusammenschlüsse, BB 1976, 1617; *Kerber,* Die Unternehmensentflechtung nach dem GWB, 1987; *Mayer/Miege,* Die Rechtsfolgen eines Verstoßes gegen das zusammenschlussrechtliche Vollzugsverbot – Nichtigkeit der den Verstoß begründenden Rechtsgeschäfte? BB 2008, S. 231 ff.; *Mestmäcker,* Die Prävention in der Fusionskontrolle, in: FS Coing, 1982, Bd. II, S. 373; *Möschel,* Die Auflösung vollzogener Unternehmenszusammenschlüsse nach dem GWB, 1982; *Niederleithinger,* Praxis der Fusionskontrolle und der Mißbrauchsaufsicht 1985/86, in: Schwerpunkte 1985/86, S. 21

I. Allgemeines

1 § 41 enthält in Abs. 1 Satz 1 ein generelles Vollzugsverbot für alle anmeldepflichtigen Zusammenschlüsse bis zur Freigabe durch das Bundeskartellamt oder den Ablauf der Untersagungsfristen. Abs. 1 Satz 1 sichert das System der präventiven Fusionskontrolle, in dem das Entstehen oder die Verstärkung marktbeherrschender Stellungen durch den Vollzug von Zusammenschlüssen vor Abschluss der Prüfung durch das Bundeskartellamt verhindert und damit die Schwierigkeiten der nachträglichen Entflechtung im Falle einer Untersagung vermieden werden.[1] Abs. 2 gibt dem Bundeskartellamt seit der 6. GWB-Novelle die Möglichkeit, Befreiungen vom Vollzugsverbot zu erteilen. Mit der zivilrechtlichen Nichtigkeit von Rechtsgeschäften, die gegen das Vollzugsverbot verstoßen, Abs. 1 Satz 2, und der in Abs. 3 und 4 vorgesehenen Entflechtung regelt § 41 die zivil- und verwaltungsrechtlichen Sanktionen zur Durchsetzung des Vollzugsverbots.

II. Vollzugsverbot

1. Grundsatz

2 Nach Abs. 1 S. 1 dürfen die Unternehmen einen kontrollpflichtigen Zusammenschluss nicht vor der Freigabe durch das Bundeskartellamt oder dem Ablauf der Fristen von § 40 Abs. 1 S. 1 und Abs. 2 S. 2 einschließlich einer etwaigen Verlängerung nach § 40 Abs. 2 S. 4 vollziehen oder an einem solchen Vollzug mitwirken. Mit der Freigabeentscheidung des Bundeskartellamts oder dem Ablauf der Untersagungsfristen entfällt das Vollzugsverbot. Im Falle einer Untersagung innerhalb der Frist nach Abs. 2 S. 2 gilt das Vollzugsverbot solange fort, wie die Untersagung nicht gerichtlich aufgehoben oder durch das Bundeskartellamt zurückgenommen bzw. widerrufen wird.[2] Die Fortgeltung des Vollzugsverbots nach einer Untersagungsverfügung wird vom Gesetz nicht ausdrücklich angeordnet.[3] Sie ergibt sich jedoch aus dem Grundsatz der präventiven Fusionskontrolle.[4]

3 Abs. 1 S. 1 erfasst alle Maßnahmen, die einen Zusammenschluss **in rechtlicher oder tatsächlicher Hinsicht** vollenden einschließlich solcher Handlungen, die die wirtschaftlichen Wirkungen des Zusammenschlusses vorwegnehmen.[5] Wenn ein Zusammenschlussvorhaben aus mehreren Einzelvorgängen besteht, gilt das Vollzugsverbot für jede Handlung, die einen Zusammenschlusstatbestand im Sinne des § 37 Abs. 1 vollendet. Bloße Vorbereitungsmaßnahmen werden dagegen nicht erfasst. Eben sowenig liegt ein Vollzug bei Rechtsgeschäften vor, die unter der aufschiebenden Bedingung des Wegfalls des Vollzugsverbots stehen. Die Abgrenzung zwischen Vorbereitungshandlungen und Vollzug ist nach dem jeweils einschlägigem Zusammenschlusstatbestand vorzunehmen.

4 **Adressaten des Vollzugsverbots** sind demnach die am Zusammenschluss beteiligten Unternehmen. Ist der Verkäufer nicht am Zusammenschluss beteiligt, trifft ihn wie andere Dritte jedenfalls das Verbot, am Vollzug mitzuwirken. Nach dem Wortlaut der Vorschrift gilt das Verbot nur für Unternehmen. Die Regierungsbegründung der 6. GWB-Novelle,[6] wonach Abs. 1 die Regelung des § 24a Abs. 4 a.F. übernimmt, der keine Beschränkung auf Unternehmen vorsah, legt es nahe, das Mitwirkungsverbots auch auf Dritte zu erstrecken, die nicht Unternehmen sind.[7]

---

[1] *Mestmäcker/Veelken* in: Immenga/Mestmäcker, GWB, § 41 Rn. 2.
[2] *Ruppelt* in: Langen/Bunte, Kommentar zum deutschen und europäischen Kartellrecht, § 41 Rn. 1.
[3] Anders bis zur 6. GWB-Novelle § 24 Abs. 2 S. 4 a.F.
[4] BReg, Begr. Reg-Entwurf zur 6. GWB-Novelle, BT-Drucks. 13/9720, S. 60.
[5] *Mestmäcker/Veelken* in: Immenga/Mestmäcker, GWB, § 41 Rn. 4.
[6] BT-Drucks. 13/9720, S. 60.
[7] So *Ruppelt* in: Langen/Bunte, Kommentar zum deutschen und europäischen Kartellrecht, § 41

2. Unwirksamkeit von Rechtsgeschäften

Abs. 1 S. 2 bestimmt, dass Rechtsgeschäfte, die gegen das Vollzugsverbot verstoßen, unwirksam sind. Nach h. M. handelt es sich um eine **schwebende Unwirksamkeit**. Eine unheilbare Nichtigkeit der Rechtsgeschäfte wäre demgegenüber eine die Unternehmen unnötig belastende, unangemessene Sanktion des im Falle schuldhaften Handelns bereits als Ordnungswidrigkeit gemäß § 81 Abs. 1 Nr. 1 GWB bußgeldbewehrten Verstoßes.[8] Im Falle der Untersagung des Zusammenschlusses tritt daher mit der Untersagungsverfügung die Unwirksamkeit, im Falle der Freigabe im Wege einer Mitteilung nach § 40 Abs. 1, einer Verfügung nach § 40 Abs. 2 oder des Verstreichens der Untersagungsfristen nach § 40 Abs. 1 und Abs. 2 die Wirksamkeit der Rechtsgeschäfte jeweils von Anfang an ein.[9] Gleiches muss gelten, wenn das Bundeskartellamt das Nichtvorliegen der Untersagungsvoraussetzungen nunmehr nach seiner neueren Praxis nicht im Verfahren der Fusionskontrolle, sondern im Rahmen eines Entflechtungsverfahrens feststellt und daraufhin das eingeleitete Verfahren förmlich oder formlos einstellt.[10] Da mit der Einstellung feststeht, dass die Untersagungsvoraussetzungen nach § 36 Abs. 1 nicht vorliegen, besteht kein Grund für die Fortgeltung des Vollzugsverbots. Damit entfällt auch der, die schwebende Unwirksamkeit begründende Verstoß durch den vorzeitigen Vollzug. Ungeklärt ist allerdings, ob dann die Prüfung im Wege des nicht fristgebundenen Entflechtungsverfahrens die Freigabewirkung des Fristablaufs nach § 40 Abs. 1 oder Abs. 2 ausschließt.[11]

Die Vorschrift gilt nur für zivilrechtliche Rechtsgeschäfte und öffentlich-rechtliche Verträge.[12] Auf öffentlich-rechtliche Vollzugshandlungen ist Abs. 1 Satz 2 nicht anwendbar. Gegen das Vollzugsverbot verstoßende Verwaltungsakte sind nach § 44 Abs. 2 Nr. 5 VwVfG nichtig. Bei Landesgesetzen, die einen Zusammenschluss bewirken, kann sich die Unwirksamkeit aus dem Vorrang des Bundesrechts des § 41 Abs. 1 gegenüber dem Landesrecht ergeben.[13] Nach Abs. 1 Satz 3 tritt die Unwirksamkeitsfolge ebenfalls nicht ein bei Verträgen über Grundstücksgeschäfte und den in Abs. 1 Satz 3 genannten gesellschaftsrechtlichen Verträgen über die Umwandlung, Eingliederung oder Gründung von Unternehmen sowie bei Verträgen nach §§ 291, 292 AktG, sobald sie in das zuständige Register eingetragen wurden und damit rechtswirksam geworden sind. Mit der Heilung der zivilrechtlichen Unwirksamkeit durch die Registereintragung soll der Publizitätsfunktion des Handelsregisters und dem damit verbundenen Verkehrsschutz der Öffentlichkeit Rechnung getragen werden. Im Hinblick auf die Verlässlichkeit des Grundbuchs als öffentlichem Register wurden mit der 7. GWB-Novelle auch Grundstücksgeschäfte in die Regelung ein-

---

Rn. 1; *Bechtold*, GWB, § 40 Rn. 4; a.A. *Mestmäcker/Veelken* in: Immenga/Mestmäcker, GWB, § 41 Rn. 5; vgl. zur alten Rechtslage: BKartA NJW 1976, 1280 f.; *Rieger* in: FK § 41 Rn. 15.

[8] *Klocker/Ost* in: FS *Bechtold*, 2006 S. 229 ff., 235; *Bechtold* § 39 Rn. 23.

[9] *Kleinmann/Bechtold* § 24a Rn. 119 m. w. N.; WuW/E OLG 1833, 1836 – *Bayer-Metzeler* = BB 1977, 766, 767; die Frage der Rückwirkung offengelassen in WuW/E BGH 1547, 1548 – *Metzeler Schaum*; *Mestmäcker/Veelken* in: Immenga/Mestmäcker, GWB, § 41 Rn. 13, 18 jedoch gegen entsprechende Anwendung der Fristen des § 40 Abs. 1 und Abs. 2; *Hahn* in WuW 2006, 1084; a.A. *Bechstein*, BB 1977, 224.

[10] Dafür *Mayer/Miege*, Die Rechtsfolgen eines Verstoßes gegen das zusammenschlussrechtliche Vollzugsverbot – Nichtigkeit der den Verstoß begründenden Rechtsgeschäfte?, BB 2008, 2031 ff.; a.A. offenbar BKartA WuW/E DE-V 1340 – *Sulzer/Kelmix* und Beschluss v. 28. 2. 2008, B 5 – 198/07 – *A-Tec Industries*: unheilbare Nichtigkeit der gegen das Vollzugsverbot verstoßenden Rechtshandlungen; vgl. Mitteilung des Bundeskartellamts zur Behandlung nachträglich angemeldeter Zusammenschlüsse.

[11] Für Anwendung der Fristen des § 40 Abs. 1 und Abs. 2 bei nachträglicher Anmeldung *Hahn* in WuW 2007, 1084, 1094; vgl. auch *Klocker/Ost* in FS für *Bechtold* 2006, 229 ff. 235.

[12] *Mestmäcker/Veelken* in: Immenga/Mestmäcker, GWB, § 41 Rn. 16.

[13] *Bosse* BB 1980, 808, 810.

bezogen.[14] Das Registergericht ist allerdings verpflichtet zu prüfen, ob die Voraussetzungen des Vollzugsverbots vorliegen und in diesem Falle die Eintragung auszusetzen. Die Zusammenschlussbeteiligten verstoßen gegen Abs. 1 Satz 1, wenn sie an dem Vollzug mitwirken, indem sie die Registereintragung beantragen.

3. Befreiung vom Vollzugsverbot

7   Nach Abs. 2 kann das Bundeskartellamt vom Vollzugsverbot befreien. Diese Regelung ist nach dem Vorbild des Art. 7 Abs. 4 FKVO in das Gesetz aufgenommen worden. Die Befreiung ist nur möglich, wenn wichtige Gründe bestehen, insbesondere um schwere Schäden von den beteiligten Unternehmen oder Dritten abzuwenden. Geringe Schäden oder Nachteile, die sich aus dem generellen Vollzugsverbot ergeben, reichen nicht aus.[15] Wegen des Grundsatzes der präventiven Fusionskontrolle ist die Befreiung vom Vollzugsverbot auf Ausnahmesituationen zu beschränken. In Betracht kommen hier vor allem Sanierungsfunktionen und Auslandszusammenschlüsse, wenn die Unternehmen wegen besonderer Umstände nicht in der Lage sind, die nach § 39 Abs. 3 erforderlichen Angaben vor dem Vollzug zu machen. Entsprechend dem Wortlaut von Abs. 2 kann die Befreiung auch durch drohende Schäden oder Nachteile für Dritte, z.B. Kunden oder Lieferanten der Zusammenschlussbeteiligten, gerechtfertigt sein.[16]

8   Eine Befreiung vom Vollzugsverbot ist nicht erforderlich, wenn die drohenden Schäden auch durch eine schnelle Freigabe abgewendet werden können. Anders als ursprünglich erwartet, kommt die Befreiung daher eher bei kritischen Fällen in Frage, in denen mit einer langen Verfahrensdauer zu rechnen ist. Eine Befreiung kommt jedoch nicht in Frage, wenn von vornherein feststeht, dass der Zusammenschluss untersagt werden muss. Das Bundeskartellamt muss daher seine Prognose über den voraussichtlichen Ausgang des Fusionskontrollverfahrens in die Entscheidung über die Befreiung nach Abs. 2 einbeziehen.[17]

9   Abs. 2 enthält eine abschließende Spezialregelung für die Freistellung vom gesetzlichen Vollzugsverbot.[18] Die Befreiung kann daher nicht im Wege des einstweiligen Rechtsschutzes nach §§ 60, 64 Abs. 3 S. 1 geltend gemacht werden, sondern nur in dem Verfahren nach § 41 Abs. 2.[19]

Die Befreiung wird auf Antrag der am Zusammenschluss beteiligten Unternehmen erteilt. Daneben sind antragsberechtigt auch Dritte, von denen durch die Befreiung Schäden abgewendet werden sollen, z.B. der Veräußerer im Falle eines Zusammenschlusses durch Anteilserwerb.[20] Der Antrag kann bereits vor der Anmeldung gestellt werden. Das Bundeskartellamt entscheidet über die Befreiung nach pflichtgemäßem Ermessen unter Beachtung des Verhältnismäßigkeitsgrundsatzes. Dabei hat das Bundeskartellamt die geltend gemachten Interessen mit dem durch das Vollzugsverbot geschützten öffentlichen Interesse abzuwägen, auch zeitlich begrenzte marktbeherrschende Stellungen zu verhindern und die Entflechtung bereits vollzogener Zusammenschlüsse zu vermeiden.[21] Das Bundeskartellamt muss daher insbesondere das Gewicht des geltend gemachten Schadens, das Ausmaß der Gefährdung des Wettbewerbs infolge der Befreiung sowie die voraussichtlichen Schwierig-

---

[14] Begr. Reg.-Entwurf, BT-Drucks. 15/3640 S. 59.
[15] TB 2001/2002, BT-Drucks. 15/1226 S. 25.
[16] Vgl. BKartA Beschluss vom 26. September 2001 B9–100/01 – *Deutsche Post/trans-o-flex*; Beschluss vom 31. Oktober 2001 B7–206/01 – *T-Venture/next-net*.
[17] A. A.: *Bechtold*, GWB, § 41 Rn. 7.
[18] OLG Düsseldorf, WuW/DE-R 2069, 2072 f. – *Phonak/Resound*.
[19] OLG Düsseldorf, WuW/DE-R 2069, 2072 f. – *Phonak/Resound*.
[20] *Bechtold*, GWB, § 40 Rn. 9.
[21] *Mestmäcker/Veelken* in: Immenga/Mestmäcker, GWB, § 41 Rn. 27; Bechtold, GWB § 41 Rn. 8.

keiten einer nachträglichen Auflösung berücksichtigen.[22] Die Darlegungs- und Beweislast für das Vorliegen wichtiger Gründe tragen die Unternehmen.

4. Bedingungen und Auflagen

Das Bundeskartellamt kann die Befreiung nach Abs. 2 Satz 2 mit Bedingungen und Auflagen versehen, um die Beeinträchtigung des Wettbewerbs infolge der Aufhebung des Vollzugsverbots möglichst gering zu halten. Infolge ihrer vorübergehenden Geltungsdauer für den Zeitraum des Fusionskontrollverfahrens sind diese Auflagen und Bedingungen nicht auf strukturelle Maßnahmen beschränkt, sondern können sich auf das Verhalten der Unternehmen beziehen.[23] Das Bundeskartellamt kann daher Auflagen oder Bedingungen vorsehen, mit denen z. B. die Ausübung von Stimmrechten oder die Übertragung von Kundenbeziehungen untersagt wird, um den Einfluss auf das Wettbewerbsverhalten des Zielunternehmens zu begrenzen, oder die Eingliederung erworbener Vermögenswerte verbieten, um die Entflechtung im Falle einer späteren Untersagung nicht zu erschweren.[24] Nach Abs. 2 Satz 3 in Verbindung mit § 40 Abs. 3a) kann die Befreiung widerrufen oder geändert werden, wenn die beteiligten Unternehmen einer Auflage oder Bedingung zuwiderhandeln oder wenn die Befreiung mit unrichtigen Angaben oder durch arglistiges Handeln herbeigeführt worden ist.

III. Entflechtung (Abs. 3)

1. Allgemeines

Abs. 3 regelt die Auflösung vollzogener Zusammenschlüsse, die die Untersagungsvoraussetzungen des § 36 Abs. 1 erfüllen. Seit der Ausweitung der präventiven Fusionskontrolle und des Vollzugsverbots auf sämtliche fusionskontrollpflichtigen Zusammenschlüsse im Rahmen der 6. GWB-Novelle kommen für eine Auflösung nach Abs. 3 in erster Linie Zusammenschlüsse in Frage, die unter Verstoß gegen das Vollzugsverbot vor der Freigabe durch das Bundeskartellamt oder dem Ablauf der Untersagungsfrist vollzogen wurden. Daneben kann es nach einem zulässigen Vollzug aufgrund einer Befreiung vom Vollzugsverbot gemäß Abs. 2 Satz 1 sowie im Falle des Widerrufs oder der gerichtlichen Aufhebung einer Freigabe gemäß § 40 Abs. 2 oder einer Ministererlaubnis gemäß § 42 Abs. 1 zu einer Auflösung kommen. Mit der Änderung von Abs. 3 S. 1 durch die 7. GWB-Novelle gegenüber dem bisherigen Wortlaut, wonach sich die Auflösungsverpflichtung auf die Fälle der Untersagung oder des Widerrufs der Freigabe eines Zusammenschlusses bezog, soll die umfassende Geltung der Auflösungsverpflichtung für sämtliche Fallgestaltungen eines materiellen Verstoßes gegen § 36 Abs. 1, insbesondere für den fehlenden Eintritt aufschiebender bzw. der Eintritt auflösender Bedingungen einer Freigabe, zum Ausdruck gebracht werden.[25] Nach neuerer Praxis des Amts werden die Voraussetzungen für die Untersagung eines nach Vollzug angemeldeten Zusammenschlusses dann im Rahmen des Entflechtungsverfahrens geprüft.[26] Nach zutreffender Auffassung bewirkt die nachträgliche Anmeldung jedoch die Einleitung eines Fusionskontrollverfahrens, in das das Amt in solchen Fällen auch von Amts wegen eintreten kann.[27]

---

[22] TB 2001/2002, BT-Drucks. 15/1226 S. 25 ff.
[23] TB 2001/2002, a. a. O. S. 26.
[24] BKartA Beschluss vom 6. November 2002 B4–211/02 – *M+W Zander/Krantz-TKT*; Beschluss vom 30. April 2002 B9–47/02 – *Lufthansa/Augsburg Airways*; Ruppelt in: Langen/Bunte, Kommentar zum deutschen und europäischen Kartellrecht, § 41 Rn. 6.
[25] Begr. Reg.-Entw., BT-Drucks. 15/3640 S. 59.
[26] BKartA, Mitteilung v. 13. 5. 2008.
[27] S. o. § 39 Rn. 16.

Abs. 3 gilt grundsätzlich auch für **Auslandszusammenschlüsse,** sofern sie sich im Geltungsbereich des GWB auswirken. Eine Entflechtung kann aber nur soweit vorgenommen werden, wie die Inlandsauswirkungen dadurch beseitigt werden.[28]

2. Voraussetzungen

12   Die Verpflichtung nach Abs. 3 Satz 1, einen ganz oder teilweise vollzogenen Zusammenschluss aufzulösen, entsteht nicht aufgrund einer entsprechenden Anordnung des Bundeskartellamts.[29] Die Auflösungsverpflichtung setzt lediglich voraus, dass die Untersagungsvoraussetzungen nach § 36 Abs. 1 vorliegen oder dass ein Antrag auf Ministererlaubnis abgelehnt bzw. eine bereits erteilte Ministererlaubnis gemäß § 42 Abs. 2 zurückgenommen wurde. Kommen die Unternehmen ihrer Verpflichtung nicht oder nicht in hinreichendem Maße nach, hat das Bundeskartellamt nach Abs. 3 Satz 2 die zur Auflösung erforderlichen Maßnahmen anzuordnen. Die gerichtliche Aufhebung einer Freigabe nach § 40 Abs. 6 begründet hingegen noch keine Auflösungsverpflichtung, da mit der Aufhebung der Freigabe noch nicht feststeht, ob die Untersagungsvoraussetzungen erfüllt sind.

13   Die Auflösung hat nach Abs. 3 Satz 1 zu erfolgen, wenn die Untersagungsvoraussetzungen des § 36 Abs. 1 erfüllt sind und keine Ministererlaubnis nach § 42 Abs. 1 erteilt worden ist. Die Auflösungsverpflichtung kann daher nicht vor Ablauf der Frist für die Beantragung der Ministererlaubnis nach § 42 Abs. 3 entstehen. Bis zur 6. GWB-Novelle wurde die **Unanfechtbarkeit der Untersagungsverfügung** nach § 24 Abs. 6 S. 2 a. F. ausdrücklich vorausgesetzt. Die Gesetzesbegründung der 6. GWB-Novelle, wonach die Voraussetzung der Unanfechtbarkeit der Untersagungsverfügung „im Hinblick auf das generell geltende Vollzugsverbot entbehrlich" geworden sei,[30] lässt nicht klar erkennen, ob insoweit eine Änderung beabsichtigt war. Das Bundeskartellamt folgert aus der Änderung des Wortlauts von Abs. 3 S. 1 durch die 7. GWB Novelle, die auf das Vorliegen der Untersagungsvoraussetzungen des § 36 Abs. 1 abstellt, dass die Anordnung der Auflösung nunmehr nicht einmal eine vorherige Untersagungsverfügung erfordert und verbindet demgemäß regelmäßig die Untersagungsverfügung mit der Auflösungsanordnung.[31] Da jedoch das Vorliegen der Untersagungsvoraussetzungen erst mit der Rechtskraft der Untersagungsverfügung feststeht, entsteht u. E. auch die Verpflichtung zur Auflösung erst mit diesem Zeitpunkt. Die Änderung des Wortlauts ändert daher nach Sinn und Zweck der Bestimmung nicht die Rechtslage.[32] Das Erfordernis einer unanfechtbaren Untersagungsverfügung folgt auch aus dem Grundsatz der Rechtssicherheit und dem Bestimmtheitsgebot.[33] Eine Besserstellung von Unternehmen, die den Zusammenschluss unter Verstoß gegen das Vollzugsverbot nach Abs. 1 S. 1 vollzogen haben, wird hierdurch nicht begründet, da der Verstoß gegen das Vollzugsverbot mit der zivilrechtlichen Unwirksamkeit der Vollzugsgeschäfte gemäß Abs. 1 Satz 2 und dem Bußgeldtatbestand des § 81 Abs. 2 Nr. 1 sanktioniert ist. Im Übrigen ste-

---

[28] So die Praxis: WuW/E OLG 3051 ff. – *Morris/Rothmans;* WuW/E BKartA 1653, 1657 – *Babcock/Artos.*

[29] Str. *Ruppelt* in: Langen/Bunte, Kommentar zum deutschen und europäischen Kartellrecht, § 41 Rn. 8; *Mestmäcker/Veelken* in: Immenga/Mestmäcker, GWB, § 41 Rn. 40; anderer Ansicht *Bechtold*, GWB, § 41 Rn. 15.

[30] Vgl. Regierungsbegründung zur 6. GWB-Novelle Bundestagsdrucksache 13/9720 zu § 41 Abs. 3.

[31] WuW/E DE-V 1340 ff. – *Sulzer/Kelmix;* Beschluss v. 28. 2. 2008 B 5 – 198/07 – A-Tec Industries; vgl. auch Mitteilung des Bundeskartellamts zur Behandlung nachträglich angemeldeter Zusammenschlüsse.

[32] So im Ergebnis auch Bechtold, GWB, § 40 Rn. 13; *Mestmäcker/Veelken* in: Immenga/Mestmäcker, GWB, § 41 Rn. 37; a. A. *Ruppelt* in: Langen/Bunte, Kommentar zum deutschen und europäischen Kartellrecht, § 41 Rn. 8.

[33] BGH, WuW/E BGH, 2211, 2217 – *Morris-Rothmans.*

hen dem Bundeskartellamt mit der Möglichkeit des Erlasses einstweiliger Anordnungen nach § 60 Nr. 1 und § 64 Abs. 3 Mittel zur Verfügung, um unzuträgliche wettbewerbliche Auswirkungen des Vollzugs zu verhindern.[34]

3. Auflösungsanordnung

Nach Abs. 3 S. 2 hat das Bundeskartellamt die zur Auflösung des Zusammenschlusses erforderlichen Maßnahmen anzuordnen. Die **Auflösungsanordnung** muss dem Bestimmtheitsgebot genügen. Sie muss daher klar zum Ausdruck bringen, welche konkreten Maßnahmen von den Unternehmen zum Zwecke der Entflechtung zu veranlassen sind.[35] Das Bundeskartellamt kann auch im Einvernehmen mit den betroffenen Unternehmen geeignete Maßnahmen festlegen und ggf. im Wege öffentlich-rechtlicher Verträge vereinbaren.[36]

Adressaten der Auflösungsverfügung sind die in der Untersagungsverfügung genannten Unternehmen,[37] bei Anordnung der Rücknahme einer Beteiligung auch der Veräußerer, sofern er zur Rücknahme objektiv imstande ist.[38] Ungeklärt ist, inwieweit die Auflösungsanordnung darüber hinaus nach den Grundsätzen der verwaltungsrechtlichen Störerhaftung auch gegen am Zusammenschluss nicht beteiligte Dritte gerichtet werden kann.[39]

Eine Auflösungsanordnung ist nicht erforderlich und daher unzulässig, wenn die betroffenen Unternehmen den vollzogenen Zusammenschluss, z.B. durch teilweise Rückführung der übertragenen Beteiligung, bereits so verändert haben, dass kein fusionskontrollpflichtiger Zusammenschlusstatbestand im Sinne des § 37 Abs. 1 mehr vorliegt,[40] die Anwendbarkeitsvoraussetzungen der Fusionskontrolle nach § 35 nicht mehr gegeben sind oder die Untersagungsvoraussetzungen nach § 36 Abs. 1 nachträglich entfallen.[41] Andererseits darf eine Auflösungsverfügung nicht allein deshalb unterbleiben, weil die rein formale Rückübertragung von Vermögensgegenständen bereits stattgefunden hat, solange die unzulässige Wettbewerbsbeschränkung fortbesteht.[42]

Ändern die Unternehmen den untersagten Zusammenschluss nachträglich in einer Weise, dass ein **anderer Zusammenschlusstatbestand** nach § 37 Abs. 1 vorliegt, ist eine Auflösungsanordnung unzulässig, da der geänderte Zusammenschluss nicht von der Untersagung umfasst wird.[43] Der Einwand, hierdurch werde den unabhängig von der geänderten gesellschaftsrechtlichen Gestaltung fortbestehenden Auswirkungen des Zusammenschlusses auf die Marktstruktur nicht hinreichend Rechnung getragen und letztlich die Fusionskontrolle zur Disposition der Unternehmen gestellt,[44] überzeugt nicht, da der Vollzug des ge-

---

[34] Vgl. *Mestmäcker/Veelken* in: Immenga/Mestmäcker, GWB, § 41 Rn. 36.
[35] BGH, WuW/E BGH 2211, 2217 – *Morris-Rothmans*; WuW/E 2031, 2032 – *Springer/Elbe-Wochenblatt II*.
[36] Begr. zum RegE BT-Drucks. VI/2520, S. 32; *Loewenheim/Belke* § 24 Rn. 112; *Kleinmann/Bechtold* § 24 Rn. 404; abweichend: *Mestmäcker/Veelken* in: Immenga/Mestmäker, GWB, § 41 Rn. 43, 44.
[37] BGH, WuW/E 2031, 2034 – *Springer/Elbe-Wochenblatt II*.
[38] KG, WuW 2753, 2763 – *Springer/Elbe-Wochenblatt II*; *Ruppelt* in: Langen/Bunte, Kommentar zum deutschen und europäischen Kartellrecht, § 41 Rn. 10.
[39] *Mestmäcker/Veelken* in: Immenga/Mestmäcker, GWB, § 41 Rn. 41; KG, WuW 2753, 2763 – *Springer/Elbe-Wochenblatt II*.
[40] WuW/E 2031 – *Springer/Elbe-Wochenblatt*; WuW/E BGH 2211, 2213f. – *Morris/Rothmans*; *Kleinmann/Bechtold* § 24 Rn. 391.
[41] KG, WuW/E 2753, 2755 – *Springer/Elbe-Wochenblatt*; *Ball/Wissel*, WuW 1980, 238; *Bechtold*, GWB, § 41 Rn. 13.
[42] WuW/E BGH 2425, 2427f. – *Niederrheinische Anzeigenblätter*; *Niederleithinger*, Schwerpunkte 1985/86, S. 57.
[43] WuW/E BGH 2211 – *Morris/Rothmans*.
[44] *Ruppelt* in: Langen/Bunte, Kommentar zum deutschen und europäischen Kartellrecht, § 41

änderten Zusammenschlusses seinerseits dem Vollzugsverbot und den an dessen Verletzung geknüpften zivil- und verwaltungsrechtlichen Sanktionen unterliegt.

4. Inhalt der Anordnung

18 Ziel der Auflösungsverfügung ist es, die durch den Zusammenschluss eingetretene Wettbewerbsbeschränkung zu beseitigen. Demgegenüber ist die formale **Wiederherstellung des früheren Zustands,** von der das Gesetz als Regelfall der Auflösung ausgeht,[45] vgl. Abs. 3 S. 3, nicht ausschlaggebend.[46] Dementsprechend genießt die Rückabwicklung des Zusammenschlusses nach h. M. keinen generellen Vorrang gegenüber anderen Maßnahmen zur Beseitigung der Wettbewerbsbeschränkung.[47] Das Bundeskartellamt hat einen **Ermessensspielraum** hinsichtlich der zur Auflösung des Zusammenschlusses anzuordnenden Maßnahmen. Dabei hat es den Grundsatz der **Verhältnismäßigkeit** sowie die Belange Dritter zu beachten. Die angeordneten Maßnahmen müssen daher geeignet und erforderlich sein, die durch den Zusammenschluss verursachte Wettbewerbsbeschränkung soweit zu beseitigen, dass die formellen oder materiellen Untersagungsvoraussetzungen nicht mehr vorliegen. Stehen mehrere geeignete Maßnahmen zur Verfügung, hat das Bundeskartellamt diejenigen Maßnahmen anzuordnen, die die Unternehmen am wenigsten belasten.[48] Das Bundeskartellamt kann auch alternative Maßnahmen anordnen, um den beteiligten Unternehmen die Möglichkeit zu lassen, die für sie einfachere und wirtschaftlich sinnvollere Maßnahme zu wählen.[49]

Die Rückabwicklung eines Zusammenschlusses kommt nicht in Betracht, wenn bereits eine teilweise Auflösung die marktbeherrschende Stellung bzw. deren Verstärkung beseitigt.[50] Ist durch eine derartige Rückführung des Zusammenschlusses die Wettbewerbsbeschränkung beseitigt oder liegt danach kein unter § 35 fallender Zusammenschlusstatbestand mehr vor, so ist eine weitergehende Auflösungsverfügung zur Restitution des ursprünglichen Zustands rechtswidrig.

19 Das Bundeskartellamt kann auch den Veräußerer eines Unternehmens verpflichten, das veräußerte Unternehmen zurückzunehmen.[51] Eine solche Anordnung ist jedoch nicht zulässig, wenn eine **Rücknahme durch den Veräußerer** nicht möglich ist oder nicht zur Beseitigung der eingetretenen Wettbewerbsbeschränkung führen würde, oder wenn der Zusammenschluss auch durch die Übertragung des Unternehmens auf einen geeigneten Dritten aufgelöst werden kann.[52] Umgekehrt begründet die Auflösungsanordnung des Bundeskartellamts jedenfalls solange **keinen Anspruch des Veräußerers auf Rückübertragung** des von ihm veräußerten Unternehmens hat, wie dem Erwerber noch andere Möglichkeiten zur Beseitigung der Wettbewerbsbeschränkung verbleiben.[53] Etwas anderes

---

Rn. 11; *Mestmäcker/Veelken* in: Immenga/Mestmäcker, GWB, § 41 Rn. 39; *Niederleithinger,* Schwerpunkte 1985/86, S. 57; *Emmerich* AG 1986, 358 f.

[45] KG WuW/E OLG 4558 f. – *Kampffmeyer/Plange.*
[46] KG WuW/E DE-R 181, 182 – *TLZ.*
[47] KG, WuW/E OLG 1989, 1993 – *Zementmahlanlage; Ruppelt* in: Langen/Bunte, Kommentar zum deutschen und europäischen Kartellrecht, § 41 Rn. 9; *Kleinmann/Bechtold* § 24 Rn. 391 ff.; *Loewenheim/Belke* § 24 Rn. 113; a. A. *Mestmäcker/Veelken* in: Immenga/Mestmäcker, GWB, § 41 Rn. 45.
[48] *Ruppelt* in: Langen/Bunte, Kommentar zum deutschen und europäischen Kartellrecht, § 41 Rn. 10.
[49] BKartA, WuW/E DE-V 1340 ff. – *Sulzer/Kelmix/Werfo;* B 5 198/07 – *A-Tec Industries.*
[50] KG, WuW/E OLG 2753 – *Springer/Elbe-Wochenblatt II.*
[51] WuW/E OLG 2753, 2763 – *Springer/Elbe-Wochenblatt II; Mestmäcker/Veelken* in: Immenga/Mestmäcker, GWB, § 41 Rn. 47; *K. Schmidt* WuW 1976, 631; *Möschel,* ZGR 1984, 655, 668.
[52] *Ruppelt* in: Langen/Bunte, Kommentar zum deutschen und europäischen Kartellrecht, § 41 Rn. 9.
[53] WuW/E BGH 1556 – *Weichschaum III;* WuW/E OLG 1637 ff. 1758 ff. – *Weichschaum I + II.*

gilt, wenn der Veräußerer sich den Rückerwerb für den Fall einer Untersagung der Veräußerung vertraglich vorbehalten hat.

5. Durchsetzung

Die Auflösungsanordnung gemäß Abs. 3 S. 2 hat keine rechtsgestaltende Wirkung und muss daher mit Zwangsmitteln durchgesetzt werden, wenn die Unternehmen die angeordneten Maßnahmen nicht freiwillig umsetzen. Nach Abs. 4 kann das Bundeskartellamt zu diesem Zweck insbesondere die Ausübung von Stimmrechten aus den Anteilen an einem beteiligten Unternehmen untersagen oder einschränken, Abs. 4 Nr. 2, und einen Treuhänder zur Auflösung des Zusammenschlusses bestellen, Abs. 4 Nr. 3. Der Treuhänder unterliegt den Weisungen des Bundeskartellamts, das den Umfang seiner Befugnisse zu bestimmen hat.[54] Er ist vergleichbar mit einem Insolvenzverwalter.[55] Er ist berechtigt, zur Auflösung des Zusammenschlusses die erforderlichen Willenserklärungen abzugeben und die erforderlichen Handlungen selbst vorzunehmen. Daneben kann das Bundeskartellamt auch auf die nach den Vorschriften des VwVG für die allgemeine Verwaltungsvollstreckung zur Verfügung stehenden Zwangsmittel zurückgreifen. Die bislang in Abs. 4 Nr. 1 vorgesehene Möglichkeit der Festsetzung von Zwangsgeldern über den Rahmen des § 11 VwVG hinaus, ist nunmehr in § 86a geregelt. Alle Zwangsmittel dürfen erst nach einer angemessenen Frist und entsprechender Androhung angewendet werden.[56]

20

6. Rechtsschutz

Die Auflösungsverfügung ist mit der Beschwerde gemäß § 63 Abs. 1 anfechtbar. Die Beschwerde hat nach § 64 Abs. 1 keine aufschiebende Wirkung. Das Bundeskartellamt kann aber die Aussetzung der Vollziehung nach § 65 Abs. 3 S. 2 anordnen.

21

§ 42 Ministererlaubnis

(1) ¹Der Bundesminister für Wirtschaft und Technologie erteilt auf Antrag die Erlaubnis zu einem vom Bundeskartellamt untersagten Zusammenschluss, wenn im Einzelfall die Wettbewerbsbeschränkung von gesamtwirtschaftlichen Vorteilen des Zusammenschlusses aufgewogen wird oder der Zusammenschluss durch ein überragendes Interesse der Allgemeinheit gerechtfertigt ist. ²Hierbei ist auch die Wettbewerbsfähigkeit der beteiligten Unternehmen auf Märkten außerhalb des Geltungsbereichs dieses Gesetzes zu berücksichtigen. ³Die Erlaubnis darf nur erteilt werden, wenn durch das Ausmaß der Wettbewerbsbeschränkung die marktwirtschaftliche Ordnung nicht gefährdet wird.

(2) ¹Die Erlaubnis kann mit Bedingungen und Auflagen verbunden werden. ²§ 40 Abs. 3 und 3a gilt entsprechend.

(3) ¹Der Antrag ist innerhalb einer Frist von einem Monat seit Zustellung der Untersagung beim Bundesministerium für Wirtschaft und Technologie schriftlich zu stellen. ²Wird die Untersagung angefochten, beginnt die Frist in dem Zeitpunkt, in dem die Untersagung unanfechtbar wird.

(4) ¹Der Bundesminister für Wirtschaft und Technologie soll über den Antrag innerhalb von vier Monaten entscheiden. ²Vor der Entscheidung ist eine Stellungnahme der Monopolkommission einzuholen und den obersten Landesbehörden, in

---

[54] *Mestmäcker/Veelken* in: Immenga/Mestmäcker, GWB, § 41 Rn. 61; vgl. auch Mustertexte des Bundeskartellamts für Nebenbestimmungen und Treuhändervertrag unter www.bundeskartellamt.de/wDeutsch/merkblaetter/Fusionskontrolle/MerkblFusion.php.
[55] *Kleinmann/Bechtold*, § 24 Rn. 414.
[56] *FK-Quack* § 24 Rn. 255.

deren Gebiet die beteiligten Unternehmen ihren Sitz haben, Gelegenheit zur Stellungnahme zu geben.

Übersicht

	Rn.		Rn.
I. Allgemeines	1	III. Bedingungen und Auflagen	11
1. Bedeutung	1	1. Allgemeines	11
2. Verfahrenstrennung	2	2. Bedingungen	12
II. Voraussetzungen	4	3. Auflagen	13
1. Allgemeines	4	IV. Verfahren	15
2. Gesamtwirtschaftliche Vorteile	5	1. Erlaubnisantrag	15
3. Überragendes Allgemeininteresse	7	2. Erlaubnisverfahren	17
4. Internationale Wettbewerbsfähigkeit	8	3. Rücknahme und Widerruf	21
5. Abwägung	9	V. Rechtsschutz	22
6. Gefährdung der marktwirtschaftlichen Ordnung	10		

Schrifttum: BMWi, Erfahrungsberichte zur Ministererlaubnis, WuW 1986, 788; 1992, 925; *Bartram*, Zur Problematik der „Ministererlaubnis", WuW 1979, 372; *Dreher*, Deutsche Ministererlaubnis in der Zusammenschlusskontrolle und europäisches Kartellrecht, WuW 2002, S. 828; *Droege*, Fusionskontrolle und Verfahren – verfahrene Fusionskontrolle?, WuW 2002, S. 930; *Immenga*, Nationale Fusionskontrolle, Auslandswettbewerb und die Erhaltung internationaler Wettbewerbsfähigkeit, AWD 1981, 577; *Kappes*, Nebenbestimmungen im Fusionskontrollrecht, 1. Auflage, Berlin 2002; *Kartte/Röhling*, Fusionskontrolle durch den Bundesminister für Wirtschaft, in: Auslegungsfragen, FIW-Schriftenreihe Heft 66, S. 91; *Knöpfle, R.*, Gesamtwirtschaftliche Vorteile eines Zusammenschlusses und überragendes Interesse der Allgemeinheit als Zulassungskriterien, WuW 1974, 5; *Lentfer*, Verstöße gegen Auflagen von Genehmigungen gemäß § 24 Abs. 3 GWB, WuW 1998, 227.

I. Allgemeines

1. Bedeutung

1   Für die Schaffung der Ministererlaubnis durch die 2. GWB-Novelle 1973 war die Befürchtung des Gesetzgebers ausschlaggebend, die Abwägungsklausel des § 36 Abs. 1 (§ 24 Abs. 1 a. F.) werde allein nicht ausreichen, um in sämtlichen Fusionsfällen eine auch mit dem Allgemeininteresse übereinstimmende Entscheidung zu treffen.[1] Mit dem Instrument der Ministererlaubnis soll daher im Einzelfall der Ausgleich von wettbewerblichem und außerwettbewerblichem Interesse im Wege einer politisch verantworteten Ausnahmegenehmigung ermöglicht werden.[2] Von den bisher 19 Anträgen auf Ministererlaubnis hatten sieben Erfolg,[3] sechs wurden abgelehnt.[4] Die restlichen Anträge wurden zurückgezogen.[5] Von den sieben erteilten Ministererlaubnissen wurden fünf unter Beschränkungen bzw.

---

[1] Begr. zum RegE, BT-Drucks. VI/2520, S. 31.
[2] Vgl. Pressemitteilung des BMWA v. 4. 3. 2003, „Entwurf von Eckwerten einer 7. GWB-Novelle", Ziffer V. 1.
[3] WuW/E BWM 147 – *Veba/Gelsenberg*; WuW/E BWM 155 – *Babcock/Artos*; WuW/E BWM 159 – *Thyssen/Hüller*; WuW/E BWM 165 – *Veba/BP (Ruhrgas)*; WuW/E BWM 177 – *IBH/Wibau*; WuW/E BWM 191 – *Daimler-Benz/MBB*; zuletzt WuW/E DE-V 573, 643 – *E.ON/Ruhrgas*.
[4] WuW/E BWM 149 – *VAW/Kaiser (Kapal)*; WuW/E BWM 185 – *VEW-Ruhrkohle*; WuW/E BWM 207 – *MAN/Sulzer*; WuW/E BWM 213 – *BayWa/WLZ*; WuW/E BWM 225 – *PCS/Kali + Salz*.
[5] WuW/E BWM 149 – *VAW/Kaiser (Kapital)*; WuW/E BWM 185 – *VEW-Ruhrkohle*; WuW/E BWM 207 – *MAN/Sulzer*; WuW/E BWM 213 – *BayWa/WLZ*; WuW/E BWM 225 – *PCS/Kali + Salz*; BWM v. 22. 5. 2006 – *Rhön-Grabfeld/Rhön-Klinikum* (Veröffentlicht unter http://www.bmwi.de/BMWi/Navigation/Presse/pressemitteilungen.did=133614.html).

Bedingungen und Auflagen erteilt[6]. Die bisher letzte Erlaubnis wurde im Fall „E.ON/ Ruhrgas" 2002 erteilt, nachdem zuvor drei Erlaubnisanträge abschlägig beschieden wurden. Durch die 9. ZuständigkeitsanpassungsVO und die GWB-Novelle 2007 wurde die bereits 2005 nach der Trennung von Wirtschafts- und Arbeitsministerium geänderte Bezeichnung des für die Erteilung der Ministererlaubnis zuständigen Ressorts (Minister bzw. Ministerium für Wirtschaft und Technologie) in die Vorschrift aufgenommen.

2. Verfahrenstrennung

Ein Antrag auf Ministererlaubnis kann erst gestellt werden, wenn das Bundeskartellamt den Zusammenschluss zuvor untersagt hat. Dadurch entsteht eine deutliche Trennung der Verfahren. Während das Bundeskartellamt nach § 36 Abs. 1 nur wettbewerbliche Gesichtspunkte berücksichtigt, hat der Bundeswirtschaftsminister nur die **außerwettbewerblichen Aspekte** zu prüfen. Der Bundeswirtschaftsminister hat die vom Bundeskartellamt festgestellten Wettbewerbsbeschränkungen gegen die gesamtwirtschaftlichen Vorteile oder überragende Interessen der Allgemeinheit an dem Zusammenschluss abzuwägen und darüber zu entscheiden, ob die für den Zusammenschluss sprechenden Gründe des Gemeinwohls im Einzelfall das Interesse am Schutz des Wettbewerbs überwiegen.

Der Minister ist bei seiner Entscheidung über die Erlaubnis an die der Untersagungsverfügung des Bundeskartellamts zugrunde liegenden tatsächlichen und rechtlichen Feststellungen gebunden und daher insoweit nicht zur **Überprüfung der Entscheidung des Bundeskartellamts** befugt.[7] Der klaren Abgrenzung der Kompetenzen des Bundeskartellamts und des Bundeswirtschaftsministers entspricht die Trennung der Verwaltungs- und Rechtsmittelverfahren, vgl. § 63 Abs. 1 und 4.[8] Der Minister kann von den Feststellungen des Bundeskartellamts nur nach einer gerichtlichen Aufhebung der Untersagung abweichen, es sei denn die Feststellungen sind ausnahmsweise offensichtlich unplausibel, spekulativ oder widersprüchlich.[9] Die Möglichkeit, einen Antrag auf Ministererlaubnis schon vor einer gerichtlichen Überprüfung der Untersagungsverfügung des Bundeskartellamts zu stellen, soll nicht die Prüfungskompetenz des Ministers erweitern. Ungeachtet seiner Bindung an die Feststellungen des Bundeskartellamtes hat der Minister aber über das Gewicht der Wettbewerbsbeschränkung nach pflichtgemäßem Ermessen zu entscheiden.[10] Bei dieser Wertung darf der Minister auch wettbewerbspolitisch bedeutsame neue Tatsachen und Entwicklungen mit einbeziehen, die das Bundeskartellamt bei seiner Beurteilung noch nicht berücksichtigen konnte.[11]

II. Voraussetzungen

1. Allgemeines

Nach Abs. 1 S. 1 erteilt der Minister für Wirtschaft auf Antrag und gegebenenfalls unter Auflagen oder Bedingungen gemäß Abs. 2 die Erlaubnis zu einem Zusammenschluss, wenn die Wettbewerbsbeschränkung durch die gesamtwirtschaftlichen Vorteile des Zusammenschlusses aufgewogen oder durch ein überragendes Allgemeininteresse gerechtfer-

---

[6] Unbeschränkte Erlaubnis wurde lediglich in den Fällen – *Veba/Gelsenberg* und – *IBH/Wibau* erteilt.

[7] H. M.: KG WuW/E 1937 – *Thyssen/Hüller;* WuW/E BWM 149 – *VAW/Kaiser;* Monopolkommission, Sondergutachten 3, S. 33 ff. Tz. 39 ff.; *Ruppelt* in: Langen/Bunte, Kommentar zum deutschen und europäischen Kartellrecht, § 42 Rn. 2; a. A. *Bechtold* § 42 Rn. 5.

[8] *Bartram* WuW 1979, S. 373 ff.

[9] WuW/E BWM 225, 226 – *Kali + Salz/PCS;* OLG Düsseldorf, WuW/E DE-R 926, 927 – *E.ON/Ruhrgas.*

[10] WuW/E BWM 165 – *Veba/BP.*

[11] WuW/E DE-V 573, 581; WuW/E 643, 648 – *E.ON/Ruhrgas.*

tigt ist und das Ausmaß der Wettbewerbsbeschränkung nicht die marktwirtschaftliche Ordnung gefährdet. Die Begriffe der gesamtwirtschaftlichen Vorteile und des überragenden Interesses der Allgemeinheit sind unbestimmte Rechtsbegriffe, bei deren Auslegung der Minister einen weiten **Beurteilungsspielraum** genießt.[12] Sind die Voraussetzungen des Abs. 1 erfüllt, verbleibt dem Minister jedoch kein Entscheidungsermessen, sondern er muss die Erlaubnis erteilen. Die Abgrenzung zwischen der Tatbestandsalternative der gesamtwirtschaftlichen Vorteile und der des überragenden Interesses der Allgemeinheit ist nicht eindeutig.[13] Für die Anwendung der Vorschrift bleibt dies jedoch letztlich ohne Bedeutung.

2. Gesamtwirtschaftliche Vorteile

5   Der Begriff der **gesamtwirtschaftlichen Vorteile** ist im Gegensatz zu der Tatbestandsalternative des überwiegenden Allgemeininteresses auf die Berücksichtigung wirtschaftlicher Umstände beschränkt, entzieht sich darüber hinaus jedoch einer umfassenden Definition. Bloße einzelwirtschaftliche Vorteile, die ausschließlich den Zusammenschlussbeteiligten oder Dritten zugutekommen, sind nicht relevant. Sie schließen gesamtwirtschaftliche Vorteile jedoch auch nicht aus.[14] Es genügt, wenn nur einzelne Wirtschaftsbereiche oder Regionen Vorteile haben. Der Vorteil muss also nicht allen Beteiligten am Wirtschaftsleben zugutekommen.[15]

6   In der Entscheidungspraxis wurden als gesamtwirtschaftliche Vorteile berücksichtigt u. a. die Erhaltung wertvollen **technischen Know-hows**[16] und die **Verbesserung der Versorgungssicherheit,** z. B. bei der Energieversorgung,[17] daneben die Stabilisierung der Märkte für landwirtschaftliche Erzeugnisse[18] sowie die erfolgreiche Teilnahme am internationalen Wettbewerb im Baumaschinenbereich.[19] **Rationalisierungsvorteile** können nur ausnahmsweise einen gesamtwirtschaftlichen Vorteil begründen, wenn ihre Größenordnung die üblichen Rationalisierungspotentiale eines Zusammenschlusses übersteigt.[20] Für sich genommen nicht ohne weiteres geeignet, eine Erlaubnis zu rechtfertigen, ist auch die Erhaltung von **Arbeitsplätzen,** da die bloße Sicherung der Arbeitsplätze bei den Zusammenschlussbeteiligten in der Regel keine nachhaltigen Effekte auf die allgemeine Beschäftigungssituation erzeugt, sondern im Gegenteil zur Gefährdung von Arbeitsplätzen bei konkurrierenden Unternehmen führen kann.[21]

3. Überragendes Allgemeininteresse

7   Die Tatbestandsalternative des **überragenden Interesses der Allgemeinheit** erfasst über die gesamtwirtschaftlichen Vorteile hinaus auch nichtwirtschaftliche Gemeinwohlerwägungen. Damit ist im Rahmen des Allgemeininteresses auch die Berücksichtigung staats- und gesellschaftspolitischer Interessen und darüber hinaus sozial-, regional-, militär- oder gesundheitspolitischer Gründe möglich.[22] Einer ausufernden Anwendung der sehr dehnba-

---

[12] *Quack* in FK § 42 Rn. 32; *Mestmäcker/Veelken* in: Immenga/Mestmäcker, GWB, § 42 Rn. 41.
[13] *Quack* in FK § 42 Rn. 20.
[14] *Mestmäcker/Veelken* in: Immenga/Mestmäcker, GWB, § 42 Rn. 38.
[15] Monopolkommission, Sondergutachten 31 975, Rn. 85; *Kleinmann/Bechtold* § 24 Rn. 301.
[16] WuW/E BWM 159, 162 – *Thyssen/Hüller.*
[17] WuW/E BWM 573, 584 – *E.ON/Ruhrgas.*
[18] WuW/E BWM 213, 222 – *BayWa AG/WLZ.*
[19] WuW/E BWM 177 ff. – *IHB/Wibau.*
[20] Monopolkommission, Sondergutachten 31 975, Rn. 85; WuW/EBWM 149/152 – *VAW/Kaiser;* WuW/BWM 213, 223 – *BayWA AG/WLZ Raiffeisen AG.*
[21] WuW/E BWM 177, 180 – *IBH/WIBAU;* vgl. auch Erfahrungsbericht des BWM, WuW 1992, 925, 927 ff.
[22] *Knöpfle* WuW 1974, 5, 17 ff.; *Bechtold,* GWB, § 42 Rn. 9.

ren Tatbestandsalternative wirkt die Beschränkung auf überragende Interessen entgegen, die alleine eine Erlaubnis rechtfertigen können. Ein überragendes Allgemeininteresse wurde bei Entlastung des Bundeshaushalts durch die Privatisierung eines Staatsunternehmens[23] und bei der Erreichung umweltpolitischer Ziele angenommen.[24]

4. Internationale Wettbewerbsfähigkeit

Nach Abs. 1 S. 2 ist bei der Entscheidung über die Erlaubnis auch die **internationale Wettbewerbsfähigkeit** der beteiligten Unternehmen zu berücksichtigen. Hierunter fällt sowohl die Erhaltung als auch der Ausbau der Wettbewerbsfähigkeit auf Auslandsmärkten.[25] Der Zusammenschluss muss unerlässlich sein, um die internationale Wettbewerbsfähigkeit der dauerhaft zu sichern.[26] Es reicht aber aus, dass die Erhaltung oder Verbesserung der internationalen Wettbewerbsfähigkeit in Zukunft mit hinreichender Wahrscheinlichkeit eintritt.[27] Trotz der ausdrücklichen Erwähnung im Gesetz wird der Gesichtspunkt der internationalen Wettbewerbsfähigkeit in der Entscheidungspraxis nur zurückhaltend angewendet.[28]

5. Abwägung

Entsprechend dem **Ausnahmecharakter** des § 42 sind die Gemeinwohlvorteile des Zusammenschlusses nur insoweit zu berücksichtigen, als sie im Einzelfall ein **hinreichendes Gewicht** haben, konkret nachweisbar sind und wettbewerbskonforme Lösungen nicht zur Verfügung stehen.[29] Der Zusammenschluss muss daher für die Gemeinwohlvorteile **ursächlich** sein.[30] Nur kurzfristige Vorteile reichen nicht aus, da die Marktstruktur durch den Zusammenschluss dauerhaft verändert wird, so dass auch die Vorteile **dauerhaft** sein müssen. Je stärker die vom Bundeskartellamt festgestellten zu erwartenden Wettbewerbsbeschränkungen sind, desto größeres Gewicht müssen auch die entstehenden Gemeinwohlvorteile haben, um eine Erlaubnis für den Zusammenschluss zu rechtfertigen. Neben den Gemeinwohlvorteilen, die der Wirtschaftsminister selbst zu ermitteln hat, werden auch die vom Bundeskartellamt gemäß § 36 Abs. 1 festgestellten, aber für eine Freigabe nicht ausreichenden wettbewerblichen Vorteile in die Abwägung einbezogen. Es reicht aus, dass die Abwägung keinen negativen Saldo ergibt. Die Vorteile müssen die Nachteile – anders als im Fall des § 36 Abs. 1 – nur aufwiegen, nicht überwiegen.

6. Gefährdung der marktwirtschaftlichen Ordnung

Die Erlaubnis darf nach Abs. 1 S. 3 nicht erteilt werden, wenn das Ausmaß der in der Untersagungsverfügung festgestellten Wettbewerbsbeschränkung die marktwirtschaftliche Ordnung gefährdet. Die Gefährdung der marktwirtschaftlichen Ordnung insgesamt bildet somit die äußerste Grenze für die Berücksichtigung der durch den Zusammenschluss ermöglichten Gemeinwohlvorteile. Eine Gefährdung der marktwirtschaftlichen Ordnung liegt nur dann vor, wenn durch den Zusammenschluss der Wettbewerb auf einem Markt ausgeschaltet wird, der für die Marktwirtschaft insgesamt von wesentlicher Bedeutung ist.[31]

---

[23] WuW/E BWM 213 – *Daimler-Benz/MBB*.
[24] WuW/E BWM 573, 593 – *E.ON/Ruhrgas*.
[25] *Bechtold*, GWB, § 42 Rn 10.
[26] WuW/E BWM 177, 179f. – *IHB/Wibau*; WuW/E BWM 213, 223 – *BayWa AG/WLZ*; WuW/E BWM 225, 227 – *Kali + Salz/PCS*; WuW/E BWM 573, 584 – *E.ON/Ruhrgas*.
[27] WuW/E BWM 573, 584 – *E.ON/Ruhrgas*.
[28] WuW/E BWM 213, 223 – *BayWa AG/WLZ*; WuW/E BWM 177, 179 – *IHB/Wibau*.
[29] WuW/E BWM 213, 221 – *BayWa AG/WLZ*.
[30] *Bechtold*, GWB, § 42 Rn. 8.
[31] *Quack* in: FK § 42 Rn. 26.

Die Gefährdung der wettbewerblichen Ordnung auf dem für die Untersagungsvoraussetzungen nach § 36 Abs. 1 relevanten Markt alleine ist hierfür nicht ausreichend.[32]

III. Bedingungen und Auflagen

1. Allgemeines

11 Nach Abs. 2 kann die Ministererlaubnis mit Bedingungen und Auflagen verbunden werden. Nach überwiegender Auffassung folgt die Zulässigkeit von Einschränkungen bereits aus Abs. 1 S. 1, der die Erlaubnis nur gestattet, soweit der Zusammenschluss durch die gesamtwirtschaftlichen Vorteile oder überragenden Allgemeininteressen gerechtfertigt ist[33]. Nur soweit dies nicht der Fall ist, muss und darf die Ministererlaubnis durch Bedingungen oder Auflagen beschränkt werden, um die Voraussetzungen für die Erlaubnis herzustellen. Es dürfen also keine Bedingungen und Auflagen angeordnet werden, wenn nach dem Ergebnis der Abwägung die Wettbewerbsbeschränkungen mit den Gemeinwohlvorteilen des Zusammenschlusses im Gleichgewicht sind.[34]

2. Bedingungen

12 Mit einer **Bedingung** wird das Wirksamwerden der Erlaubnis an den ungewissen Eintritt eines zukünftigen Ereignisses geknüpft.[35] Die Erlaubnis kann unter aufschiebenden oder auflösenden Bedingungen erteilt werden. Vor der 6. GWB-Novelle sah das Gesetz die Möglichkeit vor, die Erlaubnis mit **Beschränkungen** zu erteilen, vgl. § 24 Abs. 3 S. 3 a. F. Nach h. M. waren darunter auch Bedingungen zu verstehen. Darüber hinaus konnte die Erlaubnis auch auf Teile des Zusammenschlusses beschränkt werden.[36] Mit der Änderung der Vorschrift durch die 6. GWB-Novelle sollten die Befugnisse des Ministers insoweit nicht eingeschränkt werden.[37] Demnach ist die Beschränkung der Erlaubnis auf einen Teil des Zusammenschlusses ungeachtet der Frage, ob es sich dabei um eine Bedingung im Sinne des § 36 Abs. 2 Nr. 2 VwVfG handelt, nach wie vor zulässig, wenn der Zusammenschluss wirtschaftlich teilbar ist.[38] Mit der Beschränkung kann jedoch nicht der Inhalt der Erlaubnis ihrem Gegenstand nach gegenüber dem Antrag verändert werden, z. B. indem eine Mehrheitsbeteiligung auf eine Minderheitsbeteiligung zurückgeführt wird.[39]

3. Auflagen

13 Auflagen zu einem Verwaltungsakt verpflichten die beteiligten Unternehmen zu einem bestimmten Tun, Dulden oder Unterlassen. Im Gegensatz zu Bedingungen sind Auflagen selbständige Verwaltungsakte und als solche selbständig anfechtbar.[40] Gemäß Abs. 2 S. 2 i. V. m. § 40 Abs. 3 S. 2 dürfen Bedingungen und Auflagen **nur strukturelle** Maßnahmen zum Inhalt haben und nicht zu einer laufenden Verhaltenskontrolle führen.[41] In der Ent-

---

[32] Allg. M., vgl. *Ruppelt* in: Langen/Bunte, Kommentar zum deutschen und europäischen Kartellrecht, § 42 Rn. 11.
[33] *Ruppelt* in: Langen/Bunte, Kommentar zum deutschen und europäischen Kartellrecht § 42 Rn. 12; *Bechtold*, GWB, § 42 Rn. 12.
[34] *Quack* in FK § 42 Rn. 37.
[35] Vgl. § 40 Rn. 30.
[36] WuW/E OLG 1937, 1941 – *Thyssen/Hüller*.
[37] Vgl. Reg.-Begr. Zur 6. GWB-Novelle, BT-Drucks. 13/9720 S. 61.
[38] *Quack* in FK § 42 Rn. 37; *Bechtold* § 42 Rn. 13.
[39] *Ruppelt* in: Langen/Bunte, Kommentar zum deutschen und europäischen Kartellrecht, § 42 Rn. 12; *Quack* in FK § 42 Rn. 37; vgl. aber WuW/E OLG 1937, 1941 – *Thyssen/Hüller; Mestmäcker/Veelken* in: Immenga/Mestmäcker, GWB, § 42 Rn. 61.
[40] Vgl. § 40 Rn. 32.
[41] Vgl. § 40 Rn. 35.

scheidungspraxis ist überwiegend von Auflagen Gebrauch gemacht worden, mit denen die Veräußerung von Unternehmensteilen angeordnet wurde.[42]

Im Falle von Zuwiderhandlungen gegen Auflagen stehen dem Bundeswirtschaftsminister nach Abs. 2 S. 2 die in § 40 Abs. 3a geregelten Möglichkeiten der Durchsetzung zur Verfügung.[43]

IV. Verfahren

1. Erlaubnisantrag

Abs. 3 und 4 regeln die Einzelheiten des Erlaubnisverfahrens. Nach Abs. 3 wird die Erlaubnis auf Antrag erteilt. Antragsberechtigt sind die Unternehmen, gegen die sich die Untersagung richtet. Das sind die am Zusammenschluss beteiligten Unternehmen, und außerdem der Veräußerer im Falle des § 37 Abs. 1 Nr. 1 und 3. Der Antrag kann erst gestellt werden, wenn das Bundeskartellamt den Zusammenschluss untersagt hat. Er bedarf der Schriftform. Der Antrag ist innerhalb einer Frist von einem Monat seit Zustellung der Untersagung zu stellen, Abs. 3 S. 1. Wenn die Untersagung angefochten wird, beginnt die Antragsfrist für die Ministererlaubnis erst mit der Unanfechtbarkeit der Untersagung, Abs. 3 S. 2. Umgekehrt beginnt nach § 66 Abs. 3 S. 1 die Frist für die Anfechtung der Untersagung erst mit der Zustellung der Ablehnung der Ministererlaubnis. Die beteiligten Unternehmen können daher nach Abs. 3 S. 1 binnen der Monatsfrist nach der Untersagung des Vorhabens die Ministererlaubnis beantragen und im Falle der Ablehnung binnen eines Monats nach Zustellung des ablehnenden Bescheids Beschwerde gegen die Untersagungsverfügung einlegen, § 66 Abs. 3 S. 1. Sie können aber auch zunächst die Untersagungsverfügung angreifen und nach einer erfolglosen Beschwerde den Antrag auf Ministererlaubnis gemäß Abs. 3 S. 2 innerhalb der Monatsfrist nach Rechtskraft der Untersagung stellen.

Im Rahmen der Fristen des Abs. 3 S. 1 und S. 2 sind die Unternehmen frei, zu welchem Zeitpunkt und in welcher Reihenfolge sie das Verfahren der Ministererlaubnis und die Anfechtung der Untersagungsverfügung betreiben.[44] Der Antrag auf Ministererlaubnis hindert die Unternehmen nicht daran, Beschwerde gegen die Untersagungsverfügung einzulegen. Ein beteiligtes Unternehmen kann daher innerhalb der Frist nach Abs. 3 S. 1 die Ministererlaubnis beantragen und parallel die Verfügung des Bundeskartellamts anfechten.[45] Dies ist auch sachgerecht, da die Verfahren unterschiedliche Gegenstände betreffen. Die Anfechtung der Untersagung ist auf die Beseitigung der wegen des Vorliegens der Voraussetzungen des § 36 Abs. 1 ergangenen Untersagungsverfügung gerichtet. Mit der Ministererlaubnis wird dagegen die Zulassung des Zusammenschlusses ungeachtet des Vorliegens der Untersagungsvoraussetzungen nach § 36 Abs. 1 erstrebt.[46]

2. Erlaubnisverfahren

Nach Abs. 4 S. 1 soll der Wirtschaftsminister über den Antrag innerhalb einer **Frist von vier Monaten** entscheiden. Die Frist beginnt mit der Antragstellung.[47] Ergeht die Ent-

---

[42] WuW/E BWM 155 – *Babcock/Artos;* WuW/E BWM 159 – *Thyssen/Hüller;* WuW/E BWM 165 – *Veba/BP (Ruhrgas);* WuW/E BWM 191 – *Daimler Benz/MBB* mit aufschiebender Bedingung.
[43] Vgl. u. Rn. 21; § 40 Rn. 27, 36.
[44] *Ruppelt* in: Langen/Bunte, Kommentar zum deutschen und europäischen Kartellrecht, § 42 Rn. 16.
[45] *Quack* in FK § 42 Rn. 57; *Kleinmann/Bechtold* § 24 Rn. 346 ff.
[46] *Quack* in FK § 42 Rn. 57.
[47] Vgl. Reg.-Begr. 6. GWB-Novelle, BT-Drucks. 13/9720, S. 62; nach § 24 Abs. 4 S. 3 a. F. begann die Frist erst mit Ablauf der Antragsfrist.

scheidung nicht innerhalb der Frist, können die Unternehmen Untätigkeitsbeschwerde gemäß § 63 Abs. 3 erheben.[48]

18 In dem Verfahren der Ministererlaubnis sind die Vorschriften über das allgemeine Kartellverwaltungsverfahren nach §§ 54 ff. anwendbar, da auch der Bundeswirtschaftsminister Kartellbehörde im Sinne von § 48 Abs. 1 ist. Zu dem Verfahren sind Beiladungen über § 54 Abs. 2 Nr. 3 zulässig. Es findet eine **öffentliche mündliche Verhandlung** nach § 56 Abs. 3 S. 3 statt, der der Bundeswirtschaftsminister nach der Rechtsprechung des OLG Düsseldorf im Fall E.ON/Ruhrgas persönlich beizuwohnen hat.[49] Dem wird im Schrifttum unter Berufung auf die mit Blick auf diese Rechtsprechung getroffene Neuregelung des § 56 Abs. 3 S. 3 in der 7. GWB-Novelle und die Regierungsbegründung hierzu entgegenzutreten.[50]

19 Nach Abs. 4 S. 2 ist der Bundeswirtschaftsminister verpflichtet, zu Beginn des Verfahrens ein **Gutachten der Monopolkommission** einzuholen. Es erstreckt sich auf alle materiellen Fragen der Erlaubnis. Um eine Grundlage für die Entscheidung des Bundeswirtschaftsministers bilden zu können, ist auch die Monopolkommission an die Feststellungen des Bundeskartellamts über die zu erwartenden Wettbewerbsbeschränkungen gebunden. Außerdem ist den **obersten Landesbehörden** Gelegenheit zur Stellungnahme zu geben.[51]

20 Die **Entscheidung** über die Erteilung der Erlaubnis ist gemäß § 61 Abs. 1 S. 1 zu begründen und mit einer Rechtsmittelbelehrung zu versehen. Sie ist gebührenpflichtig nach § 80 Abs. 1 S. 2 Nr. 2. Der Antrag auf Ministererlaubnis, sowie ihre Ablehnung, Änderung, Rücknahme oder Widerruf sind gemäß § 43 S. Abs. 1 und Abs. 2 Nr. 2 und 3 im Bundesanzeiger bekanntzumachen.

3. Rücknahme und Widerruf

21 Nach Abs. 2 S. 2 i. V. m. § 40 Abs. 3 a kann der Minister bei Zuwiderhandlungen gegen Auflagen nach pflichtgemäßem Ermessen die Erlaubnis widerrufen, durch Anordnungen von Beschränkungen ändern oder mit Auflagen oder Bedingungen versehen. Über § 40 Abs. 3 a S. 2 stehen die in § 41 Abs. 4 vorgesehenen Mittel zur Durchsetzung zur Verfügung. Des Weiteren kommen die in § 40 Abs. 3 a vorgesehenen Befugnisse in Betracht, wenn die Erlaubnis durch unrichtige Angaben erwirkt oder durch arglistiges Verhalten der Beteiligten ursächlich herbeigeführt wurde. Der **Widerruf der Erlaubnis** kommt grundsätzlich nur in Betracht, wenn die Beeinträchtigung der Wettbewerbsverhältnisse mit den anderen zur Verfügung stehenden Eingriffsmöglichkeiten nicht beseitigt werden kann.[52]

V. Rechtsschutz

22 Der Minister handelt bei der Entscheidung über die Erteilung der Erlaubnis als Kartellbehörde i. S. d. § 48 Abs. 1. Die Entscheidung kann daher von den gemäß § 54 Abs. 2 am Erlaubnisverfahren Beteiligten mit der **Anfechtungsbeschwerde nach § 63 Abs. 1** angefochten werden. Dies gilt gleichermaßen für Entscheidungen gemäß Abs. 2 S. 2 über den Widerruf oder die Änderung der Erlaubnis. Die Untersagungsverfügung des Bun-

---

[48] *Bechtold*, GWB, § 42 Rn. 18; *Ruppelt* in: Langen/Bunte, Kommentar zum deutschen und europäischen Kartellrecht, § 42 Rn. 17.
[49] OLG Düsseldorf WuW/E DE-R 885, 889 – *E.ON/Ruhrgas*; OLG Düsseldorf WuW/E DE-R 926, 933 ff. – *E.ON/Ruhrgas*.
[50] OLG Düsseldorf WuW/E DE-R 885, 8919 – *E.ON/Ruhrgas*; OLG Düsseldorf WuW/E DE-R 926, 941 – *E.ON/Ruhrgas*; OLG Düsseldorf WuW/E DE-R 1013, 1016 ff. – *E.ON/Ruhrgas*.
[51] Vgl. § 40 Rn. 13.
[52] *Quack* in FK § 42 Rn. 94; vgl. § 40 Rn. 27, 36.

deskartellamts und die Ablehnung der Ministererlaubnis können auch gleichzeitig angefochten werden. Für beide Beschwerden ist das OLG Düsseldorf ausschließlich zuständig, § 63 Abs. 4. Entscheidet der Minister über den Antrag auf Erlaubnis nicht innerhalb der Frist nach Abs. 4 S. 1 kann eine Verpflichtungsbeschwerde nach § 63 Abs. 3 eingelegt werden.

Die Entscheidung über die Erteilung der Erlaubnis ist in entsprechender Anwendung von § 71 Abs. 5 S. 2 der gerichtlichen Überprüfung entzogen, soweit die bei der Beurteilung der Erlaubnisvoraussetzungen anzustellenden Gemeinwohlerwägungen des Ministers wirtschaftspolitische Wertungen enthalten, für die der Minister eine **Einschätzungsprärogative** genießt.[53] Gerichtlich überprüfbar ist allerdings, ob die der Einschätzung zugrunde liegenden Tatsachen ohne Verfahrensverstoß festgestellt wurden und ob die Entscheidung vernünftig begründet ist und vertretbar erscheint.[54]

§ 43 Bekanntmachungen

(1) **Die Einleitung des Hauptprüfverfahrens durch das Bundeskartellamt nach § 40 Abs. 1 Satz 1 und der Antrag auf Erteilung einer Ministererlaubnis sind unverzüglich im Bundesanzeiger oder im elektronischen Bundesanzeiger bekannt zu machen.**

(2) **Im Bundesanzeiger oder im elektronischen Bundesanzeiger sind bekannt zu machen**
1. **die Verfügung des Bundeskartellamts nach § 40 Abs. 2,**
2. **die Ministererlaubnis, deren Ablehnung und Änderung,**
3. **die Rücknahme und der Widerruf der Freigabe des Bundeskartellamts oder der Ministererlaubnis,**
4. **die Auflösung eines Zusammenschlusses und die sonstigen Anordnungen des Bundeskartellamts nach § 41 Abs. 3 und 4.**

(3) **Bekannt zu machen nach Absatz 1 und 2 sind jeweils die Angaben nach § 39 Abs. 3 Satz 1 sowie Satz 2 Nr. 1 und 2.**

Übersicht

	Rn.		Rn.
I. Allgemeines	1	1. Gegenstand	3
II. Sinn und Zweck	2	2. Inhalt	6
III. Gegenstand und Inhalt der Bekanntmachungen	3	IV. Rechtsschutz	8

Schrifttum: *Fritz Rittner,* Publizitätsprobleme bei der Zusammenschlußkontrolle, in: FS für Ernst von Caemmerer, S. 623 ff.; *Rupert Scholz,* Informationspolitik des Bundeskartellamts und Informationsrecht der Öffentlichkeit, NJW 1973, S. 481.

I. Allgemeines

Seit der 6. GWB Novelle sind in § 43 die Vorschriften über die die Bekanntmachungen zu Fusionskontrollverfahren zusammengefasst. Die Neufassung der Vorschrift durch die 7. GWB-Novelle sieht als Bekanntmachungsorgan neben dem Bundesanzeiger nunmehr den elektronischen Bundesanzeiger vor. Neu eingeführt wurde die Bekanntmachung der Einleitung des Hauptprüfverfahrens durch das Bundeskartellamt in Abs. 1. Die Bekanntmachung vollzogener Zusammenschlüsse nach S. 1 Nr. 1 a. F. ist dagegen gestri-

---

[53] WuW/E OLG 1937, 1938 – *Thyssen-Hüller;* vgl. o. Rn. 4.
[54] WuW/E OLG 1937, 1939 – *Thyssen-Hüller.*

chen worden. Nicht in das Gesetz aufgenommen wurde die im Referentenentwurf vom 17. 12. 2003 vorgesehene Verpflichtung des Bundeskartellamts, die Tatsache der Anmeldung eines Zusammenschlussvorhabens auf seiner Internetseite zu veröffentlichen.[1] Die Kosten für Bekanntmachungen tragen gemäß § 80 Abs. 1 Nr. 3 die anmeldenden Unternehmen.

II. Sinn und Zweck

2   Die Vorschrift soll dem **öffentlichen Interesse** an den Auswirkungen von Unternehmenszusammenschlüssen und deren Beurteilung durch das Bundeskartellamt Rechnung tragen, indem die **Publizität** von Zusammenschlüssen und die **Transparenz** der Fusionskontrolle erhöht werden. Außerdem solle den von einem Zusammenschluss betroffenen Unternehmen ermöglicht werden, den neuen Marktgegebenheiten Rechnung zu tragen und sich ggf. am Fusionskontrollverfahren zu beteiligen oder das Bundeskartellamt zu unterstützen.[2] Überdies wird durch regelmäßige Bekanntmachungen eine bessere Vorhersehbarkeit von Verwaltungsentscheidungen erreicht und dadurch erhöhte Rechtssicherheit geschaffen. Über die nach Abs. 1 und Abs. 2 vorgeschriebenen Bekanntmachungen hinaus informiert das Bundeskartellamt die interessierte Öffentlichkeit durch den zweijährlichen Tätigkeitsbericht nach § 53 und über Pressemitteilungen und Veröffentlichungen in der Fachpresse.[3] Ergänzt wird die Information der Öffentlichkeit durch die regelmäßigen Hauptgutachten der Monopolkommission nach § 44 sowie in neuerer Zeit über die Veröffentlichung der Tatsache der Anmeldung von Zusammenschlussvorhaben auf der Internetseite des Bundeskartellamts.

III. Gegenstand und Inhalt der Bekanntmachungen

1. Gegenstand

3   Nach Abs. 1 S. 1 sind nunmehr die **Einleitung des Hauptprüfverfahrens** durch das Bundeskartellamt und der **Antrag auf Erteilung einer Ministererlaubnis** unverzüglich im Bundesanzeiger oder im elektronischen Bundesanzeiger bekanntzumachen. Durch die Unterrichtung über die Einleitung des Hauptprüfverfahrens soll dem Interesse Dritter Rechnung getragen werden, rechtzeitig die Beiladung zum Verfahren gemäß § 54 Abs. 2 Nr. 3 beantragen zu können.[4] Dementsprechend hat die Bekanntmachung „unverzüglich" zu erfolgen. Der Antrag auf Ministererlaubnis, für den bereits nach alter Rechtslage gemäß S. 1 Nr. 3 a. F. eine Bekanntmachungspflicht bestand, ist nunmehr ebenfalls unverzüglich bekanntzumachen.[5]

4   In Abs. 2 sind die kartellbehördlichen Entscheidungen aufgelistet, die im Bundesanzeiger oder im elektronischen Bundesanzeiger bekannt zu machen sind. Im Gegensatz zu Abs. 1 ist insoweit keine „unverzügliche" Bekanntmachung vorgeschrieben. Mit Ausnahme der gestrichenen Bekanntmachung des Vollzugs von Zusammenschlüssen nach der bisherigen Nr. 1 und des nunmehr nach Abs. 1 S. 1 bekanntzumachenden Antrags auf Ministererlaubnis ist die Regelung unverändert.

5   Nach Abs. 2 Nr. 1 sind die Verfügungen des Bundeskartellamts nach § 40 Abs. 2, d. h. **Freigabe- und Untersagungsverfügungen** im Hauptprüfverfahren, bekannt zu machen, die bislang in Nr. 2 aufgeführt waren. Die Freigabebeschreiben des Vorprüfverfahrens nach

---

[1] Vgl. *Kahlenberg/Haellmigk* BB 2005, 1515.
[2] WuW/E BGH 1608 f. – *WAZ*.
[3] Instruktiv hierzu *Scholz* NJW 1973, 481.
[4] BReg-Begr. BT-Drucks. 15/3640, S. 59.
[5] Insofern missverständlich BReg-Begr. BT-Drucks. 15/3640, S. 59, wonach die Bekanntmachung des Antrags auf Erteilung der Ministererlaubnis der alten Rechtslage entspricht.

§ 40 Abs. 1 sind nach dem eindeutigen Wortlaut von Abs. 2 Nr. 1 nicht bekanntzumachen. Daneben sind nach Nr. 2 die Entscheidungen über die Erteilung, die Ablehnung oder Änderungen der **Ministererlaubnis**, nach Nr. 3 die **Rücknahme und der Widerruf der Freigabe** von Zusammenschlüssen oder der Ministererlaubnis und nach Nr. 4 die **Auflösung von Zusammenschlüssen** und Anordnungen des Bundeskartellamts zu deren Durchsetzung bekannt zu machen.

2. Inhalt

Abs. 3 verweist wie S. 2 a. F. für den **Inhalt** der Bekanntmachungen nach Abs. 1 und Abs. 2 auf die nach § 39 Abs. 2 S. 1, Abs. 3 S. 2 Nr. 1 und 2 erforderlichen Angaben. Danach sind bekannt zu machen die Form des Zusammenschlusses sowie die Firma, der Sitz und die Art des Geschäftsbetriebes der beteiligten Unternehmen. Ebenso sind die herrschenden Unternehmen als nur mittelbar Beteiligte anzugeben.[6] 6

Das Bundeskartellamt ist über die nach Abs. 3 bekannt zu machenden Angaben hinaus zu einer weitergehenden Veröffentlichung der Entscheidungen befugt, soweit die Betriebs- und Geschäftsgeheimnisse der beteiligten Unternehmen gewahrt werden.[7] Die entsprechende, an einem weitergehenden Publizitätsinteresse ausgerichtete Praxis wird durch die Begründung der 7. GWB-Novelle bestätigt. Dort wird klargestellt, dass die Möglichkeit des Bundeskartellamts, die in Abs. 2 genannten Entscheidungen in geeigneter Form, insbesondere auf den Internet-Seiten des Bundeskartellamts im vollen Wortlaut oder gekürzt zu veröffentlichen, durch die Bekanntmachungspflichten nach Abs. 2 nicht berührt wird.[8] 7

IV. Rechtsschutz

Das Bundeskartellamt ist verpflichtet, die in Abs. 3 vorgeschriebenen Angaben zu den in Abs. 1 und Abs. 2 aufgeführten Gegenständen bekannt zu machen. Die Bekanntmachung ist nach h. M. kein Verwaltungsakt, sondern schlichtes Verwaltungshandeln.[9] Sie kann daher nicht mit der Verpflichtungsklage, sondern mit der allgemeinen Leistungsklage erzwungen werden. **Unrichtige Bekanntmachungen** können dementsprechend nicht mit der Anfechtungsbeschwerde nach § 63 Abs. 1 angefochten werden.[10] Es kann jedoch eine **allgemeine Leistungsbeschwerde** auf Berichtigung der Bekanntmachung erhoben werden, wenn die von der Bekanntmachung ausgehenden schädlichen Wirkungen für die betroffenen Unternehmen die Qualität von Rechtsbeeinträchtigungen erreichen, die eine Korrektur erforderlich machen.[11] Bei drohenden irreparablen Schäden durch eine noch nicht erfolgte Bekanntmachung ist auch vorbeugender Rechtsschutz möglich.[12] 8

---

[6] WuW/E BGH 1608 – *WAZ*; a. A.: *Rittner* in: FS von Caemmerer, S. 632 ff.
[7] So ausdrücklich Begr. des RegE BT-Drucks. II 1158, S. 51; *Loewenheim/Belke* § 58 Rn. 4; *FK-Bracher* § 58 a. F. Rn. 12.
[8] BReg-Begr. BT-Drucks. 15/3640, S. 60.
[9] *Nägele* in FK § 43 Rn. 34; a. A. *Bechtold*, GWB, § 43 Rn. 6.
[10] WuW/E OLG 1967 f. – *WAZ*; a. A.: *Bechtold*, GWB,§ 43 Rn. 6; *Rittner* in: FS von Caemmerer, 1978, S. 623, 640.
[11] Die Möglichkeit einer Feststellungsbeschwerde hat das KG allerdings abgelehnt: WuW/E OLG 3685, 3697; WuW 1986, 593, 605 – *ARAL;* WuW/E OLG 5267 – *Bekanntmachungsbeschwerde.*
[12] WuW/E OLG 4645, 4647 – *Bayerische Landesbank;* WuW/E BGH 2760 – *Unterlassungsbeschwerde.*

Achter Abschnitt. Monopolkommission

§ 44 Aufgaben

(1) ¹Die Monopolkommission erstellt alle zwei Jahre ein Gutachten, in dem sie den Stand und die absehbare Entwicklung der Unternehmenskonzentration in der Bundesrepublik Deutschland beurteilt, die Anwendung der Vorschriften über die Zusammenschlusskontrolle würdigt sowie zu sonstigen aktuellen wettbewerbspolitischen Fragen Stellung nimmt. ²Das Gutachten soll die Verhältnisse in den letzten beiden abgeschlossenen Kalenderjahren einbeziehen und bis zum 30. Juni des darauf folgenden Jahres abgeschlossen sein. ³Die Bundesregierung, kann die Monopolkommission mit der Erstattung zusätzlicher Gutachten beauftragen. ⁴Darüber hinaus kann die Monopolkommission nach ihrem Ermessen Gutachten erstellen.

(2) ¹Die Monopolkommission ist nur an den durch dieses Gesetz begründeten Auftrag gebunden und in ihrer Tätigkeit unabhängig. ²Vertritt eine Minderheit bei der Abfassung der Gutachten eine abweichende Auffassung, so kann sie diese in dem Gutachten zum Ausdruck bringen.

(3) ¹Die Monopolkommission leitet ihre Gutachten der Bundesregierung zu. ²Die Bundesregierung legt Gutachten nach Absatz 1 Satz 1 den gesetzgebenden Körperschaften unverzüglich vor und nimmt zu ihnen in angemessener Frist Stellung. ³Die Gutachten werden von der Monopolkommission veröffentlicht. ⁴Bei Gutachten nach Absatz 1 Satz 1 erfolgt dies zu dem Zeitpunkt, zu dem sie von der Bundesregierung der gesetzgebenden Körperschaft vorgelegt werden.

§ 45 Mitglieder

(1) ¹Die Monopolkommission besteht aus fünf Mitgliedern, die über besondere volkswirtschaftliche, betriebswirtschaftliche, sozialpolitische, technologische oder wirtschaftsrechtliche Kenntnisse und Erfahrungen verfügen müssen. ²Die Monopolkommission wählt aus ihrer Mitte einen Vorsitzenden.

(2) ¹Die Mitglieder der Monopolkommission werden auf Vorschlag der Bundesregierung durch den Bundespräsidenten für die Dauer von vier Jahren berufen. ²Wiederberufungen sind zulässig. ³Die Bundesregierung hört die Mitglieder der Kommission an, bevor sie neue Mitglieder vorschlägt. ⁴Die Mitglieder sind berechtigt, ihr Amt durch Erklärung gegenüber dem Bundespräsidenten niederzulegen. ⁵Scheidet ein Mitglied vorzeitig aus, so wird ein neues Mitglied für die Dauer der Amtszeit des ausgeschiedenen Mitglieds berufen.

(3) ¹Die Mitglieder der Monopolkommission dürfen weder der Regierung oder einer gesetzgebenden Körperschaft des Bundes oder eines Landes noch dem öffentlichen Dienst des Bundes, eines Landes oder einer sonstigen juristischen Person des öffentlichen Rechts, es sei denn als Hochschullehrer oder als Mitarbeiter eines wissenschaftlichen Instituts, angehören. ²Ferner dürfen sie weder einen Wirtschaftsverband noch eine Arbeitgeber- oder Arbeitnehmerorganisation repräsentieren oder zu diesen in einem ständigen Dienst- oder Geschäftsbesorgungsverhältnis stehen. ³Sie dürfen auch nicht während des letzten Jahres vor der Berufung zum Mitglied der Monopolkommission eine derartige Stellung innegehabt haben.

§ 46 Beschlüsse, Organisation, Rechte und Pflichten der Mitglieder

(1) Die Beschlüsse der Monopolkommission bedürfen der Zustimmung von mindestens drei Mitgliedern.

(2) ¹Die Monopolkommission hat eine Geschäftsordnung und verfügt über eine Geschäftsstelle. ²Diese hat die Aufgabe, die Monopolkommission wissenschaftlich, administrativ und technisch zu unterstützen.

(2a) Die Monopolkommission kann Einsicht in die von der Kartellbehörde geführten Akten einschließlich Betriebs- und Geschäftsgeheimnisse und personenbezogener Daten nehmen, soweit dies zur ordnungsgemäßen Erfüllung ihrer Aufgaben erforderlich ist.

(3) ¹Die Mitglieder der Monopolkommission und die Angehörigen der Geschäftsstelle sind zur Verschwiegenheit über die Beratungen und die von der Monopolkommission als vertraulich bezeichneten Beratungsunterlagen verpflichtet. ²Die Pflicht zur Verschwiegenheit bezieht sich auch auf Informationen, die der Monopolkommission gegeben und als vertraulich bezeichnet werden oder die gemäß Absatz 2a erlangt worden sind.

(4) ¹Die Mitglieder der Monopolkommission erhalten eine pauschale Entschädigung sowie Ersatz ihrer Reisekosten. ²Diese werden vom Bundesministerium für Wirtschaft und Technologie im Einvernehmen mit dem Bundesministerium des Innern festgesetzt. ³Die Kosten der Monopolkommission trägt der Bund.

§ 47 Übermittlung statistischer Daten

(1) ¹Für die Begutachtung der Entwicklung der Unternehmenskonzentration werden der Monopolkommission vom Statistischen Bundesamt aus Wirtschaftsstatistiken (Statistik im Produzierenden Gewerbe, Handwerksstatistik, Außenhandelsstatistik, Steuerstatistik, Verkehrsstatistik, Statistik im Handel und Gastgewerbe, Dienstleistungsstatistik) und dem Statistikregister zusammengefaßte Einzelangaben über die Vomhundertanteile der größten Unternehmen, Betriebe oder fachlichen Teile von Unternehmen des jeweiligen Wirtschaftsbereichs

a) am Wert der zum Absatz bestimmten Güterproduktion,
b) am Umsatz,
c) an der Zahl der tätigen Personen,
d) an den Lohn- und Gehaltssummen,
e) an den Investitionen,
f) am Wert der gemieteten und gepachteten Sachanlagen,
g) an der Wertschöpfung oder dem Rohertrag,
h) an der Zahl der jeweiligen Einheiten

übermittelt. ²Satz 1 gilt entsprechend für die Übermittlung von Angaben über die Vomhundertanteile der größten Unternehmensgruppen. ³Für die Zuordnung der Angaben der Unternehmensgruppen übermittelt die Monopolkommission dem Statistischen Bundesamt Namen und Anschriften der Unternehmen, deren Zugehörigkeit zu einer Unternehmensgruppe sowie Kennzeichen zur Identifikation. ⁴Die zusammengefaßten Einzelangaben dürfen nicht weniger als drei Unternehmensgruppen, Unternehmen, Betriebe oder fachliche Teile von Unternehmen betreffen. ⁵Durch Kombination oder zeitliche Nähe mit anderen übermittelten oder allgemein zugänglichen Angaben darf kein Rückschluss auf zusammengefaßte Angaben von weniger als drei Unternehmensgruppen, Unternehmen, Betrieben oder fachliche Teile von Unternehmen möglich sein. ⁶Für die Berechnung von summarischen Konzentrationsmaßen, insbesondere Herfindahl-Indizes und Gini-Koeffizienten, gilt dies entsprechend. ⁷Die statistischen Ämter der Länder stellen die hierfür erforderlichen Einzelangaben dem Statistischen Bundesamt zur Verfügung.

(2) ¹Personen, die zusammengefaßte Einzelangaben nach Absatz 1 erhalten sollen, sind vor der Übermittlung zur Geheimhaltung besonders zu verpflichten, soweit sie nicht Amtsträger oder für den öffentlichen Dienst besonders Verpflichtete sind, § 1 Abs. 2, 3 und 4 Nr. 2 des Verpflichtungsgesetzes gilt entsprechend. ²Personen, die nach Satz 1 besonders verpflichtet worden sind, stehen für die Anwendung der Vorschriften des Strafgesetzbuches über die Verletzung von Privatgeheimnissen (§ 203 Abs. 2, 4, 5; §§ 204, 205) und des Dienstgeheimnisses (§ 353b Abs. 1) den für den öffentlichen Dienst besonders Verpflichteten gleich.

(3) ¹Die zusammengefassten Einzelangaben dürfen nur für die Zwecke verwendet werden, für die sie übermittelt wurden. ²Sie sind zu löschen, sobald der in Absatz 1 genannte Zweck erfüllt ist.

(4) Bei der Monopolkommission muss durch organisatorische und technische Maßnahmen sichergestellt sein, dass nur Amtsträger, für den öffentlichen Dienst besonders Verpflichtete oder Verpflichtete nach Absatz 2 Satz 1 Empfänger von zusammengefassten Einzelangaben sind.

(5) ¹Die Übermittlungen sind nach Maßgabe des § 16 Abs. 9 des Bundesstatistikgesetzes aufzuzeichnen. ²Die Aufzeichnungen sind mindestens fünf Jahre aufzubewahren.

(6) Bei der Durchführung der Wirtschaftsstatistiken nach Absatz 1 sind die befragten Unternehmen schriftlich zu unterrichten, dass die zusammengefassten Einzelangaben nach Absatz 1 der Monopolkommission übermittelt werden dürfen.

Übersicht

	Rn.		Rn.
I. Wirtschaftspolitischer Hintergrund	1	III. Rechtsstellung	20
1. Gesetzliche Grundlage	1	1. Die institutionelle Unabhängigkeit der Monopolkommission	20
2. Rechtlicher Status und Befugnisse	2	2. Auskunftsrecht	21
3. Institutionelle Einordnung	4	3. Veröffentlichung der Gutachten	23
4. Herausragende Merkmale	5	4. Mitglieder	24
II. Gesetzlicher Auftrag	6	5. Beschlüsse, Organisation, Rechte und Pflichten	25
1. Hauptgutachten	6	IV. Übermittlung statistischer Daten	26
a) Konzentrationsbeobachtung	7	1. Datenlücken	26
b) Fusionskontrolle	9	2. Verbesserung der Datenbasis	27
2. Sondergutachten	13	3. Konzern- und Gruppenbildung des Unternehmens	28
a) Auftrag der Bundesregierung	13		
b) Eigenes Ermessen	14		
c) Ministererlaubnisgutachten	15		
3. Sondergutachten aufgrund anderer gesetzlicher Vorschriften	17		

Schrifttum: *Immenga*, 10 Jahre Monopolkommission, in: Der Betrieb, Jg. 39/1984, S. 31–34; *Mestmäcker*, Funktionen und bisherige Tätigkeit der Monopolkommission, in: Schwerpunkte des Kartellrechts 1974/75, FIW-Schriftenreihe, Heft 73, Köln u. a. 1976, S. 43–56; *Schmidt*, US-amerikanische und deutsche Wettbewerbspolitik gegenüber Marktmacht, Berlin 1973; *Wissenschaftlicher Beirat beim Bundesministerium für Wirtschaft*, Gutachten vom Juni 1966 bis Dezember 1971 (hrsg. vom Bundesministerium für Wirtschaft), Sammelband Nr. 7, Göttingen 1974.

I. Wirtschaftspolitischer Hintergrund

1. Gesetzliche Grundlage

1 Die Monopolkommission wurde Anfang 1974 auf der Grundlage und mit Inkrafttreten der Zweiten Novelle des Gesetzes gegen Wettbewerbsbeschränkungen eingerichtet.[1] Den Anstoß zur Konstituierung der Kommission lieferte vor allem die zeitgleich in das Gesetz eingeführte **Fusionskontrolle**, die für die Bundesrepublik Deutschland ebenso wie für die damalige Europäische Wirtschaftsgemeinschaft „Neuland" darstellte[2] und von einem interessenneutralen Gremium als **Beratungs- und Kontrollinstanz** für das Bundeskartellamt und den Bundeswirtschaftsminister wissenschaftlich begleitet werden sollte.

---

[1] Zweites Gesetz zur Änderung des Gesetzes gegen Wettbewerbsbeschränkungen vom 3. August 1973, BGBl. I 917.

[2] Regierungsentwurf zur GWB-Novelle, BT-Drucks. VI/2520 vom 18. August 1971, S. 18, re. Sp.

2. Rechtlicher Status und Befugnisse

Mit der Regierungserklärung vom 28. Oktober 1969 wurde die Einrichtung einer **unabhängigen Monopolkommission** angekündigt. Der erste Referentenentwurf sah ein Gremium bestehend aus sieben Mitgliedern vor, das zur Unterstützung des Bundeswirtschaftsministers in allen Zusammenschlussverfahren eine Stellungnahme abgeben sollte, die „sich auf die wettbewerbliche Beurteilung des Zusammenschlusses unter Berücksichtigung der allgemeinen wirtschaftlichen, gesellschaftlichen und technologischen Lage und Entwicklung erstrecken" sollte.[3] Historisches Vorbild wäre insoweit die britische Monopolies and Mergers Commission (die heutige Competition Commission) gewesen, die – ebenso wie die später in Frankreich eingerichtete Commission de la Concurrence (der heutige Conseil de la Concurrence) – grundsätzlich an Zusammenschlussverfahren beteiligt werden muss und deren Stellungnahme die Voraussetzung für eine rechtliche Entscheidung ist. Diese Kommissionen sind allerdings Bestandteil von Rechtsordnungen, die ihre wettbewerbsrechtlichen Entscheidungen nach Maßgabe des öffentlichen Interesses im Einzelfall treffen.[4] Dagegen versteht das deutsche Kartellrecht den **Wettbewerb als generelles Ordnungsprinzip**; folglich orientieren sich die Kartellbehörden bei der Durchsetzung des Kartellrechts nicht an politischen Vorgaben, sondern an allgemeingültigen Maßstäben, an denen jeder einzelne Fall zu beurteilen ist.[5]

Spätere Überlegungen in den Sitzungen des Bundestagsausschusses für Wirtschaft sahen vor, der Monopolkommission anstelle des Bundeswirtschaftsministers die Entscheidungsbefugnis für die Erteilung von Ausnahmeerlaubnissen im Falle wettbewerbsbeschränkender Zusammenschlüsse zu übertragen;[6] dies hätte dem Modell der Deutschen Bundesbank entsprochen, die bei der Durchführung ihres gesetzlichen Auftrags von Weisungen der Bundesregierung unabhängig ist. Der Wissenschaftliche Beirat beim Bundesministerium für Wirtschaft wandte sich gegen derartige Befugnisse der Monopolkommission, weil sie Stellung und Verantwortung des Bundeswirtschaftsministers oder des Bundeskartellamts verwischen und einschränken würde.[7] Letztlich wurde auch deshalb davon abgesehen, weil die Erteilung einer Ausnahmeerlaubnis eine **politische Aufgabe** darstellt, die auch unter **politischer Verantwortung** zu treffen ist; dem widerspricht das Wesen eines unabhängigen, nicht durch Wahlen legitimierten Gremiums. Der rechtliche Status der Monopolkommission wurde letztlich dem des Sachverständigenrats zur Begutachtung der gesamtwirtschaftlichen Entwicklung nachgebildet.[8]

3. Institutionelle Einordnung

Die Monopolkommission soll der Bundesregierung **Gutachten zu Fragen der Wettbewerbspolitik** erstatten und als zusätzliche **Beratungs- und Kontrollinstanz** für die Durchführung der kartellrechtlichen Bestimmungen durch das Bundeskartellamt und den Bundeswirtschaftsminister wirken. Sie steht dabei nicht in einem Konkurrenzverhältnis zu den Kartellbehörden oder den Gerichten, welche im Einzelfall die Rechtmäßigkeit kartellrechtlicher Entscheidungen zu überprüfen haben. Die Kontrollfunktion der Monopolkommission beschränkt sich auf das Erkennen von Trends in der kartellrechtlichen

---

[3] Vgl. die synoptische Gegenüberstellung der beiden Referentenentwürfe mit dem Regierungsentwurf vom 19. Mai 1971 bei *Schmidt*, US-amerikanische und deutsche Wettbewerbspolitik gegenüber Marktmacht, S. 409 ff.

[4] *Immenga*, 10 Jahre Monopolkommission, S. 31.

[5] Eine Ausnahme bildet insoweit die Ministererlaubnis im Falle von wettbewerbsbeschränkenden Zusammenschlüssen (§ 42).

[6] Dazu *Mestmäcker*, Funktionen und bisherige Tätigkeit der Monopolkommmission, S. 45.

[7] Gutachten – *Einführung einer Fusionskontrolle* vom 6. Februar 1970, S. 558.

[8] Regierungsentwurf zur GWB-Novelle, BT-Drucks. VI/2520 vom 18. August 1971, S. 33, re. Sp.

4. Herausragende Merkmale

5 In der gesetzlichen Regelung hervorgehoben sind die **institutionelle und personelle Unabhängigkeit** der Monopolkommission und eine **Veröffentlichungspflicht** für ihre Gutachten. Anders als die Kartellbehörden hat die Monopolkommission keine Exekutivbefugnisse im Rahmen ihrer gesetzlichen Tätigkeit, sondern lässt sich eher als wissenschaftliche Politikberatung verstehen. Sie hat außerdem auch **kein Auskunftsrecht** gegenüber Unternehmen oder Unternehmensverbänden. Sie kann sich zu ihrer Information öffentlicher Quellen bedienen, Befragungen durchführen und wissenschaftliche Gutachten vergeben.

II. Gesetzlicher Auftrag

1. Hauptgutachten

6 Nach gesetzlichem Auftrag untersucht die Monopolkommission gemäß § 44 Abs. 1 S. 1 und 2 in ihren zwei Jahre erscheinenden Hauptgutachten Stand und Entwicklung der Unternehmenskonzentration sowie die Entscheidungspraxis der Fusionskontrolle; außerdem soll sie zu sonstigen aktuellen wettbewerbspolitischen Fragen Stellung nehmen. Der ursprüngliche Gesetzestext sah in § 24b Abs. 3 a.F. als weitere Aufgaben vor, die Missbrauchsaufsicht über marktbeherrschende Unternehmen zu würdigen und ggf. Novellierungsvorschläge zum GWB aufzuzeigen.

7 **a) Konzentrationsbeobachtung.** Die Beratungen zur Zweiten GWB-Novelle von 1973 stellten ganz wesentlich auf die Ergebnisse der Konzentrationsenquete von 1964 ab.[9] Vom **wirtschaftswissenschaftlichen Standpunkt** ist die Unternehmenskonzentration an sich weder positiv noch negativ zu bewerten. Mögliche Gefahren durch Konzentrationsvorgänge könnten aber in **wirtschaftspolitischer Sicht** die Einbußen an volkswirtschaftlicher Produktivität und in **gesellschaftspolitischer Sicht** die Einschränkungen individueller Freiheiten sowie das Entstehen von einseitigen Verteilungsänderungen aufgrund der Agglomeration wirtschaftlicher Verfügungsgewalt sein.

8 Die Monopolkommission untersucht die Unternehmenskonzentration einerseits auf der Grundlage **aggregierter Unternehmensdaten aus der amtlichen Statistik.** In Konzentrationsraten der drei, sechs usw. größten Unternehmen soll ein möglichst marktnahes Abbild von Wirtschaftsstrukturen erzeugt werden. Zur besseren Erfassung von Unternehmensverflechtungen hat sich insoweit mit Geltung zum Jahre 2001 eine Veränderung der statistischen Grundlagen ergeben.[10] In einem zweiten Ansatz untersucht die Monopolkommission markt- und industrieübergreifend die **100 größten Unternehmen,** die sämtlich publizitätspflichtig sind. In einer ergänzenden Befragung werden Unternehmensdaten ermittelt, welche den unternehmensindividuellen Ausweis der über alle Sektoren hinweg vergleichbaren Wertschöpfung als Kennziffer für das Ressourcenpotential ermöglicht. Mit den Untersuchungsergebnissen lassen sich Entwicklungstrends aufzeigen, die ggf. auf ein Gefahrenpotential hindeuten. Konkrete Handlungsempfehlungen für die Politik lassen sich daraus aber nicht ableiten. Eine dritte Form der Konzentrationsbeobachtung schlägt sich in den **Branchenuntersuchungen** nieder, deren Ergebnisse die Monopolkommission als Sonderkapitel in den Hauptgutachten oder als Sondergutachten veröffentlicht. Insbesondere die früher als **kartellrechtliche Ausnahmebereiche** bezeichneten, gelegentlich von staatlichen oder privaten Monopolen getragenen Sektoren wie z.B. Telekommunikation,[11]

---

[9] BT-Drucks. IV/2320 vom 29. Februar 1964.
[10] Siehe dazu unten Rn. 26 ff.
[11] Nach den Vorschriften des 1996 erlassenen Telekommunikationsgesetzes ist die Begutachtung dieses Sektors eine ständige Aufgabe der Monopolkommission; siehe dazu unten Rn. 17 ff.

Energiewirtschaft,[12] Banken,[13] Versicherungen,[14] Verkehr,[15] waren – teilweise mehrfach – Gegenstand der Berichterstattung.

b) Fusionskontrolle. Mit der Einführung der Fusionskontrolle trug der Gesetzgeber dem Umstand Rechnung, dass in der sich verändernden wirtschaftlichen Wirklichkeit nicht mehr die durch das GWB verbotene Kartellierung, sondern die **Konzentration** von Unternehmen das herausragende wettbewerbspolitische Problem geworden war.[16] Gegenstand der wettbewerbspolitischen Besorgnis war und ist aber immer nur das **externe Unternehmenswachstum durch Zusammenschlüsse;** internes Wachstum blieb stets kontrollfrei. Die Sicherung eines wirksamen Wettbewerbs durch eine amtliche Konzentrationskontrolle erschien letztlich auch deswegen erforderlich, weil durch Zusammenschlüsse starke Marktstellungen in Schlüsselbereichen der Wirtschaft aufgebaut oder verstärkt worden waren.

Die Monopolkommission untersucht die **Entscheidungspraxis des Bundeskartellamts und der Gerichte** anhand der Verfahrensakten und der Entscheidungen; ergänzend zur Akteneinsicht finden Gespräche mit den zuständigen Beamten im Bundeskartellamt und im Bundeswirtschaftsministerium statt. Auch bei diesem Berichtsfeld liegt das Erkenntnisinteresse im Herausarbeiten bestimmter Entwicklungstrends, die es ermöglichen, Fehlentwicklungen insbesondere im Bereich der Norminterpretation entgegenzutreten. Die Monopolkommission hat sich daher früher verstärkt solcher Fälle angenommen, die nach altem Recht durch eine amtliche Nichtuntersagung legalisiert wurden, die nicht veröffentlicht wurden und die somit auch nicht gerichtlich überprüft werden konnten. Seit Einführung der **europäischen Fusionskontrolle** im Jahre 1990 würdigt die Monopolkommission darüber hinaus auch die entsprechende Entscheidungspraxis der Europäischen Kommission. Diese Berichterstattung wurde in der Begründung der Bundesregierung zur Sechsten GWB-Novelle auch ausdrücklich als gesetzliche Aufgabe benannt.

Aus der Untersuchung der fusionskontrollrechtlichen Entscheidungspraxis haben sich Empfehlungen der Monopolkommission **zu Änderungen und zur Auslegung des Gesetzes,** aber auch solche verfahrenstechnischer Art ergeben. Zu nennen ist beispielsweise der Vorschlag, eine allgemeine Entflechtungsregelung in das Gesetz aufzunehmen,[17] der aber vom Gesetzgeber nicht aufgegriffen wurde. Dagegen hat der Vorschlag von zusätzlichen Vermutungsregeln im Ersten und Zweiten Hauptgutachten zur Schaffung von § 23 a a. F. geführt;[18] mit diesen Marktbeherrschungsvermutungen sollte nach Abs. 1 vor allem die Kontrolle vertikaler und konglomerater Konzentrationsfälle erleichtert sowie nach Abs. 2 die Verstärkung marktbeherrschender Oligopolstellungen besser erfasst werden. Die Vorschrift wurde jedoch im Zuge der Sechsten GWB-Novelle – mit Ausnahme von § 23 a Abs. 2 S. 1 a. F. – gestrichen. Die Praxis des Bundeskartellamts, im Rahmen der Fusionskontrolle verbotsabwendende Zusagen der Unternehmen entgegenzunehmen, wurde in

---

[12] Als umfassende Untersuchung der Strom und Gaswirtschaft zuletzt in *Monopolkommission,* Mehr Wettbewerb auf allen Märkten, Hauptgutachten 1992/1993, Baden-Baden 1994, Kapitel VI.

[13] Die Untersuchung dieses Wirtschaftsbereichs bildete einen Themenschwerpunkt in den ersten beiden Hauptgutachten: *Monopolkommission,* Mehr Wettbewerb ist möglich, Hauptgutachten 1973/1975, Baden-Baden 1976, Kapitel III sowie *dies.,* Fortschreitende Konzentration bei Großunternehmen, Hauptgutachten 1976/1977, Baden-Baden 1978, Kapitel IV.

[14] *Monopolkommission,* Die Wettbewerbsordnung erweitern, Hauptgutachten 1986/1987, Baden-Baden 1988, Kapitel VI.

[15] *Monopolkommission,* Wettbewerbspolitik vor neuen Herausforderungen, Hauptgutachten 1988/1989, Baden-Baden 1990, Kapitel VI.

[16] BT-Drucks. VI/2520 vom 18. August 1971, S. 16, li. Sp.

[17] *Monopolkommission,* Fusionskontrolle bleibt vorrangig, Hauptgutachten 1978/1979, Baden-Baden 1980, Kapitel VI.

[18] *Monopolkommission,* Hauptgutachten 1973/1975, Tz. 953 ff. sowie *dies.,* Hauptgutachten 1976/1977, Tz. 463 ff.

den Hauptgutachten der Monopolkommission von Beginn an regelmäßig kritisiert. Mit der Sechsten GWB-Novelle führte der Gesetzgeber als Alternative zu dieser Praxis die Möglichkeit ein, Zusammenschlüsse amtlicherseits mit Auflagen und Bedingungen zuzulassen.

12 **c) Aktuelle wettbewerbspolitische Fragen.** Der Auftrag an die Monopolkommission, zu sonstigen aktuellen wettbewerbspolitischen Fragen Stellung zu nehmen, ist mit der Sechsten GWB-Novelle 1998 in das Gesetz aufgenommen worden. Die Monopolkommission hatte in der Vergangenheit gelegentlich als Sonderkapitel in den Hauptgutachten und in Sondergutachten **wettbewerbsrelevante Themen** aufgegriffen, die – insbesondere nach Meinung von Interessenvertretern – außerhalb des klassischen Felds lagen, den ein eng auszulegender gesetzlicher Auftrag umfasste. So waren beispielsweise im Zehnten Hauptgutachten die Drittwirkungen der Tarifkartelle auf dem Arbeitsmarkt ebenso Gegenstand eines Sonderkapitels[19] wie auch die Wettbewerbswirkungen von Standards in der Telekommunikation und die wettbewerbspolitischen Implikationen der staatlichen strategischen Handelspolitik im Neunten Hauptgutachten.[20] Andere Stellungnahmen der Monopolkommission befassten sich mit den Optionen für mehr Wettbewerb in den Bereichen des Gesundheitswesens[21] und der Hochschulbildung.[22] Insofern entspricht die neue Formulierung des Gesetzes der bereits langjährig geübten Praxis. Die ausdrückliche Verpflichtung der Monopolkommission, die **Missbrauchsaufsicht über marktbeherrschende Unternehmen** zu würdigen und **notwendige Novellierungen** vorzuschlagen, die früher im Gesetzestext enthalten war, ist als selbstverständlich anzusehen und bedarf keiner expliziten Erwähnung.

2. Sondergutachten

13 **Sondergutachten aufgrund des GWB** sind nach drei Vorschriften des Gesetzes der Bundesregierung bzw. dem Bundeswirtschaftsminister zuzuleiten:
a) Auftrag der Bundesregierung. Die Bundesregierung kann gemäß § 44 Abs. 1 S. 3 mit einem Gutachtenauftrag bei der Monopolkommission **aus aktuellem Anlass** oder im Rahmen besonders wichtig erscheinender Sachverhalte **fachlichen Rat** einholen. Sie hat davon in zwei Fällen Gebrauch gemacht.[23] Auch der Anfang 1977 für das Zweite Hauptgutachten durch die Bundesregierung erteilte Auftrag zur Untersuchung der Konzentration in der Presse mit Fortschreibung in den folgenden Hauptgutachten gehört in diese Kategorie.

14 **b) Eigenes Ermessen.** Die Monopolkommission kann der Bundesregierung nach § 44 Abs. 1 S. 4 ein Sondergutachten auch zu den Themen, die sie für wichtig hält, aus eigenem Ermessen erstatten. Dies ist Teil ihrer gesetzlich garantierten Unabhängigkeit. Die Kommission hat in der Vergangenheit vielfach von diesem **Initiativrecht** Gebrauch gemacht, beispielsweise in mehreren Gutachten zur Konzentration im Einzelhandel.[24] Andere Son-

---

[19] *Monopolkommission*, Hauptgutachten 1992/1993, Kapitel VII.
[20] *Monopolkommission*, Wettbewerbspolitik oder Industriepolitik, Hauptgutachten 1990/1991, Baden-Baden 1992, Kapitel VI und VII.
[21] *Monopolkommission*, Marktöffnung umfassend verwirklichen, Hauptgutachten 1996/1997, Baden-Baden 1998, Kapitel VI.
[22] *Monopolkommission*, Wettbewerb als Leitbild für die Hochschulpolitik, Sondergutachten 30, Baden-Baden 2000.
[23] *Monopolkommission*, Anwendung und Möglichkeiten der Missbrauchsaufsicht über marktbeherrschende Unternehmen seit Inkrafttreten der Kartellgesetznovelle, Sondergutachten 1, Baden-Baden 1975 sowie *dies.*, Missbräuche der Nachfragemacht und Möglichkeiten zu ihrer Kontrolle im Rahmen des Gesetzes gegen Wettbewerbsbeschränkungen, Sondergutachten 7, Baden-Baden 1977.
[24] Zuletzt *Monopolkommission*, Marktstruktur und Wettbewerb im Handel, Sondergutachten 23, Baden-Baden 1994.

dergutachten nach dieser gesetzlichen Vorschrift behandelten die Neuordnung der europäischen Stahlindustrie,[25] die – inzwischen realisierte – Einführung einer europäischen Fusionskontrolle[26] oder ordnungspolitische Leitlinien für ein funktionsfähiges Finanzsystem.[27]

c) Ministererlaubnisgutachten. In den Fällen der Ministererlaubnis nach § 42 muss der **Bundeswirtschaftsminister** entsprechend Abs. 4 S. 2 ein Gutachten der Monopolkommission einholen. Bis zur Vierten GWB-Novelle von 1980 war ein solcher Gutachtenauftrag fakultativ. Allerdings hat der Minister nur beim ersten Ministererlaubnisantrag im Zusammenschlussfall Veba/Gelsenberg keinen Gebrauch von dieser Möglichkeit gemacht; die Monopolkommission erstellte daraufhin nachträglich hierzu ein Sondergutachten aus eigenem Ermessen.[28]

Die Monopolkommission hat in den Ministererlaubnisgutachten eine Abwägung vorzunehmen zwischen dem **wettbewerbspolitischen Gewicht der Wettbewerbsbeschränkung** und dem **Gewicht der Gemeinwohlvorteile** (gesamtwirtschaftliche Vorteile, überragendes öffentliches Interesse) des Zusammenschlusses. Der Kommission stehen unter anderem die Verfahrensakten und zusätzliche, von den Unternehmen bereitgestellte Materialien zur Verfügung. Sie hört außerdem regelmäßig die am Zusammenschluss beteiligten Unternehmen, aber auch Wettbewerber und Zulieferer an. Ergänzende Befragungen werden im Einzelfall zur Ermittlung der Marktverhältnisse und zum internationalen Wettbewerb bei Unternehmensverbänden oder Experten aus Wissenschaft und Verwaltung durchgeführt. Zur Beurteilung der Arbeitsmarktlage wurden daneben in einigen Fällen auch Arbeitsämter aus den vom Zusammenschluss betroffenen Regionen befragt. Dem Ausnahmecharakter der Ministererlaubnis entsprechend hat die Monopolkommission stets sehr **restriktive Empfehlungen** abgegeben. Dies spiegelt sich auch in der Entscheidungspraxis wieder, bei welcher der Bundeswirtschaftsminister den Vorschlägen der Monopolkommission überwiegend ganz oder zumindest tendenziell gefolgt ist.

3. Sondergutachten aufgrund anderer gesetzlicher Vorschriften

Von Beginn an und in einem Zeitraum von über 20 Jahren war das GWB die einzige gesetzliche Grundlage für die Aufgabenzuweisung an die Monopolkommission. Mit dem Erlass des Telekommunikationsgesetzes (TKG a. F.)[29] und des Postgesetzes (PostG)[30] wurde der Auftrag der Monopolkommission erweitert. Sie sollte nach § 81 Abs. 3 TKG a. F. alle zwei Jahre in einem Sondergutachten die Frage behandeln, ob auf den Märkten der Telekommunikation ein funktionsfähiger Wettbewerb besteht und Empfehlungen für ggf. notwendige Konsequenzen für einzelne Bestimmungen des TKG abgeben, welche die Regulierung durch die neu geschaffene Regulierungsbehörde für Telekommunikation und Post (RegTP) betrafen. Das PostG verweist mit seinem Gesetzesauftrag an die Monopolkommission auf § 81 TKG a. F., der damit auch den Berichtsumfang des Sondergutachtens zum Postwesen beschreibt.

Inzwischen liegt das TKG in veränderter Fassung vor.[31] Nach der neuen Gesetzessystematik ist die Verpflichtung der Monopolkommission für das Sondergutachten zur Tele-

---

[25] *Monopolkommission*, Zur Neuordnung der Stahlindustrie, Sondergutachten 13, Baden-Baden 1983.
[26] *Monopolkommission*, Konzeption einer europäischen Fusionskontrolle, Sondergutachten 17, Baden-Baden 1989.
[27] *Monopolkommission*, Ordnungspolitische Leitlinien für ein funktionsfähiges Finanzsystem, Sondergutachten 26, Baden-Baden 1998.
[28] *Monopolkommission*, Wettbewerbliche und strukturelle Aspekte einer Zusammenfassung von Unternehmen im Energiebereich (VEBA/Gelsenberg), Sondergutachten 2, Baden-Baden 1975.
[29] Telekommunikationsgesetz vom 25. Juli 1996, BGBl. I 1120 (mit Änderungen).
[30] Postgesetz vom 22. Dezember 1997, BGBl. I 3294.
[31] Telekommunikationsgesetz vom 22. Juni 2004, BGBl. I 1190.

kommunikation in § 121 Abs. 2 TKG enthalten. Der Gesetzesauftrag wurde dabei geringfügig modifiziert: Die Monopolkommission soll nunmehr in ihrer Berichterstattung auf die Beurteilung von Stand und Entwicklung des Wettbewerbs, auf das Bestehen nachhaltig wettbewerbsorientierter Telekommunikationsmärkte in der Bundesrepublik Deutschland sowie auf die Würdigung der Regulierungs- und Wettbewerbsaufsicht abstellen.[32] Das PostG ist nicht an die neue Systematik des TKG angepasst worden, so dass sein Gesetzesauftrag an die Monopolkommission seinem Wortlaut nach ins Leere läuft, da er auf eine nicht mehr gültige Vorschrift im TKG (a. F.) verweist.

Die zweijährlich wiederkehrende Begutachtung des Telekommunikations- und des Postwesens durch die Monopolkommission hat erstmalig mit dem Sondergutachten 29 im Jahre 1999 begonnen. Wegen der unterschiedlichen ordnungspolitischen Grundausrichtung der beiden Sektoren sowie den dementsprechend auch sehr unterschiedlich ausfallenden Feststellungen und Empfehlungen der Monopolkommission werden die beiden Gesetzesaufträge seit 2005 in zwei getrennten Sondergutachten behandelt.

19   Weitere Aufgabenzuweisungen nach dem Muster von TKG und PostG sehen das Allgemeine Eisenbahngesetz (AEG)[33] und das Energiewirtschaftsgesetz (EnWG)[34] vor. Entsprechend § 36 AEG soll die Monopolkommission Stand und absehbare Entwicklung des Wettbewerbs untersuchen und beurteilen, ob wirksamer und unverfälschter Wettbewerb im Sinne von § 1 AEG besteht; außerdem soll sie die Anwendung der Vorschriften des Eisenbahnrechts würdigen und zu sonstigen aktuellen wettbewerbspolitischen Fragen im Zusammenhang mit dem Betrieb von Eisenbahnen Stellung nehmen. § 62 EnWG beauftragt die Monopolkommission, Stand und absehbare Entwicklung des Wettbewerbs zu untersuchen und die Frage zu beurteilen, ob auf den Märkten der leitungsgebundenen Versorgung mit Elektrizität und Gas in der Bundesrepublik Deutschland funktionsfähiger Wettbewerb besteht; außerdem hat sie die Anwendung der Vorschriften des EnWG zur Regulierung und Wettbewerbsaufsicht zu würdigen sowie zu sonstigen aktuellen wettbewerbspolitischen Fragen der leitungsgebundenen Energiewirtschaft Stellung zu nehmen. Bei der obligatorischen Würdigung der Regulierungspraxis durch die Bundesnetzagentur für Elektrizität, Gas, Telekommunikation, Post und Eisenbahnen (die nach einer Erweiterung des Aufgabenbereichs aus der RegTP entstanden ist) hat die Monopolkommission kein allgemeines Akteneinsichtsrecht; lediglich das TKG sieht ein solches Recht in Entsprechung von § 46 Abs. 2a GWB vor. Die ersten Sondergutachten der Monopolkommission entsprechend § 36 AEG bzw. § 62 EnWG sind im Jahre 2007 veröffentlicht worden.

III. Rechtsstellung

1. Die institutionelle Unabhängigkeit der Monopolkommission

20   **Die institutionelle Unabhängigkeit** der Monopolkommission ist in § 44 Abs. 2 S. 1 GWB normiert. Konkrete **Weisungen**, z. B. durch die Bundesregierung oder den Bundeswirtschaftsminister, die sich auf Untersuchungsmethode, -ergebnisse oder Empfehlungen ihrer Stellungnahme richten, sind demnach **nicht zulässig.** Auch die bereits erwähnte Befugnis der Kommission, **Gutachten aus eigenem Ermessen** zu erstellen, reflektiert ihre institutionelle Unabhängigkeit.

---

[32] Monopolkommission, Wettbewerb auf Telekommunikations- und Postmärkten, Sondergutachten 29. Baden-Baden 2000.

[33] Drittes Gesetz zur Änderung eisenbahnrechtlicher Vorschriften vom 27. April 2005, BGBl. I 1138.

[34] Zweites Gesetz zur Neuregelung des Energiewirtschaftsrechts (EnWG) vom 7. Juli 2005, BGBl. I 1970.

2. Auskunftsrecht

Die Monopolkommission verfügt über keinerlei Auskunftsrecht zur Durchführung ihres gesetzlichen Auftrags, sondern ist auf die **Kooperationsbereitschaft** der befragten Unternehmen und Unternehmensverbände angewiesen. Diese Rechtskonstruktion ist spiegelbildlich zur fehlenden Entscheidungsbefugnis der Kommission. In einzelnen Fällen wurde die Arbeit dadurch erschwert. Eine solche Verweigerungshaltung stellt jedoch eher die Ausnahme dar. Die Unternehmen wirken im Allgemeinen bei den konzentrationsstatistischen Erhebungen bereitwillig mit; sie haben in einzelnen Ministererlaubnisfällen darüber hinaus auch vertrauliche Informationen und selbst Geschäftsgeheimnisse an die Monopolkommission weitergegeben.

Das fehlende Auskunftsrecht ist aber nicht unbedingt als Nachteil anzusehen.[35] Bei Vorliegen einer gesetzlichen Auskunftspflicht könnten die Unternehmen deren ordnungsgemäße Handhabung verwaltungsrechtlich überprüfen lassen. Ein vielfältiger, umfassender **Gebrauch von Rechtsmitteln** durch die Unternehmen dürfte dann die Arbeit der Kommission nachhaltiger beeinträchtigen, als deren bloße Nichtkooperation in wenigen Fällen.

3. Veröffentlichung der Gutachten

Die Monopolkommission ist gesetzlich verpflichtet, ihre Gutachten zu veröffentlichen. Alle Gutachten erscheinen im Nomos-Verlag, die Hauptgutachten außerdem noch als Bundestags-Drucksache. Die Stellungnahmen der Kommission werden damit nicht nur zum Objekt **parlamentarischer Beratungen,** sondern auch zum Gegenstand von **Diskussionen in der politischen, wissenschaftlichen sowie administrativen Öffentlichkeit;** ihre Ergebnisse und Empfehlungen finden ihren Niederschlag zum Teil auch in der Rechtsprechung.

4. Mitglieder

Die fünf Mitglieder der Monopolkommission, die ihren Vorsitzenden aus ihrer Mitte wählen, müssen entsprechend § 45 über besondere im Gesetz niedergelegte **Qualifikationen** verfügen. Sie werden für eine Amtsperiode von vier Jahren durch den Bundespräsidenten berufen; Wiederberufungen sind uneingeschränkt möglich. Neben der bereits ausgeführten institutionellen Unabhängigkeit werden strenge Voraussetzungen an die **persönliche Unabhängigkeit** der Mitglieder gelegt: Sie dürfen weder Mitglied der Regierung noch der gesetzgebenden Körperschaft des Bundes oder eines Bundeslandes sein, sie dürfen ebenso im letzten Jahr vor ihrer Berufung nicht Repräsentanten von Wirtschaftsverbänden gewesen sein und auch nicht Angehörige des öffentlichen Dienstes sein. Eine Ausnahme bilden diejenigen Mitglieder der Monopolkommission, die als Hochschullehrer zwar Beamte eines Bundeslandes sind, deren persönliche Unabhängigkeit jedoch prinzipiell von ihrem Status als Wissenschaftler abzuleiten ist.

5. Beschlüsse, Organisation, Rechte und Pflichten

Die Monopolkommission fasst gemäß § 46 Abs. 1 ihre Beschlüsse mit einfacher Mehrheit; in § 44 Abs. 2 S. 2 ist vorgesehen, dass Minderheitsmeinungen in abweichenden Voten zum Ausdruck gebracht werden können. Die Kommission hat eine **Geschäftsordnung** beschlossen, die das Innenverhältnis der Kommissionsmitglieder sowie die Modalitäten der Abstimmung und der Beschlussfassung regelt. Sie verfügt über eine **Geschäftsstelle,** die von einem Generalsekretär geleitet wird und der zehn weitere wissenschaftliche Assistenten sowie vier nichtwissenschaftliche Mitarbeiter mit administrativen Aufgaben

---

[35] *Mestmäcker,* Funktionen und bisherige Tätigkeit der Monopolkommission, S. 46 f.

angehören. Die **Pflicht zur Verschwiegenheit** für die Monopolkommission und ihre Mitarbeiter nach § 46 Abs. 3 betrifft sowohl ihre internen Beratungen als auch die Informationen, die von externen Quellen gegeben und als vertraulich bezeichnet werden. In solchen Fällen besteht ein latenter Konflikt im Verhältnis zur Veröffentlichungspflicht, der durch nachträgliche Anonymisierung vertraulicher Angaben gelöst werden muss. Mit der 7. GWB-Novelle[36] wurde durch die Einfügung von § 46 Abs. 2a ein Recht der Monopolkommission zur Einsicht in die Akten des Kartellamts begründet und die Verschwiegenheitspflicht insoweit ausgedehnt.

IV. Übermittlung statistischer Daten

1. Datenlücken

26   Bei ihren Konzentrationsuntersuchungen ist die Monopolkommission auf die **Datenbasis der amtlichen Unternehmensstatistik** angewiesen. Die Aussagefähigkeit dieser Daten zur Beurteilung der Konzentrationsentwicklung in der Wirtschaft war jedoch von Anfang an durch erhebliche Mängel der Datenlage begrenzt. Die Informationsbereitstellung durch das Statistische Bundesamt, das über eine breite und differenzierte Basis an Unternehmensdaten verfügt, wird auch gegenüber der Monopolkommission wesentlich eingeschränkt durch die Vorschriften zur Wahrung des **Statistikgeheimnisses**. Im Ergebnis besteht die Datenübermittlung ausschließlich aus aggregierten Unternehmensangaben zu den drei, sechs, zehn, etc. größten Unternehmen eines Wirtschaftszweigs, von denen einige wegen möglicher Identifizierbarkeit von Einzelangaben darüber hinaus gerade in solchen Wirtschaftszweigen geheim gehalten werden, die von besonderem Interesse sind, weil in ihnen der Konzentrationsgrad besonders hoch ist. Die restriktive Datenübermittlung aus der amtlichen Statistik ist von der Monopolkommission anlässlich ihrer Konzentrationsberichterstattung in den Hauptgutachten häufig kritisiert worden, weil die Erfüllung ihres gesetzlichen Auftrags gefährdet war.

2. Lockerung der statistischen Geheimhaltung

27   Auf Empfehlung der Monopolkommission wurde im Rahmen der Fünften GWB-Novelle ein § 24c a. F. eingefügt, der die Datenübermittlung durch das Statistische Bundesamt durch eine begrenzte **Lockerung des Statistikgeheimnisses** gegenüber der Monopolkommission verbessern sollte. Durch die Aufzählung der für die Datenlieferungen an die Monopolkommission infrage kommenden Statistiken, z.B. zum Produzierenden Gewerbe oder zum Handwerk, und die Kennzeichnung der Angaben, die in Form von spezifischen Konzentrationsindizes geliefert werden, ist der Umfang der Datenlieferungen exakt eingegrenzt. Zudem sollten technische und organisatorische Regelungen in den Absätzen 2 bis 5 die Einhaltung des Statistikgeheimnisses sicherstellen, insbesondere durch die Verpflichtung zur Geheimhaltung, die Verhinderung des unbefugten Zugriffs auf Datenbestände und die Löschung der Daten nach Erfüllung ihres Zwecks. Im Zuge der Sechsten GWB-Novelle wurden die Vorschriften des § 24c a. F. im Wesentlichen in § 47 GWB übernommen.

3. Konzern- und Gruppenbildung der Unternehmen

28   Ein wesentlicher systematischer Mangel der Datenerhebungen für die amtliche Statistik war die Beschränkung auf Unternehmen als kleinste zur Buchführung verpflichtete rechtliche Einheiten. **Kapitalverflechtungen,** mit denen ein wesentlicher kontrollierender Einfluss auf ein Unternehmen ausgeübt werden kann, blieben in der amtlichen Unter-

---

[36] Siebtes Gesetz zur Änderung des Gesetzes gegen Wettbewerbsbeschränkungen vom 7. Juli 2005, BGBl. I 1954.

nehmensstatistik grundsätzlich außer Betracht. Daraus ergab sich für verschiedene Wirtschaftszweige eine gravierende Unterschätzung von Stand und Entwicklung der Unternehmenskonzentration, wie in Modellrechnungen nachgewiesen werden konnte.[37] Um die **Informationslücken** zu beheben, hatte die Monopolkommission vorgeschlagen, zuverlässige Angaben zum Beteiligungsnetzwerk der Unternehmen allgemein zugänglichen kommerziell angebotenen Wirtschaftsdatenbanken zu entnehmen und diese mit den amtlichen Einzelangaben zu verknüpfen. Damit besteht die Möglichkeit, ein realistischeres Bild der Marktstrukturen zu erhalten, ohne die Wirtschaft durch zusätzliche Befragungen zu belasten oder das Statistikgeheimnis einzuschränken. Dies stieß zunächst auf erhebliche rechtliche Bedenken und massiven Widerstand von Seiten der zuständigen Stellen im Statistischen Bundesamt sowie im Bundesinnen- und im Bundesfinanzministerium. Anlässlich der Einführung einer amtlichen Dienstleistungsstatistik[38] ist der Gesetzgeber durch eine am 1. Januar 2001 in Kraft getretene Novellierung von § 47 den Empfehlungen gefolgt und hat dabei zugleich die Rechtslage klargestellt. Danach wurde das Statistische Bundesamt verpflichtet, nach Vorgaben und in Kooperation mit der Monopolkommission Unternehmensgruppen im Rahmen der amtlichen Wirtschaftsstatistik zu berücksichtigen. Die entsprechende Änderung im Gesetz besteht einerseits in einer Ergänzung des Katalogs der für die Zwecke der Monopolkommission infrage kommenden **statistischen Quellen** um die neue **Dienstleistungsstatistik** und das **amtliche Unternehmensregister.** Zum anderen wurden daraufhin auch **aggregierte Daten von Unternehmensgruppen,** das sind Konzerne bzw. durch Kapitalbeteiligungen kontrollierte Unternehmen, vom Statistischen Bundesamt weitergeleitet, nachdem die Monopolkommission zuvor dem Amt die Namen und Anschriften sowie weitere Kennzeichen zur Identifikation von Unternehmen mitgeteilt hat, für die eine Gruppenzugehörigkeit, z.B. durch Konzernverflechtungen, festgestellt worden ist. Seit dem Jahr 2005 beschafft das Statistische Bundesamt selbst private Daten zu Kapitalverflechtungen von Unternehmen. Die Einführung dieser Informationen erfolgte im Vorgriff auf die EG-Verordnung Nr. 177[39] zur Harmonisierung der statistischen Unternehmensregister, welche am 20. Februar 2008 in Kraft getreten ist und den Mitgliedstaaten die Führung dieser Daten vorschreibt.

---

[37] Zuletzt *Monopolkommission,* Wettbewerbspolitik in Netzstrukturen, Hauptgutachten 1998/1999, Baden-Baden 2000, Rn. 288 ff.

[38] Gesetz zur Einführung einer Dienstleistungsstatistik und zur Änderung statistischer Rechtsvorschriften vom 19. Dezember 2000, BGBl. I 1765.

[39] Verordnung (EG) Nr. 177 des Europäischen Parlaments und des Rates vom 20. Februar 2008 zur Schaffung eines gemeinsamen Rahmens für Unternehmensregister für statistische Zwecke und zur Aufhebung der Verordnung (EWG) Nr. 2186/93 des Rates.

Zweiter Teil. Kartellbehörden

Erster Abschnitt. Allgemeine Vorschriften

§ 48 Zuständigkeit

(1) Kartellbehörden sind das Bundeskartellamt, das Bundesministerium für Wirtschaft und Technologie und die nach Landesrecht zuständigen obersten Landesbehörden.

(2) ¹Weist eine Vorschrift dieses Gesetzes eine Zuständigkeit nicht einer bestimmten Kartellbehörde zu, so nimmt das Bundeskartellamt die in diesem Gesetz der Kartellbehörde übertragenen Aufgaben und Befugnisse wahr, wenn die Wirkung des wettbewerbsbeschränkenden oder diskriminierenden Verhaltens oder einer Wettbewerbsregel über das Gebiet eines Landes hinausreicht. ²In allen übrigen Fällen nimmt diese Aufgaben und Befugnisse die nach Landesrecht zuständige oberste Landesbehörde wahr.

Übersicht

	Rn.		Rn.
I. Kartellbehörden nach dem GWB	1	3. Örtliche Zuständigkeit der obersten Landesbehörden	8
II. Zuständigkeiten	2	III. Rechtsfolgen bei Verletzung	9
1. Spezielle Zuständigkeitszuweisungen	3		
2. Generelle Zuständigkeitsaufteilung	4		

Schrifttum: *Böge,* Das Netzwerk der EU-Wettbewerbsbehörden nimmt Gestalt an: Anforderungen an das Bundeskartellamt und Änderungsbedarf im deutschen Kartellrecht, in: EWS 2003, 441; *Bundeskartellamt,* Bericht der Arbeitsgruppe Netznutzung Strom der Kartellbehörden des Bundes und der Länder, eingestellt in: www.bundeskartellamt.de/merkblaetter; *Hitzler,* Die Abgrenzung der Zuständigkeitsbereiche des Bundeskartellamtes und der Landeskartellbehörden nach § 44 Abs. 1 Nr. 1 d) GWB, in: WuW 1979, 733; *Kling/Thomas,* Kartellrecht, München 2007; *Lieberknecht,* Probleme des Verfahrensrechts in Kartellsachen, in: Schwerpunkte des Kartellrechts 1977/78, S. 65; *Möschel,* Die Unabhängigkeit des Bundeskartellamtes, in: ORDO 1997, 241; *Rittner/Dreher,* Europäisches und deutsches Wirtschaftsrecht, 3. Aufl., Heidelberg 2008; *Schoening,* Anm. zu OLG Stuttgart v. 20. 6. 2002, ZNER 2003, 46; *Stockmann,* Die Integration des Vergaberechts in das Wettbewerbsrecht, in: Schwarze (Hrsg.), Europäisches Wettbewerbsrecht im Wandel, 2001, S. 55; *Zuck,* Bundeskartellamt und Wirtschaftspolitik, in: NJW 1971, 1633; *ders.,* Bundeskartellamt, Dienstaufsicht und Regreß, in: NJW 1972, 468.

I. Kartellbehörden nach dem GWB

§ 48 Abs. 1 zählt abschließend die für die Durchsetzung der kartellrechtlichen Vorschriften des GWB zuständigen Behörden auf. Neben dem **Bundeskartellamt** sind dies das **Bundesministerium für Wirtschaft** und die nach Landesrecht zuständigen obersten Landesbehörden. Hierbei handelt es sich in aller Regel um die Landeswirtschaftsministerien, deren aktuelle Ressortbezeichnungen und Anschriften unter www.bundeskartellamt.de\lkb_adressen abrufbar sind. Werden die obersten Landesbehörden auf der Grundlage des GWB tätig, bezeichnen sie sich in der Praxis zumeist als **Landeskartellbehörden.** Ein Unterordnungsverhältnis gegenüber dem Bundeskartellamt besteht aber nicht. Im Gegensatz zu den Ministerien mit ihren weisungsgebundenen Entscheidungsstrukturen trifft das Bundeskartellamt seine Entscheidungen durch unabhängige Beschlussabteilungen.[1]

---

[1] Vgl. im Einzelnen Kommentierung zu §§ 51 bis 53 GWB.

II. Zuständigkeiten

2 § 48 Abs. 2 enthält eine grundsätzliche Zuständigkeitsabgrenzung zwischen Bundeskartellamt und obersten Landesbehörden mit Spezialzuweisungsvorbehalt. Die grundsätzliche Zuständigkeitsabgrenzung erfolgt dabei nach dem bereits aus der Vorläufervorschrift § 44 Abs. 1 Nr. 1 Buchst. d) a. F. bekannten Auswirkungsprinzip.[2]

1. Spezielle Zuständigkeitszuweisungen

3 Für das Bundeskartellamt finden sich spezielle Zuständigkeitszuweisungen in § 30 Abs. 3 (Aufhebung der Verlagspreisbindung), § 36 Abs. 1 (Zusammenschlusskontrolle) und § 41 Abs. 3 (Entflechtung). Soweit ein Gemeinschaftsunternehmen neben der fusionskontrollrechtlichen Prüfung wettbewerbliche Bedenken unter dem Gesichtspunkt des § 1 aufwirft, ist hierfür nicht zwangsläufig das Bundeskartellamt zuständig. Vielmehr entscheidet sich die Zuständigkeit auch dann nach dem Auswirkungsprinzip.[3] Dem Bundesministerium für Wirtschaft hat das GWB eigene Zuständigkeiten in § 42 (Ministererlaubnis für Zusammenschlüsse) zugewiesen. Zum Aufgabenbereich des Bundesministeriums für Wirtschaft gehören dabei neben Erteilung oder Versagung der Erlaubnis auch daran anknüpfende Entscheidungen wie zum Beispiel der Widerruf einer Erlaubnis nach § 42 Abs. 2 Satz 2. Keine Spezialzuweisungen gibt es für die obersten Landesbehörden, deren Zuständigkeit sich gemäß § 48 Abs. 2 Satz 2 lediglich nach dem Auswirkungsprinzip ergeben kann.

2. Generelle Zuständigkeitsaufteilung

4 Liegt keine Spezialzuweisung vor, so ist anhand des in § 48 Abs. 2 Satz 2 normierten **Auswirkungsprinzips** zu entscheiden, ob das Bundeskartellamt oder eine oberste Landesbehörde zuständig ist. Die Zuständigkeit des Bundeskartellamtes ist gegeben, sobald die Wirkung des in Rede stehenden Verstoßes über das Gebiet eines Bundeslandes hinausreicht. An die Wirkung über die Landesgrenzen hinaus werden dabei nur minimale Anforderungen gestellt, die bloße Möglichkeit späterer landesübergreifender Auswirkungen genügt jedoch nicht.[4] Anders verhält es sich im Ermittlungsstadium, wo der Verdacht der landesübergreifenden Wirkung zunächst ausreicht.[5] Bestätigt sich der Verdacht jedoch nicht, muss das Bundeskartellamt die Sache gemäß § 49 Abs. 2 Satz 2 an die zuständige oberste Landesbehörde abgeben.

5 Nicht der Ort des Verhaltens oder der Geschäftssitz der handelnden Unternehmen, sondern die Wirkung des wettbewerbsbeschränkenden oder diskriminierenden Verhaltens oder einer Wettbewerbsregel ist nach § 48 Abs. 2 ausschlaggebend. Bei **horizontalen Wettbewerbsbeschränkungen** ist eine Zuständigkeit des Bundeskartellamtes gegeben, wenn ein landesübergreifender Markt oder Märkte in mehreren Bundesländern betroffen sind. Hierfür ist auf die Sicht der Nachfrager abzustellen. Bei **Vertikalvereinbarungen** hängt die Zuständigkeit vom Tätigkeitsgebiet der gebundenen Vertragspartei ab. In **Missbrauchsfällen** ist nicht auf das Gesamttätigkeitsgebiet des Normadressaten oder auf die räumliche Ausdehnung seiner marktbeherrschenden Stellung abzustellen,[6] sondern wiederum nur auf die konkrete Missbrauchswirkung. Richtet sich das Verfahren gegen einen marktbeherrschenden oder marktstarken Anbieter und betrifft dessen Verhalten Unternehmen in mehreren Bundesländern, so ist das Bundeskartellamt prinzipiell zuständig, auch wenn die vom Missbrauch betroffenen Unternehmen jeweils nur lokal oder regional tätig

---

[2] Dazu im Einzelnen unten Rn. 4 bis 6.
[3] BGH WuW/E BGH 1810, 1814 – *Transportbeton Sauerland* = NJW 1981, 2699, 2701.
[4] BGH WuW/E BGH 1489, 1490 – *Brotindustrie* = NJW 1977, 1784, 1785.
[5] KG WuW/E OLG 4640, 4642 – *Hamburger Benzinpreise* = GRUR 1991, 704, 705.
[6] BGH WuW/E BGH 2953, 2955 – *Gasdurchleitung* = BGHZ 128, 17, 22.

sind. Dies gilt nach der Entscheidung „*Gasdurchleitung*" des Bundesgerichtshofs aber noch nicht, wenn das Verhalten zwar Teil einer länderübergreifenden Strategie ist, diese aber erst in einem Land konkrete Wirkungen entfaltet hat.[7] Eine Ausnahme soll auch im Zusammenhang mit der Verfolgung von Preismissbräuchen im Bereich der Stromdurchleitung gelten, wo wegen der technischen Besonderheiten der Netznutzung ebenfalls die Landeskartellbehörde zuständig bleibt, solange das betroffene Leitungsnetz die Landesgrenzen nicht überschreitet.[8] Ist Normadressat ein Nachfrager, so sind die obersten Landesbehörden nicht mehr zuständig, sobald es sich um eine tatsächlich landesübergreifende Nachfragepraxis handelt.[9] Aus der Entscheidung „*Tariftreueerklärung II*" des Bundesgerichtshofs ergibt sich, dass Missbrauchswirkungen speziell bei der Nachfrage nach Bauleistungen nicht auf das Gebiet beschränkt ist, in dem die nachgefragte Leistung erbracht werden soll.[10] Die Begründung des Referentenentwurfs ging dabei noch ausdrücklich davon aus, dass eine Wettbewerbsbeschränkung mit einem ins Gewicht fallenden Auslandsbezug über ein Land hinausgeht.

Keine Zuständigkeit der obersten Landesbehörde ist bei einem kartellrechtswidrigen Verhalten gegeben, das vom Ausland ausgeht und sich in der Bundesrepublik in nur einem Bundesland auswirkt.[11] Ob darüberhinaus eine Zuständigkeit der obersten Landesbehörden in allen Fällen mit **Auslandsbezug** abzulehnen ist, ist umstritten[12] und wurde vom Bundesgerichtshof in seiner Entscheidung „*Gasdurchleitung*" ausdrücklich offengelassen.[13]

Die Zuständigkeit einer Kartellbehörde lässt sich nur über § 48 Abs. 2 begründen, während eine Zuständigkeit aus **Zweckmäßigkeitserwägungen** oder kraft **Sachzusammenhangs** nicht möglich ist.[14] Ebensowenig vermochte eine Kartellbehörde in der Vergangenheit die Zuständigkeit durch **Absprache** mit der zuständigen Kartellbehörde an sich zu ziehen.[15] Das Bundeskartellamt konnte hier lediglich auf seine Rügemöglichkeit nach § 55 Abs. 2 zugunsten einer unzuständigen obersten Landesbehörde verzichten. Dies hat sich aber durch die mit der 7. GWB-Novelle erfolgte Ergänzung des § 49 um eine wechselseitige Abgabemöglichkeit geändert.[16]

3. Örtliche Zuständigkeit der obersten Landesbehörden

Trotz der geografischen Anknüpfung des Auswirkungsprinzips betrifft § 48 Abs. 2 vorrangig die sachliche Zuständigkeitsverteilung zwischen den Kartellbehörden. Reicht die Wirkung des in Rede stehenden Verstoßes allerdings nicht über das Gebiet eines Bundeslandes hinaus, so steht zugleich auch die örtlich zuständige oberste Landesbehörde fest. Eine konkurrierende Zuständigkeit mehrerer oberster Landesbehörden in derselben Sache soll durch das Auswirkungsprinzip verhindert werden.[17]

---

[7] Vgl. Darstellung bei *Schultz* in: Langen/Bunte, Kommentar zum deutschen und europäischen Kartellrecht, § 48 Rn. 17.
[8] Bericht der Arbeitsgruppe Netznutzung Strom der Kartellbehörden des Bundes und der Länder, S. 7 f. (eingestellt in www.bundeskartellamt.de/merkblaetter).
[9] OLG München WuW/E OLG 2156, 2157.
[10] WuW/E Verg 297, 300 = WRP 2000, 397, 399.
[11] BGH WuW/E BGH 2953, 2956 – *Gasdurchleitung* = BGHZ 128, 17, 22.
[12] Dafür: *Schultz* in: Langen/Bunte (Fn. 7), § 48 Rn. 13; *Klaue* in: Immenga/Mestmäcker, GWB, § 48 Rn. 7; dagegen: *Hitzler* WuW 1979, 733, 734; *Bechtold*, GWB, § 48 Rn. 6.
[13] WuW/E BGH 2953, 2956 = BGHZ 128, 17, 23.
[14] BGH WuW/E BGH 1810, 1814 – *Transportbeton Sauerland* = NJW 1981, 2699, 2701; KG WuW/E OLG 2284, 2286 – *Stadtwerke Frankfurt*.
[15] OLG München WuW/E OLG 2156, 2157.
[16] Vgl. § 49 Rn. 6.
[17] KG WuW/E OLG 2607, 2609 – *Raffinerie-Abnahmepreise*.

III. Rechtsfolgen bei Verletzung

9 Eine Verletzung von § 48 ist im Verwaltungsverfahren nur dann relevant, wenn ein Beteiligter die örtliche oder sachliche Zuständigkeit gerügt hat.[18] Ist die örtliche Zuständigkeit nicht eingehalten worden, führt dies nach § 44 Abs. 3 Nr. 1 VwVfG nicht zur Nichtigkeit, sondern lediglich zur **Anfechtbarkeit** der Entscheidung. Bei sachlich falscher Zuständigkeit kommt es darauf an, ob es sich um einen offensichtlich besonders schwerwiegenden Fehler handelt (§ 44 Abs. 1 VwVfG). Solch ein Fehler ist jedenfalls dort nicht gegeben, wo seine Geltendmachung ins Belieben der sachlich zuständigen Kartellbehörde gestellt ist; bejaht wird er aber dann, wenn ausschließliche Zuständigkeiten des Bundesministeriums für Wirtschaft verletzt werden.[19]

10 Im Bußgeldverfahren ergangene Entscheidungen der Kartellbehörde werden durch einen Zuständigkeitsverstoß wegen der engen Verzahnung der Aufgabenbereiche der Kartellbehörden ebenfalls grundsätzlich nicht nichtig, sondern nur anfechtbar.[20]

§ 49 Bundeskartellamt und oberste Landesbehörde

(1) ¹Leitet das Bundeskartellamt ein Verfahren ein oder führt es Ermittlungen durch, so benachrichtigt es gleichzeitig die oberste Landesbehörde, in deren Gebiet die betroffenen Unternehmen ihren Sitz haben. ²Leitet eine oberste Landesbehörde ein Verfahren ein oder führt sie Ermittlungen durch, so benachrichtigt sie gleichzeitig das Bundeskartellamt.

(2) ¹Die oberste Landesbehörde hat eine Sache an das Bundeskartellamt abzugeben, wenn nach § 48 Abs. 2 Satz 1 die Zuständigkeit des Bundeskartellamts begründet ist. ²Das Bundeskartellamt hat eine Sache an die oberste Landesbehörde abzugeben, wenn nach § 48 Abs. 2 Satz 2 die Zuständigkeit der obersten Landesbehörde begründet ist.

(3) ¹Auf Antrag des Bundeskartellamts kann die oberste Landesbehörde eine Sache, für die nach § 48 Abs. 2 Satz 2 ihre Zuständigkeit begründet ist, an das Bundeskartellamt abgeben, wenn dies aufgrund der Umstände der Sache angezeigt ist. ²Mit der Abgabe wird das Bundeskartellamt zuständige Kartellbehörde.

(4) ¹Auf Antrag der obersten Landesbehörde kann das Bundeskartellamt eine Sache, für die nach § 48 Abs. 2 Satz 1 seine Zuständigkeit begründet ist, an die oberste Landesbehörde abgeben, wenn dies aufgrund der Umstände der Sache angezeigt ist. ²Mit der Abgabe wird die oberste Landesbehörde zuständige Kartellbehörde. ³Vor der Abgabe benachrichtigt das Bundeskartellamt die übrigen betroffenen obersten Landesbehörden. ⁴Die Abgabe erfolgt nicht, sofern ihr eine betroffene oberste Landesbehörde innerhalb einer vom Bundeskartellamt zu setzenden Frist widerspricht.

Übersicht

	Rn.		Rn.
I. Gegenseitige Unterrichtungspflicht	1	II. Gegenseitige Abgabepflicht	5
1. Zeitpunkt und Umfang der Unterrichtung	2	III. Wechselseitige Abgabemöglichkeit	6
2. Zu unterrichtende Stelle	4	IV. Rechtsfolgen bei Verletzung	7

---

[18] Vgl. § 55 Abs. 2.
[19] *Schultz* in: Langen/Bunte (Fn. 7), § 48 Rn. 22.
[20] BGH WuW/E BGH 1489, 1489f. – *Brotindustrie* = NJW 1977, 1784, 1785.

I. Gegenseitige Unterrichtungspflicht

Zweck der für Verwaltungs- und Ordnungswidrigkeitenverfahren geltenden Regelung des § 49 Abs. 1 ist es in erster Linie, Doppelermittlungen zu verhindern, indem frühzeitig aufgedeckt wird, ob ein Verstoß länderübergreifend wirkt. Die gegenseitige Unterrichtung trägt des Weiteren zu einer einheitlichen Rechtsanwendung durch die Verwaltung bei und stellt Beteiligungsrechte des Bundeskartellamtes nach § 54 sicher. Die Form der Unterrichtung ist nicht festgelegt. **1**

1. Zeitpunkt und Umfang der Unterrichtung

Die Unterrichtung ist „gleichzeitig" mit der **Verfahrenseinleitung** vorzunehmen. Da der exakte Zeitpunkt der Verfahrenseinleitung in der Praxis unklar sein kann, ist nach der eingangs erläuterten Zielsetzung zu entscheiden, wann die Unterrichtung vorzunehmen ist. **2**

Der Umfang der Unterrichtung hängt von den Umständen des Einzelfalles, insbesondere dem Interesse der zu unterrichtenden Kartellbehörde ab. **3**

2. Zu unterrichtende Stelle

Nach § 49 Abs. 1 Satz 1 ist die oberste Landesbehörde, „in deren Gebiet die betroffenen Unternehmen ihren Sitz haben", zu unterrichten. Unabhängig davon steht es dem Amt aber frei, weitere oberste Landesbehörden zu unterrichten, wenn sie erkennbar ein Interesse am Ausgang des Verfahrens haben.[1] **4**

II. Gegenseitige Abgabepflicht

§ 49 Abs. 2 behandelt die gegenseitige Pflicht von Bundeskartellamt und obersten Landesbehörden, eine von ihnen aufgegriffene Sache zuständigkeitshalber abzugeben. Da es sich hierbei um einen allgemeinen verwaltungsrechtlichen Grundsatz handelt, kommt der Vorschrift lediglich **deklaratorische Bedeutung** zu. **5**

III. Wechselseitige Abgabemöglichkeit

§ 49 enthält Bestimmungen, wonach einerseits die Landeskartellbehörde auf Antrag des Bundeskartellamts und andererseits das Bundeskartellamt auf Antrag einer Landeskartellbehörde eine Sache abgeben kann. Hiermit wird die Möglichkeit einer **einvernehmlichen Zuständigkeitsverteilung** zwischen Landeskartellbehörden und Bundeskartellamt installiert, von der man sich ausweislich der Regierungsbegründung eine größere Flexibilisierung verspricht. In Anbetracht der immer deutlicher hervortretenden begrenzten personellen Ressourcen vieler Landeskartellbehörden stellt diese Ergänzung des § 49 sicher, dass in Fällen von besonderer Bedeutung das Bundeskartellamt ein Verfahren durchführen kann, das ansonsten nicht betrieben würde. In der Literatur war wegen derartiger Erfahrungen speziell im Energiebereich sogar eine zentrale Zuständigkeit des Bundeskartellamts gefordert worden.[2] **6**

IV. Rechtsfolgen bei Verletzung

Ein Verstoß gegen § 49 zieht keine Folgen nach sich, da die Beteiligten durch versäumte Unterrichtung oder Abgabe nicht in ihren Rechten verletzt werden. Speziell die Abgabe **7**

---

[1] *Schultz* in: Langen/Bunte, Kommentar zum deutschen und europäischen Kartellrecht, § 49 Rn. 1.
[2] *Schoening* ZNER 2003, 46, 48.

ist deshalb keine isoliert anfechtbare Verfügung.[3] Einer isolierten Anfechtung der Abgabeentscheidung steht auch die Regelung des § 44a VwGO entgegen. Außerhalb einer Vorabentscheidung nach § 55 Abs. 1 Satz 1 besteht kein gesonderter Rechtsschutz zur Klärung der Zuständigkeitsfrage.[4] Ein ausreichender Rechtsschutz gegen die Abgabe der Sache an oder ihr Verbleib bei einer unzuständigen Kartellbehörde ist insoweit gegeben, als eine spätere Verfügung von den Beteiligten mittels § 55 Abs. 1 angegriffen werden kann.

§ 50 Vollzug des europäischen Rechts

(1) Soweit ihre Zuständigkeit nach den §§ 48 und 49 begründet ist, sind das Bundeskartellamt und die obersten Landesbehörden für die Anwendung der Artikel 81 und 82 des Vertrages zur Gründung der Europäischen Gemeinschaft zuständige Wettbewerbsbehörden im Sinne des Artikels 35 Abs. 1 der Verordnung (EG) Nr. 1/2003.

(2) [1]Wenden die obersten Landesbehörden die Artikel 81 und 82 des Vertrages zur Gründung der Europäischen Gemeinschaft an, erfolgt der Geschäftsverkehr mit der Kommission der Europäischen Gemeinschaft oder den Wettbewerbsbehörden der anderen Mitgliedstaaten der Europäischen Gemeinschaft über das Bundeskartellamt. [2]Das Bundeskartellamt kann den obersten Landesbehörden Hinweise zur Durchführung des Geschäftsverkehrs geben. [3]Das Bundeskartellamt nimmt auch in diesen Fällen die Vertretung im Beratenden Ausschuss für Kartell- und Monopolfragen nach Artikel 14 Abs. 2 Satz 1 und Abs. 7 der Verordnung (EG) Nr. 1/2003 wahr.

(3) [1]Für die Mitwirkung an Verfahren der Kommission der Europäischen Gemeinschaft oder der Wettbewerbsbehörden der anderen Mitgliedstaaten der Europäischen Gemeinschaft zur Anwendung der Artikel 81 und 82 des Vertrages zur Gründung der Europäischen Gemeinschaft ist ausschließlich das Bundeskartellamt zuständige Wettbewerbsbehörde. [2]Es gelten die bei der Anwendung dieses Gesetzes maßgeblichen Verfahrensvorschriften.

(4) Das Bundeskartellamt kann den Bediensteten der Wettbewerbsbehörde eines Mitgliedstaats der Europäischen Gemeinschaft und anderen von dieser ermächtigten Begleitpersonen gestatten, bei Durchsuchungen nach Artikel 22 Abs. 1 der Verordnung (EG) Nr. 1/2003 dessen Bedienstete zu begleiten.

(5) [1]In anderen als in den Absätzen 1 bis 4 bezeichneten Fällen nimmt das Bundeskartellamt die Aufgaben wahr, die den Behörden der Mitgliedstaaten der Europäischen Gemeinschaft in den Artikeln 84 und 85 des Vertrages zur Gründung der Europäischen Gemeinschaft sowie in Verordnungen nach Artikel 83 des Vertrages zur Gründung der Europäischen Gemeinschaft, auch in Verbindung mit anderen Ermächtigungsgrundlagen des Vertrages zur Gründung der Europäischen Gemeinschaft, übertragen sind. [2]Absatz 3 Satz 2 gilt entsprechend.

Übersicht

	Rn.		Rn.
I. Anwendung von Art. 81, 82 EG nach der Verordnung Nr. 1/03	1	II. Weitere Aufgabenzuweisungen	6
		III. Rechtsfolgen bei Verletzung	7

---

[3] KG Beschl. v. 28. 4. 2008, Az. 2 KART 1/08, Beschlussausfertigung S. 4f., bestätigt durch BGH Beschl. v. 25. 9. 2008, Az. KVZ 32/08; *Bechtold*, GWB, § 49 Rn. 5; *Klaue* in: Immenga/Mestmäcker, GWB, § 49 Rn. 12; a. A.: FK-*Bracher*, § 49 Rn. 29.

[4] KG Beschl. v. 28. 4. 2008, Az. 2 KART 1/08, Beschlussausfertigung, S. 6.

I. Anwendung von Art. 81, 82 EG nach der Verordnung Nr. 1/03

§ 50 und seine Vorgängervorschriften waren erforderlich geworden, nachdem das Kammergericht in seiner Entscheidung *„Landegebühr"* eine Anwendung europäischen Rechts durch das Bundeskartellamt allein auf der Grundlage von Art. 84 EG ohne nationale Umsetzungsnorm abgelehnt hatte.[1] Übertragen werden im Rahmen des § 50 Aufgaben zur eigenständigen Bearbeitung und Entscheidung sowie Aufgaben im Rahmen der Amtshilfe für die Kommission. Erfasst sind dabei nicht nur die bei Inkrafttreten von § 50 bestehenden, sondern auch alle künftigen Aufgabenzuweisungen.[2]

§ 50 als zentrale Vorschrift für den Vollzug des europäischen Wettbewerbsrechts hat durch die 7. GWB-Novelle notwendigerweise eine tiefgreifende Veränderung erfahren. Die Anwendung von Art. 81, 82 EG gemäß der Verordnung Nr. 1/03 wird nunmehr ausführlich in den ersten vier Absätzen des § 50 geregelt, während die bisher in Abs. 1 enthaltene Bezugnahme auf die Art. 87 bis 89 EGV (heute Art. 83 bis 85 EG) nur noch die Anwendung europäischen Rechts im Übrigen erfasst und in Abs. 4 verschoben wurde. Angefügt worden sind durch die Novellierung drei Vorschriften (§§ 50a–50c), welche den behördlichen Informationsaustausch regeln.

Nach § 50 Abs. 1 werden Art. 81, 82 EG nicht nur vom Bundeskartellamt, sondern auch von den Landeskartellbehörden angewandt. Die weite Auslegung der Zwischenstaatlichkeitsklausel kann dazu führen, dass die Landeskartellbehörden für die Anwendung des europäischen Wettbewerbsrechts zuständig sind.[3]

Allerdings bleibt nach § 50 Abs. 2 und 3 das **Bundeskartellamt zentraler Ansprechpartner** für die Kommission und die Wettbewerbsbehörden der übrigen Mitgliedstaaten. So soll es einerseits für die Landeskartellbehörden, sobald diese Art. 81, 82 EG anwenden, den Geschäftsverkehr im Netzwerk abwickeln und die Vertretung im Beratenden Ausschuss wahrnehmen. Andererseits bleibt es für die Mitwirkung an Verfahren der Kommission dabei, dass hierfür ausschließlich das Bundeskartellamt zuständig ist. Letzteres ist wegen der ausschließlichen Außenvertretungskompetenz des Bundes gemäß Art. 32 Abs. 1 GG geboten und in Anbetracht der jahrelangen bewährten Mitwirkung des Amtes an Kommissionsverfahren auch sachgerecht. Für die Mitwirkung an Verfahren der Wettbewerbsbehörden der anderen Mitgliedstaaten ist ebenfalls das Bundeskartellamt ausschließlich zuständig.

Bei der Anwendung von Art. 81, 82 EG stehen den Kartellbehörden umfassende **Befugnisse** zu. Diese Ermittlungs- und Entscheidungsbefugnisse sind im Rahmen der 7. GWB-Novelle in Anlehnung an die Möglichkeiten der Kommission erweitert worden. Überdies stehen den Kartellbehörden neben ihren Befugnissen nach dem GWB auch die in der Verordnung Nr. 1/03 aufgeführten Mittel zu.[4] Dieser Gleichlauf der instrumentellen Ausstattung von Kommission und nationaler Kartellbehörde wird insbesondere im Hinblick auf die umfassende Netzwerkfähigkeit des Bundeskartellamts begrüßt.[5] Für die Mitwirkung an Verfahren der Kommission oder der Wettbewerbsbehörden der anderen Mitgliedstaaten bestimmt § 50 Abs. 3 Satz 2, dass diese nach innerstaatlichem Recht zu erfolgen hat. Maßgeblich sind also die Bestimmungen des GWB, in Kartellbußgeldverfahren aber auch diejenigen des Ordnungswidrigkeitenrechts. Erstmals erwähnt der Gesetzgeber in § 50 Abs. 4 die Möglichkeit, dass Bedienstete der Wettbewerbsbehörden der übrigen Mitgliedstaaten bei Durchsuchungen im Inland die Bediensteten des Bundeskartellamts begleiten können. Hiermit wird dem Bedürfnis nach gegenseitiger Unterstützung auch der

---

[1] WuW/E OLG 4291 ff.
[2] FK-*Bracher*, § 50 Rn. 30; *Rehbinder* in: Immenga/Mestmäcker, GWB, § 50 Rn. 10; *Schultz* in: Langen/Bunte, Kommentar zum deutschen und europäischen Kartellrecht, § 50 Rn. 21.
[3] MünchKommGWB/Pfeifer, § 50 Rn. 3.
[4] MünchKommGWB/Pfeifer, § 50 Rn. 5.
[5] *Böge* EWS 2003, 441, 444.

Mitgliedstaaten untereinander bei grenzüberschreitenden Wettbewerbsverstößen Rechnung getragen.[6]

II. Weitere Aufgabenzuweisungen

6 § 50 Abs. 5 nimmt auf weitere Aufgabenzuweisungen an die Behörden der Mitgliedstaaten Bezug, die ihnen nach Art. 83–85 EG übertragen sind. Solche Aufgabenzuweisungen enthalten die Verordnungen Nr. 1017/68, Nr. 4056/86 und Nr. 3975/87 über die Anwendung der Wettbewerbsregeln auf die **Verkehrssektoren**[7] sowie die Verordnung Nr. 139/2004 über die Kontrolle von **Unternehmenszusammenschlüssen** und die Verordnung 2790/99 über die Anwendung von Art. 81 Abs. 3 EG auf Gruppen von **Vertikalvereinbarungen**.[8]

III. Rechtsfolgen bei Verletzung

7 Das Tätigwerden nach § 50 steht nach wie vor im pflichtgemäßen Ermessen, ein einklagbares Recht auf das Einschreiten des Bundeskartellamts oder der Landeskartellbehörden zwecks Durchsetzung des EG-Kartellrechts gibt es nicht.[9] Was die Unterrichtungspflichten betrifft, so bestehen diese im Interesse der Kommission, weshalb eine Verletzung keine Rechtsfolgen nach sich ziehen würde.

§ 50 a Zusammenarbeit im Netzwerk der europäischen Wettbewerbsbehörden

(1) [1]Die Kartellbehörde ist gemäß Artikel 12 Abs. 1 der Verordnung (EG) Nr. 1/2003 befugt, zum Zweck der Anwendung der Artikel 81 und 82 des Vertrages zur Gründung der Europäischen Gemeinschaft der Kommission der Europäischen Gemeinschaft und den Wettbewerbsbehörden der anderen Mitgliedstaaten der Europäischen Gemeinschaft tatsächliche und rechtliche Umstände einschließlich vertraulicher Angaben, insbesondere Betriebs- und Geschäftsgeheimnisse, mitzuteilen, entsprechende Dokumente und Daten zu übermitteln, diese Wettbewerbsbehörden um die Übermittlung solcher Informationen zu ersuchen, diese zu empfangen und als Beweismittel zu verwenden. [2]§ 50 Abs. 2 gilt entsprechend.

(2) [1]Die Kartellbehörde darf die empfangenen Informationen nur zum Zweck der Anwendung von Artikel 81 oder 82 des Vertrages zur Gründung der Europäischen Gemeinschaft sowie in Bezug auf den Untersuchungsgegenstand als Beweismittel verwenden, für den sie von der übermittelnden Behörde erhoben wurden. [2]Werden Vorschriften dieses Gesetzes jedoch nach Maßgabe des Artikels 12 Abs. 2 Satz 2 der Verordnung (EG) Nr. 1/2003 angewandt, so können nach Absatz 1 ausgetauschte Informationen auch für die Anwendung dieses Gesetzes verwendet werden.

---

[6] Vgl. zur Notwendigkeit eines Instrumentariums für gegenseitige Unterstützung *Böge* EWS 2003, 441, 443.

[7] Verordnung (EWG) Nr. 1017/68 des Rates über die Anwendung von Wettbewerbsregeln auf dem Gebiet des Eisenbahn-, Straßen- und Binnenschiffsverkehrs v. 19. 7. 1968, ABl. 1968 L 175/1; Verordnung (EWG) Nr. 4056/86 des Rates über die Einzelheiten der Anwendung der Artikel 85 und 86 des Vertrages auf den Seeverkehr v. 22. 12. 1986, ABl. 1986 L 378/4; Verordnung (EWG) Nr. 3975/87 des Rates über die Einzelheiten der Anwendung der Wettbewerbsregeln auf Luftfahrtunternehmen v. 14. 12. 1987, ABl. 1987 L 374/1.

[8] Verordnung (EG) Nr. 139/2004 des Rates über die Kontrolle von Unternehmenszusammenschlüssen v. 29. 1. 2004, ABl. 2004 L 24/1; Verordnung (EG) Nr. 2790/1999 der Kommission über die Anwendung von Artikel 81 Abs. 3 des Vertrages auf Gruppen von vertikalen Vereinbarungen und aufeinander abgestimmten Verhaltensweisen v. 22. 12. 1999, ABl. 1999 L 336/21.

[9] OLG Düsseldorf WuW/E DE-R 545, 548 f. – *Herzklinik,* Nichtzulassungsbeschwerde zurückgewiesen, BGH ZIP 2001, 807, 808.

(3) ¹Informationen, die die Kartellbehörde nach Absatz 1 erhalten hat, können zum Zweck der Verhängung von Sanktionen gegen natürliche Personen nur als Beweismittel verwendet werden, wenn das Recht der übermittelnden Behörde ähnlich geartete Sanktionen in Bezug auf Verstöße gegen Artikel 81 oder 82 des Vertrages zur Gründung der Europäischen Gemeinschaft vorsieht. ²Falls die Voraussetzungen des Satzes 1 nicht erfüllt sind, ist eine Verwendung als Beweismittel auch dann möglich, wenn die Informationen in einer Weise erhoben worden sind, die hinsichtlich der Wahrung der Verteidigungsrechte natürlicher Personen das gleiche Schutzniveau wie nach dem für die Kartellbehörde geltenden Recht gewährleistet. ³Das Beweisverwertungsverbot nach Satz 1 steht einer Verwendung der Beweise gegen juristische Personen oder Personenvereinigungen nicht entgegen. ⁴Die Beachtung verfassungsrechtlich begründeter Verwertungsverbote bleibt unberührt.

Übersicht

	Rn.
I. Umfang des kartellbehördlichen Informationsaustauschs	1
II. Verwertungsbeschränkungen	2

I. Umfang des kartellbehördlichen Informationsaustauschs

§ 50a betrifft **Austausch und Verwertung von Informationen** zwischen den deutschen Kartellbehörden einerseits und der Kommission sowie den Wettbewerbsbehörden der übrigen Mitgliedstaaten andererseits. Die Bestimmung konkretisiert im Wesentlichen die Regelung des Art. 12 der Verordnung Nr. 1/03 und besagt, dass das Bundeskartellamt und die Landeskartellbehörden zum Zwecke der Anwendung der Art. 81, 82 EG befugt sind, erstens im Netzwerk **alle tatsächlichen und rechtlichen Umstände** einschließlich **vertraulicher Angaben** mitzuteilen und zweitens andere Netzwerkteilnehmer um solche Informationen zu ersuchen und diese dann als Beweismittel zu verwenden. Aus dem engen Zusammenhang der Regelung des § 50a mit der behördlichen Durchsetzung von Art. 81, 82 EG ergibt sich, dass lediglich der Austausch mit solchen nationalen Behörden gedeckt ist, die zur Anwendung dieser Bestimmungen befugt sind, also z. B. nicht mit dem Bundesministerium für Wirtschaft. Speziell Ersuchen von oder an Landeskartellbehörden müssen wegen der Bestimmung des § 50 Abs. 2 Satz 1 über das Bundeskartellamt abgewickelt werden. 1

II. Verwertungsbeschränkungen

Eine Einschränkung sieht Abs. 3 Satz 1 für die **Verwertung in Verfahren gegen natürliche Personen** vor. Hier können nach Abs. 1 erhaltene Informationen nur als Beweismittel verwendet werden, wenn das Recht der übermittelnden Behörde **ähnlich geartete Sanktionen** in Bezug auf Verstöße gegen Art. 81, 82 EG vorsieht. Im Wesentlichen geht es darum, ob die Rechtsordnung der ersuchten und der ersuchenden Behörde jeweils Geldbußen oder auch jeweils Haftstrafen für den in Rede stehenden Verstoß gegen Art. 81, 82 EG vorsehen. Da eine Reihe europäischer Rechtsordnungen die Verhängung von Geldbußen gegen natürliche Personen nicht kennen, sind die Möglichkeiten der deutschen Kartellbehörden, an ausländische Informationen als Beweismittel gegen natürliche Personen zu gelangen, von Anfang an begrenzt. **Bei fehlender Vergleichbarkeit der Sanktionen** ist eine Verwertung von Beweismitteln gegen natürliche Personen gemäß Abs. 3 Satz 2 nur möglich, wenn die Informationen zuvor in einer Weise erhoben wurden, die bezüglich der Verteidigungsrechte dem deutschen Schutzniveau entspricht. 2

Derartige Restriktionen gelten nach § 50a Abs. 3 Satz 3 nicht, sofern die **Beweismittel gegen juristische Personen** verwendet werden sollen. Das GWB verfolgt insofern den 3

Ansatz, dass die Kartellbehörden eigenständige Kartellbußgeldverfahren gegen juristische Personen führen können.

4   Abs. 3 Satz 4 bestimmt schließlich, dass **verfassungsrechtlich begründete Verwertungsverbote** in jedem Fall unberührt bleiben.

§ 50b Sonstige Zusammenarbeit mit ausländischen Wettbewerbsbehörden

(1) **Das Bundeskartellamt hat die in § 50a Abs. 1 genannten Befugnisse** auch in anderen Fällen, in denen es zum Zweck der Anwendung kartellrechtlicher Vorschriften mit der Kommission der Europäischen Gemeinschaft oder den Wettbewerbsbehörden anderer Staaten zusammenarbeitet.

(2) ¹Das Bundeskartellamt darf Informationen nach § 50a Abs. 1 nur unter dem Vorbehalt übermitteln, dass die empfangende Wettbewerbsbehörde

1. die Informationen nur zum Zweck der Anwendung kartellrechtlicher Vorschriften sowie in Bezug auf den Untersuchungsgegenstand als Beweismittel verwendet, für den sie das Bundeskartellamt erhoben hat, und
2. den Schutz vertraulicher Informationen wahrt und diese nur an Dritte übermittelt, wenn das Bundeskartellamt der Übermittlung zustimmt; das gilt auch für die Offenlegung von vertraulichen Informationen in Gerichts- oder Verwaltungsverfahren.

²Vertrauliche Angaben, einschließlich Betriebs- und Geschäftsgeheimnisse, aus Verfahren der Zusammenschlusskontrolle dürfen durch das Bundeskartellamt nur mit Zustimmung des Unternehmens übermittelt werden, das diese Angaben vorgelegt hat.

(3) **Die Regelungen über die Rechtshilfe in Strafsachen sowie Amts- und Rechtshilfeabkommen bleiben unberührt.**

Übersicht

	Rn.
I. Umfang des kartellbehördlichen Informationsaustauschs	1
II. Verwertungsbeschränkungen	2

I. Umfang des kartellbehördlichen Informationsaustauschs

1   Die mit § 50a geschaffene Möglichkeit des Informationsaustauschs wird durch § 50b praktisch auf alle Fälle außerhalb der Netzwerkzusammenarbeit ausgedehnt. Dies betrifft die **Zusammenarbeit mit anderen Kartellbehörden außerhalb der EU,** aber auch den sonstigen Kontakt mit den EU-Wettbewerbsbehörden, wie zum Beispiel im Rahmen der Zusammenschlusskontrolle oder bei Kartell- und Missbrauchsfällen ohne Zwischenstaatlichkeitsbezug. Ein Unterschied zu § 50a besteht allerdings insofern, als diese Möglichkeiten zum Informationsaustausch vom Gesetz exklusiv dem Bundeskartellamt zugeordnet werden.

II. Verwertungsbeschränkungen

2   Abs. 2 enthält bestimmte Einschränkungen für den Informationsaustausch nach § 50b. Erstens darf das Bundeskartellamt Informationen nur unter dem Vorbehalt übermitteln, dass die empfangende Wettbewerbsbehörde sie **nur zum Zweck der Anwendung kartellrechtlicher Vorschriften** sowie in Bezug auf den Untersuchungsgegenstand als Beweismittel verwendet, für den sie das Bundeskartellamt erhoben hat. Zweitens hat das Bundeskartellamt den Vorbehalt zu machen, dass die empfangende Stelle den **Schutz ver-**

traulicher Informationen wahrt und diese nur mit Zustimmung des Amtes an Dritte übermittelt. Speziell für vertrauliche Angaben aus **Zusammenschlusskontrollverfahren** bestimmt Abs. 2, dass das Bundeskartellamt diese nur mit Zustimmung des Unternehmens übermitteln darf, das diese Informationen ursprünglich vorgelegt hat.

Nach Abs. 3 bleiben die Regelungen über die Rechtshilfe in Strafsachen sowie Amts- und Rechtshilfeabkommen unberührt. Zunächst steht § 50b damit nicht im Wege, wenn in **Rechtshilfeabkommen** mit anderen Ländern abweichende Regelungen und Verfahren vereinbart werden sollen. Des Weiteren ist durch diese Regelung das **Gesetz über die internationale Rechtshilfe** (IRG) auch künftig anwendbar. Allerdings wird nicht klar, ob dessen Bestimmungen, deren Beachtung zu einer erheblichen Verzögerung des Austausches führen wird, dabei Vorrang vor § 50b haben sollen.

§ 50c Behördenzusammenarbeit

(1) ¹Die Kartellbehörden und Regulierungsbehörden sowie die zuständigen Behörden im Sinne des § 2 des EG-Verbraucherschutzdurchsetzungsgesetzes können unabhängig von der jeweils gewählten Verfahrensart untereinander Informationen einschließlich personenbezogener Daten und Betriebs- und Geschäftsgeheimnisse austauschen, soweit dies zur Erfüllung ihrer jeweiligen wettbewerbsrechtlichen Aufgaben erforderlich ist, sowie diese in ihren Verfahren verwerten. ²Beweisverwertungsverbote bleiben unberührt.

(2) ¹Die Kartellbehörden arbeiten im Rahmen der Erfüllung ihrer Aufgaben mit der Bundesanstalt für Finanzdienstleistungsaufsicht, der Deutschen Bundesbank und den Landesmedienanstalten zusammen. ²Die Kartellbehörden können mit den in Satz 1 genannten Behörden auf Anfrage gegenseitig Erkenntnisse austauschen, soweit dies für die Erfüllung ihrer jeweiligen Aufgaben erforderlich ist. ³Dies gilt nicht
1. für vertrauliche Informationen, insbesondere Betriebs- und Geschäftsgeheimnisse sowie
2. für Informationen, die nach § 50a oder nach Artikel 12 der Verordnung (EG) Nr. 1/2003 erlangt worden sind.

⁴Satz 2 und Satz 3 Nr. 1 lassen die Regelungen des Wertpapiererwerbs- und Übernahmegesetzes sowie des Gesetzes über den Wertpapierhandel über die Zusammenarbeit mit anderen Behörden unberührt.

Übersicht

	Rn.
I. Umfang des Informationsaustauschs	1
II. Informationsaustausch mit weiteren Behörden	2

I. Umfang des Informationsaustauschs

Die Bestimmungen der §§ 50ff. tragen nicht nur dem Bedürfnis nach grenzüberschreitendem Informationsaustausch zwischen Kartellbehörden Rechnung, vielmehr wird in § 50c auch der **Informationsaustausch der deutschen Kartellbehörden untereinander** sowie mit den **Regulierungsbehörden** – auf Bundesebene derzeit die Bundesnetzagentur sowie das Eisenbahnbundesamt – und Verbraucherschutzbehörden auf eine einheitliche Basis gestellt.

II. Informationsaustausch mit weiteren Behörden

§ 50c Abs. 2 erwähnt daneben ausdrücklich die **Zusammenarbeit mit bestimmen anderen Behörden,** bei denen sich für die Arbeit der Kartellbehörden bedeutsame Informationen befinden können. Im Einzelnen sind dies die Bundesanstalt für Finanzdienstleistungsaufsicht, die Bundesbank und die Landesmedienanstalten. Erweiterte Befugnisse sind damit allerdings nicht verbunden, denn schon zuvor war ein Informationsaustausch prinzipiell über die Amtshilfe eröffnet, während der von § 5 VwVfG nicht gedeckte Austausch vertraulicher Angaben laut § 50 Abs. 2 Satz 3 des Referentenentwurfs auch künftig ausgeschlossen bleibt.

3 Nach Abs. 2 Satz 4 bleiben die Regelungen des Wertpapiererwerbs- und Übernahmegesetzes (WpÜG) sowie des Gesetzes über den Wertpapierhandel (WpHG) über die Zusammenarbeit mit anderen Behörden unberührt. Die dort normierten Verpflichtungen für das Bundeskartellamt und die Bundesanstalt für Finanzdienstleistungsaufsicht zum Informationsaustausch einschließlich personenbezogener Daten und Betriebs- und Geschäftsgeheimnisse[1] bestehen damit fort.

Zweiter Abschnitt. Bundeskartellamt

§ 51 Sitz, Organisation

(1) ¹Das Bundeskartellamt ist eine selbständige Bundesoberbehörde mit dem Sitz in Bonn. ²Es gehört zum Geschäftsbereich des Bundesministeriums für Wirtschaft und Technologie.

(2) ¹Die Entscheidungen des Bundeskartellamts werden von den Beschlussabteilungen getroffen, die nach Bestimmung des Bundesministeriums für Wirtschaft und Technologie gebildet werden. ²Im Übrigen regelt der Präsident die Verteilung und den Gang der Geschäfte des Bundeskartellamts durch eine Geschäftsordnung; sie bedarf der Bestätigung durch das Bundesministerium für Wirtschaft und Technologie.

(3) Die Beschlussabteilungen entscheiden in der Besetzung mit einem oder einer Vorsitzenden und zwei Beisitzenden.

(4) Vorsitzende und Beisitzende der Beschlussabteilungen müssen Beamte auf Lebenszeit sein und die Befähigung zum Richteramt oder zum höheren Verwaltungsdienst haben.

(5) Die Mitglieder des Bundeskartellamts dürfen weder ein Unternehmen innehaben oder leiten noch dürfen sie Mitglied des Vorstandes oder des Aufsichtsrates eines Unternehmens, eines Kartells oder einer Wirtschafts- oder Berufsvereinigung sein.

Übersicht

	Rn.		Rn.
I. Entscheidungsstrukturen	1	II. Geschäftsordnung und Geschäftsverteilung	5
1. Verhältnis von Bundeskartellamt und Bundesministerium für Wirtschaft	1	III. Status der Mitglieder der Beschlussabteilungen	6
2. Sachentscheidungen durch Kollegialorgan	2	IV. Rechtsfolgen bei Verletzung	8

I. Entscheidungsstrukturen

1. Verhältnis von Bundeskartellamt und Bundesministerium für Wirtschaft

1 Soweit dem Bundeskartellamt nach § 51 Abs. 1 die Stellung einer **selbstständigen Bundesoberbehörde** im Geschäftsbereich der Bundesministeriums für Wirtschaft zukommt, so lässt sich daraus allein noch keine Weisungsfreiheit in Sachfragen ableiten. Der

---

[1] Vgl. § 7 Abs. 1 WpÜG und § 6 Abs. 2 WpHG.

von Art. 87 Abs. 3 Satz 1 GG ausgehende Begriff der Selbstständigkeit ist organisatorisch und funktionell zu verstehen und ist nicht automatisch gleichbedeutend mit Weisungsunabhängigkeit.[1]

2. Sachentscheidungen durch Kollegialorgan

§ 51 Abs. 2 Satz 1 bestimmt, dass innerhalb des Bundeskartellamtes die Entscheidungen – gemeint sind Sachentscheidungen wie Untersagung, einstweilige Anordnung, Beiladung und Auskunftsverlangen – durch **Beschlussabteilungen** getroffen werden. Hiervon abzugrenzen ist die ebenfalls beim Bundeskartellamt angesiedelte Nachprüfung von Vergabeverfahren (§§ 102 bis 115). Die für das Vergabenachprüfungsverfahren vorgesehenen Organisations- und Entscheidungsstrukturen ergeben sich aus §§ 105 und 106. Die Unterscheidung zwischen Beschlussabteilung und Vergabekammer schließt aber eine Aufgabenerfüllung durch die gleiche Organisationseinheit nicht aus.[2]

Die gegenwärtig zwölf Beschlussabteilungen des Bundeskartellamtes sind trotz ihrer Besetzung mit Vorsitzenden und Beisitzenden nur **justizähnlich** und unterliegen nicht dem Grundsatz des gesetzlichen Richters aus Art. 101 Abs. 1 Satz 2 GG.[3] Kollegialorgane sind nicht auf die Judikative beschränkt, sondern auch im Bereich der Verwaltung bekannt, wie etwa die Regelung über Ausschüsse nach §§ 88 ff. VwVfG zeigt. Streitig ist, ob die Beschlussabteilungen ebenfalls Ausschüsse sind[4] oder ein Fall gesetzlicher behördeninterner Delegation sind.[5] Zwar würde die Einstufung der Beschlussabteilungen als Ausschüsse dazu führen, dass die Vorschriften der §§ 89 bis 93 VwVfG über Sitzungsordnung, Beschlussfähigkeit und -fassung, Wahlen und Niederschriften prinzipiell anwendbar wären. Dies bliebe jedoch praktisch ohne Folgen, weil die genannten Bestimmungen laut § 88 VwVfG lediglich subsidiär gelten und das GWB mit § 51 insoweit durchweg abweichende Regelungen vorsieht. Im Übrigen bestimmt § 51 Abs. 2 Satz 2 ausdrücklich, dass der Gang der Geschäfte im Einzelnen durch eine Geschäftsordnung des Präsidenten festgelegt wird, so dass auch sonstige Abweichungen von den anderen Regelungen des §§ 89 bis 93 VwVfG legitimiert sind. Die Entscheidungen werden nach § 51 Abs. 3 durch den oder die Vorsitzenden und zwei Beisitzende getroffen. In der Praxis verfügen die Beschlussabteilungen zulässigerweise über mehr als nur zwei Beisitzende. Im Zusammenhang mit der konkreten Wettbewerbsaufsicht sind dem Präsidenten des Bundeskartellamt insoweit Kompetenzen verblieben, als er gemäß § 59 Abs. 7 einem Prüfungsbeschluss nach § 59 Abs. 1 Satz 1 Nr. 3 zustimmen muss.

Nicht zu den Sachentscheidungen, die durch Beschlussabteilungen zu treffen sind, zählt das **sonstige Verwaltungshandeln** des Bundeskartellamtes, wie zum Beispiel der Erlass einer Geschäftsordnung (§ 51 Abs. 2 Satz 2 und § 106 Abs. 1 Satz 4), die Veröffentlichung von Tätigkeitsberichten (§ 53), die Vertretung des Amtes in Beschwerdeverfahren (§ 68 Satz 2) und die Beteiligung an Kartellzivilrechtsstreitigkeiten (§ 90).

II. Geschäftsordnung und Geschäftsverteilung

Verteilung und Gang der Geschäfte in Bezug auf die Beschlussabteilungen sind nach § 51 Abs. 2 Satz 2 durch eine Geschäftsordnung zu regeln. Die aktuelle Fassung der GO-

---

[1] *Maunz/Dürig/Herzog*, Art. 87 Rn. 184; zur Frage der Einzelweisungsbefugnis des Bundesministeriums für Wirtschaft gegenüber dem Bundeskartellamt siehe Kommentierung zu § 52.

[2] Vgl. Darstellung bei *Stockmann*, Die Integration des Vergaberechts in das Wettbewerbsrecht, in: Schwarze (Hrsg.), Europäisches Wettbewerbsrecht im Wandel, 2001, S. 55, 64.

[3] KG WuW/E OLG 4627, 4627; *Kling/Thomas*, Kartellrecht, § 22 Rn. 3; *Rittner/Dreher*, Europäisches und deutsches Wirtschaftsrecht, § 23 Rn. 26.

[4] Bejahend *Klaue* in: Immenga/Mestmäcker, GWB, § 51 Rn. 5; FK-*Nägele*, § 51 Rn. 6.

[5] *Schultz* in: Langen/Bunte, Kommentar zum deutschen und europäischen Kartellrecht, § 51 Rn. 5.

BKartA datiert vom 13. 4. 2000 und enthält Einzelheiten zur Geschäftsverteilung, zum Geschäftsgang und zum inneren Dienstbetrieb für die Beschlussabteilungen, aber auch für die übrigen Organisationseinheiten des Bundeskartellamtes. Für die Vergabekammern wurde auf der Grundlage von § 106 Abs. 1 Satz 4 eine eigene Geschäftsordnung, die GO-VK vom 18. 12. 1999 in der geänderten Fassung vom 15. 7. 2005, formuliert.

III. Status der Mitglieder der Beschlussabteilungen

6 § 51 Abs. 4 verlangt, dass Vorsitzende und Beisitzende einer Beschlussabteilung lebenszeitverbeamtet sind und die Befähigung zum Richteramt oder zum höherem Verwaltungsdienst erworben haben. Für ein Einzelweisungsrecht des Präsidenten und der Vorsitzenden gegenüber den Beisitzern besteht in Sachentscheidungen kein Raum; dem steht die ausdrücklich andere Regelung in § 51 Abs. 2 Satz 1 und Abs. 3 entgegen. Auch bei der Behandlung von Dienstaufsichtsbeschwerden, die an den Präsidenten des Bundeskartellamtes gerichtet werden und die erkennbar auf eine Änderung einer Sachentscheidung abzielen, den so genannten **Fachaufsichtsbeschwerden,** ist dem in § 51 Abs. 2 vorgesehenen Verfahren Rechnung zu tragen. Der Präsident kann in diesem Zusammenhang lediglich überprüfen, ob alle Umstände und Gesichtspunkte in dem gesetzlich vorgeschriebenen Verfahren berücksichtigt wurden.

7 Soweit § 51 Abs. 5 bestimmt, dass die Mitglieder des Bundeskartellamtes nicht Inhaber, Leiter oder Mitglied des Vorstandes oder des Aufsichtsrat eines Unternehmens, eines Kartells oder einer Wirtschafts- oder Berufsvereinigung sein dürfen, sollen damit von Anfang an **Interessenkollisionen** vermieden werden, denen ansonsten vor allem die in den Beschlussabteilung beschäftigen Personen ausgesetzt sein können. Die Regelung bezieht nach ihrem Wortlaut alle Beschäftigten des Bundeskartellamtes ein.[6]

IV. Rechtsfolgen bei Verletzung

8 Eine Verletzung der vorgesehenen Geschäftsverteilung oder Besetzung bei der Beschlussfassung wirkt sich nur intern aus, da der Grundsatz des gesetzlichen Richters, wie oben dargestellt, nicht eingreift. Wirken Vorsitzende oder Beisitzende unter Verstoß gegen § 20 VwVfG mit, so ist im Einzelfall zu prüfen, ob nach § 44 Abs. 1 VwVfG Nichtigkeit gegeben ist.[7] Rechtswidrigkeit oder Nichtigkeit der Entscheidung kommen dann nicht in Betracht, wenn sich die unzulässige Mitwirkung auf die Entscheidung in der Sache nicht ausgewirkt hat[8] oder wenn die Handlung ohne die ausgeschlossene Person nach- bzw. wiederholt wird und der vorangegangene Einfluss auf die neue Entscheidung nicht fortbesteht.[9]

§ 52 Veröffentlichung allgemeiner Weisungen

Soweit das Bundesministerium für Wirtschaft und Technologie dem Bundeskartellamt allgemeine Weisungen für den Erlass oder die Unterlassung von Verfügungen nach diesem Gesetz erteilt, sind diese Weisungen im Bundesanzeiger zu veröffentlichen.

Übersicht

	Rn.
I. Allgemeine Weisungen	1
II. Einzelweisungen	2

---

[6] A. A. FK-*Nägele*, § 51 Rn. 19.
[7] Vgl. *Obermayer*, VwVfG, § 20 Rn. 139 ff. und § 21 Rn. 57 ff.
[8] BVerwGE 69, 256, 269 f. = DVBl. 1984, 1075, 1078.
[9] BVerwGE 75, 214, 245 f.

I. Allgemeine Weisungen

Die Regelung des § 52 bezieht sich nur auf „den Erlass oder die Unterlassung von Verfügungen", nicht auf die dem Bundesministerium für Wirtschaft zustehende Rechtsaufsicht über das Bundeskartellamt als einer zu seinem Geschäftsbereich gehörenden Behörde. Die allgemeine Weisung ist ein äußerst selten benutztes Instrument geblieben. Sie ist im Bundesanzeiger und – nach § 53 Abs. 1 Satz 2 – im Tätigkeitsbericht des Bundeskartellamtes zu veröffentlichen. Bisher sind folgende allgemeine Weisungen gegenüber dem Bundeskartellamt ergangen: 1

– Weisung vom 30. 11. 1972 zur Intensivierung der Missbrauchsaufsicht über vertikale Preisbindungen und -empfehlungen (BAnz Nr. 231 v. 30. 11. 1972);
– Weisung vom 25. 3. 1976 über Zusagen im Rahmen der Fusionskontrolle (BAnz Nr. 66 v. 3. 4. 1976), die mit der Einführung von Freigaben unter Bedingungen und Auflagen durch die 6. Novelle überholt sein dürfte;
– Weisung vom 16. 2. 1978 zur Aufstellung von Leitsätzen zu Kooperationen (BAnz Nr. 46 v. 7. 3. 1978);
– Weisung vom 30. 5. 1980 zu Auslandszusammenschlüssen (BAnz Nr. 103 v. 7. 6. 1980).

II. Einzelweisungen

Ob neben den in § 52 geregelten allgemeinen Weisungen eine **Einzelweisungsbefugnis** des Bundesministeriums für Wirtschaft in Bezug auf Sachentscheidungen des Bundeskartellamtes besteht, ist streitig.[1] Die Befürworter einer Einzelweisungsbefugnis berufen sich auf die in Art. 65 Satz 2 GG normierte Leitungsfunktion des Ministers sowie seine parlamentarische Verantwortlichkeit und weisen darauf hin, dass die Wettbewerbsaufsicht durch die obersten Landesbehörden seit jeher ohne weisungsfreien Raum bewerkstelligt werde. Hiergegen ist einzuwenden, dass ein ministerialfreier Raum nach der Rechtsprechung des Bundesverfassungsgerichts nur bei Entscheidungen von politischer Tragweite unzulässig ist.[2] In dem für eine Einzelweisungsbefugnis praktisch bedeutsamen Bereich der Zusammenschlusskontrolle besteht aber kein Ermessensspielraum des Bundeskartellamtes, der Platz für Einzelweisungen ließe. Dort ist der Einfluss des Ministers bei überwiegenden Gründen der Gesamtwirtschaft oder des Gemeinwohls durch die Ministererlaubnis (§ 42) gesichert. Soweit dies im Bereich der Kartellaufsicht und der Missbrauchsaufsicht über marktbeherrschende Unternehmen nicht gegeben ist, würde eine Einzelweisungsbefugnis gleichwohl wenig Sinn machen, da hier in jedem Fall private Rechtsschutzmöglichkeiten eingreifen.[3] 2

An einer Einzelweisungsbefugnis fehlt es nicht nur bei Sachentscheidungen. Auch bei wettbewerbspolitisch relevanten Äußerungen des Bundeskartellamtes im Tätigkeitsbericht ist sie nicht gegeben, da in § 53 Abs. 2 ein eigenes Stellungnahmerecht der Bundesregierung vorgesehen ist. 3

---

[1] Dafür: *Zuck* NJW 1971, 1633, 1635; *ders.* NJW 1972, 468, 470; *Bechtold*, GWB, § 52 Rn. 2; FK-*Nägele*, § 51 Rn. 5 ff., § 52 Rn. 4; GK-*Junge*, § 48 Rn. 2; in engen Grenzen *Kling/Thomas*, Kartellrecht, § 22 Rn. 4; zumindest außerhalb von §§ 35 ff. auch *Klaue* in: Immenga/Mestmäcker, GWB, § 51 Rn. 14 f.; in Bezug auf Sachentscheidungen dagegen: *Lieberknecht*, Schwerpunkte des Kartellrechts 1977/78, S. 65, 70; *Möschel* ORDO 1997, 241, 244 ff.; *Rittner/Dreher*, Europäisches und deutsches Wirtschaftsrecht, § 23 Rn. 31; *Schultz* in: Lange/Bunte, Kommentar zum deutschen uns europäischen Kartellrecht, § 51 Rn. 4.
[2] BVerfGE 9, 268, 282 = NJW 1959, 1171, 1172.
[3] *Möschel* ORDO 1997, 241, 245.

§ 53 Tätigkeitsbericht

(1) ¹Das Bundeskartellamt veröffentlicht alle zwei Jahre einen Bericht über seine Tätigkeit sowie über die Lage und Entwicklung auf seinem Aufgabengebiet. ²In den Bericht sind die allgemeinen Weisungen des Bundesministeriums für Wirtschaft und Technologie nach § 52 aufzunehmen. ³Es veröffentlicht ferner fortlaufend seine Verwaltungsgrundsätze.

(2) Die Bundesregierung leitet den Bericht des Bundeskartellamts dem Bundestag unverzüglich mit ihrer Stellungnahme zu.

Übersicht

	Rn.
I. Tätigkeitsbericht	1
II. Verwaltungsgrundsätze	2

I. Tätigkeitsbericht

1   Aus § 53 Abs. 2 ergibt sich, dass der vom Bundeskartellamt zu erstellende Tätigkeitsbericht primär zur **Unterrichtung des Deutschen Bundestag** gedacht ist. Er hat sich aber auch für die Kartellrechtspraxis zu einer bedeutenden Informationsquelle entwickelt.[1] So werden im Tätigkeitsbericht nicht selten die Überlegungen des Amtes in solchen Verfahren offengelegt, die nicht mit einer begründeten Entscheidung abgeschlossen wurden. Darüberhinaus macht das Bundeskartellamt im Tätigkeitsbericht grundlegende Ausführungen zu der aus seiner Einzelfallpraxis ableitbaren Rechtsanwendung. Das Amt setzt sich zudem mit der Entscheidungspraxis der Kommission auseinander und äußert sich zu kartellrechtsrelevanten legislativen Vorhaben auf der europäischen Ebene. Der Tätigkeitsbericht beinhaltet einen allgemeinen Teil, einen Branchenteil, einen Vergabeteil (ab TB 1999/2000) und einen statistischen Teil. Das Bundeskartellamt hat den Tätigkeitsbericht über die Bundesregierung weiterzuleiten, die dem Bericht eine eigene Stellungnahme voranstellt. Diese wird federführend vom Bundesministerium für Wirtschaft erstellt. Die ursprünglich jährliche Erscheinungsweise des Tätigkeitsberichtes wurde Ende der siebziger Jahre auf zweijährlich umgestellt.[2]

II. Verwaltungsgrundsätze

2   Das Bundeskartellamt stellt Verwaltungsgrundsätze auf und veröffentlicht diese fortlaufend. Ein bestimmter Veröffentlichungsweg, wie er zum Beispiel für bestimmte Verfügun-

---

[1] *Bechtold*, GWB, § 53 Rn. 2.
[2] Die bisherigen Tätigkeitsberichte sind in folgenden Bundestags-Drucksachen enthalten: TB 1958 = BT-Drucks. 3/1000; TB 1959 = BT-Drucks. 3/1795; TB 1960 = BT-Drucks. 3/2734; TB 1961 = BT-Drucks. 4/378; TB 1962 = BT-Drucks. 4/1220; TB 1963 = BT-Drucks. 4/2370; TB 1964 = BT-Drucks. 4/3752; TB 1965 = BT-Drucks. 5/530; TB 1966 = BT-Drucks. 5/1950; TB 1967 = BT-Drucks. 5/2841; TB 1968 = BT-Drucks. 5/4236; TB 1969 = BT-Drucks. 6/950; TB 1970 = BT-Drucks. 6/2380; TB 1971 = BT-Drucks. 6/3570; TB 1972 = BT-Drucks. 7/986; TB 1973 = BT-Drucks. 7/2250; TB 1974 = BT-Drucks. 7/3791; TB 1975 = BT-Drucks. 7/5390; TB 1976 = BT-Drucks. 8/704; TB 1977 = BT-Drucks. 8/1925; TB 1978 = BT-Drucks. 8/2980; TB 1979/80 = BT-Drucks. 9/565; TB 1981/82 = BT-Drucks. 10/243; TB 1983/84 = BT-Drucks. 10/3550; TB 195/86 = BT-Drucks. 11/554; TB 1987/88 = BT-Drucks. 11/4611; TB 1989/90 = BT-Drucks. 12/847; TB 1991/92 = BT-Drucks. 12/5200; TB 1993/94 = BT-Drucks. 13/1660; TB 1995/96 = BT-Drucks. 13/7900; TB 1997/98 = BT-Drucks. 14/1139; TB 1999/2000 = BT-Drucks. 14/6300; TB 2001/2002 = BT-Drucks. 15/1226; TB 2003/2004 = BT-Drucks. 15/5790; TB 2005/2006 = BT-Drucks. 16/5710. Eine Volltextsuche ist ab der 13. Wahlperiode unter www.bundeskartellamt.de/publikationen/taetigkeitsbericht möglich.

gen in § 62 vorgesehen ist, ist von § 53 nicht vorgegeben. Das Bundeskartellamt kann sich deshalb neben der Veröffentlichung im Bundesanzeiger zulässigerweise anderer geeigneter Publikationsmittel, wie zum Beispiel seines Internetauftritts, bedienen.

Bei Verwaltungsgrundsätzen handelt es sich um selbstauferlegte Richtlinien, nach denen eine unbestimmte Zahl von Fällen materiell und formell entschieden werden soll.[3] Ihr Erlass führt zu einer **Selbstbindung des Bundeskartellamtes,** nicht aber der Gerichte[4] oder der obersten Landesbehörden. Umgekehrt wird das Bundeskartellamt nicht durch Verwaltungsgrundsätze gebunden, die von anderen Kartellbehörden bekanntgemacht werden.

Neben diesen Veröffentlichungen gibt es eine Reihe von Merkblättern und Informationspapieren (abrufbar unter www.bundeskartellamt.de). Soweit das Bundeskartellamt aufgrund dieser und ähnlicher Publikationen eine unbestimmte Zahl von Fällen entscheiden will, handelt es sich wiederum um Verwaltungsgrundsätze. Dem steht nicht die bislang unterbliebene Veröffentlichung der Merk- und Informationsblätter im Bundesanzeiger entgegen, weil § 53 Abs. 1, wie gesehen, keinen bestimmten Veröffentlichungsweg vorsieht.[5]

---

[3] *Klaue* in: Immenga/Mestmäcker, GWB, § 53 Rn. 4.
[4] *Werner* in: Wiedemann, Handbuch des Kartellrechts, § 53 D V. Rn. 118.
[5] Leicht abweichend GK-*Junge,* § 50 Rn. 5, der in dieser formlosen Art der Unterrichtung interessierter Kreise ein Minus an Selbstbindung sieht.

Dritter Teil. Verfahren

Erster Abschnitt. Verwaltungssachen

I. Verfahren vor den Kartellbehörden

§ 54 Einleitung des Verfahrens, Beteiligte

(1) ¹Die Kartellbehörde leitet ein Verfahren von Amts wegen oder auf Antrag ein. ²Die Kartellbehörde kann auf entsprechendes Ersuchen zum Schutz eines Beschwerdeführers ein Verfahren von Amts wegen einleiten.

(2) An dem Verfahren vor der Kartellbehörde sind beteiligt,
1. wer die Einleitung eines Verfahrens beantragt hat;
2. Kartelle, Unternehmen, Wirtschafts- oder Berufsvereinigungen, gegen die sich das Verfahren richtet;
3. Personen und Personenvereinigungen, deren Interessen durch die Entscheidung erheblich berührt werden und die die Kartellbehörde auf ihren Antrag zu dem Verfahren beigeladen hat. Interessen der Verbraucherzentralen und anderer Verbraucherverbände, die mit öffentlichen Mitteln gefördert werden, werden auch dann erheblich berührt, wenn sich die Entscheidung auf eine Vielzahl von Verbrauchern auswirkt und dadurch die Interessen der Verbraucher insgesamt erheblich berührt werden;
4. in den Fällen des § 37 Abs. 1 Nr. 1 oder 3 auch der Veräußerer.

(3) An Verfahren vor obersten Landesbehörden ist auch das Bundeskartellamt beteiligt.

Übersicht

	Rn.		Rn.
I. Verfahrenseinleitung	1	1. Beteiligte nach § 54 Abs. 2 Nr. 1, 2, 4 und Abs. 3	6
1. Zeitpunkt der Verfahrenseinleitung	1		
2. Von Amts wegen und auf Antrag	3	2. Beigeladene nach § 54 Abs. 2 Nr. 3	12
II. Beteiligtenbegriff	6	3. Beteiligte kraft faktischer Hinzuziehung	22
		III. Rechtsfolgen bei Verletzung	23

Schrifttum (§§ 54–62): *Autenried,* Kartellbehördliches Auskunftsersuchen und richterliche Beweiserhebung während eines verwaltungsrechtlichen Beschwerdeverfahrens, in: AG 1983, 184; *Carsten Becker,* „Greenpeace" und andere Beiladungsentscheidungen des OLG Düsseldorf, in: ZWeR 2003, 199; *Deringer,* Können nach dem deutschen Recht Unternehmen gegenüber Kartellbehörden Auskünfte verweigern, wenn sie sich dadurch der Gefahr einer Verfolgung nach dem Strafrecht oder dem Recht der Ordnungswidrigkeiten aussetzen? in: WuW 1988, 933; *Dormann,* Drittklagen im Recht der Zusammenschlusskontrolle, Köln 2000; *Eberz,* Der Schutz der unternehmerischen Geheimnissphäre im Kartellbeschwerdeverfahren, 2000; *Grützner/Reimann/Wissel,* Richtiges Verhalten bei Kartellamtsermittlungen im Unternehmen, 3. Auflage, 1993; *Gumbel,* Grundrechte im EG-Kartellverfahren nach der VO 17/62, Berlin 2001; *Kevekordes,* Zur Rechtsstellung des Beigeladenen im Kartellrecht, in: WuW 1987, 365; *Kirchhoff,* Europäische Fusionskontrolle, in: BB 1990, Beilage 14 zu Heft 11; *Klemp,* Übergang vom kartellrechtlichen Verwaltungsverfahren zum Bußgeldverfahren, in: BB 1976, 912; *Kollmorgen,* Geheimnisschutz im Beschwerdeverfahren, in: Schwerpunkte des Kartellrechts 1988/89, S. 21; *Köhler,* Das Verbot der „Veranlassung" zur Diskriminierung – Resignation oder Reform? in: BB 1998, 113; *Küpper,* Missbräuchliche Ausübung von Nachfragemacht, insbesondere Lösung des Roß- und Reiter-Problems, in: BB 1997, 1105; *Laufkötter,* Die Rolle des Dritten im neuen Recht der Zusammenschlusskontrolle, in: WuW 1999, 671; *Lieberknecht,* Probleme des Verfahrensrechts in Kartellsachen, in: Schwerpunkte des Kartellrechts 1977/78, S. 65; *ders.,* Die Behandlung von Geschäftsgeheimnissen im deutschen und EG-Recht, in: WuW 1988, 833; *Liekefett,* Das informelle Auskunftsersuchen des Bundeskartellamtes, in: DB 1975, 339; *Markert,* Praxis der Fusionskontrolle 1980/81, in: Schwerpunkte des Kartellrechts 1980/81, S. 43; *Reuter,* Informale Auskunftsbitten der Kartellbehörden – Praxis contra legem? in: WuW 1986, 93; *Karsten Schmidt,* Die Stellung des Dritten im Kartellverfahren, in: Schwerpunkte des Kartellrechts 1983/84, S. 33; *ders.,* Waffengleichheit im Kartellverfahrensrecht? in: Schwerpunkte des Kartellrechts 1982/83, S. 53; *Thomas,* Die verfahrensrechtliche Bedeutung der Marktbeherrschungsvermutungen des § 19 Abs. 3 GWB, in: WuW 2002, 470; *v. Wallenberg,* Anmerkung zum Beschluss des Kammergerichts vom 10. 2. 1982, in: BB 1983, 853; *Werner,* Der Konflikt zwischen Geheimnisschutz und Sachaufklärung im Kartellverfahren, in: FS *Pfeiffer,* S. 821; *dies.,* Praxis des Kammergerichts im Auskunftsverfahren, in: Schwerpunkte des Kartellrechts 1981/82, S. 19; *Wertenbruch,* Der Anspruch des Unternehmens auf Erteilung eines kartellbehördlichen Negativattestes, in: BB 1992, 219; *Kathrin Westermann,* Beiladung und Rechtsschutzmöglichkeiten Dritter in der deutschen Fusionskontrolle, in: WuW 2007, 577; *Wieckmann,* Akteneinsicht und Wahrung von Geschäftsgeheimnissen im Kartellverwaltungsverfahren, in: WuW 1983, 13.

I. Verfahrenseinleitung

1. Zeitpunkt der Verfahrenseinleitung

1   Ab dem Moment der Verfahrenseinleitung wird den Beteiligten die verfassungsrechtlich garantierte und durch Verfahrensrechte abgesicherte Mitwirkung am Verfahren eröffnet. Die Verfahrenseinleitung fällt bei **Antragsverfahren** in der Regel mit der Antragstellung zusammen; eine Rücknahme des Antrags führt hier dazu, dass das Verfahren endet, es sei denn, es bestehen Anträge weiterer Antragsteller fort oder die Kartellbehörde betreibt das Verfahren von Amts wegen weiter.[1] **Amtswegige Verfahren** sind eingeleitet, sobald die Tätigkeit der Kartellbehörde unmittelbare oder mittelbare Außenwirkung entfaltet (vgl. §§ 9, 22 VwVfG). Dies kann auch konkludent geschehen, zum Beispiel durch ein Auskunftsersuchen,[2] durch dezidierte Eröffnung der Vorwürfe gegenüber Betroffenen oder durch die Mitteilung an ihn, man überprüfe einen bestimmten Sachverhalt.[3] Die bloße Bitte um Stellungnahme ohne ausführliche Darstellung der kartellrechtlichen Konsequenzen ist hingegen noch nicht als Verfahrenseinleitung anzusehen. Diese Form der Vorfeldermittlung ist zum Beispiel sachgerecht, wenn sich die Kartellbehörde ein erstes Bild machen will, ob die von dritter Seite erhobenen Vorwürfe überhaupt die Einleitung eines Kartellverwaltungsverfahrens rechtfertigen. Generell stellen Vorfeldermittlungen solange keine Verfahrenseröffnung dar, wie sie auf die Frage zielen, ob der Fall überhaupt im förmlichen Verfahren aufgegriffen werden soll oder nicht.[4] In Anbetracht der zahlreichen Eingaben, die die Kartellbehörden täglich erreichen, ist es nicht zuletzt aus Praktikabilitätsgründen ausgeschlossen, in jedem Fall unmittelbar in ein förmliches Kartellverwaltungsverfahren einzutreten.

2   Eine Verpflichtung der Kartellbehörden, die Beteiligten von der Verfahrenseinleitung zu unterrichten, besteht – abgesehen von den Fällen der notwendigen Beiladung[5] – nicht.[6]

2. Von Amts wegen und auf Antrag

3   **a)** Nach § 54 Abs. 1 Satz 1 kann die Kartellbehörde ein Verfahren von Amts wegen einleiten, etwa bei Kartell- und Missbrauchsverdacht, und ist dann nicht an Anträge gebunden, sondern leitet nach pflichtgemäßem Ermessen ein Verfahren ein. Deshalb ist ein kon-

---

[1] *K. Schmidt* in: Immenga/Mestmäcker, GWB, § 54 Rn. 4.
[2] FK-*Bracher,* § 54. Rn. 12, 19.
[3] *Bechtold,* § 54 Rn. 2.
[4] *K. Schmidt* in: Immenga/Mestmäcker, GWB, § 54 Rn. 6; a. A.: FK-*Bracher,* § 54 Rn. 19.
[5] Dazu im Einzelnen unten Rn. 17.
[6] KG WuW/E OLG 3217, 3219; WuW/E OLG 964, 965 – *Autoschmiermittel.*

kret formulierter Antrag nicht erforderlich, solange sich aus einer Eingabe ausreichende Anhaltspunkte für einen möglichen Verstoß ergeben. Zwar sind Eingaben mangels subjektiv-öffentlichem Recht des Eingebers auf ein Einschreiten der Kartellbehörde[7] nur eine Art Anregung zur Verfahrenseinleitung, in der Praxis stellen sie aber eine unverzichtbare Hilfe für die Kartellbehörden dar, um auf Verstöße aufmerksam zu werden. Insofern ist durch die 6. GWB-Novelle eine Klarstellung dahingehend erfolgt, dass die Kartellbehörde auf eine Eingabe hin zum Schutz des Eingebers tätig werden kann.[8] Eine Ermessensreduzierung auf Null ist ausnahmsweise denkbar; ein **Anspruch auf ein Einschreiten** der Kartellbehörde ist jedoch nicht gegeben, wenn für den Eingeber eigene Abwehransprüche bestehen und vor den Zivilgerichten geltend gemacht werden können.[9]

b) § 54 Abs. 1 Satz 1 weist darauf hin, dass in bestimmten Fällen ein **gesetzliches Antragsrecht** vorgesehen ist. Dies gilt nach dem Willen des Gesetzgebers nur, soweit sich dies aus den materiellen Vorschriften des GWB ergibt,[10] also für die Anerkennung von Wettbewerbsregeln (§ 24 Abs. 3), die Befreiung vom Vollzugsverbot (§ 41 Abs. 2), die Ministererlaubnis in der Zusammenschlusskontrolle (§ 42 Abs. 1) und die Beiladung (§ 54 Abs. 2 Nr. 3). **4**

Die **Anmeldung** von Zusammenschlüssen nach § 39 Abs. 1 ist nicht mit einem Antrag im Sinne von § 54 gleichzusetzen. Hier tritt eine Legalisierung kraft Anmeldung bzw. Fristablauf ein, so dass kein zwingender Bedarf für ein Einschreiten der Kartellbehörde besteht. Dies gilt auch für die Freigabeentscheidung nach § 40 Abs. 2, die aus Sicht der Anmelder nur dann von Bedeutung ist, wenn vor Ablauf der regulären Frist vollzogen werden soll oder eine Verwirklichung des Vorhabens lediglich unter Auflagen/Bedingungen möglich ist. Für den Zeitpunkt der Verfahrenseinleitung ist diese Frage aber ohne praktische Auswirkung, da die Kartellbehörden auch bei Anmeldungen umgehend tätig werden, weil eine Untersagung nicht in ihrem Ermessen steht (vgl. § 36 Abs. 1). Auch für die Beteiligtenstellung nach § 54 Abs. 2 Nr. 1 hat es kaum eine praktische Bedeutung, ob Anmeldungen als Anträge anzusehen sind, da die Anmelder in jedem Fall nach Nr. 2 dieser Vorschrift beteiligt sind.[11] **5**

II. Beteiligtenbegriff

1. Beteiligte nach § 54 Abs. 2 Nr. 1, 2, 4 und Abs. 3

a) Der Begriff „Antragsteller" (Abs. 2 Nr. 1) ist nur zum Teil im Gesetz festgelegt. So spricht § 24 Abs. 3 von der Wirtschafts- oder Berufsvereinigung, § 41 Abs. 2 von den beteiligten Unternehmen und § 54 Abs. 2 Nr. 3 von den in ihren Interessen Berührten. Im Übrigen sind antragsberechtigt die an der Freistellung oder Erlaubnis Interessierten. Inwieweit in diesem Zusammenhang auch ein Anmelder ein Antragsteller im Sinne von Nr. 1 sein kann, wird im Schrifttum uneinheitlich beantwortet,[12] bleibt aber im Ergebnis ohne Folgen, da sich der Beteiligtenstatus des Anmelders problemlos aus Nr. 2 ergibt.[13] **6**

Bei der konkreten Beteiligung des Antragsberechtigten ist wie folgt zu unterscheiden: Bei **reinen Antragsverfahren** erfolgt eine Beteiligung automatisch, da das Verfahren nur durch das Einreichen des Antrags in Gang gesetzt wird. Bei **Antragsverfahren, die** **7**

---

[7] Werner in: Wiedemann, Handbuch des Kartellrechts, § 53 B. II. 1., Rn. 23; für Verfahren nach § 19 GWB und Art. 82 EG vgl. BGH B. v. 9. 7. 2002, KVR 15/01, Beschlussausfertigung S. 3.
[8] RegBegr zu § 54, BT-Drucks. 13/9720, S. 64.
[9] OLG Düsseldorf WuW/E DE-R 545, 547 f. – *Herzklinik*, Nichtzulassungsbeschwerde zurückgewiesen durch BGH, ZIP 2001, 807, 807.
[10] Vgl. Darstellung bei FK-*Bracher*, § 54 Rn. 36 ff.
[11] Dazu unten Rn. 9.
[12] Durchweg bejahend *Bechtold*, GWB, § 54 Rn. 3; bezüglich Zusammenschlusskontrolle ablehnend *K. Schmidt* in: Immenga/Mestmäcker, GWB, § 54 Rn. 3, 24.
[13] Dazu unten Rn. 8.

zugleich **von Amts** wegen eingeleitet werden können, besteht eine Pflicht zur Beteiligung des Antragsberechtigten nur bei einer konkreten Antragstellung. Bei Bedarf kann sich der Antragsberechtigte hier auf eine formlose Eingabe beschränken und sich ggf. später nach Nr. 3 beiladen lassen. Nimmt der Berechtigte seinen Antrag zurück, so endet damit seine Verfahrensbeteiligung,[14] weshalb von ihm anschließend keine Akteneinsicht oder die Zustellung der Verfügung beansprucht werden kann. In einem reinen **amtswegigen Verfahren** sind so genannte Antragsteller keine Beteiligte im Sinne von § 54 Abs. 2 Nr. 1 GWB,[15] sondern allenfalls „Eingeber". Eine Behandlung als Beteiligte verbietet sich praktisch auch wegen des damit verbundenen Aufwands, insbesondere der erschwerten Verwertung von Geschäftsgeheimnissen der Betroffenen in der Entscheidung, der im Interesse eines erfolgreichen Verfahrens unverhältnismäßig groß wäre. Soweit wirtschaftliche Interessen eines Eingebers berührt sind, kann er sich unproblematisch beiladen lassen.[16] Im Übrigen kann ein Eingeber durch Erteilung von Auskünften (§ 59 Abs. 1) und durch eine eigene Stellungnahme (§ 56 Abs. 2) das Verfahren fördern und daran partizipieren.

8   b) **Betroffener (Abs. 2 Nr. 2)** ist derjenige, von dem die Entscheidung der Kartellbehörde ein bestimmtes Handeln/Unterlassen verlangt oder auf andere Weise unmittelbar in seine Rechtsstellung eingreift.[17] Der Wortlaut „gegen die sich das Verfahren richtet" ist insofern missverständlich, da beispielsweise die Freigabe eines Zusammenschlusses ein für die Beteiligten positiver Akt ist; gleichwohl sind auch sie in diesen Fällen vom Verfahren „betroffen". Bei der Zusammenschlusskontrolle sind neben demjenigen, der die Anmeldung einreicht, immer auch alle am Zusammenschluss beteiligten Unternehmen (§§ 35 ff.) betroffen im Sinne von Abs. 2 Nr. 2. Hierzu zählen in jedem Fall das Unternehmen, an dem Anteile oder Kontrolle erworben werden sollen (Zielunternehmen), sowie das erwerbende Unternehmen. Der Kreis der Zusammenschlussbeteiligten kann dabei kleiner sein als der Kreis der Verfahrensbeteiligten im Sinne von § 54 Abs. 2, zum Beispiel wenn die Anmeldung – unbeschadet der Verpflichtung nach § 39 Abs. 2 Nr. 1 – nicht von den Zusammenschlussbeteiligten, sondern von dem Mutterunternehmen des konkreten Erwerbers eingereicht wird. Der durch ein kartellbehördliches Verfahren Begünstigte ist nicht betroffen im Sinne von Abs. 2 Nr. 2, so dass insbesondere im Zusammenhang mit Marktmachtmissbrauch die diskriminierten oder unbillig behinderten Unternehmen nicht ohne weiteres verfahrensbeteiligt sind.[18]

9   Fraglich ist, in welchem Umfang **Verbundunternehmen** betroffen im Sinne von § 54 Abs. 2 Nr. 2 sind. Bei der Zusammenschlusskontrolle gelten Tochter- und Mutterunternehmen grundsätzlich nicht als Betroffene,[19] es sei denn, sie werden über den Tatbestand des § 37 Abs. 1 Nr. 3 Satz 3 zu Zusammenschlussbeteiligten oder sind durch besondere Umstände des Falles selbst betroffen. Bei der Kartellaufsicht ist zu differenzieren, ob das Kartell nur abhängig von den Mutterunternehmen funktionieren kann, dann sind diese vom Verfahren betroffen, oder ob das Kartell eine eigene Rechtspersönlichkeit besitzt und über eine eigenständige Organisation verfügt, dann ist (nur) das Kartell Betroffener im Sinne von § 54 Abs. 2 Nr. 2.[20] Bei Vertikalvereinbarungen sind die gebundenen Unternehmen keine Betroffenen im Sinne von Nr. 2.[21] Falls die Beteiligteneigenschaft nicht

---

[14] *K. Schmidt* in: Immenga/Mestmäcker, GWB, § 54 Rn. 26.
[15] Für Verfahren nach § 19 GWB und Art. 82 EG vgl. BGH B. v. 9. 7. 2002, KVR 15/01, Beschlussausfertigung S. 3.
[16] Dazu unten Rn. 13 ff.
[17] Vgl. KG WuW/E OLG 469, 472 – *Fensterglas III*.
[18] *K. Schmidt* in: Immenga/Mestmäcker, GWB, § 54 Rn. 28.
[19] BGH WuW/E BGH 2150, 2151 f. – *Edelstahlbestecke*; KG WuW/E OLG 5621, 5634 f. – *Stadtwerke Garbsen* = AG 1996, 518, 519; WuW/E OLG 3137, 3138 – *Rheinmetall-WMF*.
[20] *Schultz* in: Langen/Bunte, Kommentar zum deutschen und europäischen Kartellrecht, § 54 Rn. 17; *K. Schmidt* in: Immenga/Mestmäcker, GWB, § 54 Rn. 30.
[21] KG WuW/E OLG 2247, 2256 – *Parallellieferteile* = GRUR 1980, 867, 873.

eindeutig zu klären ist, steht es der Kartellbehörde jederzeit frei, die betreffende Person oder das Unternehmen sicherheitshalber in den Kreis der Beteiligten einzubeziehen, indem sie insbesondere rechtliches Gehör gewährt und eine Ausfertigung der Verfügung zustellt.

c) Soweit im Hinblick auf den **Veräußerer (Abs. 2 Nr. 4)** nicht der Zusammenschlusstatbestand des § 37 Abs. 1 Nr. 3 Satz 3 erfüllt ist, gehört er nicht zum Kreis der Zusammenschlussbeteiligten; gleichwohl kann er im Hinblick auf den Fortgang des Verkaufsgeschäfts ein besonderes Interesse am Ausgang des Zusammenschlusskontrollverfahrens haben. Dem trägt die Regelung der Nr. 4 Rechnung und verleiht dem Veräußerer in den Fällen des Vermögenserwerbs und des Anteilserwerbs einen Beteiligtenstatus. Infolge dieser Beteiligungspflicht gegenüber dem Veräußerer ist auch in den Fällen des Kontrollerwerbs nach § 37 Abs. 1 Nr. 2 immer mitzuprüfen, ob zugleich eine Vermögens- oder Anteilsveräußerung gegeben ist, um nicht Gefahr zu laufen, die Verfahrensbeteiligung des Veräußerers zu übersehen. Die Kenntnis des Bundeskartellamtes von dem Veräußerer ist allerdings gesetzlich nur über dessen Anmeldepflicht nach § 39 Abs. 1 Nr. 2 sichergestellt. Falls er die eigenständige Anmeldung versäumt, kann das Bundeskartellamt jedenfalls keine Pflicht treffen, den Veräußerer zum Beispiel durch Anfordern des Veräußerungsvertrags oder durch Nachfragen bei den Anmeldern selbst zu ermitteln. Unlösbare Probleme ergäben sich andernfalls vor allem bei einer Veräußerung durch unzählige und nicht zu identifizierende Kleinaktionäre. Die Muttergesellschaft des Veräußerers ist nicht automatisch über § 54 Abs. 2 Nr. 4 am Verfahren beteiligt.[22] Eine Ausnahme besteht nach der Rechtsprechung nur, wenn die Muttergesellschaft bei dem Verkaufsgeschäft mitgewirkt hat.[23]

d) Verfahrensbeteiligter in Verfahren der obersten Landesbehörden ist immer auch das **Bundeskartellamt (Abs. 3)**. Diese Regelung soll frühzeitig die einheitliche Entscheidungspraxis der verschiedenen Kartellbehörden gewährleisten,[24] die sonst erst durch die Befassung des Bundesgerichtshofs mit den jeweiligen Fällen erreicht würde. Umgekehrt besteht keine gesetzliche Verpflichtung, die obersten Landesbehörden am Verfahren zu beteiligen; diese können sich auch nicht beiladen lassen.[25]

2. Beigeladene nach § 54 Abs. 2 Nr. 3

Die Beiladung ist für den Antragsteller besonders wegen der Möglichkeit, autonom an einem etwaigen Beschwerde- und Rechtsbeschwerdeverfahren teilzunehmen, und wegen des eigenen Beschwerderechts[26] von Bedeutung, während sein Beitrag zur Sachverhaltsaufklärung und zur rechtlichen Würdigung ebensogut über Auskunft und Stellungnahme eingebracht werden kann (§ 59 Abs. 1, § 56 Abs. 2). Die Beiladung verleiht aber nicht automatisch eine Beschwerdebefugnis.[27] Selbst über den Verfahrensstand kann sich ein interessiertes Unternehmen ohne Beiladung durch die Kartellbehörde unterrichten lassen. Eine Beiladung würde ihm diesbezüglich auch keinen Wissensvorsprung verschaffen, da insbesondere die Geschäftsgeheimnisse der Beteiligten gegenüber Beigeladenen zu schützen sind.

a) Mit „**Personen und Personenvereinigungen**" sind in § 54 Abs. 2 Nr. 3 natürliche und juristische Personen sowie Vereinigungen dieser Personen gemeint. Eine gleichzeitige Unternehmenseigenschaft ist – anders als zum Beispiel in § 36 Abs. 3 – nicht erforderlich, lediglich Beteiligtenfähigkeit nach § 77 muss gegeben sein. Beiladungsfähige Nichtunter-

---

[22] KG WuW/E OLG 2527, 2529 f. – *Springer-az-Anzeigenblatt*.
[23] KG WuW/E 2411, 2113 – *Synthetischer Kautschuk I*; a. A.: FK-*Bracher*, § 54 Rn. 48.
[24] *K. Schmidt* in: Immenga/Mestmäcker, GWB, § 54 Rn. 32; *Bechtold*, GWB, § 54 Rn. 4; FK-*Bracher*, § 54 Rn. 51.
[25] Dazu siehe unten Rn. 13.
[26] Siehe Kommentierung zu § 63 Abs. 2.
[27] OLG Düsseldorf WuW/E DE-R 759, 762 – *NetCologne*.

nehmer können je nach Interessenlage insbesondere Verbraucher und Verbrauchervereinigungen sein, nicht jedoch Gewerkschaften.[28] Die obersten Landesbehörden sind nach ganz überwiegender Auffassung nicht beiladungsfähig.[29]

14 b) § 54 Abs. 2 Nr. 3 verlangt von den Antragstellern, dass ihre **„Interessen durch die Entscheidung erheblich berührt werden".**

15 Eine solche Interessenberührung braucht nur in wirtschaftlicher Hinsicht gegeben sein, eine rechtliche Interessenberührung wie in § 13 Abs. 2 VwVfG ist hingegen nicht erforderlich.[30] Dabei genügt in Anbetracht der weiten Formulierung des Gesetzes auch eine lediglich mittelbare Berührung der Interessen des Antragstellers, solange es sich nur um kartellrechtlich relevante wirtschaftliche Interessen handelt wie Marktinteressen oder Interessen, die mit der Freiheit des Wettbewerbs oder der Wettbewerbsstruktur im relevanten Markt zusammenhängen.[31] Der voraussichtliche Ausgang des Verfahrens in der Hauptsache ist für die Frage der Interessenberührung im Grundsatz ebensowenig beachtlich[32] wie etwaige Geheimhaltungsinteressen der übrigen Beteiligten.[33] Eine wirtschaftliche Interessenberührung durch die kartellbehördliche Entscheidung ist vor diesem Hintergrund gegeben, wenn der Antragsteller möglicherweise diskriminiert, behindert oder sonstwie kartellrechtlichem Missbrauch ausgesetzt wird. Gleiches gilt für einen Wettbewerber oder für Abnehmer und Lieferanten der am Zusammenschluss beteiligten Unternehmen. Auch beim Mutterunternehmen eines Zusammenschlussbeteiligten wird eine Interessenberührung vorliegen. Hingegen reicht es nicht aus, dass ein Antragsteller an einer Vorfrage oder an der rechtlichen Begründung einer Entscheidung interessiert ist oder davon reflexartig berührt wird.[34] Ebensowenig liegt eine Interessenberührung im Sinne von § 54 Abs. 2 Nr. 3 vor, wenn die Beiladung allein deshalb begehrt wird, um geschäftlichen Druck auf die Hauptbeteiligten auszuüben oder Einblicke in betriebliche Interna der Beteiligten zu gewinnen oder um andere verfahrensfremde Zwecke zu verfolgen.[35] Grundsätzlich können im Zusammenhang mit der Beiladung auch Verbraucherschutzinteressen, wie sie z.B. durch einen Verband repräsentiert sein können, kartellrechtlich relevant sein; allerdings war es in der Vergangenheit schwer, dann eine spürbare und nicht nur entfernte oder geringfügige Interessenberührung darzutun.[36] Deswegen hat der Gesetzgeber die Nr. 3 im Zuge der 7. GWB-Novelle dahingehend ergänzt, dass derartige Interessen auch dann erheblich berührt werden, wenn sich die Entscheidung auf eine Vielzahl von Verbrauchern auswirkt und dadurch die Interessen der Verbraucher insgesamt erheblich berührt werden. Die Rechtsprechung verneint die Interessenberührung hingegen generell im Falle von Gewerkschaften,[37] im Zusammenhang mit Umwelt- und Klimaschutzinteressen meldet sie zumindest prinzipielle Zweifel an.[38]

---

[28] Dazu siehe unten Rn. 15.
[29] *Schultz* in: Langen/Bunte (Fn. 20), § 54 Rn. 24; *K. Schmidt* in: Immenga/Mestmäcker, GWB, § 54 Rn. 32; *FK-Bracher*, § 54 Rn. 51; a.A.: *Müller/Gießler/Scholz*, § 51 a.F. Rn. 12.
[30] BGH WuW/E BGH 2070, 2071 – *Coop-Supermagazin* = AG 1984, 323, 325.
[31] OLG Düsseldorf WuW/E DE-R 523, 525 – *SPNV*.
[32] KG WuW/E OLG 2356, 2359 – *Sonntag Aktuell* = GRUR 1981, 75, 77; OLG Düsseldorf WuW/E OLG 1881, 1882 – *Anzeigenpreise*.
[33] *K. Schmidt* in: Immenga/Mestmäcker, GWB, § 54 Rn. 44.
[34] KG WuW/E OLG 2970, 2972 – *Coop-Supermagazin*; *K. Schmidt*, Schwerpunkte des Kartellrechts 1983/84, S. 33, 45 f.
[35] OLG Düsseldorf WuW/E OLG 1881, 1886 f. – *Anzeigenpreise*.
[36] Vgl. zu den Anforderungen im Einzelnen OLG Düsseldorf B. v. 2. 9. 2002, Kart 27/02 (V), Beschlussausfertigung S. 4 ff. – *Verbraucherzentrale Bundesverband*; B. v. 2. 10. 2002, Kart 24/02 (V), Beschlussausfertigung S. 5 – *Greenpeace*; *Becker* ZWeR 2003, 199, 204 ff.
[37] KG WuW/E OLG 339, 340 ff. – *IG Bergbau*; a.A.: *K. Schmidt* in: Immenga/Mestmäcker, GWB, § 54 Rn. 36; *Werner* in: Wiedemann, Handbuch des Kartellrechts, § 53 B IV. 4. Rn. 52.
[38] OLG Düsseldorf, B. v. 2. 10. 2002, Kart 24/02 (V), Beschlussausfertigung S. 6 – *Greenpeace*.

Die Beiladung steht im Ermessen der Kartellbehörde, ein Recht auf Beiladung existiert 16
grundsätzlich nicht.[39] Nur in bestimmten Fällen der Interessenberührung kann nach ständiger Rechtsprechung des Kammergerichts ein Beiladungsanspruch bestehen, nämlich
wenn der Verfahrensausgang rechtsgestaltende Wirkung für den Antragsteller hat.[40] Diesbezüglich wird von **notwendiger Beiladung** gesprochen. Da § 54 Abs. 2 Nr. 3 nur insofern
von der allgemeinen Regelung des § 13 Abs. 2 VwVfG abweicht, als in Kartellverwaltungssachen auch wirtschaftliche Interessenberührung ausreicht, bleibt es für die durch eine
rechtsgestaltende Wirkung der Entscheidung Betroffenen bei dem Beiladungsanspruch, wie
ihn schon § 13 Abs. 2 Satz 2 VwVfG vorsieht.

Die Interessenberührung ist **erheblich** im Sinne des Gesetzes, wenn der Verfahrens- 17
ausgang die Situation des Antragstellers auf dem betroffenen Markt – zum Beispiel als
Wettbewerber oder Marktgegenseite – spürbar verändern kann.[41] Die geforderte Veränderung kann sich als Verschlechterung, aber auch als Verbesserung darstellen. Dabei genügt
es, dass eine solche Entscheidung als Ergebnis des Hauptsacheverfahrens denkbar ist.[42] Für
die Spürbarkeit der Veränderung ist auf die Nähebeziehung der geltend gemachten Interessen zum Entscheidungsgegenstand und auf das Gewicht der Auswirkungen einer der möglichen kartellbehördlichen Verfahrensentscheidungen auf diese Interessen abzustellen.[43]

c) Den Beigeladenenstatus erlangt nur, wen „**die Kartellbehörde beigeladen hat**": 18
Die Beiladung ist nach dem Gesetz nur durch eine Kartellbehörde möglich und nicht
durch das Beschwerdegericht.[44] Ist ein **Beiladungsanspruch** gegeben,[45] bestehen gegenüber dem Dritten Benachrichtigungs- und – im Falle der Antragstellung – Beiladungspflichten.[46] In allen anderen Fällen steht die Beiladung des Antragstellers im pflichtgemäßen Ermessen der Kartellbehörde, wobei sie zwischen den Interessen des Antragstellers und
der bisherigen Beteiligten sowie verfahrensökonomischen Überlegungen abzuwägen hat.
Hierbei spielt eine Rolle, ob sachdienliche Beiträge des Antragstellers zu erwarten sind
oder nicht.[47] Verfolgen mehrere Antragsteller dieselben Interessen, so kann die Kartellbehörde es bei der Beiladung eines Antragstellers bewenden lassen. Diese schon früh begründete Rechtsprechung[48] hat das OLG Düsseldorf auch nach Inkrafttreten der 6. GWB-Novelle, mit welcher die Beschwerdemöglichkeiten Dritter speziell in der Zusammenschlusskontrolle verbessert und die formelle Beschwerdebefugnis Dritter insoweit an die
Beiladung geknüpft wurde,[49] fortgeführt.[50] Der BGH hat das der Kartellbehörde zugesprochene weite Ermessen insbesondere auch bei der Begrenzung der Zahl der Beigeladenen
bestätigt.[51] Gleichwohl ist in Anbetracht der aufgeschlossenen Beiladungspraxis der Kartellbehörden nicht zu befürchten, dass Drittbeschwerderechte auf diesem Wege ausgehöhlt

---

[39] KG WuW/E 339, 343 – *IG Bergbau*; WuW/E OLG 964, 968 – *Autoschmiermittel*.
[40] WuW/E OLG 2193, 2194 – *Basalt-Union*; WuW/E OLG 2247, 2257 – *Parallellieferteile*; WuW/E OLG 4753, 4759 – *VW-Leasing*.
[41] OLG Düsseldorf WuW/E OLG 1881, 1882 – *Anzeigenpreise*.
[42] OLG Düsseldorf WuW/E DE-R 523, 526 – *SPNV*.
[43] OLG Düsseldorf WuW/E DE-R 523, 527 – *SPNV*.
[44] BGH B. v. 9. 7. 2002, KVR 15/01, Beschlussausfertigung S. 4 (nicht veröffentlicht).
[45] Zur notwendigen Beiladung siehe oben Rn. 16.
[46] KG WuW/E OLG 2193, 2194 – *Basalt-Union*; WuW/E OLG 2247, 2257 – *Parallellieferteile* = GRUR 1980, 867, 873; WuW/E OLG 4753, 4759 – *VW-Leasing*.
[47] *Bechtold*, GWB, § 54 Rn. 11.
[48] KG WuW/E OLG 2356, 2359 – *Sonntag Aktuell* = GRUR 1981, 75, 77; WuW/E OLG 964, 968 f. – *Autoschmiermittel*; OLG Düsseldorf WuW/E OLG 1881, 1886 – *Anzeigenpreise*.
[49] *Laufkötter* WuW 1999, 671, 673.
[50] Vgl. B. v. 5. 12. 2002, Kart 37/02 (V), Beschlussausfertigung S. 4 – *Zweckverband Gasversorgung Oberschwaben*; zum Spannungsverhältnis von Auswahlermessen und Beschwerdebefugnis vgl. auch *Dormann*, Drittklagen im Recht der Zusammenschlusskontrolle, S. 82 f.; *Becker* ZWeR 2003, 199, 207 f.
[51] BGH WuW/E DE-R 1857, 1859 – *pepcom*; BGH WuW/E DE-R 2029, 2030/2031 – *iesy/ish*.

werden. Im Rahmen der **Ermessensausübung** kann die Kartellbehörde beispielsweise etwaige Geheimhaltungsinteressen der übrigen Beteiligten berücksichtigen.[52] Geheimhaltungsinteressen der Verfahrensbeteiligten werden jedoch in aller Regel nicht entgegenstehen: Zum einen nimmt das Gesetz durch Zurverfügungstellung des Instruments der Beiladung eine gewisse Belastung der Geheimhaltungsinteressen der Beteiligten in Kauf, zum anderen hat die Kartellbehörde Geschäftsgeheimnisse der Beteiligten zu wahren.[53] Eine Ablehnung des Beiladungsantrags ist vor diesem Hintergrund im Wesentlichen nur denkbar, wenn es im Verfahren in großem Umfang auf Geschäftsgeheimnisse der Betroffenen ankommt.[54] Keine Zustimmung in der Rechtsprechung hat die in der Literatur[55] vertretene Auffassung gefunden, im Rahmen der Ermessensausübung könne der – für die Interessenberührung unerhebliche – voraussichtliche Verfahrensausgang berücksichtigt werden.[56] Ebensowenig genügt es für eine Ablehnung, wenn sie ausschließlich auf ausreichende Tatsachenkenntnis der Behörde und übermäßige Arbeitsbelastung gestützt ist.[57] Anders als im Falle der notwendigen Beiladung besteht schließlich bei der einfachen Beiladung keine Benachrichtigungspflicht, etwa gegenüber Wettbewerbern oder anderen Oligopolmitgliedern.[58] Anders verhält es sich nur, falls die Kartellbehörde die Beiladung aus Ermessensgesichtspunkten abgelehnt hat und der Petent alle Voraussetzungen für seine Beiladung ansonsten erfüllt hätte.[59]

19 d) Soweit das Gesetz eine Beiladung „**zu dem Verfahren**" vorsieht, werden damit alle Kartellverwaltungssachen unabhängig von der jeweils geprüften materiellen Norm – Kartellverbot, Missbrauchstatbestände, Fusionskontrollvorschriften usw. – erfasst. Erfasst ist auch das auf den Erlass einer einstweiligen Anordnung nach § 60 gerichtete Verfahren, das zwar kein Hauptsache- aber zumindest ein Zwischenverfahren darstellt. Nicht möglich ist die Beiladung zu Nebenverfahren wie etwa dem Auskunftsverfahren gegen Dritte nach § 59 oder einem anderen Beiladungsverfahren.

20 Die Beiladung ist nur in einem bestimmten **Zeitrahmen** möglich. Sie ist frühestens ab Einleitung des Verfahrens zulässig.[60] Bei Kenntnis vom bevorstehenden Verfahrensbeginn können Antragsteller ihren Beiladungsantrag auch vorsorglich bei der Kartellbehörde hinterlegen. Umgekehrt ist es für eine Beiladung zu spät, wenn die mit ihr verfolgte gesetzgeberische Zielsetzung nicht mehr erfüllt werden kann, insbesondere wenn Rechtsschutzmöglichkeiten nicht mehr bestehen. Dies ist nach der Rechtsprechung der Fall, sobald ein Verwaltungsverfahren ohne Erlass einer Verfügung unanfechtbar abgeschlossen worden ist, zum Beispiel durch Einstellung eines Kartell- oder Missbrauchsverfahrens oder durch Verstreichen der Untersagungsfrist in der Zusammenschlusskontrolle.[61] Selbst wenn der Antrag noch vor einem derartigen Verfahrensabschluss einging, ist die Beiladung danach nicht

---

[52] K. Schmidt, Schwerpunkte des Kartellrechts 1983/84, S. 33, 42 f.; Werner in: FS Pfeiffer, S. 821, 830 f.
[53] OLG Düsseldorf B. v. 5. 7. 2000, Kart 1/00 (V), Beschlussausfertigung S. 20 f. (entsprechende Passage nicht in WuW/E DE-R 523 ff. abgedruckt).
[54] OLG Düsseldorf WuW/E OLG 1881, 1886 – Anzeigenpreise; FK-Bracher, § 54 Rn. 70.
[55] FK-Bracher, § 54 Rn. 71.
[56] OLG Düsseldorf WuW/E OLG 1881, 1882 – Anzeigenpreise.
[57] Im Zusammenhang mit einer Beiladungsablehnung durch die BNetzA OLG Düsseldorf WuW/E DE-R 2050, 2052 – Höchstentgelt.
[58] KG WuW/E OLG 3217, 3219 = AG 1985, 113, 114; WuW/E OLG 2663, 2664 – Texaco-Zerssen = DB 1982, 1814 ff.
[59] BGH WuW/E DE-R 1857, 1860 – pepcom; BGH WuW/E DE-R 2029, 2032 iesy/ish.
[60] Zum Zeitpunkt der Verfahrenseinleitung siehe oben Rn. 1.
[61] BGH WuW/E DE-R 1544, 1544 – Zeiss/Leica; OLG Düsseldorf WuW/E DE-R 1291, 1292 – Zeiss/Leica; OLG Düsseldorf i. S. Ampere; OLG Düsseldorf B. v. 30. 6. 2004, Az. VI – Kart 4/04 (V), Beschlussausfertigung S. 5; KG WuW/E OLG 3217, 3218 = AG 1985, 113, 114; KG WuW/E DE-R 641, 643 – tobaccoland = AG 2001, 473, 474.

mehr möglich.[62] Kommt es hingegen zum Erlass einer Verfügung, so gilt für die Beiladung Folgendes: Grundsätzlich kann der Beiladungsantrag noch zwischen Erlass der Verfügung und Einlegung der Beschwerde gestellt werden; die Kartellbehörde kann die Beiladung dann auch noch nach Beginn der Beschwerdeverfahrens wirksam vornehmen.[63] Wird keine Beschwerde eingelegt, so ist eine Beiladung bis zum Ablauf der Rechtsbehelfsfrist, mit dem das Verfahren unanfechtbar abgeschlossen wird, möglich.[64] Im Rahmen einer Kostenentscheidung nach Erledigung in der Hauptsache hat das Kammergericht allerdings darauf hingewiesen, dass bei derart später Antragstellung an eine Verwirkung des Beiladungsrechts zu denken ist, sofern der Antragsteller eine Beiladung schon weitaus eher hätte bewirken können. Darüber hinaus hat es angedeutet, dass im Hinblick auf eine verfahrensbeendigende Wirkung von Freigabeverfügungen nach § 40 Abs. 2 nach deren Erlass ebenfalls eine Beiladungsmöglichkeit ausscheiden könnte.[65] Wird der Beiladungsantrag nach Beschwerdeeinlegung gestellt, so kann die Kartellbehörde in keinem Fall mehr eine Beiladung aussprechen, da für das Beschwerde- oder Rechtsbeschwerdeverfahren isoliert gesehen keine Beiladungsmöglichkeit vorgesehen ist.[66] Offengelassen hat der Bundesgerichtshof in der Vergangenheit, ob für den Fall der notwendigen Beiladung im Rechtsbeschwerdeverfahren eine Ausnahme zu machen ist, wie sie § 142 Abs. 1 VwGO für das Revisionsverfahren vorsieht.[67] Eine Klärung dieser Frage hat sich jedoch erübrigt, nachdem der Bundesgerichtshof dem von der Kartellbehörde nicht unterrichteten notwendig Beizuladenden ein Beschwerderecht auch nach Abschluss des Verwaltungsverfahrens und nach (scheinbarer) Bestandskraft der ergangenen Entscheidung beimisst.[68]

e) Die Kartellbehörde kann eine Beiladung nur auf der Grundlage eines entsprechenden **Antrags** aussprechen. An dem Beiladungsverfahren beteiligt sind neben dem Antragsteller die bislang am Hauptsacheverfahren Beteiligten, also auch die ggf. schon früher beigeladenen Dritten. Insofern ist diesen Kreisen vor der Entscheidung über den Beiladungsantrag Gelegenheit zur Stellungnahme zu geben, wobei die Frist deutlich kürzer gesetzt werden kann als beim rechtlichen Gehör im Hauptsacheverfahren; in Ausnahmefällen kann eine Stellungnahme ganz unterbleiben, wenn die laufenden Fristen einer Anhörung entgegenstehen.[69]

3. Beteiligte kraft faktischer Hinzuziehung

Behandelt die Kartellbehörde einen Dritten als Verfahrensbeteiligten, obgleich er weder Beteiligter im Sinne von § 54 Abs. 2 Nr. 1, 2 oder 4 ist noch von ihr zum Verfahren gemäß § 54 Abs. 2 Nr. 3 beigeladen wurde, so liegt eine Verfahrensbeteiligung kraft faktischer Hinzuziehung vor.[70] Diese gesetzlich nicht geregelte und von der Literatur entwickelte Beteiligungsform ist mittlerweile durch die Rechtsprechung anerkannt worden.[71] Solch eine Vorgehensweise kann im Hinblick auf die Wirksamkeit der Verfügung sinnvoll

---

[62] KG WuW/E OLG 3217, 3218; WuW/E OLG 5849, 5850 – *Großverbraucher* = AG 1997, 573, 574; OLG Düsseldorf WuW/E DE-R 1293, 1294 – *tv kofler*.

[63] KG WuW/E OLG 4363, 4364f. – *Wieland-Langenberg;* im Ergebnis wohl auch OLG Düsseldorf B. v. 23. 12. 2002, Kart 37/02 (V), Beschlussausfertigung S. 4 – *ares.*

[64] Vgl. KG WuW/E OLG 2970, 2971 – *Coop-Supermagazin.*

[65] B. v. 10. 10. 2001, Kart 29/99, Beschlussausfertigung S. 5f. (nicht veröffentlicht).

[66] Vgl. BGH B. v. 9. 7. 2002, KVR 15/01, Beschlussausfertigung S. 4 (nicht veröffentlicht); KG WuW/E OLG 933, 934; *Kathrin Westermann* WuW 2007, 577, 581; a.A.: *K. Schmidt* in: Immenga/Mestmäcker, GWB, § 54 Rn. 50.

[67] BGH B. v. 9. 7. 2002, KVR 15/01, Beschlussausfertigung S. 4 (nicht veröffentlicht).

[68] BGH WuW/E DE-R 1544, 1545 – *Zeiss/Leica.*

[69] *Bundeskartellamt,* TB 1959, S. 54.

[70] *K. Schmidt* in: Immenga/Mestmäcker, GWB, § 54 Rn. 57; *Werner* in: Wiedemann, Handbuch des Kartellrechts, § 53 B IV. 3. Rn. 51.

[71] KG WuW/E OLG 3137, 3138f. – *Rheinmetall-WMF;* BGH WuW/E BGH 2150, 2151 – *Edelstahlbestecke.*

sein, wenn die Beteiligtenstellung rechtlich nicht eindeutig zu klären ist. Die Kartellbehörde muss dann aber deutlich zu erkennen geben, dass sie den Dritten als Verfahrensbeteiligten nach Abs. 2 ansieht, eine bloße Anhörung des Dritten oder seine Erwähnung in einer Bekanntmachung genügen nicht.[72]

III. Rechtsfolgen bei Verletzung

23 Eine versäumte Beteiligung nach § 54 Abs. 2 Nr. 1, 2 und 4 stellt einen Verfahrensfehler dar. Die Vorschrift des § 46 VwVfG, wonach die Aufhebung eines Verwaltungsaktes außerhalb von Nichtigkeitsfällen nicht allein wegen der Verletzung von Verfahrensvorschriften beansprucht werden kann, ist unanwendbar.[73]

24 In Bezug auf die Rechtmäßigkeit der Hauptsacheentscheidung ist zu differenzieren: Die versäumte notwendige Beiladung stellt einen Mangel des Hauptsacheverfahrens dar und kann vom Antragsteller, aber auch von den Beteiligten im Beschwerdewege geltend gemacht werden.[74] Dem Antragsteller steht die Beschwerde gegen die Hauptsacheentscheidung dann in entsprechender Anwendung von § 42 Abs. 2 VwGO unabhängig von der fehlenden Beiladung zu.[75] Das Unterbleiben einer einfachen Beiladung hingegen ist ohne Folgen für die Hauptsacheentscheidung.[76]

§ 55 Vorabentscheidung über Zuständigkeit

(1) ¹Macht ein Beteiligter die örtliche oder sachliche Unzuständigkeit der Kartellbehörde geltend, so kann die Kartellbehörde über die Zuständigkeit vorab entscheiden. ²Die Verfügung kann selbständig mit der Beschwerde angefochten werden; die Beschwerde hat aufschiebende Wirkung.

(2) Hat ein Beteiligter die örtliche oder sachliche Unzuständigkeit der Kartellbehörde nicht geltend gemacht, so kann eine Beschwerde nicht darauf gestützt werden, dass die Kartellbehörde ihre Zuständigkeit zu Unrecht angenommen hat.

Übersicht

	Rn.		Rn.
I. Überprüfung der Zuständigkeit; Vorabentscheidung	1	II. Besondere Beschwerdevorschriften für Vorabentscheidung	4
1. Überprüfung der Zuständigkeit	1		
2. Vorabentscheidung	3		

I. Überprüfung der Zuständigkeit; Vorabentscheidung

1. Überprüfung der Zuständigkeit

1 § 55 regelt in erster Linie die Möglichkeiten, in einem Beschwerdeverfahren die Zuständigkeit der Kartellbehörde gemäß § 48 zu überprüfen. Nach Abs. 2 der Vorschrift setzt dies voraus, dass die Unzuständigkeit bereits im Verwaltungsverfahren geltend gemacht wurde und die Beschwerde ausdrücklich darauf gestützt wird.[1] Für die Rügemöglichkeit im späteren Beschwerdeverfahren genügt es, die Unzuständigkeit formlos im Verwaltungsverfahren

---

[72] *K. Schmidt* in: Immenga/Mestmäcker, GWB, § 54 Rn. 57.
[73] *Kopp/Ramsauer* VwVfG, § 46 Rn. 19.
[74] *Kopp/Ramsauer* VwVfG, § 13 Rn. 51 a.
[75] Vgl. ausführliche Darstellung bei *K. Schmidt* in: Immenga/Mestmäcker, GWB, § 63 Rn. 22.
[76] *Kopp/Ramsauer* VwVfG, § 13 Rn. 51.
[1] KG WuW/E OLG 2148, 2148/2149 – *Sonntag aktuell I*; WuW/E OLG 2446, 2449 – *Heizölhandel*.

geltend zu machen; dass eine Vorabentscheidung der Kartellbehörde über die Zuständigkeitsfrage beantragt wurde oder ergangen ist, ist nicht erforderlich. Im Beschwerdeverfahren ist jedoch nach § 55 Abs. 2 eine förmliche Rüge erforderlich, weil das Beschwerdegericht die Zuständigkeit der Kartellbehörde – besonders schwerwiegende und offenkundige Verstöße einmal außer Acht gelassen – nicht von Amts wegen überprüft.

Zeitlich ist die Geltendmachung nicht mehr möglich, sobald eine Verfügung in der Hauptsache bereits erlassen ist oder das Verwaltungsverfahren ohne Verfügung unanfechtbar abgeschlossen ist.[2] 2

2. Vorabentscheidung

§ 55 Abs. 1 erfasst in erster Linie Fälle, in denen die Kartellbehörde von ihrer eigenen Zuständigkeit überzeugt ist und in der Hauptsache entscheiden will. Das Beschwerdeverfahren nach § 55 Abs. 1 Satz 2 ist nur eröffnet, wenn und weil die Behörde von der Befugnis zur Vorabentscheidung Gebrauch macht, während außerhalb einer Vorabentscheidung ein gesonderter Rechtsschutz zur Klärung der Zuständigkeitsfrage nicht gegeben ist.[3] Ob die Kartellbehörde auf das Geltendmachen hin überhaupt eine Vorabentscheidung trifft, liegt in ihrem pflichtgemäßen **Ermessen**.[4] Dabei hat sie zu berücksichtigen, dass mit der Durchführung des Vorabentscheidungsverfahrens eine Verzögerung verbunden ist und im Falle der Anfechtung der Vorabentscheidung die Hauptsache wegen des Suspensiveffektes vorübergehend ruht; umgekehrt ist zu bedenken, dass bei einer späteren Aufhebung der Hauptsacheentscheidung wegen Unzuständigkeit das ganze Verfahren durch die zuständige Kartellbehörde neu durchgeführt werden muss.[5] 3

II. Besondere Beschwerdevorschriften für Vorabentscheidung

Falls die Beteiligten die Unzuständigkeit nicht während des Verwaltungsverfahrens geltend machen, verlieren sie die entsprechende **Rügemöglichkeit für das Beschwerdeverfahren** (§ 55 Abs. 2). Die Verfügung einer unzuständigen Kartellbehörde ist dann nur noch in besonders schweren Fällen wegen offensichtlicher Unzuständigkeit aufhebbar.[6] Für die Beschwerde gegen eine Vorabentscheidung nach § 55 gelten grundsätzlich die Vorschriften über das Beschwerdeverfahren (§§ 63 ff.). Der Suspensiveffekt der Beschwerde ist in § 55 Abs. 1 Satz 2 und nicht in § 64 Abs. 1 festgeschrieben, was zur Folge hat, dass die Anordnung der sofortigen Vollziehung nach § 65 Abs. 1 nicht möglich ist. Infolge des **Suspensiveffektes** ist es der Kartellbehörde in jedem Fall verwehrt, eine abschließende Sachentscheidung zu treffen, solange die Zuständigkeitsfrage dem Gericht zur Prüfung vorliegt. 4

§ 56 Anhörung, mündliche Verhandlung

(1) **Die Kartellbehörde hat den Beteiligten Gelegenheit zur Stellungnahme zu geben.**

(2) **Vertretern der von dem Verfahren berührten Wirtschaftskreise kann die Kartellbehörde in geeigneten Fällen Gelegenheit zur Stellungnahme geben.**

(3) [1]**Auf Antrag eines Beteiligten oder von Amts wegen kann die Kartellbehörde eine öffentliche mündliche Verhandlung durchführen.** [2]**Für die Verhandlung oder für einen Teil davon ist die Öffentlichkeit auszuschließen, wenn sie eine Gefährdung der**

---

[2] Zum Abschluss des Verwaltungsverfahrens siehe oben § 54 Rn. 21.
[3] KG Beschl. v. 28. 4. 2008, Az. 2 Kart 1/08, Beschlussausfertigung, S. 6.
[4] BKartA WuW/E BKartA 2313, 2315 – *Golden Toast*.
[5] *Schultz* in: Langen/Bunte, Kommentar zum deutschen und europäischen Kartellrecht, § 55 Rn. 3; *Bechtold*, § 55 Rn. 2.
[6] Vgl. *Obermayer* VwVfG, § 44 Rn. 34 bis 36.

öffentlichen Ordnung, insbesondere der Staatssicherheit, oder die Gefährdung eines wichtigen Geschäfts- oder Betriebsgeheimnisses besorgen lässt. ³In den Fällen des § 42 hat das Bundesministerium für Wirtschaft und Technologie eine öffentliche mündliche Verhandlung durchzuführen; mit Einverständnis der Beteiligten kann ohne mündliche Verhandlung entschieden werden.

(4) **Die §§ 45 und 46 des Verwaltungsverfahrensgesetzes sind anzuwenden.**

Übersicht

	Rn.		Rn.
I. Anhörung der Beteiligten	1	III. Mündliche Verhandlung	16
1. Stellungnahme- und Akteneinsichtsrecht	1	1. Allgemeines	16
2. Schutz vertraulicher Angaben	6	2. Mündliche Verhandlung auf Antrag	19
II. Anhörung Dritter	13	IV. Rechtsfolgen bei Verletzung	22

I. Anhörung der Beteiligten

1. Stellungnahme- und Akteneinsichtsrecht

1 a) § 56 Abs. 1 konkretisiert den verfassungsrechtlich garantierten[1] Verfahrensgrundsatz des „rechtlichen Gehörs" und dient damit in erster Linie dem Rechts- und Interessenschutz der Beteiligten.[2] Er trägt daneben auch zur Wahrheitsfindung bei, so dass die Kartellbehörde schon im eigenen Interesse die Beteiligten anzuhören hat. Rechtliches Gehör ist allen Beteiligten und zwar im Hauptsacheverfahren ebenso wie im Nebenverfahren über eine Beiladung zu gewähren.[3] Untrennbar zusammen mit dem Stellungnahmerecht hängt die Möglichkeit der Beteiligten, sich durch Einsichtnahme in die Amtsakten ein Bild von dem bisherigen Ermittlungsstand zu machen,[4] sowie die Verpflichtung der Kartellbehörde, die Beteiligten über die mögliche kartellrechtliche Beurteilung des Sachverhalts in Kenntnis zu setzen.[5] § 56 Abs. 1 verpflichtet die Beteiligten nicht dazu, sich daraufhin zur Sache und zu den Vorwürfen zu äußern. Davon zu trennen ist allerdings die Frage, inwieweit bestimmte Obliegenheiten der Beteiligten bestehen, die Sachaufklärung zu unterstützen.[6] In keinem Fall verletzt die Kartellbehörde diesbezüglich § 56 Abs. 1, wenn die Beteiligten derartigen Obliegenheiten trotz Fristsetzung nicht nachkommen.[7] Eine förmliche Erwiderung der Beteiligten, etwa vergleichbar mit einem gerichtlichen Schriftsatz, ist nicht erforderlich, Abs. 1 spricht lediglich von einer Stellungnahme. Dies umfasst begrifflich das Recht zur Kritik an den Tatsachenfeststellungen der Kartellbehörde ebenso wie an ihrer rechtlichen Würdigung und ist insofern weitergehender als § 28 Abs. 1 VwVfG, wo nur eine Äußerungsmöglichkeit zu Tatsachen eingeräumt wird.

2 Die Gelegenheit zur Stellungnahme steht nach § 56 Abs. 1 nicht im Ermessen der Kartellbehörde. Eine **Ausnahme** kann mit Blick auf § 28 Abs. 2 Nr. 1 und Nr. 3 VwVfG nur gemacht werden, falls Gefahr in Verzug besteht, wie zum Beispiel bei Erlass einer einstweiligen Anordnung,[8] oder soweit vom Vorbringen des Beteiligten nicht zu seinen Ungunsten abgewichen werden soll.[9]

---

[1] *Kopp/Ramsauer* VwVfG, § 28 Rn. 3a.
[2] Zum entsprechenden Schutzniveau im europäischen Kartellverfahrensrecht *Gumbel*, Grundrechte im EG-Kartellverfahren nach der VO 17/62, S. 225 ff., 234.
[3] *Bundeskartellamt*, TB 1959, S. 54.
[4] Dazu Rn. 5 f.
[5] Dazu Rn. 7.
[6] Dazu im Einzelnen § 57 Rn. 1 f.
[7] KG WuW/E OLG 5565, 5579 f. – *Fernsehübertragungsrechte*.
[8] KG WuW/E OLG 5151, 5159 – *Ernstliche Untersagungszweifel*.
[9] *K. Schmidt/Bach* in: Immenga/Mestmäcker, GWB, § 56 Rn. 8; *Bechtold*, GWB, § 56 Rn. 2; *Schultz* in: Langen/Bunte, Kommentar zum deutschen und europäischen Kartellrecht, § 56 Rn. 3;

Besonders **Formvorschriften** sind nicht vorgesehen, weshalb ein Beteiligter seine Stellungnahme auch fernmündlich oder im Rahmen einer Besprechung mit der Kartellbehörde abgeben kann. Der Beteiligte hat allerdings keinen Anspruch auf eine Erörterung seiner Argumente.[10] Die Gelegenheit zur Stellungnahme wird in aller Regel zu gewähren sein, wenn der Sachverhalt nach Auffassung der Kartellbehörde hinreichend aufgeklärt ist und sie eine abschließende Entscheidung treffen will. Zulässig ist auch eine Stellungnahme in einem früherem Verfahrensstadium, dann jedoch ist den Beteiligten später die Gelegenheit zu einer abschließenden Stellungnahme vor der endgültigen Entscheidung zu gewähren.[11] Bei der Bestimmung der **Frist für die Stellungnahme** hat die Kartellbehörde insbesondere zu berücksichtigen, welchen Umfang der Streitstoff erreicht hat, wie tief die rechtliche Problematik reicht und ob Entscheidungsfristen laufen, wie etwa in der Zusammenschlusskontrolle.

b) Teil des rechtlichen Gehörs ist das **Recht auf Akteneinsicht,** dessen Umfang im Einzelnen sich mangels einer Spezialregelung im GWB – § 72 gilt nur für das Beschwerdeverfahren, § 111 nur für das Vergabenachprüfungsverfahren – nach § 29 VwVfG richtet.[12] Dessen wesentlicher Regelungsinhalt ist, dass eine Kenntnis der Akten zur Geltendmachung oder Verteidigung von rechtlichen Interessen erforderlich ist. Übertragen auf das Kartellverwaltungsverfahren genügen allerdings wirtschaftliche Interessen, da dies gemäß § 54 Abs. 2 Nr. 3 – anders als nach § 13 VwVfG – für eine Beiladung zum Kartellverwaltungsverfahren ausreicht.[13] Erforderlich ist die Akteneinsicht, wenn dadurch eine größere Klarheit über Sach- und Streitstand möglich und die weitere Rechtsverfolgung erleichtert wird.[14] Im Einzelfall kann sich die Erforderlichkeit dabei auf Teile der Akten beschränken. Aus § 71 Abs. 1 Satz 3 ergibt sich, dass etwaigen Beigeladenen entscheidungsrelevante Informationen aus wichtigen Gründen[15] vorenthalten werden können.

c) Für eine wirkungsvolle Stellungnahme benötigen die Beteiligten nicht nur Kenntnis von den Tatsachen, die für eine Entscheidung von Bedeutung sein können, sondern auch von den aktuellen rechtlichen Erwägungen der Kartellbehörde. Andernfalls können die Beteiligten nicht hinreichend erkennen, zu welchen Fragen eine Äußerung angebracht ist.[16] So lassen sich zudem Überraschungsentscheidungen vermeiden.[17] Die Kartellbehörden verbinden deshalb in der Praxis die Gewährung der Gelegenheit zur Stellungnahme mit der Darstellung des vorläufigen Ermittlungsergebnisses und der daraus zu ziehenden rechtlichen Konsequenzen (so genanntes **Abmahnschreiben**). Allerdings sind nicht alle erdenklichen rechtlichen Gesichtspunkte in jedem Fall mitzuteilen, insbesondere wenn sie sich aufdrängen und die Beteiligten ohnehin mit ihnen rechnen müssen.[18] Im Falle der durch die 6. GWB-Novelle möglich gewordenen Zusammenschlussfreigaben unter Bedingungen und Auflagen kann in bestimmten Situationen eine Abmahnung erforderlich sein.

2. Schutz vertraulicher Angaben

Die Kartellbehörde hat die Vertraulichkeit insbesondere von Geschäftsgeheimnissen und personenbezogenen Daten im Rahmen des rechtlichen Gehörs zu wahren:

---

beschränkt auf einstweilige Anordnungen auch KG WuW/E OLG 5151, 5159 – *Ernstliche Untersagungszweifel.*
[10] KG WuW/E OLG 3137, 3139 – *Rheinmetall-WMF.*
[11] BGH WuW/E BGH 2150, 2152f. – *Edelstahlbestecke.*
[12] Zum Umfang des Akteneinsichtsrechts in Kartellverfahren der Kommission *Gumbel,* Grundrechte im EG-Kartellverfahren nach der VO 17/62, S. 189ff., 222.
[13] Vgl. KG WuW/E OLG 3908, 3910 – *L'Air Liquide* = AG 1987, 251, 252.
[14] *Bonk/Kallerhoff* in: Stelkens/Bonk/Sachs VwVfG, § 29 Rn. 41; *Obermayer* VwVfG, § 29 Rn. 14.
[15] Zur Wahrung von Vertraulichkeit siehe Rn. 8ff.
[16] *FK-Bracher,* § 56 Rn. 8.
[17] *Schultz* in: Langen/Bunte (Fn. 9), § 56 Rn. 1.
[18] KG WuW/E OLG 3577, 3580 – *Hussel-Mara.*

7 a) **Entwürfe** zu Entscheidungen oder Arbeiten zu ihrer unmittelbaren Vorbereitung dürfen gemäß § 29 Abs. 1 Satz 2 VwVfG nicht eingesehen werden. Nicht dazu gehören Vermerke der Kartellbehörde über Besprechungen oder Telefonate mit den Beteiligten oder befragten Unternehmen, da diese wegen des Amtsermittlungsprinzips zum Gegenstand des Verfahrens gemacht werden müssen. Davon unberührt ist die Möglichkeit, dass die Geheimhaltung solcher Vermerke im Einzelfall zum Schutz personenbezogener Daten oder von Geschäftsgeheimnissen angebracht ist.

8 b) In welchem Umfang **personenbezogene Daten** zu schützen sind und welche Daten von diesem Begriff umfasst sind, ist den Bestimmungen des Bundesdatenschutzgesetzes (BDSG)[19] zu entnehmen. Da im Zusammenhang mit Kartellverwaltungsverfahren in erster Linie Daten von Unternehmen erhoben und verarbeitet werden, kommt das BDSG in der Praxis nicht zum Tragen.

9 c) Eine Definition des Begriffs des **Geschäftsgeheimnisses** ist dem GWB nicht zu entnehmen.[20] Als Geschäftsgeheimnisse werden in der Praxis insbesondere Markt- und Bezugsanteile,[21] Einzelumsätze,[22] künftige Geschäftspolitik,[23] Lieferantenstruktur und gewährte Konditionen[24] sowie Einstandspreise[25] eingestuft. Dabei geht die h. M. von einem objektiven Begriff aus, d. h. eine ausdrückliche Kennzeichnung durch die Betroffenen ist nicht maßgeblich, sondern es muss von dem Standpunkt eines verständigen Unternehmens aus entschieden werden, ob die in Rede stehende Angabe objektiv notwendig für dessen Wettbewerbsfähigkeit ist.[26] Im Hinblick auf die Bereitschaft der Unternehmen zur weiteren freiwilligen Mitarbeit hält es das OLG Düsseldorf zumindest in Zweifelsfällen für gerechtfertigt, dem Geheimhaltungswillen des betroffenen Unternehmens zu entsprechen.[27] Das Kammergericht betont allerdings in seiner neueren Rechtsprechung, dass im Streitfall höhere Anforderungen an eine Einstufung als Geschäftsgeheimnis zu stellen sind und dass Vertraulichkeit nur zu wahren ist bei einem schützenswerten Interesse, also wenn durch eine Offenlegung nachteilige Folgen für die Wettbewerbsfähigkeit des Betroffenen eintreten, und nur bei nachvollziehbarer Geltendmachung einer individuellen Gefährdungslage durch den Betroffenen; Umsatzzahlen sollen demnach nicht ohne weiteres als Geschäftsgeheimnisse zu betrachten sein.[28]

10 Gewahrt bleiben Geschäftsgeheimnisse nicht nur, wenn die Kartellbehörde sie gänzlich weglässt, sondern auch, wenn die betroffenen Angaben durch Relativierungen, Verbalumschreibungen oder die Angabe von Spannen ersetzt werden.[29] Ansonsten könnten im Einzelfall zum Beispiel Marktverhältnisse in einer Entscheidung nicht justiziabel dargestellt werden.

---

[19] In der Fassung der Bekanntmachung vom 14. 1. 2003, BGBl I 2003, 66, zuletzt geändert durch Art. 1 des Gesetzes vom 22. 8. 2006, BGBl. I 2006, 1970.

[20] Vgl. *Eberz*, Der Schutz der unternehmerischen Geheimnissphäre im Kartellbeschwerdeverfahren, S. 23 f.

[21] KG WuW/E OLG 3917, 3729 – *Coop-Wandmaker*.

[22] KG WuW/E OLG 3539, 3540; WuW/E OLG 3577, 3589 – *Hussel-Mara;* WuW/E OLG 3917, 3729 – *Coop-Wandmaker.*

[23] KG WuW/E OLG 3908, 3911 – *L'Air Liquide* = AG 1987, 251, 252.

[24] KG WuW/E OLG 3721, 3725 f.

[25] KG WuW/E OLG 2713, 2714 – *Trinkmilch*.

[26] KG WuW/E OLG 3539, 3540; WuW/E OLG 3908, 3911 – *L'Air Liquide* = AG 1987, 251, 252; OLG Düsseldorf WuW/E OLG 1881, 1887 – *Anzeigenpreise; Lieberknecht* WuW 1988, 833, 837; *Kollmorgen*, Schwerpunkte des Kartellrechts 1988/89, S. 21, 26; *Werner* in: FS Pfeiffer, S. 821, 824; *Eberz*, Der Schutz der unternehmerischen Geheimnissphäre im Kartellbeschwerdeverfahren, S. 32.

[27] WuW/E OLG 1881, 1887 – *Anzeigenpreise.*

[28] Auflagenbeschluss v. 14. 10. 1998, Kart 23/97, Beschlussausfertigung S. 2 (nicht veröffentlicht).

[29] Zur Praxis der Kartellbehörden bei der Vorbereitung von Amtsakten für die Einsichtnahme *Eberz*, Der Schutz der unternehmerischen Geheimnissphäre im Kartellbeschwerdeverfahren, S. 110 ff.; *Wieckmann* WuW 1983, 13, 20.

Kein schützenswertes Geschäftsgeheimnis ist der Verstoß gegen das GWB als solcher, also zum Beispiel der Umstand, dass eine Kartellabsprache getroffen wurde.[30] Ein schützenswertes Geschäftsgeheimnis kann aber auch dann nicht mehr angenommen werden, wenn das Geschäftsgeheimnis gleichzeitig einen **Verstoß gegen Verbotsvorschriften des GWB dokumentiert,** denn nichtige Vereinbarungen und verbotene Verhaltensweisen werden schon als solche von der Rechtsordnung missbilligt.[31]

Ein Anspruch auf Geheimhaltung entfällt, wenn die Kartellbehörde zur Offenbarung befugt ist (vgl. § 30 VwVfG). Dies ist der Fall, wenn der Betroffene einwilligt oder wenn die Kartellbehörde die Daten nach den verwaltungsrechtlichen Grundsätzen offenlegen darf. Eine **Offenlegung** ist danach zulässig, wenn das öffentliche Interesse an der Erfüllung der Verwaltungsaufgabe im konkreten Einzelfall das individuelle Geheimhaltungsinteresse überwiegt.[32] Die für das Beschwerdeverfahren geschaffene Vorschrift des § 72 Abs. 2 Satz 4 über die Offenlegung von Geschäftsgeheimnissen ist im Verwaltungsverfahren nicht anwendbar.[33]

II. Anhörung Dritter

§ 56 Abs. 2 stellt es in das Ermessen der Kartellbehörde, inwieweit sie Wettbewerbern, Nachfragern, Verbänden usw. ein eigenständiges Stellungnahmerecht gewährt. Der Gewährleistung rechtlichen Gehörs dient diese Form der Beteiligung nicht, die Kartellbehörde soll hierdurch vielmehr Einschätzungen des Falles durch beteiligte Kreise anfordern dürfen. Je nach Bedarf genügt hier eine Stellungnahmemöglichkeit im Zusammenhang mit der Beantwortung eines Auskunftsersuchens nach § 59. Ein Akteneinsichtsrecht wird den angesprochenen Wirtschaftskreisen durch § 56 Abs. 2 nicht vermittelt, da dies nur im Falle der Gewährung rechtlichen Gehörs besteht. Ebensowenig verleiht § 56 Abs. 2 einen Anspruch des Dritten auf eine seiner Stellungnahme entsprechenden Entscheidung.[34]

Die Beteiligten müssen im Rahmen des rechtlichen Gehörs vom Inhalt der Anhörung Kenntnis erhalten. Ein Anspruch auf **Teilnahme an der Anhörung** besteht für sie hingegen nicht. Dies ergibt sich zum einen daraus, dass für das rechtliche Gehör eine Zusammenfassung des Streitstoffes genügt, solange dies nicht zulasten der Genauigkeit und des sachlichen Informationsbedürfnisses der Beteiligten geht.[35] Zum Anderen ist rechtliches Gehör erst vor Erlass der Entscheidung geboten, weshalb die Beteiligten prinzipiell nicht in vorbereitende Maßnahmen einbezogen werden müssen.[36]

Eine Sonderregelung besteht für die Anhörung beteiligter Wirtschaftskreise im Verfahren über die Anerkennung von Wettbewerbsregeln nach § 25 Satz 1.

III. Mündliche Verhandlung

1. Allgemeines

Als spezielle Ausprägung des Grundsatzes rechtlichen Gehörs für das Kartellverwaltungsverfahren enthält § 56 Bestimmungen über die Durchführung einer mündlichen Verhandlung. **Ziel des Gesetzgebers** war es ursprünglich, dass die besonders schweren Missbrauchsverdachte öffentlich erörtert werden und dass dadurch zugleich eine abschreckende Wirkung erzeugt wird. Zusätzlich zu dieser Publizitätsfunktion soll auch die Möglichkeit

---

[30] *Lieberknecht* WuW 1988, 833, 837.
[31] *Wieckmann* WuW 1983, 13, 14 u. 22.
[32] KG WuW/E OLG 3917, 3932 – *Coop-Wandmaker*.
[33] KG WuW/E OLG 2686, 2689.
[34] *K. Schmidt/Bach* in: Immenga/Mestmäcker, GWB, § 56 Rn. 24.
[35] KG WuW/E OLG 3577, 3580 – *Hussel-Mara*; *K. Schmidt* in: Immenga/Mestmäcker, GWB, 2. Aufl., § 53 a. F. Rn. 5.
[36] Vgl. BVerwGE 75, 214, 227 = DVBl. 1987, 573, 577.

zu einer intensiven Aussprache – im Unterschied zu formlosen Besprechungen mit einzelnen Beteiligten – ein tragender Normzweck sein.[37] Dies ist letztlich nur in Verfahren relevant, an denen neben den von einer möglichen Verfügung Betroffenen noch beigeladene Dritte teilnehmen. Eine Sonderregelung für mündliche Verhandlungen besteht im Zusammenhang mit der Anerkennung von Wettbewerbsregeln in § 25 Satz 2.

17 Die in § 56 geregelte mündliche Verhandlung ist ihrem Wesen nach eine **Anhörung aller Beteiligten im Rahmen einer Sitzung,** d. h. getrennte mündliche Anhörungen einzelner Beteiligter können eine mündliche Verhandlung nicht ersetzen. Eine Verpflichtung zur Teilnahme besteht für die Beteiligten nicht.[38] In Ermangelung eigener Regelungen in § 56 sind für die Ladung und den Ablauf der mündlichen Verhandlung die §§ 67, 68 VwVfG maßgeblich.[39]

18 Auch **nach Schluss der mündlichen Verhandlung** ist die Kartellbehörde nicht gehindert, **neue Gesichtspunkte zu berücksichtigen.** Selbstverständlich hat die Kartellbehörde dann aber in Bezug auf die nach Schluss der mündlichen Verhandlung aufgekommenen Umstände den Beteiligten rechtliches Gehör zu gewähren. Das OLG Düsseldorf hat in seiner Entscheidung „*E.ON/Ruhrgas*" darauf hingewiesen, dass zu diesem Zweck gegebenenfalls die mündliche Verhandlung wiedereröffnet werden muss.[40] Eine strenge Handhabung dieser Linie bliebe nicht ohne praktische Schwierigkeiten, vor allem weil Kartellverwaltungsverfahren – in der Zusammenschlusskontrolle, aber auch in Missbrauchssachen – oftmals unter hohem zeitlichen Druck stehen. Eine mündliche Verhandlung vor der Kartellbehörde wird aber nicht selten Anlass zu neuen Ausführungen oder Angeboten der Betroffenen geben. Diese neuen Gesichtspunkte dann – über eine schriftliche Stellungnahmemöglichkeit hinaus – jeweils wieder in der aufwändigen Form der mündlichen Verhandlung zu erörtern, erscheint von der Zielsetzung des § 56 Abs. 3 GWB her nicht erforderlich zu sein. Diese lässt sich auch mit der Durchführung einer einzelnen mündlichen Verhandlung zu einem Zeitpunkt, in dem der wesentliche Streitstoff vorliegt und die Kartellbehörde eine Verfügung ernsthaft in Erwägung zieht, hinreichend gewährleisten. Eine mündliche Verhandlung erübrigt sich schließlich, falls die Kartellbehörde die **Einstellung des Verfahrens** beabsichtigt.

2. Mündliche Verhandlung auf Antrag oder von Amts wegen

19 Das Antragsrecht nach § 56 Abs. 3 steht nur den am Verfahren Beteiligten zu.[41] Um eine rechtsstaatlich unvertretbare Prangerwirkung zu verhindern, ist den Beteiligten vor der öffentlichen Erörterung des Missbrauchsverdachtes in vollem Umfang rechtliches Gehör zu gewähren.[42] Mit der 7. GWB-Novelle ist eine grundlegende Überarbeitung der Bestimmungen über die **mündliche Verhandlung** erfolgt, die nunmehr in § 56 Abs. 3 zusammengefasst sind, während sich § 56 Abs. 1 auf den Grundsatz rechtlichen Gehörs beschränkt. Danach steht die mündliche Verhandlung ab sofort im Ermessen der Kartellbehörde und kann – anders als nach bisheriger Rechtslage – generell nicht mehr von den Beteiligten beansprucht werden. Die Kartellbehörde entscheidet auch, ob und in welcher Form die mündliche Verhandlung öffentlich ist. Allerdings bleibt es bei der obligatorischen mündlichen Verhandlung in Ministererlaubnisverfahren nach § 42, sofern nicht alle Beteiligten darauf verzichten. Hauptanlass für diese Umgestaltung ist ausweislich der Begrün-

---

[37] OLG Düsseldorf WuW/E DE-R 926, 934 – *E.ON/Ruhrgas* = AG 2002, 636; *K. Schmidt/Bach* in: Immenga/Mestmäcker, § 56 Rn. 14.
[38] BGH WuW/E BGH 1161, 1163 – *Feuerfeste Steine* = NJW 1971, 510, 512.
[39] *Werner* in: Wiedemann, Handbuch des Kartellrechts, § 53 C.I. 5. Rn. 91.
[40] WuW/E DE-R 926, 937 – *E.ON/Ruhrgas* = AG 2002, 636.
[41] *K. Schmidt/Bach* in: Immenga/Mestmäcker, GWB, § 56 Rn. 16.
[42] *Werner* in: Wiedemann, Handbuch des Kartellrechts, § 53 C.I. 5. Rn. 92; *Monopolkommission,* Sondergutachten 1, Rn. 17; *Lieberknecht* Schwerpunkte des Kartellrechts 1977/78, S. 73.

dung des Referentenentwurfs, dass sich speziell im Zusammenschlusskontrollverfahren vor dem Bundeskartellamt die Durchführung mündlicher Verhandlungen auf Antrag eines Beteiligten in Anbetracht der sehr kurzen Fristen als problematisch erwiesen habe.

Eine weitere mit der 7. GWB-Novelle eingetretene Änderung im Hinblick auf die mündliche Verhandlung liegt darin, dass in den betroffenen Verfahren **nicht mehr auf Grund** der mündlichen Verhandlung zu entscheiden ist. Diese Wendung ist deshalb nicht mehr aufgenommen worden, weil das OLG Düsseldorf[43] sie so ausgelegt hatte, dass die Behörde wie ein Gericht ihre Entscheidung auf Grund der mündlichen Verhandlung treffen muss, also zum Beispiel keine Schriftsätze oder Vorträge mehr nach der mündlichen Verhandlung entgegennehmen darf. Die für das gerichtliche Verfahren geltenden Anforderungen sind jedoch für das verwaltungsbehördliche Verfahren nicht sachgerecht und auch völlig unüblich. 20

Ein **Ausschluss der Öffentlichkeit** ganz oder für einen Teil der Verhandlung ist unter den in § 56 Abs. 3 Satz 2 genannten Voraussetzungen – Gefährdung der öffentlichen Ordnung, insbesondere der Staatssicherheit, oder Gefährdung eines wichtigen Geschäfts- oder Betriebsgeheimnisses – von Amts wegen möglich. Zur Auslegung dieser den § 172 Nr. 1 und Nr. 2 GVG entnommenen Tatbestandsmerkmale kann auf den dortigen Meinungsstand zurückgegriffen werden. Praktisch relevant dürfte ein Ausschluss im Kartellverwaltungsverfahren lediglich im Hinblick auf wichtige Geschäfts- oder Betriebsgeheimnisse sein.[44] Die Staatssicherheit ist gefährdet, wenn durch den Inhalt der Verhandlung die Allgemeinheit Kenntnis von Informationen erhält, deren Bekanntwerden die innere oder äußere Sicherheit der Bundesrepublik gefährden würde; eine Gefährdung der öffentlichen Ordnung kann im Übrigen auch bei fortwährender Störung der Verhandlung vorliegen.[45] Ob bei der nicht öffentlichen Verhandlung dann tatsächlich die betreffenden Umstände zur Sprache kommen, ist unerheblich. Entscheidend ist vielmehr, dass im Zeitpunkt der Entscheidung über den Ausschluss mit der Erörterung solcher Umstände zu rechnen ist.[46] 21

IV. Rechtsfolgen bei Verletzung

Die versäumte oder nicht ordnungsgemäße Gewährung **rechtlichen Gehörs** gegenüber Beteiligten ist rechtswidrig und führt zur Aufhebbarkeit der Verfügung. Eine unangemessen kurze Frist steht dabei einer unterlassenen Anhörung gleich. Eine Heilung ist nach § 45 Abs. 1 Nr. 3 VwVfG möglich, wenn die unterlassene Anhörung bis zum Abschluss des gerichtlichen Verfahrens – aber nicht durch das Gericht sondern außerhalb des gerichtlichen Verfahrens durch die Kartellbehörde – nachgeholt wird. Da die Akteneinsicht Teil des rechtlichen Gehörs ist, führt ihre unzulässige Verweigerung ebenfalls zur Aufhebbarkeit der Verfügung, wobei aber eine **Heilung in analoger Anwendung von § 45 Abs. 1 Nr. 3 VwVfG** möglich ist.[47] Mit der 7. GWB-Novelle hat der Gesetzgeber ausdrücklich klargestellt, dass die §§ 45, 46 VwVfG über die Heilung von Verfahrensmängeln anwendbar sind. Im Hinblick auf ihre Vertraulichkeit nicht gezeigte Aktenteile dürfen in der Entscheidung **nicht verwertet werden.** Die Beteiligten können derartige Verfahrensfehler nicht isoliert, sondern nur zusammen mit der Hauptsacheentscheidung anfechten (vgl. § 44 a VwGO).[48] Die Anberaumung einer mündlichen Verhandlung kann von den Verfahrensbeteiligten wegen § 44a VwGO nicht isoliert angefochten werden. Der Ausschluss der Öffentlichkeit 22

---

[43] WuW/E DE-R 926, 931 – E.ON/Ruhrgas = AG 2002, 636.
[44] Zur Definition des Geschäfts- oder Betriebsgeheimnisses siehe oben Rn. 11.
[45] Gummer in: Zöller, ZPO, § 172 GVG Rn. 4.
[46] Vgl. Gummer in: Zöller, ZPO, § 172 GVG Rn. 11.
[47] Obermayer VwVfG, § 29 Rn. 55.
[48] A. A. bezüglich Beigeladener in Fällen, die ohne Hauptsacheentscheidung abgeschlossen werden: Kevekordes WuW 1987, 365, 372.

ist für die betroffenen Zuhörer ebensowenig anfechtbar wie die Ablehnung des Ausschlusses für den Antragsteller bzw. den an einer Geheimhaltung usw. Interessierten.[49]

23   Die **Anhörung** eines Dritten nach § 56 Abs. 2 verleiht diesem keine Rechtspositionen, so dass ihre Anordnung oder Durchführung keinen anfechtbaren Verwaltungsakt der Kartellbehörde darstellt.[50]

§ 57 Ermittlungen, Beweiserhebung

(1) Die Kartellbehörde kann alle Ermittlungen führen und alle Beweise erheben, die erforderlich sind.

(2) [1]Für den Beweis durch Augenschein, Zeugen und Sachverständige sind § 372 Abs. 1, §§ 376, 377, 378, 380 bis 387, 390, 395 bis 397, 398 Abs. 1, §§ 401, 402, 404, 404a, 406 bis 409, 411 bis 414 der Zivilprozessordnung sinngemäß anzuwenden; Haft darf nicht verhängt werden. [2]Für die Entscheidung über die Beschwerde ist das Oberlandesgericht zuständig.

(3) [1]Über die Zeugenaussage soll eine Niederschrift aufgenommen werden, die von dem ermittelnden Mitglied der Kartellbehörde und, wenn ein Urkundsbeamter zugezogen ist, auch von diesem zu unterschreiben ist. [2]Die Niederschrift soll Ort und Tag der Verhandlung sowie die Namen der Mitwirkenden und Beteiligten ersehen lassen.

(4) [1]Die Niederschrift ist dem Zeugen zur Genehmigung vorzulesen oder zur eigenen Durchsicht vorzulegen. [2]Die erteilte Genehmigung ist zu vermerken und von dem Zeugen zu unterschreiben. [3]Unterbleibt die Unterschrift, so ist der Grund hierfür anzugeben.

(5) Bei der Vernehmung von Sachverständigen sind die Bestimmungen der Absätze 3 und 4 entsprechend anzuwenden.

(6) [1]Die Kartellbehörde kann das Amtsgericht um die Beeidigung von Zeugen ersuchen, wenn sie die Beeidigung zur Herbeiführung einer wahrheitsgemäßen Aussage für notwendig erachtet. [2]Über die Beeidigung entscheidet das Gericht.

Übersicht

	Rn.
I. Untersuchungsgrundsatz, § 57 Abs. 1	1
II. Beweiserhebung, § 57 Abs. 2 bis 6	3
III. Rechtsfolgen bei Verletzung	4

I. Untersuchungsgrundsatz, § 57 Abs. 1

1   Das Kartellverwaltungsverfahren wird gemäß Abs. 1 vom **Untersuchungsgrundsatz** beherrscht, d. h. die Kartellbehörde ist selbst zur Aufklärung des für die beabsichtigte Entscheidung maßgeblichen Sachverhalts verpflichtet.[1] Sie ist dabei nach Abs. 1 nicht an das Vorbringen der Beteiligten gebunden, sondern erforscht von sich aus den Sachverhalt und befindet nach eigener Überzeugung, ob sie eine Tatsache für erwiesen erachtet. Die Kartellbehörde muss dabei Denkgesetze, Naturgesetze und allgemeine wie spezielle wirtschaftliche Erfahrungssätze berücksichtigen. Dem Regelbeweismaß wird dabei genügt, wenn alle bei vernünftiger Betrachtung zu beachtenden objektiven Zweifelsgründe des Falles über-

---

[49] *Gummer* in: Zöller, § 172 GVG Rn. 14; a. A. bezüglich Antragsteller: *Werner* in: Wiedemann, § 53 C. I. 5. Rn. 93; *K. Schmidt/Bach* in: Immenga/Mestmäcker, GWB, § 56 Rn. 19.
[50] *K. Schmidt/Bach* in: Immenga/Mestmäcker, GWB, § 56 Rn. 23.
[1] *Werner* in: Wiedemann, Handbuch des Kartellrechts, § 53 Rn. 78.

wunden sind.² Das GWB kennt eine Reihe von **Beweiserleichterungen** wie § 19 Abs. 3, unter dessen Voraussetzungen letzte Zweifel am Bestehen einer marktbeherrschenden Stellung zulasten der Beteiligten gehen,³ oder wie § 36 Abs. 1, wonach Verbesserungen durch einen Zusammenschluss von den Beteiligten nachzuweisen sind. Im Übrigen obliegt es dem Beteiligten nach allgemeinen verwaltungsverfahrensrechtlichen Grundsätzen (vgl. § 26 Abs. 2 VwVfG), bei der Ermittlung des Sachverhaltes durch Anregungen mitzuwirken und vor allem auf für ihn günstige Umstände hinzuweisen, denen die Kartellbehörde dann im Rahmen ihrer Amtsermittlungspflicht nachgehen muss.⁴ Die Sachaufklärungspflicht besteht aber nur insoweit, als der Vortrag des Beteiligten oder der Sachverhalt bei sorgfältiger Abwägung dazu Anlass gibt.⁵

Auch wenn eine durchsetzbare **Mitwirkungspflicht der Beteiligten** grundsätzlich nicht besteht, gibt es doch wichtige Ausnahmen: So verlangt das Gesetz von ihnen Pflichtangaben in Antrags- oder Anmeldeverfahren, wie zum Beispiel im Zusammenhang mit der Anmeldung eines Zusammenschlussvorhabens nach § 39 Abs. 3. Die Beteiligten triff des Weiteren eine Darlegungslast, wenn sie eine begünstigende Verfügung von der Kartellbehörde begehren.⁶ Schließlich bestehen weitreichende Mitwirkungspflichten der Beteiligten, falls ein Auskunftsverlangen nach § 59 Abs. 1 an sie gerichtet wird und keine Verweigerungsrechte nach § 59 Abs. 5 entgegenstehen.

II. Beweiserhebung, § 57 Abs. 2 bis 6

Die Kartellbehörde ist frei in der Wahl ihrer Ermittlungsinstrumente, § 57 enthält insoweit keinen abschließenden Maßnahmenkatalog.⁷ Sie kann formlos Personen, Unternehmen, Verbände und Behörden befragen, kann Ortsbesichtigungen vornehmen sowie Urkunden und Akten anderer Dienststellen einsehen, solange dies erforderlich und verhältnismäßig ist. Das GWB gibt der Kartellbehörde aber auch spezielle Ermittlungsbefugnisse an die Hand. Im Einzelnen handelt es sich dabei um Instrumente der ZPO (Augenschein, § 57 Abs. 2; Zeuge, § 57 Abs. 2 bis 4 und 6; Sachverständiger, § 57 Abs. 5), Instrumente der StPO (Beschlagnahme, § 58 Abs. 1 bis 4; Durchsuchung, § 59 Abs. 4) und speziell für das kartellbehördliche Verfahren normierte Instrumente (Auskunftsverlangen, § 59 Abs. 1 Satz 1 Nr. 1 und 2; Nachprüfung, § 59 Abs. 1 Satz 1 Nr. 3).

III. Rechtsfolgen bei Verletzung

Sachaufklärungspflichten sind insbesondere verletzt, wenn die Kartellbehörde entscheidungserhebliche Umstände nicht ermittelt hat oder diesbezüglich zu unrichtigen Ermittlungsergebnissen gekommen ist. Liegen zu einer entscheidungserheblichen Frage keinerlei Ermittlungsergebnisse vor, ist das Beschwerdegericht nicht verpflichtet, die entsprechenden Ermittlungen nachzuholen, denn die originäre Ermittlungsfunktion liegt bei den Kartellbehörden.⁸ Davon zu unterscheiden sind **bloße Ermittlungsdefizite,** die keinen Formverstoß begründen. Hier ist dem Prozessrecht zu entnehmen, dass eine Behebung durch das Gericht, welches nach § 70 selbst dem Untersuchungsgrundsatz verpflichtet ist,

---

² *Obermayer* VwVfG, § 24 Rn. 239.
³ Vgl. *Thomas* WuW 2002, 470, 473.
⁴ KG WuW/E OLG 2411, 2417 f. – *Synthetischer Kautschuk I.*
⁵ BGH WuW/E BGH 2990, 2993 – *Importarzneimittel* = NJW 1995, 2415, 2416.
⁶ *Bechtold,* GWB, § 57 Rn. 2.
⁷ *Bechtold,* GWB, § 57 Rn. 3; *Werner* in: Wiedemann (Fn. 1), § 53 Rn. 79; *K. Schmidt/Bach* in: Immenga/Mestmäcker, GWB, § 57 Rn. 24; FK-*Bracher*, § 57 Rn. 1.
⁸ St. Rspr. des *Kammergerichts* seit Beschluss vom 29. 9. 1972, WuW/E OLG 1321, 1323 – *Zahnbürsten;* zustimmend *K. Schmidt* in: Immenga/Mestmäcker, GWB, § 70 Rn. 4; *Werner* in: Wiedemann (Fn. 1), § 54 Rn. 72.

möglich ist und dass nur bei erheblichem Ermittlungsdefizit eine Aufhebung erfolgt (§ 113 Abs. 3 Satz 1 VwGO). Bleiben bestimmte Umstände unberücksichtigt, deren Vortrag von den Beteiligten hätte erwartet werden können, so wird die Entscheidung dadurch ebenfalls nicht rechtswidrig.[9] Aber selbst in den Fällen, in denen von der Kartellbehörde keine oder unzutreffende Ermittlungen angestellt wurden oder ein erhebliches Ermittlungsdefizit vorliegt, ist die Entscheidung nur dann aufzuheben, wenn sie auf dieser Verletzung beruht. Nach § 46 VwVfG kann die Aufhebung eines unter Verletzung von Verfahrensvorschriften zustande gekommenen Verwaltungsaktes nämlich nicht begehrt werden, wenn die Sachentscheidung offensichtlich durch die Verletzung nicht beeinflusst wurde.

5 In Bezug auf die Hauptsacheentscheidung führen Verstöße gegen Beweiserhebungsvorschriften unter bestimmten Voraussetzungen zu einem entsprechenden **Verwertungsverbot**, wie zum Beispiel eine unterlassene Zeugenbelehrung nach § 383 Abs. 2 ZPO.[12] Dies kann auf die Hauptsacheentscheidung durchschlagen, wenn es auf die der Verwertung entzogenen Ermittlungsergebnisse maßgeblich ankommt.

§ 58 Beschlagnahme

(1) ¹Die Kartellbehörde kann Gegenstände, die als Beweismittel für die Ermittlung von Bedeutung sein können, beschlagnahmen. ²Die Beschlagnahme ist dem davon Betroffenen unverzüglich bekannt zu machen.

(2) Die Kartellbehörde hat binnen drei Tagen die richterliche Bestätigung des Amtsgerichts, in dessen Bezirk die Beschlagnahme vorgenommen ist, nachzusuchen, wenn bei der Beschlagnahme weder der davon Betroffene noch ein erwachsener Angehöriger anwesend war oder wenn der Betroffene und im Falle seiner Abwesenheit ein erwachsener Angehöriger des Betroffenen gegen die Beschlagnahme ausdrücklich Widerspruch erhoben hat.

(3) ¹Der Betroffene kann gegen die Beschlagnahme jederzeit die richterliche Entscheidung nachsuchen. ²Hierüber ist er zu belehren. ³Über den Antrag entscheidet das nach Absatz 2 zuständige Gericht.

(4) ¹Gegen die richterliche Entscheidung ist die Beschwerde zulässig. ²Die §§ 306 bis 310 und 311a der Strafprozessordnung gelten entsprechend.

Gegenstände, die als Beweismittel in Betracht kommen, können von der Kartellbehörde unter den Voraussetzungen des § 58 beschlagnahmt werden. Voraussetzungen für eine solche Beschlagnahme im Kartellverwaltungsverfahren sind erstens eine formlose Bekanntgabe gegenüber dem oder den Betroffenen, zweitens eine Belehrung über das Recht, hiergegen eine richterliche Entscheidung nachzusuchen und drittens – falls der Betroffene bzw. ein erwachsener Angehöriger der Beschlagnahme widerspricht oder ihr nicht zugegen ist – die **Einholung einer richterlicher Bestätigung** binnen drei Tagen. Die Beschlagnahme nach § 58 hat praktisch keine besondere Bedeutung erlangt. Nachdem mit der 6. GWB-Novelle den Kartellbehörden die Befugnis verliehen wurde, neben Auskünften auch die Herausgabe von Unterlagen zu verlangen, ist die Wahrscheinlichkeit einer Beschlagnahme im Verwaltungsverfahren weiter gesunken.

§ 59 Auskunftsverlangen

(1) ¹Soweit es zur Erfüllung der in diesem Gesetz der Kartellbehörde übertragenen Aufgaben erforderlich ist, kann die Kartellbehörde bis zum Eintritt der Bestandskraft ihrer Entscheidung

---

[9] FK-*Bracher*, § 57 Rn. 23 m. w. Nachw.

§ 59. Auskunftsverlangen § 59 GWB

1. von Unternehmen und Vereinigungen von Unternehmen Auskunft über ihre wirtschaftlichen Verhältnisse sowie die Herausgabe von Unterlagen verlangen; dies umfasst auch allgemeine Marktstudien, die der Einschätzung oder Analyse der Wettbewerbsbedingungen oder der Marktlage dienen und sich im Besitz des Unternehmens oder der Unternehmensvereinigung befinden;
2. von Unternehmen und Vereinigungen von Unternehmen Auskunft über die wirtschaftlichen Verhältnisse von mit ihnen nach § 36 Abs. 2 verbundenen Unternehmen sowie die Herausgabe von Unterlagen dieser Unternehmen verlangen, soweit sie die Informationen zur Verfügung haben oder soweit sie aufgrund bestehender rechtlicher Verbindungen zur Beschaffung der verlangten Informationen über die verbundenen Unternehmen in der Lage sind;
3. bei Unternehmen und Vereinigungen von Unternehmen innerhalb der üblichen Geschäftszeiten die geschäftlichen Unterlagen einsehen und prüfen.

²Gegenüber Wirtschafts- und Berufsvereinigungen gilt Satz 1 Nr. 1 und 3 entsprechend hinsichtlich ihrer Tätigkeit, Satzung, Beschlüsse sowie Anzahl und Namen der Mitglieder, für die die Beschlüsse bestimmt sind.

(2) Die Inhaber der Unternehmen und ihre Vertretung, bei juristischen Personen, Gesellschaften und nicht rechtsfähigen Vereinen die nach Gesetz oder Satzung zur Vertretung berufenen Personen sind verpflichtet, die verlangten Unterlagen herauszugeben, die verlangten Auskünfte zu erteilen, die geschäftlichen Unterlagen zur Einsichtnahme und Prüfung vorzulegen und die Prüfung dieser geschäftlichen Unterlagen sowie das Betreten von Geschäftsräumen und -grundstücken zu dulden.

(3) ¹Personen, die von der Kartellbehörde mit der Vornahme von Prüfungen beauftragt werden, dürfen die Räume der Unternehmen und Vereinigungen von Unternehmen betreten. ²Das Grundrecht des Artikels 13 des Grundgesetzes wird insoweit eingeschränkt.

(4) ¹Durchsuchungen können nur auf Anordnung des Amtsrichters, in dessen Bezirk die Durchsuchung erfolgen soll, vorgenommen werden. ²Durchsuchungen sind zulässig, wenn zu vermuten ist, dass sich in den betreffenden Räumen Unterlagen befinden, die die Kartellbehörde nach Absatz 1 einsehen, prüfen oder herausverlangen darf. ³Das Grundrecht der Unverletzlichkeit der Wohnung (Artikel 13 Abs. 1 des Grundgesetzes) wird insoweit eingeschränkt. ⁴Auf die Anfechtung dieser Anordnung finden die §§ 306 bis 310 und 311a der Strafprozessordnung entsprechende Anwendung. ⁵Bei Gefahr im Verzuge können die in Absatz 3 bezeichneten Personen während der Geschäftszeit die erforderlichen Durchsuchungen ohne richterliche Anordnung vornehmen. ⁶An Ort und Stelle ist eine Niederschrift über die Durchsuchung und ihr wesentliches Ergebnis aufzunehmen, aus der sich, falls keine richterliche Anordnung ergangen ist, auch die Tatsachen ergeben, die zur Annahme einer Gefahr im Verzuge geführt haben.

(5) Zur Auskunft Verpflichtete können die Auskunft auf solche Fragen verweigern, deren Beantwortung sie selbst oder Angehörige, die in § 383 Abs. 1 Nr. 1 bis 3 der Zivilprozessordnung bezeichnet sind, der Gefahr strafgerichtlicher Verfolgung oder eines Verfahrens nach dem Gesetz über Ordnungswidrigkeiten aussetzen würde.

(6) ¹Das Bundesministerium für Wirtschaft und Technologie oder die oberste Landesbehörde fordern die Auskunft durch schriftliche Einzelverfügung, das Bundeskartellamt fordert sie durch Beschluss an. ²Darin sind die Rechtsgrundlage, der Gegenstand und der Zweck des Auskunftsverlangens anzugeben und eine angemessene Frist zur Erteilung der Auskunft zu bestimmen.

(7) ¹Das Bundesministerium für Wirtschaft und Technologie oder die oberste Landesbehörde ordnen die Prüfung durch schriftliche Einzelverfügung, das Bundeskartellamt ordnet sie durch Beschluss mit Zustimmung des Präsidenten an. ²In der Anordnung sind Zeitpunkt, Rechtsgrundlage, Gegenstand und Zweck der Prüfung anzugeben.

Übersicht

	Rn.		Rn.
I. Auskunftsverlangen und Nachprüfung	1	1. Mitwirkungs- und Duldungspflichten	10
1. Statthaftigkeit der Ermittlungsinstrumente	1	2. Auskunftsverweigerung und Vertraulichkeitsschutz	12
2. Voraussetzungen eines Auskunftsverlangens	3		
3. Voraussetzungen einer Nachprüfung	9	III. Durchsuchung	14
II. Rechte und Pflichten der Adressaten	10	IV. Verfahren	16

I. Auskunftsverlangen und Nachprüfung

1. Statthaftigkeit der Ermittlungsinstrumente

1   Nach dem Einleitungssatz des § 59 Abs. 1 sind die Kartellbehörden zu Auskunftsverlangen und Nachprüfungen nur soweit befugt, wie es zur Erfüllung der ihnen **vom GWB übertragenen Aufgaben** erforderlich ist. Hierzu sollen auch die im GWB geregelte Mitwirkungspflichten der Kartellbehörden zählen,[1] nicht jedoch die Beteiligung an Kartellzivilrechtsstreiten nach § 90.[2] Eindeutig unanwendbar ist die Vorschrift des § 59 Abs. 1, die mit der 6. GWB-Novelle aus dem Gesetzesteil über die Behörden herausgenommen und in den Abschnitt „Verwaltungssachen" umgestellt wurde, in Ordnungswidrigkeitenverfahren der Kartellbehörden.[3] Die Ermittlungsbefugnisse des § 59 Abs. 1 setzen weder in tatsächlicher noch in rechtlicher Hinsicht den für den Erlass einer Untersagungsverfügung notwendigen Erkenntnisstand voraus, erforderlich sind aber zum einen **tatsächliche Verdachtsmomente** und zum anderen ein **vertretbares Ermittlungskonzept**.[4]

2   Die Befugnisse des § 59 Abs. 1 stehen den Kartellbehörden frühestens nach Einleitung des Kartellverwaltungsverfahrens offen.[5] Vor der Einleitung eines Verwaltungsverfahrens sind Ermittlungen auf der Grundlage von § 59 nicht zulässig, auch nicht um überhaupt erst zu prüfen, ob ein Verwaltungsverfahren eingeleitet werden soll.[6] Die Ermittlungsbefugnisse stehen den Kartellbehörden ausdrücklich bis zur Bestandskraft der Entscheidung zu.

2. Voraussetzungen eines Auskunftsverlangens

3   Bezüglich des kartellbehördlichen Auskunftsverlangens und der Nachprüfungsbefugnis unterscheidet § 59 Abs. 1 nicht mehr zwischen Ersuchen, mit denen Auskünfte über die wirtschaftlichen Verhältnisse des Befragten eingeholt werden sollen, und Ersuchen, die sich an Wirtschafts- und Berufsvereinigungen richten.

4   a) Das Auskunftsverlangen nach § 59 Abs. 1 Satz 1 Nr. 1 und Nr. 2 ist das im Kartellverwaltungsverfahren am Häufigsten verwendete Ermittlungsinstrument. Adressaten können nur **Unternehmen oder Vereinigungen von Unternehmen** sowie **Wirtschafts- und Berufsvereinigungen** sein. Natürliche Personen sind nicht auskunftspflichtig, es sei denn, sie fallen unter den allgemeinen Unternehmensbegriff des GWB. Unternehmen bzw. Unternehmensvereinigungen, an die sich ein Auskunftsverlangen richtet, müssen nicht an dem zugrundeliegenden Kartellverwaltungsverfahren beteiligt sein, denn auch und gerade von Seiten Dritter benötigen die Kartellbehörden für die Anwendung der Vorschriften des GWB Informationen, z.B. um die Angaben der Beteiligten zu verifizieren oder um eine vollständige Marktstruktur zu ermitteln.

---

[1] KG WuW/E OLG 2767, 2769.
[2] *Schultz* in: Langen/Bunte, Kommentar zum deutschen und europäischen Kartellrecht, § 59 Rn. 2.
[3] *Bechtold*, GWB, § 59 Rn. 2; *Klaue* in: Immenga/Mestmäcker, GWB, § 59 Rn. 5.
[4] KG WuW/E DE-R 386, 387 – *Abo- und Tageszeitungen;* WuW/E DE-R 181, 181 f. – *TLZ;* OLG Düsseldorf WuW/E DE-R 677, 678 – *Müllverbrennungsanlage.*
[5] Zur Verfahrenseinleitung siehe § 54 Rn. 1.
[6] *Klaue* in: Immenga/Mestmäcker, GWB. § 59 Rn. 6; im Ergebnis auch *Schultz* in: Langen/Bunte (Fn. 2), § 59 Rn. 5.

Es dürfen von den Adressaten Auskünfte über **ihre wirtschaftlichen Verhältnisse** verlangt werden, wobei dieser Begriff allerdings weit zu fassen ist.[7] Im Einzelnen kann es sich dabei um Angaben zu Umsätzen, Produkten, Preisen und Geschäftsbedingungen, Kunden, Geschäftsstrategien sowie zur inneren Organisationsstruktur, zu Gesellschaftsverträgen und Konzernverflechtungen handeln. Hiervon zu unterscheiden sind Einschätzungen der Befragten über die Marktsituation und -entwicklung, die dem Kammergericht zufolge nicht mehr vom Begriff der wirtschaftlichen Verhältnisse umfasst sind.[8] Diese können allerdings über § 59 Abs. 1 Satz 1 Nr. 1 Halbs. 2 angefordert werden. Speziell im Bereich der Preismissbrauchsaufsicht kann den Adressaten aufgegeben werden, ihre Entgeltkalkulation vorzulegen sowie die Kalkulationsgrundlagen und -methoden zu erläutern.[9] § 59 Abs. 1 Satz 1 Nr. 1 und Nr. 2 verleihen der Kartellbehörde die Befugnis, vom Adressaten die **Herausgabe** bestimmter Unterlagen zu verlangen.

§ 59 Abs. 1 Satz 1 Nr. 2 eröffnet den Kartellbehörden die Möglichkeit, auch Angaben über **verbundene Unternehmen** einzuholen. Diesbezüglich legten die Gerichte § 59 Abs. 1 a. F. eher restriktiv aus. Nach der älteren Rechtsprechung des Kammergerichts mussten selbst herrschende Unternehmen nur insoweit Auskünfte bezüglich der von ihnen beherrschten Unternehmen erteilen, als die Informationen für sie im Rahmen einer ordnungsgemäßen Beteiligungsverwaltung verfügbar sind.[10] In jüngerer Zeit ließ das Kammergericht jedoch Fragen über ein den Adressaten beherrschendes Unternehmen zu, mit denen die Unternehmensstruktur, die Absatzstruktur und die einzelnen Abnehmer gewährten Konditionen abgefragt wurden.[11] Das OLG Düsseldorf wiederum lehnte eine Verpflichtung, Auskünfte über beherrschte und beherrschende Unternehmen zu erteilen, mit der Begründung ab, solche Unternehmen unterlägen ihrerseits einer Auskunftspflicht nach § 59.[12] Die in Reaktion darauf geschaffene Bestimmung des § 59 Abs. 1 Satz 1 Nr. 2 ist sachgerecht. Wegen der immer stärkeren internationalen Verflechtung der Wirtschaft und der Internationalisierung mancher Märkte müssen zunehmend Informationen über ausländische Unternehmen erfragt werden, gegenüber denen Auskunftsverlangen nach § 59 aber völkerrechtlich nicht durchsetzbar sind. Dieser Entwicklung kann dadurch Rechnung getragen werden, dass man verbundene Unternehmen im Zusammenhang mit dem Tatbestandsmerkmal „ihre wirtschaftlichen Verhältnisse" als wirtschaftliche Einheit ansieht. Wie die Verbundklausel des § 36 Abs. 2 zeigt, hat der Kartellgesetzgeber den Gedanken, dass sich Konzerngesellschaften gegenseitig unterstützen, grundsätzlich anerkannt. § 59 Abs. 1 Satz 1 Nr. 2 trägt dem Rechnung, indem Auskunft auch über die wirtschaftlichen Verhältnisse von Verbundunternehmen im Sinne von § 36 Abs. 2 erteilt werden muss, jedenfalls sofern für den Befragten die betreffenden Informationen verfügbar sind.

Schließlich müssen die im Auskunftsverlangen gestellten Fragen auch im Einzelnen erforderlich für die Bearbeitung des zugrundeliegenden Verwaltungsverfahren sein. In diesem Zusammenhang bedarf es im Auskunftsverlangen einer genauen **Begründung,** warum die erbetenen Angaben für die kartellrechtliche Prüfung benötigt werden. Auch länger zurückliegende Daten können ohne Verstoß gegen das Erforderlichkeitsgebot abgefragt werden, etwa wenn die historische Preisentwicklung für ein Missbrauchsverfahren relevant ist[13]

---

[7] OLG Düsseldorf WuW/E DE-R 677, 680 – *Müllverbrennungsanlage; Klaue* in: Immenga/Mestmäcker, GWB, § 59 Rn. 25; *Werner* in: Wiedemann, Handbuch des Kartellrechts, § 52 A. II. 3. Rn. 11; *Schultz* in: Langen/Bunte (Fn. 2), § 59 Rn. 20.
[8] WuW/E OLG 3721, 3725.
[9] OLG Düsseldorf WuW/E DE-R 914, 916 – *Netznutzungsentgelt*.
[10] WuW/E OLG 2607, 2610 – *Raffinerie-Abnahmepreise*; WuW/E OLG 3819, 3820; a. A.: FK-*Quack*, § 46 a. F. Rn. 40.
[11] WuW/E OLG 3734, 3735 – *Französische Muttergesellschaft*.
[12] WuW/E DE-R 677, 680 – *Müllverbrennungsanlage*.
[13] *Werner* in: Wiedemann (Fn. 7), § 52 Rn. 17.

oder wenn im Rahmen der Zusammenschlusskontrolle die Entwicklung der Marktanteile über mehrere Jahre hinweg eine Rolle spielt. Die Länge der Beantwortungsfrist hängt stark mit den gestellten Fragen zusammen. **Fristen** von zwei bis vier Wochen werden in der Regel ausreichen.[14] Dies gilt insbesondere in der von knappen Entscheidungsfristen geprägten Zusammenschlusskontrolle.

8 **b)** Das Auskunftsverlangen nach § 59 Abs. 1 Satz 2 betrifft die kartellbehördliche Aufsicht über **Wirtschafts- und Berufsvereinigungen** nach § 20 Abs. 6 (Aufnahme) sowie §§ 24 ff. (Anerkennung von Wettbewerbsregeln) und muss im Zusammenhang mit Verfahren nach diesen Vorschriften stehen.[15] Dementsprechend ist der Kreis von Informationen, die auf der Grundlage dieser Bestimmung eingeholt werden können, auf Satzung, Beschlüsse sowie Anzahl und Namen von bestimmten Mitgliedern beschränkt. Unter den Begriff der Wirtschafts- und Berufsvereinigung fallen Vereinigungen von Unternehmen eines Wirtschaftszweiges, die sich auf freiwilliger Grundlage zum Schutz und zur Förderung ihrer gemeinschaftlichen Wirtschaftsbedingungen zusammengeschlossen haben.[16] In Abgrenzung zu Vereinigungen von Unternehmen verfolgen sie gesamtwirtschaftliche und nicht einzelne (kommerzielle) Interessen ihrer Mitglieder.

3. Voraussetzungen einer Nachprüfung

9 Nach § 59 Abs. 1 Nr. 3 sind die Kartellbehörden befugt, bei Unternehmen oder ihren Vereinigungen innerhalb der üblichen Geschäftszeiten die geschäftlichen Unterlagen einzusehen und zu prüfen. Diese Möglichkeit bietet sich vor allem an, wenn von Anfang an zu befürchten ist, dass Unternehmen auf ein Auskunftsverlangen hin einschlägiges Ermittlungsmaterial zurückhalten werden. Vor diesem Hintergrund erfolgen Nachprüfungen in aller Regel unangekündigt. Die Nachprüfung aufgrund von § 59 Abs. 1 Nr. 2 richtet sich auf **geschäftliche Unterlagen,** worunter Unterlagen über das gesamte Geschäftsgebaren der betroffenen Unternehmen zu verstehen sind.[17] Im Zweifel erstreckt sich die Nachprüfung damit auf alle Unterlagen, die sich in den Geschäftsräumen des betroffenen Unternehmens befinden.[18] Auch der im Unternehmen befindliche Schriftwechsel mit Rechtsanwälten stellt geschäftliche Unterlagen im Sinne von § 59 Abs. 1 Nr. 2 dar.[19] Weil die Hinnahme einer Nachprüfung die Unternehmen stärker belastet als die Beantwortung eines Auskunftsverlangens, müssen die Kartellbehörden im Rahmen der **Erforderlichkeit** zuvor prüfen, ob die relevanten Informationen nicht schon durch ein Auskunftsersuchen erlangt werden können. Ist jedoch von Anfang an abzusehen, dass ein Auskunftsverlangen erfolglos bleiben wird, oder wird die Beantwortung eines bereits erlassenen Auskunftsverlangens verweigert, so ist eine Nachprüfung ohne weiteres erforderlich.[20]

II. Rechte und Pflichten der Adressaten

1. Mitwirkungs- und Duldungspflichten

10 In Abs. 2 legt das Gesetz zunächst fest, welche natürlichen Personen im Unternehmen oder in der Vereinigung dafür verantwortlich sind, dass den nach Abs. 1 verhängten Ermittlungsmaßnahmen nachgekommen wird. Bei juristischen Personen, Gesellschaften und nicht rechtsfähigen Vereinen sind dies die nach Gesetz oder Satzung **zur Vertretung be-**

---

[14] OLG Düsseldorf WuW/E DE-R 677, 681 – *Müllverbrennungsanlage;* KG WuW/E OLG 1046, 1049 – *Kopierautomaten* = BB 1970, 318, 318.
[15] *Bechtold,* GWB, § 59 Rn. 11.
[16] *Werner* in: Wiedemann (Fn. 7), § 52 Rn. 13.
[17] KG WuW/E OLG 1961, 1964 – *Flug-Union;* WuW/E OLG 2433, 2438 – *Metro-Kaufhof.*
[18] *Werner* in: Wiedemann, Handbuch des Kartellrechts, § 52 Rn. 32.
[19] *Klaue* in: Immenga/Mestmäcker, GWB, § 59 Rn. 43; a. A.: *Bechtold,* GWB, § 59 Rn. 16.
[20] *Klaue* in: Immenga/Mestmäcker, GWB, § 59 Rn. 23.

rufenen Personen. Im Übrigen sind zur Befolgung von Auskunftsverlangen oder Nachprüfungen die Inhaber eines Unternehmens und ihre Vertretung verpflichtet. Es reicht dabei aus, wenn die Kartellbehörde ihren Beschluss an das Unternehmen – sinnvollerweise an die Geschäftsleitung – richtet und es über die Verantwortlichkeiten nach § 59 Abs. 2 im Einzelnen aufklärt.

Die Regelung des Abs. 2 gilt für sämtliche in Abs. 1 aufgeführten Ermittlungsmaßnahmen, denn sie bezieht sich auf das Erteilen von Auskünften und Herausgeben von Unterlagen ebenso wie auf das Vorlegen von geschäftlichen Unterlagen. Speziell im Falle der Nachprüfung ist eine **aktive Mitwirkung** des Unternehmens oder der Vereinigung erforderlich, d. h. es müssen Unterlagen, nach denen die Bediensteten der Kartellbehörde konkret fragen oder die zu dem von ihnen angesprochenen Themenbereich zählen, herausgesucht und zur Einsicht vorgelegt werden. Abs. 3 legt ausdrücklich fest, dass die mit der Nachprüfung beauftragten Personen, also nicht nur die eigenen Beamten der Kartellbehörde, die Geschäftsräume betreten dürfen und dass Art. 13 GG, der das Grundrecht auf **Unverletzlichkeit der Wohnung** zum Gegenstand hat, insoweit eingeschränkt wird.

2. Auskunftsverweigerung und Vertraulichkeitsschutz

Durch Abs. 5 wird den nach Abs. 2 zur Auskunft verpflichteten Personen das Recht eingeräumt, die Auskunft auf solche Fragen zu verweigern, deren Beantwortung sie selbst oder Angehörige nach § 383 Abs. 1 Nr. 1 bis 3 ZPO der Gefahr strafgerichtlicher Verfolgung oder eines Ordnungswidrigkeitenverfahrens aussetzen würde. Schon aus dem Wortlaut von Abs. 5 ergibt sich, dass ein entsprechendes Verweigerungsrecht im Fall einer Nachprüfung nicht greift. Eine analoge Anwendung scheidet ebenfalls aus, da sich die Auskunftspflicht einerseits und die Mitwirkungspflicht bei einer Nachprüfung andererseits gemessen an ihrem Inhalt und an ihrer Intensität maßgeblich unterscheiden.[21] Den Kartellbehörden steht es frei, gegenüber einem Adressaten ausdrücklich darauf zu verzichten, wegen des aufzuklärenden Sachverhalts ein Ordnungswidrigkeitenverfahren gegen die nach § 59 Abs. 2 zur Auskunft verpflichteten Personen einzuleiten. Auf diese Weise können Verweigerungsrechte zu einem beachtlichen Teil außer Kraft gesetzt werden.

Die Beantwortung einzelner Fragen kann nicht mit der Begründung verweigert werden, es handele sich um vertrauliche Angaben, insbesondere um **Geschäftsgeheimnisse**.[22] Auch vertrauliche Angaben müssen der Kartellbehörde zunächst mitgeteilt werden, unterliegen im behördlichen Verfahren aber den entsprechenden Schutzvorschriften.[23] Allerdings müssen sich Adressaten von Ermittlungsmaßnahmen nach § 59 darüber im Klaren sein, dass in einem späteren Beschwerdeverfahren wegen einer in der Hauptsache ergangenen kartellbehördlichen Verfügung das Beschwerdegericht die **Offenlegung** der Geschäftsgeheimnisse nach § 72 Abs. 2 Satz 5 anordnen kann, auch wenn die Kartellbehörde dem widerspricht. Vor der Entscheidung des Beschwerdegerichts über eine Offenlegung wird der von ihr Betroffene angehört.

III. Durchsuchung

Die Durchsuchung nach § 59 Abs. 4 verleiht der Kartellbehörde weiterreichende Möglichkeiten als die Nachprüfung, selbst wenn man berücksichtigt, dass die Nachprüfungsentscheidung mit den Mitteln des Verwaltungszwangs durchgesetzt werden kann. So befugt der Durchsuchungsbeschluss die Bediensteten insbesondere dazu, selbständig im Unter-

---

[21] *Werner* in: Wiedemann (Fn. 7), § 52 Rn. 33; FK-*Quack*, § 46 a. F. Rn. 84 f.; *Klaue* in: Immenga/Mestmäcker, GWB, § 59 Rn. 54; *Schultz* in: Langen/Bunte (Fn. 2), § 59 Rn. 19, 36; a. A.: *Grützner/Reimann/Wissel*, S. 98 Rn. 131.
[22] KG WuW/E OLG 3721, 3725, 3730.
[23] Dazu im Einzelnen § 56 Rn. 8 ff.

nehmen nach relevanten Unterlagen zu suchen, während sie im Falle der Nachprüfung auf die Mitwirkung des Unternehmens angewiesen sind. Für die Durchsuchung bedarf es deshalb einer **richterlichen Anordnung** durch das zuständige Amtsgericht, lediglich bei Gefahr im Verzug kann die Kartellbehörde die Geschäftsräume ohne richterliche Anordnung durchsuchen. **Gefahr im Verzug** kann z.B. gegeben sein, wenn im Rahmen einer ordnungsgemäßen Nachprüfung erkennbar wird, dass die relevanten Unterlagen nicht freiwillig vorgelegt werden.

15   Eine Befugnis zur **Beschlagnahme** aufgefundener Unterlagen verleiht § 59 Abs. 4 nicht. Sie ist im Verwaltungsverfahren aber jederzeit unter den Voraussetzungen des § 58 möglich. Nach Abschluss der Durchsuchung ist diese vor Ort zu protokollieren.

IV. Verfahren

16   Alle Ermittlungsmaßnahmen des § 59 setzen eine **förmliche Entscheidung** voraus. Auskunftsverlangen und Nachprüfungen haben gemäß Abs. 6 und Abs. 7 auf der Grundlage einer schriftlichen Einzelverfügung von Landeskartellbehörde oder Bundesministerium für Wirtschaft bzw. eines Beschlusses des Bundeskartellamtes und somit unter Beachtung der in § 61 normierten Formvorschriften zu ergehen. Eine Besonderheit gilt bei Nachprüfungsentscheidungen des Bundeskartellamtes, die zusätzlich der Zustimmung des Präsidenten bedürfen (Abs. 7 Satz 1). In den Entscheidungen sind jeweils Rechtsgrundlage, Gegenstand und Zweck der Ermittlungsmaßnahme anzugeben; bei Auskunftsverlangen ist zusätzlich eine Beantwortungsfrist zu setzen, bei Nachprüfungen ist ergänzend ihr Zeitpunkt zu benennen. Eine Durchsuchung setzt eine richterliche Anordnung des zuständigen Amtsgerichts voraus. Die Entscheidungen richten sich jeweils nur an ein Unternehmen bzw. eine Vereinigung, da es sich um ein **Nebenverfahren** handelt, an dem die Verfahrensbeteiligten des zugrundeliegenden Hauptsacheverfahrens nicht beteiligt sind. Nach § 81 Abs. 2 Nr. 6 handelt **ordnungswidrig,** wer entgegen § 59 Abs. 2 dem Auskunftsverlangen oder der Nachprüfungsentscheidung zuwiderhandelt. Keinen Verstoß stellt es allerdings dar, wenn eine Frage objektiv nicht beantwortet werden kann oder vorzulegenden Unterlagen nicht verfügbar sind. Dann wird die Auskunfts-, Herausgabe- oder Vorlagepflicht dadurch erfüllt, dass man hierauf hinweist. Die Adressaten einer auf § 59 gestützten Verfügung können für den bei ihnen eingetretenen Bearbeitungsaufwand keine Kostenerstattung verlangen.[24]

17   Das Bundeskartellamt bedient sich seit jeher in großem Umfang so genannter informeller Auskunftsersuchen, welche die Unternehmen auf freiwilliger Basis beantworten können und nur bei Bedarf einen förmlichen Auskunftsbeschluss anzufordern brauchen. Eine Rechtsgrundlage bietet § 59 hierfür nicht, jedoch ergeben sich für die Befragten auch keine rechtlichen Konsequenzen aus einer Nichtbeantwortung oder einer unrichtigen Beantwortung.[25]

§ 60 Einstweilige Anordnungen

Die Kartellbehörde kann bis zur endgültigen Entscheidung über
1. eine Verfügung nach § 40 Abs. 2, § 41 Abs. 3 oder einen Widerruf oder eine Änderung einer Freigabe nach § 40 Abs. 3 a,
2. eine Erlaubnis nach § 42 Abs. 1, ihren Widerruf oder ihre Änderung nach § 42 Abs. 2 Satz 2,
3. eine Verfügung nach § 26 Abs. 4, § 30 Abs. 3 oder § 34 Abs. 1

einstweilige Anordnungen zur Regelung eines einstweiligen Zustandes treffen.

---

[24] KG WuW/E OLG 2965, 2966 – *Haribo.*
[25] Zu den informellen Auskunftsersuchen im Einzelnen *Liekefett* DB 1975, 339 ff. und *Reuter* WuW 1986, 93 ff.

Übersicht

	Rn.		Rn.
I. Formelle Gesichtspunkte	1	II. Materielle Voraussetzungen	3
1. Anhängiges Hauptsacheverfahren	1	1. Interessenabwägung mit Blick auf § 65	3
2. Statthaftigkeit	2	2. Anforderungen an den Inhalt	4

I. Formelle Gesichtspunkte

1. Anhängiges Hauptsacheverfahren

Die Befugnis der Kartellbehörden, einstweilige Anordnungen zu erlassen, setzt ein an- 1 hängiges Verwaltungsverfahren der in § 60 Nr. 1 bis 3 genannten Art voraus (Hauptsacheverfahren), wohingegen ein allein auf einstweilige Maßnahmen nach § 60 gerichtetes Verfahren unzulässig ist. Das Verfahren über die Anordnung einstweiliger Maßnahmen selbst stellt somit lediglich ein **Zwischenverfahren** dar und kann von Amts wegen oder auf Antrag in Gang gesetzt werden. Beteiligt sind an diesem Zwischenverfahren sämtliche an dem zugrundeliegenden Hauptsacheverfahren beteiligte Parteien. Allerdings wird eine Anhörung der Beteiligten oder eine Abmahnung der von den einstweiligen Maßnahmen Betroffenen nicht verlangt, soweit dies wegen des Eilcharakters nicht angebracht ist.[1] Im Einzelnen kann es sich um Verfahren im Zusammenhang mit der Zusammenschlusskontrolle (Nr. 1) oder mit der Erlaubnis eines untersagten Zusammenschlussvorhabens durch den Minister (Nr. 2) sowie um Verfahren im Rahmen der Anerkennung von Wettbewerbsregeln, der Preisbindungsaufsicht oder der Vorteilsabschöpfung (Nr. 3) handeln. § 60 enthält nach h. M. eine **abschließende Aufzählung** und ist über die aufgeführten Fälle hinaus nicht auf andere Verwaltungsverfahren anwendbar.[2]

2. Statthaftigkeit

Für den Erlass einstweiliger Anordnungen besteht nur solange eine **Befugnis der Kar-** 2 **tellbehörde,** wie der behördliche Abschnitt des Verfahrens noch nicht abgeschlossen ist, also bis zum Erlass der Hauptsacheentscheidung. Wird gegen die Hauptsacheentscheidung Beschwerde eingelegt, können einstweilige Maßnahmen zwar weiterhin ergehen, jedoch nur noch durch das Beschwerdegericht nach § 64 Abs. 3.[3] Bei der Zuständigkeit des Beschwerdegerichts bleibt es nach § 76 Abs. 5 Satz 2 auch dann noch, wenn gegen die Hauptsacheentscheidung Rechtsbeschwerde eingelegt wurde. Hat die Kartellbehörde allerdings im Rahmen ihrer Befugnis einstweilige Anordnungen erlassen, gelten diese über den Abschluss des Verwaltungsverfahrens vor der Kartellbehörde hinaus bis zum rechtskräftigen Abschluss der Sache fort.[4] Gemessen am Zweck des § 60, einen Rechtszustand vorläufig zu regeln, erstreckt sich die Wirkung einmal erlassener Anordnungen bis zum endgültigen Abschluss des Hauptsacheverfahrens, und sei es durch rechtskräftige Entscheidung des Rechtsbeschwerdegerichts. Einstweilige Anordnungen dürfen ihrer Zielrichtung nach **sowohl belastend als auch begünstigend** ausgesprochen werden.[5] Eine Besonderheit gilt diesbezüglich jedoch bei Zusammenschlusskontrollsachen, denn die Befreiung vom Vollzugsverbot hat seit der 6. GWB-Novelle unter den Voraussetzungen der neuen Bestimmung des § 41 Abs. 2 zu erfolgen.

---

[1] KG WuW/E OLG 5151, 5159 – *Ernstliche Untersagungszweifel;* WuW/E OLG 877, 881 – *Zigaretten-Einzelhandel; K. Schmidt* in: Immenga/Mestmäcker, GWB, § 60 Rn. 22.
[2] *Bechtold,* GWB, § 60 Rn. 2; *Schultz* in: Langen/Bunte, Kommentar zum deutschen und europäischen Kartellrecht, § 60 Rn. 1; GK-*Junge,* § 56 a. F. Rn. 1; FK-*Bracher,* § 60 Rn. 1.
[3] Vgl. dortige Kommentierung.
[4] *Bechtold,* GWB, § 60 Rn. 2; *K. Schmidt* in: Immenga/Mestmäcker, GWB, § 60 Rn. 25.
[5] Zur Vorwegnahme der Hauptsache siehe aber unten Rn. 4.

II. Materielle Voraussetzungen

1. Interessenabwägung mit Blick auf § 65

3 Der Gesetzgeber hat in § 60 selbst keine materiellen Voraussetzungen festgeschrieben, so dass diese Vorschrift wegen ihrer sachlichen Nähe zum Instrument der sofortigen Vollziehung unter Zuhilfenahme der zu § 65 in Rechtsprechung und Schrifttum herausgearbeiteten Grundsätze anzuwenden ist. Einstweilige Anordnungen müssen deshalb im öffentlichen Interesse oder im überwiegenden Interesse eines Beteiligten **zur Abwendung von schweren oder zumindest wesentlichen Nachteilen** geboten sein, wobei nach der Rechtsprechung des Kammergerichts ein strengerer Maßstab als nach § 65 Abs. 1 anzulegen ist, weil es sich bei § 60 um eine Vorstufe handelt.[6] Im Rahmen dieser Beurteilung sind die Interessen an einer vorläufigen Regelung mit den entgegenstehenden Interessen der Betroffenen abzuwägen. Falls mit der Anordnung ein irreparabler Eingriff in die Rechtspositionen des Betroffenen erfolgt, ist die Anordnung in keinem Fall gedeckt.[7] Im Übrigen muss das öffentliche Interesse oder das überwiegende Interesse eines Beteiligten über dasjenige Interesse hinausgehen, das bereits den Erlass der zugrundeliegenden Hauptsacheentscheidung rechtfertigt.[8] Nicht ausreichend ist in diesem Zusammenhang etwa das Interesse an der bloßen Sicherung des gesetzlichen Vollzugsverbots in der Zusammenschlusskontrolle oder die Verhinderung etwaiger vor der Hauptsacheentscheidung eintretender Marktwirkungen.[9] Positiv ausgedrückt, muss die Eilmaßnahme aufgrund konkreter Umstände zur Verhinderung irreparabler Schäden erforderlich sein. Was die konkrete Beweisführung betrifft, so genügt eine **Glaubhaftmachung** entsprechend § 123 Abs. 3 VwGO, § 920 Abs. 2 ZPO.[10] Schließlich darf eine einstweilige Anordnung nach der Rechtsprechung des Kammergerichts nicht erlassen werden, wenn ernstliche Zweifel daran bestehen, dass die Entscheidung in der Hauptsache ergehen kann.[11]

2. Anforderungen an den Inhalt

4 Die Kartellbehörde kann nur unaufschiebbare Maßnahmen anordnen.[12] Da Maßnahmen nach § 60 wegen ihres vorläufigen Regelungscharakters nicht die Hauptsache vorwegnehmen dürfen, müssen sie inhaltlich grundsätzlich hinter der Hauptsacheentscheidung zurückbleiben.[13] Ist eine **Vorwegnahme der Hauptsache** im Einzelfall gleichwohl unvermeidlich, kommt eine zeitliche Begrenzung der einstweiligen Maßnahmen in Betracht.[14] Die durch eine einstweilige Anordnung abzuwendenden Nachteile müssen in diesem Fall aber noch gewichtiger sein.[15] Schließlich sind auch bei Verfügungen, die aufgrund von § 60 ergehen, die Grundsätze der Erforderlichkeit und der Verhältnismäßigkeit im engeren Sinne zu beachten.[16]

---

[6] WuW/E OLG 4640, 4642f. – *Hamburger Bezinpreise*; WuW/E OLG 1548, 1549 – *SABA*; BKartA WuW/E BKartA 1707, 1707 – *Bimsbausteine II*.
[7] KG WuW/E OLG 803, 806 – *Filtertüten*.
[8] KG WuW/E OLG 2145, 2146 – *Sonntag Aktuell II*; WuW/E OLG 1767, 1774 – *Kombinationstarif*; WuW/E OLG 1467, 1468 – *BP*.
[9] KG WuW/E OLG 5151, 5160 – *Ernstliche Untersagungszweifel*.
[10] KG WuW/E OLG 1983, 1984 – *Rama-Mädchen*.
[11] KG WuW/E OLG 5151, 5160 – *Ernstliche Untersagungszweifel*.
[12] KG WuW/E OLG 1767, 1774 – *Kombinationstarif*.
[13] KG WuW/E OLG 5151, 5164 – *Ernstliche Untersagungszweifel*.
[14] KG WuW/E OLG 3335, 3336 – *Inter Mailand-Spiel*.
[15] Vgl. Rspr. des OLG Düsseldorf zur so genannten Befriedigungsverfügung, Urt. v. 8. 8. 2001, U (Kart) 20/01, Urteilsausfertigung S. 10ff.
[16] KG WuW/E OLG 877, 881 – *Zigaretten-Einzelhandel*.

§ 61 Verfahrensabschluss, Begründung der Verfügung, Zustellung

(1) ¹Verfügungen der Kartellbehörde sind zu begründen und mit einer Belehrung über das zulässige Rechtsmittel den Beteiligten nach den Vorschriften des Verwaltungszustellungsgesetzes zuzustellen. ²§ 5 Abs. 4 des Verwaltungszustellungsgesetzes und § 178 Abs. 1 Nr. 2 der Zivilprozessordnung sind auf Unternehmen und Vereinigungen von Unternehmen sowie auf Auftraggeber im Sinn vom § 98 entsprechend anzuwenden. ³Verfügungen, die gegenüber einem Unternehmen mit Sitz außerhalb des Geltungsbereiches dieses Gesetzes ergehen, stellt die Kartellbehörde der Person zu, die das Unternehmen dem Bundeskartellamt als zustellungsbevollmächtigt benannt hat. ⁴Hat das Unternehmen keine zustellungsbevollmächtigte Person benannt, so stellt die Kartellbehörde die Verfügungen durch Bekanntmachung im Bundesanzeiger zu.

(2) Soweit ein Verfahren nicht mit einer Verfügung abgeschlossen wird, die den Beteiligten nach Absatz 1 zugestellt wird, ist seine Beendigung den Beteiligten schriftlich mitzuteilen.

Übersicht

	Rn.		Rn.
I. Verfügung	1	3. Sonstige Anforderungen	8
1. Verfügungsbegriff	1	II. Mitteilung über Verfahrenseinstellung	11
2. Formerfordernisse des § 61 Abs. 1	3	III. Rechtsfolgen bei Verletzung	12

I. Verfügung

1. Verfügungsbegriff

§ 61 Abs. 1 schreibt für den Erlass bestimmter Entscheidungen der Kartellbehörden besondere Förmlichkeiten vor, nämlich eine Begründung, eine Rechtsmittelbelehrung und die ordnungsgemäße Zustellung an die Beteiligten. Es entspricht h. M., dass Verfügungen im Sinne von § 61 Abs. 1 nur solche Maßnahmen sein können, die zugleich Verwaltungsakte darstellen. Ein **Verwaltungsakt** ist nach § 35 VwVfG jede Verfügung, Entscheidung oder andere hoheitliche Maßnahme, die eine Behörde zur Regelung eines Einzelfalles auf dem Gebiet des öffentlichen Rechts trifft und die auf unmittelbare Rechtswirkung nach außen gerichtet ist. Praktisch erfasst § 61 Abs. 1 im Wesentlichen Untersagungen, Abstellungs- und Feststellungsentscheidungen, bestimmte Freigaben sowie Auskunfts- und Beiladungsentscheidungen. Keine Verfügung stellt die bloße Mitteilung einer Kartellbehörde dar, dass ein bestimmtes Verhalten nicht aufgegriffen wird.[1] Ebensowenig erfüllt die Abgabe einer Sache zwischen den nationalen Kartellbehörden nach § 49 Abs. 3 und 4 GWB den Verfügungsbegriff.[2]

Für den Bereich der Zusammenschlusskontrolle ergeben sich Besonderheiten. Entscheidungen, die im Hauptprüfverfahren ergehen, also Untersagungs- oder Freigabeentscheidungen, fallen unproblematisch unter § 61 Abs. 1, denn sie sind als Verwaltungsakte einzustufen und werden in § 40 Abs. 2 Satz 1 auch ausdrücklich als Verfügung bezeichnet. Etwas anderes gilt für die Freigabe eines Zusammenschlusses in der ersten Phase durch einfaches Schreiben des Bundeskartellamtes. Ausdrücklich erwähnt wird ein derartiges „**Freigabeschreiben**" in § 40 nicht. Die Vorschrift fingiert vielmehr die Freigabe des Zusammenschlusses mit Ablauf eines Monats, falls das Bundeskartellamt nicht in das Hauptprüfverfahren eintritt. In den Gesetzesmaterialien heißt es hierzu, dass an der früheren Regelung

---

[1] BGH WuW/E BGH 2697, 2706 – *Golden Toast*.
[2] KG Beschl. v. 28. 4. 2008, Az. 2 KART 1/08, Beschlussausfertigung S. 4 f., bestätigt durch BGH Beschl. v. 25. 9. 2008, Az. KVZ 32/08.

festgehalten wird, wonach die erste Prüfphase nicht durch förmliche Entscheidung, sondern durch eine formlose Verwaltungsmitteilung abgeschlossen wird.[3] Das Freigabeschreiben des Bundeskartellamtes soll demnach unabhängig von der Frage, ob es wegen möglicher Regelungswirkungen nach außen als Verwaltungsakt im Sinne von § 35 VwVfG zu qualifizieren ist,[4] jedenfalls nicht förmlich ergehen. Es unterfällt damit nicht den eingangs aufgezählten Formerfordernissen des § 61 Abs. 1. Aus vergleichbaren Gründen unterliegt auch der so genannte **Monatsbrief**, mit dem das Bundeskartellamt den Beteiligten den Eintritt in das Hauptprüfverfahren bekannt gibt, nicht dem Begründungszwang und den übrigen Formerfordernissen des § 61 Abs. 1. In der Regierungsbegründung ist festgehalten, dass der Monatsbrief keiner Begründung bedarf und nicht anfechtbar ist.[5] Für einen wirksamen Eintritt ins Hauptprüfverfahren bedarf es zudem nicht der Zustellung an alle Beteiligte, sondern nach § 40 Abs. 1 Satz 1 lediglich der Mitteilung an den Anmelder.

2. Formerfordernisse des § 61 Abs. 1

3   a) Verfügungen der Kartellbehörden sind zunächst schriftlich abzufassen. Ein gegenüber § 37 Abs. 3 VwVfG spezielles **Schriftformerfordernis** ist im GWB zwar nicht ausdrücklich vorgesehen, es wird jedoch der in § 61 Abs. 1 geregelten Begründungspflicht entnommen.[6] Zur Schriftform gehört auch die eigenhändige Unterzeichnung der Urschrift durch den oder die entscheidenden Mitarbeiter der Kartellbehörde. Verfügungen der Kartellbehörden unterliegen zudem einem **Begründungszwang**. Erforderlich sind in diesem Zusammenhang Ausführungen der Kartellbehörde zum Sachverhalt, so wie sie ihn ermittelt und zugrundegelegt hat, und eine den Verfügungsausspruch tragende Begründung. Letztere umfasst insbesondere die Benennung der angewandten Normen, eine Darstellung über das Vorliegen ihrer Voraussetzungen und – bei Ermessensentscheidungen – welche Ermessensüberlegungen von der Kartellbehörde angestellt wurden.[7] In den Gründen muss sich die Kartellbehörde auch mit den wichtigsten Gegenargumenten der Beteiligten oder denkbaren rechtlichen Hinderungsgründen auseinandersetzen,[8] ohne dass aber der gesamte Vortrag der Beteiligten abzuhandeln ist.[9]

4   Im Verlauf des gerichtlichen Verfahrens können nur unter bestimmten Voraussetzungen **Gründe „nachgeschoben"** werden.[10] Eine für sich genommen schon ausreichende Begründung in einer Verfügung kann ohne weiteres nachträglich ergänzt werden. Ebenso kann nach § 45 Abs. 1 Nr. 2 VwVfG eine unvollständige, ja sogar eine fehlende Begründung noch bis zum Abschluss des gerichtlichen Verfahrens nachgeholt werden. Ob unter „gerichtlichem Verfahren" im Sinne von § 45 Abs. 2 VwVfG nur die Tatsachen- oder aber auch die Revisionsinstanz zu verstehen ist, wird dabei in der verwaltungsrechtlichen Literatur als offen angesehen.[11] Anders liegt der Fall jedoch bei einer vorhandenen, also formell ordnungsgemäßen Begründung, die aber sachlich unzutreffend ist. Hier greift § 45 Abs. 1

---

[3] RegBegr zu § 40, BT-Drucks. 13/9721, S. 59.
[4] Dafür KG WuW/E DE-R 644, 645 – *tobaccoland III* = AG 2001, 527, 528; WuW/E OLG 5849, 5850 – *Großverbraucher* = AG 1997, 573, 574; gegen einen anfechtbare Entscheidung BGH WuW/E DE-R 1571, 1572 – *Ampere*.
[5] RegBegr zu § 40, BT-Drucks. 13/9721, S. 59.
[6] OLG Stuttgart, WuW/E OLG 4211, 4211 – *Druckrohre; K. Schmidt* in: Immenga/Mestmäcker, GWB, § 61 Rn. 12; *Schultz* in: Langen/Bunte, Kommentar zum deutschen und europäischen Kartellrecht, § 61 Rn. 4.
[7] OLG Düsseldorf WuW/E OLG 1820, 1821.
[8] WuW/E OLG 2411, 2417 – *Synthetischer Kautschuk I.*
[9] KG WuW/E OLG 2507, 2510 – *Veba-Stadtwerke Wolfenbüttel*; WuW/E OLG 3917, 3918 – *Coop-Wandmaker.*
[10] BGH WuW/E BGH 2869, 2871f. – *Pauschalreisen-Vermittlung II* = NJW 1993, 2445ff.
[11] Vgl. *Sachs* in: Stelkens/Bonk/Sachs VwVfG, § 45 Rn. 116ff.

§ 61. Verfahrensabschluss, Begründung der Verfügung, Zustellung   5–8   **§ 61 GWB**

Nr. 2 VwVfG nicht ein,[12] so dass das Ersetzen einer falschen durch die richtige Begründung, ein Austausch der Rechtsgrundlage oder eine sonstige Veränderung der Begründung in ihrem Wesen ausgeschlossen ist. Zu unterscheiden vom Nachschieben von Gründen ist die Umdeutung einer Verfügung gemäß § 47 VwVfG, die sich nicht in einem Auswechseln von Rechtsgrundlage und Begründung erschöpft, sondern ihrem Wesen nach durch einen ändernden Eingriff in den Verfügungssatz des Verwaltungsaktes gekennzeichnet ist.[13]

Des Weiteren sind kartellbehördliche Verfügungen nach § 61 Abs. 1 mit einer Belehrung über das zulässige Rechtsmittel zu versehen. Der Inhalt der **Rechtsmittelbelehrung** hat sich an den einschlägigen Vorschriften über die Beschwerde (§§ 63, 66, 68) zu orientieren. Hat die Kartellbehörde den Sofortvollzug angeordnet, ist ein Hinweis auf § 65 Abs. 3 zweckmäßig, aber nicht zwingend erforderlich.[14] Im Falle der Untersagung eines Zusammenschlusses ist noch auf die Möglichkeit eines Antrags nach § 42 hinzuweisen.   5

b) Die **Zustellung** einer kartellbehördlichen Verfügung **im Inland** richtet sich laut § 61 Abs. 1 Satz 1 nach dem Verwaltungszustellungsgesetz (VwZG). Die §§ 3–5 VwZG sehen hierfür die Bekanntgabe des Dokuments gegenüber dem Adressaten per Zustellung durch die Post mit Zustellungsurkunde oder mittels Einschreiben sowie per Zustellung durch die Behörde gegen Empfangsbekenntnis vor. In Kartellverwaltungssachen wird üblicherweise eine Ausfertigung bekanntgegeben, während die Urschrift bei den Akten verbleibt. Bei der Ausfertigung handelt es sich um eine Abschrift, die mit Dienstsiegel, Ausfertigungsvermerk und Unterschrift des Siegelbeamten versehen ist.[15] Ist ein Vertreter oder ein Verfahrensbevollmächtigten bestellt, so muss auf jeden Fall an diesen zugestellt werden. Die entsprechende Vollmacht ist rechtzeitig beizubringen oder notfalls anwaltlich zu versichern. Davon zu unterscheiden ist der Zustellungsbevollmächtigte. Während bei Vertretung mehrerer Beteiligter durch einen Vertreter oder Verfahrensbevollmächtigten die Zustellung einer Ausfertigung ausreichend ist (§ 7 Abs. 1 VwZG), erhält ein Zustellungsbevollmächtigter für jeden Beteiligten, der ihn bevollmächtigt hat, eine eigene Ausfertigung (§ 7 Abs. 2 VwZG). Die Zustellung an Behörden, Körperschaften, Anstalten und Stiftungen des öffentlichen Rechts, an Rechtsanwälte, Patentanwälte, Notare, Steuerberater, Steuerbevollmächtigte, Wirtschaftsprüfer, vereidigte Buchprüfer, Steuerberatungsgesellschaften, Wirtschaftsprüfungsgesellschaftern und Buchprüfungsgesellschaften kann auch auf andere Weise, insbesondere elektronisch gegen Empfangsbekenntnis, das anschließend zurück zu senden ist, zugestellt werden (§ 5 Abs. 4 VwZG). Über § 61 Abs. 1 Satz 2 wird diese vereinfachte Zustellungsweise auch auf Unternehmen übertragen.   6

Die **Zustellung im Ausland** ist in § 61 Abs. 1 Satz 3 und 4 geregelt. Der Grundsatz lautet hier, dass die Kartellbehörde die Verfügung durch Bekanntmachung im Bundesanzeiger zustellt. Zu beachten ist in diesem Zusammenhang, dass die gesamte Verfügung im Volltext bekanntzumachen ist. Hat der ausländische Beteiligte einen Vertreter bzw. Verfahrensbevollmächtigten oder einen Zustellungsbevollmächtigten im Inland, so ist diesem getreu den oben dargestellten Grundsätzen zuzustellen.[16]   7

3. Sonstige Anforderungen

a) In aller Regel hat gegenüber sämtlichen Beteiligten eine **einheitliche Verfügung** zu ergehen, d.h. auch im Hinblick auf Geschäftsgeheimnisse ist die Anfertigung einer separaten Urschrift gegenüber einzelnen Beteiligten, z.B. Beigeladenen, zu vermeiden.[17] Im   8

---

[12] *Sachs* in: Stelkens/Bonk/Sachs VwVfG, § 45 Rn. 45; *Obermayer* VwVfG, § 45 Rn. 19.
[13] BGH WuW/E DE-R 399, 401 f. – *Verbundnetz*.
[14] *Schultz* in: Langen/Bunte (Fn. 4), § 61 Rn. 8.
[15] BGH WuW/E BGH 2389, 2391 – *Coop Schleswig-Holstein-Deutscher Supermarkt* = NJW 1987, 2868, 2868; OLG Stuttgart WuW/E OLG 4211, 4212 – *Druckrohre*.
[16] Siehe Rn. 6.
[17] Im Einzelnen siehe oben § 56 Rn. 10.

Rubrum sind sämtliche Beteiligte und im gegebenen Fall auch deren Verfahrens- oder Empfangsbevollmächtigte aufzuführen. Für die Wirksamkeit der Verfügung ist dies jedoch nicht ausschlaggebend, solange die Verfügung dem nicht aufgeführten Beteiligten ordnungsgemäß zugestellt wurde. Nicht erforderlich ist bei Unternehmen die Benennung der vertretungsberechtigten Personen. Die Angabe zustellungsfähiger Anschriften ist allerdings sachgerecht, auch wenn die Gerichte die bloße Angabe des Unternehmenssitzes in der Vergangenheit nicht beanstandet haben.

9 **b)** Der Verfügungstenor muss dem **Bestimmtheitsgrundsatz** aus § 37 Abs. 1 VwVfG Genüge leisten. Dies ist dann der Fall, wenn der Adressat in die Lage versetzt wird zu erkennen, was von ihm gefordert wird, und – im Fall eines befehlenden Verwaltungsaktes – wenn der Verwaltungsakt eine ausreichende Grundlage für Vollstreckungsmaßnahmen bietet. Im Einzelnen richtet sich diese Beurteilung nach den Besonderheiten des jeweils anzuwendenden materiellen Rechts.[18] Eine Bezugnahme auf Dokumente usw., die dem Adressaten vorliegen oder ohne weiteres zugänglich sind, ist im Einklang mit dem Bestimmtheitsgebot möglich. Dabei kann es sich im Einzelfall um Preislisten handeln[19] oder auch um Schriftverkehr zwischen Kartellbehörde und Beteiligten, etwa wenn es um die der Vertraulichkeit unterliegende Frist im Zusammenhang mit Verkaufsauflagen geht.[20] Erforderlichenfalls sind für die Bestimmtheit des Tenors auch die Verfügungsgründe heranzuziehen.[21] Im Zusammenhang mit Lieferverweigerungen ist die Kartellbehörde zwar grundsätzlich nur zum Ausspruch eines Verbots ermächtigt, doch ist eine Gebotsverfügung zulässig, wenn der Verstoß nur durch eine bestimmte Maßnahme beseitigt werden kann.[22]

10 Das Bestimmtheitsgebot steht nicht selten in einem Spannungsverhältnis zum berührten Verbotstatbestand, denn je genauer die kartellbehördlichen Vorgaben ausfallen, desto enger wird der Freiraum des Adressaten, ein untersagtes Verhalten abzustellen. Zu weit geht nach höchstrichterlicher Rechtsprechung eine Verfügung, die dem betroffenen Unternehmen nicht nur die Verweigerung eines Vertragsschlusses untersagt, sondern ihm zudem den genauen Vertragsinhalt vorschreibt.[23] Kann im konkreten Fall auf übliche Bedingungen entsprechender Verträge zurückgegriffen werden, so ist eine Bezugnahme auf diese Bedingungen bestimmt genug.[24] Hingegen wurde die Bezugnahme auf generalklauselartige Rechtsbegriffe wie „unlauter" vom Bundesgerichtshof grundsätzlich als unbestimmt angesehen, es sei denn, der Begriff wird zur Beschreibung eines nicht im Streit stehenden Verhaltensmerkmals herangezogen.[25] Soweit das Bundeskartellamt in einer auf § 19 Abs. 4 Nr. 4 gestützten Missbrauchsverfügung offengelassen hat, mit welchem der beiden an einer Geschäftsbeziehung interessierten Unternehmen der Betroffene in Verhandlungen treten muss, in welchem Umfang bauliche Vorkehrungen zu treffen sind und welches Entgelt als angemessen anzusehen ist,[26] hat das Oberlandesgericht Düsseldorf dies für nicht bestimmt genug gehalten.[27]

---

[18] BGH WuW/E BGH 2953, 2956 – *Gasdurchleitung* = NJW 1996, 193, 194.
[19] BGH WuW/E BGH 2967, 2968 f. – *Strompreis Schwäbisch-Hall* = NJW 1995, 1894, 1894.
[20] BKartA WuW/E DE-V 370, 370 – *outdoor specials*.
[21] BGH WuW/E DE-R 195, 196 – *Beanstandung durch Apothekerkammer*.
[22] BGH WuW/E BGH 2906, 2908 – *Lüdenscheider Taxen*; WuW/E BGH 2951, 2951 – *Weigerungsverbot* = NJW 1995, 462, 462.
[23] BVerfG WuW/E DE-R 557, 559 f. = GRUR 2001, 266, 267; BGH WuW/E BGH 2953, 2957 – *Gasdurchleitung* = NJW 1996, 193, 195.
[24] BGH WuW/E BGH 2990, 2992 – *Importarzneimittel* = NJW 1995, 2415, 2416.
[25] BGH WuW/E BGH DE-R 195, 196 f. – *Beanstandung durch Apothekerkammer*.
[26] BKartA WuW/E DE-V 253, 253 ff. – *Puttgarden*.
[27] OLG Düsseldorf WuW/E DE-R 569, 569 ff. – *Puttgarden II*, aufgehoben durch BGH WuW/E DE-R 983 – *Fährhafen Puttgarden* = NJW 2003, 748.

II. Mitteilung über Verfahrenseinstellung

Für die Einstellung eines Verfahrens ist über die Schriftform hinaus keine besondere Form vorgesehen, so dass ein einfaches Verwaltungsschreiben ausreicht. Die Verfahrenseinstellung ist gegenüber allen Beteiligten mitzuteilen.

III. Rechtsfolgen bei Verletzung

Wird gegen das Begründungserfordernis oder das Bestimmtheitsgebot verstoßen, so ist die Verfügung zwar außerhalb von § 44 VwVfG nicht nichtig, jedoch verfahrensfehlerhaft und insoweit formell anfechtbar.[28] Ist offensichtlich, dass die Verletzung die Entscheidung in der Sache nicht beeinflusst hat, so kann eine Beschwerde allerdings wegen § 46 VwVfG nicht erfolgreich auf den Formverstoß gestützt werden. Bei unterlassener Rechtsmittelbelehrung findet § 58 Abs. 2 VwGO entsprechende Anwendung mit der Folge, dass die Beschwerdefrist ein Jahr vom Zeitpunkt der Zustellung an beträgt. Bei Zustellungsmängeln kann zunächst unproblematisch durch eine erneute Zustellung abgeholfen werden, soweit nicht zwischenzeitlich Entscheidungsfristen abgelaufen sind.[29] Ansonsten führt eine Verletzung der Zustellungsvorschriften – und sei es nur gegenüber einem Teil der Beteiligten – dazu, dass die Verfügung nicht existent ist, denn die Zustellung ist unabdingbare Voraussetzung für die innere und äußere Wirksamkeit der Verfügung.[30]

§ 62 Bekanntmachung von Verfügungen

¹ Verfügungen der Kartellbehörde nach § 30 Abs. 3, §§ 32 bis 32 b und § 32 d sind im Bundesanzeiger oder im elektronischen Bundesanzeiger bekannt zu machen. ² Entscheidungen nach § 32 c können von der Kartellbehörde bekannt gemacht werden.

§ 62 vervollständigt die im GWB enthaltenen Bekanntmachungsvorschriften. So sind die Bekanntmachungsbestimmungen für Wettbewerbsregeln (§ 27 Abs. 2) und für die Fusionskontrolle (§ 43) im Zusammenhang mit diesen Spezialmaterien geregelt. § 62 betrifft insofern die Verfügungen nach den allgemeinen Vorschriften der §§ 32 bis 32 b und § 32 d, also die Abstellungsverfügung, die einstweilige Anordnung, Verfügungen bezüglich Verpflichtungszusagen und den Entzug der Freistellung.

Zweck der Bekanntmachung ist es nicht, die Beschwerdefrist für bislang unbeteiligte Dritte in Gang setzen, sondern umfassende **Publizität** zu schaffen. Dies gilt vor allem dort, wo das Bundeskartellamt durch förmliche Verfahren tätig wird oder wo Entscheidungen in gesetzlich freigestellten Bereichen ergehen. Speziell in § 62 sind dabei Entscheidungen aufgenommen worden, die aus Sicht der Betroffenen tendenziell belastend sind.

Gemessen am Zweck sollte die Bekanntmachung **zeitnah** erfolgen, frühestens jedoch mit der Zustellung an die Beteiligten. Die Unanfechtbarkeit einer Verfügung braucht nicht abgewartet zu werden. Vom **Umfang** her erfordert der Bekanntmachungszweck nicht den vollständigen Abdruck der betroffenen Verfügung mit Rubrum, Tenor, Gründen und Rechtsbehelfsbelehrung, denn selbst bei öffentlicher Bekanntgabe eines Verwaltungsaktes an Betroffene nach § 41 Abs. 4 Satz 1 VwVfG ist nur eine Bekanntmachung des verfügenden Teils vorgesehen. Für Publizitätszwecke reicht die sinngemäße Wiedergabe des Tenors, ergänzt um die wichtigsten Angaben des Rubrum wie Firma und Sitz der Antragsteller

---

[28] *Werner* in: Wiedemann, Handbuch des Kartellrechts, § 53 C. II. 1. c) Rn. 100.
[29] Zur Fusionskontrolle *Werner* in: Wiedemann (a. a. O.), § 53 C. II. 1. c) Rn. 102.
[30] KG WuW/E OLG 2411, 2416 – *Synthetischer Kautschuk I;* WuW/E OLG 3591, 3592 f. – *Coop Schleswig-Holstein/Deutscher Supermarkt*.

oder Betroffenen.[31] Da sich § 62 nicht auf das Bußgeldverfahren bezieht, sind durch die Bekanntmachung in aller Regel keine personenbezogenen Daten berührt. Geschäftsgeheimnisse, zum Beispiel die Verkaufsfrist im Rahmen einer Veräußerungsauflage, sind jedoch zu wahren. Die Bekanntmachung ist im Bundesanzeiger vorzunehmen. Seit 1999 können die öffentlichen Fassungen ausgewählter Entscheidungen des Bundeskartellamtes unter www.bundeskartellamt.de/entscheidungen im Volltext abgerufen werden.

II. Beschwerde

§ 63 Zulässigkeit, Zuständigkeit

(1) ¹Gegen Verfügungen der Kartellbehörde ist die Beschwerde zulässig. ²Sie kann auch auf neue Tatsachen und Beweismittel gestützt werden.

(2) Die Beschwerde steht den am Verfahren vor der Kartellbehörde Beteiligten (§ 54 Abs. 2 und 3) zu.

(3) ¹Die Beschwerde ist auch gegen die Unterlassung einer beantragten Verfügung der Kartellbehörde zulässig, auf deren Vornahme der Antragsteller ein Recht zu haben behauptet. ²Als Unterlassung gilt es auch, wenn die Kartellbehörde den Antrag auf Vornahme der Verfügung ohne zureichenden Grund in angemessener Frist nicht beschieden hat. ³Die Unterlassung ist dann einer Ablehnung gleichzuachten.

(4) ¹Über die Beschwerde entscheidet ausschließlich das für den Sitz der Kartellbehörde zuständige Oberlandesgericht, in den Fällen der §§ 35 bis 42 ausschließlich das für den Sitz des Bundeskartellamts zuständige Oberlandesgericht, und zwar auch dann, wenn sich die Beschwerde gegen eine Verfügung des Bundesministeriums für Wirtschaft und Technologie richtet. ²§ 36 der Zivilprozessordnung gilt entsprechend.

Übersicht

	Rn.		Rn.
I. Beschwerden als Rechtsschutz im Kartellverwaltungsrecht	1	3. Beschwer	18
		a) Allgemeines	18
II. Beschwerden nach § 63 GWB	3	b) Beschwer in der Fusionskontrolle	19
1. Anfechtungs- und Verpflichtungsbeschwerde	3	c) Treu und Glauben	24
		4. Verfahrensvorschriften	25
a) Anfechtungsbeschwerde	3	a) Tatsachengrundlagen	25
b) Verpflichtungsbeschwerde	4	b) Entscheidungszuständigkeit	26
c) Verfügung der Kartellbehörden	5	III. Weitere Beschwerdearten	27
2. Beschwerdebefugnis	9	1. Allgemeine Leistungsbeschwerde	27
a) Allgemeines	9	2. Fortsetzungsfeststellungsbeschwerde	29
b) Anfechtungsbeschwerde	10	3. Allgemeine Feststellungsbeschwerde	30
c) Verpflichtungsbeschwerde	16	4. Verfahrensvorschriften	31

Schrifttum: *Boekhoff/Franszen,* zur Beschwerdebefugnis eines Dritten, insbesondere eines Verbandes bei Beschwerden gegen Fusionsfreigaben, WuW 2002, 668, *Dormann,* Drittklagen im Recht der Zusammenschlusskontrolle, 2000; *dies.,* Die Bedeutung subjektiver Rechte für das Kartellbeschwerdeverfahren, WuW 2000, 245; *Frenz,* Verwaltungsgerichtlicher Rechtsschutz in Konkurrenzsituationen, 1999; *Gierth,* Klagebefugnis und Popularklage, DÖV 1980, 893; *Bechtold,* die Stellung des Beigeladenen im Kartellverfahren, GB 2003, 1021; *Bunte,* Drittschutz in der Fusionskontrolle, in: FS *Tilmann,* S. 621; *Jaeger,* Einstweiliger Rechtsschutz bei Beschwerden beigeladener Dritter gegen Freigaben von Zusammenschlüssen, in: FS *Tilmann,* S. 657; *Körber,* Die Konkurrentenklagen im Fusionskartellrecht der USA, Deutschlands und der Europäischen Union, 1996; *ders.,* Gerichtlicher Drittschutz im Deutschen Fusionskartellrecht, BB 2000, 1532; *Kohlmeier,* Beschwer als Beschwerdevoraussetzung, 1997; *Kremer,* Die kartellverwaltungsrechtliche Beschwerde, 1988; *Laufkötter,* Die

---

[31] Nur bei der besonderen Form der öffentlichen Bekanntgabe ist wegen des erhöhten Bestimmtheitserfordernis ein Abdruck des Tenors im Wortlaut nötig, vgl. *Obermayer* VwVfG, § 41 Rn. 56.

§ 63. Zulässigkeit, Zuständigkeit 1, 2 **§ 63 GWB**

Rechte der Dritten im neuen Recht der Zusammenschlusskontrolle, WuW 1999, 671; *Mazanowski,* Drittschutz- und Beschwerdebefugnis im Rahmen der kartellrechtlichen Verpflichtungsbeschwerde, § 62 Abs. 3 Satz 1 GWB, WRP 1990, 588; *Karsten Schmidt,* Kartellverfahrensrecht-Kartellverwaltungsrecht-Bürgerliches Recht, 1977 S. 513 ff.; *ders.,* Gerichtsschutz in Kartell-Verwaltungssachen, 1980; *ders.,* Klagebefugnis und Beschwerdebefugnis verfahrensbeteiligter Dritte im Europäischen und nationalen Kartellrecht, in: FS *Steindorff,* 1990, S. 1085; *ders.,* Akteneinsicht und Geheimnisschutz im Kartellverfahren, 1992; *ders.,* Zur Komplimentierung des kartellverwaltungsrechtlichen Rechtsschutzes, DB 1992, 1277; *Steinberger,* Prüfverfahren in der 1. Phase nach dem Gesetz gegen Wettbewerbsbeschränkungen, WuW 2000, 345, *Veelken,* Drittschutz in der Fusionskontrolle, WRP 2003, 207, *Zöttl,* Drittschutz ohne Rechte?, WuW 2004, 474.

I. Beschwerden als Rechtsschutz im Kartellverwaltungsrecht

§§ 63 ff. GWB regeln das gerichtliche Beschwerdeverfahren in **Kartellverwaltungssachen** nach dem GWB. Abweichend von § 40 Abs. 1 Satz 1 VwGO, der den Verwaltungsrechtsschutz grundsätzlich den Verwaltungsgerichten zuweist, normiert § 63 Abs. 4 GWB die **ausschließliche Zuständigkeit** des für den Sitz der Kartellbehörde zuständigen Oberlandesgerichts. Das gilt allerdings nur unter dem Vorbehalt, dass die jeweilige Landesregierung nicht von der Ermächtigung des § 92 Abs. 1 GWB zum Erlass einer sogenannten Konzentrationsverordnung Gebrauch gemacht und abweichend vom Sitzprinzip ein anderes Oberlandesgericht zum Beschwerdegericht bestimmt. Dies ist beispielsweise in Nordrhein-Westfalen geschehen, so dass über Beschwerden gegen kartellbehördliche Entscheidungen des Bundeskartellamtes mit Sitz in Bonn nicht das Oberlandesgericht Köln, sondern das Oberlandesgericht in Düsseldorf entschieden (vgl. § 92 Abs. 1 Satz 1 GWB i. V. m. der Konzentrationsverordnung[1]). Übertragen sind den nach dem Kartellgesetz zuständigen Beschwerdegerichten dabei nicht nur die in §§ 63 Abs. 1 GWB ausdrücklich aufgeführten Rechtsschutzverfahren, sondern der **gesamte gerichtliche Rechtsschutz** in **kartellverwaltungsrechtlichen** Angelegenheiten. Daraus folgt umgekehrt, dass die Verwaltungsgerichte nur in öffentlichen-rechtlichen Streitigkeiten nichtkartellrechtlicher Art zu entscheiden haben. Dass sich in jenen Verfahren **kartellrechtliche Vorfragen** stellen, begründet nicht die Zuständigkeit der Kartellgerichte. Vielmehr hat das Verwaltungsgericht diese kartellrechtlichen Vorfragen selbst zu entscheiden.[2]

Die Zuständigkeit des Kartell-Beschwerdegerichts erstreckt sich in kartellverwaltungsrechtlichen Angelegenheiten auf **sämtliche** in Betracht kommende **Rechtsschutzverfahren.** Aus dem Umstand, dass in § 63 Abs. 1 GWB die Anfechtungsbeschwerde und in § 63 Abs. 3 GWB die Verpflichtungsbeschwerde geregelt sind, folgt nicht, dass andere Beschwerdearten in Kartellverwaltungsverfahren unstatthaft wären. § 71 Abs. 2 Satz 2, Abs. 3 GWB setzt die Zulässigkeit einer Fortsetzungs-Feststellungsbeschwerde voraus. Darüber hinaus kann die in Art. 19 Abs. 4 GG verfassungsrechtliche verankerte Rechtsschutzgarantie zu einer Erweiterung der Rechtsschutzmöglichkeiten über die im Kartellgesetz geregelten Beschwerdearten hinaus zwingen.[3] Daraus leitet sich insbesondere die Zulässigkeit einer **allgemeinen Leistungsklage** ab, die auf die Vornahme eines tatsächlichen kartellbehördlichen Verhaltens oder auf die Verpflichtung der Kartellbehörde zu einem Unterlassen gerichtet sein kann und die überdies auch als eine vorbeugende Unterlassungsbeschwerde statthaft sein kann. Für sämtliche dieser – im GWB nicht ausdrücklich normierten – Rechtsschutzverfahren ist ausschließlich das Kartell-Beschwerdegericht zuständig und nicht – im Sinne einer Restkompetenz – der Verwaltungsrechtsweg eröffnet.

---

[1] VO v. 22. 11. 1994, GVBl. NRW Seite 1067.
[2] BGH, BGHZ 41, 194 – *Apothekerkammern;* vgl. zu allem: *Karsten Schmidt* in: Immenga/Mestmäcker, GWB, § 63 Rn. 1.
[3] BGH, BGHZ 117, 209 – *Unterlassungsbeschwerde; Karsten Schmidt* in: Immenga/Mestmäcker, GWB, § 63 Rn. 1, 5 m. w. N.

Soweit das Kartellgesetz selbst eine anderweitige gerichtliche Zuständigkeit vorsieht, geht diese § 63 Abs. 4 GWB selbstverständlich vor. Das betrifft beispielsweise die Regelung in § 58 Abs. 3 GWB, wonach der gerichtliche Rechtsschutz gegen Beschlagnahmemaßnahmen der Kartellbehörde vor dem Amtsgericht, in dessen Bezirk die Beschlagnahme vorgenommen worden ist, nachzusuchen ist, oder die in § 116 Abs. 3 GWB spezialgesetzlich geregelte Zuständigkeit der Vergabesenate.

II. Beschwerden nach § 63 GWB

§ 63 GWB regelt – nicht abschließend – die im kartellverwaltungsrechtlichen Beschwerdeverfahren zulässigen Beschwerdearten.

1. Anfechtungs- und Verpflichtungsbeschwerde

§ 63 Abs. 1 und 3 GWB befassen sich mit der Anfechtungs- und der Verpflichtungsbeschwerde.

3   a) **Anfechtungsbeschwerde.** § 63 GWB regelt in Absatz 1 die Anfechtungsbeschwerde. Die **Anfechtungsbeschwerde** richtet sich gegen Verfügungen der Kartellbehörde, die dem Adressaten ein Verhalten oder Unterlassen aufgeben. Typische Anwendungsfälle der Anfechtungsbeschwerde betreffen den gerichtlichen Rechtsschutz im Bereich der **Missbrauchs- und Fusionskontrolle.** Untersagungs- und Abstellungsverfügungen, welche die Kartellbehörde nach § 32 Abs. 1 und 2 GWB i. V. m. Art. 81, 82 EG oder §§ 19, 20 GWB erlassen hat, sind vom Verfügungsadressaten ebenso mit der Anfechtungsbeschwerde anzugreifen wie die auf § 32 Abs. 3 GWB gestützte Feststellung einer kartellrechtlichen Zuwiderhandlung. In sämtlichen Fällen zielt das Rechtsschutzbegehren der beschwerdeführenden Partei darauf ab, eine sie belastende Entscheidung der Kartellbehörde zu beseitigen. Auch die Untersagung eines angemeldeten Zusammenschlussvorhabens nach § 36 Abs. 1, § 40 Abs. 2 Satz 1 GWB ist von den fusionsbeteiligten Unternehmen mit der Anfechtungsbeschwerde anzugreifen. Eine Freigabeentscheidung des Beschwerdegerichts ergeht im Falle einer erfolgreichen Anfechtung der Fusionsuntersagung nicht, weil bereits mit Aufhebung der kartellbehördlichen Untersagungsentscheidung das gesetzliche Vollzugsverbot des § 41 Abs. 1 Satz 1 GWB in Fortfall gerät.[4] In gleicher Weise muss umgekehrt ein beigeladenes Unternehmen die kartellbehördliche Fusionsfreigabe im Wege der Anfechtungsklage angreifen. Nach § 63 Abs. 1 GWB anfechtbar sind ferner isolierte Kostenentscheidungen sowie Kostenvorschussanforderungen der Kartellbehörde sowie alle Nebenbestimmungen, die einen eigenen und von der Hauptsacheentscheidung trennbaren, selbständigen Regelungsgehalt haben.

Ziel der Anfechtungsbeschwerde ist die Aufhebung der Verfügung, deren Rechtmäßigkeit der Beschwerdeführer in Frage stellt. Zur Begründung des Rechtsmittels können – weil das Kartellgesetz die in der VwGO vorgesehene Unterscheidung zwischen Anfechtungsklage (§ 42 Abs. 1) und Nichtigkeitsfeststellungsklage (§ 43 Abs. 1) nicht übernommen hat, andererseits Art. 19 Abs. 4 GG bei Vorliegen eines berechtigten Interesses Rechtsschutz auch gegen nichtige kartellbehördliche Verfügungen erfordert – sowohl **Anfechtungs- wie auch Nichtigkeitsgründe** geltend gemacht werden.

4   b) **Verpflichtungsbeschwerde.** Rechtsschutzziel der **Verpflichtungsbeschwerde** ist der Erlass einer beantragten Verfügung durch die Kartellbehörde. § 63 Abs. 3 GWB erfasst sowohl den Fall, dass die Kartellbehörde den Antrag auf Erlass einer begehrten Verfügung abgelehnt hat (Verpflichtungsbeschwerde im engeren Sinne), wie auch den Fall, dass die Kartellbehörde untätig geblieben und den Antrag ohne zureichenden Grund in angemessener Frist nicht beschieden hat (Untätigkeitsbeschwerde). Die der Kartellbehörde zuzubilli-

---

[4] OLG Düsseldorf, WuW/E DE-R 2069, 2071 – *Phonak/ReSound* m. w. N.

gende Bearbeitungs- und Entscheidungsfrist bestimmt sich nach den jeweiligen Umständen des Falles. Maßgeblich sind der Umfang und die Schwierigkeit der Sache,[5] die mit der Bearbeitung verbundenen rechtlichen und tatsächlichen Schwierigkeiten, ferner das erforderliche Maß der Ermittlungen sowie Art und Maß der Mitwirkung des Antragstellers. Als grobe Faustregel wird man – unter Rückgriff auf die Bearbeitungszeiten, die das Kartellgesetz der Behörde in anderen Fällen (vgl. § 40 Abs. 2, § 42 Abs. 1 GWB) zugesteht – eine Bescheidungsfrist von bis zu vier Monaten annehmen können.

Streitgegenstand der Verpflichtungsbeschwerde ist in beiden Alternativen der behauptete Anspruch der beschwerdeführenden Partei auf Erlass der beantragten Verfügung. Dementsprechend ist der Antrag in beiden Fällen auf die Verpflichtung der Kartellbehörde zu richten, die verlangte Verfügung zu erlassen. Hatte die Kartellbehörde den Antrag abgelehnt, hat das Beschwerdegericht bei einem Erfolg des Rechtsmittels zugleich den ablehnenden Bescheid aufzuheben. Das gilt auch ohne einen dahingehenden ausdrücklichen Sachantrag des Beschwerdeführers.

c) Verfügung der Kartellbehörden. Anfechtungs- und der Verpflichtungsbeschwerde ist gemeinsam, dass sie eine **Verfügung** der Kartellbehörde zum Gegenstand haben. Der im Kartellgesetz verwendete Begriff der Verfügung entspricht demjenigen des Verwaltungsaktes in § 35 VwVfG.[6] Gegenstand der Anfechtungs- oder Verpflichtungsbeschwerde ist demgemäß jede hoheitliche Maßnahme, die eine Kartellbehörde zur Regelung eines Einzelfalles auf dem Gebiet des Kartellverwaltungsrechts trifft oder treffen soll und die auf die Herbeiführung unmittelbarer Rechtswirkungen nach außen gerichtet ist. Unerheblich ist, ob durch die kartellbehördliche Verfügung eine Verhaltenspflicht des Adressaten erst begründet wird oder sie – wie im Falle einer Abstellungsverfügung nach § 32 Abs. 2 GWB – lediglich eine bereits kraft Gesetzes bestehende Verpflichtung konkretisiert und in vollstreckbarer Form wiederholt. Ebenso fallen nicht nur **belastende**, sondern gleichermaßen auch **begünstigende** Verwaltungsakte – wie z. B. die Freigabe eines angemeldeten Zusammenschlussvorhabens – unter den Begriff der kartellbehördlichen Verfügung.[7]

Für die Beschwerdefähigkeit kartellbehördlicher Verfügungen ist es ohne Belang, ob diese in der Hauptsache ergangen oder in einem Nebenverfahren getroffen worden sind. Alleine entscheidend – aber auch erforderlich – ist, dass es um einen kartellbehördlichen Verwaltungsakt im vorstehend beschriebenen Sinne geht. Zu den beschwerdefähigen Verfügungen, die **in der Hauptsache** ergehen, zählen vor allem die das Verwaltungsverfahren abschließenden Entscheidungen wie etwa die Missbrauchsverfügungen nach § 32 GWB i. V. m. Art. 81, 82 EG oder §§ 1, 19, 20, 21 GWB, ferner Untersagungs- oder Freigabeverfügungen in der Fusionskontrolle nach §§ 36 Abs. 1, 40 GWB,[8] zudem die Rücknahme, der Widerruf oder die Einschränkung erteilter Erlaubnisse und ebenso der Entzug der Freistellung nach § 32 d) GWB. Mit der Beschwerde anfechtbare Entscheidungen in einem **Nebenverfahren** sind beispielsweise die Beiladungsbeschlüsse nach § 54 Abs. 2 Nr. 3 GWB, die Auskunftsbeschlüsse nach § 59 GWB, die Anforderung von Angaben nach § 39 Abs. 5 GWB und Gebühren- oder Auslagenbescheide nach § 80 Abs. 2 GWB. **Zwischenverfügungen,** die zwar das Verfahren in der Hauptsache noch nicht abschließen, jedoch eine verbindliche Regelung treffen, sind ebenfalls mit der Beschwerde anfechtbar. Im Be-

---

[5] *Bechtold,* GWB, § 63 Rn. 6.
[6] Vgl. BGH, Beschl. v. 29. 4. 2008 – KVZ 45/07 Rn. 7; OLG Düsseldorf, Beschl. v. 20. 6. 2007 – VI-Kart 21/06 (V) Umdruck Seite 6.
[7] BGH, BGHZ 61, 1, 3; BGHZ 63, 5 – *Asbach-Uralt;* BGH, WuW/E DE-R 1163, 1164/1165 – *HABET/Lekkerland; Karsten Schmidt* in: Immenga/Mestmäcker, GWB, § 63 Rn. 15 m. w. N.
[8] Nicht jedoch die formlose Mitteilung der Kartellbehörde, die Freigabefiktion des § 40 Abs. 1 Satz 1 GWB eintreten lassen zu wollen (vgl. BGH, Beschl. v. 28. 6. 2005 – KVZ 34/04 Umdruck Seite 5 – *Ampere/EWE*).

sondern trifft dies auf die einstweiligen Anordnungen zu, die die Kartellbehörde nach § 60 GWB erlassen kann.

7 Hinsichtlich der Anfechtbarkeit von **Nebenbestimmungen** einer Verfügung ist zu differenzieren. Sie sind selbständig anfechtbar, wenn sie von der Hauptverfügung abtrennbar sind und einen ihr gegenüber eigenständigen Regelungsgehalt haben.[9] Dies trifft typischerweise für die **Auflage** zu.[10] Einschränkungen in der isolierten Anfechtbarkeit können sich allerdings aus dem materiellen Recht ergeben. Das gilt namentlich im Bereich der Fusionskontrolle für Freigabeentscheidungen unter einer Nebenbestimmung. Wendet sich der Beschwerdeführer alleine gegen die Rechtmäßigkeit der Nebenbestimmung, ohne zugleich geltend zu machen, dass das Vorhaben mangels Vorliegen der Untersagungsvoraussetzungen des § 36 Abs. 1 GWB uneingeschränkt freizugeben ist, liefe die Aufhebung der Nebenbestimmung auf eine dem materiellen Recht widersprechende Fusionsfreigabe hinaus. In einem solchen Fall kann deshalb nur die Anfechtung der kompletten Freigabeentscheidung in Frage kommen. Das bedeutet umgekehrt: Die isolierte Anfechtung von Nebenbestimmungen einer Fusionsfreigabe durch die Zusammenschlussbeteiligten ist nur für den Fall zuzulassen, dass mit der Beschwerde das Fehlen der Untersagungsvoraussetzungen reklamiert wird.[11] Die einer Hauptsacheentscheidung beigefügte (auflösende oder aufschiebende) **Bedingung** kann mangels Trennbarkeit nur zusammen mit der Hauptverfügung angegriffen werden. Wendet sich die beschwerdeführende Partei dagegen, dass die Kartellbehörde den beantragten begünstigenden Verwaltungsakt (z. B. die Fusionsfreigabe) nur unter einschränkenden Bedingungen erlassen hat, ist mangels isolierter Anfechtbarkeit dieser Nebenbestimmung nicht Anfechtungsbeschwerde auf Beseitigung der Bedingungen, sondern Verpflichtungsbeschwerde auf die bei der Kartellbehörde nachgesuchte unbedingte Verfügung zu erheben. Nur zusammen mit der Hauptsacheentscheidung anfechtbar ist auch die **Anordnung der sofortigen Vollziehbarkeit** nach § 65 Abs. 1 GWB.

8 **Nicht anfechtbar** sind demgegenüber alle Maßnahmen der Kartellbehörde ohne einen materiellen Regelungsgehalt. Hierunter fallen insbesondere verfahrensleitende oder verfahrensgestaltende Anordnungen wie zum Beispiel die Einleitung und Einstellung des Verfahrens, die Anordnung einer mündlichen Verhandlung nach § 56 Abs. 3 GWB, die Ladung zur mündlichen Verhandlung, die Beiziehung von Akten, die Verfahrensabgabe wegen Unzuständigkeit, Anhörungen, Abmahnungen, die Erteilung von Auskünften und Antworten. Alle diese das Verfahren betreffenden Maßnahmen können nur mit den gegen die Sachentscheidung eröffneten Rechtsmitteln angegriffen werden. Nicht beschwerdefähig ist auch die formlose Mitteilung der Kartellbehörde, die Freigabefiktion des § 40 Abs. 1 Satz 1 GWB eintreten lassen zu wollen[12] oder das Verstreichenlassen der in § 40 Abs. 1 Satz 1, Abs. 2 Satz 2 GWB geregelten Fristen für die Untersagung eines angemeldeten Zusammenschlussvorhabens.[13]

2. Beschwerdebefugnis

Die Beschwerdebefugnis ist in § 63 Abs. 2 GWB geregelt.

9 **a) Allgemeines.** Die in § 63 Abs. 2 und Abs. 3 GWB normierte Beschwerdebefugnis dient dem Ziel, Popularbeschwerden auszuschließen. Kartellbehördliche Verfügungen sol-

---

[9] BGH, NJW 1984, 2967 – *Wettbewerbsregeln*; Karsten Schmidt in: Immenga/Mestmäcker, GWB, § 63 Rn. 18; *Werner* in: Wiedemann, Handbuch des Kartellrechts, § 54 Rn. 7.
[10] BGH, NJW 1984, 2967 – *Wettbewerbsregeln*.
[11] BGH, WuW/E DE-R 1681, 1684 – *DB Regio/üstra*; OLG Düsseldorf, WuW/E DE-R 1397, 1399/1400 – *ÖPNV Hannover*; *Mestmäcker/Veelken* in: Immenga/Mestmäcker, GWB, § 40 Rn. 104; vgl. auch BVerwG, NVwZ 2001, 919 ff.; NVwZ 2001, 429, 430; BSG, NJW 2002, 3278 ff.
[12] BGH, WuW/E DE-R 1571, 1572 – *Ampere/EWE*; OLG Düsseldorf, Beschl. v. 7. 10. 2004 – VI-Kart 3/04 (V); OLG Düsseldorf, Beschl. v. 30. 6. 2004 – VI-Kart 4/04 (V).
[13] Ebenso: *Karsten Schmidt* in: Immenga/Mestmäcker, GWB, § 63 Rn. 19.

len nicht von jedermann, sondern nur von demjenigen angegriffen werden können, der durch die Maßnahme der Kartellbehörde in seinen Rechten oder rechtlichen Interessen tangiert ist. Das Gesetz unterscheidet dabei strikt zwischen der Anfechtungsbeschwerde einerseits und der Verpflichtungsbeschwerde andererseits. Während es die Befugnis für eine Anfechtungsbeschwerde an den Aspekt der Verfahrensbeteiligung knüpft, verlangt es für die Verpflichtungsbeschwerde die Möglichkeit einer eigenen Rechtsverletzung. Eine Beschwerdebefugnis für Verbände zur Förderung gewerblicher Interessen oder von Verbraucherverbänden sieht § 63 GWB nicht vor. Dementsprechend kann ein Verband auch nicht in Prozessstandschaft für seine Mitglieder Beschwerde einlegen.

b) Anfechtungsbeschwerde. Bei der **Anfechtungsbeschwerde** sind alle Personen und Vereinigungen beschwerdebefugt, die nach § 54 Abs. 2 und 3 GWB am Verfahren vor der Kartellbehörde beteiligt waren (§ 63 Abs. 2 GWB). Das Gesetz normiert damit eine formalisierte Beschwerdebefugnis, die ausschließlich an die Verfahrensbeteiligung der beschwerdeführenden Partei im zugrunde liegenden kartellbehördlichen Verfahren anknüpft. Die Möglichkeit einer Beeinträchtigung in eigenen Rechten ist darüber hinaus nicht erforderlich. Beschwerdebefugt ist demnach, wer die Einleitung des kartellbehördlichen Verfahrens beantragt hat (§§ 63 Abs. 2, 54 Abs. 2 Nr. 1 GWB), ferner derjenige, gegen den sich das Verfahren der Kartellbehörde richtet (§§ 63 Abs. 2, 54 Abs. 2 Nr. 2 GWB) und schließlich, wer von der Kartellbehörde zum Verfahren beigeladen worden ist (§§ 63 Abs. 2, 54 Abs. 2 Nr. 3 GWB). Sie alle besitzen ein subjektiv-öffentliches Recht auf gerichtliche Nachprüfung der Entscheidung der Kartellbehörde. Für die Beschwerdeberechtigung nach § 63 Abs. 2 GWB genügt es dabei, dass die Verfahrensbeteiligung bis zur Beendigung des kartellbehördlichen Verfahrens – also gemäß § 61 Abs. 2 GWB bis zur Zustellung der verfahrensabschließenden Verfügung oder die Mitteilung, dass das Verfahrens abgeschlossen ist – fortbestanden hat.[14] 10

Ist eine Beteiligtenstellung begründet worden, kann der Beteiligte im kartellbehördlichen Verfahren umfassend vortragen. Er ist nicht auf diejenigen Gesichtspunkte beschränkt, die sich auf den Grund seiner Beteiligung beziehen. Dementsprechend kann er auch im Beschwerdeverfahren auf die Beeinträchtigung seiner Interessen auf einem nachgelagerten Markt berufen, ohne dass er gegenüber der Kartellbehörde einen Beiladungsantrag hätte stellen müssen.[15] Voraussetzung ist allerdings, dass er insoweit eine materielle Beschwer geltend machen kann.

Was die Beschwerdebefugnis der **Beigeladenen** betrifft, gilt im Einzelnen Folgendes:

aa) Erfordernis der tatsächlichen Beiladung. Beschwerdeberechtigt ist grundsätzlich nur derjenige, der zum kartellbehördlichen Verfahren **beigeladen worden** ist (§§ 63 Abs. 2, 54 Abs. 2 Nr. 3 GWB). Es reicht für die Beschwerdebefugnis nicht aus, dass die Beiladungsvoraussetzungen vorliegen und eine Beiladung hätte ausgesprochen werden können (oder sogar müssen). Die Beiladung kann dabei nur zum kartellbehördlichen Verfahren – und nicht zum Beschwerdeverfahren – erfolgen (§ 54 Abs. 2 Nr. 3 GWB). Nach Eintritt der **Unanfechtbarkeit** der kartellbehördlichen Hauptsacheverfügung ist eine Beiladung folglich unzulässig.[16] Gleiches gilt im Fusionskontrollverfahren, sobald die Monatsfrist des **§ 40 Abs. 1 GWB** abgelaufen oder die Vier-Monatsfrist des **§ 40 Abs. 2 Satz 2 GWB** verstrichen ist und das angemeldete Zusammenschlussvorhaben damit kraft Gesetzes als freigegeben gilt.[17] Andererseits darf die Kartellbehörde bis zur Einlegung der Beschwerde in der Hauptsache noch eine Beiladung aussprechen, weil die Sache so lange noch nicht 11

---

[14] BGH, WM 2007, 2213, 2214 – *Anteilsveräußerung*.
[15] BGH, WM 2007, 2213, 2215 – *Anteilsveräußerung*.
[16] Vgl. BGH, WuW/E DE-R 1544 – *Zeiss/Leica*.
[17] Vgl. OLG Düsseldorf, WuW/E DE-R 1294 – *tvkofler*.

der nächsten Instanz angefallen ist[18] Voraussetzung ist allerdings, dass der Beiladungsantrag vor dem Abschluss des kartellbehördlichen Verfahrens – d.h. konkret vor Erlass der verfahrensabschließenden Verfügung – gestellt worden ist.[19] Das gilt für die einfache Beiladung ebenso wie für die notwendige Beiladung.[20] Ob darüber hinaus eine Beiladung auch noch nach Beschwerdeeinlegung erfolgen kann, ist umstritten.[21] Nach der Rechtsprechung des Oberlandesgerichts Düsseldorf[22] ist dies zu bejahen, sofern der Beiladungsantrag rechtzeitig vor Erlass der kartellbehördlichen Hauptsacheentscheidung gestellt worden ist.

12 Für die Beschwerdebefugnis ergeben sich daraus folgende Konsequenzen: Hat die Kartellbehörde schon vor Abschluss des Hauptverfahrens beigeladen, steht die Beschwerdebefugnis außer Frage. Gleiches gilt, wenn die Kartellbehörde die beantragte Beiladung zwar abgelehnt hat, sie aber im Beschwerdewege erfolgreich erstritten wird. Das gilt unabhängig davon, ob die Beiladung sodann noch während des laufenden Hauptverfahrens oder erst danach erfolgt. Wird der **Beiladungsantrag** andererseits erst **nach Bestandskraft** der kartellbehördlichen Hauptsacheentscheidung gestellt, ist die Beschwerdebefugnis zu verneinen, weil die Beiladung zu einem schon bestandskräftig abgeschlossenen Verfahren von vornherein ausscheidet.[23] Vergleichbar liegt der Fall, wenn während des kartellbehördlichen Fusionskontrollverfahrens um Beiladung nachgesucht, der Beiladungsantrag jedoch vor Eintritt der **Freigabefiktion** des § 40 Abs. 1 Satz 1 GWB nicht positiv beschieden wird. Mit Eintritt der Freigabefiktion hat das Fusionskontrollverfahren kraft Gesetzes sein unumkehrbares Ende gefunden und ab diesem Zeitpunkt kommt auch eine Beiladung nicht mehr in Betracht.[24] Gleiches gilt im Ergebnis, wenn der **Beiladungsantrag** so **knapp vor Bestandskraft** der kartellbehördlichen Hauptsacheentscheidung gestellt wird, dass eine Beiladung nicht mehr rechtzeitig vor Eintritt der Bestandskraft ausgesprochen werden kann. Denn die Beiladung zu einem bestandskräftig abgeschlossenen kartellbehördlichen Verfahren ist nicht möglich und dementsprechend können auch die Voraussetzungen für eine Beschwerdebefugnis nach §§ 63 Abs. 2, 54 Abs. 2 Nr. 3 GWB nicht mehr entstehen.[25] Anders ist zu entscheiden, wenn der **Beiladungsantrag** zeitig vor Eintritt der Bestandskraft der kartellbehördlichen Hauptsacheentscheidung – und überdies noch vor dem Abschluss des kartellbehördlichen Verfahrens[26] – gestellt worden ist, aber von der Kartellbehörde in vorwerfbarer Weise **nicht rechtzeitig** vor Eintritt der Bestandskraft **beschie-**

---

[18] Vgl. BGH, WuW/E DE-R 1544 – *Zeiss/Leica*; BGH, WuW/E BGH 2077, 2080 – *Coop/Supermagazin*.
[19] So OLG Düsseldorf, WuW/E DE-R 2283, 2285 f. – *Wirtschaftsprüferhaftpflicht*; OLG Düsseldorf, Beschl. v. 21. 6. 2004 – *VI-Kart 6/04 (V)* – *Schencking* Umdruck Seite 3; OLG Düsseldorf, Beschl. v. 11. 9. 2003 – *VI-Kart 23/03(V)* – *Haas* Umdruck Seite 3 f.; OLG Düsseldorf, Beschl. v. 23. 12. 2002 – *Kart 37/02 (V)* – *ares* Umdruck Seite 4; ebenso: *Kiecker* in: Langen/Bunte, Kommentar zum deutschen und europäischen Kartellrecht, Band 1, 10. Aufl., § 54 Rn. 33 m.w.N.; demgegenüber stellt KG, WuW/E OLG 4363, 4364 f. – *Wieland-Langenberg* wohl auf den Zeitpunkt der Einleitung eines Beschwerdeverfahrens ab; *Karsten Schmidt* in: Immenga/Mestmäcker, GWB, § 54 Rdnr. 50 will einen Beiladungsantrag sogar bis zur Bestandskraft der kartellbehördlichen Hauptsacheentscheidung zulassen.
[20] OLG Düsseldorf, WuW/E DE-R 2283, 2286 – *Wirtschaftsprüferhaftpflicht*.
[21] Vgl. *Karsten Schmidt* in: Immenga/Mestmäcker, GWB, § 54 Rn. 50 m.w.N.; *Kiecker* in: Langen/Bunte, Kommentar zum deutschen und europäischen Kartellrecht, Band 1, 10. Aufl., § 54 Rn. 33 m.w.N.
[22] Beschl. v. 21. 6. 2004 – *VI-Kart 6/04 (V)*.
[23] BGH, WuW/E DE-R 1544 – *Zeiss/Leica*.
[24] OLG Düsseldorf, WuW/E DE-R 1922, 1923 – *Verweisungsverfahren*; OLG Düsseldorf, Beschl. v. 30. 6. 2004 – *VI-Kart 4/04 (V)* Umdruck Seite 6 f. m.w.N.; OLG Düsseldorf, Beschl. v. 7. 10. 2004 – *VI-Kart 3/04 (V)* Umdruck Seite 7 f.; OLG Düsseldorf, Beschl. v. 13. 7. 2005 – *VI-Kart 1/05 (V)* Umdruck Seite 3; vgl. auch BGH, WuW/E DE-R 1571, 1572 – *Ampere*.
[25] BGH, WuW/E DE-R 1544 – *Zeiss/Leica*.
[26] Vgl. Fn. 19.

den wird. Nach ständiger Rechtsprechung des OLG Düsseldorf[27] darf das Versäumnis einer zeitnahen Bescheidung des Beiladungsgesuchs nicht zum Nachteil der antragstellenden Partei gehen mit der Folge, dass nur scheinbar Bestandskraft eintritt, eine Beiladung auch noch auf die erfolgreiche Beschwerde hin erfolgen kann und die Hauptsacheentscheidung der Kartellbehörde für den Beigeladenen auch dann noch anfechtbar ist, wenn für alle anderen Verfahrensbeteiligten bereits die Rechtsmittelfristen bereits abgelaufen sind.

bb) Notwendige Beiladung. Eine erste Ausnahme von dem Grundsatz, dass nur der tatsächlich Beigeladene beschwerdebefugt ist, gilt für den Fall der **notwendigen Beiladung,** also dann, wenn das um Beiladung nachsuchende Unternehmen durch die in Rede stehende kartellbehördliche Entscheidung nicht nur in seinen wirtschaftlichen Interessen nachteilig betroffen (einfache Beiladung), sondern darüber hinaus auch in seinen Rechten verletzt ist.[28] In einem solchen Fall besteht die Beschwerdebefugnis auch ohne Beiladung. Zugleich ist die Beschwerde eines notwendig Beizuladenden auch dann noch statthaft sein, wenn die ergangene Entscheidung gegenüber den anderen Verfahrensbeteiligten bereits unanfechtbar geworden ist.[29]

cc) Verfahrensökonomie. Die zweite Ausnahme vom Erfordernis einer tatsächlich erfolgten Beiladung gilt für Fälle, in denen zwar die Beiladungsvoraussetzungen des § 54 Abs. 2 Nr. 3 GWB vorliegen, die Kartellbehörde den rechtzeitig gestellten Beiladungsantrag aber aus dem Gesichtspunkt der **Verfahrensökonomie** abgelehnt hat. Rechtlicher Ausgangspunkt dieser Fallkonstellationen ist, dass die einfache Beiladung im pflichtgemäßen Ermessen der Kartellbehörde steht und bei der Ermessensausübung der vom Gesetzgeber verfolgte Zweck der Beiladung von Drittunternehmen im Vordergrund steht, der Kartellbehörde eine möglichst umfassende Aufklärung des kartellrechtlich relevanten Sachverhalts zu ermöglichen.[30] Daraus folgt: Soweit die Beteiligung eines Beiladungsprätendenten nicht zur Klärung des Sachverhalts unerlässlich ist, darf die Kartellbehörde bei ihrer Entscheidung, welche in ihren wirtschaftlichen Belangen erheblich betroffene Unternehmen beigeladen werden, dem Gesichtspunkt der Verfahrensökonomie – d. h. dem Interesse an einer Konzentration und Beschleunigung des Verwaltungsverfahrens – eine ausschlaggebende Bedeutung beimessen. Liegen mehrere Beiladungsanträge vor, die die gleichen wirtschaftlichen Interessen berühren, darf die Kartellbehörde ein Unternehmen auswählen und die Beiladungsanträge der übrigen Unternehmen mit gleichgelagerter Interessenberührung zurückweisen.[31] Eine solche Auswahlentscheidung scheidet erst dann aus, wenn sich die wirtschaftliche Betätigung des um Beiladung Nachsuchenden auf dem vom Zusammenschlussvorhaben betroffen Markt und seine fusionsbedingt zu erwartende wirtschaftliche Betroffenheit qualitativ in einem solchen Maße von derjenigen der bereits beigeladenen

---

[27] OLG Düsseldorf, Beschl. v. 20. 6. 2005 – *VI-Kart 9/05 (V)* Umdruck Seite 4/5; OLG Düsseldorf, Beschl. v. 21. 6. 2004 – *VI-Kart 6/04 (V)* Umdruck Seite 3/4; OLG Düsseldorf, Beschl. 16. 6. 2004 – *VI-Kart 2/04* Umdruck Seite 3/4.

[28] Vgl. BGH, WuW/E DE-R 1544 – *Zeiss/Leica*; OLG Düsseldorf, WuW/E DE-R 2050, 2051 – *Höchstentgelt*; *Schultz* in: Langen/Bunte, Kommentar zum deutschen und europäischen Kartellrecht, § 54 Rn. 34; *Karsten Schmidt* in: Immenga/Mestmäcker, GWB, § 54 Rn. 45–47, § 63 Rn. 23; *ders.* in: DB 2004, 527, 528 f.; siehe auch *Dormann*, Die Bedeutung subjektiver Rechte für das Kartellverwaltungsverfahren, WuW 2000, 245; erweiternd *Laufkötter*, Die Rechte der Dritten im neuen Recht der Zusammenschlusskontrolle, WuW 1999, 671.

[29] BGH, WuW/E DE-R 1544 – *Zeiss/Leica*.

[30] Vgl. BGH, WuW/E DE-R 2029, 2030 – *iesy/Ish,* wonach die Beiladung nicht den individuellen Interessen des Beizuladenden dient; in diesem Sinne zuvor bereits OLG Düsseldorf, WuW/E DE-R 1607, 1608 – *Breitbandkabelnetz*.

[31] Vgl. zu allem: BGH, WuW/E DE-R 1857, 1858 – *pepcom*; BGH, WuW/E DE-R 2029, 2031 – *iesy/Ish*; OLG Düsseldorf, WuW/E DE-R 1607, 1608 – *Breitbandkabelnetz*; OLG Düsseldorf, Beschl. v. 5. 12. 2002 – *Kart 37/02 (V)* Umdruck Seite 4; KG, WuW/E OLG 2356, 2359 – *Sonntag Aktuell*; *Karsten Schmidt* in: Immenga/Mestmäcker, GWB, § 54 Rn. 44.

Unternehmen unterscheidet, dass eine Verfahrensbeteiligung des antragstellenden Unternehmens zur Sachverhaltsaufklärung geboten ist und die Ablehnung seines Beiladungsgesuchs einer vernünftigen Grundlage entbehrt. Abzustellen ist dabei alleine auf die kartellrechtlich relevanten Belange, d. h. auf diejenigen Interessen, die mit der Freiheit des Wettbewerbs oder der Wettbewerbsstruktur im relevanten Markt zusammenhängen.[32] Im Rahmen ihrer Ermessensentscheidung darf die Kartellbehörde auch berücksichtigen, inwieweit der Beiladungsprätendent in der Lage ist, seinen Standpunkt im Kartellverwaltungsverfahren anderweitig – namentlich im Rahmen einer Anhörung nach § 56 Abs. 2 GWB – vorzutragen.

15 Entgegen dem Gesetzeswortlaut der §§ 63 Abs. 2, 54 Abs. 2 Nr. 3 GWB soll auch derjenige beschwerdebefugt sein, dessen rechtzeitig und auch im Übrigen zulässig gestellter Beiladungsantrag die Kartellbehörde alleine aus Gründen der Verfahrensökonomie abgelehnt hat. Zur Begründung führt der Bundesgerichtshof aus, dass es mit dem Gleichheitssatz nur schwer vereinbar sei, wenn der Rechtsschutz im Einzelfall davon abhinge, ob der beantragten Beiladung im Verwaltungsverfahren Gründe der Verfahrensökonomie entgegenstehen. Wähle die Kartellbehörde aus mehreren Beiladungspetenten mit gleichgerichteten Interessen einen Antragsteller aus und weise sie in Ausübung ihres Ermessens die Anträge der anderen ab, läge eine ungleiche Behandlung gleicher Sachverhalte vor, wenn der Rechtsschutz dem einen gewährt, dem anderen dagegen verweigert würde.[33]

Über den Wortlaut des § 63 Abs. 2 hinaus sind zur Beschwerde befugt auch Dritte, gegen die in einem Nebenverfahren eine Zwischenverfügung ergangen ist, etwa ein Auskunftsersuchen nach § 59 GWB.[34]

16 c) **Verpflichtungsbeschwerde.** Im Gegensatz zu § 63 Abs. 2 GWB knüpft das Gesetz in § 63 Abs. 3 GWB die Beschwerdebefugnis für die **Verpflichtungsbeschwerde** nicht an die Verfahrensbeteiligung durch die Kartellbehörde, sondern in Anlehnung an § 42 Abs. 2 VwGO an die **Möglichkeit einer Rechtsverletzung.** Die Beschwerdebefugnis ergibt sich aus der Ablehnung oder Unterlassung einer beantragten Verfügung. Die beschwerdeführende Partei muss geltend machen können, durch die abgelehnte oder unterlassene Verfügung in ihren eigenen Rechten verletzt zu sein. Daran fehlt es, wenn die materiellen Vorschriften, aus denen die Beschwerde den Anspruch auf die begehrte Verfügung herleitet, nach dem Willen des Gesetzgebers ausschließlich dem öffentlichen Interesse dienen. Gleiches gilt, wenn die betreffende Vorschrift oder eine auf ihrer Grundlage ergangene Verfügung der Kartellbehörde zugunsten der beschwerdeführenden Partei lediglich Reflexe auslöst. Dem Beschwerdeführer muss vielmehr ein eigenes subjektives Recht auf die verlangte Entscheidung der Kartellbehörde zustehen. Sein Vortrag muss dabei das Bestehen eines Rechts auf die Verfügung zumindest als möglich erscheinen lassen; eine dahingehende Rechtsbehauptung alleine reicht nicht. Eine Verpflichtungsbeschwerde ist folglich unzulässig, wenn offensichtlich und eindeutig nach keiner Betrachtungsweise das vom Beschwerdeführer behauptete Recht bestehen oder ihm zustehen kann.[35] Auf die Verfahrensbeteiligung kommt es in diesem Zusammenhang nicht an. Sie ist für die Beschwerdebefugnis nach § 63 Abs. 3 GWB nach einhelliger Ansicht nicht erforderlich. Sie vermag für sich genommen – d. h. ohne die Möglichkeit einer Rechtsverletzung – aber auch nicht die Befugnis zur Erhebung einer Verpflichtungsbeschwerde zu begründen.[36]

---

[32] BGH, WM 2007, 2213, 2214 – *Anteilsveräußerung*; OLG Düsseldorf, WuW/E DE-R 1607, 1608 – *Breitbandkabelnetz*; OLG Düsseldorf, WuW/E DE-R 523, 525 – *SPNV*.
[33] BGH, WuW/E DE-R 1857, 1860 – *pepcom*; BGH, WuW/E DE-R 2029, 2031 – *iesy/Ish*.
[34] OLG Frankfurt, WuW/E OLG 4684, 4685.
[35] BGH, BGHZ 51, 61, 63 – *Taxiflug*; BGH, WuW/E BGH 2058, 2059 – *Internord*; im Ergebnis auch *Karsten Schmidt* in: Immenga/Mestmäcker, GWB, § 63 Rn. 31.
[36] A. A.: *Karsten Schmidt* in: Immenga/Mestmäcker, GWB, § 63 Rn. 32 m. w. N.

§ 63. Zulässigkeit, Zuständigkeit 17, 18 § 63 GWB

Der Begriff des **Antragstellers** in § 63 Abs. 3 GWB ist weit auszulegen. Nach dem 17
Sinn und Zweck der Vorschrift sollen nur solche Verpflichtungsbeschwerden ausgeschlossen werden, bei denen die angegriffene Ablehnung oder Unterlassung der Kartellbehörde keinerlei Beziehung zur Rechtssphäre des Beschwerdeführers aufweist.[37] Antragsteller im Sinne von § 63 Abs. 3 GWB ist deshalb nicht nur derjenige, der den verfahrenseinleitenden Antrag nach § 54 Abs. 1, Abs. 2 Nr. 1 GWB gestellt hat, sondern jeder, der ein eigenes Recht auf eine Verfügung der Kartellbehörde beansprucht hat. Das Merkmal des „Antragstellers" soll insoweit lediglich sicherstellen, dass die Kartellbehörde vor Erhebung der Verpflichtungsbeschwerde hinreichend Gelegenheit zu einer Entscheidung gehabt haben muss.[38] Die **erfolglose Antragstellung** lässt sich als eine besondere Sachentscheidungsvoraussetzung begreifen,[39] die für die Verpflichtungsbeschwerde im engeren Sinne (§ 63 Abs. 3 Satz 1 GWB) und die Untätigkeitsbeschwerde (§ 63 Abs. 3 Satz 2 GWB) gleichermaßen gilt. Bei der erstgenannten Variante der Verpflichtungsbeschwerde ist die Voraussetzung mit der Zurückweisung des Antragsbegehrens erfüllt, so dass vom Zeitpunkt der Zustellung der ablehnenden Behördenentscheidung auch die einmonatige Beschwerdefrist des § 66 Abs. 1 GWB zu laufen beginnt. Im Falle der Untätigkeitsbeschwerde ist erforderlich, dass die Kartellbehörde das Begehren auf Vornahme der Verfügung ohne zureichenden Grund nicht in angemessener Frist beschieden hat. Welcher Entscheidungszeitraum angemessen ist, bestimmt sich nach den Umstanden des Einzelfalles. Maßgeblich sind der Umfang und die Schwierigkeit der Sache,[40] die mit der Bearbeitung verbundenen rechtlichen und tatsächlichen Schwierigkeiten, ferner das erforderliche Maß der Ermittlungen sowie Art und Maß der Mitwirkung des Antragstellers. Gibt die Kartellbehörde klar und unmissverständlich zu erkennen, den gestellten Antrag nicht bescheiden zu wollen, muss der Beschwerdeführer den Ablauf einer angemessenen Frist allerdings nicht abwarten, sondern kann sogleich Verpflichtungsbeschwerde erheben. Die erklärte Weigerungshaltung steht in diesem Falle einer Ablehnung im Sinne von § 63 Abs. 3 Satz 3 GWB gleich.[41] Ausschließlich einer Einzelfallbetrachtung zugänglich ist ebenso das Merkmal des nicht zureichenden Grundes. Maßgeblich muss sein, ob die von der Behörde vorgebrachten Gründe die bislang unterbliebene Bescheidung bei objektiver Betrachtung und vor dem Hintergrund des in § 63 Abs. 3 Satz 2 GWB gewährten verwaltungsverfahrensrechtlichen Rechtsschutzanspruchs zu rechtfertigen vermögen. Die Überlastung der Kartellbehörde entschuldigt – sofern sie nicht kurzfristig eingetreten und bloß vorübergehender Natur ist – nicht. Eine Mindestfrist zwischen Antragstellung und Erhebung der Untätigkeitsbeschwerde sieht das Kartellgesetz nicht vor. Ebenso wenig gilt gemäß § 66 Abs. 2 GWB eine Beschwerdefrist. Abzuwarten ist – von der vorstehend erörterten Ausnahme abgesehen – lediglich der Ablauf der angemessen Bescheidungsfrist.

3. Beschwer

Voraussetzung für eine zulässige Beschwerde ist die Beschwer der rechtsmittelführenden Partei.

a) Allgemeines. Voraussetzung für die Zulässigkeit der Beschwerde gegen eine kartellbehördliche Entscheidung ist die formelle und materielle Beschwer des Rechtsmittelführers.[42] Es handelt sich um eine besondere Form des Rechtsschutzinteresses. Die **formelle** 18

---

[37] KG, WuW/E OLG 4973, 4975 – *Verbandsbeschwerde*.
[38] *Karsten Schmidt* in: Immenga/Mestmäcker, GWB, § 63 Rn. 30.
[39] *Karsten Schmidt* in: Immenga/Mestmäcker, GWB, § 63 Rn. 36.
[40] *Bechtold*, GWB, § 63 Rn. 6.
[41] KG, WuW/E OLG 4113, 4114.
[42] BGH, WuW/E DE-R 1163, 1164/1165 – *HABET/Lekkerland*; BGH, WuW/E BGH 2077, 2078f. – *Coop-Supermagazin*; BGH, WuW/E BGH 1562, 1564 – *Air-Conditioning-Anlagen*; OLG

Beschwer ist gegeben, wenn und soweit der Beschwerdeführer im Verwaltungsverfahren Anträge gestellt oder ein Begehren verfolgt hat, dem in der angefochtenen Entscheidung nicht oder nicht vollständig entsprochen worden ist. Der Adressat einer belastenden kartellbehördlichen Verfügung ist typischerweise beschwert. Eine formelle Beschwer fehlt, wenn die angegriffene Verfügung sachlich dem Begehren des Beschwerdeführers im Verwaltungsverfahren entspricht, auch wenn dort kein bestimmter Antrag gestellt worden ist oder die Kartellbehörde dem Verlangen lediglich mit einer anderen Begründung stattgegeben hat.[43] Die **materielle Beschwer** setzt bei der Anfechtungsbeschwerde voraus, dass der Beschwerdeführer durch die angefochtene Verfügung der Kartellbehörde zwar nicht in seinen subjektiven Rechten, zumindest aber in seinen wettbewerblichen Interessen nachteilig berührt ist.[44] Bei der Verpflichtungsbeschwerde hat die materielle Beschwer neben der nach § 63 Abs. 3 Satz 1 GWB erforderlichen Beschwerdebefugnis keine eigenständige Bedeutung. Kann die beschwerdeführende Partei geltend machen, durch die abgelehnte oder unterbliebene Verfügung in eigenen Rechten verletzt zu sein, ist sie durch die angegriffene Maßnahme der Kartellbehörde zugleich materiell beschwert.

19   b) **Beschwer in der Fusionskontrolle.** Wendet sich das Rechtsmittel gegen eine Entscheidung im Rahmen der **Fusionskontrolle,** müssen die Anforderungen an die Beschwer vom Zweck der Zusammenschlusskontrolle her bestimmt werden.

20   aa) **Zusammenschlussbeteiligte.** Unproblematisch ist die (formelle und materielle) Beschwer der **Zusammenschlussbeteiligten,** die sich gegen eine Untersagungsverfügung wenden. Sie folgt unmittelbar aus dem belastenden Inhalt der angefochtenen Behördenentscheidung. Gleiches gilt grundsätzlich auch dann, wenn das angemeldete Zusammenschlussvorhaben nur unter Nebenbestimmungen freigegeben worden ist. Die (formelle und materielle) Beschwer der beschwerdeführenden Fusionswilligen kann allerdings fraglich sein, wenn diese sich im behördlichen Fusionskontrollverfahren mit den **Nebenbestimmungen** der angefochtenen Freigabeentscheidung **einverstanden erklärt** hatten. Insoweit gilt: Erklären die Zusammenschlussbeteiligten der Kartellbehörde gegenüber ihr Einverständnis mit den Nebenbestimmungen der angefochtenen Fusionsfreigabe, können sie die daraufhin ergangene Freigabeentscheidung mangels Beschwer nicht mit der Beschwerde angreifen. Voraussetzung ist allerdings, dass die Zusammenschlussbeteiligten mit ihrer Zustimmung zugleich ihr ursprüngliches Begehren auf uneingeschränkte Freigabe aufgegeben haben. Für einen dahingehenden Willen müssen hinreichend aussagekräftige Anhaltspunkte vorliegen. Im Allgemeinen wird man alleine aus dem Einverständnis mit den Nebenbestimmungen nicht auf den Verzicht einer uneingeschränkten Fusionsfreigabe schließen können. Bleiben nach Würdigung aller Umstände des Einzelfalles diesbezüglich Zweifel, ist vom Fortbestand des ursprünglichen (unbeschränkten) Freigabeverlangens auszugehen und die Beschwer der Zusammenschlussbeteiligten folglich zu bejahen.[45]

21   Mit der Anfechtungsbeschwerde können sodann die **Nebenbestimmungen isoliert angegriffen** werden, um eine uneingeschränkte Fusionsfreigabe zu erreichen.[46] Die Aufhebung der Nebenbestimmungen lässt die Freigabeverfügung als unbedingte fortbestehen.

Düsseldorf, WuW/E DE-R 1835, 1836/1837 – *Deutsche Börse/London Stock Exchange;* OLG Düsseldorf, WuW/E DE-R 759, 762 – *Net Cologne.*

[43] *Werner* in: Wiedemann, Handbuch des Kartellrechts, § 54 Rn. 29.

[44] BGH, WM 2007, 2213, 2214 – *Anteilsveräußerung;* BGH, WuW/E DE-R 1163, 1165 – *HABET/Lekkerland;* BGH, WuW/E BGH 2077, 2078f. – *Coop-Supermagazin;* OLG Düsseldorf, WuW/E DE-R 1835, 1837 – *Deutsche Börse/London Stock Exchange;* OLG Düsseldorf, WuW/E DE-R 759, 763 – *Net Cologne.*

[45] BGH, WuW/E DE-R 1681, 1684 – *DB Regio/üstra;* OLG Düsseldorf, WuW/E DE-R 1397, 1399 – *ÖPNV Hannover.*

[46] BGH, WuW/E DE-R 1681, 1684 – *DB Regio/üstra;* OLG, Düsseldorf, WuW/E DE-R 1397, 1399/1400 – *ÖPNV Hannover; Mestmäcker/Veelken* in: Immenga/Mestmäcker, GWB, § 40 Rn. 72; vgl. auch BVerwG, NVwZ 2001, 919ff.; NVwZ 2001, 429, 430; BSG, NJW 2002, 3278ff.

Die Gefahr, dass die isolierte Aufhebung der Nebenbestimmungen zur Freigabe einer an sich zu untersagenden Fusion führen könnte, besteht nicht. Sie ist lediglich dann gegeben, wenn die Untersagungsvoraussetzungen des § 36 Abs. 1 GWB erfüllt sind und alleine die Rechtswidrigkeit der Nebenbestimmungen einer Freigabeentscheidung in Rede steht.

Ein Veräußerer, der nachträglich an einem Zusammenschluss nicht mehr interessiert ist, kann mangels formeller Beschwer dessen Untersagung nicht verlangen.[47]

bb) Drittbeschwerde. Greift ein beigeladenes Unternehmen mit seiner Beschwerde die Fusionsfreigabe an, muss es zur Darlegung der Beschwer geltend machen können, dass es sich im kartellbehördlichen Verfahren – ganz oder zumindest teilweise – gegen die ausgesprochene Freigabe des Zusammenschlussvorhabens ausgesprochen hat (formelle Beschwer), und dass es ferner durch die Freigabe in seinem eigenen unternehmerischen und wettbewerblichen Betätigungsfeld und Gestaltungsspielraum auf dem relevanten Markt nachteilig betroffen ist (materielle Beschwer).[48] Dementsprechend findet auch materiellrechtlich eine Überprüfung der angefochtenen Behördenentscheidung nur insoweit statt, wie eine Beeinträchtigung der geschützten unternehmerischen und wettbewerblichen Interessen des Beschwerdeführers in Frage kommt.[49]

Zweifelhaft kann die materielle Beschwer desjenigen sein, der nach Abschluss des kartellbehördlichen Fusionskontrollverfahrens seine **Geschäftsanteile** an dem Zielunternehmen vollständig oder nahezu vollständig **veräußert** hat. Geht infolge der Anteilsveräußerung der wettbewerblich relevante Einfluss auf das Zielunternehmen und dessen Marktverhalten verloren, kann das Zusammenschlussvorhaben den Beschwerdeführer auch nicht mehr in seinen eigenen unternehmerischen und wettbewerblichen Interessen und Möglichkeiten auf dem relevanten Markt nachteilig betreffen. Infolge dessen können die Folgen und Auswirkungen der angefochtenen Freigabe für ihn wettbewerblich auch nicht mehr nachteilig sein, weshalb sein Rechtsmittel mangels materieller Beschwer unzulässig ist.[50] Daraus lässt sich allgemein ableiten: Die Stellung als Aktionär des Zielunternehmens alleine vermittelt nicht die materielle Beschwer, um die Veräußerung von Geschäftsanteilen des Zielunternehmens mit der Beschwerde angreifen zu können. Die beschwerdeführende Partei muss vielmehr über einen Geschäftsanteil am Zielunternehmen verfügen, der ihr die Möglichkeit verschafft, eigene Wettbewerbsinteressen im Verhältnis zu den übrigen Aktionären abstimmen und durchzusetzen zu können, um auf das Marktverhalten der Gesellschaft Einfluss nehmen zu können. Fehlt es an einem entsprechenden Anteilsbesitz, können die wettbewerblichen Einflussmöglichkeiten im Einzelfall auch auf anderem Wege bestehen, etwa aufgrund von Vereinbarungen mit anderen Anteilseignern des Zielunternehmens oder aufgrund von wettbewerblich relevanten Minderheitenrechten.

c) Treu und Glauben. Die Ausübung prozessualer Rechte unterliegt auch im Kartellverwaltungsverfahren den Geboten von Treu und Glauben.[51] Ein Verstoß führt zur Unzulässigkeit des Rechtsmittels. Wer im gerichtlichen Verfahren die Freigabe des Zusammenschlusses mit der Begründung angreift, dass der Erwerber, dessen Übernahmeangebot er angenommen hat, durch den Zusammenschluss eine marktbeherrschende Position erlange, verhält sich widersprüchlich, weshalb seine Beschwerde unzulässig ist.[52]

---

[47] BGH, WuW/E BGH 1557, 1561 – *Weichschaum III*.
[48] BGH, WM 2007, 2213, 2214 – *Anteilsveräußerung;* OLG Düsseldorf, WuW/E DE-R 1835, 1837 – *Deutsche Börse/London Stock Exchange;* OLG Düsseldorf, WuW/E DE-R 759, 764 – *Net Cologne;* KG, WuW/E OLG 5565, 5571 – *Fernsehübertragungsrechte*.
[49] BGH, WuW/E DE-R 1163, 1165 – *HABET/Lekkerland;* KG, WuW/E OLG 5364, 5370 – *HaGE Kiel*.
[50] BGH, WM 2007, 2213, 2216 – *Anteilsveräußerung;* OLG Düsseldorf, WuW/E DE-R 1651, 1653/1654 – *Zementvertrieb*.
[51] BGH, WM 2007, 2213, 2216 – *Anteilsveräußerung* m. w. N.
[52] BGH, WM 2007, 2213, 2216 – *Anteilsveräußerung*.

4. Verfahrensvorschriften

25 **a) Tatsachengrundlage.** Für das **Verfahren** trifft das Kartellgesetz in § 63 GWB nur wenige Anordnungen. In der Beschwerdeinstanz gilt der Amtsermittlungsgrundsatz. Das Gericht hat den relevanten Sachverhalt gemäß § 70 Abs. 1 GWB **von Amts wegen** zu ermitteln. § 63 Abs. 1 S. 2 GWB stellt klar, dass die Beschwerde auf **neue Tatsachen und Beweismittel** gestützt werden kann. Das Beschwerdegericht kann infolge dessen in tatsächlicher Hinsicht neue Gesichtspunkte einführen, die der angegriffenen Verfügung nicht oder noch nicht zugrunde lagen. Die neuen Tatsachen und Beweismittel können dabei sowohl zu einer (vollständigen oder teilweisen) Aufhebung der angegriffenen Verfügung führen als auch zum Nachteil der beschwerdeführenden Partei herangezogen werden. Ihre Berücksichtigung setzt freilich voraus, dass zuvor rechtliches Gehör gewährt worden ist (§ 71 Abs. 2 Satz 1 GWB). Das Beschwerdegericht darf seiner Entscheidung auch in rechtlicher Hinsicht neue Aspekte zugrunde legen. Bleibt eine Verfügung aus anderen als von der Behörde angeführten Gründen erhalten, liegt darin keine Verschlechterung der Rechtslage des Beschwerdeführers.[53] Die Berücksichtigung neuer tatsächlicher und rechtlicher Gesichtspunkte findet allerdings dort ihre Grenze, wo die angefochtene Verfügung **in ihrem Wesen verändert** wird. Das ist beispielsweise der Fall bei einer abweichenden Bewertung von Missbrauchsgrenzen, weil und soweit sie die Grundlage der angefochtenen Untersagungsverfügung verändert.[54] Andernfalls würde das Gericht nämlich nicht nur die Rechtmäßigkeit der angefochtenen kartellbehördlichen Entscheidung überprüfen (§ 71 Abs. 2 Satz 1, Abs. 4 GWB), sondern unter Verstoß gegen den Grundsatz der Gewaltenteilung selbst die der Kartellbehörde vorbehaltene Entscheidung treffen. Das Beschwerdegericht ist ebenso wenig befugt, eine Verfügung, die die Kartellbehörde ausdrücklich auf eine bestimmte Rechtsgrundlage gestützt hat, auf anderer Rechtsgrundlage aufrecht zu erhalten.[55]

26 **b) Entscheidungszuständigkeit.** Nach § 63 Abs. 4 GWB entscheidet über die Beschwerde ausschließlich das für den Sitz der Kartellbehörde **zuständige Oberlandesgericht**. § 92 Abs. 1 GWB enthält dabei die Ermächtigung der Landesregierung, die Zuständigkeit in Kartellverwaltungssachen auf ein Oberlandesgericht zu konzentrieren. Nordrhein-Westfalen hat von dieser Möglichkeit Gebrauch gemacht und durch die Konzentrationsverordnung[56] das Oberlandesgericht Düsseldorf als das allein zuständige Kartell-Beschwerdegericht bestimmt. Jenes ist somit Beschwerdeinstanz für die kartellbehördlichen Entscheidungen des Bundeskartellamts (und der nordrhein-westfälischen Landeskartellbehörde). Es ist darüber hinaus zuständig für Beschwerden gegen Verfügungen des Bundeswirtschaftsministers in Fusionskontrollverfahren. Lässt sich die Zuständigkeitsfrage anhand von § 63 Abs. 4 GWB nicht eindeutig klären, entscheidet der Bundesgerichtshof in entsprechender Anwendung von § 36 ZPO. Zu weiteren Verfahrensbestimmungen siehe §§ 66 ff. GWB und die dortige Kommentierung.

III. Weitere Beschwerdearten

1. Allgemeine Leistungsbeschwerde

27 § 63 Abs. 1 Satz 1, Abs. 3 GWB regelt die im Kartellverwaltungsrecht zulässigen Beschwerdearten nur unvollständig. Ist ein kartellverwaltungsrechtlicher Anspruch durchzusetzen, der nicht auf den Erlass einer Verfügung der Kartellbehörde gerichtet ist, muss der kartellverwaltungsgerichtliche Rechtsschutz über die im Kartellgesetz normierte Anfechtungs- und Verpflichtungsbeschwerde hinaus um eine **allgemeine Leistungsbeschwerde**

---

[53] *Werner* in: Wiedemann, Handbuch des Kartellrechts, § 54 Rn. 64.
[54] BGH, WuW/E BGH 1445, 1446 – *Valium I*.
[55] BGH, WuW/E BGH 588, 594 – *Fensterglas IV*.
[56] VO v. 22. 11. 1994, GVBl. NRW Seite 1067.

ergänzt werden, wenn und soweit nur durch sie der nach Art. 19 Abs. 4 GG gebotene lückenlose effektive Rechtsschutz gewährleistet werden kann. Das ist in der Rechtsprechung anerkannt.[57]

Gegenstand einer allgemeinen Leistungsbeschwerde kann die **Vornahme eines** (in der Regel tatsächlichen) kartellbehördlichen **Verwaltungshandelns** sein, auf welches der Beschwerdeführer einen Anspruch zu haben behauptet. Mit der Leistungsklage kann aber auch die Beseitigung der Folgen eines Verwaltungshandels begehrt werden. Gegenstand der Beschwerde ist in diesen Fällen ein gegen die Kartellbehörde gerichteter **Folgen- oder Störungsbeseitigungsanspruch.** Als Leistungsbeschwerde kommt schließlich eine **vorbeugende Unterlassungsbeschwerde** in Betracht.[58] Diese kann sich sowohl gegen eine erwartete kartellbehördliche Verfügung wie auch gegen eine Rechtsbeeinträchtigung als Folge eines schlichten Verwaltungshandelns richten.[59] Voraussetzung für eine vorbeugende Unterlassungsbeschwerde ist allerdings ein qualifiziertes – gerade auf die Inanspruchnahme vorbeugenden Rechtsschutzes gerichtetes – Interesse der beschwerdeführenden Partei. Denn nach der in § 63 Abs. 1 und 3 GWB zum Ausdruck gekommenen Konzeption des Kartellgesetzes ist der von einer kartellbehördlichen Maßnahme Betroffene grundsätzlich auf nachträglichen Rechtsschutz verwiesen. Das **qualifizierte Rechtsschutzbedürfnis** setzt voraus, dass das Verwaltungshandeln unmittelbar bevorsteht und irreparable oder zumindest nur schwer auszugleichende Nachteile zur Folge hätte.[60] Außerdem darf der vorbeugende Rechtsschutz nicht dazu führen, einen gesetzlich nicht vorgesehenen Anspruch auf ein Negativattest einzuführen. Aus diesem Grund kann eine vorbeugende Unterlassungsbeschwerde nicht mit dem Ziel betrieben werden, das Beschwerdegericht im Vorfeld zur Beurteilung der Rechtslage mit dem Argument zu zwingen, dem Beschwerdeführer drohe eine Missbrauchs- oder Untersagungsverfügung der Kartellbehörde, falls sein Verhalten gegen das Kartellgesetz verstoße.[61] Unzulässig ist demnach das prozessuale Begehren der beschwerdeführenden Partei, dass ein gegen sie wegen des Verdachts einer Zuwiderhandlung gegen § 1 GWB eingeleitetes und von der Kartellbehörde vor einer abschließenden kartellbehördlichen Prüfung und Beurteilung der Sach- und Rechtslage aus verfahrensökonomischen Erwägungen einstweilen ruhend gestelltes Verfahren eingestellt wird, weil – so die Beschwerde – ein Verstoß gegen das kartellrechtliche Verbot des § 1 GWB nicht vorliege. Mit dem Ziel, die Kartellbehörde vom Erlass einer Untersagungsverfügung nach §§ 32 Abs. 1 und 2, 1 GWB abzuhalten, wird unstatthafter Weise eine (inzidente) Prüfung und Entscheidung des Beschwerdegerichts erstrebt, ob der vom Amt gehegte Verdacht eines kartellrechtswidrigen Verhaltens berechtigt ist.[62] Ebenso wenig kann in einem solchen Fall zulässigerweise auf die Verpflichtung der Kartellbehörde angetragen werden, das ruhende Verfahren formal durch Einstellung zu beenden. Das dahingehende Begehren

---

[57] BGH, Beschl. v. 11. 7. 2006 – *KVZ 41/05;* BGH, Beschl. v. 19. 6. 2007 – *KVZ 35/06;* BGH, WuW/E BGH 2760 – *Unterlassungsbeschwerde;* OLG Düsseldorf, WuW/E DE-R 1585, 1586 – *Sanacorp/ANZAG;* OLG Düsseldorf, WuW/E DE-R 2052, 2053 – *Datenabfrage;* OLG Düsseldorf, Beschl. v. 2. 11. 2006 – *VI-3 Kart 284/06 (V).*

[58] Vgl. zu allem: BGH, WuW/E BGH 2760, 2761 – *Unterlassungsbeschwerde; Karsten Schmidt* in: Immenga/Mestmäcker, GWB, § 63 Rn. 9; *Kollmorgen* in: Langen/Bunte, Kommentar zum deutschen und europäischen Kartellrecht, § 63 Rn. 4, 40; *Werner* in: Wiedemann, Handbuch des Kartellrechts, § 54 Rn. 14 f.

[59] *Werner* in: Wiedemann, Handbuch des Kartellrechts, § 54 Rn. 15.

[60] Vgl. nur: BGH, Beschl. v. 11. 7. 2006 – *KVZ 41/05;* BGH, WuW/E BGH 2760, 2761 – *Unterlassungsbeschwerde;* OLG Düsseldorf, WuW/E DE-R 1585, 1587 – *Sanacorp/ANZAG.*

[61] KG, WuW/E OLG 3685, 3698 f. – *Aral; Karsten Schmidt* in: Immenga/Mestmäcker, GWB, § 63 Rn. 9; *ders.* in DB 1992, 1277, 1279; *Werner* in: Wiedemann, Handbuch des Kartellrechts, § 54 Rn. 15.

[62] BGH, Beschl. v. 11. 7. 2006 – *KVZ 41/05;* OLG Düsseldorf, WuW/E DE-R 1585, 1587 – *Sanacorp/ANZAG.*

ist unzulässig, weil der beschwerdeführenden Partei hierfür kein berechtigtes Interesse zur Seite steht. Eine Verfahrenseinstellung würde die rechtliche Betroffenheit des Beschwerdeführers nicht verändern. Die erstrebte Verfahrenseinstellung wäre sachlich ohne jede Aussagekraft und präjudizielle Wirkung, weil eine abschließende Beurteilung der Sach- und Rechtslage durch die Kartellbehörde noch nicht stattgefunden hat. Die Kartellbehörde könnte überdies dem in Rede stehenden Verdacht jederzeit in einem neuen Missbrauchsverfahren nachgehen. Der mit dem einstweilen ruhenden Kartellverwaltungsverfahren verbundene Schwebezustand wäre also der Sache nach auch bei einer formalen Verfahrenseinstellung nicht beseitigt. Ob der Schwebezustand verfahrenstechnisch darauf beruht, dass die Kartellbehörde das ursprüngliche Verwaltungsverfahren zwar aufrechterhält, aber ruhend stellt, oder sie das anhängige Verfahren durch Einstellung formal beendet und gleichzeitig ankündigt, zu gegebener Zeit ein neues Missbrauchsverfahren einzuleiten, ist für die rechtliche Betroffenheit der Beschwerdeführerin ohne Bedeutung.[63]

2. Fortsetzungsfeststellungsbeschwerde

29 § 71 Abs. 2 Satz 2, Abs. 3 GWB regelt die Fortsetzungsfeststellungsbeschwerde. Sie ist zulässig, wenn sich die Verfügung nach Beschwerdeeinlegung durch Zurücknahme oder auf andere Weise erledigt. Tritt **Erledigung** bereits vor Beschwerdeeinlegung ein, kann sie in entsprechender Anwendung von § 113 Abs. 1 Satz 4 VwGO erhoben werden. Die Beschwerde setzt voraus, dass ohne das erledigende Ereignis eine Anfechtungs- oder Verpflichtungsbeschwerde zulässig gewesen wäre. Sie erfordert zudem, dass der Beschwerdeführer ein **berechtigtes Interesse** an der Feststellung der Rechtswidrigkeit geltend machen kann. Hierfür reicht jedes anzuerkennende schutzwürdige Interesse rechtlicher, wirtschaftlicher oder ideeller Art aus. Es ist gegeben, wenn der Beschwerdeführer bei unklarer Rechtslage im Blick auf sein zukünftiges Verhalten eine gerichtliche Entscheidung erstrebt oder wenn der Beschwerdeführer für den Fall einer Wiederholung seiner Rechtshandlung wissen muss, von welcher Rechtsauffassung der Behörde er dann auszugehen hat. Dabei sind strenge Anforderungen zu stellen, eine vage Möglichkeit der Wiederholung reicht nicht aus. Als Grundlage eines nicht völlig aussichtslosen Schadensersatzprozesses kann die Beschwerde ebenfalls zulässig sein; das gilt auch für die Kartellbehörde, wenn die gerichtlich festzustellende Rechtmäßigkeit der angefochtenen Verfügung Voraussetzung für die Geltendmachung eines Schadensersatzanspruchs des durch die Verfügung begünstigten Unternehmens ist.[64] Der Klärung bloß abstrakter Rechtsfragen oder bloßer Vorfragen für künftige Fälle dient die Fortsetzungsfeststellungsbeschwerde nicht (vgl. zu Allem: § 71 Abs. 2, 3 und die dortige Kommentierung).

3. Allgemeine Feststellungsbeschwerde

30 Einer **allgemeinen Feststellungsbeschwerde** stehen durchgreifende Bedenken entgegen. Das in §§ 63 ff. GWB geregelte Beschwerdeverfahren dient dem Schutz vor behördlichen Maßnahmen. Das Kartellgesetz geht dabei von dem Grundsatz des nachträglichen Rechtsschutzes aus und verweist den Betroffenen darauf, zunächst eine Maßnahme der Kartellbehörde abzuwarten, bevor sie der gerichtlichen Kontrolle unterworfen werden kann. Anfechtungs-, Verpflichtungs- und Fortsetzungsfeststellungsbeschwerde gewährleisten im Ausgangspunkt einen effektiven Rechtsschutz. Verbleibende Rechtsschutzlücken, die mit Rücksicht auf die verfassungsrechtlich garantierte Rechtsschutzgarantie (Art. 19 Abs. 4 GG) nicht hingenommen werden können, werden durch das Institut der allgemeinen Leistungsbeschwerde und der vorbeugenden Unterlassungsbeschwerde geschlossen. Ein

---

[63] OLG Düsseldorf, WuW/E DE-R 1585, 1588 – *Sanacorp/ANZAG*.
[64] BGH, WuW/E BGH 1556, 1561 – *Weichschaum III*; OLG Düsseldorf, WuW/E DE-R 1058, 1960 – *eins Radio Aachen*.

Bedürfnis für eine allgemeine Feststellungsbeschwerde besteht daneben nicht. Keinesfalls darf sie auf ein im Kartellgesetz nicht zugelassenes Negativattest des Beschwerdegerichts hinauslaufen. Mit dem Argument, dass die allgemeine Feststellungsbeschwerde ohnehin nur subsidiär zulässig sein soll,[65] lässt sich ihre Statthaftigkeit nicht rechtfertigen.[66]

4. Verfahrensvorschriften

Das Verfahren für sämtliche vorgenannten weiteren Beschwerdearten (allgemeine Leistungsbeschwerde einschließlich der vorbeugenden Unterlassungsbeschwerde, Fortsetzungsfeststellungsbeschwerde) richtet sich – soweit nicht die Vorschriften des Kartellgesetzes lückenfüllend herangezogen werden können – nach den Grundsätzen der VwGO.[67] Ein Rückgriff auf die Bestimmungen des GWB kommt in Betracht, soweit die Regelungen nicht speziell auf die Situation der Anfechtungs- oder Verpflichtungsbeschwerde zugeschnitten sind. Dies dürfte beispielsweise für die Vorschriften über die Zuständigkeit des Beschwerdegerichts (§ 63 Abs. 4 GWB), die Form und gegebenenfalls Frist der Beschwerdeeinlegung (§ 66 GWB), die Verfahrensbeteiligten (§ 67 GWB), den Anwaltszwang (§ 68 GWB), die mündliche Verhandlung (§ 69 GWB), den Untersuchungsgrundsatz und die Mitwirkungsobliegenheit der Beteiligten (§ 70 GWB), die Form und die Tatsachengrundlage der Beschwerdeentscheidung (§ 71 GWB), die Abhilfemaßnahmen bei berechtigten Gehörsrügen (§ 71 a GWB) sowie die Akteneinsicht (§ 72 GWB) gelten.

31

§ 64 Aufschiebende Wirkung

(1) Die Beschwerde hat aufschiebende Wirkung, soweit durch die angefochtene Verfügung
1. (weggefallen)
2. eine Verfügung nach § 26 Abs. 4, § 30 Abs. 3 oder § 34 Abs. 1 getroffen oder
3. eine Erlaubnis nach § 42 Abs. 2 Satz 2 widerrufen oder geändert wird.

(2) ¹Wird eine Verfügung, durch die eine einstweilige Anordnung nach § 60 getroffen wurde, angefochten, so kann das Beschwerdegericht anordnen, dass die angefochtene Verfügung ganz oder teilweise erst nach Abschluss des Beschwerdeverfahrens oder nach Leistung einer Sicherheit in Kraft tritt. ²Die Anordnung kann jederzeit aufgehoben oder geändert werden.

(3) ¹§ 60 gilt entsprechend für das Verfahren vor dem Beschwerdegericht. ²Dies gilt nicht für die Fälle des § 65.

Übersicht

	Rn.		Rn.
I. Sinn und Zweck des Suspensiveffekts	1	III. Zwischenanordnungen des Beschwerdegericht (Abs. 2)	10
II. Suspensiveffekt nach Abs. 1	5	IV. Einstweilige Anordnung des Beschwerdegerichts (Abs. 3)	11
1. Fälle aufschiebender Wirkung	5	1. § 64 Abs. 3 Satz 1 GWB	11
2. Fälle fehlender aufschiebender Wirkungen	7	2. § 54 Abs. 3 Satz 2 GWB	13
3. Eintritt der aufschiebenden Wirkung	8		
4. Wirkung des Suspensiveffekts	9		

I. Sinn und Zweck des Suspensiveffekts

§ 64 GWB und § 65 GWB bilden regelungstechnisch eine Einheit. Beide Vorschriften dienen dem Ausgleich der widerstreitenden Interessen der an Kartellverwaltungsstreitsa-

1

---

[65] *Bechtold*, GWB, § 63 Rn. 8.
[66] *Kollmorgen* in: Langen/Bunte, Kommentar zum deutschen und europäischen Kartellrecht, § 63 Rn. 2; *Karsten Schmidt* in: Immenga/Mestmäcker, GWB, § 63 Rn. 11.
[67] *Werner* in: Wiedemann, Handbuch des Kartellrechts, § 54 Rn. 15.

chen Beteiligten. Auf der einen Seite geht es um das Interesse der Allgemeinheit an der wirksamen Durchsetzung kartellbehördlicher Verfügungen, auf der anderen Seite um das Interesse des Betroffenen, dass ein effektiver Rechtsschutz gewährleistet bleibt und der Erfolg seiner Beschwerde nicht durch vollendete Tatsachen vereitelt wird.

2   § 64 Abs. 1 GWB listet abschließend diejenigen kartellbehördlichen Verfügungen und Erlaubnisse auf, bei denen die Beschwerde aufschiebende Wirkung entfaltet. Im Umkehrschluss folgt daraus zugleich, dass in allen anderen Fällen der Suspensiveffekt nicht eintritt. Der Sache nach ist ein Suspensiveffekt nur bei **Anfechtungsbeschwerden** möglich; bei der Verpflichtungsbeschwerde ist der vorläufige Rechtsschutz über das Instrument der einstweiligen Anordnung (§§ 60, 64 Abs. 3 GWB) zu gewährleisten. Die aufschiebende Wirkung hebt nach allg. M.[1] weder die angefochtene Verfügung der Kartellbehörde selbst noch ihre Wirksamkeit auf, sondern **hemmt** nur ihre **Vollziehbarkeit.** Für die Dauer der aufschiebenden Wirkung ist jedwede Maßnahme ausgeschlossen, die direkt oder indirekt der Umsetzung der angefochtenen Verfügung dient. Zu unterbleiben haben damit sämtliche Vollstreckungsmaßnahmen der Kartellbehörde. Außerdem erfüllt die Zuwiderhandlung gegen die angefochtene Verfügung nicht den Tatbestand der Kartellordnungswidrigkeit.[2] Auch auf dem Zivilrechtsweg kann aus der Verfügung nicht vorgegangen werden, etwa durch Unterlassungsklage des Verfügungsbegünstigten.

3   Soweit die Beschwerde kraft Gesetzes aufschiebende Wirkung hat, kann die Kartellbehörde gemäß § 65 Abs. 1 GWB die **sofortige Vollziehung** ihrer Verfügung **anordnen,** sofern dies im öffentlichen Interesse oder im überwiegenden Interesse eines Beteiligten geboten ist. Macht die Behörde von dieser Möglichkeit Gebrauch oder ist die angefochtene Verfügung schon kraft Gesetzes sofort vollziehbar, kann das **Beschwerdegericht** unter den in § 65 Abs. 3 Satz 1 GWB bzw. § 65 Abs. 3 Satz 3 GWB genannten Voraussetzungen die **aufschiebende Wirkung wiederherstellen bzw. anordnen.** In der erstgenannten Fallgruppe ist der Suspensiveffekt wiederherzustellen, wenn die Anordnungsvoraussetzungen des § 65 Abs. 1 GWB nicht (mehr) vorliegen; für beide Fallgruppen nennt das Gesetz als weitere Gründe für die Herbeiführung der aufschiebenden Wirkung ernstliche Zweifel an der Rechtmäßigkeit der angefochtenen Verfügung sowie eine unbillige und nicht durch überwiegende öffentliche Interessen gerechtfertigte Härte für den Betroffenen.

4   § 64 Abs. 2 und 3 GWB enthalten ergänzende Bestimmungen zum Recht der **einstweiligen Anordnung.** § 64 Abs. 3 GWB berechtigt das Beschwerdegericht, in den Fällen des § 60 GWB, in denen auch die Kartellbehörde einstweilige Anordnungen in Bezug auf den Streitgegenstand treffen kann, einstweilige Maßnahme zu erlassen. § 64 Abs. 2 GWB regelt den einstweiligen Rechtsschutz im Beschwerdeverfahren gegen einstweilige Anordnungen der Kartellbehörde nach § 60 GWB. Das Beschwerdegericht kann anordnen, dass die angefochtene einstweilige Anordnung bis zum Abschluss des Rechtsmittelverfahrens nicht oder nur nach Leistung einer Sicherheit in Kraft tritt.

II. Suspensiveffekt nach Abs. 1

§ 64 Abs. 1 GWB bestimmt, in welchen Fällen die Beschwerde gegen eine kartellbehördliche Entscheidung aufschiebende Wirkung entfaltet.

1. Fälle aufschiebender Wirkung

5   § 64 Abs. 1 GWB ist durch die 7. GWB-Novelle neu gestaltet worden. Der Suspensiveffekt ist nunmehr die Ausnahme. Er tritt nur in den abschließend geregelten Fällen des § 64 Abs. 1 Nr. 1–3 GWB ein.

---

[1] Vgl. nur: *Bechtold,* GWB, § 64 Rn. 3; *Karsten Schmidt* in: Immenga/Mestmäcker, GWB, § 64 Rn. 3.
[2] Vgl. auch BGH, WuW/E DE-R 1802, 1804 – *Soda-Club.*

§ 64. Aufschiebende Wirkung 6, 7 § 64 GWB

Aufschiebende Wirkung kam der Beschwerde bis zum 21. 12. 2007 zum einen in den Fällen der kartellbehördlichen **Missbrauchsaufsicht** zu. Betroffen waren nach § 64 Abs. 1 Nr. 1 GWB Untersagungs- und Abstellungsverfügungen,[3] die die Kartellbehörde auf der Grundlage von § 32 Abs. 1 und 2 GWB i. V. m. §§ 19–21 GWB erlässt. Die Gesetzesbegründung[4] rechtfertigte den Suspensiveffekt mit den vielfach schwierigen Tat- und Rechtsfragen, die sich in jenen Verfahren stellen, sowie den oftmals weitreichenden Folgen der kartellbehördlichen Verfügung für den Betroffenen. In entsprechender Anwendung von § 64 Abs. 1 Nr. 1 GWB trat die aufschiebende Wirkung auch dann ein, wenn die kartellbehördliche Missbrauchsverfügung nicht (nur) auf § 32 GWB i. V. m. §§ 19, 20 GWB, sondern (auch) auf **§ 32 GWB i. V. m. Art. 82 EG** gestützt ist.[5] Ausgenommen vom Suspensiveffekt war demgegenüber die auf einen Missbrauch im Sinne von **§ 19 Abs. 4 Nr. 4 GWB** (Verweigerung des Zugangs zu eigenen Netzen oder anderen Infrastruktureinrichtungen) gestützte Verfügung. Der Gesetzgeber hatte insoweit dem öffentlichen Interesse an der Schaffung von Wettbewerb durch Zurverfügungstellung der hierfür erforderlichen Netze und Infrastruktureinrichtungen den Vorrang vor dem Interesse des Verfügungsadressaten eingeräumt, seine Einrichtungen erst aufgrund einer bestands- oder rechtskräftigen Entscheidung überlassen zu müssen. Praxisrelevant ist die Vorschrift vor allem für den Energiesektor, der bis heute durch einen fehlenden oder nur ganz eingeschränkten Wettbewerb gekennzeichnet ist. Mit Wirkung vom 22. 12. 2007 ist § 64 Abs. 1 Nr. 1 GWB ersatzlos gestrichen worden, so dass der vorstehend beschriebene Suspensiveffekt nur noch für Altfälle von Bedeutung ist.

Aufschiebende Wirkung hat nach § 64 Abs. 1 Nr. 2 GWB nunmehr die Beschwerde gegen die auf **§ 26 Abs. 4 GWB** gestützte Entscheidung der Kartellbehörde, die im Verfahren nach §§ 24–27 GWB (Nr. 2) erteilte Anerkennung von Wettbewerbsregeln zurückzunehmen oder zu widerrufen, ferner das Rechtsmittel, das sich gegen die kartellbehördliche Verfügung richtet, mit der gemäß **§ 30 Abs. 3 GWB** eine Preisbindung bei Zeitungen und Zeitschriften für unwirksam erklärt und eine gleichartige preisliche Bindung der Abnehmer untersagt wird, sowie des weiteren die Beschwerde gegen eine nach **§ 34 Abs. 1 GWB** kartellbehördliche verfügte Vorteilsabschöpfung. 6

Suspensiveffekt kommt schließlich gemäß § 64 Abs. 1 Nr. 3 GWB den Beschwerden zu, die sich gegen den Widerruf oder die Änderung einer Ministererlaubnis nach **§§ 42 Abs. 2 Satz 2, 40 Abs. 3 a Satz 1 GWB** oder gegen kartellbehördliche Maßnahmen wegen Nichterfüllung einer Auflage gemäß **§§ 42 Abs. 2 Satz 2, 40 Abs. 3 a Satz 2, 41 Abs. 4 GWB** richten.

2. Fälle fehlender aufschiebender Wirkung

Die Fälle, in denen die Beschwerde keine aufschiebende Wirkung hat, ergeben sich zunächst aus einem **Umkehrschluss aus § 64 Abs. 1 GWB**. Bei allen dort nicht aufgeführten Beschwerden tritt kraft Gesetzes kein Suspensiveffekt ein. Es handelt sich dabei neben dem gesamten Bereich der Missbrauchsaufsicht etwa um Verfügungen, die die Kartellbehörde auf § 1 GWB und/oder Art. 81 EG gestützt hat, und den Entzug einer Freistellung von jenem kartellrechtlichen Verbot nach § 32 d) GWB, sowie um sämtliche Anfechtungsbeschwerden gegen Entscheidungen der Kartellbehörde auf dem Gebiet der Fusionskontrolle, weshalb weder die Drittbeschwerde gegen eine Fusionsfreigabe noch die Anfechtung einer Untersagungsentscheidung durch die Zusammenschlussbeteiligten aufschiebende Wirkung entfaltet. Kein Suspensiveffekt tritt überdies bei der Anfechtung von 7

---

[3] Für die Feststellungsverfügung nach § 32 Abs. 3 GWB spielt der Suspensiveffekt mangels eines vollziehbaren Regelungsgehalts ohnehin keine Rolle.
[4] Begründung zum Reg. Entw. vom 26. 5. 2004, BT-Drucksache 15/3640 Seite 79.
[5] BGH, WuW/E DE-R 1802, 1804 – *Soda-Club*.

kartellbehördlichen Entflechtungsanordnungen nach § 41 Abs. 3 GWB ein. Auch Beschwerden gegen Auskunftsverlangen nach §§ 39 Abs. 5, 50 Abs. 2, 59 GWB, Beiladungen nach § 54 Abs. 2 Nr. 3 GWB, die Anordnung der sofortigen Vollziehung nach § 65 Abs. 1 GWB und die von der Kartellbehörde ausgesprochene Befreiung vom Vollzugsverbot nach § 41 Abs. 2 GWB haben keinen Suspensiveffekt.

Dass die Beschwerde gegen einstweilige Anordnungen der Kartellbehörde nach § 60 GWB keine aufschiebende Wirkung hat, ergibt sich mittelbar aus § 64 Abs. 2 GWB. Für das Rechtsmittel gegen die Vorabentscheidung der Kartellbehörde über ihre örtliche und sachliche Zuständigkeit normiert § 55 Abs. 1 Satz 2 GWB ausdrücklich den fehlenden Suspensiveffekt.

3. Eintritt der aufschiebenden Wirkung

8   Die aufschiebende Wirkung tritt mit der **Einlegung der Beschwerde** bei der **Kartellbehörde** ein und **wirkt auf den Zeitpunkt des Erlasses der angefochtenen Verfügung zurück.** Wird die Beschwerde beim Beschwerdegericht eingereicht, ist zwar die Beschwerdefrist gewahrt (§ 66 Abs. 1 Satz 4), der Suspensiveffekt wird aber erst ausgelöst, wenn und sobald die Beschwerdeschrift (auch) bei der Kartellbehörde eingeht. Andernfalls würde nämlich die Kartellbehörde Gefahr laufen, dass sie in Unkenntnis der erfolgten Beschwerdeeinlegung eine bereits suspendierte Verfügung vollzieht. Ob der Eintritt der aufschiebenden Wirkung von der **Zulässigkeit der Beschwerde** abhängt, ist umstritten.[6] Gute Gründe sprechen dafür, zumindest die Einhaltung der Beschwerdefrist als eine unabdingbare Voraussetzung für den Suspensiveffekt zu fordern.[7] Denn bei einer bereits bestandskräftigen Verfügung der Kartellbehörde kann die Beschwerdeeinlegung keinen Suspensiveffekt mehr auslösen. Konsequenterweise muss das gleiche gelten, wenn die verspätet eingereichte Beschwerde mit einem **Antrag auf Wiedereinsetzung** verbunden wird. Hat das Wiedereinsetzungsgesuch Erfolg, tritt die aufschiebende Wirkung erst mit der Wiedereinsetzung ein, dann freilich rückwirkend auf den Zeitpunkt des Erlasses der angefochtenen Verfügung. Die aufschiebende Wirkung dauert fort, bis die Beschwerdeentscheidung in Rechtskraft erwachsen ist, d. h. weder Rechtsbeschwerde noch Nichtzulassungsbeschwerde mehr eingelegt werden kann oder der Bundesgerichtshof die Rechtsbeschwerde bzw. die Nichtzulassungsbeschwerde verworfen oder zurückgewiesen hat. Wird das Beschwerdeverfahren auf andere Weise als durch eine instanzabschließende Entscheidung des Gerichts (z. B. durch Beschwerderücknahme) abgeschlossen, endet der Suspensiveffekt mit dem Eintritt der Bestandskraft der angefochtenen Verfügung.

Die Kartellbehörde kann die Wirkung des Suspensiveffekts dadurch beseitigen, dass sie die sofortige Vollziehung ihrer Verfügung nach § 65 Abs. 1 GWB anordnet. Dagegen kann der Verfügungsadressat beim Beschwerdegericht den Antrag auf Wiederherstellung des Suspensiveffektes nach § 65 Abs. 3 Satz 1 GWB stellen.

4. Wirkung des Suspensiveffekts

9   Die aufschiebende Wirkung hebt nach allg. M.[8] weder die angefochtene Verfügung der Kartellbehörde selbst noch ihre Wirksamkeit auf, sondern **hemmt** nur ihre **Vollziehbarkeit.** Für die Dauer der aufschiebenden Wirkung ist jedwede Maßnahme ausgeschlossen, die direkt oder indirekt der Umsetzung der angefochtenen Verfügung dient. Zu unterbleiben haben damit sämtliche Vollstreckungsmaßnahmen der Kartellbehörde. Eine Zuwiderhandlung gegen die angefochtene Verfügung erfüllt nicht den Tatbestand der Kartellord-

---

[6] Zum Meinungsstand: *Karsten Schmidt* in: Immenga/Mestmäcker, GWB, § 64 Rn. 11.
[7] So: *Karsten Schmidt* in: Immenga/Mestmäcker, GWB, § 64 Rn. 11.
[8] Vgl. nur: *Bechtold*, GWB, § 64 Rn. 3; *Karsten Schmidt* in: Immenga/Mestmäcker, GWB, § 64 Rn. 2, 12.

nungswidrigkeit.⁹ Ebenso wenig kann eine Schutzverfügung während der Dauer des Suspensiveffekts vom Begünstigten durch Unterlassungsklage oder einstweilige Verfügung durchgesetzt werden. Gleichermaßen hindert die aufschiebende Wirkung die Geltendmachung von zivilrechtlichen Schadensersatzansprüchen. Das ist § 33 Abs. 4 Satz 1 und 2 GWB zu entnehmen, wonach das Zivilgericht für die Feststellung eines Kartellverstoßes nur an eine bestandskräftige Behördenentscheidung oder eine rechtskräftige Gerichtsentscheidung gebunden ist. Damit ist freilich noch nicht entschieden, ob Schadensersatz nach § 33 Abs. 3 GWB wegen Missachtung einer kartellbehördlichen Verfügung auch materiellrechtlich nur für den Zeitraum, in dem die Beschwerde aufschiebende Wirkung entfaltet, beansprucht werden kann.

Hat die Kartellbehörde – zum Beispiel in ihrer Rechtsmittelbelehrung – die aufschiebende Wirkung der Beschwerde verneint oder besteht zumindest die begründete Annahme, dass die Behörde diesen Standpunkt einnehmen wird, kann die beschwerdeführende Partei in analoger Anwendung des § 65 Abs. 3 Satz 3 GWB beim Beschwerdegericht die **Feststellung** beantragen, dass das Rechtsmittel **Suspensiveffekt** entfaltet.¹⁰

III. Zwischenanordnungen des Beschwerdegerichts (Abs. 2)

Die Kartellbehörde kann nach § 60 GWB bis zur endgültigen Entscheidung in den dort genannten Verfahren einstweilige Anordnungen zur Reglung eines einstweiligen Zustandes treffen. Hat die Kartellbehörde von dieser Befugnis Gebrauch gemacht, kann das Beschwerdegericht nach § 64 Abs. 2 GWB anordnen, dass die einstweilige Anordnung ganz oder teilweise erst **nach Abschluss des Beschwerdeverfahrens** oder nach Leistung einer Sicherheit in Kraft tritt. Die Anordnung steht im pflichtgemäßen Ermessen des Beschwerdegerichts. In der Sache ist das Interesse des Beschwerdeführers gegen das Interesse desjenigen abzuwägen, zu dessen Gunsten die angegriffene Verfügung erlassen worden ist. Das Außerkraftsetzen der angefochtenen einstweiligen Anordnung kommt in Betracht, wenn diese für den Beschwerdeführer mit einer unbilligen, nicht durch überwiegende öffentliche Interessen gebotenen Härte verbunden ist oder ernstliche Zweifel an der Rechtmäßigkeit der angefochtenen Anordnung bestehen. Das Gericht bestimmt die Art der Sicherheitsleistung entsprechend § 108 ZPO. Die Anordnung des Beschwerdegerichts ist nicht anfechtbar. Sie kann nach § 64 Abs. 2 Satz 2 GWB jederzeit aufgehoben und geändert werden. Ein Antragserfordernis besteht nicht.

IV. Einstweilige Anordnung des Beschwerdegerichts (Abs. 3)

1. § 64 Abs. 3 Satz 1 GWB

Mit Einlegung der Beschwerde endet die Befugnis der Kartellbehörde zum Erlass einstweiliger Anordnungen nach § 60 GWB. Diese geht vielmehr gemäß § 64 Abs. 3 Satz 1 GWB auf das Beschwerdegericht über. Jenes ist fortan bis zum rechtskräftigen Abschluss des gerichtlichen Verfahrens – und somit auch noch während des Rechtsbeschwerdeverfahrens (vgl. § 76 Abs. 5 Satz 2 GWB) – für den Erlass einstweiliger Anordnungen ausschließlich zuständig ist. Das Beschwerdegericht kann ohne eine obligatorische mündliche Verhandlung, aber unter Wahrung rechtlichen Gehörs, diejenigen Anordnungen treffen, die auch die Kartellbehörde während des kartellbehördlichen Verfahrens auf der Grundlage des § 60 GWB hätte treffen können.¹¹ Dabei kann das Beschwerdegericht mit seinen Anordnungen nicht über den Gegenstand des Beschwerdeverfahrens hinausgehen. Außerdem darf nicht bereits die Hauptsache vorweggenommen werden. Ausnahmen von diesem

---

⁹ Vgl. auch BGH, WuW/E DE-R 1802, 1804 – *Soda-Club*.
¹⁰ BGH, WuW/E DE-R 1802, 1803 – *Soda-Club*.
¹¹ OLG Düsseldorf, WuW/E DE-R 2069, 2073 – *Phonak/ReSound*; OLG Düsseldorf, WuW DE-R 926 – *E.ON/Ruhrgas II*.

Grundsatz sind nur zuzulassen, wenn und soweit dies zur Gewährleistung eines effektiven Rechtsschutzes und zur Abwehr erheblicher Nachteile dringend geboten ist.

12 Die **Befreiung vom Vollzugsverbot** des § 41 Abs. 1 GWB kann nicht im Wege einer einstweiligen Anordnung erteilt werden. Das gilt für die Kartellbehörde und das Beschwerdegericht gleichermaßen. Denn der Gesetzgeber hat den Dispens vom gesetzlichen Vollzugsverbot in § 41 Abs. 2 GWB speziell ausgestaltet und geregelt. Die Befreiung ist in einem gesonderten Antragsverfahren bei der Kartellbehörde und nicht im Wege einstweiligen Rechtsschutzes geltend zu machen. § 41 Abs. 2 GWB knüpft überdies schon nach seinem Wortlaut (*„wichtige Gründe"*) die Befreiung an strengere Voraussetzungen, als sie §§ 60, 64 Abs. 3 GWB für den Erlass einstweiliger Anordnungen vorsieht. Die Vorschrift bestimmt außerdem – ebenfalls abweichend von § 60 GWB –, dass die Kartellbehörde die Befreiung vom Vollzugsverbot nicht nur im Rahmen des eigenen behördlichen Verfahrens, sondern „jederzeit" – also auch noch während des Beschwerdeverfahrens gegen seine Untersagungsverfügung und des Verfahrens der Rechtsbeschwerde bis zu einer rechtskräftigen Entscheidung über das angemeldete Zusammenschlussvorhaben – erteilen kann.[12] Aus alledem kann nur geschlossen werden, dass § 41 Abs. 2 GWB für die Freistellung vom Vollzugsverbot eine abschließende Spezialregelung enthält, die es ausschließt, dass die Kartellbehörde selbst den Zusammenschlussbeteiligten außerhalb des dort vorgesehenen Antragsverfahrens eine Befreiung vom Vollzugsverbots unter Rückgriff auf die allgemeinen Bestimmungen des Kartellgesetzes über den Erlass einstweiliger Anordnungen in § 60 GWB erteilt[13] und die in gleicher Weise hindert, dass das Beschwerdegericht einem Zusammenschlussbeteiligten, der keinen Antrag nach § 41 Abs. 2 GWB verfolgt, sondern sich mit der Beschwerde gegen die kartellbehördliche Untersagungsentscheidung wendet, eine Befreiung vom Vollzugsverbot durch einstweilige Anordnung zu erteilen.[14] § 64 Abs. 3 Satz 1 GWB, der alleine § 60 GWB und nicht auch § 41 Abs. 2 GWB für in der Beschwerdeinstanz entsprechend anwendbar erklärt, räumt dem Beschwerdegericht nämlich ausschließlich diejenigen Befugnisse zum Erlass einer einstweiligen Anordnung ein, die auch der Kartellbehörde zustehen. Die Freistellung vom gesetzlichen Vollzugsverbot zählt nicht hierzu. Sie ist weder in § 60 GWB genannt noch kann sie überhaupt durch einstweilige Anordnung erteilt, sondern muss gemäß § 41 Abs. 2 GWB in einem besonderen Antragsverfahren bei der Kartellbehörde geltend gemacht werden.[15] Das Vollzugsverbot des § 41 Abs. 1 GWB kann ebenso wenig durch einen Antrag an das Beschwerdegericht, gemäß § 65 Abs. 3 Satz 3 GWB die aufschiebende Wirkung der Beschwerde gegen die Untersagungsverfügung anzuordnen, überwunden werden.[16] Dem stehen nicht nur die erörterten Zulässigkeitsbedenken entgegen. Überdies

---

[12] Zweifelnd: *Mestmäcker/Veelken* in: Immenga/Mestmäcker, GWB, § 41 Rn. 24, die § 41 Abs. 2 GWB zwar ebenfalls bis zum rechtskräftigen Abschluss des Fusionskontrollverfahrens für anwendbar halten, aber aus dem allgemeinen Verhältnis von Kartellbehörde und Beschwerdegericht sowie mit Rücksicht auf die in Bezug auf die Rechtmäßigkeit der angegriffenen Untersagungsentscheidung zu treffende Prognoseentscheidung annehmen, dass – entgegen dem Wortlaut des § 41 Abs. 2 GWB – mit Beschwerdeeinlegung nicht mehr die Kartellbehörde, sondern in entsprechender Anwendung von § 64 Abs. 3 Satz 1 GWB das Beschwerdegericht die Entscheidung nach § 41 Abs. 2 GWB zu treffen habe.

[13] OLG Düsseldorf, WuW/E DE-R 2069, 2073 – *Phonak/ReSound;* OLG Düsseldorf, WuW/E DE-R 2304, 2307 – *Lotto Rheinland-Pfalz;* ebenso: *Mestmäcker/Veelken* in: Immenga/Mestmäcker, GWB, § 41 Rn. 24; *Rieger* in: Frankfurter Kommentar, GWB 2005 § 41 Rn. 31, 64; vgl. auch *Bechtold*, GWB, § 60 Rn. 8 a.E.

[14] A.A. BGH, WM 2009, 33 o – *Faber/Basalt.*

[15] OLG Düsseldorf, WuW/E DE-R 2069, 2073 – *Phonak/ReSound;* OLG Düsseldorf, WuW/E DE-R 2304, 2307 – *Lotto Rheinland-Pfalz;* a.A. *Kollmorgen* in: Langen/Bunte, Kommentar zum deutschen und europäischen Kartellrecht, § 64 Rn. 12 unter Hinweis auf KG, WuW/E OLG 2419, 2420 – *Synthetischer Kautschuk II;* KG, WuW/E OLG 2571, 2572 – *Gaslöschanlagen.*

[16] OLG Düsseldorf, WuW/E DE-R 2069, 2075 – *Phonak/ReSound;* zweifelnd: *Jaeger* WuW 2007, 851; siehe auch: *Zimmer/Logemann* ZWeR 2008, 122, 130.

§ 65. Anordnung der sofortigen Vollziehung § 65 GWB

(und vor allem) ist ein angeordneter Suspensiveffekt der Untersagungsbeschwerde ohne Einfluss auf das gesetzliche Vollzugsverbot. Der Gesetzgeber hat – ungeachtet des Wortlauts von § 41 Abs. 1 GWB – nämlich an der bis zur 6. GWB-Novelle geltenden Rechtslage (vgl. §§ 24 Abs. 2 Satz 4, 24a Abs. 4 Satz 1 GWB a. F.) festgehalten, dass auch ein von der Kartellbehörde untersagter Zusammenschluss nicht vollzogen werden darf, soweit und solange die Untersagungsverfügung Bestand hat.[17]

Möglich bleiben demgegenüber einstweilige Anordnungen des Beschwerdegerichts nach §§ 64 Abs. 3, 60 Nr. 3 GWB im Rahmen einer Beschwerde, mit der sich ein beigeladenes Unternehmen gegen die kartellbehördliche Fusionsfreigabe wendet.[18]

2. § 64 Abs. 3 Satz 2 GWB

§ 64 Abs. 3 Satz 2 GWB schließt die Befugnis des Beschwerdegerichts zum Erlass von einstweiligen Anordnungen in den Fällen des § 65 GWB aus. Beendet ist damit die bis zur 7. GWB-Novelle vorhandene Zweigleisigkeit des vorläufigen Rechtsschutzes bei Anfechtungsbeschwerden. Nach dem bisherigen Recht konnte das Beschwerdegericht nebeneinander einstweilige Maßnahmen nach §§ 64 Abs. 3, 60 GWB und gestützt auf § 65 Abs. 3 GWB treffen. Diese Möglichkeit besteht fortan nicht mehr. Ordnet die Kartellbehörde die sofortige Vollziehung ihrer Verfügung an (§ 65 Abs. 1 und 2 GWB), stehen dem Betroffenen mithin alleine die Rechtsschutzmöglichkeiten des § 65 Abs. 3 GWB unter den dort genannten (erschwerten) Tatbestandsvoraussetzungen zur Verfügung. Das Beschwerdegericht darf nicht auf die allgemeinen Bestimmungen der §§ 64 Abs. 3 Satz 1, 60 GWB ausweichen. Dies gilt freilich nur im Geltungsbereich des § 65 GWB, also nicht für die gemäß § 64 Abs. 1 GWB kraft Gesetzes vollziehbaren Verfügungen. 13

§ 65 Anordnung der sofortigen Vollziehung

(1) **Die Kartellbehörde kann in den Fällen des § 64 Abs. 1 die sofortige Vollziehung der Verfügung anordnen, wenn dies im öffentlichen Interesse oder im überwiegenden Interesse eines Beteiligten geboten ist.**

(2) [1]**Die Anordnung nach Absatz 1 kann bereits vor der Einreichung der Beschwerde getroffen werden.**

(3) [1]**Auf Antrag kann das Beschwerdegericht die aufschiebende Wirkung ganz oder teilweise wiederherstellen, wenn**

1. **die Voraussetzungen für die Anordnung nach Absatz 1 nicht vorgelegen haben oder nicht mehr vorliegen oder**
2. **ernstliche Zweifel an der Rechtmäßigkeit der angefochtenen Verfügung bestehen oder**
3. **die Vollziehung für den Betroffenen eine unbillige, nicht durch überwiegende öffentliche Interessen gebotene Härte zur Folge hätte.**

[2]**In den Fällen, in denen die Beschwerde keine aufschiebende Wirkung hat, kann die Kartellbehörde die Vollziehung aussetzen; die Aussetzung soll erfolgen, wenn die**

---

[17] OLG Düsseldorf, WuW/E DE-R 2069, 2075 – *Phonak/ReSound;* OLG Düsseldorf, WuW/E DE-R 2304, 2306 – *Lotto Rheinland-Pfalz; Mestmäcker/Veelken* in: Immenga/Mestmäcker, GWB, § 41 Rn. 10; *Ruppelt* in: Langen/Bunte, Kommentar zum deutschen und europäischen Kartellrecht, § 41 Rn. 1; *Kollmorgen* in: Langen/Bunte, Kommentar zum deutschen und europäischen Kartellrecht, § 64 Rn. 12; *Rieger* in: Frankfurter Kommentar, GWB 2005 § 41 Rn. 25/26; siehe auch: *Karsten Schmidt* in: Immenga/Mestmäcker, GWB, § 64 Rn. 8; *Birmanns* in: Frankfurter Kommentar, GWB 2005 § 64 Rn. 42.
[18] OLG Düsseldorf, WuW/E DE-R 665 – *NetCologne;* OLG Düsseldorf, WuW/E DE-R 681, 682 – *Trienekens.*

Voraussetzungen des Satzes 1 Nr. 3 vorliegen. ³Das Beschwerdegericht kann auf Antrag die aufschiebende Wirkung ganz oder teilweise anordnen, wenn die Voraussetzungen des Satzes 1 Nr. 2 oder 3 vorliegen. ⁴Hat ein Dritter Beschwerde gegen eine Verfügung nach § 40 Abs. 2 eingelegt, ist der Antrag des Dritten auf Erlass einer Anordnung nach Satz 3 nur zulässig, wenn dieser geltend macht, durch die Verfügung in seinen Rechten verletzt zu sein.

(4) ¹Der Antrag nach Absatz 3 Satz 1 oder 3 ist schon vor Einreichung der Beschwerde zulässig. ²Die Tatsachen, auf die der Antrag gestützt wird, sind vom Antragsteller glaubhaft zu machen. ³Ist die Verfügung im Zeitpunkt der Entscheidung schon vollzogen, kann das Gericht auch die Aufhebung der Vollziehung anordnen. ⁴Die Wiederherstellung und die Anordnung der aufschiebenden Wirkung können von der Leistung einer Sicherheit oder von anderen Auflagen abhängig gemacht werden. ⁵Sie können auch befristet werden.

(5) Beschlüsse über Anträge nach Absatz 3 können jederzeit geändert oder aufgehoben werden.

Übersicht

	Rn.		Rn.
I. Sinn und Zweck der Vorschrift	1	3. Rechtsbeschwerde	12
1. Suspensiveffekt kraft Gesetzes	2	IV. Aussetzung der sofortigen Vollziehung durch die Kartellbehörde (Abs. 3 Satz 2)	13
2. Kein Suspensiveffekt kraft Gesetzes	3	V. Anordnung der aufschiebenden Wirkung durch das Beschwerdegericht (Abs. 3 Satz 3)	14
II. Anordnung der sofortigen Vollziehung durch die Kartellbehörde (§ 65 Abs. 1)	4	1. Allgemeine Grundsätze	15
1. Tatbestandliche Voraussetzungen	5	2. Drittbeschwerden	17
2. Verfahrensfragen	7	VI. Verfahren und andere gemeinsame Vorschriften (Abs. 2, 4, 5)	18
III. Wiederherstellung der aufschiebenden Wirkung durch das Beschwerdegericht (Abs. 3 Satz 1)	8	1. Antragserfordernis	18
1. Allgemeines	8	2. Aufhebung der Vollziehung, Sicherheitsleistung, Befristung	19
2. Die einzelnen Tatbestände	9	3. Änderung und Aufhebung von Anordnungen	20
a) Anordnung des Strafvollzugs	9	4. Anfechtbarkeit	22
b) Zweifel an der Rechtmäßigkeit der angefochtenen Verfügung	10		
c) Unbillige Härte	11		

I. Sinn und Zweck der Vorschrift

1 § 65 GWB ermöglicht eine **einzelfallgerechte Korrektur** der strikten Regelung des § 64 GWB. Die Vorschrift unterscheidet dabei zwischen zwei Fallkonstellationen, nämlich zum einen den Fällen, in denen die Beschwerde kraft Gesetzes aufschiebende Wirkung hat, und denjenigen Konstellationen, in denen der Suspensiveffekt kraft Gesetzes fehlt.

1. Suspensiveffekt kraft Gesetzes

2 § 65 Abs. 1 GWB gestattet es der Kartellbehörde, unter näher bezeichneten Voraussetzungen den kraft Gesetzes (§ 64 Abs. 1 GWB) eintretenden (oder bereits eingetretenen) Suspensiveffekt der Beschwerde durch die **Anordnung der sofortigen Vollziehung** zu beseitigen. Macht die Kartellbehörde von dieser Möglichkeit Gebrauch, kann der Verfügungsadressat gemäß § 65 Abs. 3 Satz 1 GWB beim Beschwerdegericht die Wiederherstellung der aufschiebenden Wirkung beantragen. Dem Antrag ist stattzugeben, wenn (1.) die Voraussetzungen für die Anordnung der sofortigen Vollziehung nach § 65 Abs. 1 GWB nicht oder nicht mehr vorliegen, (2.) die angefochtene Verfügung ernstlichen Zweifeln begegnet oder (3.) die sofortige Vollziehung für den Betroffenen mit einer unbilligen und nicht durch überwiegende öffentliche Interessen gerechtfertigte Härte bedeuten würde.

§ 65. Anordnung der sofortigen Vollziehung   3–5   § 65 GWB

2. Kein Suspensiveffekt kraft Gesetzes

§ 65 Abs. 3 Satz 2 GWB räumt der Kartellbehörde in denjenigen Fällen, in denen das **3** Rechtsmittel **kraft Gesetzes**[1] **keine aufschiebende Wirkung** hat, die Möglichkeit ein, die Vollziehung ihrer Verfügung auszusetzen. Die Aussetzung steht im Ermessen der Behörde und kann von Amts wegen angeordnet werden; sie soll erfolgen, wenn dem Verfügungsadressaten eine unbillige Härte droht. Daneben kann der Betroffene gemäß § 65 Abs. 3 Satz 3 GWB beim Beschwerdegericht die Anordnung der aufschiebenden Wirkung seiner Beschwerde beantragen. Dem Antrag ist zu entsprechen, wenn (1) ernstliche Zweifel an der Rechtmäßigkeit der angefochtenen Verfügung bestehen oder (2) die Vollziehung für den Betroffenen eine nicht durch überwiegende öffentliche Interessen gerechtfertigte unbillige Härte zur Folge hätte. Dritte, die sich mit ihrer Beschwerde gegen eine kartellbehördliche Fusionsfreigabe oder eine Ministererlaubnis wenden, steht das Antragsrecht nach § 65 Abs. 3 Satz 3 GWB seit der 7. GWB-Novelle allerdings nur zu, wenn sie geltend machen können, durch die angefochtene Entscheidung in ihren Rechten – und nicht nur in ihren wettbewerblichen Interessen – verletzt zu sein. Der Eilrechtsschutz im Fusionskontrollrecht hat hierdurch eine deutliche Einschränkung erfahren. Unberührt bleibt die Möglichkeit des Dritten, seine Beschwerdebefugnis für das Hauptsacheverfahren aus der Beeinträchtigung seiner wettbewerblichen Belange herzuleiten.

II. Anordnung der sofortigen Vollziehung durch die Kartellbehörde (§ 65 Abs. 1)

Gemäß § 65 Abs. 1 GWB kann die Kartellbehörde den kraft Gesetzes (§ 64 Abs. 1 **4** GWB) eintretenden Suspensiveffekt der Beschwerde beseitigen und die sofortige Vollziehung ihrer Verfügung anordnen.

1. Tatbestandliche Voraussetzungen

An diese Befugnis stellt das Gesetz strenge Anforderungen. Die Anordnung des Sofort- **5** vollzugs setzt voraus, dass sie entweder im öffentlichen Interesse oder im überwiegenden Interesse eines Beteiligten „geboten" ist. Die Begriffe des öffentlichen **Interesses** bzw. des Interesses eines Beteiligten sind **kartellrechtlich auszulegen** und an den Zielen und Zwecken der kartellbehördlichen Aufsicht auszurichten. Als berücksichtigungsfähige Belange kommen damit vor allem die wettbewerblichen Interessen der Marktteilnehmer und der Schutz des Wettbewerbs als Institution in Betracht. Die Anordnung der sofortigen Vollziehung kann beispielsweise darauf gestützt werden, die Erhaltung und Existenzfähigkeit der Inhaber freier Tankstellen zu gewährleisten,[2] die vorhandenen Wettbewerbsstrukturen und Marktmechanismen zu schützen oder eine Umsetzung wettbewerbsbeschränkender Absprachen oder Praktiken zu verhindern. Aus dem Erfordernis des **Gebotenseins** folgt unmittelbar, dass weder bloße Zweckmäßigkeitserwägungen noch alleine das Interesse an der kartellbehördlichen Sachentscheidung die sofortige Vollziehung einer Verfügung rechtfertigen können. Das öffentliche Interesse muss deshalb über das Interesse hinausgehen, das die Verfügung selbst gerechtfertigt hat, und sich auf den Sofortvollzug als solchen beziehen.[3]

---

[1] Keine Anwendung findet die Vorschrift auf die Fälle des § 65 Abs. 1 GWB, weil die Kartellbehörde dort den Suspensiveffekt schon dadurch aufrechterhalten oder wiederherstellen kann, dass sie von der Anordnung der sofortigen Vollziehung absieht oder eine dahingehende Anordnung wieder aufhebt.
[2] KG, WuW/E OLG 1997 – *AGIP I*.
[3] OLG Düsseldorf, WuW/E DE-R 1094, 1095 – *TEAG*; KG, WuW/E OLG 5132, 5133 – *Empfehlung Ersatzwagenkostenerstattung*; Bechtold, GWB, § 65 Rn. 2; *Kollmorgen* in: Langen/Bunte, Kommentar zum deutschen und europäischen Kartellrecht, § 65 Rn. 3.

6 Ob das öffentliche Interesse oder die überwiegenden Belange eines Beteiligten – bei dem es sich in aller Regel um den durch die kartellbehördliche Verfügung Begünstigten handeln wird – einen Sofortvollzug rechtfertigen, ist anhand der Umstände des jeweiligen Falles auf der Grundlage einer **Interessenabwägung** zu entscheiden. Abzuwägen sind das öffentliche Interesse und/oder das Interesse eines Beteiligten an der sofortigen Vollziehung der kartellbehördlichen Verfügung auf der einen Seite und das Interesse des Verfügungsadressaten an einem wirksamen Rechtsschutz auf der anderen Seite.[4] Dabei ist zu berücksichtigen, dass das Gesetz in § 64 Abs. 1 GWB den Suspensiveffekt als die Regel und den Sofortvollzug als die Ausnahme normiert hat. Die sofortige Vollziehung kann deshalb nur angeordnet werden, wenn die öffentlichen oder privaten Interessen die Belange des Betroffenen im Ergebnis überwiegen. Ob dies der Fall ist, beurteilt sich auch auf der Grundlage einer Rechtmäßigkeitsprognose in Bezug auf die kartellbehördliche Verfügung sowie einer Folgenbetrachtung für den Betroffenen. Das folgt aus einer **Heranziehung** desjenigen Entscheidungsmaßstabs, den **§ 65 Abs. 3 Satz 1 GWB** für die Überprüfung eines behördlich angeordneten Sofortvollzugs durch das Beschwerdegericht vorsieht. Es versteht sich von selbst, dass die Kartellbehörde bei ihrer Entscheidung, ob sie die sofortige Vollziehung einer Verfügung anordnet, sachlich denselben Kriterien unterworfen sein muss wie das Beschwerdegericht bei der Kontrolle eines behördlich angeordneten Sofortvollzuges. In die kartellbehördliche Interessenabwägung muss deshalb auch einzufließen, ob die Verfügung ernstlichen Rechtmäßigkeitsbedenken begegnet (§ 65 Abs. 3 Satz 1 Nr. 2 GWB) oder der Sofortvollzug für den Betroffenen mit einer unbilligen Härte (§ 65 Abs. 3 Satz 1 Nr. 3 GWB) verbunden wäre. Anlass zu einer dahingehenden Überprüfung wird regelmäßig die Beschwerdebegründung bieten. Ist der Sofortvollzug bereits bei Erlass der angefochtenen Verfügung angeordnet worden, hat die Kartellbehörde die Beschwerdebegründung von Amts wegen zum Anlass für eine Überprüfung zu nehmen, ob sie ihre Anordnung aufrechterhalten kann oder diese abzuändern bzw. aufzuheben hat. Dies gilt auch dann, wenn der Beschwerdeführer beim Beschwerdegericht keinen Antrag nach § 65 Abs. 3 Satz 1 GWB auf Wiederherstellung der aufschiebenden Wirkung seiner Beschwerde gestellt hat.

Liegen die Voraussetzungen des § 65 Abs. 1 GWB vor, steht die Anordnung des Sofortvollzugs im **Ermessen** der Kartellbehörde.

2. Verfahrensfragen

7 Die Kartellbehörde hat **von Amts wegen** zu entscheiden, ob der Sofortvollzug einer Verfügung anzuordnen (und aufrechtzuerhalten) ist. Sie kann die Anordnung des Sofortvollzugs entweder mit der Hauptsacheverfügung verbinden oder sie später – und zwar noch bis zum Eintritt der Bestandskraft – nachholen (§ 65 Abs. 2 GWB). Ihre Entscheidung ist **in keinem Fall** – also weder dann, wenn die Anordnung unterbleibt, noch dann, wenn der Sofortvollzug angeordnet wird – mit der **Beschwerde** anfechtbar. § 65 Abs. 3 Satz 1 GWB gewährt ausschließlich dem Verfügungsadressaten, der einer für sofort vollziehbar erklärten Verfügung ausgesetzt ist, Rechtsschutz; die Vorschrift beschränkt dessen gerichtlichen Schutz zugleich auf den Antrag an das Beschwerdegericht, den Suspensiveffekt der Hauptsachebeschwerde wiederherzustellen.

Die **Anordnung** des Sofortvollzugs ist – wie jede gerichtlich überprüfbare Behördenentscheidung (vgl. § 39 Abs. 1 VwVfG) – zu **begründen**. Es müssen die tragenden tatsächlichen und rechtlichen Gründe mitgeteilt sowie die der Ermessensausübung zugrunde liegenden Erwägungen offengelegt werden. Entbehrt die Anordnungsverfügung der erforderlichen Begründung, ist sie rechtswidrig und dem Antrag auf Wiederherstellung der auf-

---

[4] Im Einzelnen dazu Nachweise bei *Karsten Schmidt* in: Immenga/Mestmäcker, GWB, § 65 Rn. 6; *Bechtold*, GWB, § 65 Rn. 3; *Kollmorgen* in: Langen/Bunte, Kommentar zum deutschen und europäischen Kartellrecht, § 65 Rn. 5f.

schiebenden Wirkung (§ 65 Abs. 3 Satz 1 GWB) schon aus diesem Grunde stattzugeben. In einem solchen Fall ist die Kartellbehörde freilich nicht gehindert, die Anordnung mit ordnungsgemäßer Begründung zu wiederholen. Sie kann außerdem ihre Anordnung jederzeit aufheben oder ändern, solange nicht das Beschwerdegericht gemäß § 65 Abs. 3 Satz 1 GWB den Suspensiveffekt der Beschwerde wiederhergestellt hat.[5]

III. Wiederherstellung der aufschiebenden Wirkung durch das Beschwerdegericht (Abs. 3 Satz 1)

1. Allgemeines

Die Anordnung des Sofortvollzugs durch die Kartellbehörde ist **nicht beschwerdefähig**. Das Gesetz verweist den Betroffenen in § 65 Abs. 3 Satz 1 GWB vielmehr auf den Antrag an das Beschwerdegericht, die aufschiebende Wirkung seiner Beschwerde (ganz oder teilweise) wiederherzustellen. Das Gericht kann den Suspensiveffekt unter drei **alternativen** Voraussetzungen wiederherstellen, nämlich dann, wenn (1) die Voraussetzungen für die Anordnung nach § 65 Abs. 1 GWB nicht vorgelegen haben oder nicht mehr vorliegen, oder (2) ernstliche Zweifel an der Rechtmäßigkeit der angefochtenen Verfügung bestehen oder (3) die Vollziehung für den Betroffenen eine unbillige, nicht durch überwiegende öffentliche Interessen gebotene Härte zur Folge hätte. Ist zumindest einer dieser drei Tatbestände erfüllt, muss das Beschwerdegericht die aufschiebende Wirkung wiederherstellen. Die Vorschrift räumt dem Gericht ungeachtet ihres insoweit missverständlich formulierten Wortlauts *("kann")* nach allgemeiner Ansicht[6] **kein Entscheidungsermessen** ein.

2. Die einzelnen Tatbestände

In folgenden Fällen hat das Beschwerdegericht die aufschiebende Wirkung der Beschwerde anzuordnen bzw. wiederherzustellen:

a) Anordnung des Sofortvollzugs. § 65 Abs. 3 Satz 1 Nr. 1 GWB betrifft den Fall, dass die Kartellbehörde in **rechtlicher** oder **tatsächlicher** Hinsicht die Voraussetzungen für die Anordnung des Sofortvollzugs verkannt oder zu Unrecht angenommen hat. Das Beschwerdegericht hat in der Sache diejenigen Erwägungen anzustellen, die auch der Kartellbehörde nach § 65 Abs. 1 GWB obliegen. Insoweit kann auf die dortigen Ausführungen verwiesen werden. Zu den tatbestandlichen Voraussetzungen, unter denen § 65 Abs. 1 GWB eine Anordnung des Sofortvollzugs zulässt und die deshalb der gerichtlichen Kontrolle nach § 65 Abs. 3 Satz 1 Nr. 1 GWB unterworfen sind, gehören **auch die Ermessenserwägungen** der Behörde. Das Beschwerdegericht ist in diesem Zusammenhang allerdings auf die Überprüfung beschränkt, ob die Kartellbehörde ihr Ermessen pflichtgemäß ausgeübt hat, d. h. sie von dem ihr zustehenden Ermessen überhaupt Gebrauch gemacht (sog. Ermessensnichtgebrauch) und die gesetzlichen Zielvorstellungen beachtet sowie alle für die Ermessensausübung maßgebenden Gesichtspunkte hinreichend in ihre Erwägungen einbezogen hat (sog. Ermessensfehlgebrauch). Stellt es Ermessensfehler fest oder ist die Anordnung des Sofortvollzugs aus sonstigen Gründen rechtswidrig, hat das Beschwerdegericht die aufschiebende Wirkung der Beschwerde wiederherzustellen. Dies ist Konsequenz der Tatsache, dass es an einer rechtsbeständigen (fehlerfreien) Anordnung des Sofortvollzugs fehlt und die Beschwerde gemäß § 64 Abs. 1 GWB kraft Gesetzes aufschiebende Wirkung hat.

b) Zweifel an der Rechtmäßigkeit der angefochtenen Verfügung. § 65 Abs. 3 Satz 1 Nr. 2 GWB verpflichtet das Beschwerdegericht zur Wiederherstellung des Suspen-

---

[5] Ebenso *Karsten Schmidt* in: Immenga/Mestmäcker, GWB, § 65 Rn. 8.
[6] KG, WuW/E OLG 5151 – *Ernstliche Untersagungszweifel*; *Karsten Schmidt* in: Immenga/Mestmäcker, GWB, § 65 Rn. 11 m. w. N.

siveffekts, wenn und soweit ernstliche Zweifel an der Rechtmäßigkeit der angefochtenen Verfügung bestehen. Sie liegen vor, wenn bei einer **summarischen Überprüfung** die **Aufhebung** der angefochtenen Verfügung **überwiegend wahrscheinlich** ist. Ob sich die diesbezüglichen Bedenken an der Rechtmäßigkeit der kartellbehördlichen Verfügung aus tatsächlichen Gründen (z. B. einer unzureichenden Sachaufklärung) oder aus rechtlichen (verfahrens- oder materiellrechtlichen) Erwägungen ergeben, ist unerheblich.[7] Nicht ausreichend ist es, wenn sich die Sach- und Rechtslage bei der gebotenen vorläufigen Beurteilung lediglich als offen erweist.[8]

11 **c) Unbillige Härte.** Eine unbillige Härte im Sinne von § 65 Abs. 3 Satz 1 Nr. 3 GWB ist nicht alleine deshalb anzunehmen, weil der Sofortvollzug für den Betroffenen mit schwerwiegenden Eingriffen und/oder Nachteilen verbunden ist, deren Folgen nach einer erfolgreichen Durchführung des Beschwerdeverfahrens nicht ohne weiteres beseitigt werden können. Entscheidend ist vielmehr, ob und inwieweit der Betroffene die Nachteile im überwiegenden öffentlichen Interesse hinzunehmen hat. Das ist auf der Grundlage einer **umfassenden Interessenabwägung** zu entscheiden. Dabei können auch die voraussichtliche Verfahrensdauer und der voraussichtliche Ausgang des Beschwerdeverfahrens berücksichtigt werden. Von Bedeutung kann auch sein, ob und mit welchem Aufwand ein Unternehmen seine Marktstrategie ändern muss.[9] **Existenzbedrohungen** müssen im Allgemeinen nicht hingenommen werden. Ebenso können **nicht wieder auszugleichende Folgen** nur ausnahmsweise durch öffentliche Interessen aufgewogen werden.[10] Richtet sich eine auf Art. 81 EG und/oder § 1 GWB gestützte kartellbehördliche Missbrauchsverfügung gegen eine – typischerweise in der Rechtsform einer Gesellschaft bürgerlichen Rechts betriebenen – Kooperation von Unternehmen (z. B. in Gestalt einer Einkaufsgemeinschaft[11] oder einer Mitversicherungsgemeinschaft[12]), ist für die Frage einer unbilligen Härte nicht in erster Linie auf die Konsequenzen abzustellen, die die angefochtene Verfügung für die Kooperation selbst mit sich bringt. Abzustellen ist vielmehr auch (und vor allem) auf die Nachteile, die den in der Kooperation zusammengeschlossenen Unternehmen entstehen. Das gilt jedenfalls dann, wenn die Kooperationsgemeinschaft ihr unternehmerisches Interesse ausschließlich von dem wirtschaftlichen Interesse ihrer Gesellschafter ableitet.[13]

3. Rechtsbeschwerde

12 In sämtlichen Alternativen unterliegt die Entscheidung des Beschwerdegerichts nach § 65 Abs. 3 GWB in der Rechtsbeschwerdeinstanz nur einer eingeschränkten Überprüfung. Das Rechtsbeschwerdegericht prüft das vom Beschwerdegericht gefundene Ergebnis nur auf seine rechtliche Plausibilität.[14]

---

[7] KG, WuW/E OLG 5263 – *Krupp-Hoesch-Brüninghaus;* strenger OLG Düsseldorf, WuW/E DE-R 1246, 1247 – *GETEC-net.*

[8] OLG Düsseldorf, WuW/E DE-R 2081 – *Kalksandsteinwerk;* OLG Düsseldorf, WuW/E DE-R 1993, 1994 – *Außenwerbeflächen;* OLG Düsseldorf, WuW/E DE-R 1931, 1932 – *Sulzer/Kelmix;* OLG Düsseldorf, WuW/E DE-R 6, 7 – *Müllverbrennungsanlage;* Karsten Schmidt in: Immenga/Mestmäcker, GWB, § 65 Rdnr. 14; *Bechtold*, Kartellgesetz, § 65 Rn. 4.

[9] *Karsten Schmidt* in: Immenga/Mestmäcker, GWB, § 65 Rn. 11; *Bechtold*, GWB, § 65 Rn. 5.

[10] Vgl. Vgl. OLG Düsseldorf, WuW/E DE-R 2171, 2172; OLG Düsseldorf, Beschl. v. 14. 6. 2007 – *VI-Kart 9/07 (V)* Umdruck Seite 5; *Karsten Schmidt* in: Immenga/Mestmäcker, GWB, § 65 Rdnr. 15; *Kollmorgen* in: Langen/Bunte, Kommentar zum deutschen und europäischen Kartellrecht, Band 1, § 65 Rdnr. 20.

[11] OLG Düsseldorf, Beschl. v. 14. 6. 2007 – *VI-Kart 9/07 (V)* Umdruck Seite 6.

[12] OLG Düsseldorf, Beschl. v. 27. 9. 2007 – *VI-Kart 11/07 (V)* Umdruck Seite 6 f.

[13] OLG Düsseldorf, Beschl. v. 14. 6. 2007 – *VI-Kart 9/07 (V)* Umdruck Seite 6; OLG Düsseldorf, Beschl. v. 27. 9. 2007 – *VI-Kart 11/07 (V)* Umdruck Seite 6 f.

[14] BGH, WuW/E DE-R 2035, 2037/2038 – *Lotto im Internet;* BGH, WM 2007, 2343, 2345.

IV. Aussetzung der sofortigen Vollziehung durch die Kartellbehörde (Abs. 3 Satz 2)

In den Fällen, in denen die Beschwerde **kraft Gesetzes keine aufschiebende Wirkung** hat, kann die Kartellbehörde – auf Antrag oder von Amts wegen – die Vollziehung aussetzen. Die Aussetzung soll erfolgen, wenn die Vollziehung für den Betroffenen eine unbillige, nicht durch überwiegende öffentliche Interesse gebotene Härte zur Folge hätte (§ 65 Abs. 3 Satz 2 GWB). Eine Härte im Sinne des Gesetzes ist nur anzunehmen, wenn schwerwiegende Eingriffe vorgenommen werden, deren Folgen nach einer erfolgreichen Durchführung des Beschwerdeverfahrens nicht ohne weiteres beseitigt werden können. Außerdem ist – weil das Gesetz an sich die sofortige Vollziehbarkeit der Verfügung vorsieht – erforderlich, dass Nachteile geltend gemacht werden, die über den eigentlichen Zweck der Verfügung hinausgehen.[15] Die dem Betroffenen drohenden Nachteile müssen schließlich unbillig, d. h. nicht im überwiegenden öffentlichen Interesse hinzunehmen sein. Ob diese Voraussetzung erfüllt ist, beurteilt sich nach den Umständen des Einzelfalles unter Abwägung der beiderseitigen Belange und Interessen. Existenzbedrohungen brauchen im Allgemeinen nicht hingenommen werden. Auch irreparable Folgen stellen regelmäßig eine unbillige Härte dar, sofern sie nicht ausnahmsweise durch öffentliche Interessen aufgewogen werden.[16]

Der Aussetzungsantrag an die Kartellbehörde ist bis zur Bestandskraft der Verfügung möglich. Er kann deshalb auch noch während des Beschwerdeverfahrens gestellt und von der Kartellbehörde positiv beschieden werden. Mit Einlegung der Beschwerde steht dem Verfügungsadressaten daneben der vorläufige gerichtliche Rechtsschutz im Verfahren nach § 65 Abs. 3 Satz 3 GWB zur Verfügung, indem beim Beschwerdegericht die Wiederherstellung der aufschiebenden Wirkung der Beschwerde beantragt werden kann. Beide Rechtsschutzmöglichkeiten stehen nebeneinander. Lehnt die Behörde einen Aussetzungsantrag nach § 65 Abs. 3 Satz 2 GWB ab, gewährleistet dagegen das Verfahren nach § 65 Abs. 3 Satz 3 GWB einen effektiven gerichtlichen Schutz.

V. Anordnung der aufschiebenden Wirkung durch das Beschwerdegericht (Abs. 3 Satz 3)

§ 65 Abs. 3 Satz 3 GWB stellt den vorläufigen Rechtsschutz in denjenigen Fällen sicher, in denen die Beschwerde **kraft Gesetzes** keinen Suspensiveffekt hat.

1. Allgemeine Grundsätze

Das Beschwerdegericht hat gemäß § 65 Abs. 3 Satz 3 GWB die – vom Gesetz an sich nicht vorgesehene – aufschiebende Wirkung anordnen, wenn entweder ernstliche Zweifel an der Rechtmäßigkeit der angefochtenen Verfügung bestehen oder die Vollziehung für den Betroffenen eine unbillige, nicht durch überwiegende öffentliche Interessen gebotene Härte zur Folge hätte. Zur Erläuterung der beiden Tatbestände kann auf die vorstehenden Ausführungen zur Entscheidung des Beschwerdegerichts nach § 65 Abs. 3 Satz 1 GWB bzw. zur Aussetzungsbefugnis der Kartellbehörde gemäß § 65 Abs. 3 Satz 2 GWB verwiesen werden; sie gelten hier sinngemäß.

Auch im Verfahren nach § 65 Abs. 3 Satz 3 GWB steht dem Beschwerdegericht **kein Entscheidungsermessen** zu. Liegen die Voraussetzungen der genannten Vorschrift vor, ist es vielmehr zur Anordnung des Suspensiveffekts verpflichtet. Das **Rechtsschutzbe-**

---

[15] *Birmanns* in: Frankfurter Kommentar, GWB 2005 § 65 Rn. 40, 45.
[16] OLG Düsseldorf, Beschl. v. 14. 6. 2007 – *VI-Kart 9/07 (V)* Umdruck Seite 5; *Karsten Schmidt* in: Immenga/Mestmäcker, GWB, § 65 Rn. 17.

dürfnis für einen Antrag nach § 65 Abs. 3 Satz 3 GWB kann fehlen, wenn die Rechtswirkungen der Verfügung bereits vollständig eingetreten sind und eine weitere Vollziehbarkeit nicht in Betracht kommt. Die Zuständigkeit des Beschwerdegerichts endet mit Anhängigkeit des Rechtsbeschwerdeverfahrens; ab diesem Zeitpunkt obliegt dem Rechtsbeschwerdegericht die Entscheidung nach § 65 Abs. 3 Satz 3 GWB.[17]

2. Drittbeschwerden

17   Die 7. Novelle hat für Drittbeschwerden eine Beschränkung des vorläufigen Rechtsschutzes gebracht. Im Interesse einer möglichst zeitnahen Durchführung und Umsetzung von freigegebenen Zusammenschlussvorhaben hat der Gesetzgeber den vorläufigen Rechtsschutz Dritter, die die kartellbehördliche Freigabeentscheidung oder eine Ministererlaubnis mit der Beschwerde angreifen, erheblich eingeschränkt. Ihnen steht das Antragsrecht nach § 65 Abs. 3 Satz 3 GWB nur noch dann (und insoweit) zu, wie sie durch die angefochtene Entscheidung in ihren **Rechten** – und nicht bloß in ihren wettbewerblichen Interessen – **verletzt** sein können. Unberührt bleibt die Möglichkeit des Dritten, seine Beschwerdebefugnis für das Hauptsacheverfahren aus der Beeinträchtigung seiner wettbewerblichen Belange herzuleiten. Im Ergebnis kommt bei der Drittbeschwerde ein Eilrechtsschutz damit nur noch in besonderen Ausnahmefällen in Frage. Aus der Verletzung der fusionskontrollrechtlichen Bestimmungen des GWB kann der Dritte eine Rechtsverletzung von vornherein nicht ableiten, weil das Kartellgesetz insoweit nur den Wettbewerb als Institution schützt und nicht darüber hinaus auch drittschützende Wirkung zugunsten der Marktteilnehmer entfaltet.[18] Auch die Vorschriften des UWG gewähren keinen Anspruch auf Erhalt des eigenen Lieferanten- oder Abnehmerkreises. In Schutzrechte, wie Patente, Gebrauchsmuster oder Urheberrechte wird durch Fusionen in aller Regel nicht eingegriffen werden. Denkbar ist es, dass Inhaber von Marken oder geschäftlichen Bezeichnungen durch das freigegebene Fusionsvorhaben in ihren Rechten betroffen werden.

VI. Verfahren und andere gemeinsame Vorschriften (Abs. 2, 4, 5)

1. Antragserfordernis

18   Während die Anordnungen der Kartellbehörde zur sofortigen Vollziehung **ohne Antrag** ergehen können, sind die Entscheidungen, die das Beschwerdegericht im einstweiligen Rechtsschutz nach § 65 Abs. 3 Satz 1 oder Satz 3 GWB trifft, antragsgebunden. Der Antrag an das Beschwerdegericht kann schon vor Einreichung der Beschwerde gestellt (§ 65 Abs. 4 Satz 1 GWB) und beschieden werden. Er unterliegt nicht den Form- und Fristerfordernissen des § 66 GWB, verlangt aber – wie jeder Rechtsbehelf – eine (formelle[19] und materielle) Beschwer der antragstellenden Partei. Die zur Rechtfertigung des Rechtsschutzbegehrens vorgetragenen Tatsachen sind vom Antragsteller glaubhaft zu machen (§ 65 Abs. 4 Satz 2 GWB). Es gelten die Glaubhaftmachungsregeln der ZPO, so dass insbesondere die Versicherung an Eides statt (§ 294 ZPO) als Mittel der Glaubhaftmachung in Betracht kommt. Da die Anträge nach § 65 Abs. 3 Satz 1 oder Satz 3 GWB auf das Rechtsschutzziel einer Wiederherstellung bzw. Anordnung der aufschiebenden Wirkung der Beschwerde – und nicht auf eine bestimmte der in § 65 Abs. 3 Satz 1 Nr. 1–3 GWB aufgeführten Fallgruppe – gerichtet sind, ist das Beschwerdegericht weder an die Begründung der antragstellenden Partei noch an diejenige der Kartellbehörde gebunden. Es kann

---

[17] BGH, NJW 1999, 342 – *Tariftreueerklärung*.
[18] BGH, WuW/E DE-R 1571, 1572 – *Ampere*; BGH, Beschl. v. 7. 2. 2006 – *KVZ 40/05*; OLG Düsseldorf, WuW/E DE-R 1644, 1645 – *Werhahn*.
[19] KG, WuW/E OLG 1867 – *Air-Conditioning-Anlagen*.

dem Antrag folglich aus einem anderen als dem vom Beschwerdeführer reklamierten Anordnungsgrund des § 65 Abs. 3 Satz 1 GWB stattgeben; den Antrag zurückweisen darf es nur, wenn es alle Anordnungsgründe des § 65 Abs. 3 Satz 1 GWB verneint.[20]

2. Aufhebung der Vollziehung, Sicherheitsleistung, Befristung

§ 65 Abs. 4 Satz 3 GWB gestattet dem Beschwerdegericht, die Aufhebung der im Entscheidungszeitpunkt bereits erfolgten Vollziehung anzuordnen. Das Gericht kann zudem die Wiederherstellung und die Anordnung der aufschiebenden Wirkung von der Leistung einer Sicherheit oder von anderen Auflagen abhängig machen. Außerdem sind Befristungen möglich (§ 65 Abs. 4 Satz 4 GWB). Da die Entscheidungen, die das Beschwerdegericht nach § 65 GWB trifft, nicht der materiellen Rechtskraft fähig sind, kann ein erfolgloser Antrag wiederholt werden. Das Gericht ist allerdings nur dann zur Neubescheidung verpflichtet, wenn neue Tatsachen vorgetragen werden.

3. Änderung und Aufhebung von Anordnungen

Die nach § 65 Abs. 3 GWB getroffenen **gerichtlichen** Entscheidungen gelten – sofern das Beschwerdegericht keine kürzere Frist bestimmt hat – vom Zeitpunkt ihrer Zustellung bis zum rechtskräftigen Abschluss des Beschwerdeverfahrens, mithin auch noch für die Dauer eines etwaigen Rechtsbeschwerdeverfahrens. Nach § 65 Abs. 5 GWB kann das Beschwerdegericht seine auf § 65 Abs. 3 GWB gestützten Entscheidungen allerdings jederzeit ändern oder aufheben. Ein Antrag ist nicht erforderlich. Der Begriff *„jederzeit"* ist ausschließlich zeitlich gemeint. Er bedeutet nicht beliebig. Änderungen oder Aufhebungen sind deshalb nur zulässig, wenn das Gericht zu der Überzeugung gelangt, dass die Voraussetzungen für die von ihm getroffene Anordnung entfallen oder unrichtig beurteilt worden sind.

Dieselbe Befugnis steht der **Kartellbehörde** in Bezug auf die von ihr nach § 65 Abs. 1, Abs. 3 Satz 2 GWB getroffenen Anordnungen zu. Das folgt zwar nicht aus § 65 Abs. 5 GWB, der nur von den nach § 65 Abs. 3 GWB erlassenen (gerichtlichen) Beschlüssen spricht, ergibt sich aber unmittelbar aus dem Umstand, dass die kartellbehördlichen Anordnungen nach § 65 GWB nicht in materielle Bestandskraft erwachsen. Die Behörde darf ihre Entscheidung auch dann noch überprüfen und ändern, wenn schon Beschwerde eingelegt worden ist. Ihre **Änderungs- und Aufhebungsbefugnis** ist allerdings insoweit **beschränkt,** als keine nachträglichen Anordnungen getroffen werden dürfen, die in Widerspruch zu einer zwischenzeitlich vom Beschwerdegericht erlassenen Entscheidung über die Wiederherstellung oder Anordnung der aufschiebenden Wirkung der Beschwerde stehen.

4. Anfechtbarkeit

Nachdem § 74 Abs. 1 GWB im Zuge der 7. GWB-Novelle neu gefasst worden ist und der Gesetzgeber die ursprüngliche Einschränkung fallen gelassen hat, wonach lediglich die vom Beschwerdegericht in der Hauptsache getroffenen Entscheidungen rechtsbeschwerdefähig waren, sind die Gerichtsbeschlüsse nach § 65 Abs. 3–5 GWB mit der **Rechtsbeschwerde** anfechtbar.[21] Mit Anhängigkeit des Rechtsbeschwerdeverfahrens in der Hauptsache endet die Zuständigkeit des Beschwerdegerichts für die Rechtsschutzanträge nach § 65 GWB; diese geht auf das Rechtsbeschwerdegericht über.[22]

---

[20] Ebenso: *Karsten Schmidt* in: Immenga/Mestmäcker, GWB, § 65 Rn. 15; *Kollmorgen* in: Langen/Bunte, Kommentar zum deutschen und europäischen Kartellrecht, § 65 Rn. 16.
[21] Unklar: *Kollmorgen* in: Langen/Bunte, Kommentar zum deutschen und europäischen Kartellrecht, § 65 Rn. 22 einerseits und § 74 Rn. 3 andererseits.
[22] BGH, NJW 1999, 342 – *Tariftreueerklärung*; *Karsten Schmidt* in: Immenga/Mestmäcker, GWB, § 65 Rn. 17.

§ 66 Frist und Form

(1) ¹Die Beschwerde ist binnen einer Frist von einem Monat bei der Kartellbehörde, deren Verfügung angefochten wird, schriftlich einzureichen. ²Die Frist beginnt mit der Zustellung der Verfügung der Kartellbehörde. ³Wird in den Fällen des § 36 Abs. 1 Antrag auf Erteilung einer Erlaubnis nach § 42 gestellt, so beginnt die Frist für die Beschwerde gegen die Verfügung des Bundeskartellamts mit der Zustellung der Verfügung des Bundesministers für Wirtschaft und Technologie. ⁴Es genügt, wenn die Beschwerde innerhalb der Frist bei dem Beschwerdegericht eingeht.

(2) Ergeht auf einen Antrag keine Verfügung (§ 63 Abs. 3 Satz 2), so ist die Beschwerde an keine Frist gebunden.

(3) ¹Die Beschwerde ist innerhalb von zwei Monaten nach Zustellung der angefochtenen Verfügung zu begründen. ²Im Fall des Absatzes 1 Satz 3 beginnt die Frist mit der Zustellung der Verfügung des Bundesministeriums für Wirtschaft und Technologie. ³Wird diese Verfügung angefochten, beginnt die Frist zu dem Zeitpunkt, zu dem die Untersagung unanfechtbar wird. ⁴Im Fall des Absatzes 2 beträgt die Frist einen Monat; sie beginnt mit der Einlegung der Beschwerde. ⁵Die Frist kann auf Antrag von dem oder der Vorsitzenden des Beschwerdegerichts verlängert werden.

(4) Die Beschwerdebegründung muss enthalten
1. die Erklärung, inwieweit die Verfügung angefochten und ihre Abänderung oder Aufhebung beantragt wird,
2. die Angabe der Tatsachen und Beweismittel, auf die sich die Beschwerde stützt.

(5) Die Beschwerdeschrift und die Beschwerdebegründung müssen durch einen Rechtsanwalt unterzeichnet sein; dies gilt nicht für Beschwerden der Kartellbehörden.

Übersicht

	Rn.		Rn.
I. Sinn und Zweck der Vorschrift	1	III. Beschwerdebegründung (Abs. 3 und 4)	8
II. Beschwerdeeignung (Abs. 1 und 2)	2	1. Frist und Form	8
1. Frist	2	2. Inhalt	9
a) Frist und Fristbeginn	2	a) Beschwerdeziel	9
b) Fristberechnung	5	b) Beschwerdeangriffe	11
2. Adressat	6		
3. Form	7		

I. Sinn und Zweck der Vorschrift

1 § 66 GWB regelt in Anlehnung an §§ 74, 81 und 82 VwGO die **Formalien der Beschwerde,** insbesondere die Frist und Form der Beschwerdeeinlegung sowie Frist, Form und Inhalt der Beschwerdebegründung. Ergänzend sind nach § 73 Nr. 2 GWB die Vorschriften der Zivilprozessordnung heranzuziehen. Bedeutung hat die Verweisung im vorliegenden Zusammenhang insbesondere mit Blick auf die Regelungen zur Wiedereinsetzung in den vorigen Stand.

II. Beschwerdeeinlegung (Abs. 1 und 2)

1. Frist

2 § 66 Abs. 1 GWB normiert eine einmonatige Beschwerdefrist.

a) Frist und Fristbeginn. Die Beschwerdefrist beträgt **einen Monat** (§ 66 Abs. 1 Satz 1 GWB). Sie gilt für die Anfechtungsbeschwerde und die Verpflichtungsbeschwerde (im engeren Sinne) gleichermaßen. Entsprechende Anwendung findet § 66 Abs. 1 Satz 1 GWB auf die – bei Erledigung der Hauptsache mögliche – Fortsetzungsfeststellungsbeschwerde. Das gilt allerdings nur, sofern die Erledigung vor Einlegung der Beschwerde eingetreten ist. Auf die allgemeine Leistungsbeschwerde[1] und – wie § 66 Abs. 2 GWB ausdrücklich klarstellt – auf die Bescheidungsbeschwerde findet die Monatsfrist demgegenüber keine Anwendung.

Für die nach § 66 Abs. 1 Satz 1 GWB fristgebundenen Beschwerden beginnt der Fristenlauf mit der **förmlichen Zustellung** der Verfügung der Kartellbehörde an die beschwerdeführende Partei. Begründungsmängel lassen den Fristablauf unberührt. Ist die Verfügung der Kartellbehörde entgegen § 61 Abs. 1 Satz 1 GWB ohne oder mit einer nur unvollständigen oder sachlich unzutreffenden Rechtsmittelbelehrung versehen, wird die einmonatige Beschwerdefrist **analog § 58 Abs. 1 VwGO** demgegenüber nicht in Gang gesetzt. Es gilt vielmehr in entsprechender Anwendung von § 58 Abs. 2 VwGO eine Jahresfrist ab Zustellung der Verfügung an den Beschwerdeführer.[2] Ist eine förmliche Zustellung an die beschwerdeführende Partei unterblieben, ist die einmonatige Beschwerdefrist ihr gegenüber gleichfalls nicht in Gang gesetzt. Es kommt aber ebenfalls analog § 58 Abs. 2 VwGO die Jahresfrist zur Anwendung, falls der Beschwerdeführer Kenntnis von der Verfügung erhalten hat. Der Lauf der Jahresfrist beginnt in diesem Fall mit der Kenntniserlangung.[3]

Eine Sonderregelung enthält § 66 Abs. 1 S. 3 GWB für die Beschwerde gegen Untersagungsverfügungen des Bundeskartellamts im Bereich der **Zusammenschlusskontrolle,** sofern die Fusionsbeteiligten im Anschluss an das kartellbehördliche Fusionsverbot rechtzeitig (vgl. § 42 Abs. 3 GWB) Antrag auf Erteilung einer Ministererlaubnis gestellt haben. Nach der genannten Vorschrift beginnt die Beschwerdefrist zur Anfechtung der Amtsentscheidung in diesem Fall erst mit der Zustellung der Verfügung des Bundesministers für Wirtschaft. Die Zusammenschlussbeteiligten werden hierdurch in die Lage versetzt, nach Erlass der Untersagungsverfügung des Amtes zunächst das Ministererlaubnisverfahren zu betreiben und die Anfechtung der Kartellamtsverfügung bis zum Erlass einer (abschlägigen) Ministerentscheidung zurückzustellen. Parallel dazu bestimmt § 42 Abs. 3 Satz 1 und 2 GWB, dass der Antrag auf Erteilung einer Ministererlaubnis zwar grundsätzlich binnen Monatsfrist nach Zustellung der kartellbehördlichen Untersagungsverfügung gestellt werden muss, dass die Antragsfrist aber auf einen Monat nach Bestandskraft der Untersagung verlängert ist, falls die Zusammenschlussbeteiligten das kartellbehördliche Fusionsverbot fristgerecht angefochten haben. In der Gesamtschau koordinieren §§ 66 Abs. 1 S. 3, 42 Abs. 3 Satz 1 und 2 GWB damit im Interesse der Verfahrensökonomie die Rechtsbehelfe der Anfechtung des kartellbehördlichen Fusionsverbots und des Antrags auf Erteilung einer Ministererlaubnis. Voraussetzung für eine verlängerte Beschwerdefrist (§ 66 Abs. 3 Satz 3 BGB) bzw. Antragsfrist (§ 42 Abs. 3 Satz 2 GWB) ist allerdings, dass der jeweils andere Rechtsbehelf **fristgerecht erhoben** worden ist.[4] Selbstverständlich können die Zusammenschlussbeteiligten auch parallel und fristwahrend sowohl gegen die Untersagungsentscheidung vorgehen als auch die Erteilung der Ministererlaubnis beantragen und eine ablehnende Ministerentscheidung sodann mit der Beschwerde anfechten.

b) Fristberechnung. Die **Berechnung** der einmonatigen **Beschwerdefrist** richtet sich gemäß § 73 Nr. 2 GWB i.V.m. § 222 Abs. 1 ZPO nach den Bestimmungen der §§ 187–189 BGB. Danach beginnt die Frist mit Zustellung der Verfügung der Kartellbehörde (§ 187 Abs. 1 BGB). Sie endet mit dem Ablauf des Tages des Folgemonats, der durch seine Zahl dem Tage der Zustellung entspricht (§ 188 Abs. 2 1. Alt. BGB). Fällt das Ende einer Frist auf einen Sonnabend, Sonntag oder einen allgemeinen Feiertag, so endet die Frist mit dem Ablauf des nächsten Werktages (§ 222 Abs. 2 ZPO). Als Notfrist kann die Beschwerdefrist nicht verlängert werden, jedoch ist unter den Voraussetzungen der §§ 233 ff. ZPO Wiedereinsetzung in den vorigen Stand möglich (vgl. § 72 Nr. 2 GWB).

---

[1] *Karsten Schmidt* in: Immenga/Mestmäcker, GWB, § 66 Rn. 7.
[2] Vgl. auch BGH, BGH-Report 2005, 1006.
[3] KG, WuW/E OLG 1967, 1968 – *Westdeutsche Allgemeine Verlagsgesellschaft.*
[4] Dazu im Einzelnen: *Karsten Schmidt* in: Immenga/Mestmäcker, GWB, § 66 Rn. 9 m.w.N.

2. Adressat

6 Die Beschwerde ist bei der **Kartellbehörde** einzulegen (§ 66 Abs. 1 Satz 1 GWB). Hierdurch soll dieser die Möglichkeit eröffnet werden, der Beschwerde (ganz oder in Teilen) abzuhelfen und die angefochtene Verfügung aufgrund geänderter Überlegungen zugunsten der beschwerdeführenden Partei abzuändern. Macht die Behörde davon Gebrauch, kann Erledigung des Beschwerdeverfahrens eintreten. Werden durch die vorgenommenen Änderungen der angefochtenen Verfügung andere Verfahrensbeteiligte (z.B. Beigeladene) belastet, steht ihnen dagegen die Beschwerdemöglichkeit offen.

Die Einlegung der Beschwerde beim Beschwerdegericht wahrt die Beschwerdefrist (§ 66 Abs. 1 Satz 4 GWB), löst aber solange nicht den Suspensiveffekt aus, bis die Beschwerdeschrift auch der Kartellbehörde vorliegt. In einem solchen Fall empfiehlt es sich deshalb, die Beschwerdeschrift unmittelbar auch an die Kartellbehörde zu senden. Dabei sollte freilich klargestellt werden, dass die Übersendung nur zur Kenntnisnahme und nicht zum Zwecke der Beschwerdeeinlegung erfolgt.

3. Form

7 Das Gesetz schreibt in § 66 Abs. 1 Satz 1 GWB für die Einlegung der Beschwerde **Schriftform** vor. Es bestimmt in § 66 Abs. 5 GWB überdies, dass – sofern nicht die Kartellbehörde beschwerdeführende Partei ist – sowohl die Beschwerdeschrift als auch die Beschwerdebegründung von einem bei einem deutschen Gericht zugelassenen Rechtsanwalt unterzeichnet sein müssen. Obschon es streng genommen an der Einreichung einer „unterzeichneten" Schrift fehlt, genügt die Übermittlung der Beschwerdeschrift per Fernschreiben oder Telefax und ebenso die elektronische Übermittlung per Computerfax mit eingescannter Unterschrift.[5]

III. Beschwerdebegründung (Abs. 3 und 4)

Die Beschwerde ist zu begründen, andernfalls sie als unzulässig zu verwerfen ist. Die Anforderungen, die das Gesetz in zeitlicher und inhaltlicher Hinsicht an die Beschwerdebegründung stellt, ergeben sich aus § 66 Abs. 3–5 GWB.

1. Frist und Form

8 Nach § 66 Abs. 3 Satz 1 GWB ist die Beschwerde innerhalb einer Frist von **zwei Monaten nach Zustellung** der angefochtenen Verfügung zu begründen. Im Falle der Bescheidungsbeschwerde im Sinne von §§ 66 Abs. 2, 63 Abs. 3 Satz 2 GWB beträgt die Begründungsfrist einen Monat, gerechnet ab Einlegung der Beschwerde (§ 66 Abs. 3 Satz 4 GWB). Bei der Berechnung der vorgenannten Begründungsfristen ist der Tag der Zustellung der Verfügung bzw. der Beschwerdeeinlegung nicht mitzurechnen (§ 73 Nr. 2 GWB i.V.m. § 222 Abs. 1 ZPO, § 187 Abs. 1 BGB).

Die Beschwerdebegründungsfrist kann gemäß § 66 Abs. 3 Satz 5 von dem Vorsitzenden des Beschwerdegerichts (auch mehrfach) verlängert werden. Erforderlich ist, dass der Verlängerungsantrag rechtzeitig, d.h. vor Fristablauf, beim Gericht eingeht. Ist dies der Fall, kann die Verlängerung auch noch nach Ablauf der Frist gewährt werden. Wird eine Beschwerdebegründung durch Telefax übermittelt, ist die Schriftform nur als gewahrt angesehen worden, wenn die Kopie vom Absender direkt dem Gericht oder der Kartellbehörde zugeht.[6]

Die Beschwerdebegründung ist in **Schriftform** einzureichen. Sie muss – mit Ausnahme der Begründungsschrift der Kartellbehörde – außerdem von einem bei einem deutschen Gericht zugelassenen Rechtsanwalt unterzeichnet sein (§ 66 Abs. 5 GWB).

---

[5] Gem. S-OGB, NJW 2000, 2340, 2341; BGH, NJW 1990, 188.
[6] Vgl. BGH, BGHZ 79, 31.

2. Inhalt

Den **Inhalt** der Beschwerdebegründung bestimmt § 66 Abs. 4 GWB. 9

a) Beschwerdeziel. Die Begründungsschrift muss die Erklärung enthalten, inwieweit die Verfügung angefochten und ihre Abänderung oder Aufhebung beantragt wird (§ 66 Abs. 4 Nr. 1 GWB). Ein darauf ausgerichteter Beschwerdeantrag ist in der Praxis üblich, jedoch nicht zwingend. Es genügt, wenn sich aus dem Inhalt der Beschwerdebegründung hinreichend deutlich entnehmen lässt, in welchen Punkten und mit welchem Rechtsschutzziel eine Abänderung der kartellbehördlichen Entscheidung angestrebt wird. Insbesondere braucht der Beschwerdeführer den erstrebten Entscheidungssatz der gerichtlichen Entscheidung nicht zu formulieren.[7] Das gilt namentlich für die Fälle der Verpflichtungs- und Bescheidungsbeschwerde.

Obwohl § 66 Abs. 4 Nr. 1 GWB nur von der Abänderung oder Aufhebung einer Verfügung spricht, gelten die dort normierten Grundsätze sinngemäß auch für die anderen im Kartellverwaltungsverfahren zulässigen Beschwerdearten. 10

b) Beschwerdeangriffe. § 66 Abs. 4 Nr. 2 GWB verlangt neben der Offenlegung des Beschwerdeziels die Angabe der **Tatsachen und Beweismittel,** auf die sich die Beschwerde stützt. Entbehrlich sind damit an sich Rechtsausführungen der beschwerdeführenden Partei. Andererseits muss der Beschwerdeführer nachvollziehbar und verständlich darlegen, in welchen Punkten die angefochtenen Entscheidung fehlerhaft und in dem begehrten Umfang zu korrigieren sein soll.[8] Hierfür ist in aller Regel ein Mindestmaß an rechtlichen Ausführungen erforderlich. Gleiches gilt, wenn sich die Beschwerde in einzelnen Punkten oder in vollem Umfang ausschließlich gegen die Rechtsanwendung der Kartellbehörde wendet. In beiden Fallkonstellation mangels es an der gesetzlich gebotenen Beschwerdebegründung, wenn und soweit die zum Verständnis der Beschwerdeangriffe unentbehrlichen Rechtsausführungen fehlen. Überdies ist zu beachten, dass dem Beschwerdegericht auch unter Geltung des Untersuchungsgrundsatzes (§ 70 Abs. 1 GWB) eine Aufklärungs- und Ermittlungspflicht nur insoweit obliegt, als der Vortrag der Beteiligten oder der Sachverhalt im Übrigen bei sorgfältiger Überlegung der sich aufdrängenden Gestaltungsmöglichkeiten dazu Anlass geben kann. Vor diesem Hintergrund kann sich ein nur eingeschränkter Vortrag des Beschwerdeführers verfahrensmäßig zu seinem Nachteil auswirken.[9] 11

Unzureichend ist die bloße pauschale Bezugnahme auf Vorbringen im kartellbehördlichen Verfahren. Eine solche Bezugnahme ist nur zulässig, wenn wegen der weiteren Einzelheiten eines Beschwerdeangriffs auf einen früheren Sachvortrag verwiesen wird. Nimmt der Beschwerdeführer auf seinen Sach- oder Rechtsvortrag in einem anderen – nicht streitbefangenen – Verfahren (etwa einem Zivilverfahren oder einem anderen Verwaltungsverfahren) Bezug, dessen Akten nicht Bestandteil der Amtsakten sind, müssen die entsprechenden Schriftsätze der Beschwerdebegründung beigefügt werden. Statthaft ist es, wenn sich in einem von mehreren Beschwerdeführern geführten Verfahren der eine Beschwerdeführer das Vorbringen eines anderen zueigen macht und zur Vermeidung von Wiederholungen auf dessen schriftsätzlichen Vortrag verweist.

IV. Verstoß gegen § 66

Das Beschwerdegericht prüft **von Amts wegen,** ob die Beschwerde an sich statthaft (§ 63 GWB) und frist- und formgerecht eingelegt und begründet ist (§ 66 GWB). Fehlt es hieran, kann das Gericht entsprechend § 519b ZPO, § 125 Abs. 2 VwGO die Beschwerde ohne mündliche Verhandlung als unzulässig verwerfen. 12

---

[7] KG, WuW/E OLG 4859, 4861 – *Versicherungsgebühren*.
[8] KG, WuW/E OLG 5568, 5579 – *Fernsehübertragungsrechte*.
[9] *Karsten Schmidt* in: Immenga/Mestmäcker, GWB, § 66 Rn. 14.

§ 67 Beteiligte am Beschwerdeverfahren

(1) An dem Verfahren vor dem Beschwerdegericht sind beteiligt
1. der Beschwerdeführer,
2. die Kartellbehörde, deren Verfügung angefochten wird,
3. Personen und Personenvereinigungen, deren Interessen durch die Entscheidung erheblich berührt werden und die die Kartellbehörde auf ihren Antrag zu dem Verfahren beigeladen hat.

(2) Richtet sich die Beschwerde gegen eine Verfügung einer obersten Landesbehörde, ist auch das Bundeskartellamt an dem Verfahren beteiligt.

Übersicht

	Rn.		Rn.
I. Inhalt der Vorschrift	1	2. Kartellbehörde	3
1. Beschwerdeführer	2	3. Beigeladene	4
		II. Erweiterung des Kreises der Beteiligten	5

I. Inhalt der Vorschrift

1 § 67 GWB bestimmt, wer Beteiligter des Beschwerdeverfahrens ist. Der Wortlaut erweckt den Eindruck einer abschließenden Aufzählung. Es ist allerdings anerkannt, dass über die in der Vorschrift Genannten alle diejenigen am Beschwerdeverfahren beteiligt sind, die auch Beteiligte des vorausgegangenen kartellbehördlichen Verfahrens gewesen sind (zu den Einzelheiten sogleich).

1. Beschwerdeführer

2 Beteiligt am Verfahren vor dem Beschwerdegericht ist kraft gesetzlicher Regelung zunächst die beschwerdeführende Partei (§ 67 Abs. 1 Nr. 1 GWB). Das gilt ohne Rücksicht darauf, ob das Rechtsmittel zulässig erhoben worden ist. Als Beschwerdeführer beteiligt ist ebenso derjenige, der sich einer bereits anderweitig eingelegten Beschwerde anschließt.

2. Kartellbehörde

3 Beteiligt ist nach § 67 Abs. 1 Nr. 2 GWB ferner die Kartellbehörde, deren Verfügung angefochten wird. Als Beteiligte kommen damit sowohl das Bundeskartellamt als auch die jeweilige Landeskartellbehörde in Betracht. Das Bundeskartellamt ist im Interesse einer bundesweit einheitlichen Rechtsanwendung und Verwaltungspraxis gemäß § 67 Abs. 2 GWB darüber hinaus auch in den Beschwerdeverfahren gegen eine Verfügung der Landeskartellbehörde beteiligt. Das gilt mit Rücksicht auf den Zweck dieser Verfahrensbeteiligung nicht nur für Anfechtungsbeschwerden gegen die Landeskartellbehörde, sondern gleichermaßen auch für alle anderen Beschwerdearten.

3. Beigeladene

4 Nach § 67 Abs. 1 Nr. 3 GWB ist am Beschwerdeverfahren des Weiteren der Beigeladene beteiligt. Gemeint ist damit derjenige, der im Verwaltungsverfahren von der Kartellbehörde **tatsächlich beigeladen** worden ist. Ob die Beiladung zu Recht erfolgt ist, spielt für die Beteiligtenstellung keine Rolle und ist vom Beschwerdegericht auch nicht zu prüfen. Umgekehrt ist derjenige, der zum kartellbehördlichen Verfahren zwar hätte beigeladen werden können (oder sogar müssen), der aber bei der Kartellbehörde nicht um eine Beiladung nachgesucht hat oder dessen Beiladungsantrag – zu Recht oder zu Unrecht – abgelehnt worden ist, nicht am Beschwerdeverfahren beteiligt. Dieser kann allerdings in Aus-

nahmefällen (z. B. notwendige Beiladung, Ablehnung eines Beiladungsantrags aus dem Gesichtspunkt der Verfahrensökonomie) berechtigt sein, eine eigene Beschwerde einzulegen.[1] In diesem Fall erlangt er die Beteiligung am Beschwerdeverfahren in seiner Eigenschaft als Beschwerdeführer.

Eine Beiladung kann nur zum kartellbehördlichen Verfahren – und nicht zum Beschwerdeverfahren – erfolgen (§ 54 Abs. 2 Nr. 3 GWB). Sie scheidet aus, sobald die kartellbehördliche Hauptsacheverfügung unanfechtbar geworden ist.[2] Bei Fusionskontrollverfahren steht dem das Verstreichen der Monatsfrist des **§ 40 Abs. 1 GWB** oder der Ablauf der Vier-Monatsfrist des **§ 40 Abs. 2 Satz 2 GWB** gleich, weil mit Fristablauf das angemeldete Zusammenschlussvorhaben kraft Gesetzes als freigegeben gilt.[3] Auf der anderen Seite darf die Kartellbehörde bis zur Einlegung der Beschwerde in der Hauptsache noch eine Beiladung aussprechen, weil die Sache so lange noch nicht der nächsten Instanz angefallen ist.[4] Ob darüber hinaus eine Beiladung auch noch nach Beschwerdeeinlegung erfolgen kann, ist umstritten.[5] Nach der Rechtsprechung des Oberlandesgerichts Düsseldorf[6] ist dies zu bejahen, sofern der Beiladungsantrag vor Erlass der kartellbehördlichen Hauptsacheentscheidung gestellt worden ist. Wird das Beiladungsgesuch erst nach diesem Zeitpunkt gestellt, ist eine Beiladung nicht mehr möglich, weil das kartellbehördliche Verfahren bei Antragstellung bereits beendet war.

II. Erweiterung des Kreises der Beteiligten

Es ist allgemein anerkannt, dass § 67 GWB keine abschließende Aufzählung der am Beschwerdeverfahren Beteiligten enthält, sondern unter dem Aspekt der Verfahrenskontinuität einer Erweiterung bedarf.[7] Alle diejenigen, die nach **§ 54 Abs. 2 GWB** am Verfahren vor der Kartellbehörde beteiligt waren, müssen auch Beteiligte des anschließenden Beschwerdeverfahrens sein. Das gilt nicht nur für denjenigen, der bei der Kartellbehörde erfolgreich die Einleitung eines Verfahrens beantragt hat (§ 54 Abs. 2 Nr. 1 GWB), wenn die von diesem erwirkte kartellbehördliche Verfügung angefochten wird, sondern auch für denjenigen, gegen den sich das Verfahren der Kartellbehörde richtet (§ 54 Abs. 2 Nr. 2 GWB), und bei Zusammenschlusstatbeständen gleichermaßen für den Veräußerer (§ 54 Abs. 2 Nr. 4). Darüber hinaus muss aus Rechtsschutzgesichtspunkten auch demjenigen der Status eines Beteiligten zuerkannt werden, für den der Ausgang des Beschwerdeverfahrens eine **unmittelbare rechtsgestaltende Wirkung** hat. In Betracht kommt dies beispielsweise, wenn die angefochtene Verfügung mit konstitutiver Wirkung vertragliche Vereinbarungen untersagt, an denen der Dritte selbst beteiligt ist.[8] Gleiches gilt für den notwendig Beizuladenden, d. h. denjenigen, der geltend machen kann, durch die angefochtene kartellbehördliche Entscheidung in seinen Rechten verletzt zu sein.

---

[1] Vgl. dazu im Einzelnen die Ausführungen bei § 63 Rn. 13, 15.
[2] Vgl. BGH, WuW/E DE-R 1544 – *Zeiss/Leica*.
[3] Vgl. OLG Düsseldorf, WuW/E DE-R 1293, 1294/1295 – *tvkofler*.
[4] Vgl. BGH, WuW/E DE-R 1544 – *Zeiss/Leica*; BGH, WuW/E BGH 2077, 2080 – *Coop/Supermagazin*.
[5] Vgl. *Karsten Schmidt* in: Immenga/Mestmäcker, GWB, § 67 Rn. 50 m. w. N.; *Kiecker* in: Langen/Bunte, Kommentar zum deutschen und europäischen Kartellrecht, § 54 Rn. 33 m. w. N.
[6] Beschl. v. 21. 6. 2004 – *VI-Kart 6/04 (V)*.
[7] KG, WuW/E OLG 1758, 1765 – *Weichschaum III*.
[8] Vgl. BGH, WuW/E BGH 2875, 2876 – *Herstellerleasing*.

§ 68 Anwaltszwang

¹Vor dem Beschwerdegericht müssen die Beteiligten sich durch einen Rechtsanwalt als Bevollmächtigten vertreten lassen. ²Die Kartellbehörde kann sich durch ein Mitglied der Behörde vertreten lassen.

Übersicht

	Rn.
I. Sinn und Zweck der Vorschrift	1
II. Grenzen	2

I. Sinn und Zweck der Vorschrift

1 § 68 Satz 1 GWB ordnet für das Beschwerdeverfahren in Kartellverwaltungssachen **Anwaltszwang** an. § 76 Abs. 5 GWB übernimmt die Regelung für das Rechtsbeschwerdeverfahren. Da beide Vorschriften nur die Vertretung durch einen „bei einem deutschen Gericht zugelassenen" Rechtsanwalt verlangen, ist für das Rechtsbeschwerdeverfahren eine BGH-Zulassung nicht erforderlich. Die Partei kann sich vielmehr im Beschwerde- und Rechtsbeschwerdeverfahren durch denselben anwaltlichen Bevollmächtigten vertreten lassen. Andererseits scheidet eine Vertretung durch einen deutschen Hochschullehrer – anders als dies § 138 Abs. 1 StPO, § 46 Abs. 1 OWiG für das Straf- und Bußgeldverfahren sowie § 67 Abs. 1 VwGO für den Verwaltungsprozess regeln – aus.[1]

II. Grenzen

2 **Die Kartellbehörden** können sich nach § 68 Satz 2 GWB durch ein Mitglied der Behörde vertreten lassen. Damit sind alle dort beruflich Bediensteten gemeint; eine Befähigung zum Richteramt ist nicht erforderlich.

Dem Anwaltszwang unterfallen nicht die Handlungen, die **vor dem Urkundsbeamten** vorgenommen werden können. Die Beteiligten können selbst Prozesskostenhilfe beantragen (§ 117 Abs. 1 ZPO) und die Anhörungsrüge erheben (§ 71a Abs. 2 Satz 4 GWB). Ebenso wenig ist eine anwaltliche Vertretung bei der Rücknahme eines Rechtsmittels erforderlich, das der Beteiligte selbst eingelegt hatte.

§ 69 Mündliche Verhandlung

(1) Das Beschwerdegericht entscheidet über die Beschwerde auf Grund mündlicher Verhandlung; mit Einverständnis der Beteiligten kann ohne mündliche Verhandlung entschieden werden.

(2) Sind die Beteiligten in dem Verhandlungstermin trotz rechtzeitiger Benachrichtigung nicht erschienen oder gehörig vertreten, so kann gleichwohl in der Sache verhandelt und entschieden werden.

Übersicht

	Rn.		Rn.
I. Mündliche Verhandlung	1	2. Sachentscheidungen	2
1. Grundsatz	1	3. Modalitäten der mündlichen Verhandlung	4
		II. Nichterscheinen der Parteien	6

---

[1] *Kollmorgen* in: Langen/Bunte, Kommentar zum deutschen und europäischen Kartellrecht, § 68 Rn. 2.

I. Mündliche Verhandlung

1. Grundsatz

§ 69 normiert den **Grundsatz** der mündlichen Verhandlung, ohne allerdings selbst die damit verbundenen Modalitäten zu regeln. Für den Ablauf und die weiteren Einzelheiten der mündlichen Verhandlung ist gemäß § 73 Nr. 1 und 2 GWB auf die Vorschriften des GVG und der ZPO zurückzugreifen.

2. Sachentscheidungen

§ 69 statuiert nur für die **Sachentscheidung in der Hauptsache** das Gebot mündlicher Verhandlung *("über die Beschwerde")*. Eine Verwerfung der Beschwerde als unzulässig ist auch ohne mündliche Verhandlung analog § 522 ZPO, § 125 Abs. 2 VwGO zulässig. Gleiches gilt für das Rechtsbeschwerdeverfahren, mit dem ein ohne mündliche Verhandlung ergangener Verwerfungsbeschluss des Beschwerdegerichts angegriffen wird. Dasselbe gilt für isolierte Kostenentscheidungen, die etwa nach Rücknahme der Beschwerde oder nach Erledigung des Beschwerdeverfahrens in der Hauptsache ergehen. Eine mündliche Verhandlung ist ebenso wenig vorgeschrieben in Nebenverfahren, beispielsweise zum Erlass von Anordnungen und Entscheidungen nach §§ 64, 65 GWB.[1]

Ist eine mündliche Verhandlung nach § 69 Abs. 1 1. Halbsatz GWB vorgeschrieben, kann nur im **Einverständnis aller Beteiligten** von ihr abgesehen werden. Das Einverständnis unterliegt dem Anwaltszwang des § 68 Satz 1 GWB und kann infolge dessen von dem Verfahrensbeteiligten selbst rechtswirksam nicht erklärt werden.[2] Sind Verfahrensbeteiligte entgegen § 68 Abs. 1 GWB nicht anwaltlich vertreten, scheidet eine Entscheidung im schriftlichen Verfahren folglich aus.

3. Modalitäten der mündlichen Verhandlung

Ist die Beschwerdeentscheidung aufgrund mündlicher Verhandlung zu treffen, darf sie ausschließlich auf solche Tatsachen und Beweise gestützt werden, die Gegenstand der Verhandlung waren. Allen am Verfahren Beteiligten muss Gelegenheit gegeben worden sein, zu den Schriftsätzen und den zu Gericht eingereichten Unterlagen Stellung zu nehmen. Nachgelassene Schriftsätze können anders als im Zivilprozess (§ 283 ZPO) grundsätzlich nicht verwertet werden. Im Falle weiteren Vortrags ist entweder erneut in die mündliche Verhandlung einzutreten oder es muss ein wirksamer Verzicht auf eine erneute mündliche Verhandlung herbeigeführt werden.

Zu Ladung, Terminsnachricht, Gegenstand der mündlichen Verhandlung und deren Ablauf wird auf die Kommentierung zu § 73 verwiesen.

II. Nichterscheinen

Nach § 69 Abs. 2 GWB kann in der Sache auch dann verhandelt und entschieden werden, wenn die Beteiligten **trotz rechtzeitiger Benachrichtigung** nicht erschienen oder nicht ordnungsgemäß vertreten sind. Die Vorschrift greift nur ein, wenn dem Gericht keine Anzeichen dafür vorliegen, dass die Parteien aufgrund unvorhergesehener Ereignisse am Erscheinen und an einer rechtzeitigen Entschuldigung gehindert waren. Liegt ein Fall **unvermeidbarer Säumnis** vor, muss zur Gewährleistung effektiven Rechtsschutzes (Art. 19 Abs. 4 GG) neuer Termin bestimmt werden.[3]

---

[1] *Karsten Schmidt* in: Immenga/Mestmäcker, GWB, § 69 Rn. 1.
[2] *Bechtold*, GWB, § 69 Rn. 1.
[3] *Karsten Schmidt* in: Immenga/Mestmäcker, GWB, § 69 Rn. 5; *Bechtold*, GWB, § 69 Rn. 2.

§ 70 Untersuchungsgrundsatz

(1) **Das Beschwerdegericht erforscht den Sachverhalt von Amts wegen.**

(2) **Der oder die Vorsitzende hat darauf hinzuwirken, dass Formfehler beseitigt, unklare Anträge erläutert, sachdienliche Anträge gestellt, ungenügende tatsächliche Angaben ergänzt, ferner alle für die Feststellung und Beurteilung des Sachverhalts wesentlichen Erklärungen abgegeben werden.**

(3) [1]Das Beschwerdegericht kann den Beteiligten aufgeben, sich innerhalb einer zu bestimmenden Frist über aufklärungsbedürftige Punkte zu äußern, Beweismittel zu bezeichnen und in ihren Händen befindliche Urkunden sowie andere Beweismittel vorzulegen. [2]Bei Versäumung der Frist kann nach Lage der Sache ohne Berücksichtigung der nicht beigebrachten Beweismittel entschieden werden.

(4) [1]Wird die Anforderung nach § 59 Abs. 6 oder die Anordnung nach § 59 Abs. 7 mit der Beschwerde angefochten, hat die Kartellbehörde die tatsächlichen Anhaltspunkte glaubhaft zu machen. [2]§ 294 Abs. 1 der Zivilprozessordnung findet Anwendung. [3]Eine Glaubhaftmachung ist nicht erforderlich, soweit § 20 voraussetzt, dass kleine oder mittlere Unternehmen von Unternehmen in der Weise abhängig sind, dass ausreichende und zumutbare Ausweichmöglichkeiten nicht bestehen.

Übersicht

	Rn.		Rn.
I. Bedeutung der Vorschrift	1	1. Mitwirkungsobliegenheit	19
II. Untersuchungsgrundsatz (Abs. 1)	3	2. Folgen der Verletzung	20
1. Grundsätzliche Reichweite	3	V. Beweisführungserleichterung (Abs. 4)	21
2. Beschränkungen	5	1. Auskunfts- und Prüfungsanordnungen (Satz 1 und 2)	21
3. Beweisaufnahme	9		
4. Beweislast	15	2. Abhängigkeitsvermutung (Satz 3)	22
III. Richterliche Aufklärungspflicht (Abs. 2)	18	3. Anwendungsbereich der Beweiserleichterungen	23
IV. Mitwirkung der Beteiligten (Abs. 3)	19		

I. Bedeutung der Vorschrift

1 § 70 überträgt den bereits für den Verwaltungsgerichtsprozess (§ 86 Abs. 1 VwGO) geltenden **Untersuchungsgrundsatz** auf das Beschwerdeverfahren. Das Gericht hat den Sachverhalt von Amts wegen zu erforschen, ohne dabei an das Vorbringen oder die Beweisanträge der Beteiligten gebunden zu sein. Geständnisse und Anerkenntnisse sind nicht bindend. Ist das Gericht von der Wahrheit des Vortrags nicht überzeugt, so hat es Beweis zu erheben. Grundsätzlich sind nur die für die Entscheidung erforderlichen Ermittlungen und Beweise zu erheben. Was nicht entscheidungserheblich ist, braucht nicht aufgeklärt zu werden. Auch Umstände, von denen das Gericht aufgrund allgemeiner Erfahrungen überzeugt ist, sind nicht beweisbedürftig. Daher braucht das Gericht Sachverständige nicht zu hören, wenn es sich selbst für ausreichend sachverständig hält. § 70 Abs. 1 GWB ist allerdings verletzt, wenn die Beschwerdeentscheidung Zweifel an der Sachkunde des Gerichts aufkommen lässt. Eingeschränkt wird die Amtsermittlungspflicht des Beschwerdegerichts durch die Obliegenheit der Verfahrensbeteiligten, sich im Rahmen des Möglichen und Zumutbaren an der Aufklärung des entscheidungsrelevanten Sachverhalts zu beteiligen. Diese Obliegenheit ergibt sich unmittelbar aus § 70 Abs. 3 GWB. Sie wird überdies in § 66 Abs. 4 Nr. 2 GWB vorausgesetzt, wonach der Beschwerdeführer in der Beschwerdebegründung diejenigen Tatsachen und Beweismittel anzugeben hat, auf die sich sein Rechtsmittel stützt.

2 § 70 Abs. 4 GWB betrifft die Anfechtung von kartellbehördlichen Verfügungen, durch die von Unternehmen oder Unternehmensvereinigungen Auskunft angefordert sowie die Herausgabe von Unterlagen verlangt wird (§ 59 Abs. 6 GWB) oder eine Prüfung in den

Unternehmensräumen (§ 59 Abs. 7 GWB) angeordnet wird. Die Vorschrift ist durch die 6. GWB-Novelle in das Kartellgesetz aufgenommen worden. Nach der Gesetzesbegründung soll sie die **„Ross- und Reiter-Problematik"** entschärfen. Diese besteht darin, dass von marktstarken Unternehmen wirtschaftlich oder in sonstiger Weise abhängige Unternehmen mit Blick auf mögliche Nachteile davon absehen können, der Kartellbehörde Missbrauchssachverhalte zu melden und geeignete Beweismittel zu benennen oder selbst in das Verfahren einzuführen. Um einer solchen Zurückhaltung vorzubeugen, lässt die Vorschrift es ausreichen, wenn die Kartellbehörde die Voraussetzungen für ihr Auskunfts- oder Prüfungsverlangen lediglich glaubhaft macht. Die Kartellbehörde ist hierdurch in die Lage versetzt, die Rechtmäßigkeit ihres Handelns durch eidesstattliche Erklärungen (etwa ihrer mit der Sache befassten Bediensteten) zu belegen und die Anonymität des Anzeigenden zu wahren. Zu beachten ist, dass die Beweiserleichterungen ausschließlich für das kartellbehördliche Auskunfts- und Prüfverlangen gelten; sie finden keine Anwendung in einem anschließenden Beschwerdeverfahren gegen die nach Auswertung der erlangten Auskünfte und Informationen ergangene Hauptsacheverfügung der Kartellbehörde.

II. Untersuchungsgrundsatz (Abs. 1)

1. Grundsätzliche Reichweite

a) Der Umfang der dem Beschwerdegericht obliegenden Ermittlungstätigkeit ist von vornherein durch den Streitgegenstand des Verfahrens beschränkt. Wie im Verwaltungsprozess gilt auch im kartellverwaltungsrechtlichen Beschwerdeverfahren die **Dispositionsmaxime**, d.h. die beschwerdeführende Partei bestimmt den Gegenstand des Verfahrens. Das Beschwerdegericht ist zwar nicht an die gestellten Anträge gebunden, darf aber über das Rechtsschutzbegehren des Beschwerdeführers nicht hinausgehen. Jenes ist durch Auslegung der Beschwerdeanträge unter Heranziehung des Beschwerdevorbringens zu ermitteln. Der so bestimmte Streitgegenstand des Beschwerdeverfahrens bildet den äußeren Rahmen, innerhalb dessen die Amtsermittlungspflicht des Gerichts Platz greift und das Gericht den entscheidungsrelevanten Sachverhalt aufzuklären hat. Welcher Sachverhalt entscheidungserheblich – und deshalb aufklärungsbedürftig – ist, richtet sich nicht nur nach den einschlägigen Vorschriften des materiellen Rechts, sondern wird auch durch die **Beschwerdebefugnis** der beschwerdeführenden Partei bestimmt. Nur so weit sie reicht, hat eine gerichtliche Überprüfung der kartellbehördlichen Entscheidung stattzufinden. Bedeutung hat dies insbesondere bei der Drittbeschwerde gegen fusionskontrollrechtliche Freigabeentscheidungen. Wird der beschwerdeführende Dritte durch den kartellbehördlich freigegebenen Zusammenschluss nur auf einem von mehreren in Rede stehenden Märkten nachteilig betroffen, ist im Beschwerdeverfahren nur zu prüfen, ob die Freigabe in Bezug auf diesen Markt gerechtfertigt ist.[1] Auf die zur Beantwortung dieser Frage erforderlichen Tatsachen beschränkt sich folglich auch die Amtsermittlungspflicht des Beschwerdegerichts.

b) Innerhalb des vorstehend beschriebenen Rahmens hat das Beschwerdegericht nach § 70 Abs. 1 GWB von Amts wegen **alle tatsächlichen Ermittlungen** vorzunehmen, die zur Entscheidung über die Beschwerde erforderlich sind. Dies gilt allerdings nicht ohne Ausnahmen. Das Kartellgesetz selbst normiert Grenzen der gerichtlichen Amtsermittlungspflicht; weitere Einschränkungen sind höchstrichterlich anerkannt.

2. Beschränkungen

a) Eine erste Grenze des Untersuchungsgrundsatzes ergibt sich aus dem **Zweck des Beschwerdeverfahrens.** Es dient der gerichtlichen Kontrolle der angefochtenen kartellbehördlichen Verfügung. Aufgabe des Beschwerdegerichts ist es nicht, unzureichende Ermitt-

---

[1] BGH, WuW/E DE-R 1163, 1165 – *HABET/Lekkerland.*

lungen der Kartellbehörde – die im Verwaltungsverfahren selbst gemäß § 57 Abs. 1 GWB den Sachverhalt vollständig zu ermitteln hat – nachzuholen und erstmals eine tatsächliche Grundlage für die behördliche Entscheidung zu beschaffen. Vor diesem Hintergrund ist das Beschwerdegericht nicht unter allen Umständen gehalten, selbst die Spruchreife herbeizuführen. Es kann vielmehr in besonders gelagerten Fällen die kartellbehördliche Verfügung allein wegen der Notwendigkeit weiterer Ermittlungen aufheben, und zwar dann, wenn eine Sachverhaltsaufklärung durch die Behörde vollständig unterblieben ist oder sich die Ermittlungen der Kartellbehörde als unverwertbar erweisen, weil die rechtliche Beurteilung des Beschwerdegerichts ganz andere Ermittlungen erfordert.[2] Allerdings kommt im kartellrechtlichen Beschwerdeverfahren eine Aufhebung der angefochtenen Entscheidung ohne Herbeiführung der Spruchreife grundsätzlich nur innerhalb der Frist in Betracht, die **§ 113 Abs. 3 Satz 4 VwGO** für eine solche Entscheidung setzt. Soll daher die Entscheidung der Kartellbehörde aufgehoben werden, ohne dass die Sache spruchreif ist, muss dies im Allgemeinen innerhalb von sechs Monaten seit Eingang der behördlichen Verfahrensakten bei Gericht geschehen.[3]

Die gerichtliche Amtsermittlungspflicht beschränkt sich damit im Ergebnis auf eine bloß ergänzende Sachverhaltsaufklärung, um verbliebene **Lücken im Tatsachenstoff** zu schließen. Sind die Ermittlungsergebnisse der Kartellbehörde in diesem Sinne lückenhaft, hat das Beschwerdegericht die erforderlichen Nachermittlungen zu veranlassen. Es steht dabei in seinem pflichtgemäßen Ermessen, ob es die Sachaufklärung selbst betreibt oder die Kartellbehörde mit den ergänzenden Feststellungen beauftragt.[4] Im letztgenannten Fall hat die Behörde die Ermittlungen nach den Vorgaben des Beschwerdegerichts durchzuführen. Daneben kann die Kartellbehörde – etwa weil sie aufgrund eines abweichenden Rechtsstandpunkts andere Tatsachenfragen für entscheidungserheblich hält oder Bedenken an der Aussagekraft oder Verlässlichkeit der vom Gericht angeordneten Ermittlungen hegt – auch während des laufenden Beschwerdeverfahrens eigene Ermittlungen anstellen und Auskünfte einholen.[5]

6   **b)** Eine weitere Einschränkung der Amtsermittlungspflicht kann sich aus dem Gegenstand des Beschwerdeverfahrens ergeben. Das Kartellgesetz setzt der Kartellbehörde für ihre Entscheidungen im **Fusionskontrollrecht** knappe Prüfungs- und Entscheidungsfristen. Innerhalb eines Monats seit Eingang der vollständigen Anmeldung muss die Kartellbehörde den Zusammenschlussbeteiligten mitteilen, dass sie in ein Hauptprüfverfahren eingetreten ist (§ 40 Abs. 1 Satz 1 GWB); binnen vier Monaten seit Zugang der Anmeldung hat die Kartellbehörde eine etwaige Untersagung auszusprechen, andernfalls das Fusionsvorhaben kraft Gesetzes als freigegeben gilt (§ 40 Abs. 2 Satz 2 GWB). Aus dieser Fristenregelung und vor dem Hintergrund, dass die Beschlussabteilungen des Bundeskartellamts regelmäßig über eine besondere Sachkunde hinsichtlich der Verhältnisse in der fraglichen Branche verfügen, die es ihnen gestattet, auch ohne zeitaufwändige **Verkehrsbefragungen** zu entscheiden, leitet die Rechtsprechung für das Fusionskontrollrecht Grenzen des Untersuchungsgrundsatzes her. Die fusionskontrollrechtlichen Ermittlungen der Kartellbehörde sind in der Regel auf Unterlagen und Informationen beschränkt, die bei den im fraglichen Markt tätigen Unternehmen erhoben werden können. Markterhebungen durch Verkehrsbefragungen kommen im Rahmen der Zusammenschlusskontrolle demgegenüber im Allgemeinen nicht in Betracht.[6] Diese aus der Fristgebundenheit der kartellbehördlichen Fusionskontrollentscheidung resultierende Beschränkung der Aufklärungsmöglichkeiten gilt dabei nicht nur für das kartellbehördliche Verfahren, sondern gleichermaßen auch in der

---

[2] BGH, WuW/E DE-R 1163, 1166 f. – *HABET/Lekkerland*.
[3] BGH, WuW/E DE-R 1163, 1168 – *HABET/Lekkerland*.
[4] BGH, WuW/E DE-R 1163, 1166/1167 – *HABET/Lekkerland*.
[5] BGH, WuW/E DE-R 1163, 1167 – *HABET/Lekkerland*.
[6] BGH, WuW/E DE-R 1925, 1927 – *National Geographic II*.

Beschwerdeinstanz. Zwar sieht das Kartellgesetz für die Beschwerdeentscheidung keine Fristen vor; gleichwohl ist das Beschwerdegericht nach der Judikatur des Bundesgerichtshofs[7] nicht gehalten, nunmehr selbst oder unter Einschaltung der Kartellbehörde diejenigen Erhebungen durchzuführen, die im Verwaltungsverfahren schon wegen des engen zeitlichen Rahmens von vornherein nicht in Betracht gekommen wären. Außerdem können Kartellbehörde und Beschwerdegericht in geeigneten Fällen die Feststellungen zur Marktabgrenzung **aufgrund eigener Lebenserfahrung** selbst treffen, sofern die Mitglieder des entscheidenden Spruchkörpers zu dem betreffenden Nachfragerkreis gehören.[8]

c) Des weiteren ist die Ermittlungspflicht des Beschwerdegerichts begrenzt, als der relevante Sachverhalt nur insoweit aufzuklären ist, wie der Vortrag der Beteiligten oder der Sachverhalt bei sorgfältiger Abwägung der Gestaltungsmöglichkeiten dazu Anlass gibt. Der Untersuchungsgrundsatz führt mithin **nicht** dazu, **allen denkbaren Möglichkeiten** von Amts wegen nachgehen zu müssen.[9] Dementsprechend braucht das Beschwerdegericht grundsätzlich die vom Bundeskartellamt aufgrund einer Marktdatenerhebung gewonnenen Erkenntnisse nicht von Amts wegen auf ihre Richtigkeit zu überprüfen. Etwas anderes gilt nur dann, wenn der Vortrag der Beteiligten oder der Sachverhalt als solcher bei sorgfältiger Überlegung der sich aufdrängenden Möglichkeiten dazu Anlass gibt.[10] 7

d) Schließlich ergibt sich eine Einschränkung der Amtsermittlungspflicht aus der in § 70 Abs. 3 GWB normierten **Mitwirkungsobliegenheit** der Verfahrensbeteiligten. Sie haben sich im Rahmen des Möglichen und Zumutbaren an der Aufklärung des entscheidungserheblichen Sachverhalts zu beteiligen. Das Beschwerdegericht kann den Beteiligten in diesem Zusammenhang aufgeben, sich innerhalb einer angemessenen Frist über aufklärungsbedürftige Punkte zu äußern, Beweismittel zu benennen oder in ihrem Besitz befindliche Urkunden oder andere Beweismittel vorzulegen. Kommen die Beteiligten dieser Aufforderung in vorwerfbarer Weise nicht nach, kann nach Lage der Sache entschieden werden.[11] 8

3. Beweisaufnahme

§ 70 Abs. 1 GWB enthält keine Bestimmungen, unter welchen Voraussetzungen und in welcher Weise die erforderlichen Ermittlungen zu führen sind. Das Kartellgesetz verweist dazu in § 73 Nr. 2 GWB vielmehr auf die Zivilprozessordnung. Insoweit gilt: 9

a) Ist eine **Tatsache** zwischen sämtlichen Verfahrensbeteiligten **außer Streit** und bestehen auch keine Zweifel an der Richtigkeit des entsprechenden Sachvortrags, ist sie der Entscheidung zugrunde zu legen. 10

b) **Offenkundige Tatsachen** bedürfen nach § 73 Nr. 2 GWB i.V.m. § 291 ZPO keines Beweises. Es kann sich dabei entweder um allgemeinkundige Tatsachen handeln, deren Vorliegen anzunehmen ist, wenn verständige Kreise sie für feststehend halten, oder es kann um gerichtskundige Tatsachen gehen, die dem Gericht – etwa aus dienstlichen Mitteilungen oder Sachverständigengutachten in Parallelverfahren oder früheren Verfahren oder aus seiner sonstigen amtlichen Tätigkeit – bekannt sind. Offenkundige Tatsachen dürfen allerdings erst verwertet werden, nachdem sie sämtlichen Verfahrensbeteiligten offengelegt worden sind. Unterbleibt dies, ist der Grundsatz des rechtlichen Gehörs verletzt.[12] Der Verfahrensverstoß kann dann mit der zulassungsfreien Rechtsbeschwerde (§ 74 Abs. 4 Nr. 3 GWB) gerügt werden. 11

---

[7] BGH, WuW/E DE-R 1925, 1927 – *National Geographic II.*
[8] BGH, WuW/E DE-R 1925, 1927 – *National Geographic II;* BGH, WuW/E BGH 2433, 2437 – *Gruner+Jahr/Die Zeit II.*
[9] Vgl. BGH, WRP 2005, 1278 – *Arealnetz;* BGH, WuW/E DE-R 1163, 1168 – *HABET/Lekkerland; Werner* in: Wiedemann, Handbuch des Kartellrechts, § 54 Rn. 72.
[10] BGH, Beschl. v. 11. 11. 2008 – KVR 60/07 Rn. 30 – *E.ON/Stadtwerke Eschwege.*
[11] Wegen der weiteren Einzelheiten siehe nachstehend Rn. 19 f.
[12] BGH, BGH 1967, 1369 – *Aluminium-Halbzeug.*

12 Nicht zu den offenkundigen Tatsachen zählen die **Amtsakten**. Die in ihnen enthaltenen Informationen geben dem Gericht im Ausgangspunkt lediglich Aufschluss über die Grundlagen der angefochtenen Verfügung und das Ergebnis der kartellbehördlichen Ermittlungen. Die Ermittlungsergebnisse der Kartellbehörde selbst sind aber keine Beweismittel, sondern sind verfahrensrechtlich als bloßer Tatsachenvortrag zu werten. Auch die Beweiserhebungen durch die Kartellbehörde ersetzen nicht die Tatsachenermittlung durch das Beschwerdegericht. Das Gericht hat deshalb die erforderlichen Feststellungen im Rahmen einer eigenen Beweisaufnahme zu klären. Das gilt freilich nur, wenn und soweit die **Ermittlungsergebnisse** der Kartellbehörde von einem Verfahrensbeteiligten **bestritten** oder zumindest **in Zweifel gezogen** werden.[13] Ist dies nicht der Fall und erhebt kein Beteiligter Bedenken an der Richtigkeit und Zuverlässigkeit der behördlich ermittelten Tatsachen, und besteht auch ansonsten keine Veranlassung zu diesbezüglichen Zweifeln, können die Ermittlungsergebnisse der Behörde als unstreitig behandelt und vom Beschwerdegericht zugrunde gelegt werden. Der Untersuchungsgrundsatz des § 70 Abs. 1 GWB gibt unter diesen Umständen keine eigene Sachaufklärung durch das Gericht.

13 c) **Streitige Tatsachen** bedürfen der Aufklärung durch Beweisaufnahme. § 73 Nr. 2 GWB verweist hinsichtlich der in Betracht kommenden Beweismittel auf die Vorschriften der Zivilprozessordnung. Dementsprechend kann das Beschwerdegericht Beweis durch Inaugenscheinnahme (§§ 371 ff. ZPO), die Vernehmung von Zeugen (§§ 373 ff. ZPO), die Anhörung von Sachverständigen (§§ 402 ff. ZPO), durch Urkunden (§ 415 ff. ZPO) sowie durch Vernehmung der Beteiligten als Partei (§§ 445 ff. ZPO)[14] erheben. Im Rahmen des Zeugenbeweises bietet sich für das Beschwerdeverfahren vielfach die schriftliche Befragung des Zeugen nach § 377 Abs. 3 ZPO an.

14 Durch den Verweis auf die Beweisaufnahmevorschriften der ZPO finden im Beschwerdeverfahren auch die dort genannten **Zeugnisverweigerungsgründe** (vgl. §§ 383–389 ZPO) Anwendung. Neben dem Zeugnisverweigerungsrecht aus persönlichen Gründen (§ 383 ZPO) kann im kartellverwaltungsrechtlichen Beschwerdeverfahren vor allem das Zeugnisverweigerungsrecht aus sachlichen Gründen (§ 384 ZPO) und in diesem Zusammenhang insbesondere das Recht des Zeugen eine Rolle spielen, die Aussage zur Wahrung von **Gewerbegeheimnissen** (§ 384 Nr. 3 ZPO) zu verweigern. Alle Tatsachen, an deren Geheimhaltung ein Gewerbetreibender ein berechtigtes Interesse hat, unterliegen dem Zeugnisverweigerungsrecht. Geschützt ist sowohl das eigene Gewerbe des Zeugen als auch ein fremdes Gewerbe, zu dessen Geheimhaltung der Zeuge aufgrund seines Verhältnisses zum Betriebsinhaber verpflichtet ist. Auch Geschäftsführer eines Industrieverbandes haben ein Zeugnisverweigerungsrecht hinsichtlich der ihnen bekannt gemachten Geschäftsgeheimnisse der Mitglieder. An der Geheimhaltung muss ein unmittelbares erhebliches Interesse bestehen. Ob es besteht, ist unter Abwägung aller Umstände des Einzelfalles zu entscheiden. Dabei ist auch die **Wertung des § 72 Abs. 2 Satz 4 GWB** einzubeziehen. Danach kann das Beschwerdegericht im Rahmen der Akteneinsicht die Offenlegung von Fabrikations-, Betriebs- und Geschäftsgeheimnissen dann anordnen, wenn es für die Entscheidung auf die betreffenden Tatsachen und Beweismittel ankommt, andere Möglichkeiten der Sachaufklärung nicht bestehen und die Bedeutung der Sache für die Sicherung des Wettbewerbs das Geheimhaltungsinteresse überwiegt. Die gleiche Einschränkung hat für das Recht des Zeugen zu gelten, die Aussage zum Schutz von Geschäfts- und Betriebsgeheimnissen zu verweigern. Die das Zeugnisverweigerungsrecht begründenden Tatsachen sind vom Zeugen glaubhaft zu machen (§ 386 Abs. 1 ZPO). Über die Begründetheit des

---

[13] *Kollmorgen* in: Langen/Bunte, Kommentar zum deutschen und europäischen Kartellrecht, § 70 Rn. 5; *Werner* in: Wiedemann, Handbuch des Kartellrechts, § 54 Rn. 82.

[14] Ebenso *Karsten Schmidt* in: Immenga/Mestmäcker, GWB, § 73 Rn. 3; a.A.: *Kollmorgen* in: Langen/Bunte, Kommentar zum deutschen und europäischen Kartellrecht, § 70 Rn. 5, § 73 Rn. 10.

Zeugnisverweigerungsrechts entscheidet das Beschwerdegericht in einem Zwischenverfahren (§ 387 ZPO).

4. Beweislast

a) Da das Beschwerdegericht nach § 70 Abs. 1 GWB den relevanten Sachverhalt von Amts wegen zu ermitteln hat, kennt das kartellverwaltungsrechtliche Beschwerdeverfahren keine formelle **Beweisführungslast.** Das bedeutet: (1.) Die Sachaufklärung hängt nicht von entsprechenden Beweisanträgen der Verfahrensbeteiligten ab; diesen steht es allerdings frei, Ermittlungsmaßnahmen des Gerichts anzuregen. Das Beschwerdegericht muss spätestens in seiner instanzabschließenden Entscheidung darzulegen, aus welchen Gründen es der Beweisanregung nicht nachgehen musste. (2.) **Beweislastentscheidungen** sind im Beschwerdeverfahren unzulässig. Denkbar sind nur Entscheidungen auf der Grundlage der jeweiligen Feststellungslast. Ist eine Tatsache oder ein Tatbestandsmerkmal trotz Ausschöpfung aller in Betracht kommenden Ermittlungsmöglichkeiten (§ 70 Abs. 1 GWB) nicht festzustellen, hat das Beschwerdegericht zum Nachteil desjenigen Verfahrensbeteiligten zu entscheiden, der nach allgemeinen Grundsätzen die Feststellungslast für jene Tatsache oder jenes Tatbestandsmerkmal trägt. Grundsätzlich gilt, dass die Kartellbehörde beim Erlass belastender Verfügungen die Feststellungslast für alle verfügungsbegründenden Umstände trägt.

b) Das Problem der formellen Beweislast ist nicht zu verwechseln mit den gesetzlichen **Vermutungen,** die in einigen Bestimmungen des Kartellgesetzes (z. B. in 19 Abs. 3 Satz 1 GWB: „*es wird vermutet, dass ein Unternehmen....*") normiert sind. Diese gesetzlichen Vermutungsregeln finden nur im Kartellzivilprozess uneingeschränkte Anwendung mit der Folge, dass sich der Anspruchsteller mit der Darlegung begnügen kann, dass die tatbestandlichen Voraussetzungen des Vermutungstatbestands erfüllt sind und das als marktbeherrschend in Anspruch genommene Unternehmen die daran anknüpfende gesetzliche Vermutung der Marktbeherrschung sodann zu widerlegen hat. Im kartellverwaltungsrechtlichen Beschwerdeverfahren hat dieselbe gesetzliche Vermutungsregel vor dem Hintergrund der Amtsermittlungspflicht aus § 70 Abs. 1 GWB nur subsidiäre Bedeutung. Sie entbindet das Gericht nicht von seiner Verpflichtung, den entscheidungsrelevanten Sachverhalt aufzuklären. Erst wenn der Sachverhalt nach Ausschöpfung aller gebotenen Ermittlungsmaßnahmen ungeklärt bleibt, darf auch im Beschwerdeverfahren auf die Vermutungsregel zurückgegriffen werden.[15]

Anders liegt es, wenn das Gesetz – wie beispielsweise in § 19 Abs. 3 S. 2 GWB *("eine Gesamtheit von Unternehmen gilt als marktbeherrschend, ... es sei denn, die Unternehmen weisen nach, dass ...")* oder in § 36 Abs. 1 GWB *("Ein Zusammenschluss ... ist ... zu untersagen, es sei denn, die beteiligten Unternehmen weisen nach, dass ...")* – eine Umkehr der materiellen Beweislast anordnet. In jenen Vorschriften bürdet das Gesetz den Unternehmen die Obliegenheit auf, einzelne Merkmale des Tatbestands darzulegen und nachzuweisen. Diese Beweislastumkehr gilt nicht nur im kartellzivilrechtlichen Prozess, sondern ebenso im Kartellverwaltungsprozess. Die betreffenden Tatbestandsmerkmale unterfallen folglich nicht der Amtsermittlungspflicht des Beschwerdegerichts, sondern müssen – um bei der Entscheidungsfindung berücksichtigt werden zu können – von dem betreffenden Verfahrensbeteiligten nachvollziehbar dargelegt und nachgewiesen werden.

III. Richterliche Aufklärungspflicht (Abs. 2)

Die richterliche Aufklärungspflicht dient der Verfahrensförderung und Verfahrensbeschleunigung. Sie verpflichtet den Vorsitzenden des Beschwerdegerichts darauf hinzuwirken, dass Formfehler beseitigt, unklare Anträge erläutert, sachdienliche Anträge gestellt,

---

[15] BGH, WuW/E BGH 1749, 1754 – *Klöckner-Becorit-Strebausbauanlagen.*

ungenügende tatsächliche Angaben ergänzt sowie alle für die Feststellung und Beurteilung des Sachverhalts wesentlichen Erklärungen abgegeben werden. Diese Aufklärungspflicht ist nicht auf den Zeitpunkt der mündlichen Verhandlung beschränkt, sondern gilt über die gesamte Dauer des Beschwerdeverfahrens. Sie umfasst auch die Befugnis, schon vor der Verhandlung – etwa in der Terminsverfügung – vorbereitende Anordnungen zu treffen. Diese können auch auf die in § 70 Abs. 3 GWB genannten Maßnahmen einer Vorlage von Urkunden und der Benennung von Beweismittel gerichtet sein. Allerdings bleibt es ohne rechtliche Konsequenzen, wenn einer dahingehenden Anordnung des Vorsitzenden nicht entsprochen wird. Denn das Gesetz sieht in § 70 Abs. 3 GWB die Befugnis, die nicht beigebrachten Informationen und Urkunden bei der Entscheidungsfindung außer Betracht zu lassen, nur dann vor, wenn das Beschwerdegericht die entsprechende Aufforderung geäußert hat.

IV. Mitwirkung der Beteiligten (Abs. 3)

1. Mitwirkungsobliegenheit

19 Die in § 70 Abs. 3 Satz 1 GWB geregelte Mitwirkungsobliegenheit der Verfahrensbeteiligten **begrenzt** den Umfang der gerichtlichen **Amtsermittlungspflicht**. Im Interesse einer verfahrensökonomischen Erledigung des Beschwerdeverfahrens kann sich das Gericht bei der Erforschung des relevanten Sachverhaltes der Hilfe der Beteiligten bedienen. Ob das Beschwerdegericht von dieser Möglichkeit Gebrauch macht, liegt in seinem freien Ermessen. Allerdings hat es bei der Entscheidung, die Beteiligten zur Sachverhaltsaufklärung heranzuziehen, auf deren Belange angemessen Rücksicht zu nehmen. Die Frist zur Vornahme der Mitwirkungshandlung muss ausreichend bemessen sein. Ist die geforderte Mitwirkung für die Verfahrensbeteiligten mit erheblichen Mühen und/oder Kosten verbunden, während dem Gericht oder der Kartellbehörde die entsprechende Maßnahme problemlos möglich ist, scheidet die Inanspruchnahme der Beteiligten aus.

Als unselbständige Zwischenentscheidung ist die Aufforderung nach § 70 Abs. 3 Satz 1 GWB **nicht isoliert anfechtbar.** Sie kann nur zusammen mit der Hauptsacheentscheidung angegriffen werden, wenn und soweit das Beschwerdegericht von § 70 Abs. 3 Satz 2 GWB Gebrauch gemacht und die nicht beigebrachten Auskünfte und Beweismittel bei seiner Entscheidung unberücksichtigt gelassen hat.

2. Folgen der Verletzung

20 Bei **Versäumung** der Frist kann das Gericht nach § 70 Abs. 3 Satz 2 GWB nach Lage der Sache ohne Berücksichtigung der nicht beigebrachten Beweismittel entscheiden. Es kann auch aus der Versäumung Schlüsse ziehen und die Beweismittel, die es angefordert hat, unbeachtet lassen. Reichen die Beteiligten nach Ablauf der Frist, aber noch vor der Entscheidung, Beweismittel nach, müssen diese berücksichtigt werden. Da die Amtsermittlungspflicht bestehen bleibt, ist eine Zurückweisung unter dem Gesichtspunkt der Verspätung nicht zulässig.

V. Beweisführungserleichterung (Abs. 4)

1. Auskunfts- und Prüfungsanordnungen

21 § 70 Abs. 4 GWB betrifft die Anfechtung von kartellbehördlichen Verfügungen, durch die von Unternehmen oder Unternehmensvereinigungen Auskunft angefordert sowie die Herausgabe von Unterlagen verlangt (§ 59 Abs. 6 GWB) oder eine Prüfung in den Unternehmensräumen (§ 59 Abs. 7 GWB) angeordnet wird. Die Vorschrift will die **„Ross- und Reiter-Problematik"** entschärfen, d.h. verhindern, dass von marktstarken Unternehmen wirtschaftlich oder in sonstiger Weise abhängige Unternehmen mit Blick auf mögliche

Nachteile davon absehen, der Kartellbehörde Missbrauchssachverhalte zu melden und geeignete Beweismittel zu benennen oder selbst in das Verfahren einzuführen. Um derartige Rücksichtnahmen möglichst auszuschließen, lässt § 70 Abs. 4 Satz 1 und 2 GWB es ausreichen, wenn die Kartellbehörde im Beschwerdeverfahren gegen ihre Auskunfts- oder Prüfungsanordnung die Eingriffsvoraussetzungen lediglich glaubhaft macht. Die Kartellbehörde ist hierdurch in der Lage, die Rechtmäßigkeit ihres Handelns durch eidesstattliche Erklärungen (etwa ihrer mit der Sache befassten Bediensteten) zu belegen und die Anonymität des Anzeigenden zu wahren. Diese Erleichterung der Beweisführung ersetzt freilich nicht die Notwendigkeit eines hinreichenden Anfangsverdachts im Sinne eines mit vertretbaren Argumenten belegten, auf konkrete tatsächliche Umstände gestützten Verdachts, dass ein bestimmter kartellrechtlicher Tatbestand möglicherweise verwirklicht ist.[16]

2. Abhängigkeitsvermutung

Noch weiter geht § 70 Abs. 4 S. 3 GWB bei der Frage der **Glaubhaftmachung der Unternehmensabhängigkeit** im Sinne von § 20 Abs. 2 Satz 1 GWB. Geht die Kartellbehörde mit ihrer Auskunfts- oder Prüfungsverfügung nach § 59 Abs. 6 oder 7 GWB dem Verdacht eines Kartellverstoßes nach § 20 Abs. 1, Abs. 2 Satz 1 GWB nach, bedarf die Abhängigkeit der kleinen oder mittleren Unternehmen im Sinne von § 20 Abs. 2 Satz 1 GWB im Beschwerdeverfahren gegen die Auskunfts- oder Prüfanordnung keiner Glaubhaftmachung. 22

3. Anwendungsbereich der Beweiserleichterungen

Die Beweiserleichterungen des § 70 Abs. 4 GWB gelten ausschließlich im Beschwerdeverfahren gegen eine kartellbehördliche Auskunfts- oder Prüfanordnung nach § 59 Abs. 6 und 7 GWB. Die Vorschrfit findet in einem anschließenden Beschwerdeverfahren gegen eine nach Auswertung der erlangten Auskünfte und Informationen ergangene Hauptsacheverfügung der Kartellbehörde keine Anwendung.[17] 23

§ 71 Beschwerdeentscheidung

(1) ¹**Das Beschwerdegericht entscheidet durch Beschluss nach seiner freien, aus dem Gesamtergebnis des Verfahrens gewonnenen Überzeugung.** ²Der Beschluss darf nur auf Tatsachen und Beweismittel gestützt werden, zu denen die Beteiligten sich äußern konnten. ³Das Beschwerdegericht kann hiervon abweichen, soweit Beigeladenen aus wichtigen Gründen, insbesondere zur Wahrung von Betriebs- oder Geschäftsgeheimnissen, Akteneinsicht nicht gewährt und der Akteninhalt aus diesen Gründen auch nicht vorgetragen worden ist. ⁴Dies gilt nicht für solche Beigeladene, die an dem streitigen Rechtsverhältnis derart beteiligt sind, dass die Entscheidung auch ihnen gegenüber nur einheitlich ergehen kann.

(2) ¹Hält das Beschwerdegericht die Verfügung der Kartellbehörde für unzulässig oder unbegründet, so hebt es sie auf. ²Hat sich die Verfügung vorher durch Zurücknahme oder auf andere Weise erledigt, so spricht das Beschwerdegericht auf Antrag aus, dass die Verfügung der Kartellbehörde unzulässig oder unbegründet gewesen ist, wenn der Beschwerdeführer ein berechtigtes Interesse an dieser Feststellung hat.

(3) Hat sich eine Verfügung nach den §§ 32 bis 32b oder 32d wegen nachträglicher Änderung der tatsächlichen Verhältnisse oder auf andere Weise erledigt, so spricht

---

[16] BGH, BGHZ 91, 178 – *Wettbewerbsregeln*.
[17] *Karsten Schmidt* in: Immenga/Mestmäcker, GWB, § 70 Rn. 16; *Bechtold*, GWB, § 70 Rn. 7 und 8.

das Beschwerdegericht auf Antrag aus, ob, in welchem Umfang und bis zu welchem Zeitpunkt die Verfügung begründet gewesen ist.

(4) Hält das Beschwerdegericht die Ablehnung oder Unterlassung der Verfügung für unzulässig oder unbegründet, so spricht es die Verpflichtung der Kartellbehörde aus, die beantragte Verfügung vorzunehmen.

(5) ¹Die Verfügung ist auch dann unzulässig oder unbegründet, wenn die Kartellbehörde von ihrem Ermessen fehlsamen Gebrauch gemacht hat, insbesondere wenn sie die gesetzlichen Grenzen des Ermessens überschritten oder durch die Ermessensentscheidung Sinn und Zweck dieses Gesetzes verletzt hat. ²Die Würdigung der gesamtwirtschaftlichen Lage und Entwicklung ist hierbei der Nachprüfung des Gerichts entzogen.

(6) Der Beschluss ist zu begründen und mit einer Rechtsmittelbelehrung den Beteiligten zuzustellen.

Übersicht

	Rn.		Rn.
I. Sinn und Zweck der Vorschrift	1	b) Verpflichtungsbeschwerde	28
II. Verfahrensgrundsätze (Abs. 1)	2	c) Allgemeine Leistungsbeschwerde	29
1. Freie Beweiswürdigung	3	V. Entscheidungen bei Erledigung der Hauptsache (Abs. 2 Satz 2 und Abs. 3)	30
a) Inhalt der freien Beweiswürdigung	4	1. Erledigung nach Abs. 2 Satz 2	30
b) Grundlage der freien Beweiswürdigung	5	a) Geltungsbereich der Vorschriften	31
2. Rechtliches Gehör	14	b) Begriff der Erledigung	32
a) Allgemeines	14	c) Notwendigkeit einer Erledigungserklärung	35
b) Akteneinsichtsrecht	16	d) Antragserfordernis	36
III. Form der Entscheidung (Abs. 1, S. 1 Abs. 6)	17	e) Feststellungsinteresse	38
1. Beschluss	17	2. Erledigung nach Abs. 3	44
2. Rechtsmittelbelehrung	19	VI. Ermessensüberprüfung (Abs. 5)	48
IV. Inhalt der Beschwerdeentscheidung (Abs. 2 S. 1, Abs. 4)	20	1. Anwendungsbereich	49
1. Erfolglose Beschwerde	21	2. Kontrollmaßstab	50
2. Erfolgreiche Beschwerde	22	3. Grenzen der gerichtlichen Kontrolle	52
a) Anfechtungsbeschwerde	23		

I. Sinn und Zweck der Vorschrift

1 § 71 GWB befasst sich mit Form und Inhalt der Beschwerdeentscheidung sowie mit den bei der Entscheidungsfindung anzuwendenden Verfahrensgrundsätzen. § 71 Abs. 1 GWB normiert den Grundsatz der freien Beweiswürdigung und des rechtlichen Gehörs. Aus § 71 Abs. 1 Satz 1 und Abs. 6 GWB ergeben sich förmliche Anforderungen, die an eine Beschwerdeentscheidung zu stellen sind. Inhaltliche Vorgaben für die Beschwerdeentscheidungen enthält § 71 Abs. 2–4 GWB. Obschon § 71 GWB durch verschiedene Gesetzesnovellen ergänzt worden ist, sind Inhalt und Form der im Kartellverwaltungsrecht denkbaren Beschwerdeentscheidungen bis heute nicht vollständig geregelt. Die Vorschrift bedarf deshalb der Ergänzung, wobei in erster Linie auf die Bestimmungen der Verwaltungsgerichtsordnung zurückzugreifen ist.

II. Verfahrensgrundsätze (Abs. 1)

2 § 71 Abs. 1 GWB regelt die Verfahrensgrundsätze, nach denen das Beschwerdegericht in kartellverwaltungsrechtlichen Angelegenheiten seine Entscheidung zu treffen hat. Die Vorschrift statuiert in Satz 1 den Grundsatz der freien Beweiswürdigung und konkretisiert in den Sätzen 2 bis 4 den in Art. 103 Abs. 1 GG verfassungsrechtlich verankerten Anspruch der Verfahrensbeteiligten auf rechtliches Gehör.

1. Freie Beweiswürdigung

Der Grundsatz der freien Beweiswürdigung prägt Inhalt und Reichweite der im kartellverwaltungsrechtlichen Beschwerdeverfahren geltenden Sachaufklärungspflicht des Gerichts.

a) Inhalt der freien Beweiswürdigung. Nach § 71 Abs. 1 Satz 1 GWB entscheidet das Beschwerdegericht nach seiner freien, aus dem Gesamtergebnis des Verfahrens gewonnenen Überzeugung. Die Vorschrift knüpft an § 70 Abs. 1 GWB an und bestimmt, dass das Gericht den gesamten Streit- und Tatsachenstoff, den es unter Beachtung des Untersuchungsgrundsatzes ermittelt hat, ohne Bindung an feste Beweisregeln auszuwerten und zu würdigen hat. Bei der Beurteilung, ob der streitentscheidende Tatsachenstoff bewiesen ist, hat es weitgehende Freiheiten. Entscheidend ist die Überzeugung des Gerichts. Diese braucht nicht auf absoluter Gewissheit zu beruhen, muss andererseits aber den Grad der bloßen Wahrscheinlichkeit deutlich übersteigen. Erforderlich (aber auch ausreichend) ist die **subjektive Überzeugung** des Richters, die – so die gängige Formel der Rechtsprechung – den Zweifeln Schweigen gebietet, ohne sie völlig auszuschließen. Mit der Rechtsbeschwerde ist die Beweiswürdigung des Beschwerdegerichts nur eingeschränkt angreifbar. Das Rechtsbeschwerdegericht ist auf die Überprüfung beschränkt, ob sich das Gericht mit dem Verfahrensstoff und den Beweisergebnissen umfassend und widerspruchsfrei auseinandergesetzt hat, d. h. seine Würdigung vollständig und rechtlich möglich ist und nicht gegen Denk-, Natur- oder Erfahrungssätze verstößt.

b) Grundlage der freien Beweiswürdigung. Grundlage der freien Beweiswürdigung ist das **Gesamtergebnis des Verfahrens.** Das Beschwerdegericht muss alle tatsächlichen und rechtlichen Gesichtspunkte berücksichtigen ohne Rücksicht darauf, ob auch der angefochtene Verwaltungsakt auf sie gestützt worden ist. Es hat grundsätzlich auch neuen Tatsachenstoff einzubeziehen und seiner Entscheidung zugrunde zu legen, solange die angefochtene kartellbehördliche Verfügung hierdurch nicht in ihrem Wesen verändert wird Dies wäre etwa der Fall, wenn der kartellbehördlichen Verfügung im Beschwerdeverfahren auf der Grundlage eines anderen gesetzlichen Tatbestands ein neuer Regelungsgehalt gegeben würde.[1]

Welche Tatsachengrundlage das Beschwerdegericht in zeitlicher Hinsicht seiner Entscheidung zugrunde zu legen hat, hängt von der jeweiligen Beschwerdeart ab. Der **maßgebliche Entscheidungszeitpunkt** ist für die einzelnen Beschwerdearten unterschiedlich zu bestimmen:

aa) Verpflichtungsbeschwerde. Bei der **Verpflichtungsbeschwerde** kommt es auf den Sach- und Streitstand im Zeitpunkt der letzten mündlichen Verhandlung vor dem Beschwerdegericht an. Denn das Beschwerdebegehren ist in die Zukunft gerichtet, nämlich auf die Verpflichtung der Kartellbehörde, die beanspruchte Verfügung zu erlassen bzw. den gestellten Antrag auf Erlass der begehrten Verfügung neu zu bescheiden. Erfolgt die Entscheidung des Beschwerdegerichts im schriftlichen Verfahren (§ 69 Abs. 1 GWB), ist auf den Zeitpunkt des Erlasses der Beschwerdeentscheidung abzustellen.[2]

bb) Anfechtungsbeschwerde. Bei der **Anfechtungsbeschwerde** ist danach zu unterscheiden, ob eine Verfügung mit oder ohne Dauerwirkung angefochten wird.

Richtet sich das Rechtsmittel gegen eine **Verfügung mit Dauerwirkung,** ist der Zeitpunkt der letzten mündlichen Verhandlung vor dem Beschwerdegericht maßgeblich. Das Beschwerdegericht muss angesichts der fortdauernden und in die Zukunft gerichteten Verfügungswirkungen die Sach- und Rechtslage berücksichtigen, die im Zeitpunkt seiner Beschwerdeentscheidung gilt. Für die Frage, ob die angegriffene kartellbehördliche Verfü-

---

[1] *Karsten Schmidt* in: Immenga/Mestmäcker, GWB, § 71 Rn. 10; vgl. auch BGH, WuW/E BGH 2869, 2871 – *Pauschalreisen-Vermittlung II.*
[2] Ebenso *Karsten Schmidt* in: Immenga/Mestmäcker, GWB, § 71 Rn. 7.

gung aufrechterhalten werden muss, kann es nämlich nicht darauf ankommen, ob diese im Zeitpunkt ihres Erlasses durch die Kartellbehörde rechtmäßig war; entscheidend kann nur sein, ob die Verfügung – die weiterhin Wirkung entfalten soll – auch noch auf der Basis der aktuellen Sach- und Rechtslage Bestand haben kann.[3] Das gilt im Grundsatz sowohl für Verbots- und Untersagungsverfügungen als auch für Abstellverfügungen im Sinne von § 32 Abs. 2 GWB.

9   Einige Ausnahmen sind allerdings in der Rechtsprechung anerkannt. Die Rechtmäßigkeit einer angefochtenen **Fusionsfreigabeentscheidung** beurteilt sich nach der Sach- und Rechtslage im Zeitpunkt der kartellbehördlichen Entscheidung.[4] Ebenso soll sich nach der Rechtsprechung des Bundesgerichtshofs die Frage, ob ein der Fusionskontrolle unterliegender Erwerbsvorgang im Sinne von § 37 GWB vorliegt, nach den tatsächlichen und rechtlichen Verhältnissen im Zeitpunkt der kartellbehördlichen Entscheidung bestimmen.[5] Gleiches muss für die Beurteilung der Frage gelten, ob der vom Bundeskartellamt untersagte Zusammenschluss die **Umsatzschwellen** des § 35 Abs. 1 GWB, an die das Kartellgesetz die Eröffnung der Fusionskontrolle anknüpft, überschreitet[6] oder das Fusionsvorhaben unter die **Bagatellmarktklausel** des § 35 Abs. 2 Satz 1 Nr. 2 GWB fällt.[7] Das gilt jedenfalls dann, wenn die Voraussetzungen des § 35 Abs. 1 GWB bereits bei Erlass der kartellbehördlichen Verfügung nicht vorlagen bzw. das Vorhaben zu jenem Zeitpunkt bereits unter die Bagatellmarktklausel fiel. Ein rechtswidrig erlassener Verwaltungsakt wird nämlich durch eine spätere Veränderung der Sach- oder Rechtslage regelmäßig nicht rechtmäßig, und zwar selbst dann nicht, wenn es sich – wie bei der kartellbehördlichen Untersagungsverfügung – um einen Verwaltungsakt mit Dauerwirkung handelt. Insbesondere eine Heilung von materiellen Rechtsfehlern gemäß § 45 VwVfG kommt von vornherein nicht in Betracht.[8] Anders liegt es, wenn die Untersagung bei ihrem Erlass rechtens gewesen ist, die Voraussetzungen für die Eröffnung der Zusammenschlusskontrolle aber im Verlaufe des Beschwerdeverfahrens weggefallen sind, weil beispielsweise die Umsatzschwellen des § 35 Abs. 1 GWB nicht mehr überschritten werden oder der Zusammenschluss mittlerweile unter die Bagatellmarktklausel des § 35 Abs. 2 Nr. 2 GWB fällt. In einem solchen Fall muss die angefochtene Untersagungsverfügung richtigerweise aufgehoben werden. Denn die Voraussetzungen, unter denen das Kartellgesetz die Untersagung eines Zusammenschlussvorhabens gestattet, liegen nicht mehr vor, weshalb die Verfügung vom Beschwerdegericht auch nicht aufrechterhalten werden darf.[9]

10 Wird auf die mündliche Verhandlung verzichtet, ist der Zeitpunkt der Entscheidung des Beschwerdegerichts maßgebend.

11 Betrifft die Anfechtungsbeschwerde eine Verfügung **ohne Dauerwirkung,** kommt es demgegenüber auf die Rechtmäßigkeit im Zeitpunkt der kartellbehördlichen Entscheidung an.[10]

12 cc) **Allgemeine Leistungsbeschwerde.** Bei der **allgemeinen Leistungsbeschwerde** wird der Entscheidungszeitpunkt maßgeblich durch das verfolgte Rechtsschutzziel be-

---

[3] BGH, WuW/E BGH 1283, 1286 – *Asbach Uralt;* BGH, WuW/E BGH 1435, 1444 – *Valium B 12.*

[4] BGH, WuW/E DE-R 1163, 1169 – *HABET/Lekkerland;* BGH, WuW/E DE-R 1419ff. – *Deutsche Post/trans-o-flex;* OLG Düsseldorf, WuW/E DE-R 1845, 1853 – *SES/DPC;* OLG Düsseldorf, Beschl. v. 3. 12. 2008 – *VI-Kart 7/06 (V)* Umdruck Seite 8 m. w. N.

[5] BGH, WuW/E DE-R 1419ff. – *Deutsche Post/trans-o-flex.*

[6] OLG Düsseldorf, WuW/E DE-R 2347, 2352f. – *Universitätsklinikum Greifswald.*

[7] OLG Düsseldorf, Beschl. v. 30. 4. 2008 – *VI-Kart 14/04 (V).*

[8] OLG Düsseldorf, WuW/E DE-R 2347, 2353 – *Universitätsklinikum Greifswald.*

[9] Dahin tendierend auch OLG Düsseldorf, WuW/E DE-R 2347, 2353 – *Universitätsklinikum Greifswald;* OLG Düsseldorf, Beschl. v. 30. 4. 2008 – *VI-Kart 14/04 (V).*

[10] BGH, WuW/E BGH 907, 909 – *Fensterglas;* OLG Düsseldorf, Beschl. v. 3. 12. 2008 – *VI-Kart 7/06 (V)* Umdruck Seite 8 m. w. N.

stimmt. In der Regel wird auf den Zeitpunkt der letzten mündlichen Verhandlung vor dem Beschwerdegericht abzustellen sein.

dd) Fortsetzungsfeststellungsbeschwerde. Bei der **Fortsetzungsfeststellungsbeschwerde** nach § 71 Abs. 2 S. 2 GWB ist schließlich auf denjenigen Zeitpunkt abzustellen, der ohne den Eintritt der Erledigung maßgebend gewesen wäre. Dementsprechend ist danach zu entscheiden, ob es sich bei der erledigten Verfügung um eine solche mit Dauerwirkung gehandelt hat – dann hat das Gericht zu prüfen, ob die angefochtene Verfügung vor ihrer Erledigung rechtswidrig war[11] – oder ob es um eine Verfügung ohne Dauerwirkung geht – dann kommt es auf den Zeitpunkt der kartellbehördlichen Entscheidung an.[12]

2. Rechtliches Gehör

a) Allgemeines. Nach § 71 Abs. 1 Satz 2 GWB darf die Beschwerdeentscheidung nur auf solche Tatsachen und Beweismittel gestützt werden, zu denen die Beteiligten sich äußern konnten. Der damit angesprochene Grundsatz des rechtlichen Gehörs findet seine verfassungsrechtliche Grundlage in Art. 103 Abs. 1 GG. Er grenzt den Tatsachenstoff, den das Beschwerdegericht seiner Entscheidungsfindung zugrunde zu legen hat, in zweifacher Hinsicht ab. Zum einen folgt aus dem Grundsatz rechtlichen Gehörs die prozessuale Pflicht des Gerichts, bei seiner Entscheidung **rechtzeitiges Vorbringen** der Beteiligten vollständig zu **beachten.** Zum anderen darf das Gericht nur diejenigen Tatsachen und Beweismittel in seine Entscheidung einfließen lassen, die allen Verfahrensbeteiligten bekannt gemacht worden sind und zu denen sämtliche Beteiligte des Beschwerdeverfahrens in ausreichender Weise haben Stellung nehmen können. Die Vorschrift spricht damit ein **Verwertungsverbot** hinsichtlich derjenigen Tatsachen und Beweismittel aus, die dem Beschwerdegericht bekannt geworden, aber nicht allen Beteiligten mit der Möglichkeit einer Stellungnahme zugängig gemacht worden sind. Den Beteiligten muss der Streitstoff folglich in vollem Umfang offengelegt werden. Dazu gehört es insbesondere, dass sie umfassende Kenntnis von den dem Gericht vorliegenden Behörden- und Gerichtsakten erhalten müssen. Unterlagen, die die Kartellbehörde aus wichtigen Gründen, insbesondere zum Schutz von Betriebs- und Geschäftsgeheimnissen, nur dem Gericht und nicht auch den Verfahrensbeteiligten gegenüber aufdecken will und deren Inhalt auch nicht vorgetragen wird, darf das Gericht nicht verwerten (§ 71 Abs. 1 Satz 2 GWB). Eine **Ausnahme** gilt nach § 71 Abs. 1 Satz 3 GWB lediglich im Verhältnis zum (einfach) Beigeladenen.[13]

Die Gewährung rechtlichen Gehörs beschränkt sich nicht auf die Beschaffung und Verwertung der Tatsachengrundlage, sondern erstreckt sich auch auf die Würdigung der Rechtslage. So ist anerkannt, dass das Beschwerdegericht rechtliche Gesichtspunkte, zu denen die Beteiligten keine Stellung genommen haben, die es aber für rechtlich bedeutsam hält, offen zu legen hat, um **Überraschungsentscheidungen** zu vermeiden.[14] Ebenso ist es ein Gebot der Gewährung rechtlichen Gehörs, dass die Verfahrensbeteiligten erkennen können, auf welchen Tatsachenvortrag es dem Gericht für die Entscheidung ankommen kann. Insoweit besteht zwar kein allgemeiner Anspruch auf ein **Rechtsgespräch.** Wenn und soweit für die Verfahrensbeteiligten erst durch den Hinweis auf Rechtsfragen, die das Gericht für entscheidungserheblich oder zumindest bedeutsam hält, die Relevanz von Tatsachen und Beweismitteln deutlich wird, hat das Gericht die betreffenden Punkte zu erörtern.[15] Kommt das Gericht seiner Verpflichtung zur Gewährung rechtlichen Gehörs nicht

---

[11] OLG Düsseldorf, Beschl. v. 8. 5. 2007 – *VI-Kart 5/07 (V)* Umdruck Seite 4; OLG Düsseldorf, WuW/E DE-R 829, 831 – *Freie Tankstellen.*
[12] Vgl. *Birmanns* in: Frankfurter Kommentar, § 71 GWB 2005 Rn. 20 m. w. N.
[13] Zum Begriff vgl. § 63 Rn. 13.
[14] BGH, NJW 1982, 2506; *Karsten Schmidt* in: Immenga/Mestmäcker, GWB, § 71 Rn. 2 m. w. N.
[15] BVerfGE 60, 175, 210; *Karsten Schmidt* in: Immenga/Mestmäcker, GWB, § 71 Rn. 3; *Kollmorgen* in: *Langen/Bunte,* Kommentar zum deutschen und europäischen Kartellrecht, § 71 Rn. 3.

nach, kann dies gemäß § 74 Abs. 4 Nr. 5 GWB mit der **zulassungsfreien Rechtsbeschwerde** gerügt werden. Maßgeblich für eine Verletzung des Gehörsanspruchs ist dabei nicht, dass sich die Beteiligten geäußert haben, sondern dass sie die Möglichkeit hierzu hatten, sei es in mündlicher Verhandlung oder in schriftlicher Form.[16]

16   **b) Akteneinsichtsrecht.** § 71 Abs. 1 Satz 3 und 4 GWB normieren Grenzen des rechtlichen Gehörs aus dem Aspekt des Geheimschutzes. Die mit der 5. GWB-Novelle eingefügten Regelungen stehen im Zusammenhang mit § 72 Abs. 3 GWB, der den Beigeladenen ein nur eingeschränktes – nämlich in das pflichtgemäße Ermessen des Beschwerdegerichts gestelltes – Akteneinsichtsrecht gewährt. Die Verzahnung zwischen dem in § 72 GWB geregelten Akteneinsichtsrecht der Verfahrensbeteiligten und die sich daraus ergebenden rechtlichen Konsequenzen für den Anspruch auf rechtliches Gehör in § 71 GWB stellen sich zusammengefasst wie folgt dar: § 72 GWB unterscheidet für die Reichweite des Akteneinsichtsrechts zwischen den Hauptbeteiligten des Beschwerdeverfahrens einerseits und den beigeladenen Dritten andererseits. Den **Hauptbeteiligten** steht ein im Grundsatz unbeschränkbares Recht auf Akteneinsicht zu. Dieses Recht bezieht sich sowohl auf die Gerichtsakten (§ 72 Abs. 1 GWB) als auch auf alle Vorakten, Beiakten, Gutachten und Auskünfte (§ 72 Abs. 2 Satz 1 GWB). In Bezug auf die letztgenannten Unterlagen gilt allerdings die Einschränkung, dass das Einsichtsrecht unter dem Vorbehalt der **Zustimmung der aktenführenden bzw. die Auskunft einholenden Stelle** steht (§ 72 Abs. 2 Satz 1 GWB). § 72 Abs. 2 Satz 2 GWB übernimmt diese Regelung für die der Kartellbehörde gehörenden Unterlagen. Ihre Offenlegung an die Hauptbeteiligten hängt mithin ebenfalls von der Zustimmung der Kartellbehörde ab. Diese muss ihre Einwilligung versagen, wenn wichtige Gründe vorliegen, namentlich der Schutz von Geschäfts- und Betriebsgeheimnissen dies erfordert. Macht die Kartellbehörde von dieser Möglichkeit Gebrauch und wird der Inhalt der betreffenden Unterlagen auch nicht im Beschwerdeverfahren vorgetragen, darf das Beschwerdegericht die Unterlagen seiner Entscheidung nicht zugrunde legen. Das spricht § 72 Abs. 2 Satz 3 GWB ausdrücklich aus. Die Vorschrift konkretisiert damit – ganz im Sinne von § 71 Abs. 1 Satz 2 GWB – den Grundsatz des rechtlichen Gehörs, wonach die gerichtliche Entscheidung nur auf dasjenige Tatsachen- und Beweismaterial gestützt werden darf, zu dem die Beteiligten sich äußern konnten. Den **Beigeladenen** gewährt das Kartellgesetz demgegenüber ein von vornherein nur eingeschränktes Akteneinsichtsrecht. Gemäß § 72 Abs. 3 GWB liegt es im **pflichtgemäßen Ermessen** des Beschwerdegerichts, ob und gegebenenfalls in welchem Umfang es den beigeladenen Dritten Zugang zur Gerichtsakte und den anderen Unterlagen gestattet. Stattzufinden hat in erster Linie eine einzelfallbezogene Abwägung der beiderseitigen Belange, nämlich dem Interesse des Beigeladenen an einer möglichst umfassenden und vollständigen Kenntnis des Sach- und Streitstoffs und dem Interesse an einer Geheimhaltung der in Rede stehenden Tatsachen und Informationen. Das gilt nicht nur für die einfache Beiladung, sondern gleichermaßen auch in Bezug auf den notwendig Beizuladenden.[17] Die verfahrensrechtlichen Konsequenzen, die sich für das Beschwerdegericht ergeben, wenn es dem (einfach oder notwendig) beigeladenen Dritten aus wichtigem Grund Aktenbestandteile nicht oder nur eingeschränkt zugänglich macht, ergeben sich aus § 71 Abs. 1 Satz 3 und 4 GWB. Im Verhältnis zum **einfach Beigeladenen** – also demjenigen, der durch die zur Beurteilung stehende Maßnahme der Kartellbehörde nicht in seinen Rechten, sondern lediglich in seinen wirtschaftlichen Interessen betroffen ist – kann das Beschwerdegericht bei der Entscheidungsfindung den gesamten Streitstoff einschließlich der dem Beigeladenen nicht zugänglich gemachten Aktenteile, sonstigen Unterlagen und Auskünfte berücksichtigen (§ 71 Abs. 1 Satz 3 GWB). Einer gesonderten Beschlussfassung des Beschwerdegerichts bedarf es nicht. Es genügt vielmehr, wenn das Gericht im Rahmen der Hauptsacheent-

---

[16] BVerfG, DVBl. 1982, 635; *Birmanns* in: Frankfurter Kommentar, § 71 GWB 2005 Rn. 13.
[17] Ebenso: *Karsten Schmidt* in: Immenga/Mestmäcker, GWB, § 72 Rn. 11.

scheidung darlegt, ob, in welchem Umfang und aus welchen Gründen von der Möglichkeit des § 71 Abs. 1 Satz 3 GWB Gebrauch gemacht und Tatsachenstoff bei der Entscheidungsfindung berücksichtigt hat, zu denen dem beigeladenen Dritten kein rechtliches Gehör gewährt worden ist. Dem in seinen Rechten Betroffenen und deshalb **notwendig Beizuladenden** gegenüber dürfen andererseits die ihm nicht zugänglich gemachten Tatsachen und Beweismittel nicht verwertet werden (§ 71 Abs. 1 Satz 4 GWB). Der notwendig Beizuladende steht in Bezug auf die Gewährung rechtlichen Gehörs also einem Hauptbeteiligten des Beschwerdeverfahrens gleich. Gleiches gilt, sobald der einfach Beigeladene in die verfahrensrechtliche Position des Beschwerdeführers wechselt,[18] beispielsweise wenn er die kartellbehördliche Fusionsfreigabe mit der Beschwerde angreift.

III. Form der Entscheidung (Abs. 1 S. 1 und Abs. 6)

1. Beschluss

Nach § 71 Abs. 1 GWB entscheidet das Beschwerdegericht durch Beschluss, und zwar unabhängig davon, ob die Entscheidung aufgrund mündlicher Verhandlung getroffen wird oder im schriftlichen Verfahren ergeht. Die den Rechtszug abschließende Entscheidung ist für das Beschwerdegericht bindend und hat die Wirkung eines verwaltungsgerichtlichen Urteils. 17

Der Beschluss bedarf nach § 71 Abs. 6 GWB einer **Begründung**. Diese muss – wie im Verfahrensrecht üblich geworden[19] – innerhalb von 5 Monaten nach der mündlichen Verhandlung vorliegen. Aus dem Verweis auf die „sonstigen Arten des Beschwerdeverfahrens" in § 73 Nr. 2 GWB folgt, dass der aufgrund mündlicher Verhandlung getroffene Beschluss zu verkünden ist (vgl. § 300 ZPO) und mit Verkündung wirksam wird, während die im schriftlichen Verfahren erlassene Beschwerdeentscheidung zuzustellen ist und hierdurch Wirksamkeit erlangt. Fehlt die Begründung oder werden die Gründe nicht innerhalb von 5 Monaten nach der mündlichen Verhandlung abgefasst, kann darauf die zulassungsfreie Rechtsbeschwerde nach § 74 Abs. 4 Nr. 6 GWB gestützt werden. 18

2. Rechtsmittelbelehrung

Die Entscheidung, die das Beschwerdegericht in der Hauptsache trifft, ist gemäß § 71 Abs. 6 GWB mit einer (vollständigen und inhaltlich zutreffenden) **Rechtsmittelbelehrung** zu versehen. Fehlt sie, bleibt die Wirksamkeit der Beschwerdeentscheidung unberührt. Eine unterbliebene, unvollständige oder sachlich unzutreffende Rechtsmittelbelehrung hat allerdings Auswirkungen auf den Lauf der Rechtsbeschwerdefrist (76 Abs. 3 GWB) bzw. der Nichtzulassungsbeschwerdefrist (§ 75 Abs. 3 GWB). **Analog § 58 Abs. 1 VwGO** wird der Fristenlauf nicht in Gang gesetzt; es gilt vielmehr in entsprechender Anwendung von § 58 Abs. 2 VwGO eine Jahresfrist, die mit der Zustellung der Beschwerdeentscheidung an den Rechtsbeschwerde- bzw. Nichtzulassungsbeschwerdeführer zu laufen beginnt.[20] 19

IV. Inhalt der Beschwerdeentscheidung (Abs. 2 S. 1, Abs. 4)

§ 71 Abs. 2 Satz 1 GWB bestimmt, dass das Beschwerdegericht eine unzulässige oder unbegründete kartellbehördliche Verfügung aufhebt. § 71 Abs. 4 GWB regelt, dass das Beschwerdegericht auf die erfolgreiche Verpflichtungs- oder Untätigkeitsbeschwerde die Pflicht der Kartellbehörde ausspricht, die beantragte Verfügung vorzunehmen. Mit diesen 20

---

[18] KG, WuW/E DE-R 688, 690 – *HABET/Lekkerland*.
[19] BGH, NJW 1987, 2446; BVerwG, NJW 1991, 310.
[20] Offen gelassen von BGH, BGH-Report 2005, 1006.

beiden Regelungen sind die in Betracht kommenden Entscheidungsaussprüche des Beschwerdegerichts nur unvollständig normiert.

1. Erfolglose Beschwerde

21 Gänzlich ungeregelt geblieben ist Tenorierung bei einem erfolglosen Rechtsmittel. Insoweit ist auf die allgemeinen verfahrensrechtlichen Grundsätze zurückzugreifen.[21] Die unzulässige Beschwerde ist demnach zu verwerfen, die unbegründete Beschwerde zurückzuweisen.

2. Erfolgreiche Beschwerde

22 Die Situation des (ganz oder teilweise) erfolgreichen Rechtsmittels ist in § 71 Abs. 2 Satz 1, Abs. 4 GWB bloß zum Teil geregelt worden. Eingang in den Gesetzestext hat lediglich die Anfechtungsbeschwerde (§ 71 Abs. 2 Satz 1 GWB) und die Verpflichtungs- und Untätigkeitsbeschwerde (§ 71 Abs. 4 GWB) gefunden, während die allgemeine Leistungsbeschwerde unerwähnt geblieben ist. Folgende Entscheidungsaussprüche des Beschwerdegerichts kommen – je nach der Art der Beschwerde – in Betracht:

23 **a) Anfechtungsbeschwerde.** Die Anfechtungsbeschwerde ist erfolgreich, wenn die angefochtene kartellbehördliche Verfügung entweder unzulässig – d.h. verfahrensfehlerhaft zustande gekommen – oder unbegründet – d.h. materiell-rechtlich zu beanstanden – ist. In beiden Fällen ist die Verfügung rechtswidrig. Diese Rechtswidrigkeit zwingt allerdings nicht in jedem Fall zur Aufhebung der kartellbehördlichen Verfügung. Ausnahmen kommen unter entsprechender Anwendung der §§ 45, 46 VwVfG in Betracht, wenn die angegriffene Verfügung unter einem Form-, Begründungs- oder sonstigen Verfahrensmangel leidet.

24 Der Verstoß gegen derartige Mängel kann unter den in **§ 45 VwVfG** näher normierten Voraussetzungen dadurch geheilt werden, dass die unterbliebene Handlung bis zum Abschluss des Beschwerdeverfahrens nachgeholt wird. Bedeutung hat die Heilungsmöglichkeit im Kartellverwaltungsrecht vor allem für **Begründungsmängel** des kartellbehördlichen Verwaltungsaktes. Gemäß § 61 Abs. 1 Satz 1 GWB sind Verfügungen der Kartellbehörde (schriftlich) zu begründen. Der Begründungszwang dient in erster Linie dem Rechtsschutz des Betroffenen. Sowohl der Betroffene als auch das Beschwerdegericht sollen in die Lage versetzt werden, die kartellbehördliche Anordnung in tatsächlicher und rechtlicher Hinsicht auf ihre Rechtmäßigkeit zu überprüfen. Dementsprechend hat die Kartellbehörde analog § 39 Abs. 1 Satz 2 VwVfG die tragenden tatsächlichen und rechtlichen Gründe ihrer Entscheidung mitzuteilen. Die Begründung muss dabei so vollständig sein, dass dem Adressaten eine tatsächliche und rechtliche Prüfung möglich ist und er sich anhand der Begründung darüber schlüssig werden kann, ob er die kartellbehördliche Verfügung hinnehmen oder sie anfechten will.[22] Wird der zur Überprüfung stehende kartellbehördliche Beschluss diesem Begründungserfordernis nicht (oder nicht in vollem Umfang) gerecht, ist er formell rechtswidrig. Der Begründungsmangel kann allerdings gemäß § 45 Abs. 1 Nr. 2 VwVfG dadurch geheilt worden, dass die Kartellbehörde die erforderliche Begründung im Beschwerdeverfahren – etwa im Rahmen ihrer Beschwerdeerwiderung – nachholt oder eine inhaltlich unzureichende Begründung nachbessert. Die Kartellbehörde darf in diesem Zusammenhang nicht nur ihre bei Erlass der Verfügung vorhandene Begründung nachliefern, sondern auch Gründe nachschieben, sofern diese schon bei Erlass der angefochtenen Entscheidung vorlagen, sie die kartellbehördliche Verfügung nicht in ihrem Wesen ändern und die beschwerdeführende Partei nicht in ihrer Rechtsverteidigung beeinträchtigt

---

[21] Vgl. *Birmanns* in: Frankfurter Kommentar, § 71 GWB 2005 Rn. 23 m. w. N.
[22] OLG Düsseldorf, WuW/E DE-R 1993, 1996 – *Außenwerbeflächen*; *Karsten Schmidt* in: Immenga/Mestmäcker, GWB, § 61 Rn. 13, 14 m. w. N.

wird.²³ Durch die Nachholung wird der ursprüngliche Beschlussmangel behoben und die Verfügung mit Wirkung für die Zukunft in diesem Punkt rechtmäßig.²⁴

Darüber hinaus ordnet **§ 46 VwVfG** – der im Kartellverwaltungsverfahrensrecht entsprechend anwendbar ist²⁵ – an, dass die Aufhebung eines Verwaltungsaktes, der (ohne nichtig zu sein) an einem Form-, Verfahrens- oder Begründungsmangel leidet oder unter Verletzung der Vorschriften über die örtliche Zuständigkeit zustande gekommen ist, dann nicht verlangt werden kann, wenn offensichtlich ist, dass dieser Mangel die Entscheidung in der Sache nicht beeinflusst hat. Erforderlich ist die **Gewissheit,** dass der Mangel auf das **Ergebnis keinen Einfluss** gehabt haben kann und die Entscheidung der Behörde jedenfalls inhaltlich so erlassen werden musste. Dies ist bei gebundenen Entscheidungen der Fall. Gleiches gilt, wenn der an sich vorhandene Spielraum der Kartellbehörde im konkreten Fall auf Null reduziert war. Demgegenüber scheidet bei Ermessensentscheidungen, Beurteilungsentscheidungen oder Planungsentscheidungen der Behörde in der Regel die Feststellung, dass sich der Verfahrensfehler nicht auf das Ergebnis ausgewirkt haben kann, aus. Denn hier kann regelmäßig nicht ausgeschlossen werden, dass die Behörde bei Beachtung des Verfahrensrechts in der Sache zu einer anderen Entscheidung hätte kommen können. Das gilt allerdings nicht ausnahmslos. Ist der formelle Fehler aus **tatsächlichen** Gründen ohne Einfluss auf die Behördenentscheidung geblieben und hat er sich nachweislich nicht auf die Entscheidungsfindung der Behörde ausgewirkt, ist auch bei Ermessens-, Beurteilungs- oder Planungsentscheidungen die Aufhebung der Behördenentscheidung wegen eines Verfahrensfehlers ausgeschlossen.²⁶ In diesem Sinne sind etwa die unterbliebene weitere Aufklärung, die keine zusätzlichen Erkenntnisse zutage gefördert hätte²⁷ oder die unterbliebene Anhörung zur beabsichtigten Festsetzung eines Zwangsgeldes, gegen dessen Höhe Einwände im Beschwerdeverfahren weder geltend gemacht werden noch ernstlich in Frage kommen,²⁸ als letztlich unbeachtlich angesehen worden.

Leidet die mit der Anfechtungsbeschwerde angegriffene kartellbehördliche Verfügung an einem zur Rechtswidrigkeit führenden – und nicht nach § 46 VwVfG unbeachtlichen – Mangel, ist sie aufzuheben (§ 71 Abs. 2 Satz 1 GWB). Auf diese rein **kassatorische Entscheidungsbefugnis** ist das Beschwerdegericht beschränkt. Es darf folglich die angefochtene (rechtswidrige) Verfügung nicht durch eine andere (rechtlich zulässige) Verfügung ersetzen,²⁹ und zwar auch nicht auf einen dahingehenden (Hilfs-)Antrag der Kartellbehörde.³⁰ Hat die Kartellbehörde anstelle eines rechtlich zulässigen Verbots ein Gebot ausgesprochen, so kann das Beschwerdegericht mithin allein diese Entscheidung aufheben, nicht aber das Verbot selbst aussprechen.³¹ Die 7. GWB-Novelle hat an jener Rechtslage nichts geändert. Zwar haben die Kartellbehörden in Anlehnung an das europäische Recht nach § 32 Abs. 2 GWB die Befugnis erhalten, den betroffenen Unternehmen alle geeigneten Maßnahmen zur Abstellung eines gesetzwidrigen Verhaltens aufzugeben, also auch zu einer positiven Tenorierung. Der Gesetzgeber hat die Änderung aber in § 71 Abs. 2 GWB nicht

---

²³ Vgl. *Birmanns* in: Frankfurter Kommentar, § 71 GWB 2005 Rn. 22 m. w. N.

²⁴ OLG Düsseldorf, WuW/E DE-R 1993, 1997 – *Außenwerbeflächen;* OLG Düsseldorf, Beschl. v. 15. 1. 2007 – *VI-Kart 17/06 (V)* Umdruck Seite 7; OLG Düsseldorf, Beschl. v. 16. 12. 2002 – *Kart 25/02 (V)* Umdruck Seite 14; *Birmanns* in: Frankfurter Kommentar, § 71 GWB 2005 Rn. 25.

²⁵ OLG Düsseldorf, WuW/E DE-R 953, 954 – *Lufthansa/Eurowings;* KG, WuW/E OLG 2411, 2414 f. – *Synthetischer Kautschuk I; Karsten Schmidt* in: Immenga/Mestmäcker, GWB, § 56 Rn. 9; *Schultz* in: Langen/Bunte, Kommentar zum deutschen und europäischen Kartellrecht, § 56 Rn. 9, 10.

²⁶ OLG Düsseldorf, WuW/E DE-R 953, 954 – *Lufthansa/Eurowings;* OLG Düsseldorf, Beschl. v. 25. 7. 2002 – *Kart 25/02 (V)* m. w. N.

²⁷ BVerwG, BVerwGE 71, 150, 152.

²⁸ OLG Düsseldorf, WuW/E DE-R 953, 954 – *Lufthansa/Eurowings.*

²⁹ BGH, WuW/E DE-R 1163, 1166 – *HABET/Lekkerland.*

³⁰ Zutreffend: *Birmanns* in: Frankfurter Kommentar, § 71 GWB 2005 Rn. 27.

³¹ *Karsten Schmidt* in: Immenga/Mestmäcker, GWB, § 71 Rn. 14.

übernommen und den Gerichten folglich keine entsprechende Befugnis eingeräumt. Das Beschwerdegericht darf ebenso wenig die Sache zur weiteren Sachaufklärung und erneuten Entscheidung an die Kartellbehörde **zurückverweisen**.[32] Es hat vielmehr unter Beachtung des Untersuchungsgrundsatzes (§ 70 Abs. 1 GWB) selbst Entscheidungsreife herbeizuführen und sodann über die Rechtmäßigkeit der angegriffenen kartellbehördlichen Verfügung zu entscheiden. Das gilt auch im Beschwerdeverfahren gegen eine Fusionsfreigabeentscheidung, und zwar unabhängig davon, dass nach § 40 Abs. 6 GWB mit der Aufhebung der kartellbehördlichen Freigabeentscheidung die für das Hauptprüfverfahren vorgesehene 4-Monats-Frist des § 40 Abs. 2 Satz 2 GWB neu zu laufen beginnt.[33] Ist die angefochtene **Verfügung teilbar** und beschränkt sich die Rechtswidrigkeit auf jenen abtrennbaren Verfügungsteil, kommt schon aus Gründen der Verhältnismäßigkeit regelmäßig nur eine teilweise Aufhebung der kartellbehördlichen Entscheidung in Frage. Allerdings ist zu beachten, dass die angefochtene Verfügung durch die Teilaufhebung nicht in ihrem Wesen verändert werden darf. Ob dies der Fall ist, beurteilt sich anhand des Regelungsgehalts der kartellbehördlichen Verfügung, wie er sich aus der Entscheidungsformel unter Heranziehung der Gründe ergibt. In keinem Fall darf durch die Teilaufhebung eine Restverfügung entstehen, die von Gesetzes wegen nicht hätte ergehen dürfen oder die selbständig sinnvollerweise überhaupt nicht bestehen kann.

27 Sowohl für das Beschwerdeverfahren als auch für das kartellrechtliche Rechtsbeschwerdeverfahren gilt das Verbot der **Schlechterstellung** der beschwerdeführenden Partei. Dieses Verbot wird nicht verletzt, wenn das Beschwerdegericht einen Antrag, den die Kartellbehörde als unzulässig abgewiesen hat, als unbegründet abweist.[34] Hebt das Beschwerdegericht die angefochtene Verfügung auf, wird hierdurch die kartellbehördliche Entscheidung mit Wirkung **ex tunc** beseitigt. Das gilt auch für Verfügungen mit Dauerwirkung, die zwar bei ihrem Erlass rechtmäßig waren, aufgrund einer veränderten Sach- oder Rechtslage im Verlauf des Beschwerdeverfahrens aber rechtswidrig geworden sind.[35]

28 **b) Verpflichtungsbeschwerde.** Hält das Beschwerdegericht die Ablehnung oder Unterlassung der kartellbehördlichen Verfügung für unzulässig oder unbegründet, verpflichtet es die Behörde zum Erlass der begehrten Verfügung. Die Gesetzesformulierung ist missglückt. Für den Erfolg einer Verpflichtungs- oder Untätigkeitsbeschwerde kommt es nicht darauf an, ob die ablehnende Behördenentscheidung oder die Untätigkeit der Kartellbehörde rechtswidrig war. Maßgebend ist vielmehr, ob die beschwerdeführenden Partei die begehrte Verfügung verlangen kann, ihr also ein Anspruch auf den nachgesuchten kartellbehördlichen Verwaltungsakt zusteht. Ist dies der Fall und die Sache überdies **spruchreif,** spricht das Beschwerdegericht die Verpflichtung der Kartellbehörde aus, die beantragte Verfügung vorzunehmen. Aus Gründen der Klarstellung sollte es dabei zugleich die ablehnende Behördenentscheidung aufheben. Ist die Sache noch **nicht spruchreif** – etwa hat die Behörde wegen einer abweichenden Rechtsauffassung noch nicht die zur Entscheidung erforderlichen tatsächlichen Feststellungen getroffen hat -, läge an sich eine Zurückweisung der Sache an die Kartellbehörde nahe. Diese ist aber in § 71 Abs. 4 GWB ebenso wenig vorgesehen und zulässig wie für die Anfechtungsbeschwerde. Zu tenorieren ist deshalb analog § 113 Abs. 5 Satz 2 VwGO eine Neubescheidungsverpflichtung dahin, dass die Kartellbehörde über den streitgegenständlichen Antrag der beschwerdeführenden Partei unter Beachtung der Rechtsauffassung des Beschwerdegerichts neu zu entscheiden

---

[32] BGH, WuW/E DE-R 1163, 1166 – *HABET/Lekkerland;* BGH, WuW/E BGH 2535, 2541 – *Lüsterbehangsteine.*
[33] BGH, WuW/E DE-R 1163, 1166 – *HABET/Lekkerland.*
[34] BGH, WuW/E BGH 1556, 1558 – *Weichschaum III;* BGH, WuW/E BGH 3008, 3014 – *Stadtgaspreis-Potsdam.*
[35] BGH, WuW/E BGH 1283, 1286.

hat.³⁶ Sind dazu tatsächliche Feststellungen zu treffen, hat die Kartellbehörde zuvor die erforderlichen Ermittlungen durchzuführen.

c) Allgemeine Leistungsbeschwerde. Bei der – im Gesetz nicht vorgesehen – allgemeinen **Leistungsbeschwerde** wird die Kartellbehörde verpflichtet, die begehrte Leistung zu erbringen oder die nachgesuchte Handlung vorzunehmen. 29

V. Entscheidungen bei Erledigung der Hauptsache (Abs. 2 Satz 2 und Abs. 3)

1. Erledigung nach Abs. 2 Satz 2

Nach § 71 Abs. 2 Satz 2 GWB spricht das Beschwerdegericht in Fällen, in denen sich die Verfügung vor seiner Entscheidung durch Zurücknahme oder auf andere Weise erledigt hat, auf Antrag aus, dass die Verfügung der Kartellbehörde unzulässig oder unbegründet gewesen sei, wenn der Beschwerdeführer ein berechtigtes Interesse an dieser Feststellung hat. 30

a) Geltungsbereich der Vorschrift. Die Vorschrift gilt nach ihrem Wortlaut nur für die Anfechtungsbeschwerde. Sie findet auf die Fälle der Verpflichtungs- und Leistungsbeschwerde aber entsprechende Anwendung.³⁷ Überdies gilt sie auch im Rechtsbeschwerdeverfahren. In sämtlichen Fällen besteht unter den tatbestandlichen Voraussetzungen des § 71 Abs. 2 Satz 2 GWB ein berechtigtes Interesse der beschwerdeführenden Partei an einem nachträglichen Verwaltungsrechtsschutz. 31

b) Begriff der „Erledigung". Erledigung tritt ein, wenn die angefochtene Verfügung keine rechtlichen Wirkungen mehr entfaltet und deshalb **gegenstandslos** geworden ist, so dass infolge dessen auch die Beschwer der beschwerdeführenden Partei fortgefallen ist.³⁸ Der **Fortfall der Beschwer** ist objektiv nach dem Regelungsgehalt der kartellbehördlichen Verfügung zu beurteilen; nicht ausschlaggebend ist das Regelungsinteresse des Beschwerdeführers.³⁹ Das Gesetz nennt als einen Anwendungsfall die Rücknahme der kartellbehördlichen Verfügung. Daneben kann Erledigung durch alle tatsächlichen oder rechtlichen Veränderungen eintreten, die einen Anfechtungs-, Verpflichtungs- oder Leistungsantrag gegenstandslos machen. In Betracht kommt insbesondere auch ein Verhalten des Beschwerdeführers, etwa indem er das beanstandete Marktverhalten aufgibt. Ändern sich die wirtschaftlichen Verhältnisse, hält der Beschwerdeführer aber an eine diesen Verhältnissen angepasste Wettbewerbsbeschränkung fest, wird allerdings eine Erledigung der Hauptsache in der Regel nicht eintreten. Richtet sich die Beschwerde gegen eine **fusionskontrollrechtliche Untersagungsverfügung** der Kartellbehörde, tritt Erledigung ein, wenn das angemeldete Zusammenschlussvorhaben nicht mehr weiterverfolgt wird. Dabei ist nicht erforderlich, dass das angemeldete Vorhaben objektiv undurchführbar geworden ist, weil zum Beispiel das Zielunternehmen bereits anderweitig veräußert worden ist. Erledigung tritt vielmehr auch dann ein, wenn das Fusionsvorhaben zumindest von einer Partei endgültig aufgegeben wird.⁴⁰ Auch in einem solchen Fall lässt sich nämlich das von der 32

---

³⁶ *Karsten Schmidt* in: Immenga/Mestmäcker, GWB, § 71 Rn. 19; *Bechtold*, GWB, § 71 Rn. 5; *Birmanns* in: Frankfurter Kommentar, § 71 GWB 2005 Rn. 32; *Kollmorgen* in: Langen/Bunte, Kommentar zum deutschen und europäischen Kartellrecht, § 71 Rn. 27.

³⁷ Vgl. *Karsten Schmidt* in: Immenga/Mestmäcker, GWB, § 71 Rn. 25 m. w. N.

³⁸ BGH, WuW/E DE-R 2055, 2057 – *Auskunftsverlangen*; BGH, WRP 2006, 1030, 1031; BGH, WuW/E BGH 2211, 2213 – *Morris-Rothmans*; OLG Düsseldorf, WuW/E DE-R 1835, 1836 – *Deutsche Börse/London Stock Exchange*; OLG Düsseldorf, WuW/E DE-R 1654, 1655 – *RUAG/MEN*; OLG Düsseldorf, WuW/E DE-R 1435, 1436 – *Agrana/Atys*; OLG Düsseldorf, WuW/E DE-R 781, 782 – *Wal-Mart*; KG, WuW/E OLG 3213, 3214 – *Zum bösen Wolf*; KG, WuW/E OLG 5497, 5501 – *Fortsetzungsfeststellungsinteresse*.

³⁹ OLG Düsseldorf, WuW/E DE-R 829 – *Freie Tankstellen*.

⁴⁰ BGH, WuW/E DE-R 2221/2222 – *Springer/ProSieben*; OLG Düsseldorf, OLG Düsseldorf, WuW/E DE-R 1839, 1840 – *Springer/ProSiebenSat1*; OLG Düsseldorf, WuW/E DE-R 1835, 1836 –

§ 71 GWB 33–35   10. Teil. Gesetz gegen Wettbewerbsbeschränkungen

Kartellbehörde untersagte Zusammenschlussvorhaben nicht mehr verwirklichen und ist die mit der Untersagungsverfügung verbundene Beschwer der Fusionswilligen entfallen. Hat die Kartellbehörde einen Zusammenschluss untersagt und führen die Beteiligten statt dessen einen Teil einer „Zwischenlösung" durch, die insgesamt auf dasselbe Ziel gerichtet ist wie der untersagte Zusammenschluss, so erledigt sich dadurch das Verfahren über die Beschwerde gegen die Untersagungsverfügung grundsätzlich nicht. Das gilt auch dann, wenn ein bisher an dem Zusammenschlussvorhaben nicht Beteiligter an der „Zwischenlösung" mitwirkt.[41] Ebenfalls keine Erledigung tritt ein, wenn der Adressat der Verfügung dem kartellbehördlichen **Auskunftsverlangen** entspricht und die geforderten Auskünfte – freiwillig oder aufgrund einer Vollstreckung – erteilt, wenn das Auskunftsverlangen – etwa als Rechtsgrund für eine Speicherung und Verwertung der erlangten Daten – weiterhin Wirkung entfaltet.[42]

33 Ob eine Erledigung in dem vorstehend beschriebenen Sinne vorliegt, hat das Beschwerdegericht grundsätzlich zu prüfen. Nur wenn es die Erledigung bejaht, kann es gemäß § 71 Abs. 2 Satz 2 GWB die ursprüngliche Rechtswidrigkeit der streitbefangenen kartellbehördlichen Verfügung prüfen. Dies gilt allerdings nur bei der **einseitigen Erledigungserklärung**. Schließt sich der Beschwerdegegner der Erledigungserklärung an und wird die Hauptsache **übereinstimmend für erledigt erklärt**, ist das Beschwerdegericht hieran gebunden und hat – ohne eigene Prüfung – von der Erledigung der Verfügung auszugehen.[43] Ebenso wenig hängt die Wirksamkeit der Erledigungserklärung davon ab, dass die **übrigen Verfahrensbeteiligten** ihr **zustimmen**. Das gilt auch für den notwendig beigeladenen Dritten. Als rein prozessuale Erklärung ohne materiell-rechtliche Wirkungen kann die Erledigungserklärung den Dritten nämlich nicht in seinen Rechten verletzen.[44]

34 § 71 Abs. 2 Satz 2 GWB betrifft unmittelbar nur den Fall, dass sich die angegriffene kartellbehördliche Verfügung im Laufe des Beschwerdeverfahrens erledigt hat. Die Vorschrift findet allerdings entsprechende Anwendung, wenn **Erledigung** bereits **vor Einlegung der Beschwerde** eingetreten ist und der beschwerdeführenden Partei ein Fortsetzungsfeststellungsinteresse zur Seite steht.[45]

35 **c) Notwendigkeit einer Erledigungserklärung.** Die im Schrifttum streitige Frage, ob es einer **Erledigungserklärung** der beschwerdeführenden Partei bedarf,[46] dürfte im Hinblick auf das Antragserfordernis des § 71 Abs. 2 Satz 2 GWB regelmäßig ohne praktische Bedeutung sein. Ist der Antrag auf Feststellung der Rechtswidrigkeit der streitbefangenen kartellbehördlichen Verfügung gestellt, wird vielfach schon die Auslegung dieses Beschwerdeantrags in Verbindung mit der zu seiner Rechtfertigung vorgetragenen Begründung zu dem Ergebnis führen, dass der Beschwerdeführer die angegriffene Verfügung für gegenstandslos und das Beschwerdeverfahren in der Hauptsache demgemäß für erledigt hält. Bestehen diesbezügliche Zweifel, muss das Gericht im Rahmen seiner Hinweis- und Aufklärungspflicht aus § 70 Abs. 2 GWB mit dem Beschwerdeführer diese Frage erörtern und eine Klärung herbeiführen, ob eine Erledigungserklärung abgegeben und in den nachträglichen Rechtsschutz gewechselt werden soll. Ist dies der Fall, hat das Beschwerdegericht

---

Deutsche Börse/London Stock Exchange; OLG Düsseldorf, WuW/E DE-R 1654, 1655 – *RUAG/MEN*; KG, WuW/E OLG 5364; vgl. auch BGH, WuW/E DE-R 919, 922 f. – *Stellenmarkt für Deutschland II*.

[41] BGH, WuW/E DE-R 1783, 1785 – *Call-Option*.
[42] BGH, WuW/E DE-R 2055, 2057 – *Auskunftsverlangen*.
[43] BGH, WuW/E BGH 1367 – *Zementverkaufsstelle Niedersachsen*.
[44] *Birmanns* in: Frankfurter Kommentar, § 71 GWB 2005 Rn. 39 m. w. N.
[45] KG, WuW/E OLG 5497, 5501 – *Fortsetzungsfeststellungsinteresse*; *Birmanns* in: Frankfurter Kommentar, § 71 GWB 2005 Rn. 54 m. w. N.
[46] Verneinend *Karsten Schmidt* in: Immenga/Mestmäcker, GWB, § 71 Rn. 29; bejahend *Kollmorgen* in: Langen/Bunte, Kommentar zum deutschen und europäischen Kartellrecht, § 71 Rn. 30.

– anders als bei der übereinstimmenden Erledigungserklärung durch die Hauptbeteiligten, die das Gericht insoweit bindet – darüber zu entscheiden, ob Hauptsachenerledigung eingetreten ist oder nicht. Hat sich die Verfügung erledigt, muss das Gericht die besonderen Zulässigkeitserfordernisse des Fortsetzungsfeststellungsantrags nach § 71 Abs. 2 Satz 2 GWB sowie anschließend die Rechtswidrigkeit der streitgegenständlichen kartellbehördlichen Verfügung prüfen. Verneint das Gericht eine Erledigung, hat es das – als Fortsetzungsfeststellungsbeschwerde zur Entscheidung stehende – Rechtsmittel zu verwerfen. Um diesem Verfahrensrisiko zu entgehen, kann der Beschwerdeführer für den Fall, dass das Gericht eine Erledigung der Hauptsache nicht feststellen sollte, seinen ursprünglichen **Sachantrag als Hilfsantrag** aufrechterhalten. Ebenso kann der Feststellungsantrag nach § 71 Abs. 2 Satz 2 GWB als Hilfsantrag zum Hauptsacheantrag verfolgt werden.[47] Ein Sachantrag mit hilfsweiser Erledigungserklärung ist demgegenüber unzulässig.[48]

d) Antragserfordernis. Aus dem Wortlaut des § 71 Abs. 2 Satz 2 GWB ergibt sich unzweideutig, dass das Gericht die Rechtswidrigkeit der erledigten Verfügung **nur auf Antrag** ausspricht. Dass in dem ursprünglichen Hauptsacheantrag inzident ein auf Feststellung der Rechtswidrigkeit der angefochtenen Behördenentscheidung gerichtetes Begehren enthalten ist, macht den erforderlichen Antrag auch dann nicht entbehrlich, wenn die beschwerdeführende Partei zu erkennen gibt, dass sie an ihrem ursprünglichen Rechtsschutzziel für die Vergangenheit festhält und hieran ein berechtigtes Interesse hat.[49] Gegebenenfalls muss das Gericht im Rahmen seiner Hinweis- und Aufklärungspflicht aus § 70 Abs. 2 GWB klären, ob ein Feststellungsantrag gestellt wird. Der Antrag kann auch als Hilfsantrag gestellt werden.

Der Feststellungsantrag nach § 71 Abs. 2 Satz 2 GWB setzt voraus, dass die ursprünglich erhobene Beschwerde zulässig gewesen ist.[50] Denn die Vorschrift eröffnet kein neues Beschwerdeverfahren, sondern ermöglicht für den Fall, dass die angegriffene Verfügung gegenstandslos geworden und der eigentliche Beschwerdegegenstand dadurch in Fortfall geraten ist, lediglich die Fortsetzung des Rechtsmittelverfahrens zur Erlangung nachträglichen Verwaltungsrechtsschutzes. Erfüllt sein müssen dementsprechend die allgemeinen Zulässigkeitsvoraussetzungen der Beschwerde einschließlich einer (formellen und materiellen) Beschwer der beschwerdeführenden Partei.

e) Feststellungsinteresse. Gemäß § 71 Abs. 2 Satz 2 GWB kann die beschwerdeführende Partei die Rechtmäßigkeit der von ihr angegriffenen und zwischenzeitlich erledigten kartellbehördlichen Entscheidung nur dann gerichtlich klären lassen, wenn sie ein berechtigtes Interesse an dieser Feststellung hat. Geht es um die Fortsetzung einer **Anfechtungsbeschwerde,** ist ein berechtigtes Interesse an der Feststellung erforderlich, dass die kartellbehördliche Verfügung rechtswidrig war; geht es um die Situation der **Verpflichtungsbeschwerde,** ist zu fragen, ob der Beschwerdeführer ein berechtigtes Interesse an der Feststellung geltend machen kann, dass die Kartellbehörde die Verfügung hätte erlassen müssen. Das Feststellungsinteresse ist auch dann erforderlich, wenn die Rechtswidrigkeit einer **fusionskontrollrechtlichen Untersagungsverfügung** zur Beurteilung steht.[51] Insoweit ist die Rechtslage anders als im europäischen Recht. Nach der Rechtsprechung des Europäischen Gerichts erster Instanz (EuG) können die am Zusammenschluss Beteiligten die Untersagungsentscheidung der Europäischen Kommission auch dann (noch) mit der Nichtigkeitsklage angreifen, wenn zwar die geplante Fusion aufgegeben wird, dieser Verzicht aber nicht freiwillig erfolgt, sondern die direkte Folge der angefochtenen Kommis-

---

[47] BGH, WuW/E DE-R 919, 922 – *Stellenmarkt für Deutschland II*.
[48] *Birmanns* in: Frankfurter Kommentar, § 71 GWB 2005 Rn. 42 m. w. N.
[49] A. A. *Karsten Schmidt* in: *Immenga/Mestmäcker*, GWB, § 71 Rn. 28 unter Hinweis auf BVerwG, NJW 1956, 1652.
[50] OLG Düsseldorf, WuW/E DE-R 829, 830 – *Freie Tankstellen*.
[51] OLG Düsseldorf, WuW/E DE-R 1839, 1842 – *Springer/ProSiebenSat1*.

sionsentscheidung ist.[52] Jene Rechtsprechung ist auf die deutsche Zusammenschlusskontrolle weder unmittelbar anwendbar noch übertragbar.[53]

39 Für das nach § 71 Abs. 2 Satz 2 GWB erforderliche Feststellungsinteresse genügt grundsätzlich jedes nach den Umständen des Falles anzuerkennende schutzwürdige Interesse rechtlicher, wirtschaftlicher oder ideeller Art.[54] Es muss durch ein eigenes Interesse des Beschwerdeführers ausgefüllt werden, das gerade auch im Verhältnis zur Kartellbehörde bestehen muss; eine für den Beschwerdeführer allgemein oder im Verhältnis zu Dritten bestehende Rechtsungewissheit ist nicht ausreichend.[55] Ein Feststellungsinteresse kann zum einen unter dem Gesichtspunkt der **Wiederholungsgefahr** bestehen. Es ist anzuerkennen, wenn der Betroffene für den bevorstehenden Fall einer Wiederholung seiner Rechtshandlung erfahren möchte, von welcher Rechtsauffassung die beteiligte Behörde nach Meinung des Gerichts dann auszugehen haben wird. Die Wiederholung der zur gerichtlichen Überprüfung stehenden Rechtshandlung muss sich dabei bereits konkret abzeichnen, eine bloß vage Möglichkeit reicht nicht aus.[56] Im Rahmen der Fusionskontrolle gehört dazu auch, dass das beabsichtigte Zusammenschlussvorhaben zumindest die Schwelle der Anmeldefähigkeit erreicht hat,[57] was zumindest eine grundsätzliche Einigung der am Zusammenschluss beteiligten Unternehmen voraussetzt.[58]

40 Unabhängig von der konkreten Gefahr einer Wiederholung besteht ein Feststellungsinteresse darüber hinaus, wenn die **Klärung einer unklaren Rechtslage** für den Beschwerdeführer im Hinblick auf sein künftiges Verhalten von Interesse ist. Die begehrte Feststellung muss geeignet sein, dem Beschwerdeführer eine verlässliche Beurteilungsgrundlage für künftige Entscheidungen zu verschaffen.[59] Dazu ist nicht erforderlich, dass derselbe Sachverhalt mit demselben Begehren erneut zur Entscheidung der Kartellbehörde gestellt werden wird. Ausreichend aber auch erforderlich ist vielmehr, dass künftig gleiche tatsächliche Verhältnisse herrschen sowie gleiche Tatbestandsvoraussetzungen gelten werden und dass es um dieselben Personen gehen wird. Maßgebend ist, ob die Unterschiede, die zwischen dem früheren und dem zukünftigen Sachverhalt bestehen, für die Kartellbehörde voraussichtlich eine unterschiedliche Beurteilung nahe legen werden. Ist dies nicht der Fall und steht zu erwarten, dass die Behörde den zukünftigen Sachverhalt nach denselben Kriterien und mit demselben Ergebnis beurteilen wird wie die entschiedene Fallkonstellation, hinsichtlich deren Erledigung eingetreten ist, ist das besondere Feststellungsinteresse zu beja-

---

[52] Vgl. Urteil vom 28. 9. 2004 i. d. Rs. T-310/00 – *MCI/Kommission*, Rn. 47, 49 m. w. N.; Urt. v. 15. 12. 1999 i. d. Rs. T-22/97 – *Kesko Oy/Kommission*, Rn. 57–59, 64; Urt. v. 25. 3. 1999 i. d. Rs. T 102/96 – *Gencor Ltd./Kommission*, Rn. 45.
[53] OLG Düsseldorf, WuW/E DE-R 1839, 1842/1843 – *Springer/ProSiebenSat1*.
[54] BGH, WuW/E DE-R 2221 – *Springer/ProSieben*; OLG Düsseldorf, WuW/E DE-R 1839, 1842/1843 – *Springer/ProSiebenSat1*.
[55] OLG Düsseldorf, WuW/E DE-R 829, 830 – *Freie Tankstellen*.
[56] BGH, WuW/E DE-R 2221/2222 – *Springer/ProSieben*; OLG Düsseldorf, WuW/E DE-R 1839, 1842/1843 – *Springer/ProSiebenSat1*; OLG Düsseldorf, Beschl. v. 22. 12. 2005 – VI-Kart 8/05 (V); KG, WuW/E OLG 5497, 5502 – *Fortsetzungsfeststellungsinteresse*; KG, WuW/E OLG 3213, 3215 f. – *Zum bösen Wolf*; Kollmorgen in: Langen/Bunte, Kommentar zum deutschen und europäischen Kartellrecht, § 71 Rn. 37.
[57] OLG Düsseldorf, WuW/E DE-R 1839, 1842/1843 – *Springer/ProSiebenSat1*; OLG Düsseldorf, Beschl. v. 22. 12. 2005 – VI-Kart 8/05 (V); KG, WuW/E OLG 5497, 5502 – *Fortsetzungsfeststellungsinteresse*; Huber in: Frankfurter Kommentar, § 24a, Anm. 14 f.
[58] OLG Düsseldorf, WuW/E DE-R 1839, 1842/1843 – *Springer/ProSiebenSat1*; OLG Düsseldorf, Beschl. v. 22. 12. 2005 – VI-Kart 8/05 (V); Mestmäcker/Veelken in: Immenga/Mestmäcker, GWB, § 39 Rn. 7.
[59] OLG Düsseldorf, WuW/E DE-R 1839, 1842/1843 – *Springer/ProSiebenSat1*; KG WuW/E OLG 5497, 5503 – *Fortsetzungsfeststellungsinteresse*; KG, WuW/E OLG 3213, 3216 – *Zum bösen Wolf* m. w. N.

hen.⁶⁰ In Fusionskontrollverfahren wird dies oftmals nicht der Fall sein. Ist die erledigte fusionskontrollrechtliche Untersagungsentscheidung beispielsweise mit den Besonderheiten des betreffenden Zusammenschlussvorhabens begründet worden und nicht ersichtlich, dass der Beschwerdeführer in der Zukunft ein vergleichbares Zusammenschlussvorhaben beabsichtigt und wird realisieren können, kann die gerichtliche Klärung, ob die angefochtene Untersagungsverfügung rechtmäßig oder rechtswidrig gewesen ist, schon keine hinreichend zuverlässige Entscheidungsbasis für zukünftige Fälle geben.⁶¹ Außerdem wird oftmals zweifelhaft sein, ob und inwieweit die von der Kartellbehörde im erledigten Fusionskontrollverfahren ermittelten Marktverhältnisse und deren rechtliche Beurteilung auch noch im Zeitpunkt eines zukünftigen neuen Fusionsvorhabens der beschwerdeführenden Partei gelten werden. Dabei ist auch zu beachten, dass es für die Entscheidung über den Feststellungsantrag auf die Sachlage bei Eintritt des erledigenden Ereignisses – also etwa auf den Zeitpunkt der endgültigen Aufgabe des ursprünglichen Fusionsvorhabens – ankommt, und sich die rechtliche Prüfung des Beschwerdegerichts mithin auf die Frage zu beschränken hat, ob die Kartellbehörde den angemeldeten Zusammenschluss nach den damaligen tatsächlichen Verhältnissen zu Unrecht untersagt hat, während für die Beurteilung eines künftigen Zusammenschlussvorhabens im kartellbehördlichen Verfahren die Tatsachenlage im Entscheidungszeitpunkt – d.h. bei Erlass der neuen kartellbehördlichen Fusionskontrollentscheidung – maßgebend ist.⁶²

Ein hinreichendes Feststellungsinteresse kann sich ferner aus der Vorbereitung von Schadensersatzansprüchen, namentlich eines **Amtshaftungsprozesses**, ergeben. Ob die Zulässigkeit der Fortsetzungsfeststellungsbeschwerde in diesem Fall nicht nur davon abhängt, dass der beabsichtigte Prozess mit hinreichender Wahrscheinlichkeit zu erwarten ist, sondern er darüber hinaus nicht offenbar aussichtslos sein darf,⁶³ ist höchstrichterlich noch nicht geklärt.

Das Feststellungsinteresse kann sich überdies aus dem Gesichtspunkt der **Rehabilitation** 41 ergeben. Hat die Verfügung eine fortdauernd diskriminierende Wirkung, kann der geschädigte Ruf eines Unternehmens ein berechtigtes Interesse begründen, die Rechtswidrigkeit der erledigten kartellbehördlichen Verfügung gerichtlich klären zu lassen. Zu beachten ist, dass weder von der Feststellung der Zugehörigkeit zu einem marktbeherrschenden Monopol⁶⁴ noch von Entscheidungen der Kartellbehörde nach § 17 Abs. 1 GWB a.F. auf Aufhebung oder Unwirksamkeitserklärung von Preisbindungen⁶⁵ eine diffamierende Wirkung ausgeht, aus der sich ein Fortsetzungsfeststellungsinteresse ableiten ließe. Kein Fortsetzungsfeststellungsinteresse lässt sich demgegenüber daraus herleiten, dass die Kartellbehörde für den Erlass der erledigten Verfügung eine Verwaltungsgebühr festgesetzt hat.⁶⁶

Einen großzügigeren Maßstab an das Fortsetzungsfeststellungsinteresse legt der Bundes- 42 gerichtshof im **Verfahren der Zusammenschlusskontrolle** an. Unter Hinweis auf den besonderen Zeitdruck, unter dem Unternehmensfusionen stehen, und dem Umstand, dass der gescheiterte Käufer bei zukünftigen Akquisitionsbemühungen damit rechnen müsse, dass die Kartellbehörde seinem Erwerbsvorhaben die Argumente aus der erledigten frühe-

---

⁶⁰ BGH, WuW/E DE-R 2221, 2222 – *Springer/ProSieben;* BGH, WuW/E DE-R 919, 922 f. – *Stellenmarkt für Deutschland II;* OLG Düsseldorf, WuW/E DE-R 1839, 1842/1843 – *Springer/ProSiebenSat1;* OLG Düsseldorf, WuW/E DE-R 1435, 1438 – *Agrana/Atys;* OLG Düsseldorf, Beschl. v. 22. 12. 2005 – VI-Kart 8/05 (V).
⁶¹ OLG Düsseldorf, WuW/E DE-R 1839, 1842/1844 – *Springer/ProSiebenSat1;* vgl. auch OLG Düsseldorf, Beschl. v. 17. 11. 2004 – Kart 13/04 (V); KG, WuW/E OLG5497, 5503 – *Fortsetzungsfeststellungsinteresse.*
⁶² OLG Düsseldorf, WuW/E DE-R 1839, 1843 – *Springer/Pro SiebenSat1.*
⁶³ So: KG, WuW/E OLG 3839, 3845; 3821, 3822 – *Schulbuch-Vertrieb.*
⁶⁴ KG, WuW/E OLG 5497, 5503 – *Fortsetzungsfeststellungsinteresse.*
⁶⁵ BGH, WuW/E BGH 852, 855 – *Großgebinde IV.*
⁶⁶ OLG Düsseldorf, Beschl. v. 12. 11. 2008 – VI-Kart 5/08 (V) Umdruck Seite 35.

ren Untersagungsentscheidung entgegen halte, bejaht er in Anlehnung an das europäische Recht ein Fortsetzungsfeststellungsinteresse ausnahmsweise schon dann, wenn die Beteiligten darlegen können, dass sie an der Klärung der durch die Untersagungsverfügung aufgeworfenen Fragen ein besonderes berechtigtes Interesse haben. Jenes besondere berechtigte Interesse kann sich auch aus der Präjudizierung eines entsprechenden, wenn auch derzeit nicht absehbaren Zusammenschlussvorhabens ergeben.[67] Im entschiedenen Fall ist das Fortsetzungsfeststellungsinteresse vom Bundesgerichtshof mit der Erwägung begründet worden, dass das Zielunternehmen jederzeit wieder zum Kauf angeboten werden könne und die erledigte Untersagungsentscheidung in diesem Fall die Chancen der beschwerdeführenden Partei erheblich schmälern könne, als Käufer in Betracht gezogen zu werden.[68]

43 Hat sich ein kartellbehördlicher **Auskunftsbeschluss** erledigt, weil der Verfügungsadressat die Auskunft erteilt hat, kann sich sein Fortsetzungsfeststellungsinteresse aus dem Umstand ergeben, dass die Kartellbehörde die durch rechtswidrige Auskunftsbeschlüsse erlangten Kenntnisse nicht verwerten darf. Aus diesem Verwertungsverbot kann das Feststellungsinteresse allerdings dann nicht (mehr) abgeleitet werden, wenn das Hauptsacheverfahren bereits abgeschlossen ist, ohne dass die Kenntnisse verwertet worden sind.[69]

2. Erledigung nach Abs. 3

44 Die Vorschrift ist durch die 4. GWB-Novelle in das Kartellgesetz eingefügt worden und schafft(e) erstmals die Möglichkeit, im Rahmen eines nachträglichen Verwaltungsrechtsschutzes die **Rechtmäßigkeit** einer erledigten kartellbehördlichen Verfügung gerichtlich feststellen zu lassen. Bedeutung hat der dahingehende Feststellungsausspruch des Beschwerdegerichts für die Geltendmachung von Schadensersatzansprüchen wegen eines kartellrechtswidrigen Verhaltens. Kartellbehördliche Verfügungen können nur dann zur Rechtfertigung von Ersatzansprüchen der Marktgegenseite herangezogen werden, wenn sie entweder unanfechtbar sind oder ihre Rechtmäßigkeit nach § 71 Abs. 3 GWB rechtskräftig festgestellt worden ist.[70] § 33 Abs. 4 GWB ordnet insoweit die Bindung des Richters im Schadensersatzprozess an die Feststellung eines Kartellverstoßes an, der in einer bestandskräftigen kartellbehördlichen oder einer rechtskräftigen kartellgerichtlichen Entscheidung getroffen worden ist. Dementsprechend bindet auch ein Feststellungsausspruch nach § 71 Abs. 3 GWB im Umfang der getroffenen Feststellungen, ob, in welchem Umfang und bis zu welchem Zeitpunkt die erledigte kartellbehördliche Verfügung rechtmäßig gewesen ist, den Schadensersatzrichter.

45 Der Feststellungsausspruch nach § 71 Abs. 3 GWB kommt zunächst in Bezug auf alle **Abstellungsverfügungen** in Betracht, die die Kartellbehörde nach § 32 GWB erlassen hat. § 71 Abs. 3 GWB greift folglich in allen Fällen ein, in denen das Kartellgesetz ein Verbot enthält (z.B. Art. 81 und 82 EG, §§ 1, 19 Abs. 1, 20 Abs. 1, 20 Abs. 3 Satz 1, 20 Abs. 4 Satz 1, 20 Abs. 6, 21 Abs. 1 bis 4 GWB) und die erledigte Verfügung zur Durchsetzung dieses gesetzlichen Verbots ergangen ist. Jede aufgrund einer solchen kartellrechtlichen Verbotsnorm ergangene Abstellungsverfügung kann zum Gegenstand einer Fortsetzungsfeststellungsbeschwerde gemacht werden. Der Abstellungsverfügung nach § 32 GWB gleichgestellt sind in § 71 Abs. 3 GWB die erledigten **einstweiligen Anordnungen,** die die Kartellbehörde gemäß § 32a. GWB erlassen hat, ferner die kartellbehördlich für verbindlich erklärten **Verpflichtungszusagen** im Sinne von § 32b. GWB, und schließlich die kartellbehördlich verfügte **Entziehung einer Gruppenfreistellung** nach § 32d. GWB.

---

[67] BGH, WuW/E DE-R 2221, 2223 f. – *Springer/ProSieben.*
[68] BGH, WuW/E DE-R 2221, 2224 – *Springer/ProSieben.*
[69] Karsten Schmidt in: Immenga/Mestmäcker, GWB, § 71 Rn. 30; streitig.
[70] OLG Düsseldorf, WuW/E DE-R 1058, 1060 – *eins Radio Aachen;* OLG Düsseldorf, WuW/E DE-R 829, 831 – *Freie Tankstellen.*

§ 71. Beschwerdeentscheidung

Die Entscheidung des Beschwerdegerichts ergeht nur auf **Antrag**. Antragsberechtigt ist typischerweise die Kartellbehörde, die die Rechtmäßigkeit ihrer angegriffenen Verfügung verteidigt. Das – als Voraussetzung einer jeden Rechtsverfolgung vor Gericht – erforderliche Rechtsschutzinteresse an der Geltendmachung des Feststellungsanspruchs kann nicht nur auf den Gesichtspunkt einer beabsichtigten Mehrerlösabschöpfung nach § 34 GWB gestützt werden, sondern daneben auch mit den in Frage kommenden Schadensersatzansprüchen der durch die erledigte Verfügung begünstigten Unternehmen begründet werden.[71] Daneben steht das Antragsrecht auch denjenigen Dritten zu, die nach § 33 GWB schadensersatzberechtigt sein können. Das sind in erster Linie die nach § 54 Abs. 2 Nr. 3 GWB Beigeladenen.[72] Der Antrag auf Feststellung der Rechtmäßigkeit der erledigten Verfügung muss spätestens in der letzten mündlichen Verhandlung vor dem Beschwerdegericht gestellt werden. Er ist auch als Hilfsantrag für den Fall möglich, dass dem Hauptantrag nicht stattgegeben wird. Im Rechtsbeschwerdeverfahren kann der Antrag regelmäßig nicht mehr gestellt werden, weil sich dort die im Allgemeinen zur Erledigung erforderlichen tatsächlichen Feststellungen mehr treffen lassen.

Voraussetzung für den Feststellungsausspruch des Beschwerdegerichts nach § 71 Abs. 3 GWB ist, dass sich die angegriffene kartellbehördliche Verfügung **erledigt** hat. Die Erledigung muss vom Gericht festgestellt werden. Es gelten insoweit dieselben Grundsätze wie bei § 71 Abs. 2 Satz 2 GWB. Die Erledigung kann aufgrund übereinstimmender Erklärung der Hauptverfahrensbeteiligten eintreten, die für das Gericht bindend ist. Bei einseitiger Erledigungserklärung ist demgegenüber gerichtlich zu prüfen, ob die angegriffene Verfügung aufgrund einer nachträglich veränderten Sach- oder Rechtslage oder auf sonstige Weise gegenstandslos geworden ist.

Ist Erledigung eingetreten, hat das Gericht auszusprechen, ob, in welchem Umfang und bis zu welchem Zeitpunkt die erledigte Verfügung der Kartellbehörde rechtmäßig gewesen ist. Die rechtskräftige Feststellungsentscheidung bindet den Schadensersatzrichter.

VI. Ermessungsüberprüfung (Abs. 5)

§ 71 Abs. 5 Satz 1 GWB bestimmt, dass die im Beschwerdeverfahren angegriffene Verfügung der Kartellbehörde auch dann rechtswidrig ist, wenn die Behörde von ihrem Ermessen fehlerhaft Gebrauch gemacht hat, insbesondere wenn sie die gesetzlichen Grenzen des Ermessens überschritten oder durch die Ermessensentscheidung Sinn und Zweck des Kartellgesetzes verletzt hat. Die Vorschrift beschreibt damit die Prüfungskompetenz des Beschwerdegerichts. Sie stellt klar, dass das Kartellgericht nicht auf eine Rechtmäßigkeitskontrolle beschränkt ist, sondern auch die Zweckmäßigkeit der kartellbehördlichen Maßnahme zu kontrollieren hat. § 71 Abs. 5 Satz 2 GWB normiert andererseits einen kontrollfreien Raum der kartellbehördlichen Beurteilung. Danach ist die Würdigung der gesamtwirtschaftlichen Lage und Entwicklung der gerichtlichen Kontrolle entzogen.

1. Anwendungsbereich

Seinem Wortlaut nach gilt § 71 Abs. 5 GWB nur für die **Anfechtungsbeschwerde**. Die Vorschrift ist gleichermaßen aber auch auf die **Verpflichtungsbeschwerde** und konsequenterweise auch auf die **Fortsetzungsfeststellungsbeschwerde** nach § 71 Abs. 2 Satz 2 GWB und § 71 Abs. 3 GWB anwendbar.[73]

---

[71] Vgl. BGH, WuW/E BGH 3021, 3025 – *Stadtgaspreise;* OLG Düsseldorf, WuW/E DE-R 1058, 1060 – *eins Radio Aachen; Birmanns* in: Frankfurter Kommentar, § 71 GWB 2005 Rn. 58.

[72] *Karsten Schmidt* in: Immenga/Mestmäcker, GWB, § 71 Rn. 34; *Kollmorgen* in: Langen/Bunte, Kommentar zum deutschen und europäischen Kartellrecht, § 71 Rn. 39; *Birmanns* in: Frankfurter Kommentar, § 71 GWB 2005 Rn. 58; a. A. *Bechtold,* § 71 Rn. 9.

[73] *Karsten Schmidt* in: Immenga/Mestmäcker, GWB, § 71 Rn. 40 m. w. N.

2. Kontrollmaßstab

50 § 71 Abs. 5 Satz 1 GWB erweitert die gerichtliche Überprüfung kartellrechtlicher Verfügungen über eine bloße **Rechtmäßigkeitskontrolle** hinaus auch auf die Zweckmäßigkeit des Verwaltungshandeln. Der Kartellbehörde steht folglich weder ein überprüfungsfreier Beurteilungsspielraum bei der Anwendung unbestimmter Rechtsbegriffe zu noch ist die Überprüfung der kartellbehördlichen Ermessensausübung auf der Rechtsfolgenseite eingeschränkt. Die Formulierung „insbesondere" macht dabei deutlich, dass dem Beschwerdegericht eine weitergehende Ermessensüberprüfung möglich sein soll als sie in § 114 VwGO für das verwaltungsgerichtliche Verfahren vorgesehen ist. Infolge dessen ist das Beschwerdegericht nicht auf die Kontrolle beschränkt, ob die Kartellbehörde ihr Ermessen pflichtgemäß ausgeübt hat, d. h. die Behörde von dem ihr zustehenden Ermessen überhaupt Gebrauch gemacht (sog. Ermessensnichtgebrauch) und die gesetzlichen Zielvorstellungen beachtet sowie alle für die Ermessensausübung maßgebenden Gesichtspunkte hinreichend in ihre Erwägungen einbezogen hat (sog. Ermessensfehlgebrauch). Ihr steht vielmehr darüber hinausgehend auch eine **Zweckmäßigkeitskontrolle** offen, weshalb das Beschwerdegericht beispielsweise berücksichtigen darf, welche von verschiedenen an sich rechtlich zulässigen Möglichkeiten der Ermessensausübung der auf die Freiheit des Wettbewerbs gerichteten Zielsetzung des GWB am ehesten entsprochen hätte.

51 Das Beschwerdegericht kann auch die **Ermessenserwägungen** der Behörde **ergänzen**. Die Verfügung darf dabei allerdings nicht in ihrem Wesen verändert oder auf eine völlig neue Rechtsgrundlage gestellt werden. Denn das Beschwerdegericht verfügt gemäß § 71 Abs. 2 Satz 1 GWB ausschließlich über eine kassatorische Entscheidungsbefugnis. Es darf demgemäß nur die angegriffene Verfügung aufheben, nicht aber anstelle der Kartellbehörde selbst eine kartellrechtliche Verfügung erlassen. Da § 71 Abs. 5 Satz 1 GWB keine Grenzen der Ermessensüberprüfung bestimmt, ist das Beschwerdegericht auch befugt, das der Kartellbehörde in § 32 GWB zustehende Aufgreifermessen zu überprüfen.[74] Bei den Verpflichtungsbeschwerden ist allerdings zu beachten, dass Dritte grundsätzlich keinen Anspruch auf eine Tätigkeit der Kartellbehörde haben. Vor diesem Hintergrund wird eine Kontrolle des behördlichen Aufgreifermessens nur im Rahmen einer Anfechtungs- oder Fortsetzungsfeststellungsbeschwerde in Betracht kommen.

3. Grenzen der gerichtlichen Kontrolle

52 Nach § 71 Abs. 5 Satz 2 GWB ist eine **Würdigung** der **gesamtwirtschaftlichen** Lage und Entwicklung der Nachprüfung des Gerichts entzogen. Der Grundsatz der Gewaltenteilung verbietet es, dass die Gerichte politische Entscheidungen überprüfen. Der Sinn der Vorschrift besteht darin, solche wirtschaftspolitischen Wertungen dem Bundeswirtschaftsminister, seinem Ministerium und den nachgeordneten und damit weisungsgebundenen Kartellbehörden vorzubehalten. Die Vorschrift ist vor allem von Bedeutung bei Beschwerden gegen Entscheidungen des Bundeswirtschaftsministers im Ministererlaubnisverfahren nach § 42 GWB.

Nicht unter den Ausschlusstatbestand fällt die Wertung der Lage und Entwicklung auf **Einzelmärkten** oder bei einem bestimmten **Industriezweig**. Dem Beschwerdegericht ist überdies nur die „Würdigung" der gesamtwirtschaftlichen Lage und Entwicklung entzogen. Es darf folglich nachprüfen, ob die der Beurteilung **zugrunde gelegten Tatsachen** vollständig und zutreffend festgestellt worden sind.[75]

---

[74] Vgl. KG, WuW/E DE-R 124, 129 – *Flugpreis Berlin-Frankfurt; Bechtold*, GWB, § 71 Rn. 11; a. A. *Karsten Schmidt* in: Immenga/Mestmäcker, GWB, § 71 Rn. 39.

[75] KG, WuW/E OLG 1117, 1123 – *Fernmeldekabel-Gemeinschaft; Werner* in: Wiedemann, Handbuch des Kartellrechts, § 54 Fn. 97; *Karsten Schmidt* in: Immenga/Mestmäcker, GWB, § 71 Rn. 46, 47.

§ 71a Abhilfe bei Verletzung des Anspruchs auf rechtliches Gehör

(1) ¹Auf die Rüge eines durch eine gerichtliche Entscheidung beschwerten Beteiligten ist das Verfahren fortzuführen, wenn
1. ein Rechtsmittel oder ein anderer Rechtsbehelf gegen die Entscheidung nicht gegeben ist und
2. das Gericht den Anspruch dieses Beteiligten auf rechtliches Gehör in entscheidungserheblicher Weise verletzt hat.

²Gegen eine der Entscheidung vorausgehende Entscheidung findet die Rüge nicht statt.

(2) ¹Die Rüge ist innerhalb von zwei Wochen nach Kenntnis von der Verletzung des rechtlichen Gehörs zu erheben; der Zeitpunkt der Kenntniserlangung ist glaubhaft zu machen. ²Nach Ablauf eines Jahres seit Bekanntgabe der angegriffenen Entscheidung kann die Rüge nicht mehr erhoben werden. ³Formlos mitgeteilte Entscheidungen gelten mit dem dritten Tage nach Aufgabe zur Post als bekannt gegeben. ⁴Die Rüge ist schriftlich oder zur Niederschrift des Urkundsbeamten der Geschäftsstelle bei dem Gericht zu erheben, dessen Entscheidung angegriffen wird. ⁵Die Rüge muss die angegriffene Entscheidung bezeichnen und das Vorliegen der in Absatz 1 Satz 1 Nr. 2 genannten Voraussetzungen darlegen.

(3) Den übrigen Beteiligten ist, soweit erforderlich, Gelegenheit zur Stellungnahme zu geben.

(4) ¹Ist die Rüge nicht statthaft oder nicht in der gesetzlichen Form oder Frist erhoben, so ist sie als unzulässig zu verwerfen. ²Ist die Rüge unbegründet, weist das Gericht sie zurück. ³Die Entscheidung ergeht durch unanfechtbaren Beschluss. ⁴Der Beschluss soll kurz begründet werden.

(5) ¹Ist die Rüge begründet, so hilft ihr das Gericht ab, indem es das Verfahren fortführt, soweit dies aufgrund der Rüge geboten ist. ²Das Verfahren wird in die Lage zurückversetzt, in der es sich vor dem Schluss der mündlichen Verhandlung befand. ³Im schriftlichen Verfahren tritt an die Stelle des Schlusses der mündlichen Verhandlung der Zeitpunkt, bis zu dem Schriftsätze eingereicht werden können. ⁴Für den Ausspruch des Gerichts ist § 343 der Zivilprozessordnung anzuwenden.

(6) § 149 Abs. 1 Satz 2 der Verwaltungsgerichtsordnung ist entsprechend anzuwenden.

Übersicht

	Rn.		Rn.
I. Sinn und Zweck	1	2. Rügeform	11
II. Anwendungsvoraussetzungen	3	3. Rügefrist	12
1. Unanfechtbarkeit der angefochtenen Entscheidung	4	4. Darlegung	13
		IV. Entscheidung des Gerichts	14
2. Entscheidungserhebliche Gehörverletzung	6	1. Zulässigkeitsprüfung (Abs. 4)	14
a) Verletzung des rechtlichen Gehörs	6	2. Begründetheit (Abs. 5)	15
b) Entscheidungserheblichkkeit	9	3. Fehlende Begründetheit	16
III. Verfahren	10	4. Anhörung der Beteiligten (Abs. 3)	17
1. Notwendigkeit einer Rüge	10	5. Vorläufige Maßnahmen	18

I. Sinn und Zweck

Die Vorschrift war im Regierungsentwurf zur 7. GWB-Novelle zunächst nicht enthalten und ist erst im Verlaufe des Gesetzgebungsverfahrens eingefügt worden. Sie entspricht § 321a ZPO, der durch das ZPO-Reformgesetz zum 1. 1. 2002 in Kraft getreten ist, sowie § 152a VwGO. § 71a gibt dem Beschwerdegericht die Möglichkeit einer Selbstkorrektur unanfechtbarer Beschlüsse in Fällen, in denen der verfassungsrechtlich verankerte Anspruch auf rechtliches Gehör in entscheidungsrelevanter Weise verletzt worden ist. Der Gesetzgeber ist damit der Forderung des BVerfG nachgekommen, Gehörsverletzungen durch die Fachgerichte selbst beheben zu lassen und damit eine Verfassungsbeschwerde zu vermeiden.[1] Vor Einlegung einer Verfassungsbeschwerde wegen Verletzung des Anspruchs auf rechtliches Gehör ist deshalb zunächst Abhilfe durch den Rechtsbehelf des § 71a GWB zu suchen. Es handelt sich um einen Rechtsbehelf eigener Art, der dem Gericht die Möglichkeit gibt, die eigene Entscheidung zu korrigieren, wenn sich die Rüge als begründet erweist. Wird von dieser Möglichkeit keinen Gebrauch gemacht, ist eine stattdessen erhobene Verfassungsbeschwerde im Allgemeinen unzulässig, weil entgegen § 90 Abs. 2 Satz 1 BVerfGG der Rechtsweg nicht ausgeschöpft worden ist.

2   Mit den – im Beschwerdeverfahren analog anwendbaren Vorschriften der – **§§ 319 bis 321 ZPO** bestehen regelmäßig keine Überschneidungen. Denn die Berichtigung einer offenbaren Unrichtigkeit nach § 319 ZPO oder des Tatbestandes nach § 320 ZPO lassen den Inhalt der gerichtlichen Entscheidung unberührt, während es bei § 71a GWB darum geht, die erlassene Entscheidung aufzuheben und durch Fortführung des Prozesses eine neue Entscheidung zu finden. Auch im Rahmen des § 321 ZPO findet lediglich eine Ergänzung des Urteils statt, nicht aber eine Neubescheidung mit der Möglichkeit für das erkennende Gericht, seinen ursprünglichen Entscheidungsausspruch abzuändern. Die vom Bundesgerichtshof zu § 321a ZPO offen gelassene Frage, ob auch gegenüber Entscheidungen der Rechtsmittelgerichte die Gehörsrüge eingelegt werden kann,[2] hat der Gesetzgeber für das Kartellverwaltungsverfahren entschieden. § 76 Abs. 5 Satz 1 GWB verweist für die Rechtsbeschwerde unverändert (u. a.) auf die Vorschriften der §§ 71 bis 73 GWB, mithin auch auf das in § 71a GWB geregelte Abhilfeverfahren bei begründeter Anhörungsrüge. Die Gehörsrüge kann folglich nicht nur gegen die Entscheidungen des Beschwerdegerichts, sondern gleichermaßen auch gegen solche des Rechtsbeschwerdegerichts erhoben werden. Dementsprechend hat sich der Bundesgerichtshof bereits mehrfach sachlich mit Gehörsrügen befasst, die gegen Rechtsbeschwerdeentscheidungen erhoben worden sind.[3]

II. Anwendungsvoraussetzungen

3   § 71a Abs. 1 und 2 GWB regeln abschließend die Anwendungsvoraussetzungen, unter denen das Beschwerde- und das Rechtsbeschwerdegericht einer berechtigten Gehörsrüge abhelfen können.

1. Unanfechtbarkeit der angegriffenen Entscheidung

4   Das Abhilfeverfahren setzt gemäß § 71a Abs. 1 Nr. 1 GWB zunächst voraus, dass die in Rede stehende Entscheidung des Beschwerdegerichts für den betreffenden Verfahrensbeteiligten **unanfechtbar** ist. Das Gesetz fasst dies in die Formulierung, dass weder ein Rechtsmittel noch ein anderer Rechtsbehelf gegeben sein darf. Vor dem Hintergrund der Rechtsschutzmöglichkeiten, die das Kartellgesetz gegen die Entscheidungen des Beschwerdegerichts bereit stellt, ist diese Voraussetzung nur dann erfüllt, wenn für den das Abhilfeverfahren betreibenden Verfahrensbeteiligten weder die – nach § 74 Abs. 1 GWB **zugelassene** noch die bei schwerwiegenden Verfahrensmängeln gemäß § 74 Abs. 4 GWB **zulassungsfreie – Rechtsbeschwerde** eröffnet ist und dieser die Rechtsbeschwerde auch nicht durch eine **Nichtzulassungsbeschwerde**[4] erzwingen kann. Da § 74 Abs. 4 Nr. 3 GWB die zulassungsfreie Rechtsbeschwerde ausdrücklich für den Fall vorsieht, dass einem Beteiligten das rechtliche Gehör versagt worden ist, kommen für das Selbstabhilfeverfahren nach § 71a

---

[1] BVerfG, NJW 2003, 1924.
[2] BGH, NJW 2004, 1598.
[3] BGH, Beschl. v. 18. 5. 2007 – *KVR 39/05;* BGH, Beschl. v. 7. 11. 2006 – *KVR 28/05.*
[4] Vgl. BGH, NJW 2005, 680.

GWB damit im Ergebnis nur diejenigen Fälle in Betracht, in denen das Rechtsmittel der Rechtsbeschwerde schon als solches kraft Gesetzes nicht bereit steht. Nachdem die bis zur 6. GWB-Novelle vorhandene Beschränkung der Rechtsbeschwerde auf die „in der Hauptsache" getroffenen Entscheidungen des Beschwerdegerichts gestrichen worden ist, sind nur noch wenige **Erkenntnisse des Beschwerdegerichts** in diesem Sinne unanfechtbar. Hierzu zählt beispielsweise die Festsetzung des Beschwerdewertes.[5] Demgegenüber ist die Rechtsbeschwerde seit der 7. GWB-Novelle gegen die Entscheidungen des Beschwerdegerichts im vorläufigen Rechtsschutz (§§ 64, 65 GWB)[6] ebenso eröffnet wie gegen dessen Erkenntnisse in Beiladungsbeschwerden[7] und ferner auch gegen isolierte Kostenentscheidungen, die das Beschwerdegericht nach Rücknahme der Beschwerde oder nach Erledigung des Beschwerdeverfahrens trifft.[8] Keine Hürde des Sonderrechtsbehelfs nach § 71a GWB stellt das Erfordernis der Unanfechtbarkeit demgegenüber bei den Entscheidungen des Rechtsbeschwerdegerichts dar, weil diese kraft Gesetzes unanfechtbar sind.[9]

Legt ein Beteiligter gegen die Entscheidung des Beschwerdegerichts Rechtsbeschwerde ein, so ist ein anderer Beteiligter nicht gehindert, im demselben Verfahren eine Anhörungsrüge zu erheben. In einem solchen Fall hat das Rechtsbeschwerdegericht das Rechtsbeschwerdeverfahren bis zur Entscheidung über die Anhörungsrüge in entsprechender Anwendung des § 148 ZPO auszusetzen.[10]

2. Entscheidungserhebliche Gehörverletzung

Der Anspruch auf rechtliches Gehör muss außerdem in entscheidungserheblicher Weise verletzt worden sein (§ 71a Abs. 1 Nr. 2 GWB).

a) Verletzung des rechtlichen Gehörs. Nach § 71 Abs. 1 Satz 2 GWB darf die Beschwerdeentscheidung nur auf solche Tatsachen und Beweismittel gestützt werden, zu denen die Beteiligten sich äußern konnten. Der damit angesprochene Grundsatz des rechtlichen Gehörs findet seine verfassungsrechtliche Grundlage in Art. 103 Abs. 1 GG. Er grenzt den **Tatsachenstoff,** den das Beschwerdegericht seiner Entscheidungsfindung zugrunde zu legen hat, in zweifacher Hinsicht ab. Zum einen folgt aus dem Grundsatz rechtlichen Gehörs die prozessuale Pflicht des Gerichts, bei seiner Entscheidung **rechtzeitiges Vorbringen** der Beteiligten vollständig zu beachten. Zum anderen darf das Gericht nur diejenigen Tatsachen und Beweismittel in seine Entscheidung einfließen lassen, die allen Verfahrensbeteiligten bekannt gemacht worden sind und zu denen sämtliche Beteiligte des Beschwerdeverfahrens in ausreichender Weise haben Stellung nehmen können. Sämtlichen Verfahrensbeteiligten muss der **Streitstoff** folglich **in vollem Umfang offengelegt** werden. Dazu gehört es insbesondere, dass sie umfassende Kenntnis von den dem Gericht vorliegenden Behörden- und Gerichtsakten erhalten müssen. Unterlagen, die die Kartellbehörde aus wichtigen Gründen, insbesondere zum Schutz von Betriebs- und Geschäftsgeheimnissen, nur dem Gericht und nicht auch den Verfahrensbeteiligten gegenüber aufdecken will und deren Inhalt auch nicht vorgetragen wird, darf das Gericht nicht verwerten (§ 71 Abs. 1 Satz 2 GWB). Eine **Ausnahme** gilt nach § 71 Abs. 1 Satz 3 GWB lediglich im Verhältnis zum (einfach) Beigeladenen.[11]

Die Gewährung rechtlichen Gehörs beschränkt sich freilich nicht auf die Beschaffung und Verwertung der Tatsachengrundlage, sondern erstreckt sich auch auf die **Würdigung**

---

[5] BGH, Beschl. v. 19. 6. 2007 – *KVZ 9/07*.
[6] BGH, WuW/E DE-R 2035, 2037 – *Lotto im Internet*.
[7] BGH, WuW/E DE-R 1857, 1858 – *pepcom;* BGH, WuW/E DE-R 2029, 2030 – *iesy/Ish*.
[8] BGH, Beschl. v. 19. 6. 2007 – *KVZ 9/07*.
[9] Vgl. BGH, WuW/E DE-R 1889, 1890 – *DB Regio/üstra*.
[10] Vgl. *Greger*, NJW 2002, 3049, 3051 (zu § 321a ZPO); *Saenger* in: Handkommentar Zivilprozessordnung, § 321a Rn. 4; a. A. *Vollkommer* in: Zöller, Zivilprozessordnung, 26. Aufl., § 321a Rn. 4.
[11] Zum Begriff vgl. § 63 Rn. 13.

GWB § 71a 8

der Rechtslage. Den Verfahrensbeteiligten ist Gelegenheit zu geben, ihren Standpunkt in tatsächlicher und rechtlicher Hinsicht im Verfahren darzulegen.[12] Das Beschwerdegericht hat darüber hinaus rechtliche Gesichtspunkte, zu denen die Beteiligten keine Stellung genommen haben, die es aber für rechtlich bedeutsam hält, offen zu legen, um **Überraschungsentscheidungen** zu vermeiden.[13] Ebenso ist es ein Gebot der Gewährung rechtlichen Gehörs, dass die Verfahrensbeteiligten erkennen können, auf welchen Tatsachenvortrag es dem Gericht für die Entscheidung ankommt. Zur Gewährleistung dieser Anforderung besteht zwar kein allgemeiner Anspruch auf ein **Rechtsgespräch.** Wenn und soweit für die Verfahrensbeteiligten erst durch den Hinweis auf Rechtsfragen, die das Gericht für entscheidungserheblich oder zumindest bedeutsam hält, die Relevanz von Tatsachen und Beweismitteln deutlich wird, hat das Gericht die betreffenden Punkte indes zu erörtern.[14]

8   Grenzen des rechtlichen Gehörs und des damit unmittelbar in Zusammenhang stehenden Rechts auf Akteneinsicht ergeben sich unter dem Aspekt des **Geheimschutzes** (vgl. § 71 Abs. 1 Satz 3 und 4 GWB und § 72 Abs. 3 GWB). § 72 GWB unterscheidet für die Reichweite des Akteneinsichtsrechts zwischen den Hauptbeteiligten des Beschwerdeverfahrens einerseits und den beigeladenen Dritten andererseits. Den **Hauptbeteiligten** steht ein im Grundsatz unbeschränkbares Recht auf Akteneinsicht zu. Dieses Recht bezieht sich sowohl auf die Gerichtsakten (§ 72 Abs. 1 GWB) als auch auf alle Vorakten, Beiakten, Gutachten und Auskünfte, zu deren Offenlegung die aktenführende bzw. die Auskunft einholende Stelle ihre Zustimmung erteilt hat (§ 72 Abs. 2 Satz 1 GWB). Die Kartellbehörde muss ihre Einwilligung zur Einsichtnahme seitens der Verfahrensbeteiligten allerdings versagen, wenn wichtige Gründe vorliegen, namentlich der Schutz von Geschäfts- und Betriebsgeheimnissen dies erfordert. Macht die Kartellbehörde von dieser Möglichkeit Gebrauch und wird der Inhalt der betreffenden Unterlagen auch nicht im Beschwerdeverfahren vorgetragen, darf das Beschwerdegericht die Unterlagen seiner Entscheidung nicht zugrunde legen. Das spricht § 72 Abs. 2 Satz 3 GWB ausdrücklich aus. Die Vorschrift konkretisiert damit – ganz im Sinne von § 71 Abs. 1 Satz 2 GWB – den Grundsatz des rechtlichen Gehörs, wonach die gerichtliche Entscheidung nur auf dasjenige Tatsachen- und Beweismaterial gestützt werden darf, zu dem die Beteiligten sich äußern konnten. Den **Beigeladenen** gewährt das Kartellgesetz demgegenüber ein von vornherein nur eingeschränktes Akteneinsichtsrecht. Gemäß § 72 Abs. 3 GWB liegt es im **pflichtgemäßen Ermessen** des Beschwerdegerichts, ob und gegebenenfalls in welchem Umfang es den beigeladenen Dritten Zugang zur Gerichtsakte und den anderen Unterlagen gestattet. Stattzufinden hat in erster Linie eine einzelfallbezogene Abwägung der beiderseitigen Belange, nämlich dem Interesse des Beigeladenen an einer möglichst umfassenden und vollständigen Kenntnis des Sach- und Streitstoffs und dem Interesse an einer Geheimhaltung der in Rede stehenden Tatsachen und Informationen. Das gilt nicht nur für die einfache Beiladung, sondern gleichermaßen auch in Bezug auf den notwendig Beizuladenden.[15] Die verfahrensrechtlichen Konsequenzen, die sich für das Beschwerdegericht ergeben, wenn es dem (einfach oder notwendig) beigeladenen Dritten aus wichtigem Grund Aktenbestandteile nicht oder nur eingeschränkt zugänglich macht, ergeben sich aus § 71 Abs. 1 Satz 3 und 4 GWB. Im Verhältnis zum **einfach Beigeladenen** – also demjenigen, der durch die zur Beurteilung stehende Maßnahme der Kartellbehörde nicht in seinen Rechten, sondern lediglich in seinen wirtschaftlichen Interessen betroffen ist – kann das Beschwerdegericht bei der Entscheidungsfindung den gesamten Streitstoff einschließlich der dem Beigeladenen

---

[12] BVerfG, NJW 1994, 1210.
[13] BGH, NJW 1982, 2506; *Karsten Schmidt* in: Immenga/Mestmäcker, GWB, § 71 Rn. 2 m. w. N.
[14] BVerfGE 60, 175, 210; *Karsten Schmidt* in: Immenga/Mestmäcker, GWB, § 71 Rn. 3; *Kollmorgen* in: *Langen/Bunte*, Kommentar zum deutschen und europäischen Kartellrecht, § 71 Rn. 3.
[15] Ebenso: *Karsten Schmidt* in: Immenga/Mestmäcker, GWB, § 72 Rn. 11.

nicht zugänglich gemachten Aktenteile, sonstigen Unterlagen und Auskünfte berücksichtigen (§ 71 Abs. 1 Satz 3 GWB). Einer gesonderten Beschlussfassung des Beschwerdegerichts bedarf es nicht. Es genügt vielmehr, wenn das Gericht im Rahmen der Hauptsacheentscheidung darlegt, ob, in welchem Umfang und aus welchen Gründen es von der Möglichkeit des § 71 Abs. 1 Satz 3 GWB Gebrauch gemacht und Tatsachenstoff bei der Entscheidungsfindung berücksichtigt hat, zu welchem dem beigeladenen Dritten kein rechtliches Gehör gewährt worden ist. Dem in seinen Rechten Betroffenen und deshalb **notwendig Beizuladenden** gegenüber dürfen andererseits die ihm nicht zugänglich gemachten Tatsachen und Beweismittel nicht verwertet werden (§ 71 Abs. 1 Satz 4 GWB). Der notwendig Beizuladende steht in Bezug auf die Gewährung rechtlichen Gehörs also einem Hauptbeteiligten des Beschwerdeverfahrens gleich. Gleiches gilt, sobald der einfach Beigeladene in die verfahrensrechtliche Position des Beschwerdeführers wechselt, beispielsweise wenn er die kartellbehördliche Fusionsfreigabe mit der Beschwerde angreift.

b) **Entscheidungserheblichkeit.** Die Verletzung rechtlichen Gehörs muss „in entscheidungserheblicher Weise" erfolgt sein. Festgestellt werden muss die **Möglichkeit,** dass das Gericht ohne die Gehörsverletzung zu einer anderen – und zwar der antragstellenden Partei günstigeren – Entscheidung gekommen wäre. Notwendig ist damit eine Prognoseentscheidung des Gerichts über die Entscheidungsrelevanz des in Rede stehenden Verfahrensmangels. Sie hat auf der Grundlage des Vorbringens der antragstellenden Partei (vgl. § 71a Abs. 2 Satz 5 GWB) zu erfolgen. Ob und unter welchen Voraussetzungen eine Entscheidungserheblichkeit gegeben ist, hängt von den jeweiligen Umständen des Falles ab. Folgende Grundsätze lassen sich aufstellen: Hat das Beschwerdegericht einen **Beweisantritt übergangen,** ist die Entscheidungserheblichkeit in aller Regel zu bejahen. Denn es kann im Allgemeinen nicht ausgeschlossen werden, dass das Gericht auf der Grundlage der verfahrensfehlerhaft unterbliebenen Sachaufklärung zu einer anderen, günstigeren Entscheidung gelangt wäre. Eine vorweggenommene Beweiswürdigung ist – wie auch sonst – nicht erlaubt. Anders ist zu entscheiden, wenn die antragstellende Partei mit ihrer Gehörsrüge neuen (oder ergänzenden) **Sachvortrag** in das Verfahren einführen will. Das Gericht hat im Rahmen einer Schlüssigkeitsprüfung zu untersuchen, ob das Vorbringen entscheidungserheblich ist und zu einer für die antragstellende Partei günstigeren Entscheidung führen kann. Ist dies nicht der Fall, ist der Antrag auf Durchführung des Abhilfeverfahrens unzulässig. In gleicher Weise ist zu verfahren, wenn mit der Gehörsrüge neue **rechtliche Gesichtspunkte und Argumente** vorgebracht werden. Nur wenn und soweit diese Aspekte nicht bereits bei der Entscheidungsfindung berücksichtigt worden sind[16] und sie nach Auffassung des Gerichts zu einer abweichenden (günstigeren) Entscheidung führen, hat der Antrag Erfolg und eine Fortsetzung des Verfahrens stattzufinden.

Wie sich aus § 71a Abs. 1 Satz 2 GWB ergibt, steht das Abhilfeverfahren ausschließlich gegen instanz- oder verfahrensabschließende Entscheidungen und nicht auch gegen Zwischenentscheidungen zur Verfügung, die diesen (End-)Entscheidungen vorausgegangen sind.

III. Verfahren

1. Notwendigkeit einer Rüge

Das Abhilfeverfahren kann nicht von Amts wegen eingeleitet und betrieben werden, sondern nur auf **Rüge eines Verfahrensbeteiligten** hin. Das gilt auch dann, wenn das Gericht nach Erlass seiner Entscheidung selbst eine entscheidungserhebliche Gehörsverletzung erkennt. Rügeberechtigt sind alle am Beschwerde- oder Rechtsbeschwerdeverfahren Beteiligten.

---

[16] Dass sich die Gründe der Entscheidung mit jenen Aspekten und Argumenten nicht befassen, schließt ihre Berücksichtigung nicht aus.

Der diesbezügliche Personenkreis ergibt sich für das **Beschwerdeverfahren** aus § 67 GWB. Danach sind an dem Verfahren vor dem Beschwerdegericht beteiligt (1) die beschwerdeführende Partei, (2) die Kartellbehörde, (3) die von der Kartellbehörde Beigeladenen, deren kartellrechtlich relevanten Interessen durch die streitgegenständliche Entscheidung berührt werden, sowie (4) bei Anfechtung einer Entscheidung der Landeskartellbehörde auch das Bundeskartellamt. Rügeberechtigt können darüber hinaus auch die weiteren – in § 67 GWB nicht genannten – Beteiligten des Beschwerdeverfahrens sein. Es handelt sich dabei um alle diejenigen, die nach **§ 54 Abs. 2 GWB** am Verfahren vor der Kartellbehörde beteiligt waren,[17] also um denjenigen, der bei der Kartellbehörde erfolgreich die Einleitung eines Verfahrens beantragt hat (§ 54 Abs. 2 Nr. 1 GWB), wenn die erwirkte kartellbehördliche Verfügung angefochten wird, ferner derjenige, gegen den sich das Verfahren der Kartellbehörde richtet (§ 54 Abs. 2 Nr. 2 GWB), und bei Zusammenschlusstatbeständen der Veräußerer (§ 54 Abs. 2 Nr. 4 GWB). Aus Rechtsschutzgesichtspunkten ist ferner Beteiligter des Beschwerdeverfahrens derjenige, für den der Ausgang des Beschwerdeverfahrens eine **unmittelbare rechtsgestaltende Wirkung** hat, etwa weil die angefochtene Verfügung mit konstitutiver Wirkung vertragliche Vereinbarungen untersagt, an denen er selbst beteiligt ist.[18] Sofern sich der vorstehend genannte Personenkreis tatsächlich am Beschwerdeverfahren beteiligt, ist er auch zur Erhebung der Gehörsrüge berechtigt. Unterbleibt – zu Recht oder zu Unrecht – seine Verfahrensbeteiligung in der Beschwerdeinstanz, scheidet eine Gehörsrüge demgegenüber aus, weil jene Beteiligten nicht geltend machen können, durch das Beschwerdegericht in ihrem Anspruch auf rechtliches Gehör verletzt worden zu sein.

Beteiligt am **Rechtsbeschwerdeverfahren** sind gemäß § 76 Abs. 1 GWB die Kartellbehörde und die am Beschwerdeverfahren Beteiligten. Hinsichtlich der Einzelheiten dieses Personenkreises und seiner Rügeberechtigung kann auf die vorstehenden Ausführungen verwiesen werden. Sie gelten hier sinngemäß.

2. Rügeform

11   Die Rüge ist nach § 71a Abs. 2 Satz 4 GWB schriftlich oder zur Niederschrift des Urkundsbeamten der Geschäftsstelle bei dem Gericht zu erheben, dessen Entscheidung angegriffen wird. Wird sie schriftlich erhoben, unterfällt sie dem Anwaltszwang des § 68 GWB.

3. Rügefrist

12   Die Rüge muss nach § 71a Abs. 2 Satz 1 GWB innerhalb einer Notfrist von 2 Wochen nach Kenntnis von der Verletzung des rechtlichen Gehörs erhoben werden, wobei der Zeitpunkt der Kenntniserlangung glaubhaft zu machen ist. Formlos mitgeteilte Entscheidungen gelten mit dem 3. Tag nach Aufgabe zur Post als bekannt gegeben. Daraus kann gefolgert werden, dass die Möglichkeit der Kenntniserlangung nach dem Willen des Gesetzgebers regelmäßig von der Zustellung der begründeten Entscheidung abhängen soll. Bei verkündeten Beschlüssen beginnt der Lauf der 2-wöchigen Frist dementsprechend erst mit der Zustellung der in vollständiger Form abgefassten Entscheidung. Nach Ablauf eines Jahres seit Bekanntgabe der angegriffenen Entscheidung kann die Rüge nicht mehr erhoben werden. Es handelt sich um eine Ausschlussfrist, die dem Interesse der Rechtssicherheit Rechnung trägt.

4. Darlegung

13   § 71a Abs. 2 Satz 5 GWB normiert die Anforderungen, die an die Begründung der Gehörsrüge zu stellen sind. Die Rüge muss die angegriffene Entscheidung bezeichnen sowie

---

[17] Vgl. KG, WuW/E OLG 1758, 1765 – *Weichschaum III*.
[18] Vgl. BGH, WuW/E BGH 2875, 2876 – *Herstellerleasing*.

das Vorliegen der in § 71a Abs. 1 Satz 1 Nr. 2 GWB genannten Voraussetzungen darlegen. Zu letzterem hat der das Abhilfeverfahren betreibende Beteiligte nachvollziehbar vorzutragen, durch welches Verhalten das Gericht seinen Anspruch auf rechtliches Gehör verletzt haben und inwieweit hierdurch die getroffene Entscheidung beeinflusst worden sein soll. Dabei ist zu beachten, dass das Gericht nicht gehalten ist, sich in den Entscheidungsgründen mit sämtlichem Vorbringen einer Prozesspartei auseinanderzusetzen und hierzu im Einzelnen Stellung zu nehmen. Eine Verletzung rechtlichen Gehörs kann nur dann angenommen werden, wenn sich aus den Umständen des Falles ergibt, dass das Gericht tatsächliches Vorbringen des Beschwerdeführers entweder nicht zur Kenntnis genommen oder bei seiner Entscheidung ersichtlich nicht in Erwägung gezogen hat.[19] Ergibt sich aus den Gründen der angefochtenen Entscheidung, dass das Beschwerdegericht dem Sachvortrag, dessen Erörterung die Beteiligte vermisst, schon im Ansatz keine Entscheidungserheblichkeit beigemessen hat, scheidet der Vorwurf einer Verletzung des rechtlichen Gehörs von vornherein aus.[20] Im Rahmen der Gehörsrüge ist überdies darzulegen, aufgrund welcher Erwägungen das Gericht bei richtigem Vorgehen günstiger entschieden hätte oder hätte entscheiden können.

IV. Entscheidung des Gerichts

1. Zulässigkeitsprüfung (Abs. 4)

Das Gericht prüft von Amts wegen die Zulässigkeit der Rüge, d. h. ihre Statthaftigkeit nach § 71a Abs. 1 GWB sowie die Beachtung der in § 71a Abs. 2 GWB vorgeschriebenen Form und Frist. Entspricht die Rüge nicht den gesetzlichen Anforderungen, ist sie durch einen unanfechtbaren – kurz zu begründenden – Beschluss als unzulässig zu verwerfen.

2. Begründetheit (Abs. 5)

Erweist sich die Rüge als zulässig, hat das Gericht in die Prüfung einzutreten, ob die gerügte Gehörsverletzung vorliegt und sich bejahendenfalls diese entscheidungserheblich ausgewirkt haben kann. Ist dies der Fall, muss das Gericht das Verfahren fortsetzen (§ 71a Abs. 5 Satz 1 GWB), und zwar in derjenigen Verfahrensart (mündliche Verhandlung, schriftliches Verfahren), die auch der angegriffenen Entscheidung zugrunde liegt. Eine förmliche Entscheidung über die Verfahrensfortsetzung ist nicht zu treffen. Das Verfahren wird nur in dem Umfang fortgesetzt, wie dies aufgrund der berechtigten Gehörsrüge geboten ist. Infolge dessen ist bei teilbaren Verfahrensgegenständen nur über die von der Gehörsrüge betroffenen Teile neu zu entscheiden. Das Verbot der Schlechterstellung gilt nicht. Wie sich aus dem Verweis in § 71a Abs. 5 Satz 4 GWB auf die Vorschrift des § 343 ZPO ergibt, hat das Gericht im Rahmen der zu treffenden neuen Entscheidung auszusprechen, ob der bisherige Ausspruch aufrecht erhalten oder ob er aufgehoben und durch den neuen Tenor ersetzt wird.

3. Fehlende Begründetheit

Ist die Rüge zwar zulässig aber unbegründet, ist die Gehörsrüge durch einen unanfechtbaren Beschluss zurückzuweisen (§ 71a Abs. 4 Satz 2 und 3 GWB). Eine mündliche Verhandlung ist auch hier nicht geboten. Die Entscheidung ist „kurz" zu begründen. Ist die Rüge nur teilweise begründet, ist entsprechend zu verfahren. Soweit die Rüge unbegründet ist und es sich insoweit um einen abtrennbaren Verfahrensteil handelt, wird die Rüge zurückgewiesen.

---

[19] BVerfG, BVerfGE 86, 133, 146; BVerfG, BVerfGE 75, 369, 381; BGH, BGH-Report 2005, 1006, 1007.
[20] BGH, BGH-Report 2005, 1006, 1007.

4. Anhörung der Beteiligten (Abs. 3)

17 § 71a Abs. 3 GWB verpflichtet das Gericht, die anderen Beteiligten des Beschwerde- oder Rechtsbeschwerdeverfahrens vor einer Entscheidung über die Gehörsrüge anzuhören. Diese Beteiligung ist allerdings auf das erforderliche Maß (*„soweit erforderlich"*) beschränkt. Daraus folgt: Bleibt die Gehörsrüge erfolglos, weil sie unzulässig oder unbegründet ist, kann eine Anhörung unterbleiben. Denn die anderen Beteiligten werden durch die im Verfahren des § 71a GWB zu treffende (verwerfende oder zurückweisende) Entscheidung nicht beschwert. Anders liegt der Fall, wenn die Gehörsrüge zulässig erhoben und in der Sache berechtigt ist, so dass das Verfahren fortzuführen ist. Da im Verfahren nach § 71a GWB das Verbot der Schlechterstellung nicht gilt und die Gehörsrüge deshalb zu einer Abänderung des Entscheidungsausspruchs zum Nachteil der anderen Verfahrensbeteiligten führen kann, werden diese bereits durch die Verfahrensfortsetzung als solche beschwert. Ihnen ist deshalb Gelegenheit zu geben, sich zur Gehörsrüge zu äußern. Ob die Rüge letztendlich auch zu einer abweichenden Entscheidung des Gerichts führt, spielt für die Anhörungspflicht des Gerichts keine Rolle. Der Ausgang des Abhilfeverfahrens kann vielmehr erst Bedeutung erlangen, wenn die an sich gebotene Anhörung eines Verfahrensbeteiligten unterblieben ist und dieser deswegen mit einer eigenen Gehörsrüge die Entscheidung nach § 71a GWB angreift. Ist die ursprüngliche Entscheidung trotz begründeter Gehörsrüge aufrechterhalten worden, fehlt es an einer Beschwer des nicht angehörten Verfahrensbeteiligten im Sinne von § 71a Abs. 1 Satz 1 GWB, weshalb seine Gehörsrüge unstatthaft ist.

5. Vorläufige Maßnahmen

18 Aus dem Verweis des § 71a Abs. 6 GWB auf § 149 Abs. 1 Satz 2 der VwGO ergibt sich, dass nicht nur das Gericht als Spruchkörper, sondern auch dessen Vorsitzender oder der Berichterstatter, dessen Entscheidung angefochten wird, die Vollziehung der angefochtenen Entscheidung einstweilen aussetzen können. Diese Anordnungsbefugnis reicht so weit, wie die gerichtliche Entscheidung mit der Gehörsrüge angegriffen wird.

§ 72 Akteneinsicht

(1) ¹Die in § 67 Abs. 1 Nr. 1 und 2 und Abs. 2 bezeichneten Beteiligten können die Akten des Gerichts einsehen und sich durch die Geschäftsstelle auf ihre Kosten Ausfertigungen, Auszüge und Abschriften erteilen lassen. ²§ 299 Abs. 3 der Zivilprozessordnung gilt entsprechend.

(2) ¹Einsicht in Vorakten, Beiakten, Gutachten und Auskünfte ist nur mit Zustimmung der Stellen zulässig, denen die Akten gehören oder die die Äußerung eingeholt haben. ²Die Kartellbehörde hat die Zustimmung zur Einsicht in die ihr gehörigen Unterlagen zu versagen, soweit dies aus wichtigen Gründen, insbesondere zur Wahrung von Betriebs- oder Geschäftsgeheimnissen, geboten ist. ³Wird die Einsicht abgelehnt oder ist sie unzulässig, dürfen diese Unterlagen der Entscheidung nur insoweit zugrunde gelegt werden, als ihr Inhalt vorgetragen worden ist. ⁴Das Beschwerdegericht kann die Offenlegung von Tatsachen oder Beweismitteln, deren Geheimhaltung aus wichtigen Gründen, insbesondere zur Wahrung von Betriebs- oder Geschäftsgeheimnissen, verlangt wird, nach Anhörung des von der Offenlegung Betroffenen durch Beschluss anordnen, soweit es für die Entscheidung auf diese Tatsachen oder Beweismittel ankommt, andere Möglichkeiten der Sachaufklärung nicht bestehen und nach Abwägung aller Umstände des Einzelfalles die Bedeutung der Sache für die Sicherung des Wettbewerbs das Interesse des Betroffenen an der Geheimhaltung überwiegt. ⁵Der Beschluss ist zu begründen. ⁶In dem Verfahren nach Satz 4 muss sich der Betroffene nicht anwaltlich vertreten lassen.

(3) **Den in § 67 Abs. 1 Nr. 3 bezeichneten Beteiligten kann das Beschwerdegericht nach Anhörung des Verfügungsberechtigten Akteneinsicht in gleichem Umfang gewähren.**

Übersicht

	Rn.		Rn.
I. Inhalt der Vorschrift	1	III. Beschränkungen des Einsichtsrechts (Abs. 2) ..	8
II. Akteneinsicht durch Hauptbeteiligte (Abs. 1) .	4	1. Aktenbestandteile	9
1. Kreis der Einsichtsberechtigten	5	2. Beschränkungen des Einsichtsrechts	10
2. Gegenstand	6	3. Verwertungsverbot	12
3. Inhalt	7	4. Zwischenverfahren	13
		IV. Akteneinsicht durch Beigeladene (Abs. 3)	14

Schrifttum: *Karsten Schmidt,* Akteneinsicht und Geheimnisschutz im Kartellverfahren, 1992.

I. Inhalt der Vorschrift

§ 72 GWB regelt für das Beschwerde- und Rechtsbeschwerdeverfahren (§ 76 Abs. 5 Satz 1 GWB) das Recht der Beteiligten auf Akteneinsicht. Für das Kartellverwaltungsverfahren ist mangels entsprechender Vorschriften im GWB auf § 29 VwVfG zurückzugreifen. § 72 GWB unterscheidet für den **Umfang des Akteneinsichtsrechts** zum einen zwischen den Hauptbeteiligten (Abs. 1) und den Beigeladenen (Abs. 3). Während den Hauptbeteiligten des Beschwerdeverfahrens ein umfassendes und uneingeschränktes Einsichtsrecht zusteht, das seine Grenzen nur in dem Schutz von Betriebs- und Geschäftsgeheimnissen oder sonstigen wichtigen Gründen findet (§ 72 Abs. 1, Abs. 2 Satz 1 und 2 GWB), steht die Entscheidung, ob und gegebenenfalls in welchem Umfang den Beigeladenen Akteneinsicht gewährt wird, im pflichtgemäßen Ermessen des Beschwerdegerichts. Der Umfang des Akteneinsichtsrechts hängt zum anderen von der Art der Akten ab. Während in die Gerichtsakten unbeschränkt Einsicht genommen werden kann und sich die Hauptbeteiligten gegen Kostenerstattung Ausfertigungen, Auszüge und Abschriften erteilen lassen können (§ 72 Abs. 1 GWB), hängt die Einsicht in Vorakten, Beiakten, Gutachten und Auskünfte davon ab, dass die aktenführende bzw. die Auskunft einholende Stelle hierzu ihre Zustimmung erteilt hat (§ 72 Abs. 2 Satz 1 GWB). 1

Eine differenzierte Regelung enthält § 72 GWB überdies in Bezug auf das **Verwertungsverbot,** das sich an eine abgelehnte Akteneinsicht knüpft. Verweigert die Kartellbehörde, die aktenführende oder die Auskunft einholende Stelle ihre Zustimmung zu einer Offenlegung ihrer Akten bzw. Auskünfte und wird der Inhalt der betreffenden Unterlagen und Auskünfte auch nicht im Beschwerdeverfahren vorgetragen, darf das Beschwerdegericht gemäß § 72 Abs. 2 Satz 3 GWB die betreffenden Informationen seiner Entscheidung auch nicht zugrunde legen. Die Vorschrift konkretisiert damit – ganz im Sinne von § 71 Abs. 1 Satz 2 GWB – den Grundsatz des rechtlichen Gehörs, wonach die gerichtliche Entscheidung nur auf dasjenige Tatsachen- und Beweismaterial gestützt werden darf, zu den sich die Beteiligten sich äußern konnten. Dieses Verwertungsverbot gilt allerdings nur im Verhältnis zu den Hauptbeteiligten des Beschwerdeverfahrens. Die verfahrensrechtlichen Konsequenzen, die sich für das Beschwerdegericht ergeben, wenn es dem (einfach oder notwendig) beigeladenen Dritten aus wichtigem Grund Aktenbestandteile nicht oder nur eingeschränkt zugänglich macht, ergeben sich aus § 71 Abs. 1 Satz 3 und 4 GWB. Im Verhältnis zum einfach Beigeladenen kann das Beschwerdegericht bei der Entscheidungsfindung den gesamten Streitstoff einschließlich der dem Beigeladenen nicht zugänglich gemachten Aktenteile, sonstigen Unterlagen und Auskünfte berücksichtigen (§ 71 Abs. 1 Satz 3 GWB). In Bezug auf den notwendig Beizuladenden besteht diese Möglichkeit nicht. Wie sich aus einem Umkehrschluss aus § 71 Abs. 1 Satz 4 GWB ergibt, steht dieser hinsichtlich des Verwertungsverbots den Hauptbeteiligten gleich. Auch ihm gegenüber dürfen 2 die Akten und Auskünfte bei der Entscheidungsfindung folglich nur insoweit berücksichtigt werden, wie er Einsicht in die betreffenden Unterlagen und Auskünfte erhalten hat oder der Inhalt im Beschwerdeverfahren vorgetragen worden ist.

3 **Verstöße** gegen das Recht auf Akteneinsicht oder gegen das daraus abgeleitete Verwertungsverbot sind nicht selbständig anfechtbar. Sie können aber unter dem Aspekt der Versagung rechtlichen Gehörs nach § 74 Abs. 4 Nr. 3 GWB mit der zulassungsfreien Rechtsbeschwerde geltend gemacht werden.

II. Akteneinsicht durch Hauptbeteiligte (Abs. 1)

4 § 72 Abs. 1 GWB regelt das Recht der **Hauptbeteiligten,** Einsicht in die Gerichtsakten zu nehmen.

1. Kreis der Einsichtsberechtigten

5 Die Vorschrift findet nach ihrem Wortlaut auf die in **§ 67 Abs. 1 Nr. 1 und 2, Abs. 2 GWB** genannten Verfahrensbeteiligten – also auf die beschwerdeführende Partei und die Kartellbehörde, dessen Entscheidung angegriffen wird, sowie auf das Bundeskartellamt im Verfahren gegen eine Entscheidung der Landeskartellbehörde – Anwendung. Sie ist darüber hinaus analog[1] auf die in § 67 GWB nicht genannten **weiteren Beteiligten** des Beschwerdeverfahrens[2] anzuwenden, nämlich (1) auf denjenigen, der bei der Kartellbehörde erfolgreich die Einleitung eines Verfahrens beantragt hat (§ 54 Abs. 2 Nr. 1 GWB), wenn die erwirkte kartellbehördliche Verfügung angefochten wird, (2) ferner auf denjenigen, gegen den sich das Verfahren der Kartellbehörde richtet (§ 54 Abs. 2 Nr. 2 GWB), (3) bei Zusammenschlusstatbeständen außerdem auf den Veräußerer (§ 54 Abs. 2 Nr. 4 GWB) und (4) schließlich auf denjenigen, für den der Ausgang des Beschwerdeverfahrens eine **unmittelbare rechtsgestaltende Wirkung** hat. Nicht zu den Einsichtsberechtigten zählen die am jeweiligen Beschwerdeverfahren nicht beteiligten Dritten. Zu ihnen gehört etwa der Adressat eines kartellbehördlichen Auskunftsbegehrens nach § 59 GWB hinsichtlich eines Beschwerdeverfahrens, das sich gegen andere Auskunftsverpflichtete richtet.[3] Ebenso wenig ist der um Beiladung Nachsuchende einsichtsberechtigt, weil er nur am Beiladungsverfahren, aber (noch) nicht am Beschwerdeverfahren beteiligt ist.[4]

2. Gegenstand

6 Das Akteneinsichtsrecht nach § 72 Abs. 1 GWB bezieht sich auf die **Akten des Gerichts.** Gemeint sind damit alle Schriftstücke, die beim Beschwerdegericht im Zusammenhang mit dem betreffenden Beschwerdeverfahren entstehen. Das sind vor allem die eingereichten Schriftsätze der Verfahrensbeteiligten einschließlich ihrer Anlagen sowie sämtliche Unterlagen, die das Gericht im Verfahrensverlauf im Rahmen der Sachverhaltsermittlung und Beweiserhebung angefertigt oder zusammengetragen hat. Nicht zu den Gerichtsakten gehören nach § 72 Abs. 1 Satz 2 GWB i. V. m. § 299 Abs. 4 ZPO demgegenüber Beschluss- und Verfügungsentwürfe sowie alle sonstigen gerichtsinternen Schriftstücke (z. B. Voten). Bestandteil der Gerichtsakten sind grundsätzlich auch die in § 72 Abs. 2 GWB erwähnten Vorakten, Beiakten, Gutachten und Auskünfte. Hinsichtlich dieser Unterlagen

---

[1] KG, WuW/E OLG 3542 – *Deutsche Lebensmittelwerke; Kollmorgen* in: Langen/Bunte, Kommentar zum deutschen und europäischen Kartellrecht, § 72 Rn. 2; *Hinz* in GK, § 71 a. F. Rn. 1; a. A. *Karsten Schmidt* in: Immenga/Mestmäcker, GWB, § 72 Rn. 2, der sich für eine Anwendung von § 72 Abs. 3 GWB ausspricht.
[2] Siehe dazu: § 67 Rn. 5.
[3] KG, WuW/E OLG 3542 – *Deutsche Lebensmittelwerke.*
[4] KG, WuW/E OLG 3730, 3734.

und Auskünfte enthält das Kartellgesetz in § 72 Abs. 2 GWB indes einschränkende Sonderbestimmungen, die zu beachten sind.

3. Inhalt

In der Sache umfasst das Akteneinsichtsrecht nach § 72 Abs. 1 GWB den Anspruch des Berechtigten, sich die Akten bei Gericht **vorlegen** lassen können, um von ihnen Kenntnis nehmen zu können. Darüber hinaus sind gegen Kostenerstattung **Ausfertigungen, Auszüge** oder **Abschriften** zu erteilen. Das Gericht kann außerdem analog § 100 Abs. 2 Satz 3 VwGO anordnen, dass dem mit schriftlicher Vollmacht versehenen anwaltlichen Bevollmächtigten des Akteneinsichtsberechtigten die Gerichtsakten **übersendet** oder zur Mitnahme **ausgehändigt** werden. Eine Beschränkung des Akteneinsichtsrechts nach § 72 Abs. 1 GWB aus Geheimhaltungs- oder sonstigen Gründen sieht das Kartellgesetz nicht vor.

III. Eingeschränktes Einsichtsrechts (Abs. 2)

Für Vorakten, Beiakten, Gutachten und Auskünfte gewährt das Kartellgesetz den Hauptbeteiligten des Beschwerdeverfahrens nur ein aus wichtigem Grund **einschränkbares Recht** auf Akteneinsicht.

1. Aktenbestandteile

§ 72 Abs. 2 GWB befasst sich zum einen mit der Einsicht in Vorakten, Beiakten, Gutachten und Auskünfte. Unter Vorakten sind die im kartellbehördlichen Verfahren entstandenen Akten einschließlich derjenigen Akten, die von der Kartellbehörde erst während des gerichtlichen Verfahrens im Zuge ergänzender Ermittlungen angelegt werden[5] zu verstehen; Beiakten sind die vom Beschwerdegericht hinzugezogenen Akten aus anderen gerichtlichen oder behördlichen Verfahren. Zu den Gutachten zählen auch Rechtsgutachten. Auskünfte sind solche von dritter Seite; zu ihnen sind auch Aktenvermerke der Kartellbehörde über mündlich oder fernmündlich eingeholte Auskünfte zu zählen. Hat das Beschwerdegericht selbst die Auskunft eingeholt, ist diese Bestandteil der Gerichtsakten und unterfällt folglich § 72 Abs. 1 GWB.

2. Beschränkungen des Einsichtsrechts

Das Recht auf Einsicht in die Vorakten, Beiakten, Gutachten und Auskünfte steht gemäß § 72 Abs. 2 Satz 1 GWB unter dem Vorbehalt, dass die aktenführende bzw. die Auskunft einholende Stelle hierzu ihre **Zustimmung** erteilt hat (§ 72 Abs. 2 Satz 1 GWB). Hinsichtlich der kartellbehördlichen Akten bestimmt § 72 Abs. 2 Satz 2 GWB dazu ergänzend, dass die Zustimmung zur Offenlegung abgelehnt werden muss, wenn und soweit dies aus wichtigen Gründen, insbesondere zur Wahrung von Fabrikations-, Betriebs- oder Geschäftsgeheimnissen, geboten ist. Die Vorschrift dient der Interessenwahrung derjenigen Personen und Unternehmen, die der Kartellbehörde freiwillig oder aufgrund der gesetzlichen Verpflichtung aus § 59 GWB geheimhaltungsbedürftige Angaben gemacht haben. Unter den Begriff der **Fabrikations-, Betriebs- oder Geschäftsgeheimnissen** sind alle Tatsachen zu verstehen, die im Zusammenhang mit einem Geschäftsbetrieb stehen, nach dem bekundeten Willen des Inhabers geheim gehalten werden sollen sowie für die Wettbewerbsfähigkeit des Unternehmens von Bedeutung und nicht offenkundig geworden sind. In Betracht kommt dies beispielsweise für Kalkulationen, Gewinnspannen, Marktstrategien, Erklärungen eines Verfahrensbeteiligten zur zukünftigen Geschäftspolitik auf künftigen

---

[5] BGH, Beschl. v. 11. 11. 2008 – KVR 60/07 Rn. 32 – *E.ON/Stadtwerke Eschwege*.

Märkten oder Umsätze.⁶ Nicht offenkundig sind Tatsachen, wenn sie nur einem beschränkten Personenkreis bekannt sind und nicht ohne weiteres aus zulässigen und erreichbaren Quellen entnommen werden können.

11 Im Interesse einer geordneten Sachaufklärung müssen die Unternehmen, die eine Geheimhaltung der von ihnen gelieferten Tatsachen erstreben, ihr Schutzbedürfnis **nachvollziehbar darlegen**. Ein bloß pauschaler Hinweis, dass es sich bei bestimmten Informationen um Betriebs- und Geschäftsgeheimnisse handele, ist – sofern nicht die Geheimhaltungsbedürftigkeit auf der Hand liegt – unzureichend. Erforderlich ist vielmehr die Darstellung, inwieweit die in Rede stehenden Informationen für die Wettbewerbsfähigkeit von Bedeutung sind und welche konkreten nachteiligen Folgen für die eigene Marktstellung und Konkurrenzfähigkeit im Falle einer Offenlegung der Daten zu befürchten sein sollen. Für zeitlich weit zurückliegende Angaben und Geschäftszahlen wird ein Geheimschutz in der Regel nicht zu gewähren sein. Besteht ein berechtigtes Interesse daran, dass entscheidungserhebliche Tatsachen und Informationen den Verfahrensbeteiligten nicht offenbart werden, ist in jedem Fall zu prüfen, ob dem Geheimnisschutz einerseits und dem Gebot der Sachaufklärung andererseits nicht durch **anonymisierte** tabellarische **Darstellungen** oder die Mitteilung von bloßen **Spannen** (z. B. Umsatz-, Gewinn- oder Marktsanteilsspannen) genügt werden kann.⁷

Die Entscheidung, ob aus Gründen des Geheimschutzes die Zustimmung zur Akteneinsicht versagt oder erteilt wird, obliegt alleine der **Kartellbehörde** und ist für das Beschwerdegericht nach § 72 Abs. 2 Satz 1 GWB grundsätzlich bindend.⁸ Hat die Kartellbehörde bereits im Verwaltungsverfahren ihre Unterlagen offengelegt, braucht das Gericht vor Gewährung der Akteneinsicht deren Zustimmung nicht mehr einzuholen. Die Zustimmung der Kartellbehörde entbindet das Beschwerdegericht allerdings nicht von der Pflicht zur Prüfung, ob die Voraussetzungen des § 72 Abs. 2 Satz 2 GWB nicht doch vorliegen und – entgegen der Einschätzung der Behörde – Gründe des Geheimschutzes eine Versagung der Akteneinsicht erfordern. Hat die Kartellbehörde umgekehrt ihre Zustimmung verweigert, darf das Beschwerdegericht in entsprechender Anwendung von § 99 Abs. 2 VwGO überprüfen, ob die Weigerung berechtigt ist.

3. Verwertungsverbot

12 Verweigert die Kartellbehörde, die aktenführende oder die Auskunft einholende Stelle ihre Zustimmung zu einer Offenlegung ihrer Akten bzw. Auskünfte oder lehnt das Gericht selbst eine Offenlegung ab und wird der Inhalt der betreffenden Unterlagen und Auskünfte auch nicht im Beschwerdeverfahren vorgetragen, darf das Beschwerdegericht die betreffenden Informationen seiner Entscheidung auch nicht zugrunde legen (§ 72 Abs. 2 Satz 3 GWB). Die Vorschrift setzt damit – ganz im Sinne von § 71 Abs. 1 Satz 2 GWB – den Grundsatz des rechtlichen Gehörs um, wonach die gerichtliche Entscheidung nur auf dasjenige Tatsachen- und Beweismaterial gestützt werden darf, zu den sich die Beteiligten sich äußern konnten. Dieses Verwertungsverbot gilt allerdings nur im Verhältnis zu den **Hauptbeteiligten** des Beschwerdeverfahrens im Sinne von § 72 Abs. 1 GWB. Die verfahrensrechtlichen Konsequenzen, die sich für das Beschwerdegericht ergeben, wenn es dem (einfach oder notwendig) beigeladenen Dritten aus wichtigem Grund Aktenbestandteile nicht oder nur eingeschränkt zugänglich macht, ergeben sich aus § 71 Abs. 1 Satz 3 und 4 GWB. Im Verhältnis zum **einfach Beigeladenen** kann das Beschwerdegericht bei der

---

⁶ KG, WuW/E OLG 3908, 3911 – *L Air Liquide;* KG, WuW/E OLG 3721, 3724 – *Coop/Wandmaker;* Karsten Schmidt in: Immenga/Mestmäcker, GWB, § 71 Rn. 8; *Werner* in: Wiedemann, Handbuch des Kartellrechts, § 54 Rn. 105.

⁷ Vgl. *Werner* in: Wiedemann, Handbuch des Kartellrechts, § 54 Rn. 105.

⁸ BGH, Beschl. v. 11. 11. 2008 – KVR 60/07 Rn. 32 – *E.ON/Stadtwerke Eschwege.*

Entscheidungsfindung den gesamten Streitstoff einschließlich der dem Beigeladenen nicht zugänglich gemachten Aktenteile, sonstigen Unterlagen und Auskünfte berücksichtigen (§ 71 Abs. 1 Satz 3 GWB). In Bezug auf den **notwendig Beizuladenden** besteht diese Möglichkeit nicht. Er steht vielmehr – wie sich im Umkehrschluss aus § 71 Abs. 1 Satz 4 GWB ableiten lässt – hinsichtlich des Verwertungsverbots den Hauptbeteiligten gleich.

Hat das Bundeskartellamt eine Marktdatenerhebung durchgeführt und verweigert es aus Gründen des Geheimnisschutzes seine Zustimmung zu einer Einsicht in diese Akten, kann sich das Beschwerdegericht grundsätzlich darauf beschränken, die vom Amt offen gelegten Ergebnisse dieser Erhebung zur Kenntnis zu nehmen und zu verwerten. Ob die Daten zuverlässig ermittelt worden sind, braucht es im Regelfall nicht von Amts wegen nachzuprüfen. Das hat nur dann zu geschehen, wenn der Vortrag der Beteiligten oder der Sachverhalt als solcher bei sorgfältiger Überlegung der sich aufdrängenden Möglichkeiten dazu Anlass gibt.[9]

4. Zwischenverfahren

§ 72 Abs. 2 Satz 4 bis 6 GWB sieht zur Klärung der Frage, ob und in welchem Umfang den Verfahrensbeteiligten Akteneinsicht zu gewähren ist, ein besonderes Zwischenverfahren vor. In diesem kann das Beschwerdegericht durch Beschluss die Offenlegung von Tatsachen und Beweismitteln, deren Geheimhaltung aus wichtigen Gründen – insbesondere zur Wahrung von Betriebs- oder Geschäftsgeheimnissen – an sich geboten ist, anordnen, soweit es für die Entscheidung auf diese Tatsachen oder Beweismitteln ankommt, andere Möglichkeiten der Sachaufklärung nicht bestehen und nach Abwägung aller Umstände des Einzelfalles die Bedeutung der Sache für die Sicherung des Wettbewerbs das Interesse der Betroffenen an der Geheimhaltung überwiegt. Die Abwägung der widerstreitenden Interessen muss einzelfallbezogen vorgenommen worden.[10] In der Rechtsprechung ist ein überwiegendes Interesse an der Geheimhaltung von Umsatzzahlen verneint worden, wenn die anzugebenden Umsätze auf einem Markt erzielt werden, der eher transparent als durch geheimen Wettbewerb gekennzeichnet ist. Als wesentliches Abwägungskriterium wurde angesehen, dass andere Wettbewerber gleichlautende Fragen ohne weiteres beantwortet hatten. So bedeutet die Kenntnis aggregierter Zahlen über Umsätze mehrerer Filialen in einer Stadt für einen mehrere Jahre zurückliegenden Zeitraum auch unter dem Blickwinkel der Standortwahl für die Wettbewerber keinen konkreten wettbewerblich relevanten Vorteil.[11]

Der von der Offenlegung Betroffene ist in dem Zwischenverfahren anzuhören, ohne dass er sich durch einen Rechtsanwalt vertreten lassen muss. Der Beschluss ist zu begründen und in keinem Fall isoliert anfechtbar.[12]

IV. Akteneinsicht durch Beigeladene (Abs. 3)

Die in § 67 Abs. 1 Nr. 3 genannten Beigeladenen, die nicht zugleich Beschwerdeführer sind, haben nach § 72 Abs. 3 GWB **keinen Rechtsanspruch** auf Akteneinsicht. Gemäß § 72 Abs. 3 GWB liegt es vielmehr im **pflichtgemäßen Ermessen** des Beschwerdegerichts, ob und gegebenenfalls in welchem Umfang es den beigeladenen Dritten Zugang zur Gerichtsakte und den anderen Unterlagen gestattet. Stattzufinden hat in erster Linie eine einzelfallbezogene Abwägung der beiderseitigen Belange, nämlich dem Interesse des Beigeladenen an einer möglichst umfassenden und vollständigen Kenntnis des Sach- und Streitstoffs und dem Interesse an einer Geheimhaltung der in Rede stehenden Tatsachen und

---

[9] BGH, Beschl. v. 11. 11. 2008 – KVR 60/07 Rn. 32 – *E.ON/Stadtwerke Eschwege*.
[10] KG, WuW/E OLG 5201, 5202 – *Offenlegung von Betriebsgeheimnissen;* BVerwG, WuW/E DE-R 1213, 1214f. – *Kalkulationsgrundlage.*
[11] KG, WuW/E OLG 3539/3540 – *SüddeutscherVerlag-Donau Kurier.*
[12] BGH, Beschl. v. 11.11. 2008, KVR 18/08 – *Werhahn/Norddeutsche Mischwerke.*

Informationen. Das gilt nicht nur für die einfache Beiladung, sondern gleichermaßen auch in Bezug auf den notwendig Beizuladenden.[13] Die verfahrensrechtlichen Konsequenzen, die sich für das Beschwerdegericht ergeben, wenn es dem (einfach oder notwendig) beigeladenen Dritten aus wichtigem Grund Aktenbestandteile nicht oder nur eingeschränkt zugänglich macht, ergeben sich aus § 71 Abs. 1 Satz 3 und 4 GWB. Im Verhältnis zum **einfach Beigeladenen** – also demjenigen, der durch die zur Beurteilung stehende Maßnahme der Kartellbehörde nicht in seinen Rechten, sondern lediglich in seinen wirtschaftlichen Interessen betroffen ist – kann das Beschwerdegericht bei der Entscheidungsfindung den gesamten Streitstoff einschließlich der dem Beigeladenen nicht zugänglich gemachten Aktenteile, sonstigen Unterlagen und Auskünfte berücksichtigen (§ 71 Abs. 1 Satz 3 GWB). Einer gesonderten Beschlussfassung des Beschwerdegerichts bedarf es nicht. Es genügt vielmehr, wenn das Gericht im Rahmen der Hauptsacheentscheidung darlegt, ob, in welchem Umfang und aus welchen Gründen es von der Möglichkeit des § 71 Abs. 1 Satz 3 GWB Gebrauch gemacht und Tatsachenstoff bei der Entscheidungsfindung berücksichtigt hat, zu denen dem beigeladenen Dritten kein rechtliches Gehör gewährt worden ist. Dem in seinen Rechten Betroffenen und deshalb **notwendig Beizuladenden** gegenüber dürfen die ihm nicht zugänglich gemachten Tatsachen und Beweismittel nicht verwertet werden (§ 71 Abs. 1 Satz 4 GWB). Der notwendig Beizuladende steht in Bezug auf die Gewährung rechtlichen Gehörs also einem Hauptbeteiligten des Beschwerdeverfahrens gleich. Gleiches gilt, sobald der einfach Beigeladene in die verfahrensrechtliche Position des Beschwerdeführers wechselt,[14] beispielsweise wenn er die kartellbehördliche Fusionsfreigabe mit der Beschwerde angreift.

§ 73 Geltung von Vorschriften des GVG und der ZPO

Im Verfahren vor dem Beschwerdegericht gelten, soweit nichts anderes bestimmt ist, entsprechend
1. die Vorschriften der §§ 169 bis 197 des Gerichtsverfassungsgesetzes über Öffentlichkeit, Sitzungspolizei, Gerichtssprache, Beratung und Abstimmung;
2. die Vorschriften der Zivilprozessordnung über Ausschließung und Ablehnung eines Richters, über Prozessbevollmächtigte und Beistände, über die Zustellung von Amts wegen, über Ladungen, Termine und Fristen, über die Anordnung des persönlichen Erscheinens der Parteien, über die Verbindung mehrerer Prozesse, über die Erledigung des Zeugen- und Sachverständigenbeweises sowie über die sonstigen Arten des Beweisverfahrens, über die Wiedereinsetzung in den vorigen Stand gegen die Versäumung einer Frist.

Übersicht

	Rn.
I. Verweisungsnorm	1
II. Ergänzung	2
III. Gesetzeslücken	3

I. Verweisungsnorm

1   Der Rechtsschutz gegen Maßnahmen der Kartellbehörde hat in den §§ 63 ff. GWB eine eigenständige Regelung erfahren. Die Verweisung auf das Gerichtsverfassungsgesetz und die Zivilprozessordnung sind dementsprechend nur **ergänzender Art.** Das bedeutet: Nur soweit nichts Anderes im Kartellgesetz bestimmt ist, sind die Vorschriften anzuwenden. Vor

---

[13] Ebenso: *Karsten Schmidt* in: Immenga/Mestmäcker, GWB, § 72 Rn. 11.
[14] KG, WuW/E DE-R 688, 690 – *HABET/Lekkerland*.

der Anwendung einer Bestimmung des Gerichtsverfassungsgesetzes oder der Zivilprozessordnung ist deshalb zu prüfen, ob eine Verfahrensnorm der §§ 63 ff. GWB dem nicht (ausdrücklich oder nach ihrem Sinn und Zweck) entgegensteht. Darüber hinaus ist bei Anwendung des Verweisungskatalogs zu beachten, dass es sich bei dem kartellgerichtlichen Beschwerdeverfahren der Sache nach um einen verwaltungsgerichtlichen Rechtsschutz handelt. Das kann es im Einzelfall erfordern, die Normen des Verweisungskatalogs – insbesondere soweit sie auf den Zivilprozess ausgerichtet sind – unter Beachtung dieser Besonderheit nur sinngemäß heranzuziehen.

II. Ergänzung

Die in den Nr. 1 und Nr. 2 ausgesprochenen Verweisungen bedürfen bei ihrer Anwendung gegebenenfalls einer Ergänzung oder Korrektur durch die besonderen Vorschriften der §§ 63 ff. GWB. So sind bei der Heranziehung der Regelungen, die das Gerichtsverfassungsgesetz und die Zivilprozessordnung zur „Erledigung des Zeugen- und Sachverständigenbeweises sowie über die sonstigen Arten des Beweisverfahrens" enthalten, beispielsweise die Regelungen zum **Geheimnisschutz** in den §§ 71 Abs. 1 Satz 3, 72 Abs. 2 und 3 GWB zu beachten. Ein Zeugnisverweigerungsrecht nach § 384 Nr. 3 ZPO besteht nicht, wenn die Offenlegung bei objektiver Betrachtung keine nachteiligen Folgen für die Wettbewerbsfähigkeit des geheimnistragenden Unternehmens befürchten lässt.[1]

III. Gesetzeslücken

Verbleibende Regelungslücken können primär durch Heranziehung der Bestimmungen der **Verwaltungsgerichtsordnung** als der sachnähesten Verfahrensordnung geschlossen werden.[2] Darüber hinaus kommt auch ein Rückgriff auf andere Prozessordnungen in Betracht. Dies gilt namentlich für allgemeine Grundsätze. In diesem Sinne ist etwa die Verwerfung der Beschwerde wegen Formmängeln in entsprechender Anwendung des § 572 Abs. 1 ZPO möglich, die ihrerseits (nur) mit der Rechtsbeschwerde nach § 74 GWB angegriffen werden kann.[3] Außerdem hat die Rechtsprechung die Beschwerderücknahme unter Heranziehung der Grundsätze des § 92 VwGO, § 102 SGG, § 72 FGO und § 269 ZPO beurteilt,[4] die Vorschriften über die Prozesskostenhilfe in den §§ 114 ff. ZPO ergänzend herangezogen,[5] die Tatbestandsberichtigung analog §§ 319, 320 ZPO zugelassen, ferner die Erledigung der Hauptsache ohne mündliche Verhandlung nach § 91a ZPO[6] sowie die Aussetzung des Beschwerde- oder Rechtsbeschwerdeverfahrens in entsprechender Anwendung des § 148 ZPO befürwortet, und zwar auch bei Vorgreiflichkeit einer Entscheidung der Europäischen Kommission.

III. Rechtsbeschwerde

§ 74 Zulassung, absolute Rechtsbeschwerdegründe

(1) **Gegen Beschlüsse der Oberlandesgerichte findet die Rechtsbeschwerde an den Bundesgerichtshof statt, wenn das Oberlandesgericht die Rechtsbeschwerde zugelassen hat.**

---

[1] KG, WuW/E OLG 3539 – *Zeugnisverweigerungsrecht*.
[2] Vgl. BGH, WuW/E BGH 1947, 1948 – *Stuttgarter Wochenblatt*.
[3] BGH, WuW/E BGH 1174; BGH, BGHZ 56, 1 – *Bayerischer Bankenverband*.
[4] BGH, WuW/E BGH 1367 – *Zementverkaufstelle Niedersachsen*.
[5] OLG Düsseldorf, WuW/E OLG 1171; Kollmorgen in: Langen/Bunte, Kommentar zum deutschen und europäischen Kartellrecht, § 78 Rn. 13.
[6] KG, WuW/E OLG 4648 – *Nordfleisch/CG Hannover*.

(2) Die Rechtsbeschwerde ist zuzulassen, wenn
1. eine Rechtsfrage von grundsätzlicher Bedeutung zu entscheiden ist oder
2. die Fortbildung des Rechts oder die Sicherung einer einheitlichen Rechtsprechung eine Entscheidung des Bundesgerichtshofs erfordert.

(3) ¹Über die Zulassung oder Nichtzulassung der Rechtsbeschwerde ist in der Entscheidung des Oberlandesgerichts zu befinden. ²Die Nichtzulassung ist zu begründen.

(4) Einer Zulassung zur Einlegung der Rechtsbeschwerde gegen Entscheidungen des Beschwerdegerichts bedarf es nicht, wenn einer der folgenden Mängel des Verfahrens vorliegt und gerügt wird:
1. wenn das beschließende Gericht nicht vorschriftsmäßig besetzt war,
2. wenn bei der Entscheidung ein Richter mitgewirkt hat, der von der Ausübung des Richteramtes kraft Gesetzes ausgeschlossen oder wegen Besorgnis der Befangenheit mit Erfolg abgelehnt war,
3. wenn einem Beteiligten das rechtliche Gehör versagt war,
4. wenn ein Beteiligter im Verfahren nicht nach Vorschrift des Gesetzes vertreten war, sofern er nicht der Führung des Verfahrens ausdrücklich oder stillschweigend zugestimmt hat,
5. wenn die Entscheidung auf Grund einer mündlichen Verhandlung ergangen ist, bei der die Vorschriften über die Öffentlichkeit des Verfahrens verletzt worden sind, oder
6. wenn die Entscheidung nicht mit Gründen versehen ist.

Übersicht

	Rn.		Rn.
I. Sinn und Zweck der Vorschrift	1	b) Rechtsfortbildung	5
II. Zugelassene Rechtsbeschwerden (Abs. 1–3)	2	c) Einheitlichkeit der Rechtsprechung	6
1. Beschlüsse des Oberlandesgerichts	2	III. Zulassungsverfahren	9
2. Zulassungsvoraussetzung	6	IV. Zulassungsfreie Rechtsbeschwerde	11
a) Rechtsgrundsätzliche Bedeutung	4	1. Überblick	11
		2. Einzelfragen	12

I. Sinn und Zweck der Vorschrift

1   Die Rechtsbeschwerde ist mit der Revision im Zivil- oder Verwaltungsprozess vergleichbar. Sie ist **keine Tatsacheninstanz,** sondern dient ausschließlich der Überprüfung, ob die Entscheidung des Beschwerdegerichts an Rechtsfehlern leidet (§ 76 Abs. 2 GWB). Zur Entlastung des Bundesgerichtshofs war die Möglichkeit zur Einlegung einer Rechtsbeschwerde ursprünglich in zweifacher Hinsicht beschränkt. Die erste wesentliche Schranke bestand darin, dass nur die in der Hauptsache erlassenen Beschlüsse des Beschwerdegerichts rechtsbeschwerdefähig waren. Diese Einschränkung ist mit der 7. GWB-Novelle aufgegeben worden. Nunmehr unterliegen **sämtliche (End-)Entscheidungen des Beschwerdegerichts** der Rechtsbeschwerde. Rechtsbeschwerdefähig sind demnach die Entscheidungen des Beschwerdegerichts im vorläufigen Rechtsschutz (§§ 64, 65 GWB)[1] ebenso wie dessen Erkenntnisse in Beiladungsbeschwerden[2] und ferner auch die isolierte Kostenentscheidung, die das Beschwerdegericht nach Rücknahme der Beschwerde oder nach Erledigung des Beschwerdeverfahrens trifft.[3] Die Festsetzung des Beschwerdewertes[4] und die verweigerte Akteneinsicht[5] unterliegen nicht der Rechtsbeschwerdemöglichkeit. Eine

---

[1] BGH, WuW/E DE-R 2035, 2037 – *Lotto im Internet.*
[2] BGH, WuW/E DE-R 2029, 2030 – *iesy/Ish;* BGH, WuW/E DE-R 1857, 1858 – *pepcom.*
[3] BGH, Beschl. v. 19. 6. 2007 – *KVZ 9/07.*
[4] BGH, Beschl. v. 19. 6. 2007 – *KVZ 9/07.*
[5] BGH, Beschl. v. 11. 11. 2008 KVR 18/08 – *Werhan/Norddeutsche Mischwerke.*

zweite Zulässigkeitsschranke besteht in dem grundsätzlichen Erfordernis, dass das Beschwerdegericht die Rechtsbeschwerde zugelassen haben muss (§ 74 Abs. 1 und 2 GWB). Ist die **Zulassung** abgelehnt worden, ist eine gleichwohl erhobene Rechtsbeschwerde unzulässig. Es besteht allerdings gemäß § 75 GWB die Möglichkeit, die Nichtzulassung der Rechtsbeschwerde mit der Nichtzulassungsbeschwerde an den Bundesgerichtshof anzugreifen. Leidet die Beschwerdeentscheidung an einem schwerwiegenden Verfahrensmangel, gilt das Zulassungserfordernis nicht. Für abschließend aufgeführte Verfahrensverstöße sieht § 74 Abs. 4 GWB die **zulassungsfreie Rechtsbeschwerde** vor.

Weitere Zulässigkeitsschranken bestehen nicht. Die Rechtsbeschwerde ist weder an eine Beschwerdesumme gebunden noch muss der Rechtsbeschwerdeführer darlegen können, durch die angegriffene Beschwerdeentscheidung in seinen Rechten verletzt zu sein.

II. Zugelassene Rechtsbeschwerden (Abs. 1–3)

1. Beschlüsse des Oberlandesgerichts

Die Rechtsbeschwerde an den Bundesgerichtshof setzt seit der am 1. Juli 2005 in Kraft getretenen 7. GWB-Novelle nicht mehr voraus, dass sie sich gegen in der Hauptsache erlassene Beschlüsse der Oberlandesgerichte richtet. Rechtsbeschwerdefähig sind folglich **alle Entscheidungen,** die das Beschwerdegericht verfahrensabschließend (und nicht nur vorbereitend)[6] in einem Kartellverwaltungsverfahren trifft. Die frühere Unterscheidung, ob die angefochtene Entscheidung in einem Hauptverfahren oder einem Nebenverfahren ergangen ist (verfahrensrechtlicher Ansatz) oder ob es sich um eine Entscheidung des Beschwerdegerichts handelt, die unmittelbar der Verwirklichung der im Kartellgesetz normierten Verbote oder ihrer Sanktion dient (materiell-rechtliche Betrachtungsweise), weshalb zum Beispiel einstweilige Anordnungen, Beiladungen und Auskunftsersuchen keine Verfahren in der Hauptsache waren, spielt heute keine Rolle mehr. Rechtsbeschwerdefähig sind nach der geänderten Rechtslage nunmehr auch die Entscheidungen des Beschwerdegerichts im vorläufigen Rechtsschutz (§§ 64, 65 GWB)[7] und in Beiladungsbeschwerden[8] sowie ferner auch die isolierte Kostenentscheidung, die das Beschwerdegericht nach Rücknahme der Beschwerde oder nach Erledigung des Beschwerdeverfahrens trifft.[9] Für die **Beiladungsbeschwerde** hat der Bundesgerichtshof die in der Rechtsbeschwerdeinstanz vorzunehmende Rechtskontrolle allerdings deutlich eingeschränkt. Zum einen obliege die ohnehin nur in Grenzen mögliche Überprüfung der von der Kartellbehörde nach § 54 Abs. 2 Nr. 3 GWB zu treffenden Ermessensentscheidung in erster Linie dem Tatrichter, zum anderen diene die im Rahmen der 7. GWB-Novelle erfolgte Erweiterung der Rechtsbeschwerde auch auf die nicht in der Hauptsache ergangenen Entscheidungen des Beschwerdegerichts nicht dazu, die Frage der Beiladung in jedem Einzelfall einer Überprüfung durch den Bundesgerichtshof zuzuführen.[10] Welche Konsequenzen sich für den Rechtsschutz im Rechtsbeschwerdeverfahren daraus konkret ergeben, insbesondere mit welchen Argumenten die Beiladungsentscheidung in der Rechtsbeschwerdeinstanz noch mit Aussicht auf Erfolg angegriffen und zur Überprüfung des Bundesgerichtshofs gestellt werden kann, ist derzeit ungeklärt. Die bisherige höchstrichterliche Judikatur enthält hierzu keine erläuternden Ausführungen. Für die **Festsetzung des Beschwerdewertes** und die verweigerte Akteneinsicht hat der Bundesgerichtshof die Rechtsbeschwerdemöglichkeit vollständig verneint.[11]

---

[6] Ebenso: *Karsten Schmidt* in: Immenga/Mestmäcker, GWB, § 74 Rn. 6.
[7] BGH, WuW/E DE-R 2035, 2037 – *Lotto im Internet*.
[8] BGH, WuW/E DE-R 2029, 2030 – *iesy/Ish;* BGH, WuW/E DE-R 1857, 1858 – *pepcom*.
[9] BGH, Beschl. v. 19. 6. 2007 – *KVZ 9/07*.
[10] BGH, WuW/E DE-R 2029, 2031 – *iesy/Ish*.
[11] BGH, Beschl. v. 19. 6. 2007 – *KVZ 9/07;* Beschl. v. 11. 11. 2008, KVR 18/08..

2. Zulassungsvoraussetzung

3 Voraussetzung für die Statthaftigkeit der Rechtsbeschwerde ist ihre Zulassung durch das Beschwerdegericht (§ 74 Abs. 2 GWB). Das Gesetz nennt drei Fälle, in denen das Beschwerdegericht die Rechtsbeschwerde zulassen muss. Die Überprüfung der Beschwerdeentscheidung durch das Rechtsbeschwerdegericht ist zuzulassen, wenn (1) entweder über eine Rechtsfrage von grundsätzlicher Bedeutung zu entscheiden ist (§ 74 Abs. 2 GWB Nr. 1) oder (2) zur Fortbildung des Rechts oder (3) zur Sicherung einer einheitlichen Rechtsprechung eine Entscheidung des Bundesgerichtshofes erforderlich ist (§ 74 Abs. 2 Nr. 2 GWB). Bereits dem Wortlaut der Vorschrift ist zu entnehmen, dass die Rechtsbeschwerde aus anderen als den genannten Gründen nicht zugelassen werden kann.[12]

4 **a) Rechtsgrundsätzliche Bedeutung. Grundsätzliche Bedeutung** hat eine Rechtsfrage, die sich voraussichtlich in einer Vielzahl anderer Fälle stellen wird und bislang höchstrichterlich nicht oder nicht hinreichend geklärt ist.[13] Daran fehlt es, wenn die Beschwerdeentscheidung auf tatrichterlichem Gebiet liegt und mit den Umständen des Einzelfalles begründet wird. Außerdem ist eine Rechtsfrage höchstrichterlich bereits geklärt, wenn Sie zwar noch nicht vom Bundesgerichtshof entschieden worden ist, wohl aber zu einer vergleichbaren Bestimmung eine Entscheidung des Bundesverwaltungsgerichts vorliegt.[14] Die Zulassung der Rechtsbeschwerde kommt in diesen Fällen nur in Betracht, wenn rechtliche Gesichtspunkte vorhanden sind, die eine erneute höchstrichterliche Entscheidung der Rechtsfrage erfordern.[15] Dies ist der Fall, wenn auf dem Boden der höchstrichterlichen Judikatur aus rechtlichen oder tatsächlichen Gründen neuer Entscheidungsbedarf entstanden ist. Vereinzelte abweichende Stimmen in der Literatur oder eine zuwiderlaufende Instanzrechtsprechung reichen hierfür regelmäßig nicht.[16] Keine grundsätzliche Rechtsfrage zu klären ist, wenn es um die Geltung und Anwendung auslaufenden Rechts geht.[17]

5 **b) Rechtsfortbildung.** Auch dieser Zulassungsgrund setzt einen zumindest verallgemeinerungsfähigen Sachverhalt voraus, der das Bedürfnis zu einer Leitentscheidung des Bundesgerichtshofs begründet.[18] Er ist deshalb in Fällen, in denen die rechtsgrundsätzliche Bedeutung zu verneinen ist, im Allgemeinen nicht gegeben.

6 **c) Einheitlichkeit der Rechtsprechung.** Zuzulassen ist die Rechtsbeschwerde schließlich zur **Sicherung der Einheitlichkeit der Rechtsprechung.**

Erfasst werden von diesem Zulassungsgrund zunächst diejenigen Fälle, in denen das Beschwerdegericht in den tragenden Erwägungen von einer bereits bestehenden **höchstrichterlichen Rechtsprechung abweicht.** Dabei ist nicht zwingend erforderlich, dass die zutage getretene Divergenz zu einem tragenden Rechtssatz des Bundesgerichtshofs besteht. Es genügt auch die Abweichung von einem höchstrichterlichen **obiter dictum,** sofern anzunehmen ist, dass der Bundesgerichtshof an dem betreffenden Rechtssatz künftig auch entscheidungstragend festhalten wird.[19] Eine bewusste Abweichung von der höchstrichter-

---

[12] *Karsten Schmidt* in: Immenga/Mestmäcker, GWB, § 74 Rn. 10; *Kollmorgen* in: Langen/Bunte, Kommentar zum deutschen und europäischen Kartellrecht, § 74 Rn. 5.

[13] BGH, BGH-Report 2005, 1006, 1007; BGH, WuW/E DE-R 703, 704/705 – *Puttgarden II*; BGH, WuW/E BGH 2513 f. – *Sportartikelfachgeschäft;* BGH, WuW/E BGH 2906, 2908 – *Lüdenscheider Taxen; Kleier* in: Frankfurter Kommentar, § 73 Rn. 47 ff. m. w. N.; *Hinz* in: GK, § 73 Rn. 11 m. w. N.

[14] BGH, BGH-Report 2005, 1006, 1007.

[15] BGH, WuW/E BGH 3035, 3036 m. w. N. – *Nichtzulassungsbeschwerde.*

[16] *Kayser* in: Saenger, Zivilprozessordnung, § 543 Rn. 8, 9 m. w. N.

[17] BGH, WuW/E BGH 1867, 1869 – *Levis-Jeans;* OLG Düsseldorf, WuW/E DE-R 647, 657 – *OTZ; Karsten Schmidt* in: Immenga/Mestmäcker, GWB, § 74 Rn. 16.

[18] So für § 543 Abs. 2 ZPO: BGH, NJW 2002, 3029; BGH, NJW 2003, 437; BGH, NJW 2004, 289.

[19] Ebenso zu § 543 ZPO: *Kayser* in: Saenger, Zivilprozessordnung, § 543 Rn. 24.

lichen Rechtsprechung ist gleichfalls nicht notwendig. Auch ein Rechtsatz, den das Beschwerdegericht in **Unkenntnis** einer entgegenstehenden Judikatur des Rechtsbeschwerdegerichts aufgestellt hat, gefährdet die Einheitlichkeit der Rechtsprechung und rechtfertigt deshalb die Zulassung der Rechtsbeschwerde. Voraussetzung ist in solchen Fällen allerdings, dass das Beschwerdegericht die abweichende höchstrichterliche Judikatur im Entscheidungszeitpunkt hätte kennen können, sie also insbesondere damals bereits getroffen und veröffentlicht war.[20] Um die Divergenzfälle von den – für die Zulassungsfrage unerheblichen – Fällen einer **bloß fehlerhaften Rechtsanwendung** abzugrenzen, muss aus der Beschwerdeentscheidung ein verallgemeinerungsfähiger Rechtssatz zu entnehmen sein, der zu einer Divergenz in einer Rechtsfrage führt. Ob sich dieser Rechtssatz aus einem abstrakten Obersatz des Beschwerdegerichts selbst ergibt oder nur aus der Begründung abzuleiten ist, spielt dabei keine Rolle. Hat das Beschwerdegericht die betreffende Rechtsfrage übersehen, liegt ein bloßer Rechtsanwendungsfehler vor, der die Zulassung der Rechtsbeschwerde nicht begründen kann.[21] Andererseits ist der Zulassungsgrund einer einheitlichen Rechtsprechung nicht erst dann erfüllt, wenn eine Divergenz zur höchstrichterlichen Rechtsprechung bereits tatsächlich vorliegt. Auch **drohende Divergenzen** zwingen zur Zulassung der Rechtsbeschwerde. Denkbar ist dies beispielsweise in Fällen, in denen das Beschwerdegericht erstmals zu einem Meinungsstreit in der Literatur Stellung nehmen muss und anzunehmen ist, dass die beachtlichen Argumente der Gegenansicht von anderen Gerichten aufgegriffen werden, so dass sich eine Divergenz hinreichend sicher abzeichnet. In derartigen Fallkonstellationen werden freilich in aller Regel zugleich die Voraussetzungen für eine Zulassung der Rechtsbeschwerde zum Zwecke der Rechtsfortbildung oder wegen rechtsgrundsätzlicher Bedeutung vorliegen.

Eine die Zulassung der Rechtsbeschwerde begründende Divergenz liegt überdies dann vor, wenn eine Rechtsfrage von **mehreren Beschwerdegerichten** unterschiedlich beantwortet wird. Allerdings ist es nicht Sinn und Zweck der Rechtsbeschwerde, gerichtliche Missgriffe im Einzelfall zu korrigieren. Alleine die Tatsache, dass identische Sachverhalte von zwei Gerichten unterschiedlich beurteilt werden, genügt deshalb als Zulassungsgrund nicht. Erforderlich ist vielmehr, dass eine **Divergenz in Rechtsfragen** oder ein **Rechtsfehler** mit **symptomatischer Bedeutung** vorliegt.[22] Nur dann ist eine höchstrichterliche Klärung der Rechtsfrage bzw. Korrektur des Rechtsfehlers zur Vereinheitlichung der Rechtsprechung geboten.

Im Gegensatz zur zivilprozessualen Rechtsbeschwerde kommt eine Zulassung der Rechtsbeschwerde zur Wahrung des Vertrauens in die Rechtsprechung nicht in Betracht. Unter jenem Aspekt befürwortet die zivilgerichtliche Judikatur eine Zulassung der Rechtsbeschwerde bei Rechtsanwendungsfehler mit verfassungsrechtlicher Relevanz, die das Vertrauen der Rechtsprechung als Ganzes erschüttern, mithin bei der Verletzung von Verfahrensgrundrechten und einem Verstoß gegen das Willkürverbot.[23] Jene Konstellationen fallen im Kartellverwaltungsrecht unter die Vorschrift des § 74 Abs. 4 GWB und eröffnen die zulassungsfreie Rechtsbeschwerde.

III. Zulassungsverfahren

Nach § 74 Abs. 3 GWB ist über die Zulassung oder Nichtzulassung der Rechtsbeschwerde von Amts wegen in der **Entscheidung des Oberlandesgerichts** zu befinden, wobei die Nichtzulassung kurz zu begründen ist. Es muss deshalb aus dem Beschluss des

---

[20] Vgl. BGH, NJW 2003, 2319; BGH, NJW 2003, 3781 – jeweils zu § 543 ZPO.
[21] Vgl. BGH, NJW 2004, 1960 m. w. N. zu § 543 ZPO.
[22] Vgl. BGH, NJW 2004, 1167 zu § 543 ZPO; kritisch: *Kayser* in: Saenger, Zivilprozessordnung, § 543 Rn. 23.
[23] BGH, NJW 2002, 3029; BGH, NJW 2003, 1943; BGH, WM 2004, 1407.

Beschwerdegerichts hervorgehen, ob die Rechtsbeschwerde zugelassen ist oder nicht. Die Zulassung soll in der Beschlussformel stehen, es genügt aber auch jede Formulierung in den Gründen, die erkennen lässt, dass gegen den Beschluss ein Rechtsmittel gegeben sein soll.[24] Rechtsansichten oder diesbezügliche Absichten, die zwar in der Verhandlung des Beschwerdegerichts geäußert – und möglicherweise sogar protokolliert – worden sind, aber keinen Niederschlag in der Beschwerdeentscheidung gefunden haben, genügen nicht. Hat das Beschwerdegericht über die Zulassung der Rechtsbeschwerde versehentlich nicht entschieden, ist die Nichtzulassungsbeschwerde eröffnet.[25] Eine Berichtigung der Beschwerdeentscheidung analog § 319 ZPO, § 118 VwGO kommt nicht in Betracht. Erfolgt sie dennoch, bleibt sie wirkungslos und ist eine daraufhin erhobene Rechtsbeschwerde unzulässig.[26] Die Zulassung wirkt **für und gegen alle zur Rechtsbeschwerde Berechtigten** und sie kann nur für den gesamten **Streitgegenstand** einheitlich angenommen werden, selbst wenn der Zulassungsgrund sich nur auf einzelne Rechtsfragen bezieht.[27] Im Falle einer **Beschwerdehäufung** kann die Zulassung auf einen von mehreren Streitgegenständen beschränkt werden, sofern nicht ausnahmsweise der sachliche Zusammenhang der Anträge entgegensteht. In diesem Sinne kann beispielsweise die Rechtsbeschwerde in Bezug auf die angefochtene kartellbehördliche Fusionsuntersagung zugelassen und in Bezug auf die in demselben Beschwerdeverfahren angegriffene Gebührenentscheidung der Kartellbehörde nicht zugelassen werden.[28] Nach § 80 Abs. 2 Satz 1 GWB bestimmt sich die Höhe der Gebühren nämlich nach dem personellen und sachlichen Aufwand der Kartellbehörde unter Berücksichtigung der wirtschaftlichen Bedeutung, die der Gegenstand der gebührenpflichtigen Handlung hat. Die Höhe der Anmeldegebühr ist damit unabhängig davon, ob der Zusammenschluss untersagt oder (mit oder ohne Nebenbestimmungen) freigegeben wird.[29] In allen Fällen kann die Rechtsbeschwerde alleine auf die Klärung von Rechtsfragen gerichtet sein, nicht auch auf die Lösung von Tatsachenfragen.

10 Das Rechtsbeschwerdegericht ist **an die Zulassung gebunden.** Das gilt selbst dann, wenn die Zulassung offensichtlich fehlerhaft ist.[30] Es hat allerdings eigenständig zu prüfen, ob eine rechtsbeschwerdefähige Entscheidung des Beschwerdegerichts vorliegt. Ist dies nicht der Fall, weil sich die rechtsbeschwerdeführende Partei zum Beispiel nicht gegen die verfahrensabschließende, sondern nur gegen eine vorbereitende Entscheidung des Beschwerdegerichts wendet, ist die Rechtsbeschwerde zu verwerfen. Denn das Beschwerdegericht kann nicht durch Zulassung eines unstatthaften Rechtsbehelfs seine nicht mehr anfechtbare Entscheidung einer Kontrolle durch das Rechtsmittelgericht zugänglich machen.[31] Aus der gleichen Erwägung ist eine Rechtsbeschwerde dann zu verwerfen, wenn das Beschwerdegericht seine Zulassungsentscheidung auf einen in § 74 Abs. 2 GWB nicht vorgesehenen Zulassungsgrund gestützt hat.

IV. Zulassungsfreie Rechtsbeschwerde

1. Überblick

11 Ohne Zulassung kann die Rechtsbeschwerde nur bei Vorliegen der in § 74 Abs. 4 GWB **abschließend** genannten **Verfahrensmängel** erhoben werden. Eine auf § 74 Abs. 4

---

[24] BGH, WuW/E BGH 2739, 2740 – *Rechtsbeschwerde*.
[25] BGH, Beschl. v. 19. 6. 2007 – *KVZ 9/07* Umdruck Seite 2; *Karsten Schmidt* in: Immenga/Mestmäcker, GWB, § 74 Rn. 14.
[26] Ebenso: *Karsten Schmidt* in: Immenga/Mestmäcker, GWB, § 74 Rn. 14.
[27] Vgl. BGH, NJW-RR 2004, 694 zu § 574 ZPO.
[28] BGH, WuW/E DE-R 1681, 1683 – *DB Regio/üstra*.
[29] BGH, WuW/E DE-R 1681, 1683 – *DB Regio/üstra*.
[30] Ebenso: *Karsten Schmidt* in: Immenga/Mestmäcker, GWB, § 74 Rn. 9; a. A. *Kleier* in: Frankfurter Kommentar zum GWB, § 73 a. F. Rn. 69; *Hinz* in GK, § 73 a. F. Rn. 8.
[31] *Karsten Schmidt* in: Immenga/Mestmäcker, GWB, 3. Aufl., § 74 Rn. 15.

GWB gestützte (zulassungsfreie) Rechtsbeschwerde hat Erfolg, wenn (1) Verfahrensmängel im Sinne der zitierten Vorschrift gerügt werden, (2) die gerügten Verfahrensverstöße überdies tatsächlich vorliegen und (3) sie nicht durch eine fehlerfreie Wiederholung geheilt worden sein. Eine **Kausalitätsfeststellung** – also der Nachweis, dass die Entscheidung auf den gerügten Verfahrensmangel beruht – ist **nicht erforderlich**. Die eine zulassungsfreie Rechtsbeschwerde eröffnenden Tatbestände haben damit eine Doppelfunktion. Sie sind sowohl für die Zulässigkeit der zulassungsfreien Rechtsbeschwerde von Bedeutung als auch zugleich Maßstab für die Begründetheit des Rechtsmittels. Stets führt die zulassungsfreie Rechtsbeschwerde **nur** zu einer **Überprüfung** des **gerügten Verfahrensfehlers** und nicht auch zu einer materiell-rechtlichen Kontrolle der angefochtenen Beschwerdeentscheidung. Dementsprechend kann die zulassungsfreie Rechtsbeschwerde nach § 74 Abs. 4 GWB **immer nur** zu einer **Zurückverweisung der Sache** an das Beschwerdegericht führen.[32] Sollen neben einem absoluten Rechtsbeschwerdegrund auch andere – insbesondere materiell-rechtliche – Verstöße des Beschwerdegerichts gerügt werden, ohne dass die Rechtsbeschwerde zugelassen worden ist, so muss zusätzlich die Nichtzulassungsbeschwerde eingelegt werden. Wird der Nichtzulassungsbeschwerde stattgegeben, ist die daneben eingelegte zulassungsfreie Rechtsbeschwerde hinfällig.[33] Sie kann allerdings als zugelassene Rechtsbeschwerde aufrechterhalten werden. In diesem Fall muss freilich die Rechtsbeschwerdebegründung fristgemäß um die über § 74 Abs. 4 GWB hinausgehenden Rügen ergänzt werden. Wird umgekehrt auf die zulassungsfreie Rechtsbeschwerde die angefochtene Beschwerdeentscheidung aufgehoben und die Sache zurückverwiesen, erledigt sich hierdurch die daneben eingelegte Nichtzulassungsbeschwerde. Hat eine zulassungsfreie Rechtsbeschwerde wegen nur vermeintlicher Verfahrensverstöße keinen Erfolg, ist die Beschwerdeentscheidung unanfechtbar, weil die zulassungsfreie Rechtsbeschwerde nicht in eine Nichtzulassungsbeschwerde umgedeutet werden kann.[34]

2. Einzelfragen

Die Verfahrensmängel, die die Möglichkeit einer zulassungsfreien Rechtsbeschwerde eröffnen, sind in § 74 Abs. 4 GWB **enumerativ** aufgeführt. Zu den einzelnen Tatbeständen gilt Folgendes:

§ 74 Abs. 4 Nr. 1 GWB regelt den Fall, dass das Beschwerdegericht **nicht vorschriftsmäßig besetzt** war. Erfasst werden damit alle Verstöße gegen diesbezügliche gesetzliche Bestimmungen, den Geschäftsverteilungsplan des Gerichts (§ 21e GVG) und den Geschäftsverteilungsplan des betreffenden Spruchkörpers (§ 21g GVG) einschließlich der Fälle, in denen die betreffenden Geschäftsverteilungspläne nicht ordnungsgemäß zustande gekommen oder unzulässigerweise geändert worden sind oder sie inhaltlich dem Gesetz widersprechen. Maßgeblich kommt es dabei auf den **Zeitpunkt** des Erlasses der angefochtenen Beschwerdeentscheidung an. Ergeht sie auf eine mündliche Verhandlung, ist die Gerichtsbesetzung im Zeitpunkt der letzten Verhandlung entscheidend, erfolgt die Beschwerdeentscheidung im schriftlichen Verfahren, ist der Entscheidungszeitpunkt maßgebend. Eine unvorschriftsmäßige Besetzung des Gerichts zu einem früheren Zeitpunkt – etwa bei einem Erörterungs- oder Beweisaufnahmetermin – ist unerheblich und bleibt folgenlos.

§ 74 Abs. 4 Nr. 2 GWB eröffnet die zulassungsfreie Rechtsbeschwerde, wenn ein **ausgeschlossener** oder **erfolgreich abgelehnter Richter** an der Beschwerdeentscheidung mitgewirkt hat. Auch bei dieser Fallkonstellation muss sich der Verfahrensmangel auf die angefochtene Entscheidung beziehen. Die Mitwirkung des ausgeschlossenen oder abge-

---

[32] BGH, WuW/E BGH 2010, 2011 – *Taxi-Funk-Zentrale Kassel*; *Karsten Schmidt* in: Immenga/Mestmäcker, GWB, § 74 Rn. 15; *Werner* in: Wiedemann, Handbuch des Kartellrechts, § 54 Rn. 115.
[33] Im Ergebnis ebenso: *Karsten Schmidt* in: Immenga/Mestmäcker, GWB, § 74 Rn. 15.
[34] Ebenso: *Karsten Schmidt* in: Immenga/Mestmäcker, GWB, § 74 Rn. 15 m.w.N.

lehnten Richters an vorbereitenden Maßnahmen des Beschwerdegerichts oder an der Verkündung der Beschwerdeentscheidung ist unschädlich.

15 § 74 Abs. 4 Nr. 3 GWB betrifft die **Versagung des rechtlichen Gehörs** durch das **Beschwerdegericht.** Der Tatbestand ist in Zusammenhang mit den Anforderungen der §§ 71 und 72 GWB zu sehen. Das rechtliche Gehör wird verfassungsrechtlich durch Art. 103 Abs. 1 GG garantiert und hat in den § 71 und 72 GWB seine Ausprägung und Konkretisierung erfahren. Nach § 71 Abs. 1 Satz 2 GWB darf die Beschwerdeentscheidung nur auf solche Tatsachen und Beweismittel gestützt werden, zu denen die Beteiligten sich äußern konnten. Die Vorschrift grenzt den Tatsachenstoff, den das Beschwerdegericht seiner Entscheidungsfindung zugrunde zu legen hat, in zweifacher Hinsicht ab. Zum einen folgt aus dem Grundsatz rechtlichen Gehörs die prozessuale Pflicht des Gerichts, bei seiner Entscheidung rechtzeitiges Vorbringen der Beteiligten vollständig zu beachten. Zum anderen darf das Gericht nur diejenigen Tatsachen und Beweismittel in seine Entscheidung einfließen lassen, die allen Verfahrensbeteiligten bekannt gemacht worden sind und zu denen sämtliche Beteiligte des Beschwerdeverfahrens in ausreichender Weise haben Stellung nehmen können. Damit korrespondierend gewährt § 72 GWB den Verfahrensbeteiligten ein Recht auf Akteneinsicht. Grenzen des rechtlichen Gehörs ergeben sich allerdings unter dem Aspekt des **Geheimschutzes** (vgl. § 71 Abs. 1 Satz 3 und 4 GWB und § 72 Abs. 3 GWB).[35] Auf die Rüge einer Verletzung des rechtlichen Gehörs kann sich nur derjenige Beteiligte berufen, dem das rechtliche Gehör versagt worden ist – nicht auch die anderen Beteiligten des Beschwerdeverfahrens. Die unterlassene Hinzuziehung eines Beteiligten oder notwendig Beizuladenden ist ein Anwendungsfall der Versagung rechtlichen Gehörs.[36] Das Rügeverfahren nach **§ 71 a GWB** ist gegenüber der zulassungsfreien Rechtsbeschwerde nach § 74 Abs. 4 Nr. 3 GWB subsidiär.

16 Die **mangelnde Vertretung** eines Verfahrensbeteiligten rechtfertigt gleichfalls die zulassungsfreie Rechtsbeschwerde (§ 74 Abs. 4 Nr. 4 GWB). Sie ist von Amts wegen zu beachten und berechtigt **nur** den **mangelhaft Vertretenen** zur zulassungsfreien Rechtsbeschwerde.[37] Denn ausschließlich seinem Schutz dient die Vorschrift und nur er ist durch den Mangel der Vertretung materiell beschwert.

17 Die Verletzung der Vorschriften über die **Öffentlichkeit** des Beschwerdeverfahrens berechtigt gemäß § 74 Abs. 4 Nr. 5 GWB zur zulassungsfreien Rechtsbeschwerde. Unter diesen Tatbestand fällt sowohl der gesetzeswidrige Ausschluss der Öffentlichkeit als auch die gesetzeswidrige Zulassung der Öffentlichkeit (§§ 169 ff. GVG). Erfasst wird ebenso der Fall, dass das Verfahren zum Ausschluss der Öffentlichkeit nach § 174 GVG nicht beachtet oder das Verbot von Rundfunk- und Fernsehaufnahmen in § 169 Satz 2 GVG missachtet wird. Voraussetzung ist in sämtlichen Fällen freilich, dass der Rechtsverstoß dem Gericht zuzurechnen ist. Die zulassungsfreie Rechtsbeschwerde ist dementsprechend nicht eröffnet, wenn beispielsweise ein Dritter heimlich die verbotenen Ton- und Filmaufnahmen fertigt.

Schließlich eröffnet auch das **Fehlen von Gründen** der angefochtenen Beschwerdeentscheidung die zulassungsfreie Rechtsbeschwerde. Dieser Rechtsbeschwerdegrund liegt nicht nur dann vor, wenn eine Begründung der Beschwerdeentscheidung völlig fehlt, sondern auch dann, wenn die der Entscheidung zugrunde liegenden Erwägungen so unverständlich und verworren sind, dass sie nicht durchschaut werden können und aus ihnen nicht zu erkennen ist, welche tatsächlichen Feststellungen und rechtlichen Überlegungen der Entscheidung zugrunde liegen. Ein Fall fehlender Begründung ist auch gegeben, wenn die Begründung eines Beschlusses mehr als 5 Monate nach der mündlichen Verhandlung zur Geschäftsstelle gelangt.[38] Andererseits fällt eine knappe und möglicherweise auch sach-

---

[35] Zu den weiteren Einzelheiten vgl. § 71 a Rn. 8, 9.
[36] Ebenso: *Karsten Schmidt* in: Immenga/Mestmäcker, GWB, § 74 Rn. 19.
[37] A. A. *Karsten Schmidt* in: Immenga/Mestmäcker, GWB, § 74 Rn. 20.
[38] Vgl. oben § 71 Fn. 18.

lich unzureichende Begründung nicht unter die Vorschrift. Stets muss sich das Fehlen der gesetzlich vorgeschriebenen Begründung auf die **angefochtene Beschwerdeentscheidung selbst** – und nicht bloß auf die mit ihr ergangenen Nebenentscheidungen über die Kosten oder die Zulassung der Rechtsbeschwerde – beziehen. Wurde unter Verstoß gegen § 74 Abs. 3 Satz 2 GWB die Nichtzulassung nicht begründet, eröffnet das nur die Nichtzulassungsbeschwerde nach § 75 GWB.

§ 75 Nichtzulassungsbeschwerde

(1) **Die Nichtzulassung der Rechtsbeschwerde kann selbständig durch Nichtzulassungsbeschwerde angefochten werden.**

(2) [1]Über die Nichtzulassungsbeschwerde entscheidet der Bundesgerichtshof durch Beschluss, der zu begründen ist. [2]Der Beschluss kann ohne mündliche Verhandlung ergehen.

(3) [1]Die Nichtzulassungsbeschwerde ist binnen einer Frist von einem Monat schriftlich bei dem Oberlandesgericht einzulegen. [2]Die Frist beginnt mit der Zustellung der angefochtenen Entscheidung.

(4) [1]Für die Nichtzulassungsbeschwerde gelten § 64 Abs. 1 und 2, § 66 Abs. 3, 4 Nr. 1 und Abs. 5, §§ 67, 68, 72 und 73 Nr. 2 dieses Gesetzes sowie die §§ 192 bis 197 des Gerichtsverfassungsgesetzes über die Beratung und Abstimmung entsprechend. [2]Für den Erlass einstweiliger Anordnungen ist das Beschwerdegericht zuständig.

(5) [1]Wird die Rechtsbeschwerde nicht zugelassen, so wird die Entscheidung des Oberlandesgerichts mit der Zustellung des Beschlusses des Bundesgerichtshofs rechtskräftig. [2]Wird die Rechtsbeschwerde zugelassen, so beginnt mit der Zustellung des Beschlusses des Bundesgerichtshofs der Lauf der Beschwerdefrist.

Übersicht

	Rn.		Rn.
I. Sinn und Zweck der Vorschrift	1	2. Frist	6
II. Zulassungsvoraussetzungen (Abs. 1)	3	3. Maßgebliche Vorschriften	7
III. Verfahren (Abs. 2 bis 4)	5	IV. Rechtsfolgen (Abs. 5)	8
1. Zuständigkeit	5		

I. Sinn und Zweck der Vorschrift

Hat das Oberlandesgericht in seiner Entscheidung die **Zulassung** der Rechtsbeschwerde **abgelehnt** oder versehentlich über die Zulassungsfrage überhaupt **nicht entschieden**,[1] besteht gemäß § 75 Abs. 1, Abs. 2 Satz 1 GWB die Möglichkeit der Nichtzulassungsbeschwerde zum Bundesgerichtshof. Gegenstand dieses Verfahrens ist alleine die Prüfung, ob das Beschwerdegericht **gegen § 74 Abs. 2 GWB verstoßen** und zu Unrecht die Zulassungsvoraussetzungen verneint hat. Das ist der Fall, wenn ein rechtsbeschwerdefähiger Beschluss des Oberlandesgerichts ergangen ist (§ 74 Abs. 1 GWB) und das Beschwerdegericht die Rechtsbeschwerde nicht zugelassen hat, obschon die Voraussetzungen des § 74 Abs. 2 GWB vorgelegen haben. Bereits die Möglichkeit, die Nichtzulassungsbeschwerde einzulegen, **hemmt** die **Rechtskraft** der Beschwerdeentscheidung. Sie tritt – sofern nicht die Voraussetzungen einer zulassungsfreien Rechtsbeschwerde nach § 74 Abs. 4 GWB vorliegen und die Rechtsbeschwerdefrist noch nicht abgelaufen ist – erst ein, wenn entweder die Frist des § 75 Abs. 3 GWB zur Einlegung der Nichtzulassungsbeschwerde verstrichen ist

1

---

[1] Vgl. BGH, Beschl. v. 19. 6. 2007 – *KVZ 9/07;* OLG Düsseldorf, Beschl. v. 17. 1. 2007 – *VI-Kart 12/06 (V)*.

oder die Nichtzulassungsbeschwerde vom Bundesgerichtshof abgelehnt worden ist (§ 75 Abs. 5 Satz 1 GWB).

2 Im Verfahren der Nichtzulassungsbeschwerde sind die **Erfolgsaussichten einer Rechtsbeschwerde** ebenso wenig zu prüfen wie die Frage, ob die Rechtsbeschwerde gemäß § 74 Abs. 4 GWB auch ohne Zulassung zulässig ist. Liegt ein Verfahrensmangel im Sinne § 74 Abs. 4 GWB vor, so kann unmittelbar die zulassungsfreie Rechtsbeschwerde eingelegt werden. Daneben muss die Nichtzulassungsbeschwerde betrieben werden, wenn über den betreffenden Verfahrensmangel hinaus weitere Rechtsverstöße des Beschwerdegerichts – insbesondere materiell-rechtliche Fehler – geltend gemacht werden sollen. Denn das Rechtsbeschwerdegericht hat bei der zulassungsfreien Rechtsbeschwerde ausschließlich das Vorliegen der in § 74 Abs. 4 GWB enumerativ aufgeführten Verfahrensmängel zu prüfen.[2] **Zulassungsfreie Rechtsbeschwerde** und **Nichtzulassungsbeschwerde** können also **nebeneinander** betrieben werden. Hat die Nichtzulassungsbeschwerde Erfolg, wird die daneben eingelegte zulassungsfreie Rechtsbeschwerde hinfällig. Sie kann allerdings als (nunmehr) zugelassene Rechtsbeschwerde aufrechterhalten werden. In diesem Fall muss die Beschwerdebegründung sodann fristgerecht ergänzt werden. Wird umgekehrt auf die zulassungsfreie Rechtsbeschwerde die angefochtene Beschwerdeentscheidung aufgehoben, erledigt sich damit die Nichtzulassungsbeschwerde.

Soweit nur die mit der Beschwerdeentscheidung ergangenen Nebenentscheidungen angefochten werden sollen, ist weder die Rechtsbeschwerde noch die Nichtzulassungsbeschwerde möglich, allenfalls gibt es **Gegenvorstellungen,** die das Beschwerdegericht jedenfalls dann zu prüfen hat, wenn sie in der Monatsfrist des § 93 BVerfGG und des § 76 Abs. 3 GWB erhoben worden sind.[3]

II. Zulassungsvoraussetzung (Abs. 1)

3 Ebenso wie die Rechtsbeschwerde nach § 74 Abs. 1 GWB ist die Nichtzulassungsbeschwerde nur statthaft, wenn eine **verfahrensabschließende** – und nicht eine diese nur vorbereitende – Entscheidung des Beschwerdegerichts angegriffen wird und das Beschwerdegericht die Rechtsbeschwerde nicht zugelassen hat.

4 **Berechtigt** zur Einlegung der Nichtzulassungsbeschwerde ist jeder, der gemäß § 76 Abs. 1 GWB rechtsbeschwerdebefugt ist. Das wiederum sind die Kartellbehörde und alle am Beschwerdeverfahren Beteiligten. Wie bei jedem Rechtsbehelf ist auch bei der Nichtzulassungsbeschwerde ein **Rechtsschutzbedürfnis** erforderlich. Wegen des unterschiedlichen Prüfungsumfangs der beiden Rechtsbehelfe fehlt es nicht schon deshalb, weil die beschwerdeführende Partei auch die zulassungsfreie Rechtsbeschwerde einlegen könnte oder eingelegt hat.[4] Darüber hinaus muss der Beschwerdeführer durch die angefochtene Beschwerdeentscheidung **beschwert** sein.

III. Verfahren (Abs. 2–4)

1. Zuständigkeit

5 Zuständig für die Entscheidung über die Nichtzulassungsbeschwerde ist der Bundesgerichtshof, der gemäß § 75 Abs. 2 Satz 1 GWB durch **begründeten** Beschluss über die Zulassung zu entscheiden hat. Der Beschluss kann ohne mündliche Verhandlung ergehen (§ 75 Abs. 2 Satz 2 GWB), aber erst nach **Anhörung** der Verfahrensbeteiligten (§§ 75 Abs. 4 Satz 1, 67 GWB). **Beurteilungsgrundlagen** sind der vom Beschwerdegericht festgestellte Sachverhalt und die vom Beschwerdeführer erhobenen Rügen.

---

[2] Weitere Einzelheiten bei § 74 Rn. 11 ff.
[3] *Kollmorgen* in: Langen/Bunte, Kommentar zum deutschen und europäischen Kartellrecht, § 75 Rn. 15.
[4] Ebenso *Karsten Schmidt* in: Immenga/Mestmäcker, GWB, § 75 Rn. 4.

2. Frist

Die Nichtzulassungsbeschwerde ist nach § 75 Abs. 3 GWB binnen einer Frist von **einem Monat nach Zustellung** der angefochtenen Beschwerdeentscheidung **schriftlich** bei dem Oberlandesgericht einzulegen. Sie ist innerhalb von **zwei Monaten** nach der Einlegung zu **begründen** (§§ 75 Abs. 4, 66 Abs. 3 und 4 GWB).[5] Ebenso wie in dem vergleichbaren Verfahren nach § 544 ZPO ist auch die Nichtzulassungsbeschwerde nur zulässig, wenn innerhalb der Begründungsfrist Zulassungsgründe im Sinne von § 74 Abs. 2 GWB dargelegt werden. Dazu reicht es nicht, einen Zulassungsgrund nur pauschal zu benennen. Der Beschwerdeführer muss vielmehr die Voraussetzungen des Zulassungsgrundes, auf den er seine Beschwerde stützt, **substantiiert** darlegen.[6] Dabei hat er auch die **Entscheidungserheblichkeit** aufzuzeigen.[7] Durch die Einreichung der Begründungsschrift bei dem Bundesgerichtshof wird sowohl die Frist für die Einlegung als auch für die Begründung gewahrt, obschon § 75 Abs. 4 S. 1 GWB nicht auf § 66 Abs. 1Satz 4 GWB verweist.[8] Die **Begründungsfrist** kann – und zwar ausschließlich – vom Vorsitzenden des Rechtsbeschwerdegerichts **verlängert** werden (§§ 75 Abs. 4 Satz 1, 66 Abs. 3 Satz 2 GWB).[9] Dort ist dementsprechend auch rechtzeitig das Verlängerungsgesuch anzubringen. Hat der Vorsitzende des Beschwerdegerichts in Verkennung der Rechtslage die Begründungsfrist verlängert, kann ein Vertrauensschutz in Betracht kommen.[10]

3. Maßgebliche Vorschriften

Durch die Verweisung in § 75 Abs. 4 GWB auf § 64 Abs. 1 und 2 GWB ist bestimmt, dass die Nichtzulassungsbeschwerde in denselben Fällen einen **Suspensiveffekt** entfaltet, in denen dies auch bei der Beschwerde gegen die kartellbehördliche Entscheidung der Fall ist. Dementsprechend hat die Nichtzulassungsbeschwerde unter den Voraussetzungen des § 64 Abs. 1 GWB kraft Gesetzes aufschiebende Wirkung und kann das Rechtsbeschwerdegericht in den Fällen des § 64 Abs. 2 GWB den Suspensiveffekt anordnen.

Aus dem Verweis des § 75 Abs. 4 Satz 1 GWB auf § 66 Abs. 3 und 4 GWB folgt, dass die Frist zur Begründung der Nichtzulassungsbeschwerde zwei Monate ab Einlegung der Nichtzulassungsbeschwerde beträgt,[11] die Frist mit der Einlegung der Beschwerde beginnt und auf Antrag von dem Vorsitzenden des Kartellsenats des Bundesgerichtshofs verlängert werden kann, und dass ferner die Beschwerdebegründung eine Erklärung für den Umfang der Anfechtung enthalten muss. Aus der Inbezugnahme der weiteren Vorschriften über das Beschwerdeverfahren folgt überdies, dass die Beschwerdeschrift und die Begründungsschrift von einem bei einem deutschen Gericht zugelassenen Rechtsanwalt unterzeichnet sein müssen, sich die Kartellbehörde demgegenüber nicht anwaltlich vertreten lassen muss (§§ 75 Abs. 4 Satz 1, 66 Abs. 5 GWB), dass der Kreis der Beteiligten demjenigen des Beschwerdeverfahrens entspricht (§§ 75 Abs. 4 Satz 1, 67 GWB) und diese sich durch einen Rechtsanwalt vertreten lassen müssen (§§ 75 Abs. 4 Satz 1, 68 GWB), dass die Beteiligten Akteneinsicht in demselben Umfang verlangen können wie im Beschwerdeverfahren (§§ 75 Abs. 4 Satz 1, 72 GWB), dass zur Schließung von Regelungslücken die Vorschriften der Zivilprozessordnung ergänzend wie im Beschwerdeverfahren heranzuziehen sind

---

[5] A. A.: *Karsten Schmidt* in: Immenga/Mestmäcker, GWB, § 75 Rn. 6, der eine Monatsfrist ab Einlegung der Nichtzulassungsbeschwerde annimmt.
[6] BGH, Beschl. v. 11. 7. 2006 – *KVZ 41/05;* BGH, WuW/E BGH 3035, 3036 – *Nichtzulassungsbeschwerde.*
[7] BGH, Beschl. v. 11. 7. 2006 – *KVZ 41/05;* BGH, NJW 2003, 831.
[8] BGH, WuW/E BGH 2860 – *Pauschalreisenvermittlung II.*
[9] BGH, GRUR 2005, 524.
[10] BGH, GRUR 2005, 524.
[11] A. A.: *Karsten Schmidt* in: Immenga/Mestmäcker, GWB, § 75 Rn. 6.

§ 76 GWB   10. Teil. Gesetz gegen Wettbewerbsbeschränkungen

(§§ 75 Abs. 4 Satz 1, 73 Nr. 2 GWB), und dass die Vorschriften der §§ 192 bis 197 GVG hinsichtlich der Beratung und der Abstimmung des Rechtsbeschwerdegerichts gelten. Für einstweilige Anordnungen bleibt das Beschwerdegericht zuständig (§ 75 Abs. 4 Satz 2 GWB).

IV. Rechtsfolgen (Abs. 5)

8 **Weist** das Rechtsbeschwerdegericht die **Nichtzulassungsbeschwerde zurück,** wird der angefochtene Beschluss des Beschwerdegerichts mit der Zustellung der zurückweisenden Entscheidung rechtskräftig (§ 75 Abs. 5 Satz 1 GWB). Ist die Monatsfrist für die Einlegung der Rechtsbeschwerde noch nicht abgelaufen, so wird der Beschluss des Beschwerdegerichts erst mit Ablauf dieser Frist rechtskräftig, um die Möglichkeit einer zulassungsfreien Rechtsbeschwerde nach § 74 Abs. 4 GWB zu wahren. Verfolgt die beschwerdeführende Partei neben der Nichtzulassungsbeschwerde eine zulassungsfreie Rechtsbeschwerde, tritt Rechtskraft erst ein, sobald auch hierüber entschieden ist.

Wird die **Rechtsbeschwerde** vom Bundesgerichtshof **zugelassen,** so beginnt mit der Zustellung dieses Beschlusses die Frist für die Einlegung der Rechtsbeschwerde (§ 75 Abs. 5 Satz 2 GWB). Die Zulassung der Rechtsbeschwerde gilt für alle Verfahrensbeteiligten und kann nicht auf einzelne Beteiligte beschränkt werden.[12] Die Zulassung begründet keinen Zwang zu erneuter Einlegung der Rechtsbeschwerde, wenn diese bereits als zulassungsfreie nach § 74 Abs. 4 GWB eingelegt worden ist. In diesem Fall ist allerdings die Rechtsbeschwerdebegründung um die über § 74 Abs. 4 GWB hinausgehenden Rügen zu ergänzen.

10 Wegen der nach §§ 75 Abs. 4 Satz 1, 64 GWB möglichen aufschiebenden Wirkung sieht das Gesetz nicht vor, dass **einstweilige Anordnungen nach § 65 GWB** getroffen werden können. Sie sind gleichwohl zuzulassen. Zur Entscheidung ist in diesen Fällen das Rechtsbeschwerdegericht und nicht das Beschwerdegericht zuständig, weil es in seine Erwägungen auch die Erfolgsaussichten des Rechtsmittels einbezieht.[13] Für die **einstweiligen Anordnungen nach §§ 64 Abs. 3 Satz 1, 60 GWB** verbleibt es demgegenüber bei der Zuständigkeit des Beschwerdegerichts. Das folgt aus § 75 Abs. 4 Satz 2 GWB.

§ 76 Beschwerdeberechtigte, Form und Frist

(1) **Die Rechtsbeschwerde steht der Kartellbehörde sowie den am Beschwerdeverfahren Beteiligten zu.**

(2) ¹**Die Rechtsbeschwerde kann nur darauf gestützt werden, dass die Entscheidung auf einer Verletzung des Rechts beruht; die §§ 546, 547 der Zivilprozessordnung gelten entsprechend.** ²**Die Rechtsbeschwerde kann nicht darauf gestützt werden, dass die Kartellbehörde unter Verletzung des § 48 ihre Zuständigkeit zu Unrecht angenommen hat.**

(3) ¹**Die Rechtsbeschwerde ist binnen einer Frist von einem Monat schriftlich bei dem Oberlandesgericht einzulegen.** ²**Die Frist beginnt mit der Zustellung der angefochtenen Entscheidung.**

(4) **Der Bundesgerichtshof ist an die in der angefochtenen Entscheidung getroffenen tatsächlichen Feststellungen gebunden, außer wenn in Bezug auf diese Feststellungen zulässige und begründete Rechtsbeschwerdegründe vorgebracht sind.**

(5) ¹**Für die Rechtsbeschwerde gelten im Übrigen § 64 Abs. 1 und 2, § 66 Abs. 3, 4 Nr. 1 und Abs. 5, §§ 67 bis 69, 71 bis 73 entsprechend.** ²**Für den Erlass einstweiliger Anordnungen ist das Beschwerdegericht zuständig.**

---

[12] *Karsten Schmidt* in: Immenga/Mestmäcker, GWB, § 75 Rn. 11.
[13] Vgl. BGH, NJW-RR 1999, 542 – *Tariftreueerklärung*; *Karsten Schmidt* in: Immenga/Mestmäcker, GWB, § 75 Rn. 7.

Übersicht

	Rn.		Rn.
I. Sinn und Zweck der Vorschrift	1	b) Verletzung verfahrensrechtlicher Bestimmungen	8
II. Rechtsbeschwerdebefugnis (Abs. 1)	2	IV. Maßgeblichkeit der tatsächlichen Feststellungen (Abs. 4)	11
1. Kreis der Rechtsbeschwerdeberechtigten	2	V. Verfahren	12
2. Beschwer	3	1. Verweisungen	12
III. Prüfungsumfang (Abs. 2)	6	2. Einlegung	13
1. Gesetzesverletzung	6	3. Begründung	14
2. Kausalität	7	4. Entscheidung	16
a) Verletzung materiell-rechtlicher Bestimmungen	7		

I. Sinn und Zweck der Vorschrift

§ 76 GWB enthält verfahrensrechtliche und materiellrechtliche Vorschriften für das Rechtsbeschwerdeverfahren. Diese gelten gleichermaßen für die vom Beschwerdegericht oder auf erfolgreiche Nichtzulassungsbeschwerde vom Rechtsbeschwerdegericht zugelassene Rechtsbeschwerde wie auch für die zulassungsfreie Rechtsbeschwerde. Besonderheiten des Rechtsbeschwerdeverfahrens regelt § 76 GWB in seinen Absätzen 1, 3 und 4 selbst. Im Übrigen verweist die Norm auf näher bezeichnete Bestimmungen über das Beschwerdeverfahren und die Zivilprozessordnung. 1

II. Rechtsbeschwerdebefugnis (Abs. 1)

1. Berechtigung

§ 76 Abs. 1 GWB bestimmt den Personenkreis, der zur Rechtsbeschwerde befugt ist. Zur **Rechtsbeschwerde berechtigt** sind demnach die Kartellbehörde und alle am Beschwerdeverfahren Beteiligten. Der insoweit in Bezug genommene Kreis der Beteiligten ist § 67 GWB zu entnehmen. Wegen der diesbezüglichen Einzelheiten kann auf die dortige Kommentierung verwiesen werden. 2

Streitig ist, ob auch derjenige, der am Beschwerdeverfahren nicht beteiligt worden ist, aber hätte beteiligt werden müssen, Rechtsbeschwerde einlegen kann. Entgegen der in der Vorauflage vertretenen Ansicht ist dies zu bejahen.[1] Das gilt namentlich für den **notwendig Beizuladenden**, der durch die in Rede stehende kartellbehördliche Entscheidung nicht nur in seinen wirtschaftlichen Interessen nachteilig betroffen, sondern darüber hinaus auch in seinen Rechten verletzt ist.[2] In einem solchen Fall steht dem Betreffenden mit Blick auf Art. 19 Abs. 4 GG auch ohne Beiladung nicht nur die Beschwerdebefugnis nach § 63 Abs. 2 GWB,[3] sondern gleichermaßen auch die Befugnis zur Rechtsbeschwerde nach § 76 Abs. 1 GWB zu.[4] 3

2. Beschwer

Das Erfordernis einer **formellen Beschwer** ergibt sich aus dem Rechtsmittelcharakter der Rechtsbeschwerde. Wenn die Beschwerdeentscheidung dem Antrag des Rechtsbe- 4

---

[1] Ebenso: *Karsten Schmidt* in: Immenga/Mestmäcker, GWB, § 76 Rn. 1; a.A. *Bechtold*, GWB, § 76 Rn. 1.

[2] Vgl. BGH, WuW/E DE-R 1544 – *Zeiss/Leica*; OLG Düsseldorf, WuW/E DE-R 2050, 2051 – *Höchstentgelt*; *Schultz* in: Langen/Bunte, Kommentar zum deutschen und europäischen Kartellrecht, § 54 Rn. 34; *Karsten Schmidt* in: Immenga/Mestmäcker, GWB, § 54 Rn. 47, § 63 Rn. 23; *ders.* in: DB 2004, 527, 528 f.; siehe auch *Dormann*, Die Bedeutung subjektiver Rechte für das Kartellverwaltungsverfahren, WuW 2000, 245; erweiternd: *Laufkötter*, Die Rechte der Dritten im neuen Recht der Zusammenschlusskontrolle, WuW 1999, 671.

[3] Vgl. dazu die Kommentierung bei § 63 Rn. 13; BGH, WuW/E DE-R 1544 – *Zeiss/Leica*.

[4] Ebenso: *Karsten Schmidt* in: Immenga/Mestmäcker, GWB, § 76 Rn. 9; *Kollmorgen* in: Langen/Bunte, Kommentar zum deutschen und europäischen Kartellrecht, § 76 Rn. 10.

schwerdeführers entsprochen hat, fehlt es an der formellen Beschwer und die Rechtsbeschwerde ist unstatthaft. Erforderlich ist daneben eine **materielle Beschwer**. Sie liegt vor, wenn die rechtsbeschwerdeführende Partei geltend machen kann, durch die angefochtene Beschwerdeentscheidung nachteilig in ihren wirtschaftlichen Belangen betroffen zu sein. Wird eine fusionskontrollrechtliche Beschwerdeentscheidung angefochten, erfordert die materielle Beschwer, dass die unternehmerischen und/oder wettbewerblichen Interessen des Beschwerdeführers beeinträchtigt sein können.[5] Eine Rechtsverletzung ist für die materielle Beschwer in keinem Falle erforderlich.

III. Prüfungsumfang (Abs. 2)

1. Gesetzesverletzung

5   Die Rechtsbeschwerde kann nur auf eine **Gesetzesverletzung** gestützt werden. Aus dem Verweis auf § 546 ZPO ergibt sich, dass eine Rechtsnorm nicht oder nicht richtig angewandt worden sein muss. Dies kann der Fall sein, wenn eine einschlägige Vorschrift übersehen worden ist, wenn die Merkmale der Norm verkannt worden sind (Interpretationsfehler), wenn die Anwendung der richtig ausgelegten Norm auf den konkreten Fall unrichtig erfolgt ist (Subsumtionsfehler), wenn gegen Denkgesetze oder Erfahrungssätze verstoßen worden ist, oder wenn der Subsumtion ein anderer als der nach dem Akteninhalt festgestellte Sachverhalt zugrunde gelegt worden ist.

Als verletzte Vorschrift kann **jede Rechtsnorm** in Betracht kommen, unabhängig davon, ob es sich um eine solche im formellen oder materiellen Sinne handelt. Unerheblich ist – von den nachstehend erörterten Ausnahmen abgesehen auch –, ob es sich um eine verfahrensrechtliche oder eine materiell-rechtliche Vorschrift handelt. Auch die Verletzung von Gemeinschaftsrecht kann mit der Rechtsbeschwerde zur Überprüfung gestellt werden. Eine Beschränkung auf die Prüfung von Bundesrecht ist – anders als in § 545 ZPO für die Revision – in § 76 GWB nicht vorgesehen. Wendet sich die Rechtsbeschwerde gegen eine Entscheidung, die das Beschwerdegericht im Eilverfahren nach **§ 65 Abs. 3 GWB** getroffen hat, erfolgt allerdings nur eine **eingeschränkte Rechtskontrolle**. Gemäß § 65 Abs. 3 Nr. 2 GWB ist Prüfungsmaßstab für die vom Beschwerdegericht vorzunehmende Rechtmäßigkeitskontrolle, ob ernstliche Zweifel an der Rechtmäßigkeit der angefochtenen kartellbehördlichen Verfügung bestehen. Das Rechtsbeschwerdegericht prüft das dabei vom Beschwerdegericht gefundene Ergebnis nur auf seine rechtliche Plausibilität[6].

2. Kausalität

6   Gemäß § 76 Abs. 2 Satz 1 GWB kann die Rechtsbeschwerde nur darauf gestützt werden, dass die angefochtene Beschwerdeentscheidung auf einer Verletzung des Gesetzes beruht. Zu den Einzelheiten der erforderlichen Kausalität zwischen Rechtsverstoß und Beschwerdeentscheidung gilt Folgendes:

7   a) **Verletzung materiell-rechtlicher Bestimmungen.** Im Falle der Verletzung materieller Normen ist die Vereinbarkeit des angefochtenen Beschlusses mit dem **materiellen Recht** von Amts wegen zu prüfen.[7] Dabei kann auch ein Verstoß gegen die Denkgesetze eine Verletzung materiellen Rechtes sein. Wirtschaftswissenschaftliche Aussagen werden den Rechtsfragen und nicht den Tatsachenfragen zugerechnet.[8] Nach § 76 Abs. 2 GWB

---

[5] BGH, WM 2007, 2213, 2215 – *Anteilsveräußerung*; OLG Düsseldorf, WuW/E DE-R 1651, 1653 – *Zementvertrieb*.
[6] BGH, WuW/E DE-R 2035, 2037/2038 – *Lotto im Internet*; BGH, Beschl. v. 25. 9. 2007 – *KVR 19/07* Umdruck Seite 6/7.
[7] *Karsten Schmidt* in: Immenga/Mestmäcker, GWB, § 76 Rn. 6.
[8] *Karsten Schmidt* in: Immenga/Mestmäcker, GWB, § 76 Rn. 6; *Kollmorgen* in: Langen/Bunte, Kommentar zum deutschen und europäischen Kartellrecht, § 76 Rn. 14.

muss die angegriffene Entscheidung **auf der Verletzung** des materiellen Rechts **beruhen.** Die Rechtsbeschwerde hat demnach nur Erfolg, wenn die vom Rechtsbeschwerdegericht vertretene rechtliche Würdigung zu einem anderen Ergebnis führt. Andernfalls stellt sich die Beschwerdeentscheidung aus anderen Gründen als richtig dar und bleibt die Rechtsbeschwerde analog § 563 ZPO, § 144 Abs. 4 VwGO erfolglos.

b) Verletzung verfahrensrechtlicher Bestimmungen. In den Fällen der Verletzung von **Verfahrensvorschriften** ist zu überprüfen, ob entweder das kartellbehördliche Verfahren oder das Beschwerdeverfahren fehlerhaft geführt worden sind. Das gilt allerdings nicht ausnahmslos. Gemäß § 76 Abs. 2 Satz 2 GWB kann die Rechtsbeschwerde nicht darauf gestützt werden, dass die Kartellbehörde unter Verletzung des § 48 GWB ihre **Zuständigkeit** zu Unrecht bejaht hat. Gleiches gilt in entsprechender Anwendung des § 83 Satz 1 VwGO i.V.m. §§ 17, 17a und 17b GVG, wenn das Beschwerdegericht zu Unrecht seine Zuständigkeit angenommen hat.[9] Dagegen kann mit der Rechtsbeschwerde geltend gemacht werden, dass die Kartellbehörde ihre Zuständigkeit rechtswidrig verneint hat und deshalb einem Antrag des Rechtsbeschwerdeführers nicht entsprochen hat. Generell gilt, dass Verfahrensverstöße vom Rechtsbeschwerdegericht nur insoweit geprüft werden, wie sie von der rechtsbeschwerdeführenden Partei **gerügt** worden sind.

Auch bei der Verletzung von Verfahrensvorschriften muss die angefochtene Entscheidung auf dem Rechtsverstoß **beruhen.** Dies ist der Fall, wenn nicht ausgeschlossen werden kann, dass die Entscheidung ohne den Verfahrensfehler anders ausgefallen wäre. Bei gebundenen Entscheidungen wird dies im Allgemeinen zu verneinen sein, bei Ermessensentscheidungen kommt es auf die jeweiligen Umstände des Falles an. Eine Ausnahme vom Kausalitätserfordernis gilt für die **absoluten Rechtsbeschwerdegründe** im Sinne von § 76 Abs. 2 Satz 1 GWB i.V.m. § 547 Nr. 1 bis 6 ZPO. Es handelt sich hierbei um die nicht vorschriftsmäßige Besetzung des Beschwerdegerichts, die Mitwirkung eines ausgeschlossenen oder erfolgreich abgelehnten Richters, die mangelnde Vertretung eines Verfahrensbeteiligten, die Verletzung der Vorschriften über die Öffentlichkeit und das Fehlen von Gründen der Beschwerdeentscheidung. Bei sämtlichen dieser Verfahrensverstöße wird die Kausalität **unwiderleglich vermutet**, so dass der angefochtene Beschluss zwingend aufzuheben und die Sache an das Beschwerdegericht zurückzuverweisen ist. Nicht zu den absoluten Rechtsbeschwerdegründen, auf die § 76 Abs. 2 Satz 1 GWB durch den Verweis auf § 547 Nr. 1 bis 6 ZPO Bezug nimmt, gehört die **Verletzung des rechtlichen Gehörs.** Sie ist gleichwohl als ein solcher zu behandeln. Die Gehörsverletzung zählt zu den Verfahrensfehlern, die – wie die anderen von § 76 Abs. 2 Satz 1 GWB i.V.m. § 547 ZPO erfassten absoluten Rechtsbeschwerdegründe auch – die zulassungsfreie Rechtsbeschwerde gemäß § 74 Abs. 4 GWB eröffnen. Vor diesem Hintergrund wäre es nicht gerechtfertigt, die Missachtung des rechtlichen Gehörs, welches unter dem besonderen Schutz des § 103 GG steht, insoweit abweichend von den übrigen Verfahrensmängeln zu behandeln.[10] Nach höchstrichterlicher Rechtsprechung liegt darüber hinaus ein absoluter Rechtsbeschwerdegrund vor, wenn entgegen § 67 GWB ein **Verfahrensbeteiligter** nicht am Beschwerdeverfahren beteiligt worden ist.[11] Dasselbe muss für den Fall gelten, dass im Beschwerdeverfahren eine **notwendige Beiladung** unterblieben ist.[12]

---

[9] BGH, WRP 2003, 1131 – *Verbundnetz II*.
[10] BGH, WRP 2005, 1278 – *Arealnetze*; Karsten Schmidt in: Immenga/Mestmäcker, GWB, § 76 Rn. 9; *Kollmorgen* in: Langen/Bunte, Kommentar zum deutschen und europäischen Kartellrecht, § 76 Rn. 10.
[11] BGH, WuW/E BGH 2010, 2011 – *Taxi-Funk-Zentrale Kassel*.
[12] Zutreffend: Karsten Schmidt in: Immenga/Mestmäcker, GWB, § 76 Rn. 9; vgl. auch BGH, WRP 2005, 1278 – *Arealnetze*.

IV. Maßgeblichkeit der tatsächlichen Feststellungen (Abs. 4)

10 Nach § 76 Abs. 4 GWB ist der Bundesgerichtshof an die in der angefochtenen Entscheidung **rechtsfehlerfrei getroffenen** tatsächlichen Feststellungen gebunden. Eine Bindungswirkung tritt folglich nur insoweit nicht ein, wie zulässige und begründete Rechtsbeschwerdegründe vorgebracht werden. Aus der Bindung des Rechtsbeschwerdegerichts an den vom Beschwerdegericht fehlerfrei festgestellten Sachverhalt folgt zugleich, dass im Rechtsbeschwerdeverfahren **neuer Sachvortrag unberücksichtigt** bleiben muss. Ebenso haben **Änderungen in tatsächlicher Hinsicht,** die nach Abschluss des Beschwerdeverfahrens eingetreten sind, außer Betracht zu bleiben. Anderes gilt für zwischenzeitlich eingetretene **Gesetzesänderungen.** Kommt es – wie dies bei in die Zukunft gerichteten Unterlassungs- oder Gebotsausprüchen der Fall ist – auf die jeweils gültige Gesetzes- und Rechtslage an, ist eine nach Erlass der Beschwerdeentscheidung eingetretene Gesetzesänderung vom Rechtsbeschwerdegericht zu beachten. Da sich das Beschwerdegericht mit der maßgeblichen (neuen) Rechtslage noch nicht befassen konnte, in der Rechtsbeschwerde andererseits nur eine Rechtskontrolle der Beschwerdeentscheidung stattfinden kann, muss die Beschwerdeentscheidung in diesen Fällen regelmäßig aufgehoben und die Sache zur erneuten Prüfung und Entscheidung an das Beschwerdegericht zurückverwiesen werden.

11 Für das kartellrechtliche Rechtsbeschwerdeverfahren sind die Vorschriften der Zivilprozess- und Verwaltungsgerichtsordnung zum Revisionsverfahren und die dazu in der Rechtsprechung aufgestellten Grundsätze ergänzend heranzuziehen. Dementsprechend gilt analog § 314 ZPO, § 173 VwGO auch im Rechtsbeschwerdeverfahren, dass der Tatbestand der Beschwerdeentscheidung vollen Beweis für das Parteivorbringen liefert. Enthält der Tatbestand Unrichtigkeiten und soll mit der Rechtsbeschwerde eine entscheidungserhebliche Abweichung zwischen dem eigenen Sachvortrag und den Entscheidungsgründen gelten gemacht werden, muss folglich das **Tatbestandsberichtigungsverfahren** analog § 320 ZPO durchgeführt werden.

Aus der Bindung an die tatsächlichen Feststellungen folgt zugleich, dass mit der Rechtsbeschwerde die Beweiswürdigung des Beschwerdegerichts nur mit dem Vorwurf angegriffen werden kann, sie verletzte das Gesetz, Erfahrungsgrundsätze oder Denkgesetze. Nur in diesen Fällen liegt nämlich ein Rechtsfehler des Beschwerdegerichts vor.

V. Verfahren (Abs. 3 und 5)

1. Verweisungen

12 Die in § 76 Abs. 5 GWB enthaltenen Verweisungen auf näher bezeichnete Bestimmungen zum Beschwerdeverfahren besagen, dass auch die Rechtsbeschwerde kraft Gesetzes oder aufgrund einer entsprechenden Anordnung des Rechtsbeschwerdegerichts aufschiebende Wirkung hat (§§ 64 Abs. 1 und 2, 65 Abs. 3 GWB), dass die Rechtsbeschwerde innerhalb von zwei Monaten zu begründen ist, wobei die Frist mit der Einlegung der Rechtsbeschwerde beginnt und vom Vorsitzenden des Rechtsbeschwerdegerichts verlängert werden kann (§ 66 Abs. 3 GWB), dass die Rechtsbeschwerdebegründung die Erklärung enthalten muss, inwieweit die Entscheidung des Beschwerdegerichts angefochten und ihre Abänderung oder Aufhebung beantragt wird (§ 66 Abs. 4 Nr. 1 GWB), dass die Rechtsbeschwerde – sofern sie nicht von der Kartellbehörde eingelegt worden ist – von einem in Deutschland zugelassenen Rechtsanwalt unterzeichnet sein muss (§ 66 Abs. 5 GWB), dass am Rechtsbeschwerdeverfahren der gleiche Personenkreis beteiligt ist wie am Beschwerdeverfahren (§ 67 GWB), dass für die Beteiligten mit Ausnahme der Kartellbehörde Anwaltszwang besteht (§ 68 GWB), dass über die Rechtsbeschwerde mündlich verhandelt werden muss (§ 69 GWB), dass das Rechtsbeschwerdegericht bei Spruchreife dieselben Entscheidungen treffen kann, die auch dem Beschwerdegericht nach § 71 GWB möglich sind, dass im Rechtsbeschwerdeverfahren dasselbe Akteneinsichtsrecht wie im Beschwerdeverfahren besteht (§ 72 GWB), dass auch im Rechtsbeschwerdeverfahren der Sonderrechtsbehelf des § 71a GWB gilt und dass schließlich zur Lückenfüllung ergänzend die in § 73 GWB genannten Vorschriften des GVG und der ZPO gelten. Wegen der Einzelheiten der in Bezug genommenen Vorschriften wird auf die dortige Kommentierung verwiesen.

Was den Erlass einstweiliger Anordnungen betrifft, ist ebenso wie beim Verfahren der Nichtzulassungsbeschwerde zu unterscheiden: Über **einstweilige Anordnungen nach § 65 GWB** hat das Rechtsbeschwerdegericht und nicht das Beschwerdegericht zu entscheiden. Für die **einstweiligen Anordnungen nach §§ 64 Abs. 3 Satz 1, 60 GWB** verbleibt es demgegenüber gemäß § 76 Abs. 5 Satz 2 GWB bei der Zuständigkeit des Beschwerdegerichts.[13]

2. Einlegung

Die vom Beschwerdegericht **zugelassene Rechtsbeschwerde** ist innerhalb eines Monats ab Zustellung der angefochtenen Beschwerdeentscheidung beim Beschwerdegericht einzulegen (§ 76 Abs. 3 Satz 1 GWB). Ist die Rechtsbeschwerde erst **auf Nichtzulassungsbeschwerde** hin vom Rechtsbeschwerdegericht **zugelassen** worden, beginnt die Monatsfrist mit Zustellung der Zulassungsentscheidung des Bundesgerichtshofs (§ 75 Abs. 5 Satz 2 GWB). In beiden Fällen wahrt die Einreichung der Rechtsbeschwerdeschrift beim Bundesgerichtshof die Frist.[14]

3. Begründung

Für die Begründung der Rechtsbeschwerde gewährt das Gesetz in §§ 76 Abs. 5 Satz 1, 66 Abs. 3 Satz 1 GWB eine Frist von **zwei Monaten.** Sie beginnt mit Einlegung der Rechtsbeschwerde, d.h. mit dem Eingang der Rechtsbeschwerde beim Beschwerdegericht (oder Bundesgerichtshof).

Der Begründung muss inhaltlich zu entnehmen sein, inwieweit die Beschwerdeentscheidung angegriffen wird. Soweit die Verletzung von Verfahrensvorschriften gerügt wird, müssen sowohl die missachtete Verfahrensvorschrift genannt als auch die **Tatsachen** vorgetragen werden, **die den Verfahrensmangel begründen** sollen. Ebenso sind bei der Rüge einer unterlassenen Amtsermittlung durch die Kartellbehörde und/oder das Beschwerdegericht die Tatsachen genau zu bezeichnen, deren **Aufklärung unterblieben** sein soll. Dazu gehört auch die Darlegung, aufgrund welchen Sachvortrags sich das Beschwerdegericht hätte veranlasst sehen müssen, von Amts wegen ergänzend zu ermitteln.[15] Wird beanstandet, dass das Beschwerdegericht die **richterliche Hinweispflicht** des § 70 Abs. 2 GWB verletzt habe, ist diese Verfahrensrüge aus § 76 Abs. 2 Satz 1 GWB nur dann ordnungsgemäß erhoben, wenn mit der Rüge im Einzelnen angegeben wird, was auf einen entsprechenden Hinweis vorgebracht worden wäre; der zunächst unterbliebene Vortrag muss dabei vollständig nachgeholt werden.[16]

4. Entscheidung

Der Bundesgerichtshof entscheidet über die Rechtsbeschwerde durch Beschluss. Ist die Rechtsbeschwerde **unzulässig,** wird sie verworfen. Dies kann in analoger Anwendung von §§ 523 Abs. 1, 552 Abs. 1 Satz 2, Abs. 2 ZPO ohne mündliche Verhandlung geschehen.[17]

---

[13] Ebenso: *Karsten Schmidt* in: Immenga/Mestmäcker, GWB, § 76 Rn. 13.
[14] BGH, WRP 2003, 1131 – *Verbundnetz.*
[15] BGH, WRP 2005, 1278 – *Arealnetze* m.w.N.
[16] BGH, WRP 2005, 1278 – *Arealnetze* m.w.N.
[17] BGH, Beschl. v. 23.11.2004 – *KVZ 7/03.*

Ist die Rechtsbeschwerde **unbegründet**, wird sie aufgrund mündlicher Verhandlung zurückgewiesen. Richtet sich die Rechtsbeschwerde gegen eine Entscheidung des Beschwerdegerichts nach **§ 65 Abs. 3 Nr. 2 GWB**, ist zu beachten, dass nur eine **eingeschränkte Rechtskontrolle** stattfindet. Das Rechtsbeschwerdegericht prüft die angegriffene Beurteilung des Beschwerdegerichts, ob ernstliche Zweifel an der Rechtmäßigkeit der angefochtenen kartellbehördlichen Verfügung bestehen, nur auf seine rechtliche Plausibilität.[18]

17   Hat die Rechtsbeschwerde **Erfolg**, ist zu unterscheiden: Sofern die Sache zur Entscheidung reif ist, wird die Entscheidung des Beschwerdegerichts aufgehoben und der Bundesgerichtshof entscheidet in der Sache selbst. Er kann – wie sich aus § 76 Abs. 5 GWB ergibt, der § 71 GWB für entsprechend anwendbar erklärt – dabei alle Entscheidungen treffen, die auch dem Beschwerdegericht möglich sind. Liegt noch keine Spruchreife vor, weil zum Beispiel noch ergänzende Ermittlungen erforderlich sind, wird die Entscheidung des Beschwerdegerichts aufgehoben und die Sache in entsprechender Anwendung von § 563 Abs. 1 ZPO an das Beschwerdegericht zur erneuten Verhandlung und Entscheidung zurückverwiesen. Gleiches muss erfolgen, wenn eine zulassungsfreie Rechtsbeschwerde Erfolg hat.[19]

18   Die Möglichkeit einer **Anschlussrechtsbeschwerde** ist in analoger Anwendung des § 554 ZPO anerkannt.[20]

19   Auch im Rechtsbeschwerdeverfahren gilt das Verbot der **Schlechterstellung** des Rechtsmittelführers. Dieser Verfahrensgrundsatz schließt es allerdings nicht aus, dass in der Rechtsbeschwerdeinstanz ein Antrag, der in der Vorinstanz als unzulässig angesehen wurde, als unbegründet abgewiesen wird.[21]

IV. Gemeinsame Bestimmungen

§ 77 Beteiligtenfähigkeit

Fähig, am Verfahren vor der Kartellbehörde, am Beschwerdeverfahren und am Rechtsbeschwerdeverfahren beteiligt zu sein, sind außer natürlichen und juristischen Personen auch nichtrechtsfähige Personenvereinigungen.

Übersicht

	Rn.
I. Sinn und Zweck der Vorschrift	1
II. Regelungsgehalt	3
III. Verfahrensfragen	5

I. Sinn und Zweck der Vorschrift

1   § 77 GWB definiert einheitlich für das kartellbehördliche Verfahren und das sich gegebenenfalls daran anschließende Beschwerde- und Rechtsbeschwerdeverfahren den Begriff des Verfahrensbeteiligten. Aus Praktikabilitätsgrundsätzen geht die Vorschrift von einem **weiten Begriffsverständnis** aus, um Kartelle, Unternehmenszusammenschlüsse und Missbrauchsverfahren betreffende Kartellverwaltungsverfahren nicht mit Abgrenzungsfra-

---

[18] BGH, WuW/E DE-R 2035, 2037/2038 – *Lotto im Internet*; BGH, WM 2007, 2213, 2215 – *Anteilsveräußerung*.
[19] Etwas anderes gilt nur dann, wenn neben der zulassungsfreien Rechtsbeschwerde erfolgreich eine Nichtzulassungsbeschwerde betrieben worden ist und die zulassungsfreie Rechtbeschwerde sodann als zugelassene Rechtsbeschwerde weiter betrieben worden ist.
[20] BGH, WuW/E BGH 2271, 2274 – *Taxi-Gemeinschaft*.
[21] BGH, WuW/E BGH 3021 – *Stadtgaspreise*.

§ 78. Kostentragung und -festsetzung   **§ 78 GWB**

gen zu belasten. § 77 GWB findet auf andere Verfahren, namentlich auf Kartellzivilverfahren im Sinne von §§ 87 ff., 91 ff. GWB und Kartellordnungswidrigkeiten nach § 81 GWB, keine Anwendung. Insoweit kommen vielmehr die Vorschriften des **§ 50 ZPO** und der **§§ 30, 9 OWiG** zur Anwendung.

Unter der Beteiligtenfähigkeit ist die Fähigkeit zu verstehen, an dem betreffenden kartellrechtlichen Verfahren beteiligt – d. h. Subjekt des Verfahrens – zu sein. Zu unterscheiden ist die Beteiligtenfähigkeit von der **Prozess- oder Handlungsfähigkeit.** Sie ist im behördlichen Verfahren nach Maßgabe von § 12 VwVfG und im Beschwerdeverfahren analog § 62 VwGO zu definieren und meint die Fähigkeit, selbst oder durch bevollmächtigte Dritte Verfahrenshandlungen wirksam vornehmen oder entgegennehmen zu können. Die Prozess- oder Handlungsfähigkeit wiederum ist von der **Postulationsfähigkeit** zu unterscheiden. Jene beschreibt die Fähigkeit, eine Verfahrenshandlung wirksam vornehmen zu können. Im Geltungsbereich des § 68 GWB (Anwaltszwang) ist nur ein bei einem deutschen Gericht zugelassener Rechtsanwalt postulationsfähig. 2

II. Regelungsgehalt

§ 77 GWB bestimmt, dass **natürliche** und **juristische Personen** am kartellrechtlichen Verfahren beteiligt sein können. Die Vorschrift unterscheidet nicht danach, ob es sich um inländische oder ausländische (natürliche oder juristische) Personen handelt.[1] Sie differenziert bei den juristischen Personen ebenso wenig danach, ob es sich um solche des privaten oder des öffentlichen Rechts handelt. Sie alle sind deshalb gleichermaßen beteiligtenfähig. 3

Die Beteiligtenfähigkeit wird darüber hinaus den **nichtrechtsfähigen Personenvereinigungen** zuerkannt. Von der Beteiligung an einem kartellrechtlichen Verfahren sollen lediglich Vermögensmassen, Sachgesamtheiten und Gemeinschaften ausgeschlossen sein. Damit sind u. a. beteiligungsfähig nichtrechtsfähige Vereine, Gesellschaften bürgerlichen Rechts, Erbengemeinschaften, Offene Handelsgesellschaften, Kommanditgesellschaften, nichteingetragene Genossenschaften, Partenreedereien, europäische wirtschaftliche Interessenvereinigungen, Vorgesellschaften bei der Entstehung juristischer Personen wie der GmbH und der AG. 4

III. Verfahrensfragen

Die Beteiligtenfähigkeit ist sowohl im kartellbehördlichen Verfahren wie auch im Beschwerde- und Rechtsbeschwerdeverfahren **von Amts wegen** zu prüfen. Durch den Tod endet die Verfahrensbeteiligung einer natürlichen Person nicht. An ihre Stelle tritt vielmehr automatisch der Rechtsnachfolger in das (behördliche oder gerichtliche) Verfahren ein. Demgegenüber führt die Beendigung und Auflösung einer juristischen Person oder Personenvereinigung zum Wegfall ihrer Beteiligtenstellung. Die Verfahrensbeteiligung bleibt lediglich insoweit bestehen, wie dies zur Beendigung und Abwicklung des Verfahrens erforderlich ist. Die aufgelöste juristische Person oder Personenvereinigung bleibt mithin zur Abgabe einer Erledigungserklärung, zur Stellung etwaig erforderlicher Kosten- oder Kostenfestsetzungsanträge sowie zur Anfechtung von Kosten- oder Streitwertentscheidungen verfahrensbeteiligt. 5

§ 78 Kostentragung und -festsetzung

¹**Im Beschwerdeverfahren und im Rechtsbeschwerdeverfahren kann das Gericht anordnen, dass die Kosten, die zur zweckentsprechenden Erledigung der Angelegenheit notwendig waren, von einem Beteiligten ganz oder teilweise zu erstatten sind, wenn dies der Billigkeit entspricht.** ²Hat ein Beteiligter Kosten durch ein unbegrün-

---

[1] Vgl. dazu im Einzelnen: *Bracher* in: Frankfurter Kommentar, § 77 GWB 2005 Rn. 12 ff.

detes Rechtsmittel oder durch grobes Verschulden veranlasst, so sind ihm die Kosten aufzuerlegen. ³Im Übrigen gelten die Vorschriften der Zivilprozessordnung über das Kostenfestsetzungsverfahren und die Zwangsvollstreckung aus Kostenfestsetzungsbeschlüssen entsprechend.

Übersicht

	Rn.		Rn.
I. Sinn und Zweck der Vorschrift	1	2. Ausnahmen gemäß § 78 Satz 2 GWB	8
II. Grundsätze der Kostenregelung	2	3. Verfahren	10
1. § 78 Grundsatz GWB	2	4. Verweisungen	11
a) Kosten	3	III. Kostenvorschriften außerhalb des GWB	12
b) Billigkeit	4	1. Gerichtskosten	12
c) Erledigung der Hauptsache	6	2. Außergerichtliche Kosten	13
d) Rücknahme des Rechtsmittels	7		

I. Sinn und Zweck der Vorschrift

1 § 78 GWB behandelt die Kostentragungspflicht im **Beschwerde- und Rechtsbeschwerdeverfahren** der §§ 63 ff., 74 ff. GWB sowie – über den Wortlaut der Norm hinaus – auch im Verfahren der **Nichtzulassungsbeschwerde** gemäß § 75 GWB. Die Vorschrift findet keine Anwendung in Kartellzivilsachen (§§ 87 ff. GWB) und im Kartellbußgeldverfahren (§§ 81 ff. GWB). Sie gilt ebenso wenig im kartellbehördlichen Verfahren. Die dort geltenden Gebührentatbestände ergeben sich vielmehr aus § 80 GWB. Die sich aus jener Vorschrift ergebende Gebührenzahlungspflicht ist von der Kartellbehörde im Verfügungswege festzusetzen (§ 8 Abs. 3 KartKostVO). Die Entscheidung kann sodann mit der Beschwerde nach §§ 63 ff. GWB angefochten werden.

§ 78 GWB betrifft ausschließlich die **Kostengrundentscheidung,** also die Frage, welcher Verfahrensbeteiligter in welchem Umfang mit den im Beschwerde-, Rechtsbeschwerde- oder Nichtzulassungsbeschwerdeverfahren angefallenen Kosten zu belasten ist. Die Vorschrift orientiert sich – anders als zum Beispiel §§ 91, 97 ZPO oder §§ 154 ff. VwGO – nicht am Verfahrensausgang, sondern stellt in Satz 1 maßgeblich auf die **Billigkeit** ab. § 78 Satz 2 GWB ergänzt den Grundsatz der billigkeitsorientierten Kostenverteilung dahin, dass demjenigen, der durch ein erfolgloses Rechtsmittel oder grobes Verschulden Kosten veranlasst, diese auch zu tragen hat.

Für das **Kostenfestsetzungsverfahren** und die **Zwangsvollstreckung** aus Kostenfestsetzungsbeschlüssen des Beschwerde- oder Rechtsbeschwerdegerichts verweist § 78 Satz 3 GWB auf die entsprechenden Vorschriften der Zivilprozessordnung, mithin auf die §§ 103 bis 107 ZPO und § 21 Abs. 1 Nr. 1 RPflG hinsichtlich des Festsetzungsverfahrens und auf die §§ 794 Abs. 1 Nr. 2, 795, 798 ZPO hinsichtlich der Vollstreckung. Die Normen der Zivilprozessordnung (§§ 114 bis 127 ZPO) kommen auch zur Anwendung, soweit es um die Bewilligung von Prozesskostenhilfe geht. Von vornherein keine Aussage trifft § 78 GWB darüber, welche Verfahrenshandlungen überhaupt Kosten auslösen und wie hoch die jeweils anzusetzenden Gebühren sind. Diese Fragen beantworten sich vielmehr nach dem Gerichtskostengesetz (vgl. § 3 GKG i.V.m. dessen Anlage 1) und dem Rechtsanwaltsvergütungsgesetz, die für die Gebührenhöhe wiederum nach § 12a Abs. 1 Satz 1 GKG i.V.m. § 3 ZPO maßgeblich auf den Gegenstandswert abstellen.

II. Grundsätze der Kostenregelung

1. § 78 Satz 1 GWB

2 Gemäß § 78 Satz 1 GWB kann das Gericht im Beschwerde- und Rechtsbeschwerdeverfahren sowie im Verfahren der Nichtzulassungsbeschwerde anordnen, dass die zur zweck-

§ 78. Kostentragung und -festsetzung   3–5 § 78 GWB

entsprechenden Erledigung der Angelegenheit notwendigen Kosten von einem Beteiligten ganz oder teilweise zu erstatten sind, wenn dies der Billigkeit entspricht.

a) Kosten. Der Begriff der „**Kosten**" meint sowohl die außergerichtlichen Kosten der Verfahrensbeteiligten als auch die Gerichtskosten. Das ist – wenngleich hinsichtlich der Gerichtskosten von einer Erstattung im eigentlichen Sinne nicht gesprochen werden kann – heute außer Streit.[1] Zur **zweckentsprechenden Rechtsverfolgung notwendig** sind die nach den einschlägigen Bestimmungen des Gerichtskostengesetzes berechneten Gerichtskosten, ferner bei anwaltlicher Vertretung die sich aus dem Rechtsanwaltsvergütungsgesetz ergebenden Gebühren- und Auslagensätze sowie schließlich die darüber hinausgehenden außergerichtlichen Aufwendungen der Verfahrensbeteiligten, wenn und soweit sie ein vernünftiger und verständiger Verfahrensbeteiligter bei einer typisierenden Betrachtungsweise ex ante als eine sachdienliche Maßnahme der Rechtsverfolgung betrachten durfte. Zu den danach erstattungsfähigen Aufwendungen können insbesondere Reisekosten, Dolmetscherkosten und Kopierkosten der Partei gehören. 3

b) Billigkeit. Die Kostenverteilung hat unter dem Gesichtspunkt der **Billigkeit** zu erfolgen. Der daraus resultierende Verteilungsmaßstab ist maßgeblich durch zwei Entscheidungen des Bundesverfassungsgerichts[2] Ende der 80iger Jahre geprägt worden. Danach widerspricht es dem – sowohl aus dem Gleichheitssatz des Art. 3 Abs. 1 GG als auch aus dem Rechtsstaatsprinzip des Art. 20 Abs. 3 GG abzuleitenden – Prinzip der prozessualen Waffengleichheit, wenn dem im Beschwerdeverfahren siegreichen Beschwerdeführer trotz der aus dem einseitigen Anwaltszwang (§ 68 GWB) resultierenden ungleichen Kostenbelastung im Beschwerdeverfahren im Normalfall ein Kostenerstattungsanspruch versagt werde. Vielmehr sei es von Verfassung wegen geboten, dass im Rahmen der zu treffenden Billigkeitsentscheidung **alle Umstände des konkreten Falles** einschließlich des **Verfahrensausgangs** berücksichtigt werden. Vor dem Hintergrund dieser verfassungsrechtlichen Ausgangslage ist in der Rechtsprechung der Kartellgerichte seither anerkannt, dass die gerichtlichen Kosten des Beschwerde- oder Rechtsbeschwerdeverfahrens der unterliegenden Kartellbehörde zur Last fallen und zugleich dem obsiegenden Beschwerde- oder Rechtsbeschwerdeführer ein Anspruch auf Erstattung seiner notwendigen außergerichtlichen Aufwendungen gegen die Kartellbehörde zuzuerkennen ist. Nur ausnahmsweise scheidet ein Kostenerstattungsanspruch des erfolgreichen Rechtsmittelführers aus. In Betracht kommt dies beispielsweise dann, wenn über Rechtsfragen von grundsätzlicher Bedeutung zu entscheiden ist und es bei Abwägung aller Umstände unbillig erscheint, die Kartellbehörde mit den außergerichtlichen Kosten der beschwerdeführenden Partei zu belasten.[3] 4

Für die Kostentragungspflicht des **Beigeladenen** und dessen Kostenerstattungsansprüche ist zu unterscheiden: Ist der Beigeladene **selbst Beschwerdeführer,** gelten die vorstehenden Rechtsgrundsätze des § 78 Satz 1 GWB uneingeschränkt. Obsiegt er im Beschwerde- oder Rechtsbeschwerdeverfahren, fallen ihm die Gerichtskosten nicht zur Last; außerdem ist ihm ein Kostenerstattungsanspruch gegen die unterlegene Partei zuzubilligen. Ist der Beigeladene **nicht** selbst **Rechtsmittelführer,** gilt der Grundsatz, dass er weder mit den gerichtlichen Kosten noch mit den Verfahrenskosten anderer Verfahrensbeteiligter zu belasten ist. Andererseits ist ihm aber auch ein Anspruch auf Erstattung seiner außergerichtlichen Kosten nur unter besonderen Umständen zuzuerkennen. Über die Erstattungsfähigkeit seiner eigenen außergerichtlichen Kosten ist unter Heranziehung des **§ 162 Abs. 3 VwGO** nach Billigkeitsgesichtspunkten zu entscheiden. Danach genügt es für die Zubilligung eines Kostenerstattungsanspruchs nicht, dass der Beigeladene im Verfahren mit sei- 5

---

[1] *Stockmann* in: Immenga/Mestmäcker, GWB, § 78 Rn. 4; *Kollmorgen* in: Langen/Bunte, Kommentar zum deutschen und europäischen Kartellrecht, § 78 Rn. 3; *Bracher* in: Frankfurter Kommentar, § 78 GWB 2005 Rn. 7.
[2] BVerfG, WuW/E VG, 313, 319, 342; BVerfG, WuW/E VG 339, 342.
[3] BGH, WuW/E BGH 3128, 3131 – *NJW auf CD-ROM.*

nem Standpunkt durchgedrungen ist. Eine Kostenerstattungspflicht durch den unterlegenen Verfahrensbeteiligten – sei es der Beschwerdeführer oder die Kartellbehörde – kommt aus Billigkeitsgründen vielmehr nur dann in Betracht, wenn der Beigeladene am Ausgang des Verfahrens **besonders interessiert** war und er die **Angelegenheit** durch (schriftsätzlichen oder mündlichen) Vortrag oder auf andere Weise **wesentlich gefördert** hat.[4]

6   c) **Erledigung der Hauptsache.** Tritt **Erledigung der Hauptsache** ein, ohne dass ein Fortsetzungsfeststellungsantrag nach § 71 Abs. 3 GWB gestellt wird, hat sich die zu treffende isolierte Kostenentscheidung gemäß § 78 GWB i. V. m. § 161 Abs. 2 Satz 1 VwGO, § 91a Abs. 1 Satz 1 ZPO nach folgenden Grundsätzen auszurichten: Die Kostenverteilung ist nach billigem Ermessen unter Berücksichtigung des bisherigen Sach- und Streitstandes vorzunehmen. Im Rahmen der Kostenentscheidung sind zwar grundsätzlich alle Umstände des jeweiligen Einzelfalles zu berücksichtigen, wobei dem voraussichtlichen Ausgang des Verfahrens wesentliche Bedeutung zukommt. Der vermutliche Verfahrensausgang kann aber im Falle einer übereinstimmenden Erledigungserklärung nur dann ausschlaggebende Bedeutung erlangen, wenn er bei der allein angezeigten summarischen Prüfung nach dem bisherigen Sach- und Streitstand mit hinreichender Sicherheit festzustellen ist. Steht nämlich allein noch die Entscheidung über die Kosten des Verfahrens aus, besteht – wie bei § 91a ZPO – keine Verpflichtung, einem rechtlich oder tatsächlich schwierigen Sachverhalt in allen aufgeworfenen Fragen nachzugehen. Das Verfahren über die Verteilung der Kosten dient auch im Kartellverfahren nicht einer abschließenden Klärung von Rechtsfragen. Es soll lediglich zu einer dem jeweiligen Sach- und Streitstand entsprechenden Kostenverteilung führen. Deshalb widerspräche eine abschließende Prüfung und Entscheidung der rechtlichen und tatsächlichen Schwierigkeiten, die kartellrechtliche Verfahren regelmäßig aufweisen, dem Grundsatz der Prozessökonomie.[5] Deshalb geht der Bundesgerichtshof – in Abkehr von seiner früheren Rechtsprechung – davon aus, dass die Gerichtskosten in solchen Fällen einer ungeklärten Sach- und/oder Rechtslage hälftig zu teilen sind und eine Erstattung der außergerichtlichen Kosten nicht stattfindet.[6]

7   d) **Rücknahme des Rechtsmittels.** Auch im Falle der Rücknahme der Beschwerde, Rechtsbeschwerde oder Nichtzulassungsbeschwerde regelt sich die Kostentragungspflicht nach § 78 GWB (und nicht in analoger Anwendung des § 516 Abs. 3 ZPO oder des § 155 Abs. 2 VwGO). Nach der ständigen Rechtsprechung des BGH[7] sind im Falle der Rücknahme des Rechtsmittels die **Gerichtskosten** demjenigen aufzuerlegen, der in der Hauptsache unterlegen ist oder ohne die Rücknahme der Beschwerde unterlegen wäre. Dies hat grundsätzlich auch zu gelten, wenn die Beschwerde, Rechtsbeschwerde oder Nichtzulassungsbeschwerde zurückgenommen wird, ohne dass eine Sachprüfung erfolgt ist.[8] Da sich der Rechtsbeschwerdeführer mit der Rücknahme in die Rolle des Unterlegenen begeben hat, sind indessen bei offenem Verfahrensausgang – insbesondere wenn eine Sachprüfung bisher nicht erfolgt ist – die Gerichtskosten anders als im Falle der übereinstimmenden Erledigungserklärung regelmäßig nicht hälftig zu teilen, sondern dem Rechtsmittelführer aufzuerlegen. Ob **außergerichtliche Kosten** zu erstatten sind, beurteilt sich gemäß § 78 GWB nach Billigkeitserwägungen, wobei die Umstände des konkreten Falles einschließlich

---

[4] BGH, WuW/E BGH 2627 – *Sportübertragungen;* KG, WuW/E OLG 4363, 4365; *Stockmann* in: Immenga/Mestmäcker, GWB, § 78 Rn. 10; *Werner* in: Wiedemann, Handbuch des Kartellrechts, § 54 Rn. 139.
[5] BGH, WuW/E DE-R 1783, 1786 – *Call-Option;* BGH, WuW/E DE-R 420 – *Erledigte Beschwerde;* KG, WuW/E OLG 4147, 148 – *VEW-Ruhrkohle.*
[6] BGH, WuW/E DE-R 1783, 1786 – *Call-Option;* BGH, WuW/E DE-R 420 – *Erledigte Beschwerde;* BGH, WuW/E BGH 2620, 2621 – *Springer-Kieler-Zeitung.*
[7] BGH, WuW/E DE-R 1982/1983 – *Kostenverteilung nach Rechtsbeschwerderücknahme;* BGH, WuW/E BGH 1947, 1948 – *Anzeigenraum;* BGH, WuW/E BGH 2084.
[8] BGH, WuW/E DE-R 1982/1983 – *Kostenverteilung nach Rechtsbeschwerderücknahme.*

des Verfahrensausgangs abzuwägen sind. Danach sind die außergerichtlichen Auslagen des Gegners jedenfalls dann zu erstatten, wenn sich der Rechtsmittelführer durch die Rücknahme des Rechtsmittels selbst in die Rolle des Unterlegenen begeben hat, durch das Gericht noch keine Sachprüfung erfolgt ist und keine sonstigen Gesichtspunkte hervortreten, die im Rahmen von Billigkeitserwägungen eine abweichende Kostenverteilung rechtfertigen könnten. Denn die Entscheidung über die Kostenerstattung dient im Kartellverwaltungsverfahren ebenso wenig der abschließenden Klärung von Rechtsfragen wie im Zivilprozess; sie soll lediglich zu einer dem jeweiligen Sach- und Streitstand entsprechenden Kostenverteilung führen.

2. Ausnahmen gemäß § 78 Satz 2 GWB

Nach § 78 Satz 2 GWB sind einem Beteiligten diejenigen Kosten aufzuerlegen, die durch ein unbegründetes Rechtsmittel oder durch grobes Verschulden veranlasst sind. Für beide Tatbestände trifft das Kartellgesetz abweichend vom Grundsatz des § 78 Satz 1 GWB selbst eine Kostengrundentscheidung. Die Vorschrift findet nicht nur Anwendung auf die **Rechtsbeschwerde** und die **Nichtzulassungsbeschwerde**, sondern nach zutreffender Ansicht auch auf die **Beschwerde** nach §§ 63 ff. GWB.[9] 8

Neben der Einlegung eines erfolglosen – d.h. **unzulässigen oder unbegründeten** – Rechtsmittels verpflichtet auch ein **grobes Verschulden** zur Kostentragung. Jenes ist gegeben, wenn ein Verfahrensbeteiligter die im konkreten Verfahren erforderliche prozessuale Sorgfalt in besonders grober Weise missachtet. Anknüpfungspunkt für ein grobes Verschulden kann ein Verhalten oder Versäumnis im Verwaltungsverfahren, im Beschwerdeverfahren oder im Rechtsbeschwerdeverfahren sein. Es kann auf Seiten der Kartellbehörde in einer gänzlich unterbliebenen oder bloß oberflächlichen Sachverhaltsaufklärung[10] oder in dem Erlass einer offensichtlich rechtswidrigen Entscheidung liegen. Als ein grobes Verschulden können überdies gravierende Verfahrensverstöße gewertet werden, sofern sie im anschließenden Beschwerdeverfahren nicht mehr heilbar sind, ferner die Versäumung von Fristen oder Terminen. Das Verteidigen einer unzutreffenden Rechtsansicht erfüllt nur ausnahmsweise die Voraussetzungen des groben Verschuldens. Zu denken ist etwa an Fälle, in denen eine gefestigte höchstrichterliche Judikatur ignoriert wird.[11] 9

3. Verfahren

Die Entscheidung über die Kostentragungspflicht erfolgt – entgegen dem Wortlaut, der ein Ermessen nahe legt *("kann")* – **von Amts wegen**, und zwar im Allgemeinen zusammen mit der Sachentscheidung in der Hauptsache. Ein Kostenantrag ist also nicht erforderlich.[12] Das gilt auch für die nach Rechtsmittelrücknahme oder übereinstimmender Erledigungserklärung zu treffende **isolierte Kostenentscheidung.** Diese kann überdies ohne mündliche Verhandlung getroffen werden. Denn § 69 GWB gilt nur für die Sachentscheidung. Die isolierte Kostenentscheidung des Beschwerdegerichts ist mit der **Rechtsbeschwerde** oder – sofern diese nicht zugelassen worden ist – mit der **Nichtzulassungsbeschwerde** 10

---

[9] Ebenso: *Stockmann* in: Immenga/Mestmäcker, GWB, § 78 Rn. 11; *Kollmorgen* in: Langen/Bunte, Kommentar zum deutschen und europäischen Kartellrecht, § 78 Rn. 17a; *Bechtold*, GWB, § 78 Rn. 4; a. A.: KG, WuW/E OLG 1776 – *Spezialbrot-Hersteller; von Rethe* in: GK, § 77 Rn. 15; *Sauter* in: Immenga/Mestmäcker, GWB, 3. Aufl., § 78 Rn. 13, mit dem Argument, dass die Beschwerde ihrer Natur nach nur der verwaltungsgerichtlichen Klage entspreche und deshalb kein Rechtsmittel sei.
[10] KG, WuW/E OLG 1321, 1322 – *Zahnbürsten;* KG, WuW/E OLG 1443, 1444 – *Erledigung.*
[11] Vgl. zu Allem: *Stockmann* in: Immenga/Mestmäcker, GWB, § 78 Rn. 14 m. w. N.
[12] *Stockmann* in: Immenga/Mestmäcker, GWB, § 78 Rn. 15; *Bechtold*, GWB, § 78 Rn. 5; *Bracher* in: Frankfurter Kommentar, § 78 GWB 2005 Rn. 31.

anfechtbar.[13] Gegen die isolierte Kostenentscheidung des Rechtsbeschwerdegerichts besteht die Möglichkeit der Gegenvorstellung, die vom Gericht beschieden werden muss.[14] Das gleiche gilt für die isolierte Kostenentscheidung des Beschwerdegerichts, sofern die gegen die Nichtzulassung der Rechtsbeschwerde eingelegte Nichtzulassungsbeschwerde erfolglos bleibt.[15] Ergeht die Kostenentscheidung zusammen mit der Sachentscheidung, kann sie auch nur gemeinsam mit dieser angefochten werden.

4. Verweisungen

11 § 78 Satz 3 GWB verweist auf die Vorschriften der Zivilprozessordnung über das **Kostenfestsetzungsverfahren** (§§ 103 bis 107) und die **Zwangsvollstreckung** aus Kostenfestsetzungsbeschlüssen (§ 794 Abs. 1 Nr. 2, 795, 798). Das Kostenfestsetzungsgesuch ist bei der Geschäftsstelle des Beschwerdegerichts einzureichen. Über das Gesuch entscheidet der Rechtspfleger (§ 21 Abs. 1 Nr. 1 RPflG). Gegen die Entscheidung ist die Erinnerung an das Oberlandesgericht (§ 104 Abs. 3 ZPO) möglich.

III. Kostenvorschriften außerhalb des GWB

12 1. Für die **Gerichtskosten** gilt das GKG. Die **Höhe** der anzusetzenden Gebühren richtet sich gemäß § 3 ZPO nach dem Wert des Streitgegenstands. Es ist von den wirtschaftlichen Interessen desjenigen auszugehen, der das Verfahren betreibt. Bei Beschwerden, die sich gegen Wettbewerbsbeschränkungen Dritter richten, ist danach von dem Interesse des Beschwerdeführers an der Beseitigung dieser Beeinträchtigung auszugehen. Ein Anhaltspunkt sind die durch die Wettbewerbsbeschränkung betroffenen Umsätze, die Intensität der Wettbewerbsbeschränkungen oder auch die Vorteile der Wettbewerbsbeschränkungen.

13 2. Für die **außergerichtlichen Kosten** ist das RVG maßgeblich. Die Gebühren bemessen sich gemäß § 13 nach dem Gegenstandswert. Für dessen Höhe gelten die in der vorstehenden Anmerkung 12 gemachten Ausführungen.

§ 78a Elektronische Dokumentenübertragung

Im Beschwerdeverfahren und im Rechtsbeschwerdeverfahren gelten § 130a Abs. 1 und 3 sowie § 133 Abs. 1 Satz 2 der Zivilprozessordnung mit der Maßgabe entsprechend, dass die Beteiligten nach § 67 am elektronischen Rechtsverkehr teilnehmen können. Die Bundesregierung und die Landesregierungen bestimmen für ihren Bereich durch Rechtsverordnung den Zeitpunkt, von dem an elektronische Dokumente bei den Gerichten eingereicht werden können, sowie die für die Bearbeitung der Dokumente geeignete Form. Die Landesregierungen können die Ermächtigung durch Rechtsverordnung auf die Landesjustizverwaltungen übertragen. Die Zulassung der elektronischen Form kann auf einzelne Gerichte oder Verfahren beschränkt werden.

§ 78a GWB eröffnet die Möglichkeit, im Beschwerde- und Rechtsbeschwerdeverfahren nach dem GWB den elektronischen Rechtsverkehr nach Maßgabe der §§ 130a Abs. 1 und 3, 133 Abs. 1 Satz 2 ZPO einzuführen. Die Vorschrift hat noch keine praktische Bedeutung, weil die zur Einführung erforderlichen Rechtsverordnungen (§ 78a Satz 2 GWB) bislang nicht erlassen worden sind.

---

[13] BGH, Beschl. v. 19. 6. 2007 – *KVZ 9/07*.
[14] BGH, WuW/E BGH 2478, 2479 – *Coop-Wandmaker; Bracher* in: Frankfurter Kommentar, § 78 GWB 2005 Rn. 32.
[15] OLG Düsseldorf, Beschl. v. 17. 1. 2007 – *VI-Kart 12/06 (V)* Umdruck Seite 3.

§ 79 Rechtsverordnungen

Das Nähere über das Verfahren vor der Kartellbehörde bestimmt die Bundesregierung durch Rechtsverordnung, die der Zustimmung des Bundesrates bedarf.

Von dieser für das Verfahren vor den Kartellbehörden gegebenen Möglichkeit hat die Bundesregierung bisher mit der Kartellregisterverordnung vom 10. August 1975 (BGBl. I Seite 2294) und mit der Verordnung über das Verfahren bei der Eintragung von Wettbewerbsregeln und über das Register von Wettbewerbsregeln vom 26. April 1982 (BGBl. I Seite 513) Gebrauch gemacht. Im Übrigen gilt seit dem 1. Januar 1977 subsidiär das Verwaltungsverfahrensgesetz.

§ 80 Gebührenpflichtige Handlungen

(1) ¹Im Verfahren vor der Kartellbehörde werden Kosten (Gebühren und Auslagen) zur Deckung des Verwaltungsaufwandes erhoben. ²Gebührenpflichtig sind (gebührenpflichtige Handlungen)
1. Anmeldungen nach § 39 Abs. 1;
2. Amtshandlungen auf Grund der §§ 26, 30 Abs. 3, §§ 32 bis 32d – auch in Verbindung mit den §§ 50 bis 50b –, §§ 36, 39, 40, 41, 42 und 60;
3. Erteilung von beglaubigten Abschriften aus den Akten der Kartellbehörde.

³Daneben werden als Auslagen die Kosten der Veröffentlichungen, der öffentlichen Bekanntmachungen und von weiteren Ausfertigungen, Kopien und Auszügen sowie die in entsprechender Anwendung des Justizvergütungs- und -entschädigungsgesetzes zu zahlenden Beträge erhoben. ⁴Auf die Gebühr für die Freigabe oder Untersagung eines Zusammenschlusses nach § 36 Abs. 1 sind die Gebühren für die Anmeldung eines Zusammenschlusses nach § 39 Abs. 1 anzurechnen.

(2) ¹Die Höhe der Gebühren bestimmt sich nach dem personellen und sachlichen Aufwand der Kartellbehörde unter Berücksichtigung der wirtschaftlichen Bedeutung, die der Gegenstand der gebührenpflichtigen Handlung hat. ²Die Gebührensätze dürfen jedoch nicht übersteigen
1. 50 000 Euro in den Fällen der §§ 36, 39, 40, 41 Abs. 3 und 4 und § 42;
2. 25 000 Euro in den Fällen der §§ 32 und 32b Abs. 1, §§ 32d und 41 Abs. 2 Satz 1 und 2;
3. 7500 Euro in den Fällen des § 32c;
4. 5000 Euro in den Fällen des § 26 Abs. 1 und 2 und § 30 Abs. 3;
5. 17,50 Euro für die Erteilung beglaubigter Abschriften (Absatz 1 Nr. 3);
6. a) in den Fällen des § 40 Abs. 3a auch in Verbindung mit § 41 Abs. 2 Satz 3 und § 42 Abs. 2 Satz 2 den Betrag für die Freigabe, Befreiung oder Erlaubnis,
   b) 250 Euro für Verfügungen in Bezug auf Vereinbarungen oder Beschlüsse der in § 28 Abs. 1 bezeichneten Art,
   c) im Falle des § 26 Abs. 4 den Betrag für die Entscheidung nach § 26 Abs. 1 (Nr. 4),
   d) in den Fällen der §§ 32a und 60 ein Fünftel der Gebühr in der Hauptsache.

³Ist der personelle oder sachliche Aufwand der Kartellbehörde unter Berücksichtigung des wirtschaftlichen Werts der gebührenpflichtigen Handlung im Einzelfall außergewöhnlich hoch, kann die Gebühr bis auf das Doppelte erhöht werden. ⁴Aus Gründen der Billigkeit kann die unter Berücksichtigung der Sätze 1 bis 3 ermittelte Gebühr bis auf ein Zehntel ermäßigt werden.

(3) Zur Abgeltung mehrfacher gleichartiger Amtshandlungen oder gleichartiger Anmeldungen desselben Gebührenschuldners können Pauschgebührensätze, die den

geringen Umfang des Verwaltungsaufwandes berücksichtigen, vorgesehen werden.

(4) Gebühren dürfen nicht erhoben werden
1. für mündliche und schriftliche Auskünfte und Anregungen;
2. wenn sie bei richtiger Behandlung der Sache nicht entstanden wären;
3. in den Fällen des § 42, wenn die vorangegangene Verfügung des Bundeskartellamts nach § 36 Abs. 1 aufgehoben worden ist.

(5) [1] Wird ein Antrag zurückgenommen, bevor darüber entschieden ist, so ist die Hälfte der Gebühr zu entrichten. [2] Das Gleiche gilt, wenn eine Anmeldung innerhalb von drei Monaten nach Eingang bei der Kartellbehörde zurückgenommen wird.

(6) [1] Kostenschuldner ist
1. in den Fällen des Absatzes 1 Satz 2 Nr. 1, wer eine Anmeldung eingereicht hat;
2. in den Fällen des Absatzes 1 Satz 2 Nr. 2, wer durch einen Antrag oder eine Anmeldung die Tätigkeit der Kartellbehörde veranlasst hat, oder derjenige, gegen den eine Verfügung der Kartellbehörde ergangen ist;
3. in den Fällen des Absatzes 1 Satz 2 Nr. 3, wer die Herstellung der Abschriften veranlasst hat.

[2] Kostenschuldner ist auch, wer die Zahlung der Kosten durch eine vor der Kartellbehörde abgegebene oder ihr mitgeteilte Erklärung übernommen hat oder wer für die Kostenschuld eines anderen kraft Gesetzes haftet. [3] Mehrere Kostenschuldner haften als Gesamtschuldner.

(7) [1] Der Anspruch auf Zahlung der Gebühren verjährt in vier Jahren nach der Gebührenfestsetzung. [2] Der Anspruch auf Erstattung der Auslagen verjährt in vier Jahren nach ihrer Entstehung.

(8) [1] Die Bundesregierung wird ermächtigt, durch Rechtsverordnung, die der Zustimmung des Bundesrates bedarf, die Gebührensätze und die Erhebung der Gebühren vom Kostenschuldner in Durchführung der Vorschriften der Absätze 1 bis 6 sowie die Erstattung von Auslagen nach Absatz 1 Satz 3 zu regeln. [2] Sie kann dabei auch Vorschriften über die Kostenbefreiung von juristischen Personen des öffentlichen Rechts, über die Verjährung sowie über die Kostenerhebung treffen.

(9) Durch Rechtsverordnung der Bundesregierung, die der Zustimmung des Bundesrates bedarf, wird das Nähere über die Erstattung der durch das Verfahren vor der Kartellbehörde entstehenden Kosten nach den Grundsätzen des § 78 bestimmt.

Übersicht

	Rn.		Rn.
I. Sinn und Zweck der Vorschrift	1	III. Behandlung der Kosten	9
II. Kostentatbestände Abs. 1	1	1. Kostenschuldner	9
1. Gebühren (Abs. 1)	2	2. Veränderung	11
2. Die Auslagen (Satz 3)	4	3. Erstattung	12
3. Gebührenhöhe	5	4. Rechtsmittel	13

I. Sinn und Zweck der Vorschrift

1 § 80 GWB behandelt unter der Gesetzesüberschrift „gebührenpflichtige Handlungen" die Kostentatbestände zur Deckung des mit dem kartellbehördlichen Tätigwerden verbundenen Verwaltungsaufwands. Die Vorschrift ist Ausfluss des verwaltungsrechtlichen Kostendeckungsprinzips und ordnet an, dass im Verwaltungsverfahren der Kartellbehörde sowohl Gebühren als auch Auslagen erhoben werden. Der Katalog der gebührenpflichtigen Amtshandlungen in § 80 Abs. 1 GWB ist dabei abschließend. Die Höhe der Gebühren ergibt sich aus § 80 Abs. 2 bis 5 GWB. Ergänzende Regelungen enthält die – auf der Grundlage der in § 80 Abs. 8 und 9 GWB normierten Ermächtigung erlassene – Verordnung über die

Kosten der Kartellbehörden (KartKostVO), die ihrerseits auf das Verwaltungskostengesetz verweist. Im Ergebnis ergibt sich dadurch eine eingehende Regelung der Gebührentatbestände für Amtshandlungen der Kartellbehörden.

II. Kostentatbestände (Abs. 1)

1. Gebühren

Gebührenpflichtig sind nach § 80 Abs. 1 GWB im Verfahren vor der Kartellbehörde **Anmeldungen** im Rahmen der Zusammenschlusskontrolle nach § 39 Abs. 1 GWB (Nr. 1), ferner **Amtshandlungen** der Kartellbehörden nach §§ 26, 30 Abs. 3, 32 bis 32d, 36, 39 bis 42 und 60 GWB, mithin insbesondere der Erlass aller Erlaubnis-, Missbrauchs- und Untersagungsverfügungen, unabhängig davon, ob sie zugunsten oder gegen das gebührenpflichtige Unternehmen erlassen worden sind (Nr. 2), außerdem die Erteilung von Abschriften aus den Amtsakten (Nr. 3). Die Aufzählung der in § 80 Abs. 1 GWB genannten Gebührenvorschriften ist **abschließend,** wie sich insbesondere auch aus § 80 Abs. 4 GWB ergibt. Der Tatbestand einer gebührenpflichtigen Fusions-Anmeldung nach § 80 Abs. 1 Nr. 1 GWB ist noch nicht bei einer bloßen Anfrage verwirklicht, ob die Kartellbehörde das beabsichtigte Vorhaben für anmeldebedürftig hält.[1] Die Gebührenpflicht entsteht andererseits bereits mit der Anmeldung selbst, und zwar auch bei einer lediglich vorsorglichen Anmeldung.[2] Ein Tätigwerden der Kartellbehörde ist für die Verwirklichung des Gebührentatbestandes nicht erforderlich. Nach § 80 Abs. 1 Satz 4 GWB sind im Fusionskontrollverfahren auf die Gebühr für die Untersagung eines Zusammenschlusses die Gebühren für die Anmeldung anzurechnen.

Bei den Amtshandlungen nach § 80 Abs. 1 Nr. 2 GWB sind **vorbereitende Maßnahmen** (wie beispielsweise der Erlass von Auskunftsbeschlüssen zur Aufklärung des Sachverhalts) oder **Zwischenverfügungen** als solche nicht gebührenpflichtig. Wenn die Kartellbehörde nach Abschluss ihrer Ermittlungen, in deren Verlauf sie Zwischent-scheidungen erlassen hat, keine Endentscheidung trifft, sondern das Verfahren einstellt, entstehen deshalb keine Gebühren.[3]

2. Die Auslagen (Satz 3)

Sie werden auch dann erhoben, wenn an sich Gebührenfreiheit nach § 1 Abs. 1 Satz 2 KartKostVO i. V. m. § 8 Abs. 1 VwKostG besteht oder von einer Gebührenerhebung abgesehen wird (§ 1 Abs. 2 KartKostVO, Abs. 2). Sie umfassen nach der Neufassung des Gesetzes durch die Verweisung auf die Justizkostengesetze auch Entschädigungen für Sachverständige und Zeugen.

3. Gebührenhöhe

Die **Höhe** der Gebühren ist in § 80 Abs. 2 bis 5 GWB geregelt. Die in § 80 Abs. 2 Satz 2 GWB genannten **Höchst**gebühren stehen dem in § 80 Abs. 2 Satz 1 GWB genannten allgemeinen Maßstab, wonach die Gebühren nach dem personellen und sachlichen Aufwand der Kartellbehörde unter Berücksichtigung der wirtschaftlichen Bedeutung, die der Gegenstand der gebührenpflichtigen Handlung hat, zu bemessen sind, gegenüber. Die Staffelung der Höchstsätze in § 80 Abs. 2 Satz 2 GWB gibt Hinweise auch für die Bemessung der Gebühren nach § 80 Abs. 2 Satz 1 GWB, insbesondere unter dem Gesichtspunkt

---

[1] *Kollmorgen* in: Langen/Bunte, Kommentar zum deutschen und europäischen Kartellrecht, § 80 Rn. 5.
[2] KG, WuW/E OLG 4995 – *Geringe Anmeldegebühr.*
[3] *Stockmann* in: Immenga/Mestmäcker, GWB, § 80 Rn. 6; *Kollmorgen* in: Langen/Bunte, Kommentar zum deutschen und europäischen Kartellrecht, § 80 Rn. 6.

der wirtschaftlichen Bedeutung. Die Praxis geht deshalb davon aus, dass innerhalb der einzelnen Fallgruppen bei durchschnittlicher wirtschaftlicher Bedeutung und dem entsprechenden Aufwand der Kartellbehörde eine Gebühr jedenfalls in Höhe der Hälfte des Höchstbetrages nach § 80 Abs. 2 Satz 2 GWB angemessen ist.[4] Die Kartellbehörde hat bei der Festsetzung der Gebührenhöhe einen gerichtlich nur eingeschränkt überprüfbaren **Beurteilungs- und Ermessensspielraum**.[5] Dabei hat sie auch den **Gleichbehandlungsgrundsatz** zu beachten mit der Folge, dass gleichgelagerte Fälle mit in etwa gleichen Gebühren berechnet werden müssen.[6] Bei Fusionskontrollverfahren ist zur Gebührenbemessung regelmäßig auf die „wirtschaftliche Tragweite" des jeweiligen Verfahrens abzustellen, wobei in diesem Zusammenhang die Umsätze, Beteiligungen, Finanzbeteiligungen sowie die Gewinnsituation der Beteiligten mit dem Unternehmen von Bedeutung sein können.[7] In die Gebührenbemessung fließt regelmäßig auch der Grad des Abweichens von den Vorschriften des GWB ein. Neben den dargestellten Grundsätzen zur wirtschaftlichen Bedeutung der Angelegenheit (Äquivalenzprinzip) ist nach dem Kostendeckungsprinzip der personelle und sachliche Aufwand der Kartellbehörde von Bedeutung. Dementsprechend ist die sich aus der wirtschaftlichen Bedeutung der Sache rechtfertigende Gebührenhöhe zu reduzieren, wenn die Kartellbehörde auf Ergebnisse anderer Verfahren zurückgreifen konnte und deshalb einen **unterdurchschnittlichen Ermittlungsaufwand** hatte.[8] Nicht zu berücksichtigen ist der Umfang des Vortrags des Antragstellers, da dies die Prüfungspflicht der Kartellbehörde nicht beeinflusst.

6 § 80 Absatz 2 Satz 3 GWB räumt der Kartellbehörde die Möglichkeit ein, **besondere Umstände** gebührenerhöhend oder gebührenmindernd zu berücksichtigen. Bei einem im Vergleich zur wirtschaftlichen Bedeutung der Sache außergewöhnlichen hohen personellen oder sachlichen Aufwand der Kartellbehörde kann die Gebühr bis auf das Doppelte erhöht werden (§ 80 Absatz 2 Satz 3 GWB). Umgekehrt kann gemäß § 80 Abs. 3 Satz 4 GWB aus Billigkeitsgründen (z. B. mit Rücksicht auf die schlechte wirtschaftliche Lage des Kostenschuldners) die Gebühr bis auf ein Zehntel ermäßigt werden.

7 Die in § 80 Abs. 4 GWB aufgeführten **Ausnahmen** von der Gebührenpflicht im Fall von mündlichen und schriftlichen Auskünften und Anregungen, wenn sie bei richtiger Behandlung der Sache nicht entstanden wären oder wenn im Falle einer Ministererlaubnis (§ 42 GWB) die vorangegangene Verfügung des Bundeskartellamts aufgehoben wird, belegen, dass die Aufzählung der Gebührentatbestände in § 80 Abs. 1 GWB abschließend ist; die Ausnahmetatbestände entsprechen allgemeinen verwaltungsrechtlichen Grundsätzen.

8 Die in § 80 Abs. 5 GWB für den Fall der **Antragsrücknahme** vorgesehene Ermäßigung der Gebühr auf die Hälfte trägt dem Umstand Rechnung, dass der vorzeitige Abschluss des Verfahrens im Allgemeinen mit einem deutlich geringeren Verwaltungsaufwand einhergeht.

---

[4] OLG Düsseldorf, Beschl. v. 19. 8. 2008 – *VI-Kart 6/08 (V)* Umdruck Seite 3 ff. m.w.N.; KG, WuW/E OLG 5003 – *Joint-Venture-Gebühr*; KG, WuW/E OLG 4764 – *Kostenbeschluss*; Stockmann in Immenga/Mestmäcker, GWB, § 80 Rn. 18; *Kollmorgen* in: Langen/Bunte, Kommentar zum deutschen und europäischen Kartellrecht, § 80 Rn. 25.

[5] OLG Düsseldorf, Beschl. v. 19. 8. 2008 – *VI-Kart 6/08 (V)* Umdruck Seite 3/4 m.w.N.; *Stockmann* in: Immenga/Mestmäcker, GWB, § 80 Rn. 18; *Kollmorgen* in: Langen/Bunte, Kommentar zum deutschen und europäischen Kartellrecht, § 80 Rn. 25.

[6] OLG Düsseldorf, Beschl. v. 19. 8. 2008 – *VI-Kart 6/08 (V)* Umdruck Seite 4/5; KG, WuW/E DE-R 34 – *Bekleidungsfutterstoff*; Stockmann in: Immenga/Mestmäcker, GWB, § 80 Rn. 18; *Kollmorgen* in: Langen/Bunte, Kommentar zum deutschen und europäischen Kartellrecht, § 80 Rn. 25.

[7] OLG Düsseldorf, Beschl. v. 19. 8. 2008 – *VI-Kart 6/08 (V)* Umdruck Seite 4.

[8] KG, WuW/E OLG 5291, 5293 – *Angaben des Anmelders*; Stockmann in: Immenga/Mestmäcker, GWB, § 80 Rn. 17.

III. Behandlung der Kosten

1. Kostenschuldner

Kostenschuldner ist nach § 80 Abs. 6 GWB, wer die kostenpflichtige Anmeldung eingereicht oder die entsprechende Amtshandlung veranlasst hat. Dabei haftet auch derjenige als Kostenschuldner, der nur den Anschein erweckt, dass die Anmeldung auch in seinem Namen erfolgt sei. Mehrere Personen haften als **Gesamtschuldner** im Sinne von §§ 421 ff. BGB. Aus § 80 Abs. 6 Satz 2 GWB folgt, dass auch Rechtsnachfolger für die entstandenen Kosten haften. Kostenschuldner ist ferner derjenige, gegen den sich die Verfügung in der Hauptsache richtet. Neben demjenigen, der nach § 80 Abs. 6 Satz 1 GWB Kostenschuldner ist, haftet auch derjenige, der durch die Erklärung gegenüber der Kartellbehörde die Haftung übernommen hat (§ 80 Abs. 6 Satz 2 GWB). Ferner ist nach § 80 Abs. 6 Satz 3 GWB Kostenschuldner, wer für die Gebührenschuld eines anderen aufgrund allgemeiner Vorschriften haftet, also etwa der Gesellschafter neben der Gesellschaft (§ 128 HGB).

Die Kostenschuld entsteht bei Einreichung eines Antrags oder einer Anmeldung, sonst mit der Beendigung der gebührenpflichtigen Amtshandlung (§ 2 Abs. 1 KartKostVO). Die Durchsetzung der Kostenschuld erfolgt von Amts wegen durch die Kartellbehörde, regelmäßig zusammen mit der Sachentscheidung (§ 4 Abs. 1 KartKostVO).

2. Veränderungen

Die Kostenschuld unterliegt **Veränderungen** dadurch, dass sie gemäß § 80 Abs. 7 GWB in 4 Jahren nach der Festsetzung **verjährt**. Nach § 80 Abs. 7 Satz 2 KartKostVO kann die Kostenforderung gestundet werden, wenn gegen eine Kostenentscheidung Beschwerde eingelegt wird; auch eine Niederschlagung oder der Forderungserlass in besonderen Fällen sind möglich.[9]

3. Erstattung

Auf Grund der Ermächtigung in § 80 Abs. 9 GWB sieht § 8 KartKostVO die Anordnungsbefugnis der Kartellbehörde vor, dass die einem Beteiligten entstandenen Kosten, soweit sie zur zweckentsprechenden Erledigung der Angelegenheit notwendig waren, von einem anderen Beteiligten ganz oder teilweise zu **erstatten** sind, wenn dies der Billigkeit entspricht. Auch in Fällen, in denen ein Beteiligter Kosten durch grobes Verschulden veranlasst hat, sind ihm die Kosten aufzuerlegen. Damit sind im Ergebnis die Grundsätze, die nach § 78 GWB für die Verteilung der Kosten des Beschwerdeverfahrens gelten, auch im kartellbehördlichen Verfahren anzuwenden.[10] Da die Kartellbehörden keine „Beteiligten" sind, gibt es keine Rechtsgrundlage für die Erstattung der Kosten durch die Kartellbehörden.[11] Über eine Kostenerstattung wird nur auf Antrag entschieden.[12]

4. Rechtsmittel

Die Gebühren- und Auslagenentscheidung der Kartellbehörde ist mit der Beschwerde nach § 63 Abs. 1 GWB anfechtbar (vgl. § 7 Abs. 1, 8 Abs. 3 KartKostVO). Wird gegen die

---

[9] *Stockmann* in: Immenga/Mestmäcker, GWB, § 80 Rn. 30; *Kollmorgen* in: Langen/Bunte, Kommentar zum deutschen und europäischen Kartellrecht, § 80 Rn. 42.

[10] *Kollmorgen* in: Langen/Bunte, Kommentar zum deutschen und europäischen Kartellrecht, § 80 Rn. 44.

[11] KG, WuW/E OLG 4113, 4117; BVerfG, WuW/E VG 389.

[12] *Kollmorgen* in: Langen/Bunte, Kommentar zum deutschen und europäischen Kartellrecht, § 80 Rn. 45.

Entscheidung in der Hauptsache Beschwerde eingelegt, erstreckt sich das Rechtsmittel kraft § 22 Abs. 1 KartKostVO auch auf die Gebühren- und Auslagenentscheidung. Das gilt selbst dann, wenn diese getrennt ergangen ist. Gegen die Beschwerdeentscheidung gegen den Gebührenbescheid der Kartellbehörde ist die Rechtsbeschwerde oder – sofern sie vom Beschwerdegericht nicht zugelassen worden ist – die Nichtzulassungsbeschwerde eröffnet.

Zum **Verhältnis von Gebührenbeschwerde und Hauptsachebeschwerde** gilt dabei Folgendes: Das Bundeskartellamt darf eine Verwaltungsgebühr nach § 80 Abs. 1 GWB festsetzen, wenn sie eine der dort genannten Verfügungen erlässt und diese Verfügung in einem etwaigen Beschwerde- oder Rechtsbeschwerdeverfahren auch Bestand hat. Wird die kartellbehördliche Anordnung im gerichtlichen Verfahren aufgehoben, ist damit zugleich der korrespondierenden **Gebührenfestsetzung** die **Grundlage entzogen**. Sie wird – ohne dass es einer dahingehenden gerichtlichen Aufhebungsentscheidung bedarf – hinfällig. Dies gilt selbst dann, wenn die Gebührenfestsetzung der Kartellbehörde nicht angefochten worden und deshalb (scheinbar) bestandskräftig ist. Denn der Rechtsbehelf gegen die Sachentscheidung erstreckt sich gemäß § 22 Abs. 1 2. Halbsatz KartKostVO auch auf die Gebührenfestsetzung. Umgekehrt berührt alleine die Rechtswidrigkeit der in der Hauptsache ergangenen Verfügung den Gebührenausspruch der Kartellbehörde nicht. Wird die **Hauptsacheverfügung bestandskräftig** oder durch Verwerfung oder Zurückweisung der Beschwerde **gerichtlich bestätigt**, trägt sie die Gebührenfestsetzung auch dann, wenn sie nicht rechtmäßig gewesen sein sollte. Voraussetzung für den Gebührenanspruch nach § 80 Abs. 1 GWB ist insoweit nur der rechtliche Bestand und nicht auch die Rechtmäßigkeit der ihm zugrunde liegenden kartellbehördlichen Entscheidung.[13] Dementsprechend kann der Gebührenausspruch in einem solchen Fall nicht mit dem Argument angegriffen werden, die korrespondierende Sachentscheidung sei rechtswidrig. Geltend gemacht werden können mit der Gebührenbeschwerde vielmehr nur gebührenrechtliche Einwendungen (einschließlich des Einwands der gänzlich fehlenden Hauptsacheverfügung). Eine Rechtmäßigkeitskontrolle der zugrunde liegenden Hauptsacheverfügung findet demgegenüber nicht statt.[14]

Leistet die beschwerdeführende Partei der kartellbehördlichen Anordnung Folge und führt hierdurch die **Erledigung ihrer Hauptsachebeschwerde** herbei, bleibt die korrespondierende Gebührenfestsetzung gleichwohl bestehen.[15] Denn die Erledigung ist für sich genommen kein Grund, den Beschwerdeführer von der Gebührenpflicht für die von ihm befolgte kartellbehördliche Anordnung zu befreien. Der Gebührenzahlungspflicht kann in diesem Fall auch nicht entgegen gehalten werden, dass die Hauptsachebeschwerde kraft Gesetzes keine aufschiebende Wirkung entfaltet habe und deshalb der angefochtenen kartellbehördlichen Verfügung habe Folge geleistet werden müssen. Das gilt jedenfalls dann, wenn mit Aussicht auf Erfolg ein Antrag nach § 65 Abs. 3 Satz 3 GWB auf Anordnung der aufschiebenden Wirkung hätte gestellt werden können, um auf diesem Wege eine Erledigung des Rechtsmittels zu verhindern.[16]

---

[13] OLG Düsseldorf, Beschl. v. 12. 11. 2008 – VI-Kart 5/08 (V) Umdruck Seite 36–37; *Stockmann* in: Immenga/Mestmäcker, Wettbewerbsrecht GWB. 4. Aufl., § 80 Rn. 23.
[14] OLG Düsseldorf, Beschl. v. 12. 11. 2008 – V-Kart 5/08 (V) Umdruck Seite 37.
[15] BGH, WuW/E BGH 2207, 2208 – *Lufthansa-f.i.r.s.t. Reisebüro;* OLG Düsseldorf, Beschl. v. 12. 11. 2008 – VI-Kart 5/08 (V) Umdruck Seite 37; *Lagemann* in: Münchener Kommentar Europäisches und Deutsches Wettbewerbsrecht, § 80 Rn. 64; *Bracher* in: Frankfurter Kommentar, § 80 Rn. 45.
[16] OLG Düsseldorf, Beschl. v. 12. 11. 2008 – VI-Kart 5/08 (V) Umdruck Seite 38.

Zweiter Abschnitt. Bußgeldverfahren

§ 81 Bußgeldvorschriften

(1) Ordnungswidrig handelt, wer gegen den Vertrag zur Gründung der Europäischen Gemeinschaft in der Fassung der Bekanntmachung vom 24. Dezember 2002 (ABl. EG Nr. C 325 S. 33) verstößt, indem er vorsätzlich oder fahrlässig
1. entgegen Artikel 81 Abs. 1 eine Vereinbarung trifft, einen Beschluss fasst oder Verhaltensweisen aufeinander abstimmt oder
2. entgegen Artikel 82 Satz 1 eine beherrschende Stellung missbräuchlich ausnutzt.

(2) Ordnungswidrig handelt, wer vorsätzlich oder fahrlässig
1. einer Vorschrift der §§ 1, 19 Abs. 1, § 20 Abs. 1, auch in Verbindung mit Abs. 2 Satz 1, § 20 Abs. 3 Satz 1, auch in Verbindung mit Satz 2, § 20 Abs. 4 Satz 1 oder Abs. 6, § 21 Abs. 3 oder 4, § 29 Satz 1 oder § 41 Abs. 1 Satz 1 über das Verbot einer dort genannten Vereinbarung, eines dort genannten Beschlusses, einer aufeinander abgestimmten Verhaltensweise, der missbräuchlichen Ausnutzung einer marktbeherrschenden Stellung, einer Marktstellung oder einer überlegenen Marktmacht, einer unbilligen Behinderung oder unterschiedlichen Behandlung, der Ablehnung der Aufnahme eines Unternehmens, der Ausübung eines Zwangs, der Zufügung eines wirtschaftlichen Nachteils oder des Vollzugs eines Zusammenschlusses zuwiderhandelt,
2. einer vollziehbaren Anordnung nach
    a) § 30 Abs. 3, § 32 Abs. 1, § 32a Abs. 1, § 32b Abs. 1 Satz 1 oder § 41 Abs. 4 Nr. 2, auch in Verbindung mit § 40 Abs. 3a Satz 2, auch in Verbindung mit § 41 Abs. 2 Satz 3 oder § 42 Abs. 2 Satz 2, oder § 60 oder
    b) § 39 Abs. 5
   zuwiderhandelt,
3. entgegen § 39 Abs. 1 einen Zusammenschluss nicht richtig oder nicht vollständig anmeldet,
4. entgegen § 39 Abs. 6 eine Anzeige nicht, nicht richtig, nicht vollständig oder nicht rechtzeitig erstattet,
5. einer vollziehbaren Auflage nach § 40 Abs. 3 Satz 1 oder § 42 Abs. 2 Satz 1 zuwiderhandelt oder
6. entgegen § 59 Abs. 2 eine Auskunft nicht, nicht richtig, nicht vollständig oder nicht rechtzeitig erteilt, Unterlagen nicht, nicht vollständig oder nicht rechtzeitig herausgibt, geschäftliche Unterlagen nicht, nicht vollständig oder nicht rechtzeitig zur Einsichtnahme und Prüfung vorlegt oder die Prüfung dieser geschäftlichen Unterlagen sowie das Betreten von Geschäftsräumen und -grundstücken nicht duldet.

(3) Ordnungswidrig handelt, wer
1. entgegen § 21 Abs. 1 zu einer Liefersperre oder Bezugssperre auffordert,
2. entgegen § 21 Abs. 2 einen Nachteil androht oder zufügt oder einen Vorteil verspricht oder gewährt oder
3. entgegen § 24 Abs. 4 Satz 3 oder § 39 Abs. 3 Satz 5 eine Angabe macht oder benutzt.

(4) [1]Die Ordnungswidrigkeit kann in den Fällen des Absatzes 1, des Absatzes 2 Nr. 1, 2 Buchstabe a und Nr. 5 und des Absatzes 3 mit einer Geldbuße bis zu einer Million Euro geahndet werden. [2]Gegen ein Unternehmen oder eine Unternehmensvereinigung kann über Satz 1 hinaus eine höhere Geldbuße verhängt werden; die Geldbuße darf 10 vom Hundert des im der Behördenentscheidung vorausgegangenen Geschäftsjahr erzielten Gesamtumsatzes des Unternehmens oder der Unternehmensvereinigung nicht übersteigen. [3]Bei der Ermittlung des Gesamtumsatzes ist der

weltweite Umsatz aller natürlichen und juristischen Personen zugrunde zu legen, die als wirtschaftliche Einheit operieren. ⁴Die Höhe des Gesamtumsatzes kann geschätzt werden. ⁵In den übrigen Fällen kann die Ordnungswidrigkeit mit einer Geldbuße bis zu hunderttausend Euro geahndet werden. ⁶Bei der Festsetzung der Höhe der Geldbuße ist sowohl die Schwere der Zuwiderhandlung als auch deren Dauer zu berücksichtigen.

(5) ¹Bei der Zumessung der Geldbuße findet § 17 Abs. 4 des Gesetzes über Ordnungswidrigkeiten mit der Maßgabe Anwendung, dass der wirtschaftliche Vorteil, der aus der Ordnungswidrigkeit gezogen wurde, durch die Geldbuße nach Absatz 4 abgeschöpft werden kann. ²Dient die Geldbuße allein der Ahndung, ist dies bei der Zumessung entsprechend zu berücksichtigen.

(6) ¹Im Bußgeldbescheid festgesetzte Geldbußen gegen juristische Personen und Personenvereinigungen sind zu verzinsen; die Verzinsung beginnt zwei Wochen nach Zustellung des Bußgeldbescheides. ²§ 288 Abs. 1 Satz 2 und § 289 Satz 1 des Bürgerlichen Gesetzbuchs sind entsprechend anzuwenden.

(7) Das Bundeskartellamt kann allgemeine Verwaltungsgrundsätze über die Ausübung seines Ermessens bei der Bemessung der Geldbuße, insbesondere für die Feststellung der Bußgeldhöhe als auch für die Zusammenarbeit mit ausländischen Wettbewerbsbehörden, festlegen.

(8) ¹Die Verjährung der Verfolgung von Ordnungswidrigkeiten nach den Absätzen 1 bis 3 richtet sich nach den Vorschriften des Gesetzes über Ordnungswidrigkeiten auch dann, wenn die Tat durch Verbreiten von Druckschriften begangen wird. ²Die Verfolgung der Ordnungswidrigkeiten nach Absatz 1, Absatz 2 Nr. 1 und Absatz 3 verjährt in fünf Jahren.

(9) Ist die Kommission der Europäischen Gemeinschaft oder sind die Wettbewerbsbehörden anderer Mitgliedstaaten der Europäischen Gemeinschaft auf Grund einer Beschwerde oder von Amts wegen mit einem Verfahren wegen eines Verstoßes gegen Artikel 81 oder 82 des Vertrages zur Gründung der Europäischen Gemeinschaft gegen dieselbe Vereinbarung, denselben Beschluss oder dieselbe Verhaltensweise wie die Kartellbehörde befasst, wird für Ordnungswidrigkeiten nach Absatz 1 die Verjährung durch die den § 33 Abs. 1 des Gesetzes über Ordnungswidrigkeiten entsprechenden Handlungen dieser Wettbewerbsbehörden unterbrochen.

(10) Verwaltungsbehörde im Sinne des § 36 Abs. 1 Nr. 1 des Gesetzes über Ordnungswidrigkeiten ist die nach § 48, auch in Verbindung mit § 49 Abs. 3 und 4, oder § 50 zuständige Behörde.

Übersicht

	Rn.
I. Allgemeines	1
II. Systematik der Bußgeldtatbestände	3
III. Anwendbarkeit der Vorschriften des OWiG	4
1. Täterkreis und Sonderdelikte	5
a) Pflichtendelegation nach § 9 OWiG	5
b) Beteiligung und Einheitstäterbegriff nach § 14 OWiG	13
2. Vorsatz, Fahrlässigkeit und Irrtum	14
3. Aufsichtspflichtverletzung in Betrieben und Unternehmen (§ 130 OWiG)	25
4. Geldbuße gegen Unternehmen (§ 30 OWiG)	35
5. Verfall (§ 29 a OWiG)	42
6. Opportunitätsprinzip (§ 47 OWiG)	47
IV. Kartellrechtsverstöße als Straftaten	48
1. Wettbewerbsbeschränkende Absprachen bei Ausschreibungen (§ 298 StGB)	49

	Rn.
2. Betrug (§ 263 StGB)	53
3. Sonstige Straftatbestände	56
V. Konkurrenzen	57
VI. Höhe der Geldbuße (Abs. 4, 5 und 7)	59
1. Bußgeldrahmen	61
2. Bemessung der Geldbuße	63
a) Schwere und Dauer der Zuwiderhandlung (Abs. 4 S. 4)	64
b) Weitere Zumessungskriterien (§ 17 Abs. 3 OWiG)	67
c) Abschöpfung des wirtschaftlichen Vorteils (Abs. 5 i. V. m. § 17 Abs. 4 OWiG)	70
3. Richtlinien des BKartA für die Festsetzung von Geldbußen (Abs. 7)	75
a) Überblick	75
b) Die Bonusregelung des BKartA	76
c) Die Bußgeldleitlinien des BKartA	77

§ 81. Bußgeldvorschriften § 81 GWB

	Rn.		Rn.
VII. Verzinsung der Geldbuße (Abs. 6)	78	X. Rückwirkungsverbot und Milderungsgebot bei Gesetzesänderungen	84
VIII. Verjährung (Abs. 8, 9)	80		
IX. Zuständigkeiten (Abs. 10)	83	XI. Verhältnis von nationalem und europäischem Kartellordnungswidrigkeitenrecht	87

Schrifttum: *Achenbach,* Das neue Recht der Kartellordnungswidrigkeiten, wistra 1999, 241; *ders.,* Verfassungswidrigkeit variabler Obergrenzen der Geldbußzumessung bei Kartellrechtsverstößen?, WuW 2002, 1154; *ders.,* Bonusregelung bei Kartellstraftaten?, NJW 2001, 2232; *ders.,* Neuigkeiten im Recht der Kartellordnungswidrigkeiten, wistra 2006, 2; *Achenbach/Wegner,* Probleme der reinen Ahndungsgeldbuße im Kartellrecht (§ 81 Abs. 5 GWB), ZWeR 2006, 49; *Bach,* Verschärfung von Unternehmensbußen – ein gescheiterter Versuch, in: FS Bechtold, 1; *Bach/Klumpp,* Nach oben offene Bußgeldskala – erstmals Bußgeldrichtlinien des Bundeskartellamts, NJW 2006, 3524; *Bangard,* Aktuelle Probleme der Sanktionierung von Kartellabsprachen, wistra 1997, 161; *Bauer/Wrage-Molkenthien,* Zur rechtlichen Bewertung des Irrtums über normative Tatbestandsmerkmale im Kartellrecht, WuW 1988, 586; *Baumann/Arzt,* Kartellrecht und allgemeines Strafrecht, ZHR 134 (1970), 24; *Biermann,* Neubestimmung des deutschen und europäischen Kartellsanktionenrechts: Reformüberlegungen, Determinaten und Perspektiven einer Kriminalisierung, ZWeR 2007, 1; *Bohnert,* Ordnungswidrigkeitengesetz, 2. Aufl. 2007; *Buntscheck,* Der „verunglückte Abschied" von der Mehrerlösgeldbuße für schwere Kartellverstöße – Kritische Anmerkungen zu § 81 Abs. 4 Satz 2 GWB, in: FS Bechtold, 81; *ders.,* Die gesetzliche Kappungsgrenze für Kartellgeldbußen, EuZW 2007, 423; *ders.,* § 81 Abs. 4 GWB n. F. – die geänderte Obergrenze für Unternehmensgeldbußen, WuW 2008, 941; *Burrichter,* Die Verzinsungspflicht von Geldbußen gemäß § 81 Abs. 6 GWB n. F., in: FS Bechtold, 97; *Cramer,* Zur Strafbarkeit von Preisabsprachen in der Bauwirtschaft, 1995; *Dannecker,* Die Verfolgungsverjährung bei Submissionsabsprachen und Aufsichtspflichtverletzungen in Betrieben und Unternehmen, NStZ 1985, 49; *Deselaers,* Uferlose Geldbußen bei Kartellverstößen nach der neuen 10% Umsatzregel des § 81 Abs 4 GWB?, WuW 2006, 118; *Engelsing,* Die neue Bonusregelung des Bundeskartellamts von 2006, ZWeR 2006, 179; *Göhler,* Ordnungswidrigkeitengesetz, 14. Aufl. 2006 (bearb. von König/Seitz); *ders.,* Zum Bußgeld- und Strafverfahren wegen verbotswidrigen Kartellabsprachen, wistra 1996, 132; *Greeve/Leipold,* Handbuch des Baustrafrechts, 2004; *Hetzel,* Kronzeugenregelungen im Kartellrecht – Anwendung und Auslegung von Vorschriften über den Erlass oder die Ermäßigung von Geldbußen im Lichte elementarer Rechtsgrundsätze, 2004; *Joecks,* Zur Schadensfeststellung beim Submissionsbetrug, wistra 1992, 247; *Karlsruher Kommentar zum Ordnungswidrigkeitengesetz* (Hrsg. Senge), 3. Aufl. 2006 (zit. KK OWiG); *Klees,* Zu viel Rechtssicherheit für Unternehmen durch die neue Kronzeugenmitteilung in europäischen Kartellverfahren?, WuW 2002, 1056; *Klusmann,* Das Ende der fortgesetzten Handlung im Kartellrecht?, WuW 1995, 271; *Koch,* Der kartellrechtliche Sanktionsdurchgriff im Unternehmensverbund, ZHR 171 (2007), 554; *König,* Neues Strafrecht gegen die Korruption, JR 1997, 397; *Kuck,* Die Anerkennung des Grundsatzes ne bis in idem im europäischen Kartellrecht und seine Anwendung in internationalen Kartellverfahren, WuW 2002, 689; *Lampert/Götting,* Startschuss für eine Kriminalisierung des Kartellrechts? – Anmerkungen zum BGH-Urteil „Flughafen München", WuW 2002, 1069; *Leube,* Neuere Rechtsprechung zum Kartellordnungswidrigkeitenrecht, wistra 1987, 41; *Lutz,* Amnestie für aufklärungsbereite Kartellanten?, BB 2000, 677; *Meessen,* Die 7. GWB-Novelle – verfassungsrechtlich gesehen, WuW 2004, 733; *Mitsch,* Rechtsprechung zum Wirtschaftsstrafrecht nach dem 2. WiKG, JZ 1994, 877; *Mundt,* Die Bußgeldleitlinien des Bundeskartellamtes, WuW 2007, 458; *Ohle/Albrecht,* Die neue Bonusregelung des Bundeskartellamtes in Kartellsachen, WRP 2006, 866; *Pampel,* Die Bedeutung von Compliance-Programmen im Kartellordnungswidrigkeitenrecht, BB 2007, 1636; *Panizza,* Ausgewählte Probleme der Bonusregelung des Bundeskartellamts vom 7. März 2006, ZWeR 2008, 58; *Rönnau,* Vermögensabschöpfung in der Praxis, 2003; *Schönke/Schröder,* Strafgesetzbuch, 27. Aufl. 2006; *Schroeder,* Kronzeugenregelungen im Kartellrecht, in: FS Bechtold, 437; *Schwintowski/Klaue,* Kartellrechtliche und gesellschaftsrechtliche Konsequenzen des Systems der Legalausnahme für die Kooperationspraxis der Unternehmen, WuW 2005, 370; *Soltész/Steinle/Bielesz,* Rekordgeldbußen versus Bestimmtheitsgebot, EuZW 2003, 202; *Steinle,* Lassen sich Kartellrechtsverstöße „ausgliedern"?, in: FS Bechtold, 451; *Stockmann,* Ziele und Zielkonflikte bei Kartellsanktionen, in: FS Bechtold, 559; *Tessin,* Verletzung der Aufsichtspflicht bei Kartellverstößen, BB 1987, 984; *Thiele,* Zur Verfassungswidrigkeit des § 81 IV GWB, WRP 2006, 999; *Thomas,* Perspektiven der Anwendung strafrechtlicher Tatbestände bei kartellrechtlichen Verstößen, WuW 1974, 20; *Tiedemann,* Strafrechtliche Grundprobleme im Kartellrecht, NJW 1979, 1849; *Többens,* Die Bekämpfung der Wirtschaftskriminalität durch die Troika der §§ 9, 30, 130 OWiG,

NStZ 1999, 1; *Voet van Vormizeele,* Die neue Bonusregelung des Bundeskartellamtes, wistra 2006, 292; *Vollmer,* Die Bußgeldleitlinien des Bundeskartellamts, ZWeR 2007, 168; *Wagner,* Die Übernahme der europäischen 10%-Regel für Geldbußen bei Kartellverstößen schafft einen verfassungsrechtlich fragwürdigen Fremdkörper im deutschen Recht, EWS 2006, 251; *Wegner,* Die Systematik der Zumessung unternehmensbezogener Geldbußen, 2000; *ders.,* Keine umfassende Begründungspflicht der Kommission für Kartellgeldbußen in Millionenhöhe?, WuW 2001, 469; *ders.,* Die Auswirkungen fehlerhafter Organisationsstrukturen auf die Zumessung der Unternehmensgeldbuße, wistra 2000, 361; *Weitbrecht/Mühle,* Zur Verfassungsmäßigkeit der Bußgelddrohung gegen Unternehmen nach der 7. GWB-Novelle, WuW 2006, 1106; *Wiesner,* Zur Rechtmäßigkeit einer „Bonusregelung" im Kartellrecht, WuW 2005, 606; *ders.,* Der Kronzeuge im Kartellrecht – Zur Rechtmäßigkeit der Honorierung von Aufklärungshilfe durch Sanktionserlass bei der Verfolgung von Hardcore-Kartellen durch die Europäische Kommission und das BKartA, 2004; *Wirtz,* Die Aufsichtspflicht des Vorstandes nach OWiG und KonTraG, WuW 2001, 342.

I. Allgemeines

1   Durch die Neufassung des § 81 im Zuge der 7. GWB-Novelle ist der Katalog ordnungswidriger Verhaltensweisen in Abs. 1 auf Zuwiderhandlungen gegen das europäische Wettbewerbsrecht erweitert worden, bestehende Verbotstatbestände wurden zum Teil gestrichen oder inhaltlich neu geregelt. Des Weiteren ist eine erhebliche Verschärfung des Bußgeldrahmens vorgenommen und eine Zinspflicht für Geldbußen bei Verstößen gegen das Kartellrecht eingeführt worden. Von erheblicher Bedeutung ist auch die Veränderung des variablen Bußgeldrahmens bei schweren Verstößen gegen das Wettbewerbsrecht (Abs. 4 Satz 2). Wie im europäischen Recht (vgl. Art. 23 Abs. 2 Satz 2 VO 1/2003) können gegenüber Unternehmen und Unternehmensvereinigungen nunmehr Bußgelder bis zu 10% des im vorausgegangenen Geschäftsjahr erzielten Gesamtumsatzes verhängt werden; entfallen ist damit die bislang geltende Mehrerlösregelung. Weitere Änderungen ergeben sich in Bezug auf die Abschöpfung des durch den Kartellverstoß erlangten wirtschaftlichen Vorteils (Abs. 5). Neu ist auch die durch Abs. 6 eingeführte Zinspflicht sowie die durch Abs. 7 erfolgte Klarstellung, dass das BKartA zur Festlegung allgemeiner Verwaltungsgrundsätze über die Ausübung seines Ermessens bei der Bemessung der Geldbuße befugt ist. Insgesamt erfolgt durch die Neufassung der Vorschrift insbesondere eine Anpassung des nationalen Kartellordnungswidrigkeitenrechts an das europäische Wettbewerbsrecht.

2   Als bislang ungeklärt anzusehen ist die Frage, wann § 81 in seiner im Rahmen der 7. GWB-Novelle vorgesehenen Fassung in Kraft getreten ist. Die Novelle vom 7. 7. 2005 wurde am 12. 7. 2005 im Bundesgesetzblatt verkündet und sollte rückwirkend zum 1. 7. 2005 in Kraft treten.[1] Zwar sind auch frühere GWB-Novellen teilweise rückwirkend in Kraft getreten; dabei blieben jedoch die Kartellordnungswidrigkeiten von der rückwirkenden Anwendung ausgenommen,[2] weil Art. 103 Abs. 2 GG, der auch für Ordnungswidrigkeiten gilt,[3] eine rückwirkende Begründung und Verschärfung der Strafbarkeit bzw. Ahndbarkeit verbietet. Der Gesetzgeber hat auf diese „gesetzgeberische Panne" mittlerweile reagiert und § 81 in der Fassung der 7. GWB-Novelle neben weiteren Änderungen durch das Gesetz zur Bekämpfung von Preismissbrauch im Bereich der Energieversorgung und des Lebensmittelhandels vom 18. 12. 2007 wegen seines „unbeabsichtigten rückwirkenden Inkrafttretens... aus Gründen der Rechtssicherheit"[4] neu bekannt gemacht. Hiervon ausgehend ist folgendes festzuhalten: Soweit bestehende Verbotstatbestände durch die Neufassung des § 81 im Rahmen der 7. GWB-Novelle gestrichen wurden und sich die Neufassung täterbegünstigend auswirkt, bestehen gegen eine rückwirkende Anwendung der

---

[1] BGBl. I, S. 1954, 1969.
[2] Vgl. Art. 3 Abs. 2 des Dritten Gesetzes zur Änderung des Gesetzes gegen Wettbewerbsbeschränkungen v. 28. 6. 1976, BGBl. I., S. 1697.
[3] BVerfGE 38, 348, 371; 81, 132, 135; 87, 399, 411.
[4] BT-Drucks. 16/5847, S. 12.

milderen Vorschriften keine Bedenken.[5] Anders verhält es sich jedoch in Bezug auf die Einführung neuer Bußgeldtatbestände (insbesondere in Abs. 1 Nr. 1 u. 2 n. F.) sowie sämtliche weiteren Regelungen, die – wie die Neugestaltung der Bußgeldrahmen – zu einer Verschärfung der bußgeldrechtlichen Ahndbarkeit führen. Da Art. 103 Abs. 2 im Unterschied zu dem aus dem Rechtsstaatsprinzip abgeleiteten allgemeinen Rückwirkungsverbot ein absolutes, nicht unter Abwägungsvorbehalten stehendes Verbot der nachträglichen Verschärfung sanktionsrechtlicher Haftungsfolgen begründet,[6] ist die Regelung über das rückwirkende Inkrafttreten der 7. GWB-Novelle nichtig, soweit diese auch die rückwirkende Verschärfung des § 81 erfasst. Soweit diese Problematik im Schrifttum bislang überhaupt behandelt worden ist, wird der Auffassung vertreten, dass die frühere Regelung rückwirkend aufgehoben worden und die Neuregelung erst am Ende des Tages der Verkündung am 12. 7. 2005 in Kraft getreten sei.[7] Dies vermag jedoch nicht zu überzeugen. Nach Art. 82 Abs. 2 GG soll jedes Gesetz den Tag des Inkrafttretens bestimmen; fehlt eine solche Bestimmung, tritt das Gesetz nach Art. 82 Abs. 2 S. 2 vierzehn Tage nach seiner Verkündung im Bundesgesetzblatt in Kraft. Damit ist allenfalls denkbar, dass § 81 in der Fassung der 7. GWB-Novelle mit Ablauf des 26. 7. 2005 in Kraft getreten ist.[8] Allerdings erscheint auch dies zweifelhaft, weil das Fehlen einer Bestimmung über das Inkrafttreten nicht damit gleichgesetzt werden kann, dass eine solche Regelung zwar vorhanden, aber verfassungswidrig ist. Daher dürfte davon auszugehen sein, dass die Verschärfungen, die durch die 7. GWB-Novelle im Bereich des Kartellordnungswidrigkeitsrechts herbeigeführt werden sollten, tatsächlich erst mit der Neubekanntmachung der Bestimmung zum 22. 12. 2007 Geltung erlangt haben und bis dahin der alte Rechtszustand fortbestanden hat.

II. Systematik der Bußgeldtatbestände

Durch den neuen Abs. 1 werden nunmehr auch Verstöße gegen das europäische Wettbewerbsrecht unmittelbar bußgeldbewehrt, während dies bislang nur für Verstöße gegen vollziehbare Anordnungen des BKartA, die auf die Art. 81 und 82 EGV gestützt waren, galt (vgl. § 81 Abs. 1 Nr. 6a a. F.). Abs. 3 fasst diejenigen kartellrechtlichen Verstöße zusammen, die nur bei vorsätzlicher Begehung ahndbar sind (vgl. § 10 OWiG). Demgegenüber enthält der sehr unübersichtlich gestaltete Abs. 2 einen zusammengefassten Katalog von Bußgeldtatbeständen, der von leichteren bis schweren kartellrechtlichen Verstößen reicht.[9] Eine Differenzierung findet sich allerdings in Abs. 4, der in den Fällen des Abs. 1, des Abs. 2 Nr. 1, 2a und Nr. 5 sowie des Abs. 3 eine Geldbuße bis zu 1 Mio. Euro und darüber hinaus für den Bereich der Verbandssanktion einen umsatzbezogenen Sonderbußgeldrahmen vorsieht. Diesen schwerwiegenden Kartellordnungswidrigkeiten stehen die leichteren Kartellverstöße des Abs. 2 Nr. 2b, 3, 4 und 6 gegenüber, für die ein Bußgeldhöchstbetrag von 100 000 Euro gilt. Eine weitere Gewichtung der kartellrechtlichen Bußgeldtatbestände ergibt sich aus der Regelung der Verfolgungsverjährung in Abs. 8. Danach verjähren Kartellordnungswidrigkeiten nach Abs. 1, Abs. 2 Nr. 1 und Abs. 3 in fünf Jahren,

---

[5] Vgl. *Dannecker/Biermann* in: Immenga/Mestmäcker, GWB, § 81 Rn. 3; *Bechtold*, § 81 Rn. 1a.

[6] BVerfGE 95, 96, 131.

[7] So *Dannecker/Biermann* in: Immenga/Mestmäcker, GWB, § 81 Rn. 3 mit dem Hinweis, dass die nach dieser Auffassung bestehende Sanktionslücke zwischen dem 1. 7. 2005 und 12. 7. 2005 einer Ahndung von Alttaten nicht entgegensteht; dazu BVerfGE 81, 132ff.; vgl. auch *Bechtold*, § 81 Rn. 1a, der – allerdings nur „für die Bebußung über 500 000 Euro hinaus" – zwar ebenfalls von einer Sanktionslücke ausgeht, aber offen lässt, ob diese „entweder nur wenige Tage oder Wochen oder sogar fast zweieinhalb Jahre", nämlich bis zur Neubekanntmachung, angedauert hat.

[8] Vgl. auch *Bechtold*, § 81 Rn. 1a.

[9] Soweit *Achenbach* (wistra 1999, 241, 243) schon in Bezug auf § 81 Abs. 1 a. F. von einer „chaotischen Struktur" gesprochen hat, ist diese Kritik auch weiterhin aufrechtzuerhalten; vgl. auch FK-*Achenbach*, § 81 Rn. 9.

während für die übrigen Verstöße eine Verjährungsfrist von längstens drei Jahren gilt (Abs. 8 i.V.m. § 31 Abs. 2 OWiG). Damit ergeben sich nunmehr drei Stufen:[10] **leichtere Kartellverstöße** mit niedriger Bußgeldandrohung (im Wesentlichen Verstöße gegen Auskunfts- und Meldepflichten – Abs. 2 Nr. 2b, 3, 4, 6), **schwere Kartellverstöße** mit hoher Bußgelddrohung und kürzerer Verjährungsfrist (insb. Zuwiderhandlungen gegen behördliche Verfügungen – Abs. 2 Nr. 2a, 5); **besonders schwere Kartellverstöße** mit hoher Bußgeldandrohung und langer Verjährung (Verstöße gegen das europäische Wettbewerbsrecht, Zuwiderhandlungen gegen Abs. 2 Nr. 1, der alle Verstöße gegen unmittelbar wirkende gesetzliche Verbote zusammenfasst sowie die Zuwiderhandlungen nach Abs. 3); zu den Einzelheiten der Verbotsmaterie vgl. die Erläuterungen der jeweiligen Bezugsnormen.

III. Anwendbarkeit der Vorschriften des OWiG

4   Für die Ordnungswidrigkeiten des § 81 kommen ergänzend die Vorschriften des OWiG, insbesondere die des ersten Teils dieses Gesetzes, in Betracht. Dies gilt insbesondere für §§ 9, 14, 29a, 30 und 130 OWiG.

1. Täterkreis und Sonderdelikte

5   a) **Pflichtendelegation nach § 9 OWiG:** Die Bußgeldtatbestände des § 81 enthalten überwiegend Sonderdelikte, bei denen die bußgeldbewehrten Pflichten von vornherein nur juristischen Personen und Personenvereinigungen auferlegt sind, die selbst nicht in sanktionsrechtlich relevanter Weise handeln können. Beispielhaft sei hier auf § 1 verwiesen, der von Unternehmen und Unternehmensvereinigungen spricht. Daher kommt hier die Vorschrift des § 9 OWiG in Betracht, die in sachlicher Übereinstimmung mit § 14 StGB die sog. Organ- und Vertreterhaftung regelt und zu einer **Ausweitung der bußgeldrechtlichen Haftung** auf Personen führt, die für den eigentlichen Normadressaten handeln. Danach werden ahndungsbegründende besondere persönliche Merkmale wie das Statusmerkmal des „Unternehmers" dem handelnden Vertreter oder Beauftragten nach Maßgabe des § 9 OWiG zugerechnet. Der Anwendungsbereich des Bußgeldtatbestands wird also im Wege einer Pflichtenüberwälzung um die erfassten Organe und Vertreter erweitert.

6   § 9 Abs. 1 OWiG bezeichnet die für die Organ- und Vertreterhaftung in Betracht kommenden Fälle einer **gesetzlichen Vertretung.** Zum Kreis der gesetzlichen Vertreter gehören nach § 9 Abs. 1 Nr. 1 OWiG die vertretungsberechtigten Organe juristischer Personen sowie die Mitglieder solcher Organe. Erfasst sind sowohl die juristischen Personen des Privatrechts als auch des öffentlichen Rechts. Die juristische Person muss rechtswirksam entstanden sein;[11] dabei ist jedoch zu beachten, dass Gründungsmängel in aller Regel keinen Einfluss auf die Wirksamkeit der Verbandsentstehung haben.

7   Normadressaten des § 9 Abs. 1 Nr. 1 OWiG sind ausschließlich die **vertretungsberechtigten** Organe der juristischen Person sowie die Mitglieder eines solchen Organs. Dies bedeutet zum einen, dass die Organe und Organwalter wirksam bestellt worden sein müssen; zum anderen soll das Geschäftsleitungsorgan der juristischen Person von anderen (nicht vertretungsberechtigten) Organen abgegrenzt und zugleich klargestellt werden, dass die Vertretungsbefugnis – etwa in Folge der Eröffnung des Insolvenzverfahrens – nicht fortgefallen sein darf. Für die Frage, welche Organe bei den juristischen Personen des Privatrechts vertretungsberechtigt sind, sind die zivil- und handelsrechtlichen Vorschriften maßgeblich.[12] Rechtsfähige Vereine, Aktiengesellschaften, rechtsfähige Stiftungen und Genossen-

---

[10] Vgl. *Müller-Gugenberger* in: Müller-Gugenberger/Bieneck, § 57 Rn. 20.
[11] *Schönke/Schröder-Lenckner/Perron*, § 14 Rn. 15; KK OWiG-*Rogall*, § 9 Rn. 42; *Göhler-König*, § 9 Rn. 8; a. A. *Rebmann/Roth/Herrmann*, § 9 Rn. 13.
[12] *Rebmann/Roth/Herrmann*, § 9 Rn. 14 ff.

schaften werden im Rechtsverkehr durch den **Vorstand** (bzw. den Notvorstand) vertreten (§§ 26, 29, 86, 88 BGB; §§ 76, 84, 85 AktG; § 24 GenG). Bei der KGaA ist der **persönlich haftende Gesellschafter** vertretungsberechtigtes Organ (§§ 278 Abs. 2, 285 AktG). Bei der GmbH ist – auch im Fall einer sog. Ein-Mann-GmbH – der **Geschäftsführer** (§ 35 GmbHG) und nicht der Gesellschafter oder dessen Generalbevollmächtigter vertretungsberechtigtes Organ.[13] Im Abwicklungsverfahren treten die **Liquidatoren** an die Stelle des jeweiligen Organs (vgl. z.B. §§ 48 BGB; 269 AktG). Bei juristischen Personen des öffentlichen Rechts bestimmt sich die Organschaft nach dem jeweils maßgeblichen Organisationsrecht.[14]

Für den praktisch bedeutsamen Fall eines **mehrgliedrig verfassten Organs** bezieht § 9 Abs. 1 Nr. 1 OWiG **jedes Organmitglied** in den Kreis der Normadressaten mit ein. Dabei ist es unerheblich, ob die betroffene Angelegenheit nach der internen Geschäftsverteilung in den eigenen Zuständigkeitsbereich des Organmitgliedes oder in den eines anderen fällt. Uneingeschränkt gilt dies allerdings nur für den Fall eines Begehungsdelikts; bei Unterlassungsdelikten ist zu berücksichtigen, dass eine Verteilung der Geschäfte im modernen Wirtschaftsleben in der Regel unabdingbar ist. Ist eine Geschäftsverteilung vorgenommen worden, so entsteht ein **Vertrauenstatbestand,** der die Zurechnung schädlicher Erfolge stark einschränkt.[15]

Nach § 9 Abs. 1 Nr. 2 OWiG gehören die vertretungsberechtigten Gesellschafter einer rechtsfähigen Personengesellschaft ebenfalls zum Kreis der Normadressaten. Erfasst werden alle Personengesellschaften i.S.d. § 14 Abs. 2 BGB, die mit der Fähigkeit ausgestattet sind, Rechte zu erwerben und Verbindlichkeiten einzugehen. Hierzu gehören die Offene Handelsgesellschaft (OHG), die Kommanditgesellschaft (KG), die Europäische Wirtschaftliche Interessenvereinigung (EWIV), die Partnerschaftsgesellschaft nach dem PartGG und die nach neuerer Rechtsprechung des BGH[16] – zumindest teilrechtsfähige – Gesellschaft bürgerlichen Rechts.[17] Der Betroffene muss **vertretungsberechtigter** Gesellschafter einer der genannten rechtsfähigen Personengesellschaften sein. Das **bloße Geschäftsführungsrecht** (§ 114 HGB) genügt nicht; der Ausschluss bzw. die Einschränkung der Vertretungsbefugnis durch den Gesellschaftsvertrag schließen (insoweit) eine Anwendung des § 9 Abs. 1 Nr. 2 OWiG aus.[18] Wenn der Gesellschaftsvertrag jedoch nichts anderes bestimmt, sind bei der OHG alle Gesellschafter (§ 125 HGB), bei der KG dagegen nur die persönlich haftenden Gesellschafter (Komplementäre) vertretungsberechtigt (§§ 161, 170 HGB). Bei der EWIV besteht nach Art. 19 EWIV-VO die Möglichkeit einer Fremdorganschaft; der gesellschaftsfremde Geschäftsführer wird in diesem Fall über § 9 Abs. 1 Nr. 1 OWiG zum Normadressaten.[19]

Zu Normadressatenkreis zählen nach § 9 Abs. 1 Nr. 3 OWiG schließlich alle **gesetzlichen Vertreter.**[20] Gesetzliche Vertretungsverhältnisse finden sich insbesondere im Familien- und Erbrecht; gesetzliche Vertreter sind aber auch die **Parteien Kraft Amtes** wie der Insolvenzverwalter[21] (§ 80 Abs. 1 InsO) und der Zwangsverwalter (§ 152 ZVG).[22] Ein Pflichtenübergang auf den gesetzlichen Vertreter erfolgt allerdings nur, wenn und soweit dieser in seiner Eigenschaft **als** gesetzlicher Vertreter handelt, d.h. sein Handeln muss einen

---

[13] KK OWiG-*Rogall*, § 9 Rn. 44; *Binz* NJW 1978, 802.
[14] *Schönke/Schröder-Lenckner/Perron*, § 14 Rn. 17.
[15] Zu Einzelheiten vgl. KK OWiG-*Rogall*, § 9 Rn. 45; 64.
[16] NJW 2001, 1056.
[17] *Bohnert*, § 9 Rn. 12.
[18] KK OWiG-*Rogall*, § 9 Rn. 54; *Bohnert*, § 9 Rn. 13.
[19] KK OWiG-*Rogall*, § 9 Rn. 53.
[20] KK OWiG-*Rogall*, § 9 Rn. 55; *Bohnert*, § 9 Rn. 14.
[21] Nicht aber der vorläufige Insolvenzverwalter, dessen Tätigkeit sich auf die Vermögenssicherung und die Vorbereitung des Insolvenzverfahrens beschränkt.
[22] Diese und weitere Beispiele bei KK OWiG-*Rogall*, § 9 Rn. 56; *Bohnert*, § 9 Rn. 15.

Vertretungsbezug aufweisen.²³ Dies ist der Fall, wenn der Vertreter (jedenfalls auch) im Interesse des Vertretenen gehandelt hat²⁴ und das Handeln des Vertreters objektiv erkennbar als Wahrnehmung der Angelegenheiten des Vertreters erscheint.²⁵ Ein (deliktisches) Handeln **bei Gelegenheit** der Vertretung reicht hingegen nicht aus.²⁶

11   Nach § 9 Abs. 1 Nr. 2 OWiG findet eine Pflichtendelegation auch auf gewillkürte Vertreter statt (sog. **Substitutenhaftung**). Hierzu gehören insbesondere Personen, die vom Unternehmen oder sonst dazu Befugten beauftragt sind, den Betrieb bzw. das Unternehmen ganz oder zum Teil zu leiten (§ 9 Abs. 2 Nr. 1 OWiG). Neben dem **Betriebsleiter** erfasst diese Fallgruppe auch den Leiter von räumlich und organisatorisch abgegrenzten Betriebsteilen (Zweigstelle, Filiale, Nebenstelle)²⁷ oder einer sachlich abgegrenzten Abteilung (z. B. Verkaufsleiter, Leiter der Rechtsabteilung), sofern diese eine gewisse Selbständigkeit besitzt.²⁸ Sonstige **Beauftragte ohne Leitungsbefugnisse** unterliegen der Vertreterhaftung nach § 9 Abs. 2 Nr. 2 OWiG dagegen nur, wenn sie ausdrücklich beauftragt sind, in eigener Verantwortung Aufgaben wahrzunehmen, die dem Inhaber des Betriebes obliegen (§ 9 Abs. 2 Nr. 2 OWiG). In diesen Fällen bedarf es also eines **ausdrücklichen,** jedoch nicht formgebundenen **Auftrags** zur Aufgabenwahrnehmung; eine bloß stillschweigende Bestellung oder eine konkludente Billigung der tatsächlichen Wahrnehmung der Aufgabe reicht daher nicht aus. Da nicht erforderlich ist, dass der Beauftragte dem Betrieb angehört, können beispielsweise auch Rechtsanwälte als Täter erfasst werden, wenn sie ausdrücklich damit beauftragt werden, die nach GWB erforderlichen Anzeigen oder Mitteilungen zu machen und eine Anzeige nicht, nicht richtig, nicht vollständig oder nicht rechtzeitig erfolgt.

12   Nach § 9 Abs. 3 OWiG lässt auch ein unwirksamer Bestellungsakt die bußgeldrechtliche Verantwortlichkeit der Organe und Vertreter nicht entfallen. Darüber hinaus soll nach der Rechtsprechung bereits eine faktische Dominanz in der und über die Gesellschaft ausreichen, um eine Pflichtendelegation nach § 9 OWiG zu begründen (sog. **faktisches Organ**).²⁹ Eine derartige Auslegung dürfte jedoch die Wortlautgrenze überschreiten, weil § 9 Abs. 3 OWiG ausdrücklich eine Rechtshandlung im Sinne eines wenigstens versuchten Bestellungsakts voraussetzt und dieses Erfordernis nicht im Wege einer faktischen Betrachtungsweise überspielt werden kann.³⁰

13   **b) Beteiligung und Einheitstäterbegriff nach § 14 OWiG:** Im OWiG gilt der Einheitstäterbegriff, was bedeutet, dass nicht zwischen Täterschaft, Anstiftung und Beihilfe unterschieden wird. Dies gilt auch dann, wenn besondere persönliche Merkmale (§ 9 OWiG), welche die Möglichkeit der Ahndung begründen, nur bei einem Beteiligten vorliegen (§ 14 Abs. 1 S. 2 OWiG).³¹ Folglich können auch Personen, auf die die Merkmale des § 9 OWiG nicht zutreffen, wegen Beteiligung bußgeldrechtlich verfolgt werden, sofern jedenfalls einer der Beteiligten diese Voraussetzung erfüllt. Durch diese Regelung soll die Rechtsanwendung vereinfacht werden, weil ohnehin für alle Beteiligten der gleiche Bußgeldrahmen gilt. Handelt ein Beteiligter nicht vorwerfbar, so schließt dies die Verfolgung der anderen Beteiligten nicht aus. Hervorzuheben ist, dass nach der Rechtsprechung ebenso wie im Strafrecht nur die vorsätzliche Beteiligung an einer vorsätzlichen Bezugstat ahndbar ist, weil das Vereinfachungskonzept des Einheitstäters nicht zu einer weitergehen-

---

[23] KK OWiG-*Rogall*, § 9 Rn. 58.
[24] BGHSt 28, 371, 372.
[25] BGHSt 28, 371, 372.
[26] BGH NStZ 1997, 31; *Bohnert*, § 9 Rn. 16; FK-*Achenbach*, vor § 81 Rn. 52.
[27] OLG Düsseldorf wistra 1991, 275.
[28] Zu Einzelheiten vgl. *Göhler-König*, § 9 Rn. 20; KK OWiG-*Rogall*, § 9 Rn. 77.
[29] Vgl. z. B. BayObLG NZV 1994, 82.
[30] Zum Streitstand KK OWiG-*Rogall*, § 9 Rn. 46 ff. m. w. N.
[31] *Tiedemann* NJW 1979, 1849, 1850.

den Ahndung der Tatbeteiligten im Ordnungswidrigkeitenrecht führen soll als im Strafrecht.[32]

2. Vorsatz, Irrtum und Fahrlässigkeit

Für die in Abs. 1 und 2 genannten Ordnungswidrigkeiten steht neben der vorsätzlichen auch die fahrlässige Begehung unter Bußgeldandrohung (vgl. § 10 OWiG). Die Unterscheidung beider Begehungsformen ist insbesondere im Hinblick auf die Bußgeldzumessung (§ 17 Abs. 2 OWiG)[33] und die Beteiligung (§ 14 OWiG)[34] von Bedeutung. Zudem ist zu beachten, dass sich bei einzelnen Bußgeldtatbeständen aus der konkreten Tatbestandsfassung der jeweiligen Bezugsnorm **Einschränkungen der Fahrlässigkeitshaftung** ergeben. So ist beispielsweise ein bloß fahrlässiger Verstoß gegen das Verbot abgestimmter Verhaltensweisen, die eine Wettbewerbsbeschränkung „bezwecken" (Abs. 2 Nr. 1 i.V.m. § 1) aufgrund des dieser Tatbestandsalternative innewohnenden subjektiv- finalen Elements ausgeschlossen.[35] Entsprechendes gilt beispielsweise für den Tatbestand des Abs. 2 Nr. 1 i.V.m. § 21 Abs. 3 Nr. 3, der voraussetzt, dass der Täter in der Absicht handelt, den Wettbewerb zu beschränken, so dass eine fahrlässige Begehungsweise von vornherein nicht ahndbar ist. 14

Vorsatz setzt die Kenntnis aller Tatumstände und den Willen zur Tatbestandsverwirklichung voraus und wird üblicherweise, wenn auch unzulänglich, als „**Wissen und Wollen** der zum gesetzlichen Tatbestand gehörenden objektiven Merkmale" definiert. Damit enthält der Vorsatz ein intellektuelles und ein voluntatives Element.[36] Da es sich bei den Bußgeldvorschriften des § 81 um Blankettnormen handelt, sind die Tatbestandsmerkmale, auf die sich der Vorsatz beziehen muss, der jeweiligen Grundvorschrift als Ausfüllungsnorm zu entnehmen.[37] Bei den sogenannten normativen Tatbestandsmerkmalen, deren Feststellung nur durch ein (Wert-)Urteil erfolgen kann (z.B. die Verhinderung, Einschränkung oder Verfälschung des Wettbewerbs in § 1), muss sich der Täter den unrechtstypisierenden Charakter des Merkmals durch einen Akt geistigen Verstehens verdeutlicht und damit **Bedeutungskenntnis** erlangt haben (sog. Parallelwertung in der Laiensphäre).[38] Legt der Täter das normative Merkmal dagegen bei voller Kenntnis des Sachverhalts und seiner sachlichen Bedeutung lediglich unrichtig aus, ist ein bloßer Subsumtionsirrtums gegeben, der den Vorsatz unberührt lässt.[39] 15

Vorwiegend nach der Art und Beschaffenheit des voluntativen Vorsatzelements wird zwischen verschiedenen Arten des Vorsatzes unterschieden. **Eventualvorsatz** (dolus eventualis) liegt vor, wenn der Täter die Erfüllung des Tatbestandes nicht erstrebt oder als sicher voraussieht, sondern nur für möglich hält und aus Gleichgültigkeit in Kauf nimmt.[40] Soweit einzelne Tatbestände wie etwa die Boykottaufforderung (Abs. 3 Nr. 1 i.V.m. § 21) **absichtliches Handeln** erfordern, ist zielgerichtetes Verhalten erforderlich.[41] 16

Fahrlässig handelt, wer die im Verkehr erforderliche und ihm mögliche Sorgfalt außer acht lässt und dadurch die Tatbestandsverwirklichung nicht erkennt (unbewusste Fahrlässigkeit) oder zwar als möglich ansieht, aber ernsthaft darauf vertraut, diese werde nicht eintreten (bewusste Fahrlässigkeit).[42] Zu beachten ist dabei, dass im Sanktionsrecht von Fahrläs- 17

---

[32] BGH WuW/E BGH 2036 – *Gütertransporte ohne Genehmigung* = BGHSt 31, 309.
[33] Vgl. unten Rn. 60.
[34] Vgl. oben Rn. 12.
[35] *Dannecker/Biermann* in: Immenga/Mestmäcker, GWB, § 81 Rn. 80; FK-*Achenbach*, § 81 Rn. 64.
[36] BGH NStZ 1988, 175.
[37] BGH WuW/E BGH 726, 732 – *Klinker*.
[38] *Bauer/Wrage-Molkenthien* WuW 1988, 586; *Tiedemann* NJW 1979, 1849, 1854.
[39] *Göhler-König*, § 11 Rn. 7.
[40] Vgl. *Schönke/Schröder-Cramer/Sternberg-Lieben*, § 15 Rn. 84.
[41] BGHSt 20, 333, 339; BGH WuW/E BGH 1786 – *ARA*.
[42] *Göhler-König*, § 10 Rn. 6.

sigkeit nur gesprochen werden kann, wenn dem Täter ein persönlicher Vorwurf gemacht werden kann. Anders als nach § 276 BGB ist im Bußgeldrecht zur Fahrlässigkeit erforderlich, dass der Täter nach seinen persönlichen Fähigkeiten in der Lage ist, den an ihn gerichteten Sorgfaltsanforderungen gerecht zu werden.

18 Bei Irrtum des Täters unterscheidet § 11 OWiG zwischen Tatbestandsirrtum (Abs. 1) und Verbotsirrtum (Abs. 2). Die Abgrenzung zwischen beiden Irrtumsarten stößt in der Praxis auf nicht unerhebliche Schwierigkeiten: Ein **Tatbestandsirrtum** liegt vor, wenn der Täter in Unkenntnis eines in Wirklichkeit vorhandenen Umstands gehandelt hat, der zum gesetzlichen Tatbestand gehört. Der Tatbestandsirrtum schließt den Vorsatz aus; allerdings bleibt die Möglichkeit der Ahndung wegen eines fahrlässigen Verstoßes bestehen, sofern die Unkenntnis nicht selbst auf Fahrlässigkeit beruht. Von erheblich größerer Bedeutung ist in der kartellrechtlichen Praxis der **Verbotsirrtum,** von dem auszugehen ist, wenn der Täter ohne das Bewusstsein handelt, etwas Unerlaubtes zu tun, namentlich weil er das Bestehen oder die Anwendbarkeit einer Rechtsvorschrift nicht kennt. Dabei ist zwischen dem vermeidbaren (vorwerfbaren) und dem unvermeidbaren Verbotsirrtum zu unterscheiden. Ist der Irrtum nicht vorwerfbar, so ist eine Ahndung mangels Schuld ausgeschlossen.

19 Die Rechtsprechung legt hier einen außerordentlich **strengen Maßstab** an. So wird ein Verbotsirrtum nur dann als **unvermeidbar** angesehen, wenn der Täter trotz der ihm nach den Umständen des Einzelfalls, seiner Persönlichkeit sowie seinem Lebens- und Berufskreis zuzumutenden Anspannung seines Gewissens nicht in der Lage war, das Unerlaubte seines Handelns zu erkennen.[43] Dabei werden weitreichende **Prüfungspflichten** statuiert, die im Kartellrecht grundsätzlich an die der unternehmerischen Stellung folgende Berufspflicht anknüpfen, sich über die Vorschriften des GWB zu unterrichten und sich darüber auf dem Laufenden zu halten.[44]

20 Nach diesen Grundsätzen ist ein Verbotsirrtum jedenfalls dann als unvermeidbar anzusehen, wenn der Täter keinerlei Zweifel an der Rechtmäßigkeit seines Verhaltens hatte und auch ein mit dem gleichen Fall zuvor befasstes Gericht einen Kartellrechtsverstoß nicht einmal in Betracht gezogen hatte.[45] Auch sonst darf sich der Täter auf **Entscheidungen höherer Gerichte** grundsätzlich verlassen,[46] was insbesondere in Betracht kommt, wenn sich die Rechtsprechung infolge einer im Tatzeitpunkt noch nicht absehbaren Rechtsprechungsentwicklung nachträglich verschärft.[47] Dies gilt auch dann, wenn der Täter die bisherige Rechtsprechung nicht gekannt hat, weil ein Verbotsirrtum in diesem Fall durch entsprechende Erkundigungen nicht ausgeräumt worden wäre und es mithin an der für den Schuldvorwurf notwendigen Kausalität zwischen der mangelnden Informationserlangung und dem Verbotsirrtum fehlt.[48]

21 In Zweifelsfällen darf sich der Rechtsunkundige nicht auf sein eigenes Urteil verlassen, sondern muss Auskünfte einholen. Dabei kann nur die **Auskunft einer verlässlichen Person** die Vermeidbarkeit des Irrtums ausschließen, weil ein Verschulden bereits in der Auswahl der Auskunftsperson liegen kann.[49] Verlassen darf sich der Betroffene grundsätzlich auf die Äußerung eines Sachbearbeiters des BKartA, einem Vertrag stünden keine kar-

---

[43] BGHSt 21, 18, 19; OLG Frankfurt WuW/E OLG 4484, 4486 – *Gießener Modell*; OLG Frankfurt OLG WuW/E 4944, 4946 – *Fahrschullehrerabsprache*.
[44] OLG Frankfurt OLG WuW/E 4484, 4486 – *Gießener Modell*; vgl. auch *Göhler-König*, § 11 Rn. 25; *Raum* in: Langen/Bunte, § 81 Rn. 50.
[45] KG WuW/E OLG 2321, 2324 – *Luftfotografie*.
[46] *Göhler-König*, § 11 Rn. 27.
[47] Vgl. hierzu BGH NJW 1995, 2632.
[48] BGHSt 37, 55, 67 (str.); vgl. zum Streitstand KK OWiG-*Rengier*, § 11 Rn. 97 ff.; FK-*Achenbach*, § 81 Rn. 140.
[49] KK OWiG-*Rengier*, § 11 Rn. 76.

tellrechtlichen Bedenken entgegen.[50] Allerdings muss dies dem Betroffenen bekannt sein; ggf. muss die Behörde auf ihre mangelnde Kompetenz hinweisen.[51] Anderes soll jedoch für Meinungsäußerungen anderer Behörden gelten, wenn diese den Lebenssachverhalt aufgrund ihrer Spezialzuständigkeit beurteilen und dabei das Kartellrecht außer Betracht lassen.[52] Damit werden im Wesentlichen nur qualifizierte Rechtskundige als Auskunftspersonen in Betracht kommen, sofern diese über kartellrechtliche Erfahrung oder jedenfalls über eine wirtschaftsrechtliche Spezialisierung verfügen. Zu denken ist hier insbesondere an Rechtsanwälte, Firmen- und Verbandsjustitiare sowie Rechtsprofessoren, deren Auskunft grundsätzlich zu einem unvermeidbaren Verbotsirrtum führt.[53] **Ausnahmen** gelten dann, wenn die Auskunft erkennbar aufgrund einer unvollständigen Sachverhaltsdarstellung erteilt worden ist,[54] die Anfrage lediglich eine Feigenblattfunktion erfüllt oder der Rechtskundige selbst Zweifel äußert, insbesondere auf entgegenstehende gerichtliche Stellungnahmen hinweist, weil hier regelmäßig bereits bedingtes Unrechtsbewusstsein vorliegen wird.[55] In allen Fällen einer Erkundigungspflicht ist schließlich die Feststellung erforderlich, dass eine pflichtgemäße Erkundigung zu einer richtigen Auskunft und damit zu einem anderen Ergebnis geführt hätte. Lässt sich das nicht feststellen, so kann die Unvermeidbarkeit des Irrtums nicht ausgeschlossen werden.[56] Unvermeidbar kann der Irrtum deshalb auch dann sein, wenn der Erkundigungspflichtige zwar keinen (Rechts-)Rat eingeholt hat, er von einer zuverlässigen Auskunftsperson jedoch den (objektiv falschen) Rat erhalten hätte, dass das von ihm beabsichtigte Verhalten nicht ordnungswidrig ist.[57]

Bei der **Auslegung neuer Gesetze** ist ein Verbotsirrtum regelmäßig nur dann vermeidbar, wenn sich der Sinn der Vorschrift eindeutig aus ihren Wortlaut ergibt. Daher kann dem Täter grundsätzlich kein Vorwurf gemacht werden, sofern sich seine Rechtsauffassung noch im Rahmen der Auslegungsmöglichkeiten hält. Umgekehrt trifft den Täter allerdings die Verpflichtung, sich bei Kenntnis einer sich abzeichnenden Änderung der Rechtslage über den Inhalt einschlägiger Novellierungen zu unterrichten.[58]

Besondere Probleme ergeben sich in diesem Zusammenhang insbesondere aus der im Zuge der 7. GWB-Novelle erfolgten Einführung des Systems der Legalausnahme, durch die die im GWB bislang geltende Pflicht zur (vorherigen) Anmeldung sowie das Legalisierungserfordernis bei wettbewerbsbeschränkenden horizontalen Vereinbarungen abgeschafft worden sind. Damit obliegt es nun den Unternehmen, im Wege einer **„kartellrechtlichen Selbsteinschätzung"** zu prüfen, ob die Freistellungsvoraussetzungen vorliegen. Mag damit auch ein gewisser unternehmerischer Freiraum verbunden sein, ergeben sich doch aus sanktionsrechtlicher Perspektive **erhebliche Haftungsrisiken,** die sich durch den normativen und in hohem Maße ausfüllungsbedürftigen Charakter der einzelnen Voraussetzungen der Freistellungstatbestände (vgl. § 2: „angemessene Beteiligung der Verbraucher", „nicht unerlässlich" usw.; zum europäischen Recht vgl. Art. 81 Abs. 3 EGV) noch erheblich verschärfen. Soweit eine Freistellung beispielsweise nicht in Betracht kommt, wenn den an der Vereinbarung beteiligten Unternehmen Möglichkeiten eröffnet würden, für einen „wesentlichen Teil der betreffenden Waren den Wettbewerb auszuschalten" (§ 2 Abs. 1 Nr. 2), sind bei der Beurteilung der Freistellungsvoraussetzungen Prognosen anzu-

---

[50] KG WuW/E OLG 3387, 3391 – *Altölpreise.*
[51] BGH NStZ 2000, 364.
[52] OLG Frankfurt WuW/E OLG 4484, 4486 – *Gießener Modell;* OLG Frankfurt WuW/E OLG 4944 – *Fahrschullehrerabsprache;* Raum in: Langen/Bunte, § 81 Rn. 52.
[53] *Thomas* WuW 1974, 20, 25 ff.
[54] *Raum* in: Langen/Bunte, § 81 Rn. 53 m. w. N.
[55] *Schönke/Schröder-Cramer/Sternberg-Lieben,* § 17 Rn. 18 a. E.
[56] BGH NJW 1996, 1606; OLG Braunschweig StV 1998, 492; OLG Hamburg NStZ 1996, 102.
[57] Vgl. dazu LG Düsseldorf NJW 2004, 3275, 3285 – *Mannesmann/Vodafone.*
[58] BGH NStZ 1996, 237.

stellen, die mit erheblichen Unsicherheiten behaftet sind und eine Einschätzung der Wettbewerbssituation erfordern, wie sie namentlich kleinere und mittlere Unternehmen kaum leisten können.[59]

24 Zur Vermeidung der mit einer fehlerhaften Einschätzung dieser Freistellungsvoraussetzungen verbundenen Sanktionsrisiken wird es in der Regel erforderlich sein, **externen Sachverstand** einzuholen. Darüber hinaus wird es sich empfehlen, in diesen Fällen nicht nur informell mit den Kartellbehörden abzuklären, ob die angedachte Vereinbarung usw. die Freistellungsvoraussetzungen erfüllt, sondern insbesondere von den sich aus **§ 32 c** ergebenden Möglichkeiten Gebrauch zu machen und den **Erlass einer Verfügung** zu beantragen. Nach dieser Bestimmung kann die Kartellbehörde im Einzelfall entscheiden, dass die Voraussetzungen für ein Verbot nach den §§ 1, 4, 19–21 oder Art. 81 Abs. 1 oder Art. 82 EGV nach den ihr vorliegenden Informationen nicht gegeben sind und daher kein Anlass zum Tätigwerden besteht. Nach Maßgabe der bis 30. Juni 2009 befristeten Regelung des § 3 Abs. 2 haben mittelständische Unternehmen auf Antrag sogar Anspruch auf eine Entscheidung gem. § 32 c, sofern ein erhebliches rechtliches oder wirtschaftliches Interesse an der Entscheidung dargelegt wird, wovon im Hinblick auf die rechtlichen Folgen einer Fehleinschätzung der kartellrechtlichen Zulässigkeit einer geplanten Vereinbarung, eines Beschlusses oder einer aufeinander abgestimmten Verhaltensweise im Sinne des § 2 regelmäßig auszugehen ist. Die Entscheidung nach § 32 c ergeht in Form einer Verfügung (§ 61), die von der Kartellbehörde auch im Bundesanzeiger oder im elektronischen Bundesanzeiger bekannt gemacht werden kann (§ 62). Zwar ist die Verfügung der Kartellbehörde nicht bindend und hat insbesondere keine Freistellung zur Folge (vgl. § 32 c S. 3). Da der Verfügung der Charakter einer „Zusicherung" zukommt,[60] wird es auf Seiten des Betroffenen allerdings regelmäßig an einer vorsätzlichen Zuwiderhandlung fehlen und darüber hinaus auch ein Fahrlässigkeitsvorwurf nicht erhoben werden können. Eine Ausnahme kommt nur dann in Betracht, wenn den Kartellbehörden nicht sämtliche Informationen zugänglich gemacht wurden, die Entscheidung der Kartellbehörde also auf einer unzureichenden Informationsgrundlage beruht, während das Unternehmen oder die Unternehmensvereinigung bzw. der Betroffene aufgrund überlegen Wissens zu einer abweichenden Bewertung hätte gelangen müssen.

3. Aufsichtspflichtverletzung in Betrieben und Unternehmen (§ 130 OWiG)

25 Von erheblicher praktischer Relevanz im Kartellordnungswidrigkeitenrecht ist die Vorschrift des § 130 OWiG, der die Aufsichtspflicht in Betrieben und Unternehmen regelt. Die Vorschrift soll sicherstellen, dass in Betrieben und Unternehmen Vorkehrungen zur Verhinderung von Zuwiderhandlungen gegen betriebs- und unternehmensbezogene Pflichten getroffen werden. Ihr liegt die Überlegung zugrunde, dass die Inhaber von Betrieben und Unternehmen bzw. die vertretungsberechtigten Organe juristischer Personen bei der persönlichen Erfüllung der sie in ihrer Eigenschaft als Betriebsinhaber usw. treffenden Verbote und Gebote in aller Regel überfordert sind. Diese Pflichten sind so zahlreich und vielschichtig, dass deren Einhaltung weitgehend auf andere Personen delegiert werden muss. Dem korrespondiert die Notwendigkeit, Kontroll- und Aufsichtspflichten zu schaffen, die den Betriebsinhaber zur Sicherstellung der Pflichterfüllung durch andere verpflichten.

26 Die Vorschrift des § 130 OWiG regelt dies dergestalt, dass der Betriebsleiter bei einem Verstoß gegen die ihm durch diese Vorschrift normierte Aufsichts- und Kontrollpflicht sanktionsrechtlich haftbar gemacht wird. Seine Haftung knüpft also nicht an die Vorschrift, die in seinem Betrieb konkret verletzt wurde, sondern an ein anders geartetes, in der Ver-

---

[59] Vgl. *Schwintowski/Klaue* WuW 2005, 370.
[60] BR-Drucks. 441/04, S. 90.

letzung der Aufsichtspflicht liegendes Unrecht an. Dies führt dazu, dass eine Aufsichtspflichtverletzung schon dann geahndet werden kann, wenn der Aufsichtspflichtige fahrlässig gehandelt hat, auch wenn der Verstoß, der bei gehöriger Aufsicht hätte verhindert oder erschwert werden können, wie etwa in den Fällen des Abs. 3, nur vorsätzlich begehbar ist. Da es sich um einen **Auffangtatbestand** handelt, ist § 130 OWiG nicht anwendbar, wenn der Aufsichtspflichtige selbst die ihm obliegenden Pflichten missachtet, d. h. wegen Beteiligung (§ 14 OWiG) an einer Ordnungswidrigkeit (oder Straftat) ahndbar ist.

Adressat der Bußgeldvorschrift ist der Inhaber des Betriebs oder Unternehmens. Wird der Betrieb oder das Unternehmen durch eine juristische Person oder Personenvereinigung geführt, so bestimmt sich der **Täterkreis** nach § 9 OWiG (vgl. dazu oben Rn. 4ff.). **27**

Der objektive Tatbestand des § 130 OWiG setzt die Nichtvornahme der zur Verhinderung von Zuwiderhandlungen gegen betriebs- und unternehmensbezogene Pflichten erforderlichen und zumutbaren Aufsichtsmaßnahmen voraus. Betriebsbezogen sind in erster Linie solche gesetzlichen Pflichten, welche sachlich den Wirkungsbereich der juristischen Person oder Personenvereinigung betreffen. Insoweit sind alle Kartellordnungswidrigkeiten des § 81 Abs. 1–3 betriebsbezogen, so dass jede der dort sanktionsrechtlich erfassten Pflichten als tauglicher Anknüpfungspunkt einer Aufsichtspflichtverletzung anzusehen ist. Die Aufsichtspflichtverletzung ist **echtes Unterlassungsdelikt.**[61] Da sich der Unrechtsgehalt der Tat darin erschöpft, dass der Aufsichtspflichtige die zur Verhinderung oder Erschwerung einer Zuwiderhandlungsgefahr erforderlichen Maßnahmen nicht ergreift, müssen sich Vorsatz oder Fahrlässigkeit entsprechend nur hierauf beziehen. **28**

Inhalt und Grenzen der Aufsichtspflicht sind im Einzelfall nur schwer zu bestimmen. § 130 Abs. 1 S. 2 erwähnt lediglich beispielhaft die **Bestellung, sorgfältige Auswahl und Überwachung von Aufsichtspersonen,** lässt aber offen, welche weitere Maßnahmen erforderlich sein können, um in geeigneter Weise Zuwiderhandlungen zu unterbinden oder deren Begehung wesentlich zu erschweren. Im Grundsatz ist davon auszugehen, dass die Aufsicht so auszuüben ist, dass die betriebsbezogenen Pflichten aller Voraussicht nach erfüllt werden.[62] Für den Umfang der Maßnahmen ist nach der Rechtsprechung die Sorgfalt maßgebend, die von einem ordentlichen Angehörigen des jeweiligen Tätigkeitsbereichs verlangt werden kann.[63] **29**

Danach lassen sich folgende allgemeine Grundsätze aufstellen: Der Unternehmensleitung obliegt eine **Organisationspflicht,** die sich nicht allein in einer genauen Aufteilung der Verantwortlichkeit unter den einzelnen Aufsichtspersonen erschöpft, sondern bereits mit der Auswahl des Personals bei der Einstellung beginnt. Dabei ist darauf zu achten, dass der Beauftragte von seiner Vorbildung, seinen Fähigkeiten und seiner Zuverlässigkeit her Gewähr dafür bietet, dass er die Unternehmenspflichten gewissenhaft erfüllt. Überdies ist durch organisatorische Maßnahmen sicherzustellen, dass regelmäßige, jedenfalls **stichprobenartige und überraschende Prüfungen** durchgeführt werden, die den Betriebsangehörigen vor Augen halten, dass eventuelle Verstöße aufgedeckt werden können. Bei größeren Unternehmen wird sich darüber hinaus regelmäßig die Notwendigkeit ergeben, eine **Revisionsabteilung** einzurichten und sie personell hinreichend auszustatten.[64] **30**

Spätestens seit Inkrafttreten des KonTraG[65] ist die Geschäftsleitung zudem zur Einrichtung eines Überwachungssystems verpflichtet, um Entwicklungen, die den Fortbestand des Unternehmens gefährden, frühzeitig zu erkennen. Diese **Organisationspflicht** ist für die Aktiengesellschaft ausdrücklich normiert (§ 91 Abs. 2 AktG), trifft jedoch grundsätzlich jedes Unternehmen unabhängig von seiner gesellschaftsrechtlichen Organisations- **31**

---

[61] *Göhler-König,* § 130 Rn. 9.
[62] Vgl. BGHSt 9, 319, 322; 25, 158, 163; OLG Stuttgart NJW 1977, 1410.
[63] OLG Düsseldorf VRS 63, 286.
[64] BGH wistra 1982, 34, 35.
[65] Vom 27. 4. 1998, BGBl. I 786.

form.⁶⁶ Wie dieses **Risikomanagementsystem** im Einzelnen ausgestaltet werden muss, ist bislang noch nicht abschließend geklärt. Unstreitig ist jedoch, dass auch kartellrechtliche Risiken von diesem System erfasst und überwacht werden müssen.⁶⁷ Nach wohl herrschender Meinung beruht ein funktionsfähiges Risikomanagementsystem auf mindestens vier Säulen: den Maßnahmen zur Früherkennung von Risiken (Frühwarnsystem), der Einrichtung eines Risikoüberwachungssystems, der Vorsorge für ein Krisenmanagement sowie den Maßnahmen zur Krisennachsorge.⁶⁸ Ein solches System wird in der Regel ohne die Einrichtung eines angemessen ausgestatteten Unternehmenscontrollings und einer internen Revision nicht zu implementieren sein.⁶⁹

32 Der Unternehmensleitung obliegt ferner die Pflicht, das **Personal** fortlaufend **über die kartellrechtliche Verbotsmaterie** zu **unterrichten.** Dies gilt auch dann, wenn kein konkreter Anlass besteht und es sich um langjährig qualifizierte Mitarbeiter handelt, denen die Kartellverbote an sich bekannt sind.⁷⁰ Dabei kann sich diese Verpflichtung jedoch nur auf solche Personen beziehen, die überhaupt für Pflichtverletzungen in Betracht kommen. Da die Schwierigkeit der Materie berücksichtigt werden muss, wird es hinsichtlich der Belehrung nicht genügen, den Gesetzestext weiterzuleiten; vielmehr sind gesetzliche Pflichten in eine den Betriebsangehörigen zugängliche Sprache umzusetzen und gegebenenfalls etwa durch Aufführung typischer Fälle unzulässiger Kartellabsprachen zu erläutern.⁷¹ Zu beachten ist, dass der Aufsichtspflichtige die Aufsicht nach § 130 Abs. 1 S. 2 OWiG zwar seinerseits an Dritte **delegieren** kann, in diesem Fall allerdings Kontrollvorkehrungen treffen muss und sich von dem Dritten über dessen Entscheidungen zu unterrichten und gegebenenfalls sogar anzuordnen hat, dass Rechtsauskünfte eingeholt werden.⁷²

33 Erforderlich ist weiter eine **laufende Kontrolle,** deren Intensität sich unter anderem danach richtet, ob es in dem Unternehmen bereits zu Kartellrechtsverstößen gekommen ist, wobei allerdings nicht auf die absolute Zahl der Zuwiderhandlungen abzustellen ist, sondern diese in Relation zur Größe des Unternehmens und dessen Geschäftsumfang gesetzt werden muss.⁷³ Besondere Umstände – etwa der konkrete Verdacht, dass Preisabsprachen angedacht oder durchgeführt werden – können im Einzelfall zu einer **gesteigerten Aufsichtspflicht** führen. Schließlich ist über die allgemeine Kontrolle hinaus durch stichprobenartige Überprüfungen sicherzustellen, dass Betriebsangehörige bei Verstößen ernsthaft mit einer Entdeckung und daraus resultierenden Konsequenzen rechnen müssen.⁷⁴ Eine Grenze findet das Ausmaß der Überwachung in dem Korrektiv der Zumutbarkeit. So wird eine Aufsichtsmaßnahme im Einzelfall nicht mehr als zumutbar angesehen werden können, wenn sie zu einer übermäßigen Bürokratisierung des Unternehmens führen würde oder dadurch – z. B. bei Einsichtnahme in private Terminkalender oder persönlich adressierte Post – eine ernstliche Störung des Betriebsfriedens zu besorgen wäre.⁷⁵

34 Ein vorwerfbarer Verstoß gegen die Aufsichtspflicht kann nur dann geahndet werden, wenn in dem Betrieb oder Unternehmen eine mit Strafe oder Geldbuße bedrohte **Zuwiderhandlung** begangen wurde, durch die gegen Pflichten verstoßen wurde, die den Inhaber, d. h. das Unternehmen als solches treffen und die bei gehöriger Aufsicht hätte verhin-

---

⁶⁶ Vgl. *Preussner/Becker* NZG 2002, 846, 847 m. w. N.
⁶⁷ *Schwintowski/Klaue* WuW 2005, 370, 377.
⁶⁸ Zu den Einzelheiten vgl. *Preussner/Becker* NZG 2002, 846, 848 ff.; *Pahlke* NJW 2002, 1680, 1681.
⁶⁹ *Pahlke* NJW 2002, 1680, 1682.
⁷⁰ *Raum* in: Langen/Bunte, § 81 Rn. 21.
⁷¹ KG WuW/E OLG 2330, 2332 – *Revisionsabteilung; Tessin* BB 1987, 984, 986.
⁷² KG WuW/E OLG, 3169, 3174 – *Nordmende.*
⁷³ *Tessin* BB 1987, 984, 988.
⁷⁴ BGHSt 9, 319, 323; 25, 158, 163.
⁷⁵ BGH WuW/E BGH 2262, 2264 – *Aktenvermerke; Tessin* BB 1987, 984, 988; *Leube* wistra 1987, 42, 44 f.

dert oder erschwert werden können. Die Zuwiderhandlung selbst ist also lediglich **objektive Bedingung der Ahndbarkeit,** auf die sich weder der Vorsatz noch die Fahrlässigkeit des Aufsichtspflichtigen beziehen muss.[76] Sie hat allerdings indizielle Wirkung für die Schwere der Aufsichtspflichtverletzung. Dies zeigt sich unter anderem daran, dass bei bußgeldbedrohten Zuwiderhandlungen die Geldbuße des § 130 OWiG der Höhe nach durch das Höchstmaß der für die Zuwiderhandlung angedrohten Geldbuße limitiert ist.

4. Geldbuße gegen Unternehmen (§ 30 OWiG)

Von erheblicher Bedeutung im Kartellordnungswidrigkeitenrecht ist schließlich die Vorschrift des § 30 OWiG, der die Möglichkeit einer Geldbuße gegen juristische Personen und Personenvereinigungen schafft, obschon diese nicht selbst, sondern nur mittels ihrer Organe und Vertreter handeln können. Da sich die Schwere der Sanktion, insbesondere die Höhe einer Geldstrafe oder Geldbuße nach den wirtschaftlichen Verhältnissen des Täters zu richten hat, reicht eine Strafe oder Geldbuße gegen den Täter häufig nicht aus, um den Verstoß angemessen zu ahnden. Führt der Verstoß zu wirtschaftlichen Vorteilen beim Unternehmen, muss folglich dieses mit einer Geldbuße belegt werden können. Dies gilt vor allem dann, wenn die Ordnungswidrigkeit zu Wettbewerbsverzerrungen führt. Diese Möglichkeit einer Geldbuße gegen juristische Personen und Personenvereinigungen wird durch § 30 OWiG geschaffen, der den betroffenen juristischen Personen und Personenvereinigungen das Handeln ihrer Organe und Vertreter ahndungsrechtlich zurechnet. Verfahrensrechtlich wird diese Norm durch § 88 OWiG und § 444 StPO ergänzt.

Sanktionsfähige **Normadressaten** sind juristische Personen, der nicht rechtsfähige Verein sowie Personenhandelsgesellschaften. § 30 Abs. 1 enthält einen **abgeschlossenen** Katalog derjenigen Personenverbände, die für eine selbständige Bußgeldahndung in Frage kommen. Sanktionsfähige Normadressaten sind juristische Personen des privaten oder öffentlichen Rechts (Abs. 1 Nr. 1), rechtsfähige Personengesellschaften i. S. d. § 14 Abs. 2 BGB (Abs. 1 Nr. 3), zu denen nach der neueren BGH-Rechtsprechung auch die (teilrechtsfähigen) Gesellschaften bürgerlichen Rechts gehören[77] sowie der nichtrechtsfähige Verein i. S. d. § 54 BGB (Abs. 1 Nr. 2), bei dem es sich um eine auf Dauer berechnete Verbindung einer größeren Anzahl von Personen zur Erreichung eines gemeinsamen Zwecks handelt. Dieser Zweck kann auch ein wirtschaftlicher Geschäftsbetrieb sein. Zu den nichtrechtsfähigen Vereinen gehören daher z.B. auch Syndikate.[78] § 30 ist auch auf sog. faktische Gesellschaften anzuwenden, wenn sie sich in einer vergleichbaren Organisationsform wie die in Abs. 1 genannten Verbände am Geschäftsverkehr beteiligen.[79] Entsprechendes gilt nach h.M. auch für Vorgesellschaften.[80] Ein **Wechsel der Rechtsform** des Unternehmens steht der Festsetzung einer Geldbuße nicht entgegen, wenn das Unternehmen der Sache nach dasselbe geblieben ist.[81] Erlischt die Gesellschaft, so ist das Bußgeldverfahren allerdings einzustellen.[82]

Die Verhängung von Geldbußen gegen juristische Personen und Personenvereinigungen setzt voraus, dass ein Organ oder Vertreter eine Straftat oder Ordnungswidrigkeit begangen hat, durch die entweder Pflichten verletzt worden sind, welche die juristische Person oder Personenvereinigung treffen oder die juristische Person oder Personenvereinigung berei-

---

[76] BGH WuW/E BGH 2100, 2101 – *Schlußrechnung*.
[77] *Bohnert,* § 30 Rn. 14.
[78] *Bohnert,* § 30 Rn. 13.
[79] *Rebmann/Roth/Herrmann,* § 30 Rn. 8.
[80] *Bohnert,* § 30 Rn. 16.
[81] BGH wistra 1986, 221; vgl. auch BGH NJW 2005, 1381, 1382; Einzelheiten bei KK OWiG-*Rogall,* § 30 Rn. 43 ff.; instruktiv zur ähnlich gelagerten Problematik im europäischen Recht *Steinle* in: FS *Bechtold,* 451.
[82] KG wistra 1999, 196.

chert oder ihre Bereicherung beabsichtigt worden ist. Dabei benennt § 30 OWiG als mögliche **Täter** neben den Organen juristischer Personen, den Mitgliedern des Vorstands eines nicht rechtsfähigen Vereins und den vertretungsberechtigten Gesellschaftern einer Personenhandelsgesellschaft auch **Generalbevollmächtigte** sowie Prokuristen und Handlungsbevollmächtigte in leitender Stellung. Die Ahndung gegenüber dem betroffenen Personenverband setzt damit zuerst die ahndbare Begehung einer Straftat oder Ordnungswidrigkeit voraus (sog. **Bezugstat**). Die Voraussetzungen der Ahndbarkeit ergeben sich aus dem jeweiligen Deliktstatbestand sowie den Regelungen des allgemeinen Teils des StGB oder des OWiG. Die Bezugstat muss tatbestandsmäßig, rechtswidrig und schuldhaft (bzw. vorwerfbar) begangen worden sein. Gerechtfertigte oder entschuldigte Taten genügen nicht. Zudem muss die Tat verfolgbar sein, d. h. bei (absoluten) Antragsdelikten muss ein Strafantrag gestellt worden sein.[83] Es ist jedoch nicht erforderlich, dass die Bezugstat tatsächlich geahndet wird. Auch ist die Feststellung des Täters nach h. M. entbehrlich.[84]

38 § 30 Abs. 1 OWiG benennt abschließend den Kreis der **tauglichen Täter** der Bezugstat. Juristischen Personen kann das Verhalten eines vertretungsberechtigten Organs bzw. eines Mitglieds eines solches Organs gemäß § 30 Abs. 1 Nr. 1 OWiG haftungsbegründend zugerechnet werden. Wer vertretungsberechtigtes Organ der juristischen Person oder Mitglied dieses Organs ist, richtet sich nach der jeweiligen Rechtsform. Bei nichtrechtsfähigen Vereinen (Abs. 1 Nr. 2) sind der Vorstand und seine Mitglieder (§ 54 i. V. m. §§ 26–28 BGB) die für § 30 relevanten Zurechnungspersonen, unabhängig von ihrer Geschäftsführungsbefugnis im Einzelfall. Zu den vertretungsberechtigten Gesellschaftern einer rechtsfähigen Personengesellschaft (Abs. 1 Nr. 3) s. oben Rn. 8. Dieser Kreis wird durch Abs. 1 Nr. 4 um Personen ergänzt, die den Verband in herausragender Stellung vertreten. Uneingeschränkt trifft dies auf Generalbevollmächtigte zu, die mit unbeschränkter Vertretungsmacht ausgestattet sind und insoweit den Organen gleichstehen. Prokuristen und Handlungsbevollmächtigte (§§ 49, 54 HGB) werden ihnen nur gleichgestellt, wenn sie Leitungspositionen innehaben. Abs. 1 Nr. 5 erfasst schließlich Personen, denen nur bestimmte Leitungs- bzw. Kontrollbefugnisse zustehen. Unter diese Vorschrift fallen auch die Mitglieder des Aufsichtsrats.[85]

39 Ein Pflichtverstoß nach Abs. 1 Nr. 1 setzt die Verletzung einer **betriebsbezogenen** Pflicht voraus. Schließlich kommt als Bezugstat nur eine Straftat oder Ordnungswidrigkeit in Betracht, durch die **Pflichten verletzt** werden, welche die juristische Person oder die Personenvereinigungen treffen (sog. **betriebsbezogene Pflichten**). Hierzu zählen insbesondere sämtliche von § 81 in Bezug genommenen Ge- und Verbote. Zu den betriebsbezogenen Pflichten gehört insbesondere auch die Aufsichtspflicht.[86] Ein Durchgriff auf die Gesellschaft kommt nämlich auch dann in Betracht, wenn das Organ die Ordnungswidrigkeit oder Straftat nicht selbst begangen hat, diese aber durch gehörige Aufsicht hätte verhindert oder erschwert werden können. Da das Fehlverhalten von Personen unterhalb der Leitungsebene als Bezugstat nicht ausreicht, ist die **Aufsichtspflichtverletzung** sogar die praktisch wichtigste Bezugstat des § 30 OWiG.[87]

40 Die Festsetzung einer Verbandsgeldbuße ist weiterhin dann möglich, wenn durch die Handlung des Organs usw. die juristische Person oder Personenvereinigung bereichert worden ist oder bereichert werden sollte. Zweck der Nr. 2 ist die Abschöpfung der **Bereicherung** sowie die Verhinderung derartiger Manipulationen. Anders als bei Nr. 1 wird eine Betriebsbezogenheit der durch die Organe verletzten Pflicht bei der Bereicherung der durch § 30 OWiG erfassten Verbände nicht verlangt, weil es dem Grundgedanken des § 30

---

[83] *Bohnert*, § 30 Rn. 7.
[84] BGH NStZ 1994, 346; OLG Düsseldorf, wistra 1996, 77.
[85] *Bohnert*, § 30 Rn. 30.
[86] BGH NStZ 1986, 79; OLG Köln GewArch 1974, 141, 143.
[87] *Leube* wistra 1987, 42, 44; *Többens* NStZ 1999, 1, 7.

OWiG entspricht, den durch die Tat zugunsten der juristischen Person oder Personenvereinigung erzielten Gewinn abzuschöpfen. Allerdings muss die Bezugstat in Beziehung zur betrieblichen Stellung des Repräsentanten stehen.[88]

Die **Höhe der Geldbuße** bestimmt sich nach dem umsatzbezogenen Sonderbußgeldrahmen des Abs. 4 S. 2, wobei nach Maßgabe des Abs. 5 insbesondere § 17 Abs. 4 OWiG zu beachten ist, wonach die Geldbuße den aus der Tat gezogenen wirtschaftlichen Vorteil überschreiten soll. Dies ermöglicht es, dem Gesichtspunkt Rechnung zu tragen, dass die Folgen der Aufdeckung einer Straftat oder Ordnungswidrigkeit exakt kalkuliert sind[89] (zu den Einzelheiten der Bußgeldzumessung vgl. unten Rn. 58 ff.). 41

5. Verfall (§ 29 a OWiG)

Eine Gewinnabschöpfung ermöglicht auch § 29 a OWiG. Allerdings kommt dieser Vorschrift lediglich subsidiärer Charakter zu, weil der wirtschaftliche Vorteil, den der Täter oder ein Dritter aus der Ordnungswidrigkeit gezogen hat, in der Regel bereits nach § 17 Abs. 4 bzw. § 30 Abs. 3 OWiG abgeschöpft wird; im Kartellrecht ist zudem § 34 zu beachten. § 29 a OWiG schließt insoweit die Lücken, die entstehen, wenn weder eine Geldbuße verhängt noch der strafrechtliche Verfall (§ 73 StGB) angeordnet werden kann.[90] Sein Anwendungsbereich erstreckt sich auf Fälle, in denen der Täter zwar rechtswidrig, aber nicht (nachweisbar) vorwerfbar gehandelt hat, weiter auf Situationen, in denen von Dritten erlangte Vermögenswerte weder über § 73 Abs. 3 StGB noch gemäß §§ 30, 130 OWiG abgeschöpft werden können und umfasst schließlich Konstellationen, in denen wegen einer Einstellung nach dem Opportunitätsprinzip (s. u. Rn. 46) oder aufgrund eines tatsächlichen Verfolgungshindernisses die Festsetzung einer Geldbuße unterbleibt.[91] 42

Gegenstand der Verfallsanordnung ist dasjenige, was der Täter aus der von ihm begangenen Tat erlangt hat. Damit sind alle **Vermögensvorteile** im weitesten Sinne gemeint wie Gewinne, Einsparungen, Nutzungen, Dienstleistungen, Besitz sowie der Gewahrsam an beweglichen sowie unbeweglichen Sachen. Der **Umfang** des Erlangten, der – ebenso wie dessen Wert – nach § 29 a Abs. 3 OWiG geschätzt werden kann, bestimmt sich nach dem sog. **Bruttoprinzip,**[92] d. h. dem Betroffenen wird das aus der oder für die mit Geldbuße bedrohte Handlung Erlangte vollständig entzogen, ohne dass die hierfür getätigten Aufwendungen abgezogen werden können. Allerdings können **Ersatzansprüche Dritter** den Vermögensvorteil mindern oder sogar ausschließen.[93] **Immaterielle Güter** unterliegen nicht dem Verfall, weil sie sich weder zuweisen noch abschöpfen lassen.[94] 43

Das Erlangte muss entweder dem Täter als **Entgelt** für die Tat oder unmittelbar **aus ihrer Begehung** zugeflossen sein. Dabei sind alle Stadien der Tatbegehung zu berücksichtigen, also sowohl Vorbereitungshandlungen als auch spätere Sicherungsmaßnahmen. **Künftige Vorteile** unterliegen allerdings nicht dem Verfall, ebensowenig Vorteile, die lediglich mittelbar erwirtschaftet wurden.[95] § 29 a Abs. 2 OWiG lässt auch die Anordnung des Verfalls **gegenüber Dritten** zu, wenn der Täter für diese gehandelt und diese dadurch etwas erlangt haben. Diese Regelung betrifft in erster Linie juristische Personen oder sonstige Verbände, für die der Täter rechtswidrige Vorteile erwirtschaftet hat, sofern gegen diese keine Geldbuße verhängt wird (vgl. § 30 Abs. 5 OWiG). Der Dritte braucht nicht bösgläu- 44

---

[88] *Bohnert,* § 30 Rn. 38; a. A. *Göhler-König,* § 30 Rn. 27; *Rebmann/Roth/Herrmann,* § 30 Rn. 36.
[89] BGH NJW 1975, 269, 270; OLG Karlsruhe NJW 1975, 793 f.
[90] KK OWiG-*Mitsch,* § 29 a Rn. 2 f.
[91] Zusammenfassend *Rönnau,* Vermögensabschöpfung in der Praxis, 2003, Rn. 28.
[92] BGH NStZ 1996, 539; NJW 2002, 3339; BayObLG wistra 1997, 317; OLG Hamburg wistra 1997, 72; vgl. auch BVerfG NJW 2004, 2073.
[93] BayObLG NStZ 2000, 537.
[94] BGH NStZ 1994, 124; NStZ-RR 2000, 57.
[95] KK OWiG-*Mitsch,* § 29 a Rn. 19.

big zu sein;[96] handelt es sich bei diesem um eine natürliche Person, soll die Verfallsanordnung unter analoger Anwendung des § 23 OWiG auf Fälle reduziert werden, in denen der Dritte wenigstens leichtfertig bei der Erreichung des Vorteils mitgewirkt oder den Vorteil in Kenntnis der Umstände, die beim Täter den Verfall ausgelöst hätten, erworben hat.[97]

45 Ob und in welcher Höhe der Verfall bei Vorliegen der tatbestandlichen Voraussetzungen angeordnet wird, ist nach **pflichtgemäßem Ermessen** zu entscheiden. Es gilt – wie bei der Geldbuße – das **Opportunitätsprinzip**. Bei der Ausübung des Ermessens muss der Grundsatz der Verhältnismäßigkeit berücksichtigt werden. Dieser ist auf jeden Fall verletzt, wenn das Erlangte **doppelt abgeschöpft** werden soll.[98] Ebenfalls unverhältnismäßig ist die Verfallsanordnung, wenn sie für den Betroffenen eine **unbillige Härte** darstellen würde. Dieser in § 73 c Abs. 1 S. 1 StGB normierte Grundsatz gilt auch im Ordnungswidrigkeitenrecht.[99] Eine unbillige Härte liegt insbesondere dann vor, wenn der Vorteil bei dem Betroffenen nicht mehr vorhanden ist. In diesem Fall ist nach dem Rechtsgedanken des § 818 Abs. 3 BGB die **Entreicherung** zu berücksichtigen.[100] Gleiches gilt, wenn sich der Betroffene Ansprüchen auf Herausgabe des Vorteils gegenübersieht oder Schadensersatzansprüche gegen ihn geltend gemacht worden sind.[101]

46 § 29 Abs. 4 stellt klar, dass der Verfall auch **selbständig angeordnet** werden kann. Im Verfahren vor der Verwaltungsbehörde wird der Verfall durch Bescheid angeordnet (§ 87 Abs. 6 i. V. m. Abs. 3 OWiG). Verfahrenstechnisch ist der Verfallsbescheid dem Bußgeldbescheid gleichgestellt (§ 87 Abs. 3 S. 2 OWiG). Dies gilt sowohl für die Zuständigkeit der Behörde als auch für das weitere Verfahren, insbesondere das Einspruchsverfahren. Im **amtsgerichtlichen Verfahren** wird der Verfall gegen den Täter entweder im abschließenden **Beschluss** (§ 72 Abs. 3 OWiG) oder durch Urteil (u. U. neben der Freisprechung in der Hauptsache) angeordnet. Gegen die gerichtliche Entscheidung ist – soweit die übrigen Voraussetzungen vorliegen – die Rechtsbeschwerde (§§ 79, 80 OWiG) statthaft. Dies gilt auch für den verfallsbeteiligten Dritten.[102]

6. Opportunitätsprinzip (§ 47 OWiG)

47 Die Verfolgung von Ordnungswidrigkeiten liegt im pflichtgemäßen Ermessen der Verfolgungsbehörde. Solange das Verfahren bei ihr anhängig ist, kann sie es einstellen (§ 47 Abs. 1 OWiG). Die Einstellung darf nicht von der Zahlung eines Geldbetrages abhängig gemacht oder damit in Zusammenhang gebracht werden (§ 47 Abs. 3 OWiG).

IV. Kartellrechtsverstöße als Straftaten

48 Ergänzend zu den in Abs. 1–3 geregelten Bußgeldtatbeständen kommt bei kartellrechtswidrigen Verhaltensweisen auch eine Anwendung des allgemeinen Strafrechts in Betracht.

1. Wettbewerbsbeschränkende Absprachen bei Ausschreibungen (§ 298 StGB)

49 Durch den durch das Gesetz zur Bekämpfung der Korruption[103] vom 13. 8. 1997 in das StGB eingefügten Tatbestand der wettbewerbsbeschränkenden Absprachen bei Ausschreibungen (§ 298 StGB) ist ein Teilbereich der Ordnungswidrigkeiten nach Abs. 2 Nr. 1

---

[96] *Bohnert*, § 29 a Rn. 18.
[97] Vgl. dazu BGH JR 2000, 512; vgl. auch KK OWiG-*Mitsch*, § 29 a Rn. 34 ff.
[98] *Bohnert*, § 29 a Rn. 11.
[99] *Bohnert*, § 29 a Rn. 11.
[100] BGH NJW 2002, 2257.
[101] BayObLG NStZ 2000, 536.
[102] BayObLGSt 1994, 49.
[103] BGBl. I 2038.

i. V. m. § 1 wegen ihres „qualifizierten Unrechtsgehalts" zu einer Straftat hochgestuft worden.[104] Die Vorschrift dient vorrangig dem Schutz des freien Wettbewerbs. Obwohl es sich bei § 298 StGB regelungstechnisch um ein abstraktes Gefährdungsdelikt handelt, bei dem ein Vermögensschaden nicht festgestellt werden muss, soll das Vermögen des Veranstalters einer Ausschreibung und der (möglichen) Mitbewerber mitgeschützt werden.[105]

Tathandlung ist die **Abgabe eines Angebots,** das auf einer rechtswidrigen Absprache 50 beruht, welche darauf abzielt, den Ausschreibenden zur Annahme eines bestimmten Angebots zu veranlassen. Erfasst werden nur Absprachen, die gegen die Bestimmungen des GWB verstoßen, nicht hingegen kartellrechtlich zulässige Verhaltensweisen wie die Bildung von Bietergemeinschaften. Nicht nach § 298 StGB strafbar sind vertikale Absprachen zwischen dem Veranstalter der Ausschreibung und einem Anbieter.[106] Solche Verhaltensweisen können jedoch einer Strafbarkeit nach § 299 StGB bzw. nach § 331 ff. StGB unterfallen. Da das Angebot auf der Absprache **beruhen** muss, ist zwischen ihr und dem Angebot ein Ursachenzusammenhang erforderlich. Daran fehlt es beispielsweise beim bloßen Ausnutzen der Situation durch ein Nichtkartellmitglied. Das Gleiche gilt, wenn das Angebot nicht mehr auf die Absprache, sondern auf andere Ursachen – z. B. einen neuen selbständigen Entschluss – zurückzuführen ist, sofern dessen Inhalt nicht von den Kenntnissen der Absprache geprägt ist.[107]

Als Tatsituation erfasst § 298 StGB **Ausschreibungen** zu allen Arten von Waren oder 51 gewerblichen Leistungen. Einbezogen sind zunächst alle Vergabeverfahren der öffentlichen Hand, für welche die Anwendung der Verdingungsordnungen für Bauleistungen und sonstige Leistungen (VOB/A und VOL/A) vorgeschrieben ist; das sind neben den unbeschränkten auch die beschränkten Ausschreibungen. Erfasst werden darüber hinaus Ausschreibungen privater Unternehmen, wenn das Verfahren den Bestimmungen der VOB/A und VOL/A wettbewerbsrechtlich entspricht.[108] Nach Abs. 2 steht schließlich die freihändige Vergabe eines Auftrags nach vorausgegangenem Teilnahmewettbewerb der Ausschreibung gleich.

§ 298 Abs. 3 StGB enthält ein Regelung der **tätigen Reue,** die dem Täter zur Straffrei- 52 heit verhilft, wenn er freiwillig verhindert, dass der Veranstalter das Angebot annimmt oder seine Leistung erbringt. Unterbleibt dies ohne sein Zutun, so genügt zur Erlangung von Straflosigkeit bereits sein freiwilliges und ernsthaftes Bemühen.

2. Betrug (§ 263 StGB)

Submissionsabsprachen können darüber hinaus den Tatbestand des Betrugs (§ 263 StGB) 53 zum Nachteil des Ausschreibenden erfüllen. Während eine Täuschungshandlung in der Regel ohne weiteres vorliegt, weil die Abgabe eines Angebots im Rahmen einer Ausschreibung jedenfalls konkludent die Erklärung enthält, dass keine Preisabsprachen getroffen wurden, und auch die Tatbestandsmerkmale der Irrtumserregung und der Vermögensverfügung keine Schwierigkeiten bereiten, sieht sich die Praxis bei der Feststellung eines Vermögensschadens allerdings vor erhebliche Probleme gestellt.

Während in der früheren Rechtsprechung ein Vermögensnachteil zumeist mit der Be- 54 gründung verneint wurde, dass die Verhinderung der Abgabe günstigerer Angebote unmittelbar nichts dafür besage, dass die angebotene Leistung der geforderten Gegenleistung nicht gleichwertig sei,[109] hat der Bundesgerichtshof in der Entscheidung „Rheinausbau I"

---

[104] BT-Druck. 13/5584, 9, 13; *König* JR 1997, 397, 402.
[105] BT-Druck. 13/5584, 12 f.; *König* JR 1997, 397, 402; ausführlich *Greeve/Leipold-Greeve,* Handbuch des Baustrafrechts, § 10 Rn. 3 ff.
[106] BGH WuW/E DE-R 1278 – *Planungsbüro.*
[107] *Schönke/Schröder-Heine,* § 298 Rn. 14; zu Einzelheiten vgl. *Greeve* a. a. O. Rn. 88 ff.
[108] BT-Drucks. 13/5584, 14; *Schönke/Schröder-Heine,* § 298 Rn. 4.
[109] Vgl. BGHSt 16, 361, 367; anders aber RGSt 63, 187; OLG Hamm NJW 1958, 1151, 1152.

vom 8. 1. 1992 eine Kehrtwendung in der Beurteilung der Fälle des sog. Ausschreibungsbetruges vollzogen. Dabei geht der Bundesgerichtshof von einem Vermögensschaden aus, wenn der tatsächliche Angebotspreis über dem **hypothetischen Wettbewerbspreis** liegt und der Wert der angebotenen Leistung daher niedriger sei als der Wert der ausbedungenen Vergütung. Der Umfang der beeinträchtigten Preisbildung werde nicht durch Vergleich des unter Ausschaltung oder Beschränkung des Wettbewerbs erzielten mit dem geschätzten angemessenen Preis festgestellt, „sondern durch den Vergleich der geforderten Preise mit den Marktpreisen, die bei funktionsfähigem Wettbewerb erzielt worden wären".[110] Der Vermögensschaden liegt nach Ansicht des Bundesgerichtshofs also in der Differenz zwischen vereinbartem Entgelt und dem „hypothetischen Marktpreis". Die Feststellung dieses hypothetischen Wettbewerbspreises soll im Einzelfall durch eine Schadensschätzung aufgrund von **Indiztatsachen** erfolgen. Hier führt der Bundesgerichtshof namentlich den Umstand an, dass bei sog. Submissionskartellen regelmäßig Ausgleichszahlungen an Mitbewerber von demjenigen gezahlt werden, der durch den manipulierten Wettbewerb den Zuschlag erhalten hat.

55 Nachdem die Entscheidung in der Praxis kaum zu Verurteilungen wegen Betrugs führte, weil sich die Tatgerichte bei der Feststellung des Schädigungserfolges auch weiterhin erheblichen Schwierigkeiten ausgesetzt sahen, hat der Bundesgerichtshof diese Grundsätze in einer Entscheidung vom 11. 7. 2001 nochmals präzisiert und zugleich die Ermittlung des Vermögensschadens vereinfacht.[111] So hält der Bundesgerichtshof zunächst an seiner Rechtsprechung fest, dass die Schadensfeststellung im Einzelfall durch eine Schadensschätzung erfolgen soll, wobei die auf der Grundlage von Indizien gewonnene Überzeugung des Tatrichters ausreiche, dass ohne die Wettbewerbsbeschränkung ein nur geringeres Entgelt hätte gezahlt werden müssen. Hatte er in seiner früheren Rechtsprechung hinsichtlich der Anforderungen an die richterliche Überzeugungsbildung noch zurückhaltend formuliert, dass „eine absolute, das Gegenteil denknotwenig ausschließende, von niemanden anzweifelbare Gewissheit von einem solchen Sachverhalt"[112] nicht erforderlich sei, heißt es nunmehr, dass Schmiergeldzahlungen und Ausgleichszahlungen **„nahezu zwingende Beweisanzeichen"** dafür sind, dass der ohne Preisabsprache erzielbare Preis den tatsächlich vereinbarten Preis unterschritten hätte. Damit wird der Schadensnachweis für die Strafverfolgungspraxis wesentlich erleichtert. Die Feststellung eines Vermögensnachteils wird von den Tatgerichten daher künftig auch ohne Einholung von Sachverständigengutachten im Wege der freien Beweiswürdigung erfolgen können.

3. Sonstige Straftatbestände

56 Strafrechtlich zu erfassen sind weiterhin Fälle, in denen Angestellte oder Beauftragte eines geschäftlichen Betriebes sich im geschäftlichen Verkehr einen Vorteil als Gegenleistung dafür versprechen lassen, fordern oder annehmen, dass sie einen anderen bei dem Bezug gewerblicher Leistungen im Wettbewerb in unlauterer Weise bevorzugen. Eine derartige Bevorzugung kann namentlich in der freihändigen Vergabe ohne vorherige Ausschreibung liegen und den Tatbestand des § 299 StGB (Bestechlichkeit und Bestechung im geschäftlichen Verkehr) und – soweit es sich um Amtsträger (§ 11 Nr. 2 StGB) handelt, zu denen auch Bedienstete einer privatrechtlichen juristischen Person, der die Wahrnehmung öffentlicher Aufgaben übertragen ist, gehören[113] – den Tatbestand der Bestechungsdelikte nach §§ 331 ff. StGB erfüllen. In diesen Fällen liegt häufig auch eine Untreue gemäß § 266

---

[110] BGHSt 38, 186 ff.; zur überwiegenden Kritik im Schrifttum *Schönke/Schröder-Cramer/Perron*, § 263 Rn. 137a; *ders.*, Zur Strafbarkeit von Preisabsprachen in der Bauwirtschaft, S. 11 ff.; *Joecks* wistra 1992, 247; *Mitsch* JZ 1994, 877, 888.
[111] BGHSt 47, 83, 88 f.
[112] BGHSt 38, 186.
[113] Vgl. BGHSt 43, 370 m. Anm. *Ransiek* NStZ 98, 564; BGH NStZ 2006, 628.

StGB vor, wenn die unlautere Bevorzugung dazu führt, dass die Auftragsvergabe zu einem höherem als dem hypothetischen Wettbewerbspreis erfolgt.[114]

V. Konkurrenzen

Liegen mehrere Gesetzesverletzungen vor, so ist zu unterscheiden (§§ 19–21 OWiG): Verletzt eine Handlung **gleichzeitig** den Tatbestand einer **Straftat** und **Ordnungswidrigkeit**, so wird nur das Strafgesetz angewendet, was Nebenfolgen aus anderen verletzten Gesetzen nicht ausschließt (§ 21 Abs. 1 OWiG). Wird eine Strafe nicht verhängt, so kann die Tat als Ordnungswidrigkeit geahndet werden (§ 21 Abs. 2 OWiG). Stellt die Staatsanwaltschaft das Verfahren wegen der Straftat ein oder übernimmt sie die Verfolgung nicht, sind aber Anhaltspunkte dafür vorhanden, dass die Tat als Ordnungswidrigkeit verfolgt werden kann, so gibt sie die Sache an die Verwaltungsbehörde ab (§ 43 OWiG). Daher kann die Verwaltungsbehörde eine Tat unter dem rechtlichen Gesichtspunkt einer Kartellordnungswidrigkeit weiter verfolgen, wenn das wegen des Verdachts wettbewerbsbeschränkender Absprachen bei Ausschreibungen (§ 298 StGB) eingeleitete Ermittlungsverfahren mangels hinreichenden Tatverdachts (§ 170 Abs. 2 StPO) oder unter Opportunitätsgesichtspunkten (§§ 153, 153b, 154 StPO) eingestellt worden ist.[115] Eine Ausnahme gilt allerdings für Verfahrenseinstellungen gegen (Geld-)Auflage gemäß § 153a StPO, so dass eine Ahndung der Tat als Ordnungswidrigkeit hier ausgeschlossen ist.[116]

57

Liegt nur eine bußgeldrechtlich relevante Handlung vor, so besteht **Tateinheit**. Verletzt dieselbe Handlung einen Bußgeldtatbestand mehrfach oder zugleich mehrere Bußgeldtatbestände, so wird nur eine einzige Geldbuße verhängt, in letzterem Fall nach dem Gesetz, welches die höchste Geldbuße androht (§ 19 OWiG). Sind durch mehrere Handlungen **(Tatmehrheit)** mehrere Geldbußen verwirkt, so wird jede gesondert festgesetzt (§ 20 OWiG). Dies gilt nach Aufgabe des Rechtsinstituts des Fortsetzungszusammenhangs durch die Rechtsprechung[117] generell auch bei Tatserien, die früher als sog. fortgesetzte Tat zu einer einzigen Tat zusammengefasst wurden.[118]

58

VI. Höhe der Geldbuße (Abs. 4, 5 und 7)

Durch die Neufassung des § 81 sind die Sanktionsrahmen erheblich heraufgesetzt worden. Dadurch soll der wirtschaftlichen Entwicklung seit der letzten Erhöhung im Rahmen der 4. GWB-Novelle aus dem Jahr 1980 Rechnung getragen und eine wirkungsvollere Ahndung der besonders gravierenden Verstöße gegen Wettbewerbsvorschriften ermöglicht werden.[119] Entfallen ist der in der Praxis bislang bedeutsame besondere Bußgeldrahmen bis zur dreifachen Höhe des erlangten Mehrerlöses, der sich auf die gesamten Bruttoeinnahmen ohne Abzug der Kosten und Steuern bezog und die Differenz zwischen den tatsächlichen Einnahmen und den Einnahmen bezeichnete, die der Täter im gleichen Zeitraum ohne den Wettbewerbsverstoß erzielt hätte.[120] Mit dieser auf die Beschlussempfehlung des Ausschusses für Wirtschaft und Arbeit[121] zurückgehenden Änderung hat der Gesetzgeber

59

---

[114] Zu weiteren Berührungspunkten zwischen Straf- und Kartellrecht vgl. *Dannecker/Biermann* in: Immenga/Mestmäcker, GWB, vor § 81 Rn. 161 ff.; ferner *Baumann/Arzt* ZHR 134 (1970), 24, 43 ff. (zu §§ 240, 253 StGB).

[115] BGH WuW/E BGH 3043, 3047 – *Fortgesetzte Ordnungswidrigkeit;* anders noch die Vorinstanz OLG Frankfurt, wistra 1996, 279 m. abl. Anm. *Göhler* wistra 1996, 132; vgl. auch *Bangard* wistra 1997, 161, 164.

[116] *Göhler-König,* § 21 Rn. 27; *Bangard* wistra 1997, 161, 164.

[117] BGHSt 40, 138.

[118] Zu den praktischen Folgen *Klusmann* WuW 1995, 271, 280.

[119] BR-Drucks. 441/04, 71.

[120] Vgl. dazu BGH WuW/E BGH 2718, 2719 – *Bußgeldbemessung.*

[121] BT-Drucks. 15/5049, 30, 49.

auf die zur bisherigen Mehrerlösregelung ergangene Rechtsprechung reagiert, die äußerst hohe Anforderungen an den Nachweis eines Mehrerlöses und die für eine Schätzung erforderlichen Grundlagen gestellt hat.[122] Damit ist zugleich den verfassungsrechtlichen Bedenken Rechnung getragen worden, die im Anschluss an eine Entscheidung des BVerfG[123] zur Verfassungswidrigkeit der Vermögensstrafe (§ 43a StGB a. F.) gegen die Mehrerlösregelung erhoben wurden.[124] Stattdessen ist für den Bereich der Verbandssanktion (§ 30 OWiG) nach dem Vorbild des Europäischen Rechts[125] eine umsatzbezogene Sanktionsregelung eingeführt worden.[126] Soweit die Feststellung des Mehrerlöses mit erheblichen praktischen Schwierigkeiten verbunden war, wird die Gesetzesanwendung nunmehr erheblich vereinfacht, weil sich der Umsatz des betroffenen Unternehmens in der Regel ohne weiteres ermitteln lässt.

60 Entgegen der wohl überwiegenden Ansicht im Schrifttum verstößt die umsatzbezogene Sanktionsregelung daher auch nicht gegen das verfassungsrechtliche Bestimmtheitsgebot.[127] Zwar hat der Gesetzgeber auf die Festlegung einer absoluten Bußgeldobergrenze verzichtet und stattdessen einen offenen Bußgeldrahmen geschaffen, der nur durch eine umsatzbezogene Obergrenze gekappt wird.[128] Diese Sanktionsregelung bildet jedoch im Hinblick darauf, dass zunächst Abs. 4 S. 4 mit der Schwere der Zuwiderhandlung und deren Dauer besondere Kriterien für die Zumessung der Geldbuße vorgibt und darüber hinaus die allgemeinen Zumessungskriterien des § 17 OWiG eine im Einzelfall schuldangemessene und vorhersehbare Bußgeldzumessung ermöglichen, einen noch hinreichenden Orientierungsrahmen für die Festsetzung der konkreten Sanktionshöhe. Die Einführung eines umsatzbezogenen Sanktionsmodells schafft demgegenüber die Voraussetzung dafür, dass bei der Bußgeldzumessung der „Grundsatz der Opfergleichheit" gewahrt wird, also das umsatzstarke wie das umsatzschwache Unternehmen durch die Sanktion unter sonst gleichen Umständen auch einen gleich schwer treffenden wirtschaftlichen Verlust erleidet.[129] Dabei hat sich die Bußgeldzumessung der jeweiligen wirtschaftlichen Belastbarkeit des an der Zuwiderhandlung beteiligten Unternehmens anzupassen. Diese Anpassung unterliegt der Würdigung im Einzelfall, ohne dass insoweit schematische oder mathematisch fixierbare

---

[122] OLG Düsseldorf WuW DE-R 1315, 1316 ff. – *Berliner Transportbeton I*.
[123] NJW 2002, 1779.
[124] *Achenbach* WuW 2002, 1154; *Meessen* WuW 2004, 733, 740 ff.
[125] Vgl. Art. 23 Abs. 2 Satz 2 VO 1/2003.
[126] Eine umsatzbezogene Geldbuße wurde bereits im (unveröffentlichten) Referentenentwurf zur 6. GWB-Novelle vorgeschlagen (dazu eingehend *Wegner*, Die Systematik der Zumessung unternehmensbezogener Geldbußen, S. 65 ff.), dann aber nicht in den Gesetzesentwurf der Bundesregierung, BT-Drucks. 13/9720, 25 f., 68, aufgenommen; vgl. auch *Bach* in: FS *Bechtold*, 2 f.
[127] Vgl. *Meessen* WuW 2004, 733, 742; *Vollmer*, ZWeR 2007, 168; 170; *Raum* in: Langen/Bunte, § 81 Rn. 125; *Weitbrecht/Mühle*, WuW 2006, 1106 ff.; offengelassen von *Achenbach* WuW 2002, 1154; a. A. FK-*Achenbach*, § 81 Rn. 246 ff.; *Bechtold*, § 81 Rn. 24; *Bechtold/Buntschek* NJW 2005, 2969 f.; *Dannecker/Biermann* in: Immenga/Mestmäcker, GWB, § 81 Rn. 346 ff.; *Deselaers* WuW 2006, 118, 122 f.; *Thiele* WRP 2006, 999 ff.; *Wagner*, EWS 2006, 251, 252 ff.; eingehende Kritik auch bei *Wegner*, Die Systematik der Zumessung unternehmensbezogener Geldbußen, S. 66 ff. (noch zum Referentenentwurf der 6. GWB-Novelle); krit. zum umsatzbezogenen Sanktionsmodell des europäischen Wettbewerbsrechts *Soltész/Steinle/Bielesz* EuZW 2003, 202; *Schwarze* EuZW 2003, 261; vgl. auch *Buntscheck* in: FS *Bechtold*, 81, 91 ff.
[128] Nachdem der Wortlaut des Abs. 4 S. 2 durch das Gesetz zur Bekämpfung von Preismissbrauch im Bereich der Energieversorgung und des Lebensmittelhandels vom 18. 12. 2007 neu gefasst wurde, ist terminologisch nicht mehr von einem umsatzbezogenen Bußgeldrahmen (vgl. Voraufl.), sondern einer bloßen Kappungsgrenze auszugehen; eine sachliche Änderung ist mit der Neuformulierung aber nicht verbunden; so auch *Bechtold*, § 81 Rn. 24.
[129] Zu Parallelen bei der Zumessung der Geldstrafe nach dem Tagessatzsystem des StGB (§ 40 Abs. 2 StGB) vgl. BGHSt 27, 70, 72 f.; 28, 360, 363; krit. hierzu *Dannecker/Biermann* in: Immenga/Mestmäcker, GWB, § 81 Rn. 353.

Regeln bestehen, und erfordert eine Abwägung der wirtschaftlichen Verhältnisse des betroffenen Unternehmens unter dem Gesichtspunkt der individuellen Belastbarkeit. So kann die Festsetzung einer unternehmensbezogenen Geldbuße im Bereich der umsatzbezogenen Bußgeldobergrenze das Übermaßverbot verletzen, wenn dadurch der Bestand des zu sanktionierenden Unternehmens bedroht würde. In der gleichen Weise ist auch das Verhältnis von Umsatz und Gewinn zu berücksichtigen, weil die Sanktionswirkung maßgeblich auch davon abhängt, welche Margen erzielt werden und eine Unternehmensgeldbuße in Höhe von 10% des im letzten Geschäftsjahres erzielten Umsatzes ohne weiteres zu verkraften sein wird, wenn die Buße aus dem erzielten Gewinn bezahlt werden kann, während ein bereits in der Krise befindliches Unternehmen in die Insolvenz getrieben würde.[130]

1. Bußgeldrahmen

Abs. 4 nimmt auf Unrechtsgehalt und -gewicht der unter Bußgelddrohung gestellten Verhaltensweise Rücksicht und droht für Ordnungswidrigkeiten des Abs. 1, Abs. 2 Nr. 1, 2a und Nr. 5 und des Abs. 3 ein Bußgeld bis zu 1 Mio. EUR an. In allen übrigen Fällen kann ein Bußgeld bis zu 100 000 EUR verhängt werden. Da die Bußgelddrohung in den Fällen des Abs. 1 und Abs. 2 nicht zwischen vorsätzlichem und fahrlässigem Handeln differenziert, kann **fahrlässiges Handeln** im Höchstmaß nur mit der **Hälfte des angedrohten Höchstbetrags** geahndet werden. Dies ergibt sich aus § 17 Abs. 2 OWiG, der auch im Bereich des Kartellordnungswidrigkeitenrechts den Rahmen für die Bußgeldfestsetzung vorgibt. 61

Nach Abs. 4 S. 2 können gegenüber Unternehmen und Unternehmensvereinigungen in den Fällen des Abs. 1, Abs. 2 Nr. 1, 2a und Nr. 5 und des Abs. 3 Bußgelder bis zu 10% des im der Behördenentscheidung vorausgegangenen Geschäftsjahr erzielten Gesamtumsatzes verhängt werden. Maßgeblich ist der **Gesamtumsatz,** bei dessen Ermittlung von den Umsatzerlösen im Sinne des § 38 Abs. 1 S. 1 i. V. m. § 277 HGB auszugehen ist.[131] Der tatbezogene Umsatz, d.h. der Umsatz, der mit den Produkten bzw. Dienstleistungen, die mit der Zuwiderhandlung in Zusammenhang stehen, erzielt wurde, bleibt bei der Bestimmung der Kappungsgrenze also außer Betracht, wird aber nach den Bußgeldleitlinien des BKartA zur Bestimmung des Grundbetrags für die Geldbuße herangezogen.[132] Bei der Ermittlung des Gesamtumsatzes kommt es, wie der Gesetzgeber nunmehr in Abs. 4 S. 2 klargestellt hat, auf das letzte Geschäftsjahr vor Erlass der Bußgeldentscheidung an. Bei konzernzugehörigen Unternehmen war zur Berechnung der Bußgeldobergrenze bislang allein auf den Umsatz des Sanktionsadressaten abzustellen.[133] Dies galt nach dem eindeutigen Wortlaut des Abs. 4 S. 2 a. F. auch dann, wenn das unmittelbar beteiligte und selbst nur geringe Umsätze erzielende **Konzernunternehmen** sein Marktverhalten nicht autonom bestimmte, sondern aufgrund wirtschaftlicher und rechtlicher Bindungen den Weisungen eines konzernverbundenen Unternehmens unterlag; konnte dem verbundenen Unternehmen die Zuwiderhandlung – etwa im Falle konkreter Weisungen – zugerechnet werden, war mithin nur die Festsetzung einer gesonderten Geldbuße möglich.[134] Demgegenüber 62

---

[130] Vgl. auch unten Rn. 68.
[131] *Buntscheck* in: FS *Bechtold,* 81, 85 f.; *Buntscheck* EuZW 2007, 423, 424 f.
[132] Bekanntmachung Nr. 38/2006 über die Festsetzung von Geldbußen nach § 81 Abs. 4 Satz 2 GWB gegen Unternehmen und Unternehmensvereinigungen v. 15. 9. 2006, Rn. 4 ff., wonach der Grundbetrag bis zu 30% des für die gesamte Dauer der Zuwiderhandlung zugrunde gelegten Umsatzes betragen kann; dazu unten Rn. 77.
[133] Vgl. *Buntscheck* EuZW 2007, 423, 425 f.; *Bach/Klumpp* NJW 2006, 3524; *Bechtold,* § 81 Rn. 25 ff.; *Dannecker/Biermann* in: Immenga/Mestmäcker, GWB, § 81 Rn. 342; FK-Achenbach, § 81 Rn. 244; *Deselaers* WuW 2006, 118, 122 f.; *Wagner* EWS 2006, 251, 256; *Koch* ZHR 171 (2007), 554, 561 ff.
[134] Ebenso *Buntscheck* in: FS *Bechtold,* 81, 87 ff.; *Koch,* ZHR 171 (2007), 554, 568 ff.; zur vergleichbaren Problematik im europäischen Wettbewerbsrecht ausführlich *Steinle* EWS 2003, 118 ff.

soll durch den neu¹³⁵ eingefügten Abs. 4 S. 3 bei der Ermittlung des Gesamtumsatzes nunmehr der weltweite Umsatz aller natürlichen und juristischen Personen zugrunde gelegt werden, die „als wirtschaftliche Einheit operieren". Die Änderung geht auf die Beschlussempfehlung des Ausschusses für Wirtschaft und Technologie zurück und soll lediglich eine „Klarstellung" enthalten,¹³⁶ ist aber wegen ihres im hohen Maße unbestimmten Wortlauts und erst recht im Hinblick auf das Übermaßverbot erheblichen verfassungsrechtlichen Bedenken ausgesetzt. Eine Beschränkung des umsatzbezogenen Sanktionsrahmens ergibt sich schließlich daraus, dass die Grundregel des § 17 Abs. 2 OWiG auch auf diesen Anwendung findet. Daraus folgt, dass für fahrlässige begangene Kartellordnungswidrigkeiten der Umsatzfaktor zu halbieren ist; das Höchstmaß reduziert sich danach auf einen Betrag in Höhe von bis zu 5% des relevanten Umsatzes.¹³⁷ In den Fällen des Abs. 2 Nr. 2b, 3, 4 und 5 reicht der Bußgeldrahmen dagegen lediglich bis zu einem Betrag von 100 000 EUR (vgl. § 30 Abs. 2 S. 2 OWiG).

2. Bemessung der Geldbuße

63 Nach Bestimmung des Bußgeldrahmens, der die Unter- und Obergrenze der zu verhängenden Geldbuße bildet, hat sodann die konkrete Zumessung der Geldbuße zu erfolgen. Dabei sind nach Abs. 4 S. 3 zunächst die Schwere der Zuwiderhandlung und deren Dauer zu berücksichtigen. Darüber hinaus finden auch die Zumessungskriterien des § 17 Abs. 3 OWiG Anwendung.¹³⁸

64 **a) Schwere und Dauer der Zuwiderhandlung (Abs. 4 S. 4):** In Anlehnung an das Europäische Recht benennt Abs. 4 S. 4 als Kriterien für die Zumessung der Geldbuße die Schwere und Dauer der Zuwiderhandlung. Die Regelung ist wörtlich aus Art. 23 Abs. 3 VO 1/2003 übernommen worden. Die Übernahme dieser durch die Gemeinschaftsrechtsprechung näher konkretisierten Kriterien legt es nahe, die im **europäischen Kartellrecht entwickelten Auslegungsgrundsätze** auch bei der Auslegung des deutschen Rechts **heranzuziehen.** In den Blick zu nehmen sind dabei auch die von der Kommission veröffentlichten Leitlinien für das Verfahren zur Festsetzung von Geldbußen,¹³⁹ in denen die Zumessungskriterien der Schwere und Dauer unter Berücksichtigung erschwerender und mildernder Umstände fallgruppenspezifisch konkretisiert werden;¹⁴⁰ zu beachten ist allerdings, dass die für das europäische Recht geltenden Leitlinien nicht unbesehen auf das deutsche Recht übertragen werden können und insbesondere die allgemeinen Zumessungskriterien des § 17 Abs. 3 OWiG durch die Regelung des Abs. 4 S. 4 nicht suspendiert werden.

65 Bei der Beurteilung der **Schwere der Zuwiderhandlung** ist zunächst die Art der Zuwiderhandlung, ihre tatsächliche Auswirkung auf den Markt sowie die Größe und Bedeutung des relevanten Marktes zu berücksichtigen.¹⁴¹ Von maßgeblicher Bedeutung ist des weiteren die **konkrete Rolle** des einzelnen Beteiligten, weil die Zuwiderhandlung umso schwerer wiegt, wenn es sich bei dem Betreffenden um den Drahtzieher oder Rädelsführer der wettbewerbswidrigen Absprachen handelt, während es mildernd zu berücksichtigen ist, wenn der Betroffene weitgehend passiv geblieben ist und lediglich eine Mitläuferrolle bei der Zuwiderhandlung gespielt hat.¹⁴² Da sich der Begriff der Schwere der Zuwiderhand-

---

[135] BGBl. I 2007, S. 2966, 2968; ausführlich zur Neuregelung *Buntscheck,* WuW 2008, 941, 946 ff.
[136] BT-Drucks. 16/7156, S. 11.
[137] FK-*Achenbach,* § 81 Rn. 240.
[138] Ebenso *Dannecker/Biermann* in: Immenga/Mestmäcker, GWB, § 81 Rn. 360; FK-*Achenbach,* § 81 Rn. 232.
[139] ABl. 2006, C 210/2.
[140] Dazu näher oben *Nowak* Art. 23 VerfVO 1/2003 (EG) Rn. 25 ff.
[141] Zum europäischen Recht vgl. EuG WuW/E EU-R 673 – *Lysinkartell;* EG-Kommission WuW/E EU-V 791 – *Vitamine.*
[142] EG-Kommission WuW/E EU-V 791 – *Vitamine;* vgl. auch Nr. 28 und 29 (jew. 3. Spiegelstr.) der Leitlinien der Kommission, ABl. 2006, C 210/4.

lung weitgehend mit dem Merkmal der „Bedeutung der Tat" i.S.d. § 17 Abs. 3 S. 1 OWiG deckt, können auch die zum allgemeinen Ordnungswidrigkeitenrecht entwickelten Grundsätze herangezogen werden. Insoweit ist maßgeblich auf den Unrechtsgehalt der Handlung abzustellen. Bedeutsam ist insbesondere die **Art des betroffenen Marktes.** So ist zu unterscheiden, ob die Absprachen, abgestimmten Verhaltensweisen usw. einen Markt von erheblicher wirtschaftlicher Bedeutung und Größenordnung betreffen oder sie sich lediglich auf einen eng begrenzten und kleinen Markt beziehen.[143] Des Weiteren ist das Ausmaß des durch die Zuwiderhandlung verursachten **Schadens** zu berücksichtigen, so z. B. der Umfang von Preiserhöhungen aufgrund erfolgter Absprachen. Besonders schwerwiegend ist in der Regel schließlich der Eingriff in die Marktverhältnisse durch Quotenkartelle, insbesondere wenn sich diese auf lebenswichtige Produkte beziehen.[144]

Bei dem Zumessungskriterium der **Dauer der Zuwiderhandlung** ist in Anlehnung an die zum Europäischen Wettbewerbsrecht entwickelten Grundsätze zu unterscheiden zwischen Verstößen von kurzer Dauer (in der Regel weniger als einem Jahr), Verstößen von mittlerer Dauer (in der Regel zwischen einem und fünf Jahren) und Verstößen von langer Dauer (in der Regel mehr als fünf Jahre). Dabei ist zu beachten, dass die Dauer der Zuwiderhandlung kein Kriterium ist, mit dem sich deren Schwere beurteilen ließe; diese stellt neben der Schwere der Zuwiderhandlung vielmehr einen eigenständigen Zumessungsfaktor dar.[145] Zur Berechnung der Dauer der Zuwiderhandlung ist festzustellen, wie lange die jeweilige Vereinbarung bestanden hat bzw. tatsächlich praktiziert worden ist.[146]

b) Weitere Zumessungskriterien (§ 17 Abs. 3 OWiG). aa) Tat- und täterbezogene Kriterien. Ergänzend sind bei der Bemessung der Geldbuße die Zumessungskriterien des § 17 Abs. 3 OWiG heranzuziehen, die sich hinsichtlich des Merkmals der Bedeutung der Tat weitgehend mit den Kriterien decken, nach denen sich auch die Schwere der Zuwiderhandlung beurteilt (vgl. o. Rn. 64). Von Bedeutung sind hier daher in erster Linie die in der Person des Täters liegenden Umstände, die den „den Täter treffenden **Vorwurf**" (§ 17 Abs. 3 S. 1 OWiG) kennzeichnen. Zwar bemisst sich auch der (Schuld-) Vorwurf zunächst nach der Bedeutung bzw. Schwere der Zuwiderhandlung. Darüber hinaus ist jedoch maßgeblich auf den **Grad der Vorwerfbarkeit** abzustellen. So kann erschwerend gewertet werden, wenn der Täter bereits in der Vergangenheit Kartellrechtsverstöße begangen hat, also rückfällig geworden ist. Entsprechend können auch sonstige einschlägige Vorstrafen, etwa nach §§ 298, 263 StGB, zu einer schärferen Ahndung führen, wenn sich zeigt, dass sich der Täter die früheren Sanktionen nicht hat zur Warnung dienen lassen.[147] Schließlich ist auch das Verhalten nach der Tat, insbesondere auch das Prozessverhalten, zu berücksichtigen, weil sich ein Geständnis regelmäßig bußgeldmindernd auswirkt.[148] Auf der anderen Seite darf es dem Betroffenen allerdings nicht zu seinem Nachteil gereichen, wenn er von seinen prozessualen Rechten, insbesondere seinem Schweigerecht, Gebrauch macht. Schließlich sind zur Bemessung des Schuldvorwurfes und damit zur Bemessung der Höhe der Geldbuße auch die **Motive und Ziele** des Täters von Bedeutung.[149] Dabei ist insbesondere mildernd zu berücksichtigen, wenn aus wirtschaftlicher Not oder einer Zwangslage heraus gehandelt wurde und nur deshalb eine Beteiligung an Preisabsprachen

---

[143] *Dannecker/Biermann* in: Immenga/Mestmäcker, GWB, § 81 Rn. 373; FK-*Achenbach*, § 81 Rn. 256 ff.; KG WuW/E DE-R 228, 232 – *Osthafenmühle;* OLG Frankfurt, WuW/E OLG 4944 – *Fahrschullehrerabsprachen.*
[144] *Dannecker/Biermann* in: Immenga/Mestmäcker, GWB, § 81 Rn. 373.
[145] EuG WuW/E EU-R 923, 925 – *SAS/Kommission.*
[146] Vgl. oben *Nowak* Art. 23 VerfVO 1/2003 (EG) Rn. 26 ff.
[147] FK-*Achenbach,* § 81 Rn. 263; *Dannecker/Biermann* in: Immenga/Mestmäcker, GWB, § 81 Rn. 380.
[148] FK-*Achenbach,* § 81 Rn. 270.
[149] FK-*Achenbach,* § 81 Rn. 264.

erfolgt ist, um dem in der Krise befindlichen Unternehmen durch die Erlangung des Auftrags die Überlebensfähigkeit zu sichern. Schließlich ist im Rahmen der Bußgeldzumessung gegenüber Verbänden bußgeldmindernd zu berücksichtigen, wenn das Verfahren zum Anlass genommen wird, durch organisatorische Maßnahmen (**Einführung von Compliance-Programmen;** Einrichtung eines Controlling etc.) darauf hinzuwirken, dass Wettbewerbsverstöße für die Zukunft unterbunden oder wesentlich erschwert werden.[150]

68 **bb) Verfahrensdauer und langer zeitlicher Abstand zwischen Zuwiderhandlung und Ahndung.** Liegt zwischen dem Kartellrechtsverstoß und seiner Ahndung ein erheblicher zeitlicher Abstand, so ist dies bei der Bußgeldzumessung mildernd in Ansatz zu bringen, weil wegen des langen Zeitraums zwischen dem Verstoß und seiner Aburteilung ein geringeres Bedürfnis besteht, das ordnungswidrige Verhalten zu ahnden.[151] Daher kann allein der **erhebliche zeitliche Abstand zwischen den Taten und dem gerichtlichen Urteil** zu einem Milderungsgrund führen.[152] Unabhängig davon wird auch einer überdurchschnittlich **langen Verfahrensdauer** regelmäßig eine eigenständige Bedeutung im Sinne eines Milderungsgrundes zukommen. Dabei sind insbesondere die mit dem Verfahren selbst verbundenen Belastungen des Betroffenen zu berücksichtigen, wie sie sich etwa aus einer erheblich rufschädigenden Presseberichterstattung ergeben können. Von einem Milderungsgrund ist hier auch dann auszugehen, wenn die außergewöhnlich lange Verfahrensdauer sachliche Gründe hatte, also nicht von den Kartellbehörden oder den mit der Sache befassten Gerichten zu vertreten ist.[153] Von besonderer Bedeutung ist es schließlich, wenn es zu einer gegen Art. 6 Abs. 1 Satz 1 MRK verstoßenden Verfahrensverzögerung gekommen ist. Die Gewährleistungen der Menschenrechtskonvention, zu denen auch das Beschleunigungsgebot zählt, gelten ebenso wie für das Strafverfahren gleichermaßen auch für das Bußgeldverfahren.[154] Daher müssen auch Bußgeldsachen in einer unter rechtsstaatlichen Gesichtspunkten noch angemessenen Zeit erledigt werden.[155] Zwar sind die Anforderungen an die Feststellung einer rechtsstaatswidrigen Verfahrensverzögerung im Ordnungswidrigkeitenverfahren wegen der im Verhältnis zum Strafverfahren grundsätzlich geringeren psychischen Belastung der Beteiligten abgemildert. Gleichwohl ist eine **rechtsstaatswidrige Verfahrensverzögerung** auch im Bereich des Bußgeldverfahrens zu beachten. Nach bisheriger Rechtsprechung sollte dies durch eine spezielle Zumessung der Geldbuße erfolgen, in der das Maß der hierfür zugebilligten **Kompensation** genau bestimmt wird.[156] Mit seinem Beschluss vom 17. 1. 2008 hat der Große Strafsenat des BGH jedoch einen Systemwechsel vollzogen und das bislang geltende sog. „Strafabschlagsmodell" zu Gunsten eines **Vollstreckungsmodells** aufgegeben.[157] Danach ist zunächst die schuldangemessene, die rechtsstaatswidrige Verfahrensverzögerung außer Acht lassende

---

[150] Vgl. z. B. KG WuW/E OLG 4572; *Dannecker/Biermann* in: Immenga/Mestmäcker, GWB, § 81 Rn. 379; *Wegner*, Die Systematik der Zumessung unternehmensbezogener Geldbußen, S. 90; a. A. *Pampel*, BB 2007, 1636; zur abweichenden Beurteilung im europäischen Kartellordnungswidrigkeitenrecht vgl. oben *Nowak* Art. 23 VerfVO Rn. 25 ff.

[151] BGH WuW/E 1233 – *Frankfurter Kabelkartell;* BGH WuW/E 2336 f. – *U-Bahn-Bau Frankfurt.*

[152] BGHR StGB § 46 Abs. 2 Verfahrensverzögerung 6, 13.

[153] BGHR StGB § 46 Abs. 2 Verfahrensverzögerung 13.

[154] EGMR NJW 1985, 1273 f.

[155] BVerfG NJW 1992, 2472 f.

[156] BGH WuW/E 1233 – *Frankfurter Kabelkartell;* BGHSt 45, 308, 309; BGHR StGB § 46 Abs. 2 Verfahrensverzögerung 13; BGH wistra 2002, 420 f. So ist in der jüngeren Rechtsprechung zur Kompensation einer justizbedingten Verfahrensverzögerung von 18 Monaten eine Herabsetzung der sich verwirkten Geldbuße um 15% für sachgerecht erachtet worden (OLG Düsseldorf, WuW DE-R 1315 – *Berliner Transportbeton I;* OLG Düsseldorf WuW/E DE-R 1433 – *Transportbeton in C,* ohne dass sich daraus jedoch eine Faustformel ableiten ließe.

[157] BGH, NJW 2008, 860 = NStZ 2008, 234 m. Anm. *Bußmann* u. krit. Bespr. *Ignor/Bertheau* NJW 2008, 2209.

Sanktion festzusetzen und sodann die Kompensation dadurch vorzunehmen, dass in der Urteilsformel ausgesprochen wird, dass ein bezifferter Teil der verhängten Strafe als vollstreckt gilt. Für das Bußgeldverfahren bedeutet dies, dass bei der Zumessung der Geldbuße lediglich der zeitliche Abstand zwischen Tat und Urteil sowie die besonderen Belastungen, denen der Betroffene wegen der überlangen Verfahrensdauer ausgesetzt war, in den Grenzen des eröffneten Sanktionsrahmens mildernd zu berücksichtigen sind, die Kompensation für die rechtsstaatswidrige Verursachung dieser Umstände aber auch hier dadurch erfolgt, dass in der Urteilsformel auszusprechen ist, dass zur Entschädigung ein bezifferter Teil der verhängten Geldbuße als vollstreckt gilt. Ob eine rechtsstaatswidrige Verfahrensverzögerung vorliegt, bestimmt sich nach den besonderen Umständen des Einzelfalls, die im Rahmen einer umfassenden Gesamtwürdigung gegeneinander abgewogen werden müssen.[158] Zu berücksichtigen sind dabei insbesondere der durch die Verzögerung verursachte Zeitraum der Verfahrensverlängerung, die Gesamtdauer des Verfahrens, die Schwere der Zuwiderhandlung, der Umfang und die Schwierigkeit des Verfahrensstoffs sowie das Ausmaß der mit dem schwebenden Verfahren für den Betroffenen verbundenen Belastungen.[159]

cc) Wirtschaftliche Leistungsfähigkeit des Betroffenen. Ergänzend sind schließlich die **wirtschaftlichen Verhältnisse des Betroffenen** zu berücksichtigen. Die Ausschlussklausel des § 17 Abs. 3 S. 2, 2. Halbsatz OWiG, wonach die wirtschaftlichen Verhältnisse bei „geringfügigen Ordnungswidrigkeiten" in der Regel unberücksichtigt bleiben, spielt im Bereich des Kartellordnungswidrigkeitenrechts keine Rolle. Die Ermittlung der wirtschaftlichen Verhältnisse dient dem Zweck, die finanzielle Belastbarkeit des Betroffenen zu bestimmen, wobei die aus generalpräventiven Gründen gebotene Höhe einer Geldbuße auch die aktuelle Leistungsfähigkeit übersteigen kann. Dem kann in der Vollstreckung durch Nachlass von **Ratenzahlung** Rechnung getragen werden.[160] Unter den wirtschaftlichen Verhältnissen i. S. d. § 17 Abs. 3 S. 2 OWiG sind alle Umstände zu verstehen, die die Fähigkeit des Täters, eine bestimmte Geldbuße aufzubringen, beeinflussen, also insbesondere Einkommen jeder Art, sonstige Erträge, Renten, Sachbezüge sowie Erwerbsmöglichkeiten,[161] auf der anderen Seite allerdings auch die Verbindlichkeiten des Täters, insbesondere Unterhaltsleistungen. Bei der Bußgeldzumessung sind nur die wirtschaftlichen Verhältnisse des individuell Betroffenen heranzuziehen, so dass die wirtschaftlichen Verhältnisse des Unternehmens bzw. der Unternehmensvereinigung, für die dieser tätig ist, außer Betracht zu bleiben haben. Diese sind vielmehr allein im Rahmen der Festsetzung einer Geldbuße gegen eine juristische Person oder Personenvereinigung nach § 30 OWiG zu beachten. Bei der Bestimmung der wirtschaftlichen Verhältnisse ist in diesem Zusammenhang insbesondere zu prüfen, ob die Geldbuße für das Unternehmen bzw. die Unternehmensvereinigung zu einer **Existenzgefährdung** führen kann. So muss unter Berücksichtigung des Verhältnismäßigkeitsgrundsatzes bußgeldmindernd berücksichtigt werden, wenn anderenfalls Arbeitsplätze gefährdet würden oder ein Insolvenzverfahren eingeleitet werden müsste. Bei konzernangehörigen Unternehmen bleiben die wirtschaftlichen Verhältnisse der Konzernmutter bei der Bußgeldbemessung jedenfalls dann außer Betracht, wenn keine Beherrschungs- oder Gewinnabführungsverträge abgeschlossen wurden.[162]

c) Abschöpfung des wirtschaftlichen Vorteils (Abs. 5 i. V. m. § 17 Abs. 4 OWiG). Nach den allgemeinen Regelungen des Ordnungswidrigkeitenrechts soll die Geldbuße den wirtschaftlichen Vorteil, den der Täter aus Ordnungswidrigkeit gezogen hat, übersteigen (§ 17 Abs. 4 S. 1 OWiG). Zu diesem Zweck kann gegebenenfalls sogar das gesetzliche Höchstmaß der Bußgeldandrohung überschritten werden (§ 17 Abs. 4 S. 2

---

[158] BVerfGE 55, 349.
[159] BVerfG NJW 2003, 2897.
[160] Vgl. KG wistra 1999, 196, 197 f.
[161] Umfassend dazu KK OWiG-*Mitsch*, § 17 Rn. 87.
[162] *Dannecker/Biermann* in: Immenga/Mestmäcker, GWB, § 81 Rn. 393.

OWiG). Dadurch soll verhindert werden, dass sich die Zuwiderhandlung für den Täter in irgendeiner Hinsicht lohnt und er vielmehr erkennt, dass ihm abgesehen von der Tatsache der Ahndung auch kein wirtschaftlicher Vorteil aus der Zuwiderhandlung verbleibt. Damit kommt der Geldbuße grundsätzlich eine Doppelfunktion als Ahndungs- und Abschöpfungsmaßnahme zu.[163]

71 Durch den neuen Abs. 5 wird die Vorschrift des § 17 Abs. 4 OWiG nur noch als Kann-Regelung für anwendbar erklärt. Die Neuregelung führt dazu, dass mit der für eine Kartellordnungswidrigkeit verhängten Geldbuße entsprechend dem europäischen Vorbild[164] nunmehr auch ein **reiner Ahndungszweck** verfolgt werden kann, sodass der erzielte wirtschaftliche Vorteil zwar nach wie vor als Bemessungsfaktor heranzuziehen ist, durch die Geldbuße aber nicht mehr abgeschöpft werden muss. Damit entfällt auch die nach bislang geltendem Recht bestehende Notwendigkeit, die Geldbuße in einen Sanktions- und einem Abschöpfungsanteil aufzuteilen und dem Betroffenen auch bekannt zu geben. Wird bei der Festsetzung der Geldbuße nach Abs. 5 auf eine Abschöpfung des wirtschaftlichen Vorteils verzichtet, so ist dies bei der Zumessung zu berücksichtigen. Die Höhe der einen reinen Sanktionszweck verfolgenden Geldbuße ist also um den Betrag zu mindern, der bislang der Abschöpfung des wirtschaftlichen Vorteils diente.[165] Die Neuregelung hat allerdings nicht zur Folge, dass die Kartellbehörden den wirtschaftlichen Vorteil nicht mehr abschöpfen können. Da § 17 Abs. 4 jedenfalls **fakultativ** anwendbar bleibt, bleibt es der Kartellbehörde unbenommen, im Bußgeldverfahren mit der Geldbuße wie bisher eine Abschöpfung vorzunehmen. Darüber hinaus kann unter den Voraussetzungen des § 29a OWiG auch durch Anordnung des Verfalls eine Vermögensabschöpfung erfolgen, die sich – anders als im Bereich des § 17 Abs. 4 OWiG (vgl. unten Rn. 72) – nach dem Bruttoprinzip bestimmt (vgl. oben Rn. 42). Zu beachten ist allerdings, dass der Verfall nach § 29a OWiG nur anstelle einer Geldbuße angeordnet werden kann. Demgegenüber sah der unveröffentlichte Referentenentwurf zur 7. GWB-Novelle zwar einerseits sogar einen generellen Ausschluss des § 17 Abs. 4 OWiG vor; andererseits sollte jedoch der Anwendungsbereich des § 29a OWiG dahingehend modifiziert werden, dass der Verfall auch dann angeordnet werden kann, wenn eine Geldbuße wegen des Verstoßes festgesetzt wird. Dieser Regelungsvorschlag wurde jedoch nicht in den Gesetzesentwurf übernommen. Wird eine Geldbuße festgesetzt und auf eine Abschöpfung des wirtschaftlichen Vorteils nach § 17 Abs. 4 OWiG verzichtet, kann eine Vermögensabschöpfung aber auch nach Maßgabe des § 34 im Verwaltungsverfahren erfolgen.

72 Ob und gegebenenfalls in welchem Umfang innerhalb des zu verhängenden Bußgeldes neben einer Ahndung auch eine Abschöpfung vorgenommen wird, liegt im **Ermessen des Tatrichters.**[166] Findet § 17 Abs. 4 OWiG Anwendung, so kann gegebenenfalls das sich aus Abs. 4 ergebende gesetzliche Höchstmaß überschritten werden, sofern dieses nicht ausreicht, um den aus der Zuwiderhandlung erzielten wirtschaftlichen Vorteil abzuschöpfen (§ 17 Abs. 4 S. 2 OWiG). Dies gilt auch für den variablen Bußgeldrahmen des Abs. 4 S. 2. Gegen die Annahme, § 17 Abs. 4 OWiG werde durch die Regelung der umsatzbezogenen Kappungsgrenze in Abs. 4 S. 2 als der spezielleren Vorschrift verdrängt, spricht zunächst der Wortlaut dieser Bestimmung, die für den Bereich des Kartellordnungswidrigkeitenrechts lediglich eine Modifikation des sich aus §§ 17 Abs. 1, 30 Abs. 2 OWiG ergebenden allgemeinen Bußgeldrahmens betrifft. Darüber ließe sich die Annahme eines Spezi-

---

[163] BGH WuW DE-R 1487 – *Steuerfreie Mehrerlösabschöpfung* mit Anm. *Wegner* wistra 2005, 386 u. *Achenbach* NStZ 2006, 233.
[164] So ausdrücklich BT-Drucks. 15/3640, S. 42, 67; krit. *Achenbach/Wegner* ZWeR 2006, 49, 51 ff.
[165] BR-Drucks. 441/04, 118; *Achenbach/Wegner* ZWeR 2006, 49, 60 f.
[166] Vgl. hierzu auch *Achenbach/Wegner* ZWeR 2006, 49, 61 f., wonach § 81 Abs. 5 in der Weise verfassungskonform zu interpretieren sei, dass eine reine Ahndungsgeldbuße ohne weiteres nur dort in Betracht komme, wo der wirtschaftliche Vorteil nach § 34 abgeschöpft wird.

alitätsverhältnisses auch nicht mit der Gesetzessystematik in Einklang bringen, weil sich Abs. 5 auf den gesamten Abs. 4 und damit auch auf dessen S. 2 bezieht. Dies hat zur Folge, dass der umsatzbezogene Bußgeldrahmen nach Maßgabe von Abs. 5 i. V. m. § 17 Abs. 4 S. 2 OWiG gegebenenfalls sogar überschritten werden kann. In Anbetracht der Höhe dieses Sonderbußgeldrahmens wird diese Möglichkeit in der Praxis allerdings kaum relevant werden.

Wirtschaftlicher Vorteil i. S. d. § 17 Abs. 4 OWiG ist jeder auf die Ordnungswidrigkeit zurückführbare vermögenswerte Nutzen, der dem Täter aus der konkreten Zuwiderhandlung erwächst.[167] Bei der Ermittlung des wirtschaftlichen Vorteils ist eine **faktische Betrachtungsweise** zugrunde zu legen, die nach rein wirtschaftlichen Gesichtspunkten verfährt.[168] Da auf den Nettovorteil abzustellen ist, sind nicht nur die durch die Zuwiderhandlung erzielten Vorteile (z. B. Entgelte, Einnahmen, Gewinne, Erlangung einer verbesserten Marktposition usw.), sondern auch die von dem Betroffenen getätigten Aufwendungen zu berücksichtigen (sog. **Nettoprinzip**). Gegenstand des wirtschaftlichen Vorteils ist also nur der Reingewinn, der nach Abzug sämtlicher Aufwendungen verbleibt. Nicht berücksichtigungsfähig sind „hypothetische" Gewinne, denen als rein spekulative Gewinnaussichten noch kein Vermögenswert zukommt.[169] Demgegenüber sind aufgrund der maßgeblichen faktischen Betrachtungsweise selbst Aufwendungen vorteilsmindernd zu berücksichtigen, die – wie insbesondere Schmiergelder – von der Rechtsordnung missbilligt werden. Nach verbreiteter Ansicht soll es dem Tatgericht und damit auch der Kartellbehörde nicht verwehrt sein, die Höhe des wirtschaftlichen Vorteils zu schätzen.[170] Dagegen spricht jedoch, dass es insoweit an einer gesetzlichen Grundlage nach dem Vorbild des § 29a Abs. 3 S. 1 OWiG bzw. des § 81 Abs. 4 S. 4 hinsichtlich des Gesamtumsatzes des zu bebußenden Unternehmens fehlt.[171] Vorzugswürdig ist daher eine konkrete Berechnung des wirtschaftlichen Vorteils, die gegebenenfalls die Hinzuziehung eines Sachverständigen erfordert. Hält man eine Schätzung für zulässig, sind jedenfalls konkrete Feststellungen zu den Schätzgrundlagen erforderlich.[172]

Im Hinblick auf die Wechselwirkungen zum Besteuerungsverfahren ist bei der Festsetzung der Geldbuße schon durch die Kartellbehörde[173] stets klarzustellen, ob und gegebenenfalls in welchem Umfang eine Abschöpfung des wirtschaftlichen Vorteils erfolgt.[174] Dabei ist darzulegen, welcher Anteil des als Bußgeld verhängten Betrages die Ahndung betrifft und welcher Teil der bloßen Abschöpfung dient. Hinsichtlich des Abschöpfungsteils ist zunächst zu überprüfen, ob für den Veranlagungszeitraum, in dem die abzuschöpfenden Erlöse erzielt wurden, das Besteuerungsverfahren bereits durch einen bestandskräftigen Bescheid beendet wurde. Ist dies der Fall, muss die hierauf entfallene steuerliche Belastung im Rahmen der Zumessung berücksichtigt und der Abschöpfungsteil entsprechend herabgesetzt werden. Kann die steuerliche Veranlagung hingegen noch korrigiert werden, so kann der wirtschaftliche Vorteil abgeschöpft werden, ohne dass bei der Bußgeldzumessung die auf den Vorteil entfallenden Steuern berücksichtigt werden. In diesem Fall ist die **Geldbuße** hinsichtlich des Abschöpfungsteils **steuerlich abzugsfähig** und kann insoweit als Betriebsausgabe steuermindernd geltend gemacht werden (vgl. § 4 Abs. 5 Satz 1 Nr. 8

---

[167] KK OWiG-*Mitsch*, § 17 Rn. 113 m. w. N.
[168] KK OWiG-*Mitsch*, § 17 Rn. 113, 116.
[169] KK OWiG-*Mitsch*, § 17 Rn. 120.
[170] Vgl. z. B. *Bohnert*, § 17 Rn. 27; *Dannecker/Biermann* in: Immenga/Mestmäcker, GWB, § 81 Rn. 454.
[171] Vgl. auch FK-*Achenbach*, § 81 Rn. 316.
[172] KK OWiG-*Mitsch*, § 17 Rn. 123.
[173] *Achenbach/Wegner* ZWeR 2006, 49, 59.
[174] Vgl. hierzu und zum Folgenden BGH WuW DE-R 1487 – *Steuerfreie Mehrerlösabschöpfung* mit Anm. *Wegner* wistra 2005, 386.

S. 4 EStG, der nach § 8 Abs. 1 KStG, § 7 GewStG auch für die Körperschaftsteuer und die Gewerbesteuer gilt).[175] Die Regelung geht auf eine Entscheidung des BVerfG aus dem Jahr 1990 zurück, in der das Gericht klargestellt hat, dass es mit Art. 3 Abs. 1 GG[176] unvereinbar wäre, wenn für eine Abschöpfungsmaßnahme der Bruttobetrag des erlangten Gewinns zugrunde gelegt, umgekehrt aber der volle Bruttobetrag besteuert würde. Daher muss stets sichergestellt werden, dass keine Doppelbelastung durch das Bußgeld einerseits und die Besteuerung andererseits eintritt. Diese Grundsätze gelten auch für die Anordnung des Verfalls nach § 29a OWiG, § 73 StGB.[177]

3. Richtlinien des BKartA für die Festsetzung von Geldbußen (Abs. 7)

75 **a) Überblick.** Der neue Abs. 7 stellt klar, dass das BKartA zur Festlegung von allgemeinen Verwaltungsgrundsätzen über die Ausübung seines Ermessens bei der Bemessung von Geldbußen befugt ist. Dazu gehören Leitlinien für die Festlegung der Bußgeldhöhe und Grundsätze über die bußgeldmindernde oder -ausschließende Berücksichtigung der Aufklärungsbereitschaft einzelner Kartellanten, wie sie das BKartA mit der sog. Bonusregelung veröffentlicht hat. Den vom BKartA festzulegenden Verwaltungsgrundsätzen kommt eine ermessenskonkretisierende Wirkung zu, die aber weder das Ermessen der Landeskartellbehörden beschränkt noch die Festlegung entsprechender Verwaltungsgrundsätze durch die Landeskartellbehörden ausschließt.[178] Die sich aus Abs. 7 ergebende Befugnis erstreckt sich ausdrücklich auf die Festlegung allgemeiner Verwaltungsgrundsätze, die die Zusammenarbeit mit ausländischen Wettbewerbsbehörden regeln, um die Effektivität einzelstaatlicher Bonusregelungen bzw. „Leniency"-Programme im Zusammenwirken mit anderen europäischen Wettbewerbsbehörden sicherzustellen.[179]

76 **b) Die Bonusregelung des BKartA.** In Anlehnung an die auf europäischer Ebene im Jahr 1996 eingeführte Kronzeugenregelung in Gestalt der Mitteilung „über die Nichtfestsetzung oder die niedrigere Festsetzung von Geldbußen in Kartellsachen",[180] die zwischenzeitlich durch die Mitteilung über den Erlass und die Ermäßigung von Geldbußen in Kartellsachen ersetzt worden ist,[181] hat das BKartA zunächst im Jahr 2000[182] eine Bonusregelung eingeführt, die mit der Bekanntmachung 9/2006 vom 7. 3. 2006 neu geregelt worden ist.[183] Durch die Bonusregelung soll ein Anreiz zur Anzeige von Kartellen und zur Mitwirkung an der Aufklärung geschaffen werden, wobei unter bestimmten Voraussetzungen sogar ganz von der Festsetzung eines Bußgeldes abgesehen werden kann. Für den Erlass der Geldbuße ist unter anderem erforderlich, dass der Täter, der im Rahmen des Kartells keine entscheidende Rolle gespielt haben darf, also weder „alleiniger Anführer des Kartells war oder andere zur Teilnahme an dem Kartell gezwungen hat", sich als erster Kartellbeteiligter an das BKartA wendet, er einen entscheidenden Beitrag zu dessen Aufklärung leistet und seine Teilnahme an dem Kartell nach Aufforderung durch das BKartA, mit

---

[175] *Achenbach/Wegner* ZWeR 2006, 49, 61 weisen zutreffend darauf hin, dass auch die Berücksichtigung des wirtschaftlichen Vorteils bei der Zumessung der Geldbuße nach § 17 Abs. 3 OWiG der Sache nach dessen Abschöpfung bedeutet und mithin auch der darauf entfallene Anteil steuerlich abzugsfähig ist.
[176] BVerfGE 81, 228, 241 f.
[177] BGHSt 47, 260, 267.
[178] BR-Drucks. 441/04, 119.
[179] BR-Drucks. 441/04, 119.
[180] ABl. 1996 Nr. C 207/4.
[181] ABl. 2002, C 45/3.
[182] Bekanntmachung Nr. 68/2000; dazu im Einzelnen *Wiesner*, Der Kronzeuge im Kartellrecht; *Hetzel*, Kronzeugenregelungen im Kartellrecht.
[183] BAnz Nr. 52 v. 15. 3. 2006, S. 1667; dazu *Engelsing*, ZWeR 2006, 179; *Ohle/Albrecht* WRP 2006, 866 ff.; *Panizza*, ZWeR 2008, 58 ff.; *Voet van Vormizeele* wistra 2006, 292 ff.

§ 81. Bußgeldvorschriften

dem er „ununterbrochen und uneingeschränkt" kooperieren muss, einstellt.[184] Darüber hinaus sieht die Regelung eine Ermäßigung der Geldbußen um bis zu 50% vor, wenn Beiträge zur Aufklärung geleistet werden, ohne dass die Voraussetzungen für einen Erlass der Geldbuße vorliegen.[185] Der nach der Regelung vorgesehene Bonus gilt auch für die Festsetzung von Geldbußen gegen Unternehmen nach § 30 OWiG, wenn der Aufklärungsbeitrag von einer für das Unternehmen vertretungsberechtigten Person geleistet wurde.[186] Zu beachten ist, dass die Bonusregelung allein den Bereich des Kartellordnungswidrigkeitenrechts erfasst, eine mögliche Strafbarkeit nach §§ 298, 263, 266 StGB usw. jedoch unberührt lässt, sodass der tatsächliche Anreiz, sich zu offenbaren und aus dem Kartell auszusteigen, beschränkt sein dürfte.[187]

c) Die Bußgeldleitlinien des BKartA. Die Bekanntmachung Nr. 38/2006 „über die Festsetzung von Geldbußen nach § 81 Abs. 4 Satz 2 des Gesetzes gegen Wettbewerbsbeschränkungen (GWB) gegen Unternehmen und Unternehmensvereinigungen – Bußgeldleitlinien" vom 15. 9. 2006 konkretisiert die Bußgeldzumessung durch das BKartA im Bereich der Verbandssanktion.[188] Die Bußgeldleitlinien, die als allgemeine Verwaltungsgrundsätze lediglich das BKartA, nicht jedoch die Gerichte binden,[189] orientieren sich an den von der Kommission veröffentlichen Leitlinien für das Verfahren zur Festsetzung von Geldbußen.[190] Die Zumessung der Verbandsgeldbuße erfolgt in einem zweistufigen Verfahren. Danach wird zunächst ein Grundbetrag ermittelt und dieser sodann durch sog. Anpasungsfaktoren erhöht oder reduziert. Ausgangspunkt für die Bemessung des Bußgeldes ist der sog. **Grundbetrag,** der unter Berücksichtigung von Schwere und Dauer des Verstoßes ermittelt wird und bis zu 30% des für die gesamte Dauer der Zuwiderhandlung zugrunde gelegten sog. tatbezogenen Umsatzes betragen kann. Abzustellen ist allein auf den inländischen Umsatz. Für den Bereich horizontaler und vertikaler Wettbewerbsbeschränkungen sowie einseitiges wettbewerbswidriges Verhalten ist zur Ermittlung des tatbezogenen Umsatzes auf den mit den Produkten bzw. Dienstleistungen, die mit der Zuwiderhandlung „in Zusammenhang" stehen, erzielten Umsatz abzustellen,[191] wovon auszugehen ist, wenn sich die Umsätze konkret auf das wettbewerbswidrige Verhalten beziehen.[192] Lässt sich ein tatbezogener Umsatz – etwa aufgrund der Art der Zuwiderhandlung – nicht ermitteln, soll auf den hypothetischen Umsatz abgestellt werden, den das Unternehmen ohne die Zuwiderhandlung oder ohne den planwidrigen Tatverlauf „vermutlich erzielt hätte".[193] Bei Verstößen im Bereich der Fusionskontrolle gilt als tatbezogener Umsatz derjenige Umsatz, den das beteiligte Unternehmen auf den vom Zusammenschluss betroffenen Märkten erzielt hat.[194] Der so ermittelte Grundbetrag wird in einem zweiten Schritt unter Berücksichtigung sog. **Anpassungsfaktoren** erhöht oder reduziert. Dabei ist das **Doppelverwertungsverbot** zu beachten, sodass Zumessungskriterien, die bereits bei der Bestimmung des Grundbetrags berücksichtigt wurden, nicht nochmals herangezogen werden dürfen. Zum Zweck der Abschreckung kann der Grundbetrag um bis 100% erhöht werden; soweit in diesem Zusammenhang insbesondere die Größe des Unternehmens maßgeblich sein soll, will das BKartA bei Konzernen auch die Umsätze von miteinander verbundenen Unter-

---

[184] Vgl. Rn. 3 f. der Bonusregelung v. 7. 3. 2006.
[185] Vgl. Rn. 5 der Bonusregelung v. 7. 3. 2006; zu „Risiken und Nebenwirkungen" *Stockmann* in: FS *Bechtold*, 559, 564 ff.
[186] Vgl. *Lutz* BB 2000, 677 ff.; *Achenbach* NJW 2001, 2232 ff.
[187] *Achenbach* NJW 2001, 2232; *Wegner* wistra 2000, 361, 367; *Schroeder* in: FS *Bechtold*, 437, 452 f.
[188] Dazu *Bach/Klumpp* NJW 2006, 3524; *Engelsing*, WuW 2007, 470; *Mundt* WuW 2007, 458.
[189] *Raum* in: Langen/Bunte, § 81 Rn. 148.
[190] ABl. 2006, C 210/2.
[191] Rn. 5 der Bußgeldleitlinien.
[192] *Bach/Klumpp*, NJW 2006, 3524, 3526.
[193] Rn. 5 der Bußgeldleitlinien, krit. *Bach/Klumpp* NJW 2006, 3524, 3527.
[194] Rn. 12 der Bußgeldleitlinien.

nehmen berücksichtigen.¹⁹⁵ Als erschwerende Umstände nennen die Bußgeldleitlinien insbesondere schwere Formen des Vorsatzes oder einen gesteigerten Grad der Fahrlässigkeit, das Vorliegen einer Wiederholungstat oder eine besonders aktive Rolle im Kartell.¹⁹⁶ Mildernde Umstände können insbesondere in einem positiven Nachtatverhalten z. B. durch Ausgleich finanzieller Einbußen Dritter liegen. Gleiches kommt bei einer erzwungenen Teilnahme oder lediglich passiven Rolle an der Zuwiderhandlung oder dann in Betracht, wenn die Zuwiderhandlung durch eine nationale oder supranationale Behörde oder geltende Vorschriften genehmigt oder gefördert wurde.¹⁹⁷ Liegt die nach diesen Grundsätzen festgesetzte Geldbuße oberhalb des sich aus § 81 Abs. 4 S. 2 ergebenden Bußgeldrahmens, ist die Geldbuße entsprechend zu kappen.¹⁹⁸ Zu beachten ist, dass die Bußgeldleitlinien nur für die Festsetzung des ahnenden Teils der Geldbuße gelten; daneben ist auch eine Abschöpfung des wirtschaftlichen Vorteils i. S. d. § 17 Abs. 4 OWiG möglich.¹⁹⁹

VII. Verzinsung der Geldbuße (Abs. 6)

78 Der neue Abs. 6 führt eine Pflicht zur Verzinsung von im Bußgeldbescheid festgesetzten Geldbußen gegen juristische Personen und Personenvereinigungen ein. Dadurch soll verhindert werden, dass Unternehmen allein zur Erlangung eines Zinsvorteils Einsprüche einlegen oder auf andere Weise die Vollstreckbarkeit von Bußgeldbescheiden verzögern.²⁰⁰ Die Bestimmung stellt einen **Systembruch** im bislang geltenden Sanktionsrecht dar und ist bereits im Gesetzgebungsverfahren kontrovers diskutiert worden. So hat der Bundesrat in seiner Stellungnahme zutreffend darauf hingewiesen, dass eine derartige Zinsverpflichtung dem deutschen Ordnungswidrigkeits- und Strafrecht fremd ist und keine tragfähigen Gründe vorliegen, mit diesem Grundsatz zu brechen. Erhebliche verfassungsrechtliche **Bedenken** bestehen insbesondere **im Hinblick auf Art. 19 Abs. 4 GG,** weil die Zinspflicht in der Praxis gerade aufgrund der im Kartellrecht teilweise außerordentlich hohen Bußgelder und der daraus resultierenden erheblichen Zinslast von der Einlegung von Rechtsbehelfen abschrecken wird.²⁰¹ Dieser Effekt wird noch dadurch verstärkt, dass die Betroffenen keinen Einfluss auf die Dauer des Rechtsmittelverfahrens haben. Zwar wird in der Gesetzesbegründung ausgeführt, dass lediglich eine „Bereicherung" durch den Zeitverzug verhindert werden solle und die Zinspflicht allein der Aufrechterhaltung der Sanktionswirkung der eigentlichen Geldbuße diene.²⁰² Es verbleiben jedoch Zweifel, weil die Entscheidung des Betroffenen, ob er von einem ihm zustehenden Rechtsbehelf Gebrauch machen will, nicht durch die Besorgnis beeinträchtigt werden darf, ihm könne durch die Einlegung des Rechtsmittels ein Nachteil in Gestalt härterer Sanktionierung oder sanktionsähnlicher Folgen entstehen.

79 Unter kompensatorischen Gesichtspunkten wird jedenfalls dem auch im Bußgeldverfahren geltenden **Beschleunigungsgebot** künftig eine noch stärkere Bedeutung zukommen müssen, wobei insbesondere Verfahrensverzögerungen, die nicht in der Sphäre des Betrof-

---

¹⁹⁵ Rn. 15 der Bußgeldleitlinien; krit. *Engelsing* WuW 2007, 470, 481.
¹⁹⁶ Rn. 16 der Bußgeldleitlinien.
¹⁹⁷ Rn. 17 der Bußgeldleitlinien.
¹⁹⁸ Rn. 18 der Bußgeldleitlinien.
¹⁹⁹ Vgl. Rn. 2 und Rn. 22 der Bußgeldleitlinien.
²⁰⁰ BR-Drucks. 4411/04, 119.
²⁰¹ BT-Drucks. 15/3640, 82; dazu ausführlich *Burrichter* in: FS *Bechtold,* 97; einen Verstoß gegen Art. 19 Abs. 4 GG sehen auch *Bechtold,* § 81 Rn. 36; *Dannecker/Biermann* in: Immenga/Mestmäcker, GWB, § 81 Rn. 462; FK-*Achenbach,* § 81 Rn. 327.
²⁰² Dagegen FK-*Achenbach,* § 81 Rn. 327, der aufzeigt, dass der Zinspflicht im RegE, BT-Drucks. 16/3640, S. 67, Sanktionscharakter zugeschrieben wird; insoweit sei daher auch von einem Verstoß gegen die im Rechtsstaatsprinzip wurzelnde und in Art. 6 EMRK ausdrücklich garantierte Unschuldsvermutung auszugehen.

fenen begründet sind, noch stärker als bislang bußgeldmindernd in Ansatz zu bringen sind.

VIII. Verjährung (Abs. 8, 9)

Abs. 3 S. 2 übernimmt die Verlängerung der Verjährungsfrist für die besonders schwerwiegenden Ordnungswidrigkeiten, die durch das Gesetz zur Bekämpfung der Korruption vom 13. 8. 1997[203] in § 38 Abs. 5 a. F. eingefügt wurden. Danach verjähren Kartellordnungswidrigkeiten nach Abs. 1, Abs. 2 Nr. 1 und Abs. 3 in fünf Jahren, und zwar in den Fällen des Abs. 1 und 2 unabhängig davon, ob sie vorsätzlich oder fahrlässig begangen wurden. Die übrigen Zuwiderhandlungen verjähren in drei Jahren (§ 31 Abs. 2 Nr. 1 OWiG). Da die Vorschriften des OWiG auch dann gelten, wenn die Tat durch Verbreiten von Druckschriften begangen wurde, kommen die kurzen presserechtlichen Verjährungsfristen nicht zur Anwendung. 80

Die Verjährung beginnt, sobald das tatbestandsmäßige Verhalten beendet ist (§ 31 Abs. 3 S. 1 OWiG), was bei Submissionsabsprachen nach der Rechtsprechung erst mit Erstellung der Schlussrechnung der Fall ist.[204] Bei der Aufsichtspflichtverletzung nach § 130 OWiG beginnt die Verjährung grundsätzlich mit Beendigung der Zuwiderhandlung;[205] dies soll jedoch nicht gelten, wenn nach einer bestimmten Zuwiderhandlung in nächster Zeit weitere Verstöße zu befürchten sind.[206] Im Verfahren zur Festsetzung einer Unternehmensgeldbuße gemäß § 30 OWiG gelten die für die Bezugstat maßgeblichen Vorschriften.[207] Das Ruhen und die Unterbrechung der Verfolgungsverjährung richten sich nach §§ 32, 33 OWiG. 81

Abs. 9 regelt die Verjährungsunterbrechung für den Fall, dass sich die Kommission der europäischen Gemeinschaft oder Wettbewerbsbehörden anderer Mitgliedsstaaten der Europäischen Gemeinschaft gemäß Art. 81 oder 82 EGV mit einem Bußgeldverfahren gegen dieselbe Vereinbarung, denselben Beschluss oder dieselbe Verhaltensweise wie die Kartellbehörden befasst. Durch die Vorschrift wird der Katalog verjährungsunterbrechender Handlungen in § 33 Abs. 1 OWiG erweitert. Erforderlich wurde diese Ergänzung aufgrund der vergleichsweise kurzen Verjährungsfristen des Abs. 8 S. 2 bzw. des § 31 OWiG, weil die Kartellbehörde das Verfahren anderenfalls nicht, wie es im Netzwerk der europäischen Wettbewerbsbehörden vorgesehen ist, aussetzen und abwarten könnte, bis die Kommission bzw. eine ausländische Wettbewerbsbehörde ihr Verfahren abgeschlossen hat. 82

IX. Zuständigkeiten (Abs. 10)

Nach § 35 Abs. 1 OWiG ist für die Verfolgung von Ordnungswidrigkeiten die Verwaltungsbehörde zuständig, soweit nicht nach OWiG die Staatsanwaltschaft oder an ihrer Stelle für einzelne Verfolgungshandlungen der Richter berufen ist. Die Verwaltungsbehörde ist auch für die Ahndung von Ordnungswidrigkeiten zuständig, soweit nicht nach OWiG hierzu das Gericht berufen ist (§ 35 Abs. 2 OWiG). Sachlich zuständig ist im Bußgeldverfahren nach § 36 Abs. 1 Nr. 1 OWiG die Verwaltungsbehörde, die durch Gesetz bestimmt wird. Diese Bestimmung ist durch Abs. 10 erfolgt, wonach für die Verfolgung und Ahndung von Ordnungswidrigkeiten nach Abs. 1 die Kartellbehörde im Sinne des § 48, auch i. V. m. § 49 Abs. 3 u. 4 oder § 50 zuständig ist. Während in den Fällen, die die Anwen- 83

---

[203] BGBl. I, 2038.
[204] BGH WuW/E BGH 2100, 2102 – *Schlußrechnung*; a. A. FK-*Achenbach*, § 81 Rn. 61 („Teilnahme am Eröffnungstermin"), *Dannecker* NStZ 1985, 49, 55 („Eröffnungszeitpunkt der Angebote").
[205] *Göhler-König*, § 130 Rn. 30.
[206] BGH WuW/E BGH 2100, 2102 – *Schlußrechnung*; a. A. *Dannecker* NStZ 1985, 49, 56; KK OWiG-*Rogall*, § 130 Rn. 112.
[207] BGH NJW 2001, 1436.

dung des europäischen Rechts betrafen, bislang ausschließlich das BKartA zuständig war, aufgrund der durch die 7. GWB-Novelle eingeführten Änderungen nunmehr jedoch auch die Landeskartellbehörden europäisches Recht anwenden, werden sie insoweit neben dem BKartA als zuständige Verwaltungsbehörde bestimmt[208] (zu den Einzelheiten vgl. die Erläuterungen zu § 48 ff.).

X. Rückwirkungsverbot und Milderungsgebot bei Gesetzesänderungen

84   Der zeitliche Geltungsbereich der Bußgeldtatbestände wird durch § 4 OWiG geregelt, wonach sich die Geldbuße nach dem Gesetz bestimmt, das zur Zeit der Handlung gilt. Die Bestimmung nimmt damit das in Art. 103 Abs. 2 GG verankerte Rückwirkungsverbot auf, das alle Umstände umfasst, von denen das Gesetz die Ahndung mit einer Geldbuße abhängig macht, also neben den Tatbestandsmerkmalen auch die objektiven Bedingungen der Ahndung (z. B. die konkrete Zuwiderhandlung bei § 130 OWiG) sowie persönliche Gründe, welche die Ahndung ausschließen oder aufheben. Hierzu gehören auch die Ausfüllungsnormen von Bußgeldblanketten, weil diese – wie in den Fällen des Abs. 1–3 – lediglich Verstöße gegen anderweitig normierte Verhaltenspflichten bewehren und die Sanktionsvorschrift daher erst durch die sie ausfüllende Verhaltensnorm vervollständigt wird; die Änderung der Bezugsnorm bewirkt damit stets auch eine Änderung der Sanktionsnorm.[209]

85   Auswirkungen ergeben sich im Hinblick auf die Neufassung des § 81 insbesondere in Bezug auf die Einführung des neuen Abs. 1. Von erheblicher praktischer Bedeutung ist im Hinblick auf die erfolgte Anhebung der Sanktionsrahmen sowie die Streichung einzelner Bußgeldtatbestände des weiteren das sich aus § 4 Abs. 3 OWiG ergebende **Milderungsgebot.** Danach ist für den Fall, dass zwischen dem Zeitpunkt der Begehung und dem Zeitpunkt der Ahndung eine Änderung des Gesetzes vorgenommen worden ist, das mildeste Gesetz anzuwenden. Auf diese Weise wird ein Rückwirkungsgebot für das mildeste Gesetz begründet. Soweit Tatbestände wie z. B. der Verstoß gegen das Empfehlungsverbot weggefallen sind, die Handlung also nach neuem Recht nicht mehr ahndbar ist, darf keine Sanktionierung erfolgen.[210] Darüber hinaus bezieht sich das Milderungsgebot auch auf **Änderungen des Bußgeldrahmens.** Dies bedeutet, dass die durch die Neufassung erheblich verschärften Sanktionsrahmen nur auf Taten Anwendung finden, die nach Inkrafttreten des § 81 n. F. (s. Rn. 2) begangen wurden.

86   Nicht vom Rückwirkungsverbot erfasst wird die Änderung verfahrensrechtlicher Vorschriften. Dies gilt insbesondere für die **Verjährungsvorschriften.** So hat die Rechtsprechung im Zusammenhang mit der durch das Korruptionsbekämpfungsgesetz vom 13. 8. 1997[211] erfolgten Verlängerung der Verjährungsfristen für einzelne Kartellordnungswidrigkeiten von drei auf fünf Jahre ausdrücklich klargestellt, dass die Verlängerung der Verjährungsvorschriften auch für Taten gilt, die vor Inkrafttreten des Verlängerungsgesetzes begangen wurden, soweit sie zu diesem Zeitpunkt noch nicht verjährt waren.[212]

XI. Verhältnis von nationalem und europäischem Kartellordnungswidrigkeitenrecht

87   Neben dem deutschen Kartellordnungswidrigkeitenrecht ist das europäische Wettbewerbsrecht anwendbar, das in Art. 23 VO 1/2003 eine dem § 81 entsprechende Bußgeld-

---

[208] BR-Drucks. 331/04, 120.
[209] Vgl. zum Ganzen KK OWiG-*Rogall,* § 4 Rn. 9.
[210] KK OWiG-*Rogall,* § 4 Rn. 20 ff.
[211] BGBl. I, S. 2038.
[212] Vgl. zuletzt BGH WuW/E DE-R 1490 – *Einspruchsrücknahme* – m. Anm. *Achenbach* NStZ 2006, 233.

norm enthält. Diese erfasst – insoweit übereinstimmend mit Abs. 1 – insbesondere Verstöße gegen Art. 81 und Art. 82 EGV durch Unternehmen und Unternehmensvereinigungen. Nach dem Grundsatz ne bis in idem, der im Europarecht zunächst als allgemeiner Rechtsgrundsatz anerkannt war, nunmehr in Art. 31 Abs. 1 d EuV verankert ist und dem Institut des Strafklageverbrauchs entspricht (vgl. auch Art. 103 Abs. 3 GG), gilt insbesondere das **Verbot der Doppelbestrafung.** Danach darf die Kommission „gegen ein Unternehmen wegen eines Verhaltens, zu dem das Gericht oder der Gerichtshof festgestellt hat, dass die Kommission dessen Wettbewerbswidrigkeit bereits nachgewiesen oder nicht nachgewiesen hat, keine Ermittlungen ... wegen eines Verstoßes gegen die Wettbewerbsregeln der Gemeinschaft führen oder eine Geldbuße verhängen".[213] Die Bestandskraft einer ersten Bußgeldentscheidung hindert daher die Einleitung eines weiteren Verfahrens und die Verhängung einer weiteren Geldbuße selbst für den Fall, dass im Nachhinein Umstände zu Tage treten, die bei der Festsetzung der Geldbuße unberücksichtigt geblieben sind.[214]

Diese Grundsätze sollen allerdings im Verhältnis zwischen dem europäischen und dem nationalen Kartellordnungswidrigkeitenrecht der Mitgliedstaaten keine Anwendung finden. Nach der Rechtsprechung der Gemeinschaftsgerichte dürfen gegen ein Unternehmen daher zwei Parallelverfahren wegen derselben Zuwiderhandlung durchgeführt und somit zugleich auch zwei Sanktionen verhängt werden, eine von der zuständigen Behörde des betreffenden Mitgliedstaats, die andere nach Gemeinschaftsrecht. Begründet wird dies damit, dass der Grundsatz ne bis in idem bei der parallelen Anwendung von Gemeinschaftsrecht und nationalem Recht nicht gelte, wobei die Möglichkeit der Mehrfachahndung mit der Erwägung begründet wird, dass die Verfahren verschiedenen Zielen dienen, nämlich einerseits der Bekämpfung von Beeinträchtigungen des zwischenstaatlichen Handels sowie andererseits der Bekämpfung nationaler Wettbewerbsbeschränkungen.[215] Als Kompensation soll in den Fällen einer **doppelten Sanktionierung** lediglich eine **Anrechnung** erfolgen. So sei es aufgrund eines allgemeinen Billigkeitsgedankens geboten, dass bei der Zumessung der Geldbuße die einem Unternehmen für dieselbe Tat bereits auferlegte Sanktion berücksichtigt werde, sofern es sich um eine Sanktion wegen einer Zuwiderhandlung gegen das Kartellrecht eines Mitgliedstaates, also eine im Gebiet der Gemeinschaft begangene Rechtsverletzung handele.[216]

War diese **restriktive Sichtweise** schon bislang wenig überzeugend, so lässt sie sich im Hinblick auf die zunehmende Anpassung des deutschen Rechts an das Europäische Wettbewerbsrecht und insbesondere das europäische Kartellordnungswidrigkeitenrecht der VO 1/2003 **nicht länger aufrechterhalten.** Dies gilt umso mehr, als mit Abs. 1 nunmehr auch Verstöße gegen das europäische Wettbewerbsrecht unmittelbar bußgeldbewehrt sind und die hier erfassten Verhaltensweisen sowohl in den Anwendungsbereich des nationalen wie auch des europäischen Kartellordnungswidrigkeitenrechts fallen; zudem wirken sich auch die zu ihrer Sanktionierung ergriffenen Maßnahmen im gesamten relevanten Markt aus.[217] Da der Hinweis auf die unterschiedliche Zielrichtung der europäischen und nationalen Kartellrechtsordnungen vor diesem Hintergrund als überholt anzusehen ist, lässt sich die These einer Zulässigkeit paralleler Bußgelder nicht mehr begründen, so dass der Grundsatz **ne bis in idem** auch im Verhältnis von nationalem und europäischem Kartellordnungswidrigkeitenrecht Anwendung finden muss.[218]

---

[213] EuG, Slg. 1999 II, 391, 975 – *LVM/Kommission*.
[214] *Kuck* WuW 2002, 689, 690.
[215] Grundlegend EuGH WuW/E EWG/MUV 201 – *Walt Wilhelm*.
[216] EuG WuW/E EU-R 673 „*Lysinkartell*".
[217] *Kuck* WuW 2002, 689, 693 f.
[218] Ausführlich dazu *Kuck* WuW 2002, 689, 693 f. m. w. N.

§ 82 Zuständigkeit für Verfahren wegen der Festsetzung einer Geldbuße gegen eine juristische Person oder Personenvereinigung

¹Die Kartellbehörde ist für Verfahren wegen der Festsetzung einer Geldbuße gegen eine juristische Person oder Personenvereinigung (§ 30 des Gesetzes über Ordnungswidrigkeiten) in Fällen ausschließlich zuständig, denen

1. eine Straftat, die auch den Tatbestand des § 81 Abs. 1, 2 Nr. 1 und Absatz 3 verwirklicht, oder
2. eine vorsätzliche oder fahrlässige Ordnungswidrigkeit nach § 130 des Gesetzes über Ordnungswidrigkeiten, bei der eine mit Strafe bedrohte Pflichtverletzung auch den Tatbestand des § 81 Abs. 1, 2 Nr. 1 und Absatz 3 verwirklicht,

zugrunde liegt. ²Dies gilt nicht, wenn die Behörde das § 30 des Gesetzes über Ordnungswidrigkeiten betreffende Verfahren an die Staatsanwaltschaft abgibt.

Übersicht

	Rn.		Rn.
I. Entstehungsgeschichte und Zielsetzung	1	IV. Anwendungsprobleme	5
II. Selbstständiges Verfahren	2	V. Anwendungsbereich	10
III. Sonderzuständigkeit	4	VI. Bedeutung der Unternehmensgeldbuße	11

I. Entstehungsgeschichte und Zielsetzung

1   Die Vorschrift entsprach dem durch das „Gesetz zur Bekämpfung der Korruption" vom 13. 8. 1997 (BGBl. S. 2038) eingeführten früheren § 81a. Bezweckt war in Anlehnung an Art 15 der VO (EWG) Nr. 17/62 (jetzt: Art 23 VO I/2003) eine **„stärkere Verselbständigung der Unternehmensgeldbuße".**[1] Nach der durch die Einführung des § 298 StGB für Absprachen im Zusammenhang mit Ausschreibungen bewirkten Zuständigkeitsverlagerung auf die Staatsanwaltschaft, sollte auf diesem Wege ermöglicht werden, die besondere Sachkompetenz der Kartellbehörden bei der Verfolgung von Wettbewerbsverstößen dort einzusetzen, wo gegenüber einer effektiven Verfolgung durch die Staatsanwaltschaft eine besondere Skepsis bestand,[2] nämlich bei der Anwendung von § 30 OWiG.

Die 7. Novelle hat neben einer rein sprachlichen Veränderung in Satz 1 (statt „nach § 48 zuständige Behörde": Kartellbehörde) den Anwendungsbereich der Vorschrift nach Maßgabe der Neufassung des § 81 erweitert. Die **ausschließliche Zuständigkeit der Kartellbehörde** zur Verhängung von Unternehmensgeldbußen besteht nunmehr auch dann, wenn sie auf der Grundlage der Art. 81, 82 EG einschreitet. Ursprünglich war eine tiefergreifende Änderung der Vorschrift beabsichtigt. So sollte die Geltung des § 30 Abs. 4 OWiG für das GWB ausgeschlossen und die selbstständige Festsetzung von Unternehmensgeldbußen ohne Einschränkung zulässig sein. Schon mit dem Gesetzentwurf der Bundesregierung vom 28. 5. 04 ist dieses Vorhaben aber aufgegeben worden.

II. Selbstständiges Verfahren

2   § 30 OWiG erlaubt die Verhängung von Sanktionen gegen Unternehmen, die als juristische Person (insbes. als AG oder GmbH) oder als Personenvereinigung (KG, oHG, nicht rechtsfähiger Verein) organisiert sind. Materiell bedarf es dafür einer – noch verfolgbaren[3] – Anknüpfungstat durch Unternehmensangehörige. Anders als im EG-Recht (Art. 23 VO I/2003), wo dem Unternehmen das Fehlverhalten jedes Mitarbeiters zugerechnet wird,

---

[1] Gegenäußerung der BReg BT-Drucks. 13/6424 S. 12.
[2] Bericht des Rechtsausschusses BT-Drucks. 13/8079.
[3] Zur Verjährung: BGH St 46/207.

verlangt § 30 OWiG ein ordnungswidriges Verhalten von Leitungspersonen (Organe, Vorstand, vertretungsberechtigte Gesellschafter, Generalbevollmächtigte, Prokuristen, Handlungsbevollmächtigte). Diese müssen entweder unmittelbar an der Tat mitgewirkt (§ 14 OWiG) oder sie durch eine schuldhafte Vernachlässigung ihrer Aufsichtspflicht (§§ 9, 130 OWiG) ermöglicht haben.[4]

Über die Sanktionen gegen Täter und Unternehmen ist grundsätzlich in einem **einheitlichen Verfahren** zu entscheiden.[5] Diese Verbindung ist prozessökonomisch sinnvoll, weil die Feststellungen zum Tathergang auch für die Unternehmensgeldbuße unabdingbar sind und so die Wiederholung der Beweisaufnahme und daraus resultierende mögliche Divergenzen vermieden werden. Ein nur gegen das Unternehmen gerichtetes **selbstständiges Verfahren** ist aber ausnahmsweise dann zulässig, wenn aus Opportunitätsgründen (§ 47 OWiG) gegen die Leitungsperson wegen der Anknüpfungstat keine Sanktion verhängt wird (§ 30 Abs. 4 S. 1 OWiG) oder wenn die Möglichkeit einer selbstständigen Festsetzung der Geldbuße gesetzlich vorgesehen ist (§ 30 Abs. 4 S. 2 OWiG). § 82 regelt eine derartige Ausnahme.

III. Sonderzuständigkeit

Die Vorschrift bewirkt darüber hinaus für das Kartellrecht eine **Abweichung von den Zuständigkeitsregeln** des OWiG. Treffen bei einer Tat im verfahrensrechtlichen Sinne (§ 264 StPO) Verstöße gegen Straf- und OWi-Tatbestände zusammen liegt die Verfolgungszuständigkeit grundsätzlich bei der Staatsanwaltschaft (§ 40 OWiG). Die Verwaltungsbehörde hat das Verfahren an die Staatsanwaltschaft abzugeben, wenn sich in einem von ihr eingeleiteten Bußgeldverfahren Anhaltspunkte für eine Straftat ergeben (§ 41 OWiG). Die Verfolgungskompetenz der Staatsanwaltschaft erstreckt sich dann nicht nur auf die tatverdächtigen natürlichen Personen, sondern – wegen der gebotenen Verfahrenseinheit – auch auf involvierte juristische Personen und Personenvereinigungen. § 82 kehrt diesen Verfolgungsvorrang der Staatsanwaltschaft zugunsten der Kartellbehörde für einen Teilbereich um: Diese erhält die **ausschließliche Zuständigkeit zur Verfolgung** der im § 30 Abs. 1 OWiG genannten Verbände bei Verstößen gegen § 81 Abs. 1, 2 Nr. 1, Abs. 3 (Nr. 1) und gegen § 130 OWiG, wenn der Vorwurf der Aufsichtspflichtverletzung an einen Verstoß gegen § 81 Abs. 1 Nr. 1 anknüpft (Nr. 2).[6]

IV. Anwendungsprobleme

Die umfangreichen kritischen Auseinandersetzungen mit dieser Regelung[7] stehen im krassen Missverhältnis zu ihrer praktischen Bedeutung. Bis heute ist sie vom Bundeskartellamt nur in 3 Fällen angewendet worden. Grund dafür dürfte – neben dogmatischen Bedenken – der verfahrensökonomisch kaum zu rechtfertigende Aufwand von Parallelverfahren sein. Mag es im Stadium des Ermittlungsverfahrens möglich sein, dass Staatsanwaltschaft und Kartellbehörde einander unterrichten, unterstützen und sogar eine **rationelle Aufgabenverteilung** vornehmen (vgl. hierzu Nr. 242 RiStBV), so entsteht spätestens in den sich anschließenden Gerichtsverfahren – einerseits beim Strafgericht, andrerseits beim Kartellsenat des OLG – auf Grund der Aufspaltung des Verfahrens die Notwendigkeit doppelter Beweisaufnahmen mit möglicherweise divergierenden Ergebnissen bezüglich der Anknüpfungstaten.

---

[4] Vgl. wegen der Einzelheiten die Kommentierung zu § 81.
[5] KK-OWiG *Rogall*, § 30 Rn. 141; KK-StPO *Boujong*, § 444 Rn. 1.
[6] KK-OWiG *Rogall*, § 30 Rn. 154; *Bechtold*, GWB, § 82 Rn. 2; *Klusman* in: Wiedemann, Handbuch des Kartellrechts, § 57 Rn. 68.
[7] FK-*Achenbach*, § 82 Rn. 7 m. w. N.; zuletzt I/M-*Dannecker/Biermann* Rn. 9 zu § 82.

6 Diese **praktischen Anwendungserschwernisse** können aber die Zulässigkeit der getroffenen Regelung nicht in Frage stellen. Soweit die dahingehende Kritik[8] geltend macht, der Kartellbehörde fehle schon die Ermittlungsbefugnis für die Anknüpfungstat und eine „getrennte Ahndungskompetenz" von Kartellbehörde und Strafgericht sei unzulässig, ist dem entgegenzuhalten: Wenn der Gesetzgeber den Kartellbehörden durch § 82 die ausschließliche Befugnis zur Festsetzung der Unternehmensgeldbuße verleiht, sind diese zuständige Verfolgungsbehörde i.S. von § 46 Abs. 2 OWiG. Damit steht ihnen die volle **Ermittlungskompetenz** hinsichtlich aller Voraussetzungen des § 30 Abs. 1 OWiG zu, nicht nur bezüglich der „spezifischen Voraussetzungen der Unternehmensgeldbuße".[9] Dazu gehört auch – und in erster Linie – die Anknüpfungstat selbst. Dass diese zugleich Gegenstand eines staatsanwaltschaftlichen und gegebenenfalls strafgerichtlichen Verfahrens ist, kann die Durchführung des selbstständigen Verfahrens nicht hindern. Die Anwendung von Strafvorschriften ist kein Monopol der Strafgerichte. Es gehört zum zivilprozessualen Alltag, über die Verwirklichung von Straftatbeständen im Rahmen von Schadensersatzklagen (§ 823 Abs. 2 BGB) zu entscheiden. Davon zu unterscheiden ist die den Strafgerichten vorbehaltene **Strafgewalt**. Diese nehmen Kartellbehörden und -gerichte im Rahmen von § 82 aber auch nicht in Anspruch.

7 Materielle **Rechtskraftwirkungen** von einem Verfahren auf das andere treten schon deshalb nicht auf, weil das kartellbehördliche Verfahren sich nicht gegen die strafrechtlich belangte Leitungsperson richtet. Auf die Entscheidungsgründe eines Erkenntnisses beziehen sich die Wirkungen der Rechtskraft ohnehin nicht.[10]

8 Das Verfahren gegen die juristische Person ist beim Strafgericht nicht anhängig. Es kann auch nicht vom Gericht durch die **Anordnung der Beteiligung** nach § 444 StPO einbezogen werden, wenn die Kartellbehörde es nicht zuvor an die Staatsanwaltschaft abgegeben hatte. Fehlt es daran, besteht weder Anlass noch Berechtigung, die Beteiligung der juristischen Person anzuordnen, weil die Geldbuße nach § 30 OWiG nur einmal festgesetzt werden kann und die Befugnis hierzu nach § 82 ausschließlich den Kartellbehörden zusteht.

9 Die – unbestrittenen – **prozessökonomischen Nachteile** lassen sich am ehesten dadurch vermeiden, dass die Kartellbehörde das bei ihr wegen der Unternehmensgeldbuße anhängige Verfahren nach § 82 S. 2 an die zuständige Staatsanwaltschaft **abgibt.** Stellt diese dann das Ermittlungsverfahren wegen der Straftat – mangels hinreichenden Verdachts oder wegen Geringfügigkeit – ein, so hat sie das Verfahren insgesamt nach Maßgabe von § 43 OWiG an die Kartellbehörde zurückzugeben.

V. Anwendungsbereich

10 Die Befugnis der Kartellbehörde zur Durchführung des selbstständigen Verfahrens galt ursprünglich nur bei Verstößen gegen nationales Recht. Die Einbeziehung der Art. 81, 82 EG in den Verbotskatalog des § 81 beruht auf der **Verpflichtung zur parallelen Anwendung** dieser Vorschriften (Art. 3 Abs. 1 VO 1/03; § 22 GWB). Damit dürfte auch eine prozessuale Einschränkung verbunden sein: Es steht nicht im Ermessen der Kartellbehörde, von der Anwendung der Art. 81, 82 EG aus Opportunitätsgründen abzusehen (§ 47 OWiG); etwa um den Ermittlungsaufwand für den Nachweis grenzüberschreitender Wirkungen zu vermeiden. Welche Strafnorm durch die Tat verletzt worden ist, ist unerheblich. Im Vordergrund stehen die §§ 298 und 263 StGB im Zusammenhang mit Submissionsabsprachen, in Betracht kommen aber auch andere Delikte (§§ 240, 253 StGB).

---

[8] FK-*Achenbach*, § 82 Rn. 8 ff.
[9] FK-*Achenbach*, § 82 Rn. 9.
[10] BGH NJW 1982/1239, 1240.

VI. Praktische Bedeutung

Der Unternehmensgeldbuße kommt bei der Durchsetzung der Wettbewerbsregeln eine wesentliche Bedeutung zu. Im EG-Recht ist sie die einzige Sanktionsmöglichkeit (Art 23 der VO I/2003). Nur auf diesem Wege lassen sich in der Regel die **Mehrerlöse** abschöpfen, die dem Unternehmen durch das ordnungswidrige Verhalten zugeflossen sind und nur so ist ein Geldbußenniveau erreichbar, das präventive Wirkungen auf solvente Großunternehmen verspricht. Die Zumessungspraxis des Bundeskartellamtes trägt dem Rechnung. Es hat im Zeitraum 2002–2004 gegen Täter Geldbußen von insgesamt 6,9 Mio €[11] verhängt. Dem standen Unternehmensgeldbußen von insgesamt 812,6 Mio € gegenüber. Dieses Verhältnis hat sich seither nicht verändert. 11

§ 82 a Befugnisse und Zuständigkeiten im gerichtlichen Bußgeldverfahren

(1) Im gerichtlichen Bußgeldverfahren kann dem Vertreter der Kartellbehörde gestattet werden, Fragen an Betroffene, Zeugen und Sachverständige zu richten.

(2) ¹Sofern das Bundeskartellamt als Verwaltungsbehörde des Vorverfahrens tätig war, erfolgt die Vollstreckung der Geldbuße und des Geldbetrages, dessen Verfall angeordnet wurde, durch das Bundeskartellamt als Vollstreckungsbehörde auf Grund einer von dem Urkundsbeamten der Geschäftsstelle des Gerichts zu erteilenden, mit der Bescheinigung der Vollstreckbarkeit versehenen beglaubigten Abschrift der Urteilsformel entsprechend den Vorschriften über die Vollstreckung von Bußgeldbescheiden. ²Die Geldbußen und die Geldbeträge, deren Verfall angeordnet wurde, fließen der Bundeskasse zu, die auch die der Staatskasse auferlegten Kosten trägt.

Übersicht

	Rn.
I Entstehungsgeschichte und Zielsetzung	1
II. Befragung durch Vertreter der Kartellbehörde	2
III. Vollstreckungszuständigkeit	3

I. Entstehungsgeschichte und Zielsetzung

Die mit der 7. Novelle eingeführte Vorschrift behandelt zwei Aspekte, die zwar das gerichtliche Verfahren betreffen, sachlich aber allenfalls insofern zusammenhängen, als sie Zuständigkeiten zwischen Kartellbehörde und Staatsanwaltschaft abgrenzen. Absatz 1 behandelt die Befugnisse der Kartellbehörde in der **Hauptverhandlung** und Absatz 2 regelt Modalitäten der **Vollstreckung**. Die ursprünglichen Novellierungsintentionen hatten sehr viel weiter gereicht. Noch in der vorläufigen Gesamtfassung des Entwurfs (Stand: 17. Dezember 2003) war im § 82a Abs. 1 eine einschneidende Änderung vorgesehen: Das Bundeskartellamt sollte im gerichtlichen Verfahren **an die Stelle der Staatsanwaltschaft** treten. Deren Befugnisse sollten auf ein **Anhörungsrecht** reduziert werden. Noch in seiner Stellungnahme vom 16. Januar 2004 zum Referentenentwurf hatte das Bundeskartellamt diese Änderung mit der Begründung gefordert, die geltende Regelung könne zu einer Spaltung der Zuständigkeiten führen, unnötige Doppelarbeit verursachen und ein reibungsloses Funktionieren der in der VO 1/03 vorgesehenen Netzwerkstrukturen beeinträchtigen. 1

Es ist zu begrüßen, dass der Gesetzgeber dieser Argumentation nicht gefolgt ist. Die Beteiligung der Staatsanwaltschaft ist schon deshalb sachgerecht, weil sie nicht nur über die

---

[11] Bericht des BKartA über die Verfolgung von Kartellordnungswidrigkeiten 2003/2004 BT-Drucks. 15/5790.

nötige **verfahrensrechtliche Kompetenz** verfügt, sondern auch eher in der Lage ist, die **strafrechtliche Relevanz** eines Verhaltens zu erkennen. Die Arbeitsteilung zwischen beiden Behörden hat sich in der Vergangenheit bewährt und sollte nicht ohne zwingende Gründe aufgegeben werden.

II. Befragung durch Vertreter der Kartellbehörde

2   § 76 OWiG verleiht der Verwaltungsbehörde Informations- und Anhörungsrechte (hierzu § 83 Rn. 13). Die Befugnis, Betroffene, Zeugen und Sachverständige selbst zu befragen wurde ihr bislang nicht zugebilligt. Dies führte häufig zu einem zeitraubenden und unwürdigen Hin und Her zwischen Staatsanwaltschaft und Behördenvertreter: Ein Zettel mit der Fragestellung wurde dem Staatsanwalt übermittelt, der sich Sinn und Zweck erläutern ließ und schließlich selbst die Frage stellte. Dieser mühseligen Prozedur macht § 82a Abs. 1 jetzt ein Ende. Das Gericht kann eine unmittelbare Befragung von Betroffenen, Zeugen und Sachverständigen gestatten. Die Vorschrift[1] verschafft der Kartellbehörde zwar **kein formelles Fragerecht** im Sinne von § 240 StPO; aus der gerichtlichen Verantwortung für eine umfassende Sachaufklärung erwächst aber nunmehr die Pflicht, sachdienliche Fragen des Vertreters der Kartellbehörde stets zuzulassen. Die Entscheidung hierüber trifft der Vorsitzende (§ 241 StPO), der eine eventuelle Nichtzulassung von Fragen zu begründen hat. Gegebenenfalls kann der Vertreter der Kartellbehörde über die Rechtmäßigkeit einer die Befragung verweigernden Anordnung eine Entscheidung des Gerichts herbeiführen (§ 238 Abs. 2 StPO).

III. Vollstreckungszuständigkeit

3   Grundsätzlich obliegt die Vollstreckung **gerichtlicher** Bußgeldentscheidungen insgesamt der Staatsanwaltschaft (§§ 91 OWiG, 451 Abs. 1 StPO). Diese Bürde zieht einen beachtlichen Vorteil für das betreffende Bundesland nach sich: Die Geldbuße fließt der betreffenden Landeskasse zu. Im Kartellbußgeldverfahren wird dies künftig nur noch geschehen, wenn eine Landesbehörde den Bußgeldbescheid erlassen hatte. Ist das Bundeskartellamt zuständige Verwaltungsbehörde, obliegt ihr die Vollstreckung der „Geldbuße und des Geldbetrages, dessen Verfall angeordnet wurde". Damit wird die **Vollstreckungsaufgabe geteilt,** denn für die Beitreibung der Verfahrenskosten verbleibt es bei der Zuständigkeit der Staatsanwaltschaft.

Ob diese – erst auf nach dem 30. Juni 2009 ergehende Urteile anwendbare (§ 131 Abs. 5 S. 2) – Spaltung zweckmäßig ist, wie es § 15 Abs. 1c der Einforderungs- und Beitreibungsordnung (EBAO) verlangt, erscheint zweifelhaft. Die Entwurfsbegründung (S. 79) stellt allein darauf ab, es könne für die Erfüllung der Aufgabe auf das schon bestehende „Vollstreckungsregime" des Bundeskartellamtes zurückgegriffen werden. Über derartige Einrichtungen verfügen die Staatsanwaltschaften aber ebenso, wenn nicht im größeren Umfang. Wenn dann der Personal- und Sachaufwand als Argument dafür herangezogen wird, die Geldbußen der Bundeskasse zufließen zu lassen, dann nähert sich die Begründung einem Zirkelschluss.

Für das Land Nordrhein-Westfalen wird die Neuregelung als beträchtlicher Einnahmeausfall zu Buche schlagen. Zwar wird die Landeskasse im Falle eines Freispruchs oder einer Verfahrenseinstellung **von Erstattungspflichten** befreit; denn die Bundeskasse trägt künftig die der Staatskasse auferlegten Kosten. Diese Entlastung ist aber kein hinreichender Ausgleich für den Verlust der Geldbußen. Der vom Land bei den oft mehrwöchigen Hauptverhandlungen zu leistende Sach- und Personalaufwand wird jedenfalls allein durch die dem Betroffenen auferlegten Verfahrenskosten nicht gedeckt werden können.

---

[1] Kritisch dazu: Langen/Bunte-*Raum* Rn. 3 zu § 82a.

§ 83 Zuständigkeit des OLG im gerichtlichen Verfahren

(1) ¹Im gerichtlichen Verfahren wegen einer Ordnungswidrigkeit nach § 81 entscheidet das Oberlandesgericht, in dessen Bezirk die zuständige Kartellbehörde ihren Sitz hat; es entscheidet auch über einen Antrag auf gerichtliche Entscheidung (§ 62 des Gesetzes über Ordnungswidrigkeiten) in den Fällen des § 52 Abs. 2 Satz 3 und des § 69 Abs. 1 Satz 2 des Gesetzes über Ordnungswidrigkeiten. ²§ 140 Abs. 1 Nr. 1 der Strafprozessordnung in Verbindung mit § 46 Abs. 1 des Gesetzes über Ordnungswidrigkeiten findet keine Anwendung.

(2) Das Oberlandesgericht entscheidet in der Besetzung von drei Mitgliedern mit Einschluss des vorsitzenden Mitglieds.

Übersicht

	Rn.		Rn.
I. Verfahrensrechtlicher Rahmen	1	3. Zurückverweisung	7
II. Zielsetzung und Geltungsbereich	2	4. Überleitung in das Strafverfahren	8
III. Zuständigkeitsabgrenzung	3	5. Beschlussentscheidung	11
IV. Ablauf des gerichtlichen Verfahrens	5	6. Hauptverhandlung	12
1. Einspruch	5	V. Verteidigung	16
2. Einstellung	6	VI. Richterbank	18

I. Verfahrensrechtlicher Rahmen

Die Möglichkeit, Verstöße gegen das GWB als Ordnungswidrigkeit zu verfolgen und fühlbare Sanktionen zu verhängen, ergänzt das Instrumentarium zur Durchsetzung der Wettbewerbsregeln. Das GWB enthält – sieht man einmal von § 83 Abs. 1 S. 2 ab – keine eigenständigen prozessualen Bestimmungen, sondern nur Zuständigkeitszuweisungen und Besetzungsvorschriften. Einschlägige Verfahrensordnung ist das **OWiG** mit den darin einbezogenen (§§ 46 Abs. 1, 71 Abs. 1, 79 Abs. 3, 85 Abs. 1 OWiG) Vorschriften der StPO und des GVG. Das gilt sowohl für das Verfahren vor der Kartellbehörde,[1] als auch für das gerichtliche Verfahren (§§ 67 ff. OWiG).

II. Zielsetzung und Geltungsbereich

Abweichend von seiner Überschrift enthält § 83 nur im Absatz 1 S. 1 Regelungen der Zuständigkeit. Abs. 1 S. 2 und Abs. 2 behandeln Fragen der Verteidigung und der Gerichtsbesetzung. Schon bei der Einführung des GWB war es ein Anliegen des Gesetzgebers, die **gerichtliche Zuständigkeit** für Kartellsachen zu **konzentrieren** und spezialisierten Spruchkörpern zu übertragen. Die Aufteilung der Zuständigkeit auf verschiedene Gerichtszweige während der Geltung der KartellVO von 1923 hatte zu Entscheidungs- und Beurteilungsdivergenzen geführt, die der Fortentwicklung des Kartellrechts hinderlich waren. Da die Bewältigung der komplexen Materie sowohl „hohes juristisches Können" als auch ein besonders „Einfühlungsvermögen in wirtschaftliche Tatbestände" voraussetzt, fiel die Wahl auf Spruchkörper der Oberlandesgerichte.[2] Diese Zuordnung hat sich bewährt und wurde auch nach Inkrafttreten des OWiG 1968 beibehalten. Die darin begründete allgemeine Zuständigkeit des Amtsgerichts am Sitz der betreffenden Verwaltungsbehörde (§ 68) wird von Abs. 1 S. 1 durchbrochen.

---

[1] Vgl. dazu die Kommentierung zu § 81 Abs. 4.
[2] Begr. zum RegEntw. BT-Drucks. 1158, Anlage 1, abgedruckt im GK, 1. Aufl. S. 1072.

III. Zuständigkeitsabgrenzung

3 § 83 Abs. 1 S. 1 weist dem für den Sitz der Kartellbehörde zuständigen OLG die – sachliche und zugleich örtliche – Zuständigkeit für das gerichtliche Verfahren zu. Modifiziert wird diese Regelung durch § 92: Verfügt ein Bundesland über mehrere Oberlandesgericht, kann die betreffende Regierung das zuständige Gericht bestimmen. Dies ist in NRW zugunsten des OLG Düsseldorf geschehen (VO v. 22. 11. 1994). § 92 Abs. 2 erlaubt ferner, länderübergreifende Zuständigkeiten zu begründen. Konkretisiert wird § 83 durch § 91. Dort ist klargestellt, dass bei dem OLG der **Kartellsenat** (nicht etwa ein Bußgeldsenat) zur Entscheidung berufen ist. Seine Zuständigkeit ist allerdings nicht allumfassend. Sie beschränkt sich auf das „gerichtliche Verfahren", also den Verfahrensabschnitt nach Einlegung des Einspruchs Dazu gehört nicht nur die Entscheidung über den Einspruch selbst außerhalb (§ 70 Abs. 1 OWiG) und im Rahmen des Hauptverfahrens (§§ 71, 72 OWiG), sondern auch die Kontrolle von Entscheidungen der Kartellbehörde, die unmittelbar oder mittelbar die Zulässigkeit des Einspruchs betreffen: Die Verwerfung eines Gesuchs auf Wiedereinsetzung in den vorigen Stand wegen Versäumung der Einspruchsfrist (§ 52 Abs. 3 S. 3 OWiG) und die Verwerfung des Einspruchs selbst als verspätet, formwidrig oder als aus anderen Gründen unwirksam (§ 69 Abs. 1 S. 2 OWiG).

4 Im Übrigen gilt auch im Kartellbußgeldverfahren die **amtsgerichtliche Zuständigkeit**. Das für den Sitz der Kartellbehörde örtlich zuständige Amtsgericht entscheidet nicht nur über die Rechtmäßigkeit von Maßnahmen der Kartellbehörde nach § 62 OWiG, es ist auch zuständig für richterliche Untersuchungshandlungen (§ 162 StPO) und die Anordnung von Zwangsmaßnahmen (Vorführung, Ordnungshaft, Ordnungsgeld, Durchsuchungen, Beschlagnahmen) während des Ermittlungsverfahrens. Die Beteiligung des Amtsgerichts widerspricht zwar dem Konzentrations- und Spezialisierungsgedanken, sie ist aber deshalb vertretbar, weil es in diesem Verfahrensstadium nicht vorrangig um kartellrechtsspezifische, sondern um verfahrensrechtliche Fragen geht oder die Eilbedürftigkeit der richterlichen Handlung im Vordergrund steht.

IV. Ablauf des gerichtlichen Verfahrens

1. Einspruch

5 Legt die Staatsanwaltschaft die Akten dem Kartellsenat vor (§ 69 Abs. 4 S. 2 OWiG), prüft dieser – nach der Kartellbehörde (§ 69 Abs. 1 OWiG) – zunächst die **Zulässigkeit** des Einspruchs.[3] Er verwirft ihn, wenn es daran fehlt (§ 70 Abs. 1 OWiG). Diese Entscheidung ist mit der sof. Beschwerde zum BGH anfechtbar. § 304 Abs. 4 StPO, der die Beschlussentscheidungen des OLG grundsätzlich einer Anfechtung entzieht, tritt hinter die Spezialregelung des § 70 Abs. 2 OWiG zurück.[4] Zulässig ist die sof. Beschwerde auch, wenn damit die Unwirksamkeit einer Einspruchsrücknahme geltend gemacht wird.[5] Der Einspruch muss sich nicht gegen den Bußgeldbescheid insgesamt richten, er kann auf bestimmte – abtrennbare – Beschwerdepunkte, insbesondere auf den Rechtsfolgenausspruch[6] **beschränkt** werden (§ 67 Abs. 2 OWiG). Dies kann noch nachträglich bis zur Verkündung des Urteils im ersten Rechtszug geschehen (§ 411 Abs. 3 StPO). Nach Beginn der Hauptverhandlung bedarf es dafür allerdings der Zustimmung der Staatsanwaltschaft (§ 303 StPO).

---

[3] Zu den formellen Anforderungen an den Einspruch vgl. KK-OWiG *Bohnert*, § 67 Rn. 44 ff.
[4] BGH WuW/E BGH 2296.
[5] BGH WuW/E DE-R 1490 – *Einspruchsrücknahme*.
[6] *Katholnigg* NJW 1998/568, 570.

2. Einstellung

Steht der Durchführung des Verfahrens ein **Hindernis** entgegen – Nichtigkeit[7] oder Unwirksamkeit[8] des Bußgeldbescheides,[9] Strafklageverbrauch,[10] Verjährung[11] – stellt das Gericht das Verfahren außerhalb der Hauptverhandlung ein (§ 206a StPO). Das geschieht – deklaratorisch – auch nach dem Tode des Betroffenen und dem – damit vergleichbaren – Erlöschen einer juristischen Person.[12]

3. Zurückverweisung

Wird mit dem zulässigen Einspruch ein Bußgeldbescheid angegriffen, dem **unzureichende Tatsachenfeststellungen** zugrunde liegen, kann das Gericht die Sache – mit Zustimmung der Staatsanwaltschaft – zur weiteren Aufklärung des Sachverhalts an die Kartellbehörde zurückverweisen (§ 69 Abs. 6 OWiG) Ist auch danach noch ein hinreichender Tatverdacht zu verneinen, kann das Verfahren durch unanfechtbaren Beschluss endgültig an die Kartellbehörde zurückgegeben werden. Diese Entscheidung ist dem Beschluss über die Ablehnung der Eröffnung des Hauptverfahrens im Strafprozess (§ 204 StPO) vergleichbar. Wie diese entfaltet sie keine umfassende Sperrwirkung.[13] Die Kartellbehörde ist nicht gehindert, den Vorgang wieder aufzugreifen, wenn ihr neue Tatsachen oder Beweismittel zur Verfügung stehen. „Endgültig" wirkt die Rückgabe nur für das anhängige Verfahren.

4. Überleitung in das Strafverfahren

§ 81 Abs. 1 S. 1 OWiG verpflichtet das Gericht, die dem Bußgeldbescheid zugrunde liegende Tat[14] unter allen in Betracht kommenden rechtlichen Gesichtspunkten zu prüfen („umfassende Kognitionspflicht"). Ergibt sich dabei der hinreichende **Verdacht auf eine Straftat,** so ist der Betroffene auf die Veränderung des rechtlichen Gesichtspunktes hinzuweisen (§ 81 Abs. 2 OWiG), was auch außerhalb der Hauptverhandlung geschehen kann. Gegenüber einem entsprechenden Antrag der Staatsanwaltschaft kann der Kartellsenat zwar Bedenken erheben; er hat dem Antrag aber stattzugeben, wenn die Staatsanwaltschaft ihn gleichwohl aufrecht erhält. War die Tat bereits Gegenstand staatsanwaltschaftlicher Ermittlungen und hat die Staatsanwaltschaft aus Opportunitätsgründen (§§ 154, 154a StPO) von der strafrechtlichen Verfolgung abgesehen, besteht für den Kartellsenat nur eine **eingeschränkte Kognitionspflicht.** Er kann die von der Staatsanwaltschaft durch Einstellung ausgeschiedene Gesetzesverletzung nach pflichtgemäßem Ermessen wieder in das Verfahren einbeziehen, muss es aber nicht.[15] Nach einer Einstellung des Strafverfahrens gemäß § 153a StPO, die die gesamte Tat und nicht nur eine bestimmte Gesetzesverletzung umfasst, gilt dieser Grundsatz nicht. Mit ihr ist ein Verbrauch der Strafklage eingetreten (§ 153a Abs. 1 S. 4 StPO), der auch einer Verfolgung der Tat als Ordnungswidrigkeit entgegensteht.[16]

Durch den Hinweis des Gerichts wird das Bußgeldverfahren in ein **Strafverfahren übergeleitet,** der Betroffene erhält die Rechtsstellung eines Angeklagten (§ 81 Abs. 2 S. 2

---

[7] Hans OLG wistra 1998/278.
[8] KK-OWi *Kurz,* § 66 Rn. 60ff.; *Göhler,* § 66 Rn. 38ff.
[9] Zu dessen inhaltlichen Voraussetzungen vgl. die Kommentierungen zu § 66 OWiG.
[10] KG WuW/E DE-R 227 – *Strafklageverbrauch bei juristischen Personen.*
[11] KG WuW/E DE-R 758 – *Verfolgungsverjährung bei Ordnungswidrigkeiten.*
[12] KG WuW/E DE-R 255 – *Straßenmarkierung.*
[13] A. A. KK-OWi *Bohnert,* § 69 Rn. 124.
[14] Zum Tatbegriff BGH WuW/E BGH 3043, 3046 – *Fortgesetzte Ordnungswidrigkeit.*
[15] BGH Fn. 12 S. 3048.
[16] *Kleinknecht-Meyer-Goßner,* § 153 Rn. 35.

OWiG). Im Hinblick auf diese einschneidenden Wirkungen erscheint es angemessen, ihn vor Erteilung des Hinweises über die drohenden Konsequenzen zu belehren. Er hat es dann in der Hand, die Überleitung durch eine Rücknahme oder Beschränkung des Einspruchs auf den Rechtsfolgenausspruch abzuwenden.

10 Mit der Überleitung in das Strafverfahren endet die Zuständigkeit des Kartellsenats, der als Spruchkörper eigener Art keine **Strafgewalt** hat. Er muss das Verfahren dann in entspr. Anwendung von § 270 StPO an ein zuständiges Strafgericht, in der Regel an eine Wirtschaftsstrafkammer (§ 74c Abs. 1 Nr 5a GVG) verweisen.[17]

5. Beschlussentscheidung

11 Ist der Sachverhalt so weit aufgeklärt, dass es weiterer Beweiserhebungen nicht bedarf, kann die Entscheidung in der Sache durch Beschluss getroffen werden, wenn zuvor ein entsprechender Hinweis an die Verfahrensbeteiligten ergangen ist und diese nicht fristgerecht widersprochen haben (§ 72 Abs. 1, 2 OWiG). Im Beschlussverfahren gilt das **Verschlechterungsverbot** (§ 75 Abs. 3 S. 2 OWiG).

6. Hauptverhandlung

12 § 71 OWiG verweist für die Durchführung der Hauptverhandlung auf die Vorschriften des Strafbefehlsverfahrens (§§ 407 ff. StPO). Der Betroffene ist zum **Erscheinen verpflichtet** (§ 73 Abs. 1 OWiG), kann aber von dieser Pflicht auf Antrag **entbunden** werden, wenn er sich bereits zur Sache geäußert oder angekündigt hat, sich nicht äußern zu wollen und seine Anwesenheit für die Aufklärung wesentlicher Gesichtspunkte nicht erforderlich ist (§ 73 Abs. 2 OWiG). Unzulässig ist jedoch seine kommissarische Vernehmung.[18] Bleibt der – ordnungsgemäß geladene (§§ 217 StPO, 74 Abs. 3 OWiG) – anwesenheitspflichtige Betroffene unentschuldigt aus, ist sein **Einspruch zu verwerfen** (§ 74 Abs. 2 OWiG). Dies gilt auch dann, wenn er durch seinen erschienenen Verteidiger erklären lässt, er werde zur Sache keine Angaben machen.[19] War der Betroffene von der Anwesenheitspflicht entbunden, wird ohne ihn verhandelt. Seine schriftlichen oder protokollierten Erklärungen dürfen verwertet werden (§ 74 Abs. 1 OWiG).

13 Die **Staatsanwaltschaft** – seit dem Akteneingang bei ihr Verfolgungsbehörde (§ 69 Abs. 4 OWiG) – ist zur Teilnahme an der Hauptverhandlung nicht verpflichtet (§ 75 OWiG), allerdings wird ihre Mitwirkung in Kartellsachen, bei denen es meist um überdurchschnittlich strenge Rechtsfolgen (§ 81 Abs. 2) geht, sachdienlich und angemessen sein. Die **Kartellbehörde** ist am gerichtlichen Verfahren grundsätzlich zu beteiligen. Ihre besondere Sachkunde ist selten entbehrlich (§ 76 Abs. 2 OWiG), die Teilnahme daher insbesondere dann geboten, wenn die Staatsanwaltschaft nicht mitwirkt. Mit der Beteiligung erlangt die Behörde ein Anhörungsrecht (§ 76 Abs. 1 OWiG), jedoch keine Antragsrechte. Ihre Stellungnahme ist nicht Teil der Beweisaufnahme und in jedem Fall vor dem Schlussvortrag der Staatsanwaltschaft abzugeben. Diese Form der Beteiligung schließt es nicht aus, einzelne Bedienstete der Behörde – etwa über die Modalitäten behördlicher Vernehmungen oder Wahrnehmungen bei Beschlagnahmen und Durchsuchungen – als Zeugen zu vernehmen. In Betracht kommt daneben auch, kartellbehördliche Erklärungen nach Maßgabe von § 77a OWiG einzuholen und zu verwerten.

14 Der Ablauf der Hauptverhandlung richtet sich nach § 243 StPO. Von der Staatsanwaltschaft zu verlesen ist der dem **Anklagesatz** entsprechende Passus des Bußgeldbescheides, also der Tatvorwurf einschließlich der anzuwendenden Rechtsvorschriften. Nimmt die Staatsanwaltschaft nicht teil, ist dies Aufgabe des Vorsitzenden. Für die **Beweisaufnahme**

---

[17] BGH WuW/E BGH 2865 – *Verweispflicht*.
[18] BGH St. 44/345.
[19] BGH St. 38/251.

sieht das OWiG gegenüber der StPO einige Vereinfachungen vor, die soweit sie dafür auch auf die Bedeutung der Sache abstellen (§ 77 OWiG) oder die Zustimmung aller Verfahrensbeteiligten voraussetzen (§ 77a OWiG), nur in Bagatellfällen eine Erleichterung bringen. Eine nennenswerte Zeitersparnis ermöglicht jedoch die vereinfachte Einführung von Schriftstücken nach § 78 OWiG, wonach umfangreiche Zahlenwerke, wie Leistungsverzeichnisse und Angebote nicht verlesen werden müssen, wenn die Verfahrensbeteiligten (einschließlich aller Richter) Gelegenheit zur **Einsicht** hatten.

Die Hauptverhandlung endet mit dem **Urteil** (Freispruch, Verurteilung oder Einstellung), dessen schriftliche Begründung innerhalb der – von der Verfahrensdauer abhängigen – Frist des § 275 Abs. 1 StPO zu den Akten zu bringen ist. Wird die Frist überschritten, führt dies allein nicht zur Zulassung der Rechtsbeschwerde. Erforderlich ist ferner eine Prüfung der Zulassungsvoraussetzungen des § 80 OWiG.[20] Wenn das Urteil durch Rechtsmittelverzicht oder Fristablauf Rechtskraft erlangt, bedarf es keiner schriftlichen Begründung (§ 77b Abs. 1 OWiG). Rechtskräftige Verurteilungen werden im **Gewerbezentralregister** eingetragen und können so bei der handelsregisterrechtlichen Zuverlässigkeitsprüfung Bedeutung erlangen.

V. Verteidigung

Abs. 1 S. 2 der Vorschrift durchbricht den Grundsatz des § 140 Abs. 1 Nr. 1 StPO über die **notwendige Verteidigung** in erstinstanzlichen Hauptverhandlungen vor dem OLG. Über § 46 Abs. 1 OWiG entsprechend anwendbar ist aber § 140 Abs. 2 StPO, wonach die Mitwirkung eines Verteidigers wegen der Schwierigkeit der Sach- oder Rechtslage geboten sein kann. Wird die Notwendigkeit der Verteidigung verkannt, liegt ein absoluter Grund für die Rechtsbeschwerde vor (§ 338 Nr. 5 StPO i. V. mit § 79 Abs. 3 OWiG). Schon die Kartellbehörde hat gegebenenfalls einen Verteidiger zu bestellen (§ 60 OWiG). In der Praxis tritt ein derartiger Bedarf nicht auf, weil die Betroffenen regelmäßig selbst schon frühzeitig einen Verteidiger wählen.

Auch im Bußgeldverfahren dürfen für den Betroffenen (und die Nebenbetroffene) nur maximal drei Verteidiger tätig werden (§ 137 Abs. 1 S. 2 StPO). Daneben gilt das **Verbot der Mehrfachverteidigung** (§ 146 StPO). Unzulässig ist aber nur die Verteidigung mehrerer Betroffener. Die gleichzeitige Verteidigung eines Betroffenen und einer beteiligten juristischen Person verletzt dieses formale Verbot nicht,[21] kann aber ebenso zu einer Interessenkollision führen und sollte besser vermieden werden. Der Einhaltung der Verbote ist durch Zurückweisung der Verteidiger nach dem Prioritätsgrundsatz Rechnung zu tragen.[22]

VI. Richterbank

Die **Besetzung** des OLG-Kartellsenats in Bußgeldsachen entspricht seiner Besetzung in Zivil- und Verwaltungssachen und damit der Regelung des § 122 GVG. § 83 Abs. 2 schließt die im § 80a Abs. 2 OWiG vorgesehene Möglichkeit der Entscheidung durch den Einzelrichter für das Kartellbußgeldverfahren aus. Die Sonderregelung des § 122 Abs. 2 GVG, die eine Besetzung mit fünf Richtern vorsieht, gilt nur für Strafsenate. Der Kartellsenat ist jedoch ein spezialisierter **Spruchkörper eigener Art**.[23] Das trifft auch für den Kartellsenat des BGH zu, der gemäß § 94 Abs. 2 nur „im Sinne des § 132 GVG", also für

---

[20] BGH v. 16. 7. 1996 5 StR 230/95.
[21] BVerfGE 45/272, 288 = WuW/E VG 279, 283.
[22] BGH St 27/148; KG v. 13. 8. 1984 Kart a 54/84.
[23] BGH WuW/E BGH 2865, 2866 – *Verweispflicht*; KG WuW/E OLG 4983, 4987 – *Übergang zum Strafverfahren*.

die Anrufung und bei der Besetzung der Großen Senate als Strafsenat gilt.[24] Die Verpflichtung zur namentlichen Ankündigung der mitwirkenden Richter (§ 222 a StPO) besteht für den Kartellsenat nicht.[25]

§ 84 Rechtsbeschwerde zum BGH

[1]Über die Rechtsbeschwerde (§ 79 des Gesetzes über Ordnungswidrigkeiten) entscheidet der Bundesgerichtshof. [2]Hebt er die angefochtene Entscheidung auf, ohne in der Sache selbst zu entscheiden, so verweist er die Sache an das Oberlandesgericht, dessen Entscheidung aufgehoben wird, zurück.

Übersicht

	Rn.		Rn.
I. Sinn und Zweck	1	IV. Zulässigkeitsvoraussetzungen	4
II. Zulässigkeitsrestriktionen	2	V. Rechtsbeschwerdegründe	6
III. Beschwerdebefugnis	3	VI. Entscheidungskompetenz	8

I. Sinn und Zweck

1 Als Tatgericht kann der Kartellsenat des OLG naturgemäß nicht zugleich Rechtsbeschwerdegericht i. S. von § 79 OWiG sein. § 84 überträgt diese Kompetenz auf den BGH. S. 1 wird ergänzt und präzisiert durch § 94 Abs. 1 Nr. 2, der den Konzentrationsgedanken auch auf der BGH-Ebene verwirklicht. Seinem Wortlaut nach regelt § 84 ausschließlich die Zuständigkeit zur Entscheidung über die Rechtsbeschwerde (§ 79 OWiG) gegen **Urteile** und **Beschlüsse** des OLG nach § 72 OWiG. Darüber hinaus ist es aber sachlich geboten, die Spezialzuständigkeit des Kartellsenats auch dort anzunehmen, wo andere Entscheidungen des OLG ausnahmsweise der Anfechtung unterliegen (§§ 304 Abs. 4 S. 2, 2. Halbsatz, 305 S. 2 StPO), etwa die Verwerfung des Einspruchs außerhalb der Hauptverhandlung,[1] die Einstellung wegen eines Verfahrenshindernisses,[2] die Versagung von Akteneinsicht[3] oder die Verweigerung der Fortsetzung des Verfahrens.[4]

II. Zulässigkeitsrestriktionen

2 Für das Rechtsbeschwerdeverfahren gelten die Vorschriften über die Revision in Strafsachen (§§ 336–358 StPO) entsprechend (§ 79 Abs. 3 S. 1 OWiG). Hiervon abweichend sehen § 79 Abs. 1 Nr. 1, 2 u. 3 OWiG **Bagatellschwellen** vor: Statthaft ist die Rechtsbeschwerde nur, wenn die vom OLG festgesetzte Geldbuße 250 Euro[5] übersteigt, oder – bei Freispruch oder Einstellung – eine Geldbuße von mehr als 600 Euro von der Kartellbehörde festgesetzt oder von der Staatsanwaltschaft beantragt worden war. Da in Kartellbußgeldsachen regelmäßig höhere Geldbußen ausgeworfen werden, kommt den übrigen Rechtsbeschwerdegründen (§ 79 Abs. 1 Nr. 4 u. 5 OWiG) und der Möglichkeit, die Rechtsbeschwerde zuzulassen (§ 80 OWiG), keine praktische Bedeutung zu.

III. Beschwerdebefugnis

3 Zur Rechtsbeschwerde **befugt** sind neben der Staatsanwaltschaft die von der Entscheidung betroffenen natürlichen und juristischen Personen (Nebenbetroffene). Dem Verteidi-

---

[24] A. A. offenbar *Dannecker/Biermann* in: Immenga/Mestmäcker, GWB, § 83 Fn. 8.
[25] BGH NStZ 1986, 518.
[1] BGH WuW/E BGH 2296.
[2] BGH WuW/E BGH 2865 – *Verweispflicht*.
[3] BGH WuW/E BGH 2625.
[4] BGH WuW/E DE-R 1490 – *Einspruchsrücknahme*.
[5] Art. 24 Nr. 8 „Gesetz zur Einführung des Euro..." v. 13. 12. 01, BGBl. T.1, Nr. 68, S. 357.

ger steht ein eigenes Beschwerderecht zu, das nur gegen den ausdrücklichen Willen des Mandanten nicht ausgeübt werden darf (§ 297 StPO). Die Rechtsbeschwerde eines Betroffenen wirkt nicht zugunsten von Mitbetroffenen oder einer Nebenbetroffenen.[6] Insofern entspricht die Lage den für die Reichweite des Einspruchs entwickelten Grundsätzen.[7]

IV. Zulässigkeitsvoraussetzungen

Gerügt werden können nur für die angefochtene Entscheidung kausale **Rechtsverletzungen** (§ 337 StPO). Die Kausalität wird beim Vorliegen eines absoluten Revisionsgrundes (§ 338 StPO) gesetzlich vermutet und ist im Übrigen darzulegen. Die **Frist** für die Einlegung der Rechtsbeschwerde beträgt eine Woche (§ 34 Abs. 1 StPO). Sie beginnt bei einer Entscheidung nach Hauptverhandlung in Anwesenheit des Betroffenen mit der Verkündung, bei Verkündung in seiner Abwesenheit (§ 341 Abs. 2 StPO) und bei einer Entscheidung durch Beschluss (§ 72 OWiG) mit Zustellung der Entscheidung (§ 79 Abs. 4 OWiG). Für den Beginn der Frist zur Einlegung der Rechtsbeschwerde durch den in der Hauptverhandlung anwesenden Betroffenen ist es ohne Bedeutung, wenn das Urteil nicht mit Gründen versehen ist.[8] Einzulegen ist die Rechtsbeschwerde beim OLG (§ 341 StPO), was schriftlich oder zu Protokoll der Geschäftsstelle zu geschehen hat. **Anwaltszwang** besteht insoweit nicht, gilt jedoch für die Begründung der Rechtsbeschwerde (§ 344 StPO), wenn diese schriftlich eingereicht wird (§ 345 Abs. 2 StPO). Die Frist für die Begründung der Rechtsbeschwerde beträgt einen Monat. Sie beginnt grundsätzlich mit dem Ablauf der Einlegungsfrist wenn die angefochtene Entscheidung in diesem Zeitpunkt bereits zugestellt war, andernfalls mit der Zustellung (§ 345 Abs. 1 StPO). 4

Die Rechtsbeschwerdebegründung muss in jedem Fall die Rechtsbeschwerdeanträge (§ 344 Abs. 1 StPO) enthalten. Beschränkt sie sich auf die sog. **Sachrüge**, wird dem Begründungserfordernis bereits mit der Formulierung genügt: „Es wird die Verletzung materiellen Rechts gerügt".[9] Die **Verfahrensrüge** erfordert hingegen eine dezidierte, umfassende Darlegung der Tatsachen, aus denen sich der Verfahrensverstoß ergibt.[10] 5

V. Rechtsbeschwerdegründe

Nicht alle **absoluten** Revisionsgründe des § 338 StPO sind im OWi-Verfahren von Bedeutung. Die Abwesenheit der Staatsanwaltschaft (Nr. 5) ist vorgesehen (§ 75 OWiG) und daher grundsätzlich kein Verfahrensmangel. Dieser liegt aber dann vor, wenn die Staatsanwaltschaft teilnahmewillig ist und planwidrig – etwa mangels ordnungsgemäßer Benachrichtigung – ausbleibt.[11] Die **Kartellbehörde** ist an der Hauptverhandlung nicht notwendig beteiligt (§ 76 OWiG). Wird in ihrer Abwesenheit verhandelt, ist dies kein absoluter Rechtsbeschwerdegrund. Die unterlassene oder verspätete Absetzung der Urteilsgründe (§ 338 Nr. 7 StPO) erlangt nur dann Bedeutung, wenn die Pflicht zur schriftlichen Begründung nicht nach § 77b OWiG (Rechtsmittelverzicht oder Ablauf der Rechtsmittelfrist) entfallen ist. 6

VI. Entscheidungskompetenz

Das Vorliegen der formalen Voraussetzungen (Frist- und Formgerechtigkeit) der Rechtsbeschwerde wird vom OLG geprüft. Fehlen sie, verwirft es die Rechtsbeschwerde als unzulässig (§ 346 Abs. 1 StPO). Der Rechtsbeschwerdeführer kann dann binnen 1 Woche auf 7

---

[6] BGH WuW/E BGH 2662, 2663 = wistra 1991/30.
[7] KG WuW/E OLG 3827/3830.
[8] BGH St. 49/230.
[9] KK OWiG-*Steindorf*, § 79 Rn. 87.
[10] BGH WuW/E BGH 3015, 3017 – *Unternehmens-Geldbuße*; 3006, 3007 – *Handelsvertretersperre*.
[11] OLG Karlsruhe NJW 1972/1384.

die Entscheidung des BGH antragen (§ 346 Abs. 2 StPO i. V. mit § 84). Erachtet das OLG die Rechtsbeschwerde für zulässig, richtet sich das weitere Verfahren nach den §§ 347 ff. StPO. Das **Rechtsbeschwerdegericht** prüft die Zulässigkeit des Rechtsmittels in eigener Verantwortung und kann es gegebenenfalls durch Beschluss verwerfen (§ 349 Abs. 1 StPO). Eine Überleitung in das Strafverfahren ist auch noch im Stadium der Rechtsbeschwerde möglich. Das Verfahren ist dann als Revisions-Verfahren fortzusetzen.[12]

8 Auch für eine Sachentscheidung bedarf es nicht stets der Durchführung einer Hauptverhandlung (§ 350 StPO). Ist die Rechtsbeschwerde offensichtlich unbegründet (§ 349 Abs. 2 StPO) oder hält der Kartellsenat sie einstimmig für begründet, kann er ebenfalls durch Beschluss entscheiden.

9 Für den (eher seltenen) Fall der **Zurückverweisung** enthält § 84 S. 2 eine sowohl von § 354 Abs. 2 S. 2 StPO als auch von § 79 Abs. 6 OWiG abweichende eigenständige Regelung. Adressat der Zurückverweisung ist nicht das OLG als Organisationseinheit, sondern dessen Kartellsenat. Eine OLG-interne Geschäftsverteilungskompetenz besteht insoweit nicht, sie hätte ohnehin die ausschließliche Zuständigkeit (§§ 91, 95) zu berücksichtigen und könnte bestenfalls beim Bestehen mehrerer Kartellsenate an einem OLG zum Zuge kommen. Der Gesetzgeber hat hier dem Konzentrationsinteresse Vorrang eingeräumt und weder eine Rückverweisung an andere Spruchkörper oder Gerichte nach § 354 Abs. 2 StPO, noch die freigestellte Verweisung nach § 79 Abs. 6 OWiG zugelassen.

§ 85 Wiederaufnahmeverfahren gegen Bußgeldbescheid

Im Wiederaufnahmeverfahren gegen den Bußgeldbescheid der Kartellbehörde (§ 85 Abs. 4 des Gesetzes über Ordnungswidrigkeiten) entscheidet das nach § 83 zuständige Gericht.

Übersicht

	Rn.		Rn.
I. Sinn und Zweck	1	III. Zulässigkeitsvoraussetzungen	5
II. Zuständigkeit nach gerichtl. Bußgeldentscheidung	2	IV. Verfahrensablauf	8

I. Sinn und Zweck

1 § 85 Abs. 1 OWiG sieht die Möglichkeit der Wiederaufnahme des Verfahrens für alle rechtskräftigen behördlichen und gerichtlichen Bußgeldentscheidungen vor. Wird ein **rechtskräftiger Bußgeldbescheid** angegriffen, ergibt sich die sachliche Zuständigkeit für das Wiederaufnahmeverfahren aus § 85 Abs. 4 OWiG. Abweichend von dem Grundsatz, dass das Wiederaufnahmeverfahren auf derselben Ebene durchzuführen ist, auf der die rechtskräftige Entscheidung ergangen ist (§ 140a Abs. 1 S. 1 GVG), was an sich die Zuständigkeit der Verwaltungsbehörde begründen würde, wird darin die Zuständigkeit des Gerichts begründet, das zur Entscheidung über einen Einspruch berufen gewesen wäre. § 85 übernimmt diese Regelung und stellt klar, dass in Kartellbußgeldsachen das OLG auch im Wiederaufnahmeverfahren (an Stelle des Amtsgerichts) zuständig ist.

II. Zuständigkeit nach gerichtlicher Bußgeldentscheidung

2 Liegt eine rechtskräftige **gerichtliche Bußgeldentscheidung** vor, gilt gemäß § 367 Abs. 1 S. 1 StPO die allgemeine Regelung des § 140a Abs. 6 GVG.[1] Danach ist bei erstinstanzlichen OLG-Entscheidungen ein anderer Senat als der, dessen Entscheidung angegrif-

---

[12] BGH v. 19. 5. 1988 1 StR 600/87.
[1] BGH WuW/E BGH 246.

fen wird, zuständig. Da in aller Regel am OLG – sieht man einmal vom OLG Düsseldorf ab – jeweils nur ein Kartellsenat eingerichtet ist, der soweit erforderlich durch die Einrichtung eines Hilfsenates vorübergehend entlastet werden kann,[2] muss hier ausnahmsweise – nach Bestimmung durch den Geschäftsverteilungsplan – ein anderer Spruchkörper des betreffenden Gerichts tätig werden („Auffangsenat").[3] Diese Handhabung widerspricht zwar dem Anliegen nach **Zuständigkeitskonzentration** und stößt deshalb auf Bedenken im Schrifttum.[4] Sie ist aber ebenso hinzunehmen, wie die Durchbrechung dieses Prinzips bei gerichtlichen Entscheidungen im Ermittlungsstadium. Der Gesetzgeber hatte mehrfach Gelegenheit, diese Lücken im Sinne einer einheitlichen Zuständigkeit der Kartellgerichtsbarkeit zu schließen. Er sieht hierfür offenbar kein Bedürfnis.

Für das Wiederaufnahmeverfahren sind im Übrigen die personellen Konsequenzen zu berücksichtigen, die sich aus § 23 Abs. 2 StPO ergeben: Die vorher mit der Sache befassten **Richter** sind von der Mitwirkung **ausgeschlossen,** weitere Mitglieder stehen dem Kartellsenat selten zur Verfügung. Es müssten daher ohnehin Richter aus anderen Senaten eingesetzt werden. Der Kartellsenat wäre dann nur formal mit der Sache befasst. 3

Ein anderer Gesichtspunkt komm hinzu: Wird die Wiederaufnahme zuungunsten des Betroffenen mit dem Ziel der **Bestrafung** betrieben, könnte der Kartellsenat mangels strafprozessualer Zuständigkeit ohnehin nicht nach 373 StPO entscheiden, sondern müsste das Verfahren nach der vorläufigen Beweiserhebung (§ 369 StPO) an ein zuständiges Strafgericht verweisen.[5] 4

III. Zulässigkeitsvoraussetzungen

Die Zulässigkeitsvoraussetzungen der Wiederaufnahme regelt § 85 OWiG. Die Vorschrift verweist zunächst auf die strafprozessualen Bestimmungen (§§ 359–373a StPO). Damit gilt auch im OWi-Verfahren das Verbot der Wiederaufnahme zur bloßen Milderung des Rechtsfolgenausspruchs (§ 363 StPO). Im Übrigen bestehen einige Besonderheiten: Für den in der Praxis häufigsten Wiederaufnahmegrund **zugunsten** des Betroffenen, der Beibringung neuer Tatsachen oder Beweismittel (§ 359 Nr. 5 StPO), gilt zunächst eine **Ausschlussfrist:** Er kann nicht mehr geltend gemacht werden, wenn seit Rechtskraft der Bußgeldentscheidung mehr als 3 Jahre verstrichen sind (§ 85 Abs. 2 S. 1 Nr. 2 OWiG). Maßgebend für die Einhaltung dieser Frist ist der Eingang des Antrags bei Gericht.[6] Ferner gilt – wie für die Zulässigkeit der Rechtsbeschwerde – eine **Bagatellschwelle:** Die festgesetzte Geldbuße muss mehr als 250 Euro[7] betragen (§ 85 Abs. 2 S. 1 Nr. 1 OWiG). 5

Eine Wiederaufnahme **zuungunsten** des Betroffenen ist überhaupt nur mit dem Ziel statthaft, seine Bestrafung herbeizuführen (§ 85 Abs. 3 OWiG). Da ein rechtskräftiger Bußgeldbescheid mangels umfassender Sperrwirkung (§ 84 Abs. 1 OWiG) eine spätere strafrechtliche Verfolgung nicht hindert und seine Aufhebung im Strafverfahren (§ 86 Abs. 1 OWiG) oder nach dessen Abschluss (§ 102 Abs. 2 OWiG) vorgesehen ist, kommt eine Wiederaufnahme zuungunsten des Betroffenen nur nach einer **gerichtlichen** Bußgeldentscheidung in Betracht.[8] 6

Allerdings ist insoweit der strafprozessuale Katalog der Wiederaufnahmegründe (§ 362 StPO) erweitert: Der Antrag kann auch auf neue Tatsachen oder Beweismittel gestützt werden, wenn sie die Verurteilung wegen eines **Verbrechens** begründen (§ 85 Abs. 3 S. 2 OWiG). Die im Zusammenhang mit Kartellordnungswidrigkeiten relevanten Straftatbe- 7

---

[2] BGH WuW/E BGH 2295.
[3] BGH v. 25. 9. 1987 2 AR 251/87.
[4] GK-*Fischötter*, § 84 Rn. 1; *Dannecker/Biermann* in: Immenga/Mestmäcker, § 85 Rn. 3.
[5] BGH WuW/E BGH 2865 – *Verweispflicht*.
[6] BGH WuW/E BGH 2662, 2663 = wistra 1991/30.
[7] § 84 Fn. 3.
[8] *Göhler*, § 85 Rn. 3.

stände (§§ 263, 298, 299 StGB) sind jedoch, sieht man einmal vom Bandenbetrug (§ 263 Abs. 5 StGB) ab, durchweg nur als Vergehen konzipiert, so dass einer Wiederaufnahme unter diesem Blickwinkel kaum praktische Bedeutung zukommt.

IV. Verfahrensablauf

8   Das Wiederaufnahmeverfahren besteht aus mehreren Abschnitten. Zunächst ist nach § 368 StPO über die **Zulässigkeit** des Antrags zu befinden (Additionsphase). Wird die Zulässigkeit bejaht, schließt sich die Prüfung der **Begründetheit** nach § 369 StPO an (Probationsphase). Findet der geltend gemachte Wiederaufnahmegrund hier seine Bestätigung, wird die Wiederaufnahme des Verfahrens angeordnet (§ 370 Abs. 2) und damit eine neue Sachentscheidung nötig.

9   Grundsätzlich bedarf es dafür einer Hauptverhandlung (§§ 371, 373 StPO), es sei denn der Betroffene wird freigesprochen (§ 371 Abs. 2 StPO). Ob auch nach § 72 OWiG durch Beschluss entschieden werden kann, ist zweifelhaft. Der Wortlaut des § 370 StPO, der eine **„Erneuerung der Hauptverhandlung"** vorschreibt, kann hierfür nicht ausschlaggebend sein, weil die Vorschrift auf das Strafverfahren mit obligatorischer Hauptverhandlung zugeschnitten ist. Nach § 85 Abs. 1 OWiG sind die strafprozessualen Vorschriften nur entsprechend, also unter Berücksichtigung der Besonderheiten des OWiG-Verfahrens, anzuwenden. Sie sind also dem Instrumentarium des Bußgeldverfahrens sachgerecht anzupassen. Dieser Spielraum ermöglicht nicht nur die Wiederaufnahme nach einer Beschlussentscheidung wo eine „erneute" Hauptverhandlung an sich begrifflich ausscheidet,[9] sondern auch die **Beschlussentscheidung im Wiederaufnahmeverfahren**, sofern die Voraussetzungen des § 72 OWiG vorliegen. Wenn das Gericht und alle Beteiligten eine Hauptverhandlung für entbehrlich halten, wäre deren Durchführung eine prozessunökonomische Förmelei. Die abweichende Handhabung im Strafbefehlsverfahren nach § 373a StPO[10] steht dem schon deshalb nicht entgegen, weil es dort an einem Widerspruchsrecht des Angeklagten im Sinne von § 72 S. 1 OWiG fehlt.

10 **Antragsbefugt** sind die von der rechtskräftigen Entscheidung betroffenen natürlichen und juristischen Personen sowie die Staatsanwaltschaft, nicht jedoch die Kartellbehörde. Sie kann auch bei rechtskräftigem Bußgeldbescheid nur einen Antrag der Staatsanwaltschaft anregen (§ 85 Abs. 4 S. 2 OWiG). Wegen der Antragserfordernisse im Einzelnen muss auf die Kommentierung der einschlägigen StPO-Vorschriften verwiesen werden.

11 In der kartellgerichtlichen Praxis haben Wiederaufnahmeverfahren bisher nur eine geringe Rolle gespielt. Zuungunsten von Betroffenen hat es – soweit ersichtlich – bisher überhaupt noch keine Anträge gegeben und die wenigen Anträge zugunsten von Betroffenen sind entweder schon an der Zulässigkeitshürde gescheitert oder sie blieben mangels Begründetheit ohne durchschlagenden Erfolg.[11]

§ 86 Gerichtliche Entscheidungen bei der Vollstreckung

Die bei der Vollstreckung notwendig werdenden gerichtlichen Entscheidungen (§ 104 des Gesetzes über Ordnungswidrigkeiten) werden von dem nach § 83 zuständigen Gericht erlassen.

Übersicht

	Rn.
I. Sinn und Zweck	1
II. Anwendungsbereich	3

---

[9] *Göhler*, § 85 Rn. 29.
[10] *LR-Gössel*, § 373a Rn. 5; *Kleinknecht/Meyer-Goßner*, § 373a Rn. 3.
[11] BGH WuW/E BGH 2511; 2597; 2662; KG WuW/E OLG 4471, 4701.

I. Sinn und Zweck

Die **Vollstreckung** von Bußgeldentscheidungen ist keine gerichtliche Aufgabe. Sie obliegt bei Bußgeldbescheiden insgesamt der Kartellbehörde und bei gerichtlichen Entscheidungen der Staatsanwaltschaft (§§ 90, 91, 92 OWiG) hinsichtlich der Verfahrenskosten, im Übrigen der Kartellbehörde (§ 82a Abs. 2). Maßnahmen dieser Vollstreckungsbehörden sind aber der **gerichtlichen Überprüfung** zugänglich oder bedürfen der gerichtlichen **Anordnung**. Grundlage hierfür ist § 104 OWiG. Diese Vorschrift unterscheidet für die gerichtliche Zuständigkeit nach der Art der vollstreckbaren Entscheidung. Handelt es sich um einen Bußgeldbescheid, ist das nach § 68 OWiG zuständige Amtsgericht berufen (Abs. 1 Nr. 1), wird aus einer gerichtlichen Entscheidung vollstreckt, das Gericht des ersten Rechtszuges (Abs. 1 Nr. 2). Damit ist nicht nur die Entlastung der Rechtsmittelgerichte von diesen Aufgaben sichergestellt, es wird auch dem Umstand Rechnung getragen, dass Geldbußen nicht nur von den Spruchkörpern des OWi-Verfahrens, sondern auch im Strafverfahren verhängt werden können und dass deren Vollstreckung sich ebenfalls nach den §§ 89 ff. OWiG richtet.[1]

§ 86 nimmt diese Unterscheidung nicht auf, sondern begründet für beide Fälle die **Zuständigkeit des OLG-Kartellsenats**. Dies führt – möglicherweise versehentlich – dazu, dass der Kartellsenat auch im Rahmen der Vollstreckung von Bußgeldentscheidungen der Strafgerichte, soweit ihnen GWB-Verstöße zugrunde liegen, tätig werden muss.

II. Anwendungsbereich

Aus dem Katalog des § 104 Abs. 1 OWiG haben die Anordnung von Erzwingungshaft (§ 96 OWiG) und die Aussetzung ihrer Vollziehung (§ 97 OWiG) sowie die Kontrolle der Vollstreckungsbehörde nach Maßgabe von § 103 OWiG für Kartellbußgeldsachen praktische Bedeutung.

Die **Erzwingungshaft** hat Beugecharakter,[2] sie soll den zahlungsfähigen aber zahlungsunwilligen Betroffenen zur Leistung veranlassen. Sie ist auf sechs Wochen pro Geldbuße und drei Monate pro Bußgeldbescheid begrenzt und darf nicht wiederholt werden (§ 96 Abs. 3 OWiG). Wenngleich § 96 Abs. 1 OWiG die Anordnung nicht von einem vorherigen Vollstreckungsversuch abhängig macht, ergibt sich die Pflicht hierzu in der Regel aus dem Verhältnismäßigkeitsgrundsatz.[3] Antragsberechtigt ist die jeweilige Vollstreckungsbehörde (§§ 91, 92 OWiG). Voraussetzung für die Anordnung von Erzwingungshaft ist die zweifelsfreie Rechtskraft des Vollstreckungstitels[4] und sein Bestand.

Bei den **Einwendungen** gegen die Zulässigkeit der Zwangsvollstreckung (§ 103 Abs. 1 Nr. 1 OWiG) geht es vorrangig um Angriffe gegen die Wirksamkeit oder Vollstreckungsfähigkeit der Bußgeldentscheidung. Diese kann zwar nicht mehr inhaltlich korrigiert werden, der Betroffene kann aber geltend machen, sie sei nichtig,[5] noch nicht rechtskräftig,[6] nachträglich aufgehoben (§§ 86, 102 Abs. 2 OWiG) oder es sei Vollstreckungsverjährung eingetreten (§ 34 OWiG).

§ 103 Abs. 1 Nr. 2 OWiG eröffnet die Möglichkeit, Entscheidungen der Vollstreckungsbehörde über Zahlungserleichterungen (§ 93 OWiG) überprüfen zu lassen. § 103 Abs. 1 Nr. 3 OWiG lässt bei der Vollstreckung von Bußgeldbescheiden auch Einwendungen zu, die vom Geltungsbereich der Nr. 1 und 2 nicht erfasst sind.[7]

---

[1] *Göhler*, Vor § 89 Rn. 4.
[2] *Göhler*, § 96 Rn. 1 m. w. N.
[3] VerfGH Berlin NStZ 2001/211; KK-*Boujong*, § 96 Rn. 16.
[4] KG vom 7. 6. 95 Kart 10/95.
[5] KG WuW/E OLG 3953 – *Doppelbestrafung*.
[6] KG Rn. 4.
[7] KG WuW/E OLG 3827 – *Vollstreckung von Geldbußen*.

7   Einwendungen hemmen die Vollstreckung nicht, können aber das Gericht veranlassen, die Vollstreckung – im Wege vorläufigen Rechtsschutzes **auszusetzen** (§ 103 Abs. 2 OWiG). Die endgültige Entscheidung setzt die Anhörung der Beteiligten voraus (§ 104 Abs. 2 OWiG) und ist **unanfechtbar** (§ 304 Abs. 4 StPO).

Dritter Abschnitt. Vollstreckung

§ 86a Vollstreckung

¹**Die Kartellbehörde kann ihre Anordnungen nach den für die Vollstreckung von Verwaltungsmaßnahmen geltenden Vorschriften durchsetzen.** ²**Die Höhe des Zwangsgeldes beträgt mindestens 1000 Euro und höchstens 10 Millionen Euro.**

1   Kartellbehördliche Verfügungen werden im Verweigerungsfall mangels spezieller Bestimmungen im GWB grundsätzlich nach den Vorschriften des Verwaltungsvollstreckungsgesetzes (VwVG) durchgesetzt. Lediglich für die Höhe des Zwangsgeldes trifft der mit der 7. GWB-Novelle eingefügte § 86a eine Spezialregelung.[1]

2   In der Vergangenheit konnten das Bundeskartellamt und die Landeskartellbehörden auf der Grundlage von § 11 VwVG lediglich Zwangsgelder zwischen 1,5 Euro und 1000 Euro verhängen. So musste das Bundeskartellamt beispielsweise gegen die Lufthansa wegen der Nichtbefolgung einer Auflage im Nachgang zur Freigabe des Erwerbs des Wettbewerbers Eurowings ein Zwangsgeld verhängen. Das Amt hatte den Beteiligten auferlegt, auf allen Strecken im innerdeutschen Luftverkehr, auf denen ein Wettbewerber Linienflugdienste neu anbieten möchte, auf Anforderung insgesamt bis zu drei Start- und drei Landerechte an den Flughäfen Düsseldorf, München oder Frankfurt/Main für die Verwendung im innerdeutschen Luftverkehr aus ihrem Bestand bereitzustellen. Nach Vollzug des Zusammenschlusses hatte die Lufthansa jedoch für die an solchen Rechten interessierten Wettbewerber lediglich wirtschaftlich unsinnige Start- und Landerechte angeboten.[2] In Anbetracht der sich für die Lufthansa aus der Verweigerung ergebenden Vorteile erschien der vom VwVG bereitgestellte Zwangsgeldrahmen von 1,5 Euro bis 1000 Euro als rein symbolisch. Dieser Missstand war im Gesetzgebungsverfahren erkannt worden und der Zwangsgeldrahmen auf 1000 Euro bis 10 Millionen Euro ausgedehnt worden. Dies soll den Kartellbehörden ausweislich der Regierungsbegründung[3] nunmehr für die Zukunft auch gegenüber finanzstarken Unternehmen wirksame Möglichkeiten verleihen, um ihre Entscheidungen durchzusetzen.

3   Der Gesetzgeber hat die Gelegenheit allerdings nicht genutzt, die Auferlegung von Zwangsgeldern für jeden Tag der Nichtbefolgung einzuräumen. Das europäische Wettbewerbsrecht ist jedenfalls in Art. 24 Abs. 1 VO Nr. 1/2003 und Art. 15 Abs. 1 FKVO ensprechend ausgestaltet. Die Folge für die Praxis ist, dass Zwangsgelder nach vollstreckungsrechtlichen Grundregeln jedesmal vorab anzudrohen sind und die Kartellbehörden vor ständigen Neufestsetzungen stehen. Hätte man in § 86a die Auferlegung von Zwangsgeldern für jeden Tag der Nichtbefolgung vorgesehen, hätten es die betroffenen Unternehmen selbst in der Hand gehabt, ab welcher Zwangsgeldhöhe sie ihre Verweigerungshaltung aufgeben wollen. In der Praxis wird die Kartellbehörde deshalb auf der Grundlage der nun Gesetz gewordenen Fassung des § 86a GWB möglicherweise von Anfang an ein besonders hohes Zwangsgeld festsetzen.

---

[1] Vgl. *Stockmann* in: Immenga/Mestmäcker, GWB, § 86a Rn. 1; *Raum* in: Langen/Bunte, Kommentar zum deutschen und europäischen Kartellrecht, § 86a; einschränkend *Bechtold*, § 86a Rn. 2, der den kartellrechtsspezifischen Zwangsgeldrahmen nicht auf die Verwaltungsvollstreckung durch die Landeskartellbehörden anwenden will.
[2] Vgl. im Einzelnen OLG Düsseldorf WuW/E DE-R 953 ff.
[3] BT-Drucks. 15/3640, S. 68.

Vierter Abschnitt. Bürgerliche Rechtsstreitigkeiten

§ 87 Ausschließliche Zuständigkeit der Landgerichte

¹Für bürgerliche Rechtsstreitigkeiten, die die Anwendung dieses Gesetzes, des Artikels 81 oder 82 des Vertrages zur Gründung der Europäischen Gemeinschaft oder des Artikels 53 oder 54 des Abkommens über den Europäischen Wirtschaftsraum betreffen, sind ohne Rücksicht auf den Wert des Streitgegenstands die Landgerichte ausschließlich zuständig. ²Satz 1 gilt auch, wenn die Entscheidung eines Rechtsstreits ganz oder teilweise von einer Entscheidung, die nach diesem Gesetz zu treffen ist, oder von der Anwendbarkeit des Artikels 81 oder 82 des Vertrages zur Gründung der Europäischen Gemeinschaft oder des Artikels 53 oder 54 des Abkommens über den Europäischen Wirtschaftsraum abhängt. ³Satz 1 gilt nicht für Rechtsstreitigkeiten aus den in § 69 des Fünften Buches Sozialgesetzbuch genannten Rechtsbeziehungen, auch soweit hierdurch Rechte Dritter betroffen sind.

Übersicht

	Rn.		Rn.
I. Sinn und Zweck der Vorschrift	1	b) Kartellrechtliche Vorfragen (S. 2)	17
II. Praktische Bedeutung	4	c) Streitigkeiten, die Art. 81, 82 EG/Art. 53, 54 EWR-Abkommen betreffen (S. 1)	22
III. Tatbestand	6	IV. Rechtsfolgen	23
1. Verfahrensfragen	7	1. Vorrang der Zuständigkeit der Kartellgerichte	23
2. Bürgerliche Rechtsstreitigkeiten	11	2. Zuständigkeit der Kartell-Landgerichte	24
a) Beteiligung eines Trägers hoheitlicher Gewalt	12	3. Verfahren und Rechtsmittel bei Unzuständigkeit	29
b) Zuweisung von Rechtsstreitigkeiten an die Sozialgerichte	13	V. Verhältnis zu anderen Vorschriften	31
3. Kartellrechtsstreitigkeiten	15		
a) Streitigkeiten, die die Anwendung des GWB betreffen (S. 1)	16		

Schrifttum: *Glöckner*, Individualschutz und Funktionenschutz in der privaten Durchsetzung des Kartellrechts – Der Zweck heiligt die Mittel nicht; er bestimmt sie! WRP 2007, 490; *Möschel*, Behördliche oder privatrechtliche Durchsetzung des Kartellrechts? WuW 2007, 483; *Winkler*, Kartellrechtliche Belieferungsklagen im Gerichtsstand der unerlaubten Handlung, BB 1979, 402.

I. Sinn und Zweck der Vorschrift

Zweck der die **bürgerlichen Kartellrechtsstreitigkeiten** betreffenden Norm ist – aus Gründen der Rechtssicherheit und der Zuverlässigkeit des Rechtsschutzes durch Sicherung einer einheitlichen Rechtsprechung – die **Konzentration** der Kartellrechtsstreitigkeiten bei solchen erstinstanzlichen Gerichten, die in dieser Rechtsmaterie besonders erfahren und sachkundig sind. § 87 Abs. 1 regelt deshalb den Rechtsweg zu den bei der ordentlichen Gerichtsbarkeit eingerichteten Kartellgerichten und die ausschließliche (s. auch § 95) sachliche und von der Höhe des Streitwerts unabhängige Zuständigkeit der Landgerichte. 1

Nach der bis zum 31. 12. 1998 geltenden Fassung des § 87 unterfielen nur solche Streitigkeiten, in denen der Hauptgegenstand der Klage kartellrechtlicher Natur war, der Zuständigkeit der Kartell-LG. Kartellrechtliche **Vorfragen** in hauptsächlich nicht-kartellrechtlichen Prozessen vor Nicht-Kartellgerichten erforderten gemäß § 96 Abs. 2 S. 1 a. F. eine **Aussetzung** des Rechtsstreits, um den Parteien die Möglichkeit zu geben, die kartellrechtliche Vorfrage durch Anrufung der Kartell-LG klären zu lassen. Dies umständliche Vorgehen (denn entweder waren zwei Prozesse zu führen oder es war eine die kartellrechtliche Vorfrage betreffende Feststellungsklage mit der Hauptklage zu verbin- 2 den)[1] ist entbehrlich geworden, seitdem § 87 S. 2 n. F.[2] in Rechtsstreitigkeiten über kartellrechtliche Vorfragen Satz 1 der Vorschrift für ohne weiteres anwendbar erklärt, mit der Folge, dass nunmehr die Kartell-LG unabhängig davon, ob über kartellrechtliche Vor- oder Hauptfragen zu befinden ist, ausschließlich zur Entscheidung berufen sind.

3 Zu Gesetzesänderungen der jüngeren Vergangenheit: Mit dem am 1. 1. 2000 in Kraft getretenen Gesetz zur Reform der gesetzlichen Krankenversicherung **(GKV-Gesundheitsreformgesetz 2000)** vom 22. 12. 1999[3] ist § 87 Abs. 1 um S. 3 erweitert worden (dazu unten Rn. 13). Durch das am 1. 7. 2005 in Kraft getretene **Siebte Gesetz zur Änderung des Gesetzes gegen Wettbewerbsbeschränkungen**[4] sind (auch) im Anwendungsbereich der §§ 87 ff. die Vorgaben der Verordnung (EG) Nr. 1/2003 des Rates vom 16. 12. 2002 zur Durchführung der in den Art. 81 und 82 des Vertrags zur Gründung der Europäischen Gemeinschaft (EG)[5] niedergelegten Wettbewerbsregeln in nationales Recht umgesetzt worden. Dies hat auch zu einer redaktionellen Vereinfachung von § 87 geführt. Die Vorschrift umfasst ihrem Wortlaut nach nunmehr die bürgerlichen Rechtsstreitigkeiten, die die Anwendung dieses Gesetzes, der Art. 81 oder 82 EG oder der Art. 53 oder 54 des EWR-Abkommens betreffen. Eine sachliche Änderung ist dadurch nicht eingetreten.[6] Rechtsstreitigkeiten „aus Kartellvereinbarungen" und „aus Kartellbeschlüssen" (so die frühere Gesetzesfassung) sind vom Wortlaut der Norm miterfasst. Allerdings konnte infolge der Neufassung § 96 a. F. gestrichen werden.[7] Schon § 96 a. F. trug aber der europäischen Dimension des Kartellrechts Rechnung, indem er die §§ 87 bis 90 und 91 bis 95 in bürgerlichen Rechtsstreitigkeiten für entsprechend anwendbar erklärte, die sich aus den Art. 85 oder 86 des EG-Vertrages (EGV)[8] oder aus den Art. 53 oder 54 des EWR-Abkommens[9] ergaben. § 87 ist in diesen Sachen nunmehr unmittelbar anzuwenden. **Abs. 2** ist durch Gesetz vom 29. 12. 2006[10] aufgehoben worden. Die Regelung, wonach Kartellrechtsstreitigkeiten Handelssachen sind, befindet sich nunmehr in § 95 Abs: 2 GVG.

II. Praktische Bedeutung

4 Die Vorschrift ist (vor allem i. V. m. der Ermächtigung der Landesregierungen in § 89 Abs. 1, bürgerliche Kartellrechtsstreitigkeiten einem LG oder einigen wenigen LG für die

---

[1] Vgl. BGH WuW/E BGH 244, 249 = NJW 1958, 1395, 1396 – *Abitz;* OLG Düsseldorf WuW/E OLG 507, 508; 705, 706; OLG Frankfurt WuW/E OLG 5149, 5150 – *Kartellrechtliche Feststellungsklage.* Siehe dazu auch § 88 Rn. 2.

[2] Seinerzeit noch als Abs. 1 S. 2 eingefügt durch die am 1. 1. 1999 in Kraft getretene 6. GWB-Novelle, BGBl. I 1999, S. 2546.

[3] BGBl. I 1999, S. 2626 ff.

[4] BGBl. I 2005, S. 1954 in der Fassung des Beschlusses des Bundestages vom 16. 6. 2005 und des Beschlusses des Bundesrates vom 17. 6. 2005. Wegen der insgesamt umfangreichen Änderungen durch dieses Gesetz hat das Bundesministerium für Wirtschaft und Arbeit von der Neubekanntmachungserlaubnis Gebrauch gemacht. Die Zitierweise ist nunmehr: Gesetz gegen Wettbewerbsbeschränkungen in der Fassung der Bekanntmachung vom 15. 7. 2005, BGBl. I 2005, S. 2114.

[5] ABl. EG Nr. L v. 4. 1. 2003, S. 1.

[6] Vgl. auch die Entwurfsbegründung der Bundesregierung BT-Drucks. 15/3640, S. 68.

[7] § 96 a. F. entsprach (mit Ausnahme seines S. 2) dem im Zuge der 5. GWB-Novelle eingefügten § 97. Bis dahin hatten die Kartellgerichte kraft der ihnen zugewiesenen Zuständigkeit nur in bürgerlichen Rechtsstreitigkeiten zu entscheiden, die sich aus nationalem Kartellrecht ergaben (§ 87 Abs. 1 a. F.) oder in denen nationales Kartellrecht eine Vorfragezuständigkeit begründete (§ 96 Abs. 2 a. F.).

[8] Art. 85 und 86 EGV sind durch den Vertrag von Amsterdam vom 2. 10. 1997 in Art. 81 und 82 EG umbenannt worden (Vertrag von Amsterdam zur Änderung des Vertrags über die Europäische Union, der Verträge zur Gründung der Europäischen Gemeinschaften sowie einiger damit zusammenhängender Rechtsakte, ABl. EG Nr. C 340 v. 10. 11. 1997, S. 1).

[9] Art. 53 und 54 EWR-Abkommen sind mit Art. 81 und 82 EG (Art. 85 und 86 EGV) inhaltlich identisch.

[10] Verbraucherschutzdurchsetzungsgesetz, BGBl. I S. 3367.

Bezirke mehrerer LG durch Rechtsverordnung zuzuweisen) im System des kartellrechtlichen Rechtsschutzes darauf angelegt, weit reichende praktische Bedeutung zu erlangen.[11] Durch den kartellzivilrechtlichen Rechtsschutz wird (trotz seiner faktisch bislang nicht sehr bedeutsamen Rolle und nicht zu verkennender Missbrauchsgefahren) nicht nur dem Individualinteresse der Betroffenen, sondern mittelbar auch den Allgemeinbelangen an der Erhaltung eines funktionsfähigen Wettbewerbs zu praktischer Wirksamkeit verholfen.[12] Beispielhaft sei auf die Bekämpfung von Missbräuchen marktbeherrschender oder marktstarker Unternehmen, insbesondere auf die Möglichkeit von Unterlassungs- und Belieferungsklagen sowie auf die Geltendmachung von Durchleitungsansprüchen zu angemessenen Netznutzungsentgelten bei Strom und Gas verwiesen. Die zivilrechtliche Schadensersatzhaftung bei Kartellrechtsverstößen steht hingegen erst noch am Anfang einer infolge ihres Abschreckungseffekts nicht zu vernachlässigen Entwicklung.[13] Gerade deswegen: Wenn die Prozesse von wenigen, dafür aber sachkundigen und erfahrenen Kollegialgerichten entschieden werden, sind bessere Voraussetzungen dafür gegeben, dass die Entscheidungen in der Sache zutreffend sind, widersprüchliche Judikate vermieden werden und der oft umfangreiche Prozess-Stoff einigermaßen zügig bewältigt werden kann. Die Zuständigkeitskonzentration hat sich bewährt. § 87 gilt im Übrigen uneingeschränkt auch in Verfahren auf Erlass **einstweiliger Verfügungen** (s. dazu auch Rn. 18) und in **Beschwerdeverfahren**.

Der mit der Konzentration verbundene Vorrang der kartellrechtlichen Zuständigkeit führt dazu, dass die Kartellgerichte sich nicht selten mit Sonderrechtsmaterien zu befassen haben, in die das Kartellrecht hineinwirken kann (z. B. Abfallwirtschafts-, Energiewirtschafts-, Patent-, Personenbeförderungs-, Telekommunikations- oder Vertragshändlerrecht).[14] Dies kann den Fallbearbeitungsaufwand beträchtlich erhöhen, was fragwürdig ist, wenn die zuständigkeitsbegründende kartellrechtliche Frage geklärt oder relativ einfach zu beantworten ist, wohingegen den Hauptgegenstand des Prozesses ein sonderrechtliches Problem (oder deren Mehrheit) bildet. Dergleichen Spannungslagen wird mit unterschiedlichen Lösungsansätzen begegnet (vgl. dazu unten Rn. 21).[15]

III. Tatbestand

Die ausschließliche Zuständigkeit der Kartell-LG setzt eine bürgerliche Rechtsstreitigkeit (d. h. die Zulässigkeit des Rechtsweges zu den ordentlichen Gerichten) sowie im Besonderen eine **kartellrechtliche Streitigkeit** voraus. Kartellsachen sind Rechtsstreitigkeiten, die die Anwendung von Normen des GWB, der Art. 81 oder 82 EG oder der Art. 53 oder 54 des EWR-Abkommens[16] betreffen (Fälle des § 87 S. 1). Sachlich hat sich infolge der Neufassung durch das Siebte Gesetz zur Änderung des Gesetzes gegen Wettbewerbsbeschränkungen am Anwendungsbereich der Norm nichts geändert, wenn man davon absieht, dass § 96 a. F. im neuen § 87 S. 1 aufgegangen ist. Rechtsstreitigkeiten „aus diesem Gesetz",

---

[11] Vgl. zusammenfassend *K. Schmidt* in: Immenga/Mestmäcker, GWB, Vorbemerkung vor § 87 Rn. 3 m.w. N.

[12] So auch *Glöckner,* WuW 2007, 490, 497.

[13] Vgl. dazu das Weißbuch der EU-Kommission zu Schadensersatzklagen wegen Verletzungen des EU-Wettbewerbsrechts vom 2. 4. 2008, KOM (2008), 165 endgültig; kritisch gegenüber einer privatrechtlichen Durchsetzung des Kartellrechts hingegen *Möschel,* WuW 2007, 483, 488 f., 491 f.

[14] Vgl. z. B. BGH GRUR 2004, 966 – Standard-Spundfass, wegen einer Verbindung mit dem Patentrecht.

[15] *K. Schmidt* in: Immenga/Mestmäcker, GWB, § 87 Rn. 33: Teleologische Reduktion des Abs. 1 Satz 2; *Bornkamm* in: Langen/Bunte, Kommentar zum deutschen und europäischen Kartellrecht, § 87 GWB Rn. 34: Kongruenz der Spezialzuständigkeiten; *ders.,* § 87 Rn. 24–29: Praxis der geklärten Kartellrechtsfragen; ablehnend hinsichtlich letzterer: *Bechtold,* GWB, § 87 Rn. 7; *Meyer-Lindemann* in: Frankfurter Komm., § 87 Rn. 44 – jeweils m. w. N.

[16] Art. 53 und 54 EWR-Abkommen sind mit Art. 81, 82 EG inhaltlich identisch.

„aus Kartellvereinbarungen" oder „aus Kartellbeschlüssen" (so die frühere Fassung) betreffen zugleich „die Anwendung dieses Gesetzes".[17] Dem Anwendungsbereich der Vorschrift unterfallen zusätzlich solche Streitigkeiten, deren Entscheidung ganz oder teilweise von einer Entscheidung abhängt, die nach dem GWB zu treffen ist (Fälle des § 87 S. 2). Damit sind auch nicht-kartellrechtliche Streitigkeiten, die eine kartellrechtliche Vorfrage aufwerfen, von Gesetzes wegen als Kartellstreitigkeiten qualifiziert. Das Merkmal der **bürgerlichen Rechtsstreitigkeit** ist i. S. von § 13 GVG zu verstehen,[18] wobei der darin geregelte Vorbehalt zu Gunsten von Sonderzuweisungen an bestimmte Gerichte im Rahmen von § 87 nicht gilt.[19] Bei Vorliegen einer bürgerlichen Rechtsstreitigkeit ist (dies vor allem im Unterschied zum Verwaltungsgerichtsweg) der Rechtsweg zu den ordentlichen Gerichten eröffnet.

1. Verfahrensfragen

7   Die Zulässigkeit des Rechtswegs ist vom Gericht (wie bei sämtlichen Sachenscheidungsvoraussetzungen) von Amts wegen unabhängig davon zu überprüfen, ob der Prozessgegner die Zulässigkeit rügt.[20] Grundlage der Prüfung ist der Tatsachenvortrag des Klägers (im Fall einer negativen Feststellungsklage sowie bei kartellrechtlichen Vorfragen auch der Vortrag des Beklagten), ungeachtet dessen, wie er selbst den Vortrag rechtlich bewertet.[21] Auch im Fall des § 87 S. 1 kommt es weder auf einen schlüssigen oder substantiierten Vortrag[22] noch darauf an, ob ein bürgerlich-rechtlicher Anspruch wirklich gegeben ist (dies ist eine Frage der Begründetheit der Klage). Entscheidend ist, ob aus dem Tatsachenvortrag des Klägers (oder des Beklagten im Fall einer negativen Feststellungsklage und kartellrechtlicher, die Vorfragezuständigkeit nach S. 2 begründender Einreden; dazu im Einzelnen Rn. 20) – seine Richtigkeit unterstellt – objektiv Rechtsbeziehungen oder Rechtsfolgen hervorgehen, für die die Zuständigkeit der Kartell-Zivilgerichte gegeben ist.[23] Der zuständigkeitsbegründende Vortrag muss im Streitfall nicht nachgewiesen werden. Über die Zuständigkeit ist auf der Grundlage des einseitigen Parteivortrags zu entscheiden.

8   Hält es den Rechtsweg zu den ordentlichen Gerichten für nicht gegeben, spricht das angerufene Gericht dies nach Anhörung der Parteien von Amts wegen aus und verweist den Rechtsstreit durch Beschluss an das zuständige Gericht des zulässigen Rechtsweges (§ 17a Abs. 2 S. 1 GVG). Sind mehrere Gerichte zuständig, hat der Kläger/Antragsteller ein Wahlrecht (§ 17a Abs. 2 S. 2 GVG). Der **Verweisungsbeschluss** ist für das Gericht, an das der Rechtsstreit verwiesen worden ist, nur hinsichtlich des Rechtsweges bindend (§ 17a Abs. 2 S. 3 GVG). Wird ein Verweisungsantrag nicht gestellt oder unter mehreren zuständigen Gerichten nicht gewählt, ist die Klage nicht als unzulässig abzuweisen.

9   Die Absätze 3 und 4 von § 17a GVG regeln das – vom Verfahren der Sachentscheidung abgetrennte – sog. **Vorabentscheidungsverfahren,** welches zwingend ist, wenn der Pro-

---

[17] Vgl. insoweit auch die Entwurfsbegründung der Bundesregierung, BT-Drucks. 15/3640, S. 69.
[18] Vgl. BGHZ 41, 194, 197 = WuW/E BGH 582, 585 f. – *Apothekerkammer.*
[19] Vgl. BGHZ 34, 53, 56 = WuW/E BGH 419 ff. – *Apotheke.*
[20] Vgl. BGH NJW 1969, 1574; 1970, 1683. BGHZ 97, 312, 313 f. = WuW/E BGH 2301, 2302 = NJW 1986, 2359 – *Orthopädische Hilfsmittel;* BGHZ 101, 72, 75 = WuW/E 2399, 2401 – *Krankentransporte.*
[21] Vgl. GmS-OGB NJW 1988, 2295, 2296 = BGHZ 102, 280 – *Rollstühle;* BGH NJW 1990, 1527.
[22] Vgl. z. B. OLG Koblenz WuW/E OLG 2307, 2308 – *Apotheker-Werbung.*
[23] Vgl. BGH WuW/E BGH 1383, 1384 f. = BGHZ 64, 342 – *Abschleppunternehmen (Abschleppaufträge);* GmS-OGB NJW 1988, 2295, 2296 = BGHZ 102, 280, 284 – *Rollstühle;* OLG Stuttgart WuW/E OLG 4001, 4002 – *Fiat-Bonus; K. Schmidt* in: Immenga/Mestmäcker, GWB, § 87 Rn. 9; *Bornkamm* in: Langen/Bunte (Fn. 15), § 87 Rn. 18; nur in einer Nuance in dem Sinn anders, als der Kläger – in vertretbarer Weise, wenn auch möglicherweise objektiv falsch – seinen Anspruch auch auf Kartellrecht stützen müsse: *Bechtold,* GWB, § 87 Rn. 6.

§ 87. Ausschließliche Zuständigkeit der Landgerichte 10, 11 § 87 GWB

zessgegner die Zulässigkeit des Rechtsweges ausdrücklich und fristgemäß im Sinne von § 282 Abs. 3 ZPO rügt. Das Vorabentscheidungsverfahren ist aber auch dann statthaft, wenn das erstinstanzliche Gericht eine Vorabentscheidung (bei objektiv zweifelhafter Zulässigkeit des Rechtsweges) von sich aus für sachdienlich hält. Das LG spricht im Rahmen dieses Verfahrens entweder die Zulässigkeit des beschrittenen Rechtsweges aus oder es verneint diese und verweist den Rechtsstreit an das Gericht des zulässigen Rechtsweges. Unter mehreren für eine Verweisung in Betracht kommenden Gerichtsständen kann der Kläger sein Wahlrecht nach § 17a Abs. 2 S. 2 GVG in mündlicher Verhandlung oder nach Anhörung ausüben (gemäß § 17a Abs. 2 S. 1 GVG, jedenfalls aber nach Art. 103 Abs. 1 GG). Der zu begründende Beschluss unterliegt sofortiger Beschwerde an das OLG (§§ 17a Abs. 4 S. 2 und 2 GVG, 567ff. ZPO). Die Beschwerdemöglichkeit korreliert mit der Vorschrift des § 17a Abs. 5 GVG, wonach in den mit der Hauptsacheentscheidung des erstinstanzlichen Gerichts befassten Rechtsmittelinstanzen die bestandskräftig festgestellte Zulässigkeit des beschrittenen Rechtsweges nicht mehr zu prüfen ist. Eine Prüfung in der Rechtsmittelinstanz ist indes geboten, wenn das erstinstanzliche Gericht unter Verstoß gegen seine Vorabentscheidungspflicht nach § 17a Abs. 3 S. 2 GVG in der Sache entschieden hat.[24] In einem derartigen Fall hat das durch Berufung angerufene OLG über den Rechtsweg vorab durch Beschluss zu entscheiden, wenn gegen diese Entscheidung die Rechtsbeschwerde an den BGH zuzulassen ist (§ 17a Abs. 4 S. 4 und 5 GVG). Anderenfalls hat das Berufungsgericht über die Zulässigkeit des Rechtsweges zusammen mit der Sachentscheidung zu befinden.[25] Eine Zurückverweisung der Sache an die erste Instanz kommt nur unter den engen Voraussetzungen von § 538 Abs. 2 ZPO in Betracht.

Die Bestimmungen über das Vorabentscheidungsverfahren gelten für alle bei den Kartellzivilgerichten anfallenden selbständigen Verfahren, grundsätzlich also auch in Verfahren auf Erlass **einstweiliger Verfügungen.**[26] Dennoch ist gerade hier eine Ausnahme angezeigt, denn das die Entscheidung verzögernde Vorabentscheidungsverfahren ist – da es der Gewährung alsbaldigen Rechtsschutzes zuwider läuft – dem Zweck des Eilverfahrens in der Regel abträglich. Deshalb darf das erstinstanzliche Gericht in solchen Verfahren von einer Vorabentscheidung nach § 17a Abs. 3 S. 2 GVG absehen und den Rechtsweg zusammen mit der Sachentscheidung bejahen.[27] Diese Entscheidung bindet das Berufungsgericht jedoch nicht. Vielmehr ist – sofern die Rüge der Zulässigkeit des Rechtsweges in zweiter Instanz erneuert wird – diese Frage vom OLG erneut zu prüfen.[28] Dabei ist in kein Vorabentscheidungsverfahren einzutreten, da beim einstweiligen Rechtsschutz der die Zulässigkeit des beschrittenen Rechtsweges betreffende Rechtsmittelweg nicht weiter geht als der Rechtsmittelzug in der Sache selbst. In der Sache selbst endet der Rechtsweg bei den OLG (vgl. § 542 Abs. 2 S. 1 ZPO n. F.). 10

2. Bürgerliche Rechtsstreitigkeiten

Ob eine Streitigkeit bürgerlich-rechtlicher (oder öffentlich-rechtlicher) Art ist, richtet sich nach der Natur des Rechtsverhältnisses, aus dem der Klageanspruch hergeleitet wird,[29] es sei denn, der Gesetzgeber hat eine anderweitige Rechtswegzuweisung vorgenommen. 11

---

[24] Vgl. BGH NJW 1991, 1686; 1993, 1799f. – jeweils m. w. N.
[25] Vgl. BGH NJW 1993, 389, 390; 1996, 591; WuW/E DE-R 352 = NJW 2000, 866 – *Kartenlesegerät*.
[26] Vgl. BGH NJW 1999, 3785; *Zöller/Gummer*, ZPO Vorbem. zu §§ 17–17 b GVG, Rn. 12 m. w. N.
[27] Wie hier OLG Düsseldorf, Urt. v. 15. 11. 2000, Az. U (Kart) 6/00, Urt. abgedruckt S. 12f.; Urt. v. 29. 7. 1997, Az. U (Kart) 13/97, Urteilsabdruck S. 5.
[28] Vgl. auch OLG Hamburg WuW/E DE-R 600, 601 – *Arzneimittel-Richtlinien*.
[29] GmS-OGB BGHZ 97, 312, 313f. = WuW/E BGH 2301 = NJW 1986, 2359 – *Orthopädische Hilfsmittel*; BGHZ 101, 72, 75 = WuW/E 2399. 2401 – *Krankentransporte*.

Maßgebend ist der Gegenstand der Streitigkeit, der sich aus der Rechtsnatur des behaupteten Anspruchs ergibt.[30]

12   a) Von besonderer Bedeutung sind insoweit die Ansprüche gegen einen **Träger hoheitlicher Gewalt**. Insoweit liegt ein bürgerlich-rechtlicher Streit vor, wenn die Parteien zueinander nicht in einem hoheitlichen Verhältnis der Über- und Unterordnung stehen, und sich der Träger hoheitlicher Gewalt nicht der besonderen, ihm zugeordneten Rechtssätze des öffentlichen Rechts bedient, sondern er sich – wie dann, wenn er als Konkurrent privater Unternehmen am Wettbewerb teilnimmt oder fremden Wettbewerb fördert – den für jedermann geltenden zivilrechtlichen Regelungen unterwirft.[31] Allerdings kann bei Vorliegen eines Gleichordnungsverhältnisses noch nicht ohne weiteres auf eine bürgerlich-rechtliche Streitigkeit geschlossen werden, da sich auch bei öffentlich-rechtlichen Verträgen die Vertragspartner grundsätzlich gleichgeordnet gegenüber stehen. Deshalb ist dann auf den Gegenstand und Zweck des Vertrages abzustellen,[32] wobei nicht entscheidend ist, ob der Abschluss zweckgerichtet einer Erfüllung hoheitlicher Aufgaben dient.[33] Bürgerlich-rechtlicher Natur können hiernach namentlich die Streitigkeiten über **Beschaffungsverträge** der öffentlichen Hand sein.[34] Der Umstand, dass der Anspruch sich gegen eine (schlicht) **hoheitliche Verwaltungstätigkeit** richtet, schließt eine bürgerliche Rechtsstreitigkeit nicht aus, wenn dieses Handeln nach dem Klagevortrag jedenfalls zivilrechtliche Auswirkungen hat.[35] Die Rspr. differenziert das Verwaltungshandeln insoweit zu Recht je nach Blickrichtung, beanspruchter Klagegrundlage und Rechtsfolge, woraus sich ergeben kann, dass es sich (anders als im Verhältnis zu den sog. Gewaltunterworfenen) Dritten – namentlich anderen Marktteilnehmern – gegenüber als ein privatrechtliches (und damit auch als ein unternehmerisches) Handeln darstellt.[36] Die Rspr. des BGH, wonach für die Frage des Rechtswegs auf die Rechtsnatur des behaupteten Anspruchs abzustellen sei,[37] hat mit zu der Auslegung beigetragen, privatrechtliche Ansprüche „aus diesem Gesetz" (nämlich Unterlassungs-, Schadensersatz- und Feststellungsansprüche auf der Grundlage von Normen des GWB) seien, wenn sie sich gegen die öffentliche Hand richten, als Anwendungsfälle des § 87 S. 1 immer bürgerlich-rechtliche Streitigkeiten i. S. d. § 13 GVG (eine Ausnahme ist freilich für den Fall des § 87 S. 2 geboten).[38] Dem ist – sofern das Rechtsverhältnis sich nicht nach Rechtsvorschriften bestimmt, die dem öffentlichen Recht zuzuordnen sind[39] – zuzustimmen, ungeachtet dessen, dass im Allgemeinen (wie aus § 17 Abs. 2

---

[30] GmS-OGB BGHZ 102, 280, 283 = NJW 1988, 2295, 2296 – *Rollstühle*; BGH WuW/E BGH 2813, 2816 – *Selbstzahler*.
[31] GmS-OGB BGHZ 102, 280, 283 = NJW 1988, 2295, 2296 – *Rollstühle*.
[32] GmS-OGB BGHZ 97, 312, 314 = WuW/E BGH 2301 = NJW 1986, 2359 – *Orthopädische Hilfsmittel*.
[33] Vgl. BGH WuW/E BGH 1581 – *Bundeswehrheime*.
[34] Vgl. GmS-OGB BGHZ 97, 312 = WuW/E BGH 2301 = NJW 1986, 2359 – *Orthopädische Hilfsmittel*; BGH NJW 1988, 2297, 2298; BGHZ 101, 72 = WuW/E BGH 2399 – *Krankentransporte*; BGHZ 114, 218 = WuW/E BGH 2707 – *Krankentransportunternehmen II (Einzelkostenerstattung)*; BGH WuW/E BGH 2721 = NJW 1992, 1561 – *Krankenpflege*; BGHZ 119, 93 = WuW/E BGH 2813 – *Selbstzahler*, auch: BVerwG NJW 2007, 2275 = NVwZ 2007, 820 = NZBau 2007, 389.
[35] BGHZ 101, 72, 75 = WuW/E BGH 2399, 2401 – *Krankentransporte*; GmS-OGB BGHZ 102, 280, 285 f. = NJW 1988, 2295, 2296 – *Rollstühle*.
[36] GmS-OGB BGHZ 102, 280, 284 f. = NJW 1988, 2295, 2296 – *Rollstühle*; vgl. auch BGH WuW/E BGH 352 = NJW 2000, 866, 868 – *Kartenlesegerät*; ausführlich: Hefermehl/Köhler/Bornkamm, Wettbewerbsrecht, § 4 UWG, Rn. 13.17 m. w. N.
[37] GmS-OGB BGHZ 102, 280, 283 = NJW 1988, 2295, 2296 – *Rollstühle*; BGH WuW/E BGH 2813, 2816 – *Selbstzahler*.
[38] So K. Schmidt in: Immenga/Mestmäcker, GWB, § 87 Rn. 6; Meyer-Lindemann in: Frankfurter Komm., § 87 Rn. 12.
[39] Vgl. BGHZ 41, 194, 197 f. = WuW/E BGH 582 – *Apothekerkammer*; OLG Koblenz WuW/E OLG 2307, 2309 – *Apotheker-Werbung*; OLG Düsseldorf WuW/E OLG 2151 f. – *Zahntechniker*.

§ 87. Ausschließliche Zuständigkeit der Landgerichte   13–15 § 87 GWB

S. 1 GVG zu folgern ist) die privatrechtliche Zuordnung des behaupteten Anspruchs über die Zulässigkeit des Rechtsweges zu den ordentlichen Gerichten endgültig noch nichts aussagt. Anders verhält es sich dagegen bei den bürgerlichen Rechtsstreitigkeiten mit kartellrechtlichem Streitgegenstand, die – mit Vorrang vor den in anderen Gesetzen geregelten Zuweisungen bürgerlicher Rechtsstreitigkeiten[40] – der ausschließlichen sachlichen Zuständigkeit der Zivilgerichte unterliegen.[41]

b) Zuweisung von Rechtsstreitigkeiten an die Sozialgerichte. Durch das GKV-Gesundheitsreformgesetz 2000[42] sind Rechtsstreitigkeiten aus dem Bereich der gesetzlichen Krankenversicherung mit kartellrechtlichem Einschlag den Sozialgerichten zugewiesen worden (vgl. § 51 Abs. 2 S. 2 SGG, § 69 SGB V und S. 3 von § 87). Im selben Zug hat der Gesetzgeber solche Streitigkeiten im Wege einer **Bereichsausnahme** einer Anwendung des nationalen Kartellrechts entzogen.[43] Inzwischen ist dies teilweise zurückgenommen worden: Nach § 69 S. 2 SGB V sollen, freilich unter der Anwendungshoheit der Sozialgerichte, die §§ 19 bis 21 GWB entsprechend gelten. Wettbewerbspolitisch verfehlt war all dies einer den Wettbewerb vermeintlich fördernden Überregulierung im Gesundheitswesen geschuldet. Wegen der Rechtsentwicklung und des Meinungsstands wird auf die Vorauflage (Rn. 13 f.) verwiesen.[44] Zwar konnte die Geltung des EG-Wettbewerbsrechts, vor allem der Art. 81 und 82 EG, nicht suspendiert werden. Jedoch hat auf Vorabentscheidungsersuchen des BGH[45] und des OLG Düsseldorf[46] der EuGH entschieden, die Bundesverbände der gesetzlichen Krankenkassen (und mithin wohl auch die gesetzlichen Krankenkassen selbst) seien nicht als Unternehmen anzusehen.[47] Aufgrund dessen hat sich eine konsequente Anwendung des Kartellrechts im Gesundheitswesen einstweilen erledigt. 13

3. Kartellrechtsstreitigkeiten

Kartellstreitsachen sind Streitigkeiten, die die Anwendung des GWB, der Art. 81 oder 82 EG oder der Art. 53 oder 54 des EWR-Abkommens[48] betreffen (S. 1). Die Regelung umfasst Rechtsstreitigkeiten „aus diesem Gesetz" sowie „aus Kartellvereinbarungen und aus Kartellbeschlüssen" (so der frühere Wortlaut der Norm). Ferner zählen dazu nichtkartellrechtliche Streitigkeiten, deren Entscheidung ganz oder teilweise von der Beantwortung einer kartellrechtlichen Vorfrage abhängt (S. 2). Maßgebend ist der Streitgegenstand,[49] der sich aus Antrag und Vortrag der klagenden (u. U. auch aus dem Vortrag der beklagten) Partei ergibt (s. dazu Rn. 7). 14

a) Streitigkeiten betreffen ihrem Hauptgegenstand nach die **Anwendung dieses Gesetzes** (und ergeben sich i. S. der a. F. „aus diesem Gesetz", **S. 1**), sofern der zugrunde lie- 15

---

[40] Vgl. BGHZ 114, 218, 220 ff. = WuW/E BGH 2707 – *Krankentransportunternehmen II (Einzelkostenerstattung)*; BGH WuW/E BGH 2721, 2725 f. = NJW 1992, 1561 – *Krankenpflege* – sowie unten Rn. 23.
[41] Vgl. BGH NJW 1998, 825, 826; 826, 827.
[42] BGBl. I S. 2626.
[43] Ebenso OLG Düsseldorf, Urt. v. 30. 4. 2003 – U (Kart) 39/01 (soweit ersichtlich unveröffentlicht); *K. Schmidt* in Immenga/Mestmäcker, § 87 Rn. 35–37; *Bornkamm* in Langen/Bunte (Fn. 15), § 87 Rn. 11 bis 13 und die Vorauflage des vorliegenden Kommentars, § 87 Rn. 13 f. – jeweils m. w. N.
[44] Kritisch zur Rechtsentwicklung auch *K. Schmidt* in Immenga/Mestmäcker, § 87 Rn. 38; *Bornkamm* in Langen/Bunte, § 87 Rn. 14.
[45] WuW/E DE-R 747.
[46] Beschl. v. 18. 5. 2001 – U (Kart) 28/00; Beschl. v. 11. 7. 2001 – U (Kart) 44/00 (soweit ersichtlich nicht veröffentlicht).
[47] EuGH EuZW 2004, 241 = WuW/E EU-R 801; kritisch dazu *Jaeger*, ZWeR 2005, 31, 50 m.w. N.
[48] Art. 53, 54 EWR-Abkommen entsprechen Art. 81, 82 EG.
[49] Zum Begriff des Streitgegenstandes vgl. *Zöller/Vollkommer*, Einleitung Rn. 70 ff. m. w. N.

gende bürgerlich-rechtliche (auf Untersagung eines kartellrechtswidrigen Verhaltens gerichtete) **Unterlassungs-** oder der **Schadensersatzanspruch** (jener namentlich in den Formen einer Aufnahme, Belieferung, Dienstleistung oder Zulassung) – nicht notwendig ausschließlich – aus Normen des GWB i. V. m. § 33 abgeleitet wird.[50] Dazu zählen auch Klagen auf **Vorteilsabschöpfung** nach § 34a. Bei der Sachentscheidung ist das Gericht nicht daran gebunden, Kartellrecht tatsächlich anzuwenden; es kann den Klageanspruch nach jedem Rechtssatz zuerkennen. Hat das Kartellgericht dem Grunde nach über eine Schadensersatzverpflichtung entschieden, so ist das folgende **Höheverfahren** keine Kartellsache mehr.[51] Für **Feststellungsklagen** hat unter Beachtung der zu § 256 ZPO entwickelten Grundsätze zu gelten: Positive Feststellungsklagen, die sich auf Normen des GWB stützen (z. B. auf § 20) sind Kartellrechtsstreitigkeiten.[52] Jedoch darf die Klage nicht lediglich der Klärung einer abstrakten Rechtsfrage gelten (z. B. Kartellrechtskonformität einer bestimmten Vertragsklausel), sondern muss – gestützt auf kartellrechtliche Normen – auf Feststellung des Bestehens oder Nichtbestehens eines Rechtsverhältnisses gerichtet sein (ungeachtet einer möglichen Auslegung, dass ein abstrakt formulierter Feststellungsantrag nicht doch ein konkretes Rechtsverhältnis zum Gegenstand hat).[53] Nur unter der Geltung von § 96 Abs. 2 a. F. (in diesem Licht sind vor allem ältere Entscheidungen zu verstehen) war es zulässig, durch Feststellungsklage abstrakte Rechtsfragen klären zu lassen (dazu § 88 Rn. 2). Auch Klagen auf Feststellung der Kartellrechtswidrigkeit eines bestimmten Verhaltens sind Kartellrechtsstreitigkeiten.[54] Dies gilt gleichermaßen für negative Feststellungsklagen, zu deren Begründung Kartellrechtsverletzungen herangezogen werden (z. B. Verstöße gegen §§ 14, 19 a. F.).[55] Erhebt die beklagte Partei gegen das aus allgemeinem Recht abgeleitete Feststellungsbegehren kartellrechtliche Einwendungen, ist die Vorfragezuständigkeit der Kartellgerichte nach Abs. 1 S. 2 begründet (dazu sogleich Rn. 17 ff.). Streitigkeiten nach S. 1 sind auch **Gestaltungsklagen,** mit denen z. B. die Unwirksamerklärung eines Gesellschafterbeschlusses wegen Verstoßes gegen § 1, die Aufhebung eines Schiedsspruchs oder die Aufhebung einer Vollstreckbarerklärung geltend gemacht wird (vgl. zu Letztgenanntem § 91 Rn. 23). Der Norm unterfallen ebenso Schadensersatzklagen aus **Vergabeverfahren,** sofern die Vergabe des öffentlichen Auftrags den Schwellenwert nach § 2 Vergabeverordnung (VgV) erreicht oder überschreitet.[56] Schadensersatzstreitigkeiten aus §§ 125, 126 GWB betreffen die Anwendung des GWB. Über einen Schadensersatzanspruch nach c. i. c. (§§ 280 Abs. 1, 241 Abs. 2, 311 Abs. 2 BGB) entscheidet das Kartellgericht kraft Sachzusammenhangs mit.

16 **Kartellvereinbarungen und -beschlüsse** sind in der Norm nicht erwähnt. In der früheren Fassung von S. 1 waren damit (entsprechend der Reichweite von § 1 a. F.) nur „horizontale" (sog. institutionalisierte) Kartelle nach den §§ 1 bis 8 a. F. (unabhängig von ihrer Legalisierung) gemeint, nicht hingegen im Vertikalverhältnis getroffene Individualabreden

---

[50] Vgl. *v. Gamm,* § 87 Rn. 10; *Bornkamm* in: Langen/Bunte, Kommentar zum deutschen und europäischen Kartellrecht, § 87 Rn. 19; *Bechtold,* GWB, § 87 Rn. 4.
[51] Vgl. OLG Köln WuW/E OLG 1383, 1384 = BB 1973, 577, 578.
[52] Vgl. BGH WuW/E DE-R 1051 – *Vorleistungspflicht.*
[53] Vgl. BGH GRUR 2002, 915, 917 = WuW/E DE-R 909, 911 – *Wettbewerbsverbot in Realteilungsvertrag;* OLG Düsseldorf WuW/E DE-R 854 – *Stadtwerke Aachen;* OLG Celle WuW/E DE-R 864 – *Kfz-Vertragshändler;* LG Düsseldorf WuW/E DE-R 769 – *Sportartikeleinkaufsgesellschaft.*
[54] Vgl. BGH WuW/E DE-R 1011 – *Wertgutscheine für Asylbewerber.*
[55] Vgl. BGH WuW/E DE-R 692 – *Kabel-Hausverteileranlagen.*
[56] Ebenso *Bornkamm* in Langen/Bunte (Fn. 50), § 87 Rn. 17 a; *Scharen* in: Willenbruch/Bischoff, Kompaktkommentar Vergaberecht, S. 1339 Rn. 15, S. 1354 Rn. 26, S. 1371 Rn. 62; *Verfürth* in Kulartz/Kus/Portz (Hrsg.), Kommentar zum GWB-Vergaberecht, § 125 Rn. 31; OLG Düsseldorf, Urt. v. 25. 6. 2003, Az. U (Kart) 36/02, VergabeR 2003, 594, sowie auf Revision: BGH, Urt. v. 22. 2. 2005, Az. KZR 36/03, VergabeR 2005, 339; LG Bonn, Beschl. v. 24. 6. 2004, Az. 1 O 112/04, VergabeR 2004, 665 f.

§ 87. Ausschließliche Zuständigkeit der Landgerichte   17–19 § 87 GWB

i. S. d. §§ 14f., 17f. a. F.[57] Die Unterscheidung zwischen horizontalen und vertikalen Vereinbarungen war faktisch jedoch unerheblich, da die Frage der kartellrechtlichen Wirksamkeit vertikaler Abreden – sofern sie entscheidungserheblich war – jedenfalls die Vorfragezuständigkeit gemäß S. 2 begründete.[58] Durch die Neufassung des § 1 ist die Unterscheidung zwischen horizontalen und vertikalen Wettbewerbsbeschränkungen aufgegeben und sind die §§ 2 bis 18a. F. geändert oder aufgehoben worden (m. A. der Regelung betreffend Mittelstandskartelle, § 3). § 87 ist daran angepasst worden. Infolge der Erweiterung des Anwendungsbereichs sind Kartellvereinbarungen und -beschlüsse von den Rechtsstreitigkeiten, die „die Anwendung dieses Gesetzes ... betreffen," mit umfasst.

b) Kartellrechtliche Vorfragen (S. 2) werden typischerweise durch Einwendungen 17 des Beklagten aufgeworfen. Sie müssen sich in einem Rechtsstreit (Rn. 18) in der Weise stellen, dass die Entscheidung von ihrer Beantwortung abhängt (Rn. 19). Anwendungsfälle stellen z. B. dar: Ein vertraglicher Erfüllungsanspruch begegnet dem Einwand eines Verstoßes gegen §§ 1 bis 3 oder gegen Art. 81 Abs. 1 EG; dem auf Vertragserfüllung gerichteten Klagebegehren wird eine unbillige Behinderung oder Diskriminierung i. S. v. § 20 entgegengehalten. Im Rahmen einer Klage ist über die kartellrechtliche Wirksamkeit eines Vertrages zu entscheiden.[59] Im angesprochenen Zusammenhang stellt sich ebenfalls die Frage, wie mit geklärten kartellrechtlichen Fragen umzugehen ist (Rn. 21).

aa) Die Zuständigkeit der Kartellgerichte setzt voraus, dass zwischen den Streitparteien 18 ein bürgerlich-rechtlicher **Rechtsstreit** – und zwar vor einem staatlichen (nicht einem Berufs- oder Schieds-)Gericht[60] – anhängig ist, in dem sich die kartellrechtliche Vorfrage stellt. Rechtsstreitigkeiten in diesem Sinn sind auch Verfahren auf Erlass **einstweiliger Verfügungen** vor den ordentlichen Gerichten.[61] Kartellrechtliche Vorfragen in Rechtsstreitigkeiten vor den Gerichten der Finanz-, Sozial- und Verwaltungsgerichtsbarkeit fallen (da nicht bürgerlich-rechtlicher Natur) hingegen nicht unter S. 2.[62] Dies gilt genauso für Streitigkeiten auf dem Gebiet der gesetzlichen Krankenversicherung (s. Rn. 13) sowie für Beschwerdeverfahren, in denen es lediglich noch um die Kostenentscheidung nach übereinstimmender Hauptsacheerledigung geht.[63] S. 2 ist auch auf **arbeitsgerichtliche** Streitigkeiten nicht anzuwenden, da § 48 ArbGG n. F. einen Sonderrechtsweg eröffnet.[64]

bb) Der Wortlaut von S. 2 („abhängt") macht deutlich, dass die kartellrechtliche Vorfrage **entscheidungserheblich** sein muss und der Rechtsstreit ohne Beantwortung dieser Frage vom angerufenen **Nicht-Kartellgericht** nicht entschieden werden kann. Schlüssiger und substantiierter Vortrag hinsichtlich der kartellrechtlichen Vorfrage ist nicht erforderlich 19

---

[57] Vgl. BGH WuW/E BGH 244, 246 = NJW 1958, 1395, 1396 – *Abitz;* 1525 – *Fertighäuser.* Letztgenannte konnten der Zuständigkeit der Kartellgerichte nur unterfallen, sofern ihre kartellrechtliche Wirksamkeit unmittelbar den Streitgegenstand bildete; *v. Gamm,* § 87 Rn. 11.

[58] Vgl. auch *Meyer-Lindemann* in: Frankfurter Komm., § 87 Rn. 31; *K. Schmidt* in: Immenga/Mestmäcker, GWB, § 87 Rn. 17.

[59] Vgl. OLG Oldenburg WuW/E DE-R 393, 394; vgl. als weiteren Beispielsfall auch: OLG Düsseldorf WuW/E DE-R 187, 188 – *Überlange Sozietätsbindung.*

[60] Vgl. BGH WuW/E BGH 523, 527 – *Schotter;* 823, 827 – *Schweißbolzen.*

[61] Wie hier *Bechtold,* § 87 Rn. 9; *Bornkamm* in: Langen/Bunte (Fn. 50), § 95 Rn. 5; *Meyer-Lindemann* in: Frankfurter Komm., § 87 Rn. 41; a. A. *K. Schmidt* in: Immenga/Mestmäcker, GWB, § 87 Rn. 21 m. w. N., der im Wege teleologischer Reduktion von S. 2 in Verfahren des einstweiligen Rechtsschutzes auch Nicht-Kartellgerichte für sachlich zuständig erachtet.

[62] Ebenso *K. Schmidt* in: Immenga/Mestmäcker, GWB, § 87 Rn. 20; a. A. *Meyer-Lindemann* in: Frankfurter Komm., § 87 Rn. 38 f.

[63] Vgl. BGH WuW/E BGH 415, 417 – *IG Bergbau;* 547, 549; OLG Köln WuW/E OLG 1715, 1716 f. – *Wimpy Hamburger.*

[64] So auch *K. Schmidt* in: Immenga/Mestmäcker, GWB, § 87 Rn. 20; § 88 Rn. 2 m. w. N.; *Zöller/Gummer,* Vorbem. vor §§ 17–17b GVG Rn. 10; a. A.: *Bechtold,* GWB, § 87 Rn. 8; *Meyer-Lindemann* in: Frankfurter Komm., § 87 Rn. 38.

(vgl. auch Rn. 7). Anderenfalls hätte ein Nicht-Kartellgericht einen Sachvortrag auf seine kartellrechtliche Erheblichkeit zu prüfen. Umgekehrt folgt daraus, dass die Kartellgerichte nicht zuständig sind, wenn der Streit ohne Entscheidung der kartellrechtlichen Vorfrage, und zwar im Sinn einer Abweisung der Klage oder eines Stattgebens, aus anderen Gründen entscheidungsreif ist. Die kartellrechtliche Frage muss sich keineswegs bei allen in Betracht zu ziehenden Anspruchsgrundlagen stellen. Das Nicht-Kartellgericht kann und muss einer auf mehrere Rechtsgrundlagen gestützten Klage – auch sofern es sich prozessual um unterschiedliche Streitgegenstände handelt[65] – daher aus dem Rechtssatz stattgeben, der die kartellrechtliche Vorfrageprüfung nicht erfordert.[66] Umgekehrt kann die Frage der kartellrechtlichen Wirksamkeit eines Vertrages offen bleiben, wenn ein Vertrag – mit der Folge einer Klageabweisung – aus anderen als kartellrechtlichen Gründen nicht wirksam zustande gekommen ist. Eine kartellrechtliche Nichtigkeit einzelner Vertragsbestimmungen führt nach § 139 BGB auch nicht notwendig zur Unwirksamkeit des gesamten Vertrages;[67] sofern Gesamtnichtigkeit zu verneinen ist, ist die kartellrechtliche Vorfrage nicht entscheidungserheblich und sind die Kartellgerichte nicht zuständig. S. 2 beschreibt insofern eine doppelrelevante Sachentscheidungsvoraussetzung (ähnlich wie § 32 ZPO),[68] welche die Behauptung einer kartellrechtserheblichen Vorfrage erfordert, dies für die Zuständigkeit der Kartellgerichte aber auch ausreichen lässt. Die Prüfung der Entscheidungserheblichkeit der kartellrechtlichen Vorfrage obliegt dem angerufenen Nicht-Kartellgericht.[69] Dabei ist es an übereinstimmende Rechtsauffassungen der Parteien nicht gebunden.[70] Um den Prozess nach einer anderen nicht-kartellrechtlichen Anspruchsgrundlage spruchreif zu machen oder die Erheblichkeit der kartellrechtlichen Vorfrage für die Entscheidung zu klären, muss keine **Beweisaufnahme** durchgeführt werden.[71] Eine solche Sachprüfung ist mit dem prozessualen Vorrang[72] der Zuständigkeitsfrage nicht zu vereinbaren.[73] Treten kartellrechtliche **Vorfragen erst im Laufe des Rechtsstreits** (z. B. erst im Berufungsrechtszug) auf, ist – wie bei anfänglich aufgeworfenen Vorfragen – ebenfalls eine Verweisung an das Kartellgericht geboten (entsprechend § 281 ZPO).[74] Die Verweisung ist für das Kartellgericht auch dann bindend, wenn das Nicht-Kartellgericht die Entscheidungserheblichkeit der Vorfrage unzutreffend beurteilt hat (analog § 281 Abs. 2 S. 4 ZPO).

20 Für das **Kartellgericht** stellen sich – wenn sich im Rahmen eines bei ihm anhängig gemachten Rechtsstreits eine kartellrechtliche Vorfrage erhebt – ähnliche Rechtsfragen. Indes ist die Zuständigkeit des Kartellgerichts schon dann gegeben, wenn die Abhängigkeit des Klageanspruchs von der Entscheidung einer kartellrechtlichen Vorfrage – ohne Rücksicht

---

[65] Vgl. grundsätzlich zu Anspruchsnormenkonkurrenz und verschiedenem Streitgegenstand: *Zöller/Vollkommer*, Einleitung Rn. 70 ff. m. w. N.

[66] Vgl. BGHZ 30, 186, 188 = WuW/E BGH 318, 321 – *Schokolade*; *Meyer-Lindemann* in: Frankfurter Komm., § 87 Rn. 46; *Bornkamm* in: Langen/Bunte, Kommentar zum deutschen und europäischen Kartellrecht, § 87 Rn. 22; *K. Schmidt* in: Immenga/Mestmäcker, GWB, § 87 Rn. 24.

[67] Vgl. BGH WuW/E DE-R 1031, 1032 – *Tennishallenpacht*.

[68] Vgl. dazu BGHZ 124, 237, 240 f.; 132, 110 f., 114.

[69] Ebenso *Bechtold*, GWB, § 87 Rn. 3; ungenau: *Meyer-Lindemann* in: Frankfurter Komm., § 87 Rn. 45: „summarische Wahrscheinlichkeitsprüfung".

[70] Wie hier: *Bornkamm* in: Langen/Bunte (Fn. 66), § 87 Rn. 29.

[71] Im Ergebnis wie hier: *Meyer-Lindemann* in: Frankfurter Komm., § 87 Rn. 46; *Bornkamm* in: Langen/Bunte (Fn. 66), § 87 Rn. 22.

[72] Vgl. dazu *Zöller/Greger*, vor § 253 ZPO Rn. 10 m. w. N.

[73] Die Rspr. zur Zulässigkeit einer prozessualen Aussetzung (gemäß dem bis zum 31. 12. 1998 geltenden Rechtszustand) ist darauf nicht übertragbar. Die Aussetzung nach § 148 ZPO erforderte selbstverständlich zunächst eine Sachprüfung des Klageanspruchs; vgl. OLG Düsseldorf GRUR 1993, 994, 996 f.

[74] Wie hier: *Bornkamm* in: Langen/Bunte (Fn. 66), § 87 Rn. 23; *Bechtold*, GWB, § 87 Rn. 3; differenzierend: *K. Schmidt* in: Immenga/Mestmäcker, GWB, § 87 Rn. 24, 39.

§ 87. Ausschließliche Zuständigkeit der Landgerichte 21, 22 § 87 GWB

auf Schlüssigkeit des Vortrags – geltend gemacht wird. Das Kartellgericht kann den Prozess dann nicht an ein Nicht-Kartellgericht verweisen (analog § 281 ZPO), und zwar selbst dann nicht, wenn es ihn auch nach einer nicht-kartellrechtlichen Anspruchsgrundlage für entscheidungsreif hält – es sei denn, die kartellrechtliche Vorfrage stellt sich nur bei einem mit der Klage erhobenen Hilfsantrag. Ansonsten hat das Kartellgericht über den Klageanspruch umfassend unter Berücksichtigung aller in Betracht zuziehenden Anspruchsgrundlagen zu befinden (vgl. auch § 17 Abs. 2 S. 1 GVG).[75]

cc) Gemäß der zur früheren (bis zum 31. 12. 1998 geltenden) Rechtslage ergangenen **21** Rspr. musste das angerufene Nicht-Kartellgericht den Rechtsstreit wegen einer kartellrechtlichen Vorfrage nicht aussetzen (§ 96 Abs. 2 a. F.), sondern durfte über die Vorfrage selbst entscheiden, wenn diese sich rechtlich zweifelsfrei beantworten ließ, insbesondere deswegen, weil sie durch höchstrichterliche Rspr. bereits geklärt war.[76] Beispielhaft hierfür lassen sich anführen: Die Formwirksamkeit eines kartellrechtlich relevanten Vertrages nach den §§ 34 a. F., 125 S. 1 BGB, die kartellrechtliche Unbedenklichkeit eines Wettbewerbsverbots oder die Suspendierung einer unter Art. 81 EG fallenden Wettbewerbseinschränkung durch Gruppenfreistellungsverordnung. Im Anschluss daran wird i. S. einer „**acte-clair**"-Doktrin[77] vertreten, in Rechtsstreitigkeiten mit kartellrechtlicher Vorfrage, die durch die Rspr. geklärt oder ohne weiteres eindeutig lösbar sei, habe das angerufene Nicht-Kartellgericht ohne Verweisungsmöglichkeit die Vorfrage selbst zu beantworten und in der Sache zu entscheiden.[78] Dies wird damit begründet, dass der angestrebten Konzentration kartellrechtlicher Streitigkeiten nicht gedient sei, würden die Kartellgerichte in jeder Sache mit noch so selbstverständlich zu beantwortender kartellrechtlicher Vorfrage als zuständig angesehen.[79] Neben einer vermittelnden Auffassung, die im Wege teleologischer Reduktion des S. 2 vorschlägt, die Zuständigkeit der Kartellgerichte bei zweifelsfreier Vorfrage nicht als eine ausschließliche zu verstehen,[80] wird der „acte clair"-Gedanke von anderen abgelehnt.[81] Dies ist vorzuziehen. Denn trotz der praktischen Vorteile, welche die vermittelnde Ansicht aufweist, sind die Kartellgerichte nach dem Wortlaut der Norm bei Streitigkeiten nach den Sätzen 1 und 2 unterschiedslos zuständig. Anderes ist in der Praxis der Instanzgerichte weder durchsetzbar noch erforderlich. Auch ist die Besorgnis, die Kartellgerichte könnten ungerechtfertigt mit Prozessen überzogen werden, nach praktischer Erfahrung unbegründet. Vor leichtfertiger Anrufung der Kartellgerichte schützt nach der hier befürworteten Auffassung demnach ausreichend eine stringente Prüfung der Entscheidungserheblichkeit der kartellrechtlichen Vorfrage durch das Nicht-Kartellgericht (s. o. Rn. 19). Bejahendenfalls ist ungeachtet dessen, ob die kartellrechtliche Vorfrage einfach oder schwierig zu beantworten ist, hinzunehmen, dass die Sache an ein Kartellgericht gelangt. Der Normzweck erschöpft sich nicht in der Zuständigkeitskonzentration bei kartellrechtlichen Rechtsfragen. Auch bei der Tatsachenfeststellung und Subsumtion kann der Sachverstand der Kartellgerichte gefordert sein.

c) Rechtsstreitigkeiten betreffen die **Anwendung der Art. 81, 82 EG/Art. 53, 54** **22** **EWR-Abkommen**[82] **(Satz 1),** wenn Leistungs-, Feststellungs- oder Gestaltungsklagen

---

[75] Vgl. hierzu auch den Beispielsfall LG Köln RdE 2003, 42; im Ergebnis ebenso: *Meyer-Lindemann* in: Frankfurter Komm., § 87 Rn. 46; *Bornkamm* in: Langen/Bunte (Fn. 66), § 87 Rn. 23; zum Verhältnis von Haupt- und Hilfsantrag siehe *Zöller/Vollkommer*, ZPO, Einleitung Rn. 70 ff.
[76] Vgl. BGHZ 30, 186, 191 ff. = WuW/E BGH 318 – *Schokolade;* BGHZ 64, 342, 345 f. = WuW/E BGH 1383, 1385 = GRUR 1975, 610 – *Abschleppunternehmen (Abschleppaufträge);* OLG Stuttgart WuW/E DE-R 121, 122 f.
[77] Begriffsprägung (soweit ersichtlich) durch *Bechtold*, GWB, 2. Aufl., § 87 Rn. 4.
[78] So *Bornkamm* in: Langen/Bunte (Fn. 66), § 87 Rn. 24 bis 28.
[79] *Bornkamm* a. a. O. Rn. 25.
[80] So *K. Schmidt* in: Immenga/Mestmäcker, GWB, § 87 Rn. 33 m.w.N.
[81] *Bechtold*, GWB, § 87 Rn. 7; *Meyer-Lindemann* in: Frankfurter Komm., § 87 Rn. 44.
[82] Die Art. 53, 54 EWR-Abkommen sind mit Art. 81, 82 EG wortlautidentisch.

ihrem Hauptgegenstand nach auf eine Verwirklichung der genannten Normtatbestände gestützt werden.[83] Die Erweiterung um die Art. 81, 82 EG entspricht der Erweiterung des Anspruchstatbestandes in § 33. Freilich ist zu beachten, dass nach bisheriger Rspr. aus einer Verletzung von Art. 81, 82 EG (und genauso von Art. 53, 54 EWR-Abkommen) bürgerlich-rechtliche Ansprüche nicht unmittelbar entstanden. Diese Bestimmungen waren lediglich Schutzgesetze und konnten nur i. V. mit § 823 Abs. 2 BGB Ansprüche begründen.[84] Anders war nur der Fall zu beurteilen, dass die Nichtigkeit einer wettbewerbsbeschränkenden Vereinbarung geltend gemacht wurde; die Nichtigkeit ergab sich unmittelbar aus Art. 81 Abs. 2 EG. Sowohl das Schutzgesetzerfordernis als auch die weitere Anspruchsvoraussetzung, dass sich das wettbewerbsschädigende Verhalten gezielt gegen den Anspruchsteller richtete,[85] sind infolge der Neufassung von § 33 jedoch entfallen.[86] Streitigkeiten aus Kartellvereinbarungen und -beschlüssen waren in der Vorläufernorm § 96 S. 1 a. F. und sind auch jetzt nicht ausdrücklich aufgeführt. Die Rechtslage wurde jedoch auch damals schon so verstanden, dass solche Streitigkeiten von § 96 S. 1 2. Hs. a. F.[87] erfasst wurden und infolgedessen der Vorfragezuständigkeit der Kartellgerichte unterfielen.[88] Nichts anderes hat nach dem 1. 7. 2005 zu gelten. **Satz 2** stellt klar, dass die Kartellgerichte auch in Rechtsstreitigkeiten zuständig sind, in denen der Erfolg mittelbar davon abhängt, ob – i. S. e. entscheidungserheblichen Vorfrage – dem Kartellverbot (Art. 81 EG(Art. 53 EWR-Abkommen) oder dem Missbrauchsverbot (Art. 82 EG/Art. 54 EWR-Abkommen) zuwider gehandelt worden ist. Die Vorschrift ist gleichermaßen anzuwenden, wenn Vorfragen anhand sekundärer gemeinschaftsrechtlicher Vorschriften (z. B. Gruppenfreistellungsverordnungen) zu beurteilen sind. Davon abgesehen ist die kartellgerichtliche Vorfragezuständigkeit hier genauso, wie vorstehend erörtert worden ist, zu behandeln (Rn. 17 bis 21).

IV. Rechtsfolgen

1. Vorrang der Zuständigkeit der Kartellgerichte

23   Entsprechend dem Zweck des Gesetzes geht die Zuweisung der sachlichen Zuständigkeit in § 87 (ausgenommen den Fall des S. 3) anderen Zuständigkeitsregelungen, und zwar auch solchen ausschließlichen Charakters, vor (s. auch § 88 2. Hs.).[89] Dies gilt einschränkungslos für S. 1, mit der Folge, dass bei einem Zusammentreffen von Anspruchsnormen aus GWB und anderen Rechtssätzen die Zuständigkeit der Kartellgerichte vorrangig ist –

---

[83] Ebenso *K. Schmidt* in: Immenga/Mestmäcker, GWB, § 87 Rn. 2; *Bornkamm* in: Langen/Bunte, Kommentar zum deutschen und europäischen Kartellrecht, § 87 Rn. 9; *Bechtold*, GWB, § 87 Rn. 17.
[84] Vgl. BGH WuW/W BGH 1643, 1645 – *BMW-Importe*; WuW/E DE-R 206 – *Depotkosmetik*.
[85] Dies wurde aus § 33 S. 1, 1. Hs a. F. entnommen („den Schutz eines anderen bezweckt"). Vgl. dazu aus der jüngeren Rspr. auch LG Mainz WuW/E DE-R 1349, 1351 – *Vitaminpreise Mainz*; LG Mannheim GRUR 2004, 182, 183 f.
[86] § 33 Abs. 1 S. 3 n. F. setzt bei der Definition der Betroffenheit eine zielgerichtete Schädigung nicht mehr voraus.
[87] § 96 S. 1 2. Hs. a. F.: ...; hängt die Entscheidung eines Rechtsstreits ganz oder teilweise von der Anwendbarkeit des Artikels 85 oder des Artikels 86 des Vertrages zur Gründung der Europäischen Gemeinschaft (Bem.: durch den Amsterdamer Vertrag umbenannt in Art. 81, 82 EG) oder des Artikels 53 oder des Artikels 54 des Abkommens über den Europäischen Wirtschaftsraum ab, so gilt § 87 Abs. 1 entsprechend.
[88] Vgl. in diesem Sinn auch *K. Schmidt* in: Immenga/Mestmäcker, GWB, 4. Aufl., § 87 Rn. 2 sowie 3. Aufl., § 96 Rn. 4.
[89] BGHZ 114, 218, 220 ff. = WuW/E BGH 2707 – *Krankentransportunternehmen II (Einzelkostenerstattung)*; BGH WuW/E BGH 2721, 2725 f. = NJW 1992, 1561 – *Krankenpflege*; OLG Karlsruhe WuW/E OLG 2300, 2302 – *Fach-Tonbandkassetten*; vgl. auch *v. Gamm*, § 87 Rn. 2; *Meyer-Lindemann* in: Frankfurter Komm., § 87 Rn. 47.

§ 87. Ausschließliche Zuständigkeit der Landgerichte

selbst wenn es auf die kartellrechtliche Anspruchsgrundlage nicht ankommt oder das Schwergewicht des Rechtsstreits beim nichtkartellrechtlichen Anspruch liegt.[90] Dies ist auch in Verfahren auf Erlass **einstweiliger Verfügungen** nicht anders.[91] Für die Fälle des S. 2 trifft Gleiches zu, wenn eine kartellrechtliche Vorfrage entscheidungserheblich ist (s. dazu Rn. 19). § 87 verdrängt andere Sonderzuständigkeiten (z.B. §§ 143 Abs. 1 PatG, 140 MarkenG; s. auch Rn. 5).

2. Zuständigkeit der Kartell-Landgerichte

§ 87 begründet i.V.m. § 95 unabhängig vom Streitwert die ausschließliche **sachliche** 24 **Zuständigkeit** der Kartell-LG[92] – so auch bei Vorliegen der Voraussetzungen des Abs. 1 S. 2.[93] Gerichtsstandsvereinbarungen sind unzulässig (§ 40 Abs. 2 S. 1 Nr. 2 ZPO). Rügeloses Verhandeln (§ 39 ZPO) lässt das unzuständige Gericht nicht zuständig werden (§ 40 Abs. 2 S. 2 ZPO). Wird ein Klagebegehren bei einheitlichem Streitgegenstand in 1. Instanz sowohl auf kartellrechtliche wie auf außerkartellrechtliche Anspruchsgrundlagen gestützt (Fall des S. 1), ist der Rechtsstreit insgesamt eine Kartellsache.[94] Weder darf ein Nicht-Kartellgericht den Rechtsstreit in einem solchen Fall allein unter außerkartellrechtlichen Aspekten behandeln, noch hat ein Kartellgericht den Fall nur kartellrechtlich zu prüfen (zur Mehrheit von Klagegegenständen s. § 88 Rn. 3). Kartellrechtliche **Widerklagen** in 1. Instanz gehören ebenfalls nur vor ein Kartell-LG[95] (zur nicht-kartellrechtlichen Widerklage s. § 88 Rn. 3).

Die nicht ausschließliche **örtliche Zuständigkeit** bestimmt sich nach den allgemeinen 25 Vorschriften; es bestehen die Wahlmöglichkeiten nach den §§ 12 ff. ZPO. Praktisch relevant sind neben dem allgemeinen Gerichtsstand insbesondere die Gerichtsstände des Erfüllungsorts (§ 29 ZPO)[96] und der unerlaubten Handlung (§ 32 ZPO – Kartellrechtsverstöße haben deliktsrechtlichen Charakter).[97] Eine Zuständigkeitsderogation (§§ 38 ff. ZPO) ist statthaft. Die in Rspr. und Schrifttum unterschiedlich beantwortete Frage, ob im Rahmen der örtlichen Zuständigkeit nach § 32 ZPO – abgesehen von Ansprüchen aus unerlaubter Handlung – eine Prüfung sachzusammenhängender konkurrierender Ansprüche geboten ist,[98] wirkt sich im Kartellrecht wegen der Vorrangigkeit der Zuständigkeit der KartellG und ihrer daraus folgenden und durch § 17 Abs. 2 S. 1 GVG gegebenen Befugnis, einen Klageanspruch unter allen nach dem Sachverhalt in Betracht kommenden rechtlichen Ge-

---

[90] Vgl. OLG Karlsruhe WuW/E OLG 2300, 2302, 2306 = GRUR 1980, 323 – *Fach-Tonband-Kassetten;* OLG Hamm WuW/E 2043, 2044 – *Badebetrieb.*
[91] S. hierzu die Fundstellen unter Fn. 61.
[92] Vgl. *v. Gamm,* § 87 Rn. 2; *K. Schmidt* in: Immenga/Mestmäcker, GWB, § 87 Rn. 39; *Meyer-Lindemann* in: Frankfurter Komm., § 87 Rn. 47. Zur Abgrenzung von § 89 s. dort Rn. 6.
[93] Die von *K. Schmidt* in: Immenga/Mestmäcker, GWB, § 87 Rn. 33, vorgeschlagene teleologische Reduktion in der Weise, dass Abs. 1 S. 2 eine ausschließliche Zuständigkeit nicht normiere, wird von der hier vertretenen Auffassung nicht geteilt; vgl. oben Rn. 23.
[94] Vgl. OLG Hamm WuW/E 2043, 2044 – *Badebetrieb;* OLG Karlsruhe WuW/E OLG 2300, 2302 – *Fach-Tonband-Kassetten;* OLG Stuttgart WuW/E 4001, 4002 – *Fiat-Bonus;* so auch *K. Schmidt* in: Immenga/Mestmäcker, GWB, § 91 Rn. 9 m. w. N.
[95] Vgl. OLG Hamm WuW/E OLG 2710, 2711 f. – *Karl-May-Ausgabe.*
[96] Weiterführend: *Winkler* BB 1979, 402 f.
[97] Vgl. OLG Stuttgart BB 1979, 390, 391; OLG Frankfurt WuW/E OLG 3984; OLG München NJW 1996, 2382 (LS) sowie *Winkler* BB 1979, 402.
[98] Vgl. zum Meinungsstand: Zöller/*Vollkommer,* § 32 ZPO Rn. 20 sowie *K. Schmidt* in: Immenga/Mestmäcker, GWB, § 87 Rn. 42 – jeweils m. w. N. Die Frage ist durch Urteil des BGH v. 10.12. 2002 = MDR 2003, 345 f. zu Gunsten einer unter allen in Betracht kommenden rechtlichen Gesichtspunkten stattfindenden Prüfung, wenn im Gerichtsstand der unerlaubten Handlung im Rahmen der Darlegung eines Anspruchs aus unerlaubter Handlung ein einheitlicher prozessualer Anspruch geltend gemacht wird, im Übrigen höchstrichterlich bejahend entschieden.

sichtspunkten zu prüfen (und ihn zuzusprechen oder abzuweisen), praktisch nicht aus. Einschränkungen kann die Wahl des örtlichen Gerichtsstandes allerdings mit Blick auf die durch Rechtsverordnungen nach § 89 eingetretene Zuständigkeitskonzentration unterliegen. Die Zuständigkeit eines anderen als eines Kartell-LG kann nicht wirksam vereinbart werden. Eine danach verfehlte Gerichtsstandsabrede, die als solche freilich auch in Allgemeinen Geschäftsbedingungen getroffen werden kann,[99] ist u. U. jedoch dahin auszulegen, dass die Vereinbarung für das im Bezirk bestimmte Kartell-LG gelten soll.[100]

26 Der frühere Abs. 2, nunmehr § 95 Abs. 2 GVG, betrifft die **funktionelle Zuständigkeit**, soweit Rechtsstreitigkeiten nach Satz 1 und 2 als Handelssachen i. S. der §§ 93 ff. GVG bezeichnet werden. Der Kläger hat demnach die Wahl, an Stelle einer Zivilkammer (§ 94 GVG) durch Bestimmung in der Klageschrift eine **Kammer für Handelssachen** (KfH) anzurufen (§ 96 Abs. 1 GVG). Ist dies unterblieben und die Klage vor einer Zivilkammer anhängig gemacht worden, hat jene auf Antrag des Beklagten die Sache an die Kammer für Handelssachen zu verweisen (vgl. §§ 98 Abs. 1 S. 1, 101 Abs. 1 GVG).

27 § 87 bestimmt - im Gegensatz zu den die OLG und den BGH betreffenden Regelungen (§§ 91, 94) – alle Kammern des LG zu Kartellspruchkörpern.[101] Erst der **Geschäftsverteilungsplan** des LG (§ 21 e Abs. 1 GVG) weist die Kartellzivilsachen bestimmten (Kartell-)Zivilkammern und Kammern für Handelssachen zu. Gelangt eine Kartellsache zu einer nach dem Geschäftsverteilungsplan unzuständigen Kammer, kann dies in der Instanz nur bei Willkür mit Erfolg gerügt werden (zur Rüge mittels Berufung/Revision s. Rn. 30).[102]

28 Zur **internationalen Zuständigkeit**: Die deutschen Gerichte haben auch die Bestimmungen des europäischen Kartellrechts anzuwenden (insbesondere Art. 81, 82 EG). Die Zuständigkeit deutscher Gerichte kann wirksam vereinbart werden.[103] Hingegen ist die Abrede der Zuständigkeit eines ausländischen Gerichts für eine allein dem deutschen Kartellrecht unterliegende Streitigkeit nach nationalem Recht weithin unzulässig (Derogationsverbot).[104] Dazu ist allerdings auch Art. 23 Abs. 1 der Verordnung (EG) Nr. 44/2001 vom 22. 12. 2000 des Rates über die gerichtliche Zuständigkeit und die Anerkennung und Vollstreckung von Entscheidungen in Zivil- und Handelssachen heranzuziehen.[105] Die darin getroffene Regelung der ausschließlichen - internationalen und örtlichen – Zuständigkeit gemäß einer auf konkrete Rechtsverhältnisse bezogenen Parteivereinbarung geht dem Derogationsverbot nach nationalem Recht vor.[106]

---

[99] Vgl. KG WuW/E OLG 5843, 5847 – *Gerichtsstandsklausel in AGB*.

[100] Vgl. hierzu auch *Bornkamm* in: Langen/Bunte (Fn. 83), § 87 Rn. 36 m. w. N.; *Meyer-Lindemann* in: Frankfurter Komm., § 87 Rn. 49.

[101] Vgl. KG WuW/E DE-R 165, 167.

[102] Vgl. BVerfGE 13, 132, 144; *Zöller/Gummer*, § 21 e GVG Rn. 53; *K. Schmidt* in Immenga/Mestmäcker, GWB, § 87 Rn. 53 – jeweils m. w. N.

[103] Vgl. *K. Schmidt* in: Immenga/Mestmäcker, GWB, § 87 Rn. 45 f. m. w. N.

[104] S. die Übersicht über den Meinungsstand bei *K. Schmidt* in: Immenga/Mestmäcker, GWB, § 87 Rn. 46 m. w. N.

[105] ABl. EG Nr. 12 v. 16. 1. 2001, S. 1. Die am 1. 3. 2002 in Kraft getretene EuGVVO ersetzt das Brüsseler Übereinkommen über die gerichtliche Zuständigkeit und die Vollstreckung gerichtlicher Entscheidungen in Zivil- und Handelssachen (EuGVÜ), vgl. Art. 66, 68 der VO. Art. 23 Abs. 1 EuGVVO entspricht Art. 17 Abs. 1 EuGVÜ.

[106] Vgl. OLG Stuttgart WuW/E OLG 4716, 4718 – *Ferrari*; *Bornkamm* in: Langen/Bunte, Kommentar zum deutschen und europäischen Kartellrecht, § 87 Rn. 37; s. hierzu ebenfalls *Zöller/Geimer*, Anh. I, Art. 23 EuGVVO Rn. 8 bis 12.

3. Verfahren und Rechtsmittel bei Unzuständigkeit

Die bei einem sachlich oder örtlich unzuständigen (Nicht-Kartell-)LG angebrachte Klage ist auf Antrag des Klägers gemäß § 281 ZPO (in unmittelbarer[107] oder entsprechender[108] Anwendung) an das zuständige Kartell-Landgericht zu **verweisen**. Ohne Verweisungsantrag ist die Klage als unzulässig abzuweisen. Erklären sich ein Nicht-Kartell-LG und ein Kartell-LG eines OLG-Bezirks für unzuständig (negativer Kompetenzkonflikt), erfolgt entsprechend § 36 Abs. 1 Nr. 6 ZPO[109] eine Zuständigkeitsbestimmung durch das übergeordnete gemeinsame OLG, und zwar durch den dort ggf. eingerichteten Kartellsenat. Die gesetzliche Zuständigkeit des Kartellsenats geht in Kartellsachen analog § 87 S. 1, § 91 derjenigen der allgemeinen Zivilsenate auch in Fragen der Zuständigkeitsbestimmung vor. Deswegen hat der Kartellsenat jenes OLG, bei dem die Kartellzivilsachen durch Rechtsverordnung nach § 92 Abs. 1 (oder durch Staatsvertrag nach § 92 Abs. 2) i. V.m. § 93 in einem Land konzentriert sind, als das nächst höhere Gericht i. S. v. § 36 Abs. 1 ZPO auch in solchen Konfliktfällen zu entscheiden, in denen ein Landgericht (Nicht-Kartellgericht) und ein Kartell-LG über die Zuständigkeit streiten, die demselben OLG-Bezirk angehören, wobei aber das übergeordnete (gemeinsame) OLG keinen Kartellsenat hat.[110] § 36 Abs. 2 ZPO, wonach das zuständige LG von dem OLG bestimmt wird, zu dessen Bezirk das zuerst mit der Sache befasste Gericht gehört, hat danach nur in den (theoretischen) Ausnahmefällen Relevanz, in denen der negative Kompetenzkonflikt zwischen verschiedenen LG in unterschiedlichen Ländern entsteht, die nicht durch einen Staatsvertrag i. S. v. § 92 Abs. 2 verbunden sind.[111] Festzustellen bleibt, dass es im Bereich der entsprechenden Anwendung von § 36 Abs. 1 ZPO keiner „rechtskräftigen" (so der Wortlaut der Norm) Unzuständigerklärung bedarf. Das Kartell-OLG ist schon dann zur Zuständigkeitsbestimmung berufen, wenn die verschiedenen LG ihre Entscheidungskompetenz verneinen.[112] Nach allgemeinen Grundsätzen ist dabei allerdings die von einem Verweisungsbeschluss ausgehende Bindungswirkung zu beachten (vgl. § 281 Abs. 2 S. 3 u. 4 ZPO), die – kurz zusammengefasst – namentlich dann abzulehnen ist, wenn die Verweisung bei verständiger Würdigung im Prozess-Stoff keine vernünftige Grundlage hat.[113] Die Zuständigkeit des BGH bei der Bestimmung des zuständigen Gerichts ist – abgesehen von den unter § 36 Abs. 3 ZPO zu fassenden Sonderfällen – aufgegeben worden.[114] Tritt der Zuständigkeitskonflikt zwischen verschiedenen Zivilkammern eines Landgerichts auf, ist die Sache an die zuständige Zivilkammer **abzugeben**. Bei Meinungsverschiedenheiten über die Zuständigkeit nach dem Geschäftsverteilungsplan hat das Präsidium des LG zu entscheiden (§ 21 e GVG).[115] Die in diesem Bereich anders gelagerte Konfliktlösung hängt damit zusammen,

---

[107] Betreffend die örtliche Zuständigkeit.
[108] In Bezug auf die sachliche Zuständigkeit.
[109] § 36 ZPO regelt – so die Systematik des Gesetzes – unmittelbar nur die Bestimmung des Gerichtsstandes, mithin die örtliche Zuständigkeit. Hier – darum entsprechende Anwendung – ist indes die sachliche Zuständigkeit betroffen.
[110] Vgl. OLG Düsseldorf, 1. Kartellsenat, Beschl. v. 18. 7. 2005, Az. VI – W (Kart) 6/05 im Fall eines negativen Kompetenzkonflikts zwischen dem LG Köln (Kartell-Landgericht gemäß der VO v. 8. 2. 2002, GVBl. NW S. 22 im OLG-Bezirk Köln mit übergeordnetem Kartell – OLG Düsseldorf) und dem LG Bonn (Nicht-Kartellgericht im Bezirk des Oberlandesgerichts Köln, welches aufgrund der genannten VO in Kartellsachen unzuständig ist).
[111] Von der in § 92 Abs. 2 enthaltenen Konzentrationsermächtigung ist bislang kein Gebrauch gemacht worden.
[112] Vgl. BGHZ 104, 363, 366.
[113] Wegen der Einzelheiten ist auf die Kommentarliteratur zur ZPO zu verweisen, s. z. B. *Zöller/Greger*, § 281 ZPO Rn. 17 f. m. w. N.
[114] Siehe das Gesetz zur Neuregelung des Schiedsverfahrens vom 22. 12. 1997, BGBl. I, S. 3224, dort Art. 1 Nr. 1.
[115] *Zöller/Gummer*, § 21 e GVG Rn. 38 m. w. N.

dass § 87 die LG insgesamt (also alle ihnen angehörenden Spruchkörper) zu Kartellgerichten erklärt, und erst die Geschäftsverteilungspläne darüber Aufschluss geben, welche Zivilkammern oder Kammern für Handelssachen mit den Kartellrechtsstreitigkeiten befasst sind (s. auch Rn. 27).

30 Die **Berufung** kann nach § 513 Abs. 2 ZPO n. F. nicht mehr mit Erfolg darauf gestützt werden, das Gericht des ersten Rechtszuges habe seine Zuständigkeit zu Unrecht angenommen.[116] Nach § 545 Abs. 2 ZPO n. F. kann auch die **Revision** nicht damit gerechtfertigt werden, das erstinstanzliche Gericht habe seine Zuständigkeit zu Unrecht bejaht oder verneint.[117] Gleiches gilt für Beschwerden (§ 571 Abs. 2 S. 2 ZPO n. F.). Hat eine Zivilkammer oder eine Kammer für Handelssachen unter irrtümlich (nicht willkürlich) falscher Anwendung des Geschäftsverteilungsplans entschieden, so kann dies im Rechtsmittelweg ebenso wenig mit Erfolg gerügt werden.[118]

V. Verhältnis zu anderen Vorschriften

31 Die Zuständigkeit der Kartellgerichte erstreckt sich nach der Neufassung der Norm durch das Siebte Gesetz zur Änderung des Gesetzes gegen Wettbewerbsbeschränkungen nunmehr ausdrücklich und unmittelbar auch auf Klagen aus Art. 81, 82 EG (vgl. Rn. 22). Dem entspricht die gleichzeitige Erweiterung des Tatbestandes von § 33. Kartellrechtliche Vorfragen, die sich nach den genannten Vorschriften stellen, begründeten die Zuständigkeit auch schon nach bisherigem Recht. Die Verordnung (EG) Nr. 1/2003 des Rates vom 16. 12. 2002 zur Durchführung der in Art. 81 und 82 des Vertrags niedergelegten Wettbewerbsregeln[119] hat insoweit zu einer Angleichung des Gesetzes an die EG-kartellrechtliche Rechtslage geführt. Solche **Rechtsänderungen** sind von den Gerichten zu berücksichtigen und der Entscheidung zugrunde zu legen.[120] Nach Art. 1 Abs. 2 der Verordnung (EG) Nr. 1/2003 sind Vereinbarungen, Beschlüsse und aufeinander abgestimmte Verhaltensweisen im Sinne von Art. 81 Abs. 1 EG, welche die Voraussetzungen des Art. 81 Abs. 3 EG erfüllen, nicht (mehr) verboten, auch wenn sie nicht durch eine ausdrückliche Freistellung (z. B. durch eine Gruppenfreistellungsverordnung) vom Verbot des Art. 81 Abs. 1 EG ausgenommen sind. Das Verhältnis des nationalen Kartellrechts zum EG-Kartellrecht ist mit dem Siebten Gesetz zur Änderung des Gesetzes gegen Wettbewerbsbeschränkungen neu definiert worden.[121] Dadurch sind die von den nationalen Gerichten wahrzunehmenden Prüfungsobliegenheiten erheblich erweitert worden. Hieraus folgt z. B., dass Vertragsklauseln, die mit Gruppenfreistellungsverordnungen nicht zu vereinbaren sind, gemäß Art. 81 Abs. 2 EG nicht zwingend nichtig sind, sondern gleichwohl wirksam sein können, sofern die von den nationalen Gerichten zu prüfenden Tatbestandsvoraussetzungen der Legalausnahme in Art. 81 Abs. 3 EG gegeben sind.[122]

---

[116] Zu Besonderheiten bei der internationalen Zuständigkeit im Rahmen der EuGVVO vgl. *Zöller/Gummer,* § 513 ZPO Rn. 8.
[117] Vgl. BGH NJW 2005, 1660, 1661 f.
[118] Vgl. *K. Schmidt* in: Immenga/Mestmäcker, GWB, § 87 Rn. 53; *Zöller/Gummer,* § 16 GVG Rn. 2; § 21 e GVG Rn. 53. Zu den bei Verstoß gegen den Grundsatz des gesetzlichen Richters möglichen Rechtsbehelfen vgl. *Zöller/Gummer,* § 16 GVG Rn. 3.
[119] ABl. (EG) Nr. L 1/1 vom 4. 1. 2003.
[120] Vgl. BGH, Urt. v. 29. 9. 1998, Az. KZR 3/97, WuW/E DE-R 197, 198 – *Röntgenbilder;* Urt. v. 8. 12. 1998, Az. KZR 26/97, WuW/E DE-R 217 – *Postbeförderungsvorbehalt;* Urt. v. 14. 3. 2000, Az. KZR 15/98, WuW/E DE-R 487, 489 – *Zahnersatz aus Manila;* Urt. v. 24. 6. 2003, Az. KZR 32/02, WuW/E DE-R 1125, 1126, GRUR 2003, 807 – *Buchpreisbindung;* BGHZ 141, 329, 336, GRUR 1999, 923 – *Tele-Info-CD.*
[121] S. oben Fn. 3.
[122] Vgl. BGH, Urt. v. 13. 7. 2004, Az. KZR 10/03, GRUR Int. 2005, 152, 154 f., 160 = WRP 2005, 1378 = WuW/E DE-R 1213.

§ 88 Klageverbindung

Mit der Klage nach § 87 Abs. 1 kann die Klage wegen eines anderen Anspruchs verbunden werden, wenn dieser im rechtlichen oder unmittelbaren wirtschaftlichen Zusammenhang mit dem Anspruch steht, der bei dem nach § 87 zuständigen Gericht geltend zu machen ist; dies gilt auch dann, wenn für die Klage wegen des anderen Anspruchs eine ausschließliche Zuständigkeit gegeben ist.

Übersicht

	Rn.		Rn.
I. Sinn und Zweck der Vorschrift	1	1. Allgemeine Voraussetzungen	3
II. Praktische Bedeutung	2	2. Besondere Voraussetzungen	4
III. Tatbestand	3	IV. Rechtsfolgen	6

I. Sinn und Zweck der Vorschrift

Die Vorschrift gestattet aus Gründen der Verfahrensvereinfachung, kartellrechtliche Klagen im ersten Rechtszug mit solchen zu verbinden, die keinen kartellrechtlichen Streitgegenstand haben.[1] Mit dem am 1. 7. 2005 in Kraft getretenen Siebten Gesetz zur Änderung des Gesetzes gegen Wettbewerbsbeschränkungen[2] ist die Norm sprachlich und gesetzestechnisch bereinigt worden. Sie verweist hinsichtlich ihres Anwendungsbereichs auf § 87 (unnötigerweise auf den nicht mehr existenten Abs. 1). § 88 ist stets so verstanden worden, dass auch mit der Klage, die lediglich eine kartellrechtliche Vorfrage betraf, ein „anderer Anspruch" verbunden werden konnte.[3]   1

II. Praktische Bedeutung

§ 88 trifft eine Sonderbestimmung für die objektive und die subjektive **Klagenhäufung** vor den Kartell-LG.[4] Die §§ 59 ff., 260 ZPO machen die Zulässigkeit einer Klageverbindung davon abhängig, dass für sämtliche verbundenen Ansprüche dasselbe Prozessgericht zuständig und dieselbe Prozessart zulässig ist.[5] § 88 lässt – sofern die besondere Voraussetzung eines rechtlichen oder unmittelbaren wirtschaftlichen Zusammenhangs vorliegt – demgegenüber eine Verbindung mehrerer prozessualer Ansprüche und/oder Klagen gegen verschiedene Beklagte auch dann zu, wenn für sämtliche Ansprüche und/oder Beklagten nicht dasselbe Prozessgericht zuständig ist. Er begründet die Zuständigkeit der Kartell-LG   2

---

[1] *K. Schmidt* in: Immenga/Mestmäcker, GWB, § 88 Rn. 1; *Meyer-Lindemann* in: Frankfurter Komm., § 88 Rn. 1.

[2] BGBl. I 2005, S. 1954 in der Fassung des Beschlusses des Bundestages vom 16. 6. 2005 und des Beschlusses des Bundesrates vom 17. 6. 2005. Wegen der insgesamt umfangreichen Änderungen durch dieses Gesetz hat das Bundesministerium für Wirtschaft und Arbeit von der Neubekanntmachungserlaubnis Gebrauch gemacht. Die Zitierweise des Gesetzes war nunmehr: Gesetz gegen Wettbewerbsbeschränkungen in der Fassung der Bekanntmachung vom 15. 7. 2005, BGBl. I 2005, S. 2114.

[3] So auch *Bechtold*, GWB, § 88 Rn. 1; *K. Schmidt* in: Immenga/Mestmäcker, GWB, § 88 Rn. 1; *Meyer-Lindemann* in: Frankfurter Komm., § 88 Rn. 6; *Bornkamm* in: Langen/Bunte, Kommentar zum deutschen und europäischen Kartellrecht, § 88 Rn. 2.

[4] Zur objektiven Klagenhäufung vgl. *Bornkamm* in: Langen/Bunte (Rn. 3), § 88 Rn. 4; *Meyer-Lindemann* in: Frankfurter Komm., § 88 Rn. 12; *K. Schmidt* in: Immenga/Mestmäcker, GWB, § 88 Rn. 5. Hinsichtlich subjektiver Klagenhäufung vgl. *Bornkamm* in: Langen/Bunte (a. a. O.), § 88 Rn. 4; *Meyer-Lindemann* in: Frankfurter Komm., § 88 Rn. 14; *K. Schmidt* in: Immenga/Mestmäcker, GWB, § 88 Rn. 6.

[5] Vgl. für die subjektive Klagenhäufung *Zöller/Vollkommer*, § 60 ZPO Rn. 9; *ders./Greger*, vor § 253 ZPO Rn. 17. Für die objektive Klagenhäufung ergibt sich dies unmittelbar aus § 260 ZPO.

selbst in dem Fall, dass für den weiteren prozessualen Anspruch an sich eine andere (sogar eine ausschließliche) gerichtliche Zuständigkeit gegeben ist. Darin erschöpft sich die praktische Bedeutung der Vorschrift, deren Berücksichtigung für den Kläger freilich kostenrechtlich geboten sein kann.[6] Nach der bis zum 31. 12. 1998 geltenden Rechtlage half § 88 dabei, die bei kartellrechtlichen Vorfragen bestehende Notwendigkeit, den Nicht-Kartellprozess nach § 96 Abs. 2 a. F. bis zur Klärung einer kartellrechtlichen Vorfrage durch isolierte Feststellungsklage vor dem zuständigen Kartellgericht **auszusetzen,** zu umgehen.[7] Diese Bedeutung hat § 88 heute nicht mehr, da § 87 S. 2 die Vorfragestreitigkeiten in die Zuständigkeit der Kartellgerichte einbezieht (vgl. dazu § 87 Rn. 17 ff.). Infolge dessen fehlt es einer isolierten Feststellungsklage im vorgenannten Sinn heute am Rechtsschutzbedürfnis.

III. Tatbestand

1. Allgemeine Voraussetzungen

3   Wegen der Tatbestandselemente und der Auslegung der Norm ist die Rspr. und Literatur zu den §§ 59 ff. und 260 ZPO heranzuziehen.[8] § 88 betrifft von seinem Regelungsgehalt her objektive (§ 260 ZPO) und subjektive Klagenhäufungen (§§ 59 ff. ZPO)[9] im ersten Rechtszug. Die **objektive Klagenhäufung** erfordert nach allgemeinem Verständnis eine Mehrheit von Streitgegenständen.[10] Daran fehlt es, wenn ein einheitliches Klagebegehren lediglich mehrfach rechtlich begründet wird (sog. Anspruchsgrundlagenkonkurrenz) oder dieses auf ein Hilfsvorbringen gestützt ist. Solche Fallgestaltungen sind bereits von § 87 erfasst. § 88 lässt – wie § 260 ZPO – Klageverbindungen in den Formen einer kumulativen und eventuellen Anspruchshäufung zu.[11] Zugelassen ist auch eine nachträgliche Klagenhäufung durch Erheben eines prozessualen Anspruchs nicht-kartellrechtlicher Art im Laufe des Prozesses; hierauf ist § 263 ZPO entsprechend anzuwenden.[12] § 88 gilt gleichermaßen für eine nicht-kartellrechtliche **Widerklage** der beklagten Partei.[13] Das geht aus dem Wortlaut der Vorschrift zwar nicht ausdrücklich hervor, entspricht aber einer am Normzweck orientierten Auslegung. Stets müssen die zu verbindenden Klagen jedoch bürgerlich-rechtliche Rechtsstreitigkeiten sein (s. dazu § 87 Rn. 6, 11 f.). Unzulässig ist eine Verbindung mit arbeitsrechtlichen Ansprüchen (s. auch § 87 Rn. 18). Darüber hinaus müssen die Parteien identisch sein (sonst subjektive Klagenhäufung) und muss der Anspruch in derselben **Prozessart** erhoben werden können (vgl. § 260 ZPO). Eine Verbin-

---

[6] Vgl. zur Erstattungsfähigkeit der durch getrennte Prozesse entstehenden Mehrkosten: *Zöller/Herget*, § 91 ZPO Rn. 13 „Mehrheit von Prozessen".
[7] Dies geschah so, dass vor dem nach § 87 zuständigen Gericht die kartellrechtliche Vorfrage in einen Feststellungsantrag gekleidet und mit diesem der nicht-kartellrechtliche Klageanspruch – das eigentliche Klagebegehren – verbunden wurde; vgl. BGH WuW/E BGH 244, 249 – *Abitz*; OLG Düsseldorf WuW/E OLG 507, 508; 705, 706; OLG Frankfurt WuW/E OLG 5149 – *Kartellrechtliche Feststellungsklage*.
[8] Vgl. z. B. *Zöller/Vollkommer*, § 60 ZPO Rn. 4 ff.; *ders./Greger*, § 260 ZPO Rn. 2 ff. m. w. N.
[9] Siehe die Fundstellen unter Fn. 3.
[10] Vgl. zum Streitgegenstandsbegriff z. B. *Zöller/Vollkommer*, Einleitung Rn. 70 ff. m. w. N.
[11] Vgl. hierzu auch *Zöller/Greger*, § 260 ZPO Rn. 4, 6, 6a; wie hier im Übrigen: *Bornkamm* in: Langen/Bunte (Fn. 3), § 88 Rn. 5.
[12] Vgl. BGH NJW 1985, 1841, 1842 sowie hinsichtlich einer nachträglichen eventuellen Klagenverbindung BGH NVwZ-RR 2006, 109, 110, 112: § 88 GWB sagt nichts darüber aus, ob die nach § 263 ZPO zu behandelnde nachträgliche Klagenverbindung i. S. v. § 263 ZPO als sachdienlich zuzulassen ist. *Zöller/Greger*, § 260 ZPO Rn. 3; § 263 Rn. 2 m. w. N.; a. A.: *Rosenberg/Schwab/Gottwald*, Zivilprozessrecht, § 99 I 2 b; *Stein/Jonas/Schumann*, § 264 ZPO Rn. 11.
[13] Vgl. OLG Koblenz WuW/E OLG 3263 = GRUR 1984, 903 – *Landesapothekerkammer*; *Bornkamm* in: Langen/Bunte (Fn. 3), § 88 Rn. 4; *Meyer-Lindemann* in: Frankfurter Komm., § 88 Rn. 16; *K. Schmidt* in: Immenga/Mestmäcker, GWB, § 88 Rn. 7.

§ 88. Klageverbindung

dung von Klagen, für die unterschiedliche Verfahrensvorschriften bestehen, ist unzulässig (z.B. keine Verbindung von im Urkundenprozess und im gewöhnlichen Erkenntnisverfahren sowie von in jenem Verfahren und im Verfahren des einstweiligen Rechtsschutzes zu verfolgenden Ansprüchen).[14] § 88 ist auch in Verfahren auf Erlass **einstweiliger Verfügungen** anzuwenden.[15]

2. Besondere Voraussetzungen

Bei dem prozessualen Anspruch, mit dem ein anderer Anspruch verbunden werden soll, muss es sich um eine **Kartellrechtsstreitigkeit** handeln, die entweder die Anwendung des GWB, des EG oder des EWR-Abkommens betrifft (vgl. § 87 Rn. 15 f., 22) oder eine sog. Vorfragestreitigkeit ist (dazu § 87 Rn. 17 ff.). Der **„andere Anspruch"** kann nicht-kartellrechtlicher Natur sein und an sich (sogar ausschließlich) vor ein anderes Gericht der ordentlichen Gerichtsbarkeit gehören. Verbindungsfähig sind Leistungs-, Feststellungs- und/ oder Gestaltungsklagen.

Das weitere Erfordernis eines **rechtlichen oder unmittelbaren wirtschaftlichen Zusammenhangs** ist – gemessen an dem mit der Vorschrift verfolgten Zweck – nicht eng auszulegen. Beim Merkmal des unmittelbaren wirtschaftlichen Zusammenhangs sind in etwa dieselben, nicht allzu strengen Anforderungen anzuwenden, die auch für § 33 Abs. 1 ZPO („im Zusammenhang")[16] gelten.[17] Es genügt, wenn die verbundenen Ansprüche aus einem zusammengehörenden Lebenssachverhalt erwachsen sind. Beim Element des rechtlichen Zusammenhangs können die im Rahmen von § 273 Abs. 1 BGB („aus demselben rechtlichen Verhältnis") entwickelten Rechtssätze herangezogen werden.[18]

IV. Rechtsfolgen

Bei **Vorliegen der Voraussetzungen von § 88** ist das gemäß § 87 zuständige Kartell-LG gleichfalls zur Entscheidung über den verbundenen Klageanspruch (ggf. auch über eine Mehrheit) örtlich, sachlich und international zuständig.[19] Gegenüber einer anderweitigen ausschließlichen oder auch Spezialzuständigkeit (vgl. z.B. § 143 PatG) setzt sich die Zuständigkeit des Kartellgerichts kraft ihres Vorrangs (vgl. § 87 Rn. 23) durch. In der Regel wird über die verbundenen Ansprüche gleichzeitig verhandelt und entschieden werden. Abgesonderte Verhandlung (§ 146 ZPO), Teilurteil (§ 301 ZPO) und Prozesstrennung (§ 145 ZPO) sind zulässig. Eine Trennung hebt die Zuständigkeit des (zulässig angerufenen) Kartellgerichts nicht auf.

Sind die **Tatbestandsvoraussetzungen von § 88 zu verneinen,** trennt das Gericht die nicht-kartellrechtliche Streitigkeit ab (§ 145 ZPO) und verweist jene auf Antrag entsprechend § 281 ZPO an das zuständige Gericht. Eine Verbindung gemäß § 147 ZPO ist nicht zulässig. Unterbleibt ein Verweisungsantrag, wird die Klage durch Prozessurteil in diesem Punkt als unzulässig abgewiesen. Hinsichtlich der nicht-kartellrechtlichen Streitigkeit kann – soweit kein ausschließlicher Gerichtsstand gegeben ist – die Zuständigkeit des

---

[14] Vgl. auch BGHZ 82, 200, 207 = NJW 1982, 523, 524; BGH NJW 1982, 2258.
[15] Vgl. OLG Düsseldorf WuW/E OLG 5115, 5116 – *Gericht der Hauptsache*; *Bechtold*, GWB, § 88 Rn. 2; *Bornkamm* in: Langen/Bunte, Kommentar zum deutschen und europäischen Kartellrecht, § 88 Rn. 6; *K. Schmidt* in: Immenga/Mestmäcker, GWB, § 88 Rn. 2.
[16] Vgl. hierzu etwa *Zöller/Vollkommer*, § 33 ZPO Rn. 15 f. m.w.N.
[17] So auch: *Bornkamm* in: Langen/Bunte (Fn. 15), § 88 Rn. 7; *K. Schmidt* in: Immenga/Mestmäcker, GWB, § 88 Rn. 8.
[18] Ebenso: *Bornkamm* in: Langen/Bunte (Fn. 15), § 88 Rn. 7; zu dem angesprochenen Tatbestandsmerkmal vgl. statt Vieler: *Palandt/Heinrichs*, § 273 BGB Rn. 9 bis 11.
[19] Vgl. in Bezug auf die örtliche Zuständigkeit OLG Karlsruhe WuW/E OLG 2340, 2341 sowie im Übrigen auch *Bornkamm* in: Langen/Bunte (Fn. 15), § 88 Rn. 8; *Meyer-Lindemann* in: Frankfurter Komm., § 88 Rn. 21; *K. Schmidt* in: Immenga/Mestmäcker, GWB, § 88 Rn. 11.

Kartellgerichts jedoch durch rügeloses Verhandeln (§ 39 ZPO) oder durch Gerichtsstandsvereinbarung im konkreten Fall (vgl. §§ 38, 40 ZPO) begründet werden.[20] Nimmt das Gericht eine unzulässige Klageverbindung hin und entscheidet es in der Sache, kann ein Rechtsmittel hierauf allein nicht gestützt werden (vgl. § 87 Rn. 30).

§ 89 Zuständigkeit eines Landgerichts für mehrere Gerichtsbezirke

(1) [1]Die Landesregierungen werden ermächtigt, durch Rechtsverordnung bürgerliche Rechtsstreitigkeiten, für die nach § 87 ausschließlich die Landgerichte zuständig sind, einem Landgericht für die Bezirke mehrerer Landgerichte zuzuweisen, wenn eine solche Zusammenfassung der Rechtspflege in Kartellsachen, insbesondere der Sicherung einer einheitlichen Rechtsprechung, dienlich ist. [2]Die Landesregierungen können die Ermächtigung auf die Landesjustizverwaltungen übertragen.

(2) Durch Staatsverträge zwischen Ländern kann die Zuständigkeit eines Landgerichts für einzelne Bezirke oder das gesamte Gebiet mehrerer Länder begründet werden.

(3) Die Parteien können sich vor den nach den Absätzen 1 und 2 bestimmten Gerichten auch anwaltlich durch Personen vertreten lassen, die bei dem Gericht zugelassen sind, vor das der Rechtsstreit ohne die Regelung nach den Absätzen 1 und 2 gehören würde.

Übersicht

	Rn.		Rn.
I. Sinn und Zweck der Vorschrift; praktische Bedeutung	1	III. Rechtsfolgen	6
II. Tatbestand	2	1. Zuständigkeit	6
1. Ermächtigung zum Erlass von Rechtsverordnungen	2	2. Anwaltskosten	8
2. Staatsverträge	4	IV. Verhältnis zu anderen Vorschriften	9
3. Anwaltliche Vertretung	5		

I. Sinn und Zweck der Vorschrift; praktische Bedeutung

1   Die Vorschrift betrifft die erstinstanzlichen Kartellzivilsachen. Normzweck (in Abs. 1 S. 1 ausdrücklich genannt) ist die Sicherung einer einheitlichen Rechtsprechung in Kartellrechtssachen durch die den Landesregierungen zu diesem Zweck eröffnete Möglichkeit, die nach § 87 i. V. m. § 95 begründete ausschließliche Zuständigkeit für kartellrechtliche Streitigkeiten (vgl. § 87 Rn. 24) bei einem Kartell-LG für mehrere Landgerichtsbezirke zu bündeln.[1] Diese über § 87 hinaus gehende Konzentrationsmöglichkeit wird durch Abs. 2 nochmals erweitert, ohne dass jene Ermächtigung bislang allerdings praktische Bedeutung erlangt hat. Abs. 3 sollte durch Ausweitung der Postulationsfähigkeit eine Benachteiligung solcher Rechtsanwälte vermeiden, die beim angerufenen Kartell-LG nicht zugelassen sind. Außerdem sollte den Parteien eine Vertretung durch den Anwalt ihres Vertrauens erlaubt werden. Abs. 3 hat infolge des Gesetzes zur Neuregelung des Berufsrechts der Rechtsanwälte und der Patentanwälte v. 2. 9. 1994 (RABerufsRNeuOG)[2] und durch das Gesetz zur Änderung des RABerufsRNeuOG v. 17. 12. 1999[3] keine praktische Bedeutung mehr (s. auch Rn. 5).

---

[20] Ebenso *Bornkamm* in: Langen/Bunte (Fn. 15), § 88 Rn. 8; *K. Schmidt* in: Immenga/Mestmäcker, GWB, § 88 Rn. 11.

[1] Vgl. *K. Schmidt* in: Immenga/Mestmäcker, GWB, § 89 Rn. 1 m. w. N.

[2] BGBl. I S. 2278.

[3] BGBl. I S. 2448.

II. Tatbestand

1. Ermächtigung zum Erlass von Rechtsverordnungen

Die Länder haben aufgrund der Ermächtigung in Abs. 1 überwiegend Konzentrationsverordnungen erlassen. Eine Ausnahme bilden das Saarland, Thüringen und die Stadtstaaten Berlin, Bremen und Hamburg (dazu nachfolgend Rn. 3). Im Einzelnen sind durch landesrechtliche Verordnung wie folgt Zuständigkeitskonzentrationen vorgenommen worden:

In **Baden-Württemberg:**[4] beim LG Mannheim für den OLG-Bezirk Karlsruhe, beim LG Stuttgart für den OLG-Bezirk Stuttgart.

In **Bayern:**[5] beim LG München I für den OLG-Bezirk München; beim LG Nürnberg-Fürth für die OLG-Bezirke Bamberg und Nürnberg.

In **Berlin:** keine Zuständigkeitskonzentration; das LG Berlin ist einziges LG.

In **Bremen:** keine Konzentration; das LG Bremen ist einziges LG.

In **Brandenburg:**[6] beim LG Potsdam für das gesamte Land (was dem Bezirk des Brandenburgischen OLG in Brandenburg entspricht).

In **Hamburg:** keine Zuständigkeitskonzentration; das LG Hamburg ist einziges LG.

In **Hessen:**[7] beim LG Frankfurt am Main für die Bezirke der Landgerichte Darmstadt, Frankfurt am Main, Gießen, Hanau, Limburg und Wiesbaden; beim LG Kassel für die LG-Bezirke Fulda, Kassel und Marburg.

In **Mecklenburg-Vorpommern:**[8] beim LG Rostock für das gesamte Land (deckungsgleich mit dem OLG-Bezirk Rostock).

In **Niedersachsen:**[9] beim LG Hannover für das gesamte Land (OLG-Bezirke Braunschweig, Celle und Oldenburg).

In **Nordrhein-Westfalen:**[10] beim LG Düsseldorf für den OLG-Bezirk Düsseldorf; beim LG Dortmund für den OLG-Bezirk Hamm; beim LG Köln für den OLG-Bezirk Köln.

In **Rheinland-Pfalz:**[11] beim LG Mainz für das gesamte Land (mit den OLG-Bezirken Koblenz und Zweibrücken).

Im **Saarland:** keine Konzentration; das LG Saarbrücken ist einziges LG.

In **Sachsen:**[12] beim LG Leipzig für das Land (entsprechend dem OLG-Bezirk Dresden).

In **Sachsen-Anhalt:**[13] beim LG Magdeburg für das Land (entsprechend dem OLG-Bezirk Naumburg).

In **Schleswig-Holstein:**[14] beim LG Kiel für das gesamte Land (deckungsgleich mit dem Bezirk des Schleswig-Holsteinischen OLG in Schleswig).

In **Thüringen:** keine Zuständigkeitskonzentration. Infolgedessen ist jedes LG für seinen Bezirk in Kartellstreitsachen zuständig (LG Erfurt, Gera, Meiningen und Mühlhausen).

---

[4] § 13 Abs. 1 VO v. 20. 11. 1998 (GBl. S. 680), geändert durch VO v. 16. 8. 2005 (GBl. S. 611).

[5] § 22 Abs. 1 VO v. 16. 11. 2004 (GVBl. S. 471), geändert durch VO v. 8. 12. 2005 (GVBl. S. 695).

[6] § 3 GerichtszuständigkeitsVO v. 3. 11. 1993 (GVBl. II S. 689), geändert durch VO v. 29. 6. 2006 (GVBl. II S. 294).

[7] VO v. 12. 1. 1999 (GVBl. I S. 92).

[8] VO v. 28. 3. 1994 (GVOBl. S. 514), geändert durch VO v. 27. 1. 2005 (GVOBl. S. 40).

[9] § 14 VO v. 22. 1. 1998 (GVBl. S. 66), geändert durch VO v. 13. 10. 2006 (GVBl. S. 461).

[10] VO v. 22. 11. 1994 (GVBl. S. 1067); nunmehr § 1 Kartellsachen-Konzentrations-VO v. 27. 9. 2005 (GVBl. S. 820).

[11] VO v. 22. 11. 1985 (GVBl. S. 267), geändert durch VO v. 8. 5. 2006 (GVBl. S. 199).

[12] Anlage 1 zu § 1 Abs. 1 VO v. 6. 5. 1999 (GVBl. S. 281), geändert durch VO v. 16. 4. 2004 (GVBl. S. 136).

[13] § 6 VO v. 1. 9. 1992 (GVBl. S. 664), geändert durch VO v. 4. 7. 2005 (GVBl. S. 343).

[14] § 1 VO v. 11. 2. 1958 (GVOBl. S. 118).

2. Staatsverträge

4   Abs. 2 ermöglicht eine die Bundesländer übergreifende Zuständigkeitskonzentration durch Staatsvertrag, und zwar bei einem Kartell-Landgericht für einzelne Bezirke oder für das gesamte Gebiet mehrerer Bundesländer. Davon ist bislang kein Gebrauch gemacht worden.

3. Anwaltliche Vertretung

5   Nach Abs. 3 konnten die Parteien sich nicht nur von den beim Kartell-LG zugelassenen, sondern auch von solchen Rechtsanwälten vertreten lassen, die bei dem LG zugelassen waren, vor das der Rechtsstreit ohne die Konzentration nach Abs. 1 oder Abs. 2 gehörte. Dies erweiterte die Postulationsfähigkeit[15] (nicht hingegen die Zulassung i. S. v. § 18 Abs. 1 BRAO). Abs. 3 ist durch Art. 22 Abs. 2 **RABerufsR-NeuOG**[16] in den alten Bundesländern zum 1. 1. 2000 und in den neuen Bundesländern zum 1. 1. 2005 aufgehoben worden, da es dieser Regelung wegen Wegfalls des Lokalisationsprinzips im neu gefassten § 78 Abs. 1 ZPO nicht mehr bedurfte. Das BVerfG hat die zeitliche Aufspaltung für verfassungswidrig erklärt und bis zum Wirksamwerden einer Neuregelung eine Übergangsregelung längstens bis zum 31. 12. 2004 in Kraft gesetzt.[17] Darauf ist durch das **Gesetz zur Änderung des RABerufsRNeuOG** mit Wirkung zum 1. 1. 2000 die Postulationsfähigkeit bundesweit ausgedehnt worden.[18] Seither ist jeder bei einem deutschen LG zugelassene Rechtsanwalt vor jedem LG (mithin auch vor den Kartell-LG) postulationsfähig. Infolgedessen ist auch bei Verweisung ein Anwaltswechsel nicht mehr notwendig. Durch das Gesetz zur Änderung des Rechts der Vertretung durch Rechtsanwälte vor den OLG (**OLG-VertRÄndG**) vom 23. 7. 2002[19] ist § 78 ZPO (Anwaltsprozess) mit Wirkung vom 1. 8. 2002 neu gefasst worden. Danach können sich die Parteien vor den LG durch jeden bei einem AG oder LG zugelassenen Rechtsanwalt vertreten lassen.

III. Rechtsfolgen

1. Zuständigkeit

6   Eine Konzentration nach Abs. 1 (oder 2) lässt ein Kartell-LG wie nach § 87 zuständig werden (zur Zuständigkeit einer Kammer für Handelssachen vgl. § 87 Rn. 26 f.). Ihrer Rechtsqualität nach handelt es sich um eine sachliche Zuständigkeit i. w. S., die zugleich Elemente einer funktionellen Zuständigkeit aufweist.[20]

7   Wird eine **kartellrechtliche Klage vor einem Nicht-Kartell-Gericht** erhoben, so ist die Sache entweder auf entsprechenden Antrag der klagenden Partei an das Kartell-LG zu verweisen (entsprechend § 281 ZPO). Oder die Klage ist mangels eines Verweisungsantrags als unzulässig abzuweisen (s. dazu § 87 Rn. 24 bis 27, 29; für Berufungs- und Revisionsrügen § 87 Rn. 30). Wird in einer **Nicht-Kartellsache vor einem Kartell-LG** geklagt, kann es an der örtlichen und/oder sachlichen Zuständigkeit mangeln. Das Kartellgericht

---

[15] Ebenso: OLG Frankfurt MDR 2000, 1215, 1216; OLG Düsseldorf NJW-RR 2001, 998; 1000, 1001; *Bornkamm* in: Langen/Bunte, Kommentar zum deutschen und europäischen Kartellrecht, §§ 92, 93 Rn. 8; *Bumiller* in: Wiedemann, Handbuch des Kartellrechts, § 60 Rn. 13; vgl. zum Begriff der Postulationsfähigkeit: *Zöller/Vollkommer*, Vor § 50 ZPO Rn. 16, § 78 Rn. 20 m. w. N.

[16] Ges. v. 2. 9. 1994, BGBl. I S. 2278.

[17] Vgl. BVerfGE 93, 362 = NJW 1996, 1882, 1883.

[18] Ges. v. 17. 12. 1999, BGBl. S. 2448; dieses Gesetz änderte in Art. 1 Nr. 3 den Art. 22 Abs. 2 RABerufsRNeuOG ab.

[19] BGBl. I, S. 2850.

[20] Vgl. für den Fall des § 143 PatG: BGHZ 14, 72, 75 – *Autostadt;* BGHZ 49, 99, 102 – *Haftbinde; Bornkamm* in: Langen/Bunte (Fn. 15), § 89 Rn. 4; näher zu den damit dogmatisch verbundenen Erwägungen: *K. Schmidt* in: Immenga/Mestmäcker, GWB, § 89 Rn. 4 m. w. N.

kann aber gemäß den §§ 38 bis 40 ZPO zuständig werden. Anderenfalls ist die Sache zu verweisen oder die Klage als unzulässig abzuweisen (s. dazu auch § 87 Rn. 24 bis 27).

2. Anwaltskosten

Für die obsiegende Partei wurden **Mehrkosten** (namentlich Reisekosten), die durch die Beauftragung eines Rechtsanwalts entstanden, der beim Kartell-LG nur infolge von Abs. 3 postulationsfähig war, abweichend von § 91 Abs. 2 S. 1 ZPO[21] früher als erstattungsfähig angesehen.[22] Wegen der derzeitigen Rechtslage ist auf die Kostenrechtsprechung des BGH zu verweisen.[23] 8

IV. Verhältnis zu anderen Vorschriften

Infolge der Bezugnahme auf § 87 umfasst die Zuständigkeit der Kartell-LG nach Abs. 1 auch solche Streitigkeiten, die die Anwendung der **Art. 81 oder 82 EG** oder der **Art. 53 oder 54 des EWR-Abkommens** betreffen. 9

§ 89a Streitwertanpassung

(1) [1]Macht in einer Rechtsstreitigkeit, in der ein Anspruch nach § 33 oder § 34a geltend gemacht wird, eine Partei glaubhaft, dass die Belastung mit den Prozesskosten nach dem vollen Streitwert ihre wirtschaftliche Lage erheblich gefährden würde, so kann das Gericht auf ihren Antrag anordnen, dass die Verpflichtung dieser Partei zur Zahlung von Gerichtskosten sich nach einem ihrer Wirtschaftslage angepassten Teil des Streitwerts bemisst. [2]Das Gericht kann die Anordnung davon abhängig machen, dass die Partei glaubhaft macht, dass die von ihr zu tragenden Kosten des Rechtsstreits weder unmittelbar noch mittelbar von einem Dritten übernommen werden. [3]Die Anordnung hat zur Folge, dass die begünstigte Partei die Gebühren ihres Rechtsanwalts ebenfalls nur nach diesem Teil des Streitwerts zu entrichten hat. [4]Soweit ihr Kosten des Rechtsstreits auferlegt werden oder soweit sie diese übernimmt, hat sie die von dem Gegner entrichteten Gerichtsgebühren und die Gebühren seines Rechtsanwalts nur nach dem Teil des Streitwerts zu erstatten. [5]Soweit die außergerichtlichen Kosten dem Gegner auferlegt oder von ihm übernommen werden, kann der Rechtsanwalt der begünstigten Partei seine Gebühren von dem Gegner nach dem für diesen geltenden Streitwert beitreiben.

(2) [1]Der Antrag nach Absatz 1 kann vor der Geschäftsstelle des Gerichts zur Niederschrift erklärt werden. [2]Er ist vor der Verhandlung zur Hauptsache anzubringen. [3]Danach ist er nur zulässig, wenn der angenommene oder festgesetzte Streitwert später durch das Gericht heraufgesetzt wird. [4]Vor der Entscheidung über den Antrag ist der Gegner zu hören.

Übersicht

	Rn.		Rn.
I. Sinn und Zweck der Vorschrift	1	a) Erhebliche Gefährdung der wirtschaftlichen Lage	4
II. Praktische Bedeutung	2	b) Begünstigte Parteien	6
III. Tatbestand	3	2. Verfahren (Abs. 2)	7
1. Materielle Voraussetzungen der Streitwertanpassung (Abs. 1 S. 1 und 2)	3	IV. Rechtsfolgen (Abs. 1 S. 3 bis 5)	11

---

[21] § 91 Abs. 2 ZPO: Die gesetzlichen Gebühren und Auslagen des Rechtsanwalts der obsiegenden Partei sind in allen Prozessen zu erstatten, Reisekosten eines Rechtsanwalts, der nicht bei dem Prozessgericht zugelassen ist und am Ort des Prozessgerichts auch nicht wohnt, jedoch nur insoweit, als die Zuziehung zur zweckentsprechenden Rechtsverfolgung oder Rechtsverteidigung notwendig war.

[22] Vgl. *v. Gamm*, § 89 Rn. 4; *Bumiller* in: Wiedemann, Handbuch des Kartellrechts, § 60 Rn. 13 sowie aktuell auch *K. Schmidt* in: Immenga/Mestmäcker, GWB, § 89 Rn. 9.

[23] Vgl. exemplarisch BGH GRUR 2007, 726, 912 = NJW-RR 2007, 1561.

GWB § 89a 1, 2

Schrifttum: *Zuck,* Verfassungsrechtliche Bedenken zu § 53 PatG, § 23a UWG, § 31a WZG, § 17a Gebrauchsmustergesetz, § 247 AktG, GRUR 1966, 167.

I. Sinn und Zweck der Vorschrift

1   Die Vorschrift ist durch das Siebte Gesetz zur Änderung des Gesetzes gegen Wettbewerbsbeschränkungen[1] eingefügt worden. Vergleichbare Regelungen bestehen in § 247 Abs. 2 AktG, § 26 Gebrauchsmustergesetz, § 54 Geschmacksmustergesetz, § 142 MarkenG und § 144 PatG sowie in § 23b UWG a. F.[2] (vgl. aber auch § 12 Abs. 4 UWG n. F.). Darum sollten bei der Auslegung der Norm die Rspr. und die Kommentierungen zu jenen Vorschriften herangezogen werden. Die in den 1950er Jahren (§ 53 PatG a. F.) aufgebrachte,[3] mit dem Begriff „Streitwertbegünstigung" belegte und nun in das GWB übernommene Regelung bezweckt, wirtschaftlich schwächere Parteien darin zu bestärken, kartellrechtliche Forderungen gerichtlich durchzusetzen oder ungerechtfertigten Ansprüchen entgegenzutreten.[4] Bedenken[5] haben sich dagegen nicht durchgesetzt. So soll die bedürftige Partei im Fall einer Belastung mit den Prozesskosten (Abs. 1 S. 1), mithin bei einem Unterliegen, kostenrechtlich begünstigt werden; Abs. 1 S. 4 ordnet an, dass die unterlegene Partei die vom Gegner verauslagten Gerichtskosten und seine Rechtsanwaltskosten nur nach dem festgesetzten Teilstreitwert zu erstatten hat. Zumal der gegnerische Rechtsanwalt gegenüber seiner Partei nach dem vollen Streitwert abrechnen kann, trägt infolgedessen der obsiegende Gegner zu den Prozesskosten bei. Obsiegt hingegen die begünstigte Partei, soll ihr Rechtsanwalt kostenrechtlich atypische die Vergütung nach dem vollen Streitwert vom Gegner beitreiben können (Abs. 1 S. 5).[6] Die Vorschrift legalisiert auch ein Erfolgshonorar für den Anwalt der begünstigten Partei. Außerdem entwertet sie die Prozesskostenhilfe. Die Vorschriften über die Streitwertbegünstigung sind vom BVerfG jedoch für verfassungsmäßig erklärt worden.[7]

II. Praktische Bedeutung

2   Nach § 89a kann das Gericht den Gebührenstreitwert in bürgerlich-rechtlichen Rechtsstreitigkeiten (betreffend die Anwendung des GWB, der Art. 81, 82 EG oder der Art. 53, 54 EWR-Abkommen) herabsetzen. Der geltend gemachte Anspruch darf zugleich auf nicht-kartellrechtliche Normen gestützt[8] oder mit einem nichtkartellrechtlichen Anspruch i. S. des § 88 verbunden sein.[9] Die Vorschrift gilt – da es sich dabei um eine „Rechtsstrei-

---

[1] BGBl. I 2004, S. 1954.
[2] In der am 8. 7. 2004 in Kraft getretenen Neufassung des UWG vom 3. 7. 2004 (BGBl. I 2004, S. 1414) ist die Regelung gestrichen worden, weil ihr – so die Entwurfsbegründung der Bundesregierung (BT-Drucks. 15/1487, S. 15) – neben der in § 23a UWG a. F. vorgesehenen Streitwertminderung in einfach gelagerten Sachen sowie bei Untragbarkeit der Belastung mit den Prozesskosten nach dem vollen Streitwert (nunmehr § 12 Abs. 4 UWG n. F.) ein eigenständiger Anwendungsbereich nicht mehr zuzumessen sei.
[3] Damals noch in § 17a Gebrauchsmustergesetz, § 53 PatG, § 23a UWG und § 31a WZG; vgl. u. a. das Gesetz zur Änderung des Gesetzes gegen den unlauteren Wettbewerb, des Warenzeichengesetzes und des Gebrauchsmustergesetzes v. 21. 7. 1965 (BGBl. I, S. 625).
[4] Vgl. die Entwurfsbegründung der Bundesregierung, BT-Drucks. 15/3640, S. 69, in der das bislang bestehende Kostenrisiko als Grund für eine geringe praktische Bedeutung des privaten Kartellrechtsschutzes genannt wird.
[5] Vgl. u. a. *Zuck* GRUR 1966, 167; *Bornkamm* in: Langen/Bunte, Kommentar zum deutschen und europäischen Kartellrecht, § 89a GWB Rn. 3; *K. Schmidt* in: Immenga/Mestmäcker, GWB, § 89a Rn. 3 – jeweils m. w. N.
[6] So auch *Benkard/Rogge*, § 144 PatG Rn. 12.
[7] NJW-RR 1991, 1134 (zu § 23b UWG).
[8] Vgl. BGH GRUR 1968, 333, 334 – *Faber* (zum WZG).
[9] Ebenso *Bechtold*, GWB, § 89a Rn. 3

§ 89a. Streitwertanpassung

tigkeit" i. S. d. Abs. 1 S. 1 handelt – auch in **Verfügungsverfahren**[10] und – i. V. m. den §§ 91 S. 2, 94 Abs. 1 Nr. 3 – in Verfahren vor den **OLG** und dem **BGH**. Da das GWB den Streitwert in bürgerlich-rechtlichen Streitigkeiten nicht weiter regelt, gelten die Vorschriften des Gerichtskostengesetzes (GKG).[11] Nach § 48 Abs. 1 GKG richten sich die Gebühren des Gerichts in bürgerlich-rechtlichen Rechtsstreitigkeiten nach den für die Zuständigkeit des Prozessgerichts oder die Zulässigkeit des Rechtsmittels geltenden Vorschriften über den Wert des Streitgegenstandes. Gemäß § 3 ZPO setzt das Gericht den Wert des Streitgegenstandes nach freiem Ermessen fest. Maßgebend ist das wirtschaftliche Interesse des Klägers am Klageerfolg.[12] Bei Zahlungsklagen entscheidet der Betrag der Forderung. Der Rechtsmittelstreitwert bemisst sich nach dem wirtschaftlichen Interesse des Rechtsmittelklägers an einer Abänderung der angefochtenen Entscheidung.[13] Nach § 39 Abs. 2 GKG ist der Streitwert grundsätzlich auf höchstens 30 Millionen Euro begrenzt. § 89a Abs. 1 S. 1 ermöglicht dem Gericht, den Streitwert auf einen Teilbetrag des an sich richtigen Betrages zu ermäßigen, wenn dies nach pflichtgemäßem Ermessen („kann") angezeigt ist. Die praktische Bedeutung der Vorschrift ist bislang gering.

III. Tatbestand

1. Materielle Voraussetzungen

Abs. 1 S. 1 und 2 regeln, welche Verfahrensbeteiligten durch eine Streitwertherabsetzung begünstigt werden können und unter welchen Voraussetzungen der Streitwert – ohne dass im Prinzip darauf ein Anspruch besteht – herabgesetzt werden darf. 3

a) Erhebliche Gefährdung der wirtschaftlichen Lage. Abs. 1 S. 1 macht eine Streitwertanpassung von der Glaubhaftmachung (§ 294 ZPO) abhängig, dass die Belastung mit den Prozesskosten nach dem vollen Streitwert die wirtschaftliche Lage des Antragstellers erheblich gefährdet. Der Wortlaut der Norm („Belastung") macht deutlich, dass zur Feststellung einer erheblichen Gefährdung **in methodischer Hinsicht** zunächst die nach dem vollen Streitwert voraussichtlich eintretende Belastung mit den gerichtlichen und außergerichtlichen Kosten der Instanz[14] (einschließlich von Auslagen) konkret auszurechnen und danach – nicht pauschal oder schematisch, sondern fallbezogen – zu ermitteln ist, bis zu welchem Teilstreitwert eine Begleichung der Prozesskosten ohne eine Gefährdung der wirtschaftlichen Lage erwartet werden kann. Es sind nicht die Streitwerte, sondern die Kostenbelastungen gegenüberzustellen. Die rechtliche Beurteilung enthält prognostische und abwägende[15] Elemente; sie unterliegt darum dem Ermessen des Gerichts. Der festgesetzte Teilstreitwert muss (i. S. einer Kontrollüberlegung) in einem angemessenen Verhältnis zum vollen Streitwert stehen. Die Vorschrift ermächtigt deshalb nicht dazu, das Kostenrisiko unter eine Fühlbarkeitsschwelle abzusenken oder einen ohnehin schon geringen Streitwert nochmals zu ermäßigen. Sie lässt ferner ersehen, dass die Entscheidung aus einer Gesamtbetrachtung der wirtschaftlichen Lage des Antragstellers heraus zu treffen ist. Dies kann eine Streitwertanpassung z. B. auch mit Rücksicht auf die aus mehreren parallelen 4

---

[10] Ebenso *Bornkamm* in: Langen/Bunte, Kommentar zum deutschen und europäischen Kartellrecht, § 89a GWB Rn. 5; *K. Schmidt* in: Immenga/Mestmäcker, GWB, § 89 Rn. 4.
[11] In der Fassung des am 12. 5. 2004 verkündeten Kostenrechtsmodernisierungsgesetzes (KostRMoG), in Kraft seit dem 1. 7. 2004, BGBl. I S. 718.
[12] Vgl. BGH GRUR 1990, 1052, 1053 – *Streitwertbemessung*.
[13] Vgl. BGHZ 23, 205. Zum Streitwert im Fall der Einlegung eines Rechtsmittels gegen die Verurteilung zur Erteilung einer Auskunft vgl. BGH GRUR 2002, 915, 916 (in erster Linie der zur Erfüllung des Anspruchs erforderliche Aufwand an Zeit und Kosten).
[14] Die Kosten eines Rechtsmittelzuges bleiben außer Ansatz.
[15] Vgl. BGH GRUR 1994, 385 – *Streitwertherabsetzung* (zum UWG): Abzuwägen ist zwischen der wirtschaftlichen Lage der Partei und der Höhe der Kostenbelastung.

Gerichtsverfahren zusammentreffende Kostenbelastung veranlassen.[16] Hingegen kommt es auf den Gegner treffende Kostennachteile nach dem Wortlaut der Norm nicht an. Der **Begriff** der erheblichen Gefährdung der wirtschaftlichen Lage ist weiter zu fassen als Untragbarkeit (i. S. von Unmöglichkeit),[17] aber tendenziell enger als Unzumutbarkeit (i. S. von besonderer Härte), stellt insofern also (theoretisch) höhere Anforderungen, auch wenn die maßgebenden Erwägungen sich weitgehend decken werden. Mit der Feststellung von Unzumutbarkeit hat die Streitwertanpassung überdies gemeinsam, dass die Entscheidung das Ergebnis einer Abwägung der wirtschaftlichen Lage des Antragstellers gegen die aus der Höhe der Kostenbelastung folgenden Nachteile ist.[18] Eine erhebliche Gefährdung der wirtschaftlichen Lage tritt danach nicht ein, wenn die Prozesskosten durch eine zumutbare Darlehensaufnahme gedeckt werden können.[19] Ungünstige wirtschaftliche Verhältnisse oder eine Verschlechterung der Liquidität rechtfertigen für sich allein genommen ebenso wenig eine Streitwertanpassung. Nimmt der Antragsteller wegen Vermögenslosigkeit nicht mehr am Wirtschaftsleben teil, tritt durch die Belastung mit den Prozesskosten keine zusätzliche Gefährdung der wirtschaftlichen Lage ein und ist eine Streitwertherabsetzung abzulehnen.[20] Andererseits wird eine erhebliche Gefährdung der wirtschaftlichen Lage nicht erst dann anzunehmen sein, wenn unmittelbar Zahlungsunfähigkeit droht oder der Antragsteller einen notwendigen Unterhalt nicht mehr bestreiten kann. Die Norm lässt eine Anpassung des Streitwerts an die wirtschaftliche Situation zu, wenn sich die Kostenbelastung bei vorausschauender Betrachtung auf die wirtschaftliche Lage so auswirken wird, dass der Antragsteller außerstande ist, seine Unternehmensangelegenheiten im Wettbewerb weiterhin nachhaltig wahrzunehmen.[21] § 89a fordert nicht, dass die Rechtsverfolgung oder -verteidigung (wie bei der Gewährung von Prozesskostenhilfe) **Aussicht auf Erfolg** bietet. Bei pflichtgemäßer Ermessensausübung ist eine Wertanpassung nur in Missbrauchsfällen zu versagen, insbesondere dann, wenn die Rechtsverfolgung oder -verteidigung mutwillig oder offensichtlich aussichtslos ist.[22] Aussichtslosigkeit kann sich aus der Ablehnung eines Prozesskostenhilfegesuchs ergeben.[23] **Rücknahme der Klage,** ihre anderweitige **Erledigung** (namentlich durch einen **Vergleich** – s. auch Abs. 1 S. 4: „übernimmt", S. 5: „übernommen") oder ein **Versäumnisurteil** stehen einer Streitwertanpassung grundsätzlich nicht entgegen.[24]

5 **Abs. 1 S. 2** soll u. a. verhindern, dass als Kläger eine wirtschaftlich schwache Partei vorgeschoben oder der Streitwert zu Gunsten einer juristischen Person oder einer parteifähigen Personenvereinigung herabgesetzt wird, obwohl liquide **Dritte,** die an ihr oder am Gegenstand des Rechtsstreits wirtschaftlich beteiligt sind, gehalten sind, die Prozesskosten zu übernehmen oder dies – unmittelbar oder mittelbar - tatsächlich tun. Um derartige Umgehungen auszuschließen, kann das Gericht vom Antragsteller Glaubhaftmachung verlangen (§ 294 ZPO). Infolgedessen verknüpft die Norm eine Streitwertanpassung faktisch mit denselben Voraussetzungen, die für eine Prozesskostenhilfebewilligung zugunsten juristischer Personen und parteifähiger Personenvereinigungen gelten (vgl. § 116 S. 1 Nr. 2 ZPO).

6 **b) Begünstigte Parteien.** Eine Streitwertanpassung kann zu Gunsten des Klägers oder des Beklagten sowie natürlicher oder juristischer Personen[25] und parteifähiger Personenver-

---

[16] Vgl. OLG Koblenz GRUR 1996, 139, 140 (zum MarkenG).
[17] So § 12 Abs. 4 2. Alt. UWG n. F. (= § 23a UWG a. F.) für den Fall einer Streitwertminderung.
[18] Vgl. auch BGH GRUR 1994, 385 (zum UWG).
[19] Ebenso *Benkard/Rogge,* § 144 PatG Rn. 6; *K. Schmidt* in: Immenga/Mestmäcker, GWB, § 89a Rn. 9; zweifelnd *Bechtold,* GWB, § 89a Rn. 9.
[20] Vgl. BGH GRUR 1953, 284 (zum PatG).
[21] So auch *K. Schmidt* in: Immenga/Mestmäcker, GWB, § 89a Rn. 9.
[22] Vgl. OLG Koblenz GRUR 1996, 139, 140 (zum MarkenG).
[23] Vgl. RG GRUR 1938, 325; *Benkard/Rogge,* § 144 PatG Rn. 7.
[24] Vgl. BGH GRUR 1965, 562; KG WRP 1982, 530; OLG Hamburg WRP 1985, 281.
[25] Vgl. BGH GRUR 1953, 284 (zum PatG).

einigungen erfolgen. Theoretisch sind auch Fälle denkbar, in denen beide Parteien begünstigt werden. Der Sache nach setzt die Streitwertbegünstigung nach dem Wortlaut der Norm aber voraus, dass – durch **Leistungs- oder Feststellungsklage**,[26] ggf. auch in der Form einer **Widerklage** – von einem betroffenen Unternehmen, das Mitbewerber des Verletzers oder sonstiger Marktbeteiligter ist, Unterlassungs-, Schadensersatz- oder Beseitigungsansprüche gerichtlich geltend gemacht werden (**§ 33 Abs. 1, 3**), oder dass von einem Verband zur Förderung gewerblicher oder selbständiger beruflicher Interessen ein Unterlassungsanspruch (**§ 33 Abs. 2**) oder ein Anspruch auf Herausgabe des wirtschaftlichen Vorteils (**§ 34a**) rechtshängig gemacht worden ist. Infolgedessen bleibt dem praktisch bedeutsamen Bereich der Vorfragestreitigkeiten (vgl. § 87 Rn. 17 ff.) eine Streitwertherabsetzung vorenthalten.[27] In Bezug auf **Verbände** ist zu klären, in welchem Verhältnis das Tatbestandselement einer erheblichen Gefährdung der wirtschaftlichen Lage zu dem Umstand steht, dass Verbände ohnedies nur klagebefugt sind, soweit sie nach ihrer personellen, sachlichen und *finanziellen* Ausstattung imstande sind, ihre satzungsgemäßen Aufgaben tatsächlich wahrzunehmen (vgl. § 33 Abs. 2). Daraus folgt, dass Verbände wirtschaftlich in der Lage sein müssen, im Rahmen ihres Satzungszwecks gegen Kartellrechtsverstöße gerichtlich vorzugehen, ohne auf eine Streitwertherabsetzung angewiesen zu sein. Sie müssen daher grundsätzlich auch fähig sein, die Prozesskosten in Verfahren mit hohen Streitwerten zu tragen[28] und haben selbst oder durch ihre Träger alles Erforderliche und Zumutbare dazu beizutragen.[29] Bei ungewöhnlich hohen, namentlich die frühere Revisionssumme (60000 DM) übersteigenden Streitwerten kann vor allem aus der Überlegung heraus, dass Verbänden zur Förderung gewerblicher oder selbständiger beruflicher Interessen die Prozessführungsbefugnis zur Verfolgung von Kartellrechtsverstößen im öffentlichen Interesse verliehen ist,[30] dennoch eine Anwendung des § 89a angebracht sein.[31]

2. Verfahren

Abs. 2 erfordert einen **Antrag** der Partei, der – da er zur Niederschrift des Urkundsbeamten der Geschäftsstelle gestellt werden kann (§ 78 Abs. 5 ZPO) – keinem Anwaltszwang unterliegt. Die Partei kann auch selbst einen schriftlichen Antrag stellen. Aus der Obliegenheit zur Glaubhaftmachung folgt (Abs. 1 S. 1), dass die aktuelle wirtschaftliche Lage von der Partei ungefragt und lückenlos darzustellen und (durch Vorlage von Bilanzen, Gewinn- und Verlustrechnungen, einer Erklärung über die Herkunft der finanziellen Betriebsmittel, eines Nachweises betreffend den Gesellschafterstatus oder dergleichen) zu belegen ist. Wer das versäumt, riskiert allein deswegen eine Ablehnung des Antrags. Der Antrag ist gesondert für jede Instanz zu stellen.[32] Er bedarf entsprechend § 61 GKG einer Angabe des Teilstreitwerts, den der Antragsteller für angemessen hält. Unterbleibt die Angabe, ist der Antrag aber nicht unzulässig. Genauso wenig treten für den Antragsteller Kostennachteile ein, wenn das Gericht den Teilstreitwert höher festsetzt, als von ihm angeregt worden ist. Die dem Gericht obliegende Streitwertfestsetzung zählt zur Instanz und löst keine besondere Gebühr aus.

7

---

[26] So *Bornkamm* in: Langen/Bunte (Fn. 10), § 89a Rn. 5; *K. Schmidt* in: Immenga/Mestmäcker, GWB, § 89a Rn. 6.
[27] Ebenso *Bornkamm* in: Langen/Bunte (Fn. 10), § 89a Rn. 4; *K. Schmidt* in: Immenga/Mestmäcker, GWB, § 89a Rn. 5.
[28] Vgl. BGH GRUR 1994, 385; 1998, 958, 959 (beide zum UWG).
[29] OLG Düsseldorf BB 1977, 360; OLG Frankfurt am Main WRP 1980, 271, 272; GRUR 1989, 133, 134.
[30] Vgl. BGH GRUR 1990, 282, 284 = WRP 1990, 255, 257 – *Wettbewerbsverein IV*; GRUR 1994, 304 f. – *Zigarettenwerbung in Jugendzeitschriften* (jeweils zum UWG).
[31] So auch BGH GRUR 1994, 385 – *Streitwertherabsetzung* (zum UWG).
[32] OLG Karlsruhe GRUR 1962, 586 (zum PatG); *Benkard/Rogge*, § 144 PatG Rn. 9.

8 Die Antragstellung unterliegt bestimmten Maßgaben in zeitlicher Hinsicht, bei deren Nichtbeachtung der Antrag unzulässig ist. Der Antrag ist grundsätzlich **vor der Verhandlung zur Hauptsache** anzubringen (Abs. 2 S. 1 – d. h. vor Stellung der Sachanträge, vgl. § 137 Abs. 1 ZPO). In **Verfügungsverfahren** kann der Antrag bis zu der auf den Widerspruch des Antragsgegners stattfindenden mündlichen Verhandlung gestellt werden.[33] Dagegen kann der Antrag nur in wenigen Fällen auch noch **nach der mündlichen Verhandlung** angebracht werden. Ein Fall ist in Abs. 2 S. 3 geregelt: Der Antrag ist auch nach einer Verhandlung zur Hauptsache noch zulässig, wenn der angenommene oder festgesetzte Streitwert später durch das Gericht heraufgesetzt wird. Er muss dann aber innerhalb angemessener Frist gestellt werden,[34] wobei die Angemessenheit sich nach den Umständen des Einzelfalls richtet. In der Regel wird eine Partei nach Zugang der gerichtlichen Wertfestsetzung i. S. einer zeitlichen Obergrenze innerhalb von zwei Wochen das Kostenrisiko in Relation zu ihrer wirtschaftlichen Lage abschätzen können. Sind weitere Ermittlungen geboten, verlängert sich die Frist. Die Sechs-Monats-Frist des § 63 Abs. 3 GKG besagt im Übrigen nichts über die Frist, innerhalb der der Antrag nach § 89a anzubringen ist, sondern regelt nur, innerhalb welcher Frist das Gericht eine Streitwertfestsetzung abändern darf.[35] Ein Streitwert ist **„angenommen"**, wenn er (auf richterliche Veranlassung) einer Maßnahme des Gerichts (z. B. einer Vorschussanforderung) zugrunde gelegt worden ist.[36] In der gerichtlichen Praxis ist es in vielen Fällen (vor allem in den Rechtsmittelinstanzen) hingegen üblich, dass der **Streitwert** erst **nach** der **Urteilsverkündung** festgesetzt wird. In diesen Fällen, in denen die Partei durch keine (vorläufige) Annahme oder Festsetzung des Streitwerts in die Lage versetzt worden ist, die sie treffenden Kostenrisiken zu veranschlagen, kann der Antrag auf Streitwertanpassung ebenfalls noch innerhalb angemessener Frist nach Schluss der mündlichen Verhandlung angebracht werden.[37] Eine erstmalige Streitwertfestsetzung nach Beendigung der Instanz, der keine (vorläufige) Annahme eines Gegenstandswerts vorausgegangen ist, ist dem in Abs. 2 S. 3 normierten Fall durch entsprechende Anwendung daher gleichzustellen. Schließlich wird Antragstellung nach mündlicher Verhandlung ebenso wenig dann schaden, wenn die **wirtschaftliche Lage** der Partei sich im Laufe des Prozesses (ggf. auch nach Ablehnung des Antrags) so **verschlechtert** hat, dass eine Streitwertherabsetzung jetzt in Frage kommt.[38] Auch dann ist jedoch vorauszusetzen, dass der Antrag innerhalb angemessener Frist nach Eintritt der Verschlechterung gestellt wird. Hat sich – nachdem ein Teilstreitwert festgesetzt worden ist – während des Verfahrens umgekehrt die wirtschaftliche Situation der Partei **verbessert,** hat das Gericht auf Bekanntwerden die Sache amtswegig wieder aufzugreifen und – je nach Lage der Dinge – die Festsetzung des Teilstreitwerts aufzuheben oder abzuändern.[39] Nach rechtskräftigem Abschluss des gerichtlichen Verfahrens ist eine abändernde Entscheidung allerdings nicht mehr zugelassen.[40]

9 Über den Antrag auf Streitwertanpassung entscheidet das Gericht nach Anhörung des Gegners (Abs. 2 S. 4) durch zu begründenden **Beschluss** (vgl. § 329 Abs. 3 ZPO), mit

---

[33] Vgl. KG WRP 1982, 530 (zum UWG); *Bornkamm* in: Langen/Bunte (Fn. 10), § 89a GWB Rn. 11; *K. Schmidt* in: Immenga/Mestmäcker, GWB, § 89a Rn. 12.
[34] BGH GRUR 1965, 562 – *Teilstreitwert* (zum PatG); OLG Koblenz GRUR 1996, 139, 140 (zum MarkenG); *Bornkamm* in: Langen/Bunte (Fn. 10), § 89a GWB Rn. 11; *K. Schmidt* in: Immenga/Mestmäcker, GWB, § 89a Rn. 12.
[35] BGH GRUR 1965, 562 – *Teilstreitwert* (zum PatG).
[36] OLG Stuttgart WRP 1982, 489 (zum UWG).
[37] BGH GRUR 1953, 284; 1965, 562 – *Teilstreitwert* (beide zum PatG); OLG Koblenz GRUR 1996, 139, 140 (zum MarkenG).
[38] Ebenso *Benkard/Rogge*, § 144 PatG Rn. 11.
[39] Genauso *Benkard/Rogge*, § 144 PatG Rn. 11.
[40] Ähnlich *Benkard/Rogge*, § 144 PatG Rn. 11.

dem eine Streitwertanpassung entweder abgelehnt oder angeordnet wird.[41] Die Entscheidung ergeht gesondert für jede Instanz. Sie steht im pflichtgemäßen Ermessen des Gerichts. Im Hinblick auf Kostenerstattungsansprüche (Rn. 11) kann daneben der volle Streitwert festzusetzen sein.

Gegen die Anordnung oder Ablehnung einer Streitwertanpassung ist – sofern der Wert der Beschwer 200 Euro übersteigt, anderenfalls nur nach besonderer Zulassung – innerhalb von sechs Monaten **Streitwertbeschwerde** gegeben (§§ 68 Abs. 1, 63 Abs. 3 S. 2 GKG).[42] Beschwerdebefugt sind beide Parteien und – aus eigenem Recht – die Anwälte der Parteien, namentlich auch der Rechtsanwalt der Gegenpartei, dessen Vergütung, sofern die begünstigte Partei den Prozess verliert, sich nur nach dem Teilstreitwert bemisst.[43] Gegen die Beschwerdeentscheidung des OLG ist weitere Beschwerde möglich (§ 68 Abs. 1 S. 5 GKG). Entscheidungen des BGH über eine Streitwertanpassung sind nicht anfechtbar. 10

IV. Rechtsfolgen

Abs. 1 S. 3 bis 5. Abhängig von der Entscheidung des Gerichts in der Hauptsache sind nach Festsetzung eines Teilstreitwerts folgende Fallgruppen zu unterscheiden: **Verliert** die begünstigte Partei den Prozess, hat sie die Gerichtskosten (Abs. 1 S. 1), die Vergütung ihres eigenen Rechtsanwalts (Abs. 1 S. 3), die vom Gegner verauslagten Gerichtskosten sowie die Vergütung des gegnerischen Rechtsanwalts (Abs. 1 S. 4) nur nach dem herabgesetzten Streitwert zu tragen oder zu erstatten. Jedoch kann der Rechtsanwalt des Gegners diesem gegenüber im Innenverhältnis nach dem vollem Gegenstandswert abrechnen. **Obsiegt** der durch die Festsetzung des Teilstreitwerts begünstigte Kläger, trifft ihn im Fall, dass die Gerichtskosten beim Gegner uneinbringlich sind, die sog. Zweitschuldnerhaftung (§ 22 Abs. 1 GKG) nur nach Maßgabe des herabgesetzten Gegenstandswerts. Der Rechtsanwalt der begünstigten Partei kann im Fall eines Obsiegens seine nach dem vollen Gegenstandswert zu berechnende Vergütung im eigenen Namen[44] beim Gegner beitreiben (Abs. 1 S. 5). Ist der Gegner zahlungsunfähig, kann er diesen Vergütungsanspruch allerdings nicht durchsetzen. Er trägt dann durch einen faktischen Teilverzicht auf Vergütungsansprüche zur Prozessführung seines Mandanten wirtschaftlich bei. Werden die **Kosten geteilt,** kann der Rechtsanwalt der begünstigten Partei die auf die Quote des Obsiegens entfallende Vergütung nach dem ungekürzten Streitwert vom Gegner beanspruchen (Abs. 1 S. 5: „soweit"). In Höhe ihres Unterliegens schuldet die begünstigte eigene Partei ihrem Rechtsanwalt nur die nach dem Teilstreitwert zu bemessende Vergütung. Gemäß der Quote seines Obsiegens sind dem Gegner die Kosten des eigenen Rechtsanwalts und verauslagte Gerichtskosten nur nach dem Teilstreitwert zu erstatten (Abs. 1 S. 4). Mit den nach Maßgabe des vollen Streitwerts darüber hinaus verauslagten Gerichtskosten bleibt der Gegner belastet, womit 11

---

[41] Im letztgenannten Fall kann die Beschlussformel lauten: „Der (Kläger oder Beklagte = die begünstigte Partei) hat die Gerichtskosten und die außergerichtlichen Kosten des (Klägers oder Beklagten = Gegners) nach einem Teilstreitwert von ... zu tragen."

[42] Wie hier *Bechtold,* GWB, § 89a Rn. 9; a.A. (sofortige Beschwerde nach § 567 Abs. 1 Nr. 2 ZPO): *Bornkamm* in: Langen/Bunte (Fn. 9), § 89a GWB Rn. 14; *K. Schmidt* in: Immenga/Mestmäcker, GWB, § 89a Rn. 18. Demgegenüber wird an der schon in der Vorauflage vertretenen Auffassung festgehalten. § 68 Abs. 1 GKG ist als lex specialis gegenüber § 567 ZPO einschlägig, weil sich das Gericht auch bei einer Streitwertherabsetzung in dem durch § 63 GKG gegebenen rechtlichen Rahmen verhält. Dies wird in § 89a Abs. 2 S. 3 deutlich, der von dem nach § 63 GKG „angenommenen oder festgesetzten Streitwert" spricht. Auch sollte nicht bezweifelt werden, dass nach Ablauf der Sechs-Monats-Frist des § 63 Abs. 3 S. 2 GKG eine Streitwertanpassung nicht mehr zulässig ist (so wohl auch BGH GRUR 1965, 562 – *Teilstreitwert*).

[43] KG WRP 1978, 134; 300; a.A. *Benkard/Rogge,* § 144 PatG Rn. 10.

[44] So auch *Benkard/Rogge,* § 144 PatG Rn. 12.

auch er den Prozess teilweise mitzufinanzieren hat. Die von der begünstigten Partei entsprechend der Quote ihres Unterliegens zu tragenden Gerichtskosten sind nach dem Teilstreitwert zu berechnen (Abs. 1 S. 1).

Fünfter Abschnitt. Gemeinsame Bestimmungen

§ 90 Benachrichtigung und Beteiligung der Kartellbehörden

(1) ¹Das Bundeskartellamt ist über alle Rechtsstreitigkeiten nach § 87 Abs. 1 durch das Gericht zu unterrichten. ²Das Gericht hat dem Bundeskartellamt auf Verlangen Abschriften von allen Schriftsätzen, Protokollen, Verfügungen und Entscheidungen zu übersenden. ³Die Sätze 1 und 2 gelten entsprechend in sonstigen Rechtsstreitigkeiten, die die Anwendung des Artikels 81 oder 82 des Vertrages zur Gründung der Europäischen Gemeinschaft betreffen.

(2) ¹Der Präsident des Bundeskartellamts kann, wenn er es zur Wahrung des öffentlichen Interesses als angemessen erachtet, aus den Mitgliedern des Bundeskartellamts eine Vertretung bestellen, die befugt ist, dem Gericht schriftliche Erklärungen abzugeben, auf Tatsachen und Beweismittel hinzuweisen, den Terminen beizuwohnen, in ihnen Ausführungen zu machen und Fragen an Parteien, Zeugen und Sachverständige zu richten. ²Schriftliche Erklärungen der vertretenden Person sind den Parteien von dem Gericht mitzuteilen.

(3) Reicht die Bedeutung des Rechtsstreits nicht über das Gebiet eines Landes hinaus, so tritt im Rahmen des Absatzes 1 Satz 2 und des Absatzes 2 die oberste Landesbehörde an die Stelle des Bundeskartellamts.

(4) **Die Absätze 1 und 2 gelten entsprechend für Rechtsstreitigkeiten, die die Durchsetzung eines nach § 30 gebundenen Preises gegenüber einem gebundenen Abnehmer oder einem anderen Unternehmen zum Gegenstand haben.**

Übersicht

	Rn.		Rn.
I. Sinn und Zweck der Vorschrift; Anwendungsbereich	1	2. Beteiligung des BKartA nach Abs. 2	4
II. Praktische Bedeutung	2	3. Zuständigkeit der Landeskartellbehörden nach Abs. 3	5
III. Tatbestand und Rechtsfolgen	3	IV. Verhältnis zu anderen Vorschriften	6
1. Unterrichtung des BKartA nach Abs. 1	3		

Schrifttum: *Brose/Helmcke,* Zur Kollision von Kartellzivilprozess (§ 90 GWB) und Auskunftsverfahren (§ 46 GWB), WuW 1981, 845; *Hitzler,* Die Beteiligung der Kartellbehörden an Kartellrechtsstreiten nach § 90 GWB, WuW 1982, 509.

I. Sinn und Zweck der Vorschrift; Anwendungsbereich

1   Die Vorschrift soll die Kartellbehörden in die Lage versetzen, sich von den sie interessierenden wettbewerbsrelevanten Sachverhalten unterrichtet zu halten, um auch in Kartellzivilprozessen das **öffentliche Interesse** am funktionsfähigen Wettbewerb wahrnehmen zu können.¹ Die Information soll der Kartellbehörde die Entscheidung ermöglichen, ob sie sich gemäß Abs. 2 aktiv am Prozess beteiligt oder nicht. Nimmt sie daran teil, kann sie ihre speziellen tatsächlichen und rechtlichen Kenntnisse in das Verfahren einführen.² Hingegen

---

¹ Vgl. die Regierungsbegründung zum Entwurf eines Gesetzes gegen Wettbewerbsbeschränkungen, BT-Drucks. II/1158 C § 65 Ziff. 1.
² Vgl *Hitzler* WuW 1982, 511 f.

bezweckt die Beteiligung nicht, dem Gericht die Entscheidung zu erleichtern oder dem Begehren einer Prozesspartei zur Durchsetzung zu verhelfen.[3] Mit dem **Siebten Gesetz zur Änderung des Gesetzes gegen Wettbewerbsbeschränkungen**[4] ist die amtliche Überschrift aktualisiert worden (sie erfasst nunmehr auch die Landeskartellbehörden) und – zum Zweck einer Umsetzung der Vorgaben der **Verordnung (EG) Nr. 1/2003** des Rates vom 16. 12. 2002 zur Durchführung der in den Artikeln 81 und 82 des Vertrages zur Gründung der Europäischen Gemeinschaft (EG)[5] niedergelegten Wettbewerbsregeln – in Abs. 1 der S. 3 eingefügt worden. Durch Art. 1 Nr. 18 des Gesetzes zur Bekämpfung von Preismissbrauch im Bereich der Energieversorgung und des Lebensmittelhandels vom 18. 12. 2007[6] sind in Abs. 2 S. 1 die Wörter „und, wenn der Rechtsstreit eines der in § 29 bezeichneten Unternehmen betrifft, auch aus den Mitgliedern der zuständigen Aufsichtsbehörde" gestrichen worden – eine redaktionelle Berichtigung mit Blick auf die Streichung des § 29 a. F. durch die Siebte GWB-Novelle. Indes sind weiterhin die Rechtsstreitigkeiten nach § 87 „Abs. 1" in Bezug genommen, obwohl die Norm nicht mehr über mehrere Absätze verfügt.

II. Praktische Bedeutung

Das BKartA ist nach **Abs. 1 S. 1** zwingend über alle Kartellrechtsstreitigkeiten zu unterrichten, und zwar auch in Verfahren auf Erlass einstweiliger Verfügungen.[7] Von seinem Informationsrecht nach **Abs. 1 S. 2** macht das BKartA häufig Gebrauch, wobei überwiegend lediglich Abschriften von den instanzabschließenden Entscheidungen verlangt werden. Von einer aktiven Mitwirkung nach **Abs. 2** sehen die Kartellbehörden in den Tatsacheninstanzen hingegen praktisch ausnahmslos ab. Die Beteiligung der Kartellbehörden an Zivilprozessen steht im Übrigen in keiner Verbindung mit der Einleitung eines Kartellverwaltungs- (§§ 54 ff.) oder Bußgeldverfahrens (§§ 81 ff.), etwa in der Weise, dass zuvor das Ergebnis des Zivilprozesses abzuwarten sei.[8] **Abs. 4** ist 1965 in das Gesetz aufgenommen worden. Nachdem die Preisbindung für Markenwaren 1973 entfallen ist, hat die Vorschrift auch bei der Preisbindung für Verlagserzeugnisse (§ 30) kaum mehr Bedeutung, da die angesprochenen Prozesse ohnedies vor den Kartellgerichten zu führen sind und dann die Unterrichtung nach Abs. 1 greift.[9]

III. Tatbestand und Rechtsfolgen

1. Unterrichtung des BKartA nach Abs. 1

Das Gericht hat das BKartA nach Eingang der Klage ausnahmslos über alle Rechtsstreitigkeiten nach § 87 Abs. 1 amtswegig zu unterrichten **(Abs. 1 S. 1)**. Die Benachrichtigungspflicht gilt nicht im Verhältnis zu den LKartB, da Abs. 3 nicht auf Abs. 1 S. 1 verweist. Die Benachrichtigung hat – soweit nicht schon in einem früheren Rechtszug er-

---

[3] Vgl. *Hitzler* WuW 1982, 509; *Meyer-Lindemann* in: Frankfurter Komm., § 90 Rn. 1.
[4] BGBl. I 2005, S. 1954 in der Fassung des Beschlusses des Bundestages vom 16. 6. 2005 und des Beschlusses des Bundesrates vom 17. 6. 2005. Wegen der insgesamt umfangreichen Änderungen durch dieses Gesetz hat das Bundesministerium für Wirtschaft und Arbeit von der Neubekanntmachungserlaubnis Gebrauch gemacht. Die Zitierweise des Gesetzes ist nunmehr: Gesetz gegen Wettbewerbsbeschränkungen in der Fassung der Bekanntmachung vom 15. 7. 2005, BGBl. I 2005, S. 2114.
[5] ABl. EG Nr. L v. 4. 1. 2003, S. 1.
[6] BGBl. I S. 2966.
[7] Vgl. KG WRP 1980, 332.
[8] Vgl. KG WuW/E OLG 2446, 2447 f. – *Heizölhandel*.
[9] Siehe auch *Bornkamm* in: Langen/Bunte, Kommentar zum deutschen und europäischen Kartellrecht, § 90 GWB Rn. 5; *Meyer-Lindemann* in: Frankfurter Komm., § 90 Rn. 6.

folgt – in jeder Instanz stattzufinden.[10] Sie obliegt auch einem Nicht-Kartellgericht, vor dem der Kartellrechtsstreit anhängig ist,[11] nicht jedoch Schiedsgerichten.[12] Die Benachrichtigung lässt sich am einfachsten vornehmen, indem das Gericht dem BKartA eine – von der Partei ggf. anzufordernde weitere – Abschrift der Klage übersendet und das Aktenzeichen mitteilt. Abschriften weiterer Schriftsätze (einschließlich der Anlagen), von Protokollen, Verfügungen und Zwischen- sowie Endentscheidungen sind dem BKartA nur auf Verlangen zu übersenden **(Abs. 1 S. 2)**. Auch dies sollte praktisch so zu handhaben sein, dass das Gericht den Parteien (schon nach der ersten Unterrichtung des BKartA) aufgibt, Schriftsätze mit einer zusätzlichen Abschrift für das BKartA einzureichen. Sind zum Zweck der Übersendung an das BKartA Fotokopien zu fertigen (z.B. von Verfügungen oder Entscheidungen), hat wegen des zugrunde liegenden öffentlichen Interesses an sich die Staatskasse (nicht die im Prozess unterliegende Partei) die Auslagen zu tragen.[13]

3a Der durch das Siebte Gesetz zur Änderung des Gesetzes gegen Wettbewerbsbeschränkungen in **Abs. 1** eingefügte **S. 3** überträgt u.a. die Bestimmung des Art. 15 Abs. 3 S. 5 der VO (EG) Nr. 1/2003 in deutsches Recht.[14] Durch die Worte „die Sätze 1 und 2 gelten entsprechend in sonstigen Rechtsstreitigkeiten" soll klargestellt werden, dass die Benachrichtigungspflicht nicht auf bürgerliche Rechtsstreitigkeiten beschränkt ist, sondern in jedem Verfahren gilt, in denen ein deutsches Gericht mit einer Anwendung der **Art. 81 oder 82 EG** befasst ist.[15] Auf **Art. 53, 54 EWR-Abkommen** ist weder in Art. 15 VO Nr. 1/2003 noch in Abs. 1 S. 3 verwiesen. Daraus folgt, dass das Amt bei (praktisch kaum vorstellbarer) isolierter Berührung des EWR-Abkommens nicht zu benachrichtigen ist.[16]

2. Beteiligung des BKartA nach Abs. 2

4 Die in der Vorschrift im Einzelnen geregelten und im öffentlichen Interesse dem Ermessen des BKartA unterliegenden Mitwirkungsbefugnisse nimmt dem Gericht gegenüber die Prozessabteilung des BKartA wahr. Das BKartA kann Tatsachenvortrag und/oder Rechtsausführungen anbringen. Es erlangt wegen des öffentlich-rechtlichen Zwecks seiner Beteiligung jedoch keine parteigleiche oder einem Intervenienten (§§ 64 ff. ZPO) vergleichbare rechtliche Stellung. Ihm steht ebenso wenig das damit verknüpfte Beweisantragsrecht oder die Befugnis, Rechtsmittel einzulegen, zu.[17] Seine **Rechtsausführungen** sind für das Gericht nicht bindend.[18] **Tatsachenvortrag** ist bei der Entscheidungsfindung im Prozess nur verwertbar, sofern eine Partei sich diesen Vortrag (zumindest hilfsweise und – woran ebenfalls zu denken ist – ggf. nach Erklärungsaufforderung durch das Gericht, § 139 ZPO) zu

---

[10] Vgl. *Bechtold*, GWB, § 90 Rn. 2; *K. Schmidt* in: Immenga/Mestmäcker, GWB, § 90 Rn. 4; *Meyer-Lindemann* in: Frankfurter Komm., § 90 Rn. 9.
[11] Ebenso: *Bechtold*, GWB, § 90 Rn. 2; *Bornkamm* in: Langen/Bunte (Fn. 9), § 90 Rn. 4; *Meyer-Lindemann* in: Frankfurter Komm., § 90 Rn. 9.
[12] *Bornkamm* in: Langen/Bunte (Fn. 9), § 90 Rn. 4; *K. Schmidt* in: Immenga/Mestmäcker, § 90 Rn. 5.
[13] Ebenso: *Meyer-Lindemann* in: Frankfurter Komm., § 90 Rn. 8; *K. Schmidt* in: Immenga/Mestmäcker, GWB, § 90 Rn. 9.
[14] Danach können die Wettbewerbsbehörden der Mitgliedsstaaten die nationalen Gerichte in Rechtsstreitigkeiten, die die Anwendung der Art. 81 oder 82 EG betreffen, zum Zweck der Ausarbeitung einer Stellungnahme ersuchen, ihnen alle zur Beurteilung des Falles notwendigen Schriftstücke zu übermitteln.
[15] Vgl. die Entwurfsbegründung der Bundesregierung zum Siebten Gesetz zur Änderung des Gesetzes gegen Wettbewerbsbeschränkungen, BT-Drucks. 15/3640, S. 69.
[16] Vgl. auch *Bechtold*, GWB, § 90 Rn. 3.
[17] Vgl. *Meyer-Lindemann* in: Frankfurter Komm., § 90 Rn. 15; *K. Schmidt* in: Immenga/Mestmäcker, GWB, § 90 Rn. 8.
[18] Siehe die in der vorstehenden Fußnote genannten Fundstellen sowie *Bornkamm* in: Langen/Bunte (Fn. 9), § 90 Rn. 9.

eigen macht.[19] Die Äußerungen des BKartA sind nicht wie sachverständige Erklärungen nach § 144 ZPO zu behandeln,[20] da das BKartA nicht als „Gehilfe" des Gerichts, sondern allein im Wettbewerbsinteresse am Prozess beteiligt ist. Die bloße Prozessbeteiligung verschafft dem BKartA keine eigenen **Ermittlungsbefugnisse**.[21] Freilich darf es – soweit es sich nicht um Betriebs- oder Geschäftsgeheimnisse handelt – Erkenntnisse, die es aus Auskünften nach § 59 gewonnen hat, dem Gericht mitteilen.[22] Darin ist keine unzulässige Parteinahme des BKartA zu sehen.[23] Eine tatsächliche Unterstützung ist im Rechtssinn nur als ein Reflex des im öffentlichen Interesse gegebenen Beteiligungsrechts des BKartA zu werten.[24]

3. Zuständigkeit der Landeskartellbehörden nach Abs. 3

Die LKartB ist vom Gericht nicht amtswegig zu unterrichten, was daraus folgt, dass in Abs. 3 auf Abs. 1 S. 1 nicht verwiesen ist. Der LKartB sind gemäß Abs. 1 S. 2 Abschriften von Aktenbestandteilen und Entscheidungen nur auf Verlangen zu übersenden. Im Übrigen stehen der LKartB dieselben Mitwirkungsbefugnisse zu wie dem BKartA. Ihre Beteiligung steht freilich unter dem Vorbehalt, dass die Bedeutung des Rechtsstreits über das Gebiet des Landes nicht hinaus reicht. Anderenfalls ist die Zuständigkeit des BKartA begründet. Bei der Abgrenzung ist (ausgehend von der amtlichen Begründung zum Entwurf des GWB)[25] zu berücksichtigen, dass das BKartA immer zu beteiligen ist, wenn seine Zuständigkeit aufgrund von § 48 Abs. 2 S. 1 zu bejahen ist, weil die Wirkung des streitgegenständlichen oder eine Vorfrage bildenden Kartellrechtsverstoßes oder der Wettbewerbsregel über das Gebiet eines Bundeslandes hinausreicht.[26] Der Begriff der Bedeutung des Rechtsstreits ist jedoch weiter als der der Wirkung des kartellrechtlich relevanten Verhaltens in § 48 Abs. 2 S. 1. Ein Rechtsstreit kann i. S. v. § 90 Abs. 3 über das Gebiet eines Landes hinausweisend auch unterhalb der Schwelle bedeutend sein, ab der (länderübergreifende) Marktauswirkungen konkret feststellbar sind.[27] Es genügt demnach für eine Beteiligung des BKartA, dass im Rahmen seiner Aufgabenerfüllung und der durch § 48 Abs. 2 S. 1 eröffneten Zuständigkeit ein Informationsinteresse objektiv nicht zu verneinen ist. Dabei ist dem BKartA eine Einschätzungsprärogative zuzuerkennen.[28] In den Tatsacheninstanzen wird die Beteiligung des BKartA in einem entsprechend weit zu verstehenden Sinn praktiziert. Theoretisch ist danach auch eine Doppelbeteiligung (von BKartA und LKartB) denkbar. Sie kommt faktisch indes nicht vor, da das BKartA und die LKartB sich über eine Ausübung der Beteiligungsrechte gegenüber dem Gericht in der Regel (zulässigerweise) verständigen. Sollte gleichwohl der Fall eintreten, dass sich das BKartA und die LKartB am Prozess beteiligen wollen (obwohl Abs. 3 an sich die Vorstellung zugrunde liegt, dass ent-

---

[19] Ebenso: *Bornkamm* in: Langen/Bunte, Kommentar zum deutschen und europäischen Kartellrecht, § 90 Rn. 9; *Meyer-Lindemann* in: Frankfurter Komm., § 90 Rn. 15; *K. Schmidt* in: Immenga/Mestmäcker, GWB, § 90 Rn. 8.
[20] So allerdings *Meyer-Lindemann* in: Frankfurter Komm., § 90 Rn. 2.
[21] So auch KG WuW/E OLG 2446, 2447 – *Heizölhandel*; *Bechtold*, GWB, § 90 Rn. 2; *Bornkamm* in: Langen/Bunte (Fn. 18), § 90 Rn. 9; *K. Schmidt* in: Immenga/Mestmäcker, GWB, § 90 Rn. 8; *Meyer-Lindemann* in: Frankfurter Komm., § 90 Rn. 16.
[22] Vgl. KG WuW/E OLG 2446, 2447 f. – *Heizölhandel*; *Hitzler* WuW 1982, 509, 512.
[23] So jedoch *Brose/Helmcke* WuW 1981, 845, 848.
[24] Vgl. dazu auch KG a. a. O. 2447 f.; *Hitzler* WuW 1982, 512 f.; *Bornkamm* in: Langen/Bunte (Fn. 18), § 90 Rn. 9; *Meyer-Lindemann* in: Frankfurter Komm., § 90 Rn. 16.
[25] BT-Drucks. II/1158 C § 65 Ziff. 2.
[26] So auch *Hitzler* WuW 1982, 509, 513.
[27] Vgl. *Meyer-Lindemann* in: Frankfurter Komm., § 90 Rn. 18; so i. Erg. auch *Hitzler* WuW 1982, 509, 513 f.
[28] I. Erg. ähnlich *Meyer-Lindemann* in: Frankfurter Komm., § 90 Rn. 18; *K. Schmidt* in: Immenga/Mestmäcker, GWB, § 90 Rn. 6.

weder das BKartA oder die LKartB zu beteiligen ist), sollte dies aus praktischen Erwägungen heraus zugelassen werden.[29]

IV. Verhältnis zu anderen Vorschriften

6   Die im früheren § 20 Abs. 1 AGB-Gesetz normierte Mitteilungspflicht der Gerichte ist mit Ablauf des 31. 12. 2001 entfallen. Die im Gesetz über Unterlassungsklagen bei Verbraucherrechts- und anderen Verstößen (Unterlassungsklagengesetz – UKlaG) vom 26. 11. 2001[30] aufgegangen verfahrensrechtlichen Regelungen des AGB-Gesetzes enthalten keine entsprechende Vorschrift mehr.

7   Gemäß § 14c Abs. 3 des Gesetzes über die Wahrnehmung von Urheberrechten und verwandten Schutzrechten (**Urheberrechtswahrnehmungsgesetz – UrhWG**)[31] ist in Verfahren auf Abschluss oder Änderung eines Gesamtvertrages (vgl. § 14 Abs. 1 Nr. 1 Buchst. b) UrhWG) das BKartA nach näherer Maßgabe zu unterrichten.

8   Das BKartA ist auch von Rechtsstreitigkeiten zu benachrichtigen (und kann dann seine Beteiligungsrechte wahrnehmen), in denen die **Art. 81 oder 82 EG** anzuwenden sind (s. o. Rn. 3a).

§ 90a Zusammenarbeit der Gerichte mit der Kommission der Europäischen Gemeinschaft und den Kartellbehörden

(1) [1]In allen gerichtlichen Verfahren, in denen der Artikel 81 oder 82 des Vertrages zur Gründung der Europäischen Gemeinschaft zur Anwendung kommt, übermittelt das Gericht der Kommission der Europäischen Gemeinschaft über das Bundeskartellamt eine Abschrift jeder Entscheidung unverzüglich nach deren Zustellung an die Parteien. [2]Das Bundeskartellamt darf der Kommission der Europäischen Gemeinschaft die Unterlagen übermitteln, die es nach § 90 Abs. 1 Satz 2 erhalten hat.

(2) [1]Die Kommission der Europäischen Gemeinschaft kann in Verfahren nach Absatz 1 aus eigener Initiative dem Gericht schriftliche Stellungnahmen übermitteln. [2]Das Gericht übermittelt der Kommission der Europäischen Gemeinschaft alle zur Beurteilung des Falls notwendigen Schriftstücke einschließlich der Kopien aller Schriftsätze sowie der Abschriften aller Protokolle, Verfügungen und Entscheidungen, wenn diese darum nach Artikel 15 Abs. 3 Satz 5 der Verordnung (EG) Nr. 1/2003 ersucht. § 4b Abs. 5 und 6 des Bundesdatenschutzgesetzes gilt entsprechend. [3]Das Gericht übermittelt dem Bundeskartellamt und den Parteien eine Kopie einer Stellungnahme der Kommission der Europäischen Gemeinschaft nach Artikel 15 Abs. 3 Satz 3 der Verordnung (EG) Nr. 1/2003. [4]Die Kommission der Europäischen Gemeinschaft kann in der mündlichen Verhandlung auch mündlich Stellung nehmen.

(3) [1]Das Gericht kann in Verfahren nach Absatz 1 die Kommission der Europäischen Gemeinschaft um die Übermittlung ihr vorliegender Informationen oder um Stellungnahmen zu Fragen bitten, die die Anwendung des Artikels 81 oder 82 des Vertrages zur Gründung der Europäischen Gemeinschaft betreffen. [2]Das Gericht unterrichtet die Parteien über ein Ersuchen nach Satz 1 und übermittelt diesen und

---

[29] Ebenso *Hitzler* WuW 1982, 509, 514, 516; *Meyer-Lindemann* in: Frankfurter Komm., § 90 Rn. 18; a. A. *K. Schmidt* in: Immenga/Mestmäcker, GWB, § 90 Rn. 6.

[30] BGBl. I S. 3138, 3173.

[31] Gesetz v. 9. 9. 1965 (BGBl. I S. 1294), geändert u. a. durch Ges. v. 24. 6. 1985 (BGBl. I S. 1137), zuletzt geändert durch Ges. v. 8. 5. 1998 (BGBl. I S. 902).

§ 14c Abs. 3 UrhWG: [1]Die Schiedsstelle hat das Bundeskartellamt über das Verfahren zu unterrichten. [2]Die Bestimmungen in § 90 Abs. 1 Satz und Abs. 2 des Gesetzes gegen Wettbewerbsbeschränkungen sind mit der Maßgabe entsprechend anzuwenden, dass der Präsident des Bundeskartellamts keinen Angehörigen der Aufsichtsbehörde (§ 18 Abs. 1) zum Vertreter bestellen kann.

dem Bundeskartellamt eine Kopie der Antwort der Kommission der Europäischen Gemeinschaft.

(4) In den Fällen der Absätze 2 und 3 kann der Geschäftsverkehr zwischen dem Gericht und der Kommission der Europäischen Gemeinschaft auch über das Bundeskartellamt erfolgen.

Übersicht

	Rn.		Rn.
I. Sinn und Zweck der Regelung	1	2. Recht der Kommission zur Beteiligung an Gerichtsverfahren	6
II. Praktische Bedeutung	3	3. Recht der Gerichte, Stellungnahmen oder Übermittlung von Informationen zu verlangen	8
III. Tatbestand	4		
IV. Rechtsfolgen	5		
1. Pflicht zur Übermittlung von Entscheidungen	5		

I. Sinn und Zweck der Regelung

Mit § 90a wird die Bestimmung des **Art. 15 EG-VerfVO,** der die Zusammenarbeit der Kommission mit den Gerichten der Mitgliedstaaten bei der Anwendung des EG-Wettbewerbsrechts regelt, für das deutsche Recht **konkretisiert und ergänzt.** Einer „Umsetzung" des Art. 15 EG-VerfVO durch den deutschen Gesetzgeber bedurfte es dabei nicht, da die Regelungen des Art. 15 EG-VerfVO auch ohne Übernahme in das GWB unmittelbar anwendbar sind. § 90a konkretisiert jedoch, wen die verschiedenen Informationspflichten des Art. 15 EG-VerfVO im innerstaatlichen Recht treffen und erweitert die Befugnisse der Kommission zur mündlichen Stellungnahme vor deutschen Gerichten, die nach der EG-rechtlichen Regelung in Art. 15 Abs. 3 S. 4 EG-VerfVO nur mit Erlaubnis des Gerichts möglich sein sollte. 1

§ 90a regelt ausschließlich das **Verhältnis** zwischen **deutschen Gerichten** und **Kommission;** die Pflichten und Befugnisse der deutschen Kartellbehörden in gerichtlichen Verfahren, die die Anwendung europäischen Kartellrechts betreffen, sind dagegen Gegenstand des § 90. 2

II. Praktische Bedeutung

Schon vor Einführung des § 90a und des Art. 15 EG-VerfVO gab es in einzelnen Fällen bereits eine **Beteiligung der Kommission an deutschen Kartellzivilprozessen,** zumeist auf der Basis der Kommissionsbekanntmachung von 1993 über die Zusammenarbeit mit den nationalen Gerichten.[1] Im Rahmen dieser Bekanntmachung hatte die Kommission allerdings noch nicht die Möglichkeit, sich aus eigenem Antrieb an Gerichtsverfahren zu beteiligen, sondern konnte nur auf **Anfragen von Gerichten** reagieren. In einzelnen Fällen hat jedoch das Bundeskartellamt schon früher Stellungnahmen gemäß § 90 (und § 96a. F.) zu Fragen des europäischen Rechts mit der Kommission abgestimmt.[2] Die praktische Bedeutung der Beteiligung der Kommission an deutschen Gerichtsverfahren zu kartellrechtlichen Fragen war bislang eher gering.[3] Es ist fraglich, ob sich daran durch § 90a und Art. 15 EG-VerfVO grundlegend etwas ändern wird. 3

III. Tatbestand

§ 90a bezieht sich nicht lediglich auf Kartellzivilverfahren. Durch § 90a werden **alle gerichtlichen Verfahren,** in denen Art. 81 oder 82 EG zur Anwendung kommen, erfasst. Die Pflichten und Rechte aus § 90a treffen somit neben den Zivilgerichten auch alle ande- 4

---

[1] ABl. 1993 C 39/6.
[2] Vgl. BKartA WuW/E BKartA 337 – *Trockenrasierer.*
[3] Zu Beispielen vgl. § 15 EG-VerfVO Rn 4; *Topel* GRUR 2000, 985, 987.

ren Gerichte, soweit EG-Wettbewerbsrecht im Rahmen ihrer Verfahren zur Anwendung kommt. Praktisch bedeutsam werden hier insbesondere die **Verwaltungsgerichte und Sozialgerichte** sein. Durch § 90a werden zudem auch die Kartellgerichte verpflichtet und berechtigt, soweit sie – im Rahmen der Beschwerde oder Rechtsbeschwerde – über die Rechtmäßigkeit von Entscheidungen der deutschen Kartellbehörden zur Anwendung der Art. 81, 82 EG entscheiden. Die Kommission erhält somit die Möglichkeit, sich an Verfahren zu beteiligen, in denen die Anwendung der Art. 81, 82 EG durch das Bundeskartellamt in Frage steht.

IV. Rechtsfolgen
1. Pflicht zur Übermittlung von Entscheidungen

5   Die Gerichte trifft gem. § 90a Abs. 1 die Verpflichtung, **alle Entscheidungen** in gerichtlichen Verfahren, die die Anwendung der Art. 81, 82 EG betreffen, unverzüglich **an die Kommission** – über das Bundeskartellamt – **zu übersenden.** Damit wird die entsprechende Verpflichtung der Mitgliedstaaten aus Art. 15 Abs. 2 EG-VerfVO konkretisiert. Da das Bundeskartellamt im Rahmen der Ausübung seiner Befugnisse gem. § 90 ohnehin zumeist um die Übersendung von Entscheidungen bittet, bedeutet § 90a Abs. 1 keine wesentliche Mehrbelastung der betroffenen Gerichte. Darüber hinaus wird dem Bundeskartellamt die Übermittlung weiterer Unterlagen, die es aufgrund von § 90 Abs. 1 Satz 2 erhalten hat, gestattet.

2. Recht der Kommission zur Beteiligung an Gerichtsverfahren

6   Das grundsätzliche Recht der Kommission zur Beteiligung an Gerichtsverfahren, in denen Art. 81, 82 EG zur Anwendung kommen, ergibt sich bereits direkt aus Art. 15 Abs. 3 EG-VerfVO; die Regelung in § 90a Abs. 2 ist insoweit nur deklaratorisch. Sie **ergänzt und erweitert** jedoch die Befugnisse der Kommission in zweierlei Hinsicht. Das Beteiligungsrecht der Kommission gem. Art. 15 Abs. 3 EG-VerfVO steht unter dem Vorbehalt, dass die Stellungnahme zur kohärenten Anwendung der Art. 81, 82 EG erforderlich ist. Eine entsprechende Einschränkung findet sich in § 90a Abs. 2 zumindest in Bezug auf das Recht zur Stellungnahme nicht. Jedoch wird das Recht der Kommission, weitere Informationen zu verlangen, an die Voraussetzungen des Art. 15 Abs. 3 Satz 5 EG-VerfVO geknüpft. Des Weiteren stellt Art. 15 Abs. 3 Satz 4 EG-VerfVO **das Recht zur mündlichen Stellungnahme** unter den Vorbehalt der Erlaubnis des jeweiligen Gerichts, während § 90a Abs. 2 der Kommission ein solches Recht unabhängig von der Zustimmung des Gerichts verleiht. Die Befugnisse der Kommission werden damit an die des Bundeskartellamts angeglichen.

7   Der Verweis auf Bestimmungen des Bundesdatenschutzgesetzes in Abs. 2 Satz 3 bezieht sich auf den Fall, dass die Übermittlung von Schriftstücken durch das Gericht an die Kommission auch **personenbezogene Daten i.S. des BDSG** umfasst. Gem. § 4b Abs. 5 BDSG trägt die übermittelnde Stelle die Verantwortung für die Zulässigkeit der Übermittlung personenbezogener Daten; d.h. das übermittelnde Gericht hat die Voraussetzungen des Art. 15 Abs. 3 S. 5 EG-VerfVO zu überprüfen. Gem. § 4b Abs. 6 BDSG hat das übermittelnde Gericht die Kommission auf den Zweck hinzuweisen, zu dessen Erfüllung die personenbezogenen Daten übermittelt werden. Die Übermittlung personenbezogener Daten i.S. des BDSG wird aber in den meisten Fällen der Zusammenarbeit von Kommission und nationalen Gerichten keine Rolle spielen.

3. Recht der Gerichte, Stellungnahmen oder Übermittlung von Informationen zu verlangen.

8   Mit § 90a Abs. 3 wird die Befugnis der Gerichte, gem. Art. 15 EG-VerfVO die Kommission um Stellungnahmen oder Informationen zu bitten, die sich in ihrem Besitz be-

finden, noch einmal aufgeführt. Die Regelung im GWB ist rein **deklaratorisch** und von der Regelung in der EG-VerfVO abhängig, da der deutsche Gesetzgeber die Kommission nicht zu einem entsprechenden Handeln verpflichten kann. Zu Umfang und Inhalt der Verpflichtung der Kommission verweisen wir auf die Kommentierung zu Art. 15 EG-VerfVO.

§ 91 Kartellsenat beim OLG

[1] **Bei den Oberlandesgerichten wird ein Kartellsenat gebildet.** [2]**Er entscheidet über die ihm gemäß § 57 Abs. 2 Satz 2, § 63 Abs. 4, §§ 83, 85 und 86 zugewiesenen Rechtssachen sowie über die Berufung gegen Endurteile und die Beschwerde gegen sonstige Entscheidungen in bürgerlichen Rechtsstreitigkeiten nach § 87 Abs. 1.**

Übersicht

	Rn.		Rn.
I. Sinn und Zweck der Vorschrift	1	3. Entscheidung über Kartellrecht durch ein Nicht-Kartellgericht	16
II. Praktische Bedeutung	2	4. Entscheidung nach allgemeinem Recht durch ein Kartell-LG	17
III. Tatbestand	3	5. Einlegung der Berufung	18
1. Kartellverwaltungssachen	3	6. Zuständigkeitskonflikte – Zuständigkeitsmängel – Verfügungs- und Beschwerdeverfahren	19
2. Kartellbußgeldsachen	4		
3. Kartellzivilsachen	5		
a) Formeller und materieller Ansatz	6	7. Anwaltliche Vertretung	22
b) Grundsatz der einheitlichen rechtlichen Einordnung	7	V. Verhältnis zu anderen Vorschriften	23
c) Doppeltatbestand des formellen und materiellen Ansatzes	8	1. Vollstreckbarerklärung von Schiedssprüchen	23
IV. Rechtsfolgen	9	2. EG-Recht	24
1. Kartellsache im ersten Rechtszug	10		
2. Nachträgliche Kartellsache	11		
a) bei einheitlichem Streitgegenstand	12		
b) bei neuem Streitgegenstand	13		

I. Sinn und Zweck der Vorschrift

§ 91 soll zur Konzentration der Kartellsachen bei den Kartellgerichten beitragen (vgl. § 87 Rn. 1). Er erstreckt sich auf Kartellverwaltungs-, Kartellbußgeld- und Kartellzivilsachen und entspricht dem durch die 6. GWB-Novelle[1] geänderten § 92 a. F. Von der Vorläufernorm unterscheidet § 91 sich dadurch, dass die frühere Regelung, wonach der beim OLG einzurichtende Kartellsenat über die Berufung und Beschwerde „gegen Entscheidungen der nach den §§ 87, 89 zuständigen Landgerichte" befand (formell-rechtlicher Ansatz), dahin geändert worden ist, dass er nunmehr bei Rechtsmitteln „gegen Entscheidungen in bürgerlichen Rechtsstreitigkeiten nach § 87 Abs. 1" („Abs. 1" überflüssig) zu entscheiden hat (materiell-rechtlicher Ansatz). 1

II. Praktische Bedeutung

§ 91 ordnet an, dass bei den OLG Kartellsenate einzurichten sind **(S. 1)**, denen – mit Auswirkung auf die gerichtsinterne Senatszuständigkeit und die Selbstverwaltung der Gerichte (vgl. § 21 e Abs. 1 GVG) – kraft Gesetzes die Kartellverwaltungs-, die Kartellbußgeld- und die Kartellzivilsachen sachlich zugewiesen sind **(S. 2)**. Die genannten Kartellsachen dürfen also nicht durch den Geschäftsverteilungsplan (§ 21 e Abs. 1 GVG) aufgeteilt und verschiedenen Senaten übertragen werden.[2] In der Praxis sind auch die §§ 92 u. 93 zu 2

---

[1] BGBl. I 1998 S. 2546.
[2] Zu einem Hilfskartellsenat bei Überlastung des Kartellsenats des OLG (hier des KG) vgl. BGH

beachten, die den Ländern eine Konzentration der Kartellsachen bei bestimmten OLG ermöglichen. Bei Anrufung eines unzuständigen OLG ist die Sache entsprechend § 281 ZPO an den Kartellsenat des zuständigen OLG zu **verweisen**. Innerhalb des OLG sind die bei einem unzuständigen Senat eingegangenen Kartellsachen an den Kartellsenat **abzugeben**.[3] Eine Bestimmung im Geschäftsverteilungsplan, wonach ein Senat die Sache auf mündliche Verhandlung nicht mehr abgeben kann, ist in Kartellsachen nicht anzuwenden, da die gesetzliche Zuständigkeit einer Regelung durch die Geschäftsverteilung entzogen ist.[4]

III. Tatbestand

3   Nach S. 2 unterliegen der sachlichen Zuständigkeit der Kartellsenate bei den OLG:

1. In Kartellverwaltungssachen die Entscheidung über die Beschwerde gegen Verfügungen der Kartellbehörde (§ 63 Abs. 4 – kartellverwaltungsrechtlicher Rechtsschutz i. e. S.) und die Entscheidung bei sofortiger Beschwerde gegen Zeugen und Sachverständige betreffende Maßnahmen der Kartellbehörde (§ 57 Abs. 2 S. 2 – z. B. bei Verhängung von Ordnungsgeldern).

4   **2. In Kartellbußgeldsachen** die Entscheidung über den Einspruch gegen einen Bußgeldbescheid der Kartellbehörde (§ 83 Abs. 1 – insofern abweichend von § 68 Abs. 1 OWiG) sowie über Anträge auf gerichtliche Entscheidung gegen die Verwerfung eines Wiedereinsetzungsgesuchs (§ 83 Abs. 1 i. V. m. §§ 62, 52 Abs. 2 S. 3 OWiG) und gegen die Verwerfung eines Einspruchs gegen einen Bußgeldbescheid durch die Kartellbehörde (§ 83 Abs. 1 i. V. m. §§ 62, 69 Abs. 1 S. 2 OWiG). Darüber hinaus sind die Kartellsenate zuständig in Wiederaufnahmeverfahren gegen einen Bußgeldbescheid (§ 85) und in Vollstreckungsverfahren (§ 86). Treten Anhaltspunkte dafür hervor, dass die Tat eine Straftat ist, hat der mit dem Einspruch gegen den Bußgeldbescheid befasste Kartellsenat die Sache an das Strafgericht abzugeben.[5]

5   **3. In Kartellzivilsachen** entscheiden die Kartellsenate über Berufungen gegen Endurteile und über (sofortige) Beschwerden gegen Beschlüsse der LG (§§ 119 Abs. 1 Nr. 2 GVG, 511 ff., 567 ff. ZPO) in bürgerlichen Rechtsstreitigkeiten nach § 87. Davon umfasst sind Streitigkeiten mit kartellrechtlichem Hauptgegenstand sowie Vorfragestreitigkeiten (§ 87 S. 1 u. 2; s. dazu § 87 Rn. 15 f., 17 ff.).

6   a) Die am 1. 1. 1999 in Kraft getretene 6. GWB-Novelle hat bei der Bestimmung der Zuständigkeit der Kartellsenate den formell-rechtlichen Ansatz (Berufung und Beschwerde „gegen Entscheidungen der nach den §§ 87, 89 zuständigen Landgerichte") zu Gunsten des **materiell-rechtlichen Ansatzes** („gegen Entscheidungen in bürgerlichen Rechtsstreitigkeiten nach § 87") aufgegeben.[6] Bis dahin wurde gemäß § 92 S. 2 a. F. die Zuständigkeit des Kartellsenats mehrheitlich nur angenommen, wenn die angefochtene Entscheidung – eindeutig erkennbar – von einem Kartell-LG getroffen worden war.[7] Diesem Ansatz ist *K. Schmidt* unter Hinweis auf den Widerspruch zu den Konzentrationsbestrebungen des Gesetzes früh entgegen getreten.[8] Seither hat die Rspr. hat die Zuständigkeit zunehmend danach bestimmt, ob im

---

WuW/E BGH 2295 f. Auch ist zulässig, beim OLG weitere Kartellsenate einzurichten, wenn der Geschäftsanfall die Kapazität des vorhandenen Senats (oder einer Mehrzahl) übersteigt.

[3] Vgl. OLG Karlsruhe WuW/E OLG 2300, 2306 – *Fach-Tonband-Kassetten*. Anders OLG München, Beschl. v. 10. 11. 2004, Az. 7 U 5728/03: Verweisung. Verweisung kommt bei dem gerichtsinternen Vorgang der (formlosen) Abgabe an einen anderen Spruchkörper jedoch nicht in Betracht.

[4] Vgl. OLG München, Beschl. v. 7. 1. 2005, Az. 7 U 5728/03.

[5] Vgl. BGH WuW/E 2865, 2866 ff. – *Verweispflicht*.

[6] Vgl. BGH WuW/E DE-R 485 ff., 486 – *Aussetzungszwang*.

[7] Vgl. statt Vieler: BGHZ 71, 367 = WuW/E BGH 1553 – *Pankreaplex I*; OLG Hamm WuW/E OLG 3515 – *Abfall-Brennstoff*; OLG Köln VersR 1991, 1060, 1061; 1992, 585.

[8] BB 1976, 1051 ff.; 1285 f. sowie *K. Schmidt* in: Immenga/Mestmäcker, GWB, § 91 Rn. 10 ff.

zweiten Rechtszug materiell kartellrechtliche Probleme angefallen waren.⁹ Der materiell-rechtliche Ansatz ist auf Anregung des Wirtschaftsausschusses in das Gesetz aufgenommen worden.¹⁰

b) Die Kartellsenate der OLG sind danach in allen zweitinstanzlichen Rechtsstreitigkei- 7
ten zur Entscheidung berufen, die der Sache nach § 87 Abs. 1 unterfallen, also ihrem Hauptgegenstand nach kartellrechtlicher Art sind (s. § 87 Rn. 15 f.), oder in denen sich kartellrechtliche Vorfragen stellen (s. § 87 Rn. 17 ff.). Dabei ist im Grundsatz (schon wegen des Vorrangs der kartellrechtlichen Zuständigkeit; s. § 87 Rn. 23) eine **einheitliche rechtliche Einordnung** vorzunehmen, was *K. Schmidt* prägnant so formuliert, die Berufung sei entweder insgesamt Kartellsache, oder sie sei es insgesamt nicht.¹¹ Dies kann ohne weiteres freilich nur gelten, sofern man es mit einem einheitlichen Streitgegenstand, also mit einer allenfalls mehrfachen rechtlichen Klagebegründung (Anspruchsnormenkonkurrenz), nicht aber mit einer objektiven Klagenhäufung zu tun hat. Letztgenanntes ist z. B. der Fall, wenn mit einem Anspruch auf Aufnahme in das selektive Vertriebssystem eines Markenherstellers ein Anspruch auf Erfüllung eines einzelnen und im Vorgriff auf eine „Konzession" angeblich bereits geschlossenen Kaufvertrages, hilfsweise auch auf Schadensersatz wegen enttäuschten Vertrauens, verbunden wird. Bei verschiedenen Streitgegenständen können sich die Sachen durch Prozesstrennung (§ 145 ZPO) und/oder Teilurteil (§ 301 ZPO) prozessual unterschiedlich entwickeln. Sofern das LG über beide Streitgegenstände einheitlich entschieden hat, sprechen aber praktische Gründe dafür, dass die Sache durch die Berufung einheitlich beim Kartellsenat des OLG angefallen ist.¹²

c) Über den nach dem Wortlaut von S. 2 gebotenen materiell-rechtlichen Ansatz hinaus 8
spricht sich *K. Schmidt*¹³ i. S. eines Doppeltatbestandes (neben dem materiell-rechtlichen Ansatz) für eine Beibehaltung des formell-rechtlichen Ansatzes aus. Danach soll der Kartellsenat zur Entscheidung über die Berufung generell weiter auch zuständig sein, sofern das LG – obwohl eine Kartellstreitigkeit objektiv nicht vorgelegen hat – eindeutig in seiner Eigenschaft als Kartellgericht entschieden hat.¹⁴ So sehr die Vereinfachung und Rechtssicherheit für die von *K. Schmidt* vertretene Auslegung sprechen: Sie geht über die gesetzliche Regelung objektiv hinaus und entspricht keinem gesteigerten praktischen Bedürfnis, da in den meisten Fällen eine materiell-rechtliche Zuordnung möglich ist. Außerdem stellte sich – folgte man dem Gedanken der doppelten Zuständigkeitsbegründung – das weitere praktische Problem, welche Merkmale der Entscheidung den Schluss auf eine eindeutige Inanspruchnahme der kartellgerichtlichen Zuständigkeit durch das LG rechtfertigen.¹⁵

IV. Rechtsfolgen

Die eigentlichen Schwierigkeiten liegen in der praktischen Anwendung des S. 2, vor al- 9
lem in der Bestimmung der Berufungszuständigkeit in Zivilsachen. Sie sind darin begründet, dass in einem Rechtsstreit kartellrechtliche und nicht-kartellrechtliche Ansprüche auf unterschiedliche Weise miteinander kombiniert sein können. So kann ein Unterlassungsbegehren z. B. gleichzeitig auf eine den Vereinbarungsbegriff (§ 1) erfüllende Empfehlung

---

⁹ Vgl. aus jüngerer Zeit: BGH WuW/E BGH 3017, 3020 = NJW 1996, 311, 312 – *Jutefilze;* OLG Düsseldorf WuW/E DE-R 187, 188 f. – *Überlange Sozietätsbindung.*
¹⁰ BT-Drucks. 13/10 633, S. 53, 73.
¹¹ *K. Schmidt,* in: Immenga/Mestmäcker, GWB, § 91 Rn. 9 m. w. N.; bestätigend: BGHZ 49, 33, 37 f. = WuW/E BGH 873, 875 – *Kugelschreiber;* OLG Karlsruhe WuW/E OLG 2300, 2302 f. – *Fach-Tonband-Kassetten.*
¹² So auch *K. Schmidt* in: Immenga/Mestmäcker, GWB, § 91 Rn. 9.
¹³ *K. Schmidt,* in: Immenga/Mestmäcker, GWB, § 91 Rn. 10, 14 ff. m. w. N.
¹⁴ A. A. *Bumiller* in: Wiedemann, Handbuch des Kartellrechts, § 60 Rn. 19 sowie *Bracher* in: Frankfurter Komm. § 91 Rn. 13.
¹⁵ Vgl. dazu *K. Schmidt* in: Immenga/Mestmäcker, GWB, § 91 Rn. 15 ff. m. w. N.

(§ 22 GWB a. F.) oder auf unbillige Behinderung (§ 20 Abs. 1, 2 GWB) und zugleich auf die Generalklausel des § 3 UWG gestützt sein. Die verschiedenen rechtlichen Ansätze können im Verhältnis einer Anspruchsgrundlagenmehrheit oder einer objektiven Klagenhäufung stehen (s. auch den Beispielsfall oben Rn. 7). Eine solche Dualität muss im Prozess keineswegs von Anfang an vorliegen. Denkbar sind auch Fallkonstellationen, in denen ein Nicht-Kartellgericht eine kartellrechtliche und ein Kartellgericht eine nicht-kartellrechtliche Entscheidung getroffen hat. Die Probleme können sich verschärfen, wenn von der Konzentrationsbefugnis nach § 93 i. V. m. § 92 Gebrauch gemacht worden ist. Es lassen sich folgende Fallgestaltungen unterscheiden:

10   1. Ist der Rechtsstreit, weil er schon **im ersten Rechtszug** dem Hauptgegenstand nach (§ 87 Rn. 15f., 22) oder deswegen, weil eine kartellrechtliche Vorfrage entscheidungserheblich war (§ 87 Rn. 17ff.), eine **Kartellsache,** vor einem Kartell-LG anhängig gemacht und von diesem entschieden worden, dann ist er Kartellsache auch in der Berufungsinstanz. Es kommt nicht darauf an, ob der Klage aus kartellrechtlichen oder aus anderen Rechtsgründen stattgegeben worden ist. Genauso wenig ist von Belang, ob Kartellrecht bei der Berufungsentscheidung eine Rolle spielt. Die Berufung ist bei dem Kartellsenat des Oberlandesgerichts einzulegen. Ist von der Konzentrationsermächtigung (§ 93) Gebrauch gemacht worden, ist die Berufung an den Kartellsenat des OLG zu richten, dem die Sachen durch Rechtsverordnung zugewiesen sind. Die Berufung kann in solchen Fällen fristwahrend aber auch bei dem im allgemeinen Rechtsmittelzug zuständigen OLG (§ 119 Abs. 1 Nr. 2 GVG) eingelegt werden, welches die Sache in entsprechender Anwendung von § 281 ZPO (auf Antrag) an den Kartellsenat verweist.[16]

11   2. Handelte es sich im ersten Rechtszug um keine Kartellsache und ist mit der Klage auch kein Kartell-LG angerufen worden, kann sich in der Berufungsinstanz gleichwohl ein kartellrechtlicher Bezug herausstellen (**nachträgliche Kartellsache**).

12   a) Wird neben einem außerkartellrechtlichen Klageanspruch im Sinne einer mehrfachen Klagebegründung (Mehrheit von Anspruchsgrundlagen bei **einheitlichem Streitgegenstand**) mit der Berufung ein kartellrechtlicher Anspruch erhoben,[17] ist von einer „nachträglichen Kartellberufungssache" zu sprechen, welche die Zuständigkeit des Kartellsenats begründet.[18] Gleiches hat zu gelten, wenn vom Berufungsführer eine kartellrechtliche Vorfrage erst im zweiten Rechtszug zur Entscheidung gestellt wird.[19] In diesen Fällen kann die Berufung sogleich beim Kartellsenat des OLG eingelegt werden, bei dem die Kartellsachen konzentriert sind.[20] Es kann aber auch das im Instanzenzug allgemein übergeordnete OLG angerufen werden. Dieses hat die Sache auf Antrag des Berufungsführers an den Kartellsenat zu verweisen (entsprechend § 281 ZPO).[21] Eine Verweisung ist auch geboten, wenn kartellrechtliche Fragen erst im Laufe des Berufungsverfahrens aufgeworfen werden.[22]

---

[16] Vgl. BGHZ 71, 367, 374 = WuW/E BGH 1553, 1555 – *Pankreaplex I;* OLG Köln WuW/E OLG 5335, 5337; *K. Schmidt* in: Immenga/Mestmäcker, GWB, §§ 92, 93 Rn. 7; *Bornkamm* in: Langen/Bunte, Kommentar zum deutschen und europäischen Kartellrecht, § 91 Rn. 19; §§ 92, 93 Rn. 6.
[17] Vgl. den der Entscheidung des OLG Köln NJWE-WettbR 2000, 224 = OLGR Köln 2000, 402 f. zugrundeliegenden Fall.
[18] Vgl. auch *K. Schmidt* in: Immenga/Mestmäcker, GWB, § 91 Rn. 13, *Bornkamm* in: Langen/Bunte (Fn. 16), § 91 Rn. 11.
[19] Vgl. den Fall in OLG Düsseldorf WuW/E DE-R 187, 188 f. – *Überlange Sozietätsbindung; Bornkamm* in: Langen/Bunte (Fn. 16), § 91 Rn. 11.
[20] Vgl. OLG Düsseldorf WuW/E DE-R 187, 188 f. – *Überlange Sozietätsbindung; K. Schmidt* in: Immenga/Mestmäcker, GWB, § 91 Rn. 13; *Bechtold,* GWB, § 91 Rn. 3; *Bornkamm* in: Langen/Bunte (Fn. 16), § 91 Rn. 19, §§ 92, 93 Rn. 6; *Bracher* in: Frankfurter Komm., § 91 Rn. 12.
[21] Vgl. z. B. OLG Köln NJWE-WettbR 2000, 224 = OLGR Köln 2000, 402 f.
[22] So auch *Bechtold,* GWB, § 91 Rn. 3.

b) Erweitert der Kläger die nicht-kartellrechtliche (und vom Nicht-Kartell-LG abgewiesene) Klage mit der Berufung im Wege objektiver – kumulativer oder eventueller – Klagenhäufung (§ 260 ZPO) um einen kartellrechtlichen oder um einen von einer kartellrechtlichen Vorfrage abhängigen Anspruch, und führt er damit einen **neuen Streitgegenstand** in den Prozess ein, kann die Rechtslage nach der hier vertretenen Ansicht anders zu beurteilen sein. Denn mit dem neuen Vorbringen und/oder Antrag macht der Berufungskläger nicht eine materielle Beschwer durch das Urteil des Landgerichts geltend, sondern erhebt einen völlig anderen Anspruch. Das mag an dem Beispiel deutlich werden, dass der Kläger vor einem Nicht-Kartellgericht in 1. Instanz Zahlung der Vergütung für Stromlieferungen nach dem Kraft-Wärme-Kopplungsgesetz verlangte und nach Klageabweisung mit der Berufung neben dem aufrechterhaltenen Hauptantrag die auf Kartellrecht gestützten Hilfsanträge stellt, die Beklagte im Wege einer Stufenklage zur Auskunfterteilung über die durch seine, des Klägers, Stromlieferungen vermiedenen Energie- und Netzkosten und danach zu entsprechender Zahlung zu verurteilen.[23]

Durch eine solche nachträgliche Klagenhäufung kann – zumindest im Zeitpunkt der Einlegung der Berufung – die gerichtliche Rechtsmittelzuständigkeit vom Berufungskläger nicht verändert werden. Das ist aus § 260 ZPO (der Kartellsenat ist als Prozessgericht für die Entscheidung über den nicht-kartellrechtlichen Anspruch nicht zuständig) und aus § 88 zu schließen (eine kartellrechtliche Klage kann mit einer Klage wegen eines anderen Anspruchs nur in 1. Instanz verbunden werden). Der Kläger muss die Berufung folglich bei dem im allgemein zuständigen OLG (§ 119 Abs. 1 Nr. 2 GVG) einlegen. Die Einlegung der Berufung bei dem durch Zuständigkeitskonzentration geschaffenen Kartell-OLG wahrt die Berufungsfrist an sich nicht,[24] es sei denn, das Kartell-OLG ist zugleich das nach § 119 GVG allgemein zuständige Berufungsgericht. Der Befund ist unbefriedigend, weil er dem Konzentrationszweck des Gesetzes widerspricht. Abhilfe ist nur durch eine Gesetzesänderung oder eine nach den Umständen zu befürwortende extensive Auslegung des § 88 möglich.

Das OLG hat in einem solchen Fall nach Maßgabe von § 533 ZPO indes zunächst über die Zulässigkeit der als Klageänderung zu behandelnden[25] Klageerweiterung zu entscheiden.[26] An dieser Hürde wird die Mehrzahl solcher Klageerweiterungen im Berufungsrechtszug scheitern, da § 533 Nr. 2 ZPO die Zulassung einer Klageänderung mit der Zulässigkeit einer Berücksichtigung neuen Tatsachenvorbringens verknüpft (vgl. §§ 529, 530, 531 ZPO). Bei kumulativer Klagenhäufung hat das allgemein zuständige OLG nur bei Zulässigkeit der Klageerweiterung die ganze Sache auf Antrag des Berufungsklägers an das Kartell-OLG zu **verweisen** (entsprechend § 281 ZPO).[27] Bei eventueller Klagenhäufung hat das OLG allein zum Hauptanspruch zu judizieren; eine Verweisung des kartellrechtlichen Überhangs an das Kartell-OLG kommt erst nach Abweisung des Hauptanspruchs in Betracht. Ist entsprechend einer Zuweisung nach den §§ 93, 92 der Kartellsenat bei dem im Rechtsmittelzug übergeordneten OLG eingerichtet, ist die Berufung beim Zivilsenat einzulegen. Der Zivilsenat kann die Sache im Umfang einer Verweisung an den Kartellsenat formlos **abgeben**. Führt der Berufungskläger den neuen Streitgegenstand während des Rechtsmittelverfahrens in den Prozess ein, stehen die genannten Handlungsalternativen

---

[23] Vgl. zu einer derartigen Konstellation: OLG Düsseldorf WuW/E DE-R 156, 157 f. – *Wuppertaler Zusatzstrom* sowie auch BGH NVwZ-RR 2006, 109, 110, 112.
[24] Ebenso *Bracher* in: Frankfurter Komm. § 91 Rn. 14; a. A. *Bornkamm* in: Langen/Bunte (Fn. 16), § 91 Rn. 19, §§ 92, 93 Rn. 6.
[25] Vgl. *Zöller/Greger*, § 263 ZPO Rn. 7 m.w. N.
[26] Vgl. BGH WuW/E BGH 3053, 3054 – *Vertragshändlerausgleich*; lesenswert: NVwZ-RR 2006, 109, 112.
[27] Vgl. BGHZ 49, 33, 38 = WuW/E BGH 873, 876 – *Kugelschreiber*; BGHZ 71, 367, 374 = WuW/E BGH 1553, 1556 – *Pankreaplex I*; OLG Köln WuE/E OLG 5335.

ebenso zur Verfügung. Vergleichbare Problemlagen treten bei Aufrechnung und Widerklage des Beklagten auf, sofern diese kartellrechtliche Ansprüche oder kartellrechtliche Vorfragen zum Gegenstand haben (§ 87; s. insoweit aber auch § 533 ZPO).

16 3. Die Behandlung solcher Fälle, in denen in 1. Instanz ein **Nicht-Kartellgericht** in einer **kartellrechtlichen Streitigkeit** i. S. d. von § 87 Abs. 1 entschieden hat, gestaltet sich vergleichsweise einfach: Über die Berufung entscheidet der Kartellsenat des OLG ungeachtet dessen, ob das Urteil von einem AG oder LG stammt. Das LG, bei dem die Berufung gegen das Urteil des AG fristwahrend angebracht worden ist, verweist den Rechtsstreit auf Antrag des Berufungsklägers an den Kartellsenat des OLG (entsprechend § 281 ZPO).[28] Das allgemein zuständige OLG, zu dem die Berufung gegen die Entscheidung des LG zulässig und fristwahrend eingelegt werden kann,[29] **verweist** die Sache auf Antrag des Berufungsklägers (in entsprechender Anwendung von § 281 ZPO)[30] an den Kartellsenat des Kartell-OLG. Der Zivilsenat des Kartell-OLG **gibt** den Rechtsstreit an den Kartellsenat desselben Gerichts formlos **ab**.

17 4. Schließlich ist der Fall denkbar, in denen ein **Kartell-LG** in einer objektiv **nicht-kartellrechtlichen Streitigkeit** entschieden hat. Sofern nach außen hin eindeutig ein Kartellgericht geurteilt hatte, führte dies vor dem Inkrafttreten der 6. GWB-Novelle zur Rechtsmittelzuständigkeit des Kartellsenats. Nunmehr knüpft die Zuständigkeit materiell an das Vorliegen einer kartellrechtlichen Streitigkeit an (s. o. Rn. 6, 8). Danach und vor dem Hintergrund der vom Gesetz bezweckten Konzentration der Kartellsachen ist die Rechtsmittelzuständigkeit des Kartellsenats in einem tendenziell weiten Sinn zu verstehen. Sie ist gegeben, wenn bei vertretbarer Auslegung des § 87 Abs. 1 eine Kartellberufungssache anzunehmen ist.[31] Indes hat der Kartellsenat seine Zuständigkeit unabhängig von der lediglich formalen Anknüpfungstatsache, dass in 1. Instanz ein Kartell-LG entschieden hat, von Amts wegen zu prüfen.[32] Ergibt die Prüfung, dass der Rechtsstreit objektiv keine Kartellberufungssache ist, hat der Kartellsenat die Sache auf Antrag des Berufungsführers an den Zivilsenat desselben OLG **abzugeben** oder entsprechend § 281 ZPO an das im Rechtsmittelzug allgemein zuständige OLG zu **verweisen** (dies z. B. in auch dem Fall, in dem ein Kartellgericht über die Schadensersatzverpflichtung dem Grunde nach rechtskräftig erkannt hat, und die Berufung sich gegen das zur Anspruchshöhe ergangene Urteil eines Kartell-Landgerichts richtet; das **Höheverfahren** ist keine Kartellsache mehr und folglich auch keine Kartellberufungssache).[33] Zu bedenken ist, dass in solchen Fällen nach der Rspr. zu dem bis zum 31. 12. 1998 geltenden Rechtszustand die Berufungseinlegung bei dem Kartell-OLG keine fristwahrende Wirkung hatte.[34] Der Berufungskläger war danach gezwungen, die Berufung beim allgemein zuständigen OLG einzulegen,[35] wollte er nicht

---

[28] Ebenso *Bornkamm* in: Langen/Bunte (Fn. 16), § 91 Rn. 10.
[29] Vgl. zum Rechtszustand bis zum 31. 12. 1998 BGHZ 71, 367 = WuW/E BGH 1553 – *Pankreaplex I;* im Übrigen auch *K. Schmidt* in: Immenga/Mestmäcker, GWB, § 93 Rn. 7; *Bechtold,* GWB, § 91 Rn. 3; *Bornkamm* in: Langen/Bunte (Fn. 16), § 91 Rn. 9, 19; § 92, 93 Rn. 6; *Bracher* in: Frankfurter Komm. § 91 Rn. 14; *Bumiller* in: Wiedemann, Handbuch des Kartellrechts, § 60 Rn. 21.
[30] Vgl. BGHZ 49, 33, 38 = WuW/E BGH 873, 876 – *Kugelschreiber;* BGHZ 71, 367, 374 = WuW/E BGH 1553, 1555 – *Pankreaplex I;* OLG Köln WuE/E OLG 5335, 5337.
[31] Vgl. auch *Bornkamm* in: Langen/Bunte (Fn. 16), § 91 Rn. 14 ff., der – ungeachtet dessen, ob über eine Einordnung als Kartellsache nach § 87 Abs. 1 gestritten werden kann – die Anlegung eines großzügigen Prüfungsmaßstabs für angebracht hält, um eine Verweisung an ein anderes Berufungsgericht zu vermeiden. Wesentlich enger hingegen *Bracher* in: Frankfurter Komm. § 91 Rn. 13.
[32] Vgl. OLG Karlsruhe WuW/E OLG 2300, 2303 – *Fach-Tonband-Kassetten.*
[33] Vgl. OLG Köln WuW/E OLG 1383, 1384 = BB 1973, 577, 578.
[34] Vgl. OLG Celle WuW/E OLG 1869, 1871; OLG Düsseldorf WuW/E OLG 1305, 1306; 1617 f. – *Klosterfrau-Melissengeist;* OLG Köln WuW/E OLG 1383, 1384 = BB 1973, 577; VersR 1991, 1060.
[35] A. A. *K. Schmidt* in: Immenga/Mestmäcker, GWB, § 93 Rn. 9.

die Verwerfung des Rechtsmittels riskieren. Dies ist auf der Grundlage der aus der Entscheidung *Pankreaplex I* des BGH[36] abzuleitenden Forderung, dass zur Gewährleistung staatlichen Rechtsschutzes auch in Kartellzivilsachen klare und von Abgrenzungsschwierigkeiten freie Regelungen über die Rechtsmittelinstanzen gehören, nicht sachgerecht. Der Berufungskläger kann die Berufung fristwahrend alternativ beim allgemein zuständigen OLG oder beim Kartell-OLG einlegen.[37]

5. Die vorstehend behandelten Fallgestaltungen zeigen, dass es für den Berufungskläger in Einzelfällen zweifelhaft sein kann, bei welchem Gericht er das Rechtsmittel richtigerweise anzubringen hat. Im Sinne des „sichersten Weges" sollte die **Einlegung der Berufung** in Zweifelsfällen stets bei dem im Instanzenzug allgemein übergeordneten OLG (§ 119 Abs. 1 Nr. 2 GVG) erfolgen und sollte hilfsweise schon mit der Berufungsbegründung eine Verweisung an den Kartellsenat des Kartell-OLG beantragt werden. Dies hat der BGH in der Entscheidung *Pankreaplex I*[38] gutgeheißen.[39] Davon, zwei Berufungen (und zwar beim allgemein zuständigen OLG und beim Kartell-OLG) einzulegen, ist nichts zu halten. Dies führte nur zu vermeidbaren prozessualen Schwierigkeiten, da dann ein Berufungsverfahren (naheliegend das vor dem Kartell-OLG) ausgesetzt (§ 148 ZPO) oder zum Ruhen gebracht (§ 251 ZPO) oder in diesem Verfahren ein Zwischenurteil über die Zulässigkeit der Berufung ergehen muss (§§ 303, 522 ZPO).[40]

6. Bei Abgabe eines Rechtsstreits durch einen Zivilsenat an den am selben OLG eingerichteten Kartellsenat (aber auch in umgekehrte Richtung) kann es zu **Zuständigkeitskonflikten** über die Senatszuständigkeit kommen. Diese sind vom Präsidium des OLG (§ 21e GVG, u.U. auch vom Präsidenten, § 21h Abs. 2 GVG) nur zu entscheiden, soweit sie die Auslegung des Geschäftsverteilungsplans betreffen. Die in § 91 gesetzlich geregelte Zuständigkeit des Kartellsenats (dazu Rn. 2) ist der Entscheidungskompetenz des Präsidiums jedoch entzogen. Entsteht darüber Kompetenzstreit zwischen einem Zivilsenat und dem am selben Gericht bestehenden Kartellsenat, ist die Zuständigkeitsbestimmung in entsprechender Anwendung der §§ 36 Abs. 1 Nr. 6, 37 ZPO, aber nicht vom Gerichtspräsidium zu treffen.[41]

Der **Mangel der Zuständigkeit** nach § 91 S. 2 konnte früher nach den §§ 529 Abs. 2, 566 ZPO a.F. mit der Berufung und/oder Revision gerügt werden, sofern nicht rügelos mündlich verhandelt worden war. Durch das am 1.1.2002 in Kraft getretene Zivilprozessreformgesetz vom 27.6.2001[42] ist § 529 Abs. 2 ZPO a.F. gestrichen worden. Nach den §§ 513 Abs. 2, 565 ZPO n.F. können Berufung und Revision nicht mehr darauf gestützt werden, das Berufungsgericht habe seine Zuständigkeit zu Unrecht angenommen oder verneint.[43]

Die vorstehenden Ausführungen sind sinngemäß in **Verfahren auf Erlass einer einstweiligen Verfügung** (§§ 935ff. ZPO) und **Beschwerdeverfahren** (§§ 567ff. ZPO) anzuwenden. War der Rechtsstreit eine Kartellsache, so hat (bei Überschreiten des Beschwer-

---

[36] BGHZ 71, 367 = WuW/E BGH 1553.
[37] So auch *K. Schmidt* in: Immenga/Mestmäcker, GWB, § 93 Rn. 9; *Bornkamm* in: Langen/Bunte, Kommentar zum deutschen und europäischen Kartellrecht, § 91 Rn. 19, §§ 92, 93 Rn. 6.
[38] BGHZ 71, 367 = WuW/E BGH 1553.
[39] Hierfür spricht sich übereinstimmend auch das Schrifttum aus: vgl. *K. Schmidt* in: Immenga/Mestmäcker, GWB, § 93 Rn. 7; *Bechtold*, GWB, § 91 Rn. 3; *Bornkamm* in: Langen/Bunte (Fn. 37), § 91 Rn. 19; §§ 92, 93 Rn. 6; *Bracher* in: Frankfurter Komm. § 91 Rn. 14; *Bumiller* in: Wiedemann, Handbuch des Kartellrechts, § 60 Rn. 21.
[40] Hinsichtlich des Zwischenurteils vgl. *Zöller/Gummer*, § 522 ZPO Rn. 7.
[41] So auch *Zöller/Gummer*, § 21e GVG Rn. 38.
[42] BGBl. I S. 1887.
[43] Vgl. BGH NJW 2005, 1660, 1661f. = WuW/E DE-R 1449 – *Bezugsbindung*; *Zöller/Gummer*, § 545 ZPO Rn. 16.

dewerts, § 567 Abs. 2 ZPO) das Kartell-OLG über auch über eine sofortige Beschwerde gegen Kostenfestsetzungsbeschlüsse zu entscheiden (§§ 104 Abs. 3 ZPO, 11 Abs. 1 RPflG). Auch in Beschwerdeverfahren darf nach § 281 ZPO verwiesen werden.[44]

7. Anwaltliche Vertretung

22   In den verschiedenen Verfahren, die der sachlichen Zuständigkeit der Kartellsenate unterliegen, ist zu unterscheiden:

a) Kartellverwaltungsverfahren. Bei (sofortigen) Beschwerden von Zeugen und Sachverständigen (vgl. §§ 380 Abs. 3, 387 Abs. 3, 390 Abs. 3, 409 Abs. 2 ZPO) herrscht kein Anwaltszwang (vgl. §§ 78 Abs. 3, 569 Abs. 3 Nr. 3 ZPO).[45] In Verfahren über die Beschwerde gegen Verfügungen der Kartellbehörde müssen die Beteiligten sich durch einen bei einem deutschen Gericht zugelassenen Rechtsanwalt vertreten lassen (§ 68 S. 1), der auch die Beschwerdeschrift und die Beschwerdebegründung zu unterzeichnen hat (§ 66 Abs. 5).

b) Kartellbußgeldverfahren. Der Betroffene kann sich eines bei einem deutschen Gericht zugelassenen Rechtsanwalts oder eines Rechtslehrers an einer deutschen Hochschule als Verteidiger bedienen (keine notwendige Verteidigung; vgl. §§ 83 Abs. 1, S. 2 GWB s. aber § 83 Rn. 16).

c) Kartellzivilverfahren. Anwaltliche Vertretung ist wegen § 78 Abs. 1 ZPO geboten. Nachdem das BVerfG die Singularzulassung beim OLG für unwirksam erklärt hat,[46] und die lokale Beschränkung der Zulassung entfallen ist, kann jeder zugelassene Rechtsanwalt vor jedem OLG auftreten.

V. Verhältnis zu anderen Vorschriften

23   **1.** Die Zuständigkeit der Kartellsenate der OLG ist auch bei der **Vollstreckung** von **Schiedssprüchen** zu beachten. Nach § 1062 Abs. 1 Nr. 4 ZPO sind die OLG zuständig für die Entscheidung über Anträge betreffend die Aufhebung (§ 1059 ZPO) oder die Vollstreckbarerklärung von inländischen und ausländischen Schiedssprüchen (§§ 1060f. ZPO) und für die Aufhebung der Vollstreckbarerklärung (§ 1061 Abs. 3 ZPO). Die Vollstreckbarerklärung ist zu versagen und aufzuheben, wenn die Anerkennung und Vollstreckung des Schiedsspruchs der öffentlichen Ordnung ("ordre public" – § 1059 Abs. 2 Nr. 2 Buchst. b) ZPO; Art. 5 Abs. 2 Buchst. b) des UN-Übereinkommens vom 10. 6. 1958 über die Anerkennung und Vollstreckung ausländischer Schiedssprüche widerspricht).[47] Die zwingenden Vorschriften des nationalen und des europäischen Kartellrechts (§ 1; Art. 81 EG) regeln die staatliche Wirtschaftsordnung und sind daher Elemente des „ordre public".[48] Sofern der Antragsgegner geltend macht, die Anerkennung oder Vollstreckung des Schiedsspruchs verstoße gegen zwingende Normen des Kartellrechts, handelt es sich bei dem gerichtlichen Verfahren auf Anerkennung und Vollstreckbarerklärung oder deren Aufhebung um eine Kartellrechtsstreitigkeit i. S. v. § 87 Abs. 1 S. 2.[49] Dieser Befund führt kraft unmittelbarer (nicht erst entsprechender) Anwendung des §§ 91 S. 2 dazu, dass – ausschließlich (§ 95) – der Kartellsenat des Oberlandesgerichts (ggf. auch der Kartellsenat des

---

[44] Vgl. OLG Düsseldorf WuW/E OLG 1683, 1684 – *Wimpy*.
[45] Vgl. *Zöller/Greger*, § 380 ZPO Rn. 10; § 387 ZPO Rn. 6; § 409 ZPO Rn. 3.
[46] NJW 2001, 353.
[47] BGBl. 1961 II S. 121.
[48] Vgl. BGHZ 46, 365, 367 = WuW/E BGH 823, 826 – *Schweißbolzen*; OLG Düsseldorf WuW/E DE-R 1647; *K. Schmidt* in: Immenga/Mestmäcker, GWB, § 87 Rn. 74 m. w. N.
[49] Vgl. OLG Düsseldorf WuW/E DE-R 997, 998 – *Züricher Schiedsspruch*; *K. Schmidt* in: Immenga/Mestmäcker, GWB, § 87 Rn. 71; *Meyer-Lindemann* in: Frankfurter Komm., § 87 Rn. 37; *Bumiller* in: Wiedemann, Handbuch des Kartellrechts, § 59 Rn. 43.

§ 92. Zuständigkeit eines OLG o. d. ObLG für mehr. Gerichtsbezirke **1, 2 § 92 GWB**

nach § 93 bestimmten Kartell-OLG) zur Entscheidung berufen ist.[50] § 1062 Abs. 1 ZPO enthält nur insoweit eine Spezialregelung gegenüber § 87, als darin das OLG (und nicht das LG) zur Eingangsinstanz bestimmt ist.[51]

2. § 91 gilt unmittelbar auch in bürgerlichen Rechtsstreitigkeiten, die sich aus Art. 81 **24** oder 82 EG ergeben (vgl. § 87 S. 1), oder in denen sich kartellrechtliche Vorfragen nach den Art. 81 oder 82 EG stellen (§ 87 S. 2 – zur rechtlichen Behandlung kartellrechtlicher Vorfragen allgemein: § 87 Rn. 17 ff.).

§ 92 Zuständigkeit eines OLG oder des ObLG für mehrere Gerichtsbezirke in Verwaltungs- und Bußgeldsachen

(1) ¹Sind in einem Land mehrere Oberlandesgerichte errichtet, so können die Rechtssachen, für die nach § 57 Abs. 2 Satz 2, § 63 Abs. 4, §§ 83, 85 und 86 ausschließlich die Oberlandesgerichte zuständig sind, von den Landesregierungen durch Rechtsverordnung einem oder einigen der Oberlandesgerichte oder dem Obersten Landesgericht zugewiesen werden, wenn eine solche Zusammenfassung der Rechtspflege in Kartellsachen, insbesondere der Sicherung einer einheitlichen Rechtsprechung, dienlich ist. ²Die Landesregierungen können die Ermächtigung auf die Landesjustizverwaltungen übertragen.

(2) Durch Staatsverträge zwischen Ländern kann die Zuständigkeit eines Oberlandesgerichts oder Obersten Landesgerichts für einzelne Bezirke oder das gesamte Gebiet mehrerer Länder begründet werden.

Übersicht

	Rn.		Rn.
I. Zweck der Vorschrift; praktische Bedeutung....	1	2. Staatsverträge	3
II. Tatbestand und Rechtsfolgen		3. Anwaltliche Vertretung	4
1. Ermächtigung zum Erlass von Rechtsverordnungen	2	III. Verhältnis zu anderen Vorschriften	5

I. Zweck der Vorschrift; praktische Bedeutung

Die in § 92 enthaltenen Ermächtigungen zur Konzentration gerichtlicher Zuständigkeiten auf der Ebene der OLG zielen (genauso wie § 89 – s. dort Rn. 1 – und wie die Vorschrift ausdrücklich besagt) darauf ab, in Kartellsachen eine einheitliche Rechtsprechung sicherzustellen. Zur bisherigen Regelung in § 93 a. F. besteht kein sachlicher Unterschied. Die ausgesprochenen Ermächtigungen erstrecken sich ausschließlich auf die **Kartellverwaltungs-** und die **Kartellbußgeldsachen** (zu deren Gegenstand s. § 91 Rn. 3 u. 4). Das geht daraus hervor, dass Abs. 1 S. 1 ausdrücklich nur auf § 57 Abs. 2 S. 2, § 63 Abs. 4 sowie §§ 83, 85 und 86 verweist. Auch Abs. 2 bezieht sich darauf.

II. Tatbestand und Rechtsfolgen

1. Ermächtigung zum Erlass von Rechtsverordnungen

Eine Zusammenfassung der gerichtlichen Zuständigkeit nach Abs. 1 S. 1 setzt voraus, dass **2** eine derartige Maßnahme der Rechtpflege in Kartellsachen, insbesondere der Sicherung einer einheitlichen Rechtsprechung, dienlich ist. Diese Voraussetzung ist bislang nur im Land Nordrhein-Westfalen angenommen worden, das über drei OLG verfügt (Düsseldorf,

---

[50] Vgl. OLG Düsseldorf WuW/E DE-R 997, 998 – *Züricher Schiedsspruch* (wobei nur eine unmittelbare oder entsprechende Anwendung der §§ 91, 96 offen gelassen wurde); K. *Schmidt* in: Immenga/Mestmäcker, GWB, § 87 Rn. 72 (für analoge Anwendung des § 91).
[51] OLG Düsseldorf WuW/E DE-R 997, 998 – *Züricher Schiedsspruch*.

Hamm und Köln). Davon wären ohne eine Konzentration in Kartellverwaltungs- und Bußgeldsachen sowohl das OLG Düsseldorf (am Sitz der LKartB) als auch das OLG Köln (in dessen Bezirk, nämlich nach Bonn, das BKartA am 1. 10. 1999 seinen Sitz verlegt hat)[1] zuständig gewesen. Jedoch hat schon die Landes-Verordnung über die Bildung gemeinsamer Kartellgerichte vom 22. 11. 1994[2] (nebst Vorläuferverordnungen)[3] alle Rechtssachen, für die das GWB die OLG für zuständig erklärt, dem OLG Düsseldorf für das gesamte Land Nordrhein-Westfalen zugewiesen. Davon sind auch jene Rechtssachen umfasst, die (seit der Sitzverlegung) vom BKartA kommen.[4] In anderen Bundesländern bestand keine Notwendigkeit, von der Ermächtigung Gebrauch zu machen,[5] da infolge natürlicher Konzentration das nach dem Gesetz für den Sitz der LKartB zuständige OLG in Kartellverwaltungs- und Bußgeldsachen ohnedies zur Entscheidung berufen ist (§§ 63 Abs. 4, 83 Abs. 1, 85, 86).

2. Staatsverträge

3   Die Ermächtigung in Abs. 2, die Zuständigkeiten in Kartellverwaltungs- und Kartellbußgeldsachen durch Staatsvertrag zusammenzulegen, ist bislang nicht ausgeübt worden.

3. Anwaltliche Vertretung

4   Hinsichtlich des Erfordernisses, sich als Beteiligter in Kartellverwaltungssachen durch einen Rechtsanwalt vertreten zu lassen, oder als Betroffener in einer Kartellbußgeldsache einen Verteidiger zu bestellen, wird auf die Erläuterungen zu § 91 Rn. 22 verwiesen.

III. Verhältnis zu anderen Vorschriften

5   Die Zuständigkeit nach § 92 ist auch in Verfahren gegeben, die die Anwendung EG-kartellrechtlicher Normen betreffen.

§ 93 Zuständigkeit für Berufung und Beschwerde

§ 92 Abs. 1 und 2 gilt entsprechend für die Entscheidung über die Berufung gegen Endurteile und die Beschwerde gegen sonstige Entscheidungen in bürgerlichen Rechtsstreitigkeiten nach § 87 Abs. 1.

Übersicht

	Rn.		Rn.
I. Zweck der Vorschrift; praktische Bedeutung	1	b) Bundesländer, in denen eine Konzentration nicht erforderlich ist	4
II. Tatbestand und Rechtsfolgen		c) Mehrere Kartell-Oberlandesgerichte	5
1. Ermächtigung zum Erlass von Rechtsverordnungen	2	2. Staatsverträge	6
a) Bundesländer, in denen von der Ermächtigung Gebrauch gemacht worden ist	3	3. Berufungseinlegung	7
		4. Anwaltliche Vertretung	8
		III. Verhältnis zu anderen Vorschriften	9

---

[1] Siehe § 3 Abs. 2, § 7 Abs. 1 Nr. 1 Buchst. a), Abs. 4; § 9 Nr. 3 des Berlin/Bonn-Gesetzes v. 26. 4. 1994 (BGBl. I S. 918), die Bekanntmachung des Bundeskanzlers über den Vollzug der Sitzentscheidung der Bundesregierung v. 22. 7. 1999 (BGBl. I S. 1725) und die Bekanntmachung des Bundesministeriums für Wirtschaft und Technologie vom 10. 9. 1999 (BGBl. I S. 1917) über die Sitzverlegung des BKartA.
[2] Siehe § 2 dieser Verordnung (GVBl. NW 1994, 1067); inzwischen abgelöst durch die Kartellsachen-Konzentrations-VO v. 8. 1. 2002 (GVBl. NW S. 22), dort ebenfalls § 2.
[3] GVBl. NW 1958, 17; 1966, 76; 1974, 220; 1990, 579.
[4] OLG Düsseldorf WuW/E DE-R 514 – *Tequila* – in einer Kartellverwaltungssache nach § 63 Abs. 4.
[5] Die in Bayern geltende VO v. 16. 11. 2004 (GVBl. S. 471, geändert durch VO v. 8. 12. 2005, GVBl. S. 695) bezieht sich lediglich auf die Kartellzivilsachen (s. dort § 16).

§ 93. Zuständigkeit für Berufung und Beschwerde 1–4 **§ 93 GWB**

I. Zweck der Vorschrift; praktische Bedeutung

Zum Normzweck siehe die Erläuterungen zu § 92 Rn. 1 und zu § 89 Rn. 1. Die Vorschrift stimmt sachlich mit § 94 a. F. überein. Der frühere S. 2 von § 93 ist entfallen (dazu unten Rn. 4). § 93 bezieht sich – unter Verweisung auf den die Kartellverwaltungs- und die Kartellbußgeldsachen betreffenden § 92 – nur auf die zweitinstanzlichen **Kartellzivilsachen** (s. zu deren Gegenstand § 91 Rn. 5). Die entsprechende Regelung für die Kartellzivilsachen erster Instanz enthält § 89. 1

II. Tatbestand und Rechtsfolgen

1. Ermächtigung zum Erlass von Rechtsverordnungen

Die Ausübung der Ermächtigung ist – wie § 92 Abs. 1 S. 1 verdeutlicht – daran gebunden, dass eine Zusammenfassung der gerichtlichen Zuständigkeiten der Rechtspflege in Kartellsachen, insbesondere der Sicherung einer einheitlichen Rechtsprechung, dient. Zu diesem Zweck sind in drei Bundesländern Rechtsverordnungen erlassen worden. 2

a) Bundesländer, in denen von der Ermächtigung Gebrauch gemacht worden ist: 3
Bayern:[1] In Kartellzivilsachen ist Kartell-OLG das OLG München, zu dem auch die Sachen aus den OLG-Bezirken Bamberg und Nürnberg gelangen (s. auch § 89 Rn. 3).
Niedersachen:[2] Landesweit zuständiges Kartell-OLG ist das OLG Celle. Beim OLG Celle kommt es auch zu einer faktischen Konzentration, weil für die Kartellzivilsachen das im Bezirk des OLG Celle gelegene LG Hannover landesweit erstinstanzlich zuständig ist (s. § 89 Rn. 3).
Nordrhein-Westfalen:[3] Dem OLG Düsseldorf ist die Zuständigkeit für die von den erstinstanzlichen Kartell-LG Dortmund (OLG-Bezirk Hamm), Düsseldorf (OLG-Bezirk Düsseldorf) und Köln (OLG-Bezirk Köln) entschiedenen Kartellzivilsachen zugewiesen (s. dazu auch § 89 Rn. 3).

b) Bundesländer, in denen eine Konzentration nicht erforderlich ist: 4
In den meisten Ländern (insbesondere in den Stadtstaaten **Berlin, Bremen und Hamburg**) stellt sich die Frage einer Zusammenfassung der gerichtlichen Zuständigkeit in der Berufungsinstanz nicht, da entweder im betreffenden Land nur ein OLG eingerichtet ist oder die Kartellzivilsachen im ersten Rechtszug bei einem LG konzentriert sind, und der Rechtsmittelzug darum zwingend zu einem bestimmten OLG führt, das dann zugleich für die zweitinstanzlichen Kartellzivilsachen zuständig ist. Dies trifft auf folgende Länder zu (s. dazu jeweils auch § 89 Rn. 3):
Brandenburg: Zuständigkeit des OLG Brandenburg (da einziges OLG);
Hessen: Zuständigkeit des OLG Frankfurt am Main als einzigem OLG (zwar bestehen auswärtige Senate in Darmstadt und Kassel; doch ist durch VO bestimmt, dass auch für die vom Kartell-LG Kassel entschiedenen Kartellzivilsachen im zweiten Rechtszug das OLG Frankfurt am Main zuständig ist);[4]
Mecklenburg-Vorpommern: Zuständigkeit des OLG Rostock (einziges OLG);
Rheinland-Pfalz: Zuständigkeit des OLG Koblenz, da die erstinstanzlichen Kartellzivilsachen beim im Bezirk liegenden LG Mainz konzentriert sind;
Saarland: Zuständigkeit des OLG Saarbrücken (einziges OLG);
Sachsen: Kartell-OLG ist das OLG Dresden (mit dem Kartell-LG Leipzig);
Sachsen-Anhalt: Zuständigkeit des OLG Naumburg (einziges OLG);

---

[1] VO v. 16. 11. 2004 (GVBl. S. 471), geändert durch VO v. 8. 12. 2005 (GVBl. S. 695).
[2] VO v. 22. 1. 1998 (GVBl. S. 66), geändert durch VO v. 13. 10. 2006 (GVBl. S. 461).
[3] VO v. 29. 9. 2005 (GVBl. S. 820).
[4] VO vom 12. 1. 1999 (GVBl. I S. 92).

Schleswig-Holstein: Zuständigkeit des Schleswig-Holsteinischen OLG in Schleswig (einziges OLG);
Thüringen: Zuständigkeit des Thüringischen OLG in Jena (einziges OLG).

5   c) **Mehrere Kartell-Oberlandesgerichte:** Als einziges Bundesland unterhält mangels Zuständigkeitskonzentration **Baden-Württemberg** zwei Kartell-Oberlandesgerichte, nämlich das OLG Karlsruhe (mit dem Kartell-LG Mannheim) und das OLG Stuttgart (Kartell-LG Stuttgart).

6   **2. Staatsverträge** gemäß der Verweisung auf § 92 Abs. 2 sind bislang nicht geschlossen worden.

3. Berufungseinlegung

7   Im Zusammenhang mit der Darstellung der Zuständigkeit der Kartellsenate nach § 91 ist die Frage der Einlegung der Berufung bereits behandelt worden; darauf wird verwiesen (§ 91 Rn. 9 bis 18). Die Berufung sollte im Zweifel stets bei dem im allgemeinen Rechtszug nach § 119 Abs. 1 Nr. 2 GVG zuständigen OLG eingelegt werden, wobei in Zweifelsfällen – bereits mit der Antragstellung zur Hauptsache – hilfsweise eine Verweisung an das Kartell-OLG beantragt werden sollte.

4. Anwaltliche Vertretung

8   Eine Anwaltliche Vertretung ist wegen § 78 Abs. 1 ZPO erforderlich. Nachdem das BVerfG die Singularzulassung beim OLG für unwirksam erklärt hat,[5] und die lokale Beschränkung der Zulassung seit dem 1. 1. 2002 entfallen ist, ist jeder bei einem OLG zugelassene Rechtsanwalt vor jedem OLG postulationsfähig. Der frühere S. 2 von § 93, wonach die Parteien sich vor den gemäß § 92 Abs. 1 und 2 bestimmten OLG auch durch Rechtsanwälte vertreten lassen konnten, die bei dem OLG zugelassen sind, das ohne die Konzentration der Zuständigkeit für das Rechtsmittel zuständig gewesen wäre, ist deshalb aufgehoben worden.

III. Verhältnis zu anderen Vorschriften

9   Die Zuständigkeit nach § 93 gilt unmittelbar auch in bürgerlichen Rechtsstreitigkeiten, die sich aus Art. 81 oder 82 EG oder aus Art. 53 oder 54 EWR-Abkommen ergeben, oder in denen sich diesbezügliche Vorfragen stellen (zur rechtlichen Behandlung kartellrechtlicher Vorfragen allgemein: § 87 Rn. 18 ff.).

§ 94 Kartellsenat beim BGH

(1) Beim Bundesgerichtshof wird ein Kartellsenat gebildet; er entscheidet über folgende Rechtsmittel:
1. in Verwaltungssachen über die Rechtsbeschwerde gegen Entscheidungen der Oberlandesgerichte (§§ 74, 76) und über die Nichtzulassungsbeschwerde (§ 75);
2. in Bußgeldverfahren über die Rechtsbeschwerde gegen Entscheidungen der Oberlandesgerichte (§ 84);
3. in bürgerlichen Rechtsstreitigkeiten nach § 87 Abs. 1
   a) über die Revision einschließlich der Nichtzulassungsbeschwerde gegen Endurteile der Oberlandesgerichte,
   b) über die Sprungrevision gegen Endurteile der Landgerichte,
   c) über die Rechtsbeschwerde gegen Beschlüsse der Oberlandesgerichte in den Fällen des § 574 Abs. 1 der Zivilprozessordnung.

---

[5] NJW 2001, 353.

(2) **Der Kartellsenat gilt im Sinne des § 132 des Gerichtsverfassungsgesetzes in Bußgeldsachen als Strafsenat, in allen übrigen Sachen als Zivilsenat.**

Übersicht

	Rn.
I. Zweck der Vorschrift; praktische Bedeutung	1
II. Tatbestand und Rechtsfolgen	2
III. Verhältnis zu anderen Vorschriften	5

I. Zweck der Vorschrift; praktische Bedeutung

§ 94 Abs. 1 Hs. 1 schreibt die Einrichtung eines Kartellsenats beim BGH vor und wirkt deswegen (wie § 91 S. 1 für die OLG) auch auf die gerichtsinterne Geschäftsverteilung ein, die an sich eine Selbstverwaltungsangelegenheit der Gerichte ist (§ 21 e Abs. 1 GVG). Dies erklärt sich durch die der Sicherung der Einheitlichkeit der Rechtsprechung in Kartellsachen geltende Zielsetzung der Norm. § 94 weist im Übrigen (von redaktionellen Angleichungen der Bezugsnormen sowie von der Aufnahme der Nichtzulassungsbeschwerde abgesehen) wörtliche Übereinstimmung mit § 95 a. F. auf. Sachlich entspricht Abs. 1 dem § 91 S. 2, indem er (übertragen auf die Revisions- und Rechtsbeschwerdeinstanz) die Zuständigkeit des Kartellsenats beim BGH für die Rechtsmittel gegen die Entscheidungen der OLG in **Kartellverwaltungssachen**, in **Kartellbußgeldsachen** und in **Kartellzivilsachen** konstituiert (dazu: § 91 Rn. 3ff.). Die Regelung in Abs. 2 ist mit Blick auf die Besetzung der beim BGH bestehenden Großen Senate für Zivil- und Strafsachen getroffen worden (vgl. § 132 Abs. 1, Abs. 5 S. 1 GVG). Mit dem Siebten Gesetz zur Änderung des Gesetzes gegen Wettbewerbsbeschränkungen (s. § 87 Rn. 3) ist § 94 Abs. 1 Nr. 3 der Änderung von § 87 angepasst worden. 1

II. Tatbestand und Rechtsfolgen

Abs. 1 Hs. 2 nennt die Zuständigkeiten des Kartellsenats beim BGH in Kartellverwaltungssachen, in Kartellbußgeldsachen und in Kartellzivilsachen. Den Begriff der **bürgerlichen Kartellrechtsstreitigkeiten** definiert § 94 Abs. 1 Nr. 3 genauso wie § 87 und § 91 S. 2. 2

Gleichwohl wendet der BGH § 87 weniger stringent an als die Tatsacheninstanzen, sondern folgt i. S. einer Begrenzung der Aufgaben des Kartellsenats daneben bestimmten, durch langjährige Praxis hervorgebrachten Prinzipien.[1] Einen jener Grundsätze bildet die sog. „acte-clair"-Doktrin (s. dazu § 87 Rn. 21), die in den Tatsacheninstanzen so nicht durchsetzbar erscheint (s. dazu auch § 87 Rn. 29; § 91 Rn. 19). 3

Die Zuständigkeit des Kartellsenats beim BGH ist – da § 95 sich auch auf § 94 erstreckt – **ausschließlicher Natur.** Indes sind die Parteien prozessual ohnedies nicht befugt, die gesetzlich geregelten Zuständigkeiten in den höheren Rechtszügen kraft Vereinbarung zu modifizieren. 4

III. Verhältnis zu anderen Vorschriften

Die Zuständigkeit nach § 94 erstreckt sich auch auf die Anwendung der Art. 81 oder 82 EG und der Art. 53 oder 54 des EWR-Abkommens. 5

---

[1] Vgl. *Bornkamm* in: Langen/Bunte, Kommentar zum deutschen und europäischen Kartellrecht, § 94 Rn. 5 bis 7; *K. Schmidt* in: Immenga/Mestmäcker, GWB, § 94 Rn. 11 bis 16.

§ 95 Ausschließliche Zuständigkeit

Die Zuständigkeit der nach diesem Gesetz zur Entscheidung berufenen Gerichte ist ausschließlich.

Übersicht

	Rn.
I. Zweck der Vorschrift; praktische Bedeutung	1
II. Tatbestand und Rechtsfolgen	2

I. Zweck der Vorschrift; praktische Bedeutung

1 § 95 hält die Regelung des bisherigen § 96 Abs. 1 a. F. aufrecht, behält also den durchgehenden Normzweck der Sicherung einer einheitlichen Rechtsprechung durch Konzentration der Kartellrechtspflege bei § 96 Abs. 2 a. F., der die Gerichte in bürgerlichen Rechtsstreitigkeiten, die ihrem Hauptgegenstand nach keine Kartellsachen waren, dem Zwang zu einer Aussetzung der Prozesse unterwarf, sofern die Entscheidung des Rechtsstreits ganz oder teilweise von der Entscheidung einer kartellrechtlichen Vorfrage abhing, ist durch die 6. GWB-Novelle mit Wirkung zum 1. 1. 1999 aufgehoben worden. Im Gegenzug sind den Kartell-Landgerichten durch Einfügen des Satzes 2 in § 87 Abs. 1 auch die ihrem Hauptgegenstand nach nicht-kartellrechtlichen Rechtsstreitigkeiten, in denen sich aber eine kartellrechtliche Vorfrage stellt (s. zum Begriff § 87 Rn. 17 ff.), zur Entscheidung zugewiesen worden. § 95 ist praktisch allein für die bürgerlichen Kartellrechtsstreitigkeiten erster Instanz bedeutsam, wohingegen die gerichtliche Zuständigkeit in Kartellverwaltungs- und Kartellbußgeldsachen und – generell – die Rechtsmittelzuständigkeiten einer Herrschaft der Verfahrensbeteiligten ohnehin nicht unterliegen. So betrachtet gehört – worauf *Bechtold* in diesem Zusammenhang mit Recht hinweist[1] – § 95 der Sache nach an sich in den vierten Abschnitt über die bürgerlichen Rechtsstreitigkeiten (§§ 87 bis 89 a).

II. Tatbestand und Rechtsfolgen

2 Dem Anwendungsbereich von § 95 unterfallen alle bürgerlichen Rechtsstreitigkeiten, die die Anwendung des GWB, der Art. 81 oder 82 EG oder der Art. 53 oder 54 EWR-Abkommen betreffen (s. § 87 sowie dort Rn. 14 bis 21). Dazu zählen ebenfalls Verfahren auf Erlass einer einstweiligen Verfügung (s. § 87 Rn. 18, § 91 Rn. 21). Die Regelung betrifft die **sachliche Zuständigkeit** der Kartell-Landgerichte nach §§ 87, 89, der Kartellsenate bei den OLG nach §§ 91, 93 und des Kartellsenats beim BGH nach § 94 (zu den Rechtsfolgen im Einzelnen vgl. § 87 Rn. 24, § 91 Rn. 20). Vom Regelungsbereich ausgenommen sind lediglich die in **§ 69 SGB V** genannten Rechtsbeziehungen (dazu: § 87 Rn. 13). Auch die **örtliche Zuständigkeit** ist von § 95 nicht erfasst (s. dazu § 87 Rn. 25).

3 Wird die Klage beim unzuständigen LG erhoben oder die Berufung beim unzuständigen OLG eingelegt, ist der Rechtsstreit auf Antrag entsprechend § 281 ZPO an das zuständige Gericht zu **verweisen.** Anderenfalls erfolgt nach allgemeinen Grundsätzen Klageabweisung durch ein Prozessurteil oder wird das Rechtsmittel verworfen. Gerichtsintern sind die Kartellsachen an den zuständigen Kartell-Spruchkörper **abzugeben** (vgl. näher § 91 Rn. 2). Zur Frage, ob auf Unzuständigkeit des Gerichts die Berufung oder Revision gestützt werden kann, vgl. § 87 Rn. 30, § 91 Rn. 20.

§ 96 (weggefallen)

---

[1] *Bechtold*, GWB, § 95 Rn. 1.

Vierter Teil. Vergabe öffentlicher Aufträge*

Erster Abschnitt. Vergabeverfahren

Vor §§ 97 ff. – Einführung

Übersicht

	Rn.		Rn.
I. Allgemeines	1	b) Die klassischen Vergaberichtlinien	73
II. Rechtsquellenvielfalt und die Einbindung des deutschen und europäischen Vergaberechts in das internationale Vergaberecht	9	c) Die neue „klassische" Vergabekoordinierungsrichtlinie (VKR)	75
		d) Der Sektorenbereich	90
III. Das deutsche Vergaberecht	10	3. Rechtsschutz	96
1. Allgemeines	10	a) Rechtsschutz auf Grund der Rechtsmittelrichtlinien	96
2. Zweiteilung des deutschen Vergaberechts	13	b) Primärrechtliche Rechtsbehelfe zur Durchsetzung des europäischen Vergaberechts	97
3. Auftragsvergabe oberhalb der Schwellenwerte	14		
a) Die Entwicklung von den haushaltsrechtlichen zur wettbewerbsrechtlichen Ausrichtung des Vergaberechts	14	4. Das von den europäischen Institutionen zu beachtende Vergaberecht	99
b) Das Kaskadenprinzip des deutschen Vergaberechts	17	V. Das internationale Vergaberecht	103
		1. WTO-Recht und das „Agreement on Government Procurement"	106
4. Auftrags- und Konzessionsvergabe außerhalb des Anwendungsbereichs der §§ 97 ff. GWB	28	a) Regelung des Beschaffungswesens im GATT	106
5. Landesvergabegesetze	35	b) Regelung des Beschaffungswesens im GATS	107
6. Ausblick nationale Vergaberechtsentwicklung	47	c) Übereinkommen über das öffentliche Beschaffungswesen	108
IV. Das europäische Vergaberecht	48	d) Wirkung und Anwendbarkeit des GPA	111
1. Primärrecht	48	e) Reform des „WTO-Beschaffungswesens"	113
a) Die Grundfreiheiten	49		
b) Die wirtschaftsbezogenen Gemeinschaftsgrundrechte	59	2. Das UNCITRAL-Model-Law	114
c) Das Beihilfenverbot der Art. 87 ff. EG	60	3. Europäischer Wirtschaftsraum	115
d) Die Wettbewerbsregeln der Art. 81 ff. EG	63	4. Bilaterale Beschaffungsabkommen der Gemeinschaft	116
e) EU-Erweiterung	64	a) Bilaterale Abkommen mit GPA-Vertragsparteien	117
2. Das gemeinschaftsrechtliche Sekundärrecht	66	b) Bilaterale Abkommen mit Nicht-GPA-Vertragsparteien	122
a) Die Wahl der Richtlinie als Rechtshandlungsform	71	5. NATO-Truppenstatut	134

Schrifttum: *Achenbach,* Pönalisierung von Ausschreibungsabsprachen, WuW 1997, 958 ff.; *Adolphsen,* Das UNCITRAL-Modellgesetz, 1996; *Antweiler,* Antragsbefugnis und Antragsfrist für Nachprüfungsanträge von Nichtbewerbern und Nichtbietern, VergabeR 2004, 702 ff.; *Appel,* Präqualifikationsverfahren in den Sektoren, 1999; *Arrowsmith,* Government Procurement in the WTO, 2003; *dies.,* An Assessment of the New Legislative Package on Public Procurement, C. M. L. Rev. 41 (2004) 1277 ff.; *Bär,* Die Rechtsanwaltsgebühren im Nachprüfungsverfahren vor der Vergabekammer nach §§ 107 ff. GWB, NZBau 2002, 63 ff.; *Benedict,* Sekundärzwecke im Vergabeverfahren, Berlin 2000; *Boesen,* Vergaberecht, 2000; *Broß,* Vergaberechtlicher Rechtsschutz unterhalb der Schwellenwerte, ZWeR 2003, 270 ff.; *Bultmann,* Beschaffungsfremde Kriterien: Zur „neuen Formel" des Europäischen Gerichtshofes, ZfBR 2004, 134 ff.; *ders.,* Beihilfenrecht und Vergaberecht, 2004; *ders./Hölzl,* Die Entfesselung der Antragsbefugnis – zum effektiven Rechtsschutz im Vergabeverfahren, NZBau 2004,

---

* Die Änderungen des Vergaberechts durch das Gesetz zur Modernisierung des Vergaberechts vom 20. 4. 2009 (BGBl. I S. 790) werden am Ende der Kommentierung zu den jeweiligen Paragrafen dargestellt.

652 ff.; *Bungenberg*, Die Berücksichtigung des Umweltschutzes bei der Vergabe öffentlicher Aufträge, NVwZ 2003, 314 ff.; *ders./Nowak*, Europäische Umweltverfassung und EG-Vergaberecht – zur Berücksichtigung von Umweltbelangen bei der Zuschlagserteilung, ZuR 2003, 10 ff.; *ders.*, Die Reform des EG-Vergaberechts, in: Behrens/Braun/Nowak (Hrsg.), Europäisches Wettbewerbsrecht im Umbruch, 2004, S. 109 ff.; *ders.*, Primärrechtsschutz im gesamten öffentlichen Beschaffungswesen?, WuW 2005, 899 ff.; *ders.*, Vergaberecht im Wettbewerb der Systeme, 2007; *ders.*, „Tariftreue" zwischen Bundesverfassungsgericht und EuGH, EuR 2008, 397 ff.; *ders.*, Schwerpunkte der Vergaberechtspraxis, WuW 2007, 1103 ff., WuW 2007, 351 ff. und WuW 2008, 796 ff.; *ders/Huber* (Hrsg.), Bungenberg/Huber (Hrsg.), Wirtschaftsverfassung und Vergaberecht, WiVerw 2007, 167 ff.; *Burgi*, Vergabefremde Zwecke und Verfassungsrecht, NZBau 2001, 64 ff.; *ders.*, Die Ausschreibungsverwaltung, DVBl. 2003, 949 ff; *ders.*, „Vergabefremde" Kriterien, in: Grabitz/Hilf (Hrsg.), B 13, Losebl. (Stand 22. Erg.Lfg. Aug. 2003); *ders.*, Die Dienstleistungskonzession ersten Grades, 2004; *ders.*, Die künftige Bedeutung der Freiheitsgrundrechte für staatliche Verteilungsentscheidungen, in: Bungenberg/Huber (Hrsg.), Wirtschaftsverfassung und Vergaberecht, WiVerw 2007, 173. *Büsing*, Das WTO-Übereinkommen über das öffentliche Beschaffungswesen, 2001; *Byok*, Zuschlagskriterien, in: Grabitz/Hilf (Hrsg.), B 14, Losebl. (Stand 22. Erg.Lfg. Aug. 2003); *ders./Jaeger*, Kommentar zum Vergaberecht, 2. Aufl. 2005; *Clerc*, L`ouverture des marchés publics: Effectivité et protection juridique, 1997; *Cremer*, Rechtsstaatliche Vorgaben für die Normsetzung im Vergaberecht – insbesondere zur Bedeutung der Freiheitsgrundrechte, in: Pünder/Prieß, (Hrsg.), Vergaberecht im Umbruch, 2005, S. 29 ff.; *Dietlein*, Der Begriff des funktionalen öffentlichen Auftraggebers nach § 98 Nr. 2 GWB, NZBau 2002, 136 ff.; *Dischendorfer*, The Existence and Development of Multilateral Rules on Government Procurement under the Framework of the WTO, PPLR 9 (2000) 1 ff.; *Dörr*, Das deutsche Vergaberecht unter dem Einfluss von Art. 19 Abs. 4 GG, DöV 2001, 1024; *ders.*, Verfassungsrechtliche Grundlagen des Vergaberechtsschutzes, in: Bungenberg/Huber (Hrsg.), Wirtschaftsverfassung und Vergaberecht, WiVerw 2007, 211; *Dreher*, Der Anwendungsbereich des Kartellvergaberechts, DB 1998, 2579 ff.; *ders.*, Public Private Partnerships und Kartellvergaberecht, NZBau 2002, 245 ff.; *ders.*, Vergaberechtsschutz unterhalb der Schwellenwerte, NZBau 2002, 419 ff.; *Frank*, Die Koordinierung der Vergabe öffentlicher Aufträge, 2000; *Egger*, Europäisches Vergaberecht, 2008; *Franke*, Bauaufträge, in: Grabitz/Hilf (Hrsg.), B 8, Losebl. (Stand 25. Erg.Lfg. Jan. 2005); *Frey/Kilchenmann/Krautter*, Geltende Rechtsetzungskompetenz im schweizerischen Vergaberecht und Alternativen: Eine bewertende Studie aus volkswirtschaftlicher Sicht, 2003; *Gandenberger*, Die Ausschreibung – Organisierte Konkurrenz um öffentliche Aufträge, 1961; Gehrmann/Schinzer/Tacke (Hrsg.), Public E-Procurement, 2002; *Griller*, Das Government Procurement Agreement als Bestandteil des Europarechts und des nationalen Rechts, in: Rill/Griller (Hrsg.), Grundfragen der öffentlichen Auftragsvergabe, 2000, S. 79 ff.; *Gröning*, Das vergaberechtliche Akteneinsichtsrecht, NZBau 2000, 366 ff.; *ders.*, Die Gestattung des Zuschlags im Eilverfahren nach Interessenabwägung, VergabeR 2003, S. 290 ff.; *Hailbronner*, Marktfreiheiten und Vergabeberichtlinien, in: Grabitz/Hilf (Hrsg.), B 2, Losebl. (Stand 25. Erg.Lfg. Jan. 2005); *ders.*, Der Begriff des öffentlichen Auftraggebers, in: Grabitz/Hilf (Hrsg.), B 4, Losebl. (Stand 25. Erg.Lfg. Jan. 2005); *Heiermann/Riedl/Rusam*, Handkommentar zur VOB, 10 Aufl., 2003; *Hermes*, Gleichheit durch Verfahren bei der staatlichen Auftragsvergabe, JZ 1997, 909 ff.; *Heuvels/Kaiser*, Die Nichtigkeit des Zuschlags ohne Vergabeverfahren, NZBau 2001, 479 f.; *Heuvels*, Fortwirkender Richtlinienverstoß nach De-facto-Vergaben, NZBau 2005, 32 f.; *ders.*, Rechtsschutz unterhalb der Schwellenwerte, NZBau 2005, 570 ff.; *Hölzl*, Circumstances alter cases, NZBau 2004, 256 ff.; *Huber*, Der Schutz des Bieters unterhalb der sog. Schwellenwerte, JZ 2000, 877 ff.; *Ingenstau/Korbion*, VOB-Kommentar, 15. Aufl., 2004; *Irmer*, Sekundärrechtsschutz und Schadensersatz im Vergaberecht, 2004; *K. Jaeger*, Schadensersatzansprüche übergangener Bieter im Vergaberecht, Diss. Uni Jena 2005; *W. Jaeger.*, Public Private Partnership und Vergaberecht, NZBau 2001, 6 ff.; *ders.*, Die gesetzlichen Krankenkassen als Nachfrager im Wettbewerb, ZWeR 2005, 31 ff.; *Jennert*, Der Begriff der Dienstleistungskonzession im Gemeinschaftsrecht, NZBau 2005, 131 ff.; *Jestaedt/Kemper/Marx/Prieß*, Das Rechts der Auftragsvergabe, 1999; *Jochum*, Liefer- und Dienstleistungsaufträge, in: Grabitz/Hilf (Hrsg.), B 7, Losebl. (Stand 25. Erg.Lfg. Jan. 2005); *ders.*, Geltung des Vergaberechts für Sektorenauftraggeber SKR, in: Grabitz/Hilf (Hrsg.), B 21, Losebl. (Stand 25. Erg.Lfg. Jan. 2005); *Kaiser*, Die Berechnung des Gegenstandswerts vor der Vergabekammer, NZBau 2002, 315 ff.; *Kalinowsky*, Der Anspruch der Bieter auf Einhaltung des Vergaberechts nach § 97 Abs. 7 GWB, 1999; *Kämper/Heßhaus*, Möglichkeiten und Grenzen von Auftraggebergemeinschaften, NZBau 2003, 303 ff.; *Kling*, Die Zulässigkeit vergabefremder Regelungen, 2002; *Knauff*, Im wettbewerblichen Dialog zur Public Private Partnership?, NZBau 2005, 249 ff.; *ders.*, Vertragsschließende Verwaltung und verfassungsrechtliche Rechtsschutzgarantie, NVwZ 2007,

Einführung **Vor §§ 97 ff. GWB**

546 ff.; *ders.*, Vertragsverlängerungen und Vergaberecht, NZBau 2007, 347 ff.; *Krist,* Zur Verfassungswidrigkeit des schwellenwertabhängigen Vergaberechtsschutzes nach §§ 97 ff. GWB, VergabeR 2003, 17 ff.; *Krohn,* Öffentliche Auftragsvergabe und Umweltschutz, 2003; ders. Ende des Rechtswegwirrwars, NZBau 2007, 493 ff.; *ders.,* Flugplatz Ahlhorn: Ausschreibungspflicht für Grundstücksgeschäfte der öffentlichen Hand?, ZfBR 2008, 27 ff.; *Kühnen,* Die Rügeobliegenheit, NZBau 2004, 427 ff.; *Kayser,* Nationale Regelungsspielräume im öffentlichen Auftragswesen und gemeinschaftsrechtliche Grenzen, 1999; *Kunnert,* WTO-Vergaberecht, Baden-Baden 1998; *Kullack/Terner,* EU-Legislativpaket: Die neue „klassische" Vergabekoordinierungsrichtlinie, ZfBR 2004, 244 ff. u. 346 ff.; *Kunzlik,* International Procurement Regimes and the scope for the Inclusion of Environmental Factors in Public Procurement, OECD Journal on Budgeting 3/4 (2003), 107 ff.; *Kus,* Akteneinsichtsrecht, VergabeR 2003, 129 ff.; *Lausen,* Verfahrenskosten und Rechtsanwaltskosten im Nachprüfungsverfahren, VergabeR 2003, 527 ff. u. 642 ff.; *F. Marx,* Verlängerung bestehender Verträge und Vergaberecht, NZBau 2002, 311 ff.; *ders.,* Vergabefremde Aspekte im Lichte des europäischen und des deutschen Rechts, in: Schwarze (Hrsg.), 2000, S. 77 ff.; *ders.,* Freiheitsgrundrechte des GG und Grundfreiheiten der EU im Verhältnis zu mitgliedstaatlichen Einkaufsregeln, in Bungenberg/Huber (Hrsg.), Wirtschaftsverfassung und Vergaberecht, WiVerw 2007, 193; *Mestmäcker/Schweitzer,* Europäisches Wettbewerbsrecht, 2004; *Moltke/Pietzcker/Prieß,* Beck'scher VOB-Kommentar, Teil A (VOB/A), 2001; *Müller-Wrede* (Hrsg.), Kompendium des Vergaberechts, 2008; Verdingungsordnung für Leistungen – VOL/A, 2001; *Niebuhr/Kulartz/Kus/Portz,* Kommentar zum Vergaberecht, 2. Aufl., 2002; *Noch,* Vergaberecht kompakt, 4. Aufl. 2008; *Opitz,* Marktmacht und Bieterwettbewerb, 2003; *ders.,* Das Legislativpaket: Die neuen Regelungen zur Berücksichtigung umwelt- und sozialpolitischer Belange bei der Vergabe öffentlicher Aufträge, VergabeR 2004, 421 ff.; *Pache,* Der Staat als Kunde – System und Defizite des neuen deutschen Vergaberechts, DVBl. 2001, 1781 ff.; *Pietzcker,* Der Staatsauftrag als Instrument des Verwaltungshandelns, 1978; *ders.,* Der persönliche und sachliche Anwendungsbereich des neuen Vergaberechts, ZVgR 1999, 24 ff.; *ders.,* Die Zweiteilung des Vergaberechts, 2001; *ders.,* Vergaberechtliche Sanktionen und Grundrechte, NZBau 2003, 242 ff.; *ders.,* Die neue Gestalt des Vergaberechts, ZHR 162 (1998) 428; *ders.,* Fragen der Umsetzung im deutschen Vergaberecht, in: Grabitz/Hilf (Hrsg.), B 19, Losebl. (Stand 22. Erg.Lfg. Aug. 2003); *Prieß,* Handbuch des europäischen Vergaberechts, 3. Aufl., 2005; *ders./Gabriel,* Die Reform der Rechtsmittelrichtlinie, VergabeR 2005, 707 ff.; *ders./Hausmann/Kulartz,* Beck'sches Formularbuch Vergaberecht 2004; *ders./Hölzl,* Das Ende des rechtsfreien Raumes: Der verwaltungsgerichtliche Rechtsschutz bei der Rüstungsbeschaffung, NZBau 2005, 367 ff.; *ders./Pitschas,* Die Vereinbarkeit vergabefremder Zwecke mit dem deutschen und europäischen Vergaberecht, ZVgR 1999, 144 ff.; *ders.,* Auswirkungen der Schwellenwertentscheidungen des Bundesverfassungs- und Bundesverwaltungsgerichts auf die Rechtsschutzdiskussion, in Bungenberg/Huber (Hrsg.), Wirtschaftsverfassung und Vergaberecht, WiVerw 2007, 221; *Puhl,* Der Staat als Wirtschaftssubjekt und Auftraggeber, VVDStRL 60 (2001), 456 ff.; *Pünder,* Zu den Vorgaben des grundgesetzlichen Gleichheitssatzes für die Vergabe öffentlicher Aufträge, VerwArch 2004, 38 ff.; *ders./Franzius,* Auftragsvergabe im Wettbewerblichen Dialog, ZfBR 2006, 20 ff.; *ders.,* „Völkerrechtliche Vorgaben" und „Öffentlicher Auftrag", in: Müller-Wrede (Hrsg.), Kompendium des Vergaberechts, 2008, S. 57 ff. und S. 113 ff.; *Reidt/Stickler/Glahs,* Vergaberecht, 2. Aufl., 2003; *Ruhland,* Verfahren und Rechtsschutz bei der Vergabe von Dienstleistungskonzessionen, in Bungenberg/Huber (Hrsg.), Wirtschaftsverfassung und Vergaberecht, WiVerw 2007, 203; *Ruthig,* Verwaltungsrechtsschutz bei der staatlichen Auftragsvergabe?, NZBau 2005, 497 ff.; *Schäfer,* Die gemeinschaftsrechtlichen Vergabeverfahren, in: Grabitz/Hilf (Hrsg.), B 19, Losebl. (Stand 22. Erg.Lfg. Aug. 2003); *ders.,* Das Legislativpaket der EU zum öffentlichen Auftragswesen, in: Grabitz/Hilf (Hrsg.), B 6, Losebl. (Stand 25. Erg.Lfg. Jan. 2005); *Schardt,* Öffentliche Aufträge und das Beihilferegime des Gemeinschaftsrechts, 2002; *Schima,* Wetbewerbsfremde Regelungen – falsche Signale vom Europäischen Gerichtshof?, NZBau 2002, 1 ff.; *Schneider,* EG-Vergaberecht zwischen Ökonomisierung und umweltpolitischer Instrumentalisierung, DVBl. 2003, 1186 ff.; *Schnorbus,* Die Schadensersatzansprüche des Bieters bei der fehlerhaften Vergabe öffentlicher Aufträge, BauR 1999, 77 ff.; *Schröder,* Die Rügepflicht nach § 107 Abs. 3 S. 1 GWB, VergabeR 2002, 229 ff.; *Schwarze,* Die Vergabe öffentlicher Aufträge im Lichte des europäischen Wirtschaftsrechts, 2000; *Steiff,* EU-Osterweiterung, Grundfreiheiten und Vergaberecht, NZBau 2004, 78 ff.; *Steinberg,* Die „Wienstrom"-Entscheidung des EuGH, EuZW 2004, 76 ff.; *ders.,* Vergaberechtliche Steuerung als Verbundaufgabe, 2005; *Sterner,* Rechtsschutz gegen Auftragssperren, NZBau 2001, 423 ff.; *Stockmann,* Die Integration von Vergaberecht und Kartellrecht, ZWeR 2003, 37 ff.; *Storr,* Öffentliche Unternehmen und Vergaberecht, 2002; *ders.,* De-Facto-Vergabe und „In-House-Geschäft" erneut vor dem EuGH, WuW 2005, 400 ff.; *ders.,* Wirtschaftspolitik durch

Auftragsvergabe, in Bungenberg/Huber (Hrsg.), Wirtschaftsverfassung und Vergaberecht, WiVerw 2007, 183; *ders.*, Fehlerfolgenlehre im Vergaberecht, SächsVBl. 2008, 60 ff.; *Treuner*, Competitive Dialogue, PPLR 13 (2004), 178 ff.; *Wagner*, Haftung der Bieter für Culpa in contrahendo in Vergabeverfahren, NZBau 2005, 436 ff.; *Wallerath*, Öffentliche Bedarfsdeckung und Verfassungsrecht, 1988; *Weyand*, Praxiskommentar Vergaberecht, 2004; *Willenbruch/Bischoff*, Vergaberecht Kompaktkommentar, 2008; *Wittig*, Wettbewerbs- und verfassungsrechtliche Probleme des Vergaberechts, 1999; *F. Wollenschläger*, Vergaberechtsschutz unterhalb der Schwellenwerte nach der Entscheidung des Bundesverfassungsgerichts vom 13. 6. 2006, DVBl. 2007, 589 ff.; *ders.*, Das EU-Vergaberegime für Aufträge unterhalb der Schwellenwerte, NVwZ 2007, 388 ff.; *Ziekow*, Vergabefremde Zwecke und Europarecht, NZBau 2001, 72 ff.; *ders.*, Faires Beschaffungswesen, VergabeR 2003, 1 ff.; *ders.*, Der funktionelle Auftraggeberbegriff des § 98 Nr. 2 GWB – ein Arkanum?, VergabeR 2003, 483, 486; *Zillmann*, Waren und Dienstleistungen aus Drittstaaten im Vergabeverfahren, NZBau 2003, 480 ff.

Gesetzesmaterialien/EG-Richtlinien und -verordnungen im Bereich des öffentlichen Vergabewesens: Richtlinie 89/665/EWG zur Koordinierung der Rechts- und Verwaltungsvorschriften für die Anwendung der Nachprüfungsverfahren im Rahmen der Vergabe öffentlicher Liefer- und Bauaufträge, ABl. 1989 L 395/33 (Rechtsmittelrichtlinie – RMR); Richtlinie 92/13/EWG zur Koordinierung der Rechts- und Verwaltungsvorschriften für die Anwendung der Gemeinschaftsvorschriften über die Auftragsvergabe durch Auftraggeber im Bereich der Wasser-, Energie- und Verkehrsversorgung sowie im Telekommunikationssektor, ABl. 1992 L 76/14 (Sektorenrechtsmittelrichtlinie – SRMR); Richtlinie 2007/66/EG des zur Änderung der Richtlinien 89/665/EWG und 92/13/EWG im Hinblick auf die Verbesserung der Wirksamkeit der Nachprüfungsverfahren bezüglich der Vergabe öffentlicher Aufträge, ABl. 2007 L-335/31 ff.; Richtlinie 2001/78/EG über die Verwendung von Standardformularen für die Bekanntmachung öffentlicher Aufträge, ABl. 2001 L 285/1; Verordnung 2195/2002 über das Gemeinsame Vokabular für öffentliche Aufträge (CPV) ABl. 2002 L 340/1; Verordnung der Kommission verabschiedet am 28. 11. 2007 zur Änderung der Verordnung (EG) Nr. 2195/2002 über das Gemeinsame Vokabular für öffentliche Aufträge (CPV) und der Vergaberichtlinien des Europäischen Parlaments und des Rates 2004/17/EG und 2004/18/EG im Hinblick auf die Überarbeitung des Vokabulars; Richtlinie 2004/17/EG zur Koordinierung der Zuschlagserteilung durch Auftraggeber im Bereich der Wasser-, Energie- und Verkehrsversorgung sowie der Postdienste, ABl. 2004 L 134/1 (Sektorenkoordinierungsrichtlinie n. F. – SKR n. F.); Richtlinie 2004/18/EG über die Koordinierung der Verfahren zur Vergabe öffentlicher Bauaufträge, Lieferaufträge und Dienstleistungsaufträge, ABl. 2004 L 134/114 (Vergabekoordinierungsrichtlinie – VKR); Verordnung 1564/2005/EG der Kommission zur Einführung von Standardformularen für die Veröffentlichung von Vergabebekanntmachungen, ABl. 2005 L-257/1; Verordnung (EG) Nr. 1370/2007 v. 23. 10. 2007 über öffentliche Personenverkehrsdienste auf Schiene und Straße und zur Aufhebung der Verordnungen (EWG) Nr. 1191/69 und (EWG) Nr. 1107/70 des Rates, ABl. 2007 L-315/1 ff.; Verordnung der Kommission v. 4. 12. 2007 zur Änderung der Richtlinien 2004/17/EG und 2004/18/EG des Europäischen Parlaments und des Rates im Hinblick auf die Schwellenwerte für Auftragsvergabeverfahren, ABl. 2007 L-317/34 f.

Gesetzesmaterialien/Deutsches Vergaberecht: Gesetz zur Änderung der Rechtsgrundlagen für die Vergabe öffentlicher Aufträge (Vergaberechtsänderungsgesetz – VgRÄG) v. 26. 8. 1998, BGBl. I, S. 2512; Gesetz gegen Wettbewerbsbeschränkungen (GWB) in der Fassung der Bekanntmachung der Neufassung v. 26. 8. 1998, BGBl. I, S. 2546, zuletzt geändert durch Art. 1 des Gesetzes v. 1. 9. 2005, BGBl. 2005 I S. 2546 (ÖPP-Beschleunigungsgesetz); Vergabeverordnung v. 9. 1. 2001 nebst Begründung, BGBl. I, S. 110 (VgV); Erste Verordnung zur Änderung der Vergabeverordnung v. 7. 11. 2002 (BGBl. I 4338); Zweite Verordnung zur Änderung der Vergabeverordnung v. 11. 2. 2003 (BGBl. I 168), VgV geändert durch Art. 2 des Gesetzes v. 1. 9. 2005 (BGBl. 2005 I 2676); Dritte Verordnung zur Änderung der Vergabeverordnung v. 23. 10. 2006 (BGBl. I 2334); Verdingungsordnung für Leistungen (VOL) Ausgabe 2006 in der Fassung der Bekanntmachung v. 6. 4. 2006, BAnz. Nr. 100 a v. 30. 5. 2006; Verdingungsordnung für freiberufliche Leistungen (VOF), in der Fassung der Bekanntmachung v. 16. 3. 2006, BAnz. Nr. 91 a v. 13. 5. 2006; Vergabe- und Vertragsordnung für Bauleistungen (VOB) Ausgabe 2006, in der Fassung der Bekanntmachung v. 20. 3. 2006, Banz. Nr. 94 a v. 18. 5. 2006.

I. Allgemeines

1   Der **Begriff „öffentliche Auftragsvergabe"** umschreibt den Einkauf von Liefer-, Bau- und Dienstleistungen durch der öffentlichen Hand zuzurechnende Einheiten. Der Begriff „Vergaberecht" umfasst die Gesamtheit der Regeln und Vorschriften, die die öf-

fentliche Hand bzw. dem Staat zuzurechnende Einheiten bei der Beschaffung von sachlichen Mitteln und Leistungen, die zur Erfüllung öffentlicher Aufgaben benötigt werden, zu beachten hat.[1] Die Begriffe „öffentliches Auftragsrecht", „Beschaffungsrecht" und „Verdingungsrecht" werden synonym benutzt, wenngleich sich bei einer genaueren Betrachtung Unterschiede im jeweiligen Anwendungsbereich ergeben.

Das öffentliche Auftragswesen hat in der EG ein **Gesamtvolumen** von ca. 1,5 Billionen Euro[2] und in Deutschland von ca. 200–250 Mrd. Euro jährlich. Europaweit gibt es ca. 500000 öffentliche Auftraggeber und der Anteil öffentlicher Aufträge am BSP beläuft sich – je nach Staat, auf ca. 12–15%.[3] Die quantitative Größe staatlicher Beschaffung steht in unmittelbarem Zusammenhang mit Einsparmöglichkeiten des jeweiligen Staates bei dessen Öffnung für den internationalen Handel und Wettbewerb. Wirtschaftlichkeit des Staates und all seiner Untergliederungen stellt im heutigen System- und Standortwettbewerb, der durch die rechtlichen Einbindungen des Nationalstaates in die internationale Gemeinschaft hervorgerufen wird, eine Notwendigkeit dar.[4] Folge ist der Abbau staatlicher Wettbewerbsbehinderungen, der zu einer „marktwirtschaftlichen Erneuerung" auch staatlicher Aufgabenerfüllung führt. Dabei geht es nicht um den Umfang der vom Staat zu verantwortenden Leistungen, d.h. nicht „ob" eine staatliche Aufgabe besteht, sondern um das „wie" der staatlichen Aufgabenerfüllung. Die Alternative der öffentlichen Auftrags- und Konzessionsvergabe bedeutet **Leistungserbringung im Wettbewerb durch Private** und ermöglicht die Einbeziehung marktwirtschaftlicher Elemente in die staatliche Aufgabenerfüllung. Ökonomische und rechtliche Implikationen fördern zudem eine verstärkte Privatisierung, wobei aber das Vergaberecht selbst **keine Privatisierungswirkung** hat, sondern erst nach der Entscheidung für eine aus staatlicher Sicht externe Leistungsbeschaffung als sogenanntes **„Privatisierungsfolgenrecht"** fungiert. In Staaten, deren materielle wie funktionale Privatisierungsrate geringer ist und die eine zurückhaltendere Politik der Ausgliederung betreiben, ist der Anteil der öffentlichen Aufträge am BIP geringer. Ein hoher Anteil der öffentlichen Auftragsvergabe am BIP kann hingegen ein effizienzorientiertes Verhalten der öffentlichen Hand bedeuten.

Auf Grund des ökonomischen Gewichts ist die Vergabe öffentlicher Aufträge ein bedeutendes **Instrument staatlicher Wirtschaftspolitik** und wird vielfach zur Wirtschaftslenkung und zur Durchsetzung politischer Ziele wie z.B. Frauenförderung, Sektenbekämpfung, Umweltschutz, Lehrlingsausbildung, Beschäftigungspolitik, Tariftreue, Entwicklung neuer Technologien, Aufbau neuer Industriezweige, Strukturpolitik etc. eingesetzt.[5]

Im Gegensatz zu privaten Unternehmen fehlt der öffentlichen Hand der Anreiz, mit Steuergeldern möglichst sparsam umzugehen; sie unterliegt weder Gewinnstreben noch Wettbewerb; es besteht daher nur ein begrenzter Anreiz, Einkäufe am **Ziel der Kostenminimierung** zu orientieren.[6] Die beschaffungsrechtliche Konkretisierung des das staatliche Handeln bestimmenden **Effizienzgrundsatzes** wird durch die Implementierung einer wettbewerblichen, transparenten und internationalen Auftragsvergabe angestrebt. Beschaffungspolitischer Grundsatz ist daher die Herstellung organisierter Konkurrenz, d.h. das organisierte Zusammentreffen von Angebot und Nachfrage zur Vervollkommnung und

---

[1] Byok/Jaeger-*Rudolf*, 2. Aufl. 2005, Einführung Rn. 1; *Pietzcker*, Staatsauftrag, S. 1.
[2] *Kommission*, Indikatoren des öffentlichen Auftragswesens 2002, Dok. CC/2003/22 DE v. 1. 12. 2003.
[3] Vgl. *OECD*, The Size of Government Procurement Markets, OECD Journal on Budgeting Vol. 1, No. 4, 2002.
[4] Hierzu *Bungenberg*, Vergaberecht im Wettbewerb der Systeme, 2007, S. 28 ff.
[5] Hierzu umfassend u. a. *N. Meyer*, Die Einbeziehung politischer Zielsetzungen bei der öffentlichen Beschaffung, 2002, S. 82 ff., m. w. N.
[6] So *Stehmann* in: Grabitz/Hilf, Öffentliches Auftragswesen, E 28, Rn. 2.

zum Erhalt des Wettbewerbs.⁷ Gesetzliche Regelungen über den öffentlichen Einkauf sollen diesen transparent machen und Wettbewerb auf der Bieterseite schaffen sowie „Vetternwirtschaft", „Hoflieferantentum" und Korruption bei der Auftragsvergabe verhindern.

5 Der Standort der Vorschriften über die Vergabe öffentlicher Aufträge im deutschen Recht im Gesetz gegen Wettbewerbsbeschränkungen verdeutlicht, dass das **Wettbewerbsprinzip** einen wesentlichen Grundsatz des deutschen Vergaberechts als Konkretisierung des **Leitprinzips der Wirtschaftlichkeit** darstellt. Die Entwicklung eines echten **Bieterwettbewerbs** ist aus Wirtschaftlichkeitserwägungen zu fördern.⁸ Der Begriff des Leistungswettbewerbs bezieht sich in diesem Zusammenhang auf die Erbringung von Leistungen (im Wettbewerb) im Rahmen von Tauschprozessen. Hierbei ist entscheidend, dass der Wettbewerb, der zwischen zwei oder mehr Konkurrenten auf derselben Marktseite stattfindet, um Kooperationschancen mit der öffentlichen Hand auf der anderen Marktseite geführt wird. Auf der Nachfrageseite schwächt ein regulierter Einkauf die **Nachfragemacht** des öffentlichen Auftraggebers. Die Nachfragemacht der öffentlichen Hand, bei der in Teilbereichen sogar eine marktbeherrschende Stellung anzunehmen ist, soll durch Vergaberecht überwacht und Missbrauch verhindert werden. Insbesondere bei Monopolnachfragern kann das Kartellrecht nicht vom Vergaberecht getrennt werden.

6 Auf Grund der Vorgaben des Gemeinschaftsrechts und des internationalen Vergaberechts soll eine **Öffnung** der vormals überwiegend **nationalen Beschaffungsmärkte** für ausländische Unternehmen erfolgen und eine Ungleichbehandlung aus Gründen der Staatsangehörigkeit bzw. -zugehörigkeit ausgeschlossen werden. Das Weißbuch zur Schaffung eines europäischen Binnenmarktes identifiziert das öffentliche Auftragswesen als einen der Bereiche, in denen **protektionistische Marktabschottung** zu Ineffizienz und überhöhten Kosten durch Verhinderung grenzüberschreitenden Handels führt. Im Zuge der Verwirklichung des Binnenmarktprogramms hat die Gemeinschaft daher eine weitere Liberalisierung auch dieses Bereiches durch die Verabschiedung umfangreichen Sekundärrechts vorgenommen.⁹ Als Folge des Abbaus von Binnengrenzen geht der *Cecchini*-Bericht¹⁰ von einem dynamischen Effekt aus: der durch die Öffnung der Beschaffungsmärkte ausgelöste Angebotsschock sollte zu einem stärkeren Wettbewerb mit einer Anpassung der Preise an den jeweils wettbewerbsfähigsten Bieter, d. h. also zu Preissenkungen, führen **(Wettbewerbseffekt)**. Langfristig sind aber auch die einheimischen Anbieter betroffen, die bei Marktabschottung daran gehindert sind, die optimale Produktionsgröße zu erreichen und im Ausland an Ausschreibungen teilzunehmen.¹¹ Zusätzlich versetzt eine hohe Wettbewerbsintensität im Inland die Unternehmen in die Lage, erfolgreich auf Drittmärkten aufzutreten. Insoweit trägt der Staat als Kunde indirekt zur Wettbewerbsfähigkeit der heimischen Unternehmen bei **(Restrukturierungseffekt)**. Der Bieterwettbewerb kann zudem als Verfahren zur Entdeckung von Produkten und Leistungen führen – im Wettbewerb stehende Unternehmen versuchen durch Innovationen ihre Konkurrenten auszustechen. Zusätzlich zu Einsparungen ist daher eine Verbesserung der Qualität der einzukaufenden Waren und Dienstleistungen und ihrer Erzeugungsprozesse (Funktion des Verfahrensfortschritts) und eine größere Produktevielfalt (Funktion des Produktefortschritts) Ausfluss des **Wettbewerbs als Entdeckungsverfahren;** der Bieter „wettbewerb" beinhaltet damit eine wichtige dynamische Komponente im Sinne einer **Fortschrittsfunktion.**

---

⁷ *Gandenberger,* Die Ausschreibung, 1961, S. 32.
⁸ Vgl. EuGH U. v. 27. 2. 2003 Rs. C-373/00 – *Adolf Truley,* Slg. 2003, I-1931 = WuW/E Verg 729, Rn. 41–43; EuGH U. v. 3. 3. 2005 Rs. C-21/03 u. C-34/03 – *Fabricom,* WuW/E Verg 1065, Rn. 26.
⁹ Hierzu unten Rn. 20, 66 ff.
¹⁰ *Cecchini,* Europa '92, Der Vorteil des Binnenmarktes, 1988, S. 37 ff.
¹¹ *F. Frey/C. Kilchenmann/N. Krautter,* S. 31.

Der **Umfang der grenzüberschreitenden Vergaben** hat sich im Zuge der Verwirkli- 7
chung des Binnenmarktes zuletzt von ca. 6% (1987) auf ca. 10% (1998) gesteigert, bleibt
aber dennoch erheblich hinter den 20% Auslandsbeschaffung in der Privatwirtschaft zurück.[12] Die Kommission[13] gibt an, dass die im Rahmen des Binnenmarktprogramms verabschiedeten Vergaberichtlinien den Wettbewerb auf den Beschaffungsmärkten verstärken und die Preise, die öffentliche Auftraggeber für Waren und Dienstleistungen zu zahlen haben, um durchschnittlich etwa 30% gesenkt haben. Könnte die Leistungsfähigkeit auf den Beschaffungsmärkten der EU so verbessert werden, dass der Wettbewerb nochmals zunehmen und die Wettbewerber weitere 10% weniger für Waren und Dienstleistungen ausgeben, würde nach den Kommissionsberechnungen das Haushaltsdefizit in keinem Mitgliedstaat die 3%-Marke überschreiten.

Vom **Vergabebinnenmarkt** werden grundsätzlich alle bietenden Unternehmen aus den 8
EU-Mitgliedstaaten begünstigt. Niederlassungen von Drittstaatsunternehmen sind hier miteingeschlossen. Bei in den Anwendungsbereich der Vergaberichtlinien fallenden Beschaffungen dürfen Mitgliedstaaten daher die Vergabestellen keinesfalls zu einem diskriminierenden Verhalten verpflichten.

II. Rechtsquellenvielfalt und die Einbindung des deutschen und europäischen Vergaberechts in das internationale Vergaberecht

Das nationale Vergaberecht ist in ein **vielfältiges Rechtsquellensystem** eingebunden. 9
Bei der einfachgesetzlichen Ausgestaltung sind auf Grund des Verfassungsvorrangs die Vorgaben der deutschen und europäischen Wirtschaftsverfassung zu beachten. Eine Regulierung des Beschaffungswesens findet sich im nationalen Recht durch das kaskadenförmig ausgestaltete Vergaberecht des GWB, der Vergabeverordnung sowie der Vergabe- und Vertrags- (VOB) und Verdingungsordnungen (VOL, VOF). Diese einfachgesetzliche Ausgestaltung ist an die Vorgaben des Grundgesetzes, die primär- und sekundärrechtlichen Regelungen des Gemeinschaftsrechts, an das WTO-„Agreement on Government Procurement" (GPA) sowie die EMRK gebunden. Die EG wiederum hat völkerrechtliche Vorgaben auf Grund insbesondere der Bindung an das plurilaterale WTO-„Agreement on Government Procurement" bei dem Erlass von an die Mitgliedstaaten gerichteten Vergabesekundärrecht i. S. d. Vergabekoordinierungsrichtlinien zu beachten. Zudem ist die EG bzw. sind die für sie handelnden Organe bei eigenen Auftragsvergaben ebenfalls an die GPA-Vorgaben gebunden. Zusätzlich besteht auf völkerrechtlicher Ebene eine umfassende Bindung der EG und ihrer Mitgliedstaaten an durch die EG abgeschlossene bilaterale Verträge und Regelungen zum Beschaffungswesen.

III. Das deutsche Vergaberecht

1. Allgemeines

Das Vergabeverfahren bis zur Zuschlagsentscheidung unterliegt umfassenden **öffentlich-** 10
rechtlichen Bindungen, denn unabhängig von der privatrechtlichen Abwicklung stehen sich öffentliche Hand bzw. von der öffentlichen Hand mit Sonderrechten ausgestattete Unternehmen und Private gegenüber.[14] Öffentliche Auftragsvergabe ist immer staatliches Handeln, auch wenn sich der Staat der Mittel des Privatrechts bedient. Das Grundgesetz

---

[12] *Kommission,* Der Binnenmarkt – 10 Jahre ohne Grenzen, 2003, S. 24 f.; Das BMWi geht von lediglich 2,62% grenzüberschreitender Beschaffung aus, vgl. *Marx* in Bungenberg/Huber, WiVerw 2007, S. 197.

[13] *Kommission,* A Report on the functioning of public procuremment markets in the EU, v. 3. 2. 2004; abrufbar unter http://www.europa.eu.int/comm/internal_market/publicprocurement/docs/public-procmarket-final-report_en.pdf.

[14] Vgl. *Dörr* DÖV 2001, 1014 ff.

kennt keine grundrechtsfreien Handlungsbereiche des Staates. Ausgangspunkt der wirtschaftsverfassungsrechtlichen Bindung der Auftragsvergabe sind die Grundsätze der Grundrechtsbindung jeglichen staatlichen Handelns (Art. 1 Abs. 3 GG) und des allgemeinen Vorrangs der Verfassung (Art. 20 Abs. 3 GG).[15] Die Beschaffungstätigkeit der öffentlichen Hand kann nur in dem Umfang stattfinden, in dem eine **Beschaffungskompetenz** vorhanden ist. Diese reicht nicht weiter, als es für die Erfüllung der jeweiligen öffentlichen Aufgaben erforderlich ist.

11   Die Grundrechte binden gemäß Art. 1 Abs. 3 GG die vollziehende Gewalt als unmittelbar geltendes Recht. Dies gilt auch bei der Vergabe öffentlicher Aufträge durch öffentliche Auftraggeber als Teil der vollziehenden Gewalt. Diese Auffassung hat sich auch in der Rechtsprechung mittlerweile durchgesetzt.[16] Dies gilt auch dann, wenn die Vergabestelle privatrechtlich organisiert ist. Eine Flucht ins Privatrecht, um sich den Bindungen und Vorgaben des Grundgesetzes wie auch des Gemeinschaftsrechts zu entziehen, ist ausgeschlossen. Die Geltung der Grundrechte besteht unabhängig von Schwellenwerten. Die Vorgaben insbesondere der Art. 3 und 12 GG verlangen eine verfahrensrechtliche Ausgestaltung der öffentlichen Auftragsvergabe sowie gem. Art. 2 I GG i. V. m. dem Rechtsstaatsprinzip auf Grund des Justizgewährungsanspruchs die Gewährleistung von Rechtsschutz.[17] Die Literatur lehnt den Rückgriff auf lediglich den Justizgewährungsanspruch zu einem Großteil[18] ab und tritt für eine Verpflichtung zur Gewährleistung von effektivem Primärrechtsschutz auf Grund von Art. 19 Abs. 4 GG ein.[19] Diesen Vorgaben ist der Gesetzgeber bislang nur oberhalb der Schwellenwerte mit den §§ 97 ff. GWB umfassend nachgekommen. Bei willkürlichen Vergabeentscheidungen kann die in Art. 2 Abs. 1 und Art. 12 GG garantierte wirtschaftliche Betätigungsfreiheit ebenso wie der Gleichheitssatz betroffen sein.[20]

12   Die öffentliche Hand handelt in Deutschland beim Einkauf von Leistungen überwiegend privatrechtlich bzw. „staatliche Teilnahme am Marktgeschehen"[21] spielt sich vornehmlich in den Formen des Privatrechts ab. **Auftragsabwicklung** bzw. -durchführung unterliegen grundsätzlich den Vorschriften des **BGB und seinen Nebengesetzen.** Im Streitfall sind die Zivilgerichte anzurufen. Es ist dem öffentlichen Auftraggeber nicht möglich, auf eine einseitig-hoheitliche Ebene zu wechseln.

2. Zweiteilung des deutschen Vergaberechts

13   Das deutsche Vergaberecht ist durch Schwellenwerte zweigeteilt: oberhalb der Schwellenwerte ist das europäische Vergabesekundärrecht[22] zu beachten, welches im 4. Teil des GWB, der Vergabeverordnung (VgV) und den Vergabe-, Vertrags- und Verdingungsordnungen umgesetzt wurde. Unterhalb der Schwellenwerte gelten hingegen die „nationalen Vergabebestimmungen", d. h. in erster Linie Bundes- und Landeshaushaltsordnungen sowie die Vergabe-, Vertrags- und Verdingungsordnungen. Unabhängig davon, ob die Auftragsvergabe oberhalb oder unterhalb der Schwellenwerte erfolgt, ist eine Vielzahl von nicht

---

[15] Ausführlich hierzu, *Bungenberg*, Vergaberecht im Wettbewerb der Systeme, S. 76 ff. m. w. N.
[16] Vgl. BKartA, Beschl. v. 29. 4. 1999, NJW 2000, 151 (153) – *Münzplättchen;* OLG Brandenburg, Beschl. v. 3. 8. 1999, NVwZ 1999, 1142 (1146) – *Flughafen Brandenburg;* OLG Stuttgart, Urt. v. 11. 4. 2002, NZBau 2002, 395 ff.; vgl. noch BGH, Urt. v. 18. 1. 2000, JZ 2000, 514 (525) – *Tariftreueerklärung.*
[17] BVerfG B. v. 11. 7. 2006 1 BvL 4/00, WuW/E Verg 1273 ff. – *Tariftreueerklärung II.*
[18] S. z. B. *Dörr* in: Bungenberg/Huber, WiVerw 2007, S. 211 ff.; *Knauff* NVwZ 2007, 546 ff.
[19] *Dörr* DöV 2001, 1014, 1024; *ders.* in: Bungenberg/Huber, WiVerw 2007, S. 211 ff; bezüglich effektiven Primärrechtsschutzes zurückhaltend das BVerfG a. a. O.
[20] *Cremer* in: Pünder/Prieß, Vergaberecht im Umbruch, 2005, S. 29 ff.
[21] So *Pietzcker* ZHR 162 (1998) 428.
[22] Hierzu vgl. unten Rn. 14 ff. u. 66 ff.

unmittelbar auf die Vergabe öffentlicher Aufträge bezogener Rechtsordnungen und -gebiete wie Kartellrecht, Fusionskontrolle, Gesetz gegen den unlauteren Wettbewerb, Haushaltsrecht, Strafrecht etc. zu beachten. Zudem ist die einfachgesetzliche Ausformung des Vergabeverfahrens konkretisiertes Verfassungsrecht. Die Wertungen, Prinzipien und Regeln des Grundgesetzes sowie des EG-Vertrages sind vollumfänglich bei der Auftragsvergabe zu berücksichtigen.

3. Auftragsvergabe oberhalb der Schwellenwerte

a) Die Entwicklung von der haushaltsrechtlichen zur wettbewerbsrechtlichen Ausrichtung des Vergaberechts: Das deutsche Vergaberecht ist mittlerweile teilweise aus dem Haushaltsrecht herausgelöst und für Aufträge oberhalb bestimmter Schwellenwerte als 4. Teil des GWB seit dem 1. 1. 1999 neugestaltet worden. Dieser Richtungswechsel ist in erster Linie auf die Umsetzungsverpflichtungen der EG-Vergaberichtlinien zurückzuführen. Die Vorschriften zum Begriff des öffentlichen Auftraggebers, zum öffentlichen Auftrag, zu den Verfahrensarten und zu den Rechtsmittel- und Schadensersatzvorschriften bei der Vergabe entsprechen weitgehend den Vorgaben der EG-Richtlinien. Die europäischen Vorgaben und die diese konkretisierende Rechtsprechung des EuGH sind bei der **Auslegung der nationalen Vergabevorschriften** zwingend zu beachten.[23]

Vor Inkrafttreten der sechsten GWB-Novelle am 1. 1. 1999 war eine Richtlinienumsetzung im Rahmen der „haushaltsrechtlichen Lösung" in den §§ 57a–c HGrG,[24] einer Vergabeverordnung,[25] einer Nachprüfungsverordnung[26] sowie den entsprechenden Vergabe-, Vertrags- und Verdingungsordnungen erfolgt. Das Haushaltsrecht hat seit jeher die Grundsätze der Wirtschaftlichkeit und der Sparsamkeit und damit eine **ökonomische Verwendung des Etats** vorgesehen. Diese und nicht die Wahrung von Bieterinteressen stand bei der Auftragsvergabe im Vordergrund. Auch bei der Umsetzung der europarechtlichen Vorgaben kam es dem deutschen Gesetzgeber zunächst noch darauf an, diese haushaltrechtlichen Grundstrukturen der Vergabe zu erhalten. Der Rechtstradition des deutschen Vergaberechts entsprechend waren **subjektive einklagbare Rechte der Unternehmen** gegenüber dem öffentlichen Auftraggeber ausgeschlossen. Das Rechtsschutzsystem verfolgte ausdrücklich das Ziel, individuelle einklagbare Rechtsansprüche der Bieter nicht entstehen zu lassen.[27] In einer Entscheidung vom 11. 8. 1995 stellte der EuGH fest, dass „die in den Richtlinien über die Koordinierung der Verfahren zur Vergabe öffentlicher Aufträge enthaltenen Vorschriften über die Teilnahme und die Publizität den Bieter vor Willkür des öffentlichen Auftraggebers schützen sollen. ... Ein solcher Schutz kann nicht wirksam werden, wenn der Bieter sich nicht gegenüber dem Auftraggeber auf diese Vorschriften berufen und ggf. deren Verletzung vor den nationalen Gerichten geltend machen kann."[28] Ein Festhalten an der haushaltsrechtlichen Lösung war hiernach nicht mehr möglich. Durch die Neuregelung in § 97 Abs. 7 – „Die Unternehmen haben Anspruch darauf, dass der Auftraggeber die Bestimmungen über das Vergabeverfahren einhält." – ist es zur **Einräumung subjektiver Rechte** und damit zu einem **Paradigmenwechsel** in diesem Rechtsgebiet gekommen. Nach dem Wortlaut der Vorschrift haben die Unternehmen einen uneingeschränkten Anspruch darauf, dass die Vergabestelle sämtliche Vorschriften über das Vergabeverfahren einhält.

---

[23] Vgl. u. a. EuGH U. v. 24. 9. 1998 Rs. C-76/97 – *Tögel*, Slg. 1998, I-5357 = WuW/E Verg 139; EuGH U. v. 24. 9. 1998 Rs. C-111/97 – *Evo Bus Austria GmbH/NÖVOG*, Slg. 1998, I-5411 = WuW/E Verg 145.
[24] BGBl. 1993 I 1928.
[25] BGBl. 1994 I 321.
[26] BGBl. 1994 I 324.
[27] So die Begr. des Gesetzentwurfs der Bundesregierung, BR-Drs. 5/93 v. 4. 1. 1993, S. 21.
[28] EuGH U. v. 11. 8. 1995, Rs. C-433/93 – *Kommission/Deutschland*, Slg. 1995, I-2203 ff.

16 Das „Kartellvergaberecht" schützt neben dem Individuum in der Person des Bieters den **Wettbewerb als Institution**.[29] In der amtlichen Begründung zum Regierungsentwurf des Vergaberechtsänderungsgesetzes heißt es: „Für die Umsetzung der EU-Vergaberichtlinien wurde eine Konzeption im Rahmen des Gesetzes gegen Wettbewerbsbeschränkungen (GWB) gewählt, um dem gewandelten Verständnis der Vergaberegelungen zu entsprechen und die wettbewerbliche Bedeutung des heutigen Vergaberechts zu betonen."[30] Als Alternativlösung zur Einbindung in das GWB hätte sich ein eigenständiges Vergabegesetz – wie beispielsweise in Frankreich[31] oder Österreich[32] erlassen – angeboten.

17 **b) Das Kaskadenprinzip des deutschen Vergaberechts:** Das deutsche Vergaberecht ist mit den Kernregelungen im GWB, der Vergabeverordnung und den Verdingungsordnungen dreistufig aufgebaut. In seinem 4. Teil enthält das GWB lediglich die **vergaberechtlichen „Grundvorschriften"** sowie umfassende **Rechtsschutzgarantien**. Die Details des eigentlichen Vergabeverfahrens sind in der Vergabeverordnung und den Vergabe-, Vertrags- und Verdingungsordnungen geregelt, auf die für die Auftragsvergabe oberhalb der Schwellenwerte durch die Vergabeverordnung[33] statisch verwiesen wird.

18 **aa)** Kern der neuen Regelungen im GWB[34] ist die Festlegung des rechtlichen Rahmens für Wettbewerb sowie ein umfassender Schutz des Wettbewerbs und der Bieter durch festgelegte Instanzen, bei denen eine Verletzung des außenwirksamen Rechts geltend gemacht werden kann. Die öffentliche Hand beschafft im Wettbewerb und nicht bei ihren „Hoflieferanten" – dieser Grundsatz ist durch die Regelungen des sog. Kartellvergaberechts und insbesondere der Festlegung subjektiver Bieterrechte abgesichert. Die Vorschriften des GWB finden nur Anwendung auf die Vergabe öffentlicher Aufträge durch einen öffentlichen Auftraggeber i. S. d. § 98, bei denen die **EG-Schwellenwerte** überschritten werden. Die §§ 97 ff. regeln übergreifend für alle Verdingungsordnungen den **Anwendungsbereich** und die **Grundsätze des Vergabeverfahrens** – Transparenz, Vergabe im Wettbewerb, Chancengleichheit aller Teilnehmer eines Vergabeverfahrens, Eignung der Bieter, Zuschlagskriterium des wirtschaftlichsten Angebotes. Durch das „Gesetz zur Beschleunigung der Umsetzung von Öffentlich-Privaten Partnerschaften und zur Verbesserung gesetzlicher Rahmenbedingungen für Öffentlich-Private-Partnerschaften" (ÖPP) vom 1. 9. 2005[35] wurde in Übereinstimmung mit den Vorgaben des EG-Legislativpakets als neues eigenständiges Verfahren der „wettbewerbliche Dialog" eingeführt. Grundsätzlich soll das offene Verfahren, bei dem eine unbeschränkte Anzahl von Unternehmen durch öffentliche Ausschreibung zur Abgabe von Angeboten aufgefordert wird, Vorrang vor dem nichtoffenen und schließlich auch vor dem Verhandlungsverfahren genießen. Das Gesetz zur Modernisierung des Vergaberechts (Bundesrat Drs. 35/09) ist am 24. April 2009 in Kraft getreten (BGBl. I S. 790).

19 Nur für Auftragsvergaben in dem durch die §§ 98–100 GWB festgelegten Bereich hat der deutsche Gesetzgeber die besonderen in §§ 102 ff. GWB aufgeführten Rechtsschutzmöglichkeiten geschaffen.[36]

20 Das GWB schützt die subjektiven Bieterrechte durch ein eigenständiges **zweistufiges Nachprüfungsverfahren** in erster Instanz vor der jeweiligen Vergabekammer und in

---

[29] Vgl. *Dreher* in: Immenga/Mestmäcker, GWB, 4. Aufl., Vor §§ 97 ff., Rn. 2 u. 60 f.
[30] BT-Drucks. 13/3940, amtl. Begr. zum Regierungsentwurf des VergRÄndG v. 3. 12. 1997.
[31] Décret no 2001–210 du 7. Mars 2001 portant code des marchés publics, J. O. Numéro 571 du 8. Mars 2001, p. 37 003.
[32] BGBl. I 2002/99, abrufbar unter www.ris.bka.gv.at/auswahl.
[33] Verordnung über die Vergabe öffentlicher Aufträge (Vergabeverordnung – VgV) v. 9. 1. 2001, BGBl. 2001 I 110.
[34] BGBl. 1998 I 2546 f.; §§ 57 a–57 c des Haushaltsgrundsätzegesetzes wurden aufgehoben.
[35] BGBl. I 2676.
[36] Eine Verfassungsbeschwerde gegen diese Zweiteilung ist ohne Erfolg geblieben, vgl. BVerfGE 116, 135 ff.

zweiter Instanz vor dem Vergabesenat des zuständigen Oberlandesgerichtes. Die Erlangung von **Primärrechtsschutz** ist grundsätzlich nur bis zum Zeitpunkt der Zuschlagserteilung möglich. Auf Bundesebene wurden für Vergaben des Bundes beim Bundeskartellamt einzurichtende Vergabekammern mit der Zuständigkeit für das Nachprüfungsverfahren erster Instanz und als Beschwerdeinstanz der Kartellsenat des Oberlandesgerichtes Düsseldorf betraut. Auf Landesebene wurden ebenfalls Vergabekammern eingerichtet, und zwar bei den Stellen, die hierfür am zweckmäßigsten erscheinen.[37] Hier sind die jeweiligen Kartellsenate der – abhängig vom Sitz der Vergabekammer – zuständigen Oberlandesgerichte mit der Gewährleistung effektiven Rechtsschutzes betraut. Der BGH kann nur angerufen werden, wenn zwei oder mehrere Oberlandesgerichte voneinander abweichende Meinungen vertreten. Der BGH entscheidet dann an Stelle des vorlegenden OLG in der Sache. Er wird aber nicht als Rechtsmittelinstanz gegen OLG-Entscheidungen tätig. Für den **Sekundärrechtsschutz** sind die Zivilgerichte zuständig.[38]

Die **Zuständigkeiten der Kartellbehörden** bleiben unberührt.[39] Sie können bei Absprachen der Bieter, aber auch bei dem Missbrauch einer marktbeherrschenden Stellung durch den öffentlichen Auftraggeber während des Vergabeverfahrens tätig werden.[40] § 102 GWB weist darauf hin, dass eine Prüfung durch **Aufsichtsbehörden** unberührt bleibt. Aufsichtsbehörden der Vergabestellen sind verfassungsrechtlich übergeordnete Behörden und damit grundsätzlich die die Fachaufsicht i. S. e. Rechts- und Zweckmäßigkeitskontrolle aller Vergabemaßnahmen durchführenden Verwaltungseinheiten. Sie sind an den Grundsatz der Gesetzmäßigkeit der Verwaltung gebunden und haben daher die Pflicht, etwaigen Verstößen gegen das Vergaberecht nachzugehen. Die auf den Grundsätzen des Behördenorganisationsrechts beruhenden Befugnisse der oberen und obersten Aufsichtsbehörden gegenüber nachgeordneten Behörden (Vergabestellen) haben teilweise durch den Erlass von Landesorganisationsgesetzen eine Kodifizierung erfahren. Eine solche Kodifizierung gibt es für den Bund nicht. 21

bb) Die Vergabeverordnung (VgV) konkretisiert die Vorgaben des GWB und verweist statisch auf die anzuwendenden Vergabe- und Vertragsordnungen (VOB) sowie Verdingungsordnungen (VOL und VOF). Bislang ist die Vergabeverordnung vom 9. 1. 2001[41] viermal abgeändert worden. Zunächst wurde eine Ausnahme vom Anwendungsbereich des Vergaberechts für die Vergabe von Verkehrsverträgen festgeschrieben,[42] nachdem u. a. die Vergabekammer Magdeburg[43] einen zwischen dem Land Sachsen-Anhalt und der Deutschen Bahn ohne vorherige Ausschreibung geschlossenen Verkehrsvertrag aufgehoben hatte. Die Verordnung vom 11. 2. 2003 ändert § 13 VgV hinsichtlich der Vorabinformationspflichten.[44] Mit der Verabschiedung des „ÖPP-Beschleunigungsgesetzes" wurde in § 6a VgV eine § 101 GWB konkretisierende Vorschrift über den „wettbewerblichen Dialog" eingefügt.[45] Die am 26. 10. 2006 veröffentlichte Dritte Verordnung zur Änderung der VgV hat ab dem 1. 11. 2006[46] die verpflichtende Anwendung der Abschnitte 2–4 von VOB/A, VOL/A sowie der VOF – jeweils Ausgabe 2006 – angeordnet und Neuregelungen zur Projektanden- sowie zur Generalunternehmerproblematik in die VgV eingefügt. 22

---

[37] Vgl. hier die Adressenliste in forum vergabe, Vergaberecht 2006, Teilband 1, Anhang 1.
[38] Zum Sekundärrechtsschutz s. die Kommentierung zu §§ 125 u. 126 GWB.
[39] So § 104 Abs. 2 S. 3 GWB.
[40] So auch *Stockmann* in: Immenga/Mestmäcker, GWB, § 102 Rn. 19–21.
[41] Verordnung über die Vergabe öffentlicher Aufträge, BGBl. 2001 I 10 ff.
[42] Erste Verordnung zur Änderung der Vergabeverordnung v. 7. 11. 2002, BGBl. 2002 I 4338.
[43] VK Magdeburg B. v. 6. 6. 2002 33–32571/07 VK 05/02 MD – *Verkehrsvertrag*, WuW/E Verg 604 ff.
[44] Zweite Verordnung zur Änderung der Vergabeverordnung v. 11. 2. 2003, BGBl. 2003 I 168.
[45] BGBl. 2005 I 2676.
[46] BGBl. 2006 I 2334.

Die VgV muss noch an die seit dem 1. 1. 2008 geltenden Schwellenwerte[47] angepasst werden.

23 Die VgV gibt den verschiedenen öffentlichen Auftraggebern jeweils für den Einkauf von Bau-, Liefer- und Dienstleistungen sowie freiberuflichen Leistungen die Regeln der entsprechenden Abschnitte der Vergabe-, Vertrags und Verdingungsordnungen zur Anwendung vor **(Scharnierfunktion).** Weiter enthält sie Bestimmungen über die Höhe der **Schwellenwerte,** die Schätzung der **Auftragswerte,** Tätigkeiten und Ausnahmen in den Sektorenbereichen, die Freistellung verbundener Unternehmen, **Informationspflichten, Bekanntmachungspflichten,** elektronische Angebotsabgabe sowie beim Vergabeverfahren ausgeschlossene Personen. Die **Zuständigkeit der Vergabekammern** wird bestimmt. Weiter werden die Auftraggeber verpflichtet, die zuständige Vergabekammer in den Ausschreibungen anzugeben. Schließlich wird ein fakultatives Schlichtungsverfahren im Sektorenbereich festgelegt sowie ein Korrekturmechanismus der Kommission eingeführt. Dem Bundesministerium für Wirtschaft und den Vergabekammern und Oberlandesgerichten wird eine Statistikpflicht hinsichtlich der Anzahl der Nachprüfungsverfahren und deren Ergebnisse auferlegt.

24 **cc) Die Vergabe-, Vertrags- und Verdingungsordnungen** enthalten detaillierte Regelungen für die Vergabe öffentlicher Aufträge, die von „Verdingungsausschüssen" erarbeitet werden. Letztere sind paritätisch aus Vertretern der öffentlichen Hand (Bund, Länder, Gemeinden) und Vertretern der Spitzenverbände der deutschen Wirtschaft zusammengesetzt. Oberhalb der Schwellenwerte wird auf die im Bundesanzeiger veröffentlichten Verdingungsordnungen durch starre Verweisung in der Vergabeverordnung Bezug genommen, wodurch die Verdingungsordnungen die **Rechtsqualität einer Rechtsverordnung** haben, da sie über diese Verweisung in den Verordnungstext inkorporiert werden.

25 VOB, VOL und VOF sind **sachlich voneinander abzugrenzen.**[48] Sie betreffen im Einzelnen Bauleistungen (VOB),[49] Lieferungen und sonstige Leistungen (VOL)[50] sowie freiberufliche Leistungen (VOF).[51] VOB und VOL bestehen jeweils aus einem Teil A und einem Teil B, die VOF besteht nur aus einem Teil A. Die VOB enthält desweiteren noch einen Teil C mit den Allgemeinen Technischen Vorschriften für Bauleistungen (ATV) und ist nach den verschiedenen Bauarbeiten gegliedert. Mit dem Teil A wird das vom Auftraggeber anzuwendende Vergabeverfahren bis zum Abschluss des Beschaffungsvertrages festgeschrieben, Teil B enthält die Allgemeinen Vertragsbestimmungen und wird beim Abschluss des Vertrages Vertragsbestandteil.

26 Die Teile A der Verdingungsordnungen wurden in **verschiedene „Abschnitte"** aufgeteilt. Die sog. Basisparagraphen sind die bisherigen Verdingungsordnungen Teil A und gelten nur für die vom Vergabesekundärrecht nicht erfassten Aufträge, d. h. unterhalb der Schwellenwerte. Für Aufträge oberhalb der Schwellenwerte sind die Richtlinienanforderungen in den a)-Paragraphen in einem zweiten Abschnitt umgesetzt worden, die zu den Basisparagraphen hinzutreten und diesen im Falle eines Widerspruchs vorgehen. Die b)-Paragraphen im dritten Abschnitt gelten für staatliche Auftraggeber im Sektorenbereich. Der vierte Abschnitt ist ohne die Basisparagraphen anzuwenden und gilt für den privatwirtschaftlichen Sektorenbereich und einige halbstaatliche Sektorenauftraggeber.[52]

27 Die **Regelungen des BGB** werden durch die Verdingungsordnungen zum einen konkretisiert, zum anderen aber auch modifiziert. Die **VOB/B** ist über den öffentlichen Be-

---

[47] Vgl. VO EG 1422/2007 v. 4. 12. 2007, ABl. 2007 L-317/34.
[48] Zur Abgrenzung zwischen VOB, VOL und VOF vgl. u. a. Daub/Eberstein-*Müller,* VOL/A, § 1 Rn. 6 ff.
[49] BAnz. Nr. 94 a v. 18. 5. 2006.
[50] BAnz. Nr. 100 a v. 30. 5. 2006.
[51] BAnz. Nr. 91 a v. 13. 5. 2006.
[52] *Pietzcker* ZHR 162 (1998) 636 f.

reich des Bauens hinaus anerkannt und wird häufig auch im **privaten Baubereich** für die Ausführung von Bauaufträgen als **Bestandteil des Vertrages** vereinbart. Auch hat sie in allen drei Teilen den Charakter einer **DIN-Norm**.[53]

4. Auftragsvergabe unterhalb der Schwellenwerte

Öffentliche Aufträge unterhalb der Schwellenwerte machen mehr als 80% des Gesamtvolumens aller Beschaffungsmaßnahmen aus.[54] Für die klassischen öffentlichen Auftraggeber – Bund und Länder nebst Sondervermögen, bundes- und landesunmittelbare juristische Personen des öffentlichen Rechts – gilt **staatliches Haushaltsrecht**. Sie müssen Aufträge über Lieferungen und Leistungen vor einem Vertragsschluss öffentlich ausschreiben, soweit nicht die Natur des Geschäfts oder besondere Umstände eine Ausnahme rechtfertigen. Entsprechende Verpflichtungen ergeben sich aus den Haushaltsordnungen von Bund und Ländern sowie den landesrechtlichen kommunalen Haushaltsordnungen.[55] Die Regeln für das Vergabeverfahren sind in den Basisparagraphen (1. Abschitt) der **VOL/A und VOB/A** enthalten, die aber keine eigenständige Rechtsverbindlichkeit haben. Daher sind nur diejenigen Auftraggeber zur Anwendung verpflichtet, denen dies durch verwaltungsinterne Anweisung vorgegeben ist. Bzgl. der VOB/A ist dies für alle öffentlichen Auftraggeber in Bund, Länder und Kommunen geschehen, die VOL/A ist dagegen nur für einen Teil der Länder (Berlin, Brandenburg, Mecklenburg-Vorpommern, Niedersachsen, Rheinland-Pfalz, Sachsen, Sachsen-Anhalt, Schleswig-Holstein, Thüringen) sowie einen Teil der Kommunen als verbindlich eingeführt worden. In der Praxis wenden allerdings auch diejenigen Länder und Kommunen, für die eine verbindliche Einführung nicht erfolgt oder keine Anwendungsempfehlung gegeben ist, bei der Vergabe von Dienstleistungs- und Lieferaufträgen die VOL/A an.[56]

28

Die **Vorgaben des europäischen Primärrechts** sind unterhalb der Schwellenwerte im vollen Umfang zu beachten. Aus dem grundsätzlichen gemeinschaftsrechtlichen Diskriminierungsverbot folgen umfassende Transparenzpflichten.[57] Die Kommission hat eine Mitteilung zu Auftragsvergaben, die nicht oder nur teilweise von den Vergaberichtlinien erfasst werden, veröffentlicht und geht in dieser von einer grundsätzlichen Transparenzpflicht bei allen Auftragsvergaben aus.[58] Diese lassen sich auch aus den Grundrechten des Grundgesetzes ableiten.[59]

29

Bislang bestand bei Auftragsvergaben unterhalb der Schwellenwerte grundsätzlich keine **Möglichkeit des Primärrechtsschutzes**. Überwiegend wurde darauf verwiesen, dass lediglich eine vewaltungsinterne Bindungswirkung besteht, so dass Bieter keinen Rechtsanspruch auf Einhaltung der Vergaberegeln durch die Auftraggeber haben.[60]

30

Das OVG Rheinland-Pfalz[61] entnimmt **subjektive Rechte** aus dem Haushaltsrecht in Verbindung mit den als Verwaltungsvorschriften zu verstehenden Regelungen der Verdingungsordnungen. Über das Gleichbehandlungsgebot aus Art. 3 Abs. 1 GG komme diesen Vorschriften Außenwirkung zu. Unterhalb der Schwellenwerte können subjektive

31

---

[53] Vgl. insoweit *I. Seidel* in: Dauses, Handbuch des EU-Wirtschaftsrechts, Rn. 237.
[54] *Krohn* in: Müller-Wrede, Kompendium, 2007, Primärrechtsschutz, Rn. 1 geht gar von über 90% aus, vgl. insoweit auch *Burgi*, NVwZ 2007, 737, 738; *Dreher* NZBau 2002, 419.
[55] Vgl. § 30 HGrG, §§ 55 BHO; zur Geltung für bundes- und landesunmittelbare juristische Personen des öffentlichen Rechts vgl. § 105 I BHO bzw. entsprechende Bestimmungen in den LHO.
[56] Forum Vergabe (Hrsg.), Vergaberecht 2003, S. 2.
[57] EuGH U. v. 7. 12. 2000 Rs. C-324/98 – *Telaustria*, Slg. 2000, I-10745 = WuW/E Verg 385, Rz. 62; ausführlich hierzu auch *F. Wollenschläger*, NVwZ 2007, 388.
[58] ABl. 2006 C-179/2.
[59] BVerwGE 118, 270 ff. = WuW/E Verg 38 – *Linienverkehr*.
[60] OLG Saarbrücken, NZBau 2003, 463 ff.
[61] B. v. 25. 5. 2005 7B10356/05, WuW/E Verg 1116 – *Lenkwaffen*.

Rechte auch den Grundfreiheiten des EG-Vertrags entnommen werden, zu deren Gewährleistung die Mitgliedstaaten effektive Primärrechtsschutzmöglichkeiten vorsehen müssen.

32 Im Gegensatz zu einem Teil der Literatur[62] wie auch der Rechtsprechung mehrerer OVGs,[63] die ein öffentlichrechtlich geprägtes Vergabeverfahren angenommen und hieraus die Möglichkeit abgeleitet haben, Vergabeentscheidungen verwaltungsgerichtlich überprüfen zu lassen und vorläufigen verwaltungsrechtlichen Rechtsschutz zu erlangen,[64] meint das **Bundesverwaltungsgericht** in seiner **Rechtswegentscheidung vom 2. 5. 2007**,[65] dass Streitigkeiten über die fehlerhafte Vergabe von öffentlichen Aufträgen keine öffentlichrechtlichen Steitigkeiten darstellen. Die öffentliche Hand bewege sich auch bei der Vergabe öffentlicher Aufträge regelmäßig im Bereich des Privatrechts. Der Staat sei bei der Vergabe öffentlicher Aufträge als Nachfrager am Markt für Güter und Dienstleistungen tätig und unterscheide sich in dieser Rolle, wie das BVerfG in seiner Entscheidung vom 13. 6. 2006 festgestellt habe, nicht grundlegend von anderen Marktteilnehmern. Demnach ist bei Vergabeentscheidungen unterhalb der Schwellenwerte der Zivilrechtsweg eröffnet. Die – vom Bundesverwaltungsgericht so explizit abgelehnte – Anwendung der sog. „Zwei-Stufen-Theorie" im Vergaberecht hätte hingegen die dogmatische Einbettung als öffentlichrechtlich geprägtes Vergabeverfahren mit anschließendem privatrechtlichen Zuschlag ermöglicht.

33 Nach der Entscheidung des Bundesverwaltungsgerichts zur Rechtswegfrage werden zunehmend die **Landgerichte** im Verfahren des einstweiligen Rechtsschutzes mit dem Ziel der **Gewährung von Primärrechtsschutz** angerufen.[66] Nach der Rechtsprechung des EuGH muss den Bietern effektiver Rechtsschutz zum Schutze der Rechte zur Verfügung stehen, die sich aus der Gemeinschaftsrechtsordnung ergeben.[67] Es muss angezweifelt werden, dass das bestehende System dem gemeinschaftsrechtlichen Gebot des effektiven Rechtsschutzes für gemeinschaftsrechtlich begründete Individualpositionen genügt.[68] Ein „einfaches" Abstellen darauf, ob ein Verstoß gegen das Willkürverbot vorliegt wie es derzeit in der Rechtsprechung der Landgerichte offensichtlich Praxis ist, entspricht jedenfalls nicht den gemeinschaftsrechtlichen Rechtsschutzverpflichtungen.

34 Soweit eine Zuschlagserteilung nicht verhindert werden kann, bleibt die Möglichkeit der Geltendmachung von **Sekundärrechtsschutz** vor ordentlichen Gerichten. Der Zivilrechtsweg ist für Schadensersatzansprüche aus Vertrag, aus vorvertraglicher Pflichtverletzung bzw. Verschulden bei Vertragsschluss (c. i. c., jetzt geregelt in §§ 280 Abs. 1, 311 Abs. 2, 241 Abs. 2 BGB) sowie aus deliktischem Verhalten eröffnet.[69] Unterhalb der Schwellenwerte gelten die begrenzten Rechtsschutzmöglichkeiten über das Kartellverfahren; in Ausnahmefällen kann ein Bieter Schadensersatzansprüche aus dem GWB geltend machen, wenn auf der Nachfrageseite eine marktbeherrschende Stellung in diskriminierender Weise ausgenutzt wird. Möglich ist auch die Einlegung einer Beschwerde bei der Kommission. Zudem kann eine Kontrolle der Vergabestellen im Wege der Rechts- und Fachaufsicht erfolgen.[70]

---

[62] *Prieß/Hölzl* ZfBR 2005, 593; *Huber* JZ 2000, 877, 882; *Pünder* VerwArch 95 (2004) 38, 56.
[63] Siehe hierzu den Überblick bei *Bungenberg*, SächsVBl. 2008, 53, 54 f.
[64] Hierzu u. a. *Broß* ZWeR 2003, 270, 282; *Prieß/Hölzl* ZfBR 2005, 593 ff.
[65] BVerwG B. v. 2. 5. 2007 6 B 10.07, VergabeR 2007, 337.
[66] Vgl. z. B. LG Cottbus U. v. 24. 10. 2007 5 O 99/07, VergabeR 2008, 123; LG Potsdam U. v. 14. 11. 2007 2 O 412/07; LG Frankfurt/Oder U. v. 14. 11. 2007 13 O 360/07, VergabeR 2008, 132; OLG Brandenburg B. v. 17. 12. 2007 13 W 79/07, VergabeR 2008, 294; LG Bad Kreuznach B. v. 6. 2. 2007 2 O 201/07; LG Landshut U. v. 11. 12. 2007 73 O 2576/07, VergabeR, 298.
[67] Ausf. hierzu *Bungenberg* SächsVBl. 2008, 53 ff.
[68] *Krohn* in: Müller-Wrede, Kompendium, 2007, Primärrechtsschutz, Rn. 69 f.
[69] Hierzu unten §§ 125, 126 GWB.
[70] *Noch*, Vergaberecht Kompakt, 4. Aufl., S. 747.

5. Landesvergabegesetze

Ein Mehrzahl der Bundesländer hat mittlerweile eigene **Landesvergabegesetze** erlas- 35
sen.[71] Gegenstand der ersten nach 1999 erlassenen Landesvergabegesetze war die Verpflichtung von Auftragnehmern öffentlicher Bauaufträge auf **Tariftreue**. In der Folge wurden zunehmend weitere Regelungen hinzugenommen, wobei es sich teils um bloße Wiederholungen bereits in VOL/A und VOB/A enthaltener Regelungen, teils um ergänzende Bestimmungen (z. B. Wertung unangemessen niedriger Angebote) und teils um zusätzliche Regelungen (z. B. Einrichtung eines Korruptionsregisters) handelt.[72] Die Landesvergabegesetze unterscheiden sich in ihrem Anwendungsbereich. Einige gelten nur unterhalb der Schwellenwerte, andere nur oberhalb und bei einer dritten Gruppe ist der Anwendungsbereich nur durch einen Bagatellwert begrenzt, d. h. lediglich Aufträge, die diesen Bagatellwert nicht erreichen, sind ausgenommen. Mit den Landesvergabegesetzen Niedersachsens und Bremens werden alle Auftragsvergaben dem Kartellvergaberecht der §§ 97 ff. GWB mit Ausnahme der §§ 102 ff. GWB unterstellt. In Folge der Rechtsprechung des EuGH in der Rechtssache *Rüffert/Land Niedersachsen*[73] – der EuGH hält **Tariftreueverpflichtungen** der Auftragnehmer für mit Arbeitnehmerentsenderichtlinie und Dienstleistungsfreiheit unvereinbar – wurden Landesvergabegesetze mit Tariftreuebestimmungen von den Ländern auf ihre Vereinbarkeit mit der Arbeitnehmerentsenderichtlinie und der Dienstleistungsfreiheit überprüft; im Falle der Unvereinbarkeit können die Landesregelungen auf Grund des Vorrangs des Gemeinschaftsrechts nicht angewendet werden. Verschiedene Länder haben dies auch in sog. **Nichtanwendungserlassen** herausgestellt.[74]

Bayern hat am 28. 6. 2000 ein Bauaufträge-Vergabegesetz erlassen.[75] Für Landesaufträge 36
gilt es generell, ansonsten nur ab den EU-Schwellenwerten.

Das Landesvergabegesetz **Berlins** vom 9. 7. 1999[76] wurde 2008 erstmals abgeän- 37
dert.[77] Frauenförderung durch die Vergabe öffentlicher Aufträge soll gem. § 13 Landesgleichstellungsgesetz vom 31. 12. 1999[78] in Verbindung mit der Frauenförderungsverordnung vom 23. 8. 1999[79] erreicht werden. Ein Korruptionsregister ist 2006 eingeführt worden.[80]

In **Brandenburg** ist die Frauenförderung bei der Auftragsvergabe durch eine Frauenför- 38
derungsverordnung vom 25. 4. 1996[81] vorgesehen.

Bremen hat am 17. 12. 2002 ein Landesvergabegesetz verabschiedet.[82] Dieses sieht eine 39
Tariftreue bei öffentlichen Bau- und Lieferaufträgen ab 10 000 Euro, eine analoge Anwendung der §§ 97 bis 101 GWB und 4, 6 und 16 VgV bei Unterschwellenvergaben sowie ein 10%-Regelung bei unangemessen niedrigen Angeboten vor. Es beinhaltet Ermächtigungsgrundlagen für den Erlass von Durchführungsverordnungen auch im Hinblick auf ein Korruptionsregister. Zudem wurde eine Verordnung zur Durchführung des Vergabegesetzes für das Land Bremen verabschiedet.[83]

---

[71] Vgl. d. Übersicht des Forum Vergabe, Stand Dezember 2005, Monatsinfo 11/2005, Anlage 2.
[72] Forum Vergabe, Vergaberecht 2003, S. 10.
[73] EuGH U. v. 3. 4. 2008 Rs. C-346/06, EuR 2008, 388 ff.
[74] Hierzu *Bungenberg* EuR 2008, 397, 407 f.
[75] GVBl. S. 364 zuletzt geändert durch das Gesetz zur Änderung des Bayrischen Bauaufträge-Vergabegesetz vom 27. 11. 2007, GVBl. 2007, 787.
[76] GVBl. S. 369.
[77] Erstes Gesetz zur Änderung des berliner Vergabegesetzes v. 19. 3. 2008, GVBl. 2008 S. 80.
[78] GVBl. S. 8, zuletzt geänd. durch Gesetz v. 16. 6. 1999, GVBl. S. 341.
[79] GVBl. S. 498.
[80] Vom 19. 4. 2006, GVBl. Nr. 16 S. 358 v. 19. 4. 2006.
[81] GVBl. S. 354.
[82] GVBl. S. 594. In Kraft getreten am 1. 1. 2003.
[83] VergV v. 21. 9. 2004, GVBl. S. 475.

40 **Hamburg** hat am 13. 2. 2006 ein neues Vergabegesetz verabschiedet, welches in seiner Geltung befristet ist (Geltungsende: 31. 12. 2008).[84] Die §§ 97 Abs. 1–5 und 98–101 GWB und die VgV gelten bei Unterschwellenwertvergaben entsprechend.

41 **Niedersachsen** hat am 2. 9. 2002 ein Landesvergabegesetz verabschiedet.[85] Dieses sieht eine Tariftreue bei öffentlichen Bau- und Lieferaufträgen ab 10 000 Euro und bei Verstoß hiergegen u. a. den Ausschluss von weiteren Aufträgen und den Eintrag in ein Register vor. §§ 97 Abs. 1–5, 98–101 und die VgV finden bei Unterschwellenwertvergaben entsprechende Anwendung. Am 21. 1. 2003 wurde eine Verordnung zur Durchführung des Landesvergabegesetzes verabschiedet.[86] Das Gesetz sowie die Durchführungsverordnung sollen am 31. 12. 2008 außer Krafz treten; die Regelungen sollen allerdings erneuert werden.

42 **Nordrhein-Westfalen** hat am 16. 12. 2004 ein Gesetz zur Verbesserung der Korruptionsbekämpfung und zur Errichtung und Führung eines Vergaberegisters in Nordrhein-Westfalen (KorruptionsBG) verabschiedet.[87]

43 Das **Saarland** hat am 3. 11. 2000 ein Saarländisches Bauaufträge-Vergabegesetz verabschiedet.[88]

44 **Sachsen** hat am 8. 7. 2002 ein Gesetz über die Vergabe öffentlicher Aufträge im Freistaat Sachsen verabschiedet.[89] Es sieht eine Anwendung der Verdingungsordnungen durch Private Public Partnerships sowie eine Mittelstandsförderung vor. Am 17. 12. 2002 wurde eine Verordnung der Sächsischen Staatsregierung zur Durchführung des Sächsischen Vergabegesetzes (SächsVergabeDVO) verabschiedet.[90]

45 In **Sachsen-Anhalt** wurde das Gesetz über die Vergabe öffentlicher Bauaufträge im Land Sachsen-Anhalt vom 29. 6. 2001[91] durch das Erste Investitionshilfeerleichterungsgesetz vom 13. 8. 2002 aufgehoben.

46 In **Schleswig-Holstein** verlangt das Gesetz zur tariflichen Entlohnung bei öffentlichen Aufträgen vom 7. 3. 2003[92] Tariftreue bei Bau-, SPNV- und Abfallentsorgungsaufträgen ab 10 000 Euro. Zudem ist eine 10%-Regelung bei unangemessen niedrigen Angeboten vorgesehen. Das Gesetz zur Förderung des Mittelstandes (Mittelstandsförderungs- und Vergabegesetz) vom 30. 9. 2002[93] sieht u. a. eine analoge Anwendung von § 13 VgV bei Unterschwellenvergaben und eine Anwendung der VOF im Unterschwellenbereich vor. Am 3. 11. 2005 wurde eine Landesvergabeverordnung über die Vergabe öffentlicher Aufträge verabschiedet.[94]

6. Ausblick nationale Entwicklung

47 Eine Arbeitsgruppe beim Bundesministerium für Wirtschaft und Arbeit hat im Jahr 2003 die Möglichkeiten für eine Vereinfachung des Vergaberechts geprüft und Vorschläge gemacht. Am 12. 5. 2004 hat die Bundesregierung „Eckpunkte für eine Verschlankung des Vergaberechts" beschlossen. Das neue Vergaberecht wird zusammen mit der Umsetzung des gemeinschaftsrechtlichen sog. „Vergabelegislativpakets" erarbeitet. Zu ersten Entwürfen

---

[84] HmbGVBl. 2006 S. 57.
[85] GVBl. S. 370. In Kraft getreten am 1. 1. 2003, geändert durch Gesetz v. 15. 12. 2005, GVBl. 27/2005 S. S. 395.
[86] GVBl. S. 25; geändert durch VO v. 11. 12. 2006, GVBl. 32/2006 S. 584.
[87] GVBl. 2005 S. 8.
[88] ABl. S. 1846.
[89] GVBl. S. 218.
[90] GVBl. S. 378.
[91] GVBl. S. 234.
[92] GVOBl. S. 136.
[93] GVOBl. S. 432.
[94] GVOBl. S. 524.

ist es im Herbst 2004 und Frühjahr 2005 gekommen.[95] Auf Grund der vorgezogenen Bundestagswahl 2005 konnte dieser Entwurf nicht weiterverfolgt werden. Im Koalitionsvertrag zwischen SPD und CDU wurde eine Reform des Vergaberechts „im bestehenden System" vereinbart; der Reformentwurf der Regierung wurde im Sommer 2008 veröffentlicht. Gesetzliche Grundlage für die Auftragsvergabe oberhalb der Schwellenwerte bleibt der vierte Teil des GWB, allerdings um einige Vorschriften erweitert. Der gesetzliche Vorrang des offenen Verfahrens vor dem nicht-offenen Verfahren soll aufgegeben werden und die elektronische Auktion und das elektronische dynamische Verfahren in das GWB aufgenommen werden. Die bisher in der VgV festgeschriebene Vorabinformationspflicht für die abgelehnten Bewerber wird in das GWB ebenso aufgenommen wie eine ausdrückliche Regelung zur de-facto-Vergabe. Das Kaskadensystem soll in einer modifizierten Form beibehalten werden. Die Vorschriften von VgV, VOB und VOL sollen reduziert, Doppelungen vermieden, die Terminologie vereinheitlicht und möglicherweise das Schubladensystem neugestaltet werden

IV. Das europäische Vergaberecht

1. Primärrecht

Der EG-Vertrag beinhaltet zwar, mit Ausnahme einer Erwähnung des öffentlichen Auftragswesens im Bereich Forschung und technologische Entwicklung (Art. 163 EG), keine speziellen Vorschriften über das öffentliche Auftragswesen. Dennoch enthält der Vertrag eine große Anzahl von Regelungen und Grundsätzen, die bei nationaler Auftrags- und Konzessionsvergabe von großer Bedeutung sind. Art. 86 Abs. 1 EG bestimmt ausdrücklich, dass der Staat, sofern er als Nachfrager in Gestalt eines Unternehmens handelt,[96] alle Maßnahmen zu unterlassen hat, die dem EG-Vertrag widersprechen. Nach den Grundbestimmungen des EGV ist die Errichtung eines Gemeinsamen Marktes bzw. seit der EEA von 1986 auch die Errichtung eines Binnenmarktes vorrangiges Ziel der Gemeinschaft. Dieses Ziel soll primär über die tatsächliche Verwirklichung der **Grundfreiheiten** – also der Warenverkehrsfreiheit, der Freiheit des Personenverkehrs und der Dienstleistungsfreiheit – sowie der Beachtung des allgemeinen Diskriminierungsverbotes Art. 12 EG verwirklicht werden. Zunehmend größere Bedeutung erlangen die **Gemeinschaftsgrundrechte** im Bereich des öffentlichen Wirtschaftsrechts, zu dem das Recht der öffentlichen Auftragsvergabe zu rechnen ist.[97] Auch können das **Beihilfenverbot** der Art. 87 ff. EG sowie die **Wettbewerbsregeln** der Art. 81 f. EG von Bedeutung für die Vergabe öffentlicher Auftraggeber sein. **Ausnahmen** bestehen beim Handel mit Rüstungsgütern; die Vertragsvorschriften stehen gem. Art. 296 Abs. 1 b) EG Maßnahmen eines Mitgliedstaates nicht entgegen, die seines Erachtens für die Wahrung seiner wesentlichen Sicherheitsinteressen erforderlich sind.

a) Die **Grundfreiheiten** finden insbesondere **außerhalb des Anwendungsbereichs der spezifischen Vergabekoordinierungsrichtlinien**[98] (z. B. Auftragsvergabe unterhalb der Schwellenwerte,[99] Vergabe von Dienstleistungskonzessionen[100]) sowie bei der Verfolgung von Sekundärzwecken durch die Auftragsvergabe Anwendung.[101] Auch wenn man-

---

[95] Abrufbar unter www.bmwi.de.
[96] S. aber EuGH U. v. 11. 7. 2006 Rs. C-205/03 – *Fenin*, Slg. 2006, I-6295, Rn. 25 f.
[97] Hierzu *Bungenberg* SächsVBl. 2008, 53 ff.
[98] Zu diesen speziellen Richtlinien vgl. unten Rn. 71 ff.
[99] EuGH B. v. 3. 12. 2001 Rs. C-59/00 – *Bent Mousten Vestergaard*, Slg. 2001, I-9505 = WuW/E Verg 1167.
[100] EuGH U. v. 21. 7. 2005 Rs. C-231/03 – *Coname*, WuW/E Verg 1119; EuGH U. v. 13. 10. 2005 Rs. C-458/03 – *Parking Brixen*, WuW/E Verg 1155.
[101] EuGH U. v. 17. 9. 2002 Rs. C-513/99 – *Concordia Bus Finland*, Slg. 2002, I-7213, Rn. 50 ff.; EuGH U. v. 26. 8. 2000, Rs. C-225/98 – *Kommission/Frankreich (Calais)*, Slg. 2000, I-7745,

che Verträge vom Anwendungsbereich der Gemeinschaftsrichtlinien auf dem Gebiet des öffentlichen Auftragswesens ausgenommen sind, müssen die Auftraggeber doch die Grundregeln des EG-Vertrags und insbesondere das **Verbot der Diskriminierung aus Gründen der Staatsangehörigkeit** beachten. Allein die Tatsache, dass der Gemeinschaftsgesetzgeber der Auffassung war, dass die in den Richtlinien über öffentliche Aufträge vorgesehenen besonderen strengen Verfahren nicht angemessen sind, wenn es sich um öffentliche Aufträge von geringem Wert handelt, bedeutet nicht, dass diese vom Anwendungsbereich des Gemeinschaftsrechts ausgenommen sind.[102] Desgleichen gelten für Verträge außerhalb des Anwendungsbereichs der Richtlinie 92/50 sowie für Konzessionsverträge weiterhin die allgemeinen Regeln des EG-Vertrags.[103]

50 Trotz der weitgehenden sekundärrechtlichen Regelung der Auftragsvergabe oberhalb der Schwellenwerte sind die Grundfreiheiten auch in diesen geregelten Bereichen auf Grund des Vorrangs des Primärrechts von großer Bedeutung.[104] Der EuGH hat primäres und sekundäres Gemeinschaftsrecht auf dem Gebiet des Vergaberechts in der Vergangenheit parallel angewendet.[105] Er entnimmt den Grundfreiheiten neben dem **Diskriminierungsverbot** auch ein **Beschränkungsverbot.** Grundsätzlich sind damit alle mittelbar oder unmittelbar diskriminierenden sowie auch beschränkende Regelungen, die sich auf die Auftragsvergabe auswirken können, unzulässig. Nationale Maßnahmen, die die Ausübung der durch den Vertrag garantierten Grundfreiheiten **behindern oder weniger attraktiv machen** können, müssen vier Voraussetzungen erfüllen, um den Grundfreiheiten zu genügen: Sie müssen in nichtdiskriminierender Weise angewandt werden, sie müssen aus zwingenden Gründen des Allgemeininteresses gerechtfertigt sein, sie müssen geeignet sein, die Erreichung des mit ihnen verfolgten Zieles zu gewährleisten, und sie dürfen nicht über das hinausgehen, was zur Erreichung dieses Zieles erforderlich ist.[106] Die Vergaberichtlinien sind im Lichte der Bestimmungen und Ziele des Vertrages auszulegen,[107] sie dürfen nicht die Reichweite der Grundfreiheiten beschneiden.[108] Ausnahmen von den Grundfreiheiten in den Richtlinien sind eng auszulegen.[109]

51 Die Artikel 43 EG und 49 EG sowie die Grundsätze der Gleichbehandlung, der Nichtdiskriminierung und der Transparenz sind nach der Rspr. des EuGH dahin auszulegen, dass sie es einer öffentlichen Stelle verbieten, eine öffentliche **Dienstleistungskonzession** ohne Ausschreibung zu vergeben.[110] Die Folgen, die sich aus dem Gemeinschaftsrecht für die Erteilung solcher Konzessionen ergeben, sind nämlich im Licht des Primärrechts und insbesondere der im Vertrag vorgesehenen Grundfreiheiten zu prüfen.[111]

52 Der Gleichbehandlungsgrundsatz und das Verbot der Diskriminierung aus Gründen der Staatsangehörigkeit schließen insbesondere eine Verpflichtung zur Transparenz ein, damit

---

Rn. 49 ff.; s. auch EuGH U. v. 20. 9. 1988, Rs. 31/87 – *Beentjes,* Slg. 1988, 4635; vgl. hierzu auch Rn. 91 und die Kommentierung bei § 97 Rn. 51 ff., 66 ff.

[102] EuGH B. v. 3. 12. 2001 Rs. C-59/00 – *Bent Mousten Vestergaard,* Slg. 2001, I-9505 = WuW/E Verg 1167, Rn. 20.

[103] EuGH U. v. 20. 10. 2005 Rs. C-264/03 – *Kommission/Frankreich,* Rn. 33; Mitteilung der Kommssion, ABl. 2006 C-179/2 ff.

[104] Vgl. Erwägungsgrund 2 Rl. 2004/18/EG, ABl. 2004 L-134/114.

[105] EuGH U. v. 22. 9. 1988 Rs. C-45/87 – *Kommission/Irland (Dundalk),* Slg. 1988, 4949.

[106] EuGH U. v. 27. 10. 2005 Rs. C-234/03 –*Contse,* WuW/E Verg 1171, Rn. 25.

[107] EuGH U. v. 15. 1. 1998 Rs. C-44/96 – *Mannesmann Anlagenbau Austria,* Slg. 1998, I-73, 119.

[108] EuGH U. v. 20. 3. 1990 Rs. C-21/88 – *Du Pont de Nemours Italiana,* Slg. 1990, I-889, 921.

[109] EuGH U. v. 10. 3. 1987 Rs. 199/85 – *Kommission/Italien,* Slg. 1987, 1039, 1059.

[110] EuGH U. v. 13. 10. 2005 Rs. C-458/03 – *Parking Brixen GmbH,* WuW/E Verg 1155, Rn. 49 für Dienstleistungskonzessionen.

[111] Vgl. EuGH U. v. 27. 10. 2005 Rs. C-234/03 – *Contse,* WuW/E Verg 1171, Rn. 23; EuGH U. v. 21. 7. 2005 Rs. C-231/03, *Coname,* WuW/E Verg 1119, Rn. 16; ausführlich hierzu *Ruhland* in: Bungenberg/Huber, WiVerw 2007, S. 203 ff.

die auftrags- oder konzessionserteilende öffentliche Stelle feststellen kann, ob Diskriminierungs- und Beschränkungsverbot beachtet worden sind. Diese der genannten Stelle obliegende Transparenzpflicht besteht darin, dass zugunsten der potenziellen Bieter **ein angemessener Grad von Öffentlichkeit** sicherzustellen ist, der die Dienstleistungskonzession oder den öffentlichen Auftrag dem Wettbewerb öffnet und die Nachprüfung ermöglicht, ob die Vergabeverfahren unparteiisch durchgeführt worden sind.[112] Die Mitgliedstaaten dürfen keine nationale Regelung fortgelten lassen, die die Vergabe öffentlicher Dienstleistungskonzessionen ohne Ausschreibung ermöglicht, da eine solche Vergabe gegen die Art. 43 EG oder 49 EG oder gegen die Grundsätze der Gleichbehandlung, der Nichtdiskriminierung und der Transparenz verstößt.[113] Diese Grundaussage der allgemeinen **Ausschreibungsverpflichtung** lässt sich auch auf Auftragsvergaben unterhalb der EG-Schwellenwerte übertragen.[114]

Die **Warenverkehrsfreiheit gem. Art. 28 EG** verbietet mengenmäßige Einfuhrbeschränkungen sowie Maßnahmen gleicher Wirkung. Letztere sind nach der *Dassonville*-Formel solche Maßnahmen, die geeignet sind, den innergemeinschaftlichen Handel unmittelbar oder mittelbar, tatsächlich oder potentiell zu behindern.[115] Da es sich bei Beschränkungen im Bereich der Auftragsvergabe regelmäßig um produktbezogene Regelungen i. S. d. der Keck-Rechtsprechung handelt, kann Art. 28 EG im Vergaberecht volle Anwendung finden.[116] Der EuGH hat die Verwendung einer irischen technischen Norm anstelle einer ISO-Norm bei der Ausschreibung einer Bauleistung nicht nur als mit der Baukoordinierungsrichtlinie, sondern auch mit Art. 28 EG unvereinbar erklärt.[117] Auch regionale Präferenzen bei der Vergabe öffentlicher Aufträge sind auf Grund von Art. 28 EG grundsätzlich unzulässig.[118] Ausschreibungen, die die möglichst weitgehende Verwendung heimischer Baustoffe und Geräte nationaler Herkunft vorschreiben, verstoßen ebenfalls gegen die Warenverkehrsfreiheit.[119] Art. 28 EG untersagt es einem öffentlichen Auftraggeber, in die Verdingungsunterlagen zu einem öffentlichen Bauauftrag, der nicht den in der Rl. 93/37/EWG genannten Schwellenwert überschreitet, eine Klausel aufzunehmen, nach der für die Durchführung dieses Auftrags die Verwendung von Material einer bestimmten Marke verlangt wird, ohne dass diese Klausel den Zusatz „oder gleichwertiger Art" enthält.[120] Eine unmittelbare Diskriminierung stellen auch solche Regelungen dar, nach denen ausländische Bieter höhere Sicherheiten oder besondere Zuverlässigkeitsvoraussetzungen stellen müssen.[121] **53**

Die **Niederlassungsfreiheit gem. Art. 43 ff.** EG umfasst die tatsächliche Ausübung einer wirtschaftlichen Tätigkeit durch eine feste Einrichtung in einem anderen Mitgliedstaat auf unbestimmte Zeit und beinhaltet sowohl ein Diskriminierungsverbot als auch ein allgemeines Beschränkungsverbot. Eine offene Diskriminierung liegt vor, wenn der Bieterkreis auf Bewerber mit der Staatsangehörigkeit des eigenen Mitgliedstaates begrenzt wird. **54**

---

[112] EuGH, U. v. 7. 12. 2000 Rs. C-324/98 – *Telaustria*, WuW/E Verg 385.
[113] EuGH U. v. 13. 10. 2005 Rs. C-458/03 – *Parking Brixen GmbH*, WuW/E Verg 1155, Rn. 51.
[114] Vgl. insoweit Mitteilung der Kommission zu Auslegungsfragen in Bezug auf das Gemeinschaftsrecht, das für die Vergabe öffentlicher Aufträge gilt, die nicht oder nur teilweise unter die Vergaberichtlinien fallen, ABl. EU 2006 C 179/ 2f.
[115] EuGH U. v. 11. 7. 1974, Rs. 8/74 – *Dassonville*, Slg. 1974, 837, 852.
[116] *Hailbronner* in: Grabitz/Hilf, Das Recht der Europäischen Union, B 2 EL 25 Januar 2005, Rn. 13.
[117] EuGH U. v. 22. 9. 1988, Rs. 45/87 – *Kommission/Irland (Dundalk)*, Slg. 1988, 4929, 4962.
[118] EuGH U. v. 20. 3. 1990, Rs. 21/88 – *Du Pont de Nemours Italiana (Mezzogiorno)*, Slg. 1990, I-889, 919ff., Rn. 11ff.
[119] EuGH U. v. 22. 6. 1993 Rs. C-243/89 – *Kommission/Dänemark (Storebaelt)*, Slg. 1993, I-3353.
[120] EuGH B. v. 3. 12. 2001 Rs. C-59/00 – *Bent Mousten Vestergaard*, Slg. 2001, I-9505 = WuW/E Verg 1167.
[121] *Hailbronner* in: Grabitz/Hilf (Fn. 103), B 2 EL 25 Januar 2005, Rn. 15.

Ein Verstoß gegen diese Garantien liegt vor, wenn arbeitsmarktpolitische Erwägungen öffentliche Auftraggeber dazu veranlassen, bestimmte Unternehmen zur Sicherung einheimischer Arbeitsplätze bevorzugt zu berücksichtigen oder wenn Bestimmungen erlassen werden, die im Wesentlichen nationale Unternehmen begünstigen,[122] z. B. wenn eine Beschränkung der Teilnahme an öffentlichen Ausschreibungen auf Unternehmen vorliegt, die sich überwiegend in öffentlicher Hand befinden und in dem entsprechenden Bereich keine ausländischen Unternehmen existieren, die dieses Kriterium erfüllen.[123]

55 Die **Arbeitnehmerfreizügigkeit gem. Art. 39 ff.** EG kann ebenfalls in Einzelfällen bei der öffentlichen Auftragsvergabe Bedeutung erlangen, z. B. wenn die Ausschreibungsbedingungen eine weitgehende Verwendung inländischer Arbeitskräfte vorschreiben.[124]

56 Die **Dienstleistungsfreiheit gem. Art. 49 ff.** EG schützt das Recht, zur Erbringung selbständiger Leistungen eine Tätigkeit vorübergehend in einem anderen Staat auszuüben. Sie beinhaltet ein **allgemeines Diskriminierungs- und Beschränkungsverbot**. Eine **unmittelbare Diskriminierung** ausländischer Bieter liegt vor, wenn lokale Dienstleistungsanbieter bei der Vergabe bevorzugt behandelt werden.[125] Gleichfalls liegt ein Verstoß bei dem Erfordernis einer Arbeitserlaubnis für die Beschäftigung von Arbeitskräften aus Drittstaaten vor,[126] ebenso wenn in einem anderen Mitgliedstaat niedergelassene Bieter eine Niederlassungsgenehmigung im Vergabeland erwerben müssen.[127] Zulässig ist die Verpflichtung zur Einhaltung derselben Arbeitsbedingungen wie für inländische Arbeitskräfte. Den Mitgliedstaaten ist es nicht verwehrt, ihre Rechtsvorschriften oder die allgemeinverbindlichen Tarifverträge der Sozialpartner über Mindestlöhne unabhängig davon, in welchem Land der Arbeitgeber ansässig ist, auf alle Beschäftigten auszudehnen, die in ihrem Hoheitsgebiet, und sei es auch nur vorübergehend, eine selbständige Erwerbstätigkeit ausüben.[128] Die nationale Regelung muss aber geeignet sein, die Verwirklichung der mit ihr verfolgten Zwecke – dies sind regelmäßig nur zwingende Gründe des Allgemeinwohls – zu gewährleisten. Der Verhältnismäßigkeitsgrundsatz ist zu berücksichtigen. Solche Regelungen sind nur zum Schutz der ausländischen Arbeitnehmer zulässig.[129]

57 Die Forderung eines Nachweises der Aufnahme in ein französisches Architektenverzeichnis oder eine Klassifizierung durch französische Berufsverbände begünstigt die Dienstleistungen französischer Architekten und stellt eine **mittelbare Diskriminierung** dar, da die Architekten aus anderen Mitgliedstaaten dadurch zwangsläufig diskriminiert werden.[130] Es stellt eine **Beschränkung** des freien Dienstleistungsverkehrs dar, wenn ein Mitgliedstaat im Ergebnis die Aufgabe der Baubetreuung den in einer abschließenden Liste aufgeführten juristischen Personen französischen Rechts vorbehält.[131]

---

[122] EuGH U. v. 5. 12. 1989, Rs. 3/88 – *Kommission/Italien*, Slg. 1989, 435 Rn. 6, 12 ff.
[123] EuGH U. v. 26. 4. 1994, Rs. C-272/91 – *Kommission/Italien (Lottomanica)*, Slg. 1994, I-1409, Rn. 18 ff.
[124] EuGH U. v. 22. 6. 1993, Rs. C-243/89 – *Kommission/Dänemark (Storebalt)*, Slg. 1993, I-3353, Rn. 23.
[125] EuGH U. v. 5. 12. 1989, Rs. C-3/88 – *Kommission/Italien*, Slg. 1989, 4035; EuGH U. v. 22. 6. 1993, Rs. C-243/89 – *Kommission/Dänemark (Storebaelt)*, Slg. 1993, I-3353, 3397.
[126] EuGH U. v. 9. 8. 1994, Rs. C-43/93 – *Vander Elst*, Slg. 1994, I-3803, 3827.
[127] EuGH U. v. 10. 2. 1982 Rs. 76/81 – *Transporoute*, Slg. 1982, 417.
[128] So *v. Danwitz* EuZW 2002, 237, 239 u. Verw. auf EuGH Urt. v. 27. 3. 1990, Rs. C-113/89 – *Rush Portuguesa*, Slg. 1990, I-1417 (1445), Rn. 18; EuGH U. v. 9. 8. 1994 Rs. C-43/93 – *Van der Elst*, Slg. 1994, I-3803 (3826), Rn. 23; vgl. aber insbes. die strengen Voraussetzung in EuGH U. v. 3. 4. 2008 Rs. C-346/06 – *Dirk Rüffert/Land Niedersachsen*, EuR 2008, 388 ff.
[129] EuGH U. v. 14. 5. 2005 Rs. C-341/02 – *Kommission/Deutschland*, Rn. 24.
[130] EuGH U. v. 26. 9. 2000, C-225/98 – *Kommission/Frankreich (Calais)*, Slg. 2000, I-7445, Rz. 76 ff.
[131] EuGH U. v. 20. 10. 2005 Rs. C-264/03 – *Kommission/Frankreich*, WuW/E Verg 1195, Rn. 66.

Jede faktische Behinderung der Erbringung von Dienstleistungen von Unternehmen aus 58
anderen Mitgliedstaaten auf Grund von Staatsangehörigkeit oder Staatszugehörigkeit ist
als Verstoß gegen das **allgemeine Diskriminierungsverbot** nach **Art. 12 EG** unzulässig. Dem allgemeinen Diskriminierungsverbot kommt eine eigenständige Bedeutung zu,
sofern Bereiche betroffen sind, die nicht bereits von den spezielleren Grundfreiheiten erfasst sind.

b) Zunehmende Bedeutung in der Rechtsprechung des EuGH erlangen die **wirt-** 59
schaftsbezogenen Gemeinschaftsgrundrechte. Die öffentliche Beschaffung liegt unabhängig von irgendwelchen Schwellenwertregelungen grundsätzlich im Anwendungsbereich
der Gemeinschaftsgrundrechte. Der EuGH hat eine Bindung der Mitgliedstaaten an die
Gemeinschaftsgrundrechte bei Einschränkungen der durch das Gemeinschaftsrecht gewährleisteten Grundfreiheiten durch die Mitgliedstaaten angenommen.[132] Der EuGH hat in
der Entscheidung *Herbert Karner* die Gemeinschaftsgrundrechte als eigenständigen Prüfungsmaßstab mitgliedstaatlicher Maßnahmen herangezogen.[133] Bei **wirtschaftsbezogenen Tätig-**
keiten und deren Einschränkungen durch die Mitgliedstaaten ist daher immer auch die
Einschlägigkeit gemeinschaftsrechtlichen Grundrechtsschutzes zu berücksichtigen ist. Die
Gemeinschaftsgrundrechte können in vergaberechtsrelevanten Sachverhalten in verschiedenerlei Richtung wirken. Sie können den **Grundrechtsberechtigten,** d. h. den potentiellen Bietern, ein Abwehrrecht gegen solche Eingriffe geben, die von der öffentlichen Hand
vor (Ausschluss vom Verfahren wegen angeblicher Korruption, sog. schwarze Listen) oder
während des Vergabeverfahrens (Verkürzung des Rechtsschutzes, Verstoß gegen das
Gleichbehandlungsgebot) ausgehen. Beispielsweise sind die Mitgliedstaaten dazu verpflichtet, Bieter, die sich bestimmter Straftaten strafbar gemacht haben, vom weiteren Vergabeverfahren auszuschließen. Hierin liegt offensichtlich ein – u. U., wenn verhältnismäßig,
gerechtfertigter – Eingriff in die auch gemeinschaftsrechtlich anerkannte Unternehmensfreiheit. Auf Grund der Rechtsprechung des EuGH[134] entwickelt sich derzeit eine Verpflichtung zur Rückabwicklung der Vergabe eines öffentlichen Auftrages wegen Verstoßes
gegen Ausschreibungsverpflichtungen.[135] Grenzen der Rückabwicklungspflicht sind in dem
gemeinschaftsrechtlichen Vertrauensschutzgrundsatz zu sehen.[136] Kommt es zu einer Auftragssperre wegen Verstoßes gegen nationale Tariftreueklauseln, so liegt ein Eingriff in das
europäische Grundrecht der Berufsfreiheit vor.[137] In Betracht kommen daher, hält man sich
die im nationalen Recht diskutierten Problemlagen einerseits und die vom EuGH anerkannten Grundrechte andererseits vor Augen, insbesondere der Eigentumsschutz, die Berufsfreiheit, der Gleichheitssatz, Informationsrechte wie auch verfahrensrechtliche Grundrechtsgewährleistungen.

c) Das **Beihilfenverbot der Art. 87 ff. EG** ist auch bei der Vergabe öffentlicher Auf- 60
träge zu beachten. In der Vergabe eines öffentlichen Auftrags ist aber so lange keine Beihilfe zu sehen, wie der Auftrag im Wettbewerb ohne Präferenzen vergeben wird. Dagegen ist
eine **bevorzugte Auftragsvergabe** nach den Beihilfevorschriften der Art. 87 ff. EG zu

---

[132] EuGH U. v. 18. 6. 1991, Rs. C-260/89 – *ERT,* Slg. 1991, I-2925, Rn. 42.

[133] EuGH U. v. 25. 3. 2004 Rs. C-71/02, Slg. 2004, I 3025 ff. – *Herbert Karner Industrie-Auktionen GmbH/Troostwijk GmbH,* Rn. 48 ff.; s. hierzu die Anm. v. *J. Stuyck,* CMLR 2004, 1683 ff. Vgl. zur Entwicklung dieser extensiven Rspr. *D. Scheuing,* Zur Grundrechtsbindung der EU-Mitgliedsstaaten, EuR 2005, 162 ff.

[134] EuGH, Urt. v. 18. 11. 2004, Rs. C-126/03, WuW/E Verg 1049 – *Kommission/Deutschland (Heizkraftwerk München);* hierzu bereits *Bungenberg,* Der Staat als öffentlicher Auftraggeber, in: Storr, Öffentliches Unternehmen im Wettbewerb und Vergaberecht, 2002, S. 119 ff. (127 f.).

[135] Hierzu Storr SächsVBl. 2008, 60 ff.

[136] Hierzu *Bungenberg,* Vertrauensschutz, in: Heselhaus/Nowak, Handbuch des Europäischen Grundrechtsschutzes, 2006, 433.

[137] Zur Existenz dieses Grundrechtes auf der europäischen Ebene vgl. EuGH U. v. 15. 12. 1995 Rs. C-415/93 – *Bosman* Slg. 1995 I-4921 Rn. 79.

beurteilen. Aus der Sicht eines Unternehmens stellt ein zugesicherter und gegen die Konkurrenz geschützter Auftrag ebenso einen geldwerten Vorteil dar wie die Gewährung einer Subvention in Form der Zahlung einer bestimmten Geldsumme.[138] Das EuG sieht in einem Beschaffungsvertrag, der in der Weise verhandelt wird, dass die Vergütung der von der öffentlichen Hand eingekauften Leistungen oberhalb des handelsüblichen Preises liegt oder der den privaten Auftragnehmer ohne wirtschaftlich nachvollziehbaren Grund in anderer Weise begünstigt, dann eine Beihilfe, wenn dieses Vorgehen geeignet ist, den Wettbewerb zu verfälschen und den Handel zwischen den Mitgliedstaaten beeinträchtigt. Nur wenn also die von der öffentlichen Hand zu leistende Vergütung oberhalb des **wettbewerblichen Preises** liegt, unterfällt die Differenz dem Tatbestand des Art. 87 Abs. 1 EG.[139]

61 Der Begriff der Unentgeltlichkeit ist im Zusammenhang mit der Auftragsvergabe dahingehend zu verstehen, dass es darauf ankommt, ob es zu einer marktmäßigen Gegenleistung kommt oder nicht.[140] Letztere bestimmt sich nach dem sog. **„market investor test",**[141] wobei das Entgelt des Auftraggebers aber dann nicht erhöht wird, wenn dadurch die dem Auftragnehmer durch „beschaffungsfremde Vergaben" entstehenden Mehrkosten bezahlt werden.[142] Abgestellt werden muss auf die Vergütung für die konkret geforderte Leistung einschließlich der an sie gestellten politischen Anforderungen.[143] Staatliche Vergünstigungen, die nicht über das zur Erfüllung der gemeinwirtschaftlichen Aufgabe erforderliche Maß hinausgehen, verschaffen den begünstigten Unternehmen keinen Vorteil – sie decken gerade vom Auftraggeber verlangte Mehraufwendungen ab. Erfolgt also eine Mehrvergütung für die Erfüllung von Sekundärzielen als Ausgleich für gemeinwirtschaftliche Pflichten, etwa im Bereich der Daseinsvorsorge, so wird eine Gegenleistung erbracht und es kommt zu keiner Begünstigung.[144] Diese Auffassung wurde seitens des EuGH in der *AltmarkTrans*-Entscheidung[145] bestätigt. Zahlungen zur Finanzierung von Dienstleistungen von allgemeinem wirtschaftlichen Interesse stellen grundsätzlich keine Beihilfe dar, wenn vier kumulative Kriterien erfüllt sind. Allerdings muss der Umfang des staatlichen Kostenausgleichs nach Wettbewerbsgrundsätzen ermittelt worden sein. Dazu muss entweder die Auswahl des Leistungserbringers im Rahmen eines **förmlichen Vergabeverfahrens** erfolgen oder aber die Höhe der erforderlichen Ausgleichszahlung ist „auf der Grundlage einer Analyse der Kosten zu bestimmen, die ein durchschnittliches, gut geführtes Unternehmen ... bei der Erfüllung dieser Verpflichtungen hätte."[146] Im Fall einer Direktvergabe unter völligem Ausschluss von Wettbewerbern sind diese Mindestvoraussetzungen nicht erfüllt. Dagegen besteht weitestgehend Einigkeit, dass eine Auftragsvergabe, die im Einklang mit geltendem Vergaberecht und den weiteren Vorgaben des EG-Vertrags erfolgt, kein Problem der Normenkollision mit den Vorgaben des Beihilferechts aufwirft, da bereits tatbestandlich keine Beihilfe i. S. v. Art. 87 Abs. 1 EG vorliegt.[147]

62 Soweit die Tatbestandsvoraussetzungen des Art. 87 Abs. 1 EG vorliegen, muss die Absicht der Zuschlagserteilung der Kommission mitgeteilt werden (**Notifizierungspflicht**

---

[138] *Götz,* S. 36; *Riese,* Vergaberecht, S. 28; *Frank,* Koordinierung, S. 55.
[139] EuG U. v. 28. 1. 1999 Rs. T-14/96 – *BAI/Kommission,* Slg. 1999, II-139 ff.
[140] *C. Benedict,* Sekundärzwecke, S. 245 f.
[141] Vgl. EuGH, Rs. C-256/97 – *Déménagements,* Slg. 1999, I-3913 ff., Rn. 22.
[142] EuGH, Rs. C-53/00 – *Ferring SA/ACOSS,* Slg. 2001, I-9098 ff., Rn. 18 ff.
[143] *Pünder* NZBau 2003, 530 (536); *Cremer,* ZUR 2003, 265 ff.
[144] So u. a. *C. Jennert,* Vergabefremde Kriterien – keine Beihilfen, sondern gemeinwirtschaftliche Pflichten, NZBau 2003, 417 ff.
[145] EuGH, Slg. 2003, I-7747 (Rn. 88–93) – *Altmark Trans;* bestätigt in EuGH, Slg. 2003, I-14 243, Rn. 31 ff. – *Enirisorse;* EuG, Rs. T-274/01, Urt. v. 16. 9. 2004 (Rn. 130 f.) – *ValmontNederland.*
[146] Zu den Anforderungen an die nach der Rechtsprechung des EuGH erforderliche Kostenanalyse siehe *C. Koenig* BB 2003, 2185, 2186; *Dreher* ZWeR 2005, 121 ff.
[147] *Prieß,* Handbuch, 2005 3. Aufl. S. 26.

gem. Art. 88 Abs. 3 EG). Vor deren Entscheidung darf der Zuschlag nicht erteilt werden. Wird diese Verpflichtung missachtet, resultiert hieraus eine Verpflichtung zur Rückforderung der Beihilfe.[148] Beihilfen, die der Kommission notifiziert und von ihr genehmigt werden (**rechtmäßige Beihilfen**), sind von Wettbewerbern im Vergabeverfahren hinzunehmen.[149] Es ist daher unerheblich, ob es gerade die Beihilfe ist, die dem Begünstigten die Unterbietung seiner Konkurrenten ermöglicht.[150] Nach Art. 55 Abs. 3 VKR bzw. 57 Abs. 3 SKR können Angebote, die auf Grund einer Beihilfe an den Bieter ungewöhnlich niedrig sind, dann zurückgewiesen werden, wenn der Bieter die Rechtmäßigkeit der Beihilfe nicht innerhalb einer bestimmten Frist nachweisen kann. Wird aus diesem Grund ein Angebot abgelehnt, so hat der Auftraggeber dies der Kommission mitzuteilen.

d) Die **Wettbewerbsregeln der Art. 81 ff. EG** finden auch im Bereich der öffentlichen Auftragsvergabe Anwendung. Zwar richten sich die Art. 81 f. EG primär an private Unternehmen, aber auch öffentliche Unternehmen unterliegen dem Kartellverbot (Art. 81 EG) wie auch dem Verbot des Missbrauchs einer marktbeherrschenden Stellung (Art. 82 EG), sofern sie am Wirtschaftsverkehr teilnehmen.[151] Als wirtschaftliche Tätigkeit gilt insofern jede, auch nicht auf Gewinn ausgerichtete Tätigkeit, die auf den Austausch von Wirtschaftsgütern gerichtet ist. Die Regeln des Art. 81 EG gelangen bei dem Zusammenschluss von Unternehmen zu Submissionskartellen zur Anwendung. Für die Beschaffungstätigkeit des Staates ist neben Art. 81 EG auch der Missbrauchstatbestand des Art. 82 EG relevant. Art. 86 EG bindet **öffentliche Unternehmen**[152] und Unternehmen, die besondere oder ausschließliche Rechte haben. Es gilt grundsätzlich das Gleichbehandlungsprinzip für öffentliche und private Unternehmen.[153] Ausnahmen gelten für Unternehmen mit hoheitlichen Aufgaben, jedoch schreibt Art. 86 Abs. 2 EG vor, dass das Gemeinschaftsinteresse an einem funktionierenden Wettbewerb gewahrt werden muss. Die Einhaltung der Wettbewerbsregeln wird u. a. von der Kommission überwacht, Art. 86 Abs. 3 EG.

e) Mit der **EU-Erweiterung** am 1. 5. 2004 haben sich nur teilweise neue Geschäftsmöglichkeiten für Unternehmen aus den Beitrittsstaaten bei der Vergabe öffentlicher Aufträge in Deutschland ergeben. Im Beitrittsvertrag[154] wurden eine Reihe von Übergangsregelungen vereinbart, die den Marktzutritt erschweren oder ausschließen.[155]

Die **Warenverkehrsfreiheit** garantiert Bietern aus Beitrittsstaaten eine umfassende Beteiligung an Lieferaufträgen. Im Bereich der **Dienstleistungs- und Arbeitnehmerfreiheiten** wurden mit dem Beitrittsvertrag durch das sog. „2+3+2-Modell" weitgehende Beschränkungen festgeschrieben, die auch die Teilnahme an Vergabeverfahren betreffen: auf zunächst zwei Jahre werden die Arbeitnehmer- und die Dienstleistungsfreiheit EG-weit beschränkt; es bestehen anschließend Verlängerungsoptionen der Beschränkung um erst drei und dann noch einmal weitere zwei Jahre, so dass volle Freizügigkeit erst nach dem 30. 4. 2011 gewährt zu werden braucht. Die Beschränkung der Dienstleistungsfreiheit gilt nur für Deutschland und Österreich für den Bausektor sowie für Reinigungs- und Dekorateurberufe. Soweit diese Beschränkungen der Auftragsausführung entgegenstehen, ist damit

---

[148] Vgl. hierzu ausf. forum vergabe (Hrsg.), Vergabefremde Regelungen und Beihilferecht, Berlin 2002.
[149] EuGH U. v. 7. 12. 2000 Rs. C-94/99 – *ARGE Gewässerschutz*, Slg. 2000, I-11066 ff. = WuW/E Verg 390, Rz. 26; OLG Düsseldorf B. v. 26. 7. 2002 Verg 22/02, NZBau 2002, 634, 637 f. = WuW/E Verg 648 – *Schienenpersonennahverkehr*.
[150] Vgl. *Pünder* NZBau 2003, 530, 536 f.
[151] Vgl. insoweit Grabitz/Hilf-*Stehmann*, Öffentliche Auftragsvergabe, E 28, Rn. 38.
[152] Vgl. hierzu die Kommentierung von *Ehricke* Art. 86 EG Rn. 40 ff.
[153] So *Stehmann* in: Grabitz/Hilf, Öffentliche Auftragsvergabe, E 28, Rn. 35.
[154] ABl. 2003 L-236.
[155] Hierzu umfassend *Steiff* NZBau 2004, 75 ff.

auch die Teilnahme am Vergabeverfahren ausgeschlossen. Die Niederlassungsfreiheit gem. Art. 43 EG wird dagegen unbeschränkt gewährleistet. Deutsche Unternehmen können sich unbeschränkt an Vergabeverfahren in den Beitrittsländern beteiligen, da diese keine äquivalenten Beschränkungen eingeführt haben.[156]

2. Das gemeinschaftsrechtliche Sekundärrecht

66 Ein erster sekundärrechtlicher Anlauf der Liberalisierung des öffentlichen Auftragswesens wurde in der EG bereits in den frühen 70er Jahren unternommen. Eine umfassende Regulierung erfolgte mit der Umsetzung des Binnenmarktprogramms. Das sekundärrechtliche Vergaberecht bestand bis zur Verabschiedung des sog. EG-Legislativpakets im Frühjahr 2004 aus zuletzt sechs Richtlinien. Dies waren die drei Richtlinien für die Vergabe von Bau-, Liefer- und Dienstleistungsaufträgen („klassische Vergaberichtlinien") sowie die sog. „Sektorenrichtlinie". Die materiellen Vergaberichtlinien werden durch zwei Rechtsmittelrichtlinien ergänzt.

67 Die Kommission ist im Grünbuch über das öffentliche Beschaffungswesen von 1996 zu dem Ergebnis gekommen, dass die wirtschaftlichen Auswirkungen der Vergaberegeln noch nicht zufriedenstellend sind.[157] Gleiches wurde nochmals anlässlich des zehnjährigen Bestehens des europäischen Binnenmarktes festgestellt.[158] Die Hauptursache der als mangelhaft empfundenen Marktöffnung wird in der unzureichenden Umsetzung und Anwendung der Vergabevorschriften durch die Mitgliedstaaten gesehen.[159] Als Reaktion hat die EG-Kommission zunächst 1998 eine Mitteilung über das weitere Vorgehen und schließlich am 10. 5. 2000 das sog. **„Legislativpaket"** zur Reform der EG-Richtlinien für öffentliche Aufträge verabschiedet.[160] Die Ausfertigung der Richtlinien erfolgte am 31. 3. 2004,[161] womit die Richtlinien auch in Kraft getreten sind. Die Mitgliedstaaten wurden verpflichtet, die Richtlinien bis zum 31. 1. 2006 in ihr nationales Recht umzusetzen.[162] Die bisherigen drei klassischen Vergaberichtlinien wurden neu gefasst, überarbeitet, modernisiert und in nunmehr einer Richtlinie konsolidiert.[163] Die Sektorenkoordinierungsrichtlinie ist in einer überarbeiteten und modernisierten Fassung verabschiedet worden.[164]

68 Die Verabschiedung einer sog. **„Vergabeverordnung für Verkehrsdienstleistungen"** ist 2007 erfolgt,[165] ein legislativer Rahmen für die Beschaffung von **Verteidigungsgütern**[166] (Richtlinie), für **Dienstleistungskonzessionen** (Richtlinie) und **Public-Private-**

---

[156] *Steiff* NZBau 2004, 75, 81 f.

[157] Grünbuch der Europäischen Kommission, „Das öffentliche Auftragswesen in der Europäischen Union – Überlegungen für die Zukunft", KOM (96) 583.

[158] Europäische Kommission, The Internal Market – Ten Years Without Frontiers, 2003, S. 24 f.

[159] Ebenda, S. 25.

[160] Vgl. Vorschlag der Kommission für eine Richtlinie des Europäischen Parlaments und des Rates über die Koordination der Verfahren zur Vergabe öffentlicher Lieferaufträge, Dienstleistungsaufträge und Bauaufträge, KOM (2000)275 endg., ABl. EG C 29/11 v. 30. 1. 2001.

[161] ABl. 2004 L 134/114 ff. u. ABl. 2004 L 134/1 ff.

[162] Vgl. Art. 80 VKR u. Art. 71 SKR neu.

[163] Rl. 2004/18/EG v. 31. 3. 2004, ABl. 2004 L 134/114 ff.

[164] Rl. 2004/17/EG v. 31. 3. 2004, ABl. 2004 L 134/1 ff.

[165] VO 1370/2007 des Europäischen Parlaments und des Rates v. 23. 10. 2007 über öffentliche Personenverkehrsdienste auf Schiene und Straße und zur Aufhebung der Verordnungen (EWG) 1191/69 und 1107/70 des Rates, ABl. 2007 L-315/1 ff. Die VO tritt am 3. 12. 2009 in Kraft.

[166] Vorschlag für eine Richtlinie des Europäischen Parlaments und des Rates über die Koordinierung der Verfahren zur Vergabe bestimmter öffentlicher Bau-, Liefer- und Dienstleistungsaufträge in den Bereichen Verteidigung und Sicherheit, KOM 2007/766 endg.; zum Verteidigungsbereich vgl. auch die Mitteilung der Kommission zu Auslegungsfragen bezüglich der Anwendung des Artikels 296 des Vertrags zur Gründung der Europäischen Gemeinschaft (EGV) auf die Beschaffung von Verteidigungsgütern (7. 12. 2006), KOM 2007/779.

Einführung 69–71 **Vor §§ 97ff. GWB**

Partnerships[167] (Verordnung) ist geplant. Zudem sind die **Rechtsmittelrichtlinien** reformiert worden.[168]

Die verbindlichen Regelungen werden ergänzt durch **Auslegungsmitteilungen** der 69 Kommission. Diesen Mitteilungen kommt keine Rechtsverbindlichkeit zu. Solche Mitteilungen wurden veröffentlicht zur Einbeziehung sozialer[169] und ökologischer[170] Ziele, zu Dienstleistungskonzessionen,[171] sowie die Klarstellung zu Auslegungsfragen in Bezug auf das Gemeinschaftsrecht, das für die Vergabe öffentlicher Aufträge gilt, die nicht oder nur teilweise unter die Vergaberichtlinien fallen.[172] Das **Grünbuch zu den Public Private Partnerships**[173] hat eine Diskussion darüber angestoßen, ob und mit welchen Maßnahmen die EG tätig werden muss, um den Wirtschaftsteilnehmern der Mitgliedstaaten auf der Basis effektiven Wettbewerbs eine rechtssichere Nutzung des Instruments der Öffentlich-Privaten Partnerschaft zu ermöglichen. Im November 2005 wurde eine **Mitteilung zu öffentlich-privaten Partnerschaften** und den gemeinschaftlichen Rechtsvorschriften für das öffentliche Beschaffungswesen und Konzessionen erlassen.[174]

Am 20. 7. 2005 hat die Kommission einen geänderten Vorschlag für eine „Verordnung 70 des Europäischen Parlaments und des Rates über **öffentliche Personenverkehrsdienste auf Schiene und Straße**" vorgelegt.[175] In diesem Vorschlag sind eine Reihe von Begriffsdefinitionen enthalten. Eine endgültige Verabschiedung der Verordnung ist zum gegenwärtigen Zeitpunkt nicht absehbar. Hiermit würde ein Sondervergaberecht geschaffen. Die Verordnung enthält Ausschreibungsmodalitäten und Verpflichtungen, die unbeschadet der aus den Vergabekoordinierungsrichtlinien resultierenden Verpflichtungen gelten. Die Kommission rückt mit diesem Verordnungsvorschlag von ihren ursprünglich weitgehenden Deregulierungsvorstellungen ab.[176] Angestrebt wird nunmehr ein „kontrollierter Wettbewerb". Von der Verordnung erfasst wird auch der öffentliche Personennahverkehr (ÖPV). Insbesondere die Vergabe von sog. Verkehrsverträgen im SPNV-Bereich hat in Deutschland zuletzt zu umfassenden Diskussionen in der Literatur und neuen Entwicklungen in der Rspr. geführt. Bis vor kurzem wurden ca. 90% des Marktes im SPNV-Bereich ohne Ausschreibung, d. h. ohne Wettbewerb, vergeben. Dass verpflichtendes Vergaberecht anwendbar sein und hieraus Ausschreibungsverpflichtungen resultieren können, wurde vielfach nicht einmal in Erwägung gezogen.

a) Die Wahl der **Richtlinie als Rechtshandlungsform** seitens der Gemeinschaft be- 71 wirkt eine Angleichung und Harmonisierung der Rechts- und Verwaltungsvorschriften der

---

[167] Vgl. zu ÖPP und Konzessionen bereits die Mitteilung der Kommission zu Auslegungsfragen in Bezug auf die Anwendung der gemeinschaftlichen Rechtsvorschriften für öffentliche Aufträge und Konzessionen auf institutionalisierte Öffentlich Private Partnerschaften (IÖPP), KOM 2007/8881 endg.
[168] Rl 2007/66/EG v. 11. 12. 2007, ABl. 2007 L 335/31 ff.; umzusetzen in innerstaatliches Recht bis zum 20. 12. 2009.
[169] Mitteilung v. 15. 10. 2001, KOM (2001) 566 endg., ABl. 2001 C 333/27 ff.; hierzu u. a. *Pache/Rüger* EuZW 2002, 169 ff.
[170] Mitteilung v. 4. 7. 2001, KOM (2001) 274 endg., ABl. 2001 C-333/12 ff.; hierzu *Dageförde* NZBau 2002, 597 f.; *Fischer/Barth* NVwZ 2002, 1184 ff.; zur Problematik ökologischer Umweltkriterien vgl. auch EuGH U. v. 17. 9. 2002, Rs. C-513/99 – *Concordia Bus Finland*, Slg. 2002, I-7212 = WuW/E Verg 637, Rn. 50 ff.; hierzu s. u. a. *Bungenberg/Nowak* ZUR 2003, 10 ff.; *Bungenberg* NVwZ 2003, 314 ff.
[171] ABl. 2000 C 121/2 ff.
[172] ABl. 2006 C 179/2.
[173] KOM (2004) 236 endg. v. 30. 4. 2004.
[174] KOM (2005) 569 endg.
[175] KOM (2005) 319 endg.
[176] Vgl. noch den Kommissionsvorschlag v. 26. 7. 2000, KOM (2000) 7 endg.; erste Einschätzungen hierzu bei *Fehling* DV 34 (2001) 25 ff.; *Ronellenfitsch* VerwArch 92 (2001), 131 ff. (203 ff.).

Mitgliedstaaten, die Adressat der Richtlinien sind. Richtlinien sind hinsichtlich ihres Zieles verbindlich, überlassen jedoch den Mitgliedstaaten die Wahl der Umsetzungsform und -mittel (vgl. Art. 249 Abs. 3 EG), wobei aber eine **effektive Umsetzung der gemeinschaftsrechtlichen Vorgaben** gewährleistet sein muss. Der EuGH betont in st. Rspr. die Pflicht der nationalen Gerichte und Überwachungsstellen zu europarechtsfreundlicher Auslegung des nationalen Vergaberechts.[177] Nach erfolgter Umsetzung dienen die Richtlinien daher als Maßstab für eine **richtlinienkonforme Auslegung** des nationalen Rechts: mitgliedstaatliche Gerichte und Behörden haben „das nationale Recht im Lichte des Wortlauts und des Zwecks der Richtlinie auszulegen."[178] Die Verpflichtung zur richtlinienkonformen Auslegung beginnt (erst) mit dem Ablauf der Umsetzungsfrist.[179] In engem Zusammenhang hiermit steht die grundsätzlich enge Auslegung von Ausnahmebestimmungen, die zwangsläufig auch für das deutsche Kartellvergaberecht der §§ 97 ff. GWB gilt.[180]

72 Der EuGH[181] hat Richtlinienbestimmungen unter bestimmten Voraussetzungen eine **unmittelbare Wirkung** zuerkannt: Die für die Richtlinie bestimmte Umsetzungsfrist muss abgelaufen sein, der Staat hat die Richtlinie nicht fristgemäß in nationales Recht umgesetzt oder eine unzutreffende Umsetzung der Richtlinie vorgenommen und die fragliche Bestimmung muss außerdem unbedingt und hinreichend genau sein. In der Rs. *Beentjes*[182] hat der EuGH entschieden, dass Vorschriften der BKR über die Prüfung der Eignung und die Erteilung des Zuschlages diese Voraussetzungen erfüllen. Dies ist auf die meisten Bestimmungen der materiellen Vergaberichtlinien übertragbar, nicht aber auf die mit einem weitreichenden Umsetzungsspielraum versehenen Rechtsmittelrichtlinien.[183]

73 **b) Die klassischen Vergaberichtlinien** über die Vergabe von Bau-, Liefer- und Dienstleistungsaufträgen und die diese seit dem 31. 1. 2006 ersetzende **neue Vergabekoordinierungsrichtlinie (VKR)** verpflichten in personeller Hinsicht unmittelbar den öffentlichen Auftraggeber; ihr sachlicher **Anwendungsbereich** ist auf Auftragsvergaben oberhalb bestimmter Schwellenwerte, die für die einzelnen Richtlinien und die unterschiedlichen Auftraggeber verschieden sind, begrenzt.

74 Die **Baukoordinierungsrichtlinie** 93/37/EWG[184] (BKR) wurde 1993 neu gefasst und war nach ihrem Art. 1 auf sämtliche schriftlichen entgeltlichen Verträge zwischen einem Unternehmer und einem öffentlichen Auftraggeber anwendbar, sofern diese die Ausführung oder aber Planung und Ausführung von Bauvorhaben beziehungsweise die Erbringung einer Bauleistung durch Dritte betreffen. Die **Lieferkoordinierungsrichtlinie** 93/36/EWG[185] (LKR) wurde zeitgleich mit der BKR verabschiedet und erfasste gem. ihrem Art. 1 sämtliche schriftlichen entgeltlichen Verträge zwischen einem Lieferanten und einem öffentlichen Auftraggeber über Kauf, Leasing, Miete, Pacht oder Ratenkauf von Waren.

---

[177] EuGH U. v. 24. 9. 1998 Rs. 76/97 – *Tögel*, Slg. 1998, I-5357 = WuW/E Verg 139, Rz. 25; EuGH U. v. 24. 9. 1998 Rs. C-111/97 – *Evo Bus Austria*, Slg. 1998, I-5411 = WuW/E Verg 145. Ausführlich hierzu *Dreher* in: Immenga/Mestmäcker (Hrsg.), GWB, 4. Aufl., vor §§ 97 ff. Rn. 97 ff.
[178] EuGH U. v. 10. 4. 1984 Rs. 14/83 – *von Colson und Karmann*, Slg. 1984, 1891, Rn. 15 ff.
[179] *Ruffert* in: Callies/Ruffert, Kommentar zum EU-Vertrag und EG-Vertrag, 3. Aufl., Art. 249, Rn. 118.
[180] *Dreher* in: Immenga/Mestmäcker (Hrsg.), GWB, 4. Aufl., vor §§ 97 ff. Rn. 103 f.
[181] Vgl. z. B. EuGH U. v. 19. 1. 1982 Rs. 8/81 – *Becker*, Slg. 1982, 53 ff., Rn. 25.
[182] EuGH U. v. 20. 9. 1988 Rs. 31/87 – *Beentjes*, Slg. 1988, 4637.
[183] *Boesen*, Einleitung, Rn. 71.
[184] Rl. 93/37/EWG des Rates zur Koordinierung der Verfahren zur Vergabe öffentlicher Bauaufträge v. 14. 6. 1993, ABl. 1993 L 199/54, geänd. durch Rl. 97/52/EG v. 13. 10. 1997, ABl. 1997 L 328/1.
[185] Rl. 93/36/EWG des Rates über die Koordinierung der Verfahren zur Vergabe öffentlicher Lieferaufträge v. 14. 6. 1993, ABl. 1993 L 199/1, geändert durch Rl. 97/52/EG v. 13. 10. 1997, ABl. 1997 L 328/1.

Die **Dienstleistungskoordinierungsrichtlinie** 92/50/EWG[186] (DKR) erfasste die zwischen einem Dienstleistungserbringer und einem öffentlichen Auftraggeber schriftlich geschlossenen entgeltlichen Verträge in den Fällen, in denen die BKR und die LKR nicht anwendbar sind. Die DKR hat in ihrem Anwendungsbereich zwischen sog. vorrangigen Dienstleistungen in Anhang I A, für die sämtliche Verfahrensbestimmungen der Richtlinie gelten, und den sonstigen Leistungen in Anhang I B, bei deren Vergabe nur die Regelungen über technische Vorschriften sowie eingeschränkte Bekanntmachungspflichten zu beachten sind, unterschieden. Die drei Koordinierungsrichtlinien wurden durch die Richtlinie 97/52 an die **Vorgaben des GPA** angepasst.[187]

c) Die **neue „klassische" Vergabekoordinierungsrichtlinie (VKR)** fasst die „klassischen" Richtlinien für Bau-, Liefer- und Dienstleistungsaufträge in einer einzelnen Richtlinie zusammen und reduziert die Zahl der Artikel nahezu um die Hälfte auf 84 Artikel nebst 12 Anhängen. Die Bestimmungen wurden nach dem logischen Ablauf des Vergabeverfahrens geordnet. Die Richtlinien sollen vereinfacht und an die Bedürfnisse moderner Verwaltungen angepasst werden. Durch eine Vielzahl von Änderungsvorschlägen seitens des Europäischen Parlaments wie auch der Mitgliedstaaten kommt es nunmehr über die seitens der Kommission angedachte begrenzte Modernisierung hinaus zu einer tiefgreifenden Reform des materiellen EG-Vergaberechts. Nicht alle mit der VKR eingeführten Neuerungen müssen in nationales Recht umgesetzt werden, vielmehr ist es in das **Ermessen der Mitgliedstaaten** gestellt, ob sie die Regelungen über Rahmenvereinbarungen, zentrale Beschaffungsstellen, dynamische Beschaffungssysteme, elektronische Auktionen sowie den wettbewerblichen Dialog in ihr nationales Recht übernehmen oder nicht.

Die VKR enthält **keine ausdrücklichen Regelungen** zu In-house-Vergaben, Public Private Partnerships sowie der Gesamtvergabe von Planungs- und Bauleistungen. Eine Klarstellung wäre auch beim Auftraggeberbegriff notwendig gewesen. Die klassischen Vergabekoordinierungsrichtlinien BKR, LKR und DKR wurden mit Wirkung ab dem 31. 1. 2006 aufgehoben.

aa) In Art. 2 VKR wurden erstmals die **Vergabegrundsätze** der Gleichbehandlung, der Nichtdiskriminierung und der Transparenz ausdrücklich festgeschrieben. Diese Grundsätze lassen sich allerdings unmittelbar dem EG-Vertrag entnehmen und finden daher auch bei Auftragsvergaben unterhalb der Schwellenwerte Anwendung.

bb) Der Telekommunikationssektor ist endgültig vom **Anwendungsbereich des EG-Vergabesekundärrechts** ausgeklammert.[188] Öffentliche Aufträge, die im Bereich der See-, Küsten- und Binnenschiffahrt vergeben werden, unterfallen künftig der VKR.[189] Die Ausnahme von Finanzdienstleistungen wurde auf Geschäfte ausgedehnt, die der Geld- oder Kapitalbeschaffung der öffentlichen Auftraggeber dienen. Kreditaufnahmen unterliegen daher nicht dem Vergaberecht.[190]

Die **Schwellenwerte** sind zunächst um nahezu 25% erhöht worden, wodurch sich die Anzahl der europaweit auszuschreibenden Aufträge verringert, im Rahmen der regelmäßigen Neufestsetzungen wurden sie aber wieder herabgesetzt.[191] Die Kommission überprüft die Schwellenwerte alle zwei Jahre und setzt sie nach dem Verfahren des Art. 77 Abs. 2 VKR neu fest. Die Berechnung der Schwellenwerte beruht auf dem durchschnitt-

---

[186] Rl. 92/50/EG des Rates über die Koordinierung der Verfahren zur Vergabe öffentlicher Dienstleistungsaufträge v. 18. 6. 1992, ABl. 1992 L 209/1, geändert durch Rl. 97/52/EG v. 13. 10. 1997, ABl. 1997 L 328/1.
[187] Rl. 97/52/EG v. 13. 10. 1997, ABl. 1997 L 328/1; hierzu auch oben Rn. 66 ff. u. unten Rn. 94.
[188] Vgl. Art. 11 VKR; Erwägungsgrund 21.
[189] Erwägungsgrund 20 VKR.
[190] *Rechten* NZBau 2004, 366, 373.
[191] VO 1422/2007 der Kommission, ABl. 2007 L-317/34.

lichen Tageskurs des Euro ausgedrückt in SZR während der vergangenen zwei Jahre.[192] Die Mitgliedstaaten können auch weiterhin niedrigere als die in der Richtlinie verankerten Werte im nationalen Recht festschreiben. Für Bauaufträge und Baukonzessionen gilt derzeit ein Schwellenwert von 5 150 000 Mio. Euro und für Liefer- und Dienstleistungsaufträge 133 000 Euro soweit die Aufträge von in Anhang IV deklaratorisch aufgeführten zentralen Regierungsbehörden vergeben werden. Soweit diese Aufträge von nicht-zentralen Behörden/Auftraggebern vergeben werden, gilt ein Schwellenwert von 206 000 Euro.

80 **cc)** In der Rechtspraxis haben sich bereits vielfach **zentrale Beschaffungsstellen** etabliert, die für mehrere Auftraggeber tätig werden.[193] Sie bündeln die Nachfrage, um so Größenvorteile zu erzielen; effizientes Vergabemanagement ist hierdurch möglich. Art. 11 i. V. m. 1 Abs. 10 VKR definiert eine zentrale Beschaffungsstelle als einen Auftraggeber, der für andere Auftraggeber bestimmte Waren und/oder Dienstleistungen erwirbt oder öffentliche Aufträge vergibt oder Rahmenvereinbarungen für bestimmte Bauarbeiten, Waren oder Dienstleistungen schließt. In den Begründungserwägungen[194] wird angenommen, dass ein Einkauf über eine **zentrale Beschaffungsstelle** zur Verbesserung des Wettbewerbs und zur Rationalisierung des öffentlichen Beschaffungswesens grundsätzlich beiträgt. Allerdings tragen solche Stellen zur Verstärkung der Nachfragemacht der öffentlichen Hand in vielen Bereichen bei.[195] Das Marktsegment für mittelständische Unternehmen wird weiter eingeschränkt.[196] Solche Beschaffungsstellen sind auch weiterhin nur in den Grenzen des Kartellrechts zulässig.

81 **dd)** Seitens der öffentlichen Verwaltung wie auch der Kommission wird der Anwendung moderner Kommunikationsformen (**E-Government und E-Procurement**) erhebliches Potential beigemessen.[197] Bereits 1998 hatte sich die Kommission zum Ziel gesetzt, bis 2003 25% aller öffentlichen Aufträge elektronisch zu vergeben.[198] In den Schlussfolgerungen des Europäischen Rates von Lissabon vom 23./24. 3. 2000 werden Rat, Kommission und Mitgliedstaaten aufgefordert, „die Maßnahmen zu treffen, die nötig sind, damit bis zum Jahre 2002 öffentliche Aufträge sowohl auf Gemeinschafts- als auch auf nationaler Ebene online vergeben werden können."[199] Die Kommission will im Rahmen eines Aktionsplans für elektronische Auftragsvergaben ermöglichen, einen erheblichen Teil der Ausschreibungen elektronisch abzuwickeln.[200] Europäischen Normungsgremien soll bei Bedarf der Auftrag erteilt werden, technische Normen für die elektronische Auftragsvergabe zu erarbeiten.[201] Das Potential des E-Procurement liegt in den teilweise besseren Einkaufsbedingungen und günstigeren Preisen für die Verwaltung. Durch elektronische Vergabe können Beschaffungszyklen verkürzt, die Anzahl der Prozessschritte reduziert, Bearbeitungszeiten, Sach- und Personalaufwand gesenkt, Einkaufsvolumen gebündelt, Vergabeverfahren beschleunigt werden und eine verschärfte Konkurrenz durch einen größeren Bieterkreis entstehen.[202]

---

[192] Vgl. Art. 78 Abs. 1 VKR.
[193] Erwägungsgrund 15 VKR.
[194] Erwägungsgrund 15 VKR.
[195] Vgl. hierzu zusammenfassend u. a. *Bunte*, Die kartellrechtliche Beurteilung von Einkaufsgemeinschaften der öffentlichen Hand, in: FIW (Hrsg.), Schwerpunkte des Kartellrechts, Köln 1999, S. 45 ff.; *ders.*, Der Grundsatz der dezentralen Beschaffung der öffentlichen Beschaffung, BB 2001, 2121.
[196] *Rechten* NZBau 2004, 366, 372.
[197] Hierzu u. a. *Höfler/Rosenkötter*, E-Commerce Richtlinie und Vergaberecht, K&R 2001, 631; *Mosbacher*, Elektronische Vergabe: Neue Möglichkeiten im öffentlichen Beschaffungswesen, DöV 2001, 573 ff.; *Gehrmann/Schinzer/Tacke*, Public E-Procurement, München 2002.
[198] Vgl. Mitteilung der Kommission v. 11. 3. 1998, KOM (1998) 143 endg.
[199] Schlussfolgerungen Ziff. 17, vierter Gedankenstrich.
[200] Kommission, Aktionsplan zur Umsetzung und Anwendung der Rechtsvorschriften über die elektronische Vergabe öffentlicher Aufträge, v. 13. 12. 2004.
[201] *Rechten* NZBau 2004, 366, 370.
[202] Vgl. *von Lucke*, Regieren und Verwalten im Informationszeitalter, 2003, S. 93; *Prosser/Müller*,

Gleichzeitig kann die Transparenz des Verfahrens gesteigert werden. Das Einsparpotential durch elektronische Beschaffung liegt nach Schätzungen aus der Wirtschaft bei ca. 25%.[203]

Informationstechnologischer Informationsaustausch soll grundsätzlich mit den herkömmlichen Mitteln gleichgestellt werden. Die Einführung elektronischer Systeme zur Auftragsvergabe wird zu Zeitgewinn bei der Abwicklung des Verfahrens führen, weshalb es zu Verkürzungen von Fristen kommt. Jeder Auftraggeber soll darüber entscheiden können, ob er ausschließlich elektronische Mittel zulässt.[204] Anhang X enthält **Mindestanforderungen an die technischen Vorrichtungen** des Auftraggebers für den elektronischen Empfang von Mitteilungen. Für die elektronische Übermittlung im Rahmen der Richtlinie sollen die Richtlinien für elektronische Signaturen[205] und über den elektronischen Geschäftsverkehr im Binnenmarkt[206] Anwendung finden. 82

Die **ausschließliche Zulassung digitaler Angebote** stellt zwar keinen Verstoß gegen das Diskriminierungsverbot dar, soweit eine allgemeine Zugangsmöglichkeit zum Internet sowie zur erforderlichen Ausrüstung besteht. Dennoch kann sie sich wegen informationstechnischen Rückstandes insbesondere von kleinen und mittleren Unternehmen (KMU) gegenüber Großunternehmen mittelbar als problematisch erweisen.[207] Generell sollen aber die Grundsätze der Gleichbehandlung, der Nicht-Diskriminierung und der Transparenz eingehalten werden.[208] 83

ee) Eine besondere Möglichkeit, preiswerte Angebote im Internet einzuholen, soll die **elektronische inverse Auktion** bieten,[209] die nach dem Regierungsentwurf des Gesetzes zur Modernisierung des Vergaberechts als Abs. 6 als zulässiges Vergabeverfahren in § 101 GWB eingefügt werden soll. Art. 1 Abs. 7 S. 1 VKR[210] definiert elektronische Auktionen im Anwendungsbereich des Vergabesekundärrechts als ein iteratives Verfahren, bei dem mittels einer elektronischen Vorrichtung nach einer ersten vollständigen Bewertung der Angebote jeweils neue, nach unten korrigierte Preise und/oder neue, auf bestimmte Komponenten der Angebote abstellende Werte vorgelegt werden, und das eine automatische Klassifizierung dieser Angebote ermöglicht. Art. 54 VKR gestattet den Mitgliedstaaten fakultativ die Einführung derartiger Auktionen. Mit dem gezielten Einsatz inverser Auktionen lässt sich ein Einsparpotential von etwa 5% gegenüber der traditionellen Beschaffung realisieren.[211] Eine Studie aus dem Jahr 2001 kommt zu dem Ergebnis, dass sich die **Be-** 84

Öffentliche Beschaffung mittels Electronic Commerce, Wirtschaftsinformatik, 41. Jahrgang, Heft 3, S. 256 ff.

[203] *Goerdeler* in: Gehrmann/Schinzer/Tacke, 2002, S. 3 ff. (5); *Gehrmann/Schinzer* in: Gehrmann/Schinzer/Tacke (Hrsg.), 2002, S. 13 ff. (14) geben 10–30% als Einsparpotential an.
[204] Art. 42 VKR.
[205] Rl. 1999/93/EG v. 13. 12. 1999 über gemeinschaftliche Rahmenbedingungen für elektronische Signaturen, ABl. L 13/12.
[206] Richtlinie 2000/31/EG v. 8. 6. 2000 über bestimmte rechtliche Aspekte der Dienste der Informationsgesellschaft, insbesondere des elektronischen Geschäftsverkehrs, im Binnenmarkt, ABl.EG L 178/1/EG.
[207] Vgl. hierzu auch *BMWi* (Hrsg.), Chancen und Risiken inverser Auktionen im Internet für Aufträge der öffentlichen Hand, Dokumentation Nr. 496, Juli 2001.
[208] Vgl. Begründungserwägung 14 der VKR.
[209] Hierzu *Goerdeler* in: Gehrmann/Schinzer/Tacke, 2002, S. 3 ff. (11); zu elektronischen Auktionen und Vergaberecht vgl. auch *Noelle*, NZBau 2002, 197 ff.; *Probst*, ThürVBl. 2002, 245; *BMWI* (Hrsg.), KPMG Abschlussbericht „Chancen und Risiken inverser Auktionen im Internet für Aufträge der öffentlichen Hand", Dokumentation Nr. 496, Berlin Juli 2001; *Bungenberg*, Vergaberecht, in: Leible/Sosnitza (Hrsg.), Versteigerungen im Internet, 2004.
[210] Art. 1 Abs. 6 der neuen SKR n. F. definiert elektronische Auktionen wortgleich für den Sektorenbereich.
[211] *Goerdeler*, E-Vergabe: Erste praktische Erfahrungen und Weiterentwicklung, in: Gehrmann/Schinzer/Tacke (Hrsg.), a.a.O., S. 3 ff. (11); *BMWI* (Hrsg.), KPMG Abschlussbericht „Chancen und

schaffungskosten durch den Einsatz inverser Auktionen um 1 bis 1,5 Mrd. € reduzieren lassen.[212] Diesen möglichen Einsparpotentialen stehen allerdings eine Vielzahl rechtlicher wie auch technischer Probleme gegenüber. Da für die Vorbereitung und Durchführung elektronischer Auktionen im Vergleich zu herkömmlichen Beschaffungen vielfach eine professionelle externe Begleitung bzw. Beratung erforderlich ist, steigen die Kosten des Beschaffungsprozesses, die es durch Einsparungen zu amortisieren gilt.[213] Einsparungen werden sich vor allem dann erzielen lassen, wenn spezifische genau definierbare Waren und Dienstleistungen beschafft werden müssen. Im Hinblick auf die Wahrung des Transparenz- wie auch des Wettbewerbsgrundsatzes sollen aber allein diejenigen Komponenten verbessert vorgelegt werden können, die auf elektronischem Wege ohne ein Eingreifen des öffentlichen Auftraggebers automatisch bewertet werden können. Zu diesem Zweck sollten diese Komponenten dergestalt quantifizierbar sein, dass sie in Ziffern oder in Prozentangaben ausgedrückt werden können.[214] Onlineauktionen dürfen nur Aufträge für Bauarbeiten, Lieferungen oder Dienstleistungen betreffen, für die **präzise Spezifikationen** erstellt werden können. Um die Grundsätze der Gleichbehandlung, der Nichtdiskriminierung und der Transparenz zu garantieren soll auch sichergestellt werden, dass die Rangfolge der Bieter zu jedem Zeitpunkt der Online-Beschaffungs-Auktion festgestellt werden kann.[215]

85 **ff)** Neben den inversen Auktionen wird mit dem „**dynamischen Beschaffungssystem**" in Art 33 VKR ein weiteres neues Instrument der elektronischen Beschaffung zur fakultativen Einführung durch die Mitgliedstaaten vorgesehen: im Rahmen eines voll elektronisch durchzuführenden Verfahrens sollen für die Beschaffung marktüblicher Leistungen die Vorschriften des offenen Verfahrens zu befolgen sein, wobei die Anbieter unverbindliche Angebote einreichen können, die sie jederzeit nachbessern können. Der Beschaffungsvorgang ist zeitlich befristet und steht allen Wirtschaftsteilnehmern offen, die die Eignungskriterien erfüllen und ein erstes Angebot in Einklang mit den Verbindungsunterlagen unterbreitet haben. Ist das Angebot ausschreibungskonform, wird es in das Bieterverzeichnis aufgenommen. Vor der Vergabe des Einzelauftrages werden sämtliche im Verzeichnis eingetragene Bieter elektronisch zur Abgabe eines Angebots aufgerufen. Auf nationaler Ebene wird derzeit mit vergleichbaren elektronischen Dauerausschreibungen experimentiert, u. a. durch das Beschaffungsamt des BMI. Dynamische Beschaffungssysteme sind i. d. R. auf maximal vier Jahre zu befristen.[216] Interessierte Bieter können sich während der Laufzeit jederzeit um eine Aufnahme in das Bieterverzeichnis bewerben.

86 **gg)** Die Richtlinie führt in das europäische Vergaberecht das Verfahren des **wettbewerblichen Dialogs** ein.[217] Der „wettbewerbliche Dialog" wurde mit dem „ÖPP-Beschleunigungsgesetz" als weitere Verfahrensart neben dem offenen Verfahren, dem nichtoffenen Verfahren und dem Verhandlungsverfahren in § 101 GWB eingefügt.[218]

87 **hh)** Nach bisheriger Rechtslage war der **Abschluss von Rahmenvereinbarungen** ein Privileg der Sektorenauftraggeber,[219] wurde aber in der Praxis bereits von klassischen öffentlichen Auftraggebern genutzt. Eine Rahmenvereinbarung wird definiert als eine Vereinbarung zwischen einem oder mehreren Auftraggebern und einem oder mehreren Wirtschaftsteilnehmern, die zum Ziel hat, die Bedingungen für die Aufträge, die im Laufe eines

---

Risiken inverser Auktionen im Internet für Aufträge der öffentlichen Hand", Dokumentation Nr. 496, Juli 2001.
[212] *BMWI* (Hrsg.), KPMG Abschlussbericht „Chancen und Risiken inverser Auktionen im Internet für Aufträge der öffentlichen Hand, Dokumentation Nr. 496, Juli 2001.
[213] Vgl. *Rechten* NZBau 2003, 609.
[214] Begründungserwägung 14 VKR.
[215] Begründungserwägung 14 VKR.
[216] Art. 33 Abs. 7 UA 1 VKR.
[217] Art. 29 VKR.
[218] S. unten § 101 Rn. 30 ff.
[219] Vgl. § 4 SKR a. F.; § 5b VOL/A.

bestimmten Zeitraumes vergeben werden sollen, festzulegen, insbesondere in Bezug auf den Preis und gegebenenfalls die in Aussicht genommene Menge.[220] Ein Präzisierung des Verfahrens ist in Art. 32 erfolgt. Eine Rahmenvereinbarung kann für maximal vier Jahre abgeschlossen werden. Für Aufträge wiederum, die auf der Rahmenvereinbarung beruhen, gelten gesondert festgelegte Vergabeverfahrensregelungen. Möchte der Auftraggeber einen öffentlichen Auftrag vergeben, so konsultiert er die Wirtschaftsteilnehmer, die Parteien der Rahmenvereinbarung sind und seinen Bedürfnissen entsprechen. Sodann legen die Wirtschaftsteilnehmer Angebote vor, mit denen das ursprüngliche Angebot an die Entwicklungen des Marktes angepasst werden kann. Durch den Abschluss von Rahmenvereinbarungen sollen die Verwaltungen die Größenvorteile, die sich aus einer langfristigen Beschaffungspolitik ergeben, nutzen und Auftraggeber von der Entwicklung der Waren und Preise profitieren können. Letztere sind nicht mehr verpflichtet, für jeden Auftrag, der Bestandteil einer solchen Vereinbarung ist, die normalen Vergabeverfahren anzuwenden.

ii) In Art. 43 werden die Mindestanforderungen, denen der **Vergabevermerk** genügen muss, detaillierter festgelegt. Die Kommission kann verlangen, dass ihr der Vermerk selbst oder sein wesentlicher Inhalt mitgeteilt wird. Hierdurch wird der Kommission eine umfassende Wirtschaftsaufsicht in diesem Politikbereich ermöglicht. 88

jj) Die **Dienstleistungskonzession** ist nunmehr in Art. 1 Abs. 4 VKR definiert. Hierbei handelt es sich um Verträge, die von öffentlichen Dienstleistungsaufträgen nur insoweit abweichen, als die Gegenleistung für die Erbringung der Dienstleistungen ausschließlich in dem Recht zur Nutzung oder in diesem Recht zuzüglich der Zahlung eines Preises besteht. Bei der Vergabe von Dienstleistungskonzessionen finden zwar die Grundfreiheiten und das allgemeine Diskriminierungsverbot des Art. 12 EG, nicht aber die VKR Anwendung.[221] Die für **Baukonzessionen** geltenden Vergaberegeln finden sich in einem eigenen Titel der VKR (Art. 56 ff.). 89

d) Der Sektorenbereich: Die frühere **Sektorenrichtlinie 93/38/EWG**[222] (SKR a. F.) hat Liefer-, Bau- und Dienstleistungsaufträge sowohl öffentlicher als auch privater Auftraggeber in den Bereichen der Wasser-, Energie- und Verkehrsversorgung sowie der Telekommunikation erfasst. Die **Vorgaben des GPA** sind in diesem Bereich durch die Änderungsrichtlinie 98/4/EG[223] umgesetzt worden. Die Sektorenrichtlinie 93/38/EWG wurde nunmehr durch die neue **Sektorenrichtlinie 2004/17/EG (SKR n. F.)** ersetzt. 90

Die neue **Sektorenkoordinierungsrichtlinie** (SKRneu) zielt, ähnlich wie die konsolidierte klassische Richtlinie VKR einerseits auf eine Vereinfachung durch eine Neustrukturierung und klarere Formulierung und andererseits auf eine inhaltliche Änderung im Sinne einer Modernisierung ab. 91

Eine **Vereinfachung** soll im Interesse eines klaren und benutzerfreundlicheren Aufbaus durch eine Aufteilung der Bestimmungen in vier Titel (allgemeine Bestimmungen für Aufträge und Wettbewerbe, besondere Bestimmungen für Aufträge, besondere Bestimmungen für Wettbewerbe, Schlussbestimmungen) erfolgen. Die Bestimmungen entsprechen nunmehr in ihrer Anordnung dem logischen Ablauf eines Vergabeverfahrens. Auch hat eine thematische Zusammenstellung der einzelnen Tätigkeitsbereiche stattgefunden. Die **Schwellenwerte** im Sektorenbereich sind auf 412 000 Euro bei Liefer- und Dienstleistungsaufträgen und auf 5 150 000 Euro bei Bauaufträgen erhöht worden.[224] 92

---

[220] So die Definition in Art. 1 Abs. 5 VKR.
[221] Vgl. Art. 17 i. V. m. Art. 3 VKR.
[222] Rl. 93/38/EG des Rates zur Koordinierung der Auftragsvergabe durch Auftraggeber im Bereich der Wasser-, Energie- und Verkehrsversorgung sowie im Telekommunikationssektor v. 14. 6. 1993, ABl. 1993 L 199/84, geändert durch die Rl. 98/4/EG v. 16. 2. 1998, ABl. 1998 L 101.
[223] Rl. 89/4/EG, ABl. 1998 L 101.
[224] VO 1422/2007, ABl. L-317/34.

93 Der **Anwendungsbereich** soll im Hinblick auf die Liberalisierung der betroffenen Wirtschaftsbereiche überprüft werden. Wenn in den liberalisierten Sektoren Wettbewerb herrscht, so ist zu überprüfen, ob die Auflagen der Richtlinie für die Auftraggeber in diesem Bereich noch gerechtfertigt sind.[225] Für die Anwendung des Befreiungsmechanismus gilt keine Umsetzungsfrist. Die bisher von den klassischen Richtlinien erfassten Postdienste sind nun der Sektorenrichtlinie zugeordnet. Darunter fallen „reservierte" und „sonstige" **Postdienste** i. S. d. Rl. 97/67/EG[226] sowie weitere sektorspezifische Dienstleistungen (Mehrwertdienste, Managementdienste, Finanzdienstleistungen etc.). Es gelten daher höhere Schwellenwerte und es besteht die Möglichkeit der freien Wahl der Vergabeart. Zukünftig ist damit auch die Möglichkeit der gänzlichen Herausnahme aus dem Anwendungsbereich des Vergaberechts gegeben, sobald in diesem Sektor eine weitgehende Liberalisierung eingetreten ist.

94 Der Anwendungsbereich der SKR wird bei der Auftragsvergabe innerhalb **verbundener Unternehmen** eingeschränkt. Die bisher auf Dienstleistungsaufträge beschränkte Freistellung wird nunmehr auch auf Bau- und Lieferaufträge ausgedehnt.[227] Maßgebliches Kriterium bleibt aber die Leistungserbringung innerhalb des Konzerns zu durchschnittlich mindestens 80% während der letzten drei Jahre. Aufgenommen wurde eine „**Newcomer-Klausel**" für jüngere Unternehmen, für die keine Umsatzzahlen der letzten drei Jahre vorliegen. Für die vergaberechtsfreie Auftragserteilung an ein zusammen mit anderen Auftraggebern gegründetes **gemeinsames Unternehmen** darf dieses ausschließlich Tätigkeiten i. S. d. Art. 3 bis 7 durchführen.

95 Auch die SKR sieht auf Grund der engen organisatorischen Anbindung der Novelle an die Kodifizierung der klassischen Richtlinien im Rahmen eines einheitlichen Legislativpakets[228] die Einführung elektronischer Vergabeverfahren und elektronischer Auktionen (Art. 57 SKR),[229] eine strengere Fassung der Eignungskriterien (Art. 54 f. SKR), die Modifikation der Zuschlagskriterien (Art. 55 SKR),[230] grundlegende Berücksichtigungsmöglichkeiten von Sozial- und Umweltkriterien,[231] die Einführung eines gemeinsamen Vergabevokabulars (Art. 1 Abs. 13 SKR)[232] sowie eine klarere Formulierung der Bestimmungen über technische Spezifikationen (Art. 34 f. SKR)[233] vor. Eine Ausnahme bildet der wettbewerbliche Dialog,[234] auf dessen Einführung im Sektorenbereich verzichtet wird.

3. Rechtsschutz

96 **a) Rechtsschutz auf Grund der Rechtsmittelrichtlinien:** Um die Einhaltung der materiellen Verfahrensregelungen der Vergaberichtlinien durchzusetzen, hat der Rat mit dem Ziel gleichwertiger innerstaatlicher Kontroll-, Korrektur- und Sanktionsinstrumentarien zwei **Rechtsmittelrichtlinien** erlassen. Die ursprüngliche Rechtsmittelrichtlinie von 1989[235] (RMR) bezieht sich auf die Anwendung und Durchführung von **Nachprüfungs-**

---

[225] Art. 30 SKR.
[226] Rl. 97/67/EG v. 15. 12. 1997 über gemeinsame Vorschriften für die Entwicklung des Binnenmarktes der Postdienste der Gemeinschaft und der Verbesserung der Dienstequalität, ABl. 1998 L 15/1 ff.
[227] Art. 23 SKR.
[228] So *Rechten* NZBau 366, 373.
[229] S. hierzu auch oben Rn. 81 ff.
[230] S. hierzu § 97 Rn. 61 ff.
[231] S. u. § 97 Rn. 74 f.
[232] S. o. § 97 Rn. 12 ff.
[233] S. hierzu oben Rn. 8 ff.
[234] Hierzu Rn. 86.
[235] Rl. 89/665/EWG des Rates vom 21. 12. 1989 zur Koordinierung der Rechts- und Verwaltungsvorschriften für die Anwendung der Nachprüfungsverfahren im Rahmen der Vergabe öffentli-

verfahren im Rahmen öffentlicher Liefer-, Bau- und Dienstleistungsaufträge und verlangt von den Mitgliedstaaten sicherzustellen, dass die in der Richtlinie vorgesehenen Nachprüfungsverfahren wirksam durchgeführt werden. In allen Mitgliedstaaten müssen insofern geeignete Verfahren geschaffen werden, die die Aufhebung rechtswidriger Entscheidungen und die Entschädigung der durch einen Verstoß Geschädigten ermöglichen.[236] Die **Sektorenrechtsmittelrichtlinie** 92/13/EWG[237] (SRMR) regelt ähnlich der Rechtsmittelrichtlinie die Anforderungen an ein effektives Rechtsschutzsystem für den Bereich der Sektoren. Fakultativ ist die Anwendung der Vorschriften der klassischen Rechtsmittelrichtlinie vorgesehen. Die beiden Rechtsmittelrichtlinien sind in einer Neufassung 2007 bekanntgemacht worden.[238] Die Neuregelung soll noch einmal die Bieterrechte verstärken. Es ist künftig seitens der Vergabestelle eine sog. Stillhaltefrist von 10 Tagen zwischen Zuschlagserteilung und Vertragsunterzeichnung einzuhalten. Diese Regelung entspricht allerdings der in Deutschland schon bestehenden Praxis, wo eine Stillhaltefrist auch bereits in § 13 VgV normiert ist. Die Rechtsmittelrichtlinien sind in den §§ 102 ff. GWB ins deutsche Recht umgesetzt worden. Über den sog. **Korrekturmechanismus** bzw. das sog. **Beanstandungsverfahren** kann die Kommission vor Vertragsschluss bei einem „klaren und eindeutigen Verstoß gegen die Gemeinschaftsvorschriften für die Auftragsvergabe" einschreiten.[239] Im Sektorenbereich besteht die Möglichkeit eines **Schlichtungsverfahrens**.[240]

b) **Primärrechtliche Rechtsbehelfe zur Durchsetzung des europäischen Vergaberechts:** Um den europarechtlichen Vorgaben bei der Vergabe öffentlicher Aufträge zur Durchsetzung zu verhelfen, macht die Kommission umfassend von der Einleitung von **Vertragsverletzungsverfahren** nach Art. 226 EG gegen die Mitgliedstaaten Gebrauch. Den Vertragsverletzungsverfahren geht vielfach eine formlose **Beschwerde** von Wirtschaftsteilnehmern voraus, die an die Kommission gerichtet ist, sich gegen das Verhalten der Mitgliedstaaten bzw. diesen zuzurechnender öffentlicher Auftraggeber richtet und das Ziel verfolgt, die Kommission zur Einleitung eines Vertragsverletzungsverfahrens zu bewegen. Für solche Beschwerden hat die Kommission ein Formblatt ausgearbeitet, dessen Verwendung aber nicht zwingend vorgeschrieben ist.[241]

Bei Zweifelsfragen über die Anwendung des Gemeinschaftsrechts und bei Auslegungsfragen von auf das Gemeinschaftsrecht zurückgehenden Rechtsbegriffen kann in nationalen Nachprüfungsverfahren die Aussetzung des Rechtsstreits verbunden mit einem **Vorabentscheidungsverfahren** gem. Art. 234 EG angeregt werden.[242] Zur Vorlage berechtigt sind alle Gerichte, zur Vorlage verpflichtet sind hingegen nur letztinstanzliche Gerichte. Verweigert ein Gericht die Vorlage, so kann hierin eine Verletzung des nach deutschem Verfassungsrecht garantierten Rechts auf den gesetzlichen Richter gesehen

---

cher Liefer- und Bauaufträge, ABl. 1989 L 395/33, geänd. durch Rl. 92/50/EWG v. 18. 6. 1992, ABl. 1992 L 209/1.

[236] Vgl. Begründungserwägung 6 RMR.

[237] Rl. 92/13/EWG des Rates zur Koordinierung der Rechts- und Verwaltungsvorschriften für die Anwendung der Gemeinschaftsvorschriften über die Auftragsvergabe durch Auftraggeber im Bereich der Wasser-, Energie- und Verkehrsversorgung sowie im Telekommunikationssektor v. 25. 2. 1992, ABl. 1992 L 76/14.

[238] Rl. 2007/66/EG zur Änderung der Richtlinien 89/665/EWG und 92/13/EWG des Rates im Hinblick auf die Verbesserung der Wirksamkeit der Nachprüfungsverfahren bezüglich der Vergabe öffentlicher Aufträge (umzusetzen in innerstaatliches Recht durch die Mitgliedsstaaten bis zum 20. Dezember 2009).

[239] Vgl. Art. 3 RMR bzw. Art. 8 SRMR. Die Umsetzung dieser Vorschrift ist in § 21 VgV erfolgt.

[240] Vgl. Art. 9 SRMR.

[241] ABl. 1989 C-26/6.

[242] S. ausführlicher hierzu unten § 124 Rn. 16.

werden, Art. 101 Abs. 1 S. 2 GG. Im Falle einer nichtbegründeten Nichtvorlage an den EuGH kommt dann eine **Urteilsverfassungsbeschwerde** an das Bundesverfassungsgericht in Betracht.[243]

4. Das von den europäischen Institutionen bei ihrer Beschaffung zu beachtende Vergaberecht

99 Die Vergabe **öffentlicher Aufträge durch die EG** bzw. deren Organe wird in Titel IV (Art. 88 ff.) der „Verordnung Nr. 1605/2002 des Rates vom 25. 6. 2002 über die **Haushaltsordnung** für den Gesamthaushaltsplan der Europäischen Gemeinschaften"[244] sowie detailliert in einer zu dieser von der Kommission erlassenen **Durchführungsverordnung** (dort Titel V, Art. 116 ff.)[245] geregelt.

100 Auftragsvergaben durch Gemeinschaftsorgane fallen nicht in den Anwendungsbereich der Rechtsmittelrichtlinien, die den Mitgliedstaaten die Mindeststandards bei der Nachprüfung von Vergabeentscheidungen vorschreiben.[246] Auf Grund der völkerrechtlichen Bindung der Auftragsvergabe durch die EG an das Agreement on Government Procurement (GPA)[247] müssen aber dessen Art. XX genügende Rechtsschutzmöglichkeiten gegen Vergabeentscheidungen bestehen. Ein verwaltungsgerichtlicher Rechtsbehelf ist bislang nicht eingeführt worden. Den Bietern stehen daher lediglich die im EG-Vertrag vorgesehenen allgemeinen Rechtsschutzmöglichkeiten zur Verfügung. Zulässige Rechtsmittel sind die **Nichtigkeitsklage** gem. Art. 230 Abs. 4 EG[248] und die **Untätigkeitsklage** gem. Art. 232 Abs. 3 EG.[249] Ein auf Rechtsfragen beschränktes Rechtsmittel zum EuGH ist zulässig, Art. 225 Abs. 1 EG. Es kann der **Erlass einstweiliger Maßnahmen** nach Art. 242 f. EG beantragt werden; nach ständiger Rechtsprechung muss dem Antragsteller hierfür ein ernster und vor allem irreparabler Schaden drohen, was bei rein finanziellen Schäden regelmäßig ausscheidet, da diese durch Schadensersatz kompensiert werden können.[250] Gegen die Gemeinschaftsorgane sind **Schadensersatzklagen** des Bieters gem. Art. 288 Abs. 2 EG möglich.[251]

101 Auch im Rahmen von **Entwicklungs- und Aufbauprojekten in Drittländern** durch die EG bzw. durch nationale Vergabestellen in Drittländern nach Finanzierung durch die EG werden eine Vielzahl von öffentlichen Aufträgen für Lieferungen, Dienstleistungen, Technische Hilfe sowie für öffentliche Bauaufträge vergeben. Diese Finanzierung stammt vielfach aus dem von den Mitgliedstaaten aufgebrachten Europäischen Entwicklungsfonds (EEF). Für die Vergabeverfahren gelten die Regelungen der Haushaltsordnung und die entsprechenden Regeln des EEF.[252] Zwar sind überwiegend die Empfänger für die Auftragsvergabe verantwortlich, diese müssen aber alle ausgabewirksamen Entscheidungen vorher von der Kommission genehmigen lassen, wenn sie die Finanzierung der daraus folgenden Aufträge sicherstellen wollen.[253]

---

[243] Vgl. BVerfG B. v. 29. 7. 2004 2 BvR 2248/03 – *Dachabdichtung*, WuW/E Verg 983.
[244] ABl. 2002 L 248/1 ff.
[245] VO 2342/2002 der Kommission v. 23. 12. 2002 mit Durchführungsbestimmungen zur VO 1605/2002 des Rates über die Haushaltsordnung für den Gesamthaushaltsplan der Europäischen Gemeinschaften, ABl. 2002 L 357/1 ff.
[246] *Prieß*, Handbuch, 3. Aufl. 2005, S. 518.
[247] Hierzu unten Rn. 106 ff.
[248] Aus der Rspr. vgl. z. B. EuG U. v. 26. 2. 2002 Rs. T-169/00 – *Esedra*, Slg. 2002, II-609.
[249] Aus der Rspr. vgl. z. B. EuG U. v. 11. 6. 2002 Rs. T-365/00 – *AICS*, Slg. 2002, II-2719.
[250] *Prieß*, Handbuch, 3. Aufl. 2005, S. 519; aus der Rspr. s. EuG B. v. 10. 11. 2004 Rs. T-303/04 R – *European Dynamics*; EuG B. v. 27. 4. 2004 Rs. T-148/04 – *TQ3 Travel Solutions*.
[251] *Prieß*, Handbuch, 3. Aufl. 2005, S. 519.
[252] Hierzu *Prieß*, Handbuch, 3. Aufl. 2005, S. 494 ff.
[253] Vgl. insofern umfassend *Kalbe* EWS 2003, 355 ff.; ders. CMLR 2001, 1217 ff.

Bei der Vergabe von Aufträgen, die mit Mitteln aus einem der drei **Europäischen** 102 **Strukturfonds** (Europäischer Fonds für regionale Entwicklung (EFRE), Europäischer Sozialfonds (ESF), Europäischer Ausrichtungs- und Garantiefonds für die Landwirtschaft (EAGFL)) finanziert werden, finden der Vergabeverfahrensrichtlinien Anwendung.[254] Eine Kontrolle der Einhaltung der Vorschriften findet sowohl seitens der Kommission als auch seitens der Verwaltungen der Mitgliedstaaten statt. Die Mitgliedstaaten haben für eine Beachtung der Vergabevorschriften zu sorgen und müssen deren Einhaltung bei jedem Antrag an die Kommission auf Bereitstellung von Mitteln bestätigen.[255] Bei festgestellten Verstößen kann die Auszahlung der Mittel gestoppt und die Rückzahlung der gewährten Fördermittel angeordnet werden.

VI. Das internationale Vergaberecht

Eine Verpflichtung zu Marktöffnung und Marktzugang für Unternehmen aus Nicht- 103 EU-Mitgliedsstaaten **(Drittstaatsunternehmen)** ergibt sich aus den völkerrechtlichen Verträgen der Gemeinschaft, insbesondere dem Agreement on Government Procurement (GPA).[256] Eine offene Diskriminierung ausländischer Bieter, Produkte und Dienstleistungen ist dem europäischen und dem deutschen Vergaberecht grundsätzlich fremd.[257] Der Zugang von Drittstaatsunternehmen zum Binnenmarkt wird vom europäischen Vergabesekundärrecht – mit Ausnahme der Sektorenrichtlinie – nicht diskutiert. Eine ausdrückliche Begrenzung des **Zugangs von Drittlandsunternehmen** zum Binnenmarkt findet sich nur für den Sektorenbereich in Art. 58 SKR (Art. 36 SKR a. F.). Produkte aus Drittstaaten sollen erst dann im Anwendungsbereich dieser Richtlinie gleichberechtigt behandelt werden, wenn europäischen Unternehmen und Produkten in Drittländern ein gleichwertiger Marktzugang ermöglicht wird (Grundsatz der Reziprozität).[258] Dies gilt nicht im Verhältnis zu Ländern, mit denen die EG gegenseitige Marktzugangsabkommen abgeschlossen hat.

Art. 58 SKR (Art. 36 SKR a. F.) hat der deutsche Gesetzgeber heute in § 12 VgV umge- 104 setzt.[259] Auf Grund der überwiegend einseitigen Liberalisierung durch die EG sind in Deutschland nur die Sektorenauftraggeber hinsichtlich des Marktzugangs von den internationalen Vereinbarungen betroffen. Insbesondere für die exportorientierte Wirtschaft haben bilaterale Verträge über den Marktzugang aber eine erhebliche Bedeutung.[260] Deutschland hatte bereits 1960 die Vergabe seiner öffentlichen Aufträge durch den sog. „Drei-Minister-Erlass"[261] **einseitig weltweit liberalisiert.** Daher hatten die beiden ersten EG-Liberalisierungsrichtlinien von 1969 im Lieferbereich und 1971 im Baubereich für die Bundesrepublik teilweise nur deklaratorische Bedeutung.[262]

Die Kommission hat in ihrer Mitteilung „Ein wettbewerbsfähiges Europa" vom Oktober 105 2006 die gegenüber europäischen Unternehmen diskriminierende öffentliche Auftragsvergabe problematisiert.[263] Die Kommission erwägt einen Vorschlag, der sich mit diesen Prak-

---

[254] Vgl. *Seidel* in: Dauses, Handbuch des EU-Wirtschaftsrechts, EL 10 Rn. 178.
[255] Vgl. Mitteilung der Kommission C (88) 2510, ABl. 1989 C 22; VO 2064/97 betr. Strukturfonds, ABl. 1997 L 290.
[256] S. hierzu nachfolgend Rn. 106 ff.
[257] So *Zillmann* NZBau 2003, 480 ff.
[258] Zu Art. 36 SKR ausführlich u. a. *Stehmann* in: Grabitz/Hilf, Öffentliches Auftragswesen, Rn. 114 ff.; *Zillmann* NZBau 2003, 480, 482 ff.
[259] Vgl. hierzu die Bekanntmachung nach § 12 VgV (Drittlandsklausel) v. 8. 4. 2003, veröffentlicht im Bundesanzeiger Nr. 77, S. 8529 v. 24. 4. 2003 (abgedr. in NZBau 2003, 491 f.).
[260] So *Zillmann* NZBau 2003, 480, 481.
[261] Gemeinsames Rundschreiben des Bundesministers für wirtschaftlichen Besitz des Bundes, des Bundesministers für Wirtschaft und des Auswärtigen Amtes v. 29. 4. 1960, BWBl. 1960, 269.
[262] So *Seidel* in: Dauses (Fn. 254), Rn. 40.
[263] Mitteilung der Kommission, Ein wettbewerbsfähiges Europa in einer globalisierten Welt, KOM (2006) 567 endg.

tiken befasst; sie möchte dafür sorgen, dass Anbieter aus der EU, die sich im Ausland um einen Auftrag bewerben, die gleichen Bedingungen wie Inländer vorfinden. Zum einen wird die Möglichkeit des Abschlusses von Marktzugangsabkommen im Beschaffungswesen ins Auge gefasst, zum anderen gelte es, neue Wege zur Öffnung großer Drittmärkte zu finden, ohne die europäischen Märkte abzuschotten. In den Fällen, in denen Handelspartner deutlich machen, dass sie sich nicht in Richtung Gegenseitigkeit bewegen wollen, zieht die Kommission gezielte Zugangsbeschränkungen für Teile des EU-Beschaffungsmarktes in Erwägung.

1. WTO-Recht und das „Agreement on Government Procurement"

106 a) Bereits im **GATT von 1947**[264] findet sich eine Bezugnahme auf das öffentliche Auftragswesen: in Art. III Abs. 8 (a) GATT 1947 wurde festgeschrieben, dass der Grundsatz der Inländerbehandlung (Art. III GATT 1997) nicht für Gesetze, Verordnungen oder sonstige Vorschriften über die Beschaffung von Waren durch staatliche Stellen gilt.[265] Damit ist es staatlichen Stellen nach dem GATT also gestattet, im Falle einer Warenbeschaffung für staatliche Zwecke ausländische Waren einer diskriminierenden Behandlung zu unterwerfen. Zwar weist die Meistbegünstigungsklausel des Art. I GATT keine dem Art. III Abs. 8 (a) GATT vergleichbare Ausnahmebestimmung auf, jedoch ist es nahezu einhellige Auffassung, dass das öffentliche Beschaffungswesen auch von der Verpflichtung zur Gewährung der Meistbegünstigung ausgenommen ist.[266] Daneben erlaubt Art. XVII Abs. 2 GATT 1947 staatlichen Handelsunternehmen eine diskriminierende Beschaffungstätigkeit, sofern die Waren zum unmittelbaren oder Letztverbrauch für staatliche Zwecke bestimmt sind.

107 b) Eine dem Art. III Abs. 8 (a) GATT vergleichbare Regelung findet sich auch im **Art. XIII Abs. 1 GATS:**[267] „Art. II, XI und XVII finden keine Anwendung auf Gesetze, sonstige Vorschriften oder Erfordernisse in Bezug auf öffentliche Beschaffungen von Dienstleistungen, die für staatliche Zwecke beschafft werden und nicht zum kommerziellen Wiederverkauf oder zur Nutzung bei der Erbringung von Dienstleistungen zum kommerziellen Verkauf bestimmt sind." Art. XIII Abs. 2 beinhaltet ein an die Mitgliedstaaten gerichtetes Mandat, Verhandlungen über die Einbeziehung der öffentlichen Beschaffung von Dienstleistungen in den Regelungsbereich des GATS aufzunehmen; der eingesetzten Arbeitsgruppe gelang es allerdings bislang nicht, einen Konsens über das GATS ergänzende materiellrechtliche Bestimmungen zu erzielen.[268]

108 c) Neben dem allmählichen Abbau von Zollschranken durch Handelsrunden wurde auf Grund der vorgenannten Ausnahmeklauseln im Rahmen der OECD und schließlich innerhalb der Tokio-Runde seit den siebziger Jahren auch über ein **Übereinkommen über das öffentliche Beschaffungswesen** („GATT-Vergabekodex") verhandelt, welches schließlich 1979 abgeschlossen werden konnte und einen eigenständigen, vom GATT getrennten, völkerrechtlichen Vertrag darstellte.[269] Seit dem 1. Januar 1996 ist nunmehr das plurilaterale **„Agreement on Government Procurement"** (GPA) in Kraft,[270] welches

---

[264] BGBl. 1951 II 173.
[265] Vgl. hierzu ausführlich *Kunnert*, WTO-Vergaberecht, S. 63 ff.
[266] *Jackson*, World Trading System, S. 225; *Hufbauer/Erb/Starr* Law & Pol Int Bus 12 (1980), S. 59 (88 f.).
[267] General Agreement on Trade in Services, ABl. 1999 L 336/190 ff.
[268] WTO Doc. S/WPGR/5 v. 24. 11. 2000.
[269] GATT Doc. MTN/NTM/W/211/Rev. 1; Text: ABl. 1980 L 71/44; GATT BISD26 (1980) 33; vgl. umfassend zur Entwicklung des internat. Beschaffungsabkommens *Blank/Marceau*, PPLR 1996, 77 ff.
[270] ABl. 1994 L 336/273. Zum GPA umfassend *Kunnert*, WTO-Vergaberecht, Baden-Baden 1998; *Arrowsmith*, Government Procurement in the WTO, Den Haag 2003.

den Vergabekodex abgelöst hat. Im Gegensatz zu den multilateralen Abkommen, wie z. B. dem GATT, ist dieses Abkommen, wie auch der Vergabekodex 1979, nur für diejenigen WTO-Mitglieder verbindlich, die speziell dieses Abkommen ratifiziert haben. Für die anderen WTO-Mitglieder begründet es weder Rechte noch Pflichten.

Trotz des begrenzten Teilnehmerkreises[271] ist das GPA in den institutionellen Rahmen der WTO integriert. Angebliche Verletzungen des GPA können über das bindende **Streitschlichtungsverfahren** der WTO durch die GPA-Vertragsparteien geltend gemacht werden.[272] Hier findet, sofern das GPA keine Sonderregelungen vorsieht, die „Vereinbarung über Verfahren zur Beilegung von Streitigkeiten" (DSU)[273] Anwendung. Im Fall „Korea Airports" ist erstmals ein Panel-Bericht zum GPA ergangen.[274] In zwei weiteren Fällen hatte die EG von der Möglichkeit Gebrauch gemacht, um formelle Konsultationen gemäß dem Streitbeilegungsmechanismus zu ersuchen.[275] Die Einleitung eines solchen Streitschlichtungsverfahrens beim WTO-Dispute-Settlement-Body (DSB) kann nur über die Heimatstaaten der in einem Vergabeverfahren rechtswidrig behandelten Parteien erfolgen. In der EG kann die EG-Kommission bei Benachteiligung europäischer Unternehmen auf Drittbeschaffungsmärkten über die **Trade Barrier Regulation**[276] seitens der betroffenen Gemeinschaftsunternehmen zu einem Tätigwerden, d. h. zur Einleitung eines Streibeilegungsverfahrens, verpflichtet werden.

109

Das GPA unterstellt in den Anhängen zum Abkommen aufgeführte öffentliche Stellen **(persönlicher Anwendungsbereich)** den Abkommensregeln über die Ausschreibung und die Vergabe von Aufträgen für Güter, Dienstleistungen und Bauaufträge, sofern die Aufträge gewisse Schwellenwerte überschreiten **(sachlicher Anwendungsbereich).**[277] Im Beschaffungswesen gelten Einfuhrzölle und -abgaben fort. Das GPA soll lediglich „spezifische" Hemmnisse des grenzüberschreitenden Vergabewettbewerbs abbauen, nicht aber eine versteckte Liberalisierung anderer Bereiche herbeiführen.[278] Das GPA ist auf drei auch für das übrige WTO-Recht **grundlegenden Regeln** aufgebaut: Nicht-Diskriminierung bzw. Gleichbehandlung aller Anbieter, Transparenz der Verfahren sowie Schaffung von Rechtsmitteln gegen Vergabeentscheide oberhalb von in Anhängen zum Abkommen festgelegten Schwellenwerten. Eingeschränkt werden diese Grundsätze durch Reziprozitätsvorbehalte. Bei der Ausschreibung haben die Fristen vernünftig zu sein, die **Eignungsprüfung** der Bieter muss nach objektiven Kriterien erfolgen (Art. VIII GPA). Der Auftraggeber ist gem. Art. XIII Abs. 4 GPA verpflichtet, das entweder preislich niedrigste oder das insgesamt vorteilhafteste Angebot auszuwählen **(Zuschlagskriterium).**[279]

110

---

[271] Dies sind Kanada, Hong Kong (China), Israel, Japan, Südkorea, Liechtenstein, Aruba, Norwegen, Singapur, Schweiz, die Vereinigten Staaten von Amerika, Island sowie die Europäische Gemeinschaft mit ihren Mitgliedstaaten.

[272] Das GPA stand im Rahmen der WTO erstmals in einem Streit zwischen den USA auf den einen und Japan (WT/DS 88/1) und der EG (WT/DS 95//1) auf der anderen Seite im Mittelpunkt.

[273] Vereinbarung über Regeln und Verfahren zur Beilegung von Streitigkeiten, v. 15. 4. 1994, ABl. L 336/234 = BGBl. 1994 II 1749.

[274] Korea – Measures Affecting Government Procurement, Report of the Panel WT/DS 163/R v. 1. 5. 2000. Hierzu *Bungenberg* WuW 2000, 872 ff.

[275] Vgl. Doc. GPA/D1/1 v. 1. 4. 1997 sowie Doc. GPA/D1/1 v. 26. 6. 1997.

[276] Verordnung 3286/94 zur Festlegung der Verfahren der Gemeinschaft im Bereich der gemeinsamen Handelspolitik zur Ausübung der Rechte der Gemeinschaft nach internationalen Handelsregeln, insbesondere den im Rahmen der Welthandelsorganisation vereinbarten Regeln, ABl. 1994 L 349/71, geänd. durch Verordnung 356/95, ABl. 1995 L 41/3.

[277] Vgl. hierzu u. a. *Kunnert,* WTO-Vergaberecht, Baden-Baden 1998; *Senti,* WTO-Recht, 2000. Das GPA sieht insofern öffentliche Ausschreibungen, beschränkte Ausschreibungen sowie unter bestimmten restriktiven Voraussetzungen (Art. XV) freihändige Vergaben vor.

[278] Vgl. ausführlich *Kunnert,* WTO-Vergaberecht, Baden-Baden 1998.

[279] Hierzu umfassend *Kunnert,* WTO-Vergaberecht, Baden-Baden 1998, S. 275.

111 **d) Wirkung und Anwendbarkeit des GPA im europäischen Gemeinschaftsrecht und im mitgliedstaatlichen Recht:** Die EG ist zur Umsetzung des GPA völkerrechtlich verpflichtet (vgl. Art. XXIV GPA). Das GPA bildet einen „integralen Bestandteil des Gemeinschaftsrechts".[280] Die Kommission hat nach Abschluss des GPA nur in Feinheiten Anpassungen des europäischen Sekundärrechts für notwendig gehalten und hierfür die Richtlinien 97/52/EG[281] und 98/4/EG[282] erlassen. Auch wenn eine **unmittelbare Anwendbarkeit** des GPA im nationalen wie auch im Gemeinschaftsrecht abzulehnen ist – die vom EuGH in der Entscheidung Portugal/Rat[283] aufgestellten Grundsätze sind auch auf das GPA übertragbar[284] – haben sich deutsches und europäisches Vergaberecht in ihrer Anwendung und Auslegung an den Vorgaben des GPA zu orientieren. Gemeinschaftsrechtliches Sekundärrecht ist grundsätzlich im Lichte von bereichsspezifischen völkerrechtlichen Abkommen – hier des GPA – auszulegen **(völkerrechtskonforme Auslegung).**[285] Der Vorrang der von der Gemeinschaft abgeschlossenen internationalen Übereinkünfte vor den Bestimmungen des abgeleiteten Gemeinschaftsrechts (vgl. Art. 300 Abs. 7 EG) gebietet es, diese nach Möglichkeit in Übereinstimmung mit diesen Übereinkünften auszulegen.[286]

112 Das GPA ist ein **gemischtes Abkommen,** da der EG nicht die für die Ratifizierung erforderlichen Vertragsschlusskompetenzen in ihrer Gesamtheit zukommen. Da Deutschland das GPA nicht neben der EG eigenständig ratifiziert hat, ist weder eine unmittelbare Anwendung des GPA in den nicht in die Abschlusskompetenz der EG fallenden Bereichen gegeben, noch ist Deutschland zu einer völkerrechtskonformen Auslegung des in diese Bereiche fallenden Rechts verpflichtet.[287]

113 **e)** Im Rahmen der WTO laufen derzeit Verhandlungen zur **Reform des „WTO-Beschaffungswesens"** auf drei Ebenen parallel:[288] Im plurilateralen Bereich wird die Ausdehnung des sachlichen und persönlichen Anwendungsbereiches des GPA intensiv diskutiert, ebenso wie eine grundlegende Vereinfachung und Modifikation des Abkommens, um einen Beitritt für weitere Staaten, insbesondere Entwicklungsländer, attraktiv zu machen. Ein erster Reformentwurf hat im Dezember 2006 vorgelegen.[289] Multilateral wird eine **Einbeziehung der öffentlichen Auftragsvergabe in das GATS** gefordert. Die EG hat hier konkrete Vorschläge gemacht. Denkbar ist die Aufnahme einer weiteren Spalte „öffentliches Beschaffungswesen" in die Verpflichtungslisten des GATS. Auf Grund der Verknüpfung der Verhandlungen eines **multilateralen Transparenzabkommens im Beschaffungswesen** mit dem Thema Investitionen und Wettbewerb sind Verhandlungen dieses Komplexes im Rahmen der laufenden Doha-Runde vorerst gescheitert.

114 **2.** Die **United Nations Commission on International Trade Law** (UNCITRAL) hat 1994 nach langjährigen Beratungen ein Mustergesetz für die Vergabe öffentlicher Aufträge verabschiedet (**Uncitral Model Law on Procurement** of Goods, Construction and

---

[280] EuGH U. v. 26. 10. 1982 Rs. 104/81 – *Kupferberg,* Slg. 1982, 3641, 3662, Rn. 13.
[281] ABl. 1997 L 328/1, hierzu *Williams,* PPLR 1998, 25 ff.
[282] ABl. 1998 L 101/1, hierzu *Williams,* PPLR 1998, 95 ff.
[283] EuGH U. v. 23. 11. 1999. Rs. C-149/96 – *Portugal/Rat,* Slg. 1999 I-8395, Rn. 47.
[284] Hierzu *Bungenberg,* Mixed Agreements im Gemeinschaftsrecht, in: FS Folz, 2003, S. 13 ff.
[285] EuGH U. v. 16. 6. 1998 Rs. C-53/96 – *Hermes,* Slg. 1998, I-3637 ff., Rn. 28.
[286] EuGH U. v. 10. 9. 1996 Rs. C-61/94 – *Kommission/Deutschland,* Slg. 1996, S. I-4006, Rn. 52.
[287] Hierzu *Bungenberg,* Vergaberecht im Wettbewerb der Systeme, S. 101 ff.; *Pünder* in: Müller-Wrede, Kompendium, 2007, Völkerrechtliche Vorgaben, S. 57 ff.
[288] *Arrowsmith* JIEL 5 (2002) 761 ff.; *Bungenberg* in: Nettesheim/Sander, WTO-Recht und Globalisierung, Berlin 2003, S. 25 f.; *ders.* in: Pitschas, Welthandel und Entwicklung, 2006; *Dischendorfer* PPLR 9 (2000) 1 ff.
[289] WTO-Doc. GPA/W/297.

Services).²⁹⁰ Es soll insbesondere Entwicklungsländern und Ländern, die sich in der Transformation ihres Wirtschaftssystems befinden, als Anhaltspunkt dienen. Dem Modellgesetz kommt keine verbindliche Wirkung zu; vielmehr ist es von dem Bemühen getragen, zur Rechtsvereinheitlichung beizutragen.²⁹¹

3. Europäischer Wirtschaftsraum

Die Schaffung eines **Europäischen Wirtschaftsraumes (EWR)** zwischen der Europäischen Gemeinschaft und den EFTA-Staaten mit dem EWR-Vertrag²⁹² bedeutet eine Vertiefung der bereits durch die Freihandelsabkommen von 1972 bestehenden Beziehungen. Mitglieder des EWR sind neben der EU mit ihren Mitgliedstaaten Liechtenstein, Norwegen und Island, nachdem die Schweiz einen Beitritt in einer Volksabstimmung abgelehnt hatte. Der EWR-Vertrag ist am 1. 1. 1995 in Kraft getreten. Im gesamten EWR soll Binnenmarktrecht gelten, d. h. von den EWR-Partnern der EG wird primäres und sekundäres Gemeinschaftsrecht „übernommen", also auch das gesamte EG-Vergaberecht.²⁹³ Damit ist der Markt für öffentliche Aufträge erheblich ausgeweitet worden.²⁹⁴

4. Bilaterale Beschaffungsabkommen

Bilaterale Beschaffungsabkommen der Gemeinschaft können in zwei Gruppen eingeteilt werden. Sind sie mit Staaten geschlossen, die ebenfalls Vertragspartei des GPA sind, so nehmen sie dieses regelmäßig als Grundlage und ergänzen und vertiefen es. Werden bilaterale Abkommen hingegen mit Staaten abgeschlossen, die nicht Vertragspartei des GPA sind, so legen sie ein eigenständiges Vergaberegime fest.

a) **Bilaterale Abkommen mit GPA-Vertragsparteien** wurden mit der Schweiz, den USA, Korea und Israel abgeschlossen.

Ein mit der Republik **Korea** auf dem Gebiet der Telekommunikation die Vereinbarungen des GPA erweiterndes Abkommen²⁹⁵ hat die Gemeinschaft wieder gekündigt.²⁹⁶ Bietern der Vertragsparteien wird ein diskriminierungsfreier Zugang zu den Beschaffungsmärkten in diesem Sektor gewährt. Ein Memorandum sieht Grundregeln für die Behandlung der Beschaffungsvorgänge privater Telekommunikationsanbieter vor.²⁹⁷

Mit **Israel**²⁹⁸ wurden zwei bilaterale Vereinbarungen zum Beschaffungswesen abgeschlossen. In einem Abkommen über die Beschaffung im Telekommunikationssektor²⁹⁹ wurden die gegenseitigen Märkte fast vollständig geöffnet. Dieses Abkommen basiert nicht auf dem GPA, so dass dessen Streitschlichtungsmechanismus hier keine Anwen-

---

²⁹⁰ Das Model Law on Procurement of Goods, Construction and Services der UNCTAD v. 9. 12. 1994 ist abgedr. in: Official Records of the General Assembly, 49ᵗʰ Session, Suppl. No. 17, (A/49/17) annex 1, S. 58–96 sowie in: ILM 1995, S. 715–757. Vgl. ausf. *Adolphsen,* Das UNCITRAL-Modellgesetz über die Beschaffung von Gütern, Bau- und Dienstleistungen, Düsseldorf 1996, S. 20 ff.
²⁹¹ So etwa auch *Drügemöller,* Vergaberecht und Rechtsschutz, Berlin 1999, S. 42.
²⁹² Abkommen über den Europäischen Wirtschaftsraum (EWR) v. 2. 5. 1992; ABl. 1994 L 1/3 ff.
²⁹³ Der inhaltliche Umfang der Übernahmepflicht ergibt sich aus Art. 65 Abs. 1 EWRV i. V. m. Anhang XVI, der die zu übernehmenden Rechtsakte auflistet. Die Liste wurde zwischenzeitlich durch die Entscheidung 7/94 des Gemischten Ausschusses um die in der Gemeinschaft ergangenen Rechtsakte im Vergaberecht erweitert (ABl. 1994 L 160/1).
²⁹⁴ *Bock* EuZW 1994, 677.
²⁹⁵ ABl. 1997 L 321/32.
²⁹⁶ Beschluss des Rates v. 19. 7. 2004, ABl. 2004 C 260/8.
²⁹⁷ ABl. 1997 L 321/41.
²⁹⁸ Zum Vergaberecht in Israel vgl. *Shalev* PPLR 1997, 174.
²⁹⁹ ABl. 1997 Nr. L 202/74 ff.; hierzu *Thompson/Stehmann,* PPLR 1997, 174; *Priess,* Handbuch des europäischen Vergaberechts, Köln 2001, S. 27 f.

dung findet. In einem zusätzlichen Abkommen[300] werden die Zugeständnisse des GPA auf weitere Bereiche und der persönliche Anwendungsbereich auch auf Einheiten unterhalb der Bundesebene erstreckt. In diesen Fällen ist das Streitbeilegungsverfahren des GPA anwendbar.

120 Im Vorfeld des GPA-Abschlusses wurden Differenzen zwischen den **USA** und der EG durch ein „Memorandum of Understanding" beigelegt.[301] Mit den USA wurde seitens der EG ein Abkommen über das öffentliche Beschaffungswesen in Form eines Briefwechsels abgeschlossen,[302] durch welches u. a. der jeweilige Anhang I des GPA geändert wird. Mit dem Abschluss des bilateralen Abkommens über die Erweiterung des Anwendungsbereichs des GPA kommt Art. 36 SKR in Bereichen, die in diese beiden Abkommen einbezogen sind, auf Angebote für Waren mit Ursprung in Vertragsparteien des GPA nicht mehr zur Anwendung.[303]

121 In dem bilateralen Abkommen über das öffentliche Beschaffungswesen zwischen der EG und der **Schweiz**[304] wird der Geltungsbereich des GPA ausgedehnt. Es unterstehen neu auch die Sektoren Telekommunikation und Schienenverkehr sowie alle Beschaffungen der Gemeinden und von konzessionierten bzw. auf Grund eines besonderen oder ausschließlichen Rechts tätigen privaten Unternehmen diesen Ausschreibungs- und Vergaberegeln, sofern sie die Schwellenwerte überschreiten. Die Kombination von GPA und bilateralen Abkommen bewirkt eine nahezu vollständige gegenseitige Öffnung der Vergabemärkte.[305]

122 b) Abkommen mit Nicht-GPA-Vertragsparteien: Die EG hat bilaterale Handelsabkommen mit einer großen Anzahl von „Nicht-GPA-Vertragsstaaten" abgeschlossen. Diese Abkommen enthalten vielfach entweder ganze Abschnitte oder zumindest einzelne Klauseln über die Vergabe öffentlicher Aufträge und die gegenseitige Öffnung der Beschaffungsmärkte.

123 Die mit den **mittel- und osteuropäischen Reformstaaten** (MOEL) abgeschlossenen Assoziationsabkommen[306] werden auch als „**Europaabkommen**" bezeichnet. Mittlerweile sind allerdings alle Staaten, mit denen solche Europaabkommen abgeschlossen worden sind, Mitglied der EU geworden.

125 In einem Stabilisierungs- und Assoziierungsabkommen mit der ehemaligen jugoslawischen Republik **Mazedonien**[307] haben die Vertragsparteien „die Öffnung der Vergabeverfahren für öffentliche Aufträge auf der Grundlage der Nichtdiskriminierung und der Gegenseitigkeit, vor allem im Rahmen der WTO", als „erstrebenswertes Ziel" angesehen.[308] Mazedonischen Gesellschaften wird unabhängig von einer Niederlassung in der Gemeinschaft nach den Beschaffungsregeln der Gemeinschaft mit Gemeinschaftsgesellschaften gleichberechtigter Zugang gewährt. Gemeinschaftsgesellschaften, die nicht in Mazedonien niedergelassen sind, wird spätestens fünf Jahre nach dem Inkrafttreten des Abkommens ein

---

[300] ABl. 1997 L 202/85 ff.
[301] Vgl. hierzu die Ratsentscheidung 93/232/EWG, ABl. 1993 L 125/1; vgl. auch den gegenseitigen Briefwechsel in ABl. 1995 L 134/26; hierzu auch *Halford* PPLR 1995, 35, 51.
[302] ABl. 1995 L 134/26.
[303] Vgl. auch die erläuternde Darstellung der Kommission ABl. 1995 C 322/9, Inkrafttreten des WTO-Abkommens im Hinblick auf Art. 36 Rl. 93 93/38.
[304] ABl. 2002 L 114/430 ff.
[305] Hierzu umfassend u. a. *Biaggini* in: Thürer/Weber/Zäch, Bilaterale Verträge Schweiz-EG, Zürich 2002, S. 307 ff.
[306] Assoziationsabkommen dieser Art wurden mit Polen (ABl. 1993 L 348), der Tschechischen Republik (ABl. 1994 L 360); der Slowakischen Republik (ABl. 1994 L 359); Ungarn (ABl. 1993 L 347); Rumänien (ABl. 1994 L 357), Bulgarien (ABl. 1994 L 358), Estland (ABl. 1998 L 68), Lettland (ABl. 1998 L 26), Litauen (ABl. 1998 L 51) sowie mit Slowenien (ABl. 1999 L 51) abgeschlossen.
[307] BGBl. 2002 II 1210 ff.
[308] Vgl. Art. 72 Abs. 1 des Abkommens.

gleichberechtigter Zugang gewährt. Mit **Kroatien** hat die EG im Jahr 2005 ein Stabilitäts- und Assoziierungsabkommen geschlossen.[309]

Die Verhandlungen bzw. Abkommen mit der **Türkei**,[310] **San Marino**[311] und **Andorra**[312] statuieren keine verbindliche Marktöffnung und Gleichbehandlung im Beschaffungssektor. Verhandlungen mit der Türkei über eine Ausweitung der Zollunion auf Dienstleistungen und das öffentliche Auftragswesen[313] sind noch nicht abgeschlossen.[314]

Desweiteren wurden sog. **Europa-Mittelmeer-Abkommen** bzw. **Euro-mediterrane Assoziierungsabkommen** zwischen der EG, ihren Mitgliedstaaten und der Republik **Tunesien**,[315] **Israel**,[316] **Marokko**,[317] **Ägypten**,[318] der **PLO** zugunsten der **Palästinensischen Behörde** für das Westjordanland und den Gaza-Streifen[319] unterzeichnet und teilweise ratifiziert. Die Vertragsparteien setzen sich jeweils die gegenseitige und schrittweise Liberalisierung des öffentlichen Beschaffungswesens zum Ziel.[320]

Mit **Armenien**,[321] **Aserbaidschan**,[322] **Georgien**,[323] **Kasachstan**,[324] **Kirgisien**,[325] der **Republik Moldau**,[326] der **Russischen Förderation**,[327] **Turkmenistan**,[328] **Ukraine**[329] und **Usbekistan**[330] ist im Rahmen von sog. **Partnerschafts- und Kooperationsabkommen** die Angleichung der Rechtsvorschriften u. a. im Bereich des öffentlichen Auftragswesens vorgesehen. Die Vertragsparteien dieser Abkommen arbeiten jeweils zusammen, um „Bedingungen für die offene und wettbewerbliche Vergabe" von Liefer- und Dienstleistungsaufträgen, insbesondere im Wege der Ausschreibung, zu entwickeln.[331]

---

[309] ABl. 2005 L-26/1 ff.

[310] ABl. 1996 L 35, in Kraft seit dem 31. 12. 1995; Beschluss 1/95 des Assoziationsrates EG-Türkei v. 22. 12. 1995 über die Durchführung der Endphase der Zollunion.

[311] Vgl. Entwurf des Abkommens über eine Zollunion, ABl. 1991 C 302/10 sowie Beschluss des Rates über den Abschluss des Interimabkommens über den Handel und eine Zollunion, ABl. 1992 L 359/13.

[312] Beschluss des Rates v. 26. 11. 1990 über den Abschluss eines Abkommens in Form eines Briefwechsels, ABl. 1990 L 374/13.

[313] Vgl. hierzu Beschluss 2/2000 des Assoziationsrates EG-Türkei v. 11. 4. 2000 über die Aufnahme von Verhandlungen über die gegenseitige Öffnung der Beschaffungsmärkte, ABl. 2000 L 138/27.

[314] KOM (2004) 656 endg., S. 82 f.

[315] BGBl II S. 342 ff., in Kraft seit dem 1. 3. 1998.

[316] BGBl II 1997 S. 1168 ff., in Kraft seit dem 1. 6. 2000.

[317] BGBl II 1998 S. 1810 ff., in Kraft seit dem 1. 3. 2000.

[318] ABl. 2004 L 304/39 ff., in Kraft seit dem 1. 6. 2004.

[319] ABl. 1997 L 187, in Kraft seit dem 1. 7. 1997.

[320] Vgl. Art. 41 Abs. 1 des Abkommens mit Marokko, Art. 39 mit der Palästinensischen Autonomiebehörde, Art. 41 mit Tunesien.

[321] BGBl. 1998 II 2378 ff., in Kraft seit dem 1. 7. 1999.

[322] BGBl. 1998 II 690 ff., in Kraft seit dem 1. 7. 1999.

[323] BGBl. 1998 II 1698 ff., in Kraft seit dem 1. 7. 1999.

[324] BGBl. 1998 II 906 ff., in Kraft seit dem 1. 7. 1999.

[325] BGBl. 1997 II 246 ff., in Kraft seit dem 1. 7. 1999.

[326] BGBl. 1998 II 930 ff., in Kraft seit dem 1. 7. 1998.

[327] BGBl. 1997 II 846 ff., in Kraft seit dem 1. 12. 1997.

[328] BGBl. 2000 II 710 ff.

[329] BGBl. 1997 II 268 ff., in Kraft seit dem 1. 3. 1998.

[330] BGBl. 1998 II 719 ff., in Kraft seit dem 1. 7. 1999.

[331] So Art. 48 des Abkommens mit Armenien, Art. 49 mit Aserbaidschan, Art. 50 mit Georgien, Art. 47 mit Kasachstan, Art. 48 mit Kirgisien, Art. 54 mit der Republik Moldau, Art. 59 in ähnlichem Wortlaut mit der Russischen Föderation, Art. 46 mit Turkmenistan, Art. 55 mit der Ukraine, Art. 47 mit Usbekistan.

129 Mit **Südafrika** kam die EG im Rahmen eines Handels-, Entwicklungs- und Kooperationsabkommens überein, dass die Vertragsparteien für einen fairen, billigen und transparenten Zugang zu den Beschaffungsaufträgen der Vertragsparteien sorgen.[332]

130 Mit den **AKP-Staaten** (77 kaum oder wenig entwickelte Staaten südlich der Sahara, der Karibik und dem pazifischen Raum) wurde im Partnerschaftsabkommen von Cotonou[333] vereinbart, dass die Vertragsparteien mit ihrer Zusammenarbeit die AKP-Staaten in ihren Anstrengungen unterstützen, „ihre öffentlichen Einrichtungen zu einem positiven Faktor für Wachstum und Entwicklung auszubauen und eine erhebliche Verbesserung der Effizienz des staatlichen Handelns zu erreichen, das Auswirkungen auf das Leben der Menschen hat. (...) Die Zusammenarbeit konzentriert sich insbesondere auf (...) e) die Verbesserung der Verwaltung des öffentlichen Vermögens und die Reform der Beschaffungsverfahren."[334] Direkte Haushaltszuschüsse zur Unterstützung gesamtwirtschaftlicher oder sektorbezogener Reformen werden gewährt, sofern das öffentliche Beschaffungswesen offen und transparent ist.[335] Nach Art. 28 des Anhangs IV des Abkommens von Cotonou sind für die Vergabe der aus dem Europäischen Entwicklungsfonds finanzierten Aufträge neben Anhang IV die vom AKP-EG Ministerrat beschlossenen Verfahren maßgebend.[336]

131 Von dem „Abkommen zur Gründung einer Assoziation zwischen der Europäischen Gemeinschaft und ihren Mitgliedstaaten einerseits und der **Republik Chile** andererseits"[337] umfasst ist auch der Abschnitt über das öffentliche Beschaffungswesen mit den zugehörigen Anhängen. Ziel soll die Gewährleistung der wirksamen beiderseitigen Marktöffnung der öffentlichen Beschaffungsmärkte der Vertragsparteien sein.

132 Auf der Grundlage des Interimsabkommens über Handel und handelsbezogene Fragen zwischen der EG und **Mexiko** vom 8. 12. 1997 hat der mit diesem Übereinkommen eingesetzte „Gemeinsame Rat" Bestimmungen über eine bilaterale Handelsliberalisierung festgelegt.[338] Dieses Freihandelsabkommen enthält u.a. einen Abschnitt (Art. 25ff.) über das öffentliche Beschaffungswesen. Der Anwendungsbereich erstreckt sich auf im Anhang aufgelistete Vergabestellen und ebenfalls gelistete Lieferungen, Bauleistungen und Dienstleistungen. Den Vergabeverfahren liegen die Grundsätze der Inländergleichbehandlung und der Nichtdiskriminierung zu Grunde.

133 Mit **Bangladesh** kam die EG überein, dass der Informationsaustausch und der Zugang zu den Beschaffungsmärkten auf der Grundlage der Gegenseitigkeit verbessert werden soll.[339]

134 5. Für die Auftragsvergabe von NATO-Truppen, die im Rahmen des Nordatlantikvertrages in Deutschland stationiert sind, sowie für deren ziviles Gefolge gelten Art. IX des **NATO-Truppenstatutes**[340] sowie Art. 47–49 des **Zusatzabkommens zum NATO-Truppenstatut**.[341]

---

[332] BGBl. 2001 II 1354 ff., in Kraft seit dem 1. 1. 2000.
[333] BGBl. 2002 II 325 ff.
[334] Vgl. Art. 33 Abs. 3 des Abkommens.
[335] Vgl. Art. 61 Abs. 2 des Abkommens.
[336] Vgl. Beschluss Nr. 2/2002 des AKP-EG-Ministerrats v. 7. 10. 2002 über die Durchführung der Art. 28, 29 und 30 des Anhangs IV des Abkommens von Cotonou, ABl. 2002 L 320/1 ff.
[337] ABl. 2002 L 352/3 ff.
[338] Beschluss 2/2000 v. 23. 3. 2000, ABl. 2000 L 157/10 ff.
[339] ABl. 2001 L 118.
[340] BGBl. 1961 II 1190.
[341] BGBl. 1961 II 1218.

§ 97 Allgemeine Grundsätze

(1) Öffentliche Auftraggeber beschaffen Waren, Bau- und Dienstleistungen nach Maßgabe der folgenden Vorschriften im Wettbewerb und im Wege transparenter Vergabeverfahren.

(2) Die Teilnehmer an einem Vergabeverfahren sind gleich zu behandeln, es sei denn, eine Benachteiligung ist auf Grund dieses Gesetzes ausdrücklich geboten oder gestattet.

(3) Mittelständische Interessen sind vornehmlich durch Teilung der Aufträge in Fach- und Teillose angemessen zu berücksichtigen.

(4) Aufträge werden an fachkundige, leistungsfähige und zuverlässige Unternehmen vergeben; andere oder weitergehende Anforderungen dürfen an Auftragnehmer nur gestellt werden, wenn dies durch Bundes- oder Landesgesetz vorgesehen ist.

(5) Der Zuschlag wird auf das wirtschaftlichste Angebot erteilt.

(6) Die Bundesregierung wird ermächtigt, durch Rechtsverordnung mit Zustimmung des Bundesrates nähere Bestimmungen über das bei der Vergabe einzuhaltende Verfahren zu treffen, insbesondere über die Bekanntmachung, den Ablauf und die Arten der Vergabe, über die Auswahl und Prüfung der Unternehmen und Angebote, über den Abschluss des Vertrages und sonstige Fragen des Vergabeverfahrens.

(7) Die Unternehmen haben Anspruch darauf, dass der Auftraggeber die Bestimmungen über das Vergabeverfahren einhält.

Übersicht

	Rn.		Rn.
I. Einführung	1	2. Eignungskriterien	46
II. Art. 97 Abs. 1 – Wettbewerbs- und Transparenzgrundsatz	5	a) Fachkunde	46
1. Allgemeines	5	b) Leistungsfähigkeit	47
2. Wettbewerbsgrundsatz	6	c) Zuverlässigkeit	52
a) Allgemeines	6	3. Art und Weise der Eignungsüberprüfung	55
b) Ausformungen des vergaberechtlichen Wettbewerbsgrundsatzes	8	4. § 97 Abs. 4 2. HS und die Verfolgung von Sekundärzielen	58
3. Vergaberechtliches Transparenzgebot	12	VI. § 97 Abs. 5 – Zuschlagskriterium Wirtschaftlichkeit	61
a) Allgemeines	12	1. Allgemeines	61
b) Ausformungen des vergaberechtlichen Transparenzgrundsatzes	14	2. Wirtschaftlichkeitsbegriff	64
III. § 97 Abs. 2 – Vergaberechtlicher Gleichbehandlungsgrundsatz	24	3. Zulässigkeit von Dumpingangeboten	71
1. Allgemeines	24	a) Offenbares Missverhältnis	72
2. Ausformungen des vergaberechtlichen Diskriminierungsverbots	25	b) Wirtschaftliche Eigengefährdung	73
IV. § 97 Abs. 3 – Berücksichtigung mittelständischer Interessen	34	4. Zuschlagskriterien und Sekundärzwecke	74
1. Allgemeines	34	VII. § 97 Abs. 6 – Ermächtigungsgrundlage	76
2. Inhalt	35	VIII. § 97 Abs. 7 (Anspruch auf Rechtsschutz)	77
V. § 97 Abs. 4 – Eignungskriterien	40	1. Allgemeines	77
1. Allgemeines	40	2. „Unternehmen" als Anspruchsinhaber	78
		3. Bestimmungen über das Vergabeverfahren	79
		IX. Neufassung gemäß Gesetz zur Modernisierung des Vergaberechts vom 20. April 2009	81

I. Einführung

§ 97 bestimmt die wesentlichen **Grundsätze und Eckpunkte** des GWB-Vergaberechts und damit die Anwendung und Auslegung der vergaberechtlichen Vorschriften des GWB, der VgV wie auch der Verdingungsordnungen. Oberstes Ziel des GWB-Vergaberechts ist die Verpflichtung der Auftraggeber zu möglichst transparentem und diskriminierungsfreiem Einkauf „im Wettbewerb" nach dem Prinzip der Wirtschaftlichkeit.

2 Bereits der *Cecchini*-Report zur Errichtung des Binnenmarktes[1] greift zur Begründung einer weitgehenden Regulierung des öffentlichen Auftragswesens umfassend auf den **Wettbewerbsgrundsatz** zurück. Kostenersparnisse der öffentlichen Hand sollen durch wettbewerblich verursachte Kostensenkungen der Anbieter von Lieferungen und Leistungen erzielt werden. Nach Öffnung der früher abgeschotteten nationalen Beschaffungsmärkte geraten die Preise einheimischer Hersteller und Anbieter durch die Konkurrenz ausländischer Anbieter unter Druck. Auch führt der verstärkte Wettbewerb zu mehr Innovation bei der Angebotserstellung. **Ziel der EG-Vergaberichtlinien** ist vor diesem Hintergrund, bei der Gestaltung des öffentlichen Auftragswesens die für einen **Ausschreibungswettbewerb** erforderlichen Bedingungen zu schaffen, damit das Ziel der **rationalen Verwendung der öffentlichen Mittel** erreicht wird.[2] Transparenz und Gleichbehandlung sind Voraussetzung dafür, dass fairer Wettbewerb um die wirtschaftlichste Leistung überhaupt entstehen kann, denn zum Wettbewerb gehört u.a. auch eine vollständige, übersichtliche, nachvollziehbare und gleichberechtigte Präsentation der Angebote durch die Bieter.[3] So ist zur Ermöglichung von Wettbewerb eine vorherige Information über die jeweils benötigte Leistung notwendig (Transparenz). Auch müssen alle Wettbewerber die gleichen Ausgangschancen haben (Chancengleichheit). Der **Wettbewerbsgrundsatz korrespondiert** daher mit den Grundsätzen der **Transparenz** und der **Chancengleichheit**. Die Verpflichtung zur Gewährung von Rechtsschutz schafft letztendlich eine Garantie für die Kontrolle der Einhaltung der diese Grundsätze konkretisierenden Verfahrensvorschriften.

3 Als vorrangig **die Auftragsvergabe steuernde Prinzipien** sind daher in § 97 in Abs. 1 Wettbewerbs- und Transparenzgrundsatz und in Abs. 2 der Gleichbehandlungsgrundsatz festgeschrieben. In Abs. 3 wird die Berücksichtigung mittelständischer Interessen und die Losvergabe, in Abs. 4 die Beschränkung der Eignungsanforderungen an die Bieter auf Leistungsfähigkeit, Fachkunde und Zuverlässigkeit sowie in Abs. 5 das Prinzip des Zuschlags auf das wirtschaftlichste Angebot normiert. Abs. 6 beinhaltet eine Ermächtigungsgrundlage für den Erlass einer die GWB-Vergabebestimmungen konkretisierenden Rechtsverordnung und Abs. 7 schließlich begründet einen Rechtsanspruch der Bieter auf Einhaltung der Vorschriften über das Vergabeverfahren. Letzterer „revolutioniert" das deutsche Vergaberecht[4] und geht auf die Rechtsprechung des EuGH in einem Vertragsverletzungsverfahren der Kommission gegen die Bundesrepublik Deutschland zurück: Die in den EG-Vergabekoordinierungsrichtlinien enthaltenen Vorschriften über die Teilnahme und die Publizität sollen den Bieter vor der Willkür des öffentlichen Auftraggebers schützen. „Ein solcher Schutz kann nicht wirksam werden, wenn der Bieter sich nicht gegenüber dem Auftraggeber auf diese Vorschriften berufen und gegebenenfalls deren Verletzung vor den nationalen Gerichten geltend machen kann."[5]

4 Die Grundsätze des § 97 finden nur auf solche Auftragsvergaben Anwendung, die in den persönlichen und sachlichen **Anwendungsbereich des GWB-Vergaberechts** fallen. Für solche Auftragsvergaben finden sich genaue Ausgestaltungen des Vergabeverfahrens in § 101, in der die Grundsätze des § 97 konkretisierenden Vergabeverordnung (VgV) sowie in den Vergabe-, Vertrags- und Verdingungsordnungen VOB/A, VOL/A und VOF. Der **persönliche Anwendungsbereich** ist durch den gemeinschaftsrechtskonform auszulegenden „öffentlichen Auftraggeber", § 98, festgelegt. Der **sachliche Anwendungsbe-**

---

[1] *Cecchini*, Europa, 92, Der Vorteil des Binnenmarktes, 1988, S. 37 und 45.
[2] *Kommission*, Grünbuch „Das öffentliche Auftragswesen in der Europäischen Union", Kom (96) 583 endg. v. 27. 11. 1996.
[3] OLG Naumburg, B. v. 22. 12. 1999 1 Verg 4/99, IBR 2000, 105; OLG Frankfurt B. v. 26. 3. 2002 – 11 Verg 3/01, VergabeR 2002, 389 ff.
[4] *Motzke/Pietzcker/Prieß*, Beck'scher VOB-Kommentar, § 97 Rn. 4.
[5] EuGH U. v. 11. 8. 1995 Rs. C-433/93 – *Kommission/Deutschland*, Slg. 1995, 2303, Rn. 19; hierzu ausf. unten Rn. 77 ff.

§ 97. Allgemeine Grundsätze   5, 6   § 97 GWB

reich ist in den §§ 99 und 100 festgeschrieben. § 99 definiert den Begriff des „öffentlichen Auftrags": öffentliche Aufträge sind Verträge über die Erbringung von Waren-, Bau- und Dienstleistungen zwischen öffentlichen Auftraggebern und Unternehmen gegen Entgelt. § 100 Abs. 1 legt fest, dass der Vierte Teil des GWB nur für Aufträge gilt, die bestimmte in der Vergabeverordnung festgelegte Auftragswerte – sog. Schwellenwerte – erreichen oder überschreiten. Zudem sind in § 100 Abs. 2 Ausnahmen aufgezählt, in denen die Grundsätze des § 97 und ihre Konkretisierungen in den Verfahrensvorgaben keine Anwendung finden. Fällt die jeweilige Auftragsvergabe in den so festgelegten Anwendungsbereich, besteht eine grundsätzliche Pflicht zur **Durchführung europaweit auszuschreibender Vergabeverfahren** unter strikter Beachtung der Grundsätze des § 97.

II. Art. 97 Abs. 1 – Wettbewerbs- und Transparenzgrundsatz

1. Allgemeines

Öffentliche Auftraggeber sind bei der Vergabe öffentlicher Aufträge oberhalb der 5
Schwellenwerte grundsätzlich **zur Durchführung von Vergabeverfahren** unter Beachtung der Vergabegrundsätze verpflichtet.[6] Die Auftragsvergabe hat im Wettbewerb und im Wege transparenter Vergabeverfahren zu erfolgen. Die Stellung der grundlegenden materiellen **Rechtsgrundsätze des Wettbewerbs und der Transparenz** zu Beginn der Vorschriften über die Vergabe öffentlicher Aufträge unterstreicht ihre Bedeutung als „**tragende Grundsätze**" des Vergaberechts.[7] In der Voranstellung dieser Grundsätze kommt das gewandelte Verständnis eines nunmehr wettbewerblich orientierten Vergaberechts zum Ausdruck. § 97 Abs. 1 strahlt auf die nachfolgenden Vorschriften aus und beeinflusst deren Auslegung und Anwendung.

2. Wettbewerbsgrundsatz

a) **Allgemeines.** Für das EG- wie auch das GWB-Vergaberecht ist Wettbewerb 6
zugleich Grundlage und Ziel. Die Festlegung auf das Wettbewerbsprinzip entspricht marktwirtschaftlichen Grundsätzen. Die wettbewerbliche Vergabe ist das **tragende Prinzip** und das zentrale Element bei der Beschaffungstätigkeit der öffentlichen Hand. Dabei schließt das wettbewerbliche Prinzip die Forderung ein, dass bei den Beschaffungen zur Bedarfsdeckung der öffentlichen Hand „**die Kräfte des Marktes zum Einsatz gebracht**" und mehrere, konkurrierende Bewerber bzw. Bieter herangezogen werden sollen.[8] In dieser Forderung erschöpft sich der Wettbewerbsgrundsatz aber nicht. Vielmehr soll der Wettbewerb gegen alle Beeinträchtigungen geschützt werden, die ihm von verschiedenen Seiten drohen. Der Schutz der wettbewerblichen Vergabe ist denkbar weit und umfassend zu verstehen. Die so umfassend zu verstehende Durchsetzung des wettbewerblichen Prinzips bei der Bedarfsdeckung der öffentlichen Hand liegt – was stets zu beachten ist – nicht nur im Interesse des jeweiligen öffentlichen Auftraggebers, sondern auch des potentiellen Auftragnehmers. Das wettbewerbliche Prinzip soll also auch den Bewerber oder Bieter im Vergabeverfahren schützen.[9] Größtmöglicher Wettbewerb soll eine breite Beteiligung der Wirtschaft an der Versorgung der öffentlichen Institutionen und Unternehmen gewährleisten und nach einer Vielzahl von Angeboten zur Zuschlagserteilung an

---

[6] 1. VK Bund B. v. 13. 7. 2001 VK 1 – 19/01 – *Speditionstransportleistungen*, WuW/E Verg 517 = VergabeR 2001, 433.

[7] So OLG Saarbrücken B. v. 24. 11. 1999 5 Verg 1/99, ZVgR, 2000, 181 ff. in Bezug auf den Transparenzgrundsatz.

[8] OLG Düsseldorf B. v. 17. 6. 2002 Verg 18/02, WuW/E Verg 611 – *DAR,* unter Verw. auf *Daub/Eberstein-Müller* VOL/A, 5. Aufl., § 2 (Abschnitt 1) Rn. 7, *Müller-Wrede-Roth* VOL/A, § 2 Rn. 7.

[9] OLG Düsseldorf B. v. 17. 6. 2002 Verg 18/02, WuW/E Verg 611 – *DAR.*

solche Unternehmen führen, die zuvor Wirtschaftlichkeit und Leistungsfähigkeit unter Beweis gestellt haben.[10] Grundsätzlich hat die Auftragsvergabe so zu erfolgen, dass ein möglichst wirksamer **(Bieter-)Wettbewerb** um die Aufträge gewährleistet ist.[11] Anbieter und Nachfrager, die unter gegenseitigem Einfluss stehen, sollen sich **selbständig am Markt** um Geschäftsverbindungen und Kunden bemühen.[12] Der Wettbewerbsgrundsatz ist **in allen Phasen** des Vergabeverfahrens zu beachten.

7   Der vergaberechtliche Wettbewerbsgrundsatz des § 97 Abs. 1 richtet sich an die öffentlichen Auftraggeber i. S. d. § 98: sie haben bei ihrer Auftragsvergabe die vergaberechtlichen Vorschriften anzuwenden. Nur der öffentliche Auftraggeber kann daher Gegner eines Nachprüfungsverfahrens sein, selbst wenn sich der Auftraggeber bei der Durchführung des Vergabeverfahrens der Hilfe eines Dritten bedient hat.[13] Der Auftraggeber kann den Wettbewerb zwischen potentiellen Bietern durch die Verfahrensweise bei der Vergabe sowie durch eine entsprechende Gestaltung der Verdingungsunterlagen fördern. Der in Abs. 1 festgeschriebene Wettbewerbsgrundsatz bezieht sich dagegen nicht auf den Wettbewerb zwischen öffentlichen Auftraggebern i. S. d. § 98. Von diesen zu beachten – auch bei der Bildung von Einkaufsgemeinschaften – sind aber insbesondere die §§ 1 und 20.[14] Bei deren Verletzung ist allerdings der Rechtsweg zur Vergabekammer gem. der §§ 102 ff. nicht eröffnet.[15] Der Bieter muss eine solche Verletzung vor den Kartellgerichten geltend machen.

8   **b) Ausformungen des vergaberechtlichen Wettbewerbsgrundsatzes.** Die EG-Vergaberichtlinien gestalten das Vergabeverfahren im Interesse eines echten Wettbewerbs derart aus, dass der Auftraggeber grundsätzlich in der Lage ist, verschiedene Angebote miteinander zu vergleichen.[16] Der Wettbewerbsgrundsatz will prinzipiell allen potentiellen Bietern **einen freien und gleichen Zugang zu den Beschaffungsmärkten** der öffentlichen Hand garantieren. Der Auftraggeber muss grundsätzlich mit mehreren Bietern verhandeln.[17] Der Wettbewerbsgrundsatz kommt des weiteren bereits in der gesetzlich angeordneten Reihenfolge der Anwendung der Vergabeverfahrensarten zum Ausdruck: breiter Wettbewerb wird am ehesten durch das den Vorrang genießende offene Verfahren[18] gewährleistet. Die **Beauftragung von Unternehmen der öffentlichen Hand,** die unter Verstoß gegen ein gesetzliches Verbot wirtschaftlich tätig werden, kann ebenfalls gegen das Wettbewerbsprinzip verstoßen.[19] **Parallelausschreibungen** können in Einzelfällen zwar zulässig sein,[20] allerdings darf die Parallelausschreibung nicht gegen Grundprinzipien des Vergaberechts und bieterschützende Einzelvorschriften verstoßen.[21] Gleiches gilt für Dop-

---

[10] Regierungsbegründung zum Vergaberechtsänderungsgesetz BT-Drucks. 13/9340, S. 14.
[11] So OLG Schleswig B. v. 14. 8. 2000 6 Verg 2/2000, OLGR 2000, 470.
[12] *Gleiss/Hirsch,* Kommentar zum EG-Kartellrecht, § 97 Rn. 112.
[13] OLG Düsseldorf B. v. 26. 7. 2002 Verg 28/02, VergabeR 2003, 87 ff.
[14] OLG Düsseldorf U. v. 12. 5. 1999 U (Kart) 11/98 – *Löschfahrzeuge,* WuW/E DE-R 150; OLG Celle U. v. 15. 5. 1998 13 U (Kart) 260/97 – *Feuerwehrbedarfsartikel,* WuW/E Verg 188, 189 ff.; BGH B. v. 18. 1. 2000 KVR 23/98 – *Tariftreueerklärung,* WuW/E Verg 297; BGH U. v. 12. 11. 2002 KZR 11/01 – *Ausrüstungsgegenstände für Feuerlöschzüge,* WuW/E DE-R, 1087 ff.; zu der Problematik der Auftraggebergemeinschaften ausführlich *Kämper/Heßhaus* NZBau 2003, 303 ff.
[15] OLG Düsseldorf B. v. 22. 5. 2002 Verg 6/02 – *kommunale Einkaufsgesellschaft,* WuW/E Verg 658 ff.
[16] EuGH U. v. 16. 9. 1999 Rs. C-27/98 – *Metalmeccanica,* Slg. 1999, I-5697 = WuW/E Verg 347.
[17] OLG Celle B. v. 16. 1. 2002 13 Verg 1/02, VergabeR 2002, 303.
[18] § 100 Abs. 5 GWB, § 3 Nr. 2 VOL/A, VOB/A, § 3a Nr. 1 VOL/A, § 3a Nr. 2 VOB/A.
[19] OLG Düsseldorf B. v. 17. 6. 2002 Verg 18/02, WuW/E Verg 611 – *DAR.*
[20] Zu Bau- und Dienstleistungen vgl. KG Berlin B. v. 22. 8. 2001 KartVerg 3/01 – *TU-BIB,* VergabeR 2001, 392; zu Generalunternehmerleistungen und Fachlosen vgl. BayObLG B. v. 21. 12. 2000 Verg 13/00, VergabeR 2001, 131.
[21] OLG Celle B. v. 8. 11. 2001 13 Verg 9/01, VergabeR 2002, 293.

pelausschreibungen. Leitet ein Auftraggeber für einen identischen Beschaffungsvorgang, der nur einmal realisiert werden kann und soll, vor Abschluss der ursprünglichen Ausschreibung ein weiteres Vergabeverfahren ein, so verletzt die Doppelausschreibung für diejenigen Bieter, die im ursprünglichen Verfahren ein zuschlagsfähiges Angebot abgegeben haben, sowohl deren Recht auf Durchführung eines fairen Wettbewerbs als auch auf Beachtung des Diskriminierungsverbots.[22]

Absprachen der Bieter mit dem Ziel, Wettbewerb durch Ausgleichszahlungen, Preisabsprachen, Einigungen über Abgabe bzw. Nichtabgabe von Angeboten etc. auszuschalten, sind bereits gem. § 1 GWB verboten.[23] Der Auftraggeber kann gegebenenfalls Schadensersatzansprüche geltend machen.[24] Die Bildung von **Bietergemeinschaften** ist dagegen grundsätzlich gestattet.[25] Die Bildung oder Änderung von Bietergemeinschaften in einem laufenden Vergabeverfahren ist grundsätzlich unzulässig.[26] Auch die Absprache zwischen Unternehmen, dass eines der Unternehmen auf eine Angebotsabgabe verzichtet,[27] stellt einen Verstoß gegen den Wettbewerbsgrundsatz dar. Nehmen zwei Unternehmen in gegenseitiger Kenntnis der Angebote an der Ausschreibung teil, so führt diese in der Regel wettbewerbswidrige Absprache zum zwingenden Ausschluss dieser Bieter.[28] Wettbewerbsverstöße durch Absprachen können auch **strafrechtliche Konsequenzen** haben (§ 298 StGB – Submissionsabsprachen).[29] 9

Wesentliches und unverzichtbares Kennzeichen einer Auftragsvergabe im Wettbewerb ist die Gewährleistung eines **Geheimwettbewerbs** zwischen den an der Ausschreibung teilnehmenden Bietern;[30] daher ist auch die parallele Beteiligung eines Unternehmers als Einzelbieter und als Mitglied einer Bietergemeinschaft oder Doppelbewerbungen und Angeboten verbundener Unternehmen[31] wegen der Offenlegung von Angeboten gegenüber Mitbietern[32] nicht zulässig.[33] Ist ein Einzelbieter mit einem anderen Unternehmen, welches Mitglied einer Bietergemeinschaft ist, über eine gemeinsame Holdinggesellschaft verbunden, besteht eine Vermutung für eine wettbewerbsbeschränkende Abrede aber dann nicht, wenn die Verbindung der „Schwesterunternehmen" bei Angebotsabgabe noch nicht rechtswirksam war.[34] Auch eine gesellschaftsrechtliche Verbindung reicht hierfür nicht automatisch aus, soweit die Verbindungen nicht eine Abhängigkeit und Beherrschung voraussetzende Qualität einer Unternehmensverbindung i. S. d. §§ 36 Abs. 2 GWB, §§ 17, 18 AktG erlangt haben.[35] 10

---

[22] OLG Naumburg B. v. 13. 10. 2006 1 Verg 11/06, BR 2006, 696 (red. Leitsatz).
[23] BGH U. v. 11. 7. 2001 1 StR 576/00, NJW 2001, 3718 = NZBau 2001, 574.
[24] Vgl. hierzu die Kommentierungen zu § 33 und § 126 GWB, jeweils m. w. N.
[25] Vgl. hierzu das Positionspapier der Kartellbehörden des Bundes und der Länder v. 8. 11. 2001, Kartellrechtliche Beurteilung von Bietergemeinschaften; vgl. hierzu auch OLG Naumburg B. v. 21. 12. 2000 1 Verg 10/00 – *Abschleppaufträge*, WuW/E Verg 493, 495; OLG Frankfurt B. v. 27. 6. 2003 11 Verg 2/03, WuW/E Verg 823; OLG Düsseldorf B. v. 23. 3. 2005 VII-Verg 68/04.
[26] EuGH U. v. 23. 1. 2003 Rs. C-57/01 – *Makedemiko Metro*, NZBau 2003, 219; OLG Düsseldorf B. v. 26. 1. 2005 VII-Verg 45/04, VergabeR 2005, 374, 376, hierzu *Prieß/Gabriel*, WuW 2006, 385, 388.
[27] Vgl. BKartA B. v. 16. 11. 2004, WuW/E DE-V 995 – *Rethmanns*; OLG Düsseldorf B. v. 27. 7. 2006 Verg 23/06, VergabeR 2007, 229.
[28] OLG Düsseldorf B. v. 22. 6. 2006 VII Verg 2/06.
[29] Vgl. u. a. § 298 StGB – Wettbewerbsbeschränkende Absprachen bei Ausschreibungen, hierzu *Kleinmann/Berg* BB 1998, 277 ff.; *Achenbach* WuW 1997, 958. Hierzu auch BGH U. v. 11. 7. 2001 1 StR 576/00 – *Flughafen München*, WuW/E Verg 486 ff.
[30] OLG Düsseldorf B. v. 16. 9. 2003 Verg 52/03, VergabeR 2003, 690.
[31] OLG Dresden B. v. 28. 3. 2006 WVerg 4/06, VergabeR 2006, 793 ff.; OLG Düsseldorf B. v. 13. 4. 2006 VII-Verg 10/06, NZBau 2006, 810 ff.
[32] OLG Koblenz B. v. 26. 10. 2005 1 Verg 4/05.
[33] Thüringer OLG B. v. 19. 4. 2004 6 Verg 3/04, VergabeR 2004, 520.
[34] OLG Dresden B. v. 28. 3. 2006 WVerg 4/06, VergabeR 2006, 793 ff.
[35] OLG Düsseldorf B. v. 13. 4. 2006 Verg 10/06, NZBau 2006, 810 ff.

11 Der **Grundsatz der eindeutigen und erschöpfenden Leistungsbeschreibung**[36] schafft die Voraussetzung dafür, dass Bieter ihre Angebote unter gleichen Bedingungen erstellen können und bei der Wertung vergleichbare Angebote vorliegen.[37] Daher muss sich der Auftraggeber vor Festlegung der Ausschreibungsbedingungen auch einen möglichst breiten Überblick über die in Betracht kommenden Verfahren verschaffen.[38] Dem Wettbewerbsgrundsatz läuft es ebenfalls zuwider, wenn der erfolgreiche Bieter dazu verpflichtet wird, eine Nichtschuld zu übernehmen.[39] Folgende **Konkretisierungen des Wettbewerbsgrundsatzes** lassen sich in den nationalen Vergaberegelungen in den Vergabe-, Vertrags- und Verdingungsordnungen nachweisen: ausreichende Bemessung von Angebots- und Ausführungsfristen,[40] Ausschluss von Angeboten, die eine unzulässige Wettbewerbsabsprache darstellen,[41] Verbot der Festsetzung von ungerechtfertigten Sicherheitsleistungen[42] sowie das Nachverhandlungsverbot.[43] Geschützt durch das Nachverhandlungsverbot werden aber nur die weiteren Teilnehmer am Wettbewerb, nicht hingegen ein unzulässigerweise nachverhandelnder Bieter.[44]

12 Verstöße gegen den Wettbewerbsgrundsatz bestehen u. a. auch in absichtlicher Herbeiführung einer Verfahrensaufhebung, um anschließend im Verhandlungsverfahren vergeben zu können, Nichtbeachtung von Veröffentlichungsvorschriften und der Verengung der Leistungsbeschreibung auf bestimmte Hersteller.[45]

13 Die Beachtung des Wettbewerbsgrundsatzes ist als **subjektives Recht** i. S. d. § 97 Abs. 7 anzusehen. Bei einem Verstoß gegen den Wettbewerbsgrundsatz durch den Auftraggeber kann der Bieter Primärrechtsschutz vor den Vergabekammern und den Vergabesenaten der Oberlandesgerichte[46] wie auch Sekundärrechtsschutz vor den ordentlichen Gerichten in Form von Schadensersatz geltend machen.

3. Vergaberechtliches Transparenzgebot

14 **a) Allgemeines.** Die Sicherstellung von Transparenz im Beschaffungswesen dient den Interessen von Auftragnehmer und Auftraggeber. Der Transparenzgrundsatz ergibt sich bereits aus dem primären Gemeinschaftsrecht[47] wie auch den Grundrechten[48] und führt in beiden Fällen zu einer grundsätzlichen Ausschreibungs- und Informationspflicht, die unabhängig von Schwellenwerten besteht. Transparenz ist weiter **Voraussetzung für Primär- und Sekundärrechtsschutz** der Bieter. Transparenz führt zu mehr Möglichkeiten aller Beteiligten (mehr Bieter, bessere Informationen der Bieter über Ausschreibungen), stärkt das Vertrauen der Bieter in die Verlässlichkeit der öffentlichen Hand, mindert Missbrauch, Verschwendung von öffentlichen Geldern und Korruption. Infolge der Informations- und Publikationspflicht der öffentlichen Auftraggeber wird größerer **Schutz vor**

---

[36] § 9 Nr. 1 VOB/A, § 8 Abs. 1 Nr. 1 VOL/A, § 8 Abs. 1 VOF.
[37] Zu Auskunftseinholungspflichten bei unklaren Angeboten OLG Brandenburg B. v. 4. 3. 2008 Verg W 3/08 OLGR Brandenburg 2008, 645 ff.
[38] OLG Jena B. v. 26. 6. 2006 9 Verg 2/06 VergabeR 2007, 220 ff.
[39] OLG Celle B. v. 1. 3. 2001 13 Verg 1/01, WuW/E Verg 454, 456 – *Maklercourtage*.
[40] §§ 18 Nr. 1, 11 Nr. 1 VOB/A, §§ 18 Nr. 1, 11 Nr. 1 VOL/A, § 14 VOF.
[41] § 25 Nr. 1 Abs. 1 c VOB/A, § 25 Nr. 1 Abs. 1 f VOL/A.
[42] § 14 VOL/A; § 14 VOB/A.
[43] §§ 2 Abs. 1 S. 3, 24 Nr. 3 VOB/A, § 24 Nr. 2 VOL/A; vgl. hierzu auch BayObLG München B. v. 13. 3. 2001 Verg 1/01, IBR 2001, 387 = VergabeR 2001, 222.
[44] OLG Jena U. v. 9. 5. 2007 7 U 1046/06 BauR 2008, 1452 ff.
[45] VÜA Bund B. v. 1. 7. 1997 1 VÜ 9/97 – *Regale 2*, WuW/E Verg 63, 65.
[46] Vgl. hierzu die Kommentierung zu §§ 102 ff.
[47] Vgl. EuGH U. v. 7. 12. 2000 Rs. L-324/98 – *Telaustria*, Slg. 2000, I-10 745 = WuW/E Verg 385; u. v. 21. 7. 2005 Rs. C-231/03 – *Coname*, WuW/E Verg 1119; U. v. 13. 10. 2005 Rs. C-458/03 – *Parking Brixen*, WuW/E Verg 1155.
[48] BVerwGE 118, 270 – *Linienverkehr*, WuW/E Verg 938.

staatlicher **Willkür** geschaffen. Der Gleichbehandlungsgrundsatz setzt eine Verpflichtung zur Transparenz voraus; sonst könnte nicht geprüft werden, ob er beachtet ist.[49] Die Pflicht zur Beachtung des vergaberechtlichen Transparenzprinzips besteht grundsätzlich unabhängig von der Art des jeweiligen Vergabeverfahrens.[50] Trotz geringer formaler Verfahrensanforderungen ist er auch im Verhandlungsverfahren nach § 101 Abs. 4 zu berücksichtigen.[51]

Dieser für das Vergaberecht elementare Grundsatz durchzieht das **gesamte Vergabeverfahren** und steht in engem Zusammenhang mit dem Wettbewerbs- und dem Gleichbehandlungsgrundsatz. Transparenz ist **Voraussetzung für Wettbewerb.** Wettbewerb ist nur möglich, wenn potentielle Wettbewerber überhaupt Kenntnis von den nachgefragten Leistungen und den Ausschreibungsbedingungen haben. Die **Vergabeverfahren müssen übersichtlich und nachvollziehbar** ausgestaltet sein. Die Transparenz der Vergabebedingungen und der Zuschlagskriterien sichert eine gleichmäßige Grundlage der Angebotswertung sowie die bessere sachliche Nachvollziehbarkeit der Auswahl des wirtschaftlichsten Angebots.[52] Die gesetzliche Festschreibung des Vergabeverfahrens im GWB und in den Verdingungsordnungen stellt die Umsetzung des gemeinschaftsrechtlichen Transparenzgebotes dar. Im Rahmen der WTO wird die Verabschiedung eines **multilateralen Transparenzabkommens** für das Vergabewesen diskutiert.[53] **Adressaten** des Transparenzgebotes sind öffentliche Auftraggeber i. S. d. § 98 GWB. 15

b) Ausformungen des vergaberechtlichen Transparenzgrundsatzes. Der Transparenzgrundsatz wird durch **öffentliche Ausschreibung** und **Öffentlichkeit** verwirklicht.[54] Hierdurch erhalten potentielle Auftraggeber Kenntnis von den zu vergebenden Aufträgen und Entscheidungen der Vergabestelle während des Vergabeverfahrens. Diese Informationen bieten die Grundlage der Inanspruchnahme von Rechtsschutz. Eine **klare Trennung der Prüfungsschritte**[55] zum einen innerhalb der Eignungsprüfung[56] und zum anderen zwischen Eignungsprüfung und Wertungsverfahren[57] bezogen auf das wirtschaftlichste Angebot ist unverzichtbar, damit Vergabeentscheidungen objektiv und überprüfbar bleiben.[58] Hieraus folgt grundsätzlich die strikte Trennung der vier Wertungsstufen in Ausschlussgründe,[59] Eignung,[60] Angebotsprüfung auf unangemessene Preise[61] und schließlich wirtschaftlichstes Angebot.[62] 16

Aus dem Transparenzgebot ergeben sich **Anforderungen an die Leistungsbeschreibung** hinsichtlich Leistungsinhalt, Veröffentlichung der Auswahl- und Zuschlagskriterien sowie der Auftragskriterien. Die nachgefragte Leistung (Leistungsinhalt und Auftragsbedingungen) ist so eindeutig und erschöpfend zu beschreiben, dass alle Bewerber die Beschrei- 17

---

[49] EuGH U. v. 18. 10. 2001 Rs. C-19/00 – *SIAC Construction,* Slg. 2001, I-7725 = WuW/E Verg 503, Rn. 41 f.; U. v. 18. 11. 1999 Rs. C-275/98 – *Unitron Scandinavia,* Slg. 999, I-8291 = WuW/E Verg 281, Rn. 31.
[50] BayObLG B. v. 5. 11. 2002 Verg 22/02, VergabeR 2003, 187, 188.
[51] Ebenso u. a. Byok/Jaeger-*Hailbronner,* 2. A. § 97 Rn. 202.
[52] OLG Schleswig B. v. 13. 2. 2001 6 Verg 1/01, VergabeR 2001, 214 ff.
[53] Hierzu Einführung Vor §§ 97 ff. Rn. 113.
[54] Vgl. auch *Bechtold,* GWB, 3. Aufl. 2005, § 97 Rn. 6.
[55] Hierzu unten Rn. 40 ff.
[56] § 25 VOB/A und § 25 VOL/A; hierzu u. a. 2. VK Bund B. v. 26. 5. 2000 VK 2 – 8/00 – *Verlagsvertrag,* WuW/E Verg 354, 356 f.
[57] So bereits EuGH U. v. 20. 9. 1988 Rs. 31/87 – *Beentjes,* Slg. 1988, 4635, Rn. 16.
[58] BGH U. v. 8. 9. 1998 X ZR 109/96 – *Klärwerkserweiterung,* WuW Verg/E 148, 150.
[59] Hierzu unten Rn. 54.
[60] Hierzu unten Rn. 40 ff.
[61] Hierzu unten Rn. 71.
[62] Hierzu unten Rn. 61 ff.

bung im gleichen Sinne verstehen.⁶³ Die Leistungsbeschreibung ist nach dem **objektiven Empfängerhorizont** auszulegen.⁶⁴ Zur Feststellung, wie die beteiligten Fachkreise die in der Ausschreibung verwendete Terminologie üblicherweise im speziellen fachlichen Sinne verstehen, kann ein Sachverständiger herangezogen werden.⁶⁵ Ein **missverständlich formuliertes Zuschlagskriterium** ist als nicht hinreichend bekannt gemacht anzusehen und darf deshalb bei der Wertung der Angebote nicht berücksichtigt werden.⁶⁶ Alle Bieter müssen zum Zeitpunkt der Angebotserstellung über die gleichen Informationen verfügen, um die gleichen Chancen zu haben, ansonsten liegt neben einem Verstoß gegen das Gleichbehandlungsgebot auch ein Verstoß gegen das Transparenzprinzip vor.⁶⁷

18 Die Bieter dürfen nicht dadurch der Willkür der Vergabestelle ausgeliefert werden, dass der Auftraggeber die Möglichkeit hat, das Anforderungsprofil nachträglich zu verändern oder zu variieren. Daher darf die Vergabeentscheidung nur auf solche Zuschlagskriterien gestützt werden, die zum Zeitpunkt der Aufforderung zur Angebotsabgabe bekannt gemacht worden sind.⁶⁸ Werden im Voraus Regeln für die Gewichtung der Kriterien für die Auswahl der Bewerber, die zur Abgabe eines Angebots aufgefordert werden, aufgestellt, ist der Auftraggeber verpflichtet, diese Regeln in der Auftragsbekanntmachung oder in den Ausschreibungsunterlagen anzugeben.⁶⁹ Die **Zuschlagskriterien in den Verdingungsunterlagen** oder in der Bekanntmachung müssen so gefasst werden, dass alle durchschnittlich fachkundigen Bieter sie bei Anwendung der üblichen Sorgfalt in gleicher Weise auslegen können. Der Auftraggeber muss sich während des gesamten Verfahrens an diese Auslegung der Zuschlagskriterien halten.⁷⁰ Der EuGH hat es als zulässig angesehen, einzelne Zuschlagskriterien durch **Unterkriterien** zu konkretisieren.⁷¹ Auch die Unterkriterien und eine etwaige Bewertungsmatrix sind mitzuteilen; dies gilt jedenfalls dann, wenn sie Einfluss auf die Erstellung des Angebots haben können.⁷²

19 Die **Bekanntmachung** ist dem Amt für Veröffentlichungen der Europäischen Gemeinschaften zu übermitteln; die Veröffentlichung erfolgt im Supplement zum Amtsblatt der Europäischen Gemeinschaften – eine elektronische Abfrage ist über die elektronische Datenbank „TED" (Tenders Electronic Daily) möglich.⁷³ § 14 VgV bestimmt, dass bei Bekanntmachungen im Amtsblatt die Bestimmungen des **gemeinsamen Vokabulars für das öffentliche Auftragswesen** zur Beschreibung des Auftragsgegenstandes zu verwenden sind.⁷⁴ Mit der VO 1564/2005/EG hat die Kommission Standardformulare für die Veröffentlichung von Vergabebekanntmachungen im Rahmen von Verfahren zur Vergabe

---

⁶³ Vgl. u.a. § 9 VOB/A; vgl. z.B. OLG Dresden B. v. 10. 1. 2000 WVerg 1/99, BauR 2000, 1582 ff.; 2. VK Bund B. v. 14. 7. 2000 VK 2 – 16/00 S. 20.
⁶⁴ OLG Koblenz U. v. 19. 5. 2006 8 U 69/05, VergabeR 2007, 261; OLG Düsseldorf B. v. 24. 5. 2006 VII – Verg 14/06, ZfBR 2007, 181 ff.; OLG Koblenz B. v. 5. 12. 2007 Verg 7/07.
⁶⁵ OLG Koblenz U. v. 19. 5. 2006 8 U 69/05, VergabeR 2007, 261.
⁶⁶ OLG Bremen B. v. 24. 5. 2006 1 Verg 1/06, ZfBR 2006, 719 ff.
⁶⁷ OLG Celle B. v. 16. 1. 2002 Verg 1/02, VergabeR 2002, 299, 301 f.
⁶⁸ OLG Schleswig B. v. 13. 2. 2001 6 Verg 1/01, VergabeR 2001, 214 ff.; KG Berlin B. v. 3. 11. 1999 Kart Verg 3/99 – *Videoaufnahmesysteme*, WuW/E Verg 341 f.; 2. VK Bund B. v. 22. 8. 2000 VK 2 – 20/00 – *Bahnübergänge*, WuW/E Verg 382 f.
⁶⁹ EuGH U. v. 12. 12. 2002 Rs. C-470/99 – *Universale Bau AG*, Slg. 2002, I-11 617 = WuW/E Verg 701, Rn. 100.
⁷⁰ EuGH U. v. 18. 10. 2001 Rs. C-19/00 – *SIAC Construction*, Slg. 2001, I-7725 = WuW/E Verg 503, Rn. 42 f.
⁷¹ EuGH U. v. 24. 1. 2005, Rs. C 331/04 – *ATI*. Zur Konkretisierung und Gewichtung von Eignungskriterien s. unten Rn. 40 ff.
⁷² OLG München B. v. 19. 12. 2007 Verg 12/07, ZfBR 2008, 210 ff.; OLG Düsseldorf B. v. 19. 7. 2006 VII-Verg 27/06.
⁷³ http://ted.eur-op.eu.int/static/home/de/homepage.ini.
⁷⁴ Common Procurement Vocabulary (CPV).

öffentlicher Aufträge gem. Rl. 2004/17/EG und Rl. 2004/18/EG eingeführt. Die neuen Formulare sind seitens der öffentlichen Auftraggeber seit dem 1. 2. 2006 für ihre Bekanntmachungen von Vergaben oberhalb der EG-Schwellenwerte anzuwenden. **Mängel einer nicht ordnungsgemäßen Bekanntmachung** der Auftragskriterien sind nicht heilbar.[75] Befindet sich ein Antragsteller im Nachprüfungsverfahren im **Irrtum über den Sach- und Entscheidungsstand** im Vergabeverfahren, so kann es zur Wiederherstellung der Transparenz des Vergabeverfahrens geboten sein, dass die Vergabekammer ihn über die ihn betreffenden Zwischenentscheidungen der Vergabestelle informiert.[76]

Zur **Gewährleistung eines effektiven Rechtsschutzes** sind alle wesentlichen Entscheidungen laufend, d. h. vor Zuschlagserteilung, und in nachvollziehbarer Weise in einem **Vergabevermerk** zu dokumentieren.[77] Die **Dokumentation** dient dem Ziel, die Entscheidungen der Vergabestelle transparent und sowohl für die Nachprüfungsinstanzen als auch für die Bieter überprüfbar zu machen. Es genügt dabei nicht, dass der Vergabevermerk erst nach Abschluss des Vergabeverfahrens und Zuschlagserteilung vorliegt. Vielmehr muss die Dokumentation aus Gründen der Transparenz und Überprüfbarkeit zeitnah erfolgen und laufend fortgeschrieben werden.[78] Die einzelnen Stufen des Verfahrens, die maßgeblichen Feststellungen und die Begründung der einzelnen Entscheidungen müssen erfasst werden. Die im Vergabevermerk enthaltenen Angaben und die in ihm mitgeteilten Gründe für die getroffenen Entscheidungen müssen so detailliert sein, dass sie für einen mit der Sachlage des jeweiligen Vergabeverfahrens vertrauten Leser nachvollziehbar sind.[79] Vor allem die Wertungsentscheidung als die zentrale Entscheidung im gesamten Vergabeverfahren gehört zu den wesentlichen Verfahrensschritten, die besonders sorgfältig zu dokumentieren sind.[80] Die Prüfung und Wertung aller veröffentlichten Wertungskriterien ist ausreichend zu dokumentieren.[81] Auch Bietergespräche zur Aufklärung des Angebotsinhaltes müssen in den Vergabeakten schriftlich niedergelegt werden. Die Begründung der Vergabeentscheidung muss nachvollziehbar sein. Auch die Aufhebung eines Nachprüfungsverfahrens ist in jedem Verfahrensstadium zeitnah zu dokumentieren, um Manipulationen zu verhindern.[82]

Der **Vergabevermerk** sollte daher enthalten:[83] Name und Anschrift des Auftraggebers, gewähltes Vergabeverfahren mit Begründung, Art und Umfang der vom Vertrag erfassten Leistung, Art und Umfang der einzelnen Lose, ggf. mit Begründung, Wert des Auftrags bzw. der einzelnen Lose, Auskunft über die Erkundung des Bewerberkreises, einzelne Stufen des Vergabeverfahrens mit genauer Datumsangabe, Namen der in die Vergabe einbezogenen Bewerber oder Bieter mit Begründung, Namen der ausgeschlossenen Bewerber von der Teilnahme am Wettbewerb und die Gründe für ihren Ausschluss, die Gründe für die Ablehnung von ungewöhnlich niedrigen Angeboten, Angabe zu den Gründen bzw. zur Höhe vereinbarter Vertragsstrafen und Sicherheitsleistungen, Angabe zu den Gründen für

---

[75] OLG Rostock B. v. 9. 5. 2001 17 W 4/01.
[76] OLG Naumburg B. v. 1. 11. 2000 Verg 7/00.
[77] OLG Brandenburg B. v. 3. 8. 1999 – 6 Verg 1/99 – *Flughafen Berlin*, WuW Verg 231, 238 = NZBau 2000, 39; OLG Düsseldorf B. v. 17. 3. 2004 VII-Verg 1/04, NVwZ 2004, 1146; OLG Jena B. v. 26. 6. 2006 9 Verg 2/06, VergabeR 2007, 220; OLG Naumburg B. v. 13. 10. 2006 1 Verg 6/06, NZBau 2007, 200.
[78] OLG Rostock B. v. 20. 8. 2003 17 Verg 9/03; OLG Düsseldorf B. v. 17. 3. 2004 VII-Verg 1/04, NVwZ 2004, 1146.
[79] OLG Düsseldorf B. v. 17. 3. 2004 VII-Verg 1/04, NVwZ 2004, 1146; OLG Düsseldorf B. v. 13. 9. 2001 Verg 4/01, VergabeR 2004, 232.
[80] 3. VK Bund B. v. 28. 9. 2004 VK 3 – 107/04, Umdruck S. 35.
[81] 3. VK Bund B. v. 19. 7. 2005 VK 1 – 14/05.
[82] OLG Brandenburg B. v. 19. 12. 2002 VergW 9/02, ZfBR 2003, 287, 290.
[83] Vgl. *Weyand*, ibr-online-Kommentar VergabeR, § 97 Rn. 120, unter Verweis auf VK Südbayern B. v. 12. 5. 2001 20–06/01; s. nunmehr die Vorgaben in Art. 43 VKR.

die Abweichung bei der Verjährung von Gewährleistungsansprüchen, Zahl der Änderungsvorschläge und Nebenangebote, Angabe der Gründe für ein Abweichen von einer angemessenen Angebots- bzw. Zuschlags- und Bindefrist, Namen der berücksichtigten Bieter und Gründe für ihre Auswahl, Ergebnis der Prüfung der Angebote, Angaben über Verhandlungen mit Bietern und deren Ergebnis, Ergebnis der Wertung der Angebote, Name des Auftragnehmers und Gründe für die Erteilung des Zuschlags auf sein Angebot, ggf. Anteile der beabsichtigten Nachunternehmerleistungen, ggf. Angaben über die Ausfertigung einer Vertragsurkunde, Angaben und Begründung für eine Aufhebung der Ausschreibung.

22 Unterlegene Bieter haben einen Anspruch darauf, vor Zuschlagerteilung über ihre Ablehnung informiert zu werden.[84] Die sich in „unmittelbarer Nähe" des annehmbarsten Angebots befindlichen Bieter müssen erfahren, wie die Vergabestelle mit ihren Angeboten umgegangen ist. Nur wenn ein Bieter die Umstände der Wertung seines Angebots vollständig erfährt, kann er – trotz Unkenntnis der Vergabeakte im Übrigen – in die Lage versetzt werden zu entscheiden, ob er sich gegen die beabsichtigte Entscheidung der Vergabestelle wehren will.[85] Diese Informationspflicht leitet sich u. a. aus Art. 19 Abs. 4 u. Art. 20 Abs. 3 GG ab und ist nunmehr als **Verpflichtung zur Vorabinformation** in § 13 VgV festgeschrieben: Bieter, deren Angebote nicht berücksichtigt werden sollen, sind spätestens 14 Kalendertage vor dem mit dem Zuschlag verbundenen Vertragsschluss über den Namen des Bieters, dessen Angebot angenommen werden soll, und den Grund der vorgesehenen Nichtberücksichtigung ihres Angebotes zu informieren. Die Information über die Nichtberücksichtigung hat unabhängig von einem entsprechenden Antrag des Bieters zu erfolgen.

23 Die Transparenz-, Teilnahme- und Publizitätsvorschriften sind als **subjektive Rechte** der Unternehmer i. S. v. § 97 Abs. 7 anzusehen. Bei deren Verletzung ist die Einleitung eines Nachprüfungsverfahrens vor der Vergabekammer möglich. Ein Bieter kann seinen Nachprüfungsantrag aber nur dann auf das Fehlen einer zureichenden Dokumentation im Sinne von § 30 VOL/A stützen, wenn der Mangel sich gerade auch auf seine Rechtsstellung im Vergabeverfahren ausgewirkt hat.[86] Ein umfassender Anspruch auf Akteneinsicht ist aus dem Transparenzgrundsatz allerdings nicht herzuleiten.[87] Nach Zuschlagserteilung können sekundärrechtliche Schadensersatzansprüche gegen den Auftraggeber bestehen.

III. § 97 Abs. 2 – Vergaberechtlicher Gleichbehandlungsgrundsatz

1. Allgemeines

24 Mit § 97 Abs. 2 wird die Anwendung des Gleichbehandlungs- und Nichtdiskriminierungsgrundsatzes für den 4. Teil des GWB ausdrücklich festgeschrieben. Dieser Grundsatz gehört zu den elementaren Prinzipien des Gemeinschaftsrechts wie auch des deutschen Verfassungsrechts.[88] Abs. 2 beinhaltet eine auf die öffentliche Auftragsvergabe zugeschnittene Konkretisierung.[89] Der Staat muss als Leistungsnachfrager jede Bevorzugung einzelner Anbieter vermeiden. Daher ist er zur Ausschreibung verpflichtet. Allen potentiellen Anbie-

---

[84] EuGH U. v. 28. 10. 1999 Rs. C-81/98 – *Alcatel Austria* Slg. 1999, I-7671 = WuW/E Verg 282, Rn. 43; vgl. auch 1. VK Bund B. v. 29. 4. 1999 VK 1 – 7/99 – *Euro-Münzplättchen II,* WuW/E Verg 218 ff. = NZBau 2000, 53.
[85] 2. VK Bund B. v. 19. 1. 2001 VK 2 – 42/00 – *Schleuse Lauenburg,* WuW/E Verg 500.
[86] OLG Düsseldorf B. v. 22. 6. 2006, VII-Verg 2/06.
[87] S. hierzu auch § 111 GWB.
[88] Regierungsbegründung zum Vergaberechtsänderungsgesetz BT-Drucks. 13/9340 S. 14; ähnlich auch OLG Saarbrücken B. v. 24. 11. 1999 5 Verg 1/99, ZVgR 2000, 181.
[89] *Jestaedt/Kemper/Marx/Prieß* S. 13.

tern ist deshalb die Teilnahme an den Ausschreibungen zu ermöglichen. Auch sind freier Waren-, Personen- und Dienstleistungsverkehr nur bei **gleichberechtigtem Zugang** zu ausländischen Beschaffungsmärkten und gleichberechtigter Teilnahme am Vergabeverfahren gewährleistet. Nach der Rechtsprechung des Gerichtshofes verbietet der Gleichbehandlungsgrundsatz nicht nur offensichtliche Diskriminierungen auf Grund der Staatsangehörigkeit, sondern auch alle versteckten Formen der Diskriminierung, die durch die Anwendung anderer Unterscheidungsmerkmale tatsächlich zu dem gleichen Ergebnis führen.[90] Abs. 2 fordert damit gleiche Chancen beim Zugang zum Wettbewerb. Der Gleichbehandlungsgrundsatz des GWB gilt in Bezug auf alle Bieter **unabhängig vom Sitz des Unternehmens** und geht damit über die Vorgaben des Gemeinschaftsrechts hinaus. Die „lediglich" EG-weite Ausschreibungsverpflichtung bewirkt faktisch keine Einschränkung, da sie über das Internet weltweit abrufbar ist. Das Gleichbehandlungsgebot erfasst **alle Phasen** des jeweiligen Vergabeverfahrens vom Präqualifikationsverfahren, der Vorinformation oder der Teilnahmeverfahren bis zum Zuschlag und prägt damit das gesamte Vergabeverfahren.

2. Ausformungen des vergaberechtlichen Diskriminierungsverbots

Die Vorschrift beinhaltet das Verbot der Diskriminierung inländischer Bieter untereinander, von ausländischen Bietern gegenüber inländischen, ausländischen Bietern untereinander und sodann auch ein Verbot der Inländerdiskriminierung. Hinsichtlich der **Einzelausformungen** dieses Grundsatzes kann auf die Grundsätze der Meistbegünstigung und der Inländergleichbehandlung des GPA, die Grundfreiheiten und das allgemeine Diskriminierungsverbot des EG-Vertrags,[91] die Gleichbehandlungsgrundsätze des Grundgesetzes wie auch auf die der materiellen Vergaberichtlinien und die der Verdingungsordnungen zurückgegriffen werden. Insbesondere darf der Wettbewerb nicht lokal oder regional beschränkt werden.[92] Nach ständiger Rechtsprechung des EuGH soll die in den Vergaberichtlinien vorgenommene Koordinierung der Verfahren zur Vergabe öffentlicher Aufträge in erster Linie die Hemmnisse für den freien Dienstleistungs- und Warenverkehr beseitigen und somit die Interessen der in einem Mitgliedstaat niedergelassenen Wirtschaftsteilnehmer schützen, die öffentlichen Auftraggebern in anderen Mitgliedstaaten Waren oder Dienstleistungen anbieten möchten.[93] Über eine europarechtskonforme Auslegung des § 97 Abs. 2 werden mittelbare Diskriminierungen, d. h. solche, die nicht unmittelbar an die Staatsangehörigkeit anknüpfen, aber ausschließlich oder überwiegend ausländische Bieter benachteiligen, und Beschränkungen, d. h. nationale Maßnahmen, die die Ausübung der durch den EG-Vertrag garantierten grundlegenden Freiheiten behindern oder weniger attraktiv machen können, erfasst.

Der Auftraggeber muss allen Bietern die **gleichen Informationen** zukommen lassen[94] und ihnen die Chance geben, innerhalb gleicher Fristen und zu gleichen Anforderungen Angebote abzugeben.[95] Die Verpflichtung zur Gleichbehandlung erstreckt sich bereits auf die Information über eine Ausschreibung wie auch die Art und Weise und den Ort einer Ausschreibung. Die Vergabestelle verletzt den Gleichbehandlungsgrundsatz, wenn sie als Termin der Angebotsabgabe einen vor dem Eröffnungstermin liegenden Tag wählt, dann

---

[90] EuGH U. v. 27. 10. 2005 Rs. C-234/03 – *Contse* WuW/E Verg 1171, Rn. 36.
[91] S. auch *Weber* NZBau 2002, 194 ff.
[92] EuGH U. v. 20. 3. 1990 Rs. C-21/88 – *Du Pont de Nemours Italiana Spa.*, Slg. 1990, I 889, Rn. 7 ff.
[93] EuGH U. v. 18. 10. 2001 Rs. C-19/00 *SIAC Construction* Slg. 2001, I-7725 = WuW/E Verg 503, Rn. 32; EuGH U. v. 18. 6. 2002 Rs. C-92/00 – *Hospital Ingeniure* Slg. 2002, I-5553 = WuW/E Verg 651, Rn. 42.
[94] KG Berlin B. v. 3. 11. 1999 KartVerg 3/99, NZBau 2000, 209, 210.
[95] OLG Celle B. v. 16. 1. 2002 13 Verg 1/02, VergabeR 2002, 299.

aber die Angebotsfrist bis zum Eröffnungstermin verlängert, ohne sämtliche Bieter entsprechend zu informieren.[96] Um die Chancengleichheit der Bieter zu wahren und der Gefahr einer Datenweitergabe vorzubeugen, muss das **letzte Angebot** der im Verhandlungsverfahren verbliebenen Bieter **zeitgleich eingeholt** werden. Den dafür erforderlichen organisatorischen Aufwand hat die Vergabestelle hinzunehmen.[97] Ein **verspätet eingegangenes Angebot** darf aus Gründen der Gleichbehandlung grundsätzlich nicht in die Wertung einbezogen werden.[98] Es dürfen nur die Angebote gewertet werden, die die in der Ausschreibung geforderten Erklärungen enthalten und damit miteinander vergleichbar sind.[99] Die Bieter sind an ihre Angebote gebunden; eine nachträgliche Änderung oder Ergänzung ist ausgeschlossen.[100] Werden an den Inhalt der Angebote unerfüllbare Anforderungen gestellt, so muss die Vergabestelle die Ausschreibung entweder aufheben oder diskriminierungsfrei die Leistungsbeschreibung soweit ändern, wie es erforderlich ist, um die unerfüllbaren Anforderungen zu beseitigen.[101]

27 Angebote sind unter bestimmten Bedingungen von der Wertung auszuschließen (**Angebotsausschluss**); der BGH hebt hervor, dass grundsätzlich aus Gründen der Gleichbehandlung bei einem Abweichen von den vom Auftraggeber geforderten Eignungsnachweisen sowie bei Mischkalkulationen und Spekulationsangeboten aus Gründen der Gleichbehandlung immer ein Angebotsausschluss zu erfolgen hat.[102] Diese BGH-Rechtsprechung wird in der Literatur teilweise als übermäßige Formalisierung des Kartellvergaberechts und Verkennung des Verhältnisses von Wettbewerbs- und Gleichbehandlungsgrundsatz kritisiert, da dies dazu führen würde, dass gelegentlich alle Angebote wegen zum Teil überflüssiger Forderungen ausgeschlossen werden müssten.[103] Teilweise wird in der OLG-Rechtsprechung für den Fall, dass das Fehlen der geforderten Angebote zu keiner **Wettbewerbsbeeinträchtigung** führen kann, eine Ausschlusspflicht abgelehnt.[104] Als Folge der zuvor angeführten strengen BGH-Rechtsprechung haben Bieter grundsätzlich aus dem Gleichbehandlungsgrundsatz einen Anspruch darauf, dass Angebote anderer Bieter, die fehlerhaft sind, ebenfalls ausgeschlossen werden. Hätten alle Angebote ausgeschlossen werden müssen, rechtfertigt sich aus dem Gleichbehandlungsgrundsatz der Ausschluss aller vergleichbarer Angebote und eine hierauf gerichtete Klagebefugnis, da sich der ausgeschlossene Bieter dann an einem neuen Vergabeverfahren beteiligen kann.[105] Wenn aber noch andere Bieter im Vergabewettbewerb verbleiben, soll eine Antragsbefugnis im Nachprüfungsverfahren fehlen.[106] Die Vergabestelle ist jedenfalls innerhalb des selben Vergabeverfahrens zu systemgerechten Vergaben verpflichtet. Das OLG Schleswig[107] verlangt vergleichbare Fehler, das OLG Karlsruhe[108] verlangt keine Gleichartigkeit des Ausschlussgrundes (Mangelidentität); das OLG Koblenz[109] hält es nicht für erforderlich, dass die Mängel gleichwertig sind.

---

[96] OLG Dresden B. 14. 4. 2000 – WVerg 1/00, BauR 2000, 1591 ff.; Saarländisches OLG B. v. 29. 5. 2002, 5 Verg 1/01, Umdruck S. 30 OLGR Saarbrücken 2002, 372.
[97] KG Berlin B. v. 31. 5. 2000 Kart Verg 1/00, KGR Berlin 2001, 114 ff.
[98] 2. VK Bund B. v. 26. 9. 2001 VK 2 – 30/01.
[99] OLG Koblenz B. v. 29. 8. 2003 1 Verg 7/03, VergabeR 2003, 699, 703.
[100] OLG Düsseldorf B. v. 25. 7. 2002 Verg 33/02, VergabeR 2003, 105, 106.
[101] BGH B. v. 1. 8. 2006 X ZR 115/04, VergabeR 2007, 73 ff.
[102] BGH B. v. 18. 2. 2003 X ZB 43/02, NZBau 2003, 293, 295 f.; BGH B. v. 26. 9. 2006 X ZB 14/06, NZBau 2006, 266.
[103] *Dreher* in: Immenga/Mestmäcker, GWB, 4. Aufl., § 97 Rn. 87.
[104] BayObLG B. v. 15. 9. 2004 Verg 26/03, VergabeR 2005, 130.
[105] BGH B. v. 26. 9. 2006 X ZB 14/06, NZBau 2006, 600 – *Polizeianzüge*.
[106] OLG Jena B. v. 11. 1. 2007 9 Verg 9/06, VergabeR 2007, 207.
[107] OLG Schleswig 1 Verg 3/06 B. v. 31. 3. 2006.
[108] OLG Karlsruhe B. v. 6. 2. 2007 17 Verg 5/06, VergabeR 2007, 388 ff.
[109] OLG Koblenz B. v. 4. 7. 2007 1 Verg 3/07, VergabeR 2007, 666 ff.

"Ausgeschlossene Personen" i. S. d. § 20 VwVfG und nunmehr § 16 VgV dürfen 28 wegen der Gefahr einer Interessenkollision an den Vergabeverfahren nicht teilnehmen.[110] Das OLG Brandenburg[111] hält allein die Gefahr, dass eine Möglichkeit der unsachgemäßen Beeinflussung der Vergabeentscheidung besteht, als Verstoß gegen das **Neutralitätsgebot** für ausreichend. Zu Abgrenzungsschwierigkeiten kommt es durch die (zu) umfangreiche Auflistung ausgeschlossener Personen in § 16 VgV. Ein Verstoß liegt auch vor, wenn ein Bieter selbst oder durch ein Tochterunternehmen beteiligt ist und folglich bereits bei der Ausarbeitung der Angebotsunterlagen ein überlegenes Wissen erlangt und dadurch im späteren Vergabeverfahren Informationsvorsprünge bei der Angebotserarbeitung hat.[112] Soweit derartige Bieter nicht von der Teilnahme ausgeschlossen werden, kann dies die Aufhebung der Ausschreibung notwendig machen. Eine derartige Maßnahme ist allerdings auf schwerwiegende Fälle beschränkt. Der Informationsvorsprung kann auch durch u. a. eine umfassende Aufgabenbeschreibung geheilt werden.[113] Das EG-Vergaberecht steht allerdings einem grundsätzlichen **Projektantenausschluss** – solche Personen, die an der Auftragsvorbereitung beteiligt gewesen sind – entgegen.[114] Eine entsprechende Regelung wurde mit dem ÖPP-Beschleunigungsgesetz in §§ 4 Absatz 2 und 6 Absatz 3 VGV aufgenommen. Nunmehr muss der Auftraggeber im Einzelfall nachweisen, dass die konkrete Beteiligung auf Grund der Umstände des Einzelfalls zu einer Wettbewerbsverfälschung führt. Ein Ausschluss ist nur als ultima ratio möglich. Ein **Informationsvorsprung eines Projektanten** kann durch eine Information an alle Interessenten ausgeglichen werden[115] oder es können besonders lange Fristen eingeräumt werden, um Vorteile aus Vorbefassung auszugleichen.[116]

Aus dem Gleichbehandlungsgrundsatz folgt auch der Grundsatz der **marken- und pro-** 29 **duktneutralen Ausschreibung**.[117] Gemeinschaftsrechtliche technische Spezifikationen sind bei der Leistungsbeschreibung zu beachten.[118] Unzulässig können Regelungen sein, wonach die Vergabe von Zuschüssen vom Erwerb inländischer Fahrzeuge abhängig gemacht wird,[119] bestimmte Materialien oder Waren bestimmten Normen oder Marken (Hersteller- oder markenbezogene Ausschreibung) entsprechen müssen.[120] Es besteht kein Verbot der Vergabestelle, ein Vergabekriterium zu benennen, das nur von einer kleinen Zahl von Bietern erfüllt werden kann.[121] Nicht mit dem Diskriminierungsverbot zu vereinbaren ist das Erfordernis der Eintragung in ein **nationales Berufsregister**,[122] wie auch

---

[110] BayObLG München B. v. 20. 12. 1999 Verg 8/99 – *Tragwerksplanung*, WuW/E Verg 325 ff.; OLG Saarbrücken B. v. 22. 10. 1999 5 Verg 4/99, NZBau 2000, 158 = ZVgR 2000, 24 ff.; a. A. OLG Stuttgart B. v. 24. 3. 2000 2 Verg 1999, NZBau 2000, 301.
[111] OLG Brandenburg B. v. 3. 8. 1999 6 Verg 1/99 – *Flughafen Berlin*, WuW/E Verg 231 ff. = NZBau 2000, 39. Hierzu u. a. *Berrisch* DB 1999, 1797 f.; *Dreher* VersR 1999, 1513.
[112] VÜA Bund B. v. 24. 5. 1996 1 VÜ 2/96 – *Kanalbrücken*, WuW/E Verg AB 79 ff.; OLG Rostock B. v. 9. 5. 2001 17 W 4/01, S. 28.
[113] OLG Rostock B. v. 9. 5. 2001 17 W 4/01, S. 29.
[114] EuGH U. v. 3. 3. 2005 verb. Rs.en C-21/03 u. C-34/03, NZBau, 2005, 351 – *Fabricom*.
[115] RegE BT-Drs. 15/5668 S. 12; OLG Brandenburg B. v. 15. 5. 2007 VergW 2/07, VergabeR 2008, 242 ff.
[116] VK Bund B. v. 1. 9. 2005, VK1 – 98/05.
[117] § 9 Nr. 1 VOB/A; § 8 Nr. 1 VOL/A; § 8 Abs. 1 VOF; s. dazu auch OLG Brandenburg B. v. 3. 8. 1999 6 Verg 1/99 – *Flughafen Berlin*, WuW/E Verg 231 ff. = NZBau 2000, 39 ff.
[118] EuGH U. v. 22. 9. 1988 Rs. 45/87 – *Kommission/Irland (Dundalk)*, Slg. 1988, 4929 ff.
[119] EuGH U. v. 16. 5. 1991 Rs. C-263/85 – *Kommission/Italien*, Slg. 1991, I-2457.
[120] EuGH U. v. 22. 9. 1988 Rs. C-45/87 – *Kommission/Irland (Dundalk)*, Slg. 1988, 4929; VÜA Bund B. v. 1. 7. 1997 1 VÜ 9/97 – *Regale 2*, WuW/E Verg 63, 65.
[121] EuGH U. v. 17. 9. 2002 Rs. C-513/99 – *Concordia Bus Finnland*, Slg. 2002, I-7213 = WuW/E Verg 637, Rn. 81 ff.
[122] EuGH U. v. 26. 9. 2000 Rs. C-225/98 – *Kommission/Frankreich (Calais)*, Slg. 2000, I-7445 =

eine Vergabe, die nur an **in der Region ansässige Unternehmen** erfolgen soll.[123] Weitgehende Folgen für die Auftragsvergabe leitet das OLG Jena aus dem Diskriminierungsgrundsatz ab.[124] Dieser verpflichte den Autraggeber, europaweit alle Bewerber unabhängig von Nationalität, Herkunft und Firmensitz gleich zu behandeln (vgl. Art. 49 EG, § 97 Abs. 2 GWB, § 4 VOF). Als einen der zentralen Grundsätze des Vergaberechts schließe dies auch den Schutz gegen versteckte und indirekte Benachteiligungen ausländischer Unternehmen bei der Auftragsvergabe ein.[125] Insoweit stelle es eine Aufforderung zum Bruch des Diskriminierungsverbots und damit eine versuchte – grob rechtswidrige – Einflussnahme auf die Auftragsvergabe dar, wenn ein Bieter politische Stellen seines Heimatstaates dazu zu bewegen versuche, sich in einem laufenden Vergabeverfahren für eine Zuschlagserteilung an ein nationales Unternehmen zu verwenden. Es spreche viel dafür, schon ein solches Verhalten als „schwere Verfehlung" zu werten.

30   Bei der **Endauswahl unter zwei Spitzenbewerbern** darf sich der Auftraggeber bei einem zentralen Bewertungskriterium nicht an höheren Anforderungen, als es nach den Ausschreibungsunterlagen zu erwarten war, orientieren.[126] Der Austausch eines Bieters durch gesellschaftsrechtliche Umstrukturierungen nach Angebotsabgabe und vor Zuschlag[127] ebenso wie Verschmelzungen[128] stellen Verstöße gegen den Gleichbehandlungsgrundsatz dar.

31   Eine auf Grund dieses Gesetzes ausdrücklich gestattete oder **gebotene Benachteiligung** kann z. B. durch eine Vergabeverordnung i. S. d. §§ 97 Abs. 6 u. 126 festgelegt werden. Auch das EG-Vergaberecht sieht in Art. 58 SKR die **Möglichkeit der Einschränkung des Diskriminierungs- und Beschränkungsverbotes** vor.[129]

32   Auch die Verfolgung von **Sekundärzwecken** durch die Auftragsvergabe darf nicht gegen das Gleichbehandlungsgebot verstoßen.[130] Das Verlangen eines **tariflichen Mindestlohns** kann gleichfalls gegen das Diskriminierungsverbot verstoßen.[131] Die **Berücksichtigung mittelständischer Interessen** i. S. d. Abs. 3 stellt keinen Verstoß gegen das Gleichbehandlungsgebot dar.[132] Weitergehende Anforderungen an den Auftragnehmer als in den Eignungskriterien des § 97 Abs. 4 festgelegt, dürfen grundsätzlich nicht gestellt werden.

33   Die Beachtung des Gleichbehandlungsgrundsatzes nach § 97 Abs. 2 stellt ein **subjektives Recht** i. S. v. Abs. 7 dar, welches im Nachprüfungsverfahren nach den §§ 107 ff. wie auch im Rahmen des Sekundärrechtsschutzes geltend gemacht werden kann.

WuW/E Verg 362; EuGH U. v. 20. 10. 2004 Rs. C-264/03 – *Kommission/Frankreich* WuW/E Verg 1183, Rn. 68.
[123] BayObLG München B. v. 20. 12. 1999 Verg 8/99 – *Tragwerksplanung,* WuW/E Verg 325 ff.; OLG Düsseldorf B. v. 27. 6. 2002 Verg 28/02; EuGH U. v. 20. 3. 1990 Rs. C-21/88 – *Du Pont de Nemours Italiana SpA,* Slg. 1990, I-889.
[124] OLG Jena B. v. 16. 7. 2007 9 Verg 4/07, ZfBR 2007, 817 ff.
[125] Vgl. EuGH U. v. 27. 10. 2005 Rs. C – 234/03, Slg. 2005, I-9315 ff. = VergabeR 2006, 63 ff. – *Insalud.*
[126] KG Berlin B. v. 3. 11. 1999 KartVerg 3/99 – *Videoaufnahmesysteme,* WuW/E Verg 341, 342.
[127] OLG Düsseldorf B. v. 16. 11. 2005 VII-Verg 56/05, VergabeR 2006, 411.
[128] OLG Düsseldorf B. v. 18. 10. 2006 VII-Verg 30/06, NZBau 2007, 255.
[129] S. o. Vor § 97 Rn. 90 ff.
[130] Vgl. EuGH U. v. 17. 9. 2002 Rs. C-513/99 – *Concordia Bus Finland,* Slg. 2002, I-7213 = WuW/E Verg 637, Rn. 69.
[131] Hanseatisches OLG Hamburg B. v. 4. 11. 2002 1 Verg 3/02, VergabeR 2003, 40; EuGH U. v. 3. 4. 2008, Rs. C-346/06, EuR 2008, 388 ff. (*Tariftreueerklärung III*) mit ausführlicher Besprechung von *Bungenberg,* EuR 2008, 392.
[132] S. hierzu oben Rn. 33 ff.

IV. § 97 Abs. 3 – Berücksichtigung mittelständischer Interessen

1. Allgemeines

Bei umfangreichen Aufträgen sollen mittelständische Interessen durch **Teilung der** 34 **Aufträge** in Fach- und Teillose angemessen berücksichtigt werden, um kleinen und mittleren Unternehmen die Möglichkeit zu eröffnen, sich im Rahmen ihrer Leistungsfähigkeit zu bewerben. Diese Verpflichtung ist Antwort auf die Befürchtung eines Anstiegs der Generalunternehmervergabe zu Lasten der Vergabe nach Fachgewerken und Losen.[133] Die Entwicklung eines günstigen Umfelds für solche Unternehmen ist auf Grund dieser Vorschrift eines der vorrangigen Ziele des öffentlichen Auftragswesens.[134] Die Berücksichtigung mittelständischer Interessen in Vergabeverfahren stellt einen **zwingend zu beachtenden Rechtsgrundsatz** dar und dient der Herstellung der Chancengleichheit kleiner und mittlerer Unternehmen mit Großunternehmen.[135] Die Vorschrift bietet hingegen keine Rechtsgrundlage für eine Bevorzugung mittelständischer Unternehmen bei der Auftragsvergabe.[136] Die mit Abs. 3 dem Auftraggeber generell auferlegte Verpflichtung des Förderns der Auftragsgelegenheit für den Mittelstand stellt auch keine Beihilfe dar, da sich die mittelständischen Unternehmen unter gleichen Bedingungen wie Großunternehmen an öffentlichen Ausschreibungen beteiligen müssen.[137] Neben der explizit angeführten Losvergabe als Mittel hat die Norm als Grundsatz eine Ausstrahlungswirkung auf das gesamte Vergaberecht **(Querschnittsklausel)**.[138] **Adressat** der Verpflichtung zur mittelstandsfreundlichen Auftragsvergabe sind alle öffentlichen Auftraggeber im Sinne des GWB.

2. Inhalt

Eine rechtliche Definition des Begriffs Mittelstand und der kleinen und mittleren Un- 35 ternehmen (KMU) fehlt bisher im deutschen Recht.[139] Einen Anhaltspunkt[140] für den Begriff „**mittelständische Unternehmen**" bzw. „Mittelstand" hat die Empfehlung der Kommission „betreffend der Definition der Kleinstunternehmen sowie der **kleinen und mittleren Unternehmen**" gegeben.[141] Drei Kriterien werden als ausschlaggebend für eine Einstufung als KMU angeführt: Das Unternehmen beschäftigt weniger als 250 Personen, hat einen Jahresumsatz von höchstens 50 Millionen ECU oder eine Jahresbilanzsumme von höchstens 43 Millionen ECU und erfüllt bestimmte Unabhängigkeitskriterien. Letztendlich ist aber die **relative Größe der Marktteilnehmer** entscheidend, wobei auf die vorhandenen Marktstrukturen unter Einbeziehung der vorhandenen Wettbewerber abzustellen ist.[142]

§ 97 Abs. 3 räumt der **Vergabe nach Losen** gegenüber einer Gesamtvergabe grund- 36 sätzlich Vorrang ein.[143] Unter Losen sind Teile einer Gesamtleistung zu verstehen.[144] Die

---

[133] *Niebuhr/Kulartz/Kus/Portz*, § 97 Rn. 135; s. auch das Plenarprotokoll zur 230. Sitzung des Bundestages vom 23. 4. 1998, Plenarprotokoll 13/230 S. 21120, veröffentlicht in Schriftenreihe des Forum Vergabe Heft 6, 1998.
[134] Mitteilung der Kommission v. 11. 3. 1998, KOM (1998) 143 endg., S. 20.
[135] VK Bund B. v. 30. 3. 2000 VK 2 – 2/00.
[136] OLG Schleswig B. v. 14. 8. 2000 6 Verg 2 u. 3/00, OLGR Schleswig 2000, 470 ff.; *Boesen*, § 97 Rn. 44.
[137] OLG Düsseldorf B. v. 8. 9. 2004 VII-Verg 38/04, NZBau 2004, 688.
[138] So *Dreher* in: Immenga/Mestmäcker, GWB, § 97 Rn. 25.
[139] OLG Düsseldorf B. v. 8. 9. 2004 VII-Verg 38/04; NZBau 2004, 688.
[140] So OLG Düsseldorf B. v. 8. 9. 2004, VII-Verg 38/04.
[141] ABl. 2003 L-124/36.
[142] VK Magdeburg B. v. 6. 6. 2002 33–32571 VK 05/92 MD – *Verkehrsvertrag*, WuW/E Verg 604 ff.; VK Bund B. v. 18. 11. 03, VK2 110/03.
[143] Vgl. § 4 VOB/A, § 5 VOL/A.
[144] *Niebuhr/Kulartz/Kus/Portz*, § 97 Rn. 142.

Aufteilung in **Teillose** bedeutet eine mengenmäßige und räumliche Unterteilung der Gesamtleistung.[145] Der Begriff Teillos bezeichnet den Leistungsumfang eines kohärenten nicht weiter zerlegbaren Loses.[146] Unter **Fachlos** ist eine Bauleistung zu verstehen, die von einem bestimmten Handwerks- oder Gewerbezweig ausgeführt wird.[147] Der Auftraggeber hat immer dann, wenn dies von Art und Umfang der nachgefragten Leistung her möglich und zweckmäßig ist, die nachgefragte Gesamtleistung in Teilaufträge (Lose) zu zerlegen. Die Verpflichtung zumindest zur Prüfung, ob die Möglichkeit zur Aufteilung des Auftrages in Fach- und Teillose gegeben ist, besteht bei jeder Auftragsvergabe. Hierbei handelt es sich um eine gebundene Rechtsfolge. Ein Anspruch auf Losaufteilung besteht aber nicht bereits dann, wenn sie technisch möglich ist; die Bestimmung sieht lediglich das Recht auf eine angemessene Berücksichtigung mittelständischer Interessen „vornehmlich" durch Aufteilung in Lose vor.

37   Mittelständische Interessen sind dann **„angemessen" berücksichtigt,** wenn und solange eine Auftragsvergabe an mittelständische Unternehmen möglich bleibt.[148] Es gilt ein **Zweckmäßigkeitsvorbehalt:** Eine Losaufteilung oder eine sonstige Berücksichtigung mittelständischer Interessen ist im Einzelfall dann nicht mehr angemessen, wenn die Maßnahme nicht mehr zweckmäßig ist, wirtschaftlich zu beschaffen bzw. wenn die Losvergabe in hohem Maße unwirtschaftlich ist und damit der Gesamtzielsetzung des Vergaberechts, wirtschaftlich zu beschaffen, zuwider läuft.[149] Die entstehenden Nachteile sind nach der Rechtsprechung[150] in eine **Interessenabwägung** einzustellen. Daher hat der öffentliche Auftraggeber bei der Prüfung, ob er eine Los- oder Gesamtvergabe ausschreibt, zu erwägen, ob der Fach- oder Teillosvergabe keine ernsthaften wirtschaftlichen oder technischen Belange entgegenstehen.[151] Es darf auch nicht zu einer **wirtschaftlichen Zersplitterung** in der Art und Weise kommen, dass eine einheitliche Gesamtleistung nicht mehr gewährleistet ist, nur mit unverhältnismäßigem Aufwand hergestellt werden kann oder die Geltendmachung von Gewährleistungsansprüchen unmöglich gemacht wird.[152] Der aus einer Losvergabe resultierende Koordinationsaufwand sowie die sich aus den Schnittstellen ergebenden Risiken sind als wirtschaftliche Aspekte bei der Entscheidung über die Zerlegung eines Auftrags in Lose zu berücksichtigen.[153] Die Anforderungen an die Begründung hinsichtlich der größeren Wirtschaftlichkeit der Gesamtvergabe mehrerer Lose gehen aber soweit, dass in Zweifelsfällen auch das Einholen von Angeboten sowohl für die Gesamtleistung als auch für die einzelnen Fachlose zweckmäßig sein kann.[154] Verbietet sich aber bei funktionaler Betrachtung der mit dem Beschaffungsvorhaben verfolgten Ziele und Zwecke eine Zerlegung des Auftrags in Fach- und Teillose, ist für eine einzelfallorientierte Berücksichtigung mittelständischer Interessen kein Raum.[155] Die **(Un-)Wirtschaftlichkeit** ist aus der **Sicht der Vergabestelle** zu bewerten. Trotz Auftragsaufteilung hat die Vergabe im Wettbewerb und unter Berücksichtigung der Eignungs- und Zuschlagskriterien der Abs. 4 und 5 zu erfolgen. Die angemessene Berücksichtigung mittelständischer Interessen im Sinne der Vorgaben des § 97 Abs. 3 ist von den vergabefremden Zwecken zu trennen.[156]

---

[145] *Ingenstau/Korbion*, § 4 VOB/A Rn. 7.
[146] Thüringer ObLG B. v. 15. 7. 2003 6 Verg 7/03, VergabeR 2003, 683.
[147] *Niebuhr/Kulartz/Kus/Portz*, § 97 Rn. 142.
[148] OLG Schleswig B. v. 14. 8. 2000, 6 Verg 2 u. 3/00, OLGR Schleswig 2000, 470 ff.
[149] 1. VK Bund, VK 1 – 1/01, 1. 2. 2001 – *Reisegepäckkontrollanlage* = Wu/E Verg 424–427.
[150] OLG Jena B. v. 6. 6. 2007, 9 Verg 3/07, VergabeR 2007, 677 ff.
[151] OLG Düsseldorf B. v. 8. 9. 2004 VII-Verg 38/04.
[152] OLG Schleswig B. v. 13. 10. 2000 6 Verg 4/00.
[153] 1. VK Bund B. v. 1. 2. 2001 VK 1 – 1/01, VergabeR 2001, 143 ff.
[154] So *Ax* ZVgR 1999, 231, 234.
[155] OLG Jena v. 6. 6. 2007, 9 Verg 3/07, VergabeR 2007, 677 ff.
[156] A. A. Byok/Jaeger-Hailbronner, 2. Aufl. 2005, § 97 Rn. 219; *Bechtold*, GWB, 3. Aufl. 2002, § 97 Rn. 14.

Weitere Mittelstandsberücksichtigungsformen sind neben der Aufteilung in Fach- 38
und Teillose nach dem Wortlaut der Vorschrift gestattet, wie das Wort „vornehmlich"
deutlich macht. Die Anregung der Bildung und die Gleichstellung von **Arbeits- und Bietergemeinschaften** mittelständischer Unternehmen und zur Angebotsabgabe grundsätzlich unter den gleichen Bedingungen wie Angebote einzelner Bieter ist vorgesehen.[157] **Sicherheitsleistungen** dürfen nur eingeschränkt gefordert werden.[158] KMU sind bei
beschränkter Ausschreibung und freihändiger Vergabe im angemessenen Umfang zur Angebotsabgabe **aufzufordern**.[159]

Die Vorschrift bringt den mittelständischen Unternehmen ein **subjektives Recht**[160] auf 39
eine Einteilung eines Auftrags in Lose, soweit eine Aufteilung noch angemessen ist oder
nicht überwiegende Gründe für eine einheitliche Auftragsvergabe sprechen. Dieses Recht
kann im Rahmen eines Nachprüfungsverfahrens geltend gemacht werden.

V. § 97 Abs. 4 – Eignungskriterien

1. Allgemeines

Zwischen dem Stadium der Auswahl geeigneter Bieter nach Abs. 4 und dem Stadium 40
der Auswahl des wirtschaftlichsten Angebotes eines geeigneten Bieters nach Abs. 5 ist zu
unterscheiden.[161] Die in den verschiedenen Phasen angewandten Regeln und Kriterien
dürfen schon aus Transparenzgesichtspunkten nicht vermengt werden. Die Prüfung der
Eignung der Bieter zur Auftragserfüllung und der **Zuschlag** im Rahmen eines Vergabeverfahrens sind **zwei unterschiedliche Vorgänge,** wie der EuGH ausdrücklich hervorhebt; der Zuschlag des Auftrags erfolgt, nachdem die fachliche Eignung festgestellt worden
ist. Es ist daher nicht zulässig, die Zahl der Referenzen nicht als Kriterium für die Prüfung
der fachlichen Eignung der Bieter, sondern als Zuschlagskriterium zu berücksichtigen.[162]
Nach Bejahung der Eignung eines Bieters darf dessen Zuverlässigkeit grundsätzlich nicht
als ein „mehr an Eignung" in die Zuschlagsentscheidung einbezogen werden.[163] Diese bereits europarechtlich vorgegebene Trennung wird mit der Festlegung der Eignungskriterien
in Abs. 4 und der Auswahl des wirtschaftlichsten Angebots in Abs. 5 Rechnung getragen.
Die Festschreibung von Eignungs- und Zuschlagskriterien in § 97 hat zur Folge, dass die
Auswahl des Angebots ausschließlich anhand dieser Kriterien zu einem **subjektiven Recht
der Bieter** i. S. v. § 97 Abs. 7 GWB wird.

Abs. 4 S. 1 legt die Kriterien fest, an Hand derer die Eignung der Unternehmen in Be- 41
zug auf die Erbringung der spezifischen Leistungen zu beurteilen ist. Durch die Festlegung
der maßgeblichen Eignungskriterien soll zum einen **Rechts- und Planungssicherheit** für
potentielle Auftraggeber geschaffen werden.[164] Daneben wird durch die **abschließende
Auflistung** die Anwendung protektionistisch wirkender Kriterien verhindert. Den in

---

[157] § 25 Nr. 6 VOB/A, vgl. hierzu das Positionspapier der Kartellbehörden des Bundes und der
Länder vom 8. 11. 2001 zur kartellrechtlichen Beurteilung von Bietergemeinschaften bei Ausschreibungen von Nahverkehrsleistungen; vgl. auch OLG Naumburg B. v. 21. 12. 2000 1 Verg 10/00 –
Abschleppaufträge, WuW/E Verg 493 ff.

[158] § 14 VOB/A.

[159] § 7 Nr. 3 VOL/A.

[160] OLG Jena B. v. 6. 6. 2007 9 Verg 3/07, VergabeR 2007, 677 ff.; 1. VK Bund B. v. 19. 9. 2001
VK 1 – 33/01, VergabeR 2002, 72, 73; *Kulartz/Kus/Portz* § 97 Rn. 46.

[161] EuGH U. v. 20. 9. 1988 Rs. 31/87 – *Beentjes,* Slg. 1988, 4635, Rn. 15 ff.

[162] EuGH U. v. 19. 6. 2003 Rs. C-315/01 – *GAT,* Slg. 2003, I-6351 = WuW/E Verg 837,
Rn. 56 f.

[163] BGH U. v. 16. 10. 2001 X ZR 100/99, WuW/E Verg 561 – *sozialer Wohnungsbau.* Vgl. allerdings die vom OLG Düsseldorf (B. v. 5. 2. 2003 VII-Verg 58/02, WuW/E Verg 875 – *Vitrinenlieferung*) gemachte punktuelle Ausnahme zu diesem Grundsatz.

[164] Regierungsbegründung zum Vergaberechtsänderungsgesetz BT-Drucks. 13/9340 S. 14.

Abs. 4 aufgeführten Eignungskriterien ist gemeinsam, dass eine wertende Prognose über das zukünftige Verhalten des Auftragnehmers und seine Qualifikation hinsichtlich der Ausführung eines spezifischen Auftrages erfolgt. Durch Abs. 4 2. HS wird allerdings versucht, die Eignungskriterien aufzuweichen und sie einer politischen Nutzung durch die Einführung „vergabefremder Kriterien" zugänglich zu machen.[165] Andere oder weitergehende Anforderungen dürfen an Auftragnehmer gem. § 97 Abs. 4 2. HS dann gestellt werden, wenn dies durch Bundes- oder Landesgesetz vorgesehen ist.

42 Art und Umfang der Eignungsnachweise, die vom öffentlichen Auftraggeber gefordert werden können, sind begrenzt und durch die EG-Vergaberichtlinien vorgegeben. Öffentliche Aufträge dürfen nur an fachkundige, leistungsfähige und zuverlässige Unternehmen vergeben werden. Hierbei handelt es sich um **unbestimmte Rechtsbegriffe**.[166] Den Vergabestellen bleibt ein gewisser Wertungs- und Beurteilungsspielraum überlassen. Es ist nicht Aufgabe der Vergabekammern, die Forderung des Auftraggebers nach Vorlage bestimmter Eignungsnachweise auf ihre Zweckmäßigkeit hin zu untersuchen. Grundsätzlich ist davon auszugehen, dass ein Auftraggeber mit der Forderung nach Eignungsnachweisen einen Zweck mit einem normorientierten Sinn verfolgt.[167]

43 In der Vergangenheit waren die Eignungskriterien bereits in den Verdingungsordnungen festgeschrieben und konkretisiert.[168] Eine Verschärfung der mit den Vergaberichtlinien vorgegebenen formellen Anforderungen durch nationale Regelungen stünde nicht mit den Vergaberichtlinien selbst, dem Wettbewerbsprinzip, dem Gleichbehandlungsgebot innerhalb der EU und dem Verhältnismäßigkeitsgrundsatz in Übereinstimmung.[169] Kriterien der Eignungsprüfung und der Angebotswertung dürfen vom öffentlichen Auftraggeber nur dann in die Vergabeentscheidung miteinbezogen werden, wenn sie zuvor in der Bekanntmachung der Ausschreibung oder in den Ausschreibungsunterlagen den Bietern mitgeteilt worden sind.[170] Die Eignungskriterien müssen zum **Eröffnungstermin** erfüllt sein.[171]

44 Bei der Prüfung der fachlichen Eignung darf der Auftraggeber nicht bei einem Bewerber auf ursprünglich verlangte Nachweise verzichten (Selbstbindung der Verwaltung). Werden Eignungsnachweise nicht oder nur zu einem geringen Teil vorgelegt (**Unvollständigkeit**), so ist der Bieter zwingend unmittelbar auszuschließen;[172] dieser Ausschlussgrund ist bis zum Abschluss des Vergabeverfahrens zu beachten.[173] Kann ein Bieter eine geforderte Bescheinigung aus einem stichhaltigen Grund nicht vorlegen, muss er dies innerhalb der Angebotsfrist darlegen und geeignete Alternativbelege beifügen.[174] Erweist sich ein Bieter als ungeeignet, kann er auch nicht bei der Zuschlagsentscheidung berücksichtigt werden, wenn er das wirtschaftlichste Angebot abgegeben hat. Es ist geboten, eine **nachträgliche**

---

[165] So u. a. *Dreher* in: Immenga/Mestmäcker, GWB, § 97 Rn 93.
[166] BayObLG B. v. 3. 7. 2002 Verg 13/02, BayOLGZ 2002, 177; *Bechtold*, GWB, 3. A., § 97 Rn. 17.
[167] OLG Koblenz v. 4. 7. 2007, 1 Verg 3/07, VergabeR 2007, 666 ff.
[168] §§ 2 Nr. 1 S. 1, 8 Nr. 3–5, 25 Nr. 2 VOB/A, § 2 Nr. 3, § 27 Nr. 4 u. 5, § 25 Nr. 2 Abs. 1, VOL/A, § 4 Abs. 1, §§ 10 bis 13 VOF.
[169] So OLG Naumburg Pressemitteilung 10/02 v. 13. 6. 2002 bzgl. Verfahren 1 Verg 01/02.
[170] So u. a. OLG Naumburg B. v. 7. 5. 2002 1Verg 19/01, ZfBR 2002, 618 m. w. N.
[171] Vgl. VÜA Bayern v. 12. 5. 1999, ZVgR 1999, 275 – *Naturwerksteinarbeiten*.
[172] BGH v. 18. 2. 2003, X ZB 43/02; OLG Düsseldorf B. v. 5. 5. 2004 Verg 10/04, NZBau 2004, 460; OLG Düsseldorf B. v. 19. 3. 2001, VergabeR 2001, 221, 222; OLG Düsseldorf B. v. 13. 1. 2006 VII-Verg 83/05; OLG Karlsruhe B. v. 9. 3. 2007 17 Verg 3/07; BGH U. v. 17. 9. 2007 X ZR 89/04, NZBau 2008, 137 f.; OLG Dresden B. v. 17. 10. 2006 W Verg 15/06, VergabeR 2007, 215 ff. (betr. Nachweise zur Zuverlässigkeit); Saarländisches OLG B. v. 5. 7. 2006 1 Verg 1/06 (betr. geforderter Preisangaben).
[173] OLG Düsseldorf B. v. 5. 5. 2004 Verg 10/04, NZBau 2004, 460.
[174] OLG Koblenz B. v. 4. 7. 2007 1 Verg 3/07, VergabeR 2007, 666 ff.

Korrektur der Eignungsprüfung vorzunehmen, wenn sich auf Grund neuer Erkenntnisse herausstellt, dass die erfolgte Eignungsprüfung auf falschen Tatsachen beruhte.[175] Nennt der Bieter auf Nachfrage ein nicht den Anforderungen entsprechendes Produkt und ist auch nicht zu einer mit dem Leistungsverzeichnis konformen Leistung willens, kann das Angebot ebenfalls wegen fehlender Leistung ausgeschlossen werden.[176] Eignungsnachweise, die nicht an der dafür vorgesehenen Stelle eingetragen sind, sich aber deutlich an anderer Stelle des Angebots finden, führen nicht zum Angebotsausschluss.[177] Auch wenn an Stelle des eingeforderten Formblattes eine eigene Aufstellung, die die geforderten Angaben enthält, beigefügt ist, darf nicht zwingend ein Ausschluss erfolgen.[178] Einige OLG rücken allerdings auch von dieser rigiden Rechtsprechung ab und wollen Ausnahmen vom zwingenden Angebotsausschluss bei Unvollständigkeit machen, wenn die fehlende Erklärung oder der fehlende Nachweis keine Auswirkungen auf die Stellung im Wettbewerb hat und das Ausschlussermessen nicht auf Null reduziert ist.

Bei einer **Bietergemeinschaft** ist es ausreichend, wenn geforderte Nachweise oder 45 Eigenerklärungen zur Fachkunde oder zur Leistungsfähigkeit für ein Mitglied der Bietergemeinschaft vorgelegt wurden, während die Zuverlässigkeit von jedem Mitglied in der geforderten Art zu belegen ist. Der Vereinbarung einer Bietergemeinschaft ist immanent, dass sie über die Kapazität ihrer einzelnen Mitglieder tatsächlich verfügen kann.[179] Scheidet ein Mitglied einer Bietergemeinschaft nach Angebotsabgabe (wegen Insolvenz) aus, ist die Bietergemeinschaft deshalb zwar nicht automatisch auszuschließen, aber hinsichtlich ihrer Eignung erneut zu prüfen.[180] Strenge Anforderungen wurden in der Praxis an Nachunternehmererklärungen gestellt.[181] Fehlt die geforderte Verpflichtungserklärung für Nachunternehmer ist das Angebot deswegen ebenfalls auszuschließen.[182] Nachunternehmer müssen ebenso benannt werden wie die durch sie zu erbringenden Leistungen (vgl. Art. 25 VKR) und können nach Ablauf des maßgeblichen Zeitpunkts zur Angebotsprüfung nicht mehr ausgetauscht werden.[183] Der Angebotsausschluss greift ein, wenn eine geforderte Erklärung zum Nachunternehmereinsatz fehlt oder wenn dessen Art und Umfang unzureichend angegeben werden, so dass die Eignung des Bieters, die Zuverlässigkeit der Leistungserbringung oder der wertende Angebotsvergleich nicht mehr gewährleistet sind.[184] Der Auftraggeber hat sowohl die Eignung und Leistungsfähigkeit des Bieters selbst als auch bei vergleichender Subunternehmereigenschaft die Eignung und Leistungsfähigkeit des Subunternehmers einer ordnungsgemäßen Prüfung zu unterziehen.

2. Die einzelnen Eignungskriterien

a) Fachkunde. Das Kriterium der Fachkunde verlangt weitgehend eine **personenbe-** 46 **zogene Prüfung** der technischen und kaufmännischen Leitung. Der Bewerber (bzw. bei

---

[175] OLG Düsseldorf B. v. 19. 9. 2002 VII-Verg 41/02, NZBau 2004, 460. OLG Düsseldorf B. v. 18. 7. 2001 Verg 16/01.
[176] OLG München B. v. 14. 11. 2007 Verg 10/07, ZfBR 2007, 828 ff.
[177] OLG Düsseldorf B. v. 12. 10. 2007 VII-Verg 28/07.
[178] OLG Düsseldorf B. v. 5. 4. 2006 VII Verg 3/06.
[179] OLG Naumburg B. v. 30. 4. 2007 1 Verg 1/07, NZBau 2008, 73 ff.; OLG Düsseldorf B. v. 31. 7. 2007 VII-Verg 25/07, IBR 2007, 580 (red. Leitsatz).
[180] OLG Celle B. v. 5. 9. 2007 13 Verg 9/07.
[181] Zur Berechtigung der Anforderungen von Nachunternehmererklärungen OLG Koblenz B. v. 7. 7. 2004 1 Verg 1/07, NZBau 2004, 571.
[182] OLG München B. v. 6. 11. 2006 Verg 17/06, VergabeR 2007, 251 f.; Schleswig-Holsteinisches OLG B. v. 10. 3. 2006 (6) Verg 13/05.
[183] OLG Düsseldorf B. v. 5. 5. 2004 VII-Verg 10/04, NZBau 2004, 460; BayObLG B. v. 15. 4. 2003 Verg 5/03, VergR 2003, 457.
[184] Schleswig-Holsteinisches OLG B. v. 10. 3. 2006, 1 (6) Verg 1/05; OLG Naumburg B. v. 18. 7. 2005 1 Verg 5/05, ZfBR 2005, 725.

der Auftragsausführung für diesen tätig werdende Personen) muss die erforderlichen Kenntnisse, Fertigkeiten und Erfahrungen besitzen, um die zu vergebende Leistung ausführen zu können. Beim Nachweis kommt es primär auf Erfahrungen mit vergleichbaren Objekten **(Nachweis von Referenzobjekten)** an. Vergleichbar ist eine Leistung bereits dann, wenn sie der ausgeschriebenen Leistung ähnelt. Bei einer anderen Auslegung des Merkmals würde ein statischer Bewerberkreis entstehen.[185] Die Forderung des Nachweises überdurchschnittlicher Erfahrungen muss gerechtfertigt sein, steht aber insoweit im Ermessen des Auftraggebers.[186] Neue Unternehmen **("Newcomer")** dürfen aber nicht grundsätzlich mit der Begründung der mangelnden fachlichen Eignung aus dem Verfahren ausgeschlossen werden.[187] Dies gilt nicht bei gefahrgeneigten Arbeiten, sofern die Ausführung des Auftrags eine besondere fachliche Eignung erfordert.[188]

47 **b) Leistungsfähigkeit.** Die Feststellung der Leistungsfähigkeit erfolgt in erster Linie als **sach- und betriebsbezogene Untersuchung.** Leistungsfähig ist, wer als Unternehmer über die personellen, kaufmännischen, technischen und finanziellen Mittel verfügt, um den Auftrag fachlich einwandfrei und fristgerecht ausführen zu können[189] und in der Lage ist, seine Verbindlichkeiten zu erfüllen.[190] Der finanzielle Aspekt der Leistungsfähigkeit verlangt auch, dass der Bieter über ausreichend finanzielle Mittel verfügt, um seinen laufenden Verpflichtungen gegenüber seinem Personal, dem Staat und sonstigen Gläubigern nachzukommen.[191] Die EG-Vergaberichtlinien[192] bzw. die Vergabe-, Vertrags- und Verdingungsordnungen[193] enthalten Vorschriften über die **zulässigen Nachweise,** mit denen Unternehmen ihre Leistungsfähigkeit nachweisen können.

48 Da der Bieter die **technischen Voraussetzungen** zur Herstellung eines Umweltaspekte berücksichtigenden Produkts mitbringen muss,[194] kann die ausschreibende Stelle z. B. eine Erklärung verlangen, aus der hervorgeht, über welche Ausstattung, welche Geräte und welche technische Ausrüstung der Bieter für die Ausführung des Auftrags verfügt.[195] Die an die **technische Leistungsfähigkeit** des Bieters gestellten Anforderungen müssen aber mit dem Auftragsgegenstand oder der Auftragsausführung verknüpft sein.[196] Eine Eignung bzgl. ökologischer Anforderungen kann etwa bzgl. entsprechender Infrastruktur und Know-how gefragt sein. Gefordert werden kann insofern, dass die Anbieter über die für eine ökologische Ausführung der Arbeiten notwendige Infrastruktur, also Maschinen und Einrichtungen, verfügen. Soweit der Auftraggeber für die Auftragsausführung beispielsweise ökologische Vorgaben macht – eine Buslinie soll nur mit Fahrzeugen betrieben werden, die bestimmte **Umweltverträglichkeitszertifikate** erhalten haben – dann ist hier die **technisch-ökologische Kapazität des Bieters** ein Eignungskriterium.[197] Auch können Zertifikate zur Beurteilung der Anbieter in Bezug auf Umweltfragen herangezogen werden, wobei hier die sog. **"Umweltmanagementsysteme"** im Vordergrund stehen und für

---

[185] BayObLG B. v. 24. 9. 2002 Verg 16/02, BayObLGZ 2002, 314.
[186] OLG Düsseldorf B. v. 22. 9. 2005 VII-Verg 48/05.
[187] OLG Celle B. v. 8. 5. 2002 13 Verg 5/02, IBR 2003, 93 (red. Leitsatz).
[188] OLG Düsseldorf B. v. 4. 7. 2007 Verg 3/07.
[189] 2. VK Bund B. v. 10. 2. 2004 VK 2 – 150/03; *Boesen,* § 97 Rn. 78.
[190] Saarländisches OLG B. v. 28. 5. 2004 1 Verg 4/04.
[191] OLG Düsseldorf B. v. 9. 6. 2004 Verg 11/04.
[192] Art. 47 VKR.
[193] § 8 Nr. 3 VOB/A, § 7a Nr. 2–5 VOL/A, § 12 u. 13 VOF.
[194] Dazu auf u. a. *Kling,* S. 615.
[195] Hierzu und zu weiteren Möglichkeiten, vom Bieter einschlägige Erfahrungen im Umweltbereich oder ein Umweltmanagement zu fordern, vgl. Kommission, Mitteilung über die Möglichkeiten zur Berücksichtigung von Umweltbelangen, ABl. 2001 C 333/12 ff., Ziff. II. 2. 2.
[196] Vgl. Mitteilung der Kommission, Mitteilung über die Möglichkeiten zur Berücksichtigung von Umweltbelangen, ABl. C 333/12 ff., Ziff. II. 2. 2.
[197] Vgl. *P. Kunzlik,* Enviromental Issues in International Public Procurement, S. 199 ff. (205).

Eignungsnachweise herangezogen werden.[198] Die vorzulegenden Nachweise sind durch die Richtlinien festgelegt. Den Vergaberichtlinien ist keine Beschränkung der Befugnis der Auftragnehmer zu entnehmen, **Umweltschutzanforderungen** zu stellen, die in den europäischen Normen nicht berücksichtigt sind oder über das darin vorgesehene Schutzniveau hinausgehen, soweit die allgemeinen Grundsätze des Gemeinschaftsrechts berücksichtigt werden.[199]

Die Festlegung eines **Umweltmanagementsystems als Eignungskriterium** ist mit dem Diskriminierungsverbot vereinbar, wenn für die betreffende Beschaffung ein objektiv gerechtfertigtes Bedürfnis der Vergabestelle besteht, mittels einer Zertifizierung erhöhte Gewissheit über die notwendigen organisatorischen Vorkehrungen zum Umweltschutz zu erhalten. Verbreitet sind die Umweltmanagementsysteme EMAS sowie ISO 14001, wobei die Aussagekraft für die konkrete Beschaffung für jedes der Umweltmanagementsysteme gesondert zu prüfen ist. Auch nach der neuen Basisrichtlinie müssen die Eignungskriterien mit dem Auftragsgegenstand zusammenhängen und ihm angemessen sein.[200] 49

Einem potentiellen Auftraggeber ist es gestattet, für den Nachweis, dass er die wirtschaftlichen, finanziellen und technischen Voraussetzungen für die Teilnahme an einem Vergabeverfahren erfüllt, auf die **Leistungsfähigkeit anderer Einrichtungen,** zu denen er mittelbare oder unmittelbare Verbindungen hat, welche Rechtsnatur diese auch haben mögen, zu verweisen.[201] Er muss beweisen, dass er tatsächlich über die Mittel dieser Einrichtungen, die zur Ausführung des Auftrags erforderlich sind, verfügt.[202] Dies gilt auch, wenn der potentielle Auftragnehmer selbst überhaupt keine Arbeiten ausführt, etwa weil er eine Holdinggesellschaft ist,[203] oder die gewerbsmäßige Eigenleistung darin besteht, die Tätigkeit von Subunternehmen zu organisieren und zu koordinieren.[204] Bei einer Ausschreibung, die den Kreis möglicher Bewerber ausdrücklich auf **Generalübernehmer** beschränkt, muss der Generalübernehmer von sich aus nachweisen, dass er während des Auftragszeitraums tatsächlich die Verfügungsmacht über die persönlichen und sachlichen Mittel sowie Unternehmen aller Art, die zur Ausführung des Auftrags benötigt werden, besitzt.[205] Der Nachweis ist innerhalb der Bewerbungsfrist zu führen.[206] 50

Die Eignungsfähigkeitsprüfung des öffentlichen Auftraggebers hat sich – jedenfalls in den Fällen, in denen für ihn zureichende Anhaltspunkte hervortreten, die Leistungsfähigkeit eines Bieters in dieser Hinsicht anzuzweifeln – auch darauf zu erstrecken, ob ein Bieter in Folge möglicher **Patentverletzung** rechtlich in der Lage ist, die ausgeschriebene Leis- 51

---

[198] Vgl. allg. *P. Thimme,* Enviromental Management – ISO 14001 and EMAS, 1996; *Leifer/Mißling* ZUR 2004, 266.

[199] Hierzu ausführlichst *Krohn,* Öffentliche Auftragsvergabe und Umweltschutz, 2003, S. 204 ff.

[200] Vgl. Art. 44 Abs. 2 VKR; hierzu *Huber/Wollenschläger* WuV 2005, 212.

[201] EuGH U. v. 2. 12. 1999 Rs. C-176/98 – *Holst* Slg. 1999, I 8607 = WuW/E Verg 296, Rn. 27 ff.

[202] Hierzu ausführlich und teilweise die Anforderungen einschränkend Hanseatisches OLG Bremen B. v. 24. 5. 2006 Verg 1/2006.

[203] EuGH U. v. 18. 12. 1997 Rs. C-5/97 – *Ballast Nedam Groep NV,* Slg. 1997, I 7549 = WuW/E Verg 28, Rn. 14.

[204] So auch *Motzke/Pietzcker/Prieß,* Beck'scher Kommentar zur VOB, Abschn. 1 § 8 Rn. 48 ff.; VK Bund B. v. 1. 3. 2002 VK 1 – 3/02, S. 9; vgl. aber auch die engeren Auffassungen von OLG Düsseldorf B. v. 16. 5. 2001 Verg 10/00; OLG Frankfurt B. v. 16. 5. 2000 11 Verg 1/99, NZBau 2001, 101, 104; OLG Bremen B. v. 6. 4. 2001 Verg 1/2000.

[205] So OLG Düsseldorf B. v. 7. 5. 2000 Verg 5/99, NZBau 2001, 106, 109 – *Restabfallbehandlungsanlage II;* vgl. aber auch OLG Frankfurt a. M. B. v. 16. 5. 2001 11 Verg 1/99, NZBau 2001, 101, 104 = BauR 2000, 1595, 1597 f. – *Kläranlage,* das bei der Verweisungsmöglichkeit restriktiver argumentiert.

[206] OLG Düsseldorf B. v. 7. 5. 2000 Verg 5/99, NZBau 2001, 106, 110.

tung zu erbringen. Die Prüfung, ob **rechtliche Gründe der Leistungsfähigkeit** des Bieters entgegen stehen, belässt dem Auftraggeber keinen Beurteilungsspielraum. Der Umstand, dass sich bei der Prüfung rechtlicher Hindernisse an der Leistungsfähigkeit eines Bieters – und zwar auch wegen ihrer Herkunft aus einer speziellen Rechtsmaterie – schwierige Rechtsfragen stellen können, bildet für sich allein genommen keinen anzuerkennenden Grund, den öffentlichen Auftraggeber im Vergabeverfahren von eigenen Prüfungsobliegenheiten und einer Beantwortung jener Rechtsfragen freizustellen, die im Rechtssinn Vorfragen einer rein vergaberechtlichen Beurteilung der Leistungsfähigkeit sind. Verfügt der Auftraggeber selbst nicht über die fachlichen Möglichkeiten, solche Rechtsfragen zuverlässig zu beantworten, darf er Sachverständige hinzuziehen.[207]

52 c) **Zuverlässigkeit.** Die erforderliche Zuverlässigkeit zur Erfüllung der vertraglichen Verpflichtungen eines Bieters ist anhand der **Umstände jedes Einzelfalles** zu prüfen. Die Beurteilung der Zuverlässigkeit erfolgt regelmäßig auf Grund des in der Vergangenheit liegenden Geschäftsgebahrens des Bewerbers.[208] Der Bieter ist als zuverlässig einzustufen, wenn er seinen allgemein auftragsbezogenen gesetzlichen Verpflichtungen nachgekommen ist[209] und er Gewähr dafür bietet, den Auftrag in sorgfältiger Art und Weise auszuführen. Maßgebend bei der Beurteilung kann sein, inwieweit auf Grund der Erfüllung früherer Verträge eine einwandfreie Ausführung zu erwarten ist.[210] Richtschnur für die Beurteilung der Zuverlässigkeit eines Bieters ist dabei stets die Frage, inwieweit die zur Beurteilung stehenden Gesichtspunkte geeignet sind, eine ordnungsgemäße und vertragsgerechte Erbringung gerade der ausgeschriebenen und vom Antragsteller angebotenen Leistung in Frage zu stellen. In die Beurteilung können damit gute Erfahrungen aus früheren Aufträgen ebenso einfließen[211] wie auch früheres vertragswidriges Verhalten, z. B. vorwerfbare Lieferverzögerungen und Schlechtleistungen.[212] Manipulationsversuche des Bieters in einem Aufklärungsgespräch reichen aus, um seine Unzuverlässigkeit zu begründen.[213] Es ist eine umfassende Abwägung aller in Betracht kommenden Gesichtspunkte unter angemessener Berücksichtigung des Umfangs, der Intensität, des Ausmaßes und des Grades der Vorwerfbarkeit einer Vertragsverletzung vorzunehmen.[214] Anhaltspunkte für einen Mangel an Zuverlässigkeit dürfen nur auf **gesicherten eigenen Erkenntnissen der Vergabestelle** beruhen.[215] **Bloße Meinungsverschiedenheiten zwischen Auftraggeber und Unternehmer** hinsichtlich der ordnungsgemäßen Erfüllung eines früheren Vertrages begründen keine Unzuverlässigkeit, wenn sich das Unternehmen um spätere Aufträge bewirbt.[216] Geht ein Bieter politische Stellen seines Heimatstaates mit dem Ziel an, diese dazu zu bewegen, sich in einem laufenden Vergabeverfahren für eine Zuschlagserteilung an ein nationales Unternehmen zu verwenden, stellt dies eine Aufforderung zum Bruch des Diskriminierungsverbots und damit eine versuchte – grob rechtswidrige – Einflussnahme auf die Auftragsvergabe dar. Es spricht viel dafür, schon ein solches Verhalten als „schwere Verfehlung" im Sinne des § 11 Abs. 4 lit. C VOF zu werten.[217]

53 Als **typische Fälle von Unzuverlässigkeit** sind anzusehen: mangelnde Sorgfalt bei der Ausführung früherer Arbeiten, die zu Nachforderungen des Auftraggebers oder zu Ge-

---

[207] OLG Düsseldorf B. v. 21. 2. 2005 VII-Verg 91/04, WuW/E Verg 1055 – *Heckler & Koch*, Ls. 3 u. 4.
[208] KG Berlin B. v. 5. 5. 2000 Kart Verg 15/00.
[209] OLG Celle B. v. 26. 11. 1998 14 U 283/97, NZBau 2000, 106.
[210] OLG Düsseldorf B. v. 15. 12. 2004 VII-Verg 48/04, VergabeR 2005, 207.
[211] Hanseatisches OLG Hamburg B. v. 21. 1. 2000 Verg 2/99, NvWZ 2001, 714 f.
[212] OLG Düsseldorf B. v. 28. 8. 2001 Verg 27/01 – *Lieferverzögerung*, WuW/E Verg 563 ff.
[213] OLG Düsseldorf B. v. 15. 12. 2004 Verg 48/04, VergabeR 2005, 207.
[214] OLG Düsseldorf B. v. 28. 8. 2001 Verg 27/01 – *Lieferverzögerung*, WuW/E Verg 563 ff.
[215] BGH U. v. 26. 10. 1999 BauR 2000, 254, 256.
[216] VK Bund B. v. 12. 9. 2007 VK 1 – 95/07.
[217] OLG Jena B. v. 16. 7. 2007, 9 Verg 4/07, ZfBR 2007, 817 ff.

währleistungsansprüchen geführt haben, schwere Verfehlungen, wie Bestechungsversuche, Urkunds- oder Vermögensdelikte, Verstöße gegen Bestimmungen des GWB oder des Gesetzes zur Bekämpfung der Schwarzarbeit, Nichtabführung von Steuern und Sozialversicherungsbeiträgen, Nichtbeachtung von Arbeitnehmerschutz- oder Unfallverhütungsbestimmungen oder anerkannten Berufspflichten (sog. negative Verfehlungen),[218] sowie vorsätzliche Rechenfehler in der Angebotskalkulation.[219] Erkennt ein Bieter Fehler im Leistungsverzeichnis, teilt er dies dem Auftraggeber aber nicht mit, so kann auch dies zu einem Ausschluss wegen Unzuverlässigkeit führen.[220] Eine Unzuverlässigkeit ist auch dann anzunehmen, wenn der Bieter Unrichtigkeiten des Leistungsverzeichnisses erkennt und bei seiner Preisgestaltung nutzt.[221] Eine strafgerichtliche Verurteilung des Geschäftsführers eines Bieters wegen Taten im Rahmen der beruflichen Tätigkeit ist ein Umstand, der geeignet ist, die Zuverlässigkeit des Bieters in Frage zu stellen.[222] Daneben kann der Auftraggeber auch zusätzliche Anforderungen, die in der Natur der ausgeschriebenen Aufgabe und der mit ihr verfolgten Zwecke liegen, zur Voraussetzung für die Auftragsvergabe machen, so etwa die Voraussetzung institutioneller Neutralität und Unparteilichkeit bei der Erbringung bestimmter Dienstleistungen.[223] Bieter, denen auf Grund von institutionellen Interessenkonflikten die geforderte Neutralität fehlt, sind unzuverlässig.[224] Die Zuverlässigkeit kann durch eine sogenannte **„Selbstreinigung"** wiederhergestellt werden. Die Prognoseentscheidung darüber, ob die Zuverlässigkeit eines Bieters weiterhin ungewiss erscheint, ist unter Würdigung aller Umstände zu treffen. Wesentlichen Einfluss aus diese Entscheidung hat der Umstand, ob das Unternehmen geeignete Maßnahmen ergriffen hat, die eine Wiederherstellung der Zuverlässigkeit des Unternehmens dauerhaft gewährleisten.[225]

Die EG-Vergaberichtlinien enthalten eine **abschließende Aufzählung von Ausschlussgründen,**[226] die in den Verdingungsordnungen in deutsches Recht umgesetzt worden sind.[227] Eine **Auftragssperre** kann verhängt werden, sofern ein Bewerber oder Bieter nachweislich eine schwere – auch eine bereits länger zurückliegende – Verfehlung begangen hat, die seine Zuverlässigkeit als Teilnehmer an einem Vergabeverfahren in Frage stellt.[228] In Spezialgesetzen können weitere Ausschlusstatbestände normiert sein.[229] Auf Grund der Grundrechtsrelevanz dieser Maßnahme sind hohe Anforderungen an den Nachweis des Ausschlussgrundes zu stellen. Die zeitliche Ausschlussdauer muss verhältnismäßig und die Norm, gegen die verstoßen wurde, ihrerseits rechtmäßig sein.[230] Die Vergabestelle ist darlegungs- und beweispflichtig.[231]

---

[218] KG Berlin B. v. 5. 2. 2000 KartVerg 15/00.
[219] BGH U. v. 14. 10. 1993 VII ZR 96/92, BauR 1994, 98; BGH U. v. 6. 2. 2002 X ZR 185/99, NJW 2002, 1952.
[220] OLG Celle B. 8. 11. 2001 13 Verg 12/01 – *Grundsanierung,* WuW/E Verg 554 f.
[221] OLG Nürnberg B. v. 18. 7. 2007 1 U 970/07, BauR 2008, 387 ff.
[222] OLG München B. v. 21. 4. 2006, Verg 8/06 VergabeR 2006, 561 ff.
[223] KG Berlin B. v. 5. 2. 2000 KartVerg 15/00.
[224] OLG Brandenburg B. v. 16. 1. 2007 Verg W 7/06, NZBau 2007, 332, 334 f.
[225] OLG Brandenburg B. v. 14. 12. 2007 Verg W 21/07, NZBau 2008, 277 ff.; OLG Düsseldorf, B. v. 9. 4. 2003, Verg 43/02, NZBau 2003, 578; OLG Frankfurt/Main, B. v. 20. 7. 2004, 11 Verg 6/04, VergabeR 2004, 642 ff.
[226] Art. 45, 46 VKR, Art. 54 Abs. 4 SKR.
[227] Vgl. § 8 Nr. 5 VOB/A, § 7 Nr. 5 VOL/A sowie § 11 VOF.
[228] LG Berlin U. v. 22. 3. 2006 23 O 118/04, WuW/E Verg 1240 ff.
[229] Vgl. etwa § 7 Nr. 5 c) VOL/A, § 6 Arbeitnehmerentsendegesetz, § 5 Schwarzarbeitsgesetz.
[230] *Sterner* NZBau 2001, 423, 424.
[231] OLG Frankfurt a. M. U. v. 3. 12. 1996 11U(Kart)64/95 – *Koordinierte Vergabesperre,* WuW/E OLG 5767.

3. Art und Weise der Eignungsüberprüfung

55 Die Eignungsprüfung hat für jeden Vergabefall individuell und auftragsbezogen zu erfolgen. Der Auftraggeber muss hier eine Prognoseentscheidung für die Zukunft treffen.[232] Zunehmend erfolgt eine „generelle" Eignungsprüfung in Form eines **Präqualifikationsverfahrens**.[233] Hiernach können sich Unternehmen anhand von vom Auftraggeber aufgestellten objektiven Regeln und Kriterien für eine Vielzahl zukünftiger Aufträge qualifizieren.[234] Im Baubereich ist die Präqualifikation nach § 8 Nr. 3 Abs. 2, 8b Nr. 9–13 VOB/A möglich. Sie erfolgt über den Verein für Präqualifikation (www.pq-verein.de).[235]

56 Es ist den Vergabestellen freigestellt, wie sie sich die **Informationen über die Eignung** der Unternehmen beschaffen.[236] Aus den Gesichtspunkten der Chancengleichheit und der Transparenz hat der Auftraggeber aber in der Vergabebekanntmachung unmissverständlich anzugeben, welche **Nachweise** in welcher Form durch den Bieter beigebracht werden müssen.[237] Eigene Erfahrungen mit einem Unternehmen können zwar berücksichtigt werden, dürfen aber nicht höher bewertet werden als sonstige durch standardisierte Referenzen nachgewiesene Qualifikationen. Die Nichtbeibringung von nicht ausdrücklich geforderten Nachweisen kann nicht zu einem Ausschluss des Bieters führen.[238] Die Nachweise dürfen auch nicht in einer solchen Art gefordert werden, dass hierin eine versteckte Diskriminierung gesehen werden kann. Im Einzelfall muss daher auch die Vorlage anderer geeigneter Belege genügen. Ungeprüfte Gerüchte dürfen einer Eignungsbewertung nicht zu Grunde gelegt werden.[239] Die Vergabestelle hat einen Bieter zwingend vom Wettbewerb auszuschließen, wenn seine Eignung zu verneinen ist.[240]

57 Dem Auftraggeber ist ein **Beurteilungsspielraum** zuzugestehen, der nur innerhalb bestimmter Grenzen nachprüfbar ist.[241] Die Wertung ist daraufhin zu überprüfen, ob der Auftraggeber die Verfahrensregeln eingehalten hat, ob er einen zutreffend ermittelten Sachverhalt zugrunde gelegt hat, ob er gültige Bewertungsmaßstäbe angewandt und nicht etwa sachfremde Erwägungen angestellt hat.[242]

4. § 97 Abs. 4 2. HS und die Verfolgung von Sekundärzielen

58 § 97 Abs. 4 2. HS erlaubt, als Ausnahme andere oder weitere Anforderungen der Bieter und Bewerber als die in S. 1 festgeschriebenen bei der Auftragsvergabe zu berücksichtigen und dadurch insbesondere politische Ziele zu verfolgen, sofern diese durch **bundes- oder landesgesetzliche Regelung** festgeschrieben werden. Verwaltungsvorschriften und Rechtsverordnungen reichen daher schon aus formalen Gründen für eine Berücksichtigung dieser Aspekte nicht aus. Auf dem Verordnungsweg geschaffene Zusatzkriterien sind rechtswidrig.

---

[232] Hanseatisches OLG B. v. 21. 1. 2000 Verg 2/99, NvWZ 2001, 714 f.
[233] §§ 8b Nr. 5 VOB/A, 7b Nr. 5 VOL/A, Art. 53 SKR. Vgl. hierzu ausf. *Appel*, Präqualifikationsverfahren in den Sektoren, 1999, S. 51 ff.
[234] So *Boesen* § 97 Rn. 90 u. ausf. *Appel*, Präqualifikationsverfahren in den Sektoren, Berlin 1999, S. 121 ff.; vgl. hier auch die §§ 17b Nr. 3 VOB/A, 17b Nr. 3 VOL/A, Art. 53 SKR.
[235] Vgl. hierzu *Werner*, NZBau 2006, 12 ff.
[236] *Niebuhr/Kulartz/Kus/Portz* § 97 Rn. 166.
[237] BGH U. v. 17. 2. 1999 XZR 101/97, WuW/E Verg 213 – *Krankenhauswäsche*; 2. VK Bund B. v. 26. 5. 2000 VK 2 – 8/00 – *Verlagsvertrag*, WuW/E Verg 354.
[238] VÜA Brandenburg, Vergaberecht 4/98, S. 48.
[239] 1. VK Bund B. v. 5. 9. 2001 VK 1 – 23/01, S. 21 f.
[240] OLG Düsseldorf B. v. 16. 5. 2001 Verg 10/00, IBR 2001, 508 (red. Leitsatz).
[241] 2. VK Bund, B. v. 20. 7. 2005 VK 2 – 72/05; OLG Düsseldorf B. v. 4. 9. 2002 Verg 37/02, S. 15; OLG Saarbrücken B. v. 13. 11. 2002 5 Verg 1/02, OLGR Saarbrücken 2003, 302.
[242] OLG Düsseldorf B. v. 19. 1. 2005 Verg 58/04 NZBau 2005, 597; OLG Frankfurt B. v. 30. 3. 2004 11 Verg 4/04 67; u. 5/04, OLGR Frankfurt 2005; OLG Celle B. v. 11. 3. 2004 13 Verg 3/04 OLGR Celle 2004, 442.

Die Vorschrift stellt keine Ermächtigungsgrundlage dar, sondern stellt vielmehr weitere Voraussetzungen auf. Die Länder haben von der Öffnungsklausel bereits mehrfach Gebrauch gemacht.[243] Insbesondere wurden Tariftreuegesetze auf Länderebene verabschiedet. Die Verabschiedung eines Tariftreuegesetz des Bundes ist dagegen gescheitert.[244] Der EuGH hat der Möglichkeit des Abforderns von Tariftreueerklärungen allerdings sehr enge Grenzen gesetzt.[245]

Vergabefremde Kriterien als Eignungs- wie auch als Zuschlagskriterium sind aus kartellrechtlicher,[246] verfassungsrechtlicher,[247] europarechtlicher[248] und völkerrechtlicher[249] Sicht umstritten. Im Rahmen der Eignungsprüfung sind vergabefremde Kriterien nur insoweit zulässig, wie sie sich unter die abschließend in den Richtlinien angeführten Eignungskriterien fassen lassen, denn die Vergaberichtlinien zählen die zulässigen Eignungskriterien abschließend auf.[250] Die Mitgliedstaaten dürfen keine weiteren Eignungskriterien einführen.[251] Völkerrechtlich wird die Heranziehung solcher Kriterien durch das GPA beschränkt.[252] 59

Die **Abgrenzung** zulässiger auftragsbezogener Merkmale von den vergabefremden bieterbezogenen Eignungskriterien kann schwierig sein. Zu letzterer Gruppe ausschließlich bieterbezogener Kriterien können Regelungen zur Tariftreue, Frauenförderung, Sektenbekämpfung, sowie eine grundsätzliche, d. h. auftragsunabhängige, Umweltschutzförderungspflicht etc. gehören.[253] Zulässig können dagegen auftragsbezogene Kriterien sein, etwa bestimmte Vorgaben im Bereich des Umweltschutzes an die technische Leistungsfähigkeit des Bieters.[254] So kann der Auftraggeber z.B. die Verwendung umweltgerechter Produkte oder den Einsatz umweltfreundlicher Verfahren fordern.[255] Rechtliche Grenzen für leistungsbeschreibende Merkmale ergeben sich aus dem Grundsatz der produktneutralen Ausschreibung. 60

VI. § 97 Abs. 5 – Zuschlagskriterium Wirtschaftlichkeit

1. Allgemeines

Der Zuschlag ist auf das wirtschaftlichste Angebot zu erteilen. Die Gemeinschaftsrichtlinien schreiben als Zuschlagskriterium entweder den niedrigsten Preis oder das wirtschaft- 61

---

[243] S. hierzu den Überblick vor Einleitung Vor § 97 Rn. 35 ff.
[244] Vgl. hierzu u. a. Sonderinfo forum-vergabe 1/02.
[245] EuGH U. v. 3. 4. 2008 Rs. C-346/06, EuR 2008, 388 ff. – *Rüffert*; hierzu *Bungenberg*, EuR 2008, 397 ff.
[246] BGH B. v. 18. 1. 2000 KVR 23/98 – *Tariftreueerklärung II*, WuW/E Verg 297.
[247] *Burgi* NZBau 2001, 64 ff.
[248] *Ziekow* NZBau 2001, 72 ff.
[249] *Priess/Pitschas* PPLR 9 (2000) 171 ff.; *Bungenberg* in: *Bauschke u. a.* (Hrsg.), Pluralität des Rechts, 2003, S. 257 ff.; *Arrowsmith*, Government Procurement in the WTO, 2003, S. 325 ff.
[250] Vgl. EuGH U. v. 20. 9. 1988 Rs. 31/87 – *Beentjes* Slg. 1988, 4635, Rn. 17. Hierzu ausführlich *Kling*, Die Zulässigkeit vergabefremder Regelungen, 1999, S. 223 ff. und *Benedict*, Sekundärzwecke im Vergabeverfahren, 1999, S. 123 ff.; *Kommission*, Grünbuch v. 27. 11. 1996, Teil 5 V Pt. 5.43; *Kommission*, Mitteilung v. 11. 3. 1998, KOM (98), 143 endg. Pt. 4.4. Zu den neuen Vergaberichtlinien vgl. insbes. *Opitz* VergabeR 2004, 421 ff.
[251] EuGH U. v. 3. 6. 1992 Rs. C-360/89 – *Kommission/Italienische Republik*, Slg. 1992, I-3401, Rn. 20 f.; EuGH U. v. 26. 4. 1994 Rs. C-272/91 – *Italien/Kommission*, Slg. 1994, I 1409, Rn. 35 f.; EuGH U. v. 20. 9. 1988 Rs. 31/87 – *Beentjes*, Slg. 1988, 4635, Rn. 6.
[252] Agreement on Government Procurement v. 15. 4. 1994, ABl. 1994 L 336/273 ff.
[253] Zu den einzelnen Kriterien ausf. *Kling*, Die Zulässigkeit vergabefremder Regelungen, 2000, S. 263 ff. m. w. N.
[254] Vgl. hierzu *Kommission*, Mitteilung zur Berücksichtigung von Umweltaspekten, KOM (2001) 274 endg. v. 4. 7. 2001, ABl. 2001 C 333/12.
[255] Vgl. z. B. auch § 37 KrW-/AbfG; hierzu *Schumacher* DVBl. 2000, 467, 471.

lich günstigste Angebot vor.[256] Das deutsche Recht sieht lediglich letztere Alternative vor. Der öffentliche Auftraggeber soll durch die Regelung des Abs. 5 gezwungen werden, sich wie ein Marktteilnehmer zu verhalten, der vollem **wirtschaftlichen Wettbewerb** ausgesetzt ist. Er soll bei der Beschaffung unternehmerisch-rational, vorhersehbar und nachvollziehbar eigennützig „wie der Private" handeln. Die Ermittlung des wirtschaftlichsten Angebots ist strikt von der Prüfung der Eignung eines Bieters zu trennen.[257] Kriterien, die die Qualifikation des Bieters betreffen, z.B. der Umstand, dass ein Bieter bereits mehr Erfahrung bei der Erbringung einer Leistung hat, dürfen in diesem Wertungsschritt grundsätzlich nicht mehr berücksichtigt werden.[258] Als Zuschlagskriterien sind solche Kriterien ausgeschlossen, die nicht der Ermittlung des wirtschaftlichsten Angebots dienen, sondern im Wesentlichen mit der Beurteilung der fachlichen Eignung der Bieter und mit der Ausführung des Auftrags zusammenhängen.[259]

62 Die Vorschriften über die Wertung des Angebots bezüglich der Wirtschaftlichkeit entfalten nur zu Gunsten derjenigen Bieter **individualschützende Wirkung** im Sinne des Abs. 7, deren Angebote überhaupt mit in die Wertung einbezogen werden.[260] Die Verletzung von Wertungsgrundsätzen kann im Nachprüfungsverfahren geltend gemacht werden wie auch Schadensersatzansprüche unterlegener Bieter auslösen.

63 Ein Zuschlag ist nur dann wirksam erteilt und entfaltet eine das Vergabeverfahren beendende Wirkung, wenn ein **wirksamer Vertragsschluss** erfolgt ist. Der modifizierte oder verspätete „Zuschlag" ist wegen seines zivilrechtlichen Charakters als neues Angebot (noch) kein verfahrensbeendender Zuschlag.[261]

2. Zuschlagskriterien und Wirtschaftlichkeitsbegriff

64 Wirtschaftlichkeit bedeutet, dass der Zuschlag unter den zur Wertung zugelassenen Angeboten auf das Angebot zu erteilen ist, welches unter Berücksichtigung aller im konkreten Fall wesentlichen und zum Zeitpunkt der Bekanntmachung angegebenen Aspekte das beste **Preis-/Leistungsverhältnis** bietet[262] bzw. welches die günstigste Relation zwischen dem verfolgten Zweck und dem einzusetzenden Mittel beinhaltet.[263] Hierbei kann es sich um monetäre wie auch um nichtmonetäre Kriterien handeln. Neben dem Preis nennen die EG-Vergaberichtlinien beispielhaft eine Vielzahl von Kriterien, die in einer Gesamtabwägung ein Angebot in der Summe als das wirtschaftlichste definieren. Dies sind u.a. Lieferfrist bzw. Ausführungsdauer, Preis, Qualität, Betriebskosten, Ästhetik, Zweckmäßigkeit, Kundendienst, Rentabilität, Umwelteigenschaften etc.[264] Bei der Ermittlung des wirtschaftlichsten Angebotes sind alle in der Vergabebekanntmachung genannten Wertungskriterien zu berücksichtigen.[265]

65 Bei der **Auswahl der Wertungskriterien** ist der Auftraggeber aber nicht völlig frei. Die Festlegung der Kriterien hängt insofern vom Auftragsgegenstand ab, als sie es ermög-

---

[256] Art. 53 VKR, Art. 55 SKR.
[257] Vgl. EuGH U. v. 20. 9. 1988 Rs. 31/87 – *Beentjes*, Slg. 1988, 4635, Rn. 15 ff.; EuGH U. v. 19. 6. 2003 Rs. C-315/01 – *GAT*, Slg. 2003, I-6351 = WuW/E Verg 837, Rn. 56 f.
[258] BGH B. v. 8. 9. 1998, BGHZ 139, 273; BGH B. v. 16. 10. 2001 X ZR 100/99, NZBau 2002, 107; vgl. allerdings die vom OLG Düsseldorf B. v. 5. 2. 2003 VII-Verg 58/02, WuW/E Verg 875 – *Vitrinenlieferung* sowie am 25. 2. 2004 in der RS. VII-Verg 77/03, VergR 2004, 537, 540 f. gemachten punktuellen Ausnahmen zu diesem Grundsatz.
[259] EuGH U. v. 24. 1. 2008 Rs. C-532/06, NZBau 2008, 262 ff.
[260] *Boesen*, § 97 Rn. 156.
[261] OLG Naumburg B. v. 16. 10. 2007 1 Verg 6/07, ZfBR, 2008, 83 ff.
[262] Regierungsbegründung zum Vergaberechtsänderungsgesetz BT-Drucks. 13/9340, S. 14.
[263] OLG Stuttgart B. v. 12. 4. 2000 2 Verg 3/00 m. w. N.
[264] Vgl. die Auflistungen in u. a. Art. 55 Abs. 1a) SKR, Art. 53 Abs. 1a) VKR.
[265] OLG Stuttgart B. v. 12. 4. 2000 2 Verg 3/00, S. 17; Saarländisches OLG, B. v. 13. 11. 2002, 5 Verg 1/02, S. 23.

§ 97. Allgemeine Grundsätze

lichen muss, das Leistungsniveau jedes einzelnen Angebots im Verhältnis zu dem in den technischen Spezifikationen beschriebenen Auftragsgegenstand zu bewerten sowie das Preis-Leistungs-Verhältnis jedes Angebots zu bestimmen.[266] Die verwendeten Kriterien müssen rechtlich zulässig, d. h. **diskriminierungsfrei**, willkürfrei und sachgemäß sein. Allen diesen Kriterien gemeinsam ist die **Auftragsbezogenheit** der Wertungskriterien.[267] Durch die Wahl der jeweiligen Zuschlagskriterien darf dem Auftraggeber keine unbeschränkte Entscheidungsfreiheit eingeräumt werden; **sie müssen ausdrücklich im Leistungsverzeichnis oder in der Bekanntmachung des Auftrags genannt werden** und bei ihnen müssen alle wesentlichen Grundsätze des Gemeinschaftsrechts beachtet werden.[268] Die Zuschlagskriterien müssen hinreichend klar gefasst sein, um den Erfordernissen der Gleichbehandlung und der Transparenz zu genügen.[269] Die Entscheidung über das wirtschaftlichste Angebot darf ausschließlich nur anhand derjenigen Vergabekriterien getroffen werden, die mit der Aufforderung zur Angebotsabgabe mitsamt ihrer relativen Bedeutung bekannt gemacht worden sind.[270] Auch bei nachrangigen Dienstleistungen müssen die Wertungskriterien bekanntgegeben worden sein.[271]

Der Auftraggeber muss in der Bekanntmachung oder in den Verdingungsordnungen – oder beim wettbewerblichen Dialog in der Beschreibung – angeben, wie er die einzelnen von ihm gewählten Zuschlagskriterien gewichtet, um das wirtschaftlichste Angebot auszuwählen. Die **Gewichtung der Zuschlagskriterien** kann mittels einer Marge angegeben werden, deren größte Bandbreite angemessen sein muss.[272] Auf die Gewichtung kann verzichtet werden, wenn sie insbesondere auf Grund der Komplexität des Auftrags oder aus nachvollziehbaren Gründen nicht im Vorhinein vorgenommen werden kann. In diesen Fällen sollten die Auftraggeber diese Kriterien in der absteigenden Reihenfolge ihrer Bedeutung angeben.[273] Dabei muss es sich um vernünftige, objektiv mit dem Auftragsgegenstand zusammenhängende Gründe handeln; subjektives Unvermögen oder bloße Zeitnot, in die sich der Auftraggeber selbst gebracht hat, genügen für eine Befreiung von der Bekanntmachungspflicht nicht.[274] Die **Festlegung von Unterkriterien** und ihrer Gewichtung nach Veröffentlichung der Bekanntmachung und Versendung der Verdingungsunterlagen unterliegt nach der Rechtsprechung des EuGH[275] drei Beschränkungen: Der öffentliche Auftraggeber darf keine Unterkriterien aufstellen, welche die bekannt gegebenen Zuschlagskriterien abändern. Die nachträglich die Unterkriterien betreffende Entscheidung darf keine Gesichtspunkte enthalten, die die Vorbereitung der Angebote hätten beeinflussen können, wenn sie zum Zeitpunkt der Vorbereitung bekannt gewesen wären. Der Auftraggeber darf keine Unterkriterien festlegen, welche geeignet sind, Bieter zu diskrimi-

---

[266] S. Erwägungsgrund 46 Abs. 3 VKR.
[267] EuGH U. v. 17. 9. 2002 Rs. C-513/99 – *Concordia Bus Finland* Slg. 2002, I-7213 = WuW/E Verg 637, Rn. 57 ff.; vgl. hierzu auch *Bungenberg* NVwZ 2003, 314 ff.; *ders./Nowak* ZUR 2003, 10 ff.; *Schneider* DVBl. 2003, 1186 ff.
[268] EuGH U. v. 17. 9. 2002 Rs. C-513/99 – *Concordia Bus Finland* Slg. 2002, I-7213 = WuW/E Verg 637, Rn. 53 ff.
[269] EuGH U. v. 4. 12. 2003 Rs. C-448/01 – *Wienstrom* Slg. 2003, I-14527 = WuW/E Verg 883; Rn. 49.
[270] BGH U. v. 17. 2. 1999 X ZR 101/97, NJW 2000, 137, 139; OLG Schleswig B. v. 13. 2. 2001 6 Verg 1/01, VergabeR 2001, 214; EuGH Rs. C-331/04, Slg. 2005, I-10109 – *ATI*, Rn. 24; U. v. 24. 1. 2008 Rs. C-352/06, NZBau 2008, 262 ff.
[271] OLG Brandenburg B. v. 15. 5. 2007 Verg W 2/07, VergabeR 2008, 242 ff.
[272] So Art. 53 Abs. 2 VKR, Art. 55 Abs. 2 SKR.
[273] S. Erwägungsgrund 46 Abs. 2 VKR; OLG Düsseldorf B. v. 23. 1. 2008 Verg 31/07, IBR 2008, 354 ff. (LS u. Kurzwiedergabe).
[274] OLG Düsseldorf B. v. 23. 1. 2008 Verg 31/07, ebenda.
[275] EuGH U. v. 24. 11. 2005 Rs. C-331/04 – *ATI EAL Srl* Slg. 2005, I-10109, Rn. 32 = WuW/E Verg 1180.

nieren. Ist nur eine Beschränkung nicht beachtet worden, liegt ein mit dem Gemeinschaftsrecht nicht zu vereinbarender Vergaberechtsverstoß des öffentlichen Auftraggebers vor. Ist der Auftraggeber aus nachvollziehbaren Gründen (z. B. aus haushalterischen Gründen oder wegen der Komplexität des Auftragsgegenstandes) erst kurz vor Ablauf der Angebotsabgabefrist in der Lage, die Zuschlagskriterien und/oder Unterkriterien sowie die Gewichtung festzulegen, müsse er die spätere Festlegung den Bietern nachträglich bekannt geben, sofern die Kenntnis davon die Vorbereitung der Angebote beeinflussen kann. Darüber hinaus hat der Auftraggeber den Bietern Gelegenheit zu einer Änderung oder Anpassung der Angebote zu geben, soweit diese bereits vorbereitet sind. Notfalls habe dies dadurch zu geschehen, dass die Frist zur Angebotsabgabe verlängert wird.[276]

67   Werden keine Kriterien bekanntgegeben, so ist ausschließlich das **Kriterium des niedrigsten Preises** für die Erteilung des Auftrages maßgeblich.[277] Gleiches gilt, soweit die nach den Vergabebedingungen maßgebenden Kriterien sachlich und in Hinblick auf den Inhalt des Angebots in technischer, gestalterischer und funktionsbedingter Hinsicht gleichwertig sind.[278]

68   Auch das „teuerste" Angebot kann das wirtschaftlich günstigste sein. Bei qualitativ gleichwertigen Angeboten ist das preislich günstigste auszuwählen.[279] Grundsätzlich muss sichergestellt bleiben, dass der **Preis** ein wichtiges, die Vergabeentscheidung **substantiell beeinflussendes Entscheidungskriterium** bleibt. Unter den in Betracht zu ziehenden Faktoren ist der Preis aber lediglich ein Merkmal, welches in die mit Blick auf Wirtschaftlichkeit und Mitteleinsatz in jedem einzelnen Fall gebotene Abwägung aller Umstände in die Vergabeentscheidung einzubeziehen ist.[280] Dabei kommt der Vergabestelle ein erheblicher Beurteilungsspielraum zu, dem jede Festsetzung von **Mindestquoten,** mit denen der Angebotspreis zwingend zu berücksichtigen ist, zuwiderläuft, weil dies auf eine zu missbilligende Einführung eines teilweise willkürlichen Bewertungsmaßstabes hinausläuft.[281] Die für die Vergabe öffentlicher Aufträge geltenden Vorschriften des Gemeinschaftsrechts verwehren es einem öffentlichen Auftraggeber nicht, im Rahmen der Beurteilung des wirtschaftlich günstigsten Angebots für die Vergabe eines Auftrags für die **Lieferung von Strom** ein mit 45% gewichtetes Zuschlagskriterium festzulegen, das die Lieferung von Strom aus **erneuerbaren Energieträgern** verlangt, wobei der Umstand unerheblich ist, dass sich mit diesem Kriterium das angestrebte Ziel möglicherweise nicht erreichen lässt.[282]

69   Der dem Auftraggeber zukommende **Beurteilungsspielraum** eröffnet die Möglichkeit, im Einzelfall nicht nur objektiv sein Interesse berücksichtigende Wertungskriterien zu Grunde zu legen. Vielmehr müssen sowohl die objektive als auch die subjektive Seite zusammenkommen, um in der Gesamtbetrachtung das wirtschaftlichste Angebot zu ergeben.[283] Die **objektive Seite** erfordert, dass ein Fachkundiger, an der Vergabe nicht Interessierter, das ausgesuchte Angebot als das wirtschaftlichste ansieht. **Subjektiv** ist zu

---

[276] OLG Düsseldorf ebenfalls im Beschluss vom 23. 1. 2008 (ebenda) und zuvor bereits im Beschluss vom 14. 11. 2007, VII-Verg 23/07, NJW Spezial 2008, 302.

[277] OLG Frankfurt B. v. 10. 4. 2001 11 Verg 1/01, VergabeR 2001, 299, 304; *Boesen* § 97 Rn. 150 unter Verweis auf GA *Darmon* Rs. 31/37 Slg. 1988, 4635, 4650; ablehnend *Dreher* § 97, Rn. 228.

[278] BGH U. v. 26. 10. 1999 X ZR 30/98, NJW 2000, 661.

[279] BGH U. v. 17. 2. 1999 X ZR 101/97 – *Krankenhauswäsche,* WuW/E Verg 213, 216.

[280] So OLG Düsseldorf B. v. 29. 12. 2001 Verg 22/01, VergabeR 2002, 267.

[281] So OLG Düsseldorf B. v. 29. 12. 2001 Verg 22/01, VergabeR 2002, 267 unter Verweis auf Thür. OLG Jena B. v. 13. 10. 1999 6 Verg 1/99, NZBau 2001, 39, 42f. Dagegen nimmt das OLG Dresden B. v. 5. 1. 2001 WVerg 11/00 – *LIGIS,* WuW/E Verg 420 = NZBau 2001, 459 an, dass ein Wertungsanteil des Angebotspreises von 30% regelmäßig nicht unterschritten werden sollte.

[282] EuGH U. v. 4. 12. 2003 Rs. C-448/01 – *Wienstrom* Slg. 2003, I-14527 = WuW/E Verg 883, Rn. 72.

[283] So OLG Stuttgart B. v. 12. 4. 2000 2 Verg 3/00 S. 16.

§ 97. Allgemeine Grundsätze

berücksichtigen, was der spezielle Auftraggeber in seiner Lage als für seine Ziele und Bestrebungen richtig betrachtet. Er kann im Rahmen der Vorgabe des Leistungsprogramms unter Berücksichtigung aller für sein Vorhaben wesentlichen technischen, wirtschaftlichen und funktionsbedingten Gesichtspunkte den Vorzug demjenigen Angebot geben, welches ihm in der Gesamtschau als das wirtschaftlichste erscheint.[284]

Der bei der Angebotswertung bestehende Beurteilungsspielraum des Auftraggebers unterliegt in Grenzen der **rechtlichen Nachprüfung** (eingeschränkt überprüfbarer Beurteilungsspielraum). Da auf Grund der Betonung der Wirtschaftlichkeit neben dem niedrigsten Preis weitere Kriterien der Angebote relevant sind und der Preis dadurch nicht das allein ausschlaggebende Kriterium ist, muss auch unter Geltung des Abs. 5 dem Auftraggeber für seine Wertungsentscheidung ein gewisser seiner Autonomie unterliegender Spielraum eingeräumt werden.[285] Die Zubilligung eines der gerichtlichen Nachprüfung gänzlich entzogenen Beurteilungsspielraums ist hingegen nicht mit Sinn und Zweck des Vergaberechts zu vereinbaren, denn die Funktion der §§ 97 ff. verlangt eine Vergabeentscheidung, die in Anbindung an die rechtlichen Vorgaben und frei von willkürliche Ergebnisse ermöglichenden Wertungen in einem rechtsförmigen Verfahren ergeht.[286] Die rechtlichen **Grenzen des Beurteilungsspielraums** sind überschritten, wenn von einem nicht vollständig ermittelten Sachverhalt ausgegangen wird, sachwidrige Erwägungen in die Bewertung eingeflossen sind, einzelne Wertungsgesichtspunkte objektiv fehlgewichtet sind, ein vorgeschriebenes Verfahren nicht eingehalten worden ist oder einzelnen Kriterien ein Gewicht beigemessen wird, welches zur objektiven Gewichtigkeit außer Verhältnis steht und dieser Gewichtungsfehler sich einem sachkundigen und wirtschaftlich denkenden Betrachter aufdrängt.[287]

3. Zulässigkeit von Dumpingangeboten

Der Zuschlag darf nicht auf solche Angebote erteilt werden, deren Preise in einem **offenbaren Missverhältnis** zur Leistung stehen[288] bzw. die unangemessen niedrig sind[289] und darüber hinaus zu erwarten ist, dass der Auftraggeber wegen dieses Missverhältnisses in **wirtschaftliche Schwierigkeiten** gerät und deshalb den Auftrag nicht oder nicht ordnungsgemäß ausführen kann.[290] Ein öffentlicher Auftraggeber ist im Umkehrschluss nicht verpflichtet, nur auskömmliche Angebote zu berücksichtigen.[291] Bei einem grundsätzlich leistungsfähigen Bieter kann es die verschiedensten Gründe geben, im Einzelfall auch nicht auskömmliche oder sehr knapp kalkulierte Angebote abzugeben. Solche Angebote sind im Sinne des Wettbewerbs erwünscht, solange an der ordnungsgemäßen Durchführung des Auftrags keine Zweifel bestehen.[292] Der öffentliche Auftraggeber ist grundsätzlich verpflichtet, ungesunde Begleiterscheinungen im Wettbewerb „zu bekämpfen".[293] Es ist ihm verwehrt, Angebote nach mathematischen Kriterien als ungewöhnlich niedrig auszuschlie-

---

[284] EuGH U. v. 28. 3. 1995 Rs. C-324/93 – *Queen/Home Department,* Slg. 1995, I-610, Rn. 44.
[285] OLG Düsseldorf B. v. 24. 2. 2005 VII-Verg 88/04, NZBau 2005, 535; OLG Stuttgart B. v. 12. 4. 2000 2 Verg 3/00, S. 17; BGH NJW 1985, 1466; „im Grundsatz" auch BGH U. v. 26. 10. 1999 XZR 36/98 – *Altenheim* WuW/E Verg 285.
[286] BGH U. v. 17. 2. 1999 X ZR 101/97 – *Krankenhauswäsche,* WuW/E Verg 213; BGH U. v. 26. 10. 1999 XZ R 36/98 – *Altenheim,* WuW/E Verg 285.
[287] OLG Düsseldorf B. v. 24. 2. 2005 VII-Verg 88/04, NZBau 2005, 537; OLG Stuttgart B. v. 12. 4. 2000 2 Verg 3/00, S. 17.
[288] Vgl. § 25 Nr. 2 Abs. 3 VOL/A.
[289] Vgl. § 25 Nr. 3 Abs. 1 VOB/A.
[290] BGH B. v. 21. 11. 2000 1 StR 300/00, WiStra 2001, 103.
[291] OLG Düsseldorf B. v. 9. 12. 2000 Verg 28/00 – *Abraumbehandlung,* WuW/E Verg 427 m. w. N.
[292] OLG Celle B. v. 8. 11. 2001 13Verg 12/01 – *Grundsanierung,* WuW/E Verg 554, 556 = VergabeR 2002, 176 m. Anm. *Prieß.*
[293] OLG Düsseldorf B. v. 19. 12. 2000 Verg 28/00 – *Abraumbandbetrieb,* WuW/E Verg 427 f.

ßen, ohne dem betroffenen Bieter die Gelegenheit zur Erklärung der Einzelposten und zum Nachweis der Seriosität seines Angebotes gegeben zu haben.[294] Die Pflicht des öffentlichen Auftraggebers, ein auf erste Sicht ungewöhnlich/unangemessen niedrig erscheinendes Angebot zu überprüfen,[295] entfaltet eine bieterschützende Wirkung nur zugunsten desjenigen Bieters, dessen Angebot wegen Unauskömmlichkeit des Preises von einem Ausschluss bedroht ist.

72 **a) Offenbares Missverhältnis.** Bei der Feststellung eines Missverhältnisses ist auf das **Gesamtangebot** abzustellen, weil sich einzelne Unterdeckungen durch die Kalkulation anderer Positionen wieder ausgleichen können. Aus dem Preis einzelner Positionen kann sich aber dann ein auffälliges Missverhältnis ergeben, wenn diese einen gewichtigen Teil des Gesamtangebots ausmachen. Wie ein Bieter im Einzelfall kalkuliert, steht grundsätzlich allein in seinem Ermessen.[296] Für die **Angemessenheit eines Niedrigpreises** kommt es vor allem auf das Verhältnis zwischen Preis und angebotener Leistung unter Berücksichtigung der konkreten Angebotssituation an, nicht hingegen auf das Verhältnis zu den Angebotspreisen der Wettbewerber. Dabei ist allein darauf abzustellen, ob der niedrige Preis wettbewerblich begründet ist. Dies ist der Fall, wenn bei einem Angebot aus Gründen der Kapazitätsauslastung bewusst auf Kostendeckung verzichtet wird oder wenn ein Newcomer, der sich nur durch Preiszugeständnisse Zugang zu einem Markt verschaffen kann, ein unterkalkuliertes Angebot macht. Ein auffälliges Missverhältnis wird im Allgemeinen bei einer **Endsummendifferenz** von 10% zum zweitgünstigsten Bieter angenommen. In einem Wirtschaftsbereich, in dem sich bislang noch keine festen Marktpreise gebildet haben, folgt ein offenbares Missverhältnis zwischen Preis und Leistung dagegen nicht schon aus der erheblichen Unterschreitung der übrigen Angebote.[297] Ein großer Preisabstand belegt für sich betrachtet keine Unauskömmlichkeit; auch ein erheblich unter den Preisen anderer Bieter liegendes Angebot kann sachgerechte und auskömmlich kalkulierte Wettbewerbspreise enthalten.[298]

73 **b) Wirtschaftliche Eigengefährdung.** Der Auftraggeber muss weder ein Insolvenz- noch ein Schlechterfüllungsrisiko eingehen.[299] Es darf daher nicht die Gefahr bestehen, dass der Auftragnehmer in Folge des Missverhältnisses in wirtschaftliche Schwierigkeiten gerät und deshalb den Auftrag nicht ordnungsgemäß ausführen kann.[300]

4. Zuschlagskriterien und Sekundärzwecke

74 Nachdem der EuGH zunächst vergabefremde Zuschlagskriterien neben Preis und Wirtschaftlichkeit für grundsätzlich möglich angesehen hat,[301] betont er nunmehr, dass dem Auftraggeber die Wahl der von ihm zu berücksichtigenden Zuschlagskriterien zwar überlassen ist, jedoch nur Kriterien in Betracht kommen, die der Ermittlung des wirtschaftlich günstigsten Angebots dienen, weshalb immer eine **Auftragsbezogenheit des jeweiligen Kriteriums** erforderlich ist.[302] Solange die Zuschlagskriterien in diesem Sinne auftragsbe-

---

[294] Vgl. EuGH U. v. 27. 11. 2001 verb. Rs. C-285/99 u. C-286/99 – *Impresa Lombardini*, Slg. 2001, I-9233 = WuW/E Verg 529; Hanseatisches OLG Bremen B. v. 24. 5. 2006 Verg 1/2006.
[295] Vgl. § 25 Nr. 2 VOL/A.
[296] OLG Celle B. v. 8. 11. 2001 13 Verg 12/01 – *Grundsanierung*, WuW/E Verg 554 = VergabeR 2002, 176 m. Anm. *Prieß*.
[297] OLG Celle B. v. 21. 4. 1999 13 Verg 1/99 – *Abfallverwertung*, WuW/E Verg 253.
[298] OLG Schleswig B. v. 26. 7. 2007 1 Verg 3/07.
[299] LG Berlin U. v. 10. 12. 2002 16 O 89/02.
[300] BGH B. v. 21. 11. 2000 1 StR 300/00, WiStra 2001, 103.
[301] EuGH U. v. 26. 9. 2000 Rs. C-225/98, *Kommission/Frankreich*, Slg. 2000, I-7445 = WuW/E Verg 362.
[302] EuGH U. v. 17. 9. 2002, Rs. 519/99 – *Concordia Bus Finland*, Slg. 2002, I-7213 = WuW/E Verg 637, Rn. 59; EuGH U. v. 19. 6. 2002 Rs. C-315/01 – *GAT*, Slg. 2003 I-6351 = WuW/E Verg 837 ff., Rn. 64.

zogen sind, ist es also möglich, Sekundärzwecke über die Auftragsvergabe zu verfolgen. Im Bereich des Umweltschutzes werden dann z. B. externe Kosten zur Durchsetzung von Sekundärzielen internalisiert. Der Wirtschaftlichkeitsbegriff ist insofern um eine gesamtwirtschaftliche Nutzendimension erweitert.[303] Angesichts der jüngeren EuGH-Rspr. sollte daher nicht mehr von der Zulässigkeit vergabefremder Kriterien, sondern von der Zulässigkeit der Verfolgung von Sekundärzwecken über spezifische auftragsbezogene Zuschlagskriterien gesprochen werden. Mit Art. 53 Abs. 1 VKR und Art. 55 Abs. 1 SKR wird bei Sozial- und Umweltkriterien ausdrücklich ein Zusammenhang mit dem Auftragsgegenstand gefordert. Kriterien, die in keinerlei Zusammenhang mit dem Auftragsgegenstand stehen, sind nach Gemeinschaftssekundärrecht als unzulässig anzusehen. Die Rechtsprechung des EuGH wird damit bestätigt.

In der Rechtsanwendung wie auch im Schrifttum bislang weitgehend unbehandelt geblieben ist die Frage, inwieweit das **GPA** eine Verfolgung vergabefremder Zielsetzungen durch Einführung solcher Zuschlagskriterien (Art. XIII GPA) gestattet. Grundsätzlich sind Kriterien, die nicht zur Wahl des vorteilhaftesten Angebots beitragen, als mit den Verpflichtungen der Mitgliedstaaten auf Grund des GPA unvereinbar anzusehen,[304] soweit sie nicht unter die Ausnahmeklausel des Art. XXIII GPA gefasst werden können. Allerdings ist im GPA das Zuschlagskriterium der „Vorteilhaftigkeit" bereits weiter gefasst, als im deutschen Recht und im Gemeinschaftsrecht das Kriterium der Wirtschaftlichkeit. Zumindest mit dem Auftrag in Zusammenhang stehende Umwelt- und Sozialkriterien lassen sich daher unproblematisch unter das GPA-Zuschlagskriterium fassen.[305]

VII. § 97 Abs. 6 – Ermächtigungsgrundlage

Durch die **Ermächtigungsgrundlage** des Abs. 6 ist die Bundesregierung mit Zustimmung des Bundesrates zum Erlass von Rechtsverordnungen, die nähere Bestimmungen über das Vergabewesen enthalten und die die §§ 97 bis 101 konkretisieren, befugt. Abs. 6 ist in Zusammenhang mit § 127 zu sehen. Aus rechtstechnischer Sicht stellt die „doppelte Rechtsgrundlage" eine unglückliche Lösung dar. Eine Zusammenfassung der §§ 97 Abs. 6 und 127 in einer Norm hätte mehr Klarheit bedeutet. Nach der Regierungsbegründung soll eine nach Abs. 6 zu erlassende Rechtsverordnung auf die beizubehaltenden Verdingungsordnungen VOL, VOB und VOF verweisen und deren Regelungen für den Auftraggeber verbindlich machen. Aus der gesetzlichen Ermächtigung zum Erlass einer Vergabeverordnung, die auf die Verdingungsordnungen verweist, ergibt sich der dreistufige Aufbau des deutschen Vergaberechts (**„Kaskadenprinzip").**[306] Von den Ermächtigungen der §§ 97 Abs. 6 und 127 hat die Bundesregierung mit dem Erlass der **Vergabeverordnung** (VgV) vom 9. 1. 2001, die zum 1. 2. 2001 in Kraft getreten ist, Gebrauch gemacht.[307] Gleichzeitig ist die Vergabeverordnung vom 22. 2. 1994[308] außer Kraft getreten. Die „neue" Vergabeverordnung enthält in Abschnitt 1 (§§ 1 bis 16) konkretisierende Bestim-

---

[303] So auch *Schneider* DVBl. 2003, 1186 ff.
[304] Vgl. auch die Mitteilung der Kommission über die Auslegung des gemeinschaftlichen Vergaberechts und die Möglichkeit zur Berücksichtigung sozialer Belange bei der Vergabe öffentlicher Aufträge, ABl. 2001 C-333/12.
[305] Hierzu ausf. *Odendahl* EuZW 2004, 647 ff.; *Arrowsmith,* Government Procurement in the WTO, 2003, S. 242 ff. u. 324 ff.
[306] Vgl. hierzu Vor §§ 97 ff. Rn. 17.
[307] Vergabeverordnung vom 9. 1. 2001 nebst Begründung, BGBl. 2001 I 110 (VgV); Erste Verordnung zur Änderung der Vergabeverordnung v. 7. 11. 2002 (BGBl. I 4338); Zweite Verordnung zur Änderung der Vergabeverordnung v. 11. 2. 2003 (BGBl. I 168), zuletzt geändert durch Art. 2 des Gesetzes vom 1. 9. 2005 (BGBl. 2005 I 2676).
[308] Verordnung über die Vergabebestimmungen für öffentliche Aufträge, BGBl. 1994 I 321, geändert durch die erste Verordnung zur Änderung der Vergabeverordnung v. 29. 9. 1997 (BGBl. I 2384).

mungen über die Durchführung der Vergabeverfahren bei Aufträgen, welche die in der Verordnung bezeichneten Schwellenwerte erreichen. Abschnitt 2 (§§ 17 bis 22) enthält mehrere Nachprüfungsbestimmungen und Abschnitt 3 (§§ 23 und 24) betrifft Übergangs- und Schlussbestimmungen.

VIII. § 97 Abs. 7 (Anspruch auf Rechtsschutz)

1. Allgemeines

77 § 97 Abs. 7 begründet einen **Rechtsanspruch der Bieter** auf Einhaltung der Bestimmungen über das Vergabeverfahren und stellt damit eine vollständige Abkehr von dem durch die überkommene ausschließlich haushaltsrechtliche Lösung verfolgten Prinzip dar, welches einem (übergangenen) Bieter keinerlei Rechte im Rahmen des Primärrechtsschutzes zugestanden hat. Das Konzept der haushaltsrechtlichen Lösung hatte zum Ziel gehabt, „individuelle, einklagbare Rechtsansprüche der Bieter nicht entstehen zu lassen".[309] Das nunmehr erfolgte „Umdenken" bedeutet einen Paradigmenwechsel des deutschen Vergaberechts und trägt der Rechtsprechung des EuGH Rechnung, der die bisherige Rechtslage wegen des Fehlens subjektiver Rechte der Bieter kritisiert hatte. Der EuGH hatte wiederholt festgestellt, dass die in den Vergaberichtlinien enthaltenen Vorschriften über die Teilnahme und die Publizität den Bieter vor der Willkür des öffentlichen Auftraggebers schützen sollen,[310] wobei jeder Mitgliedstaat für den wirksamen Schutz der auf dem Gemeinschaftsrecht beruhenden Rechte zu sorgen habe.[311] Die Einräumung subjektiver Rechtsansprüche erfüllt nunmehr die aus Art. 19 Abs. 4 und Art. 20 GG bzw. dem Justizgewährungsanspruch (so das BVerfG) sowie auch aus den Vergaberichtlinien folgende Verpflichtung des Gesetzgebers, effektiven gerichtlichen Rechtsschutz zur Verfügung zu stellen, um eine Durchsetzung subjektiv-materieller Rechte zu gewährleisten. Die Verletzung eines subjektiven Rechts ist nach § 107 Abs. 2 Voraussetzung für die Einleitung eines Nachprüfungsverfahrens und die Geltendmachung von Schadensersatzansprüchen nach § 126 Satz 1 GWB und § 823 Abs. 2 BGB.[312]

2. „Unternehmen" als Anspruchsinhaber

78 Inhaber eines Anspruchs nach Abs. 7 sind „Unternehmen" im kartellrechtlichen Sinne. Der Begriff des Unternehmens umfasst auf Grund der Einordnung des Vergaberechts in das Kartellrecht jede Person, die im Wirtschaftsverkehr auftritt[313] und die nicht allein der Sphäre des privaten Verbrauchers oder der hoheitlichen Tätigkeit des Staates zuzurechnen ist.[314] Grundsätzlich erfasst sind auch potentielle Teilnehmer am Vergabeverfahren.[315]

3. „Bestimmungen über das Vergabevefahren"

79 Abs. 7 begründet Rechte der „Unternehmen", die sich aus den verschiedenen Bestimmungen über das Vergabeverfahren ergeben „können"[316] und richtet sich grundsätzlich gegen die öffentlichen Auftraggeber. Nach der Regierungsbegründung zum Geset-

---

[309] Vgl. Bundestagsdrucksache 12/4636, S. 12.
[310] EuGH U. v. 11. 8. 1995 Rs. C-433/93 – *Kommission/Deutschland*, Slg. 1995, I-2303, Rn. 19.
[311] EuGH U. v. 17. 9. 1997 Rs. C-54/96 – *Dorsch Consult*, Slg. 1997, I-4996, Rn. 40.
[312] *Boesen* § 97 Rn. 179, vgl. aber zu Art. 19 Abs. 4 GG und der neueren diesbezüglichen Rechtsprechung vor § 97 Rn. 28 ff.
[313] *Jaestedt/Kemper/Marx/Prieß* S. 149.
[314] *Emmerich*, Kartellrecht, 8. A. 1999, S. 17.
[315] *Dreher*, in: Immenga/Mestmäcker (Hrsg.), GWB, 4. Aufl. § 97 Rn. 270.
[316] 2. VK Bund B. v. 12. 10. 2000 VK 2 – 32/00 – *Stiftung*, WuW/E Verg 414 ff.; *Kalinowsky*, Der Anspruch des Bieters auf Einhaltung des Vergaberechts nach § 97 Abs. 7, GWB, Berlin 2000, S. 66 ff.; *Dreher*, in: Immenga/Mestmäcker (Hrsg.), GWB, 4. Aufl. § 97 Rn. 268 ff.

§ 97. Allgemeine Grundsätze

zesentwurf sollte der Rechtsschutz nur so weit gehen, wie eine bestimmte vergaberechtliche Vorschrift gerade auch den Schutz des potentiellen Auftragnehmers bezweckt (**subjektive Vergabevorschriften**). Auf die Einhaltung von Vorschriften, die anderen Zwecken dienen, zum Beispiel reinen Ordnungsvorschriften (objektive Vergabevorschriften), soll sich der Auftragnehmer dagegen gerade nicht berufen können.[317] Nach der Rechtsprechung ist zu berücksichtigen, ob die Richtlinienvorgaben eine Umsetzung in individualschützende Bestimmungen verlangen.[318] Allerdings fordert das Gemeinschaftsrecht nicht eine dem Einzelnen eingeräumte subjektive Rechtsposition ein; vielmehr genügt es, dass eine hinreichend bestimmte, durch die Gerichte durchsetzbare Verpflichtung gegenüber dem Einzelnen besteht.[319] In europarechtlich vorbestimmten Rechtsgebieten zeichnet sich ein Übergang zur Interessentenklage durch eine Rezeption gemeinschaftsrechtlicher Vorgaben im nationalen Wirtschaftsverwaltungsrecht dahingehend ab,[320] dass eine Beschwerdeberechtigung angenommen wird, wenn Wirtschaftsteilnehmer in ihren wirtschaftlichen Interessen nachteilig betroffen werden.[321] Der Bereich der „Bestimmungen über das Vergabeverfahren" ist daher, wie auch auf Grund der expliziten Aufnahme von Wettbewerbs-, Transparenz- und Gleichbehandlungsgrundsätzen in das GWB und der grundlegenden Bedeutung dieses Grundsatzes für das gesamte Vergabeverfahrensrecht, weit zu fassen.[322]

Ein Unternehmen hat immer dann einen **Anspruch auf die Beachtung einer Vergabevorschrift,** wenn die Vorschrift nicht nur verwaltungsinterne Pflichten aufstellt, die keinen Bezug zum Einzelnen haben.[323] Vielfach wird erst die Auslegung einer Vorschrift, die sich an den Grundprinzipien des Vergaberechts – Wettbewerb, Transparenz und Gleichbehandlung – orientiert, zu dem Ergebnis führen, dass die jeweilige Norm einen solchen Charakter hat.[324] **Individualrechte** werden daher jedenfalls durch die Publizitäts- und Teilnahmevorschriften der Vergaberichtlinien bzw. die Umsetzungen in den Verdingungsordnungen begründet.[325] Ein Verstoß gegen Verfahrensvorschriften impliziert im Normalfall einen Verstoß gegen zumindest einen der vorgenannten Grundsätze. Die Vorschrift umfasst daher einen grundsätzlichen Anspruch auf Einhaltung aller Bestimmungen über das Vergabeverfahren. Hierzu gehören neben Rechtsvorschriften auch solche Vergabebedingungen, die die Vergabestelle selbst freiwillig in der Ausschreibung und/oder in den Verdingungsunterlagen aufstellt. Die Nichtdurchführung eines Vergabeverfahrens ist ebenfalls die Nichteinhaltung von Bestimmungen über das Vergabeverfahren. Zu den subjektive Rechte gewährenden Vorschriften gehören auch Verwaltungsgrundsätze wie das aus dem Gebot von Treu und Glauben herzuleitende Prinzip, sich nicht in Widerspruch zu eigenem rechtserheblichen Tun zu setzen, das Gebot der Verfahrensfairness, verwaltungsrechtliche Grundgedanken, wie der der Regelung in § 51 VwVfG zu Grunde liegende Grundsatz, dass rechtmäßige begünstigende Maßnahmen nicht ohne weiteres widerrufen werden können, und der der Selbstbindung der Verwaltung.[326] Eine Rechtsschutzmöglich-

---

[317] Regierungsbegründung zum Vergaberechtsänderungsgesetz BT-Drucks. 13/9340 S. 14.
[318] So u. a. auch OLG Brandenburg B. v. 3. 8. 1999 6 Verg 1/99 – *Flughafen Berlin,* WuW/E Verg 231, 234 = NZBau 2000, 39; vgl. hierzu umfassend *Kalinowsky,* Der Anspruch des Bieters auf Einhaltung des Vergaberechts nach § 97 Abs. 7, GWB, Berlin 2000, m. w. N.
[319] So *Byok/Jaeger-Hailbronner,* 2. A., § 97 Rn. 274.
[320] *Calliess* in: Nowak/Cremer, Individualrechtsschutz in der EG und der WTO, 2002, S. 81 (98).
[321] So der BGH in einem Fusionskontrollverfahren, B. v. 24. 6. 2003, KVR 14/01 – *HABET/Lekkerland,* WuW/E DE-R 1163.
[322] OLG Düsseldorf B. v. 15. 6. 00 Verg 6/00, NZBau 2000, 440.
[323] *Kalinowsky,* Der Anspruch des Bieters auf Einhaltung des Vergaberechts nach § 97 Abs. 7 GWB, 2000, S. 267.
[324] So auch *Jaeger* NZBau 2001, 431.
[325] EuGH U. v. 11. 8. 1995 Rs. C-433/93 – *Kommission/Deutschland,* Slg. 1995 I, 2303, Rn. 18 f.
[326] So KG Berlin B. v. 7. 11. 2001 KartVerg 8/01 – *Humboldt-Universität II,* WuW/E Verg 550, 552.

keit besteht ebenfalls hinsichtlich der zutreffenden Schwellen- und Auftragswertbestimmung.[327] Den Regelungen der VgV und der Verdingungsordnungen ist unter den vorstehend ausgeführten Gesichtspunkten vielfach bieterschützender Zweck zuzusprechen. Es ist als eine Ausnahme anzusehen, wenn auf die Einhaltung einer Bestimmung über das Vergabeverfahren von Seiten der Bieter kein Anspruch besteht.[328]

IX. Neufassung gemäß Gesetz zur Modernisierung des Vergaberechts vom 20. April 2009

81 „2. § 97 wird wie folgt geändert:
a) Abs. 3 wird wie folgt gefasst: „Mittelständische Interessen sind bei der Vergabe öffentlicher Aufträge vornehmlich zu berücksichtigen. Leistungen sind in der Menge aufgeteilt (Teillose) und getrennt nach Art oder Fachgebiet (Fachlose) zu vergeben. Mehrere Teil- oder Fachlose dürfen zusammen vergeben werden, wenn wirtschaftliche oder technische Gründe dies erfordern. Wird ein Unternehmen, das nicht öffentlicher Auftraggeber ist, mit der Wahrnehmung einer öffentlichen Aufgabe betraut, verpflichtet der Auftraggeber das Unternehmen, sofern es Unteraufträge an Dritte vergibt, nach Satz 1 bis 3 zu verfahren. "
b) Abs. 4 wird wie folgt gefasst: „(4) Aufträge werden an fachkundige, leistungsfähige sowie gesetzestreue und zuverlässige Unternehmen vergeben. Für die Auftragsausführung können zusätzliche Anforderungen an Auftragnehmer gestellt werden, die insbesondere soziale, umweltbezogene oder innovative Aspekte betreffen, wenn sie im sachlichen Zusammenhang mit dem Auftragsgegenstand stehen und sich aus der Leistungsbeschreibung ergeben. Andere oder weitergehende Anforderungen dürfen an Auftragnehmer nur gestellt werden, wenn dies durch Bundes- oder Landesgesetz vorgesehen ist."
Nach Absatz 4 wird folgender Absatz 4 a eingefügt: „(4 a) Auftraggeber können Präqualifikationssysteme einrichten oder zulassen, mit denen die Eignung von Unternehmen nachgewiesen werden kann."

82 Als Begründung wird ausgeführt:
„Zu Nummer 2 (§ 97)
Zu Buchstabe a): Der bisherige § 97 Abs. 3 verpflichtet jeden Auftraggeber bei der Vergabe eines Auftrages oberhalb der EG-Schwellenwerte mittelständische Interessen angemessen zu berücksichtigen. Dies soll bislang vornehmlich durch Teilung der Aufträge in Fach- und Teillose geschehen. Trotz dieser Regelung beklagen mittelständische Unternehmen die vielfach wenig mittelstandsgerechte Ausgestaltung der Auftragsvergaben. Bündelung von Nachfragemacht und Zusammenfassung teilbarer Leistungen seien zunehmende Praxis. Auch scheint die Zunahme elektronischer Beschaffungsformen diese Tendenz zu befördern. Gerade bei der öffentlichen Auftragsvergabe, die vielfach mit einer marktstarken Stellung eines Auftraggebers einhergeht, ist es im Interesse der vorwiegend mittelständisch strukturierten Wirtschaft geboten, auf mittelständische Interessen bei der Ausgestaltung der Vergabeverfahren besonders zu achten, um so die Nachteile der mittelständischen Wirtschaft gerade bei der Vergabe großer Aufträge mit einem Volumen, das die Kapazitäten mittelständischer Unternehmen überfordern könnte, auszugleichen. Die Mittelstandsklausel des § 97 Abs. 3 wird daher in ihrer Wirkung verstärkt. Dies soll dadurch verwirklicht werden, dass eine Losvergabe stattzufinden hat. Nur in begründeten Ausnahmefällen kann davon abgewichen werden, wenn wirtschaftliche oder technische Gründe dies erfordern. Verfahren öffentlicher Auftraggeber nach dieser Vorschrift, so haben sie aktenkundig zu begründen, dass die gesetzlichen Voraussetzungen erfüllt sind. Für die Vergaben der Aufträge unterhalb der EG-Schwellenwerte erwartet die Bundesregierung mit der Verstärkung des § 97 Abs. 3 eine Vorbildwirkung für die Erarbeitung der Regelungen in den Verdingungsausschüssen bzw. des Vergabe- und Vertragsausschusses.
Zu Buchstabe b): Das Vergaberecht dient dem wirtschaftlichen Einkauf der öffentlichen Hand und der sparsamen Verwendung von Steuergeldern. Im Rahmen ihrer Finanzverantwortung entscheiden öffentliche Auftraggeber grundsätzlich frei darüber, welche Leistungen sie einkaufen, um ihren Bedarf wirtschaftlich zu decken. Beispielsweise kann ein kommunaler Auftraggeber beim Bau eines Kraftwerks die Technologie ebenso frei bestimmen wie das Verfahren der Abfallbeseitigung bei der kommunalen Entsorgung.
Bereits nach der seit 1998 geltenden Rechtslage konnten öffentliche Auftraggeber bei der Vergabe öffentlicher Aufträge nicht nur die Wirtschaftlichkeit eines Angebotes im engeren Sinne, sondern auch im weiteren Sinne soziale, umweltbezogene, innovative oder sonstige politische Aspekte berücksichtigen. Gemäß § 97 Abs. 4 GWB sind zum Wettbewerb um öffentliche Aufträge alle Unternehmen zugelassen, welche das nötige Fachwissen sowie die erforderliche wirtschaftliche und technische Leistungsfähigkeit mitbringen, um den vorgesehenen Auftrag zu erfül-

---

[327] Vgl. auch OLG Celle B. v. 17. 11. 1999 13 Verg 6/99, S. 5.
[328] OLG Düsseldorf B. v. 15. 6. 2000 Verg 6/00, NZBau 2000, 440.

§ 97. Allgemeine Grundsätze § 97 GWB

len, und insofern „geeignet" sind. Hierzu zählt insbesondere die Zuverlässigkeit, die davon ausgeht, dass alle Unternehmen die deutschen Gesetze einhalten. Dazu zählen auch die für allgemein verbindlich erklärten Tarifverträge wie auch die Entgeltgleichheit von Männern und Frauen.
Auch die international vereinbarten Grundprinzipien und Rechte, wie die Kernarbeitsnormen der Internationalen Arbeitsorganisation zum Verbot der Kinder- und Zwangsarbeit sind zwingender Bestandteil unserer Rechtsordnung und damit der Vergaberegeln. In Deutschland agierende Unternehmen, die diese Grundprinzipien und Rechte nicht beachten, müssen prinzipiell aufgrund fehlender Zuverlässigkeit vom Wettbewerb um öffentliche Aufträge ausgeschlossen werden. Im Rahmen der Wirtschaftlichkeit können weitere soziale, umweltbezogene oder innovative Aspekte bei der Vergabe Berücksichtigung finden. Dazu gehört insbesondere der Klimaschutz – zum Beispiel durch Beachtung von Lebenszykluskosten und Energieeffizienz. Über Fachkunde, Leistungsfähigkeit und generelle Zuverlässigkeit inhaltlich hinausgehende Anforderungen können nach geltendem § 97 Abs. 4 GWB an Unternehmen nur gestellt werden, wenn dies durch Bundes- oder Landesgesetz ausdrücklich so geregelt ist. Der Bund hat in § 141 Sozialgesetzbuch IX die Möglichkeit vorgesehen, Werkstätten behinderter Menschen und Blindenwerkstätten bei der Auftragsvergabe besonders zu berücksichtigen.
Ob Tarifbindung kraft Gesetzes im Bereich des öffentlichen Auftragswesens mit dem Europäischen Gemeinschaftsrecht vereinbar ist, hat der Europäische Gerichtshof für den Bereich der Bauwirtschaft in einer Entscheidung vom 3. April 2008 (Rs. C-346/06, Dirk Rüffert / Land Niedersachsen) davon abhängig gemacht, dass die Voraussetzungen der Gemeinschaftsrichtlinie über die Entsendung von Arbeitnehmern (96/71/EG) erfüllt sind. Mit der Neufassung des § 97 Abs. 4 GWB wird an dieser Rechtslage festgehalten, aber zusätzlich eine weitere Kategorie von Anforderungen aufgenommen, die an die Ausführung des Auftrages geknüpft sind und zugleich konkrete Verhaltensanweisungen an das ausführende Unternehmen für die Ausführung des Auftrages darstellen. Damit wird an die Formulierung der Artikel 26 der Richtlinie 2004/18/EG und Artikel 38 der Richtlinie 2004/17/EG angeknüpft und klargestellt, dass die öffentlichen Auftraggeber vom Unternehmen ein bestimmtes Verhalten während der Ausführung des Auftrages verlangen können, auch wenn das Unternehmen sich ansonsten am Markt anders verhält. Diese zusätzlichen Anforderungen an Auftragnehmer für die Ausführung des Auftrags stellen somit Leistungsanforderungen dar und sind daher Gegenstand der Leistungsbeschreibung. Sie müssen allen Wettbewerbern zu Beginn des Vergabeverfahrens bekannt gemacht werden. In der Leistungsbeschreibung kann der öffentliche Auftraggeber durch Spezifizierung des Auftragsgegenstandes beispielsweise Innovations- oder Umweltschutzaspekte berücksichtigen wie die Begrenzung des Schadstoffausstoßes von Dienstkraftfahrzeugen oder die Brennstoffzellentechnologie. Durch die Beschreibung der Leistung als „Strom aus erneuerbaren Energiequellen" oder „Recycling-Papier" können dem Auftragnehmer auch mittelbar bestimmte Produktionsverfahren bei der Ausführung des Auftrags vorgegeben werden. Bei der Beschaffung von Gütern und Dienstleistungen kann die Berücksichtigung innovativer Verfahren oder Produkte im Stadium der Bedarfsanalyse nicht nur bessere Lösungen bringen, sondern auch ein Signal für die Innovationsbereitschaft öffentlicher Auftraggeber sein. In vielen Fällen kann es aber auch schon darauf ankommen, durch eine funktionale Leistungsbeschreibung oder die ausdrückliche Zulassung von Nebenangeboten Angebote über innovative Lösungen zu erhalten. Die Anforderungen des öffentlichen Auftraggebers können zum Beispiel die Beschäftigung von Auszubildenden oder Langzeitarbeitslosen bezogen auf den konkreten Auftrag betreffen. Sie können eine angemessene Bezahlung zur Sicherstellung der Qualifikation von Wachpersonal fordern. Ebenso steht es einem öffentlichen Auftraggeber frei, die Pflasterung öffentlicher Plätze aus Steinen zu verlangen, die im Ausland unter Einhaltung der Kernarbeitsnormen der Internationalen Arbeitsorganisation hergestellt wurden. Damit kann der öffentliche Auftraggeber die Vorgabe der Einhaltung der ILO-Kernarbeitsnormen bei Importen für die gesamte Lieferkette bis ins Ursprungsland erstrecken. Zu den Anforderungen, die insbesondere soziale Aspekte betreffen können, sind auch Maßnahmen zur gleichberechtigten Teilhabe von Frauen und Männern im Erwerbsleben zu rechnen. Das betrifft insbesondere die Sicherstellung der Entgeltgleichheit von Frauen und Männern bei der konkreten Ausführung eines Auftrages. Entsprechende Anforderungen können in der Leistungsbeschreibung und bei der Auftragsvergabe gestellt werden. Im übrigen gehört die Entgeltgleichheit von Frauen und Männern zu den international über die EG-Recht vereinbarten Grundprinzipien, deren Beachtung zu der erforderlichen Zuverlässigkeit gehört. Die neue Fassung des § 97 Abs. 4 Satz 1 Hs. 2 GWB setzt wie die Regelungen der betreffenden EG-Richtlinien voraus, dass die zusätzlichen Anforderungen für die Auftragsausführung im sachlichen Zusammenhang mit dem Auftragsgegenstand stehen. Mit diesem Erfordernis wird sichergestellt, dass allgemeine Anforderungen an die Unternehmens- oder Geschäftspolitik ohne konkreten Bezug zum Auftrag (z. B. allgemeine Ausbildungsquoten, Quotierungen von Führungspositionen zugunsten der Frauenförderung, generelle Beschäftigung von Langzeitarbeitslosen) nach wie vor dem Landes- oder Bundesgesetzgeber vorbehalten bleiben."

Begründung endgültiger Änderungen (Ausschuss für Wirtschaft und Technologie) 83
„Zu § 97 Abs. 3: Die Losvergabe verlangt keine marktunübliche Trennung der Aufträge in Einzelteile. Die Aufteilung in Fachlose braucht selbstverständlich von vorneherein nur so zu erfolgen, wie dies marktüblich ist.

Marktunüblich wäre es beispielsweise, Fenster in Rahmen, Scheiben, Griffe und Beschläge zu trennen. Marktüblich ist die Aufteilung von Autobahnen in Streckenabschnitte. Computer können marktüblich getrennt nach Rechner, Eingabegeräten und Monitor beschafft werden. Um mittelstandfreundliche Auftragsvergabe auch im Rahmen einer Öffentlich-Privaten-Zusammenarbeit sicherzustellen, muss, sofern das Unternehmen Unteraufträge vergibt, diese Unterauftragsvergabe mit erfasst werden. Zu diesem Zweck wird der ursprüngliche Auftraggeber verpflichtet, entsprechende vertragliche Regelungen zu treffen.

Zu § 97 Abs. 4: Die Aufnahme des Begriffs „gesetzestreu" macht klarer, was im Gesetz gemeint ist: Nur das Unternehmen, das die deutschen Gesetze einhält, wird zum Wettbewerb um öffentliche Aufträge zugelassen. Die Aufzählung der Gesamtheit der einzuhaltenden Regeln im Gesetz ist weder möglich noch nötig. Es geht um alle Regeln, an die sich alle Unternehmen, die eine entsprechende Tätigkeit ausüben, halten müssen. Das gilt selbstverständlich auch und gerade für so wichtige Grundregeln wie die Kernarbeitsnormen der Internationalen Arbeitsorganisation. Sie sind zwingender Bestandteil unserer Rechtsordnung. Zu den von allen Unternehmen einzuhaltenden Regeln gehören auch für allgemeinverbindlich erklärte Tarifverträge. Auch wenn dies keine formellen Gesetze sind, so sind es doch allgemeinverbindliche gesetzesähnliche Rechtsakte, denen sich kein Unternehmen entziehen darf.

Zu § 97 Abs. 4a: Die Aufnahme der Möglichkeit für Öffentliche Auftraggeber, Präqualifikationssysteme einzurichten oder zuzulassen, dient der Verfahrensvereinfachung und -beschleunigung beim Nachweis der Eignung nach § 97 Abs. 4 S. 1 GWB. Selbstverständlich ist in allen Fällen immer die Möglichkeit zu lassen, die Eignung durch Einzelnachweis zu erbringen."

§ 98. Auftraggeber

Öffentliche Auftraggeber im Sinne dieses Teils sind:

1. Gebietskörperschaften sowie deren Sondervermögen,
2. andere juristische Personen des öffentlichen und des privaten Rechts, die zu dem besonderen Zweck gegründet wurden, im Allgemeininteresse liegende Aufgaben nichtgewerblicher Art zu erfüllen, wenn Stellen, die unter Nummer 1 oder 3 fallen, sie einzeln oder gemeinsam durch Beteiligung oder auf sonstige Weise überwiegend finanzieren oder über ihre Leitung die Aufsicht ausüben oder mehr als die Hälfte der Mitglieder eines ihrer zur Geschäftsführung oder zur Aufsicht berufenen Organe bestimmt haben. Das Gleiche gilt dann, wenn die Stelle, die einzeln oder gemeinsam mit anderen die überwiegende Finanzierung gewährt oder die Mehrheit der Mitglieder eines zur Geschäftsführung oder Aufsicht berufenen Organs bestimmt hat, unter Satz 1 fällt,
3. Verbände, deren Mitglieder unter Nummer 1 oder 2 fallen,
4. natürliche oder juristische Personen des privaten Rechts, die auf dem Gebiet der Trinkwasser- oder Energieversorgung oder des Verkehrs oder der Telekommunikation tätig sind, wenn diese Tätigkeiten auf der Grundlage von besonderen oder ausschließlichen Rechten ausgeübt werden, die von einer zuständigen Behörde gewährt wurden, oder wenn Auftraggeber, die unter Nummern 1 bis 3 fallen, auf diese Personen einzeln oder gemeinsam einen beherrschenden Einfluss ausüben können,
5. natürliche oder juristische Personen des privaten Rechts in den Fällen, in denen sie für Tiefbaumaßnahmen, für die Errichtung von Krankenhäusern, Sport-, Erholungs- oder Freizeiteinrichtungen, Schul-, Hochschul- oder Verwaltungsgebäuden oder für damit in Verbindung stehende Dienstleistungen und Auslobungsverfahren von Stellen, die unter Nummern 1 bis 3 fallen, Mittel erhalten, mit denen diese Vorhaben zu mehr als 50 vom Hundert finanziert werden,
6. natürliche oder juristische Personen des privaten Rechts, die mit Stellen, die unter Nummern 1 bis 3 fallen, einen Vertrag über die Erbringung von Bauleistungen abgeschlossen haben, bei dem die Gegenleistung für die Bauarbeiten statt in einer Vergütung in dem Recht auf Nutzung der baulichen Anlage, ggf. zuzüglich der Zahlung eines Preises besteht, hinsichtlich der Aufträge an Dritte (Baukonzession).

§ 98. Auftraggeber   1–3   § 98 GWB

Übersicht

	Rn.		Rn.
I. Allgemeines	1	IV. § 98 Nr. 3 – Zusammenschlüsse und Verbände	35
II. § 98 Nr. 1 – „klassische" öffentliche Auftraggeber	6	V. § 98 Nr. 4 – Sektorenauftraggeber	36
III. § 98 Nr. 2 – funktioneller Auftraggeberbegriff	10	1. Qualifizierter staatlicher Einfluss	37
1. Eigenständige juristische Person des öffentlichen oder privaten Rechts	11	a) 1. Alt. – „besondere oder ausschließliche Rechte"	38
a) Juristische Person des öffentlichen Rechts	12	b) 2. Alt. – Beherrschender Einfluss der öffentlichen Hand	39
b) Juristische Person des privaten Rechts	15	2. Tätigkeitsfelder	40
2. Gründung zu einem besonderen Zweck	17	a) Telekommunikation	41
a) Im Allgemeininteresse liegende Aufgaben	20	b) Trinkwasserversorgung	42
		c) Energieversorgung	43
b) Nichtgewerblicher Art	23	d) Verkehr	44
		e) Postdienste	45
		f) Rohstoffgewinnung	48
3. Besonderes öffentliches Beherrschungsverhältnis	27	3. Verhältnis von § 98 Nr. 4 zu § 98 Nr. 2	49
a) Überwiegende Finanzierung	28	VI. § 98 Nr. 5 – Private Auftraggeber im Bereich öffentlich geförderter Projekte	50
b) Aufsicht über die Leitung	31	VII. § 98 Nr. 6 – Private Baukonzessionäre	52
c) Mehrheitliche Organbesetzung	33	VIII. Neufassung gemäß Gesetz zur Modernisierung des Vergaberechts vom 20. April 2009	55
4. § 98 Nr. 2 S. 2	34		

I. Allgemeines

Der in § 98 enthaltene Auftraggeberbegriff legt den **persönlichen Anwendungsbereich des GWB-Vergaberechts** fest; er umschreibt in sechs Kategorien abschließend diejenigen Auftraggeber, die den vierten Teil des GWB zu beachten haben. Die Vorschrift beruht auf den Richtlinienvorgaben der BKR, LKR, DKR und SKR,[1] anhand derer § 98 in der Vergangenheit auszulegen war und für Altfälle nach wie vor auszulegen ist.[2] Die Richtlinienvorgaben der BKR, LKR, DKR wurden mit dem 31. 1. 2006 aufgehoben[3] und durch Vorschriften der **Vergabekoordinierungsrichtlinie** (VKR) 2004/18/EG ersetzt.[4] Mit der VKR wird die zusätzliche – von der derzeitigen Fassung des § 98 nicht erfasste – Gruppe der Auftraggeber, die Dienstleistungsaufträge erhalten, die zu mehr als 50% von öffentlichen Auftraggebern direkt subventioniert werden, eingeführt.[5] Auch nennt die VKR die „zentrale Beschaffungsstelle" als neue Kategorie des öffentlichen Auftraggebers.[6]

Mit der **neugefassten Sektorenkoordinierungsrichtlinie** (SKR) Rl. 2004/17/EG wird die Rl. 93/38/EWG mit den Fristen für ihre Umsetzung in innerstaatliches Recht aufgehoben; eine vollständige Umsetzung sollte auch im Sektorenbereich grundsätzlich bis zum 31. 1. 2006 erfolgen. Mit der neugefassten SKR ist der Telekommunikationssektor nicht mehr dem Vergaberecht unterworfen. Hingegen wird nunmehr ausdrücklich der Postsektor einbezogen. Eine Anpassung des § 98 an diese neue Rechtslage steht noch aus.

Das Gemeinschaftsrecht wie auch das GWB verfolgen einen **funktionellen Auftraggeberbegriff**,[7] der sich an organisatorischen Abhängigkeiten, wahrgenommenen Aufga-

---

[1] Art. 1 b) BKR, DKR, LKR, Art. 2 SKR.
[2] S. o. vor § 97 Rn. 66 ff.
[3] Art. 82 VKR.
[4] Art. 1 Abs. 9 VKR.
[5] Art. 8 Abs. 1 b) VKR.
[6] Art. 1 Abs. 10 VKR.
[7] EuGH U. v. 15. 5. 2003 Rs. C 214/00 – *Kommission/Spanien*, Slg. 2003, I-4667 = WuW/E Verg 859, Rn. 53.

ben[8] sowie der Wettbewerbsbestimmtheit und Marktmechanismen der Entscheidungen der Vergabestelle orientiert. Hingegen kommt es nicht vorrangig auf die jeweilige Rechtsform oder institutionelle Gegebenheiten an, da es ansonsten die Mitgliedstaaten durch Formenwahl und rechtliche Gestaltung in der Hand hätten, über ihre rechtlichen Bindungen zu disponieren.[9] Die privatrechtliche Rechtsform einer Einrichtung stellt also kein Kriterium dar, das für sich allein deren Einstufung als öffentlicher Auftraggeber im Sinne der Vergabekoordinierungsrichtlinien ausschließen könnte.[10] Durch formelle Privatisierungen und Organisationsprivatisierungen allein ist es dem Staat damit nicht möglich, dem vergaberechtlichen Anwendungsbereich zu entgehen. In **Anhang III VKR** werden „so vollständig wie möglich" die Einrichtungen des öffentlichen Rechts und der Kategorien von Einrichtungen des öffentlichen Rechts nach Art. 1 Abs. 9 VKR aufgelistet, wobei dieses Verzeichnis nicht erschöpfend ist.[11] Einerseits werden zwar durch eine weite Auslegung des Auftraggeberbegriffs durch den EuGH vormals geschlossene nationale Beschaffungsmärkte liberalisiert, andererseits besteht hinsichtlich des persönlichen Anwendungsbereichs auf Grund einer Vielzahl unbestimmter Rechtsbegriffe eine erhebliche Rechtsunsicherheit.

4 Die in § 98 **aufgelisteten öffentlichen Auftraggeber** sind zunächst die **klassischen öffentlichen Auftraggeber,** also die Gebietskörperschaften und ihre Verbände, sowie die von diesen beherrschten oder überwiegend finanzierten **juristischen Personen des öffentlichen oder privaten Rechts,** die zur Erfüllung von im Allgemeininteresse liegenden Aufgaben gegründet wurden. Darüber hinaus werden auch private Unternehmen, die auf dem Gebiet der Trinkwasser- oder Energieversorgung und des Verkehrs- oder Fernmeldewesens tätig sind, vom Anwendungsbereich der §§ 97 ff. erfasst, ebenso private Personen, wenn sie bestimmte überwiegend staatlich finanzierte Projekte ausführen, sowie Baukonzessionäre bei der Auftragsvergabe an Dritte. Neben Auftraggebern, die der öffentlichen Hand angehören,[12] werden damit also auch die **privaten Unternehmen** erfasst, die entweder eine Monopolstellung innehaben oder mit öffentlichen Geldern wirtschaften. Ob und nach welcher Vorschrift des § 98 die Eigenschaft als „öffentlicher Auftraggeber" anzunehmen ist, unterliegt einer nach den jeweiligen Umständen **in jedem Einzelfall anzustellenden Prüfung.** So muss auch für Tochterunternehmen die Zuordnung gesondert von dem Mutterunternehmen geprüft werden.[13] **Unternehmen, die nicht unter die Nr. 1–6 fallen,** können durch die §§ 97 ff. gebunden werden, wenn sie in Stellvertretung für einen anderen tätig werden und im Außenverhältnis zwar alleiniger Vertragspartner und Auftraggeber sind, im Innenverhältnis aber die Beschaffung einem öffentlichen Auftraggeber zuzurechnen ist.[14] **Bei der rechtsgeschäftlichen Vertretung,** bei der ein Dritter das Vergabeverfahren in fremdem Namen und für Rechnung des Auftaggebers durchführt, bleibt der Adressat der kartellvergaberechtlichen Vorschriften stets der öffentliche Auftraggeber, in dessen Namen gehandelt wird und der Partei des Beschaffungsvertrages wird.[15]

---

[8] *Hailbronner* in: Grabitz/Hilf, Das Recht der Europäischen Union, B 4., Der Begriff des öffentlichen Auftraggebers, EL 25 Januar 2005, Rn. 5.

[9] *Hailbronner* in: Grabitz/Hilf (a. a. O.), B 4., Der Begriff des öffentlichen Auftraggebers, EL 25 Januar 2005, Rn. 5; EuGH U. v. 15. 5. 2003 Rs. C-214/00 – *Kommission/Spanien,* Slg. 2003, I-4667 = WuW/E Verg 859, Rn. 55 f.

[10] EuGH U. v. 13. 1. 2005 Rs. C-84/03 – *Kommission/Spanien,* WuW/E Verg 1037, Rn. 28.

[11] Vgl. Art. 1 Abs. 9 UAbs. 3 VKR; hierzu ausf. unten § 98 Rn. 13.

[12] § 98 Nr. 1, 2, 3 und 4 2. Alt.

[13] Vgl. OLG Düsseldorf B. v. 8. 5. 2002 Verg 8 – 15/01.

[14] OLG Schleswig, B. v. 13. 4. 2006, 1 (6) Verg 10/05; VK Bund, B. v. 23. 5. 2006, VK 2 – 114/05. Zu dieser Problematik auch *Dörr,* § 98 Rn. 30.

[15] So *Dörr* in: Dreher/Motzke (Hrsg.), Vergaberecht, § 98 Rn. 27 unter Veweis auf Stuttgart B. v. 7. 1. 2003 1 VK 68/02, NZBau 2003, 351; OLG Rostock B. v. 5. 2. 2003 17 Verg 14/02, NZBau 2003, 457.

Die **VgV knüpft an die Ziffern des § 98 an** und bestimmt in den §§ 6 ff., welcher 5
Auftraggeber welche Fassung welcher Verdingungsordnung anzuwenden hat. Der Auftraggeberbegriff des § 98 kommt nur oberhalb der Schwellenwerte zur Anwendung. **Unterhalb der Schwellenwerte** wird der Auftraggeber institutionell bestimmt. Einen Anhaltspunkt hierfür bieten die § 55 BHO und § 55 LHO sowie die entsprechenden Regelungen der Gemeindehaushaltsordnungen der Länder. Angesichts der umfassenden Grundrechtsbindung der öffentlichen Hand entspricht diese Begrenzung des Auftraggeberbegriffs hinsichtlich des persönlichen Anwendungsbereichs nicht den tatsächlich bestehenden Ausschreibungsverpflichtungen der der öffentlichen Hand zuzurechnenden Einheiten.

II. § 98 Nr. 1 – „klassische" öffentliche Auftraggeber

„**Gebietskörperschaften sowie deren Sondervermögen**" sind neben den in Nr. 3 6
aufgeführten Verbänden die klassischen („institutionellen") öffentlichen Auftraggeber, die auch in der Vergangenheit bereits nach dem Haushaltsrecht ausschreibungspflichtig sind.[16] **Gebietskörperschaften** bezieht sich auf alle territorialbezogenen Erscheinungsformen des Staates.[17] Dies sind vor allem der Bund, die Länder und die Kommunen mit ihren öffentlich-rechtlichen Sondervermögen. Auftragsvergaben der Gebietskörperschaften erfolgen in der Regel durch ihre Organe und Behörden. Sie können sich aber auch durch Dritte vertreten lassen.[18]

Zu den Gebietskörperschaften zählen auch die rechtlich unselbständigen Eigen- und 7
Regiebetriebe der Gebietskörperschaften als deren Sondervermögen. **Sondervermögen** der Gebietskörperschaften sind rechtlich unselbständig auftretende **Eigenbetriebe** oder sonstige Einheiten der Gebietskörperschaften.[19] Auf Grund der fehlenden eigenen Rechtsfähigkeit ist die jeweils hinter einem Eigenbetrieb der kommunalen Ebene stehende Gebietskörperschaft als Trägerin der eigentlich verpflichtete öffentliche Auftraggeber.[20] Gleiches gilt für nicht rechtsfähige Stiftungen. Nach einer **formellen Privatisierung** werden diese dann als Eigenunternehmen regelmäßig § 98 Nr. 2 und/oder Nr. 4 unterfallen.[21] Vor ihrer Privatisierung zählten Bahn und Post ebenfalls zum Sondervermögen des Bundes.

Zum **Begriff des Staates,** in dem dieser Vorschrift entsprechenden Art. 1 Abs. 9 VKR 8
genannt, hat der EuGH ausgeführt, dass von diesem auch eine Einrichtung erfasst sei, die geschaffen wurde, um ihr durch Gesetz zugewiesene Aufgaben zu erfüllen, die jedoch nicht förmlich in die staatliche Verwaltung eingegliedert ist.[22] Hierzu zählen u. a. auch Gesetzgebungsorgane.[23] In Anhang IV VKR findet sich eine Liste öffentlicher Auftraggeber, die für Deutschland u. a. **18 Bundesministerien** als auf Grund der Bindung an das GPA erfasste Auftraggeber verzeichnet.

Zunehmend relevant wird die informelle Zusammenarbeit von mehreren Gebietskör- 9
perschaften, ohne dass diese eine eigenständige neue Rechtspersönlichkeit formen **(koordinierte Beschaffungsvorhaben).** Die beteiligten Auftraggeber bleiben dabei jeweils selbständige öffentliche Auftraggeber i. S. d. Nr. 1, solange keine Einrichtung mit eigener

---

[16] S. § 55 BHO.
[17] *Dörr* in: Dreher/Motzke (Hrsg.), Vergaberecht, § 98 Rn. 32.
[18] *Byok/Jaeger-Werner,* 2. A., § 98 Rn. 302.
[19] *Bechtold,* GWB, 3. A., § 98 Rn. 5.
[20] *Dörr* in: Dreher/Motzke (Hrsg.), Vergaberecht, § 98, Rn. 35.
[21] JurisPK-VergR-*Zeiss* § 100 Rn. 12.
[22] EuGH U. v. 17. 12. 1998 Rs. C-353/96 – *Kommission/Irland,* Slg. 1998, I 8565 = WuW/E Verg 171, 174, Rn. 33 ff.
[23] EuGH U. v. 17. 9. 1998 Rs. C-323/96 – *Kommission/Belgien,* Slg. 1998, I 5085 = WuW/E Verg 109, 110, Rn. 29.

Rechtspersönlichkeit entsteht.[24] Die vergaberechtliche Bindung der Gebietskörperschaften ist nicht auftragsbezogen; sie besteht unabhängig vom Zweck der Auftragsvergabe.[25]

III. § 98 Nr. 2 – funktionelle Auftraggeber

10 § 98 Nr. 2 enthält einen **funktionellen Auftraggeberbegriff**. Bei Liberalisierung der ehemals geschlossenen staatlichen Beschaffungsmärkte wird den Mitgliedstaaten damit die Möglichkeit genommen, sich durch Wahl einer bestimmten Rechtsform den gemeinschaftsrechtlichen Verpflichtungen zu entziehen. Eine „Flucht ins Privatrecht" bzw. eine „Flucht vor dem Vergaberecht" wird verhindert. Daher findet das Vergaberecht unabhängig davon Anwendung, ob der **eigenständige Rechtsträger** in Privatrechtsform organisiert ist.[26] Angesichts von Liberalisierung und Privatisierung ist in jedem Einzelfall zu prüfen, ob ein Auftraggeber privaten Rechts zu dem besonderen Zweck gegründet wurde, im Allgemeininteresse liegende Aufgaben nicht gewerblicher Art zu erfüllen.[27] Dabei kommt es darauf an, welche **Aufgabenverteilung** zwischen dem Hoheitsträger und dem Unternehmen getroffen wird.[28] Entscheidendes Merkmal ist daher der **besondere Zweck** des Tätigwerdens. Schließlich muss eine **enge Verbindung** zwischen der juristischen Person mit dem Staat, Gebietskörperschaften oder anderen Einrichtungen des öffentlichen Rechts bestehen. Diese drei Tatbestandsmerkmale – selbständige Rechtspersönlichkeit, Gründung zur Erfüllung einer im Allgemeininteresse liegenden Aufgabe nichtgewerblicher Art, Finanzierung oder Beherrschung durch staatliche Stellen – müssen kumulativ erfüllt sein.[29]

1. Eigenständige juristische Person des öffentlichen oder privaten Rechts

11 Die Norm verlangt eine juristische Person; es muss sich also um einen eigenständigen Rechtsträger handeln. Nicht erfasst sind daher natürliche Personen, selbst wenn diese als Beliehene zur Erfüllung öffentlicher Aufgaben unter staatlicher Aufsicht ermächtigt sind.[30] Mit diesem Erfordernis ist die organische Unterscheidbarkeit zu den klassischen öffentlichen Auftraggebern gegeben.[31] Erfasst sind sowohl juristische Personen des Privatrechts wie auch des öffentlichen Rechts. Da der Begriff des „öffentlichen Auftraggebers" im funktionellen Sinne zu verstehen ist, verbietet es sich, nach der Rechtsform der Bestimmungen zu unterscheiden, durch die die Stelle geschaffen wird und in der die von ihr zu erfüllenden Aufgaben genannt sind.[32]

12 a) **Juristische Person des öffentlichen Rechts** sind in Deutschland Anstalten, Körperschaften und Stiftungen des öffentlichen Rechts. **Anstalten** sind organisatorische Zusammenfassungen sachlicher und personeller Mittel, die vom sonstigen Behördenaufbau losgelöst sind und einem bestimmten Nutzungszweck dienen. **Körperschaften** sind dagegen mitgliedschaftlich strukturierte juristische Personen. Die Gebietskörperschaften fallen allerdings nicht unter Nr. 2, da sie bereits vorrangig von Nr. 1 erfasst werden.[33] **Stiftungen**

---

[24] JurisPK-VergR-*Zeiss* § 100 Rn. 16.
[25] *Dörr*, in: Dreher/Motzke (Hrsg.), Vergaberecht, § 98 Rn. 33.
[26] Zu den Privatisierungstypen *Burgi* in: Erichsen/Ehlers, Allgemeines Verwaltungsrecht, 13. Aufl. 2006, § 9 Rn. 7 ff.
[27] So Reg.begr. zum VergaberechtsänderungsG BT-Drucks. 13/9340, S. 14; OLG Naumburg B. v. 17. 3. 2005 1 Verg 3/05, VergabeR 2005, 635.
[28] Reg.begr. zum VergaberechtsänderungsG BT-Drucks. 13/9340, S. 15.
[29] EuGH U. v. 15. 1. 1998 Rs. C-44/96 – *Mannesmann Anlagenbau Austria AG*, Slg. 1998, I-73 = WuW/E Verg 25, Rn. 20 f.
[30] *Dörr*, in: Dreher/Motzke (Hrsg.), Vergaberecht, § 98 Rn. 41.
[31] *Dietlein* NZBau 2002, 136, 137.
[32] EuGH U. v. 10. 11. 1998 Rs. C-360/96 – *Gemeente Arnhem/BFI Holding*, Slg. 1998, I-6867 = WuW/E Verg 161, 166, Rn. 59 ff.
[33] *Byok/Jaeger-Werner*, 2. A., § 98 Rn. 318.

des öffentlichen Rechts sind mit eigener Rechtspersönlichkeit ausgestattete Vermögensbestände, die einem bestimmten Stiftungszweck gewidmet sind.

Nach Art. 1 Abs. 9 UAbs. 3 VKR sind **Auftraggeberverzeichnisse** einzurichten, in denen die einzelnen Stellen enthalten sind, die nach den jeweiligen gemeinschaftsrechtlichen Vergabebestimmungen öffentliche Auftraggeber sind. Den Verzeichnissen kommt keine rechtliche Verbindlichkeit zu, sie haben nur **deklaratorischen Charakter.** Der VKR ist in Anhang III ein Verzeichnis mit Einrichtungen beigefügt, die nach dem Verständnis der Mitgliedstaaten als Einrichtungen des öffentlichen Rechts einzustufen sind. Das Verzeichnis kann nach einem in den Richtlinien vorgesehenen Verfahren geändert werden.[34] Die Auflistung einer Vergabestelle in dem Verzeichnis gibt zunächst einen Hinweis auf die Auftraggebereigenschaft (Indizwirkung).[35] Dieser wird sich faktisch zu einer Vermutungsregelung verdichten, denn eine dort genannte Einrichtung wird sich in der Praxis der Anwendungsverpflichtung der gemeinschaftlichen Vergaberegeln nur schwer entziehen können.

13

Anhang III VKR listet diejenigen juristischen Personen – nicht abschließend – auf, die nach Verständnis Deutschlands in Deutschland als Einrichtungen des öffentlichen Rechts anzusehen sind:

14

„Die bundes-, landes- und gemeindeunmittelbaren Körperschaften, Anstalten und Stiftungen des öffentlichen Rechts, insbesondere in folgenden Bereichen:

1.1. Körperschaften
- wissenschaftliche Hochschulen und verfasste Studentenschaften,
- berufsständische Vereinigungen (Rechtsanwalts-, Notar-, Steuerberater-, Wirtschaftsprüfer-, Architekten-, Ärzte- und Apothekerkammern),
- Wirtschaftsvereinigungen (Landwirtschafts-, Handwerks-, Industrie- und Handelskammern, Handwerksinnungen, Handwerkerschaften),
- Sozialversicherungen (Krankenkassen, Unfall- und Rentenversicherungsträger),
- Kassenärztliche Vereinigungen,
- Genossenschaften und Verbände.

1.2. Anstalten und Stiftungen
Die der staatlichen Kontrolle unterliegenden und im Allgemeininteresse tätig werdende Einrichtungen nichtgewerblicher Art, insbesondere in folgenden Bereichen:
- rechtsfähige Bundesanstalten,
- Versorgungsanstalten und Studentenwerke,
- Kultur-, Wohlfahrts- und Hilfsstiftungen."

Zu den Rechtsträgern in diesem Sinne gehören auch die anerkannten Kirchen, die öffentlichen Religionsgemeinschaften sowie die von ihnen getragenen Einrichtungen.[36]

b) Juristische Person des privaten Rechts. Nach Anhang III VKR ist davon auszugehen, dass in folgenden Bereichen der „staatlichen Kontrolle unterliegende und im Allgemeininteresse tätig werdende Einrichtungen nichtgewerblicher Art, einschließlich der kommunalen Versorgungsunternehmen" als juristische Personen des Privatrechts i. S. d. § 98 Nr. 2 einzustufen sind:

15

– „Gesundheitswesen (Krankenhäuser, Kurmittelbetriebe, medizinische Forschungseinrichtungen, Untersuchungs- und Tierkörperbeseitigungsanstalten),
– Kultur (öffentliche Bühnen, Orchester, Museen, Bibliotheken, Archive, zoologische und botanische Gärten),

---

[34] Vgl. 79 d) i. V. m. Art. 77 Abs. 2 VKR i. V. m. Beschluss 1999/468/EG des Rates vom 28. Juni 1999 zur Festlegung der Modalitäten für die Ausübung der der Kommission übertragenen Durchführungsbefugnisse, ABl. 1999 L 184/23 ff.
[35] 1. VK Bund B. v. 5. 9. 2001 VK 1 – 23/01, S. 14.
[36] *Dörr*, in: Dreher/Motzke (Hrsg.), Vergaberecht, § 98 Rn. 43 m. w. N. aus der Literatur.

- Soziales (Kindergärten, Kindertagesheime, Erholungseinrichtungen, Kinder- und Jugendheime, Freizeiteinrichtungen, Gemeinschafts- und Bürgerhäuser, Frauenhäuser, Altersheime, Obdachlosenunterkünfte),
- Sport (Schwimmbäder, Sportanlagen und -einrichtungen),
- Sicherheit (Feuerwehren, Rettungsdienste),
- Bildung (Umschulungs-, Aus-, Fort- und Weiterbildungseinrichtungen, Volksschulen),
- Wissenschaft, Forschung und Entwicklung (Großforschungseinrichtungen, wissenschaftliche Gesellschaften und Vereine, Wissenschaftsförderung),
- Entsorgung (Straßenreinigung, Abfall- und Abwasserbeseitigung),
- Bauwesen und Wohnungswirtschaft (Stadtplanung, Stadtentwicklung, Wohnungsunternehmen, soweit im Allgemeininteresse tätig, Wohnraumvermittlung),
- Wirtschaft (Wirtschaftsförderungsgesellschaften),
- Friedhofs- und Bestattungswesen,
- Zusammenarbeit mit den Entwicklungsländern (Finanzierung, technische Zusammenarbeit, Entwicklungshilfe, Ausbildung)."

16 Bei folgenden **Rechtsformen** ist anerkannt, dass sie als juristische Personen des Privatrechts i. S. d. § 98 Nr. 2 eingestuft werden können: AG, KGaA, GmbH, eingetragene Vereine und Genossenschaften, Versicherungsvereine auf Gegenseitigkeit sowie rechtsfähige Stiftungen. Auch **Vorgesellschaften** können, soweit sie bereits Aufträge vergeben, ebenfalls öffentliche Auftraggeber sein, auch wenn sie noch keine juristischen Personen sind, um eine Umgehung des Regelungsziels der Vergabekoordinierungsrichtlinien und des BGB auszuschließen.[37] **Teilrechtsfähige juristische Personen** des Privatrechts sind im Wege der Analogie in den Regelungsumfang miteinzubeziehen, soweit sie in der Lage sind, Aufträge im eigenen Namen und auf eigene Rechnung zu vergeben, und sämtliche aus dem Vergabeverfahren erwachsenden Rechte und Pflichten selbständig tragen.[38] Daher unterfallen auch GbR-Gesellschaften dem Anwendungsbereich.[39]

2. Gründung zu einem besonderen Zweck

17 Entscheidendes Tatbestandsmerkmal in Bezug auf den funktionellen Charakter der Vorschrift ist der Gründungszweck der Einrichtung a) zur Erfüllung im Allgemeininteresse liegender Aufgaben, die b) nichtgewerblicher Art sind. Zwar stellt der Wortlaut der Vorschrift auf die **besondere Zwecksetzung zum Gründungszeitpunkt** ab. Um eine Umgehung des Vorschriftenzweckes auszuschließen, werden entgegen dem Wortlaut aber auch Unternehmen einbezogen, die zwar nicht zu dem besonderen Zweck gegründet worden sind, später jedoch solche Aufgaben übernommen haben. Es ist daher auf die **tatsächlich ausgeübte Tätigkeit** abzustellen.[40] Wird die Erfüllung von im Allgemeininteresse liegenden Aufgaben nichtgewerblicher Art vollständig aufgegeben, so kann die Stelle ihre Eigenschaft als öffentlicher Auftrageber verlieren.[41]

18 Auch wenn eine Einrichtung zu dem besonderen Zweck gegründet worden sein muss, im Allgemeininteresse liegende Aufgaben nichtgewerblicher Art zu erfüllen, so bedeutet das nicht, dass sie ausschließlich solche Aufgaben zu erfüllen hätte.[42] Vielmehr genügt es,

---

[37] S. *Dreher* DB 1998, 2579, 2580 unter Verweis auf BGHZ 117, 323, 326; *Byok/Jaeger-Werner*, 2. A., § 98 Rn. 321. Zur Vorgesellschaft der GmbH vgl. 1. VK Bund B. v. 12. 12. 2002 VK 1 – 83/02; *Frenz*, Handbuch Europarecht Band 3, Rn. 2583 ff.

[38] So *Boesen* § 98 Rn. 39; *Dreher* DB 1998, 2579, 2580; *Ziekow* VergabeR 2003, 483, 486.

[39] Zur GbR s. OLG Celle B. v. 14. 9. 2006 13 Verg 3/06, VergabeR 2007, 86.

[40] EuGH U. v. 12. 12. 2002 Rs. C-470/99 – *Universale Bau AG*, Slg. 2002, I-116/7 = WuW/E Verg 701, Rn. 56 ff.

[41] Vgl. KG Berlin B. v. 6. 2. 2003 2 Verg 1/03, VergabeR 2003, 355, 356, NZBau 2003, 346 ff.; *Ziekow* VergabeR 2003, 485, 496.

[42] EuGH U. v. 15. 1. 1998 Rs. C-44/96 – *Mannesmann Anlagenbau Austria AG*, Slg. 1998, I-73 = WuW/E Verg 23, Rn. 55 f.

wenn sie – unabhängig vom Umfang – überhaupt Aufgaben der fraglichen Art erfüllt.[43] Dann sind auch solche Aufträge auszuschreiben, die nicht im Allgemeininteresse liegen – sie sind „infiziert" **(Infektionstheorie).**[44] Dies gilt auch, wenn die interne Organisation des jeweiligen Rechtsträgers auf eine Trennung von gewerblicher Tätigkeit und Allgemeinwohlaufgabe gerichtet ist.[45]

Der EuGH versucht dem Tatbestandsmerkmal der „im Allgemeininteresse liegenden Aufgaben nichtgewerblicher Art" dadurch gerecht zu werden, dass er einen **Kernbereich staatlicher Tätigkeit** definiert, der im Allgemeininteresse liegt, und sodann die Frage der Gewerblichkeit klärt. Die Begriffe sind allgemeiner Art und werden in den Mitgliedstaaten angesichts der unterschiedlichen Abgrenzung der Bereiche des Staatlichen und des Gewerblichen nicht einheitlich verstanden.[46] 19

a) Im Allgemeininteresse liegende Aufgaben. Der Begriff der „im Allgemeininteresse liegenden Aufgaben" ist ein **autonomer Rechtsbegriff** des Gemeinschaftsrechts und daher gemeinschaftsrechtlich auszulegen.[47] Der EuGH hat bislang keine allgemeine Definition für den Begriff des Allgemeininteresses i. S. d. Vergaberichtlinien aufgestellt. Angesichts der umfassenden Ziele der Vergabekoordinierungsrichtlinie, die Hemmnisse für den freien Dienstleistungs- und Warenverkehr zu beseitigen[48] und Transparenz und Wettbewerb herzustellen, ist der Begriff des Allgemeininteresses grds. weit zu verstehen. Nach einer Konkretisierung seitens des EuGH kommt es darauf an, dass die Einrichtung Aufgaben wahrnimmt, die sie **als besondere Pflicht** zu erfüllen hat und die eng mit dem institutionellen Funktionieren des Staates verknüpft sind.[49] Soweit der Staat das „Ob" oder zumindest das „Wie" der Aufgabenerfüllung nicht vollständig aus seinem Verantwortungsbereich entlassen kann, ist die Aufgabe seiner Sphäre zuzurechnen.[50] In der Regel stellen Aufgaben, die zum einen auf andere Art als durch das Angebot von Waren oder Dienstleistungen auf dem Markt erfüllt werden und die zum anderen der Staat aus Gründen des Allgemeininteresses selbst erfüllen oder bei denen er einen entscheidenden Einfluss behalten möchte, im Allgemeininteresse liegende Aufgaben dar.[51] Hierunter fallen **Tätigkeiten im Zusammenhang mit der öffentlichen Ordnung,** wenn der Staat an dieser Tätigkeit ein offenkundiges Interesse hat.[52] Als im Allgemeininteresse liegend können auch Tätigkeiten angesehen werden, wenn sie eine Impulswirkung für den Handel und die wirtschaftliche und soziale 20

---

[43] EuGH U. v. 23. 5. 2003 C-18/01 – *Korhonen*, Slg. 2003, I-5321 = WuW/E Verg 765; OLG München B. v. 7. 6. 2005 Verg 4/05, ZfBR 2005, 597.

[44] EuGH U. v. 10. 4. 2008 Rs. C-393/06, VergabeR 2008, 632 ff. – *Ing. Aigner*; *Dreher*, in: Immenga/Mestmäcker, GWB 4. Aufl., § 98 Rn. 49; *Dörr*, in: Dreher/Motzke (Hrsg.), Vergaberecht, § 98 Rn. 55.

[45] EuGH, U. v. 10. 4. 2008, Rs. C-393/06, VergabeR 2008, 632 ff. – *Ing. Aigner*, Rn. 51 ff.

[46] So *Pietzcker* ZHR 162 (1998) 427, 445.

[47] EuGH U. v. 27. 2. 2003 Rs. C-373/00 – *Adolf Truley*, Slg. 2003, I-1931 = WuW/E Verg 729, Rn. 45.

[48] EuGH U. v. 27. 2. 2003 Rs C-373/00 – *Adolf Truley*, Slg. 2003, I-1931 = WuW/E Verg 729, Rn. 41 f. m. w. N.

[49] EuGH U. v. 15. 1. 1998 Rs. C-44/96 – *Mannesmann Anlagenbau Austria AG*, Slg. 1998, I-73 = WuW/E Verg 23.

[50] BayObLG B. v. 10. 9. 2002 Verg 23/02, VergabeR 2003, 94.

[51] EuGH U. v. 27. 2. 2003 Rs C-373/00 – *Adolf Truley*, Slg. 2003, I-1931 = WuW/E Verg 729 Rn. 50; U. v. 10. 11. 1998 Rs. C-360/96 – *Gemeente Arnhem/BFI Holding*, Slg. 1998, I-6821 = WuW/E Verg 161 Rn. 50 u. 51; U. v. 10. 5. 2001 Rs. C-223/99 u. C-260/99 – *Agora*, Slg. 2001, I-3605 = WuW/E Verg 433, Rn. 37; U. v. 10. 4. 2008 EuGH U. v. 10. 4. 2008 Rs. C-393/06, VergabeR 2008, 632 ff. – *Ing. Aigner*, Rn. 40.

[52] EuGH U. v. 27. 2. 2003 Rs. C-373/00 – *Adolf Truley*, Slg. 2003, I-1931 = WuW/E Verg 729, Rn. 52; EuGH U. v. 16. 10. 2003 Rs. C-283/00 – *Kommission/Spanien* Slg. 2003, I-11 697 = WuW/E Verg 853, Rn. 85 ff.

Entwicklung der Gebietskörperschaft haben.[53] Die Kommission hat das Allgemeininteresse als Interesse der Gemeinschaft, der Gesamtheit, im gesamtgesellschaftlichen Interesse sowie als Wahrnehmung des Gemeinwohls verstanden.[54] Der Begriff kann dadurch verdeutlicht werden, dass den im Allgemeininteresse liegenden Aufgaben solche Aufgaben gegenüber gestellt werden, die im Einzelinteresse wahrgenommen werden.[55]

21 Die bislang vom **EuGH entschiedenen Fälle** betreffen Sachverhalte, die grundsätzlich dem Schutz der Allgemeinheit zugute kommen.[56] Folgende Aufgaben sind bislang vom EuGH als im Allgemeininteresse liegend anerkannt worden: Herstellung amtlicher Druckerzeugnisse wie Reisepässe, Führerscheine und Personalausweise,[57] Abholen und Behandlung von Hausmüll,[58] Unterhalt von nationalen Wäldern und von Forstindustrie,[59] Betrieb einer Universität,[60] Betrieb öffentlicher Telekommunikationsnetze und Angebot öffentlicher Kommunikationsleistungen,[61] Tätigkeiten im Bereich des sozialen Wohnungsbaus,[62] Ausrichtung von Messeveranstaltungen und Ausstellungen,[63] das Leichen- und Bestattungswesen,[64] die (privatrechtliche) Einrichtung zur Planung und Errichtung von Strafvollzugsanstalten,[65] Tätigkeiten einer privatrechtlichen Gesellschaft im Rahmen eines Stadtentwicklungsprojekts,[66] Bereitstellung öffentlich-rechtlichen Rundfunks.[67]

22 In der **deutschen Vergaberechtspraxis** wurden u. a. folgende Aufgaben als im Allgemeininteresse liegend angesehen: Herstellung von Sozialversicherungsausweisen, von Reisepässen und von Tabaksteuerzeichen,[68] Ausrichtung der Tätigkeiten eines Absatzfonds nach dem Gesamtinteresse der deutschen Agrarwirtschaft,[69] Betrieb einer Krankenkasse,[70]

---

[53] EuGH U. v. 22. 5. 2003 Rs. C-18/01 – *Korhonen Oy,* Slg. 2003, I-5321 = WuW/E Verg 765, Rn. 45.
[54] Mitteilung der *Kommission,* Leistungen der Daseinsvorsorge in Europa, Kom (2000) 580, ABl. 2001 C 17/4.
[55] So GA *Alber,* Rs. C-373/00, Schlussanträge v. 21. 2. 2002, Slg. 2003, I-1931, Rn. 65.
[56] So GA *Alber,* Rs. C-373/00, Schlussanträge v. 21. 2. 2002, Slg. 2003, I-1931, Rn. 62.
[57] EuGH U. v. 15. 1. 1998 Rs. C-44/96 – *Mannesmann Anlagenbau Austria AG,* Slg. 1998, I-73 = WuW/E Verg 23, Rn. 24.
[58] EuGH U. v. 10. 11. 1998 Rs. C-360/96 – *Gemeente Arnhem/BFI Holding,* Slg. 1998 I-6867 = WuW/E Verg 161, Rn. 52.
[59] EuGH U. v. 17. 12. 1998 Rs. C-353/96 – *Kommission/Irland,* Slg. 1998, I-8565 = WuW/E Verg 171, 174, Rn. 37; EuGH U. v. 17. 12. 1998 Rs. C-306/97 – *Connemara Machine Turf,* Slg. 1998, I-8761, Rn. 13.
[60] EuGH U. v. 3. 10. 2000 Rs. C-380/98 – *University of Cambridge,* Slg. 2000, I-8061 = WuW/E Verg 371, Rn. 19.
[61] EuGH U. v. 7. 12. 2000 Rs. C-324/98 *Telaustria u. Telefonadress,* Slg. 2000, I-10 745 = WuW/E Verg 385, Rn. 35 bis 37.
[62] EuGH U. v. 1. 2. 2001 Rs. C-237/99, *Kommission/Frankreich,* Slg. 2001, 939 = WuW/E Verg 407, Rn. 45 u. 47.
[63] EuGH U. v. 10. 5. 2001, verb. Rs. C-223 u. 260/99, *Agorà und Excelsior,* Slg. 2001, I-3605 = WuW/E Verg 443, Rn. 33.
[64] EuGH U. v. 27. 2. 2003 Rs. C-373/00 – *Adolf Truley,* Slg. 2003, I-1931 = WuW/E Verg 729, Rn. 51.
[65] EuGH U. v. 16. 10. 2003 Rs. C-283/00 – *Kommission/Spanien* Slg. 2003, I-11697 = WuW/E Verg 853, Rn. 85 ff.
[66] EuGH U. v. 22. 5. 2003 Rs. C-18/01 – *Korhonen Oy,* Slg. 2003, I-5321 = WuW/E Verg 765, Rn. 44 f.
[67] EuGH, U. v. 13. 12. 2007, Rs. C-337/06, NZBau 2008, 130 ff.
[68] 1. VK Bund B. v. 18. 10. 1999 – VK 1 – 25/99.
[69] 1. VK Bund B. v. 20. 12. 1999 – VK 1 – 29/99 – *Lagerhaltung,* WuW/E Verg 315 = NZBau 2000, 356.
[70] 1. VK des Bundes B. v. 5. 9. 2001 VK 1 – 23/01; BayObLG B. v. 24. 5. 2004 Verg 6/04, WuW/E Verg 1044 – *Allgemeine Ortskrankenkasse;* OLG Düsseldorf B. v. 19. 12. 2007 VII-Verg 51/07, NZBau 2008, 195 ff.

Behebung von Parkplatznot durch Errichtung von Parkhäusern,[71] Tätigkeiten einer vom Land finanzierten Wohnungsbaugesellschaft in der Rechtsform einer AG,[72] Krankenhausversorgung der Bevölkerung,[73] Tätigkeiten von Landesversicherungsanstalten,[74] Betrieb eines U-Bahn-Netzes,[75] Betreiben kommunaler Wohnungsbauunternehmen zur Sicherstellung einer sicheren und sozial verantwortbaren Wohnungsversorgung von breiten Schichten der Bevölkerung,[76] Bereitstellen von Wohnraum für einkommensschwache Bevölkerungsgruppen,[77] Betreiben eines Stromnetzes,[78] Aufnahme, Pflege und Heilung alter, kranker und bedürftiger Menschen (zugleich auch **Daseinsvorsorgeverpflichtung** resultierend aus dem Sozialstaatsprinzip des Art. 20 Abs. 1 GG),[79] öffentliche Förderung aus dem Europäischen Sozialfonds durch eine Förderbank,[80] Veranstaltung von Messen und Kongressen,[81] Betrieb von Endlagern für Abfallstoffe,[82] Flughafenbetrieb wegen der großen wirtschaftlichen Bedeutung,[83] Sicherstellung eines ausreichenden Glückspielangebots für die Bevölkerung zur Kanalisierung des natürlichen Spieltriebs,[84] etc. Auch sind hierunter staatliche, der Aufrechterhaltung der Verteidigungsbereitschaft i. S. d. Art. 87a GG dienende Aufgaben zu fassen. Diese verlieren ihren Charakter auch nicht dadurch, dass sie im Zuge organisatorischer Maßnahmen zum Teil von einer staatlichen Behörde auf eine juristische Person des privaten Rechts übertragen werden. Unerheblich ist dabei auch, dass hinter der privaten juristischen Person stehende private Investoren bei der Erfüllung der übertragenen Aufgaben privatwirtschaftliche Ziele (Gewinnerzielungsabsicht) verfolgen.[85]

b) Nichtgewerblicher Art. Das Kriterium „nichtgewerblicher Art" ist eine **Einschränkung des Oberbegriffs der im Allgemeininteresse liegenden Aufgaben.** Nicht alle im Allgemeininteresse liegenden Aufgaben sind folglich als solche nichtgewerblicher Art einzustufen. Eine staatlich beherrschte oder finanzierte Einheit, die im Allgemeininteresse liegende Aufgaben wahrnimmt, die „gewerblicher Art" sind, ist kein öffentlicher Auftraggeber.[86] Dem Merkmal kommt damit eine **eigenständige Bedeutung** zu. Nur soweit es Einrichtungen möglich ist, ihre Beschaffungstätigkeit von den Bedingungen des Marktes unabhängig zu gestalten, besteht eine erhöhte Gefährdung der Auftragsvergabe nach wettbewerbsfremden oder nicht-wirtschaftlichen Erwägungen. Einrichtungen, die nach Leistungs-, Effizienz- und Wirtschaftlichkeitskriterien ausgerichtet sind und im Wettbewerb stehen, sind hingegen auf Grund gewerblicher Tätigkeit keine öffentlichen Auftraggeber.

Zwar schließt der Begriff „nichtgewerblicher Art" solche Aufgaben nicht aus, die auch von Privatunternehmen erbracht werden könnten,[87] d. h. aber umgekehrt, dass eine Auf-

---

[71] OLG Stuttgart B. v. 9. 8. 2001 2 Verg 3/01, NZBau 2002, 292.
[72] KG Berlin B. v. 6. 2. 2003, 2 Verg 1/03, NZBau 2003, 346 ff.
[73] OLG Naumburg B. v. 17. 4. 2004 1 Verg 1503.
[74] BayObLG B. v. 21. 10. 2004 Verg 17/04, WuW/E Verg 1041 – *Landesversicherungsanstalt*.
[75] BayObLG B. v. 5. 11. 2002 Verg 22/02, NZBau 2003, 342.
[76] VG Meiningen B. v. 16. 1. 2007 2 E 613/06, VergabeR 2007, 341 ff.
[77] Brandenburgisches OLG B. v. 3. 8. 2001 Verg 3/01, VergabeR 2002, 45. VK Schleswig-Holsten B. 3. 11. 2004 VK-SH 28/04.
[78] OLG München B. v. 20. 4. 2005 Verg 8/05, OLGR München 2005, 673.
[79] OLG München, B. v. 7. 6. 2005 Verg 4/05, VergabeR 2005, 620.
[80] 1. VK des Freistaates Sachsen B. v. 19. 4. 2004 1/SVK/025–04.
[81] KG Berlin B. v. 27. 6. 2006 2 Verg 5/06, VergabeR 2006, 904 ff.; Hanseat. OLG Hamburg B. v. 25. 1. 2007 1 Verg 5/06, VergabeR 2007, 358 ff.
[82] OLG Düsseldorf B. v. 13. 8. 2007 VII-Verg 13/07, NZBau 2007, 733 ff.
[83] VK Baden-Württemberg B. v. 26. 7. 2005 1 VK 39/05.
[84] VK Baden-Württemberg B. v. 19. 4. 2005 1 VK 11/05.
[85] OLG Düsseldorf B. v. 30. 4. 2003, Verg 67/02, WuW/E Verg 778, 780 f. – *Kampfschuhe*.
[86] *Motzke/Pietzcker/Prieß*, Beck'scher VOB-Kommentar, § 98 Rn. 15.
[87] EuGH U. v. 10. 5. 2001 verb. Rs. C-223 u. 260/99 – *Agorà und Excelsior*, Slg. 2001, I-3605 =

gabe nicht schon dann gewerblicher Art ist, wenn sie auch von einem Privatunternehmen erfüllt werden kann. Die Bewertung der Gewerblichkeit oder Nichtgewerblichkeit ist anhand der im Allgemeininteresse liegenden Aufgaben und nicht mit Blick auf die gesamte Tätigkeit der Einrichtung vorzunehmen.[88] Diese Bewertung hat in einer **Gesamtwürdigung** unter Berücksichtigung aller rechtlichen und tatsächlichen Umstände zu erfolgen, die zur Gründung der Einrichtung bzw. zur nachträglichen Übernahme solcher Aufgaben geführt haben[89] und die die Voraussetzungen beschreiben, unter denen die Einrichtung ihre Tätigkeit ausübt, wie das Fehlen von Wettbewerb auf dem relevanten Markt bzw. dessen Beschränkung, das Fehlen einer vordergründigen Gewinnerzielungsabsicht, das Fehlen bzw. die Einschränkung der Übernahme der mit der Tätigkeit verbundenen Risiken und die ganz oder überwiegend aus öffentlichen Mitteln erfolgende Finanzierung der Aufgabenerfüllung.[90]

25   Eine **Gewinnerzielungsabsicht** allein schließt eine Nichtgewerblichkeit nicht aus.[91] Eine Gewinnerzielungsabsicht fehlt, wenn die Gewinnerzielung nicht den Hauptzweck der betreffenden Tätigkeit darstellt.[92] Auch ist das **Vorliegen eines entwickelten Wettbewerbs** keine conditio sine qua non dafür, dass die wahrgenommene Aufgabe gewerblicher Art ist.[93] Dies begründet für sich allein genommen aber noch keine Gewerblichkeit.[94] Das Vorliegen eines entwickelten Wettbewerbs und insbesondere der Umstand, dass die betreffende Einrichtung auf dem jeweiligen Markt im Wettbewerb steht bzw. in einem wettbewerblich geprägten Umfeld tätig wird, kann allerdings darauf hinweisen, dass es sich nicht um eine Aufgabe nichtgewerblicher Art handelt **(Indizwirkung)**.[95] Für die Prüfung, ob Wettbewerb existiert, ist es nicht ausschlaggebend, ob die jeweilige Leistung im Angebot auf dem jeweiligen Markt steht oder sich die öffentliche Hand die Erfüllung dieser Aufgabe selbst vorbehält und ob der Wettbewerb für die Steuerung eines Unternehmens maßgeblich ist.[96] Die Tätigkeit in einem wettbewerblich geprägten Umfeld mit einer hieran orientierten verpflichtenden Unternehmenssteuerung bietet hinreichende Garantie für ein wettbewerbskonformes Verhalten. Besteht kein entwickelter Wettbewerb, kann grundsätzlich von einer Nichtgewerblichkeit ausgegangen werden.

26   Ein weiteres Indiz für eine Aufgabe gewerblicher Art ist die Arbeit nach Leistungs-, Effizienz- und Wirtschaftlichkeitskriterien sowie die **Übernahme des wirtschaftlichen Risikos** der Tätigkeit,[97] selbst wenn keine Gewinnerzielungsabsicht besteht.[98] Muss eine Ein-

---

WuW/E Verg 443, Rn. 38; EuGH U. v. 10. 11. 1998 Rs. C-360/96 – *Gemeente Arnhem/BFI Holding*, Slg. 1998, I 6867 = WuW/E Verg 161, Rn. 21; EuGH U. v. 27. 2. 2003 Rs. C-373/00 – *Adolf Truley*, Slg. 2003, I-1931 = WuW/E Verg 729, Rn. 58 ff.

[88] So *Ziekow* VergabeR 2003, 483, 492.

[89] EuGH U. v. 22. 5. 2003 Rs. C-18/01 – *Korhonen Oy*, Slg. 2003, I-5321 = WuW/E Verg 765 ff., Rn. 50.

[90] EuGH, U. v. 27. 2. 2003 Rs. C-373/00 – *Adolf Truley*, Slg. 2003, I-1931 = WuW/E Verg 729; EuGH U. v. 12. 12. 2002 Rs. C-470/99 – *Universale Bau*, Slg. 2002, I-11 617 = WuW/E Verg 729; OLG Naumburg B. v. 17. 2. 2004 1 Verg 15/04, WuW/E Verg 993 – *Krankenhaus-Catering*.

[91] OLG Düsseldorf B. v. 30. 4. 2003 Verg 67/02, WuW/E Verg 778, 780 f. – *Kampfschuhe*.

[92] EuGH U. v. 22. 5. 2003 Rs. C-18/01, Slg. 2003, I-5321, Rn. 54 – *Korhonen*; OLG Düsseldorf U. v. 13. 8. 2007 VII-Verg 16/07, NZBau 2007, 733, 734.

[93] EuGH U. v. 22. 5. 2003 Rs. C-18/01 – *Korhonen Oy*, Slg. 2003, I-5321 = WuW/E Verg 765 ff., Rn. 49.

[94] EuGH U. v. 10. 5. 2001 verb. Rs. C-223 u. 260/99 – *Agorà und Excelsior*, Slg. 2001, I-3605 = WuW/E Verg 443 = NZBau 2001, 403, Rn. 38; EuGH U. v. 10. 11. 1998 Rs. C-360/96 – *Gemeente Arnhem/BFI Holding*, Slg. 1998, I 6867 = WuW/E Verg 161, Rn. 49.

[95] 1. VK Bund B. v. 5. 9. 2001 VK 1 – 23/01.

[96] So bereits GA *Léger*, Rs. C-44/96 – *Mannesmann Anlagenbau Austria AG*, Slg. 1998, I-73, Rn. 69.

[97] Hanseatisches OLG Hamburg B. v. 19. 12. 2003 1 Verg 6/03, NZBau 2004, 519; KG Berlin, B. v. 27. 7. 2006, 2 Verg 5/06.

richtung das **finanzielle Risiko** ihrer Entscheidungen selbst tragen, ist dies ein Hinweis auf eine gewerbliche Tätigkeit.[99] Sie wird in der Regel keine Vergabeverfahren durchführen, die wirtschaftlich nicht gerechtfertigt sind. Einrichtungen, die keine Gewinnerzielungsabsicht verfolgen, deren Geschäftsführung aber an Leistungs-, Effizienz- und Wirtschaftlichkeitsgesichtspunkten auszurichten ist, und die in einem wettbewerblich geprägten Umfeld tätig werden, erfüllen Aufgaben gewerblicher Art und sind daher keine öffentlichen Auftraggeber.[100]

3. Besonderes öffentliches Beherrschungsverhältnis

Dritte Voraussetzung ist eine qualifizierte staatliche Einflussnahmemöglichkeit, d. h. es muss ein besonderes öffentliches Beherrschungsverhältnis der öffentlichen Hand über den Auftraggeber gegeben sein. Ein solches liegt vor, wenn eine Verbindung der jeweiligen Einrichtung mit der öffentlichen Hand gegeben ist, die es dieser ermöglicht, die Entscheidungen der Einrichtung in Bezug auf öffentliche Aufträge zu beeinflussen.[101] Die **potentielle Einflussnahme** ist der gemeinsame Nenner, an dem sich die Auslegung der drei Verbundenheitstatbestände auszurichten hat.[102] Die verschiedenen Voraussetzungen, die ein besonderes öffentliches Beherrschungsverhältnis indizieren, können alternativ vorliegen.[103] 27

a) **Überwiegende Finanzierung.** Das Merkmal der überwiegenden Finanzierung wurde vom EuGH detailliert in der Entscheidung „*University of Cambridge*" erläutert.[104] Als **öffentliche Finanzierung** ist nicht automatisch jede öffentliche Zahlung anzusehen, sondern nur solche Leistungen, die nicht ein Entgelt für eine besondere Gegenleistung darstellen, also im Sinne einer Finanzierungshilfe die allgemeine Tätigkeit der Einrichtung finanzieren oder unterstützen.[105] Abzustellen ist damit auf die juristische Person insgesamt und nicht nur auf die einzelne von ihr durchgeführte Aufgabe.[106] Dagegen stellen Zahlungen im Rahmen von Dienstleistungsverträgen oder als Gegenleistung für Dienstleistungen, die von einem oder mehreren öffentlichen Auftraggebern getätigt werden, keine öffentliche – d. h. in eine solche Berechnung miteinzubeziehende – Finanzierung dar.[107] Gesetzlich festgelegte Zwangsbeiträge von Unternehmen an den Auftraggeber können u. U. als öffentliche Finanzierung eingestuft werden.[108] Eine **überwiegende Finanzierung** durch den Staat liegt vor, wenn beispielsweise öffentlich-rechtliche Rundfunkanstalten überwiegend durch eine Gebühr finanziert werden, die von denjenigen zu zahlen ist, die ein Rundfunkgerät bereithalten, und die nach bestimmten Regeln auferlegt, berechnet und erho- 28

---

[98] EuGH U. v. 10. 5. 2001 verb. Rs. C-223 u. 260/99 – *Agorà und Excelsior*, Slg. 2001, I-3605 = WuW/E Verg 443, Rn. 38 u. 40.
[99] EuGH U. v. 22. 5. 2003 Rs. C-18/01 – *Korhonen Oy*, Slg. 2003, I-5321 = WuW/E Verg 765, Rn. 51.
[100] EuGH U. v. 10. 5. 2001 C-223 u. 260/99 – *Agora*, Slg. 2001, I-3605 = WuW/E Verg 443.
[101] Vgl. EuGH U. v. 1. 2. 2001 Rs. C-237/99 – *OPAC*, Slg. 2001, I-939 = WuW/E Verg 407 = NZBau 2001, 215, Rn. 48.
[102] *Dörr*, in: Dreher/Motzke (Hrsg.), Vergaberecht, § 98, Rn. 71.
[103] Vgl. EuGH U. v. 1. 2. 2001 Rs. C-237/99 – *OPAC*, Slg. 2001, I-939 = WuW/E Verg 407, Rn. 44.
[104] EuGH U. v. 3. 10. 2000 Rs. C-380/98 – *University of Cambridge*, Slg. 2000, I-8061 = WuW/E Verg 371.
[105] EuGH U. v. 3. 10. 2000 Rs. C-380/98 – *University of Cambridge*, Slg. 2000, I-8061 = WuW/E Verg 371, Rn. 21.
[106] OLG Naumburg B. v. 17. 3. 2005 1 Verg 3/05 VergabeR 2005, 635; BayObLG B. v. 24. 5. 2004 Verg 6/04, WuW/E Verg 1044 – *AOK Bayern*.
[107] EuGH U. v. 3. 10. 2000 Rs. C-380/98 – *University of Cambridge*, Slg. 2000, I-8061 = WuW/E Verg 371, Rn. 26; OLG Naumburg B. v. 17. 3. 2005 1 Verg 3/05, VergabeR 2005, 635.
[108] 1. VK Bund B. v. 20. 12. 1999, VK 1 – 29/99 – *Lagerhaltung*, WuW/E Verg 315, 317.

ben wird.[109] Die bezahlte Leistung muss nicht tatsächlich in Anspruch genommen worden sein.[110] Für das Tatbestandsmerkmal „Finanzierung durch den Staat" wird keine Eröffnung eines direkten Einflusses des Staates oder anderer öffentlicher Stellen bei der Auftragsvergabe verlangt.[111] Die Erhebung gesetzlich festgelegter Zwangsabgaben stellt eine indirekte Form der Finanzierung dar und ist auch auf die Beitragsfinanzierung der gesetzlichen Krankenkassen und berufständischen Kammern mit Zwangsmitgliedschaft anwendbar.[112]

29 Eine überwiegende Finanzierung liegt bei einer **Finanzierung zu mehr als 50%** vor.[113] Für eine zutreffende Berechnung des Anteils der öffentlichen Finanzierung einer Einrichtung sind alle Mittel zu berücksichtigen, über die diese Einrichtung verfügt, einschließlich derer, die aus gewerblicher Tätigkeit stammen.[114]

30 Die **Einstufung einer Einrichtung** als öffentlicher Auftraggeber ist aus Gründen der Transparenz und der Rechtssicherheit **auf jährlicher Basis** vorzunehmen. Das Haushaltsjahr, in dem die Ausschreibung des Vergabeverfahrens erfolgt, ist der für die Berechnung der Finanzierung dieser Einrichtung am besten geeignete Zeitraum, wobei diese Berechnung auf der Grundlage der zu **Beginn des Haushaltsjahres** verfügbaren und gegebenenfalls auch nur veranschlagten Zahlen vorzunehmen ist. Für eine Einrichtung, die zum Zeitpunkt der Ausschreibung eines Auftragsvergabeverfahrens ein öffentlicher Auftraggeber ist, gelten für den entsprechenden Auftrag die Anforderungen dieser Richtlinien bis zum Abschluss des Verfahrens.[115]

31 **b) Aufsicht über die Leitung.** Bei der weiteren Alternative der „Aufsicht über die Leitung" muss eine Verbindung mit der öffentlichen Hand geschaffen werden, die einer Verbindung gleichwertig ist, die besteht, wenn eines der anderen beiden Merkmale erfüllt ist.[116] Eine enge gesetzliche Vorgabe oder das Vorhandensein von Vorschriften, die eine Einrichtung zu beachten hat, ist allerdings nicht mit einer Aufsicht über die Leitung gleichzusetzen.[117] Vielmehr muss die Kontrollmöglichkeit eine Verbindung schaffen, die es der öffentlichen Hand ermöglicht, die **Entscheidungen** der betreffenden Einrichtung in Bezug auf die Auftragsvergabe **zu beeinflussen.** Eine reine ex post-Kontrolle genügt diesen Anforderungen daher nicht,[118] im Gegensatz zu einer **a priori-Kontrolle.** Das Merkmal kann durch eine Kontrolle erfüllt sein, die sich auf das laufende Verhalten und die Zweckmäßigkeit des Handelns der geprüften Einrichtung bezieht.[119] Auch die Überwachung der Einhaltung hinreichend detaillierter Regeln für die Führung der Geschäfte kann für sich

---

[109] EuGH U. v. 13. 12. 2007 Rs. C-337/06 – *Bayerischer Rundfunk,* Rn. 52.
[110] EuGH U. v. 13. 12. 2007 Rs. C-337/06 – *Bayerischer Rundfunk,* Rn. 45.
[111] EuGH U. v. 13. 12. 2007 Rs. C-337/06, NZBau 2008, 130 ff. – *Bayrischer Rundfunk;* hierzu *Degenhart* JZ 2008, 568 ff.
[112] *Dörr,* in: Dreher/Motzke (Hrsg.), Vergaberecht, § 98 Rn. 76 unter Verweis auf EuGH U. v. 13. 12. 2007 Rs. C-337/06 – *Bayrischer Rundfunk,* Rn. 41; vgl. zuvor bereits OLG Düsseldorf B. v. 23. 5. 2007 VII-Verg 51/07, VergabeR 2008, 73, 76.
[113] EuGH U. v. 3. 10. 2000 Rs. C-380/98 – *University of Cambridge,* Slg. 2000, I-8061 = WuW/E Verg 371, Rn. 27 ff.
[114] EuGH U. v. 3. 10. 2000 Rs. C-380/98 – *University of Cambridge,* Slg. 2000, I-8061 = WuW/E Verg 371, Rn. 34 ff.
[115] EuGH U. v. 3. 10. 2000 Rs. C-380/98 – *University of Cambridge,* Slg. 2000, I-8061 = WuW/E Verg 371, Rn. 37 ff.
[116] Vgl. EuGH U. v. 1. 2. 2001 Rs. C-237/99 – *OPAC,* Slg. 2001, I-939 = WuW/E Verg 407, Rn. 49.
[117] So GA *Mischo* Rs. C-237/99 – *Kommission/Frankreich (OPAC),* Slg. 2001, I-939, Rn. 65.
[118] EuGH U. v. 27. 2. 2003 Rs. C-373/00 – *Adolf Truley,* Slg. 2003, 1931 = WuW/E Verg 729, Rn. 70.
[119] EuGH U. v. 27. 2. 2003 Rs. C-373/00 – *Adolf Truley,* Slg. 2003, 1931 = WuW/E Verg 729, Rn. 71 ff.

allein schon dazu führen, dass der öffentlichen Hand ein bedeutender Einfluss eingeräumt wird, soweit dies im Ergebnis zu einer ständigen staatlichen Kontrolle führt.[120] Eine **Fachaufsicht** erfüllt diese Vorgaben unproblematisch. Eine bloße Rechtsaufsicht oder Rechtmäßigkeitskontrolle kann hingegen nicht ausreichend sein.[121] Eine Aufsicht über die Leitung der Auftraggeberin wird auch ausgeübt, wenn nach den zwischen der staatlichen Stelle und der Auftraggeberin bestehenden **Regelungen in ihrer Gesamtheit** eine Aufsicht von einem Maß besteht, die es ermöglicht, die Entscheidungen auch in Bezug auf öffentliche Aufträge zu beeinflussen.[122]

Seitens des VÜA Bund wurde hinsichtlich des staatlichen Beherrschungsbegriffs auf § 17 AktG zurückgegriffen.[123] Dieser Rückgriff wurde vielfach als zu eng kritisiert.[124] Vorzuziehen ist der Verweis auf das Stichwort der **„gemeinsamen Kontrolle"** nach Art. 3 Abs. 1 b) FKVO.[125] Hierbei ist der Einfluss entscheidend, der auf die Geschäftsführung ausgeübt werden kann, insbesondere um wesentliche geschäftspolitische Maßnahmen anzuordnen oder durchzusetzen. Dies hat für gemischtwirtschaftliche Unternehmen weitreichende Auswirkungen: solange nur ein (gemeinsam) herrschender Gesellschafter einer privatwirtschaftlich gegründeten und geführten Gesellschaft selbst öffentlicher Auftraggeber ist, verbleibt es i. d. R. bei dem neu gegründeten Unternehmen bei einer Einordnung als öffentlicher Auftraggeber. 32

c) Mehrheitliche Organbesetzung. Die dritte Alternative der besonderen Einflussnahme stellt die Bestimmung von mehr als der Hälfte der Mitglieder eines der zur Geschäftsführung oder zur Aufsicht berufenen Organe dar. Zu Letzterem zählen Verwaltungs-, Leitungs- und Aufsichtsorgane. Die Bestellung muss auch tatsächlich erfolgt sein. 33

4. § 98 Nr. 2 S. 2

Über § 98 Nr. 2 S. 2 werden auch die Unternehmen erfasst, die von einem Auftraggeber nach S. 1 überwiegend finanziert werden oder wo dieser die Mehrheit eines Geschäftsführungs- oder Aufsichtsorgans bestimmt. Der Fall der Ausübung der Aufsicht über die Leitung durch einen Auftraggeber nach S. 1, der von S. 2 nicht erfasst ist, kann nur durch eine unmittelbare Anwendbarkeit der entsprechenden Richtlinienbestimmung erfasst werden, da der Wortlaut der Nr. 2 eine so weitgehende richtlinienkonforme Auslegung nicht mehr gestattet.[126] Die Variante, dass ein Auftraggeber nach Nr. 2 die Kriterien von Nr. 2 S. 1 2. HS nur gemeinsam mit Auftraggebern nach Nr. 1 und/oder 3 erfüllt, ist dagegen über eine richtlinienkonforme Auslegung einzubeziehen.[127] 34

---

[120] EuGH U. v. 1. 2. 2001 Rs. C-237/99 – *Kommission/Frankreich (OPAC)*, Slg. 2001, I-939 = WuW/E Verg 407, Rn. 52 ff.
[121] EuGH U. v. 1. 2. 2001 Rs. C-237/99 – *Kommission/Frankreich (OPAC)*, Slg. 2001, I-939 = WuW/E Verg 407, Rn. 84; BayObLG B. v. 21. 10. 2004 Verg 17/04, WuW/E Verg 1041 – *Landesversicherungsanstalt;* vgl. allerdings auch eine Aufsicht ablehnend BayObLG B. v. 21. 10. 2004 Verg 6/04, WuW/E Verg 1044 – *Allgemeine Ortskrankenkasse*, krit. zu letzterer Entscheidung *Jaeger* ZWeR 2005, 31, 55 f.
[122] OLG Düsseldorf B. v. 30. 4. 2003 Verg 67/02, WuW/E Verg 778, 780 f. – *Kampfschuhe*.
[123] VÜA Bund B. v. 12. 4. 1995 1 VÜ 1/95 – *Kraftwerkskomponenten* = WuW 1995, 1057 ff.
[124] Ablehnend u. a. *Dreher* DB 1998, 2579, 2583.
[125] Verordnung (EWG) Nr. 139/2004 des Rates vom 20. 1. 2004 über die Kontrolle von Unternehmenszusammenschlüssen (ABl. 2004 L 24/1); vgl. insoweit auch *Byok/Jaeger-Werner*, 2. A., § 98 Rn. 357 f.
[126] A. A. *Dreher* in: Immenga/Mestmäcker, GWB, 4. Aufl., § 98 Rn. 56, der hier eine richtlinienkonforme Auslegung für möglich hält.
[127] So auch *Dreher* in: Immenga/Mestmäcker, GWB, 4. Aufl., § 98 Rn. 56.

IV. § 98 Nr. 3 – Zusammenschlüsse und Verbände

35 Zusammenschlüsse bzw. Verbände solcher Mitglieder, die unter Nr. 1 oder Nr. 2 fallen, sind wiederum öffentliche Auftraggeber, da sie Aufgaben erfüllen, die ihre **Mitglieder als öffentliche Auftragnehmer** wahrzunehmen haben. Hierzu zählen beispielsweise kommunale Zweckverbände wie Abwasser-, Abfall-, Wasserversorgungs- und Planungsverbände, Landschaftsverbände, Schul-, Caritas-, Arbeitgeberverbände und Gewerkschaften, Verkehrszweckverbände. In Betracht kommen auch Arbeitsgemeinschaften von Bund und Ländern,[128] wenn sie gemeinsam z. B. Großprojekte in Auftrag geben.[129] Auf die **Rechtsform des jeweiligen Verbandes** kommt es nicht an. Der Zusammenschluss eines öffentlichen Auftraggebers mit einem privaten Unternehmen kann hinsichtlich seiner Auftraggebereigenschaft nur eigenständig anhand von § 98 Nr. 2 untersucht werden.[130] Auch rechtlich selbständige Verbände des öffentlichen Rechts werden in der Regel bereits von Nr. 2 erfasst sein.[131] Die Nr. 3 hat also nur eine **Auffangfunktion**.[132] Zunächst ist zu prüfen, ob es sich bei dem Auftraggeber nicht selbst um einen Auftraggeber nach Nr. 2 handelt.[133]

V. § 98 Nr. 4 Sektorenauftraggeber

36 § 98 Nr. 4 versucht, „Grauzonen" vergaberechtlich zu erfassen. Die auf der SKR beruhende Vorschrift[134] ordnet natürliche und juristische Personen des privaten Rechts, die in bestimmten Aufgabenfeldern („Sektoren") tätig werden, als öffentliche Auftraggeber ein. Unabhängig davon, ob diese Unternehmen mit Gewinnerzielungsabsicht oder im Wettbewerb tätig werden, wird ihnen eine gewisse **Staatsnähe** zugeschrieben,[135] dies entweder auf Grund der Gewährung besonderer oder ausschließlicher Rechte (1. Alt.) oder auf Grund der Ausübung eines beherrschenden Einflusses durch Auftraggeber i. S. d. § 98, Nr. 1 bis 3 (2. Alt.). In den Sektoren tätige **öffentliche Unternehmen,** die ausnahmsweise nicht unter § 98 Nr. 1 bis 3 fallen, müssen auf Grund Art. 2 SKR als öffentliche Auftraggeber angesehen werden.

1. Qualifizierter staatlicher Einfluss

37 Auf den Auftraggeber muss ein qualifizierter staatlicher Einfluss ausgeübt werden, entweder, indem dem Auftraggeber besondere oder ausschließliche Rechte eingeräumt worden sind, oder indem die öffentliche Hand einen beherrschenden Einfluss auf den Auftraggeber ausüben kann. Zu beachten sind die in § 9 VgV festgelegten Ausnahmen im Sektorenbereich.

38 a) 1. Alt. – „besondere oder ausschließliche Rechte". Grundsätzlich haben Unternehmen, denen ausschließliche Rechte eingeräumt werden, ein Monopol oder eine monopolartige Stellung inne. Ein funktionierender Wettbewerb fehlt. Der Begriff der „besonderen oder ausschließlichen Rechte" ist Art. 86 Abs. 1 EG entnommen und daher auch in diesem Sinne auszulegen.[136] Die Kommission hat zu den „besonderen und ausschließ-

---

[128] JurisPK-VergabeR-*Zeiss* § 98 Rn. 130.
[129] Vgl. z. B. Brandenburgisches OLG B. v. 3. 8. 1999 6 Verg 1/99, WuW/E Verg 231 – *Flughafen Berlin*.
[130] Vgl. zu den sog. Public Private Partnership unten § 99 Rn. 52 ff.
[131] *Dreher* in: Immenga/Mestmäcker, GWB, 4. Aufl., § 98 Rn. 81.
[132] VK Düsseldorf B. v. 18. 4. 2002 VK 5/2002-L, WuW/E Verg 577 – *Schienenpersonennahverkehr*.
[133] *Motzke/Pietzcker/Prieß*, Beck'scher VOB Kommenztar, § 98 Rn. 16.
[134] Vgl. Art. 1 Nr. 2 SKR i. V. m. Art. 2 Abs. 1, Art. 2 Abs. 1b) SKR.
[135] *Niebuhr/Kulartz/Kus/Portz* § 98 Rn. 114.
[136] Vgl. die Kommentierung zu Art. 86 Abs. 1 EG.

lichen Rechten" eine **„Explanatory Note"** veröffentlicht.[137] Eine **Legaldefinition** der „besonderen oder ausschließlichen Rechte" enthält zudem Art. 2 Abs. 3 SKR: Es sind dies die Rechte, „die von einer zuständigen Behörde eines Mitgliedstaats mittels Rechts- oder Verwaltungsvorschrift gewährt wurden und dazu führen, dass die Ausübung einer der ... genannten Tätigkeiten einem oder mehreren Unternehmen vorbehalten wird und dass die Möglichkeit anderer Unternehmen, diese Tätigkeit auszuüben, erheblich beeinträchtigt wird." Eine solche Tätigkeit ist insbesondere anzunehmen, „wenn ein Auftraggeber zum Bau einer Einrichtung durch ein Enteignungsverfahren[138] oder durch Gebrauchsrechte begünstigt werden kann und Einrichtungen auf, unter oder über dem öffentlichen Wegenetz anbringen darf."[139] Gleiches gilt, wenn ein Auftraggeber ein Netz für Trinkwasser, Elektrizität, Gas oder Wärme versorgt, das seinerseits von einem Auftraggeber betrieben wird, der von einer zuständigen Behörde gewährte besondere oder ausschließliche Rechte genießt, z.B. die Anordnung eines gemeinüblichen Anschluss- und Benutzungszwangs zugunsten eines privaten Unternehmens, Erteilung einer Konzession nach dem Energiewirtschaftsrecht, weitere besondere Rechtspositionen auf Grundlage des Allgemeinen Eisenbahngesetzes, des Luftverkehrsgesetzes, des Telekommunikationsgesetzes oder des Wasserhaushaltsgesetzes. Es bedarf einer Prüfung der ausschließlichen und besonderen Rechte in jedem **Einzelfall** nach dem zentralen Kriterium, dass die Ausübung einer Tätigkeit einen oder mehreren Unternehmen durch hoheitliche Maßnahmen vorbehalten und dadurch die Betätigungsmöglichkeit anderer Unternehmen erheblich beeinträchtigt wird.[140]

b) 2. Alt. – Beherrschender Einfluss der öffentlichen Hand. Die 2. Alternative setzt wiederum den vergaberechtlichen Grundsatz um, dass durch Externalisierung oder Privatisierung bei **Beibehaltung von Kontrollmöglichkeiten** die Anwendung der Vergabevorschriften nicht umgangen werden soll. Ein beherrschender Einfluss wird ausgeübt, wenn die staatlichen Behörden unmittelbar oder mittelbar die Mehrheit des gezeichneten Kapitals des Unternehmens besitzen, über die Mehrheit der mit den Anteilen des Unternehmens verbundenen Stimmrechte verfügen oder mehr als die Hälfte der Mitglieder des Verwaltungs-, Leitungs- oder Aufsichtsorganes des Unternehmens bestellen können.[141] Nach Auffassung des VÜA Bund ist die Beherrschungsvermutung widerlegbar.[142] Beim Beherrschungsbegriff wie auch bei der Widerlegbarkeit der Beherrschungsvermutung hat sich der VÜA Bund am Beherrschungsbegriff des § 17 AktG orientiert.[143] Auf Grund der Verpflichtung zur europarechtskonformen Auslegung empfiehlt sich aber auch hier eine Orientierung an der Kommissionspraxis zum Begriff der gemeinsamen Kontrolle im Rahmen der Fusionskontrolle.[144]

2. Tätigkeitsfelder

Die Aufzählung der Sektoren in § 98 Nr. 4 ist abschließend. Den Vergabevorschriften können hiernach natürliche oder juristische Personen des privaten Rechts unterliegen, die auf dem Gebiet der Trinkwasser- oder der Energieversorgung, des Verkehrs oder der Tele-

---

[137] Kommission, GD Binnenmarkt, Explanatory Note – Utilities Directive: Definition of exclusive or special rights, Dezember 2005.
[138] Vgl. z.B. § 22 AEG (hierzu auch VÜA Bund B. v. 8. 9. 1994 1 VÜ 7/94 – *Überführungsbauwerk*, WuW/E Verg AB 17); § 11 EnWG.
[139] So z.B. § 50 i.V.m. §§ 4 bis 6 TKG, § 13 EnWG.
[140] *Dreher* in: Immenga/Mestmäcker, GWB, 4. Aufl., § 98 Rn. 178 unter Verweis auf die „Explanatory Note" der Kommission.
[141] Vgl. insoweit Art. 2 Abs. 1 b) SKR.
[142] VÜA Bund B. v. 12. 4. 1995 1VÜ1/95 – *Kraftwerkskomponenten*, WuW/E Verg AB 34.
[143] VÜA Bund B. v. 12. 4. 1995 1VÜ1/95, WuW/E Verg AB 34 – *Kraftwerkskomponenten*, ablehnend *Dreher* in: Immenga/Mestmäcker, GWB, 4. Aufl., § 98 Rn. 114.
[144] S. o. § 98 Rn. 31, ebenso *Byok/Jaeger-Werner*, 2. A., § 98 Rn. 376.

kommunikation aktiv und aktuell tätig sind.[145] Eine nähere Konkretisierung der in § 98 Nr. 4 und in der Sektorenrichtlinie geregelten Auftraggebereigenschaft erfolgt in den §§ 7 bis 9 VgV. § 7 legt die im Sektorenbereich anzuwendenden Vorschriften der Vergabe-, Vertrags- und Verdingungsordnungen fest. §§ 8 und 9 definieren positiv wie negativ die einzelnen in die Sektorenbereiche fallenden Tätigkeiten.

41   **a) Telekommunikation.** Nachdem sich in diesem **privatisierten Wirtschaftsbereich** inzwischen Wettbewerb entwickelt hat, unterliegt seit Inkrafttreten der Vergabeverordnung und einer Mitteilung der Kommission vom 3. 6. 1999[146] gem. Art. 8 SKR 93/38 der Bereich der Telekommunikation nicht mehr dem Vergaberecht. In der neu gefassten SKR finden Telekommunikationsunternehmen keine Erwähnung mehr. In den abschließenden Katalog der Sektorentätigkeiten gemäß § 8 VgV 2001 wurden Telekommunikationsdienste nicht mehr aufgenommen. Die noch bestehenden Divergenzen im Text des § 98 Nr. 4 werden mit dem Vergabemodernisierungsgesetz 2009 behoben.

42   **b) Trinkwasserversorgung.** Tätigkeiten auf dem Gebiet der Trinkwasserversorgung umfassen die Bereitstellung und den Betrieb fester Netze zur Versorgung der Öffentlichkeit im Zusammenhang mit der Gewinnung, dem Transport oder der Verteilung von Trinkwasser sowie die Versorgung dieser Netze mit Trinkwasser; dies gilt auch, wenn diese Tätigkeit mit der Ableitung und Klärung von Abwässern oder mit Wasserbauvorhaben sowie Vorhaben auf dem Gebiet der Bewässerung und Entwässerung in Zusammenhang steht, sofern die zur Trinkwasserversorgung bestimmte Wassermenge mehr als 20% der mit dem Vorhaben der Bewässerungs- oder Entwässerungsanlagen zur Verfügung gestellten Gesamtwassermenge ausmacht.[147]

43   **c) Energieversorgung.** Zu den Tätigkeiten auf dem Gebiet der Energieversorgung zählen Wärmeversorgung sowie Elektrizitäts- und Gasversorgung. Die **Wärmeversorgung** umfasst die Bereitstellung und den Betrieb fester Netze zur Versorgung der Öffentlichkeit im Zusammenhang mit der Erzeugung, dem Transport oder der Verteilung von Wärme sowie die Versorgung dieser Netze mit Wärme.[148] Die **Elektrizitäts- und Gasversorgung** beinhaltet die Bereitstellung und den Betrieb fester Netze zur Versorgung der Öffentlichkeit im Zusammenhang mit der Erzeugung, dem Transport oder der Verteilung von Strom oder der Gewinnung von Gas sowie die Versorgung über Netze mit Strom oder Gas durch Unternehmen i. S. d. § 2 Abs. 3 des Energiewirtschaftsgesetzes.[149]

44   **d) Verkehr.** Tätigkeiten auf dem Gebiet des Verkehrs sind die Nutzung eines geographisch abgegrenzten Gebietes zum Zwecke des Betriebes
- von Flughäfen durch Flughafenunternehmer, die eine Genehmigung nach § 38 Abs. 2 Nr. 1 der Luftverkehrs- und Zulassungsordnung[150] erhalten haben oder einer solchen bedürfen,[151]
- des Betriebes von Häfen oder anderen Verkehrsendeinrichtungen,[152] sowie
- des Betriebes von Netzen zur Versorgung der Öffentlichkeit im Eisenbahn-, Straßenbahn- oder sonstigen Schienenverkehr, im öffentlichen Personennahverkehr auch mit Kraftomnibussen oder Oberleitungsbussen, mit Seilbahnen sowie mit automatischen Systemen.[153]

---

[145] VÜA Bund B. v. 16. 12. 1998 2 VÜ – 22/98 S. 14 – *Reaktorrückbau*.
[146] Mitteilung gem. Art. 8 Rl. 93/38 v. 3. 6. 1999, ABl. 1999 C 156/3.
[147] S. § 8 Nr. 1 VgV.
[148] S. § 8 Nr. 3 VgV.
[149] § 8 Nr. 2 VgV; vgl. das Energiewirtschaftsgesetz v. 24. 4. 1998, BGBl. I, S. 830.
[150] BGBl. 1990 I S. 610 in der Fassung der Bekanntmachung vom 27. März 1999.
[151] S. § 8 Nr. 4 a) VgV.
[152] S. § 8 Nr. 4 b) VgV.
[153] S. § 8 Nr. 4 c) VgV.

§ 98. Auftraggeber

e) Postdienste. Tätigkeiten im Bereich der Postdienste unterfallen spätestens seit dem 31. 1. 2006 auf Gemeinschaftsebene dem Sektorenbereich. Solange eine Umsetzung in nationales Recht nicht erfolgt ist, unterfallen Auftraggeber weiterhin § 98 Nr. 2. Die Vorschrift des Art. 6 SKR über die Postdienste lautet:

„Artikel 6 Postdienste
(1) Unter diese Richtlinie fällt die Bereitstellung von Postdiensten – oder unter den Bedingungen nach Absatz 2 Buchstabe c) – von anderen Diensten als Postdiensten.

(2) Für die Zwecke dieser Richtlinie und unbeschadet der Richtlinie 97/67/EG gelten folgende Definitionen:
a) „Postsendung" ist eine adressierte Sendung in der endgültigen Form, in der sie befördert wird, ungeachtet ihres Gewichts. Neben Briefsendungen handelt es sich dabei z. B. um Bücher, Kataloge, Zeitungen und Zeitschriften sowie um Postpakete, die Waren mit oder ohne Handelswert enthalten, ungeachtet ihres Gewichts;
b) „Postdienste" sind Dienste, die die Abholung, das Sortieren, den Transport und die Zustellung von Postsendungen betreffen. Diese Dienste umfassen:
– „reservierte Postdienste": Postdienste, die nach Artikel 7 der Richtlinie 97/67/EG reserviert sind oder reserviert werden können;
– „sonstige Postdienste": Postdienste, die nach Artikel 7 der Richtlinie 97/67/EG nicht reserviert werden können;
c) „andere Dienste als Postdienste" sind Dienstleistungen, die in den folgenden Bereichen erbracht werden:
– Managementdienste für Postversandstellen (Dienste vor dem Versand und nach dem Versand, wie beispielsweise „Mailroom management");
– Mehrwertdienste, die mit elektronischen Mitteln verknüpft sind und gänzlich mit diesen Mitteln erbracht werden (wie die abgesicherte Übermittlung von verschlüsselten Dokumenten per E-Mail, Adressenverwaltungsdienste und die Übermittlung von registrierten E-Mail-Sendungen);
– Dienste, die nicht unter Buchstabe a) erfasste Sendungen wie etwa nicht adressierte Postwurfsendungen betreffen;
– Finanzdienstleistungen gemäß den in Kategorie 6 von Anhang XVII Teil A und in Artikel 24 Buchstabe c) getroffenen Festlegungen, insbesondere Postanweisungen und -überweisungen;
– philatelistische Dienstleistungen und
– logistische Dienstleistungen (Dienstleistungen, bei denen die materielle Auslieferung und/oder Lagerung mit anderen nicht postalischen Aufgaben kombiniert wird),
sofern diese Dienste von einer Einrichtung erbracht werden, die auch Postdienste im Sinne des Buchstabens b) erster oder zweiter Gedankenstrich erbringt, und die Voraussetzungen des Artikels 30 Absatz 1 bezüglich der unter diese Gedankenstriche fallenden Dienstleistungen nicht erfüllt sind."

Die **Erwägungsgründe der SKR** führen zu der Einbeziehung der Postdienste in den Sektorenbereich aus:

„28) Angesichts der fortschreitenden Liberalisierung der Postdienste in der Gemeinschaft und der Tatsache, dass diese Dienste über ein Netz von Auftraggebern, öffentlichen Unternehmen und anderen Unternehmen erbracht werden, empfiehlt es sich, auf Aufträge, die von Auftraggebern vergeben werden, die selbst Postdienste anbieten, die Bestimmungen der vorliegenden Richtlinie, einschließlich Artikel 30, anzuwenden, die unter Wahrung der in Erwägungsgrund 9 genannten Grundsätze einen Rahmen für faire Handelspraktiken schaffen und eine größere Flexibilität als die Richtlinie 2004/18/EG des Europäischen Parlaments und des Rates vom 31. März 2004 über die Koordinierung der Verfahren zur Vergabe öffentlicher Bauaufträge, Lieferaufträge und Dienstleistungsaufträge gestatten. Bei der Definition der entsprechenden Tätigkeiten sollten die Begriffsbestimmungen der Richtlinie 97/67/EG des Europäischen Parlaments und des Rates vom 15. Dezember 1997 über gemeinsame Vorschriften für die Entwicklung des Binnenmarktes der Postdienste der Gemeinschaft und die Verbesserung der Dienstequalität (ABl. 1998 L 15/14) berücksichtigt werden.
Unabhängig von ihrer Rechtsstellung unterliegen Stellen, die Postdienste anbieten, derzeit nicht den Bestimmungen der Richtlinie 93/38/EWG. Die Anpassung der Zuschlagserteilungsverfahren an diese Richtlinie könnte für diese Auftraggeber daher mehr Zeit erfordern als für Auftraggeber, die den betreffenden Bestimmungen bereits unterliegen und ihre Verfahren lediglich an die durch diese

Richtlinie bewirkten Änderungen anpassen müssen. Es sollte deshalb zulässig sein, die Anwendung dieser Richtlinie aufzuschieben, damit genügend zusätzliche Zeit für die Anpassung zur Verfügung steht. Angesichts der unterschiedlichen Verhältnisse bei den Auftraggebern sollte es den Mitgliedstaaten möglich sein, den im Bereich der Postdienste tätigen Auftraggebern einen Übergangszeitraum für die Anwendung dieser Richtlinie einzuräumen."

47 Die Deutsche Post AG ist nach wie vor öffentlicher Auftraggeber i. S. d. VKR, da sie nicht in Anhang VI SKR aufgeführt ist.[154]

48 **f) Rohstoffgewinnung.** Nach Art. 7 a) SKR gilt die Sektorenrichtlinie auch für solche Auftraggeber, die ein geografisch abgegrenztes Gebiet zum Zwecke der Suche oder Förderung von Erdöl, Gas, Kohle oder anderen Brennstoffen nutzen. Die Kommission hat am 15. 1. 2004[155] entschieden, dass die Nutzung geografisch abgegrenzter Gebiete zum Zweck der Suche nach oder der Förderung von Erdöl, Gas, Kohle oder anderen festen Brennstoffen in Deutschland ab diesem Zeitpunkt nicht mehr vom Anwendungsbereich der Rl. 93/38 erfasst ist. Erwägungsgrund 38 der neugefassten SKR stellt heraus, dass diese Entscheidung unberührt bleibt. Gemäß Art. 27 SKR hat die Bundesrepublik Deutschland in diesem Bereich aber dafür zu sorgen, dass der Grundsatz der Nichtdiskriminierung und der wettbewerbsorientierten Zuschlagserteilung bei der Vergabe von öffentlichen Aufträgen beachtet wird, dies gilt insbesondere hinsichtlich der den Wirtschaftsteilnehmern zur Verfügung gestellten Informationen über seine Absicht, einen Auftrag zu vergeben. Hinsichtlich dieser Anforderungen kommt seit Ablauf der Umsetzungsfrist am 31. 1. 2006 gegenüber Auftraggebern im Bereich der Rohstoffgewinnung eine unmittelbare Wirksamkeit der in Art. 27 SKR gemachten Vorgaben in Betracht, solange diesbezüglich keine Anpassungen von GWB und VgV erfolgt sind.

3. Verhältnis von § 98 Nr. 4 zu § 98 Nr. 2

49 Wenn Unternehmen sowohl unter Nr. 2 als auch unter Nr. 4 subsumiert werden können, ist auf Grund der schärferen Rechtsfolgen § 98 Nr. 2 im Verhältnis zu § 98 Nr. 4 als lex specialis anzusehen.[156] Soweit allerdings ein Sektorenauftraggeber Aufträge im Sektorenbereich vergibt, kommt allein § 98 Nr. 4 zur Anwendung; die VKR und ihre nationale Umsetzung können dann keine Anwendung finden.[157] Auftraggeber nach § 98 Nr. 1 bis 3 brauchen in den Sektoren in den Bereichen Elektrizitäts-, Gas- und Wärmeversorgung wie auch beim Betrieb von Flughäfen nach § 7 VgV nur den vierten Abschnitt der VOB/A bzw. der VOL/A anwenden. Damit sind hier bei der Auftragsvergabe auch verstärkt Verhandlungsverfahren möglich. In den Bereichen Trinkwasserversorgung, Schiffsverkehr und dem sonstigen Verkehrsbereich ist für diese Auftraggeber auch weiterhin der dritte Abschnitt der VOB/A bzw. VOL/A anzuwenden.[158] Auftraggeber nach § 98 Nr. 4 können dagegen grundsätzlich den vierten Abschnitt der entsprechenden Verdingungsordnungen anwenden, wenn sie im Sektorenbereich tätig werden. Insofern hat die Einstufung der Auftraggeber als solche nach Nr. 1 bis Nr. 3 oder als Auftraggeber nach Nr. 4 große Bedeutung.

---

[154] *Rechten* NZBau 2004, 366, 373.
[155] Entscheidung 2004/74/EG, ABl. 2004 L 57.
[156] So *Dreher* DB 1998, 2579, 2584; *Pietzcker* ZVgR 1999, 24, 29; 2. VK Brandenburg B. v. 9. 4. 2001 2 VK 18/01; VK Südbayern B. v. 8. 10. 2001 28 – 08/01; BayObLG B. v. 5. 11. 2002 Verg 22/02, NZBau 2003, 342 ff.
[157] Ähnlich wohl auch *Dörr*, in: Dreher/Motzke (Hrsg.), Vergaberecht, § 98 Rn. 180.
[158] Vgl. § 8 Nr. 4 c) VgV.

VI. § 98 Nr. 5 – Private Auftraggeber im Bereich öffentlich geförderter Projekte

§ 98 Nr. 5 trägt der Tatsache Rechnung, dass es keinen Unterschied macht, ob öffentliche Auftraggeber Aufträge selbst vergeben oder sie Dritten Subventionen gewähren, die dann ihrerseits Aufträge vergeben (**Drittvergabe**). Natürliche oder juristische Personen des privaten Rechts, die Leistungen in Zusammenhang mit der Erstellung von Bauvorhaben nachfragen, die erstens **im öffentlichen Interesse** stehen und die zweitens die für das Gesamtprojekt erforderlichen Mittel zu **mehr als 50%** von Auftraggebern i. S. d. §§ 98 Nr. 1 bis 3 erhalten,[159] sind daher selbst als öffentliche Auftraggeber im Sinne des GWB einzustufen.[160] Beide Merkmale müssen also kumulativ vorliegen. 50

Erfasst werden nur solche Aufträge, die im Rahmen von in der Vorschrift **abschließend aufgelisteten Projektarten**[161] vergeben werden bzw. mit diesen in Verbindung stehen. Unter den weit auszulegenden Begriff „Sport-, Erholungs- und Freizeiteinrichtungen" fallen z. B. Museen, Galerien, Theater, Opern, Bibliotheken, Sport- und Freizeitbäder und Sportstadien und -hallen.[162] Der Begriff der „Schul- und Hochschulgebäude" erfasst auch Berufsschulen,[163] Studentenheime und Kindergärten.[164] Bei der Ermittlung des Prozentsatzes der Finanzierung ist auf die Projektkosten abzustellen. Es werden nur solche **Finanzierungsmittel** berücksichtigt, die einen **Subventionscharakter** haben.[165] Es werden auch die – wie bereits dem Wortlaut der Vorschrift zu entnehmen ist – mit solchen Projekten in Verbindung stehenden Dienstleistungen und Auslobungsverfahren erfasst. Der Begriff der Errichtung umfasst auch Rekonstruktionen, Modernisierungen und Sanierungen. Dem jeweiligen Bauprojekt zeitlich nachfolgende Beschaffungsvorgänge führen hingegen nicht zu einer Einstufung als öffentliche Auftraggeber, wenn keine Verbindung zu dem jeweiligen Projekt mehr besteht. 51

VII. § 98 Nr. 6 – Private Baukonzessionäre

Mit der **Vergabe von Baukonzessionen** hat die öffentliche Hand die Möglichkeit, mit geringem eigenen Mitteleinsatz Infrastruktur zur Verfügung zu stellen, z. B. in der kommunalen Energieversorgung. § 98 Nr. 6 enthält eine **Legaldefinition** der Baukonzession; diese beinhaltet das Recht, die bauliche Anlage nach der Errichtung zu nutzen. Diese Nutzungsrechte treten als Gegenleistung an die Stelle der üblichen Vergütung. Zusätzlich hierzu kann auch eine Zahlung der öffentlichen Hand an den Konzessionär vereinbart werden.[166] Mit der Konzession werden die sich aus der Natur der Nutzung ergebenden Risiken auf den Konzessionär übertragen. Eine Baukonzession im Sinne des GWB liegt vor, solange die Zahlung das ungewisse und sich aus der Nutzung ergebende Risiko nicht beseitigt.[167] 52

Die **Baukonzessionäre** besitzen nach Nr. 6 selbst die **Eigenschaft eines öffentlichen Auftraggebers** hinsichtlich der Vergabe von öffentlichen Aufträgen an Dritte (**Dritt-** 53

---

[159] Vgl. insofern Art. 8 VKR.
[160] Vgl. auch EuGH U. v. 18. 11. 1999 Rs. C-275/98 – *Unitron Scandinavia*, Slg. 1999, I 829 = WuW/E Verg 111, Rn. 28.
[161] Vgl. Art. 8 Abs. 2 VKR; vgl. hierzu BayObLG B. v. 29. 10. 2004 Verg 22/04, NZBau 2005, 234 ff.
[162] JurisPK-VergabeR-*Zeiss* § 98 Rn. 174.
[163] BayObLG B. v. 29. 10. 2004 Verg 22/04, NZBau 2005, 234 ff.
[164] JurisPK-VergabeR-*Zeiss* § 98 Rn. 175
[165] Vgl. *Dreher* DB 1998, 2579 ff., 2585; *Bechtold*, GWB, 3. Aufl., § 98 Rn. 28 f.
[166] S. § 6 VgV.
[167] Kommission, Mitteilung der Kommission zu Auslegungsfragen im Bereich Konzessionen, ABl. 2000 C 121/2 ff.

GWB § 98

vergabe).[168] Aus wirtschaftlicher Sicht besteht kein Unterschied zwischen der Erstellung eines Bauwerkes durch einen klassischen öffentlichen Auftraggeber mit anschließender Vermietung dieses Projektes und der Errichtung über ein Konzessionsmodell. Daher sollen auch die Konzessionsnehmer dem Vergaberegime unterworfen werden.[169] Hierdurch werden weitere Umgehungsmöglichkeiten der vergaberechtlichen Bestimmungen ausgeschlossen. Allerdings gelten für die privaten Baukonzessionäre Ausnahmen: nicht die gesamten Vorschriften des Vergabeverfahrens sind durch diese Auftraggeber einzuhalten, sondern es besteht lediglich eine europaweite **Bekanntmachungspflicht.**[170] Die Vorschrift trifft ausschließlich die privaten Auftraggeber, die Konzessionsrechte eingeräumt bekommen haben, nicht hingegen die Vergabe der Konzession durch einen öffentlichen Auftraggeber.[171]

54   Das EG- wie auch das deutsche Vergaberecht finden keine Anwendung auf die Vergabe von **Dienstleistungskonzessionen,** wie auch die Auftragsvergabe durch private Dienstleistungskonzessionäre.[172] Bei Baukonzessionären, die projektbezogen Subventionen erhalten, verdrängt § 98 Nr. 5 als lex specialis No. 6.[173]

55   ## VIII. Neufassung gemäß Gesetz zur Modernisierung des Vergaberechts vom 20. April 2009

„3. § 98 wird wie folgt geändert:
a) Nummer 4 wird wie folgt geändert:
aa) Die Wörter „oder der Telekommunikation" werden gestrichen.
bb) Nach dem Wort „können" wird das Komma durch ein Semikolon ersetzt und es werden folgende Halbsätze angefügt: „besondere oder ausschließliche Rechte sind Rechte, die dazu führen, dass die Ausübung dieser Tätigkeiten einem oder mehreren Unternehmen vorbehalten wird und dass die Möglichkeit anderer Unternehmen, diese Tätigkeit auszuüben, erheblich beeinträchtigt wird. Tätigkeiten auf dem Gebiet der Trinkwasser- und Energieversorgung sowie des Verkehrs sind solche, die in der Anlage aufgeführt sind,"
b) In Nummer 5 werden nach dem Wort „Rechts" die Wörter „sowie juristische Personen des öffentlichen Rechts, soweit sie nicht unter Nummer 2 fallen," eingefügt.
c) Nummer 6 wird wie folgt gefasst: „natürliche oder juristische Personen des privaten Rechtes, die mit Stellen, die unter die Nummern 1 bis 3 fallen, einen Vertrag über eine Baukonzession abgeschlossen haben, hinsichtlich der Aufträge an Dritte."

Der Regierungsentwurf führt zur Begründung aus:

56   „Zu Nummer 3 (§ 98)
§ 98 definiert die öffentlichen Auftraggeber. Die Änderungen sind Anpassungen an das EG-Vergaberecht.
Zu Buchstabe a (§ 98 Nr. 4): § 98 Nr. 4 erfasst die Auftraggeber, die in den Sektorenbereichen auf der Grundlage von besonderen und ausschließlichen Rechten tätig sind und die öffentliche Unternehmen in diesen Bereichen sind.
Zu Doppelbuchstabe aa: Diese Änderung vollzieht die Herausnahme des Telekommunikationssektors aus den Sektorentätigkeiten. Wegen der erreichten Liberalisierung im Telekommunikationsbereich konnte dieser Sektor aus der EG-Sektorenrichtlinie 2004/17/EG gänzlich herausgenommen werden. Aufgrund des Artikels 8 der Richtlinie 93/38/EG waren bereits durch Entscheidung der Kommission vom 3. Juni 1999 Telekommunikationsdienstleistungen freigestellt (ABl. EG Nr. C vom 3. 6. 1999, S. 3). Dies war im deutschen Recht in der Vergabeverordnung entsprechend umgesetzt. Die Sektorenauftraggeber im Telekommunikationsbereich waren daher zwar nicht zur Anwendung der detaillierten Vergabeverfahrensregelungen der Verdingungsordnungen verpflichtet, mussten aber die Grundsätze des vierten Teils des GWB einhalten. Die Änderung nimmt nun auch im GWB den

---

[168] S. Art. 63 VKR.
[169] Kommission, Mitteilung der Kommission zu Auslegungsfragen im Bereich Konzessionen, ABl. 2000 C-121/2 ff.
[170] Art. 64 VKR, § 6 Abs. 2 i. V. m. §§ 32, 32a VOB/A.
[171] S. hierzu § 99 Rn. 1 ff.
[172] S. hierzu § 99 Rn. 9, 21 ff.
[173] *Dörr*, in: Dreher/Motzke (Hrsg.), Vergaberecht, § 98 Rn. 81.

§ 99. Öffentliche Aufträge

liberalisierten Telekommunikationssektor aus. Damit unterliegen die im Bereich Telekommunikation tätigen Unternehmen künftig keinerlei Vergabevorschriften mehr. Kein Gebrauch gemacht wird von der Möglichkeit der Richtlinie 2004/17/EG, die Postdienste als Sektorentätigkeit aufzunehmen. Unter Berücksichtigung des jeweiligen Liberalisierungsstandes im Postbereich können die Mitgliedstaaten bis Ende 2008 davon absehen. In Deutschland wurde das Briefmonopol bereits Ende 2007 aufgehoben.

Zu Doppelbuchstabe bb: § 98 Nr. 4 erfasst in Satz 1 die Auftraggeber, die privatrechtlich organisiert sind und aufgrund von besonderen und ausschließlichen Rechten in den Sektorenbereichen tätig sind. Die bisherige Definition der besonderen und ausschließlichen Rechte wurde mit der neuen Sektorenrichtlinie geändert. Diese neue Definition wird zur Klarstellung in § 98 Nr. 4 angefügt. Folge der Änderung der Definition ist, dass, wenn in einem Mitgliedstaat keine rechtlichen Privilegierungen zur Ausübung einer Sektorentätigkeit mehr bestehen, privatrechtlich organisierte und von Privatpersonen beherrschte Unternehmen in den Sektorenbereichen nicht mehr als öffentliche Auftraggeber erfasst werden. Öffentliche Unternehmen in den Sektorenbereichen bleiben unabhängig davon erfasst, solange bis in diesen Bereichen Wettbewerb herrscht. Dann kann auch für sie eine Befreiung von der Anwendungsverpflichtung erfolgen. Zur Präzisierung der Tätigkeiten auf dem Gebiet der Trinkwasser- oder Energieversorgung oder des Verkehrs werden in einer Anlage künftig die einzelnen Tätigkeiten aufgeführt. Bislang erfolgte dies in der Vergabeverordnung. Dies bedeutet nicht, dass die Sektorentätigkeiten allein auf § 98 Nr. 4 beschränkt sind, auch die Nummern 1 bis 3 können Sektorentätigkeiten umfassen. Die Nummer 4 erwähnt lediglich erstmals ausdrücklich die Sektorentätigkeiten.

Zu Buchstabe b (§ 98 Nr. 5): Art. 8 der Richtlinie 2004/18/EG verlangt die Anwendung der Vergaberegeln auf bestimmte, zu mehr als 50% mit öffentlichen Mitteln geförderte Bauvorhaben. Öffentliche Mittel können nicht nur natürliche oder juristische Personen des privaten Rechts erhalten, sondern auch juristische Personen des öffentlichen Rechts. Fallen diese juristischen Personen des öffentlichen Rechts unter § 98 Nr. 2, müssen sie bereits deshalb die Vergaberegeln anwenden. Sind sie aber nicht zugleich Auftraggeber nach Nummer 2, müssen sie für den Fall der zu mehr als 50% mit öffentlichen Mitteln geförderten Bauvorhaben von Nummer 5 erfasst werden.

Zu Buchstabe c (§ 98 Nr. 6): Die Änderung ist in Verbindung mit Nr. 3 d) (§ 99 Abs. 6) zu sehen: Zur Klarstellung soll die Definition der Baukonzession in § 98 Nr. 6 gestrichen und als regelgerechte Definition – und nicht in der indirekten Formulierung wie bisher – in § 99 Abs. 6 aufgenommen werden.

§ 99 Öffentliche Aufträge

(1) Öffentliche Aufträge sind entgeltliche Verträge zwischen öffentlichen Auftraggebern und Unternehmen, die Liefer-, Bau- oder Dienstleistungen zum Gegenstand haben, und Auslobungsverfahren, die zu Dienstleistungsaufträgen führen sollen.

(2) ¹Lieferaufträge sind Verträge zur Beschaffung von Waren, die insbesondere Kauf oder Ratenkauf oder Leasing, Miet- oder Pachtverhältnisse mit oder ohne Kaufoption betreffen. ²Die Verträge können auch Nebenleistungen umfassen.

(3) Bauaufträge sind Verträge entweder über die Ausführung oder die gleichzeitige Planung und Ausführung eines Bauvorhabens oder eines Bauwerks, das Ergebnis von Tief- oder Hochbauarbeiten ist und eine wirtschaftliche oder technische Funktion erfüllen soll, oder einer Bauleistung durch Dritte gemäß den vom Auftraggeber genannten Erfordernissen.

(4) Als Dienstleistungsaufträge gelten die Verträge über Leistungen, die nicht unter Absatz 2 oder 3 fallen und keine Auslobungsverfahren sind.

(5) Auslobungsverfahren im Sinne dieses Teils sind nur solche Auslobungsverfahren, die dem Auftraggeber auf Grund vergleichender Beurteilung durch ein Preisgericht mit oder ohne Verteilung von Preisen zu einem Plan verhelfen sollen.

(6) ¹Ein öffentlicher Auftrag, der sowohl den Einkauf von Waren als auch die Beschaffung von Dienstleistungen zum Gegenstand hat, gilt als Dienstleistungsauftrag, wenn der Wert der Dienstleistungen den Wert der Waren übersteigt. ²Ein öffentlicher Auftrag, der neben Dienstleistungen Bauleistungen umfasst, die im Verhältnis zum Hauptgegenstand Nebenarbeiten sind, gilt als Dienstleistungsauftrag.

Übersicht

	Rn.		Rn.
I. Allgemeines	1	1. Vertragsdauer	34
II. Voraussetzungen eines Öffentlichen Auftrags i. S. v. § 99 Abs. 1	5	2. Vertragsänderungen, -erweiterungen, -verlängerungen und -anpassungen	35
1. Vertragsparteien	6	3. Rahmen- und Optionsverträge	40
2. Auftreten des öffentlichen Auftraggebers auf dem Markt	11	4. In-House-Geschäfte	42
3. Vertrag über eine bestimmte Leistung	13	5. Interkommunale Zusammenarbeit	51
a) Allgemeines	13	6. Privatisierungen und Public Private Partnership (PPP)	52
b) Die speziellen Auftragsarten der Abs. 2 bis 5	14	7. Dienstleistungskonzessionen	56
c) Abs. 6 und die Einordnung von gemischten Aufträgen	23	8. Grundstücksverkäufe durch die öffentliche Hand und Investorenauswahlverfahren	64
4. Entgelt	29	9. Einkauf von Verteidigungsgütern	65
5. Schriftformerfordernis	33	IV. Neufassung gemäß Gesetz zur Modernisierung des Vergaberechts vom 20. April 2009	66
III. Einzelprobleme	34		

I. Allgemeines

1 Die Legaldefinition des öffentlichen Auftrages in § 99 Abs. 1 legt zusammen mit den Schwellenwerten des § 100 Abs. 1 den **sachlichen Anwendungsbereich** des GWB-Vergaberechts fest. Mit den Abs. 2 bis 4 werden die Unterarten Liefer-, Bau- und Dienstleistungsauftrag näher konkretisiert. Mit dem „Gesetz zur Beschleunigung der Umsetzung von Öffentlich-Privaten Partnerschaften und zur Verbesserung gesetzlicher Rahmenbedingungen für Öffentlich-Private-Partnerschaften" (ÖPP-Beschleunigungsgesetz) v. 1. 9. 2005[1] wurde ein neuer Abs. 6 in § 99 eingefügt, der das Regelungsregime für gemischte Aufträge klarstellen soll. Die Unterteilung der Abs. 2–4 findet ihren Ursprung in den früher nach Bau-, Liefer- und Dienstleistungen unterscheidenden EG-Vergaberichtlinien.[2] Mit dem Legislativpaket wurde der Begriff des öffentlichen Auftrags in Art. 1 Abs. 2 a)–d) VKR (Rl. 2004/18/EG) und für den Sektorenbereich in Art 1 Abs. 2 a)–d) SKR n. F. (Rl. 2004/17/EG) normiert, wobei die in VKR und SKR n. F. verwendeten Begriffe inhaltlich übereinstimmen.

2 In der Praxis ist von einem **funktionalen Begriffsverständnis** des öffentlichen Auftrags auszugehen.[3] Da das Vergaberecht des Vierten Teils des GWB nicht der Durchsetzung sonstiger rechtlicher oder tatsächlicher Vorgaben dient, entscheidet darüber, ob ein Bedarf besteht und deshalb eine Liefer-, Bau- oder Dienstleistung beschafft werden soll, der öffentliche Auftraggeber. Sobald er einen tatsächlich bestehenden Bedarf erkennt oder auch nur meint, einen durch eine Liefer-, Bau- oder Dienstleistung zu befriedigenden Bedarf zu haben, den er nicht selbst decken will, kommt deshalb die Einordnung eines zu diesem Zweck geschlossenen Vertrages als öffentlicher Auftrag i. S. d. § 99 Abs. 1 in Betracht.[4]

3 In anderen EG-Mitgliedstaaten unterliegt das Vergabewesen teilweise dem öffentlichen Recht, wobei die öffentliche Beschaffung durch den Abschluss öffentlich-rechtlicher Verträge vorgenommen wird. Den Richtlinien ist keine Vorgabe einer bestimmten Rechtsform zu entnehmen. In Deutschland handelt es sich bei dem Abschluss öffentlicher Aufträge zumeist um **privatrechtliche Verträge.** Auf den Vertragsschluss finden dann die allgemeinen Regeln des BGB Anwendung. Der Vertrag über die bestimmte Leistung kommt durch Angebot und Annahme zustande (§ 145 BGB). Dieses Rechtsgeschäft führt zu Rechten und Pflichten für beide Vertragspartner. Auch Fragen der Wirksamkeit, der Art

---

[1] BGBl. I S. 2676.
[2] Vgl. Art. 1 a) BKR, 1 a) LKR, 1 a) DKR, 1 Nr. 4 SKR.
[3] *Jaeger* NZBau 2001, 6, 8.
[4] BGHZ 162, 116 = WuW/E Verg 1071 – *Altpapiercontainer.*

und Weise der Vertragsabwicklung, des Verzuges und der Schlechtleistung etc. richten sich nach den jeweils einschlägigen Normen des Zivilrechts. Es können aber auch **öffentlich-rechtliche Verträge** auf Grund einer gemeinschaftsrechtskonformen Auslegung[5] Verträge i. S. d. § 99 GWB sein.[6] Gem. § 62 S. 2 VwVfG ist das BGB auf öffentlich-rechtliche Verträge entsprechend anwendbar. In Einzelfällen ist ein öffentlich-rechtlicher Vertrag nicht als Vertrag i. S. d. § 99 einzustufen, z. B. wenn gleichzeitig mit dem Vertragsschluss eine Beleihung des Privaten stattfindet, ihm also Hoheitsbefugnisse eingeräumt werden, die gegenüber dem Bürger ausgeübt werden können.[7]

Unterfällt auch nur ein Bestandteil eines abzuschließenden Vertrages dem Anwendungsbereich der §§ 97 ff., sind die Vergaberechtsvorschriften und damit das Nachprüfungsverfahren eröffnet; andernfalls könnten die strengen Anforderungen des Vergaberechts dadurch umgangen werden, dass zusätzlich zu dem dem Vergaberecht unterfallenden Teil ein nicht dem Vergaberecht unterfallender Teil in den abzuschließenden Vertrag einbezogen wird.[8] Eine Ausnahme von der Vergaberechtspflichtigkeit gemischter Verträge kann nur dann in Erwägung gezogen werden, wenn die ausschreibungspflichtige Leistung völlig untergeordneter Natur ist und es deshalb ausgeschlossen erscheint, dass auch ihretwegen der Vertrag abgeschlossen worden ist.[9] 4

II. Voraussetzungen für das Vorliegen eines Öffentlichen Auftrages i. S. v. § 99 Abs. 1

Nach der in § 99 Abs. 1 enthaltenen **Definition** sind **öffentliche Aufträge** entgeltliche Verträge zwischen öffentlichen Auftraggebern und Unternehmen, die Liefer-, Bau- oder Dienstleistungen zum Gegenstand haben, bei denen der öffentliche Auftraggeber als Besteller/Nachfrager/Einkäufer auftritt, sowie Auslobungsverfahren, die zu Dienstleistungsaufträgen führen sollen. Der Auftrag muss Beschaffungszwecken dienen, der Auftraggeber muss auf der Nachfrageseite auftreten.[10] Ein öffentlicher Auftrag liegt hingegen nicht vor, wenn der öffentliche Auftraggeber als Verkäufer/Anbieter von Liefer- oder Dienstleistungen tätig wird.[11] Eine hiervon zu trennende Dogmatik hat sich zu der Behandlung von Grundstücksverkäufen durch die öffentliche Hand entwickelt.[12] Mit letzterem in Verbindung stehen Investorenauswahlverfahren.[13] Auch der Einkauf von Verteidigungsgütern kann dem sachlichen Anwendungsbereich des Kartellvergaberechts unterfallen.[14] Ein öffentlicher Auftrag liegt vor, wenn folgende Voraussetzungen erfüllt sind: Es wurde (1.) zwischen einem Unternehmen und einem öffentlichen Auftraggeber (Vertragsparteien) (2.) im Rahmen des Auftretens eines öffentlichen Auftraggebers auf dem Markt (3.) ein Vertrag über eine bestimmte Leistung (4.) gegen Entgelt abgeschlossen. 5

---

[5] BayObLG B. v. 28. 5. 2003 Verg 7/03, VergabeR 2003, 563 ff.
[6] Vgl. EuGH U. v. 12. 7. 2001 Rs. C-399/98 – *Milano et Lodi*, Slg. 2000, I-5409 = WuW/E Verg 461 = NZBau 2001, 512, Rn. 73 ff.; OLG Koblenz B. v. 20. 12. 2000 Verg 1/00; so auch *Althaus* NZBau 2000, 277; *Pünder*, Kompendium, Öffentlicher Auftrag, Rn. 39; *Prieß*, Handbuch des europäischen Vergaberechts, 2005, S. 107 f.; *Schulte* NZBau 2000, 272; a. A. Regierungsbegründung Vergaberechtsänderungsgesetz BT-Drucks. 13/9340, S. 15.
[7] Vgl. *Burgi* NZBau 2002, 57, 62; *Schulte* NZBau 2000, 272, 275.
[8] *Weyand*, ibr-online Kommentar, Stand 28. 9. 2005, § 99 Rn. 729; BayObLG B. v. 23. 1. 2003 Verg 2/03, VergabeR 2003, 368.
[9] BGHZ 162, 116 = WuW/E Verg 1071 – *Altpapiercontainer*.
[10] OLG Düsseldorf B. v. 28. 4. 2004 VII-Verg 2/04, NZBau 2004, 400.
[11] Vgl jurisPK-VergR-*Zeiss* § 99 Rn. 5.
[12] Hierzu ausführlich z. B. *Krohn*, ZfBR 2008, 27.
[13] Hierzu unten Rn. 63.
[14] Hierzu unten Rn. 64.

1. Vertragsparteien

6 Öffentliche Aufträge werden zwischen öffentlichen Auftraggebern i. S. d. § 98 und Unternehmen abgeschlossen. Voraussetzung für das Vorliegen eines öffentlichen Auftrags i. S. v. § 99 ist eine **Personenverschiedenheit** zwischen **öffentlichen Auftraggebern** und Auftragnehmern bzw. beauftragten Unternehmen.[15] Mit Art. 1 Abs. 2a) VKR wird nunmehr deutlich gemacht, dass ein öffentlicher Auftrag auch ein zwischen mehreren Wirtschaftsteilnehmern und mehreren öffentlichen Auftraggebern geschlossener Vertrag über die Ausführung von Bauleistungen, die Lieferung von Waren oder die Erbringung von Dienstleistungen sein kann. Der in der VKR verwandte Begriff der Wirtschaftsteilnehmer umfasst Unternehmer, Lieferanten und Dienstleistungserbringer.

7 **Unternehmen** sind natürliche Personen sowie alle mit einer gewissen Selbständigkeit versehene Institutionen, die weder allein der Sphäre des privaten Verbrauchers noch nur dem Bereich der hoheitlichen Aktivität des Staates zuzurechnen sind.[16] Hoheitliche Tätigkeit der öffentlichen Hand unterfällt nicht dem Unternehmensbegriff. Unabhängig von Rechtsform und Gewinnerzielungsabsicht ist ein Unternehmen i. S. d. GWB daher jede Person, die sich mit der Erzeugung oder Verteilung von Waren oder der Erbringung von Leistungen beschäftigt, sofern die Tätigkeit nicht rein privat ist bzw. dem privaten Endverbrauch dient oder völlig außerhalb des Erwerbslebens liegt. Unternehmen i. S. d. § 99 sind auch der freiberuflich Tätige und die öffentliche Hand, soweit diese nicht hoheitlich tätig wird, sondern als Akteur am Wirtschaftsleben teilnimmt.[17] Der „Unternehmer" braucht nicht in der Lage zu sein, die Leistung unmittelbar mit den eigenen Mitteln zu erbringen. Es genügt, dass er die Ausführung der fraglichen Leistung veranlassen kann und die hierfür erforderlichen Garantien bietet.[18]

8 Unternehmen können auch solche Rechtsträger sein, die ihrerseits den Auftraggeberbegriff des § 98 erfüllen, wenn diese den ihnen zugewiesenen Aufgabenbereich verlassen und sie sich funktional und gewerbsmäßig wie Marktteilnehmer verhalten.[19] Der Grundsatz der fairen und transparenten Vergabe von öffentlichen Aufträgen soll gewährleisten, dass unberechtigte Wettbewerbsvorteile für einzelne beteiligte Unternehmen ausgeschlossen werden. Maßgeblich für die Unternehmereigenschaft einer Kommune ist insbesondere, dass sich diese auf einem Markt betätigt, auf dem andere gewerbliche Unternehmen typischerweise ihre Leistungen anzubieten pflegen, und damit zu diesen in einen Wettbewerb eintritt. Wenn die Aufgabenwahrnehmung zwischen zwei Gebietskörperschaften im kommunalen Bereich und damit innerhalb der Verwaltung erfolgen soll, handelt es sich um eine Betätigung auf einem sonst auch privaten Unternehmen zugänglichen Markt.[20]

9 **Lieferant** kann eine natürliche, eine juristische Person oder eine Liefergemeinschaft sein. **Bauunternehmer** kann auch eine Holdinggesellschaft sein, die die Arbeiten nicht selbst ausführt.[21] **Dienstleistungserbringer** sind natürliche oder juristische Personen, die die Erbringung von Dienstleistungen anbieten.

---

[15] Hierzu auch unten bei Rn. 42 ff. (In-House-Geschäfte).
[16] *Emmerich*, Kartellrecht, 8. A. 1999, S. 17.
[17] *Marx* NZBau 2002, 311.
[18] EuGH U. v. 12. 7. 2001 Rs. C-399/98 – *Milano et Lodi*, Slg. 2000, I 5409 = WuW/E Verg 461 = NZBau 2001, 512, Rn. 90; OLG Frankfurt B. v. 10. 4. 2001 11 Verg 1/01 NZBau 2002, 161, 162 (betr. Einbindung des Unternehmers in e. Konzern); KG Berlin B. v. 22. 8. 2001 KartVerg 3/01, NZBau 2002, 402 (betr. konzernverbundene Generalübernehmer); s. weiter auch OLG Düsseldorf B. v. 5. 7. 2000 Verg 5/99, NZBau 2001, 106; s. hierzu auch § 97 Abs. 4 Rn. 36 ff. m. w. N.
[19] OLG Frankfurt B. v. 7. 9. 2004 11 Verg 11/04, NZBau 2004, 692 ff.; OLG Düsseldorf B. v. 5. 5. 2004 VII-Verg 78/03 NZBau 2004, 398.
[20] OLG Frankfurt B. v. 7. 9. 2004 11 Verg 11/04, NZBau 2004, 692 ff.; vgl. diesbezüglich auch EuGH U. v. 13. 1. 2005 C-84/03 – *Kommission/Spanien*, WuW/E Verg 1037; s. hierzu auch die Problematik der In-House-Geschäfte unten Rn. 42 ff.
[21] EuGH U. v. 14. 4. 1994 Rs. C-389/92 – *Ballast Nedam Groep*, Slg. 1994, I-1289.

Juristische Personen und Bietergemeinschaften müssen Angebote einreichen können, ohne dass sie dafür eine bestimmte **Rechtsform** annehmen müssen. Wird allerdings der Auftrag erteilt, so kann verlangt werden, eine bestimmte Rechtsform anzunehmen, wenn dies für eine ordnungsgemäße Ausführung des Auftrags erforderlich ist.[22] Hingegen ist es nicht zulässig, Bewerber oder Bieter, die gemäß den Rechtsvorschriften des Mitgliedstaates, in dem sie ansässig sind, den betreffenden Auftrag als natürliche Person erbringen dürfen, allein deshalb zurückweisen, weil sie nach deutschen Rechtsvorschriften eine juristische Person sein müssten.

2. Auftreten des öffentlichen Auftraggebers auf dem Markt[23]

Aus dem Sinn und Zweck des Vergaberechts, den Wettbewerb auf den öffentlichen Beschaffungsmärkten zu verstärken und auszunutzen, ihn aber nicht durch einseitige Interventionen zu verfälschen, sowie in der Daseinsvorsorge zuzurechnenden Bereichen die Nachfragemodalitäten zu regeln, folgt als grundsätzliches (ungeschriebenes) Wesensmerkmal des öffentliches Auftrags die Teilnahme des Auftraggebers als Einkäufer auf dem (Beschaffungs-)Markt. Die entscheidende Frage ist also aus wettbewerbsrechtlicher wie auch aus grundrechtlicher Sicht, wann die Beziehung der dem Staat zuzurechnenden Einheit zu einem Dritten eine **Marktteilnahme** darstellt. Grundsätzlich ist eine Tätigkeit eines öffentlichen Auftraggebers immer dann als Marktteilnahme einzustufen, wenn er für die Aufgabenerfüllung seine interne Aufgabenorganisation verlässt,[24] die Leistung von einem Dritten erbracht werden soll, der sich vom öffentlichen Auftraggeber unterscheidet und sich die Frage stellt, welcher Dritte diese Leistung erbringen soll und wie das Verhältnis zwischen Auftraggeber und Dritten auszugestalten ist.[25] Eine vergaberechtliche Pflicht, benötigte Leistungen nur am Markt zu beschaffen, besteht nicht.[26] Der EuGH hat in der *Teckal*-Entscheidung zusammenfassend ausgeführt, dass eine Ausschreibungspflicht dann besteht, „... wenn ein öffentlicher Auftraggeber wie etwa eine Gebietskörperschaft beabsichtigt, mit einer Einrichtung, die sich formal von ihm unterscheidet und ihm gegenüber eigene Entscheidungsgewalt besitzt, einen schriftlichen entgeltlichen Vertrag über die Lieferung von Waren zu schließen, wobei unerheblich ist, ob diese Einrichtung selbst ein öffentlicher Auftraggeber ist."[27]

Eine Regelung, welche die Beziehungen, gleich welcher Art, zwischen den öffentlichen Verwaltungen, ihren öffentlichen Einrichtungen und ganz allgemein den Einrichtungen des öffentlichen Rechts (**interkommunale Kooperation**), die nicht gewerblicher Art sind, von vornherein vom Anwendungsbereich des Vergaberechts ausschließt, ist nicht mit den Richtlinienvorgaben und daher auch nicht mit § 99 GWB vereinbar.[28]

3. Vertrag über eine bestimmte Leistung

a) **Allgemeines.** Mit der Voraussetzung „Vertrag" wird die Notwendigkeit des Bestehens eines **Gleichordnungs- bzw. Kooperationsverhältnisses** zwischen Vergabestelle und Auftragnehmer zum Ausdruck gebracht. Grundsätzlich ist von einem „**europarechtlichen Vertragsbegriff**" auszugehen, da Mitgliedstaaten sich ansonsten durch eine restrik-

---

[22] So z. B. auch Art. 4 Abs. 3 VKR.
[23] Vgl. jurisPK-VergR-*Zeiss* § 99 Rn. 17; *Boesen* § 99 Rn. 19.
[24] So OLG Koblenz B. v. 20. 12. 2001 1 Verg 4/01 = NZBau 2002, 346.
[25] So *A. Boesen*, Vergaberecht, 1999 § 99 Rn. 86.
[26] Hierzu OLG Koblenz B. v. 13. 12. 2001 1 Verg 4/01.
[27] EuGH, U. v. 18. 11. 1999 Rs. C-107/98 – *Teckal*, Slg. 1999 S. I-8121 = WuW/E Verg 311, Rn. 50 u. 51.
[28] EuGH U. v. 13. 1. 2005 Rs. C-84/03 – *Kommission/Spanien* = WuW/E Verg 1037; hierzu untern ausführlich Rn. 51.

tive Auslegung dieses Begriffs der Anwendung des Vergaberechts entziehen könnten. Dem vergaberechtlichen Vertragsbegriff unterfällt jede Art von zweiseitig verpflichtendem Vertrag zwischen öffentlichem Auftraggeber und Unternehmen.

14 **b) Die speziellen Auftragsarten der Abs. 2 bis 5.** Alle Beschaffungsverträge der öffentlichen Hand müssen einer der drei Kategorien Liefer-, Bau- oder Dienstleistungsauftrag zuzuordnen sein. Die Kategorie eines öffentlichen Auftrags, die weder Bau-, noch Liefer-, noch Dienstleistungsauftrag ist, gibt es nicht.[29]

15 aa) **Abs. 2 – Lieferaufträge.** Die Definition der Leistungen der Vertragsparteien ist sehr weit gefasst. Lieferaufträge sind nach der Legaldefinition des § 99 Abs. 2 Satz 1 Verträge zur **Beschaffung von Waren,** die insbesondere deren Kauf, Ratenkauf, Leasing, Miete oder Pacht mit oder ohne Kaufoption betreffen. Als Waren sind nach der Rechtsprechung des EuGH zu Art. 23 EGV alle beweglichen Sachen zu verstehen, die einen Geldwert haben und Gegenstand eines Handelsgeschäfts sein können.[30] Trotz des Wortlautes der Vorschrift handelt es sich nicht um eine abschließende Aufzählung, da eine **funktionale Zuordnung** zu den insofern europarechtlich auszulegenden Richtlinienbegriffen zu erfolgen hat. Lieferaufträge können u. a. auch Werklieferungsaufträge[31] sowie Forschungs- und Entwicklungsaufträge, die die Entwicklung und Herstellung eines körperlichen Gegenstandes zum Inhalt haben, sein.[32] Die bei der Vergabe eines Lieferauftrages zu beachtenden Vorschriften der VOL/A ergeben sich aus dem Verweis in § 4 VgV.

16 bb) **Abs. 3 – Bauaufträge.** Ein **öffentlicher Bauauftrag** liegt vor, wenn der Vertrag die Ausführung oder die gleichzeitige Planung und Ausführung eines Bauvorhabens, eines Bauwerkes oder die Erbringung von Bauleistungen durch Dritte gemäß den vom Auftraggeber genannten Erfordernissen zum Gegenstand hat.[33] Die Auslegung des Begriffs „Bauauftrag" erfolgt europarechtlich autonom[34] und unabhängig von § 648 BGB.[35] Auch die Vergabe von Baukonzessionen ist ausschreibungspflichtig.[36] Anhaltspunkte für die Frage, ob ein Bauauftrag vorliegt, ergeben sich im Einzelnen aus dem „Verzeichnis der Berufstätigkeiten im Baugewerbe entsprechend dem allgemeinen Verzeichnis der wirtschaftlichen Tätigkeit in der Europäischen Gemeinschaft (NACE)", das als Anhang II Bestandteil der BKR war bzw. als Anhang I Bestandteil der neuen VKR ist.[37] Nicht maßgeblich für den Anwendungsbereich des Abs. 3 ist die Definition des Bauauftrages in § 1 VOB/A und in welchen schuldrechtlichen Vertragstyp der Auftrag nach deutschem Zivilrecht einzuordnen ist.[38]

17 Eine Definition der **Bauvorhaben** ist weder in der VOB noch in der VKR gegeben. Allerdings bestimmt Art. 1 b) VKR, dass das Bauvorhaben „in Zusammenhang mit einer der in Anhang II der BKR genannten Tätigkeiten" stehen muss. Dieser Begriff ist unter Rückgriff auf das in Anhang I VKR bzw. Anhang XII SKR enthaltene Verzeichnis der Berufstätigkeiten im Baugewerbe zu verstehen. Hiernach umfasst das Bauvorhaben sämtliche notwendigen Arbeiten im Zusammenhang mit der und für die bauliche Anlage, wobei der Begriff des Bauvorhabens nicht auf die Herstellung einer baulichen Anlage begrenzt

---

[29] *Marx* NZBau 2002, 311, 313.
[30] EuGH U. v. 10. 12. 1968 Rs. 7/68 – *Kunstschätze,* Slg. 1968, 634, 642.
[31] VüA Bund B. v. 2. 8. 1994 1VÜ1/94 – *Rollbehälter,* WuW/E Verg AB 1; vgl. auch OLG Düsseldorf B. v. 5. 7. 2000 Verg 5/99, NZBau 2001, 106.
[32] Vgl. dazu *Eisermann* ZVgR 1997, 201 ff.
[33] Vgl. auch die vergleichbaren Definitionen in Art. 1 Abs. 2 b) VKR, Art. 1 Abs. 2 b) SKR.
[34] EuGH U. v. 18. 1. 2007 Rs. C-220/05 – *SEDL,* NZBau 2007, 185 Rn. 40.
[35] OLG Düsseldorf B. v. 18. 10. 2006 VII-Verg 35/06, VergabeR 2007, 200.
[36] Vgl. OLG Brandenburg B. v. 3. 8. 1999 6 Verg 1/99 – *Flughafen Berlin,* WuW/E Verg 23, 232 u. Verw. auf Art. 1 d) BKR.
[37] Thüringer OLG B. v. 31. 7. 2002 6 Verg 5/01, VergabeR 2003, 97; 1. VK Bund B. v. 2. 5. 2003, VK 1 – 25/03.
[38] 1. VK Bund B. v. 2. 5. 2003 VK 1 – 25/03.

ist. Zu den Bauvorhaben gehört jede Berufstätigkeit im Baugewerbe, die für eine bauliche Anlage bestimmt ist.[39]

Ein **Bauwerk**[40] ist das Ergebnis von Tief- oder Hochbauarbeiten, das eine wirtschaftliche oder technische Funktion erfüllt. Durch diese weite Formulierung und ein funktionales Verständnis sollen möglichst alle Formen des mittelbaren oder unmittelbaren Erwerbs von Bauleistungen durch öffentliche Auftraggeber unabhängig von der Rechtsnatur des Bauauftrages erfasst werden.[41] Kaufverträge über bereits errichtete Bauwerke werden nicht erfasst.

Aufträge über **Bauleistungen durch Dritte** gemäß den vom Auftraggeber genannten Erfordernissen sind als öffentliche Bauaufträge einzuordnen. Voraussetzung ist, dass der öffentliche Auftraggeber auf die Bauleistung maßgeblichen Einfluss genommen hat und das Bauwerk auf die speziellen Bedürfnisse des Auftraggebers zugeschnitten ist.[42] Über § 1a Nr. 6 VOB/A sind solche Bauleistungen einbezogen, die auf Grund von Bauträgerverträgen, Mietkauf- oder Leasingverträgen erbracht werden. Entscheidend ist, dass die Nachfrage eines öffentlichen Auftraggebers nach einer schlüsselfertigen Bauleistung durch einen Auftragnehmer bzw. Bauträger bedient wird, der aber selbst das Bauherrenrisiko trägt.[43] Der Bauträger selbst ist jedoch nicht öffentlicher Auftraggeber.[44]

Eine **Baukonzession** unterscheidet sich von einem Bauauftrag insoweit, als die Gegenleistung nicht in Geld, sondern in dem Recht auf Nutzung der baulichen Anlage, gegebenenfalls zuzüglich der Zahlung eines Preises besteht.[45] Wie beim Bauauftrag muss daher auch bei der Baukonzession ein Vertrag vorliegen. Erfasst werden nur solche Verträge, bei denen die Leistung an den öffentlichen Auftraggeber erbracht wird.[46] Der Vertrag über die Konzession muss den Beschaffungszwecken des öffentlichen Auftraggebers dienen; der Auftraggeber muss auf Seiten der Güternachfrage auftreten.[47] Bei einer Baukonzession werden die sich aus der Natur der Nutzung ergebenden Risiken dem Konzessionär übertragen. Trägt die öffentliche Hand die Gefahren, die mit der Verwaltung des Bauwerks verbunden sind, so fehlt das **Risikoelement.** In einem solchen Fall handelt es sich um einen öffentlichen Bauauftrag, nicht aber um eine Baukonzession.[48] Auch bei der Baukonzession muss die Ausführung eines Bauvorhabens, eines Bauwerkes oder die Erbringung von Bauleistungen durch Dritte Gegenstand des Vertrages sein. Das **Vergabeverfahren für Baukonzessionsverträge** regeln die Art. 56 ff. VKR. Im deutschen Kartellvergaberecht sind die Vorschriften in § 6 VgV und §§ 32, 32a VOB/A umgesetzt worden. Die Vergabe einer Baukonzession ist bekanntmachungspflichtig.[49] Den Bewerbern ist eine Frist von nicht unter 52 Tagen für die Einreichung von Angeboten einzuräumen.[50]

cc) **Abs. 4 – Dienstleistungsaufträge.** Dienstleistungsaufträge werden negativ von Bau- und Lieferaufträgen abgegrenzt. Es sind dies solche Aufträge über Leistungen, die nicht als Bau- oder Lieferaufträge einzuordnen sind, und bei denen das Unternehmen jedenfalls

---

[39] *Franke* in: Grabitz/Hilf, Das Recht der Europäischen Union, Bauaufträge, EL 25 Jan. 2005, B 8 Rn. 8.
[40] Art. 2b) VKR; zur Auslegung des Begriffs „Bauwerk" EuGH U. v. 5. 10. 2000 Rs. C-16/98 – *Kommission/Frankreich*, Slg. 2000, I-8315 = WuW/E Verg 377 = NZBau 2001, 275, Rn. 35 ff.
[41] Vgl. zu Bauleistungen und Bauwerk insbesondere BKartA, B. v. 2. 5. 2003, VK 1 – 25/03.
[42] jurisPK-*Zeiss* § 100 Rn. 157.
[43] VüA Bayern B. v. 9. 2. 1996 VÜA 8/95 – *Neubau des Gymnasiums II*, WuW/E Verg AL 92, 96.
[44] *Dreher* in: *Immenga/Mestmäcker*, GWB, 4. Aufl., § 99 Rn. 39.
[45] Vgl. § 98 Nr. 6 GWB, § 32 VOB/A, § 6 Abs. 2 VgV.
[46] BayObLG B. v. 19. 10. 2000 Verg 9/00 – *Parkgarage*, WuW/E Verg 422 = NZBau 2002, 108.
[47] BayObLG B. v. 19. 10. 2000 Verg 9/00 – *Parkgarage*, WuW/E Verg 422 = NZBau 2002, 108.
[48] Mitteilung der Kommission zu Konzessionen, ABl. 2000 C 121/2 (3 f.).
[49] Art. 58 VKR.
[50] Art. 59 VKR.

unter anderem diese Leistungen zu erbringen hat.[51] Diese Auftragsvariante erfüllt eine **Auffangfunktion**. Ist es Aufgabe des Auftragnehmers, bestimmtes Baumaterial abzunehmen und nach den gesetzlichen Vorschriften zu verwerten, so wird eine Entsorgungsleistung geschuldet, die weder dem Begriff des Bau-, noch demjenigen des Liefervertrages unterfällt und folglich der Kategorie des Dienstleistungsauftrags zuzuordnen ist.[52] Unerheblich ist, ob die erbrachten Dienstleistungen dem öffentlichen Auftraggeber oder einem Dritten, der im Namen des Auftraggebers handelt, zu Gute kommen. Die früher in Anhang I A der DKR bzw. jetzt Anhang II VKR nicht abschließend gelisteten Dienstleistungen sind auf Grund der europarechtlichen Verpflichtungen vom sachlichen Anwendungsbereich des GWB-Vergaberechts erfasst. Der sachliche Anwendungsbereich des GWB-Vergaberechts kann aber in Einzelfällen hierüber hinausgehen, da eine Begrenzung durch einen Anhang mit Verweis auf CPC-Referenznummern nicht eingeführt wurde. Dagegen geht das Brandenburgische OLG davon aus, dass das VergRÄG allein der Umsetzung der EG-Richtlinien gedient habe und in seinem Anwendungsbereich auch nicht über diese hinaus gehe.[53] Die EG-Vergaberichtlinien können das für alle Beschaffungen geltende Primärrecht aber nicht verdrängen. Primärrechtliche Anforderungen gelten uneingeschränkt auch für die Vergabe **nachrangiger Dienstleistungen**.[54] **Dienstleistungskonzessionen** sind grundsätzlich vom Anwendungsbereich des EG-[55] wie auch des GWB-Vergaberechts[56] ausgenommen.[57]

22 dd) Abs. 5 – Auslobungsverfahren. Auslobungsverfahren sind (nur) solche Wettbewerbe von Bietern, die den Auftraggeber auf Grund vergleichender Beurteilung durch ein Preisgericht mit oder ohne Verteilung von Preisen zu einem Plan verhelfen sollen. Sie dienen der Vorbereitung der **Vergabe von Dienstleistungsaufträgen**.[58] Das Auslobungsverfahren findet eine nähere Ausformulierung in § 20 VOF und Art. 1 g) DKR bzw. nunmehr Art. 1 Abs. 11 e) i. V. m. Art. 66 ff. VKR. Hiernach ist Ziel des Auslobungsverfahrens, auf den Gebieten der Raumplanung, Stadtentwicklung, Architektur sowie des Bauwesens oder der Datenverarbeitung dem Auftraggeber einen Plan oder eine Planung zu verschaffen, deren Auswahl durch ein Preisgericht auf Grund vergleichender Beurteilung mit oder ohne Verteilung von Preisen erfolgt. Die Auswahl im Auslobungsverfahren erfolgt nicht durch den Auftraggeber, sondern durch ein Preisgericht, welches allerdings vom Auftraggeber besetzt werden kann.[59]

23 c) Abs. 6 und die Einordnung gemischter Aufträge. Die Einordnung eines öffentlichen Auftrages als Bau-, Liefer- oder Dienstleistungsauftrag hat wesentliche Bedeutung erstens für die Frage, welche **Schwellenwerte** gelten. Für die verschiedenen Auftragsarten finden zweitens unterschiedliche **Bereichsausnahmen** nach § 100 Abs. 2 Anwendung. Drittens ist von der Zuordnung abhängig, welche **Verdingungsordnung** bei der Vergabe anzuwenden ist. Die fehlerhafte Einordnung des Auftrags und infolgedessen Anwendung der (dann falschen) Verdingungsordnung kann zur Rechtswidrigkeit des Vergabeverfahrens und zu Schadensersatzansprüchen der Bieter führen.

---

[51] So auch in den Richtlinienvorgaben, vgl. Art. 1 a) (i) DKR, Art. 1 Nr. 4 lit. c) SKR. Vgl. hier auch BGHZ 162, 116 = WuW/E Verg 1071 – *Altpapiercontainer*.
[52] OLG Düsseldorf B. v. 21. 1. 2002, Verg 45/01.
[53] Vgl. OLG Brandenburg B. v. 2. 9. 2003, VergW 3/03 u. 5/03 – *Schienenpersonennahverkehr* = WuW/E Verg 844.
[54] EuGH U. v. 27. 10. 2005 Rs. C-234/03 – *Contse/Irland*, NZBau 2006, 189, Rn. 49.
[55] EuGH U. v. 7. 12. 2000 Rs. C-324/98 – *Telaustria*, Slg. 2000, I-10 745 = WuW/E Verg 385; EuGH B. v. 30. 5. 2002 Rs. C-358/00 – *Buchhändler-Vereinigung GmbH/Sauer*, Slg. 2002, I-4685 = WuW/E Verg 601.
[56] OLG Brandenburg B. v. 3. 8. 2001 Verg 3/01, VergabeR 2002, 45, 48.
[57] Hierzu unten Rn. 56 ff.
[58] Vgl. *Bechtold*, GWB, 3. A., § 99 Rn. 8.
[59] JurisPK-VergabeR-*Zeiss* § 100 Rn. 178.

§ 99. Öffentliche Aufträge

Bei der Einordnung ist, nach allgemein vertraglichen Grundsätzen, auf den **Schwer-** 24
punkt des Vertrages, also auf den Teil, der für den Vertragsinhalt prägend ist, abzustellen.[60] In Art. 99 Abs. 6 wird nunmehr eine Definition eingefügt, wonach der Schwerpunkt entweder anhand des Wertes des jeweiligen Leistungsteils – bei der gleichzeitigen Beschaffung von Dienstleistungen und dem Einkauf von Waren gem. S. 1 – oder nach dem Hauptgegenstand bestimmt wird – Letzteres bei Aufträgen, die neben Bauleistungen auch Dienstleistungen umfassen, S. 2.

Öffentliche Aufträge, die **Wareneinkauf und Dienstleistungsbeschaffung** betreffen, 25
werden nach dem **Wert der einzelnen Auftragsbestandteile** zugeordnet und der Auftrag nach den Regelungen vergeben, die für den im Wert überwiegenden Teil gelten (**main value test**).[61] Art. 2 Abs. 2 VKR – mit der die Festlegung des § 99 Abs. 6 S. 1 im Einklang steht – legt fest, dass ein öffentlicher Auftrag über die Lieferung von Waren, der das Verlegen und Anbringen lediglich als Nebenarbeiten umfasst, grundsätzlich als öffentlicher Lieferauftrag gilt; umfasst der öffentliche Auftrag sowohl Waren als auch Dienstleistungen, gilt er als öffentlicher Dienstleistungsauftrag, wenn der Wert der betreffenden Dienstleistungen den Wert der in den Auftrag einbezogenen Waren übersteigt.

Der **Hauptgegenstand** des Vertrages richtet sich nach dem rechtlichen und wirtschaft- 26
lichen Schwerpunkt des Vertrages.[62] Ein öffentlicher Auftrag, der **Dienst- und Bauleistungen** umfasst (Abs. 6 S. 2), gilt als Dienstleistungsauftrag, wenn Tätigkeiten i. S. v. Anhang I VKR lediglich als Nebenarbeiten im Verhältnis zum Hauptgegenstand (**main object test**) umfasst sind.[63] Diese Formulierung der VKR berücksichtigt die Rspr. des EuGH. Nach dieser muss ein Vertrag, um als öffentlicher Bauauftrag eingeordnet zu werden, die Errichtung eines Bauwerkes zum Hauptgegenstand haben.[64] Einschränkend hinsichtlich des Vorliegens eines Bauauftrags – und folglich höherer Schwellenwerte – formuliert auch Erwägungsgrund 10 VKR, dass ein öffentlicher Auftrag nur dann als Bauauftrag gilt, wenn er speziell die Ausführung der in Anhang I VKR genannten Tätigkeiten zum Gegenstand hat. Er könne sich dabei auch auf andere Leistungen erstrecken, die für die Ausführung dieser Arbeiten erforderlich seien. Hingegen könnten öffentliche Dienstleistungsaufträge, insbesondere im Bereich der Grundstücksverwaltung, unter bestimmten Umständen Bauleistungen umfassen. Sofern diese Bauleistungen nur Nebenarbeiten im Verhältnis zum Hauptgegenstand darstellten und eine mögliche Folge oder Ergänzung des letzteren seien, rechtfertige die Tatsche, dass der Vertrag diese Leistungen umfasst, nicht eine Einstufung als öffentlicher Bauauftrag. Ein gemischter Bau-/Dienstleistungsvertrag ist somit nur dann ein Bauauftrag, wenn die Bauarbeiten nicht von untergeordneter Rolle sind. Entsprechendes gilt bei **Bauvertrag und Dienstleistungskonzession:** Da der Bau des Flughafens Berlin-Schönefeld eine nicht lediglich untergeordnete Rolle innerhalb des gesamten Vertragswerkes hat, handelt es sich bei diesem Projekt um einen Bauauftrag (Bausumme von 9 bis 10 Mrd. DM veranschlagt gegenüber einem sich über 50 Jahre kapitalisierenden Wert der Dienstleistungskonzession von 16,4 Mrd. DM). Nach Auffassung des OLG Brandenburg ist der Bau die entscheidende Voraussetzung für die aus der Dienstleistungskonzession zu erzielenden Gewinne.[65] Eine zur Annahme eines Bauvertrages i. S. v.

---

[60] Vgl. bereits OLG Düsseldorf B. v. 5. 7. 2000 Verg 5/99 – *Restabfallbehandlungsanlage II*, NZBau 2001, 106.
[61] EuGH U. v. 18. 7. 2007 Rs. C-220/05 – *SEDL*, NZBau 2007, 185 Rn. 37.
[62] OLG Düsseldorf B. v. 2. 3. 2003 Verg 49/02, CuR 2004, 26 ff.
[63] VK Bund B. v. 31. 7. 2006 VK2 – 65/06.
[64] EuGH U. v. 19. 4. 1994 Rs. C-331/92 – *Gestión Hotelera Internacional*, Slg. 1994, I-1329 = NVwZ 1994, 990, 991; EuGH U. v. 10. 4. 2003 verb. Rs. C-20/01 u. C-28/01 – *Kommission/Deutschland (Bockhorn)*, Slg. 2003, I-751 = WuW/E Verg 751 ff., Rn. 52.
[65] Vgl. hierzu OLG Brandenburg B. v. 3. 8. 1999 6 Verg 1/99 – *Flughafen Berlin*, WuW/E Verg 231, 232.

Abs. 3 führende Bauleistung umfasst die Arbeiten, die zur Herstellung eines funktionsfähigen Bauwerks notwendig sind. Die Funktionsfähigkeit richtet sich nach dem Nutzungszweck, den der Auftraggeber mit dem Bauwerk verwirklichen will. Nicht entscheidend ist demgegenüber, ob die Leistung nach deutschem Zivilrecht als werkvertragliche Leistung einzustufen ist. Hiervon ausgehend kann im Einzelfall auch der Kauf der Ausstattung eines Gebäudes dienenden Zubehörs i. S. d. §§ 90 ff. BGB als Bauleistung im vergaberechtlichen Sinne anzusehen sein.[66] Hinsichtlich der nachfolgenden Beispiele bestehen allerdings Bedenken, ob sie die gemeinschaftsrechtlichen Kriterien erfüllen: Die Wartung und Störungsbeseitigung an Lichtsignalanlagen sei Substanzpflege der baulichen Anlage Straße und als werkvertraglicher Bauauftrag zu qualifizieren,[67] gleiches gelte für Baumpflegearbeiten an öffentlichen Straßen.[68]

27   Mit der GWB-Ergänzung nicht geregelt wurde die Konstellation, in der **ein Auftrag aus Liefer- und Bauleistungen** besteht. Art. 2 Abs. 2 c) VKR stellt klar, dass ein „öffentlicher Auftrag über die Lieferung von Waren, der das Verlegen und Anbringen lediglich als Nebenarbeiten umfasst, ... als öffentlicher Lieferauftrag" gilt. Handelt es sich nicht um reine Nebenarbeiten, so ist die Relation zwischen dem Wert der zu liefernden Waren und dem Wert der zu erbringenden Bauleistungen zu ermitteln, wobei je nach Übergewicht die Vorschriften der Liefer- oder der Baukoordinierungsrichtlinie Anwendung finden. Ein Werkliefervertrag ist jedenfalls dann ein Bauauftrag i. S. d. § 99 Abs. 3, wenn bei der vorgesehenen Übertragung der Planung, Ausführung und Inbetriebnahme einer komplexen baulich-technischen Anlage bei zusammenfassender Betrachtung aller erforderlichen Bau- und Beschaffungstätigkeiten der Erfolg der Herstellung des Gesamtbauwerks mit den vorgegebenen technischen Funktionen im Vordergrund steht.[69]

28   Den **Vergaberichtlinien** sind folgende weitere Vorgaben unmittelbar zu entnehmen: Bauaufträge können auch Lieferungen und Dienstleistungen umfassen, die für deren Ausführung erforderlich sind;[70] gelegentliche Bauleistungen, die vor allem im Bereich der Grundstücksverwaltung vorkommen, sprechen aber nicht grundsätzlich gegen eine Einordnung als Dienstleistungsauftrag.[71] Solche Aufträge, die Dienst- und Lieferleistungen umfassen, sind nach den oben aufgeführten Grundsätzen insgesamt als öffentliche Lieferaufträge anzusehen, wenn der Gesamtwert der Waren höher ist als der Wert der vom Auftrag erfassten Dienstleistungen.[72]

3. Entgelt

29   Nur solche Verträge fallen in den sachlichen Anwendungsbereich des GWB-Vergaberechts, für deren Leistungserbringung ein Entgelt, d. h. eine Vergütung geschuldet wird.[73] Von Entgeltlichkeit eines Vertrages wird üblicherweise gesprochen, wenn der Empfänger einer versprochenen Leistung seinerseits eine Gegenleistung zu erbringen hat.[74] Der entgeltliche Charakter des Vertrages bezieht sich daher auf die **Gegenleistung** des Auftraggebers für die Vertragsausführung.[75] Damit wird auch der Auftraggeber verpflich-

---

[66] OLG Dresden B. v. 2. 11. 2004 WVerg 11/04, VergabeR 2005, 258 ff.
[67] BayObLG B. v. 29. 3. 2000 Verg 2/00 NZBau 2000, 594, 595; kritisch hierzu Loewenich ZVgR 2000, 181.
[68] OLG Düsseldorf U. v. 29. 7. 1998 U (Kart) 24/98 – *Baumpflegearbeiten*, WuW/E Verg 197.
[69] OLG Düsseldorf B. v. 5. 7. 2000 Verg 5/99 – *Restabfallbehandlungsanlage II*, NZBau 2001, 106.
[70] Art. 1 Nr. 4 b) SKR.
[71] 16. Erwägungsgrund DKR.
[72] Art. 2 DKR.
[73] Ausführlich hierzu *Pünder*, Kompendium, Öffentlicher Auftrag, Rn. 26 ff.
[74] BGHZ 162, 116 = WuW/E Verg 1071 – *Altpapiercontainer*.
[75] EuGH U. v. 12. 7. 2001 Rs. C-399/98 – *Milano et Lodi*, Slg. 2000, I 5409 = WuW/E Verg 461, Rn. 77.

tet.[76] Verpflichtet sich der öffentliche Auftraggeber zu einer geldwerten Gegenleistung, handelt es sich um einen entgeltlichen Vertrag, wenn Leistung und Gegenleistung voneinander nicht trennbare Teile eines einheitlichen Leistungsaustauschverhältnisses sind.[77]

Der **Begriff des „Entgeltes"** ist weit auszulegen.[78] Erfasst wird jede Art von Vergütung, die einen **Geldwert** hat,[79] weshalb die Gegenleistung nicht notwendig in Geld bestehen muss. Eine bloß abstrakte Festlegung des Entgelts reicht aus, so z. B. die Vereinbarung einer jährlichen Vergütung, die proportional zum Volumen der Einnahmen ist.[80] Ein geldwerter Vorteil kann auch ein geringerer Anschaffungspreis des Bieters sein, wenn der Preis, den der Bieter dem öffentlichen Auftraggeber zahlt, deutlich unter dem Marktwert des geldwerten Nutzen, den der Bieter zieht, liegt.[81] Eine geldwerte Leistung ist gegeben, wenn sich die Auftraggeberin zur Überlassung des im Stadtgebiet gesammelten Altpapiers verpflichtet hat.[82] Entgeltlich ist auch die Begleichung einer Schuld gegenüber der öffentlichen Hand durch die konkrete Auftragsausführung.[83] Die Gegenleistung kann auch von einem Dritten, z. B. einem künftigen Vertragspartner des Auftraggebers, erbracht werden. Damit unterfällt dem Vergaberecht grds. jede Art von zweiseitig verpflichtendem Vertrag.[84]

30

Keine Auswirkungen auf die Entgeltlichkeit hat es, wenn das beauftragte Unternehmen zusätzlich von Dritten Geld erhält, etwa bei der Erbringung von Transportleistungen im Schienenpersonennahverkehr (SPNV) neben staatlichen Zuschüssen auch Einnahmen aus dem Fahrkartenverkauf.[85] Muss das Unternehmen, mit dem eine vertragliche Beziehung über eine Leistungserstellung eingegangen werden soll, das **wirtschaftliche Risiko** allerdings selbst tragen und Entgelte bei den Nutzern erheben, handelt es sich hierbei nicht um ein „Entgelt" i. S. d. § 99. In diesem Fall kann aber eine **Dienstleistungskonzession** vorliegen.[86]

31

Andere als vertragliche Grundlagen für die Erbringung einer Leistung, wie zum Beispiel Zuständigkeitszuweisungen innerhalb von Behörden an andere Behörden oder sonstige Organisationen und Einrichtungen per Gesetz oder Gründungsstatut fallen grundsätzlich nicht unter diese Voraussetzung. Auch nicht erfasst sind Leistungen an die öffentliche Hand, die ihren Rechtsgrund in einer Verpflichtung aus Gesetz oder Verordnung haben, wie z. B. die Zahlung von Steuern, Gebühren, Beiträgen oder die Ablieferung von Sachleistungen.[87]

32

4. Schriftformerfordernis

Im Gegensatz zu den EG-Richtlinien[88] sieht das GWB kein Schriftformerfordernis für den Abschluss eines Beschaffungsvertrages vor. Für öffentlich-rechtliche Verträge ergibt

33

---

[76] *Boesen* § 99 Rn. 57.

[77] BGH B. v. 1. 2. 2005 X ZB 27/04, WuW/E Verg 1071 – *Altpapiercontainer*.

[78] OLG Düsseldorf B. v. 2. 8. 2000 Verg 7/00 – *Verlagsvertrag*, WuW/E Verg 350.

[79] Europäische Kommission, Leitfaden zu den Gemeinschaftsvorschriften über öffentliche Dienstleistungsaufträge, S. 12; OLG Düsseldorf B. v. 27. 10. 2004 VII-Verg 41/04, VergabeR 2005, 97 ff.; OLG Düsseldorf B. v. 2. 8. 2000 Verg 7/00 – *Verlagsvertrag*, WuW/E Verg 350.

[80] EuGH U. v. 26. 4. 1994 C-272/91 – *Kommission/Italienische Republik (Lottomanica)*, Slg. 1994, I-1409 ff., Rn. 26.

[81] OLG Düsseldorf B. v. 12. 1. 2004 VII-Verg 71/03, WuW/E Verg 1005 – *Entsorgungswirtschaft*.

[82] OLG Düsseldorf B. v. 27. 10. 2004 VII-Verg 41/04, VergabeR 2005, 90 ff.

[83] EuGH U. v. 12. 7. 2001 Rs. C-399/98 – *Milano et Lodi*, Slg. 2000, I 5409 = WuW/E Verg 461, Rn. 84; s. hierzu *Antweiler* NZBau 2003, 93 ff.

[84] BayObLG B. v. 27. 2. 2003 Verg 1/03, VergabeR 2003, 329.

[85] Vgl. VK Düsseldorf, VR 5/2002-L, WuW/E Verg, 537 ff. – *Schienenpersonennahverkehr*; OLG Düsseldorf, Verg 22/02, WuW/E Verg 626 ff. – *Schienenpersonennahverkehr*.

[86] Hierzu unten Rn. 56 ff.

[87] So *Marx* NZBau 2002, 311 f.

[88] Vgl. Art. 1 a) DKR; vgl. hierzu auch EuGH U. v. 12. 7. 2001 Rs. C-399/98 – *Milano et Lodi*, Slg. 2000, I 5409 = WuW/E Verg 461, Rn. 87; s. nunmehr Art. 1 Abs. 2 a) VKR.

sich dieses aber aus § 57 VwVfG. Ein Schriftformerfordernis dient zwar der Transparenz und der Beweiserleichterung und ist damit dem Bieterschutz förderlich. Um aber keine Lücken im Bieterschutz entstehen zu lassen, kann die Schriftform nicht als zwingende Voraussetzung für eine Qualifizierung als öffentlicher Auftrag nach dem GWB angesehen werden.[89] Hiermit wird über den Anwendungsbereich des EG-Vergaberechts hinausgegangen. Nach Art. 1 Abs. 12 VKR umfasst der Begriff „schriftlich" „jede aus Wörtern und Ziffern bestehende Darstellung, die gelesen, reproduziert und mitgeteilt werden kann". Damit wird gewährleistet, dass die Wirksamkeit eines Vertrages nicht durch die Verwendung neuer Technologien der Datenübermittlung gefährdet wird.[90]

III. Einzelprobleme

1. Vertragsdauer

34 Ein auf unbegrenzte Zeit geschlossener Vertrag steht dem vergaberechtlichen Wettbewerbsgrundsatz entgegen, dennoch kennen weder das europäische noch das deutsche Vergaberecht ausdrückliche Begrenzungen der Vertragsdauer. Eine Ausnahme bildet hier lediglich die Rahmenvereinbarung.[91] Der EuGH hat eine Begrenzung von Vertragslaufzeiten unmittelbar Art. 49 EG entnommen; eine Konzession über 20 Jahre mit 10jähriger Verlängerungsmöglichkeit stelle eine Beschränkung des freien Dienstleistungsverkehrs dar.[92]

2. Vertragsänderungen, -erweiterungen, -verlängerungen und -anpassungen

35 Grundsätzlich ist jede **erhebliche Vertragsänderung** nach den allgemeinen Vergaberegeln zu behandeln, was dann die Durchführung eines neuen Vergabeverfahrens bedeutet.[93] Unter den Oberbegriff der Vertragsänderung fallen Vertragserweiterungen, -verlängerungen und -anpassungen. Dabei ist auf die rechtlichen und wirtschaftlichen Voraussetzungen abzustellen. Immer, wenn für die Modifikation Willenserklärungen beider Vertragspartner erforderlich sind, ist von einer Ausschreibungspflichtigkeit auszugehen.[94]

36 Eine **Vertragsverlängerung** macht die Durchführung eines neuen Vergabeverfahrens notwendig, wenn der Auftragsgegenstand in erheblicher Weise, z.B. im Umfang der übertragenen Dienstleistungen und in der Höhe der zu zahlenden Entgelte, geändert wird,[95] aber unter Umständen auch, wenn es sich um eine Verlängerung zu denselben Konditionen handelt. Eine vertraglich vereinbarte Verlängerung ist dann, wenn eine mehrjährige Prolongation stattfindet, die in ihren rechtlichen und wirtschaftlichen Auswirkungen dem Neuabschluss eines Vertrages gleichkommt, ausschreibungspflichtig.[96] Dies gilt jedenfalls

---

[89] Im Ergebnis ähnlich *Pünder*, Kompendium, Öffentlicher Auftrag, Rn. 38; *Boesen* § 99 Rn. 55; BayObLG B. v. 10. 10. 2000 Verg 5/00, VergabeR 2001, 55. Dagegen gehen *Jestaedt/Kemper/Marx/Prieß*, S. 45 in einer „europarechtskonformen Auslegung" von einem Schriftformerfordernis auch für privatrechtliche Verträge aus.

[90] So *Hailbronner* in: *Grabitz/Hilf*, Das Recht der Europäischen Union, B 5, Rn. 32 unter Verw. auf KOM (2000) 275 endg., 15, ABl. 2002 C 29 E/11 ff.

[91] Hierzu unten Rn. 40.

[92] EuGH U. v. 9. 3. 2006 Rs. C-323/03 – *Kommission/Spanien*, NZBau 2006, 386 Rn. 44.

[93] Hierzu ausführlich EuGH U. v. 19. 6. 2008 Rs. C-456/06 – *pressetext Nachrichtenagentur*, EuZW 2008, 465 ff. – Rn. 34 ff., dazu *Jaeger*, EuZW 2008, 492 ff.

[94] *Prieß*, Handbuch des europäischen Vergaberechts, 2005, S. 112.

[95] OLG Düsseldorf B. v. 14. 2. 2001 Verg 13/00 – *Abfallbeseitigung*, WuW/E Verg 456 = NZBau 2002, 54.

[96] OLG Düsseldorf B. v. 14. 2. 2001 Verg 13/00 – *Abfallbeseitigung*, WuW/E Verg 456 = NZBau 2002, 54; 1. VK Bund B. v. 13. 7. 2002 VK 1 – 19/01 – *Speditionstransportleistungen*, WuW/E Verg 517.

dann, wenn der Verlängerungsvertrag außer der Laufzeit auch den Vertragsinhalt nicht unerheblich abändert.[97]

Bei sog. **Anpassungen** oder **Abänderungen** schon bestehender Vertragsbeziehungen i. S. v. § 99 ist zu beurteilen, ob die die „Anpassung" oder „Abänderung" ausmachenden vertraglichen Regelungen in ihren wirtschaftlichen Auswirkungen bei wertender Betrachtung einer Neuvergabe gleichkommen. Bei einem solchen Beurteilungsergebnis fällt die Vertragsänderung bzw. -anpassung in den Anwendungsbereich des Vergaberechts.[98] Es ist daher zwischen noch zulässigen reinen Vertragsmodifizierungen und Vertragsänderungen zu unterscheiden, wobei Entscheidungskriterium die Überschreitung einer Relevanzschwelle ist.[99] 37

Unter Vertragsänderungen sind auch **Auftragserweiterungen** zu fassen. Hier handelt es sich z. B. um Konstellationen, in denen ein bereits vergebener Auftrag nachträglich einen größeren Umfang erhalten soll und über diesen ersten Auftrag hinausgehende gleichartige Leistungen vom öffentlichen Auftraggeber nachgefragt werden.[100] Dagegen ist eine mengenmäßige oder zeitliche Vertragserweiterung ohne eine nochmalige Durchführung eines Vergabeverfahrens möglich, wenn der öffentliche Auftraggeber sich zur Rechtfertigung auf **Ausnahmeregeln** berufen kann[101] oder wenn der Inhalt der Erweiterung so eng mit dem ursprünglichen Vertrag verbunden ist, dass eine selbständige Vergabe nicht möglich ist. Wandeln die Vertragsparteien etwa ein bestehendes aber zeitlich befristetes Dauerschuldverhältnis in ein unbefristetes um, handelt es sich um eine so erhebliche Vertragsänderung, dass eine Neuausschreibung erforderlich ist.[102] 38

Bei **Kündigung** eines bestehenden wirksamen Vertrages und anschließender Beschaffung der bisher in der Vertragsbeziehung eingekauften Ware oder Leistung am Markt geht es um den Abschluss eines neuen Vertrages, auf den dann unzweifelhaft die Vergaberegeln anzuwenden sind.[103] Eine vergaberechtliche Pflicht zur Kündigung alter Verträge oder zur Vertragsanpassung gibt es prinzipiell nicht.[104] Die bloße Nichtkündigung eines Vertrages stellt grds. keinen vergaberechtlich relevanten Vorgang dar.[105] Ein befristeter Vertrag, der, wenn er nicht zu einem bestimmten Termin gekündigt wird, automatisch weiterläuft, ist einem kündbaren unbefristeten Vertrag gleichzustellen.[106] 39

3. Rahmen- und Optionsverträge

Auch Rahmenvereinbarungen sind entgeltliche öffentliche Aufträge i. S. v. § 99 Abs. 1,[107] da ansonsten weitgehende Umgehungsmöglichkeiten vergaberechtlicher Verpflichtungen bestünden.[108] Diese Regelung stammt ursprünglich aus dem Sektorenbereich,[109] kann aber als Anhaltspunkt auch für andere Bereiche dienen.[110] Rahmenvereinba- 40

---

[97] OLG Düsseldorf B. v. 20. 6. 2001 Verg 3/01, NZBau 2001, 696.
[98] OLG Düsseldorf B. v. 20. 6. 2001 Verg 3/01, NZBau 2001, 696.
[99] Vgl. *Marx* NZBau 2002, 311, 313.
[100] So *Boesen* § 99 Rn. 46.
[101] § 3a Nr. 5c) VOB/A, § 3a Nr. 5e) u. f) VOL/A sowie § 5 Nr. 2e) und f) VOF.
[102] Thüringer OLG Jena B. v. 14. 10. 2003 6 Verg 5/03, VergabeR 2004, 113.
[103] Vgl. *Marx* NZBau 2002, 311, 312.
[104] *Marx* NZBau 2002, 311, 312; EuGH U. v. 24. 9. 1998 C-76/97 – *Walter Tögel*, Slg. 1998, I-5357 = WuW/E Verg 139, vgl. auch OLG Celle B. v. 4. 5. 2001 13 Verg 5/00, NZBau 2002, 53.
[105] OLG Celle B. v. 4. 5. 2001 13 Verg 5/00, WuW/E Verg 509 – *Personenbeförderung*.
[106] *Marx* NZBau 2002, 311, 312.
[107] BayObLG B. v. 17. 2. 2005 Verg 27/04, NZBau 2005, 595, 597; 2. VK Bund B. v. 19. 6. 2000 VK2 – 10/00, S. 7.
[108] *Marx* NZBau 2002, 311, 313.
[109] Vgl. Art. 1 Nr. 5, Art. 5 SKR, § 5b VOB/A, § 5b VOL/A.
[110] Vgl. *Langen/Bunte-Tieme*, § 99 Rn. 8; OLG Düsseldorf B. v. 26. 7. 2002 Verg 28/02, VergabeR 2003, 87; VÜA Bund B. v. 20. 11. 1995 – *Gepäckprüfanlagen*, WuW/E Verg AB 38.

rungen außerhalb des Sektorenbereichs sehen allerdings ein abweichendes Verfahren vor und sind nunmehr von den §§ 3a Nr. 4 Abs. 1 bis 8, § 28a Nr. 1 Abs. 3 VOL/A erfasst. Für Leistungen nach der VOF sind nach derzeit geltender Rechtslage Rahmenvereinbarungen unzulässig; eine analoge Anwendung der VOL/A Bestimmungen scheidet mangels Vorliegens einer planwidrigen Gesetzeslücke für die VOF aus.[111] Rahmenvereinbarungen sind keine Verträge, die unmittelbar auf eine Lieferung, Bau- oder Dienstleistung gerichtet sind, sondern treffen nur Festlegungen über die Unternehmen sowie die Bedingungen künftig abzuschließender Verträge mit entsprechendem Leistungsinhalt. Eine **Rahmenvereinbarung** bedarf der Ausfüllung durch bestimmte Einzelleistungen, kann aber bereits entsprechende Optionen zugunsten der Vergabestelle einräumen.[112] Sie begründet noch keine bindenden Vereinbarungen über bestimmte Abnahmeverpflichtungen. Auf einer ersten Stufe erfolgt der Abschluss einer Rahmenvereinbarung in einem Vergabeverfahren nach den dafür in der VOL/A (§§ 3a Nr. 4, 28a VOL/A) vorgesehenen Regelungen.[113] Ist die Rahmenvereinbarung im Wege eines förmlichen Vergabeverfahrens vergeben worden, können nachfolgende Einzelaufträge auf Grund der Rahmenvereinbarung ohne Ausschreibung vergeben werden. Eine Rahmenvereinbarung legt daher die Bedingungen für mehrere Einzelaufträge fest, die im Laufe eines bestimmten Zeitraumes abgeschlossen werden sollen.

41 **Optionsrechte** können auch als Ergänzung eines Basisvertrages vereinbart werden. Es besteht dann eine einseitige Gestaltungsmacht.[114] Optionen können die zeitliche Verlängerung eines Vertrages wie auch die mengenmäßige Erweiterung beinhalten. Die Verlängerung von Verträgen auf Grund im Ursprungsvertrag vereinbarter Klauseln ist keine Neuvergabe, denn in der Ausübung eines Optionsrechtes durch den Auftraggeber liegt kein neuer Vertragsabschluss.[115] Die Ausübung der Option ist vielmehr grundsätzlich Vollzug des Ursprungsvertrages und daher nicht als eigenständiger öffentlicher Auftrag zu werten.[116]

4. In-House-Geschäfte

42 Wesensmerkmal des öffentliches Auftrags ist die Teilnahme des Auftraggebers am Markt. Diese vergaberechtlich entscheidende Tätigkeit übt der öffentliche Auftraggeber dann aus, wenn er seine interne Aufgabenorganisation verlässt, um Verträge mit außenstehenden Dritten abzuschließen.[117] Das Vergaberecht ist also erst anwendbar, wenn die Leistung von einem Dritten erbracht werden soll, der sich vom Auftraggeber unterscheidet und sich die Frage stellt, welcher Dritte diese Leistung erbringen soll.[118]

43 Geschäfte, bei denen ein öffentlicher Auftraggeber ein eigenes Unternehmen, das er wie eine Dienststelle kontrollieren kann, beauftragt, erfüllen die **Voraussetzung der Marktteilnahme** nicht. Es handelt sich dann um ein sog. In-House-Geschäft.[119] In dieser Konstellation wird der Sache nach kein anderer mit der Erbringung der Dienstleistung beauftragt – der Auftrag wird von einer Stelle ausgeführt, die der öffentlichen Verwaltung bzw. dem Geschäftsbetrieb des öffentlichen Auftraggebers zuzurechnen ist. Diese Zurechnung ist unproblematisch möglich bei solchen Vorgängen, bei denen eine Einrichtung des öffentlichen Rechts einer ihrer Dienststellen ohne eigene Rechtspersönlichkeit einen Auftrag er-

---

[111] 1. VK Sachsen B. v. 21. 1. 2008 1/SVK/088–07.
[112] So *Boesen* § 99 Rn. 37 m.w.N.
[113] Hierzu OLG Düsseldorf U. v. 25. 1. 2006 2U (Kart) 1/05, NZBau 2006, 464.
[114] *Jestaedt/Kemper/Marx/Prieß* S. 49; *Dreher*, in: Immenga/Mestmäcker (Hrsg.), GWB 4. Aufl., § 99, Rn. 33.
[115] § 3 Abs. 6 VgV.
[116] So *Marx* NZBau 2002, 311, 312.
[117] So OLG Koblenz B. v. 20. 12. 2001 1 Verg 4/01, NZBau 2002, 346.
[118] So *Boesen* § 99 Rn. 86.
[119] Vgl. BGH B. v. 12. 6. 2001 XZB10/01, WuW/Verg 481 – *Technische Hilfe*.

teilt (sog. **In-House-Geschäfte im engeren Sinn**). Entscheidet sich also der Auftraggeber, die ihm obliegenden Aufgaben gänzlich mit eigenen Mitteln zu erbringen, ohne auf rechtlich selbständige öffentliche oder private Unternehmen zu beauftragen, so unterliegt er auch nicht den Bindungen des Vergaberechts und des Art. 86 EG.[120]

Umstritten sind die sog. **In-House-Geschäfte im weiteren Sinne,** in denen öffentliche **44** Auftraggeber mit von ihnen kontrollierten Gesellschaften, die über eine eigene Rechtspersönlichkeit verfügen, Verträge abschließen.[121] Der EuGH hatte hierzu zunächst in der **Teckal-Entscheidung**[122] Kriterien aufgestellt: Von einem In-House Geschäft ist auszugehen, wenn der öffentliche Auftraggeber (1.) über den Beauftragten eine Kontrolle wie über eine eigene Dienststelle ausübt, so dass der Auftragnehmer keine eigene Entscheidungsgewalt besitzt, und (2.) der Auftragnehmer bzw. Beauftragte seine Tätigkeit im Wesentlichen, d. h. fast ausschließlich, für den öffentlichen Auftraggeber, der seine Anteile hält, verrichtet.

Eine weitere Ausdifferenzierung ist in dem Urteil des EuGH in der Sache **„Stadt** **45** **Halle"**[123] erfolgt: bei jeder Beteiligung eines Privaten liegen die Voraussetzungen für ein In-House-Geschäft nicht mehr vor. Der EuGH wendet die *„Teckal*-Rechtsprechung" nun nur noch auf **„gemischt-öffentliche Auftragnehmer",** an denen also ausschließlich Einrichtungen der öffentlichen Hand beteiligt sind, an. Aus den weiterhin für gemischt-öffentlich-rechtliche Gesellschaften geltenden *„Teckal"*-Kriterien folgt, dass die Beschaffung bei einer externalisierten Organisationseinrichtung des Auftraggebers (formelle Privatisierung) funktional ein „In-Sich-Geschäft" ist, soweit der Auftraggeber den Auftragnehmer **wie eine eigene Dienststelle** anweisen kann. Ein Beschaffungsvorgang innerhalb der öffentlichen Hand ist also nur dann nicht ausschreibungspflichtig, wenn Auftraggeber und Auftragnehmer faktisch identisch sind (Eigengeschäft).

Soll eine Dienstleistung von einer **gemischt-wirtschaftlichen Gesellschaft** erworben **46** werden, an der u. a. der Auftraggeber selbst, aber auch Private beteiligt sind, ist ein Ausschreibungsverfahren *stets* durchzuführen.[124] In teleologischer Hinsicht ist es das „Hauptziel" des Gemeinschaftsrechts, für freien Dienstleistungsverkehr und für einen umfassenden Wettbewerb in allen Mitgliedstaaten zu sorgen. Deshalb könne auch die öffentliche Hand Auftragnehmer sein. Jede Ausnahme sei eng auszulegen.[125] Der private Gesellschafter mit seinem Engagement in der gemischt-wirtschaftlichen Gesellschaft verfolgt andere Ziele als die dem öffentlichen Interesse uneigennützig verpflichtete öffentliche Hand. Durch die Freistellung einer *Public Private Partnership* (PPP) würde der Private gegenüber seinen Konkurrenten einen Vorteil erhalten, denn der Private könnte an dem Profit des ohne Ausschreibung erteilten Auftrags teilhaben. Das „freigestellte" gemischt-wirtschaftliche Unternehmen wäre ein Instrument zur Umgehung des Vergaberechts. Das Vergaberecht soll gerade vor einer Bevorzugung einheimischer Unternehmen – und mit solchen würden PPPs überwiegend gebildet werden – schützen. Deshalb – und so ist die strikte Formulierung des EuGH zu verstehen – entbindet auch eine nur sehr geringfügige Beteiligung Privater am gemischt-wirtschaftlichen Unternehmen nicht von der Ausschreibungspflicht. Für eine Vergabe an ein gemischt-wirtschaftliches Unternehmen ist *„auf jeden Fall"*[126] eine Ausschreibung durchzuführen.

---

[120] GA'in *Kokott,* Schlussanträge v. 1. 3. 2005, Rs. C-458/03 – *Parking Brixen GmbH,* Rn. 42.

[121] Diese Unterscheidung zwischen In-House-Geschäften im engeren und im weiterem Sinn einführend GA'in *Kokott,* Schlussanträge in der Rs C-458/03 *(Parking Brixen),* v. 1. 3. 2005, Rn. 3.

[122] EuGH, Rs. C-107/98, Slg. 1999, I-8121 = WuW/E Verg 311 – *Teckal;* hierzu u. a. *Jaeger* NZBau 2001, 6, 9.

[123] EuGH, U. v. 11. 1. 2005, Rs. C-26/03 – *Stadt Halle,* WuW/E Verg 1025; hierzu u. a. *Storr,* WuW 2005, 400 ff.; *Krohn* NZBau 2005, 92 ff.

[124] EuGH v. 11. 1. 2005 Rs. C-26/03 – *Stadt Halle,* WuW/E Verg 1025, Rn. 52.

[125] EuGH v. 11. 1. 2005 Rs. C-26/03 – *Stadt Halle,* WuW/E Verg 1025, Rn. 45.

[126] EuGH v. 11. 1. 2005 Rs. C-26/03 – *Stadt Halle,* WuW/E Verg 1025, Rn. 49.

47 Mit der Entscheidung „**Parking Brixen**"[127] hat der EuGH weitere Anhaltspunkte für die Beantwortung der Frage gegeben, ob die Kontrolle einer Kommune über ihre Gesellschaft der Kontrolle über eine eigene Dienststelle entspricht. Diese Ausführungen wurden in Bezug auf die Erteilung einer Dienstleistungskonzession gemacht, sind aber auf die Auftragsvergabe übertragbar. Um das **Kontrollkriterium** zu erfüllen, muss die fragliche (konzessionsnehmende) Einrichtung einer Kontrolle unterworfen sein, die es der (konzessionserteilenden) öffentlichen Stelle ermöglicht, auf die Entscheidungen dieser Einrichtung einzuwirken. Es muss sich dabei um die Möglichkeit handeln, sowohl auf die strategischen Ziele als auch auf die wichtigen Entscheidungen ausschlaggebenden Einfluss zu nehmen.[128] Das Kontrollkriterium ist nicht nur durch die öffentlichen Stellen, die 99% des Gesellschaftskaitals halten, erfüllt, sondern nach der Rechtsprechung des EuGH in Einzelfällen auch durch solche öffentlichen Stellen, die nur 1% des Kapitals halten.[129] Liegt eine Marktausrichtung der rechtlich selbständigen Einrichtung vor, ist diese Kontrolle nicht gegeben. Der EuGH greift in der „*Parking Brixen*"-Entscheidung bzgl. des Kriteriums Marktausrichtung darauf zurück, dass das Unternehmen durch Umwandlung eines Sonderbetriebs der öffentlichen Stelle entstanden ist, der Gesellschaftszweck auf bedeutende neue Bereiche ausgeweitet wurde, das Kapital bald für Fremdkapital offen stehen muss, geografische Tätigkeitsbereich des Unternehmens auf das gesamte Land und das Ausland ausgedehnt wurde und der Verwaltungsrat sehr weitgehende Vollmachten der Verwaltung innehat, die er selbstständig ausüben kann.[130] Der Umstand, dass der öffentliche Auftraggeber allein oder mit anderen Stellen das gesamte Kapital einer auftragnehmenden Gesellschaft hält, deutet aber grundsätzlich darauf hin, dass er über diese Gesellschaft eine Kontrolle wie über seine eigenen Dienststellen ausübt.[131]

48 Weitere Anforderung an ein In-house-Geschäft ist, dass eine **wesentliche Tätigkeit** für den öffentlichen Auftraggeber gegeben ist. Ein öffentliches Unternehmen, das im Durchschnitt rund 90% seiner Tätigkeit für die öffentlichen Anteilseigner verrichtet, ist im Wesentlichen für diese tätig.[132] Strenger sieht es allerdings das OLG Celle: Ein Unternehmen führt seine Tätigkeit nicht im Wesentlichen für den öffentlichen Auftraggeber, der seine Anteile hält, aus, wenn es nur 92,5% seines Umsatzes aus Geschäften mit den Gebietskörperschaften erzielt, denen es gehört.[133] Ein In-house-Geschäft wird deshalb abgelehnt. Die strengere nationale Rechtsprechung kann aber auch weiterhin bestand haben, da die Anwendungsweite des Gemeinschaftsrechts und dessen Verpflichtungen nicht beeinträchtigt wird.

49 Die Auftragsvergabe an eine Eigengesellschaft ist ausschreibungspflichtig, wenn abzusehen ist, dass **zeitnah Geschäftsanteile an Private veräußert** werden sollen.[134] Zwar ist die Pflicht des öffentlichen Auftraggebers, eine Ausschreibung vorzunehmen, aus Gründen der Rechtssicherheit normalerweise anhand der Bedingungen zu prüfen, die zum **Zeitpunkt der Vergabe** des fraglichen öffentlichen Auftrags vorlagen, doch können es die besonderen Umstände erfordern, später eingetretene Ereignisse zu berücksichtigen. Würde die Vergabe eines öffentlichen Auftrags nur mit Blick auf den Zeitpunkt geprüft, zu dem sie erfolgt ist, ohne dass die Wirkungen der kurz darauf erfolgten Anteilsabtretungen an

---

[127] EuGH U. v. 13. 10. 2005 Rs. C-458/03 – *Parking Brixen GmbH* = WuW/E Verg 1155.
[128] EuGH U. v. 13. 10. 2005 Rs. C-458/03 – *Parking Brixen GmbH* = WuW/E Verg 1155, Rn. 65; U. v. 11. 5. 2006 Rs. C-340/04 – *Carbotermo* = WuW/E Verg 1245ff., Rn. 36.
[129] EuGH U. v. 19. 4. 2007 Rs. C-295/05 Slg. 2007, I-2999ff. = NZBau 2007, 381ff. = VergR 2007, 487ff. – *Asemfo/Tragsa*, so auch *Frenz*, VergabeR 2007, 446, 449, Rn. 58f.
[130] EuGH U. v. 13. 10. 2005 Rs. C-458/03 – *Parking Brixen GmbH* = WuW/E Verg 1155, Rn. 65f.
[131] EuGH U. v. 19. 4. 2007 Rs. C-295/05, VergR 2007, 478ff. – *Asenfo/Tragsa*.
[132] EuGH U. v. 19. 4. 2007 Rs. C-295/05, VergR 2007, 487ff. – *Asenfo/Tragsa*.
[133] OLG Celle B. v. 14. 9. 2006 13 Verg 3/06, WuW/E Verg 1269.
[134] EuGH U. v. 10. 11. 2005 Rs. C-29/04 – *Kommission/Österreich (Stadt Mödling)*, WuW/E Verg 1163; EuGH, U. v. 6. 4. 2006, Rs. C-410/04 – *ANAV*, NZBau 2006, 326, Rn. 38ff.

Dritte berücksichtigt würden, wäre die praktische Wirksamkeit der Vergabekoordinierungsrichtlinie beeinträchtigt; insoweit wäre das mit der Richtlinie verfolgte Ziel, nämlich die Dienstleistungsfreiheit und die Öffnung für den unverfälschten Wettbewerb in allen Mitgliedstaaten, gefährdet, wenn die öffentlichen Auftraggeber eine Verfahrensgestaltung wählen könnten, die die Vergabe öffentlicher Dienstleistungsaufträge an gemischtwirtschaftliche Unternehmen verschleiern soll.

Die aus der Rechtsprechung des EuGH zur In-House-Vergabe folgende Konsequenz für die Festlegung des sachlichen Anwendungsbereiches des Vergaberechts ist das Kriterium, ob öffentliche Auftraggeber durch ihr Einkaufsverhalten die **Möglichkeit zur Marktbeeinflussung** haben, denn der Markt ist vor nicht marktbestimmten staatlichen Interventionen, die zu Wettbewerbsverfälschungen führen können, zu schützen.[135] Die Kommunen müssen sich auf ihre Aufgabenerfüllung im Bereich der Daseinsvorsorge beschränken; wollen sie sich am Wettbewerb als Marktteilnehmer beteiligen, so sind sie dem Anwendungsbereich des Vergaberechts unterworfen.[136]

5. Interkommunale Zusammenarbeit

Leistungsverhältnisse zwischen Gebietskörperschaften unterfallen grundsätzlich dem Vergaberecht. Solche **interkommunale Zusammenarbeit** kann z. B. in Form der Gründung eines Zweckverbands über die Schaffung eines kommunalen Gemeinschaftsunternehmens oder auch durch eine Aufgabenübertragung von einer Gemeinde auf die andere erfolgen.[137] Bei Kooperationsverträgen mit anderen Gebietskörperschaften ist nicht davon auszugehen, dass eine Kontrolle über diese Verwaltungseinheiten gegeben ist. Nach der Rechtsprechung des EuGH kommt eine ausschreibungsfreie Vergabe grundsätzlich nicht in Betracht.[138] Innerstaatliche Organisationsvorgänge ohne Beschaffungsqualität nehmen keinen Einfluss auf den Markt und werden daher auch nicht vergaberechtlich erfasst. Eine **Zuständigkeitsdelegation** kann daher nach einem Teil der Rechtsprechung[139] und der überwiegenden Auffassung in der Literatur[140] vergaberechtsfrei bleiben. Eine bloße Ausführungsübertragung (Mandation) ist stets ausschreibungspflichtig.[141]

6. Privatisierungen und Public Private Partnership (PPP)

Der Sammelbegriff „Public Private Partnership" dient als Bezeichnung für **gemischtwirtschaftliche Gesellschaften,** die dadurch gekennzeichnet sind, dass an der Gesellschaft der Staat oder eine sonstige rechtsfähige Institution des öffentlichen Rechts und ein oder auch mehrere private Unternehmen beteiligt sind.[142] Zwischen diesen Beteiligten besteht ein **Kooperationsverhältnis.**[143]

Die **formelle Privatisierung,** d. h. die Neugründung einer Gesellschaft in Privatrechtsform oder der Umwandlungsvorgang in eine solche Gesellschaftsform ohne Unternehmens(anteils)veräußerung an Private ist grundsätzlich vergaberechtsfrei. Die **Ausgliederung** und Errichtung einer gemischt-kommunalwirtschaftlichen Gesellschaft kann dagegen

---

[135] Vgl. auch EuGH, U. v. 11. 5. 2006 Rs. C-340/04 = WuW/E Verg 1245 ff. – *Carbotermo*, Rn. 60.
[136] *Jennert* NZBau 2005, 623, 626.
[137] Vgl. *Dreher*, in: Immenga/Mestmäcker (Hrsg.), GWB 4. Aufl., § 99, Rn. 75.
[138] EuGH U. v. 13. 1. 2005, Rs. C-84/03 – *Kommission/ Spanien,* WuW/E Verg 1037.
[139] In diese Richtung wohl OLG Düsseldorf B. v. 21. 6. 2006 Verg 17/06, VergR 2006, 777 ff.; a. A. OLG Naumburg B. v. 2. 3. 2006 1 Verg 1/06, NZBau 2006, 667.
[140] Vgl. m. w. Nachw. *Pünder*, Kompendium, Öffentlicher Auftrag, Rn. 14.
[141] OLG Düsseldorf B. v. 5. 5. 2004 VII-Verg 78/03, NZBau 2004, 398; OLG Frankfurt B. v. 7. 9. 2004 VII-Verg 11/04, NZBau 2004, 692; OLG Naumburg B. v. 3. 11. 2005 1 Verg 9/05, NZBau 2006, 58; OLG Naumburg B. v. 2. 3. 2006 1 Verg 1/06, NZBau 2006, 667.
[142] *Jaeger* NZBau 2001, 6, 7.
[143] So *Dreher* NZBau 2002, 245, 246.

rechtswirksam nur **nach Vergaberfahren** mit einer europaweiten Ausschreibung durchgeführt werden.[144] Ansonsten könnte eine gesellschaftsrechtliche Konstruktion gewählt werden, über die durch die Kombination von Gesellschaftsgründung und Aufgabenübertragung die Anwendung des Vergaberechts mit dem Ziel einer Leistungsbeschaffung im Wettbewerb seitens der öffentlichen Hand und ihr zuzurechnender Stellen umgangen werden.[145] Die Aufnahme eines neuen Gesellschafters in eine juristische Person, deren bisherige Alleingesellschafterin öffentlicher Auftraggeber i. S. d. § 98 ist, kann daher den Vergabevorschriften unterfallen, wenn durch den kooperationsrechtlichen Vertrag unmittelbar oder mittelbar öffentliche Aufträge i. S. d. § 99 vergeben werden.[146] Einer Ausschreibung bedarf es dagegen nicht, wenn die durch den Vertrag geschaffene Verbindung keinerlei beschaffungsrechtlichen Bezug hat.[147]

54 Bei der **Auftragsvergabe** des öffentlichen Auftraggebers **an eine PPP** liegt spätestens seit dem Urteil des EuGH v. 11. 1. 2005 (Stadt Halle) eine grundsätzliche Ausschreibungspflicht vor, da die Voraussetzungen für ein In-House Geschäft nicht anzunehmen sind.[148]

55 Bei einer **Auftragsvergabe der PPP an Dritte** beurteilt sich die Ausschreibungsverpflichtung der PPP danach, ob die PPP die Voraussetzungen erfüllt, selbst als öffentlicher Auftraggeber i. S. d. § 98 eingestuft zu werden.

7. Dienstleistungskonzessionen

56 Nach der Rechtsprechung deutscher Gerichte wie auch des EuGH sind Dienstleistungskonzessionen **grundsätzlich vom Anwendungsbereich des EG-Sekundärrechts**[149] **wie auch des GWB-Vergaberechts**[150] **ausgenommen.** Für die VKR wird dieser Ausschluss ausdrücklich in Art. 17 angeordnet. Dem deutschen Gesetzgeber hätte es allerdings freigestanden, Dienstleistungskonzessionen bzw. deren Vergabe in den Anwendungsbereich des GWB-Vergaberechts einzubeziehen.[151] Z. B. geht das österreichische Vergaberecht hinsichtlich Dienstleistungskonzessionen (wie auch für Unterschwellenwertvergaben) über die nach dem EG-Sekundärrecht bestehenden Vorgaben hinaus und legt in §§ 21 und 44 Bundesvergabegesetz[152] zumindest Verfahrensgrundsätze wie auch eine allgemeine Bekanntmachungspflicht für die Vergabe von Dienstleistungskonzessionen fest.

57 Mit der Rl. 2004/18/EG erfolgt in Art. 1 Abs. 4 eine **Legaldefinition** der Dienstleistungskonzession: Hiernach sind „‚Dienstleistungskonzessionen' ... Verträge, die von öffentlichen Dienstleistungsaufträgen nur insoweit abweichen, als die Gegenleistung für die Erbringung der Dienstleistungen ausschließlich in dem Recht zur Nutzung der Dienstleistung oder in diesem Recht zuzüglich der Zahlung eines Preises besteht".

58 Der **Grund für die Ausklammerung der Dienstleistungskonzession** aus dem Anwendungsbereich der Vergaberichtlinien ist weniger in einer sachlich gerechtfertigten Ungleichbehandlung zum Dienstleistungsauftrag im Hinblick auf die Öffnung der öffent-

---

[144] So im Ergebnis VK Düsseldorf B. v. 7. 7. 2000 VK 12/2000 – L, NZBau 2001, 46; VK Stuttgart NZBau 2001, 340; *Jaeger* NZBau 2001, 6; a. A. *Franz* DÖV 2002, 186 ff.

[145] So im Ergebnis auch VK Düsseldorf B. v. 7. 7. 2000 VK 12/2000 – L, NZBau 2001, 46; *Jaeger* NZBau 2001, 6 ff.

[146] So OLG Brandenburg B. v. 3. 8. 2001 Verg 3/01 – *Kabelfernsehen*, NZBau 2001, 645.

[147] OLG Brandenburg B. v. 3. 8. 2001 Verg 3/01– *Kabelfernsehen*, NZBau 2001, 645.

[148] S. o. Rn. 45 ff.

[149] Zur Rechtslage nach der DKR EuGH U. v. 7. 12. 2000 Rs. C-324/98 – *Telaustria*, Slg. 2000, I-10745 = WuW/E Verg 385; EuGH, Rs. C-358/00 – *Buchhändler-Vereinigung GmbH/Sauer*, Slg. 2002, I-4685 = WuW/E Verg 601.

[150] OLG Brandenburg B. v. 3. 8. 2001 Verg 3/01, VergabeR 2002, 45, 48.

[151] So auch u. a. *Kulartz* NZBau 2001, 173, 178.

[152] Österr. BGBl. I Nr. 9 v. 28. 6. 2002.

lichen Beschaffungsmärkte als vielmehr in der unterschiedlichen rechtlichen Ausgestaltung der Dienstleistungskonzession in den einzelnen Mitgliedstaaten zu sehen, wie der EuGH auch in dem *Telaustria*-Urteil[153] herausgearbeitet hat; entscheidend seien im europäischen Rechtsraum die rechtstechnischen Hindernisse und weniger die materiellen Unterschiede zwischen beiden Vertragsarten. Dies wird durch den Umstand belegt, dass die Baukonzession in den Anwendungsbereich der Vergaberichtlinien aufgenommen wurde.[154]

Konzessionen sind im Allgemeinen Vertragskonstellationen, bei denen die Gegenleistung für die Erbringung des Auftrags in dem Recht besteht, die zu erbringende eigene Leistung zu nutzen oder entgeltlich zu verwerten, oder in diesem Recht und einer zusätzlichen Bezahlung.[155] Wesentliches Kennzeichen der Dienstleistungskonzession ist zudem die Verlagerung des wirtschaftlichen Risikos auf den Konzessionär. Dies ergibt sich aus der Art und Weise der **Verwertung des jeweiligen Nutzungsrechtes** und ist somit als konstitutives Element der Konzession anzusehen.[156] Mit der Entscheidung **„Parking Brixen"** erkennt auch der EuGH an, dass diese Art der Bezahlung es mit sich bringt, dass der Dienstleistungserbringer das **„Betriebsrisiko"** der fraglichen Dienstleistung übernimmt.[157] Gerade die spezifische Art der Bezahlung ist damit das die Dienstleistungskonzession kennzeichnende Merkmal.

In der Praxis kann es häufig sehr schwierig sein, eine **Zuordnung zu entweder „Auftrag" oder „Konzession"** vorzunehmen. Beispielsweise werden „Verkehrsverträge" im SPNV bislang fast ausschließlich der Kategorie „öffentlicher Auftrag" zugeordnet.[158] Tatsächlich sollen diese Verträge im Wettbewerb nach dem Kriterium der Wirtschaftlichkeit vergeben werden. Da die Leistungserbringer hinsichtlich der Wirtschaftlichkeit ihrer Angebote auch nach den von ihnen verlangten Ausgleichszahlungen bewertet werden, steigt das wirtschaftliche Risiko dieser Unternehmen proportional zu der Verbesserung ihres Angebots an und sie werden verstärkt abhängig von Fahrkartenverkaufserlösen. Gleichzeitig wird „schleichend" die „Grenze" zwischen Auftrags- und Konzessionsvergabe überschritten.[159]

Bei der Vergabe von Dienstleistungskonzessionen müssen die **allgemeinen Grundsätze des Gemeinschaftsrechts** wie auch die Grundfreiheiten (Art. 43 bis 55 EGV) bei jeder Vergabe Berücksichtigung finden.[160] In den Entscheidungen *Telaustria, Coname, Parking Brixen* und *ANAV*[161] hat der EuGH zwar einerseits die Einbeziehung der Dienstleistungskonzessionen in den Anwendungsbereich der Dienstleistungskoordinierungsrichtlinie abgelehnt, andererseits aber umfassende **Transparenzverpflichtungen bei der Konzessionsvergabe** aus den Grundfreiheiten abgeleitet.[162] Der Auftraggeber muss zugunsten potentieller Bieter einen **angemessenen Grad an Öffentlichkeit** sicherstellen, der den Dienstleistungsmarkt dem Wettbewerb öffnet und die Nachprüfung ermöglicht, ob die Vergabever-

---

[153] EuGH U. v. 7. 12. 2000 Rs. C-324/98 – *Telaustria*, Slg. 2000, I-10 745, Rn. 46 ff. = WuW/E Verg 385.
[154] So *Jennert* NZBau 2005, 131.
[155] OLG Düsseldorf B. v. 2. 8. 2000 Verg 7/00 – *Verlagsvertrag*, WuW/E Verg 350 f.
[156] Vgl. Mitteilung der Kommission zu Auslegungsfragen im Bereich Konzessionen im Gemeinschaftsrecht, ABl. 2000 C-121/4; OLG Düsseldorf, NZBau 2002, 635; Düsseldorf, NZBau 2001, 47; GA *Fennelly*, Schlussanträge v. 18. 5. 2000, C-324/98, Slg. 2000, I-10 747, Rn. 20 – *Telaustria Verlags GmbH*.
[157] EuGH U. v. 13. 10. 2005 Rs. C-458/03 – *Parking Brixen GmbH* = WuW/E Verg 1155.
[158] Vgl. VK Düsseldorf, VR 5/2002-L, WuW/E Verg 537 ff. – *Schienenpersonennahverkehr*; OLG Düsseldorf, Verg 22/02, WuW/E Verg 626 ff. – *Schienenpersonennahverkehr*.
[159] Vgl. insoweit OLG Karlsruhe B. v. 13. 7. 2005 6 W 33/05, NZBau 2005, 655.
[160] Zuletzt EuGH, U. v. 13. 9. 2007, RS. C-260/04, VergabeR 2008, 213 ff.
[161] EuGH, U. v. 6. 4. 2006, Rs. C-410/04 –*ANAV*, NZBau 2006, 326.
[162] EuGH U. v. 7. 12. 2000 Rs C-324/98 – *Telaustria*, Slg. 2000, I-10 745 = WuW/E Verg 385, Rn. 60 ff.

fahren unparteiisch durchgeführt worden sind.¹⁶³ Denn nur wenn die Vergabe einer Konzession transparent durchgeführt wird, kann überhaupt festgestellt werden, ob im Einzelfall der Grundsatz der Nichtdiskriminierung beachtet oder aber eine willkürliche Entscheidung für bzw. gegen einen bestimmten Bewerber getroffen wurde.¹⁶⁴ Diese Rechtsprechung wurde mit der *Coname*-Entscheidung¹⁶⁵ des EuGH bestätigt. In jedem Falle seien den Art. 43 und 49 EG Transparenzverpflichtungen inherent, die „insbesondere geeignet sind, einem in einem anderen Mitgliedstaat als dem dieser Gemeinde niedergelassenen Unternehmen vor der Vergabe Zugang zu angemessenen Informationen über diese Konzession zu ermöglichen, so dass dieses Unternehmen ggf. sein Interesse am Erhalt dieser Konzession hätte bekunden können."¹⁶⁶ In der Entscheidung *Parking Brixen*¹⁶⁷ wurde eine **aus den Grundfreiheiten resultierende Ausschreibungsverpflichtung** bei Dienstleistungskonzessionen ausdrücklich ausgesprochen. Diese Linie der Entnahme positiver Verpflichtungen unmittelbar aus den Grundfreiheiten wird seitens der Kommission derzeit strikt verfolgt, wie aus der Einleitung verschiedener Vertragsverletzungsverfahren auf Grund unterlassener Ausschreibungen bei der Vergabe von Dienstleistungskonzessionen hervorgeht. Die deutsche Verwaltungsgerichtsbarkeit geht offenbar von einer grundsätzlichen Ausschreibungsverpflichtung vor Konzessionsvergabe aus.¹⁶⁸

62 Ungeklärt ist bislang die Frage, ob die Ausklammerung der Dienstleistungskonzessionen vom Anwendungsbereich des Sekundärrechts bzw. die Nichteinführung von entsprechenden Verfahrensvorgaben für Dienstleistungskonzessionen mit den für die EG verbindlichen Vorgaben des **WTO-Beschaffungsabkommens** („Agreement on Government Procurement")¹⁶⁹ vereinbar ist. Art. 1 GPA legt auch den **sachlichen Anwendungsbereich** des Abkommens fest:

„1. This Agreement applies to any law, regulation, procedure or practice regarding any procurement by entities covered by this Agreement, as specified in Appendix I.

2. This Agreement applies to procurement by any contractual means, including through such methods as purchase or as lease, rental or hire purchase, with or without an option to buy, including any combination of products and services."

63 Beschränkungen des Anwendungsbereichs wurden – dies wäre möglich gewesen – von Seiten der EG bei der Unterzeichnung des Abkommens nicht gemacht. Auf das Merkmal der Entgeltlichkeit verzichtet die GPA-Bestimmung zum sachlichen Anwendungsbereich offensichtlich. In der verbindlichen englischen GPA-Fassung wird die Formulierung **„any procurement"**, also jede Beschaffung, und nicht hingegen „procurement contract" („Beschaffungsauftrag") verwendet. Auf Grund dieser im GPA im Vergleich zum EG-Vergabesekundärrecht weitergehenden Formulierung und damit auch weiterem Anwendungsbereich¹⁷⁰ wird gewährleistet, dass auch innovative Vertragsgestaltungen im Bereich des öffentlichen Beschaffungswesens vom Regelungsbereich des Abkommens erfasst werden.¹⁷¹ Das GPA hat gerade zum Ziel, den Staatshaushalt belastendes protektionistisches oder

---

¹⁶³ EuGH U. v. 7. 12. 2000 Rs C-324/98 – *Telaustria*, Slg. 2000, I-10 745 = WuW/E Verg 385, Rn. 62.
¹⁶⁴ GA'in *J. Kokott*, Schlussanträge v. 1. 3. 2005, Rs C-458/03 – *Parking Brixen GmbH*, Rn. 35; EuGH U. v. 7. 12. 2000 C-324/98 – *Telaustria* Slg. 2000, I-10 745 = WuW/E Verg 385, Rn. 61.
¹⁶⁵ EuGH U. v. 21. 7. 2005, C-231/03 – *Coname* WuW/E Verg 1119, Rn. 28.
¹⁶⁶ EuGH U. v. 21. 7. 2005, C-231/03 – *Coname* WuW/E Verg 1119, Rn. 28.
¹⁶⁷ EuGH U. v. 13. 10. 2005 Rs. C-458/03 – *Parking Brixen GmbH*, WuW/E Verg 1155.
¹⁶⁸ OVG Münster U. v. 4. 5. 2006 15 E 453/06, NZBau 2006, 533; VG München U. v. 3. 4. 2006 M 7 K 05.5066; Sächs.OVG B. v. 27. 6. 2008 4 B 193/08; VG Münster, B. v. 9. 3. 2007 1L64/07 VergR 2007, 319 ff.
¹⁶⁹ Hierzu Vor § 97 Rn. 106 ff.
¹⁷⁰ *Didier*, WTO Trade Instruments in EU Law, 1999, S. 372.
¹⁷¹ Vgl. *Büsing*, Das WTO-Übereinkommen über das öffentliche Beschaffungswesen, 2001, S. 145.

intransparentes Verhalten öffentlicher Auftraggeber einem verbindlichen nichtdiskriminierenden Regelungsregime zu unterwerfen und einen weitestgehenden Wettbewerb zu ermöglichen. Hierzu gehört grundsätzlich auch die Vergabe von wirtschaftlich für den Haushalt bedeutsamen Konzessionen, dies jedenfalls dann, wenn ansonsten die so durch Konzessionäre erbrachten Leistungen durch die öffentliche Hand eigenständig verwirklicht werden müssten. Im Rahmen von UNCITRAL bemüht man sich insofern auch bereits seit längerer Zeit um die Erarbeitung von spezifischen Regelungen zu Konzessionsvergaben.[172] Gegen eine enge Auslegung des GPA-Anwendungsbereichs unter Ausklammerung der Konzessionsvergabe spricht der Wortlaut der Erläuterungen der WTO zum CPC-Code, auf den die Anhänge der DKR und der VOL/A 2. Abschnitt Bezug nehmen. Darin wird ausdrücklich auf die Vergabe von Konzessionen als typisches Charakteristikum von Verkehrsverträgen Bezug genommen. Die Eidgenössische Rekurskommission für das öffentliche Beschaffungswesen stellt in einem Entscheid vom 3. 9. 1999 ausdrücklich fest, dass das GPA keinen generellen Ausschluss von Dienstleistungskonzessionen aus seinem Geltungsbereich vorsieht.[173] Vielmehr bestimme Art. I Abs. 2 GPA ohne weitere Differenzierung, dass das Übereinkommen auf jede „Beschaffung durch vertragliche Methoden" Anwendung findet. Die Nichtanwendbarkeit des GPA würde nämlich ansonsten zur Folge haben, dass die Bieterinnen des strittigen Vergabegeschäftes gänzlich des Rechtsschutzes verlustig gehen würden. Dienstleistungskonzessionen sind somit grundsätzlich in den Anwendungsbereich des GPA einzubeziehen.[174] Auf Grund von Art. XX GPA besteht für die Vertragsparteien die Verpflichtung, neben detaillierten Bekanntmachungsverpflichtungen **umfassende Rechtsschutzmöglichkeiten** („Widerspruchsverfahren") mit der Möglichkeit rasch greifender einstweiliger Maßnahmen einzurichten.[175] Solche expliziten Rechtsschutzmöglichkeiten sind bei der Konzessionsvergabe – da diese nicht in den Anwendungsbereich des EG-Vergabesekundärrechts fallen soll – offensichtlich derzeit weder im Gemeinschaftsrecht noch im GWB gegeben.

8. Grundstücksverkäufe durch die öffentliche Hand und Investorenauswahlverfahren

Die Veräußerung von Grundstücken durch einen öffentlichen Auftraggeber ist nur teilweise vergaberechtsfrei. Infolge der EuGH-Rechtsprechung in der Rechtssache „*Stadt Roanne*"[176] kommt es nach dem OLG Düsseldorf[177] nicht mehr darauf an, ob eine Gemeinde ein Bauwerk zu eigenen Zwecken nutzen will. Vielmehr liegt ein öffentlicher Auftrag vor, wenn ein **städtebaulicher Vertrag**, mit dem sich ein Investor – d. h. oftmals ein Grundstückskäufer – zur Durchführung von Baumaßnahmen verpflichtet. Ein eigentlich vergaberechtlich neutraler Grundstückskaufvertrag der öffentlichen Hand unterliegt damit dem Vergaberecht, wenn er mit dem städtebaulichen Vertrag unmittelbar oder mittelbar verknüpft ist.[178] Auch reicht es aus, wenn ein Investor für die Bauarbeiten nur mittelbar ein Entgelt enthält oder eine Baukonzessionsvergabe und damit eine Entgeltentrichtung durch Dritte anzunehmen ist. Diese **„*Alhorn*"-Rechtsprechung** wurde durch das OLG Düssel-

---

[172] Vgl. UNCITRAL, Legislative Guide on Privately Financed Infrastructure Projects (2001), abrufbar unter: http://www.uncitral.org.
[173] Entscheid der Eidgenössischen Rekurskommission für das öffentliche Beschaffungswesen vom 3. September 1999 [BRK 1999–006], abrufbar unter: http://www.vpb.admin.ch/deutsch/doc/64/64.30.html.
[174] Wie hier *Pünder*, Kompendium, Öffentlicher Auftrag, Rn. 34.
[175] Vgl. Art. XX Abs. 1 u. 7 GPA.
[176] EuGH U. v. 18. 1. 2007 Rs. C-220/05, Slg. 2007, I-385 ff. = NZBau 2007, 185 ff. = VergR 2007, 183 ff.
[177] OLG Düsseldorf B. v. 13. 6. 2007, VII-Verg 2/07, NZBau 2007, 530 ff.; hierzu ausführlich *Krohn*, ZfBR 2008, 27 ff.
[178] *Gartz*, NZBau 2008, 473.

dorf fortgeführt[179] und teilweise im Anwendungsbereich noch ausgedehnt – auch durch andere Vergabesenate[180], gleichzeitig aber zunhemend kritisch eingestuft. Zuletzt hat sich eine dem OLG Düsseldorf entgegenstehende oder zumindest zurückhaltendere Auffassung in einem Teil der Literatur und der Praxis herausgebildet.[181] Das Vergabemodernisierungsgesetz[182] soll in diesen Fällen den Anwendungsbereich des Vergaberechts beschränken.

9. Einkauf von Verteidigungsgütern

65 Mit seinem Urteil vom 8. 4. 2008[183] schafft der EuGH die Grundlage für eine **Liberalisierung** der Beschaffungsmärkte auch im **Verteidigungsbereich,** indem er feststellt, dass es keinen allgemeinen, dem EG-Vertrag immanenten Vorbehalt dahingehend gibt, dass jede Maßnahme, die im Interesse der öffentlichen Sicherheit getroffen wird, vom Anwendungsbereich des Gemeinschaftsrechts ausgenommen ist. Beim Erwerb von Ausrüstungsgegenständen – im konkreten Fall Hubschrauber, deren Nutzung für militärische Zwecke ungewiss ist, müssten zwingend die Regeln für die Vergabe öffentlicher Aufträge beachtet werden. Auch die Lieferung von Hubschraubern an Militärkorps zur zivilen Nutzung unterliege denselben Regeln. Die Notwendigkeit, eine **Geheimhaltungspflicht** vorzusehen, hindere insoweit keineswegs an einer Auftragsvergabe im Ausschreibungsverfahren. Vielmehr seien die Ausnahmen von den Vorschriften, die die Wirksamkeit der im Vertrag niedergelegten Rechte im Bereich der öffentlichen Aufträge gewährleisten sollen, eng auszulegen. Die Mitgliedstaaten könnten daher weder in der Lieferkoordinierungsrichtlinie 93/36/EWG – und nunmehr in der VKR – nicht geregelte Tatbestände für den Rückgriff auf das Verhandlungsverfahren vorsehen noch die dort ausdrücklich geregelten Tatbestände um neue Bestimmungen ergänzen, die den Rückgriff auf das Verhandlungsverfahren erleichterten, da sie sonst die praktische Wirksamkeit dieser Richtlinie beseitigen würden.

IV. Neufassung gemäß Gesetz zur Modernisierung des Vergaberechts vom 20. April 2009

66 „4. § 99 wird wie folgt geändert:
a) Absatz 1 wird wie folgt gefasst: „(1) Öffentliche Aufträge sind entgeltliche Verträge von öffentlichen Auftraggebern mit Unternehmen über die Beschaffung von Leistungen, die Liefer-, Bau- oder Dienstleistungen zum Gegenstand haben, Baukonzessionen und Auslobungsverfahren, die zu Dienstleistungsaufträgen führen sollen.
b) Absatz 3 wird wie folgt gefasst: „(3) Bauaufträge sind Verträge über die Ausführung oder die gleichzeitige Planung und Ausführung eines Bauvorhabens oder eines Bauwerkes für den öffentlichen Auftraggeber, das Ergebnis von Tief- oder Hochbauarbeiten ist und eine wirtschaftliche oder technische Funktion erfüllen soll, oder einer dem Auftraggeber unmittelbar wirtschaftlich zugute kommenden Bauleistung durch Dritte gemäß den vom Auftraggeber genannten Erfordernissen."
c) Absatz 4 erhält folgende Fassung: „(4) Als Dienstleistungsaufträge gelten die Verträge über die Erbringung von Leistungen, die nicht unter Absatz 2 oder 3 fallen."
d) Nach Absatz 5 wird folgender Absatz 6 eingefügt: „(6) Eine Baukonzession ist ein Vertrag über die Durchführung eines Bauauftrags, bei dem die Gegenleistung für die Bauarbeiten statt in einem Entgelt in dem befristeten Recht auf Nutzung der baulichen Anlage, gegebenenfalls zuzüglich der Zahlung eines Preises besteht."
e) Der bisherige Absatz 6 wird Absatz 7.

---

[179] OLG Düsseldorf B. v. 12. 12. 2007 VII-Verg 30/07, NZBau 2008, 138; B. v. 2. 8. 2007, VII-Verg 23/2007, NZBAu 2008, 99 ff.; OLG Karlsruhe B. v. 13. 6. 2008 15 Verg 3/08, NZBau 2008, 357 ff.

[180] OLG Bremen B. v. 13. 3. 2008 Verg 5/07 zu Grundstückspachtverträgen; OLG Karlsruhe, NZBau 2008, 357.

[181] VK Brandenburg B. v. 15. 2. 2008 O 479/07; VK Karlsruhe B. v. 7. 3. 2008, NZBau 2008, 344 – in dieser Sache aber entgegengesetzt die Beschwerdeinstanz: OLG Karlsruhe, NZBau 2008, 357; OLG München B. v. 4. 4. 2008 Verg 4/08, NZBau 2008, 542.

[182] Vgl. hierzu unten § 99 Rn. 65 f.

[183] Vertragsverletzungsverfahren gegen Italien, Rs. C-337/05, NZBau 2008, 401 = VergR 2008, 769.

§ 99. Öffentliche Aufträge § 99 GWB

f) Nach Absatz 7 wird folgender Absatz 8 angefügt: „(8) Für einen Auftrag zur Durchführung mehrerer Tätigkeiten gelten die Bestimmungen für die Tätigkeit, die den Hauptgegenstand darstellt. Ist für einen Auftrag zur Durchführung von Tätigkeiten auf dem Gebiet der Trinkwasser- oder Energieversorgung, des Verkehrs oder des Bereichs der Auftraggeber nach dem Bundesberggesetz und von Tätigkeiten von Auftraggebern nach § 98 Nr. 1 bis 3 nicht feststellbar, welche Tätigkeit den Hauptgegenstand darstellt, ist der Auftrag nach den Bestimmungen zu vergeben, die für Auftraggeber nach § 98 Nr. 1 bis 3 gelten. Betrifft eine der Tätigkeiten, deren Durchführung der Auftrag bezweckt, sowohl eine Tätigkeit auf dem Gebiet der Trinkwasser- oder Energieversorgung, des Verkehrs oder des Bereichs der Auftraggeber nach dem Bundesberggesetz, als auch eine Tätigkeit, die nicht in die Bereiche von Auftraggebern nach § 98 Nr. 1 bis 3 fällt, und ist nicht feststellbar, welche Tätigkeit den Hauptgegenstand darstellt, so ist der Auftrag nach denjenigen Bestimmungen zu vergeben, die für Auftraggeber mit einer Tätigkeit auf dem Gebiet der Trinkwasser- und Energieversorgung sowie des Verkehrs oder des Bundesberggesetzes gelten."

Der Regierungsentwurf führt zur Begründung aus:

„Zu Nummer 4 (§ 99)
§ 99 definiert die öffentlichen Aufträge. Die Änderungen in Absatz 1 dienen der Klarstellung und im neuen Absatz 8 der Abgrenzung.
Zu Buchstabe a (Absatz 1): Die Definition des öffentlichen Auftrages in Satz 1 wird um die Baukonzessionen ergänzt, denn auch Baukonzessionen sind öffentliche Aufträge. Damit wird zugleich klar, dass Dienstleistungskonzessionen – wie auch in den EG-Richtlinien 2004/17/EG und 2004/18/EG nicht vom Anwendungsbereich des vierten Teils des GWB erfasst sind. Für die Abgrenzung von Baukonzessionen und Dienstleistungskonzessionen kann Absatz 6 Satz 2 herangezogen werden. Jedenfalls legen dies der Wortlaut von Art. 1 Abs. 3 der RL 2004/17/EG und von Art. 1 Abs. 3 und 4 der RL 2004/18/EG nahe.
Zu Buchstabe b (Absatz 3): Die aus der Rechtsprechung des OLG Düsseldorf (vgl. Beschl. vom 13. 6. 2007, VII-Verg 2/07 (Ahlhorn); vom 12. 12. 2007, VII-Verg 30/07 (Wuppertal); vom 6. 2. 2008, VII-Verg 37/07(Oer-Erkenschwick)) resultierenden rechtlichen Unklarheiten sollen durch eine Klarstellung des Bauauftragsbegriff beseitigt werden. Hierfür soll der einem Bauauftrag immanente Beschaffungscharakter durch eine Textergänzung deutlicher hervorgehoben werden. Die Ergänzung sagt dass die Bauleistung dem öffentlichen Auftraggeber unmittelbar wirtschaftlich zugute kommen muss. Denn ein Bauauftrag setzt einen eigenen Beschaffungsbedarf des Auftraggebers voraus, wobei allein die Verwirklichung einer von dem Planungsträger angestrebten städtebaulichen Entwicklung nicht als einzukaufende Leistung ausreicht. Vergaberecht betrifft prinzipiell – außer im Falle einer besonderen Beschaffungsbehörde – nicht die Aufgabenebene einer staatlichen Institution, sondern lediglich die Ebene der Ressourcenbeschaffung zur Bewältigung der Aufgaben der Institution. Beide Ebenen dürfen nicht miteinander verwechselt oder verquickt werden.
Zu Buchstabe c: Klarstellung im Vergleich zu § 99 Abs. 1 GWB.
Buchstabe d (Absatz 6): Die Änderung ist in Verbindung mit Nr. 2c) (§ 98 Nr. 6) zu sehen: Zur Klarstellung soll die Definition der Baukonzession in § 98 Nr. 6 gestrichen und als regelgerechte Definition – und nicht in der indirekten Formulierung wie bisher – in § 99 Abs. 6 aufgenommen werden. Die Formulierung bleibt damit im Wesentlichen unverändert, so wie sie auch Artikel 1 Absatz 3 Richtlinie 2004/18/EG entspricht. Klarstellend soll bestimmt werden, dass bei einer Baukonzession das Nutzungsrecht befristet ist. Hierdurch soll verdeutlicht werden, dass das Konzessionsverhältnis ein Rechtsverhältnis darstellt, dass auf eine gewissen Zeitdauer ausgelegt ist. Grund für diese Klarstellung ist ebenfalls die Rechtsprechung des OLG Düsseldorf zur Ausschreibungspflicht städtebaulicher Verträge (siehe Begründung zu Nr. 3 b)).
Neben dem Bauauftragsbegriff stellt auch der „weite Baukonzessionsbegriff" eine wichtige Grundlage der Entscheidungen des OLG Düsseldorf dar. Nach dessen Auslegung soll auch die Veräußerung vom Baukonzessionsbegriff mit umfasst sein. Wesenstypisch für das Institut der Baukonzession ist aber die Übertragung eines Rechts, das dem Konzessionsgeber zusteht, für einen bestimmten Zeitraum. Es handelt sich um ein Vertragsverhältnis, in dessen Verlauf der Konzessionsnehmer von seinem Nutzungsrecht Gebrauch macht. Die Veräußerung gehört damit nicht zur Rechtsfigur der Konzession.
Zu Buchstabe e (Absatz 7): Folgeänderung aus Buchstabe d.
Zu Buchstabe f (Absatz 8): Der neue Absatz 8 setzt den Artikel 9 der RL 2004/17/EG um, damit bei Aufträgen, die der Durchführung mehrerer Tätigkeiten dienen, eine Abgrenzung hinsichtlich der anzuwendenden Vergabebestimmungen erfolgen kann. In Satz 1 wird der Grundsatz festgelegt, dass bei einem Auftrag, der der Durchführung mehrerer Tätigkeiten dient (z. B. Bau eines Gebäudes für die Stadtverwaltung, in dem auch einige Räume für die Verwaltung des kommunalen Stadtwerkes vorgesehen sind), die Regelungen anzuwenden sind, die für die Tätigkeiten gelten, auf deren Durchführung der Auftrag in erster Linie abzielt (Hauptgegenstand). Im o. g. Beispiel wäre dies die Gewährleistung der Stadtverwaltung und damit wären die Regelungen für die Vergabe von

Bauaufträgen durch die Stadt (Auftraggeber nach § 98 Nr. 1) anzuwenden. Die Sätze 2 und 3 regeln verschiedene Konstellationen für den Fall, dass ein Hauptgegenstand nicht festgestellt werden kann. Kann ein Hauptgegenstand nicht festgestellt werden und sind Tätigkeiten von Auftraggebern nach § 98 Nr. 1 bis 3 und von Sektorenauftraggebern betroffen (wenn z. B. das zu bauende Verwaltungsgebäude von der Stadt und dem kommunalen Stadtwerk in gleichem Umfang genutzt werden soll), sind laut Satz 2 die Regelungen anzuwenden, die für die Auftraggeber nach § 98 Nr. 1 bis 3 gelten.

Satz 3 regelt den Fall, dass der Auftrag der Erfüllung von Sektorentätigkeiten und von Tätigkeiten dient, für die keinerlei Vergaberegeln gelten (z. B. Bau eines Gebäudes für Verwaltung des kommunalen Stadtwerkes und als Sitz eines privaten Unternehmens) und ein Hauptgegenstand nicht festgestellt werden kann. Sofern ein Auftrag anstatt der Durchführung einer Sektorentätigkeit der Durchführung einer Tätigkeit im Bereich des Bundesberggesetzes dient, gelten die Regelungen dieser Auftraggeber (§ 129 b)."

§ 100 Anwendungsbereich

(1) **Dieser Teil gilt nur für Aufträge, welche die Auftragswerte erreichen oder überschreiten, die durch Rechtsverordnung nach § 127 festgelegt sind (Schwellenwerte).**

(2) **Dieser Teil gilt nicht für Arbeitsverträge und für Aufträge,**

a) die auf Grund eines internationalen Abkommens im Zusammenhang mit der Stationierung von Truppen vergeben werden und für die besondere Verfahrensregeln gelten;

b) die auf Grund eines internationalen Abkommens zwischen der Bundesrepublik Deutschland und einem oder mehreren Staaten, die nicht Vertragsparteien des Übereinkommens über den Europäischen Wirtschaftsraum sind, für ein von den Unterzeichnerstaaten gemeinsam zu verwirklichendes und zu tragendes Projekt, für das andere Verfahrensregeln gelten, vergeben werden;

c) die auf Grund des besonderen Verfahrens einer internationalen Organisation vergeben werden;

d) die in Übereinstimmung mit den Rechts- und Verwaltungsvorschriften in der Bundesrepublik Deutschland für geheim erklärt werden oder deren Ausführung nach diesen Vorschriften besondere Sicherheitsmaßnahmen erfordert oder wenn der Schutz wesentlicher Interessen der Sicherheit des Staates es gebietet;

e) die dem Anwendungsbereich des Artikels 296 Abs. 1 Buchstabe b des Vertrages zur Gründung der Europäischen Gemeinschaft unterliegen;

f) die von Auftraggebern, die auf dem Gebiet der Trinkwasser- oder Energieversorgung oder des Verkehrs oder der Telekommunikation tätig sind, nach Maßgabe näherer Bestimmung durch Rechtsverordnung nach § 127 auf dem Gebiet vergeben werden, auf dem sie selbst tätig sind;

g) die an eine Person vergeben werden, die ihrerseits Auftraggeber nach § 98 Nr. 1, 2 oder 3 ist und ein auf Gesetz oder Verordnung beruhendes ausschließliches Recht zur Erbringung der Leistung hat;

h) über Erwerb oder Mietverhältnisse über oder Rechte an Grundstücken oder vorhandenen Gebäuden oder anderem unbeweglichen Vermögen ungeachtet ihrer Finanzierung;

i) über Dienstleistungen von verbundenen Unternehmen, die durch Rechtsverordnung nach § 127 näher bestimmt werden, für Auftraggeber, die auf dem Gebiet der Trinkwasser- oder Energieversorgung oder des Verkehrs oder der Telekommunikation tätig sind;

j) über die Ausstrahlung von Sendungen;

k) über Fernsprechdienstleistungen, Telexdienst, den beweglichen Telefondienst, Funkrufdienst und die Satellitenkommunikation;

l) über Schiedsgerichts- und Schlichtungsleistungen;

m) über finanzielle Dienstleistungen im Zusammenhang mit Ausgabe, Verkauf, Ankauf oder Übertragung von Wertpapieren oder anderen Finanzinstrumenten sowie Dienstleistungen der Zentralbanken;

n) über Forschungs- und Entwicklungsdienstleistungen, es sei denn, ihre Ergebnisse werden ausschließlich Eigentum des Auftraggebers für seinen Gebrauch bei der Ausübung seiner eigenen Tätigkeit und die Dienstleistung wird vollständig durch den Auftraggeber vergütet.

Übersicht

	Rn.		Rn.
I. Allgemeines	1	III. Abs. 2 – Ausnahmebereiche	16
II. Abs. 1 – Schwellenwerte	2	1. Allgemeines	16
1. Allgemeines	2	2. Einzelne Ausnahmetatbestände	19
2. Festsetzung der Schwellenwerte	3	IV. Neufassung gemäß Gesetz zur Modernisierung des Vergaberechts vom 20. April 2009	44
3. Berechnung der Auftragswerte	5		
4. Auftragsvergabe unterhalb der Schwellenwerte	13		

I. Allgemeines

Der **sachliche Anwendungsbereich** des Kartellvergaberechts wird neben den Vorgaben des § 99 durch den **Auftragsumfang** begrenzt, der durch den Wert des zu vergebenden Auftrages bestimmt wird. Durch die **Schwellenwertvorgaben** werden Wirtschaftlichkeitsgesichtspunkte berücksichtigt, denn erst ab einer bestimmten Auftragshöhe ist mit dem Interesse ausländischer Bieter am zu vergebenden Auftrag und deren Beteiligung am Vergabeverfahren zu rechnen. Auch besteht ansonsten ein Missverhältnis zwischen dem Aufwand, den eine gemeinschaftsweite Ausschreibung erfordert und möglichen Einsparpotentialen.[1] Neben den Schwellenwerten wird der sachliche Anwendungsbereich durch die Festlegung solcher „Aufträge und Arbeitsverträge" in Abs. 2 eingegrenzt, die nicht dem Anwendungsbereich des Vergaberechts unterfallen sollen **(Ausnahmebereiche)**. 1

II. Abs. 1 – Schwellenwerte

1. Allgemeines

Nach der **Legaldefinition der Schwellenwerte** in Absatz 1 sind dies die Auftragswerte, bei deren Erreichen oder Überschreiten das Kartellvergaberecht der §§ 97 ff. Anwendung findet. Die Schwellenwerte sind nicht im Gesetz genannt, sondern müssen durch Rechtsverordnung festgelegt werden.[2] Oberhalb der Schwellenwerte kommt das auf den europäischen Vergaberichtlinien basierende, unterhalb der Schwellenwerte lediglich das klassische deutsche Vergaberecht zur Anwendung,[3] wodurch auch über Verfahrensordnung und Rechtsschutzmöglichkeiten entschieden wird. Gegen eine vermeintlich rechtswidrige bzw. **fehlerhafte Schätzung** des Auftragswertes seitens der Vergabestelle kann ein Nachprüfungsverfahren eingeleitet werden.[4] Die nachfolgend angeführten Grundsätze der Auftragswertermittlung können im Zuge eines Verfahrens nach §§ 102 ff. überprüft werden.[5] Die Nachprüfung durch die Vergabekammer richtet sich nur auf eine nicht ordnungsgemäße oder sachlich unzutreffende Schätzung.[6] Stellt die Vergabekammer allerdings eine nicht 2

---

[1] So u.a. *Boesen* § 100 Rn. 3; *Bechtold,* GWB, 3. A., § 100 Rn. 1.
[2] Vgl. § 2 VgV.
[3] Vgl. hierzu Vor § 97 Rn. 28 ff.
[4] OLG Bremen B. v. 18. 5. 2006 Verg 3/2005 unter Berufung auf EuGH U. v. 19. 6. 2003, Rs. C-249/01, NZBau 2003, 509 Rn. 22 – *Hackermüller.* Vgl. §§ 102 ff. GWB.
[5] *Müller-Wrede,* Kompendium, Schwellenwerte, Rn. 108.
[6] *Müller-Wrede,* ebenda, Rn. 110; OLG Bremen B. v. 18. 5. 2006 Verg 3/2005, VergabeR 2006, 502, 506.

ordnungsgemäße Berechnung oder Dokumentation fest, sind die Nachprüfungsinstanzen zu einer eigenständigen Wertermittlung verpflichtet.[7]

2. Festsetzung der Schwellenwerte

3   Mit dem Erlass der **Vergabeverordnung** (VgV) vom 9. 1. 2001 hat die Bundesregierung von ihrer nach § 127 bestehenden Verordnungsermächtigung Gebrauch gemacht und die europäischen **Schwellenwertvorgaben in § 2 VgV in nationales Recht** umgesetzt.[8] Das Ermessen der Mitgliedstaaten bei der Festlegung der Schwellenwerte ist durch die europäischen Richtlinienvorgaben eingeschränkt. Die europäischen Schwellenwerte haben wiederum die Vorgaben des WTO-Beschaffungsabkommens zu beachten.[9] Die europäischen Vorgaben können bei der nationalen Umsetzung zwar abgesenkt werden, hiervon ist aber kein Gebrauch gemacht worden.

4   Die Schwellenwerte bestimmen sich nach der Art des zu vergebenden Auftrages sowie nach der Person des Auftraggebers. Gemäß § 2 VgV betragen die Schwellenwerte:

„1. für Liefer- und Dienstleistungsaufträge im Bereich der Trinkwasser- oder Energieversorgung oder im Verkehrsbereich: 422 000 Euro,
2. für Liefer- und Dienstleistungsaufträge der obersten oder oberen Bundesbehörden sowie vergleichbarer Bundeseinrichtungen außer Forschungs- und Entwicklungsdienstleistungen und Dienstleistungen des Anhangs I B der Richtlinie 92/50/EWG ...: 137 000 Euro; im Verteidigungsbereich gilt dies bei Lieferaufträgen nur für Waren, die im Anhang II der Richtlinie 93/36/EWG ... aufgeführt sind,
3. für alle Liefer- und Dienstleistungsaufträge: 211 000 Euro,
4. für Bauaufträge: 5 278 000 Euro,
5. für Auslobungsverfahren, die zu einem Dienstleistungsauftrag führen sollen, dessen Schwellenwert,
6. für die übrigen Aussuchungsverfahren der Wert, der bei Dienstleistungsaufträgen gilt,
7. für Lose von Bauaufträgen nach Nr. 4: 1 Millionen Euro oder bei Losen unterhalb von 1 Million Euro deren addierter Wert ab 20 von Hundert des Gesamtwertes aller Lose und
8. für Lose von Dienstleistungsaufträgen nach Nr. 2 oder 3: 80 000 Euro oder bei Losen unterhalb von 80 000 Euro deren addierter Wert ab 20% des Gesamtwertes aller Lose; dies gilt nicht im Sektorenbereich."

Die Schwellenwerte wurden aber durch EG-VO[10] abgesenkt. Sie betragen derzeit (Stand Oktober 2008):
– für öffentliche Bauaufträge und Baukonzessionen, 5 150 000 Euro,
– für öffentliche Liefer- und Dienstleistungsaufträge von zentralen Regierungsbehörden 133 000 Euro, letzterer Verträge im Sektorenbereich 412 000 Euro und sonstigen Auftraggebern (außerhalb des Sektorenbereichs) 206 000 Euro.

3. Berechnung der Auftragswerte

5   In Hinblick auf die Ermittlung des Auftragswerts steht dem Auftraggeber ein Beurteilungsspielraum zu.[11] Für die **Berechnung des Auftragswertes** kommt es auf die Summe aller Aufträge an, die für die vollständige Leistungserbringung erteilt werden müssen. Die Auftraggeber dürfen die bestehenden Verpflichtungen nicht dadurch umgehen, dass sie die

---

[7] *Müller-Wrede,* ebenda, Rn. 113 ff., OLG Celle B. v. 12. 7. 2007 13 Verg 6/07, VergabeR 2007, 808 ff.

[8] BGBl. 2001 I S. 110; in der Fassung der Bekanntmachung v. 11. 2. 2003 (BGBl. I 2003, S. 169), zuletzt geändert durch Art. 1 und 2 der Dritten Verordnung zur Änderung der Vergabeverordnung v. 23. 10. 2006. (BGBl. I 2006, S. 2334); s. auch die Kommentierung zu § 127 GWB.

[9] Vgl. die Änderungsrichtlinien 97/52 (ABl. 1997 L 328/1) sowie 98/4 (ABl. 1998, L 101/1) zur Anpassung der EG-Vergaberichtlinien an die GPA-Vorgaben.

[10] VO (EG) Nr. 1422/2007 v. 4. 12. 2007, ABl. EU 2007 L 317/34.

[11] OLG Celle B. v. 12. 7. 2007 13 Verg 6/07, VergabeR 2007, 808 ff.

§ 100. Anwendungsbereich

Aufträge aufteilen oder für die Berechnung des Auftragswertes besondere Modalitäten anwenden. **Berechnungsvorgaben für die Schätzung** der Auftragswerte finden sich detailliert in § 3 VgV. Diese Vorgaben sollen verhindern, dass der Anwendungsbereich der besonderen Vergaberegeln und Vergabenachprüfungsvorschriften durch eine nicht an dieser Zielsetzung orientierte Auftragsbewertung unterlaufen wird.

§ 2 VgV verlangt, bei der Schätzung von der **Gesamtvergütung** auszugehen (Abs. 1). Die Gesamtvergütung darf nicht absichtlich **so niedrig geschätzt oder aufgeteilt** werden, dass die Schwellenwerte nicht erreicht werden (Abs. 2). Dem öffentlichen Auftraggeber steht grundsätzlich ein weiter Ermessensspielraum zu, wie er ein Beschaffungsvorhaben umsetzt. Die Wahl einer **kurzen Vertragslaufzeit** ist nicht zu beanstanden, wenn z. B. dem Modellcharakter eines Projektes Rechnung getragen werden soll. Die Grenze zur unzulässigen Auftragsaufteilung nach § 3 Abs. 2 VgV ist erst dann überschritten, wenn die **Aufteilung sachwidrig** ist.[12] Es ist auch nicht zu beanstanden, wenn der Auftraggeber den Nebengedanken hegt, eine finanziell aufwendige Ausschreibung zu vermeiden.[13] In eine ordnungsgemäße Schätzung des Auftragswertes einer baulichen Anlage sind daher alle Aufträge einzubeziehen, die für die vollständige Herstellung der baulichen Anlage in technischer Hinsicht und im Hinblick auf eine sachgerechte Nutzung erforderlich sind.[14] Solche Aufträge, zwischen denen ein funktionaler Zusammenhang in technischer und wirtschaftlicher Hinsicht besteht, müssen zusammengerechnet werden.[15]

Bei zeitlich begrenzten, regelmäßigen Aufträgen und Daueraufträgen wird der Gesamtauftragswert bzw. der Vertragswert aus der **monatlichen Zahlung** multipliziert mit 48 zu Grunde gelegt (§ 3 Abs. 3 u. 4 VgV), im Falle **losweiser Vergabe** werden alle Lose addiert (§ 3 Abs. 5 VgV).[16] Wenn der Auftraggeber in einer Ausschreibung **mehrere (Bau-) Vorhaben** zusammenfasst, sind die jeweiligen Auftragswerte für die Berechnung der Schwellenwerte zu addieren.[17]

Hat der Auftraggeber eines Bauauftrages, dessen Auftragssumme den Schwellenwert des § 2 Nr. 4 VgV erreicht oder übersteigt, bei **sukzessiver Ausschreibung** und Vergabe von Losen einzelne Lose EU-weit ausgeschrieben und als Nachprüfungsstelle die Vergabekammer benannt, ist für Einzellose das Nachprüfungsverfahren eröffnet.[18] Auch Optionsrechte und sog. Bedarfspositionen sind in die Schätzung miteinzubeziehen (Abs. 6).[19] Hierbei handelt es sich um solche Leistungen, bei denen bei Fertigstellung der Ausschreibungsunterlagen noch nicht feststeht, ob für diese Positionen ein Auftrag erteilt wird oder nicht.[20] Auch sind alle Entgelte zu berücksichtigen, die bei einem Bauauftrag Dritte dem öffentlichen Auftraggeber für auf ihre Rechnung errichtete Bauwerke leisten.[21] Bei Bauvergaben ist der Wert etwaiger Lieferleistungen zu berücksichtigen (Abs. 7). Hinsichtlich des Wertes von **Rahmenverträgen** ist vom Höchstwert auszugehen (Abs. 8) und bezüglich des Werts von **Auslobungsverfahren** – außer bei Dienstleistungen – die Summe der Preisgelder zu Grunde zu legen (Abs. 9).

Die Schwellenwerte beziehen sich auf den **geschätzten Auftragswert ohne Umsatzsteuer.** Die Anwendung der besonderen Vergabe- und Vergabenachprüfungsvorschrif-

---
[12] Hierzu OLG Brandenburg, B. v. 20. 8. 2002, VergW/02.
[13] OLG Düsseldorf B. v. 30. 7. 2003 VII-Verg 5/03, IBR 2003, 567 (red. Ls.).
[14] OLG Rostock B. v. 20. 9. 2006 17 Verg 8/06, VergabeR 2007, 394 (396 f.).
[15] OLG Rostock B. v. 20. 9. 2006 17 Verg 8/06, VergabeR 2007, 394 (396 f.).
[16] Hierzu *Müller-Wrede,* Kompendium, Schwellenwerte, Rn. 73.
[17] OLG Stuttgart B. v. 9. 8. 2001 2 Verg 3/01, NZBau 2002, 392.
[18] BayObLG B. v. 13. 8. 2001 Verg 10/01, NZBau 2001, 643.
[19] BayObLG B. v. 18. 6. 2002 Verg 8/02, VergabeR 2002, 665, 666.
[20] *Byok/Jaeger-Hailbronner,* 2. A., § 100 Rn. 538; BayObLG B. v. 18. 6. 2002 Verg 8/02, VergabeR 2002, 665.
[21] EuGH U. v. 18. 1. 2007 Rs C-220/05 – *SEDL,* NZBau 2007, 185.

ten auf Aufträge, welche die Schwellenwerte allein wegen der in den Auftragspreisen enthaltenen Umsatzsteueranteile erreichen oder überschreiten, soll damit vermieden werden.[22]

10 Die Auftragswertfestsetzung erfolgt nach dem von der Vergabestelle erstellten **Leistungsnachweis**. Die Höhe der eingegangenen Angebotspreise ist nicht maßgeblich. Damit ist sichergestellt, dass die Auftragswertschätzung nur solche Leistungen erfasst, die für die Errichtung des Bauvorhabens tatsächlich notwendig sind.

11 Die Schätzung des Auftragswertes muss vor Einleitung des Vergabeverfahrens erfolgen.[23] Maßgeblicher **Zeitpunkt der Schätzung** des Gesamtauftragswertes ist der Tag der Absendung der Bekanntmachung der beabsichtigten Auftragsvergabe.[24] Dieser Zeitpunkt schließt es aus, dass bereits das Angebot irgendeines Bieters vorliegt. Eine pflichtgemäße Schätzung erfolgt damit **nach rein objektiven Kriterien** und trifft jenen Wert, den ein umsichtiger und sachkundiger öffentlicher Auftraggeber nach sorgfältiger Prüfung des relevanten Marktsegments und im Einklang mit den Erfordernissen betriebswirtschaftlicher Finanzplanung veranschlagen würde.[25] Ohne Bedeutung für die Bestimmung des Schwellenwertes ist, ob die ausschreibungspflichtige Stelle während des Ausschreibungsverfahrens den Auftrag eingeschränkt hat.[26] Der Auftraggeber ist verpflichtet, eine von ihm durchgeführte Kalkulation **zu dokumentieren**[27] und Feststellungen über die ordnungsgemäße **Ermittlung im Vergabevermerk festzuhalten**.

12 Die Überschreitung des maßgeblichen Schwellenwerts ist eine **Anwendungsvoraussetzung des vergaberechtlichen Nachprüfungs- und Beschwerdeverfahrens** und daher jederzeit **von Amts wegen zu prüfen**. Auf die faktische Durchführung eines Vergabeverfahrens kommt es insoweit nicht an.[28]

4. Auftragsvergabe unterhalb der Schwellenwerte

13 Unterhalb der Schwellenwerte ist der Anwendungsbereich des GWB-Vergaberechts mit den in den §§ 102 ff. festgelegten Nachprüfungsmöglichkeiten nicht eröffnet. Eine Selbstbindung einer Vergabestelle nach einer europaweiten Ausschreibung beschränkt sich somit auf das eigene Verhalten, vermag jedoch nicht eine vom Gesetzgeber nicht vorgesehene Überprüfung der Rechtmäßigkeit des Vergabeverfahrens nach §§ 102 ff. zu begründen.[29] Der Nachprüfungsantrag eines potentiellen Bieters ist aber dann zulässig, wenn der Nominalbetrag des vergebenen Auftrags den einschlägigen Schwellenwert nicht erreicht, der potentielle Bieter aber geltend macht, dem Auftragswert sei der Wert eines von einem Dritten zeitgleich oder zeitnah vergebenen Auftrags gleichen Inhalts, der den Schwellenwert ebenfalls nicht überschreitet, hinzuzurechnen, weil der Empfänger der Leistungen aus beiden Aufträgen letztlich identisch und die Aufteilung in zwei Aufträge lediglich erfolgt sei, um die Erreichung der für die Anwendung des Vergaberechts maßgeblichen Schwellenwerte zu vermeiden.[30]

---

[22] OLG Dresden B. v. 5. 4. 2001 WVerg 8/00, WuW/E Verg 497 – *Reisekosten*.
[23] OLG Celle B. v. 12. 7. 2007 13 Verg 6/07, VergabeR 2007, 808 ff.
[24] § 3 Abs. 10 VgV; s. auch § 1a Abs. 3 VOB/A; vgl. hierzu OLG Koblenz B. v. 6. 7. 2000 1 Verg 1/99, WuW/E Verg 470 – *Hochwasserschutz*.
[25] Vgl. OLG Koblenz B. v. 6. 7. 2000 1 Verg 1/99, WuW/E Verg 470 ff. – *Hochwasserschutz*; OLG Düsseldorf B. v. 30. 7. 2003 Verg 5/03, S. 3 f.
[26] OLG Stuttgart B. v. 9. 8. 2001 2 Verg 3/01, NZBau 2002, 292.
[27] *Müller-Wrede*, Kompendium, Schwellenwerte, Rn. 106; OLG Rostock B. v. 20. 9. 2006, 17 Verg 8/06, VergabeR 2007, 394 ff.
[28] Schleswig-Holsteinisches OLG B. v. 30. 3. 2004 6 Verg 1/03, ZfBR 2004, 620 (LS.).
[29] OLG Düsseldorf B. v. 31. 3. 2004 Verg 74/03; OLG Stuttgart B. v. 12. 8. 2002 Verg 9/02, NZBau 2003, 340.
[30] OLG Düsseldorf B. v. 25. 1. 2005 VII-Verg 93/04, NZBau 2005, 484 f.

§ 100. Anwendungsbereich

14 Außerhalb des Anwendungsbereichs des Kartellvergaberechts ist allerdings der 1. Abschnitt der VOB/A anwendbar, wenn die Vergabestelle durch verwaltungsinterne Einführungserlasse zur Anwendung verpflichtet ist.[31] Inwieweit den Regelungen des 1. Abschnitts der VOB/A Außenwirkung zukommt, ist umstritten.[32] **Subjektive Rechte** der Bieter können aber den EG-Grundfreiheiten[33] wie auch den Grundrechten des Gemeinschaftsrechts und des Grundgesetzes unabhängig von allen Schwellenwertregelungen entnommen werden.[34] Hiermit korrespondieren umfassende Rechtsschutzgarantien.[35] Ein effektiver Primärrechtsschutz ist daher auch außerhalb des Anwendungsbereichs des Kartellvergaberechts zu gewährleisten.[36]

15 Soweit den Bietern bei Auftrags- oder Konzessionsvergaben **außerhalb des Anwendungsbereichs der §§ 97 ff.** effektiver **Primärrechtsschutz** vor den ordentlichen Gerichten oder den Verwaltungsgerichten zur Verfügung steht, verstößt die Schwellenwertregelung nicht gegen **Art. 3 Abs. 1 GG**.[37]

III. Abs. 2 – Ausnahmebereiche

1. Allgemeines

16 § 100 Abs. 2 enthält einen **abschließenden Ausnahmekatalog**,[38] der seinem Wesen als Ausnahmevorschrift nach eng auszulegen ist.[39] Die Ausnahmen sind aus den EG-Vergaberichtlinien übernommen worden. Bzgl. der Berechtigung der Vergabestelle sich auf einzelne Ausnahmetatbestände zu berufen, ist das Nachprüfungsverfahren eröffnet.[40]

17 In den Ausnahmebereichen des § 100 Abs. 2 ist nach Auffassung des OLG Düsseldorf[41] das Vergabeverfahren einem **Primärrechtsschutz** der beteiligten Bewerber insgesamt entzogen. Der Rechtsschutz sei in solchen Fällen auf eine Kontrolle durch die Nachprüfungsinstanzen der §§ 102 ff. darauf beschränkt, ob die **Voraussetzungen des Ausnahmetatbestands** von der Vergabebehörde zutreffend angenommen worden sind. Eine andere Auslegung ließen Wortlaut und Normzweck nicht zu. Dass sich die Überprüfung in Ausnahmefällen darin erschöpfe, sei als eine „verfassungsimmanente Rechtsschutzschranke" zu respektieren. Das Bundesverfassungsgericht hat allerdings ausdrücklich klargestellt, dass im staatlichen Beschaffungsbereich **effektiver Rechtsschutz** dadurch sichergestellt sein muss, dass jede Vergabeentscheidung in materieller Hinsicht überprüft werden kann.[42] Sekundärrechtsschutz allein wird nicht als ausreichend angesehen, denn

---

[31] Ingenstau/Korbion, 15. Aufl. 2004, § 100 GWB Rn. 2.
[32] Vgl. dies bejahend OVG Rheinland-Pfalz, B. v. 25. 5. 2005, 7 B 10 356/05, WuW/Verg 1111 – *Lenkwaffen;* hierzu u. a. *Hölzl/Prieß* NZBau 2005, 367 ff.; VG Koblenz, B. v. 31. 1. 2005, GL 2617/04 KO, Vergaberecht 2005, 395 ff. m. Anm. *Hölzl/Prieß;* ablehnend hingegen Saarländisches OLG, B. v. 29. 4. 2004, 5 Verg 4/02, WuW/E Verg 773 ff. – *Verkehrssicherungsmaßnahmen.*
[33] EuGH B. v. 3. 12. 2001, Slg. 2001, I-5553 = WuW/E Verg 1167. Rs. C-59/00 – *Bent Mousten Vestergard.*
[34] Vgl. hierzu Vor § 97 Rn. 13 u. 28 ff.; a. A. OLG Stuttgart U. v. 11. 4. 2002 2 U 240/01, WuW/E Verg 591 – *Weinbergmauer.*
[35] Vgl. hierzu Vor § 97 Rn. 13 u. 28 ff.; vgl. z. B. LG Konstanz U. v. 18. 9. 2003 4 O 266/03.
[36] Hierzu *Dörr* in Bungenberg/Huber (Hrsg.), WiVerw 2007, 211 ff.; *Bungenberg,* Vergaberecht im Wettbewerb der Systeme, 2007, S. 245 ff.
[37] Hierzu ausführlich Vor § 97 Rn. 13 f. u. 31.
[38] Regierungsbegründung Vergaberechtsänderungsgesetz BT-Drucks. 13/9340, S. 15; OLG Düsseldorf B. v. 5. 5. 2004 VII-Verg 78/03, WuW/E Verg 960 ff.
[39] 2. VK Bund B. v. 18. 5. 1999 VK 2 – 8/99, ZVgR 1999, 126.
[40] Vgl. z. B. 2. VK Bund B. v. 18. 5. 1999 VK 2 – 8/99, ZVgR 1999, 126.
[41] OLG Düsseldorf, VII-Verg 101/04, WuW/E Verg 1113 – *BND Neubau.*
[42] BVerfG 2 BvR 2248/03, WuW/E Verg 983 – *Dachabdichtung;* vgl. hierzu NZBau 2004, 651 ff. Hierzu aber einschränkend BVerfGE 16, 135 ff.; ausführlich *Dörr* in Bungenberg/Huber (Hrsg.), WiVerw 2007, 211 ff.

von Art. 19 Abs. 4 GG wird nicht nur das formelle Recht, die Gerichte anzurufen gewährleistet, sondern auch eine tatsächlich wirksame gerichtliche Kontrolle.

18   Auch in den Ausnahmebereichen des § 100 Abs. 2 ist daher Primärrechtsschutz zu gewährleisten, und zwar nicht nur zur Klärung der Frage, ob die Voraussetzungen vorliegen, die eine Ausnahme vom Anwendungsbereich des kartellvergaberechtlichen Sonderregimes begründen. Dabei kann die verfassungsrechtliche Rechtsschutzgarantie durch kollidierende Verfassungsentscheidungen begrenzt werden. Grundsätzlich kann ein Ausgleich zwischen Rechtsschutzgewährleistungen und kollidierenden Verfassungsgütern wie z.B. Sicherheitsinteressen durch prozessuale Regelungen hergestellt werden.

2. Einzelne Ausnahmetatbestände

19   a) Gem. § 100 Abs. 2 sind **Arbeitsverträge** vom Anwendungsbereich des GWB-Vergaberechts ausgenommen. Die Erbringung von Dienstleistungen fällt daher nur in den Anwendungsbereich, wenn sie auf Grund von Aufträgen, nicht aber Arbeitsverträgen, erfolgt.[43] Im Rahmen des Art. 39 EG hat der EuGH den **Begriff des Arbeitsverhältnisses** dahingehend konkretisiert, dass ein Arbeitnehmer während einer bestimmten Zeit für einen anderen nach dessen Weisungen Leistungen erbringt und als Gegenleistung eine Vergütung erhält.[44] Diese Definition entspricht im Wesentlichen dem deutschen Verständnis: Hiernach ist Arbeitnehmer, wer Dienstleistungen in persönlicher Abhängigkeit erbringt, hierbei in Bezug auf Zeit, Ort und Art der zu verrichtenden Arbeit dem Weisungsrecht des Arbeitgebers unterliegt und in eine fremde Herrschafts- und betriebliche Risikosphäre, nämlich die des Arbeitgebers, eingegliedert ist.[45]

20   b) Gem. **Abs. 2 a)** sind Aufträge ausgenommen, die auf Grund eines **internationalen Abkommens** im Zusammenhang mit der **Stationierung von Truppen** (ZA NTS) vergeben werden und für die besondere Verfahrensregeln gelten. Dies sind primär Bauaufträge, die auf Grund des NATO-Truppenstatuts[46] und des Zusatzabkommens zum NATO-Truppenstatut vergeben werden.[47] Die erforderlichen besonderen Verfahrensregeln müssen sich aus den internationalen Abkommen selbst ergeben. Unter die Ausnahme fallen auch Beschaffungsvorhaben der in Deutschland stationierten Truppen einschließlich deren zivilem Gefolge gem. Art IX des NATO-Truppenstatuts i.V.m. Art. 47 des Zusatzabkommens. Soweit die Beschaffung mittelbar durch deutsche Behörden erfolgt, greift diese Ausnahmemöglichkeit nicht.[48]

21   c) Gem. **Abs. 2 b)** sind Aufträge ausgenommen, die auf Grund eines **internationalen Abkommens** zwischen Deutschland und einem oder mehreren Staaten, die nicht Vertragsparteien des EWR-Übereinkommens sind,[49] für ein von den Unterzeichnerstaaten gemeinsam zu verwirklichendes und zu tragendes (und damit **internationales**) **Projekt**, für das spezielle Verfahrensregeln gelten, vergeben werden. Es ist hingegen nicht ausreichend, dass es sich um Verträge zwischen staatlichen Unternehmen handelt. In Bezug auf dieses Projekt müssen für die Vergabe von öffentlichen Aufträgen Verfahrensregeln festge-

---

[43] 9. Erwägungsgrund DKR.
[44] EuGH U. v. 26. 2. 1992 Rs. C-357/89 – *Raulin*, Slg. 1992, I-1027, Rn. 10; EuGH U. v. 21. 6. 1988 Rs. 197/86 – *Brown*, Slg. 1986, 3205, Rn. 21.
[45] Vgl. *Palandt-Putzo*, 61. Aufl., Einf. v. § 611 BGB Rn. 7 m.w.N.; s. auch OLG Düsseldorf B. v. 8. 5. 2002 Verg 8–15/01, S. 27.
[46] BGBl. 1961 II S. 1190.
[47] BGBl. 1961 II S. 1183, 1218 geänd. durch Abk. v. 12. 10. 1971, BGBl. 1973 II S. 1022.
[48] *Byok/Jaeger-Hailbronner*, 2. A., § 100 Rn. 548; VK Bund B. v. 8. 3. 2006 VK 1 – 07/06; VK Bund B. v. 20. 12. 2005 VK 2–156/05.
[49] Abkommen über den Europäischen Wirtschaftsraum, ABl. 1994 L-1/1. Neben der EG sind Vertragsparteien Norwegen, Liechtenstein, Island.

legt worden sein. Solche Projekte sind z. B. Infrastrukturprojekte, Großprojekte zur gemeinsamen Rohstoffausbeutung etc.

d) Gem. **Abs. 2 c)** sind Aufträge ausgenommen, die auf Grund des **besonderen Verfahrens** einer **internationalen Organisation** vergeben werden. Die Vergabe von Aufträgen internationaler Organisationen in Deutschland richtet sich grundsätzlich nach dem von der jeweiligen Organisation festgelegten Verfahren, unabhängig davon, wer die Auftragskosten trägt. Zu den in Deutschland „ansässigen" internationalen Organisationen zählen insbesondere Unterorganisationen der UNO.

e) Abs. 2 d) weist drei gleichwertige Tatbestandsmerkmale auf.[50] Hiernach sind Aufträge ausgenommen, die in Übereinstimmung mit Rechts- und Verwaltungsvorschriften für **geheim** erklärt werden oder deren Ausführung nach diesen Vorschriften **besondere Sicherheitsmaßnahmen** erfordert oder wenn der Schutz **wesentlicher Interessen der Sicherheit eines Staates** es gebietet. Die aufgeführten Voraussetzungen können alternativ erfüllt sein.

Es muss sich in der 1. Alt. um Aufträge handeln, die gemäß den **Geheimschutzbestimmungen** des Bundes oder der Länder für geheim erklärt worden sind.[51] Dabei stellt es keinen Widerspruch dar, wenn das Projekt als solches einerseits öffentlich bekannt ist, die Art und Weise seiner Realisierung jedoch der Geheimhaltung unterliegt; wie die Umsetzung erfolgt, kann auch geheim gehalten werden, wenn das Projekt als solches publik ist.[52] Die Entscheidung, ob an die Ausführung eines Auftrags besondere Sicherheitsanforderungen zu richten sind, und die Bestimmung solcher Sicherheitsanforderungen obliegt den national zuständigen staatlichen Stellen.[53] Da von Rechts- und Verwaltungsvorschriften die Rede ist, bedarf es nicht eines förmlichen Gesetzes. **Relevante Vorschriften** im Sinne der Geheimerklärung (1. Alt) wie auch der Erforderlichkeit besonderer Sicherheitsmaßnahmen bei der Auftragsausführung (2. Alt.) sind u. a. die Verschlusssachenanweisung (VSA) und das Sicherheitsüberprüfungsgesetz (SÜG).[54] Dahingehende Entscheidungen sind vom deutschen Gesetzgeber in den §§ 1 Abs. 2, 7, 10 und 12 SÜG getroffen worden.[55]

Nur eine **objektiv gewichtige Gefährdung oder Beeinträchtigung der Sicherheitslage** (2. Alt.) kann rechtfertigen, von einer Anwendung der Bestimmungen des Vergaberechts abzusehen. Es bedarf bei dieser Alternative keiner Niederlegung in Rechts- oder Verwaltungsvorschriften.[56] Will der öffentliche Auftraggeber das Vergabeverfahren wegen des Schutzes wesentlicher Interessen der Sicherheit des Staates von einer Geltung des Vierten Teils des GWB ausnehmen, hat er die staatlichen Sicherheitsbelange gegen die Interessen der Bewerber für den öffentlichen Auftrag abzuwägen und den Grundsatz der Verhältnismäßigkeit zu beachten. Die Sicherheits- und Geheimhaltungsinteressen haben hohes Gewicht.[57] Nach Auffassung des OLG Düsseldorf[58] ist das Vergabeverfahren in Fällen des § 100 Abs. 2 d) nicht in einen nach den §§ 102 ff. nachprüfbaren und in einen der Nachprüfung nach den genannten Vorschriften entzogenen Teil aufzugliedern.[59]

---

[50] OLG Düsseldorf B. v. 30. 3. 2005 VII-Verg 101/04, WuW/E Verg 1111 – *BND-Neubau*.
[51] *Byok/Jaeger-Hailbronner*, 2. A., § 100 Rn. 553.
[52] *Weyand*, ibr-online-Kommentar-Vergaberecht, Stand 29. 9. 2005, § 100 Rn. 771/0,1; 3. VK Bund B. v. 1. 7. 2005 VK 3 – 55/05.
[53] EuGH Urt. v. 16. 10. 2003 Rs. C-252/01 – *Luftfotografie*, Slg. 2003, I-11 859 = WuW/E Verg 894, Rn. 30.
[54] 2. VK Bund B. v. 18. 5. 1999 VK 2 – 8/99 – *Auswärtiges Amt*, ZVgR 1999, 126.
[55] Vgl. OLG Düsseldorf B. v. 30. 3. 2005 VII-Verg 101/04, WuW/E Verg 1113 – *BND-Neubau*.
[56] *Byok/Jaeger-Hailbronner*, 2. A., § 100 Rn. 555.
[57] OLG Düsseldorf B. v. 30. 3. 2005 VII-Verg 101/04, WuW/E Verg 1113 – *BND-Neubau*.
[58] OLG Düsseldorf B. v. 30. 3. 2005 VII-Verg 101/04, WuW/E Verg 1113 – *BND-Neubau*.
[59] So aber *Hölzl* VergabeR 2004, 376, 377; vgl. insoweit auch 2. VK Bund B. v. 18. 5. 1999 VK 2 – 8/99 – *Auswärtiges Amt*, ZVgR 1999, 126.

26 Sofern bei der Ausführung eines öffentlichen Auftrags Sicherheitsinteressen (oder auch Geheimhaltungsbelange) in Frage stehen, müssen der Grad und das Gewicht solcher Interessen es unter dem **Grundsatz der Verhältnismäßigkeit** gebieten, das Vergabeverfahren von einer Anwendung des Vierten Teils des GWB auszunehmen. In einem Fall, in dem die Sicherheitsbelange des Staates dem Grunde nach schwerer wiegen als die Bieterinteressen, hat der öffentliche Auftraggeber diejenige Vergabeart zu wählen, die die geringstmöglichen Einschränkungen für die Bieter mit sich bringt, gleichwohl aber das staatliche Sicherheitsinteresse wahrt.[60] Sicherheits- und Geheimhaltungsbelangen von geringerem Rang kann unter Umständen in ausreichender Weise durch ein nichtoffenes Verfahren oder durch ein Verhandlungsverfahren mit Vergabebekanntmachung entsprochen werden mit der Folge, dass das (gesamte) Vergabeverfahren einer Nachprüfung gemäß den §§ 102 ff. unterliegt. Es ist der Grundsatz der Verhältnismäßigkeit staatlichen Handelns zu beachten.[61]

27 Die **tatsächlichen Gründe,** die im Interesse der Sicherheit des Staates eine Einschränkung der Bieterbelange erfordern, sind vom öffentlichen Auftraggeber in einem Vergabevermerk zu dokumentieren. Für die Gründe obliegt dem öffentlichen Auftraggeber im Streitfall die **Darlegungs- und Beweislast.**[62]

28 f) Gem. **Abs. 2 e)** sind Aufträge im **Verteidigungsbereich** ausgenommen, die dem Anwendungsbereich des **Art. 296 Abs. 1 b) EG** unterliegen.[63] Hiernach kann der Mitgliedstaat die Maßnahmen ergreifen, die seines Erachtens für die Wahrung seiner wesentlichen Sicherheitsinteressen erforderlich sind, soweit sie die Erzeugung von **Waffen, Munition und Kriegsmaterial** oder den Handel damit betreffen. Die dazu ergangene Kriegswaffenliste hat der Rat am 15. 4. 1958 festgelegt.[64] Eine Änderung der Liste ist zwar zulässig, aber bislang nicht erfolgt. Nach Auffassung der Kommission ist die Liste von 1958 keine geeignete Bezugsbasis für die Einschränkung des Anwendungsbereichs des Art. 296 EG, da sie weder jemals offiziell veröffentlicht noch aktualisiert worden sei.[65] Das BMVg hat im Juni 1978 Interpretationen der Kriegswaffenliste in einer aber lediglich verwaltungsinternen Anweisung nach neuen technologischen Erkenntnissen vorgenommen.[66] Einen Anhaltspunkt kann auch der Verhaltenskodex für Rüstungsexporte geben.[67]

29 Vorbehaltlich dem Art. 296 EG unterfallenden Bereich gelten die gemeinschaftlichen Regelungen und deren Umsetzung in nationales Recht auf dem Gebiet des öffentlichen Auftragswesens auch für die Vergaben im Verteidigungsbereich. Die Freistellung gem. Abs. 2 e) darf die **Wettbewerbsbedingungen** hinsichtlich der **nicht eigens für militärische Zwecke** bestimmten Waren nicht beeinträchtigen. Die Ausnahmeregelung des § 296 EG kann keinesfalls für zivile Güter oder für Güter, die nicht für spezifisch militärische Zwecke bestimmt sind, in Anspruch genommen werden, selbst wenn diese von den natio-

---

[60] OLG Düsseldorf B. v. 30. 4. 2004 VII-Verg 61/02 – *Bundeswehrversorgung*, WuW/E Verg 817; OLG Düsseldorf B. v. 20. 12. 2004 VII-Verg 101/04; B. v. 30. 3. 2005 VII Verg 101/04, WuW/E Verg 1115; 1. VK Bund B. v. 3. 2. 2006 VK 1 – 01/06; 1. VK Bund B. v. 20. 12. 2006 VK 1 – 136/06.

[61] OLG Düsseldorf B. v. 30. 3. 2005 VII-Verg 101/04, WuW/E Verg 1113 – *BND-Neubau*.

[62] OLG Düsseldorf B. v. 30. 4. 2004 VII-Verg 61/02, WuW/E Verg 817 – *Bundeswehrversorgung*.

[63] Hierzu umfassend *Trybus*, PPLR 5 (1996) 217; *ders.*, European Defence Procurement Law, 1999. Kommission, Grünbuch Beschaffung von Verteidigungsgütern, KOM (2004) endg. v. 23. 9. 2004, S. 8.

[64] Hierzu *Groeben/Thiesing/Ehlermann*, Kommentar zum EWG-Vertrag, 5. A., § 223 Rn. 8 ff.; vgl. hierzu VÜA Bund B. v. 10. 12. 1997 – *Trägheitsnavigationsgerät*, ZVgR 1998, 401. Die Liste ist abgedruckt bei *Marx* in: Becksch'scher Kommentar zur VOB/A, § 100 Rn. 16 u. 17.

[65] Kommission, Grünbuch Beschaffung von Verteidigungsgütern, KOM (2004) 608 endg. v. 23. 9. 2004, S. 7.

[66] So 1. VK Bund B. v. 28. 8. 2000 VK 1 – 21/00.

[67] Anlage der Erklärung des Rats v. 5. 6. 1998 (8675/2/98, GASP) zur Schaffung eines Mechanismus zur Transparenz der Rüstungsexportpolitik.

nalen Verteidigungsministerien beschafft werden.[68] Die EG-Kommission hat in einer Mitteilung im Dezember 2006 klargestellt, dass die Güter rein militärischen Zwecken dienen müssen.[69] Die am 12. 7. 2004 errichtete Europäische Verteidigungsagentur (European Defence Agency, EDA) hat einen Verhaltenskodex für die Beschaffung von Verteidigungsgütern erarbeitet,[70] der die Grundlage des am 1. Juli 2006 gestarteten Europäischen Marktes für Verteidigungsgüter ist.

g) Gem. **Abs. 2 f)** sind Aufträge ausgenommen, die von **Sektorenauftraggebern** nach Maßgabe näherer Bestimmung durch Rechtsverordnung nach § 127 auf dem Gebiet vergeben werden, auf dem diese selbst tätig sind,[71] d. h. Aufträge, die Trinkwasserversorger beim Einkauf von Wasser[72] und Energieerzeuger bei der Lieferung von Energie oder Brennstoffen zum Zwecke der Energieerzeugung vergeben.[73] Auch sind Verkehrsdienstleistungen innerhalb eines geographisch abgegrenzten Gebietes so weit ausgenommen,[74] wie es um die Beschaffung von Verkehrsdiensten auf Gebieten geht, auf denen der betreffende öffentliche Auftraggeber selbst tätig ist.[75]

Diese Vorschrift wird durch § 9 VgV konkretisiert[76] und durch Abs. 2 k) sowie die Mitteilung der Kommission über die Liste der Dienstleistungen, die unter den Ausnahmebereich nach Art. 8 SKR fallen, für den Bereich der Telekommunikation ergänzt;[77] der Bereich der Telekommunikation wird von der VgV nicht mehr als Sektor erfasst, nachdem die Kommission in einer Mitteilung die meisten Telekommunikationsunternehmen wegen des tatsächlich in diesem Bereich bestehenden Wettbewerbs vom Anwendungsbereich der SKR ausgenommen hat. Die neugefasste Sektorenkoordinierungsrichtlinie 2004/17/EG[78] führt in Erwägungsgrund 7 allerdings aus, dass die Entwicklung im Telekommunikationssektor auch weiterhin beobachtet und die Situation überprüft werden sollte, wenn festgestellt wird, dass in diesem Sektor kein wirksamer Wettbewerb mehr herrscht.

h) Gem. **Abs. 2 g)** sind Aufträge ausgenommen, die an eine Person vergeben werden, die **ihrerseits Auftraggeber** nach § 98 Nr. 1, 2 oder 3 ist und ein auf Gesetz oder Verordnung beruhendes ausschließliches Recht[79] zur Erbringung der Leistung hat. Die Vergabekoordinierungsrichtlinie 2004/18/EG erweitert nunmehr den Anwendungsbereich der Ausnahmevorschrift auch auf Verbände.[80] Diese wurden allerdings auch in der Vergangenheit schon in § 100 Abs. 2 g) angeführt. Sinn der Vorschrift ist es, dass Aufträge nicht mehrfach ausgeschrieben werden.[81] Von den europäischen Richtlinienvorgaben sind nur Dienstleistungsaufträge freigestellt.[82] Die Ausnahmebestimmung des Abs. 2 g) ist daher einschränkend europarechtskonform dahingehend auszulegen, dass sie nur im Dienstleistungs-

---

[68] Kommission, Grünbuch Beschaffung von Verteidigungsgütern, KOM (2004) 608 endg. v. 23. 9. 2004, S. 7.
[69] KOM (2006) 779 endg., Mitteilung zu Auslegungsfragen bzgl. der Anwendung des Art. 296 EG auf die Beschaffung von Verteidigungsgütern.
[70] Veröffentlichung auf der Homepage der EDA (http://www.eda.europa.eu).
[71] Vgl. Art. 26 SKR.
[72] Vgl. § 8 Nr. 1 VgV.
[73] Vgl. § 8 Nr. 2 u. 3 VgV.
[74] Vgl. § 8 Nr. 4 VgV.
[75] OLG Düsseldorf B. v. 26. 7. 2002 Verg 22/02, WuW/E Verg 626 – *Schienenpersonennahverkehr.*
[76] Vgl. die Ausf. zu § 98 Nr. 4.
[77] ABl. 1999 C 156/3.
[78] Vgl. hierzu Vor § 97 Rn. 90.
[79] Zum Begriff des ausschließlichen Rechts vgl. die Kommentierung von *Ehricke* zu Art. 86 EG, Rn. 52 ff.
[80] Art. 18 VKR.
[81] *Byok/Jaeger-Hailbronner,* 2. A., § 100 Rn. 566.
[82] Vgl. ebenso *Dreher* in: Immenga/Mestmäcker, GWB, § 100 Rn. 20; *Reidt/Stickler/Glahs,* § 99 Rn. 21.

bereich Anwendung findet. Das unter Rückgriff auf die Ausnahmeklausel beauftragte Unternehmen muss seinerseits wiederum Aufträge unter Beachtung der vergaberechtlichen Vorgaben vergeben. Eine Umgehungsmöglichkeit der Ausschreibungspflicht wird hierdurch verhindert.[83]

33 Das **ausschließliche Recht** zur Erbringung der Leistung muss zeitlich vor der Auftragsvergabe und unabhängig von dieser erteilt worden sein.[84] Die Einräumung des ausschließlichen Rechts muss auch mit dem EGV, insbesondere dessen Art. 81 ff., vereinbar sein.[85] Bei den Ausschließlichkeitsrechten muss es sich um die Erfüllung solcher Aufgaben im allge-meinen Interesse handeln, die in keinem Fall von privaten Unternehmen erfüllt werden können.[86] Durch die gesetzliche Begrenzung auf „Gesetz oder Verordnung" wird der Ausnahmetatbestand des GWB abschließend gegenüber den Richtlininenvorgaben eingeengt.

34 Das Vorliegen eines ausschließlichen Rechtes zur Erbringung der Leistung bei der **Beauftragung zur Abfallverwertung** und -beseitigung nach § 16 Abs. 1 KrW/AbfG wurde abgelehnt, da sich die Beauftragung nicht durch Gesetz oder Verordnung vollziehe, sondern regelmäßig durch eine vertragliche Vereinbarung zu Stande komme.[87] Auch ein für verbindlich erklärter Abfallwirtschaftsplan kommt nicht als Grundlage eines Leistungserbringungsrechts in Betracht, da er dem Betreiber einer Abfallentsorgungsanlage kein Recht auf Erbringung der Abfallentsorgungsleistung einräumt.[88]

35 i) Gem. **Abs. 2 h)** sind **grundstücksbezogene Aufträge** über Erwerb oder Miete von oder Rechte an Grundstücken oder vorhandenen Gebäuden oder anderem unbeweglichen Vermögen ungeachtet ihrer Finanzierung ausgenommen.[89] Mangels Austauschbarkeit der Objekte kommt ein grenzüberschreitender Bieterwettbewerb nicht zustande[90] und ein Vergabewettbewerb regelmäßig nicht in Betracht.[91] Mit diesen Objekten in Verbindung stehende finanzielle Dienstleistungen, die in jeglicher Hinsicht gleichzeitig, vor oder nach dem Kauf- oder Mietvertrag abgeschlossen werden, fallen nicht unter den Ausnahmetatbestand.[92] Hier kann aber im Einzelfall der Ausnahmetatbestand des Abs. 2 m) Anwendung finden. Sale-and-lease-back-Verträge sind als finanzielle Dienstleistungen nicht von dem Ausnahmetatbestand erfasst.[93]

36 j) Gem. **Abs. 2 i)** sind Aufträge über Dienstleistungen von **verbundenen Unternehmen,** die durch Rechtsverordnung nach § 127 näher bestimmt werden, für Sektorenauftraggeber ausgenommen. Diese Konkretisierung findet sich nunmehr in § 10 VgV.[94] Hiernach liegt ein verbundenes Unternehmen vor, wenn es als Mutter- oder Tochterunternehmen i. S. d. § 290 HGB gilt. Hiermit wird das Konzernprivileg im Vergaberecht berücksichtigt. Die Vorschrift befreit aber nur Dienstleistungen verbundener Unternehmen

---

[83] *Jochum* in: Grabitz/Hilf, Das Recht der Europäischen Union, B 7, EL 25, Januar 2005, Rn. 56.
[84] EuGH U. v. 10. 11. 1998 Rs. C-360/96 – *Gemeente Arnhem/BFI Holding,* Slg. 1998 I 6867 = WuW/E Verg 161.
[85] EuGH U. v. 10. 11. 1998 Rs. C-360/96 – *Gemeente Arnhem/BFI Holding,* Slg. 1998 I 6867 = WuW/E Verg 161, Rn. 45.
[86] EuGH U. v. 10. 11. 1998 Rs. C-360/96 – *Gemeente Arnhem/BFI Holding,* Slg. 1998 I 6867 = WuW/E Verg 161.
[87] OLG Düsseldorf B. v. 12. 1. 2004 VII-Verg 66/02, NVwZ 2004, 510; BayObLG B. v. 22. 1. 2002 Verg 18/01, VergabeR 2002, 244, 249 m. Anm. *Wagner.*
[88] OLG Düsseldorf B. v. 12. 1. 2004 Verg 66/02, NVwZ 2004, 510.
[89] Art. 1 a) iii) DKR; s. nunmehr auch Erwägungsgrund 24 und Art 16 a) VKR.
[90] *Jochum* in: Grabitz/Hilf, Das Recht der Europäischen Union, B 7, EL 25, Januar 2005, Rn. 56.
[91] So *Dreher* in: Immenga/Mestmäcker, GWB, § 100 Rn. 21.
[92] *Jochum* in: Grabitz/Hilf, Das Recht der Europäischen Union, B 7, EL 25, Januar 2005, Rn. 42.
[93] *Jochum* in: Grabitz/Hilf, Das Recht der Europäischen Union, B 7, EL 25, Januar 2005, Rn. 43; jurisPK-VergR-*Kullack,* § 100 Rn. 45; *Ingenstau/Korbion,* § 100 Rn. 12.
[94] S. die Kommentierung zu § 127.

§ 100. Anwendungsbereich 37–39 § 100 GWB

von Sektorenauftraggebern von den Vergaberegeln. Dabei muss es sich um konzerninterne Auträge handeln.

k) Gem. Abs. 2 j) sind Aufträge über die **Ausstrahlung von Sendungen** ausgenommen. Die der Vorschrift zu Grunde liegenden Bestimmungen der DKR und nunmehr der VKR[95] nehmen ausdrücklich auch Kauf, Entwicklung, Produktion oder Co-Produktion von Programmen durch Rundfunk- oder Fernsehanstalten vom Anwendungsbereich aus. In der Regierungsbegründung zum Vergaberechtsänderungsgesetz wird ausgeführt, dass in Art. 100 Abs. 2 alle Aufträge beschrieben sind, die nach den Richtlinien nicht von Vergabevorschriften erfasst sind. Daher ist davon auszugehen, dass es sich bei der Reduktion auf „Ausstrahlung von Sendungen" um ein Redaktionsversehen handelt und auch Kauf, Entwicklung, Produktion oder Co-Produktion von Programmen durch Rundfunk- oder Fernsehanstalten vom Anwendungsbereich ausgenommen sein sollen.[96]   37

Für die Vergabe von Aufträgen über bestimmte audiovisuelle **Dienstleistungen im Fernseh- und Rundfunkbereich** gelten besondere Erwägungen, die die Anwendung der Vergabevorschriften unangemessen erscheinen lassen.[97] Die Veranstaltung von Rundfunk- und Fernsehanstalten sind **durch die Rundfunkfreiheit garantierte Programmfreiheit** geschützt. Die Rundfunkfreiheit ist als Bestandteil des Grundrechts der Meinungsfreiheit als Gemeinschaftsgrundrecht geschützt.[98] Die Anwendung des Vergaberechts auf den Erwerb oder die Produktion von Rundfunk- und Fernsehsendungen würde zu einer Bestimmung des Programms durch vergaberechtliche Grundsätze führen, was zu einer nicht hinnehmbaren Einschränkung der Programmfreiheit führen würde.[99] Dies bedeutet aber nicht, dass **Rundfunkanstalten** von der Anwendung des Vergaberechts befreit wären.[100]   38

l) Gem. Abs. 2 k) sind Aufträge über Fernsprechdienstleistungen, Telexdienst, den beweglichen Telefondienst, Funkrufdienst und die Satellitenkommunikation ausgenommen. Diese Ausnahme im Bereich der **Telekommunikationsdienstleistungen** ist nur vor dem historischen Hintergrund verständlich, dass die genannten Telekommunikationsdienstleistungen ursprünglich ausschließlich von Monopolunternehmen angeboten und erbracht wurden. Diese Ausnahmevorschrift bezieht sich unabhängig vom Auftraggeber auf alle Aufträge, die in den in dieser Vorschrift genannten Bereichen vergeben werden. Sie gilt damit nicht nur für solche Konstellationen, in denen Auftraggeber, die selbst im Bereich der Telekommunikation tätig sind, entsprechende Aufträge vergeben.[101] Nachdem die Kommission den deutschen Telekommunikationsmarkt von der Anwendung des Vergaberechts freigestellt hat,[102] kommt diesem Ausnahmetatbestand keine Bedeutung mehr zu. Vielmehr sollte diese Ausnahme aufgehoben werden, da es mittlerweile eine Vielzahl von Anbietern entsprechender Leistungen gibt.[103] Die Ausnahmevorschrift ist auch nicht mehr mit der Zielsetzung eines Gemeinschaftsrahmens für Telekommunikationsmärkte zu vereinbaren, gemeinschaftsweit hochwertige, öffentlich zugängliche Dienste durch wirksamen Wettbewerb und Angebotsvielfalt zu gewährleisten.[104]   39

---

[95] Art. 16 b) VKR.
[96] *Byok/Jaeger-Hailbronner*, 2. A. § 100 Rn. 572.
[97] Vgl. Erwägungsgrund 25 VKR.
[98] EuGH U. v. 18. 6. 1991 Rs. 260/89 – *ERT,* Slg. 1991, I-2915, Rn. 44.
[99] So *Jochum* in: Grabitz/Hilf, Das Recht der Europäischen Union, B 7, EL 25, Januar 2005, Rn. 44.
[100] *Dreher* in: Immenga/Mestmäcker, GWB, § 100 Rn. 23.
[101] 2. VK Bund B. v. 24. 4. 2002 VK 2 – 12/02, S. 10.
[102] Mitteilung der Kommission gem. Art. 8 SKR 93/38/EWG v. 3. 6. 1999, ABl. 1999 C-156/3.
[103] Vgl. insoweit auch den Referentenentwurf des BMWA v. 29. 3. 2005 und diesbezügliche Begründung, S. 16.
[104] So *Jochum* in: Grabitz/Hilf, Das Recht der Europäischen Union, B 7, EL 25, Januar 2005, Rn. 45 unter Verweis auf Art. 1 Abs. 1 Rl. 2002/22/EG, ABl. 2002 L 108/58.

40 m) Gem. **Abs. 2 l)** sind Aufträge **über Schiedsgerichts- und Schlichtungsleistungen** ausgenommen. Solche Leistungen sind von ihrer Art nicht für eine Vergabe im Wettbewerb geeignet. Sie werden von Organisationen oder Personen übernommen, deren Festlegung oder Auswahl in einer Art und Weise erfolgt, die sich nicht nach den Vorschriften über die Vergabe öffentlicher Aufträge richten kann.

41 n) Gem. **Abs. 2 m)** sind Aufträge über **finanzielle Dienstleistungen** in Zusammenhang mit Ausgabe, Verkauf, Ankauf oder Übertragung von Wertpapieren oder anderen Finanzinstrumenten sowie Dienstleistungen der Zentralbanken ausgenommen. Diese Ausnahme ist durch das in diesem Bereich erforderliche große Vertrauensverhältnis begründet.[105] **Wertpapiere** sind Aktien und andere Aktien gleichzustellende Wertpapiere, Schuldverschreibungen und sonstige verbriefte Schuldtitel, die auf dem Kapitalmarkt gehandelt werden können, und alle anderen üblicherweise gehandelten Titel, die zum Erwerb solcher Papiere durch Zeichnung oder Austausch berechtigen oder zu einer Barzahlung führen, mit Ausnahme von Zahlungsmitteln.[106] Bei **Finanzinstrumenten** handelt es sich in erster Linie um Geldmarktinstrumente oder Produkte wie Termin-, Options- oder Swapgeschäfte.[107] Ein **„anderes Finanzinstrument"** i. S. d. § 100 Abs. 2 m) ist allgemein als ein Geschäft zu kennzeichnen, dem auf Grund der Besonderheiten des Finanzmarktes ein besonderes kapitalmarktbezogenes Vertrauensverhältnis zu Grunde liegt, das eine Anwendung des Vergaberechts unmöglich erscheinen lässt. Die Ausnahme umfasst alle vorbereitenden und begleitenden Dienstleistungen, die mit dem Finanzierungsgeschäft in einem solchen Zusammenhang stehen, dass sie die Durchführung des Geschäftes selbst beeinflussen können.[108] Sonstige Kreditaufnahmen sind aber als Dienstleistungsaufträge auszuschreiben.[109]

42 Art. 16 VKR erweitert den Anwendungsbereich dieses Ausnahmetatbestands auf Finanzdienstleistungen, die der Kapital- und Geldbeschaffung des öffentlichen Auftraggebers dienen. Eine unmittelbare Anwendbarkeit dieser Vorschriften kommt nicht in Betracht.

43 o) Gem. **Abs. 2 n)** sind Aufträge über **Forschungs- und Entwicklungsdienstleistungen** ausgenommen, es sei denn, ihre Ergebnisse werden ausschließlich Eigentum des Auftraggebers für seinen Gebrauch bei der Ausübung seiner eigenen Tätigkeit und die Dienstleistung wird vollständig durch den Auftraggeber vergütet. Die Erwägungsgründe der DKR verweisen auf das Kapitel „Forschung und Entwicklung" des EGV, wonach die Unterstützung der Forschung und Entwicklung dazu beiträgt, die wissenschaftlichen und technischen Grundlagen der europäischen Industrie zu stärken. Grundsätzlich sollen aber nur gemeinnützige Forschungs- und Entwicklungsdienstleistungen von den Vergaberegeln freigestellt werden.[110] Soweit öffentliche Auftraggeber Forschungsaufträge ausschließlich auf eigene Rechnung und für eigenen Nutzen vergeben, besteht keine Veranlassung, sie vom Anwendungsbereich des Vergaberechts auszunehmen.[111]

---

[105] So *Bechtold*, GWB, 3. A., § 100 Rn. 17.
[106] So Art. 1 Nr. 4 93/82/EWG, ABl. 1993 L 141/27 (Wertpapierdienstleistungsrichtlinie).
[107] So Art. 3 Nr. 1 e) und U. A. 2 Rl. 2006/49 v. 14. 6. 2006, ABl. EU 2006 L- 177/201 ff. (Kapitaladäquanzrichtlinie).
[108] So VK Baden-Württemberg B. v. 30. 11. 2001 1 VK 40/01.
[109] EG Kommission, Leitfaden v. 26. 10. 1999, Die Anwendung der Richtlinien 92/50 EWG und 93/38 EWG auf Finanzdienstleistungen.
[110] *Boesen* § 100 Rn. 144.
[111] *Byok/Jaeger-Hailbronner*, 2. A., § 100 Rn. 582; zur Auftragsforschung vgl. auch BayObLG B. v. 27. 2. 2003 Verg 25/02, VergabeR 2003, 669, 671 f.

IV. Neufassung gemäß Gesetz zur Modernisierung des Vergaberechts vom 20. April 2009

„5. § 100 Abs. 2 wird wie folgt geändert:
a) Buchstabe d wird wie folgt gefasst: „d) aa) die in Übereinstimmung mit den Rechts- und Verwaltungsvorschriften in der Bundesrepublik Deutschland für geheim erklärt werden,
bb) deren Ausführung nach diesen Vorschriften besondere Sicherheitsmaßnahmen erfordert,
cc) bei denen es ein Einsatz der Streitkräfte oder die Umsetzung von Maßnahmen der Terrorismusbekämpfung oder wesentliche Sicherheitsinteressen bei der Beschaffung von Informationstechnik oder Telekommunikationsanlagen gebieten oder
dd) bei denen der Schutz sonstiger wesentlicher Interessen der Sicherheit des Staates es gebietet;"
b) Buchstabe f wird wie folgt gefasst: „f) die bei Tätigkeiten auf dem Gebiet der Trinkwasserversorgung die Beschaffung von Wasser oder bei Tätigkeiten auf dem Gebiet der Energieversorgung die Beschaffung von Energie oder von Brennstoffen zur Energieerzeugung zum Gegenstand haben;"
c) Buchstabe i wird wie folgt gefasst: „i) von Auftraggebern nach § 98 Nr. 4, soweit sie anderen Zwecken dienen als der Sektorentätigkeit"
d) Buchstabe j wird wie folgt gefasst: „die den Kauf, die Entwicklung, die Produktion oder Koproduktion von Programmen zum Gegenstand haben und die zur Ausstrahlung durch Rundfunk- oder Fernsehanstalten bestimmt sind sowie über die Ausstrahlung von Sendungen".
e) Buchstabe k wird wie folgt gefasst: „k) die hauptsächlich den Zweck haben, dem Auftraggeber die Bereitstellung oder den Betrieb öffentlicher Telekommunikationsnetze oder die Bereitstellung eines oder mehrerer Telekommunikationsdienste für die Öffentlichkeit zu ermöglichen."
f) In Buchstabe m werden nach dem Wort „Finanzinstrumenten" die Wörter „ ,insbesondere Geschäfte, die der Geld- oder Kapitalbeschaffung der Auftraggeber dienen," eingefügt.
g) In Buchstabe n wird der Punkt am Ende durch ein Komma ersetzt und werden folgende Buchstaben angefügt:
„o) von aa) Auftraggebern, die auf dem Gebiet der Trinkwasser- oder Energieversorgung oder des Verkehrs tätig sind, an ein mit diesem Auftraggeber verbundenes Unternehmen oder
bb) einem gemeinsamen Unternehmen, das mehrere Auftraggeber, die auf dem Gebiet der Trinkwasser- oder Energieversorgung oder des Verkehrs tätig sind, ausschließlich zur Durchführung dieser Tätigkeiten gebildet haben, an ein Unternehmen, das mit einem dieser Auftraggeber verbunden ist, sofern mindestens 80 Prozent des von diesem verbundenem Unternehmen während der letzten drei Jahre in der Europäischen Union erzielten durchschnittlichen Umsatzes im entsprechenden Liefer- oder Bau- oder Dienstleistungssektor aus der Erbringung dieser Lieferungen oder Leistungen für den mit ihm verbundenen Auftraggeber stammen; dies gilt auch, sofern das Unternehmen noch keine drei Jahre besteht, wenn zu erwarten ist, dass in den ersten drei Jahren seines Bestehens wahrscheinlich mindestens 80 Prozent erreicht werden; werden die gleichen oder gleichartigen Lieferungen oder Bau- oder Dienstleistungen von mehr als einem mit dem Auftraggeber verbundenen Unternehmen erbracht, so wird die Prozentzahl unter Berücksichtigung des Gesamtumsatzes errechnet, den diese verbundenen Unternehmen mit der Erbringung der Lieferung oder Leistung erzielen; § 36 Abs. 2 und 3 gilt entsprechend;
p) die aa) ein gemeinsames Unternehmen, das mehrere Auftraggeber, die auf dem Gebiet der Trinkwasser- oder Energieversorgung oder des Verkehrs tätig sind, ausschließlich zur Durchführung von diesen Tätigkeiten gebildet haben, an einen dieser Auftraggeber oder
bb) ein Auftraggeber, der auf dem Gebiet der Trinkwasser- oder Energieversorgung oder des Verkehrs tätig ist, an ein gemeinsames Unternehmen im Sinne des Doppelbuchstaben aa, an dem er beteiligt ist, vergibt, sofern das gemeinsame Unternehmen errichtet wurde, um die betreffende Tätigkeit während eines Zeitraumes von mindestens drei Jahren durchzuführen, und in dem Gründungsakt festgelegt wird, dass die dieses Unternehmen bildenden Auftraggeber dem Unternehmen zumindest während des gleichen Zeitraumes angehören werden;
q) die zur Durchführung von Tätigkeiten auf dem Gebiet der Trinkwasser- oder Energieversorgung oder des Verkehrs außerhalb des Gebietes der Europäischen Union vergeben werden, wenn sie nicht

GWB § 100 45

mit der tatsächlichen Nutzung eines Netzes oder einer Anlage innerhalb dieses Gebietes verbunden sind;

r) zum Zwecke der Weiterveräußerung oder Weitervermietung von Auftraggebern, die auf dem Gebiet der Trinkwasser- oder Energieversorgung oder des Verkehrs tätig sind, an Dritte vergeben werden, vorausgesetzt, dass der Auftraggeber kein besonderes oder ausschließliches Recht zum Verkauf oder zur Vermietung des Auftragsgegenstandes besitzt und dass andere Unternehmen die Möglichkeit haben, diese Waren unter gleichen Bedingungen wie der betreffende Auftraggeber zu verkaufen oder zu vermieten;

s) von Auftraggebern, die auf dem Gebiet der Trinkwasser- oder Energieversorgung oder des Verkehrs tätig sind, soweit sie Baukonzessionen zum Zwecke der Durchführung dieser Tätigkeiten zum Gegenstand haben;

t) die der Ausübung einer Tätigkeit auf dem Gebiet der Trinkwasser- oder Energieversorgung oder des Verkehrs dienen, soweit die Europäische Kommission nach Artikel 30 der Richtlinie 2004/17/EG des Europäischen Parlaments und des Rates vom 31. März 2004 zur Koordinierung der Zuschlagserteilung durch Auftraggeber im Bereich der Wasser-, Energie- und Verkehrsversorgung sowie der Postdienste festgestellt hat, dass diese Tätigkeit in Deutschland auf Märkten mit freiem Zugang unmittelbar dem Wettbewerb ausgesetzt ist und dies durch das Bundesministerium für Wirtschaft und Technologie im Bundesanzeiger bekannt gemacht worden ist."

45 Zur Begründung führt der Regierungsentwurf aus:
"Zu Nummer 5 (§ 100 Abs. 2)
Die Änderungen des § 100 Abs. 2 betreffen neben den Anpassungen an die Liberalisierung im Telekommunikationsbereich und Klarstellungen auch die Übernahme der Ausnahmevorschriften für die Bereiche der Trinkwasser- und Energieversorgung sowie des Verkehrs, die bislang in der Vergabeverordnung geregelt waren.
Zu Buchstabe a: § 100 Absatz 2 enthält eine abschließende Aufzählung der aus dem Anwendungsbereich ausgenommenen Aufträge. Hier sind – anders als z.B. bei den Eigenleistungen – grundsätzlich die Kriterien einer Beschaffung am Markt erfüllt. Lediglich besondere Umstände rechtfertigen die Nichtanwendung der marktöffnenden Vergabevorschriften. Als solche besonderen Umstände hat der Gesetzgeber z.B. die wesentlichen staatlichen Sicherheitsinteressen angesehen. § 100 Abs. 2 Buchstabe d) GWB setzt Art. 14 der Richtlinie 2004/18/EG und Art. 21 der Richtlinie 2004/17/EG in deutsches Recht um. (Diese Regelung entsprach auch den bislang geltenden EG-Vergaberichtlinien: Richtlinien des Rates 92/50/EWG vom 18. Juni 1992, 93/36/EG vom 14. Juni 1993, 93/37/EG vom 14. Juni 1993 und 93/38/EG vom 14. Juni 1993). Die Neufassung des Buchstaben d) gibt den Ausnahmetatbestand zur besseren Übersichtlichkeit in gegliederter Form wieder und ergänzt ihn im Interesse der leichteren Anwendbarkeit. Die jetzt vier Varianten erfassen eine große Bandbreite der Bereiche, in denen wegen innen- und außenpolitischer Geheimhaltungs- und Sicherheitsinteressen von hinreichendem Gewicht Ausnahmen gegeben sein können.
Nach Doppelbuchstabe aa) ist eine Nichtanwendung gerechtfertigt, wenn Aufträge nach den nationalen Vorschriften für geheim erklärt werden. Dieser Ausnahmetatbestand umschreibt die Möglichkeit, Aufträge zum Schutz betroffener Sicherheitsbelange verschlossen zu halten. Er umfasst alle Aufträge, die nach den deutschen Geheimschutzvorschriften (z.B. Verschlusssachenanweisung VSA) VS-Vertraulich oder höher eingestuft sind. Dies korrespondiert damit, dass VS-Vertraulich und höher eingestufte Aufträge nur an Unternehmen vergeben werden können, die sich in der Geheimschutzbetreuung des Bundesministeriums für Wirtschaft und Technologie befinden.
Doppelbuchstabe bb) nimmt solche Aufträge aus, die besondere Sicherheitsmaßnahmen erfordern. Dies betrifft beispielsweise Schutzvorkehrungen, die beim Transport von sensiblem Material notwendig sind. Unter Doppelbuchstabe cc) werden – neu – besondere Beispielsfälle genannt, um deren hohe Sicherheitsrelevanz zu unterstreichen. Als Hilfestellung bei der Prüfung, ob im Hinblick auf IT-Produkte oder -Dienstleistungen ein Ausnahmetatbestand im Sinne des § 100 Abs. 2 Buchstabe d) Doppelbuchstabe cc) gegeben ist, dienen der "BSI – Leitfaden für die Beschaffung von IT – Sicherheitsprodukten". In den Fällen des Doppelbuchstaben cc) dürfte es regelmäßig auf Grund ihrer Art und ihres

§ 100. Anwendungsbereich § 100 GWB

Gewichtes für die Sicherheit des Staates geboten sein, dass die vergaberechtlichen Bestimmungen nicht zur Anwendung kommen. In diesen Ausnahmefällen sind die staatlichen Sicherheitsinteressen vorrangig gegenüber den einzelnen Unternehmensinteressen.
Gemäß Doppelbuchstabe dd) rechtfertigt – wie schon nach der bisherigen Gesetzesfassung – auch der Schutz sonstiger wesentlicher Sicherheitsinteressen des Staates eine Ausnahme. Hierzu gehören etwa Aufträge, bei deren Vergabe und Durchführung die Unternehmen Einblick in die Organisation oder Arbeitsweise von Sicherheitsbehörden erlangen, sowie Beschaffungen, die im Zusammenhang mit Einsätzen der Bundespolizei stehen oder die Beschaffung sensibler Materialien oder Anlagen, wenn der Schutz wesentlicher Interessen der Sicherheit des Staates es gebietet. Die vorstehenden Beispiele sind jedoch ebenso wie die besonderen Beispielsfälle gemäß Doppelbuchstabe cc) keine abschließende Aufzählung, wenn es um den Maßstab für die Bewertung geht, ob sonstige wesentliche Sicherheitsinteressen vorliegen. Für die Vergabe der nach § 100 Abs. 2 ausgenommenen Aufträge gelten dann lediglich die Haushaltsvorschriften (§ 30 HGrG, §§ 55 BHO, LHO), sofern die öffentlichen Auftraggeber dem Haushaltsrecht unterworfen sind.
Zu Buchstabe b: Diese Änderung dient der Aufnahme einer bestimmten Ausnahme für die Sektorenbereiche (bislang § 7 Abs. 5 VgV).
Zu Buchstabe c: Die bislang in § 7 Abs. 2 VgV enthaltene Ausnahme für Sektorenauftraggeber wird übernommen (Art. 20 RL 2004/17/EG). Um zu verhindern, dass diese Ausnahme bei einer „Mischung" mit anderen im Allgemeininteresse liegenden Tätigkeiten zur Nichtanwendung der Vergaberegeln insgesamt missbraucht wird, ist klarzustellen, dass die Ausnahme nicht gilt, wenn die andere Tätigkeit eines Sektorenauftraggebers dazu führt, dass hierfür die Voraussetzungen des § 98 Nr. 2 vorliegen und deshalb die Vergaberegeln anzuwenden sind.
Zu Buchstabe d: Diese Änderung dient der Anpassung an die Formulierung des Artikels 16 lit. b) der Richtlinie 2004/18/EG.
Zu Buchstabe e: Solange im Telekommunikationsbereich eine Monopolstruktur herrschte, machte eine europaweite Ausschreibung von Telekommunikationsleistungen keinen Sinn. Diese Leistungen waren daher vom Anwendungsbereich des Gesetzes ausgenommen. Durch die Liberalisierung des Telekommunikationssektors gibt es jedoch mittlerweile mehrere Anbieter. Die Ausnahme für die Telekommunikationsleistungen ist daher aufzuheben. Wenn Auftraggeber künftig Telekommunikationsleistungen oberhalb der EG-Schwellenwerte vergeben wollen, müssen sie die Vergaberegelungen des GWB beachten. Ersetzt wird diese Ausnahme durch eine Vorschrift, die für die in § 98 verbleibenden öffentlichen Auftraggeber klargestellt, dass Aufträge mit dem Zweck, das Anbieten von Telekommunikationsleistungen für die Öffentlichkeit zu ermöglichen, nicht erfasst werden.
Zu Buchstabe f: In der Ausnahmeregelung für die finanziellen Dienstleistungen wird wie in den EGVergaberichtlinien nunmehr klargestellt, dass die Aufnahme von Kapital und Krediten durch die öffentlichen Auftraggeber keine öffentlichen Aufträge sind.
Zu Buchstabe g
Buchstaben o bis s: Mit der Neuregelung der Buchstaben o bis s, der Neuregelung der § 98 Nr. 4, § 100 Abs. 2 und § 127 wird erreicht, dass die Definition der Tätigkeiten und Ausnahmen auf dem Gebiet der Trinkwasser- und Energieversorgung sowie des Verkehrs künftig allein im GWB geregelt sind. Dies verbessert die Systematik des Vergaberechts und entlastet die Vergabeverordnung, die diese Regelungen bislang enthielt. Die Ausnahmen der Buchstaben o) und p) sind zugleich an die Änderungen der Richtlinie 2004/17/EG angepasst.
Buchstabe t: Nach Artikel 30 der Richtlinie 2004/17/EG kann eine Befreiung von der Pflicht zur Anwendung der Vergaberegeln erfolgen, wenn die Aufträge Tätigkeiten auf dem Gebiet Trinkwasser- und Energieversorgung sowie des Verkehrs unmittelbarem Wettbewerb ausgesetzt sind. Die Feststellung, ob eine Tätigkeit in einem Mitgliedstaat unmittelbarem Wettbewerb unterliegt, wird von der Kommission getroffen und richtet sich nach den Maßstäben des Art. 30 der Richtlinie 2004/17/EG. Daher ist es erforderlich, den Ausnahmekatalog des § 100 Abs. 2 um den Fall zu ergänzen, dass die Kommission eine derartige Feststellung für eine Tätigkeit auf Märkten in Deutschland getroffen hat. Die näheren Bestimmungen über die Bekanntmachung durch das Bundesministerium für Wirtschaft und Technologie sowie das Verfahren zur Antragstellung bei der Kommission werden in der Verordnung geregelt."

§ 101 Arten der Vergabe

(1) Die Vergabe von öffentlichen Liefer-, Bau- und Dienstleistungsaufträgen erfolgt in offenen Verfahren, in nicht offenen Verfahren, in Verhandlungsverfahren oder im wettbewerblichen Dialog.

(2) Offene Verfahren sind Verfahren, in denen eine unbeschränkte Anzahl von Unternehmen öffentlich zur Abgabe von Angeboten aufgefordert wird.

(3) Bei nicht offenen Verfahren wird öffentlich zur Teilnahme, aus dem Bewerberkreis sodann eine beschränkte Anzahl von Unternehmen zur Angebotsabgabe aufgefordert.

(4) Verhandlungsverfahren sind Verfahren, bei denen sich der Auftraggeber mit oder ohne vorherige öffentliche Aufforderung zur Teilnahme an ausgewählte Unternehmen wendet, um mit einem oder mehreren über die Auftragsbedingungen zu verhandeln.

(5) [1] Ein wettbewerblicher Dialog ist ein Verfahren zur Vergabe besonders komplexer Aufträge durch staatliche Auftraggeber. [2] In diesem Verfahren erfolgen eine Aufforderung zur Teilnahme und anschließend Verhandlungen mit ausgewählten Unternehmen über alle Einzelheiten des Auftrags.

(6) [1] Öffentliche Auftraggeber haben das offene Verfahren anzuwenden, es sei denn, auf Grund dieses Gesetzes ist etwas anderes gestattet. [2] Auftraggebern, die nur unter § 98 Nr. 4 fallen, stehen das offene Verfahren, das nicht offene Verfahren und das Verhandlungsverfahren nach ihrer Wahl zur Verfügung.

Übersicht

	Rn.		Rn.
I. Abs. 1 – Allgemeines	1	VII. Neufassung von § 101 GWB gemäß Gesetz zur Modernisierung des Vergaberechts vom 20. April 2009	39
II. Abs. 2 – Offenes Verfahren	13		
III. Abs. 3 – Nicht offene Verfahren	16		
IV. Abs. 4 – Verhandlungsverfahren	21	VIII. Neueinfügungen nach § 101 GWB gemäß Gesetz zur Modernisierung des Vergaberechts vom 20. April 2009	41
V. Abs. 5 – Wettbewerblicher Dialog	30		
VI. Abs. 6 – Vorrang des offenen Verfahrens	36		
1. Verfahrenshierarchie	36	1. § 101a Informationspflichten der Auftraggeber	41
2. Sonderregeln im Sektorenbereich	38	2. § 101b Unwirksamkeit	42

I. Abs. 1 – Allgemeines

1   Aus § 97 Abs. 1 i. V. m. § 101 Abs. 1 ergibt sich die Verpflichtung der öffentlichen Auftraggeber, ausschreibungspflichtige Dienstleistungen und Lieferungen mittels der in § 101 normierten Verfahrenstypen zu beschaffen.[1] § 101 listet die vier **bei der Vergabe öffentlicher Aufträge anwendbaren Verfahren** – „offene Verfahren", „nicht offene Verfahren", „Verhandlungsverfahren" und „wettbewerblicher Dialog" – abschließend auf und gibt die **Anwendungspriorität des offenen Verfahrens** vor (Abs. 6).[2]

2   Durch das „Gesetz zur Beschleunigung der Umsetzung von Öffentlich-Privaten Partnerschaften und zur Verbesserung gesetzlicher Rahmenbedingungen für Öffentlich-Private-Partnerschaften" (ÖPP) vom 1. 9. 2005[3] wurde in Übereinstimmung mit den Vorgaben des EG-Legislativpakets[4] nach § 101 Abs. 4 ein neuer Abs. 5 eingefügt und mit diesem als neues eigenständiges Verfahren der **„wettbewerbliche Dialog"** eingeführt. Die im Legislativpaket vorgesehenen Möglichkeiten der Durchführung „elektronischer

---

[1] So *Ingenstau/Korbion*, 15. A. 2004, § 101 Rn. 5.
[2] So Regierungsbegründung zum Vergaberechtsänderungsgesetz BT-Drucks. 13/9340, S. 15.
[3] BGBl. I S. 2676.
[4] Hierzu s. Vor §§ 97 ff. Rn. 67.

Auktionen"[5] sowie auch der „dynamischen Beschaffungsverfahren"[6] sind bislang nicht in das deutsche Verfahrensrecht übernommen worden. Eine Einführung des wettbewerblichen Dialogs ist durch die Vergabekoordinierungsrichtlinie nicht zwingend vorgeschrieben.[7]

Die Ausgestaltung der Vergabeverfahren in den EG-Vergaberichtlinien[8] sowie deren Umsetzung in den Verdingungsordnungen soll die **Rechtmäßigkeit der Auftragsvergabe** sicherstellen und mittels Transparenz und Begründungspflichten eine nachträgliche **Rechtmäßigkeitsüberprüfung** ermöglichen. Durch die detaillierte Verfahrensausgestaltung in Vergabeverordnung und Vergabe-, Vertrags- und Verdingungsordnungen erfolgt auch ein Schutz der Grundrechte der potentiellen Bieter („Grundrechtsschutz durch Verfahren"). Zugleich soll dem Wettbewerbsgrundsatz als Bestandteil eines allgemeinen Wirtschaftlichkeitsgrundsatzes wie auch als Bestandteil der Wirtschafts- und Wettbewerbsfreiheit sowie den Gleichheits- und Freiheitsverbürgungen der potentiellen Bieter dadurch genüge getan werden, dass dem offenen Verfahren Vorrang eingeräumt wird.[9] Dieses Verfahren führt grundsätzlich zu einer höheren Anzahl von potentiell (interessierten) Bietern.

Die **Wahl des richtigen Vergabeverfahrens** bestimmt den Ablauf der weiteren Ausschreibung und des gesamten anschließenden Vergabeverfahrens. Ihr kommt somit große Bedeutung zu. Wählt der Auftraggeber ein **falsches Vergabeverfahren,** so handelt es sich um einen vergaberechtlichen Verstoß, der in einem Nachprüfungsverfahren, §§ 102 ff., angefochten werden kann.[10] In einer nicht gerechtfertigten Verkürzung des Bieterkreises ist eine nicht gerechtfertigte Grundrechtsverletzung zu sehen. In diesem Sinne beinhaltet der Verzicht auf das offene Verfahren regelmäßig eine Verletzung des Wettbewerbsprinzips i. S. d. § 97 Abs. 1, soweit die Wahl der anderen Verfahrensart nicht durch sachliche Gründe gerechtfertigt werden kann.[11]

Im Ausnahmefall[12] kann eine **Aufhebung** der Ausschreibung in Betracht kommen. Die Aufhebungsentscheidung kann in einem Nachprüfungsverfahren auf Verstöße gegen das gemeinschaftsrechtliche Vergabesekundärrecht oder gegen die dieses Recht umsetzenden Vorschriften überprüft werden.[13] Wird als Folge einer **Aufhebung eines Vergabeverfahrens** durch die Vergabekammer eine auf eine mehrjährige Leistungserbringung angelegte Vergabe neu ausgeschrieben, so sind Verhandlungen über eine **Zwischenlösung** bis zum Abschluss dieses Vertrags und seiner Umsetzung mit den Unternehmen zu führen, die sich an der aufgehobenen Ausschreibung mit einem Angebot beteiligt haben, das keine oder jedenfalls keine unter Gleichheitsgesichtspunkten beachtlichen Mängel aufgewiesen hat, so das OLG Dresden.[14] Ein als Ergebnis von Verhandlungen mit nur einem der Bieter geschlossener Vertrag über eine Zwischenlösung sei in entsprechender Anwendung von § 13 S. 6 VgV nichtig. Hebt ein öffentlicher Auftraggeber ein offenes Verfahren auf, weil keine den Ausschreibungsbedingungen entsprechenden Angebote eingegangen sind, kann er die zum vorangegangenen offenen Verfahren eingereichten Angebote als die (ersten) zum nachfolgenden Verhandlungsverfahren eingereichten Angebote behandeln, sofern er den

---

[5] Hierzu s. Vor §§ 97 ff. Rn. 84.
[6] Hierzu s. Vor §§ 97 ff. Rn. 85.
[7] Vgl. Art. 29 Abs. 1 VKR.
[8] Art. 1 Abs. 11 VKR, Art. 1 Abs. 8 SKR.
[9] Hierzu oben § 97 Rn. 22 ff.
[10] Vgl. 3. VK Bund B. v. 31. 8. 2005 VK 3 – 100/05; 3. VK Bund B. v. 6. 9. 2005 VK 3 – 109/05.
[11] VK Düsseldorf B. v. 30. 9. 2002 VK – 26/2002-L; jurisPK-VergR-*Blaufuß/Zeiss*, § 101 Rn. 50.
[12] Vgl. §§ 26, 26a VOB/A, §§ 26, 26a VOL/A, § 17 Abs. 4 VOF.
[13] EuGH U. v. 18. 6. 2002 Rs. C-92/00 – *Hospital Ingenieure Krankenhaustechnik*, Slg. 2002, I-5553 = WuW/E Verg 651 ff., Rn. 54; BGH B. v. 18. 2. 2003 X ZB 43/02 – *Jugendstrafanstalt*, WuW/E Verg 743 ff., Rn. 54.
[14] OLG Dresden B. v. 25. 1. 2008 WVerg 10/07.

Bietern diese Absicht vor Abgabe eines im Verhandlungsverfahren anzubringenden und eine erste Verhandlungsrunde eröffnenden Angebots unzweideutig bekannt gibt.[15]

6   Eine Umsetzung der **materiellen Vergabeverfahrensvorschriften der EG-Vergaberichtlinien** war überwiegend bereits vor der Vergaberechtsreform vom 1. 1. 1999 in den Vergabe-, Vertrags- und Verdingungsordnungen (VOL/A, VOB/A und VOF) erfolgt. Das offene Verfahren entspricht der öffentlichen Ausschreibung, das nicht offene Verfahren der beschränkten Ausschreibung und das Verhandlungsverfahren der freihändigen Vergabe. Der wettbewerbliche Dialog findet sich in § 6a VgV genauer ausgestaltet. Im Verhältnis von Kartellvergaberecht und Vergabe-, Vertrags- und Verdingungsordnungen gehen die GWB-Regelungen in ihrer europarechtskonformen Auslegung Letzteren immer vor.[16]

7   Die unterschiedlichen Vergabeverfahren laufen in ihren wesentlichen Zügen nach den Vergaberichtlinien wie auch nach den Verdingungsordnungen ähnlich ab. Die Vergaberichtlinien verlangen vor einer konkreten Ausschreibung die **Veröffentlichung einer Vorinformation** oder eine jährliche, regelmäßige **Bekanntmachung**,[17] mit denen potentielle Auftragnehmer über beabsichtigte Vergaben informiert werden sollen. Allerdings ist eine Vorinformation nur dann zwingend vorgeschrieben, wenn der Auftraggeber von der Möglichkeit einer **Fristverkürzung** Gebrauch macht.[18]

8   Vor Vergabe eines öffentlichen Auftrages in einem der drei aufgeführten Verfahren muss der Auftraggeber dies durch eine in der **TED-Datenbank** („Tenders Electronic Daily") zu veröffentlichende Bekanntmachung mitteilen,[19] die auch im Amtsblatt zu veröffentlichen ist.[20]

9   Seit dem 1. 5. 2002 sind **Standardformulare zur Bekanntmachung öffentlicher Aufträge** eingeführt worden.[21] Im Hinblick auf die von den EU-Mitgliedstaaten bis spätestens zum 31. 1. 2006 umzusetzenden modernisierten Koordinierungsrichtlinien des Legislativpakets hat die Kommission im Oktober 2005 neue Standardbekanntmachungsformulare veröffentlicht.[22] Die neuen Formulare haben die öffentlichen Auftraggeber spätestens ab dem 1. 2. 2006 für ihre Bekanntmachungen von Vergaben ab den EU-Schwellenwerten anzuwenden. Die zwingende Verwendung dieser Formulare und die Benutzung des Gemeinsamen Vokabulars für öffentliche Aufträge **(Common Procurement Vocabulary – CPV)**[23] soll die Qualität der Bekanntmachungen verbessern, zur Transparenz und Effizienz beitragen sowie zukünftig auch die elektronische Beschaffung erleichtern.

10 Angebote, die nach Fristablauf eingehen, sind ebenso wie unvollständige Angebote keiner Wertung zugänglich. Die Auswahl der Bewerber für das „Wertungsverfahren" in den unterschiedlichen Verfahrensarten erfolgt durch eine **Eignungsprüfung** unter den Kriterien der Zuverlässigkeit, Leistungsfähigkeit und Fachkunde,[24] sowie durch eine formelle

---

[15] OLG Düsseldorf B. v. 5. 7. 2006 VII-Verg 21/06, VergabeR 2006, 929 ff.
[16] *Dreher* in: Immenga/Mestmäcker, GWB, 4. Aufl., § 101, Rn. 14.
[17] Art. 35 VKR.
[18] Art. 35 Abs. 1 UAbs. 5 VKR; EuGH U. v. 29. 9. 2000 Rs. C-225/98 – Kommission/Frankreich („*Calais*"), Slg. 2000, I-7445 = WuW/E Verg 362, Rn. 38.
[19] Art. 33 Abs. 2 VKR.
[20] Vgl. § 17a VOB/A, § 17a VOL/A, § 9 VOF.
[21] Rl. 2001/78/EG v. 13. 9. 2001, ABl. 2001 L 287/1 (Richtlinie über die Verwendung von Standardformularen für die Bekanntmachung von öffentlichen Aufträgen). Abrufbar unter http://simap.europa.eu/buyer/forms-standard_de.html.
[22] Verordnung (EG) Nr. 1564/2005 der Kommission zur Einführung von Standardformularen für die Veröffentlichung von Vergabebekanntmachungen im Rahmen von Verfahren zur Vergabe öffentlicher Aufträge gemäß Richtlinie 2004/17/EG und der Richtlinie 2004/18/EG des Europäischen Parlaments und des Rates vom 7. 9. 2005, ABl. 2005 L-257/1.
[23] Common Procurement Vocabulary (CPV), ABl. 2002 L 340/1 ff. Geändert durch VO 213/2008 der Kommission v. 28. 11. 2007, Abl. 2008 L-74/1 ff.
[24] Vgl. hierzu oben, § 97 Rn. 46 ff.

und inhaltliche Prüfung der Angebote. Im Anschluss erfolgt die **Angebotswertung** unter dem Kriterium der Wirtschaftlichkeit. Den Abschluss des eigentlichen Vergabeverfahrens bildet der **Zuschlag** an den in der Wertungsphase erfolgreichen Bieter.[25] Der Auftraggeber erstellt einen **Vergabevermerk**.[26] Dieser enthält die einzelnen Stufen des Verfahrens, die maßgeblichen Feststellungen sowie die Begründung der getroffenen Entscheidungen.

Die Durchführung von Vergabe- und von Parallelverfahren zur **Markterkundung** sind unzulässig.[27] Ein Teilnahmewettbewerb vor dem nicht offenen und dem Verhandlungsverfahren kann für eine solche Markterkundung allerdings genutzt werden. Jedoch muss die Absicht bestehen, ein Vergabeverfahren auch tatsächlich durchzuführen.[28]

Losverfahren zur Reduzierung der Bewerberzahl sind nur dann (ausnahmsweise) zulässig, wenn der öffentliche Auftraggeber unter den eingegangenen Bewerbungen eine rein objektive Auswahl nach qualitativen Kriterien unter gleich qualifizierten Bewerbern nicht mehr nachvollziehbar durchführen kann. Allein der Umstand, dass alle Bewerber die in der Bekanntmachung genannten Nachweise und Erklärungen vollständig beigebracht haben, reicht nicht dafür aus, dass alle Bewerber gleichermaßen zur Auftragserteilung geeignet sind und dass deshalb unter ihnen mittels Losverfahren ausgewählt werden darf.[29]

II. Abs. 2 – Offenes Verfahren

Bei einer Auftragsvergabe im offenen Verfahren (bzw. nach den Verdingungsordnungen bei einer „öffentlichen Ausschreibung")[30] wird eine **unbeschränkte Anzahl von Unternehmen** öffentlich zur Abgabe von Angeboten aufgefordert. Alle Interessierten können ein Angebot abgeben.[31] Das offene Verfahren ist ein **einphasiges Verfahren,** in dem Eignungswertung und Zuschlagsentscheidung Teil eines einheitlichen Wertungsvorgangs in vier Stufen sind.[32] Es beginnt mit dem Datum der Absendung der verbindlichen Bekanntmachung an das Amtsblatt und nicht schon mit der Absendung der Bekanntmachung zur Vorinformation.[33] Im Anschluss an die Amtsblattveröffentlichung kann auch eine Bekanntgabe in regionalen oder nationalen Blättern erfolgen. Die Vergabegrundsätze des § 97 – Transparenz, Wettbewerb und Chancengleichheit – müssen während des gesamten Verfahrens volle Berücksichtigung finden. Das offene Verfahren ist nach Abs. 5 Satz 1 grundsätzlich anzuwenden, es sei denn, durch das oder auf Grund des GWB ist etwas anderes gestattet.[34]

Das offene Verfahren führt zum **größtmöglichen Wettbewerb** um den Auftrag. Eine **vorherige Begrenzung der Bieterzahl** ist gerade nicht möglich. Wegen der auf Bieterseite herrschenden Unübersichtlichkeit und Unkenntnis über die Konkurrenz werden auch wettbewerbsverzerrende Preisabsprachen untereinander oder mit der Vergabestelle erschwert.[35] Da das offene Verfahren den besten Schutz vor Korruption bei der Auftragsbeschaffung bietet, wird es auch vom „UNCITRAL Model Law on Procurement of Goods, Construction and Services" zur regelmäßigen Anwendung empfohlen.

---

[25] Vgl. hierzu oben § 97 Rn. 61 ff.
[26] So u. a. Art. 43 VKR BKR.
[27] Vgl. OLG Saarbrücken B. v. 22. 10. 1999 5 Verg 2/99 S. 22 ff., ZVgR 2000, 24.
[28] § 4 VOL/A.
[29] 1. VK Bund, B. v. 14. 6. 2007, VK 1 – 50/07, IBR 2008, 45 (red. LS).
[30] § 3a Nr. 1a), § 3b Nr. 1a) VOB/A, § 3a Nr. 1 Abs. 1 VOL/A, § 3b Nr. 1a) VOL/A, § 3 Abs. 1 Nr. 1 VOL/A.
[31] Vgl. Art. 1e) DKR, Art. 1d) DKR, Art. 1d) LKR, Art. 1 Nr. 7a) SKR.
[32] *Ingenstau/Korbion*, 2004, § 101 Rn. 7.
[33] *Weyand*, Vergaberecht, 2004, § 101 Rn. 817; 1. VK Leipzig B. v. 23. 5. 2001 1/SVK/34–01.
[34] Vgl. hierzu unten 36 f.
[35] *Prieß*, Handbuch des europäischen Vergaberechts, 2005, S. 197.

15 Die genaue Ausgestaltung dieses stark formalisierten Verfahrens lässt sich nach Umsetzung der Richtlinienvorgaben nur den **Verdingungsordnungen** entnehmen. Es ist durch folgende **Verfahrensgrundsätze** gekennzeichnet:[36] Veröffentlichung von Vorinformationen und Vergabebekanntmachungen,[37] unbeschränkte Teilnahmemöglichkeit,[38] Bindung an bestimmte Mindestfristen,[39] eindeutige und erschöpfende Leistungsbeschreibung,[40] Geheimhaltung der Angebote bis zu einem Öffnungstermin,[41] Nachverhandlungsverbot[42] sowie Zuschlagserteilung auf das wirtschaftlichste Angebot.

III. Abs. 3 – Nicht offene Verfahren

16 Das **zweistufig ausgestaltete** nicht offene Verfahren (bzw. die „beschränkte Ausschreibung" nach den Verdingungsordnungen)[43] unterteilt sich in **Teilnahmewettbewerb und anschließende beschränkte Ausschreibung.**

Das selbständige förmliche Teilnahmeverfahren findet dort seine Berechtigung, wo der öffentliche Auftraggeber nicht alle für eine Vergabe in Betracht kommenden Bewerber kennt und sich daher zunächst auf dem Markt orientieren will. Öffentliche Aufträge können **nur in begründeten Fällen** im Wege des nichtoffenen Verfahrens an Stelle des offenen Verfahrens vergeben werden. Da das nicht offene Verfahren der beschränkten Ausschreibung mit öffentlichem Teilnahmewettbewerb entspricht, ist es unter den in § 3a Nr. 3 i. V. m. § 3 Nr. 3 VOB/A für Bauaufträge und in § 3a Nr. 1 Abs. 1 i. V. m. § 3 Nr. 3 VOL/A für Liefer- und Dienstleistungsaufträge genannten Voraussetzungen zulässig.[44] Beim nicht offenen Verfahren können sich ohne weiteres längere Verfahrensfristen als beim offenen Verfahren ergeben. Ein öffentlicher Auftraggeber kann sich zur Begründung für das nichtoffene Verfahren daher nicht auf eine Eilbedürftigkeit berufen.[45]

17 Zunächst wird, nach **Vorinformation** und **Vergabebekanntmachung,**[46] eine **Aufforderung zur Teilnahme an einem Vergabeverfahren** veröffentlicht. Die Auswahlkriterien müssen in der Bekanntmachung bekannt gemacht werden. Die an einem Auftrag interessierten Unternehmen können innerhalb der in der Bekanntmachung genannten Frist einen Antrag auf Teilnahme am Wettbewerb stellen. Dieser vorgeschaltete Teilnahmewettbewerb dient regelmäßig dazu, die Eignungsvoraussetzungen der Fachkunde, Leistungsfähigkeit und Zuverlässigkeit bei den Bewerbern zu ermitteln und entsprechende Nachweise von ihnen zu verlangen.[47] Die Unternehmen, die Teilnahmeanträge gestellt haben, werden auf ihre Eignung geprüft. Der öffentliche Auftraggeber ist nicht verpflichtet, sich im nicht offenen Verfahren bereits vor Eingang der Bewerbungen festzulegen, wie viele Bewerber er zur Angebotsabgabe auffordern will und dies in der Vergabebekanntmachung – sei es als Zahl oder Marge – mitzuteilen.[48]

---

[36] So zusammenfassend *Boesen* § 101 Rn. 8.
[37] §§ 17, 17a Nr. 1 u. Nr. 2 VOB/A, §§ 17, 3a Nr. 1 Abs. 3, 17a Nr. 1 und Nr. 2 VOL/A.
[38] §§ 3 Nr. 1 Abs. 1, 3a Nr. 1a VOB/A, §§ 3 Nr. 1 Abs. 1, 3a Nr. 1 Abs. 1 VOL/A.
[39] §§ 18, 18a, 19 VOB/A, §§ 18, 18a, 19 VOL/A.
[40] §§ 9, 9a VOB/A, §§ 8, 8a VOL/A.
[41] § 22 VOB/A u. § 22 VOL/A.
[42] § 24 Nr. 1 VOB/A, § 24 Nr. 1 VOL/A.
[43] §§ 3a Nr. 1b), 3b Nr. 1b) VOB/A, §§ 3a Nr. 1 Abs. 1, 3b Nr. 1b), 3 Nr. 1 Abs. 4 u. Nr. 3 VOL/A.
[44] *Weyand*, Vergaberecht, 2004, § 101 Rn. 818.
[45] 2. VK. Bund B. v. 31. 5. 2002 VK 2 – 20/02; *Weyand*, Vergaberecht, 2004, § 101 Rn. 819.
[46] §§ 17a Nr. 3 u. 4, 17 Nr. 1 Abs. 2 i. V. m. Anhang C zur VOB/A, §§ 17 Nr. 1, 17 Nr. 1 Abs. 2 VOL/A i. V. m. Anhang B zur VOL/A.
[47] *Weyand*, Vergaberecht, 2004, § 101 Rn. 820; OLG Düsseldorf B. v. 24. 9. 2002 Verg 48/02, NZBau 2003, 349.
[48] BayObLG B. v. 20. 4. 2005 Verg 26/04, VergabeR 2005, 532 ff.

In der nunmehr folgenden Stufe wählt der öffentliche Auftraggeber eine beschränkte **18**
Anzahl von Unternehmen, die am Teilnahmewettbewerb erfolgreich teilgenommen haben,
aus; an diese Unternehmen ergeht eine öffentliche **Aufforderung zur Angebotsabgabe.**
Der am Teilnahmewettbewerb beteiligte Unternehmer kann selbst bei nachgewiesener
grundsätzlicher Eignung keinen Rechtsanspruch auf Beteiligung am nachfolgenden Vergabeverfahren geltend machen. Der öffentliche Auftraggeber hat einen gewissen **Beurteilungs- und Entscheidungsspielraum.**[49] Die Entscheidung des öffentlichen Auftraggebers, wie viele und welche Bewerber er zur Angebotsabgabe auffordert, muss auf
sachlichen Erwägungen beruhen. Sind solche Gründe nicht ersichtlich, insbesondere weder
im Rahmen eines Vergabevermerks dokumentiert noch im Verfahren dargelegt, hat der
Auftraggeber sein Auswahlermessen nicht ordnungsgemäß ausgeübt.[50] Bei der Auswahl ist
er an den Gleichbehandlungsgrundsatz gebunden.[51] Zudem sind der Wettbewerbs- und der
Transparenzgrundsatz gem. § 97 Abs. 1 zu beachten. Diese sind in diesem Zusammenhang
als konkrete Ausprägungen eines generellen, übergreifenden Willkürverbots anzusehen.[52]
Der Beurteilungsspielraum wird insoweit durch Gleichbehandlungs- und Wettbewerbsgrundsatz begrenzt. Es besteht folglich keine Kontrollfreiheit im Rechtsmittelverfahren.

Fordert der öffentliche Auftraggeber Unternehmen zur Angebotsabgabe auf, die nicht **19**
an dem Teilnahmewettbewerb beteiligt waren, so macht er sich **schadensersatzpflichtig.**
Auch Angebote von Unternehmen, die nach Abschluss des Teilnahmewettbewerbs nicht
zur Angebotsabgabe aufgefordert wurden, müssen zwingend ausgeschlossen werden.[53]

Der **weitere Verfahrensablauf** bis zum Zuschlag entspricht dem offenen Verfahren. Im **20**
nicht offenen Verfahren gelten, wie im offenen Verfahren, die Grundsätze der eindeutigen
und erschöpfenden Leistungsbeschreibung,[54] der Geheimhaltung der Angebote bis zu
einem Öffnungstermin[55] und das Nachverhandlungsverbot.[56] Der Zuschlag erfolgt auf das
wirtschaftlichste Angebot.

IV. Abs. 4 – Verhandlungsverfahren

Das Verhandlungsverfahren ist an strenge Einleitungsvoraussetzungen geknüpft. Es ist ein **21**
zweiphasiges Verfahren, in dem in einer ersten Phase mit oder ohne öffentlichem Teilnahmewettbewerb geeignete Unternehmen ausgewählt und in einer zweiten Phase Vertragsverhandlungen mit dem Ziel einer Zuschlagsentscheidung geführt werden.[57] Im Verhandlungsverfahren **wendet sich der Auftraggeber** mit oder ohne vorherige öffentliche
Aufforderung **an Leistungserbringer seiner Wahl,** um mit einem oder mehreren über
die Auftragsbedingungen zu verhandeln.[58] Ein Verhandlungsverfahren unterscheidet sich
von den anderen vergaberechtlichen Verfahrensarten gerade dadurch wesensmäßig, dass
sowohl hinsichtlich des ausgeschriebenen Leistungsgegenstands als auch der hierauf abgegebenen Angebote Verhandlungen zwischen der Vergabestelle und den Bietern gerade nicht
verboten, sondern im Gegenteil zulässig und erwünscht, im Regelfall zur Bestimmung des
später maßgeblichen Vertragsinhalts sogar notwendig sind.[59] Im Anwendungsbereich der

---

[49] OLG Düsseldorf B. v. 20. 4. 2005 VII-Verg 19/05; BayObLG B. v. 12. 4. 2000 NZBau 2000, 481, 485.
[50] BayObLG B. v. 20. 4. 2005 Verg 26/04, VergabeR 2005, 532 ff.
[51] BayObLG B. v. 20. 4. 2005 Verg 26/04, VergabeR 2005, 532 ff.
[52] 1. VK Bund B. v. 25. 6. 2003 VK 1 – 45/03.
[53] VK Südbayern B. v. 9. 4. 2003 11 – 03/03.
[54] §§ 9, 9a VOB/A, §§ 8, 8a VOL/A.
[55] § 22 VOB/A, § 22 VOL/A.
[56] § 24 Nr. 1 VOB/A, § 24 Nr. 1 VOL/A.
[57] *Ingenstau/Korbion*, § 101 Rn. 12.
[58] Art. 1 Abs. 11 d) VKR, Art. 1 Abs. 9 c) SKR.
[59] OLG Dresden B. v. 11. 4. 2005 WVerg 0005/05, VergabeR 2005, 646.

GWB § 101 22–24   10. Teil. Gesetz gegen Wettbewerbsbeschränkungen

VOF ist das Verhandlungsverfahren als Regelverfahren vorgesehen, da die auftragsgegenständlichen Leistungen kreative und selbst verantwortete Lösungen gestellter Aufgaben beinhalten.[60] Diese Verfahrensart ist insbesondere im Abschnitt der eigentlichen Vergabeverhandlung ein **„dynamischer Prozess"**[61] und weitgehend formfrei.[62] Es liegt in der Natur das Verhandlungsverfahrens, dass sich die Angebote ständig bis zur „Last Order" durch Nachforderungen und Aufklärungsbegehren verändern, allerdings innerhalb der vom Auftraggeber gesetzten Fristen und anderen Rahmenbedingungen.[63] Es darf aber zu keiner Modifikation der nachgefragten Leistung durch den Auftraggeber kommen. Das Verhandlungsverfahren tritt an die Stelle der freihändigen Vergabe.[64]

22 Im **Verlauf des Verhandlungsverfahrens** können sich auf Nachfrager- oder Anbieterseite **Veränderungen** ergeben. Abweichungen von den Ausschreibungsunterlagen müssen allen noch in die Verhandlung einbezogenen Bietern gegenüber transparent und diskriminierungsfrei erfolgen. Solange die Vorgaben der Ausschreibungsunterlagen nicht vom Auftraggeber gegenüber allen noch in die Verhandlung einbezogenen Bietern aufgegeben oder geändert worden sind, sind sie weiterhin verbindlich.[65]

23 Auch im Verhandlungsverfahren unterliegt der Auftraggeber den **wesentlichen vergaberechtlichen Grundsätzen** des Wettbewerbs, der Transparenz und der Nichtdiskriminierung.[66] Ihnen kommt als Gegengewicht zu den geringeren formalen Anforderungen in Verfahren, in denen die Leistungsbeschreibung in Form einer Funktionalausschreibung erfolgt und die insbesondere als Verhandlungsverfahren geführt werden, sogar besondere Bedeutung zu.[67] Der **Transparenzgrundsatz** verlangt vom Auftraggeber, die **Kriterien der Zuschlagsentscheidung** vor der Entscheidung bekannt zu geben. Auch muss der öffentliche Auftraggeber grundsätzlich von mehreren Unternehmen Angebote einfordern und verhandeln, damit ein Wettbewerb überhaupt entstehen kann.[68] Das Diskriminierungsverbot des Art. 12 EG und die Grundfreiheiten sind zu beachten. Aus der Wahl des Verhandlungsverfahrens erfolgt keine Verpflichtung des öffentlichen Auftraggebers, mit allen Bietern zu verhandeln, die ein Angebot abgegeben haben.[69]

24 Der Auftraggeber muss die nachgefragte Leistung so eindeutig und erschöpfend beschreiben, dass jeder Bewerber die Ausschreibung im gleichen Sinne verstehen muss und die Angebote miteinander verglichen werden können.[70] Nur wenn dies im Zeitpunkt der Ausschreibung noch nicht möglich ist, kann eine Konkretisierung im Laufe des Verhandlungsverfahrens vorgenommen werden.[71] Im Laufe der Verhandlungen können sich sowohl auf der Nachfrage- als auch auf der Angebotsseite Veränderungen ergeben, was allerdings nicht dazu führen darf, dass letztendlich andere Leistungen beschafft werden als mit der **Leistungsbeschreibung** angekündigt.[72]

---

[60] VK Düsseldorf B. v. 15. 12. 2006 VK – 48/2006-F.
[61] OLG Celle B. v. 16. 1. 2002 13 Verg 1/02, VergabeR 2002, 299, 301.
[62] *Ingenstau/Korbion,* § 101 Rn. 14.
[63] VK Düsseldorf, B. v. 11. 5. 2006 VK – 15/2006-L.
[64] §§ 3a Nr. 1c), 3b Nr. 1c) VOB/A. Hierzu OLG Düsseldorf B. v. 24. 9. 2002 Verg 48/02, NZBau 2003, 349 ff.
[65] BGH B. v. 1. 8. 2006 X ZR 115/04, NZBAu 2006, 738.
[66] OLG München B. v. 20. 4. 2005 Verg 8/05; OLG Düsseldorf B. v. 18. 6. 2003 Verg 15/03; OLG Düsseldorf B. v. 5. 7. 2006 VII-Verg 21/06, NZBau 2006, 738; OLG Düsseldorf B. v. 19. 7. 2006 VII-Verg 27/06.
[67] OLG Naumburg B. v. 16. 9. 2002 1 Verg 2/02, NZBau 2003, 628.
[68] OLG Düsseldorf B. v. 24. 2. 2005 VII-Verg 88/04 NZBau 2005, 535; OLG Düsseldorf B. v. 23. 2. 2005 VII-Verg 87/04.
[69] jurisPK-VergR-*Blaufuß/Zeiss* § 101 Rn. 19; 2. VK Bund B. v. 12. 12. 2002 VK 2 – 92/02.
[70] § 8 VOL/A und § 9 VOB/A.
[71] *Byok/Jaeger-Werner,* 2. A., § 101 Rn. 642; *Willenbruch* NZBau 2003, 422, 423.
[72] OLG Celle B. v. 16. 1. 2002 13 Verg 1/02, VergabeR 2002, 299, 301.

§ 101. Arten der Vergabe   25–27 § 101 GWB

Das Verhandlungsverfahren kann mit und ohne vorherigen Teilnahmewettbewerb 25
durchgeführt werden. Die Durchführung eines Verhandlungsverfahrens in der jeweiligen
Variante mit oder ohne vorherige Bekanntmachung ist nur in konkret in den Koordinierungsrichtlinien benannten[73] und in den Verdingungsordnungen umgesetzten[74] **Ausnahmefällen** möglich und steht unter einem **Zweckmäßigkeitsvorbehalt**. Dies ergibt sich
aus den in § 97 Abs. 1 und § 101 Abs. 5 S. 1 festgelegten Grundsätzen. Es handelt sich bei
den Ausnahmefällen um abschließende Kataloge, die restriktiv ausgelegt werden müssen;[75]
die Teilnahme am Wettbewerb soll möglichst vielen Unternehmen ermöglicht werden. Der
Auftraggeber muss bei der Wahl des Verhandlungsverfahrens die maßgebenden tatsächlichen Umstände, die die Wahl des Verhandlungsverfahrens rechtfertigen können, darlegen.
Er trägt die **Beweislast**.

Die EG-Vergaberichtlinien und Verdingungsordnungen gehen grundsätzlich davon aus, 26
dass vorab eine **Vergabebekanntmachung**[76] oder ein „Aufruf zum Wettbewerb"[77] veröffentlicht wird.[78] In den Sektoren kann ein „Prüfungssystem"[79] in Betracht kommen. Von
einer Bekanntmachung kann in restriktiv auszulegenden Ausnahmefällen[80] u. a. abgewichen
werden,[81]
– wenn im Rahmen eines offenen oder nicht offenen Verfahrens keine oder keine annehmbaren Angebote abgegeben wurden, sofern die ursprünglichen Bedingungen des
  Auftrages nicht grundlegend geändert werden, und alle geeigneten Bieter aus dem vorherigen Verfahren einbezogen werden,
– wenn die Leistungen oder Lieferungen aus technischen/künstlerischen Besonderheiten oder auf Grund des Schutzes von Ausschließlichkeitsrechten nur von einem bestimmten Auftraggeber durchgeführt werden können, und auf Grund der Besonderheiten es unbedingt erforderlich ist, den Auftrag an ein bestimmtes Unternehmen zu vergeben,
– soweit wie es zwingend erforderlich ist, wenn dringliche, zwingende Gründe im Zusammenhang mit Ereignissen, die der betreffende Auftraggeber nicht vorhersehen kann,
  es nicht zulassen, die für das offene, das nicht offene oder das Verhandlungsverfahren
  vorgeschriebenen Fristen einzuhalten.[82] Die angeführten Umstände für die Begründung
  der zwingenden Dringlichkeit dürfen dabei nicht dem öffentlichen Auftraggeber zuzuschreiben sein.
In diesen – hier nicht abschließend aufgeführten – Fällen wendet sich der öffentliche Auftraggeber an Unternehmen seiner Wahl und verhandelt mit diesen über die Auftragsvergabe.[83]

Die Unternehmen, die Teilnahmeanträge gestellt haben, werden auf ihre **Eignung** ge- 27
prüft. Anschließend werden diejenigen Unternehmen ausgewählt, die **zu Verhandlungen
aufgefordert werden** sollen. „Verhandeln" bedeutet, dass der Auftraggeber und die potentiellen Auftragnehmer den Angebotsinhalt so lange besprechen bis klar ist, wie die Leis-

---

[73] Auflistungen finden sich in Art. 30 f. VKR.
[74] § 3 Nr. 4 VOB/A; § 3 Nr. 4 VOL/A.
[75] *Byok/Jaeger-Werner*, 2. A., § 101 Rn. 649.
[76] Vgl. z. B. § 3 a Nr. 1 c), Nr. 4, Nr. 5 VOB/A.
[77] Z. B. § 3 b VOB/A, § 3 Nr. 1, Nr. 3, Nr. 4 VOB/A-SKR.
[78] So die Vorgaben der Vergaberichtlinien in Art. 30 VKR.
[79] Vgl. Art. 53 SKR.
[80] EuGH U. v. 2. 6. 2005 C-394/02 – *Kommission/Griechenland (Megalopolis)*, WuW/E Verg 1099 Rn. 33 ff.; U. v. 14. 9. 2004 Rs. C-385/02 Slg. 2004, I-8121 Rn. 19 – *Marano*, WuW/E Verg 1001.
[81] Vgl. Art. 31 VKR; Art. 40 Abs. 3 SKR.
[82] EuGH U. v. 2. 6. 2005 C-394/02 Rn. 40 – *Kommission/Griechenland (Megalopolis)*, WuW/E Verg 1099.
[83] § 3 a Nr. 1 c) VOB/A, § 3 a Nr. 1 Abs. 1 VOL/A.

tung ganz konkret beschaffen sein soll und zu welchen Konditionen – insbesondere zu welchem Preis – der Einkauf erfolgen soll.[84] Nach dem Abschluss der Verhandlungen erfolgt der Zuschlag auf das wirtschaftlichste Angebot. Der Auftraggeber hat die Verpflichtung, den Bietern den beabsichtigten **Verfahrensablauf** rechtzeitig, möglichst schon in den Vergabeunterlagen, mitzuteilen. Es entspricht dem Wesen und dem regelmäßigen Ablauf des Verhandlungsverfahrens, wenn eine fortschreitende Beschränkung auf immer weniger Verhandlungspartner erfolgt und zum Schluss nur noch ein Bieter vorhanden ist.[85] Zwischen den einzelnen Verhandlungsrunden dürfen den Bietern grundsätzlich Hinweise auf die Preise der Konkurrenten gegeben werden.[86] Die Entscheidung, mit welchem Bieter zunächst Vertragsverhandlungen aufgenommen werden und gegebenenfalls auch abgeschlossen werden sollen, steht im Ermessen des Auftraggebers.[87] Verhandlungen können schon zu Beginn auf den oder die preisgünstigsten Bieter beschränkt werden, sofern deutliche Preisunterschiede in den Angeboten bestehen.[88] Die Nachverhandlungsverbote der §§ 24 VOB/A und VOL/A sind nicht anwendbar.[89]

28 Das Vorhaben, den relevanten Markt zu erforschen und/oder auf eine Senkung der Angebotspreise hinzuwirken, rechtfertigt die Wahl des Verhandlungsverfahrens nicht.[90] Es bestehen umfangreiche **Sonderregelungen,** die von den jeweiligen Eigenarten der zu vergebenden Leistungen abhängen und für die einzelnen Richtlinienbereiche bzw. in den verschiedenen Verdingungsordnungen unterschiedliche Anwendung finden.

29 An die **Dokumentation des Verhandlungsverfahrens** werden hohe Anforderungen gestellt, da die Verhandlungen selbst nicht im Rahmen von klaren gesetzlichen Vorgaben ablaufen. Sämtliche Verfahrensschritte des Vergabeverfahrens müssen mit größter Genauigkeit in Vergabevermerken erfasst werden.[91]

V. Abs. 5 – Wettbewerblicher Dialog

30 Die herkömmlichen Vergabeverfahren lassen nur sehr wenig Spielraum für Diskussionen zwischen Auftraggeber und Bieter und werden daher vielfach als zu starr bei komplexen technischen Projekten empfunden. Der wettbewerbliche Dialog ist **ausschließlich für komplexe Beschaffungsaufträge** gedacht und soll eine besondere Rolle in den Fällen spielen, in denen die Auftraggeber nicht bereits im Vorhinein die besten technischen Lösungen und die Angebote des Marktes kennen. Mit der Einführung eines Verfahrens des „**wettbewerblichen Dialogs**"[92] soll eine Vereinfachung und eine flexiblere Gestaltung der Verfahren erreicht werden. Auftraggeber und Bieter sollen bei komplexen Aufträgen die technisch beste Lösung gemeinsam erarbeiten. Der wettbewerbliche Dialog soll einerseits den fairen Wettbewerb zwischen den Wirtschaftsteilnehmern gewährleisten und andererseits dem Auftraggeber ermöglichen, alle Aspekte des jeweiligen Auftrags mit jedem

---

[84] Vgl. *Dreher* in: Immenga/Mestmäcker (Hrsg.), GWB, 4. Aufl., § 101, Rn. 28 m. zahlreichen Beispielen aus der Rechtsprechung; vgl. zuletzt OLG Düsseldorf B. v. 5. 7. 2006 VII-Verg 21/06, NZBau 2006, 738.
[85] OLG Frankfurt/Main B. v. 14. 4. 2001 Verg 1/01.
[86] BayObLG B. v. 1. 7. 2003 Verg 3/03; jurisPK-VergR-*Blaufuß/Zeiss*, § 101 Rn. 30.
[87] OLG Frankfurt/Main B. v. 14. 4. 2001 Verg 1/01.
[88] OLG Frankfurt/Main B. v. 14. 4. 2001 Verg 1/01.
[89] Ingenstau/Korbion § 101 Rn. 14.
[90] So *Jaeger* NZBau 2001, 431, 433 u. Verw. auf OLG Düsseldorf B. v. 18. 10. 2000 Verg 3/00 – *Versicherungsmakler,* NZBau 2001, 155, 158.
[91] Byok/Jaeger-Werner, 2. A., § 101 Rn. 647.
[92] Vgl. Art. 29 VKR; zum wettbewerblichen Dialog ausf. vgl. Kommission, Explanatory Note on the competitive dialogue, CC/2005/04 FR, v. 10. 3. 2005; *Arrowsmith* CMLRev. 41 (2004) 1277, 1280 ff.; *Brown* PPLR 13 (2004) 160 ff.; *Treumer* PPLR 13 (2004) 178 ff.; *Pünder/Franzius,* ZfBR 2006, 20 ff.

§ 101. Arten der Vergabe

Bewerber zu erörtern.[93] Ziel ist es daher, den öffentlichen Auftraggebern ein Vergabeverfahren an die Hand zu geben, welches die Beibehaltung strukturierter Auswahlmethoden vorsieht, zudem aber gleichzeitig flexibel genug ist, um Gespräche mit den Bietern unter Wahrung der Grundsätze der Transparenz und der Gleichbehandlung zu ermöglichen.[94]

Mit dem ÖPP-Beschleunigungsgesetz wurde zudem in § 6a VgV eine den wettbewerblichen Dialog konkretisierende Vorschrift eingefügt:[95]

„§ 6a VgV (Wettbewerblicher Dialog)

(1) Die staatlichen Auftraggeber können für die Vergabe eines Liefer-, Dienstleistungs- oder Bauauftrags oberhalb der Schwellenwerte einen wettbewerblichen Dialog durchführen, sofern sie objektiv nicht in der Lage sind,
1. die technischen Mittel anzugeben, mit denen ihre Bedürfnisse und Ziele erfüllt werden können oder
2. die rechtlichen oder finanziellen Bedingungen des Vorhabens anzugeben.

(2) Die staatlichen Auftraggeber haben ihre Bedürfnisse und Anforderungen europaweit bekannt zu machen; die Erläuterung dieser Anforderungen erfolgt in der Bekanntmachung oder in einer Beschreibung.

(3) Mit den im Anschluss an die Bekanntmachung nach Absatz 2 ausgewählten Unternehmen ist ein Dialog zu eröffnen, in dem die staatlichen Auftraggeber ermitteln und festlegen, wie ihre Bedürfnisse am besten erfüllt werden können. Bei diesem Dialog können sie mit den ausgewählten Unternehmen alle Einzelheiten des Auftrages erörtern. Die staatlichen Auftraggeber haben dafür zu sorgen, dass alle Unternehmen bei dem Dialog gleich behandelt werden. Insbesondere dürfen sie nicht Informationen so weitergeben, dass bestimmte Unternehmen begünstigt werden könnten. Die staatlichen Auftraggeber dürfen Lösungsvorschläge oder vertrauliche Informationen eines Unternehmens nicht ohne dessen Zustimmung an die anderen Unternehmen weitergeben und diese nur im Rahmen des Vergabeverfahrens verwenden.

(4) Die staatlichen Auftraggeber können vorsehen, dass der Dialog in verschiedenen aufeinander folgenden Phasen abgewickelt wird, um die Zahl der in der Dialogphase zu erörternden Lösungen anhand der in der Bekanntmachung oder in der Beschreibung angegebenen Zuschlagskriterien zu verringern. Im Fall des Satzes 1 ist dies in der Bekanntmachung oder in einer Beschreibung anzugeben. Die staatlichen Auftraggeber haben die Unternehmen, deren Lösungen nicht für die nächstfolgende Dialogphase vorgesehen sind, darüber zu informieren.

(5) Die staatlichen Auftraggeber haben den Dialog für abgeschlossen zu erklären, wenn
1. eine Lösung gefunden worden ist, die ihre Bedürfnisse erfüllt oder
2. erkennbar ist, dass keine Lösung gefunden werden kann;
sie haben die Unternehmen darüber zu informieren. Im Fall des Satzes 1 Nr. 1 haben sie die Unternehmen aufzufordern, auf der Grundlage der eingereichten und in der Dialogphase näher ausgeführten Lösungen ihr endgültiges Angebot vorzulegen. Die Angebote müssen alle zur Ausführung des Projekts erforderlichen Einzelheiten enthalten. Der staatliche Auftraggeber kann verlangen, dass Präzisierungen, Klarstellungen und Ergänzungen zu diesen Angeboten gemacht werden. Diese Präzisierungen, Klarstellungen oder Ergänzungen dürfen jedoch keine Änderung der grundlegenden Elemente des Angebotes oder der Ausschreibung zur Folge haben, die den Wettbewerb verfälschen oder diskriminierend wirken könnte.

(6) Die staatlichen Auftraggeber haben die Angebote auf Grund der in der Bekanntmachung oder in der Beschreibung festgelegten Zuschlagskriterien zu bewerten und das wirtschaftlichste Angebot auszuwählen. Die staatlichen Auftraggeber dürfen das Unternehmen, dessen Angebot als das wirtschaftlichste ermittelt wurde, auffordern, bestimmte Einzelheiten des Angebotes näher zu erläutern oder im Angebot enthaltene Zusagen zu bestätigen. Dies darf nicht dazu führen, dass wesentliche

---

[93] 31. Erwägungsgrund VKR.
[94] Kommission, Grünbuch zu öffentlich-privaten Partnerschaften und den gemeinschaftlichen Rechtsvorschriften für öffentliche Aufträge und Konzessionen, KOM (2004) 327 endg., Tz. 26 ff.
[95] BGBl. 2005 I S. 2676.

Aspekte des Angebotes oder der Ausschreibung geändert werden, und dass der Wettbewerb verzerrt wird oder andere am Verfahren beteiligte Unternehmen diskriminiert werden.

(7) Verlangen die staatlichen Auftraggeber, dass die am wettbewerblichen Dialog teilnehmenden Unternehmen Entwürfe, Pläne, Zeichnungen, Berechnungen oder andere Unterlagen ausarbeiten, müssen sie einheitlich für alle Unternehmen, die die geforderte Unterlage rechtzeitig vorgelegt haben, eine angemessene Kostenerstattung hierfür gewähren."

32 Das Verfahren des wettbewerblichen Dialogs darf nur **subsidiär** gegenüber offenem und nicht offenem Verfahren angewendet werden,[96] zugleich findet es aber vorrangig gegenüber dem Verhandlungsverfahren Anwendung. Es ist vorgesehen, dass der Auftraggeber bei seinen Beratungen Lösungsvorschläge anderer Bieter sowie vertrauliche Informationen der einzelnen Bewerber nicht an andere Bewerber weitergeben darf. Dennoch bestehen Bedenken der Wirtschaft in erster Linie im Hinblick auf die Aneignung fremden geistigen Eigentums im Zuge des Vergabeverfahrens.[97]

33 Gemäß den gemeinschaftsrechtlichen Vorgaben[98] gilt ein öffentlicher Auftrag als **besonders komplex,** wenn der öffentliche Auftraggeber objektiv nicht in der Lage ist, die technischen Mittel anzugeben, mit denen seine Bedürfnisse und seine Ziele erfüllt werden können und/oder er objektiv nicht in der Lage ist, die rechtlichen und/oder finanziellen Konditionen eines Vorhabens anzugeben. Zu solchen besonders komplexen Auftragsvergaben können z.B. bedeutende integrierte Verkehrsinfrastrukturprojekte, große Computernetzwerke oder Vorhaben mit einer komplexen und strukturierten Finanzierung zählen, deren rechtliche und finanzielle Konstruktion nicht im Voraus vorgeschrieben werden kann.[99] Eine subjektive Unmöglichkeit auf Grund von Unzulänglichkeiten des Auftraggebers ist keine ausreichende Voraussetzung.[100]

34 Das Verfahren wird eingeleitet durch die **Bekanntgabe** der Vergabeabsicht. Bei diesem Vergabeverfahren können sich zunächst alle Wirtschaftsteilnehmer um eine Teilnahme bewerben. Nunmehr folgt die **Eignungsprüfung** der interessierten Unternehmen. Der Auftraggeber führt sodann einen „Dialog" mit den zu diesem Verfahren zugelassenen Bewerbern, um eine oder mehrere seinen Bedürfnissen entsprechende Lösungen herauszuarbeiten (**„Dialogphase"**). Diese Phase kann wiederum in mehrere Dialogrunden aufgeteilt sein. Auf dieser Grundlage werden die ausgewählten Bewerber zur **Angebotsabgabe** aufgefordert.[101] Das abzugebende Angebot darf gegenüber den vorherigen Verhandlungsergebnissen nur noch geringfügig modifiziert werden.[102] Den **Abschluss des Verfahrens** bildet der Zuschlag. Die **Zuschlagskriterien** selbst können nicht Gegenstand des Dialogs sein; allerdings kann die Vergabestelle nach der EuGH-Rechtsprechung im Verlauf der Auftragsvergabe die Auswahlkriterien durch Unterkriterien weiter präzisieren.[103] Es darf aber zu keiner Änderung der bereits mitgeteilten Zuschlagskriterien kommen.[104] Das Verfahren kann nur nach dem Prinzip der Zuschlagserteilung auf das **wirtschaftlich günstigste Angebot** durchgeführt werden.[105] Nach dem Zuschlag sind jedoch weitere kleinere Modifikationen an dem siegreichen Angebot nicht ausgeschlossen.[106]

---

[96] Art. 29 Abs. 1 VKR.
[97] Vgl. u. a. *Paetzold,* Wettbewerblicher Dialog – Anwendungsbereich, Verfahrensregeln, forum vergabe, Badenweiler Gespräche 2000, S. 143 ff.
[98] Art. 1 Abs. 11 c) Abs. 2 VKR.
[99] Erwägungsgrund 31 Rl. 2004/18/EG.
[100] So *Weyand,* ibr-online-Kommentar Vergaberecht, Stand 28. 9. 2005, § 6a VgV Rn. 2070/12.
[101] Vgl. Art. 1 Abs. 11 c) VKR.
[102] *Byok/Jaeger-Werner,* 2. A. 2005, § 101 Rn. 587.
[103] EuGH U. v. 24. 11. 2005 Rs. C-331/04 – *ATI la Linea,* Slg. 2005, I-10109, NZBau 2006, 193; hierzu oben, § 97 Rn. 66.
[104] VK Düsseldorf B. v. 11. 8. 2006 VK-30/2006-L.
[105] Vgl. Art. 29 Abs. 1 VKR.
[106] *Knauff* NZBau 2005, 249, 251.

§ 101. Arten der Vergabe 35–38 § 101 GWB

Die öffentlichen Auftraggeber können für die Teilnahme am wettbewerblichen Dialog **Preise oder Entgelte** festsetzen.[107] Damit kann der Situation Rechnung getragen werden, dass bereits die Ausarbeitung eines Lösungsvorschlags bei solchen komplexen Ausschreibungen hohe Kosten verursachen kann.[108] 35

VI. Abs. 5 – Vorrang des offenen Verfahrens

1. Verfahrenshierarchie

Zwischen den Vergabeverfahren besteht ein zwingendes **hierarchisches Verhältnis**. Der in dieser Vorschrift geregelte Vorrang des offenen Verfahrens ist eine bieterschützende Bestimmung.[109] Das offene Verfahren hat Vorrang vor dem nicht offenen Verfahren. Letzteres ist wiederum vorrangig gegenüber dem Verhandlungsverfahren anzuwenden. Durch die grundsätzliche Verpflichtung auf das offene Verfahren wird größtmögliche Transparenz des Beschaffungsmarktes erreicht. Auch verwirklicht das offene Verfahren am umfassendsten das Gebot der Wirtschaftlichkeit.[110] **Ausnahmen** von der grundsätzlichen Anwendung des offenen Verfahrens sind in der Vergabeverordnung in Verbindung mit den für die verschiedenen Auftragsarten einschlägigen Verdingungsordnungen VOL/A und VOB/A geregelt. Für die nicht unter die Ausnahme des § 98 Nr. 4 fallenden Auftraggeber sind die Fälle, in denen an Stelle des offenen Verfahrens das nicht offene Verfahren bzw. das Verhandlungsverfahren jeweils mit oder ohne vorhergehender Bekanntmachung gewählt werden darf, in §§ 3a und 3b i.V.m. § 3 VOB/A sowie in §§ 3a und 3b i.V.m. § 3 VOL/A abschließend geregelt. Die **Beweislast** für das Vorliegen von Ausnahmetatbeständen für das Abweichen vom offenen Verfahren liegt beim Auftraggeber. Hat der öffentliche Auftraggeber in der Vergabeakte/dem Vergabevermerk nicht dokumentiert, warum er vom Vorrang des offenen Verfahrens abgewichen ist, ist ein gegen die Durchführung eines offenen Verfahrens gerichteter Nachprüfungsantrag grundsätzlich schon aus diesem Grund begründet.[111] Der grundsätzliche Vorrang des offenen Verfahrens wirkt insoweit fort, als selbst dann, wenn ein nicht offenes Verfahren oder ein Verhandlungsverfahren wegen eines Ausnahmefalles als grundsätzlich zulässig in Betracht kommt, die Vergabestelle jedenfalls im Prinzip nicht gehindert ist, dennoch eine höherrangige Vergabeart zu wählen.[112] 36

Aufträge über **freiberufliche Leistungen** gem. § 1 VOF werden nach § 5 VOF immer im Verhandlungsverfahren vergeben. Die Ausnahme ist hier also die Regel. 37

2. Sonderregeln im Sektorenbereich

Gemäß § 101 Abs. 5 Satz 2, der auf Art. 20 Abs. 1 SKR a. F. zurückgeht, besteht für die **Sektorenauftraggeber des § 98 Nr. 4** zwischen den drei Verfahrensarten des offenen Verfahrens, des nicht offenen Verfahrens und des Verhandlungsverfahrens eine freie Wahlmöglichkeit. Nach Art. 40 SKR n. F. müssen aber auch sie einen Aufruf zum Wettbewerb durchgeführt haben, es sei denn, es liegt einer der Ausnahmefälle des Art. 40 Abs. 3 SKR n. F. vor. Dieses „Privileg" steht nur den Auftraggebern zu, die zwar unter § 98 Nr. 4, nicht aber auch gleichzeitig § 98 Nr. 2 fallen. Nur die privaten, nicht aber auch die öffentlichen Sektorenauftraggeber sollen die Möglichkeit haben, zwischen den Vergabearten frei zu wählen.[113] 38

---

[107] Art. 29 Abs. 8 VKR.
[108] *Schäfer* in: Grabitz/Hilf (Hrsg.), Das Recht der Europäischen Union, Legislativpakt, B 6, EL 25, Jan. 2005, Rn. 51.
[109] 1. VK Bund B. v. 20. 7. 2004 VK 1 – 75/04; 2. VK Bund B. v. 19. 7. 2004 VK 2 – 79/04.
[110] So Regierungsbegründung zum Vergaberechtsänderungsgesetz BT-Drucks. 13/9340, S. 15.
[111] OLG Naumburg B. v. 10. 11. 2003 1 Verg 14/03.
[112] OLG Düsseldorf B. v. 27. 10. 2004 VII-Verg 52/04, VergabeR 2005, 252 ff.
[113] So Regierungsbegründung zum Vergaberechtsänderungsgesetz BT-Drucks. 13/9340 S. 15 f.

VII. Neufassung gemäß Gesetz zur Modernisierung des Vergaberechts vom 20. April 2009

39 „6. § 101 wird wie folgt geändert:
a) Der bisherige Absatz 4 wird Absatz 5.
b) Der bisherige Absatz 5 wird Absatz 4 und wie folgt geändert: In Satz 1 werden die Wörter „staatliche Auftraggeber" ersetzt durch die Wörter „Auftraggeber nach § 98 Nr. 1 bis 3, soweit sie nicht auf dem Gebiet der Trinkwasser- oder Energieversorgung oder des Verkehrs tätig sind, und § 98 Nr. 5".
c) Nach dem neuen Absatz 5 wird folgender Absatz 6 eingefügt: „(6) Eine elektronische Auktion dient der elektronischen Ermittlung des wirtschaftlichsten Angebotes. Ein dynamisches elektronisches Verfahren ist ein zeitlich befristetes ausschließlich elektronisches offenes Vergabeverfahren zur Beschaffung marktüblicher Leistungen, bei denen die allgemein auf dem Markt verfügbaren Spezifikationen den Anforderungen des Auftraggebers genügen."
d) Der bisherige Absatz 6 wird Absatz 7; sein Satz 2 wird wie folgt gefasst: „Auftraggebern stehen, soweit sie auf dem Gebiet der Trinkwasser- oder Energieversorgung oder des Verkehrs tätig sind, das offene Verfahren, das nicht offene Verfahren und das Verhandlungsverfahren nach ihrer Wahl zur Verfügung."

40 Der Regierungsentwurf führt zur Begründung aus:
„Zu Nummer 6 (§ 101)
Es bleibt beim Vorrang des offenen Verfahrens für Vergaben oberhalb der EG-Schwellenwerte. Das EG-Recht würde eine freie Wahl des offenen oder nicht offenen Verfahrens für die sog. klassischen öffentlichen Auftraggeber und damit den Wegfall der Regelung von besonderen Voraussetzungen zur Wahl des nicht offenen Verfahrens ermöglichen (Art. 28 Satz 2 RL 2004/18/EG). Das Ziel einer wirtschaftlichen Beschaffung kann für Vergaben oberhalb der EGSchwellenwerte besser erreicht werden, wenn das offene Verfahren weiterhin als Regelverfahren vorgegeben wird, zusätzliche Bürokratie für die gerechtfertigten Fälle des Abweichens von diesem Grundsatz ist unter diesem Gesichtspunkt hinzunehmen.
Zu Buchstabe a
Mit der Änderung der Reihenfolge der Absätze 4 und 5 soll klar gemacht werden, dass zwischen dem wettbewerblichen Dialog und dem Verhandlungsverfahren keine Hierarchie besteht. Der wettbewerbliche Dialog ist ebenso wie das Verhandlungsverfahren an das Vorliegen bestimmter Voraussetzungen geknüpft.
Zu Buchstabe b
Mit der Änderung wird eine Klarstellung erreicht, was „staatliche Auftraggeber" sind. Allen Auftraggebern, die vom Anwendungsbereich der RL 2004/18/EG erfasst werden, steht der wettbewerbliche Dialog zur Verfügung. Die Richtlinie 2004/17/EG, die für Auftraggeber gilt, die auf dem Gebiet der Trinkwasser- oder Energieversorgung oder des Verkehrs tätig sind, kennt dieses Verfahren nicht. Für diese Auftraggeber ist ein derartiges Verfahren auch nicht erforderlich, da sie die Freiheit haben, das Verhandlungsverfahren wie einen wettbewerblichen Dialog auszugestalten.
Zu Buchstabe c
Der neue Absatz 6 definiert die „neuen Verfahren" der EG-Vergaberichtlinien – elektronische Auktion und dynamische elektronische Verfahren. Der bisherige Absatz 6 regelt die Hierarchie der Vergabeverfahren. Dies erfolgt künftig in Absatz 7.
Zu Buchstabe d (Absatz 7)
Die Auftraggeber in den Sektorenbereichen haben (gem. Art. 40 Abs. 2 RL 2004/17/EG) die freie Wahl des Vergabeverfahrens. Die Vergabeverfahren sind auch transparent, da ihnen in jedem Fall eine europaweite Bekanntmachung vorausgehen muss. Die Wahl eines Verhandlungsverfahrens ohne eine vorherige europaweite Bekanntmachung ist nur beim Vorliegen bestimmter Voraussetzungen zulässig. Die Streichung des Bezuges auf § 98 Nr. 4 bedeutet, dass es für die Sektorenbereiche keine Unterscheidung mehr zwischen öffentlichen Einrichtungen (§ 98 Nr. 2), öffentlichen Unternehmen und privaten Unternehmen (§ 98 Nr. 4) in diesen Bereichen geben soll. Auch dies entspricht einer Eins-zu-Eins-Umsetzung von EG-Recht und erleichtert die Abwicklung der Vergabeverfahren. Soweit es im Einzelfall für erforderlich gehalten wird, können Empfänger öffentlicher Mittel darüber hinaus auch mit der Finanzierung zur Anwendung strengerer Vorgaben verpflichtet werden (z. B. DB AG bei

§ 101. Arten der Vergabe   41–43 § 101 GWB

Infrastrukturprojekten, die vom Bund finanziert werden). Derartige Einzelfälle rechtfertigen jedoch nicht eine strengere gesetzliche Vorgabe für Sektorenbereiche in Gänze."

VIII. Neueinfügungen nach § 101 GWB gemäß Gesetz zur Modernisierung des Vergaberechts vom 20. April 2009

„7. Nach § 101 werden folgende §§ 101a und 101b eingefügt: 41
§ 101a Informations- und Wartepflicht
(1) Der Auftraggeber hat die betroffenen Bieter, deren Angebote nicht berücksichtigt werden sollen, über den Namen des Unternehmens, dessen Angebot angenommen werden soll, über die Gründe der vorgesehenen Nichtberücksichtigung ihres Angebots und über den frühesten Zeitpunkt des Vertragsschlusses unverzüglich in Textform zu informieren. Dies gilt auch für Bewerber, denen keine Information über die Ablehnung ihrer Bewerbung zur Verfügung gestellt wurde, bevor die Mitteilung über die Zuschlagsentscheidung an die betroffenen Bieter ergangen ist. Ein Vertrag darf erst 15 Kalendertage nach Absendung der Information nach Satz 1 und 2 geschlossen werden. Wird die Information per Fax oder auf elektronischem Weg versendet, verkürzt sich die Frist auf 10 Kalendertage. Die Frist beginnt am Tag nach der Absendung der Information durch den Auftraggeber; auf den Tag des Zugangs beim betroffenen Bieter und Bewerber kommt es nicht an.
(2) Die Informationspflicht entfällt in Fällen, in denen das Verhandlungsverfahren ohne vorherige Bekanntmachung wegen besonderer Dringlichkeit gerechtfertigt ist.

§ 101b Unwirksamkeit 42
(1) Ein Vertrag ist von Anfang an unwirksam, wenn der Auftraggeber
1. gegen § 101a verstoßen hat oder
2. einen öffentlichen Auftrag unmittelbar an ein Unternehmen erteilt, ohne andere Unternehmen am Vergabeverfahren zu beteiligen und ohne dass dies aufgrund Gesetzes gestattet ist und dieser Verstoß in einem Nachprüfungsverfahren nach Absatz 2 festgestellt worden ist.
(2) Die Unwirksamkeit nach Absatz 1 kann nur festgestellt werden, wenn sie im Nachprüfungsverfahren innerhalb von 30 Kalendertagen ab Kenntnis des Verstoßes, jedoch nicht später als sechs Monate nach Vertragsschluss geltend gemacht worden ist. Hat der Auftraggeber die Auftragsvergabe im Amtsblatt der Europäischen Union bekannt gemacht, endet die Frist zur Geltendmachung der Unwirksamkeit 30 Kalendertage nach Veröffentlichung der Bekanntmachung der Auftragsvergabe im Amtsblatt der Europäischen Union."

Zur Begründung führt der Regierungsentwurf aus: 43
„Zu Nummer 7 (§§ 101a und 101b)
Zu § 101a (Informations- und Wartepflicht)
Zu Abs. 1
Bislang regelte der § 13 Vergabeverordnung die Pflicht des öffentlichen Auftraggebers, die Bieter, deren Angebote nicht berücksichtigt werden sollen, über diese Absicht zu informieren und den Vertrag erst zu schließen, wenn die Information erteilt wurde und eine Frist von 14 Tagen vergangen ist. Tat der Auftraggeber dies nicht, war der Vertrag nichtig. Die Regelung des § 13 VgV wird mit etwas abweichendem Wortlaut in den Absatz 1 übernommen. Dabei wird der Wortlaut der Vorschrift auf die „betroffenen Bieter und Bewerber" i. S. d. des Art. 2a Abs. 2 UAbs. 2 und 3 Richtlinie 2007/66/ EG des Europäischen Parlamentes und des Rates vom 11. Dezember 2007 zur Änderung der Richtlinien 89/665/EWG und 92/13/EWG des Rates im Hinblick auf die Verbesserung der Wirksamkeit der Nachprüfungsverfahren bezüglich der Vergabe öffentlicher Aufträge (Rechtsmittel-Richtlinie) ausgerichtet. Bieter gelten dann als betroffen, wenn sie noch nicht endgültig ausgeschlossen wurden. Ein Ausschluss ist endgültig, wenn er den betroffenen Bietern mitgeteilt wurde und entweder vor der Vergabekammer als rechtmäßig anerkannt wurde oder keinem Nachprüfungsverfahren mehr unterzogen werden kann. Bewerber gelten dann als betroffen, wenn der öffentliche Auftraggeber ihnen keine Information über die Ablehnung ihrer Bewerbung zur Verfügung gestellt hat, bevor die Mitteilung der Zuschlagsentscheidung an die betroffenen Bieter ergangen ist. Die Vorschrift setzt auch Artikel 2a Abs. 2 Unterabsatz 1 der Richtlinie 2007/66/EG um. Die Wartefrist wird nunmehr gesetz-

lich geregelt und hinsichtlich der Dauer an die Vorgaben der Rechtsmittel-Richtlinie angepasst. Dabei wird die einheitliche Frist von 15 Kalendertagen für sämtliche Kommunikationsmittel festgelegt. Der öffentliche Auftraggeber kann über die in § 101a vorgegebenen Angaben hinaus auch weitere nützliche Informationen an die Unternehmen geben. In der Praxis hat sich z.B. gezeigt, dass die Angabe auch der Platzierung der jeweiligen Angebote der Unternehmen hilfreich sein kann. Aus der Angabe der Platzierung kann das Unternehmen Rückschlüsse für die Zulässigkeit eines Nachprüfungsantrages ziehen. Nachprüfungsanträge, die wegen schlechter Platzierung keine Chance auf einen Zuschlag haben, sind in der Regel wegen fehlender Antragsbefugnis unzulässig. Eine Angabe der Platzierung schützt daher die Unternehmen vor Verfahrenskosten in Nachprüfungsverfahren, die sie in Kenntnis ihrer Platzierung nicht anstrengen würden. Von einer Verpflichtung zur Angabe der Platzierung wurde wegen der dann damit verknüpften Rechtsfolge der Unwirksamkeit bei einem Fehlen der Angabe jedoch abgesehen. Die Information über den Grund der Nichtberücksichtigung eines Angebotes muss dem Unternehmen, das ein erfolgloses Angebot vorgelegt hat, hinreichend deutlich machen, aus welchem Grund sein Angebot nicht zu berücksichtigen war und welches Unternehmen den Zuschlag erhalten soll. Die Begründung hat auch die Komplexität des Auftrages und den daraus resultierenden Aufwand für die Angebotserstellung zu berücksichtigen. Ein bloßer Hinweis darauf, dass das Angebot nicht das wirtschaftlichste gewesen sei, genügt der Informationspflicht nicht.

Zu § 101a Abs. 1:
Der Wortlaut der Vorschrift wird durch die Pluralbildung (die Gründe) an den allgemeinen Sprachgebrauch angepasst. Entscheidend kommt es darauf an, dass der unterlegene Bieter oder Bewerber eine aussagekräftige Begründung für die Nichtberücksichtigung seines Angebots erhält. Ist nur ein Grund für die Nichtberücksichtigung vorhanden, reicht selbstverständlich die Angabe dieses einen Grundes aus. Die Pluralbildung soll verdeutlichen, dass der unterlegene Bieter oder Bewerber durch diese Information möglichst frühzeitig Klarheit über die Erfolgsaussichten eines Rechtsschutzverfahrens gewinnen können soll. Aus diesem Grund wird der öffentliche Auftraggeber zur unverzüglichen Information in Textform verpflichtet (§ 121 Abs. 1 BGB). Im Übrigen wird von der Möglichkeit der Differenzierung nach Art. 1 Abs. 5 UAbs. 3 der Richtlinie 2007/66 EG Gebrauch gemacht.

Zu Abs. 2
Die Regelung des Absatzes 2 soll Flexibilität für besonders dringliche Vergabeverfahren schaffen. Für die Vergabeverfahren, bei denen besonders dringliche Gründe außerhalb der Einflusssphäre des öffentlichen Auftraggebers wie z.B. Flutkatastrophen, ein Verhandlungsverfahren ohne vorherige Bekanntmachung rechtfertigen, wird klargestellt, dass der öffentliche Auftraggeber dann nicht zu einer vorherigen Information verpflichtet ist. Der Auftraggeber muss in diesen Fällen der Lage sein, die erforderlichen Aufträge sofort zu vergeben, ohne eine Wartefrist einhalten zu müssen.

Zu § 101b (Unwirksamkeit)
§ 101b regelt in Absatz 1, dass die Verletzung der Informationspflicht gemäß § 101a und der Fall, bei dem der öffentliche Auftraggeber unter Verletzung der Vergaberegeln den Auftrag direkt an ein Unternehmen vergibt, zur schwebenden Unwirksamkeit des Vertrages führen. Die bisherige Rechtsfolge der Nichtigkeit in § 13 Vergabeverordnung wird nicht übernommen. Es erscheint sachgerechter, den Vertrag unter eine aufschiebende oder auflösende Bedingung zu stellen. Ein Vertrag ist von Anfang an wirksam, wenn die Frist nach Absatz 2 abgelaufen und die Unwirksamkeit nicht in einem Nachprüfungsverfahren geltend gemacht wurde.
Absatz 2 führt eine Frist zur Geltendmachung der Unwirksamkeit ein. Nach Ablauf der Frist besteht Rechtssicherheit über den geschlossenen Vertrag. Die Geltendmachung kann nur durch Einleitung eines Nachprüfungsverfahrens durch einen Antragsbefugten vor der Vergabekammer erfolgen. Ein Vertragspartner, der sich möglicherweise im Nachhinein aus anderen Gründen von der vertraglichen Verpflichtung lösen möchte, kann sich dagegen nicht auf § 101b stützen. Für den Fall, dass die europäische Rechtsentwicklung dazu veranlasst, in bestehende Vertragsverhältnisse einzugreifen, besteht in Deutschland die Möglichkeit, § 313 BGB auf den geschlossenen Vertrag anzuwenden. Hat der öffentliche Auftraggeber die Auftragsvergabe im Amtsblatt der Europäischen Union bekannt gemacht, verkürzt sich die Frist zur Feststellung der Unwirksamkeit des Vertrages auf 30 Tage nach Veröffentlichung dieser Bekanntmachung über die Auftragsvergabe."

Zweiter Abschnitt
Nachprüfungsverfahren

I. Nachprüfungsbehörden

§ 102. Grundsatz

Unbeschadet der Prüfungsmöglichkeiten von Aufsichtsbehörden und Vergabeprüfstellen unterliegt die Vergabe öffentlicher Aufträge der Nachprüfung durch die Vergabekammern.

Übersicht

	Rn.		Rn.
I. Grundzüge des vergaberechtlichen Primärrechtsschutzes	1–4	1. Vergabeprüfstellen	14–16
II. Nachprüfung durch die Vergabekammern	5–13	2. Aufsichtsbehörden	17–19
1. Grundsätzliches	5–6	3. Kartellbehörden	20, 21
2. Begriff der Vergabe öffentlicher Aufträge	7–9	IV. Rechtsschutz bei Autragsvergaben außerhalb des Kartellvergaberechts	22–28
3. Rechtsschutz bei de-facto-Vergaben	10–13	V. Neufassung gemäß Gesetz zur Modernisierung des Vergaberechts vom 20. April 2009	29
III. Primärrechtsschutz außerhalb der Vergabekammern	14–21		

I. Grundzüge des vergaberechtlichen Primärrechtsschutzes[*]

Mit der Schaffung eines formalisierten Vergabenachprüfungsverfahrens sowie eigens 1 hierfür eingerichteter Nachprüfungsinstanzen (Vergabekammern und -senate) besteht in Deutschland erstmals in der Geschichte des Rechts der öffentlichen Auftragsvergabe in Verfahren oberhalb der EG-Schwellenwerte ein effektiver, den Vorgaben des EG-Rechts genügender Primärrechtsschutz für Bieter in schon[1] oder noch[2] laufenden Vergabeverfahren.[3] Die Bereitstellung des in den §§ 102 ff. GWB vorgesehenen Bieterrechtsschutzregimes bildet daher in Verbindung mit der erstmals subjektive Vergaberechtspositionen einräumenden Vorschrift des § 97 Abs. 7 GWB[4] **den eigentlichen Schwerpunkt der Vergaberechtsreform vom 1. 1. 1999.**[5] Der Gesetzgeber hat allerdings keinen radikalen Schnitt im Verhältnis zu den vorher bestehenden vergaberechtlichen Nachprüfungsmöglichkeiten vollzogen, sondern in Gestalt der Vergabeprüfstellen ein Element des nach der „haushaltsrechtlichen Lösung"[6] konzipierten verwaltungsinternen Kontrollsystems bei-

---

[*] Der Verf. schuldet Herrn ref. jur. *Tobias André* großen Dank für seine wertvolle Unterstützung bei der Überarbeitung der Kommentierung und seine kritischen Anregungen, durch die manche Unschärfen und Inkonsistenzen der ersten Auflage bereinigt werden konnten.

[1] Zur Frage eines vorbeugenden Rechtsschutzes im Vergaberecht siehe *Kling* NZBau 2003, 23 ff.

[2] Zur Möglichkeit des Fortsetzungsfeststellungsantrags vor der Vergabekammer trotz (wirksamer) Verfahrensbeendigung s. § 114 Abs. 2 S. 2 sowie die diesbezügliche Kommentierung.

[3] OLG Düsseldorf, Beschl. v. 20. 6. 2001 – Verg 3/01, NZBau 2001, 696, 698; vgl. zum Begriff der de-facto-Vergabe, mithin zum Beginn des Vergabeverfahrens Rn. 10 ff.

[4] § 97 Abs. 7 wurde zu Recht als Kern des Vergaberechtsänderungsgesetzes qualifiziert, vgl. etwa *Boesen* EuZW 1998, 551, 554; *Gröning* ZIP 1998, 370, 372: „magna charta"; eine monographische Auseinandersetzung mit dem Normgehalt findet sich bei *Kalinowsky,* Der Anspruch der Bieter auf Einhaltung des Vergaberechts nach § 97 Abs. 7 GWB, Berlin 2000.

[5] Vergaberechtsänderungsgesetz v. 26. 8. 1998, BGBl. I, 2512.

[6] Vgl. hierzu die im Zuge des Zweiten Gesetzes zur Änderung des Haushaltsgrundsätzegesetzes v. 26. 11. 1993 (BGBl. 1993 I, 1928) eingefügten §§ 57a–57c HGrG; zur Kritik am haushaltsrechtlichen Ansatz s. nur *Dreher* in: Immenga/Mestmäcker, Wettbewerbsrecht, Bd. 2, 4. Aufl. 2007, Vor

behalten, was bei Verfahren oberhalb der EG-Schwellenwerte gegenwärtig (noch) zu einem potentiellen Nebeneinander mehrerer Verfahren und Möglichkeiten zur inhaltlichen Überprüfung von Entscheidungen der Vergabestellen führt. Eine gewisse Kontinuität kommt auch in den organisatorischen Parallelen zwischen Vergabekammern und den seinerzeitigen Vergabeüberwachungsausschüssen zum Ausdruck.[7]

2 Im Ersten Unterabschnitt des Zweiten Abschnitts (§§ 102–106) wird vorweg festgelegt, welche Institutionen (Nachprüfungsbehörden) auf der Verwaltungsebene mit der inhaltlichen Kontrolle von Vergabeverfahren befasst sind, während die Einzelheiten des Verfahrens selbst im Zweiten (Verfahren vor der Vergabekammer, §§ 107 ff.) bzw. Dritten Unterabschnitt (Verfahren vor dem Vergabesenat, §§ 116 ff.) folgen. Sowohl aus dem Wortlaut des § 102 als auch aus der Systematik der folgenden Vorschriften ergibt sich, dass der Gesetzgeber **die Vergabekammern als primäre Kontrollinstanz auf Verwaltungsebene im System des vergaberechtlichen Primärrechtsschutzes** eingerichtet hat und den Vergabeprüfstellen sowie Aufsichtsbehörden daneben nur eine ergänzende Rolle zufällt.[8]

3 Die ausweislich § 102 zur Vergabekontrolle berufenen Behörden **können unabhängig voneinander und grundsätzlich auch parallel tätig werden**.[9] Allerdings führt, wie sich aus den §§ 103 Abs. 3, 104 Abs. 2 Satz 1 ergibt, der Weg zu einer gerichtlichen Nachprüfung eines Vergabeverfahrens nur über die Vergabekammern; diese fungieren damit als obligatorische „Eingangsinstanz" des zweistufig ausgestalteten vergaberechtlichen Primärrechtsschutzsystems.

4 Sollten Entscheidungen der Nachprüfungsbehörden voneinander abweichen, stellt sich indes die Frage, welche Entscheidung Vorrang genießen soll. Will man zur Vermeidung widersprüchlicher Entscheidungen die Möglichkeit paralleler Verfahren nicht bereits a priori ausschließen,[10] so wird man zur Vermeidung unnötiger weiterer Verfahren jedenfalls ein Abweichungsverbot gegenüber einer bereits getroffenen Entscheidung der Vergabekammer annehmen müssen.[11]

II. Nachprüfung durch die Vergabekammern

1. Grundsätzliches

5 Trotz der gerichtsähnlichen Ausgestaltung des Nachprüfungsverfahren vor den Vergabekammern ist dieses in formaler Hinsicht als **Verwaltungsverfahren i. S. d. § 9 VwVfG** zu qualifizieren.[12] Die Vergabekammern **entscheiden als gerichtsähnliche Verwaltungsspruchkörper** gemäß § 114 Abs. 3 Satz 1 nämlich **durch Verwaltungsakt**. Hierbei weist

---

§§ 97 ff., Rn. 57 ff.; *Rudolf* in: Byok/Jaeger (Hrsg.), Kommentar zum Vergaberecht, 2. Aufl. 2005, Einführung, Rn. 25 ff. m. w. Nachw.; zu rechtlicher Ausgestaltung und Defiziten der haushaltsrechtlichen Lösung eingehend auch *Erdl*, Der neue Vergaberechtsschutz, 1999, Rn. 272 ff.; *Dreher* ZIP 1995, 1869 ff.; *Pietzcker* NVwZ 1996, 313 ff.

[7] Vgl. BT-Drucks. 13/9340, S. 13.

[8] Vgl. auch BT-Drucks. 13/9340, S. 16.

[9] Vgl. BT-Drucks. 13/9340, S. 16; s. auch *Stockmann* in: Immenga/Mestmäcker (o. Fn. 6), § 102 Rn. 18; *Otting* in: Bechtold (Hrsg.), GWB, 4. Aufl. 2006, § 102 Rn. 3; *Tahal* in: Willenbruch/Bischoff (Hrsg.), Kompaktkommentar Vergaberecht, 1. Aufl. 2008, § 102 Rn. 5 und 8.

[10] *Blaufuß* in: Heiermann u.a. (Hrsg.), Praxiskommentar Vergaberecht, 2. Aufl. 2008, § 103 Rn. 36, demzufolge ein Verfahren vor der Vergabeprüfstelle immer dann auszusetzen sein soll, wenn bereits eine Vergabekammer mit dem Vorgang befasst wurde.

[11] *Stockmann* in: Immenga/Mestmäcker (o. Fn. 6), § 103 Rn. 16. An der in der Vorauflage noch vertretenen Rechtsansicht wird nicht weiter festgehalten.

[12] Vgl. nur *Stockmann* in: Immenga/Mestmäcker (o. Fn. 6), § 102 Rn. 13; *Boesen*, Vergaberecht, 1. Aufl. 2000, § 102 Rn. 4; s. auch OLG München, Beschl. v. 16. 11. 2006 – Verg. 14/06 m. zahlr. w. Nachw.: „Verwaltungsverfahren besonderer Art".

§ 102. Grundsatz 6–8 § 102 GWB

das Verfahren – insbesondere mit Blick auf seine Vorschaltfunktion im Verhältnis zum nachfolgenden Beschwerdeverfahren vor dem Vergabesenat[13] – gewisse Ähnlichkeiten zum verwaltungsgerichtlichen Vorverfahren gemäß §§ 68ff. VwGO auf.[14] Ergänzend zu den Verfahrensvorschriften des Zweiten Unterabschnitts (§§ 107 ff.) können die Bestimmungen der Verwaltungsverfahrensgesetze des Bundes und der Länder herangezogen werden, soweit nicht die für eine Lückenschließung spezielleren Vorschriften des Kartellverfahrensrechts der §§ 54ff. GWB in Frage kommen.[15] Andererseits unterscheidet sich das Nachprüfungsverfahren von dem verwaltungsgerichtlichen Vorverfahren dadurch, dass den Entscheidungen der Vergabekammern materielle Rechtskraft zukommt.[16]

Die zentrale Stellung der Vergabekammern im vergaberechtlichen Primärrechtsschutzsystem kommt unter anderem dadurch zum Ausdruck, dass der Bieter nur durch die Stellung eines Nachprüfungsantrages vor der Vergabekammer erreichen kann, dass die Vergabestelle bis zu einer Entscheidung über den Antrag einstweilen an der Zuschlagserteilung gehindert ist (§ 115 Abs. 1). Damit **erfüllt nur das Verfahren vor den Vergabekammern die Anforderungen des EG-Rechts an einen effektiven Rechtsschutz zugunsten der Bieter.** 6

2. Begriff der Vergabe öffentlicher Aufträge

§ 102 legt ganz allgemein fest, dass die Vergabe öffentlicher Aufträge der Nachprüfung durch die Vergabekammern unterliegt. Obschon die Vorschrift nach ihrem Wortlaut ohne Einschränkungen für die Vergabe öffentlicher Aufträge gilt, sind der kartellvergaberechtlichen Nachprüfung i. S. v. § 102 nur diejenigen Verfahren zugänglich, für die der Anwendungsbereich des 4. Teils des GWB eröffnet ist. § 102 GWB gilt daher nur für Verfahren zur Vergabe eines öffentlichen Auftrags (§ 99) durch einen öffentlichen Auftraggeber (§ 98), die die in § 100 Abs. 1 i. V. m. § 2 VgV festgelegten Schwellenwerte objektiv erreichen oder überschreiten (§ 100 Abs. 1), ohne dass insoweit die Voraussetzungen eines Ausnahmetatbestandes nach § 100 Abs. 2 vorliegen.[17] Eine freiwillige oder irrtümlich für erforderlich gehaltene europaweite Ausschreibung vermag die kartellvergaberechtliche Nachprüfung indes nicht zu eröffnen.[18] 7

Zwar sieht das den §§ 102ff. zugrunde liegende europäische Richtlinienrecht für **sog. nicht-prioritäre bzw. nachrangige Dienstleistungen** i. S. v. Anhang II Teil B der Richtlinie 2004/18/EG bzw. Anhang XVII B der Richtlinie 2004/17/EG weder ein förmlich-wettbewerbliches Vergabeverfahren vor, noch erfordert es die Gewährung vergaberechtlichen (Primär-)Rechtsschutzes. Gem. § 1a Nr. 2 Abs. 2 VOL/A gelten für besagte Dienstleistungen (aufgenommen in Anhang I B zum 2. Abschnitt der VOL/A) neben den Basisparagraphen nur die §§ 8a, 28a VOL/A. Dies ändert jedoch nichts an ihrer Eigenschaft als Dienstleistungen i. S. d. ranghöheren §§ 97 Abs. 1, 99 Abs. 1 und 4 GWB, die 8

---

[13] Zum Vorschaltcharakter des Verfahrens vor der Vergabekammer vgl. etwa OLG München, Beschl. v. 16. 11. 2006 – Verg 14/06; *Tahal* in: Willenbruch/Bischoff (o. Fn. 9), § 102 Rn. 1.
[14] Siehe aber die Kommentierung zu § 114 Rn. 4.
[15] Vgl. hierzu etwa BT-Drucks. 13/9340, S. 18; *Tahal* in: Willenbruch/Bischoff (o. Fn. 9), § 102 Rn. 1.
[16] OLG Celle, Beschl. v. 5. 9. 2003 – 13 Verg 19/03.
[17] *Tahal* in: Willenbruch/Bischoff (o. Fn. 9), § 102 Rn. 2; *Otting* in: Bechtold (o. Fn. 9), § 102 Rn. 1; *Kullack* in: Heiermann u. a. (o. Fn. 10), § 102 Rn. 2; *Maimann* NZBau 2004, 492, 493.
[18] Vgl. OLG Düsseldorf, Beschl. v. 5. 4. 2006 – VII Verg 07/06, NZBau 2006, 595, 596 (Nicht-Vorliegen eines öffentlichen Auftrags i. S. d. § 99); OLG Stuttgart, Beschl. v. 12. 8. 2002 – 2 Verg 9/02, VergabeR 2003, 101, 102 (Nicht-Erreichen der Schwellenwerte); *Tahal* in: Willenbruch/Bischoff (o. Fn. 9), § 102 Rn. 2; *Kullack* in: Heiermann u. a. (o. Fn. 10), § 102 Rn. 5; *Prieß/Niestedt*, Rechtsschutz im VergabeR, Köln u. a. 2006, S. 35 m. w. Nachw.

eine Differenzierung zwischen prioritären und nicht-prioritären Dienstleistungen ihrem Wortlaut nach gerade nicht vorsehen.[19] Überdies lassen sich auch der Gesetzesbegründung keinerlei Rückschlüsse auf einen Willen des historischen Gesetzgebers entnehmen, für nachrangige Dienstleistungen einen Primärrechtsschutz i. S. der §§ 102 ff. nicht gewähren zu wollen. Sofern die weiteren Voraussetzungen der §§ 98 ff. vorliegen, ist damit auch für die Vergabe von nachrangigen Dienstleistungen im Sinne des Anhangs I des 2. Abschnitts der VOL/A nach ganz überwiegender Auffassung der Rechtsweg zu den Nachprüfungsinstanzen eröffnet.[20]

9   Der Begriff der „Vergabe öffentlicher Aufträge" in § 102 ist im Sinne der Rechtsklarheit und Eindeutigkeit des zulässigen Rechtsweges eng auszulegen und erfasst daher nur Vorgänge im eigentlichen Vergabeverfahren, nicht jedoch außerhalb eines konkreten Vergabeverfahrens liegende Umstände. Daher kann etwa der bisherige Vertragspartner des Auftraggebers nicht im Nachprüfungsverfahren geltend machen, die dem Vergabeverfahren vorausgehende Kündigung des bisherigen Vertrags durch den Auftraggeber sei rechtswidrig gewesen und die Ausschreibung daher unzulässig.[21] Ein Vertragspartner hat seine Rechte vielmehr im Zivilrechtsweg vor den ordentlichen Gerichten geltend zu machen.[22] Ebenso wenig kann ein Unternehmen unabhängig von einem konkreten Vergabeverfahren im Nachprüfungsverfahren gegen eine von einem potentiellen Auftraggeber verhängte Auftragssperre vorgehen.[23] Schließlich kann ein interessiertes Unternehmen im Nachprüfungsverfahren auch nicht verlangen, dass ein potentieller Auftraggeber dazu verpflichtet wird, eine Leistung auszuschreiben, wenn dieser noch gar keine Entscheidung getroffen hat, ob er eine benötigte Leistung überhaupt ausschreiben oder sie mit eigenen Mitteln erbringen will.[24]

3. Rechtsschutz bei de-facto-Vergaben

10 Eine lange Zeit heftig umstrittene Frage betraf die Zuständigkeit der Vergabekammern für die Nachprüfung sogenannter **de-facto-Vergaben**.[25] Hierunter versteht man Konstellationen, in denen **ein Auftrag pflichtwidrig nicht im Rahmen des jeweils vorge-**

---

[19] OLG Dresden, Beschl. v. 25. 1. 2008 – WVerg 10/07, S. 7 f. des Umdrucks.
[20] OLG Dresden, Beschl. v. 25. 1. 2008 – WVerg 10/07, S. 7 f. des Umdrucks; hierzu und eingehend zum anzuwendenden Nachprüfungsmaßstab auch OLG Saarbrücken, Beschl. v. 20. 9. 2006 – 1 Verg 3/06, VergabeR 2007, 110 114 f. m. w. Nachw.; vgl. zu Letzterem aber auch OLG Stuttgart, Beschl. v. 7. 6. 2004 – 2 Verg 4/04, NZBau 2004, 627, 628 f.
[21] Vgl. OLG Celle, Beschl. v. 12. 5. 2005 – 13 Verg 6/05, VergabeR 2005, 654, 655; OLG Brandenburg, Beschl. v. 5. 10. 2004 – Verg W 12/04, NZBau 2005, 120 (LS) = VergabeR 2005, 138, 139 f.
[22] OLG Schleswig, Beschl. v. 1. 9. 2006 – 1 (6) Verg 8/05; OLG Dresden, Beschl. v. 21. 10. 2005 – WVerg 5/05, NZBau 2006, 469, 471; OLG Brandenburg, Beschl. v. 5. 10. 2004 – Verg W 12/04, NZBau 2005, 120 (LS) = VergabeR 2005, 138, 139 f.
[23] KG, Beschl. v. 21. 11. 2002 – KartVerg 7/02, NZBau 2004, 345, 346. Wird die Klage gegen eine Vergabesperre unabhängig von einem konkreten Vergabeverfahren erhoben, so sind nach § 13 GVG vielmehr die Zivilgerichte zuständig, vgl. LG Düsseldorf, Urt. v. 16. 3. 2005 – 12 O 225/04, WuW/E Verg 1126 ff.; LG Berlin, Urt. v. 22. 3. 2006 – 23 O 118/04, NZBau 2006, 397 m. Kurzbespr. *Joussen* IBR 2006, 286. Vgl. zu Rechtsgrundlagen und Verfahren bei der Verhängung von Auftragssperren sowie zum Rechtsschutz hiergegen instruktiv *Sterner* NZBau 2001, 423 ff.; eingehend zur rechtlichen Qualifizierung und zum Rechtsschutz auch *Pietzcker* in: Motzke/Pietzcker/Prieß, VOB Teil A, 2001, Syst VIII Rn. 13 ff., Rn. 67 ff. Zur Nichteröffnung des Verwaltungsrechtsweges vgl. OVG Lüneburg, Beschl. v. 10. 1. 2006 – 7 OA 168/05, NZBau 2006, 396 m. Kurzbespr. *Weihrauch* IBR 2006, 225.
[24] OLG Jena, Beschl. v. 22. 11. 2000 – 6 Verg 8/00.
[25] Korrekter wäre die Bezeichnung als rechtswidrige Direktvergabe; so auch *Stockmann* in: Immenga/Mestmäcker (o. Fn. 6), § 102 Rn. 14 mit Fn. 36.

schriebenen Vergabeverfahrens vergeben wurde oder vergeben werden soll. Die Überprüfbarkeit solcher Vergaben wurde zum Teil mit der Begründung in Abrede gestellt, dass die Vergabekammern ausweislich § 104 Abs. 2 Satz 1 nur für die Überprüfung von Verstößen „in einem Vergabeverfahren" zuständig sind, ein solches aber gerade nicht stattgefunden hat. Nachdem jedoch diverse Vergabekammern und -senate die Überprüfbarkeit solcher Vergaben unter Hinweis auf eine anderenfalls bestehende, nicht hinnehmbare Rechtsschutzlücke gleichwohl bejaht hatten,[26] hat schließlich das OLG Naumburg die Sache dem EuGH vorgelegt.[27] Mit Urteil vom 11. 1. 2005 stellte dieser fest, **dass die Mitgliedstaaten verpflichtet sind, auch außerhalb eines förmlichen Vergabeverfahrens sicherzustellen, dass Entscheidungen der öffentlichen Auftraggeber wirksam und rasch nachgeprüft werden können.** Dies betrifft insbesondere die Frage, ob ein bestimmter Auftrag überhaupt ausgeschrieben wurde. Die Nachprüfungsmöglichkeit muss jedem, der ein Interesse an dem fraglichen Auftrag hat oder hatte und dem durch den bevorstehenden Rechtsverstoß ein Schaden entstanden ist bzw. zu entstehen droht, von dem Zeitpunkt an zur Verfügung stehen, zu dem der Wille des öffentlichen Auftraggebers, der Rechtswirkungen entfalten kann, geäußert wird.[28]

Der BGH stellte daraufhin fest,[29] dass § 102 europarechtskonform dahingehend auszulegen ist, **dass für den Begriff „Vergabeverfahren" ein materielles Verständnis zugrunde zu legen ist.**[30] Das Gericht begründet dies damit, dass in den die Zulässigkeit von Nachprüfungsverfahren regelnden Bestimmungen von einer bestimmten Förmlichkeit des angesprochenen Vergabeverfahrens nicht die Rede sei. Stattdessen werde in § 107 wesentlich auf die materiellen Vergabevorschriften und deren Missachtung abgestellt. Die maßgeblichen Vorschriften eröffneten daher auch die Auslegung, dass es ausreichend sei, wenn überhaupt ein Verfahren in Frage stehe, an dem ein öffentlicher Auftraggeber und mindestens ein außenstehender Dritter beteiligt sei und das eingeleitet worden sei, um einen entgeltlichen Vertrag abzuschließen, der in den Anwendungsbereich des 7. Teils des GWB falle.[31] Nicht zuletzt angesichts der beabsichtigten Einführung einer die beschriebenen Situationen explizit der Vergabenachprüfung unterwerfenden Regelung im Zuge der anstehenden Vergaberechtsreform[32] und vor dem Hintergrund der skizzierten Rechtsprechung des EuGH und des BGH kann die Frage unterdessen als im Sinne der Nachprüfbarkeit geklärt angesehen werden.[33] 11

Als tauglicher Gegenstand der vergaberechtlichen Nachprüfung kommt nur ein konkretes, bereits begonnenes, aber noch nicht rechtswirksam beendetes Vergabeverfahren in Betracht.[34] Für den **Zeitpunkt des Beginns eines Vergabeverfahrens** ist vor dem Hintergrund der vorstehenden Ausführungen darauf abzustellen, dass nach der Rechtsprechung des EuGH alle Entscheidungen, die die Vergabebehörden hinsichtlich der in 12

---

[26] Vgl. nur BayObLG, Beschl. v. 28. 5. 2003 – Verg 7/03, VergabeR 2003, 563, 564; OLG Düsseldorf, Beschl. v. 20. 6. 2001 – Verg 3/01, NZBau 2001, 696, 698 ff.; VK Münster, Beschl. v. 4. 12. 2003 – VK 21/03.

[27] OLG Naumburg, Beschl. v. 8. 1. 2003 – 1 Verg 7/02 m. w. Nachw., NZBau 2003, 224 ff. mit Anm. *Höfler* NZBau 2003, 431 f.

[28] EuGH, Urt. v. 11. 1. 2005 – Rs. C-26/03, Slg. 2005, I-1 = NZBau 2005, 111 ff. Rn. 41 – *Stadt Halle*.

[29] BGH, Beschl. v. 1. 2. 2005 – X ZB 27/04, NZBau 2005, 290, 291.

[30] So schon zuvor OLG Düsseldorf, Beschl. v. 20. 6. 2001 – Verg 3/01, NZBau 2001, 696, 698; Beschl. v. 11. 3. 2002 – Verg 43/01, NZBau 2003, 55, 57.

[31] BGH, Beschl. v. 1. 2. 2005 – X ZB 27/04, NZBau 2005, 290, 291.

[32] Vgl. § 101b Abs. 1 Nr. 2 GWB i. d. F. des Gesetzes zur Modernisierung des Vergaberechts; vgl. nunmehr auch Art. 2 d der Richtlinie 89/665/EWG i. d. F. der Richtlinie 2007/66/EG.

[33] Vgl. *Stockmann* in: Immenga/Mestmäcker (o. Fn. 6), § 102 Rn. 14.

[34] *Kullack* in: Heiermann u. a. (o. Fn. 10), § 102 Rn. 4, 6; *Tahal* in: Willenbruch/Bischoff (o. Fn. 9), § 104 Rn. 3; *Stockmann* in: Immenga/Mestmäcker (o. Fn. 6), § 102 Rn. 15.

den Anwendungsbereich der europäischen Richtlinien fallenden Aufträge treffen, nachprüfbar sein müssen. Eine Entscheidung, die überprüfbar sein muss, liegt bereits dann vor, wenn ein öffentlicher Auftraggeber bei fortbestehender Vergabeabsicht beschließt, kein geregeltes Vergabeverfahren einzuleiten.[35] **Nicht überprüfbar sind** allein solche **Handlungen, die sich in einer bloßen Vorstudie des Marktes erschöpfen oder rein vorbereitenden Charakter tragen** und sich daher noch im Rahmen der internen Überlegungen des öffentlichen Auftraggebers bewegen.[36] Eine Überprüfbarkeit ist demgegenüber für alle Willensäußerungen des Auftraggebers eröffnet, sofern sie über das Stadium der Vorbereitung und Sondierung hinausgegangen sind und Rechtswirkung entfalten können.[37]

13   Das **Ende der kartellvergaberechtlichen Nachprüfungsmöglichkeiten** wird demgegenüber durch den Abschluss des Vergabeverfahrens im Wege rechtswirksamer Zuschlagserteilung markiert. Primärrechtsschutz ist dann ausgeschlossen.[38] Steht demgegenüber die Rechtmäßigkeit einer ebenfalls verfahrensbeendenden Aufhebungsentscheidung in Streit, ist hiergegen gerichteter Primärrechtsschutz im kartellvergaberechtlichen Nachprüfungsverfahren grundsätzlich möglich.[39]

III. Primärrechtsschutz außerhalb der Vergabekammern

1. Vergabeprüfstellen

14   Die Stellung der Vergabeprüfstellen im System des vergaberechtlichen Primärrechtsschutzes hat gegenüber der Rechtslage unter Geltung der haushaltsrechtlichen Lösung erhebliche Veränderungen erfahren. Waren sie zuvor als obligatorische Eingangsinstanz den Vergabeüberwachungsausschüssen vorgeschaltet,[40] stehen sie nach der geltenden Konzeption **außerhalb des förmlichen Rechtsschutzverfahrens**.[41]

15   Von der Möglichkeit zur Einrichtung von Vergabeprüfstellen machen neben dem Bund[42] nur noch die Länder Bremen, Rheinland-Pfalz, Schleswig-Holstein und Thüringen Gebrauch.[43] Hierin spiegelt sich der Umstand wider, dass mit der Schaffung eines speziellen vergaberechtlichen Primärrechtsschutzverfahrens für Vergaben oberhalb der EG-Schwellenwerte **kein zwingender Grund für die Existenz von Vergabeprüfstellen mehr be-

---

[35] OLG Bremen, Beschl. v. 13. 3. 2008 – Verg 5/07; ebenso *Stockmann* in: Immenga/Mestmäcker (o. Fn. 6), § 102 Rn. 15.

[36] BGH, Beschl. v. 1. 2. 2005 – X ZB 27/04, NZBau 2005, 290, 291; EuGH, Urt. v. 11. 1. 2005 – Rs. C-26/03, Slg. 2005, I-1 = NZBau 2005, 111, 114 Rn. 35 – „Stadt Halle"; *Stockmann* in: Immenga/Mestmäcker (o. Fn. 6), § 102 Rn. 15; *Otting* in: Bechtold (o. Fn. 9), § 104 Rn. 4; zur Unstatthaftigkeit vorbeugenden Rechtsschutzes im Vergabenachprüfungsverfahren vgl. OLG Düsseldorf, Beschl. v. 19. 7. 2006 – VII Verg 26/06; *Tahal* in: Willenbruch/Bischoff (o. Fn. 9), § 102 Rn. 3; *Kullack* in: Heiermann u. a. (o. Fn. 10), § 102 Rn. 7 m. w. Nachw.

[37] OLG Düsseldorf, Beschl. v. 23. 2. 2005 – Verg 78/04, VergabeR 2005, 504, 505; OLG Frankfurt a. M., Beschl. v. 7. 9. 2004 – 11 Verg 11/04, NZBau 2004, 692, 693; *Stockmann* in: Immenga/Mestmäcker (o. Fn. 6), § 102 Rn. 15; *Summa* in: Heiermann u. a. (o. Fn. 10), § 104 Rn. 54.

[38] S. auch BT-Drucks. 13/9340, S. 17, 19; *Stockmann* in: Immenga/Mestmäcker (o. Fn. 6), § 102 Rn. 15; *Summa* in: Heiermann u. a. (o. Fn. 10), § 104 Rn. 17 ff.; ausführlich zur Erledigungswirkung der Zuschlagserteilung *Antweiler* NZBau 2005, 35 ff.; *Schneider*, Primärrechtsschutz nach Zuschlagserteilung bei einer Vergabe öffentlicher Aufträge, Berlin 2007, S. 129 ff.

[39] BGH, Beschl. v. 18. 2. 2003 – X ZB 43/02, NZBau 2003, 293, 295; *Stockmann* in: Immenga/Mestmäcker (o. Fn. 6), § 102 Rn. 15; ausführlich hierzu die Kommentierung zu § 114 Rn. 5 ff.

[40] Vgl. § 57 b HGrG a. F. (o. Fn. 6).

[41] BT-Drucks. 13/9340, S. 16.

[42] Allerdings nur für einige Ressorts, vgl. *Stockmann* in: Immenga/Mestmäcker (o. Fn. 6), § 103 Rn. 6.

[43] *Blaufuß* in: Heiermann u. a. (o. Fn. 10), § 103 Rn. 7 mit detaillierten Nachw. in VT 1 zu § 106 Rn. 43 ff.

steht. Die vom Gesetzgeber erhoffte Befriedungs- und Entlastungsfunktion[44] (vgl. auch § 103 Abs. 2 Satz 2) kann sich im strukturell angelegten Interessenkonflikt zwischen Auftraggeber und Bieter und der grundsätzlichen Eilbedürftigkeit bei der Schlichtung und Entscheidung vergaberechtlicher Streitigkeiten nämlich kaum entfalten. Vorrangiges Ziel des Rechtsschutzes ist aus Sicht des Bieters allein der Erhalt des Auftrags und nicht die abstrakte Streitschlichtung. Die hierfür erforderliche Aussetzung des Vergabeverfahrens bis zur Entscheidung über das Rechtsmittel ist aber in Ermangelung eines Suspensiveffekts im Verfahren vor der Vergabeprüfstelle nur durch einen Nachprüfungsantrag bei der Vergabekammer (vgl. § 115 Abs. 1) verlässlich zu erreichen. Die Anrufung der Vergabeprüfstellen mag bei Vergaben daher allenfalls in einem relativ frühen Stadium des Vergabeverfahrens sinnvoll sein oder dann, wenn es der Bieter nicht auf einen förmlichen Rechtsstreit mit dem Auftraggeber anlegen will, um die Beziehungen nicht zu belasten.[45] Die Vergabeprüfstellen haben vor diesem Hintergrund in der vergaberechtlichen Praxis keine maßgebliche Bedeutung erlangen können.[46]

Einzelheiten zu den **Kompetenzen** und zum **Verfahren vor den Vergabeprüfstellen** 16 finden sich in der Kommentierung zu § 103.

2. Aufsichtsbehörden

Neben der Kontrolle der Vergabe öffentlicher Aufträge durch eigens dafür eingerichtete 17 Institutionen und Verfahren unterliegt die Vergabetätigkeit öffentlicher Auftraggeber **zusätzlich der allgemeinen, auf Art. 20 Abs. 3 GG fußenden Gesetzmäßigkeitskontrolle der Verwaltung** durch die jeweils zuständigen Aufsichtsbehörden. § 102 hat insoweit lediglich deklaratorischen Charakter.[47] Der Bieter kann sich jederzeit, d. h. vor, während und nach Abschluss des Vergabeverfahrens[48] und unabhängig von der Befassung der eigens hierfür eingerichteten Nachprüfungsbehörden (Vergabekammer bzw. Vergabeprüfstelle, vgl. § 106 Abs. 2 Satz 1) auch mit einem frist- und formlosen Antrag an die Aufsichtsbehörde wenden und dieser eine Überprüfung der Rechtmäßigkeit und ggf. Korrektur von Maßnahmen und Entscheidungen eines Verwaltungsträgers im Rahmen eines Vergabeverfahrens nahelegen. Darüber hinaus kann die Aufsichtsbehörde auch aufgrund eigener Erkenntnisse jederzeit von Amts wegen tätig werden.

Die Anrufung der Aufsichtsbehörden erweist sich hinsichtlich der hierdurch erzielbaren Rechtsschutzwirkung aus der Perspektive des beschwerdeführenden Bieters **als im** 18 **Verhältnis zur Anrufung der Vergabeprüfstelle noch weniger zielführend.** Die verwaltungsinterne Rechtmäßigkeitskontrolle durch die Ausübung der Rechts- und Fachaufsicht dient nämlich nicht – jedenfalls nicht unmittelbar – der Wahrung individueller Interessen, sondern ausschließlich dem öffentlichen Interesse an einem rechtmäßigen Verwaltungshandeln. Der Bieter hat daher nicht einmal einen Anspruch darauf, dass die Aufsichtsbehörde seine Beschwerde überhaupt aufgreift, geschweige denn, dass er im Wege einer Aufsichtsbeschwerde bei der vorgesetzten Dienststelle den Fortgang des Verfahrens, insbesondere die Zuschlagserteilung durch den Auftraggeber verlässlich aufhalten

---

[44] BT-Drucks. 13/9340, S. 16.
[45] Vgl. zu derlei Erwägungen *Noch* in: Byok/Jaeger (o. Fn. 6), § 103 Rn. 807; *Reidt* in: Reidt/Stickler/Glahs (Hrsg.), Vergaberecht, 2. Aufl. 2003, § 103 Rn. 33.
[46] *Weyand*, Praxiskommentar Vergaberecht, 2. Aufl. 2007, § 104 Rn. 1514; *Blaufuß* in: Heiermann u. a. (o. Fn. 10), § 103 Rn. 9; *Tahal* in: Willenbruch/Bischoff (o. Fn. 9), § 103 Rn. 1. Vgl. zu diesem Befund bereits Bericht der Bundesregierung über die Erfahrungen mit dem Vergaberechtsänderungsgesetz v. 11. 11. 2003, BT-Drucks. 15/2034, S. 2; vor diesem Hintergrund sieht das Gesetz zur Modernisierung des Vergaberechts auch die ersatzlose Streichung des bisherigen § 103 vor.
[47] *Tahal* in: Willenbruch/Bischoff (o. Fn. 9), § 102 Rn. 5.
[48] *Tahal* in: Willenbruch/Bischoff (o. Fn. 9), § 102 Rn. 5, 7.

könnte.[49] Vor diesem Hintergrund steht für Unternehmen auch kein Rechtsschutzinstrumentarium gegen Entscheidungen bzw. das Untätigbleiben der Aufsichtsbehörde zur Verfügung.[50] Verfügt die aufsichtsunterworfene Vergabestelle gegenüber der Aufsichtsbehörde über eigene Rechtspersönlichkeit, was insbesondere bei Kommunalaufsicht der Fall ist, so ist eine Anordnung der Rechtsaufsichtsbehörde regelmäßig als Verwaltungsakt zu qualifizieren, die im Wege der Anfechtungsklage und des Antrags nach § 80 Abs. 5 VwGO vor den Verwaltungsgerichten anzugreifen sind.[51]

19 Die Möglichkeit der Erhebung einer Aufsichtsbeschwerde besteht zudem nur im Rahmen von Vergabeverfahren von öffentlichen Auftraggebern, die der allgemeinen verwaltungsinternen Rechts- und Fachaufsicht unterliegen, also bei den klassischen öffentlichen Auftraggebern i. S. d. § 98 Nr. 1 und in eingeschränkter Form bei juristischen Personen des öffentlichen Rechts als funktionelle Auftraggeber i. S. d. § 98 Nr. 2, die einer speziellen staatlichen Aufsicht unterliegen, wie z. B. Körperschaften oder Anstalten des öffentlichen Rechts. Gleichwohl darf nicht übersehen werden, dass die Aufsichtsbehörde regelmäßig auf ein recht **umfangreiches Arsenal an Einwirkungsmöglichkeiten** zurückgreifen kann, die bis zur Ersatzvornahme der zur Beseitigung des Vergaberechtsverstoßes angeordneten Maßnahmen reichen können, weswegen eine flankierende Aufsichtsbeschwerde bieterseitig im Einzelfall durchaus erwägenswert erscheinen kann.[52]

3. Kartellbehörden

20 Die Inkorporation des Rechts der öffentlichen Auftragsvergabe in das Gesetz gegen Wettbewerbsbeschränkungen wirft die Frage auf, in welchem Verhältnis das vergaberechtliche Nachprüfungsverfahren gemäß §§ 102–124 zu den in den §§ 54 ff. geregelten Verfahrensarten, insbesondere zum förmlichen Kartellverwaltungsverfahren gemäß §§ 54–62 steht. Den Regelungen in § 104 Abs. 2 ist zu entnehmen, dass der vergaberechtliche Primärrechtsschutz ausschließlich von den Vergabeprüfstellen, den Vergabekammern und dem Beschwerdegericht wahrgenommen wird, insoweit also keine speziellen Befugnisse der Kartellbehörden bestehen. Allerdings wird durch Satz 2 klargestellt, dass die **Kartellbehörden nicht gehindert sind, Vorgänge oder Maßnahmen im Rahmen von Vergabeverfahren aufzugreifen** und zum Gegenstand eines förmlichen Kartellverwaltungsverfahrens zu erheben, die sich ungeachtet ihrer vergaberechtlichen Relevanz auch als mögliche Kartellrechtsverstöße darstellen.[53] Zu denken ist hierbei beispielsweise an Verstöße gegen die Vorschriften gegen den Missbrauch einer marktbeherrschenden Stellung (§ 19) oder gegen die Verbotstatbestände des § 20.

21 Durch § 104 Abs. 2 wird mithin nicht ausgeschlossen, dass die Kartellbehörden zum Schutz des Wettbewerbs im Rahmen der allgemeinen Missbrauchsaufsicht in Vergabeverfahren eingreifen und die Erteilung des Zuschlags zugunsten bestimmter Bieter untersagen können.[54] Eine solche Maßnahme wird damit aber nicht zum Bestandteil des vergaberechtlichen Primärrechtsschutzes, weil sie nicht dem Schutz subjektiver Bieterrechte dient, son-

---

[49] Vgl. *Boesen* (o. Fn. 12), § 103 Rn. 5 ff.; *Stockmann* in: Immenga/Mestmäcker (o. Fn. 6), § 102 Rn. 8; *Tahal* in: Willenbruch/Bischoff (o. Fn. 9), § 102 Rn. 6.
[50] *Stockmann* in: Immenga/Mestmäcker (o. Fn. 6), § 102 Rn. 8; *Tahal* in: Willenbruch/Bischoff (o. Fn. 9), § 102 Rn. 6.
[51] Vgl. *Boesen* (o. Fn. 12), § 102 Rn. 21; bezüglich fachaufsichtlicher Maßnahmen ist eine Rechtsschutzmöglichkeit der Vergabestelle demgegenüber nicht eröffnet, *Stockmann* in: Immenga/Mestmäcker (o. Fn. 6), § 102 Rn. 9.
[52] *Tahal* in: Willenbruch/Bischoff (o. Fn. 9), § 102 Rn. 7.
[53] *Stockmann* in: Immenga/Mestmäcker (o. Fn. 6), § 102 Rn. 11 m. w. Nachw.
[54] Siehe zum gesamten Komplex ausführlich *Kus* in: Niebuhr/Kulartz/Kus/Portz, Vergaberecht (Hrsg.), 1. Aufl. 2000, § 102 Rn. 18 ff.; *Otting* in: Bechtold (o. Fn. 9), § 104 Rn. 7.

dern lediglich zum Zweck der Wahrung der materiellen Wettbewerbsgrundsätze erfolgen darf. Auch solche besonderen Fallkonstellationen bestätigen das **grundsätzliche Nebeneinander des vergaberechtlichen Nachprüfungsverfahrens und des allgemeinen Kartellverwaltungsverfahrens.**

IV. Rechtsschutz bei Auftragsvergaben außerhalb des Kartellvergaberechts

Bei Überschreitung der Schwellenwerte gemäß § 100 Abs. 1 GWB in Verbindung mit 22 § 2 VgV genießt ein Bieter den Schutz der Rechte aus § 97 Abs. 7 GWB. Unterhalb dieser Schwellenwerte[55] oder infolge bestimmter Charakteristika der in Rede stehenden Aufträge (etwa beim Vorliegen der Ausnahmetatbestände nach § 100 Abs. 2 oder bei der Vergabe von Dienstleistungskonzessionen) bleibt ihm der Rechtsschutz im förmlichen Nachprüfungsverfahren vor Vergabekammer und Vergabesenat indes versagt. Der Gesetzgeber unternahm bei der Schaffung des kartellvergaberechtlichen Rechtsschutzes im Zuge des Vergaberechtsänderungsgesetzes nur das Notwendigste zur Umsetzung der europarechtlichen Vorgaben im Wege eines Rückzuggefechtes,[56] nachdem er mit seinem Konzept der „haushaltsrechtlichen Lösung" vor dem EuGH gescheitert war.[57] Nach Schätzungen liegen **über 90 Prozent der vergebenen Aufträge unterhalb der Schwellenwerte** und unterfallen damit nicht den §§ 102 ff.[58]

Die auf den Unterschwellenbereich entfallenden Aufträge sind insbesondere auch 23 angesichts des Fehlens einer § 13 VgV entsprechenden Vorabinformationspflicht[59] **keinem effektiven Primärrechtsschutz** zugänglich. Dabei beruht es zum Teil nur auf Zufall, zum Teil aber auch auf auftraggeberischem Kalkül, wenn der Schwellenwert nicht überschritten wird.[60] Die Diskrepanz zwischen dem „(Primär-)Rechtsschutzparadies"[61] oberhalb der europarechtlich vorgegebenen Schwellenwerte und der „Schattenwelt"[62] bzw.

---

[55] Ausführlich dazu *Dreher* NZBau 2002, 419 ff; *Heuvels* NZBau 2005, 570 ff.

[56] Krit. zu dieser „Minimallösung" etwa *Huber* JZ 2000, 877 ff.

[57] EuGH, Urt. v. 11. 8. 1995 – Rs. C-433/93, Slg. 1995, I-2303 = NVwZ 1996, 367 ff. – *Kommission/Deutschland*. Das Urteil bezog sich zwar nicht auf die haushaltsrechtliche Lösung als solche, sondern betraf die nicht minder defizitäre und insoweit vergleichbare Rechtslage vor deren Einführung. Die tragenden Beweggründe der Entscheidung aber, nämlich die Feststellung, dass der von den Richtlinien intendierte Schutz des Bieters vor Willkür des öffentlichen Auftraggebers nur dann wirksam werden könne, wenn der Bieter sich gegenüber dem Auftraggeber auf diese Vorschriften berufen und deren Verletzung vor den nationalen Gerichten geltend machen könne, war auf die ausgewiesene Konzeption der haushaltsrechtlichen Lösung (vgl. BT-Drucks. 12/4636, S. 12) jedoch übertragbar (*Pietzcker* NVwZ 1996, 313, 314). Vor diesem Hintergrund eröffnete die Kommission sodann ein Vertragsverletzungsverfahren gegen Deutschland (vgl. Mahnschreiben der Kommission, ZIP 1995, 1940 ff.), welches den Gesetzgeber (neben weiteren Faktoren, wie insbes. erheblichem außenpolitischen Drucks seitens der USA, vgl. *Byok* NJW 1998, 2774, 2775) letztlich zum Einschwenken auf die geltende Lösung veranlasste.

[58] *Burgi* NVwZ 2007, 737, 738; *Dörr* JZ 2004, 703, 713; *Dreher* NZBau 2002, 419, 420 *Ruthig* NZBau 2005, 497, 498 m.w. Nachw.

[59] Vgl. aber auch die auf Landesebene vereinzelt statuierten Informationspflichten. So ordnet etwa § 9 Abs. 1 der SächsVergabeDVO v. 17. 12. 2002 (Sächs GVBl. S. 378) i.d. F. d. Ber. v. 23. 4. 2003 (Sächs GVBl. S. 120) eine Vorabinformation auch für Vergaben unterhalb der Schwellenwerte an. Für Bauleistungen s. auch § 14 Abs. 6 Mittelstandsförderungs- und -vergabegesetz Schleswig-Holstein v. 17. 9. 2003 (GVOBl. S. 432) i.d. F. d. Änd. v. 15. 5. 2004 (GVOBl. S. 142).

[60] Hierzu sehr instruktiv *Dreher* NZBau 2002, 419, 420.

[61] Begriff verwendet von *Marx*, Thesenpapier zum 1. Baugerichtstag am 19. und 20. Mai 2006 in Hamm/Westf., Sonderbeilage zu ZfBR 3/2006, 10, 11.

[62] *Heuvels* NZBau 2005, 570, 572; vgl. auch *Dreher* in: Immenga/Mestmäcker (o. Fn. 6), Vor §§ 97 ff. Rn. 50: Teilung der Vergaben „in zwei Welten".

„Rechtsschutzwüste"[63] im Unterschwellenbereich sah sich in zunehmendem Maße verfassungsrechtlicher, jedenfalls aber rechtspolitisch motivierter Kritik ausgesetzt.[64] Seit der **Entscheidung des *BVerfG* vom 13. 6. 2006**[65] ist nunmehr für die Rechtsanwendungspraxis jedoch klargestellt, **dass die europarechtlich determinierte Zweiteilung des deutschen Vergaberechts und der hiermit einhergehende faktische Primärrechtsausschluss mit den verfassungsrechtlichen Maßstäben vereinbar sind.** Die bestehende Zweiteilung verstößt demnach weder gegen den Gleichheitsgrundsatz (Art. 3 Abs. 1 GG) noch stellt sie eine Verletzung des Anspruchs auf effektiven Rechtsschutz (Art. 19 Abs. 4 GG) oder des allgemeinen Justizgewährungsanspuchs (Art. 20 Abs. 3 i. V. m. Art. 2 Abs. 1 GG) dar.[66] Es sei verfassungsrechtlich nicht zu beanstanden, dass der Gesetzgeber für das „Massenphänomen" der Vergabe unterhalb der Schwellenwerte dem Interesse des erfolglosen Bieters weniger Bedeutung beigemessen habe als dem Interesse der Verwaltung an einer zügigen Abwicklung des Vorgangs und des erfolgreichen Bieters an baldiger Rechts- und Planungssicherheit. Jedenfalls die Geltung des Art. 3 Abs. 1 GG auch unterhalb der Schwellenwerte erkannte das BVerfG indes an: jedem Mitbewerber müsse eine faire Chance eingeräumt werden, nach Maßgabe der für den spezifischen Auftrag wesentlichen Kriterien und des vorgesehenen Verfahrens berücksichtigt zu werden.

24 Angesichts des **weithin als rechtspolitisch unbefriedigend empfundenen Rechtsschutz-Dualismus**[67] haben in der Vergangenheit Gerichte sowohl der ordentlichen Gerichtsbarkeit als auch der Verwaltungsgerichtsbarkeit in Verfahren, die Vergaben unterhalb der Schwellenwerte oder außerhalb des Anwendungsbereichs des 7. Teils des GWB betrafen, einzelnen Bietern einstweiligen Rechtsschutz gegen die Erteilung des Zuschlags an einen anderen Bieter gewährt. So hat das OVG Koblenz in einem seitens der Vergaberechtspraxis als „Paukenschlag"[68] aufgenommenen Beschluss vom 25. 5. 2005 die traditionelle Sichtweise verworfen und der Vergabestelle per einstweiliger Anordnung untersagt, den Zuschlag zu erteilen.[69] Es vertrat hierbei die Auffassung, dass auch auf Vergabeverfahren die insbesondere im Subventions- und Kommunalrecht überwiegend anerkannte Zweistufentheorie anzuwenden sei, da allein die Annahme eines solchen Stufenverhältnisses dem von Art. 19 Abs. 4 GG geforderten Rechtsschutz gerecht werde.[70] Demgegenüber betrach-

---

[63] *Marx*, Thesenpapier zum 1. Baugerichtstag am 19. und 20. Mai 2006 in Hamm/Westf., Sonderbeilage zu ZfBR 3/2006, 10, 11

[64] Vgl. hierzu bereits *Hermes* JZ 1997, 909 ff.; *Malmendier* DVBl. 2000, 963, 968; *Dörr* DÖV 2001, 1014, 1023 f.; *Dreher* NVwZ 1997, 343 ff.; *ders.* NZBau 2002, 419, 425 f.; *Huber* JZ 2000, 877 ff.; *Heuvels* NZBau 2005, 570 ff. m. w. Nachw.

[65] BVerfG, Urt. v. 13. 6. 2006 – 1 BvR 1160/03, NZBau 2006, 791 ff. = DVBl. 2007, 53 ff.; hierzu *Wollenschläger* DVBl 2007, 589 ff.; *Pietzcker* ZfBR 2007, 131 ff.; *Sauer/Hollands* NZBau 2006, 763 ff.

[66] Vgl. bereits *Pietzcker*, Die Zweiteilung des Vergaberechts, 2001, S. 105; *Dreher* NZBau 2002, 424 ff.; anders für die insoweit vergleichbare seinerzeitige österreichische Rechtslage ÖstVerfGH, Erkenntnis v. 30. 11. 2000 – G 110/99 u. a., NZBau 2000, 240 (LS) = VergabeR 2001, 32 ff., der einen Gleichheitsverstoß annahm.

[67] Vgl. *Dreher* NZBau 2002, 419, 424 f.; *ders.* in: Immenga/Mestmäcker (o. Fn. 6), Vor §§ 97 ff. Rn. 50: „helle Welt des Vergaberechts oberhalb der Schwellenwerte" gegenüber „dunkle(r) Welt des Vergabewesens unterhalb der Schwellenwerte"; *Broß* ZWeR 2003, 270 ff.; *Heuvels* NZBau 2005, 570 ff.

[68] *Heuvels* NZBau 2005, 570, 572; *Hollands/Sauer* DÖV 2006, 55; *Diemer* NZBau 2006, 532; *Krohn* NZBau 2007, 493.

[69] OVG Koblenz, Beschl. v. 25. 5. 2005 – 7 B 10356/05.OVG, NZBau 2005, 411 f.; zuvor bereits VG Koblenz, Beschl. 31. 1. 2005 – 6 L 2617/04.KO, NZBau 2005, 412 ff. = VergabeR 2005, 395 ff. m. Anm. *Prieß/Hölzl;* i. E. ebenso OVG Münster, Beschl. v. 20. 9. 2005 – 15 E 1188/05, VergabeR 2006, 86 f.; Beschl. v. 4. 5. 2006 – 15 B 692/06, NZBau 2006, 531; OVG Bautzen, Beschl. v. 13. 4. 2006 – 2 E 270/005, NZBau 2006, 393 f. m. Anm. *Braun.*

[70] Der Beschluss sah sich heftiger Kritik ausgesetzt, s. etwa *Ruthig* NZBau 2005, 497 ff.; *Tomerius/Kiser* VergabeR 2005, 551 ff.

teten andere Verwaltungsgerichte den Zivilrechtsweg für eröffnet.[71] Die erstinstanzliche Rechtsprechung gab ebenfalls ein ausgesprochen uneinheitliches Bild ab.[72]

Das BVerwG hat der Debatte über die Rechtswegzuständigkeit für den Primärrechtsschutz bei der Vergabe öffentlicher Aufträge unterhalb der Schwellenwerte und der „beispiellos divergierenden Rechtsprechung"[73] mit Beschluss vom 2. 5. 2007[74] jedenfalls vorläufig ein Ende bereitet. Es entschied, dass **für den Primärrechtsschutz im Unterschwellenbereich nicht der Rechtsweg zu den Verwaltungsgerichten, sondern der ordentliche Rechtsweg gegeben ist.** Eine öffentlich-rechtliche Einordnung des Vergabeverhältnisses lasse sich insbesondere nicht unter Anwendung der Zwei-Stufen-Theorie konstruieren. Das Vergabeverfahren sei nämlich schon seiner Struktur nach gerade nicht zweistufig konzipiert: es fehle bereits an einem Anknüpfungspunkt für eine „erste Stufe", auf der eine selbstständige öffentlich-rechtliche „Vergabeentscheidung" verortet werden könnte. Die Entscheidung über die Auswahl zwischen mehreren Bietern erfolge im Regelfall unmittelbar durch den Abschluss eines privatrechtlichen Vertrags mit einem der Bieter durch Zuschlag. Durch die Anwendung der Zwei-Stufen-Theorie auf die Vergabe öffentlicher Aufträge würde folglich ein einheitlicher Vorgang künstlich in zwei Teile aufgespalten.[75]

Obschon in der Peripherie des öffentlichen Vergabewesens Zuständigkeitsreservate der Verwaltungsgerichtsbarkeit weiterhin fortbestehen werden – zu nennen sind etwa die vom BVerwG explizit ausgenommenen Situationen, in denen „eine gesetzliche Verpflichtung zu bevorzugter Berücksichtigung eines bestimmten Personenkreises zu beachten" ist[76] sowie Verfahren zur Vergabe von Dienstleistungskonzessionen auf Grundlage öffentlich-rechtlicher Verträge[77] –, ist **Primärrechtsschutz im Unterschwellenbereich grundsätzlich nur noch im Zivilrechtsweg zu erlangen.**

Vor dem Hintergrund der Entscheidung des BVerwG und dem darauf vollzogenen **Rückzug der Verwaltungsgerichte**[78] ist nunmehr eine z. T. bereits erheblich divergierende Entwicklung innerhalb der jüngsten zivilgerichtlichen Rechtsprechung zu verzeichnen.[79] Unsicherheiten bestehen nicht nur hinsichtlich der Bestimmung eines entsprechenden Verfügungsanspruchs im Rahmen des einstweiligen Rechtsschutzes gem. §§ 935, 940 ZPO, sondern bereits in Bezug auf die Frage, ob Primärrechtsschutz überhaupt statthaft[80]

---

[71] OVG Lüneburg, Beschl. v. 14. 7. 2006 – 7 OB 105/06, NZBau 2006, 670; OVG Berlin-Brandenburg, Beschl. v. 21. 9. 2005 – 1 S 105.5, DVBl. 2006, 1250 ff. m. Anm. *Rennert* DVBl. 2006, 1252 ff.; VGH Mannheim, Beschl. v. 30. 10. 2006 – 6 S 1522/06, VBlBW 2007, 147 f.

[72] S. hierzu die umfangreichen Nachweise in BVerwG, Beschl. v. 2. 5. 2007 – 6 B 10/07, NZBau 2007, 389, 390.

[73] *Krohn* NZBau 2007, 493.

[74] BVerwG, Beschl. v. 2. 5. 2007 – 6 B 10/07, NZBau 2007, 389 ff.

[75] Ebenso *Siegel* DVBl. 2007, 942, 944.

[76] BVerwG, Beschl. v. 2. 5. 2007 – 6 B 10/07, NZBau 2007, 389, 390.

[77] Vgl. hierzu und zu weiteren Zuständigkeiten der Verwaltungsgerichtsbarkeit *Kallerhoff* NZBau 2008, 97 ff. m. w. Nachw.

[78] So hat das VG Koblenz bereits mit Beschl. v. 22. 5. 2007 – 6 L 745/07-KO den Verwaltungsrechtsweg für unzulässig erklärt und den Rechtsstreit an das Landgericht Bad Kreuznach verwiesen.

[79] Vgl. hierzu und zum Folgenden insbes. den Überblick bei *Braun* NZBau 2008, 160 ff.; *Ulmer* KommJur 2008, 81 ff.

[80] Verneinend LG Potsdam, Beschl. v. 14. 11. 2007 – 2 O 412/07; so bereits *Gehrlein* NZBau 2001, 483 ff.; *Kullack* in: Heiermann u. a. (o. Fn. 10), § 102 Rn. 2 und Rn. 12; offengelassen in OLG Dresden, Beschl. v. 25. 4. 2006 – 20 U 467/06, NZBau 2006, 529 f. Dieser kategorische Ausschluss des nach der allgemeinen Rechtsordnung (§§ 935 ff. ZPO) an sich bestehenden Primärrechtsschutzes ist mit der zitierten Entscheidung des BVerfG indes schwerlich vereinbar, vgl. *Braun* NZBau 2008, 160 f.; ders., VergabeR 2007, 17 ff.; s. auch LG Cottbus, Urt. v. 24. 10. 2007 – 5 O 99/07, NZBau 2008, 207 (LS).

beziehungsweise jedenfalls a priori auf eine reine Willkürkontrolle beschränkt ist.[81] Richtigerweise wird man davon auszugehen haben, dass ein **Antrag auf Erlass einer einstweiligen Verfügung vor den Zivilgerichten** mit dem Ziel, dem Auftraggeber die Erteilung des Zuschlags zu untersagen **mangels entgegenstehender Regelungen nach den allgemeinen Vorschriften grundsätzlich zulässig ist.**[82] Im Rahmen der Begründetheit einer einstweiligen Verfügung sind die Anforderungen an die Darlegung und den Nachweis der Tatbestandsvoraussetzungen der in Betracht kommenden Anspruchsgrundlagen indes so hoch,[83] dass sie in der Praxis regelmäßig nur schwer zu erfüllen sein werden.[84]

28   Auch wenn die Schaffung eines spezifischen Primärrechtsschutzsystems für Unterschwellenvergaben nicht zuletzt aufgrund der weiterhin erheblichen Rechtsunsicherheiten rechtspolitisch weiterhin wünschenswert erscheint und auch europarechtliche Zweifel an der gegenwärtigen Rechtsschutzsituation noch nicht gänzlich ausgeräumt sind,[85] hat die Bundesregierung im Rahmen der anstehenden Vergaberechtsnovelle wieder bekräftigt, für die Einführung eines Unterschwellenrechtsschutzes keine rechtspolitische Veranlassung zu sehen.[86]

V. Neufassung gemäß Gesetz zur Modernisierung des Vergaberechts vom 20. April 2009

29   „8. In § 102 werden die Wörter „und Vergabeprüfstellen" gestrichen." Die Streichung ist eine Folgeänderung aus der Aufhebung des § 103 GWB.[87]

---

[81] Eine Beschränkung des Primärrechtsschutzes auf Fälle vorsätzlich rechtswidrigen bzw. willkürlichen Handelns des Auftraggebers findet sich bei LG Landshut, Urt. v. 11. 12. 2007–73 O 2576/07, IBR 2008, 404; LG Arnsberg, Urt. v. 19. 10. 2007 – 8 O 134/07, NZBau 2008, 206, 207; LG Frankfurt/Oder, Urt. v. 14. 11. 2007 – 13 O 360/07, NZBau 2008, 208 (LS) m. Kurzbespr. *Krist* IBR 2008, 38; LG Bad Kreuznach, Beschl. v. 6. 6. 2007 – 2 O 198/07, NZBau 2007, 471; krit. hierzu *Krohn* NZBau 2007, 493, 496.

[82] So jüngst OLG Brandenburg, Beschl. v. 17. 12. 2007 – 13 W 79/07, NZBau 2008, 207 (S. LS); LG Cottbus, Urt. v. 24. 10. 2007 – 5 O 99/07, NZBau 2008, 207 (LS) m. Kurzbespr. *Lenkeit* IBR 2007, 695; LG Augsburg, Urt. v. 5. 6. 2008 – 6 O 1562/08, IBR 2008, 468.

[83] Gründe hierfür sind neben dem Fehlen einer § 13 VgV Vorabinformationspflicht (S. aber o. Fn. 59) auch die Geltung des zivilprozessualen Beibringungsgrundsatzes und fehlende Akteneinsichtsrechte vor den Zivilgerichten; vgl. *Prieß/Gabriel* NJW 2008, 331 ff.; *Englisch* VerwArch 98 (2007), 411, 440. Zu den kaum überwindbaren Hürden des zivilprozessualen Primärrechtsschutzes auch OLG Brandenburg, Beschl. v. 17. 12. 2007 – 13 W 79/07, S. 6 des Umdrucks.

[84] Plastisch: OLG Stuttgart, Urt. v. 11. 4. 2002 – 2 U 240/01, NZBau, 2002, 395; ausführlich hierzu bereits *Heuvels* NZBau 2005, 570, 571.

[85] Zu europarechtlichen Bedenken gegenüber der deutschen Rechtsschutzsituation im Unterschwellenbereich vgl. *Wollenschläger* NVwZ 2007, 388, 395 f.; *Niestedt/Hölzl* NJW 2006, 3680, 3681 f.; *Frenz* VergabeR 2007, 1, 8 f.; *Englisch* VerwArch 98 (2007), 410, 431 ff. S. in diesem Zusammenhang insbes. auch die interpretierende Mitteilung der Kommission in Bezug auf das für Unterschwellenvergaben maßgebliche Gemeinschaftsrecht, ABlEU Nr. C 179 v. 1. 8. 2006, S. 2 ff.; s. nunmehr jedoch auch die jüngere Rechtsprechung des *EuGH*, der die Geltung primärrechtlicher Anforderungen für Vergaben unterhalb der gemeinschaftsrechtlichen Schwellenwerte an den Nachweis eines eindeutigen grenzüberschreitenden Interesses koppelt, vgl. EuGH, Urt. v. 13. 11. 2007 – Rs. C-507/03, Slg. 2007, I-9777 = NZBau 2008, 71 ff., Rn. 29 – *Kommission/Irland* (für nichtprioritäre Dienstleistungen); Urt. v. 21. 2. 2008 – Rs. C-412/04, NVwZ 2008, 397 ff., Rn. 66 f. – *Kommission/Italien*; Urt. v. 15. 5. 2008 – C-147/06 und C-148/06, VergabeR 2008, 625 ff. Rn. 21, 24 – *SECAP und Santoroso*.

[86] Begründung zum Regierungsentwurf eines Gesetzes zur Modernisierung des Vergaberechts v. 21. Mai 2008, BT-Drucks. 16/10117, Teil A, zu Nr. 7 (S. 14).

[87] Begründung zum Regierungsentwurf eines Gesetzes zur Modernisierung des Vergaberechts v. 21. Mai 2008, BT-Drucks. 16/10117, Teil B, zu Nr. 8 (S. 22).

§ 103 Vergabeprüfstellen

(1) ¹Der Bund und die Länder können Vergabeprüfstellen einrichten, denen die Überprüfung der Einhaltung der von Auftraggebern im Sinne des § 98 Nr. 1 bis 3 anzuwendenden Vergabebestimmungen obliegt. ²Sie können auch bei den Fach- und Rechtsaufsichtsbehörden angesiedelt werden.

(2) ¹Die Vergabeprüfstelle prüft auf Antrag oder von Amts wegen die Einhaltung der von den Auftraggebern im Sinne des § 98 Nr. 1 bis 3 anzuwendenden Vergabevorschriften. ²Sie kann die das Vergabeverfahren durchführende Stelle verpflichten, rechtswidrige Maßnahmen aufzuheben und rechtmäßige Maßnahmen zu treffen, diese Stellen und Unternehmen bei der Anwendung der Vergabevorschriften beraten und streitschlichtend tätig werden.

(3) ¹Gegen eine Entscheidung der Vergabeprüfstelle kann zur Wahrung von Rechten aus § 97 Abs. 7 nur die Vergabekammer angerufen werden. ²Die Prüfung durch die Vergabeprüfstelle ist nicht Voraussetzung für die Anrufung der Vergabekammer.

Übersicht

	Rn.		Rn.
I. Einrichtung und Kompetenzen	1–3	IV. Rechtsschutz	9, 10
II. Verfahren	4, 5	V. Aufhebung gemäß Gesetz zur Modernisierung des Vergaberechts vom 20. April 2009	11, 12
III. Entscheidung und Vollstreckung	6–8		

I. Einrichtung und Kompetenzen

Die Einrichtung von Vergabeprüfstellen ist dem Bund und den Ländern gem. Abs. 1 Satz 1 **freigestellt.** Sie steht in jeglicher Hinsicht im Ermessen der jeweiligen Körperschaften.¹ Vergabeprüfstellen können gem. Abs. 1 Satz 2 auch bei den Fach- und Rechtsaufsichtsbehörden eingerichtet werden.² Allerdings haben der Bund und die Länder von der Möglichkeit der Einrichtung nur zurückhaltenden Gebrauch gemacht.³ **1**

Vergabeprüfstellen haben neben der ihnen zugedachten Kontrollfunktion die Aufgabe, den Beteiligten am Vergabeverfahren **streitschlichtend und beratend**⁴ zur Seite zu stehen und so die regulären Nachprüfungsinstanzen zu entlasten.⁵ Verfahren vor der Vergabe- **2**

---

¹ Das betrifft das Ob, das Wo, das Wie und die Anzahl der einzurichtenden Vergabeprüfstellen.

² Hierzu *Stockmann* in: Immenga/Mestmäcker (Hrsg.), Wettbewerbsrecht, Bd. 2, 4. Aufl. 2007, § 103 Rn. 5.

³ Neben wenigen Bundesressorts sind derzeit nur noch in Bremen, Rheinland-Pfalz und Schleswig-Holstein Vergabeprüfstellen eingerichtet, vgl. die Aufstellung bei *Noch* in: Byok/Jaeger (Hrsg.), Kommentar zum Vergaberecht, 2. Aufl. 2005, § 103 Rn. 787 f. und *Jasper/Marx*, Textausgabe Vergaberecht, 10. Aufl. 2007, Kapitel 9, S. 449; *Stockmann* in: Immenga/Mestmäcker (o. Fn. 2), § 103 Rn. 6; *Tahal* in: Willenbruch/Bischoff (Hrsg.), Kompaktkommentar Vergaberecht, 1. Aufl. 2008, § 103 Rn. 1. Die geringe praktische Relevanz der Nachprüfungstätigkeit der Vergabeprüfstellen für den Rechtsschutz im Oberschwellenbereich (hierzu bereits Bericht der Bundesregierung über die Erfahrungen mit dem Vergaberechtsänderungsgesetz v. 11. 11. 2003, BT-Drucks. 15/2034, S. 2) bildet laut Begründung zum Regierungsentwurf eines Gesetzes zur Modernisierung des Vergaberechts v. 21. 5. 2008, BT-Drucks. 16/10117, Teil B zu Nr. 9 (S. 22) auch den Grund dafür, die explizite Regelung derselben in § 103 zu streichen.

⁴ Vgl. zur Beratungs- und Streitschlichtungsfunktion der Vergabeprüfstellen *Blaufuß* in: Heiermann u. a. (Hrsg.), Praxiskommentar Vergaberecht, 2. Aufl. 2008, § 103 Rn. 12 ff., dort auch zur Haftung bei fehlerhafter Beratungsleistung, Rn. 34; *Noch* in: Byok/Jaeger (o. Fn. 3), § 103 Rn. 805 ff.

⁵ BT-Drucks. 13/9340, S. 16.

GWB § 103 3, 4   10. Teil. Gesetz gegen Wettbewerbsbeschränkungen

prüfstelle sind grundsätzlich kostenfrei.[6] Die Vergabeprüfstelle ist bei Ausübung ihrer Kontrolltätigkeit gem. Abs. 2 nach ihrem Ermessen[7] überdies befugt, die das Vergabeverfahren durchführende Stelle bis zum Zeitpunkt der Zuschlagserteilung[8] zu verpflichten, rechtswidrige Maßnahmen aufzuheben und rechtmäßige Maßnahmen – sowohl ersetzend als auch isoliert[9] – zu treffen.[10]

3   Obwohl die Vergabeprüfstellen als fakultative Überprüfungsinstanz grundsätzlich auf denselben Befugniskatalog wie die Vergabekammern zurückgreifen können (Abs. 2 Satz 2), ergeben sich in Hinblick auf die praktische Relevanz für den Rechtsschutz erhebliche Unterschiede. Den Vergabeprüfstellen kommt **keine Stellung als Instanz** im vergaberechtlichen Nachprüfungsverfahren zu. Das wird dadurch verdeutlicht, dass ihre Anrufung gem. Abs. 3 Satz 2 nicht Voraussetzung für eine Inanspruchnahme der Vergabekammer ist. Mit der Anrufung der Vergabeprüfstelle kann der Bieter auch **keinen Suspensiveffekt** auslösen, der die Zuschlagserteilung verhindern könnte.[11] Zudem ist sie gem. Abs. 1 Satz 1 nur zur Überprüfung von Verfahren der Auftraggeber gem. § 98 Nr. 1 bis 3[12] ermächtigt. Dem um Rechtsschutz Nachsuchenden ist folglich zu raten, sich – nach diesbezüglicher Rüge (§ 107 Abs. 3) – direkt an die Vergabekammern zu wenden, vor allem dann, wenn ein zeitnaher Zuschlag zu befürchten ist.[13] Dies umso mehr, als die Entscheidung der Vergabeprüfstelle auch **keine tatbestandliche Bindungswirkung** in anschließenden Schadensersatzprozessen hat (vgl. demgegenüber § 124 Abs. 1). Überdies bestehen auch keinerlei Vorgaben hinsichtlich der quantitativen Zusammensetzung oder der fachlichen Qualifikation der Entscheidungsträger.[14] Nicht zuletzt besitzen die Vergabeprüfstellen im Gegensatz zu den Vergabekammern (§ 105 Abs. 1 und 4) keine persönliche und sachliche Unabhängigkeit.

II. Verfahren

4   Gem. Abs. 2 Satz 1 prüft die Vergabeprüfstelle die Einhaltung der anzuwendenden Vergabevorschriften[15] **auf Antrag oder von Amts wegen.** Das Verfahren vor der Vergabeprüfstelle ist somit kein Individualbeschwerdeverfahren, sondern ein in seinen wesentlichen Bestandteilen objektives Überprüfungsverfahren.[16] Daher ist die Vergabeprüfstelle nicht auf

---

[6] Das gilt gem. § 129 Satz 1 für die Vergabeprüfstellen des Bundes nicht, wenn deren Amtshandlungen über die in § 103 Abs. 2 Satz 1 genannten Tätigkeiten hinausgehen. Vgl. insoweit die Kommentierung zu § 129 Rn. 2.

[7] Hierzu ausführlich *Reidt* in: Reidt/Stickler/Glahs (Hrsg.), Vergaberecht, 2. Aufl. 2003, § 103 Rn. 20 f.

[8] Vgl. hierzu und zu ggf. bestehenden Einwirkungsmöglichkeiten nach Zuschlagserteilung ausführlich *Reidt* in: Reidt/Stickler/Glahs (o. Fn. 7), § 103 Rn. 17.

[9] *Reidt* in: Reidt/Stickler/Glahs (o. Fn. 7), § 103 Rn. 18 f.

[10] Unmittelbar rechtsgestaltende Maßnahmen sind der Vergabeprüfstelle jedoch – ebenso wie der Vergabekammer – versagt (anders noch unter Geltung der haushaltsrechtlichen Lösung, vgl. § 57 b Abs. 4 Satz 3 und 4), S. *Reidt* in: Reidt/Stickler/Glahs (o. Fn. 7), § 103 Rn. 15; *Stockmann* in: Immenga/Mestmäcker (o. Fn. 2), § 103 Rn. 10 m. w. Nachw.; *Otting* in: Bechtold, GWB, 4. Aufl. 2006, § 103 Rn. 6.

[11] *Weyand*, Praxiskommentar Vergaberecht, 2. Aufl. 2007, § 103 Rn. 1512; zum Suspensiveffekt vor der Vergabekammer siehe die Kommentierung zu § 115 Rn. 6 ff.

[12] Vgl. die Kommentierung zu § 98 Rn. 6 ff.

[13] Ebenso *Tahal* in: Willenbruch/Bischoff (o. Fn. 3), § 103 Rn. 4; *Blaufuß* in: Heiermann u. a. (o. Fn. 4), § 103 Rn. 5, 32; *Noch* in: Byok/Jaeger (o. Fn. 3), § 103 Rn. 803 f.

[14] *Stockmann* in: Immenga/Mestmäcker (o. Fn. 2), § 103 Rn. 4 m. w. Nachw.; *Noch* in: Byok/Jaeger (o. Fn. 3), § 103 Rn. 794; *Otting* in: Bechtold (o. Fn. 10), § 103 Rn. 2.

[15] Ausf. zum Prüfungsmaßstab *Stockmann* in: Immenga/Mestmäcker (o. Fn. 2), § 103 Rn. 7.

[16] *Noch* in: Byok/Jaeger (o. Fn. 3), § 103 Rn. 797; *Prieß/Niestedt* Rechtsschutz im VergabeR, Köln u. a. 2006, S. 59.

die Prüfung von im jeweiligen Fall beanstandeten Verstößen oder auf solche Verstöße, durch die subjektive Rechte des jeweils betroffenen Bieters verletzt werden (§ 97 Abs. 7), beschränkt.[17] Das Verfahren vor der Vergabeprüfstelle richtet sich – soweit es sich nicht auf den Aspekt der Beratung und Streitschlichtung beschränkt[18] und eine Entscheidung in der Handlungsform des Verwaltungsaktes grundsätzlich in Betracht kommt[19] – als Verwaltungsverfahren i. S. d. § 9 VwVfG nach den allgemeinen Regeln.[20] Hieraus folgt grundsätzlich auch die Möglichkeit der Gewährung von Akteneinsicht gem. § 29 VwVfG.[21] Eingedenk des Umstandes, dass das Verfahren vor der Vergabeprüfstelle keine dem § 107 Abs. 2 vergleichbare Hürde errichtet, kann das insofern zu gewährende Akteneinsichtsrecht indes umfänglich jedenfalls nicht weiter reichen als im Verfahren vor der Vergabekammer, so dass eine Anwendung der tatbestandlichen Voraussetzungen des Akteneinsichtsrechts gem. § 111 auch auf die Akteneinsicht vor der Vergabeprüfstelle geboten erscheint.[22] Hinsichtlich einer etwaigen Befangenheit gilt § 21 VwVfG.[23] Eine **Überprüfung von Amts wegen** kommt dann in Betracht, wenn der Vergabeprüfstelle Anhaltspunkte vorliegen, die auf einen Vergabeverstoß schließen lassen.[24] Wie die Vergabeprüfstellen zu ihren Informationen kommen, ist dabei belanglos.[25]

Der **Antrag** ist in Ermangelung gesetzlicher Formvorschriften **formfrei**, aus Beweisgründen jedoch möglichst schriftlich zu stellen.[26] Er ist im Sinne des Petitionsrechts nach Art. 17 GG als Aufsichtsbeschwerde anzusehen,[27] oder aber als Anregung im Sinne der Spruchpraxis der Vergabeüberwachungsausschüsse. Es genügt folglich, wenn erkennbar ist, dass der Antragsteller eine Überprüfung wünscht, und worauf sich die Überprüfung beziehen soll.[28] Ein irgendwie geartetes Interesse an der in Frage stehenden Auftragserteilung hat der Petent – anders als für den Nachprüfungsantrag (§ 107 Abs. 2) – nicht nachzuweisen.[29] Die Stellung des Antrags begründet jedoch **keinen Anspruch** des Bieters auf Einleitung eines Verfahrens, sondern **nur auf sachliche Bescheidung** seines Antrags.[30]

5

---

[17] S. VK Schleswig-Holstein, Beschl. v. 5. 3. 2004 – VK-SH 04/04; *Noch* in: Byok/Jaeger (o. Fn. 3), § 103 Rn. 797; *Reidt* in: Reidt/Stickler/Glahs (o. Fn. 7), § 103 Rn. 13.
[18] Vgl. *Stockmann* in: Immenga/Mestmäcker (o. Fn. 2), § 103 Rn. 12.
[19] Hierzu sogleich Rn. 6.
[20] *Reidt* in: Reidt/Stickler/Glahs (o. Fn. 7), § 103 Rn. 7 f.; *Noch* in: Byok/Jaeger (o. Fn. 3), § 103 Rn. 795; *Stockmann* in: Immenga/Mestmäcker (o. Fn. 2), § 103 Rn. 12 m. w. Nachw.
[21] *Stockmann* in: Immenga/Mestmäcker (o. Fn. 2), § 103 Rn. 15; *Noch* in: Byok/Jaeger (o. Fn. 3), § 103 Rn. 795; *Reidt* in: Reidt/Stickler/Glahs (o. Fn. 7), § 103 Rn. 8.
[22] *Reidt* in: Reidt/Stickler/Glahs (o. Fn. 7), § 103 Rn. 8; *Noch* in: Byok/Jaeger (o. Fn. 3), § 103 Rn. 795; *Stockmann* in: Immenga/Mestmäcker (o. Fn. 2), § 103 Rn. 15; für unmittelbare Anwendbarkeit des § 111 offenbar *Blaufuß* in: Heiermann u. a. (o. Fn. 4), § 103 Rn. 35.
[23] *Reidt* in: Reidt/Stickler/Glahs (o. Fn. 7), § 103 Rn. 8; ausführlich hierzu *Noch* in: Byok/Jaeger (o. Fn. 3), § 103 Rn. 796.
[24] *Stockmann* in: Immenga/Mestmäcker (o. Fn. 2), § 103 Rn. 13; *Portz* in: Niebuhr/Kulartz/Kus/Portz, Vergaberecht (Hrsg.), 1. Aufl. 2000, § 103 Rn. 27; zu einer etwaigen Verpflichtung zum amtswegigen Tätigwerden vgl. *Reidt* in: Reidt/Stickler/Glahs (o. Fn. 7), § 103 Rn. 10.
[25] Z. B. Tageszeitungen, Behördeninformationen und sogar anonyme „Anträge".
[26] *Blaufuß* in: Heiermann u. a. (o. Fn. 4), § 103 Rn. 30; *Stockmann* in: Immenga/Mestmäcker (o. Fn. 2), § 103 Rn. 14; *Reidt* in: Reidt/Stickler/Glahs (o. Fn. 7), § 103 Rn. 10; *Portz* in: Niebuhr/Kulartz/Kus/Portz (o. Fn. 24), § 103 Rn. 27.
[27] *Boesen*, Vergaberecht, 1. Aufl. 2000, § 103 Rn. 5; *Stockmann* in: Immenga/Mestmäcker (o. Fn. 2), § 103 Rn. 14.
[28] *Stockmann* in: Immenga/Mestmäcker (o. Fn. 2), § 103 Rn. 14.
[29] *Prieß/Niestedt*, Rechtsschutz im VergabeR, Köln u. a. 2006, S. 59; *Stockmann* in: Immenga/Mestmäcker (o. Fn. 2), § 103 Rn. 7, 14; *Noch* in: Byok/Jaeger (o. Fn. 3), § 103 Rn. 795.
[30] *Boesen* (o. Fn. 27), § 103 Rn. 6 m. w. Nachw.; *Reidt* in: Reidt/Stickler/Glahs (o. Fn. 7), § 103 Rn. 10; vgl. zu den Prüfungsanforderungen im einzelnen *Portz* in: Niebuhr/Kulartz/Kus/Portz (o. Fn. 30), § 103 Rn. 32 m. w. Nachw.

III. Entscheidung und Vollstreckung

6 Wird die Vergabeprüfstelle als Aufsichtsbehörde mit uneingeschränkter Fachaufsicht tätig, entscheidet sie auch in Ausübung ihrer Kontrollfunktion mangels Außenwirkung **nicht durch Verwaltungsakt i. S. d. § 35 Satz 1 VwVfG**.[31] Entscheidet die Vergabeprüfstelle indes gegenüber einem Auftraggeber mit eigener Rechtspersönlichkeit, kommt der Verwaltungsakt als Entscheidungsform sehr wohl in Betracht.[32]

7 Bei der **Vollstreckung** der Entscheidung gegenüber Vergabestellen mit eigener Rechtspersönlichkeit[33] ist zwischen juristischen Personen des öffentlichen und des privaten Rechts zu unterscheiden. Juristische Personen des **öffentlichen Rechts** sind nach bundesrechtlichem Grundsatz gem. § 17 VwVG (Bund) als Hoheitsträger Vollstreckungsmaßnahmen nicht unterworfen (vgl. demgegenüber für die Entscheidungen der Vergabekammern § 114 Abs. 3 Satz 2). Hingegen gelten mangels spezieller Regelung im GWB für juristische Personen des **Privatrechts** die Verwaltungsvollstreckungsgesetze des Bundes und der Länder.[34]

8 Auch aufgrund der **mangelnden Vollstreckbarkeit** einerseits und der **zeitraubenden Vollstreckung** gegen juristische Personen des Privatrechts stellt sich die (alleinige) Anrufung der Vergabeprüfstelle für den Bieter wohl nur in den wenigsten Fällen als geeigneter Weg dar, steht doch stets die Gefahr der Zuschlagserteilung im Raum.

IV. Rechtsschutz

9 Dem **Bieter** steht gem. § 103 Abs. 3 Satz 1, der eine im Verhältnis zu § 40 VwGO abdrängende Sonderzuweisung vorsieht, gegen eine ihn belastende Entscheidung der Vergabeprüfstelle ausschließlich der Weg zur Vergabekammer offen. Sollten der Entscheidung der Vergabeprüfstelle Ansprüche außerhalb des § 97 Abs. 7 zugrunde gelegen haben, sind diese aus Gründen der Verfahrenskonzentration im Verfahren vor der Vergabekammer zu prüfen.[35]

10 Bezüglich der **Auftraggeber,** für die die Zuweisung an die Vergabekammern nach Abs. 3 Satz 1 angesichts der Bezugnahme auf Rechte aus § 97 Abs. 7 denknotwendig nicht gelten kann,[36] muss zwischen der Art der Aufsichtsbefugnis der Vergabeprüfstelle unterschieden werden. Ist die Vergabeprüfstelle Fachaufsichtsbehörde mit **uneingeschränkter Kontrollbefugnis,** steht der Vergabestelle nach allgemeinen verwaltungsrechtlichen Grundsätzen weder der Rechtsweg zu den Verwaltungsgerichten, noch zur Vergabekammer offen. Ist der Auftraggeber jedoch mit **eigener Rechtspersönlichkeit,** die sich von der Vergabeprüfstelle unterscheidet, ausgestattet,[37] muss insoweit gem. Art. 19 Abs. 4 GG trotz der i. Ü. bestehenden Zuständigkeitskonzentration bei den Vergabekammern Rechtsschutz vor den Verwaltungsgerichten gewährt werden.[38]

---

[31] Allg. M., vgl. z. B. *Noch* in: Byok/Jaeger (o. Fn. 3), § 103 Rn. 811, 815, 817; *Stockmann* in: Immenga/Mestmäcker (o. Fn. 2), § 103 Rn. 17; *Blaufuß* in: Heiermann u. a. (o. Fn. 4), § 103 Rn. 25.

[32] *Tahal* in: Willenbruch/Bischoff (o. Fn. 3), § 103 Rn. 5; *Blaufuß* in: Heiermann u. a. (o. Fn. 4), § 103 Rn. 24, 29; *Noch* in: Byok/Jaeger (o. Fn. 3), § 103 Rn. 812; *Reidt* in: Reidt/Stickler/Glahs (o. Fn. 7), § 103 Rn. 24.

[33] Im Falle der uneingeschränkten Fachaufsicht besteht demgegenüber regelmäßig die Möglichkeit des Selbsteintritts oder der Ersatzvornahme, vgl. *Reidt* in: Reidt/Stickler/Glahs (o. Fn. 7), § 103 Rn. 26.

[34] *Stockmann* in: Immenga/Mestmäcker (o. Fn. 2), § 103 Rn. 11.

[35] *Stockmann* in: Immenga/Mestmäcker (o. Fn. 2), § 103 Rn. 19; *Erdl* Rn. 441 mit Fn. 511; a. A. mit Verweis auf den Wortlaut, *Reidt* in: Reidt/Stickler/Glahs (o. Fn. 7), § 103 Rn. 32.

[36] *Blaufuß* in: Heiermann u. a. (o. Fn. 4), § 103 Rn. 28; *Noch* in: Byok/Jaeger (o. Fn. 3), § 103 Rn. 812, 816; *Stockmann* in: Immenga/Mestmäcker (o. Fn. 2), § 103 Rn. 20.

[37] Ein klassisches Beispiel hierfür stellen die Gemeinden (Art. 28 Abs. 2 GG) dar.

[38] Vgl. BT-Drucks. 13/9340, S. 16; *Blaufuß* in: Heiermann u. a. (o. Fn. 4), § 103 Rn. 29; *Noch* in: Byok/Jaeger (o. Fn. 3), § 103 Rn. 812; *Tahal* in: Willenbruch/Bischoff (o. Fn. 3), § 103 Rn. 5; *Stock-*

V. Aufhebung gemäß Gesetz zur Modernisierung des Vergaberechts vom 20. April 2009

„9. § 103 wird aufgehoben." 11

In der Begründung des Gesetzesentwurfs heißt es hierzu: „§ 102 weist darauf hin, dass die Nach- 12 prüfung, ob die Bestimmungen über das Vergabeverfahren eingehalten wurden (§ 97 Abs. 7), nur den Vergabekammern obliegt. § 103 regelte bislang die Einrichtung und Einschaltung der Vergabeprüfstellen. Da die Nachprüfung durch Vergabeprüfstellen jedoch kaum eine Rolle spielt, kann auf die Regelungen in § 103 Abs. 1 und 2 verzichtet werden. Gleichwohl bleibt die grundsätzliche Prüfungsmöglichkeit durch Vergabeprüfstellen bestehen, auch ohne ausdrückliche Erwähnung im GWB."[39]

§ 104 Vergabekammern

(1) **Die Nachprüfung der Vergabe öffentlicher Aufträge nehmen die Vergabekammern des Bundes für die dem Bund zuzurechnenden Aufträge, die Vergabekammern der Länder für die diesen zuzurechnenden Aufträge wahr.**

(2) [1]**Rechte aus § 97 Abs. 7 sowie sonstige Ansprüche gegen öffentliche Auftraggeber, die auf die Vornahme oder das Unterlassen einer Handlung in einem Vergabeverfahren gerichtet sind, können außer vor den Vergabeprüfstellen nur vor den Vergabekammern und dem Beschwerdegericht geltend gemacht werden.** [2]**Die Zuständigkeit der ordentlichen Gerichte für die Geltendmachung von Schadensersatzansprüchen und die Befugnisse der Kartellbehörden bleiben unberührt.**

Übersicht

	Rn.		Rn.
I. Sachliche Zuständigkeit	1–3	IV. Neufassung gemäß Gesetz zur Modernisierung des Vergaberechts vom 20. April 2009	11, 12
II. Rechtsweg	4–7		
III. Kartellbehörden und ordentliche Gerichte	8–10		

I. Sachliche Zuständigkeit (Abs. 1)

Gem. Abs. 1 Satz 1 sind die Vergabekammern des Bundes, die in Umsetzung des § 106 1 Abs. 1 Satz 1 beim Bundeskartellamt eingerichtet sind, und die der Länder **jeweils für die ihrer Gebietskörperschaft** zuzurechnenden Aufträge sachlich zuständig. Die **Abgrenzung**[1] der sachlichen Zuständigkeiten richtet sich dabei nach § 127 Nr. 5 i. V. m. § 18 VgV.[2]

Als **Faustregel** gilt hierbei, dass in den Fällen, in denen der Bund beherrschenden Ein- 2 fluss – sei es durch Finanzierung, sei es durch direkte Weisung – ausübt, die Vergabekammer des Bundes zuständig ist (vgl. § 18 Abs. 1 VgV). Gleiches gilt umgekehrt für die Länder. Abweichungen von diesem Grundsatz ergeben sich, wenn das Vergabeverfahren im

---

mann in: Immenga/Mestmäcker (o. Fn. 2), § 103 Rn. 20; Marx in: Motzke/Pietzcker/Prieß, § 103 Rn. 11.

[39] Begründung zum Regierungsentwurf eines Gesetzes zur Modernisierung des Vergaberechts v. 21. Mai 2008, BT-Drucks. 16/10117, Teil B, zu Nr. 9 (S. 22).

[1] Sehr ausführlich hierzu Stockmann in: Immenga/Mestmäcker (Hrsg.), Wettbewerbsrecht, Bd. 2, 4. Aufl. 2007, § 104 Rn. 4 ff.

[2] DasGesetz zur Modernisierung des Vergaberechts sieht die weitgehende Übernahme der bis dato in § 18 VgV enthaltenen Zuständigkeitsregelungen in den § 106a GWB vor. Hintergrund ist das Anliegen, die künftige VgV nicht mit Regelungen über das Nachprüfungsverfahren zu überfrachten, vgl. Begründung zum Regierungsentwurf eines Gesetzes zur Modernisierung des Vergaberechts v. 21. Mai 2008, BT-Drucks. 16/10117, Teil B, zu Nr. 12 (S. 22).

Rahmen einer **Auftragsverwaltung** des Bundes durchgeführt wird. Dann ist nach § 18 Abs. 6 VgV die Vergabekammer des jeweiligen **Landes** zuständig. Wird das Vergabeverfahren im Wege einer **Organleihe** für den Bund durchgeführt, ist demgegenüber nach Maßgabe des § 18 Abs. 5 VgV die Zuständigkeit der Vergabekammern des Bundes begründet. Bei den durch § 98 Nr. 4–6 in Bezug genommenen juristischen Personen folgt die Zurechnung aus der Rechtegewährung (Nr. 4), der Finanzierung (Nr. 5) oder der Zuordnung des die Baukonzession erteilenden Auftraggebers (Nr. 6). In den in den § 18 Abs. 1–7 VgV nicht angesprochenen Fällen richtet sich die Zuständigkeit gem. § 18 Abs. 8 VgV nach dem **Sitz des Auftraggebers.** Damit kann aber nur eine Vergabekammer der Länder gemeint sein. Probleme ergeben sich demnach nur noch dort, wo sich bei länderübergreifenden Einrichtungen i. S. v. § 98 Nr. 3 kein Übergewicht in der Beherrschung ausmachen lässt.[3] Hier wird man von einer **Wahlfreiheit** der Beteiligten entsprechend § 35 ZPO ausgehen können. Es gilt dann der Grundsatz der Priorität (§ 3 Abs. 2 Satz 1 VwVfG in entsprechender Anwendung), wonach die zuerst angerufene Kammer zuständig ist.[4]

3   Auffällig ist das **Fehlen einer Verweisungsnorm** im Verfahren vor der Vergabekammer. Hält sich die angerufene Vergabekammer für unzuständig, müsste sie den Antrag demnach als **unzulässig verwerfen.**[5] Andererseits ist das Nachprüfungsverfahren gerichtsähnlich ausgestaltet[6] und dient dazu, die nach europäischen Vorgaben erforderlichen Rechtsbehelfe zur Verfügung zu stellen. Die allgemeinen Grundsätze zur Verfahrensweise bei Anrufung eines unzuständigen Gerichts können daher auf das Nachprüfungsverfahren übertragen werden, so dass Verweisungen an die örtlich bzw. sachlich zuständige Vergabekammer[7] möglich sind.[8] Hierfür sprechen nicht zuletzt auch verfahrensökonomische Gesichtspunkte, welche gerade mit Blick auf die im Vergabenachprüfungsverfahren geltende Beschleunigungsmaxime (§ 113 Abs. 1) und die hiermit bezweckte Gewährleistung einer zügigen Sachentscheidung Berücksichtigung finden müssen.[9] Bindungswirkung entfaltet ein Verweisungsbeschluss jedenfalls dann, wenn die Verweisung nicht auf offensichtlicher Willkür beruht.[10] Ob demgegenüber in Ausnahmefällen auch eine unzuständige Vergabekammer den Antrag zustellen dürfen soll, wenn der Auftraggber die zuständige Vergabe-

---

[3] Vgl. zu dem Grundsatz der Unteilbarkeit eines einheitlichen Auftrags in solchen Fällen VK Berlin, Beschl. v. 20. 2. 2003 – VK – B 1–62/02.

[4] Vgl. auch *Stockmann* in: Immenga/Mestmäcker (o. Fn. 1), § 104 Rn. 6; *Reidt* in: Reidt/Stickler/Glahs (Hrsg.), Vergaberecht, 2. Aufl. 2003, § 104 Rn. 7.

[5] Vgl. *Stockmann* in: Immenga/Mestmäcker (o. Fn. 1), § 104 Rn. 7 m. w. Nachw.

[6] Vgl. hierzu die Kommentierung zu § 105 Rn. 1 f.

[7] Gegen die Möglichkeit einer Verweisung an die (Sozial-)Gerichte VK Baden-Württemberg, Beschl. v. 26. 1. 2007 – 1 VK 82/06; gegen die Zulässigkeit von gerichtlichen Verweisungen an die Vergabekammern OVG Weimar, Beschl. v. 18. 11. 2004 – 2 EO 1329/04, NZBau 2005, 166; OLG Düsseldorf, Beschl. v. 11. 3. 2002 – Verg 43/01.

[8] Nach OLG Jena, Beschl. v. 16. 7. 2007 – 9 Verg 4/07, VergabeR 2008, 269, 270 ist eine entsprechende Anwendung der §§ 83 S. 1 VwGO, 17a Abs. 2 GVG geboten; s. hierzu auch OLG Düsseldorf, Beschl. v. 18. 1. 2005 – Verg 104/04; VK Bund, Beschl. v. 8. 6. 2006 – VK 2–114/05, VergabeR 2007, 100, 106. Noch weitergehend mit der Annahme einer Pflicht zur Verweisung OLG Bremen, Beschl. v. 17. 8. 2000 – Verg 2/2000; VK Berlin, Beschl. v. 20. 2. 2003 – VK – B 1 62/02; hiergegen *Summa* in: Heiermann u. a. (Hrsg.), Praxiskommentar Vergaberecht, 2. Aufl. 2008, § 108 Rn. 6; zu den praktischen Problemen *Stockmann* in: Immenga/Mestmäcker (o. Fn. 1), § 104 Rn. 7, der zugleich für die Schaffung gesetzlicher Regelungen plädiert.

[9] OLG Jena, Beschl. v. 16. 7. 2007 – 9 Verg 4/07, VergabeR 2008, 269, 270; OLG Bremen, Beschl. v. 17. 8. 2000 – Verg 2/2000.

[10] OLG Jena, Beschl. v. 16. 7. 2007 – 9 Verg 4/07, VergabeR 2008, 269, 270; VK Berlin, Beschl. v. 20. 2. 2003 – VK – B 1 62/02: keine Bindungswirkung bei offensichtlicher Gesetzeswidrigkeit; selbst bei Willkür Bindungswirkung annehmend jedoch *Kadenbach* in: Willenbruch/Bischoff (Hrsg.), Kompaktkommentar Vergaberecht, 1. Aufl. 2008, § 108 Rn. 11.

kammer fehlerhaft benannt hat und durch die Zuschlagserteilung Gefahr in Verzug vorliegt,[11] erscheint demgegenüber zweifelhaft.[12] Um die Zurückweisung von Anträgen als unzulässig zu vermeiden, entspricht es ständiger Praxis der Vergabekammern des Bundes, die Antragsteller auf die Zweifel der Kammer an ihrer Zuständigkeit **hinzuweisen** und so ein Zurückziehen des Antrags und seine Einreichung bei der zuständigen Kammer durch die Antragsteller zu erreichen.[13]

II. Rechtsweg (Abs. 2 Satz 1)

Abs. 2 Satz 1 statuiert eine für den **Primärrechtsschutz grundsätzlich abschließende Rechtswegzuweisung**[14] für Rechte aus § 97 Abs. 7 sowie für sonstige Ansprüche gegen öffentliche Auftraggeber, die auf Vornahme oder Unterlassen in einem konkreten Vergabeverfahren gerichtet sind. Sie können nur vor der Vergabeprüfstelle,[15] vor der Vergabekammer als erster Instanz[16] und dem OLG als Beschwerdeinstanz bis zum Abschluss des Vergabeverfahrens[17] geltend gemacht werden. Damit ist rechtsschutzsuchenden Bewerbern und Bietern insoweit sowohl der Rechtsweg zu den Verwaltungsgerichten[18] als auch der Rechtsweg zu den Zivilgerichten verschlossen.[19] Nach zutreffender Auffassung erfolgt auch die Kontrolle von Verfahren zum Abschluss von Rabattverträgen nach § 130a Abs. 8 SGB V ausschließlich im Vergaberechtsweg.[20] Mit der durch Abs. 2 Satz 1 bewirkten Verfahrenskonzentration soll dem **Beschleunigungsgrundsatz** (vgl. § 113 Abs. 1) Rechnung getragen werden.

Die Formulierung „Rechte aus § 97 Abs. 7" erfasst **alle Ansprüche auf Einhaltung subjektiver Bieterrechte in einem Vergabeverfahren.** Sie ergeben sich aus dem GWB selbst, aus den Bestimmungen der VgV, den Verdingungsordnungen (VOB, VOL, VOF) und mangels hinreichender nationalgesetzlicher Umsetzung direkt anwendbaren europarechtlichen Bestimmungen.[21]

Die Formulierung „sonstige Ansprüche auf Vornahme und Unterlassen" schließt in die Ausschließlichkeit des Rechtswegs zur Vergabekammer **sonstige Primäransprüche** mit ein, die auf Vornahme oder das Unterlassen einer Handlung in einem Vergabeverfahren

---

[11] *Kadenbach* in: Willenbruch/Bischoff (o. Fn. 10), § 108 Rn. 12.
[12] *Summa* in: Heiermann u. a. (o. Fn. 8), § 108 Rn. 7.
[13] Zu dieser Praxis *Stockmann* in: Immenga/Mestmäcker (o. Fn. 1), § 104 Rn. 7; zu etwaigen Hinweispflichten gem. § 25 VwVfG *Summa* in: Heiermann u. a. (o. Fn. 8), § 108 Rn. 6.
[14] BT-Drucks. 13/9340, S. 17.
[15] Zur Problematik der Anrufung von Vergabeprüfstellen vgl. die Kommentierung zu § 103 Rn. 3.
[16] Verfehlt insoweit *Portz* in: Niebuhr/Kulartz/Kus/Portz, Vergaberecht (Hrsg.), 1. Aufl. 2000, § 108 Rn. 11, der von der Vergabeprüfstelle als „erster Instanz" spricht.
[17] Vgl. hierzu die Kommentierung zu § 114 Rn. 15.
[18] VG Neustadt a. d. Weinstraße, Beschl. v. 6. 9. 2001 – 7 L 1422/01.NW, VergabeR 2002, 51, 52; *Kullack* in: Heiermann u. a. (o. Fn. 8), § 102 Rn. 15.
[19] *Summa* in: Heiermann u. a. (o. Fn. 8), § 104 Rn. 13; *Weyand,* Praxiskommentar Vergaberecht, 2. Aufl. 2007, § 102 Rn. 1477.
[20] Vgl. BGH, Beschl. v. 15. 7. 2008 – X ZB 17/08 (noch n. veröff.); OLG Düsseldorf, Aussetzungsbeschl. v. 19. 12. 2007 – VII-Verg 51/07, NZBau 2008, 194 ff.; demgegenüber nahm das BSG mit Beschluss vom 22. 4. 2008 – B 1 SF 1/08 R, NZBau 2008, 527 ff. an, dass § 104 Abs. 2 GWB keine Rechtswegzuweisung zu staatlichen Gerichten im Sinne des Prozessrechts sei und nicht zwangsläufig eine ausschließliche Zuständigkeit des OLG als einem Gericht der ordentlichen Gerichtsbarkeit nach sich ziehe. Anfechtungsklagen gegen Verwaltungsakte der Vergabekammern seien daher in Angelegenheiten des Sozialrechts vielmehr der Sozialgerichtsbarkeit zugewiesen. Ausf. zu diesem „positiven Kompetenzkonflikt" *Karenfort/Stopp* NZBau 2008, 232 ff. m. umfangr. Nachw.; *Amelung/Heise* NZBau 2008, 489 ff.
[21] *Summa* in: Heiermann u. a. (o. Fn. 8), § 104 Rn. 7; *Stockmann* in: Immenga/Mestmäcker (o. Fn. 1), § 104 Rn. 9. Siehe hierzu auch die Kommentierung zu § 97 Rn. 77.

gerichtet sind. Hier ist vor allem an vorbeugende Unterlassungsansprüche i. V. m. § 1004 BGB zu denken. Zweck dieser Reglung ist es, der Umgehung der Ausschließlichkeit der Rechtswegzuweisung durch **paralleles Anrufen von Zivilgerichten** einen Riegel vorzuschieben.[22] Sinnvoll ist diese Bündelung auf eine Instanz bei Vorschriften, die sich inhaltlich nicht von den Ansprüchen, die sich aus § 97 Abs. 7 ergeben, unterscheiden und deshalb eine verfahrensrechtlich unterschiedliche Behandlung nicht geboten ist.[23]

7 Problematisch ist die Ausschließlichkeit der Rechtswegzuweisung allerdings dann, wenn Rechtsschutz durch **vorbeugende Unterlassungsansprüche** begehrt wird, und diese bei wertender Betrachtung von den sich aus der Verletzung von Rechten i. S. d. § 97 Abs. 7 ergebenden Ansprüchen inhaltlich abweichen. Hier ist insbesondere an Ansprüche aus dem Diskriminierungsverbot, die § 823 Abs. 1 und 2 und § 826 i. V. m. 1004 BGB sowie § 1 UWG zu denken.[24]

III. Kartellbehörden und ordentliche Gerichte (Abs. 2 Satz 2)

8 Gem. Abs. 2 Satz 2 bleiben die **Zuständigkeiten** der ordentlichen Gerichte für die Geltendmachung von Schadensersatz und die Befugnisse der Kartellbehörden **unberührt**.[25]

9 Die **ordentlichen Gerichte** können unabhängig von der vorherigen Durchführung eines Nachprüfungsverfahrens wegen **Schadensersatzes** angerufen werden.[26] Ein auf Zuschlagserteilung gerichteter Primärrechtsschutzantrag vor den ordentlichen ist aufgrund der ausschließlichen Rechtswegzuweisung (s. o.) hingegen unstatthaft.[27] Auch nach wirksamem Abschluss des Vergabeverfahrens besteht für reine Feststellungsklagen nach § 114 Abs. 2 Satz 2 die ausschließliche Zuständigkeit der Vergabenachprüfungsinstanzen.[28] Ist ein Nachprüfungsverfahren durchgeführt worden, ergibt sich für die Gerichte aus § 124 Abs. 1 im Falle eines Schadensersatzprozesses eine **tatbestandliche Bindungswirkung** an die bestandskräftigen Feststellungen der Vergabekammer oder des OLG.[29]

10 Die **Kartellbehörden** bleiben befugt, Kartellrechtsverstöße, die sich gleichzeitig als Vergaberechtsverstöße darstellen, im förmlichen Verfahren nach §§ 54 ff. von Amts wegen zu überprüfen. In diesem Zusammenhang besteht grundsätzlich auch die Möglichkeit, dass die Kartellbehörden den öffentlichen Auftraggeber dazu veranlassen, den Auftrag in einer bestimmten Weise oder an ein bestimmtes Unternehmen zu erteilen.[30] Abs. 2 Satz 2 stellt insoweit eine **Ausnahme** zur Verfahrenskonzentration dar.[31]

---

[22] Vgl. hierzu die Stellungnahme des Bundesrates zu § 114 des RegE VgRÄG, BT-Drucks. 13/9340, S. 39, auf welche die heute geltende Fassung des § 104 Abs. 2 Satz 1 zurückzuführen ist.

[23] *Stockmann* in: Immenga/Mestmäcker (o. Fn. 1), § 104 Rn. 10.

[24] Überblick zu dem Diskussionsstand bei *Stockmann* in: Immenga/Mestmäcker (o. Fn. 1), § 104 Rn. 14 ff.

[25] Vgl. insoweit auch BT-Drucks. 13/9340, S. 17: „Die Kompetenz der Landgerichte zur Entscheidung über Schadensersatzansprüche und die Kompetenzen der Kartellbehörden bleiben uneingeschränkt bestehen."

[26] Hierbei sind insbesondere Ansprüche aus den §§ 311 Abs. 2, 241 Abs. 2, 280 ff. BGB sowie aus § 126 von Interesse, *Summa* in: Heiermann u. a. (o. Fn. 8), § 104 Rn. 64.

[27] *Otting* in: Bechtold, GWB, 4. Aufl. 2006, § 104 Rn. 6; *Summa* in: Heiermann u. a. (o. Fn. 8), § 104 Rn. 14.

[28] *Otting* in: Bechtold (o. Fn. 28), § 104 Rn. 6.

[29] Vgl. hierzu die Kommentierung zu § 124 Rn. 2.

[30] Vgl. hierzu bereits die Ausf. zu § 102 Rn. 26 f.; *Otting* in: Bechtold (o. Fn. 28), § 104 Rn. 7.

[31] *Boesen*, Vergaberecht, 1. Aufl. 2000, § 104 Rn. 15.

IV. Neufassung gemäß Gesetz zur Modernisierung des Vergaberechts vom 20. April 2009

„10. § 104 wird wie folgt geändert:

a) Absatz 2 wird wie folgt gefasst:

„(2) Rechte aus § 97 Abs. 7 sowie sonstige Ansprüche gegen öffentliche Auftraggeber, die auf die Vornahme oder das Unterlassen einer Handlung in einem Vergabeverfahren gerichtet sind, können nur vor den Vergabekammern und dem Beschwerdegericht geltend gemacht werden."

b) Nach Absatz 2 wird folgender Absatz 3 angefügt:

„(3) Die Zuständigkeit der ordentlichen Gerichte für die Geltendmachung von Schadensersatzansprüchen und die Befugnisse der Kartellbehörden zur Verfolgung von Verstößen gegen §§ 19 und 20 bleiben unberührt."

In der Begründung des Gesetzesentwurfs heißt es hierzu: „§ 104 wird klarer gefasst. Die Streichung der Vergabeprüfstellen in § 104 Abs. 2 („außer vor den Vergabeprüfstellen") ist eine Folgeänderung aus der Aufhebung des § 103 GWB. Der bisherige § 104 Abs. 2 Satz 2 wird Absatz 3. Durch diese neue Struktur wird die Regelung klarer. Der neue Verweis in Absatz 3 Satz 2 auf die §§ 19 und 20 GWB stellt klar, dass sich trotz der Regelungen der 7. GWB-Novelle an den Befugnissen der Kartellbehörden im Falle eines unzulässigen Verhaltens eines marktstarken öffentlichen Auftraggebers nichts ändert."[32]

§ 105. Besetzung, Unabhängigkeit

(1) Die Vergabekammern üben ihre Tätigkeit im Rahmen der Gesetze unabhängig und in eigener Verantwortung aus.

(2) ¹Die Vergabekammern entscheiden in der Besetzung mit einem Vorsitzenden und zwei Beisitzern, von denen einer ein ehrenamtlicher Beisitzer ist. ²Der Vorsitzende und der hauptamtliche Beisitzer müssen Beamte auf Lebenszeit mit der Befähigung zum höheren Verwaltungsdienst oder vergleichbar fachkundige Angestellte sein. ³Der Vorsitzende oder der hauptamtliche Beisitzer müssen die Befähigung zum Richteramt haben; in der Regel soll dies der Vorsitzende sein. ⁴Die Beisitzer sollen über gründliche Kenntnisse des Vergabewesens, die ehrenamtlichen Beisitzer auch über mehrjährige praktische Erfahrungen auf dem Gebiet des Vergabewesens verfügen.

(3) ¹Die Kammer kann das Verfahren dem Vorsitzenden oder dem hauptamtlichen Beisitzer ohne mündliche Verhandlung durch unanfechtbaren Beschluss zur alleinigen Entscheidung übertragen. ²Diese Übertragung ist nur möglich, sofern die Sache keine wesentlichen Schwierigkeiten in tatsächlicher oder rechtlicher Hinsicht aufweist und die Entscheidung nicht von grundsätzlicher Bedeutung sein wird.

(4) Die Mitglieder der Kammer werden für eine Amtszeit von fünf Jahren bestellt. Sie entscheiden unabhängig und sind nur dem Gesetz unterworfen.

Übersicht

	Rn.		Rn.
I. Unabhängigkeit der Vergabekammern	1, 2	IV. Amtszeit der Kammermitglieder	8
II. Besetzung der Vergabekammern	3–5	V. Neufassung gemäß Gesetz zur Modernisierung des Vergaberechts vom 20. April 2009	9
III. Alleinentscheidung	6, 7		

---

[32] Begründung zum Regierungsentwurf eines Gesetzes zur Modernisierung des Vergaberechts v. 21. Mai 2008, BT-Drucks. 16/10117, Teil B, zu Nr. 10 (S. 22).

I. Unabhängigkeit der Vergabekammern (Abs. 1)

1 Die **Vergabekammern sind** unstreitig als Teil der Exekutive **keine Gerichte** im verfassungsrechtlichen,[1] wohl aber gemäß Art. 234 EG im europarechtlichen Sinn und damit vorlageberechtigt.[2] Sie sind gem. Abs. 1 und Abs. 4 Satz 2 sowohl in materieller (Weisungsfreiheit des Spruchkörpers) als auch persönlicher (Weisungsfreiheit gegenüber den anderen Kammermitgliedern) Hinsicht unabhängig, woraus ihre **Gerichtsähnlichkeit** folgt. Das Verfahren vor der Vergabekammer ist auch unter Berücksichtigung seines Gegenstandes, der Durchsetzung subjektiver Rechte i.S.d. § 97 Abs. 7, in einem kontradiktorischen Individualbeschwerdeverfahren einschließlich entsprechender Verfahrens- und Antragsrechte eher als ein gerichtliches Verfahren denn als Verwaltungsverfahren ausgestaltet.[3] Die Notwendigkeit einer gerichtsähnlichen Ausgestaltung der Vergabekammern folgt letztlich auch aus der in § 124 Abs. 1 angeordneten Bindungswirkung ihrer Entscheidungen gegenüber den ordentlichen Gerichten.[4] Weder die Vergabekammer als Organ noch ihre Mitglieder, die gem. Abs. 4 Satz 2 nur dem Gesetz unterworfen sind, sind im Einzelfall **weisungsgebunden;** auch eine generelle Bindung an Verwaltungsvorschriften besteht nicht.[5] Daraus ergibt sich für die Mitglieder zwar keine Gleichstellung mit Richtern nach Art. 97 GG.[6] Die Bestimmungen des DRiG dürften gleichwohl in verschiedener Hinsicht entsprechend zu berücksichtigen sein.[7] Infolgedessen werden auch die Erstreckung des sogenannten Spruchrichterprivilegs des § 839 Abs. 2 BGB auf die Mitglieder der Vergabekammer[8] und eine Strafbarkeit nach § 339 StGB (Rechtsbeugung) erwogen.[9]

2 Die Vergabekammer ist als **Tatsachen- und Rechtsinstanz** ausgestaltet,[10] die aufgrund ihrer Ausstattung mit Fach- und Rechtskompetenz dafür Sorge tragen soll, dass die vor ihr ausgetragenen Streitigkeiten möglichst **in erster Instanz beigelegt** werden können. In

---

[1] *Stockmann* in: Immenga/Mestmäcker (Hrsg.), Wettbewerbsrecht, Bd. 2, 4. Aufl. 2007, § 105 Rn. 10.

[2] *Stockmann* in: Immenga/Mestmäcker (o. Fn. 1), § 105 Rn. 9, 11; *Prieß/Niestedt,* Rechtsschutz im VergabeR, Köln u. a. 2006, S. 126 unter Verweis auf EuGH, Urt. v. 17. 9. 1997 – Rs. C-54/96, Slg. 1997, I-4961 = NJW 1997, 3365 ff., Rn. 22 ff., 38 – „Dorsch Consult" (für die VÜA als Vorläufer der Vergabekammern); im Grundsatz ebenso, indes eine Kollision mit dem Beschleunigungsgrundsatz befürchtend *Summa,* in: Heiermann u. a. (Hrsg.), Praxiskommentar Vergaberecht, 2. Aufl. 2008, § 113 Rn. 56 mit Blick auf die Parallelen zum österreichischen Bundesvergabeamt, welches der EuGH als vorlageberechtigtes Gericht i.S.v. Art. 234 EGV anerkannt hat (EuGH, Urt. v. 19. 6. 2003 – Rs. C-315/01, Slg. 2003, I-6351 = NZBau 2003, 511 ff. – „GAT"); ebenso *Maier* in: Kulartz/Kus/Portz (Hrsg.), Kommentar zum GWB-Vergaberecht, 1. Aufl. 2006, § 114 Rn. 1.

[3] Vgl. OLG München, Beschl. v. 16. 11. 2006 – Verg. 14/06 m. w. Nachw.; BayObLG, Beschl. v. 16. 2. 2005 – Verg 28/04, NZBau 2005, 415, 416; OLG Koblenz, Beschl. v. 27. 10. 2005 – 1 Verg 3/05; vgl. auch BT-Drucks. 13/9340, S. 20: „gerichtsähnliche Instanz".

[4] *Noch* in: Byok/Jaeger (Hrsg.), Kommentar zum Vergaberecht, 2. Aufl. 2005, § 105 Rn. 860.

[5] Vgl. *Noch* in: Byok/Jaeger (o. Fn. 4), § 105 Rn. 857; *Stockmann* in: Immenga/Mestmäcker (o. Fn. 1), § 105 Rn. 4; zum Ganzen *Stockmann* ZWeR 2003, 37, 52.

[6] Für *Noch* in: Byok/Jaeger (o. Fn. 4), § 105 Rn. 858 drängt sich eine Parallele zu den Bestimmungen des Art. 97 GG geradezu auf; *Tahal* in: Willenbruch/Bischoff (Hrsg.), Kompaktkommentar Vergaberecht, 1. Aufl. 2008, § 105 Rn. 1; auch *Reidt* in: Reidt/Stickler/Glahs (Hrsg.), Vergaberecht, 2. Aufl. 2003, § 105 Rn. 4 konstatiert eine Anlehnung an Art. 97 Abs. 1 GG.

[7] I. d. S. auch *Stockmann* in: Immenga/Mestmäcker (o. Fn. 1), § 105 Rn. 6; a. A. mit Blick auf die Möglichkeit eines Widerrufs der Bestellung aber OVG Hamburg, Beschl. v. 30. 6. 2005 – 1 Bs 182/05, NVwZ 2005, 1447, 1448.

[8] Siehe hierzu *Horn/Graef* NZBau 2002, 142 ff.; *Braun* ZVgR 2000, 111, 112; *Stockmann* in: Immenga/Mestmäcker (o. Fn. 1), § 105 Rn. 6.

[9] *Summa* in: Heiermann u. a. (o. Fn. 2), § 105 Rn. 4.

[10] So auch *Noch* in: Byok/Jaeger (o. Fn. 4), § 105 Rn. 857.

§ 105. Besetzung, Unabhängigkeit

der Praxis werden allerdings unverändert ca. 50% aller Sachentscheidungen der Vergabekammern mit der sofortigen Beschwerde vor dem Vergabesenat angegriffen.[11] Die gesetzgeberische Erwartung scheint sich insoweit nur teilweise realisiert zu haben.

II. Besetzung der Vergabekammern (Abs. 2)

Die Vergabekammer entscheidet gem. Abs. 2 als Dreiergremium in der Besetzung mit einem Vorsitzenden, einem hauptamtlichen und einem nebenamtlichen Beisitzer. Der **Vorsitzende** und der **hauptamtliche**[12] **Beisitzer** müssen Beamte auf Lebenszeit mit der Befähigung zum höheren Verwaltungsdienst[13] oder Verwaltungsbeamte mit vergleichbarer Fachkunde[14] sein; einer von beiden, in der Regel soll dies der Vorsitzende sein, muss die Befähigung zu Richteramt i. S. v. § 5 Abs. 1 DRiG besitzen. Eine Nichtbeachtung der in Abs. 2 benannten Besetzungsanforderungen führt als § 46 VwVfG unterfallender Verfahrensfehler nicht zur Aufhebbarkeit der Entscheidung, wenn diese in der Sache richtig war.[15]

Der **ehrenamtliche Beisitzer** soll durch die von ihm erwartete mehrjährige praktische Erfahrung und gründliche Kenntnis auf dem Gebiet des Vergabewesens die Sicht der Praxis[16] beisteuern. Hiermit wird die Kompetenz der Vergabekammer als Tatsacheninstanz durch weiteren Sachverstand aus Praxis und Wirtschaft angereichert,[17] um den an sie gestellten Ansprüchen einer möglichst erstinstanzlichen Streitbeilegung gerecht werden zu können.

Obgleich das GWB keine Regelungen über den **Ausschluss oder die Ablehnung von Kammermitgliedern bei Besorgnis der Befangenheit** enthält, muss den Verfahrensbeteiligten mit Blick auf das Rechtsstaatsprinzip die Möglichkeit eröffnet sein, bei Vorliegen entsprechender Verdachtsmomente die Ablehnung des betreffenden Mitglieds geltend zu machen. Besorgnis der Befangenheit liegt vor, wenn Gründe vorliegen, die Misstrauen gegen eine unparteiische Amtsausübung rechtfertigen.[18] Uneinheitlich beantwortet wird hierbei die Frage, ob insoweit die Verwaltungsverfahrensgesetze des Bundes und der Länder (§ 21 VwVfG) entsprechende Anwendung finden[19] oder ob – mit Blick auf die gerichtsähnliche Ausgestaltung des Verfahrens vor der Vergabekammer – die für gerichtliche Verfahren geltenden Prozessordnungen (§ 54 Abs. 1 VwGO analog i. V. m.

---

[11] Vgl. hierzu die Nachweise für die einzelnen Berichtsjahre, in: *BMWi*, Statistische Meldungen gem. § 22 Vergabeverordnung, Gesamtübersicht für die Berichtsjahre 1999–2007 (Stand: 31. 1. 2008), abrufbar unter: http://www.bmwi.de/BMWi/Redaktion/PDF/G/gesamtuebersicht-vergabekammern.pdf. Die Tendenz ist in absoluten Zahlen zwar rückläufig, hinsichtlich des Anteils der angegriffenen Entscheidungen an den jeweils gemeldeten Sachentscheidungen jedoch weiterhin weitestgehend konstant.
[12] Zum Begriff der Hauptamtlichkeit s. *Stockmann* in: Immenga/Mestmäcker (o. Fn. 1), § 105 Rn. 14.
[13] Vgl. § 19 Bundesbeamtengesetz oder die Regelungen der Landesbeamtengesetze.
[14] Vgl. zu den diesbezüglichen Anforderungen *Stockmann* in: Immenga/Mestmäcker (o. Fn. 1), § 105 Rn. 15 m. w. Nachw. zum Streitstand in Fn. 45.
[15] *Noch* in: Byok/Jaeger (o. Fn. 4), § 105 Rn. 862; *Reidt* in: Reidt/Stickler/Glahs (o. Fn. 6), § 105 Rn. 7 und Rn. 18.
[16] Vgl. hierzu *Noch* in: Byok/Jaeger (o. Fn. 4), § 105 Rn. 868; *Stockmann* in: Immenga/Mestmäcker (o. Fn. 1), § 105 Rn. 17 f.
[17] BT-Drucks. 13/9340, S. 17.
[18] VK Düsseldorf, Beschl. v. 9. 12. 2005 – VK-41/2005-L; VK Münster, Beschl. v. 21. 3. 2005 – VK 07/05; *Weyand*, Praxiskommentar Vergaberecht, 2. Aufl. 2007, § 105 Rn. 1587; *Tahal* in: Willenbruch/Bischoff (o. Fn. 6), § 105 Rn. 2.
[19] OLG Jena, Beschl. v. 22. 12. 1999 – 6 Verg 3/99, NZBau 2000, 349, 350; zur entsprechenden Regelung in Schleswig-Holstein OLG Schleswig, Beschl. v. 4. 5. 2001 – 6 Verg 2/2001; *Summa* in: Heiermann u. a. (o. Fn. 2), § 105 Rn. 9 ff.

§ 41 ff. ZPO) maßgebend sind.[20] Eingedenk des Umstandes, dass § 21 VwVfG den Beteiligten lediglich das Recht einräumt, Befangenheitsanträge geltend zu machen, jedoch kein förmliches Ablehnungsrecht statuiert, erscheint die Anwendung des prozessrechtlichen Ablehnungsrechts mit Entscheidung durch die Kammer geboten.[21] Die Entscheidung über die Befangenheit eines Kammermitglieds ist nicht isoliert mit der sofortigen Beschwerde angreifbar.[22]

III. Alleinentscheidung (Abs. 3)

6   Gem. Abs. 3 kann die nach Maßgabe des Abs. 2 Satz 1 vollständig besetzte Vergabekammer in tatsächlich und rechtlich einfach gelagerten Fällen, die außerdem keine grundsätzliche Bedeutung haben dürfen,[23] die alleinige Entscheidung einem hauptamtlichen Mitglied durch nicht isoliert anfechtbaren Beschluss **übertragen**.[24] Hintergrund dieser Regelung ist der das gesamte Vergabenachprüfungsverfahren prägende **Beschleunigungsgrundsatz**.[25]

7   Eine **Rückübertragung** auf die Kammer ist unter Berücksichtigung von Sinn und Zweck des § 105 Abs. 3 grundsätzlich möglich,[26] kommt wegen des Grundsatzes der Unabhängigkeit gem. Abs. 1 und Abs. 4 Satz 2 jedoch nur mit Zustimmung des entsprechenden Mitglieds in Betracht.[27]

IV. Amtszeit der Kammermitglieder (Abs. 4)

8   Eine weitere Ausprägung der persönlichen Unabhängigkeit der Kammermitglieder stellt die auch der Kontinuität der Spruchpraxis dienende **Amtszeit von 5 Jahren** dar, innerhalb derer eine Versetzung oder Abberufung ohne Einverständnis des Betroffenen unzulässig ist.[28] Solche Maßnahmen sind nur mit dem Einverständnis der betroffenen Mitglieder zulässig. Einer **nochmaligen Berufung** nach Ablauf ihrer Amtszeit steht unter dem Gesichtspunkt der persönlichen Unabhängigkeit und auch der die Rechtssicherheit unterstützenden Spruchkontinuität der Vergabekammer nichts im Wege.[29] Ein Widerruf der Bestellung ist nach den allgemeinen Vorschriften des Verwaltungsverfahrensgesetzes zwar

---

[20] OLG Düsseldorf, Beschl. v. 23. 1. 2006 – Verg 96/05, NZBau 2006, 598, 599; VK Düsseldorf, Beschl. v. 9. 12. 2005 – VK-41/2005-L.

[21] Eingehend OLG Düsseldorf, Beschl. v. 23. 1. 2006 – Verg 96/05, NZBau 2006, 598, 599; offengelassen von OLG Frankfurt a. M., Beschl. v. 2. 3. 2007 – 11 Verg 15/06.

[22] *Tahal* in: Willenbruch/Bischoff (o. Fn. 6), § 105 Rn. 2.

[23] Zu den Begriffen siehe *Boesen*, Vergaberecht, 1. Aufl. 2000, § 105 Rn. 13 ff.; *Stockmann* in: Immenga/Mestmäcker (o. Fn. 1), § 105 Rn. 21 f.; *Reidt* in: Reidt/Stickler/Glahs (o. Fn. 6), § 105 Rn. 19.

[24] Parallele Normen in anderen Verfahrensordnungen: § 6 VwGO, § 348 ZPO.

[25] Vgl. hierzu die Kommentierung zu § 113 sowie die Stellungnahme des Bundesrates, BT-Drucks. 13/9340, S. 39 und hierzu Gegenäußerung der Bundesregierung, BT-Drucks. 13/9340, zu Nr. 19, S. 49.

[26] *Reidt* in: Reidt/Stickler/Glahs (o. Fn. 6), § 105 Rn. 17; *Otting* in: Bechtold, GWB, 4. Aufl. 2006, § 105 Rn. 9; a. A. *Portz* in: Niebuhr/Kulartz/Kus/Portz (o. Fn. 2), § 105 Rn. 14; offenbar auch *Summa* in: Heiermann u. a. (o. Fn. 2), § 105 Rn. 8 der selbst bei unerwarteter Entwicklung des Verfahrens eine Rückübertragung ausschließen möchte.

[27] *Noch* in: Byok/Jaeger (o. Fn. 4), § 105 Rn. 877; *Otting* in: Bechtold (o. Fn. 26), § 105 Rn. 9, der insoweit jedoch von einem Antragserfordernis ausgeht; anders *Reidt* in: Reidt/Stickler/Glahs (o. Fn. 6), § 105 Rn. 17 m. w. Nachw.; *Stockmann* in: Immenga/Mestmäcker (o. Fn. 1), § 105 Rn. 23.

[28] Zu disziplinarischen Maßnahmen, *Stockmann* in: Immenga/Mestmäcker (o. Fn. 1), § 105 Rn. 6.

[29] So auch *Stockmann* in: Immenga/Mestmäcker (o. Fn. 1), § 105 Rn. 7; *Weyand* (o. Fn. 18), § 105 Rn. 1591.

§ 106. Einrichtung, Organisation 1, 2 **§ 106 GWB**

grundsätzlich möglich,[30] mit Blick auf die gesetzliche Gewährleistung einer grundsätzlich fünfjährigen Amtszeit und die hiermit bezweckte Sicherung der persönlichen Unabhängigkeit jedoch nur unter besonderen Voraussetzungen zulässig.

V. Neufassung gemäß Gesetz zur Modernisierung des Vergaberechts vom 20. April 2009

§ 105 ist unverändert geblieben. 9

§ 106 Einrichtung, Organisation

(1) [1]Der Bund richtet die erforderliche Anzahl von Vergabekammern beim Bundeskartellamt ein. [2]Einrichtung und Besetzung der Vergabekammern sowie die Geschäftsverteilung bestimmt der Präsident des Bundeskartellamts. [3]Ehrenamtliche Beisitzer und deren Stellvertreter ernennt er auf Vorschlag der Spitzenorganisationen der öffentlich-rechtlichen Kammern. [4]Der Präsident des Bundeskartellamts erlässt nach Genehmigung durch das Bundesministerium für Wirtschaft und Technologie eine Geschäftsordnung und veröffentlicht diese im Bundesanzeiger.

(2) [1]Die Einrichtung, Organisation und Besetzung der in diesem Abschnitt genannten Stellen (Nachprüfungsbehörden) der Länder bestimmen die nach Landesrecht zuständigen Stellen, mangels einer solchen Bestimmung die Landesregierung, die die Ermächtigung weiter übertragen kann. [2]Bei der Besetzung der Vergabekammern muss gewährleistet sein, dass mindestens ein Mitglied die Befähigung zum Richteramt besitzt und nach Möglichkeit gründliche Kenntnisse des Vergabewesens vorhanden sind. [3]Die Länder können gemeinsame Nachprüfungsbehörden einrichten.

Übersicht

	Rn.		Rn.
I. Vergabekammern des Bundes	1–5	III. Neufassung gemäß Gesetz zur Modernisierung des Vergaberechts vom 20. April 2009	9, 10
II. Vergabekammern der Länder	6–8		

I. Vergabekammern des Bundes (Abs. 1)

Der Bund hat gem. Abs. 1 Satz 1 die zur regelmäßigen Gewährleistung des in § 113 Abs. 1 Satz 1 GWB vorgegebenen Entscheidungszeitraums und eines effektiven Rechtsschutzes **„erforderliche**[1] **Anzahl"** von Vergabekammern einzurichten. Er hatte ursprünglich entsprechend seiner Kompetenz zur Einrichtung und Organisation **drei Vergabekammern** eingerichtet, die ihren Sitz beim Bundeskartellamt in Bonn hatten. 1

Während die **Vergabekammern 1 und 2** von Anfang an ausschließlich mit den nach neuem Recht (§§ 97 ff.) zu beurteilenden Fällen befasst waren, stellte eine zunächst noch für die Abarbeitung von Altfällen (vgl. Art. 3 Nr. 2 VgRÄG) eingesetzte **Vergabekammer A**[2] ihre Arbeit Mitte 2000 ohne förmliche Auflösung ein. Dafür wurde aufgrund steigender Fallzahlen zum 15. Februar 2004 eine **dritte Vergabekammer**[3] eingerichtet.[4] 2

---

[30] Vgl. hierzu insbesondere OVG Hamburg, Beschl. v. 30. 6. 2005 – 1 Bs 182/05, NVwZ 2005, 1447.

[1] Hierzu vertiefend *Stockmann* in: Immenga/Mestmäcker (Hrsg.), Wettbewerbsrecht, Bd. 2, 4. Aufl. 2007, § 106 Rn. 4.

[2] „A" leitet sich von „Altfällen" ab, siehe *Noch* in: Byok/Jaeger (Hrsg.), Kommentar zum Vergaberecht, 2. Aufl. 2005, § 106 Rn. 890.

[3] Ein aktueller Organisationsplan mit Stand vom 1. April 2008 ist abrufbar über die Internetpräsenz des Bundeskartellamts (http://www.bundeskartellamt.de/).

[4] Bericht des Bundeskartellamts für den Tätigkeitszeitraum 2003/2004 = BT-Drucks. 15/5790 v. 22. 6. 2005, S. 188.

3 Die **„Geschäftsordnung der Vergabekammern des Bundes"**[5] muss gem. Abs. 1 Satz 4 vom Präsidenten des Bundeskartellamtes nach Genehmigung durch das Bundesministerium für Wirtschaft erlassen und im Bundesanzeiger veröffentlicht[6] werden.[7] Sie spricht dem Präsidenten in ihrem § 2 Abs. 1 i. V. m. § 106 Abs. 1 Satz 2 GWB die Kompetenz zur Verteilung der Geschäfte der Kammern zu. Die derzeit geltende **Geschäftsordnung** befasst sich in ihren fünf Teilen außerdem mit dem Verfahrensablauf. Demgegenüber kann sie weder eigene Verfahrensrechte oder subjektive Rechtspositionen einführen noch Entscheidungsinhalte vorgeben, die nicht schon aus dem GWB selbst hervorgehen.[8]

4 Der **Präsident des Bundeskartellamtes** legt gem. Abs. 1 Satz 2 auch die Besetzung der Vergabekammern fest, unterliegt aber insoweit einer gewissen Beschränkung, als er die ehrenamtlichen Beisitzer und ihre Stellvertreter gem. Satz 3 nur auf **Vorschlag der Spitzenorganisationen der öffentlich-rechtlichen Kammern**[9] ernennen kann. Hintergrund dieses Vorschlagsrechts ist das Anliegen, eine hohe fachliche Kompetenz der Vergabekammern zu gewährleisten. Dieser Gedanke findet seine Fortsetzung in der Möglichkeit für Bund und Länder, spezielle Vergabekammern für Bauleistungen auf der einen und für Liefer- und Dienstleistungen auf der anderen Seite einzurichten.[10] Der Präsident des Bundeskartellamtes darf nur Kandidaten aus dieser Liste benennen, hat aber innerhalb dieser ein **Auswahlrecht** nach den im Gesetz genannten Kriterien.[11]

5 **Beschwerdegericht gegen Entscheidungen der Vergabekammern des Bundes ist** nach deren Verlegung von Berlin nach Bonn im Oktober 1999 nicht mehr das Kammergericht Berlin, sondern – in Abweichung zur an sich gegebenen örtlichen Zuständigkeit des OLG Köln – kraft Verordnungsrechts **das OLG Düsseldorf**.[12]

II. Vergabekammern der Länder (Abs. 2)

6 Die **Einrichtung, Organisation und Besetzung** der „in diesem Abschnitt genannten Stellen (Nachprüfungsbehörden)" – also auch der Vergabekammern der Länder[13] – richtet

---

[5] Geschäftsordnung v. 15. 7. 2005 (Bekanntmachung Nr. 41/2005), BAnz. Nr. 151/2005, S. 122; 96 f. Sie hat die GO v. 20. 2. 2002 (Bekanntmachung Nr. 111/2002, BAnz Nr. 88/2002, S. 10 432 f. abgelöst. Nennenswerte Änderungen sind indes nur hinsichtlich der Regelungen zur Vertretung der Kammervorsitzenden und der hauptamtlichen Beisitzer (vormals § 3 Abs. 2, nunmehr § 3 Abs. 2 und 3 der GO) zu verzeichnen; eingehend zu Aufbau und Inhalt des der geltenden Fassung im Wesentlichen vergleichbaren Vorläufers *Noch* in: Byok/Jaeger (o. Fn. 2), § 106 Rn. 897 ff.; zum Rechtscharakter der Geschäftsordnung eingehend *Reidt* in: Reidt/Stickler/Glahs (Hrsg.), Vergaberecht, 2. Aufl. 2003, § 106 Rn. 13.

[6] Vgl. für die Geschäftsordnungen der kartellrechtlichen Beschlussabteilungen demgegenüber § 51 Abs. 2 Satz 2, der eine entsprechende Veröffentlichung nicht vorsieht.

[7] S. zur diesbezüglichen Verpflichtung des Präsidenten etwa *Stockmann* in: Immenga/Mestmäcker (o. Fn. 1), § 106 Rn. 7; *Reidt* in: Reidt/Stickler/Glahs (o. Fn. 5), § 106 Rn. 12; a. A. *Boesen,* Vergaberecht, 1. Aufl. 2000, § 106 Rn. 2 („kann").

[8] *Noch* in: Byok/Jaeger (o. Fn. 2), § 106 Rn. 897.

[9] So z. B. der Deutsche Industrie- und Handelskammertag (DIHK), der Zentralverband des Deutschen Handwerks (ZDH), die Bundesarchitektenkammer (BAK) und die Bundesingenieurkammer sowie vergleichbare Einrichtungen.

[10] BT-Drucks. 13/9340, S. 17.

[11] Allg. Ansicht; zu einem etwaigen Ablehnungsrecht vgl. *Portz* in: Kulartz/Kus/Portz (Hrsg.), Kommentar zum GWB-Vergaberecht, 1. Aufl. 2006, § 106 Rn. 11.

[12] Verordnung über die Zusammenfassung der Entscheidungen über die sofortige Beschwerde gegen Entscheidungen der Vergabekammern v. 15. 12. 1998, GVBl. NRW 1998, S. 775.

[13] Siehe hierzu die Auflistung bei *Byok/Jaeger* (o. Fn. 2), Anhang IV, S. 914 ff.; *Blaufuß* in: Heiermann u. a. (Hrsg.), Praxiskommentar Vergaberecht, 2. Aufl. 2008, Vertiefungshinweis 1 zu § 106 GWB.

sich gem. Abs. 2 Satz 1 nach **Landesrecht**.[14] Fehlt es an einer solchen Bestimmung, ist die Landesregierung zuständig, der eine Delegationsbefugnis zusteht. Die Länder sind dennoch an die Vorgaben des § 105 Abs. 1 und 4 gebunden;[15] § 106 stellt insoweit lediglich einen **Rahmen** dar.[16] Das hat zur Folge, dass die Länder im Rahmen des § 106 Abs. 2 Satz 2, der lediglich einen **Mindeststandard** formuliert von der die Qualifikation der Kammermitglieder betreffenden Regelung des § 105 Abs. 2 abweichen dürfen. Es ist somit hinreichend, wenn irgendein Mitglied der Kammer – also auch ein Beisitzer – die Befähigung zum Richteramt aufweist und bei den Mitgliedern der Kammer nach Möglichkeit gründliche Kenntnisse des Vergaberechts vorhanden sind. **Geschäftsordnungen** der Vergabekammern der Länder sind entweder schon erlassen oder zur Zeit noch in Aufstellung begriffen.[17]

Beschwerdegerichte gegen die Entscheidungen der jeweiligen Vergabekammern sind die Oberlandesgerichte, in deren Bezirk sich die Vergabekammern befinden und bei denen ein Vergabesenat angegliedert ist.

7

Von der in Satz 3 eingeräumten Möglichkeit zur Bildung **gemeinsamer Vergabekammern** haben die Länder bislang keinen Gebrauch gemacht, obschon dieser Option mit Blick auf die zunehmende Komplexität des Vergabewesens Entwicklungsperspektiven prognostiziert werden.[18]

8

III. Neufassung gemäß Gesetz zur Modernisierung des Vergaberechts vom 20. April 2009

„*11. § 106 Abs. 2 Satz 2 wird aufgehoben.*"

9

In der Begründung des Gesetzesentwurfs heißt es hierzu: „*Die Umfrage des Bundesministeriums für Wirtschaft und Arbeit hinsichtlich der Auswirkungen des VgRÄG*[19] *hatten ergeben, dass Unternehmen häufig mit der Qualität der Entscheidungen der Vergabekammern unzufrieden waren (s. Gutachten). Durch die Aufhebung des § 106 Abs. 2 S. 2 werden daher künftig auch für die Vergabekammern der Länder die Anforderungen des § 105 Abs. 2 S. 2 bis 4 an die Besetzung der Vergabekammern einheitlich vorgegeben.*"[20]

10

„*12. Nach § 106 wird folgender § 106a eingefügt:*"

§ 106a. Abgrenzung der Zuständigkeiten der Vergabekammern[1]

(1) Die Vergabekammer des Bundes ist zuständig für die Nachprüfung der Vergabeverfahren
1. des Bundes;
2. von Auftraggebern im Sinne des § 98 Nr. 2, sofern der Bund die Beteiligung überwiegend verwaltet oder die sonstige Finanzierung überwiegend gewährt hat oder über die Leitung überwiegend die Aufsicht aus-

---

[14] Eine Zusammenstellung der entsprechenden landesrechtlichen Verordnungen über die Einrichtung und die Zuständigkeiten der Vergabekammern findet sich bei *Jasper/Marx*, Textausgabe Vergaberecht, 10. Aufl. 2007, Kapitel 8 (S. 413 ff.).
[15] *Stockmann* in: Immenga/Mestmäcker (o. Fn. 1), § 105 Rn. 13 und § 106 Rn. 9.
[16] *Noch* in: Byok/Jaeger (o. Fn. 2), § 106 Rn. 940.
[17] Siehe hierzu die Auflistung bei *Portz* in: Niebuhr/Kulartz/Kus/Portz, Vergaberecht (Hrsg.), 1. Aufl. 2000, § 106 Rn. 12; die Fundstellen für die Geschäftsordnungen der Vergabekammern der Länder sind nachgewiesen bei *Jasper/Marx*, Textausgabe Vergaberecht, 10. Aufl. 2007, Kapitel 9 (S. 449 ff.).
[18] *Blaufuß* in: Heiermann u. a. (o. Fn. 13), § 106 Rn. 16.
[19] Vgl. *Franke*, Analyse und Bewertung der Fragebogenaktion und Rechtsprechung zur Evaluierung des Vergaberechtsänderungsgesetzes (VgRÄG). Gutachten im Auftrag des BMWA (abrufbar unter: http://www.bmwi.de/BMWi/Redaktion/PDF/A/analyse-und-bewertung-vergaberechtsaenderungsgesetz,property=pdf,bereich=bmwi,sprache=de,rwb=true.pdf), S. 12 f.
[20] Begründung zum Regierungsentwurf eines Gesetzes zur Modernisierung des Vergaberechts v. 21. Mai 2008, BT-Drucks. 16/10117, Teil B, zu Nr. 11 (S. 22).
[1] Nach dem bisherigen § 106 wird nach dem Gesetz zur Modernisierung des Vergaberechts die oben wiedergegebene Vorschrift in das GWB eingefügt.

übt oder die Mitglieder des zur Geschäftsführung oder zur Aufsicht berufenen Organs überwiegend bestimmt hat, es sei denn, die an dem Auftraggeber Beteiligten haben sich auf die Zuständigkeit einer anderen Vergabekammer geeinigt;
3. von Auftraggebern im Sinne des § 98 Nr. 4, sofern der Bund auf sie einen beherrschenden Einfluss ausübt; ein beherrschender Einfluss liegt vor, wenn der Bund unmittelbar oder mittelbar die Mehrheit des gezeichneten Kapitals des Auftraggebers besitzt oder über die Mehrheit der mit den Anteilen des Auftraggebers verbundenen Stimmrechte verfügt oder mehr als die Hälfte der Mitglieder des Verwaltungs-, Leitungs- oder Aufsichtsorgans des Auftraggebers bestellen kann;
4. von Auftraggebern im Sinne des § 98 Nr. 5, sofern der Bund die Mittel überwiegend bewilligt hat;
5. von Auftraggebern nach § 98 Nr. 6, sofern die unter § 98 Nr. 1 bis 3 fallende Stelle dem Bund zuzuordnen ist;
6. die im Rahmen der Organleihe vom Bund durchgeführt werden.

(2) [1] Wird das Vergabeverfahren von einem Land im Rahmen der Auftragsverwaltung für den Bund durchgeführt, ist die Vergabekammer dieses Landes zuständig. [2] Ist in entsprechender Anwendung des Absatzes 1 Nr. 2 bis 6 ein Auftragnehmer einem Land zuzuordnen, ist die Vergabekammer des jeweiligen Landes zuständig.

(3) [1] In allen anderen Fällen wird die Zuständigkeit der Vergabekammern nach dem Sitz des Auftraggebers bestimmt. [2] Bei länderübergreifenden Beschaffungen benennen die Auftraggeber in der Vergabebekanntmachung nur eine zuständige Vergabekammer.

In der Begründung zum Gesetzesentwurf heißt es hierzu: „§ 106a regelt die Zuständigkeit der Vergabekammer des Bundes. Diese Regelung entspricht im Wesentlichen dem bisherigen § 18 VgV. Um die künftige Vergabeverordnung nicht mit Regelungen zu den Nachprüfungsverfahren zu überfrachten, wird die Zuständigkeitsregelung für Bund und Länder in das GWB übernommen und gleichzeitig klarer strukturiert."[2]

Zu dem erst als Ergebnis der Ausschussberatungen eingefügten § 106a Abs. 3 Satz 2 heißt es: „Dem Wunsch des Bundesrates wurde entsprochen und eine zusätzliche Regel über die Zuständigkeit der Vergabekammern für den bisher nicht gelösten Fall länderübergreifender Beschaffung eingefügt."[3]

II. Verfahren vor der Vergabekammer

§ 107 Einleitung, Antrag

(1) **Die Vergabeammer leitet ein Nachprüfungsverfahren nur auf Antrag ein.**

(2) [1] **Antragsbefugt ist jedes Unternehmen, das ein Interesse am Auftrag hat und eine Verletzung in seinen Rechten nach § 97 Abs. 7 durch Nichtbeachtung von Vergabevorschriften geltend macht.** [2] **Dabei ist darzulegen, dass dem Unternehmen durch die behauptete Verletzung der Vergabevorschriften ein Schaden entstanden ist oder zu entstehen droht.**

(3) [1] **Der Antrag ist unzulässig, soweit der Antragsteller den gerügten Verstoß gegen Vergabevorschriften bereits im Vergabeverfahren erkannt und gegenüber dem Auftraggeber nicht unverzüglich gerügt hat.** [2] **Der Antrag ist außerdem unzulässig, soweit Verstöße gegen Vergabevorschriften, die auf Grund der Bekanntmachung erkennbar sind, nicht spätestens bis zum Ablauf der in der Bekanntmachung benannten Frist zur Angebotsabgabe oder zur Bewerbung gegenüber dem Auftraggeber gerügt werden.**

---

[2] Begründung zum Regierungsentwurf eines Gesetzes zur Modernisierung des Vergaberechts v. 21. Mai 2008, BT-Drucks. 16/10117, Teil B, zu Nr. 12 (S. 22).
[3] Bechlussempfehlung und Bericht des Ausschusses für Wirtschaft und Technologie v. 17. Dezember 2008, BT-Drucks. 16/11428, Teil B (Besonderer Teil), Nr. 2 (zu § 106a GWB).

Übersicht

	Rn.		Rn.
I. Allgemeines	1	2. Die Präklusionstatbestände des § 107 Abs. 3	32
II. Antragserfordernis (Abs. 1)	2, 3	3. Unverzüglichkeit der Rüge bei Erkennen des Verstoßes im Vergabeverfahren	33–39
III. Antragsbefugnis (Abs. 2)	4–24		
1. Allgemeines	4		
2. Interesse am Auftrag	5–12	4. Rüge aufgrund der Bekanntmachung erkennbarer Verstöße	40–42
3. Geltendmachung einer Verletzung „in eigenen Rechten"	13–15	5. Verhältnis der Sätze 1 und 2 zueinander	43–46
4. Darlegung eines eingetretenen oder drohenden Schadens	16–24	6. Entbehrlichkeit der Rüge	47–50
IV. Rügeobliegenheit (Abs. 3)	25–50	V. Neufassung gemäß Gesetz zur Modernisierung des Vergaberechts vom 20. April 2009	51–52
1. Allgemeines	25–31		

I. Allgemeines

§ 107 leitet die Bestimmungen über das **Verfahren vor der Vergabekammer** ein, denen der gesamte Unterabschnitt II der Vorschriften über das Nachprüfungsverfahren (§§ 107–115) gewidmet ist. Zugleich legt er eine Reihe grundlegender Prinzipien des Nachprüfungsverfahrens fest. Zum einen wird in Abs. 1 ein Antragserfordernis als Voraussetzung für die Einleitung des Verfahrens statuiert, zum anderen werden mit den Regelungen zur Antragsbefugnis in Abs. 2 und zu den Rügeobliegenheiten des Antragstellers in Abs. 3 die wesentlichen Zulässigkeitsvoraussetzungen für den Nachprüfungsantrag normiert, die von den Formvorschriften für den Antrag gemäß § 108 vervollständigt werden. § 107 gehört damit zu den **praktisch bedeutsamsten Verfahrensvorschriften** im Rahmen der Vergabenachprüfung.[1] Ergänzend zu den §§ 107 ff. sind die Bestimmungen der Verwaltungsverfahrensgesetze heranzuziehen.[2]

II. Antragserfordernis (Abs. 1)

Die Einleitung eines Nachprüfungsverfahrens durch die Vergabekammer **setzt** gemäß § 107 Abs. 1 **einen entsprechenden Antrag bei der zuständigen Vergabekammer**[3] **voraus**.[4] Anders als noch unter Geltung des haushaltsrechtlichen Vergaberegimes, nach welchem die Vergabeprüfstelle von Amts wegen zur Nachprüfung berechtigt und verpflichtet war, wenn sich Anhaltspunkte für einen Verstoß gegen Vergabevorschriften ergaben,[5] kann die Vergabekammer nur nach Eingang eines Antrages auf Nachprüfung tätig werden. Nicht sie, sondern der **Antragsteller ist damit der Herr des Verfahrens**; er bestimmt mit dem Antrag nicht nur über den Beginn des Verfahrens, sondern auch über den Zeitpunkt seiner Beendigung, da er seinen Antrag jederzeit zurücknehmen kann.[6]

---

[1] So zu Recht *Portz* in: Niebuhr/Kulartz/Kus/Portz, Vergaberecht (Hrsg.), 1. Aufl. 2000, § 107 Rn. 1 a. E.

[2] OLG Jena, Beschl. v. 22. 12. 1999 – 6 Verg 3/99, NZBau 2000, 349, 350.

[3] Zur Möglichkeit der Verweisung an die zuständige Vergabekammer bei Antragstellung vor der unzuständigen Kammer vgl. die Kommentierung zu § 104 Rn. 3.

[4] Zur Problematik einer fehlenden Antragsfrist *Putzier/Meincke*, NZBau 2001, 376 ff.

[5] § 57b Abs. 3 Satz 1 HGrG (o. § 102 Fußn. 6).

[6] Dies gilt jedenfalls bis zum Beginn des Beschwerdeverfahrens. Danach soll eine Rücknahme entsprechend § 92 Abs. 1 Satz VwGO bzw. § 269 Abs. 1 ZPO nur noch mit Zustimmung der Vergabestelle zulässig sein, vgl. BayObLG, Beschl. v. 11. 5. 2004 – Verg 3/04, VergabeR 2004, 666 f.; OLG Koblenz, Beschl. v. 15. 8. 2006 – 1 Verg 7/06; gegen die analoge Anwendung des § 269 Abs. 1 ZPO unter Berufung auf den Eilcharakter des Nachprüfungsverfahrens indes OLG Naumburg, Beschl. v. 17. 8. 2007 – 1 Verg 5/07, VergabeR 2008, 291, 292 f. Im Fall einer zulässigen Antragsrücknahme hat die Vergabekammer die Einstellung des Verfahrens zu beschließen und eine isolierte Kostenentscheidung zu treffen (vgl. § 128 Abs. 3 Satz 2).

Kein tauglicher Antrag i. S. d. § 107 Abs. 1 GWB liegt vor bei einer – nach § 17a Abs. 2 Satz 1 GVG ohnedies unstatthaften[7] – Verweisung von einem Gericht an eine Vergabekammer.[8] Die §§ 107 ff. sehen für die Einreichung des Nachprüfungsantrags bei der Vergabekammer grundsätzlich (noch) keine Frist vor. Hat der Antragsteller den Rügeerfordernissen im Vorfeld der Nachprüfung genügt, kommt es für die Zulässigkeit seines Nachprüfungsbegehrens regelmäßig nicht darauf an, wie viel Zeit er anschließend bis zur Einreichung des Nachprüfungsantrags hat verstreichen lassen.[9] Auch die Voraussetzungen für eine analoge Anwendung des § 107 Abs. 3 GWB liegen insoweit nicht vor.[10] Vor diesem Hintergrund ist auch eine in den Verdingungsunterlagen bestimmte Antragsfrist unwirksam.[11] Faktisch ergibt sich eine zeitliche Begrenzung jedoch aus § 114 Abs. 2 Satz 1 GWB, da der Bieter bei allzu zögerlichem Verhalten den zwischenzeitlichen Zuschlag des Auftraggebers und damit den endgültigen Verlust des Auftrags in Kauf nehmen würde.

3 Die explizite **Bezeichnung** des der Vergabekammer gegenüber zum Ausdruck gebrachten Begehrens als **„Nachprüfungsantrag"** oder „Antrag auf Nachprüfung" **ist nicht erforderlich.** Es reicht vielmehr aus, wenn sich aus den schriftlichen Einlassungen des Antragstellers, der nicht anwaltlich vertreten zu sein braucht, ergibt, dass er um Rechtsschutz wegen der Verletzung vergaberechtlicher Bestimmungen nachsucht. Dies ist ggf. durch Auslegung nach Maßgabe der allgemeinen Grundsätze der §§ 133, 157 BGB direkt bzw. analog zu ermitteln.[12]

III. Antragsbefugnis (Abs. 2)

1. Allgemeines

4 Trotz eines Antrages kommt es nur dann zur Einleitung eines Nachprüfungsverfahrens, wenn der Antragsteller gemäß § 107 Abs. 2 Satz 1 antragbefugt ist. Dies setzt voraus, dass der Antrag von einem **Unternehmen** gestellt wird, das 1.) ein **Interesse am Auftrag** hat, 2.) eine **Verletzung in eigenen Rechten** gemäß § 97 Abs. 7 durch die Nichtbeachtung von Vergabevorschriften geltend macht und 3.) darlegt bzw. darlegen kann, dass ihm **durch die behauptete Verletzung der Vergabevorschriften ein Schaden entstanden ist oder zu entstehen droht.**

2. Interesse am Auftrag

5 Die Bezugnahme auf „Unternehmen" in § 107 Abs. 2 Satz 1 besagt, dass **nur ein Bewerber oder Bieter,** der sich um den **Erhalt eines bestimmten Auftrags** bewirbt, **zur Stellung eines Nachprüfungsantrages befugt** sein soll. Der Begriff des Interesses am Auftrag ist jedoch weit auszulegen und wird auch durch die Stellung eines Nachprüfungs-

---

[7] OVG Weimar, Beschl. v. 18. 11. 2004 – 2 EO 1329/04, NZBau 2005, 166.
[8] OLG Düsseldorf, Beschl. v. 11. 3. 2002 – Verg 43/01, NZBau 2003, 55 ff. (insoweit n. abgedr.).
[9] OLG Dresden, Beschl. v. 25. 1. 2008 – WVerg 10/07; OLG Düsseldorf, Beschl. v. 8. 9. 2004 – Verg 38/04, NZBau 2004, 688, 689; zur Grenze der Verwirkung des Antragsbegehrens nach vorangegangener Rüge vgl. zum Gesichtspunkt der Verwirkung auch OLG Frankfurt a. M., Beschl. v. 7. 9. 2004 – 11 Verg 11/04, NZBau 2004, 692, 693; OLG Dresden, Beschl. v. 11. 9. 2003 – WVerg 7/03, NZBau 2004, 352 (LS); *Summa* in: Heiermann u. a. (Hrsg.), Praxiskommentar Vergaberecht, 2. Aufl. 2008, § 107 Rn. 15 ff.
[10] OLG Düsseldorf, Beschl. v. 8. 9. 2004 – Verg 38/04, NZBau 2004, 688, 689.
[11] Die mit einer solchen Bestimmung als Allgemeiner Geschäftsbedingung verbundene Verkürzung des Vergaberechtsschutzes stellt eine wesentliche Abweichung von den Grundgedanken der geltenden gesetzlichen Regelung dar, die nicht zur Disposition des Auftraggebers steht, vgl. OLG Düsseldorf, Beschl. v. 24. 10. 2007 – VII-Verg 32/07, NZBau 2008, 201, 203.
[12] *Portz* in: Niebuhr/Kulartz/Kus/Portz (o. Fn. 1), § 107 Rn. 5.

§ 107. Einleitung, Antrag 6–9 § 107 GWB

antrags dokumentiert.[13] Aus dem Kreis der Antragsbefugten scheiden indes die Auftraggeber selbst und deren Aufsichtsbehörden von vornherein aus.[14]

Ein Interesse am Auftrag besteht hingegen für **alle Unternehmen, die einen Teilnahmeantrag oder ein Angebot eingereicht** und sich damit am Vergabeverfahren direkt beteiligt **haben**.[15] Bereits dieser Umstand belegt das Interesse am Auftrag hinreichend, so dass es insoweit keiner weiteren Darlegungen hierzu im Antrag bedarf.[16] Ein Interesse an der Auftragserteilung im konkreten Verfahren fehlt hingegen von vornherein bei einem auf bloße Verhinderung einer Auftragsvergabe gerichteten Antrag.[17] Stimmt der Antragsteller einer Bindefristverlängerung nicht zu, so kann – nach freilich umstrittener Auffassung – ein zunächst gegebenes Interesse auch nachträglich in Wegfall geraten.[18] 6

Ein Interesse am Auftrag hat **auch ein Unternehmen, das sich an dem Vergabeverfahren nicht beteiligt hat**, wenn es von einer Teilnahme gerade wegen des von ihm behaupteten Vergabeverstoßes der Vergabestelle abgesehen hat.[19] Die Absicht einer Bewerbung um den Auftrag für den Fall einer aus Sicht des Antragstellers korrekten Ausschreibung muss jedoch glaubhaft dargelegt und möglichst durch ein entsprechendes Beweisangebot unterlegt werden.[20] 7

Ähnlich verhält es sich, wenn ein Auftraggeber eine öffentliche Ausschreibung **ganz unterlässt** und ein Unternehmen dies als eine Verletzung des § 97 Abs. 1 ansieht, weil es eine Pflicht zur Anwendung des Vergaberechts gemäß §§ 97 ff. für gegeben hält. Auch dann liegt ein „Interesse am Auftrag" vor, wenn das Unternehmen glaubhaft darlegen kann, dass es sich im Falle einer öffentlichen Ausschreibung mit einem Angebot daran beteiligt hätte[21] oder gerade durch den gerügten Vergabefehler an der Erstellung oder Abgabe gehindert worden ist.[22] 8

Das Unternehmen muss ein **unmittelbares** Interesse am Auftrag haben. Dies setzt grundsätzlich die Teilnahme am Vergabeverfahren, d. h. die Einreichung eines Teilnahmeantrages oder eines eigenen Angebotes voraus. Beteiligt sich eine **Bietergemeinschaft** mit einer Bewerbung bzw. einem Angebot am Verfahren, so hat jedes Mitglied der Bietergemeinschaft ein Interesse am Auftrag. Allerdings ist nur die Bietergemeinschaft selbst antragsbefugt, nicht hingegen das einzelne Mitglied.[23] Möglich ist jedoch die Stellung eines 9

---

[13] BVerfG, Beschl. v. 29. 7. 2004 – 2 BvR 2248/03, NZBau 2004, 564, 565; OLG Stuttgart, Beschl. v. 11. 7. 2000 – 2 Verg 5/00, NZBau 2001, 462, 463 m. w. Nachw.

[14] *Reidt* in: Reidt/Stickler/Glahs (Hrsg.), Vergaberecht, 2. Aufl. 2003, § 107 Rn. 12.

[15] Die Absendung eines Rügeschreibens bzw. die Stellung eines Nachprüfungsantrags selbst reichen in dieser Hinsicht nicht, da dies auch durch lediglich mittelbar Betroffene erfolgen kann, die aber gerade nicht antragsbefugt sind.

[16] Vgl. BVerfG, Beschl. v. 29. 7. 2004 – 2 BvR 2248/03, NZBau 2004, 564, 565; BGH, Beschl. v. 26. 9. 2006 – X ZB 14/06, NZBau 2006, 800, 801; OLG Düsseldorf, Beschl. v. 19. 7. 2006 – VII Verg 26/06.

[17] Vgl. OLG Brandenburg, Beschl. v. 5. 10. 2004 – Verg W 12/04, NZBau 2005, 120 (LS) = VergabeR 2005, 138, 139 f.

[18] I. d. S. etwa VK Bund, Beschl. v. 12. 11. 2003 – VK 1–107/03; *Summa* in: Heiermann u. a. (o. Fn. 9), § 107 Rn. 51 ff.; a. A. aber OLG Düsseldorf, Beschl. v. 25. 4. 2007 – VII – Verg 3/07 m. w. Nachw.

[19] So auch BayObLG, Beschl. v. 4. 2. 2003 – Verg 31/02, VergabeR 2003, 345 ff. mit Anm. *Meißner*; *Summa* in: Heiermann u. a. (o. Fn. 9), § 107 Rn. 44.

[20] Näher hierzu *Antweiler* VergabeR 2004, 702 ff.; eingehend zur Darlegungslast bei unterlassener Angebotsabgabe insbes. *Summa* in: Heiermann u. a. (o. Fn. 9), VT 4 zu § 107 Rn. 1 ff.

[21] *Dreher* in: Immenga/Mestmäcker, Wettbewerbsrecht, Bd. 2, 4. Aufl. 2007, § 107 Rn. 13; *Summa* in: Heiermann u. a. (o. Fn. 9), § 107 Rn. 45.

[22] Vgl. OLG Düsseldorf, Beschl. v. 28. 2. 2002 – Verg 40/01, NZBau 2003, 173 ff. m. w. Nachw.

[23] *Dreher* in: Immenga/Mestmäcker (o. Fn. 21), § 107 Rn. 10 m. w. Nachw.; *Prieß/Gabriel* WuW 2006, 385, 393; a. A., jedoch aus gesellschaftsrechtlichen Gründen nicht nachvollziehbar: *Reidt* in: Reidt/Stickler/Glahs (o. Fn. 14), § 107 Rn. 23; OLG Rostock, Beschl. v. 10. 10. 2003 – 1 Verg

Nachprüfungsantrags durch ein Bietergemeinschaftsmitglied in Verfahrensstandstaft für die Gemeinschaft, wenn dieses hierzu durch die am Verfahren nicht teilnehmenden Mitglieder ermächtigt wurde und ein schutzwürdiges Eigeninteresse nachzuweisen vermag.[24]

10 **Subunternehmer** und **Lieferanten** des Bieters oder der Bietergemeinschaft haben dagegen ebenso wenig ein unmittelbares Interesse am Auftrag i. S. d. § 107 Abs. 2 Satz 1 und damit keine Befugnis zur Antragstellung wie mit Bietern **verbundene Konzernunternehmen.** Dies gilt auch in Ansehung der Tatsache, dass diese Unternehmen in aller Regel vom Ausgang des Vergabeverfahrens mittelbar wirtschaftlich betroffen werden.[25] Die genannten Unternehmen werden jedoch durch diese Begrenzung der Antragsbefugnis nicht unzumutbar in ihren Interessen bzw. Rechtsschutzmöglichkeiten beschnitten, da sie auf den Bewerber bzw. Bieter mit dem Ziel einwirken können, diesen zur Einleitung eines Nachprüfungsverfahrens zu veranlassen. Für in diesem Sinne nur mittelbar am Auftrag interessierte Unternehmen kommt zudem die Anregung der Einleitung eines Beanstandungsverfahrens[26] durch die Kommission in Betracht, welches auch auf Beschwerde hin eingeleitet werden kann und insoweit keine Antragsbefugnis voraussetzt.[27] Ihre Einbeziehung in den Kreis der Antragsbefugten würde indes zu einer uferlosen Ausweitung des vergaberechtlichen Bieterschutzes führen und überdies außer Acht lassen, dass solche nur mittelbar Betroffenen nicht in einem vorvertraglichen Rechtsverhältnis zum Auftraggeber stehen.[28]

11 Kein Interesse am Auftrag haben auch **Verbände,** wie etwa Verbraucherschutz-, Branchen- oder Unternehmensverbände. Ein analog einem Verbandsklagerecht ausgestaltetes „Verbandsantragsrecht" hat der Gesetzgeber grundsätzlich nicht vorgesehen.[29]

12 Selbst wenn man den in Rn. 10 und 11 Genannten ein Interesse am Auftrag i. S. d. § 107 Abs. 2 Satz 1 zubilligen würde, wäre deren Antragsbefugnis damit noch nicht festgestellt. Diese dürfte dann spätestens an einer mangelnden Verletzung in eigenen Rechten nach § 97 Abs. 7 scheitern.[30]

3. Geltendmachung einer Verletzung „in eigenen Rechten"

13 Die Antragsbefugnis setzt weiterhin voraus, dass das Unternehmen geltend macht, durch den Auftraggeber **in seinen Rechten** aus § 97 Abs. 7 **verletzt worden zu sein.** Damit ist aus Sicht des Antragstellers zweierlei erforderlich: Zum einen muss er sich auf die Verletzung von Vergabevorschriften beziehen, die – zumindest auch – den Schutz von Interessen der Bieter bezwecken, also **bieterschützenden Charakter** aufweisen.[31] Zum Anderen

---

2/03, bejaht eine Antragsbefugnis der einzelnen Mitglieder, wenn einer Bietergemeinschaft insgesamt der Auftrag erteilt werden soll.

[24] Vgl. OLG Frankfurt a. M., Beschl. v. 23. 1. 2007 – 11 Verg 11/06; OLG Düsseldorf, Beschl. v. 30. 3. 2005 – VII – Verg. 101/04, WuW 2005, 865 ff.; vgl. auch OLG Hamburg, Beschl. v. 10. 10. 2003 – Verg 2/03.

[25] Sehr str., vgl. OLG Düsseldorf, Beschl. v. 6. 9. 2006 – VII-Verg 40/06; VK Bund, Beschl. v. 9. 8. 2006 – VK 2 – 77/06; *Reidt* in: Reidt/Stickler/Glahs (o. Fn. 14), § 107 Rn. 16; *Dreher* in: Immenga/Mestmäcker (o. Fn. 21), § 107 Rn. 15; *Byok* in: Byok/Jaeger (Hrsg.), Kommentar zum Vergaberecht, 2. Aufl. 2005, § 107 Rn. 971.

[26] S. Art. 3 der Richtlinie 89/665/EWG und Art. 8 der Richtlinie 92/13/EWG i. d. F. der Richtlinie 2007/66/EG sowie hierzu § 21 VgV.

[27] Vgl. *Antweiler* VergabeR 2002, 109, 114; *Prieß/Niestedt,* Rechtsschutz im VergabeR, Köln u. a. 2006, S. 16 f., die jedoch auch auf die beschränkte Wirksamkeit dieser Möglichkeit hinweisen.

[28] OLG Düsseldorf, Beschl. v. 6. 9. 2006 – VII-Verg 40/06; *Summa* in: Heiermann u. a. (o. Fn. 9), § 107 Rn. 36 f. A. A., aber zu weitgehend *Portz* in: Niebuhr/Kulartz/Kus/Portz (o. Fn. 1), § 107 Rn. 16.

[29] Vgl. *Portz* in: Niebuhr/Kulartz/Kus/Portz (o. Fn. 1), § 107 Rn. 17.

[30] Siehe dazu die nachfolgenden Randnummern.

[31] Vgl. hierzu im einzelnen die Kommentierung zu § 97 Rn. 77.

muss es auf Grundlage des von ihm vorgetragenen Sachverhalts **zumindest möglich erscheinen,** dass dem Auftraggeber die behauptete Rechtsverletzung zu seinen Ungunsten tatsächlich zur Last fällt. Aus Gründen des effektiven Rechtsschutzes, der im Anwendungsbereich der §§ 97 ff. GWB durch das vergaberechtliche Nachprüfungsverfahren sichergestellt werden soll, kann die Antragsbefugnis nämlich nur einem Unternehmen fehlen, bei dem offensichtlich eine Rechtsbeeinträchtigung nicht vorliegt.[32] Es gelten insoweit vergleichbare Grundsätze wie bei der Feststellung des Bestehens der Klagebefugnis gemäß § 42 Abs. 2 VwGO. Die bloße Behauptung etwa, die Angebote aller Konkurrenten seien nicht wertungsfähig oder allen anderen Bietern fehle die erforderliche Eignung, ist ohne entsprechenden Tatsachenvortrag nicht geeignet, die Antragsbefugnis zu begründen.[33]

Die behauptete Verletzung eigener Rechte muss sich nicht notwendig innerhalb eines förmlichen Vergabeverfahrens ereignet haben. Sie kann auch dadurch eintreten, dass der Auftraggeber einen Auftrag ohne Durchführung einer öffentlichen Ausschreibung vergeben will, obwohl er hierzu gemäß §§ 97 ff. verpflichtet ist (sog. **„de-facto-Vergabe")**.[34] Der Grundsatz des § 97 Abs. 1, nach dem öffentliche Auftraggeber Waren, Bau- und Dienstleistungen im Wettbewerb, also mittels öffentlicher Ausschreibungen zu beschaffen haben, dient nämlich nicht nur der Erfüllung der haushaltsrechtlichen Pflicht des Auftraggebers zur sparsamen Verwendung öffentlicher Mittel, sondern auch dem Schutz des Wettbewerbs und der einzelnen Wettbewerber.[35] Die Beschaffung ohne das erforderliche Vergabeverfahren als schärfster denkbarer Vergabeverstoß hat mithin die **Nichtigkeit des Zuschlags**[36] analog § 13 Satz 6 VgV zur Folge.[37] 14

Eine **genaue Benennung der Vorschriften,** die der Auftraggeber nach Meinung des Antragstellers verletzt hat, **braucht nicht zu erfolgen.** Allerdings müssen sich aus der Sachverhaltsdarstellung in der Antragsbegründung die Rechtsverletzungen, die der Antragsteller erlitten zu haben glaubt, in der Sache so deutlich entnehmen lassen, dass die Vergabekammer die Subsumtion des Vorgetragenen unter die entsprechenden Vorschriften selbst vornehmen kann.[38] 15

4. Darlegung eines eingetretenen oder drohenden Schadens

Die Antragsbefugnis erfordert schließlich, dass der Antragsteller unmittelbar durch den behaupteten Vergabeverstoß einen Schaden erlitten hat oder ihm der Eintritt eines Schadens droht. Diese zusätzliche Anforderung ist nach Ansicht des EuGH richtlinienkonform und auf eine reine Darlegung beschränkt. Mehr wird auch von gemeinschaftsrechtlicher Seite nicht gefordert.[39] Soweit die Darlegungen des Antragstellers nicht zumindest die Möglichkeit eines (drohenden) Schadenseintritts ergeben, fehlt es am Rechtsschutzbedürfnis. 16

An den Nachweis eines eingetretenen oder drohenden Schadens **sind keine überzogenen Anforderungen zu stellen.** Es folgt bereits aus Art. 19 Abs. 4 GG bzw. dem allge- 17

---

[32] BGH, Beschl. v. 26. 9. 2006 – X ZB 14/06, NZBau 2006, 800, 801.
[33] *Summa* in: Heiermann u. a. (o. Fn. 9), § 107 Rn. 60.
[34] Siehe hierzu die Kommentierung zu § 102 Rn. 10 ff.
[35] Vgl. hierzu die Kommentierung zu § 97 Rn. 6.
[36] A. A. noch OLG Düsseldorf, Beschl. v. 3. 12. 2003 – Verg 37/03, NZBau 2004, 113, 115 f. mit Anm. *Rosenkötter* S. 136.
[37] BGH, Beschl. v. 1. 2. 2005 – X ZB 27/04, BGHZ 162, 116 ff. = NZBau 2005, 290, 294 f.; vgl. zuletzt OLG Dresden, Beschl. v. 25. 1. 2008 – WVerg 10/07, jew. m. zahlr. weiteren Nachw.; unmittelbar auf §§ 134, 138 abstellend noch KG, Beschl. v. 11. 11. 2004 – 2 Verg 16/04, NZBau 2005, 538, 542 f.; vgl. nunmehr § 101b Abs. 1 Nr. 2 GWB i. d. F. des Gesetzes zur Modernisierung des Vergaberechts.
[38] Siehe dazu auch unter § 108 Rn. 9 ff.
[39] EuGH, Urt. v. 19. 6. 2003 – Rs. C-249/01, Slg. 2003, I-6319 = NZBau 2003, 509 ff. Rn. 17 ff. – *Hackermüller;* hierzu *Kaiser* NZBau 2004, 139 ff.

meinen Justizgewährungsanspruch, dass § 107 Abs. 2 so auszulegen ist, dass ein effektiver Rechtsschutz gewährleistet ist.[40] Daher reicht die schlüssige Darlegung, dass sich die Chancen des Antragstellers auf Zuschlagserteilung durch die Verletzung vergaberechtlicher Bestimmungen verringert haben.[41] Daran fehlt es nur dann, wenn das Angebot des Antragstellers auch bei Vermeidung oder Behebung des von ihm gerügten Vergabeverstoßes keinerlei Aussicht gehabt hätte, in die engere Wahl zu kommen. In der Regel dürften daher Bieter an dieser Zulässigkeitshürde scheitern, deren Angebot nicht im vorderen Feld des Preisspektrums aller Angebote liegt, während der preislich zweit- oder drittplatzierte Bieter immer als antragsbefugt anzusehen ist, wenn es sich nach seinen Darlegungen zumindest als nicht ausgeschlossen erweist, dass die Zuschlagsentscheidung zugunsten des oder eines vor ihm liegenden Bieters nicht vergaberechtskonform war.

18 Die **Antragsbefugnis darf** von den Nachprüfungsinstanzen **dagegen nicht aus dem Grund verneint werden, dass der Auftraggeber das Angebot des Antragstellers bei vergaberechtskonformer Vorgehensweise von der Wertung hätte ausschließen können oder müssen.**[42] Die zuweilen geübte Praxis der Nachprüfungsinstanzen, das Angebot des Antragstellers danach „durchzurastern", ob der Auftraggeber einen Wertungsausschluss hätte vornehmen können oder müssen, und bei „erfolgreicher" Suche den Nachprüfungsantrag als unzulässig wegen fehlender Darlegung eines eingetretenen oder drohenden Schadens abzuweisen, ist somit rechtswidrig.[43] Sie verstößt gegen die Rechtsmittelrichtlinie, weil sie dem Antragsteller das Recht nimmt, die Rechtmäßigkeit der Beurteilung der Nachprüfungsinstanzen, d. h. die Stichhaltigkeit des Ausschlussgrundes anzuzweifeln.[44] Der **Umstand eines vom Auftraggeber pflichtwidrig unterlassenen Ausschlusses** des Angebots des Antragstellers **ist daher im Rahmen der Begründetheit** des Nachprüfungsantrags zu würdigen.[45]

19 War das Angebot eines Antragstellers auszuschließen, so kann der weitere Fortgang des Vergabeverfahrens weder seine Interessen berühren noch kann der Antragsteller durch eine etwaige Nichtbeachtung vergaberechtlicher Bestimmungen in seinen Rechten verletzt sein,[46] was in der Konsequenz die Unbegründetheit des Nachprüfungsantrags zur Folge hat.[47]

---

[40] BVerfG, Beschl. v. 29. 7. 2004 – 2 BvR 2248/03, VergabeR 2004, 597, 599 = NZBau 2004, 564, 565; BGH, Beschl. v. 18. 5. 2004 – X ZB 7/04, VergabeR 2004, 473, 476.

[41] BGH, Beschl. v. 26. 9. 2006 – X ZB 14/06, VergabeR 2007, 59, 64; OLG Schleswig, Beschl. v. 20. 3. 2008 – 1 Verg 6/07. Vgl. hierzu auch *Dreher* in: Immenga/Mestmäcker (o. Fn. 21), § 107 Rn. 20 ff.; *Summa* in: Heiermann u. a. (o. Fn. 9), § 107 Rn. 69.

[42] EuGH, Urt. v. 19. 6. 2003 – RS. C-249/01, Slg. 2003, I-06319 = NZBau 2003, 509 ff. Rn. 29 – Hackermüller; im Anschluss hieran auch BGH, Beschl. v. 18. 5. 2004 – X ZB 7/04, BGHZ 159, 186, 191 f. = VergabeR 2004, 473, 475 f. m. Anm. *Stolz*; Beschl. v. 26. 9. 2006 – X ZB 14/06, NZBau 2006, 800, 802 f. m. umfangr. Nachw. auch zur abw. Meinung.; OLG Koblenz, Beschl. v. 20. 10. 2004 – 1 Verg 4/04, VergabeR 2005, 112, 114; die Auswirkungen des Urteils des EuGH auf die Frage der Antragsbefugnis jedoch relativierend etwa noch OLG Düsseldorf, Beschl. v. 15. 12. 2004 – Verg 48/04, VergabeR 2005, 207 f. m. diff. Anm. *Deckers*; Beschl. v. 27. 4. 2005 – Verg 23/05, VergabeR 2005, 483, 485 („jedenfalls unbegründet"); *Boesen/Upleger* NZBau 2005, 672, 674 f.; ohne Würdigung des Urteils BayObLG, Beschl. v. 22. 6. 2004 – Verg 13/04, NZBau 2004, 626; OLG Naumburg, Beschl. v. 8. 9. 2005 – 1 Verg 10/05, ZfBR 2005, 844, 845.

[43] BGH, Beschl. v. 18. 5. 2004 – X ZB 7/04, BGHZ 159, 186, 192 = VergabeR 2004, 473, 475 f. m. zust. Anm. *Stolz*; *Gröning* VergabeR 2003, 638 ff.; *Franßen/Pottschmidt* NZBau 2004, 587 ff.

[44] *Herrmann* VergabeR 2003, 610.

[45] *Bultmann/Hölzl* NZBau 2004, 651, 652; vgl. auch OLG Koblenz, Beschl. v. 20. 10. 2004 – 1 Verg 4/04, VergabeR 2005, 112, 114; vgl. jedoch auch OLG Düsseldorf, Beschl. v. 15. 12. 2004 – Verg 48/04, VergabeR 2005, 207 m. Anm. *Deckers*.

[46] BGH, Beschl. v. 18. 2. 2003 – X ZB 43/02, BGHZ, 154, 32, 46 = VergabeR 2003, 313, 318; OLG Frankfurt a. M., Beschl. v. 23. 12. 2005 – 11 Verg 13/05, VergabeR 2006, 212, 218; OLG Düs-

Verbleiben in einem Vergabeverfahren jedoch nur noch zwei oder jedenfalls wenige Bieter, deren Angebote unter Wahrung des Gleichbehandlungsgrundsatzes sämtlich auszuschließen sind, so fragt sich, ob ein möglicher Schaden i. S. d. § 107 Abs. 2 aus Sicht eines ausgeschlossen Bieters darin begründet liegen kann, dass bei einer dann notwendigen Aufhebung der Ausschreibung und einer etwaigen neuen Vergabe die Chance bestanden hätte, nunmehr ein zuschlagsfähiges Angebot abzugeben (Vereitelung einer „zweiten Chance").[48] **Gegen die Annahme eines Schadens i. S. v. § 107 Abs. 2 S. 2** in der beschriebenen Konstellation ließe sich einwenden, dass das den Anspruch des Bieters auf Gleichbehandlung nach § 97 Abs. 2 begründende Rechtsverhältnis mit dessen Ausscheiden aus dem Wettbewerb ohne Rücksicht auf die Wertungsfähigkeit anderer Angebote untergehe, falls das beanstandete Angebot tatsächlich mit Mängeln behaftet ist, die ihm die Teilnahmefähigkeit am Wettbewerb und die Zuschlagsfähigkeit nehmen.[49] Überdies müsse nach erfolgter Aufhebung nicht zwangsläufig ein neues Verfahren unter der Beteiligung gerade des im aufgehobenen Verfahren ausgeschlossenen Bieters durchgeführt werden.[50] Gerade in denjenigen Fällen, in denen die Aufhebung der Ausschreibung wegen Ausschlusses sämtlicher Angebote in Frage steht, besteht für den öffentlichen AG die Möglichkeit, die Leistung im Wege des Verhandlungsverfahrens ohne Vergabebekanntmachung unter Neufestlegung des Bewerberkreises zu vergeben, § 3a Nr. 6 lit. b VOB/A.[51]

Indes liegt **eine neue Chance des ausgeschlossenen Bieters bereits in der bloßen Möglichkeit begründet, dass sich der Auftraggeber nach Aufhebung für eine Neuausschreibung entscheiden könnte.**[52] An dem bei Beachtung des Gleichbehandlungsgrundsatzes erforderlich werdenden neuen Vergabeverfahren könnte der Antragsteller sich beteiligen und ein neues Angebot abgeben, das seine Chance auf den Zuschlag wahrt.[53] § 107 Abs. 2 GWB lässt auch nicht erkennen, dass für die Antragsbefugnis allein auf die Möglichkeit abzustellen sein soll, den ausgeschriebenen Auftrag gerade in dem eingeleiteten und zur Nachprüfung gestellten Vergabeverfahren zu erhalten. Nach seinem Wortlaut muss vielmehr ganz allgemein ein (drohender) Schaden dargelegt werden, für den die behauptete Verletzung von Vergabevorschriften kausal ist. Das ist regelmäßig auch der Fall, wenn das eingeleitete Vergabeverfahren nicht ohne Weiteres durch Zuschlag beendet werden darf, und zur Bedarfsdeckung eine Neuausschreibung in Betracht kommt.[54] Es wäre überdies auch mit Art. 1 Abs. 3 der Richtlinie 89/665/EWG unvereinbar, wenn der Nachprüfungsantrag eines Bieters wegen eines zwingenden Ausschlussgrundes keinen Erfolg hätte, obwohl alle anderen Angebote ebenfalls auszuschließen wären.[55]

22 Soweit vor diesem Hintergrund einschränkend gefordert wird, dass die konkurrierenden Angebote unter „gleichartigen Mängeln" zu leiden haben,[56] kann dem nicht gefolgt werden. Handelt es sich bei den in Rede stehenden Ausschlussgründen um zwingende Anordnungen, die keinen Raum für ein Ermessen des Auftraggebers lassen, so haben die Bieter einen Anspruch darauf, dass der Auftraggeber diese zwingenden Bestimmungen einhält.[57] Aus Sicht eines auf die Einhaltung von Vergabevorschriften dringenden Bieters erscheint es kaum nachvollziehbar, wenn sein Angebot – wenngleich für sich genommen korrekt – auf Grund eines Mangels vom weiteren Vergabeverfahren ausgeschlossen wird, während die Vergabestelle über Mängel anderer Angebote, die ebenfalls ausgeschlossen werden müssten, hinweggeht und auf solche Angebote einen Auftrag erteilt.[58] Eine solche Verfahrensweise der Vergabestelle kann den Eindruck der Willkürlichkeit der Entscheidungen erwecken und wäre mit dem Ziel eines transparenten und den Grundsatz der Gleichbehandlung wahrenden Vergabeverfahrens unvereinbar.[59] **Ausreichend ist daher das Vorliegen zwingender Ausschlussgründe, ohne dass es darauf ankommt, ob Gleichartigkeit der Mängel** im Rahmen einer bestimmten Position des Leistungsverzeichnisses oder in anderen, für die Angebotswertung relevanten Bereichen **vorliegt**.[60] Liegt jedoch auch nur ein ausschreibungskonformes Angebot vor, ist ein Nachprüfungsantrag unbegründet, falls das Angebot des Antragstellers zwingend auszuschließen ist. Ein lediglich auf den Ausschluss des von der Vergabestelle präferierten Bieters gerichteter Antrag verstößt gegen das Verbot unzulässiger Rechtsausübung.[61]

23 Die **Antragsbefugnis setzt auch nicht in jedem Fall voraus, dass der Antragsteller darlegt, ohne den gerügten Vergabeverstoß eine „echte Chance" auf die Erteilung des Auftrags gehabt zu haben**.[62] Ein drohender Schaden kann nämlich schon dann vorliegen, wenn der Antragsteller durch eine vergaberechtswidrige Entscheidung der Vergabestelle daran gehindert wird, mit seinem Angebot überhaupt in die Wertungsphase vorzudringen. Wird einem Antragsteller beispielsweise durch eine ermessensfehlerhafte Entscheidung im Rahmen eines Teilnahmewettbewerbs die Beteiligung am eigentlichen Vergabeverfahren verwehrt, so erfüllt bereits diese Vereitelung der Teilnahmechancen das Tatbestandsmerkmal des entstandenen bzw. drohenden Schadens.[63] Gleiches gilt nach Auffassung des EuGH, wenn Unternehmen wegen **diskriminierender Vorgaben in der Leistungsbeschreibung** kein Angebot abgeben.[64]

---

[55] *Hardraht* VergabeR 2005, 200.
[56] So etwa OLG Düsseldorf, Beschl. v. 27. 4. 2005 – Verg 23/05, VergabeR 2005, 483, 485 f.; OLG Frankfurt a. M., Beschl. v. 21. 4. 2005 – 11 Verg 1/05, VergabeR 2005, 487, 488 f. mit i. E. zust. Anm. *Erdl*; *Maier* in: Kulartz/Kus/Portz (Hrsg.), Kommentar zum GWB-Vergaberecht, 1. Aufl. 2006, § 114 Rn. 16.
[57] *Hardraht* VergabeR 2005, 200; *Stolz* VergabeR 2005, 486, 487; *Erdl* VergabeR 2005, 491, 492; ähnlich OLG Frankfurt a. M., Beschl. v. 23. 12. 2005 – 11 Verg 13/05, VergabeR 2006, 212, 220 (unter Aufgabe des Erfordernisses des Vorliegens eines „gleichartigen Mangels").
[58] OLG Frankfurt a. M., Beschl. v. 23. 12. 2005 – 11 Verg 13/05, VergabeR 2006, 212, 220.
[59] OLG Frankfurt a. M., Beschl. v. 23. 12. 2005 – 11 Verg 13/05, VergabeR 2006, 212, 221 m. zust. Anm. *Hardraht*.
[60] Gegen eine solche Beschränkung auch OLG Koblenz, Beschl. v. 4. 7. 2007 – 1 Verg 3/07, VergabeR 2007, 666, 670; *Summa* in: Heiermann u. a. (o. Fn. 9), § 107 Rn. 97.
[61] OLG Jena, Beschl. v. 11. 1. 2007 – 9 Verg 9/06.
[62] BGH, Beschl. v. 18. 5. 2004 – X ZB 7/04, NZBau 2004, 457, 458.
[63] OLG Düsseldorf, Beschl. v. 13. 4. 1999 – Verg 1/99, BauR 1999, 751, 759.
[64] EuGH, Urt. v. 12. 2. 2004 – Rs. C-230/02, Slg. 2004, I-1829, NZBau 2004, 221 ff. Rn. 40 – *Grossmann Air Service*.

Im Vorfeld der Wertungsphase ist also das Vorliegen eines entstandenen oder drohenden Schadens nach anderen Kriterien zu beurteilen als im Endstadium der Angebotsbewertung,[65] weshalb es keine „Faustregeln" dafür gibt, wann dieses Tatbestandsmerkmal als erfüllt anzusehen ist. In Zweifelsfällen sollte eher zugunsten des Antragstellers von seiner Antragsbefugnis ausgegangen werden, um nicht wesentliche Aspekte der Begründetheit des Antrags bereits in die Zulässigkeitsprüfung vorzuverlagern. 24

IV. Rügeobligenheit (Abs. 3)

1. Allgemeines

Die Zulässigkeit eines Nachprüfungsantrages setzt schließlich voraus, dass der Antragsteller den von ihm behaupteten Verstoß des Auftraggebers gegen ihn schützende vergaberechtliche Bestimmungen diesem gegenüber[66] **unverzüglich gerügt** hat. Durch die Vorschaltung einer Rüge soll dem Auftraggeber die Möglichkeit gegeben werden, eventuelle Fehler im Vergabeverfahren frühzeitig zu erkennen und zu korrigieren,[67] der Durchführung unnötiger Nachprüfungsverfahren vorgebeugt und überdies verhindert werden, dass ein Bieter Kenntnisse von möglichen Vergabeverstößen treuwidrig in der Hinterhand behält und erst dann zu einer Intervention gegenüber dem Auftraggeber verwendet, wenn sich im weiteren Verlauf des Verfahrens herausstellt, dass der Zuschlag nicht auf sein Angebot erteilt werden wird.[68] Sie dient auf diese Weise auch der **Verfahrensbeschleunigung**[69] und enthält eine besondere gesetzgeberische Konkretisierung des Grundsatzes von Treu und Glauben.[70] 25

Da das Gesetz eine Warte- oder Reaktionsfrist nach Rügeerhebung derzeit (noch) nicht vorsieht, **hängt die Zulässigkeit eines Nachprüfungsantrags an sich nicht davon ab, dass der Antragsteller der Vergabestelle ausreichend Zeit gegeben hat, auf eine Rüge zu reagieren.**[71] Gleichwohl ist vor dem Hintergrund der eingangs dargestellten ratio legis umstritten, ob zwischen einer Rüge nach § 107 Abs. 3 und der Einreichung eines Nachprüfungsantrags nicht dennoch eine angemessene Frist liegen muss, innerhalb derer der Vergabestelle Gelegenheit zur Überprüfung des gerügten Verstoßes und gegebenenfalls zur Abhilfe eingeräumt wird.[72] Jedenfalls wenn die Vergabestelle ausdrücklich eine nochmalige Überprüfung in Aussicht stellt und ankündigt, bis zu deren Abschluss den Zuschlag nicht erteilen zu wollen, soll nach Auffassung des OLG Bremen das Rechtsschutzinteresse für einen Nachprüfungsantrag fehlen.[73] Dies kann aber nur solange gelten, bis wegen Ablaufs der Frist nach § 13 Satz 2 VgV mit Zuschlagserteilung jederzeit zu rechnen 26

---

[65] *Portz* in: Niebuhr/Kulartz/Kus/Portz (o. Fn. 1), § 107 Rn. 346.
[66] Eine Rüge gegenüber einem vom Auftraggeber eingeschalteten Ingenieur- oder Architektenbüro reicht zur Erfüllung der Rügeobliegenheit grundsätzlich nicht, es sei denn, aus Bekanntmachung und/oder Verdingungsunterlagen ergibt sich etwas anderes, unzutr. deshalb OLG Jena, Beschl. v. 5. 7. 2000 – 6 Verg 3/00, NZBau 2000, 539, 540. Dies gilt auch für die Anrufung einer Vergabeprüfstelle, verfehlt daher auch VK Schleswig-Holstein, Beschl. v. 19. 1. 2005 – VK-SH 37/04.
[67] Vgl. hierzu OLG Bremen, Beschl. v. 5. 3. 2007 – Verg 4/2007.
[68] BT-Drucks. 13/9340, S. 17.
[69] OLG Düsseldorf, Beschl. v. 9. 4. 2003 – Verg 66/02.
[70] Zu den Einzelheiten OLG Düsseldorf, Beschl. v. 13. 4. 1999 – Verg 1/99, NZBau 2000, 45, 47.
[71] OLG Naumburg, Beschl. v. 25. 10. 2005 – 1 Verg 5/05; *Dreher* in: Immenga/Mestmäcker (o. Fn. 21), § 107 Rn. 54.
[72] So *Reidt* in: Reidt/Stickler/Glahs (o. Fn. 14), § 107 Rn. 39a; *Meier* NZBau 2004, 196, 197; a. A. OLG Naumburg, Beschl. v. 25. 10. 2005 – 1 Verg 5/05; *Summa* in: Heiermann u. a. (o. Fn. 9), § 107 Rn. 13 m. w. Nachw.; offengelassen in OLG Bremen, Beschl. v. 5. 3. 2007 – Verg 4/2007.
[73] OLG Bremen, Beschl. v. 5. 3. 2007 – Verg 4/2007.

ist.[74] Im Interesse eines effektiven Rechtsschutzes muss bei Zeitdruck überdies aber auch eine Verbindung von Nachprüfungsantrag und Rüge zulässig sein.[75]

27 Erhebt der Antragsteller eine Rüge nicht unverzüglich i. S. d. § 107 Abs. 3, führt dies insoweit zum **Ausschluss seines Anspruchs auf Nachprüfung des Verstoßes,** was wiederum die Unzulässigkeit seines hierauf gerichteten Antrags zur Folge hat.[76] Rügt der Antragsteller nur einzelne Verstöße nicht rechtzeitig, erstreckt sich die Präklusionswirkung, wie sich aus dem Wort „soweit" in Satz 1 und Satz 2 des § 107 Abs. 3 ergibt, nur auf diese Verstöße.[77] Die in § 107 Abs. 3 angeordnete Präklusionswirkung bei nicht unverzüglich erhobener Rüge begegnet europarechtlich keinen Bedenken, weil sie sowohl der Rechtssicherheit als auch der Effektivität dient. Eine unangemessene Erschwerung des Zugangs zu den Nachprüfungsbehörden ist hiermit nicht verbunden.[78]

28 **Vorschriften über Form und Inhalt der Rüge** enthält § 107 Abs. 3 nicht. Insbesondere ist **keine Schriftform erforderlich,** wenngleich aufgrund der weitreichenden Folgen der Präklusionsregelung die schriftliche Einlegung der Rüge bereits aus Nachweisgründen[79] dringend zu empfehlen ist. Wird eine Rüge mündlich vorgebracht, muss dies gegenüber vertretungsberechtigten Personen des Auftraggebers geschehen.[80] Gemäß § 108 Abs. 2 **trägt der Antragsteller die Darlegungs- und Beweislast für die Erfüllung der Rügeobliegenheit gem. § 107 Abs. 3.** Soll auf Seiten des Rügeführers ein Bevollmächtigter tätig werden, ist § 14 Abs. 1 Satz 3 VwVfG analog anzuwenden.[81]

29 Die **Verwendung des Begriffes „Rüge"** oder ähnlicher besetzter Begriffe wie etwa „Monierung" oder dergleichen **ist nicht erforderlich,** ebenso wenig die genaue Zitierung der vergaberechtlichen Bestimmungen, die nach Auffassung des Antragstellers verletzt worden sind. Allerdings reicht ein pauschaler Hinweis auf die Fehlerhaftigkeit des Vergabeverfahrens nicht aus.[82] Vielmehr muss sich aus dem Inhalt des als Rüge gemäß § 107 Abs. 3 intendierten Schriftstücks[83] ergeben, durch welche Handlungen, Entscheidungen oder Unterlassungen des Auftraggebers sich der Antragsteller in seinen Bieterrechten konkret verletzt sieht, damit der Auftraggeber zumindest die Möglichkeit der Korrektur des Fehlers vor Befassung der Vergabekammer hat.[84] Dies liegt auch im Interesse des Antragstellers, der mit der Rüge schließlich eine Korrektur des Verfahrens zu seinen Gunsten herbeiführen will. Ist der Bieter – etwa in Bezug auf die interne Angebotswertung – durch ein unverschuldetes Informationsdefizit an einer Substantiierung seines Vortrags gehindert, so reicht

---

[74] So auch OLG Bremen, Beschl. v. 5. 3. 2007 – Verg 4/2007.
[75] *Summa* in: Heiermann u. a. (o. Fn. 9), § 107 Rn. 135; OLG München, Beschl. v. 7. 8. 2007 – Verg 8/07, ZfBR 2007, 718, 719: Übersendung einer Abschrift des Nachprüfungsantrags als Rüge gegenüber dem Auftraggeber.
[76] Zur Frage der Wiedereinsetzung in den vorigen Stand im Verfahren vor der Vergabekammer *Braun* NZBau 2000, 320, 321.
[77] *Summa* in: Heiermann u. a. (o. Fn. 9), § 107 Rn. 133.
[78] EuGH, Urt. v. 11. 10. 2007 – C-241/06, Slg. 2007, I-8415 = NZBau 2007, 798 ff. Rn. 50 – *Lämmerzahl.*
[79] Vgl. insoweit die Kommentierung zu § 108 Rn. 16.
[80] VK Bund, Beschl. v. 3. 11. 1999 – VK 1 – 27/99.
[81] S. VK Baden-Württemberg, Beschl. v. 21. 12. 2004 – 1 VK 83/04; VK Bund, Beschl. v. 5. 9. 2001 – VK 1 – 23/01; *Summa* in: Heiermann u. a. (o. Fn. 9), § 107 Rn. 102; VK Saarland, Beschl. v. 9. 3. 2007 – 3 VK 01/2007: offenbar unmittelbare Anwendung.
[82] OLG München, Beschl. v. 7. 8. 2007 – Verg 8/07, ZfBR 2007, 718, 719; *Reidt* in: Reidt/ Stickler/Glahs (o. Fn. 14), § 107 Rn. 38 c.
[83] Hierzu VK Magdeburg, Beschl. v. 3. 2. 2003 – 33–32571/07 VK 18/02 MD, NZBau 2003, 640 (LS).
[84] OLG München, Beschl. v. 11. 6. 2007 – Verg 6/07, VergabeR 2007, 684, 687 m. w. Nachw.; OLG Frankfurt a. M., Beschl. v. 28. 2. 2006 – 11 Verg 15/05 und 16/05, VergabeR 2006, 382, 388; *Reidt* in: Reidt/Stickler/Glahs (o. Fn. 14), § 107 Rn. 38 b m. w. Nachw.

es aus, dass er konkrete Tatsachen vorträgt, die den hinreichenden Verdacht eines Vergaberechtsverstoßes begründen.[85] Eine explizite Aufforderung an den Auftraggeber zur Ausräumung des Fehlers braucht die Rüge ebenso wenig zu enthalten wie eine umfassende vergaberechtliche Würdigung des der Rüge zugrunde liegenden Sachverhalts.[86] Die bloße Anregung eines Verhandlungsgesprächs bringt jedoch den Willen des Bieters, dem Auftraggeber die Möglichkeit zur Selbstkorrektur einzuräumen, nicht hinreichend zum Ausdruck.[87] Gleiches gilt für schlichte Fragen zu tatsächlich oder vermeintlich mehrdeutigen Formulierungen, Anregungen oder allgemeinen Bemerkungen zur Verfahrensgestaltung.[88]

Die Rüge **ist inhaltlich auf behauptete Verstöße gegen vergaberechtliche Bestimmungen zu beziehen.** Sie kann z. B. nicht als Mittel verwendet werden, um einzelne vom Auftraggeber in den Verdingungsunterlagen vorgegebene Vertragsregelungen oder -bedingungen, im Sinne der Interessen des Antragstellers zu modifizieren. Dies würde eine Vertragsverhandlung darstellen, die außerhalb von Verhandlungsverfahren nicht statthaft ist. 30

Grundsätzlich **erfasst die Präklusionsfolge auch Folgefehler,** die untrennbar mit dem nicht (rechtzeitig) gerügten Vergaberechtsverstoß zusammenhängen oder aus ihm resultieren.[89] Das OLG Bremen hat dem EuGH mit Beschluss v. 18. 5. 2006[90] gem. Art. 234 EGV die Frage vorgelegt, ob ein Bieter bei erkennbar falscher Wahl der Vergabeart (im konkreten Fall war trotz Überschreitung der Schwellenwerte von einer europaweiten Bekanntmachung abgesehen worden) nach Angebotsabgabe nicht nur mit der diesbezüglichen Rüge präkludiert sei, sondern auch mit allen anderen Beanstandungen, die mit der Wahl der Verfahrensart zusammenhängen. Das hätte im konkreten Fall des Absehen von der europaweiten Ausschreibung zur Folge gebabt, dass der Bieter so zu behandeln gewesen wäre, als wäre der Schwellenwert nicht überschritten worden. Dann aber hätte ihm das kartellvergaberechtliche Nachprüfungsverfahren überhaupt nicht zur Verfügung gestanden.[91] Der wegen europarechtlichen Bedenken im Wege des Vorabentscheidungsersuchens angerufene EuGH entschied daraufhin mit Urteil vom 11. 10. 2007,[92] dass es der Richtlinie 89/665 zuwiderlaufe, wenn eine Ausschlussregelung des nationalen Rechts in der Weise zur Anwendung gebracht wird, dass einem Bieter der Zugang zu einem Rechtsbehelf versagt wird, wenn der Auftraggeber gegenüber dem Bieter den Gesamtumfang des Auftrags nicht klar angegeben hat. Die Interpretation, wonach bei Nichtbeachtung der Rügeobliegenheit im Fall einer erkennbar unzutreffenden Wahl des Vergabeverfahrens der Antragsteller nicht nur hinsichtlich dieses Vergabefehlers, sondern mit allen weiteren Beanstandungen präkludiert ist mit der Folge, dass ihm das Vergabenachprüfungsverfahren verschlossen bleibt, **widerspricht richtigerweise dem Wortlaut und Sinn von § 107 Abs. 3 GWB**.[93] Nach dieser Norm ist nur eine Beanstandung solcher konkreten Vergaberechtsverstöße in einem Vergabenachprüfungsverfahren ausgeschlossen, die entgegen einer gesetzlich begründeten Obliegenheit vom Antragsteller nicht unverzüglich oder fristgemäß gerügt worden sind. Eine **vollständige Versagung** des Vergaberechtsschutzes lässt sich hieraus indes **nicht ableiten**. 31

---

[85] OLG München, Beschl. v. 11. 6. 2007 – Verg 6/07, VergabeR 2007, 684, 688.
[86] *Reidt* in: Reidt/Stickler/Glahs (o. Fn. 14), § 107 Rn. 38 b m. w. Nachw.
[87] OLG Frankfurt a. M., Beschl. v. 28. 2. 2006 – 11 Verg 15/05 und 16/05, VergabeR 2006, 382, 388.
[88] *Summa* in: Heiermann u. a. (o. Fn. 9), VT 5 zu § 107 Rn. 5.
[89] KG, Beschl. v. 17. 10. 2002 – 2 KartVerg 13/02, VergabeR 2003, 50, 51; *Summa* in: Heiermann u. a. (o. Fn. 9), § 107 Rn. 188.
[90] Verg 3/2005, NZBau 2006, 527, 528 f.
[91] Ebenso bereits KG, Beschl. v. 17. 10. 2002 – 2 KartVerg 13/02, VergabeR 2003, 50, 51.
[92] RS. C 241/06 – „Lämmerzahl", NZBau 2007, 798, Rn. 64.
[93] Beschl. v. 18. 10. 2006 – VII-Verg 35/06, VergabeR 2007, 200, 204.

2. Die Präklusionstatbestände des § 107 Abs. 3

32 § 107 Abs. 3 **unterscheidet zwei Tatbestände eines infolge einer verspäteten Rüge unzulässigen Nachprüfungsantrags.** Nach Satz 1 tritt Präklusion ein, „soweit" der Antragsteller den gerügten Verstoß gegen Vergabevorschriften bereits im Vergabeverfahren erkannt und gegenüber dem Auftraggeber nicht **unverzüglich** gerügt hat. Satz 2 sieht eine Präklusion vor, soweit Verstöße gegen Vergabevorschriften, die aufgrund der Bekanntmachung erkennbar sind, nicht spätestens bis zum Ablauf der in der Bekanntmachung benannten Frist zur Angebotsabgabe oder zur Bewerbung gegenüber dem Auftraggeber gerügt werden. Der Antragsteller ist gem. Satz 1 also mit der Rüge **von ihm „erkannter"**, gemäß Satz 2 dagegen bereits mit der Rüge **„erkennbarer"** Vergabeverstöße präkludiert. Darüber hinaus betrifft der Wortlaut des Satz 1 das Vergabeverfahren insgesamt, während Satz 2 den Zeitraum bis zum Ablauf der Angebots- oder Bewerbungsfrist benennt.[94] Maßgeblich für die Beurteilung sowohl des Erkennens nach Satz 1 als auch der Erkennbarkeit nach Satz 2 ist bei juristischen Personen deren Vorliegen in der Person des Mitarbeiters, der im konkreten Verfahren befugt ist, gegenüber der Vergabestelle verbindliche Erklärungen abzugeben, ohne dass es auf eine allgemeine Vertretungsbefugnis ankommen würde.[95]

3. Unverzüglichkeit der Rüge bei Erkennen des Verstoßes im Vergabeverfahren (§ 107 Abs. 3 Satz 1)[96]

33 Die Rügeobliegenheit trifft den Bieter nach Satz 1 erst dann, wenn er einen Verstoß gegen Vergaberechtsbestimmungen **positiv erkannt hat**.[97] Ein bloßes Kennenmüssen reicht hierfür nicht aus.[98] Diese hohe Hürde bewahrt den Bieter vor der Unannehmlichkeit, eine Verdachtsrüge oder eine Rüge ins Blaue hinein erheben zu müssen, womit das Verhältnis zum Auftraggeber unter Umständen unnötig belastet würde. Kenntnis in diesem Sinne verlangt nicht nur eine positive Kenntnis aller tatsächlichen Umstände, aus denen die Beanstandung im Nachprüfungsverfahren abgeleitet wird, sondern auch die zumindest laienhafte rechtliche Wertung, dass sich aus ihnen eine Missachtung von Bestimmungen über das Vergabeverfahren ergibt.[99]

34 Da die Kenntnis von einem Vergabeverstoß eine innere Tatsache umschreibt, müssen **Indizien dafür vorliegen,** um diese auch tatsächlich unterstellen zu können. In **objektiver Hinsicht** müssen also Tatsachen nachweisbar sein, die einen Vergabefehler des Auftraggebers darstellen können. Bei der Beantwortung der Frage, wann solche Tatsachen und deren Vergaberechtswidrigkeit dem Bieter auch subjektiv zu Bewusstsein gelangt sind, ist grundsätzlich **auf die subjektiven Fähigkeiten des Bieters abzustellen**.[100] Damit kann

---

[94] *Reidt* in: Reidt/Stickler/Glahs (o. Fn. 14), § 107 Rn. 38.

[95] OLG Koblenz, Beschl. v. 6. 9. 2006 – 1 Verg 6/06; s. hierzu auch *Summa* in: Heiermann u. a. (o. Fn. 9), § 107 Rn. 156 ff.; ähnlich *Reidt* in: Reidt/Stickler/Glahs (o. Fn. 14), § 107 Rn. 33a; enger BayObLG, Beschl. v. 22. 1. 2002 – Verg 18/01, NZBau 2002, 397, 398: Kenntnis des vertretungsberechtigten Organs.

[96] Hierzu unter anderem OLG Brandenburg, Beschl. v. 11. 5. 2000 – Verg 1/00, NZBau 2001, 226 ff.; VK Düsseldorf, Beschl. v. 7. 7. 2000 – VK 12/2000 – L, NZBau 2001, 46, 49 f.

[97] Allg. M., vgl. BGH, Urt. v. 26. 9. 2006 – X ZB 14/06, NZBau 2006, 800, 803; *Reidt* in: Reidt/Stickler/Glahs (o. Fn. 14), § 107 Rn. 32.

[98] BGH, Urt. v. 26. 9. 2006 – X ZB 14/06, NZBau 2006, 800, 803.

[99] BGH, Urt. v. 26. 9. 2006 – X ZB 14/06, NZBau 2006, 800, 803; OLG Bremen, Beschl. v. 3. 4. 2007 – Verg 2/07; OLG Karlsruhe, Beschl. v. 6. 2. 2007 – 17 Verg 7/06; OLG Celle, Beschl. v. 5. 7. 2007 – 13 Verg 8/07, ZfBR 2007, 706, 707; *Byok* in: Byok/Jaeger (o. Fn. 25), § 107 Rn. 983.

[100] *Dreher* in: Immenga/Mestmäcker (o. Fn. 21), § 107 Rn. 46 m. zahlr. w. Nachw. und dem Hinweis, dass auch den Ausführungen des BGH (Urt. v. 26. 9. 2006 – X ZB 14/06, NZBau 2006, 800, 803) zum mutwilligen Sich-Verschließen ein im Grundsatz subjektiver Maßstab zugrunde liegt.

§ 107. Einleitung, Antrag

die Kenntnis nicht bereits dann angenommen werden, wenn ein „redlich Denkender" sich nicht der Überzeugung verschließen würde, die sich aufgrund einer rechtlichen Würdigung der tatsächlichen Umstände aufdrängt.[101] Vielmehr muss der Bieter selbst aufgrund einer Wertung in der Laiensphäre subjektiv zu der Erkenntnis gelangt sein, dass der zu beanstandende Sachverhalt einen vergaberechtlichen Verstoß darstellt.[102]

Eine generelle Pflicht zur sofortigen und intensiven Prüfung bei aufkommenden Zweifeln, erforderlichenfalls unter Einschaltung sachkundiger Berater, **trifft den Bieter nach h. M. nicht.**[103] Allerdings wird man in diesem Zusammenhang im Regelfall nach der Erfahrung von Bietern im Umgang mit öffentlichen Ausschreibungen differenzieren können: einem kleinen oder mittelständischen Unternehmen, das sich nur sporadisch an Vergabeverfahren beteiligt, wird man weniger schnell die Kenntnis von vergaberechtswidrigem Verhalten des Auftraggebers unterstellen dürfen als größeren und im Vergabewesen erfahrenen Unternehmen, die regelmäßig sogar über eine eigene Rechtsabteilung verfügen.[104] Fest dürfte jedenfalls stehen, dass in krassen Fällen des absichtsvollen „Sich-Dumm-Stellens" bzw. eines mutwilligen Sich-Verschließens vor dem Erkennen eines Vergaberechtsverstoßes ein treuwidriges Verhalten des Bieters zu sehen ist.[105] In diesen Fällen müssen die Nachprüfungsinstanzen deshalb von der Filterfunktion des § 107 Abs. 3 Satz 1 konsequent Gebrauch machen. Mit Blick auf das Regelungsanliegen des § 107 Abs. 3 Satz 1, dem Auftraggeber eine Korrektur der gerügten Vergaberechtsverstöße in einem möglichst frühen Stadium zu ermöglichen und unnötige Nachprüfungsverfahren zu vermeiden, wäre es überdies verfehlt, wollte man von einem Erkennen i. S. v. Satz 1 erst dann auszugehen, wenn der Antragsteller Kenntnis von einem völlig zweifelsfreien und in jeder Beziehung nachweisbaren Vergabefehler erlangt.[106] Bloße Vermutungen oder ein Verdacht lösen die Rügeobliegenheit demgegenüber nicht aus.[107]

Dem **Auftraggeber obliegt die Beweislast in Bezug auf die konkreten Tatsachen und Umstände, aus denen sich ein mutwilliges „Sich-Verschließen"** gegen die Erkenntnis eines Rechtsverstoßes seitens des Bieters **folgern lässt.** Hierbei reicht es aber nicht aus, lediglich darauf abzustellen, der Bieter hätte bei zeitlich oder fachlich angemessener Bearbeitung des Verfahrens den Verstoß früher erkennen müssen.[108] Kenntnis vom Verstoß darf nämlich nicht rechtsschutzbeschränkend unterstellt oder allein anhand von Indizien als eingetreten angesehen werden. Ebenso wenig wird der Nachweis im Einzelfall dadurch erbracht, dass der Auftraggeber darauf hinweist, ordentlich geführte Unternehmen würden derartige Verstöße erfahrungsgemäß früher erkennen und rügen. Schließlich können auch aus den Ausführungen im Nachprüfungsantrag (der einer tatsächlich erfolgten Rüge zeitlich nachfolgt) regelmäßig keine belastbaren Schlussfolgerungen auf eine bereits zuvor vorhandene Kenntnis i. S. d. § 107 Abs. 3 Satz 1 gezogen werden, zumal im Rahmen der Antragstellung üblicherweise auch Umstände vorgetragen werden, bezüg-

---

[101] *Dreher* in: Immenga/Mestmäcker (o. Fn. 21), § 107 Rn. 46 m. w. Nachw. auch zu abweichenden Maßstäben in Fußn. 117.
[102] *Reidt* in: Reidt/Stickler/Glahs (o. Fn. 14), § 107 Rn. 32 m. w. Nachw.
[103] OLG Düsseldorf, Beschl. v. 16. 2. 2005 – VII-Verg 74/04, VergabeR 2005, 364 ff.; VK Hessen, Beschl. v. 2. 1. 2003 – 69 d VK 53/2002.
[104] Ausf. und diff. zum Ganzen *Dreher* in: Immenga/Mestmäcker (o. Fn. 21), § 107 Rn. 48, 51 m. w. Nachw.
[105] So nunmehr auch BGH, Urt. v. 26. 9. 2006 – X ZB 14/06, NZBau 2006, 800, 803; OLG Koblenz, Beschl. v. 5. 6. 2003 – 1 Verg 2/03, VergabeR 2003, 719, 720 ff. m. Anm. *Trautner*; OLG Düsseldorf, Beschl. v. 18. 7. 2001 – Verg 16/01, VergabeR 2001, 419, 421.
[106] OLG Schleswig, Beschl. v. 5. 4. 2005 – 6 Verg 1/05; OLG Celle, Beschl. v. 5. 7. 2007 – 13 Verg 8/07, ZfBR 2007, 706, 707 m. w. Nachw.; OLG Naumburg, Beschl. v. 14. 12. 2004 – 1 Verg 17/04.
[107] OLG Celle, Beschl. v. 5. 7. 2007 – 13 Verg 8/07, ZfBR 2007, 706, 707; OLG Düsseldorf, Beschl. v. 27. 6. 2006 – VII Verg 23/06.
[108] So zu Recht *Maier* VergabeR 2004, 176, 178 f.

lich derer selbst zu diesem Zeitpunkt antragstellerseitig nicht notwendig Gewissheit vorliegt.[109] Lässt allerdings die objektive Sachlage bei lebensnaher Beurteilung allein den Schluss zu, dass der Antragsteller den geltend gemachten Vergaberechtsverstoß bereits zu einem bestimmten früheren Zeitpunkt erkannt hatte,[110] so obliegt es nunmehr ihm, diese Annahme zu erschüttern. Insofern trägt er die Darlegungs- und Beweislast.[111]

37 Das Erkennen eines Vergaberechtsverstoßes setzt schließlich voraus, **dass die den Verstoß begründende Rechtslage eindeutig ist.**[112] Eine unklare Rechtslage kann den Bieter nicht zu einer Rüge verpflichten, da ein Verstoß insoweit nicht feststeht. Außerdem verhindert die Rüge eines auf Basis einer unsicheren Rechtslage angenommenen Verstoßes keine unnötigen Nachprüfungsverfahren, da der Auftraggeber gerade im Hinblick auf die nicht geklärte Rechtslage regelmäßig an seinem Vorgehen festhalten wird.[113]

38 **Zusammenfassend** wird man als **praktische Faustregel** formulieren können, dass die Kenntnis eines Vergabeverstoßes beim Bieter dann vorliegt, wenn bei ihm Wissen um den Sachverhalt besteht, der den Schluss auf die Verletzung vergaberechtlicher Bestimmungen aufdrängt und es bei vernünftiger Betrachtung deshalb als treuwidrig erscheinen lässt, noch länger damit zuzuwarten, das Verfahren als fehlerhaft zu beanstanden, und die Rechtslage diesbezüglich eindeutig ist, da Zweifel hieran nicht zu Lasten des Bieters gehen dürfen.

39 Der Begriff „**unverzüglich**" in § 107 Abs. 3 Satz 1 ist im GWB nicht definiert. Er ist nach herrschender Auffassung aber im Sinne des § 21 Abs. 1 Satz 1 BGB als „ohne schuldhaftes Zögern" zu verstehen.[114] Als **maximale Zeitspanne** hat sich in der Praxis der Nachprüfungsinstanzen daher **ein Zeitraum von 14 Tagen** ab Kenntniserlangung der den Verstoß begründenden Tatsachen herauskristallisiert.[115] Darauf sollte sich ein Bieter aber nicht verlassen, denn **Abweichungen** hinsichtlich der Fristbemessung durch die Rechtsprechung **nach unten sind mittlerweile die Regel**.[116] So billigt etwa das OLG Koblenz dem Bieter in der Regel **nur ein bis drei (Werk-)Tage** zu, um die Rüge auf schnellstem Wege, d. h. per Telefon oder Telefax, beim Auftraggeber anzubringen.[117] Eine generalisierende Betrachtung dürfte schwer sein. Maßgeblich sind jedenfalls die Komplexität der Sach- und Rechtslage sowie eine angemessene Überlegungs- und Entscheidungsfrist, um die Argumente und Konsequenzen zu überprüfen, eine Chancen-Risiken-Abwägung vorzunehmen und die Rüge anzufertigen.[118] Angesichts der nicht sehr hohen formalen und materiellen Anforderungen an eine Rüge wird man der wiedergegebenen Rechtsprechung beipflichten müssen und jedenfalls die Zwei-Wochen-Frist als absolute Obergrenze nur noch in besonders schwierig gelagerten Verfahren noch als ausreichend ansehen können.[119] Dem Bieter kann also nur geraten werden, so schnell wie

---

[109] *Dreher* in: Immenga/Mestmäcker (o. Fn. 21), § 107 Rn. 49.

[110] Vgl. hierzu etwa die bei *Summa* in: Heiermann u. a. (o. Fn. 9), § 107 Rn. 154 f. formulierten Leitsätze.

[111] *Summa* in: Heiermann u. a. (o. Fn. 9), § 107 Rn. 152; s. hierzu auch OLG Koblenz, Beschl. v. 5. 6. 2003 – 1 Verg 2/03, VergabeR 2003, 719, 720 f.

[112] OLG Bremen, Beschl. v. 3. 4. 2007 – Verg 2/07; *Dreher* in: Immenga/Mestmäcker (o. Fn. 21), § 107 Rn. 50.

[113] *Dreher* in: Immenga/Mestmäcker (o. Fn. 21), § 107 Rn. 50.

[114] Vgl. nur OLG Naumburg, Beschl. v. 25. 1. 2005 – 1 Verg 22/04, VergabeR 2005, 667, 668.

[115] H. M., s. nur *Byok* in: Byok/Jaeger (o. Fn. 25), § 107 Rn. 987 mit zahlreichen weiteren Nachweisen.

[116] Vgl. etwa die bei *Dreher* in: Immenga/Mestmäcker (o. Fn. 21), § 107 Rn. 52 nachgewiesene Rechtsprechung.

[117] St. Rspr. seit OLG Koblenz, Beschl. v. 25. 5. 2002 – 1 Verg 1/00, NZBau 2000, 445, 447; *Summa* in: Heiermann u. a. (o. Fn. 9), § 107 Rn. 165; in der Regel gestehen die Kammern und Senate jedoch eine Frist von bis zu 7 Tagen zu.

[118] S. *Dreher* in: Immenga/Mestmäcker (o. Fn. 21), § 107 Rn. 52.

[119] Vgl. *Dreher* in: Immenga/Mestmäcker (o. Fn. 21), § 107 Rn. 53.

§ 107. Einleitung, Antrag

möglich, d. h. nicht später als eine Woche nach Kenntnis des Verstoßes, zu rügen. Maßgeblich für die Fristwahrung ist jedenfalls im Regelfall die unverzügliche Absendung der Rüge.[120]

4. Rüge aufgrund der Bekanntmachung erkennbarer Verstöße (§ 107 Abs. 3 Satz 2).

Eine Rüge ist ferner **präkludiert,** wenn sie sich gegen Verstöße richtet, die **aufgrund der Bekanntmachung erkennbar sind,** aber nicht bis spätestens vor Ablauf der Bewerbungs- bzw. Angebotsfrist[121] gegenüber dem Auftraggeber erhoben wird. Solche Rügen müssen also **die Bekanntmachung oder deren Inhalt selbst betreffen.**[122] Sie waren bislang im Gegensatz zu Rügen i. S. d. § 107 Abs. 3 Satz 1 nur selten Gegenstand der Befassung der Nachprüfungsinstanzen. 40

Unter **Bekanntmachung** in diesem Sinne ist allein die veröffentlichte Vergabebekanntmachung gemäß §§ 17, 17a, 17b VOL/A und VOL/B zu verstehen, nach geltender Rechtslage jedoch (noch) nicht die Vergabeunterlagen gem. § 9 VOL/A bzw. § 10 VOB/A. 41

Im Gegensatz zu Abs. 1 Satz 1 **kommt es hinsichtlich der Erkennbarkeit des Vergabeverstoßes in Satz 2 nicht auf die positive Kenntnis an.** Die Erkennbarkeit liegt bereits vor, wenn ein durchschnittlicher Antragsteller bei Anwendung der verkehrsüblichen Sorgfalt die Möglichkeit hat, den Verstoß zu erkennen.[123] Die insbesondere seitens des OLG Düsseldorf[124] favorisierte subjektivierende Festlegung des Maßstab für die Erkennbarkeit eines Vergaberechtsverstoßes anhand der individuellen Verhältnisse des Antragstellers[125] dürfte angesichts der hiermit zwangsläufig einhergehenden Unwägbarkeiten – zumal unter den durch Zeitdruck geprägten Bedingungen des Vergabenachprüfungsverfahrens – kaum praktikabel sein.[126] Bei eindeutiger Rechtslage hat daher die bis zum Ablauf der Bewerbungs- bzw. Angebotsfrist unterlassene Rüge eines schon anhand der Bekanntmachung erkennbaren Vergabeverstoßes die Präklusion einer solchen Rüge zur Folge. Ein Vergaberechtsverstoß, der sich durch bloßes Lesen der einschlägigen Normen und einen Vergleich mit dem Bekanntmachungstext ohne weiteres feststellen lässt, ist für jeden erkennbar, der über die intellektuellen Fähigkeiten verfügt, die notwendig sind, um ein Angebot zu erstel- 42

---

[120] OLG Naumburg, Beschl. v. 25. 1. 2005 – 1 Verg 22/04, VergabeR 2005, 667, 668.

[121] Ist die in der Vergabebekanntmachung benannte Frist indes kürzer bemessen als die nach Maßgabe der jeweils anzuwendenden Verdingungsordnung vorzusehende Mindestfrist, so ist allein letztere für die Beurteilung der Präklusion ausschlaggebend; vgl. hierzu und zu den Folgen einer Verlängerung der Bewerbungs- bzw. Angebotsfrist *Summa* in: Heiermann u. a. (o. Fn. 9), § 107 Rn. 182 f. m. w. Nachw.

[122] Einen (nicht abschließenden) Überblick über in diesem Zusammenhang erkennbare Vergaberechtsverstöße gibt *Summa* in: Heiermann u. a. (o. Fn. 9), § 107 Rn. 186.

[123] OLG Koblenz, Beschl. v. 7. 11. 2007 – 1 Verg 6/07, VergabeR 2008, 264, 267 (Fußn. 2); ebenso in früheren Entscheidungen auch das OLG Düsseldorf, Beschl. v. 12. 3. 2003 – VII-Verg 49/02 („durchschnittlicher Bieter"); BayObLG, Beschl. v. 23. 11. 2000 – Verg 12/00 („Erkenntnismöglichkeit durch einen durchschnittlichen objektiven Betrachter"); *Summa* in: Heiermann u. a. (o. Fn. 9), § 107 Rn. 178.

[124] Beschl. v. 18. 10. 2006 – VII-Verg 35/06, VergabeR 2007, 200, 203 f. mit der Begründung, die Rügeobliegenheit stelle materiell wie prozessual eine Ausprägung des Grundsatzes von Treu und Glauben (§ 242 BGB) dar, welcher Obliegenheiten und Nebenpflichten jedoch stets mit Rücksicht auf die individuellen Verhältnisse der Beteiligten konstituiere.

[125] Hierzu bereits KG, Beschl. v. 11. 7. 2000 – KartVerg 07/00; OLG Düsseldorf, Beschl. v. 13. 11. 2000 – Verg 18/00; zust. *Dreher* in: Immenga/Mestmäcker (o. Fn. 21), § 107 Rn. 57.

[126] Vgl. OLG Koblenz, Beschl. v. 7. 11. 2007 – 1 Verg 6/07, VergabeR 2008, 264, 267 (Fußn. 1); OLG Stuttgart, Beschl. v. 11. 7. 2000 – 2 Verg 5/00, NZBau 2001, 462, 464: durchschnittlicher Bieter; *Reidt* in: Reidt/Stickler/Glahs (o. Fn. 14), § 107 Rn. 37.

len oder gar ein Unternehmen zu leiten.[127] Für ausländische Bieter ist angesichts des grenzüberschreitenden gemeinsamen Marktes und des in anderen Mitgliedstaaten in gleicher Weise anzuwendenen Rechts grundsätzlich kein hiervon abweichender Maßstab anzuwenden.[128]

5. Verhältnis der Sätze 1 und 2 zueinander

43 Aus der Zusammenschau der beiden Tatbestände des § 107 Abs. 3 lässt sich **deren Verhältnis wie folgt definieren:**

44 **a)** Verstöße, die aus der Bekanntmachung erkennbar sind, müssen wie alle anderen Verstöße unverzüglich nach positiver Kenntnis (§ 107 Abs. 3 Satz 1), jedoch spätestens bis zum Ablauf der Angebots- bzw. der Bewerbungsfrist gerügt werden. Werden innerhalb der Frist des Satz 2 Verstöße außerhalb der Bekanntmachung positiv erkannt, gilt für diese das Gebot der unverzüglichen Rüge aus Satz 1.[129]

45 **b)** Nach Ablauf der Angebots- oder Bewerbungsfrist können außer vor Fristablauf anhand der Bekanntmachung nicht erkennbaren Verstößen nur noch erkannte Verstöße rechtzeitig gerügt werden, die sich auf das Verfahren nach Eingang der Angebote bzw. Bewerbungen beziehen, also im wesentlichen auf die Prüfung und vergleichende Bewertung der Angebote bzw. Bewerbungen sowie die Vergabeentscheidung.

46 **c)** Vor Ablauf der Angebots- bzw. Bewerbungsfrist gem. Satz 2 gerügte Verstöße können auch nach Ablauf dieser Frist noch bis zur Erteilung des Zuschlags zum Gegenstand eines Nachprüfungsverfahrens gemacht werden. Es gibt de lege lata nämlich keine Frist, innerhalb derer nach Erhebung einer Rüge, der der Auftraggeber nicht abhilft, ein Nachprüfungsantrag gestellt werden muss. Eine solche soll jedoch im Zuge der Vergaberechtsreform 2008 eingeführt werden.[130]

6. Entbehrlichkeit der Rüge

47 Eine Rüge vor Einleitung eines Nachprüfungsverfahrens kann ausnahmsweise dann entbehrlich sein, wenn deren Zweck, dem Auftraggeber die Möglichkeit zur Korrektur eines gerügten Fehlers zu geben, nicht mehr erreicht werden kann.[131]

48 **a)** Dies gilt zunächst für **Vergabefehler, die der Bieter erst in einem bereits laufenden Nachprüfungsverfahren erkennt,** etwa im Zuge der Akteneinsicht gem. § 111. Eine Verpflichtung zur Rüge gegenüber der Vergabestelle außerhalb des Verfahrens liefe hier auf eine reine Förmelei hinaus,[132] so dass es mit Blick auf den im Nachprüfungsverfahren grundlegenden Beschleunigungsgrundsatz ausreichen muss, wenn der Verstoß schriftsätzlich gegenüber der Vergabekammer geltend gemacht wird, die die Beanstandung dann an die Vergabestelle weiterleitet.[133] Dieser Verstoß wird dann unmittelbar zum Gegenstand des bereits anhängigen Nachprüfungsverfahrens.[134] Dies soll nach freilich nicht unumstrittener Auffassung auch dann gelten, wenn der Nachprüfungsantrag in seiner ursprünglichen

---

[127] OLG Koblenz, Beschl. v. 7. 11. 2007 – 1 Verg 6/07, VergabeR 2008, 264, 267.
[128] *Summa* in: Heiermann u. a. (o. Fn. 9), § 107 Rn. 181.
[129] *Reidt* in: Reidt/Stickler/Glahs (o. Fn. 14), § 107 Rn. 38 m. w. Nachw.; *Summa* in: Heiermann u. a. (o. Fn. 9), § 107 Rn. 185; *Kadenbach* in: Willenbruch/Bischoff (Hrsg.), Kompaktkommentar Vergaberecht, 1. Aufl. 2008, § 107 Rn. 34.
[130] Vgl. § 107 Abs. 3 Nr. 4 GWB i. d. F. des Gesetzes zur Modernisierung des Vorgaberechts.
[131] Hierzu und zum Folgenden ausf. und mit zahlr. weiteren Nachw. *Dreher* in: Immenga/Mestmäcker (o. Fn. 21), § 107 Rn. 60 ff.
[132] Der oben dargelegte Zweck der Rügeobliegenheit, ein Nachprüfungsverfahren nach Möglichkeit zu vermeiden, kann in diesem Stadium nämlich nicht mehr erreicht werden, vgl. BGH, Urt. v. 26. 9. 2006 – X ZB 14/06, NZBau 2006, 800, 803.
[133] *Reidt* in: Reidt/Stickler/Glahs (o. Fn. 14), § 107 Rn. 36 a.
[134] OLG Düsseldorf, Beschl. v. 23. 2. 2005 – Verg 92/04.

§ 107. Einleitung, Antrag   49   § 107 GWB

Gestalt unzulässig war.¹³⁵ Soweit in diesem Zusammenhang die Forderung erhoben wird, der Bieter müsse erst im Nachprüfungsverfahren erkannte Verstöße gleichwohl (ggf. in entsprechender Anwendung des § 107 Abs. 3) unverzüglich vor der Vergabekammer geltend machen,¹³⁶ so kann dem aufgrund der oben dargelegten Nicht-Geltung des § 107 während des Vergabenachprüfungsverfahrens nicht gefolgt werden. Auch eine entsprechende Anwendung scheitert angesichts der in diesem Stadium nicht mehr erfüllbaren ratio legis des § 107 Abs. 3 am Nicht-Vorliegen der Analogievoraussetzungen.¹³⁷ Beipflichten müssen wird man indes der Vorgabe, **dass entsprechende Verstöße nach Kenntniserlangung so rechtzeitig vorgetragen werden müssen, dass sie nicht zu einer Verzögerung des Nachprüfungsverfahrens führen.**¹³⁸

b) Auch bei **sogenannten de-facto-Vergaben ist eine vorherige Rüge gem. Satz 1**¹³⁹ **entbehrlich.**¹⁴⁰ Wie sich nämlich bereits aus dem Wortlaut des § 107 Abs. 3 Satz 1 ergibt, **besteht die Rügeobliegenheit nur innerhalb eines förmlichen Vergabeverfahrens.**¹⁴¹ Dies ist auch zwingend, weil erst und nur durch die Einleitung eines förmlichen Verfahrens ein vorvertragliches Vertrauensverhältnis zwischen Auftraggeber und Bewerber/Bieter entsteht und damit eine Pflicht zur gesteigerten Rücksichtnahme auf die wechselseitigen Interessen. Im Falle der pflichtwidrigen Unterlassung einer gebotenen förmlichen Ausschreibung („de-facto-Vergabe") kann ein vergleichbares „Näheverhältnis" bereits begrifflich nicht entstehen.¹⁴² Eine entsprechende Rügeobliegenheit bei de-facto-Vergaben lässt sich auch nicht aus § 242 BGB ableiten, da anderenfalls die teleologisch zwingende Nichtanwendbarkeit des Abs. 3 Satz 1 in derartigen Konstellationen unterlaufen

49

---

¹³⁵ OLG Koblenz, Beschl. v. 26. 10. 2005 – 1 Verg 4/05, VergabeR 2006, 392, 397 m. zust. Anm. *Willenbruch*; OLG Brandenburg, Beschl. v. 6. 10. 2006 – Verg W 6/06, NZBau 2007 329, 330 f.; zuvor bereits OLG Celle, Beschl. v. 23. 2. 2001 – 13 Verg 3/01, VergabeR 2001, 252 f. m. Anm. *Benedict*; Beschl. v. 12. 5. 2005 – 13 Verg 5/05 m. Kurzbespr. *Müller-Stoy* IBR 2005, 400; *Summa* in: Heiermann u. a. (o. Fn. 9), § 107 Rn. 119; a. A. OLG Düsseldorf, Beschl. v. 23. 2. 2005 – Verg 92/04: Nur wenn eine den Maßstäben des § 107 Abs. 2 GWB genügende Darlegung der Verletzung von Bieterrechten das Nachprüfungsverfahren eröffnet hat, können andere Vergaberechtsverletzungen zum Gegenstand desselben Nachprüfungsverfahrens gemacht werden.

¹³⁶ So OLG Frankfurt a. M., Beschl. v. 24. 6. 2004 – 11 Verg 15/04;. OLG Celle, Beschl. v. 8. 3. 2007 – 13 Verg 2/07, VergabeR 2007, 401, 402 m. krit. Anm. *Hölzl*; i. E. ebenso *Summa* in: Heiermann u. a. (o. Fn. 9), § 107 Rn. 121 und *Dreher* in: Immenga/Mestmäcker (o. Fn. 21), § 107 Rn. 61.

¹³⁷ *Hölzl* VergabeR 2007, 403, 405 f.

¹³⁸ OLG Celle, Beschl. v. 8. 3. 2007 – 13 Verg 2/07, VergabeR 2007, 401, 402.

¹³⁹ Satz 2 kann insoweit a priori keine Anwendung finden, weil bei der de-facto-Vergabe naturgemäß keine Bekanntmachung erfolgt ist.

¹⁴⁰ Vgl. hierzu nunmehr auch § 107 Abs. 3 Satz 2 i. d. F. des Gesetzes zur Modernisierung des Vergaberechts.

¹⁴¹ H. M., vgl. BayObLG, Beschl. v. 22. 1. 2002 – Verg 18/01, NZBau 2002, 397, 398 f. sowie Beschl. v. 27. 2. 2003 – Verg 1/03, VergabeR 2003, 329, 330; OLG Düsseldorf, Beschl. v. 21. 6. 2006 – Verg 17/06; Beschl. v. 19. 7. 2006 – VII Verg 26/06; Beschl. v. 20. 6. 2001 – Verg 3/01, NZBau 2001, 696, 703; OLG Frankfurt a. M., Beschl. v. 7. 9. 2004 – 11 Verg 11/04, NZBau 2004, 692, 693; OLG Rostock, Beschl. v. 15. 6. 2005 – 17 Verg 3/05; *Kühnen* NZBau 2004, 427, 428; der BGH (Beschl. v. 1. 2. 2005 – X ZB 27/04, NZBau 2005, 290, 292) hat die Frage ausdrücklich offen gelassen. A. A. OLG Naumburg, Beschl. v. 2. 3. 2006 – 1 Verg 1/06, VergabeR 2006, 406, 409: genereller Verzicht auf vorherige Rüge im vergaberechtlichen Primärrechtsschutzsystem „systemfremd"; *Wagner* VergabeR 2002, 250, 251; *Summa* in: Heiermann u. a. (o. Fn. 9), § 107 Rn. 122 mit der Begründung, dass bei einer Anwendung der §§ 102 ff. auf Direktvergaben auch die diesbezüglichen Zulässigkeitsvoraussetzungen Berücksichtigung finden müssen; eine Analogie zu § 107 Abs. 3 expressis verbis befürwortend auch VK Sachsen-Anhalt, Beschl. v. 23. 12. 2005 – 1 VK LVwA 43/05.

¹⁴² Dies verkennt die Mindermeinung; ähnlich wie hier OLG Düsseldorf, Beschl. v. 19. 7. 2006 – VII Verg 26/06; VK Münster, Beschl. v. 19. 9. 2006 – VK 12/06, die auf das Fehlen einer verfahrensmäßigen Grundlage für die Auferlegung eine Mitwirkungspflicht zugunsten des Auftraggebers abstellen.

würde.[143] Der verhinderte Bieter kann daher gegen eine vermeintlich pflichtwidrig unterlassene öffentliche Ausschreibung sofort im Wege des Nachprüfungsantrags vorgehen, wenngleich er nicht gehindert ist, den öffentlichen Auftraggeber zuvor zur Durchführung einer öffentlichen Ausschreibung aufzufordern, d.h. Gelegenheit zur Korrektur seines möglicherweise vergaberechtswidrigen Verhaltens einzuräumen. Allerdings ist zu beachten, dass **auch bei de-facto-Vergaben ggf. eine Verwirkung des Antragsrechts eintreten kann,** wenn eine lange Zeitspanne zwischen unbeanstandeter Hinnahme der Direktvergabe und etwaiger Rüge bzw. der Einleitung des Nachprüfungsverfahrens nach Treu und Glauben den Schluss zulässt, die Beanstandung werde nicht mehr erhoben.[144]

50 b) Stellt der Auftraggeber **unmissverständlich klar, ein bestimmtes Verhalten auch auf eine Rüge hin nicht ändern zu wollen,** etwa in einem Bieterrundschreiben, bedarf es ebenfalls vor Einleitung eines Nachprüfungsverfahrens in Bezug auf dieses Verhalten keiner Rüge mehr.[145] Die vermeintliche Unumkehrbarkeit eines Vergaberechtsverstoßes vermag die Entbehrlichkeit einer hierauf bezogenen Rüge hingegen nicht zu begründen.[146] Insoweit gilt es in Rechnung zu stellen, dass der Vergabestelle – etwa im Wege der Aufhebung und anschließender Neuausschreibung – regelmäßig sehr wohl noch Möglichkeiten zur Verfügung stehen, von sich aus auf eine vergaberechtskonforme Zuschlagsentscheidung hinzuwirken.[147]

V. Neufassung gemäß Gesetz zur Modernisierung des Vergaberechts vom 20. April 2009

51 *„13. § 107 Abs. 3 wird wie folgt gefasst:"*

„(3) Der Antrag ist unzulässig, soweit
1. *der Antragsteller den gerügten Verstoß gegen Vergabevorschriften bereits im Vergabeverfahren erkannt und gegenüber dem Auftraggeber nicht unverzüglich gerügt hat;*
2. *Verstöße gegen Vergabevorschriften, die aufgrund der Bekanntmachung erkennbar sind, nicht spätestens bis Ablauf der in der Bekanntmachung benannten Frist zur Angebotsabgabe oder zur Bewerbung gegenüber dem Auftraggeber gerügt werden;*
3. *Verstöße gegen Vergabevorschriften, die erst in den Vergabeunterlagen erkennbar sind, nicht spätestens bis zum Ablauf der in der Bekanntmachung benannten Frist zur Angebotsabgabe oder zur Bewerbung gegenüber dem Auftraggeber gerügt werden;*
4. *mehr als 15 Kalendertage nach Eingang der Mitteilung des Auftraggebers, einer Rüge nicht abhelfen zu wollen, vergangen sind.*

Satz 1 gilt nicht bei einem Antrag auf Feststellung der Unwirksamkeit des Vertrages nach § 101b Abs. 1 Nr. 2. § 101a Abs. 1 Satz 2 bleibt unberührt."

52 In der Begründung des Gesetzesentwurfs heißt es hierzu: „§ 107 Abs. 3 verpflichtet derzeit die Unternehmen, erkannte Verstöße unverzüglich zu rügen. Dies gilt auch für aufgrund der Vergabebekanntmachung erkennbare Verstöße. Diese Rügeobliegenheit hat zu einer Vielzahl von Rechtsstreitigkeiten geführt. Die Änderung erweitert die Vorschrift. Auch erkennbare Verstöße in der Leistungsbeschreibung sollen unverzüglich, spätestens bis zum Ablauf der Angebotsfrist gerügt werden. Damit bekommt der öffentliche Auftraggeber auch in diesen Fällen eher die Gelegenheit, etwaige Verfahrensfehler zu beheben und so im Interesse aller Beteiligten unnötige Nachprüfungsverfahren zu vermeiden.

---

[143] Hierzu OLG Düsseldorf, Beschl. v. 19. 7. 2006 – VII Verg 26/06.
[144] Vgl. hierzu OLG Düsseldorf, Beschl. v. 19. 7. 2006 – VII Verg 26/06.
[145] OLG Brandenburg, Beschl. v. 2. 12. 2003 – Verg W 6/03; OLG Koblenz, Beschl. v. 18. 9. 2003 – 1 Verg 4/03, VergabeR 2003, 709, 714; BayObLG, Beschl. v. 23. 10. 2002 – Verg 13/03; OLG Stuttgart, Beschl. v. 11. 7. 2000 – 2 Verg 5/00, NZBau 2001, 462, 463; OLG Saarbrücken, Beschl. v. 29. 5. 2002 – 5 Verg 1/01.
[146] I.d.S. aber OLG Brandenburg, Beschl. v. 28. 11. 2002 – Verg W 8/02, NJOZ 2004, 2752, 2756.
[147] *Summa* in: Heiermann u.a. (o. Fn. 9), § 107 Rn. 129.

Außerdem wird eine generelle Frist zur Geltendmachung einer Rüge in den Fällen eingeführt, in denen der Auftraggeber dem Unternehmen mitteilt, dass der Rüge des Unternehmens nicht abgeholfen wird. So kann frühzeitig Klarheit über die Rechtmäßigkeit des Vergabeverfahrens geschaffen werden.

Bei den sog. de-facto Vergaben des § 101b Abs. 1 Nr. 2 ist es nicht sachgerecht, den Unternehmen eine Rügeverpflichtung aufzuerlegen. In diesen Fällen kann sofort ein Nachprüfungsantrag bei der Vergabekammer gestellt werden."[148]

Als Ergebnis der Ausschussberatungen wurde das Rügeerfordernis bei erkennbaren Verstößen in der Leistungsbeschreibung später wieder entschärft. Hierzu heißt es im Ausschussbericht: „Die Anhörung hat ergeben, dass eine Prüfung der in der Regel überaus umfangreichen Vergabeunterlagen unverzüglich nach deren Erhalt gerade kleinen und mittleren Unternehmen nicht zumutbar wäre. Zudem wäre der Nachweis durch die öffentliche Hand in der Praxis schwierig zu führen. Deshalb beschränkt sich die Vorschrift nunmehr auf das Unterlassen der Rüge von Verstößen gegen Vergabevorschriften bis zum Ablauf der Frist zur Angebotsabgabe oder zur Bewerbung."[149] 53

§ 108 Form

(1) [1]Der Antrag ist schriftlich bei der Vergabekammer einzureichen und unverzüglich zu begründen. [2]Er soll ein bestimmtes Begehren enthalten. [3]Ein Antragsteller ohne Wohnsitz oder gewöhnlichen Aufenthalt, Sitz oder Geschäftsleitung im Geltungsbereich dieses Gesetzes hat einen Empfangsbevollmächtigten im Geltungsbereich dieses Gesetzes zu benennen.

(2) Die Begründung muss die Bezeichnung des Antragsgegners, eine Beschreibung der behaupteten Rechtsverletzung mit Sachverhaltsdarstellung und die Bezeichnung der verfügbaren Beweismittel enthalten sowie darlegen, dass die Rüge gegenüber dem Auftraggeber erfolgt ist; sie soll, soweit bekannt, die sonstigen Beteiligten benennen.

Übersicht

	Rn.		Rn.
I. Einführung	1	1. Mindestanforderungen	9–16
II. Form des Antrags (Abs. 1)	2–8	2. Soll-Vorschriften	17, 18
1. Mindestanforderungen	2–6	IV. Neufassung gemäß Gesetz zur Modernisierung des Vergaberechts vom 20. April 2009	19
2. Soll-Vorschriften	7, 8		
III. Begründung des Antrags (Abs. 2)	9–18		

I. Einführung

In § 108 werden – ergänzend zu den in § 107 Abs. 2 und 3 normierten Zulässigkeitsvoraussetzungen – die **Anforderungen im Hinblick auf die Form und den Inhalt eines Nachprüfungsantrages** geregelt. Im Gesetz wird dabei differenziert zwischen Mindestanforderungen, ohne deren Einhaltung ein Antrag ohne weiteres unzulässig ist, und Soll-Vorschriften, deren Nichteinhaltung den Antrag nicht unzulässig macht.[1] **Die Vorschrift,** insbesondere die durch sie niedergelegten Mindestanforderungen für die Begründung des Antrags **dient der Verfahrensbeschleunigung und der Rechtsklarheit.**[2] 1

---

[148] Begründung zum Regierungsentwurf eines Gesetzes zur Modernisierung des Vergaberechts v. 21. Mai 2008, BT-Drucks. 16/10117, Teil B, zu Nr. 13 (S. 22).
[149] Beschlussempfehlung und Bericht des Ausschusses für Wirtschaft und Technologie v. 17. Dezember 2008, BT-Drucks. 16/11428, Teil B (Besonderer Teil), Nr. 2 (zu § 107 GWB).
[1] BT-Drucks. 13/9340, S. 18.
[2] BT-Drucks. 13/9340, S. 18.

II. Form des Antrags (Abs. 1)

1. Mindestanforderungen

2   Der Nachprüfungsantrag **bedarf der Schriftform**. Diese erfordert im Interesse einer eindeutigen Zurechenbarkeit jedenfalls grundsätzlich,[3] dass der Antrag in Form eines Schreibens bei der Vergabekammer eingereicht wird, das vom Antragsteller oder dem von ihm beauftragten Verfahrensbevollmächtigten eigenhändig unterschrieben worden ist. Eine fehlende Unterschrift kann jedoch mit Wirkung für die Zukunft geheilt werden.[4] Die fernmündliche Einlegung eines Nachprüfungsantrages ist demgegenüber ebenso ausgeschlossen wie dessen Erklärung zur Niederschrift bei der Geschäftsstelle der Vergabekammer[5]. Ausreichend ist aber die Einsendung per Telegramm, Fernschreiben und Telefax.[6]

3   Nach Einführung des § 3a VwVfG[7] ist grundsätzlich eine Übermittlung **elektronischer Dokumente** zwischen Bürger und Verwaltung zulässig, soweit der Empfänger hierfür einen Zugang eingerichtet hat.[8] Voraussetzung hierfür ist aber die vorangehende **Zugangseröffnung** seitens der Vergabekammer. Eine Rechtspflicht zur Schaffung der diesbezüglichen technischen Voraussetzungen besteht für die Vergabekammer indes nicht. Da der Nachprüfungsantrag schriftlich bei der Vergabekammer einzureichen ist, Abs. 1 Satz 1, ist das elektronische Dokument mit einer **qualifizierten Signatur** nach dem Signaturgesetz[9] zu versehen, § 3a Abs. 2 Satz 2 VwVfG.[10]

4   Der das gesamte Verfahren vor der Vergabekammer beherrschende Grundsatz der **Verfahrensbeschleunigung** gebietet die analoge Anwendung der § 184 GVG, § 23 Abs. 1 VwVfG, nach denen die Gerichts- bzw. Amtssprache deutsch ist. Der Antrag ist daher **in deutscher Sprache** abzufassen.[11]

5   Der Nachprüfungsantrag ist **unverzüglich zu begründen** (§ 108 Abs. 1 Satz 1), entsprechend § 121 BGB also ohne schuldhaftes Zögern.[12] Die Einreichung des Antrags und dessen Begründung müssen also im Gegensatz zur sofortigen Beschwerde (vgl. § 117 Abs. 2 Satz 1) nicht zugleich erfolgen.[13] Infolge der bereits mit Antragseingang ausgelösten[14] Regelfrist für das Nachprüfungsverfahren von fünf Wochen (§ 113 Abs. 1 Satz 1) und

---

[3] Vgl. aber *Summa* in: Heiermann u.a. (Hrsg.), Praxiskommentar Vergaberecht, 2. Aufl. 2008, § 108 Rn. 8 ff.

[4] OLG Dresden, Beschl. v. 16. 10. 2001 – WVerg 0007/01; *Kadenbach* in: Willenbruch/Bischoff (Hrsg.), Kompaktkommentar Vergaberecht, 1. Aufl. 2008, § 108 Rn. 6.

[5] Vgl. demgegenüber etwa § 64 VwVfG.

[6] *Byok* in: Byok/Jaeger (Hrsg.), Kommentar zum Vergaberecht, 2. Aufl. 2005, § 108 Rn. 997; *Möllenkamp* in: Kulartz/Kus/Portz (Hrsg.), Kommentar zum GWB-Vergaberecht, 1. Aufl. 2006, § 108 Rn. 4 m.w. Nachw.; *Summa* in: Heiermann u.a. (o. Fn. 3), § 108 Rn. 12; *Dreher* in: Immenga/Mestmäcker, Wettbewerbsrecht, Bd. 2, 4. Aufl. 2007, § 108 Rn. 3; *Kadenbach* in: Willenbruch/Bischoff (o. Fn. 4), § 108 Rn. 8 m.w. Nachw. aus der Rspr.

[7] 3. VwVfGÄndG v. 21. 8. 2002 (BGBl. I, S. 3322).

[8] *Kadenbach* in: Willenbruch/Bischoff (o. Fn. 4), § 108 Rn. 8; *Dreher* in: Immenga/Mestmäcker (o. Fn. 6), § 108 Rn. 3; zu kategorisch *Byok* in: Byok/Jaeger (o. Fn. 6), § 108 Rn. 997; vgl. auch VG Berlin, Urt. v. 2. 11. 2007 – 4 A 243/06, NJW 2008, 1335.

[9] Signaturgesetz v. 16. 5. 2001 (BGBl. I, S. 876).

[10] Hierzu etwa VG Berlin, Urt. v. 2. 11. 2007 – 4 A 243/06, NJW 2008, 1335.

[11] *Möllenkamp* in: Kulartz/Kus/Portz (o. Fn. 6), § 108 Rn. 3; zu den Folgen einer Nichtbeachtung dieser Vorgabe vgl. *Kadenbach* in: Willenbruch/Bischoff (o. Fn. 4), § 108 Rn. 9; *Summa* in: Heiermann u.a. (o. Fn. 3), § 108 Rn. 16.

[12] Vgl. *Byok* in: Byok/Jaeger (o. Fn. 6), § 108 Rn. 1002; *Möllenkamp* in: Kulartz/Kus/Portz (o. Fn. 6), § 108 Rn. 11; *Kadenbach* in: Willenbruch/Bischoff (o. Fn. 4), § 108 Rn. 13.

[13] *Möllenkamp* in: Kulartz/Kus/Portz (o. Fn. 6), § 108 Rn. 11; *Otting* in: Bechtold, GWB, 4. Aufl. 2006, § 108 Rn. 2; *Summa* in: Heiermann u.a. (o. Fn. 3), § 108 Rn. 46.

[14] *Summa* in: Heiermann u.a. (o. Fn. 3), § 108 Rn. 50.

der allen Verfahrensbeteiligten auferlegten Pflicht zur Beschleunigung des Verfahrens (§ 113 Abs. 2) sind an die Unverzüglichkeit der Begründung strenge Anforderungen zu stellen. Diese ist daher innerhalb weniger Tage, **spätestens aber 3–4 Tage nach der Antragstellung nachzuliefern.**[15] Das ist für den Antragsteller grundsätzlich zumutbar, weil eine rasche Überprüfung der gerügten Vergabeverstöße in seinem Interesse liegt und an die Begründung im Hinblick auf den Amtsermittlungsgrundsatz im Nachprüfungsverfahren (§ 110 Abs. 1 Satz 1) keine allzu hohen Anforderungen gestellt werden.[16] Da der Antrag überdies erst nach Eingang der Begründung dem Antragsgegner zugestellt werden kann,[17] womit das Zuschlagsverbot ausgelöst wird (§ 115 Abs. 1), wird der Antragsteller ohnehin gut beraten sein, nicht allzu viel Zeit zwischen Einreichung und Begründung des Antrags verstreichen zu lassen.

Nicht im Inland ansässige Antragsteller[18] haben einen **Empfangsbevollmächtigten im Gebiet der Bundesrepublik Deutschland** zu benennen. Auch diese Vorschrift dient der Verfahrensbeschleunigung, indem Verzögerungen durch Zustellungen im Ausland vermieden werden. Diese Vorschrift ist eine zwingende, so dass ihre Nichteinhaltung die Unzulässigkeit des Antrags bedingt.[19]

2. Soll-Vorschriften

Der Nachprüfungsantrag **soll** gemäß § 108 Abs. 1 Satz 2 **ein bestimmtes Begehren enthalten.** Hierunter ist kein tenorierungsfähiger Antrag zu verstehen.[20] Der Antragsteller soll jedoch – zur Erleichterung der Ermittlung des entscheidungserheblichen Sachverhaltes durch die Vergabekammer – deutlich machen, worin das Rechtsschutzziel seines Antrages besteht, ob er also beispielsweise die Erteilung des Zuschlags zu seinen Gunsten oder die Weiterführung des Verfahrens durch den Auftraggeber ohne den gerügten Verfahrensverstoß begehrt.[21] Für die Auslegung des Antrags gelten insoweit die Regeln der §§ 133, 157 BGB analog.[22]

Lässt sich dem Antrag ein bestimmtes Begehren nicht entnehmen, wird er dadurch nicht unzulässig. Die Vergabekammer muss in diesem Fall im Rahmen der ihr obliegenden

---

[15] *Dreher* in: Immenga/Mestmäcker (o. Fn. 6), § 108 Rn. 12 m. w. Nachw.; *Summa* in: Heiermann u. a. (o. Fn. 3), § 108 Rn. 51; vgl. auch VK Berlin, Beschl. v. 15. 7. 2004 – VK-B 2 30/04: 1 Woche; VK Baden-Württemberg, Beschl. v. 2. 12. 2004 – 1 VK 74/04; *Kadenbach* in: Willenbruch/Bischoff (o. Fn. 4), § 108 Rn. 13 (auch zu einem etwaigen Verlängerungsantrag); a. A. *Portz* in: Niebuhr/Kulartz/Kus/Portz, Vergaberecht (Hrsg.), 1. Aufl. 2000, § 108 Rn. 9; *Summa* in: Heiermann u. a. (o. Fn. 3), § 108 Rn. 49.
[16] Vgl. BGH, Beschl. v. 18. 5. 2004 – X ZB 7/04, NZBau 2004, 457, 458; *Boesen*, Vergaberecht, 1. Aufl. 2000, § 108 Rn. 7.
[17] Die Vergabekammer könnte sonst nicht entscheiden, ob der Antrag im Sinne des § 110 Abs. 2 Satz 1 unbegründet ist, was seine Nichtzustellung zur Folge hätte. Vgl. die Kommentierung zu § 110 Rn. 7; *Kadenbach* in: Willenbruch/Bischoff (o. Fn. 4), § 108 Rn. 14; *Summa* in: Heiermann u. a. (o. Fn. 3), § 108 Rn. 47; anders *Byok* in: Byok/Jaeger (o. Fn. 4), § 108 Rn. 1002, für den der Antrag bis zum Eingang der Begründung bereits unzulässig ist, was die Zustellung hindert; ebenso *Möllenkamp* in: Kulartz/Kus/Portz (o. Fn. 6), § 108 Rn. 11: der Antrag sei bis zum Eingang der Begründung offensichtlich unzulässig i. S. v. § 110 Abs. 2.
[18] Für Unternehmen, die ihre Beiladung beantragen vgl. *Summa* in: Heiermann u. a. (o. Fn. 3), § 108 Rn. 21.
[19] BT-Drucks. 13/9340, S. 18.
[20] VK Schleswig-Holstein, Beschl. v. 14. 9. 2005 – VK-SH 21/05; Beschl. v. 13. 12. 2004 – VK – SH 33/04; *Kadenbach* in: Willenbruch/Bischoff (o. Fn. 4), § 108 Rn. 15; *Byok* in: Byok/Jaeger (o. Fn. 6), § 108 Rn. 998; s. auch *Boesen* (o. Fn. 16), § 108 Rn. 10.
[21] Eingehend hierzu OLG Koblenz, Beschl. v. 10. 8. 2000 – 1 Verg 2/00, NZBau 2000, 534, 535.
[22] *Portz* in: Niebuhr/Kulartz/Kus/Portz (o. Fn. 15), § 108 Rn. 12; *Möllenkamp* in: Kulartz/Kus/Portz (o. Fn. 6), § 108 Rn. 9.

Amtsermittlungspflicht das Rechtsschutzziel des Antrags selbst ergründen und ohne die „Hilfestellung" des Antragstellers die geeigneten Maßnahmen definieren, die notwendig sind, um im Falle der Begründetheit des Antrags die Rechtsverletzung des Antragstellers zu beseitigen und eine Schädigung der betroffenen Interessen zu verhindern (§ 114 Abs. 1 Satz 1). Dies ist nach dem Gesetz ohnehin ihre Aufgabe, die sie auch dann in eigener Entscheidungskompetenz wahrzunehmen hat, wenn der Antrag ein bestimmtes Begehren enthält. Allerdings ist dem Antragsteller im Interesse einer frühzeitigen Einleitung geeigneter Verfahrensschritte durch die Vergabekammer auch insoweit anzuraten, das Begehren von vornherein möglichst zielgenau zu formulieren.[23]

III. Begründung des Antrags (Abs. 2)

1. Mindestanforderungen

9   Abs. 2 sieht in seinem ersten Abschnitt eine Reihe von Anforderungen für die Antragsbegründung vor. Werden diese nicht eingehalten, führt dies zur Unzulässigkeit des Antrages. Über die in Abs. 2 genannten Pflichtbestandteile für die Begründung hinaus **muss der Antragsteller** jedoch **auch zu den Zulässigkeitsvoraussetzungen seines Antrags** gemäß § 107 Abs. 2 **Stellung nehmen,** also darlegen, dass er ein Interesse am Auftrag hat und ihm durch die Verletzung einer bieterschützenden Vorschrift ein Schaden entstanden ist oder zu entstehen droht.[24]

10   Im Antrag muss zunächst **der Antragsgegner benannt** werden, d. h. der öffentliche Auftraggeber, um dessen Auftrag sich der Antragsteller durch die Teilnahme am Vergabeverfahren beworben hat, nicht jedoch eine hiervon abweichende Stelle, die lediglich mit der Durchführung des Verfahrens beauftragt wurde.[25] Entbehrlich ist auch die Bezeichnung der als Rechtsträger fungierenden juristischen Person, soweit die Vergabestelle selbst durch Angabe der genauen Anschrift individualisierbar ist. Empfehlenswert ist es, neben der Adresse auch die Telefaxnummer des Auftraggebers anzugeben, um der Vergabekammer die zeitnahe Zustellung des Antrages zu erleichtern.

11   Kernstück der Antragsbegründung ist die **Beschreibung der behaupteten Rechtsverletzung.** Diese sollte so präzise sein, dass die Vergabekammer erkennen kann, durch welche Handlungen oder Unterlassungen des Auftraggebers sich der Antragsteller in welchen Rechten verletzt sieht, und sie so Stellung zur Antragsbefugnis nehmen kann. Eine rechtliche Würdigung der gerügten Vorgänge bzw. deren Subsumtion unter bestimmte Rechtsvorschriften braucht die Begründung allerdings nicht zu enthalten, da der Antragsteller nicht anwaltlich vertreten sein muss.[26] Die Sachverhaltsdarstellung muss jedoch die Vergabekammer in die Lage versetzen, diese rechtliche Würdigung bzw. Subsumtion selbst vorzunehmen. Der Antragsteller sollte daher die aus seiner Sicht unkorrekten Vorgänge möglichst umfassend schildern, um Rückfragen der Kammer zu vermeiden, weil dies die Eingangsprüfung des Antrags gem. § 110 Abs. 2 Satz 1 verzögert.

12   **Umstände,** die für die Beurteilung der Rechtslage erheblich sind, aber **in der Sphäre des Auftraggebers** liegen,[27] **müssen selbstverständlich nicht vorgetragen werden.** Deren Aufklärung obliegt der Vergabekammer aufgrund ihrer Amtsermittlungspflicht, wo-

---

[23] *Möllenkamp* in: Kulartz/Kus/Portz (o. Fn. 6), § 108 Rn. 8; *Summa* in: Heiermann u. a. (o. Fn. 3), § 108 Rn. 18.
[24] Vgl. die Kommentierung zu § 107 Rn. 4 ff.
[25] Näher hierzu *Byok* in: Byok/Jaeger (o. Fn. 6), § 108 Rn. 1003; *Möllenkamp* in: Kulartz/Kus/Portz (o. Fn. 6), § 108 Rn. 18; *Gröning* in: Motzke/Pietzcker/Prieß, VOB Teil A, 1. Auflage 2001, § 109 GWB Rn. 20.
[26] *Boesen* (o. Fn. 16), § 108 Rn. 19.
[27] Hierzu gehören insbesondere die Phasen der Entscheidungsfindung des Auftraggebers im Rahmen der Angebotsbewertung

bei der Auftraggeber hieran im Rahmen seiner Verfahrensförderungspflicht gem. § 113 Abs. 2 mitwirken muss.[28]

Durch die Sachverhaltsschilderung wird zunächst der **materielle Streitstoff des Verfahrens** und damit Richtung und Umfang der von der Vergabekammer vorzunehmenden Prüfungen **fixiert**. Die Vergabekammer ist allerdings nicht gehindert, im Rahmen ihrer Amtsermittlung den materiellen Prüfungsrahmen weiter zu ziehen und grundsätzlich das Vergabeverfahren insgesamt auf den Prüfstand zu stellen, vgl. § 114 Abs. 1 Satz 2.[29]

Weiteres Kernelement der Antragsbegründung ist die **Bezeichnung der verfügbaren Beweismittel**. Hierzu zählen alle in § 26 Abs. 1 VwVfG genannten Beweismittel.[30] In der Regel wird der Antragsteller seine Sachverhaltsdarstellung durch die Vorlage aller bei ihm tatsächlich verfügbaren schriftlichen Dokumente, Korrespondenz oder Verfahrensunterlagen zu untermauern haben. Daneben kommt häufig auch die Benennung von Zeugen in Betracht.[31] Ein abschließender Katalog zulässiger Beweismittel („numerus clausus") besteht im Gegensatz zu den gerichtlichen Verfahren nicht, es gilt der Grundsatz des Freibeweises. Je lückenloser der Vortrag durch Beweismittel unterlegt wird, desto zügiger kann die Vergabekammer in die Beurteilung der Sach- und Rechtslage eintreten, weshalb der Antragsteller diesem Punkt in seinem eigenen Interesse größte Sorgfalt widmen sollte.

Fehlt die Bezeichnung von Beweismitteln, die beim Antragsteller verfügbar sind oder sein müssten, hat die Vergabekammer diese nachträglich anzufordern, wenn die Vergabekammer von diesen Kenntnis erhält oder sie sich ihr aufdrängen.[32] Eine Zurückweisung des Antrags wegen fehlender Angabe von Beweismitteln ist dagegen wegen des Amtsermittlungsgrundsatzes nicht möglich,[33] es sei denn, die Vergabekammer hat den Antragsteller ohne Erfolg zur Vorlage von Beweismitteln aufgefordert und ist nicht in der Lage, sich solche Beweismittel mit vertretbarem Aufwand amtswegig zu beschaffen.

Schließlich muss aus der Antragsbegründung hervorgehen, dass der Antragsteller seine **Rügeobliegenheiten gegenüber dem Auftraggeber gem. § 107 Abs. 3 erfüllt hat**. Hierzu gehören insbesondere Angaben darüber, dass die Rüge unverzüglich nach Bekanntwerden des Vergabeverstoßes (§ 107 Abs. 3 Satz 1) bzw. innerhalb der in § 107 Abs. 3 Satz 2 genannten Fristen erhoben wurde. Angaben zu diesem Punkt sind zwingend, da die Vergabekammer die Erfüllung der Rügeobliegenheiten vor Zustellung des Antrags an den Auftraggeber prüfen muss.[34] Für den Fall einer ausnahmsweisen Entbehrlichkeit der Rüge müssen die diesbezüglichen Umstände benannt werden.[35] Da seitens der Vergabekammern bisweilen – über die Anforderungen des § 108 Abs. 2 Hs. 1 („darlegen") hinaus – auch die Vorlage des Rügeschreibens verlangt wird,[36] sollte dieses sicherheitshalber in Kopie beigelegt werden.[37]

---

[28] Vgl. die Kommentierung zu § 113 Rn. 6.
[29] Hiervon machen einige Kammern durchaus Gebrauch, während sich andere unter Verweis auf die engen zeitlichen Vorgaben des Verfahrens auf die Prüfung der vom Antragsteller vorgetragenen Verstöße beschränken.
[30] So auch *Byok* in: Byok/Jaeger (o. Fn. 6), § 108 Rn. 1005.
[31] Weitere Beweismittel sind bei *Möllenkamp* in: Kulartz/Kus/Portz (o. Fn. 6), § 108 Rn. 17 benannt.
[32] *Reidt* in: Reidt/Stickler/Glahs (Hrsg.), Vergaberecht, 2. Aufl. 2003, § 108 Rn. 24 f.
[33] A. A. wohl *Möllenkamp* in: Kulartz/Kus/Portz (o. Fn. 6), § 108 Rn. 13.
[34] VK Bund, Beschl. v. 9. 7. 2003 – VK 1–65/03; eine Checkliste findet sich bei *Summa* in: Heiermann u. a. (o. Fn. 3), VT 1 zu § 108.
[35] Vgl. *Byok* in: Byok/Jaeger (o. Fn. 6), § 108 Rn. 1006; *Summa* in: Heiermann u. a. (o. Fn. 3), § 108 Rn. 38 f.
[36] Vgl. hierzu VK Hessen, Beschl. v. 11. 8. 1999 – VK 1/99; ebenso *Möllenkamp* in: Kulartz/Kus/Portz (o. Fn. 6), § 108 Rn. 19.
[37] *Byok* in: Byok/Jaeger (o. Fn. 6), § 108 Rn. 1006.

2. Soll-Vorschriften

17 Der Antragsteller soll in seiner Begründung **die „sonstigen Beteiligten" am Verfahren benennen,** soweit ihm solche bekannt sind. Hintergrund dieser Bestimmung ist, dass die Vergabekammer Hinweise darauf erhält, welche Dritten ggf. gemäß § 109 Satz 1 zum Verfahren beizuladen sind und damit Beteiligte des Verfahrens werden.[38] Der Antragsteller ist daher aufgefordert, anzugeben, wer außer ihm und dem Auftraggeber am Vergabeverfahren beteiligt ist und vom Ausgang des Verfahrens in seinen Interessen berührt werden kann.

18 Die Vorschrift ist deshalb nur als Soll-Vorschrift ausgestaltet, weil der Antragsteller häufig nicht weiß und auch nicht wissen kann, wessen Interessen durch die Entscheidung durch die Vergabekammer schwerwiegend berührt werden und wer deshalb gemäß § 109 Satz 1 beigeladen werden muss. Auch wenn er „sonstige Beteiligte" kennt, bleibt deren Nichtbenennung daher ohne einen rechtlichen Nachteil für ihn.

IV. Neufassung gemäß Gesetz zur Modernisierung des Vergaberechts vom 20. April 2009

19 *§ 108 ist unverändert geblieben.*

§ 109 Verfahrensbeteiligte, Beiladung

¹Verfahrensbeteiligte sind der Antragsteller, der Auftraggeber und die Unternehmen, deren Interessen durch die Entscheidung schwerwiegend berührt werden und die deswegen von der Vergabekammer beigeladen worden sind. ²Die Entscheidung über die Beiladung ist unanfechtbar.

Übersicht

	Rn.		Rn.
I. Einleitung	1	3. Entscheidung	9–12
II. Verfahrensbeteiligte kraft Gesetzes	2	4. Unanfechtbarkeit der Entscheidung	13, 14
III. Verfahrensbeteiligte aufgrund Beiladung	3–14	IV. Neufassung gemäß Gesetz zur Modernisierung des Vergaberechts vom 20. April 2009	15, 16
1. Allgemeines	3–4		
2. Voraussetzungen	5–8		

I. Einleitung

1 § 109 Satz 1 bestimmt den Kreis der Beteiligten eines Nachprüfungsverfahrens vor der Vergabekammer.[1] Dieser setzt sich zusammen aus dem **Antragsteller** und dem **Auftraggeber**[2] („geborene Beteiligte") sowie den **aufgrund einer Beiladung** durch die Vergabekammer **am Verfahren beteiligten Dritten** („gekorene Beteiligte"). Die Aufzählung der Beteiligten in § 109 ist abschließend.[3]

---

[38] Die Vorschrift ist sprachlich völlig mißglückt, worauf *Reidt* in: Reidt/Stickler/Glahs (o. Fn. 32), § 108 Rz. 27, zu Recht hinweist. Unter die Vorschrift fällt auch nicht der Auftraggeber, weil er in dieser Eigenschaft gem. § 109 Satz 1 ohnehin geborener Verfahrensbeteiligter ist.

[1] Für das Beschwerdeverfahren vor den Vergabesenaten der Oberlandesgerichte legt § 119 den Grundsatz der Identität der Verfahrensbeteiligten vor der Vergabekammer und im Beschwerdeverfahren fest, vgl. *Weyand*, Praxiskommentar Vergaberecht, 2. Aufl. 2007, § 109 Rn. 2046; *Freund* NZBau 2005, 266 und die Kommentierung zu § 119.

[2] Terminologisch präziser gewesen wäre die Bezeichnung „Antragsgegner", die das Gesetz z.B. in § 108 Abs. 2 verwendet.

[3] Vgl. hierzu *Portz* in: Kulartz/Kus/Portz (Hrsg.), Kommentar zum GWB-Vergaberecht, 1. Aufl. 2006, § 109 Rn. 5 f. m. w. Nachw.

II. Verfahrensbeteiligte kraft Gesetzes

Antragsteller und Auftraggeber sind kraft Gesetzes notwendige Beteiligte eines Nachprüfungsverfahrens. Ihre Beteiligtenstellung ergibt sich aus **formalen Gesichtspunkten:** Antragsteller ist, wer den Nachprüfungsantrag – ungeachtet seiner Zulässigkeit bzw. Begründetheit[4] – bei der Vergabekammer stellt, Auftraggeber ist, gegen den sich dieser Nachprüfungsantrag richtet, also die Vergabestelle, durch deren Verfahrensführung sich der Antragsteller in seinen Rechten verletzt sieht.

III. Verfahrensbeteiligte aufgrund Beiladung

1. Allgemeines

Dritte werden durch Beiladung aufgrund eines Beschlusses der Vergabekammer zu Beteiligten am Verfahren.[5] Die Beiladung stellt sicher, dass die Entscheidung über den Nachprüfungsantrag Verbindlichkeit auch gegenüber den Unternehmen[6] erlangt, deren Interessen von dieser Entscheidung mindestens „schwerwiegend berührt" werden.[7] Damit **dient die Beiladung** weiterer Beteiligter **der Verfahrenskonzentration und -beschleunigung sowie der Gewährung rechtlichen Gehörs.**[8] Eine entsprechende Anwendung des § 109 auf sonstige, nicht unmittelbar in das Vergabeverfahren involvierte öffentlich-rechtliche Einrichtungen bei schwerwiegender Interessenberührung[9] ist mit Blick auf den eindeutigen Wortlaut und im Interesse der Verfahrensbeschleunigung abzulehnen.[10]

Die Beigeladenen erlangen durch die Beiladung dieselben **Antrags- und Verteidigungsrechte**[11] wie die Verfahrensbeteiligten kraft Gesetzes.[12] Sie können gem. § 111 Einsicht in die Akten der Vergabekammer nehmen,[13] gem. § 116 Abs. 1 Satz 1 Rechtsmittel gegen die Entscheidung der Vergabekammer einlegen und im Falle der Erledigung einen Fortsetzungsfeststellungsantrag gem. § 114 Abs. 2 stellen. Dagegen besteht **keine Dispositionsbefugnis über den Verfahrensgegenstand.**[14] Nimmt der Antragsteller seinen Nachprüfungsantrag zurück, können die Beigeladenen die Weiterführung des Verfahrens nicht betreiben. Die Beigeladenen dürfen darüber hinaus bis zum rechts- oder bestandskräftigen Abschluss des Nachprüfungsverfahrens in Ermangelung eines diesbezüglichen

---

[4] *Tahal* in: Willenbruch/Bischoff (Hrsg.), Kompaktkommentar Vergaberecht, 1. Aufl. 2008, § 109 Rn. 4; *Boesen*, Vergaberecht, 1. Aufl. 2000, § 109 Rn. 4.

[5] Siehe hierzu auch *Lausen* VergabeR 2002, 117 ff.

[6] Vgl. die Kommentierung zu § 107 Rn. 5 sowie zum funktionalen Unternehmensbegriff *Portz* in: Kulartz/Kus/Portz (o. Fn. 3), § 109 Rn. 2; *Freund* NZBau 2005, 266; *Tahal* in: Willenbruch/Bischoff (o. Fn. 4), § 109 Rn. 12 ff.

[7] *Portz* in: Kulartz/Kus/Portz (o. Fn. 3), § 109 Rn. 4; zur Bindungswirkung *Dreher* in: Immenga/Mestmäcker, Wettbewerbsrecht, Bd. 2, 4. Aufl. 2007, § 109 Rn. 22; *Tahal* in: Willenbruch/Bischoff (o. Fn. 4), § 109 Rn. 2, 6.

[8] *Dreher* in: Immenga/Mestmäcker (o. Fn. 7), § 109 Rn. 3; *Portz* in: Kulartz/Kus/Portz (o. Fn. 3), § 109 Rn. 2 f., der überdies auch die Gewährleistung von Rechtssicherheit als Normzweck anführt; vgl. zum Beschleunigungsmotiv auch Begr. RegE VgRÄG BT-Drucks. 13/9340, S. 18.

[9] So VK Lüneburg, Beschl. v. 2. 2. 2000 – 203-VgK-01/2000.

[10] Vgl. auch *Tahal* in: Willenbruch/Bischoff (o. Fn. 4), § 109 Rn. 14.

[11] Vgl. zur Rechtsstellung der Beteiligten unter Kostengesichtspunkten etwa *Brauer* in: Kulartz/Kus/Portz (o. Fn. 3), § 128 Rn. 37 ff. m. w. Nachw.; zur mit der Beteiligtenstellung einhergehenden Verfahrensförderungs*pflicht* gem. § 113 Abs. 2 vgl. die diesbezügliche Kommentierung.

[12] Begr. RegE VgRÄG BT-Drucks. 13/9340, S. 18.

[13] *Freund* NZBau 2005, 266, 268; *Tahal* in: Willenbruch/Bischoff (o. Fn. 4), § 109 Rn. 2.

[14] So auch *Boesen* (o. Fn. 4), § 109 Rn. 8; *Tahal* in: Willenbruch/Bischoff (o. Fn. 4), § 109 Rn. 7; im Grundsatz auch *Dreher* in: Immenga/Mestmäcker (o. Fn. 7), § 109 Rn. 17 mit Einschr. in den Rn. 18 ff.

Rechtsschutzinteresses und im Interesse der Prozessökonomie und der Rechtssicherheit keinen eigenen Nachprüfungsantrag in derselben Sache stellen.[15]

2. Voraussetzungen

5   Die Beiladung setzt gem. § 109 Satz 1 voraus, dass Interessen von Unternehmen von der Entscheidung der Vergabekammer **„schwerwiegend berührt"** werden. An dieses Tatbestandsmerkmal sind strengere Anforderungen zu stellen als an die Beiladung i. S. v. § 13 Abs. 2 Satz 1 VwVfG, der eine schlichte „Berührung" ausreichen lässt. Gleiches gilt für die §§ 54 Abs. 2 Nr. 3, 67 Abs. 1 Nr. 3, die im Rahmen von Kartellbeschwerdeverfahren eine Beiladung Dritter bereits im Falle von „erheblich berührten" Interessen vorsehen. Hinsichtlich der Qualität der betroffenen Interessen hat der Gesetzgeber – im Gegensatz zu § 13 Abs. 2 Satz 1 VwVfG – keine Differenzierung zwischen wirtschaftlichen und rechtlichen Belangen vorgenommen. Nach vorherrschender Meinung genügt es daher, wenn **allein wirtschaftliche Interessen** eines Unternehmens **betroffen sind**; eine damit verbundene und darüber hinausgehende Rechtsverletzung ist nicht Voraussetzung einer Beiladung.[16] Nach anderer Ansicht soll im Regelfall eine Beiladung nur bei einer schwerwiegenden Berührung rechtlicher Interessen stattfinden.[17]

6   Die tatsächliche schwerwiegende Berührung von Interessen muss zum Zeitpunkt der Beiladungsentscheidung noch nicht feststehen oder feststellbar sein, da sich dies erst im Verlauf des Nachprüfungsverfahrens endgültig klären wird. Es reicht daher die **Möglichkeit** einer schwerwiegenden Interessenberührung aus.[18] Stellt sich eine solche erst im weiteren Verlauf des Verfahrens heraus, so ist eine Beiladung bis zur Bestandskraft des Beschlusses bzw. bis zur Beschwerdeeinlegung möglich.[19]

7   Interessen eines Unternehmens werden durch die Hauptsacheentscheidung der Vergabekammer **schwerwiegend berührt, wenn sich seine Position im Vergabeverfahren durch den Ausgang des Verfahrens verändern kann** und damit seine Aussichten sinken, den Auftrag zu erhalten. Ein derartiges Berührtsein wird regelmäßig dann vorliegen, wenn das Unternehmen mit seinem Angebot in die engste Wahl gekommen ist und somit eine echte Chance auf die Auftragserteilung hat.[20] Dabei genügt es bereits, wenn die Entscheidung im Nachprüfungsverfahren ohne Berücksichtigung der Erfolgsaussichten im Einzelfall abstrakt geeignet ist, die beabsichtigte Zuschlagserteilung auf das Angebot eines

---

[15] Sehr umstr. Zutr VK Hessen, Beschl. v. 31. 1. 2000 – 69 d-VK 03/2000; *Dreher* in: Immenga/Mestmäcker (o. Fn. 7), § 109 Rn. 16 m. w. Nachw. auch zur abw. Auff. in Fn. 30 sowie § 114 Rn. 9; a. A. OLG Frankfurt a. M., Beschl. v. 20. 12. 2000 – 11 Verg 1/00, VergabeR 2001, 243, 246 m. abl. Anm. *Horn*; *Lausen* VergabeR 2002, 117, 123 ff.; *Freund* NZBau 2005, 266, 268; *Tahal* in: Willenbruch/Bischoff (o. Fn. 4), § 109 Rn. 11; *Weyand* (o. Fn. 1), § 109 Rn. 2053.

[16] So *Reidt* in: Reidt/Stickler/Glahs (Hrsg.), Vergaberecht, 2. Aufl. 2003, § 109 Rn. 11 m. w. Nachw.; *Portz* in: Niebuhr/Kulartz/Kus/Portz, Vergaberecht (Hrsg.), 1. Aufl. 2000, § 109 Rn. 13; *Otting* in: Bechtold, GWB, 4. Aufl. 2006, § 109 Rn. 2; *Gröning* in: Motzke/Pietzcker/Prieß, VOB Teil A, 1. Auflage 2001, § 109 GWB Rn. 31; *Tahal* in: Willenbruch/Bischoff (o. Fn. 4), § 109 Rn. 15.

[17] *Dreher* in: Immenga/Mestmäcker (o. Fn. 7), § 109 Rn. 6.

[18] Vgl. § 107 Rn. 13 und die Rechtsprechung zur Möglichkeitstheorie zu § 42 Abs. 2 VwGO; s. ferner *Reidt* in: Reidt/Stickler/Glahs (o. Fn. 16), § 109 Rn. 10.

[19] VK Magdeburg, Beschl. v. 27. 10. 2003 – VK 16/03; *Gröning* in: Motzke/Pietzcker/Prieß (o. Fn. 16), § 109 GWB Rn. 47; *Otting* in: Bechtold (o. Fn. 19), § 109 Rn. 3.

[20] Vgl. *Dreher* in: Immenga/Mestmäcker (o. Fn. 7), § 109 Rn. 8; *Tahal* in: Willenbruch/Bischoff (o. Fn. 4), § 109 Rn. 16 f.; s. zum sich im Verlauf des Vergabeverfahrens sukzessive ausdünnenden Kreis der schwerwiegend berührten Unternehmen auch *Byok* in: Byok/Jaeger (Hrsg.), Kommentar zum Vergaberecht, 2. Aufl. 2005, § 109 Rn. 1012; *Summa* in: Heiermann u. a. (Hrsg.), Praxiskommentar Vergaberecht, 2. Aufl. 2008, § 109 Rn. 13 ff.; zu den Anforderungen an die Beiladung bei einer parallelen Ausschreibung von Einzelgewerken und der Gesamtleistung als Generalunternehmervertrag vgl. OLG Naumburg, Beschl. v. 25. 9. 2003 – 1 Verg 11/03.

betroffenen Unternehmens zu verhindern.²¹ In jedem Fall schwerwiegend berührt werden daher die Unternehmen, deren Angebote nach der internen Bewertung durch den Auftraggeber vor dem Angebot des Antragstellers rangieren oder bereits für die Zuschlagserteilung ausgewählt wurden.

Auch wenn weitere Unternehmen (wie etwa Lieferanten oder Subunternehmer) in **enger Vertragsbeziehung** mit dem primär berührten Unternehmen stehen, ergibt sich hieraus in aller Regel keine die Beiladung rechtfertigende schwerwiegende Interessenberührung. Insoweit sind die betroffenen Unternehmen darauf verwiesen, ihre Interessen über das primär berührte Unternehmen wahrzunehmen.²² Ist indes auf Auftraggeberseite eine weitere juristische Person derart in die Leistungsbeziehung eingebunden, dass deren Interessen durch die Entscheidung schwerwiegend berührt werden, so kann in solchen besonders gelagerten, „atypischen Fallkonstellationen" ausnahmsweise auch eine analoge Anwendung des § 109 Satz 1 GWB in Betracht kommen mit der Folge, dass auch eine juristische oder natürliche Person beigeladen werden kann, die am Vergabeverfahren überhaupt nicht beteiligt ist.²³

3. Entscheidung

Die Vergabekammer prüft **von Amts wegen**, ob eine Beiladung vorzunehmen ist. Daneben kann eine Beiladung **aufgrund eines Antrags** erfolgen.²⁴ Die Entscheidung hierüber, die grundsätzlich in der Besetzung nach § 105 Abs. 2 zu treffen ist,²⁵ ergeht als mit Bekanntgabe wirksam werdender **Verwaltungsakt**.²⁶ Sie kann bei Wegfall ihrer rechtlichen Voraussetzungen im Wege eines actus contrarius jederzeit wieder aufgehoben werden.²⁷ Die (erstmalige) Beiladung kann im Interesse der Verfahrensbeschleunigung und eines effektiven Rechtsschutzes bei Vorliegen der Voraussetzungen des § 109 auch noch durch das Beschwerdegericht angeordnet werden,²⁸ da nur so ein weiteres Nachprüfungsverfahren mit u. U. divergierendem Ausgang verhindert werden kann.

Auch bei der Beiladung zu einem Nachprüfungsverfahren durch die Vergabekammer ist ungeachtet des insoweit unergiebigen Wortlauts zwischen einer **einfachen** und einer **notwendigen Beiladung** zu unterscheiden.²⁹ Das ergibt sich daraus, dass das Nachprüfungs-

---

²¹ OLG Naumburg, Beschl. v. 9. 12. 2004 – 1 Verg 21/04; i. d. S. auch *Reidt* in: Reidt/Stickler/Glahs (o. Fn. 16), § 109 Rn. 10.
²² Vgl. die Kommentierung zu § 107 Rn. 10 ff.
²³ Vgl. die Konstellation in OLG Düsseldorf, Beschl. v. 13. 2. 2007 – VII-Verg 2/07, NZBau 2007, 608 (LS).
²⁴ BT-Drucks. 13/9340, S. 18.
²⁵ *Tahal* in: Willenbruch/Bischoff (o. Fn. 4), § 109 Rn. 18.
²⁶ *Summa* in: Heiermann u. a. (o. Fn. 20), § 109 Rn. 7; vgl. zur Rechtsnatur der Beiladung ausführlich *Tahal* in: Willenbruch/Bischoff (o. Fn. 4), § 109 Rn. 9.
²⁷ *Portz* in: Kulartz/Kus/Portz (o. Fn. 3), § 109 Rn. 7; *Tahal* in: Willenbruch/Bischoff (o. Fn. 4), § 109 Rn. 20.
²⁸ OLG Koblenz, Beschl. v. 23. 12. 2004 – 1 Verg 6/04 unter Berufung auf das Rechtsstaatsprinzip; OLG Naumburg, Beschl. v. 9. 12. 2004 – 1 Verg 21/04; OLG Düsseldorf, Beschl. v. 13. 11. 2000 – Verg 14/00, WuW/E Verg 402, 403 f.; OLG Düsseldorf, Beschl. v. 26. 6. 2002 – Verg 24/02, NZBau 2002, 639 f.; VK Schleswig-Holstein, Beschl. v. 31. 1. 2006 – VK-SH 33/05; *Tahal* in: Willenbruch/Bischoff (o. Fn. 4), § 109 Rn. 25; *Byok* in: Byok/Jaeger (o. Fn. 20), § 109 Rn. 1010; *Portz* in: Kulartz/Kus/Portz (o. Fn. 3), § 109 Rn. 2 und Rn. 27; *Dreher* in: Immenga/Mestmäcker (o. Fn. 7), § 109 Rn. 14; *Jaeger* in: Byok/Jaeger (o. Fn. 20), § 119 Rn. 1199 (einschränkende Auslegung des § 119); *Freund* NZBau 2005, 266 m. w. Nachw. auch zur abw. Auff.
²⁹ Vgl. BayObLG, Beschl. v. 21. 5. 1999 – Verg 01/99–65, WuW/E Verg 241 ff.; *Byok* in: Byok/Jaeger (o. Fn. 20), § 109 Rn. 1012 f.; vgl. aber auch *Dreher* in: Immenga/Mestmäcker (o. Fn. 7), § 109 Rn. 12; entgegengesetzt wiederum *Gröning* in: Motzke/Pietzcker/Prieß (o. Fn. 16), § 109 GWB Rn. 28; relativierend *Tahal* in: Willenbruch/Bischoff (o. Fn. 4), § 109 Rn. 18.

verfahren ein besonders ausgestaltetes Verwaltungsverfahren ist, so dass insoweit die Regelungen des § 13 Abs. 2 VwVfG Anwendung finden.[30]

11 Die **einfache Beiladung** liegt im **pflichtgemäßen Ermessen** der Vergabekammer. Diese hat ihre Entscheidung daran auszurichten, ob und inwieweit die Beiladung von Unternehmen, deren Interessen in einer die Beiladung rechtfertigenden Weise berührt werden, das Verfahren konzentriert und fördert, indem sie weitere Nachprüfungsverfahren unnötig macht. Ein Anspruch auf Beiladung besteht für diese Unternehmen nicht. Sie haben jedoch ein Recht auf Antragstellung.

12 Etwas anderes gilt jedoch im Falle einer **notwendigen Beiladung**. Sie ist dann vorzunehmen, wenn die Entscheidung der Vergabekammer in der Hauptsache ein oder mehrere Unternehmen **in eigenen Rechten verletzen** kann oder für diese eine **rechtsgestaltende Wirkung** entfaltet.[31] In diesem Fall besteht ein Anspruch der betreffenden Unternehmen auf Beiladung, die nicht im Ermessen der Vergabekammer steht und von Amts wegen vorzunehmen ist.[32] Praktisch bedeutsamster Beispielsfall für eine notwendige Beiladung sind die Unternehmen, deren vom Auftraggeber geplante Berücksichtigung bei der Zuschlagserteilung Gegenstand des Nachprüfungsverfahrens ist.

4. Unanfechtbarkeit der Entscheidung

13 Gemäß § 109 Satz 2 ist die Entscheidung der Vergabekammer über die Beiladung **nicht anfechtbar**. Zweck dieser Regelung ist wiederum die Beschleunigung des Verfahrens durch Vermeidung von separaten Streitigkeiten über Teilfragen.[33]

14 Der in § 109 S. 2 angeordnete Ausschluss der Anfechtbarkeit beansprucht nach mittlerweile ganz überwiegender Ansicht nicht nur für positive, sondern auch für die Beiladung ablehnende Entscheidungen der Vergabekammer Geltung.[34] Auch wenn die Vergabekammer eine notwendige Beiladung also unterlässt oder das ihr eingeräumte Ermessen in den Fällen einfacher Beiladung fehlerhaft ausübt, **steht dem rechtswidrig nicht beigeladenen Unternehmen das Rechtsmittel der sofortigen Beschwerde gegen die Hauptsacheentscheidung der Vergabekammer nicht zu**.[35] Soweit demgegenüber für die Zulassung einer solchen Beschwerde auf Rechtsschutzgesichtspunkte rekurriert wird,[36] ver-

---

[30] Allgem. Auffassung, siehe insbesondere *Dreher* in: Immenga/Mestmäcker (o. Fn. 7), § 109 Rn. 12.

[31] Ständige Rechtsprechung und einhellige Auffassung der Literatur zu § 13 Abs. 2 Satz 2 VwVfG; BayObLG, Beschl. v. 21. 5. 1999 – Verg 01/99–65, WuW/E Verg 241 ff.

[32] *Portz* in: Kulartz/Kus/Portz (o. Fn. 3), § 109 Rn. 8; *Dreher* in: Immenga/Mestmäcker (o. Fn. 7), § 109 Rn. 13 mit Fn. 24; a.A. *Otting* in: Bechtold (o. Fn. 19), § 109 Rn. 4: lediglich Pflicht zur Benachrichtigung des Betroffenen, so dass dieser einen Beiladungsantrag stellen kann.

[33] BT- Drucks. 13/9340, S. 18.

[34] OLG Frankfurt a.M., Beschl. v. 28. 6. 2005 – 11 Verg 9/05, VergabeR 2006, 144 f.; *Tahal* in: Willenbruch/Bischoff (o. Fn. 4), § 109 Rn. 19, 23 ff.; *Byok* in: Byok/Jaeger (o. Fn. 20), § 109 Rn. 1010; *Otting* in: Bechtold (o. Fn. 19), § 109 Rn. 5; *Portz* in: Kulartz/Kus/Portz (o. Fn. 3), § 109 Rn. 27; *Reidt* in: Reidt/Stickler/Glahs (o. Fn. 16), § 109 Rn. 32; *Dreher* in: Immenga/Mestmäcker (o. Fn. 7), § 109 Rn. 15; eine Anfechtungsmöglichkeit bei „greifbarer Gesetzeswidrigkeit" wird erwogen von OLG Dresden, Beschl. v. 13. 7. 2000 – WVerg 0003/00; a.A. *Gröning*, in: Motzke/Pietzcker/Prieß (o. Fn. 16), § 109 GWB Rn. 50 f.

[35] Die in der Vorauflage noch vertretene Auffassung wird hiermit aufgegeben. Vgl. *Otting* in: Bechtold (o. Fn. 19), § 109 Rn. 5; ebenso *Jaeger* in: Byok/Jaeger (o. Fn. 20), § 116 Rn. 1134 f.; *Portz* in: Kulartz/Kus/Portz (o. Fn. 3), § 109 Rn. 26 f.; a.A. *Gröning* in: Motzke/Pietzcker/Prieß (o. Fn. 16), § 109 GWB Rn. 50 f.; *Boesen* (o. Fn. 4), § 109 Rn. 14; *Stockmann* in: Immenga/Mestmäcker (o. Fn. 7), § 116 Rn. 17, § 119 Rn. 3 m.w. Nachw. (eigene Beschwerdebefugnis analog § 116).

[36] So neben der Vorauflage auch *Boesen* (o. Fn. 4), § 109 Rn. 14; *Stockmann* in: Immenga/Mestmäcker (o. Fn. 7), § 116 Rn. 17 m.w. Nachw.

mögen diese letztlich nicht durchzugreifen. Gegen die Zulässigkeit einer solchen Beschwerde spricht bereits der Wortlaut des § 109 S. 2, der gerade nicht zwischen positiver und ablehnender Beiladungsentscheidung differenziert.[37] Die Anfechtung der Beiladungsentscheidung muss zudem auch im Interesse eines raschen Verfahrensabschlusses ausgeschlossen sein.[38] Die Eilbedürftigkeit des Vergabeverfahrens trifft nämlich auf positive wie negative Beiladungsentscheidungen gleichermaßen zu.[39] Schließlich ist mit der Versagung der Beschwerdebefugnis für das nicht beigeladene Unternehmen eine Rechtseinbuße letztlich nicht verbunden. Eingedenk des Umstandes, dass das Unternehmen an die lediglich inter partes wirkende Entscheidung der Vergabekammer (vgl. § 114 Abs. 3) nicht gebunden ist, bleibt es ihm nämlich unbenommen, selbst den Vergaberechtsweg zu beschreiten.[40] Entsteht dem von der Vergabekammer pflichtwidrig nicht Beigeladenen infolgedessen ein Schaden, kann er diesen nach Maßgabe des § 839 BGB i. V. m. Art. 34 GG ersetzt verlangen.[41]

IV. Neufassung gemäß Gesetz zur Modernisierung des Vergaberechts vom 20. April 2009

§ 109 ist unverändert geblieben. 15

§ 110 Untersuchungsgrundsatz

(1) ¹**Die Vergabekammer erforscht den Sachverhalt von Amts wegen.** ²**Sie achtet bei ihrer gesamten Tätigkeit darauf, den Ablauf des Vergabeverfahrens nicht unangemessen zu beeinträchtigen.**

(2) ¹**Sofern er nicht offensichtlich unzulässig oder unbegründet ist, stellt die Vergabekammer den Antrag nach Eingang dem Auftraggeber zu und fordert bei ihm die Akten an, die das Vergabeverfahren dokumentieren (Vergabeakten).** ²**Sofern eine Vergabeprüfstelle eingerichtet ist, übermittelt die Vergabekammer der Vergabeprüfstelle eine Kopie des Antrags.** ³**Der Auftraggeber stellt die Vergabeakten der Kammer sofort zur Verfügung.** ⁴**Die §§ 57 bis 59 Abs. 1 bis 5 sowie § 61 gelten entsprechend.**

Übersicht

	Rn.		Rn.
I. Grundsatz der Amtsermittlung	1–6	III. Verfahren nach Eingang des Nachprüfungsantrags	10–19
1. Allgemeines	1		
2. Umfang und Grenzen	2–6	IV. Neufassung gemäß Gesetz zur Modernisierung des Vergaberechts vom 20. April 2009	20–22
II. Instrumente und Befugnisse zur Sachverhaltsaufklärung	7–9		

---

[37] OLG Frankfurt a. M., Beschl. v. 28. 6. 2005 – 11 Verg 9/05, VergabeR 2006, 144 f.; *Byok* in: Byok/Jaeger (o. Fn. 20), § 109 Rn. 1010; *Ottin*, in: Bechtold (o. Fn. 19), § 109 Rn. 5.
[38] OLG Frankfurt a. M., Beschl. v. 28. 6. 2005 – 11 Verg 9/05, VergabeR 2006, 144 f.; vgl. zur weiteren Konsequenz einer erheblichen Verzögerung der Bestandskraft infolge einer fehlenden Rechtsmittelbelehrung insoweit auch *Jaeger* in: Byok/Jaeger (o. Fn. 20), § 116 Rn. 1135 sowie *Tahal* in: Willenbruch/Bischoff (o. Fn. 4), § 109 Rn. 24.
[39] OLG Frankfurt a. M., Beschl. v. 28. 6. 2005 – 11 Verg 9/05, VergabeR 2006, 144 f.; *Dreher* in: Immenga/Mestmäcker (o. Fn. 7), § 109 Rn. 15; *Tahal* in: Willenbruch/Bischoff (o. Fn. 4), § 109 Rn. 19; *Otting* in: Bechtold (o. Fn. 19), § 109 Rn. 5.
[40] *Jaeger* in: Byok/Jaeger (o. Fn. 20), § 116 Rn. 1135; *Reidt* in: Reidt/Stickler/Glahs (o. Fn. 16), § 109 Rn. 33; *Tahal* in: Willenbruch/Bischoff (o. Fn. 4), § 109 Rn. 23.
[41] Das Spruchrichterprivileg gelangt (hält man es grundsätzlich für anwendbar, vgl. die Kommentierung zu § 105 Rn. 1) aufgrund von § 839 Abs. 2 S. 2 BGB jedenfalls insoweit nicht zur Anwendung.

I. Grundsatz der Amtsermittlung (Abs. 1 Satz 1)

1. Allgemeines

1 Durch § 110 Abs. 1 Satz 1 wird **auch für das Nachprüfungsverfahren** vor der Vergabekammer **der Grundsatz der Amtsermittlung festgeschrieben.** Dies entspricht der Regelung in den §§ 57 Abs. 1, 70 Abs. 1 für das Kartellverwaltungsverfahren sowie in § 24 VwVfG für das allgemeine Verwaltungsverfahren.[1]

2. Umfang und Grenzen

2 Der Grundsatz der Amtsermittlung verpflichtet die Vergabekammer, nach pflichtgemäßem Ermessen den entscheidungserheblichen Sachverhalt im erforderlichen Umfang zu ermitteln und aufzuklären sowie die dafür notwendigen Beweise zu erheben. Gemäß § 114 Abs. 1 Satz 2 ist sie bei ihren Ermittlungen an die Anträge der Verfahrensbeteiligten nicht gebunden und so in der Lage, unabhängig davon auf die Rechtmäßigkeit des Vergabeverfahrens einzuwirken.

3 Allein wegen der knappen Regelfrist für das Verfahren wird die Vergabekammer jedoch regelmäßig keine umfassende Rechtmäßigkeitskontrolle durchführen können, sondern sich auf die vom Antragsteller vorgetragenen Gesichtspunkte und darüber hinausgehend lediglich auf andere offenkundige und schwerwiegende Verstöße gegen Vergabebestimmungen beschränken müssen.[2] Dieses Verständnis findet im Zuge der anstehenden Vergaberechtsreform nunmehr auch gesetzgeberische Bestätigung. Nach § 110 Abs. 1 Satz 2 und 3 des Regierungsentwurfs eines Gesetzes zur Modernisierung des Vergaberechts vom 21. Mai 2008 **kann** sich die Vergabestelle auf das beschränken, was von den Beteiligten vorgebracht wird oder ihr sonst bekannt sein muss. **Zu einer umfassenden Rechtmäßigkeitskontrolle ist die Vergabekammer nicht verpflichtet.** Nach dem Wortlaut ist eine solche Kontrolle aber auch **keinesfalls kategorisch untersagt.**[3] Pauschale Behauptungen gleichsam „ins Blaue hinein" können andererseits die Vergabekammer nicht dazu veranlassen, das Vergabeverfahren eingehend auf alle möglichen Verstöße hin zu untersuchen.[4] Ein Antragsteller kann sich auch nicht unter Berufung auf den Untersuchungsgrundsatz des § 110 Abs. 1 GWB seiner Darlegungslast entziehen.[5] Die Amtsermittlungspflicht setzt vielmehr einen zulässig gestellten Antrag voraus und dient nicht dazu, Vergabeverstöße erst zu recherchieren.[6] Auch **verspätetes Vorbringen,** auf das die übrigen Verfahrensbeteiligten

---

[1] Die Nicht-Geltung des Amtsermittlungsgrundsatzes für zivilgerichtliche Primärrechtsschutzverfahren unterhalb der Schwellenwerte demgegenüber hat jüngst das OLG Brandenburg, Beschl. v. 17. 12. 2007 – 13 W 79/07, NZBau 2008, 207 (LS 2) noch einmal expressis verbis bestätigt.

[2] *Byok* in: Byok/Jaeger (Hrsg.), Kommentar zum Vergaberecht, 2. Aufl. 2005, § 110 Rn. 1015; zust. VK Lüneburg, Beschl. v. 7. 7. 2005 – VgK-27/2005; hierzu sowie zur entspr. Befugnis des Vergabesenats auch OLG Celle, Beschl. v. 8. 11. 2001 – 13 Verg 9/01, NZBau 2002, 400, 402; für die Erstreckung der Amtsermittlung auf schwerwiegende Mängel bereits Gegenäußerung der Bundesregierung, BT-Drucks. 13/9340, S. 50; im Grundsatz ebenso *Dreher* in: Immenga/Mestmäcker, Wettbewerbsrecht, Bd. 2, 4. Aufl. 2007, § 114 Rn. 11; a. A. etwa *Otting* in: Bechtold, GWB, 4. Aufl. 2006, § 110 Rn. 2.

[3] S. hierzu § 110 i. d. F. des Gesetzes zur Modernisierung des Vergaberechts und die diesbezügliche Begründung, Teil B, zu Nr. 14 (S. 22) sowie bereits BT-Drucks. 13/9340, S. 50.

[4] OLG München, Beschl. v. 7. 8. 2007 – Verg 8/07; *Byok* in: Byok/Jaeger (o. Fn. 2), § 110 Rn. 1016 m. w. Nachw.; *Dreher* in: Immenga/Mestmäcker (o. Fn. 2), § 110 Rn. 9; VK Köln, Beschl. v. 29. 3. 2004 – VK VOL 3/2004.

[5] OLG München, Beschl. v. 7. 8. 2007 – Verg 8/07; Beschl. v. 2. 8. 2007 – Verg 7/07.

[6] OLG München, Beschl. v. 7. 8. 2007 – Verg 8/07; Beschl. v. 2. 8. 2007 – Verg 7/07; vgl. hierzu auch *Maier* in: Kulartz/Kus/Portz (Hrsg.), Kommentar zum GWB-Vergaberecht, 1. Aufl. 2006, § 110 Rn. 7 und 10.

§ 110. Untersuchungsgrundsatz 4, 5 § 110 GWB

nicht mehr reagieren können, löst die Amtsermittlungspflicht der Vergabekammer nicht aus, da es nicht zum Nachteil der übrigen Verfahrensbeteiligten verwendet werden darf. Dabei soll es unerheblich sein, dass bereits der Zuschlag erteilt worden ist und sich das Nachprüfungsverfahren im Stadium der Feststellung der Rechtswidrigkeit gem. § 114 Abs. 2 befindet.[7]

Eine weitere Grenze für die Amtsermittlungsbefugnis soll sich nach einigen Entscheidungen der Vergabesenate aus § 107 Abs. 3 ergeben: Könne ein Antragsteller einen bestimmten Vergabeverstoß nicht im Nachprüfungsverfahren geltend machen, weil dieser **aufgrund fehlender oder verspäteter Rüge präkludiert** ist oder wäre, so soll auf diesen Verstoß nicht im Wege der Amtsermittlung eingegangen werden können.[8] Argumentiert wird insoweit mit der „dem Nachprüfungsverfahren innewohnenden Dispositionsmaxime" und der anderenfalls vermeintlich zu befürchtenden Vereitelung des Normzwecks des § 107 Abs. 3. Ebenso sollen die Fälle zu behandeln sein, in denen weiterer Vortrag nach § 113 Abs. 2 Satz 2 wegen Fristablaufs unbeachtlich wird.[9] Dies widerspricht jedoch Wortlaut und Sinn des § 114 Abs. 1 Satz 2, dem zufolge die Vergabekammer unabhängig von den Anträgen auf ein Vergabeverfahren einwirken kann.[10] Folge der materiellen Präklusion nach § 107 Abs. 3 ist zwar der Ausschluss der Geltendmachung subjektiver Rechte durch den Antragsteller, nicht aber ein gänzlicher Ausschluss der Berücksichtigung nicht gerügter Vergabeverstöße im Nachprüfungsverfahren. Vielmehr ist der Vergabekammer auch insoweit ein Ermessensspielraum eröffnet.[11] Anders verhält sich dies jedoch im Falle von Rügen, die bereits in früheren Nachprüfungsverfahren beschieden worden sind: Da auch Beschlüsse der Vergabekammern materielle **Rechtskraft** entfalten, können zurückgewiesene Rügen in späteren Nachprüfungsverfahren, die denselben Auftrag betreffen und an denen dieselben Personen beteiligt sind, trotz des Amtsermittlungsgrundsatzes nicht mehr beachtet werden.[12]

4

Der Untersuchungsgrundsatz findet eine Begrenzung darin, dass ein möglicher Vergaberechtsverstoß zugleich den Antragsteller betreffen und ihn in seinen Rechten verletzen können muss (vgl. aber die vorstehenden Ausführungen). Die Vergabekammer darf solche Vergabeverstöße, durch die der Antragssteller in eigenen Bieterrechten nicht betroffen ist, nicht zum Anlass nehmen, auf das Vergabeverfahren von Amts wegen einzuwirken.[13] Ihr Prüfprogramm ist nämlich gem. § 114 Abs. 1 Satz 1 GWB darauf gerichtet zu untersuchen, „ob der Antragsteller in seinen Rechten verletzt ist", um ggf. hierauf bezogene Maßnahmen zu treffen, die geeignet sind, eine solche Rechtsverletzung zu beseitigen.

5

---

[7] OLG Düsseldorf, Beschl. v. 19. 11. 2003 – Verg 22/03, VergabeR 2004, 248, 250 f. unter Berufung auf verfassungsrechtliche Erwägungen.

[8] OLG Rostock, Beschl. v. 5. 7. 2006 – 17 Verg 7/06 m. w. Nachw.; OLG Koblenz, Beschl. v. 16. 5. 2003 – 1 Verg 3/03, VergabeR 2003, 567, 571; OLG Jena, Beschl. v. 17. 3. 2003 – 6 Verg 2/03; OLG Düsseldorf, Beschl. v. 15. 6. 2005 – VII-Verg 05/05; Beschl. v. 26. 7. 2002 – Verg 22/02, NZBau 2002, 634, 636; KG v. 15. 4. 2004 – 2 Verg 22/03; *Gause* in: Willenbruch/Bischoff (Hrsg.), Kompaktkommentar Vergaberecht, 1. Aufl. 2008, § 114 Rn. 7 m. w. Nachw.; *Dreher* in: Immenga/Mestmäcker (o. Fn. 2), § 110 Rn. 11; *Summa* in: Heiermann u. a. (Hrsg.), Praxiskommentar Vergaberecht, 2. Aufl. 2008, § 114 Rn. 8; *Maier* in: Kulartz/Kus/Portz (o. Fn. 6), § 114 Rn. 17.

[9] OLG Düsseldorf, Beschl. v. 19. 11. 2003 – Verg 22/03, VergabeR 2004, 248, 250 f.

[10] Vgl. auch *Weyand*, Praxiskommentar Vergaberecht, 2. Aufl. 2007, § 110 Rn. 2060 mit Verweis auf VK Lüneburg, Beschl. v. 7. 7. 2005 – VgK-27/2005. So insbes. auch VK Südbayern, Beschl. v. 28. 5. 2002 – 15–04/02.

[11] *Maier* in: Kulartz/Kus/Portz (o. Fn. 6), § 114 Rn. 19.

[12] OLG Celle, Beschl. v. 5. 9. 2003 – 13 Verg 19/03.

[13] OLG Rostock, Beschl. v. 5. 7. 2006 – 17 Verg 7/06; OLG Düsseldorf, Beschl. v. 15. 6. 2005 – VII-Verg 5/05, VergabeR 2005, 670 ff. m. Anm. *Reidt*; *Gause* in: Willenbruch/Bischoff (o. Fn. 8), § 114 Rn. 7; *Summa* in: Heiermann u. a. (o. Fn. 8), § 114 Rn. 8 f.; *Maier* in: Kulartz/Kus/Portz (o. Fn. 6), § 114 Rn. 14.

§ 114 GWB sieht damit gerade keine allgemeine Rechtmäßigkeitskontrolle vor.[14] Insbesondere darf durch die Entscheidung der Vergabekammer keine amtswegige Verschlechterung der Rechtsposition des Antragstellers verursacht werden.[15] Die Amtsermittlungs- und Einwirkungsbefugnisse der Vergabekammer bezwecken gerade eine Sicherstellung wirksamen Individualschutzes und sind nicht dazu bestimmt, eine Ausschlussentscheidung zu Lasten eines Antragstellers auf neue Gründe zu stützen.[16]

6   Gemäß § 110 Abs. 1 Satz 2 hat die Vergabekammer zudem darauf zu achten, dass sie durch ihre Tätigkeit den Ablauf des Vergabeverfahrens nicht unangemessen beeinträchtigt, wodurch die Vergabekammer auf den Grundsatz der Verhältnismäßigkeit verpflichtet wird.[17] Hieraus geht hervor, dass es **nicht Sinn und Zweck des Nachprüfungsverfahrens ist,** unabhängig von möglicherweise berührten Interessen des Antragstellers **das Vergabeverfahren umfassend auf den rechtlichen Prüfstand zu stellen.** Die Vergabekammer hat ihre Tätigkeit daher vor allem danach auszurichten, möglichst zügig Rechtsklarheit über den dem Verfahren zugrunde liegenden Interessenwiderstreit zu schaffen. Der Umfang der hierzu durchzuführenden Ermittlungen muss auf dieses Ziel zugeschnitten sein, darf aber andererseits nicht so weit reduziert werden, dass die streitbefangenen Fragen nur oberflächlich behandelt werden.

II. Instrumente und Befugnisse zur Sachverhaltsaufklärung (Abs. 2 Satz 4)

7   Wesentliche Instrumente und Befugnisse der Vergabekammer im Rahmen der Sachverhaltsaufklärung hat der Gesetzgeber durch einen **Verweis auf die entsprechenden Regelungen des Kartellverwaltungsverfahrens** auf das Nachprüfungsverfahren übertragen. Gemäß § 110 Abs. 2 Satz 4 gelten für das Verfahren vor der Vergabekammer die Vorschriften der §§ 57–59 Abs. 1 bis 5 entsprechend. Diese Bestimmungen regeln die Führung von Ermittlungen, die Methoden, Grundsätze und Prozeduren bei der Beweiserhebung (§ 57) und der Durchführung von Beschlagnahmen (§ 58) sowie die Möglichkeit zur Einholung von Auskünften (§ 59 Abs. 1 bis 5). Zur Auslegung dieser Vorschriften wird auf die Kommentierung der §§ 57 bis 59 Abs. 1 bis 5 verwiesen.

8   Mit der Übertragung dieser auch den Kartellbehörden eingeräumten Möglichkeiten und Befugnisse zur Sachverhaltsaufklärung hat der Gesetzgeber die Vergabekammern zu einer **gründlichen und zügigen Verfahrensabwicklung** befähigt. Diese haben beim Einsatz ihrer Mittel indessen den **Grundsatz der Verhältnismäßigkeit** zu beachten.[18]

9   Reichen die Befugnisse aus §§ 57 Abs. 1 und 5 und anderen Verfahrensvorschriften des GWB nicht aus, um die Sachverhaltsaufklärung im gebotenen Umfang durchzuführen, **gelten die Verwaltungsverfahrensgesetze des Bundes und der Länder subsidiär.**[19] Für einen solchen Rückgriff dürfte jedoch praktisch nur in seltenen Fällen ein Anlass oder Bedürfnis bestehen.

---

[14] OLG Rostock, Beschl. v. 5. 7. 2006 – 17 Verg 7/06; OLG Frankfurt a. M., Beschl. v. 24. 10. 2006 – 11 Verg 8 und 9, NZBau 2007, 468, 469; *Byok* in: Byok/Jaeger (o. Fn. 2), § 110 Rn. 1015; *Otting* in: Bechtold (o. Fn. 2), § 110 Rn. 2, vgl. auch *Tahal* in: Willenbruch/Bischoff (o. Fn. 8), § 110 Rn. 1.

[15] OLG Rostock, Beschl. v. 5. 7. 2006 – 17 Verg 7/06; Beschl. v. 8. 3. 2006 – 17 Verg 16/05, VergabeR 2006, 374 ff.; OLG Frankfurt a. M., Beschl. v. 24. 10. 2006 – 11 Verg 8 und 9, NZBau 2007, 468, 469; *Dreher* in: Immenga/Mestmäcker (o. Fn. 2), § 110 Rn. 12; *Reidt* VergabeR 2005, 115, 117.

[16] Vgl. OLG Rostock, Beschl. v. 8. 3. 2006 – 17 Verg 16/05, VergabeR 2006, 374 f.; OLG Frankfurt a. M., Beschl. v. 24. 10. 2006 – 11 Verg 8 und 9/06, NZBau 2007, 468, 469; *Dreher* in: Immenga/Mestmäcker (o. Fn. 2), § 110 Rn. 12; *Franßen/Pottschmidt* NZBau 2004, 587, 592 f.

[17] *Byok* in: Byok/Jaeger (o. Fn. 2), § 110 Rn. 1017; *Otting* in: Bechtold (o. Fn. 2), § 110 Rn. 3.

[18] BT-Drucks. 13/9340, S. 18.

[19] BT-Drucks. 13/9340, S. 18.

III. Verfahren nach Eingang des Nachprüfungsantrags (Abs. 2 Satz 1)

Nach Eingang des Nachprüfungsantrages hat die Vergabekammer anhand desselben sofort, d. h. spätestens am nächsten darauffolgenden Werktag[20] eine **Vorprüfung der Zulässigkeit und Begründetheit** durchzuführen. Sie darf den Antrag nämlich gemäß § 110 Abs. 2 Satz 1 dem Auftraggeber nur dann zustellen (mit der Folge des Zuschlagsverbots nach § 115 Abs. 1), wenn er nicht offensichtlich unzulässig oder unbegründet ist. Ist dies aber der Fall, entscheidet die Vergabekammer gem. § 112 Abs. 1 Satz 3 nach Aktenlage. Von **offensichtlicher Unzulässigkeit** ist auszugehen, wenn auch ohne eingehende Prüfung das Fehlen wesentlicher Sachentscheidungsvoraussetzungen geradezu ins Auge springt, **für den unvoreingenommenen, mit den Umständen vertrauten Beobachter also ohne weiteres ersichtlich ist,**[21] etwa die fehlende Antragsbefugnis, eine fehlende bzw. fehlerhafte Rüge i. S. d. § 107 Abs. 3,[22] das Nichterreichen des Schwellenwertes[23] oder die wirksame Erteilung des Zuschlags nach Ablauf der Frist des § 13 Satz 2 VgV.

Stellt die Vergabekammer im Rahmen dieser Vorprüfung fest, dass der Antragsteller bereits aus einem anderen Grund vom Auftraggeber zwingend hätte ausgeschieden werden müssen, hat sie gleichwohl den Antrag zuzustellen und die mündliche Verhandlung zu eröffnen.[24] Eine Nichteröffnung des Verfahrens stellt in diesem Fall nach Ansicht des EuGH einen **Verstoß gegen Gemeinschaftsrecht** dar. Es dürfe in einem solchen Fall nichts anderes gelten, als wenn der Ausschluss durch den Auftraggeber erfolgt wäre. In diesem Fall stünde dem Antragsteller das Nachprüfungsverfahren nämlich offen.[25]

Schwieriger dürfte die Feststellung einer **offensichtlichen Unbegründetheit** sein. Sie wird wohl nur in Fällen vorliegen, in denen der Vortrag des Antragstellers keinen Zusammenhang zur Verfahrensführung des Auftraggebers erkennen lässt oder sich auf querulatorische Vorhaltungen beschränkt. Die Vergabekammern sollten jedenfalls bei der Feststellung einer offensichtlichen Unbegründetheit mit Blick auf die anderenfalls drohende irreversible Primärrechtsschutzvereitelung Zurückhaltung üben und die inhaltliche Auseinandersetzung mit dem Vortrag des Antragstellers in das Verfahren verlagern, selbst wenn dieser auf den ersten Blick „neben der Sache" zu liegen scheint.[26] Im Übrigen kann die Vergabekammer Zweifel an der Zustellungsreife im Rahmen ihrer Amtsermittlung durch mit Fristsetzung verbundene Rückfragen ausräumen.[27] Die Zustellung des Nachprüfungsantrags hat nicht zur Folge, dass eine spätere Zurückweisung des Antrags wegen offensichtlicher Unzulässigkeit oder Unbegründetheit nicht mehr möglich wäre, wobei die Offensichtlichkeit nur noch hinsichtlich der Begründetheit von Belang ist (§ 112 Abs. 1 Satz 2).[28]

---

[20] Vgl. *Tahal* in: Willenbruch/Bischoff (o. Fn. 8), § 110 Rn. 3.
[21] VK Bund, Beschl. v. 1. 9. 2006 – VK 2–113/06; VK Bund, Beschl. v. 19. 6. 2000 – VK 2–10/00; ähnlich *Tahal* in: Willenbruch/Bischoff (o. Fn. 8), § 110 Rn. 4 f.
[22] VK Bund, Beschl. v. 10. 4. 2003 – VK 2–24/03.
[23] *Boesen* Vergaberecht, 1. Aufl. 2000, § 110 Rn. 30; *Tahal* in: Willenbruch/Bischoff (o. Fn. 8), § 110 Rn. 5.
[24] S. hierzu EuGH, Urt. v. 19. 6. 2003 – Rs. C-249/01, Slg. 2003, I-6319 = NZBau 2003, 509 ff. – *Hackermüller*, mit Anm. *Kaiser* NZBau 2004, 139; *Prieß/Niestedt*, Rechtsschutz im VergabeR, Köln u. a. 2006, S. 8; vgl. auch die Kommentierung zu § 107 Rn. 18.
[25] EuGH, Urt. v. 19. 6. 2003 – RS. C-249/01, Slg. 2003, I-06319 = NZBau 2003, 509 ff. Rn. 24 f. – *Hackermüller*; siehe vertiefend *Kaiser* NZBau 2004, 139.
[26] Ähnlich auch OLG Düsseldorf, Beschl. v. 13. 4. 1999 – Verg 1/99, BauR 1999, 751, 759; OLG Schleswig, Beschl. v. 25. 10. 2007 – 1 Verg 7/07: „strenger Maßstab"; zur gesteigerten Verantwortung der Vergabekammer bei der Entscheidung über die Nichtzustellung wegen offensichtlicher Unzulässigkeit oder Unbegründetheit vgl. KG, Beschl. v. 4. 4. 2002 – KartVerg 5/02, NZBau 2002, 522, 523.
[27] *Byok* in: Byok/Jaeger (o. Fn. 2), § 110 Rn. 1024; *Tahal* in: Willenbruch/Bischoff (o. Fn. 8), § 110 Rn. 4.
[28] *Tahal* in: Willenbruch/Bischoff (o. Fn. 8), § 110 Rn. 7 unter Verweis auf VK Schleswig-Holstein, Beschl. v. 13. 12. 2004 – VK-SH 33/04.

13 Dem Ziel, der Vergabekammer die offensichtliche Unbegründetheit eines Nachprüfungsantrags aufzuzeigen, dient die in den einstweiligen Verfügungsverfahren des Wettbewerbsrechts entwickelte **Schutzschrift**.[29] Diese findet ihre rechtliche Grundlage in Art. 103 Abs. 1 GG.[30] Ebenso wie dort dient die Schutzschrift als vorbeugende Verteidigung dazu, der Vergabekammer Tatsachen und sonstige Argumente zur Kenntnis zu bringen, die dazu führen sollen, dass ein möglicherweise später eingereichter Nachprüfungsantrag als offensichtlich unzulässig oder offensichtlich unbegründet nicht zugestellt wird. Offensichtlich ist die Unzulässigkeit oder Unbegründetheit eines Antrags jedoch nur, wenn sie gleichsam ins Auge springt. Die die Schutzschrift einreichende Partei sollte dies anhand weniger, nicht allzu umfangreicher Schriftstücke eindeutig belegen (können).[31] Diese vergleichsweise hohen Anforderungen dürften die Ursache dafür sein, dass die Schutzschrift in der Praxis des Vergaberechtsschutzes bis dato noch nicht allgemein verbreitet ist.[32]

14 Die Entscheidung, den Antrag zuzustellen, ist **nicht isoliert anfechtbar**, da sie im Gegensatz zur negativen Entscheidung keine Entscheidung in der Hauptsache i. S. v. § 116 Abs. 1 darstellt.[33] Gegen die durch Beschluss ergehende und gem. § 113 Abs. 1 Satz 1 zu begründende Entscheidung der Zurückweisung des Antrags als offensichtlich unzulässig oder unbegründet und damit auch über die Nichtzustellung ist demgegenüber das Rechtsmittel der sofortigen Beschwerde statthaft.[34] Die Zustellung des Nachprüfungsantrags muss sodann – trotz der insoweit unergiebigen Regelung in § 110 Abs. 2 Satz 1 – zur Gewährleistung effektiven Rechtsschutzes auch durch den angerufenen Senat veranlasst werden können.[35] In materieller Hinsicht sind hierfür sodann jedoch die Voraussetzungen

---

[29] Vertiefend hierzu *Erdl* VergabeR 2001, 270 ff.; zur Erstattungsfähigkeit der durch die Erstellung der Schutzschrift verursachten Kosten vgl. OLG Jena, Beschl. v. 6. 11. 2002 – 6 Verg 8/02, NZBau 2003, 176; vgl. ferner *Tahal* in: Willenbruch/Bischoff (o. Fn. 8), § 110 Rn. 4; *Byok* in: Byok/Jaeger (o. Fn. 2), § 110 Rn. 1024; vgl. nunmehr § 110 Abs. 2 S. 2 i. d. F. des Gesetzes zur Modernisierung des Vergaberechts.

[30] VK Schleswig-Holstein, Beschl. v. 19. 2. 2003 – VK – SH 02/03.

[31] VK Schleswig-Holstein, Beschl. v. 19. 2. 2003 – VK – SH 02/03; *Erdl* VergabeR 2001, 270, 274 f.

[32] Bedenken gegenüber Sinn und Eignung zur Verhinderung der Zustellung macht angesichts der typischerweise fehlenden Kenntnis vom konkreten Inhalt des Nachprüfungsantrags auch die VK Berlin, Beschl. v. 16. 6. 2006 – B 1–7/06 geltend. Andererseits führt die Eingabe des Suchbegriffes „Schutzschrift" in der Vergaberechtlichen Entscheidungssammlung „Veris" (http://www.vergabedatenbank.de) zu immerhin 32 Treffern (Stand: August 2008), so dass eine gewisse Praxisrelevanz entgegen dem in der Vorauflage noch formulierten Befund mittlerweile nicht mehr in Abrede gestellt werden kann.

[33] OLG Düsseldorf, Beschl. v. 18. 1. 2000 – Verg 2/00, NZBau 2000, 596; *Tahal* in: Willenbruch/Bischoff (o. Fn. 8), § 110 Rn. 3; *Byok* in: Byok/Jaeger (o. Fn. 2), § 110 Rn. 1029, der mit Blick auf das Rechtsstaatsprinzip jedoch eine isolierte Anfechtbarkeit in Einzelfällen für möglich erachtet.

[34] OLG Schleswig, Beschl. v. 25. 10. 2007 – 1 Verg 7/07; OLG Stuttgart, Beschl. v. 4. 11. 2002 – 2 Verg 4/02; OLG Düsseldorf, Beschl. v. 18. 1. 2000 – Verg 2/00, NZBau 2000, 596; *Dreher* in: Immenga/Mestmäcker (o. Fn. 2), § 110 Rn. 21; *Byok* in: Byok/Jaeger (o. Fn. 2), § 110 Rn. 1027; s. insoweit aber auch KG, Beschl. v. 29. 3. 2007 – 2 Verg 6/07, VergabeR 2007, 551 ff. mit Anm. *Grams*; Beschl. v. 15. 4. 2004 – 2 Verg 6/04; OLG Dresden, Beschl. v. 4. 7. 2002 – WVerg 0011/02, VergabeR 2002, 544 ff., wonach die bloße (unbegründete) Mitteilung über die beabsichtigte Nichtzustellung als unselbständige Zwischenentscheidung einer Anfechtung nicht zugänglich ist und der Bieter insoweit ggf. auf die Möglichkeit sekundären Rechtsschutzes verwiesen sein soll. Diese Sichtweise erscheint mit Blick auf die auch gemeinschaftsrechtlich geforderte Effektivität des Rechtsschutzes mehr als bedenklich, krit. insoweit auch *Mertens* IBR 2004, 346 und OLG Schleswig, Beschl. v. 25. 10. 2007 – 1 Verg 7/07; vgl. hierzu auch *Tahal* in: Willenbruch/Bischoff (o. Fn. 8), § 110 Rn. 3.

[35] OLG Schleswig, Beschl. v. 25. 10. 2007 – 1 Verg 7/07; BayObLG, Beschl. v. 9. 9. 2004 – Verg 18/04, VergabeR 2005, 126 ff.; OLG Koblenz, Beschl. v. 25. 3. 2002 – 1 Verg 1/02, VergabeR 2002,

§ 110. Untersuchungsgrundsatz   15 § 110 GWB

des § 118 Abs. 2 maßgebend. Bei einer schuldhaften Nichtbearbeitung des Nachprüfungsantrags durch die Vergabekammer sind überdies Amtshaftungsansprüche denkbar.[36] Mitunter wird in gravierenden Fällen, insbesondere bei Untätigkeit, auch die sofortige Beschwerde für zulässig erachtet.[37]

Für die den Suspensiveffekt des § 115 auslösende **Zustellung des Antrags**[38] **an den** 15
Auftraggeber[39] gelten die allgemeinen Vorschriften der Verwaltungszustellungsgesetze des Bundes und der Länder.[40] Die Zustellung hat **unverzüglich** nach der Vorprüfung zu erfolgen, um den Suspensiveffekt zugunsten des Antragstellers gemäß § 115 Abs. 1 schnellstmöglich auszulösen[41] und der Vergabekammer die Einhaltung der Fünf-Wochen-Frist gemäß § 113 Abs. 1 Satz 1 zu ermöglichen.[42] Sie kann **auch per Telefax** gegen Empfangsbekenntnis im Wege der vereinfachten Zustellung vorgenommen werden (vgl. § 5 Abs. 4 VwZG Bund).[43] Allerdings ist die Zustellung gegen Empfangsbekenntnis im Wege des vereinfachten Verfahrens gem. § 5 Abs. 4 VwZG (Bund) nur gegenüber den dort benannten Adressatengruppen statthaft. Demgemäß ist eine Zustellung via Telefax an Auftraggeber i. S. v. § 98 Nr. 1 stets, an solche gem. § 98 Nr. 2 nur in den Fällen unbedenklich, in denen es sich bei dem Auftraggeber um eine juristische Person des öffentlichen Rechts handelt. Eine Zustellung an sonstige öffentliche Auftraggeber, etwa an privat-rechtliche Gesellschaften, ist auf diesem Wege grundsätzlich nicht möglich.[44] Demgegenüber wird die Übermittlung per Fax auch gegenüber juristischen Personen des Privatrechts bei besonderer Eilbedürftigkeit bisweilen in erweiternder Auslegung der zustellungsrechtlichen Vorschriften für zulässig erachtet.[45] Auch vermag eine Unterzeichnung und Rückübersendung des per Fax übermittelten Empfangsbekenntnisses etwaige Formmängel gem. § 8 VwZG (Bund) zu heilen.[46] Bei entsprechender Zugangseröffnung und Verwendung einer elektronischen Signatur gem. SignaturG ist überdies die Möglichkeit der elektronischen Zustellung gem. § 5 Abs. 5 VwZG (Bund) eröffnet.

384, 385; KG, Beschl. v. 10. 12. 2002 – KartVerg 16/02, VergabeR 2003, 180 ff. m. Anm. *Otting*; OLG Düsseldorf, Beschl. v. 30. 8. 2001 – Verg 32/01; a. A. *Tahal* in: Willenbruch/Bischoff (o. Fn. 8), § 110 Rn. 3.

[36] *Tahal* in: Willenbruch/Bischoff (o. Fn. 8), § 110 Rn. 3; das Spruchrichterprivileg (hält man es grundsätzlich für anwendbar (vgl. die Kommentierung zu § 105 Rn. 1) findet gem. § 839 Abs. 2 S. 2 BGB insoweit keine Anwendung.

[37] S. hierzu *Byok* in: Byok/Jaeger (o. Fn. 2), § 110 Rn. 1023.

[38] Eine bloße Benachrichtigung über den Eingang des Nachprüfungsantrags per Telefax reicht für die Zustellung demgegenüber nicht aus, vgl. *Byok* in: Byok/Jaeger (o. Fn. 2), § 110 Rn. 1022 m. w. Nachw. Das im Rahmen der Zustellung an den Auftraggeber von der Vergabekammer Düsseldorf verwendete Verfügungsdeckblatt ist abgedruckt bei *Byok* in: Byok/Jaeger (o. Fn. 2), § 110 Rn. 1031.

[39] Zu den Folgen einer Zustellung an den falschen Adressaten vgl. BayObLG, Beschl. v. 1. 7. 2003 – Verg 3/03. § Rn.

[40] Vgl. jedoch *Dreher* in: Immenga/Mestmäcker (o. Fn. 2), § 110 Rn. 16 ff.

[41] *Byok* in: Byok/Jaeger (o. Fn. 2), § 110 Rn. 1023.

[42] BT-Drucks. 13/9340, S. 18.

[43] Daher ist es empfehlenswert, in der Antragsbegründung gem. § 108 Abs. 2 neben der Adresse auch die Telefaxnummer des Auftraggebers anzugeben, um der Vergabekammer die zeitnahe Zustellung des Antrages zu erleichtern; diff. hierzu *Byok* in: Byok/Jaeger (o. Fn. 2), § 110 Rn. 1022 m. w. Nachw.

[44] OLG Naumburg, Beschl. v. 17. 2. 2004 – 1 Verg 15/03, VergabeR 2004, 634 ff.; *Tahal* in: Willenbruch/Bischoff (o. Fn. 8), § 110 Rn. 9 unter Bezugnahme auf BayObLG, Beschl. v. 1. 7. 2003 – Verg 3/03.

[45] VK Magdeburg, Beschl. v. 27. 10. 2003 – VK 16/03 MD.

[46] VK Sachsen, Beschl. v. 26. 7. 2001 – 1/SVK/73–01; hierzu auch OLG Naumburg, Beschl. v. 17. 2. 2004 – 1 Verg 15/03.

16 Maßgeblich für die **Vollendung der Zustellung** ist der Zeitpunkt des nachweisbaren Empfangs des Antrags beim Auftraggeber.[47] Dies ist (jedenfalls bei vereinfachter Zustellung) erst dann der Fall, wenn der Empfänger durch Unterzeichnung des Empfangsbekenntnisses den Willen bekundet, den Antrag als zugestellt entgegen zu nehmen.[48] Indes ist das Hinauszögern einer zu erwartenden vereinfachten Zustellung unzulässig.[49]

17 Die Zustellung ist gem. § 4 Abs. 1 GO der Vergabekammern des Bundes[50] abhängig vom Nachweis[51] der Zahlung eines Kostenvorschusses in Höhe der Mindestgebühr von derzeit € 2500,– (vgl. auch § 128 Abs. 2 Satz 2, Abs. 1 Satz 2 i. V. m. § 16 VwKostG). Da die Zustellung wegen ihrer Wirkung als Zuschlagshemmnis gem. § 115 Abs. 1 von elementarer Bedeutung ist, sieht sich die Einforderung eines Kostenvorschusses bezüglich seiner Höhe nicht unerheblichen rechtlichen Bedenken ausgesetzt.[52]

18 Sofern der Bund oder die Länder **Vergabeprüfstellen** eingerichtet haben,[53] **erhalten** diese nach derzeit noch geltender Rechtslage gemäß § 110 Abs. 2 Satz 2 **von der Vergabekammer eine Kopie des Nachprüfungsantrags**.[54] Hierdurch erhält die Vergabeprüfstelle in Verfahren, mit denen sie bereits befasst war, Kenntnis darüber, dass ihre Entscheidung vor der Vergabekammer angefochten wurde. In den anderen Fällen kann sie die Information zum Anlass nehmen, ihrerseits von Amts wegen tätig zu werden.

19 Nicht notwendig, aber regelmäßig im Zusammenhang mit der Zustellung des Nachprüfungsantrags **fordert die Vergabekammer beim Auftraggeber die Vergabeakten an,** in denen gemäß Abs. 2 Satz 3 der bisherige Verlauf des Vergabeverfahrens dokumentiert ist. Der Auftraggeber hat die Original-Vergabeakten der Vergabekammer ohne ein irgendwie geartetes Recht zur Vorauswahl vollständig und **sofort**, d. h. noch schneller als unverzüglich,[55] zur Verfügung zu stellen. Dies kann sowohl durch Übersendung der Akten geschehen, als auch durch deren Bereitstellung zur Abholung. Befinden sich die Akten bei einem Dritten,[56] hat der Auftraggeber diesen zur sofortigen Zurverfügungstellung anzuhalten.[57] Durch den in Satz 4 aufgenommenen Verweis auf die §§ 58 und 59 wird die Vergabekammer auch mit einem entsprechendem Durchsetzungsinstrumentarium ausgestattet, das u. a.

---

[47] Vgl. VK Bund, Beschl. v. 23. 11. 2000 – VK 2–36/00; *Byok* in: Byok/Jaeger (o. Fn. 2), § 110 Rn. 1022; *Tahal* in: Willenbruch/Bischoff (o. Fn. 8), § 110 Rn. 10.

[48] OLG Düsseldorf, Beschl. v. 12. 1. 2006 – Verg 86/05 m. w. Nachw. – allerdings für die Zustellung der Endentscheidung. S. hierzu *Tahal* in: Willenbruch/Bischoff (o. Fn. 8), § 110 Rn. 10; *Byok* in: Byok/Jaeger (o. Fn. 2), § 110 Rn. 1022.

[49] VK Baden-Württemberg, Beschl. v. 30. 9. 2003 – 1 VK 54/03.

[50] Geschäftsordnung v. 15. 7. 2005 (Bekanntmachung Nr. 41/2005), BAnz. Nr. 151/2005 v. 12. 8. 2005, S. 12296 f. Für die Vergabekammern der Länder wurden – gestützt auf § 128 Abs. 1 Satz 2 GWB i. V. m. § 16 VwKostG (Bund) – z. T. entsprechende Regelungen in die jeweiligen Geschäftsordnungen aufgenommen. Angesichts der unterschiedlichen Handhabungen der Frage nach der Zahlung eines Kostenvorschusses ist die Einholung einer entsprechenden Auskunft bei der jeweils zuständigen Vergabekammer dringend anzuraten, *Noelle* in: Byok/Jaeger (o. Fn. 2), § 128 Rn. 1379.

[51] Der Zahlungsnachweis kann dabei durch Übersendung des Zahlungsbelegs, auch per Telefax, oder durch anwaltliche Versicherung erfolgen, § 4 Abs. 1 Satz 2 der GO v. 15. 7. 2005.

[52] Krit. etwa *Byok* in: Byok/Jaeger (o. Fn. 2), § 110 Rn. 1025.

[53] Siehe die Kommentierung zu § 103 Rn. 1.

[54] Infolge der durch den RegE 2008 vorgesehenen Streichung des § 103 entfällt auch die in § 102 Abs. 2 Satz 2 vorgegebene Beteiligung der Vergabeprüfstelle.

[55] OLG Düsseldorf, Beschl. v. 13. 4. 1999 – Verg 1/99, NZBau 2000, 45, 47; vgl. auch *Dreher* in: Immenga/Mestmäcker (o. Fn. 2), § 110 Rn. 22.

[56] Z. B. bei einem verfahrensbegleitenden Gutachter.

[57] Das sollte freilich so gut wie nie der Fall sein, da die Vergabestelle als Herrin des Vergabeverfahrens immer eine Ablichtung im Hause haben sollte.

die Befugnis zu entsprechenden Durchsuchungs- und Beschlagnahmemaßnahmen gegenüber dem Auftraggeber umfasst.[58]

IV. Neufassung gemäß Gesetz zur Modernisierung des Vergaberechts vom 20. April 2009

„14. § 110 wir wie folgt gefasst:"

„§ 110. Untersuchungsgrundsatz. (1) Die Vergabekammer erforscht den Sachverhalt von Amts wegen. Sie kann sich dabei auf das beschränken, was von den Beteiligten vorgebracht wird oder ihr sonst bekannt sein muss. Zu einer umfassenden Rechtmäßigkeitskontrolle ist die Vergabekammer nicht verpflichtet. Sie achtet bei ihrer gesamten Tätigkeit darauf, dass der Ablauf des Vergabeverfahrens nicht unangemessen beeinträchtigt wird.

(2) Die Vergabekammer prüft den Antrag darauf, ob er offensichtlich unzulässig oder unbegründet ist. Dabei berücksichtigt die Vergabekammer auch einen vorsorglich hinterlegten Schriftsatz (Schutzschrift) des Auftraggebers. Sofern der Antrag nicht offensichtlich unzulässig oder unbegründet ist, übermittelt die Vergabekammer dem Auftraggeber eine Kopie des Antrags und fordert bei ihm die Akten an, die das Vergabeverfahren dokumentieren (Vergabeakten). Der Auftraggeber hat die Vergabeakten der Kammer sofort zur Verfügung zu stellen. Die §§ 57 bis 59 Abs. 1 bis 5 sowie § 61 gelten entsprechend."

In der Begründung des Gesetzesentwurfs heißt es hierzu: „Die Pflicht zur Erforschung des Sachverhalts von Amts wegen bedeutet, dass die Kammer alle Tatsachen aufzuklären hat, die für ihre Entscheidung objektiv erforderlich sind. Die Vergabekammer bestimmt dabei nach pflichtgemäßem Ermessen die Art und den Umfang der Ermittlungen und hat alle in der von § 113 Abs. 1 Satz 1 GWB vorgegebenen Frist zur Verfügung stehenden, rechtlich zulässigen Möglichkeiten einer Aufklärung des relevanten Sachverhalts auszuschöpfen. Absatz 1 Satz 2 konkretisiert, inwieweit die Vergabekammer dabei über das Vorbringen der Beteiligten hinaus verpflichtet ist, Nachforschungen anzustellen. Die Vergabekammer darf sich auf die Vergabeakten oder sonstige Umstände beschränken, die dem sorgfältig ermittelnden Beamten zur Kenntnis gelangt wären. Zu solchen sonstigen Umständen zählen beispielsweise Indizien wie Pressemeldungen darüber, dass der öffentliche Auftraggeber mit dem obsiegenden Bieter Nachverhandlungen geführt hat, ohne dass diese zum Bestandteil der Vergabeakte wurden. Der Gesetzgeber stellt nunmehr weiterhin klar, dass die Vergabekammer nicht zu einer umfassenden Rechtmäßigkeitskontrolle verpflichtet ist. Auch im Nachprüfungsverfahren ist nicht allen denkbaren Möglichkeiten zur Aufklärung des Sachverhalts von Amts wegen nachzugehen, siehe BGH, Urteil vom 19. 12. 2000, X ZB 14/00,[59] m. w. N.

In Absatz 2 Satz 2 zeigt der Gesetzgeber die Möglichkeit des Antragsgegners auf, die Vergabekammer vorsorglich vor Anhängigkeit des Verfahrens über die tatsächlichen und rechtlichen Aspekte für eine Widerlegung des Antrags in Kenntnis zu setzen. Diesen Schriftsatz berücksichtigt die Vergabekammer bei der Entscheidung über die Zustellung des Antrags. Das Instrument der Schutzschrift wurde von der Praxis entwickelt und hat sich im Bereich des allgemeinen Wirtschaftsrechts bewährt. Dort hat derjenige, der wegen des Vorwurfs eines Wettbewerbsverstoßes den Erlass einer einstweiligen Verfügung erwartet, die Möglichkeit, bei Gericht mittels Schutzschrift zu beantragen, dem Antrag nicht zu entsprechen oder nicht ohne mündliche Verhandlung zu entscheiden. Auch in der Praxis des Vergaberechts kommt es bereits in Einzelfällen zur Hinterlegung von Schutzschriften durch den öffentlichen Auftraggeber. Mit der vorsorglichen Hinterlegung einer Schutzschrift zielt der öffentliche Auftraggeber darauf, die Zustellung des Nachprüfungsantrags und damit den Eintritt des automatischen Suspensiveffekts gemäß § 115 Abs. 1 GWB zu verhindern. So kann der öffentliche Auftraggeber

---

[58] Vgl. hierzu *Summa* in: Heiermann u. a. (o. Fn. 8), § 110 Rn. 21; *Tahal* in: Willenbruch/Bischoff (o. Fn. 8), § 110 Rn. 11. S. auch *Dreher* in: Immenga/Mestmäcker (o. Fn. 2), § 110 Rn. 24.

[59] BGHZ 146, 202 ff. = NJW 2001, 1492 ff. = ZfBR 2001, 258 ff. = WuW/E Verg 447 ff. = NZBau 2001, 151 ff. = VergabeR 2001, 71 ff.

seine Argumente für die offensichtliche Unzulässigkeit oder Unbegründetheit des Antrags vorsorglich bei der Vergabekammer hinterlegen. Im Übrigen wurde der Verweis in der bisherigen Fassung des § 110 Abs. 2 Satz 2 GWB auf die verfahrensmäßige Einbeziehung der Vergabeprüfstelle wegen der Aufhebung des § 103 GWB gestrichen."[60]

§ 111. Akteneinsicht

(1) Die Beteiligten können die Akten bei der Vergabekammer einsehen und sich durch die Geschäftsstelle auf ihre Kosten Ausfertigungen, Auszüge oder Abschriften erteilen lassen.

(2) Die Vergabekammer hat die Einsicht in die Unterlagen zu versagen, soweit dies aus wichtigen Gründen, insbesondere des Geheimschutzes oder zur Wahrung von Betriebs- oder Geschäftsgeheimnissen geboten ist.

(3) [1]Jeder Beteiligte hat mit Übersendung seiner Akten oder Stellungnahmen auf die in Absatz 2 genannten Geheimnisse hinzuweisen und diese in den Unterlagen entsprechend kenntlich zu machen. [2]Erfolgt dies nicht, kann die Vergabekammer von seiner Zustimmung auf Einsicht ausgehen.

(4) Die Versagung der Akteneinsicht kann nur im Zusammenhang mit der sofortigen Beschwerde in der Hauptsache angegriffen werden.

Übersicht

	Rn.		Rn.
I. Recht der Beteiligten auf Akteneinsicht	1–3	IV. Rechtsmittel gegen die Versagung bzw. Gestattung der Akteneinsicht	13–15
II. Einschränkungen des Akteneinsichtsrechts	4–9	V. Neufassung gemäß Gesetz zur Modernisierung des Vergaberechts vom 20. April 2009	16
III. Kennzeichnung von Geheimnissen	10–12		

I. Recht der Beteiligten auf Akteneinsicht (Abs. 1)

1 Zur Gewährleistung der Verfahrenstransparenz i. S. d. § 97 Abs. 1 und eines effektiven Rechtsschutzes sieht § 111 Abs. 1 ein **Akteneinsichtsrecht der Beteiligten bei der Vergabekammer** vor.[1] Dieses geht im Nachprüfungsverfahren als verdrängende Regelung i. S. d. § 1 Abs. 3 IFG[2] den Regelungen des IFG zum Informationszugang vor.[3] Zur Akteneinsicht befugt sind gem. § 109 Abs. 1 der Antragsteller und der Auftraggeber und die von der Vergabekammer zum Verfahren beigeladenen Unternehmen.[4]

---

[60] Begründung zum Regierungsentwurf eines Gesetzes zur Modernisierung des Vergaberechts v. 21. Mai 2008, BT-Drucks. 16/10117, Teil B, zu Nr. 14 (S. 23 f.).

[1] BT-Drucks. 13/9340, S. 18; eingehend *Gröning* NZBau 2000, 366 ff.; *Kus* VergabeR 2003, 129 ff.; *Düsterdiek* NZBau 2004, 605 ff.; *Ramm* VergabeR 2007, 739 ff.

[2] Informationsfreiheitsgesetz v. 5. 9. 2005 (BGBl. I, S. 2722).

[3] Vgl. insoweit BT-Drucks. 15/4493, S. 8; VK Brandenburg, Beschl. v. 19. 1. 2006 – 2 VK 76/05; *Dreher*, in: Immenga/Mestmäcker, Wettbewerbsrecht, Bd. 2, 4. Aufl. 2007, § 111 Rn. 8 m. Nachw. zur abw. Auff. in Fn. 10; *Schoch/Kloepfer/Garstka*, Informationsfreiheitsgesetz (IFG-ProfE), 2002, § 8 Rn. 19; *Holtfester* NZBau 2002, 189, 192 f.; zum landesrechtlich begründeten Anspruch auf Akteneinsicht nach Abschluss des Vergabeverfahrens s. VG Schleswig, Urt. v. 31. 8. 2004 – 6 A 245/02 m. Kurzbespr. *Lux* IBR 2008, 39; hierzu auch *Summa* in: Heiermann u. a. (o. Fn. 8), VT 1 zu § 100 Rn. 8 ff.

[4] Vgl. Kommentierung zu § 109 Rn. 2 f.; (noch) nicht beigeladene Unternehmen haben kein Recht auf Akteneinsicht, vgl. *Ramm* VergabeR 2007, 739; zur Vervollständigung bezüglich des Schriftwechsels zwischen den Parteien OLG Jena, Beschl. v. 8. 6. 2000 – 6 Verg 2/00, NZBau 2001, 163, 164.

Das **Recht auf Akteneinsicht wird grundsätzlich gewährleistet,** aber im Umfang 2
der in § 111 Abs. 2 vorgesehenen Einschränkungen und von dem Gegenstand des Verfahrens, wie es zur Durchsetzung der subjektiven Rechte des betreffenden Verfahrensbeteiligten erforderlich ist[5] – **Entscheidungsrelevanz**[6] –, begrenzt. Der Akteneinsicht unterliegen sämtliche Unterlagen, die sich auf das nachzuprüfende Vergabeverfahren beziehen, also die Vergabeakten des Auftraggebers, die Stellungnahmen und Unterlagen beigeladener Unternehmen sowie die von der Vergabekammer erstellten oder von anderen Behörden (etwa der Vergabeprüfstelle oder Genehmigungsbehörden) oder Gerichten beigezogenen Schriftstücke.[7] Sofern Schriftstücke der Vergabekammer noch nicht in endgültiger Form vorliegen, besteht insoweit indes nach zutreffender Auffassung entsprechend § 29 Abs. 1 S. 2 VwVfG kein Akteneinsichtsrecht. Entscheidungsentwürfe und andere vorbereitende Schriftstücke der Vergabekammer sind daher vom Einsichtsrecht gem. § 111 GWB ausgenommen.[8] Allerdings muss die Nachprüfungsinstanz über sämtliche Informationen verfügen können, die erforderlich sind, um in voller Kenntnis der Umstände entscheiden zu können, also auch über vertrauliche Informationen und Geschäftsgeheimnisse.[9]

Die **Akteneinsicht ist bei der Vergabekammer zu nehmen.** Die Beteiligten können 3
eine Zusendung der Akten nicht verlangen, wenngleich die Vergabekammer daran nicht gehindert ist. Eine Versendung der Vergabeakten sollte jedoch regelmäßig nicht erfolgen, weil dies das Verfahren verzögert, wegen des Umfangs der Akten häufig unpraktikabel ist und sich der Antragsteller gem. Abs. 1 Hs. 2 überdies über alle für ihn wesentlichen Bestandteile der Akten durch die Geschäftsstelle auf seine Kosten Ausfertigungen, Auszüge oder Abschriften erteilen lassen kann.[10]

II. Einschränkungen des Akteneinsichtsrechts (Abs. 2)

Das durch § 111 Abs. 1 verbriefte Akteneinsichtsrechts wird in § 111 Abs. 2 in seinem 4
Umfang erheblich eingeschränkt.[11] Danach hat die Vergabekammer die **Akteneinsicht zu versagen, wenn dies aus wichtigen Gründen geboten ist.** Das Gesetz nennt als wichtigen Grund **exemplarisch** den **Geheimschutz** und die **Wahrung von Betriebs- oder**

---

[5] Allgem. Meinung, vgl. nur OLG Jena, Beschl. v. 11. 1. 2007 – 9 Verg 9/06; Beschl. v. 6. 12. 2006 – 9 Verg 8/06, ZfBR 2007, 378 ff.; Beschl. v. 12. 12. 2001 – 6 Verg 5/01, NZBau 2002, 294; vgl. hierzu insbes. *Weyand*, Praxiskommentar Vergaberecht, 2. Aufl. 2007, § 111 Rn. 2105 m. umfangr. Nachw. und Einzelbeispielen unter Rn. 2112; *Ramm* VergabeR 2007, 739, 740; *Düsterdiek* NZBau 2004, 605, 606 f.; *Tahal* in: Willenbruch/Bischoff (Hrsg.), Kompaktkommentar Vergaberecht, 1. Aufl. 2008, § 111 Rn. 2.

[6] OLG Düsseldorf, Beschl. v. 28. 12. 2007 – VII – Verg 40/07, VergabeR 2008, 281 ff.; OLG Naumburg, Beschl. v. 11. 6. 2003 – 1 Verg 6/03; hierzu und zur diesbezüglichen Darlegungs- und Beweislast siehe auch *Kus* VergabeR 2003, 129 ff.

[7] OLG Düsseldorf, Beschl. v. 28. 12. 2007 – VII – Verg 40/07, VergabeR 2008, 281 ff.; *Byok* in: Byok/Jaeger (Hrsg.), Kommentar zum Vergaberecht, 2. Aufl. 2005, § 111 Rn. 1038; *Dreher* in: Immenga/Mestmäcker (o. Fn. 3), § 111 Rn. 10; *Tahal* in: Willenbruch/Bischoff (o. Fn. 5), § 111 Rn. 3.

[8] Vgl. *Dreher* in: Immenga/Mestmäcker (o. Fn. 3), § 111 Rn. 10; ebenso *Otting* in: Bechtold, GWB, 4. Aufl. 2006, § 111 Rn. 1; *Reidt* in: Reidt/Stickler/Glahs (Hrsg.), Vergaberecht, 2. Aufl. 2003, § 111 Rn. 5; *Düsterdiek* NZBau 2004, 605, 606; *Ramm* VergabeR 2007, 739 auch zum fehlenden Einsichtsrecht in Entscheidungsentwürfe des Vergabesenats. A. A. *Tahal* in: Tahal in: Willenbruch/Bischoff (o. Fn. 5), § 111 Rn. 3.

[9] EuGH, Urt. v. 14. 2. 2008 – C-450/06, NZBau 2008, 403, 406 Rn. 53 – *Varec SA/Belgien*.

[10] So auch *Byok* in: Byok/Jaeger (o. Fn. 7), § 111 Rn. 1039; *Ramm* VergabeR 2007, 739 f.; *Düsterdiek* NZBau 2004, 605, 606; s. auch *Summa* in: Heiermann u. a. (Hrsg.), Praxiskommentar Vergaberecht, 2. Aufl. 2008, § 111 Rn. 4.

[11] Insofern wird von einem Regel-Ausnahme-Verhältnis gesprochen, vgl. zur Normstruktur insbes. *Kus* VergabeR 2003, 129, 130 f.; *Düsterdiek* NZBau 2004, 605, 606.

GWB § 111 5, 6

Geschäftsgeheimnissen,[12] womit die praktisch wesentlichen Fälle erfasst sein dürften. Die Regelung dient somit unter dem Gesichtspunkt des Geheimschutzes dem Schutz öffentlicher Interessen, die dem Interesse des Akteneinsicht Begehrenden vorgehen[13] sowie mit Blick auf den Geheimnisschutz den Interessen des Auftraggebers[14] und der Mitbewerber[15] daran, dass Geschäfts- und Betriebsgeheimnisse nicht der Konkurrenz offenbart werden.[16]

5 Hinsichtlich der Bestimmung des konkreten Umfang der zu gewährenden Einsicht bestehen in Literatur und Rechtsprechung weiterhin erhebliche Unsicherheiten.[17] Von seiner zunächst vertretenen Auffassung, ein Bieter verzichte mit der Teilnahme an einer öffentlichen Ausschreibung gegenüber seinen Wettbewerbern auf die Geheimhaltung seiner Betriebs- oder Geschäftsgeheimnisse mit der Folge, dass auch seine Angebotsunterlagen grundsätzlich in vollem Umfang der Akteneinsicht gem. § 111 unterliegen,[18] hat das **OLG Jena** jedenfalls zwischenzeitlcih Abstand genommen.[19] Weitgehende Einmütigkeit scheint in der Rechtsprechung darüber hinaus dahingehend zu bestehen, dass bei einem **unzulässigen Nachprüfungsantrag unter Berücksichtigung des Normzwecks**[20] **kein Recht auf Akteneinsicht** besteht.[21] In derartigen Fällen kommt die Gewährung von Akteneinsicht allenfalls insoweit in Betracht, als dies für die Bewertung der Zulässigkeit des Nachprüfungsantrags von Relevanz ist.[22]

6 Die Vorschrift **entspricht im Wesentlichen dem § 72 Abs. 2 Satz 2,** der für das kartellrechtliche Beschwerdeverfahren eine inhaltsgleiche Regelung trifft. Da in dieser Vor-

---

[12] Zu den Begriffen *Tahal* in: Willenbruch/Bischoff (o. Fn. 5), § 111 Rn. 9f.; *Düsterdiek* NZBau 2004, 605, 607; *Dreher* in: Immenga/Mestmäcker (o. Fn. 3), § 111 Rn. 13f.; zu den verfassungsrechtlichen Implikationen BVerfG, Urt. v. 14. 3. 2006 – 1 BvR 2087/03, BVerfGE 115, 205ff. = NZBau 2006, 1041ff.; s. auch EuGH, Urt. v. 14. 2. 2008 – C-450/06, NZBau 2008, 403ff. – „Varec SA/Belgien".

[13] Vgl. *Tahal* in: Willenbruch/Bischoff (o. Fn. 5), § 111 Rn. 9; *Otting* in: Bechtold (o. Fn. 8), § 111 Rn. 4; *Summa* in: Heiermann u.a. (o. Fn. 10), § 111 Rn. 3. Darunter fällt zwar grundsätzlich nicht der Sicherheits- und Geheimhaltungsbereich des Staates, da dieser Bereich bei Vorliegen der in § 100 Abs. 2 lit. d und e normierten Voraussetzungen aus dem Anwendungsbereich des 4. Teils des GWB ausgenommen ist. Doch kann die Frage, ob ein Fall des § 100 Abs. 2 lit. d und e vorliegt, ihrerseits zum Gegenstand des Nachprüfungsverfahrens erhoben werden; vgl. hierzu OLG Düsseldorf, Beschl. v. 30. 4. 2003 – Verg 61/02, VergabeR 2004, 371, 373f.; *Prieß/Niestedt*, Rechtsschutz im Vergaberecht, Köln u.a. 2006, S. 157; *Summa* in: Heiermann u.a. (o. Fn. 10), § 111 Rn. 15 mit Fn. 6.

[14] OLG Düsseldorf, Beschl. v. 28. 12. 2007 – VII – Verg 40/07 unter Bezugnahme auf BGH, Urt. v. 10. 5. 1995 – 1 StR 764/94, NJW 1995, 2301.

[15] Dies gilt in besonderem Maße für am Verfahren Unbeteiligte, insbesondere nicht beigeladene Bieter, die ihre Geheimhaltungsinteressen vorab nicht durch die Kenntlichmachung nach Abs. 3 Satz 1 wahren konnten, vgl. *Ramm* VergabeR 2007, 739, 741f.; *Dreher* in: Immenga/Mestmäcker (o. Fn. 3), § 111 Rn. 24; *Gröning* NZBau 2000, 366, 367.

[16] Siehe zum Umfang des Akteneinsichtsrechts auch OLG Düsseldorf, Beschl. v. 29. 12. 2001 – Verg 22/01, NZBau 2002, 578, 579.

[17] Vgl. insoweit *Kus* VergabeR 2003, 129, 131 m.w. Nachw.

[18] OLG Jena, Beschluß v. 26. 10. 1999 – 6 Verg 3/99, BauR 2000, 95f.

[19] Diese Rechtsprechung ist mittlerweile überholt, vgl. OLG Jena, Beschl. v. 16. 12. 2002 – 6 Verg 10/02, VergabeR 2003, 248ff.; s. hierzu auch *Jaeger* NZBau 2001, 289, 297f.; *Kus* VergabeR 2003, 129, 133.

[20] *Tahal* in: Willenbruch/Bischoff (o. Fn. 5), § 111 Rn. 5; *Dreher* in: Immenga/Mestmäcker (o. Fn. 3), § 111 Rn. 13.

[21] Vgl. nur OLG Dresden, Beschl. v. 12. 9. 2005 – WVerg 5/05, NZBau 2006, 399f.; VK Schleswig-Holstein, Beschl. v. 17. 3. 2006 – VK-SH 02/06; VK Brandenburg, Beschl. v. 19. 1. 2006 – 2 VK 76/05; Beschl. v. 24. 9. 2004 – VK 49/04; *Ramm* VergabeR 2007, 739, 740; näher hierzu *Dreher* in: Immenga/Mestmäcker (o. Fn. 3), § 111 Rn. 13; *Weyand* (o. Fn. 5), § 111 Rn. 2108 m. umfangr. Nachw.

[22] VK Baden-Württemberg, Beschl. v. 2. 12. 2004 – 1 VK 74/04; *Düsterdiek* NZBau 2004, 605, 606; *Summa* in: Heiermann u.a. (o. Fn. 10), § 111 Rn. 6; *Ramm* VergabeR 2007, 739, 740.

schrift ebenfalls auf den Schutz von Betriebs- und Geschäftsgeheimnissen abgestellt wird, kann zur Auslegung dieser Begriffe auf die dortige Kommentierung verwiesen werden.[23]

Zur mindestens teilweisen **Verweigerung** der Akteneinsicht ist die Vergabekammer verpflichtet, wenn aufgrund einer einzelfallbezogenen Abwägung zwischen den Geheimhaltungsinteressen der Beteiligten (konkurrierende Bieter und Vergabestelle) und dem Rechtsschutzinteresse des um Akteneinsicht nachsuchenden Bieters unter Berücksichtigung des Transparenzgebots im Vergabeverfahren und des Grundrechts auf rechtliches Gehör im gerichtlichen Verfahren ersterem der Vorrang zukommt.[24] Bei dieser Abwägung hat die Vergabekammer zwar einen gewissen **Beurteilungsspielraum,**[25] ergibt die Prüfung tatbestandlich aber ein Übergewicht der Geheimhaltungsinteressen, besteht **kein Ermessensspielraum;** die Akteneinsicht ist dann zwingend zu versagen.[26] Zulässig ist es aber, die geheim(nis)schutzrelevanten Passagen später zu schwärzen oder die Akten nur teilweise zur Einsicht zuzulassen.[27] 7

Die Versagung des Rechts auf Akteneinsicht oder auch nur seine Beschränkung auf die entscheidungserheblichen Teile ist ausführlich zu begründen.[28] Eine Versagung der Akteneinsicht mit der Begründung, sie diene lediglich der **Ausforschung des Inhalts der Vergabeakte,**[29] kann nur in besonders krassen Fällen der missbräuchlichen Stellung eines Nachprüfungsantrags tragfähig sein.[30] Sofern ein Antragsteller durch die Akteneinsicht auf neue, ihm bisher nicht bekannte Anhaltspunkte für die Verletzung ihn schützender Vergabebestimmungen stößt, die er dann nachträglich rügt,[31] ist dies kein Missbrauch des Akteneinsichtsrechts, sondern entspricht im Gegenteil den Belangen der Verfahrenstransparenz und eines effektiven Rechtsschutzes. 8

Soweit darüber hinaus als zusätzliche ungeschriebene Voraussetzung des Akteneinsichtsrechts das Vorliegen eines die Einsichtnahme rechtfertigenden „Informationsbedürfnisses"[32] gefordert wird, kann dem bereits aufgrund der fehlenden Verankerung dieses rechts- 9

---

[23] Siehe die Kommentierung zu § 72 Rn. 1 ff.
[24] Vgl. zum Abwägungsgebot hinsichtlich des Umfangs des Akteneinsichtsrechts OLG Jena, Beschl. v. 6. 12. 2006 – 9 Verg 8/06, ZfBR 2007, 378 ff. m. w. Nachw.; Beschl. v. 4. 5. 2005 – 9 Verg 3/05; Beschl. v. 12. 12. 2001 – 6 Verg 5/01; OLG Düsseldorf, Beschl. v. 28. 12. 2007 – VII – Verg 40/07, VergabeR 2008, 281 ff.; *Tahal* in: Tahal, in: Willenbruch/Bischoff (o. Fn. 5), § 111 Rn. 2, 7; *Düsterdiek* NZBau 2004, 605, 607 (Herleitung des Abwägungsgebots aus dem Begriff „geboten" i. S. v. § 111 Abs. 2); *Ramm* VergabeR 2007, 739, 740 f. Vgl. zu den in der Praxis zugrunde gelegten Abwägungsmaßstäben OLG Jena, Beschl. v. 16. 12. 2002 – 6 Verg 10/02, VergabeR 2003, 248 ff.; Beschl. v. 26. 10. 1999 – 6 Verg 3/99, NZBau 2000, 354, 355; ähnl. OLG Celle, Beschl. v. 10. 9. 2001 – 13 Verg 12/01, VergabeR 2002, 82, 83; zust. *Kus* VergabeR 2003, 129, 134 f.; restriktiv VK Bund, NZBau 2000, 356, 357; zust. *Düsterdiek* NZBau 2004, 605, 608; *Dreher* in: Immenga/Mestmäcker (o. Fn. 3), § 111 Rn. 16 f. m. w. Nachw.; zur europarechtlich vorgegebenen Abwägung vgl. nunmehr EuGH, Urt. v. 14. 2. 2008 – C-450/06, NZBau 2008, 403, 406 Rn. 51 – „Varec SA/Belgien".
[25] *Ramm* VergabeR 2007, 739, 741; *Summa* in: Heiermann u. a. (o. Fn. 10), § 111 Rn. 23.
[26] Vgl. *Byok* in: Byok/Jaeger (o. Fn. 7), § 111 Rn. 1041; *Tahal* in: Willenbruch/Bischoff (o. Fn. 5), § 111 Rn. 7; *Otting* in: Otting (o. Fn. 8), § 111 Rn. 4
[27] *Ramm* VergabeR 2007, 739, 741; vgl. *Dreher* in: Immenga/Mestmäcker (o. Fn. 3), § 111 Rn. 19; *Tahal* in: Willenbruch/Bischoff (o. Fn. 5), § 111 Rn. 8; *Ramm* VergabeR 2007, 739, 741.
[28] *Kus* VergabeR 2003, 129, 131 f.; *Dreher* in: Immenga/Mestmäcker (o. Fn. 3), § 111 Rn. 20.
[29] So wohl BT-Drucks. 13/9340, S. 18 (Rechtsmissbrauch); s. hierzu auch Bericht der Bundesregierung über die Erfahrungen mit dem Vergaberechtsänderungsgesetz v. 11. 11. 2003, BT-Drucks. 15/2034, S. 3.
[30] Zu ungenau insoweit *Reidt* in: Reidt/Stickler/Glahs (o. Fn. 8), § 111 Rn. 13.
[31] Zur Möglichkeit nachträglicher Geltendmachung von Vergabeverstößen noch im Nachprüfungsverfahren vgl. Komm. zu § 107 Rn. 47.
[32] Vgl. die bei *Dreher* in: Immenga/Mestmäcker (o. Fn. 3), § 111 Rn. 12 nachgewiesene Rechtsprechung.

schutzverkürzenden Kriteriums im Wortlaut des Abs. 1 nicht gefolgt werden. Geltung beansprucht insoweit lediglich die allgemeine Grenze des Rechtsmissbrauchs.

III. Kennzeichnung von Geheimnissen (Abs. 3)

10 Im Rahmen der Entscheidung über den Umfang des Akteneinsichtsrechts haben die Beteiligten eine **Mitwirkungsobliegenheit** dergestalt, dass sie bei der Übersendung ihrer Akten und Stellungnahmen auf das Vorliegen der in Abs. 2 bezeichneten Geheimnisse hinzuweisen und überdies kenntlich zu machen haben, welche Unterlagen Geheimnisse i. S. d. § 111 Abs. 2 enthalten und daher nicht zur Einsichtnahme zur Verfügung gestellt werden dürfen.[33] Die Geheimhaltungsbedürftigkeit ist nachvollziehbar darzulegen.[34] Unterbleibt ein solcher Hinweis, darf die Vergabekammer gem. der Fiktion in Abs. 3 Satz 2 von einer Zustimmung zur Einsichtnahme ausgehen.

11 Zwar bezieht sich die **Kennzeichnungsobliegenheit** in Abs. 3 nur und ausschließlich auf solche Akten oder Stellungnahmen, die der betreffende Beteiligte unmittelbar an die Vergabekammer übersandt hat, nicht hingegen auf die in der Vergabeakte der Vergabestelle befindlichen Angebotsunterlagen.[35] Bieter sollten mit Blick auf die Möglichkeit einer späteren Beiladung zu einem bereits anhängigen Nachprüfungsverfahren und die sofortige Abgabe der Akten durch die Vergabestelle (§ 110 Abs. 2 Satz 3) gleichwohl bereits bei der Ausarbeitung ihres Angebots entsprechende Kennzeichnungen vornehmen, um das Risiko einer späteren Preisgabe von Geheimnissen an Dritte im Rahmen einer Akteneinsicht zu minimieren.[36] Dessen ungeachtet erscheint es im Interesse eines effektiven Schutzes der verfassungsrechtlich abgesicherten Betriebs- und Geschäftsgeheimnisse geboten, sämtliche Beteiligten zur nachträglichen Mitteilung über etwaige Geheimnisschutzgründe aufzufordern, soweit die Angebotsunterlagen für die zu klärenden Fragen im Nachprüfungsverfahren von Bedeutung sein könnten.[37] Mit der im Urteil des EuGH vom 14. 2. 2008[38] geforderten Gelegenheit zur Stellungnahme wird man nunmehr auch von Gemeinschaftsrechts wegen eine entsprechende Pflicht der Vergabekammer anzunehmen haben.

12 Trotz der **Zustimmungsfiktion** des § 111 Abs. 3 Satz 2 ist die Vergabekammer in der Regel gehalten, eine eigene Prüfung und Bewertung vorzunehmen, inwieweit Unterlagen Beteiligter oder vor allem Nichtbeteiligter[39] geheimhaltungsbedürftige Informationen enthalten und daher nicht offenbart werden dürfen. Die Einzelheiten hierzu sind in Literatur

---

[33] Zur europarechtlich gebotenen Einräumung einer Möglichkeit, sich gegenüber der Nachprüfungsinstanz auf die Vertraulichkeit von Informationen oder Geschäftsgeheimnisse zu berufen vgl. EuGH, Urt. v. 14. 2. 2008 – C-450/06, NZBau 2008, 403 (406) Rn. 54 – „Varec SA/Belgien".

[34] Vgl. OLG Jena, Beschl. v. 16. 12. 2002 – 6 Verg 10/02, VergabeR 2003, 248 ff.; *Tahal* in: Willenbruch/Bischoff (o. Fn. 5), § 111 Rn. 9; *Düsterdiek* NZBau 2004, 605, 607 f.; *Ramm* VergabeR 2007, 739, 742.

[35] *Kus* in: Kulartz/Kus/Portz (Hrsg.), Kommentar zum GWB-Vergaberecht, 1. Aufl. 2006, § 111 Rn. 37, 40; *Ramm* VergabeR 2007, 739, 741; a. A. wohl *Dreher* in: Immenga/Mestmäcker (o. Fn. 63), § 111 Rn. 22; *Düsterdiek* NZBau 2004, 605, 608; OLG Naumburg, Beschl. v. 11. 10. 1999 – 10 Verg 1/99, wonach die Kennzeichnungspflicht für die Vergabeakte durch die Vergabestelle wahrzunehmen ist.

[36] *Dreher* in: Immenga/Mestmäcker (o. Fn. 3), § 111 Rn. 22; *Ramm* VergabeR 2007, 739, 741 f.; vgl. hierzu insbes. *Summa* in: Heiermann u. a. (Hrsg.), Praxiskommentar Vergaberecht, 1. Aufl. 2005, Vertiefungshinweis 2 zu § 111 Rn. 1 ff.

[37] *Kus* in: Kulartz/Kus/Portz (o. Fn. 35), § 111 Rn. 40.

[38] EuGH, Urt. v. 14. 2. 2008 – C-450/06, NZBau 2008, 403, 406 Rn. 54 – „Varec SA/Belgien".

[39] Für diese gilt § 111 Abs. 3 Satz 1 schon gar nicht (vgl. § 109 Satz 1); *Boesen*, Vergaberecht, 1. Aufl. 2000, § 111 Rn. 11; *Dreher* in: Immenga/Mestmäcker (o. Fn. 3), § 111 Rn. 24; *Reidt* in: Reidt/Stickler/Glahs (o. Fn. 8), § 111 Rn. 23; *Düsterdiek* NZBau 2004, 605, 608.

und Rechtsprechung heftig umstritten.[40] Um einer zu weitgehenden Geheimhaltung und der hiermit einhergehenden Beeinträchtigung der Rechtsschutzaussichten des Einsichtsbegehrenden vorzubeugen, kann die Vergabekammer jedoch auch entgegen seitens des Beteiligten geltend gemachter Geheimhaltungsbedürftigkeit (§ 111 Abs. 3 Satz 1) Einsicht in dessen Unterlagen gewähren.[41]

IV. Rechtsmittel gegen die Versagung bzw. Gestattung der Akteneinsicht

Versagt die Vergabekammer entgegen der Bestimmungen des § 111 einem Beteiligten die Akteneinsicht, ist eine **isolierte Anfechtung dieser Entscheidung gem. § 111 Abs. 4 nicht möglich.** Lediglich im Zusammenhang mit einer sofortigen Beschwerde gegen eine nachteilige Entscheidung in der Hauptsache kann auch eine rechtswidrige Versagung der Akteneinsicht, die einen gravierenden Verfahrensfehler darstellt, angegriffen werden.[42] Diese Regelung dient wiederum dem Zweck, das Verfahren nicht durch separate Streitigkeiten über Teilfragen zu verzögern.[43] Im Beschwerdeverfahren kann sodann ergänzende Akteneinsicht beantragt werden.[44]

Von § 111 Abs. 4 nicht erfasst wird der **umgekehrte Fall,** dass die Vergabekammer einem Beteiligten die Akteneinsicht über den durch § 111 Abs. 1 und 2 gezogenen Rahmen hinaus gewährt und **dadurch geschützte Interessen eines Dritten verletzt** werden. In diesem Fall wird man dem Dritten aufgrund der Garantie effektiven (Primär-)Rechtsschutzes (Art. 19 Abs. 4 GG) grundsätzlich das Recht zubilligen müssen, eine **isolierte sofortige Beschwerde** gegen die Entscheidung der Vergabekammer einlegen zu können.[45] Dem steht – da dem Dritten ein irreparabler Schaden droht – nicht entgegen, dass es sich bei der Entscheidung, Akteneinsicht zu gewähren, nur um eine Zwischenentscheidung handelt.[46] Die sofortige Beschwerde macht jedoch nur Sinn, solange die rechtswidrig gewährte Akteneinsicht noch nicht faktisch vollzogen wurde, was in Anbetracht einer de lege lata fehlenden Vorabinformationspflicht gegenüber den Beteiligten jedoch in der Regel der Fall sein wird.[47] Nur durch eine Wartefrist zwischen Gestattung und Durchführung der Akteneinsicht, innerhalb derer der Betroffene sofortige Beschwerde erheben

---

[40] *Byok* in: Byok/Jaeger (o. Fn. 7), § 111 Rn. 1048 (Ausschluss der Zustimmungsfiktion nur bei kumulativem Vorliegen von Hinweis und Kennzeichnung); *Kus* in: Kulartz/Kus/Portz (o. Fn. 35), § 111 Rn. 37 (stets Prüfungspflicht der Vergabekammer); ebenso *Dreher* in: Immenga/Mestmäcker (o. Fn. 3), § 111 Rn. 14; anders *Otting* in: Bechtold (o. Fn. 8), § 111 Rn. 5 (Prüfungspflicht nur „in klaren Fällen"); *Düsterdiek* NZBau 2004, 605, 608 (Gewährung von Akteneinsicht in Unterlagen der Beteiligten „ohne weiteres"); vgl. auch OLG Naumburg, Beschl. v. 11. 10. 1999 – 10 Verg 1/99 sowie OLG Jena, Beschl. v. 26. 10. 1999 – 6 Verg 3/99, NZBau 2000, 354 f.

[41] *Tahal* in: Willenbruch/Bischoff (o. Fn. 5), § 111 Rn. 13; *Ramm* VergabeR 2007, 739, 742; vgl. *Otting* in: Bechtold (o. Fn. 8), § 111 Rn. 5, der insoweit jedenfalls eine Plausibilitätskontrolle für geboten erachtet.

[42] Vgl. OLG Düsseldorf, Beschl. v. 28. 12. 2007 – VII – Verg 40/07, VergabeR 2008, 281 ff.; OLG Hamburg, Beschl. v. 2. 12. 2004 – 1 Verg 2/04.

[43] BT-Drucks. 13/9340, S. 19.

[44] BayObLG, Beschl. v. 10. 10. 2000 – Verg 5/00, VergabeR 2001, 55; VK Bund, Beschl. v. 5. 11. 2004 – VK 1–138/04; *Ramm* VergabeR 2007, 739, 742 f.

[45] OLG Düsseldorf, Beschl. v. 28. 12. 2007 – VII – Verg 40/07, VergabeR 2008, 281 ff.; *Ramm* VergabeR 2007, 739, 743; *Byok* in: Byok/Jaeger (o. Fn. 7), § 111 Rn. 1051; *Düsterdiek* NZBau 2004, 605, 608; *Summa* in: Heiermann u. a. (Hrsg.), Praxiskommentar Vergaberecht, 1. Aufl. 2005, Vertiefungshinweis 3 zu § 111 Rn. 3 ff.; a. A. OLG Hamburg, Beschl. v. 2. 12. 2004 – 1 Verg 2/04; *Dreher* in: Immenga/Mestmäcker (o. Fn. 3), § 111 Rn. 20; *Otting* in: Bechtold (o. Fn. 8), § 111 Rn. 7.

[46] So aber OLG Hamburg, Beschl. v. 2. 12. 2004 – 1 Verg 2/04; *Otting* in: Bechtold (o. Fn. 8), § 111 Rn. 7.

[47] Hierauf macht zu Recht *Tahal* in: Willenbruch/Bischoff (o. Fn. 5), § 111 Rn. 16 aufmerksam.

könnte, wäre die Gefahr irreversibler Rechtsverletzungen effektiv zu bannen.[48] Vor dem Hintergrund des Urteils des EuGH vom 14. 2. 2008[49] wird jedenfalls hinsichtlich der bislang nicht gehörten Betroffenen nunmehr von einer solchen Vorabinformations- und Anhörungspflicht der Vergabekammer auszugehen sein, um irreversible Rechtseinbußen zu unterbinden.

15 Ist der Schaden eines Dritten durch die faktische Vollziehung der Akteneinsicht hingegen bereits irreparabel eingetreten, bleibt diesem jedenfalls die Möglichkeit der Geltendmachung von Haftungsansprüchen gegen die Vergabekammer.[50] Mit Blick auf das Urteil des EuGH v. 14. 2. 2008[51] wird bei unterlassener Anhörung nunmehr auch ein vergaberechtliches Verwertungsverbot in Erwägung zu ziehen sein.[52]

IV. Neufassung gemäß Gesetz zur Modernisierung des Vergaberechts vom 20. April 2009

16 § 111 ist unverändert geblieben.

§ 112. Mündliche Verhandlung

(1) ¹Die Vergabekammer entscheidet auf Grund einer mündlichen Verhandlung, die sich auf einen Termin beschränken soll. ²Alle Beteiligten haben Gelegenheit zur Stellungnahme. ³Mit Zustimmung der Beteiligten oder bei Unzulässigkeit oder bei offensichtlicher Unbegründetheit des Antrags kann nach Lage der Akten entschieden werden.

(2) Auch wenn die Beteiligten in dem Verhandlungstermin nicht erschienen oder nicht ordnungsgemäß vertreten sind, kann in der Sache verhandelt und entschieden werden.

Übersicht

	Rn.		Rn.
I. Mündliche Verhandlung	1–4	V. Neufassung gemäß Gesetz zur Modernisierung des Vergaberechts vom 20. April 2009	16
II. Rechtliches Gehör	5, 6		
III. Entscheidung nach Aktenlage	7–12		
IV. Entscheidung bei Fernbleiben der Beteiligten	13–15		

I. Mündliche Verhandlung (Abs. 1 Satz 1)

1 Der gerichtsähnlichen Ausgestaltung des Nachprüfungsverfahrens entspricht es, dass die Entscheidungen der Vergabekammer, sofern es sich dabei nicht nur um Nebenentscheidungen handelt,[1] grundsätzlich aufgrund einer **mündlichen Verhandlung** ergehen. Hiervon darf nur in den besonderen Ausnahmefällen des § 112 Abs. 1 Satz 3, Abs. 2 abgewichen wer-

---

[48] *Ramm* VergabeR 2007, 739, 743; hierzu auch *Summa* in: Heiermann u. a. (Hrsg.), Praxiskommentar Vergaberecht, 1. Aufl. 2005, Vertiefungshinweis 3 zu § 111 Rn. 7; s. auch *Düsterdiek* NZBau 2004, 605, 607, wonach aus dem Gebot rechtlichen Gehörs bereits die lege lata die Pflicht zur Einräumung einer solchen Möglichkeit folge; ebenso *Summa* in: Heiermann u. a. (o. Fn. 10), § 111 Rn. 19.
[49] EuGH, Urt. v. 14. 2. 2008 – C-450/06, NZBau 2008, 403, 406 Rn. 54 – „Varec SA/Belgien".
[50] *Kus* in: Niebuhr/Kulartz/Kus/Portz, Vergaberecht (Hrsg.), 1. Aufl. 2000, § 111 Rn. 21; *Dreher* in: Immenga/Mestmäcker (o. Fn. 3), § 111 Rn. 21; *Tahal* in: Willenbruch/Bischoff (o. Fn. 5), § 111 Rn. 15 f.
[51] O. Fn. 49.
[52] Anders noch *Dreher* in: Immenga/Mestmäcker (o. Fn. 3), § 111 Rn. 21; *Ramm* VergabeR 2007, 739, 743.
[1] OLG Jena, Beschl. v. 9. 9. 2002 – 6 Verg 4/02, VergabeR 2002, 63 ff.

§ 112. Mündliche Verhandlung 2, 3 **§ 112 GWB**

den. Der Grundsatz der mündlichen Verhandlung dient vor allem der Sicherstellung des rechtlichen Gehörs der Beteiligten, daneben aber auch der Verfahrenskonzentration und -beschleunigung.[2]

Besondere Verfahrensvorschriften für die mündliche Verhandlung enthalten § 112 und auch die übrigen Vorschriften über das Nachprüfungsverfahren nicht. Da dieses Verfahren trotz seines gerichtsähnlichen Charakters ein **behördliches Verfahren** ist,[3] sind bezüglich des Inhalts und des Verlaufs der mündlichen Verhandlung die **Regeln und Grundsätze des allgemeinen Verwaltungsverfahrensrechts** ergänzend anzuwenden, insbesondere die Vorschriften über das förmliche Verwaltungsverfahren gemäß §§ 63 ff. VwVfG,[4] ergänzt durch die Vorschriften der Geschäftsordnungen[5] der Vergabekammern. Hierbei ergibt sich aus dem subsidiär anwendbaren § 68 Abs. 1 VwVfG, **dass die Verhandlung vor der Vergabekammer nicht öffentlich ist**.[6] 2

Die **Terminierung** der Verhandlung erfolgt nach pflichtgemäßem Ermessen und unter Berücksichtigung der 5-Wochenfrist des § 113 Abs. 1 S. 1,[7] wobei im Rahmen des Möglichen und unter Berücksichtigung des Beschleunigungsgrundsatzes auch etwaigen Terminierungswünschen und Verhinderungsgründen Rechnung getragen werden kann.[8] Ist eine umfassende Vorbereitung der Stellungnahme in der mündlichen Verhandlung nicht möglich, so ist Gelegenheit zu nachträglicher Stellungnahme einzuräumen.[9] Eine **förmliche Ladung** ist nicht vorgesehen, auch eine entsprechende Anwendung der verwaltungs- oder zivilprozessualen Grundsätze erscheint in Ermangelung einer Anwesenheitspflicht der Beteiligten (§ 112 Abs. 2) nicht geboten.[10] Angesichts der Geltung der Beschleunigungsmaxime und der allgemeinen Verfahrensförderungspflicht (§ 113 Abs. 2) müssen die Beteiligten und – soweit vorhanden – auch deren Verfahrensbevollmächtigte auf eine relativ kurzfristige Anberaumung des Termins für die mündliche Verhandlung gefasst sein.[11] Für die Verhandlung selbst folgt aus der Geltung des **Unmittelbarkeitsgrundsatzes**, dass die Vergabekammer die Entscheidung in der Besetzung der mündlichen Verhandlung und ausschließlich auf Grundlage des dort ermittelten Tatsachenstoffes zu treffen hat.[12] 3

---

[2] *Weyand*, Praxiskommentar Vergaberecht, 2. Aufl. 2007, § 112 Rn. 2132–2134; *Dreher* in: Immenga/Mestmäcker, Wettbewerbsrecht, Bd. 2, 4. Aufl. 2007, § 112 Rn. 2; *Maier* NZBau 2004, 667, 669; *Otting* in: Bechtold, GWB, 4. Aufl. 2006, § 112 Rn. 2.

[3] BT- Drucks. 13/9340, S. 13.

[4] Vertiefend hierzu *Kus* in: Niebuhr/Kulartz/Kus/Portz, Vergaberecht (Hrsg.), 1. Aufl. 2000, § 112 Rn. 6 ff.; *Gause* in: Willenbruch/Bischoff (Hrsg.), Kompaktkommentar Vergaberecht, 1. Aufl. 2008, § 112 Rn. 3; *Byok* in: Byok/Jaeger (Hrsg.), Kommentar zum Vergaberecht, 2. Aufl. 2005, § 112 Rn. 1055.

[5] Vgl. hierzu die Kommentierung zu § 106 Rn. 3; die Fundstellen für die Geschäftsordnungen der Vergabekammern der Länder werden bei *Jasper/Marx*, Textausgabe Vergaberecht, 10. Aufl. 2007, Kapitel 9 (S. 449 ff.) aufgeführt.

[6] *Dreher* in: Immenga/Mestmäcker (o. Fn. 2), § 112 Rn. 6 m. w. Nachw.; *Gause* in: Willenbruch/Bischoff (o. Fn. 4), § 112 Rn. 2; *Summa* in: Heiermann u. a. (Hrsg.), Praxiskommentar Vergaberecht, 2. Aufl. 2008, § 112 Rn. 5; *Brauer* in: Kulartz/Kus/Portz (Hrsg.), Kommentar zum GWB-Vergaberecht, 1. Aufl. 2006, § 112 Rn. 5; *Otting* in: Bechtold (o. Fn. 2), § 112 Rn. 3; krit. hierzu *Byok* in: Byok/Jaeger (o. Fn. 4), § 112 Rn. 1055.

[7] *Dreher* in: Immenga/Mestmäcker (o. Fn. 2), § 112 Rn. 4.

[8] *Otting* in: Bechtold (o. Fn. 2), § 112 Rn. 3.

[9] OLG Jena, Beschl. v. 17. 3. 2003 – 6 Verg 2/03; *Dreher* in: Immenga/Mestmäcker (o. Fn. 2), § 112 Rn. 4.

[10] *Summa* in: Heiermann u. a. (o. Fn. 6), § 112 Rn. 8; *Dreher* in: Immenga/Mestmäcker (o. Fn. 2), § 112 Rn. 5; a. A. *Maier* NZBau 2004, 667, 669.

[11] *Summa* in: Heiermann u. a. (o. Fn. 6), § 112 Rn. 7, 10: Frist von höchstens einer Woche ausreichend. § 6 Abs. 2 der GO der Vergabekammern des Bundes sieht insoweit eine Ladungsfrist von drei Tagen ab Eingang bei den Verfahrensbeteiligten vor.

[12] *Dreher* in: Immenga/Mestmäcker (o. Fn. 2), § 112 Rn. 2; *Gause* in: Willenbruch/Bischoff

4 Aufgrund des besonderen Charakters des Nachprüfungsverfahrens als Eilverfahren soll sich die mündliche Verhandlung auf **einen Termin beschränken**. Dies erfordert eine derart **umfassende und gründliche Vorbereitung des Termins durch die Vergabekammer,** dass der gesamte Streitstoff einschließlich aller erforderlichen Maßnahmen zur Sachverhaltsaufklärung in einem Termin verhandelt bzw. durchgeführt werden kann. In diesem Zusammenhang ist die Vergabekammer verpflichtet, alle verfahrensrechtlichen Möglichkeiten zur Beschleunigung des Verfahrens zu nutzen, z. B. den Beteiligten gemäß § 113 Abs. 2 Satz 2 Ausschlussfristen zu setzen. Es kann daher wohl nur in sehr umfangreichen oder sachlich und rechtlich komplizierten Verfahren vorkommen, dass die Anberaumung eines weiteren Termins zur mündlichen Verhandlung durch die Vergabekammer unumgänglich ist.[13]

II. Rechtliches Gehör (Abs. 1 Satz 2)

5 **Alle Beteiligten** am Verfahren **haben** in der mündlichen Verhandlung **Anspruch auf rechtliches Gehör** (§ 112 Abs. 1 Satz 2). Auch dies folgt aus der gerichtsähnlichen Ausgestaltung des Nachprüfungsverfahrens vor der Vergabekammer. Die Gelegenheit zur Stellungnahme soll einen über die schriftlichen Stellungnahmen hinausgehenden vertieften Vortrag der Beteiligten ermöglichen[14] und dient damit sowohl der umfassenden und abschließenden Klärung der Sach- und Rechtslage als auch der Wahrung der Rechte und Interessen aller Verfahrensbeteiligten.[15]

6 Der Anspruch auf rechtliches Gehör vor der Vergabekammer folgt – obschon die Vergabekammer kein „Gericht" im strengen Sinne ist – aus Art. 103 Abs. 1 GG[16] und **reicht weiter als das Recht auf Anhörung gemäß § 28 VwVfG,** dessen tatbestandliche Beschränkungen in Abs. 2 und 3 hier nicht zur Anwendung kommen.[17] Er besteht daher unabhängig davon, ob in Rechte von Beteiligten eingegriffen wird.

III. Entscheidung nach Aktenlage (Abs. 1 Satz 3)

7 **Einschränkungen des Grundsatzes der mündlichen Verhandlung** sind in § 112 Abs. 1 Satz 3 vorgesehen. Nur diese rechtfertigen ein Absehen von der mündlichen Verhandlung.[18] Danach kann eine Entscheidung ohne Anberaumung eines Verhandlungstermins nach Aktenlage ergehen, wenn sich die Beteiligten damit einverstanden erklären (1. Var.) oder der Nachprüfungsantrag unzulässig oder offensichtlich unbegründet ist (2. Var.).

8 Die Zustimmung zur Entscheidung nach Lage der Akten, also ohne mündliche Verhandlung gemäß § 112 Abs. 1 Satz 3 1. Var. setzt die **Zustimmung aller Verfahrensbe-**

(o. Fn. 4), § 112 Rn. 3; *Weyand* (o. Fn. 1), § 112 Rn. 2141, der insoweit auf § 112 VwGO verweist; hierzu auch BayObLG, Beschl. v. 2. 12. 2002 – Verg 24/02, VergabeR 2003, 207 ff.

[13] *Gause* in: Willenbruch/Bischoff (o. Fn. 4), § 112 Rn. 3.

[14] *Maier* NZBau 2004, 667, 669; *Dreher* in: Immenga/Mestmäcker (o. Fn. 2), § 112 Rn. 3; *Gause* in: Willenbruch/Bischoff (o. Fn. 4), § 112 Rn. 2.

[15] *Dreher* in: Immenga/Mestmäcker (o. Fn. 2), § 112 Rn. 3.

[16] Allg. M., vgl. z. B. *Weyand* (o. Fn. 1), § 112 Rn. 2135; *Kus* in: Niebuhr/Kulartz/Kus/Portz (o. Fn. 4), § 112 Rn. 15; *Otting* in: Bechtold (o. Fn. 2), § 112 Rn. 1; *Summa* in: Heiermann u. a. (o. Fn. 6), § 112 Rn. 4; *Gause* in: Willenbruch/Bischoff (o. Fn. 4), § 112 Rn. 2.

[17] *Byok* in: Byok/Jaeger (o. Fn. 4), § 112 Rn. 1058. Zum Inhalt des Anspruchs auf rechtliches Gehör auch OLG Düsseldorf, Beschl. v. 2. 3. 2005 – VII – Verg 70/04: Äußerung zum Sachverhalt und Stellung der für die angestrebte Entscheidung sachdienlichen Anträge; ebenso *Gause* in: Willenbruch/Bischoff (o. Fn. 4), § 112 Rn. 2.

[18] OLG Jena, Beschl. v. 9. 9. 2002 – 6 Verg 4/02 m. w. Nachw.; *Gause* in: Willenbruch/Bischoff (o. Fn. 4), § 112 Rn. 5; zur Entbehrlichkeit einer mündlichen Verhandlung, wenn wegen Rücknahme des Antrags nur noch über die Kosten zu entscheiden ist vgl. BayObLG, Beschl. v. 29. 9. 1999 – Verg 5/99.

teiligten gemäß § 109 Satz 1 voraus, so dass auch ein Beigeladener die Durchführung des Termins erzwingen kann. Sie ist gegenüber der Vergabekammer zu erklären und **bedarf keiner besonderen Form**.[19] Allerdings sollte sie aus Gründen der Rechtsklarheit schriftlich erklärt werden. Als Verfahrenshandlung ist sie **vorbehaltlos** zu erklären und **unwiderruflich**.[20]

Nach Aktenlage kann die Vergabekammer überdies bei **unzulässigem** Nachprüfungsantrag entscheiden. Im Gegensatz zu § 110 Abs. 2 Satz 1, der in Bezug auf die Zustellung des Antrags an den Auftraggeber danach differenziert, ob dieser bereits offensichtlich unzulässig ist, kann die Entscheidung nach Aktenlage **auch bei nicht offensichtlicher Unzulässigkeit erfolgen**.[21] Die Vergabekammer kann deshalb auch dann ohne mündliche Verhandlung entscheiden, wenn sie den Antrag nach § 110 Abs. 2 S. 1 GWB zugestellt hat und später nach vertiefter Prüfung der Sach- und Rechtslage, unter Umständen erst nach weiteren Ermittlungen, zur Überzeugung von der Unzulässigkeit des Antrags gelangt.[22] 9

Eine Differenzierung nimmt das Gesetz in § 112 Abs. 1 Satz 3 dagegen im Hinblick auf die Begründetheit des Antrags vor: Hier darf **nur im Falle offensichtlicher Unbegründetheit** auf eine mündliche Verhandlung verzichtet werden. Dies leuchtet ein, weil sich regelmäßig erst in der mündlichen Verhandlung für die Vergabekammer die letzte Klarheit darüber ergeben wird, ob sie einen Nachprüfungsantrag in der Sache für begründet hält oder nicht. 10

Für die Feststellung, wann ein Antrag als **offensichtlich unbegründet** anzusehen ist, gelten dieselben restriktiven Kriterien wie bei § 110 Abs. 2.[23] Offensichtliche Unbegründetheit liegt demnach vor, wenn an der Unbegründetheit keine vernünftigen Zweifel mehr bestehen.[24] Zur Feststellung der offensichtlichen Unbegründetheit kann die Vergabekammer auch noch im Zuge der Einsicht in die nach Zustellung des Nachprüfungsantrags übersandte Vergabeakte gelangen.[25] Allerdings ist die Zurückweisung eines Nachprüfungsantrags als „offensichtlich unbegründet" durch die Vergabekammer ausgeschlossen, wenn die „Offensichtlichkeit" aus Sachverhaltselementen abgeleitet worden ist, zu denen im Nachprüfungsverfahren keine Akteneinsicht gewährt worden ist.[26] 11

Es steht im **pflichtgemäßen Ermessen** der Vergabekammer, ob sie bei Vorliegen der Voraussetzungen des § 112 Abs. 1 Satz 3 eine mündliche Verhandlung durchführt oder nach Aktenlage entscheidet („kann"). Sie hat insoweit jedoch auch in Rechnung zu stellen, dass im Zuge einer mündlichen Verhandlung möglicherweise neue Erkenntnisse zu Tage 12

---

[19] *Byok* in: Byok/Jaeger (o. Fn. 4), § 112 Rn. 1056; *Dreher* in: Immenga/Mestmäcker (o. Fn. 2), § 112 Rn. 8; *Otting* in: Bechtold (o. Fn. 2), § 112 Rn. 4 m. w. Nachw.; im Grundsatz wie hier *Gause* in: Willenbruch/Bischoff (o. Fn. 4), § 112 Rn. 6; a. A. jedoch *Boesen* Vergaberecht, 1. Aufl. 2000, § 112 Rn. 21; *Brauer* in: Kulartz/Kus/Portz (o. Fn. 6), § 112 Rn. 13.
[20] *Boesen* (o. Fn. 20), § 112 Rn. 21; *Gause* in: Willenbruch/Bischoff (o. Fn. 4), § 112 Rn. 6; *Dreher* in: Immenga/Mestmäcker (o. Fn. 2), § 112 Rn. 8.
[21] OLG Brandenburg, Beschl. v. 5. 10. 2004 – Verg W 12/04, VergabeR 2005, 138 f.; *Dreher* in: Immenga/Mestmäcker (o. Fn. 2), § 112 Rn. 9; *Weyand* (o. Fn. 1), § 112 Rn. 2145; *Gause* in: Willenbruch/Bischoff (o. Fn. 4), § 112 Rn. 7.
[22] BayObLG, Beschl. v. 20. 8. 2001 – Verg 11/01; *Gause* in: Willenbruch/Bischoff (o. Fn. 4), § 112 Rn. 7.
[23] *Dreher* in: Immenga/Mestmäcker (o. Fn. 2), § 112 Rn. 9; *Otting* in: Bechtold (o. Fn. 2), § 112 Rn. 4
[24] *Gause* in: Willenbruch/Bischoff (o. Fn. 4), § 112 Rn. 8; *Maier* NZBau 2004, 667, 669; *Dreher* in: Immenga/Mestmäcker (o. Fn. 2), § 112 Rn. 9; vgl. insoweit insbes. auch die Rspr.-Nachw. bei *Weyand* (o. Fn. 1), § 112 Rn. 2146.
[25] VK Schleswig-Holstein, Beschl. v. 17. 3. 2006 – VK-SH 02/06; VK Bund, Beschl. v. 6. 10. 2003 – VK 2 – 94/03; *Gause* in: Willenbruch/Bischoff (o. Fn. 4), § 112 Rn. 8.
[26] OLG Schleswig, Beschl. v. 20. 3. 2008 – 1 Verg 6/07, NZBau 2008, 472 (LS).

gefördert werden, die zu einer anderen Bewertung führen können.[27] Aufgrund ihrer Pflicht zur Verfahrensbeschleunigung gemäß § 113 wird sie jedoch oftmals von der Ermächtigung zur Entscheidung nach Aktenlage Gebrauch machen müssen.

IV. Entscheidung bei Fernbleiben der Beteiligten (Abs. 2)

13 Der Beschleunigung des Verfahrens dient auch die Regelung des § 112 Abs. 2, wonach **auch bei Fernbleiben oder nicht ordnungsgemäßer Vertretung**[28] der Beteiligten **in der Sache verhandelt und entschieden werden kann.** Dies gilt jedoch nur dann, wenn die Beteiligten rechtzeitig und ordnungsgemäß zum Verfahren geladen wurden.[29] Die Ursache der Säumnis oder des Vertretungsmangels, insbesondere ein diesbezügliches Verschulden, ist nach der Gesetzesfassung grundsätzlich nicht von Belang. Bei der Entscheidung in der Sache hat die Vergabekammer den bisherigen schriftlichen Vortrag des/der Ferngebliebenen zu berücksichtigen. Die Entscheidung über die Durchführung der Abwesenheitsverhandlung gem. § 112 Abs. 2 nur mit den erschienenen bzw. ordnungsgemäß vertretenen Beteiligten trifft die Vergabekammer nach pflichtgemäßem Ermessen („kann"),[30] welches jedoch unter Berücksichtigung des Beschleunigungsgebotes (§ 113) im Regelfall dahingehend auszuüben ist, dass die mündliche Verhandlung durchgeführt wird.[31]

14 Da die Regelung des § 112 Abs. 2 (ebenso § 113 Abs. 2) eine Einschränkung des Anspruchs auf rechtliches Gehör darstellt, **sind die Beteiligten bereits in der Ladung darauf hinzuweisen,** dass im Falle ihres Fernbleibens oder ihrer nicht ordnungsgemäßen Vertretung auch ohne sie verhandelt und entschieden werden kann (und in der Regel auch wird). Fehlt ein solcher – im Gesetz selbst nicht angeordneter, letztlich aber aus dem Rechtsstaatsprinzip folgender[32] – Hinweis, stellt die Verhandlung bei Ausbleiben oder nicht ordnungsgemäßer Vertretung Verfahrensbeteiligter gleichwohl eine Verletzung des Grundsatzes des rechtlichen Gehörs dar.[33] Bei einer Verletzung des Gebots des rechtlichen Gehörs ist in entsprechender Anwendung des § 538 Abs. 2 Nr. 3 ZPO i.V.m. § 130 Abs. 2 Nr. 2 VwGO eine Aufhebung der angefochtenen Entscheidung und eine Zurückweisung der Sache an die Vergabekammer zu erwägen.[34]

15 Die Vertretung der Beteiligten durch einen Anwalt ist im Nachprüfungsverfahren nicht erforderlich; es herrscht **kein Anwaltszwang** (vgl. demgegenüber § 117 Abs. 3 Satz 2 und § 120 Abs. 1 Satz 1).[35]

---

[27] BayObLG, Beschl. v. 9. 9. 2001 – Verg 11/01, VergabeR 2002, 77 ff.; VK Schleswig-Holstein, Beschl. v. 17. 3. 2006 – VK-SH 02/06; *Weyand* (o. Fn. 1), § 112 Rn. 2142 mit zahlr. weiteren Nachw.; *Dreher* in: Immenga/Mestmäcker (o. Fn. 2), § 112 Rn. 7; vgl. insoweit auch BT-Drucks. 13/9340, S. 19 und zu den im Rahmen der Ermessensausübung zu berücksichtigenden Gesichtspunkten auch *Gause* in: Willenbruch/Bischoff (o. Fn. 4), § 112 Rn. 8.

[28] Ein Anwaltszwang besteht vor der Vergabekammer allerdings nicht, vgl. Rn. 15.

[29] *Byok* in: Byok/Jaeger (o. Fn. 4), § 112 Rn. 1059.

[30] Eine Rechtspflicht zur Durchführung der Verhandlung besteht insoweit nicht, vgl. *Boesen* (o. Fn. 20), § 112 Rn. 21; § 112 Rn. 33; *Dreher* in: Immenga/Mestmäcker (o. Fn. 2), § 112 Rn. 11; *Summa* in: Heiermann u.a. (o. Fn. 6), § 112 Rn. 18; a.A. aber *Otting* in: Bechtold (o. Fn. 2), § 112 Rn. 5 („muss").

[31] *Dreher* in: Immenga/Mestmäcker (o. Fn. 2), § 112 Rn. 11 mit dem Hinweis, dass hinsichtlich der Ermessensausübung auch das unverschuldete Fernbleiben oder vergleichbare Vertretungsmängel in Rechnung zu stellen sind; ähnlich auch *Summa* in: Heiermann u.a. (o. Fn. 6), § 112 Rn. 21; anders *Otting* in: Bechtold (o. Fn. 2), § 112 Rn. 5.

[32] *Dreher* in: Immenga/Mestmäcker (o. Fn. 2), § 112 Rn. 5.

[33] BVerwG, Urt. v. 13. 12. 1982 – 9 C 894/80, NJW 1983, 2155; OLG Jena, Beschl. v. 9. 9. 2002 – 6 Verg 4/02, VergabeR 2002, 631 ff.; vgl. *Otting* in: Bechtold (o. Fn. 2), § 112 Rn. 1.

[34] OLG Düsseldorf, Beschl. v. 2. 3. 2005 – VII-Verg 70/04.

[35] Vgl. *Summa* in: Heiermann u.a. (o. Fn. 6), § 112 Rn. 6; *Gause* in: Willenbruch/Bischoff (o. Fn. 4), § 112 Rn. 2.

V. Neufassung gemäß Gesetz zur Modernisierung des Vergaberechts vom 20. April 2009

§ 112 ist unverändert geblieben. 16

§ 113. Beschleunigung

(1) ¹Die Vergabekammer trifft und begründet ihre Entscheidung schriftlich innerhalb einer Frist von fünf Wochen ab Eingang des Antrags. ²Bei besonderen tatsächlichen oder rechtlichen Schwierigkeiten kann der Vorsitzende im Ausnahmefall die Frist durch Mitteilung an die Beteiligten um den erforderlichen Zeitraum verlängern. ³Er begründet diese Verfügung schriftlich.

(2) ¹Die Beteiligten haben an der Aufklärung des Sachverhalts mitzuwirken, wie es einem auf Förderung und raschen Abschluss des Verfahrens bedachten Vorgehen entspricht. ²Den Beteiligten können Fristen gesetzt werden, nach deren Ablauf weiterer Vortrag unbeachtet bleiben kann.

Übersicht

	Rn.		Rn.
I. Fünf Wochen Entscheidungsfrist	1–4	V. Neufassung gemäß Gesetz zur Modernisierung des Vergaberechts vom 20. April 2009	14, 15
II. Fristverlängerung	5–9		
III. Förderungspflicht der Beteiligten	10		
IV. Unbeachtlichkeit verspäteten Vortrags	11–13		

I. Fünf Wochen Entscheidungsfrist (Abs. 1 Satz 1)

Die Vergabekammern haben ihre Entscheidungen gem. Abs. 1 Satz 1 innerhalb von **fünf Wochen ab Eingang des Nachprüfungsantrags** gem. § 107 Abs. 1 zu treffen und schriftlich zu begründen. Ergeht die Entscheidung der Vergabekammer innerhalb dieses oder des durch Verfügung gem. § 113 Abs. 1 Satz 2 verlängerten Zeitraumes nicht, gilt der Antrag gem. § 116 Abs. 2 als abgelehnt.[1] Nach zutreffender Auffassung ist der Vergabekammer nach Ablauf der 5-Wochen Frist ohne rechtzeitige und wirksame Verlängerungsentscheidung nach Abs. 1 Satz 2 die Sachentscheidungsbefugnis entzogen, da anderenfalls die in § 116 Abs. 2 als zwingend angeordnete Ablehnungsfiktion zur Disposition der Vergabekammer gestellt würde.[2] Dies gilt auch für eine die Fiktion bestätigende Ablehnungsentscheidung nach Fristablauf.[3] 1

Zweck der engen Frist ist es, ein zügiges Verfahren zu gewährleisten, um **Investitionsblockaden** erst gar nicht entstehen zu lassen.[4] In ihr kommt der das gesamte Nachprüfungsverfahren als Prozessmaxime überlagernde Beschleunigungsgrundsatz zum Ausdruck.[5] 2

---

[1] Vgl. OLG Dresden, Beschl. v. 5. 4. 2001 – WVerg 0008/00, WuW 2001, 1019 ff. Zur Ablehnungsfiktion eingehend auch *Braun* NZBau 2003, 134 ff.

[2] OLG Düsseldorf, Beschl. v. 12. 3. 2003 – Verg 49/02; OLG Stuttgart, Beschl. v. 20. 6. 2001 – Verg 3/01, NZBau 2001, 696, 698; *Otting* in: Bechtold, GWB, 4. Aufl. 2006, § 113 Rn. 4; *Dreher* in: Immenga/Mestmäcker, Wettbewerbsrecht, Bd. 2, 4. Aufl. 2007, § 113 Rn. 11; *Summa* in: Heiermann u. a. (Hrsg.), Praxiskommentar Vergaberecht, 2. Aufl. 2008, § 113 Rn. 30 ff.

[3] Vgl. jedoch OLG Rostock, Beschl. v. 17. 10. 2001 – 17 W 18/00, VergabeR 2002, 85, 86; *Boesen*, Vergaberecht, 1. Aufl. 2000, § 113 Rn. 36 ff.; *Jaeger* in: Byok/Jaeger (Hrsg.), Kommentar zum Vergaberecht, 2. Aufl. 2005, § 113 Rn. 1109; eingehend zum Ganzen *Braun* NZBau 2003, 134, 136 f.; *Summa*, in: Heiermann u. a. (o. Fn. 2), § 113 Rn. 37 ff.

[4] BT-Drucks. 13/9340, S. 19.

[5] *Byok* in: Byok/Jaeger (o. Fn. 3), § 113 Rn. 1061; *Dreher* in: Immenga/Mestmäcker (o. Fn. 2), § 113 Rn. 2; vgl. auch BT-Drucks. 13/9340, S. 19: „zentrale Regelung für die zügige Durchführung des Nachprüfungsverfahrens".

GWB § 113 3

Eine logische Ausnahme bilden insoweit allerdings Feststellungsanträge (s. § 114 Abs. 2 S. 3), da das Vergabeverfahren nach Erledigung nicht mehr verzögert werden kann und vor diesem Hintergrund auch kein Bedürfnis nach einem besonders schnellen Verfahrensverlauf besteht.[6] Gleiches gilt für das Kostenfestsetzungsverfahren.

3 Die Frist **beginnt** unabhängig vom Vorliegen der Begründung,[7] die gem. § 108 Abs. 1 Satz 1 „unverzüglich" zu erfolgen hat,[8] mit Eingang des Nachprüfungsantrags ausschließlich bei der zuständigen Vergabekammer.[9] Das **Ende** der Frist berechnet sich gem. § 31 VwVfG i.V.m. §§ 187ff. BGB nach den allgemeinen Regeln.[10] Der Beschluss der Vergabekammer ergeht gem. § 114 Abs. 3 Satz 1 als **Verwaltungsakt** i.S.d. § 35 Satz 1 VwVfG. Er ist den Beteiligten folglich nach den Verwaltungszustellungsgesetzen des Bundes und der Länder zuzustellen, um gem. § 41 VwVfG seine Wirksamkeit zu erlangen. Die Entscheidung der Vergabekammer ist innerhalb der 5-Wochen-Frist zu „treffen". Abzustellen ist insoweit nicht auf deren Zustellung,[11] sondern auf den Abschluss der verfahrensordnungsgemäßen Entscheidung (insbesondere also die vollständige Abfassung der Entscheidungsgründe und unterschriftliche Beurkundung) und deren Entäußerung.[12] Maßgeblich ist somit der aktenkundige Zeitpunkt des Zugangs bei der Geschäftsstelle.[13] Hierfür spricht neben dem Wortlaut des Abs. 1 Satz 1, der lediglich vom „Treffen" der Entscheidung, nicht jedoch von deren Zugang oder Wirksamkeit spricht, auch die Überlegung, dass die Vergabekammer mit Blick auf die Kürze der Entscheidungsfindung nicht zusätzlich mit den Unwägbarkeiten einer Zustellung und dem diesbezüglichen Zeitbedarf belastet werden sollte.[14] Schließlich ist mit dem Erfordernis des aktenkundigen Zugangs bei der Geschäftsstelle (s.o.) auch gewährleistet, dass die Beteiligten den für die Fristberechnung maßgeblichen Zeitpunkt der Entscheidung anhand des Eingangsvermerks exakt bestimmen

---

[6] OLG Dresden, Beschl. v. 14. 3. 2005 – WVerg 3/05, VergabeR 2005, 546 ff.; *Otting* in: Bechtold (o. Fn. 2), § 113 Rn. 6; *Dreher* in: Immenga/Mestmäcker (o. Fn. 2), § 113 Rn. 4; *Summa* in: Heiermann u. a. (o. Fn. 2), § 113 Rn. 2; zur Möglichkeit einer Untätigkeitsbeschwerde bei Nichtbearbeitung des Feststellungsantrags OLG Bremen, Beschl. v. 12. 3. 2007 – Verg 3/06 (nur als ultima ratio nach Ausschöpfung sämtlicher sonstiger Mittel).

[7] Vgl. hierzu auch *Dreher* in: Immenga/Mestmäcker (o. Fn. 2), § 113 Rn. 6; eingehend *Summa* in: Heiermann u. a. (o. Fn. 2), § 113 Rn. 7ff.; a.A. *Boesen* (o. Fn. 3), § 113 Rn. 10; *Gause* in: Willenbruch/Bischoff (Hrsg.), Kompaktkommentar Vergaberecht, 1. Aufl. 2008, § 113 Rn. 2; *Otting* in: Bechtold (o. Fn. 2), § 113 Rn. 1 (bei verspäteter Nachreichung der Begründung Fristbeginn erst mit deren Eingang).

[8] Vgl. hierzu die Kommentierung zu § 108 Rn. 5.

[9] OLG Düsseldorf, Beschl. v. 11. 3. 2002 – Verg 43/01, NZBau 2003, 55 ff. (insoweit nicht abgedr.: Verweisungsbeschl. nach § 17a GVG nicht ausreichend); hierzu auch *Summa*, in: Heiermann u. a. (o. Fn. 2), § 113 Rn. 12f.; *Dreher* in: Immenga/Mestmäcker (o. Fn. 2), § 113 Rn. 6; *Braun* NZBau 2003, 134, 135; *Gause* in: Willenbruch/Bischoff (o. Fn. 7), § 113 Rn. 2.

[10] Vgl. insoweit Ausführungen und Übersicht bei *Summa* in: Heiermann u. a. (o. Fn. 2), § 113 Rn. 14.

[11] Die in der Vorauflage noch vertretene Ansicht wird damit aufgegeben. Anders aber noch *Byok* in: Byok/Jaeger (o. Fn. 3), § 113 Rn. 1062; *Reidt* in: Reidt/Stickler/Glahs (Hrsg.), Vergaberecht, 2. Aufl. 2003, § 113 Rn. 5.

[12] OLG Saarbrücken, Beschl. v. 29. 4. 2003 – 5 Verg 4/02, VergabeR 2003, 429, 430; OLG Düsseldorf, Beschl. v. 8. 5. 2002 – Verg 8–15/01; OLG Frankfurt a.M., Beschl. v. 25. 9. 2000 – 11 Verg 2/99; *Otting* in: Bechtold (o. Fn. 2), § 113 Rn. 2 *Summa* in: Heiermann u. a. (o. Fn. 2), § 113 Rn. 22ff.; *Dreher* in: Immenga/Mestmäcker (o. Fn. 2), § 113 Rn. 8.

[13] OLG Naumburg, Beschl. v. 13. 10. 2006 – 1 Verg 7/06 und 1 Verg 6/06, NZBau 2007, 200 (LS), VergabeR 2007, 125 ff.; *Dreher* in: Immenga/Mestmäcker (o. Fn. 2), § 113 Rn. 8); *Gause* in: Willenbruch/Bischoff (o. Fn. 7), § 113 Rn. 3.

[14] OLG Naumburg, Beschl. v. 13. 10. 2006 – 1 Verg 7/06; OLG Düsseldorf, Beschl. v. 8. 5. 2002 – Verg 8–15/01; OLG Frankfurt a.M., Beschl. v. 25. 9. 2000 – 11 Verg 2/99; *Dreher* in: Immenga/Mestmäcker (o. Fn. 2), § 113 Rn. 8.

können.[15] Um die Beteiligten frühzeitig über die unter Wahrung der 5-Wochen-Frist getroffene Entscheidung zu informieren, empfiehlt es sich, dass die Vergabekammer den Beschluss unmittelbar, nachdem alle erforderlichen Unterschriften erfolgt sind, vorab per Telefax an die Beteiligten übermittelt.[16] Damit erlangen sämtliche Beteiligten noch binnen der 5-Wochen-Frist Gewissheit darüber, dass eine Entscheidung getroffen wurde.

Die Entscheidung der Vergabekammer ist gem. Abs. 1 Satz 1 „schriftlich" zu treffen. Die 4 Frage, wessen Unterschriften neben der notwendigen Unterschrift des Vorsitzenden für die Schriftform nach § 113 Abs. 1 S. 1 erforderlich sind,[17] richtet sich in Ermangelung einer diesbezüglichen Festlegung des GWB[18] unmittelbar nach dem jeweils einschlägigen Landes- bzw. Geschäftsordnungsrecht.[19] So sieht etwa § 8 Abs. 1 Satz 6 der GO VK Bund[20] neben der Unterschrift des Vorsitzenden nur noch die des hauptamtlichen Beisitzers zwingend vor.

II. Fristverlängerung (Abs. 1 Sätze 2 und 3)

Um nicht tragfähigen Entscheidungen infolge **übermäßigen Zeitdrucks** vorzubeugen, 5 besteht die Möglichkeit der Verlängerung der grundsätzlich verbindlichen Entscheidungsfrist. Gem. Abs. 1 Satz 2 trifft der **Vorsitzende** die Entscheidung, teilt sie allen Beteiligten mit[21] und begründet sie gem. Abs. 1 Satz 3 schriftlich. Der Gesetzeswortlaut erfordert aber keine begründete Mitteilung.[22] Die Mitteilung der Entscheidung bedarf auch – anders als die Übersendung des Nachprüfungsantrags und die instanzbeendende Entscheidung der Vergabekammer (vgl. § 117 Abs. 1) – keiner förmlichen Zustellung nach den VwZG des Bundes bzw. der Länder.[23] Für die Fristwahrung reicht es aus, dass die Verlängerung innerhalb der Frist vom Vorsitzenden verfügt und diese Verfügung ordnungsgemäß in den Geschäftsgang gelangt ist.[24] Hierfür sprechen – ebenso wie in Hinblick auf die instanzbeen-

---

[15] So die noch in der Vorauflage geäußerten Bedenken; vgl. hierzu *Summa*, in: Heiermann u.a. (o. Fn. 2), § 113 Rn. 25.

[16] *Gause* in: Willenbruch/Bischoff (o. Fn. 7), § 113 Rn. 3; *Byok* in: Byok/Jaeger (o. Fn. 3), § 113 Rn. 1062.

[17] Zum Erfordernis der eigenhändigen Unterschrift vgl. *Gause* in: Willenbruch/Bischoff (o. Fn. 7), § 113 Rn. 3.

[18] Zur Entbehrlichkeit der der Unterschriften sämtlicher an der Entscheidungsfindung beteiligten Kammermitglieder jedenfalls nach dem GWB s. BGH, Beschl. v. 12. 6. 2001 – X ZB 10/01, NZBau 2001, 517, 518; a. A. noch OLG Düsseldorf, Beschl. v. 22. 1. 2001 – Verg 24/00, NZBau 2001, 520.

[19] BayObLG, Beschl. v. 2. 12. 2002 – Verg 24/02, VergabeR 2003, 207 ff.; OLG Jena, Beschl. v. 28. 2. 2001 – 6 Verg 8/00, VergabeR 2001, 159 ff.; *Summa* in: Heiermann u.a. (o. Fn. 2), § 113 Rn. 16; ferner *Otting* in: Bechtold (o. Fn. 2), § 113 Rn. 2 und *Dreher* in: Immenga/Mestmäcker (o. Fn. 2), § 113 Rn. 8.

[20] Geschäftsordnung v. 15. 7. 2005 (Bekanntmachung Nr. 41/2005), BAnz. Nr. 151/2005 v. 12. 8. 2005, S. 122963 f. Zu den Geschäftsordnungsregelungen der Länder vgl. etwa § 5 Abs. 2 der Gemeinsamen Geschäftsordnung der Vergabekammern bei den Bezirksregierungen des Landes Nordrhein-Westfalen v. 26. 11. 1999 (MBl. NRW Nr. 8/2000, S. 105) i. d. F. der Änderung v. 27. 5. 2002 (MBl. NRW Nr. 36/2002, S. 652); § 10 Abs. 2 der Geschäftsordnung der Vergabekammern des Landes Hessen v. 1. 3. 2006, StAnz. Nr. 10/2006 v. 6. 3. 2006, S. 605 f.

[21] Zum notwendigen Inhalt der Mitteilung siehe vertiefend *Boesen* (o. Fn. 3), § 113 Rn. 30 ff. m. w. Nachw.

[22] *Dreher* in Immenga/Mestmäcker (o. Fn. 2), § 113 Rn. 9 mit Verweis auf die anderslautende Bestimmung in § 121 Abs. 3 Satz 1 Halbsatz 2; a. A. *Boesen* (o. Fn. 3), § 113 Rn. 30.

[23] *Maier* in: Kulartz/Kus/Portz (Hrsg.), Kommentar zum GWB-Vergaberecht, 1. Aufl. 2006, § 113 Rn. 16; *Gause* in: Willenbruch/Bischoff (o. Fn. 7), § 113 Rn. 6.

[24] KG, Beschl. v. 6. 11. 2003 – 2 Verg 12/03, VergabeR 2004, 253 ff.; *Dreher* in: Immenga/Mestmäcker (o. Fn. 2), § 113 Rn. 9; *Summa* in: Heiermann u.a. (o. Fn. 2), § 113 Rn. 47; wie noch in der Vorauflage aber *Maier* in: Kulartz/Kus/Portz (o. Fn. 23), § 113 Rn. 17, 20; *Boesen* (o. Fn. 3), § 113 Rn. 29.

dende Sachentscheidung nach § 116 Abs. 1 Satz 1 – nicht nur der Wortlaut des § 116 Abs. 2 („entschieden"), sondern auch die bei einem Abstellen auf die Zustellung anderenfalls auftretenden Unwägbarkeiten hinsichtlich des Zugangs sowie der diesbezügliche Zeitbedarf. Die nach Ablauf dieser Frist gem. § 116 Abs. 2 von Gesetzes wegen eintretende Ablehnungsfiktion kann nicht rückwirkend durch eine Fristverlängerungsentscheidung des Vorsitzenden neutralisiert werden.[25] Die Entscheidung über die Fristverlängerung ist einer isolierten Anfechtung nicht zugänglich.[26]

6   Eine **Fristverlängerung ist zulässig,** wenn besondere tatsächliche oder rechtliche Schwierigkeiten dies **im Ausnahmefall** erfordern. Die seitens des Gesetzgebers im Zuge des Gesetzgebungsverfahrens geäußerte Hoffnung, angesichts der hohen tatbestandlichen Hürden werde „die Zahl der Fristüberschreitungen auf ein Minimum beschränkt"[27] bleiben, wurde durch die tatsächliche Entwicklung rasch ad absurdum geführt: schon 2002 wurden 165 Verlängerungen der Entscheidungsfrist (ca. 43% aller Sachentscheidungen) verfügt, so dass **von einem Ausnahmefall** schon damals **kaum mehr die Rede sein konnte.**[28] 2003 wurden 273 Verlängerungen verfügt; dies entsprach bereits einem Anteil von etwa 71% aller Sachentscheidungen. 2004 stieg die Anzahl der angeordneten Verlängerungen weiter auf 383, so dass etwa 90% aller Sachentscheidungen eine Fristverlängerung vorausgegangen war. Seitdem ist – allerdings auf weiterhin übermäßig hohem Niveau (2005: 87 Prozent; 2006: 75 Prozent; 2007: 71 Prozent) – ein leichter Rückgang zu verzeichnen.[29] In den Jahren 1999 bis 2004 nahmen die Nachprüfungsverfahren (einschließlich des Beschwerdeverfahrens) mit einer Dauer von mehr als 20 Wochen einen Anteil von immerhin ca. 5 Prozent der auf den Bausektor insgesamt entfallenden Nachprüfungsverfahren ein.[30] Eine derartige Praxis verstößt ganz offensichtlich gegen Wortlaut und Intention des Gesetzes.

7   Besondere **tatsächliche** Schwierigkeiten sind solche, die eine umfangreiche Beweisaufnahme oder die Sichtung umfangreichen Aktenmaterials erforderlich machen.[31] Besondere **rechtliche** Schwierigkeiten liegen dann vor, wenn der Sachverhalt die Klärung neuer oder besonders umstrittener rechtlicher Probleme erfordert.[32] Der Begriff **„Ausnahmefall"** macht deutlich, dass eine Fristverlängerung nur dann stattfinden soll, wenn die Schwierigkeiten im Vergleich zu anderen Nachprüfungsverfahren erheblich sind.[33] Die besondere Schwierigkeit muss außerdem **in der Sache selbst begründet** liegen, nicht in organisato-

---

[25] *Otting* in: Bechtold (o. Fn. 2), § 113 Rn. 4 unter Berufung auf den Gesetzeszweck; *Summa* in: Heiermann u.a. (o. Fn. 2), § 113 Rn. 46; *Reidt* in: Reidt/Stickler/Glahs (o. Fn. 11), § 113 Rn. 13.

[26] *Otting* in: Bechtold (o. Fn. 2), § 113 Rn. 4; *Dreher* in: Immenga/Mestmäcker (o. Fn. 2), § 113 Rn. 10; a.A. *Boesen* (o. Fn. 3), § 113 Rn. 34.

[27] BT-Drucks. 13/9340, S. 19.

[28] Vgl. zu diesem Befund bereits den Bericht der Bundesregierung über die Erfahrungen mit dem Vergaberechtsänderungsgesetz v. 11. 11. 2003, BT-Drucks. 15/2034, S. 3: „Mit zunehmender Zahl der Fälle bei gleichbleibendem Personalstand ist festzustellen, dass die Fristen nicht eingehalten werden."

[29] Vgl. hierzu die Nachweise für die einzelnen Berichtsjahre in: *BMWi*, Statistische Meldungen gem. § 22 Vergabeverordnung, Gesamtübersicht für die Berichtsjahre 1999–2007 (Stand: 31. 1. 2008), abrufbar unter: http://www.bmwi.de/BMWi/Redaktion/PDF/G/gesamtuebersicht-vergabekammern.pdf.

[30] *Wanninger/Stolze/Kratzenberg* NZBau 2006, 481, 483.

[31] Siehe auch *Dreher* in: Immenga/Mestmäcker (o. Fn. 2), § 113 Rn. 9 sowie *Weyand*, Praxiskommentar Vergaberecht, 2. Aufl. 2007, § 113 Rn. 2159 m.w. Nachw.

[32] Das sollte wegen der vom Gesetzgeber intendierten (BT-Drucks. 13/9340, S. 13 und 17) Ausgestaltung der Vergabekammern als Spruchkörper mit hohem juristischen Sachverstand wohl eher selten vorkommen, so auch *Gause* in: Willenbruch/Bischoff (o. Fn. 7), § 113 Rn. 5 m.w. Nachw.

[33] Allg. M., s. *Boesen* (o. Fn. 3), § 113 Rn. 21; *Gause* in: Willenbruch/Bischoff (o. Fn. 7), § 113 Rn. 5.

rischen oder personellen Engpässen der Vergabekammer.[34] Dennoch werden derzeit viele Verfahren wegen starker Arbeitsüberlastung einiger Vergabekammern über die Fünf-Wochenfrist hinaus und teilweise **mehrmals** verlängert.[35] Dies erscheint solange als hinnehmbar, wie dies als „**Notwehrmaßnahme**" bei Überlastung zu werten ist. Keine Rechtfertigung in diesem Sinne bilden aber Fristverlängerungen z. B. wegen fastnachtsbedingter Urlaubsabwesenheit der Kammermitglieder.

Die hinsichtlich der Zulässigkeit einer **mehrfachen Fristverlängerung** vertretenen Ansichten gehen weit auseinander.[36] Abgewogen werden muss hier zwischen der Bedeutung der Entscheidung der Vergabekammer im Hinblick auf ihre Bindungswirkung für spätere Schadensersatzprozesse[37] und dem Beschleunigungsgrundsatz. Auf keinen Fall darf die Entscheidung **qualitative Abstriche** durch Zeitdruck hinnehmen.[38] Am sachgerechtesten erscheint es hier, **nur eine einzige abschließende Verlängerung** zuzulassen, die aber unter Abwägung der oben genannten Grundsätze so zu bestimmen ist, dass hinreichend Zeit verbleibt, eine belastbare Entscheidung zu treffen.[39] So lässt sich einer Ausuferung wohl am besten entgegenwirken. Die Begründung wird nicht zum Massenprodukt, da sie für jeden Fall speziell angelegt werden muss.

Allerdings **bleibt die Verlängerung der Entscheidungsfrist mit einer im Gesetz nicht vorgesehenen Begründung ohne Sanktion.** Insbesondere wird die Ablehnungsfiktion nach § 116 Abs. 2 durch eine unzulässige Begründung nicht ausgelöst, da diese lediglich an die formale Bedingung der Überschreitung der Entscheidungsfrist geknüpft ist.[40] Diese Rechtslage dürfte wesentlich zu dem oben in Rn. 5 erläuterten Missstand beigetragen haben.

III. Förderungspflicht der Beteiligten (Abs. 2 Satz 1)

Den Beteiligten[41] kommt gem. Abs. 2 Satz 1 eine aktive Rolle bei der **Aufklärung des Sachverhalts** zu.[42] Trotz des sich aus § 110 ergebenden Untersuchungsgrundsatzes haben die Beteiligten das Verfahren gezielt auf einen raschen Ausgang hin zu fördern.[43] In diesen

---

[34] H. M., vgl. OLG Brandenburg, Beschl. v. 30. 11. 2004 – Verg W 10/04, NZBau 2005, 238: urlaubsbedingte Abwesenheit als im Gesetz nicht vorgesehene Begründung; *Boesen* (o. Fn. 3), § 113 Rn. 20; *Dreher* in: Immenga/Mestmäcker (o. Fn. 2), § 113 Rn. 9; *Summa* in: Heiermann u. a. (o. Fn. 2), § 113 Rn. 42 unter Berufung auf den Wortlaut des Gesetzes; a. A. *Reidt* in: Reidt/Stickler/Glahs (o. Fn. 11), § 113 Rn. 10; *Gause* in: Willenbruch/Bischoff (o. Fn. 7), § 113 Rn. 5; *Otting* in: Bechtold (o. Fn. 2), § 113 Rn. 3.

[35] Vgl. hierzu sowie zu den in der Praxis häufigsten Gründen für die Entscheidungsfristverlängerung am Beispiel der Nachprüfung von Bauvergaben *Bundesamt für Bauwesen und Raumordnung*, Auswirkungen der Nachprüfungsverfahren gemäß GWB bei der Vergabe öffentlicher Bauaufträge, Endbericht, BBR-Online-Publikation, Juli 2005 (abrufbar unter: http://www.bbr.bund.de, dort unter: Veröffentlichungen > BBR-Online-Publikation), S. 24 f.

[36] Vgl. hierzu *Dreher* in: Immenga/Mestmäcker (o. Fn. 2), § 113 Rn. 9 m. w. Nachw.

[37] Vgl. § 124 Abs. 1.

[38] *Kus* in: Niebuhr/Kulartz/Kus/Portz, Vergaberecht (Hrsg.), 1. Aufl. 2000, § 113 Rn. 15.

[39] Ebenso *Dreher* in: Immenga/Mestmäcker (o. Fn. 2), § 113 Rn. 9, der insoweit maßgeblich auf die Gesichtspunkte der Rechtsstaatlichkeit und Verfahrensökonomie rekurriert; vgl. demgegenüber *Weyand* (o. Fn. 31), § 113 Rn. 2157 (mehrmalige Verlängerungsmöglichkeit) einer- und *Boesen* (o. Fn. 3), § 113 Rn. 27 (keine Verlängerungsmöglichkeit) andererseits.

[40] OLG Brandenburg, Beschl. v. 30. 11. 2004 – Verg W 10/04, NZBau 2005, 238 (insoweit insbes. auf den Gesichtspunkt der Rechtssicherheit abstellend); ebenso OLG Koblenz, Beschl. v. 31. 8. 2001 – 1 Verg 3/01, NZBau 2001, 641; *Summa* in: Heiermann u. a. (o. Fn. 2), § 113 Rn. 48 ff.

[41] Vgl. die Kommentierung zu § 109 Rn. 2 ff.

[42] Vgl. BT-Drucks. 13/9340, S. 19.

[43] Siehe auch OLG Koblenz, Beschl. v. 10. 8. 2000 – 1 Verg 2/00, NZBau 2000, 534, 536; zum Verhältnis zwischen Verfahrensförderungspflicht und Untersuchungsgrundsatz eingehend *Weyand* (o. Fn. 31), § 113 Rn. 2165 ff.

Kontext gehört auch die **Rügeobliegenheit** der Parteien aus § 107 Abs. 3 Satz 1. Den Beteiligten ist zu einer engen Mitarbeit zu raten, da der **Umfang der Untersuchungspflicht** der Vergabekammer durch das Mitwirken der Parteien begrenzt wird.[44] Die bloße Verletzung der Verfahrensförderungspflicht führt angesichts der diesbezüglich in Abs. 2 S. 2 statuierten Voraussetzungen (Fristsetzung und -ablauf) jedoch keinesfalls zur Präklusion von Tatsachenvorbringen.[45] Auch eine automatische Reduktion der Amtsermittlungspflicht ist hiermit nach zutreffender Auffassung nicht verbunden.[46]

IV. Unbeachtlichkeit verspäteten Vortrags (Abs. 2 Satz 2)

11   Der Vergabekammer steht zur Durchsetzung der in Abs. 2 Satz 1 normierten Verfahrensförderungspflicht gem. Abs. 2 Satz 2 die Möglichkeit der **Setzung einer Frist** zu, nach deren Ablauf der **Parteivortrag unbeachtet** bleiben kann, also auch bereits die Antragsbegründung.[47] Die Präklusionswirkung des § 113 Abs. 2 Satz 2 ist auf Tatsachenvortrag einschließlich der Benennung von Beweismitteln beschränkt, die Darlegung von Rechtsauffassungen hingegen bleibt hiervon unberührt.[48] Die Entscheidung über die Fristsetzung, deren Dauer angemessen sein muss,[49] steht – wie auch die Zurückweisung des verspäteten Vortrags – im **Ermessen** der gesamten Kammer.[50] Die Entscheidung über die Nichtberücksichtigung verspäteten Vortrags, die von der gesamten Kammer, nicht nur von deren Vorsitzendem,[51] zu treffen ist, ist – ebenso wie die Fristsetzung selbst[52] – nicht gesondert anfechtbar, um eine Verzögerung des Verfahrens zu vermeiden.[53] Daraus folgt, dass auch ein nach Ablauf der Frist eingegangener Schriftsatz bei der Entscheidungsfindung berücksichtigt werden kann, wenn dies im Interesse der Rechtsfindung notwendig ist.[54] Im Rahmen der Ermessensausübung wird indes auch zu berücksichtigen sein, ob die Verspätung des Vortrags entschuldigt ist.[55]

12   Die **Mitteilung** über die Fristsetzung ist an keine besondere Form gebunden. Auch einer Zustellung der Mitteilung bedarf es in Ermangelung einer diesbezüglichen Anordnung

---

[44] Siehe hierzu *Kaiser* NZBau 2002, 315, 318; *Summa* in: Heiermann u. a. (o. Fn. 2), § 113 Rn. 60.

[45] OLG Koblenz, Beschl. v. 22. 3. 2001 – 1 Verg 9/00, VergabeR 2001, 407, 408; *Gause* in: Willenbruch/Bischoff (o. Fn. 7), § 113 Rn. 9; *Summa* in: Heiermann u. a. (o. Fn. 2), § 113 Rn. 58; *Dreher* in: Immenga/Mestmäcker (o. Fn. 2), § 113 Rn. 13; anders offenbar VK Bund, Beschl. v. 16. 3. 2006 – VK 1 – 10/06; OLG Düsseldorf, Beschl. v. 28. 6. 2006 – VII – Verg 18/06; Beschl. v. 19. 11. 2003 – VII – Verg 22/03 („nicht ohne weiteres").

[46] VK Sachsen, Beschl. v. 8. 4. 2002 – 1/SVK/022–02; *Dreher* in: Immenga/Mestmäcker (o. Fn. 2), § 113 Rn. 13 m. w. Nachw.; vgl. aber auch BGH, Beschl. v. 19. 12. 2000 – X ZB 14/00, NZBau 2001, 151, 155.

[47] Ebenso *Dreher* in: Immenga/Mestmäcker (o. Fn. 2), § 113 Rn. 14.

[48] Vgl. *Summa* in: Heiermann u. a. (o. Fn. 2), § 113 Rn. 65; *Reidt* in: Reidt/Stickler/Glahs (o. Fn. 11), § 113 Rn. 62.

[49] *Boesen* (o. Fn. 3), § 113 Rn. 46.

[50] BT-Drucks. 13/9340, S. 19; vgl. auch VK Sachsen, Beschl. v. 2. 8. 2001 – 1/SVK/70–01; *Gause* in: Willenbruch/Bischoff (o. Fn. 7), § 113 Rn. 9; *Dreher* in: Immenga/Mestmäcker (o. Fn. 2), § 113 Rn. 14; a. A. (Entscheidung allein des Vorsitzenden) *Otting* in: Bechtold (o. Fn. 2), § 113 Rn. 7; *Boesen* (o. Fn. 3), § 113 Rn. 48.

[51] BT-Drucks. 13/9340, S. 19: „nach freier Überzeugung der Kammer"; *Gause* in: Willenbruch/Bischoff (o. Fn. 7), § 113 Rn. 9; a. A. offenbar *Otting* in: Bechtold (o. Fn. 2), § 113 Rn. 7 (Entscheidung des Vorsitzenden).

[52] *Summa* in: Heiermann u. a. (o. Fn. 2), § 113 Rn. 68.

[53] BT-Drucks. 13/9340, S. 19.

[54] VK Leipzig, Beschl. v. 9. 4. 2002 – 1/SVK/021–02; VK Hessen, Beschl. v. 16. 1. 2004 – 69 d VK – 72/2003.

[55] Eine zwingende Unbeachtlichkeit des Vortrags nach fruchtlosem Verstreichen der Frist ergibt sich indes auch aus einer fehlenden Entschuldigung nicht; anders *Boesen* (o. Fn. 3), § 113 Rn. 54

nicht.⁵⁶ Sie muss aber die eindeutige Angabe der Frist beinhalten. Ihr muss überdies zum Ausschluss einer rechtsstaatlich nicht tragbaren **Überraschungsentscheidung** eine Belehrung über die Rechtsfolgen der Fristversäumnis beigelegt sein.⁵⁷ Demgegenüber entfaltet die Präklusion nach § 113 Abs. 2 S. 2 keine Wirkung auch für das anschließende Beschwerdeverfahren. Das Beschwerdegericht hat vielmehr jeden Vortrag, der ihm vor und in der mündlichen Verhandlung zur Kenntnis gelangt, zu berücksichtigen.⁵⁸ Der Gesetzgeber hat vor dem Hintergrund des im Nachprüfungsverfahren herrschenden Zeitdrucks (§ 113 Abs. 1) gerade von der Schaffung einer den §§ 528 Abs. 3 ZPO, 128a Abs. 2 VwGO⁵⁹ entsprechenden Vorschrift abgesehen, so dass auch eine analoge Anwendung der genannten Normen nicht in Betracht kommt.⁶⁰

Darüber hinaus soll nach Ansicht des OLG Düsseldorf auch **jeder Vortrag ausgeschlossen** werden, **den ein Verfahrensbeteiligter so spät vorbringt, dass den übrigen Beteiligten** bis zum Schluss der mündlichen Verhandlung, auf die die Entscheidung der Nachprüfungsinstanz ergeht, **eine Erwiderung unter zumutbaren Bedingungen nicht mehr möglich** ist. Grundlage für den Ausschluss soll der Anspruch auf rechtliches Gehör (Art. 103 Abs. 1 GG) der übrigen Beteiligten sein; dieser werde bei einer Verwertung des Vorbringens verletzt.⁶¹ 13

V. Neufassung gemäß Gesetz zur Modernisierung des Vergaberechts vom 20. April 2009

„15. In § 113 Abs. 1 wird nach Satz 2 folgender Satz eingefügt: 14
„Dieser Zeitraum soll nicht länger als 2 Wochen dauern."

In der Begründung des Gesetzesentwurfs heißt es hierzu: „Die neu eingeführte Zwei-Wochenfrist 15 *dient der Beschleunigung."*⁶²

§ 114 Entscheidung der Vergabekammer

(1) ¹**Die Vergabekammer entscheidet, ob der Antragsteller in seinen Rechten verletzt ist und trifft die geeigneten Maßnahmen, um eine Rechtsverletzung zu beseitigen und eine Schädigung der betroffenen Interessen zu verhindern.** ²**Sie ist an die Anträge nicht gebunden und kann auch unabhängig davon auf die Rechtmäßigkeit des Vergabeverfahrens einwirken.**

(2) ¹**Ein bereits erteilter Zuschlag kann nicht aufgehoben werden.** ²**Hat sich das Nachprüfungsverfahren durch Erteilung des Zuschlags, durch Aufhebung oder durch Einstellung des Vergabeverfahrens oder in sonstiger Weise erledigt, stellt die Verga-**

---

⁵⁶ *Reidt* in: Reidt/Stickler/Glahs (o. Fn. 11), § 113 Rn. 32; a. A. *Boesen* (o. Fn. 3), § 113 Rn. 48.

⁵⁷ *Dreher* in: Immenga/Mestmäcker (o. Fn. 2), § 113 Rn. 14; *Summa* in: Heiermann u. a. (o. Fn. 2), § 113 Rn. 66 (jedenfalls für anwaltlich nicht vertretene Beteiligte).

⁵⁸ OLG Koblenz, Beschl. v. 10. 8. 2000 – 1 Verg 2/00, NZBau 2000, 534, 538 und mit ausführlicher Argumentation *Otting* in: Bechtold (o. Fn. 2), § 113 Rn. 7.

⁵⁹ Die in der Vorauflage noch angedeutete Möglichkeit einer Geltung des § 128a VwGO wird hiermit ausdrücklich verworfen.

⁶⁰ Hierzu eingehend *Summa* in: Heiermann u. a. (o. Fn. 2), Vertiefungshinweis 2 zu § 113 Rn. 1 ff.

⁶¹ OLG Düsseldorf, Beschl. v. 19. 11. 2003 – Verg 22/03, wonach in derartigen Konstellationen das verspätete Vorbringen auch nicht die Amtsermittlungspflicht der Nachprüfungsbehörden auszulösen vermag; ebenso *Summa* in: Heiermann u. a. (o. Fn. 2), § 113 Rn. 72; vgl. auch *Maier* NZBau 2004, 667, 668.

⁶² Begründung zum Regierungsentwurf eines Gesetzes zur Modernisierung des Vergaberechts v. 21. Mai 2008, BT-Drucks. 16/10117, Teil B, zu Nr. 15 (S. 23).

bekammer auf Antrag eines Beteiligten fest, ob eine Rechtsverletzung vorgelegen hat. [3] § 113 Abs. 1 gilt in diesem Fall nicht.

(3) [1]Die Entscheidung der Vergabekammer ergeht durch Verwaltungsakt. [2]Die Vollstreckung richtet sich, auch gegen einen Hoheitsträger, nach den Verwaltungsvollstreckungsgesetzen des Bundes und der Länder. [3] § 61 gilt entsprechend.

Übersicht

	Rn.		Rn.
I. Einleitung	1	2. Antrag	20
II. Entscheidungsinhalt	2–16	3. Interesse an der Feststellung	21
1. Materieller Inhalt	3–9	4. Entscheidungsinhalt	22
2. Formelle Anforderungen an die Entscheidung	10–12	IV. Vollstreckung	23, 24
3. Keine Bindung an die Anträge	13–16	V. Neufassung gemäß Gesetz zur Modernisierung des Vergaberechts vom 20. April 2009	25, 26
III. Fortsetzungsfeststellungsantrag	17–22		
1. Erledigung	17–19		

I. Einleitung

1 § 114 ist als Fortsetzung zu § 107 zu betrachten und steht in engem Zusammenhang mit § 97 Abs. 7. In § 114 finden sich die Regelungen zum **Entscheidungsinhalt**, Abs. 1 Satz 1, zum **Entscheidungsspielraum** der Vergabekammer, Abs. 1 Satz 2, zur **Zulässigkeit** eines Feststellungsantrags, Abs. 2 Satz 2, zur **Entscheidungsform,** Abs. 3 Satz 1, und zur **Vollstreckung,** Abs. 3 Satz 2.

II. Entscheidungsinhalt

2 Ist der Nachprüfungsantrag zulässig im Sinne der §§ 107, 108, entscheidet die Vergabekammer gem. Abs. 1 Satz 1, ob der Antragsteller in seinen Rechten aus § 97 Abs. 7 verletzt ist. Einer bestehenden Rechtsverletzung hat sie durch die Vornahme **geeigneter Maßnahmen** zu begegnen, die diese Verletzung **beseitigen** und eine Schädigung der betroffenen Interessen **verhindern**.

1. Materieller Inhalt

3 Maßstab der Verletzung von Rechten der Antragssteller ist § 97 Abs. 7.[1] Die von der Vergabekammer zu treffenden Maßnahmen müssen zur Beseitigung der Rechtsverletzung **geeignet, erforderlich** und **angemessen** sein.[2] Wesentliche Voraussetzung ist ein direkter Bezug zwischen Maßnahmen und Rechtsverletzung.[3] Zulässig sind gem. Abs. 1 neben Teilentscheidungen auch Zwischenverfügungen (insbesondere hinsichtlich der Erledigung durch wirksamen Zuschlag).[4]

---

[1] *Otting* in: Bechtold, GWB, 4. Aufl. 2006, § 114 Rn. 1; *Dreher* in: Immenga/Mestmäcker, Wettbewerbsrecht, Bd. 2, 4. Aufl. 2007, § 114 Rn. 13; siehe zum Inhalt der subjektiven Bieterrechte die Kommentierung zu § 97 Rn. 80.

[2] Zur Schranke des Verhältnismäßigkeitsprinzips vgl. OLG Düsseldorf, Beschl. v. 30. 4. 2003 – Verg 64/02; *Gause* in: Willenbruch/Bischoff (Hrsg.), Kompaktkommentar Vergaberecht, 1. Aufl. 2008, § 114 Rn. 3; *Fett* NZBau 2005, 141, 142; *Maier* in: Kulartz/Kus/Portz (Hrsg.), Kommentar zum GWB-Vergaberecht, 1. Aufl. 2006, § 114 Rn. 13.

[3] *Reidt* in: Reidt/Stickler/Glahs (Hrsg.), Vergaberecht, 2. Aufl. 2003, § 114 Rn. 11.

[4] *Byok* in: Byok/Jaeger (Hrsg.), Kommentar zum Vergaberecht, 2. Aufl. 2005, § 114 Rn. 1072; ausf. *Summa* in: Heiermann u. a. (Hrsg.), Praxiskommentar Vergaberecht, 2. Aufl. 2008, VT 2 zu § 114 Rn. 1 ff.

§ 114. Entscheidung der Vergabekammer　　　　　　　　　　　　4, 5　§ 114 GWB

Der Vergabekammer ist damit ein **weites Ermessen** hinsichtlich der Entscheidung 4
eingeräumt, **auf welche Weise sie wieder rechtmäßige Zustände herstellt.**[5] Denkbare Maßnahmen sind in diesem Zusammenhang beispielsweise, dem Auftraggeber bestimmte Verhaltenspflichten für den weiteren Ablauf des Vergabeverfahrens aufzuerlegen oder anzuordnen, bestimmte Abschnitte oder gar das gesamte Verfahren zu wiederholen.[6] Erweisen sich zur Durchsetzung der Rechte des Antragstellers mehrere Maßnahmen als geeignet, so ist zunächst diejenige zu erwägen, die dem Rechtsschutzinteresse des Antragstellers am ehesten gerecht wird[7] und die den Ablauf des Vergabeverfahrens am wenigsten beeinträchtigt. Die Aufhebung des Vergabeverfahrens kommt vor diesem Hintergrund nur als ultima ratio in Betracht, wenn die Rechtsverletzung im laufenden Vergabeverfahren nicht (mehr) durch mildere Maßnahmen beseitigt werden kann.[8] Statuiert die Vergabestelle etwa für einzureichende Eignungs- oder Qualitätsnachweise überzogene oder objektiv unerfüllbare Anforderungen, so dürfte regelmäßig eine Untersagung der Zuschlagserteilung auf Grundlage der in der Ausschreibung benannten Bedingungen geboten, aber auch ausreichend sein. Ob der grundlegende Mangel des eingeleiteten Vergabeverfahrens sodann durch transparente und diskriminierungsfreie Änderung der betreffenden Vorgaben behoben werden kann und eine solche Maßnahme in Übereinstimmung mit den Grundsätzen des Vergaberechts in § 97 Abs. 1 und 2 ergriffen werden soll oder die Ausschreibung wegen des ihr anhaftenden Mangels aufgehoben wird, hat nämlich der öffentliche Auftraggeber in eigener Verantwortung zu entscheiden.[9]

Umstritten ist in diesem Zusammenhang, ob die **Vergabekammer der Vergabestelle** 5
die Anweisung erteilen darf, einem bestimmten Bieter den Zuschlag zu erteilen.
Dies wird ihr nicht einmal bei dem hier wohl äußerst seltenen Fall einer Ermessensreduzierung auf Null zuzubilligen sein.[10] Richtigerweise wird man dem Verfahren vor der Vergabekammer nämlich **keinen Devolutiveffekt** wie etwa dem verwaltungsrechtlichen Widerspruchsverfahren nach §§ 68 ff. VwGO zuerkennen können. Der Vergabekammer stehen demnach nicht die gleichen Entscheidungsbefugnisse wie der Vergabestelle zu; sie kann nicht anstelle letzterer entscheiden.[11] Die Vergabekammer kann den Auftraggeber auch nicht zur Zuschlagserteilung zwingen, wenn dieser zuvor die Ausschreibung aufgeho-

---

[5] *Fett* NZBau 2005, 141, 142; *Gause* in: Willenbruch/Bischoff (o. Fn. 2), § 114 Rn. 3; *Byok* in: Byok/Jaeger (o. Fn. 4), § 114 Rn. 1071.

[6] *Maier* in: Kulartz/Kus/Portz (o. Fn. 2), § 114 Rn. 12; im Interesse einer wirksamen Vollstreckbarkeit einer solchen Handlungspflicht sollte deren Auferlegung möglichst mit einer entsprechenden Fristsetzung verbunden werden, vgl. *Summa* in: Heiermann u. a. (o. Fn. 4), § 114 Rn. 57 ff.

[7] OLG Koblenz, Beschl. v. 26. 10. 2005 – 1 Verg 4/05, VergabeR 2006, 392 ff.

[8] *Fett* NZBau 2005, 141, 142; *Byok* in: Byok/Jaeger (o. Fn. 4), § 114 Rn. 1071; *Maier* in: Kulartz/Kus/Portz (o. Fn. 2), § 114 Rn. 12; *Gause* in: Willenbruch/Bischoff (o. Fn. 2), § 114 Rn. 5; vertiefend und mit zahlr. Beisp. Aus der Rechtsprechungspraxis *Summa* in: Heiermann u. a. (o. Fn. 4), § 114 Rn. 10 ff.

[9] BGH, Beschl. v. 26. 9. 2006 – X ZB 14/06, NZBau 2006, 800, 806 m. Anm. *Müller-Wrede/Poschmann*.

[10] Hiergegen auch *Byok* in: Byok/Jaeger (o. Fn. 4), § 114 Rn. 1072; *Summa* in: Heiermann u. a. (o. Fn. 4), § 114 Rn. 16 f.; *Maier* in: Kulartz/Kus/Portz (o. Fn. 2), § 114 Rn. 12. A. A. aber etwa OLG Hamburg, Beschl. v. 21. 11. 2003 – 1 Verg 3/03, NZBau 2004, 164, 165; *Boesen*, Vergaberecht, 1. Aufl. 2000, § 114 Rn. 23 m. w. Nachw.; *Kus* in: Niebuhr/Kulartz/Kus/Portz, Vergaberecht (Hrsg.), 1. Aufl. 2000, § 114 Rn. 39; s. auch VK Hamburg, Beschl. v. 14. 8. 2003 – VgK FB 3/03; für Entscheidungen des Beschwerdegerichts BayObLG, Beschl. v. 5. 11. 2002 – Verg 22/02, NZBau 2003, 342, 345 f.

[11] Vgl. auch *Dreher* in: Immenga/Mestmäcker (o. Fn. 1), § 114 Rn. 10, 22 m. w. Nachw.; *Byok* in: Byok/Jaeger (o. Fn. 4), § 114 Rn. 1071; *Summa* in: Heiermann u. a. (o. Fn. 4), § 114 Rn. 22; insbesondere auch OLG Düsseldorf, Beschl. v. 10. 5. 2000 – Verg 5/00, NZBau 2000, 540, 542.

ben und damit zum Ausdruck gebracht hat, er wolle die Leistung nicht mehr vergeben.[12] Er macht sich dann freilich schadensersatzpflichtig.

6 Lange Zeit war umstritten, ob die Vergabekammer auch die Aufhebung einer Ausschreibung durch den öffentlichen Auftraggeber überprüfen und sie gegebenenfalls ihrerseits aufheben darf (**Aufhebung der Aufhebung**). Dies hätte das Wiederaufleben der Ausschreibung mit allen ihren Konsequenzen zur Folge.[13] Nach einer klarstellenden Entscheidung des EuGH[14] **muss dem Bieter die Möglichkeit der Überprüfung der Entscheidung** eines öffentlichen Auftraggebers **über die Aufhebung des Vergabeverfahrens gewährt werden**. Das ist unabhängig davon zu gewährleisten, ob den durch die Aufhebung bzw. Einstellung des Verfahrens geschädigten Unternehmen ein Anspruch aus §§ 280, 311 Abs. 2, 3, 241 BGB (c. i. c.) zusteht. Die Überprüfungskompetenz der Vergabekammer ist dabei nicht darauf beschränkt, die Aufhebung auf Willkür hin zu überprüfen. Der EuGH-Rechtsprechung folgend hat auch der BGH[15] mittlerweile die grundsätzliche Möglichkeit der Nachprüfbarkeit einer Aufhebungsentscheidung im Primärrechtsschutzverfahren anerkannt.[16]

7 Die neuere höchstrichterliche Rechtsprechung befreit die Aufhebung von der ihr anhaftenden negativen Aura.[17] Die sog. **Flucht in die Aufhebung** ist nun nicht mehr möglich, nachdem die Aufhebung voll überprüfbar ist. Der öffentliche Auftraggeber sieht sich künftig nicht mehr lediglich dem Ersatz des negativen Interesses als Rechtsfolge eines Schadensersatzanspruches aus c. i. c. gegenübergestellt, der in der Regel nur den Ersatz der Kosten der Erstellung der Ausschreibungsunterlagen erfasst und damit relativ gering ist. Er setzt sich im Falle einer rechtswidrigen Aufhebung darüber hinaus der Gefahr **des Ersatzes des quasi-positiven Interesses** durch die Feststellung der Nachprüfungsinstanzen aus, dass die Aufhebung der Ausschreibung Vergabevorschriften verletzt hat.

8 Obwohl die Aufhebung der Ausschreibung der Nachprüfung unterliegt, **kann der Auftraggeber** auch im Falle der Rechtswidrigkeit der Aufhebung (also beim Nicht-Vorliegen der Voraussetzungen gem. § 26 VOB/A bzw. § 26 VOL/A) dagegen **nicht gezwungen werden, ein Vergabeverfahren bis zum Ende durchzuführen** und ein nicht mehr gewünschtes Vergabeprojekt zu realisieren, da dies einen unzulässigen Eingriff in die Privatautonomie der öffentlichen Auftraggeber darstellen würde.[18] Gibt der Auftraggeber sein Beschaffungsvorhaben also endgültig auf oder erfährt der Ausschreibungsgegenstand eine wesentliche Änderung,[19] so kommt eine Nachprüfung der Aufhebung der Ausschreibung nicht mehr in Betracht. Hält der Auftraggeber jedoch an der Vergabe des Auftrags weiterhin fest, so kann die Vergabekammer auf Antrag auch die Fortführung des ursprünglichen Vergabeverfahrens anordnen,[20] insbesondere im Falle einer Scheinaufhebung.[21]

---

[12] BGH, Beschl. v. 18. 2. 2003 – X ZB 43/02, NZBau 2003, 293, 294; OLG Düsseldorf, Beschl. v. 19. 11. 2003 – VII Verg 59/03.
[13] Instruktiv OLG Koblenz, Beschl. v. 10. 4. 2003 – 1 Verg 1/03, NZBau 2003, 576 ff.
[14] EuGH, Urt. v. 18. 6. 2002 – Rs. C-92/00, Slg. 2002, I-05553 = NZBau 2002, 458, 462 Rn. 55 – „HI/Stadt Wien".
[15] BGH, Beschl. v. 18. 2. 2003 – X ZB 43/02, NZBau 2003, 293, 294 ff.
[16] S. auch *Jasper/Pooth* NZBau 2003, 261 ff.; *Summa* in: Heiermann u. a. (o. Fn. 4), § 104 Rn. 31 ff.
[17] *Prieß* NZBau 2002, 433 f.
[18] Std. Rspr., s. nur BGH, Urt. v. 8. 9. 1998 – X ZR 48/97, BGHZ 139, 259 ff. = NJW 1998, 3636, 3639; OLG Celle, Beschl. v. 22. 5. 2003 – 13 Verg 9/03, VergabeR 2003, 455, 456; OLG Naumburg, Beschl. v. 13. 10. 2006 – 1 Verg 6/06, VergabeR 2007, 125 ff.; *Summa* in: Heiermann u. a. (o. Fn. 4), § 104 Rn. 39; zur Übertragbarkeit dieses Grundsatzes auch auf den neuerdings vermehrt gewährten zivilgerichtlichen Primärrechtsschutz bei unterschwelligen Vergaben vgl. OLG Brandenburg, Beschl. v. 17. 12. 2007 – 13 W 79/07, S. 4 f. des Umdrucks.
[19] *Summa* in: Heiermann u. a. (o. Fn. 4), § 104 Rn. 40.
[20] OLG Naumburg, Beschl. v. 13. 10. 2006 – 1 Verg 6/06, VergabeR 2007, 125 ff.; *Summa* in: Heiermann u. a. (o. Fn. 4), § 114 Rn. 31.
[21] Hierzu OLG Düsseldorf, Beschl. v. 22. 7. 2005 – Verg 37/05.

§ 114. Entscheidung der Vergabekammer 9 **§ 114 GWB**

Die Vergabekammer und auch der Senat können gem. Abs. 2 Satz 1 **einen bereits** 9 **wirksam erteilten Zuschlag nicht wieder aufheben,** da nach der deutschen Rechtsausgestaltung Zuschlag und Vertragsschluss zusammenfallen.[22] Diese Norm ist Ausdruck des Grundsatzes pacta sunt servanda und führte in der Vergangenheit wegen der durch sie hervorgerufenen Einschränkung des Primärrechtsschutzes zu Widersprüchen mit dem europäischen Recht. Nach der Entscheidung des EuGH vom 28. 8. 1999[23] bestand gesetzgeberischer Handlungsbedarf, der in die Schaffung des **§ 13 VgV** mündete.[24] Diese Norm sieht eine schriftliche[25] **Benachrichtigung** der nicht berücksichtigten Bieter unter Nennung des Bieters vor, auf dessen Angebot der Zuschlag erteilt wurde.[26] Diese Vorabinformation kann knapp gefasst und in einem Formularschreiben enthalten sein.[27] Den Bietern stehen nach Erhalt der Benachrichtigung **zwei Wochen** zur Verfügung, um gegebenenfalls Nachprüfungsanträge stellen zu können.[28] Für diesen Fristbeginn kommt es grundsätzlich nicht auf den Zugang der Vorabinformation beim Bieter an, § 13 Satz 3 VgV.[29] Wird innerhalb dieser zwei Wochen der Zuschlag erteilt oder unterbleibt die Benachrichtigung völlig, ist der Vertrag gem. § 13 Satz 6 VgV nichtig.[30] Der Antrag kann direkt auf die Feststellung der Nichtigkeitsfolge gerichtet werden, da insofern auch ein Rechtsschutzinteresse des Antragstellers besteht.[31] Wird trotz rechtlicher Notwendigkeit überhaupt kein Vergabeverfahren durchgeführt, ist der Zuschlag im Rahmen einer derartigen „de-facto-Vergabe" analog § 13 Satz 6 VgV nichtig.[32] Dies gilt jedenfalls dann, wenn überhaupt mehrere verschiedene Unternehmen im Sinne einer wettbewerbsähnlichen Beteiligung einbezogen wurden.[33] Anderenfalls, wenn also der Auftrag ohne jegliches Vergabeverfahren vergeben wurde und sich sowohl der Auftraggeber als auch der Auftragnehmer über die Ausschreibungspflichtigkeit im Klaren waren liegt ein sog. kollusives Zusammenwirken vor, welches die Nichtigkeitsfolge aus § 138 BGB auslöst.[34] Ein Nachprüfungsantrag scheitert dann also

---

[22] Vgl. hierzu BT-Drucks. 13/9340, S. 19: „Prinzip des deutschen Vergaberechts".
[23] EuGH, Urt. v. 28. 8. 1999 – Rs. C-81/98, Slg. 1999, I-07 671 = NZBau 2000, 33 ff. – *Alcatel,* mit Anm. *Rust* NZBau 2000, 66 ff.
[24] Vgl. *Hailbronner* NZBau 2002, 474 ff.
[25] Ausführlich hierzu *Gesterkamp* NZBau 2002, 481 ff.
[26] Zu den an die Begründung zu stellenden Anforderungen siehe OLG Düsseldorf, Beschl. v. 6. 8. 2001 – Verg 28/01, VergabeR 2001, 429 ff.; KG, Beschl. v. 4. 4. 2002 – KartVerg 5/02, NZBau 2002, 522, 524.
[27] BayObLG, Beschl. v. 22. 4. 2002 – Verg 8/02, NZBau 2002, 578.
[28] Solche Regelungen sind bereits aus der VOB (§ 27 Nr. 2 VOB/A, dem die Norm nachgebildet ist) und dem Beamtenrecht bekannt.
[29] A. A. vor Einfügung des Satz 3 KG, Beschl. v. 4. 4. 2002 – KartVerg 5/02, NZBau 2002, 522, 524.
[30] Das OLG Brandenburg hielt § 13 Satz 4 a. F. (Satz 6 n. F.) mangels hinreichender Ermächtigungsgrundlage für verfassungswidrig und legte dem BGH vor, Beschl. v. 2. 12. 2003 – Verg W 6/03, NZBau 2004, 169 f. Dieser befand § 97 Abs. 6 GWB zu Recht als hinreichende Ermächtigungsgrundlage (BGH, Beschl. v. 9. 2. 2004 – X ZB 44/03, NZBau 2004, 229 ff., m. Anm. *Rojahn,* NZBau 2004, 382 f. Nach OLG Bremen, Beschl. v. 5. 3. 2007 – Verg 4/2007 soll sich der Bieter auch dann auf das „Nichtigkeitsverdikt" des § 13 Satz 6 VgV berufen können, wenn die Vergabestelle durch Ankündigung, den Zuschlag nicht vor einem bestimmten Zeitpunkt erteilen zu wollen, einen entsprechenden Vertrauenstatbestand geschaffen hat.
[31] OLG Hamburg, Beschl. v. 25. 2. 2002 – 1 Verg 1/01, NZBau 2002, 519.
[32] BGH, Beschl. v. 1. 2. 2005 – X ZB 27/04, VergabeR 2005, 328, 333; OLG Düsseldorf, Beschl. v. 19. 7. 2006 – VII Verg 26/06; *Byok* NJW 2001, 2295, 2301; *Prieß* EuZW 2001, 365; *Dreher* NZBau 2001, 244, 245; *Dieckmann* NZBau 2001, 481, 482; *Hailbronner* NZBau 2002, 474, 479. Das Gesetz zur Modernisierung des Vergaberechts hat durch § 101b Abs. 1 Nr. 2 GWB eine entsprechende Regelung eingeführt. Gegen Nichtigkeit noch OLG Düsseldorf, Beschl. v. 3. 12. 2003 – Verg 37/03, NZBau 2004, 113, mit Anm. *Rosenkötter* NZBau 2004, 136.
[33] OLG Düsseldorf, Beschl. v. 19. 7. 2006 – VII Verg 26/06.
[34] OLG Düsseldorf, Beschl. v. 25. 1. 2005 – Verg 93/04, VergabeR 2005, 343 ff.; *Gause* in: Willenbruch/Bischoff (o. Fn. 2), § 114 Rn. 9; *Summa* in: Heiermann u. a. (o. Fn. 4), § 114 Rn. 54.

ebenso wenig an § 114 Abs. 2 Satz 1 wie beim Vorliegen sonstiger zivilrechtlicher Unwirksamkeitsgründe oder der Nichtigkeit des Zuschlags gem. § 134 BGB i. V. m. §§ 115 Abs. 1, 118 Abs. 3.

9a Die oben unter Rn. 9 dargestellte Rechtslage ändert sich mit Inkrafttreten des Gesetzes zur Modernisierung des Vergaberechts erheblich. Die Informations- und Wartepflicht des Auftraggebers wird dann in § 101a, die Rechtsfolgen einer Verletzung dieser Pflicht in § 101b geregelt. Die Wartepflicht wird dann 15 statt wie bisher 14 Kalendertage betragen. Eine Verletzung dieser Pflicht führt nicht mehr zur Nichtigkeit, sondern zur Unwirksamkeit eines vor Ablauf der Wartepflicht geschlossenen Vertrages. Wird die Unwirksamkeit nicht innerhalb bestimmter Fristen geltend gemacht, wird der Vertrag rechtswirksam.[34a]

2. Formelle Anforderungen an die Entscheidung

10 Die Vergabekammer entscheidet gem. Abs. 3 Satz 1 durch vollstreckbaren **Verwaltungsakt** i. S. d. § 35 Satz 1 VwVfG.[35] Die Entscheidung ist zu begründen (§ 113 Abs. 1 Satz 1), mit einer Rechtsmittelbelehrung zu versehen und ordnungsgemäß zuzustellen.[36] Die Notwendigkeit einer **Rechtsmittelbelehrung** ergibt sich aus dem in Abs. 3 Satz 3 enthaltenen Verweis auf § 61, der eine spezialgesetzliche Regelung zu § 39 VwVfG darstellt. Folglich sind sich aus § 39 Abs. 2 VwVfG ergebende Ausnahmen zur Begründungspflicht für Beschlüsse der Vergabekammer nicht anwendbar.[37] Den von der Entscheidung Betroffenen muss die Möglichkeit eröffnet sein, anhand der Begründung den Beschluss der Vergabekammer in tatsächlicher und rechtlicher Weise **nachvollziehen** zu können. Insbesondere sollten die von der Kammer angeordneten Maßnahmen in Bezug auf ihre Verhältnismäßigkeit und die trotz eines entsprechenden Antrags nicht getroffenen Maßnahmen in Bezug auf ihre mangelnde Geeignetheit dargestellt wie auch auf Sachvorträge der Betroffenen eingegangen werden.[38]

11 Der Entscheidung ist gem. § 61 Abs. 1 eine (verständliche) **Rechtsmittelbelehrung** beizufügen, deren Inhalt im GWB allerdings nicht geregelt ist.[39] Sie hat die Belehrung über die generelle Möglichkeit von Rechtsmitteln (sofortige Beschwerde zum OLG), die Frist und das zuständige Gericht zu beinhalten, § 58 Abs. 1 VwGO analog. Eingedenk des Verzichts auf einen Anwaltszwang im Verfahren vor der Vergabekammer und der relativen Unerfahrenheit der meisten Antragsteller mit dem erst 1999 eingeführten kartellvergaberechtlichen Rechtsschutzsystem erscheint es überdies im Interesse eines effektiven Rechtsschutzes angezeigt, auch einen Hinweis auf zwingende Formvorschriften als obligatorischen

---

[34a] Vgl. auch die Hinweise auf die neue Rechtslage in der Kommentierung zu § 101 Rn. 41 f.

[35] Hintergrund ist die Sicherstellung der durch Art. 2 Abs. 8 Richtlinie 89/665/EWG i. d. F. der Richtlinie 2007/66/EG geforderten Vollstreckbarkeit der Entscheidung, die mangels Gerichtsqualität der Vergabekammer nicht im Wege eines Urteil gewährleistet werden kann, vgl. BT-Drucks. 13/9340, S. 19 sowie eingehend *Dreher* in: Immenga/Mestmäcker (o. Fn. 1), § 114 Rn. 57 ff.

[36] Zur Entbehrlichkeit der unterschriftlichen Beurkundung durch sämtliche an der Entscheidungsfindung beteiligten Kammermitglieder s. BGH, Beschl. v. 12. 6. 2001 – X ZB 10/01, NZBau 2001, 517, 518 (eigenhändige Unterschrift eines hauptamtlichen Mitgliedes unter dem Text des Beschlusses bereits ausreichend); vgl. insoweit auch § 8 Abs. 1 der GO VK Bund (Unterschrift des Vorsitzenden und des hauptamtlichen Beisitzers); a. A. noch OLG Düsseldorf, Beschl. v. 22. 1. 2001 – Verg 24/00, NZBau 2001, 520, welches der in § 113 Abs. 1 Satz 1 vorgeschriebenen Schriftform in Hinblick auf die Urschrift der zu erlassenden (End-)Entscheidung das Erfordernis einer unterschriftlichen Beurkundung durch alle drei an der Entscheidungsfindung beteiligten Mitgliedern der Vergabekammer entnehmen wollte.

[37] *Boesen* (o. Fn. 10), § 114 Rn. 88 m. w. Nachw.; *Dreher* in: Immenga/Mestmäcker (o. Fn. 1), § 114 Rn. 63.

[38] So auch *Boesen* (o. Fn. 10), § 114 Rn. 89 m. w. Nachw.

[39] Vgl. etwa das bei *Summa* in: Heiermann u. a. (o. Fn. 4), § 114 VT 1 zu § 114 abgedruckte Muster.

Bestandteil der Belehrung aufzufassen.[40] Umstritten ist aber die ebenfalls gesetzlich nicht geregelte Frage nach den Rechtsfolgen, falls **keine oder keine ordnungsgemäße Rechtsmittelbelehrung** erfolgt.[41] Wegen des Beschleunigungsgrundsatzes erscheint es verfehlt, § 58 Abs. 2 VwGO mit seiner Jahresfrist analog oder direkt heranzuziehen.[42] Eine nicht rechtskonforme Rechtsmittelbelehrung hätte bei Geltung dieser Rechtsfolge systemwidrige Auswirkungen auf das Vergabeverfahren und würde den Beschleunigungsgrundsatz ad absurdum führen. Richtigerweise muss davon ausgegangen werden, dass die Frist im Nachprüfungsverfahren als **Notfrist** ausgestaltet ist, so dass die **14-Tage-Frist** auch bei unterbliebener Rechtsmittelbelehrung zu laufen beginnt.[43] Bei Fristversäumnis aufgrund nicht ordnungsgemäßer Rechtsmittelbelehrung wird mangels Verschuldens der Beteiligten allerdings regelmäßig Wiedereinsetzung in den vorigen Stand nach Maßgabe von §§ 120 Abs. 2, 73 Nr. 2 GWB i. V. m. §§ 233 ff. ZPO zu gewähren sein.[44] Das ist kein systematischer Widerspruch zu dem oben Gesagten, da an die Wiedereinsetzung in den vorigen Stand weitere Anforderungen geknüpft werden. Daneben kommen grundsätzlich auch Schadensersatzansprüche gegen die Vergabekammer in Betracht.

Die **Zustellung** hat gem. § 61 Abs. 1 nach den jeweils einschlägigen Regelungen der Verwaltungszustellungsgesetze des Bundes und der Länder zu erfolgen. Sie ist Voraussetzung für die innere und äußere Wirksamkeit des Beschlusses.[45] Fraglich ist, welche Rechtsfolgen die **fehlerhafte** Zustellung hat. § 8 VwZG (Bund) gibt grundsätzlich die Möglichkeit zur Heilung formeller Zustellungsmängel, wenn das Schriftstück nachweislich zum Betroffenen gelangt ist. § 117 Abs. 1 bezeichnet die Beschwerdefrist überdies als **Notfrist**. Nach § 187 ZPO ist somit eine Heilung von Zustellungsmängeln ebenfalls nicht möglich. Die 14-Tage-Frist wird also bei mangelhafter Zustellung nicht in Gang gesetzt.

3. Keine Bindung an die Anträge

Die Vergabekammer ist **nicht an die Anträge der Beteiligten gebunden,** sondern kann darüber hinaus Maßnahmen ergreifen, Beweismittel erheben und den Beteiligten nicht Beantragtes zusprechen oder auferlegen. Sie ist an die Anträge der Beteiligten lediglich insoweit gebunden, als der Antragsteller seinen Antrag zurückziehen und damit das Nachprüfungsverfahren beenden kann. Nur das „Ob" des Rechtsschutzes ist verbindlich,[46] im Übrigen tragen die Anträge den Charakter von Anregungen.[47]

Aus dem Zusammenspiel mit der **Rügeobliegenheit** aus § 107 Abs. 3 Sätze 1 und 2 ergibt sich die Frage, ob die Vergabekammer – oder im weiteren Lauf des Verfahrens der Vergabesenat[48] – auch solche Vergabefehler prüfen und seiner Entscheidung zugrunde legen darf, die **nicht rechtzeitig gerügt** wurden und somit der Antragsdisposition der Be-

---

[40] So mit Blick auf das Erfordernis rechtsanwaltlicher Unterzeichnung der Antragsschrift OLG Celle, Beschl. v. 31. 5. 2007 – 13 Verg 1/07, VergabeR 2007, 692, 693 m. Anm. *Haug*.
[41] Eingehend hierzu OLG Celle, Beschl. v. 31. 5. 2007 – 13 Verg 1/07, VergabeR 2007, 692, 693 f.
[42] So aber mit Hinweis auf die Notwendigkeit eines anderenfalls vereitelten effektiven Primärrechtsschutzes OLG Celle, Beschl. v. 31. 5. 2007 – 13 Verg 1/07, VergabeR 2007, 692, 693 f.; *Kus* in Niebuhr/Kulartz/Kus/Portz (o. Fn. 10), § 114 Rn. 75; *Hunger* in: Kulartz/Kus/Portz (o. Fn. 2), § 117 Rn. 5 ff.; *Jaeger* in: Byok/Jaeger (o. Fn. 4), § 117 Rn. 1148.
[43] Vgl. *Reidt* in: Reidt/Stickler/Glahs (o. Fn. 3), § 114 Rn. 68, der bei fehlerhafter Rechtsmittelbelehrung die Frist des § 117 Abs. 1 2. Alt. zur Anwendung bringen will.
[44] *Haug* VergabeR 2007, 694, 695; *Boesen* (o. Fn. 10), § 114 Rn. 95; vgl. hierzu aber auch OLG Celle, Beschl. v. 31. 5. 2007 – 13 Verg 1/07, VergabeR 2007, 692, 693 f., mit dem Hinweis, dass eine spätere Wiedereinsetzung eine zuvorige Zuschlagserteilung nach Wegfall des Suspensiveffekts des § 115 Abs. 1 GWB nicht mehr rückgängig machen könne.
[45] *K. Schmidt* in: Immenga/Mestmäcker (o. Fn. 1), § 61 Rn. 18.
[46] *Dreher* in: Immenga/Mestmäcker (o. Fn. 1), § 114 Rn. 12 m. w. Nachw.
[47] *Byo*, in: Byok/Jaeger (o. Fn. 4), § 114 Rn. 1073.
[48] Siehe hierzu die Kommentierung zu § 123 Rn. 4.

teiligten entzogen sind. Dafür spricht der Wortlaut des Abs. 1 Satz 2, nachdem die Vergabekammer **unabhängig von den Anträgen auf die Rechtmäßigkeit des Verfahrens einwirken** kann. Zusätzlich kann hier ins Feld geführt werden, dass sich solche nicht gerügten Vergabeverstöße fast ausschließlich zulasten der Bieter auswirken. Zweck des Vergaberechts ist es aber, diese Bieter in ihren Rechten zu stärken.[49] Dies gilt umso mehr, als vor der Vergabekammer kein Vertretungszwang besteht.

15 Auf der anderen Seite führt eine derart **extensive Überprüfungsmöglichkeit** der Vergabekammern und -senate dazu, dass Verstöße aus schon abgeschlossenen Abschnitten wieder aufgegriffen werden könnten. Für die Vergabestellen folgt daraus, dass im Grundsatz jeder zulässige Nachprüfungsantrag das gesamte Vergabeverfahren einer Überprüfung durch die Vergabekammer aussetzen kann, die Vergabestelle sich also auch nach abgeschlossenen und rügefreien Abschnitten nicht sicher fühlen kann.[50] Das hat zunächst eine **starke Unsicherheit** für die Vergabestellen im Hinblick auf ihre Investitionsentscheidungen zur Folge. Ein Ausschluss der Prüfungsbefugnis in Bezug auf Fehler innerhalb abgeschlossener Verfahrensabschnitte, die der Bieter aufgrund des § 107 Abs. 3 Satz 2 nicht mehr rügen kann, ist angesichts des eindeutigen Wortlauts des § 114 Abs. 1 Satz 2 jedoch nicht möglich.[51]

16 Die Vergabekammer[52] darf also **auch die nicht gerügten Verstöße** prüfen, auch, wenn diese in bereits abgeschlossene Verfahrensabschnitte fallen.[53] Sie muss dies aber nicht, da durch die Verletzung der Rügeobliegenheit ein Anspruch hierauf ausgeschlossen ist. Es muss somit den **Zweckmäßigkeitsüberlegungen** und dem zeitlichen Druck der Kammer überlassen bleiben, diese Verstöße in ihre Erwägungen bezüglich der zu treffenden Maßnahmen mit einzubeziehen.

III. Fortsetzungsfeststellungsantrag (Abs. 2 Satz 2)

1. Erledigung

17 Findet das Vergabeverfahren und damit auch das Nachprüfungsverfahren sein Ende durch Erledigung, bleibt dem Antragsteller nichts weiteres übrig, als es dabei bewenden zu lassen oder die **Feststellung einer Rechtsverletzung zu beantragen.** Voraussetzung der Zulässigkeit des Feststellungsverfahrens ist aber, dass Erledigung im Rahmen eines laufenden, bis dahin zulässigen Nachprüfungsantrags eingetreten ist.[54] Dies ist vor allem wegen der Bindungswirkung der Beschlüsse der Vergabekammer in späteren Schadensersatzprozessen gem. § 124 Abs. 1[55] von Bedeutung. Von **Erledigung** spricht man dann, wenn dem Antragsbegehren deshalb nicht mehr entsprochen werden kann, weil der auf Vornahme oder Unter-

---

[49] Zur Individualschutzfunktion des Vergabenachprüfungsverfahrens etwa OLG Frankfurt a. M., Beschl. v. 24. 10. 2006 – 11 Verg 8 und 9/06, NZBau 2007, 468, 469.
[50] Anders aber aufgrund der materiellen Rechtskraft bei bereits rechtskräftig abgeschlossenen Verfahrensabschnitten, vgl. Ausf. zu § 110 Rn. 4; OLG Celle, Beschl. v. 5. 9. 2003 – 13 Verg 19/03, ZfBR 2003, 821, 822.
[51] A. A. OLG Dresden, Beschl. v. 6. 4. 2004 – WVerg 1/04, VergabeR 2004, 609, 614 f.; OLG Koblenz, Beschl. v. 16. 5. 2003 – 1 Verg 3/03, VergabeR 2003, 567 ff.; OLG Jena, Beschl. v. 17. 3. 2003 – 6 Verg 2/03. S. auch die Kommentierung zu § 110 Rn. 4; *Summa* in: Heiermann u. a. (o. Fn. 4), § 114 Rn. 8.
[52] Der Vergabesenat des OLG Celle spricht den Vergabesenaten und auch den Vergabekammern diese Prüfungsbefugnis mit Hinweis auf die fehlende Antragsbindung zu, OLG Celle, Beschl. v. 8. 11. 2001 – 13 Verg 11/01, NZBau 2002, 400, 402.
[53] A. A. *Dreher* in: Immenga/Mestmäcker (o. Fn. 1), § 114 Rn. 12 m. w. Nachw.; zutr. *Kus* in: Niebuhr/Kulartz/Kus/Portz (o. Fn. 10), § 114 Rn. 28 m. w. Nachw.
[54] Vgl. nur VK Bund, Beschl. v. 4. 8. 1999 – VK 2–16, NZBau 2000, 112; VK Schleswig-Holstein, Beschl. v. 31. 5. 2005 – VK-SH 9/05; *Gause* in: Willenbruch/Bischoff (o. Fn. 2), § 114 Rn. 10; *Dreher* in: Immenga/Mestmäcker (o. Fn. 1), § 114 Rn. 49 m. Nachw. zur abw. Auff.
[55] Krit. zu dieser *Dreher* in: Immenga/Mestmäcker (o. Fn. 1), § 114 Rn. 5 mit Fußn. 9.

lassen gerichtete Antrag des Antragstellers durch ein Ereignis nach Antragstellung gegenstandslos wird.[56] Für diesen Fall stellt Abs. 2 Satz 2 ein besonderes Verfahren bereit, das seine Entsprechung – und wohl auch sein Vorbild – in der verwaltungsrechtlichen Fortsetzungsfeststellungsklage findet.[57] Die Erledigung muss jedoch **nach Einreichung des Nachprüfungsantrags** eintreten,[58] anderenfalls ist ein Feststellungsantrag a priori unstatthaft. Nach wirksamer Zuschlagserteilung ist ein Nachprüfungsantrag auch als Feststellungsantrag unter keinem Gesichtspunkt mehr zulässig.[59] Anders soll nach BGH jedoch der Fall der Antragstellung nach Aufhebung der Ausschreibung zu beurteilen sein.[60]

Abs. 2 Satz 2 nennt **vier Erledigungstatbestände,** nämlich die Erteilung des Zuschlags, die Aufhebung des Vergabeverfahrens, die Einstellung des Vergabeverfahrens oder die Erledigung in sonstiger Weise. Die **Erteilung des Zuschlags** stellt trotz seiner grundsätzlichen Nichtaufhebbarkeit nur dann einen Erledigungstatbestand dar, wenn dieser wirksam erfolgt ist, also **keine Nichtigkeit** vorliegt.[61] Mit dem Grund „**Aufhebung des Vergabeverfahrens**" sind vor allem die Beendigungen des Vergabeverfahrens seitens des Auftraggeber gemeint,[62] während „**Einstellung des Vergabeverfahrens**" die etwa in § 26a Nr. 2 VOB/A vorgesehene Möglichkeit der Beendigung des Verhandlungsverfahren bezeichnet.[63] Die Erledigung „**in sonstiger Weise**" erfasst als Auffangtatbestand alle anderen Fälle der Erledigung, also etwa Antragsrücknahme, einstimmige Erledigungserklärung oder die Abhilfe des Antrags durch den Auftraggeber.[64] Das Nachprüfungsverfahren erledigt sich also immer dann, wenn das Vergabeverfahren selbst seine Erledigung findet.

Eine Folge der Erledigung ist, dass die Entscheidung der Vergabekammer in der überwiegenden Anzahl der Fälle **nicht mehr dem Beschleunigungsgrundsatz unterliegt,** da mit Erledigung des Nachprüfungsverfahrens keine Investitionshemmnisse durch eine überlange Entscheidungsdauer in Verbindung mit einem Zuschlagsverbot nach § 115 entstehen (Abs. 2 Satz 3).[65] Ausnahmen bestehen insoweit nur dann, wenn der Auftraggeber das Vergabeverfahren aufhebt oder einstellt, um direkt im Anschluss daran wieder auszuschreiben.[66]

2. Antrag

Das Verfahren nach Abs. 2 Satz 2 wird durch einen **formlosen Antrag,** der schon als Hilfsantrag vor Eintritt des erledigenden Ereignisses gestellt werden kann,[67] auf Umstellung des bisherigen Leistungs- in einen Feststellungsantrag eingeleitet. Diesen Antrag kann jeder

---

[56] *Dreher* in: Immenga/Mestmäcker (o. Fn. 1), § 114 Rn. 40.
[57] *Kus* in: Niebuhr/Kulartz/Kus/Portz (o. Fn. 10), § 114 Rn. 45.
[58] OLG Düsseldorf, Beschl. v. 31. 3. 2004 – Verg 4/04; *Boesen* (o. Fn. 10), § 114 Rn. 66; eingehend *Dreher* in: Immenga/Mestmäcker (o. Fn. 1), § 114 Rn. 53–56 m. zahlr. w. Nachw.; a. A. mit ausführlicher Argumentation *Kus* in: Niebuhr/Kulartz/Kus/Portz (o. Fn. 10), § 114 Rn. 59 ff.
[59] BGH, Beschl. v. 19. 12. 2000 – X ZB 14/00, BGHZ 146, 202, 206 ff. = NZBau 2001, 151, 152 ff.
[60] BGH, Beschl. v. 18. 2. 2003 – X ZB 43/02, BGHZ 154, 32, 39 = NZBau 2003, 293, 294 f.
[61] Vgl. §§ 115 Abs. 1, § 117 Abs. 1, 118 Abs. 1 Satz 1 oder Abs. 3 GWB und § 13 Satz 6 VgV, §§ 134, 138 BGB; eingehend *Summa* in: Heiermann u. a. (o. Fn. 4), § 114 Rn. 82 ff.
[62] Vgl. § 26 VOB/A bzw. § 26 VOL/A; hiermit ist aber nach VK Bund, Beschl. v. 26. 1. 2000 – VK 1 – 31/99, NZBau 2000, 310, 311 f. nur die rechtmäßige Aufhebung gemeint.
[63] *Summa* in: Heiermann u. a. (o. Fn. 4), § 114 Rn. 91; *Kus* in: Niebuhr/Kulartz/Kus/Portz (o. Fn. 10), § 114 Rn. 55; *Dreher* in: Immenga/Mestmäcker (o. Fn. 1), § 114 Rn. 41; anders *Gause* in: Willenbruch/Bischoff (o. Fn. 2), § 114 Rn. 11: Einstellung bezeichne die endgültige Abstandnahme von der ursprünglich beabsichtigten Beschaffung, wie sie explizit nur in § 17 Abs. 5 VOF geregelt sei.
[64] Vgl. *Byok* in: Byok/Jaeger (o. Fn. 4), § 114 Rn. 1077; *Gause* in: Willenbruch/Bischoff (o. Fn. 2), § 114 Rn. 11; *Summa* in: Heiermann u. a. (o. Fn. 4), § 114 Rn. 92 ff.
[65] BT-Drucks. 13/9340, S. 19.
[66] *Dreher* in: Immenga/Mestmäcker (o. Fn. 1), § 114 Rn. 52.
[67] *Byok* in: Byok/Jaeger (o. Fn. 4), § 114 Rn. 1078.

Beteiligte – also auch der Auftraggeber und die Beigeladenen – im Sinne des § 109 stellen. Ausnahmsweise soll aber auch ein bis dato nicht Beteiligter einen Antrag nach Abs. 2 Satz 2 stellen können, wenn ihm zuvor keine ausreichende Möglichkeit zur Verhinderung des Zuschlags gegeben wurde.[68] Wird kein Umstellungsantrag gestellt, so hat die Vergabekammer lediglich über die Kosten zu entscheiden.[69]

3. Interesse an der Feststellung

21   Auch wenn es sich bei dem **Feststellungsverfahren** um ein lediglich umgestelltes, also bereits anhängiges Verfahren handelt, ist insoweit ein Interesse an der Feststellung der Rechtswidrigkeit erforderlich.[70] Das ist schon allein deshalb erforderlich, um die Vergabekammer nicht mit der **Klärung abstrakter Rechtsfragen** zu blockieren,[71] und trägt dem Gedanken eines subjektiven Rechtsschutzverfahrens Rechnung. Das Feststellungsverfahren nach Abs. 2 Satz 1 ist der **verwaltungsrechtlichen Fortsetzungsfeststellungsklage** gemäß § 113 Abs. 1 Satz 4 VwGO nachempfunden. Ein besonderes Feststellungsinteresse ist im Unterschied zu § 113 Abs. 1 Satz 4 VwGO allerdings nicht erforderlich.[72] Entsprechend muss hier lediglich ein nach Lage der Dinge **schutzwürdiges Interesse rechtlicher, wirtschaftlicher oder ideeller Art** vorliegen.[73] Für einen Antragsteller ergibt sich dieses Interesse bei aufgezwungener Erledigung regelmäßig aus der Möglichkeit der späteren zivilgerichtlichen Geltendmachung von Sekundäransprüchen, hinsichtlich derer die Entscheidung der Vergabekammer gem. § 124 Bindungswirkung entfaltet.[74] Gleiches gilt freilich – obschon die in Abs. 2 Satz 2 vorgesehene Möglichkeit des Feststellungsantrags primär im Interesse des Antragstellers etabliert wurde[75] – in umgekehrter Weise auch für den Auftraggeber[76] als Beteiligter i. S. v. § 109, der durch die Feststellung des Nichtvorliegens (vgl. Abs. 2 Satz 2: „ob") von Rechtsverletzungen einem anderenfalls drohenden Schadensersatzprozess zuvorkommen kann.[77] Ein Feststellungsinteresse soll sich nach umstrittener Auffassung auch aus der erstrebten Vermeidung einer wirtschaftlich nachteiligen Kostenfolge ergeben.[78] Gleiches gilt bei konkret nachgewiesener Wiederholungsgefahr.[79]

---

[68] OLG Rostock, Beschl. v. 20. 3. 2000 – 17 W 5/99, NZBau 2000, 396 f.
[69] OLG Frankfurt a. M., Beschl. v. 16. 5. 2000 – 11 Verg 1/99, NZBau 2001, 101, 102.
[70] OLG Celle, Beschl. v. 8. 12. 2005 – 13 Verg 2/05, NZBau 2007, 197, 198; OLG Frankfurt a. M., Beschl. v. 6. 2. 2003 – 11 Verg 3/02, VergabeR 2003, 349 ff., mit Anm. *Mantler*, OLG Düsseldorf, Beschl. v. 14. 2. 2001 – Verg 14/00 und v. 22. 5. 2002 – Verg 6/02, VergabeR 2002, 668 ff.; *Gause* in: Willenbruch/Bischoff (o. Fn. 2), *Summa* in: Heiermann u. a. (o. Fn. 4), § 114 Rn. 106 ff.
[71] Allgemeiner prozessualer Grundsatz, vgl. nur *Boesen* (o. Fn. 10), § 114 Rn. 73.
[72] *Drehe*, in: Immenga/Mestmäcker (o. Fn. 1), § 114 Rn. 50.
[73] Vgl. hierzu vertiefend *Boesen* (o. Fn. 10), § 114 Rn. 73 ff.; s. auch OLG Frankfurt a. M., Beschl. v. 6. 2. 2003 – 11 Verg 3/02, VergabeR 2003, 349 ff.; *Gause* in: Willenbruch/Bischoff (o. Fn. 2), § 114 Rn. 12; *Summa* in: Heiermann u. a. (o. Fn. 4), § 114 Rn. 106.
[74] VK Lüneburg, Beschl. v. 5. 1. 2006 – VgK-41/2005; *Gause* in: Willenbruch/Bischoff (o. Fn. 2), § 114 Rn. 12; *Byok* in: Byok/Jaeger (o. Fn. 4), § 114 Rn. 1078; *Summa* in: Heiermann u. a. (o. Fn. 4), § 114 Rn. 107 ff.
[75] BT-Drucks. 13/9340, S. 19.
[76] Hinsichtlich des im Grundsatz ebenfalls i. S. v. § 109 Abs. 2 Satz 2 antragsberechtigten Beigeladenen wird es demgegenüber regelmäßig am erforderlichen Feststellungsinteresse fehlen.
[77] *Summa* in: Heiermann u. a. (o. Fn. 4), § 114 Rn. 118.
[78] OLG Celle, Beschl. v. 18. 8. 2005 – 13 Verg 10/05; VK Lüneburg, Beschl. v. 5. 1. 2006 – VgK-41/2005; *Gause* in: Willenbruch/Bischoff (o. Fn. 2), § 114 Rn. 12; hiergegen aber *Summa* in: Heiermann u. a. (o. Fn. 4), § 114 Rn. 115; OLG Düsseldorf, Beschl. v. 2. 3. 2005 – VII-Verg 70/04; VK Bund, Beschl. v. 2. 9. 2005 – VK 2 – 57/05: das Verfahren nach § 114 Abs. 2 Satz 2 GWB diene nicht der Umgehung kostenrechtlicher Folgen, die die Erledigung kraft Gesetzes nach sich zieht.
[79] OLG Düsseldorf, Beschl. v. 2. 3. 2005 – VII-Verg 70/04; *Summa* in: Heiermann u. a. (o. Fn. 4), § 114 Rn. 114.

4. Entscheidungsinhalt

Der Entscheidungsinhalt ist stark vom **Zweck der Entscheidung** geprägt. Seine Bedeutung erlangt der Feststellungsbeschluss durch seine **Bindungswirkung der ordentlichen Gerichte** an die inhaltlichen Feststellungen der Vergabekammer (§ 124 Abs. 1). In dem Beschluss sind also aus Gründen der **Prozessökonomie** die Elemente anzusprechen, die in einem späteren Schadensersatzprozess von Bedeutung sein werden.[80] So legt die Vergabekammer dar, falls sie einen Rechtsverstoß feststellt, dass und gegen welche den Antragsteller schützenden Vorschriften verstoßen worden ist. Ferner sind der bieterschützende Charakter der Vorschriften zu beleuchten, sowie die Handlung oder die Unterlassung, durch die der Auftraggeber gegen diese Normen verstoßen und dadurch den Bieter in seinen Rechten verletzt hat. 22

IV. Vollstreckung

Die Vollstreckung der (bestandskräftigen) Beschlüsse der Vergabekammern richtet sich nach den **Verwaltungsvollstreckungsgesetzen** des Bundes und der Länder, je nachdem, welche Vergabekammer tätig wurde. Die Vergabekammer ist gemäß Abs. 3 Satz 2 in Verbindung mit § 7 Abs. 1 VwVG (Bund) für die Vollstreckung ihrer Entscheidungen selbst zuständig.[81] Vollstreckbar sind naturgemäß nur diejenigen Verwaltungsakte, die einen vollstreckungsfähigen Inhalt – eine **Verfügung** – beinhalten.[82] Der Vergabekammer sind zur Durchsetzung ihrer Entscheidungen über Abs. 3 Satz 2 grundsätzlich die in § 9 VwVG (Bund) enumerierten Zwangsmittel (Ersatzvornahme, Zwangsgeld, unmittelbarer Zwang) an die Hand gegeben.[83] Von praktischer Relevanz ist hierbei indes allenfalls das Zwangsgeld.[84] Dies dürfte nicht zuletzt auch dem Umstand geschuldet sein, dass die maximale Höhe des Zwangsgeldes derzeit durch § 11 Abs. 3 VwVG (Bund) auf 1000 € limitiert ist und anders als nach den Verwaltungsvollstreckungsgesetzen der Länder auch nicht beliebig häufig verhängt werden kann. Der Regierungsentwurf vom 21. Mai 2008 hat diesen Zustand als Defizit identifiziert und sieht diesbezüglich nunmehr eine deutliche Effektuierung vor.[85] 23

Explizit ist in Abs. 3 Satz 2 die Zulässigkeit der **Vollstreckung auch gegen Hoheitsträger** erwähnt. Dies ist vor dem Hintergrund erforderlich, dass § 17 (B)VwVG,[86] die Anwendung von Zwangsmitteln gegen Behörden und juristische Personen des öffentlichen Rechts untersagt, soweit nichts anderes bestimmt ist. § 80 Abs. 2 Nr. 4 VwGO[87] ist wegen der **spezielleren Regelungen** der §§ 115 Abs. 2, 118 Abs. 2 hinsichtlich des sofortigen Vollzugs nicht anwendbar.[88] So wie bereits die Durchführung des Nachprüfungsverfahrens der Disposition des jeweiligen Antragstellers unterliegt, muss auch die Durchsetzung seiner 24

---

[80] *Boesen* (o. Fn. 10), § 114 Rn. 79; *Summa* in: Heiermann u. a. (o. Fn. 4), § 114 Rn. 113.

[81] OLG Düsseldorf, Beschl. v. 28. 1. 2002 – Verg 23/01; KG, Beschl. v. 24. 10. 2001 – KartVerg 10/01, VergabeR 2002, 100 ff. mit Anm. *Stapenhorst*; *Summa* in: Heiermann u. a. (o. Fn. 4), § 114 Rn. 49.

[82] *Dreher* in: Immenga/Mestmäcker (o. Fn. 1), § 114 Rn. 66; *Summa* in: Heiermann u. a. (o. Fn. 4), § 114 Rn. 53.

[83] *Byok* in: Byok/Jaeger (o. Fn. 4), § 114 Rn. 1093; *Summa* in: Heiermann u. a. (o. Fn. 4), § 114 Rn. 47.

[84] Vgl. OLG Düsseldorf, Beschl. v. 29. 12. 2000 – Verg 31/00, NZBau 2001, 582, 583; *Gause* in: Willenbruch/Bischoff (o. Fn. 2), § 114 Rn. 15 mit dem Hinweis, dass nur wenige Entscheidungen der Vergabekammern vorliegen, die die Androhung und Festsetzung von Zwangsmitteln nach den VwVGen betreffen.

[85] S. hierzu sogleich Rn. 24 f.

[86] Entsprechendes gilt für die landesrechtlichen Regelungen.

[87] Diese Vorschrift ist in manchen Bundesländern (z. B. Rheinland-Pfalz) nicht anwendbar.

[88] Vgl. vertiefend *Dreher* in: Immenga/Mestmäcker (o. Fn. 1), § 114 Rn. 69; *Boesen* (o. Fn. 10), § 114 Rn. 100 ff.

Rechte im Erfolgsfall seiner Entscheidung überlassen bleiben. Die Vollstreckung gegen den Auftraggeber wird daher entsprechend § 172 VwGO nur auf entsprechenden Antrag des obsiegenden Antragstellers eingeleitet.[89]

V. Neufassung gemäß Gesetz zur Modernisierung des Vergaberechts vom 20. April 2009

25 „16. § 114 wird wie folgt geändert:"
a) *Absatz 2 Satz 1 wird wie folgt gefasst:*
„(2) Ein wirksam erteilter Zuschlag kann nicht aufgehoben werden."
b) *Absatz 3 Satz 3 wird wie folgt gefasst:*
„(3) Die §§ 61 und 86a Satz 2 gelten entsprechend."

26 In der Begründung des Gesetzesentwurfs heißt es hierzu:
„Zu Abs. 2: Durch die Einfügung in Abs. 2 wird die Rechtsfolge der Unwirksamkeit nach § 101b auf den Zuschlag erstreckt.

Zu Abs. 3: Die Praxis der Vergabekammern hat gezeigt, dass vereinzelt öffentliche Auftraggeber die Anordnungen der Vergabekammern schlicht ignorieren.[90] Eine effektive Durchsetzung von Anordnungen der Vergabekammern setzt voraus, dass geeignete Zwangsmittel zur Verfügung stehen. Nach derzeitiger Gesetzeslage sind mangels spezialgesetzlicher Regelung für die Durchsetzung von Entscheidungen der Vergabekammern die allgemeinen Verwaltungsvollstreckungsgesetze des Bundes und der Länder maßgeblich. Gemäß § 11 Abs. 3 des Verwaltungsvollstreckungsgesetzes des Bund (VwVG Bund) können Zwangsgelder lediglich in einer Spanne von 1,5 € bis 1000 € verhängt werden.[91] Ein solcher Zwangsgeldrahmen ist angesichts der Auftragsvolumina, die den Gegenstand eines Nachprüfungsverfahrens bilden können, als effektives Zwangsinstrumentarium wirkungslos. Außerdem bedeutet eine solche Rechtslage eine Benachteiligung gegenüber solchen Bietern, die erst in einem Verfahren vor den Oberlandesgerichten erfolgreich waren. Denn Beschlüsse der Oberlandesgerichte können über die Instrumentarien der ZPO vollstreckt werden (§§ 704ff., 888 ZPO), indem zur Vollstreckung unvertretbarer Handlungen – mehrfach – Zwangshaft und Zwangsgelder bis 25 000 € angeordnet werden können.

In gleicher Weise wurde auch im Rahmen der 7. GWB-Novelle anerkannt, dass ein Verwaltungszwang entsprechend den allgemeinen Vorschriften zur Verwaltungsvollstreckung nicht ausreichend ist. Denn auch in Bezug auf kartellbehördliche Verfügungen, die ebenso wie das öffentliche Auftragswesen Sachverhalte von erheblicher Bedeutung betreffen, waren die niedrigen Zwangsgelder des allgemeinen Verwaltungsvollstreckungsrechts nicht ausreichend. So entschied der Gesetzgeber im Rahmen der 7. GWB-Novelle, Zwangsgelder in einer Spanne von 1000 € bis 10 Millionen € zuzulassen. Deswegen ist es sachgerecht, diese Regelung auch für den Vierten Teil des GWB zu übernehmen, indem dort auf den § 86a verwiesen wird."[92]

§ 115 Aussetzung des Vergabeverfahrens

(1) Nach Zustellung eines Antrags auf Nachprüfung an den Auftraggeber darf dieser vor einer Entscheidung der Vergabekammer und dem Ablauf der Beschwerdefrist nach § 117 Abs. 1 den Zuschlag nicht erteilen.

---

[89] *Summa* in: Heiermann u. a. (o. Fn. 4), § 114 Rn. 48.
[90] Die Begründung nimmt insoweit Bezug auf VK Bund, Beschl. v. 17. 11. 2004 – VK 1–83/02.
[91] In diesem Zusammenhang stellt die Begründung die bundesrechtliche Bestimmung im Rahmen einer Fußnote den teilweise deutlich großzügigeren Regelungen auf Länderebene gegenüber: „*Die Verwaltungsvollstreckungsgesetze der Länder sind teilweise etwas besser ausgestattet. So ermöglicht § 60 Verwaltungsvollstreckungsgesetz NRW die Festsetzung eines Zwangsgeldes bis zu 100 000 €, das Bayerische Verwaltungszustellungs- und Vollstreckungsgesetz ein Zwangsgeld bis 50 000 €, während das Landesverwaltungsvollstreckungsgesetz Rheinland-Pfalz Zwangsgelder nur bis 5000 € zulässt.*"
[92] Begründung zum Regierungsentwurf eines Gesetzes zur Modernisierung des Vergaberechts v. 21. Mai 2008, BT-Drucks. 16/10 117, Teil B, zu Nr. 16 (S. 23).

§ 115. Aussetzung des Vergabeverfahrens   1   § 115 GWB

(2) ¹Die Vergabekammer kann dem Auftraggeber auf seinen Antrag gestatten, den Zuschlag nach Ablauf von zwei Wochen seit Bekanntgabe dieser Entscheidung zu erteilen, wenn unter Berücksichtigung aller möglicherweise geschädigten Interessen sowie des Interesses der Allgemeinheit an einem raschen Abschluss des Vergabeverfahrens die nachteiligen Folgen einer Verzögerung der Vergabe bis zum Abschluss der Nachprüfung die damit verbundenen Vorteile überwiegen. ²Das Beschwerdegericht kann auf Antrag das Verbot des Zuschlags nach Absatz 1 wiederherstellen; § 114 Abs. 2 Satz 1 bleibt unberührt. ³Wenn die Vergabekammer den Zuschlag nicht gestattet, kann das Beschwerdegericht auf Antrag des Auftraggebers unter den Voraussetzungen des Satzes 1 den sofortigen Zuschlag gestatten. ⁴Für das Verfahren vor dem Beschwerdegericht gilt § 121 Abs. 2 Satz 1 und 2 entsprechend. ⁵Eine sofortige Beschwerde nach § 116 Abs. 1 ist gegen Entscheidungen der Vergabekammer nach diesem Absatz nicht zulässig.

(3) ¹Sind Rechte des Antragstellers aus § 97 Abs. 7 im Vergabeverfahren auf andere Weise als durch den drohenden Zuschlag gefährdet, kann die Kammer auf besonderen Antrag mit weiteren vorläufigen Maßnahmen in das Vergabeverfahren eingreifen. ²Sie legt dabei den Beurteilungsmaßstab des Absatzes 2 Satz 1 zugrunde. Diese Entscheidung ist nicht selbständig anfechtbar.

Übersicht

	Rn.		Rn.
I. Hintergrund und Anwendungsbereich	1–6	b) Erfolgsaussichten des Nachprüfungsantrags	17
1. Europarechtlicher Hintergrund	1		
2. Verfassungsrechtlicher Hintergrund	2	c) Interessen der Allgemeinheit, der Bieter und des Auftraggebers	18–19
3. Anwendungsbereich	3–5		
II. Tatbestand des § 115 Abs. 1	6–11	5. Entscheidung	20
1. Inhalt des Zuschlagsverbots	6	IV. Tatbestand des § 115 Abs. 2 S. 2 bis 5	21–23
2. Beginn des Zuschlagsverbots	7–8	1. Zweck des Rechtsbehelfs	21
3. Auswirkungen des Zuschlagsverbots	9–10	2. Form	22
4. Ende des Zuschlagsverbots	11	3. Verfahren und Entscheidung	23
III. Tatbestand des § 115 Abs. 2 S. 1	12–20	V. Tatbestand des § 115 Abs. 3	24–26
1. Inhalt der Vorabentscheidung durch die VergK	12	1. Inhalt	24
2. Antragsvoraussetzungen	13	2. Antragsberechtigung	25
3. Verfahren	14	3. Entscheidung	26
4. Interessenabwägung	15–20	VI. Neufassung gemäß Gesetz zur Modernisierung des Vergaberechts vom 20. April 2009	27
a) Grundsätzliches	15–16		

I. Hintergrund und Anwendungsbereich

1. Europarechtlicher Hintergrund

Nach Art. 2 Abs. 1 lit. a RiL 89/665[1] und der insoweit weitgehend gleichlautenden RiL 92/13[2] haben die Mitgliedstaaten sicherzustellen, dass für Nachprüfungsverfahren die erforderlichen Befugnisse vorgesehen werden, damit so schnell wie möglich im Wege der einstweiligen Verfügung **vorläufige Maßnahmen** ergriffen werden können, um den behaupteten Rechtsverstoß zu beseitigen oder weitere Schädigungen der betroffenen Interessen zu verhindern. Dazu gehören Maßnahmen, um das Verfahren zur Vergabe eines öffent- 1

---

[1] RiL 89/665/EWG des Rates vom 21. 12. 1989 zur Koordinierung der Rechts- und Verwaltungsvorschriften für die Anwendung der Nachprüfungsverfahren im Rahmen der Vergabe öffentlicher Liefer- und Bauaufträge, ABl Nr. L 395 vom 30. 12. 1989 S. 33.

[2] RiL 92/13/EWG des Rates vom 25. 2. 1992 zur Koordinierung der Rechts- und Verwaltungsvorschriften für die Anwendung der Gemeinschaftsvorschriften über die Auftragsvergabe durch Auftraggeber im Bereich der Wasser-, Energie- und Verkehrsversorgung sowie im Telekommunikationssektor, ABl Nr. L 76 vom 23. 3. 1992 S. 14.

lichen Auftrags auszusetzen, um die Aussetzung zu veranlassen oder um die Durchführung jeder sonstigen Entscheidung der Auftrgg sicherzustellen. Die Nachprüfungsverfahren müssen als solche nicht notwendigerweise einen automatischen Suspensiveffekt haben (Art. 2 Abs. 3 RiL 89/665 und RiL 92/13/EWG). Die Mitgliedstaaten können vorsehen, dass die zuständige Instanz bei der Prüfung, ob vorläufige Maßnahmen zu ergreifen sind, deren voraussehbare Folgen für alle möglicherweise geschädigten Interessen sowie das Interesse der Allgemeinheit berücksichtigen kann, und dass sie beschließen kann, diese Maßnahmen nicht zu ergreifen, wenn deren nachteilige Folgen die damit verbundenen Vorteile überwiegen könnten. Die Ablehnung der vorläufigen Maßnahmen beeinträchtigt nicht die sonstigen Rechte des Ast. (Art. 2 Abs. 4 RiL 89/665 und RiL 92/13/EWG).

2. Verfassungsrechtlicher Hintergrund

2   Die Unterbrechung des Vergabeverfahrens ist wie die vorläufige Suspendierung hoheitlicher Akte für einen effektiven Rechtsschutz (Art. 3, 12 und 19 Abs. 4 GG) zur Vermeidung schwerer und irreparabler Rechtsverletzungen zentral, wenn durch deren Vollzug gerichtlicher Rechtsschutz hinfällig würde.[3] Art. 19 Abs. 4 GG entfaltet Vorwirkung für das behördliche Rechtsschutzverfahren. An der Bedeutung des Art. 19 Abs. 4 GG für den vergaberechtlichen Rechtsschutz ist auch nach der Entscheidung des BVerfG vom 13. 6. 2006 zum Rechtsschutz unterhalb der Schwellenwert festzuhalten, in der für fiskalische Rechtsgeschäfte der öffentlichen Hand auf den Justizgewährungsanspruch abgestellt wird.[4]

3. Anwendungsbereich

3   Konnte die Vergabeprüfstelle nach § 57b Abs. 4 S. 4 HGrG a. F. das Vergabeverfahren noch einstweilig aussetzen, hat der Gesetzgeber mit § 115 Abs. 1 nunmehr ein **per legem eintretendes Zuschlagsverbot** geschaffen. Mit Einleitung des Nachprüfungsverfahrens durch den Ast. wird das Vergabeverfahren zunächst insoweit angehalten, als der Auftrgg. den Zuschlag nicht erteilen darf. Nachdem ihm der Antrag des Rechtsschutzsuchenden zugestellt wurde, darf er den Auftrag bis zur Entscheidung der VergK. und danach bis zum Ablauf der Beschwerdefrist nicht vergeben. Der Ablauf des Vergabeverfahrens wird unterbrochen, bis die behauptete Rechtsverletzung des Bieters geklärt ist. Dem geltend gemachten Anspruch des Bieters wird so Vorrang eingeräumt. Die automatische Aussetzung des Zuschlags hat – gegenüber einer Aussetzung nur auf Antrag und einer besonderen, notgedrungen vorläufigen Entscheidung – den weiteren Vorteil, daß das Verfahren insgesamt vor der VergK. ablaufen kann, ohne durch ein Zwischenverfahren über die Aussetzung zersplittert zu werden. Zudem gelangt das Verfahren nicht in einem sehr frühen Stadium relativ unaufgeklärt vor das OLG.

4   Nach § 115 Abs. 2 kann die VergK. auf Antrag des Auftrgg. den **Zuschlag gestatten,** wenn das Interesse am Abschluss des Vertrags so stark ist, dass nicht bis zur Entscheidung (in spätestens fünf Wochen) gewartet werden kann. Gegen diese Entscheidung muss die Anrufung des Gerichts möglich sein, weil dem Ast. der Rechtsverlust droht, wenn die VergK. zugunsten des Zuschlags entscheidet. Entscheidet die VergK. gegen den vorzeitigen Zuschlag, muss der Auftrgg. die Möglichkeit haben, eine gerichtliche Entscheidung zu erwirken.

5   § 115 Abs. 3 regelt den Fall, dass der Ast. zur Sicherung seiner Rechte einen tieferen Eingriff in den Ablauf des Vergabeverfahrens für notwendig hält. Dann kann die VergK. **weitere sichernde Maßnahmen** treffen.[5]

---

[3] BVerfG Beschluss vom 19. 6. 1973 – 1 BvL 39/69, BVerfGE 35, 263, 274; BVerfG Beschluss vom 14. 5. 1996 – 2 BvR 151693, BVerfGE, 94, 166, 216.
[4] BVerfG Beschluss vom 13. 6. 2006 – 1 BvR 1160/03, BVerfGE 116, 135 ff.; anders noch: BVerfG, Beschluss vom 29. 7. 2004 – 2 BvR 2248/03, NZBau 2004, S. 564, 565; krit. *Dörr* WiVerw 2007, S. 211 ff.
[5] BT-Drs. 13/9340, S. 20.

II. Tatbestand des § 115 Abs. 1

1. Inhalt des Zuschlagsverbots

§ 115 Abs. 1 enthält ein Zuschlagsverbot. Nur so ist eine Korrektur von möglichen Vergabefehlern vor der – irreversiblen – Zuschlagserteilung möglich, denn nach § 114 Abs. 2 S. 1 kann ein einmal erteilter Zuschlag nicht wieder aufgehoben werden. Die VergK. kann nach Erteilung des Zuschlags nurmehr feststellen, ob eine Rechtsverletzung vorgelegen hat (§ 114 Abs. 2 S. 2). Dem Bieter soll während des Nachprüfungsverfahrens die Chance auf Erteilung des Zuschlags erhalten bleiben.[6] Insofern ist das Zuschlagsverbot des § 115 Abs. 1 mit dem Suspensiveffekt nach § 80 Abs. 1 VwGO nur eingeschränkt vergleichbar. § 115 Abs. 1 setzt nicht die Wirkung bzw. den Vollzug einer erlassenen Maßnahme aus, sondern **untersagt bereits den Erlass des Zuschlags**. Außerdem greift das Zuschlagsverbot kraft Gesetzes[7] erst mit behördlicher Zustellung des Nachprüfungsantrags und nicht bereits durch die Einlegung eines Rechtsbehelfs ein.

2. Beginn des Zuschlagsverbots

Das Zuschlagsverbot beginnt mit der **Zustellung**[8] **des Nachprüfungsantrags** durch die VergK. Die Voraussetzung für das gesetzliche Zuschlagsverbot ist formal: Ist der Antrag zugestellt, greift das Zuschlagsverbot selbst dann, wenn eine Nachprüfung – entgegen der Beurteilung durch die VergK. (§ 110 Abs. 2 S. 1) – offensichtlich unzulässig oder unbegründet ist. Die Gegenansicht[9] überzeugt nicht, weil die VergK. eine Vorprüfung vorgenommen hat und der Auftrgg. über § 115 Abs. 2 hinreichend geschützt ist (→ vgl. aber auch § 118 Rdn. 3). Das Zuschlagsverbot besteht unabhängig davon, ob der Auftrgg. Kenntnis von der sofortigen Beschwerde hat.[10]

Das Zuschlagsverbot gilt nicht vor der Zustellung. Es gilt auch nicht bei fehlerhafter Zustellung; die Zustellung muss dann nachgeholt werden.[11] Ist ohne Zustellung des Nachprüfungsantrags eine ablehnende Entscheidung der VergK. ergangen, kann das Beschwerdegericht die Zuschlagssperre des § 115 Abs. 1 herbeiführen, indem es erstmalig die Zustellung des Nachprüfungsantrags an den Auftrgg. veranlasst.[12] Der Ast. muss ggf. auf **Amtshaftungsansprüche** ausweichen.[13] Das Spruchrichterprivileg des § 839 Abs. 2 S. 1 BGB wird zwar weit verstanden,[14] § 839 Abs. 2 S. 2 BGB schließt davon aber pflichtwidrige Verweigerungen oder Verzögerungen – und damit auch eine zu wiederholende Zustellung – aus.

3. Auswirkungen des Zuschlagsverbots

Zuschlagsverbot bedeutet, dass der Zuschlag nicht erteilt werden darf. Ein dennoch erteilter Zuschlag ist unwirksam; der Vertrag ist nach § 134 BGB nichtig.[15] Ein bereits erteil-

---

[6] BKartA Beschluss vom 30. 6. 1999 – VK 2 – 14/99, VergabeR 1999, 265.
[7] Vgl. OLG Schleswig Beschluss vom 1. 6. 1999 – 6 VerG 1/99, NZBau 2000, 96.
[8] Eine „dokumentierbare Information" wie z.B. Telefax genügt nicht: OLG Schleswig Beschluss vom 1. 6. 1999 – 6 VerG 1/99, NZBau 2000, 96.
[9] *Byok*/Jaeger, Kommentar zum Vergaberecht, 2. Aufl., 2005, § 115 Rdn. 1098.
[10] OLG Frankfurt Beschluss vom 20. 2. 2003 – 11 Verg 1/02, NZBau 2004, 173.
[11] OLG Schleswig Beschluss vom 1. 6. 1999 – 6 VerG 1/99, NZBau 2000, 96; vgl. zur fehlenden Vertretungsbefugnis des die Annahme erklärenden Mitarbeiters: jurisPK-VergR/*Summa*, 2005, § 115 Rdn. 14.
[12] BayObLG vom 9. 9. 2004 – Verg 18/04, VergabeR 2005, 126.
[13] *Dreher* in: Immenga/Mestmäcker GWB, 4. Aufl., 2007, § 115 Rdn. 9.
[14] Zum „urteilsvertretenden Charakter" der VergK.-Entscheidungen: OLG Jena Beschluss vom 28. 2. 2001 – 6 Verg 8/00, NZBau 2001, 281.
[15] H.M.; vgl. n. OLG Frankfurt Beschluss vom 20. 3. 2003 – 11 Verg 1/02, NZBau 2004, 173;

ter Zuschlag lebt selbst im Fall einer späteren Zurückweisung des Nachprüfungsantrags nicht wieder auf. Die Nichtigkeit wirkt absolut und ist nicht auf die Verfahrensbeteiligten beschränkt.[16] Der Rechtsfolge der Nichtigkeit des Vertrages steht nicht entgegen, dass die Vertragsparteien ausdrücklich ein Sonderkündigungsrecht für den Fall vereinbart haben, dass das Beschwerdegericht zu einem anderen Ergebnis als die VergK. kommt.[17] Dem Auftrgg. ist es aber nicht untersagt, das Vergabeverfahren weiter zu betreiben. Sollte ein Bieter gleichwohl eine Rechtsgefährdung befürchten, kann er bei der VergK. nach § 115 Abs. 3 weitere sichernde Maßnahmen bis hin zu der Anordnung beantragen, dass der Auftrgg. das Verfahren vollkommen ruhen zu lassen habe.

10   Das Zuschlagsverbot hat keine Auswirkungen auf die **Zuschlags- und Bindefrist** (§ 19 VOB/A).[18] In der Praxis problematisch ist deshalb das Erlöschen der Angebote während des Nachprüfungsverfahrens durch Fristablauf. Die Vergabestelle kann die Zuschlags- und Bindefrist dann mit Einverständnis des Bieters verlängern. Sie muss dabei nicht mit allen Bietern verhandeln, hat aber darauf zu achten, dass auch nach Fristablauf allen für die Vergabe noch in Betracht kommenden Bietern die Möglichkeit gegeben wird, weiterhin am Verfahren teilzunehmen. Das sind nicht nur die Bieter der oberen Ränge. Die Vergabestelle kann diese Bieter zu einer Verlängerung der Zuschlags- und Bindefrist bis zu einem festzusetzenden neuen Termin auffordern.[19] Im Vergabeüberprüfungsverfahren ist mangels anderer Erklärungen regelmäßig davon auszugehen, dass die Verfahrensbeteiligten diesen Weg beschreiten werden, wenn bis zum Ablauf der ursprünglichen Zuschlags- und Bindefrist eine abschließende Entscheidung über die Rechtmäßigkeit des Vergabeverfahrens noch nicht vorliegt.[20]

4. Ende des Zuschlagsverbots

11   Das Zuschlagsverbot endet mit der Entscheidung der VergK. und dem Ablauf der Beschwerdefrist nach § 117 Abs. 1 (zwei Wochen ab Zustellung der VergK.-Entscheidung). Erfolgt keine Zustellung, wird es beim Zuschlagsverbot bleiben müssen, weil § 117 Abs. 1, 2. Alt. nur bei einer Nichtentscheidung Anwendung findet. Die Wirkung des § 115 Abs. 1 entfällt ferner mit jeder anderen Erledigung des Vergabeverfahrens. Bei mehreren Nachprüfungsanträgen gilt das Zuschlagsverbot solange, bis zum letzten Antrag entschieden und diese Entscheidung zugestellt ist.[21] Nach Ablauf der Beschwerdefrist setzt sich das Zuschlagsverbot durch § 118 Abs. 1 unter den dort genannten Voraussetzungen fort.

III. Tatbestand des § 115 Abs. 2 S. 1

1. Inhalt der Vorabentscheidung durch die VergK.

12   Abs. 2 ermöglicht eine beschleunigte Erteilung des Zuschlags auf Antrag des Auftraggebers, wenn das Interesse am Abschluss des Vertrags so stark ist, dass nicht bis zur Entscheidung (spätestens fünf Wochen, § 113 Abs. 1 S. 1) gewartet werden kann. Dann kann die VergK. den Zuschlag gestatten. Die Verweisung des § 115 Abs. 2 S. 2, 2. HS auf § 114

Dreher in: Immenga/Mestmäcker, GWB, 4. Aufl., 2007, § 115 Rdn. 10; Bechtold/*Otting*, GWB, 4. Aufl., 2006, § 117 Rdn. 4; a. A. *Vill*, BauR 1999, 971, 973.

[16] Unklar OLG Dresden Beschluss vom 9. 11. 2001 – WVerg 9/01, NZBau 2002, 351, das die Begünstigung nur auf Verfahrensbeteiligte erstrecken will. Diese einschränkende Wirkung wird § 134 BGB aber nicht gerecht.

[17] OLG Frankfurt Beschluss vom 7. 9. 2004 – 11 Verg 11/04, NZBau 2004, 692, 696.

[18] A. A. *Braun* BB 1999, 1069, 1072.

[19] BayObLG Beschluss vom 13. 10. 1999 – 6 Verg 1/99, VergabeR 1999, 111.

[20] OLG Jena Beschluss vom 22. 12. 1999 – 6 Verg 3/99, NZBau 2000, 349.

[21] *Dreher* in: Immenga/Mestmäcker GWB, 4. Aufl., 2007, § 115 Rdn. 19.

§ 115. Aussetzung des Vergabeverfahrens　　　　　13–15　§ 115 GWB

Abs. 2 S. 1 („Ein bereits erteilter Zuschlag kann nicht aufgehoben werden.") zeigt, dass durch § 115 Abs. 2 nicht nur vorläufige, sondern auch **endgültige Entscheidungen** getroffen werden. Die vorzeitige Gestattung des Zuschlags ist eine erhebliche Beschränkung des effektiven Rechtsschutzes, weshalb sie nur ausnahmsweise in Betracht kommen kann.[22]

2. Antragsvoraussetzungen

Der Antrag ist an keine **Frist** gebunden. Aus der Gesetzessystematik (§ 115 Abs. 2 ist als Ausnahme zu § 115 Abs. 1 konzipiert) und aus dem Sinn und Zweck der Befugnisgrundlage ergibt sich aber, dass ein solcher Antrag nur während des laufenden Nachprüfungsverfahrens vor der VergK. gestellt werden kann.[23] Insbesondere darf das Nachprüfungsverfahren nicht durch Erlass einer Hauptsacheentscheidung erledigt sein. Denn Voraussetzung für eine Gestattung der Zuschlagserteilung ist, dass es überhaupt zu einer Verzögerung der Vergabe bis zum Abschluss des Nachprüfungsverfahrens vor der VergK. kommen kann. Diese Gefahr besteht nicht mehr bei Erledigung des Nachprüfungsverfahrens. Soweit im Beschwerdeverfahren ein Bedürfnis auf vorzeitige Gestattung des Zuschlags besteht, gewährt § 121 dem Auftraggeber ausreichenden Rechtsschutz.[24] § 115 Abs. 2 S. 1 sieht für den Antrag keine Anforderungen an eine bestimmte **Form** vor. Richtigerweise wird aber auf § 108 abzustellen sein (str.).[25] Dann ist der Antrag schriftlich einzureichen und zu begründen. Der Auftrg. wird Tatsachenvortrag und Eilbedürftigkeit glaubhaft zu machen haben (→ für Vf. vor dem Beschwerdegericht: § 115 Abs. 2 S. 4 i.V.m. § 121 Abs. 2).

13

3. Verfahren

Der **Untersuchungsgrundsatz** des § 110 gilt auch im Verfahren nach § 115 Abs. 2. Die VergK. muss keine mündliche Verhandlung durchführen, hat die Beteiligten aber **anzuhören** (§ 28 VwVfG).[26] Das **Nachschieben von Gründen** ist zulässig.[27]

14

4. Interessenabwägung

a) **Grundsätzliches.** Beim Antrag auf Gestattung des Zuschlags entscheidet die VergK. ausschließlich aufgrund einer Interessenabwägung.[28] Sie kann die Erteilung des Zuschlags gestatten, wenn unter Berücksichtigung aller möglicherweise geschädigten Interessen sowie des Interesses der Allgemeinheit an einem raschen Abschluss des Vergabeverfahrens die nachteiligen Folgen einer Verzögerung der Vergabe bis zum Abschluss der Nachprüfung die damit verbundenen Vorteile überwiegen. Bei der Interessenbewertung ist die VergK. also nicht frei, sondern hat nach den Gesichtspunkten möglicher Schadensvermeidung („nachteilige Folgen") und möglicher Vorteile abzuwägen. Die VergK. hat demnach einerseits die Lage, dass dem Antrag auf Gestattung des Zuschlags stattgegeben wird und der Auftrag tatsächlich vergeben wird, der Nachprüfungsantrag aber in der Hauptsache zum

15

---

[22] OLG Celle Beschluss vom 21. 3. 2001 – 13 Verg 4/01, WuW/E 2001, 802; BayObLG Beschluss vom 12. 1. 2003 – Verg 2/03, VergabeR 2003, 368; *Prieß*, Handbuch des europäischen Vergaberechts, 3. Aufl., 2005, S. 387.
[23] I. E. OLG Naumburg Beschluss vom 15. 12. 2000 – 1 Verg 11/00, NZBau 2001, 642.
[24] BayObLG, Verg 16/04 vom 16. 7. 2004, VergabeR 2005, 141.
[25] A. A. *Byok*/Jaeger, Kommentar zum Vergaberecht, 2. Aufl., 2005, § 115 Rdn. 1101; *Boesen*, Vergaberecht, 2000, § 115 Rdn. 23.
[26] Zu § 118: BayObLG vom 4. 2. 2002, Verg 1/02; zu § 124: BGH Beschluss vom 24. 2. 2003 – X ZB 12/02, NZBau 2003, 337.
[27] *Tillmann* WuW 1999, 342, 344.
[28] BKartA Beschluss vom 30. 6. 1999 – VK 2 – 14/99, VergabeR 1999, 265.

Erfolg führt, der Lage gegenüberzustellen und diese zu bewerten, dass dem Antrag auf Gestattung nicht stattgegeben wird und das Verfahren weiter verzögert wird, der Nachprüfungsantrag aber in der Hauptsache erfolglos bleibt.[29]

16 Die VergK. **prüft summarisch** und hat stets auf den **Einzelfall** bezogene Feststellungen zu treffen. Sie darf nicht generell von einem überwiegenden Interesse der Allgemeinheit an einem zügigen Abschluss des Vergabeverfahrens ausgehen. Dem Beschleunigungsinteresse ist im Regelfall schon durch die kurzen Fristen im Nachprüfungsverfahren (vgl. § 113 Abs. 1 S. 1) genüge getan.[30] Vielmehr ist von einem prinzipiellen Vorrang des Aussetzungsinteresses auszugehen. Das ergibt sich aus § 115 Abs. 2, wonach die Interessen, die einer Verzögerung der Vergabe entgegenstehen, überwiegen müssen, aus dem Regel-Ausnahmeverhältnis von § 115 Abs. 2 und Abs. 1 und dem Gebot des effektiven Rechtsschutzes. Insbesondere wenn eine hinreichende Sachverhaltsermittlung wegen der besonderen Eilbedürftigkeit nicht möglich ist, wird der Zuschlag grundsätzlich unterbleiben müssen.

17 **b) Erfolgsaussichten des Nachprüfungsantrags.** Umstritten ist, ob etwaige Erfolgsaussichten des Nachprüfungsantrags im Rahmen der Abwägung des § 115 Abs. 2 S. 1 zu berücksichtigen sind. Das BKartA[31] lehnt das ab. Dafür könnte sprechen, dass § 115 Abs. 2 – anders als §§ 118 und 121 – die Prüfung der Erfolgsaussichten nicht ausdrücklich nennt.[32] Mit einem rechtsstaatlichen Verfahrensverständnis wäre es allerdings kaum in Einklang zu bringen, wollte man die Erfolgsaussichten in der Hauptsache auch dann außer Acht lassen, wenn der insoweit zu beurteilende **Sachverhalt offen zu Tage liegt** und diese Eindeutigkeit auch bei summarischer Prüfung unschwer berücksichtigt werden könnte. Dafür spricht auch § 110 Abs. 2 S. 1: Die VergK. hat vor Zustellung der Antragsschrift den Nachprüfungsantrag ohnehin darauf zu überprüfen, ob er offensichtlich unzulässig oder unbegründet ist. Dann ist es aber nicht einzusehen, weshalb der gleiche Gesichtspunkt von einer Abwägung selbst dann a priori ausgeschlossen sein soll, wenn sich die zu erwartende Aussichtslosigkeit im Zeitpunkt der nach § 115 Abs. 2 zu treffenden Entscheidungen aufdrängt.[33] Die Gestattung des vorzeitigen Zuschlags kann mit einer fehlenden Erfolgsaussicht des Nachprüfungsantrags allerdings nur dann begründet werden, wenn sich die **Unzulässigkeit oder Unbegründetheit** des Nachprüfungsantrags auf den ersten Blick erschließt, d. h. der zu beurteilende Sachverhalt offen zu Tage liegt und keine ergänzenden tatsächlichen Feststellungen erfordert, die nach der Aktenlage oder mit präsenten Beweismitteln nicht zu gewinnen sind.[34]

18 **c) Interessen der Allgemeinheit, der Bieter und des Auftraggebers.** Erst wenn sich die Einhaltung vergaberechtlicher Bestimmungen im Eilverfahren nicht abschließend beurteilen lässt, ist nach den Umständen des Einzelfalls zwischen den „nachteiligen Folgen" und den „Vorteilen" i. S. des § 15 Abs. 2 S. 1 abzuwägen.[35] Die Abwägung hat umfassend zwischen den Interessen der Allgemeinheit, der Beteiligten und Dritter, insbesondere der

---

[29] *Gröning* VergabeR 2003, 290, 294.
[30] BKartA Beschluss vom 30. 6. 1999 – VK 2 – 14/99, VergabeR 1999, 265.
[31] BKartA Beschluss vom 30. 6. 1999 – VK 2 – 14/99, VergabeR 1999, 265; s. a. *Boesen*, Vergaberecht, 2000, § 115 Rdn. 31; *Dreher* in: Immenga/Mestmäcker GWB, 4. Aufl., 2007, § 115 Rdn. 32.
[32] *Vetter* NVwZ 2001, 745, 758; restriktiv auch *Prieß*, Handbuch des europäischen Vergaberechts, 3. Aufl., 2005, S. 388; weitergehend: *Gröning* VergabeR 2003, 290, 292; obiter dictum: BayObLG Beschluss vom 12. 1. 2003 – Verg 2/03, VergabeR 2003, 368.
[33] OLG Dresden Beschluss vom 14. 6. 2001 – WVerg 4/01, NJOZ 2002, 1408; vgl. a. i. E. OLG Jena Beschluss vom 26. 10. 1999 – 6 Verg 3/99, NZBau 2000, 354.
[34] OLG Celle Beschluss vom 21. 3. 2001 – 13 Verg 4/01, WuW/E 2001, 802; OLG Dresden Beschluss vom 14. 6. 2001 – WVerg 4/01, NJOZ 2002, S. 1408.
[35] OLG Schleswig Beschluss vom 14. 8. 2000 – 6 Verg 2 und 3/2000, OLGR Schleswig 2000, 470.

Mitbewerber und Subunternehmer, zu erfolgen. Das Interesse der Allgemeinheit ist nicht auf einen raschen Abschluss des Vergabeverfahrens beschränkt, sondern erstreckt sich insbesondere auch auf die Ordnungsmäßigkeit der Auftragsvergabe. Ferner können die ausgeschriebene Leistung, Umweltschutzaspekte oder Gesichtspunkte des Arbeitsmarktes von Bedeutung sein. Die Frage, ob der Ast. im Nachprüfungsverfahren auch bei Korrektur der Vergabefehler Aussicht auf den Zuschlag gehabt hätte, fließt in die Interessenabwägung nicht ein.[36] Angesichts der gravierenden Folgen der Zuschlagsgestattung zu Lasten eines Ast. müssen die Interessen an einem raschen Abschluss des Vergabeverfahrens – die sowohl auf Seiten der Vergabestelle als auch der Allgemeinheit stehen –, von besonderem Gewicht sein. Grundsätzlich wird eine Vorabgestattung des Zuschlags deshalb eher selten in Betracht kommen.[37]

Das Primärrechtsschutzinteresse des Bieters kann durch solche Umstände aufgewogen werden, die den zu vergebenden Auftrag so **streng fristgebunden** erscheinen lassen, dass eine Überschreitung der vorgesehenen Zuschlagsfrist seine Durchführung – vergleichbar mit einem Fixgeschäft – unmöglich oder hinfällig machen würde. In Betracht kommt ferner, dass die drohende Verzögerung geeignet ist, die **Funktionsfähigkeit und Aufgabenerfüllung des Auftraggebers** spürbar zu beeinträchtigen. Diese Beeinträchtigung muss nach den konkreten Umständen mit hinreichender Wahrscheinlichkeit zu erwarten sein; die rein abstrakte Gefahr des Eintritts von Nachteilen kann demgegenüber nicht ausreichen.[38] Je länger die zeitliche Vorplanung gedauert hat, umso schwieriger dürfte es für den Auftrgg. sein, die Unzumutbarkeit einer Verzögerung glaubwürdig darzustellen.[39] Zu denken sind an Engpässe bei der Versorgung der Bevölkerung, des Gesundheitsschutzes und an vergleichbare **Notlagen.**[40] Eine Vorabentscheidung ist unzulässig, wenn eine **Interimslösung** in Betracht kommt.[41] Das Interesse des Trägers öffentlicher Einrichtungen an der **schnellen Fortsetzung eines Großbauvorhabens** kann trotz Streits über die Vergabe eines kleineren Loses vorrangig sein.[42] Ein geldwerter Nachteil der Vergabestelle für den Fall der Verschiebung der Zuschlagsentscheidung vermag für sich gesehen aber nur dann eine vorzeitige Gestattung des Zuschlags zu rechtfertigen, wenn es sich um eine außergewöhnliche wirtschaftliche Belastung handelt.[43] Dagegen kann ein öffentlicher Auftrgg., der den Zeitplan für ein europaweit auszuschreibendes Bauvorhaben von Vornherein extrem knapp bemessen hat, seinen Antrag auf Gestattung des sofortigen Zuschlags nicht darauf stützen, dass die zu erstellende Anlage bei Durchführung des Nachprüfungsverfahrens nicht fristgerecht fertig gestellt werden kann, und er deshalb mit erheblichen finanziellen Einbußen zu rechnen hat.[44]

5. Entscheidung

Die VergK. kann dem Auftrgg. gestatten, den **Zuschlag** nach Ablauf von zwei Wochen seit Bekanntgabe der Entscheidung zu erteilen. Sie kann den Zuschlag ferner von der Einhaltung bestimmter Voraussetzungen abhängig machen. Die Zwei-Wochenfrist ist nach § 31 VwVfG zu berechnen. Mit der Frist wird dem Ast. die Möglichkeit eingeräumt, das Beschwerdegericht anzurufen, um das Verbot des Zuschlags nach § 115 Abs. 1 wiederherzustellen (§ 115 Abs. 2 S. 2). Daraus ergibt sich, dass auf die Bekanntgabe an

---

[36] BKartA Beschluss vom 30. 6. 1999 – VK 2 – 14/99, VergabeR 1999, 265.
[37] *Gröning* VergabeR 2003, 290, 291.
[38] BKartA Beschluss vom 30. 6. 1999 – VK 2 – 14/99, VergabeR 1999, 265.
[39] *Gröning* VergabeR 2003, 290, 295.
[40] BayObLG Beschluss vom 12. 1. 2003 – Verg 2/03, VergabeR 2003, 368.
[41] BayObLG Beschluss vom 12. 1. 2003 – Verg 2/03, VergabeR 2003, 368.
[42] *Willenbruch* NVwZ 1999, 1062, 1066.
[43] OLG Dresden Beschluss vom 14. 6. 2001 – WVerg 4/01, NJOZ 2002, S. 1408.
[44] OLG Celle Beschluss vom 17. 1. 2003 – 13 Verg 2/03, NJOZ 2003, S. 475.

den Ast. abzustellen ist.[45] Die Entscheidung der VergK. ergeht als Verwaltungsakt (§ 114 Abs. 3 S. 1).[46]

IV. Tatbestand des § 115 Abs. 2 S. 2 bis 5

1. Zweck des Rechtsbehelfs

21 Gegen die Entscheidung der VergK. ist die sofortige Beschwerde nach § 116 nicht zulässig (§ 115 Abs. 2 S. 5). Allerdings kann der Ast. beim OLG als Beschwerdegericht (vgl. § 116 Abs. 3 und 4) beantragen, das Zuschlagsverbot nach § 115 Abs. 1 **wiederherzustellen**. Ein erfolgter Zuschlag kann vom OLG nicht wieder aufgehoben werden. Wenn die VergK. den Zuschlag nicht gestattet hat, kann das Beschwerdegericht auf Antrag des Auftraggebers unter den Voraussetzungen des § 115 Abs. 2 S. 1 den **sofortigen Zuschlag zulassen**.

2. Form

22 § 121 Abs. 2 S. 1 und 2 gilt entsprechend, d. h. dass der Antrag schriftlich zu stellen und gleichzeitig zu begründen ist. Die zur Begründung des Antrags vorzutragenden Tatsachen sowie der Grund für die Eilbedürftigkeit sind glaubhaft zu machen. Ein Anwaltszwang ist nicht vorgesehen. **Antragsbefugt** ist nur derjenige, der durch die Entscheidung der VergK. beschwert ist. Der Antrag ist **nicht fristgebunden**. Sowohl aus der Gesetzessystematik als auch nach dem Sinn und Zweck dieses Antragsverfahrens ergibt sich jedoch, dass ein solcher Antrag nur während des laufenden Nachprüfungsverfahrens vor der VergK. gestellt werden kann (→ Rdn. 13).

3. Verfahren und Entscheidung

23 Das Beschwerdegericht muss keine mündliche Verhandlung anberaumen.[47] § 115 Abs. 2 S. 3 ordnet für das Beschwerdegericht den gleichen **Entscheidungsspielraum** an wie er der VergK. zukommt (→ Rdn. 15 f.). Anforderungen an Form und Inhalt der Entscheidung des OLG sieht § 115 Abs. 2 nicht vor. Allerdings folgt aus dem Rechtsstaatsprinzip und Art. 2 Abs. 8 RiL 89/665, dass die Entscheidung den Beteiligten zumindest **bekannt** gegeben und schriftlich **begründet** werden muss.

V. Tatbestand des § 115 Abs. 3

1. Inhalt

24 Die VergK. kann auf besonderen Antrag mit **weiteren vorläufigen Maßnahmen** in das Vergabeverfahren eingreifen, wenn Rechte des Ast. aus § 97 Abs. 7 auf andere Weise als durch den drohenden Zuschlag gefährdet sind. Es geht nur um den Schutz vor Rechtsverletzungen innerhalb des Vergaberechts und des konkreten Vergabeverfahrens. Die VergK. soll eine ordnungsgemäße Entscheidung i. S. d. § 114 treffen können. Denkbar sind sämtliche Maßnahmen, die der Sicherung des Rechtsbegehrens des Ast. dienen, auch die Verpflichtung des Auftraggebers, das Verfahren ruhen zu lassen. Die Einleitung eines neuen Vergabeverfahrens kann nicht verlangt werden.[48] Bei Parallelausschreibungen kann gegen die (unzulässige) Zweitausschreibung nicht im Wege des § 115 Abs. 3 im Nachprüfungsverfahren der Erstausschreibung vorgegangen werden.[49] Nach OLG Düssel-

---

[45] Reidt/Stickler/Glahs, Vergaberecht, 2. Aufl., 2003, § 115 Rdn. 45.
[46] Gröning VergabeR 2003, 290, 294.
[47] Tilmann WuW 1999, 342, 345.
[48] Reidt/Stickler/Glahs, Vergaberecht, 2. Aufl., 2003, § 115 Rdn. 68.
[49] OLG Naumburg Beschluss vom 31. 7. 2006 – 1 Verg 6/06, ZfBR 2006, 811.

§ 115. Aussetzung des Vergabeverfahrens　　　　　　　　　　§ 115 GWB

dorf[50] kann § 115 Abs. 3 auch für Maßnahmen einstweiligen Rechtsschutzes durch das OLG herangezogen werden.

2. Antragsberechtigung

Antragsberechtigt ist nur der Ast. der Verfahren nach §§ 107 und 115 Abs. 2. Eine **Rechtsgefährdung** setzt noch keine Rechtsverletzung voraus, ist aber mehr als die bloße Möglichkeit einer Rechtsbeeinträchtigung. Einem Antrag nach § 115 Abs. 3 fehlt das Rechtsschutzbedürfnis, wenn der Ast. seine Rechtsposition durch eine derartige Entscheidung offensichtlich nicht verbessern kann.[51] Über § 115 Abs. 3 können subjektive Rechte (i. S. v. § 97 Abs. 7) eines Ast. geschützt werden, die durch Maßnahmen der Vergabestelle auf andere Weise als durch eine Zuschlagserteilung gefährdet sind. Bloße mittelbare Nachteile reichen nicht aus, etwa zu verhindern, dass die für eine Übergangszeit zu erbringende Leistung auf einen bestimmten Bieter übertragen wird.[52] Zur Sicherung effektiven Rechtsschutzes ist der Antrag auf Anordnung weiterer vorläufiger Maßnahmen auch im Beschwerdeverfahren in analoger Anwendung des § 115 Abs. 3 S. 1 zulässig und statthaft.[53]

25

3. Entscheidung

Die VergK. hat den **Entscheidungsmaßstab** des Abs. 2 S. 1 zugrunde zu legen. Im Rahmen des § 115 Abs. 3 haben deshalb die Erfolgsaussichten in der Hauptsache Berücksichtigung zu finden. Erweist sich der Nachprüfungsantrag in der Hauptsache als offensichtlich unzulässig und löst er mangels Zustellung keine Zuschlagssperre aus (§ 115 Abs. 1), scheiden vorläufige Sicherungen gegen sonstige Maßnahmen des Auftraggebers oder beteiligter Dritter gem. § 115 Abs. 3 von vornherein aus. Anders als zu § 115 Abs. 1 und Abs. 2 sind die Entscheidungen der VergK. nur vorläufig und mit Rechtsmitteln nicht selbständig angreifbar.

26

VI. Neufassung gemäß Gesetz zur Modernisierung des Vergaberechts vom 20. April 2009

„17. § 115 wird wie folgt geändert:"

a) Absatz 1 wird wie folgt gefasst:

„(1) *Informiert die Vergabekammer den öffentlichen Auftraggeber in Textform über den Antrag auf Nachprüfung, darf dieser vor einer Entscheidung der Vergabekammer und dem Ablauf der Beschwerdefrist nach § 117 Abs. 1 den Zuschlag nicht erteilen.*"

In der Gesetzesbegründung der Bundesregierung heißt es dazu:

„*Die Änderung ermöglicht eine Vereinfachung des Nachprüfungsverfahrens*".[54]

In der Gesetzesbegründung des Ausschusses für Wirtschaft und Technologie heißt es dazu:

„*Die Information des öffentlichen Auftraggebers soll das Zuschlagsverbot auslösen. Es bedarf dazu nicht einer förmlichen Zustellung, sofern der Nachweis des Zugangs dieser Nachricht an den öffentlichen Auftraggeber sichergestellt ist.*"[55]

27

---

[50] OLG Düsseldorf Beschluss vom 30. 9. 2008 – Verg 23/08.
[51] VergK. Leipzig, Entscheidung vom 22. 8. 2001 – 1/SVK/79 – 01, NZBau 2002, 528.
[52] VergK. des Landes Hessen, Entscheidung vom 10. 1. 2005 – 69 d VK-96/2004.
[53] OLG Naumburg Beschluss vom 9. 8. 2006 – 1 Verg 11/06, ZfBR 2006, 817; OLG Naumburg Beschluss vom 31. 7. 2006 – 1 Verg 6/06, ZfBR 2006, 811.
[54] Begründung zum Gesetzentwurf der Bundesregierung über ein Gesetz zur Modernisierung des Vergaberechts vom 13. 8. 2008, BT-Drs. 16/10117, S. 23.
[55] Beschlußempfehlung und Bericht des Ausschusses für Wirtschaft und Technologie zu dem Gesetzentwurf der Bundesregierung über ein Gesetz zur Modernisierung des Vergaberechts, BT-Drs. 16/10117, vom 17. 12. 2008, BT-Drs. 16/11428, S. 51.

b) Absatz 2 wird wie folgt geändert:
„*aa) In Satz 1 werden nach dem Wort „Antrag" die Wörter „oder auf Antrag des Unternehmens, das nach § 101a vom Auftraggeber als das Unternehmen benannt ist, das den Zuschlag erhalten soll," eingefügt.*
bb) Nach Satz 1 werden folgende Sätze eingefügt:
„*Bei der Abwägung ist das Interesse der Allgemeinheit an einer wirtschaftlichen Erfüllung der Aufgaben des Auftraggebers zu berücksichtigen. Die Vergabekammer berücksichtigt dabei auch die allgemeinen Aussichten des Antragstellers im Vergabeverfahren, den Auftrag zu erhalten. Die Erfolgsaussichten des Nachprüfungsantrages müssen nicht in jedem Falle Gegenstand der Abwägung sein."*
cc) Im neuen Satz 6 wird die Angabe „des Satzes 1" durch die Angabe „der Sätze 1 bis 4" ersetzt.
dd) Im neuen Satz 7 wird nach der Angabe „§ 121 Abs. 2 Satz 1 und 2" die Angabe „und Absatz 3" eingefügt."
In der Gesetzesbegründung der Bundesregierung heißt es dazu:
„*Der neu gefasste Absatz 2 ermöglicht es dem öffentlichen Auftraggeber zur Beschleunigung des Verfahrens bei der Vergabekammer einen Antrag auf Vorabgestattung des Zuschlags zu stellen. Die Praxis der Vergabekammern des Bundes und der Länder zeigt, dass Anträge auf Vorabgestattung des Zuschlags kaum gestellt werden. Statistisch beläuft sich die Zahl der Anträge auf 1 bis 4 Prozent der Nachprüfungsverfahren seit dem Jahre 2002. Der Anteil der stattgegebenen Anträge beträgt im Jahre 2006 rund 0,3 Prozent (2005 rund 2 Prozent; 2004 rund 0,5 Prozent. Als Gründe dafür werden insbesondere eine verspätete Vorlage der Akten durch den öffentlichen Auftraggeber und die umfangreiche Prüfung der Erfolgsaussichten des Nachprüfungsverfahrens im Rahmen der Interessenabwägung angeführt. Die vorgeschlagene Änderung soll diese Situation zugunsten der im öffentlichen Interesse liegenden Auftragsvergabe verbessern."*
In der Gesetzesbegründung des Ausschusses für Wirtschaft und Technologie heißt es dazu:
„*In der öffentlichen Anhörung wurde von den Sachverständigen vorgebracht, dass es bedenklich wäre, das Ergebnis der Interessenabwägung durch die Vergabekammer im Falle der Gefährdung der wirtschaftlichen Erfüllung der Aufgaben des Auftraggebers kraft Gesetzes vorwegzunehmen. Dem soll die Neufassung Rechnung tragen."*
In der Gesetzesbegründung der Bundesregierung heißt es zu Doppelbuchstabe aa:
„*Es kann hilfreich sein, auch dem Unternehmen, das nach der gemäß § 101a bekannt gemachten Absicht des öffentlichen Auftraggebers den Zuschlag erhalten sollen, ein entsprechendes Antragsrecht einzuräumen."*
In der Gesetzesbegründung der Bundesregierung heißt es zu Doppelbuchstabe bb:
„*Die im neuen Satz 2 des § 115 Abs. 2 (neu) in Bezug genommenen Erfolgsaussichten im Vergabeverfahren sind ein wichtiges Indiz für die Entscheidungsfindung nach Satz 1. Dabei geht es zum Beispiel um die Platzierung und die Chance des unterlegenen Bieters, den Zuschlag zu erhalten. Im neuen Satz 3 konkretisiert der Gesetzgeber das überwiegende Interesse der Allgemeinheit durch die Benennung eines weiteren Beispiels. In Übereinstimmung mit den Wertungen des Bundesverfassungsgerichtes (BVerfGE vom 13. Juni 2006) soll hier auf Gesetzesebene das Interesse des öffentlichen Auftraggebers an der Erfüllung seiner öffentlichen Aufgabe in wirtschaftlicher und verzögerungsfreier Weise gestärkt werden. Gerade bei großen Bauvorhaben können Nachprüfungsverfahren zu Zeitverlusten führen, die das Vorhaben erheblich verteuern. Dann kann die Interessenabwägung ergeben, dass das Interesse des Bieters an der Verhinderung des Zuschlags und seiner Beauftragung gegenüber dem öffentlichen Interesse des Auftraggebers an der zügigen Fertigstellung unter Einhaltung des Kostenrahmens zurückstehen muss.*
Es sind Konstellationen denkbar, in denen die summarische Prüfung der Erfolgsaussichten im Nachprüfungsverfahren die Erteilung des Vorabzuschlags ungebührlich verzögern würde und damit dem überwiegenden Interesse der Allgemeinheit an einem raschen Abschluss des Vergabeverfahrens nicht ausreichend Rechnung getragen würde. § 115 Abs. 2 Satz 4 (neu) stellt deshalb klar, dass die Vergabekammer die Erfolgsaussichten des Nachprüfungsverfahrens berücksichtigen kann, dazu allerdings

nicht verpflichtet ist und deshalb auf der Grundlage der Abwägung der beteiligten Interessen die Voraberteilung des Zuschlags erteilen darf. Dabei ist die prozessuale Durchsetzung des subjektivöffentlichen Rechts auf Einhaltung der Vergabevorschriften durch die Möglichkeit der Beschwerde zum Oberlandesgericht sichergestellt."

In der Gesetzesbegründung der Bundesregierung heißt es zu Doppelbuchstabe cc:
„Dies ist eine Folgeänderung zu Doppelbuchstabe bb."

In der Gesetzesbegründung der Bundesregierung heißt es zu Doppelbuchstabe dd:
„Mit der Ergänzung der Verweisung auch auf den § 121 Abs. 3 wird eine Entscheidung des Beschwerdegerichts innerhalb von fünf Wochen ebenso wie im Verfahren über die Vorabentscheidung über den Zuschlag nach § 121 erreicht."

c) Dem Absatz 3 werden folgende Sätze angefügt:
„Die Vergabekammer kann die von ihr getroffenen weiteren vorläufigen Maßnahmen nach den Verwaltungsvollstreckungsgesetzen des Bundes und der Länder durchsetzen; die Maßnahmen sind sofort vollziehbar. § 86a Satz 2 gilt entsprechend."

In der Gesetzesbegründung der Bundesregierung heißt es dazu:
„Mit der Ergänzung in § 115 Abs. 3 wird klargestellt, dass weitere vorläufige Maßnahmen nach § 115 Abs. 3 mit den Mitteln der Verwaltungsvollstreckung durchgesetzt werden können. Ebenso wie in Bezug auf § 114 Abs. 3 GWB ist es auch hier sachgerecht, den Zwangsgeldrahmen des § 86a zu übernehmen (siehe Begründung zu Nummer 14)."

d) Folgender Absatz 4 wird angefügt:
„Macht der Auftraggeber das Vorliegen der Voraussetzungen nach § 100 Abs. 2 Buchstabe d geltend, entfällt das Verbot des Zuschlages nach Absatz 1 zwei Kalendertage nach Zustellung eines entsprechenden Schriftsatzes an den Antragsteller; die Zustellung ist durch die Vergabekammer unverzüglich nach Eingang des Schriftsatzes vorzunehmen. Auf Antrag kann das Beschwerdegericht das Verbot des Zuschlages wiederherstellen. § 121 Abs. 1 Satz 1, Abs. 2 Satz 1 sowie Abs. 3 und 4 findet entsprechende Anwendung."

In der Gesetzesbegründung der Bundesregierung heißt es dazu:
„Da der automatische Suspensiveffekt nach Absatz 1 für Sachverhalte, in denen streitig ist, ob eine Ausnahme nach § 100 Abs. 2 Buchstabe d vorliegt, zu unangemessenen Zeitverzögerungen zu Lasten der wesentlichen Sicherheitsinteressen des Staates führen kann, wird eine Regelung aufgenommen, nach der die Automatik des Suspensiveffekts nach Absatz 1 entfällt zugunsten eines sofortigen Antragsrechts auf Wiederherstellung des Zuschlagsverbotes vor dem Beschwerdegericht."

„18. Nach § 115 wird folgender § 115a eingefügt:"
„§ 115a. Ausschluss von abweichendem Landesrecht. Soweit dieser Unterabschnitt Regelungen zum Verwaltungsverfahren enthält, darf hiervon durch Landesrecht nicht abgewichen werden."

In der Gesetzesbegründung des Ausschusses für Wirtschaft und Technologie heißt es dazu:
„Dem Wunsch des Bundesrates wurde entsprochen und die Regelung über das Verbot der Abweichung nach Landesrecht wird nach § 115a vorgezogen und dadurch auf das Verfahren vor der Vergabekammer beschränkt. Eine notwendige Folgeänderung ergibt sich dadurch im Inhaltsverzeichnis."

III. Sofortige Beschwerde

§ 116 Zulässigkeit, Zuständigkeit

(1) ¹Gegen Entscheidungen der Vergabekammer ist die sofortige Beschwerde zulässig. ²Sie steht den am Verfahren vor der Vergabekammer Beteiligten zu.

(2) Die sofortige Beschwerde ist auch zulässig, wenn die Vergabekammer über einen Antrag auf Nachprüfung nicht innerhalb der Frist des § 113 Abs. 1 entschieden hat; in diesem Fall gilt der Antrag als abgelehnt.

(3) ¹Über die sofortige Beschwerde entscheidet ausschließlich das für den Sitz der Vergabekammer zuständige Oberlandesgericht; für Streitigkeiten über Entscheidungen von Vergabekammern, die Rechtsbeziehungen nach § 69 des Fünften Buches Sozialgesetzbuch betreffen, sind die Landessozialgerichte zuständig. ²Bei den Oberlandesgerichten wird ein Vergabesenat gebildet.

(4) ¹Rechtssachen nach den Absätzen 1 und 2 können von den Landesregierungen durch Rechtsverordnung anderen Oberlandesgerichten oder dem Obersten Landesgericht zugewiesen werden. ²Die Landesregierungen können die Ermächtigung auf die Landesjustizverwaltungen übertragen.

Übersicht

	Rn.		Rn.
I. Hintergrund	1	2. Untätigkeitsbeschwerde	7
1. Europarechtlicher Hintergrund	1	3. Anschlussbeschwerde	9
2. Verfassungsrechtlicher Hintergrund	2	4. Entscheidungen der VergK.	10
3. Rechtsdogmatischer Hintergrund	3	5. Beschwerdeberechtigung und Beschwerdebefugnis	11
II. Tatbestand des § 116 Abs. 1 und 2	4		
1. Entscheidungen der VergK.	4	6. Rechtsschutzbedürfnis	13
a) End-, Aussetzungs- und Kostenentscheidungen	4	7. Rücknahme der Beschwerde	14
		8. Kosten	15
b) Zwischenentscheidungen	5	III. Tatbestand des § 116 Abs. 3 und 4	16
c) Unwirksame Entscheidungen	6		

I. Hintergrund und Anwendungsbereich

1. Europarechtlicher Hintergrund

1   Nach Art. 2 Abs. 8 RiL 89/665¹ und dem insoweit gleichlautenden Art. 2 Abs. 9 RiL 92/13² haben die Mitgliedstaaten zu gewährleisten, dass die Nachprüfung einer behaupteten rechtswidrigen Maßnahme durch eine Instanz erfolgen muss, die gegenüber dem öffentlichen Auftraggeber und einer fakultativ vorhergehenden Instanz, die kein Gericht ist, unabhängig ist und ein Gericht im Sinne des Art. 234 EG ist. Die unabhängige Instanz trifft ihre Entscheidungen in einem Verfahren, in dem beide Seiten gehört werden; ihre Entscheidungen sind in der von den Mitgliedstaaten jeweils zu bestimmenden Weise rechtsverbindlich.

2. Verfassungsrechtlicher Hintergrund

2   Ein **effektiver Rechtsschutz** im Vergaberecht ist durch Art. 3 Abs. 1, 12 Abs. 1 und 19 Abs. 4 GG geboten. Das BVerfG stellt neuerdings auf den Justizgewährungsanspruch ab, was aber nicht überzeugt (→ zu § 115 Rdn. 2).

3. Rechtsdogmatischer Hintergrund

3   Entscheidungen der VergK. im Wege der sofortigen Beschwerde von den Oberlandesgerichten nachprüfen zu lassen war eine der bedeutendsten Neuregelungen des VergÄndG. Maßgebliche Leitlinie war dabei das Beschwerdeverfahren im Kartellrecht (§§ 63 ff.). Von der Beschwerde nach § 63 unterscheidet sich die sofortige Beschwerde v. a. durch **kürzere**

---

[1] RiL 89/665/EWG des Rates vom 21. 12. 1989 zur Koordinierung der Rechts- und Verwaltungsvorschriften für die Anwendung der Nachprüfungsverfahren im Rahmen der Vergabe öffentlicher Liefer- und Bauaufträge, ABl Nr. L 395 vom 30. 12. 1989 S. 33.

[2] RiL 92/13/EWG des Rates vom 25. 2. 1992 zur Koordinierung der Rechts- und Verwaltungsvorschriften für die Anwendung der Gemeinschaftsvorschriften über die Auftragsvergabe durch Auftraggeber im Bereich der Wasser-, Energie- und Verkehrsversorgung sowie im Telekommunikationssektor, ABl Nr. L 76 vom 23. 3. 1992 S. 14.

§ 116. Zulässigkeit, Zuständigkeit 4, 5 § 116 GWB

Fristen. Die Zuweisung der Nachprüfung an die ordentlichen Gerichte ist indes rechtssystematisch nicht überzeugend, weil das Vergaberecht seinem Wesen nach **öffentliches Recht** ist.[3] Der Verweis des Gesetzgebers auf den zivilrechtlichen Vertrag, den Auftrgg. und Bieter abschließen, trägt ebenso wenig wie die Vermutung, dass sich ein großer Teil der Verfahren nur zwischen potentiellen Auftragnehmern und privatrechtlich organisierten Auftraggebern abspielen wird.[4] Probleme der Wahl privatrechtlicher Handlungsformen durch die öffentliche Hand sind mit der dogmatischen Entwicklung des Verwaltungsprivatrechts in den Griff zu bekommen. Schließlich überprüfen die Beschwerdegerichte gerade nicht a priori die vorvertraglichen Rechtsbeziehungen, sondern die Entscheidungen der VergK., die als Verwaltungsakte ergehen (§ 114 Abs. 3 S. 1).[5] In der Folge handelt es sich bei der Nachprüfung ihrer Natur nach um Verwaltungsrechtsstreitigkeiten.[6] Wegen der Eigenart des Vergaberechtsschutzsystems ist die analoge Anwendung des § 567 ZPO grundsätzlich ausgeschlossen. Dennoch greifen die Oberlandesgerichte häufig auf die ZPO zurück.[7]

II. Tatbestand des § 116 Abs. 1 und 2

1. Entscheidungen der VergK

a) End-, Aussetzungs- und Kostenentscheidungen. Die sofortige Beschwerde ist 4 gegen „Entscheidungen" der VergK. zulässig. Gemeint sind **Endentscheidungen,** mit der die VergK. die erste Instanz des Nachprüfungsverfahrens abschließt. Deren Rechtsnatur als Verwaltungsakt hebt § 114 Abs. 3 S. 1 besonders heraus. § 116 ist als Grundnorm für den Zugang zur zweiten, gerichtlichen Stufe des Vergabenachprüfungsverfahrens zu begreifen.[8] Eine die erste Instanz in diesem Sinne abschließende Entscheidung ist auch die **Zurückweisung des Nachprüfungsantrags** als offensichtlich unzulässig oder offensichtlich unbegründet gem. § 110 Abs. 2 S. 1. Sofortige Beschwerde ist ferner gegen eine von der VergK. ausgesprochene **Aussetzung des Verfahrens** statthaft. Angesichts der Fiktion des § 116 Abs. 2 (nach Fristablauf gilt der Antrag als abgelehnt; → Rdn. 7) ist eine Aussetzungsentscheidung eine Ablehnung des vergaberechtlichen Rechtsschutzes und damit eine Ablehnung des Nachprüfungsantrages auf Zeit.[9] Eine Endentscheidung ist ferner die **Kostenentscheidung.** Deren isolierte Anfechtbarkeit ist in § 128 Abs. 1 S. 2 i. V. m. § 22 VwKostG besonders geregelt.[10] Eine Kostenbeschwerde ist auch dann statthaft, wenn sie allein auf die vermeintlich fehlerhafte Bestimmung des Gegenstandswerts der anwaltlichen Tätigkeit gestützt wird, weil die VergK. grundsätzlich keinen Streitwertbeschluss erlässt.[11] Sie ist auch nach Erledigung des Nachprüfungsverfahrens in der Hauptsache zulässig.[12]

b) Zwischenentscheidungen der VergK. sind grundsätzlich nicht mit der sofortigen 5 Beschwerde anfechtbar.[13] Das gilt z. B. für die Entschließung der VergK. gem. § 110 Abs. 2

---

[3] A. A. BVerwG Beschluss vom 2. 5. 2007, 6 B 10/07, NZBau 2007, 389 zum Unterschwellenbereich.
[4] BT-Drs. 13/9340, S. 20.
[5] OLG Jena Beschluss vom 22. 12. 1999 – 6 Verg 3/99, NZBau 2000, 349.
[6] Vgl. VG Neustadt a. d. Weinstraße Beschluss vom 6. 9. 2001 – 7 L 1422/01 NW, NZBau 2002, 237 ff. für eine Dienstleistungskonzession, die vom GWB nicht erfasst ist.
[7] BayObLG Beschluss vom 1. 12. 1999 – Verg 2/99, NZBau 2000, 397; OLG Jena Beschluss vom 22. 12. 1999 – 6 Verg 3/99, NZBau 2000, 349.
[8] OLG Düsseldorf Beschluss vom 18. 1. 2000 – Verg 2/00, NZBau 2000, 596.
[9] OLG Düsseldorf Beschluss vom 11. 3. 2002 – Verg 43/01, NZBau 2003, 55.
[10] OLG Düsseldorf Beschluss vom 18. 1. 2000 – Verg 2/00, NZBau 2000, 596; OLG Stuttgart Beschluss vom 19. 7. 2000 – 2 Verg 4/00, NZBau 2000, 543; OLG Rostock Beschluss vom 25. 10. 2000 – 17 W 3/99; OLG München, Beschluss vom 1. 9. 2008 – Verg 17/07.
[11] OLG Naumburg Beschluss vom 6. 4. 2005 – 1 Verg 2/05, NZBau 2005, 486.
[12] OLG Frankfurt Beschluss vom 16. 5. 2000 – 11 Verg. 1/99, NZBau 2001, 101.
[13] OLG Düsseldorf Beschluss vom 23. 1. 2006 – VII-Verg 96/05, Verg 96/05, NZBau 2006, 598.

S. 1, den Nachprüfungsantrag nicht als offensichtlich unzulässig oder offensichtlich unbegründet zurückzuweisen, sondern dem Auftrgg. **zuzustellen.**[14] Hier ist das Schicksal des Nachprüfungsantrags noch völlig offen. Nicht anfechtbar ist die Entscheidung der VergK., einen Nachprüfungsantrag wegen offensichtlicher Unbegründetheit **nicht zuzustellen,** solange eine den Nachprüfungsantrag ablehnende Entscheidung der VergK. noch nicht ergangen ist.[15] Allerdings hält das OLG Jena eine sofortige Beschwerde auch gegen eine Zwischenentscheidung der VergK. für zulässig, wenn mit der Entscheidung der Vergabeüberprüfungsantrag des Ast. im Ergebnis abgelehnt wurde und soweit er auf die Gewährung von Primärrechtsschutz, letztlich also auf den Erhalt des Auftrags, gerichtet ist. Dieser Rspr. kann nur ausnahmsweise gefolgt werden. Im konkreten Fall ging es um eine offensichtlich fehlerhafte Entscheidung zu der Frage, ob sich das Vergabeüberprüfungsverfahren in Folge Zuschlagserteilung erledigt hatte.[16] Nicht isoliert anfechtbar sind die **Entscheidung über die Beiladung** (§ 109 S. 2), über die **Versagung der Akteneinsicht** (§ 111 Abs. 4), über die **Stattgabe eines Antrags auf Akteneinsicht durch einen Dritten,** die einen Beteiligten in seinem Recht auf Geheimschutz berührt,[17] **Eilentscheidungen** der VergK. gem. § 115 Abs. 2 (vgl. dort S. 5; der in S. 2 und S. 3 vorgesehene Antrag an das Beschwerdegericht ist ein spezieller und anderer Rechtsbehelf als die sofortige Beschwerde) und Entscheidungen über **vorläufige Maßnahmen** der VergK. gem. § 115 Abs. 3.[18] Ferner mit der sofortigen Beschwerde nicht anfechtbar sind **verfahrensleitende Verfügungen** der VergK. Dieser Grundsatz ist auch aus anderen Prozessordnungen bekannt (z. B. § 44 a VwGO) und entspricht dem Beschleunigungsgrundsatz.

6 c) **Unwirksame Entscheidungen.** Die sofortige Beschwerde ist auch gegen **unwirksame Entscheidungen** zulässig. Hat eine VergK. beispielsweise den Beteiligten eine Entscheidung zugestellt, deren Urschrift innerhalb der Entscheidungsfrist nicht in der erforderlichen schriftlichen Form zu den Akten gelangt ist, kann der durch den Ausspruch formell Beschwerte (z. B. der Auftrgg.) hiergegen sofortige Beschwerde gem. § 116 Abs. 1 einlegen, damit die wirkliche Rechtslage, die sich aus § 116 Abs. 2 ergibt, für alle Beteiligten klar und verbindlich festgestellt wird.[19]

2. Untätigkeitsbeschwerde

7 Hat die VergK. über einen Antrag auf Nachprüfung nicht innerhalb der Frist des § 113 Abs. 1 entschieden, ist die Beschwerde nach § 116 Abs. 2 statthaft. Dieser Fall der sofortigen Beschwerde ist angelehnt an die Verpflichtungsklage im verwaltungsgerichtlichen Verfahren und die Verpflichtungsbeschwerde nach § 63 Abs. 3.[20] Anders als bei der Untätigkeitsklage gilt der Antrag im Fall der nicht rechtzeitigen Verbescheidung als abgelehnt. Diese fiktive Entscheidung muß angefochten werden, soll sie nicht „bestandskräftig" werden. Die gesetzliche Fiktion einer Ablehnung des Nachprüfungsantrags gem. § 116 Abs. 2 greift aber nur ein, wenn die VergK. weder innerhalb der fünfwöchigen Entscheidungsfrist gem. § 113 Abs. 1 S. 1 noch, soweit eine Fristverlängerung nach § 113 Abs. 1 S. 2 erfolgt ist, innerhalb des dadurch eröffneten Zeitraums eine Entscheidung getroffen hat. Abzustellen ist dem Wortlaut nach auf den Erlass der Entscheidung, nicht auf die Zustellung der Entscheidung bei den Verfahrensbeteiligten (str.).[21] Für den Eintritt der Fiktionswirkung

---

[14] OLG Düsseldorf Beschluss vom 18. 1. 2000 – Verg 2/00, NZBau 2000, 596.
[15] OLG Dresden Beschluss vom 4. 7. 2002 – WVerg. 11/02, VergabeR 2002, 544.
[16] OLG Jena Beschluss vom 9. 9. 2002 – 6 Verg 4/02, NJOZ 2002, 2592.
[17] Differenzierend: *Stockmann* in: Immenga/Mestmäcker, GWB, 4. Aufl., 2007, § 116 Rdn. 9, wie hier: *Boesen*, Vergaberecht, 2000, § 116 Rdn. 17.
[18] OLG Düsseldorf Beschluss vom 18. 1. 2000 – Verg 2/00, NZBau 2000, 596.
[19] OLG Düsseldorf Beschluss vom 22. 1. 2001 – Verg 24/00, NZBau 2001, 520.
[20] BT-Drs. 13/9340, S. 20.
[21] OLG Naumburg Beschluss vom 13. 10. 2006 – 1 Verg 6/06, VergabeR 2007, 125.

ohne Bedeutung ist die Frage, ob die Fristverlängerungsverfügung materiell den Voraussetzungen des § 113 Abs. 1 S. 2 genügt. § 116 Abs. 2 verbindet die Fiktionswirkung allein mit der **formalen Bedingung einer Fristüberschreitung,** nicht jedoch mit der materiellen Unrichtigkeit einer Verlängerungsbegründung.[22] Andernfalls müsste der Ast. in Zweifelsfällen stets sofortige Beschwerde einlegen, um einen möglichen Rechtsverlust durch Eintritt der Ablehnungsfiktion zu vermeiden. Das Nachprüfungsverfahren müsste dann zunächst ruhen und könnte erst wieder aufgenommen werden, wenn das Gericht die Fristverlängerungsgründe als rechtmäßig anerkannt hätte. Damit würde die Ablehnungsfiktion eher zu einer Verzögerung statt zu der vom Gesetzgeber beabsichtigten Beschleunigung des Nachprüfungsverfahrens führen. Zudem verlangt der Grundsatz der Rechtssicherheit, dass prozessuale Fristen eindeutig bestimmt sein müssen.[23]

Der VergK. kommt nicht die Befugnis zu, ihre durch Fristablauf **fingierte Ablehnungsentscheidung** durch eine „richtige" Entscheidung zu korrigieren.[24] Das setzen die gesetzlichen Regelungen der §§ 116, 117 Abs. 1, 124 Abs. 1 als selbstverständlich voraus und gilt auch dann, wenn beim OLG noch keine sofortige Beschwerde eingelegt ist.[25] Nur das Beschwerdegericht, das von einem beschwerten Verfahrensbeteiligten mit sofortiger Beschwerde angerufen wird, kann (End-)Entscheidungen der VergK. aufheben oder abändern.[26] Die Ablehnungsfiktion des § 116 Abs. 2 gilt nicht, wenn das Nachprüfungsverfahren vor Ablauf der Entscheidungsfrist des § 113 nach der formalen Antragslage in ein Feststellungsverfahren übergegangen ist.[27] Eine Untätigkeitsbeschwerde kann ausnahmsweise auch außerhalb des in § 116 Abs. 2 genannten Falls in Betracht kommen. Dieser Weg ist nur als ultima ratio in Betracht zu ziehen; zuvor sind sämtliche Möglichkeiten, die VergK. zu einer Entscheidung bzw. zur Fortsetzung des Verfahrens zu bewegen, auszuschöpfen (z. B. Dienstaufsichtsbeschwerde).[28]

3. Anschlussbeschwerde

Die Zulässigkeit unselbständiger Anschlussbeschwerden ist im vergaberechtlichen Beschwerdeverfahren nicht ausdrücklich geregelt, jedoch aus allgemeinen Verfahrensgrundsätzen (vgl. § 524 ZPO, § 127 VwGO) herleitbar.[29] Eine Anschlussbeschwerde steht nur dem Beschwerdegegner zu.[30] Sie ist nur statthaft, wenn sie innerhalb von zwei Wochen nach Zustellung der Beschwerdebegründung eingelegt wird, § 117 Abs. 1 und 2 analog.[31]

4. Entscheidungen der VergK

Nach § 116 Abs. 1 ist die sofortige Beschwerde nur gegen Entscheidungen der **VergK.**, nicht gegen Entscheidungen der Vergabe- und der Vergabeprüfstelle zulässig.[32]

---

[22] OLG Koblenz Beschluss vom 31. 8. 2001 – 1 Verg 3/01, NZBau 2001, 641; OLG Naumburg Beschluss vom 13. 8. 2007, 1 Verg 8/07.
[23] OLG Brandenburg Beschluss vom 30. 11. 2004 – Verg W 10/04, NZBau 2005, 238.
[24] OLG München Beschluss vom 4. 4. 2008 – Verg 4/08, NZBau 2008, 927.
[25] So aber *Braun* NZBau 2003, 134, 136.
[26] OLG Düsseldorf Beschluss vom 20. 6. 2001 – Verg 3/01, NZBau 2001, 696.
[27] OLG Naumburg Beschluss vom 4. 9. 2001 – 1 Verg 8/01, ZfBR 2002, 200 (nur LS).
[28] OLG Bremen, 12. 3. 2007 – Verg 3/06.
[29] Vgl. BayObLG Beschluss vom 11. 5. 2002 – Verg 22/02, NZBau 2003, 342, 346; OLG Jena Beschluss vom 5. 12. 2001 – 6 Verg 4/01, VergabeR 2002, 256; a. A. OLG Naumburg Beschluss vom 20. 12. 2001 – 1 Verg 12/01, ZfBR 2002, 308.
[30] OLG Frankfurt Beschluss vom 8. 2. 2005 – 11 Verg 24/04, VergabeR 2005, 384.
[31] BayObLG Beschluss vom 5. 11. 2002 – Verg 22/02, NZBau 2003, 342.
[32] BayObLG Beschluss vom 2. 11. 2000 – Verg 8/00, NJOZ, 2001, 1660, 1661.

5. Beschwerdeberechtigung und Beschwerdebefugnis

11 Berechtigt zur Einlegung einer sofortigen Beschwerde sind die am Verfahren **Beteiligten** (vgl. dazu § 109). Grundsätzlich sind eine formelle und eine materielle Beschwer erforderlich. Der Bf. ist **formell beschwert**, wenn die VergK. in ihrer Entscheidung von seinem Antrag abweicht, der Bf. also teil- oder gänzlich erfolglos geblieben ist. Weil der Ast. nach § 108 Abs. 1 S. 2 sein Begehren nur darlegen soll, ist sein Ziel ggf. durch Auslegung zu ermitteln. Der Bf. ist nicht beschwert, wenn sein verfolgtes Begehren nicht Gegenstand des Verfahrens vor der VergK. war. Die Beschwer muss gerade in der Entscheidung der VergK. liegen.[33] Liegt eine formelle Beschwer vor, ist regelmäßig auch eine **materielle Beschwer** gegeben. Eine materielle Beschwer ist gleichwohl nicht entbehrlich, weil ein Rechtsmittel geeignet sein muss, die Position des Rechtsmittelführers tatsächlich zu verbessern. Eine materielle Beschwer ist z. B. anzunehmen, wenn die VergK. ein Eignungskriterium für den Beigeladenen verneint.[34] Allein auf eine materielle Beschwer kann nur ausnahmsweise abgestellt werden, wenn der Betreffende seine Rechtsschutzziele bislang nicht formulieren konnte, z. B. weil er fehlerhaft nicht beigeladen wurde.

12 Auch der **Beigeladene** muss grundsätzlich eine formelle Beschwer anführen können. Deshalb kann der beigeladene Mitbieter die auf Antrag eines zum Bieterkreis gehörenden Antragstellers ergangene Anordnung der VergK., das Vergabeverfahren aufzuheben, anfechten, wenn er die in der Anordnung liegende Verletzung eigener Rechte geltend machen kann.[35] Einem zu **Unrecht von der VergK. nicht Beigeladenen** kommt eine eigene Beschwerdebefugnis zu.[36] Ein Ausschluß aus dem Verfahren würde zwar dem Wortlaut des § 116 entsprechen,[37] wäre aber mit dem Grundsatz des effektiven Rechtsschutzes nicht zu vereinbaren (→ zu § 119 Rdn. 2). Die Haftung eines Beigeladenen für die **Kosten des Beschwerdeverfahrens** vor dem OLG ist in §§ 116ff nicht geregelt. Sachgerecht ist eine Analogie zu den §§ 154 Abs. 3, 159 und 162 Abs. 3 VwGO.[38]

6. Rechtsschutzbedürfnis

13 Ein Rechtsschutzbedürfnis ist erforderlich, weil Rechtsschutz nur dann in Anspruch genommen werden darf, wenn ein schützenswertes Interesse besteht. Das Rechtsschutzbedürfnis fehlt, wenn die Inanspruchnahme der Gerichte **missbräuchlich** oder **sinnlos** ist (vgl. i. e. § 125). Ein Rechtsschutzbedürfnis entfällt nicht deshalb, weil der Bf. einen Antrag nach § 118 Abs. 1 S. 3 nicht gestellt hat.[39] Kein Rechtsschutzbedürfnis besteht für die Einleitung des Vergabenachprüfungsverfahrens mit dem alleinigen Ziel der Feststellung der Rechtswidrigkeit einzelner Handlungen der Vergabestelle. Das Ziel des Ast. muss vielmehr darin liegen, dem Auftrgg. eine bestimmte Verhaltensweise aufzugeben oder zu untersagen.[40] Auch für eine Überprüfung des Inhaltes der Vorabinformation über die beabsichtige Zuschlagserteilung wird i. d. R. das Rechtsschutzbedürfnis fehlen.[41]

---

[33] OLG Naumburg Beschluss vom 1. 11. 2000, Az: 1 Verg 7/00.
[34] OLG Jena Beschluss vom 30. 10. 2001 – 6 Verg. 3/01, VergabeR 2002, 104.
[35] OLG Dresden Beschluss vom 14. 4. 2000 – WVerg 1/00, BauR 2000, 1591.
[36] OLG Düsseldorf Beschluss vom 26. 6. 2002 – Verg 24/02, NZBau 2002, 639; *Boesen*, Vergaberecht, 2000, § 116 Rdn. 40.
[37] Byok/*Jaeger*, Kommentar zum Vergaberecht, 2. Aufl., 2005, § 116 Rdn. 1134.
[38] OLG Düsseldorf Beschluss vom 15. 6. 2000 – Verg 6/00, NZBau 2000, 440.
[39] KG Urteil vom 13. 3. 2008 – 2 Verg 18/07, NZBau 2008, 466, 467.
[40] OLG Naumburg Beschluss vom 17. 1. 2000 – 1 Verg 2/99, VergabeR 2000, 170.
[41] OLG Koblenz Beschluss vom 10. 8. 2000 – 1 Verg 2/00, NZBau 2000, 535.

7. Rücknahme der Beschwerde

Die **Rücknahme der Beschwerde** ist nicht ausdrücklich geregelt. Aufgrund der Dispositionsmaxime kann die Beschwerde nach allgemeinen Grundsätzen zurückgenommen werden.[42]

8. Kosten

Das Gesetz enthält keine Angaben über die Kostenfestsetzung. Nach BGH kann auf § 78 nicht zurückgegriffen werden, vielmehr sind § 128 und §§ 91 ff. ZPO analog anzuwenden.[43] Im Fall der Rücknahme der Beschwerde soll nach OLG Düsseldorf § 155 Abs. 2 VwGO analog bzw. § 516 Abs. 3 ZPO analog angewendet werden.[44] Für die außergerichtlichen Kosten des Beigeladenen gilt § 162 Abs. 3 VwGO analog.[45]

III. Tatbestand des § 116 Abs. 3 und 4

§ 116 Abs. 3 und 4 regeln die **sachliche** und **örtliche Zuständigkeit**. Die Bestimmung entspricht der für die übrigen Kartellsachen getroffenen Regelung des § 63 Abs. 4 S. 1. Innerhalb des jeweils zuständigen Oberlandesgerichts sollen die Vergabesachen - wie die Kartellsachen nach § 91 - auf einen Senat konzentriert werden, um die Spezialisierung zu fördern, was der Zügigkeit der Entscheidungen zugute kommen soll. Nach den Vorstellungen des Gesetzgebers kann und wird die Geschäftsverteilung nicht selten dazu führen, dass bei dem OLG ein und derselbe Senat KartellS. und VergS. ist.[46]

§ 116 Abs. 3 S. 1 ist eine **Sonderzuweisung zu den Oberlandesgerichten** i. S. d. § 40 Abs. 1 S. 1 2. Hs. VwGO. Gegenüber anderen Rechtswegzuweisungen ist die Vorschrift regelm. spezieller.[47] Zuständig sind in Baden-Württemberg das OLG Stuttgart, in Bayern das OLG München (bis 31. 12. 2004: BayObLG; vgl. Art. 22 Abs. 3 Bay. Gerichtliche Zuständigkeitsverordnung Justiz vom 16. 11. 2004, GVBl S. 471), in Berlin das KG, in Brandenburg das OLG Brandenburg, in Bremen das OLG Bremen, in Hamburg das OLG Hamburg, in Hessen das OLG Frankfurt/M., in Mecklenburg-Vorpommern das OLG Rostock, in Niedersachsen das OLG Celle, in Nordrhein-Westfalen das OLG Düsseldorf, in Rheinland-Pfalz das OLG Koblenz, im Saarland das OLG Saarbrücken, in Sachsen das OLG Dresden, in Sachsen-Anhalt das OLG Naumburg, in Schleswig-Holstein das OLG Schleswig und in Thüringen das OLG Jena. Für Entscheidungen der VergK. Bund ist das OLG Düsseldorf zuständig.

§ 116 Abs. 3 S. 1, 2. HS wurde mit Gesetz zur Weiterentwicklung der Organisationsstrukturen in der gesetzlichen Krankenversicherung (GKV-OrgWG) v. 15. 12. 2008, BGBl. I S. 242, eingefügt. Der Gesetzgeber reagierte damit auf divergierende Beschlüsse des BGH und des BSG zum zulässigen Rechtsweg gegen Entscheidungen der Vergabekammern über die Vergabe von Rabattverträgen nach § 130a VIII SGB V durch eine gesetzliche Krankenkasse. Während das BSG[48] unter Berufung auf § 51 SGG und § 130a Abs. 9 SGB V für einen Rechtsweg zu den Gerichten der Sozialgerichtsbarkeit entschieden

---

[42] OLG Jena Beschluss vom 22. 8. 2002 – 6 Verg 3/02; OLG Düsseldorf Beschluss vom 20. 7. 2000 – Verg 2/99, NZBau 2001, 165.
[43] BGH Beschluss vom 19. 12. 200 – X ZB 14/00, NZBau 2001, 151.
[44] OLG Düsseldorf Beschluss vom 20. 7. 2000 – Verg 2/99, NZBau 2001, 165; OLG Düsseldorf Beschluss vom 12. 1. 2006, VII-Verg 35/05 – Verg 35/05.
[45] OLG Düsseldorf Beschluss vom 19. 2. 2002, – Verg 33/01, VergabeR 2003, 111.
[46] BT-Drs. 13/9340, S. 20.
[47] Zu § 130a Abs. 9 SGB V: BGH Beschluss vom 15. 7. 2008 – X ZB 17/08, NZBau, 662.
[48] BSG, Beschluss vom 22. 4. 2008 – B 1 SF 1/08 R, NZBau 2008, S. 527.

hat, hat der BGH[49] unter Hinweis auf die speziellere Vorschrift des § 116 GWB eine sofortige Beschwerde an den Vergabesenat des OLG für zulässig gehalten. Der Gesetzgeber hat diese Frage nun – kurzfristig[50] – legistisch gelöst und den Rechtsweg zu den Landessozialgerichten festgeschrieben. Hier sind in rechtspolitischer Hinsicht Zweifel anzumelden. So konsequent eine Rechtswegzuweisung an die Gerichtsbarkeit des öffentlichen Rechts wäre[51], so wenig kann eine Sondergerichtsbarkeit für vergaberechtliche Rechtsfragen überzeugen, die nur bestimmte Bereiche des Sozialversicherungswesens betrifft. In der Literatur[52] wird befürchtet, dass die Sozialgerichte den vergaberechtlichen Besonderheiten nicht hinreichend Rechnung tragen werden. Das wird sich zeigen.

§ 117 Frist, Form

(1) **Die sofortige Beschwerde ist binnen einer Notfrist von zwei Wochen, die mit der Zustellung der Entscheidung, im Fall des § 116 Abs. 2 mit dem Ablauf der Frist beginnt, schriftlich bei dem Beschwerdegericht einzulegen.**

(2) ¹Die sofortige Beschwerde ist zugleich mit ihrer Einlegung zu begründen. ²Die Beschwerdebegründung muss enthalten:
1. die Erklärung, inwieweit die Entscheidung der Vergabekammer angefochten und eine abweichende Entscheidung beantragt wird,
2. die Angabe der Tatsachen und Beweismittel, auf die sich die Beschwerde stützt.

(3) ¹Die Beschwerdeschrift muss durch einen Rechtsanwalt unterzeichnet sein. ²Dies gilt nicht für Beschwerden von juristischen Personen des öffentlichen Rechts.

(4) Mit der Einlegung der Beschwerde sind die anderen Beteiligten des Verfahrens vor der Vergabekammer vom Beschwerdeführer durch Übermittlung einer Ausfertigung der Beschwerdeschrift zu unterrichten.

Übersicht

	Rn.		Rn.
I. Hintergrund und Aufgabe	1	2. Inhalt der Beschwerdebegründung	8
II. Tatbestand des § 117 Abs. 1	2	3. Überprüfung durch das Beschwerdegericht	10
1. Beschwerdefrist	2		
2. Form	6	IV. Tatbestand des § 117 Abs. 3	13
III. Tatbestand des § 117 Abs. 2	7	V. Tatbestand des § 117 Abs. 4	14
1. „Zugleich" zu begründende Beschwerde	7		

I. Hintergrund und Aufgabe

1   Ausweislich der Gesetzesbegründung steht diese Bestimmung ganz im Lichte des Beschleunigungsgrundsatzes. Nach Zustellung der VergK.-Entscheidung hat der Betreffende zwei Wochen Zeit, sofortige Beschwerde einzulegen. Durch die kurze Frist soll das Verfahren nicht in die Länge gezogen werden. Um nach Einlegung der Beschwerde möglichst zügig entscheiden zu können, soll die Beschwerdeschrift bereits die Begründung enthalten und einen bestimmten Mindestinhalt aufweisen. Der Streitstoff soll soweit wie möglich und in einer Weise aufbereitet sein, die eine rasche Entscheidung ermöglicht. Der bei Oberlan-

---

[49] BGH, Beschluss vom 15. 7. 2008 – X ZB 17/08, NZBau 2008, S. 662.
[50] Im ursprünglichen Regierungsentwurf war diese Vorschrift noch nicht vorgesehen (BT-Drs. 16/9559 und 16/10070) und ist erst mit der Beschlussempfehlung des Ausschusses für Gesundheit (BT-Drs. 16/10609) zum Gegenstand des Gesetzgebungsverfahrens geworden.
[51] Ruthig/*Storr*, Öffentliches Wirtschaftsrecht, 2. Aufl., 2008, S. 468.
[52] *Amelung/Heise*, Zuständigkeit der Sozialgerichtsbarkeit für die Überprüfung von Vergabekammer-Entscheidungen, NZBau 2008, S. 489 ff.; *Hölzl/Eichler*, Rechtsweg für die Überprüfung der Vergabe von Rabattverträgen, NVwZ 2009, S. 27 ff.

§ 117. Fristen, Form

desgerichten übliche Anwaltszwang soll der rechtlichen Aufbereitung des Prozessstoffes dienen. Auch mit der Unterrichtungspflicht werden die Beschleunigung und die Konzentration des Streitstoffes auf ein Verfahren bezweckt.[1]

II. Tatbestand des § 117 Abs. 1

1. Beschwerdefrist

Die sofortige Beschwerde ist binnen einer **Notfrist** von zwei Wochen einzulegen. Eine Notfrist ist eine unbedingt geltende Frist, die weder verkürzt noch verlängert werden kann. Die Frist beginnt mit der Zustellung der Entscheidung (vgl. § 2 VwZG). Das ist bei einer bloßen Vorabbekanntgabe z. B. per Telefax mangels Bekanntgabewillens nicht der Fall.[2] Ist die Zustellung unter Verletzung zwingender Zustellungsvorschriften erfolgt oder lässt sich die formgerechte Zustellung nicht nachweisen, so gilt das Schriftstück in dem Zeitpunkt als zugestellt, in dem es der Person, an die die Zustellung dem Gesetz gemäß gerichtet war oder gerichtet werden konnte, tatsächlich zugegangen ist (§ 189 ZPO i. V. m. §§ 120 Abs. 2, 73 Nr. 2).

Die Frist ist im Verfahren der sofortigen Beschwerde nach §§ 120 Abs. 2, 73 Nr. 2 i. V. m. § 222 ZPO nach den §§ 187 ff. BGB für jeden Verfahrensbeteiligten gesondert zu berechnen. Im Fall der **Zustellung der Entscheidung** handelt es sich um eine Ereignisfrist; der Fristbeginn ist nach § 187 Abs. 1 BGB zu bestimmen, das Fristende nach § 188 Abs. 2, 1. Alt. BGB. Im Fall der **Untätigkeitsbeschwerde** nach § 116 Abs. 2 beginnt die Frist mit dem nächsten Tag nach Ablauf der Frist des § 113 Abs. 1. Der Fristbeginn richtet sich deshalb nach § 187 Abs. 2 BGB, für den Fristablauf ist § 188 Abs. 2, 2. Alt. BGB maßgeblich. Das Zuschlagsverbot (§ 115 Abs. 1) gilt solange, wie die Frist für einen Beteiligten noch nicht abgelaufen ist (→ zu § 115 Rdn. 11). Eine Fristversäumung hat zur Folge, dass der Ast. mit der vorzunehmenden Prozesshandlung ausgeschlossen wird. Allerdings kann unter den Voraussetzungen der §§ 120 Abs. 2, 73 Nr. 2 i. V. m. §§ 233 ff. ZPO Wiedereinsetzung in den vorigen Stand gewährt werden,[3] vorausgesetzt, ein rechtswirksamer Zuschlag ist noch nicht erfolgt (Rechtsgedanke: §§ 114 Abs. 2 S. 1, 115 Abs. 2 S. 2, 123).

Umstritten ist der Fall, dass eine **Rechtsmittelbelehrung** (§ 114 Abs. 3 S. 3 i. V. m. § 61 Abs. 1 S. 1) nicht, nicht vollständig oder in anderer Weise fehlerhaft erfolgt ist. Nach einer Ansicht soll auf die Jahresfrist nach § 58 VwGO analog abgestellt werden.[4] Dann würde aber das Zuschlagsverbot nach § 115 Abs. 1 entgegen der Beschleunigungsmaxime unverhältnismäßig lange gelten. Nach einer anderen Auffassung soll wie im Fall der Untätigkeitsbeschwerde nach § 116 Abs. 2 vorgegangen werden: nach Ablauf der Fünf-Wochenfrist des § 113 soll sich die Zwei-Wochenfrist des § 117 Abs. 1 2. Alt. anschließen.[5] Die Fünf-Wochenfrist gilt aber für Entscheidungen der VergK. und dürfte meistens bereits abgelaufen sein, so dass eine fehlerhafte Rechtsmittelbelehrung überhaupt keine Auswirkungen hätte.[6] Eine **sachgerechte Lösung** muss einerseits von der gesetzlichen Ausgangslage ausgehen, andererseits am Vertrauensschutz des zu Belehrenden ansetzen. Deshalb muss der Betroffene bei einer fehlerhaften oder unterbliebenen Rechtsmittelbelehrung seine Beschwerde zwar grundsätzlich innerhalb der Zwei-Wochenfrist des § 117 Abs. 1

---

[1] BT-Drs. 13/9340. S. 21.
[2] OLG Stuttgart Beschluss vom 11. 7. 2000 – 2 Verg 5/00, NZBau 2001, 642; zur Zustellung per Telekopie vgl. § 174 Abs. 2 ZPO.
[3] BayObLG Beschluss vom 2. 12. 2002 – Verg 24/02, VergabeR 2003, 207.
[4] So Byok/*Jaeger*, Kommentar zum Vergaberecht, 2. Aufl. 2005, § 117 Rdn. 1148; *Stockmann* in: Immenga/Mestmäcker, GWB, 4. Aufl., 2007, § 117 Rdn. 2.
[5] I. E. Reidt/*Stickler*/Glahs, Vergaberecht, 2. Aufl., 2003, § 117 Rdn. 6.
[6] Allein der gesetzlich geregelte Fall des § 116 Abs. 2 erscheint daher unbefriedigend: vgl. a. OLG Celle Beschluss vom 20. 4. 2001 – 13 Verg 7/01, WuW/E Verg 475.

einlegen, ist ihm aber eine andere Beschwerdefrist suggeriert worden, wird ihm Wiedereinsetzung in den vorigen Stand[7] zu gewähren sein.

5   Die sofortige Beschwerde ist fristgerecht beim **Beschwerdegericht** einzulegen. Das zuständige Beschwerdegericht ergibt sich aus § 116 Abs. 3 und 4. Die Einlegung bei der VergK. genügt nicht. Nach allgemeinen Grundsätzen kann die Frist gleichwohl gewahrt werden, wenn die VergK. die Beschwerde rechtzeitig, d. h. fristwahrend, an das Beschwerdegericht weiterleitet.

2. Form

6   Die Beschwerde ist **schriftlich** beim Beschwerdegericht einzulegen. Die Beschwerdeschrift muss eigenhändig durch Namensunterschrift oder mittels notariell beglaubigten Handzeichens unterzeichnet sein (§ 126 Abs. 1 BGB). Zulässig ist auch die Beschwerdeeinlegung durch Telefax, wenn die Urschrift unterschrieben ist, oder durch Computerfax.[8] Nach § 126 Abs. 3 BGB kann die schriftliche Form durch die elektronische Form ersetzt werden. Dann muss der Bf. bzw. der Rechtsanwalt (§ 117 Abs. 3) der Erklärung seinen Namen hinzufügen und das elektronische Dokument mit einer qualifizierten elektronischen Signatur nach dem Signaturgesetz versehen (vgl. § 126a BGB). Eine Einlegung der Beschwerde zu Protokoll bei Gericht sieht § 117 nicht vor.

III. Tatbestand des § 117 Abs. 2

1. „Zugleich" zu begründende Beschwerde

7   Die sofortige Beschwerde ist zugleich mit ihrer Einlegung zu begründen. „Zugleich" meint grundsätzlich gleichzeitig, erfordert aber keine Begründung in demselben Schriftsatz. Allerdings wird man eine Beschwerdebegründung, die später als die Beschwerde, aber noch innerhalb der zweiwöchigen Beschwerdefrist eingeht, als „zugleich" anerkennen müssen, zumal der Bf. seine Beschwerde auch wieder zurücknehmen und mit Begründung formgerecht erneut einlegen könnte. Insofern besteht für ein restriktives Verständnis dieses Tatbestandsmerkmals kein Grund.[9]

2. Inhalt der Beschwerdebegründung

8   Die Beschwerdebegründung muss eine **Erklärung** darüber enthalten, inwieweit die Entscheidung der VergK. angefochten und eine abweichende Entscheidung beantragt wird. Ferner sind die Tatsachen und Beweismittel anzugeben, auf die die Beschwerde gestützt wird. Das Begründungserfordernis entspricht § 66 Abs. 4 und § 520 Abs. 3 ZPO. Folglich ist § 117 Abs. 2 nicht zu eng auszulegen. Insbesondere ist ein förmlicher, tenorierungsfähiger und ausformulierter Antrag nicht zu fordern; das Beschwerdebegehren muss sich aber **hinreichend bestimmt,** „irgendwie",[10] aus der Begründung ergeben. Die Bezugnahme auf einen seinerseits hinreichend bestimmten Antrag bei der VergK. reicht aus.[11] Selbst ein nur auf Aufhebung und Zurückverweisung gerichteter Antrag kann genügen, wenn er als

---

[7] OLG Celle Beschluss vom 20. 4. 2001 – 13 Verg 7/01, WuW/E Verg 475; *Wilke* NZBau 2005, 326, 328.

[8] GemSOGB NJW 2000, 2340.

[9] OLG Koblenz Beschluss vom 5. 4. 2006 – 1 Verg 1/06, NZBau 2006, 600; *Stockmann* in: Immenga/Mestmäcker, GWB, 4. Aufl., 2007, § 117 Rdn. 7; Bechtold/*Otting*, GWB, 4. Aufl., 2006, § 117 Rdn. 3.

[10] OLG Jena Beschluss vom 16. 1. 2002 – 6 Verg 7/01, ZfBR 2002, 522, s. a. OLG Jena Beschluss vom 22. 12. 1999 – 6 Verg 3/99, NZBau 2000, 349; OLG Frankfurt Beschluss vom 18. 4. 2006 – 11 Verg 1/06.

[11] OLG Düsseldorf Beschluss vom 13. 4. 1999 – Verg 1/99, NZBau 2000, 45; OLG Naumburg vom 4. 12. 2001 – 1 Verg 10/01, NZBau 2002, 235.

Rechtsmittelziel die Weiterverfolgung des in der Vorinstanz gestellten Sachantrags erkennen lässt.[12] Nicht genügt aber eine pauschale Bezugnahme des Beschwerdeführers auf sein Vorbringen im Nachprüfungsantrag und in seinem Rügeschreiben, wenn sein ursprüngliches Vorbringen durch die Erörterung in der mündlichen Verhandlung vor der VergK. überholt ist.[13]

Für die Zulässigkeit der Beschwerde – nicht für die Prüfung ihrer Begründetheit – sind bei der Angabe der **Tatsachen und Beweismittel** keine übermäßig hohen Anforderungen zu stellen. Es müssen nicht erneut alle Schriftstücke vorgelegt werden, die bereits im Vergabenachprüfungsverfahren vorgelegt worden oder durch Beiziehung der Akten der Vergabestelle Gegenstand des Verfahrens vor der Vergabekammer gewesen sind.[14] Jedoch führt die Begründung, in der Tatsachen und Beweismittel überhaupt nicht angegeben sind, „in jedem Fall" zur Unzulässigkeit des Rechtsmittels.[15] Beweismittel muss der Bf. nur dann nicht anführen, wenn er lediglich eine Rechtsverletzung geltend macht.[16] Eine rechtliche Würdigung muss der Bf. nicht vornehmen.

3. Nachprüfung durch das Beschwerdegericht

Das Nachprüfungsverfahren ist ein von Grund auf subjektives Rechtsschutzverfahren. Grundsätzlich gilt die **Dispositionsmaxime**. § 117 Abs. 2 Nr. 1 geht davon aus, dass der Bieter die behauptete Rechtsverletzung zur Überprüfung durch die VergK. gestellt und keinen Erfolg gehabt hat oder dass er durch die Entscheidung der VergK. neu beschwert ist und deshalb um gerichtlichen Rechtsschutz nachsucht. Der Bf. muss nicht die gesamte Entscheidung anfechten, sondern kann sich auf Teile beschränken, vorausgesetzt die Entscheidung ist teilbar.[17] Es ist nicht Aufgabe des Beschwerdegerichts, die Rechtmäßigkeit einer Entscheidung der VergK. von Amts wegen in jeder Hinsicht zu überprüfen.[18] Dem OLG ist es untersagt, unabhängig von den Anträgen auf das Vergabeverfahren Einfluss zu nehmen.[19] Diesem beschränkten Nachprüfungsspielraum steht der **Untersuchungsgrundsatz** (§§ 120 Abs. 2, 70 Abs. 1) nicht entgegen. Relativierend meint das OLG Celle,[20] dass es nur „im Wesentlichen" an das Vorbringen der Parteien gebunden sei. Der Gesetzgeber habe dem VergS. gemäß §§ 123, 114 Abs. 1 S. 1 die Verpflichtung zugewiesen, geeignete Maßnahmen zu treffen, um eine Rechtsverletzung zu beseitigen. Doch gilt der Untersuchungsgrundsatz nur unter dem Vorbehalt der Dispositionsmaxime. Anders als zum Nachprüfungsverfahren vor der VergK. fehlt es für das gerichtliche Nachprüfungsverfahren an einer § 114 Abs. 1 vergleichbaren Bestimmung. Allein dort ist ausdrücklich die Befugnis der VergK. geregelt, sich über die Anträge hinwegzusetzen und unabhängig davon auf die Rechtmäßigkeit des Vergabeverfahrens einwirken zu können. Für eine strenge Bindung des Beschwerdegerichts an die Anträge sprechen weiterhin §§ 117 Abs. 2 Nr. 1 und 123 S. 1, wo gerade nicht auf § 114 Abs. 1 verwiesen wird. Der Vorsitzende muss ggf. nach §§ 120 Abs. 2, 70 Abs. 2 darauf hinwirken, dass unklare Anträge erläutert und sachdienliche Anträge gestellt werden. Soweit dem Gericht aber vom Bf. der Nachprüfungsauftrag erteilt ist, kann es den Sachverhalt selbständig ermitteln und ist nicht auf die vom Bf. nach § 117 Abs. 2 Nr. 2 angeführten Tatsachen und Beweisanträge beschränkt.

---

[12] OLG Jena vom 22. 12. 1999 – 6 Verg 3/99, BauR 2000, 396.
[13] OLG Koblenz Beschluss vom 15. 3. 2001 – 1 Verg 1/01, VergabeR 2001, 445.
[14] BGH Beschluss vom 18. 5. 2004 – X ZB 7/04, BGH NJW-RR, 2004, 1626.
[15] OLG Koblenz Beschluss vom 13. 12. 2006 – 1 Verg 1/06, NZBau 2006, 667.
[16] Byok/*Jaeger*, Kommentar zum Vergaberecht, 2. Aufl., 2005, § 117 Rdn. 1158.
[17] OLG Naumburg vom 4. 12. 2001 – 1 Verg 10/01, NZBau 2002, 235.
[18] BayObLG Beschluss vom 21. 5. 1999 – Verg 1/99, NZBau 2000, 49 ff.
[19] BayObLG Beschluss vom 21. 5. 1999 – Verg 1/99, NZBau 2000, 49; OLG Jena Beschluss vom 22. 12. 1999 – 6 Verg 3/99, NZBau 2000, 349.
[20] OLG Celle Beschluss vom 8. 11. 2001 – 13 Verg 9/01, NZBau 2002, 400.

11 Aus dem Untersuchungsgrundsatz folgt nicht, dass das OLG umfassende Nachforschungen einzuleiten hat. Andere als vorgetragene Tatsachen und Beweismittel muss es nur dann berücksichtigen, wenn der Sachverhalt hierzu Anlaß gibt.[21] Dem Bf. obliegt eine **Mitwirkungspflicht.** Gibt er nicht alle Tatsachen und Beweismittel an, läuft er Gefahr, dass das OLG nicht umfassend ermittelt (§§ 117 Abs. 2 und 120 Abs. 2 i. V. m. §§ 113 Abs. 2 und 70 Abs. 2 und 3). Begründet der Bf. seine Beschwerde allerdings überhaupt nicht, ist sie nicht erst unbegründet, sondern bereits unzulässig. Der Bf. kann seine Beschwerde auch auf **neue Tatsachen** stützen, die noch nicht Gegenstand des Vergabeverfahrens vor der VergK. waren, zumal auch das Gericht bei seiner Nachprüfung nicht auf die angegebenen Tatsachen und Beweismittel beschränkt ist. Der Bf. muss aber die Präklusionsvorschrift des § 107 Abs. 3 beachten. Unzulässig ist eine Beschwerde, die ausschließlich auf Verstöße gegen Vergabevorschriften gestützt ist, die i. S. d. § 107 Abs. 3 vorher erkannt wurden oder erkennbar waren, gegenüber dem Auftrgg. aber nicht gerügt wurden.[22]

12 Wegen des **weiten Angebotsbewertungsermessens** der Vergabestelle reduziert sich die Prüfung des Beschwerdegerichts nach allg. M. darauf, ob den Wertungen der Vergabestelle schwere und offenkundige Fehler anhaften. An einem offenkundigen Fehler soll es regelmäßig fehlen, wenn die Verfahrensweise der Vergabestelle nicht von vornherein unvernünftig erscheint und sich die Rüge fehlerhafter Tatsachenbewertung erst auf Grund eines vom Gericht einzuholenden Sachverständigengutachtens als begründet erweisen könnte.[23] Eine auf bloße Willkürkontrolle beschränkte Nachprüfung ist aber europarechtlichen Bedenken ausgesetzt, weil es gerade ein Ziel der RiL 89/665[24] ist, die Nachprüfungsmöglichkeiten zu verstärken. Der EuGH hat deshalb hinsichtlich des Umfangs der gerichtlichen Kontrolle eine restriktive Auslegung abgelehnt.[25]

IV. Tatbestand des § 117 Abs. 3

13 Grundsätzlich muss die Unterzeichnung der Beschwerdeschrift durch einen **Rechtsanwalt** erfolgen (§ 117 Abs. 3, § 126 Abs. 1 BGB). Die Vorschrift ist durch das Gesetz zur Stärkung der Selbstverwaltung der Rechtsanwaltschaft vom 26. 3. 2007 (BGBl I 358) geändert worden. Damit ist die Voraussetzung, dass dieser bei einem deutschen Gericht zugelassen sein muss, weggefallen. **Juristische Personen des öffentlichen Rechts** können sich auch durch Beamte oder Angestellte mit Befähigung zum Richteramt vertreten lassen (§ 120 Abs. 1 S. 2). Nach a. A. soll aus der unterschiedlichen Regelung der §§ 117 Abs. 3 und 120 Abs. 1 S. 2 entnommen werden, dass jeder Behördenvertreter die Beschwerdeschrift unterschreiben kann.[26] Mit dem Sinn und Zweck der §§ 117 Abs. 3 und 120 Abs. 1 S. 2 wäre das aber kaum vereinbar. Die besonderen Vertretungsanforderungen sind eingeführt worden, weil der Prozessstoff rechtskundig aufbereitet und komprimiert werden soll – eine gerade bei eilbedürftigen Angelegenheiten besonders wichtige Anforderung.[27] Es wäre auch schwer einsehbar, wieso die Einlegung einer Beschwerde für juristische Personen des öffentlichen Rechts nicht unter den gleichen Vertretungsvoraussetzungen erfolgen soll wie

---

[21] *Boesen,* Vergaberecht, 2000, § 117 Rdn. 40.
[22] OLG Stuttgart Beschluss vom 11. 7. 2000 – 2 Verg 5/00, NZBau 2001, 452; BayObLG Beschluss vom 21. 5. 1999 – Verg 1/99, NZBau 2000, 49 ff.
[23] OLG Jena Beschluss vom 22. 12. 1999 – 6 Verg 3/99, NZBau 2000, 349.
[24] RiL 89/665/EWG des Rates vom 21. Dezember 1989 zur Koordinierung der Rechts- und Verwaltungsvorschriften für die Anwendung der Nachprüfungsverfahren im Rahmen der Vergabe öffentlicher Liefer- und Bauaufträge, ABl Nr. L 395 vom 30/12/1989 S. 33.
[25] EuGH vom 18. 6. 2002, Rs. C-92/00; Tz. 61 zur Rechtmäßigkeit des Widerrufs einer Ausschreibung.
[26] Byok/*Jaeger,* Kommentar zum Vergaberecht, 2. Aufl., 2005, § 117 Rdn. 1144.
[27] BT-Drs. 13/9340, S. 21.

spätere Prozesshandlungen. § 117 Abs. 3 S. 2 befreit lediglich vom Anwaltszwang, nicht von anderen Formvorschriften.

V. Tatbestand des § 117 Abs. 4

Der Bf. hat die anderen Beteiligten des Verfahrens (§ 119) durch Übermittlung einer Ausfertigung der Beschwerdeschrift von der Einlegung der Beschwerde zu **unterrichten**. Kommt der Bf. seiner Pflicht nicht nach, soll das auf die Zulässigkeit seiner Beschwerde keine Auswirkungen haben.[28] Aus Gründen der Rechtssicherheit ist für die Zulässigkeit eines Rechtsmittels im Hinblick auf Frist und Form auf den Zeitpunkt der Einlegung bei Gericht abzustellen. Ferner zeigt bereits der Wortlaut des Abs. 4 („Mit der Einlegung der Beschwerde ..."), dass die Unterrichtung nicht mehr zur Zulässigkeit der Beschwerde gehört. Schließlich muss das Beschwerdegericht die Beschwerdeschrift ohnehin von Amts wegen zustellen (§§ 120 Abs. 2 i. V. m. 73 Nr. 2 i. V. m. § 172 Abs. 2 ZPO).[29]

Umstritten ist die Bedeutung des § 117 Abs. 4. Übereinstimmung besteht insoweit, als die Informationspflicht keine Voraussetzung für die Zulässigkeit der sofortigen Beschwerde ist. Nach OLG Naumburg soll es sich bei § 117 Abs. 4 aber nicht nur um eine reine **Ordnungsvorschrift**[30] handeln. Insbesondere soll ein Zuschlag, der nach Ablauf der Frist von der Vergabestelle erteilt wird, entgegen § 118 Abs. 1 wirksam sein, wenn der Bf. seiner Pflicht nach § 117 Abs. 4 zur gleichzeitig mit der Einlegung der sofortigen Beschwerde zu bewirkenden Information an die Vergabestelle nicht genügt und die Vergabestelle auch nicht in anderer Weise, z. B. durch Übermittlung der Rechtsmittelschrift durch das Gericht, Kenntnis von der Einlegung der sofortigen Beschwerde erlangt hat. § 117 Abs. 4 soll insofern zwingend sein, als frühzeitig Klarheit über die Frage geschaffen werden soll, ob die Entscheidung der VergK. in Bestandskraft erwächst oder nicht. Nur so könne die Vergabestelle ihre Interessen an der zügigen Erteilung des Zuschlags hinreichend wahren. Diese Rspr. ist zu Recht auf heftige Kritik gestoßen.[31] Die Einschränkung kann unmittelbar weder aus § 117 Abs. 4 noch § 118 hergeleitet werden. Für die vom OLG Naumburg zugewiesene Bedeutung der Unterrichtungspflicht hätte es nahegelegen, diese systematisch in § 118 zu integrieren,[32] zumal das GWB und das Prozessrecht auch sonst nicht auf das subjektive Kennen oder Kennenmüssen abstellen, sondern allein auf objektive Umstände. Nach den Vorstellungen des Gesetzgebers soll die Unterrichtungspflicht lediglich der Beschleunigung und der Konzentration des Streitstoffes auf ein Verfahren dienen. Es soll gleich zu Beginn des Verfahrens darauf hingewirkt werden, dass alle Verfahrensbeteiligten frühzeitig ihre Interessen vertreten und sich zur Sach- und Rechtslage äußern.[33]

---

[28] OLG Düsseldorf Beschluss vom 13. 4. 1999 – Verg 1/99, NZBau 2000, 45; OLG Stuttgart vom 24. 4. 2000 – 2 Verg 2/99, NVwZ-RR 2001, 29.

[29] Byok/*Jaeger*, Kommentar zum Vergaberecht, 2. Aufl., 2005, § 117 Rdn. 1159; a.A. Bechtold/*Otting*, GWB, 4. Aufl., 2006, § 117 Rdn. 6.

[30] OLG Naumburg Beschluss vom 2. 6. 1999 – 10 Verg 1/99, NZBau 2000, 96; OLG Naumburg Beschluss vom 16. 1. 2003 – 1 Verg 10/02, VergabeR 2003, 360.

[31] *Prieß*, Handbuch des europäischen Vergaberechts, 3. Aufl., 2005, S. 400; Byok/*Jaeger*, Kommentar zum Vergaberecht, 2. Aufl., 2005, § 117 Rdn. 1162; *Stockmann* in: Immenga/Mestmäcker, GWB, 4. Aufl., 2007, § 117 Rdn. 19; *Boesen*, Vergaberecht, 2000, § 117 Rdn. 40; Reidt/*Stickler*/Glahs, Vergaberecht, 2. Aufl., 2003, § 117 Rdn. 20; *Terner* ZfBR 2003, 295; *Schneider*, Primärrechtsschutz nach Zuschlagserteilung bei einer Vergabe öffentlicher Aufträge, 2007, S. 277; s.a. OLG Frankfurt vom 20. 2. 2003, 11 Verg 1/02, NZBau 2004, 173; OLG Dresden Beschluss vom 17. 6. 2005 – WVerg 8/05, VergabeR 2005, 812.

[32] Nicht überzeugend die Ausführungen des OLG Naumburg Beschluss vom 16. 1. 2003 – 1 Verg 10/02, VergabeR 2003, 360, zur historischen Auslegung: § 118 sei in Verhandlungen entstanden, was die Gefahr ungenauer bzw. nicht hinreichend kompatibler Gesetzesformulierungen in sich birge.

[33] BT-Drs. 13/9340. S. 21.

§ 118 Wirkung

(1) ¹Die sofortige Beschwerde hat aufschiebende Wirkung gegenüber der Entscheidung der Vergabekammer. ²Die aufschiebende Wirkung entfällt zwei Wochen nach Ablauf der Beschwerdefrist. ³Hat die Vergabekammer den Antrag auf Nachprüfung abgelehnt, so kann das Beschwerdegericht auf Antrag des Beschwerdeführers die aufschiebende Wirkung bis zur Entscheidung über die Beschwerde verlängern.

(2) ¹Bei seiner Entscheidung über den Antrag nach Absatz 1 Satz 3 berücksichtigt das Gericht die Erfolgsaussichten der Beschwerde. ²Es lehnt den Antrag ab, wenn unter Berücksichtigung aller möglicherweise geschädigten Interessen sowie des Interesses der Allgemeinheit an einem raschen Abschluss des Vergabeverfahrens die nachteiligen Folgen einer Verzögerung der Vergabe bis zur Entscheidung über die Beschwerde die damit verbundenen Vorteile überwiegen.

(3) Hat die Vergabekammer dem Antrag auf Nachprüfung durch Untersagung des Zuschlags stattgegeben, so unterbleibt dieser, solange nicht das Beschwerdegericht die Entscheidung der Vergabekammer nach § 121 oder § 123 aufhebt.

Übersicht

	Rn.		Rn.
I. Entstehungsgeschichte	1	3. Entscheidungsmaßstab	13
II. Die aufschiebende Wirkung nach § 118 Abs. 1 S. 1 und 2	2	a) Allgemeines	13
		b) Erfolgsaussichten	15
1. Voraussetzung	2	c) Interessenabwägung	17
2. Teilanfechtung	5	4. Entscheidung	18
3. Wirkung	6	5. Kosten und anwaltliche Vergütung	20
III. Verlängerung des Suspensiveffekts nach § 118 Abs. 1 S. 3 und Abs. 2	8	IV. Tatbestand des § 118 Abs. 3	21
1. Voraussetzungen	8	V. Neufassung gemäß Gesetz zur Modernisierung des Vergaberechts vom 20. April 2009	22
2. Antragsberechtigung	12		

I. Entstehungsgeschichte

1 In der Gesetzesbegründung heißt es zu § 118 lediglich: „Die Vorschrift gibt der sofortigen Beschwerde einen **adäquaten Suspensiveffekt.** Auf diese Weise wird sichergestellt, dass vor einer Entscheidung des Oberlandesgerichts keine Entscheidung der Vergabestelle getroffen werden kann, die vollendete Tatsachen schüfe und den gerichtlichen Rechtsschutz zu spät kommen ließe." Tatsächlich war die Bestimmung im Gesetzgebungsverfahren **heftig umstritten.** Die Bundesregierung wollte die aufschiebende Wirkung ursprünglich dahingehend konkretisieren, dass der Auftrgg. den Zuschlag bis zur Entscheidung über einen Antrag nach § 121 oder, sofern ein solcher nicht gestellt wird, bis zur Entscheidung über die sofortige Beschwerde nicht hätte erteilen dürfen. Der Bundesrat wollte hingegen für den Fall, dass die VergK. dem Auftrgg. den Zuschlag gestattet hat, keinen automatischen Eintritt der aufschiebenden Wirkung der Beschwerde, sondern eine ausdrückliche Anordnung durch das Beschwerdegericht. Der Bundesgesetzgeber hat sich dann für einen wenig überzeugenden Kompromiss entschieden: die zeitliche Befristung der aufschiebenden Wirkung auf zwei Wochen nach Ablauf der Beschwerdefrist (§ 118 Abs. 1 S. 2).[1]

II. Die aufschiebende Wirkung nach § 118 Abs. 1 S. 1 und 2

1. Voraussetzung

2 Die aufschiebende Wirkung der sofortigen Beschwerde tritt bei noch **nicht bestandskräftigen Entscheidungen** der VergK. ein. Der Anwendungsbereich des § 118 Abs. 1

---

[1] Vgl. i. E. BT-Drs. 13/9340, S. 8, 21, 41.

S. 1 ist nicht auf einen die Nachprüfung ablehnenden Verwaltungsakt der VergK. beschränkt,[2] sondern erstreckt sich auf sämtliche anfechtbaren Entscheidungen, z. B. ein Zuschlagsverbot (s. a. § 118 Abs. 3), die Entscheidung, einen Nachprüfungsantrag nach § 110 Abs. 2 nicht zuzustellen,[3] oder die Ablehnung eines Antrags, der Vergabestelle zu untersagen, sich von einem Unternehmen beraten zu lassen.[4]

Grundsätzlich muss die Beschwerde **weder zulässig noch begründet** sein. Die aufschiebende Wirkung tritt aber nicht ein, wenn die sofortige Beschwerde wegen Formfehler oder Verfristung eindeutig unzulässig ist, weil der Bf. dann nicht schutzwürdig ist.[5] Nicht anders ist der Fall zu behandeln, dass sich der Bf. auf Rechte beruft, die ihm offensichtlich unter keinem denkbaren Gesichtspunkt zustehen können. 3

Die aufschiebende Wirkung tritt mit der **Einlegung der sofortigen Beschwerde** ein und nicht erst wie bei § 115 Abs. 1 mit der Zustellung der Beschwerdeschrift an die Beteiligten. Der Eintritt der aufschiebenden Wirkung ist nach h. M. nicht davon abhängig, dass der Bf. mit der Einlegung der Beschwerde die anderen Beteiligten des Verfahrens vor der VergK. nach § 117 Abs. 4 durch Übermittlung einer Ausfertigung der **Beschwerdeschrift unterrichtet** hat[6] (→ zu § 117 Rdn. 15). 4

2. Teilanfechtung

Bei Teilanfechtungen tritt der Suspensiveffekt nur hinsichtlich des angefochtenen Teils ein (str.). Freilich ist eine Teilanfechtung nur möglich, soweit die Entscheidung der VergK. tatsächlich auch teilbar ist. 5

3. Wirkung

Solange die aufschiebende Wirkung besteht, wird die Entscheidung der VergK. nicht bestandskräftig. Zunächst gilt das Zuschlagsverbot des § 115 Abs. 1. Der Unterscheidung zwischen der aus dem Verwaltungsprozessrecht bekannten **Vollziehbarkeits-** und der **Wirksamkeitstheorie**[7] kommt angesichts der eindeutigen gesetzlichen Regelung im Kartellvergaberecht keine große Bedeutung zu. Dennoch ist wegen der Drittwirkung der Entscheidung der VergK. und wegen der Nichtigkeitsfolge eines gleichwohl erteilten Zuschlags nach § 134 BGB[8] (str. vgl. zu § 115 Rdn. 9) von der Suspendierung der Wirksamkeit des Verwaltungsakts auszugehen. Außerdem ist der Zuschlag des Auftraggebers kein Vollzug der VergK.-Entscheidung. Da es sich bei der Entscheidung der VergK. um einen Verwaltungsakt handelt, kann die VergK. diese auch nach Bestandskraft abändern oder aufheben (§§ 48, 48 VwVfG).[9] 6

Die aufschiebende Wirkung **entfällt zwei Wochen** nach Ablauf der Beschwerdefrist des § 117 Abs. 1, mithin regelmäßig vier Wochen nach Zustellung der VergK.-Entscheidung. Da die Frist für jeden Beteiligten gesondert zu berechnen ist, (→ zu § 117 Rdn. 3) 7

---

[2] OLG Jena Beschluss vom 13. 10. 1999 – 6 Verg 1/99, NZBau 2001, 39.
[3] KG Beschluss vom 10. 12. 2002 – KartVerg 16/02, VergabeR 2003, 180.
[4] OLG Hamburg Beschluss vom 12. 12. 2000 – 1 Verg 1/00, NZBau 2001, 460.
[5] OVG Münster Beschluss vom 22. 11. 1985 – 14 B 2406/85, NVwZ 1987, 334.
[6] OLG Frankfurt nach § 124 vom 20. 2. 2003, 11 Verg 1/02, WuW/E 2003, 863; Byok/*Jaeger*, Kommentar zum Vergaberecht, 2. Aufl., 2005, § 117 Rdn. 1162; *Stockmann* in: Immenga/Mestmäcker, GWB, 4. Aufl., 2007, § 117 Rdn. 5; *Boesen*, Vergaberecht, 2000, § 117 Rdn. 40; Reidt/*Stickler*/Glahs, Vergaberecht, 2. Aufl., 2003, § 117 Rdn. 20; *Terner* ZfBR 2003, 295; a. A. OLG Naumburg Beschluss vom 2. 6. 1999 – 10 Verg 1/99, NZBau 2000, 96; OLG Naumburg Beschluss vom 16. 1. 2003 – 1 Verg 10/02, VergabeR 2003, 360.
[7] Vgl. dazu: BVerwGE 13, 1, 6; 66, 218, 222.
[8] A. A. *Schneider*, Primärrechtsschutz nach Zuschlagserteilung bei einer Vergabe öffentlicher Aufträge, 2007, S. 272.
[9] *Wilke*, NZBau 2005, 326, 329.

gilt das Zuschlagsverbot solange, bis die Frist für sämtliche Beteiligte abgelaufen ist. Der Fristbeginn bestimmt sich nach §§ 120 Abs. 2, 73 Nr. 2 i. V. m. § 222 ZPO und § 187 Abs. 2 BGB, das Fristende nach § 188 Abs. 2, 2. Alt. BGB. Besteht die aufschiebende Wirkung nicht mehr, entfaltet der Verwaltungsakt der VergK. seine Regelungswirkung und die Beteiligten müssen den Anordnungen Folge leisten.

III. Verlängerung des Suspensiveffekts nach § 118 Abs. 1 S. 3 und Abs. 2

1. Voraussetzungen

8 Nach § 118 Abs. 1 S. 3 kann das Beschwerdegericht die aufschiebende Wirkung auf Antrag des Beschwerdeführers **bis zur Entscheidung über die Beschwerde** verlängern, wenn die VergK. den Antrag auf Nachprüfung abgelehnt hat. Die Vorschrift ist wegen des knappen Prüfungszeitraums und des Prüfungsmaßstabs in Abs. 2, wodurch endgültige Entscheidungen nach einer bloß summarischen Prüfung möglich sind und ein Zuschlag aus überwiegenden Gründen des Allgemeininteresses deshalb auch dann zustande kommen kann, wenn das Vergabeverfahren rechtswidrig verlaufen ist, sowie aus Gründen fehlender Waffengleichheit, weil auftraggeberfreundlich und bieternachteilig, erheblichen europa- und verfassungsrechtlichen Bedenken ausgesetzt.[10]

9 Da die aufschiebende Wirkung erst mit Einlegung der Beschwerde eintritt, kann ein Verlängerungsantrag **frühestens mit der sofortigen Beschwerde** gestellt werden; zuvor ist er unzulässig.[11] Das Zuschlagsverbot muss bereits durch **Zustellung des Nachprüfungsantrags** gemäß § 115 ausgelöst worden sein. Andernfalls kann vorläufiger Rechtsschutz in der Beschwerdeinstanz nur durch erstmaliges Inkraftsetzen des Zuschlagsverbots, entsprechend § 115 Abs. 1 mit Nachholung der Zustellung durch das Beschwerdegericht, gewährt werden.[12] Richtet sich die Beschwerde gegen die Nichtzustellung eines Nachprüfungsantrags durch die VergK., stellt der VergS. den Nachprüfungsantrag zum Zweck der Herstellung und Verlängerung des Zuschlagsverbots (§ 115 Abs. 1) nur unter den Voraussetzungen des § 118 Abs. 2 zu. Dafür reicht es nicht aus, dass der VergS. den Antrag lediglich als nicht offensichtlich unzulässig oder unbegründet ansieht.[13] Allerdings kann ein Antrag auf einstweiligen Rechtsschutz nach § 118 Abs. 1 S. 3 auch nach Erteilung des Zuschlags zulässig sein, wenn das Beschwerdeverfahren gerade die Frage der Wirksamkeit der Zuschlagserteilung zum Gegenstand hat.[14] Ist der Nachprüfungsantrag erfolgreich, kann ein Beigel. nicht über § 118 Abs. 1 S. 3 in entsprechender Anwendung vorgehen.[15]

10 Der Verlängerungsantrag kann gestellt werden, **solange das OLG noch nicht abschließend über den Hauptsacheantrag entschieden** hat. Damit kann der Antrag noch nach Ablauf der Zwei-Wochenfrist des § 118 Abs. 1 S. 2. 1 zulässig sein (str.).[16] Zwar wird das OLG grundsätzlich innerhalb der Zwei-Wochenfrist entscheiden, damit der Bf. durch einen Zuschlag nach Entfallen der aufschiebenden Wirkung nicht vor vollendete Tatsachen gestellt wird, allerdings sollte der Bf. die Zwei-Wochenfrist nicht ausreizen. Das BayObLG hat es abgelehnt, einem Verlängerungsantrag, der einen Tag vor Ablauf der Zwei-Wochenfrist bei Gericht eingegangen ist, noch innerhalb der verbleibenden kurzen

---

[10] Vgl. *Schneider,* Primärrechtsschutz nach Zuschlagserteilung bei einer Vergabe öffentlicher Aufträge, 2007, S. 292 mwN.
[11] KG Beschluss vom 26. 10. 1999 – Kart Verg 8/99, NZBau 2000, 262.
[12] OLG Koblenz Beschluss vom 25. 3. 2002 – 1 Verg 1/02, NZBau 2002, 526.
[13] KG vom 10. 12. 2002 – KartVerg 16/02, VergabeR 2003, 180.
[14] BayObLG Beschluss vom 14. 2. 2000 – Verg 2/00, NZBau 2000, 261, 262; OLG Jena Beschl. v. 14. 2. 2005 – 9 Verg 1/05.
[15] OLG Celle Beschluss vom 10. 4. 2007 – 13 Verg 5/07, NZBau 2007, 671.
[16] A. A. OLG Düsseldorf Beschluss vom 6. 11. 2000 – Verg 20/00, VergabeR 2001, 162, das zu formalistisch auf den Begriff des „Verlängerns" abstellt.

Zeitspanne stattzugeben, weil ihm eine begründete Entscheidung nicht möglich war. Der Gegenseite hätte nur eine unzumutbar kurze Frist für rechtliches Gehör gewährt werden können. Mit einer einstweiligen Verlängerung der aufschiebenden Wirkung hätte das Gericht einseitig die Interessen des Ast. wahrgenommen. Dieser hätte es aber durch frühzeitigere Antragstellung in der Hand gehabt, dem Gericht eine angemessene Gewährung rechtlichen Gehörs und ein Mindestmaß an sachlicher Prüfung zu ermöglichen.[17] Dem ist aber entgegenzuhalten, dass das Gesetz dem Ast. eine – ohnehin schon sehr kurze – Zwei-Wochenfrist zugewiesen hat. Ein Rechtsmissbrauch kann nicht darin gesehen werden, dass der Bf. diese Frist ausschöpft, zumal das Gericht in solchen Fällen die aufschiebende Wirkung bis zum Eingang und zur Würdigung der Stellungnahmen einstweilen anordnen kann (→ zu § 118 Rdn. 18).[18] Eine Wiedereinsetzung in den vorigen Stand bei Versäumung der Frist nach § 118 Abs. 1 ist jedenfalls nicht möglich, weil es sich nicht um eine Notfrist i. S. d. §§ 233, 224 Abs. 1 ZPO handelt.[19]

Eine bestimmte **Form** ist nicht vorgeschrieben; der Antrag kann deshalb auch mündlich gestellt werden.[20] Allerdings besteht Anwaltszwang, sofern der Ast. keine juristische Person des öffentlichen Rechts ist (§ 120 Abs. 1). Der Antrag muss auch nicht begründet werden. Den Beteiligten ist grundsätzlich **rechtliches Gehör** zu gewähren.[21] Im Übrigen gelten die Verfahrensvorschriften nach § 120 Abs. 2.

2. Antragsberechtigung

Antragsberechtigt ist ausweislich des Gesetzeswortlauts der **Bf.** Der Gesetzgeber ist offensichtlich davon ausgegangen, dass nur der bei der VergK. antragstellende und unterlegene Bieter auch der Bf. sein wird. Eine Regelungslücke besteht für den Fall, dass der Ast. mit dem Hilfsantrag Erfolg hatte, die Entscheidung der VergK. aber in die Rechte eines nach § 109 bereits von der VergK. beigeladenen Bieters eingreift. Der Antrag eines beschwerdeführenden **Beigeladenen** muss daher in entsprechender Anwendung von § 118 Abs. 1 S. 3 zulässig sein, wenn er beschwerdebefugt ist und anderenfalls die Möglichkeit besteht, dass die Vergabestelle durch Zuschlagserteilung vollendete Tatsachen schafft (str.).[22] Das ist insbesondere dann erforderlich, wenn das Zuschlagsverbot nach § 118 Abs. 3 nicht gilt. Aber auch der vor der VergK. unterlegene **Auftrgg.** kann darauf angewiesen sein, einen Antrag nach § 118 Abs. 1 S. 3 stellen zu müssen, z. B. wenn seine Interessen durch §§ 115 Abs. 2 S. 1, 118 Abs. 1 S. 1 und 121 nicht hinreichend geschützt werden können.[23] Ein Rechtsschutzbedürfnis fehlt noch nicht deshalb, weil die VergK. die Wiederholung der Wertung angeordnet hat. Denn damit ist noch kein generelles Zuschlagsverbot iSv. § 118 Abs. 3 GWB verbunden (str.).[24] Ein **Rechtsschutzbedürfnis** liegt nicht vor, wenn sich das Vergabeverfahren in einem Stadium befindet, in welchem es nicht oder zumindest auf

---

[17] BayObLG Beschluss vom 4. 2. 2002 – Verg 1/02, VergabeR 2002, 305.
[18] *Storr* EWiR 2002, 385 f.; weniger restriktiv auch OLG Naumburg Beschluss vom 6. 12. 2001 – 1 Verg 1/01, OLGR Naumburg 2002, 118 ff.
[19] BayObLG Beschluss vom 10. 9. 2004 – Verg 19/04, NJOZ 2005, 1340, 1341.
[20] *Stockmann* in: Immenga/Mestmäcker, GWB, 4. Aufl., 2007, § 118 Rdn. 12.
[21] BayObLG Beschluss vom 4. 2. 2002 – Verg 1/02, VergabeR 2002, 305.
[22] OLG Jena Beschluss vom 30. 10. 2001 – 6 Verg 3/01, VergabeR 2002, 104; OLG Koblenz Beschluss vom 29. 8. 2003 – 1 Verg 7/03, VergabeR 2003, 699, 700; OLG Naumburg Beschluss vom 5. 2. 2007 – 1 Verg 1/07, VergabeR 2007, 554; OLG Naumburg Beschluss vom 13. 10. 2008 – 1 Verg 10/08; restriktiv: OLG Düsseldorf Beschluss vom 12. 7. 2004 – VII Verg 39/04, NZBau 2004, 520.
[23] *Hartung*, VergabeR 2001, 453; a. A. OLG Stuttgart Beschluss vom 28. 6. 2001 – 2 Verg 2/01, VergabeR 2001, 451.
[24] OLG Naumburg Beschluss vom 7. 3. 2008 – 1 Verg 1/08; a. A. OLG Düsseldorf, Beschluss vom 12. 7. 2004, Verg 9/05.

absehbare Zeit nicht zu einem wirksamen Zuschlag kommen kann (z. B. wegen noch nicht erfolgter Bieterinformation nach § 13 VgV).[25]

3. Entscheidungsmaßstab

13 **a) Allgemeines.** Wie bei § 115 Abs. 2 hat der VergS. eine **abwägende Prüfung** vorzunehmen: er hat einerseits die Lage, dass dem Antrag auf Gestattung des Zuschlags stattgegeben wird und der Auftrag tatsächlich vergeben wird, der Nachprüfungsantrag aber in der Hauptsache zum Erfolg führt, der Lage gegenüberzustellen und zu bewerten, dass dem Antrag auf Gestattung nicht stattgegeben wird und das Verfahren weiter verzögert wird, der Nachprüfungsantrag aber in der Hauptsache erfolglos bleibt.[26] Dabei kommt dem OLG ein Ermessensspielraum zu, der aber in zweierlei Hinsicht begrenzt ist: Zum einen hat das OLG bei seiner Entscheidung über die Verlängerung die Erfolgsaussichten der Beschwerde zu berücksichtigen. Zum anderen hat es den Antrag abzulehnen, wenn unter Berücksichtigung aller möglicherweise geschädigten Interessen sowie des Interesses der Allgemeinheit an einem raschen Abschluss des Vergabeverfahrens die nachteiligen Folgen einer Verzögerung der Vergabe bis zur Entscheidung über die Beschwerde die damit verbundenen Vorteile überwiegen.

14 Das OLG wird bei seiner Abwägung ferner verfassungsrechtliche Wertentscheidungen zu berücksichtigen haben. Die in § 118 Abs. 2 zum Ausdruck kommende Beschleunigungsmaxime ist vor **Art. 19 Abs. 4 GG** und dem **Justizgewährungsanspruch** bedenklich, weil die Ablehnung eines Verlängerungsantrags den Weg zum Zuschlag freimacht, ohne dass das OLG in der Hauptsache entschieden hat. Problematisch ist zudem die kurze Zwei-Wochenfrist, die sich allerdings mit der Beschwerdefrist auf bis zu vier Wochen erstrecken kann, innerhalb der der Bf. eine Verlängerung der aufschiebenden Wirkung erreichen muss.[27] Entsprechend knapp ist auch der zeitliche Rahmen für eine Entscheidung des VergS., der eine umfassende Prüfung kaum zulässt. Eine lediglich summarische Prüfung kann den Anforderungen an einen effektiven Rechtsschutz in der Regel nicht genügen. Gleichwohl muss das OLG bemüht sein, den relevanten Sachverhalt hinreichend aufzuklären und zu würdigen.[28] Wenn die gebotene Aufklärung kurzfristig nicht möglich ist, hat es eine Abwägung zwischen den Interessen der Bieter und denen der Allgemeinheit vorzunehmen. Um effektiven Rechtsschutz gewähren zu können, wird das Gericht dem Verlängerungsantrag dann regelmäßig stattgeben müssen. Dafür können auch systematische Gründe angeführt werden: § 115 Abs. 1 geht davon aus, dass bis zur abschließenden Entscheidung über den Prüfungsantrag und damit bis zur Feststellung der Korrektheit des Vergabeverfahrens der Zuschlag grundsätzlich unterbleiben soll, es sei denn, die Voraussetzungen der §§ 115 Abs. 2, 121 Abs. 1 liegen vor.

15 **b) Erfolgsaussichten.** Zunächst[29] muss das OLG prüfen, ob die im Rahmen des § 118 Abs. 2 gebotene summarische Prüfung damit endet, dass die sofortige Beschwerde des vor der VergK. erfolglos gebliebenen Konkurrenten **voraussichtlich als unzulässig** oder **unbegründet zurückzuweisen** sein wird. Der Maßstab, der an den Erfolg bzw. die Erfolglosigkeit anzulegen ist, ist durch die Oberlandesgerichte keineswegs geklärt. I. E. finden sich Formulierungen wie, dass die Beschwerde offensichtlich unbegründet sein muss,[30] lediglich

---

[25] OLG München vom 5. 11. 2007 – Verg 12/07.
[26] *Gröning* VergabeR 2003, 290, 294.
[27] Vgl. a. A. *Boesen,* Vergaberecht, 2000, § 118 Rdn. 5.
[28] OLG Frankfurt Beschluss vom 20. 2. 2003, 11 Verg 1/02, WuW/E 2003, 863.
[29] BayObLG Beschluss vom 21. 12. 2000 – Verg 13/00, VergabeR 2001, 131; OLG Naumburg Beschluss vom 5. 2. 2007 – 1 Verg 1/07, VergabeR 2007, 554; OLG Naumburg, Beschluss vom 15. 7. 2008 – 1 Verg 5/08.
[30] So wohl OLG Jena Beschluss vom 26. 10. 1999 – 6 Verg 3/99, NZBau 2000, 354.

„aller Wahrscheinlichkeit nach" keinen Erfolg haben darf[31] oder dass mit ihrem Erfolg nicht „zu rechnen"[32] sein darf. Letztlich hat § 118 den Zweck, einen effektiven Rechtsschutz ohne übermäßige Verfahrensverzögerung zu gewährleisten. Dem Beschleunigungsgebot wird nur in zweierlei Hinsicht Rechnung getragen: durch die Zwei-Wochenfrist und das anschließend automatische Entfallen der aufschiebenden Wirkung sowie in der Berücksichtigung des Interesses an einem raschen Abschluss des Vergabeverfahrens bei der Abwägung nach § 118 Abs. 2. Dann aber muss für eine Ablehnung letztlich entscheidend sein, inwieweit für den VergS. zum Zeitpunkt der Entscheidung deutlich erkennbar ist, dass die Beschwerde erfolglos sein wird. Kann er die Erfolgsaussichten einer Beschwerde nicht hinreichend beurteilen, muss er in einem zweiten Schritt eine Interessenabwägung vornehmen.

Nach OLG Jena[33] soll die Anordnung der Fortdauer der aufschiebenden Wirkung nicht davon abhängen, ob die Beschwerde **voraussichtlich Erfolg** hat. Das ist insoweit zutreffend, als der voraussichtliche Erfolg der Beschwerde keine Verlängerungsvoraussetzung ist; die Verlängerung der aufschiebenden Wirkung ist verfassungsrechtlich aber dann geboten, wenn die Beschwerde offensichtlich Erfolg haben wird.

c) Interessenabwägung. Der Verlängerungsantrag ist ferner zu versagen, wenn – ohne dass die Beschwerde voraussichtlich erfolglos ist, mithin ein Erfolg nicht ausgeschlossen ist – eine Abwägung der **Individualinteressen** der Verfahrensbeteiligten mit den **Interessen der Allgemeinheit** ergibt, dass die nachteiligen Folgen einer Verzögerung der Auftragsvergabe die dem Offenlassen der Vergabeentscheidung entsprechenden Vorteile überwiegen. Das OLG hat hier eine umfassende Interessenabwägung vorzunehmen. Grundsätzlich besteht aus verfassungs- und europarechtlichen Gründen ein erhebliches Interesse an der Durchführung eines ordentlichen Nachprüfungsverfahrens. Deshalb bedarf es schwerwiegender Gründe des allgemeinen Wohls, um den Weg zum Zuschlag vor Abschluss des Vergabeprüfungsverfahrens freizumachen.[34] Die Interessen, die für die Gewährung eines sofortigen Zuschlags sprechen, müssen deutlich überwiegen, wobei die **Allgemeininteressen** nicht auf die ausgeschriebene Leistung und den raschen Abschluss der Nachprüfung beschränkt sind, sondern sich auch auf andere Belange, insbesondere eine ordnungsgemäße Auftragsvergabe erstrecken. Bei der Vergabe von Aufträgen mit einer relativ kurzen Laufzeit (z. B. Entsorgungsleistungen für lediglich ein Jahr) soll das **Interesse der übrigen Bieter,** die ihre Preise für dieses Jahr kalkuliert haben, einer Verlängerung der aufschiebenden Wirkung entgegenstehen können.[35]

4. Entscheidung

Gibt das Gericht dem Verlängerungsantrag statt, hat es die aufschiebende Wirkung bis zur Entscheidung über die Beschwerde zu verlängern.[36] Denkbar ist auch eine lediglich **einstweilige Verlängerung** der aufschiebenden Wirkung.[37] Das Gericht entscheidet durch Beschluss, den es zu begründen hat.

---

[31] BayObLG Beschluss vom 27. 4. 2001, Verg 5/01, VergabeR 2002, 61; OLG Hamburg Beschluss vom 12. 12. 2000 – 1 Verg 1/00, NZBau 2001, 460.
[32] OLG Celle Beschluss vom 12. 2. 2001 – 13 Verg 2/01, NZBau 2001, 648.
[33] OLG Jena Beschluss vom 26. 10. 2000 – 6 Verg 3/99, NZBau 2000, 354.
[34] OLG Jena Beschluss vom 26. 10. 2000 – 6 Verg 3/99, NZBau 2000, 354; nicht so streng wohl: BayObLG Beschluss vom 4. 2. 2002 – Verg 1/02, VergabeR 2002, 305.
[35] OLG Koblenz Beschluss vom 15. 3. 2001 – 1 Verg 1/01, VergabeR 2001, 445.
[36] A. A. *Stockmann* in: Immenga/Mestmäcker, GWB, 4. Aufl., 2007, § 118 Rdn. 17: auch näher liegender Zeitpunkt.
[37] KG Beschluss vom 18. 8. 1999 – Kart Verg 4/99, NVwZ 2000, 114; vgl. a. BayObLG Beschluss vom 4. 2. 2002 – Verg 1/02, VergabeR 2002, 305.

19 Nach **Rücknahme** der sofortigen Beschwerde ist auf Antrag der Vergabestelle die Wirkungslosigkeit einer Zwischenentscheidung nach § 118 Abs. 1 S. 3 deklaratorisch festzustellen.[38]

5. Kosten und anwaltliche Vergütung

20 Die **Kosten** des Verfahrens nach § 118 Abs. 1 S. 3 sind Kosten des Beschwerdeverfahrens, über die entsprechend §§ 91 ff. ZPO einheitlich im Rahmen der Entscheidung über die Hauptsache zu befinden ist. Für die anwaltliche Vergütung wird das Verf. nach § 118 gegenüber der Hauptsache als eigenständiges Verfahren gesehen, eine Anrechnung der Verfahrensgebühr in der Hauptsache auf die Verfahrensgebühr im Eilverfahren nach § 118 GWB erfolgt nicht. Nach KG soll der Gebührensatz für die anwaltliche Verfahrensgebühr bei einem Antrag nach § 118 Abs. 1 S. 3 bei teleologischer Reduktion des zu weit gefassten Wortlauts des 3300 VV (RVG) anstatt 2,3 nur 0,7 betragen.[39] Das OLG Jena will die allgemeinen Grundsätze zur Erstattungsfähigkeit der Kosten sog. Schutzschriften auf das Beschwerdeverfahren übertragen.[40]

IV. Tatbestand des § 118 Abs. 3

21 Mit § 118 Abs. 3 wird verhindert, dass der Auftrgg. die aufschiebende Wirkung einer Beschwerde gegen ein Zuschlagsverbot der VergK. ausnutzt und durch die Zuschlagserteilung **vollendete Tatsachen** schafft. Hat die VergK. dem Antrag auf Nachprüfung durch Untersagung des Zuschlags stattgegeben, kann die Vergabestelle den Zuschlag nicht erteilen. Das gilt solange, bis das Beschwerdegericht die Entscheidung der VergK. nach § 121 oder § 123 aufgehoben hat. Ein dennoch erfolgter Zuschlag ist nichtig (§ 134 BGB). Die Anordnung der Wiederholung der Wertung beinhaltet noch kein generelles Zuschlagsverbot, sondern macht den Zuschlag lediglich von weiteren vorbeugenden Maßnahmen abhängig.[41]

V. Neufassung gemäß Gesetz zur Modernisierung des Vergaberechts vom 20. April 2009

22 „19. § 118 Abs. 2 wird wie folgt gefasst:"

„*(2) Das Gericht lehnt den Antrag nach Absatz 1 Satz 3 ab, wenn unter Berücksichtigung aller möglicherweise geschädigten Interessen die nachteiligen Folgen einer Verzögerung der Vergabe bis zur Entscheidung über die Beschwerde die damit verbundenen Vorteile überwiegen. Bei der Abwägung ist das Interesse der Allgemeinheit an einer wirtschaftlichen Erfüllung der Aufgaben des Auftraggebers zu berücksichtigen. Das Gericht berücksichtigt bei seiner Entscheidung auch die Erfolgsaussichten der Beschwerde, die allgemeinen Aussichten des Antragstellers im Vergabeverfahren, den Auftrag zu erhalten, und das Interesse der Allgemeinheit an einem raschen Abschluss des Vergabeverfahrens.*"

In der Gesetzesbegründung der Bundesregierung heißt es dazu:

„*Mit dieser Änderung werden die Kriterien für eine Entscheidung des Beschwerdegerichts über die Fortsetzung der aufschiebenden Wirkung der Entscheidung der Vergabekammer an die Kriterien für die Entscheidung über die Gestattung der Zuschlagserteilung nach § 115 Abs. 2 angepasst.*"[42]

---

[38] OLG Jena Beschluss vom 22. 8. 2002 – 6 Verg 3/02.
[39] KG Beschluss vom 14. 2. 2005 – 2 Verg 13 und 14/04, NZBau 2005, 358.
[40] Vgl. OLG Jena vom 6. 11. 2002, – 6 Verg 8/02, NZBau 2003, 176.
[41] OLG Naumburg, Beschluss vom 7. 3. 2008 – 1 Verg 1/08.
[42] Begründung zu dem Gesetzentwurf der Bundesregierung über ein Gesetz zur Modernisierung des Vergaberechts vom 13. 8. 2008, BT-Drs. 16/10117, S. 24.

In der Gesetzesbegründung des Ausschusses für Wirtschaft und Technologie heißt es dazu:
„*In der öffentlichen Anhörung wurde von den Sachverständigen vorgebracht, dass es bedenklich wäre, das Ergebnis der Interessenabwägung durch das Beschwerdegericht im Falle der Gefährdung der wirtschaftlichen Erfüllung der Aufgaben des Auftraggebers kraft Gesetzes vorwegzunehmen. Dem soll die Neufassung Rechnung tragen.*"

§ 119 Beteiligte am Beschwerdeverfahren

An dem Verfahren vor dem Beschwerdegericht beteiligt sind die an dem Verfahren vor der Vergabekammer Beteiligten.

Übersicht

	Rn.
I. Überblick	1
II. Beiladung durch das Beschwerdegericht	2
III. Rechtsstellung der Beteiligten	4

I. Überblick

Beteiligte nach § 109 können sein: der **Ast.**, der **Auftrgg.** und die **Unternehmen**, deren Interessen durch die Entscheidung schwerwiegend berührt werden und die deswegen von der VergK. beigeladen worden sind. Der Unternehmensbegriff wird weit verstanden und umfaßt z. B. auch Freiberufler, nicht aber Interessenverbände, Handwerkskammern oder Industrie- und Handelskammern.[1] Es gilt der Grundsatz der Identität der Verfahrensbeteiligten vor der VergK. und vor dem OLG: Die Beteiligten des Nachprüfungsverfahrens vor der VergK. behalten ihre prozessuale Stellung auch im Beschwerdeverfahren. Einer Wiederholung der Beiladung bedarf es nicht. Die Gründe für die Beteiligung sind im Beschwerdeverfahren die gleichen wie im Verfahren vor der VergK.[2] Ausnahmsweise sollen aber auch Dritte beigeladen (→ zu Rdn. 2) werden können, wenn ihre Interessen schwerwiegend betroffen sein können (z.B. eine Gemeinde, wenn eine Auftragsvergabe eines anderen Auftraggebers mit einem städtebaulichen Vertrag gekoppelt werden soll).[3]

II. Beiladung durch das Beschwerdegericht

Anders als bei Beschwerden im Kartellrecht, wo § 67 Abs. 1 Nr. 3 eine Beiladung durch die Kartellbehörde verlangt, und entgegen dem Wortlaut des § 119 ist das Beschwerdegericht befugt, ein Unternehmen unter den tatbestandlichen Voraussetzungen des § 109 zum Beschwerdeverfahren beizuladen, wenn die **VergK. die Beiladung im ersten Rechtszug rechtsfehlerhaft unterlassen** oder **abgelehnt** hat (str.).[4] Das ist schon wegen Art 19. Abs. 4 GG erforderlich, weil das OLG rechtsgestaltende Entscheidungen zu Lasten der Bieter treffen kann und die Entscheidung über die Beiladung durch die VergK. nach § 109 S. 2 unanfechtbar ist. Eine nachträgliche Beteiligung durch die VergK.[5] erscheint demgegenüber unpraktikabel, weil sie zu einer gleichzeitigen Befassung zweier Instanzen in

---

[43] Beschlußempfehlung und Bericht des Ausschusses für Wirtschaft und Technologie zu dem Gesetzentwurf der Bundesregierung über ein Gesetz zur Modernisierung des Vergaberechts, BT-Drs. 16/10117, vom 17. 12. 2008, BT-Drs. 16/11428, S. 51.

[1] *Freund*, NZBau 2005, 266.
[2] BT-Drs. 13/9340, S. 21.
[3] OLG Düsseldorf Beschluss vom 13. 2. 2007, VII-Verg 2/07.
[4] OLG Düsseldorf Beschluss vom 26. 6. 2002 – Verg 24/02, NZBau 2002, 639; OLG Düsseldorf Beschluss vom 13. 11. 2001 – Verg 14/00, VergabeR 2001, 59; jedenfalls wenn die Interessen des Unternehmens schwerwiegend berührt werden können: Byok/*Jaeger*, Kommentar zum Vergaberecht, 2. Aufl., 2005, § 119 Rdn. 1199.
[5] Vgl. Bechtold/*Otting*, GWB, 3. Aufl., 2002, § 119 Rdn. 1; anders jetzt 4. Aufl., 2006, 119 Rdn. 1.

derselben Sache führen würde. Außerdem würde eine „Nachbeiladung" lediglich zu einer Verfahrensverzögerung führen und dem Grundsatz widersprechen, dass das Verfahren vor der VergK. mit Einlegung der sofortigen Beschwerde grundsätzlich beendet ist.

3 Dem zu Unrecht nicht Beigeladenen muss eine eigene **Beschwerdebefugnis** zukommen.[6] Erforderlich ist grundsätzlich eine formelle, jedenfalls eine materielle Beschwer.[7] Das Tatbestandselement der „schwerwiegenden Interessenberührung" (§ 109) ist verwirklicht, wenn durch den Gegenstand des Nachprüfungsverfahrens oder durch die Entscheidung des VergS. unter Berücksichtigung der Stellung des betreffenden Unternehmens im Vergabeverfahren dessen rechtliche oder wirtschaftliche Belange in besonderer Weise betroffen sind. Erwägt der VergS., den Auftrgg. zur Aufhebung des Vergabeverfahrens zu verpflichten, sind (zumindest) diejenigen Unternehmen schwerwiegend in ihren Interessen berührt, die schon bislang zum engeren Kreis der Bieter gehört haben. Hat eine Angebotswertung des öffentlichen Auftraggebers im Zeitpunkt der Entscheidung über die Beiladung oder (spätestens) der letzten mündlichen Verhandlung noch nicht stattgefunden, trifft diese Voraussetzung auf alle Bieter zu, die ein Angebot eingereicht haben, das nicht schon aus anderen Gründen ausgeschlossen worden ist.[8]

III. Rechtsstellung der Beteiligten

4 Allen am Beschwerdeverfahren Beteiligten stehen grundsätzlich die gleichen **verfahrensmäßigen Rechte** zu.[9] Die Rücknahme der sofortigen Beschwerde ist nur dem Bf. gestattet.

§ 120 Verfahrensvorschriften

(1) ¹Vor dem Beschwerdegericht müssen sich die Beteiligten durch einen Rechtsanwalt als Bevollmächtigten vertreten lassen. ²Juristische Personen des öffentlichen Rechts können sich durch Beamte oder Angestellte mit Befähigung zum Richteramt vertreten lassen.

(2) **Die §§ 69, 70 Abs. 1 bis 3, § 71 Abs. 1 und 6, §§ 72, 73 mit Ausnahme der Verweisung auf § 227 Abs. 3 der Zivilprozessordnung, die §§ 111 und 113 Abs. 2 Satz 1 finden entsprechende Anwendung.**

Übersicht

	Rn.		Rn.
I. Hintergrund	1	3. Untersuchungsgrundsatz	8
II. Anwaltliche Vertretung	2	4. Tatsachen und Beweismittel	11
1. Anwaltszwang	2	5. Akteneinsicht	12
2. Juristische Personen des öffentlichen Rechts	4	6. Rechtsmittelbelehrung	15
III. Verfahrensbestimmungen	5	7. Weitere Verweisungen	16
1. Allgemeines	5	IV. Neufassung gemäß Gesetz zur Modernisierung des Vergaberechts vom 20. April 2009	17
2. Mündliche Verhandlung	6		

I. Hintergrund

1 In der **Gesetzesbegründung** wird auf den in Kartellsachen vor dem OLG geltenden Anwaltszwang hingewiesen. Eine Beschränkung auf die Anwälte mit Zulassung beim zu-

---

[6] *Stockmann* in: Immenga/Mestmäcker, GWB, 4. Aufl., 2007, § 119 Rdn. 3; *Boesen*, Vergaberecht, 2000, § 119 Rdn. 6.
[7] OLG Jena Beschluss vom 30. 10. 2001 – 6 Verg 3/01, VergabeR 2002, 104.
[8] OLG Düsseldorf Beschluss vom 26. 6. 2002 – Verg 24/02, NZBau 2002, 639.
[9] OLG Koblenz Beschluss vom 31. 5. 2006 – 1 Verg 3/06, ZfBR 2006, 813.

ständigen OLG sei auch hier nicht sinnvoll. Wie im verwaltungsgerichtlichen Verfahren (§ 67 Abs. 1 S. 3 VwGO) bestehe für Auftrgg. kein Zwang, einen Anwalt zu beauftragen, weil die insoweit geforderte Befähigung zum Richteramt denselben Zweck erfülle. Durch Absatz 2 werden die Verfahrensgrundsätze des Kartellbeschwerdeverfahrens anwendbar.[1]

II. Anwaltliche Vertretung

1. Anwaltszwang

Der Anwaltszwang vor dem OLG besteht im Interesse rechtsunkundiger Beteiligter sowie der Rechtspflege, zumal für das Nachprüfungsverfahren die Beschleunigungsmaxime gilt. Mit Gesetz zur Stärkung der Selbstverwaltung der Rechtsanwaltschaft vom 26. 3. 2007 (BGBl I 358) ist die Beschränkung auf Rechtsanwälte, die bei einem deutschen Gericht zugelassen sind, entfallen.

Ein Beteiligter, der **nicht anwaltlich vertreten** ist, ist nicht vom Verfahren ausgeschlossen; Prozesshandlungen kann er aber nicht wirksam vornehmen. Der Anwaltszwang besteht nicht im Verfahren der gerichtlichen Anordnung zur Offenlegung von Tatsachen oder Beweismitteln nach § 120 Abs. 2 i. V. m. § 72 Abs. 2 S. 4 und S. 6 (→ Rdn. 11 f.).

2. Juristische Personen des öffentlichen Rechts

Nach § 120 Abs. 1 S. 2 bedürfen **juristische Personen des öffentlichen Rechts** keiner anwaltlichen Vertretung, sondern können sich durch Beamte oder Angestellte mit Befähigung zum Richteramt (vgl. § 5 DRiG) vertreten lassen. Das gilt auch für die Einlegung der sofortigen Beschwerde. Aus § 117 Abs. 3 S. 2 kann kein anderes Ergebnis hergeleitet werden (→ zu § 117 Rdn. 13).[2] § 120 Abs. 1 ist insoweit als eine das gesamte Beschwerdeverfahren – die Einlegung der sofortigen Beschwerde eingeschlossen – beherrschende Bestimmung zu begreifen. Beteiligte, die keine juristische Person des öffentlichen Rechts sind, können sich nicht selbst vertreten.

III. Verfahrensbestimmungen

1. Allgemeines

Die **aufzählende Verweisung** des § 120 Abs. 2 auf §§ 69, 70 Abs. 1 bis 3, § 71 Abs. 1 und 6, §§ 72, 73 (mit Ausnahme § 227 Abs. 3 ZPO) und die §§ 111 und 113 Abs. 2 S. 1 ist missglückt. Generell führen Verweisungen und Weiterverweisungen zu einer Unübersichtlichkeit des geltenden Rechtsrahmens. Außerdem ist einer enumerativen Aufzählung die Gefahr immanent, nicht alle Fälle geregelt zu haben. Die Frage, wie **Rechtslücken** im Vergabe-Nachprüfungsrecht zu schließen sind, ist in Lit. und Rspr. noch kaum beantwortet. Grundsätzlich ist wegen der Nähe zum Kartellverfahrensrecht auf diese Bestimmungen zurückzugreifen.[3] Insbesondere darf aus dem fehlenden Verweis in § 120 auf andere Normen des kartellrechtlichen Beschwerdeverfahrens nicht auf die Nichtanwendbarkeit dieser Normen geschlossen werden.[4] Subsidiär kommen eine analoge Anwendung der VwGO und der ZPO in Betracht. Im Übrigen verweist § 173 VwGO auf die ZPO und das GVG.

2. Mündliche Verhandlung

Nach § 120 Abs. 2 i. V. m. § 69 Abs. 1 entscheidet das OLG über die Beschwerde auf Grund mündlicher Verhandlung. Eine mündliche Verhandlung ist aber nur bei **Sachent-**

---

[1] BT-Drs. 13/9340, S. 21.
[2] *Boesen*, Vergaberecht, 2000, § 120 Rdn. 4; *Stockmann* in: Immenga/Mestmäcker, GWB, 4. Aufl., 2007, § 120 Rdn. 3; a. A. Byok/*Jaeger*, Kommentar zum Vergaberecht, 2. Aufl., 2005, § 120 Rdn. 1201.
[3] *Stockmann* in: Immenga/Mestmäcker, GWB, 4. Aufl., 2007, § 120 Rdn. 4.
[4] OLG Frankfurt Beschluss vom 11. 5. 2004 – 11 Verg 8 u. 9/04, NZBau 2004, 567, 568.

scheidungen erforderlich, nicht wenn die sofortige Beschwerde als unzulässig verworfen werden soll (→ *Mees* zu § 69 Rdn. 2).[5] Vor einer Abweisung sind die Beteiligten zu hören (allg. Rechtsgrundsatz; vgl. a. § 522 Abs. 2 S. 2 ZPO; § 125 Abs. 2 S. 3 VwGO). Mit Einverständnis der Beteiligten kann der VergS. ohne mündliche Verhandlung entscheiden.

7 Sind die Beteiligten zum Verhandlungstermin trotz rechtzeitiger Benachrichtigung **nicht erschienen** oder gehörig vertreten, kann der VergS. in der Sache gleichwohl verhandeln und entscheiden (§ 120 Abs. 2 i. V. m. § 69 Abs. 2). Für die Frage der „Rechtzeitigkeit" kommt es auf die konkreten Umstände des Einzelfalls an.

3. Untersuchungsgrundsatz

8 Im Nachprüfungsverfahren gilt der **Untersuchungsgrundsatz** (§ 120 Abs. 2 i. V. m. § 70 Abs. 1). Das Beschwerdegericht erforscht den Sachverhalt von Amts wegen. Dem steht die gleichzeitige Geltung der Dispositionsmaxime nicht entgegen (→ zu § 117 Rdn. 10), weil sich der Untersuchungsgrundsatz auf die Ermittlung der Tatsachen bezieht, die Dispositionsmaxime auf den Verfahrensgegenstand. Der Untersuchungsgrundsatz zwingt **nicht dazu, allen denkbaren Möglichkeiten** von Vergaberechtsverstößen von Amts wegen nachzugehen. Das Beschwerdegericht hat den Sachverhalt auf Grund eigener Ermittlungen nur insoweit aufzuklären, als der Vortrag der Beteiligten reicht oder sich entscheidungserhebliche Tatsachen aufdrängen (vgl. a. *Mees* zu § 70 Rdn. 4).[6] Soweit dem OLG durch die sofortige Beschwerde die Nachprüfung aufgetragen ist, muss es vom Beschwerdegegner in der ersten Instanz erfolglos erhobene Beanstandungen von Amts wegen bei seiner Entscheidung berücksichtigen, ohne dass es einer erneuten förmlichen Geltendmachung bedarf.[7] Die Sachverhaltsaufklärung ist nicht allein Sache des Gerichts. Im Vergaberecht kommen den Beteiligten über § 70 Abs. 3 und § 113 Abs. 2 S. 1 (vgl. § 120 Abs. 2) **Mitwirkungspflichten** zu: Das Beschwerdegericht kann den Beteiligten aufgeben, sich innerhalb einer zu bestimmenden Frist über aufklärungsbedürftige Punkte zu äußern, Beweismittel zu bezeichnen und in ihren Händen befindliche Urkunden sowie andere Beweismittel vorzulegen. Bei Versäumung der Frist kann nach Lage der Sache ohne Berücksichtigung der nicht beigebrachten Beweismittel entschieden werden. Trägt ein Beteiligter unter Missachtung seiner Verfahrensförderungspflicht (§§ 120 Abs. 2, 113 Abs. 2) derart spät zur Sache vor, dass den anderen Verfahrensbeteiligten bis zum Schluss der mündlichen Verhandlung, auf die die Entscheidung der Nachprüfungsinstanz ergeht, eine Erwiderung unter zumutbaren Bedingungen nicht mehr möglich ist, ist ein solches Vorbringen bei der Entscheidungsfindung unberücksichtigt zu lassen. Ein solches Vorbringen löst auch nicht die Amtsermittlungspflicht der Nachprüfungsinstanz aus (§ 120 Abs. 2, 70 Abs. 1).[8]

9 Das **Nachschieben von Gründen** ist grundsätzlich erlaubt, soweit der Bf. mit seinem Vorbringen nicht nach § 107 Abs. 3 ausgeschlossen ist (→ zu § 117 Rdn. 11). Er kann auch von der VergK. zu Recht zurückgewiesene Angriffs- und Verteidigungsmittel im Beschwerdeverfahren anführen, weil es an einer Vorschrift wie §§ 528 Abs. 3 ZPO, 128 a Abs. 2 VwGO fehlt und das OLG im Beschwerdeverfahren die erste und zugleich letzte Gerichtsinstanz ist.[9] Die sofortige Beschwerde kann ferner auf neue Tatsachen und Beweismittel gestützt werden, die vor der VergK. noch nicht vorgebracht werden konnten (§ 63 Abs. 1 S. 2 analog).[10]

10 Der Vorsitzende hat nach § 70 Abs. 2 darauf hinzuwirken, dass **Formfehler** beseitigt, unklare Anträge erläutert, sachdienliche Anträge gestellt, ungenügende tatsächliche Anga-

---

[5] OLG Düsseldorf Beschluss vom 18. 1. 2000 – Verg 2/00, NZBau 2000, 596.
[6] OLG Düsseldorf Beschluss vom 29. 12. 2001 – Verg 22/01, VergabeR 2002, 267.
[7] OLG Düsseldorf Beschluss vom 18. 7. 2001 – Verg 16/01, VergabeR 2001, 419.
[8] OLG Düsseldorf Beschluss vom 19. 11. 2003 – Verg 22/03, VergabeR 2004, 249, 250.
[9] OLG Koblenz Beschluss vom 10. 8. 2000 – 1 Verg 2/00, NZBau 2000, 535.
[10] OLG Frankfurt Beschluss vom 11. 5. 2004 – 11 Verg 8 u. 9/04, NZBau 2004, 567, 568.

ben ergänzt, und alle für die Feststellung und Beurteilung des Sachverhalts wesentlichen Erklärungen abgegeben werden.

4. Tatsachen und Beweismittel

Durch die Verweisung auf § 71 ist klargestellt, dass der VergS. nach seiner freien, aus dem Gesamtergebnis des Verfahrens gewonnenen Überzeugung durch Beschluss entscheidet. Der Beschluss darf nur auf Tatsachen und Beweismittel gestützt werden, zu denen sich die Beteiligten **äußern** konnten. Das Beschwerdegericht kann hiervon nur abweichen, soweit Beigeladenen aus wichtigen Gründen, insbesondere zur Wahrung von Fabrikations-, Betriebs- oder Geschäftsgeheimnissen, Akteneinsicht nicht gewährt und der Akteninhalt aus diesen Gründen auch nicht vorgetragen worden ist (→ i. e. vgl. *Mees* zu § 71 Rdn. 2f.). Dies gilt allerdings nicht für solche Beigeladene, die an dem streitigen Rechtsverhältnis derart beteiligt sind, dass die Entscheidung auch ihnen gegenüber nur einheitlich ergehen kann, wie es z. B. bei einer Bietergemeinschaft der Fall ist.

5. Akteneinsicht

Der Verweis des § 120 Abs. 2 auf das Akteneinsichtsrecht nach § 72 und § 111 ist missglückt, weil die beiden Bestimmungen nicht aufeinander abgestimmt und teilweise widersprüchlich sind. Richtigerweise wird man § 111 grundsätzlich als die gegenüber § 72 speziellere Bestimmung zu begreifen haben. Dann können **alle Beteiligten** (und nicht nur Auftrgg. und Ast., wie § 72 Abs. 1 suggeriert, sondern auch andere Beteiligte, die nach § 109 S. 1 3. Alt von der VergK beigeladen oder nach § 67 Abs. 1 Nr. 3/§ 119 durch das Gericht zugelassen worden sind → zu § 119 Rdn. 2) die Akten beim VergS. einsehen.[11] Das schließt die Möglichkeit ein, sich durch die Geschäftsstelle auf ihre Kosten Ausfertigungen, Auszüge oder Abschriften erteilen zu lassen. Ein Anspruch auf Herausgabe oder Zusendung kommt ihnen nicht zu. Soweit die Prozessakten als elektronische Dokumente vorliegen, ist die Akteneinsicht auf Ausdrucke beschränkt. Die Ausdrucke sind von der Geschäftsstelle zu fertigen (§ 299 Abs. 3 ZPO; i. ü. → zu § 111).

Aus § 72 Abs. 2 (s. a. § 111 Abs. 2) folgt, dass Einsicht in **Vorakten, Beiakten, Gutachten** und **Auskünfte** nur mit Zustimmung jener Stellen zulässig ist, denen die Akten gehören oder die die Äußerung eingeholt haben. Auf Geheimnisse hat jeder Beteiligte hinzuweisen, andernfalls kann der VergS. von seiner Zustimmung auf Einsicht ausgehen (§ 111 Abs. 3). Wird die Einsicht abgelehnt oder ist sie unzulässig, dürfen diese Unterlagen der Entscheidung nur insoweit zugrunde gelegt werden, als ihr Inhalt vorgetragen worden ist. Allerdings kann das Beschwerdegericht nach § 72 Abs. 2 S. 4 die Offenlegung von Tatsachen oder Beweismitteln **anordnen,** deren Geheimhaltung aus wichtigen Gründen (Wahrung von Fabrikations-, Betriebs- oder Geschäftsgeheimnissen) verlangt wird. Dann ist das Spannungsverhältnis zwischen dem Geheimhaltungsinteresse konkurrierender Bieter und dem Rechtsschutzinteresse des um Akteneinsicht nachsuchenden Bieters unter Berücksichtigung des Transparenzgebots im Vergabeverfahren und seines Grundrechts auf rechtliches Gehör im gerichtlichen Verfahren aufzulösen.[12] Hierfür sind die für bipolare Konfliktlagen entwickelten Regeln zur abwägenden Prüfung der Verhältnismäßigkeit im Einzelfall auf die Besonderheiten mehrpoliger Rechtsverhältnisse anzupassen, d. h. es hat eine umfassende Gesamtbeurteilung aller betroffenen Interessen nach Maßgabe der Grundsätze der praktischen Konkordanz zu erfolgen.[13] Die Offenlegung darf nur soweit angeord-

---

[11] A. A. *Boesen,* Vergaberecht, 2000, § 120 Rdn. 30; wie hier: *Stockmann* in: Immenga/Mestmäcker, GWB, 4. Aufl., 2007, § 120 Rdn. 21.
[12] OLG Jena Beschluss vom 7. 11. 2001, – 6 Verg 4/01, ZfBR 2002, 522 (nur LS).
[13] BVerfG Beschluss vom 14. 3. 2006 – 1 BvR 2087, 2111/03, BVerfGE 115, 205, 233.

net werden, wie es für die Entscheidung auf diese Tatsachen oder Beweismittel ankommt, andere Möglichkeiten der Sachaufklärung nicht bestehen und nach Abwägung aller Umstände des Einzelfalles die Bedeutung der Sache für die Sicherung des Wettbewerbs das Interesse des Betroffenen an der Geheimhaltung überwiegt.[14] Die Beteiligten sind vorher anzuhören. Das OLG Jena[15] meint, aus Gründen der Transparenz und des subjektiven Rechtsschutzes der Verfahrensbeteiligten die Akteneinsicht nur dann verwehren zu können, wenn die Abwägung zu einem eindeutigen Übergewicht zugunsten des persönlichen oder betrieblichen Geheimnisschutzes desjenigen Mitbieters führt, in dessen Angebotsunterlagen die Einsicht verweigert wird. Diese Rspr. wird allgemein als zu weitgehend kritisiert.[16]

14 In der Tat muss das Recht auf Akteneinsicht von vornherein durch den Gegenstand des Beschwerdeverfahrens begrenzt sein. Es kann nur in dem Umfang bestehen, wie es zur Durchsetzung der subjektiven Rechte des betreffenden Verfahrensbeteiligten erforderlich ist. Die **Akteneinsicht ist zu versagen,** soweit es die Angebote von Mitbewerbern betrifft, die am Beschwerdeverfahren gar nicht oder nicht mehr beteiligt sind.[17] Nach OLG Düsseldorf ist einem Bieter zur Wahrung der Geschäftsgeheimnisse der Mitbieter die Einsichtnahme in die Angebote von Mitbietern sogar grundsätzlich zu versagen. Im konkreten Fall waren die Kalkulationsgrundlagen, die angebotenen Preise und in Relation hierzu auch die Gegenstände der angebotenen Leistungen bei sachgerechter Würdigung der beteiligten Interessen zu den Geschäftsgeheimnissen der Bieter zu zählen. Auch eine Einsichtnahme in die Angebotsauswertungen der Vergabestelle kann und wird regelmäßig ausscheiden, wenn die Abwägungen und Wertungen der Vergabestelle nur in Verbindung mit den Angebotsunterlagen überprüfbar sind.[18] Das gilt vor allem dann, wenn Leistungen quantitativ und qualitativ nicht exakt definiert, sondern nur funktional beschrieben werden können, was insbesondere bei **innovativen Projekten** der Fall ist, um den Bietern individuelle Spielräume für ihre Ansätze zu überlassen. Dann ist die Vergleichbarkeit aufgrund der Angreifbarkeit der Wertung erschwert. Der unterlegene Bieter hat – solange sein Angebot nicht günstiger ist – kaum die Möglichkeit zu überprüfen, ob das für den Zuschlag vorgesehene Angebot tatsächlich den Angebotsanforderungen entspricht, denn er kennt die Angebote der Mitbieter nicht. Aber es ist nicht Sinn des Nachprüfungsverfahrens, einem Beteiligten Einblick in die innovativen Lösungsansätze anderer Bieter zu ermöglichen, nur um sie in die Lage zu versetzen, mögliche Unzulänglichkeiten des konkurrierenden Angebots herauszustellen. Der Angreifer hätte bei innovativen Lösungskonzepten einen Vorteil, weil der sein Konzept verteidigende Bieter es immer schwer haben wird, die Funktionsfähigkeit seines Systems zu beweisen, wenn es gerade aufgrund seiner Neuheit noch gar nicht erprobt werden konnte.[19] Andererseits sind gerade Dumpingpreise oder eine schlechte oder von den Verdingungsunterlagen abweichende Qualität die in der Praxis wichtigsten Ansatzpunkte für eine Nachprüfung. Wird die Möglichkeit der Akteneinsicht beschränkt, ist eine **eingehende Untersuchung** der Rechtmäßigkeit des Vorgehens des Auftrgg. und des zugrundeliegenden Sachverhalts durch den VergS. daher umso wichtiger.[20]

---

[14] Gegen eine Abwägung nach § 72 Abs. 2 S. 4: *Kus,* VergabeR 2003, 129 ff.
[15] OLG Jena Beschluss vom 26. 10. 1999, – 6 Verg 3/99, BauR 2000, 95; vgl. BVerwG Beschluss vom 15. 8. 2003 – 20 F 7/03, K&R 2004, 95.
[16] Vgl. a *Jaeger* NZBau 2001, 289, 297; *Stockmann* in: Immenga/Mestmäcker, GWB, 4. Aufl., 2007, § 120 Rdn. 20; vgl. a. OLG Jena Beschluss vom 7. 11. 2001, – 6 Verg 4/01.
[17] OLG Jena Beschluss vom 7. 11. 2001 – 6 Verg 4/01, ZfBR 2002, 522 (nur LS).
[18] OLG Düsseldorf Beschluss vom 29. 12. 2001 – Verg 22/01, VergabeR 2002, 267; verallgemeinernd: BKartA Beschluss vom 4. 9. 2002 – VK 2 – 58/02, NZBau 2003, 110.
[19] BKartA Beschluss vom 4. 9. 2002 – VK 2 – 58/02, NZBau 2003, 110.
[20] *Griem* WRP 1999, 1126, 1129 f.

6. Rechtsmittelbelehrung

§ 71 Abs. 6 bestimmt, dass der Beschluss des VergS. zu begründen und mit einer Rechtsmittelbelehrung den Beteiligten zuzustellen ist. Die Verweisung des § 120 Abs. 2 ist unverständlich, weil die Entscheidungen des VergS. **nicht mehr mit Rechtsmitteln angegangen** werden kann;[21] eine Rechtsmittelbelehrung macht keinen Sinn.

7. Weitere Verweisungen

Indem § 120 Abs. 2 auf § 73 verweist, gelten die Vorschriften der §§ 169 bis 197 des Gerichtsverfassungsgesetzes über **Öffentlichkeit, Sitzungspolizei, Gerichtssprache, Beratung** und **Abstimmung** entsprechend. Gleiches gilt für die Vorschriften der ZPO über **Ausschließung und Ablehnung eines Richters** (§§ 41 ff. ZPO), über **Prozessbevollmächtigte** und **Beistände** (§§ 78 ff. ZPO), über die **Zustellung** von Amts wegen (§§ 166 ff. ZPO), über **Ladungen, Termine** und **Fristen** (§§ 214 ff. ZPO), über die **Anordnung des persönlichen Erscheinens** der Parteien (§ 144 ZPO), über die **Verbindung** mehrerer Prozesse (§ 147 ZPO), über die Erledigung des **Zeugen- und Sachverständigenbeweises** (§§ 373 ff.; 402 ff. ZPO), über die sonstigen Arten des **Beweisverfahrens** (§ 353 ff. ZPO), über die **Wiedereinsetzung** in den vorigen Stand gegen die Versäumung einer Frist (§§ 233 ff. ZPO). Die Bestimmungen über die **Terminsverlegung** während der Zeit vom 1. Juli bis 31. August (§ 227 Abs. 3) gelten entsprechend der Beschleunigungsmaxime nicht.

IV. Neufassung gemäß Gesetz zur Modernisierung des Vergaberechts vom 20. April 2009

„20. In § 120 Abs. 2 wird die Angabe „§§ 111" durch die Angabe „§§ 78, 111" ersetzt." In der Gesetzesbegründung der Bundesregierung heißt es dazu: „Mit der Verweisung auf den § 78 wird ermöglicht, auch die notwendigen Kosten einem Beteiligten nach Billigkeit aufzuerlegen."[21]

§ 121 Vorabentscheidung über den Zuschlag

(1) ¹Auf Antrag des Auftraggebers kann das Gericht unter Berücksichtigung der Erfolgsaussichten der sofortigen Beschwerde den weiteren Fortgang des Vergabeverfahrens und den Zuschlag gestatten. ²Das Gericht kann den Zuschlag auch gestatten, wenn unter Berücksichtigung aller möglicherweise geschädigten Interessen sowie des Interesses der Allgemeinheit an einem raschen Abschluss des Vergabeverfahrens die nachteiligen Folgen einer Verzögerung der Vergabe bis zur Entscheidung über die Beschwerde die damit verbundenen Vorteile überwiegen.

(2) ¹Der Antrag ist schriftlich zu stellen und gleichzeitig zu begründen. ²Die zur Begründung des Antrags vorzutragenden Tatsachen sowie der Grund für die Eilbedürftigkeit sind glaubhaft zu machen. ³Bis zur Entscheidung über den Antrag kann das Verfahren über die Beschwerde ausgesetzt werden.

(3) ¹Die Entscheidung ist unverzüglich längstens innerhalb von fünf Wochen nach Eingang des Antrags zu treffen und zu begründen; bei besonderen tatsächlichen oder rechtlichen Schwierigkeiten kann der Vorsitzende im Ausnahmefall die Frist durch begründete Mitteilung an die Beteiligten um den erforderlichen Zeitraum verlängern. ²Die Entscheidung kann ohne mündliche Verhandlung ergehen. Ihre Begründung erläutert Rechtmäßigkeit oder Rechtswidrigkeit des Vergabeverfahrens. § 120 findet Anwendung.

---

[21] Begründung zu dem Gesetzentwurf der Bundesregierung über ein Gesetz zur Modernisierung des Vergaberechts vom 13. 8. 2008, BT-Drs. 16/10117, S. 24.

(4) **Gegen eine Entscheidung nach dieser Vorschrift ist ein Rechtsmittel nicht zulässig.**

Übersicht

	Rn.		Rn.
I. Hintergrund und Anwendungsbereich	1	a) Erfolgsaussichten	9
II. Tatbestand des § 121 Abs. 1 und 2	2	b) Interessenabwägung	10
1. Anwendungsbereich und Abgrenzung	2	5. Verfahren	11
2. Zulässigkeit des Antrags	3	6. Entscheidung	12
a) Antragsteller	3	7. Kosten	14
b) Statthaftigkeit	4	III. Neufassung gemäß Gesetz zur Modernisierung des Vergaberechts vom 20. April 2009	15
c) Form	7		
3. Glaubhaftmachung	8		
4. Entscheidungsmaßstab	9		

I. Hintergrund und Anwendungsbereich

1 Der Gesetzgeber wollte ein Verfahren zur Vorabentscheidung über den Zuschlag, damit „die Gewährung eines gerichtlichen Rechtsschutzes auf keinen Fall zu einer unerträglichen Verzögerung der Vergabeverfahren führt". Da vergleichbare reguläre Verfahren vor dem OLG im Durchschnitt bis zu neun Monate dauern könnten, sei es unerlässlich, ein besonderes gerichtliches Eilverfahren vorzusehen, in welchem innerhalb kurzer Frist entschieden werden kann, ob der Zuschlag erteilt werden darf oder nicht. Dieses Zwischenverfahren, in welchem die Vergabestelle die Gestattung der Fortsetzung des Vergabeverfahrens und des Zuschlags beantragen kann, soll dem Verfahren über eine einstweilige Verfügung (§ 940 ZPO), über eine einstweilige Anordnung (§ 123 VwGO) und über die Wiederherstellung der aufschiebenden Wirkung von Widerspruch und Anfechtungsklage (§ 80 Abs. 5 VwGO) vergleichbar sein. Auch das Umwandlungsgesetz enthalte in § 16 Abs. 3 ein ähnliches Eilverfahren.[1] Das Vorabentscheidungsverfahren unterscheidet sich aber insofern von den genannten Verfahren auf vorläufigen Rechtsschutz, als eine Gestattung des Zuschlags regelmäßig zur Beendigung des Nachprüfungsverfahrens und damit zu einer Erledigung in der Hauptsache führen wird. Wegen seines reduzierten Prüfprogramms kann das Verfahren des „beschleunigten Hauptsacherechtsschutzes"[2] verfassungsrechtlichen Rechtsschutzanforderungen grundsätzlich nicht gerecht werden und deshalb nur ausnahmsweise herangezogen werden. Die Gründe, die für eine Vorabentscheidung sprechen, müssen so gewichtig sein, dass sie eine Reduzierung des Rechtsschutzes und damit ggf. auch ein Fehlurteil rechtfertigen können.[3]

II. Tatbestand des § 121 Abs. 1 und 2

1. Anwendungsbereich und Abgrenzung

2 Einerseits ist das Verfahren der Vorabentscheidung – wie das gesamte Nachprüfungsverfahren (§§ 115, 118) – vom **Beschleunigungsgrundsatz** geprägt, andererseits muss es auch den verfassungsrechtlichen Anforderungen des **Art. 19 Abs. 4 GG** bzw. dem Justizgewährungsanspruch (→ zu § 115 Rdn. 2) gerecht werden. Anders als im Verfahren nach **§ 118** entscheidet das OLG nicht über die aufschiebende Wirkung der Beschwerde, sondern über den endgültigen Abschluss des Nachprüfungsverfahrens. Während für § 121 die Anhängigkeit der sofortigen Beschwerde erforderlich ist, ist **§ 115 Abs. 2** ein besonderes Beschwerdeverfahren für die Dauer der Nachprüfung vor der VergK.

---

[1] BT-Drs. 13/9340, S. 21.
[2] *Schneider*, Primärrechtsschutz nach Zuschlagserteilung bei einer Vergabe öffentlicher Aufträge, 2007, S. 297.
[3] *Noch*, Vergaberecht Kompakt, 3. Aufl., 2005, S. 125.

2. Zulässigkeit des Antrags

a) Antragsteller. Das Gericht kann eine Vorabentscheidung nur auf **Antrag des Auf-** 3
traggebers treffen. Anders als bei § 118 Abs. 1 S. 3 (→ zu § 118 Rdn. 12) erscheint eine rechtsfortbildende Erweiterung des Kreises der Antragsberechtigten nicht erforderlich.

b) Statthaftigkeit. Der Antrag ist zulässig, wenn die VergK. dem Antrag auf Nach- 4
prüfung durch Untersagung des Zuschlags stattgegeben hat, d. h. den **Zuschlag untersagt** hat (§ 118 Abs. 3). Der Antrag ist noch nicht deshalb unzulässig, weil der Auftrgg. im Verfahren nach § 115 Abs. 2 unterlegen ist oder das OLG die aufschiebende Wirkung einer VergK.-Entscheidung nach § 118 Abs. 1 S. 3 verlängert hat.[4] Nach OLG Dresden[5] soll ein Antrag auf Vorabentscheidung in entsprechender Anwendung von § 121 auch dann zulässig sein, wenn der Auftrgg. das Vergabeverfahren irrtümlich bereits für abgeschlossen und den „Zuschlag" für erteilt hält, während der Auftragnehmer das Vergabeverfahren mangels Auftragsvergabe noch nicht für beendet hält und einen Nachprüfungsantrag gestellt hat. Denn § 121 will erreichen, dass der Auftrgg. nicht unter allen Umständen gezwungen ist, mit dem Abschluss und der Durchführung seines Beschaffungsvorhabens zu warten, bis das Beschwerdeverfahren in der Hauptsache entschieden ist. Wenn das Gesetz aber ein solches Beschleunigungsinteresse bereits für einen Auftrgg. grundsätzlich anerkennt, der eine Zuschlagsentscheidung noch nicht getroffen hat, aber in Abweichung von einer ihm nachteiligen Entscheidung einer VergK. nach Maßgabe von § 121 Abs. 1 treffen könnte, dann soll die Möglichkeit beschleunigten Rechtsschutzes erst recht einem Auftrgg. offen stehen, der eine rechtmäßige Zuschlagsentscheidung bereits getroffen hat. In diesem Fall wird die sofortige Beschwerde des Auftraggebers schon deshalb erfolgreich sein, weil die abweichende Entscheidung der VergK. unter Verstoß gegen § 114 Abs. 2 S. 1 ergangen sein muss.

Umstritten ist, ob ein Antrag nach § 121 Abs. 1 statthaft ist, wenn der Auftrgg. im Ver- 5
fahren vor der VergK. **obsiegt** hat und eine **Verkürzung der gesetzlich angeordneten Regelsperrfrist** für die Erteilung des Zuschlags i. S. d. §§ 115 Abs. 1, 118 Abs. 1 S. 2 begehrt. Das OLG Naumburg lehnt das grundsätzlich ab.[6] Andererseits ergibt sich das nicht zwingend aus dem Gesetz und dürfte dem Sinn und Zweck des § 121 entgegenstehen. Das OLG Naumburg hat denn auch einen Antrag der Vergabestelle nach § 121 Abs. 1 bei einer atypischen Verlängerung des Beschwerdeverfahrens durch dessen Aussetzung (i. c. wegen Vorlage an den EuGH) ausnahmsweise für zulässig erachtet.[7]

Der Antrag ist unzulässig, wenn das **Nachprüfungsverfahren beendet ist** (§ 122), 6
z. B. weil das Beschwerdegericht in der Sache bereits entschieden hat oder ein Zuschlagsverbot nicht mehr besteht,[8] etwa weil die **aufschiebende Wirkung** der VergK.-Entscheidung nach § 118 Abs. 1 S. 1 und 2 **entfallen** ist, oder weil ein durch das OLG angeordneter Termin verstrichen ist (§ 118 Abs. 1 S. 3, Abs. 2). Hat die VergK. den Antrag eines Bieters auf **Nachprüfung abgelehnt,** kann es daher für den Auftrgg. oftmals sinnvoller sein, nach Einlegung der sofortigen Beschwerde durch einen Beteiligten abzuwarten, ob jemand innerhalb der Zwei-Wochenfrist des § 118 Abs. 1 S. 2 den Antrag auf Verlängerung der aufschiebenden Wirkung stellt. Denn ist der Auftrgg. mit einem Antrag nach § 121 vor dem Beschwerdegericht unterlegen, gilt das Vergabeverfahren nach Ablauf von zehn Tagen nach Zustellung der Entscheidung als beendet, wenn er nicht die sich aus der Entscheidung ergebenden Maßnahmen ergreift (§ 122).

c) Form. Der Antrag ist **schriftlich** zu stellen und **gleichzeitig** zu begründen. 7
„Gleichzeitig" erfordert aber keine Begründung in demselben Schriftsatz. Für ein restrikti-

---

[4] Byok/*Jaeger,* Kommentar zum Vergaberecht, 2. Aufl., 2005, § 121 Rdn. 1214.
[5] OLG Dresden Beschluss vom 11. 7. 2000 – WVerg 5/00, BauR 2001, 235.
[6] OLG Naumburg Beschluss vom 15. 12. 2000 – Verg 11/00, NZBau 2001, 642.
[7] OLG Naumburg Beschluss vom 28. 10. 2002 – 1 Verg 9/02, IBR 2003, 217 (nur LS).
[8] OLG Düsseldorf Beschluss vom 29. 11. 2005 – VII-Verg 82/05, VergabeR 2006, 424.

ves Verständnis dieses Tatbestandsmerkmals ist kein Grund ersichtlich. Wie bei § 117 (→ zu § 117 Rdn. 7) kann die Begründung auch später erfolgen (str.), allerdings ist der Antrag solange unvollständig, deshalb nicht formgerecht eingelegt und folglich unzulässig. Wegen § 121 Abs. 3 S. 4 besteht Anwaltszwang nach § 120 Abs. 1 mit der besonderen Ausnahme für juristische Personen des öffentlichen Rechts.

3. Glaubhaftmachung

Die zur Begründung des Antrags vorzutragenden Tatsachen sowie der Grund für die Eilbedürftigkeit sind **glaubhaft** zu machen. Zulässig sind alle Beweismittel, auch die Versicherung an Eides statt. Daher ist auch eine anwaltliche Versicherung über Vorgänge, die der Rechtsanwalt in seiner Berufstätigkeit wahrgenommen hat, zulässig.[9] Die Beweismittel müssen von der Partei zur Stelle gebracht worden sein. Eine Beweisaufnahme, die nicht sofort erfolgen kann, ist unstatthaft (§ 294 S. 2 ZPO). Durch die Möglichkeit der Glaubhaftmachung werden die Anforderungen an den richterlichen Gewissheitsgrad abgesenkt. Der VergS. muss nicht wie im Strengbeweisverfahren vom Vorliegen der behaupteten Tatsachen überzeugt sein, vielmehr genügt eine „überwiegende Wahrscheinlichkeit" ihrer Richtigkeit.[10]

4. Entscheidungsmaßstab

a) Erfolgsaussichten. Grundsätzlich ist wie bei § 115 Abs. 2 und § 118 Abs. 1 S. 3 und Abs. 2 zu prüfen (→ zu § 115 Rdn. 15f.; → zu § 118 Rdn. 13f.). Zunächst hat sich das Gericht über die Erfolgsaussichten der sofortigen Beschwerde eine Meinung zu bilden. Die **Sach- und Rechtslage** ist mit dem Ziel einer verläßlichen Prognose zu den Aussichten des Rechtsstreits in der Hauptsache möglichst umfassend zu klären. Denn nach dem Gesetzeswortlaut kann das Vergabeverfahren für den Zuschlag freigegeben werden, wenn die Erfolgsaussichten der sofortigen Beschwerde positiv zu beurteilen sind und eine Verletzung des Ast. in seinen Rechten mit überwiegender Wahrscheinlichkeit zu verneinen ist. Nach den Vorstellungen des Gesetzgebers soll die Möglichkeit für eine Vorabentscheidung über den Zuschlag in der Regel gegeben sein, wenn das Gericht keine Anhaltspunkte für rechtswidriges Verhalten des Auftraggebers erkennt oder ausgeschlossen erscheint, dass trotz eines Vergabefehlers der Ast. in die engere Wahl kommt. Aus verfassungsrechtlichen Gründen kann der VergS. eine endgültige Entscheidung nach summarischer Prüfung aber nur treffen, wenn das Beschleunigungsgebot im konkreten Einzelfall ein **Abwarten der Nachprüfung aufgrund der sofortigen Beschwerde unvertretbar** erscheinen lässt. Nach der Entscheidung über die Erteilung des Zuschlags ist später praktisch nichts mehr rückgängig zu machen.[11] Der Gesetzgeber ist davon ausgegangen, dass sich der Streit in den meisten Fällen nach einer Entscheidung über den Antrag gemäß § 121 teilweise erledigen wird. Obsiegt die Vergabestelle als Ast., so wird der Zuschlag erteilt. Der Bf. kann das Beschwerdeverfahren dann noch zur Klärung von Vorfragen eines Schadensersatzprozesses weiterbetreiben. Unterliegt dagegen die antragstellende Vergabestelle, wird sie sinnvollerweise die gerichtliche Feststellung eines unkorrekten Verhaltens gegen sich gelten lassen und nicht darauf vertrauen, dass dasselbe Gericht nach weiterer Prüfung auch in der Hauptsache zu einem anderen Ergebnis kommt. Die in dem Eilverfahren unterlegene Vergabestelle wird den ihr vom OLG vorgehaltenen Fehler unverzüglich korrigieren und das Vergabeverfahren auf dieser neuen Grundlage fortsetzen oder gar beenden.[12]

---

[9] *Thomas/Putzo*, ZPO, 28. Aufl., 2007, § 294 Rdn. 2.
[10] OLG Celle Beschluss vom 13. 3. 2002 – 13 Verg 4/02, IBR 2002, 324 (nur LS): „hohe Wahrscheinlichkeit".
[11] BT-Drs. 13/9340, S. 21.
[12] BT-Drs. 13/9340, S. 22.

b) Interessenabwägung. Eine Interessenabwägung nach § 121 Abs. 1 S. 2 soll nur dann stattfinden, wenn die Fortsetzung des Vergabeverfahrens und der Zuschlag nicht ohnehin schon aufgrund der Erfolgsaussichten des Rechtsmittels zu gestatten sind.[13] Kann der VergS. die Erfolgsaussichten des Rechtsmittels also nicht hinreichend abschätzen, sind im Rahmen der Eilentscheidung alle möglicherweise geschädigten Interessen sowie das Interesse der Allgemeinheit an einem **raschen Abschluss** des Vergabeverfahrens mit- und gegeneinander abzuwägen. Anders als der Wortlaut des Gesetzes indiziert, ist das öffentliche Interesse nicht auf den schnellen Abschluss der Nachprüfung beschränkt, sondern erstreckt sich auch auf andere Belange, insbesondere auf ein **ordnungsgemäßes Vergabeverfahren.** Überwiegen bei dieser umfassenden Abwägung die Gründe für einen raschen Abschluss des Vergabeverfahrens, kann das Gericht den Zuschlag gestatten. Dabei kommt es auch hier auf die Erfolgsaussichten der Beschwerde an. Besteht die Möglichkeit, dass die materielle Wettbewerbsposition des unterlegenen Bieters durch die verfahrensfehlerhafte Erteilung des Zuschlages beeinträchtigt wird, ist der Antrag auf Stattgabe des Zuschlags nach § 121 in der Regel abzulehnen. Auch im Verfahren des § 121 ist der Grundsatz zu beachten, dass die Gründe, die für einen schnellen Abschluss des Vergabeverfahrens sprechen, umso schwerer wiegen müssen, je sicherer sich ein Erfolg des Bieters in der Hauptsache vorhersehen lässt. Eine **lange Verfahrensdauer** und **geldwerte Allgemeininteressen** können einen Vorabzuschlag trotz bestehender Vergaberechtswidrigkeit nicht rechtfertigen, insbesondere wenn der Auftrgg. nach Zurückweisung seines Antrages gem. § 115 die Möglichkeit ungenutzt hat verstreichen lassen, seine Vergabeverstöße zu heilen.[14] Nach den Vorstellungen des Gesetzgebers soll der Zuschlag in außergewöhnlichen Fällen aber selbst dann zulässig sein, wenn die Vergabestelle nach Einschätzung des Gerichts zwar Rechte des Bf. verletzt hat, die Gründe für eine schnelle Vergabe aber besonders schwer wiegen.[15] Diese Rechtsauffassung ist vor den verfassungsrechtlichen Anforderungen der **Art. 3 Abs. 1, 12 Abs. 1 und Art. 19 Abs. 4 GG** prinzipiell abzulehnen. Wenn eine Beschwerde offensichtlich Erfolg haben wird, kann das OLG keine gegenläufige Entscheidung treffen. Gründe für eine Beschleunigung des Nachprüfungsverfahrens können eine Beschränkung des effektiven Rechtsschutzes zwar rechtfertigen, diesen aber nicht ausschalten. Der Auftrgg. ist von Verfassungs wegen an Recht und Gesetz gebunden und kann sich seiner Bindungen grundsätzlich nicht zu Lasten der Bieter und des Allgemeinguts Wettbewerb entziehen.

5. Verfahren

Bis zur Entscheidung über den Antrag kann das Verfahren über die Beschwerde **ausgesetzt** werden. Das Gericht wird von dieser Option nur Gebrauch machen, wenn es im Vorabentscheidungsverfahren erkennbar zu einem Ergebnis kommen wird, das eine weitere Nachprüfung der sofortigen Beschwerde nicht sinnvoll erscheinen lässt. Eine mündliche Verhandlung ist nicht erforderlich, grundsätzlich muss das OLG den Beteiligten aber **rechtliches Gehör** gewähren, zumal die Entscheidung des OLG regelmäßig zur Beendigung des Nachprüfungsverfahrens führen wird und unanfechtbar ist (§ 121 Abs. 4). Dem Ast. obliegt keine Informationspflicht wie nach § 117 Abs. 4.

6. Entscheidung

Das OLG kann den **Zuschlag** erlauben. Ist ein Zuschlag noch nicht möglich, kann es den **weiteren Fortgang des Vergabeverfahrens** gestatten.

---

[13] OLG Jena Beschluss vom 30. 10. 2001 – 6 Verg 3/01, VergabeR 2002, 104; BayObLG Beschluss vom 23. 3. 2004 – Verg 3/04, NJOZ 2004, 2717, 2719; a. A. *Boesen*, Vergaberecht, 2000, § 121 Rdn. 7.
[14] Vgl. OLG Rostock Beschluss vom 9. 5. 2001 – 17 W 4/01.
[15] BT-Drs. 13/9340, S. 22.

13 Wie für die Entscheidung der VergK. wird auch für die Eilentscheidung des Gerichts eine **Frist von fünf Wochen** vorgegeben. Innerhalb dieser Frist ist die Entscheidung auch zu begründen. Obwohl die Entscheidung nach § 121 Abs. 4 unanfechtbar ist, sollen die Erwägungen des Gerichts vom Auftrgg. schnellstmöglichst nachvollzogen werden können, damit dieser unverzüglich reagieren kann (vgl. § 122). In außergewöhnlichen Fällen kann die Frist durch den Vorsitzenden durch eine begründete Entscheidung um den erforderlichen Zeitraum **verlängert** werden. Durch die Freistellung einer mündlichen Verhandlung soll das Gericht flexibel vorgehen können. Eine Entscheidung ohne mündliche Verhandlung wird sich immer dann anbieten, wenn die Beschwerde offensichtlich unzulässig oder unbegründet ist und eine mündliche Verhandlung keine weitere Aufklärung oder Förderung des Verfahrens erwarten lässt.

7. Kosten

14 Die Kosten des Vorabentscheidungsverfahrens nach § 121 sind Kosten des Beschwerdeverfahrens, über die entsprechend §§ 91 ff. ZPO einheitlich im Rahmen der Entscheidung über die Hauptsache zu befinden sind.[16] Bei einer Rücknahme des Antrags durch den Bf. hat der VergS in analoger Anwendung der §§ 269 Abs. 3 S. 2, 516 Abs. 3 ZPO[17] bzw. § 96 ZPO[18] zu entscheiden. Das OLG Jena will die allgemeinen Grundsätze zur Erstattungsfähigkeit der Kosten sog. Schutzschriften auf das Beschwerdeverfahren übertragen.[19] Für die anwaltliche Vergütung wird das Verf. nach § 121 gegenüber der Hauptsache als eigenständiges Verfahren gesehen.[20]

IV. Neufassung gemäß Gesetz zur Modernisierung des Vergaberechts vom 20. April 2009

15 „21. § 121 Abs. 1 wird wie folgt gefasst:"
„(1) Auf Antrag des Auftraggebers oder auf Antrag des Unternehmens, das nach § 101a vom Auftraggeber als das Unternehmen benannt ist, das den Zuschlag erhalten soll, kann das Gericht den weiteren Fortgang des Vergabeverfahrens und den Zuschlag gestatten, wenn unter Berücksichtigung aller möglicherweise geschädigten Interessen die nachteiligen Folgen einer Verzögerung der Vergabe bis zur Entscheidung über die Beschwerde die damit verbundenen Vorteile überwiegen. Bei der Abwägung ist das Interesse der Allgemeinheit an einer wirtschaftlichen Erfüllung der Aufgaben des Auftraggebers zu berücksichtigen Das Gericht berücksichtigt bei seiner Entscheidung auch die Erfolgsaussichten der sofortigen Beschwerde, die allgemeinen Aussichten des Antragstellers im Nachprüfungsverfahren, den Auftrag zu erhalten, und das Interesse der Allgemeinheit an einem raschen Abschluss des Vergabeverfahrens."

In der Gesetzesbegründung der Bundesregierung heißt es dazu:
„Das Antragsrecht, das nach Nummer 17 Buchstabe a Doppelbuchstabe aa für das Verfahren vor der Vergabekammer eingeräumt wird, soll auch in dem Beschwerdeverfahren der Verfahrensbeschleunigung dienen. Außerdem gibt es – wie beim § 118 Abs. 2 – keinen sachlichen Grund, die Kriterien für die Vorabentscheidung über den Zuschlag im Verfahren vor dem Beschwerdegericht abweichend von den Kriterien für Entscheidung der Vergabekammer über die Gestattung der Zuschlagserteilung nach § 115 Abs. 2 zu regeln. Die Änderung passt daher den Wortlaut des § 121 Abs. 1 an den Wortlaut des § 115 Abs. 2 an."[21]

---

[16] OLG Jena Beschluss vom 30. 10. 2001 – 6 Verg 3/01, VergabeR 2002, 104.
[17] OLG Saarbücken Beschluss vom 27. 3. 12 007 – 1 Verg 3/07.
[18] BGH Beschluss vom 25. 10. 2005 – X ZB 15/05, NZBau 2006, 392.
[19] Vgl. OLG Jena Beschluss vom 6. 11. 2002 – 6 Verg 8/02, NZBau 2003, 176.
[20] OLG Naumburg Beschluss vom 26. 6. 2006 – 1 Verg 7/05.
[21] Begründung zu dem Gesetzentwurf der Bundesregierung über ein Gesetz zur Modernisierung des Vergaberechts vom 13. 8. 2008, BT-Drs. 16/10117, S. 24.

§ 122. Ende des Vergabeverf. n. Entscheidung d. Beschwerdegerichts **1 § 122 GWB**

In der Gesetzesbegründung des Ausschusses für Wirtschaft und Technologie heißt es dazu:

„In der öffentlichen Anhörung wurde von den Sachverständigen vorgebracht, dass es bedenklich wäre, das Ergebnis der Interessenabwägung durch das Beschwerdegericht im Falle der Gefährdung der wirtschaftlichen Erfüllung der Aufgaben des Auftraggebers kraft Gesetzes vorwegzunehmen. Dem soll die Neufassung Rechnung tragen."[22]

§ 122 Ende des Vergabeverfahrens nach Entscheidung des Beschwerdegerichts

Ist der Auftraggeber mit einem Antrag nach § 121 vor dem Beschwerdegericht unterlegen, gilt das Vergabeverfahren nach Ablauf von 10 Tagen nach Zustellung der Entscheidung als beendet, wenn der Auftraggeber nicht die Maßnahmen zur Herstellung der Rechtmäßigkeit des Verfahrens ergreift, die sich aus der Entscheidung ergeben; das Verfahren darf nicht fortgeführt werden.

Übersicht

	Rn.		Rn.
I. Hintergrund und Aufgabe	1	2. Das Ergreifen von Maßnahmen zur Herstellung der Rechtmäßigkeit	4
II. Tatbestand	2		
1. Unterliegen des Auftraggebers	2	3. Frist	5

I. Hintergrund und Aufgabe

Nach den **Vorstellungen des Gesetzgebers** dient die Vorschrift der **Beschleunigung** 1 und der **Klarheit** für das laufende Vergabeverfahren, wenn dem Auftrgg. vom OLG in der Vorabentscheidung gemäß § 121 die Fortführung des Vergabeverfahrens verwehrt worden ist. Im Fall des § 122 wird die VergK. in den meisten Fällen bereits in erster Instanz im Hauptverfahren entschieden haben, dass der Auftrgg. gegen Vorschriften verstoßen und damit Rechte eines Unternehmens verletzt hat. Danach wird das OLG als zweite Instanz – wenn auch in einem Eilverfahren – die Rechtsauffassung der VergK. bestätigt und dem Auftrgg. ebenfalls die Fortsetzung des Vergabeverfahrens verwehrt haben. Damit steht nach einer Prüfung durch zwei Instanzen fest, dass der Auftrgg. einen Fehler gemacht hat. § 122 will verhindern, dass der Auftrgg. dann noch das Verfahren über die sofortige Beschwerde in der Hoffnung fortsetzt, das Gericht werde nach weiterer Prüfung nach einigen Monaten seine Auffassung ändern und der Rechtsauffassung des Auftraggebers folgen. Während dieser gesamten Zeit müsste das Vergabeverfahren ruhen. Ein solches Verhalten des Auftraggebers ist nicht sinnvoll. Nach Prüfung durch die VergK. und nach einer obergerichtlichen Entscheidung zuungunsten des Auftraggebers sei es – so der Gesetzgeber – doch äußerst unwahrscheinlich, dass die zweite Entscheidung des Gerichts anders ausfällt als die erste, zumal dasselbe OLG über die sofortige Beschwerde entscheidet, das dem Auftrgg. bereits in seiner Vorabentscheidung nach § 121 einen Fehler vorgehalten hat. Die Fortsetzung eines Gerichtsverfahrens ohne realistische Erfolgsaussicht soll zumindest bei weiterbestehendem Schwebezustand des Vergabeverfahrens vermieden werden. Reagiert der Auftrgg. nicht auf die Entscheidung des VergS. innerhalb von zehn Tagen, ist das Vergabeverfahren per gesetzlicher Anordnung beendet.[1] Der Auftrgg. wird auf die Fortsetzungsfeststellung nach § 123 S. 3 verwiesen. In der Literatur wird die Vorschrift zum Teil heftig kritisiert, weil die Hauptsache im Eilverfahren vorweg genommen wird und das Vergabeverfahren

---

[22] Beschlußempfehlung und Bericht des Ausschusses für Wirtschaft und Technologie zu dem Gesetzentwurf der Bundesregierung über ein Gesetz zur Modernisierung des Vergaberechts, BT-Drs. 16/10117, vom 17. 12. 2008, BT-Drs. 16/11428, S. 51.

[1] BT-Drs. 13/9340, S. 16.

Storr

beendet wird, obwohl Auftragg. und Bieter möglicherweise ein Interesse an seiner Fortführung haben. Darin soll auch eine Verletzung der RiL 89/665 liegen.[2]

II. Tatbestand

1. Unterliegen des Auftraggebers

2 § 122 setzt ein **Unterliegen des Auftraggebers** im Vorabentscheidungsverfahren nach § 121 voraus. Nach dem Sinn und Zweck der Vorschrift und aus der Gesetzesbegründung ist zu entnehmen, dass ein „Unterliegen" nur dann gegeben sein kann, wenn das OLG eine Sachentscheidung getroffen hat und die Begründung auf die Erfolgsaussichten des Antrags gestützt hat (str.). Ist der Antrag wegen Unzulässigkeit zurückgewiesen worden oder fiel die Interessenabwägung nach § 121 Abs. 1 S. 2 zu Lasten des Auftraggebers aus, liegt kein Fall des § 122 vor.

3 Fraglich ist, ob § 122 bei einem nur **teilweisen Unterliegen** einschlägig ist. Das dürfte zu bejahen sein, weil der Sinn und Zweck des § 122 doch gerade darin liegt, um der Beschleunigung und der Klarheit für das laufende Vergabeverfahren willen die Rechtmäßigkeit des Verfahrens schnellstmöglichst herzustellen. *Stockmann*[3] hält dem entgegen, dass die schwere Rechtsfolge der Beendigung des Vergabeverfahrens nicht gerechtfertigt sei, wenn der Auftrgg. die Fortsetzung des Verfahrens und die Erteilung des Zuschlags beantragt, das Gericht aber mangels Zuschlagsreife nur die Fortsetzung des Verfahrens angeordnet hat. Dem ist entgegenzuhalten, dass § 122 ein rechtswidriges Vergabeverfahren voraussetzt, weil dem Auftrgg. nur dann aufgegeben werden kann, Maßnahmen zur Herstellung der Rechtmäßigkeit zu treffen. Fehlende Zuschlagsreife allein führt noch nicht zur Rechtswidrigkeit des Vergabeverfahrens. Ein Fall des § 122 liegt insoweit nicht vor.

2. Das Ergreifen von Maßnahmen zur Herstellung der Rechtmäßigkeit

4 Der Auftrgg. muss **Maßnahmen zur Herstellung der Rechtmäßigkeit** nur „ergreifen". Dem Wortlaut nach müssen die Maßnahmen also nicht durchgeführt worden sein, es muss aber mit den Maßnahmen begonnen worden sein. Man wird davon auszugehen haben, dass der Auftrgg. bei mehreren erforderlichen Maßnahmen mit sämtlichen Maßnahmen begonnen haben muss. Die erforderlichen Maßnahmen sind „**aus der Entscheidung**" zu entnehmen. Aus § 121 ergibt sich nicht, dass diese im Entscheidungstenor ausdrücklich angeordnet werden müssen. Deshalb können sie sich auch aus den Entscheidungsgründen[4] ergeben. Aus Gründen der Rechtssicherheit muss das Gericht die Fehlerhaftigkeit des Nachprüfungsverfahrens und die erforderlichen Maßnahmen dann hinreichend deutlich formuliert haben.

3. Frist

5 Der Auftrgg. hat die Maßnahmen innerhalb einer **Frist von zehn Tagen** einzuleiten. Die Frist berechnet sich nach §§ 120 Abs. 2, 73 Nr. 2 i.V.m. § 222 ZPO und §§ 187 Abs. 1, 188 Abs. 1 BGB. Nach Ablauf der Frist ist das Vergabeverfahren beendet. Will der Auftrgg. an der Beschaffung festhalten, ist er gezwungen, entweder der Auffassung des Gerichts zu folgen oder das Vergabeverfahren neu zu beginnen. Hat der Auftrgg. weitere Rechtsbehelfe eingelegt (z.B. sofortige Beschwerde) und ist das Verfahren beendet, muss er seinen Antrag ggf. auf **Feststellung der Rechtswidrigkeit** umstellen (§§ 123 S. 3, 114 Abs. 2).

---

[2] Byok/*Jaeger*, Kommentar zum Vergaberecht, 2. Aufl., 2005, § 122 Rdn. 1228f.
[3] *Stockmann* in: Immenga/Mestmäcker, GWB, 4. Aufl., 2007, § 122 Rdn. 4.
[4] *Stockmann* in: Immenga/Mestmäcker, GWB, 4. Aufl., 2007, § 122 Rdn. 7; a.A. Byok/*Jaeger*, Kommentar zum Vergaberecht, 2. Aufl., 2005, § 122 Rdn. 1227.

§ 123 Beschwerdeentscheidung

¹Hält das Gericht die Beschwerde für begründet, so hebt es die Entscheidung der Vergabekammer auf. ²In diesem Fall entscheidet das Gericht in der Sache selbst oder spricht die Verpflichtung der Vergabekammer aus, unter Berücksichtigung der Rechtsauffassung des Gerichts über die Sache erneut zu entscheiden. ³Auf Antrag stellt es fest, ob das Unternehmen, das die Nachprüfung beantragt hat, durch den Auftraggeber in seinen Rechten verletzt ist. ⁴§ 114 Abs. 2 gilt entsprechend.

Übersicht

	Rn.		Rn.
I. Hintergrund und Anwendungsbereich	1	2. Beurteilungsspielraum	4
II. Form der Entscheidung	2	3. Feststellung der Rechtsverletzung	6
III. Inhalt der Entscheidung	3	4. Kosten	12
1. Entscheidungsmöglichkeiten	3		

I. Hintergrund und Anwendungsbereich

In der Gesetzesbegründung heißt es, dass die Vorschrift die Beschwerdeentscheidung strukturieren soll. Falsche Entscheidungen der VergK. sollen aufgehoben werden. Ist ein Unternehmen, das die Nachprüfung beantragt hat, in seinen Rechten verletzt worden, soll das Gericht dies auf Antrag feststellen. Diese Feststellung ist für ein anschließendes Schadensersatzverfahren von Bedeutung.[1] **1**

II. Form der Entscheidung

Das Gericht entscheidet durch **Beschluss**, den es zu **begründen** hat, §§ 120 Abs. 2, 71 Abs. 1 und 6. **2**

III. Inhalt der Entscheidung

1. Entscheidungsmöglichkeiten

Hält das Gericht die Beschwerde für unzulässig oder unbegründet, verwirft es den Antrag bzw. weist ihn zurück. Hält das Gericht die Beschwerde für begründet, hebt es die Entscheidung der VergK. auf und entscheidet in der Sache entweder selbst oder spricht die Verpflichtung der VergK. aus, unter Berücksichtigung der Rechtsauffassung des Gerichts erneut zu entscheiden. Nach welchen von beiden Alternativen das Gericht vorgehen will, steht in seinem Ermessen. Entsprechend § 113 Abs. 3 und Abs. 5 VwGO sowie § 538 ZPO kommt es darauf an, ob das Gericht eine weitere Sachaufklärung für erforderlich hält oder ob die Sache spruchreif ist. Nach Rechtsprechung der OLG soll eine „Zurückverweisung" an die VergK. im vergaberechtlichen Beschwerdeverfahren wegen des damit verbundenen zusätzlichen Zeitbedarfs auf seltene Ausnahmefälle beschränkt bleiben.[2] **3**

2. Beurteilungsspielraum

Das Gericht ist an die vom Bf. gestellten Anträge gebunden. Das folgt aus § 123 S. 4, der nicht auf § 114 Abs. 1 S. 2 verweist.[3] Der VergS. muss ferner beachten, dass der Vergabe- **4**

---

[1] BT-Drs. 13/9340, S. 22.
[2] Petersen BauR 2000, 1574, 1576; OLG S-H, Beschluss vom 30. 6. 2005 – 6 Verg 5/05; BayObLG Beschluss vom 5. 11. 2002 – Verg 22/02, NZBau 2002, 342, 345.
[3] Prieß, Handbuch des europäischen Vergaberechts, 3. Aufl., 2005, S. 403; Byok/Jaeger, Kommentar zum Vergaberecht, 2. Aufl., 2005, § 115 Rdn. 1231.

stelle bei der Entscheidung über den Zuschlag ein Wertungsspielraum zusteht. Die Nachprüfungsorgane dürfen sich nicht an die Stelle des Auftraggebers setzen. Deshalb kann nur in Ausnahmefällen, in denen unter Beachtung aller Wertungs- und Beurteilungsspielräume die Erteilung des Zuschlags an den Ast. die einzige rechtmäßige Entscheidung ist, die Anweisung an die Vergabestelle in Betracht kommen, dem Ast. den Zuschlag zu erteilen.[4] Der VergS. darf seine Überprüfung aber nicht auf eine bloße Willkürkontrolle beschränken. Im Hinblick auf das mit der Richtlinie 89/665[5] verfolgte Ziel, die Nachprüfungsmöglichkeiten zu verstärken, und mangels gegenteiliger Anhaltspunkte kommt – so der EuGH – hinsichtlich des Umfangs der gerichtlichen Kontrolle im Rahmen der dort vorgesehenen Nachprüfungsverfahren eine restriktive Auslegung nicht in Betracht.[6]

5 § 123 S. 4 i. V. m. § 114 Abs. 2 S. 1 regelt, dass ein bereits erteilter Zuschlag nicht aufgehoben werden kann. Nach OLG Düsseldorf[7] soll diese Bestimmung allerdings insoweit einer gemeinschaftsrechtskonformen Auslegung bedürfen, als die Nachprüfungsinstanzen auch die Möglichkeit haben müssten, einen bereits erteilten Zuschlag wieder aufzuheben. Das Gericht beruft sich auf das EuGH-Urteil **„Alcatel Austria"**,[8] wonach die RiL 89/665 zwischen dem ersten Stadium der Zuschlagserteilung und dem nachfolgenden Stadium des Vertragsabschlusses unterscheide. Nur für das zweite Stadium könne ein Mitgliedstaat nach Art. 2 Abs. 6 UAbs. 2 RiL 89/665 die Befugnisse der Nachprüfungsinstanz auf eine Zuerkennung von Schadensersatz für eine durch einen Rechtsverstoß geschädigte Person beschränken. Inzwischen hat der Gesetzgeber aber mit § 13 VgV eine vom Vertragsabschluss abweichende Informationspflicht eingeführt und ist damit den Voraussetzungen der RiL 89/665 hinreichend nachgekommen. Folglich bleibt es dabei, dass der Rechtsschutz nach Erteilung des Zuschlags grds. auf den Sekundärrechtsschutz beschränkt ist.

3. Feststellung der Rechtsverletzung

6 Auf Antrag stellt das OLG fest, ob das Unternehmen, das die Nachprüfung beantragt hat, durch den Auftrgg. in seinen Rechten i. S. v. § 97 Abs. 7 verletzt ist. Die Feststellung der Rechtsverletzung ist der in verwaltungsgerichtlichen Prozessen zugelassenen Fortsetzungsfeststellungsklage nach § 113 Abs. 1 S. 4 VwGO nachgebildet. Einen ausdrücklichen **Antrag** wird man nicht zu fordern haben; es muss genügen, dass der Antrag als Feststellungsantrag auslegbar ist. Eine Antragsfrist besteht nicht.

7 Ein Feststellungsantrag ist nur **zulässig,** wenn der Nachprüfungsantrag seinerseits nicht unzulässig war (z. B. wegen auszuschließendem Angebot, nicht unverzüglicher Rüge nach § 107 Abs. 3, nicht ausreichender Darlegung eines Schadens, sonst fehlender Antragsbefugnis gem. § 107 Abs. 2).[9] Denn der Feststellungsantrag nach den §§ 123 S. 3, 114 Abs. 2 S. 2 ist ein Fall der Fortsetzung der sofortigen Beschwerde auf einen erfolglos gebliebenen Nachprüfungsantrag.

8 Aus § 123 S. 4 i. V. m. § 114 Abs. 2 ist zu entnehmen, dass das Nachprüfungsverfahren durch Erteilung des Zuschlags, durch Einstellung des Vergabeverfahrens, durch Aufhebung

---

[4] OLG Düsseldorf Beschluss vom 10. 5. 2000 – Verg 5/00, NZBau 2000, 540.
[5] RiL 89/665/EWG des Rates vom 21. Dezember 1989 zur Koordinierung der Rechts- und Verwaltungsvorschriften für die Anwendung der Nachprüfungsverfahren im Rahmen der Vergabe öffentlicher Liefer- und Bauaufträge, ABl Nr. L 395 vom 30/12/1989 S. 33
[6] EuGH vom 18. 6. 2002, Rs. C-92/00, Rdn. 61 zur Rechtmäßigkeit des Widerrufs einer Ausschreibung.
[7] OLG Düsseldorf Beschluss vom 12. 1. 2000 – Verg 4/99, NZBau 2000, 391.
[8] EuGH vom 28. 10. 1999, Rs. C-81/98 – *Alcatel Austria*.
[9] OLG Frankfurt Beschluss vom 5. 8. 2003 – 11 Verg 2/02, NZBau 2003, 633; OLG Düsseldorf Beschluss vom 14. 2. 2001 – Verg 14/00, WuW/E Verg 459; OLG Koblenz Beschluss vom 7. 7. 2004 – 1 Verg 1 u. 2/04, NZBau 2004, 571.

§ 124. Bindungswirkung und Vorlagepflicht § **124 GWB**

nach Stellung des Nachprüfungsantrags[10] oder in sonstiger Weise **erledigt** sein muss. Erledigt ist das Nachprüfungsverfahren auch dann, wenn der Auftrgg. nicht innerhalb von zehn Tagen die nach § 122 erforderlichen Maßnahmen zur Herstellung der Rechtmäßigkeit eingeleitet hat. Ferner ist Erledigung durch Rücknahme möglich.

Dem Wortlaut nach kann nur der Bf. Ast. sein. Allerdings wird man davon ausgehen müssen, dass auch die Beigeladenen **antragsberechtigt** sein können, wenn und soweit sie sich dem Nachprüfungsantrag angeschlossen haben. Ferner kann der Auftrgg. antragsberechtigt sein, weil ihm an der Feststellung gelegen sein kann, dass er den Bf. nicht in seinen Rechten verletzt hat. 9

Der Feststellungsantrag ist nur zulässig, wenn ein **Feststellungsinteresse** besteht. Ein Feststellungsinteresse rechtfertigt sich durch jedes nach vernünftigen Erwägungen und nach Lage des Falles anzuerkennende Interesse rechtlicher, wirtschaftlicher oder ideeller Art, wobei die beantragte Feststellung geeignet sein muss, die Rechtsposition des Ast. zu verbessern und eine Beeinträchtigung seiner Rechte auszugleichen oder wenigstens zu mildern.[11] Wenn spätere Schadensersatzansprüche nicht ausgeschlossen werden können, wird ein Feststellungsinteresse allein schon wegen der aus § 124 Abs. 1 folgenden Bindungswirkung bei einer gerichtlichen Geltendmachung von Schadensersatzansprüchen zu bejahen sein.[12] Das Feststellungsinteresse kann aber auch dann gegeben sein, wenn es dem Ast. nur darum geht, mittels der beantragten Feststellung einer drohenden Wiederholungsgefahr zu begegnen.[13] Es soll sichergestellt werden können, dass der Antragsteller der Früchte des von ihm angestrengten Nachprüfungsverfahrens nicht verlustig geht. Ein Feststellungsantrag lediglich zur Klärung abstrakter Rechtsfragen ist aber nicht zulässig;[14] auch genügt das bloße Interesse nicht, eine nachteilige Kostenentscheidung abzuwenden.[15] Der Antrag ist zu begründen. 10

Der Antrag muss auf die Feststellung gerichtet sein, dass das Unternehmen, das die Nachprüfung beantragt hat, **durch den Auftrgg.** in seinen Rechten i. S. d. § 97 Abs. 7 verletzt ist. Nicht zulässig ist ein Antrag auf Feststellung, dass die VergK. den Ast. in seinen Rechten verletzt hat.[16] 11

4. Kosten

(→ zu § 116 Rdn. 5) Wenn sich die Hauptsache aufgrund der gesetzlichen Bestimmung des §§ 114 Abs. 2 S. 2 und 3, 123 S. 4 erledigt hat, ist über die Kosten des Verfahrens entsprechend § 91a ZPO und §§ 161ff. VwGO unter Berücksichtigung des Sach- und Streitstandes nach billigem Ermessen zu entscheiden.[17] 12

§ 124 Bindungswirkung und Vorlagepflicht

(1) **Wird wegen eines Verstoßes gegen Vergabevorschriften Schadensersatz begehrt und hat ein Verfahren vor der Vergabekammer stattgefunden, ist das ordentliche Gericht an die bestandskräftige Entscheidung der Vergabekammer und die Entscheidung des Oberlandesgerichts sowie gegebenenfalls des nach Absatz 2 angerufenen Bundesgerichtshofs über die Beschwerde gebunden.**

---

[10] OLG Düsseldorf Beschluss vom 28. 2. 2002 – Verg 37/01.
[11] OLG Düsseldorf Beschluss vom 14. 2. 2001 – Verg 14/00, WuW/E Verg 459; OLG Düsseldorf Beschluss vom 23. 3. 2005 – VII-Verg 77/04, Verg 77/04.
[12] KG Beschluss vom 20. 12. 2000 – KartVerg 14/00.
[13] OLG Düsseldorf Beschluss vom 22. 5. 2002 – Verg 6/02, NZBau 2002, 583.
[14] OLG Düsseldorf Beschluss vom 23. 3. 2005 – VII-Verg 77/04.
[15] OLG Düsseldorf Beschluss vom 2. 3. 2005, VII-Verg 70/04, Verg 70/04.
[16] OLG Frankfurt Beschluss vom 15. 5. 2000 – 11 Verg 1/99, NZBau 2001, 101.
[17] OLG Frankfurt Beschluss vom 15. 5. 2000 – 11 Verg 1/99, NZBau 2001, 101.

(2) ¹Will ein Oberlandesgericht von einer Entscheidung eines anderen Oberlandesgerichts oder des Bundesgerichtshofes abweichen oder hält es einen Rechtsstreit wegen beabsichtigter Abweichung von Entscheidungen eines Landessozialgerichts oder des Bundessozialgerichts für grundsätzlich bedeutsam, so legt es die Sache dem Bundesgerichtshof vor. ²Der Bundesgerichtshof entscheidet anstelle des Oberlandesgerichts. ³Die Vorlagepflicht gilt nicht im Verfahren nach § 118 Abs. 1 Satz 3 und nach § 121.

Übersicht

	Rn.		Rn.
I. Allgemeines	1	3. Umfang der Bindungswirkung	7
II. Abs. 1 – Bindungswirkung	2	III. Abs. 2 – Vorlagepflicht	9
1. Allgemeines	2	1. Allgemeines	9
2. Voraussetzungen der Bindungswirkung	4	3. Voraussetzung	12
a) Schadensersatzprozess wegen Vergabeverstoß	4	3. Vorlageverpflichtung und Entscheidung des BGH	14
b) Vorheriges Nachprüfungsverfahren	5	IV. Neufassung gemäß Gesetz zur Modernisierung des Vergaberechts vom 20. April 2009	17
c) Bestandskräftige Entscheidung	6		

I. Allgemeines

1   § 124 behandelt zwei Komplexe der **„Einheitlichkeit von vergabebezogenen Entscheidungen":**[1] Zum einen in Abs. 1 die Bindungswirkung einer in einem Nachprüfungsverfahren ergangenen Entscheidung (Primärrechtsschutz) für anschließende Schadensersatzprozesse (Sekundärrechtsschutz) und zum anderen in Abs. 2 die Vorlagepflicht an den BGH bei materiellen Divergenzen des konkret entscheidenden Oberlandesgerichtes zu anderen Oberlandesgerichten oder dem BGH.

II. Absatz 1 – Bindungswirkung

1. Allgemeines

2   Mit der in § 124 Abs. 1 angeordneten Bindungswirkung der Entscheidungen von Vergabekammern und Vergabesenaten der Oberlandesgerichte für Sekundärrechtsschutzverfahren soll eine nochmalige gerichtliche Prüfung derselben Sach- und Rechtsfragen vermieden werden **(Prozessökonomie).**[2] Gleichzeitig werden divergierende Entscheidungen zu demselben Sachverhalt ausgeschlossen.[3] Zudem wird das **Prozessrisiko** in anschließenden Schadensersatzprozessen gemindert, da Verlauf und Ergebnis des Folgeprozesses in weiten Teilen im Voraus abgesehen werden können.[4] Aus diesem Grund kann von einem Rückgang von Schadensersatzprozessen durch in Nachprüfungsverfahren unterlegene Bieter ausgegangen werden. Anders als mit den §§ 87 und 96 für das allgemeine Kartellrecht wird hiermit aber keine ausschließliche Prüfungszuständigkeit begründet.[5] Es können also grundsätzlich weiterhin die ordentlichen Gerichte im Rahmen des Sekundärrechtsschutzes unmittelbar angerufen werden.

3   Die Entscheidung darüber, ob die **Voraussetzungen eines Schadensersatzanspruches** gegeben sind, ist weiterhin von den ordentlichen Gerichten im Schadensersatzprozess zu treffen. Es sollen keine Fragen des Schadensersatzverfahrens in das Nachprüfungsverfahren vorverlagert werden.[6] Bedenken gegen eine generelle Bindungswirkung bestehen allerdings, wenn im Sekundärrechtsschutzverfahren sogar der BGH als Revisionsinstanz an eine Entscheidung der Vergabekammer und damit der Verwaltungsebene gebun-

---

[1] So *Motzke/Pietzcker/Prieß*, Beck'scher VOB-Kommentar, § 124 Rn. 1.
[2] Regierungsbegründung zum Vergaberechtsänderungsgesetz BT-Drucks. 13/9340, S. 22.
[3] *Boesen* § 124 Rn. 3.
[4] *Boesen* § 124 Rn. 4.
[5] Vgl. *Bechtold* GWB, 4. A., § 124 Rn. 1.
[6] BayObLG B. v. 21. 5. 1999 Verg 1/99, WuW/E Verg 239.

den bleibt.⁷ **Gegenstand der Bindungswirkung** ist die Entscheidung der Vergabekammer oder des Vergabesenats zu der im vergaberechtlichen Nachprüfungsverfahren geltend gemachten Verletzung einer „Vorschrift über das Vergabeverfahren"; in diesem Punkt haben Nachprüfungsverfahren und Schadensersatzprozess somit eine gemeinsame Schnittmenge.⁸

2. Voraussetzungen der Bindungswirkung

a) **Schadensersatzprozess wegen Vergabeverstoß.** Anwendungsfälle des § 124 Abs. 1 sind u. a. die auf §§ 125, 126 S. 1, 280 ff. und § 823 Abs. 2 BGB gestützten zivilrechtlichen Schadensersatzklagen. Im Sekundärrechtsschutzverfahren bzw. Schadensersatzprozess muss ein Bieter oder ein anderer Beteiligter gegen einen Auftraggeber wegen Verstoßes gegen Vergabevorschriften i. S. d. § 97 Abs. 7 Schadensersatz begehren.

b) **Vorheriges Nachprüfungsverfahren.** Der geltend gemachte Vergabeverstoß muss inhaltlich Gegenstand eines materiellen Vergabeverfahrens vor dem OLG oder der Vergabekammer gewesen sein.⁹ Vergabevorschriften, wegen deren Verletzung Schadensersatz begehrt wird, sind die bieterschützenden Vorschriften der §§ 97 bis 101 GWB, die diese konkretisierenden Bestimmungen der Vergabeverordnung sowie der Verdingungsordnungen.

c) **Bestandskräftige Entscheidung.** Die Nachprüfungsverfahren vor den Vergabekammern, den Vergabesenaten oder dem nach § 124 Abs. 2 angerufenen BGH müssen durch bestandskräftige Entscheidung beendet worden sein.¹⁰ Beschlüsse der Vergabekammern werden bestandskräftig, sofern nicht innerhalb von zwei Wochen sofortige Beschwerde zum Vergabesenat des zuständigen OLG eingelegt worden ist. Da gegen Beschlüsse der Oberlandesgerichte und Entscheidungen des BGH keine weiteren Rechtsmittel möglich sind, werden diese bereits mit der Verkündung rechtskräftig.

3. Umfang der Bindungswirkung

Nur die **Feststellung eines objektiven Verstoßes,** bzw., dass kein Verstoß vorgelegen hat, einschließlich der dazugehörigen Tatsachenfeststellungen,¹¹ entfaltet Bindungswirkung für das anschließende Vergabeverfahren. Die Bindungswirkung beschränkt sich daher auf den Tenor und die tragenden Entscheidungsgründe einschließlich der tatsächlichen Feststellungen sowie die rechtliche Würdigung der Frage, ob eine bieterschützende Norm verletzt wurde.¹² Notwendigerweise mit eingeschlossen in die Bindungswirkung sind aber die für die Feststellung des objektiven Vergaberechtsverstoßes getroffenen **Sachverhaltsfeststellungen.** Bei einer den Nachprüfungsantrag zurückweisenden Entscheidung steht für einen anschließenden Schadensersatzanspruch fest, dass es an einer Verletzung von Rechten i. S. d. § 97 Abs. 7 fehlt.¹³ Keinerlei Bindungswirkung entfaltet allerdings eine Entscheidung, die den Nachprüfungsantrag gem. § 107 Abs. 3 als unzulässig zurückweist und dann keine Feststellungen zum gerügten Vergaberechtsverstoß beinhaltet.¹⁴ Alle weiteren Voraussetzungen (Kausalität, Schadenumfang, etwaiger Missbrauch, Mitverschulden des Antragstellers, Verjährung etc.) wie auch die subjektive Seite müssen unabhängig von der Nachprüfungsentscheidung im sekundären Rechtsschutzverfahren eigenständig festgestellt wer-

---

⁷ So u. a. auch *Stockmann* in: Immenga/Mestmäcker, GWB 4. Aufl., § 124 Rn. 3; *Broß* in: FS Geiss, S. 559 (569).
⁸ So auch *Weyand*, ibr-online-Kommentar Vergaberecht Stand 29. 9. 2005, § 124 Rn. 1727.
⁹ Vgl. hierzu bei § 97 Rn. 62.
¹⁰ *Boesen* § 124 Rn. 12.
¹¹ *Byok/Jaeger-Jaeger*, 2. A., § 124 Rn. 1243.
¹² Juris PK-VergabeR-*Summa* § 124 Rn. 7.
¹³ So auch *Stockmann* in: Immenga/Mestmäcker, GWB, § 124 Rn. 8.
¹⁴ *Byok/Jaeger-Jaeger*, 2. A., § 124 Rn. 1243.

den.[15] Da z. B. nicht Gegenstand eines Nachprüfungsverfahrens ist, ob das Unternehmen ohne den festgestellten Verstoß eine echte Chance i. S. d. § 126 Abs. 1 gehabt hätte, den Zuschlag zu erhalten, würde eine solche Feststellung somit auch keine Bindungswirkung für einen Schadensersatzprozess entfalten.[16]

8 Die Bindungswirkung tritt nur – ebenso wie die Entscheidungen der Vergabekammern und der Oberlandesgerichte – **inter partes** ein. Eine Bindungswirkung erfolgt zugunsten des zunächst den Primärschutz begehrenden Bieters. Die Bindungswirkung ist allerdings auch auf Schadensersatzklagen des Auftraggebers sowie anderer Verfahrensbeteiligter auszudehnen,[17] soweit sich diese aktiv im Zuge des Nachprüfungsverfahrens beteiligt haben.[18] Hier ist eine Doppelprüfung aus prozessökonomischen Gründen unsinnig.[19] Die Bindung umfasst nur die in der Hauptsache ergangenen Entscheidungen. Große Bedeutung kann § 124 Abs. 1 in den Fällen zukommen, in denen sich Rechtsverletzung und Schaden im Wege des Primärrechtsschutzes nicht mehr verhindern lassen, denn auch **Fortsetzungsfeststellungsentscheidungen** i. S. d. §§ 114 Abs. 2 S. 2 und 123 S. 4 werden von der Bindungswirkung erfasst. **Kostenentscheidungen** entfalten keine Bindungswirkung. Gleiches gilt für **Eilentscheidungen** i. S. d. §§ 115 Abs. 2, 118 Abs. 1 S. 3, Abs. 2 und 121, da in diesen nur eine summarische Prüfung stattfindet. Von der Bindungswirkung nicht erfasst sind Entscheidungen von Vergabeprüfstellen i. S. d. § 103 Abs. 2.[20] Auch wird das über einen Schadensersatzanspruch entscheidende Zivilgericht nicht von Entscheidungen der Aufsichtsbehörde des öffentlichen Auftraggebers[21] oder Feststellungen der Rechnungshöfe der Länder oder des Bundes gebunden. Gem. § 121 VwGO binden allerdings rechtskräftige Urteile eines Verwaltungsgerichts die Beteiligten und ihre Rechtsnachfolger. Daher ist es Vergabekammer und Vergabesenat verwehrt, diese Fragen erneut aufzugreifen.[22] Auch Beschlüsse die in einem verwaltungsgerichtlichen Verfahren ergehen, sind einer Rechtskraft fähig.[23]

III. § 124 Absatz 2 – Vorlagepflicht

1. Allgemeines

9 Die Vorlagepflicht an den BGH gewährleistet eine **bundeseinheitliche Rechtsprechung** in Vergabesachen.[24] Will ein Beschwerdegericht eine Rechtsfrage im Nachprüfungsverfahren in Abweichung von einer zuvor ergangenen Entscheidung eines anderen Beschwerdegerichts entscheiden, so besteht eine Pflicht zur Vorlage an den BGH. Ein Ermessen steht dem Gericht also nicht zu.

10 Das Vorlageverfahren darf nicht mit einer Rechtsmittelinstanz verwechselt werden; der BGH entscheidet „anstelle des Oberlandesgerichtes". Aus dem Umstand, dass nach § 124 Abs. 2 GWB im Falle der Divergenz die Sache dem BGH vorzulegen ist und dieser anstelle des Beschwerdegerichts entscheidet, kann nicht hergeleitet werden, dass den Parteien ein in den Verfahrensvorschriften vorgesehenes Rechtsmittel gegen eine Beschwerde-

---

[15] *Stockmann* in: Immenga/Mestmäcker, GWB, 4. Aufl., § 124 Rn. 7; a. A. *Motzke/Pietzcker/Prieß* § 124 Rn. 6.
[16] BayObLG B. v. 21. 5. 1999 Verg1/99 – *Trinkwasserstollen*, WuW/E Verg 239, 248.
[17] *Stockmann* in: Immenga/Mestmäcker, GWB, 4ö. Aufl., § 124, Rn. 5.
[18] Einschränkender *Byok/Jaeger-Jaeger* 2. A., § 124 Rn. 1243, der eine Ausdehnung auf Beigeladenen grds. ablehnt.
[19] *Boesen* § 124 Rn. 8.
[20] OLG Naumburg U. v. 26. 10. 2004 1 U 30/04, VergabeR, 2005, 268.
[21] OLG Naumburg B. v. 26. 10. 2004 1 U 30/04, VergabeR, 2005, 268.
[22] *Weyand*, ibr-online-Kommentar Vergaberecht, § 124 Rn. 1730/1.
[23] OLG Düsseldorf B. v. 22. 12. 2004 VII-Verg 81/04.
[24] Vgl. Regierungsbegründung zum Vergaberechtsänderungsgesetz BT-Drucks. 13/9340, S. 22.

entscheidung des Vergabesenats einzuräumen wäre.[25] Eine solche Auslegung der Vorschrift würde gegen das aus dem Rechtsstaatsprinzip abgeleitete verfassungsrechtliche Gebot der Rechtsmittelklarheit[26] verstoßen. Es ist folglich auch zu noch keiner Entscheidung des Oberlandesgerichtes in der jeweiligen Sache gekommen. Eine Ausdehnung der Vorlagepflicht auf Eilverfahren wurde ausgeschlossen, um Verfahrensverzögerungen zu vermeiden. Im Beschleunigungsinteresse werden hier Divergenzen hingenommen. Diese sind durch die Hauptsacheentscheidungen der Beschwerdegerichte sowie durch nachfolgende Schadensersatzprozesse aufzulösen.[27]

Die „Entscheidung" eines anderen OLG zugunsten einer Divergenzvorlage stellt keine das Verfahren abschließende Entscheidung i. S. d. § 124 Abs. 2 S. 1 dar; bei Divergenzvorlagen trifft die Entscheidung i. S. d. Vorschrift nämlich der BGH (§ 124 Abs. 2 S. 2).[28]

2. Voraussetzung der Vorlagepflicht

Es muss **„in der Sache"** eine Entscheidung eines anderen OLG (in einem Verfahren nach §§ 116 ff.) oder des BGH (in Verfahren nach § 124 Abs. 2) ergangen sein.[29] Entscheidungen der Vergabekammern, auch der Vergabekammer des Bundes, sind insoweit unbeachtlich. Auch **abweichende Entscheidungen** i. S. d. §§ 118 Abs. 1 S. 3 bzw. 121 begründen keine Vorlagepflichten.[30] Die Rechtsprechung beschränkt die Vorlagepflicht auf materiell-vergaberechtliche Fragen, da die Vorlagepflicht allein abweichende Entscheidungen in vergaberechtlichen Fragen vermeiden soll.[31] Auch Fragen der Kostenverteilung und -erstattung können vorlagefähig i. S. d. § 124 Abs. 2 sein.[32] Hierfür spricht, dass gerade Kostenfragen mittelbar die Attraktivität des Vergabeverfahrens beeinflussen und Auswirkungen auf die tatsächliche Inanspruchnahme der eingeräumten Rechtsschutzmöglichkeiten haben. In Fragen der Geschäftswertfeststellung besteht dagegen kein sachliches Bedürfnis nach Sicherstellung einer bundesweit einheitlichen Handhabung.[33] Die Vorlagepflicht erstreckt sich daher nicht auf Abweichungen in der Beurteilung von kostenrechtlichen Fragen zu Normen des GKG und von Rechtsfragen bei der Streitwertfestsetzung.[34] Die Voraussetzungen für eine Divergenzvorlage nach § 124 Abs. 2 GWB liegen also auch dann nicht vor, wenn von einer Entscheidung des BGH, die in einem zivilprozessualen Verfahren gem. § 133 GVG ergangen ist, abgewichen werden soll.[35] Ob eine Beschwerdesache dem BGH vorgelegt werden soll, hat das OLG nicht allein auf der Grundlage der Ausführungen zu entscheiden, die die Beteiligten in der Beschwerdebegründung bzw. -erwiderung gemacht haben. Maßgeblich ist vielmehr, ob das OLG nach ordnungsgemäßer Durchführung des Beschwerdeverfahrens unter Berücksichtigung aller dabei gewonnenen tatsächlichen und rechtlichen Erkenntnisse eine bestimmte Rechtsfrage für **entscheidungserheblich** hält und bei deren Beantwortung von der Entscheidung eines anderen OLG oder des BGH abweichen will.

---

[25] BGH B. v. 16. 9. 2003 X ZB 12/03 – *außerordentliche Beschwerde,* WuW/E Verg 869.
[26] Zur Rechtsmittelklarheit vgl. BVerfGE 107, 395, unter C. IV.
[27] So Regierungsbegründung zum Vergaberechtsänderungsgesetz BT-Drucks. 13/9340, S. 22.
[28] So Brandenburgisches OLG B. v. 27. 2. 2003 VergW 2/03, VergabeR 2003, 469.
[29] So auch *Reidt/Stickler* § 124 Rn. 10.
[30] OLG München B. v. 17. 5. 2005 Verg 9/05; OLG Düsseldorf B. v. 6. 2. 2004 VII-Verg 79/04.
[31] So auch *Reidt/Stickler* § 124 Rn. 10.
[32] A. A. wohl Hanseatisches OLG Bremen B. v. 2. 1. 2002 Verg 3/01 – *Vorlagebeschluss,* ZfBR 2002, 718.
[33] Hierzu Brandenburgisches OLG B. v. 2. 9. 2003 Verg W 3/03 u. 5/03 – *Schienenpersonennahverkehr,* WuW/E Verg 844, 851 f.
[34] *Byok/Jaeger-Jaeger* 2. A., § 124 Rn. 1244 in Fn. 13.
[35] Hanseatisches OLG Hamburg B. v. 4. 11. 2002 1 Verg 3/02 VergabeR 2003, 40.

13 Das vorlegende OLG muss von einem **die Entscheidung tragenden Rechtssatz**[36] abweichen wollen. Die Rechtsfrage muss bei im Wesentlichen gleich oder vergleichbar gelagertem Sachverhalt anders beurteilt werden sollen.[37] Inwieweit die Sachverhalte gleich oder vergleichbar sind, ist eine **Einzelfallentscheidung**.[38] Damit macht nur eine ergebnisrelevante Abweichung der Anwendung von Vergabevorschriften von der Rechtsprechung eines anderen OLG ein Vorlageverfahren erforderlich.[39] Kann die jeweilige Rechtsfrage, in der eine Divergenz zu einem anderen OLG bestehen würde, offen bleiben, so ist sie auch nicht ergebnisrelevant und folglich auch keine Vorlage an den BGH erforderlich.[40] Obiter dicta sind grundsätzlich nicht entscheidungserheblich. Auch eine Abweichung bei nicht tragenden Gründen in einer Vorentscheidung ist für eine Vorlagepflicht auf Grund § 124 ohne Belang.[41] Eine Vorlage an den BGH ist nicht statthaft und nicht geboten, wenn in der Zwischenzeit eine Entscheidung von EuGH oder Bundesverfassungsgericht zu der entscheidungserheblichen Auslegungsfrage ergangen ist.[42]

3. Vorlageverpflichtung und Entscheidung des BGH

14 Liegen die zuvor angeführten Voraussetzungen vor, besteht eine Vorlageverpflichtung seitens des Beschwerdegerichtes an den BGH. Das OLG, welches „abweichen" will, fasst dann einen schriftlich begründeten Vorlagebeschluss,[43] in dem das vorlegende OLG die Entscheidungserheblichkeit und die beabsichtigte Divergenz darlegen muss.[44] Die für das Beschwerdeverfahren gültigen **Verfahrensgrundsätze** hat das OLG unabhängig davon zu beachten, ob es das Verfahren selbst zu einem Ende bringt oder ob es die Sache dem BGH vorlegt.[45] Hält das OLG eine Vorlage für erforderlich, so muss es im Rahmen einer mündlichen Verhandlung oder in sonstiger geeigneter Weise den Beteiligten Gelegenheit geben, sich zu den dafür ausschlaggebenden Umständen zu äußern, d.h. insbesondere zur Entscheidungserheblichkeit einer Rechtsfrage und zum Vorhandensein einer Entscheidung, von der nach Auffassung des Gerichts abgewichen werden soll (Gewährung rechtlichen Gehörs).[46]

15 Die **Entscheidung des BGH** ergeht anstelle der Entscheidung des vorlegenden OLG in dem **von § 123 vorgegebenen Umfang.** Daher entscheidet der BGH grundsätzlich selbst über die sofortige Beschwerde.[47] Dies folgt aus § 124 Abs. 2 S. 2: Der BGH „entscheidet anstelle" des OLG. Er kann die sofortige Beschwerde zurückweisen oder auch an die Vergabekammer nach Aufhebung von deren erstem Beschluss zur Verpflichtung der Neuentscheidung unter Beachtung seiner Rechtsauffassung zurückverweisen (§§ 124 bs. 2, 123 S. 2). Liegt dagegen nach Auffassung des BGH tatsächlich keine Divergenz vor, so weist er die Vorlage als unzulässig zurück.[48] Das Verfahren vor dem BGH als zweite Beschwerdeinstanz ist unter Beachtung der **rechtsstaatlichen Grundsätze** auszugestalten.

---

[36] BGH B. v. 18. 2. 2003 XZB 43/02 – *Jugendstrafanstalt*, WuW/E Verg 743 ff.; OLG Düsseldorf B. v. 17. 5. 2004 Verg 72/03.
[37] KG Berlin B. v. 15. 4. 2002 KartVerg 3/02, VergabeR 2002, 398 ff.
[38] KG Berlin v. 15. 4. 2002 KartVerg 3/02, VergabeR 2002, 398.
[39] OLG Naumburg, B. v. 23. 8. 2005 1 Verg 4/05, WuW/E Verg 1142; OLG Dresden B. v. 3. 12. 2005 WVerg 15/02; OLG Thüringen B. v. 30. 5. 2002 Verg 3/02, ZfBR 2002, 827.
[40] OLG Düsseldorf B. v. 4. 9. 2002 Verg 37/02.
[41] OLG Düsseldorf B. v. 30. 5. 2001 Verg 23/00.
[42] OLG Düsseldorf B. v. 23. 1. 2008 VII-Verg 31/07.
[43] S. hierzu *Motzke/Pietzcker/Prieß* § 124 Rn. 58.
[44] *Byok/Jaeger-Jaeger*, 2. A., § 124 Rn. 1245 m. w. N.
[45] BGH B. v. 24. 2. 2003 X ZB 12/02 – *Divergenzvorlage*, WuW/E Verg 749 f.
[46] BGH B. v. 24. 2. 2003 X ZB 12/03 – *Divergenzvorlage*, WuW/E Verg 749 f.
[47] BGH B. v. 9. 12. 2003 X ZB 14/03; BGHZ 146, 202, 205.
[48] So auch *Stockmann* in: Immenga/Mestmäcker, GWB, § 124 Rn. 13.

Die Vorlageverpflichtung an den BGH wird allerdings durch die nach Art. 234 EG bestehende **Vorlageverpflichtung an den EuGH** durchbrochen, wenn die Auslegung einer europarechtlichen Norm als entscheidungserheblich angesehen wird. Hier ist dann zunächst der EuGH zur Auslegung verpflichtet. Das Beschwerdeverfahren wird für die Dauer des Vorabentscheidungsverfahrens ausgesetzt. Ein Verstoß gegen die Vorlagepflicht verletzt das Recht auf den gesetzlichen Richter, Art. 101 Abs. 1 S. 2 GG.[49] Eine Vorlagepflicht besteht nicht, wenn die sofortige Beschwerde unabhängig von der europarechtlichen Frage keinen Erfolg haben kann.[50] Gibt die Vorabentscheidung des EuGH Anlass zu einem abweichenden Urteil eines OLG in der Sache, so ist nach dem Gesetzeswortlaut des § 124 Abs. 2 dennoch eine Vorlage an den BGH erforderlich. Diese theoretisch bestehende doppelte Vorlagepflicht ist aber aus prozessökonomischen Gründen abzulehnen, da der BGH in der Sache keine von der Rechtsauffassung des EuGH abweichende Entscheidung treffen darf. Trotz Abweichung von einer anderen obergerichtlichen Entscheidung ist eine Vorlage an den BGH entbehrlich, wenn die Entscheidung, von der abgewichen wird, auf Grund neuerer Rechtsprechung des EuGH überholt ist.[51] Bei Auslegung einer europarechtlich vorbestimmten Rechtsfrage besteht keine Vorlagepflicht, wenn die zu entscheidende Rechtsfrage bereits entschieden worden ist und darüber eine gesicherte Rechtsprechung des EuGH vorliegt, so dass keinerlei Zweifel an der Entscheidung der gestellten Frage bleibt.[52]

16

IV. Neufassung gemäß Gesetz zur Modernisierung des Vergaberechts vom 20. April 2009

„22. In § 124 Abs. 2 wird nach Satz 2 folgender Satz eingefügt:"
„Der Bundesgerichtshof kann sich auf die Entscheidung der Divergenzfrage beschränken und dem Beschwerdegericht die Entscheidung in der Hauptsache übertragen, wenn dies nach dem Sach- und Streitstand des Beschwerdeverfahrens angezeigt scheint."

17

Zur Begründung führt der Regierungsentwurf aus:
„Zu Nummer 21 (§ 124 Abs. 2): Diese Änderung ermöglicht es dem BGH, sich auf die Entscheidung über die vorgelegte Divergenzfrage zu beschränken. Dies kann z. B. der Fall sein, wenn nach Auffassung des BGH der vorgelegte Fall der weiteren Sachverhaltsaufklärung bedarf. Dann kann er die Divergenzfrage entscheiden und die Entscheidung über die Hauptsache an das vorlegende Oberlandesgericht übertragen."

18

Dritter Abschnitt. Sonstige Regelungen

§ 125 Schadensersatz bei Rechtsmissbrauch

(1) **Erweist sich der Antrag nach § 107 oder die sofortige Beschwerde nach § 116 als von Anfang an ungerechtfertigt, ist der Antragsteller oder der Beschwerdeführer verpflichtet, dem Gegner und den Beteiligten den Schaden zu ersetzen, der ihnen durch den Missbrauch des Antrags- oder Beschwerderechts entstanden ist.**

(2) **Ein Missbrauch ist es insbesondere,**
1. **die Aussetzung oder die weitere Aussetzung des Vergabeverfahrens durch vorsätzlich oder grob fahrlässig vorgetragene falsche Angaben zu erwirken;**

---

[49] BVerfG B. v. 29. 7. 2004 2 BvR 2248/03, WuW/E Verg 983. – *Dachabdichtung*.
[50] BayObLG B. v. 28. 5. 2003 Verg 7/03, NZBau 2005, 238.
[51] OLG Düsseldorf B. v. 23. 1. 2008 VII-Verg 31/07; OLG Düsseldorf B. v. 6. 2. 2008 VII-Verg 37/07; krit hierzu Otting in: Bechtold, Kartellgesetz, 5. Aufl. 2008, § 124 GWB Rn. 7.
[52] EuGH Rs. 283/81 Slg. 1982, 3415 – *CILFIT*, Rn. 16.

2. die Überprüfung mit dem Ziel zu beantragen, das Vergabeverfahren zu behindern oder Konkurrenten zu schädigen;
3. einen Antrag in der Absicht zu stellen, ihn später gegen Geld oder andere Vorteile zurückzunehmen.

(3) Erweisen sich die von der Vergabekammer entsprechend einem besonderen Antrag nach § 115 Abs. 3 getroffenen vorläufigen Maßnahmen als von Anfang an ungerechtfertigt, hat der Antragsteller dem Auftraggeber den aus der Vollziehung der angeordneten Maßnahme entstandenen Schaden zu ersetzen.

Übersicht

	Rn.		Rn.
I. Allgemeines	1	6. Anspruchsberechtigte und Anspruchsgegner	12
II. Schadensersatz bei rechtsmissbräuchlichen Nachprüfungsverfahren (Abs. 1 und 2)	3	7. Konkurrenzen zu anderen Anspruchsgrundlagen, Verjährung und prozessuale Geltendmachung	13
1. Antrag nach § 107 oder Beschwerde nach § 116	3	III. Schadensersatzanspruch bei ungerechtfertigter Beantragung vorläufiger Maßnahmen (Abs. 3)	14
2. Von Anfang an ungerechtfertigt	4	IV. Neufassung gemäß Gesetz zur Modernisierung des Vergaberechts vom 20. April 2009	17
3. Missbrauch des Antrags- oder Beschwerderechts	5		
4. Kausalität	10		
5. Schadensersatzumfang und -berechnung	11		

I. Allgemeines

1 § 125 gehört zu den Vorschriften über den Sekundärrechtsschutz. Das vielfach hohe wirtschaftliche Interesse der konkurrierenden Bieter an einem Auftrag birgt die **Gefahr eines Missbrauchs der Rechtsschutzmöglichkeiten** der §§ 102 ff. in sich. Dem soll durch eine **besondere Schadensersatzpflicht** entgegengewirkt werden: solche Unternehmen, die Rechtsschutzmöglichkeiten missbräuchlich einsetzen, müssen hiernach neben dem allgemeinen Kostenrisiko mit hohen Schadensersatzforderungen rechnen (Abs. 1). Die Vorschrift wirkt demnach als **Korrektiv zu den umfassenden Rechtsschutzmöglichkeiten** der Bieter. Sie hat in der Praxis bislang allerdings keine Bedeutung erlangt. Abs. 2 führt typische **Missbrauchstatbestände als Regelbeispiele** auf. § 125 Abs. 3 beinhaltet eine **Erweiterung des Schadensersatzanspruches** auf die von der Vergabekammer auf besonderen Antrag gem. § 115 Abs. 3 angeordneten vorläufigen Maßnahmen.

2 Die von § 125 erfassten Fälle werden überwiegend auch von den allgemeinen Schadensersatzregelungen erfasst. Die Regelung des § 125 Abs. 1 ist eine spezielle Ausprägung des Anspruches auf Grund sittenwidriger Schädigung nach § 826 BGB und Prozessbetruges nach § 823 Abs. 2 BGB i.V.m. § 263 StGB. Dagegen ist Abs. 3 § 945 ZPO nachgebildet, der sich ebenfalls auf Anträge in einem einstweiligen Rechtsschutzverfahren bezieht.[1] § 125 gilt nur im **Anwendungsbereich des Kartellvergaberechts** der §§ 97 ff. GWB. Die Schadensersatzansprüche aus Abs. 1 und Abs. 3 sind jeweils vor den Zivilgerichten im **ordentlichen Rechtsweg** geltend zu machen (§ 104 Abs. 2 S. 2).

II. Schadensersatzanspruch bei rechtsmissbräuchlichem Nachprüfungsverfahren (Abs. 1 und 2)

1. Antrag nach § 107 oder Beschwerde nach § 116

3 Der Schadensersatzanspruchgegner muss einen Antrag nach § 107 gestellt oder eine Beschwerde nach § 116 eingelegt haben. Andere Anträge oder gerichtliche Schritte begründen keinen Anspruch nach § 125 Abs. 1.

---

[1] Regierungsbegründung Vergaberechtsänderungsgesetz BT-Drucks. 13/9340, S. 22.

2. Von Anfang an ungerechtfertigt

Antrag oder Beschwerde müssen bereits im Zeitpunkt der Einlegung **objektiv unzulässig oder unbegründet**,[2] also von Anfang an ohne Erfolgsaussicht gewesen sein. Die Beurteilung, ob eine Erfolgsaussicht gefehlt hat, hat aus der Perspektive einer Durchschnittsperson in der Rolle des Rechtsmittelführers zum Zeitpunkt der Rechtsmitteleinlegung zu erfolgen.[3] Ein nachträgliches Eintreten dieses „Umstandes", bei dem also das Rechtsmittel erst im Laufe des Nachprüfungs- oder Beschwerdeverfahrens unzulässig oder unbegründet wird, ist nicht ausreichend.

3. Missbrauch des Antrags- oder Beschwerderechts

Als den Anspruch **einschränkende Voraussetzung** und Korrektiv ist erforderlich, dass das Antrags- oder Beschwerderecht vom Antragsteller missbraucht wurde. Hierbei handelt es sich um eine kumulativ zu erfüllende Voraussetzung.[4] Die Erforderlichkeit dieses **subjektiven Tatbestandsmerkmales** ergibt sich zum einen aus den Regelbeispielen des Abs. 2, zum anderen bei Vergleich mit den §§ 826 BGB und 823 Abs. 2 BGB i. V. m. § 263 StGB. Es wird sich nur in Ausnahmefällen beweisen lassen, dass die Einleitung eines Nachprüfungsverfahrens rechtsmissbräuchlich war. Vor dem Hintergrund, dass lediglich vor der willkürlichen Einlegung von Rechtsmitteln abgeschreckt werden soll, muss die Schwelle des Missbrauchs hoch angesetzt werden.[5]

In Abs. 2 sind **Regelbeispiele** für einen Missbrauch **(nicht abschließend)** aufgeführt. In den Fällen der Nr. 2 und 3 muss die Behinderung oder Schädigung das das Handeln bestimmende Motiv gewesen sein, wobei die Absicht bereits bei Stellung des Antrags vorgelegen haben muss.[6]

a) Der **Vortrag falscher Angaben** muss die Aussetzung des Vergabeverfahrens bewirkt haben. § 125 Abs. 2 Nr. 1 setzt ein subjektives Verschulden des Antragstellers in Form von Vorsatz oder grober Fahrlässigkeit in Bezug auf die objektiv falschen Angaben voraus. Bei grober Fahrlässigkeit muss der Rechtsmittelführer die im Verkehr erforderliche Sorgfalt in besonders schwerem Maße verletzt haben.[7]

b) Um das zweite Regelbeispiel zu erfüllen, muss der Rechtsmittelführer die Überprüfung gerade mit dem **Ziel einer Behinderung des Vergabeverfahrens** oder einer **Schädigung der Konkurrenten** beantragt haben. Das subjektive Element muss sich gerade auf eine besondere Verzögerungs- oder Schädigungsabsicht beziehen.

c) Die Stellung eines Antrags mit **Vorteilserlangungsabsicht** beinhaltet eine Missbrauchsabsicht i. S. d. Nr. 3 dann, wenn der Antrag in der Absicht gestellt wird, ihn später gegen Geld oder andere Vorteile zurückzunehmen. Ausschlaggebend ist wiederum allein die Motivation, nicht aber das tatsächlich Erreichte.[8]

4. Kausalität

Zwischen der missbräuchlichen Rechtsmitteleinlegung und dem Schaden muss ein **Kausalzusammenhang i. S. d. Adäquanz** bestehen: Der Antrag oder die sofortige Beschwerde darf nicht hinweggedacht werden können, ohne dass der konkret eingetretene

---

[2] *Boesen* § 125 Rn. 5.
[3] *Byok/Jaeger-Gronstedt*, 2. A., § 125 Rn. 1249.
[4] *Reidt/Stickler* § 125 Rn. 9.
[5] *Byok/Jaeger-Gronstedt*, 2. A., § 125 Rn. 1252.
[6] VK Leipzig B. v. 10. 1. 2001 1/SVK/110–00.
[7] *Reidt/Stickler* § 125 Rn. 10.
[8] So auch *Boesen* § 125 Rn. 13; ausf. *Motzke/Pietzcker/Prieß* § 125 Rn. 10 ff.

Schaden entfiele und der Schadenseintritt darf zugleich nicht außerhalb jeder Wahrscheinlichkeit liegen.[9]

5. Schadensersatzumfang und Berechnung

11 Für die Feststellung des Schadensersatzumfanges finden die §§ 249 ff. BGB Anwendung, da § 125 Abs. 1 eine besondere Ausprägung der §§ 823, 826 BGB ist. Berücksichtigungsfähig sind damit auch entgangener Gewinn, eigenes Mitverschulden des Geschädigten, die einem Beigeladenen nicht erstatteten Kosten[10] etc.

6. Anspruchsberechtigte und Anspruchsgegner

12 **Anspruchsberechtigt** sind die jeweiligen „Gegner" der Anträge nach § 107 oder § 116 sowie auch die sonstigen Beteiligten (vgl. insofern § 109 sowie § 119 i. V. m. § 109).[11] Ein Schadensersatzbegehren können daher die Vergabestelle und beigeladene Mitbewerber verfolgen. **Anspruchsgegner** ist die juristische oder natürliche Person, die das Rechtsmittel nach § 107 oder § 116 eingelegt hat. Im Fall des § 116 kann also auch der Auftraggeber Anspruchsgegner sein.

7. Konkurrenzen zu anderen Anspruchsgrundlagen, Verjährung und prozessuale Geltendmachung

13 Der Schadensersatzanspruch nach § 125 Abs. 1 ist ein deliktischer Anspruch. Neben ihm finden auch § 823 Abs. 2 BGB i. V. m. § 263 StGB und § 826 BGB selbstständig Anwendung **(Anspruchskonkurrenz)**. Der Anspruch **verjährt** in drei Jahren ab Kenntnis von Schaden und Schuldner (vgl. § 195 BGB). Hinsichtlich der prozessualen Voraussetzungen zur Geltendmachung des Schadens vor ordentlichen Gerichten findet die ZPO Anwendung.

III. Schadensersatzanspruch bei ungerechtfertigter Beantragung vorläufiger Maßnahmen (Abs. 3)

14 Die Schadensersatzanspruchsgrundlage des § 125 Abs. 3 erfasst die auf besonderen Antrag von der Vergabekammer gemäß § 115 Abs. 3 **angeordneten vorläufigen Maßnahmen,** die der Antragsteller zur Sicherung seiner Rechte aus § 97 Abs. 7 GWB beantragt hat. Diese müssen im Nachhinein **von Anfang an ohne Aussicht auf Erfolg** gewesen sein. Die von der Vergabekammer angeordneten vorläufigen Maßnahmen gehen damit ganz auf das Risiko des Antragstellers.[12] § 125 Abs. 3 ist so zu verstehen, dass sich eine vorläufige Maßnahme nach § 115 Abs. 3 dann als „von Anfang an ungerechtfertigt" erweist, wenn sich im Nachhinein herausstellt, dass der Hauptsacheantrag von Anfang an unzulässig oder unbegründet war,[13] da die Interessenabwägung des § 115 Abs. 3 nicht ex post durch die ordentliche Gerichtsbarkeit überprüft werden kann.

15 Im Gegensatz zu Abs. 1 setzt Abs. 3 nicht das subjektive Merkmal des Missbrauchs voraus. Die verschuldensunabhängige Haftung ist demnach für den Antragsteller erheblich strenger.[14] Die **Verschuldensunabhängigkeit** erklärt sich daraus, dass der Anspruchsverpflichtete auf einfache Art für ihn günstige gerichtliche Maßnahmen erwirken kann. Macht er davon Gebrauch, muss er auch das volle verschuldensunabhängige Risiko tragen, falls

---

[9] *Palandt-Heinrichs,* 62. A., vor § 249 Rn. 58 ff. m. w. N.
[10] OLG Düsseldorf B. v. 19. 2. 2002 VII-Verg 33/01.
[11] Vgl. insoweit OLG Düsseldorf B. v. 19. 2. 2002 VII-Verg 33/01.
[12] So *Bechtold* GWB, 3. A., § 125 Rn. 4.
[13] Vgl. *Boesen* § 125 Rn. 28 bis 35.
[14] So *Boesen* § 125 Rn. 2.

§ 126. Anspruch auf Ersatz des Vertrauensschadens **§ 126 GWB**

sich die erwirkte Maßnahme als unberechtigt herausstellt.[15] Das Verhalten des Anspruchsgegners muss **kausal** für den der Vergabestelle entstandenen Schaden sein.[16] Anspruchsberechtigt ist in diesem Fall allein die Vergabestelle.

Der **Schadensersatzumfang** bestimmt sich nach den §§ 249 ff. BGB. Neben Abs. 3 können die §§ 823 ff. BGB Anwendung finden (**Anspruchskonkurrenz**). Die **Verjährung** des Anspruches beträgt drei Jahre (vgl. § 195 BGB). 16

IV. Neufassung gemäß Gesetzes zur Modernisierung des Vergaberechts vom 20. April 2009

§ 125 bleibt unverändert. 17

§ 126 Anspruch auf Ersatz des Vertrauensschadens

¹Hat der Auftraggeber gegen eine den Schutz von Unternehmen bezweckende Vorschrift verstoßen und hätte das Unternehmen ohne diesen Verstoß bei der Wertung der Angebote eine echte Chance gehabt, den Zuschlag zu erhalten, die aber durch den Rechtsverstoß beeinträchtigt wurde, so kann das Unternehmen Schadensersatz für die Kosten der Vorbereitung des Angebots oder der Teilnahme an einem Vergabeverfahren verlangen. ²Weiterreichende Ansprüche auf Schadensersatz bleiben unberührt.

Übersicht

	Rn.		Rn.
I. Allgemeines	1	1. culpa in contrahendo (c. i. c.) – § 280 i. V. m. § 311 Abs. 2 BGB	14
II. Anspruch auf Ersatz des Vertrauensschadens – § 126 S. 1	3	2. Eingriff in das Recht am eingerichteten und ausgeübten Gewerbebetrieb – § 823 Abs. 1 BGB	20
1. Allgemeines	3		
2. Anspruchsteller	4	3. § 823 Abs. 2 i. V. m. einem Schutzgesetz	21
3. Angebotsvorbereitung und Teilnahme an einem Vergabeverfahren	5	4. Sittenwidrigkeit – § 826 BGB	22
4. Verstoß gegen eine den Schutz von Unternehmen bezweckende Norm	6	5. Amtshaftungsanspruch – § 839 BGB i. V. m. Art. 34 GG	23
5. „Echte Chance" auf Zuschlagserteilung	7	6. Missbrauch einer marktbeherrschenden Stellung – § 20 GWB i. V. m. § 33 GWB	24
6. Verschulden	11		
7. Schaden, Schadensumfang und Verjährung	12	IV. Neufassung gemäß Gesetz zur Modernisierung des Vergaberechts vom 20. April 2009	26
III. § 126 S. 2 – Anspruchskonkurrenz	13		

I. Allgemeines

Der Zuschlag bewirkt eine Zäsur zwischen Primär- und **Sekundärrechtsschutz:** Nach erfolgtem Zuschlag kann nur noch Sekundärrechtsschutz, also Schadensersatz, geltend gemacht werden. Sekundärrechtsschutz ist dem Primärrechtsschutz damit zeitlich nachgelagert und vervollständigt das System des Bieterrechtsschutzes im Vergabeverfahren.[1] Der Sekundärrechtsschutz ist durch § 126 geregelt und setzt damit eine Vorgabe der Sektorenüberwachungsrichtlinie in das deutsche Vergabeschadensersatzrecht um,[2] wobei eine Ausdehnung von den Sektoren auf alle anderen Vergabebereiche erfolgt. Satz 1 enthält eine eigenständige Anspruchsgrundlage zum Ersatz des Vertrauensschadens, Satz 2 stellt klar, dass „weiterreichende Ansprüche auf Schadensersatz" von Satz 1 unberührt bleiben. Es kommt daher durch diese Vorschrift nur zu einer punktuellen und nicht abschließenden 1

---

[15] *Stockmann* in: Immenga/Mestmäcker, GWB, 4. Aufl., § 125 Rn. 16.
[16] Vgl. auch oben § 125 Rn. 10.
[1] *Byok/Jaeger-Gronstedt* § 126 Rn. 886.
[2] Vgl. Art. 2 Abs. 7 RMSR.

Erweiterung des Sekundärrechtsschutzes. Die Ansprüche sind vor den ordentlichen Gerichten geltend zu machen.

Der Schadensersatzanspruch ist unabhängig von der Durchführung eines vorherigen Nachprüfungsverfahrens.[3] Hat bereits ein Nachprüfungsverfahren stattgefunden, sind die im Rahmen von Schadensersatzansprüchen angerufenen Gerichte an die bestandskräftigen Entscheidungen der Nachprüfungsinstanzen gebunden, § 124 Abs. 1. Hat sich die Hauptsache im laufenden Vergabeverfahren erledigt, besteht regelmäßig ein berechtigtes Interesse an der Feststellung schadensbegründender Umstände durch die Nachprüfungsinstanzen, § 114 Abs. 2 S. 2, § 123 S. 3.[4]

II. Anspruch auf Ersatz des Vertrauensschadens – § 126 S. 1

1. Allgemeines

§ 126 S. 1 beinhaltet eine **eigenständige Anspruchsgrundlage** für solche Schadensersatzansprüche, bei denen im Vergabeverfahren die Schwellenwerte erreicht oder überschritten worden sind und keiner der Ausnahmetatbestände des § 100 Abs. 2 vorliegt.[5] Der Anspruch kann nur gegen Auftraggeber i. S. v. § 98 gerichtet werden und ist damit in seinem Anwendungsbereich auf den Anwendungsbereich des vierten Teils des GWB begrenzt. Ein Nachprüfungsverfahren muss zuvor aber nicht stattgefunden haben.[6] Bei einer **de-facto Vergabe** kann nach Auffassung des LG Leipzig ein Schadensersatzanspruch nicht auf § 126 gestützt werden, da die Vorschrift ein Fehlverhalten des Auftraggebers „in einem Vergabeverfahren" voraussetzt.[7] Diese Auffassung ist allerdings abzulehnen, da es damit im Belieben der Vergabestelle stünde, sich den in §§ 97 ff. einschließlich der weiten Schadensersatzpflicht zu entziehen. Zutreffend nimmt das OLG Koblenz eine Schadensersatzpflicht nach § 126 an, wenn die Vergabestelle rechtswidrig nur national und nicht europarechtsweit ausgeschrieben hat.[8]

2. Anspruchsteller

Alle Unternehmen, die Ansprüche in Zusammenhang mit einem Vergabeverfahren gem. §§ 97 ff. haben, können als Anspruchsteller nach § 126 S. 1 in Betracht kommen. Mehrere (potentielle) Bieter können nebeneinander einen Anspruch nach S. 1 gegen den Auftraggeber bzw. die Vergabestelle geltend machen. Es können sämtliche Unternehmen einen Anspruch geltend machen, die eine „echte Chance" gehabt hätten, bei rechtskonformem Verhalten der Vergabestelle den Zuschlag zu erhalten.[9]

3. Angebotsvorbereitung und Teilnahme an einem Vergabeverfahren

Der Anspruchsteller muss **an einem Vergabeverfahren teilgenommen** oder zumindest für eine solche Teilnahme ein **Angebot vorbereitet** haben. Ansonsten entstehen keine erstattungsfähigen Kosten im Sinne dieser Vorschrift.

---

[3] *Ingenstau/Korbion-Müller-Wrede,* 15. A. 2004, § 126 GWB Rn. 1.

[4] OLG Düsseldorf B. v. 22. 5. 2002 Verg 6/02, NZBau 2002, 583; VK Münster B. v. 24. 1. 2002 VK 24/01; jurisPK-VergR-*Dippel* § 126 Rn. 2.

[5] Vgl. hierzu § 100; vgl. insoweit auch OLG Stuttgart U. v. 30. 4. 2007 5 U 4/06 (kein Schadensersatzanspruch nach § 126 bei Unterschreiten der Schwellenwerte).

[6] *Stockmann* in: Immenga/Mestmäcker, GWB, § 126 Rn. 5; *Bechtold,* 3. A., § 126 Rn. 2.

[7] LG Leipzig B. v. 24. 1. 2007 06 HK O 1866/06, VergabeR 2007, 417; hierzu krit. *Hartung,* VergabeR 2007, 421.

[8] OLG Koblenz U. v. 15. 1. 2007 12 U 1016/05, IBR 2007, 272.

[9] JurisPK-VergR-*Dippel* § 126 Rn. 4.

4. Verstoß gegen eine den Schutz von Unternehmen bezweckende Norm

Ein öffentlicher Auftraggeber i. S. d. § 98 muss gegen eine den Schutz von Unternehmen bezweckende – also **bieterschützende – Norm** verstoßen haben. Ob eine Norm bieterschützend ist, ist auf Grund europarechtlicher Vorgaben sowie nach ihrem Sinn und Zweck zu beurteilen.[10] Normen mit einem Regelungsgehalt, dessen Nichtbeachtung zu einer Störung des Wettbewerbsverhältnisses zwischen den Bietern führt, sind auf Grund ihrer Intention grundsätzlich als unternehmensschützend einzuordnen.[11] Ist die jeweilige Vorschrift eine Konkretisierung der die Bieter in ihrem Wettbewerbsverhältnis schützenden Grundrechte, EG-Grundfreiheiten sowie sonstigen europarechtlichen Regelungen und deren prozeduraler nationaler Ausgestaltung in den § 97 Abs. 1–5, so handelt es sich grundsätzlich um eine unternehmensschützende Vorschrift. Ein Verstoß gegen reine Ordnungsvorschriften begründet keine Schadensersatzansprüche.

5. „Echte Chance" auf Zuschlagserteilung

Der Anspruchsteller muss eine **„echte Chance"** gehabt haben, den Zuschlag zu erhalten. Diese Voraussetzung ist wörtlich aus der **Sektorenüberwachungsrichtlinie** übernommen worden.[12] Eine „echte Chance" kann in den Fällen angenommen werden, in denen der Bieter zumindest die Eignungsvoraussetzungen und sein Angebot alle formellen Voraussetzungen erfüllt hätte und letzteres deshalb in die materielle Wertung gelangt wäre.[13] Ob diese Voraussetzung erfüllt ist, ist im Einzelfall unter Berücksichtigung der für die Auftragserteilung vorgesehenen Wertungskriterien und deren Gewichtung, zu denen der öffentliche Auftraggeber gegebenenfalls nach den Grundsätzen der sekundären Darlegungslast vorzutragen hat, zu prüfen.[14]

Es müsste ein **wirtschaftliches Angebot möglich** gewesen sein, welches im weiteren Sinne mit dem des erfolgreichen Bieters vergleichbar gewesen wäre. Hiermit hätte die Erteilung des Zuschlags an den Anspruchsteller innerhalb der Grenzen des Beurteilungsspielraums liegen müssen, der dem Auftraggeber bei der Angebotswertung zusteht.[15] Mit dem Attribut „echt" bringt § 126 zum Ausdruck, dass das Angebot besonders qualifizierte Aussichten auf die Zuschlagserteilung hätte haben müssen. Dies kann erst dann angenommen werden, wenn der Auftraggeber darauf im Rahmen des ihm zustehenden Wertungsspielraums den Zuschlag hätte erteilen dürfen.[16] Es ist aber nicht in jedem Fall Voraussetzung, dass das Unternehmen ein Angebot abgegeben hat.[17] Dies folgt draus, dass als Schadensersatz bereits die Kosten für die Ausarbeitung des Angebots geltend gemacht werden können. War das **Angebot unvollständig,** so kann es nur dann eine echte Chance auf den Zuschlag haben, wenn die Unvollständigkeit durch den Vergabefehler verursacht worden ist. An einer echten Chance fehl es, wenn die Leistungsbeschreibung mangelhaft war, so dass die eingegangenen Angebote mangels Vergleichbarkeit nicht gewertet werden können.[18] Eine rechtmäßige Ausschreibungsaufhebung lässt den Anspruch aus § 126 Abs. 1 entfallen, es sei denn, der Bieter hat im Nachprüfungsverfahren gerade den Vergaberechtsverstoß gerügt, der zur Aufhebung geführt hat.[19]

---

[10] Vgl. die Kommentierung zu § 97 Abs. 7.
[11] So *Byok/Jaeger-Gronstedt*, 2. A., § 126 Rn. 1287 ff.
[12] Vgl. dort Art. 2 Abs. 7 SKR.
[13] BGH U. v. 27. 11. 2007 X ZR 18/07, VergabeR 2008, 219 ff.
[14] BGH U. v. 27. 11. 2007 X ZR 18/07, VergabeR 2008, 219 ff.
[15] Vgl. *Boesen* § 126 Rn. 25, ähnlich *Schnorbus* BauR 1999, 77.
[16] BGH U. v. 27. 11. 2007 X ZR 18/07, VergabeR 2008, 219 ff.
[17] So auch *Motzke/Pietzcker/Prieß*, Beck'scher VB-Kommentar, § 126 Rn. 4; a. A. *Ingenstau/Korbion* § 126 Rn. 3.
[18] BGH B. v. 1. 8. 2006 X ZR 146/03, NZBau 2007, 58.
[19] 2. VK Bund B. v. 13. 10. 2004 VK 2 – 151/04.

9 Der Anspruchsteller ist im Rahmen der **Beweislastverteilung** darlegungspflichtig, dass er tatsächlich diese „echte Chance" gehabt hätte,[20] und der Vergabeverstoß seine Chancen auf den Erhalt des Zuschlags beeinträchtigt hat. Im Rahmen des § 126 führt die fehlende Vergleichbarkeit der Angebote infolge unzulässiger Parallelausschreibung bei der Ermittlung der „echten Chance" zu einer Beweislastumkehr zu Lasten der Vergabestelle.[21]

10 Mit der Darlegung der „echten Chance" wird auch die **haftungsbegründende Kausalität** nachgewiesen. Die Kausalität muss zwischen dem Verstoß und der Beeinträchtigung der „echten Chance" bestehen: der Verstoß darf nicht hinweg gedacht werden können, ohne dass die Beeinträchtigung der echten Chance in ihrer konkreten Gestalt entfiele.[22] Eine rechtmäßige Aufhebung der Ausschreibung unterbricht die Kausalitätskette zwischen einer Verletzung von Rechten der beteiligten Bieter im ursprünglichen Vergabeverfahren und der echten Chance auf Zuschlagerteilung.[23] Nur ausnahmsweise kann die Rechtswidrigkeit des Vergabeverfahrens, die zu einer rechtmäßigen Aufhebung der Vergabe geführt hat, Schadensersatzansprüche begründen. Dies ist der Fall, wenn der Bieter im Nachprüfungsverfahren gerade den Vergaberechtsverstoß gerügt hat, der zur Aufhebung geführt hat.[24] In diesem Fall scheint die Geltendmachung von Schadensersatzansprüchen nicht von vornherein aussichtslos.[25] Liegt der seltene Fall vor, dass der Auftraggeber den **Einwand des rechtmäßigen Alternativverhaltens** erheben kann, ist ein Schadensersatzanspruch ausgeschlossen.[26]

6. Verschulden

11 Ein **schuldhafter Verstoß** ist nicht erforderlich. Der Tatbestand begründet eine verschuldensunabhängige Einstandspflicht des Auftraggebers. Daher braucht der Verstoß gegen die bieterschützende Vorschrift dem Anspruchsgegner auch nicht subjektiv vorwerfbar zu sein.[27]

7. Schaden, Schadensumfang und Verjährung

12 Ein Anspruch auf Schadensersatz besteht nur dann, wenn auch tatsächlich ein Schaden entstanden ist. Die Berechnung des Schadens und der Schadensersatzumfang bestimmen sich grundsätzlich nach den §§ 249 ff. BGB.[28] Der Schaden besteht in der Differenz zwischen der Lage, die bestehen würde, wenn das schädigende Ereignis nicht eingetreten wäre und der tatsächlichen, durch das Schadensereignis geschaffenen Lage.[29] Der Anspruchsteller kann aber – entgegen dem Wortlaut der Vorschrift – sowohl Schadensersatz für die Kosten der Vorbereitung des Angebots sowie für die Teilnahme an einem Vergabeverfahren verlangen.[30] Hierin ist gleichzeitig eine **Begrenzung des Ersatzumfanges auf das negative Interesse** zu sehen. Eine Beschränkung oder das Entfallen der Schadensersatzpflicht kommt in Betracht, wenn den Bieter ein **Mitverschulden** i. S. v. § 254 BGB trifft. Unterlässt es der Bieter, erkannte Verstöße gegen Vergabevorschriften zu rügen, so kann dies ein anspruchsminderndes Mitverschulden bedeuten.[31] Hat der Bieter die Einleitung von Maß-

---

[20] *Schnorbus* BauR 1999, 77, 96 ff.
[21] LG Stade Urt. v. 19. 12. 2003 6 O 405/02.
[22] 2. VK Bund B. v. 13. 10. 2004 VK 2 – 151/04.
[23] 3. VK Bund B. v. 8. 10. 2004 VK 3 – 146/04.
[24] 1. VK Bund B. v. 23. 9. 2004 VK 1 – 126/04 – 129/04 – 132/04.
[25] 2. VK Bund B. v. 13. 10. 2004 VK 2 – 151/04; *Kopp/Schenke* VwGO, 11. A., § 113 Rn. 136.
[26] JurisPK-VergR-*Dippel* § 126 Rn. 21.
[27] BGH U. v. 27. 11. 2007 X ZR 18/07, VergabeR 2008, 219 ff.
[28] Hierzu *Dähne* NZBau 2003, 489 ff.
[29] *Palandt-Heinrichs*, 62. A., vor § 249 Rn. 8.
[30] Vgl. *Langen/Bunte* § 126 Rn. 9 m. w. N.
[31] *Stockmann* in: Immenga/Mestmäcker, GWB, § 126 Rn. 24.

nahmen des Primärrechtsschutzes unterlassen, so kann auch dies ein Mitverschulden darstellen.[32] Dies führt aber nicht zu einem gänzlichen Verlust des Schadensersatzanspruches.[33] Gem. § 195 BGB verjähren die Ansprüche nach § 126 Abs. 1 in drei Jahren.

III. § 126 Absatz 2 – Anspruchskonkurrenz

Nach § 126 S. 2 kann der Anspruchsteller auch nach anderen Anspruchsgrundlagen als § 126 S. 1 weiteren Schadensersatz geltend machen. Hierzu zählen solche Ansprüche, die von der Rechtsfolge weitergehen als der Anspruch nach § 126 S. 1, also auch solche, die den Ersatz positiven Interesses gewähren.[34]   13

1. culpa in contrahendo (c. i. c.) – § 280 i. V. m. § 311 Abs. 2 BGB

Die Verpflichtung zur öffentlichen Ausschreibung begründet unabhängig von den Regelungen des GWB[35] ein vorvertragliches Vertrauensverhältnis, das zur gegenseitigen Rücksichtnahme und Loyalität verpflichtet.[36] Die Verletzung dieser Verpflichtungen kann Ersatzpflichten auslösen.[37] Der Anspruch aus c. i. c. ist seit der Schuldrechtsreform durch §§ 280 i. V. m. 311 Abs. 2 BGB normiert.   14

Bereits im Vorfeld des Vertragsschlusses über einen öffentlichen Auftrag entsteht auf Grund der Ausschreibungsverpflichtungen des Auftraggebers ein **vorvertragliches Vertrauensverhältnis** mit der Verpflichtung des Auftraggebers, seinen gesetzlichen Ausschreibungsverpflichtungen nachzukommen.[38] Ein vorvertragliches Vertrauensverhältnis zwischen Auftraggeber und Bieter entsteht u. a. auch durch die Beteiligung an einem öffentlichen Teilnahmewettbewerb oder an einer Ausschreibung.[39] Ein schutzwürdiges Vertrauensverhältnis kommt nicht in Betracht, wenn das Angebot des Schadensersatz begehrenden Bieters zwingend von der Wertung der Angebote auszuschließen war.[40] Das Vertrauensverhältnis begründet für alle Parteien **Sorgfaltspflichten.** Der Auftraggeber ist verpflichtet, die Vergabevorschriften einzuhalten. Die an der Vergabe öffentlicher Aufträge interessierten Bieter dürfen daher grundsätzlich darauf vertrauen, dass der öffentliche Auftraggeber das Verfahren über die Vergabe seiner Aufträge ordnungsgemäß und unter Beachtung der für ihn geltenden Bedingungen einleitet und durchführt. Eine Haftung aus c. i. c. kommt also auch dann in Betracht, wenn ein Vergabeverfahren gar nicht stattgefunden hat, aber hätte stattfinden müssen.[41] Der Anspruch steht einem Bieter aber nur dann zu, wenn er die Kosten ohne Vertrauen auf die Rechtmäßigkeit nicht oder nicht so wie geschehen getätigt hätte. Die Haftung des Auftraggebers knüpft an das schutzwürdige Vertrauen des Bieters in den rechtmäßigen Ablauf des Vergabeverfahrens an.[42]   15

Der Auftraggeber muss eine solche sich aus dem Rechtsverhältnis zwischen dem Auftraggeber und dem (potentiellen) Auftragnehmer ergebende Pflicht verletzt haben   16

---

[32] *Byok/Jaeger-Gronstedt,* 2. A. § 126 Rn. 1304.
[33] *Byok/Jaeger-Gronstedt,* 2. A. § 126 Rn. 1305; *Jaeger* NZBau 2001, 289, 293.
[34] *Byok/Jaeger-Gronstedt,* 2. A., § 126 Rn. 1316.
[35] So u. a. OLG Düsseldorf U. v. 30. 1. 2003 1 5 U 13/02, NZBau 2003, 459 ff.
[36] *Palandt-Heinrichs* § 311 Rn. 40, 62. Aufl. u. Verw. auf BGHZ 49, 79; 60, 223; BGH U. v. 26. 10. 1999 X ZR 30/98, WuW/E Verg 285.
[37] BGH U. v. 8. 9. 1998 X ZR 99/96, WuW/E Verg 129 – *Ortsgestaltung.*
[38] BGH U. v. 12. 6. 2001 X ZR 150/99 BB 2001, 1119; BGH U. v. 5. 11. 2002 X ZR 232/00, VergabeR 2003, 163; BGH U. v. 27. 11. 2007 X ZR 18/07, VergabeR 2008, 219 ff.; OLG Dresden B. 10. 2. 2004 20 U 1697/03 VergabeR 2004, 500.
[39] So bereits BGH U. v. 16. 11. 1967 III ZR 12/67, BGHZ 49, 77, 79; BGH U. v. 22. 2. 1973 III ZR 119/71, BGHZ 60, 221, 223.
[40] BGH U. v. 7. 6. 2005 X ZR 19/02.
[41] Vgl. BGH U. v. 12. 6. 2001 X ZR 150/99 – *Waggonverschrottung,* WuW/E Verg 522 ff.
[42] BGH U. v. 27. 11. 2007 X ZR 18/07, VergabeR 2008, 2 19 ff.

(**Pflichtverletzung**).[43] Dies ist z. B. der Fall, wenn der Auftraggeber den am Vergabeverfahren beteiligten Unternehmen nicht alle Angaben zur Verfügung stellt, die für die Erstellung eines ernsthaften Angebots erforderlich sind. Bei Verletzung einer solchen Aufklärungspflicht kann ein Anspruch auf Ersatz für die mit der Teilnahme am Ausschreibungsverfahren verbundenen Aufwendungen bestehen, wenn der Bieter in Kenntnis des Sachverhalts die Aufwendungen nicht getätigt hätte.[44] Bei einer Ausschreibung kann das vorvertragliche Vertrauensverhältnis gebieten, den Bieter auf für diesen nicht erkennbare Umstände hinzuweisen, die die Erteilung des Zuschlags und damit eine erfolgreiche Teilnahme in Frage stellen können. Ein übergangener Bieter kann einen auf Ersatz des negativen Interesses gerichteten Schadensersatz nicht darauf stützen, dass der Auftraggeber den Auftrag an ein Unternehmen vergeben hat, das kurz danach insolvent geworden ist.[45] Für die **haftungsausfüllende Kausalität** zwischen der geltend gemachten Pflichtverletzung und dem behaupteten Schaden – d. h. den Zurechnungszusammenhang – ist maßgebend, ob der öffentliche Auftraggeber durch sein Vergabeverhalten zurechenbar eine Ursache gesetzt oder eine gesteigerte Gefahrenlage erzeugt hat, die unmittelbar beim Anspruchsteller zum Schadenseintritt geführt hat.[46] Ist dem Bieter bekannt, dass die Leistungsbeschreibung fehlerhaft ist, und gibt er gleichwohl ein Angebot ab, steht ihm wegen dieses Fehlers der Ausschreibung ein Anspruch aus c. i. c. auf Ersatz des Vertrauensschadens nicht zu.[47] Für einen allgemeinen Schadensersatzanspruch aus der Verletzung vorvertraglicher Pflichten muss als **Schaden** eine Vermögenseinbuße dargelegt werden.[48]

17 Auch bei **Aufhebung des Vergabeverfahrens** ohne Aufhebungsgrund kommt ein Schadensersatzanspruch aus c. i. c. in Betracht.[49] Ein auf c. i. c. gestützter Schadensersatzanspruch ist **verschuldensabhängig** (vgl. § 280 Abs. 1 S. 2 BGB). Dabei muss der Auftraggeber für alle Personen einstehen, derer er sich bei der Auftragsvergabe bedient (vgl. § 278 BGB).

18 Der **Schadensersatzumfang**[50] umfasst grundsätzlich zumindest das negative Interesse. Wird der Auftrag tatsächlich erteilt, erhält ihn aber nicht derjenige Bieter, der das annehmbarste Angebot abgegeben hat, so kann ein Anspruch auf Ersatz des durch die Nichterteilung des Auftrages entgangenen Gewinnes entstehen (positives Interesse), wenn der Zuschlag bei regelgerechter Durchführung des Vergabeverfahrens nicht dem erfolgreichen Bieter, sondern mit an Sicherheit grenzender Wahrscheinlichkeit dem übergangenen Kläger hätte erteilt werden müssen.[51] Einem in einem Vergabeverfahren übergangenen Bieter steht kein Anspruch auf das positive Interesse zu, wenn die vorgetragenen Vergaberechtsverstöße für den behaupteten Gewinnausfall nicht kausal gewesen sind, weil er den Zuschlag auch unter Wahrung der vergaberechtlichen Vorschriften nicht hätte erhalten müssen.[52] Wurde einem Bieter zu Unrecht der Zuschlag nicht erteilt, so ist ihm das positive Interesse als Schadensersatz zuzusprechen; das positive Interesse schließt auch entgangene betriebswirtschaftliche Deckungsbeiträge des Bieters ein.[53] Ist das Ausschreibungsverfahren von Anfang an fehlerhaft, ist jeder Bieter berechtigt, seine vergeblichen Aufwendungen

---

[43] Vgl. eine Auflistung von möglichen Pflichtverletzungen bei *Boesen* § 126 Rn. 48.
[44] BGH U. v. 10. 6. 2007 X ZR 34/04, VergabeR 2007, 752.
[45] LG Leipzig U. v. 24. 1. 2007 06 HKO 1866/06, VergabeR 2007, 417 ff.
[46] OLG Düsseldorf U. v. 25. 1. 2006 VI-2 U (Kart) 1/05 – *Lufttransporte*.
[47] BGH U. v. 1. 8. 2006 X ZR 146/03, NZBau 2007, 58 f.
[48] OLG München U. v. 4. 8. 2005 8 U 1540/05, VergabeR 2006, 423 f.
[49] BGH U. v. 8. 9. 1998 XZR 48/97 WuW/E Verg 121 ff. – *Neubau Landwirtschaftsministerium*; BGH U. v. 8. 9. 1998 XZR 99/96 WuW/E Verg 129 ff. – *Ortsgestaltung*.
[50] Hierzu *Dähne* NZBau 2003, 489 ff.
[51] BGH U. v. 8. 9. 1998 X ZR 109/96 – *Klärwerkerweiterung*, BGHZ 139, 273 = WuW/E Verg 148.
[52] OLG Brandenburg U. v. 10. 1. 2007 4 U 81/06, VergabeR 2007, 408 ff.
[53] OLG Schleswig U. v. 10. 12. 2004 6 U 81/01.

geltend zu machen.⁵⁴ Die **Verjährung** von Ansprüchen nach §§ 280 i.V.m. 311 Abs. 2 BGB beträgt drei Jahre (§ 195 BGB).

Bei einer **Pflichtverletzung des Bieters** gegenüber dem Auftraggeber kann seitens letzterem ein Anspruch gegen den Bieter geltend gemacht werden.⁵⁵ Solche Pflichtverletzungen können gegeben sein bei z.B. dem Verschweigen von Bedenken gegen die Durchführbarkeit der vom Auftraggeber vorgegebenen Lösung⁵⁶ oder eines schwerwiegenden Fehlers im Leistungsverzeichnis, im Verhandlungsverfahren bei einer Verhandlung ohne Abschlussabsicht oder Nicht-Verlängerung einer Zuschlags- und Bindefrist trotz berechtigten Vertrauens des Auftraggebers.

2. Eingriff in das Recht am eingerichteten und ausgeübten Gewerbebetrieb – § 823 Abs. 1 BGB

§ 823 Abs. 1 BGB begründet den deliktischen Schutz von Gütern und Rechten. Die Verletzung eines absoluten Rechts im Sinne des Abs. 1 ist durch die Missachtung von Vergabevorschriften nicht möglich. Ausnahmsweise kann ein Anspruch wegen einer Verletzung des **Rechts am eingerichteten und ausgeübten Gewerbebetrieb** in Betracht kommen.⁵⁷ Hierbei muss aber ein direkter und **betriebsbezogener Eingriff** in den Gewerbebetrieb vorliegen. Dies kann u.a. bei Vergabesperren der Fall sein.⁵⁸

3. § 823 Abs. 2 BGB i.V.m. einem Schutzgesetz

Nach § 823 Abs. 2 BGB ist derjenige zum Schadensersatz verpflichtet, der gegen ein den **Schutz eines anderen bezweckendes Gesetz** verstoßen hat. Der durch die Verletzung hervorgerufene Schaden muss im Schutzbereich der jeweiligen Norm liegen. Sämtliche Bestimmungen, die im Rahmen des § 97 Abs. 7 als „Vorschriften über das Vergabeverfahren" und als subjektive Rechte eingestuft werden, sind als Schutzgesetze i.S.d. § 823 Abs. 2 BGB anzusehen. Dies sind – zumindest oberhalb der Schwellenwerte – neben der VgV auch die Verdingungsordnungen grundsätzlich in dem Rahmen, in dem sie subjektive Rechte i.S.v. § 97 Abs. 7 enthalten.⁵⁹ Die **Rechtswidrigkeit** wird durch die Verletzung des Schutzgesetzes indiziert.⁶⁰ Unterlässt der öffentliche Auftraggeber die Ausschreibung des Auftrags entsprechend den Regeln zur Vergabe öffentlicher Aufträge, kann für den potentiellen Teilnehmer an einem Ausschreibungsverfahren ein Schadensersatzanspruch gem. § 823 Abs. 2 BGB entstehen.⁶¹ Das **Verschulden** des Auftraggebers bestimmt sich nach § 276 BGB. Das Verschulden seiner Organe oder Vertreter wird dem öffentlichen Auftraggeber zugerechnet (§§ 31, 89, 278 BGB). Der **Schadensersatzumfang** richtet sich nach §§ 249 ff. BGB. Bei der Darlegung des Schadens hat der Anspruchsteller den Nachweis zu führen, dass er bei ordnungsgemäßer Durchführung des Vergabeverfahrens den Zuschlag erhalten hätte.⁶²

4. Sittenwidrigkeit – § 826 BGB

§ 826 BGB enthält die eigentliche Generalklausel des Deliktsrechts, wonach jeder in **sittenwidriger Weise vorsätzlich** zugefügte Schaden ersetzt wird. Ein Verstoß gegen die

---

⁵⁴ OLG Dresden B. v. 10. 2. 2004 20 U 1697/03 VergabeR 2004, 500.
⁵⁵ BGH U. v. 24. 11. 2005 VII ZR 87/04. Ausf. auch *Wagner* NZBau 2005, 436 ff.
⁵⁶ *Wagner* NZBau 2005, 436 ff.; BGHZ 71, 86.
⁵⁷ *Boesen* § 126 Rn. 70 f.
⁵⁸ *Schnorbus* BauR 1999, 77 ff.; *Boesen* § 126 Rn. 71; *Pietzcker* ZHR 162 (1998) 427, 460.
⁵⁹ KG Berlin U. v. 27. 11. 2003 2 U 174/02, VergabeR 2004, 490.
⁶⁰ BGH U. v. 26. 2. 1993 V ZR 74/92, BGHZ 122, 1 = NJW 1993, 1580.
⁶¹ KG Berlin U. v. 27. 11. 2003 2 U 174/02, VergabeR 2004, 490.
⁶² KG Berlin U. v. 27. 11. 2003 2 U 174/02, VergabeR 2004, 490; *Boesen* § 126 Rn. 82.

guten Sitten liegt vor, wenn ein Handeln „gegen das Anstandsgefühl aller billig und gerecht Denkenden" verstößt.[63] Maßgeblich ist der **Gesamtcharakter der schädlichen Handlung**, was im Einzelfall festzustellen ist. Es muss ein über die Rechtswidrigkeit des Vergaberechtsverstoßes hinausgehender Unrechtsgehalt vorliegen. Dies kommt in Betracht bei Fällen von Korruption, Bestechung und sonstigem **kollusiven Zusammenwirken** zwischen einem Bieter und der Vergabestelle zum Nachteil anderer Bieter, z. B. um einen von vornherein geplanten Zuschlag lediglich durch eine „pro forma Ausschreibung" zu verschleiern und zu rechtfertigen,[64] oder auch einem bewussten Verzicht auf eine vorgeschriebene Ausschreibung bei einer Direktvergabe. In Fällen, in denen eine Vertragsnichtigkeit nach § 138 BGB anzunehmen ist, kann vielfach auch von einem Schadensersatzanspruch nach § 826 BGB ausgegangen werden. Es ist nicht notwendig, dass der Auftraggeber die haftungsbegründenden Umstände positiv kennt, vielmehr genügt es, dass er mit Vergabevorschriften leichtfertig und gewissenlos umgegangen ist,[65] so dass von einem zumindest bedingten Vorsatz ausgegangen werden kann.[66] Diese Vorschrift gewährt Schadensersatz auch für reine **Vermögensschäden**.[67]

5. Amtshaftungsanspruch – § 839 BGB i. V. m. Art. 34 GG

23 Eine fehlerhafte bzw. vergaberechtswidrige Vergabe durch die **Vergabestelle** kann keinen Amtshaftungsanspruch gem. § 839 BGB i. V. m. Art. 34 GG auslösen,[68] da der jeweilige Amtsträger nicht hoheitlich tätig wird.

6. Missbrauch einer marktbeherrschenden Stellung – § 20 i. V. m. § 33 GWB[69]

24 Für einen potentiellen Bieter kommt gegen einen Auftraggeber, der eine marktbeherrschende Stellung inne hat, ein Schadensersatzanspruch gem. § 20 i. V. m. § 33 in Betracht.[70] Die **Marktbeherrschung** muss in jedem Einzelfall gesondert festgestellt werden. Erforderlich ist hierfür die Festlegung des sachlich und räumlich relevanten Marktes. Bei der Festlegung des sachlich relevanten Marktes ist grundsätzlich die Ausweichmöglichkeit der Marktgegenseite – also der Bieter – maßgebend.[71] Ein Verstoß gegen § 20 Abs. 1 liegt darin, dass ein Bieter unbillig behindert oder ohne sachlich gerechtfertigten Grund gegenüber gleichartigen Unternehmen unterschiedlich behandelt oder ausgeschlossen wird.[72] Dies beurteilt sich anhand einer **Gesamtwürdigung und Abwägung der Interessen** aller Beteiligten unter Berücksichtigung der auf die Freiheit des Wettbewerbs gerichteten Zielsetzung des Gesetzes.[73] Es ist **Verschulden** i. S. d. § 276 BGB erforderlich. Die **Darlegungs- und Beweislast** obliegt dem Anspruchsteller.[74] Eine Darlegungs- und Beweislast für die Rechtfertigung einer unterschiedlichen Behandlung trägt der Diskriminierende.[75]

---

[63] St. Rspr. seit RGZ 48, 114, 124; BGHZ 10, 228, 232; *Palandt-Thomas* 65. A., § 826 Rn. 4.
[64] *Irmer*, Sekundärrechtsschutz und Schadensersatz im Vergaberecht, 2004, S. 236.
[65] *Motzke* in: Beck'scher Kommentar zur VOB, Syst. V Rn. 299.
[66] *Irmer*, S. 236.
[67] So LG Würzburg U. v. 7. 2. 2002 – 14 O 643/01.
[68] So *Boesen* § 126 Rn. 87 m. w. N.
[69] Vgl. hier die Kommentierung zu §§ 20 und 33 GWB.
[70] Siehe oben § 20 GWB; vgl. auch BGH B. v. 18. 1. 2000 KVR 23/98 – *Tariftreueerklärung* II, WuW/E Verg 297 bzgl. marktbeherrschender Stellung im Straßenbau, bzgl. des militärischen Bereichs OLG Frankfurt U. v. 26. 7. 1988 – 6 U53/87 (Kart), WuW/E OLG 4354.
[71] OLG Düsseldorf U. v. 29. 7. 1998 U (Kart) 24/98 – *Baumpflegearbeiten*, WuW/E Verg 197, 199.
[72] Vgl. OLG Frankfurt U. v. 26. 7. 1988 6 O 53/87, BauR 1990, 1991.
[73] *Boesen* § 126 Rn. 66 mit einer Auflistung von Anwendungen von § 20 im Vergaberecht.
[74] OLG Düsseldorf U. v. 29. 7. 1998 U (Kart) 24/98, BauR 1999, 241.
[75] BGH NJW 1981, 235 ff.

§ 127. Ermächtigungen   25, 1   § 127 GWB

Weitere **kartellrechtliche Schadensersatzansprüche** kommen bei einer Verletzung 25
der §§ 14, 19 und 20 Abs. 2 u. Abs. 3 in Betracht.

IV. Neufassung gemäß Gesetz zur Modernisierung des Vergaberechts vom 20. April 2009

§ 126 bleibt unverändert.   26

§ 127 Ermächtigungen

Die Bundesregierung kann durch Rechtsverordnung mit Zustimmung des Bundesrates Regelungen erlassen

1. zur Umsetzung der Schwellenwerte der Richtlinien der Europäischen Gemeinschaft über die Koordinierung der Verfahren zur Vergabe öffentlicher Aufträge in das deutsche Recht;
2. zur näheren Bestimmung der Tätigkeiten auf dem Gebiete der Trinkwasser- und der Energieversorgung, des Verkehrs und der Telekommunikation, soweit dies zur Erfüllung von Verpflichtungen aus Richtlinien der Europäischen Gemeinschaft erforderlich ist;
3. zur näheren Bestimmung der verbundenen Unternehmen, auf deren Dienstleistungen gegenüber Auftraggebern, die auf dem Gebiete der Trinkwasser- oder der Energieversorgung, des Verkehrs oder der Telekommunikation tätig sind, nach den Richtlinien der Europäischen Gemeinschaft dieser Teil nicht anzuwenden ist;
4. zur näheren Bestimmung der Aufträge von Unternehmen der Trinkwasser- oder der Energieversorgung, des Verkehrs oder der Telekommunikation, auf die nach den Richtlinien der Europäischen Gemeinschaft dieser Teil nicht anzuwenden ist;
5. über die genaue Abgrenzung der Zuständigkeiten der Vergabekammern von Bund und Ländern sowie der Vergabekammern der Länder voneinander;
6. über ein Verfahren, nach dem öffentliche Auftraggeber durch unabhängige Prüfer eine Bescheinigung erhalten können, dass ihr Vergabeverhalten mit den Regeln dieses Gesetzes und den auf Grund dieses Gesetzes erlassenen Vorschriften übereinstimmt;
7. über den Korrekturmechanismus gemäß Kapitel 3 und ein freiwilliges Streitschlichtungsverfahren der Europäischen Kommission gemäß Kapitel 4 der Richtlinie 92/13/EWG des Rates der Europäischen Gemeinschaft vom 25. Februar 1992 (ABl. EG Nr. L 76 S. 14);
8. über die Informationen, die von den Auftraggebern, den Vergabekammern und den Beschwerdegerichten dem Bundesministerium für Wirtschaft und Technologie zu übermitteln sind, um Verpflichtungen aus Richtlinien des Rates der Europäischen Gemeinschaft zu erfüllen.

Übersicht

	Rn.
I. Allgemeines	1
II. Einzelne Regelungsgegenstände	2
III. Neufassung gemäß Gesetz zur Modernisierung des Vergaberechts vom 20. April 2009	11

I. Allgemeines

In § 127 ist eine **Ermächtigungsgrundlage** zum Erlass einer oder mehrerer **Rechts-** 1
verordnungen der Bundesregierung mit Zustimmung des Bundesrates enthalten. Solche
Verordnungen i. S. d. § 127 sollen das nur rudimentär geregelte Vergaberecht des GWB mit
Detailregelungen über den Anwendungsbereich des Vergaberechts, die nicht in das Gesetz

aufgenommen wurden, weil sie es überfrachten würden, konkretisieren und die Vergabeverfahrensvorgaben der EG-Vergaberichtlinien umsetzen. Über diese Rechtsverordnung(en) wird auch die Verbindung zu den Verdingungsordnungen hergestellt.

II. Einzelne Regelungsgegenstände

2 § 127 enthält eine Auflistung der Bereiche, die im Verordnungswege zu regeln und die nunmehr in der „Verordnung über die Vergabe öffentlicher Aufträge" (VgV) vom 9. 1. 2001[1] umgesetzt worden sind. Sie löst die Vorgängerverordnung von 1994[2] ab. Umstritten ist, ob § 4 Abs. 3 VgV die Verordnungsermächtigung überschreitet.[3] In Zusammenhang mit der Umsetzung des EU-Legislativpakets und der Modernisierung des bisherigen nationalen Vergaberechts ist mit einer umfassenden Neugestaltung der VgV zu rechnen.

3 Die Vorgabe des **§ 127 Nr. 1** – Umsetzung der (gemeinschaftsrechtlichen) **Schwellenwerte** – erfolgt in § 2 VgV. In Konkretisierung von § 100 Abs. 1 legt diese Bestimmung die schon seit längerer Zeit in den a-, b- bzw. SKR-Paragraphen der Vergabe-, Vertrags- und Verdingungsordnungen integrierten Schwellenwerte rechtsverbindlich fest.[4] Nach dem Wortlaut des § 127 ist der Verordnungsgeber ermächtigt, den Anwendungsbereich der §§ 97 ff. und damit den Primärrechtsschutz der §§ 102 ff. auch auf Bereiche unterhalb der EG-Schwellenwerte auszudehnen, denn Regelungen zur „Umsetzung der Schwellenwerte der Richtlinien der Europäischen Gemeinschaften" können auch solche sein, die über den Anwendungsbereich der Richtlinien hinausgehen. Im Zuge der anstehenden GWB-Reform soll es zu keiner Ausdehnung des Primärrechtsschutzes bei Auftragsvergaben außerhalb des Anwendungsbereichs des Kartellvergaberechts der §§ 97 ff. kommen.[5]

4 Nach **§ 127 Nr. 2** sollen die dem Vergaberecht unterfallenden **Tätigkeiten der Sektorenauftraggeber** im Verordnungswege definiert werden. Mit § 8 VgV wird eine Definition der relevanten Bereiche der Daseinsvorsorge gegeben (Trinkwasser-, Verkehrs- und Energieversorgung).[6] Tätigkeiten im Telekommunikationsbereich werden von der Anwendung des Vergaberechts ausgeschlossen.[7] Auf weitere Bereiche, die ebenfalls durch staatliche Monopole geprägt sind (z.B. das Postwesen), finden die Vorschriften bislang keine Anwendung. Allerdings sieht die im Rahmen des Legislativpakets neu verabschiedete Sektorenkoordinierungsrichtlinie 2004/17/EU[8] vor, den Anwendungsbereich auf Auftraggeber auszudehnen, die Postdienstleistungen erbringen. Dies kann zu Erleichterungen der Vergaberechtsbindungen der überwiegend privatisierten Unternehmungen führen.[9] Da Liberalisierungen und Privatisierungen auch in anderen Bereichen der Daseinsvorsorge auf Grund veränderter ökonomischer Grundkonzepte zunehmen und hier mit verstärktem Wettbewerb zu rechnen ist, ist zukünftig mit weiteren Freistellungen zu rechnen.

---

[1] Vergabeverordnung vom 9. 1. 2001 nebst Begründung, BGBl. 2001 I S. 110 (VgV); Erste Verordnung zur Änderung der Vergabeverordnung v. 7. 11. 2002 (BGBl. I S. 4338); Zweite Verordnung zur Änderung der Vergabeverordnung v. 11. 2. 2003 (BGBl. I S. 168), geändert durch Art. 2 des Gesetzes vom 1. 9. 2005 (BGBl. 2005 I S. 2676); Dritte Verordnung zur Änderung der Vergabeverordnung v. 23. 10. 2006 (BGBl. I S. 2334).

[2] „Verordnung über die Vergabestimmungen für öffentliche Aufträge" v. 22. 2. 1994, BGBl. 1994 I S. 321, geändert durch die „Erste Verordnung zur Änderung der Vergabeverordnung" v. 29. 9. 1997, BGBl. 1997 I S. 2384.

[3] Hierzu *Weyand*, ibr-online-Kommentar Vergaberecht, Stand 28. 9. 2005, § 127 Rn. 798 ff.

[4] Vgl. hierzu oben § 100.

[5] S. Begründung des Regierungsentwurfs zur Modernisierung des Vergaberechts (2008), BT-Drs. 16/10117, S. 14.

[6] § 8 VgV entspricht insofern dem bisherigen § 4 VgV.

[7] Hierzu auch Erwägungsgründe 5 u. 6 Rl. 2004/17/EU.

[8] ABl. 2004 L 134/1 ff.

[9] *Byok/Jaeger-Willenbruch*, 2. Aufl. § 126 Rn. 1336.

§ 127. Ermächtigungen

Nach § 127 Nr. 3 soll entsprechend der Vorgabe in § 100 Abs. 2 i) die Ausnahme für Dienstleistungen von **mit Sektorenauftraggebern verbundenen Unternehmen** durch die VgV konkretisiert werden. § 10 VgV enthält insofern eine Bestimmung zur Freistellung verbundener Unternehmen vom Vergaberecht. Neben einer Legaldefinition des Begriffs „verbundenes Unternehmen" in § 10 Abs. 2 VgV wird eine Ausnahmemöglichkeit für die Vergabe von Dienstleistungsaufträgen an verbundene Unternehmen geregelt.

Nach § 127 Nr. 4 sollen solche Aufträge von **Sektorenauftraggebern** bestimmt werden, auf die nach den EG-Richtlinien „dieser Teil" des GWB nicht anzuwenden ist **(Ausnahmebereiche).** Dies wird in § 9 VgV aufgegriffen.

Nach § 127 Nr. 5 soll die genaue Abgrenzung der **Zuständigkeiten der Vergabekammern** von Bund und Ländern sowie der Vergabekammern der Länder geregelt werden, was in § 18 VgV ausgeführt wird. Die Bestimmung konkretisiert § 104 Abs. 1, der die „Zurechenbarkeit" als Anknüpfungspunkt für die Zuständigkeitsbestimmung vorgibt. § 18 Abs. 1 VgV regelt die Einzelheiten bei Aufträgen einer juristischen Person i. S. v. § 98 Nr. 2. § 18 Abs. 2 VgV ordnet die Zuständigkeit der Vergabekammern des Bundes für Aufträge von Sektorenauftraggebern an, die vom Bund beherrscht werden. Die Möglichkeit, hier abweichend die Zuständigkeit einer anderen Vergabekammer zu vereinbaren, ist im Gegensatz zu Abs. 1 nicht vorgesehen. § 18 Abs. 5 und 6 VgV beziehen sich auf die besonderen Fallgestaltungen in § 98 Nr. 5 und Nr. 6 für Vergabeverfahren im Rahmen einer Organleihe und einer Bundesauftragsverwaltung. Nach Abs. 7 sind die Grundsätze der Abs. 1 bis 5 analog anzuwenden, wenn es um die Frage geht, ob ein Auftrag einem Land und damit einer Vergabekammer des Landes zugeordnet werden kann.[10]

Nach § 127 Nr. 6 sollen Regeln über eine **Prüfbescheinigung für Auftraggeber,** dass ihr Vergabeverhalten mit den Regeln des GWB und den auf Grund des GWB erlassenen Vorschriften übereinstimmt, festgelegt werden. Ausführungen hierüber finden sich nunmehr in § 19 VgV. Dieses nur für Sektorenauftraggeber geltende Bescheinigungsverfahren soll eine Maßnahme zu Qualitätssicherung und Qualitätsmanagement darstellen.[11] Vorteile im Vergabeverfahren oder in der Nachprüfung haben die Auftraggeber dadurch nicht.[12]

Nach § 127 Nr. 7 soll ein **Korrekturmechanismus** sowie ein **freiwilliges Streitschlichtungsverfahren** der Europäischen Kommission gemäß der Rechtsmittelrichtlinie 92/13 in deutsches Recht überführt werden. Die entsprechenden Regelungen finden sich in § 20 (Schlichtungsverfahren) und § 21 VgV (Korrekturmechanismus der Kommission). Nach § 20 können die Beteiligten an dem Vergabeverfahren eines Sektorenauftraggebers und jeder, dem im Zusammenhang mit einem solchen Vergabeverfahren durch einen Rechtsverstoß ein Schaden entstanden ist, ein in § 20 Abs. 2 bis Abs. 7 VgV näher geregeltes Schlichtungsverfahren in Anspruch nehmen. Im Ergebnis handelt es sich um ein **Schiedsverfahren,** welches eine Streiterledigung **außerhalb des Nachprüfungsverfahrens** nach §§ 107 ff. erlaubt. Ein Nachprüfungsverfahren wird dadurch aber nicht unzulässig.[13] Durch § 21 VgV wird der **Kommission** nunmehr einfachgesetzlich die aus den EG-Richtlinien[14] resultierende Befugnis eingeräumt, **steuernden Einfluss** auf ein laufendes Vergabeverfahren zu nehmen. Ein unmittelbares Eingriffsrecht in ein laufendes Vergabeverfahren mit Korrekturmöglichkeit steht der Kommission hiernach aber nicht zu, ebensowenig dem Bundeswirtschaftsministerium.

Gem. § 127 Nr. 8 ist festzulegen, welche **Informationen in Bezug auf Nachprüfungsverfahren** dem Bundeswirtschaftsministerium zu übermitteln sind. § 22 VgV sieht insofern vor, dass die Vergabekammern oder die Oberlandesgerichte das Bundeswirt-

---

[10] So *Groening* WRP 2001, 1 ff.
[11] So *Horn* LKV 2001, 241, 245.
[12] So *Horn* LKV 2001, 241, 245.
[13] Vgl. *Horn* LKV 2001, 241, 245.
[14] Art. 3 RMR.

schaftsministerium unaufgefordert bis zum 31. Januar eines jeden Jahres über die Anzahl der Nachprüfungsverfahren des Vorjahres und deren Ergebnisse informieren.

III. Neufassung gemäß Gesetz zur Modernisierung des Vergaberechts vom 20. April 2009

11 „23. § 127 wird wie folgt geändert:"
a) Nummer 1 wird wie folgt gefasst: „1. zur Umsetzung der vergaberechtlichen Schwellenwerte der Richtlinien der Europäischen Union in ihrer jeweils geltenden Fassung."
b) Nummer 2 wird wie folgt gefasst: „2. über das bei der Vergabe durch Auftraggeber, die auf dem Gebiet der Trinkwasser- oder Energieversorgung oder des Verkehrs tätig sind, einzuhaltende Verfahren, über die Auswahl und die Prüfung der Unternehmen und der Angebote, über den Abschluss des Vertrags und sonstige Regelungen des Vergabeverfahrens;"
c) Die Nummern 3 bis 5 werden aufgehoben.
d) In Nummer 7 werden die Wörter „den Korrekturmechanismus gemäß Kapitel 3 und" *gestrichen.*
e) In Nummer 8 werden nach dem Wort „Auftraggebern" *das Komma und die Wörter* „den Vergabekammern und den Beschwerdegerichten" *gestrichen sowie der Punkt am Ende durch ein Semikolon ersetzt.*
f) Folgende Nummer 9 wird angefügt: „9. über die Voraussetzungen, nach denen Auftraggeber, die auf dem Gebiet der Trinkwasser- oder der Energieversorgung oder des Verkehrs tätig sind, sowie Auftraggeber nach dem Bundesberggesetz von der Verpflichtung zur Anwendung dieses Teils befreit werden können, sowie über das dabei anzuwendende Verfahren einschließlich der erforderlichen Ermittlungsbefugnisse des Bundeskartellamtes."

12 **Zur Begründung führt der Regierungsentwurf aus:**
„Zu Nummer 23 (§ 127): Die Änderungen sind Folge der Übernahme der Regelungen über die Nachprüfungsverfahren und über die Tätigkeiten auf dem Gebiet der Trinkwasser- und Energieversorgung sowie des Verkehrs aus der Vergabeverordnung.
Zu Buchstabe a: Die Verordnungsermächtigung zur Umsetzung der durch Richtlinien der Europäischen Union festgelegten Schwellenwerte bezieht sich zukünftig als dynamische Rechtsverweisung auf die jeweils geltende Fassung der Vergaberichtlinien.
Zu Buchstabe b: Die derzeit geltende Nummer 2 enthält eine Ermächtigung zum Erlass einer Verordnung über die Definition der Tätigkeiten auf dem Gebiet der Trinkwasser- und Energieversorgung sowie des Verkehrs. Dies wird künftig in § 100 Abs. 2 Buchstaben f) und o) geregelt. Aufgenommen wird dafür die Ermächtigung zum Erlass einer eigenständigen Verordnung in diesen Bereichen. Ziel ist eine Eins-zu-Eins-Umsetzung der EG-Richtlinie 2004/17/EG.
Zu Buchstabe c: Die derzeit geltenden Nummern 3 und 4 enthalten die Ermächtigung zum Erlass einer Verordnung über bestimmte Ausnahmen. Diese Ausnahmen sind künftig im § 100 Abs. 2 Buchstabe p) bis s) geregelt. Die Nummer 5 enthält derzeit eine Verordnungsermächtigung für eine Regelung der Abgrenzung der Zuständigkeiten der Vergabekammern. Auch diese ist nicht mehr erforderlich, da die Regelung künftig im § 106 erfolgt. Die Verordnungsermächtigungen können daher gestrichen werden.
Zu Buchstaben d und e: Die Regelung über den Korrekturmechanismus der Kommission wird ebenso wie die Unterrichtungspflichten der Nachprüfungsbehörden (Nummer 23) in das Gesetz aufgenommen, eine Ermächtigungsgrundlage ist daher nicht mehr erforderlich.
Zu Buchstabe f: Neu aufgenommen wird eine Ermächtigung zur Regelung der Voraussetzungen für eine Befreiung von der Anwendungsverpflichtung der Vergaberegeln für die Auftraggeber, die auf dem Gebiet der Trinkwasser- und Energieversorgung sowie des Verkehrs tätig sind. Die Ermächtigung schließt auch die Regelung des Verfahrens ein, mit dem diese Befreiung erreicht werden kann, und die hierfür erforderlichen Ermittlungsbefugnisse des Bundeskartellamtes."

§ 128 Kosten des Verfahrens vor der Vergabekammer

(1) ¹Für Amtshandlungen der Vergabekammern werden Kosten (Gebühren und Auslagen) zur Deckung des Verwaltungsaufwandes erhoben. ²Das Verwaltungskostengesetz findet Anwendung.

(2) ¹Die Höhe der Gebühren bestimmt sich nach dem personellen und sachlichen Aufwand der Vergabekammer unter Berücksichtigung der wirtschaftlichen Bedeutung des Gegenstands des Nachprüfungsverfahrens. ²Die Gebühr beträgt mindestens 2500 Euro; dieser Betrag kann aus Gründen der Billigkeit bis auf ein Zehntel ermäßigt werden. ³Die Gebühr soll den Betrag von 25 000 Euro nicht überschreiten, kann aber im Einzelfall, wenn der Aufwand oder die wirtschaftliche Bedeutung außergewöhnlich hoch sind, bis zu einem Betrag von 50 000 Euro erhöht werden.

(3) ¹Soweit ein Beteiligter im Verfahren unterliegt, hat er die Kosten zu tragen. ²Mehrere Kostenschuldner haften als Gesamtschuldner. ³Hat sich der Antrag vor Entscheidung der Vergabekammer durch Rücknahme oder anderweitig erledigt, ist die Hälfte der Gebühr zu entrichten. ⁴Aus Gründen der Billigkeit kann von der Erhebung von Gebühren ganz oder teilweise abgesehen werden.

(4) ¹Soweit die Anrufung der Vergabekammer erfolgreich ist, oder dem Antrag durch die Vergabeprüfstelle abgeholfen wird, findet eine Erstattung der zur zweckentsprechenden Rechtsverfolgung notwendigen Aufwendungen statt. ²Soweit ein Beteiligter im Verfahren unterliegt, hat er die zur zweckentsprechenden Rechtsverfolgung oder Rechtsverteidigung notwendigen Auslagen des Antragsgegners zu tragen. ³§ 80 des Verwaltungsverfahrensgesetzes und die entsprechenden Vorschriften der Verwaltungsverfahrensgesetze der Länder gelten entsprechend.

Übersicht

	Rn.
I. Allgemeines	1
II. Kostenpflicht – § 128 Abs. 1	4
III. Höhe der Gebühren – § 128 Abs. 2 und Abs. 3 S. 3	8
1. Grundsätze der Gebührenbestimmung	8
2. Gebührenermäßigung, -erhöhung und -freiheit	11
a) Gebührenermäßigung aus Gründen der Billigkeit	12
b) Gebührenermäßigung bei Antragsrücknahme oder anderweitiger Erledigung	13
c) Gebührenermäßigung bis auf Null	14
d) Gebührenerhöhung bis auf 50 000 Euro	15
e) Gebührenbefreiung	16
IV. Kostentragung – § 128 Abs. 3 S. 1 und 2	17
V. Erstattung der Aufwendungen der Beteiligten – § 128 Abs. 4	23
1. Kostenquotelung	24
2. Kostenumfang	27
VI. Kostenentscheidung im Beschwerdeverfahren	33
VII. Neufassung gemäß Gesetz zur Modernisierung des Vergaberechts vom 20. April 2009	42

I. Allgemeines

§ 128 regelt die Erstattung und Verteilung der in den **Nachprüfungsverfahren vor der Vergabekammer** bei dieser entstandenen Verfahrenskosten (Gebühren und Auslagen) sowie die Auslagen der Beteiligten im Zusammenhang mit der Rechtsverfolgung. Die Vergabekammer ist gem. § 128 Abs. 4 S. 3 GWB i. V. m. § 80 Abs. 3 VwVfG grundsätzlich für die Festsetzung der im Verfahren vor ihr zu erstattenden Kosten zuständig. Lediglich wenn ein gerichtliches Hauptsacheverfahren nachfolgt, ist das Beschwerdegericht für die Kostenfestsetzung in beiden Verfahren zuständig.[1] Die Vorschrift regelt die Kosten des Verfahrens vor den **Vergabekammern des Bundes und der Länder.** Die Regelung unterscheidet zwischen den Verwaltungskosten und den sonstigen Aufwendungen zu einer zweckentsprechenden Rechtsverfolgung. Im Rahmen des Aufwendungsersatzes gelten § 80 VwVfG des

---

[1] OLG Düsseldorf B. v. 20. 10. 2004 VII-Verg 49/04.

Bundes und die entsprechenden Ländervorschriften.² Nach dem unmittelbaren Regelungsgehalt des § 128 hat grundsätzlich der Antragsteller die Kosten des Nachprüfungsverfahrens vor der Vergabekammer zu tragen, es sei denn, die abweichende Kostenregelung des § 128 Abs. 3 S. 1 greift ein.³ § 128 Abs. 4 gilt im Hinblick auf die Auslagenerstattung der Beteiligten auch für das Verfahren vor der **Vergabeprüfstelle**, dessen kostenmäßige Abwicklung im Übrigen in § 129 geregelt ist. Die **Kostenfrage vor den Vergabesenaten der Oberlandesgerichte** ist durch das GWB nicht geregelt.⁴

2   Die Kostenfestsetzungsentscheidung der Vergabekammer ist ein selbstständiger Verwaltungsakt, der – wie eine Nachprüfungsentscheidung in der Hauptsache – dem Anwendungsbereich der §§ 116 ff. unterliegt.⁵ Die Entscheidung kann daher mit der sofortigen Beschwerde, über die nicht mündlich verhandelt zu werden braucht, auch isoliert angefochten werden **(Anfechtbarkeit der Kostenentscheidung)**.⁶ Art. 7 Nr. 5 des 9. Euro-Einführungsgesetzes⁷ hat die DM-Angaben in Art. 128 durch Euro-Angaben im Verhältnis 2:1 ersetzt, so dass die regelmäßige Mindestgebühr nunmehr 2500 Euro, die Höchstgebühr 25 000 Euro, bzw. in Ausnahmefällen 50 000 Euro beträgt.

3   Werden die Nachprüfungsanträge zweier Bieter eines Vergabeverfahrens nach deren Eingang durch die Vergabekammer zur gemeinsamen Verhandlung und Entscheidung förmlich miteinander verbunden und bis zum Abschluss des Verfahrens nicht mehr getrennt, ist eine getrennte Kostenentscheidung und getrennte Gebührenerhebung grundsätzlich unzulässig.⁸

II. Kostenpflicht – § 128 Abs. 1

4   § 128 Abs. 1 bestimmt, dass die Nachprüfungsverfahren nach §§ 107 ff. grundsätzlich gebührenpflichtig sind und das Verwaltungskostengesetz Anwendung findet. Zwar bezieht sich der Verweis auf das „Verwaltungskostengesetz" in § 128 Abs. 1 aus kompetenzrechtlichen Gründen lediglich auf das Bundesverwaltungskostengesetz. Gleiches muss aber auch für die Landesverwaltungskostengesetze im Kompetenzbereich der Länder gelten, denn das Vergabenachprüfungsverfahren ist seinem Charakter nach letztlich ein Verwaltungsverfahren.⁹

5   Die Kostenregelung orientiert sich neben dem verwaltungsrechtlichen **Kostendeckungsprinzip** vorrangig am **Äquivalenzprinzip** und zwingt jeden potentiellen Antragsteller zur Kalkulation des Risikos der Inanspruchnahme von Primärrechtsschutz.¹⁰ Nach dem Äquivalenzprinzip muss ein angemessenes Verhältnis zwischen einer Gebühr und dem Wert der besonderen Leistung für den Empfänger bestehen, wobei die Gebühr Äquivalent für die Amtshandlung ist. Die Gebühr darf keine abschreckende Wirkung zur Folge haben.¹¹ Nach dem Kostendeckungsprinzip darf auch eine nach dem Äquivalenzprinzip an sich angemessene Gebühr die Aufwendungen der öffentlichen Hand nicht übersteigen.¹² Die Erhebung von Gebühren darf nicht der Gewinnerzielung dienen. Die Höhe der Gebühren richtet sich nach Abs. 2 und Abs. 3 S. 3. Die Gebührenerhebung setzt

---

² *Byok-Jaeger-Noelle*, 2. Aufl. § 128 Rn. 1339.
³ So OLG Naumburg B. v. 16. 12. 2004 1 Verg 15/04.
⁴ Vgl. hierzu aber unten Rn. 26 ff.
⁵ OLG Düsseldorf B. v. 18. 12. 2006 VII-Verg 43/06.
⁶ Vgl. OLG Dresden B. v. 23. 2. 2001 WVerg 2/01; BayObLG B. v. 4. 8. 2000 Verg 3/00; OLG Düsseldorf B. v. 20. 7. 2000 Verg 2/99, NZBau 2001, 165.
⁷ BGBl. 2001 I S. 2992 f.
⁸ OLG Naumburg B. v. 28. 6. 2004 1 Verg 5/04, ZfBR 2004, 543 (Leitsatz); OLG Naumburg B. v. 22. 2. 2007 1 Verg 15/06.
⁹ OLG Naumburg B. v. 17. 9. 2002 1 Verg 8/02; a. A. *Byok-Jaeger-Noelle*, 2. A., § 128 Rn. 1338.
¹⁰ Vgl. RegBegr. des Vergaberechtsänderungsgesetzes, BT-Drucks. 13/9340, S. 23.
¹¹ *Byok-Jaeger-Noelle*, 2. A., § 128 Rn. 1342.
¹² *Byok-Jaeger-Noelle*, 2. A., § 128 Rn. 1342.

§ 128. Kosten des Verfahrens vor der Vergabekammer 6–9 § 128 GWB

neben dem Eingang eines Nachprüfungsantrages zumindest eine erste Amtshandlung der Vergabekammer i. S. d. §§ 107 ff. voraus.

Neben den Gebühren kann die Vergabekammer auch **Auslagen** geltend machen. Auslagen sind die tatsächlich entstandenen gesondert zurechenbaren geldwerten Aufwendungen der Vergabekammer, z. B. Telefonkosten, Kopierkosten, Übersetzungskosten, Bekanntmachungskosten etc. (§ 10 VwKostG). 6

Die Vergabekammer kann die Durchführung eines Vergabeverfahrens von der Zahlung eines **Vorschusses** oder einer **Sicherheitsleistung** bis zur Höhe der voraussichtlich entstehenden Kosten abhängig machen (§ 16 VwKostG). Die Vergabekammern des Bundes verlangen den Nachweis der Zahlung eines Vorschusses i. H. v. 2500 Euro (vgl. § 4 Abs. 1 GO VK Bund).[13] Die von Verfahrensbeteiligten an einem Vergabenachprüfungsverfahren nach § 128 Abs. 1 GWB zu tragenden Kosten **verjähren** entweder binnen drei Jahren nach dem Ende des Kalenderjahres der Fälligstellung der Kostenschuld oder – unabhängig hiervon – binnen vier Jahren nach Eingang des Nachprüfungsantrags bei der Vergabekammer. 7

III. Höhe der Gebühren – § 128 Abs. 2 u. Abs. 3 S. 3

1. Grundsätze der Gebührenbestimmung

Die in § 128 Abs. 2 enthaltene Grundregelung über den Gebührentatbestand ist § 80 Abs. 2 GWB nachgebildet.[14] Die **Gebührenhöhe** bestimmt sich nach dem personellen und sachlichen Aufwand der Vergabekammer unter Berücksichtigung der wirtschaftlichen Bedeutung des Verfahrensgegenstandes (Abs. 2 S. 1). Letzterem Aspekt kommt aber in Anlehnung an die Spruchpraxis der Kartellbehörden ein größeres Gewicht bei der Gebührenbemessung zu,[15] denn die Gebührenbemessung soll nach den allgemeinen gebührenrechtlichen Grundsätzen erfolgen. Ausgangspunkt bei der Gebührenbemessung ist daher die **wirtschaftliche Bedeutung** des Verfahrensgegenstandes (Äquivalenzprinzip).[16] Das Kostendeckungsprinzip beinhaltet damit in der Sache nur ein Kostenüberdeckungsverbot.[17] 8

Die **wirtschaftliche Bedeutung** des Gegenstandes eines Nachprüfungsverfahrens ergibt sich – unabhängig von der Ausschreibungsart – grundsätzlich aus dem Wert des zur Vergabe vorgesehenen Auftrages (objektives Kriterium)[18] und nicht etwa subjektiv aus der Perspektive des Antragstellers. Dem **Auftragswert** ist nach Maßgabe des sich aus § 128 Abs. 2 ergebenden Gebührenrahmens ein Gebührenbetrag zuzuordnen. Die Gebühr beträgt gem. Abs. 2 S. 2 mindestens 2500 Euro und soll den Betrag von 25 000 Euro nicht überschreiten (Abs. 2 S. 3). Entspricht die wirtschaftliche Bedeutung dem Durchschnitt, so ist grundsätzlich eine mittlere Gebühr angemessen.[19] Für Auftragswerte ergeben sich die jeweils zuzuordnenden proportionalen Basisgebühren durch **Interpolation.** Die Vergabekammern des Bundes haben eine – nicht offiziell veröffentlichte – **Gebührentabelle** erarbeitet, gegen deren Anwendung keine Bedenken bestehen.[20] Sie kann als Anhaltspunkt auch für die Vergabekammern der Länder dienen.[21] 9

---

[13] Bek. Nr. 11/98, BAnz. v. 12. 1. 1999, S. 252.
[14] Vgl. Reg.begr. des Vergaberechtsänderungsgesetzes BT-Drucks. 13/9340, S. 23.
[15] *Stockmann* in: Immenga/Mestmäcker, GWB, 4. Aufl., § 128 Rn. 4.
[16] Vgl. BayObLG B. v. 13. 4. 2004 Verg 5/04, BayObLGR 2004, 215; BayObLG B. v. 20. 1. 2004 Verg 21/03; VK Bund B. v. 14. 11. 2000 VK 1 – 33/00 – *Tunnelneubau*, WuW/E Verg 441.
[17] *Byok/Jaeger-Noelle*, 2. A., § 128 Rn. 1347.
[18] VK Bund B. v. 14. 11. 2000 VK 1 – 33/00 – *Tunnelneubau*, WuW/E Verg 441.
[19] VK Bund B. v. 14. 11. 2000 VK 1 – 33/00 – *Tunnelneubau*, WuW/E Verg 441.
[20] OLG Düsseldorf B. v. 12. 5. 2004 VII-Verg 25/04; OLG Düsseldorf B. v. 12. 5. 2004 VII-Verg 26/04; OLG Koblenz B. v. 16. 2. 2006 1 Verg 2/06, NZBau 2006, 740.
[21] *Byok/Jaeger-Noelle*, 2. A., § 128 Rn. 13 546, m. w. N.; vgl. u. a. VK Darmstadt B. v. 29. 11. 2001 69 dVK 42/2001; VK Münster 5. 10. 2001 VK 20/01.

Gebührentabelle VK Bund vom 1. 1. 2003

Ausschreibungssumme (in)	Basisgebühr (in)
80 000,00	2 500,00
1 000 000,00	4 000,00
5 000 000,00	5 500,00
10 000 000,00	7 000,00
15 000 000,00	8 500,00
20 000 000,00	10 000,00
25 000 000,00	11 500,00
30 000 000,00	13 000,00
35 000 000,00	14 500,00
40 000 000,00	16 000,00
45 000 000,00	17 500,00
50 000 000,00	19 000,00
55 000 000,00	20 500,00
60 000 000,00	22 000,00
65 000 000,00	23 500,00
70 000 000,00	25 000,00

10   Eine Mehrheit der Vergabekammern orientiert sich bei der Gebührenbemessung an dieser vom Bundeskartellamt entwickelten Gebührentabelle.[22] Ein auf Grund einer Gebührentabelle ermittelter Wert kann somit die **Basis für die zu erhebende Gebühr** bilden. Von diesem Mittelwert sind in Abhängigkeit vom jeweiligen personellen und sachlichen Arbeitsaufwand **Zu- und Abschläge** vorzunehmen, deren Höhe im pflichtgemäßen Ermessen der Vergabekammer liegt.[23] Der personelle Aufwand bemisst sich nach dem Schwierigkeitsgrad des Streitstoffes, der notwendigen Vorbereitungszeit sowie der Dauer der mündlichen Verhandlung. Gebührenerhöhend kann sich auch ein Antrag auf Gestattung des Zuschlags gem. § 115 Abs. 2 S. 1 auswirken.[24]

2. Gebührenermäßigung, -erhöhung und -freiheit

11   Nach § 128 Abs. 2 S. 2 u. 3 kann die Mindestgebühr von 2500 Euro aus Gründen der Billigkeit bis auf ein Zehntel – 250 Euro – ermäßigt werden; der Regelhöchstbetrag von 25 000 Euro kann im Einzelfall bis auf 50 000 Euro erhöht werden. Zudem bestimmt § 128 Abs. 3 S. 3, dass nur die Hälfte der Gebühr zu entrichten ist, wenn sich der Antrag auf Nachprüfung vor einer Entscheidung der Vergabekammer durch Rücknahme oder anderweitig erledigt hat. Gem. § 128 Abs. 3 S. 4 kann aus Gründen der Billigkeit von der Erhebung der Gebühren ganz oder teilweise abgesehen werden. Die Entscheidung über die

---

[22] *Byok/Jaeger-Noelle*, 2. A., § 128 Rn. 1354 m. w. N. aus der Rechtspraxis.
[23] Vgl. VK Bund B. v. 14. 11. 2000 VK 1 – 33/00 – *Tunnelneubau*, WuW/E Verg 441, unter Verweis auf KG Berlin B. v. 30. 3. 1994 Kart. 3/93 – *Kleinhammer*, WuW/E OLG 5259.
[24] *Motzke/Pietzcker/Prieß* § 128 Rn. 6.

Gebührenhöhe kann wegen des der Vergabekammer eingeräumten Ermessensspielraums nur hinsichtlich Ermessensfehler überprüft werden.[25]

a) **Gebührenermäßigung aus Gründen der Billigkeit, § 128 Abs. 2 S. 2.** Sofern 12 die Mindestgebühr von 2500 Euro noch als zu hoch erscheint, kann diese aus **Gründen der Billigkeit** auf bis zu ein Zehntel abgesenkt werden. Dies kommt in Betracht, wenn der sachliche und personelle Aufwand bei der Vergabekammer als unterdurchschnittlich anzusehen und die wirtschaftliche Bedeutung gering ist.[26]

b) **Gebührenermäßigung bei Antragsrücknahme oder anderweitiger Erledi-** 13 **gung.** Die Auferlegung der bei der Vergabekammer selbst entstandenen Kosten nach **Rücknahme des Nachprüfungsantrages** ist nur unzureichend geregelt. Die Rücknahme wurde teilweise mit einem Unterliegen gleichgesetzt und der Antragsteller ist mit diesen Kosten belastet.[27] Der BGH hat nunmehr klargestellt, dass auch die Antragsrücknahme kein Unterliegen i. S. d. § 128 Abs. 3 S. 1 darstellt; vielmehr beantwortet sich die Frage, wer die Kosten für Amtshandlungen der Vergabekammer zu tragen hat, nach § 128 Abs. 1 S. 2 i. V. m. § 13 Abs. 1 Nr. 1 VwKG.[28] Kostenschuldnerin für Amtshandlungen der Vergabekammer ist gem. § 128 i. V. m. § 13 VwKostG der Antragsteller, da er das Nachprüfungsverfahren in Gang gesetzt hat.[29] Hat sich der Antrag aber vor Entscheidung der Vergabekammer durch Rücknahme oder anderweitig erledigt, hat der Antragsteller nur die Hälfte der Gebühr zu entrichten (§ 128 Abs. 3 S. 3). Hiermit wird eine vorzeitige Verfahrensbeendigung und ein damit zusamenhängender geringerer sachlicher und personeller Aufwand – z. B. durch den Wegfall der mündlichen Verhandlung – privilegiert. Eine anderweitige Erledigung kommt u. a. durch Zuschlagserteilung, Heilung von Vergaberechtsverstößen, Aufhebung, Einstellung etc. in Betracht. **Gebührenschuldner** ist im Falle der Antragserledigung grundsätzlich der Antragsteller.

c) Eine **Ermäßigung bis auf Null** aus Billigkeitsgründen ist – auf Grund der systema- 14 tischen Stellung dieser Vorschrift nur bei einer Klagerücknahme oder einer anderweitigen Erledigung i. S. v. Abs. 3 S. 4 möglich.[30] Für die Anwendung dieser Ermäßigungsmöglichkeit bleiben neben den vorgenannten solche Umstände des jeweiligen Falles, die nicht in Zusammenhang mit der wirtschaftlichen Bedeutung und dem erforderlichen Verwaltungsaufwand stehen.[31]

d) Eine **Gebührenerhöhung** bis auf 50 000 Euro ist sowohl bei außergewöhnlich ho- 15 hem personellen oder sachlichen Aufwand als auch bei außergewöhnlich hoher wirtschaftlicher Bedeutung möglich. Zwar ist nach dem Wortlaut der Vorschrift ein Alternativverhältnis anzunehmen, bei einer Erhöhung über die Grenze von 25 000 Euro sollte aber das Kostendeckungsprinzip das Äquivalenzprinzip begrenzende Berücksichtigung finden, weshalb eine Erhöhung allein auf Grund der wirtschaftlichen Bedeutung nicht zu begründen ist. Nach allgemeiner Auffassung kommt eine Erhöhung nur in Ausnahmefällen in Betracht.[32]

e) Eine **Gebührenbefreiung** kann **für öffentliche Auftraggeber** i. S. d. § 98 in Be- 16 tracht kommen (§ 8 VwKostG). Dies gilt jedenfalls für den Bund und die bundesunmittelbaren juristischen Personen des öffentlichen Rechts, die Länder und juristischen Personen

---

[25] *Stockmann,* in: Immenga/Mestmäcker, GWB, 4. Aufl., § 128 Rn. 6; OLG Koblenz B. v. 16. 2. 2006 1 Verg 2/06.
[26] Vgl. die Rspr.-Nachweise bei *Byok/Jaeger-Noelle* 2. A., § 128 Rn. 1374 in Fn. 80.
[27] BayObLG B. v. 29. 9. 1999 Verg 5/99, NZBau 2000, 99.
[28] BGH B. v. 25. 10. 2005 XZB 15/05 NZBau 2006, 392.
[29] 3. VK Bund B. v. 26. 4. 2004 VK 3–47/04; B. v. 3. 6. 2004 VK 3–56/04; B. v. 10. 9. 2004, VK 3–125/04; VK Saarbrücken B. v. 6. 8. 2007 1 VK 03/2007, ZfBR 2008, 108.
[30] A. A. *Stockmann* in: Immenga/Mestmäcker, GWB, 4. Aufl., § 128 Rn. 6.
[31] Vgl. die Rspr.-Nachweise bei *Byok/Jaeger-Noelle* 2. A., § 128 Rn. 1376 in Fn. 85.
[32] Vgl. *Byok/Jaeger-Noelle,* 2. A., § 128 Rn. 1366; *Stockmann* in: Immenga/Mestmäcker, GWB, 4. A., § 128 Rn. 7.

des öffentlichen Rechts, die nach den Haushaltsplänen eines Landes für Rechnung eines Landes verwaltet werden sowie für Gemeinden und Gemeindeverbände. Diese Gebührenfreiheit gilt nicht für wirtschaftliche Unternehmen der Gemeinden und Gemeindeverbände, Sondervermögen und Bundesbetriebe i. S. d. Art. 110 Abs. 1 GG, für gleichartige Einrichtungen der Länder sowie für öffentlich-rechtliche Unternehmen, an denen der Bund oder ein Land beteiligt ist. Weiter tritt eine Befreiung nicht ein, soweit die Berechtigung besteht, die Gebühren Dritten aufzuerlegen. Befreit sind auch nicht die Bundesanstalt für Bodenforschung, die Bundesanstalt für Materialprüfung, das Bundessortenamt, die Physikalisch-Technische Bundesanstalt, das Deutsche Hydrographische Institut, das Bundesamt für Schiffsvermessung und die See-Berufsgenossenschaft.

IV. Kostentragung – § 128 Abs. 3 S. 1 u. 2

17 § 128 Abs. 3 legt die Tragung der Kosten i. S. d. Abs. 1 und 2 – Gebühren und Auslagen – fest. Die **Kostenentscheidung ergeht von Amts wegen**[33] in der Regel zusammen mit der Sachentscheidung (§ 14 Abs. 1 S. 2 VwKostG). Sie umfasst sowohl die Kostengrundentscheidung als auch die Kostenfestsetzungsentscheidung.

18 Die **Kostengrundentscheidung** legt fest, zu welchen Anteilen die Beteiligten die Kosten der Vergabekammer tragen und regelt zudem die wechselseitige Erstattung der notwendigen Auslagen zwischen den Beteiligten, inklusive der Entscheidung über die Notwendigkeit der Hinzuziehung eines Bevollmächtigten.[34]

19 Die **Kostenfestsetzungsentscheidung** beziffert den Anspruch des Kostengläubigers nach § 128 Abs. 1 S. 1 der Höhe nach. Die Vergabekammer muss in einem einstufigen Verfahren den Gegenstandswert als bloßes Berechnungselement ermitteln und darauf aufbauend die zu erstattenden Anwaltsgebühren berechnen und auch festsetzen, wobei die gesetzliche Befugnis zur verbindlichen Regelung zwischen den Verfahrensbeteiligten nur die Festsetzung des Erstattungsbetrags betrifft.[35] Die **Kostenfestsetzung ergeht als Verwaltungsakt.** Dieser entfaltet Rechtswirkungen ausschließlich im Verhältnis zwischen der Antragsgegnerin und dem Antragsteller des Nachprüfungsverfahrens.

20 Grundsätzlich hat der **unterlegene Beteiligte** die Kosten des Nachprüfungsverfahrens zu tragen. Billigkeitserwägungen sind bei der Kostenentscheidung nicht relevant.[36] Erscheint das Obsiegen und Unterliegen auf der Grundlage des bei der Kostenentscheidung anzuwendenden Schätzungsermessens als gleichwertig, so können die Kosten gegeneinander aufgehoben werden.[37] Der **Antragsteller** hat die Kosten des Verfahrens zu tragen, wenn er mit seinem Antrag keinen Erfolg gehabt hat. Für die Beurteilung des Obsiegens bzw. Unterliegens eines Beteiligten ist allein der Ausgang des Nachprüfungsverfahrens im Verhältnis zu dem von ihm gestellten Antrag maßgeblich.[38] Obsiegt der Antragsteller nur teilweise, etwa weil er sich selbst vergaberechtswidrig verhalten hat, z. B. indem er sich auf Nachverhandlungen der Auftraggeberin eingelassen hat, tragen Antragsteller und Antragsgegner die Kosten anteilig.

21 **Erledigt** sich das Nachprüfungsverfahren durch Rücknahme des Antrags oder auf andere Weise **ohne Entscheidung in der Sache,** so ist kein Unterliegen im Sinne von § 128 Abs. 3 S. 1 gegeben, denn ein solches setzt eine Entscheidung der Vergabekammer

---

[33] BayObLG B. v. 27. 9. 2002 Verg 18/02.
[34] *Byok/Jaeger-Noelle*, 2. A., § 128 Rn. 1388.
[35] OLG Düsseldorf B. v. 3. 7. 2003 Verg 17/01.
[36] OLG Düsseldorf B. v. 15. 5. 2002 Verg 10/02.
[37] OLG Düsseldorf B. v. 29. 12. 2001 Verg 22/01, NZBau 2000, 67.
[38] OLG Jena B. v. 30. 1. 2002 6 Verg 9/01; OLG Naumburg B. v. 28. 9. 2001 1 Verg 9/01, VergabeR 2002, 200; OLG Naumburg B. v. 23. 4. 2003 1 Verg 1/03; a. A. OLG Frankfurt/M. B. v. 16. 5. 2000 11 Verg 1/99, BauR 2000, 1595.

voraus.[39] Wird der ordnungsgemäße Nachprüfungsantrag eines Bieters von der Vergabekammer verworfen, zugleich jedoch im Rahmen dieses Nachprüfungsverfahrens nach § 114 Abs. 1 S. 2 die Aufhebung des Vergabeverfahrens angeordnet, so kann neben dem Unterlegenen auch die Vergabestelle Mitunterlegene des Verfahrens i. S. v. § 128 Abs. 3 sein.[40]

Wird von mehreren Bietern ein Nachprüfungsverfahren beantragt, so haften diese bei Unterliegen gem. Abs. 3 S. 3 als **Gesamtschuldner** (vgl. § 421 BGB). Damit kann der Kostengläubiger die Leistung nach seinem Belieben von jedem der Schuldner ganz oder zum Teil fordern. Beantragen mehrere Verfahrensbeteiligte die Abweisung eines Nachprüfungsantrages und wird dem Nachprüfungsantrag im Ergebnis stattgegeben, so sind diese Beteiligten gemeinsam als Unterlegene i. S. d. § 128 Abs. 3 anzusehen.[41] Im Falle einer persönlichen Gebührenbefreiung eines der Gebührenschuldner ist die gem. § 128 Abs. 1 u. 2 ermittelte Gebühr um den Betrag zu kürzen, der dem internen Haftungsanteil des befreiten Gebührenschuldners entspricht.[42]

V. Erstattung der Aufwendungen der Beteiligten – § 128 Abs. 4

Die Vorschrift regelt allein die Erstattung der durch das Nachprüfungsverfahren entstandenen Aufwendungen bzw. Auslagen der Beteiligten. Die Gebühren und Auslagen eines Rechtsanwaltes sind nur dann erstattungsfähig, wenn die Zuziehung eines Bevollmächtigten notwendig war und dies auch in der Kostenentscheidung bestätigt worden ist.[43] Die Vorschrift bestimmt also, welcher Beteiligte welche Aufwendungen zu welchem Teil übernimmt. § 80 VwVfG bzw. die landesrechtlichen Parallelvorschriften sind entsprechend anwendbar. Die Entscheidung über Umfang und Quotelung des Aufwendungsersatzes ergeht von Amts wegen.[44]

1. Kostenquotelung

Grundsätzlich sind die Aufwendungen und Auslagen von dem oder den unterlegenen Beteiligten im Umfang des Unterliegens zu tragen. **Unterlegener** im Sinne der Vorschrift ist jeder, der als Beteiligter im Verfahren in Bezug auf den von ihm gestellten Antrag als Antragsteller, Antragsgegner oder Beigeladener keinen Erfolg vor der Vergabekammer gehabt hat.[45] Die unterlegene Partei hat grundsätzlich die **zur zweckentsprechenden Rechtsverfolgung notwendigen Aufwendungen** in dem Umfang, in dem sie unterliegt, zu erstatten: Bei einem Teilunterliegen hat sie nur einen Teil der Kosten zu tragen, bei teilweisem Erfolg ist nur der Anteil der Aufwendungen zu erstatten, der dem Verhältnis zwischen Erfolg und Misserfolg bzw. Unterliegen und Obsiegen entspricht. Der Aufwendungsersatzanspruch reduziert sich grundsätzlich um selbst verschuldete Aufwendungen.

In einzelnen Aspekten ist zwischen den Beteiligten zu differenzieren. Dem Antragsteller werden die notwendigen Auslagen erstattet, soweit der Antrag erfolgreich gewesen ist. Da regelmäßig die Vergabestelle Antragsgegner ist, ist diese dann zur Tragung der Kosten verpflichtet (vgl. § 128 Abs. 4 S. 2). Bei Rücknahme des Nachprüfungsantrags, hat der Antragsteller regelmäßig dem Auftraggeber die zur zweckentsprechenden Rechtsverfolgung notwendigen Auslagen zu erstatten.[46] Nimmt der Antragsteller den Nachprüfungsantrag

---

[39] BGH, U. v. 9. 12. 2003, NZBau 2004, 285 f.; BGH, B. v. 25. 10. 2005, NZBau 2006, 196.
[40] OLG Naumburg B. v. 28. 9. 2001 1 Verg 9/01, VergabeR 2002, 200.
[41] OLG Naumburg B. v. 7. 8. 2001 1 Verg 1/01, OLGR Naumburg 2002, 73.
[42] OLG Dresden B. v. 25. 1. 2005 WVerg 0014/04, ZfBR 2005, 419 (Leitsatz).
[43] So *Motzke/Pietzcker/Prieß* § 128 Rn. 212.
[44] *Byok/Jaeger-Noelle* § 128 Rn. 1440 c.
[45] *Niebuhr/Kulartz/Kus/Portz* § 128 Rn. 7.
[46] OLG Düsseldorf B. v. 19. 2. 2002 Verg 33/01 VergabeR 2003, 111.

erst in zweiter Instanz zurück, so ist er darüber hinaus auch mit den Kosten des Beschwerdeverfahrens zu belasten.[47] Jedoch hat der Antragsteller die notwendigen Auslagen nicht zu tragen, wenn er darlegen kann, dass die Einleitung des Nachprüfungsverfahrens auf einem Verschulden des Auftraggebers beruht (§ 128 Abs. 4 S. 3 i. V. m. § 80 Abs. 1 S. 4 VwVfG).[48]

26 Eine Erstattung der im erstinstanzlichen Verfahren angefallenen notwendigen Auslagen der Beigeladenen ist gesetzlich nicht vorgesehen, ebensowenig wie eine Kostentragung seitens der Beigeladenen. Ein **Beigeladener,** der sich mit eigenen Anträgen am Verfahren vor der Vergabekammer beteiligt, ist allerdings als Beteiligter i. S. d. § 128 Abs. 3 S. 1 und Abs. 4 S. 2 mit den dort angeordneten Kostenfolgen anzusehen.[49] Auf Grund der kontradiktorischen Ausgestaltung des Nachprüfungsverfahrens ist die Frage etwaiger **Erstattungsansprüche Beigeladener** grundsätzlich nach den für gerichtliche Verfahren geltenden Grundsätzen zu beurteilen. Bei Kostenpflichtigkeit im Falle eines Unterliegens entspricht es der Billigkeit, auch im Falle eines Obsiegens einen Kostenerstattungsanspruch anzuerkennen.[50] Beigeladene sind im Beschwerdeverfahren analog § 97 Abs. 1 ZPO nach denselben Grundsätzen zu behandeln wie die anderen Beteiligten.[51] Dem Beigeladenen, der sich durch eigene Schriftsätze und Stellungnahmen am Nachprüfungsverfahren nicht beteiligt und das Verfahren nicht gefördert hat, sind etwaige Aufwendungen bei der Rechtsverfolgung nicht zu erstatten. Nimmt der Antragsteller seinen Nachprüfungsantrag vor der Vergabekammer zurück, findet eine Erstattung der außergerichtlichen Kosten der Beigeladenen im Verfahren vor der Vergabekammer nicht statt.[52] Der öffentliche Auftraggeber und der ihn unterstützende Beigeladene haften als Teilschuldner für die Erstattung der Aufwendungen des obsiegenden Antragstellers im Verfahren vor der Vergabekammer.[53] Sofern auch der Beigeladene erfolglos einen Antrag auf Zurückweisung des Nachprüfungsantrags stellt, trägt er zusammen mit dem Antragsgegner die Kosten des Verfahrens als Gesamtschuldner.[54]

2. Kostenumfang

27 Bei der Prüfung, ob die **Heranziehung von Verfahrensbevollmächtigten** notwendig ist, handelt es sich um Einzelfallentscheidungen.[55] § 128 Abs. 4 Satz 3 ordnet nur eine entsprechende Geltung von § 80 VwVfG an, so dass dessen restriktive Tendenz zur Erstattung von Rechtsanwaltskosten nicht ohne weiteres auf das Vergabeverfahren übertragen werden kann.[56] Wegen der kontradiktorischen Ausgestaltung schon im Verfahren vor der Vergabekammer unterscheidet sich die verfahrensrechtliche Ausgestaltung grundlegend von einem „normalen" verwaltungsrechtlichen Verfahren.[57] Die Handlungsmöglichkeiten und -pflichten der Beteiligten im Verfahren nach den §§ 107 ff. ähneln eher denen eines ver-

---

[47] Vgl. OLG Düsseldorf B. v. 19. 2. 2002 Verg 33/01 VergabeR 2003, 111.
[48] OLG Celle B. v. 13. 2. 2002 13 Verg 2/02, WuW/E Verg 661.
[49] Vgl. z. B. OLG Düsseldorf B v. 15. 6. 2000 Verg 6/00 – *Euro Münzplättchen III,* NZBau 2000, 440, 444; OLG Frankfurt B. v. 16. 5. 2000 11 Verg 1/99, NZBau 2001, 101, 103.
[50] OLG Frankfurt/Main B. v. 16. 5. 2000 11 Verg 1/99, NZBau 2001, 101.
[51] *Stockmann* in: Immenga/Mestmäcker, GWB, 4. Aufl., § 128; BGH, U. v. 9. 2. 2004, NZBau 2004, 229.
[52] BGH B. v. 25. 10. 2005 X ZB 22/05, WuW/E Verg 1183 – *Beigeladenenkosten.*
[53] BGH B. v. 26. 9. 2006, X ZR 14/06, ZfBR 2007, 86 ff.
[54] OLG Schleswig B. v. 22. 1. 2007 1 Verg 2/06.
[55] OLG Düsseldorf B. v. 20. 7. 2000 Verg 1/00, NZBau 2000, 486 ff.; OLG Düsseldorf, 22. 8. 2000, Verg 9/00.
[56] OLG Düsseldorf B v. 20. 7. 2000 Verg 1/00, NZBau 2000, 486 ff.; OLG Düsseldorf B. v. 22. 8. 2000 Verg 9/00.
[57] So OLG Dresden B. v. 29. 6. 2001 WVerg 0009/00.

waltungsgerichtlichen Verfahrens erster Instanz, für das § 162 Abs. 2 S. 1 VwGO die Erstattungsfähigkeit der Kosten anwaltlicher Vertretung ausdrücklich anordnet.[58]

In Bezug auf die **Notwendigkeit** der anwaltlichen Vertretung ist nach der Stellung der 28 Partei und ihrer Beteiligung am Vergabe(nachprüfungs-)verfahren zu differenzieren. Kommen für den Antragsteller neben antragsbezogenen Sach- und Rechtsfragen einschließlich der dazugehörigen Vergaberegeln weitere nicht einfache insbesondere **vergabespezifische Rechtsprobleme** hinzu, ist es sachgerecht, die Notwendigkeit der Hinzuziehung eines Rechtsanwaltes anzunehmen. Grundsätzlich gilt für den Antragsgegner, also im Regelfall die Vergabestelle, dass die Hinzuziehung eines Rechtsanwaltes auf Grund der Kompliziertheit der Materie sachgerecht und zur zweckentsprechenden Rechtsverfolgung notwendig ist.[59] Denn auf Grund des gerichtsähnlich ausgestalteten Verfahrens müssen die Beteiligten auch **prozessuale Kenntnisse** haben. Wenn die Vergabestelle aber laufend Vergabeverfahren einer bestimmten Art durchführt und mit in diesem Zusammenhang auftretenden Rechtsproblemen vertraut ist (auftragsbezogene Sach- bzw. Rechtsfragen) und im Übrigen eine eigene Rechtsabteilung hat, kann hieraus auch eine andere Bewertung folgen.[60] Betreffen die Nachprüfungsanträge Fragen des Angebotsinhalts sowie der Eindeutigkeit und des Inhalts der Verdingungsunterlagen, gehören sie ihrer Art nach zum übernommenen Aufgabenbereich der Vergabestelle. Die Hinzuziehung eines anwaltlichen Bevollmächtigten für den öffentlichen Auftraggeber ist dann nicht notwendig.[61] In die Bewertung einfließen können auch, ob zu den auftragsbezogenen Sach- und Rechtsfragen einschließlich der dazugehörigen Vergaberegeln noch weitere gemeinschaftsrechtliche und prozessuale Fragen hinzukommen. Auch eine herausragende Bedeutung des Auftrags kann für sich alleine die Heranziehung eines Rechtsanwaltes als „notwendig" erscheinen lassen.[62] Fertigt ein beratendes Ingenieurbüro für den öffentlichen Auftraggeber Stellungnahmen zu Rügen von Bietern, welche diese im Ausschreibungsverfahren erheben, werden Aufwendungen hierfür nicht nach § 128 erstattet.[63]

Die Notwendigkeit der Hinzuziehung eines Rechtsanwalts ist regelmäßig dann gegeben, 29 wenn der Antragsteller einen Verstoß gegen **europarechtliche Vergaberegeln** geltend macht. Auf Grund des **Ineinandergreifens verschiedener Rechtsebenen** ist einem öffentlichen Auftraggeber eine sachgemäße Rechtsverteidigung ohne anwaltlichen Beistand nicht zumutbar.[64]

Erweist sich im Vergabenachprüfungsverfahren, dass eine auftragsbezogene Rechtsfrage 30 streitentscheidend war, die die Vergabestelle als Antragsgegnerin zutreffend rechtlich eingeordnet hat, ist bei der zugunsten der Vergabestelle ergehenden Kostenentscheidung nicht auch auszusprechen, dass der Antragsteller als Unterlegener neben den Kosten des Verfahrens die notwendigen Kosten der Vergabestelle zu tragen hat. Dann nämlich war die Zuziehung eines anwaltlichen Verfahrensbevollmächtigten nicht erforderlich.[65] Setzt die Ver-

---

[58] OLG Dresden B. v. 29. 6. 2001 WVerg 0009/00.
[59] OLG Naumburg B. v. 28. 6. 2004 1 Verg 8/04, ZfBR 2004, 621 (Leitsatz); OLG Saarbrücken B. v. 26. 3. 2004 1 Verg 3/04; OLG Düsseldorf B. v. 20. 7. 2000 Verg 1/00; OLG Frankfurt 1/99 v. 16. 5. 2000, NZBau 2001, 101. Einen weitaus strengeren Standpunkt nehmen das OLG Rostock B. v. 25. 10. 2000 17 W 3/99 sowie das OLG Koblenz B. v. 21. 9. 2000 1 Verg 2/99 ein, geringere Anforderungen als das OLG Düsseldorf stellt hingegen das BayOLG B. v. 12. 4. 2000 Verg 1/00, NZBau 2000, 481, 486.
[60] VK Bund B. v. 26. 9. 2001 VK 2 – 30/01; KG Berlin B. v. 23. 6. 2001 KartVerg 18/00; OLG Düsseldorf B. v. 20. 7. 2000 Verg 1/00, NZBau 2000, 486; OLG Düsseldorf Verg 9/00 22. 8. 2000.
[61] VK Potsdam v. 30. 1. 2008, VK 56/07, VK 58/07, ZfBR 2008, 526.
[62] OLG Düsseldorf B. v. 28. 2. 2002 Verg 37/01.
[63] OLG München, B. v. 7. 10. 2005, Verg 7/05, ZfBR 2006, 91 f.
[64] OLG Düsseldorf B. v. 7. 1. 2004 VII-Verg 55/02, VergabeR 2004, 266.
[65] OLG Düsseldorf B. v. 2. 5. 2005 VII-Verg 6/04; Festhaltung an OLG Düsseldorf B. v. 20. 7. 2000 Verg 1/00, NZBau 2000, 486.

gabestelle an Stelle eines Rechtsanwalts einen ihrer Beamten ein, so können für dessen Arbeitszeit im Rahmen des Kostenfestsetzungsverfahrens keine anteiligen oder fiktiven Personalkosten geltend gemacht werden, auch wenn es sich um einen Beamten mit der Befähigung zum Richteramt handelt.[66]

31 **Reisekosten** aus Gründen der Wahrnehmung des Termins zur mündlichen Verhandlung sind grundsätzlich erstattungsfähig. Zur zweckentsprechenden Rechtswahrnehmung gehört für die Partei eines Verfahrens – dazu zählt auch stets die vertretungsbedürftige juristische Person – ungeachtet ihrer zusätzlichen anwaltlichen Vertretung, grundsätzlich die Teilnahme an dem Termin, in dem über die geltend gemachten Ansprüche verhandelt wird.[67] Zu den notwendigen Auslagen eines Beigeladenen können die Flugreisekosten ihres Prozessbevollmächtigten gehören.[68] Die Reisekosten eines auswärtigen Anwalts sind nicht erstattungsfähig, wenn die vertretene Beigeladene am Ort der zuständigen Vergabekammer ihren Firmensitz hat und dort auf eine große Zahl spezialisierter Anwälte zurückgreifen kann.[69]

32 Eine **Festsetzung der Anwaltskosten,** die im Beschwerdeverfahren entstanden sind, erfolgt nicht durch die Vergabekammer. Sie ergeben sich aber aus § 128 Abs. 4 i. V. m. § 80 Abs. 3 VwVfG und den Vorschriften der BRAGO. Im Nachprüfungsverfahren vor der Vergabekammer entstehen Gebühren nach § 118 Abs. 1 i. V. m. § 12 Abs. 1 BRAGO.[70] Grundlage der Berechnung des Gegenstandswertes ist der entsprechend anwendbare § 12a Abs. 2 GKG.[71] Er wird von der Vergabekammer aber nicht festgesetzt.[72] Der **Gegenstandswert des Nachprüfungsverfahrens**[73] vor der Vergabekammer ist entsprechend § 12a Abs. 2 GKG mit 5% der Auftragssumme zu bemessen. Dies gilt auch dann, wenn die Erteilung des Zuschlags nicht unmittelbar Gegenstand des Verfahrens ist. Der Begriff der Auftragssumme stellt hier – im Gegensatz zur Auftragssumme bei der Frage der Überschreitung eines speziellen Schwellenwertes – auf den Bruttobetrag des Angebotes ab, das der Antragsteller des Nachprüfungsverfahrens abgegeben hat.[74] Maßgebend für die Bewertung ist also der Angebotspreis inklusive Mehrwertsteuer. Die pauschalierende Regelung soll die Streitwertfestsetzung vereinfachen, weil die Höhe der Gewinnerwartung nur schwer zu ermitteln ist.

VI. Kostenentscheidung im Beschwerdeverfahren

33 Das GWB enthält keine kostenmäßige Behandlung des Beschwerdeverfahrens, dennoch gehen alle Vergabesenate davon aus, dass Kostenentscheidungen zu ergehen haben. Nachdem zunächst ein Meinungsstreit über die anzuwendenden Vorschriften bestanden hat, hat der BGH diese Meinungsdifferenz beendet und entschieden, dass die **§§ 91 ff., 97 ZPO** entsprechend anzuwenden sind,[75] weil es sich bei dem Beschwerdeverfahren um ein streitiges Verfahren vor einem ordentlichen Gericht handelt. Die Kostenquotelung folgt dem Verursacherprinzip. Der unterliegende Teil hat die Kosten der Beschwerde, d. h. die Gerichtskosten und die außergerichtlichen Kosten des Beschwerdegegners zu tragen. Bezüg-

---

[66] OLG München B. v. 8. 6. 2005 Verg 03/05, NZBau 2005, 487 ff.
[67] OLG Dresden B. v. 29. 6. 2001 WVerg 0009/00.
[68] OLG Celle B. v. 20. 1. 2005 13 Verg 14/04, ZfBR 2005, 317 (Leitsatz).
[69] BayObLG B. v. 16. 2. 2005 Verg 28/04, NZBau 2005, 415 f.
[70] So *Motzke/Pietzcker/Prieß* § 128 Rn. 22 m. w. N.; hierzu ausf. *Bär* NZBau 2003, 63 ff.
[71] Vgl. hierzu ausführlich *Kaiser* NZBau 2002, 315.
[72] Vgl. hierzu *Lausen* VergabeR 2003, 527, 537.
[73] Hierzu *Kaiser* NZBau 2002, 315.
[74] OLG Dresden B. v. 5. 4. 2001 WVerg 0008/00, WuW/E Verg 497; ebenso Thüringer OLG B. v. 19. 10. 2000 6 Verg 3/00.
[75] Vgl. BGH B. v. 19. 12. 2000 X ZB 14/00 – *Bahnhofsreinigung,* WuW/E Verg 447 ff., vgl. hierzu *Lausen* VergabeR 2003, 642 ff.

§ 128. Kosten des Verfahrens vor der Vergabekammer 34–38 § 128 GWB

lich der Frage, welche Partei unterlegen ist, gelten dieselben Grundsätze wie in dem Verfahren vor der Vergabekammer. Eine Einbeziehung von Billigkeitsgesichtspunkten findet nicht statt; die §§ 91 ff. ZPO sind insofern abschließend.[76] Liegt ein Fall von teilweisem Obsiegen vor, werden die Kosten nach §§ 92, 97 Abs. 2 ZPO geteilt. Die Teilung erfolgt nach Kopfteilen. Für den unterlegenen Antragsgegner wird dies aus § 97 Abs. 2 ZPO, für den Beigeladenen aus § 154 Abs. 2 u. 3 VwGO hergeleitet.[77]

Bei **Beschwerderücknahme** werden die Kosten des Beschwerdeverfahrens einschließlich der notwendigen Aufwendungen des gegnerischen Hauptbeteiligten dem Beschwerdeführer auferlegt. 34

Die **Beschwerdeerledigung** steht im Beschwerdeverfahren selbstständig neben der Beschwerderücknahme. Bei Erledigung der Beschwerde ist § 91 a ZPO anwendbar. Bei übereinstimmenden Erledigterklärungen der Beteiligten ist über die Kosten unter Berücksichtigung des bisherigen Sach- und Streitstandes nach billigem Ermessen zu entscheiden.[78] 35

Kosten für **Verfahren nach § 118 Abs. 1 S. 3 und § 121 Abs. 1** sind Kosten des Beschwerdeverfahrens, über die einheitlich im Rahmen der Entscheidung über die Kosten der Hauptsache befunden wird.[79] Kostenpflichtig ist der Beteiligte, der in der Hauptsache unterliegt.[80] Dagegen kann ein **Verfahren nach § 115 Abs. 2 S. 2 u. 3** unabhängig vom Hauptsacheverfahren betrieben werden; die Kosten sind dann selbstständig gegen den unterlegenen Beteiligten festzusetzen.[81] Wird ein Nachprüfungsantrag nach einer zulässigen Divergenzvorlage gemäß § 124 Abs. 2. Satz 2 zurückgenommen, so obliegt die anstelle der Sachentscheidung zu treffende Kostenentscheidung dem Bundesgerichtshof.[82] 36

Die Erstattungsfähigkeit der außergerichtlichen Kosten der Beigeladenen und deren Pflicht zur Übernahme der außergerichtlichen Kosten anderer Beteiligter wird von den Gerichten durch Beurteilung der Interessenlage gelöst.[83] Hinsichtlich der Haftung der **Beigeladenen** für die Gerichtskosten und die Aufwendungen des gegnerischen Beteiligten als auch hinsichtlich der Erstattung der dem Beigeladenen entstandenen Aufwendungen muss in der Rechtsmittelinstanz danach differenziert werden, ob sich die Beigeladene aktiv beteiligt hat. Die Kostentragungspflicht der Beigeladenen entfällt, wenn sie die Beschwerde nicht eingeleitet und keine entsprechenden Sachanträge gestellt hat. Die Folge ist, dass die Beigeladene ihre Auslagen selbst trägt, aber auch nicht mit Kosten oder Auslagen belastet werden kann. Hat die aktiv auftretende Beigeladene auf Seiten der unterlegenen Partei gestanden, können die Auslagen der Beigeladenen weder dieser noch dem obsiegenden Gegner auferlegt werden.[84] Vielmehr kommt ihre Beteiligung an den Verfahrenskosten sowie den Auslagen der Gegenseite in Betracht. 37

Soweit die Beigeladene der Seite des Gewinners zuzurechnen ist, ist es gerechtfertigt ihre notwendigen Auslagen dem Gewinner zuzurechnen. Unter Bezug auf die Übernahme der zur zweckentsprechenden Rechtsverteidigung aufgewendeten außergerichtlichen Kosten eines Beigeladenen im Beschwerdeverfahren hat der BGH entschieden, dass es auf eine 38

---

[76] Vgl. *Lausen* VergabeR 2003, 642, 643.
[77] BayObLG B. v. 22. 1. 2002 Verg 18/01, VergabeR 2002, 244; OLG Düsseldorf B. v. 15. 6. 2000 Verg 6/00, BauR 2000, 1603.
[78] OLG Frankfurt am Main B. v. 6. 2. 2001 11 Verg 3/02, VergabeR 2003, 349; OLG Jena, B. v. 31. 7. 2002 6 Verg 5/01, VergabeR 2003, 97.
[79] BayObLG B. v. 28. 8. 2002 Verg 20/02, VergabeR 2003, 76; OLG Jena B. v. 22. 8. 2002 6 Verg 3/02; OLG Düsseldorf B. v. 20. 3. 2003 Verg 08/03, IBR 2003, 266; OLG Düsseldorf, B. v. 24. 5. 2007, VII-Verg 12/07, ZfBR 2008, 79 ff.
[80] BayObLG B. v. 16. 9. 2002 Verg 19/02, VergabeR 2002, 644.
[81] *Lausen* VergabeR 2003, 642, 644.
[82] BGH, B. v. 25. 10. 2005, X ZB 15/05, WRP 2006, 375 f.
[83] *Lausen* VergabeR 2003, 642, 646.
[84] OLG Brandenburg B. v. 3. 8. 1999 6 Verg 1/99, WuW/E Verg 231.

Billigkeitsentscheidung, wie sie § 162 Abs. 3 VwGO vorsieht, im Streitfall nicht ankommt. Beigeladene sind in Beschwerdeverfahren analog § 97 Abs. 1 ZPO nach den selben Grundsätzen zu behandeln wie die anderen Beteiligten.[85] Zu den zur zweckentsprechenden Rechtsverteidigung im Beschwerdeverfahren notwendigen Kosten gehören die insoweit aufzuwendenden Gebühren des von der Beigeladenen hinzugezogenen Rechtsanwalts, ohne dass dies eines besonderen Ausspruchs bedürfte.[86]

39 Ein Beigeladener hat die Verfahrenskosten (mit-)zutragen, wenn er selbst das erfolglose Rechtsmittel eingelegt oder erfolglos Anträge gestellt hat (§ 154 Abs. 2 VwGO analog).

40 Die **Festsetzung des Gebührenstreitwertes** beruht auf §§ 12, 12a Abs. 2 GKG und § 3 ZPO. Der Gegenstandswert des Nachprüfungsverfahrens vor der Vergabekammer ist gemäß § 12a Abs. 2 GKG mit 5% der Auftragssumme zu bemessen. Die Auftragssumme nach § 12a Abs. 2 GKG ist regelmäßig der Bruttobetrag des Angebotes, das der Antragsteller des Vergabenachprüfungsverfahrens abgegeben hat.[87] Liegt kein Angebot vor, ist der Auftragswert in der von der Vergabestelle geschätzten Höhe maßgebend.[88] Fehlt es hieran, ist der Auftragswert gem. § 3 ZPO nach freiem Ermessen zu schätzen.[89]

41 Die Höhe der Gerichtskosten ergibt sich aus den Nr. 1220ff. des Gebührenverzeichnisses zum GKG. Hiernach fällt eine 1,5fache Gebühr für das Verfahren (Nr. 1220) und eine dreifache Gebühr für den Beschluss (Nr. 1226) an.[90]

VII. Neufassung gemäß Gesetz zur Modernisierung des Vergaberechts vom 20. April 2009

42 *„24. § 128 wird wie folgt geändert:"*
a) Absatz 2 wird wie folgt gefasst: „(2) Die Gebühr beträgt mindestens 2500 Euro; dieser Betrag kann aus Gründen der Billigkeit bis auf ein Zehntel ermäßigt werden. Die Gebühr soll den Betrag von 50 000 Euro nicht überschreiten; sie kann im Einzelfall, wenn der Aufwand oder die wirtschaftliche Bedeutung außergewöhnlich hoch sind, bis zu einem Betrag von 100 000 Euro erhöht werden."
b) Absatz 3 wird wie folgt geändert:
aa) Nach Satz 2 wird folgender Satz eingefügt: „Kosten, die durch Verschulden eines Beteiligten entstanden sind, können diesem auferlegt werden."
bb) Im neuen Satz 4 wird das Wort „ist" durch die Wörter „hat der Antragsteller" ersetzt.
cc) Nach Satz 4 wird folgender Satz eingefügt: „Die Entscheidung, wer die Kosten zu tragen hat, erfolgt nach billigem Ermessen."
c) Absatz 4 wird wie folgt gefasst: „(4) Soweit ein Beteiligter im Nachprüfungsverfahren unterliegt, hat er die zur zweckentsprechenden Rechtsverfolgung oder Rechtsverteidigung notwendigen Aufwendungen des Antraggegners zu tragen. Die Aufwendungen der Beigeladenen sind nur erstattungsfähig, soweit sie die Vergabekammer aus Billigkeit der unterlegenen Partei auferlegt. Nimmt der Antragsteller seinen Antrag zurück, hat er die zur zweckentsprechenden Rechtsverfolgung notwendigen Aufwendungen des Antragsgegners und der Beigeladenen zu erstatten. § 80 Abs. 1, Abs. 2 und Abs. 3 Satz 2 des Verwaltungsverfahrensgesetzes und die entsprechenden Vorschriften der Verwaltungsverfahrensgesetze der Länder gelten entsprechend. Ein gesondertes Kostenfestsetzungsverfahren findet nicht statt."

---

[85] BGH, U. v. 9. 2. 2004, NZBau 2004, 229; U. v. 9. 2. 2006, NZBau, 2006, 374f.; BGH v. 26. 9. 2006, NZBau 2006, 800, 807; *Stockmann* in: Immenga/Mestmäcker, GWB, 4. Aufl., § 128, Rn. 23.
[86] BGH B. v. 9. 2. 2004 X ZB 44/03; SaarländOLG B. v. 29. 9. 2004 1 Verg 5/04; BayObLG B. v. 11. 5. 2004 Verg 3/04 VergabeR 2004, 666.
[87] OLG Dresden, 5. 4. 2001, WVerg 8/00, WuW/E Verg 497 – *Reisekosten.*
[88] OLG Dresden B. v. 14. 4. 2000 WVerg 0001/0, BauR 2000, 1591.
[89] OLG Jena B. v. 13. 9. 2001 6 Verg 1/01, VergabeR 2002, 202.
[90] Vgl. *Lausen* VergabeR 2003, 642, 643.

§ 129. Kosten der Vergabeprüfstelle   1 § 129 GWB

Der Regierungsentwurf führt zu diesen Änderungen aus: 43
„§ 128 regelt die Kosten der Vergabekammer.
Zu Buchstabe a)
Die Ausnahme der Gebührenbefreiung soll zur besseren Einhaltung der Vorschriften anhalten. Die Verfahren vor der Vergabekammer sind zum Teil sehr aufwändig. Es ist daher nicht mehr gerechtfertigt, eine pauschale Befreiung von der Zahlung der Gebühren für den Bund, die Länder, Gemeinden und Gemeindeverbände vorzusehen, wenn diese öffentlichen Auftraggeber im Nachprüfungsverfahren vor der Vergabekammer unterliegen.
Zu Buchstabe b)
Die Änderungen dienen der Anpassung an die Rechtsprechung.
Zu Doppelbuchstabe aa)
Nach § 128 Abs. 3 hat der unterliegende Beteiligte die Kosten zu tragen. Mit der Änderung wird möglich, auch z. B. das „Verschulden" einer Antragstellung bei der Kostenfestsetzung zu berücksichtigen und die Kosten aufzuteilen.
Zu Doppelbuchstabe bb)
Hinsichtlich der Kosten der Beigeladenen hat sich die Rechtsprechung unterschiedlich entwickelt. Mit der Änderung wird den Vergabekammern ermöglicht, zu berücksichtigen, wie sich ein Beigeladener am Verfahren beteiligt hat.
Zu Buchstabe c)
Nach der Entscheidung des BGH vom 9. 12. 2003 (Az.: X ZB 14/03) hat der Antragsteller die Kosten ohne Rücksicht auf die Erfolgsaussichten des ursprünglichen Nachprüfungsantrags zu tragen. Die Änderung verhindert unbillige Ergebnisse."
Begründung des Ausschusses für Wirtschaft und Technologie zu § 128 Abs. 4:
Die Stellungnahme des Bundesrates vom 4. Juli 2008 (BR-Drs. 349/08, Ziff. 33) wird aufgegriffen; es sind keine Gründe ersichtlich, die es rechtfertigen könnten, die Beigeladenen bei der Kostentragung im Falle der Rücknahme des Antrages schlechter zu stellen als den Antragsgegner.

§ 129 Kosten der Vergabeprüfstelle

¹Für Amtshandlungen der Vergabeprüfstellen des Bundes, die über die im § 103 Abs. 2 Satz 1 genannte Prüftätigkeit und die damit verbundenen Maßnahmen der Vergabeprüfstellen hinausgehen, werden Kosten zur Deckung des Verwaltungsaufwandes erhoben. ²§ 128 gilt entsprechend. ³Die Gebühr beträgt 20 vom Hundert der Mindestgebühr nach § 128 Abs. 2; ist der Aufwand oder die wirtschaftliche Bedeutung im Einzelfall außergewöhnlich hoch, kann die Gebühr bis zur Höhe der vollen Mindestgebühr angehoben werden.

Übersicht

	Rn.		Rn.
I. Allgemeines	1	IV. Kostenhöhe	4
II. Absehen von Kostenerhebung	2	V. Neufassung gemäß Gesetz zur Modernisierung des Vergaberechts vom 20. April 2009	5
III. Kostenpflicht	3		

I. Allgemeines

§ 129 regelt die Kostenfragen (Auslagen und Gebühren) in **Verfahren vor der Vergabeprüfstelle**. Die Regelung gilt nur für die **Vergabeprüfstellen des Bundes**.[1] Die Länder sind hinsichtlich des „ob" der Einrichtung von Vergabeprüfstellen wie auch in der   1

---

[1] S. hierzu die Kommentierung zu § 103 GWB.

Ausgestaltung der Kostenregelung nicht durch § 129 gebunden. Die Erstattungsansprüche der Beteiligten untereinander sind durch § 128 Abs. 4 Satz 1 geregelt.[2] Gegen die Kostenentscheidung ist der allgemeine Verwaltungsgerichtsweg gegeben.[3] Die Kosten werden in der Entscheidung der Vergabeprüfstelle gem. § 103 Abs. 3 Satz 1 oder auch isoliert festgesetzt.[4] Auch im Verfahren vor der Vergabeprüfstelle ist von einem Streitwert in Höhe von 5% der Auftragssumme auszugehen, wodurch auch hier ein erhebliches Kostenrisiko entstehen kann.

II. Absehen von Kostenerhebung

2   Soweit die Vergabeprüfstelle die Einhaltung der von den Auftraggebern im Sinne des § 98 Nr. 1 bis Nr. 3 anzuwendenden Vergabevorschriften prüft und damit Tätigkeiten wahrnimmt, die über die Tätigkeit einer die Fach- und Rechtsaufsicht durchführenden Stelle nicht hinausgehen, sind die Verfahren kostenfrei.[5] Hiervon umfasst sind Rechtmäßigkeitsprüfung und Schlichtung als zentrale Funktionen der Vergabeprüfstelle, auch bei Tätigwerden auf Antrag, ebenso wie die dem jeweiligen Prüfungsergebnis entsprechenden Maßnahmen.

III. Kostenpflicht

3   Handlungen, die über die in § 103 Abs. 2 Satz 1 genannten Prüftätigkeiten hinausgehen, sind dagegen kostenpflichtig. Dies sind vor allem beratende und streitschlichtende Tätigkeiten. Das Verwaltungskostengesetz ist gemäß § 129 i. V. m. § 128 anzuwenden.

IV. Kostenhöhe

4   Die in § 128 aufgestellten Grundsätze bezüglich der Gebührenerhebung und -reduzierung finden entsprechende Anwendung, wobei die Gebührenhöhe aber jeweils nur 20% der Mindestgebühr des § 128 –, also 500 Euro – beträgt und eine Erhöhung im Einzelfall bis auf maximal 2500 Euro bei außergewöhnlich hoher wirtschaftlicher Bedeutung oder sachlichem und personellem Aufwand möglich ist. Die Kostenentscheidung folgt nach § 129 i. V. m. § 128 Abs. 3 Satz 1 und Satz 2 denselben Regeln wie bei Verfahren vor den Vergabekammern. Eine Absenkung der Gebührenhöhe unter 500 Euro bis auf 100 Euro ist also analog den in § 128 aufgestellten Grundsätzen ebenso möglich, wie ein Absehen von einer Gebührenerhebung aus Billigkeitsgründen bei Rücknahme des Antrages oder anderweitiger Erledigung. Für die Festsetzung und die Quotelung des Aufwendungsersatzes gilt § 128 Abs. 4.

V. Neufassung gemäß Gesetz zur Modernisierung des Vergaberechts vom 20. April 2009

5   „*25. § 129 wird wie folgt gefasst:*" „*§ 129. Korrekturmechanismus der Kommission
(1) Erhält die Bundesregierung im Laufe eines Vergabeverfahrens vor Abschluss des Vertrages eine Mitteilung der Kommission der Europäischen Gemeinschaften, dass diese der Auffassung ist, es liege ein schwerer Verstoß gegen das Gemeinschaftsrecht im Bereich der öffentlichen Aufträge vor, der zu beseitigen sei, teilt das Bundesministerium für Wirtschaft und Technologie dies dem Auftraggeber mit.
(2) Der Auftraggeber ist verpflichtet, innerhalb von 14 Kalendertagen nach Eingang dieser Mitteilung dem Bundesministerium für Wirtschaft und Technologie eine umfassende Darstellung des Sachverhaltes zu geben und darzulegen, ob der behauptete Verstoß beseitigt wurde, oder zu begründen, warum er*

---

[2] So auch *Motzke/Pietzcker/Prieß* § 129 Rn. 2.
[3] So auch *Bechtold* GWB, § 129 Rn. 1; *Motzke/Pietzcker/Prieß* § 129 Rn. 5.
[4] *Motzke/Pietzcker/Prieß* § 129 Rn. 5.
[5] Vgl. Regierungsbegründung zum Vergaberechtsänderungsgesetz, BT-Drucks. 13/9340, S. 23.

§ 129. Kosten der Vergabeprüfstelle

nicht beseitigt wurde, ob das Vergabeverfahren Gegenstand eines Nachprüfungsverfahrens ist oder aus sonstigen Gründen ausgesetzt wurde.
(3) Ist das Vergabeverfahren Gegenstand eines Nachprüfungsverfahrens oder wurde es ausgesetzt, so ist der Auftraggeber verpflichtet, das Bundesministerium für Wirtschaft und Technologie unverzüglich über den Ausgang des Nachprüfungsverfahrens zu informieren."

26. Nach § 129 werden folgende Vorschriften eingefügt:
„§ 129a. Unterrichtungspflichten der Nachprüfungsinstanzen
Die Vergabekammern und die Oberlandesgerichte unterrichten das Bundesministerium für Wirtschaft und Technologie bis zum 31. Januar eines jeden Jahres über die Anzahl der Nachprüfungsverfahren des Vorjahres und deren Ergebnisse.
§ 129b. Regelung für Auftraggeber nach dem Bundesberggesetz
(1) Auftraggeber, die nach dem Bundesberggesetz berechtigt sind, Erdöl, Gas, Kohle oder andere Festbrennstoffe aufzusuchen oder zu gewinnen, müssen bei der Vergabe von Liefer-, Bau- oder Dienstleistungsaufträgen oberhalb der in Artikel 16 der Richtlinie 2004/17/EG des Europäischen Parlaments und des Rates vom 31. März 2004 zur Koordinierung der Zuschlagserteilung durch Auftraggeber im Bereich der Wasser-, Energie- und Verkehrsversorgung sowie der Postdienste (ABl. EU Nr. L 134 S. 1), die zuletzt durch Verordnung (EG) Nr. 1422/2007 der Kommission vom 4. Dezember 2007 (ABl. EU Nr. L 317 S. 34) geändert worden ist, festgelegten Schwellenwerte zur Durchführung der Aufsuchung oder Gewinnung von Erdöl, Gas, Kohle oder anderen Festbrennstoffen den Grundsatz der Nichtdiskriminierung und der wettbewerbsorientierten Auftragsvergabe beachten. Insbesondere müssen sie Unternehmen, die ein Interesse an einem solchen Auftrag haben können, ausreichend informieren und bei der Auftragsvergabe objektive Kriterien zugrunde legen. Dies gilt nicht für die Vergabe von Aufträgen, deren Gegenstand die Beschaffung von Energie oder Brennstoffen zur Energieerzeugung ist.
(2) Die Auftraggeber nach Absatz 1 erteilen der Europäischen Kommission über das Bundesministerium für Wirtschaft und Technologie Auskunft über die Vergabe der unter diese Vorschrift fallenden Aufträge nach Maßgabe der Entscheidung 93/327/EWG der Kommission vom 13. Mai 1993 zur Festlegung der Voraussetzungen, unter denen die öffentlichen Auftraggeber, die geographisch abgegrenzte Gebiete zum Zwecke der Aufsuchung oder Förderung von Erdöl, Gas, Kohle oder anderen Festbrennstoffen nutzen, der Kommission Auskunft über die von ihnen vergebenen Aufträge zu erteilen haben (ABl. EG Nr. L 129 S. 25). Sie können über das Verfahren gemäß der Rechtsverordnung nach § 127 Nr. 9 unter den dort geregelten Voraussetzungen eine Befreiung von der Pflicht zur Anwendung dieser Bestimmung erreichen."

Der Regierungsentwurf führt zu diesen Änderungen und Neuerungen aus:
„Zu Nummer 25 (§ 129)
Der bisherige § 129 regelt die Kosten vor der Vergabeprüfstelle. Da die Regelungen zu den Vergabeprüfstellen aufgehoben werden, ist auch die Kostenregelung aufzuheben. Künftig wird an dieser Stelle die Regelung zur Umsetzung des Artikels 3 der Richtlinie 89/665/EWG und des Artikels 8 der Richtlinie 92/13/EWG über den Korrekturmechanismus der Europäischen Kommission übernommen, die sich bislang in § 21 Vergabeverordnung befand. Damit soll die künftige Vergabeverordnung nicht mehr mit Regelungen über Nachprüfungsmöglichkeiten überfrachtet sein. Sie sind künftig allein im GWB enthalten.
Zu Nummer 26 (§§ 129a und 129b)
Zu § 129a (Unterrichtungspflichten der Nachprüfungsinstanzen)
Der neue § 129a übernimmt die bisherige Regelung zu den Statistikpflichten der Nachprüfungsbehörden und der Oberlandesgerichte aus der Vergabeverordnung (§ 22 VgV).
Zu § 129b (Regelung für Auftraggeber nach dem Bundesberggesetz)
Der Bereich des Aufsuchens und der Förderung von Brennstoffen wird grundsätzlich von der EG-Sektorenrichtlinie 2004/17/EG (Art. 7 lit. a) erfasst. Unternehmen, die in Deutschland in diesem Bereich tätig sind und die sonstigen Anforderungen an öffentliche Auftraggeber erfüllen (§ 98 Nr. 1 bis 3 oder öffentliches Unternehmen oder Tätigkeit aufgrund besonderer und ausschließlicher Rechte),

haben jedoch aufgrund einer (auf Artikel 3 der Richtlinie 93/38/EWG gestützten) Entscheidung der Kommission (ABl. EU Nr. L 16 vom 23. 1. 2004, S. 57) 8eine weitgehende Befreiung von der Anwendungsverpflichtung. Sie sind lediglich gehalten, bei Auftragsvergaben oberhalb der Schwellenwerte den Grundsatz der Nichtdiskriminierung und der wettbewerbsorientierten Auftragserteilung einzuhalten. § 129b Abs. 1 verpflichtet zur Einhaltung dieser Grundsätze.
Diese Verpflichtung ergibt sich künftig allein aus dem Gesetz, bislang war dies im § 11 VgV geregelt. Gleichzeitig wird diesen Auftraggebern in § 129b Abs. 2 die Möglichkeit eröffnet, sich gänzlich von der Anwendungsverpflichtung dieser Vorschrift zu befreien."

Fünfter Teil. Anwendungsbereich des Gesetzes

§ 130 Unternehmen der öffentlichen Hand, Geltungsbereich

(1) ¹Dieses Gesetz findet auch Anwendung auf Unternehmen, die ganz oder teilweise im Eigentum der öffentlichen Hand stehen oder die von ihr verwaltet oder betrieben werden. ²Die Vorschriften des Ersten bis Dritten Teils dieses Gesetzes finden keine Anwendung auf die Deutsche Bundesbank und die Kreditanstalt für Wiederaufbau.

(2) Dieses Gesetz findet Anwendung auf alle Wettbewerbsbeschränkungen, die sich im Geltungsbereich dieses Gesetzes auswirken, auch wenn sie außerhalb des Geltungsbereichs dieses Gesetzes veranlasst werden.

(3) Die Vorschriften des Energiewirtschaftsgesetzes stehen der Anwendung der §§ 19, 20 und 29 nicht entgegen, soweit in § 111 des Energiewirtschaftsgesetzes keine andere Regelung getroffen ist.

Übersicht

	Rn.		Rn.
I. Unternehmenseigenschaft der Öffentlichen Hand (§ 130 Abs. 1)	1	f) Post und Bahn	32
1. Zweck und Bedeutung	1	g) Standesorganisationen	33
2. Anwendungsbereich	4	II. Geltungsbereich (§ 130 Abs. 2)	39
a) Trennung zwischen Leistungs- und Wettbewerbsbeziehungen	5	1. Allgemeines	39
		2. Tatbestand des § 130 Abs. 2	41
b) Beispiele	7	a) Anwendbarkeit des Gesetzes	41
c) Ausnahmen	21	b) Wettbewerbsbeschränkungen	43
3. Öffentliche Unternehmen	22	c) Inlandswirkungen – Allgemeines	45
a) Unternehmensbegriff	23	d) Inlandswirkungen im Sinne einzelner Sachnormen	51
b) Staat	24		
c) Gemeinden	25	3. Internationales Kartellverfahrensrecht	79
d) Sozialversicherungsträger	26	a) Allgemeines	79
e) Rundfunkanstalten	30	b) Internationale Zuständigkeit	80
		c) Verfahren	88

I. Unternehmenseigenschaft der Öffentlichen Hand (§ 130 Abs. 1)

Schrifttum: Deregulierungskommission, Marktöffnung und Wettbewerb, 1991; Monopolkommission, Die Rolle der Deutschen Bundespost im Fernmeldewesen, Sondergutachten 9, 1981; *dies.*, Wettbewerbspolitik vor neuen Herausforderungen, Hauptgutachten VIII, (1988/89), 1990; *Badura,* Die Leistungsaufgaben der Deutschen Bundespost im Fernmeldewesen und das Wettbewerbsrecht, Arch PF 1981, 260; *ders.*, Die wirtschaftliche Betätigung der öffentlichen Hand mit besonderer Berücksichtigung der öffentlich-rechtlichen Wettbewerbs-Versicherungsunternehmen, ZHR 146 (1982), 448; *ders.*, Das Verwaltungsmonopol, 1963; *ders.*, Die Erfüllung öffentlicher Aufgaben und die Unternehmenszwecke bei der wirtschaftlichen Betätigung der öffentlichen Hand, in: FS Schlochauer, 1981, S. 3; *Backhaus,* Öffentliche Unternehmen, 2. Aufl. 1980; *Bechtold,* Auswirkungen des neuen § 51 Abs. 1 SGG auf kartellrechtliche Streitigkeiten zwischen Krankenkassen und privaten Leistungserbringern, WuW 1989, 550; *ders.*, Kartellgesetz, 5. Aufl. 2008; *Becker, J.,* Öffentliche Unternehmen als Gegenstand des Wirtschaftsverwaltungsrechts, DÖV 1984, 313; *Becker, T.,* Zulässigkeit und Wirksamkeit von Konkurrenzklauseln zwischen Rechtsanwälten, 1990; *Bender,* Der Rechtsweg bei Klagen gegen Auftragssperren der öffentlichen Hand, JuS 1962, 178; *Bethge,* Landesrundfunkordnung und Bundeskartellrecht, 1991; *Bettermann,* Gewerbefreiheit der öffentlichen Hand, in: FS Hirsch, 1968, S. 1; *Beuthien,* Krankenkassen zwischen Wirtschaftlichkeitsgebot und Wettbewerbsrecht, MedR 1994, 253; *Brackmann,* Zum Rechtsweg in Wettbewerbsstreitigkeiten bei Beteiligung einer öffentlich-rechtlichen Körperschaft der Sozialversicherung, NJW 1982, 84; *Brandt,* Die wirtschaftliche Betä-

§ 130 GWB   10. Teil. Gesetz gegen Wettbewerbsbeschränkungen

tigung der öffentlichen Hand, 1929; *Brangsch,* Spezialisierung und Werbung im Bereich des Anwaltsberufs, NJW 1980, 1817; *Brehmer/Esser-Wellié/Hoffmann,* Der Rundfunk in der Verfassungs- und Wirtschaftsordnung in Deutschland, 1992; *Brohm,* Wirtschaftstätigkeit der öffentlichen Hand und Wettbewerb, NJW 1994, 281; *ders.,* Strukturen der Wirtschaftsverwaltung, 1969; *Broß,* Überlegungen zum Wettbewerb der öffentlichen Hand, in: FS Piper, 1996, S. 107; *Büttner,* Anwaltswerbung zwischen Berufsrecht und Wettbewerbsrecht, in: FS Vieregge, 1995, S. 99; *Bullinger/Mestmäcker,* Multimediadienste, 1997; *Bumiller,* Zur Zuständigkeit der Sozialgerichte für kartellrechtliche Streitigkeiten, GRUR 2000, 484; *Bunte,* Die kartellrechtliche Beurteilung von Einkaufsgemeinschaften der öffentlichen Hand, WuW 1998, 1037; *Dickersbach,* Die wirtschaftliche Betätigung der öffentlichen Hand im Verhältnis zur Privatwirtschaft aus öffentlichrechtlicher Sicht, WiVerw 1983, 187; *Dorn,* Schadensersatzansprüche des Privatunternehmers wegen schädigenden Wettbewerbs durch Gemeindebetrieb, NJW 1964, 137; *Ehlers,* Verwaltung in Privatrechtsform, 1984; *Emmerich,* Die öffentliche Unternehmung im deutschen Konzern- und Wettbewerbsrecht, AG 1976, 225; *ders.,* Neues zur Zulässigkeit der wirtschaftlichen Betätigung der öffentlichen Hand, AG 1985, 293; *ders.,* Rundfunk im Wettbewerbsrecht, AfP 1989, 433; *ders.,* Das Wirtschaftsrecht der öffentlichen Unternehmen, 1969; *ders.,* Der unlautere Wettbewerb der öffentlichen Hand, 1969; *ders.,* Die kommunalen Versorgungsunternehmen zwischen Wirtschaft und Verwaltung, 1970; *ders.,* Der Wettbewerb der öffentlichen Hand, insbesondere das Problem der staatlichen Versorgungsmonopole, 1971; *ders.,* Kartellrecht, 11. Aufl. 2008; *ders.,* Unlauterer Wettbewerb, 7. Aufl. 2004; *ders.,* Fusionskontrolle und überragende Marktstellung unter besonderer Berücksichtigung der Unternehmenskonzentration bei der öffentlichen Hand, in: FS Böhm, 1975, S. 119; *ders.,* Entziehen sich öffentliche Unternehmen der bürgerschaftlichen Kontrolle?, in: Eichhorn (Hrsg.), Auftrag und Führung öffentlicher Unternehmen, 1977, S. 88; *ders.,* Sport und Medien in kartellrechtlicher Sicht, in: Steiner (Hrsg.), Sport und Medien, 1990, S. 57; *ders.,* Wettbewerbsbeschränkungen durch die Rechtsprechung, in: FS Gernhuber, 1993, S. 857; *ders.,* Zivilrechtliche Probleme des Ausschlusses von Bewerbern, in: Ausschluß von Unternehmern von der Teilnahme am Wettbewerb aus strafrechtlicher, verwaltungsrechtlicher sowie zivilrechtlicher Sicht, Schriftenreihe der Deutschen Gesellschaft für Baurecht e. V., Bd. 24, 1995, S. 27; *ders.,* Kommentierung zu § 130 Abs. 1, in: Immenga/Mestmäcker (Hrsg.), GWB, 4. Aufl. 2007; *ders./Steiner,* Möglichkeiten und Grenzen der wirtschaftlichen Betätigung der öffentlich-rechtlichen Rundfunkanstalten, 1986; *Forsthoff,* Der Staat als Auftraggeber, 1963; *Frentzel,* Wirtschaftsverfassungsrechtliche Betrachtungen zur wirtschaftlichen Betätigung der öffentlichen Hand, 1961; *Gamm, Frh. v.,* Der Wettbewerb der öffentlichen Hand, GRUR 1959, 303; *ders.,* Verfassungs- und wettbewerbsrechtliche Grenzen des Wettbewerbs der öffentlichen Hand, WRP 1984, 303; *Gotthold,* Kommerzielles Fernsehen und GWB, ZHR 148 (1984), 465; *Graf,* Rundfunkanstalten im Kartellrecht, 1991; *Grundmann,* Die öffentlichrechtlichen Rundfunkanstalten im Wettbewerb, 1990; *Gramlich,* Rechtsschutzprobleme auf den Märkten für Postdienstleistungen, NJW 1996, 617; *Grupp,* Wirtschaftliche Betätigung der öffentlichen Hand unter dem Grundgesetz, ZHR 140 (1976), 367; *Haar,* Marktöffnung in der Telekommunikation, 1995; *Harder, v.,* Der Rechtsweg bei Klagen gegen unlauteren Wettbewerb der öffentlichen Hand, GRUR 1968, 403; *Harms,* Gebührenwettbewerb unter Architekten und Rechtsanwälten?, NJW 1976, 1289; *ders.,* Unlauterer Wettbewerb durch wirtschaftliche Aktivitäten öffentlicher Hände, BB 1986 Beil. 17 (zu Heft 32); *Heckelmann,* Konkurrenzschutz privater Makler gegenüber den öffentlich-rechtlichen Sparkassen, in: FS zum 125jährigen Bestehen der juristischen Gesellschaft zu Berlin, 1984, S. 245; *Hertel,* Die Programmkoordinierung der öffentlich-rechtlichen Rundfunkanstalten als kartellrechtliches Problem, 1989; *Hitzler,* Berufsrechtliche Maßnahmen der Berufsvertretungen der freien Berufe als Problem der Wettbewerbsbeschränkung, GRUR 1981, 110; *Hörle,* Apotheken, Berufsordnung und Wettbewerb, WRP 1983, 596; *Hoffmann-Becking,* Die Begrenzung der wirtschaftlichen Betätigung der öffentlichen Hand durch Subsidiaritätsprinzip und Übermaßverbot, in: FS Wolff, 1973, S. 445; *Hoffmann-Riem* (Hrsg.), Rundfunk im Wettbewerbsrecht, 1988; *ders.,* Rundfunkrecht neben Wirtschaftsrecht, 1991; *Hubmann,* Der unlautere Wettbewerb der öffentlichen Hand, WiVerw 1982, 41; *Immenga,* Rundfunk und Markt, AfP 1989, 621; *ders.,* Wettbewerbsrechtliche Grenzen von Standortvorteilen der öffentlichen Hand, NJW 1995, 1921; *Immenga/Mestmäcker,* EG-Wettbewerbsrecht, Bd. 1, Teil 1, 4. Aufl. 2007; *Ipsen,* Zum Funktionsbereich der öffentlich-rechtlichen Rundfunkanstalten außerhalb der unmittelbaren Programmveranstaltung, DÖV 1974, 721; *Hasselblatt,* in: Gloy/Loschelder (Hrsg.), Handbuch des Wettbewerbsrechts, 3. Aufl. 2005 § 51; *Jestaedt,* Probleme um die Abgrenzung der Sozialgerichtsbarkeit gegenüber den Kartellgerichten, NJW 1995, 1527; *Stadler,* Kommentierung zu § 130, in: Langen/Bunte (Hrsg.), Kommentar zum deutschen und europäischen Kartellrecht, Band 1, 10. Aufl. 2006; *Jüttner-Kramny,* Wettbewerbsverzerrungen durch den Staat, in: FS Benisch, 1989, S. 83; *Kirchhof,* Der Leistungswettbewerb unter Einsatz der Beitragshoheit, DVBl. 1982, 933; *Klaue,* Die Anwendbarkeit des GWB auf den Wettbewerb um Rundfunkprogramme, in: Mestmäcker (Hrsg.), Offene Rundfunkordnung, 1988, S. 385; *ders.,* Zur Anwendung des Kartellgesetzes auf die öffentlich-rechtlichen Rundfunkanstalten, in: Hoffmann-Riem (Hrsg.), Rundfunk im Wettbewerbsrecht, 1988, S. 84; *Klein,* Die Teilnahme des Staates am wirtschaftlichen Wettbewerb, 1968; *Kluth,* Grenzen kommunaler Wettbewerbsteilnahme, 1988; *Köhler,* Die öffentliche Hand, in: Großkommentar zum UWG, 1996, § 1 Rn. E 1 ff.; *König,* Standesrechtliche Wettbewerbsbeschränkungen im gemeinsamen Markt, 1997; *Koenigs,* Diskriminierung durch Allgemeine Ortskrankenkassen, JuS 1962, 342; *Köttgen,* Die wirtschaftliche Betätigung der Gemeinden, in: FS zum 100jährigen Bestehen des DJT, Bd. 1, 1960, S. 577; *ders.,* Gemeindliche Daseinsvorsorge und gewerbliche Unternehmerinitiative, 1961; *Kracht,* Kartellrechtliche Beurteilung der Praxis der Sozialversicherungsträger, NJW 1962, 187; *Krämer,* Anwaltswerbung und UWG, in: FS Piper, 1996, S. 327; *Krause,* Wettbewerbliche Grenzen der Selbstabgabe, ZfS 1983, 132; *Krauskopf,* Sozialleistungsträger im Wettbewerb mit ihren Leistungsanbietern, ZSR 1983, 686; *Kresse,* Wettbewerbs-, Kartell- und Verfassungsrechtliche Grenzen der Werbebeschränkungen, WRP 1986, 524; *Kübler,* Massenmedien und öffentliche Veranstaltungen, 1978; *Kulka,* Programmkoordinierung und Kartellrecht, AfP 1985, 177; *Kunert,* Staatliche Bedarfsdeckungsgeschäfte und öffentliches Recht, 1977; *Lammel,* Wettbewerbsrecht contra Standesrecht, WuW 1984, 853; *Leisner,* Werbefernsehen und öffentliches Recht, 1967; *ders.,* Berufsordnungsrecht und Werbeverbote, 1984; *Lerche,* Verfassungsfragen zum Entwurf der Landesregierung Nordrhein-Westfalen eines Gesetzes über den „Westdeutschen Rundfunk Köln" (WDR-Gesetz), AfP 1984, 183; *ders.,* Rechtsprobleme des Werbefernsehens, 1965; *Lerche/Pestalozza, Graf v.,* Die Deutsche Bundespost als Wettbewerber 1985; *Lerche/Ulmer,* Kurzberichterstattung im Fernsehen, 1989; *Maltzahn, Frh. v.,* Zur kartellrechtlichen Kontrolle öffentlich-rechtlicher Verträge, GRUR 1993, 235; *Maydell, v./Scholz,* Grenzen der Eigenwirtschaft gesetzlicher Krankenversicherungsträger, 1980; *Melullis,* Handbuch des Wettbewerbsprozesses, 3. Aufl. 2000, Rn. 15 ff.; *Messer,* Standesrechtliches Wettbewerbsverbot des Rechtsanwaltes und Kartellrecht, in: FS Pfeiffer, 1988, S. 973; *Mestmäcker,* Die Abgrenzung von öffentlich-rechtlichem und privatrechtlichem Handeln im Wettbewerbsrecht, NJW 1969, 1; *ders.,* Die Anwendbarkeit des GWB auf Zusammenschlüsse zwischen Rundfunkunternehmen, GRUR Int. 1983, 553; *ders.,* Meinungsfreiheit und Medienwettbewerb, ZUM 1986, 63; *ders.,* Staat und Unternehmen im europäischen Gemeinschaftsrecht, RabelsZ 52 (1988), 526; *ders.* (Hrsg.), Offene Rundfunkordnung, 1988; *ders.* (Hrsg.), Kommunikation ohne Monopole, 1980; *ders.* (Hrsg.), Kommunikation ohne Monopole II, 1995; *ders./Bremer,* Die koordinierte Sperre im deutschen und europäischen Recht der öffentlichen Aufträge, BB 1995 Beil. 19 (zu Heft 50); *ders./Engel/Gabriel-Bräutigam/Hoffmann,* Der Einfluß des europäischen Gemeinschaftsrechts auf die deutsche Rundfunkordnung, 1990; *Michalski,* Das Gesellschafts- und Kartellrecht der berufsrechtlich gebundenen freien Berufe, 1989; *Möschel,* Recht der Wettbewerbsbeschränkungen, 1983; *Müller-Henneberg,* Die Anwendung des GWB auf die öffentliche Hand, NJW 1971, 113; *Neumann,* Verbannung des Kartell- und Wettbewerbsrechts aus der gesetzlichen Krankenversicherung?, WuW 1999, 961; *Niewiarra,* Öffentlich-rechtlicher Rundfunk und Fusionskontrolle, AfP 1989, 636; *Nordemann,* Wettbewerbsverzerrung durch die öffentliche Hand, WRP 1996, 383; *Odersky,* Untersagungsverfügungen der Kartellbehörde, AG 1991, 281; *ders.,* Kartellrechtliche Kontrolle des Handelns der öffentlichen Hand, in: FS Lerche, 1993, S. 949; *Oehler,* Telekommunikation und Wettbewerb, in: Scherer (Hrsg.), Telekommunikation und Wirtschaftsrecht, 1988, S. 163; *Oesterle,* Kartellrecht auf dem Rückzug vor standesrechtlicher Selbstdisziplinierung?, WRP 1993, 456; *Oppermann,* Privatrechtliches Handeln öffentlicher Unternehmen, in: Jahrbuch Junger Zivilrechtswissenschaftler 1991, 1992, S. 151; *Ossenbühl,* Bestand und Erweiterung der Wirkungskreise der Deutschen Bundespost, 1980; *Papier,* Art. 12 GG – Freiheit des Berufs und Grundrecht der Arbeit, DVBl. 1984, 801; *ders.,* Grundgesetz und Wirtschaftsordnung, in: Benda/Maihofer/Vogel (Hrsg.), Handbuch des Verfassungsrechts, 2. Aufl. 1994, S. 799; *ders./Petz,* Rechtliche Grenzen des ärztlichen Werbeverbots, NJW 1994, 1553; *Pietzke,* Standesrechtliche Wettbewerbsverbote des Rechtsanwalts in den USA und in der Bundesrepublik Deutschland, GRUR Int. 1979, 147; *Pietzcker,* Der Staatsauftrag als Instrument des Verwaltungshandelns, 1978; *Piper,* Zum Wettbewerb der öffentlichen Hand, GRUR 1986, 574; *ders.,* Zur wettbewerbs- und berufsrechtlichen Bedeutung des Werbeverbots der ärztlichen Berufsordnungen, in: FS Brandner, 1996, S. 449; *Pinger,* Der Rechtsweg bei Wettbewerbsverstößen der öffentlichen Hand, GRUR 1973, 456; *Prinz,* Anwaltswerbung – eine rechtsvergleichende Darstellung des deutschen und amerikanischen Rechts, 1986; *Püttner,* Die öffentlichen Unternehmen, 2. Aufl. 1985; *Ring,* Die wettbewerbsrechtliche Relevanz der „Berufsstandesvergessenheit" angesichts einer sich ändernden verfassungsgerichtlichen Rechtsprechung, GRUR 1986, 845; *ders.*, Wettbewerbsrecht der freien Berufe, 1989; *Rittner/Kulka*, Wettbewerbs- und Kartellrecht, 7. Aufl. 2008, § 6 Rn. 18 ff.; *Rohwer-Kahlmann*, Hoheitliche Aufgaben der Krankenkassen und unlauterer Wettbewerb, Die Sozialgerichtsbarkeit 1980, 89; *ders.*, BGH untersagt RVO-Kassen die Selbstabgabe von Brillen, Die Sozialgerichtsbarkeit 1982, 373; *Roth*, Rundfunk und Kartellrecht, AfP 1986, 287; *ders.*, Rechtsfragen der Rundfunkübertragung öffentlicher Veranstaltungen, AfP 1989, 515; *Rudolph*, Programmausweitung und Kartellaufsicht, ZUM 1986, 451; *Rüfner*, Formen öffentlicher Verwaltung im Bereich der Wirtschaft, 1967; *Rupp*, Verfassungsrechtliche Aspekte der Postgebühr und des Wettbewerbs der Deutschen Bundespost mit den Kreditinstituten, 1971; *Sack*, Neue Werbeformen im Fernsehen – Rundfunk- und wettbewerbsrechtliche Grenzen, AfP 1991, 704; *Schachtschneider*, Staatsunternehmen und Privatrecht, 1986; *Schellenberg*, Rundfunk-Konzentrationsbekämpfung zur Sicherung des Pluralismus im Rechtsvergleich, 1997; *Scherer*, Telekommunikationsrecht und Telekommunikationspolitik, 1985; *ders.* (Hrsg.), Telekommunikation und Wirtschaftsrecht, 1988; *Schirmer*, Verbesserung der Marktmechanismen bei der Versorgung mit Heil- und Hilfsmitteln, Die Betriebskrankenkasse 1985, 297; *Schliesky*, Über Notwendigkeit und Gestaltung eines Öffentlichen Wettbewerbsrechts, DVBl. 1999, 78; *ders.*, Öffentliches Wettbewerbsrecht, 1997; *Schmidt*, Standesrecht und Standesmoral, 1993; *Schmittat*, Rechtsschutz gegen staatliche Wirtschaftskonkurrenz, ZHR 148 (1984), 428; *Scholz*, Wettbewerb der öffentlichen Hand – Sanktions- und Rechtswegprobleme zwischen öffentlichem Recht und Privatrecht, NJW 1974, 781; *ders.*, Wettbewerbsrecht und öffentliche Hand, ZHR 132 (1969), 97; *ders.*, Rundfunkeigene Programmpresse?, 1982; *ders.*, Öffentliche und Privatversicherung unter der grundgesetzlichen Wirtschafts- und Sozialverfassung, in: FS Sieg, 1976, S. 507; *ders.*, Grenzen staatlicher Aktivität unter der grundgesetzlichen Wirtschaftsverfassung, in: Duwendag, Der Staatssektor in der sozialen Marktwirtschaft, 1976, S. 113; *Schricker*, Wirtschaftliche Tätigkeit der öffentlichen Hand und unlauterer Wettbewerb, 2. Aufl. 1987; *Schultes*, Erfahrungen bei der Missbrauchsaufsicht gegenüber Nachfragemacht, WuW 1982, 731; *Schultz*, Krankenkassen als Adressaten des Kartellrechts, NZS 1998, 269; *Schwarz*, Die wirtschaftliche Betätigung der öffentlichen Hand im Kartellrecht, 1969; *Siebert*, Privatrecht im Bereich öffentlicher Verwaltung, in: FS Niedermeyer, 1953, S. 215; *Steinmeyer*, Kartellrecht und deutsche gesetzliche Krankenversicherung, in: FS Sandrock, 2000, S. 943; *Stern/Püttner*, Die Gemeindewirtschaft – Recht und Realität, 1965; *Stober*, Rein gewerbliche Betätigung der öffentlichen Hand und Verfassung, ZHR 145 (1981), 565; *ders.*, Die privatrechtlich organisierte öffentliche Verwaltung, NJW 1984, 449; *ders.*, Eigenwirtschaftliche Betätigung der öffentlichen Hand, BB 1989, 716; *Stock*, Rundfunkrecht und Kartellrecht, AfP 1989, 627; *Stockmann*, Privater Rundfunk – ein Ausnahmebereich der Fusionskontrolle?, AfP 1989, 634; *Taupitz*, Das berufsordnende Kammerrecht der freien Berufe in der freiheitswahrenden Zwangsjacke des Kartellrechts, ZHR 153 (1989), 681; *ders.*, Wettbewerbshüter im unlauteren Wettbewerb?, BB 1991, 2095; *ders.*, Wettbewerb der Apotheker im Zwiespalt der aktuellen höchstrichterlichen Rechtsprechung, NJW 1992, 937; *ders.*, Die Standesordnungen der freien Berufe, 1991; *Tettinger*, Rechtsschutz gegen kommunale Wettbewerbsteilnahme, NJW 1998, 3473; *ders.*, Kartellrecht und Verfassungsrecht – ein Evergreen mit neuer Strophe, in: Hoffmann-Riem (Hrsg.), Rundfunk im Wettbewerbsrecht, 1988, S. 147; *Tetzlaff*, Wettbewerb von Sozialversicherungsträgern – Rechtswegfrage, WuW 1990, 1009; *Ulmer, P.*, Die Anwendung von Wettbewerbs- und Kartellrecht auf die wirtschaftliche Tätigkeit der öffentlichen Hand beim Angebot von Waren oder Dienstleistungen, ZHR 146 (1982), 466; *ders.*, Programminformationen der Rundfunkanstalten in kartell- und wettbewerbsrechtlicher Sicht, 1983; *Wittig-Terhardt*, Rundfunk und Kartellrecht, AfP 1986, 298.

1. Zweck und Bedeutung

1   § 130 Abs. 1 S. 1 bestimmt, dass das GWB auch Anwendung auf Unternehmen findet, die ganz oder teilweise im Eigentum der Öffentlichen Hand stehen oder von dieser verwaltet oder betrieben werden. Die Regelung hat lediglich eine **klarstellende Funktion**. Gäbe es sie nicht, so würde das Gleiche gelten.[1] Die Bestimmung unterstreicht den Grundsatz, dass der Staat dort, wo er sich unternehmerisch betätigt, den gleichen Regeln unterliegt wie ein Privatunternehmen. Hiervon ausgenommen werden nach § 130 Abs. 1 S. 2 lediglich die Deutsche Bundesbank und die Kreditanstalt für Wiederaufbau, auf die die Vorschriften des ersten bis dritten Teils keine Anwendung finden.

---

[1] *Bechtold*, GWB, § 130 Rn. 4.

§ 130. Unternehmen der öffentlichen Hand, Geltungsbereich **2 GWB § 130**

§ 130 Abs. 1 S. 1 setzt die **Existenz öffentlicher Unternehmen** voraus; die Vorschrift 2 besagt aber nichts über die vorgelagerte Frage, ob und inwieweit eine wirtschaftliche Betätigung der Öffentlichen Hand zulässig ist. Maßgebend für die Beurteilung dieser Frage ist das Öffentliche Recht, insbesondere das Verfassungsrecht. Trotz der Kritik des Schrifttums[2] gegenüber der wirtschaftlichen Betätigung der Öffentlichen Hand nehmen die Gerichte eine äußerst nachgiebige Haltung ein und setzen ihr keine substantiellen Schranken. Dies gilt insbesondere für die verwaltungsgerichtliche Rechtsprechung, die davon ausgeht, dass der unternehmerischen Betätigung des Staates allenfalls gewisse äußerste Grenzen gezogen werden, wenn der Staat versucht, durch die Ausdehnung seiner wirtschaftlichen Betätigung faktische Monopole zu schaffen, oder wenn er sonst die Privatwirtschaft in unzumutbarer Weise schädigt.[3] Einen bei oberflächlicher Betrachtung strengeren Maßstab legt der BGH an. Nachdem das Gericht zunächst angenommen hatte, dass sich die Zulässigkeit der wirtschaftlichen Betätigung der Öffentlichen Hand ausschließlich nach Öffentlichem Recht richtet und sie danach nur in ganz seltenen Ausnahmefällen Beschränkungen unterliegt,[4] ist es später dazu übergegangen, eine Beurteilung anhand von § 1 UWG a. F. (vgl. nunmehr § 3 UWG) vorzunehmen.[5] Danach ist maßgeblich, ob die fragliche Tätigkeit durch das Öffentliche Recht gedeckt ist, ob mit ihr öffentliche Zwecke verfolgt werden oder ob durch sie wegen der Wettbewerbsvorteile des Staates eine ernste Gefahr für den Leistungswettbewerb heraufbeschworen wird. Ein Verstoß gegen §§ 3, 4 Nr. 11 UWG ist insbesondere dann gegeben, wenn die wirtschaftliche Betätigung der Öffentlichen Hand durch die einschlägigen Bestimmungen des Öffentlichen Rechts, wie insbesondere die Gemeindeordnungen, ausdrücklich untersagt ist.[6] Liegen diese eng gefassten Voraussetzungen nicht vor, so ist für die Anwendung des § 3 UWG regelmäßig kein Raum. Unternehmen der Öffentlichen Hand werden nämlich als zulässig angesehen, wenn mit ihnen im weitesten Sinne „**öffentliche Zwecke**" verfolgt werden. Dies wird bereits dann angenommen, wenn der Staat mit seinen Unternehmen ihm kraft Gesetzes obliegende Aufgaben wahrnimmt oder wenn sonst wirtschaftlich vernünftige Gründe vorliegen, sofern die in Frage stehende Betätigung des Staates nicht zu einer Gefährdung des Wettbewerbsbestandes führt oder über das Maß des sachlich Gebotenen deutlich hinausgeht.[7] Als vernünftige und deshalb zulässige wirtschaftliche Betätigung der Öffentlichen Hand wurde etwa der Betrieb kommunaler Bestattungsunternehmen[8] und der Verkauf von Kraftfahrzeugschildern durch Gemeinden im Zusammenhang mit den von ihnen betriebenen Zulassungsstellen[9] anerkannt.

---

[2] Siehe *Emmerich* AG 1985, 293; *ders.* in: Immenga/Mestmäcker, GWB, § 130 Abs. 1 Rn. 3 f.
[3] Siehe BVerwGE 17, 306, 309 ff. = NJW 1964, 2075; BVerwGE 30, 191 = NJW 1969, 522; BVerwGE 39, 329, 336 ff.; BVerwGE 71, 183, 193 f.; BVerwG NJW 1995, 2938, 2939; *Emmerich* in: Immenga/Mestmäcker, GWB, § 130 Abs. 1 Rn. 4; *Stadler* in: Langen/Bunte, Kommentar zum deutschen und europäischen Kartellrecht, Band 1, § 130 Rn. 6; *Badura* ZHR 146 (1982), 448, 457 ff.; *Schliesky* DVBl. 1999, 78, 81 f.; *Stober* ZHR 145 (1981), 565, 565 ff.
[4] BGH NJW 1974, 1333 – *Schilderverkauf.*
[5] BGHZ 82, 375, 389 ff. = NJW 1982, 2117 – *Brillen-Selbstabgabestellen;* BGHZ 120, 228, 234 ff. = NJW 1993, 852 – *Guldenburg;* BGHZ 123, 157, 161 ff. = NJW 1993, 2680 – *Abrechnungs-Software; Emmerich* in: Immenga/Mestmäcker, GWB, § 130 Abs. 1 Rn. 4; *Stadler* in: Langen/Bunte (Fn. 3), § 130 Rn. 7.
[6] BGH NJW 1995, 2352, 2354 – *Sterbegeldversicherung,* vgl. auch OLG Hamm NJW 1998, 3504; OLG Frankfurt GRUR 1999, 75; *Emmerich* in: Immenga/Mestmäcker, GWB, § 130 Abs. 1 Rn. 4; *ders.* JuS 1999, 191, m. w. N.
[7] BGHZ 123, 157, 161 ff. = NJW 1993, 2680 – *Abrechnungs-Software; Emmerich* in: Immenga/Mestmäcker, GWB, § 130 Abs. 1 Rn. 4; jeweils m. w. N.
[8] BGH NJW 1987, 60; 1987, 62; NJW-RR 1989, 1120 – *Kommunaler Bestattungswirtschaftsbetrieb I–III; Emmerich,* ebenda; *Broß* in: FS Piper, S. 107, 112 ff.
[9] OLG Köln WRP 1991, 259 = GRUR 1991, 381; OLG Karlsruhe NJW-RR 1996, 231; OLG Schleswig NJW-RR 1997, 292; OLG Düsseldorf NJW-RR 1997, 294; OLG München NJW-RR

3 Soweit sich der Staat zulässigerweise wirtschaftlich betätigt, ist er an das allgemeine Privatrecht gebunden. Umgekehrt gelten die zivilrechtlichen Regelungen auch **zugunsten öffentlicher Unternehmen,** so dass diese sich gegebenenfalls auch selbst auf das GWB berufen können.[10] Andererseits können verbotene Wettbewerbsbeschränkungen nicht damit gerechtfertigt werden, dass sie einer im öffentlichen Interesse liegenden und deshalb an sich zulässigen wirtschaftlichen Betätigung des Staates dienen.[11]

2. Anwendungsbereich

4 Das Wettbewerbsrecht (GWB und UWG) findet allein auf **privatrechtlich geordnete Wettbewerbsbeziehungen** der Öffentlichen Hand und ihrer Unternehmen Anwendung. Dagegen ist die auf Öffentlichem Recht beruhende hoheitliche Tätigkeit des Staates der wettbewerbsrechtlichen Kontrolle entzogen. Im Unterschied hierzu besteht auf der Ebene des Gemeinschaftsrechts kein Zweifel, dass die Wettbewerbsregeln des EG-Vertrages (Art. 81, 82 und 86) unabhängig von der Rechtsform für jede wirtschaftliche Betätigung der Mitgliedstaaten und ihrer Unternehmen gelten. Die von Mitgliedstaat zu Mitgliedstaat unterschiedliche Grenzziehung zwischen Öffentlichem und Privatrecht spielt keine Rolle, sofern es sich aus der Sicht des Gemeinschaftsrechts um eine wirtschaftliche und nicht rein hoheitliche Tätigkeit handelt.[12] Nach deutschem Recht bedarf es zunächst der Klärung der Frage, nach welchen Kriterien bei einer wirtschaftlichen Betätigung des Staates öffentlich-rechtlich und privatrechtlich geordnete Beziehungen voneinander abzugrenzen sind. Nur dann, wenn letztere gegeben sind und deshalb die Anwendbarkeit des GWB zu bejahen ist, stellt sich die Frage nach der **Unternehmensqualität**[13] der wirtschaftlichen Betätigung der Öffentlichen Hand, die den Anknüpfungspunkt für die Regelung des § 130 Abs. 1 S. 1 bildet.[14]

5 a) **Trennung zwischen Leistungs- und Wettbewerbsbeziehungen.** Ebenso wie im Bereich des UWG[15] wurde zunächst auch die Anwendung des GWB auf öffentliche Unternehmen nach der Art der Leistungsbeziehungen zu ihren Vertragspartnern beurteilt.[16] Dies hatte zur Konsequenz, dass das GWB nur bei einer privatrechtlichen Gestaltung der Leistungsbeziehungen auf die Wettbewerbsbeziehung der Öffentlichen Hand zu ihren Konkurrenten Anwendung fand, nicht hingegen, wenn die Leistungserbringung in einer öffentlich-rechtlichen Form erfolgte. Diese Abgrenzung ermöglichte es der Öffentlichen Hand, dass sie sich bereits durch die Wahl einer öffentlich-rechtlichen Form der unternehmerischen Betätigung der Geltung des GWB entziehen konnte.[17] In Abkehr von die-

---

1997, 296; OLG Dresden NJW-RR 1997, 299; vgl. auch BGH NJW 2000, 809; ablehnend *Immenga,* NJW 1995, 1921; *Nordemann,* WRP 1996, 383; vgl. auch (einschränkend) OLG München GRUR 1987, 550, 552 = WuW/E 4120; OLG Stuttgart NJW-RR 1988, 756; NJW 1989, 778; OLG Hamm NJW-RR 1992, 1071; siehe zur Kritik eingehend *Emmerich,* Unlauterer Wettbewerb, §§ 4, IV 1.

[10] *Stadler* in: Langen/Bunte, Kommentar zum deutschen und europäischen Kartellrecht, Band 1, § 130 Rn. 8; *Becker* DÖV 1984, 313, 319.

[11] BKartA TB 1976, S. 83; 1979/80, S. 89 f.; *Emmerich* in: Immenga/Mestmäcker, GWB, § 130 Abs. 1 Rn. 8.

[12] Siehe zu den Einzelheiten eingehend *Emmerich* in: Immenga/Mestmäcker, EG-WbR Bd. I, S. 131 ff.; *ders.,* Kartellrecht, § 37, 1 b); siehe dazu auch unten Rn. 23.

[13] Siehe unten Rn. 22 ff.

[14] *Emmerich* in: Immenga/Mestmäcker, GWB, § 130 Abs. 1 Rn. 10.

[15] Siehe BGH GRUR 1956, 227 – *Reisebüro;* 1962, 159 – *Blockeis;* 1964, 210 – *Landwirtschaftsausstellung;* siehe *Emmerich* in: Immenga/Mestmäcker, GWB, § 130 Abs. 1 Rn. 11 f., m. w. N.

[16] BGH WuW/E 442 – *Gummistrümpfe;* OLG Köln NJW 1974, 802 – *Studenten-Versicherung;* BKartA TB 1959, S. 14; 1963, S. 9; 1972, S. 87 f.; 1974, S. 75.

[17] *Emmerich* in: Immenga/Mestmäcker, GWB, § 130 Abs. 1 Rn. 11.

sem formalistischen und deshalb fragwürdigen Unterscheidungskriterium hat sich parallel zum UWG[18] auch für das GWB[19] der Grundsatz der Trennung zwischen Leistungs- und Wettbewerbsbeziehungen durchgesetzt. Danach ist das GWB auf Letztere selbst dann anwendbar, wenn die Leistungsbeziehungen öffentlich-rechtlich geregelt sind, sofern der Staat seine Leistungen neben anderen Unternehmen auf dem Markt anbietet oder nachfragt. Etwas anderes gilt allenfalls dann, wenn die Öffentliche Hand auf Grund von Sonderregelungen befugt ist, die Wettbewerbsverhältnisse einseitig öffentlich-rechtlich zu regeln.[20] Dagegen ist die Anwendung des Kartellrechts auch dann nicht ausgeschlossen, wenn sie zur Folge hat, dass es zu Eingriffen in den hoheitlich geordneten Tätigkeitsbereich der Öffentlichen Hand kommt.[21]

Aus dem Trennungsgrundsatz folgt die Möglichkeit einer **Doppelqualifikation,** das 6 heißt, das Handeln der Öffentlichen Hand ist zum einen mit Blick auf die öffentlich-rechtlichen Leistungsbeziehungen zu den Abnehmern oder Lieferanten und zum anderen mit Blick auf die Auswirkungen dieses Verhaltens auf außerhalb der Leistungsbeziehung stehende Unternehmen im Wettbewerb zu beurteilen.[22] Dementsprechend kann eine bestimmte Maßnahme des Staates gleichzeitig im Verhältnis zu den Abnehmern oder Lieferanten als hoheitlich und gegenüber den Konkurrenten als privatrechtlich einzustufen sein.[23] Dies gilt etwa für die Beurteilung des Verhaltens der Sozialversicherungsträger, deren Leistungsverhältnisse zu den Versicherten ebenso wie zum Teil ihre Vertragsverhältnisse zu den Lieferanten öffentlich-rechtlich geregelt sind, ohne dass hierdurch die Anwendbarkeit des Wettbewerbsrechts auf ihre Beziehungen zu den Konkurrenten berührt würde.[24] Aufgrund ähnlicher Erwägungen ist anerkannt, dass Auftragssperren, die auf innerdienstlichen Weisungen beruhen, gegenüber dem betroffenen Lieferanten als privatrechtlich zu qualifizieren sind.[25]

b) Beispiele. Unter Zugrundelegung der Trennung von Leistungs- und Wettbewerbs- 7 beziehungen lässt sich in den nachfolgend genannten typischen Beispielsfällen eine Unterscheidung zwischen hoheitlichen und privatrechtlichen Tätigkeiten vornehmen.

aa) Nachfolgeunternehmen der Deutschen Bundespost. Bei den Nachfolgeunter- 8 nehmen der Deutschen Bundespost, der Deutschen Telekom AG und der Deutschen Post AG, handelt es sich um privatrechtliche Aktiengesellschaften, auf die das GWB grundsätzlich uneingeschränkt Anwendung findet. Eine Ausnahme gilt nur dann, wenn die Regulierungsbehörde durch öffentlich-rechtliche Regelungen in den Wettbewerb eingreift, da dann der Rechtsweg nicht zu den ordentlichen Gerichten, sondern zu den Ver-

---

[18] Siehe BGHZ 97, 312, 313 ff. = NJW 1986, 2359 (Gemeinsamer Senat); BGHZ 66, 229, 235 f. = NJW 1976, 1794 (Großer Senat); BGHZ 67, 81, 86 ff. = NJW 1976, 2941 (Großer Senat); BGHZ 82, 375, 382 ff. = NJW 1982, 2117 – *Brillen-Selbstabgabestellen;* BGHZ 110, 278, 284 = NJW 1990, 3199 – *Werbung im Programm;* BGHZ 121, 126, 128 ff. = NJW 1993, 1659 – *Rechtswegprüfung II;* BGH NJW 1993, 2680, 2681 – *Abrechnungs-Software; Emmerich,* ebenda, m. w. N.
[19] BGHZ 66, 229, 232 ff. = NJW 1976, 1794 (Großer Senat); BGHZ 67, 81, 86 ff. = NJW 1976, 1941 (Großer Senat) – *Auto-Analyzer;* BGHZ 82, 375 – *Brillen-Selbstabgabestellen;* BGHZ 102, 280 (Gemeinsamer Senat) – *Rollstühle; Emmerich* in: Immenga/Mestmäcker, § 130 Abs. 1 Rn. 14; *Stadler* in: Langen/Bunte (Fn. 10), § 130 Rn. 20.
[20] KG WuW/E 5821, 5837; BKartA TB 1993/94, S. 27, 133, 134.
[21] BGHZ 34, 99, 104 ff. = NJW 1961, 658 (Großer Senat); BGH WuW/E 2627 – *Sportübertragungen;* WuW/E 2688 – *Warenproben in Apotheken;* BGHZ 119, 93, 101 = NJW 1993, 789, 791 – *Selbstzahler;* BGH NJW-RR 1999, 1266 = WuW/E DE-R 289 – *Lottospielgemeinschaft.*
[22] BGHZ 102, 280 (Gemeinsamer Senat) – *Rollstühle; Odersky* in: FS Lerche, 1993, S. 949, 955.
[23] *Emmerich* in: Immenga/Mestmäcker, GWB, § 130 Abs. 1 Rn. 16.
[24] *Emmerich,* ebenda; siehe aber unten Rn. 26 ff.
[25] BGHZ 107, 40, 42 ff. = NJW 1989, 2325 = WuW/E 2571 – *Krankentransportbestellung;* OLG Stuttgart WuW/E 1421, 1423 f. – *Abschleppunternehmen;* OLG Düsseldorf WuW/E 2274 – *Fernmeldetürme.*

§ 130 GWB 9, 10   10. Teil. Gesetz gegen Wettbewerbsbeschränkungen

waltungsgerichten eröffnet ist (vgl. § 137 TKG).[26] Das BKartA ging auch dann von einem **hoheitlichen Handeln** aus, als die Telekom vom Bundesministerium für Post- und Telekommunikation genehmigte Tarife eingeführt hatte bzw. aufgrund einer Richtlinie für die Genehmigung von privaten Großgemeinschaftsantennen ein Prioritätsrecht genoss.[27]

9   bb) Rundfunkanstalten. Zwischen den öffentlich-rechtlichen Rundfunkanstalten und privaten Anbietern besteht ein Wettbewerb um die Nachfrage des Publikums nach Unterhaltungsleistungen, auf den das Wettbewerbsrecht anwendbar ist.[28] Dasselbe gilt für die Nachfrage der Anstalten nach Sendegut in Konkurrenz mit anderen Anbietern, wie etwa von künstlerischen Darbietungen oder von sonstigen Unterhaltungsleistungen,[29] sowie für Absprachen der Rundfunkanstalten über Preise und Konditionen für die Durchführung von Werbeaufträgen.[30] Dagegen findet das GWB **keine Anwendung,** soweit die Tätigkeitsfelder oder die Programmgestaltung der Rundfunkanstalten hoheitlich geregelt sind, wie insbesondere durch Staatsverträge der Bundesländer hinsichtlich der Gebührenverteilung zwischen den Fernsehanstalten für das Programmfernsehen oder im Hinblick auf die Aufnahme und den Umfang des Werbefernsehens.[31]

10   cc) Sozialversicherungsträger. Äußerst umstritten und von erheblicher Rechtsunsicherheit gekennzeichnet ist die Frage der Anwendbarkeit des GWB auf Aktivitäten der Sozialversicherungsträger und die damit im Zusammenhang stehende Frage der Rechtswegzuständigkeit. Der BGH hat in ständiger Rechtsprechung die Rechtsbeziehungen der Sozialversicherungsträger zu den Heil- und Hilfsmittellieferanten als privatrechtlich qualifiziert, da die Kranken- und Ersatzkassen als Nachfrager auf dem Markt für **Heil- und Hilfsmittel** aufträten.[32] Dementsprechend wurde die Anwendbarkeit des GWB in folgenden Fällen bejaht: die Beschaffung von Heil- und Hilfsmitteln oder von Badeleistungen durch die Krankenkassen,[33] die Selbstabgabe von Heil- und Hilfsmitteln durch die Krankenkassen,[34] Entscheidungen der Krankenkassen über die Zulassung privater Lieferanten von Heil- und Hilfsmitteln,[35] Verträge zwischen den Krankenkassen und den kassenärztlichen Vereinigungen über die Vergütung ärztlicher Sachleistungen außerhalb der Gesamtvergütung,[36] die Empfehlung einer Positivliste für Arzneimittel durch die Spitzenverbände

---

[26] OLG München WuW/E 2925, 2926; OLG Frankfurt WuW/E 5342, 5344f.; BKartA TB 1993/94, S. 26f., 133f.; 1995/96, S. 143f.; 1997/98, S. 23ff.

[27] BKartA TB 1993/94, S. 27, 133f.

[28] BGHZ 37, 1, 15ff. = NJW 1962, 1295 = WuW/E 494 – *AKI*; BGHZ 68, 132, 136f. = NJW 1977, 951 – *Der 7. Sinn*; BGHZ 110, 278, 284 = NJW 1990, 3199 – *Werbung im Programm*; BGHZ 110, 371, 375ff. = WuW/E 2627 – *Sportübertragungen*; BGHZ 117, 353, 355 = NJW 1992, 2089 – *Ereignis-Sponsorwerbung*; BGHZ 120, 228 = NJW 1993, 852 – *Guldenburg; Bechtold*, GWB, § 130 Rn. 8; *Emmerich* in: Immenga/Mestmäcker, GWB, § 130 Abs. 1 Rn. 21; *Stadler* in: Langen/Bunte, Kommentar zum deutschen und europäischen Kartellrecht, Band 1, § 130 Rn. 45.

[29] BGHZ 37, 1, 15ff. = NJW 1962, 1295 = WuW/E 494 – *AKI*; BGHZ 39, 352, 356 = NJW 1963, 1742 – *Vortragsabend*; BGHZ 67, 81, 86ff. = NJW 1976, 1941 = GRUR 1977, 51 (Großer Senat) – *Auto-Analyzer; Emmerich* in: Immenga/Mestmäcker, GWB, ebenda, m.w.N.; *Stadler* in: Langen/Bunte, ebenda.

[30] BKartA TB 1965, S. 54.

[31] BKartA TB 1964, S. 43.

[32] BGHZ 36, 91 = WuW/E 442 = GRUR 1962, 263, 267 – *Gummistrümpfe*; BGHZ 97, 312, 313ff. = NJW 1986, 2359 = WuW/E 2301 = GRUR 1986, 685 (Gemeinsamer Senat) – *Orthopädische Hilfsmittel*; BGHZ 101, 72 = NJW 1988, 772 = WuW/E 2399 = GRUR 1987, 829 – *Krankentransporte*.

[33] BGH NJW 1988, 2297 (Gemeinsamer Senat) – *Medizinische Badeleistungen*.

[34] BGHZ 102, 280 = NJW 1988, 2295 (Gemeinsamer Senat) – *Rollstühle*.

[35] BGH WuW/E 419 – *AOK*; WuW/E 442 – *Gummistrümpfe*.

[36] OLG Frankfurt WuW/E 1976 – *Vergütungen für Krankenhäuser für ambulante ärztliche Sachleistungen*.

der Krankenkassen,[37] die Festsetzung von Festbeträgen für Hilfsmittel durch Vereinbarungen der Kassenverbände (§ 36 Abs. 2 S. 1 SGB V),[38] die Beauftragung privater Krankentransportunternehmen,[39] der Boykott privater Krankentransportunternehmen durch Krankenkassen, Gemeinden oder sonstige Krankenhausträger.[40]

Das GKV-Gesundheitsreformgesetz vom 22. 12. 1999[41] hat zu einer einschneidenden Änderung der Rechtslage geführt. Durch Neuregelungen der maßgeblichen Vorschriften des GWB (§ 87) und des SGG (§ 51) sollte eine vorrangige Zuständigkeit der Sozialgerichte endgültig gesetzlich verankert werden. Nach dem Willen des Gesetzgebers sind die im SGB V abschließend geregelten Rechtsbeziehungen zwischen den Krankenkassen und den Leistungserbringern **sozialversicherungsrechtlicher Natur.** Dementsprechend sollte durch die Änderungen und Ergänzungen, die sich auf das GWB beziehen, klargestellt werden, dass für Rechtsstreitigkeiten, die sich aus den in § 69 SGB V genannten Rechtsbeziehungen ergeben, ausschließlich die Sozialgerichte bzw. die Verwaltungsgerichte zuständig sind. Dies gilt auch soweit Rechte Dritter betroffen sind. Damit wurde die im Rahmen der 6. GWB-Novelle zum 1. 1. 1999 eingeführte Konzentration der Zuständigkeiten der Gerichte für Kartellrechtsfragen zum 1. 1. 2000 für Streitigkeiten im Gesundheitsbereich zugunsten der Sozial- und Verwaltungsgerichte wieder aufgehoben.[42]

Dieser Intention des Gesetzgebers, die schon im Vorfeld auf Kritik gestoßen ist,[43] wird zu Recht entgegengehalten, dass jedenfalls die Anwendung des europäischen Wettbewerbsrechts und die darauf gestützte Geltendmachung von Ansprüchen Betroffener durch die nationale Ausnahmeregelung nicht verhindert werden kann.[44] Da der Unternehmensbegriff der Art. 81 und 82 EG sowohl private als auch öffentliche Unternehmen erfasst, ohne dass es darauf ankäme, ob die Leistungsbeziehungen privatrechtlich oder öffentlich-rechtlich ausgestaltet sind, unterliegen auch die deutschen gesetzlichen Krankenkassen in ihrer Beschaffungstätigkeit einer Kontrolle durch das europäische Kartellrecht. Auch für das deutsche Recht vermag die Definition der Rechtsbeziehungen als öffentlich-rechtlich und die Rechtswegzuweisung an die Sozial- bzw. Verwaltungsgerichte nicht die grundsätzliche Geltung des Wettbewerbs- und Kartellrechts aufzuheben. Bedenklich ist die Rechtsunsicherheit, die daraus resultiert, dass Rechtsmittelinstanz für Entscheidungen des BKartA die Zivilgerichte (OLG Düsseldorf, BGH) sind, während nach der neuen Zuständigkeitsregelung für die gleichen Sachverhalte die Sozialgerichte zuständig sind.[45]

Unzweifelhaft **privatrechtlich** geordnete Wettbewerbsbeziehungen bestehen zwischen den **Ersatzkassen** und den **privaten Krankenversicherern,** soweit sie um Mitglieder konkurrieren, die sich zwischen den beiden Versicherungszweigen frei entscheiden können.[46] Als öffentlich-rechtlich qualifiziert wird hingegen das Verhältnis zwischen Ersatzkassen und Pflichtkassen auf dem Gebiet der Mitgliederwerbung.[47]

---

[37] OLG Düsseldorf WuW/E DE-R 183 – *Berliner Positivliste.*
[38] OLG Düsseldorf WuW/E DE-R 233 = EuZW 1999, 188 – *Inkontinenzmittel.*
[39] BGHZ 114, 218, 221 f. = WuW/E 2963 = NJW 1991, 2963 – *Einzelkostenerstattung.*
[40] BGH WuW/E 2603 = NJW 1990, 1531 – *Neugeborenentransporte;* OLG Stuttgart WuW/E 4394 – *AOK Ravensburg II;* OLG Karlsruhe WuW/E 5066 – *Direktabrechnungsausschluss;* LG Düsseldorf WuW/E 598 – *Krankentransporte.*
[41] BGBl. 1999 I S. 2626.
[42] *Stadler* in: Langen/Bunte (Fn. 28), § 130 Rn. 52.
[43] Siehe *Neumann* WuW 1999, 961; Eingabe der Deutschen Vereinigung für Gewerblichen Rechtsschutz und Urheberrecht zur geplanten Änderung des § 69 SGB V, GRUR 1999, 968.
[44] Siehe zur Kritik *Stadler* in: Langen/Bunte (Fn. 28), § 130 Rn. 54.
[45] So zu Recht *Stadler,* ebenda.
[46] BGHZ 66, 229, 233 ff. = NJW 1976, 1794 (Großer Senat) – *Studentenversicherung;* BGH NJW 1998, 3418 = GRUR 1999, 88 = WRP 1998, 1076 – *Ersatzkassen-Telefonwerbung.*
[47] BGHZ 108, 284, 286 ff. = NJW 1990, 1527 (Gemeinsamer Senat) – *Öffentlich-rechtliche Krankenkassen;* a. A. *Emmerich* in: Immenga/Mestmäcker, GWB, § 130 Abs. 1 Rn. 26.

14 **Öffentlich-rechtlichen** Charakter haben auch die Beziehungen der Kassen zu ihren **Mitgliedern** und den **kassenärztlichen Vereinigungen,** soweit sie die ärztliche Versorgung der Pflichtversicherten betreffen.[48] Das GWB findet daher keine Anwendung, wenn eine Pflichtkasse die Abrechnung eines Zahnarztes[49] oder die Verordnungspraxis der Ärzte beanstandet[50] oder wenn sich die Krankenkassen mit den kassenärztlichen Vereinigungen über die Kostenbegrenzung bei Zahnersatz verständigen.[51] Öffentlich-rechtlich sind auch der Gesamtvertrag, der Bundesmantelvertrag und der Bewertungsmaßstab für Ärzte in der gesetzlichen Krankenversicherung, so dass die darin enthaltenen Regelungen von betroffenen Dritten nicht auf Grund des GWB vor den ordentlichen Gerichten angegriffen werden können.[52]

15 Öffentlich-rechtlicher Natur sind ferner die Verträge zwischen den **Sozialversicherungsträgern und den Krankenhausträgern**[53] sowie die **Pflegesatzvereinbarungen** zwischen den Sozialversicherungsträgern und den Heimträgern.[54] Anders verhält es sich, wenn die Sozialversicherungsträger durch Vertragsklauseln auch die Tarife von Selbstzahlern zu beeinflussen versuchen, da sie sich damit außerhalb ihres durch das Öffentliche Recht zugewiesenen Aufgabenbereichs bewegen und deshalb dem GWB unterliegen.[55] Schließlich findet das GWB auch auf das Verhältnis der gesetzlichen Krankenkassen zu den privaten Anbietern häuslicher Krankenpflege Anwendung.[56]

16 Dem Öffentlichen Recht zuzuordnen sind auch die Rechtsverhältnisse zwischen den **kassenärztlichen Vereinigungen** bzw. den **Ärztekammern** und ihren Mitgliedern. Dagegen sind Maßnahmen dieser Körperschaften, durch die sie in den Wettbewerb zwischen ihren Mitgliedern und Dritten eingreifen, im Verhältnis zu diesen Dritten als privatrechtlich einzustufen. Dementsprechend verstößt z.B. der Boykottaufruf einer kassenärztlichen Vereinigung oder einer Ärztekammer gegenüber privaten Laborunternehmen gegen § 21 Abs. 1 (§ 26 Abs. 1 GWB a. F.).[57] Demgegenüber haben alle Aufsichtsmaßnahmen des zuständigen Ministers gegenüber den genannten Körperschaften, z.B. eine Empfehlung über die Höhe der Vergütung zahntechnischer Leistungen, öffentlich-rechtlichen Charakter.[58]

17 **dd) Gemeinden.** Bei Gemeinden können sich privatrechtliche Wettbewerbsbeziehungen daraus ergeben, dass sie sich am wirtschaftlichen Verkehr im Wettbewerb mit privaten Anbietern beteiligen. Dies ist z.B. beim Betrieb eines Bestattungsunternehmens durch die Gemeinde der Fall, wenn diese keinen Benutzungszwang anordnet, so dass die Nachfrager frei zwischen der Inanspruchnahme des kommunalen und der konkurrierenden, privaten Bestattungsunternehmen wählen können,[59] oder wenn die Gemeinde auf Grund ihres Eigentums am Friedhof ein Ausschließlichkeitsrecht für ihr Bestattungsunternehmen in

---

[48] *Emmerich* in: Immenga/Mestmäcker, GWB, § 130 Abs. 1 Rn. 33; *Stadler* in: Langen/Bunte, Kommentar zum deutschen und europäischen Kartellrecht, Band 1, § 130 Rn. 56.
[49] BGH WuW/E 1757 = NJW 1981, 636 – *Zahnprothetik*.
[50] BGH NJW 1964, 2208 – *Eumed*.
[51] BKartA TB 1975, S. 89.
[52] KG WuW/E 4343, 4344 f. – *Laboratoriumsleistungen*.
[53] LG Mannheim WuW/E 457 – *Herzklinik*.
[54] BGHZ 116, 339, 343 ff. = WuW/E 2749, 2752 f. = NJW 1992, 1287 – *Pflegesatzvereinbarung*; BGH WuW/E 2813 – *Selbstzahler*; v. Maltzahn GRUR 1993, 235, 238 f.; *Odersky* in: FS Lerche, 1993, S. 949, 954.
[55] BGHZ 119, 93, 96 ff. = WuW/E 2813 = NJW 1993, 789 – *Selbstzahler*; BKartA TB 1991/92, S. 46; *v. Maltzahn*, ebenda.
[56] LG Hannover WuW/E 705 – *Krankenpflegezulassung*.
[57] BGHZ 67, 81, 90 f. = WuW/E 1469 = NJW 1976, 2941 (Großer Senat) – *Auto-Analyzer*; BGH NJW 1977, 1103 – *Laboruntersuchungen*.
[58] OLG Düsseldorf WuW/E 2153, 2154 f. – *Zahntechniker*.
[59] BayObLGZ 1974, 494, 507 ff. = BayVBl. 1975, 250.

§ 130. Unternehmen der öffentlichen Hand, Geltungsbereich 18–20 GWB § 130

Anspruch nimmt und deshalb privaten Gärtnereien die Betätigung auf dem kommunalen Friedhof untersagt[60] oder wenn die Gemeinden im Wettbewerb mit privaten Herstellern über ihre Kraftfahrzeugzulassungsstelle Nummernschilder vertreibt.[61] Das Gleiche gilt, wenn sie an Eltern von Schülern Gutscheine zum Bezug von Schulbüchern zwecks Einlösung bei den Buchhandlungen ausgibt,[62] mit freien Musiklehrern Verträge über die Vermittlung von Schülern abschließt,[63] wenn sie Abschleppaufträge vergibt[64] oder wenn sie Standplätze auf einem Festplatz vermietet.[65]

ee) Sonstige Fälle. Privatrechtliche Wettbewerbsbeziehungen wurden ferner in folgenden Fällen angenommen: bei der Vergabe von Krediten aus öffentlichen Mitteln durch eine Bank an private Bauherren im sozialen Wohnungsbau,[66] bei Absprachen des Bundesverteidigungsministeriums mit Spediteuren über die Vergütung von Speditionsleistungen,[67] bei Pachtverträgen zwischen dem Bund und den Kantinenpächtern der Bundeswehr,[68] bei der Erteilung von Abschleppaufträgen durch die Polizei,[69] beim Eingriff der Öffentlichen Hand in den Wettbewerb der Vermessungsingenieure untereinander[70] oder zu den staatlichen Vermessungsämtern,[71] bei der Tätigkeit der staatlichen Flughafenunternehmen, die durchweg die Rechtsform privater Kapitalgesellschaften haben[72] sowie beim Abschluss von Spielverträgen durch die Länder.[73] 18

Privatrechtliche Wettbewerbsbeziehungen wurden hingegen bei solchen Leistungen **verneint,** die auf Grund hoheitlicher Bestimmungen gefordert und gegeben werden, insbesondere, wenn die Öffentliche Hand befugt ist, ihre Wettbewerbsbeziehungen einseitig öffentlich-rechtlich zu regeln,[74] wenn ein Anschluss- und Benutzungszwang besteht,[75] wenn öffentlich-rechtliche Sonderregelungen, etwa auf Grund hoheitlicher Maßnahmen der Regulierungsbehörden,[76] aufgestellt wurden, ferner bei der gesetzlichen Bereitstellung von staatlichen Mitteln und bei deren Übertragung auf eine Bank zur Finanzierung des privaten Wohnungsbaus[77] sowie beim Erlass einer „Marktordnung" durch die Stadt Berlin, durch die der Zugang zum Markt geregelt wird.[78] 19

Unanwendbar ist das Wettbewerbsrecht ferner dann, wenn öffentlichen Unternehmen durch Gesetz eine **öffentliche Aufgabe übertragen** worden ist, deren Erfüllung nur unter Durchbrechung des GWB möglich ist. Dies entspricht dem Gedanken, der in der Regelung des Art. 86 Abs. 2 S. 1 EG zum Ausdruck kommt, die aber von der Kommission und dem Gerichtshof äußerst restriktiv ausgelegt wird und in der Praxis bisher keine Rolle 20

---

[60] BGHZ 14, 294, 296 ff. = WuW/E 75 = NJW 1954, 1483 – *Kirchenstiftung;* BGHZ 19, 130, 132 f. = WuW/E 124 = NJW 1956, 548 – *Friedhofsordnung.*
[61] BGH NJW 1974, 1333 – *Schilderverkauf;* NJW 2000, 809 = WuW/E DE-R 395 – *Beteiligungsverbot für Schilderpräger;* Immenga NJW 1995, 1921; Nordemann WRP 1996, 383.
[62] OLG Stuttgart WRP 1980, 101 f.
[63] BGH WuW/E 1661, 1662 = NJW 1980, 1046 – *Berliner Musikschule.*
[64] OLG Düsseldorf WuW/E 2495, 2496 – *Abschleppdienste.*
[65] OLG Koblenz WuW/E 4517 = GRUR 1990, 64 – *Bad Dürkheimer Wurstmarkt.*
[66] BKartA TB 1972, S. 87 f.
[67] BKartA TB 1978, S. 89.
[68] BGH WuW/E 1581, 1582 f. – *Bundeswehrheime.*
[69] OLG Stuttgart WuW/E 1421 – *Abschleppunternehmen;* OLG Düsseldorf WuW/E 2495 – *Abschleppdienste.*
[70] BGH WuW/E 2483, 2485 f. = NJW-RR 1988, 1069 – *Sonderungsverfahren.*
[71] BGHZ 121, 126, 128 f. = NJW 1993, 1659 – *Rechtswegprüfung II.*
[72] BGH BB 1969, 1239.
[73] BGH WuW/E DE-R 289 = NJW-RR 1999, 1266 – *Lottospielgemeinschaft.*
[74] KG WuW/E 5821, 5837 = NJWE-WettbR 1997, 257 – *Lotto- und Totoblock.*
[75] LG Frankfurt/M. WuW/E 241.
[76] BKartA TB 1974, S. 75; 1993/94, S. 27, 133 f.
[77] BKartA TB 1972, S. 87 f.
[78] LG Berlin WuW/E 545 – *Blumengroßmarkt.*

gespielt hat.⁷⁹ Dagegen vermag die bloße Übertragung beliebiger sonstiger öffentlicher Aufgaben auf öffentliche Unternehmen eine Durchbrechung der Geltung des GWB nicht zu rechtfertigen, da dies mit der Prärogative des Gesetzgebers und mit dem Gleichheitsgrundsatz unvereinbar wäre.⁸⁰ Soweit der BGH zum früheren Recht (§§ 15⁸¹ und 26 Abs. 2⁸² GWB a. F.) im Einzelfall eine abweichende Auffassung vertreten hat, ist dem nicht zu folgen.⁸³

21 **c) Ausnahmen.** Gemäß § 130 Abs. 1 S. 2 finden die Vorschriften des ersten bis dritten Teils des GWB, also im Wesentlichen das gesamte eigentliche Kartellrecht (§§ 1–95), keine Anwendung auf die Deutsche Bundesbank und auf die Kreditanstalt für Wiederaufbau. Diese Freistellung wird mit der Überlegung gerechtfertigt, dass beide Banken mit Rücksicht auf ihre besonderen Aufgaben staatsrechtlich eine Sonderstellung einnehmen, mit der eine kartellrechtliche Aufsicht über ihre Geschäfts- und Kreditpolitik nicht vereinbar sei.⁸⁴ Nach überwiegender Ansicht sei die Ausnahmeregelung in einem umfassenden Sinne zu verstehen und greife deshalb auch dann ein, soweit die Deutsche Bundesbank ein so genanntes „**Jedermanngeschäft**"⁸⁵ betreibe, obwohl sie sich damit in den Wettbewerb zu den übrigen Kreditinstituten begibt.⁸⁶ Für den Fall, dass sich eine der beiden genannten Banken an einem Unternehmenszusammenschluss beteiligt, soll im Rahmen des § 36 ihre Beteiligung außer Betracht bleiben.⁸⁷ Dem wird zu Recht entgegengehalten, dass mit Blick auf den Normzweck des § 130 Abs. 1 S. 2, die Wahrnehmung staatlicher Aufgaben von einer kartellrechtlichen Kontrolle freizustellen, kein Anlass für eine so weitreichende Privilegierung der privatwirtschaftlichen Betätigung besteht.⁸⁸

3. Öffentliche Unternehmen

22 Da sich die meisten Vorschriften des GWB auf „Unternehmen" beziehen (wie insbesondere die §§ 1, 19–21 und 35–37), setzt die Anwendung des GWB auf die Öffentliche Hand neben dem Vorliegen privatrechtlich geordneter Wettbewerbsbeziehungen in der Regel zusätzlich voraus, dass die in Frage stehende wirtschaftliche Betätigung den Merkmalen des Unternehmensbegriffs des GWB entspricht.⁸⁹ Dies wird durch die Regelung des § 130 Abs. 1 S. 1 klargestellt, wonach das GWB (nur) Anwendung findet auf „Unternehmen, die ganz oder teilweise im Eigentum der Öffentlichen Hand stehen oder von ihr verwaltet oder betrieben werden".⁹⁰ Es bedarf daher der Klärung der Frage, unter welchen

---

⁷⁹ *Emmerich* in: Immenga/Mestmäcker, GWB, § 130 Abs. 1 Rn. 41; *Emmerich*, Das Wirtschaftsrecht der öffentlichen Unternehmen, 1969, S. 289 f.; *ders.* AG 1976, 225; *ders.* AfP 1989, 433, 435 f.
⁸⁰ BGH WuW/E 1661, 1663 = NJW 1980, 1046 – *Berliner Musikschule*; WuW/E DE-R 289 = NJW-RR 1999, 1266 – *Lottospielgemeinschaft*; LG Hamburg WuW/E 615, 619 f. – *Großflächenwerbung*; BKartA WuW/E 2150, 2153; *Emmerich* in: Immenga/Mestmäcker, GWB, § 130 Abs. 1 Rn. 41; *Stadler* in: Langen/Bunte, Kommentar zum deutschen und europäischen Kartellrecht, Band 1, § 130 Rn. 33; *Möschel*, Recht der Wettbewerbsbeschränkungen, 1983, Tz. 107; *Odersky* in: FS Lerche, 1993, S. 949, 956 ff.
⁸¹ BGH WuW/E 1851 = GRUR 1981, 836 – *Bundeswehrheime II*.
⁸² BGHZ 80, 371, 378 = BGH WuW/E 1805, 1808 = NJW 1981, 2701, 2703 – *Privatgleisanschluss*.
⁸³ *Emmerich* in: Immenga/Mestmäcker, GWB, § 130 Abs. 1 Rn. 41.
⁸⁴ Begr. z. RegE, BT-Drucks. II/1158, S. 57; Bericht des Ausschusses für Wirtschaftspolitik, zu BT-Drucks. II/3644, S. 44; *Emmerich* in: Immenga/Mestmäcker, GWB, § 130 Abs. 1 Rn. 112 f.
⁸⁵ Vgl. §§ 19 Nr. 2–7, 20 und 22 des Bundesbankgesetzes.
⁸⁶ So *Bechtold*, GWB, § 130 Rn. 11; *Stadler* in: Langen/Bunte (Fn. 80), § 130 Rn. 26.
⁸⁷ BKartA WuW/E 2335, 2338 = AG 1989, 278, 279 – *Daimler Benz/MBB*; *Bechtold*, GWB, § 130 Rn. 12; *Stadler* in: Langen/Bunte (Fn. 80), § 130 Rn. 27.
⁸⁸ So *Emmerich* in: Immenga/Mestmäcker, GWB, § 130 Abs. 1 Rn. 114.
⁸⁹ *Emmerich* in: Immenga/Mestmäcker, GWB, § 130 Abs. 1 Rn. 43; *Stadler* in: Langen/Bunte (Fn. 80), § 130 Rn. 12.
⁹⁰ *Emmerich*, ebenda.

Voraussetzungen die vielfältigen wirtschaftlichen Betätigungen der Öffentlichen Hand vom Unternehmensbegriff des GWB erfasst werden.

a) Unternehmensbegriff. Ebenso wie bei den übrigen Vorschriften des Gesetzes ist auch im Rahmen des § 130 Abs. 1 S. 1 von einem **weiten funktionalen Unternehmensbegriff** auszugehen.[91] Er dient im Wesentlichen dazu, die Sphäre des privaten Verbrauchs aus dem Anwendungsbereich des GWB auszuklammern. Für die Annahme eines Unternehmens genügt deshalb grundsätzlich jede selbstständige, nicht rein private und außerhalb des Erwerbslebens liegende Tätigkeit einer Person in der Erzeugung oder Verteilung von Waren oder gewerblichen Leistungen, wobei die Rechtsform, in der diese Tätigkeit entfaltet wird, ebenso unerheblich ist wie die Frage der Gewinnerzielungsabsicht; auch für gemeinnützige Unternehmen gilt das GWB.[92] Dementsprechend ist die Öffentliche Hand grundsätzlich überall dort als Unternehmen anzusehen, wo sie sich, gleich in welcher Form, durch das Angebot von wirtschaftlichen Leistungen oder durch die Nachfrage nach solchen Leistungen wirtschaftlich betätigt.[93] Aufgrund der Unabhängigkeit von der Rechtsform unterliegen auch sämtliche Unternehmen in **öffentlich-rechtlicher Form** dem GWB. Von dessen Anwendungsbereich erfasst werden rechtsfähige und nicht rechtsfähige Anstalten des Öffentlichen Rechts des ZDF,[94] die frühere Treuhandanstalt,[95] die Sparkassen oder andere öffentlich-rechtliche Kreditinstitute, Versicherungsanstalten, öffentlich-rechtliche Zweckverbände,[96] Körperschaften des Öffentlichen Rechts wie die Kammern oder die kassenärztlichen Vereinigungen[97] sowie Zusammenschlüsse von Körperschaften in privatrechtlicher oder öffentlich-rechtlicher Form.[98] Dabei kommt es nicht darauf an, ob die Unternehmen rechtliche Selbstständigkeit besitzen oder nicht.[99] Unter den Unternehmensbegriff fallen auch **Eigenbetriebe** und **Regieunternehmen** der Öffentlichen Hand, die zwar nicht rechtlich, wohl aber betrieblich verselbstständigt sind, wie etwa die Eigenbetriebe der Gemeinden im Öffentlichen Nahverkehr und der Energie- oder Wasserversorgung.[100]

b) Staat. Der Staat als einer der größten Nachfrager und wichtigsten Anbieter von wirtschaftlichen Gütern und Leistungen aller Art unterliegt dem GWB, wenn er sich durch das Angebot von oder die Nachfrage nach Leistungen am wirtschaftlichen Verkehr im Wettbewerb mit anderen privaten Anbietern oder Nachfragern beteiligt. Als Nachfrager nimmt der Staat auf vielen Märkten eine Monopolstellung ein.[101] Kartellrechtliche Relevanz gewinnt diese Machtposition im Zusammenhang mit der Vergabe öffentlicher Aufträge insbesondere durch Verstöße gegen die Verdingungsordnungen (VOB und VOL), durch die Begünstigung einzelner Unternehmen unter Verzicht auf die grundsätzlich vorgeschriebene öffentliche Ausschreibung der Aufträge, durch Preis- und Konditionenabsprachen zwischen den Vergabestellen der Öffentlichen Hand sowie durch die Aufstellung völlig unangemessener Geschäftsbedingungen, insbesondere die Forderung existenzbedrohender Vertragsstrafenre-

---

[91] *Emmerich* in: Immenga/Mestmäcker, GWB, § 130 Abs. 1 Rn. 43.
[92] *Emmerich*, ebenda; *Stadler* in: Langen/Bunte (Fn. 80), § 130 Rn. 12.
[93] BGHZ 36, 91, 103 = WuW/E 442 = NJW 1962, 196 – *Gummistrümpfe*; BGH WuW/E 1474, 1477 – *Architektenkammer*; BGH WuW/E DE-R 289 = NJW-RR 1999, 1266 – *Lottospielgemeinschaft*.
[94] BGHZ 110, 371 = WuW/E 2627 – *Sportübertragungen*; BKartA TB 1974, S. 75.
[95] OLG Düsseldorf WuW/E 5007 – *Apothekenverrechnungsstelle in den neuen Bundesländern*.
[96] BGH WuW/E 1313 – *Stromversorgungsgenossenschaft*.
[97] OLG Celle WuW/E 1623 – *Architektenkammer*.
[98] KG WuW/E 1687, 1690 f. – *Laboruntersuchungen*.
[99] BGHZ 36, 91, 103 = WuW/E 442 = NJW 1962, 196 – *Gummistrümpfe*.
[100] *Bechtold*, GWB, § 130 Rn. 5; *Emmerich* in: Immenga/Mestmäcker, GWB, § 130 Abs. 1 Rn. 45; *Stadler* in: Langen/Bunte (Fn. 80), § 130 Rn. 14.
[101] *Emmerich* in: Immenga/Mestmäcker, GWB, § 130 Abs. 1 Rn. 46.

gelungen.[102] Eine Unternehmereigenschaft des Staates und damit eine Anwendbarkeit des GWB wurde in folgenden Fällen angenommen: Nachfrage des Staates nach Architekten- und Bauleistungen,[103] der Fernsehanstalten nach Sendegut,[104] der Sozialversicherungsträger nach Heil- und Hilfsmitteln, nach Kurleistungen und nach ärztlichen Sachleistungen,[105] die Nachfrage der Krankenhausträger nach Krankentransporten,[106] Nachfrage des Bundes nach militärischen Rüstungsgütern,[107] die Verpachtung von Kantinen für die Bundeswehr,[108] den Abschluss von Rahmenabsprachen des Bundesverteidigungsministeriums mit Spediteuren über die Vergütung von Speditionskosten,[109] die Erteilung von Abschleppaufträgen durch die Polizei,[110] den Betrieb einer Büchereizentrale zur Belieferung öffentlicher Bibliotheken.[111] Das Angebot wirtschaftlicher Leistungen und Güter wurde in folgenden Fällen als unternehmerische Betätigung im Sinne des GWB angesehen: Angebot von radioaktiven Isotopen durch ein staatliches Forschungsinstitut,[112] Lieferung von Sole oder anderen Produkten durch die Bundesländer,[113] Herausgabe von Zeitschriften durch die Industrie- und Handelskammern[114] oder eines Gastgeberverzeichnisses durch eine Kurverwaltung,[115] Angebot eines Abschlusses von Spielverträgen durch die Länder.[116]

25 **c) Gemeinden.** Als Teil des Staates werden auch Gemeinden vom Unternehmensbegriff erfasst, wenn sie sich wirtschaftlich betätigen, und unterliegen der Kontrolle durch das GWB. Dieses findet z. B. Anwendung, wenn die Gemeinden als Mitglied einer Stromversorgungsgenossenschaft eine Ausschließlichkeitsbindung und ein Wettbewerbsverbot übernehmen,[117] wenn sie ambulanten Händlern auf ihren Wegen und Plätzen gegen Entgelt die Aufstellung von Verkaufsständen gestatten[118] oder Werbeflächen vermieten,[119] einen Hafen verpachten,[120] die Stadthalle[121] oder Standplätze[122] auf Festplätzen an Gastwirte verpachten, einen Parkplatz verpachten,[123] einen Großmarkt[124] oder Theater und andere kulturelle Ein-

---

[102] Siehe die Beispiele in BKartA TB 1976, S. 28; 1978, S. 35; 1979/80, S. 38 ff.; 1981/82, S. 32 ff.; 1983/84, S. 26 ff.; 1985/86, S. 22 f.; 1987/88, S. 21 f.; 1991/92, S. 34 f.; 1993/94, S. 28; 1995/96, S. 28 f.; 1997/98, S. 32 f.; *Schultes* WuW 1982, 731, 747.
[103] OLG Düsseldorf WuW/E 2274 – *Fernmeldetürme*; OLG Frankfurt WuW/E 5767 – *Koordinierte Vergabesperre*; KG WuW/E Verg 111 = NJWE-WettbR 1989, 284, 285 – *Tariftreueerklärung*.
[104] BGHZ 110, 371, 380 ff. = WuW/E 2627 = NJW 1990, 2815 – *Sportübertragungen*.
[105] BGHZ 36, 91, 100 ff. = WuW/E 442 = NJW 1962, 196 – *Gummistrümpfe*; BGH WuW/E 2919 = NJW-RR 1994, 1199 – *Orthopädisches Schuhwerk*.
[106] BGHZ 101, 72, 78 ff. = WuW/E 2399 = NJW 1988, 772 – *Krankentransporte*.
[107] OLG Frankfurt WuW/E 4354 – *Betankungsventile*.
[108] BGH WuW/E 1581 – *Bundeswehrheime*; BKartA TB 1972, S. 80 f.
[109] BKartA TB 1978, S. 89.
[110] OLG Stuttgart WuW/E 1421 – *Abschleppunternehmen*; OLG Düsseldorf WuW/E 4391.
[111] OLG Düsseldorf WuW/E 3613 – *Elternsammelbestellung von Schulbüchern*; WuW/E 3873; BKartA TB 1976, S. 83; 1977, S. 75.
[112] OLG Karlsruhe WuW/E 2215 – *Nuklearpharmaka*.
[113] OLG Frankfurt WuW/E 3134 – *Solelieferungsvertrag*.
[114] LG Hamburg WuW/E 582 – *Hamburger Wirtschaft*.
[115] OLG München GRUR 1996, 993 – *Gastgeberverzeichnis*.
[116] BGH WuW/E DE-R 289 = NJW-RR 1999, 1266 – *Lottospielgemeinschaft*.
[117] BGH WuW/E 1313, 1314 – *Stromversorgungsgenossenschaft*; WuW/E 1577.
[118] BGHZ 19, 85, 90 ff. = NJW 1956, 104; BGH WuW/E 273, 275 f. – *Nante*.
[119] OLG Frankfurt/M. WuW/E 245 – *Städtereklame*; LG Hamburg WuW/E 615 – *Großflächenwerbung*; BKartA TB 1972, S. 82 f.
[120] KG WuW/E 357 – *Hafenpacht*.
[121] LKartB Hessen WuW/E 83 – *Stadthalle*.
[122] OLG Schleswig WuW/E 2927 – *Internord*; OLG Koblenz WuW/E 4517 – *Bad Dürkheimer Wurstmarkt*.
[123] BKartA TB 1961, S. 49.
[124] OLG Karlsruhe WuW/E 4260 – *Blumenverkauf*.

richtungen betreiben.[125] Eine unternehmerische Betätigung ist ferner bejaht worden bei der Vergabe der Müllabfuhr an private Unternehmen,[126] beim Abschluss eines Überlassungsvertrages mit einem Elektrounternehmen zwecks Errichtung einer Stadtgemeinschaftsantenne,[127] dem Betrieb eines Bestattungsunternehmens,[128] bei der Ausgabe von Gutscheinen an Eltern oder Schüler zum Bezug von Schulbüchern[129] sowie bei Vermittlung von Schülern durch kommunale Musikschulen an private Musiklehrer[130] und schließlich die Vermietung von Räumen an Schilderprägeunternehmen.[131]

d) Sozialversicherungsträger. Nach dem Willen des Gesetzgebers sind die Rechtsbeziehungen zwischen den Krankenkassen und Leistungserbringern abschließend im SGB V geregelt und sind dementsprechend **sozialversicherungsrechtlicher Natur;** für die sich aus den in § 69 SGB V genannten Rechtsbeziehungen ergebenden Rechtsstreitigkeiten sollen die Sozialgerichte bzw. die Verwaltungsgerichte ausschließlich zuständig sein. Dies soll auch dann gelten, soweit Rechte Dritter betroffen sind.[132]

Früher war anerkannt, dass die Sozialversicherungsträger einschließlich der Ersatzkassen und der kassenärztlichen Vereinigungen bei der Nachfrage nach Heil- und Hilfsmitteln, nach Badeleistungen und nach ärztlichen Sachleistungen außerhalb des Gesamtvertrages unternehmerisch tätig werden und insoweit das GWB Anwendung findet.[133] Dasselbe galt auch für das Angebot von Hilfsmitteln, Sachleistungen und Zusatzversicherungen durch die Sozialversicherungsträger.[134] Die Sozialversicherungsträger haben in der Regel eine marktbeherrschende Stellung, so dass insbesondere die §§ 19 Abs. 4 und 20 Abs. 1 zu beachten sind.[135]

Unternehmerisches Handeln der Sozialversicherungsträger wurde insbesondere angenommen bei der Nachfrage nach medizinischen Bädern,[136] nach physikalisch-therapeutischen Behandlungen,[137] nach Heil- und Hilfsmitteln[138] sowie beim Abschluss von Vereinbarungen mit den Verbänden der kassenärztlichen Vereinigungen,[139] von Rahmenverträgen mit den Apothekerverbänden,[140] von Verträgen mit den Zahntechnikern und ihren Ver-

---

[125] BGH WuW/E 494 – *AKI*; WuW/E 1142 – *Volksbühne*.
[126] OLG Koblenz WuW/E 3136 = GRUR 1984, 380 – *Hausmüllabfuhr*; OLG München WuW/E 5735 – *Biomüll*.
[127] LKartB Bayern KB 1977, 44.
[128] BGH WuW/E 2304 – *Kommunaler Bestattungswirtschaftsbetrieb I*; BayObLGZ 1974, 494 = BayVBl. 1975, 250; LG Nürnberg-Fürth WuW/E LG/AG 473 – *Leichenschwestern*; LKartB Bayern WuW 1979, 658.
[129] OLG Stuttgart WRP 1980, 101.
[130] BGH WuW/E 1661, 1662 = NJW 1980, 1046 – *Berliner Musikschule*.
[131] BGH WuW/E DE-R 201 = NJW 1998, 3778; NJW 2000, 809; OLG Dresden GRUR 2000, 551; KG WuW/E 5787; *Immenga* NJW 1995, 1921; *Nordemann* WRP 1996, 383.
[132] Siehe dazu eingehend oben Rn. 11.
[133] Siehe etwa BGHZ 97, 312, 313 ff. = NJW 1986, 2359 – *Orthopädische Hilfsmittel*; BGHZ 102, 280, 282 ff. = NJW 1988, 2295 (Gemeinsamer Senat) – *Rollstühle*.
[134] BGHZ 82, 375, 389 ff. = NJW 1982, 2117 – *Brillen-Selbstabgabestellen*.
[135] BGHZ 36, 91, 101 ff. = WuW/E 442 = NJW 1962, 196 – *Gummistrümpfe*; BGHZ 69, 59, 60 = WuW/E 1493 = NJW 1977, 2121 – *Badebetrieb*; BGH WuW/E 2919 = NJW-RR 1994, 1199 – *Orthopädisches Schuhwerk*.
[136] BGHZ 69, 59, 60 = WuW/E 1493 = NJW 1977, 2121 – *Badebetrieb*; BGH NJW 1988, 2297 (Gemeinsamer Senat) – *Medizinische Badeleistungen*.
[137] BGH WuW/E 2665 – *Physikalische therapeutische Behandlung*.
[138] BGH WuW/E 419, 423 f. – *AOK*; 1423, 1425 – *Sehhilfen*; BGHZ 97, 312 = WuW/E 2301 = NJW 1986, 2359 (Gemeinsamer Senat) – *Orthopädische Hilfsmittel*; BGH WuW/E 2919, 2921 = NJW-RR 1994, 1199 – *Orthopädisches Schuhwerk*.
[139] OLG Hamburg MA 1993, 176; LG Hamburg WuW/E 695 – *Sprechstundenbedarf*.
[140] OLG Frankfurt WuW/E 5203 = NJW-RR 1994, 432 – *Günstige Arzneimittel*; OLG Stuttgart WuW/E 1557, 1558 f. – *Arzneimittel-Liefervertrag*.

bänden[141] oder beim Abschluss von Verträgen zwischen den Landesverbänden der Krankenkassen und den Verbänden der Ersatzkassen zur Festsetzung von Festbeträgen für Hilfsmittel (§ 36 Abs. 2 S. 1 SGB V).[142] Dasselbe gilt für die Beziehungen zwischen dem Bundesverband der Ortskrankenkassen und einzelnen Pharmaherstellern[143] und für die Kooperation der Ersatzkassen mit privaten Krankenversicherern in der Frage der Versorgung ihrer Mitglieder mit Zusatzversicherungen.[144]

29 Kein unternehmerisches Handeln liegt vor, soweit die Sozialversicherungsträger **hoheitlich** tätig werden. Da dann keine privatrechtlich geordneten Wettbewerbsbeziehungen zustande kommen, können die Sozialversicherungsträger insoweit nicht als Unternehmen im Sinne des GWB qualifiziert werden.[145]

30 e) **Rundfunkanstalten.** Nach Einführung des dualen Rundfunksystems findet das GWB grundsätzlich auch auf die öffentlich-rechtlichen Anstalten Anwendung, da diese in Konkurrenz mit den anderen privatrechtlich organisierten Unternehmen entgeltliche Leistungen anbieten oder nachfragen.[146] Dementsprechend gelten insbesondere auch die **Vorschriften über die Fusionskontrolle.** Dies stellt keinen unzulässigen Eingriff in die Kompetenz der Bundesländer zur Rundfunkgesetzgebung dar, da es von den Ländern hinzunehmen ist, wenn sich die Anwendung der Fusionskontrolle in Sachgebieten auswirkt, für welche sie die Gesetzgebungskompetenz besitzen.[147] Der gegen die Qualifizierung als Unternehmen erhobene Einwand, die Rundfunkanstalten seien in erster Linie Kulturfaktoren und eine kartellrechtliche Kontrolle sei mit ihrem Grundversorgungsauftrag unvereinbar, ist nicht stichhaltig. Zum einen befreit die Verfolgung öffentlicher Zwecke nicht von der Bindung an das Gesetz und zum anderen bilden Kultur und Wirtschaft keine Gegensätze.[148] Etwas anderes gilt ausnahmsweise nur dann, wenn die Anwendung des GWB die Wahrnehmung der Grundaufgaben der öffentlich-rechtlichen Anstalten gefährden würde.[149]

31 Diese Beurteilung entspricht der Rechtspraxis von Kommission und Gerichtshof zu Art. 81 und 86 EG, wobei die Ausnahmevorschrift des Art. 86 Abs. 2 EG eng ausgelegt wird.[150]

32 f) **Post und Bahn.** Ungeachtet der Tatsache, dass für die Bundespost und die Bundesbahn als Sondervermögen des Bundes früher zahlreiche öffentlich-rechtliche Sonderregelungen galten, war im Grundsatz seit jeher anerkannt, dass es sich um weitgehend verselbstständigte Unternehmen des Bundes handelte, auf die das GWB größtenteils Anwendung fand.[151] Die Unternehmereigenschaft der Bundespost wurde angenommen bei

---

[141] BKartA TB 1975, S. 89.
[142] OLG Düsseldorf WuW/E DE-R 233 = EuZW 1999, 188 – *Inkontinenzmittel* (zu Art. 81 EG); a. A. KG WuW/E 4343, 4344 – *Laboratoriumsleistungen;* OLG München WuW/E 4332; LG München WuW/E 633, 635 – *Massageeinrichtungen.*
[143] OLG Düsseldorf WuW/E 3082, 3083 – *Bundesverband der Ortskrankenkassen.*
[144] BGHZ 64, 232, 234 f. = WuW/E 1361 = NJW 1975, 223 – *Zusatzversicherungen;* OLG Düsseldorf WuW/E 1523 – *Krankenhaus-Zusatzversicherung.*
[145] *Emmerich* in: Immenga/Mestmäcker, GWB, § 130 Abs. 1 Rn. 57; siehe dazu oben Rn. 4.
[146] BGHZ 110, 371 = WuW/E 2627 = NJW 1990, 2815 – *Sportübertragungen;* KG WuW/E 4267 = AfP 1989, 466 – *Sportübertragungen;* WuW/E 4811 – *Radio NRW;* BKartA WuW/E 2396 – *WDR/Radio NRW;* Monopolkommission, Hauptgutachten VIII, Tz. 624; BKartA TB 1989/90, S. 107 f.; 1991/92, S. 46 f.
[147] KG WuW/E 4811 – *Radio NRW.*
[148] *Emmerich* in: Immenga/Mestmäcker, GWB, § 130 Abs. 1 Rn. 59.
[149] LG München I NJW 1989, 988.
[150] *Stadler* in: Langen/Bunte, Kommentar zum deutschen und europäischen Kartellrecht, Band 1, § 130 Rn. 48; siehe *Klaue* in: Mestmäcker, Offene Rundfunkordnung, 1988, S. 385; *ders.* in: Hoffmann-Riem, Rundfunk im Wettbewerbsrecht, 1988, S. 84; *Lerche/Ulmer,* Kurzberichterstattung im Fernsehen, 1989, S. 61, 103 ff.; *Tettinger* in: Hoffmann-Riem, Rundfunk im Wettbewerbsrecht, 1988, S. 147; *Emmerich* AfP 1989, 433; *Roth* AfP 1986, 287; *ders.* AfP 1989, 515.
[151] *Emmerich* in: Immenga/Mestmäcker, GWB, § 130 Abs. 1 Rn. 73.

§ 130. Unternehmen der öffentlichen Hand, Geltungsbereich

der Beschaffungstätigkeit,[152] bei der Vermietung von Nebenstellenanlagen in Konkurrenz zu privaten Anbietern,[153] beim Auftreten auf dem Werbemarkt[154] sowie bei der Gründung der Deutschen Telepost Consulting GmbH.[155] Bei der Deutschen Bundesbahn wurde eine unternehmerische Tätigkeit bejaht bei der Verweigerung der Genehmigung eines Privatgleisanschlusses,[156] beim Missbrauch ihrer Nachfragemacht[157] sowie beim Abschluss von Kartellverträgen mit anderen Verkehrsunternehmen.[158] Seit der Umwandlung der Bundespost und Bundesbahn in drei privatwirtschaftliche Aktiengesellschaften (Deutsche Bahn AG, Deutsche Post AG und Deutsche Telekom AG) durch das Gesetz zur Neuordnung des Eisenbahnwesens von 1993[159] sowie durch das Gesetz zur Neuordnung des Postwesens und der Telekommunikation von 1994[160] steht die volle Anwendbarkeit des GWB zweifelsfrei fest.[161] Besonderheiten ergeben sich allerdings aus der Konkurrenz der Zuständigkeit des BKartA mit den neu geschaffenen Regulierungsbehörden.[162]

g) Standesorganisationen. Das GWB findet grundsätzlich auch auf die Standesorganisationen Anwendung. Hierzu gehören die Kammern der freien Berufe, wie insbesondere von Rechtsanwälten, Ärzten, Wirtschaftsprüfern, Steuerberatern, Architekten und Apothekern sowie auch die Innungen des Handwerks und deren Verbände.[163] Bei derartigen Zusammenschlüssen der Berufsangehörigen handelt es sich grundsätzlich um Unternehmensvereinigungen im Sinne der §§ 1, 20 Abs. 1 und 21, da auch die wirtschaftliche Betätigung der Angehörigen der freien Berufe vom GWB erfasst wird. Dies gilt nicht nur für Standesorganisationen, die wie etwa die Innungen des Handwerks auf einem freiwilligen Zusammenschluss beruhen und die Rechtsform eines eingetragenen Vereins besitzen, sondern auch für Körperschaften des Öffentlichen Rechts, da diese aus der Sicht des GWB ebenfalls als Unternehmensvereinigungen anzusehen sind.[164] Anerkannt ist dies insbesondere für Anwaltskammern und die Bundesrechtsanwaltskammer sowie für die Architektenkammern,[165] die Apothekenkammern,[166] die Steuerberaterkammern[167] sowie die kassenärztlichen Vereinigungen und die Landesärztekammern.[168]

---

[152] OLG Düsseldorf WuW/E 2274 – *Fernmeldetürme*; BKartA TB 1976, S. 85; 1979/80, S. 39 f.; 1983/84, S. 27 f.; 1987/88, S. 21; Monopolkommission, Sondergutachten 9, Tz. 58 ff.
[153] BKartA TB 1967, S. 53; 1968, S. 74; 1969, S. 64.
[154] OLG Frankfurt/M. WuW/E 2042 – *Notrufaufkleber*.
[155] BKartA TB 1977, S. 77.
[156] BGHZ 80, 371, 373 ff. = WuW/E 1805 = NJW 1981, 2701 – *Privatgleisanschluss*.
[157] BGHZ 105, 24, 29 ff. = WuW/E 2523 = NJW 1988, 2536 – *Vertragsstrafenklausel Baubehörde Bremen*; OLG Frankfurt WuW/E 3831 – *Vertragsstrafenklausel Bundesbahn*; BKartA TB 1981/82, S. 33 f.; 1985/86, S. 23; 1987/88, S. 22.
[158] LG Köln BB 1964, 862.
[159] BGBl. 1993 I S. 2378.
[160] BGBl. 1994 I. S. 2325.
[161] Vgl. BGH NJW 1995, 2168 (für die Deutsche Bahn AG); BGHZ 130, 13, 15 ff. = NJW 1995, 2295 (für die Deutsche Post AG); BKartA TB 1993/94, S. 25, 133 ff.; 1995/96, S. 24, 139 ff.; 1997/98, S. 23 ff. (für die Deutsche Telekom AG).
[162] *Emmerich* in: Immenga/Mestmäcker, GWB, § 130 Abs. 1 Rn. 72; siehe auch *Emmerich*, Kartellrecht, § 38, Rn. 8; BKartA TB 1993/94, S. 25 ff.
[163] *Emmerich* in: Immenga/Mestmäcker, GWB, § 130 Abs. 1 Rn. 60; *Stadler* in: Langen/Bunte (Fn. 150), § 130 Rn. 58.
[164] BGH WuW/E 2688 = NJW-RR 1991, 1067 – *Warenproben in Apotheken*; BayObLGZ 1981, 367, 375 ff. = GRUR 1982, 500; BKartA WuW/E 2233 – *Apothekenkammer Bremen*; TB 1976, S. 88; 1977, S. 78; 1979/80, S. 100 ff.; 1985/86, S. 93; 1987/88, S. 101 f.
[165] BGH WuW/E 1474 = WM 1977, 924 – *Architektenkammer*.
[166] BGH WuW/E 2688 – *Warenproben in Apotheken*; WuW/E 2141 – *Guten-Tag-Apotheke*; vgl. auch BGH WuW/E 2326 = NJW-RR 1987, 485 – *Guten-Tag-Apotheke II*; KG WuW/E 4008 – *Apothekerkammer Bremen*; OLG Bremen WuW/E 4367 – *Proben apothekenüblicher Waren*; OLG Stuttgart WuW/E 4726 = NJW-RR 1992, 551 – *Apothekenkammer Baden-Württemberg*; OLG Düsseldorf

34 Das Berufsrecht der Standesorganisationen enthält eine Vielzahl von Wettbewerbsbeschränkungen wie insbesondere Werbeverbote sowie das Verbot der Unterschreitung der staatlichen oder auf staatlicher Ermächtigung beruhenden Gebührenordnungen und sonstige Maßnahmen zur Regulierung des Wettbewerbs zwischen den Standesangehörigen im Rahmen der von den Kammern als Satzungen beschlossenen Berufsordnungen.[169] Bei Zuwiderhandlungen gegen die wettbewerbsbeschränkenden Anordnungen und Maßnahmen der Kammern drohen den Mitgliedern berufsrechtliche oder gerichtliche Schritte. Andererseits sind auch Verstöße gegen das GWB, die durch die Befolgung wettbewerbsbeschränkender Regelungen begangen werden, mit hoheitlichen Sanktionen belegt. Unerheblich ist in diesem Zusammenhang, dass die Kammern gegenüber ihren Mitgliedern hoheitlich tätig werden, weil die Beschränkungen den Wettbewerb zwischen den Mitgliedern und Dritten beeinflussen. Auch die grundsätzliche Anwendbarkeit des Art. 81 EG ist anerkannt.[170]

35 Die Frage, ob Wettbewerbsbeschränkungen, die in dem von Standesorganisationen geschaffenen Berufsrecht ihre Grundlage finden, mit dem GWB oder dem Verfassungsrecht vereinbar sind, ist äußerst umstritten.[171] Die Rechtsprechung zur Verfassungsmäßigkeit von Werbeverboten bei Apothekern ist uneinheitlich. Der BGH hat die Vorschrift einer Berufsordnung, die das Gewähren von Zugaben und Zuwendungen jeglicher Art verbot, wegen Verstoßes gegen Art. 12 Abs. 1 GG für nichtig erklärt.[172] Demgegenüber hat das Bundesverwaltungsgericht das an die Apotheken gerichtete Verbot der Außenwerbung auch für apothekenübliche Waren für mit Art. 12 Abs. 1 GG vereinbar erklärt.[173] Das BVerfG hat entschieden, dass Werbeverbote mit Art. 12 Abs. 1 GG unvereinbar sind, wenn sie vornehmlich dem Konkurrentenschutz zu dienen bestimmt sind.[174]

36 Es unterliegt keinem Zweifel, dass der Bundesgesetzgeber durch anderweitige Regelungen des Berufsrechts die Geltung des GWB einschränken darf. Regelmäßig enthält jedoch das Gesetz selbst keine derartigen Beschränkungen, sondern lediglich Ermächtigungen der jeweiligen Berufsorganisationen, entsprechende Satzungen oder Standesrichtlinien zu erlassen. Wettbewerbsbeschränkungen durch Standesrichtlinien wurden vom BVerfG für unzulässig erklärt, da sie nicht die Qualität von Rechtsnormen besitzen und deshalb nicht zur Auslegung berufsrechtlicher Generalklauseln herangezogen werden dürfen.[175] Sofern die Satzungen der Kammern mit wettbewerbsbeschränkendem Inhalt auf Grund einer Ermächtigung erlassen werden, darf der Gesetzgeber die Regelung der Berufsausübung nicht uneingeschränkt den Standesorganisationen überlassen; die Delegation unterliegt umso engeren Schranken, je schwerwiegender der Eingriff ist.[176] Werbeverbote müssen in ihrem Umfang auf das Maß des unbedingt Notwendigen beschränkt werden. Eine Unzulässigkeit wurde in folgenden Fällen angenommen: Verbot der Autobiografie eines Arztes sowie das Verbot der Werbung für Sanatorien oder sonstige zulässigerweise von Ärzten betriebene

---

WuW/E 4998, 5000 f. – *Landesapothekerkammer;* BKartA WuW/E 2232; TB 1974, S. 74; 1977, S. 78; LKartB Bayern WuW/E 325, 330 f. – *Apothekeraußenwerbung;* LKartB Bremen WuW/E 281 – *Proben apothekenüblicher Waren.*

[167] BKartA TB 1978, S. 86.
[168] KG WuW/E 1687, 1690 f.; BKartA TB 1967, S. 81, 83 f.
[169] *Emmerich* in: Immenga/Mestmäcker, GWB, § 130 Abs. 1 Rn. 62 f.
[170] EuGH Slg. 1989, 1295 = NJW 1990, 2305 – *The Queen/Royal Pharmacentical Society.*
[171] Siehe *Ring,* Wettbewerbsrecht der freien Berufe, 1989, passim; *Taupitz* ZHR 153 (1989), 681 ff.; *ders.,* NJW 1992, 937 ff., m. w. N.
[172] BGH WuW/E 2688 – *Warenproben in Apotheken.*
[173] BVerwGE 89, 30.
[174] BVerfG NJW 1996, 3067, 3069.
[175] BVerfGE 76, 171, 196; 82, 18; BVerfG NJW 1992, 1613; vgl. auch BGHZ 115, 105 – *Anwaltswerbung;* BGH NJW 1993, 1331 – *Kooperationspartner.*
[176] BVerfGE 33, 125; 71, 162; 76, 171, 196; 82, 18.

§ 130. Unternehmen der öffentlichen Hand, Geltungsbereich 37 **GWB § 130**

gewerbliche Unternehmen,[177] das Verbot der Mitwirkung bei redaktionellen Presseberichten,[178] das Werbeverbot für Heilpraktiker durch die Vereinssatzung eines Verbands[179] sowie das Verbot von Werbung durch Abgabe geringwertiger Warenproben durch Apotheker.[180]

Abgesehen von den verfassungsrechtlichen Schranken, die sich insbesondere aus den Grundrechten der Art. 5 Abs. 1 und 12 Abs. 1 GG ergeben, müssen Satzungsermächtigungen in standesrechtlichen Regelungen des Landesrechts, wie insbesondere Ärzte-, Architekten- oder Apothekengesetze der Länder, mit dem einfachen Bundesrecht und dem EG-Recht vereinbar sein. Dies folgt aus Art. 31 GG bzw. aus dem Vorrang der Art. 81 und 86 EG.[181] Dementsprechend darf das Wettbewerbsverhalten der Berufsangehörigen durch Landesrecht oder auf Grund von Landesrecht durch Satzungen nur insoweit eingeschränkt werden, wie dies zur ordnungsgemäßen Erfüllung der den Berufsangehörigen übertragenen öffentlichen Aufgaben schlechthin unerlässlich ist. Für weitergehende Eingriffe in die Freiheit der Berufsausübung der Berufsangehörigen fehlt dem Landesgesetzgeber die Kompetenz, so dass die betreffende Regelung nichtig ist.[182] So wurden folgende Regelungen als unzulässig angesehen: generelle Werbeverbote für Apotheker in den Berufsordnungen der Apothekerkammern,[183] das Verbot der kostenlosen Warenabgabe,[184] das Verbot der Unterschreitung von Gebührenordnungen, wenn diese nur Höchstsätze enthalten[185] sowie der Eingriff in den Wettbewerb der Berufsangehörigen mit Dritten.[186] Dagegen ist die Anwendung des GWB ausgeschlossen, wenn das den Wettbewerb beschränkende oder zu solchen Regelungen ermächtigende Landesrecht den Wettbewerb der Berufsangehörigen in zulässiger Weise beschränkt.[187]

37

---

[177] EGMR NJW 1985, 2885 – *Fall Barthold;* BVerfGE 71, 162; 71, 183; BGH NJW 1989, 2324 – *Institutswerbung;* KG NJW 1986, 2381.
[178] BVerfGE 85, 248.
[179] BGH NJW-RR 1989, 1385 = BB 1989, 1847 – *Werbeverbot für Heilpraktiker.*
[180] BGH WuW/E 2688 – *Warenproben in Apotheken;* OLG München WRP 1993, 524.
[181] BGH WuW/E 2326 = NJW-RR 1987, 485 – *Guten-Tag-Apotheke II;* WuW/E 2688 = NJW-RR 1991, 1067 = ZIP 1991, 539 – *Warenproben in Apotheken;* KG WuW/E 1687 – *Laboruntersuchungen;* WuW/E 4008 – *Apothekerkammer Bremen;* OLG Koblenz WuW/E 2987 – *Apothekerwerbung;* OLG Celle WuW/E 1623 – *Architektenkammer;* OLG Frankfurt/M. WuW/E 1976 – *Vergütungen der Krankenhäuser für ambulante ärztliche Sachleistungen;* OLG Bremen WuW/E 4367 – *Proben apothekenüblicher Waren;* OLG Stuttgart WuW/E 4726 – *Apothekerkammer Baden-Württemberg;* OLG Düsseldorf WuW/E 4998 – *Landesapothekerkammer;* BKartA WuW/E 2232 – *Apothekerkammer Bremen;* TB 1979/80, 100 ff.; LKartB Bremen WuW/E 281 – *Proben apothekenüblicher Waren;* siehe auch *König,* Standesrechtliche Wettbewerbsbeschränkungen im gemeinsamen Markt, 1997, S. 42 ff.; *Lammel* WuW 1984, 853, 867 ff.; *Ring,* Wettbewerbsrecht der freien Berufe, 1989, S. 170 ff.; *ders.* GRUR 1986, 845; *Taupitz,* Die Standesordnungen der freien Berufe, 1991, passim; *ders.* ZHR 153 (1989), 681, 698 ff.
[182] *Emmerich* in: Immenga/Mestmäcker, GWB, § 130 Abs. 1 Rn. 67; *Hitzler* GRUR 1981, 110, 115; *Ring,* Wettbewerbsrecht der freien Berufe, 1989, S. 165 f.; *Taupitz,* NJW 1992, 940.
[183] BGH WuW/E 2326 = NJW-RR 1987, 485 – *Guten-Tag-Apotheke II;* KG WuW/E 4008 – *Apothekerkammer Bremen;* LKartB Bayern WuW/E 331 – *Apothekeraußenwerbung.*
[184] BGH WuW/E 2688 = NJW-RR 1991, 1067 = ZIP 1991, 539 – *Warenproben in Apotheken.*
[185] BGH WuW/E 1474 – *Architektenkammer.*
[186] BGH WuW/E 2326 = NJW-RR 1987, 485 – *Guten-Tag-Apotheke II;* KG WuW/E 1687 – *Laboruntersuchungen.*
[187] BGH WuW/E 1469 (Großer Senat) – *Auto-Analyzer;* WuW/E 1474 – *Architektenkammer;* WuW/E 2141 – *Apothekerwerbung;* WuW/E 2326 = NJW-RR 1987, 485 – *Guten-Tag-Apotheke II;* KG WuW/E 1687 – *Laboruntersuchungen;* WuW/E 4008 – *Apothekerkammer Bremen;* OLG Koblenz WuW/E 2987 – *Apothekerwerbung;* OLG Celle WuW/E 1623 – *Architektenkammer;* OLG Franfurt/M. WuW/E 1976 – *Vergütungen der Krankenhäuser für ambulante ärztliche Sachleistungen;* OLG Bremen WuW/E 4367 – *Proben apothekenüblicher Waren;* OLG Stuttgart WuW/E 4726 = NJW-RR 1992, 551 – *Apothekerkammer Baden-Württemberg;* OLG Düsseldorf WuW/E 4998 – *Landesapothekerkammer;*

38   Umstritten ist die Frage, ob das GWB auch auf solche berufsrechtlichen Regelungen durch Standesorganisationen Anwendung findet, für die es an einer gesetzlichen Grundlage fehlt. Nach der vorherrschenden Ansicht handeln die Kammern auch bei Erlass berufsregelnder Satzungen **ohne gesetzliche Grundlage** immer noch **hoheitlich**. Dies hat zur Folge, dass für die Anwendung des GWB grundsätzlich kein Raum ist; etwas anderes gilt nur dann, wenn sich die Kammern ganz außerhalb ihrer gesetzlichen Ermächtigung bewegen und z. B. willkürlich in den Wettbewerb der Berufsangehörigen mit Dritten eingreifen oder sich sonst ihnen offenkundig nicht zustehende Zuständigkeiten anmaßen.[188] Auch der BGH[189] scheint in seiner neueren Rechtsprechung dieser „kammerfreundlichen"[190] Haltung zuzuneigen. In der Kommentarliteratur wird diese Auffassung zu Recht als „inakzeptabel"[191] bezeichnet, weil damit praktisch der gesamte wettbewerblich relevante Tätigkeitsbereich der Kammern der Anwendbarkeit des Kartellrechts entzogen und damit ohne sachlichen Grund ein kartellrechtsfreier Raum geschaffen würde.[192] Die Kammern sind deshalb privatrechtlich als Vereinigungen von Unternehmen anzusehen, soweit sie mit berufsrechtlichen Regelungen den eng begrenzten Rahmen für den Erlass wettbewerbsbeschränkender Satzungen überschreiten. Derartige wettbewerbsbeschränkende Satzungen fallen unter das Kartellverbot des § 1 und sonstige Maßnahmen der Kammern zur Durchsetzung unwirksamer Satzungen sind entsprechend der ständigen Rechtsprechung vor allem an § 21 Abs. 2 zu messen.[193]

II. Geltungsbereich (§ 130 Abs. 2)

Schrifttum: *Bach,* Deutsche Fusionskontrolle bei inlandswirksamen Auslandszusammenschlüssen, WuW 1997, S. 291; *Barthelmeß/Schulz,* Extraterritoriale Anwendung der deutschen Fusionskontrolle und das völkerrechtliche Abwägungsgebot, WuW 2003, 129; *Basedow,* Entwicklungslinien des internationalen Kartellrechts, NJW 1989, 627; *ders.,* Weltkartellrecht, 1998; *Bechtold,* Zum Referenten-Entwurf der 6. GWB-Novelle, BB 1997 S. 1853 ff.; *Beck,* Die extraterritoriale Anwendung nationalen Wettbewerbsrechts unter besonderer Berücksichtigung länderübergreifender Fusionen, 1986; *Bornkamm,* Globalisierung der Märkte und deutsche Fusionskontrolle – „Backofenmarkt" – Revisited, in: Europäisches Wettbewerbsrecht im Zeichen der Globalisierung 2002, S. 117 ff.; *Deville,* Die Konkretisierung des Abwägungsgebots im internationalen Kartellrecht, 1990; *Dlouhy,* Extraterritoriale Anwendung des Kartellrechts im europäischen und US-amerikanischen Recht, 2003; *Dreher,* Anmerkung zu der kartellrechtlichen Entscheidung des BGH, Beschluß v. 24. 10. 1995 – KVR 17/94 (KG Berlin), JZ 1996 S. 1022 ff.; *Gerber,* Beyond Balancing International Law Restraints on the Reach of National

---

BKartA WuW/E 2232 – *Apothekenkammer Bremen;* TB 1979/80, S. 100 ff.; LKartB Bremen WuW/E 281 – *Proben apothekenüblicher Waren; Stadler* in: Langen/Bunte (Fn. 150), § 130 Rn. 61.

[188] BayObLGZ 1981, 367, 375 ff. = GRUR 1982, 500, 502 ff. – *Randsortiment;* OLG Stuttgart WuW/E 4726 = NJW-RR 1992, 551 – *Apothekenkammer Baden-Württemberg;* OLG Düsseldorf WuW/E 4998 – *Landesapothekerkammer; Messer* in: FS Pfeiffer, 1988, S. 973, 981 ff.

[189] BGH WuW/E 2688 – *Warenproben in Apotheken;* BGHZ 119, 93, 98 f. = WuW/E 2813 = NJW 1993, 789 – *Selbstzahler;* siehe auch OLG Düsseldorf WuW/E 4998, 5000 f. – *Landesapothekerkammer.*

[190] *Emmerich* in: Immenga/Mestmäcker, GWB, § 130 Abs. 1 Rn. 69.

[191] *Emmerich* in: Immenga/Mestmäcker, GWB, § 130 Abs. 1 Rn. 70.

[192] *Emmerich,* ebenda; *Stadler* in: Langen/Bunte (Fn. 150), § 130 Rn. 62.

[193] BGHZ (Großer Senat) 67, 81, 86 ff. = WuW/E 1469 – *Auto-Analyzer;* BGH WuW/E 1474 = WM 1977, 924 – *Architektenwerbung;* WuW/E 2141, 2143 f. – *Apothekenwerbung;* WuW/E 2326 = NJW-RR 1987, 485 – *Guten-Tag-Apotheke II;* WuW/E 2688 – *Warenproben in Apotheken;* KG WuW/E 1687, 1690 f. – *Laboruntersuchungen;* WuW/E 4008, 4016 f. – *Apothekerkammer Bremen;* OLG Celle WuW/E 1623 – *Architektenkammer;* OLG Frankfurt/M. WuW/E 1976 – *Vergütungen der Krankenhäuser für ambulante ärztliche Sachleistungen;* OLG Koblenz WuW/E 2987 = GRUR 1983, 519 – *Apothekenwerbung;* OLG Stuttgart WuW/E 4726 – *Apothekenkammer Baden-Württemberg;* OLG Düsseldorf WuW/E 4998 – *Landesapothekerkammer; Emmerich* in: Immenga/Mestmäcker, GWB, § 130 Abs. 1 Rn. 70; *Odersky* in: FS Lerche, 1993, S. 949, 955 f.; *Oesterle* WRP 1993, 456.

§ 130. Unternehmen der öffentlichen Hand, Geltungsbereich 39 GWB § 130

Laws, Yale Journal of International Law 1983; *Georgieff,* Kollisionen durch extraterritoriale staatliche Regelungen im internationalen Wirtschaftsrecht, 1989; *Immenga,* im MünchKomm Bd. 11, 4. Aufl. 2006, Internationales Wettbewerbs- und Kartellrecht; *Juenger,* The „Extraterritorial" Application of American Antitrust Law and the New Foreign Relations Law Restatement, WuW 1990 S 602; *Kaffanke,* Nationales Wirtschaftsrecht und internationalen Wirtschaftsordnung, 1990; *Kahlenberg,* Novelliertes deutsches Kartellrecht, BB 1997 S. 1593 ff; *Kegel/Schurig,* Internationales Privatrecht, 9. Aufl. 2004; *Kevekordes,* Auslandszusammenschlüsse im internationalen Kartellrecht, 1986; *Kramp,* Die Begrenzung der Ausübung staatlicher Zuständigkeit für das Verbot länderübergreifender Fusionen nach dem geltenden Völkerrecht, 1993; *Kunig,* Völkerrecht und Fusionskontrolle, WuW 1984, 500; *Lange,* Räumliche Marktabgrenzung in der deutschen Fusionskontrolle, BB 1996, S. 1998 ff; *Lowenfeld,* US-Extraterritorial Jurisdiction: The Helm-Burton und d'Amato Acts, ICLQ 1997, 378; *Mäger,* Abgrenzung des geographisch relevanten Marktes in der deutschen Fusionskontrolle – Abkehr von der „Backofenmarkt" – Entscheidung in der Verwaltungspraxis, BB 2001, S. 1105 ff; *Mann, F. A.,* The Doctrine of International Jurisdiction Revisited After 20 Years, RC 1984 III, 9; *Markert,* German Antitrust Law and the Internationalization of Markets, World Competition Vol. 13 (1990) No. 3 S. 23; *Meessen,* Kollisionsrecht der Zusammenschlußkontrolle, 1984; *ders.,* Antitrust Jurisdiction under Customary Internation Law, Am.J.Int. L. 1984, 783; *ders.,* Conflicts of Jurisdiction under the New Restatement, Law and Contemporary Problems, 1987; *ders.,* Völkerrechtliche Pflicht zur Beachtung ausländischer Kartellrechts, FS Lieberknecht 2003, S. 231 ff.; *Meng,* Völkerrechtliche Zulässigkeit und Grenzen wirtschaftsverwaltungsrechtlicher Hoheitsakte mit Auslandswirkungen, ZaöVR 1984, 675; *ders.,* Regeln über die Jurisdiktion der Staat *Meng,* Extraterritoriale Jurisdiktion im öffentlichen Wirtschaftsrecht, 1994; en im Amerikanischen Restatement (Third) of Foreign Relations Law, ArchVR 1989, 156; *ders.,* Extraterritoriale Jurisdiktion im öffentlichen Wirtschaftsrecht, 1994; *Mestmäcker,* Staatliche Souveränität und offene Märkte, RabelsZ 1988, 205; *Mestmäcker/Schweitzer,* Europäisches Wettbewerbsrecht, 2. Aufl. 2003; *Niederleithinger,* Zur Problematik einer Präventivkontrolle bei Auslandszusammenschlüssen, WuW 1981, 469; *Paschke,* Die räumliche Marktabgrenzung in der GWB-Fusionskontrolle nach dem Backofenmarktbeschluß des BGH von 24. 10. 1995, ZHR 160 (1996), S. 673 ff.; *Roth,* Die Fusionskontrolle internationaler Unternehmenszusammenschlüsse, RabelsZ 1981, 501; *Sandrock,* Internationales Wirtschaftsrecht in Recht und Praxis, 1985; *Schäfer, H.,* Der internationale Anwendungsbereich der präventiven Zusammenschlußkontrolle im deutschen und europäischen Recht, 1993; *Schirmer,* Die Konkretisierung des Auswirkungsprinzips im internationalen Kartellrecht, 1997; *Schmidt-Preuß,* Grenzen internationaler Unternehmensakquisition, 1983; *Schnyder,* Wirtschaftskollisionsrecht, 1990; *Schuetz,* Der räumlich relevante Markt in der Fusionskontrolle, WuW 1996, S. 286; *Schwartz/Basedow,* Restrictions on Competition, in: International Encyclopedia of Comparative Law, vol. III chapter 35, 1995; *Schwarze,* Die Jurisdiktionsabgrenzung im Völkerrecht, 1994; *Tepaß,* Extraterritoriale Anwendung nationalen Kartellrechts und Möglichkeiten zur Lösung zwischenstaatlicher Konflikte, 1992; *Veelken,* Interessenabwägung im Wirtschaftskollisionsrecht, 1988; *Werner,* Internationaler Wettbewerb und Marktabgrenzung, FS Lieberknecht 1997, S. 607 ff.; *Wiedemann,* Dreistaaten-Zusammenschlüsse und EG-Fusionskontrollverordnung, FS Lieberknecht 1997, S. 625 ff.

1. Allgemeines

§ 130 Abs. 2 ist keine Sachnorm, sondern die generelle, einseitige und zwingende **Kollisionsnorm** des GWB.[194] Nach ihr ist das Gesetz auf von in- und ausländischen Unternehmen veranlasste Wettbewerbsbeschränkungen ohne Rücksicht auf den Ort der Veranlassung immer, aber auch nur dann anwendbar, wenn sich diese im Inland auswirken. Einen eigenen Begriff der Wettbewerbsbeschränkung führt das Gesetz an dieser Stelle nicht ein. Als Kollisionsnorm ist die Bestimmung für die materiellrechtlichen Normen des Kartellverwaltungs-, Kartellordnungswidrigkeiten- und Kartellprivatrechts zwingend und auch 39

---

[194] Unstr., BGH v. 12. 7. 1973, WuW/E BGH 1276 f., 1279 – *Ölfeldrohre;* BGH v. 29. 5. 1979, WuW/E BGH 1614 – *Organische Pigmente;* KG v. 5. 4. 1978, WuW/E OLG 1997 – *Organische Pigmente;* OLG Karlsruhe v. 4. 11. 1979, WuW/E OLG 2215 f. – *Nuklearpharmaka;* KG v. 26. 11. 1980, WuW/E OLG 2419 f. – *Synthetischer Kautschuk II;* KG v. 1. 7. 1983, WuW/E OLG 3051, 3053, 3061 f. – *Morris/Rothmans;* OLG Frankfurt/Main v. 5. 12. 1991, WRP 1992, 331 ff. – *Alleinvertrieb alte Bundesländer;* Rehbinder in: Immenga/Mestmäcker Rn. 303 ff. m. w. N.

Stockmann

im internationalen Kartellprivatrecht weder abdingbar noch vereinbar.[195] Aus dem Wortlaut und den insoweit eindeutigen Gesetzesmaterialien folgt, dass § 130 Abs. 2 nicht nur die Funktion hat, die Anwendbarkeit des Gesetzes auf von ausländischen Unternehmen veranlasste Inlandswirkungen sicherzustellen, sondern generell dessen Anwendungsbereich für ausländische und inländische Unternehmen abzugrenzen.[196] Die praktische Bedeutung der Kollisionsnorm ist, soweit Art 81 EGV anwendbar ist, infolge der europarechtlichen Vorrangsregelung in Art. 3 Abs. 2 VO 1/2003 und der Kommissionsrechte nach Art. 9 VO 1/2003 im Bereich der vertraglichen Wettbewerbsbeschränkungen rückläufig.[197] Das gilt in geringerem Maße auch für die Missbrauchsaufsicht und die Zusammenschlusskontrolle.[198] Bei der Missbrauchsaufsicht hat das EG-Recht nur dann den Vorrang, wenn es strenger als das deutsche Recht ist, Art. 3 Abs. 2 Satz 2 VO 1/2003. Bei der deutschen Fusionskontrolle behält die Kollisionsnorm ihre Bedeutung, soweit das nationale Recht nicht durch die Exklusivität der europäischen Zusammenschlusskontrolle ausgeschlossen wird, also unterhalb der Anwendungsschwellen dieser Kontrolle, und soweit die Kommission einen Fall nach Art 9 VO 1/2003 an das Bundeskartellamt verweist.

40 Als **generelle** kartellrechtliche Kollisionsnorm geht § 130 Abs. 2 den allgemeinen Kollisionsnormen des Privat-, Ordnungswidrigkeiten- und Verwaltungsrechts vor. Erfasst sie Sachverhalte insgesamt, so ist die Anwendbarkeit dieser allgemeinen Kollisionsnormen überhaupt ausgeschlossen. Erfasst sie diese nur zum Teil, so können die allgemeinen Kollisionsnormen auf die nicht erfassten Teilsachverhalte anwendbar bleiben. Die Kollisionsnorm des § 130 Abs. 2 ist **einseitig,** d. h. sie regelt nur die Frage, ob und unter welchen Voraussetzungen deutsches Kartellrecht anwendbar ist und nicht, ob und unter welchen Voraussetzungen ausländisches Kartellrecht angewendet werden kann bzw. angewendet werden muss. § 130 Abs. 2 ist nicht nur für das Verwaltungs- und Ordnungswidrigkeitenrecht **zwingend,** wo dies schon aus allgemeinen Grundsätzen folgen würde, sondern auch für das Kartellprivatrecht.[199] Durch private Rechtsgeschäfte lässt sich die Anwendbarkeit des deutschen Kartellrechts daher zwar vereinbaren,[200] nicht aber ausschließen.

2. Tatbestand des § 130 Abs. 2

a) Anwendbarkeit des Gesetzes

41 § 130 Abs. 2 ordnet beim Vorliegen von Inlandswirkungen die Anwendbarkeit „dieses Gesetzes" für alle Wettbewerbsbeschränkungen an. Erfasst werden damit zunächst jedenfalls **alle Sachnormen** des GWB. Anwendbar sind darüber hinaus grundsätzlich auch die Form-

---

[195] KG v. 5. 4. 1978, WuW/E OLG 1995 – *Organische Pigmente;* OLG Karlsruhe v. 8. 10. 1980, WuW/E OLG 2340 – *Ausgleichsanspruch;* OLG Frankfurt/Main v. 5. 12. 1991, WRP 1992, 331 ff. – *Alleinvertrieb alte Bundesländer; Rehbinder* in: Immenga/Mestmäcker Rn. 305 m. w. N.

[196] BGH v. 12. 7. 1973, WuW/E BGH 1276 ff. – *Ölfeldrohre.*

[197] *Rehbinder* in: Immenga/Mestmäcker Rn. 133.

[198] *Rehbinder* in: Immenga/Mestmäcker a. a. O.

[199] Vgl. TB 1970, 94; 1971, 96; 1977, 90; 1978, 100; LG Hamburg v. 29. 10. 1971, AWD 1972.

[200] Zu Einschränkungen und Einzelheiten vgl. das Europäischen Übereinkommens über die gerichtliche Zuständigkeit und die Vollstreckung von gerichtlichen Entscheidungen in Zivil- und Handelssachen v. 27. 9. 1968, BGBl. 1972 II S. 774, in der Bundesrepublik in Kraft seit dem 1. 2. 1973, und das Anerkennungs- und Vollstreckungsausführungsgesetz v. 19. 2. 2001, BGBl. I S. 288, Ber. BGBl. I S. 436, zuletzt geändert durch Art. 1 des Gesetzes zur Änderung des Anerkennungs- und Vollstreckungsausführungsgesetzes v. 30. 1. 2002, BGBl. I S. 564. Vgl. ferner das Protokoll betreffend die Auslegung des Übereinkommens v. 27. 9. 1968 über die gerichtliche Zuständigkeit und die Vollstreckung von gerichtlichen Entscheidungen in Zivil- und Handelssachen durch den Gerichtshof v. 3.6 1971, BGBl. II S. 846, sowie die Verordnung (EG) Nr. 44/2001 des Rates über die gerichtliche Zuständigkeit und die Anerkennung und Vollstreckung von gerichtlichen Entscheidungen in Zivil- und Handelssachen v. 22. 12. 2000, ABl. Nr. L 12/1 v. 16. 1. 2001.

und Folgeregelungen des Gesetzes.[201] Ob es sich um belastende oder begünstigende Bestimmungen handelt, spielt keine Rolle. Insbesondere gelten die Schutzbestimmungen des Gesetzes, etwa das Diskriminierungsverbot, auch für ausländische Personen und Unternehmen.[202] Ohne dass dies dem Wortlaut des Gesetzes zu entnehmen wäre, findet § 130 Abs. 2 nach h. M. beim Vorliegen von Inlandswirkung nur insoweit Anwendung als diese reichen.[203] Das folgt aus der auf den Schutz des inländischen Wettbewerbs begrenzten Funktion der Sachnormen des GWB. Bei wettbewerbsbeschränkenden Rechtsgeschäften, die sich auf das Aus- und Inland beziehen, bestimmt sich deren Wirksamkeit ggf. nach § 139 BGB.[204]

Fraglich ist, ob § 130 Abs. 2 die Anwendbarkeit des Gesetzes auch für das **Verfahrens-** 42 **recht** anordnet. Die Frage wird von der Praxis und im Schrifttum zu Recht grundsätzlich bejaht. So haben das BKartA etwa die Anwendbarkeit bei der Bestimmung er internationalen Zuständigkeit[205] und das KG[206] bei Auskunftsersuchen nach § 46 a. F. ohne weiteres angenommen. Hinsichtlich der internationalen Zuständigkeit könnte die Antwort für das Verwaltungs- und Ordnungswidrigkeitenverfahren letztlich offen bleiben, da auch nach dem Grundsatz der Sachrechtsanknüpfung die Zuständigkeit gegeben wäre.

b) Wettbewerbsbeschränkungen

Der Begriff der „Wettbewerbsbeschränkung" in § 130 Abs. 2 ist nicht materiell selbstän- 43 dig, sondern als Oberbegriff für die einzelnen Tatbestände des Gesetzes zu verstehen.[207] Ob eine Wettbewerbsbeschränkung vorliegt, ist daher nach der jeweils in Betracht kommenden Norm unter Berücksichtigung ihres Sinns und Zwecks zu entscheiden. Obwohl § 130 Abs. 2 nur von der Anwendbarkeit des Gesetzes auf „Wettbewerbsbeschränkungen" spricht, bezieht sich diese auch auf die nach der jeweiligen Norm beteiligten Personen und Unternehmen, und zwar grundsätzlich unabhängig davon, ob es sich um Inländer oder Ausländer handelt.

Auf welche Weise, wo und von wem die Wettbewerbsbeschränkung veranlasst wird, ist, 44 vorbehaltlich der jeweiligen Sachnorm, ohne Bedeutung. Entscheidend ist allein die „Auswirkung" im Inland. Ob die Veranlassung von inländischen oder ausländischen Unternehmen im Inland oder Ausland ausgeht, ist daher grundsätzlich ebenso unerheblich wie der Umstand, ob der ausländische Veranlasser einen Sitz im Inland hat oder dort eine Geschäftstätigkeit ausübt.[208] Wie auch sonst im GWB müssen die veranlassten Wettbewerbsbeschränkungen allerdings privater Natur sein. Im Ausland durch Hoheitsakt veranlasste „Wettbewerbsbeschränkungen" erfüllen diesen Begriff nicht, wohl aber von ausländischen Hoheitsträgern lediglich angeregte oder erlaubte Beschränkungen des Wettbewerbs.[209]

---

[201] Vgl. zu §§ 34, 35 a. F. OLG Frankfurt/Main v. 5. 12. 1991, WRP 1992, 331 ff. – *Alleinvertrieb alte Bundesländer*; Rehbinder in: Immenga/Mestmäcker Rn. 129 m. w. N.
[202] BKartA v. 10. 9. 1971, WuW/E BKartA 1361 ff ,1366 – *Fernost-Schiffahrtskonferenz*; BKartA v. 4. 8. 1967 WuW/E BKartA 1170 f – *Gütezeichengemeinschaft*; BKartA v. 28. 12. 1971, WuW/E BKartA 1376 ff. – *Linoleum*; BKartA v. 15. 3. 1972, WuW/E BKartA 1407 f – *Exportförderung Zellwolle*; BKartA v. 15. 3. 1972, WuW/E BKartA 1413 1 f. – *Exportförderungen Festzellwolle*; BKartA v. 18. 7. 1978, WuW/E BKartA 1741, 1744 – *Straßenkanalguß*; TB 1970, 18; 1971, 72; 1974, 68, 70; KG v. 7. 11. 1969, WuW/E OLG 1071, 1072 f. – *Triest-Klausel*; OLG Stuttgart v. 22. 12. 1980, WuW/E OLG 2376 – *CRP-Umzüge*; Rehbinder in: Immenga/Mestmäcker Rn. 130.
[203] Vgl. zu § 98 Abs. 2 a. F. KG v. 1. 7. 1983, WuW/E OLG 3051, 3061 – *Morris/Rothmans*.
[204] KG v. 1. 7. 1983, WuW/E OLG 3051, 3061 – *Morris/Rothmans*.
[205] BKartA v. 15. 7. 1963, WuW/E BKartA 704 ff., 707 – *Verwertungsgesellschaften*.
[206] KG v. 14. 5. 1974, WuW/E OLG 1467 ff., 1469 – *BP*.
[207] BGH v. 29. 5. 1979, WuW/E BGH 1613 ff., 1614 – *Organische Pigmente*; KG v. 5. 4. 1978, WuW/E OLG 1997 – *Organische Pigmente*.
[208] Vgl. BGH v. 5. 5. 1967, WuW/E BGH 844 – *Fischbearbeitungsmaschinen*; BKartA v. 15. 7. 1963, WuW/E BKartA 707 – *Verwertungsgesellschaften*; TB 1960, 40; 1962, 41; 1965, 47; 1966, 56.
[209] Vgl. TB 1975, 66.

c) Inlandswirkungen – Allgemeines

45 Von zentraler Bedeutung für die kollisionsrechtliche Regelung des § 130 Abs. 2 ist der Begriff der Auswirkungen im Geltungsbereich des Gesetzes. Unabhängig vom – umstrittenen – völkerrechtlichen Ausgangspunkt hat sich die dieses Wirkungsprinzip grundsätzlich rechtfertigende Theorie der **sinnvollen Anknüpfung** zu Recht durchgesetzt.[210] Diese Theorie hat gegenüber konventionelleren Ansätzen, insbesondere der Anknüpfung an die Grundsätze des internationalen Strafrechts, den Vorzug, den Besonderheiten des Kartellrechts gerechter zu werden. Abgesehen davon sind selbst in Staaten mit entwickeltem Kartellstrafrecht häufig wesentliche Teile des Kartellrechts, etwa die Fusionskontrolle in den USA, nichtstrafrechtlicher Natur.

46 Zur näheren Bestimmung der Inlandswirkung hat sich in der Verwaltungspraxis, der Rechtsprechung und im Schrifttum die **Schutzzwecktheorie** durchgesetzt.[211] Entscheidend ist danach für das Vorliegen einer Inlandswirkung i. S. von § 130 Abs. 2, ob eine Wettbewerbsbeschränkung den Schutzbereich der jeweils in Betracht kommenden Sachnorm des GWB berührt. In diesem Sinne bestimmen die Sachnormen des GWB ihren Geltungsbereich letztlich jeweils selbst. Die Schutzzwecklehre hat vor allen verallgemeinernden Versuchen zur Bestimmung der Inlandswirkung den Vorzug, dass sie eine präzisere, die gesetzgeberischen Zwecke und Schutzfunktionen der unterschiedlichen Normen weitestmöglich berücksichtigende Abgrenzung ihrer Anwendungsbereiche erlaubt. Die entscheidende, grundsätzliche Begrenzung der Inlandswirkung ergibt sich danach aus dem Erfordernis ihrer **Tatbestandsmäßigkeit.** Wirkungen, die nicht vom Wortlaut einer der nach § 130 Abs. 2 anwendbaren Normen erfasst werden, scheiden, vorbehaltlich einer etwaigen analogen Anwendbarkeit, von vornherein aus. Das Erfordernis der Tatbestandsmäßigkeit bedeutet ferner, dass auch solche Wirkungen ausscheiden, die zwar unter den Wortlaut einer Norm fallen, das in dieser **geschützte Rechtsgut** aber entweder überhaupt nicht berühren oder dies nur ohne Verstoß gegen den **spezifischen Schutzzweck** der Norm tun. Nur wenn eine Auswirkung das in der Rechtsnorm geschützte Rechtsgut berührt und auch ihrer Schutzrichtung zuwiderläuft, kann sie relevant sein. Eine Auswirkung im Sinne von § 130 Abs. 2 setzt mit anderen Worten die Erfüllung des nach den allgemeinen Regeln, also insbesondere unter Berücksichtigung des geschützten Rechtsguts und des jeweiligen **Schutzumfangs** interpretierten Tatbestandes einer der nach dieser Bestimmung anwendbaren Normen voraus.

47 Die Frage nach den **völkerrechtlichen Grenzen** des Auswirkungsprinzips stellt sich, weil durch die Anwendung des Gesetzes auf im Ausland veranlasste Wettbewerbsbeschränkungen Interessen anderer Staaten berührt sein können. Aus den hier in Betracht kommenden Verboten des Rechtsmissbrauchs und der Einmischung ergeben sich für den Anwender deutschen Rechts jedoch praktisch kaum Einschränkungen, nämlich nur im Fall krasser Interessenungleichgewichte und in seltenen Ausnahmefällen. Das Kammergericht und ein erheblicher Teil der Lehre[212] gehen allerdings davon aus, dass aus dem Einmischungsverbot ein völkerrechtliches **Gebot zur Abwägung der Interessen** des handeln-

---

[210] KG v. 27. 11. 1980, WuW/E OLG 2420 – *Synthetischer Kautschuk II*; KG v. 1. 7. 1983, WuW/E OLG 3052 f. – *Morris/Rothmans*; KG v. 6. 12. 1995, WuW/E OLG 5580 – *Selektive Exklusivität*. Vgl. *Rehbinder* in Immenga/Mestmäcker Rn. 143 ff. m. w. N.

[211] Vgl. BGH v. 12. 7. 1973, WuW/E BGH 1276, 1279 – *Ölfeldrohre*; BGH v. 29. 5. 1979 WuW/E BGH 1613 f. – *Organische Pigmente*; BGH v. 20. 6. 1989 WuW/E BGH 2596 – *Eisenbahnschwellen*; OLG Düsseldorf v. 8. 7. 1969, WuW/E OLG 1061 – *Kundenschutzvereinbarung*; KG v. 1. 7. 1983, WuW/E OLG 3051, 3061 – *Morris/Rothmans*; OLG Frankfurt v. 2. 10. 2001, WuW DE-R 801 ff., 802 – *Brüsseler Buchhandlung*; *Rehbinder* in: Immenga/Mestmäcker a. a. O. m. w. N.

[212] So vor allem *Meessen*, Völkerrechtliche Grundsätze des internationalen Kartellrechts S. 231 f.; *ders*. Kollisionsrecht der Zusammenschlußkontrolle S. 26 f. und in 9. Teil Rn. 56 ff. mit zahlr. w. N. Vgl. auch *Rehbinder* in: Immenga/Mestmäcker Rn. 139 m. w. N.

den Staates an der Durchsetzung der eigenen Rechtsordnung mit den durch diese Durchsetzung betroffenen Interessen anderer Staaten folgt, das zu einer Einschränkung des Anwendungsbereiche des GWB führen könne. Soweit ein solches Gebot nur zur Lösung „extremer" Fälle eingesetzt werden soll, ist ein Bedürfnis nicht recht zu erkennen, da solche Sachlagen mit dem Rechtsmissbrauchsverbot angemessen lösbar sind. Zudem fehlt es bislang an einer entsprechenden gleichmäßigen und auf Rechtsüberzeugung beruhenden Staatenpraxis.[213] In der deutschen Kartellrechtsprechung ist bislang nur das Kammergericht von einem Abwägungsgebot ausgegangen. Auch das Bundeskartellamt hat bislang ein völkerrechtlich verbindliches Abwägungsgebot nicht anerkannt. In der Entscheidungspraxis amerikanischer Gerichte haben Abwägungsüberlegungen zwar wiederholt eine Rolle gespielt, doch stützten sich diese z. T. auf materielles amerikanisches Recht oder auf Erwägungen der „comity" (Völkersitte – Comitas Gentium) die gerade keine Rechtsregeln enthält, und gelegentlich haben die Gerichte eine Interessenabwägung sogar ausdrücklich abgelehnt.[214]

Für das deutsche Kartellrecht ergäben sich bei der Interessenabwägung, wenn diese aus dem Einmischungsverbot ableitbar wäre, daraus zusätzliche Probleme, dass die Kartellbehörden und -gerichte vom Gesetzgeber gezielt auf die Beurteilung wettbewerblicher Gesichtspunkte beschränkt worden sind. Das gilt grundsätzlich, wird aber auf dem für § 130 Abs. 2 praktisch wichtigsten Gebiet, dem der Fusionskontrolle, besonders deutlich. Die Kompetenzverteilung zwischen dem Bundeskartellamt und dem Bundesminister für Wirtschaft und Technologie ist in diesem Bereich so geregelt, dass das Bundeskartellamt sich ausschließlich mit den wettbewerblichen Aspekten eines Zusammenschlusses befassen darf und eine Berücksichtigung aller darüber hinausgehenden Gesichtspunkte dem Bundesminister vorbehalten ist, zu der es aber nur kommt, wenn ein Antrag auf Ministererlaubnis gestellt wird. Welche Bedeutung der Gesetzgeber der Beschränkung des Bundeskartellamtes auf rein wettbewerbliche Funktionen zumisst, wird dadurch weiter verdeutlicht, dass die 6. GWB-Novelle auch das letzte dem Bundeskartellamt noch verbliebene metawettbewerbliche Prüfungskriterium in § 5 Abs. 3 Satz 1 GWB a. F., nämlich das „Interesse der Allgemeinheit" an einer Rationalisierungsabrede, ersatzlos und ausdrücklich unter Hinweis auf seine nicht wettbewerbliche Natur gestrichen hat.[215]

Ein Kriterium, das dagegen bei der Anwendung der einzelnen Sachnormen im Zusammenhang mit § 130 Abs. 2 generell erfüllt sein muss, ist das der **Vorhersehbarkeit,** auf das auch die Antitrust Guidelines des U.S. Justizministerium abstellen. Im Rahmen der kartellrechtlichen Steuerungsfunktion ist dieses Kriterium im Gegensatz zu den anderen im Schrifttum vorgeschlagenen, zusätzlichen Abgrenzungskriterien zur Vermeidung einer uferlosen Ausdehnung in Ergänzung des Erfordernisses der Tatbestandlichkeit nicht nur völkerrechtlich begründbar, sondern auch sachgerecht und praktikabel. Es entspricht auch dem deutschen Kartellrecht, das durchgängig nur an vorhersehbare Folgen anknüpft.[216] Allerdings bedarf auch das generelle Erfordernis der Vorhersehbarkeit der weiteren Konkretisierung im Zusammenhang mit der jeweils in Betracht kommenden Norm. So liegt auf der Hand, dass die Vorhersehbarkeit im Rahmen der Fusionskontrolle einen anderen Inhalt hat als etwa beim Diskriminierungs- oder Kartellverbot. Inhaltlich hat sie sich auf die tatbestandsrelevante Inlandswirkung der jeweils in Betracht kommenden Sachnorm zu beziehen. Die Vorhersehbarkeit ist nach objektiven Maßstäben zu beurteilen. Ein tatsächliches Vor-

---

[213] Gegen die völkerrechtliche Begründbarkeit eines Interessenabwägungsgebots auch *Rehbinder* in Immenga/Mestmäcker Rn. 139 m. w. N.
[214] Vgl. z. B. Laker Airways Ltd. v. Sabena Belgian World Airlines, 731 F. 2nd 909 (D. C. Civ 1984), und insbesondere Federal Supreme Court, Hartford Fire Insurance Co. v. California (509 U. S. 764 [1993]; United States v. Nippon Paper Industries C 109 F. 3rd 1 /1st Cir. 1997) Cert. denied, 18 S. Ct 685 (1998).
[215] Vgl. Begr. RegE vom 29. 1. 1998, BT-Drucks. 13/9720, Zu § 5 Abs. 2.
[216] Vgl. *Meng* ZaöRV 41 (1981) S. 505 m. w. N.

hersehen ist nicht erforderlich, sofern nicht die in Betracht kommende Norm selbst höhere Anforderungen stellt.

50 Der Begriff der Inlandswirkung ist über das Erfordernis der Tatbestandlichkeit hinaus nur insoweit weiter generell einzuschränken, als bei den Beteiligten die im Zusammenhang mit der jeweils in Betracht kommenden Sachnorm nach objektiven Maßstäben festzustellende Vorhersehbarkeit der tatbestandsrelevanten Inlandswirkung vorliegen muss. Inlandswirkungen müssen somit **generell weder spürbar,**[217] **unmittelbar,**[218] **tatsächlich**[219] **oder beabsichtigt**[220] **sein, doch** können sich diese Voraussetzungen aus der **einzelnen Sachnorm** ergeben. Da auch der „Schutzzweck des GWB im allgemeinen" mangels eines eigenen, normgelöst definierbaren Inhalts nicht zur weiteren Konkretisierung des Auswirkungsbegriffs geeignet ist, entscheidet letztlich der ganz spezifische Schutzzweck der jeweils in Betracht kommenden Sachnorm, der durch das geschützte Rechtsgut, den eingeräumten Schutzumfang und die Schutzrichtung bestimmt wird.

d) Inlandswirkungen im Sinne einzelner Sachnormen.

51 **aa) Beschränkungen nach § 1.** Seit der 7. GWB-Novelle sind nach **§ 1** ebenso wie Art. 81 Abs. 1 EG wettbewerbsbeschränkende Vereinbarungen zwischen Unternehmen, Beschlüsse von Unternehmensvereinigungen und aufeinander abgestimmte Verhaltensweisen dann tatbestandlich und verboten, wenn sie **im Inland eine spürbare** Verhinderung, Einschränkung oder Verfälschung des **Wettbewerbs** bezwecken oder bewirken. Die Tatbestandlichkeit hängt nach dem durch die 7. GWB-Novelle zwar **von horizontalen auf vertikale Beschränkungen erweiterten,** im Übrigen aber **unveränderten Schutzzweck** dieser Norm nicht davon ab, ob an der Vereinbarung, dem Beschluss oder der abgestimmten Verhaltensweise nur inländische, ausländische und inländische, oder nur ausländische Unternehmen oder Unternehmensvereinigungen beteiligt sind, unabhängig davon, ob die beteiligten ausländischen Unternehmen inländische Niederlassungen oder sonst inländische Geschäftstätigkeiten haben.[221] Auch bei der Beteiligung nur ausländischer Unternehmen gilt das Verbot. Zwar hat sich das BKartA früher bei Kartellen mit inländischer und ausländischer Beteiligung gelegentlich auf die Verfolgung der inländischen Beteiligten beschränkt,[222] doch beruhte dies nie auf einer einschränkenden Auslegung des Kartelltatbestandes, sondern auf praktischen Erwägungen und Überlegungen im Zusammenhang mit der Ermessensausübung. Insbesondere brauchen die spürbaren Wirkungen **weder unmittelbar und erheblich, noch tatsächlich oder beabsichtigt** zu sein.[223] Das KG hat, in Übereinstimmung mit der hier vertretenen Auffassung, auch mittelbare Auswirkungen im Inland für die Anwendbarkeit des § 1 genügen lassen.[224] Der BGH hat in seiner „Ölfeldrohre-Entscheidung"[225] die Frage der Unmittelbarkeit ebenfalls nicht als relevant behandelt.

---

[217] Hierfür aber offenbar, normgelöst, OLG Frankfurt v. 2. 10. 2001, WuW DE-R 801ff., 802 – *Brüsseler Buchhandlung,* und weite Teile des Schrifttums.
[218] Gegen ein generelles Unmittelbarkeitserfordernis auch *Rehbinder* in: Immenga/Mestmäcker Rn. 168.
[219] Gegen ein generelles Erfordernis tatsächlicher Auswirkungen *Rehbinder* in: Immenga/Mestmäcker Rn. 169f. m. w. N.
[220] Gegen ein generelles Absichtserfordernis auch *Rehbinder* in: Immenga/Mestmäcker Rn. 174.
[221] Vgl. zu § 98 Abs. 2 a. F. z. B. BKartA v. 28. 10. 1965, WuW/E BKartA 704, 707 – *Saba;* BKartA v. 15. 3. 1972, WuW/E BKartA 1393 – *Polyamid;* vgl. auch TB 1960, 19; 1963, 52f.; 1965, 47; 1966, 56; 1970,17, 72; 1971, 26; 1972, 30f., 63; 1975, 28, 56, 66; 1976, 37; 1978, 53; OLG Stuttgart v. 22. 12. 1980, WuW/E OLG 2376 – *CRP-Umzüge.*
[222] Vgl. TB 1961, 37, 52; 1963, 25.
[223] Differenzierend *Koenigs* in: GK § 98 Abs. 2 Rn. 61.
[224] KG v. 28. 11. 1972, WuW/E OLG 1339,1346 – *Linoleum.*
[225] BGH v. 12. 7. 1973, WuW/E BGH 1276,1279 – *Ölfeldrohre.*

Das Gesagte gilt nach dem neuen Recht auch für **Lizenzverträge,** bei denen allerdings die Bedeutung des deutschen Kartellrechts weiter rückläufig ist.

Eine Überdehnung des Anwendungsbereichs des § 1 ist auch dann nicht zu befürchten, 52 wenn man bei ausschließlich ausländischer Beteiligung nicht verlangt, dass die Vereinbarung, der Beschluss oder die abgestimmte Verhaltensweise den „inländischen Markt regeln" müsse, da die Wettbewerbsbeschränkung schon nach altem Recht nicht Gegenstand, sondern nur Zweck des Vertrages oder Beschlusses sein mußte und nach geltendem Recht sogar ein Bewirken der Beschränkung ausreicht. Ist die Wettbewerbsbeschränkung Zweck in diesem Sinne, dann ist auch die völkerrechtlich erforderliche Vorhersehbarkeit gegeben und die Anwendbarkeit des § 1 auf bloße inländische Reflexwirkungen ausländischer Kartellverträge und -beschlüsse ausgeschlossen.

Nach § 81 Abs. 2 Nr. 1 handelt ordnungswidrig, wer vorsätzlich oder fahrlässig der Vor- 53 schrift des § 1 zuwiderhandelt. Erfüllt ein ausländischer Beteiligter diese Voraussetzungen, d. h. erfüllt er auch den vollen subjektiven Tatbestand dieser Ordnungswidrigkeit, was früher seltener als bei Inländern der Fall gewesen sein wird, heute aber angesichts der zunehmenden Zahl von Rechtsordnungen, einschließlich der der Europäischen Union, die diese „hard core" Verstöße selbst sanktionieren, regelmäßig anzunehmen sein wird, so ist diese Bestimmung auf ihn wie auf inländische Beteiligte anwendbar. Bei internationalen Kartellen hat sich das BKartA im Einzelfall u. a. auch wegen der Beweisschwierigkeiten hinsichtlich des subjektiven Tatbestandes bei ausländischen Beteiligten, auf die Verfolgung der inländischen Beteiligten beschränkt.[226]

Die **Freistellung nach § 2 Abs. 1** entspricht der **Generalklausel** des Art 81 Abs. 3 54 EG und ist nach dem Willen des Gesetzgebers wie das Verbot selbst entsprechend seinem europäischen Vorbild zu behandeln. Dasselbe gilt nach § 2 Abs. 2 Satz 1 auch für die **Gruppenfreistellungsverordnungen** des europäischen Rechts. Im Bereich des auf vertikale Beschränkungen erweiterten Kartellverbots nach deutschem Recht sollte es demgemäß zu einem völligen Gleichlauf mit dem europäischen Vorbild kommen. Eine solche Entwicklung entspräche auch dem wohlverstandenen Interesse der grenzüberschreitend tätigen Wirtschaft an einer europaweit möglichst homogenen, die nationalen Rechte einschließenden Rechtslage. Mit umfasst von diesem Ziel ist auch die Bestimmung des jeweiligen territorialen Anwendungsbereichs. Das bedeutet u. a., dass die Frage nach den relevanten Inlandswirkungen bei Ausschließlichkeitsbindungen, Lizenzverträgen und Empfehlungen wie bei Art. 81 EG und den anwendbaren Gruppenfreistellungsverordnungen zu beurteilen sind.[227]

Die beibehaltene Ausnahme für **Mittelstandskooperationen** nach § 3, deren Freistel- 55 lungszweck sich aus der inlandswirksamen Verbesserung der Wettbewerbsfähigkeit kleiner und mittlerer Unternehmen ergibt, erreichen diesen Zweck in aller Regel schon unter Beteiligung ausschließlich inländischer Unternehmen. Eine Beteiligung ausländischer Unternehmen kann aber dann in Betracht kommen, wenn dies für die Erreichung des Rationalisierungserfolges erforderlich oder wenigstens förderlich ist.[228] Die Freistellung von **Wettbewerbsregeln** nach §§ 24 ff. und die Sonderregelungen für **Verlagserzeugnisse,** § 30, gelten auch für ausländische Unternehmen.[229]

bb) **Missbrauch marktbeherrschender Stellungen.** Das **Verbot** des Missbrauchs ei- 56 ner marktbeherrschenden Stellung, § 19, dient dem Schutz des inlandsrelevanten Wettbewerbs als Institution und der hierfür relevanten Handlungsfreiheit der Marktteilnehmer auf allen Marktstufen. Eine Inlandswirkung i. S. v. § 130 Abs. 2 i. V. m. § 19 liegt daher dann vor,

---

[226] Vgl. z. B. TB 1961, 37, 52; 1963, 25.
[227] Vgl. zu den nach Art. 81 EG relevanten Wirkungen *Meessen*, 9. Teil Rn. 26 ff.
[228] Vgl. TB 1959, 44; 1963, 29; 1977, 56 f, 67; differenzierend *Rehbinder* in: Immenga/Mestmäcker Rn. 211.
[229] Vgl. TB 1960, 40; 1962, 41; 1978, 84; *Rehbinder* in: Immenga/Mestmäcker Rn. 218.

wenn der Missbrauch von Marktmacht durch in- oder ausländische Unternehmen den inlandsrelevanten Wettbewerb oder die hierfür relevante Handlungsfreiheit von Marktteilnehmern beeinträchtigt. Nach dem die wirtschaftlichen Gegebenheiten berücksichtigenden Schutzzweck des § 19 muß eine die **Normadressatenposition i. S. dieser Bestimmung begründende Marktstellung nicht unbedingt im Inland** bestehen.[230] Eine im Ausland bestehende marktbeherrschende Stellung und ein dort stattfindender Missbrauch fällt unter diesen, wenn auf dem räumlich relevanten, unter Umständen über die Grenzen des Geltungsbereichs des GWB hinausgehenden Markt Auswirkungen eintreten.[231]

57 **Marktbeherrschend** ist ein Unternehmen, soweit es als Anbieter oder Nachfrager einer bestimmten Art von Waren oder gewerblichen Leistungen auf dem sachlich und räumlich relevanten Markt entweder ohne Wettbewerber bzw. keinem wesentlichen Wettbewerb ausgesetzt ist, § 19 Abs. 2 Nr. 1, oder eine im Verhältnis zu seinen Wettbewerbern überragende Marktstellung hat, § 19 Abs. 2 Nr. 2. Bei den im Zusammenhang der Feststellung einer überragenden Marktstellung zu berücksichtigenden Kriterien ist hinsichtlich des Marktanteils räumlich auf den wirtschaftlich relevanten Markt abzustellen, auch wenn dieser größer ist als der Geltungsbereich des GWB.[232] Das gilt auch für rechtliche und tatsächliche Marktzutrittsschranken anderer Unternehmen. Ebenso sind Ressourcen zu berücksichtigen, die sich im Ausland befinden, sofern sie für die Marktposition von Bedeutung sind.[233] Dasselbe gilt ferner für den Zugang zu den Beschaffungs- oder Absatzmärkten und für Verflechtungen mit anderen Unternehmen. Bei den Vermutungen des § 19 Abs. 3 sind dieselben Maßstäbe anzulegen. Die mit der 7. GWB-Novelle eingeführte „Klarstellung" in § 19 Abs. 2 Nr. 2, wonach der „räumlich relevante Markt im Sinne dieses Gesetzes" weiter sein kann als der Geltungsbereich des GWB, entspricht der neuesten Rechtsprechung des BGH.[234]

58 Nach dem Schutzzweck des § 19 liegen Inlandswirkungen i. S. dieser Bestimmung dann vor, wenn ein auf dem sachlich und räumlich relevanten Markt beherrschender inländischer oder ausländischer Anbieter oder Nachfrager gegenüber Nachfragern oder inländischen oder ausländischen Anbietern seine Marktmacht **missbraucht** und dies im Inland zumindest auch wettbewerbsrelevante Auswirkungen hat.[235] Da § 19 die wettbewerbsrelevante Handlungsfreiheit inländischer Unternehmen auch in bezug auf ihre Exportaktivitäten schützt, kann eine Inlandswirkung i. S. v. § 130 Abs. 2 i. V. m. § 19 auch dann vorliegen, wenn ein im Inland marktbeherrschendes Unternehmen seine Stellung dazu Missbraucht, inländische Unternehmen in bezug auf ihre Exporttätigkeit zu behindern oder auszubeuten.[236]

59 **cc) Diskriminierungen.** Das **Diskriminierungsverbot** des § 20 Abs. 1 und 2 dient sowohl dem Schutz des inlandsrelevanten Wettbewerbs als Institution als auch dem Individualschutz. Eine Inlandswirkung i. S. v. § 130 Abs. 2 i. V. m. § 20 Abs. 1 und 2 liegt daher dann vor, wenn die Diskriminierung durch in- oder ausländische Unternehmen den inlän-

---

[230] Ebenso *Rehbinder* in: Immenga/Mestmäcker Rn. 248; *Stadler* in: Langen/Bunte Rn. 157; anders noch TB 1971, 52.

[231] *Rehbinder* in: Immenga/Mestmäcker Rn. 244.

[232] BGH v. 5. 10. 2004, WuW/E DE-R 1355 – *Staubsaugerbeutelmarkt;* unter Aufgabe von BGH v. 24. 10. 1995, WuW/E BGH 3026 – *Backofenmarkt.*

[233] Begr. 1971 S. 26; Bericht 1973 S. 5; BGH v. 21. 2. 1978, WuW/E BGH 1501 – *Kfz-Kupplungen;* BKartA v. 3. 7. 1981. WuW/E BKartA 189 – *IHB/Wibau.*

[234] BGH v. 5. 10. 2004, WuW/E DE-R 1355 – *Staubsaugerbeutelmarkt;* unter Aufgabe von BGH v. 24. 10. 1995, WuW/E BGH 3026 – *Backofenmarkt.* Ebenso *Rehbinder* in: Immenga/Mestmäcker Rn. 248; *Stadler* in: Langen/Bunte Rn. 188 ff.

[235] Ebenso *Koenigs* in: GK § 98 Abs. 2 a. F. Rdnr. 99; *Rehbinder* in: Immenga/Mestmäcker Rn. 242; *Stadler* in Langen/Bunte Rn. 157.

[236] Vgl. TB 1971, 52 f.; 1972, 63; TB 1971, 52 f.; 1972, 63. Ebenso *Rehbinder* in: Immenga/Mestmäcker Rn. 250; einschränkend *Stadler* in Langen/Bunte Rn. 158; a. A. *Lindemann* im FK Rn. 46.

dischen Wettbewerb oder die wettbewerbsrelevante Position von Marktteilnehmern im Inland beeinträchtigt.[237] Nach dem die wirtschaftlichen Gegebenheiten berücksichtigenden Schutzzweck des § 20 Abs. 1 und 2 muss eine die Normadressatenposition i. S. dieser Bestimmung begründende Marktstellung nicht unbedingt im Inland bestehen[238] So wie beim Verbot des Missbrauchs marktbeherrschender Stellungen fallen auch Diskriminierungen durch Unternehmen mit im Ausland bestehenden Adressatenpositionen, die sich im Inland spürbar[239] auswirken, unter diese Bestimmung.

Das zu § 20 Abs. 1 und 2 Gesagte gilt für § 20 Abs. 3 und 4 entsprechend. Erlangt ein in- oder ausländisches Unternehmen in Adressatenposition gegenüber auf dem relevanten Markt tätigen in- oder ausländischen Unternehmen Vorzugsbedingungen, so liegen Inlandswirkungen i. S. von § 20 Abs. 3 vor. Nach der Schutzfunktion des § 20 Abs. 4 kann in Fällen, in den der räumlich relevante Markt größer als der Geltungsbereich des GWB ist, die Adressatenposition auch gegenüber kleinen und mittleren ausländischen, im relevanten Markt tätigen Unternehmen begründet sein. § 20 Abs. 6 dient neben dem Institutionsschutz gleichrangig auch dem Individualschutz, und zwar auch ausländischer Unternehmen, die auf dem relevanten Markt tätig sind. Diskriminiert ein in Deutschland tätiger deutscher oder internationaler Verband gegenüber einem in- oder ausländischen Unternehmen, so kann die Kartellbehörde dessen Aufnahme anordnen, sofern die übrigen Voraussetzungen dieser Norm erfüllt sind.[240] Eine entgegen § 20 Abs. 6 die Mitgliedschaft auf inländischen Unternehmen beschränkende Satzungsbestimmung ist unwirksam. Eine sachliche Rechtfertigung der Aufnahmeverweigerung lässt sich regelmäßig auch nicht damit begründen, dass inländischen Unternehmen der Beitritt zu entsprechenden ausländischen Organisationen verwehrt werde. Die entgegenstehende Auffassung[241] übersieht, dass die Bestimmung auch dem Schutz des Wettbewerbs als Institution dient und insoweit nicht unter Gegenseitigkeitsgesichtspunkten eingeschränkt werden darf.

dd) Boykott. § 21 Abs. 1 dient wie das Diskriminierungsverbot gleichermaßen dem Institutionsschutz und dem Individualschutz. Da der Wettbewerb und die wettbewerbliche Handlungsfreiheit bei **Boykottaufrufen** mit Auslandsbeteiligung sowohl auf dem relevanten Primärmarkt (Markt, auf dem die Boykottmaßnahme erfolgt), wie auf dem relevanten Sekundärmarkt (Markt, auf dem Verrufer und Boykottierter im Wettbewerb stehen) beeinträchtigt sein kann, reicht eine Beeinträchtigung auf einem dieser Märkte zur Feststellung einer Inlandswirkung aus.[242] Eine Inlandswirkung liegt deshalb dann vor, wenn ein ausländisches Unternehmen zur Liefer- oder Bezugssperre aufgefordert wird und Verrufer und Boykottierter auf dem Inlandsmarkt Wettbewerber sind. Eine Inlandsauswirkung ist auch dann gegeben, wenn ein mit einem anderen inländischen Unternehmen auf einem Exportmarkt im Wettbewerb stehendes Unternehmen einen ausländischen Lieferanten auffordert, das andere inländische Unternehmen nicht zu beliefern. Fordert dagegen ein ausländisches Unternehmen ein anderes ausländisches Unternehmen auf, von einem inländischen Unternehmen nicht zu beziehen, so ist kein inländischer Markt berührt und es fehlt an einer Inlandswirkung.

ee) Druck und Behinderung. Eine Inlandswirkung im Sinne des § 21 Abs. 2 und 3 liegt dann vor, wenn sich **Druck und Zwang** auf ein Verhalten richten, auf das die jewei-

---

[237] *Rehbinder* in Immenga/Mestmäcker Rn. 294 ff.; *Stadler* in: Langen/Bunte Rn. 163.
[238] So noch TB 1971, 52.
[239] Insofern überholt OLG Frankfurt v. 2. 10. 2001, WuW DE-R 801 ff., 802 – *Brüsseler Buchhandlung*.
[240] *Rehbinder* S. 238 f. und in Immenga/Mestmäcker Rn. 300; *Stadler* in: Langen/Bunte Rn. 165.
[241] BKartA v. 4. 8. 1967, WuW/E BKartA 1170 – *Gütezeichengemeinschaft*; *Rehbinder* in: Immenga/Mestmäcker Rn. 301; *Stadler* in: Langen/Bunte Rn. 165.
[242] BGH v. 23. 10. 1979, WuW/E BGH 1643 – *BMW-Importe*; *Rehbinder* in: Immenga/Mestmäcker Rn. 290 ff.; *Stadler* in: Langen/Bunte Rn. 161 f.

lige Sachnorm anwendbar wäre. Bei dem Verbot des § 21 Abs. 4 spielt es keine Rolle, ob und auf welcher Seite ausländische und inländische Unternehmen beteiligt sind. Als Kartellbehörden kommen nur die in diesem Gesetz als solche vorgesehenen Behörden in Betracht. Aus der auf das Inland beschränkten Schutzfunktion des Gesetzes folgt, dass die Sicherung des ungefährdeten Zugangs zu ausländischen Kartellbehörden Sache des betreffenden Staates ist. Anwendbar ist diese Bestimmung nicht nur dann, wenn die Einleitung eines Verfahrens nach deutschem Kartellrecht beantragt oder angeregt wurde, sondern auch dann, wenn es um die Anwendung europäischen Rechts geht.

63 **ff) Fusionskontrolle. (1) Allgemeines.** Die nähere Bestimmung des Begriffs der Inlandswirkung hat für die **Fusionskontrolle** schon wegen der hohen Zahl von Zusammenschlüssen mit Auslandsbeteiligung große praktische Bedeutung. Die Schutzwecke der verschiedenen Sachbestimmungen der Fusionskontrolle sind normbezogen zu bestimmen. Zu unterscheiden ist dabei zwischen den Regelungen der Anmeldepflicht und der materiellen Fusionskontrolle. Um der Wirtschaft das Verständnis zu erleichtern, hat das BKartA im Januar 1999 ein neues, bislang unverändertes Merkblatt über Inlandswirkungen im Sinne des § 130 Abs. 2 bei Zusammenschlüssen veröffentlicht.[243]

64 **(2) Anmeldepflicht – Inlands- und Auslandszusammenschlüsse.** Seit dem 1. Januar 1999 sind die Vorschriften über die deutsche Zusammenschlusskontrolle, einschließlich ihrer Regelungen zur **Anmeldepflicht** nach § 39 als selbständiger Sachnorm, überhaupt nur anzuwenden, wenn wenigstens eins der am Zusammenschluss beteiligten Unternehmen, einschließlich verbundener Unternehmen im Sinne des § 36 Abs. 2, im letzten Geschäftsjahr vor dem Zusammenschluss im Inland **Umsatzerlöse** von mehr als 25 Mio. € erzielt hat, § 35 Abs. 1 Nr. 2. In welcher Eigenschaft dieses Unternehmen an dem Zusammenschlußvorhaben beteiligt ist, spielt keine Rolle. Es kann sich also um das erwerbende, um das zu erwerbende oder um ein gemeinsam gegründetes Unternehmen handeln. Unerheblich ist auch, ob ein inländisches oder ein ausländisches beteiligtes Unternehmen das Erfordernis erfüllt. Erfüllt keines der beteiligten Unternehmen das Kriterium, so ist der Zusammenschluß insgesamt nicht kontrollpflichtig und es bedarf keiner weiteren Prüfung der Inlandsauswirkung. Streitig ist, ob umgekehrt regelmäßig dann eine Inlandswirkung anzunehmen ist, wenn das erworbene Unternehmen den Mindestumsatz in Deutschland erreicht. Das BKartA nimmt dies an, während nach einer anderen, allerdings nicht zwischen erwerbenden und zu erwerbenden Unternehmen unterscheidenden Meinung[244] das Vorliegen von Inlandswirkungen in jedem Fall zu prüfen ist. Nach Ansicht des BKartA hat die Prüfung der Inlandsauswirkung im Sinne von § 130 Abs. 2 dagegen regelmäßig nur dann eigenständige Bedeutung, wenn der Erwerber im Inland einen Umsatz von mindestens 25 Mio. € erzielt hat und das zu erwerbende Unternehmen oder das Gemeinschaftsunternehmen im Ausland ansässig ist. Für weitere Einschränkungen des Anwendungsbereiches der Anmeldepflicht, wie sie im alten Recht mit den Voraussetzungen inländischen unternehmerischen Potentials und der Spürbarkeit[245] verbunden waren, bestehen mit Blick auf die hoch angesetzte Umsatzgrenze kein Grund mehr.[246]

65 Nach Ansicht des BKartA ist bei Auslandszusammenschlüssen danach zu unterscheiden, ob der Zusammenschluss im Inland oder im Ausland realisiert wird, ob also das zu erwer-

---

[243] http://www.bundeskartellamt.de/w/Deutsch/download/pdf/Merkblaetter/Merkblaetterdeutsch/Inlandsauswirkung.pdf.
[244] *Kahlenberg*, Novelliertes deutsches Kartellrecht, BB 1997 S. 1593 ff. und *Bechtold*, Zum Referenten-Entwurf der 6. GWB-Novelle, BB 1997 S. 1853, 1856.
[245] BGH v. 29. 5. 1979, WuW/E BGH 1613, 1615 – *Organische Pigmente*.
[246] Die EG-Kommission hält die europäische Fusionskontrolle ebenfalls auch dann für anwendbar, wenn die Beteiligten kein Potential innerhalb der Europäischen Union haben, vgl. *Boeing/Mac Donnell Douglas; Fiebig*, (1998) E. C. L. R. S. 323 ff.

bende Unternehmen seinen Sitz in Deutschland oder im Ausland hat.[247] **Im Inland durchgeführte** Zusammenschlüsse (z. B. Erwerb des Vermögens oder der Anteile eines inländischen Unternehmens, Gründung eines Gemeinschaftsunternehmens im Inland), haben – unabhängig vom Sitz der beteiligten Mutterunternehmen und vorbehaltlich der Überschreitung der Umsatzschwelle des § 35 Abs. 1 Nr. 2 – nach Ansicht des BKartA immer Inlandsauswirkungen. Dies gilt auch dann, wenn der Erwerber oder der Gründer einem ausländischen Konzern angehören. Ein im Ausland realisierter Zusammenschluss gilt deshalb hinsichtlich der inländischen Tochterunternehmen der beteiligten Unternehmen als im Inland realisierter Zusammenschluss, da die sog. Verbundklausel des § 36 Abs. 2 unabhängig davon gilt, ob der Unternehmenssitz im Inland oder im Ausland ist.

Im Ausland durchgeführte Zusammenschlüsse haben Inlandsauswirkungen, wenn die 66 strukturellen Voraussetzungen für den Wettbewerb im Inland beeinflusst werden. Solche Wirkungen liegen insbesondere dann vor, wenn beide Unternehmen schon vor dem Zusammenschluß im Inland tätig waren. Dafür reicht eine Betätigung über Importeure aus.[248] Wenn nur ein Beteiligter bislang im Inland tätig war, aber infolge des Zusammenschlusses Lieferungen in das Inland wahrscheinlich sind, der Zusammenschluss das Know-how eines im Inland tätigen beteiligten Unternehmens vergrößert, gewerbliche Schutzrechte an diesen übertragen werden oder die Finanzkraft des im Inland tätigen Unternehmens verstärkt wird, sind ebenfalls Inlandsauswirkungen anzunehmen. Zukünftige Lieferungen ausländischer Beteiligter in das Inland sind wahrscheinlich, wenn produktionstechnische oder sortimentsmäßige Beziehungen zum inländischen Beteiligten bestehen. Ob zukünftige Lieferungen in das Inland wahrscheinlich sind, richtet sich regelmäßig auch danach, ob gleichartige oder ähnliche Erzeugnisse bereits Gegenstand des Handelsverkehrs zwischen den beteiligten Ländern sind und diesem keine technischen oder sonstigen Handelshemmnisse entgegenstehen. Ein im Ausland durchgeführter Zusammenschluss zwischen Unternehmen mit Sitz im Ausland und ohne inländische Tochterunternehmen oder Niederlassungen kann ebenfalls Inlandsauswirkungen haben, wenn er die inländische Marktstruktur verändert.

Bei der Gründung eines **Gemeinschaftsunternehmens** hängt die Inlandsauswirkung 67 in erster Linie von dem sachlichen und räumlichen Markt ab, auf dem das Gemeinschaftsunternehmen tätig ist. Inlandsauswirkungen liegen nicht nur vor, wenn das Gemeinschaftsunternehmen im Inland tätig werden soll, sondern auch dann, wenn es im Ausland tätig wird, der räumlich relevante Markt aber welt- bzw. europaweit abzugrenzen ist.

Das zuvor Gesagte gilt nicht nur für die Zusammenschlusstatbestände, sondern auch für 68 die durch die **Verbundklausel** des § 36 Abs. 2 fingierten Zusammenschlüsse, und zwar unabhängig davon, ob es sich um Inlands- oder Auslandssachverhalte handelt.[249]

Sofern der Sitz eines der beteiligten Unternehmen sich nicht im Inland befindet, muss 69 die **Anmeldung** auch eine **zustellungsbevollmächtigte Person im Inland** benennen, § 39 Abs. 3 Satz 2 Nr. 6. Um eine vermeidbare Belastung der Beteiligten bei wettbewerblich unbedenklichen Auslandszusammenschlüssen möglichst auszuschließen, hatte der Bundesminister für Wirtschaft und Technologie das BKartA schon früher angewiesen, die beteiligten Unternehmen nach der Anmeldung unverzüglich entsprechend zu unterrichten.[250] Wird das Vorhaben eines Auslandszusammenschlusses angemeldet und dabei glaub-

---

[247] Vgl. Merkblatt zur Inlandswirkung zu I, s. Fn. 50.
[248] Vgl. BGH v. 29. 5. 1979, WuW/E BGH 1613, 1615 – *Organische Pigmente;* KG v. 20. 2. 1979, WuW/E OLG 1206 f – *Straßenbaugeräte;* KG v. 1. 7. 1983, KG WuW/E OLG 3051, 3063 – *Morris/Rothmans;* BKartA v. 3. 5. 1978, WuW/E BKartA 1716 – *Kartoffelstärke.*
[249] Vgl. Informationsblatt des BKartA zu Inlandswirkungen im Sinne des § 130 Abs. 2 GWB bei Unternehmenszusammenschlüssen v. Januar 1999, I. 1. Vgl. auch *Rehbinder* in: Immenga/Mestmäcker 264 m. w. N.
[250] Allgemeine Weisung des Bundesministers für Wirtschaft vom 30. Mai 1980, BAnz Nr. 103/80 vom 7. Juni 1980, die Weisung gilt unverändert fort.

haft dargelegt, dass die Unternehmen aufgrund der für den Zusammenschluss geltenden ausländischen Rechtsvorschriften oder aufgrund sonstiger Umstände daran gehindert sind, vor dem Vollzug des Zusammenschlusses alle erforderlichen Angaben zu beschaffen, so wird das BKartA die Freigabe des Zusammenschlusses nicht von der Vollständigkeit der eingereichten Anmeldung abhängig machen, sofern sich bereits aus den vorgelegten bzw. vorliegenden Unterlagen ergibt, dass eine Untersagung des Zusammenschlussvorhabens erkennbar nicht in Betracht kommt.[251]

70 **(3) Materielle Fusionskontrolle.** Sinn und Zweck der dem BKartA eingeräumten **Untersagungsbefugnis** ist es, wettbewerbliche Strukturen im Geltungsbereich des GWB zu schützen. Hieran hat sich durch die sprachliche Anpassung und Straffung des Gesetzeswortlauts zur materiellen Fusionskontrolle durch die 6. GWB-Novelle nichts geändert. Unter diesem Aspekt kommt als für den abstrakten Gefährdungstatbestand des § 36 relevante Inlandswirkung auch nur die durch den Zusammenschluss begründete Erwartung der Entstehung oder Verstärkung einer marktbeherrschenden Stellung im Geltungsbereich des GWB in Betracht. Einer besonderen Spürbarkeit bedarf es im Hinblick auf diese Kriterien auch bei Auslandszusammenschlüssen nicht.

71 Die frühere Verwaltungspraxis des BKartA, dem die frühere Rechtsprechung und die Monopolkommission gefolgt waren, nach der von dem Geltungsbereich des GWB als dem größtmöglichen nach § 36 **relevanten Markt** auszugehen war,[252] ist durch die neuere Rechtsprechung und die mit der 7. GWB-Novelle eingeführte, für das GWB insgesamt geltende Klarstellung in § 19 Abs. 2 Satz 3 überholt. Allerdings sollten die praktischen Folgen dieser Änderung nicht überschätzt werden. In Bezug auf die letztlich entscheidende Frage, ob ein nicht hinreichend vom Wettbewerb kontrollierter Handlungsspielraum durch einen Zusammenschluss entsteht, hat das BKartA schon immer grenzüberschreitende Wirkungen einschließlich des jetzt vom Gesetz ausdrücklich erwähnten potentiellen Wettbewerbs berücksichtigt.[253]

72 Ob **Marktbeherrschung** durch den Zusammenschluß begründet oder verstärkt wird, ist im Lichte der Schutzfunktion des § 36 zu entscheiden. Das bedeutet, dass es bei den **marktbezogenen Kriterien** der Marktbeherrschung und bei der Abwägungsklausel nach der neueren Rechtsprechung und dem klarstellenden Wort des Gesetzgebers in der 7. GWB-Novelle nicht mehr, wie früher angenommen wurde,[254] allein auf den Inlandsmarkt ankommen kann, weil dieser sonst weiter „relevant" wäre. Maßgeblich sind jetzt die Kriterien, die sich bei der Betrachtung des gesamten Marktes ergeben auch dann, wenn dieser größer als der Geltungsbereich des GWB ist.[255] Bei den **unternehmensbezogenen Kriterien** der Marktbeherrschung bei der materiellen Fusionskontrolle wurde früher schon, ebenso wie bei den diese Kontrolle einschränkenden Größenkriterien des § 35 Abs. 2, zu Recht grundsätzlich auf das gesamte Unternehmen unter Berücksichtigung seiner in- und ausländischen Aktivitäten abzustellen. Dies folgt aus der für die materielle Fusionskontrolle maßgeblichen Ressourcenbetrachtung. Das bedeutet, dass bei der Beurteilung der Finanzkraft i. S. von § 19 Abs. 2 Nr. 2 ebenso wie bei § 35 Abs. 2 in- und ausländische Umsätze zu berücksichtigen sind, es sei denn, sie könnten ausnahmsweise und aus besonderen Gründen

---

[251] Merkblatt zur deutschen Fusionskontrolle, neu gefaßt im Juli 2005, unter IV. 3. http://www.bundeskartellamt.de/w/Deutsch/download/pdf/Merkblatter/Merkblaetterdeutsch/050715Merkblatt zur Deutschen Fusionskontrolle d.pdf.
[252] Ausführlich schon TB 1985/1986, 16 f.; vgl. auch Monopolkommission Hauptgutachten 1978/79 Tz. 594, 601, 620 f.
[253] Vgl. BGH v. 24. 10. 1995, WuW/E BGH 3026 – *Backofenmarkt;* Monopolkommission Hauptgutachten 1978/1979 Tz. 598, 605 ff.; Hauptgutachten 1980/1981 Tz. 594; BReg Stellungnahme zum TB 1969 S. 2 f.
[254] Unstr., vgl. BGH v. 21. 2. 1978, WuW/E BGH 1501 – *Kfz-Kupplungen.*
[255] Ebenso *Rehbinder* in: Immenga/Mestmäcker Rn. 272; *Stadler* in: Langen/Bunte Rn. 191.

an der Entstehung oder Verstärkung einer beherrschenden Stellung auf dem relevanten Markt nicht mitwirken. Ebenso sind bei dem Kriterium des Zugangs zu den Beschaffungs- und Absatzmärkten alle inländischen und ausländischen Märkte in die Betrachtung einzubeziehen, soweit der Zugang auf dem relevanten Markt wirksam ist. So kann etwa der Zusammenschluß mit einem ausländischen Hersteller von Vormaterial als verbesserter Zugang zu einem Beschaffungsmarkt strukturverschlechternd im Sinne der materiellen Fusionskontrolle sein.[256] Ebenso kann ein Zusammenschluss mit ausländischen Abnehmern den Zugang zu Absatzmärkten verbessern und für inländische Wettbewerber zugleich verschlechtern. Auch bei der Verflechtung mit anderen Unternehmen kommt es nicht darauf an, ob es sich bei diesen um in- oder ausländische Firmen handelt, sondern darauf, ob für die Unternehmen auf dem relevanten Markt ein wettbewerblich nicht hinreichend kontrollierter Verhaltensspielraum entsteht. Die Staatsangehörigkeit der am Zusammenschluss beteiligten Unternehmen ist ebenso ohne Bedeutung wie der Umstand, ob die Fusion im In- oder Ausland vollzogen wird.[257] Bei der **Bagatellmarktklausel** des § 35 Abs. 2 Satz 1 Nr. 2, die die Kontrolle für das Inland von vornherein bedeutungsloser Fusionen ausschließen soll, ist nach dem Sinn und Zweck dieser Sachnorm, anders als bei den anderen marktbezogenen Kriterien, weiter nur auf die Inlandsumsätze abzustellen.[258]

Bei den **Vermutungstatbeständen** des § 19 Abs. 3 wurde, soweit diese sich auf Marktanteile beziehen, bislang von der h. M. auf das Inland abzustellen.[259] Diese konnte sich auf die allgemeinen, für den relevanten räumlichen Markt geltenden Überlegungen stützen, wurde aber auch von der Mehrheit der für eine weitere Marktabgrenzung eintretenden Lehrmeinungen hier mit der Begründung angenommen, die Funktion der Vermutungen erfordere Kriterien, die an ohne weiteres verfügbaren Daten zu messen sind. Nach der gesetzgeberischen Klarstellung in § 19 Abs. 2 Satz 3 und der neueren Rechtsprechung ist auch bei den Vermutungstatbeständen auf den gesamten, einheitlich zu bestimmenden, relevanten Markt abzustellen.[260]

Umstritten ist, ob beim Vorliegen der Untersagungsvoraussetzungen bei Auslandszusammenschlüssen die Möglichkeit oder die Verpflichtung besteht, nur den Teil des Zusammenschlusses zu untersagen, der sich im Inland auswirkte. Während **Teiluntersagungen** bei Inlandszusammenschlüssen von der ganz überwiegenden Meinung abgelehnt werden, hat sich das KG[261] und ein erheblicher Teil des Schrifttums mit im Einzelnen unterschiedlicher Begründung bei Auslandszusammenschlüssen für diese Möglichkeit ausgesprochen. Nach einem Teil des Schrifttums soll eine Teiluntersagung dann geboten sein, wenn der Zusammenschluß teilbar ist, eine Untersagung des gesamten Zusammenschlusses aber zulässig bleiben, wenn es an der Teilbarkeit fehlte.[262] Nach einer weitergehenden Auffassung soll bei Unteilbarkeit des Zusammenschlusses eine Untersagung insgesamt unzulässig sein.[263]

Das BKartA lehnt Teiluntersagungen ab und behält die notwendige Einschränkung auf den Schutz der wettbewerbsrelevanten Marktstruktur dem Entflechtungsverfahren vor.[264]

---

[256] TB 1979/1980 S. 73 f, 131 ff.
[257] BKartA v. 23. 9. 1980, WuW/E 1873 – *Bayer France – Firestone France*; BKartA v. 24. 2. 1982, WuW/E 1943 – *Morris/Rothmans*; a. A. Rehbinder in: Immenga/Mestmäcker Rn. 191.
[258] BGH v. 25. 9. 2007, – *Sulzer/Kelmix*, noch nicht veröffentlicht; in diesem Sinne schon oben *Bauer*, § 35 Rn. 16 f. und *Rehbinder* in: Immenga/Mestmäcker Rn. 261 m. w. N.
[259] A. A. schon früher *Harms* in GK § 24 Rn. 224.
[260] Ebenso *Rehbinder* in: Immenga/Mestmäcker Rn. 272; *Stadler* in: Langen/Bunte Rn. 191.
[261] KG v. 1. 7. 1983, KG WuW/E OLG 3051, 3063 – *Morris/Rothmans*; KG v. 22. 3. 1990, WuW/E OLG 4537, 4538 f. – *Linde-Lansing*.
[262] *Rehbinder* in: Immenga/Mestmäcker Rn. 276 ff., 278 m. w. N.
[263] *Kersten* WuW 1979 S. 723 ff; FK § 24 Rn. 69 ff., 164.
[264] BKartA v. 24. 2. 1982 WuW/E BKartA 1943, 1955 – *Morris/Rothmans*; BKartA v. 9. 7. 1985 WuW/E BKartA 2204, 2210 ff. – *Philip/Morris*; BKartA v. 15. 4. 1993 WuW/E BKartA 2521 – *Zahnradfabrik Friedrichshafen/Allison*; TB 1979/1980, 71 – *Pilkington/BSN – Gervais – Danone*.

Dem ist zuzustimmen. Gegen die Möglichkeit einer Teiluntersagung spricht neben dem Wortlaut des § 36 Abs. 1 vor allem, dass sie auf die vom Gesetzgeber sicher nicht gewollte Abschaffung der präventiven Fusionskontrolle bei Zusammenschlüssen ausländischer Unternehmen hinausliefe. Eine Verletzung des verfassungsrechtlichen Übermaßverbots oder völkerrechtlicher Grundsätze ist auch bei einer den gesamten Zusammenschluss erfassenden Untersagung nicht gegeben, sofern sich die in Aussicht genommenen Entflechtungsmaßnahmen auf die zur Beseitigung der den relevanten Markt betreffenden Auswirkungen beschränken. Sind in einem Fall mit Auslandsbezug mehrere Zusammenschlusstatbestände erfüllt und genügt eine Untersagung der inlandsrelevanten Zusammenschlüsse, so ergeben sich keine Probleme; die Untersagung ist auf diese Zusammenschlüsse zu beschränken.

76 Wird das Vorhaben eines Auslandszusammenschlusses angemeldet und dabei glaubhaft dargelegt, dass die Unternehmen aufgrund der für den Zusammenschluss geltenden ausländischen Rechtsvorschriften oder aufgrund sonstiger Umstände daran gehindert sind, vor dem Vollzug des Zusammenschlusses alle erforderlichen Angaben zu beschaffen, so macht das BKartA die Freigabe des Zusammenschlusses nicht von der Vollständigkeit der eingereichten Anmeldung abhängig, sofern sich bereits aus den vorgelegten bzw. vorliegenden Unterlagen ergibt, dass eine Untersagung des Zusammenschlussvorhabens erkennbar nicht in Betracht kommt. Das ändert jedoch nichts daran, dass auch in diesem Fall bei Vollzug des Zusammenschlussvorhabens gemäß § 39 Abs. 6 eine **vollständige Anzeige** zu erstatten ist.[265] § 39 Abs. 3 Satz 4 bleibt unberührt.

77 **(4) Entflechtungsverfahren.** Im **Entflechtungsverfahren** ist, anders als im Untersagungsverfahren, eine Begrenzung auf die im relevanten Markt entstehenden Wirkungen geboten.[266] Diese Begrenzung ergibt sich nicht aus völker- oder kollisionsrechtlichen Gründen, sondern schon aus dem Zweck der Fusionskontrolle, der sich auf den Schutz wettbewerblicher Strukturen auf diesem Markt beschränkt. Für die Entflechtung von Auslandszusammenschlüssen gilt § 41 Abs. 3. Wird die Entflechtungsanordnung nicht befolgt, dann stehen dem BKartA die Maßnahmen des § 41 Abs. 4 und die Instrumente der Verwaltungsvollstreckung zur Verfügung. Zu beachten hat das BKartA dabei, dass es hoheitliche Maßnahmen nur mit Wirkung für den Anwendungsbereich des GWB anordnen darf[267] und auch bei Auslandszusammenschlüssen Maßnahmen, die auf eine laufende Verhaltenskontrolle hinausliefen, unzulässig wären.

78 **(5) Ministererlaubnis.** Eine allgemeine, völkerrechtlich begründete Pflicht zur Interessenabwägung kommt auch bei der **Ministererlaubnis** nicht in Betracht.[268] Zu berücksichtigen ist im Rahmen des § 42 Abs. 1 Satz 2 die Wettbewerbsfähigkeit der beteiligten deutschen Unternehmen auf ausländischen Märkten. Abzustellen ist dabei auf die Steigerung der Wettbewerbsfähigkeit der beteiligten deutschen Unternehmen und nicht auf die Gesamtwirtschaft.[269] Bei der Prüfung, ob der Zusammenschluß eine solche Steigerung der Wettbewerbsfähigkeit herbeiführt, hat der Bundesminister für Wirtschaft und Technologie zu ermitteln, ob sich diese auch auf den nach dem Gesetz relevanten Märkten auswirken, da grundsätzlich nur solche Umstände die Anwendbarkeit des Gesetzes beeinflussen können. Das bei der Erteilung der Ministererlaubnis zu beachtende „überragende Interesse der Allgemeinheit" ist das Interesse der deutschen Allgemeinheit, in dem es allerdings auch liegen kann, ausländische Interessen zu berücksichtigen.[270]

---

[265] Merkblatt zur deutschen Fusionskontrolle, neu gefasst im Juli 2005, unter IV. 3; s. Fn. 58.
[266] BKartA v. 24. 2. 1982, WuW/E BKartA 1943, 1944, 1955 – *Morris/Rothmans*.
[267] BKartA v. 24. 2. 1982, WuW/E BKartA 1943, 1944 – *Morris/Rothmans*.
[268] Vgl. Rn. 9 f.
[269] Monopolkommission Sondergutachten 3 – *Kaiser/VAW,* Tz. 100; a. A. FK § 24 Rn. 110.
[270] BVerfG v. 30. 4. 1963, BVerfGE 16, 27, 33 f; 61 f; ebenso *Kevekordes* S. 187 ff. und *Rehbinder* in: Immenga/Mestmäcker Rn. 328 m. w. N.

3. Internationales Kartellverfahrensrecht

a) Allgemeines

Die Durchführung eines Kartellverfahrens im Geltungsbereich des GWB setzt, unabhängig davon, ob es sich um ein Verwaltungs-, Ordnungswidrigkeiten- oder Zivilverfahren handelt, deutsche Jurisdiktion und deutsche Zuständigkeit voraus. Die generelle Jurisdiktion der Kartellbehörden und -gerichte wird bei Kartellverfahren auch in Auslandsfällen nur ausnahmsweise zweifelhaft sein. Das gilt auch dann, wenn ein anderer Staat an einer Wettbewerbsbeschränkung mit Inlandswirkungen beteiligt ist. Ein Ausschluss deutscher behördlicher oder gerichtlicher Jurisdiktion kommt unter dem Aspekt der Staatenimmunität in solchen Fällen nur in Betracht, wenn die Beteiligung des fremden Staates hoheitlicher Natur ist. Solange der fremde Staat wie ein Privater handelt oder soweit er Wettbewerbsbeschränkungen Privater nur anregt oder duldet ist, ist deutsche Jurisdiktion gegeben.[271]

b) Internationale Zuständigkeit

aa) Verwaltungsverfahren. Internationale Zuständigkeit in Kartellverwaltungssachen bedeutet die Befugnis deutscher Behörden und Gerichte, in Fällen mit Auslandsbezug ihre Jurisdiktion auszuüben. Diese folgt nach ganz h. M. dem Prinzip der Sachrechtsanknüpfung, d. h. sie ist dann gegeben, wenn zu prüfen ist, ob materielles deutsches Kartellrecht anwendbar ist.[272] Die Anwendbarkeit materiellen deutschen Kartellrechts braucht nicht sicher, sondern nur aufgrund eines plausiblen Anfangsverdachts möglich sein.[273] Eine Einschränkung dieses „Gleichlaufs zwischen internationaler Zuständigkeit in Kartellverwaltungssachen und der Anwendbarkeit materiellen Kartellrechts" ist unter keinem rechtlichen Gesichtspunkt geboten,[274] kann sich aber im Einzelfall aus Ermessenserwägungen ergeben.[275]

bb) Ordnungswidrigkeitenverfahren. Das zur internationalen Zuständigkeit in Kartellverwaltungssachen Gesagte gilt grundsätzlich auch für Kartellordnungswidrigkeitenverfahren. Wie dort besteht auch in Ordnungswidrigkeitenverfahren kein Anlass zu einer generellen Einschränkung der Zuständigkeit. Während im Verwaltungsverfahren aber unter Fairness- und Zumutbarkeitsaspekten eher selten einschränkend vom Eingreifermessen im Einzelfall Gebrauch zu machen ist, können bei Ordnungswidrigkeitenverfahren häufiger Einzelfallkorrekturen geboten sein.[276] Das gilt namentlich für ausländische Beteiligte und Nebenbetroffene und entspricht der Praxis des BKartA.

cc) Zivilverfahren. Für das Zivilverfahren gilt, anders als für das Verwaltungs- und Ordnungswidrigkeitenverfahren, nicht das Prinzip der Sachrechtsanknüpfung, sondern das der Anknüpfung an die innerstaatliche örtliche Zuständigkeit. Dieser allgemein für das Zivilverfahren geltende Grundsatz[277] ist unstr. auch im Kartellzivilprozess anzuwenden. Der Ausschluß eines nach deutschem Zivilprozessrecht gegebenen Gerichtsstandes und damit

---

[271] Vgl. Europäisches Abkommen über die Staatenimmunität Art. 4 ff. (BGBl. 1990 II, S. 34); BVerfG v. 30. 4. 1963, BVerfGE 16, 27, 33 f., 61 f.; BVerfGE v. 13. 12. 1977, 46, 342; OLG Karlsruhe v. 14. 11. 1979, WuW/E OLG 2215 – *Nuklearpharmaka*.
[272] Vgl. BKartA v. 15. 7. 1963, WuW/E BKartA 704, 707 – *Verwertungsgesellschaften*; Rehbinder in: Immenga/Mestmäcker Rn. 347 ff. m. w. N.; a. A. *Schwartz*, S. 158 ff.
[273] KG v. 18. 6. 1971, WuW/E 1189 – *Import – Schallplatten*; KG v. 14. 5. 1975, WuW/E 1467 – *BP.*
[274] *Rehbinder* in: Immenga/Mestmäcker Rn. 349 m. w. N.
[275] *Rehbinder* S. 345 f. und in: Immenga/Mestmäcker Rn. 349 m. w. N.; *Stockmann* WuW 1973, 428 f; *Stadler* in: Langen/Bunte Rn. 201.
[276] *Rehbinder* in: Immenga/Mestmäcker Rn. 349.
[277] Vgl. u. a. BGH v. 30. 10. 1974, BGHZ 63, 219.

eine Einschränkung der daraus folgenden internationalen Zuständigkeit deutscher Gerichte in Kartellzivilsachen ist unzulässig. Letztlich entscheidend hierfür ist, dass es sich bei § 130 Abs. 2 um eine zwingende, nicht zur Disposition der Parteien stehende Kollisionsnorm handelt,[278] die durch Derogation inländischer Gerichtsstände zu umgehen wäre. Gegen die Vereinbarung eines Gerichtsstandes im Geltungsbereich des GWB und damit der Begründung der internationalen Zuständigkeit eines deutschen Gerichts bestehen dagegen keine Bedenken.[279] Auch gegen die Vereinbarung einer schiedsgerichtlichen Streitentscheidung bestehen nach der Streichung des § 91 a. F. durch die 6. GWB-Novelle keine rechtlichen Bedenken.[280]

83   Die internationale Zuständigkeit deutscher Gerichte für Klagen aus wettbewerbsbeschränkenden Verträgen gegen Ausländer kann sich aus dem Gerichtsstand der **Niederlassung** ergeben, § 21 ZPO.[281] Eine Niederlassung eines ausländischen Unternehmens i. S. von § 21 ZPO liegt bei deren rechtlicher Selbständigkeit auch dann vor, wenn das Mutterunternehmen diese Selbständigkeit nicht respektiert und die inländische Tochter deshalb nur als verlängerter Arm der Muttergesellschaft erscheint. Weitere Voraussetzung des Gerichtsstandes der Niederlassung und damit der deutschen internationalen Zuständigkeit ist, dass sich der wettbewerbsbeschränkende Vertrag, auf den sich die Klage stützt, zum Geschäftsbetrieb der Niederlassung gehört.

84   Die internationale Zuständigkeit nach dem Gerichtsstand des **Erfüllungsortes** i. S. von § 29 ZPO ist dann gegeben, wenn der wettbewerbsbeschränkende Vertrag nach deutschem Recht im Geltungsbereich des GWB zu erfüllen ist.[282] Regelmäßig wird dies nur dann der Fall sein, wenn entweder auf Erfüllung eines nach deutschem Recht legalisierten Vertrages oder aber auf die Feststellung der Unwirksamkeit eines nicht legalisierten, gegen das GWB verstoßenden Vertrages geklagt wird, da von § 29 ZPO abweichende Vereinbarungen unzulässig sind und ansonsten der Sitz des Anspruchsgegners entscheidet.

85   Eine weitere Grundlage für die internationale Zuständigkeit deutscher Gericht in Kartellzivilsachen ergibt sich aus den Gerichtsständen der **unerlaubten Handlung**, §§ 21 und 32 ZPO.[283] Der Sonderfall des § 21 ZPO setzt voraus, dass das Kartelldelikt von der inländischen Niederlassung eines ausländischen Unternehmen durchgeführt wird oder ihr zugute kommt. Der allgemeine Gerichtsstand der unerlaubten Handlung, § 32 ZPO, ist dann gegeben, wenn die Handlung im Inland begangen wird. Das ist der Fall, wenn dort zur Erfüllung des Deliktstatbestandes gehandelt worden oder der tatbestandsmäßige Erfolg eingetreten ist. Als Inlandshandlungen sind alle Tätigkeiten anzusehen, die sich unmittelbar auf einen Inlandsmarkt beziehen. Das ist z. B. der Fall, wenn ein ausländisches Unternehmen ein in- oder ausländisches Unternehmen zum Boykott eines inländischen Wettbewerbers auffordert oder ein inländisches Unternehmen diskriminiert.[284]

86   Auch der Gerichtsstand des **Vermögens,** § 23 ZPO, begründet die internationale Zuständigkeit deutscher Gerichte in Kartellzivilsachen.[285] Voraussetzung ist, dass das beklagte Unternehmen im Inland nicht völlig bedeutungslose Vermögensgegenstände besitzt.

87   Das **Europäische Übereinkommen über die gerichtliche Zuständigkeit und die Vollstreckung von gerichtlichen Entscheidungen in Zivil- und Handels-**

---

[278] Vgl. Rn. 40.
[279] OLG Karlsruhe v. 14. 11. 1979, WuW/E OLG 2215 – *Nuklearpharmaka; Rehbinder* in: Immenga/Mestmäcker Rn. 341.
[280] Vgl. *Rehbinder* in: Immenga/Mestmäcker Rn. 343 ff. m. w. N.
[281] Vgl. hierzu *Rehbinder* in: Immenga/Mestmäcker Rn. 331 m. w. N.
[282] Vgl. hierzu *Rehbinder* in: Immenga/Mestmäcker Rn. 332 m. w. N.
[283] Vgl. hierzu *Rehbinder* in: Immenga/Mestmäcker Rn. 333 ff. m. w. N.
[284] Vgl. BGH v. 23. 10. 1987, WuW/E 1643 – *BMW – Importe;* OLG Stuttgart v. 1. 10. 1978, WuW/E 2018.
[285] *Rehbinder* in: Immenga/Mestmäcker Rn. 336 m. w. N.

sachen,[286] in Kraft seit dem 1. 2. 1973, gilt mittlerweile im Verhältnis der meisten EG-Mitgliedstaaten und ersetzt insoweit die nationalen Zuständigkeitsregelungen, einschließlich die der ZPO.[287] Kartellzivilstreitigkeiten sind Rechtsstreitigkeiten i. S. dieses Abkommens. Abgesehen davon, dass der Gerichtsstand des Vermögens ausgeschlossen ist, entsprechen die Regeln weitgehend dem Recht der ZPO, sehen also auch den Gerichtsstand der Niederlassung, des Erfüllungsortes und der unerlaubten Handlung vor und führen damit zu sehr weitgehend übereinstimmenden Zuständigkeiten deutscher Kartellgerichte. Unter den Vertragsstaaten erlaubt Art. 17 des Übereinkommens die Vereinbarung der internationalen Zuständigkeit eines ausländischen Gerichts, doch gilt für den Fall der Derogation, abgesehen von den Fällen ausschließlicher Zuständigkeit, Art. 17 Abs. 1 und Art. 18 Satz 2 des Übereinkommens, das Recht des angerufenen Gerichts.

c) **Verfahren**

aa) **Verwaltungsverfahren.** Im Verwaltungsverfahren bedarf gemäß § 61 nur ein Teil der kartellbehördlichen Maßnahmen der förmlichen **Zustellung** nach dem VwZustG. Insbesondere können rechtliches Gehör und Abmahnungen, soweit kein inländischer Vertreter oder Bevollmächtigter des ausländischen Unternehmens oder sonst Beteiligten bestellt worden ist, diesen auch direkt schriftlich gewährt und zur Kenntnis gebracht werden. Bei der Gewährung rechtlichen Gehörs kann bei einer ausländischen Beteiligten auch deren Tochtergesellschaft bei entsprechender Bereitschaft als Adressat in Betracht kommen.[288] Soweit es um Entscheidungen geht, die förmlich zuzustellen sind, ist dem inländischen Zustellungsbevollmächtigten des ausländischen Beteiligten zuzustellen, § 8 VwZustG. Fehlt es an einem solchen, so ist eine Zwangsbestellung zulässig. Im übrigen bleiben, da eine direkte Zustellung als Hoheitsakt auf fremdem Territorium völkerrechtlich unzulässig wäre, nur die **Zustellung im Ausland** im Wege der Rechtshilfe und die **öffentliche Zustellung**. Ob in Ausnahmefällen und beim Vorliegen besonderer Umstände einer inländischen Tochtergesellschaft mit Wirkung für die Muttergesellschaft zugestellt werden darf, ist sehr zweifelhaft und im Hinblick auf die streng formale Ausgestaltung des deutschen Zustellungsrechts wohl zu verneinen.[289] Gemäß § 61 Abs. 1 Satz 3, der insofern die §§ 14 und 15 VwZustG verdrängt, braucht vor der öffentlichen Zustellung durch Bekanntmachung im Bundesanzeiger nicht mehr die Durchführbarkeit einer Zustellung im Wege der Rechtshilfe erwogen werden. Rechtshilfeverfahren in Kartellsachen sind erfahrungsgemäß zeitraubend und selten erfolgreich. Größere Bedeutung könnte das in der Bundesrepublik seit dem 1. 1. 1983 geltende Europäische Übereinkommen vom 24. 11. 1977 über die Zustellung von Schriftstücken in Verwaltungssachen im Ausland gewinnen, hat in Kartellverwaltungssachen aber praktisch noch keine Rolle gespielt.[290] Für Fusionskontrollverfahren nach den §§ 35 ff. gilt weiter die in § 61 Abs. 1 Satz 3 allerdings durch die 6. GWB-Novelle verallgemeinerte besondere Regelung des § 39 Abs. 3 Nr. 6, nach

---

[286] BGBl. 1972 II S. 774. S hierzu auch das Anerkennungs- und Vollstreckungsausführungsgesetz v. 19. 2. 2001, BGBl. I S. 288, Ber. BGBl. I S. 436, zuletzt geändert durch Art. 1 des Gesetzes zur Änderung des Anerkennungs- und Vollstreckungsausführungsgesetzes v. 30. 1. 2002, BGBl. I S. 564. Vgl. ferner das Protokoll betreffend die Auslegung des Übereinkommens v. 27. 9. 1968 über die gerichtliche Zuständigkeit und die Vollstreckung von gerichtlichen Entscheidungen in Zivil- und Handelssachen durch den Gerichtshof v. 3.6 1971, BGBl. II S. 846, sowie die Verordnung (EG) Nr. 44/2001 des Rates über die gerichtliche Zuständigkeit und die Anerkennung und Vollstreckung von gerichtlichen Entscheidungen in Zivil- und Handelssachen v. 22. 12. 2000, ABl. Nr. L 12/1 v. 16. 1. 2001.
[287] Vgl. *Rehbinder* in: Immenga/Mestmäcker Rn. 347 ff. m. w. N.
[288] KG v. 26. 11. 1980, WuW/E OLG 2417 – *Synthetischer Kautschuk I*.
[289] Großzügiger *Rehbinder* in: Immenga/Mestmäcker Rn. 367.
[290] BGBl. 1981 II S. 533; vgl. auch Denkschrift BT-Drucks. 8/3922 S. 29 ff.

denen ausländische Unternehmen einen inländischen Zustellungsbevollmächtigten zu benennen haben.

89 Die Grenzen der kartellbehördlichen **Ermittlungsbefugnisse,** der Auskunfts- und Vorlageverpflichtungen Beteiligter und Dritter in Fällen mit Auslandsbezug waren bis zur 7. GWB-Novelle und der durch die Verordnung (EG) 1/2003 bedingten, damit verbundenen Einführung eines „Netzwerks" der europäischen Kartellbehörden und dessen Regelung in den §§ 50 ff. nur zum Teil geklärt und in vielen Punkten streitig.[291] Eine umfangreichere behördliche und gerichtliche Entscheidungspraxis fehlte, was vor allem daran lag, dass die Kartellbehörden in solchen Fällen regelmäßig mit großer Behutsamkeit vorgegangen sind. Hinsichtlich der Neureglungen fehlt es, obwohl die ersten Anzeichnen für eine positive Entwicklung sprechen, noch an einer solchen Praxis. Eine Änderung der bisherigen Verwaltungspraxis, die im übrigen der OECD – Empfehlung über die Kooperation von OECD-Mitgliedstaaten in Kartellsachen entspricht, maßvoll und unter Rücksichtnahme auf die Interessen anderer Staaten vorzugehen, zeichnet sich nicht ab. Im Übrigen sind Ermittlungen hoheitlicher Natur im Ausland nur im Wege der Rechtshilfe völkerrechtlich zulässig. Auch „nicht hoheitliche" Ermittlungen im Ausland werden von der ganz h. M. generell für unzulässig gehalten.[292]

90 Unbeschadet der weitergehenden Regelungen zum „Netzwerk" der europäischen Kartellbehörden in den §§ 50 ff stehen den Kartellbehörden außerhalb des Anwendungsbereichs dieser neuen Bestimmungen die Rechte aus § 59 Abs. 1 Nr. 2 auch gegenüber Ausländern immer dann zu, wenn ihre internationale Zuständigkeit begründet ist, wobei allerdings, soweit es um Vorlagen geht, diese nur im Inland verlangt werden können.[293] Zu den geschäftlichen Verhältnissen können auch solche gehören, die sich auf das Ausland beziehen.[294] Ob und inwieweit den Kartellbehörden die Rechte aus § 57 bei internationalen Konzernen zustehen, bei denen entweder die Muttergesellschaft oder die Tochtergesellschaft nicht ihren Sitz im Inland hat, war bis zur Novellierung des § 59 Abs. 1 Nr. 1 und 2 streitig. Nach einer verbreiteten Meinung waren **Konzernunternehmen** grundsätzlich als dritte Unternehmen anzusehen, so dass insbesondere nicht über ein inländisches Tochterunternehmen Auskünfte über die wirtschaftlichen Verhältnisse der ausländischen Mutter dieses Unternehmens verlangt werden könnten.[295] Etwas anderes sollte gelten, wenn es sich um Informationen und Unterlagen über die wirtschaftlichen Verhältnisse der Tochter selbst handelte, die dieser auch zustanden, unabhängig davon, ob sie sich im In- oder Ausland befanden.[296] Die Gegenmeinung[297] verdiente schon vor der Novellierung des § 59 Abs. 1 Nr. 2[298] den Vorzug, und zwar nicht nur für den Fall, dass sich die inländische Tochter auf Weisung der ausländischen Muttergesellschaft an einem Kartellverstoß beteiligt hatte. Anders als bei dem streng formalen Recht der Zustellung folgen im Kartellverwaltungsverfahren die prozessualen Befugnisse zur Feststellung des entscheidungserheblichen Sachverhalts über die internationale Zuständigkeit dem materiellen Recht. Nach materiellem Recht aber werden Konzernunternehmen grundsätzlich mit der Folge als Einheit an-

---

[291] Vgl. zu den Neuregelungen die Anmerkungen zu den §§ 50 ff.
[292] Vgl. *Rehbinder* in: Immenga/Mestmäcker Rn. 387 ff. m. w. N.; A. A. *Stockmann* WuW 1975 S. 243 ff.
[293] KG vom 14. 5. 1974, WuW/E OLG 1467, 1469 – *BP*; *Rehbinder* in: Immenga/Mestmäcker Rn. 374 m. w. N.
[294] KG v. 18. 6. 1971, WuW/E OLG 1189 – *Importschallplatten*; *Rehbinder* in: Immenga/Mestmäcker Rn. 375 m. w. N.
[295] KG v. 30. 11. 1977, WuW/E OLG 1961 – *Flugunion*; KG v. 13. 11. 1981, WuW/E OLG 2607 – *Raffinerie – Abnahmepreise*; KG v. 28. 2. 1986, WuW/E OLG 3734 – *Französische Muttergesellschaft*, *Rehbinder* in: Immenga/Mestmäcker Rn. 377 m. w. N.
[296] *Rehbinder*, S. 388 Fn. 47 und in: Immenga/Mestmäcker Rn. 290.
[297] Vgl. KG v. 14. 5. 1974, WuW/E OLG 1467,1469 – *BP*.
[298] Vgl. hierzu oben § 59 Rn. 1 ff. und *Rehbinder* in: Immenga/Mestmäcker Rn. 378 m. w. N.

gesehen, dass auf konzerninterne Vorgänge weder das Kartellverbot, noch die Vorschriften der Fusionskontrolle Anwendung finden. Konsequenterweise sollten Konzernunternehmen deshalb auch unter dem Aspekt kartellbehördlicher Ermittlungsbefugnisse als Einheit angesehen werden.

Für eine Einschränkung der den Kartellbehörden nach diesen Grundsätzen zustehenden 91 Auskunfts- und Vorlagerechte besteht unter völkerrechtlichen Aspekten kein Anlass,[299] sieht man von den allenfalls in seltenen Fällen eingreifenden völkerrechtlichen Verboten des Rechtsmissbrauchs und der Einmischung ab. Das schließt nicht aus, dass die Kartellbehörden im Rahmen ihres Ermessens zur Vermeidung unzumutbarer Härten und unter anderen Zumutbarkeitsaspekten, insbesondere wenn der Betroffene sich zur Erfüllung seiner Auskunftspflichten über ausländische Verbotsgesetze hinwegsetzen müsste, andere Wege zur Beschaffung der notwendigen Informationen suchen. Vorauszusetzen ist allerdings auch in diesen Fällen, dass der Betroffene sich ernsthaft, soweit dies nach der Rechtslage in dem betreffenden Ausland möglich ist, um eine Befreiung von dem Verbot bemüht. Nach einer strengeren Auffassung sind Auskunfts- und Vorlageverlangen, die sich an am Verfahren nicht beteiligte Ausländer richten, nur zulässig, soweit diese eine nähere Inlandbeziehung haben.[300]

Die **Vollstreckung** kartellbehördlicher Entscheidungen in Verwaltungssachen richtet 92 sich nach den allgemeinen Regeln. Vollstreckungshandlungen sind im Ausland nach Völkerrecht unzulässig und können daher nur im Inland vorgenommen werden. Mit einer Anerkennung kartellbehördlicher Entscheidungen durch den betreffenden ausländischen Staat, der ihnen Wirksamkeit im Ausland verschaffen würde, ist nicht zu rechnen. Anzuwenden ist das VwVG, das, soweit es um die Vollstreckung von Geldforderungen, z. B. aus Kostenentscheidungen geht, auf Vorschriften der Abgabenordnung verweist, § 5 Abs. 1 VwVG. Im übrigen kommt insbesondere die Festsetzung von Zwangsgeldern zur Erzwingung von Handlungen, Duldungen und Unterlassungen in Betracht, § 6 ff. VwVG. Vollstreckungsbehörde ist bei Entscheidungen des BKartA das Amt selbst und bei Entscheidungen der LKartB die jeweilige Landeskartellbehörde.

bb) Ordnungswidrigkeitenverfahren. Wie im Verwaltungsverfahren bedarf auch im 93 Ordnungswidrigkeitenverfahren nur ein Teil der kartellbehördlichen Maßnahmen der förmlichen **Zustellung** nach dem VwZustG, so etwa die Bekanntmachung nach § 50 OWiG. Soweit eine ausländische Nebenbetroffene eine inländische Zweigniederlassung hat, können nach h. M. Zustellungen bei dieser mit Wirkung für die Mutter ausgeführt werden. Die h. M. ist im Hinblick auf die streng formale Ausgestaltung des Zustellungsrechts auch im Ordnungswidrigkeitenverfahren abzulehnen. Fehlt es an einem inländischen Stützpunkt der ausländischen Betroffenen oder Nebenbetroffenen, gegen die ein Ordnungswidrigkeitenverfahren durchgeführt wird, so kann, da die Zustellung im Ausland als Hoheitsakt auf fremdem Territorium völkerrechtlich unzulässig wäre und die analoge Anwendung des § 61 Abs. 1 Satz 3 ausscheidet, nur im Wege der Rechtshilfe oder öffentlich zugestellt werden. Bedeutung erlangen könnte in diesem Zusammenhang das seit dem 1. 1. 1983 geltende Europäische Übereinkommen vom 24. 11. 1977 über die Zustellung von Schriftstücken in Verwaltungssachen im Ausland.[301] Das Übereinkommen findet zwar nach Art. 1 II Satz 1 unmittelbar keine Anwendung auf Ordnungswidrigkeitenverfahren, doch hat die Bundesrepublik die nach Art. 1 II Satz 2 und 3 mögliche Erklärung der Erstreckung auf solche Verfahren (ausgenommen Steuerordnungswidrigkeiten) unter dem Vorbehalt der Gegenseitigkeit abgegeben.[302] Entsprechende Erklärungen haben Italien, Luxemburg und Österreich abgegeben, so dass Zustellungsersuchen in Kartellordnungswidrigkeitenverfah-

---

[299] Vgl. *Rehbinder* in: Immenga/Mestmäcker Rn. 379 f.
[300] *Rehbinder* in: Immenga/Mestmäcker Rn. 385.
[301] BGBl. 1981 II S. 533; 1982 II S. 1057; 1983 II S. 55; 1984 11 S. 265; 1985 II S. 310.
[302] BGBl. 1982 II S. 1052.

ren an die von diesen Ländern bestimmten zentralen Behörden, Art. 21 des Übereinkommens, möglich sind. Eine öffentliche Zustellung kommt in Betracht, wenn die Zustellung im Wege der Rechtshilfe unausführbar ist oder keinen Erfolg verspricht, §§ 14 Abs. 1, 5 Abs. 1 lit. c) VwZustG. Nicht erfolgversprechend ist eine Zustellung im Wege der Rechtshilfe auch dann, wenn sie nur unter Überschreitung gesetzlicher Fristen durchführbar wäre.

94 Für **Ermittlungen im Ordnungswidrigkeitenverfahren** gilt grundsätzlich das zum Verwaltungsverfahren Gesagte.[303] Ob von der Bundesrepublik abgeschlossene bilaterale Rechtshilfeabkommen in Strafsachen auch generell bei Ordnungswidrigkeiten und speziell bei Kartellordnungswidrigkeiten anwendbar sind, hängt vom einzelnen Abkommen ab, wird aber meist nicht der Fall sein. Das Deutsch – Schweizerische Abkommen über die Rechtshilfe in Strafsachen wird von der Schweiz auch in behördlichen und gerichtlichen Ordnungswidrigkeitenverfahren angewandt, ist bislang von deutscher Seite im Kartellordnungswidrigkeitenverfahren aber noch nicht in Anspruch genommen worden. Das Europäische Übereinkommen über die Rechtshilfe in Strafsachen vom 20. 4. 1959[304] gilt nicht für Ordnungswidrigkeiten soweit nicht die Anwendbarkeit in Zusatzverträgen besonders vereinbart wurde. Zwischen den USA und Deutschland ist wiederholt Rechtshilfe in Ordnungswidrigkeitenverfahren bzw. Kartellstrafverfahren beantragt und gewährt worden.[305]

95 Zuständig für die **Vollstreckung von Bußgeldbescheiden** ist die den Bescheid erlassende Kartellbehörde, also entweder das BKartA oder die jeweilige LKartB, §§ 90 Abs. 1, 92 OWiG. Die Vollstreckung richtet sich nach dem VwVG. Vollstreckungsmaßnahmen im Ausland sind völkerrechtlich grundsätzlich unzulässig und mit einer Anerkennung durch das betreffende Ausland ist nicht zu rechnen. In Betracht kämen vor allem Vollstreckungsmaßnahmen in inländische Forderungen und andere Vermögenswerte ausländischer Betroffener und Nebenbetroffener, für die § 5 Abs. 1 VwVG auf die einschlägigen Bestimmungen der Abgabeordnung verweist. Praktisch haben diese Möglichkeiten bislang keine Rolle gespielt, da ausländische Betroffene und Nebenbetroffene rechtskräftig gewordene Bußgeldbescheide, vor allem wohl aus ihrem Interesse an der Erhaltung ihres Inlandsgeschäfts, freiwillig bezahlt haben.

96 **cc) Zivilverfahren.** Im Zivilverfahren erforderliche **Zustellungen** an ausländische Unternehmen können an inländische Zustellungsbevollmächtigte und auch an den Leiter einer inländischen Niederlassung des betroffenen ausländischen Unternehmens vorgenommen werden, wenn der Gerichtsstand und damit die internationale Zuständigkeit gegeben ist. Eine Zustellung an eine inländische Tochtergesellschaft des ausländischen Unternehmens reicht dagegen, wie im Verwaltungs- und Bußgeldverfahren, wegen der streng formalen Zustellungsregelungen grundsätzlich nicht aus. Anders als im Verwaltungs- und Bußgeldverfahren bestehen im Zivilverfahren für den Fall, dass eine Zustellung an inländische Adressaten nicht möglich ist, zahlreiche Möglichkeiten der Zustellung im Wege der Rechtshilfe. Von zentraler Bedeutung ist dabei das Haager Übereinkommen vom 15. 11. 1965 über die Zustellung gerichtlicher und außergerichtlicher Schriftstücke in Zivil- und Handelssachen (HZÜ).[306] In Zusatzabkommen zum HZÜ hat die Bundesrepublik mit den meisten Vertragsstaaten den unmittelbaren Verkehr über die jeweils zuständige zentrale Behörde vereinbart.[307] Zu den zivilrechtlichen Streitigkeiten i.S. von Art. 21 HZÜ zählen

---

[303] Vgl. Rn. 50 ff.
[304] BGBl. 1964 II S. 1369, 1386; 1976 II S. 1799.
[305] Vgl. TB 1997/98 S. 74, TB 1999/2000 S. 86 f., 2003/04 S. 78; *Rehbinder* in: Immenga/Mestmäcker Rn. 394.
[306] BGBl. 1977 II S. 1453, in der Bundesrepublik in Kraft seit dem 26. 6. 1979, BGBl. 1979 II S. 780; Ausführungsgesetz zum HZÜ. v. 22. 12. 1977, BGBl. 1977 I S. 3105.
[307] Denkschrift BT-Drucks. 7/4892, S. 41.

auch Kartellsachen. Neben dem HZÜ gelten weitere bilaterale Abkommen, aufgrund deren ebenfalls Rechtshilfe bei der Zustellung in Kartellzivilsachen gewährt werden kann.[308] Inwieweit die Zustellung in Kartellzivilsachen vom ersuchten Staat unter Berufung auf die Gefährdung seiner Hoheitsrechte verweigert werden kann, ist streitig.[309] Ist die Zustellung im Wege der Rechtshilfe nicht durchführbar, so kann auch in Kartellzivilsachen öffentlich zugestellt werden. Ob zur Gewährung rechtlichen Gehörs eine formlose Mitteilung ausreicht, ist wiederum streitig. Die h. M., die dies für zulässig hält,[310] verdient den Vorzug, da auch sie eine angemessene Berücksichtigung der Interessen der ausländischen Beteiligten gewährleistet. Urteile in Kartellzivilsachen können ausländischen Adressaten nach h. M. auch durch Aufgabe zur Post zugestellt werden.[311]

Soweit sich **Beweismaterial** im Inland befindet und dort Auskünfte zu erteilen sind, gelten die allgemeinen Regeln auch für ausländische Beteiligte. Zur Frage, inwieweit ausländische Beteiligte in bezug auf Beweismaterial aus der Sphäre mit ihnen verbundener inländischer Unternehmen in Anspruch genommen werden können, gilt das zum Kartellverwaltungsverfahren Gesagte. Förmliche Beweiserhebungen im Ausland, insbesondere die Vernehmung von Zeugen und die Vorlage im Ausland belegener Dokumente, ist nur im Wege der Rechtshilfe völkerrechtlich zulässig. Wie bei der Zustellung gibt es für das Kartellzivilverfahren auch bei Ermittlungen weiterreichendere vertragliche Grundlagen als beim Verwaltungs- oder Ordnungswidrigkeitenverfahren. Von besonderer Bedeutung ist dabei das Haager Übereinkommen vom 18. 3. 1970 über die Beweisaufnahme im Ausland in Zivil- und Handelssachen (HBÜ).[312] Dieses Übereinkommen gilt auch für Kartellzivilsachen. Da nach Art. 11 HBÜ Zeugnis- und Möglichkeiten der Vorlageverweigerung sowohl des ersuchenden wie des ersuchten Staates gültig bleiben, sind die sich aus den Abwehrgesetzen einiger Staaten, die auch zu den Signatarstaaten des HBÜ zählen, ergebenden Ermittlungsverbote beachtlich. Inwieweit die Rechtshilfe im Einzelfall vom ersuchten Staat unter Berufung auf eine Gefährdung seiner Hoheitsrechte verweigert werden kann, ist streitig.[313] Zwischen den EU-Mitgliedstaaten gilt die EG-Beweisverordnung 1206/2001.[314]

Auch bei der Anerkennung und **Vollstreckung** kartellzivilrechtlicher Entscheidungen bestehen weitergehende Möglichkeiten als im Verwaltungs- oder Ordnungswidrigkeitenverfahren. Von Bedeutung ist hier insbesondere das Europäische Übereinkommen über die gerichtliche Zuständigkeit und die Vollstreckung von gerichtlichen Entscheidungen in Zivil- und Handelssachen vom 27. 9. 1968.[315] Nach Art. 26 des Übereinkommens werden kartellzivilrechtliche Entscheidungen eines Vertragsstaates in einem anderen ohne besonderes Verfahren anerkannt. Inwieweit eine Anerkennung unter Berufung auf eine Gefährdung von Hoheitsrechten nach Art. 27 des Übereinkommens abgelehnt werden kann, ist wiederum ungeklärt. Neben dem Europäischen Übereinkommen bestehen noch eine Reihe bilateraler Verträge, die besondere Auslegungsfragen aufwerfen. Neben der vertraglichen Vollstreckungshilfe kommt auch eine Hilfe auf vertragsloser Grundlage in Betracht.

---

[308] Denkschrift BT-Drucks. 7/4892, S. 41.
[309] Vgl. *Rehbinder* in: Immenga/Mestmäcker Rn. 355 m. w. N.
[310] *Rehbinder*, S. 354 und in: Immenga/Mestmäcker Rn. 356 m. w. N.; a. A. *Schmitz*, S. 168 ff., 177 f.
[311] BGH v. 24. 9. 1986, BGHZ 98, 263; OLG München v. 30. 11. 1986, NJW 1987, 3086.
[312] BGBl. 1977 II S. 1472, in der Bundesrepublik in Kraft seit dem 26. 6. 1979, BGBl. II 1979 S. 780; Ausführungsgesetz v. 22. 12. 1977, BGBl. 1977 I S. 3105.
[313] Vgl. *Rehbinder* in: Immenga/Mestmäcker Rn. 360, 355 m. w. N.
[314] Die Ausführung ist in den §§ 1072 ff. ZPO geregelt. Vgl. auch *Rehbinder* in: Immenga/Mestäcker Rn. 358 m. w. N.
[315] BGBl. 1972 II S. 774, in Kraft seit dem 1. 2. 1973, BGBl. I S. 26, II S. 60.

Sechster Teil. Übergangs- und Schlussbestimmungen

§ 131 Übergangsbestimmungen

(1) ¹Freistellungen von Vereinbarungen und Beschlüssen nach § 4 Abs. 2 und § 9 Abs. 3 Satz 1 und 4 und Freistellungen von Mittelstandsempfehlungen nach § 22 Abs. 2 in der am 30. Juni 2005 geltenden Fassung werden am 31. Dezember 2007 unwirksam. ²Bis dahin sind § 11 Abs. 1, §§ 12 und 22 Abs. 6 in der am 30. Juni 2005 geltenden Fassung weiter anzuwenden.

(2) ¹Verfügungen der Kartellbehörde, durch die Vereinbarungen und Beschlüsse nach § 10 Abs. 1 in der am 30. Juni 2005 geltenden Fassung freigestellt sind, und Freistellungen von Lizenzverträgen nach § 17 Abs. 3 in der am 30. Juni 2005 geltenden Fassung werden am 31. Dezember 2007 unwirksam. ²Ist die Freistellungsverfügung der Kartellbehörde kürzer befristet, bleibt es dabei. ³Bis zum in Satz 1 genannten Zeitpunkt sind § 11 Abs. 1 und § 12 in der am 30. Juni 2005 geltenden Fassung weiter anzuwenden.

(3) Absatz 2 Satz 1 und 2 gilt entsprechend für Verfügungen der Kartellbehörde, durch die Wettbewerbsregeln nach § 26 Abs. 1 und 2 Satz 1 in der am 30. Juni geltenden Fassung freigestellt sind.

(4) Auf einen Verstoß gegen eine wettbewerbsrechtliche Vorschrift oder eine Verfügung der Kartellbehörde, der bis zum 30. Juni 2005 begangen worden ist, ist anstelle der §§ 34 und 34a nur § 34 in der am 30. Juni 2005 geltenden Fassung anzuwenden.

(5) ¹§ 82a Abs. 1 findet auf Verfahren Anwendung, in denen das Gericht bis zum Inkrafttreten dieses Gesetzes noch keine mündliche Verhandlung terminiert hat. ²§ 82a Abs. 2 gilt für alle Urteile, die nach dem 30. Juni 2009 ergangen sind.

(6) ¹Soweit sie die öffentliche Versorgung mit Wasser regeln, sind die §§ 103, 103a und 105 sowie die auf sie verweisenden anderen Vorschriften des Gesetzes gegen Wettbewerbsbeschränkungen in der Fassung der Bekanntmachung vom 20. Februar 1990 (BGBl. I S. 235), zuletzt geändert durch Artikel 2 Abs. 3 des Gesetzes vom 26. August 1998 (BGBl. I S. 2512), weiter anzuwenden. ²Das gilt insoweit auch für die Vorschriften auf welche die genannten Vorschriften verweisen.

(7) § 29 ist nach dem 31. Dezember 2012 nicht mehr anwendbar.

Übersicht

	Rn.		Rn.
I. § 131 Abs. 1–3: Weitergeltung von Freistellungen	1	2. Die Freistellung gemäß § 103 Abs. 1 a. F.	8
II. § 131 Abs. 4: Weitergeltung der Vorschriften zur Abschöpfung des Mehrerlöses gem. § 34 a. F.	4	3. Nichtigkeit von Verträgen gemäß § 103 Abs. 2 a. F.	11
III. § 131 Abs. 5: Inkrafttreten von besonderen Verfahrensregeln für das Bußgeldverfahren	5	4. Besondere Missbrauchsaufsicht gem. § 103 Abs. 5 a. F.	12
IV. § 131 Abs. 6: Besondere Regelungen für die Wasserwirtschaft	6	5. Weitergeltung des § 103, 105 a. F.	17
1. Gegenstand der Regelung	7	V. Befristung der Anwendung des § 29	19
		VI. Neufassung gemäß Gesetz zur Modernisierung des Vergaberechts vom 20. April 2009	20

I. § 131 Abs. 1–3: Weitergeltung von Freistellungen

§ 131 Abs. 1–3 regeln die Weitergeltung von Freistellungen auf der Grundlage des alten GWB bis zum 31. Dezember 2007 und ordneten für die Fälle, in denen die Freistellungen nach altem Recht weitergelten sollten, auch die Weitergeltung bestimmter Verfah- 1 rensvorschriften bis zu diesem Zeitpunkt an.[1] In einem seltenen Akt gesetzgeberischer Sorgfalt wurden die Regelungen des Absatzes 1 und 2 neun Tage vor ihrem Außerkrafttreten im Rahmen der kleinen GWB-Novelle 2007 noch einmal redaktionell überarbeitet.

2   Wesentliche Bedeutung hatte die Weitergeltung der verschiedenen Freistellungen gem. § 131 Abs. 1–3 nur in den Fällen, in denen die jeweiligen von der Freistellung erfassten Sachverhalte **nach neuem Recht nicht mehr freigestellt** waren. Für diese Fälle wurde mit § 131 Abs. 1–3 eine Übergangsfrist eingeräumt. Dabei ist zu berücksichtigen, dass dies natürlich nur insoweit gelten konnte, als die Vereinbarungen nicht gegen Art. 81 EG verstießen, also insbesondere keine Auswirkungen auf den Handel zwischen den Mitgliedstaaten hatten.

3   Soweit die Vereinbarungen auch **nach neuem Recht noch die Freistellungsvoraussetzungen** gemäß § 2–3 erfüllten, führte die Regelung des § 131 Abs. 1–3 zumindest zu **einem erleichterten Nachweis** der Kartellrechtskonformität, da bis zum 31. Dezember 2007 einfach auf die bestehende Freistellung verwiesen werden konnte und ein „self assessment" nur notwendig wurde, wenn die Vereinbarung darüber hinaus weitergeführt werden soll.

II. § 131 Abs. 4: Weitergeltung der Vorschriften zur Abschöpfung des Mehrerlöses gem. § 34 GWB a. F.

4   Gem. § 131 Abs. 4 ist auf Kartellrechtsverstöße, die bis zum 30. Juni 2005 begangen worden sind, noch § 34 a. F., mit dem die Kartellbehörden die Möglichkeit der **Abschöpfung des Mehrerlöses** haben, anzuwenden und nicht die §§ 34, 34a, die eine – tendenziell schärfere – Vorteilsabschöpfung vorsehen, die zudem nicht nur von den Kartellbehörden, sondern auch von Verbänden durchgeführt werden kann. Die Neufassung der §§ 34 und 34a ist nur auf Verstöße anzuwenden, die ab Inkrafttreten des Gesetzes begangen worden sind.

III. § 131 Abs. 5: Inkrafttreten von besonderen Verfahrensregeln für das Bußgeldverfahren

5   Das in § 82a Abs. 1 vorgesehene **Fragerecht des Vertreters der Kartellbehörde** im gerichtlichen Bußgeldverfahren findet nur auf diejenigen Verfahren Anwendung, in denen am 30. Juni 2005 noch keine mündliche Verhandlung terminiert wurde. Die **Vollstreckung von gerichtlichen Geldbußen oder Geldbeträgen, deren Verfall angeordnet wurde,** in Fällen, in denen das Bundeskartellamt als Verwaltungsbehörde des Vorverfahrens tätig war, obliegt dem Bundeskartellamt als Vollstreckungsbehörde erst in Bezug auf Urteile, die nach dem 30. Juni 2009 ergehen. Der ursprüngliche Gesetzesentwurf hatte noch vorgesehen, dass die entsprechenden Regelungen des § 82a Abs. 2 ab Inkrafttreten des Gesetzes anwendbar sein sollten.

IV. § 131 Abs. 6: Besondere Regelungen für die Wasserwirtschaft

6   § 131 Abs. 6 verweist auf § 103, 103a, 105 GWB in der Fassung der Bekanntmachung vom 20. Februar 1990 (BGBl. I S. 235), zuletzt geändert durch Artikel 2 Abs. 3 des Gesetzes vom 26. August 1998 (BGBl. I S. 2512) (im Folgenden: §§ 103, 103a, 105 a. F.):

§ 103 a. F.

(1) Die §§ 1, 15 und 18 finden keine Anwendung auf

1. Verträge von Unternehmen der öffentlichen Versorgung mit Elektrizität, Gas oder Wasser (Versorgungsunternehmen) mit anderen Versorgungsunternehmen oder mit Gebietskörperschaften, soweit

---

[1] Zu Einzelheiten vgl. die Kommentierung in der Vorauflage.

sich durch sie ein Vertragsbeteiligter verpflichtet, in einem bestimmten Gebiet eine öffentliche Versorgung über feste Leitungswege mit Elektrizität, Gas oder Wasser zu unterlassen;
2. Verträge von Versorgungsunternehmen mit Gebietskörperschaften, soweit sich durch sie eine Gebietskörperschaft verpflichtet, die Verlegung und den Betrieb von Leitungen auf oder unter öffentlichen Wegen für eine bestehende oder beabsichtigte unmittelbare öffentliche Versorgung von Letztverbrauchern im Gebiet der Gebietskörperschaft mit Elektrizität, Gas oder Wasser ausschließlich einem Versorgungsunternehmen zu gestatten;
3. Verträge von Versorgungsunternehmen mit Versorgungsunternehmen der Verteilungsstufe, soweit sich durch sie ein Versorgungsunternehmen der Verteilungsstufe verpflichtet, seine Abnehmer mit Elektrizität, Gas oder Wasser über feste Leitungswege nicht zu ungünstigeren Preisen oder Bedingungen zu versorgen, als sie das zuliefernde Versorgungsunternehmen seinen vergleichbaren Abnehmern gewährt;
4. Verträge von Versorgungsunternehmen mit anderen Versorgungsunternehmen, soweit sie zu dem gemeinsamen Zweck abgeschlossen sind, bestimmte Versorgungsleistungen über feste Leitungswege ausschließlich einem oder mehreren Versorgungsunternehmen zur Durchführung der öffentlichen Versorgung zur Verfügung zu stellen.

(2) Soweit Verträge der in Absatz 1 Nr. 1 und 2 bezeichneten Art die öffentliche Versorgung mit einer Energieart oder mit Wasser ausschließen, sind sie nichtig. Absatz 1 findet auf sie keine Anwendung.

(3) Auf Verträge der in Absatz 1 Nr. 1, 2 und 4 bezeichneten Art ist § 9 entsprechend anzuwenden. Die Verträge sind nicht in das Kartellregister einzutragen.

(4) Verfügungen nach diesem Gesetz, die die öffentliche Versorgung mit Elektrizität, Gas oder Wasser über feste Leitungswege betreffen, werden von der Kartellbehörde im Benehmen mit der Fachaufsichtsbehörde getroffen.

(5) In den Fällen des Absatzes 1 kann die Kartellbehörde unter Berücksichtigung von Sinn und Zweck der Freistellung, insbesondere der Zielsetzung einer möglichst sicheren und preiswürdigen Versorgung, die in Absatz 6 bezeichneten Maßnahmen treffen,
1. soweit die Verträge oder die Art ihrer Durchführung einen Missbrauch der durch Freistellung von den Vorschriften dieses Gesetzes erlangten Stellung im Markt darstellen oder
2. soweit sie die von der Bundesrepublik Deutschland in zwischenstaatlichen Abkommen anerkannten Grundsätze über den Verkehr mit Waren oder gewerblichen Leistungen verletzen.

Ein Missbrauch im Sinne des Satzes 1 Nr. 1 liegt insbesondere vor, wenn
1. das Marktverhalten eines Versorgungsunternehmens den Grundsätzen zuwiderläuft, die für das Marktverhalten von Unternehmen bei wirksamen Wettbewerb bestimmend sind, oder
2. ein Versorgungsunternehmen ungünstigere Preise oder Geschäftsbedingungen fordert als gleichartige Versorgungsunternehmen, es sei denn, das Versorgungsunternehmen weist nach, dass der Unterschied auf abweichenden Umständen beruht, die ihm nicht zurechenbar sind; Nummer 1 bleibt unberührt, oder
3. ein Versorgungsunternehmen ein anderes Versorgungsunternehmen oder ein sonstiges Unternehmen in der Verwertung von in eigenen Anlagen erzeugter Energie unbillig behindert oder
4. ein Versorgungsunternehmen, ein anderes Versorgungsunternehmen oder ein sonstiges Unternehmen im Absatz oder im Bezug von Elektrizität oder Gas (Energie) dadurch unbillig behindert, dass es sich weigert, mit diesen Unternehmen Verträge über die Einspeisung von Energie in sein Versorgungsnetz und eine damit verbundene Entnahme (Durchleitung) zu angemessenen Bedingungen abzuschließen. Bei der Beurteilung der Unbilligkeit sind die Auswirkungen der Durchleitung auf die Marktverhältnisse, insbesondere auch auf die Versorgungsbedingungen für die Abnehmer des zur Durchleitung verpflichteten Versorgungsunternehmens, zu berücksichtigen.

(6) Die Kartellbehörde kann
1. den beteiligten Unternehmen aufgeben, einen beanstandeten Missbrauch abzustellen,
2. den beteiligten Unternehmen aufgeben, die Verträge oder Beschlüsse zu ändern oder
3. die Verträge und Beschlüsse für unwirksam erklären.

(7) Absatz 5 gilt für Missbrauchsverfahren gegen Versorgungsunternehmen nach § 22 Abs. 5 entsprechend.

§ 105

In den Fällen des § 99 Abs. 1 Nr. 1 und 2 und der §§ 100, 102, 102a und 103 finden die §§ 13, 14 und 34 entsprechende Anwendung.

1. Gegenstand der Regelung

§ 131 Abs. 6 beinhaltet eine Fortführung einer Übergangsregelung aus der sechsten GWB-Novelle. Die §§ 103, 103a und 105 in der Fassung der fünften GWB-Novelle sollen in Bezug auf die **Wasserwirtschaft** vorerst **für eine Übergangszeit aufrechterhalten** werden;[2] gleiches soll für die Vorschriften gelten, die auf diese Regelungen verweisen, sowie für die Vorschriften, auf die diese Regelungen verweisen. Im Hinblick auf die Versorgung mit Elektrizität und Gas wurden die entsprechenden Regelungen bereits mit dem Gesetz zur Neuregelung des Energiewirtschaftsgesetz mit Wirkung zum 26. April 1998 aufgehoben. Eine Übergangsregelung für die Wasserwirtschaft hielt man 1999 bei der sechsten GWB-Novelle für notwendig, da man davon ausging, dass eine Aufhebung der §§ 103, 105 auch für die Wasserwirtschaft nach einer kurzfristigen Klärung, welche Änderungen oder Ergänzungen der wasserwirtschaftlichen Fachgesetze notwendig seien, möglich sei. Schon die Begründung für die erste Übergangsregelung wies zurecht darauf hin, dass die **Bedeutung des Kartellrechts für die Wasserversorgung** aufgrund deren speziellen Struktur **beschränkt** sein kann und dass die Wasserversorgung einer strengen staatlichen Fachaufsicht unterworfen ist, um eine qualitativ hochwertige und hygienisch einwandfreie Trinkwasserversorgung und einen flächendeckenden Gewässerschutz zu gewährleisten. Die Rahmenbedingungen für eine kartellrechtliche Bewertung stellen sich somit grundlegend anders dar als bei Elektrizität und Gas. Der im Rahmen der sechsten und siebten GWB-Novelle gewählte Weg, diese Sonderregelungen durch eine Verlängerung und quasi Perpetuierung der Übergangsvorschriften zu erreichen, führt zunächst zu der unschönen Konsequenz, dass das geltende Recht in diesem Bereich nur schwer zugänglich ist. Da die §§ 103 f. a. F. zudem fest in der alten Kartellrechtssystematik verankert sind, ergibt sich durch ihre Aufrechterhaltung auch nach der siebten GWB-Novelle ein **Systembruch**.

2. Die Freistellung gemäß § 103 Abs. 1 a. F.

§ 103 Abs. 1 a. F. stellt vier Vertragstypen der Versorgungswirtschaft von den Verboten des §§ 1 (Kartellverbot), 15 (Verbot der Preis- und Konditionenbindung) und § 18 (Missbrauchsaufsicht über Ausschließlichkeitsbindungen) a. F. frei. Zur **Erlangung der Freistellung** müssen die **Verträge** bei der Kartellbehörde **angemeldet werden,** § 103 Abs. 3 a. F. i. V. m. § 9 a. F. Diese Anmeldepflicht gilt weiter fort. Bei den freigestellten Verträgen handelt es sich um Demarkationsverträge, Konzessionsverträge, Preisbindungen und sog. Verbundverträge. Alle Verbote, von denen gemäß § 103 a. F. freigestellt wird, gelten zwischenzeitlich nur noch in veränderter Form (§ 1) oder sind in die Neufassung des § 1 eingeflossen (§§ 15, 18 a. F.). Da in § 131 Abs. 6 auch die **Fortgeltung der Vorschriften** angeordnet wird, **auf die die §§ 103, 103a, 105 a. F. verweisen,** sowie der Vorschriften, die selbst auf die §§ 103, 103a, 105 a. F. verweisen, ergibt sich im geltenden Recht in Bezug auf diese Vorschriften ein **Reservat der Anwendung des Kartellrechts zum Stand 31. 12. 1998.** Soweit sich unter diesen Vorschriften auch die Bestimmung von Ordnungswidrigkeiten gem. §§ 38 Abs. 1 Nr. 1–3 GWB a. F. und besondere Eingriffsnormen der

---

[2] Umfassend zu dem auf Wasserversorgungsunternehmen anwendbaren Kartellrecht *Reif* in Münchener Kommentar zum Deutschen und Europäischen Kartellrecht, § 131 GWB.

Verwaltung befinden, ist eine Anwendung solch verborgenen Rechts auch rechtsstaatlich nicht unproblematisch.

§ 103 Abs. 1 Nr. 1 a. F. definiert **Demarkationsverträge** als Verträge von Unternehmen der öffentlichen Versorgung mit Wasser (Versorgungsunternehmen) mit anderen Versorgungsunternehmen oder mit Gebietskörperschaften, durch die sich ein Vertragsbeteiligter verpflichtet, in einem bestimmten Gebiet eine öffentliche Versorgung über feste Leitungswege mit Wasser zu unterlassen.

Konzessionsverträge werden in § 103 Abs. 1 Nr. 2 a. F. als Verträge von Versorgungsunternehmen mit Gebietskörperschaften definiert, durch die sich eine Gebietskörperschaft verpflichtet, die Verlegung und den Betrieb von Leitungen auf oder unter öffentlichen Wegen für eine bestehende oder beabsichtigte unmittelbare öffentliche Versorgung von Letztverbrauchern im Gebiet der Gebietskörperschaft mit Wasser ausschließlich einem Versorgungsunternehmen zu gestatten.[3] Neben diesen Demarkations- und Konzessionsverträgen werden durch § 103 Abs. 1 Nr. 3 und 4 a. F. auch bestimmte **Preisbindungen** in Verträgen zwischen Versorgungsunternehmen und sog. **Verbundverträge** freigestellt, Verträge zwischen Versorgungsunternehmen, die zu dem gemeinsamen Zweck abgeschlossen sind, bestimmte Versorgungsleistungen über feste Leitungswege ausschließlich einem oder mehreren Versorgungsunternehmen zur Durchführung der öffentlichen Versorgung zur Verfügung zu stellen.

3. Nichtigkeit von Verträgen gemäß § 103 Abs. 2 a. F.

§ 103 Abs. 2 a. F. bestimmt, dass Demarkations- und Konzessionsverträge, durch die die öffentliche **Versorgung mit Wasser ausgeschlossen** wird, nichtig sind. Entsprechende Gestaltungen sind nur schwer vorstellbar; § 103 Abs. 2 a. F. sollte ursprünglich wohl sog. Gasklauseln ausschließen, die zur Unterlassung der Versorgung mit Gas verpflichten und den Substitutionswettbewerb zwischen Gas und Elektrizität einschränken.

4. Besondere Missbrauchsaufsicht gem. § 103 Abs. 5 a. F.

Soweit die Freistellung des § 103 Abs. 1 a. F. in Anspruch genommen wird, gelten die **besonderen Vorschriften zur Missbrauchskontrolle** gemäß § 103 Abs. 5 a. F. Hier ist insbesondere § 103 Abs. 5 S. 2 Nr. 2 a. F. relevant, der eine von § 19 Abs. 4 Nr. 2 GWB **abweichende Preismissbrauchskontrolle** postuliert. Auch wenn Konzessions- und Demarkationsverträge in der Wasserwirtschaft bei weitem nicht die Bedeutung erreicht haben, die ihnen in der Energieversorgung zukam, sind die abweichenden Regelungen des § 103 Abs. 5 S. 2 a. F. für alle Unternehmen der Wasserwirtschaft relevant, da sie gemäß § 103 Abs. 7 a. F. **auch Anwendung auf sonstige Missbrauchsverfahren** gegen Versorgungsunternehmen gem. § 22 Abs. 5 a. F. (nunmehr § 19) Anwendung finden. Aufgrund der ausdrücklichen Anordnung der Weitergeltung der Regelungen, auf die die §§ 103, 103a und 105 a. F. verweisen, ist auf Missbrauchsverfahren gegen Unternehmen der Wasserwirtschaft auch jetzt noch **§ 22 Abs. 5 a. F.** und nicht § 19 anwendbar. A. A. Reit in: Münchener Kommentar zum Deutschen und Europäischen Kartellrecht, § 131 Rz. 87.[4] Da der für alle Missbrauchsverfahren geltende § 103 Abs. 5 S. 2 Nr. 4 a. F. die Möglichkeit der Durchleitung auf Energie beschränkt, wird man – unabhängig von der Frage, ob eine Wasser-Durchleitung praktisch möglich ist[5] – davon ausgehen müssen, dass im Bereich der Wasserwirtschaft auch **rechtlich keine Verpflichtung zur Durchleitung** bestehen

---

[3] Zur Anwendung der § 103 a. F. GWB auf Konzessionsverträge für Brauchwasser vgl. *Büdenbender* WuW 2008, 441.
[4] Dazu *Klaue* in: Immenga/Mestmäcker, GWB, 2. Aufl. 1992, § 103 Rn. 39.
[5] Dazu *Daiber* WuW 2000, 352, 363.

kann.[6] Auch wenn sich § 103 Abs. 5, Abs. 7 a. F. ausdrücklich nur auf Verfahren der Kartellbehörden beziehen, erscheint es aus Gründen der einheitlichen Anwendung des Kartellrechts notwendig, dass auch Ansprüche Dritter gemäß § 22 Abs. 5 a. F. und nicht nach § 19 zu beurteilen sind. Da § 22 a. F. kein Schutzgesetz darstellte,[7] ist für die **zivilrechtliche Durchsetzung von Ansprüchen** wegen Missbrauchs einer marktbeherrschenden Stellung gem. § 22 Abs. 4 a. F. im Bereich der Wasserwirtschaft kein Raum a. A. Reit in: Münchener Kommentar zum Deutschen und Europäischen Kartellrecht, § 131 GWB Rz. 86. Dies ergibt sich auch daraus, dass § 103 a. F. als reine Eingriffsnorm formuliert ist und kein Verbot des Missbrauchs postuliert. Weitere Rechtsfolgen können deswegen erst dann an das Verhalten der Unternehmen geknüpft werden, nachdem die Kartellbehörde tätig geworden ist.

13   Praktische Bedeutung hat insbesondere § 103 Abs. 5 S. 2 Nr. 2 a. F. im Bereich der **Missbrauchskontrolle über die Preise von Wasserversorgungsunternehmen** erlangt.[8] Hier ist allerdings zu beachten, dass § 103 Abs. 5 S. 2 Nr. 2 a. F. nur dann zur Anwendung kommen kann, wenn die Entgelte für die Wasserversorgung **privatrechtlich ausgestaltet** sind und nicht als kommunale Gebühren nach dem jeweiligen Kommunalabgabengesetz.[9] Im letzteren Fall sind die Entgelte ausschließlich an den Vorgaben des kommunalen Abgabenrechtes zu messen; die Kartellbehörden sind insoweit nicht zuständig.

14   § 103 Abs. 5 S. 2 Nr. 2 a. F. setzt zunächst voraus, dass ein Wasserversorgungsunternehmen **ungünstigere Preise als gleichartige Unternehmen fordert.** Nach der Rechtsprechung dient die Gleichartigkeit lediglich einer groben Sichtung.[10] Nach Ansicht der Kartellbehörden soll deswegen für die Gleichartigkeit im Regelfall genügen, wenn die unternehmerische Tätigkeit und wirtschaftliche Funktion der betrachteten Unternehmen als Versorgung von Letztverbrauchern mit Trinkwasser übereinstimmen.[11] Die Gesetzesbegründung legt allerdings ein weiteres Verständnis nahe, da dort ausdrücklich ausgeführt wird, dass die Kartellbehörden im Rahmen des Vergleichs in erster Linie auf solche Unternehmen abstellen werden, deren **Beschaffungs-, Erzeugungs- und Vertriebssituation ähnlich gelagert** sind.[12] In diesem Zusammenhang wird auch darauf hingewiesen, dass in der Wasserversorgung – in weit größerem Maße als in der Energieversorgung – die Beschaffungs- bzw. Erzeugungssituation von Versorgungsgebiet zu Versorgungsgebiet unterschiedlich ist und in erheblichem Maße von natürlichen Gegebenheiten wie z. B. Quellen, Talsperren, Flüssen, Seen und dem Klima abhängt.[13] Auch wenn eine unterschiedliche Beschaffungs-, Erzeugungs- und Vertriebssituation auch nach Ansicht der Kartellbehörden im Rahmen der Rechtfertigung von Wasserpreisunterschieden durch abweichende Umstände zu berücksichtigen ist, hat die Frage, auf welcher Ebene diese Unterschiede anzusiedeln sind, erhebliche praktische Auswirkungen, da für die Vergleichbarkeit die Kartellbehörden die **Darlegungs- und Beweislast** tragen, während den betroffenen Unternehmen die Darlegungs- und Beweislast für das Vorliegen abweichender Umstände, die höhere Preise rechtfertigen, obliegt. Im Hinblick darauf, dass die betroffenen Unternehmen im Regelfall keine Informationen über die Verhältnisse der Vergleichsunternehmen haben und schon allein deswegen die Regelung der Darlegungs- und Beweislast problematisch ist,

---

[6] Vgl. dazu *Seidenwinkel* GWF Wasser Abwasser 2001, 129. A. A. Reit in: Münchener Kommentar zum Deutschen und Europäischen Kartellrecht, § 131 GWB Rz. 70.
[7] BGHZ 51, 61, 66 f.; *Möschel* in: Immenga/Mestmäcker, GWB, 2. Aufl. 1992, § 22 Rn. 201.
[8] Dazu *Decker* WuW 1999, 967; *Daiber* WuW 2000, 352; *Seidinwinkel/Wetzel* GWF Wasser/Abwasser 2000, 311; *Lutz/Gauggel* GewArch 2000, 414.
[9] *Lutz/Gauggel* GewArch 2000, 414.
[10] BGH WuW/E BGH 2967, 2972 – *Strompreis Schwäbisch Hall.*
[11] So *Daiber* WuW 2000, 352, 354; a. A. *Decker* WuW 1999, 967, 970 f.
[12] BT-Drucksache 8/2136, 33; darauf Bezug nehmend BGH WuW/E BGH 2967, 2972 – *Strompreis Schwäbisch Hall.*
[13] *Decker* WuW 1999, 967, 972; *Seidewinkel/Wetzel* GWF Wasser/Abwasser 2000, 311, 312.

werden insbesondere gegen diese von den Kartellbehörden intendierte weitreichende Verlagerung der Beweis- und Darlegungslast auf die Unternehmen auch rechtsstaatliche Bedenken geäußert.[14] Die bisherigen Verfahren haben gezeigt, dass die betroffenen Unternehmen mit einer Vielzahl von Vergleichsunternehmen konfrontiert wurden. Entsprechend mussten die Unternehmen auch ohne die entsprechende Datenbasis für diese Vielzahl von Unternehmen darlegen, welche Umstände gegen eine Vergleichbarkeit sprechen. Unsicherheiten in Bezug auf die Vergleichbarkeit müssen bei der Bewertung gemäß der Rechtsprechung mit einem entsprechenden **Unsicherheitszuschlag** ausgeglichen werden.[15]

Die Kartellbehörden des Bundes und der Länder haben im Jahr 1998 in einem Arbeitspapier **Leitlinien zur „Intensivierung der kartellrechtlichen Kontrolle der Wasserpreise"** aufgestellt, in dem auch Erläuterungen zu den verschiedenen Rechtfertigungsgründen i. S. von § 103 Abs. 5 Satz 2 Nr. 2 aufgeführt sind.[16] Die Leitlinien können allerdings nur eine Selbstbindung der Verwaltung herbeiführen und sind für Gerichte nicht bindend. In den letzten Jahren hat die hessische Kartellbehörde auch die ersten formellen Missbrauchsverfügungen gegen Wasserversorgungsunternehmen erlassen, mit denen erhebliche Preissenkungen verfügt wurden. LKartB Hessen WuW/DE-V 1487 – Wetzlar; Reit in: Münchener Kommentar zum Deutschen und Europäischen Kartellrecht, § 131 GWB Rz. 76. Dabei stützte sich die Behörde auf das Vergleichsmarktkonzept verbunden mit einer detaillierten Kostenbetrachtung. Die Verfügungen sind von den Unternehmen angefochten worden. Die hessische Kartellbehörde nimmt bei diesen Verfahren insgesamt einen eher regulierungsbehördlichen Ansatz ein, bei dem insbesondere aus Sicht der Behörde bestehende Ineffizienzen angegriffen werden und die **Kostendeckung** nur eine untergeordnete Rolle spielt.[17]

Soweit die Kartellbehörden eine Verfügung in Bezug auf die Versorgung mit Wasser über feste Leitungswege erlassen, müssen sie gem. § 103 Abs. 4 a. F. der Fachaufsichtsbehörde vor Erlass Gelegenheit zu einer sachlich-fachlichen Stellungnahme geben.

5. Weitergeltung der §§ 103 a, 105 a. F.

Der Verweis auf die Weitergeltung des § 103 a für die öffentliche Versorgung mit Wasser scheint die Fortführung eines **Redaktionsversehens** der Übergangsvorschrift der sechsten GWB-Novelle, § 131 Abs. 8 a. F., zu sein. § 103 a beschränkte die zulässige Laufzeit von Konzessionsverträgen und Demarkationsverträgen im Bereich der Elektrizitäts- oder Gasversorgung und war ohnehin **nicht auf die Versorgung mit Wasser anwendbar**.[18]

Die angeordnete Fortgeltung des § 105 a. F. führt dazu, dass für die in § 103 a. F. genannten Verträge im Bereich der Wasserwirtschaft die alten Sondervorschriften des GWB zu Kündigung von Kartellverträgen (§ 13 a. F.), Verwertung von Sicherheiten durch Kartelle (§ 14 a. F.) und das Erfordernis der Schriftform für Kartellverträge (§ 34 a. F.) weiter gilt. Die Fortgeltung betrifft zudem den § 63 Abs. 1 Nr. 2 a. F., der die aufschiebende Wirkung der Beschwerde gegen Verfügungen nach § 22 Abs. 5 a. F. und § 103 Abs. 6 a. F. anordnet. Reit in: Münchener Kommentar zum Deutschen und Europäischen Kartellrecht, § 131 Rz. 38 GWB. Beschwerden gegen Missbrauchsverfügungen im Bereich der Wasserversor-

---

[14] *Soyez/Berg* WuW 2006, 726, 731; *Seidewinkel/Wetzel* GWF Wasser/Abwasser 2000, 311, 312.
[15] *Soyez/Berg* WuW 2006, 726, 731, 733.
[16] Beschluss vom 2. 10. 1998, abgedruckt in *Klaue* in: Immenga/Mestmäcker, GWB, 3. Auflage 2001, § 131 Rn. 16. Dazu auch *Daiber* WuW 2000, 352.
[17] Kritisch dazu *Soyez/Berg* WuW 2006, 726, 736. Ausführlich dazu: Reit in: Münchener Kommentar zum Deutschen und Europäischen Kartellrecht, § 131 GWB Rz. 141 f.
[18] Vgl. *Klaue* in: Immenga/Mestmäcker, GWB, 3. Aufl. 2001, § 131 Rn. 1.

gung behalten also trotz der Änderung des § 64 ihre **aufschiebende Wirkung** gem. § 131 Abs. 6 i. V. m. §§ 103 Abs. 6, 22 Abs. 5, 63 Abs. 1 Nr. 2 a. F.

V. Befristete Geltung des § 29

19   Gem. § 131 Abs. 7 ist die Anwendung des § 29 bis zum 31. Dezember 2012 befristet. Dahinter steht die Erwägung, dass die sektorspezifische Verschärfung der Missbrauchsaufsicht nur eine Übergangsmaßnahme sein soll, bis der Wettbewerb in der Versorgung mit Energie voll entwickelt sei. Von verschiedener Seite wurde jedoch die Befürchtung geäußert, dass die Regelungen des § 29 letztlich wettbewerbshindernde Wirkungen entfalten.[19]

VI. Neufassung gemäß Gesetz zur Modernisierung des Vergaberechts vom 20. April 2009

20   „27. Dem § 131 wird folgender Absatz 8 angefügt:"

„(8) *Vergabeverfahren, die vor dem 24. April 2009 begonnen haben, einschließlich der sich an diese anschließenden Nachprüfungsverfahren, sowie am 24. April 2009 anhängige Nachprüfungsverfahren sind nach den hierfür bisher geltenden Vorschriften zu beenden.*"

Der Regierungsentwurf führt hierzu aus:

21   „*Zu Nummer 27 (§ 131 Abs. 8)*
In § 131 wird ein neuer Absatz 8 mit einer Übergangsregelung für zum Zeitpunkt des Inkrafttretens des Gesetzes bereits begonnene Vergabe- oder Nachprüfungsverfahren aufgenommen. Ein Vergabeverfahren gilt im Sinne dieser Übergangsregelung auch bereits als begonnen, wenn bislang nur eine Aufforderung zur Beteiligung an einem Teilnahmewettbewerb oder eine Aufforderung zu Verhandlungen ohne vorherigen Teilnahmewettbewerb ergangen ist."

---

[19] So z. B. Monopolkommission, Sondergutachten 47, Rz. 33–40.

Sachverzeichnis

Die halbfetten Zahlen bezeichnen den jeweiligen Artikel bzw. den jeweiligen Paragraphen,
die mageren Zahlen die jeweilige Randnummer.

Abgestimmte Verhaltensweisen
– Begriff **Einführung** 24; **Art. 81 Abs. 1** 94 ff.
Abhängige Unternehmen
– siehe auch Diskriminierungsverbot; Unternehmen
– allgemein **20** 19 ff.
– good-will-bedingte Abhängigkeit **20** 49
– kleinere u. mittlere Unternehmen **20** 19 ff.
– mangelbedingte Abhängigkeit **20** 44 f.
– Marktanteil **20** 37
– nachfragebedingte Abhängigkeit **20** 46 ff.
– selbstverschuldete Abhängigkeit **20** 30
– sortimentsbedingte Abhängigkeit **20** 32 ff.
– Spitzengruppenabhängigkeit **20** 34, 36 ff.
– Spitzenstellungsabhängigkeit **20** 34 f.
– unternehmensbedingte Abhängigkeit **20** 21, 41 ff.
– Verbundklausel **36** 184 ff.
– Vermutung **20** 50 ff.
Abkauf von Wettbewerb
– Begriff **1** 163
Abmahnschreiben
– Begriff **56** 5
Absatz
– Absprachen **Art. 3 Spez-GVO** 33 ff.
– allgemein **Art. 81 Abs. 1** 263 ff.
– Beschränkungen **Art. 5 Spez-GVO** 46 ff.
– Bezugsquoten **Art. 81 Abs. 1** 275
– gemeinsamer Einkauf **Art. 81 Abs. 1** 268
– gemeinsamer Verkauf **Art. 81 Abs. 1** 266 f.
– horizontale Verhältnisse **Art. 81 Abs. 1** 264 ff.
– Informationsaustausch **Art. 81 Abs. 1** 278 ff.
– Kollegenlieferungen **Art. 81 Abs. 1** 269
– Lieferquoten **Art. 81 Abs. 1** 265
– Marktzugang **Art. 2 FKVO** 94; **36** 53 ff., 142 ff.
– Quotenabsprachen **Art. 81 Abs. 1** 265
– Selbstbeschränkungsabkommen **Art. 81 Abs. 1** 274
– Verkaufsverbote **Art. 81 Abs. 1** 264
– vertikale Verhältnisse **Art. 81 Abs. 1** 275 ff.
– Vertriebswege **Art. 81 Abs. 1** 272
– Weiterverkauf **Art. 81 Abs. 1** 276
– Zulassungs- u. Zertifizierungssystem **Art. 81 Abs. 1** 273
Absatzkooperationen
– Begriff **2** 102
Abschöpfung
– siehe Vorteilsabschöpfung

Abschreckungswirkung
– Gemeinschaftsrecht **Art. 81 Abs. 2** 40
Absoluter Gebietsschutz
– verikale Kernbeschränkung **Art. 81 Abs. 1** 116 f.
Absolutheitsgrundsatz
– Nichtigkeit **Art. 81 Abs. 2** 3 ff.
Abstellungsentscheidung
– Befugnis der Kommission **Art. 4 VerfVO** 7 ff.; **Art. 7 VerfVO** 15
Abstellungsverfügungen
– Begriff **Einführung** 33
Abwägungsklausel
– allgemein **Einführung** 56
– Beurteilung von Zusammenschlüssen **Art. 2 FKVO** 184 f.
– Zusammenschlusskontrolle **36** 1, 176
„ACI"-Entscheidung
– kombinierter Eisenbahnverkehr **Verkehr** 31
acte-clair-Doktrin
– Landgerichte **87** 21
„Adalat"-Entscheidung Art. 81 Abs. 1 89
„Adidas/Reebok"-Entscheidung
Art. 2 FKVO 27
„Aerospatiale-Alenia/de Havilland"-Entscheidung IntKartR 83;
Art. 2 FKVO 120
„Ahmed Saeed"-Entscheidung Verkehr 144
„Airtours/FirstChoice"-Entscheidung
Art. 2 FKVO 141; **Art. 8 FKVO** 27
AKP-Abkommen
– Begriff **IntKartR** 40 ff.
Akteneinsicht
– allgemein **Art. 27 VerfVO** 7, 18 ff., 26 ff.;
Art. 18 FKVO 22 ff.; **56** 1 ff.
– Beschwerde **71** 14 ff.; **72** 1 ff.
– Vergabe öffentlicher Aufträge **120** 12 ff.
– Vergabekammern **111** 1 ff.
Aktiver Verkauf
– Begriff **Art. 4 Vert-GVO** 190
– Technologietransfer **Art. 4 TT-GVO** 50 ff.
„Akzo Nobel"-Entscheidung
Art. 81 Abs. 1 60; **Art. 82** 177 ff.;
Art. 18 VerfVO 50; **Art. 20 VerfVO** 35
„Alcatel Austria"-Entscheidung 123 5
„Aldi-Klausel"
– Buchpreisbindung **Anh zu 30** 32
„Alhorn"-Entscheidung 99 64
Alleinbezugsvereinbarung
– Behinderungsmissbrauch **Art. 82** 183

Sachverzeichnis

fette Zahlen = Artikel/Paragraphen

- Spezialisierungsvereinbarungen **Art. 2 Spez-GVO** 31 f.; **Art. 3 Spez-GVO** 34
- spürbare Beeinträchtigung **Art. 81 Abs. 1** 125
- Versorungsquellenaufteilung **Art. 81 Abs. 1** 310
- Vertikalvereinbarungen **Art. 3 Vert-GVO** 111, 124 ff.; **Art. 5 Vert-GVO** 247, 251

Alleinvertriebsrecht
- spürbare Beeinträchtigung **Art. 81 Abs. 1** 126

Alles-oder-Nichts-Prinzip
- Begriff **Allg-GVO** 24
- Forschung u. Entwicklung **Art. 1 FuE-GVO** 12

„Alrosa/Kommission"-Entscheidung Art. 9 VerfVO 16

„Altmark-Trans"-Entscheidung Art. 86 86, 108

Ancillary Restraint
- Begriff **GRUR** 101

Anfechtungsbeschwerde
- Begriff **63** 3, 10 ff.; **71** 8 ff., 23 ff.

Angebotsausschluss
- Vergaberecht **97** 27 ff.

Angebotssubstitution
- Beurteilung von Zusammenschlüssen **Art. 2 FKVO** 19
- Missbrauch einer marktbeherrschenden Stellung **Art. 82** 34

Anhörung
- Akteneinsicht **Art. 27 VerfVO** 7, 18 ff., 26 ff.; **Art. 18 FKVO** 22 ff.; **56** 1 ff.
- allgemein **Art. 27 VerfVO** 1 ff.; **Art. 18 FKVO** 1 ff.; **56** 1 ff.
- Beteiligung Dritter **Art. 27 VerfVO** 29 ff.; **Art. 18 FKVO** 11, 29 ff.
- Hauptprüfungsverfahren **Art. 18 FKVO** 8 ff., 13 ff.
- mündliche **Art. 18 FKVO** 18 ff.
- rechtliches Gehör **Art. 27 VerfVO** 5 ff.; **Art. 18 FKVO** 1 ff.
- Schutz der Geschäftsgeheimnisse **Art. 27 VerfVO** 23 ff.; **Art. 18 FKVO** 25
- Vorprüfungsverfahren **Art. 18 FKVO** 8 ff.

Anknüpfungsprinzip
- allgemein **IntKartR** 10 ff., 66

Anmeldepflicht
- im Fusionskontrollverfahren **IntKartR** 86 ff.

Anwendungsbereich
- Völkerrecht **IntKartR** 10 ff.

„AOK Bundesverband"-Entscheidung Art. 82 21

Äquivalenzgrundsatz
- Begriff **Einführung** 93; **Art. 81 Abs. 2** 38

Arbeitnehmerfreizügigkeit
- europäisches Vergabrecht **Vor 97 ff.** 55, 65

Arbeitsplätze
- Erhaltung **Art. 81 Abs. 3** 33

„Archer Daniels Midland u. a./ Kommission"-Entscheidung Art. 11 VerfVO 11

Aufeinander abgestimmte Verhaltensweisen
- allgemein **1** 53 ff.
- freigestellte Vereinbarungen **2** 16
- Gegenstandstheorie **1** 53
- horizontale u. vertikale Sachverhalte **1** 54 ff.
- Preiserhöhungen **1** 65
- Vereinbarung **1** 67

Auffangtatbestand
- Art. 81 Abs. 3 EG **Art. 81 Abs. 3** 1

Aufholkartelle
- Begriff **2** 140, 146

Aufschiebende Wirkung
- siehe Beschwerde; Einstweilige Maßnahmen

Aufsichtspflichtverletzung
- siehe auch Bußgeld
- Bußgeldvorschriften **81** 25 ff.

Ausbeutungsmissbrauch
- allgemein, Missbrauch einer marktbeherrschenden Stellung **Art. 82** 1, 144 ff.; **19** 72 ff.
- Als-ob-Wettbewerb **Art. 82** 147
- Begriff **GRUR** 119
- „General Motors" **Art. 82** 147 ff.
- Gewinnbegrenzungsmethode **Art. 82** 147 ff.
- „iustum pretium" **Art. 82** 148
- Konditionenmissbrauch **19** 81 f.
- Konditionenspaltung **19** 83 ff.
- Preismissbrauch **19** 73
- Preisspaltungsmethode **Art. 82** 148, 156; **19** 83 ff.
- „United Brands" **Art. 82** 147 ff., 156
- Vergleichsmarktkonzept **Art. 82** 147, 153 ff.; **19** 74 ff.

Auskunftverlangen
- Adressaten **Art. 18 VerfVO** 18 ff.; **Art. 11 FKVO** 8; **59** 10 ff.
- allgemein **Art. 18 VerfVO** 1 ff.; **Art. 11 FKVO** 1 ff.
- Anfangsverdacht **Art. 18 VerfVO** 5
- Anmelde- u. Anzeigepflichten **39** 29 ff.
- Durchuchung **50** 14 f.
- einfaches Verlangen **Art. 18 VerfVO** 17, 23 ff.; **Art. 11 FKVO** 4
- Erforderlichkeitskriterium **Art. 18 VerfVO** 8, 37; **Art. 11 FKVO** 7
- Geschäftsgeheimnisse **Art. 18 VerfVO** 49
- Kronzeugenprogramm **Art. 18 VerfVO** 48, 62
- Legal Privilege **Art. 18 VerfVO** 19, 50, 53
- Mitwirkungspflichten **Art. 18 VerfVO** 8, 35; **Art. 11 FKVO** 6; **59** 10 f.
- Nachprüfungen **Art. 20 VerfVO** 36 ff.; **59** 9
- sealed envelope-Verfahren **Art. 18 VerfVO** 53

magere Zahlen = Randnummern

Sachverzeichnis

- verbindliches Verlangen **Art. 18 VerfVO** 17, 26 f.
- Verfahren vor den Kartellbehörden **59** 1 ff.
- Verhältnismäßigkeitsprinzip **Art. 18 VerfVO** 38 ff.; **Art. 11 FKVO** 7
- Verweigerungsrecht **Art. 18 VerfVO** 19; **Art. 11 FKVO** 9; **59** 12 f.

Ausschließlichkeitsbindungen, kollektive
- Marktaufteilung **Art. 81 Abs. 1** 293

Ausschließlichkeitsbindungen, vertikale
- Marktaufteilung **Art. 81 Abs. 1** 302

Ausschließlichkeitsverpflichtungen
- Verbesserung der Warenverteilung **Art. 81 Abs. 3** 34

Ausschreibungswettbewerb
- Begriff **1** 91

Ausstrahlungswirkung
- öffentliche u. monopolartige Unternehmen **Art. 86** 89
- Vertikalvereinbarungen **Einf Vert-GVO** 30 ff.

Auswirkungsprinzip
- völkerrechtliches **Art. 1 FKVO** 12

„Automec/Kommission"-Entscheidung
Art. 7 VerfVO 62

Automobilvertrieb (Kfz-GVO)
- de minimis-Bekanntmachung **Art. 4 Kfz-GVO** 34; **Art. 5 Kfz-GVO** 48
- Entzug **Art. 6 Kfz-GVO** 50 f.
- Ersatzteile **Art. 1 Kfz-GVO** 24
- freigestellte Vereinbarungen **2** 189 ff.
- Gebiets- u. Kundenkreisbeschränkungen **Art. 4 Kfz-GVO** 36
- Handelsvertreter **Art. 2 Kfz-GVO** 26
- Kernbeschränkungen **Art. 4 Kfz-GVO** 34 ff.
- Kundendienst **Einf Kfz-GVO** 13; **Art. 4 Kfz-GVO** 40; **Art. 5 Kfz-GVO** 46 ff.
- Kündigungen **Art. 3 Kfz-GVO** 30 ff.
- Marktanteile **Art. 8 Kfz-GVO** 53
- Neuwagenverkauf **Einf Kfz-GVO** 13, 16; **Art. 5 Kfz-GVO** 46 ff.
- Preisbindungsverbot **Art. 4 Kfz-GVO** 35
- Querlieferungen **Art. 4 Kfz-GVO** 37
- „Schwarzlistenansatz" **Einf Kfz-GVO** 9, 17
- selektive Vertriebssysteme **Art. 1 Kfz-GVO** 22; **Art. 3 Kfz-GVO** 29
- Standortklausel **Einf Kfz-GVO** 14; **Art. 5 Kfz-GVO** 46
- Umsatzermittlung **Art. 9 Kfz-GVO** 54
- Verfügbarkeitsklausel **Art. 4 Kfz-GVO** 39
- Vertragshändler **Art. 3 Kfz-GVO** 30
- Vertragswerkstätten **Art. 4 Kfz-GVO** 41 f.
- Wettbewerbsverbote **Art. 1 Kfz-GVO** 21; **Art. 5 Kfz-GVO** 45 ff.

Bagatellbekanntmachung
- Begriff **Art. 7 VerfVO** 30
- horizontale Kooperationen **Anh Art. 81** 13 ff.

Bagatellklauseln
- Geltungsbereich **130** 72
- Zusammenschlusskontrolle **35** 6 ff., 12 ff.

Bankenklausel
- Begriff **Art. 3 FKVO** 63 ff.
- Zusammenschlusskontrolle **37** 39 ff.; **38** 19 f.

„BASF/Eurodiol/Pantochim"-Entscheidung Art. 2 FKVO 171, 182

Bauaufträge
- siehe auch Öffentliche Aufträge; Vergabe öffentlicher Aufträge
- öffentliche Aufträge **99** 16 ff.
- private Baukonzessionäre **98** 52 ff.

„Bayer/Schering"-Entscheidung Art. 2 FKVO 25

Bedarfsmarktkonzept
- Begriff **Art. 3 Vert-GVO** 115; **Art. 2 FKVO** 13
- Missbrauch einer marktbeherrschenden Stellung **19** 12 ff.

Beeinträchtigung des zwischenstaatlichen Handels
- allgemein **Art. 81 Abs. 1** 178 ff.
- Bagatellverträge **Art. 81 Abs. 1** 184
- Marktabgrenzung **Art. 81 Abs. 1** 192
- Spürbarkeit **Art. 81 Abs. 1** 186

Beeinträchtigung, unbillige
- Boykottverbot **21** 17 ff.

Behandlung, ungerechtfertigte unterschiedliche
- allgemein **20** 84 ff.
- Einzelfälle **20** 91 ff.
- zu Einzelfällen siehe auch Behinderung, unbillige; siehe auch Diskriminierungsverbot
- gleichartige Unternehmen **20** 88
- Interessenabwägung **20** 90

Behinderung, unbillige
- siehe auch Diskriminierungsverbot
- Abnehmerbindungen **20** 104 ff.
- Absatzsysteme **20** 92 ff.
- allgemein **Einführung** 27; **20** 66 ff.
- Einstandspreis **20** 140 ff.
- Einzelfälle **20** 91 ff.
- Geschäftsverweigerung **20** 91 ff.
- Interessenabwägung **20** 69 ff.
- kleinere u. mittlere Unternehmen **20** 136 ff.
- Koppelungen **20** 106
- Mangellagen **20** 97
- Normadressaten **20** 73 ff.
- Preis-, Rabatt- u. Konditionendifferenzierung **20** 102 f.
- Verbände **20** 198 ff.
- Verhältnismäßigkeitsprinzip **20** 98
- Zugang zu Netzen **20** 100

Behinderungsmissbrauch
- siehe auch Diskriminierungsverbot; Rabatt
- allgemein, Missbrauch einer marktbeherrschenden Stellung **Art. 82** 1, 174 ff.; **19** 63 ff.

2999

Sachverzeichnis

fette Zahlen = Artikel/Paragraphen

- Ausschließlichkeitsbindungen **19** 70
- Begriff **GRUR** 120 ff.
- Englische Klausel **Art. 82** 193
- Erheblichkeit **19** 65
- Excluxivbindungen im Vertrieb **Art. 82** 183 ff.
- Fixkosten **Art. 82** 177 f.
- Geltungsbereich **130** 62
- Koppelungsverbot **Art. 82** 188; **19** 71
- Kundenbindung durch Rabattgestaltung **Art. 82** 186 ff.
- Niedrigpreiswettbewerb **Art. 82** 176 ff.; **19** 67
- predatory pricing **Art. 82** 176
- Preis-Kosten-Zange **19** 68
- Quersubventionierung **Art. 82** 180 ff.
- „quod licet bovi non licet Jovi" **Art. 82** 174

Beihilfenverbot
- europäisches Vergaberecht **Vor 97 ff.** 60 ff.

Beratender Ausschuss
- Begriff **Art. 14 VerfVO** 1 ff.; **Art. 17 VerfVO** 9; **Art. 19 FKVO** 8 ff.

Berufsgeheimnis
- siehe auch Geschäftsgeheimnisse
- allgemein **Art. 28 VerfVO** 1 ff.; **Art. 17 FKVO** 1 ff.

Berufssportler
- Anwendbarkeit von Art. 81, 82 **Art. 81 Abs. 1** 53

Berufsverbände
- Unternehmensvereinigungen **Art. 81 Abs. 1** 68 ff.

Beschlagnahme
- Verfahren vor den Kartellbehörden **58**

Beschwerde
- siehe auch Rechtsbeschwerde
- Abstellungsverfügungen **71** 45
- Akteneinsichts-, Anhörungsrecht **Art. 7 VerfVO** 22; **71** 14 ff.; **72** 1 ff.
- allgemein, Tätigwerden der Kommission **Art. 7 VerfVO** 11 ff.
- allgemeine Feststellungsbeschwerde **63** 30
- allgemeine Leistungsbeschwerde **63** 27 f.; **71** 12, 29
- Anfechtungsbeschwerde **63** 3, 10 ff.; **71** 8 ff., 23 ff.
- Anordnung der sofortigen Vollziehung **65** 1 ff.
- Anwaltszwang **68** 1
- Aufklärungspflicht, richterliche **70** 18
- aufschiebende Wirkung **64** 1 ff.; **65** 14 ff.
- Aussetzung der sofortigen Vollziehung **65** 13
- Bagatellmarktklausel **71** 9
- Befugnis **63** 9 ff.
- Begründung **66** 8 ff.
- Beigeladene **63** 11 ff.; **67** 4
- Beschluss **71** 17 f.
- Beschwer **63** 18 ff.
- Beteiligte **67** 1 ff.; **70** 19 f.
- Beteiligtenfähigkeit **77** 1 ff.
- Beweisaufnahme, -last **70** 9 ff., 15 ff.

- Beweiswürdigung, freie **71** 3 ff.
- Drittbeschwerde **63** 22 f.; **65** 17
- Einlegung **66** 2 ff.
- Einsichtsrecht **72** 1 ff., 8 ff.
- einstweilige Anordnungen **64** 11 f.
- Entscheidung **71** 1 ff., 20 ff.
- „Erledigung" der Hauptsache – Begriff **71** 32 ff.
- Ermessen **71** 48 ff.
- Formblatt C **Art. 7 VerfVO** 20 ff.
- Fortsetzungsfeststellungsbeschwerde **63** 29; **71** 13
- Frist u. Form **66** 1 ff.
- Hauptsacheerledigung **71** 30 ff.
- Kosten **78** 1 ff.
- Mitwirkungspflicht **70** 8, 19
- mündliche Verhandlung **69** 1 ff.
- Phasen eins bis drei **Art. 7 VerfVO** 35 ff.
- rechtliches Gehör **71** 14 ff.; **71 a** 1 ff.
- Sofortvollzug **65** 1 ff., 9
- Suspensiveffekt **64** 5 ff., 9; **65** 2 f.
- Treu u. Glauben **63** 24
- unbillige Härte **65** 11
- Untersuchungsgrundsatz **70** 1 ff.
- Verfahrensökonomie **63** 14 f.
- Verfügung der Kartellbehörde **63** 5 ff.
- Verpflichtungsbeschwerde **63** 4 f., 16 f.; **71** 7, 28
- Verwertungsverbot **72** 12
- Zeugnisverweigerungsgründe **70** 14
- Zulässigkeit **63** 1 ff.
- Zurückweisungsentscheidung **Art. 7 VerfVO** 42 ff.
- Zuständigkeit **63** 1 ff.
- Zweckmäßigkeitskontrolle **71** 50

Beseitigungsansprüche
- siehe auch Unterlassungsansprüche
- allgemein **33** 42 ff.
- zivilrechtliche Grundlagen **Art. 81 Abs. 2** 45

Best practice guidelines
- Begriff **Art. 4 FKVO** 7; **Art. 6 FKVO** 4

Betriebs- und Geschäftsgeheimnisse
- siehe Geschäftsgeheimnisse

Betrug
- Bußgeldvorschriften **81** 53 ff.

Beweislast
- siehe Darlegungs- und Beweislast

Bezugstat
- Begriff **81** 37

Bezugsverpflichtungen
- Nebenabreden **Art. 81 Abs. 1** 150
- Spezialisierungsvereinbarungen **Art. 3 Spez-GVO** 33 ff.

BGH
- allgemein, Rechtsbeschwerde **84** 1 ff.
- Kartellsenat beim BGH **94** 1 ff.

Bindungswirkung
- deutscher Gerichte **Einführung** 97

magere Zahlen = Randnummern

Sachverzeichnis

- Positiventscheidung **Art. 10 VerfVO** 19
- Vergabe öffentlicher Aufträge 124 2 ff.
- Verpflichtungszusagen **Art. 9 VerfVO** 30 ff.
- Zusammenarbeit der Gerichte **Art. 15 VerfVO** 23

Binnenmarktbehinderung
- allgemein **Art. 82** 221 ff.
- Ausfuhrverbot **Art. 82** 222
- Fremdbezugsverbote **Art. 82** 221

Binnenschifffahrt
- siehe auch Verkehr
- allgemein **Verkehr** 13 ff.

„**Blokker/Toys R Us**"-**Entscheidung Art. 8 FKVO** 47

„**Boeing/McDonell-Douglas**"-**Entscheidung IntKartR** 76, 114; **Art. 2 FKVO** 92

bottlenecks
- Begriff **Einführung** 114

Boykott
- Verbot wettbewerbsbeschränkender Vereinbarungen 1 13

Boykottverbot
- Absicht unbilliger Beeinträchtigung 21 17 ff.
- Aufforderung 21 11 ff.
- Begriff **Einführung** 27; 21 1 ff.
- gebotenes Verhalten 21 28 ff.
- Geltungsbereich 130 61
- Liefer- oder Bezugssperren 21 10, 33
- Nachteile wg. Einschaltung der Kartellbehörden 21 56 ff.
- Normadressaten 21 29 f., 46 f.
- Primärverbot 21 42
- unerlaubte Zwangsausübung 21 45 ff.
- Vergeltung 21 40, 60

„**Brasserie de Haecht I**"-Entscheidung **Art. 81 Abs. 1** 75

„**Bronner**"-Entscheidung **Art. 82** 210, 218

„**Brussels Package**"
- Begriff **Verkehr** 46

Bruttoprinzip
- Bußgeldvorschriften 81 43

Buchpreisbindung
- „Aldi-Klausel" **Anh zu 30** 32
- allgemein **Anh zu 30** 1 ff.
- Bibliotheken **Anh zu 30** 18, 23
- „Drei-Länder-Revers" **Anh zu 30** 1
- „Kollegenlieferungen" **Anh zu 30** 4, 16
- Konditionen **Anh zu 30** 29 ff.
- Meistbegünstigungsklausel **Anh zu 30** 33
- Missbrauchsaufsicht **Anh zu 30** 7
- Normadressaten **Anh zu 30** 13 ff.
- Sammelrevers **Anh zu 30** 3
- Schulbücher **Anh zu 30** 19, 23
- Sonderausgaben **Anh zu 30** 25 ff.
- Zeitungen u. Zeitschriften **30** 85

Bündeltheorie
- Begriff **Art. 6 Vert-GVO** 311

- Spürbarkeit **1** 142, 145
- Zusammenschlusskontrolle **35** 14

Bundeskartellamt
- siehe auch Kartellbehörden; Zusammenschlusskontrolle
- allgemein **49** 1 ff.
- Bußgeldrichtlinien **81** 75 ff.
- Sitz, Organisation **51** 1 ff.
- Tätigkeitsbericht **53** 1 ff.
- Veröffentlichungen **52** 1 ff.

Bußgeld
- allgemein **Art. 23 VerfVO** 1 ff.; **Art. 14 FKVO** 1 ff.; **81** 1 ff.
- Aufsichtspflichtverletzung **81** 25 ff.
- Begriff **Einführung** 37; **Art. 82** 233 ff.
- Bemessung **Art. 23 VerfVO** 25 ff.
- betriebsbezogene Pflichten **81** 39
- Betrug **81** 53 ff.
- Bezugstat **81** 37
- Billigkeitserwägungen **Art. 23 VerfVO** 35
- BKartA-Richtlinien **81** 75 ff.
- Bruttoprinzip **81** 43
- Dauer der Zuwiderhandlung **Art. 23 VerfVO** 28; **81** 64 ff.
- Einheitstäterbegriff **81** 13
- Ermessen **81** 72
- Erzwingungshaft **81** 4
- Eventualvorsatz **81** 16
- Fahrlässigkeit **81** 14 ff., 61
- Grundbetrag **81** 77
- Haftung **Art. 23 VerfVO** 21 ff.
- Höhe **81** 59 ff.
- Irrtum **81** 14 ff.
- „kartellrechtliche Selbsteinschätzung" **81** 23
- Kartellrechtsverstöße als Straftaten **81** 48 ff.
- Kronzeugenprogramm **Art. 23 VerfVO** 37 ff.
- Milderungsgebot **81** 84 ff.
- Missbrauch einer marktbeherrschenden Stellung **19** 50, 100
- Nachprüfungen **Art. 20 VerfVO** 96 f.
- Nettoprinzip **81** 73
- nullum crimen (nulla poena) sine lege-Grundsatz **Art. 23 VerfVO** 5 f., 8
- Opportunitätsprinzip **81** 47
- Pflichtendelegation **81** 5 ff.
- Risikomanagementsystem **81** 31
- Rückwirkungsverbot **81** 84 ff.
- Schwere der Zuwiderhandlung **Art. 23 VerfVO** 30 ff.; **81** 64 ff.
- Substitutenhaftung **81** 11
- Täterkreis u. Sonderdelikte **81** 4 ff.
- Umfang gerichtlicher Kontrolle **Art. 81 Abs. 3** 13
- gegen Unternehmen **81** 35 ff.
- Verfall **81** 42 ff.
- Verjährung **81** 80 ff.
- Verpflichtungszugsagen **Art. 9 VerfVO** 8 f.
- Verzinsung **81** 78 f.

3001

Sachverzeichnis

fette Zahlen = Artikel/Paragraphen

- VO u. RiLi **Art. 83** 8 f.
- Vollstreckung **86** 1 ff.; **86 a** 1 ff.
- Vorsatz oder Fahrlässigkeit **Art. 23 VerfVO** 20; **Art. 14 FKVO** 4; **81** 14 ff.
- Vorteilsabschöpfung **34** 8 ff.; **35** 5 f.; **81** 70 ff.
- Wiederaufnahmeverfahren **85** 1 ff.
- Zuständigkeit **81** 83; **82** 1 ff.; **82 a** 1 ff.

Candidate markets
- Begriff **Art. 2 FKVO** 188

Case allocation request
- Begriff **Art. 4 FKVO** 7

„Cassis-de-Dijon"-Entscheidung **GRUR** 45

„CEWAL"-Entscheidung **Verkehr** 119; **Art. 82** 179

„CIA"-Entscheidung
- „Interessengemeinschaft Automobil" **Verkehr** 32

„Ciba Geigy/Sandoz (Novartis)"-Entscheidung **Einf FKVO** 25

„CNSD"-Entscheidung **Art. 81 Abs. 1** 68 f.

„Coditel/Ciné Vog Films"-Entscheidung **Art. 81 Abs. 1** 127

comfort letters
- Begriff **Art. 81 Abs. 1** 24; **Art. 82** 230

„Commercial Solvents"-Entscheidung **Art. 7 VerfVO** 56

Compliance
- Begriff **1** 15

„Consten & Grundig"-Entscheidung **Art. 81 Abs. 1** 106

Container-Linienverkehr
- allgemein **Verkehr** 66, 123, 128 ff.

„Continental Can"-Entscheidung **IntKartR** 76; **Art. 82** 34, 169, 197; **Einf FKVO** 3 ff., 17, 33

Coopetition
- Begriff **1** 15

„Courage/Crehan"-Entscheidung **Art. 81 Abs. 2** 43 f.; **33** 9, 16

creeping takeover
- Begriff **Art. 7 FKVO** 7

cross trades
- Seeverkehr **Verkehr** 52

culpa in contrahendo
- Vergabe öffentlicher Aufträge **126** 14 ff.

Darlegungs- und Beweislast
- abgestimmte Verhaltensweisen **Art. 81 Abs. 1** 97, 99
- öffentliche u. monopolartige Unternehmen **Art. 86** 123 f.
- Umfang gerichtlicher Kontrolle **Art. 81 Abs. 3** 11 ff.
- VO 1/2003 **Art. 2 VerfVO** 1 ff.

„Dassonville"-Entscheidung **GRUR** 41

Datenwerke und Datenbanken
- geistiges Eigentum **GRUR** 13 f.

„De Beers/LVMH"-Entscheidung **Art. 2 FKVO** 126

de facto-Vergaben
- Begriff **102** 10 ff.; **107** 14, 49

de minimis Bekanntmachungen
- Automobilvertrieb **Art. 4 Kfz-GVO** 34; **Art. 5 Kfz-GVO** 48
- Begriff **Art. 81 Abs. 1** 120 ff.

de minimis Regelung
- Begriff **IntKartR** 90; **Art. 81 Abs. 1** 109, 118 ff.
- Fusionskontrolle **Einf FKVO** 35
- Vertikalvereinbarungen **Art. 2 Vert-GVO** 58
- Zusammenschlusskontrolle **35** 7 ff.

„Delimitis/Henninger Bräu"-Entscheidung **Art. 81 Abs. 1** 128, 165; **Art. 83** 3; **Art. 15 VerfVO** 11

Deutsche Bundespost
- Unternehmen der öffentlichen Hand **130** 8, 32

Deutsche Klausel
- Fusionskontrolle **Einf FKVO** 46

„Deutsche Telekom AG"-Entscheidung **Art. 82** 2, 179

Deutsches Kartellrecht
- allgemein **Einführung** 71 ff.

Dienstleistungen
- Begriff **Art. 86** 97 f.

Dienstleistungsfreiheit
- europäisches Vergaberecht **Vor 97 ff.** 56, 65

Diskriminierung
- geistiges Eigentum **GRUR** 69 ff.

Diskriminierungsverbot
- siehe auch Abhängige Unternehmen; Behandlung, ungerechtfertigte unterschiedliche; Behinderung, unbillige; Verbände
- Abbruch bestehender Geschäftsverbindungen **Art. 82** 172 f.
- abhängige Unternehmen **20** 19 ff.
- Ablehnung der Aufnahme in Verbände **20** 167 ff.
- allgemein, Missbrauch einer marktbeherrschenden Stellung **Art. 82** 1, 164 ff.; **20** 1 ff.
- Ausnutzung der Marktstellung **20** 127, 135
- Begriff **Einführung** 27; **Art. 81 Abs. 1** 313 ff.
- Geltungsbereich **130** 59 f.
- Gesamtumsatzrabattsystem **Art. 81 Abs. 1** 318
- kleinere u. mittlere Unternehmen **20** 19 ff., 130 f.
- Lieferverweigerung **Art. 82** 170 f.
- marktbeherrschende Unternehmen **20** 7 ff.
- Normadressaten **20** 6 ff., 16 ff., 114 ff.
- öffentliche u. monopolartige Unternehmen **Art. 86** 71 f.
- „passive Diskriminierung" **20** 113
- preisbindende Unternehmen **20** 13 ff.

magere Zahlen = Randnummern

Sachverzeichnis

- Preisdiskriminierung **Art. 81 Abs. 1** 317
- Unternehmen **20** 6 ff., 16 ff.
- Unternehmensvereinigungen **20** 11 f., 18
- Untersagungsverfahren **20** 109
- Vergaberecht **Vor 97 ff.** 50, 57 f.; **97** 25 ff.
- Vorteilsgewährung **20** 113 ff.

Drittstaaten
- allgemein **IntKartR** 1 ff., 27 ff., 92 ff., 117 ff.
- Vergaberecht **Vor 97 ff.** 103 ff.

„Du Pont/ICI"-Entscheidung Art. 2 FKVO 23

Dualer Vertrieb
- Vertikalvereinbarungen **Art. 2 Vert-GVO** 92

Dumping
- im Vergaberecht **97** 71 ff.

Durchschnittsnachfrager
- Fusionskontrolle **Art. 2 FKVO** 16

Durchsuchung
- Auskunftsverlangen **59** 14 f.

ECN
- siehe Netz der Wettbewerbsbehörden (ECN)

„Eco Swiss"-Entscheidung IntKartR 131, 141 ff.

Economies of scale
- Begriff **36** 81

Economies of scope
- Begriff **36** 82

effects doctrine
- Begriff **Art. 7 FKVO** 5

Effektivitätsgrundsatz
- Begriff **Einführung** 93; **Art. 81 Abs. 2** 38

effet utile
- Begriff **Art. 86** 6

Effizienzgewinne
- Erfordernis **Art. 81 Abs. 3** 32
- freigestellte Vereinbarungen **2** 15, 18 ff., 52, 75, 96, 106
- Kategorisierung u. Berechung **Einführung** 56
- Seeverkehr **Verkehr** 106

Effizienzkriterien
- allgemein **Art. 81 Abs. 3** 27 ff.
- Förderung des technischen Fortschritts **Art. 81 Abs. 3** 35
- Förderung des wirtschaftlichen Fortschritts **Art. 81 Abs. 3** 36
- Verbesserung der Warenerzeugung **Art. 81 Abs. 3** 33
- Verbesserung der Warenverteilung **Art. 81 Abs. 3** 34

Eigentumsrechte
- rule of reason **1** 179

Eingreifschwellen
- siehe Umsatzschwellen

Einkaufskooperationen
- allgemein **2** 86 ff.
- Bezugszwang **2** 92 f.
- Effizienzgewinne **2** 96
- Koppelung mit Absatzkooperationen **2** 102
- Kostendeckungsklauseln **2** 94
- Mindestumsatzklauseln **2** 94
- Spürbarkeit **2** 95
- Unerläßlichkeit **2** 97

Einmischungsverbot
- Völkerrecht **IntKartR** 10 ff., 32, 97 ff., 115 ff.

„Ein-Riegel-extra"-Entscheidung 1 143

Einschätzungsprärogative
- Umfang gerichtlicher Kontrolle **Art. 81 Abs. 3** 7 ff.

Einseitiges Verhalten
- Begriff **Einführung** 26 f., 86

Einstandspreis
- Begriff **20** 140 ff.

Einstweilige Maßnahmen
- siehe auch Beschwerde; Sofortige Beschwerde
- allgemein im deutschen Recht **Einführung** 114 ff.
- anhängiges Hauptsacheverfahren **60** 1
- aufschiebende Wirkung **64** 1 ff.
- Auswahlermessen **Art. 8 VerfVO** 20 f.
- Befugnis der Kommission **Art. 4 VerfVO** 18 ff.; **Art. 8 VerfVO** 1 ff.; **Art. 8 FKVO** 51 ff.
- Beschwerdegericht **64** 11 f.
- Kartellbehörde **32 a** 1 ff.; **60** 1 ff.
- Landgerichte **87** 5, 10
- Nichtigkeitsklage **Art. 8 VerfVO** 25
- Statthaftigkeit **60** 2
- vorläufiger Rechtsschutz **Art. 8 VerfVO** 26 ff.

Einzelfreistellungsprinzip
- Fortgeltung **Art. 1 VerfVO** 8
- Unmöglichkeit **Allg-GVO** 14 ff.

Einzelmarktbeherrschung
- siehe auch Marktzutrittsschranken; Missbrauch einer marktbeherrschenden Stellung; Monopol
- 50 %-Schwelle **Art. 82** 102
- Ausreifungs- u. Stagnationsphase **36** 106 ff.
- Begriff **Art. 82** 91 ff.; **19** 26 ff., 47 ff.; **36** 10 ff.
- besonders hohe Marktanteile **Art. 82** 102 ff.; **19** 32
- Beurteilung von Zusammenschlüssen **Art. 2 FKVO** 67 ff.
- Experimentier- u. Expansionsphase **36** 105
- failing company defence **36** 121 ff.
- Finanzkraft **36** 45 ff.
- Marktanteile **36** 26 ff.
- Marktbeherrschungsbegriff **36** 10 ff.
- Marktstrukturanalyse **Art. 82** 96 ff.
- Marktverhaltensanalyse **Art. 82** 118 ff.
- Marktzutrittsschranken **Art. 82** 109; **19** 36; **36** 70 ff.
- Monopole **Art. 82** 98 ff.
- Produktionsumstellungsflexibilität **19** 29, 38 f.
- räumlich relevanter Markt **Art. 82** 107

3003

Sachverzeichnis

fette Zahlen = Artikel/Paragraphen

- Ressourcenbetrachtung **36** 43 ff.
- Unternehmensstrukturanalyse **Art. 82** 111 ff.
- Verflechtungen **36** 67, 102
- Zugang zu Beschaffungs- oder Absatzmärkten **36** 53 ff.

Empfehlungsverbot
- Begriff **Vor 1–3** 1, 5; **1** 13

Energielieferungen
- rule of reason **1** 160

Energiewirtschaftsrecht
- allgemein **Einführung** 122 f.; **29** 1 ff.
- Marktbeherrschung **29** 7 ff.
- Netzanschlüsse **29** 3, 6
- Sektoren **98** 43

Englische Klausel
- Behinderungsmissbrauch **Art. 82** 193
- Versorgungsquellenaufteilung **Art. 81 Abs. 1** 312
- Vertikalvereinbarungen **Art. 5 Vert-GVO** 263

Entflechungsverfahren
- Geltungsbereich **130** 77

Entkoppelung
- Vertikalvereinbarungen **Art. 5 Vert-GVO** 270

„**EPI**"-**Entscheidung Art. 81 Abs. 1** 32, 65

Erfolgsort
- Zustellungen **IntKartR** 47 ff.

Ermessen
- allgemein, Kommission **Art. 86** 150 ff.
- Auswahlermessen **Art. 86** 152
- Entschließungsermessen **Art. 86** 151

Ermittlungsbefugnisse
- der Kommission **Art. 4 VerfVO** 28 ff.; **Art. 17 VerfVO** 10

Ermittlungsverfahren
- mitgliedstaatliche Zuarbeit **Einführung** 96

Ermittlungszweck
- inländischer **IntKartR** 60

Ersatzteile
- Automobilvertrieb **Art. 1 Kfz-GVO** 24

Erschöpfungsgrundsatz
- geistiges Eigentum **GRUR** 23, 61 ff.

Ersetzungsklauseln
- Teilnichtigkeit **Art. 81 Abs. 2** 28, 30

Erzeugung
- allgemein **Art. 81 Abs. 1** 252 ff.
- Landwirtschaft **28** 8 ff., 16 ff.
- Produktionsquoten **Art. 81 Abs. 1** 254
- Produktionsverbot **Art. 81 Abs. 1** 253
- Spezialisierungskartelle **Art. 81 Abs. 1** 257 f.
- Strukturkrisenkartelle **Art. 81 Abs. 1** 259
- Zuteilungskartelle **Art. 81 Abs. 1** 261

Essential Facilities
- Begriff **Art. 82** 209 ff.
- Lieferstörungen **Art. 82** 215

- Missbrauch einer marktbeherrschenden Stellung **19** 7, 86 ff.

EU
- Geltungsbereich **IntKartR** 18 ff.

„**Eurocontrol**"-**Entscheidung Art. 82** 20

Europarecht
- u. Drittstaaten **IntKartR** 117 ff.
- internationale Rechtsquellen **IntKartR** 5 ff.

„**European Night Services**"-**Entscheidung Verkehr** 29; **Art. 81 Abs. 1** 123, 132, 137; **Art. 82** 216

„**Eurotunnel**"-**Entscheidung Verkehr** 28

EWR
- Parallelrecht mit koordiniertem Vollzug **IntKartR** 20 ff.

EWRA
- Parallelrecht mit koordiniertem Vollzug **IntKartR** 22 ff.

Exclusivbindungen
- Behinderungsmissbrauch **Art. 82** 183 ff.

Exclusivlizenz
- offene **Art. 81 Abs. 1** 127

Export
- u. Wirkungsprinzip **IntKartR** 73 f.

Exportverbote
- Martkaufteilung **Art. 81 Abs. 1** 296 ff.

Extraterritoriale Wirkung
- kartellrechtlicher Hoheitakte **IntKartR** 92 ff.

Extraterritorialität
- Begriff **Einf FKVO** 28 f.

Fahrlässigkeit
- Bußgeld **Art. 23 VerfVO** 20; **Art. 14 FKVO** 4; **81** 14 ff.
- Missbrauch einer marktbeherrschenden Stellung **Art. 82** 5

failing company defence
- Zusammenschlusskontrolle **36** 121 ff.

failing divison defence
- Begriff **Art. 2 FKVO** 173

failing firm defence
- Begriff **Art. 2 FKVO** 167 ff.

„**Farbstoffe**"-**Entscheidung IntKartR** 48, 71, 109; **Art. 81 Abs. 1** 5

Feindliche Übernahme
- Begriff **35** 8

„**FENIN**"-**Entscheidung Art. 81 Abs. 1** 49; **Art. 86** 31; **Einf VerfVO** 7

Festpreis
- vertikale Kernbeschränkung **Art. 81 Abs. 1** 116

Feststellungsbeschwerde, allgemeine
- Begriff **63** 30

Feststellungsentscheidung
- Befugnis der Kommission **Art. 4 VerfVO** 7 ff.
- positive **Einf VerfVO** 14

magere Zahlen = Randnummern

Sachverzeichnis

FHA EG-Schweiz
- Begriff **IntKartR** 29 ff.

FIFA
- Anwendbarkeit von Art. 81, 82 **Art. 81 Abs. 1** 52

Fixkosten
- Behinderungsmissbrauch **Art. 82** 177 f.

Flick-Klausel
- Zusammenschlusskontrolle **36** 199 ff.

follow-on-Schadenersatzklagen
- Begriff **Einführung** 50

„Ford"-Entscheidung Art. 8 VerfVO 19

Foreclosure
- Begriff **Art. 2 FKVO** 128

Forschung und Entwicklung (FuE-GVO)
- „Alles-oder-Nichts-Prinzip" **Art. 1 FuE-GVO** 12
- „beteiligte Unternehmen" **Art. 2 FuE-GVO** 18
- Entzug der Freistellung **Art. 7 FuE-GVO** 63 ff.
- „Forschungs- u. Entwicklungsarbeiten" **Art. 2 FuE-GVO** 20
- freigestellte Vereinbarungen **2** 170 ff.
- Freistellung **Art. 1 FuE-GVO** 2 ff.
- Freistellungsvoraussetzungen **Art. 3 FuE-GVO** 31 ff.
- „geistiges Eigentum" **Art. 2 FuE-GVO** 24
- gemeinsame Verwertung **Art. 1 FuE-GVO** 7 ff.
- „know-how" **Art. 2 FuE-GVO** 25; **Art. 3 FuE-GVO** 36
- „konkurrierende Unternehmen" **Art. 2 FuE-GVO** 29
- Marktanteilsschwellen **Art. 4 FuE-GVO** 40 ff.; **Art. 6 FuE-GVO** 58 ff.
- nicht unter die Freistellung fallende Vereinbarungen **Art. 5 FuE-GVO** 45 ff.
- „Produkt" **Art. 2 FuE-GVO** 21
- Schwarze Liste **Art. 5 FuE-GVO** 45 ff.
- „verbundene Unternehmen" **Art. 2 FuE-GVO** 19

Forschungs- und Entwicklungskooperationen
- allgemein **2** 21, 114

Fortsetzungsfeststellungsbeschwerde
- Begriff **63** 29

Franchising-Vereinbarungen
- Kernbeschränkungen **Art. 4 Vert-GVO** 211
- Nebenabreden **Art. 81 Abs. 1** 158
- rule of reason **1** 177

free riding
- Begriff **IntKartR** 62

Freie Berufe
- Anwendbarkeit von Art. 81 **Art. 81 Abs. 1** 51

Freigabefiktion
- Hauptprüfverfahren **40** 17 ff.

Freigestellte Vereinbarungen
- siehe auch Einkaufskooperationen; Konditionenkartelle; Rationalisierungskartelle
- abgestimmte Verhaltensweisen **2** 16
- allgemein **2** 1 ff.
- Ausschaltung des Wettbewerbs **2** 36 ff., 56, 79, 100, 112 f., 128 ff.
- Effizienzgewinne **2** 15, 18 ff., 52, 75, 96, 106, 119 ff.
- Einkaufskooperationen **2** 86 ff.
- Forschungs- u. Entwicklungskooperationen **2** 21, 114
- Gewinnbeteiligung der Verbraucher **2** 31 ff., 78, 125 ff.
- Gruppenfreistellungsverordnungen **2** 154 ff.
- Horizontalvereinbarungen **2** 10, 21, 44 ff.
- Kernbeschränkungen **2** 29
- Konditionenkartelle **2** 21, 57 ff.
- Legalausnahme **2** 5, 195 ff.
- Ministerkartelle **2** 147 ff.
- Mittelstandskartelle **2** 85
- Rationalisierungskartelle **2** 115 ff.
- relevanter Markt **2** 16
- Selbsteinschätzung **2** 5, 198 ff.
- Spezialisierungskartelle **2** 21, 81 ff.
- Strukturkrisenkartelle **2** 130 ff.
- Umweltschutzkartelle **2** 138 ff.
- Unterläßlichkeit der Wettbewerbsbeschränkung **2** 27 ff., 53, 76, 91 ff., 109 f., 124
- Vermarktungskooperationen **2** 103 ff.
- Vertikalvereinbarungen **2** 21, 150 ff.

Freistellung
- gewerbliche Schutzrechte **GRUR** 106 ff.
- Pflicht **Art. 81 Abs. 3** 2
- technische Entwicklung **Art. 81 Abs. 1** 285
- im Verkehr **Verkehr** 132 ff., 135 ff.

Fusion
- siehe auch Zusammenschlüsse
- Begriff **Einf FKVO** 25; **Art. 3 FKVO** 12 ff.

Fusionskontrolle
- präventive **Einf FKVO** 30 ff.

Fusionskontrollverfahren
- allgemein **Einführung** 38 ff., 73, 88; **IntKartR** 78 ff.
- Anmeldepflicht **IntKartR** 86 ff.
- in der Landwirtschaft **Landwirtschaft** 9
- Untersagung **IntKartR** 80 ff.

„Fußball-Bundesliga"-Entscheidung 1 242

Gaslieferverträge
- allgemein **Vor 29** 1 ff., 11 ff.
- Marktbeherrschung **29** 7 f.
- Marktabschottung durch langjährige Verträge **Vor 29** 15 f.
- Netznutzungsentgelte **Vor 29** 14
- rule of reason **1** 160
- Übernahmen **Vor 29** 13

3005

Sachverzeichnis

fette Zahlen = Artikel/Paragraphen

Gebrauchsmusterschutz
- Begriff **GRUR** 4

Gebühren
- allgemein **80** 1 ff.
- Vergabekammern **128** 8 ff.

Geistiges Eigentum
- siehe auch Immaterialgüterrechte (Geistige Eigentumsrechte)
- Arten **GRUR** 2 ff.
- „Cassis-de-Dijon"-Entscheidung **GRUR** 45
- „Dassonville"-Entscheidung **GRUR** 41
- Datenwerke u. -banken **GRUR** 13 f.
- Definition **GRUR** 1 ff.
- Diskriminierung **GRUR** 69 ff.
- Erschöpfungsgrundsatz **GRUR** 23, 61 ff.
- Forschung u. Entwicklung **Art. 2 FuE-GVO** 24
- Gebrauchsmusterschutz **GRUR** 4
- Gemeinschaftsrecht **GRUR** 38 ff.
- Geschmacksmusterschutz **GRUR** 11, 35 f., 57
- Halbleitertopografienschutz **GRUR** 12, 37
- Inländerbehandlung **GRUR** 25
- „Keck"-Entscheidung **GRUR** 49
- know-how, technisches **GRUR** 5
- Markenschutz **GRUR** 9, 28 f., 56
- Patentschutz **GRUR** 3, 27, 55
- period of Grace **GRUR** 25
- Prioritätsprinzip **GRUR** 22
- rule of reason **1** 180
- Schutzrechtserschöpfung **GRUR** 61 ff.
- Sortenschutz **GRUR** 8
- Spezialisierungsvereinbarungen **Art. 1 Spez-GVO** 19
- Urheberschutz **GRUR** 10, 30 ff., 58
- Verhältnismäßigkeit **GRUR** 48, 60
- Vertikalvereinbarungen **Art. 2 Vert-GVO** 79, 97

Geldbuße
- siehe Bußgeld

Geltungsbereich
- Grundsatz der Territorialität im Völkerrecht **IntKartR** 10 ff., 15 ff.

Gemeinden
- Unternehmen der öffentlichen Hand **130** 17, 25

Gemeinsame Erklärung
- Begriff **Art. 11 VerfVO** 2 ff.; **Art. 12 VerfVO** 9

Gemeinsamer Einkauf
- Absatz **Art. 81 Abs. 1** 268

Gemeinsamer Markt
- allgemein, Beherrschung **Art. 82** 142 ff.
- Begriff **Art. 2 FKVO** 43 f., 49 f.
- Verweisung **Art. 9 FKVO** 8 ff., 15

Gemeinsamer Verkauf
- Absatz **Art. 81 Abs. 1** 266 f.

Gemeinschaftsrecht
- allgemeine Rechtsgrundsätze **Einführung** 68
- geistiges Eigentum **GRUR** 38 ff.
- primäres **64 ff.** 54 ff.
- sekundäres **Einführung** 67; **Art. 81 Abs. 1** 32
- Vorrang **Art. 83** 21
- zivilrechtliche Ansprüche **Art. 81 Abs. 2** 34 ff.

Gemeinschaftsunternehmen
- siehe auch Vollfunktionsgemeinschaftsunternehmen
- allgemein **GU** 1 ff.; **Anh zu 1** 1 ff.
- Anteilserwerb **37** 46
- Doppelkontrolle **Anh zu 1** 3 f.
- Kontrollerwerb **Art. 1 FKVO** 6 ff.
- Konzentrationsprivileg **GU** 4; **Anh zu 1** 9 f.
- konzentrative **GU** 3 ff.; **Anh zu 1** 3 f., 6 ff.
- kooperative **GU** 3 ff., 6 ff.; **Anh zu 1** 3 f., 12 f.
- Nebenabreden **GU** 22 ff.; **Art. 81 Abs. 1** 147 ff.
- Netzwerkeffekt **GU** 20
- Produktions-GU **Art. 5 Spez-GVO** 52
- Spezialisierungskartelle **Art. 81 Abs. 1** 257 f.
- Spezialisierungsvereinbarungen **Art. 5 Spez-GVO** 51 ff.
- „spillover-effect" **GU** 16 ff.
- strukturelle kooperative **GU** 5
- u. technische Entwicklung **Art. 81 Abs. 1** 285
- Teilfunktions-GU in marktfernen Bereichen **GU** 9
- Teilfunktions-GU zwischen Nichtwettbewerbern **GU** 10
- Teilfunktions-GU zwischen Wettbewerbern **GU** 11 ff.
- „Trennungsprinzip" **GU** 2 ff.
- Umsatzermittlung **Art. 5 FKVO** 13
- verbundene Unternehmen **Art. 11 Vert-GVO** 360
- Vollfunktions-GU **Art. 81 Abs. 1** 152; **Art. 5 Spez-GVO** 53; **Art. 2 FKVO** 186 ff.
- Zusammenschlüsse **Art. 3 FKVO** 40 ff.
- „Zweischrankenprinzip" **GU** 2

Gemeinschaftsunternehmen
- Vollfunktions-GU **Art. 3 FKVO** 40 ff.

„Gencor/Lonrho"-Entscheidung IntKartR 83; **Art. 81 Abs. 1** 172; **Art. 1 FKVO** 12; **Art. 2 FKVO** 141; **Art. 8 FKVO** 27

„General Electric/Honeywell"-Entscheidung Art. 2 FKVO 134, 182

„General Motors"-Entscheidungen Art. 82 147 ff.

Generalklausel
- Begriff **Vor 1–3** 7
- Missbrauch einer marktbeherrschenden Stellung **Art. 82** 6; **19** 58
- Technologietransfer **Art. 2 TT-GVO** 24

Genossenschaftsprivileg
- Begriff **Landwirtschaft** 25, 46 ff.

magere Zahlen = Randnummern

Sachverzeichnis

Gesamtumsatzrabattkartelle
- Begriff **Art. 81 Abs. 1** 236
- Diskriminierung **Art. 81 Abs. 1** 318

Geschäftsgeheimnisse
- allgemein **IntKartR** 61
- Amtsverschwiegenheit **Art. 28 VerfVO** 16 ff.
- Berufsgeheimnis **Art. 28 VerfVO** 1 ff.; **Art. 17 FKVO** 1 ff.
- Nachprüfungen **Art. 20 VerfVO** 71
- Schutz **Art. 27 VerfVO** 23 ff.; **Art. 18 FKVO** 25
- Verfahren vor den Kartellbehörden 56 9 ff.
- Vergabekammern 111 4 ff., 10 ff.
- Veröffentlichungen **Art. 30 VerfVO** 7; **Art. 20 FKVO** 2
- Vertraulichkeitsschutz **Art. 28 VerfVO** 19 ff., 23 ff.
- Verwertungsverbot **Art. 17 FKVO** 1
- Weiterleitungsverbot **Art. 28 VerfVO** 11 ff.; **Art. 17 FKVO** 1
- Zusammenarbeit der Gerichte **Art. 15 VerfVO** 12, 26

Geschäftsverweigerung
- allgemein 20 91 ff.

Geschmacksmusterschutz
- geistiges Eigentum **GRUR** 11, 35 f., 57

Gesellschaftsvertrag
- Nichtigkeit **Art. 81 Abs. 2** 33
- rule of reason 1 169 ff.

Gewerbliche Schutzrechte
- Abgrenzungsvereinbarungen **GRUR** 87
- absoluter Gebietsschutz **GRUR** 83
- Ancillary Restraint **GRUR** 101
- Anwendung von **Art. 81 EG GRUR** 81 ff.
- Ausbeutungsmissbrauch **GRUR** 119
- Behinderungsmissbrauch **GRUR** 120 ff.
- Freistellung nach **Art. 81 Abs. 3 EG GRUR** 106 ff.
- Lizenverträge **GRUR** 94 ff.
- Lizenzerteilung, ausschließliche **GRUR** 83 ff., 96
- Marktbeherrschung **GRUR** 112 ff., 119 ff.
- Marktstrukturmissbrauch **GRUR** 131 f.
- Marktzutrittsschranken **Art. 82** 204 ff.
- Missbrauch zwecks Marktaufteilung **Art. 81 Abs. 1** 305
- missbräuchliche Ausnutzung von Klage- u. Schutzrechten **Art. 82** 225 ff.
- Nebenabreden **GRUR** 98 ff.
- Schutrechtsübertragungen **GRUR** 90 ff.
- u. Wettbewerbsbegriff **GRUR** 78 ff.
- Zulieferkonstellationen **GRUR** 102 ff.

Gewinnbegrenzungsmethode
- Ausbeutungsmissbrauch **Art. 82** 147 ff.

Gewinnbeteiligung
- der Verbraucher **Art. 81 Abs. 3** 39 ff.

Gewinnerzielungsabsicht
- u. Sozialstaat **Art. 82** 21

„Gilette"-Entscheidung Art. 7 VerfVO 58

Gleichbehandlungsgrundsatz
- vergaberechtlicher 97 24 ff.

Goodwill
- Abhängigkeit 20 49
- Begriff **Art. 2 FKVO** 109

„Graue" Klauseln
- Begriff **Allg-GVO** 22

Großunternehmen
- Mittelstandskartelle 3 19

Gruppeneffekte
- Gemeinschaftsunternehmen **GU** 16 ff.

Gruppenfreistellungsverordnungen
- horizontale Kooperationen **Anh Art. 81** 19 ff.
- Verordnungen u. Richtlinien **Art. 83** 10, 13, 28

Gütezeichengemeinschaften
- Begriff 20 178 f.

Haftung
- Bußgeld **Art. 23 VerfVO** 21 ff.

Halbleitertopografienschutz
- geistiges Eigentum **GRUR** 12, 37

Handelsvertreter
- Alleinbelieferung **Art. 3 Vert-GVO** 128
- Automobilvertrieb **Art. 2 Kfz-GVO** 26
- rule of reason 1 173 f.
- als Unternehmen **Art. 81 Abs. 1** 59; 1 25

Handelsvertreterverträge
- echte **Art. 1 Vert-GVO** 43 ff.; **Art. 2 Kfz-GVO** 26
- unechte **Art. 1 Vert-GVO** 46; **Art. 4 Vert-GVO** 154; **Art. 2 Kfz-GVO** 26

Handlungsort
- Zustellungen **IntKartR** 47 ff.

hard-core-Kartelle
- Begriff **Einführung** 43, 45; **Art. 6 VerfVO** 2; **Art. 7 VerfVO** 2

Hauptprüfungsverfahren (Phase II)
- allgemein **Art. 6 FKVO** 63 ff.; **Art. 10 FKVO** 5 ff.; 40 9 ff.
- Anhörungen **Art. 18 FKVO** 8 ff., 13 ff.
- Freigabefiktion 40 17 ff.
- Untersagungs- u. Freigabeverfügung 40 11 ff.

Hauptsacheerledigung
- siehe auch Beschwerde
- Beschwerde 71 30 ff.

Havanna Charta
- Begriff **IntKartR** 27

Hersteller-Franchising
- reines **Art. 2 Vert-GVO** 81

HHI
- Begriff **Einführung** 55

„Hilti"-Entscheidung Art. 82 32, 158, 161; **Art. 20 VerfVO** 35

Höchstrabatte
- Begriff **Art. 81 Abs. 1** 235

3007

Sachverzeichnis

fette Zahlen = Artikel/Paragraphen

„Hoechst"-Entscheidung **Art. 20 VerfVO** 18 ff.
„Hoffmann-La Roche"-Entscheidung **Art. 82** 183 f., 188, 193; **Art. 2 FKVO** 72
Hold-separate agreement
– Begriff **Art. 7 FKVO** 5
„Hold-up-Problem"
– Begriff **Art. 5 Vert-GVO** 300
„Holyhead"-Entscheidung **19** 87
Horizontale Kooperationen
– allgemein **Anh Art. 81** 1 ff.
– Bagallbekanntmachung **Anh Art. 81** 13 ff.
– Kernbeschränkungen **Anh Art. 81** 14, 17, 29
– Legalausnahme **Anh Art. 81** 10
– Leitlinien für die Zusammenarbeit **Anh Art. 81** 22 ff.
– Marktanteilsschwellen **Anh Art. 81** 14 ff.
– Marktstrukturanalyse **Anh Art. 81** 33 f.
– „more economic approach" **Anh Art. 81** 9
Horizontale Verhältnisse
– siehe auch Vereinbarungen
– Absatz **Art. 81 Abs. 1** 264 ff.
– freigestelle Vereinbarungen **2** 10, 21, 44 ff.
– Martkaufteilungen **Art. 81 Abs. 1** 290 ff.
– Unterlassungs- u. Schadenersatzansprüche **33** 13 ff.
– Zeitungen u. Zeitschriften **30** 84
Horizontale Zusammenschlüsse
– allgemein **Art. 2 FKVO** 119 f.
– foreclosure **Art. 2 FKVO** 128
– leverage effect **Art. 2 FKVO** 128
– Portfolioeffekt **Art. 2 FKVO** 129
„Hydrotherm"-Entscheidung **Art. 81 Abs. 1** 55

„IECC/Kommission"-Entscheidung **Art. 7 VerfVO** 33
Immanenztheorie
– siehe auch rule of reason
– allgemein **1** 147 ff.
Immaterialgüterrechte (Geistige Eigentumsrechte)
– siehe auch Geistiges Eigentum; Urheberrechte
– allgemein **1** 203
– Gebrauchsmuster, Geschmacksmuster, Sortenschutz **1** 203, 205 ff.
– „Inhaltstheorie" **1** 204
– Kollektivmarken **1** 214
– Marken **1** 203, 208 ff.
– Patente **1** 203, 205 ff.
– Technologiepools **1** 206
– Urheberrechte u. verwandte Schutzrechte **1** 215 ff.
„IMS Health"-Entscheidung **GRUR** 125; **Art. 82** 207 ff.; **Art. 8 VerfVO** 10; **Art. 16 VerfVO** 5
„INAIL"-Entscheidung **Art. 82** 21; **Art. 86** 31

Infektionstheorie
– Begriff **98** 18
Informationsaustauschsysteme
– Absatz **Art. 81 Abs. 1** 278 ff.
– Abschreckungseffekt **1** 88
– Angleichungseffekt **1** 88
– Begriff **Art. 81 Abs. 1** 97, 133, 243 ff.
– Hauptabrede **Art. 81 Abs. 1** 248 f.
– Marktaufteilung **Art. 81 Abs. 1** 304
– Nebenabreden **Art. 81 Abs. 1** 245 ff.
– Wettbewerbsbeschränkung **1** 88 ff.
In-House-Geschäfte
– öffentliche Aufträge **99** 42 ff.
Inländerbehandlung
– geistiges Eigentum **GRUR** 25
Insolvenzklausel
– Begriff **Art. 3 FKVO** 70
Interbrand-Wettbewerb
– Begriff **Art. 81 Abs. 1** 106; **Allg-GVO** 19; **1** 92
Internethandel
– Vertikalvereinbarungen **Art. 4 Vert-GVO** 174, 191 ff.
Intrabrand-Wettbewerb
– Begriff **Art. 81 Abs. 1** 106; **1** 92
Investitionen
– Begriff **Art. 81 Abs. 1** 286 f.

Jedermannsgeschäft
– Begriff **130** 21
Juristische Personen
– im Vergaberecht **98** 11 ff.

Kabotage
– Seeverkehr **Verkehr** 52, 62, 78
„Kali und Salz"-Entscheidung **Art. 2 FKVO** 37, 167, 170, 175
Kampfpreisunterbietung
– Behinderungsmissbrauch **Art. 82** 176 ff.
„Kampfschiffe"
– Missbrauch einer marktbeherrschenden Stellung **Verkehr** 119
Kartellbehörden
– siehe auch Auskunftsverlangen; Beschwerde; Schadenersatzansprüche; Unterlassungsansprüche; Verfahren; Vorteilsabschöpfung; Zusammenschlusskontrolle
– Abstellungstatbestände **32** 1 ff.
– Abstellungsverfahren **32** 5 ff.
– Abstellungsverfügung **32** 11 ff.
– kein Anlass zum Tätigwerden **32 c** 1 ff.
– Anordnung der sofortigen Vollziehung **65** 4 ff.
– Benachrichtigung u. Beteiligung **90** 1 ff.
– Bestimmtheitsgrundsatz **32** 11
– Bundeskartellamt **49** 1 ff.; **51** 1 ff.
– einstweilige Maßnahmen **32 a** 1 ff.
– Entzug der Freistellung **32 d** 1 ff.
– Ermessen **32** 8; **32 b** 19

magere Zahlen = Randnummern

Sachverzeichnis

- Evokationsrecht **32 d** 8
- Feststellung von Zuwiderhandlungen **32** 19
- Gebotsverfügungen **32** 14 ff.
- Landeskartellbehörden **90** 5
- Missbrauchsaufsicht **32 d** 4 ff.
- Netzwerk der europäischen Wettbewerbsbehörden **50 a** 1 ff.
- Oberste Landesbehörde **49** 1 ff.
- Unerlassungsansprüche, Schadenersatzpflicht **33** 1 ff.
- Untersuchungen **32 e** 1 ff.
- Verbindlichkerklärung **32 b** 10
- Verhältnismäßigkeitsprinzip **32 b** 7
- Verpflichtungszusagen **32 b** 1 ff.
- Vollzug europäischen Rechts **50** 1 ff.
- Vorteilsabschöpfung **34** 1 ff.; **35** 1 ff.
- Zusammenarbeit **50 a** 1 ff.; **50 b** 1 ff.; **50 c** 1 ff.; **90 a** 1 ff.
- Zuständigkeit **48** 1 ff.

Kartelle
- Begriff **Einführung** 3 ff.
- kollektive Marktbeherrschung **Art. 82** 124
- Spezialisierungskartelle **Art. 81 Abs. 1** 257 f.
- Strukturkrisenkartelle **Verkehr** 38; **Art. 81 Abs. 1** 259
- Verbot **Einführung** 20 ff.
- Zuteilungskartell **Art. 81 Abs. 1** 261

Kartellrecht
- Begriff **Einführung** 4

Kartellsenat
- beim BGH **94** 1 ff.
- beim OLG **91** 1 ff.

Kaskadenprinzip
- Begriff **Einführung** 90
- deutsches Vergaberecht **Vor 97 ff.** 17 ff.; **97** 76

Käufer
- Kernbeschränkungen **Art. 4 Vert-GVO** 153 ff., 176 ff.

„Keck"-Entscheidung **GRUR** 49

Kernbeschränkungen
- aktiver/passiver Verkauf **Art. 4 Vert-GVO** 190 ff.
- allgemein **Allg-GVO** 23 ff.; **Art. 4 Vert-GVO** 134 ff.
- Automobilvertrieb **Art. 4 Kfz-GVO** 34 ff.
- Fest- oder Mindespreisvereinbarungen **Art. 4 Vert-GVO** 169
- freigestellte Vereinbarungen **2** 29
- Gebiets- oder Kundenkreisbeschränkungen **Art. 4 Vert-GVO** 172 ff., 181 ff.
- Gewinnausgleichverpflichtung **Art. 4 Vert-GVO** 188
- horizontale **Art. 81 Abs. 1** 109, 111 ff.
- horizontale Kooperationen **Anh Art. 81** 14, 17, 29
- Internethandel **Art. 4 Vert-GVO** 174, 183, 191 ff.
- „Käufer" **Art. 4 Vert-GVO** 153 ff., 176 ff.

- Lieferbeschränkungen **Art. 4 Vert-GVO** 209 ff., 226 ff.
- Meistbegünstigungsklauseln **Art. 4 Vert-GVO** 155
- Preisbindungen **Art. 4 Vert-GVO** 149 ff.
- Preisempfehlungen **Art. 4 Vert-GVO** 167 f.
- Querlieferungsbeschränkungen **Art. 4 Vert-GVO** 220 ff.
- selektives Vertriebssystem **Art. 4 Vert-GVO** 195, 209, 212 ff.
- Standortklauseln **Art. 4 Vert-GVO** 182, 216 ff.
- Technologietransfer **Einf TT-GVO** 5; **Art. 4 TT-GVO** 36 ff.
- „Verkaufspreis" **Art. 4 Vert-GVO** 161 ff.
- vertikale **Art. 81 Abs. 1** 116 ff.
- Wettbewerbsbeschränkungen **1** 130 ff.

„Kesko/Tuko"-Entscheidung **Art. 8 FKVO** 46

Kettenverträge
- Begriff **Art. 5 Vert-GVO** 274

Kfz-GVO
- siehe Automobilvertrieb (Kfz-GVO)

Kick-back
- Begriff **1** 177

„Kimberley-Clark/Scott"-Entscheidung **Art. 7 FKVO** 5

Kleinere und mittlere Unternehmen
- siehe auch Abhängige Unternehmen
- Behinderung **20** 130 ff.
- Diskriminierungsverbot **20** 19 ff., 130 ff.
- Koppelungen **20** 137
- Mittelstandskartelle **3** 11 ff., 62 ff.
- unbillige Behinderung **20** 136 ff.
- Vergaberecht **97** 34 ff.

Know-how
- Forschung u. Entwicklung **Art. 2 FuE-GVO** 25; **Art. 3 FuE-GVO** 36
- geistiges Eigentum **GRUR** 5
- Nebenabreden **Art. 81 Abs. 1** 153 ff.
- Schutz **Art. 5 Vert-GVO** 285 ff.

„Kodak"-Entscheidung **IntKartR** 43

Kohäsionseinwand
- Fusionskontrolle **Art. 2 FKVO** 183

Kollegenlieferungen
- Buchpreisbindung **Anh zu 30** 4, 16
- Mittelstandskartelle **3** 49
- Vertikalvereinbarungen **Art. 2 Vert-GVO** 88

Kollektive Marktbeherrschung
- siehe auch Nachfrage
- Abgrenzung zu Konzernen **Art. 82** 123
- allgemein **Art. 82** 121 ff.
- enge Oligopole **Art. 82** 125
- Fusionskontrolle **Art. 2 FKVO** 137 ff.
- Kartelle **Art. 82** 124
- Marktanteilsentwicklung **Art. 2 FKVO** 148
- Marktbeherrschung auf Nachfragemärkten **Art. 82** 126 ff.

3009

Sachverzeichnis

fette Zahlen = Artikel/Paragraphen

- Marktkonzentration **Art. 2 FKVO** 146 f.
- Markttransparenz **Art. 2 FKVO** 149
- Produkthomogenität **Art. 2 FKVO** 150

Kollektivmarken
- geistige Eigentumsrechte **1** 214

Kommission
- siehe auch Anhörung; Auskunftverlangen; Beschwerde; Bußgeld; Einstweilige Maßnahmen; Kronzeugenprogramm; Nachprüfungen; Zwangsgeld
- Abstellungsentscheidungsbefugnis **Art. 4 VerfVO** 7 ff., 45 ff.; **Art. 7 VerfVO** 15
- Angemessenheit **Art. 86** 149
- Anhörung **Art. 27 VerfVO** 1 ff.
- Auskunftverlangen **Art. 18 VerfVO** 1 ff.; **Art. 11 FKVO** 1 ff.
- Aussetzung u. Einstellung des Verfahrens **Art. 13 VerfVO** 1 ff.
- Befragung **Art. 19 VerfVO** 1 ff., 7 ff.
- Befugnisse **Art. 86** 133 ff.; **Art. 8 FKVO** 1 ff.
- Beratender Ausschuss **Art. 14 VerfVO** 1 ff.; **Art. 17 VerfVO** 9; **Art. 19 FKVO** 8 ff.
- Beratungsschreiben **Art. 10 VerfVO** 21 ff.
- Beschwerde **Art. 7 VerfVO** 11 ff.
- Bindungswirkung einer Positiventscheidung **Art. 10 VerfVO** 19
- einstweilige Maßnahmen **Art. 4 VerfVO** 18 ff.; **Art. 8 VerfVO** 1 ff.; **Art. 8 FKVO** 51 ff.
- Entzug des Rechtsvorteils in Einzelfällen **Art. 29 VerfVO** 1 ff.
- Erforderlichkeit **Art. 86** 148
- Ermessen **Art. 86** 150 ff.; **Art. 17 VerfVO** 8; **Art. 18 VerfVO** 40; **Art. 20 VerfVO** 51; **Art. 23 VerfVO** 58
- Ermittlungsbefugnisse **Art. 4 VerfVO** 28 ff.
- Feststellung der Nichtanwendbarkeit **Art. 10 VerfVO** 1 ff.; **Art. 16 VerfVO** 8 ff.
- Feststellungsentscheidungsbefugnis **Art. 4 VerfVO** 7 ff.
- Informationsaustausch **Art. 12 VerfVO** 1 ff.
- „Magill" **Art. 7 VerfVO** 54
- „Microsoft" **Art. 7 VerfVO** 55
- Nachprüfungsauftrag u. -entscheidung **Art. 20 VerfVO** 58 ff.
- Nachprüfungsbefugnisse **Art. 20 VerfVO** 1 ff., 7 ff.; **Art. 12 FKVO** 1 ff.; **Art. 13 FKVO** 1 ff.
- Opportunitätsprinzip **Art. 7 VerfVO** 9
- Positiventscheidung **Art. 10 VerfVO** 19; **Art. 16 VerfVO** 8
- Sanktionsentscheidungen **Art. 4 VerfVO** 25 ff.
- „Tetra-Pak-II" **Art. 7 VerfVO** 51
- Untersuchung einzelner Wirtschaftszweige **Art. 17 VerfVO** 1 ff., 8 ff.

- Veröffentlichungen **Art. 30 VerfVO** 1 ff.; **Art. 20 FKVO** 1 ff.
- Verpflichtungsentscheidungsbefugnis **Art. 4 VerfVO** 12 ff.
- Verweisung **Art. 9 FKVO** 1 ff., 13 ff.; **Art. 22 FKVO** 1 ff.
- u. Völkerrecht **IntKartR** 108 ff.
- Zusammenarbeit mit den Gerichten der Mitgliedstaaten **Art. 15 VerfVO** 1 ff.; **90 a** 1 ff.
- Zusammenarbeit mit den Wettbewerbsbehörden der Mitgliedstaaten **Art. 11 VerfVO** 1 ff.
- Zuwiderhandlungen **Art. 7 VerfVO** 1 ff., 45 ff.; **Art. 8 VerfVO** 8 ff.; **Art. 9 VerfVO** 19 f.; **Art. 20 VerfVO** 1; **Art. 23 VerfVO** 27 ff.

Kommissionäre
- als Unternehmen **Art. 81 Abs. 1** 59

Konditionenkartelle
- allgemein **2** 21, 57 ff.
- Festpreisklauseln **2** 72
- Frachtklauseln **2** 70
- Preisbegriff **2** 62 ff.
- Preisvorbehaltsklauseln **2** 71

Konditionenmissbrauch
- allgemein **19** 81 f.

Konglomerate Zusammenschlüsse
- allgemein **Art. 2 FKVO** 127 ff.
- Fähigkeit zur Abschottung **Art. 2 FKVO** 132 ff.
- foreclosure **Art. 2 FKVO** 128
- leverage effect **Art. 2 FKVO** 128
- Portfolioeffekt **Art. 2 FKVO** 129
- spill-over-effect **Art. 2 FKVO** 130

Konkurrenzklauseln
- Vertikalvereinbarungen **Art. 5 Vert-GVO** 250

Konsortien
- allgemein **Verkehr** 92, 124

Konzentrationsprivileg
- Begriff **GU** 4; **Anh zu 1** 9 f.

Konzentrative Gemeinschaftsunternehmen
- Begriff **GU** 3 ff.; **Anh zu 1** 3 f., 6 ff.

Konzerninterner Wettbewerb
- Begriff **1** 94 ff.
- Gleichordnungskonzern **1** 96; **36** 193 ff.
- Unterordnungskonzern **1** 95

Konzernunternehmen
- siehe auch Verbundene Unternehmen
- Umsatzberechnung **Art. 5 FKVO** 20 ff.
- verbundene Unternehmen **Art. 11 Vert-GVO** 359
- Zusammenschlusskontrolle **36** 191 ff.

Konzertierung
- siehe auch Vereinbarungen
- Formen **Art. 81 Abs. 1** 75 ff.
- Vereinbarungen **Art. 81 Abs. 1** 78 ff.

magere Zahlen = Randnummern

Sachverzeichnis

Kooperative Gemeinschaftsunternehmen
- Begriff **GU** 3 ff., 6 ff.; **Anh zu 1** 3 f., 12 f.

Koordinierte Wirkungen/Effekte
- Begriff **Art. 2 FKVO** 61 ff.

Koppelungen
- kleinere u. mittlere Unternehmen **20** 137
- unbillige Behinderung **20** 106, 137
- Vertikalvereinbarungen **Art. 2 Vert-GVO** 65; **Art. 3 Vert-GVO** 122

Koppelungsverbot
- allgemein **Art. 82** 157 ff.
- Behinderungsmissbrauch **Art. 82** 188; **19** 71

Kostendeckungsklauseln
- Einkaufskooperationen **2** 94
- Vergabekammern **128** 1 ff., 5

Kreuz-Preis-Elastizität
- Beurteilung von Zusammenschlüssen **Art. 2 FKVO** 26
- Missbrauch einer marktbeherrschenden Stellung **Art. 82** 28, 31

„Krisenkartelle"
- Begriff **Art. 81 Abs. 1** 16

Kronjuwelenklausel
- Begriff **Art. 6 FKVO** 24

Kronzeugenprogramm
- allgemein **Einf VerfVO** 20
- Auskunftverlangen **Art. 18 VerfVO** 48, 62
- Berufsgeheimnis **Art. 28 VerfVO** 7
- Bußgeld **Art. 23 VerfVO** 37 ff.
- Zusammenarbeit der Gerichte **Art. 15 VerfVO** 13

Kundendienst
- siehe auch Automobilvertrieb (Kfz-GVO)
- Automobilvertrieb **Einf Kfz-GVO** 13; **Art. 4 Kfz-GVO** 40; **Art. 5 Kfz-GVO** 46 ff.

Kundenschutzvereinbarungen
- rule of reason **1** 161, 165

Kündigung
- Automobilvertrieb **Art. 3 Kfz-GVO** 30 ff.
- öffentliche Aufträge **99** 39
- Verpflichtungszusagen **32 b** 12

„Landegebühr"-Entscheidung 50 1

Landesbehörden
- siehe Kartellbehörden

Landgerichte
- „acte-clair"-Doktrin **87** 21
- Beschaffungsverträge **87** 12
- Beschwerdeverfahren **87** 5
- einstweilige Verfügungen **87** 5, 10
- Feststellungsklagen **87** 15
- Kartell-L. **97** 24 ff.
- Kartellrechtsstreitigkeiten **87** 14 ff.
- Verweisungen **87** 8, 29
- Vorabentscheidungsverfahren **87** 9
- Zuständigkeit, ausschließliche **87** 1 ff.

- Zuständigkeit für mehrere Gerichtsbezirke **89** 1 ff.

Landverkehr
- siehe auch Verkehr
- allgemein **Verkehr** 13 ff.

Landwirtschaft
- allgemein **Einführung** 124 f.; **Landwirtschaft** 1 ff.; **28** 1 ff.
- Ausnahmen **Landwirtschaft** 22 ff.
- Ausschluss des Wettbewerbs **Landwirtschaft** 67 f.
- Erzeugerbetriebe u. deren Vereinigungen **28** 8 ff., 16 ff.
- Freistellung vom Kartellverbot **28** 7
- Freistellung von Konditionenbindungen **28** 28 ff.
- Fusionskontrolle **28** 44 f.
- Gefährdung der Ziele nach Art. 35 EG **Landwirtschaft** 69 ff.
- Genossenschaftsprivileg **Landwirtschaft** 25, 46 ff.
- landwirtschaftliche Erzeugnisse **28** 32 ff.
- Missbrauch einer marktbeherrschenden Stellung **Landwirtschaft** 74
- Missbrauchskontrolle **Landwirtschaft** 8; **28** 39 ff.
- Nachprüfungsvorbehalt **Landwirtschaft** 84
- Negativabgrenzung **Landwirtschaft** 19
- Preisbindung **Landwirtschaft** 63 ff.; **28** 22 ff.
- relevanter Markt **28** 25

„Langnese-Iglo"-Entscheidung
Art. 7 VerfVO 63; **Art. 8 VerfVO** 18

Lauterkeitsrecht
- allgemein **24** 5 f., 32 ff.
- Anerkennung **26** 18 ff.
- Begriff **24** 32 ff., 41 ff.
- Drei-Zonen-Theorie **24** 36 ff.
- „graue Zone": lauterer u. unlauterer Wettbewerb **24** 35 ff., 40
- Leistungswettbewerbsregeln **24** 55 ff.
- mittelbarer Lauterkeitsbezug **24** 48 ff.; **26** 21 f.
- unmittelbarer Lauterkeitsbezug **24** 47; **26** 30 ff.
- Zeitungen u. Zeitschriften **30** 70
- Zwei-Zonen-Theorie **24** 39

„Leegin"-Entscheidung 1 132; **2** 153

Legal Privilege
- Begriff **Einf VerfVO** 5; **Art. 18 VerfVO** 19, 50, 53; **Art. 20 VerfVO** 33 ff., 72

Legalausnahmen
- allgemein **Vor 1–3** 8 f.; **1** 12
- im EG-Recht **Art. 81 Abs. 1** 23 ff.
- freigestellte Vereinbarungen **2** 5, 195 ff.
- von der Freistellung zur L. **Art. 1 VerfVO** 4 ff.
- horizontale Kooperationen **Anh Art. 81** 10

Sachverzeichnis

fette Zahlen = Artikel/Paragraphen

- Luftverkehr **Verkehr** 10, 147, 152
- öffentliche u. monopolartige Unternehmen **Art. 86** 78
- Unterlassungs- u. Schadenersatzansprüche **33** 18
- VO 1/2003 **Einf VerfVO** 2; **Art. 7 VerfVO** 1; **Art. 17 VerfVO** 4
- VO u. RiLi **Art. 83** 3, 11

Leistungsbeschwerde, allgemeine
- Begriff **63** 27 ff.; **71** 12, 29

Leistungswettbewerbsregeln
- Anerkennung **26** 23
- „Anzapfen" **24** 67
- Auslesefunktion **24** 63
- Begriff **24** 8, 20, 54 ff.
- Lauterkeitsrecht **24** 55 ff.
- Liefer- oder Bezugsverweigerungen **24** 71
- Mischkalkulation **24** 60, 64
- Mondpreise **24** 68
- Nebenleistungswettbewerb **24** 72
- Rabatte **24** 65 f.

Letter of intent
- Begriff **Art. 4 FKVO** 10

Leverage effect
- Begriff **Art. 2 FKVO** 128

Lieferbeschränkungen
- Kernbeschränkungen **Art. 4 Vert-GVO** 209 ff., 226 ff.

Lieferverpflichtungen
- Nebenabreden **Art. 81 Abs. 1** 150

Lieferverweigerungen
- Begriff **Einführung** 30
- Boykottverbot **21** 10, 33
- Diskriminierungsverbot **Art. 82** 170 f.
- Essential Facilities **Art. 82** 215
- Leistungswettbewerbsregeln **24** 71

Liniency-Programme
- Begriff **1** 15

Linienfrachtverkehr
- Seeverkehr **Verkehr** 65 ff.

Linienkonferenzen
- Seeverkehr **Verkehr** 45, 89 ff.

Lizenzerteilung
- ausschließliche **GRUR** 83, 96

Lizenzverträge
- geistige Eigentumsrechte **1** 212
- gewerbliche Schutzrechte **GRUR** 94 f.
- rule of reason **1** 167

Lizenzverweigerung
- Marktzutrittsschranken **Art. 82** 207
- „London European Sabena"-Entscheidung **Art. 82** 102, 216
- „Lucazeau/SACEM"-Entscheidung **Art. 82** 155

Luftverkehr
- allgemein **Verkehr** 144 ff.

Luxemburgische Klausel
- Begriff **Art. 3 FKVO** 71

„(Magill)-RTE und ITV/Kommission"-Entscheidung GRUR 121; **Art. 82** 207 ff., 219; **Art. 7 VerfVO** 54; **19** 87

Management Buy-Out
- Begriff **Art. 3 FKVO** 19

„Manfredi"-Entscheidung Art. 81 Abs. 2 43 f.; **33** 16

„Mannesmann/Hoesch"-Entscheidung Art. 2 FKVO 67

„Mannesmannröhren-Werke/Kommission"-Entscheidung Art. 18 VerfVO 42

Marktbeherrschung
- Fusionskontrolle **Einf FKVO** 34

Markenlizenzvereinbarungen
- Nebenabreden **Art. 81 Abs. 1** 157

Markenschutz
- geistiges Eigentum **GRUR** 9, 28 f., 56; **1** 203, 208 ff.
- Markenlizenzen **1** 209 ff.

Markenzwang
- Vertikalvereinbarungen **Art. 5 Vert-GVO** 247, 251

Marktabgrenzung
- siehe auch Missbrauch einer marktbeherrschendent Stellung (Art. 82)
- Begriff **Einführung** 12 ff.
- Fusionskontrolle **Art. 2 FKVO** 10 ff.
- Missbrauch einer beherrschenden Stellung **Art. 82** 25 ff.
- Vertikalvereinbarungen **Art. 3 Vert-GVO** 114 ff.

Marktanteile
- allgemein **38** 1 ff.
- Automobilvertrieb **Art. 8 Kfz-GVO** 53
- Bestimmung **Einführung** 55
- Beurteilung von Zusammenschlüssen **Art. 2 FKVO** 72 ff.
- Einzelmarktbeherrschung **Art. 82** 96 ff.; **19** 32; **36** 26 ff.
- Oligopol **36** 134 ff.

Marktanteilsermittlung
- allgemein **Art. 9 Vert-GVO** 343 ff.

Marktanteilsschwellen
- Alleinbelieferungsverträge **Art. 3 Vert-GVO** 111, 124 ff.
- allgemein, Vertikalvereinbarungen **Art. 3 Vert-GVO** 102 ff.
- Bedarfsmarktkonzept **Art. 3 Vert-GVO** 115
- Forschung u. Entwicklung **Art. 4 FuE-GVO** 40 ff.; **Art. 6 FuE-GVO** 58 ff.
- horizontale Kooperationen **Anh Art. 81** 14 ff.
- Marktabgrenzung **Art. 3 Vert-GVO** 114 ff.
- relevanter Markt **Art. 3 Vert-GVO** 113 ff.
- sachlicher Markt **Art. 3 Vert-GVO** 115 ff.
- Spezialisierungsvereinbarungen **Art. 4 Spez-GVO** 37 ff.; **Art. 5 Spez-GVO** 54 ff.

magere Zahlen = Randnummern

Sachverzeichnis

- Technologietransfer **Einf TT-GVO** 3, 5; **Art. 3 TT-GVO** 29 ff.
- Versicherungssektor **Art. 7 VersW-GVO** 74 ff.

Marktaufteilung
- allgemein **Art. 81 Abs. 1** 288 ff.
- Ausschließlichkeitsbindungen, kollektive **Art. 81 Abs. 1** 293
- Ausschließlichkeitsbindungen, vertikale **Art. 81 Abs. 1** 302
- Exportverbote **Art. 81 Abs. 1** 296 ff.
- nach Gebieten **Art. 81 Abs. 1** 290 ff.
- horizontale Ebene **Art. 81 Abs. 1** 290
- Informationsaustausch **Art. 81 Abs. 1** 304
- Marktquoten **Art. 81 Abs. 1** 292
- Nebenabreden **Art. 81 Abs. 1** 294
- nach Produkten bzw. Kunden **Art. 81 Abs. 1** 306 ff.
- Querlieferungsverbote **Art. 81 Abs. 1** 301
- Reimportpreisbindung **Art. 81 Abs. 1** 301
- Rücklieferungsverbote **Art. 81 Abs. 1** 301
- „Schutz der Heimatmärkte" **Art. 81 Abs. 1** 290
- Sprunglieferungsverbote **Art. 81 Abs. 1** 301
- vertikale Ebene **Art. 81 Abs. 1** 295

Marktbeherrschung
- siehe auch Einzelmarktbeherrschung; Missbrauch; Missbrauch einer marktbeherrschenden Stellung
- Ausübung gewerblicher Schutzrechte als Missbrauch **GRUR** 112 ff.
- Beweislast **Art. 2 VerfVO** 8
- Diskriminierungsverbot **20** 7 ff.
- Einzelmarktbeherrschung **36** 10 ff.
- Energiewirtschaft **29** 7 ff.
- kollektive **Art. 2 FKVO** 137 ff.; **Art. 8 FKVO** 27 f.
- Missbrauch einer beherrschenden Stellung **Art. 82** 4 ff.
- Oligopol **36** 125 ff.

Marktbeherrschungstest
- im materiellen Fusionskontrollrecht **IntKartR** 24

Marktbeherrschungsvermutung
- Missbrauch einer beherrschenden Stellung **Art. 82** 4
- Zusammenschlusskontrolle **36** 1, 29

Markteintritt
- Beurteilung von Zusammenschlüssen **Art. 2 FKVO** 101 ff.

Marktergebnis
- Begriff **Einführung** 8 ff.

Marktgegenseite
- Beurteilung von Zusammenschlüssen **Art. 2 FKVO** 110 ff.
- räumlich relevanter Markt **Art. 82** 84

Marktintegration
- zentrales Kriterium **Art. 81 Abs. 1** 6

Marktkonzentration
- Beurteilung von Zusammenschlüssen **Art. 2 FKVO** 88 ff.

Marktquoten
- Martkaufteilungen **Art. 81 Abs. 1** 292

Marktstruktur
- Begriff **Einführung** 8 ff., 47

Marktstrukturanalyse
- Einzelmarktbeherrschung **Art. 82** 96 ff.
- horizontale Kooperationen **Anh Art. 81** 33 f.

Marktstrukturmissbrauch
- allgemein **Art. 82** 194 ff.
- Begriff **GRUR** 131 f.
- Erwerb von Minderheitsbeteiligungen **Art. 82** 198 f.
- Unternehmenszusammenschlüsse **Art. 82** 197 ff.

Marktverhalten
- Analyse **Art. 82** 118 ff.
- Begriff **Einführung** 8 ff.

Marktzutrittsschranken
- Beurteilung von Zusammenschlüssen **Art. 2 FKVO** 38, 98 ff., 105 f.
- economies of scale **36** 81
- economies of scope **36** 82
- Einzelmarktbeherrschung **Art. 82** 109; **19** 36; **36** 70 ff.
- Erwerb u. Ausübung gewerblicher Schutzrechte **Art. 82** 204 ff.
- Lizenzverweigerung **Art. 82** 207
- Oligopol **36** 150
- Schaffung u. Beibehaltung **Art. 82** 201 ff.
- strategische **36** 85 f.
- strukturelle **36** 77
- technische **36** 83
- Verhältnismäßigkeitsprinzip **Art. 82** 204
- Wettbewerbsbeschränkungen **1** 82

Marokko
- Assoziierungsabkommen **IntKartR** 37 ff.

„Masterfoods"-Entscheidung
- **Art. 16 VerfVO** 5

Materielles Kartellrecht
- allgemein **IntKartR** 23

Medienrechtsklausel
- Begriff **38** 14 ff.

Medienzusammenschlüsse
- allgemein **35** 20 ff.
- Bagatellmarktklausel **35** 23
- de minimis Klausel **35** 22
- Umsatzschwellenwerte **35** 21

Meeting Competition Defence
- Begriff **Art. 82** 228

Mehrfachanmeldungen
- Fusionskontrolle **Art. 1 FKVO** 13

Mehrmütterklausel
- Zusammenschlusskontrolle **36** 196 ff.

Meistbegünstigungsklauseln
- Buchpreisbindung **Anh zu 30** 33

3013

Sachverzeichnis

fette Zahlen = Artikel/Paragraphen

- Vertikalvereinbarungen **Art. 4 Vert-GVO** 155
- Wettbewerbsbeschränkungen **1** 113, 132

„Metro I"-Entscheidung Art. 81 Abs. 1 6, 26

„Michelin"-Entscheidung Art. 82 29, 34

„Microsoft"-Entscheidung Art. 82 2, 155, 209; **Art. 7 VerfVO** 55

Miet- und Pachtverträge
- rule of reason **1** 165

Milderungsgebot
- Bußgeldvorschriften **81** 84 ff.

Militärische Klausel
- Begriff **Art. 3 FKVO** 72

Minderheitsbeteiligungen
- Erwerb **Art. 82** 198 f.

Mindestabnahmeverpflichtungen
- Vertikalvereinbarungen **Art. 5 Vert-GVO** 264 ff.

Mindestpreis
- vertikale Kernbeschränkung **Art. 81 Abs. 1** 116

Mindestumsatzklauseln
- Einkaufskooperationen **2** 94

Ministererlaubnis
- allgemein **42** 1 ff.; **130** 78
- Bekanntmachungen **43** 1 ff.
- Erlaubnisantrag **42** 15 f.
- Erlaubnisverfahren **42** 17 ff.

Ministerkartelle
- Begriff **2** 147 ff.

Mischunternehmen
- Begriff **2** 136

Missbrauch
- Ausbeutungsmissbrauch **GRUR** 119
- Behinderungsmissbrauch **GRUR** 120 ff.
- Kontrolle in der Landwirtschaft **Landwirtschaft** 8
- einer marktbeherrschenden Stellung im gewerblichen Rechtsschutz **GRUR** 112 ff., 119 ff.
- einer marktbeherrschenden Stellung im Seeverkehr **Verkehr** 119 ff.
- einer marktbeherrschenden Stellung in der Landwirtschaft **Landwirtschaft** 74
- Marktbeherrschungsvermutung **19** 45 ff.
- Marktstrukturmissbrauch **GRUR** 131 f.

Missbrauch einer marktbeherrschenden Stellung
- siehe auch Ausbeutungsmissbrauch; Behinderungsmissbrauch; Einzelmarktbeherrschung; Kollektive Marktbeherrschung; Staat; Unternehmen
- allgemein **Art. 82** 1 ff., 25 ff.; **19** 1 ff.; **130** 56 ff.
- Angebotssubstitution **Art. 82** 34
- Ausbeutungsmissbrauch **Art. 82** 1, 144 ff.; **19** 72 ff.
- Bedarfsmarktkonzept **19** 12 ff.
- Behinderungsmissbrauch **Art. 82** 1, 174 ff.; **19** 63 ff.
- Beweislast **Art. 2 VerfVO** 8; **19** 54, 97
- Binnenmarktbehinderung **Art. 82** 221 ff.
- Bußgeld **19** 50, 100
- Dienstleistungen **Art. 82** 55 ff.
- Dienstleistungen öffentlicher Unternehmen **Art. 82** 72 ff.
- Diskriminierungsverbot **Art. 82** 1, 164 ff.; **20** 7 ff.
- Einzelmarktbeherrschung **Art. 82** 91 ff.; **19** 26 ff., 47 ff.
- Essential Facilities **Art. 82** 209 ff.; **19** 7, 86 ff.
- Gemeinsamer Markt **Art. 82** 142 ff.
- Generalklausel **Art. 82** 6; **19** 58
- Hauptformen des Missbrauchs **Art. 82** 144 ff.
- kollektive Marktbeherrschung **Art. 82** 121 ff.
- Konditionenmissbrauch **19** 81 f.
- Koppelungsverbot **Art. 82** 157 ff.
- Kreuz-Preis-Elastizität **Art. 82** 28, 31; **19** 20
- Marktabgrenzung **Art. 82** 25 ff.
- Marktbeherrschung **Art. 82** 4 ff.; **19** 9 ff., 41 ff., 58 ff.
- Marktzutrittsschranken **Art. 82** 109, 201 ff.
- Martkstrukturmissbrauch **Art. 82** 194 ff.
- mißbräuchliches Verhalten **Art. 82** 5
- Nachfragemärkte **Art. 82** 90; **19** 25
- Oligopole **19** 41, 45 ff., 51 ff.
- Preis- u. Konditionenmissbrauch **Art. 82** 1, 144 ff.
- Preisbestimmungsmacht **Art. 82** 4
- Produktionsflexibilität **Art. 82** 34; **19** 25, 29, 38
- räumlich relevanter Markt **Art. 82** 83 ff.; **19** 22 f.
- sachlich relevanter Markt **Art. 82** 28 ff.; **19** 11 ff.
- Unternehmen **Art. 82** 12 ff.
- Unternehmen, mehrere **19** 41 ff.
- Untersagungsverfügung **19** 98
- Vergabe öffentlicher Aufträge **126** 24
- Vorsatz/Fahrlässigkeit **Art. 82** 5 ff.
- Vorteilsabschöpfung **19** 99
- zeitlich relevanter Markt **Art. 82** 88 f.; **19** 24

Missbrauchsaufsicht
- Buchpreisbindung **Anh zu 30** 7
- Kartellbehörden **32 d** 4 ff.
- Zeitungen u. Zeitschriften **30** 2, 8, 46 ff.

Missbrauchsverbot
- Begriff **Einführung** 26; **Art. 82** 1 ff.

Mitbewerber
- Begriff **Einführung** 131 ff.

Mitgliedstaaten
- siehe auch Kommission; Wettbewerbsbehörden der Mitgliedstaaten
- Verweisung an die zuständige Behörde **Art. 9 FKVO** 1 ff.

magere Zahlen = Randnummern

Sachverzeichnis

- Zusammenarbeit der Gerichte mit der Kommission **Art. 15 VerfVO** 1 ff.
- Zuständigkeit der Gerichte **Art. 6 VerfVO** 1 ff.
- Zuständigkeit der Wettbewerbsbehörden **Art. 5 VerfVO** 1 ff.

Mittelständische Interessen
- siehe auch Kleinere und mittlere Unternehmen
- im Vergaberecht **97** 34 ff.

Mittelstandskartelle
- Abgrenzung von Horizontal- u. Vertikalvereinbarungen **3** 24 ff.
- allgemein **1** 12; **2** 21, 85; **3** 1 ff.
- Austauschverträge **3** 29
- gentlemen's agreement **3** 21
- Großunternehmen **3** 19
- Kernsortenspezialisierung **3** 48
- kleinere u. mittlere Unternehmen **3** 11 ff., 62 ff.
- „Kollegenlieferung" **3** 49
- Konzerngesellschaften **3** 17
- Mengenspezialisierung **3** 48
- mittelständische Spezialisierungskartelle **3** 46 ff.
- Mittelstandsempfehlungen **3** 22
- öffentlich-rechtliche Körperschaften **3** 18
- Randsortenspezialisierung **3** 48
- Spezialisierungskartelle **3** 3
- Sternverträge **3** 31 ff.
- Unternehmensvereinigungen **3** 21 ff., 27
- zwischenbetriebliche Zusammenarbeit **3** 41 ff.

Mondpreise
- Leistungswettbewerbsregeln **24** 68

Monopol
- Begriff **Einführung** 9
- Einzelmarktbeherrschung **Art. 82** 98 ff.
- faktisches **Art. 82** 101
- Quasi-Monopole **Art. 82** 98
- rechtliches **Art. 82** 99
- Renten **Einführung** 11
- staatlicher Schutz **Art. 82** 19
- Unternehmen mit Finanzmonopolcharakter **Art. 86** 111 ff.

Monopolkommission
- allgemein **47** 1 ff.
- Hauptgutachten **47** 6 ff.
- Sondergutachten **47** 13 ff.
- Unabhängigkeit **47** 20 ff.
- Zusammenarbeit der Gerichte **Art. 15 VerfVO** 20

more economic approach
- Begriff **Einführung** 59
- horizontale Kooperationen **Anh Art. 81** 9

Multimodale Transporte
- Seeverkehr **Verkehr** 94 ff.

Multimodale Vereinbarungen
- Landverkehr u. Binnenschifffahrt **Verkehr** 34

Mündliche Verhandlung
- siehe auch Verfahren
- Beschwerde **69** 1 ff.
- Nichterscheinen **69** 6
- Verfahren vor den Kartellbehörden **56** 1 ff., 16 ff.
- Vergabe öffentlicher Aufträge **120** 6 f.
- Vergabekammern **112** 1 ff.

Muttergesellschaften
- Begriff **Art. 5 FKVO** 28 f.

NAAT-Regel (no appreciable affectation of trade)
- Spürbarkeit **Art. 3 VerfVO** 11

Nachfrage
- durch Handelsunternehmen **Art. 82** 135 ff.
- durch Herstellerunternehmen **Art. 82** 130 ff.
- horizontaler u. vertikaler Verhaltensspielraum **Art. 82** 128
- Macht **Art. 2 FKVO** 110 ff.
- durch die öffentliche Hand **Art. 82** 139 ff.

Nachfragemärkte
- kollektive Marktbeherrschung **Art. 82** 126 ff.
- Missbrauch einer marktbeherrschenden Stellung **Art. 82** 90; **19** 25

Nachfragesubstituierbarkeit
- Begriff **Art. 81 Abs. 1** 168; **Art. 2 FKVO** 15

Nachprüfungen
- Adressaten **Art. 20 VerfVO** 54 f., 60; **Art. 21 VerfVO** 10 ff.; **Art. 13 FKVO** 7
- allgemein **Art. 20 VerfVO** 1 ff.; **Art. 12 FKVO** 1 ff.; **Art. 13 FKVO** 1 ff.
- andere Räumlichkeiten **Art. 21 VerfVO** 1 ff.
- Anfangsverdacht **Art. 20 VerfVO** 49 f.; **Art. 21 VerfVO** 8; **Art. 13 FKVO** 5
- Aussage- bzw. Auskunftsverweigerungsrecht **Art. 20 VerfVO** 36 ff.
- Betretungsrecht **Art. 20 VerfVO** 65 ff.
- Bußgeld **Art. 23 VerfVO** 13
- Eingriffsintensität **Art. 20 VerfVO** 9 ff.
- Erforderlichkeitskriterium **Art. 20 VerfVO** 49 ff., 53; **Art. 13 FKVO** 5
- EuGH **Art. 31 VerfVO** 1 ff.
- „Hoechst" **Art. 20 VerfVO** 18 ff., 33 f.
- Legal Privilege **Art. 20 VerfVO** 33 ff., 72
- Mitwirkungspflicht **Art. 20 VerfVO** 67, 92; **Art. 13 FKVO** 6
- Nachprüfungsauftrag u. Nachprüfungsentscheidung **Art. 20 VerfVO** 58 ff.
- Prüfungsrecht **Art. 20 VerfVO** 68 ff.
- „PVC" **Art. 20 VerfVO** 21, 26
- Unverletzlichkeit von Geschäfts- u. Privaträumen **Art. 20 VerfVO** 24 f., 48, 86; **Art. 21 VerfVO** 2, 5
- Verhältnismäßigkeitsprinzip **Art. 20 VerfVO** 53, 90
- „vor Ort" **Art. 20 VerfVO** 7 ff.

3015

Sachverzeichnis

fette Zahlen = Artikel/Paragraphen

- Willkür oder Unverhältnismäßigkeit **Art. 20 VerfVO** 17 ff., 89
- Zwangsgeld **Art. 20 VerfVO** 96

Nachprüfungsverfahren
- siehe auch Vergabe öffentlicher Aufträge; Vergabekammern; Vergabeprüfstellen
- allgemein **102** 1 ff.
- Aufsichtsbehörden **102** 17 ff.
- Auftragsvergabe außerhalb des Kartellvergaberechts **102** 22 ff.
- Begriff der Vergabe öffentlicher Aufträge **102** 7 ff.
- Begriff „Vergabeverfahren" **102** 11
- Kartellbehörden **102** 20 f.
- Nachprüfungsbehörden **102** 1 ff.
- Rechtsschutz bei de-facto-Vergaben **102** 10 ff.
- Vergabekammern **102** 5 ff.
- Vergabeprüfstellen **102** 14 ff.; **103** 1 ff.
- vergaberechtlicher Primärrechtsschutz **102** 1 ff., 14 ff., 23 ff.; **104** 4 ff.

ne bis in idem
- Begriff **IntKartR** 121; **Art. 11 VerfVO** 10 ff.

Nebenabreden
- Franchising-Vereinbarungen **Art. 81 Abs. 1** 158
- Gemeinschaftsunternehmen **GU** 22 ff.; **Art. 81 Abs. 1** 147 ff.
- gewerbliche Schutzrechte **GRUR** 98 ff.
- Informationsaustauschsysteme **Art. 81 Abs. 1** 245 ff.
- Markenlizenzvereinbarungen **Art. 81 Abs. 1** 157
- Marktaufteilung **Art. 81 Abs. 1** 294
- Patent- u./oder know-how-Lizenzvereinbarungen **Art. 81 Abs. 1** 153 ff.
- selektive Vertriebsvereinbarungen **Art. 81 Abs. 1** 159
- Spezialisierungs- u. FuE-Vereinbarungen **Art. 81 Abs. 1** 160; **Art. 1 Spez-GVO** 18 ff.
- Unternehmensübertragungen **Art. 81 Abs. 1** 147 ff.
- Wettbewerbsverbot-, Abwerbeverbot- u. Vertraulichkeitsklauseln **Art. 81 Abs. 1** 148
- Zusammenschlüsse **Art. 6 FKVO** 50 ff.

Nebenabreden-Doktrin
- Begriff **Art. 81 Abs. 1** 110, 140 ff.

Nebengewichtsbildung
- Begriff **2** 113, 129, 146

„Nestlé/Perrier"-Entscheidung
Art. 2 FKVO 23

Nettoprinzip
- Bußgeldvorschriften **81** 73

Netz der Wettbewerbsbehörden (ECN)
- Begriff **Einf VerfVO** 8 ff.; **Art. 11 VerfVO** 3 ff.
- Beschwerdeeinleitung **Art. 7 VerfVO** 19

- Subsidiarität **Art. 10 VerfVO** 17 f.
- Zusammenarbeit **50 a** 1 ff.

Netzbekanntmachung
- Begriff **Art. 11 VerfVO** 4 ff., 13 ff.
- Bonus-Anträge **Art. 11 VerfVO** 25; **Art. 12 VerfVO** 16 ff.
- Ermittlungen der Wettbewerbsbehörden **Art. 22 VerfVO** 30

Netzbetreiber
- Essential Facilities **Art. 82** 212

Netzwerkeffekt
- Gemeinschaftsunternehmen **GU** 20

Neuwagenverkauf
- siehe auch Automobilvertrieb (Kfz-GVO)
- Automobilvertrieb **Einl Kfz-GVO** 13, 16; **Art. 5 Kfz-GVO** 46 ff.

Newcomer
- Begriff **97** 46

Nichtangriffsklauseln
- Technologietransfer **Art. 5 TT-GVO** 59

Nichteinmischungsgrundsatz
- Begriff **IntKartR** 98

Nichtigkeit
- siehe auch Teilnichtigkeit
- Absolutheitsgrundsatz **Art. 81 Abs. 2** 3 f.
- eigenes Risiko der Beteiligten **Art. 81 Abs. 2** 11
- Eintritt sofort u. absolut **Art. 81 Abs. 2** 7
- Folgeverträge **Art. 81 Abs. 2** 24
- Gegenstand **Art. 81 Abs. 2** 18 ff.
- gemeinschaftsrechtlicher Begriff **Art. 81 Abs. 2** 2
- Gesellschaftsvertrag **Art. 81 Abs. 2** 33
- Inhalt **Art. 81 Abs. 2** 3 ff.
- nachträglicher Eintritt **Art. 81 Abs. 2** 10
- Prozessvergleich **Art. 81 Abs. 2** 31
- Reichweite **Art. 81 Abs. 2** 19 ff.
- Schiedsspruch **Art. 81 Abs. 2** 32
- keine schwebende Unwirksamkeit **Art. 81 Abs. 2** 5
- Teilnichtigkeit **Art. 81 Abs. 2** 26 ff.
- Vertrauensschutz **Art. 81 Abs. 2** 11 ff.
- wettbewerbsbeschränkender Vereinbarungen u. Beschlüsse **Einführung** 45 f.

Nichtigkeitsklagen
- allgemein **Einführung** 102 ff.
- einstweilige Maßnahmen **Art. 8 VerfVO** 25
- Kommission **Art. 86** 151
- Landverkehr u. Binnenschifffahrt **Verkehr** 28
- Zurückweisungsentscheidung **Art. 7 VerfVO** 42 f.
- Zusammenarbeit der Gerichte **Art. 15 VerfVO** 14

Nichtzulassungsbeschwerde
- Rechtsbeschwerde **75** 1 ff.

Niederländische Klausel
- Fusionkontrolle **Einf FKVO** 50

magere Zahlen = Randnummern

Sachverzeichnis

Niederlassungsfreiheit
- europäisches Vergaberecht **Vor 97 ff.** 54

Niedrigpreiswettbewerb
- Behinderungsmissbrauch **Art. 82** 176 ff.; **19** 67

„NJW auf CD-ROM"-Entscheidung
30 14 ff.

„Nordsee"-Entscheidung IntKartR 129

Normadressaten
- allgemein, öffentliche u. monopolartige Unternehmen **Art. 86** 82, 95 ff.
- allgemeines Interesse **Art. 86** 99 ff.
- Anmelde- u. Anzeigepflicht **39** 8 ff.
- Boykottverbot **21** 23 f., 46 f.
- Buchpreisbindung **Anh zu 30** 13 ff.
- Bußgeld **81** 36
- Dienstleistungsbegriff **Art. 86** 97
- Diskriminierungsverbot **20** 6 ff., 16 ff., 114 ff.
- relativ marktstarke Unternehmen **20** 16 ff.
- unbillige Behinderung **20** 73 ff.
- Unternehmensbegriff **Art. 86** 95 ff.
- „wirtschaftliches Interesse" **Art. 86** 103 f.

„Nouvelles Frontières"-Entscheidung
Verkehr **1**, 144

„Nungesser"-Entscheidung Art. 81 Abs. 1
26, 127

Oberlandesgerichte
- siehe OLG

Öffentliche Aufträge
- siehe auch Vergabe öffentlicher Aufträge
- allgemein **99** 1 ff.
- Auslobungsverfahren **99** 22
- Bauaufträge **99** 16 ff.
- Definition **99** 5
- Dienstleistungsaufträge **99** 21
- Dienstleistungskonzession **99** 56 ff.
- „Entgelt"-Begriff **99** 29 ff.
- gemischte Aufträge **99** 23 ff.
- Grundstücksverkäufe **99** 64
- In-House-Geschäfte **99** 42 ff.
- Kündigung **99** 39
- Lieferant **99** 9
- Lieferaufträge **99** 15
- public private partnership **99** 46, 52 ff.
- Rahmen- u. Optionsverträge **99** 40 f.
- Unternehmensbegriff **99** 7 f.
- Verteidigungsgüter **99** 65
- Vertrag über eine bestimmte Leistung **99** 13 ff.
- Vertragsparteien **99** 6 ff.

Öffentliche Hand
- siehe auch Vergabe öffentlicher Aufträge
- Unternehmensbegriff **1** 34 ff.

Öffentliche Übernahmeangebote
- allgemein **Art. 7 FKVO** 6 f.

Öffentliche und monopolartige Unternehmen
- siehe auch Kommission; Normadressaten; Unternehmen; Wirtschaftliche Tätigkeit
- allgemein **Art. 86** 1 ff.
- Ausnahmeregelung **Art. 86 Abs. 2 EG Art. 86** 75 ff.
- Begriff **Art. 86** 19 ff., 40 ff.
- begünstigte Unternehmen **Art. 86** 49 ff.
- „besondere" oder „ausschließliche" Rechte **Art. 86** 52 ff.
- „Betrauung" **Art. 86** 106 ff.
- Darlegungs- u. Beweislast **Art. 86** 123 f.
- Diskriminierungsverbote **Art. 86** 71 f.
- effet utile **Art. 86** 6
- Einflussnahme als zentrales Element **Art. 86** 42 ff.
- Kommissionsbefugnis **Art. 86** 133 ff.
- Legalausnahme **Art. 86** 78
- Loyalitätsgebot **Art. 86** 4
- Maßnahmen der Mitgliedstaaten **Art. 86** 56 ff.
- Normadressaten **Art. 86** 82, 95 ff.
- Optimierungsgebot **Art. 86** 91
- Präventions- u. Interventionspflicht **Art. 86** 62
- Privilegierung **Art. 86** 83 ff.
- „Staatsvorbehalt" **Art. 86** 16
- Subsidiarität **Art. 86** 122
- Transparenzrichtlinie **Art. 86** 11, 41, 52 ff.
- Unternehmensbegriff **Art. 86** 19 ff.
- Verhältnismäßigkeit **Art. 86** 119 ff., 146
- Verhinderung der Aufgabenerfüllung **Art. 86** 114 ff.

OLG
- allgemein, Zuständigkeit **83** 1 ff.
- Beschlussentscheidung **83** 11
- Einspruch **83** 5
- Einstellung **83** 6
- Hauptverhandlung **83** 12 ff.
- Kartellsenat beim OLG **91** 1 ff.
- Richterbank **83** 18
- Überleitung in Strafverfahren **83** 8 ff.
- Verteidigung **83** 16 f.
- Zurückverweisung **83** 7
- Zuständigkeit für mehrere Gerichtsbezirke **92** 1 ff.; **93** 1 ff.

Oligopol
- asymmetrisches **36** 139 ff.
- Begriff **Einführung** 9
- Beurteilung von Zusammenschlüssen **Art. 2 FKVO** 64 f.
- enges **Art. 82** 125
- Marktanteil **36** 134 ff.
- Marktbeherrschung **36** 125 ff.
- Markttransparenz **36** 168
- Missbrauch einer marktbeherrschenden Stellung **19** 41, 45 ff., 51 ff.
- Spürbarkeitskriterium **Art. 81 Abs. 1** 133
- symmetrisches **36** 138
- unilaterale Effekte **Art. 2 FKVO** 159 ff.

3017

Sachverzeichnis

fette Zahlen = Artikel/Paragraphen

- Zugang zu den Absatz- u. Beschaffungsmärkten **36** 142 ff.

Opportunitätsprinzip
- Begriff **Art. 7 VerfVO** 9
- Bußgeldvorschriften **81** 47

Optionsvertrag
- öffentliche Aufträge **99** 40 f.

„Orkem/Kommission"-Entscheidung Art. 18 VerfVO 42 ff.; **Art. 20 VerfVO** 39

Outsourcing
- Fusionskontrolle **Art. 3 FKVO** 51
- Spezialisierung **Art. 1 Spez-GVO** 11

Parallelimporte
- Ausbeutungsmissbrauch **Art. 82** 149 ff.

Parallelverhalten
- Begriff **Art. 81 Abs. 1** 96
- oligopolistisches **Art. 82** 125

„Parking Brixen"-Entscheidung 99 47, 59, 61

passing-on defense
- Begriff **Einführung** 49; **Art. 81 Abs. 2** 50

Passiver Verkauf
- Begriff **Art. 4 Vert-GVO** 191
- Technologietransfer **Art. 4 TT-GVO** 50 ff.

Patentschutz
- geistiges Eigentum **GRUR** 3, 27, 55
- Nebenabreden **Art. 81 Abs. 1** 153 ff.

per se Wettbewerbsbeschränkungen
- Begriff **Art. 81 Abs. 1** 109

Period of Grace
- Begriff **GRUR** 25

„Peugot/Kommission" Art. 8 VerfVO 9

„Philipp Morris"-Entscheidung Art. 81 Abs. 1 134; **Einf FKVO** 5 ff., 17

„Pioneer"-Entscheidung Art. 81 Abs. 1 102

Polypol
- Begriff **Einführung** 9

„Polypropylen"-Entscheidung Art. 81 Abs. 1 77, 100

Poolvereinbarungen
- bei Trampdiensten **Verkehr** 108 ff.

Portfolioeffekt
- Begriff **Art. 2 FKVO** 129

positive comity
- Begriff **IntKartR** 57

„Postbank N. V."-Entscheidung Art. 15 VerfVO 11, 14

„Poucet und Pistre"-Entscheidung Art. 82 21 f.; **Art. 86** 31

Pränotifikationsgespräche
- Begriff **Art. 4 FKVO** 7

predatory pricing
- Begriff **Art. 82** 176

Preis- und Konditionenmissbrauch
- siehe auch Ausbeutungsmissbrauch
- (Ausbeutungsmissbrauch) **Art. 82** 1, 144 ff.

Preisabsprachen, horizontale
- Begriff **Art. 81 Abs. 1** 208 ff.
- feste Preise **Art. 81 Abs. 1** 209 ff.
- kollektive Preisbindung **Art. 81 Abs. 1** 220 f.
- Preisänderungen **Art. 81 Abs. 1** 211
- Preisempfehlungen **Art. 81 Abs. 1** 216 f.
- Preisrahmen **Art. 81 Abs. 1** 214 f.
- Zielpreise **Art. 81 Abs. 1** 213
- Zulässigkeit **1** 131

Preisabsprachen, vertikale
- Begriff **Art. 81 Abs. 1** 223 ff.
- Einzelhandelspreise **Art. 81 Abs. 1** 224
- Wiederverkaufspreis **Art. 81 Abs. 1** 224
- Zulässigkeit **1** 132

Preisbegriff
- Konditionenkartelle **2** 62 ff.

Preisbestimmungsmacht
- Missbrauch einer marktbeherrschenden Stellung **Art. 82** 4

Preisbildungsfreiheit
- Begriff **Art. 81 Abs. 1** 204 ff.

Preisbindung
- Automobilvertrieb **Art. 4 Kfz-GVO** 35
- Kernbeschränkungen **Art. 4 Vert-GVO** 161 ff.
- in der Landwirtschaft **Landwirtschaft** 63 ff.; **28** 22 ff.
- Spezialisierungsvereinbarungen **Art. 5 Spez-GVO** 44 f.
- Zeitungen u. Zeitschriften **30** 1 ff.

Preisdiskriminierung
- Versorgungsquellenaufteilung **Art. 81 Abs. 1** 317

Preiselastizität
- Beurteilung von Zusammenschlüssen **Art. 2 FKVO** 26

Preisempfehlungen
- Kernbeschränkungen **Art. 4 Vert-GVO** 165 ff.; **Art. 4 TT-GVO** 50 ff.

Preismaßnahmen, staatliche
- allgemein **Art. 81 Abs. 1** 229 ff.

Preisspaltungsmethode
- Ausbeutungsmissbrauch **Art. 82** 148, 156; **19** 83 ff.

Preiswettbewerb
- zentrales Kriterium **Art. 81 Abs. 1** 5

Presse- und Rundfunkrecht
- siehe auch Zeitugen und Zeitschriften
- allgemein **Einführung** 112
- Medienrechtsklausel **38** 14 ff.

prima facie-Beweis
- Begriff **Art. 2 VerfVO** 12; **Art. 8 VerfVO** 8 ff.; **Art. 9 VerfVO** 19 f.

Primäres Gemeinschaftsrecht
- allgemein **Einführung** 64 ff.

Primärverbot
- Begriff **21** 42

magere Zahlen = Randnummern

Sachverzeichnis

Prioritätsprinzip
- Begriff **GRUR** 22
- „Probeabonnement"-Entscheidung **30** 39

Produktionsbeschränkungen
- Spezialisierungsvereinbarungen **Art. 5 pez-GVO** 46 ff.

Produktionsflexibilität
- Missbrauch einer marktbeherrschenden Stellung **Art. 82** 34; **19** 25, 29

„Pronuptia"-Entscheidung **Art. 81 Abs. 1** 26

Prozessvergleich
- Nichtigkeit **Art. 81 Abs. 2** 31

Public Private Partnership
- öffentliche Aufträge **99** 46, 52 ff.

„PVC"-Entscheidung **Art. 20 VerfVO** 21, 26

Qoutenabsprachen
- Absatz **Art. 81 Abs. 1** 265

Querlieferungsbeschränkungen
- Kernbeschränkungen **Art. 4 Vert-GVO** 220 ff.; **Art. 4 Kfz-GVO** 37

Querschnittsklausel
- Vergaberecht **97** 34

Quersubventionierung
- Behinderungsmissbrauch **Art. 82** 180 ff.
- öffentliche u. monopolartige Unternehmen **Art. 86** 116

Rabatte
- allgemein **Art. 81 Abs. 1** 233 ff.
- Barzahlungsrabatte **Art. 82** 191
- Behinderungsmissbrauch **19** 69
- Behinderung/Ungleichbehandlung **20** 102 f.
- Funktionsrabatte **Art. 82** 191
- Gesamtumsatzrabattkartelle **Art. 81 Abs. 1** 236
- Höchstrabatte **Art. 81 Abs. 1** 235
- Kundenbindung durch **Art. 82** 186 ff.
- Leistungswettbewerbsregeln **24** 65 f.
- Markteinführungsrabatte **Art. 82** 191
- Mengenrabatte **Art. 82** 187, 191
- Rabattverbot **Art. 81 Abs. 1** 235
- Sonderrabatte **Art. 81 Abs. 1** 235
- Spitzenmengenrabatt **Art. 82** 190
- Treuerabatte **Art. 82** 186 f.
- vertikale Verhältnisse **Art. 81 Abs. 1** 237
- Zielrabatte **Art. 82** 189, 191

Rahmenvertrag
- öffentliche Aufträge **99** 40 f.

Rationalisierungskartelle
- allgemein **2** 115 ff.
- Effizienzgewinne **2** 119 ff.
- Gewinnbeteiligung **2** 125 ff.

Räumlich relevanter Markt
- Begriff **Einführung** 53; **Art. 81 Abs. 1** 166 f.; **Art. 2 FKVO** 31 ff.

- Einzelmarktbeherrschung **Art. 82** 107
- Marktzutrittsschranken **Art. 2 FKVO** 38
- Missbrauch einer marktbeherrschenden Stellung **Art. 82** 83 ff., 107; **19** 22 f.
- Seeverkehr **Verkehr** 63 ff.

Rechtsbeschwerde
- siehe auch Beschwerde
- allgemein **74** 1 ff.
- Berechtigte **76** 1 ff.
- Beteiligtenfähigkeit **77** 1 ff.
- BGH **84** 1 ff.
- Form u. Frist **76** 1 ff.
- Kosten **78** 1 ff.
- Nichtzulassungsbeschwerde **75** 1 ff.
- OLG-Beschlüsse **74** 2
- Suspensiveffekt **75** 7
- Zulässigkeit **74** 2 ff.; **75** 3 f.

Rechtsmissbrauchsverbot
- Begriff **IntKartR** 115

Reimportpreisbindung
- Exportverbot **Art. 81 Abs. 1** 301

Relativ marktstarke Unternehmen
- siehe auch Abhängige Unternehmen; Unternehmen; Unternehmensvereinigungen
- Normadressaten **20** 16 ff.

Relevanter Markt
- Definition **Art. 81 Abs. 1** 164 ff.; **Einf FKVO** 71
- freigestellte Vereinbarungen **2** 16
- Marktanteilsschwellen **Art. 3 Vert-GVO** 113

Remissionsrecht
- Zeitungen u. Zeitschriften **30** 3

„Renner"
- Begriff **20** 40

Restrukturierungseffekt
- Begriff **Vor 97 ff.** 6

Revisionsklausel
- Begriff **Art. 6 FKVO** 25

ring fencing
- Begriff **36** 76

Rom II–Verordnung
- internationales Privatrecht der EU **IntKartR** 132 ff.

„Roquette Frères"-Entscheidung **Art. 20 VerfVO** 5, 30 f., 48, 82 ff.

„Rote" Liste
- Begriff **Allg-GVO** 23

„RTL/Veronica Endemol"-Entscheidung **Art. 8 FKVO** 45, 50

Rücklieferungsverbot
- Exportverbot **Art. 81 Abs. 1** 301

Rücksichtnahmegebot
- Begriff **IntKartR** 97 ff.

„Rüffert/Land Niedersachsen"-Entscheidung **Vor 97 ff.** 35

rule of reason
- Arbeitsgemeinschaften **1** 184
- Begriff **Art. 81 Abs. 1** 24 f., 135 ff.;

Sachverzeichnis

fette Zahlen = Artikel/Paragraphen

Art. 82 229; **Allg-GVO** 7, 19, 28;
Art. 2 VerfVO 7
- Eigentumsrechte **1** 179 f.
- Energie **1** 160
- Franchisenehmer **1** 177
- Gas **1** 160
- geistiges Eigentum **1** 180
- Gesellschaftsverträge **1** 169 ff.
- Handelsvertreter **1** 173 f.
- Kauf- u. Lieferverträge **1** 155 ff.
- Kommissionäre **1** 175
- Kundenschutzklauseln **1** 161, 165
- Lizenzverträge **1** 167
- Miet- u. Pachtverträge **1** 164
- Subunternehmerverträge **1** 165 f.
- Unternehmensveräußerungen **1** 162 f.
- Verbot wettbewerbsbeschränkender Verhaltensweisen **1** 147 ff.
- Vergleich **1** 183
- vertikale Preis- u. Konditionenbindungen **1** 172 ff.
- Vertragshändler **1** 176
- Waren- u. Dienstleistungsfreiheit **1** 181

Rundfunkanstalten
- Unternehmen der öffentlichen Hand **130** 9, 30 f.

Sachlich relevanter Markt
- Angebotssubstituierbarkeit **Art. 2 FKVO** 19
- Bedarfsmarktkonzept **Art. 2 FKVO** 13; **19** 12 ff.
- Begriff **Einführung** 48
- Durchschnittsnachfrager **Art. 2 FKVO** 16
- Fusionskontrolle **Art. 2 FKVO** 13 ff.
- (Kreuz-)Preiselastizität **Art. 2 FKVO** 26
- Marktanteilsschwellen **Art. 3 Vert-GVO** 115 ff.
- Missbrauch einer marktbeherrschenden Stellung **Art. 82** 28 ff.; **19** 11 ff.
- Nachfragesubstituierbarkeit **Art. 2 FKVO** 15
- Sortimentsgedanke **Art. 2 FKVO** 18
- Teilmärkte **Art. 2 FKVO** 17

Safe Harbor
- Begriff **Allg-GVO** 26
- Technologietransfer **Einf TT-GVO** 5
- Vertikalvereinbarungen **Einf Vert-GVO** 15 ff.

Salvatorische Klauseln
- Teilnichtigkeit **Art. 81 Abs. 2** 27

Sammelklage
- Unterlassung u. Schadenersatz **33** 4

Sammelrevers
- Buchpreisbindung **Anh zu 30** 3
- Zeitungen u. Zeitschriften **30** 7, 24, 32

Schadenersatzansprüche
- siehe auch Unterlassungsansprüche
- allgemein **Einführung** 47 ff.; **33** 1 ff., 31 ff.
- Berechnung **33** 37
- entgangener Gewinn **33** 39 f.
- Vergabe öffentlicher Aufträge **125** 1 ff.; **126** 12
- Verjährung **33** 31
- Verletzergewinn **33** 38
- VO 1/2003 **Art. 16 VerfVO** 5
- Vorteilsabschöpfung **34** 8 ff.; **35** 5 f.
- zivilrechtliche Grundlagen **Art. 81 Abs. 2** 43, 47 ff., 52 ff.

Schadenersatzklagen
- allgemein **Einführung** 107

Schiedsgerichte
- allgemein im deutschen Recht **Einführung** 117 ff.

Schiedsspruch
- Nichtigkeit **Art. 81 Abs. 2** 32

„Schirm-GVO"
- Anwendungsbereich **Art. 2 Vert-GVO** 48 ff.
- Begriff **Einf Vert-GVO** 2, 13 f.

„Schneider/Legrand"-Entscheidung
Art. 2 FKVO 127

„Schöller"-Entscheidung Art. 8 VerfVO 18

Schutzrechte
- siehe Gewerbliche Schutzrechte

Schutzrechtserschöpfung
- geistiges Eigentum **GRUR** 23, 61 ff.

Schutzrechtsübertragungen
- gewerblicher Rechtsschutz **GRUR** 90 ff.

Schwarze Klauseln
- Vertikalvereinbarungen **Einf Vert-GVO** 4, 29

Schwarze Liste
- Begriff **Allg-GVO** 20 ff.

Schweiz
- ausländisches Eingriffsrecht **IntKartR** 131, 141 ff.
- Freihandelsabkommen **IntKartR** 29 ff.

Schwellenwerte
- Auftragsvergabe oberhalb der S. im deutschen Vergaberecht **Vor 97 ff.** 14 ff.
- Auftragsvergabe unterhalb der S. im deutschen Vergaberecht **Vor 97 ff.** 28 ff.; **100** 13 ff.
- Begriff **Einf FKVO** 20 ff.
- deutsches Vergaberecht **Vor 97 ff.** 14 ff., 28 ff.; **100** 2 ff.
- europäisches Vergaberecht **Vor 97 ff.** 79, 92
- Festsetzung **100** 3 f.

Schwestergesellschaften
- Begriff **Art. 5 FKVO** 30

Sealed envelope-Verfahren
- Begriff **Art. 18 VerfVO** 53

Seeverkehr
- siehe auch Verkehr
- allgemein **Verkehr** 44 ff.

Sektoren
- Energieversorgung **98** 43
- „Explanatory Note" **98** 38
- Legaldefinition **98** 38
- Postdienste **98** 45 ff.
- qualifizierter staatl. Einfluss **98** 37 ff.
- Rohstoffgewinnung **98** 48

magere Zahlen = Randnummern

Sachverzeichnis

- Telekommunikation **98** 41
- Trinkwasser **98** 42
- Verkehr **98** 44

Sekundäres Gemeinschaftsrecht
- allgemein **Einführung** 67

Selbsteintrittsrecht
- Begriff **Einführung** 95

Selektives Vertriebssystem
- Autobmobilvertrieb **Art. 1 Kfz-GVO** 22; **Art. 3 Kfz-GVO** 29
- Nebenabreden **Art. 81 Abs. 1** 159
- Technologietransfer **Art. 4 TT-GVO** 53
- Versorungsquellenaufteilung **Art. 81 Abs. 1** 320
- vertikale Kernbeschränkung **Art. 81 Abs. 1** 116; **Art. 4 Vert-GVO** 195, 209, 212 ff.

„SFR/Telé2 France"-Entscheidung **Art. 2 FKVO** 125

SIEC (Significant Impediment of Effective Competition)
- Fusionskontrolle **Einf FKVO** 38; **Art. 2 FKVO** 1

Sittenwidrigkeit
- Vergabe öffentlicher Aufträge **126** 22

SLC (Substantial Lessening of Competition)
- Fusionskontrolle **Einf FKVO** 36 f.; **Art. 2 FKVO** 2

Sockel-Theorie
- Ausbeutungsmissbrauch **19** 75

„Soda-Club"-Entscheidung **Art. 82** 160

Sofortige Beschwerde
- siehe auch Vergabekammern
- allgemein **116** 1 ff.
- Anschlussbeschwerde **116** 9
- aufschiebende Wirkung **118** 2 ff.
- Aussetzungsentscheidungen **116** 4
- Beteiligte **119** 1 ff.
- Dispositionsmaxime **117** 10
- Endentscheidungen **116** 4
- Frist u. Form **117** 1 ff.
- Kostenentscheidungen **116** 4
- Mitwirkungspflicht **117** 11
- Rücknahme **116** 14
- Suspensiveffekt **118** 8 ff.
- Untätigkeitsbeschwerde **116** 7 f.; **117** 3
- Vorabentscheidung **121** 9
- Wirkung **118** 1 ff.
- Zwischenentscheidungen **116** 5

Soft Convergence
- VO 1/2003 **Einf VerfVO** 12 f.

Software-Verträge
- Technologietransfer **Art. 1 TT-GVO** 14
- Vertikalvereinbarungen **Art. 2 Vert-GVO** 84

Sonderrabatte
- Begriff **Art. 81 Abs. 1** 235

Sonstige Geschäftsbedingungen
- allgemein **Art. 81 Abs. 1** 238 ff.

Sonstiger Marktteilnehmer
- Begriff **Einführung** 131 ff.

Sortenschutz
- geistiges Eigentum **GRUR** 8
- Nebenabreden **Art. 81 Abs. 1** 156

Sortimentsgedanke
- Begriff **Art. 2 FKVO** 18

Sozialversicherungsträger
- Unternehmen der öffentlichen Hand **130** 10 ff., 26 ff.

Sperrmarken
- Eintragung **Art. 82** 225

Sperrpatente
- Eintragung **Art. 82** 225

Spezialisierungskartelle
- Begriff **Art. 81 Abs. 1** 257 f.; **2** 21, 81 ff.
- Mittelstandskartelle **3** 3

Spezialisierungsvereinbarungen (Spez-GVO)
- Alleinbelieferungs-, Alleinbezugsverpflichtung **Art. 2 Spez-GVO** 31 f.; **Art. 3 Spez-GVO** 34
- allgemein **Einf Spez-GVO** 1 ff.
- „beteiligte Unternehmen" **Art. 2 Spez-GVO** 25
- Bezugs- u. Absatzabsprachen **Art. 3 Spez-GVO** 33 ff.
- einseitige Spezialisierung **Art. 1 Spez-GVO** 9 ff.
- Entzug der Freistellung **Art. 7 Spez-GVO** 57 ff.
- freigestellte Vereinbarungen **2** 168 f.
- Freistellung **Art. 1 Spez-GVO** 7 ff.
- gegenseitige Spezialisierung **Art. 1 Spez-GVO** 13 ff.
- geistiges Eigentum **Art. 1 Spez-GVO** 19
- gemeinsame Produktion **Art. 1 Spez-GVO** 16 f.
- gemeinsamer Vertrieb **Einf Spez-GVO** 4; **Art. 3 Spez-GVO** 35 f.
- Gemeinschaftsunternehmen **Art. 5 Spez-GVO** 51 ff.
- „konkurrierendes Unternehmen" **Art. 2 Spez-GVO** 30
- Marktanteilsschwellen **Art. 4 Spez-GVO** 37 ff.; **Art. 6 Spez-GVO** 54 ff.
- nicht unter die Freistellung fallende Vereinbarungen **Art. 5 Spez-GVO** 41 ff.
- Outsourcing **Art. 1 Spez-GVO** 11
- Preisbindung **Art. 5 Spez-GVO** 44 f.
- „Produkt", „Produktion" **Art. 2 Spez-GVO** 27 f.
- Produktions- u. Absatzbeschränkungen **Art. 5 Spez-GVO** 46 ff.
- „relevanter Markt" **Art. 2 Spez-GVO** 29
- Toleranzklauseln **Art. 6 Spez-GVO** 55
- „verbundene Unternehmen" **Art. 2 Spez-GVO** 26

Sachverzeichnis

fette Zahlen = Artikel/Paragraphen

spill-over-effect
- Begriff **GU** 16 ff.

Spitzengruppenabhängigkeit
- Diskriminierungsverbot **20** 34, 36 ff.

Spitzenstellungsabhängigkeit
- Diskriminierungsverbot **20** 34 f.

Sport
- allgemein **1** 241 ff.
- Ausländerklauseln **1** 244
- Exclusivvermarktung **1** 245
- Transferregelungen **1** 244
- zentraler Rechteeinkauf **1** 243
- Zentralvermarktung **1** 242

Sportorganisationen
- Anwendung von Art. 81, 82 **Art. 81 Abs. 1** 52

Sprunglieferungsverbot
- Exportverbot **Art. 81 Abs. 1** 301

Spürbarkeit
- allgemein **1** 141 ff.
- Beeinträchtigung des zwischenstaatl. Handels **Art. 81 Abs. 1** 186
- Bündeltheorie **1** 142, 145
- Darlegungs- u. Beweislast **1** 141
- Einkaufskooperationen **2** 95
- horizontale Kooperationen **Anh Art. 81** 13 ff.
- NAAT-Regel **Art. 3 VerfVO** 11
- Vertikalvereinbarungen **Art. 5 Vert-GVO** 257
- VO 1/2003 **Art. 3 VerfVO** 9 ff.
- Vollfunktions-GU **Art. 2 FKVO** 193
- Wettbewerbsbeschränkung **Art. 81 Abs. 1** 125 ff., 131 ff.
- Wirkungsprinzip **IntKartR** 72

Staat
- allgemein **Art. 82** 19 ff.
- hoheitliche Tätigkeit **Art. 82** 20, 23 f.
- Sozialversicherung u. Sozialstaat **Art. 82** 21 f.
- staatlicher Monopolschutz **Art. 82** 19
- unternehmerische Tätigkeit **Art. 82** 23 f.; **130** 24

Staatenverpflichtungen
- kartellrechtliche **IntKartR** 30 ff.

Staatsangehörigkeit
- Wirkungsprinzip **IntKartR** 69

Staatszugehörigkeit
- Wirkungsprinzip **IntKartR** 69

Standortklauseln
- Automobilvertrieb **Einf Kfz-GVO** 14; **Art. 5 Kfz-GVO** 46
- Kernbeschränkungen **Art. 4 Vert-GVO** 182, 216 ff.

state compulsion defence
- Begriff **Art. 2 VerfVO** 7

state of play meetings
- Begriff **Art. 18 FKVO** 10

„Staubsaugermarkt"-Entscheidung **35** 16

Sternvertrag
- Begriff **1** 118 f.; **3** 31 ff.

„Stichting Baksteen"-Entscheidung **2** 137

stop-the-clock
- Begriff **Art. 10 FKVO** 13

Streitwertanpassung
- allgemein **89 a** 1 ff.

Stromlieferungen
- allgemein **Vor 29** 1 ff.
- Arealnetzbetreiber u. Mittelspannungsnetz **Vor 29** 10
- Marktbeherrschung **29** 9
- Netznutzungsentgelte **Vor 29** 9

Strukturkrisenkartelle
- allgemein **2** 130 ff.
- Erzeugung **Art. 81 Abs. 1** 259
- Freistellung **Verkehr** 38

Submissionsbetrug
- Verurteilung **Art. 3 VerfVO** 17

Submissionswettbewerb
- Begriff **1** 91

Subsidiarität
- gegenüber einer Problemlösung innerhalb des ECN **Art. 10 VerfVO** 17 f.
- Verweisung an die zuständigen Behörden **Art. 9 FKVO** 1 ff.

Substitutenhaftung
- Bußgeldvorschriften **81** 11

Substitutionswettbewerb
- Begriff **1** 86

Subunternehmerverträge
- rule of reason **1** 165 f.

Suspensiveffekt
- Beschwerde **64** 5 ff.; **65** 2 f.
- Rechtsbeschwerde **75** 7
- sofortige Beschwerde **118** 8 ff.
- Vergabeprüfstellen **102** 3

„Syfait"-Entscheidung **Art. 15 VerfVO** 8

„TACA"-Entscheidung **Verkehr** 34, 121

Technische Entwicklung
- Begriff **Art. 81 Abs. 1** 282 ff.
- Förderung **Art. 81 Abs. 3** 35
- Freistellung **Art. 81 Abs. 1** 285

Technischer Vorsprung
- Einzelmarktbeherrschung **Art. 82** 113

Technologietransfer (TT-GVO)
- aktiver/passiver Verkauf **Art. 4 TT-GVO** 50 ff.
- freigestellte Vereinbarungen **2** 180 ff.
- Freistellung **Art. 2 TT-GVO** 24 ff.
- Generalklausel **Art. 2 TT-GVO** 24
- Kernbeschränkungen **Einf TT-GVO** 5; **Art. 4 TT-GVO** 36 ff.
- Marktanteilsschwellen **Einf TT-GVO** 3, 5; **Art. 3 TT-GVO** 29 ff.
- nicht freigestellte Beschränkungen **Art. 5 TT-GVO** 55 ff.

magere Zahlen = Randnummern

Sachverzeichnis

- „relevanter Produktmarkt" **Art. 1 TT-GVO** 16
- „relevanter Technologiemarkt" **Art. 1 TT-GVO** 17
- safe harbor **Einf TT-GVO** 5
- Softwarelizenz-Vereinbarungen **Art. 1 TT-GVO** 14
- „Wettbewerber" u. „Nicht-Wettbewerber" **Art. 1 TT-GVO** 18 ff.; **Art. 3 TT-GVO** 30 ff.

„Teckal"-Entscheidung 99 44 f.
„Teerfarben"-Entscheidung 1 72
Teilfunktions-Gemeinschaftsunternehmen
- in marktfernen Bereichen **GU** 9
- zwischen Nichtwettbewerbern **GU** 10
- zwischen Wettbewerbern **GU** 11 ff.

Teilfusionsfiktion
- Zusammenschlusskontrolle **37** 47 ff.

Teilmärkte
- Begriff **Art. 2 FKVO** 17

Teilnichtigkeit
- Auswirkungen **Art. 81 Abs. 2** 26 ff.
- Ersetzungsklauseln **Art. 81 Abs. 2** 28, 30
- Salvatorische Klauseln **Art. 81 Abs. 2** 27

Teiluntersagung
- im Fusionskontrollverfahren **IntKartR** 84
- „Telmex"-Entscheidung **IntKartR** 43

Territorialitätsgrundsatz
- im Völkerrecht **IntKartR** 10 ff., 15 ff.

„Tetra Laval/Sidel"-Entscheidung **Art. 2 FKVO** 136, 158; **Art. 8 FKVO** 49
„Tetra-Pak-II-Verfahren"-Entscheidung **Art. 82** 29 f., 159 ff.; **Art. 7 VerfVO** 51

Tochtergesellschaften
- Begriff **Art. 5 FKVO** 23 ff.

Toleranzklauseln
- Spezialisierungsvereinbarungen **Art. 6 Spez-GVO** 55

Tolerated Outsider Agreements
- Begriff **Verkehr** 130

trade-off
- Begriff **Einführung** 56

traditional comity
- Begriff **IntKartR** 58

Trampdienste
- siehe auch Verkehr
- Seeverkehr **Verkehr** 68 ff., 83, 108 ff.

Transparenzgebot
- Vergaberecht 97 14 ff.; **101** 23

Transparenzrichtlinie
- öffentliche u. monopolartige Unternehmen **Art. 86** 11, 41, 52 ff.

Trennungsprinzip
- Begriff **GU** 2 ff.

Triangular meetings
- Begriff **Art. 18 FKVO** 14

Türkei
- Assoziierungsabkommen **IntKartR** 36

UEFA
- Anwendbarkeit von Art. 81, 82 **Art. 81 Abs. 1** 52
„UEFA Champions League"-Entscheidung 1 242; 2 110 f., 123

Umsatzermittlung
- Automobilvertrieb **Art. 9 Kfz-GVO** 54
- Fusionskontrolle **Art. 5 FKVO** 1 ff.
- Vertikalvereinbarungen **Art. 10 Vert-GVO** 351 ff.
- Zusammenschlusskontrolle **35** 5; **38** 1 ff.

Umsatzschwellen
- Fusionskontrolle **Art. 1 FKVO** 17 ff.
- Zusammenschlusskontrolle **35** 2, 21

Umweltmanagementsysteme
- im Vergaberecht 97 48 ff.

Umweltschutz
- Beachtung **Art. 81 Abs. 3** 21

Umweltschutzkartelle
- allgemein 2 138 ff.

Unbillige Behinderung
- siehe auch Behinderung, unbillige
- Begriff **Einführung** 27

UNCTAD
- Begriff **IntKartR** 41 ff.

„United Brands"-Entscheidung **Art. 82** 29, 115, 147, 150, 156; **Art. 7 VerfVO** 52
„University of Cambridge"-Entscheidung 98 28

Untätigkeitsbeschwerde
- sofortige Beschwerde **116** 7 f.; **117** 3

Untätigkeitsklagen
- allgemein **Einführung** 106
- Kommission **Art. 86** 151

Unterlassungsansprüche
- allgemein **Einführung** 47 ff.; **33** 1 ff., 42 ff.
- behördliche Verfügungen **33** 27 ff.
- Beseitigungsansprüche **33** 17
- Betroffenheit **33** 8 ff.
- Fusionskontrolle **33** 26
- horizontale Verträge **33** 13 ff.
- Kontrahierungszwang **33** 46
- Legalausnahme **33** 18
- Misbrauch von Marktmacht **33** 24 f.
- Naturalrestitution **33** 44
- Sammelklage **33** 4
- Tatbestandsrestriktionen **33** 52
- Verbandsklage **33** 49 ff.
- Verstoß gegen Verbot oder Verfügung **33** 6 f.
- vertikale Verträge **33** 19 ff.
- zivilrechtliche Grundlagen **Art. 81 Abs. 2** 45 f.

Unternehmen
- siehe auch Abhängige Unternehmen; Normadressaten; Öffentliche und monopolartige Unternehmen; Verbot wettbewerbsbeschränkender Vereinbarungen; Wirtschaftliche Tätigkeit

Sachverzeichnis

fette Zahlen = Artikel/Paragraphen

- abhängige **20** 19 ff.
- als Adressaten **Einführung** 16 f.; **Art. 81 Abs. 1** 35 ff.; **Art. 82** 16 ff.; **20** 6 ff., 16 ff.
- Begriff **Art. 81 Abs. 1** 36 ff.; **Art. 82** 12; **Art. 86** 19 ff.; **35** 3 ff.; **130** 23
- Bußgeld **81** 35 ff.
- Diskriminierungsverbot **20** 11 ff.
- mit Finanzmonopolcharakter **Art. 86** 111 ff.
- funktionaler Unternehmensbegriff **Einführung** 17; **1** 18 ff.
- Gemeinden **130** 17, 25
- gleichartige **20** 60 ff., 88
- Handelsvertreter u. Kommissionäre **Art. 81 Abs. 1** 59
- kleinere u. mittlere **3** 11 ff., 62 ff.; **20** 19 ff., 130 ff.
- Marktbeherrschung durch mehrere U. **19** 41 ff.
- öffentliche **Art. 82** 14 f.; **130** 1 ff., 22 ff.
- öffentliche Aufträge **99** 7 f.
- öffentliche u. monopolartige **Art. 86** 19 ff.
- Post u. Bahn **130** 8, 32
- preisbindende **20** 13 ff.
- private **Art. 82** 13
- relativ marktstarke **20** 16 ff.
- Rundfunkanstalten **130** 9, 30 f.
- mit Sonderaufgaben (als Normadressat) **Art. 86** 95 ff.
- Sozialversicherungsträger **130** 10 ff., 26 ff.
- Sportorganisationen, Sportler **Art. 81 Abs. 1** 52 f.
- Standesorganisationen **130** 33 ff.
- als unabhängige Zentren geschäftlicher Entscheidungen **Art. 81 Abs. 1** 54 ff.
- Verbundklausel **Art. 82** 18
- wirtschaftliche Tätigkeit **Art. 86** 19 ff.
- Zurechnung im Unternehmensverbund **Art. 82** 16 ff.

Unternehmensstrukturanalyse
- Einzelmarktbeherrschung **Art. 82** 111 ff.

Unternehmensteile
- Erwerb von **Art. 5 FKVO** 16 ff.

Unternehmensveräußerungen
- rule of reason **1** 162 f.

Unternehmensvereinigungen
- allgemein, Definition **Art. 81 Abs. 1** 62 ff.; **1** 1 ff., 37 ff., 49 ff.
- Berufsverbände **Art. 81 Abs. 1** 68 ff.
- Beschlüsse **Art. 81 Abs. 1** 103
- Diskriminierungsverbot **20** 11 f., 18
- Mittelstandskartelle **3** 21 ff.

Unternehmenszusammenschlüsse
- Marktstrukturanalyse **Art. 82** 197 ff.
- Verordnungen u. Richtlinien **Art. 83** 32

Untersagung
- im Fusionskontrollverfahren **IntKartR** 80 ff.

Untersagungsverfahren
- allgemein **Art. 82** 232
- Diskriminierungsverbot **20** 109

Untersagungsverfügung
- Missbrauch einer marktbeherrschenden Stellung **19** 98

Urheberrechte
- allgemein, geistiges Eigentum **GRUR** 10, 30 ff., 58; **1** 215 ff.
- ausübende Künstler **1** 226
- horizontale Preisbindung **1** 224
- Konditionenbindung **1** 221
- Spürbarkeit; Freistellung **1** 225
- vertikale Preisbindung **1** 223
- Verwerter **1** 227 ff.
- Verwertungsgesellschaften **1** 230 ff.

US-Recht
- Antitrustrecht **Art. 7 VerfVO** 59; **19** 88
- Zivilrecht **Einführung** 44

„Van Schijndel"-Entscheidung IntKartR 130

Verbände
- Ablehnung der Aufnahme **20** 167 ff.
- Gütezeichengemeinschaften **20** 178 f.
- Imagedivergenz **20** 192
- Interessenabwägung **20** 183 ff.
- öffentliche Interessen **20** 191
- schutzwürdige Interessen **20** 187 ff.
- unbillige Benachteiligung **20** 198 ff.
- Verbandsautonomie **20** 171 ff.
- Verfassungskonformität **20** 171
- Wirtschafts- u. Berufsvereinigungen **20** 175

Verbandsklage
- Unterlassungsansprüche **33** 49 ff.

Verbot wettbewerbsbeschränkender Vereinbarungen
- siehe auch rule of reason; Spürbarkeit; Wettbewerbsbeschränkung
- allgemein **1** 1 ff.
- Arbeitsrecht (Tarifverträge) **1** 190 ff.
- aufeinander abgestimmte Verhaltensweisen **1** 53 ff.
- Berufsrecht **1** 186 ff.
- Beweisfragen **1** 68 ff.
- Boykott **1** 13
- Compliance **1** 15
- Coopetition **1** 15
- Empfehlungsverbot **1** 13
- freie Berufe **1** 29
- funktionaler Unternehmensbegriff **1** 18 ff.
- gentlemen agreement **1** 45
- Gesellschaft bürgerlichen Rechts **1** 24
- Handelsvertreter **1** 25
- Haushaltsrecht **1** 196
- Horizontalvereinbarungen **1** 15, 99
- Immanenztheorie („Rule of Reason" **1** 147 ff.
- Kartellrecht **1** 201

magere Zahlen = Randnummern

Sachverzeichnis

- Legalausnahme **1** 12
- Liniency-Programme **1** 15
- Marktstruktur **1** 71
- Marktzutrittsschranken **1** 82
- Mittelstandskartelle **1** 12
- öffentliche Hand **1** 34 ff.
- Sozialversicherungsrecht **1** 195
- Spürbarkeit **1** 141 ff.
- Unternehmen **1** 18 ff.
- Unternehmensvereinigungen **1** 1 ff., 37 ff., 49 ff.
- Vertikalvereinbarungen **1** 16, 100 ff.
- Wettbewerbsbeschränkung **1** 78 ff.
- Wettbewerbsrecht **1** 200

Verbraucher
- Begriff **Einführung** 131 ff.
- Gewinnbeteiligung **Art. 81 Abs. 3** 39 ff.; **2** 31 ff., 78

Verbundene Unternehmen
- allgemein **Art. 11 Vert-GVO** 355 ff.
- Auskunftsverlangen **59** 6
- Gemeinschaftsunternehmen **Art. 11 Vert-GVO** 360
- Konzernunternehmen **Art. 11 Vert-GVO** 359
- Muttergesellschaften **Art. 5 FKVO** 28 f.
- Schwestergesellschaften **Art. 5 FKVO** 30
- Spezialisierungsvereinbarungen **Art. 2 Spez-GVO** 26
- Tochtergesellschaften **Art. 5 FKVO** 23 ff.
- Umsatzberechnung **Art. 5 FKVO** 20 ff.
- Verfahren **54** 9

Verbundklausel
- abhängige Unternehmen **36** 184 ff.
- beherrschender Einfluss **36** 188 ff.
- Geltungsbereich **130** 68
- Umsatzberechnung **Art. 5 FKVO** 24
- Unternehmensverbund **Art. 82** 18
- verbundene Unternehmen **Art. 11 Vert-GVO** 355 ff.
- Vertikalvereinbarungen **Art. 3 Vert-GVO** 119
- Zusammenschlusskontrolle **36** 182 ff.

Vereinbarungen
- horizontale **Art. 81 Abs. 1** 84, 109, 111 ff., 171; **1** 15, 99
- vertikale **Einführung** 21; **Art. 81 Abs. 1** 84 ff., 116 ff., 170; **1** 16, 100 ff.

Verfahren vor den Kartellbehörden
- siehe auch Auskunftsverlangen; Kartellbehörden
- Abmahnschreiben **56** 5
- Abschluss **61** 1 ff.
- allgemein **54** 1 ff.
- Anhörung **56** 1 ff.
- Anhörung von Amts wegen oder auf Antrag **56** 3 ff.
- Auskunftsverlangen **59** 1 ff.
- Beigeladene **54** 12 ff.
- Bekanntmachungen **62** 1 ff.
- Beschlagnahme **58**
- Bestimmtheitsgrundsatz **61** 9
- Beteiligtenbegriff **54** 6 ff.
- Beweiserhebung **57** 3
- Durchuchungen **59** 14 f.
- Einleitung **54** 1 ff.
- Einstweilige Anordnungen **60** 1 ff.
- Ermittlungen **57** 1 ff.
- Geschäftsgeheimnisse **56** 9 ff.
- mündliche Verhandlung **56** 1 ff., 16 ff.
- mündliche Verhandlung von Amts wegen oder auf Antrag **56** 19 ff.
- Nachprüfungen **59** 9
- rechtliches Gehör **56** 1
- Untersuchungsgrundsatz **57** 1 f.
- Verfügung **61** 1 f.
- Vorabentscheidung über Zuständigkeit **55** 1 ff.

Verfall
- Bußgeldvorschriften **81** 42 ff.

Verfolgungsverjährung
- allgemein **Art. 25 VerfVO** 1 ff.
- Frist **Art. 25 VerfVO** 8
- Unterbrechung **Art. 25 VerfVO** 9 ff.

Vergabe öffentlicher Aufträge
- siehe auch Nachprüfungsverfahren; Öffentliche Aufträge; Sektoren; Sofortige Beschwerde; Vergabekammern; Vergabeprüfstellen
- Akteneinsicht **120** 12 ff.
- allgemein **Vor 97 ff.** 1 ff.; **97** 1 ff.
- Angebotsausschluss **97** 27 ff.
- Anwaltszwang **120** 2 ff.
- Anwendungsbereich **100** 1 ff.
- Arbeitnehmerfreizügigkeit **Vor 97 ff.** 55, 65
- Auftraggeber **98** 1 ff.
- Auftragsvergabe oberhalb der Schwellenwerte **Vor 97 ff.** 14 ff.
- Auftragsvergabe unterhalb der Schwellenwerte **Vor 97 ff.** 28 ff.; **100** 13 ff.
- Auftragswertberechnung **100** 5 ff.
- BaukoordinierungsRL **Vor 97 ff.** 74
- Beihilfenverbot **Vor 97 ff.** 60 ff.
- Beschwerdeentscheidung **123** 1 ff.
- Bieterwettbewerb **Vor 97 ff.** 5
- bilaterale Abkommen **Vor 97 ff.** 116 ff.
- Bindungswirkung **124** 2 ff.
- culpa in contrahendo **126** 14 ff.
- deutsches Vergaberecht **Vor 97 ff.** 10 ff.
- Dienstleistungsfreiheit **Vor 97 ff.** 56, 65
- DienstleistungskoordinierungsRL **Vor 97 ff.** 74
- Diskriminierungsverbot **Vor 97 ff.** 50, 57; **97** 25 ff.
- Drittstaatsunternehmen **Vor 97 ff.** 103
- Drittvergabe **98** 50

3025

Sachverzeichnis

fette Zahlen = Artikel/Paragraphen

- Dumping **97** 71 ff.
- Eignungskriterien **97** 40 ff., 46 ff.
- Ende des Verfahrens nach Entscheidung des Beschwerdegerichts **122** 1 ff.
- europäisches Vergaberecht **Vor 97 ff.** 48 ff.
- EWR **Vor 97 ff.** 115
- Geheimwettbewerb **97** 10
- Gleichbehandlungsgrundsatz **97** 24 ff.
- Grundfreiheiten **Vor 97 ff.** 49 ff.
- Infektionstheorie **98** 18
- internationales Vergaberecht **Vor 97 ff.** 103 ff.
- juristische Personen des öffentl. oder priv. Rechts **98** 11 ff.
- Kaskadenprinzip **Vor 97 ff.** 17 ff.; **97** 76
- Korrekturmechanismus **Vor 97 ff.** 96
- „Legislativpaket" **Vor 97 ff.** 67
- „market investor test" **Vor 97 ff.** 61
- Missbrauch einer marktbeherrschenden Stellung **126** 24
- mittelständische Interessen **97** 34 ff.
- Mitwirkungspflichten **120** 8
- mündliche Verhandlung **120** 6 f.
- Nachfragemacht **Vor 97 ff.** 5
- Nachprüfungsverfahren **102** 1 ff.
- Newcomer **97** 46
- nicht offene Verfahren **101** 16 ff.
- Niederlassungsfreiheit **Vor 97 ff.** 54
- offene Verfahren **101** 13 ff., 36 ff.
- öffentliche Aufträge **99** 1 ff.
- „öffentliche Auftragsvergabe" **Vor 97 ff.** 1 ff.
- Parallelausschreibungen **97** 8
- Primärrechtsschutz **Vor 97 ff.** 20, 29 ff.; **97** 14
- private Auftraggeber **98** 50 ff.
- Querschnittsklausel **97** 34
- Rechtsschutzanspruch **97** 77 ff.
- Restrukturierungseffekt **Vor 97 ff.** 6
- Schadenersatz bei Rechtsmissbrauch **125** 1 ff.
- Schadenersatz bei Vertrauensschaden **126** 12
- Scharnierfunktion **Vor 97 ff.** 23
- Schwellenwerte **Vor 97 ff.** 14 ff., 28 ff., 79, 92; **100** 2 ff.
- Sektorenauftraggeber **98** 36 ff.
- SektorenkoodinierungsRL **98** 2, 36 ff.
- SektorenrechtsmittelRL **Vor 97 ff.** 96
- Sekundärrecht, gemeinschaftliches **Vor 97 ff.** 66 ff.
- Sekundärrechtsschutz **Vor 97 ff.** 20, 34; **97** 14
- Sittenwidrigkeit **126** 22
- Sozialstaatsprinzip **98** 22
- Transparenzgebot **97** 14 ff.; **101** 23
- „Umweltmanagementsysteme" **97** 48 ff.
- UNCITRAL **Vor 97 ff.** 114
- Untersuchungsgrundsatz **120** 8 ff.
- Verfahrensvorschriften **120** 1 ff.
- VergabekoordinierungsRL **Vor 97 ff.** 73 ff.
- vergaberechtlicher Gleichbehandlungsgrundsatz **97** 24 ff.
- Vergabevermerk **97** 20 ff.
- Verhandlungsverfahren **101** 21 ff.
- Vertrauensschadenersatz **126** 1 ff.
- Vorabentscheidungsverfahren **Vor 97 ff.** 98; **121** 1 ff.
- Vorlagepflicht **124** 9 ff.
- Warenverkehrsfreiheit **Vor 97 ff.** 53, 65
- wettbewerblicher Dialog **101** 30 ff.
- Wettbewerbseffekt **Vor 97 ff.** 6
- Wettbewerbsgrundsatz **97** 6 ff.
- Wirtschaftslichkeitskriterium **97** 61 ff.
- WTO-Recht **Vor 97 ff.** 106 ff.

Vergabekammern
- siehe auch Nachprüfungsverfahren; Sofortige Beschwerde; Vergabe öffentlicher Aufträge
- Akteneinsicht **111** 1 ff.
- Alleinentscheidung **105** 6 f.
- allgemein **104** 1 ff.
- Amtszeit **105** 8
- Antrag **107** 2 ff.; **108** 1 ff.
- Aussetzung des Verfahrens **115** 1 ff.
- Beiladung **109** 3 ff.
- Beschleunigung des Verfahrens **113** 1 ff.
- Besetzung **105** 3 ff.
- Bund **106** 1 ff.
- Darlegung eines eingetretenen oder drohenden Schadens **107** 16 ff.
- „de-facto-Vergabe" **107** 14, 49
- Entscheidung **114** 1 ff., 10 ff.
- Fortsetzungsfeststellungsantrag **114** 17 ff.
- Fristverlängerung **113** 5 ff.
- Gebühren **128** 8 ff.
- Kartellbehörden u. ordentliche Gerichte **104** 8 ff.
- Kosten **128** 1 ff., 17 ff.
- Länder **106** 6 ff.
- mündliche Verhandlung **112** 1 ff.
- Nachprüfungen **102** 5 ff.
- Präklusion **107** 31 f.
- Primärrechtsschutz **102** 1 ff., 14 ff.; **104** 4 ff.
- rechtliches Gehör **112** 5 f.
- Rechtsweg **104** 4 ff.
- Rügeobliegenheit **107** 25 ff.
- sofortige Beschwerde **116** 1 ff.
- Unabhängigkeit **105** 1 ff.
- Unmittelbarkeitsgrundsatz **112** 3
- Untersuchungsgrundsatz **110** 1 ff.
- Verfahrensbeteiligte **109** 1 ff.
- Vollstreckung **114** 23 f.
- Zuschlagsverbot **115** 6 ff.

Vergabeprüfstellen
- allgemein **102** 14 ff.; **103** 1 ff.
- Entscheidung u. Vollstreckung **104** 6 ff.
- Kosten **129** 1 ff.
- Suspensiveffekt **103** 3
- Verfahren **103** 4 f.

magere Zahlen = Randnummern

Sachverzeichnis

Vergaberecht
- siehe auch Nachprüfungsverfahren; Vergabe öffentlicher Aufträge
- Begriff **Einführung** 4, 75, 89 ff.

Vergleichsmarktkonzept
- allgemein, Ausbeutungsmissbrauch **Art. 82** 147; **19** 74 ff.
- räumliches **Art. 82** 154 f.
- sachliches **Art. 82** 153
- Sockel-Theorie **19** 75

Verhältnismäßigkeitsprinzip
- allgemein **Einführung** 34, 68; **IntKartR** 116, 120
- Auskunftsverlangen **Art. 18 VerfVO** 38 ff.
- geistiges Eigentum **GRUR** 48, 60
- Kartellbehörden **32 b** 7
- Kommission **Art. 7 VerfVO** 5, 61; **Art. 9 VerfVO** 13 ff.
- Marktzutrittsschranken **Art. 82** 204
- Nachprüfungen **Art. 20 VerfVO** 53, 90
- öffentliche u. monopolartige Unternehmen **Art. 86** 119 ff., 146
- unbillige Behinderung **20** 98
- u. Unerläßlichkeit **Art. 81 Abs. 3** 37
- Wettbewerbsbeschränkung **Art. 81 Abs. 1** 143
- Zusammenschlüsse **Art. 6 FKVO** 57

Verjährung
- Bußgeldvorschriften **81** 80 ff.
- Gemeinschaftsrecht **Art. 81 Abs. 2** 38
- Schadenersatzansprüche **33** 31
- Verfolgungsverjährung **Art. 25 VerfVO** 1 ff.
- Vollstreckungsverjährung **Art. 26 VerfVO** 1 ff.

Verkaufspreise
- Begriff **Art. 81 Abs. 1** 207, 209
- Kernbeschränkungen **Art. 4 Vert-GVO** 161 ff.

Verkehr
- „ACI"-Entscheidung **Verkehr** 31
- „Ahmed Saeed"-Entscheidung **Verkehr** 144
- allgemein **Einführung** 126 f.; **Verkehr** 1 ff.
- Brussels Package **Verkehr** 46
- „CEWAL"-Entscheidung **Verkehr** 119
- „CIA"-Entscheidung **Verkehr** 32
- Container **Verkehr** 66, 123, 128 ff.
- cross trades **Verkehr** 52
- „European Night Services"-Entscheidung **Verkehr** 29
- „Eurotunnel"-Entscheidung **Verkehr** 28
- Frachtverkehr (Luft) **Verkehr** 156
- freigestellte Vereinbarungen **2** 185 ff.
- Freistellungen **Verkehr** 132 ff., 135 ff.
- Kabotage **Verkehr** 52, 62, 78
- Konsortien **Verkehr** 92, 124
- Landverkehr u. Binnenschifffahrt **Verkehr** 13 ff.
- Legalausnahmen **Verkehr** 10, 147, 152
- Linienfrachtverkehr **Verkehr** 65 ff.
- Linienkonferenzen **Verkehr** 45, 89 ff.
- Luftverkehr **Verkehr** 144 ff.
- multimodale Transporte im Seeverkehr **Verkehr** 94 ff.
- multimodale Vereinbarungen bei Landverkehr u. Binnenschiffahrt **Verkehr** 34
- „Nouvelles Frontières"-Entscheidung **Verkehr** 1, 144
- Passagierlinienverkehr **Verkehr** 154
- Preisindices **Verkehr** 105
- räumlich relevanter Markt im Seeverkehr **Verkehr** 63 ff.
- Reederausschüsse **Verkehr** 119
- Seeverkehr **Verkehr** 44 ff.
- Selbstregulierungsprinzip **Verkehr** 8
- Strukturkrisenkartelle **Verkehr** 38
- „TACA"-Entscheidung **Verkehr** 34, 121
- Tolerated Outsider Agreements **Verkehr** 130
- Trampdienste **Verkehr** 68 ff., 83, 108 ff.
- Verkehrshilfegewerbe **Verkehr** 7, 23
- Verordnungen u. Richtlinien **Art. 83** 29 ff.
- Vielfliegerprogramme **Verkehr** 162

Vermarktungskooperationen
- Begriff **2** 103 ff.

Verpflichtungsbeschwerde
- Begriff **63** 4 f., 16 f.; **71** 7, 28

Verpflichtungsentscheidung
- Befugnis der Kommission **Art. 4 VerfVO** 12 ff.

Verpflichtungszusagen
- Kartellbehörden **32 b** 1 ff.
- VO 1/2003 **Art. 9 VerfVO** 1 ff.

Verschulden
- Umfang gerichtlicher Kontrolle **Art. 81 Abs. 3** 13, 26
- Vertrauensschaden **126** 11

Versicherungsklausel
- Begriff **38** 21

Versicherungssektor (VersW-GVO)
- ad-hoc-Mitversicherungen **Art. 1 VersW-GVO** 25
- beteiligte Unternehmen **Art. 2 VersW-GVO** 34
- Entzug der Freistellung **Art. 10 VersW-GVO** 98 f.
- freigestellte Vereinbarungen **2** 192 f.
- von der Freistellung ausgenommene Vereinbarungen **Art. 4 VersW-GVO** 52 f.; **Art. 6 VersW-GVO** 58 ff.
- Freistellungsvoraussetzungen **Art. 3 VersW-GVO** 42 ff.; **Art. 5 VersW-GVO** 54 ff.; **Art. 8 VersW-GVO** 82 ff.; **Art. 9 VersW-GVO** 90 ff.
- Marktanteilsschwellen **Art. 7 VersW-GVO** 74 ff.
- Mit-Rückversicherungsgemeinschaften

Sachverzeichnis

fette Zahlen = Artikel/Paragraphen

- Art. 2 VersW-GVO 38; Art. 7 VersW-GVO 74
- Mitversicherungsgemeinschaften Art. 2 VersW-GVO 37; Art. 7 VersW-GVO 74
- Musterversicherungsbedingungen Art. 1 VersW-GVO 19 f.; Art. 2 VersW-GVO 36
- verbotene Klauseln Art. 6 VersW-GVO 59 ff.
- verbundene Unternehmen Art. 2 VersW-GVO 35
- Vereinbarungen Art. 1 VersW-GVO 11; Art. 2 VersW-GVO 33
- Versicherungsgemeinschaften Art. 1 VersW-GVO 23 ff., 26

Versicherungsunternehmen
- Umsatzermittlung Art. 5 FKVO 38 f.

Versorgungsquellenaufteilung
- Alleinbezugsverpflichtung Art. 81 Abs. 1 310 f.
- allgemein Art. 81 Abs. 1 288 ff., 308 ff.
- Beschränkung der Bezugsfreiheit Art. 81 Abs. 1 309
- Englische Klausel Art. 81 Abs. 1 312
- selektives Vertriebssystem Art. 81 Abs. 1 320

Vertikale Verhältnisse
- siehe auch Vereinbarungen
- Absatz Art. 81 Abs. 1 275 ff.
- Erstvereinbarung 1 100 ff.
- freigestellte Vereinbarungen 2 21, 150 ff.
- Marktaufteilung Art. 81 Abs. 1 295
- Rabatte Art. 81 Abs. 1 237
- Unterlassungs- u. Schadenersatzansprüche 33 19 ff.
- Zeitungen u. Zeitschriften 30 19 ff., 83
- Zweitvereinbarung 1 100 ff.

Vertikale Zusammenschlüsse
- allgemein Art. 2 FKVO 122 ff.

Vertikalvereinbarungen (Vert-GVO)
- siehe auch Kernbeschränkungen; Marktanteilsschwellen
- allgemein Vert-GVO 1 ff.
- Ausstrahlungswirkung Einf Vert-GVO 30 ff.
- „Bündeltheorie" Art. 6 Vert-GVO 311
- de-minimis-Bekanntmachung Art. 2 Vert-GVO 58
- „dualer Vertrieb" Art. 2 Vert-GVO 92
- Englische Klausel Art. 5 Vert-GVO 263
- Entkoppelung Art. 5 Vert-GVO 270
- Entzug der Freistellung durch die Kommission Art. 6 Vert-GVO 306 ff.
- Entzug der Freistellung durch nationale Behörden Art. 7 Vert-GVO 321 ff.
- Entzug der Freistellung durch Verordnung Art. 8 Vert-GVO 334 ff.
- freigestellte Vereinbarungen 2 173 ff.
- Gebiets- oder Kundenkreisbeschränkungen Art. 4 Vert-GVO 172 ff., 181, 189
- „geistige Eigentumsrechte" Art. 2 Vert-GVO 79, 97
- Handelsvertreterverträge Art. 1 Vert-GVO 42 ff.; Art. 3 Vert-GVO 128; Art. 4 Vert-GVO 154
- Hersteller-Franchising, reines Art. 2 Vert-GVO 81
- „Hold-up-Problem" Art. 5 Vert-GVO 300
- Internethandel Art. 4 Vert-GVO 174, 191 ff.
- Kernbeschränkungen Art. 4 Vert-GVO 134 ff.
- Know-how Art. 5 Vert-GVO 285 ff.
- Kollegenlieferungen Art. 2 Vert-GVO 88
- Koppelungen Art. 2 Vert-GVO 65; Art. 3 Vert-GVO 122
- Leitlinien der Kommission Einf Vert-GVO 18 ff.
- Marktanteilsermittlung Art. 9 Vert-GVO 343 ff.
- Marktanteilsschwellen Art. 3 Vert-GVO 102 ff.
- Meistbegünstigungsklauseln Art. 4 Vert-GVO 155
- Mindestabnahmeverpflichtungen Art. 5 Vert-GVO 264 ff.
- „Safe Harbor" Einf Vert-GVO 15 ff.
- „Schirm-GVO" Einf Vert-GVO 2, 13 f.; Art. 2 Vert-GVO 48 ff.
- schwarze Klauseln Einf Vert-GVO 4, 29
- Software-Verträge Art. 2 Vert-GVO 84
- Umsatzermittlung Art. 10 Vert-GVO 351 ff.
- verbundene Unternehmen Art. 11 Vert-GVO 355 ff.
- weiße Klauseln Einf Vert-GVO 4
- Wettbewerbsverbote Art. 5 Vert-GVO 251 ff.
- Zulieferbekanntmachung Art. 2 Vert-GVO 54
- Zuliefervereinbarungen Art. 2 Vert-GVO 88, 98
- „Zwangsjackeffekt" Einf Vert-GVO 2

Vertriebswege
- Absatz Art. 81 Abs. 1 272

Verwaltungsvollzug
- Begriff Einführung 31

Vielfliegerprogramme
- Luftverkehr Verkehr 162

„Vitamin"-Entscheidung IntKartR 105, 110

Völkerrecht
- allgemein Einführung 79 ff.; IntKartR 9 ff.

Vollfunktionsgemeinschaftsunternehmen
- allgemein Art. 3 FKVO 40 ff.
- call- oder put-Optionen Art. 3 FKVO 55
- „candidate markets" Art. 2 FKVO 188
- Konzentrationsprivileg Art. 3 FKVO 61
- konzentrative Art. 3 FKVO 42

magere Zahlen = Randnummern

Sachverzeichnis

- kooperative **Art. 3 FKVO** 40
- Koordinierungseffekte **Art. 2 FKVO** 186 ff.
- Nebenabreden **Art. 81 Abs. 1** 152
- Outsourcing **Art. 3 FKVO** 51
- Spezialisierungsvereinbarungen **Art. 5 Spez-GVO** 53
- Spürbarkeit **Art. 2 FKVO** 193
- Tätigkeit auf benachbarten oder eng verknüpften Märkten **Art. 2 FKVO** 191
- Tätigkeit auf vor- oder nachgelagerten Märkten **Art. 2 FKVO** 190
- Tätigkeit der Muttergesellschaften auf den gleichen räumlichen u. sachlichen Märkten **Art. 2 FKVO** 189

Vollstreckung
- siehe auch Bußgeld
- Bußgeldvorschriften 86 1 ff.; **86 a** 1 ff.

Vollstreckungsverjährung
- allgemein **Art. 26 VerfVO** 1 ff.
- Frist **Art. 26 VerfVO** 4 f.
- Unterbrechung **Art. 26 VerfVO** 6 ff.

Vollzugsverbot
- Befreiung **Art. 7 FKVO** 8 ff.

Vorabentscheidungsverfahren
- Begriff **Einführung** 108
- Landgerichte 87 9
- Vergaberecht **Vor** 97 ff. 98; **121** 1 ff.

Vorlagepflicht
- Vergaberecht 124 9 ff.

Vorprüfungsphase (Phase I)
- allgemein **Art. 6 FKVO** 7 ff.; **Art. 10 FKVO** 1 ff.; **40** 2 ff.
- Anhörungen **Art. 18 FKVO** 8 ff.
- „Monatsbrief" **40** 5 ff.

Vorsatz
- Bußgeld **Art. 23 VerfVO** 20; **Art. 14 FKVO** 4; **81** 14 ff.
- Missbrauch einer marktbeherrschenden Stellung **Art. 82** 5

Vorteilsabschöpfung
- allgemein, durch die Kartellbehörden 34 1 ff.
- allgemein, durch die Verbände 35 1 ff.
- Bußgeldvorschriften 81 70 ff.
- Ermessen 34 6
- Missbrauch einer marktbeherrschenden Stellung 19 99
- Subsidiarität gegenüber Schadenersatz u. Geldbuße 34 8 ff.; **35** 5 f.

Vorteilsgewährung
- Diskriminierungsverbot 20 113 ff.

„Walt Wilhelm"-Entscheidung
Art. 3 VerfVO 5

Warenverkehrsfreiheit
- Beschränkung **Art. 86** 73
- europäisches Vergaberecht **Vor** 97 ff. 53, 65

Weiße Klauseln
- Vertikalvereinbarungen **Einf Vert-GVO** 4

„Weißlistenansatz"
- Begriff **Allg-GVO** 7, 20 ff.

Wertpapiere
- Rechtsgeschäfte **Art. 7 FKVO** 6 f.

Wettbewerbsbeeinträchtigung
- Drohen **Art. 9 FKVO** 8 ff., 11

Wettbewerbsbehörden der Mitgliedsstaaten
- Aussetzung u. Einstellung des Verfahrens **Art. 13 VerfVO** 1 ff.
- Bestimmung **Art. 35 VerfVO** 1 ff.
- Ermittlungen **Art. 22 VerfVO** 1 ff.
- keine förmlichen positiven Entscheidungen **Art. 5 VerfVO** 5
- horizontale Zusammenarbeit **Art. 22 VerfVO** 6 ff., 16 ff.
- Informationsaustausch **Art. 12 VerfVO** 1 ff.
- Netzbekanntmachung **Art. 22 VerfVO** 30
- parallele Zuständigkeit **Art. 5 VerfVO** 8 ff.
- vertikale Zusammenarbeit **Art. 22 VerfVO** 12 ff., 24 ff.
- Zusammarbeit mit Kommission **Art. 11 VerfVO** 1 ff.; **50 a** 1 ff.
- Zuständigkeit **Art. 5 VerfVO** 1 ff.

Wettbewerbsbeschränkung
- siehe auch Verbot wettbewerbsbeschränkender Vereinbarungen
- Absatz- u. Nachfragemengen (Qouten) 1 133
- Abschlussbindungen 1 117
- allgemein 1 1 ff., 78 ff.
- Anbieter- u. Nachfragerwettbewerb 1 85
- Beispielskatalog **Art. 81 Abs. 1** 197 ff.
- Bezwecken u. Bewirken 1 124 ff.
- de minimis-Doktrin **Art. 81 Abs. 1** 109, 118 ff.
- Drittwirkungen 1 122 f.
- eingeschränkte Folgetheorie 1 127
- Formen der W. **Art. 81 Abs. 1** 108 ff.
- freigestellte Vereinbarungen 2 27 ff.
- Geheimwettbewerb 1 88 ff.
- Gleichordnungskonzern 1 96
- Hardcore Restraint 1 130 ff., 134
- horizontale Kernbeschränkungen **Art. 81 Abs. 1** 109, 111 ff.
- Horizontalvereinbarung 1 99
- illegaler u. regulierter Wettbewerb 1 93
- Interbrand- u. Intrabrand-Wettbewerb **Art. 81 Abs. 1** 106; 1 92
- das Konzept der W. **Art. 81 Abs. 1** 104 ff.
- konzerninterner Wettbewerb 1 94 f.
- Marktzutrittsschranken 1 82
- Meistbegünstigungsklausel 1 113, 132
- Nachfragesubstituierbarkeit **Art. 81 Abs. 1** 168
- Nebenabreden-Doktrin **Art. 81 Abs. 1** 110, 140 ff.
- Preiswettbewerb u. nichtpreisbezogener Wettbewerb **Art. 81 Abs. 1** 107
- relevanter Markt **Art. 81 Abs. 1** 164 ff.

3029

Sachverzeichnis

fette Zahlen = Artikel/Paragraphen

- rule of reason **Art. 81 Abs. 1** 135 ff.
- spürbare Beeinträchtigung **Art. 81 Abs. 1** 125 ff., 131 ff.
- Sternvertrag **1** 118 f.
- Submissionswettbewerb **1** 91
- Substitutionswettbewerb **1** 86
- tatsächlicher u. potentieller Wettbewerb **Art. 81 Abs. 1** 105
- temporärer Wettbewerb **1** 87
- territorialer Anwendungsbereich **Art. 81 Abs. 1** 169 ff.
- Unterordnungskonzern **1** 95
- Verhältnismäßigkeit **Art. 81 Abs. 1** 143
- Verhinderung, Einschränkung, Verfälschung **1** 97 ff.
- vertikale Kernbeschränkungen **Art. 81 Abs. 1** 116 ff.
- Vertikalvereinbarung **1** 100 ff.
- Waren- u. Dienstleistungswettbewerb **1** 84
- Zweck oder Wirkung **Art. 81 Abs. 1** 161 ff.

Wettbewerbseffekt
- Begriff **Vor 97 ff.** 6

Wettbewerbsgrundsatz
- Vergaberecht **97** 6 ff.

Wettbewerbskosten
- Begriff **2** 121; **3** 38

Wettbewerbsrecht
- Begriff **Einführung** 5

Wettbewerbsregeln
- siehe auch Lauterkeitsrecht; Leistungswettbewerbsregeln
- abgelehnte **24** 76 ff.
- allgemein **24** 20 ff.
- Anerkennung **26** 1 ff.
- Antrag auf Anerkennung **24** 80 ff., 84 ff.
- Bekanntmachung/Veröffentlichung **27** 1 ff.
- Branchenkonkretisierung **24** 28
- „entgegenwirken" u. „anregen" **24** 21 ff.
- Individualschutz u. Institutionsschutz **24** 27
- Lauterkeits-. Leistungswettbewerbsregeln **24** 5 f., 20, 32 ff., 54 ff.; **26** 18 ff., 30 ff.
- Stellungnahme Dritter **25** 1 ff.
- Verbandssanktionen **24** 29
- Verbindlichkeit **24** 91 ff.
- „Verhalten" von Unternehmen im Wettbewerb **24** 30 ff.
- Zweck **24** 27 ff.

Wettbewerbsverbote
- Automobilvertrieb **Art. 1 Kfz-GVO** 21; **Art. 5 Kfz-GVO** 45 ff.
- Vertikalvereinbarungen **Art. 5 Vert-GVO** 251 ff.

Wirkungsprinzip
- Begriff **IntKartR** 66 ff.

Wirtschaftliche Tätigkeit
- siehe auch Unternehmen

- allgemein, öffentliche u. monopolartige Unternehmen **Art. 86** 19 ff.
- gemischtwirtschaftliche Tätigkeit **Art. 86** 33
- hoheitlicher Bezug **Art. 86** 21 ff.
- regulatorische Tätigkeiten **Art. 86** 26 ff.
- soziale Zwecke **Art. 86** 31

Wirtschaftlichkeitskriterium
- im Vergaberecht **97** 61 ff.

Wirtschafts- und Berufsvereinigungen
- allgemein **24** 11 ff.

workable competition
- Begriff **Art. 81 Abs. 1** 6, 8

Zeitlich relevanter Markt
- Missbrauch einer marktbeherrschenden Stellung **Art. 82** 88 f.; **19** 24

Zeitungen und Zeitschriften
- allgemein **30** 1 ff.
- Buchpreisbindung **30** 85; **Anh zu 30** 1 ff.
- Dispositionsrecht des Verlegers **30** 3
- gebundene/ungebundene Händler **30** 71 ff., 75 ff.
- horizontale Bindungen **30** 84
- kombinierte Produkte **30** 17 f.
- Lauterkeitsrecht **30** 70
- Liefersperre **30** 71
- Lückenlosigkeit **30** 37 ff.
- Missbrauchsaufsicht **30** 2, 8, 46 ff.
- „NJW auf CD-ROM" **30** 14 ff.
- Preisbindung **30** 1 ff., 26 ff., 67 ff.
- Privilegierung **30** 12 ff.
- Remissionsrecht **30** 3
- Sammelrevers **30** 7, 24, 32
- Sonderpreise **30** 39
- Substituieren **30** 15
- Unwirksamkeitserklärung **30** 61 ff.
- vertikale Bindungen **30** 19 ff., 83
- Zwischenstaatlichkeit **30** 86

„Zellstoff"-Entscheidung IntKartR 71, 73, 107; **Art. 81 Abs. 1** 68

Zulieferbekanntmachung
- Begriff **Art. 2 Vert-GVO** 54

Zulieferverträge
- gewerbliche Schutzrechte **GRUR** 102 ff.
- Vertikalvereinbarungen **Art. 2 Vert-GVO** 88, 98; **Art. 4 Vert-GVO** 228

Zurückweisungsentscheidung
- Bindungswirkung **Art. 7 VerfVO** 44
- Nichtigkeitklage **Art. 7 VerfVO** 42 f.

Zusagen
- alternative **Art. 6 FKVO** 24; **Art. 8 FKVO** 11
- Definition **Art. 6 FKVO** 20
- Durchführung **Art. 6 FKVO** 37 ff.
- Veräußerungszusagen **Art. 6 FKVO** 34 ff.; **Art. 8 FKVO** 18

magere Zahlen = Randnummern

Sachverzeichnis

– Verhaltenszusagen **Art. 6 FKVO** 31
– Zusagenpakete **Art. 6 FKVO** 32
Zusammenschlüsse
– siehe auch Gemeinschaftsunternehmen; Kollektive Marktbeherrschung; Konglomerate Zusammenschlüsse; Sachlich relevanter Markt; Zusagen; Zusammenschlusskontrolle
– Abwägungsklausel **Art. 2 FKVO** 184 f.
– allgemein **Einf FKVO** 24 ff.
– Anmeldung **Einf FKVO** 51 ff.; **Art. 4 FKVO** 1 ff.; **Art. 6 FKVO** 1 ff.
– Aufschub des Vollzugs **Art. 7 FKVO** 1 ff.
– Ausschließlichkeitsprinzip **Art. 21 FKVO** 3 ff., 8 ff.
– Begriff **Art. 3 FKVO** 1 ff.
– Beurteilung **Art. 2 FKVO** 1 ff.
– Bußgeld **Art. 14 FKVO** 1 ff.
– Einzelmarktbeherrschung **Art. 2 FKVO** 67 ff.
– Entflechtungsanordnung **Art. 8 FKVO** 32 ff.
– failing division defence **Art. 2 FKVO** 173
– failing firm defence **Art. 2 FKVO** 167 ff.
– Fusion **Einf FKVO** 25; **Art. 3 FKVO** 12 ff.
– Gemeinschaftsunternehmen **Art. 3 FKVO** 40 ff.
– Genehmigung mit Zusagen **Art. 6 FKVO** 19 ff.; **Art. 8 FKVO** 8 ff.
– horizontale **Art. 2 FKVO** 119 f.
– kollektive Marktbeherrschung **Art. 2 FKVO** 137 ff.
– konglomerate **Art. 2 FKVO** 127 ff.
– Kontrolle **Einführung** 27 f.; **Art. 3 FKVO** 17 ff.
– koordinierte/nicht koordinierte Wirkungen **Art. 2 FKVO** 61 ff.
– Marktanteile **Art. 2 FKVO** 72 ff.
– Marktzutrittsschranken **Art. 2 FKVO** 98 ff., 104 ff.
– Nebenabreden **Art. 6 FKVO** 50 ff.
– Phase I-Anmeldungen (Vorprüfungsphase) **Art. 6 FKVO** 7 ff.; **Art. 10 FKVO** 1 ff.
– Phase II-Anmeldungen (Hauptprüfungsverfahren) **Art. 6 FKVO** 63 ff.; **Art. 10 FKVO** 5 ff.
– räumlicher Markt **Art. 2 FKVO** 31 ff.
– sachlicher Markt **Art. 2 FKVO** 13 ff.
– Sanierungsfusion **Art. 2 FKVO** 166 ff.
– unbedingte Freigabe **Art. 8 FKVO** 4 ff.
– Verbot **Art. 8 FKVO** 23 ff.
– vertikale **Art. 2 FKVO** 122 ff.
– Vollfunktions-GU **Art. 2 FKVO** 186 ff.
– Vollzugsverbot **Art. 7 FKVO** 8 ff., 11 ff.
– Vorliegen 37 1 ff.
– Zwangsgeld **Art. 15 FKVO** 1 ff.
Zusammenschlusskontrolle
– siehe auch Einzelmarktbeherrschung; Ministererlaubnis; Oligopol; Zusammenschlüsse
– Abwägungsklausel 36 1, 176

– alleinige **Art. 3 FKVO** 29 ff.
– allgemein **Einführung** 28 f.; **Art. 3 FKVO** 17 ff.; 35 1 ff.; 36 1 ff.; 37 1 ff.
– Anmelde- u. Anzeigepflicht 39 1 ff.
– Anteilserwerb 37 19 ff., 46 ff.
– Auflösungsanordnung 41 14 ff.
– Bagatellklauseln 35 6 ff.
– Bagatellmarktklausel 35 12 ff., 23
– Bankenklausel 37 39 ff.; 38 19 ff.
– Bündeltheorie 35 14
– de-minimis-Klausel 35 7 ff., 22
– Eingreifschwellen 35 2
– Einzelmarktbeherrschung 36 10 ff.
– Entflechtung 41 1 ff., 11 ff.
– erheblicher Einfluss 37 25 ff.
– Flick-Klausel 36 199 ff.
– Freigabe 40 11 ff., 38 ff.
– Freigabefiktion 40 17 ff.
– gemeinsame **Art. 3 FKVO** 33 ff.
– Hauptprüfverfahren (Abs. 2) 40 9 ff.
– Investmentfonds **Art. 3 FKVO** 20
– Kontrollerwerb 37 8 ff.
– Management Buy-Out **Art. 3 FKVO** 19
– Marktanteile 38 1 ff.
– Marktbeherrschungsbegriff 36 10 ff.
– Marktbeherrschungsvermutung 36 1, 29
– Medienzusammenschlüsse 35 20 ff.
– Mehrfachkontrolle 37 33 ff.
– Mehrmütterklausel 36 196 ff.
– Ministererlaubnis 42 1 ff.
– mittelbare **Art. 3 FKVO** 22 f.
– Oligopol 36 125 ff.
– Prognoseentscheidungen 36 1, 6 ff.
– Teilfusionsfiktion 37 47
– Umsatzbestimmung 35 5, 21; 38 1 ff.
– Unternehmensbegriff 35 3 f.
– Unternehmensbindungsverstärkung 37 33 ff.
– Untersagungsverfügung 40 11 ff., 37; 41 13
– Verbundklausel 36 182 ff.
– Verfahren 40 1 ff.
– Vermögenserwerb 37 3 ff., 22
– Versicherungsklausel 38 21
– Vollzugsverbot 41 1 ff.
– Vorprüfverfahren (Abs. 1) 40 2 ff.
Zuschlagsverbot
– Vergabekammern 115 6 ff.
Zuständigkeit
– Beschwerde 63 1 ff.
– Bußgeldvorschriften 81 83; 82 1 ff.; 82 a 1 ff.
– der Gerichte der Mitgliedstaaten **Art. 6 VerfVO** 1 ff.
– der Kartellbehörden 48 1 ff.
– der Kommission **Art. 4 VerfVO** 1 ff.
– Landgerichte 87 1 ff.; 89 1 ff.
– Ordnungswidrigkeiten 83 1 ff.
– sofortige Beschwerde bei den Vergabekammern 116 1 ff.

Sachverzeichnis

fette Zahlen = Artikel/Paragraphen

- Vorabentscheidung **55** 1 ff.
- der Wettbewerbsbehörden der Mitgliedstaaten **Art. 5 VerfVO** 1 ff.

Zuteilungskartelle
- Begriff **Art. 81 Abs. 1** 261

Zwangsgeld
- allgemein **Art. 24 VerfVO** 1 ff.; **Art. 15 FKVO** 1 ff.
- Auskunftsverlangen **Art. 18 VerfVO** 27
- Beitreibung **Art. 24 VerfVO** 23 f.
- Höhe **Art. 24 VerfVO** 19 ff.
- Missbrauch einer marktbeherrschenden Stellung **Art. 82** 230
- Nachprüfungen **Art. 20 VerfVO** 96
- Verpflichtungszusagen **Art. 9 VerfVO** 30
- VO u. RiLi **Art. 83** 8 f.
- zweistufiges Sanktionsverfahren **Art. 24 VerfVO** 16 ff.

„Zwangsjackeneffekt"
- Begriff **Allg-GVO** 8, 21 ff.; **Einf Vert-GVO** 2

Zwei- und mehrseitiges Verhalten
- Begriff **Einführung** 21 ff., 84 f.

Zweischrankenprinzip
- Begriff **GU** 2

Zwischenstaatlicher Handel
- siehe auch Beeinträchtigung des zwischenstaatlichen Handels
- Beeinträchtigung **Art. 81 Abs. 1** 178 ff.
- Begriff **Einführung** 19, 25

Zwischenstaatlichkeitsklausel
- Begriff **Einführung** 84
- Zeitungen u. Zeitschriften **30** 86